VADE MECUM POLICIAL
NOVO SÉCULO

VADE MECUM POLICIAL

NOVO SÉCULO

COORDENADORES

Filipe Ferreira da Silva

José Eduardo Gonzalez Fernandez

Carlos Francisco de Miranda Santos

José Luis Junqueira de Andrade Filho

VADE MECUM POLICIAL
NOVO SÉCULO

Estante
de Direito

Uma marca do Grupo Novo Século

Vade Mecum Policial Novo Século

Copyright © 2021 by Filipe Ferreira, José Eduardo Gonzalez Fernandez, Carlos Francisco de Miranda Santos, José Luis Junqueira de Andrade Filho
Copyright © 2021 by Novo Século Editora Ltda.

EDITOR: Luiz Vasconcelos
ASSISTÊNCIA EDITORIAL: Tamiris Sene
PREPARAÇÃO: Tamiris Sene, Ira Borges, Daniela Georgeto, Simone Habel, Tássia Carvalho e Flavia Cristina.
REVISÃO: Filipe Ferreira
DIAGRAMAÇÃO: Manu Dourado
CAPA: Kelson Spalato

Texto de acordo com as normas do Novo Acordo Ortográfico da Língua Portuguesa (1990), em vigor desde 1º de janeiro de 2009.

Dados Internacionais de Catalogação na Publicação (CIP)
Angélica Ilacqua CRB-8/7057

Vade mecum policial / coordenado por Filipe Ferreira...[et al]. -- Barueri, SP : Estante de Direito, 2021.
2.000 p.

ISBN 978-65-5561-280-6

1. Direito - Brasil 2. Legislação - Brasil 3. Manuais, vade-mecuns etc. I. Ferreira, Filipe

21-3918   CDD 348.8102

Índice para catálogo sistemático:
1. Vade-mecuns - Direito - Brasil

Alameda Araguaia, 2190 – Bloco A – 11º andar – Conjunto 1111
CEP 06455-000 – Alphaville Industrial, Barueri – SP – Brasil
Tel.: (11) 3699-7107 | Fax: (11) 3699-7323
www.gruponovoseculo.com.br | atendimento@gruponovoseculo.com.br

SOBRE OS AUTORES

FILIPE FERREIRA DA SILVA
Advogado em São Paulo; especialista em Direito Público; mestre em Direitos Humanos; professor universitário, escritor, articulista e palestrante.

JOSÉ EDUARDO GONZALEZ FERNANDEZ
Delegado de Polícia Civil do Estado de São Paulo; mentor e sócio do Projeto Individualizado para Concursos; *professional coach* formado pela Sociedade Brasileira de *Coaching*; professor em cursos preparatórios para concursos públicos; palestrante.

CARLOS FRANCISCO DE MIRANDA SANTOS
Delegado de Polícia Civil do Estado de São Paulo; especialista em Direito Penal, Processual Penal e Constitucional; mentor e sócio do Projeto Individualizado para Concursos; *professional coach* formado pela Sociedade Brasileira de *Coaching*; professor em cursos preparatórios para concursos públicos; palestrante.

JOSÉ LUIS JUNQUEIRA DE ANDRADE FILHO
Delegado de Polícia da Polícia Civil do Estado de São Paulo; especialista em Direito Penal e Processual; possui graduação em Direito pela Faculdade de Direito da Alta Paulista de Tupã (Fadap); professor universitário titular de Direito Penal e Direito Processual Penal na pós-graduação/especialização na Faculdade de Direito da Alta Paulista de Tupã (Fadap); professor em cursos preparatórios para concursos públicos; palestrante.

APRESENTAÇÃO

No cenário social, político e jurídico recente, a importância da investigação criminal tem se revestido de contornos cada vez mais evidentes. Nessa perspectiva, cresce também a necessidade de se estudar o tema da investigação criminal de maneira autônoma – realizando certo corte epistemológico a fim de delinear e aprofundar seu estudo –, mas sem descurar de sua interdisciplinaridade com as demais áreas do conhecimento jurídico e acadêmico em geral.

É neste contexto, em que o Direito de Polícia Judiciária se consolida como uma relevante área de estudo e pesquisa, que este Vade Mecum Policial emerge como uma obra inovadora e vanguardista, mas desde já necessária.

Pensado e organizado para atender tanto às necessidades de quem se prepara para o ingresso nas carreiras policiais, como aqueles que nelas já labutam, a obra traz um conteúdo abrangente e completo, consistindo em um instrumento prático e definitivo para o estudante e operador do Direito de Polícia Judiciária.

Além de todos os diplomas legais específicos e relacionados à área penal e policial, foram inseridas também as constituições do Estado e as leis orgânicas das polícias civis dos Estados da região Sudeste (SP, RJ, MG e ES), assim como um bloco de direitos humanos organizado de maneira cronológica (mais os tratados internacionais dos quais o Brasil faz parte), além de um bloco completo de direito administrativo. Foram incluídas ainda todas as leis penais aplicadas, mais o Código de Processo Civil.

A estrutura deste livro também se mostra diferente de tudo que está disponível no mercado editorial jurídico, apresentando layout limpo em duas colunas, com fonte em tamanho adequado para uma leitura menos cansativa, papel de qualidade, sem remições inúteis, e com destaque para as remissões recentes, quais sejam, de 2019 para a frente, isso para que o estudante, concurseiro e mesmo os profissionais da área jurídica identifiquem com facilidade quais foram as alterações legislativas mais recentes.

Para facilitar ainda mais a leitura, o Vade Mecum Policial traz uma organização diferenciada, com fonte maior e diagramação eficiente, com destaque para a legislação mais nova com a ressalva "fator novidade na banca". Remissões antigas foram retiradas e foram preservadas só as remissões novas para o aluno saber que se trata de lei "nova".

Inovação, conteúdo e eficiência. Com vocês, o inédito VADE MECUM POLICIAL!

Gustavo Mesquita Galvão Bueno
Graduado pela PUC-SP; delegado de Polícia no Estado de São Paulo; professor concursado da disciplina de Criminologia da Academia de Polícia Civil do Estado de São Paulo (Acadepol); presidente da Associação dos Delegados de Polícia do Estado de São Paulo (ADPESP); presidente da Associação Nacional dos Delgados de Polícia Judiciária (ADPJ); diretor do departamento de Defesa e Segurança da Federação das Indústrias do Estado de São Paulo (Fiesp).

ÍNDICE

1. CONSTITUIÇÃO FEDERAL
Constituição da República Federativa do Brasil.....16
Ato das disposições constitucionais transitórias.....105

2. CONSTITUIÇÕES ESTADUAIS DA REGIÃO SUDESTE
Constituição do Estado de São Paulo.....134
Constituição do Estado do Rio de Janeiro.....193
Constituição do Estado do Espírito Santo.....269
Constituição do Estado de Minas Gerais.....325

3. DECLARAÇÕES INTERNACIONAIS DE DIREITOS HUMANOS
Carta das Nações Unidas – 1945.....394
Estatuto da Corte Internacional de Justiça – 1945.....408
Carta da Organização dos Estados Americanos (OEA) – 1948.....415
Declaração Universal dos Direitos Humanos – 1948.....430
Declaração do Direito ao Desenvolvimento – 1986.....433
Declaração e programa de ação de Viena – 1993.....436
Declaração de Pequim adotada pela quarta conferência mundial sobre as mulheres: ação para igualdade, desenvolvimento e paz – 1995.....456

4. TRATADOS INTERNACIONAIS DE DIREITOS HUMANOS
Sistema Global.....460
Convenção Relativa ao Estatuto dos Refugiados – 1951.....462
Protocolo sobre o Estatuto dos Refugiados – 1966.....471
Lei Nº 13.445, de 24 de Maio de 2017: Lei de Migração.....478
Pacto Internacional Sobre Direitos Civis e Políticos – 1966.....495
Pacto Internacional Sobre Direitos Econômicos, Sociais e Culturais – 1966.....506
Convenção De Viena Sobre o Direito dos Tratados, Concluída em 23 de Maio De 1969, com Reserva aos Artigos 25 e 66.....512
Convenção de Viena Sobre o Direito dos Tratados.....512
Regras Mínimas Para o Tratamento de Prisioneiros da Onu – 1984.....528
Regras das Nações Unidas para o tratamento de mulheres presas e medidas não privativas de liberdade para mulheres infratoras (Regras de Bangkok).....539
Convenção Sobre a Eliminação De Todas as Formas de Discriminação Racial – 1968.....552
Convenção Americana Sobre Direitos Humanos – 1969.....559
Convenção Sobre a Eliminação De Todas as Formas de Discriminação Contra a Mulher – 1984.....573
Convenção Sobre a Eliminação de Todas as Formas de Discriminação Contra a Mulher.....573
Convenção Contra a Tortura e Outros Tratamentos ou Penas Cruéis, Desumanos ou Degradantes – 1984.....580

Convenção Sobre os Direitos da Criança – 1989....588
Convenção das Nações Unidas Contra o Crime Organizado Transnacional – 2004....600
Convenção Sobre os Direitos das Pessoas com Deficiência (Convenção de Nova York) – 2006....619
Convenção Sobre os Direitos das Pessoas Com Deficiência....620
Protocolo Facultativo à Convenção Sobre os Direitos das Pessoas com Deficiência – 2007....635
Sistema Regional Interamericano....638
Convenção Interamericana Para Prevenir e Punir a Tortura....638
LEI Nº 12.847/2013 Institui o Sistema Nacional de Prevenção e Combate à Tortura....641
Convenção Interamericana Para Prevenir, Punir e Erradicar a Violência Contra a Mulher – 1994....645
Convenção Interamericana Sobre Tráfico Internacional de Menores – 1998....649
Estatuto de Roma do Tribunal Penal Internacional – 2002....654
Convenção Interamericana Contra o Terrorismo – 2005....698
Convenção das Nações Unidas Contra a Corrupção – 2006....702
Princípios e Boas Práticas Para e Proteção das Pessoas Privadas de Liberdade nas Américas – 2008....731
Tratado de Marraquexe....742

5. LEI DE INTRODUÇÃO ÀS NORMAS DO DIREITO BRASILEIRO
Decreto-Lei Nº 4.657, de 4 de Setembro de 1942.....750

6. CÓDIGO CIVIL
Lei Nº 10.406, de 10 de Janeiro de 2002....756

7. CÓDIGO DE PROCESSO CIVIL
Lei Nº 13.105, de 16 de Março de 2015....910

8. CÓDIGO PENAL (CP)
Decreto – Lei Nº 2.848, de 7 de Dezembro de 1940....1052

9. CÓDIGO DE PROCESSO PENAL (CPP)
Decreto-Lei Nº 3.689, de 3 de Outubro de 1941....1110

10. CÓDIGO TRIBUTÁRIO NACIONAL (CTN)
Lei Nº 5.172, de 25 de Outubro de 1966....1192

11. CÓDIGO DE TRÂNSITO BRASILEIRO (CTB)
Lei Nº 9.503, de 23 de Setembro de 1997....1218

12. CÓDIGO DE DEFESA AO CONSUMIDOR
Lei Nº 8.078, de 11 de Setembro de 1990....1280

13. LEIS DE DIREITO ADMINISTRATIVO
Decreto-Lei Nº200/67 (Organização da Administração Pública Federal)....1302
Lei Nº 9.784/99 (Processo Administrativo no Âmbito da Administração Pública Federal)....1326
Lei Nº 8.112/90 (Regime Jurídico dos Servidores Públicos Civis da União)....1335
Lei nº 8.666/93 (Licitações e contratos administrativos)....1368
Lei Nº 14.133/21 (Nova Lei de Licitações)....1400
Lei nº 8.987/95 (Concessões e Permissões de serviço público)....1460
Lei nº 11.107 (Consórcios Públicos)....1470
Lei nº 11.079/04 (Parceria Público Privada)....1474
Lei nº 8.429/92 (Improbidade Administrativa)....1483
Lei nº 13.303/16 (Estatuto Jurídico da Empresa Pública, da Sociedade de Economia Mista e de Suas Subsidiárias)....1489

14. ESTATUTOS
Lei nº 10.826/03 (Estatuto do Desarmamento)....1518
Lei nº 10.671/03 (Estatuto do Torcedor)....1526
Lei nº 10.741/13 (Estatuto do Idoso)....1534
Lei nº 12.288/10 (Estatuto da Igualdade Racial)....1548
Lei nº 12.852/13 (Estatuto da Juventude)....1557
Lei Nº 8.069, de 13 de Julho de 1990 (Estatuto da Criança e do Adolescente)....1566

15. LEGISLAÇÃO PENAL ESPECIAL
Lei n. 3.688/41 (Contravenções Penais)....1616
Lei n. 1.079/50 (Crime de Responsabilidade)....1621
Lei n. 1.521/51 (Crimes contra a economia popular)....1631
Lei n. 2.889/56 (Crime de genocídio)....1635
Lei n. 4.729/65 (Crime de sonegação fiscal)....1636
Lei n. 7.170/83 (Lei de Segurança Nacional) Vide Lei nº 14.197, de 1º de setembro de 2021....1637
Lei n. 7.210/84 (Lei de Execução Penal)....1640
Lei n. 7.492/86 (Crimes contra o sistema financeiro nacional)....1665
Lei n. 7.960/89 (Prisão Temporária)....1668
Lei n. 7.716/89 (Crimes resultantes de preconceito de raça ou de cor)....1669
Lei n. 8.072/90 (Crimes Hediondos)....1671
Lei n. 8.137/90 (Crimes contra a ordem tributária, econômica e contra as relações de consumo)....1673
Lei n. 8.176/91 (Crimes Contra a Ordem Econômica)....1676
Lei n. 9.099/95 (Juizados Especiais Cíveis e Criminais)....1677
Lei n. 9.029/95 (Crimes contra o trabalho)....1687

Lei n. 9.296/96 (Interceptação de comunicações telefônicas)....1687
Lei n. 9.455/97 (Crimes de tortura)....1689
Lei n. 9.613/98 (Crime de "Lavagem" ou Ocultação de Bens, Direitos e Valores)....1690
Lei n. 9.605/98 (Crimes Ambientais)....1696
Lei n. 9.610/98 (Direitos Autorais)....1707
Lei n. 9.807/99 (Programas Especiais de Proteção a Vítimas e a Testemunhas Ameaçadas)....1723
Lei n. 11.343/2006 (Lei de Repressão à Produção Não Autorizada e ao Tráfico Ilícito de Drogas)....1726
Lei n. 11.340/2006 (Maria da Penha)....1746
Lei n. 12.037/2009 (Identificação Criminal)....1755
LEI Nº 12.846/2013 (Lei Anticorrupção)....1757
Lei n. 12.850/2013 (Organização Criminosa)....1762
Lei n. 12.830/2013 (Investigação policial conduzida pelo delegado de Polícia)....1770
Lei Nº 13.260/2016 (Lei antiterrorismo)....1770
LEI Nº 13.344/2016 (Dispõe sobre prevenção e repressão ao tráfico interno e internacional de pessoas e sobre medidas de atenção às vítimas)....1772
Lei n. 13.869/2019 (Abuso de Autoridade)....1776

16. LEIS ESPECIAIS DE DIREITO CONSTITUCIONAL

Lei nº 12.016/09 (Mandado de segurança)....1784
Lei nº 7.347/85 (Ação civil pública)....1787
Lei nº 4.717/65 (Ação popular)....1790
Lei n. 9.868/99 (Ação direta de inconstitucionalidade e ação direta de constitucionalidade)....1794
Lei n. 9.882/99 (Arguição de descumprimento de preceito fundamental)....1799
Lei n. 11.417/2006 (Edição, revisão e cancelamento de enunciado de súmula vinculante pelo Supremo Tribunal Federal)....1800

17. LEIS ORGÂNICAS DAS POLÍCIAS CIVIS DA REGIÃO SUDESTE

Lei Complementar Nº 207, de 5 de Janeiro de 1979....1804
Decreto Nº 3.044, de 22 de Janeiro De 1980....1820
Lei Complementar Nº 3.400, de 14 de Janeiro de 1981....1853
Lei Complementar Nº 129, de 8 de Novembro de 2013....1884

18. SÚMULAS VINCULANTES

Súmulas Vinculantes....1920
Súmulas do Supremo Tribunal Federal....1923
Súmulas do Superior Tribunal de Justiça....1950

Constituição Federal

Constituição da República Federativa do Brasil

Atualizado com a Emenda Constitucional nº 109 de 15 de março de 2021

PREÂMBULO

Nós, representantes do povo brasileiro, reunidos em Assembleia Nacional Constituinte para instituir um Estado Democrático, destinado a assegurar o exercício dos direitos sociais e individuais, a liberdade, a segurança, o bem-estar, o desenvolvimento, a igualdade e a justiça como valores supremos de uma sociedade fraterna, pluralista e sem preconceitos, fundada na harmonia social e comprometida, na ordem interna e internacional, com a solução pacífica das controvérsias, promulgamos, sob a proteção de Deus, a seguinte **CONSTITUIÇÃO DA REPÚBLICA FEDERATIVA DO BRASIL.**

TÍTULO I
Dos Princípios Fundamentais

Art. 1. A República Federativa do Brasil, formada pela união indissolúvel dos Estados e Municípios e do Distrito Federal, constitui-se em Estado Democrático de Direito e tem como fundamentos:
I. a soberania;
II. a cidadania
III. a dignidade da pessoa humana;
IV. os valores sociais do trabalho e da livre iniciativa; **(Vide Lei nº 13.874, de 2019)**
V. o pluralismo político.
Parágrafo único. Todo o poder emana do povo, que o exerce por meio de representantes eleitos ou diretamente, nos termos desta Constituição.
Art. 2. São Poderes da União, independentes e harmônicos entre si, o Legislativo, o Executivo e o Judiciário.
Art. 3. Constituem objetivos fundamentais da República Federativa do Brasil:
I. construir uma sociedade livre, justa e solidária;
II. garantir o desenvolvimento nacional;
III. erradicar a pobreza e a marginalização e reduzir as desigualdades sociais e regionais;
IV. promover o bem de todos, sem preconceitos de origem, raça, sexo, cor, idade e quaisquer outras formas de discriminação.
Art. 4. A República Federativa do Brasil rege-se nas suas relações internacionais pelos seguintes princípios:
I. independência nacional;
II. prevalência dos direitos humanos;
III. autodeterminação dos povos;
IV. não intervenção;
V. igualdade entre os Estados;
VI. defesa da paz;
VII. solução pacífica dos conflitos;
VIII. epúdio ao terrorismo e ao racismo;
IX. cooperação entre os povos para o progresso da humanidade;
X. concessão de asilo político.
Parágrafo único. A República Federativa do Brasil buscará a integração econômica, política, social e cultural dos povos da América Latina, visando à formação de uma comunidade latino-americana de nações.

TÍTULO II
Dos Direitos e Garantias Fundamentais

CAPÍTULO I

Dos direitos e deveres individuais e coletivos

Art. 5. Todos são iguais perante a lei, sem distinção de qualquer natureza, garantindo-se aos brasileiros e aos estrangeiros residentes no País a inviolabilidade do direito à vida, à liberdade, à igualdade, à segurança e à propriedade, nos termos seguintes:
I. homens e mulheres são iguais em direitos e obrigações, nos termos desta Constituição;
II. ninguém será obrigado a fazer ou deixar de fazer alguma coisa senão em virtude de lei;
III. ninguém será submetido a tortura nem a tratamento desumano ou degradante;
IV. é livre a manifestação do pensamento, sendo vedado o anonimato;
V. é assegurado o direito de resposta, proporcional ao agravo, além da indenização por dano material, moral ou à imagem;

VI. é inviolável a liberdade de consciência e de crença, sendo assegurado o livre exercício dos cultos religiosos e garantida, na forma da lei, a proteção aos locais de culto e a suas liturgias;

VII. é assegurada, nos termos da lei, a prestação de assistência religiosa nas entidades civis e militares de internação coletiva;

VIII. ninguém será privado de direitos por motivo de crença religiosa ou de convicção filosófica ou política, salvo se as invocar para eximir-se de obrigação legal a todos imposta e recusar-se a cumprir prestação alternativa, fixada em lei;

IX. é livre a expressão da atividade intelectual, artística, científica e de comunicação, independentemente de censura ou licença;

X. são invioláveis a intimidade, a vida privada, a honra e a imagem das pessoas, assegurado o direito a indenização pelo dano material ou moral decorrente de sua violação;

XI. a casa é asilo inviolável do indivíduo, ninguém nela podendo penetrar sem consentimento do morador, salvo em caso de flagrante delito ou desastre, ou para prestar socorro, ou, durante o dia, por determinação judicial;

XII. é inviolável o sigilo da correspondência e das comunicações telegráficas, de dados e das comunicações telefônicas, salvo, no último caso, por ordem judicial, nas hipóteses e na forma que a lei estabelecer para fins de investigação criminal ou instrução processual penal;

XIII. é livre o exercício de qualquer trabalho, ofício ou profissão, atendidas as qualificações profissionais que a lei estabelecer;

XIV. é assegurado a todos o acesso à informação e resguardado o sigilo da fonte, quando necessário ao exercício profissional;

XV. é livre a locomoção no território nacional em tempo de paz, podendo qualquer pessoa, nos termos da lei, nele entrar, permanecer ou dele sair com seus bens;

XVI. todos podem reunir-se pacificamente, sem armas, em locais abertos ao público, independentemente de autorização, desde que não frustrem outra reunião anteriormente convocada para o mesmo local, sendo apenas exigido prévio aviso à autoridade competente;

XVII. é plena a liberdade de associação para fins lícitos, vedada a de caráter paramilitar;

XVIII. a criação de associações e, na forma da lei, a de cooperativas independem de autorização, sendo vedada a interferência estatal em seu funcionamento;

XIX. as associações só poderão ser compulsoriamente dissolvidas ou ter suas atividades suspensas por decisão judicial, exigindo-se, no primeiro caso, o trânsito em julgado;

XX. ninguém poderá ser compelido a associar-se ou a permanecer associado;

XXI. as entidades associativas, quando expressamente autorizadas, têm legitimidade para representar seus filiados judicial ou extrajudicialmente;

XXII. é garantido o direito de propriedade;

XXIII. a propriedade atenderá a sua função social;

XXIV. a lei estabelecerá o procedimento para desapropriação por necessidade ou utilidade pública, ou por interesse social, mediante justa e prévia indenização em dinheiro, ressalvados os casos previstos nesta Constituição;

XXV. no caso de iminente perigo público, a autoridade competente poderá usar de propriedade particular, assegurada ao proprietário indenização ulterior, se houver dano;

XXVI. a pequena propriedade rural, assim definida em lei, desde que trabalhada pela família, não será objeto de penhora para pagamento de débitos decorrentes de sua atividade produtiva, dispondo a lei sobre os meios de financiar o seu desenvolvimento;

XXVII. aos autores pertence o direito exclusivo de utilização, publicação ou reprodução de suas obras, transmissível aos herdeiros pelo tempo que a lei fixar;

XXVIII. são assegurados, nos termos da lei:
a) a proteção às participações individuais em obras coletivas e à reprodução da imagem e voz humanas, inclusive nas atividades desportivas;
b) o direito de fiscalização do aproveitamento econômico das obras que criarem ou de que participarem aos criadores, aos intérpretes e às respectivas representações sindicais e associativas;

XXIX. a lei assegurará aos autores de inventos industriais privilégio temporário para sua utilização, bem como proteção às criações industriais, à propriedade das marcas, aos nomes de empresas e a outros signos distintivos, tendo em vista o interesse social e o desenvolvimento tecnológico e econômico do País;

XXX. é garantido o direito de herança;

XXXI. a sucessão de bens de estrangeiros situados no País será regulada pela lei brasileira em benefício do cônjuge ou dos filhos brasileiros, sempre que não lhes seja mais favorável a lei pessoal do "de cujus";

XXXII. o Estado promoverá, na forma da lei, a defesa do consumidor;

XXXIII. todos têm direito a receber dos órgãos públicos informações de seu interesse particular, ou de interesse coletivo ou geral, que serão prestadas no prazo da lei, sob pena de responsabilidade, ressalvadas aquelas cujo sigilo seja imprescindível à segurança da sociedade e do Estado;

XXXIV. são a todos assegurados, independentemente do pagamento de taxas:
a) o direito de petição aos Poderes Públicos em defesa de direitos ou contra ilegalidade ou abuso de poder;
b) a obtenção de certidões em repartições públicas, para defesa de direitos e esclarecimento de situações de interesse pessoal;

XXXV. a lei não excluirá da apreciação do Poder Judiciário lesão ou ameaça a direito;

XXXVI. a lei não prejudicará o direito adquirido, o ato jurídico perfeito e a coisa julgada;

XXXVII. não haverá juízo ou tribunal de exceção;

XXXVIII. é reconhecida a instituição do júri, com a organização que lhe der a lei, assegurados:
a) a plenitude de defesa;
b) o sigilo das votações;
c) a soberania dos veredictos;
d) a competência para o julgamento dos crimes dolosos contra a vida;

XXXIX. não há crime sem lei anterior que o defina, nem pena sem prévia cominação legal;

XL. a lei penal não retroagirá, salvo para beneficiar o réu;

XLI. a lei punirá qualquer discriminação atentatória dos direitos e liberdades fundamentais;

XLII. a prática do racismo constitui crime inafiançável e imprescritível, sujeito à pena de reclusão, nos termos da lei;

XLIII. a lei considerará crimes inafiançáveis e insuscetíveis de graça ou anistia a prática da tortura, o tráfico ilícito de entorpecentes e drogas afins, o terrorismo e os definidos como crimes hediondos, por eles respondendo os mandantes, os executores e os que, podendo evitá-los, se omitirem;

XLIV. constitui crime inafiançável e imprescritível a ação de grupos armados, civis ou militares, contra a ordem constitucional e o Estado Democrático;

XLV. nenhuma pena passará da pessoa do condenado, podendo a obrigação de reparar o dano e a decretação do perdimento de bens ser, nos termos da lei, estendidas aos sucessores e contra eles executadas, até o limite do valor do patrimônio transferido;

XLVI. a lei regulará a individualização da pena e adotará, entre outras, as seguintes:
a) privação ou restrição da liberdade;
b) perda de bens;
c) multa;
d) prestação social alternativa;
e) suspensão ou interdição de direitos;

XLVII. não haverá penas:
a) de morte, salvo em caso de guerra declarada, nos termos do art. 84, XIX;
b) de caráter perpétuo;
c) de trabalhos forçados;
d) de banimento;
e) cruéis;

XLVIII. a pena será cumprida em estabelecimentos distintos, de acordo com a natureza do delito, a idade e o sexo do apenado;

XLIX. é assegurado aos presos o respeito à integridade física e moral;

L. às presidiárias serão asseguradas condições para que possam permanecer com seus filhos durante o período de amamentação;

LI. nenhum brasileiro será extraditado, salvo o naturalizado, em caso de crime comum, praticado antes da naturalização, ou de comprovado envolvimento em tráfico ilícito de entorpecentes e drogas afins, na forma da lei;

LII. não será concedida extradição de estrangeiro por crime político ou de opinião;

LIII. ninguém será processado nem sentenciado senão pela autoridade competente;

LIV. ninguém será privado da liberdade ou de seus bens sem o devido processo legal;

LV. aos litigantes, em processo judicial ou administrativo, e aos acusados em geral são assegurados o contraditório e ampla defesa, com os meios e recursos a ela inerentes;

LVI. são inadmissíveis, no processo, as provas obtidas por meios ilícitos;

LVII. ninguém será considerado culpado até o trânsito em julgado de sentença penal condenatória;

LVIII. o civilmente identificado não será submetido a identificação criminal, salvo nas hipóteses previstas em lei;

LIX. será admitida ação privada nos crimes de ação pública, se esta não for intentada no prazo legal;

LX. a lei só poderá restringir a publicidade dos atos processuais quando a defesa da intimidade ou o interesse social o exigirem;

LXI. ninguém será preso senão em flagrante delito ou por ordem escrita e fundamentada de autoridade judiciária competente, salvo nos casos de transgressão militar ou crime propriamente militar, definidos em lei;

LXII. a prisão de qualquer pessoa e o local onde se encontre serão comunicados imediatamente ao juiz competente e à família do preso ou à pessoa por ele indicada;

LXIII. o preso será informado de seus direitos, entre os quais o de permanecer calado, sendo-lhe assegurada a assistência da família e de advogado;

LXIV. o preso tem direito à identificação dos responsáveis por sua prisão ou por seu interrogatório policial;

LXV. a prisão ilegal será imediatamente relaxada pela autoridade judiciária;

LXVI. ninguém será levado à prisão ou nela mantido, quando a lei admitir a liberdade provisória, com ou sem fiança;

LXVII. não haverá prisão civil por dívida, salvo a do responsável pelo inadimplemento voluntário e inescusável de obrigação alimentícia e a do depositário infiel;

LXVIII. conceder-se-á *habeas corpus* sempre que alguém sofrer ou se achar ameaçado de sofrer violência ou coação em sua liberdade de locomoção, por ilegalidade ou abuso de poder;

LXIX. conceder-se-á mandado de segurança para proteger direito líquido e certo, não amparado por *habeas corpus* ou *habeas data*, quando o responsável pela ilegalidade ou abuso de poder for autoridade pública ou agente de pessoa jurídica no exercício de atribuições do Poder Público;

LXX. o mandado de segurança coletivo pode ser impetrado por:
a) partido político com representação no Congresso Nacional;
b) organização sindical, entidade de classe ou associação legalmente constituída e em funcionamento há pelo menos um ano, em defesa dos interesses de seus membros ou associados;

LXXI. conceder-se-á mandado de injunção sempre que a falta de norma regulamentadora torne inviável o exercício dos direitos e liberdades constitucionais e das prerrogativas inerentes à nacionalidade, à soberania e à cidadania;

LXXII. conceder-se-á *habeas data*:
a) para assegurar o conhecimento de informações relativas à pessoa do impetrante, constantes de registros ou bancos de dados de entidades governamentais ou de caráter público;
b) para a retificação de dados, quando não se prefira fazê-lo por processo sigiloso, judicial ou administrativo;

LXXIII. qualquer cidadão é parte legítima para propor ação popular que vise a anular ato lesivo ao patrimônio público ou de entidade de que o Estado participe, à moralidade administrativa, ao meio ambiente e ao patrimônio histórico e cultural, ficando o autor, salvo comprovada má-fé, isento de custas judiciais e do ônus da sucumbência;

LXXIV. Estado prestará assistência jurídica integral e gratuita aos que comprovarem insuficiência de recursos;

LXXV. o Estado indenizará o condenado por erro judiciário, assim como o que ficar preso além do tempo fixado na sentença;

LXXVI. são gratuitos para os reconhecidamente pobres, na forma da lei:
a) o registro civil de nascimento;
b) a certidão de óbito;

LXXVII. são gratuitas as ações de *habeas corpus* e *habeas data*, e, na forma da lei, os atos necessários ao exercício da cidadania.

LXXVIII. a todos, no âmbito judicial e administrativo, são assegurados a razoável duração do processo e os meios que garantam a celeridade de sua tramitação.

§ 1º As normas definidoras dos direitos e garantias fundamentais têm aplicação imediata.

§ 2º Os direitos e garantias expressos nesta Constituição não excluem outros decorrentes do regime e dos princípios por ela adotados, ou dos tratados internacionais em que a República Federativa do Brasil seja parte.

§ 3º Os tratados e convenções internacionais sobre direitos humanos que forem aprovados, em cada Casa do Congresso Nacional, em dois turnos, por três quintos dos votos dos respectivos membros, serão equivalentes às emendas constitucionais. (Atos aprovados na forma deste parágrafo:

§ 4º O Brasil se submete à jurisdição de Tribunal Penal Internacional a cuja criação tenha manifestado adesão.

CAPÍTULO II

Dos Direitos Sociais

Art. 6. São direitos sociais a educação, a saúde, a alimentação, o trabalho, a moradia, o transporte, o lazer, a segurança, a previdência social, a proteção à maternidade e à infância, a assistência aos desamparados, na forma desta Constituição.

Art. 7. São direitos dos trabalhadores urbanos e rurais, além de outros que visem à melhoria de sua condição social:

I. relação de emprego protegida contra despedida arbitrária ou sem justa causa, nos termos de lei complementar, que preverá indenização compensatória, dentre outros direitos;

II. seguro-desemprego, em caso de desemprego involuntário;

III. fundo de garantia do tempo de serviço;

IV. salário mínimo, fixado em lei, nacionalmente unificado, capaz de atender a suas necessidades vitais básicas e às de sua família com moradia, alimentação, educação, saúde, lazer, vestuário, higiene, transporte e previdência social, com reajustes periódicos que lhe preservem o poder aquisitivo, sendo vedada sua vinculação para qualquer fim;

V. piso salarial proporcional à extensão e à complexidade do trabalho;

VI. irredutibilidade do salário, salvo o disposto em convenção ou acordo coletivo;

VII. garantia de salário, nunca inferior ao mínimo, para os que percebem remuneração variável;

VIII. décimo terceiro salário com base na remuneração integral ou no valor da aposentadoria;

IX. remuneração do trabalho noturno superior à do diurno;

X. proteção do salário na forma da lei, constituindo crime sua retenção dolosa;

XI. participação nos lucros, ou resultados, desvinculada da remuneração, e, excepcionalmente, participação na gestão da empresa, conforme definido em lei;

XII. salário-família pago em razão do dependente do trabalhador de baixa renda nos termos da lei;

XIII. duração do trabalho normal não superior a oito horas diárias e quarenta e quatro semanais, facultada a compensação de horários e a redução da jornada, mediante acordo ou convenção coletiva de trabalho;

XIV. jornada de seis horas para o trabalho realizado em turnos ininterruptos de revezamento, salvo negociação coletiva;

XV. repouso semanal remunerado, preferencialmente aos domingos;

XVI. remuneração do serviço extraordinário superior, no mínimo, em cinquenta por cento à do normal;

XVII. gozo de férias anuais remuneradas com, pelo menos, um terço a mais do que o salário normal;

XVIII. licença à gestante, sem prejuízo do emprego e do salário, com a duração de cento e vinte dias;

XIX. licença paternidade, nos termos fixados em lei;

XX. proteção do mercado de trabalho da mulher, mediante incentivos específicos, nos termos da lei;

XXI. aviso prévio proporcional ao tempo de serviço, sendo no mínimo de trinta dias, nos termos da lei;

XXII. redução dos riscos inerentes ao trabalho, por meio de normas de saúde, higiene e segurança;

XXIII. adicional de remuneração para as atividades penosas, insalubres ou perigosas, na forma da lei;

XXIV. aposentadoria;

XXV. assistência gratuita aos filhos e dependentes desde o nascimento até 5 (cinco) anos de idade em creches e pré-escolas;

XXVI. reconhecimento das convenções e acordos coletivos de trabalho;

XXVII. proteção em face da automação, na forma da lei;

XXVIII. seguro contra acidentes de trabalho, a cargo do empregador, sem excluir a indenização a que este está obrigado, quando incorrer em dolo ou culpa;

XXIX. ação, quanto aos créditos resultantes das relações de trabalho, com prazo prescricional de cinco anos para os trabalhadores urbanos e rurais, até o limite de dois anos após a extinção do contrato de trabalho;

a) (Revogada). (Redação dada pela Emenda Constitucional nº 28, de 2000)

b) (Revogada). (Redação dada pela Emenda Constitucional nº 28, de 2000)

XXX. proibição de diferença de salários, de exercício de funções e de critério de admissão por motivo de sexo, idade, cor ou estado civil;

XXXI. proibição de qualquer discriminação no tocante a salário e critérios de admissão do trabalhador portador de deficiência;

XXXII. proibição de distinção entre trabalho manual, técnico e intelectual ou entre os profissionais respectivos;

XXXIII. proibição de trabalho noturno, perigoso ou insalubre a menores de dezoito e de qualquer trabalho a menores de dezesseis anos, salvo na condição de aprendiz, a partir de quatorze anos;

XXXIV. igualdade de direitos entre o trabalhador com vínculo empregatício permanente e o trabalhador avulso.

Parágrafo único. São asseguradas à categoria dos trabalhadores domésticos os direitos previstos nos incisos IV, VI, VII, VIII, X, XIII, XV, XVI, XVII, XVIII, XIX, XXI, XXII, XXIV, XXVI, XXX, XXXI e XXXIII e, atendidas as condições estabelecidas em lei e observada a simplificação do cumprimento das obrigações tributárias, principais e acessórias, decorrentes da relação de trabalho e suas peculiaridades, os previstos nos incisos I, II, III, IX, XII, XXV e XXVIII, bem como a sua integração à previdência social.

Art. 8. É livre a associação profissional ou sindical, observado o seguinte:

I. a lei não poderá exigir autorização do Estado para a fundação de sindicato, ressalvado o registro no órgão competente, vedadas ao Poder Público a interferência e a intervenção na organização sindical;

II. é vedada a criação de mais de uma organização sindical, em qualquer grau, representativa de categoria profissional ou econômica, na mesma base territorial, que será definida pelos trabalhadores ou empregadores interessados, não podendo ser inferior à área de um Município;

III. ao sindicato cabe a defesa dos direitos e interesses coletivos ou individuais da categoria, inclusive em questões judiciais ou administrativas;

IV. a Assembleia Geral fixará a contribuição que, em se tratando de categoria profissional, será descontada em folha, para custeio do sistema confederativo da representação sindical respectiva, independentemente da contribuição prevista em lei;

V. ninguém será obrigado a filiar-se ou a manter-se filiado a sindicato;

VI. é obrigatória a participação dos sindicatos nas negociações coletivas de trabalho;

VII. o aposentado filiado tem direito a votar e ser votado nas organizações sindicais;

VIII. é vedada a dispensa do empregado sindicalizado a partir do registro da candidatura a cargo de direção ou representação sindical e, se eleito, ainda que suplente, até um ano após o final do mandato, salvo se cometer falta grave nos termos da lei.

Parágrafo único. As disposições deste artigo aplicam-se à organização de sindicatos rurais e de colônias de pescadores, atendidas as condições que a lei estabelecer.

Art. 9. É assegurado o direito de greve, competindo aos trabalhadores decidir sobre a oportunidade de exercê-lo e sobre os interesses que devam por meio dele defender.

§ 1º A lei definirá os serviços ou atividades essenciais e disporá sobre o atendimento das necessidades inadiáveis da comunidade.

§ 2º Os abusos cometidos sujeitam os responsáveis às penas da lei.

Art. 10. É assegurada a participação dos trabalhadores e empregadores nos colegiados dos órgãos públicos em que seus interesses profissionais ou previdenciários sejam objeto de discussão e deliberação.

Art. 11. Nas empresas de mais de duzentos empregados, é assegurada a eleição de um representante destes com a finalidade exclusiva de promover-lhes o entendimento direto com os empregadores.

CAPÍTULO III

Da nacionalidade

Art. 12. São brasileiros:

I. natos:

a) os nascidos na República Federativa do Brasil, ainda que de pais estrangeiros, desde que estes não estejam a serviço de seu país;

b) os nascidos no estrangeiro, de pai brasileiro ou mãe brasileira, desde que qualquer deles esteja a serviço da República Federativa do Brasil;

c) os nascidos no estrangeiro de pai brasileiro ou de mãe brasileira, desde que sejam registrados em repartição brasileira competente ou venham a residir na República Federativa do Brasil e optem, em qualquer tempo, depois de atingida a maioridade, pela nacionalidade brasileira;

II. naturalizados:

a) os que, na forma da lei, adquiram a nacionalidade brasileira, exigidas aos originários de países de língua portuguesa apenas residência por um ano ininterrupto e idoneidade moral;

b) os estrangeiros de qualquer nacionalidade, residentes na República Federativa do Brasil há mais de quinze anos ininterruptos e sem condenação penal, desde que requeiram a nacionalidade brasileira.

§ 1º Aos portugueses com residência permanente no País, se houver reciprocidade em favor de brasileiros, serão atribuídos os direitos inerentes ao brasileiro, salvo os casos previstos nesta Constituição.

§ 2º A lei não poderá estabelecer distinção entre brasileiros natos e naturalizados, salvo nos casos previstos nesta Constituição.

§ 3º São privativos de brasileiro nato os cargos:
I. de Presidente e Vice-Presidente da República;
II. de Presidente da Câmara dos Deputados;
III. de Presidente do Senado Federal;
IV. de Ministro do Supremo Tribunal Federal;
V. da carreira diplomática;
VI. de oficial das Forças Armadas.
VII. de Ministro de Estado da Defesa

§ 4º Será declarada a perda da nacionalidade do brasileiro que:
I. tiver cancelada sua naturalização, por sentença judicial, em virtude de atividade nociva ao interesse nacional;
II. adquirir outra nacionalidade, salvo nos casos:
a) de reconhecimento de nacionalidade originária pela lei estrangeira;
b) de imposição de naturalização, pela norma estrangeira, ao brasileiro residente em estado estrangeiro, como condição para permanência em seu território ou para o exercício de direitos civis;

Art. 13. A língua portuguesa é o idioma oficial da República Federativa do Brasil.

§ 1º São símbolos da República Federativa do Brasil a bandeira, o hino, as armas e o selo nacionais.

§ 2º Os Estados, o Distrito Federal e os Municípios poderão ter símbolos próprios.

CAPÍTULO IV

Dos direitos políticos

Art. 14. A soberania popular será exercida pelo sufrágio universal e pelo voto direto e secreto, com valor igual para todos, e, nos termos da lei, mediante:
I. plebiscito;
II. referendo;
III. iniciativa popular.

§ 1º O alistamento eleitoral e o voto são:
I. obrigatórios para os maiores de dezoito anos;
II. facultativos para:
a) os analfabetos;
b) os maiores de setenta anos;
c) os maiores de dezesseis e menores de dezoito anos.

§ 2º Não podem alistar-se como eleitores os estrangeiros e, durante o período do serviço militar obrigatório, os conscritos.

§ 3º São condições de elegibilidade, na forma da lei:
I. a nacionalidade brasileira;
II. o pleno exercício dos direitos políticos;
III. o alistamento eleitoral;
IV. o domicílio eleitoral na circunscrição;
V. a filiação partidária;
VI. a idade mínima de:
a) trinta e cinco anos para Presidente e Vice-Presidente da República e Senador;
b) trinta anos para Governador e Vice-Governador de Estado e do Distrito Federal;
c) vinte e um anos para Deputado Federal, Deputado Estadual ou Distrital, Prefeito, Vice-Prefeito e juiz de paz;
d) dezoito anos para Vereador.

§ 4º São inelegíveis os inalistáveis e os analfabetos.

§ 5º O Presidente da República, os Governadores de Estado e do Distrito Federal, os Prefeitos e quem os houver sucedido, ou substituído no curso dos mandatos poderão ser reeleitos para um único período subsequente.

§ 6º Para concorrerem a outros cargos, o Presidente da República, os Governadores de Estado e do Distrito Federal e os Prefeitos devem renunciar aos respectivos mandatos até seis meses antes do pleito.

§ 7º São inelegíveis, no território de jurisdição do titular, o cônjuge e os parentes consanguíneos ou afins, até o segundo grau ou por adoção, do Presidente da República, de Governador de Estado ou Território, do Distrito Federal, de Prefeito ou de quem os haja substituído dentro dos seis meses anteriores ao pleito, salvo se já titular de mandato eletivo e candidato à reeleição.

§ 8º O militar alistável é elegível, atendidas as seguintes condições:
I. se contar menos de dez anos de serviço, deverá afastar-se da atividade;
II. se contar mais de dez anos de serviço, será agregado pela autoridade superior e, se eleito, passará automaticamente, no ato da diplomação, para a inatividade.

§ 9º Lei complementar estabelecerá outros casos de inelegibilidade e os prazos de sua cessação, a fim de proteger a probidade administrativa, a moralidade para exercício de mandato considerada vida pregressa do candidato, e a normalidade e legitimidade das eleições contra a influência do poder econômico ou o abuso do exercício de função, cargo ou emprego na administração direta ou indireta.

§ 10º O mandato eletivo poderá ser impugnado ante a Justiça Eleitoral no prazo de quinze dias contados da diplomação, instruída a ação com provas de abuso do poder econômico, corrupção ou fraude.

§ 11º A ação de impugnação de mandato tramitará em segredo de justiça, respondendo o autor, na forma da lei, se temerária ou de manifesta má-fé.

Art. 15. É vedada a cassação de direitos políticos, cuja perda ou suspensão só se dará nos casos de:
I. cancelamento da naturalização por sentença transitada em julgado;
II. incapacidade civil absoluta;
III. condenação criminal transitada em julgado, enquanto durarem seus efeitos;
IV. recusa de cumprir obrigação a todos imposta ou prestação alternativa, nos termos do art. 5º, VIII;
V. improbidade administrativa, nos termos do art. 37, § 4º.

Art. 16. A lei que alterar o processo eleitoral entrará em vigor na data de sua publicação, não se aplicando à eleição que ocorra até um ano da data de sua vigência.

CAPÍTULO V

Dos partidos políticos

Art. 17. É livre a criação, fusão, incorporação e extinção de partidos políticos, resguardados a soberania nacional, o regime democrático, o pluripartidarismo, os direitos fundamentais da pessoa humana e observados os seguintes preceitos:
I. caráter nacional;
II. proibição de recebimento de recursos financeiros de entidade ou governo estrangeiros ou de subordinação a estes;
III. prestação de contas à Justiça Eleitoral;
IV. funcionamento parlamentar de acordo com a lei.

§ 1º É assegurada aos partidos políticos autonomia para definir sua estrutura interna e estabelecer regras sobre escolha, formação e duração de seus órgãos permanentes e provisórios e sobre sua organização e funcionamento e para adotar os critérios de escolha e o regime de suas coligações nas eleições majoritárias, vedada a sua celebração nas eleições proporcionais, sem obrigatoriedade de vinculação entre as candidaturas em âmbito nacional, estadual, distrital ou municipal, devendo seus estatutos estabelecer normas de disciplina e fidelidade partidária.

§ 2º Os partidos políticos, após adquirirem personalidade jurídica, na forma da lei civil, registrarão seus estatutos no Tribunal Superior Eleitoral.

§ 3º Somente terão direito a recursos do fundo partidário e acesso gratuito ao rádio e à televisão, na forma da lei, os partidos políticos que alternativamente:
I. obtiverem, nas eleições para a Câmara dos Deputados, no mínimo, 3% (três por cento) dos votos válidos, distribuídos em pelo menos um terço das unidades da Federação, com um mínimo de 2% (dois por cento) dos votos válidos em cada uma delas; ou
II. tiverem elegido pelo menos quinze Deputados Federais distribuídos em pelo menos um terço das unidades da Federação.

§ 4º É vedada a utilização pelos partidos políticos de organização paramilitar.

§ 5º Ao eleito por partido que não preencher os requisitos previstos no § 3º deste artigo é assegurado o mandato e facultada a filiação, sem perda do mandato, a outro partido que os tenha atingido, não sendo essa filiação considerada para fins de distribuição dos recursos do fundo partidário e de acesso gratuito ao tempo de rádio e de televisão.

TÍTULO III

Da Organização do Estado

CAPÍTULO I

Da organização político-administrativa

Art. 18. A organização político-administrativa da República Federativa do Brasil compreende a União, os Estados, o Distrito Federal e os Municípios, todos autônomos, nos termos desta Constituição.

§ 1º Brasília é a Capital Federal.

§ 2º Os Territórios Federais integram a União, e sua criação, transformação em Estado ou reintegração ao Estado de origem serão reguladas em lei complementar.

§ 3º Os Estados podem incorporar-se entre si, subdividir-se ou desmembrar-se para se anexarem a outros, ou formarem novos Estados ou Territórios

Federais, mediante aprovação da população diretamente interessada, através de plebiscito, e do Congresso Nacional, por lei complementar.

§ 4º A criação, a incorporação, a fusão e o desmembramento de Municípios, far-se-ão por lei estadual, dentro do período determinado por Lei Complementar Federal, e dependerão de consulta prévia, mediante plebiscito, às populações dos Municípios envolvidos, após divulgação dos Estudos de Viabilidade Municipal, apresentados e publicados na forma da lei.

Art. 19. É vedado à União, aos Estados, ao Distrito Federal e aos Municípios:

I. estabelecer cultos religiosos ou igrejas, subvencioná-los, embaraçar-lhes o funcionamento ou manter com eles ou seus representantes relações de dependência ou aliança, ressalvada, na forma da lei, a colaboração de interesse público;

II. recusar fé aos documentos públicos;

III. criar distinções entre brasileiros ou preferências entre si.

CAPÍTULO II

Da União

Art. 20. São bens da União:

I. os que atualmente lhe pertencem e os que lhe vierem a ser atribuídos;

II. as terras devolutas indispensáveis à defesa das fronteiras, das fortificações e construções militares, das vias federais de comunicação e à preservação ambiental, definidas em lei;

III. os lagos, rios e quaisquer correntes de água em terrenos de seu domínio, ou que banhem mais de um Estado, sirvam de limites com outros países, ou se estendam a território estrangeiro ou dele provenham, bem como os terrenos marginais e as praias fluviais;

IV. as ilhas fluviais e lacustres nas zonas limítrofes com outros países; as praias marítimas; as ilhas oceânicas e as costeiras, excluídas, destas, as que contenham a sede de Municípios, exceto aquelas áreas afetadas ao serviço público e a unidade ambiental federal, e as referidas no art. 26, II;

V. os recursos naturais da plataforma continental e da zona econômica exclusiva;

VI. o mar territorial;

VII. os terrenos de marinha e seus acrescidos;

VIII. os potenciais de energia hidráulica;

IX. os recursos minerais, inclusive os do subsolo;

X. as cavidades naturais subterrâneas e os sítios arqueológicos e pré-históricos;

XI. as terras tradicionalmente ocupadas pelos índios.

§ 1º É assegurada, nos termos da lei, à União, aos Estados, ao Distrito Federal e aos Municípios a participação no resultado da exploração de petróleo ou gás natural, de recursos hídricos para fins de geração de energia elétrica e de outros recursos minerais no respectivo território, plataforma continental, mar territorial ou zona econômica exclusiva, ou compensação financeira por essa exploração. (**Redação dada pela Emenda Constitucional nº 102, de 2019**)

§ 2º A faixa de até cento e cinquenta quilômetros de largura, ao longo das fronteiras terrestres, designada como faixa de fronteira, é considerada fundamental para defesa do território nacional, e sua ocupação e utilização serão reguladas em lei.

Art. 21. Compete à União:

I. manter relações com Estados estrangeiros e participar de organizações internacionais;

II. declarar a guerra e celebrar a paz;

III. assegurar a defesa nacional;

IV. permitir, nos casos previstos em lei complementar, que forças estrangeiras transitem pelo território nacional ou nele permaneçam temporariamente;

V. decretar o estado de sítio, o estado de defesa e a intervenção federal;

VI. autorizar e fiscalizar a produção e o comércio de material bélico;

VII. emitir moeda;

VIII. administrar as reservas cambiais do País e fiscalizar as operações de natureza financeira, especialmente as de crédito, câmbio e capitalização, bem como as de seguros e de previdência privada;

IX. elaborar e executar planos nacionais e regionais de ordenação do território e de desenvolvimento econômico e social;

X. manter o serviço postal e o correio aéreo nacional;

XI. explorar, diretamente ou mediante autorização, concessão ou permissão, os serviços de telecomunicações, nos termos da lei, que disporá sobre a organização dos serviços, a criação de um órgão regulador e outros aspectos institucionais;

XII. explorar, diretamente ou mediante autorização, concessão ou permissão:

a) os serviços de radiodifusão sonora, e de sons e imagens;

b) os serviços e instalações de energia elétrica e o aproveitamento energético dos cursos de água,

em articulação com os Estados onde se situam os potenciais hidro energéticos;
c) a navegação aérea, aeroespacial e a infraestrutura aeroportuária;
d) os serviços de transporte ferroviário e aquaviário entre portos brasileiros e fronteiras nacionais, ou que transponham os limites de Estado ou Território;
e) os serviços de transporte rodoviário interestadual e internacional de passageiros;
f) os portos marítimos, fluviais e lacustres;
XIII. organizar e manter o Poder Judiciário, o Ministério Público do Distrito Federal e dos Territórios e a Defensoria Pública dos Territórios;
XIV. organizar e manter a polícia civil, a polícia penal, a polícia militar e o corpo de bombeiros militar do Distrito Federal, bem como prestar assistência financeira ao Distrito Federal para a execução de serviços públicos, por meio de fundo próprio; **(Redação dada pela Emenda Constitucional nº 104, de 2019)**
XV. organizar e manter os serviços oficiais de estatística, geografia, geologia e cartografia de âmbito nacional;
XVI. exercer a classificação, para efeito indicativo, de diversões públicas e de programas de rádio e televisão;
XVII. conceder anistia;
XVIII. planejar e promover a defesa permanente contra as calamidades públicas, especialmente as secas e as inundações;
XIX. instituir sistema nacional de gerenciamento de recursos hídricos e definir critérios de outorga de direitos de seu uso;
XX. instituir diretrizes para o desenvolvimento urbano, inclusive habitação, saneamento básico e transportes urbanos;
XXI. estabelecer princípios e diretrizes para o sistema nacional de viação;
XXII. executar os serviços de polícia marítima, aeroportuária e de fronteiras;
XXIII. explorar os serviços e instalações nucleares de qualquer natureza e exercer monopólio estatal sobre a pesquisa, a lavra, o enriquecimento e reprocessamento, a industrialização e o comércio de minérios nucleares e seus derivados, atendidos os seguintes princípios e condições:
a) toda atividade nuclear em território nacional somente será admitida para fins pacíficos e mediante aprovação do Congresso Nacional;
b) sob regime de permissão, são autorizadas a comercialização e a utilização de radioisótopos para a pesquisa e usos médicos, agrícolas e industriais;
c) sob regime de permissão, são autorizadas a produção, comercialização e utilização de radioisótopos de meia-vida igual ou inferior a duas horas;
d) a responsabilidade civil por danos nucleares independe da existência de culpa;
XXIV. organizar, manter e executar a inspeção do trabalho;
XXV. estabelecer as áreas e as condições para o exercício da atividade de garimpagem, em forma associativa.

Art. 22. Compete privativamente à União legislar sobre:
I. direito civil, comercial, penal, processual, eleitoral, agrário, marítimo, aeronáutico, espacial e do trabalho;
II. desapropriação;
III. requisições civis e militares, em caso de iminente perigo e em tempo de guerra;
IV. águas, energia, informática, telecomunicações e radiodifusão;
V. serviço postal;
VI. sistema monetário e de medidas, títulos e garantias dos metais;
VII. política de crédito, câmbio, seguros e transferência de valores;
VIII. comércio exterior e interestadual;
IX. diretrizes da política nacional de transportes;
X. regime dos portos, navegação lacustre, fluvial, marítima, aérea e aeroespacial;
XI. trânsito e transporte;
XII. jazidas, minas, outros recursos minerais e metalurgia;
XIII. nacionalidade, cidadania e naturalização;
XIV. populações indígenas;
XV. emigração e imigração, entrada, extradição e expulsão de estrangeiros;
XVI. organização do sistema nacional de emprego e condições para o exercício de profissões;
XVII. organização judiciária, do Ministério Público do Distrito Federal e dos Territórios e da Defensoria Pública dos Territórios, bem como organização administrativa destes;
XVIII. sistema estatístico, sistema cartográfico e de geologia nacionais;
XIX. sistemas de poupança, captação e garantia da poupança popular;

XX. sistemas de consórcios e sorteios;
XXI. normas gerais de organização, efetivos, material bélico, garantias, convocação, mobilização, inatividades e pensões das polícias militares e dos corpos de bombeiros militares; **(Redação dada pela Emenda Constitucional nº 103, de 2019)**
XXII. competência da polícia federal e das polícias rodoviária e ferroviária federais;
XXIII. seguridade social;
XXIV. diretrizes e bases da educação nacional;
XXV. registros públicos;
XXVI. atividades nucleares de qualquer natureza;
XXVII. normas gerais de licitação e contratação, em todas as modalidades, para as administrações públicas diretas, autárquicas e fundacionais da União, Estados, Distrito Federal e Municípios, obedecido o disposto no art. 37, XXI, e para as empresas públicas e sociedades de economia mista, nos termos do art. 173, § 1º, III;
XXVIII. defesa territorial, defesa aeroespacial, defesa marítima, defesa civil e mobilização nacional;
XXIX. propaganda comercial.
Parágrafo único. Lei complementar poderá autorizar os Estados a legislar sobre questões específicas das matérias relacionadas neste artigo.
Art. 23. É competência comum da União, dos Estados, do Distrito Federal e dos Municípios:
I. zelar pela guarda da Constituição, das leis e das instituições democráticas e conservar o patrimônio público;
II. cuidar da saúde e assistência pública, da proteção e garantia das pessoas portadoras de deficiência;
III. proteger os documentos, as obras e outros bens de valor histórico, artístico e cultural, os monumentos, as paisagens naturais notáveis e os sítios arqueológicos;
IV. impedir a evasão, a destruição e a descaracterização de obras de arte e de outros bens de valor histórico, artístico ou cultural;
V. proporcionar os meios de acesso à cultura, à educação, à ciência, à tecnologia, à pesquisa e à inovação;
VI. proteger o meio ambiente e combater a poluição em qualquer de suas formas;
VII. preservar as florestas, a fauna e a flora;
VIII. fomentar a produção agropecuária e organizar o abastecimento alimentar;
IX. promover programas de construção de moradias e a melhoria das condições habitacionais e de saneamento básico;
X. combater as causas da pobreza e os fatores de marginalização, promovendo a integração social dos setores desfavorecidos;
XI. registrar, acompanhar e fiscalizar as concessões de direitos de pesquisa e exploração de recursos hídricos e minerais em seus territórios;
XII. estabelecer e implantar política de educação para a segurança do trânsito.
Parágrafo único. Leis complementares fixarão normas para a cooperação entre a União e os Estados, o Distrito Federal e os Municípios, tendo em vista o equilíbrio do desenvolvimento e do bem-estar em âmbito nacional.
Art. 24. Compete à União, aos Estados e ao Distrito Federal legislar concorrentemente sobre:
I. direito tributário, financeiro, penitenciário, econômico e urbanístico; **(Vide Lei nº 13.874, de 2019)**
II. orçamento;
III. juntas comerciais;
IV. custas dos serviços forenses;
V. produção e consumo;
VI. florestas, caça, pesca, fauna, conservação da natureza, defesa do solo e dos recursos naturais, proteção do meio ambiente e controle da poluição;
VII. proteção ao patrimônio histórico, cultural, artístico, turístico e paisagístico;
VIII. responsabilidade por dano ao meio ambiente, ao consumidor, a bens e direitos de valor artístico, estético, histórico, turístico e paisagístico;
IX. educação, cultura, ensino, desporto, ciência, tecnologia, pesquisa, desenvolvimento e inovação;
X. criação, funcionamento e processo do juizado de pequenas causas;
XI. procedimentos em matéria processual;
XII. previdência social, proteção e defesa da saúde;
XIII. assistência jurídica e Defensoria pública;
XIV. proteção e integração social das pessoas portadoras de deficiência;
XV. proteção à infância e à juventude;
XVI. organização, garantias, direitos e deveres das polícias civis.
§ 1º No âmbito da legislação concorrente, a competência da União limitar-se-á a estabelecer normas gerais. **(Vide Lei nº 13.874, de 2019)**
§ 2º A competência da União para legislar sobre normas gerais não exclui a competência suplementar dos Estados. **(Vide Lei nº 13.874, de 2019)**
§ 3º Inexistindo lei federal sobre normas gerais, os Estados exercerão a competência legislativa plena,

para atender a suas peculiaridades. **(Vide Lei nº 13.874, de 2019)**
§ 4º A superveniência de lei federal sobre normas gerais suspende a eficácia da lei estadual, no que lhe for contrário. **(Vide Lei nº 13.874, de 2019)**

CAPÍTULO III
Dos Estados Federados

Art. 25. Os Estados organizam-se e regem-se pelas Constituições e leis que adotarem, observados os princípios desta Constituição.
§ 1º São reservadas aos Estados as competências que não lhes sejam vedadas por esta Constituição.
§ 2º Cabe aos Estados explorar diretamente, ou mediante concessão, os serviços locais de gás canalizado, na forma da lei, vedada a edição de medida provisória para a sua regulamentação.
§ 3º Os Estados poderão, mediante lei complementar, instituir regiões metropolitanas, aglomerações urbanas e microrregiões, constituídas por agrupamentos de municípios limítrofes, para integrar a organização, o planejamento e a execução de funções públicas de interesse comum.

Art. 26. Incluem-se entre os bens dos Estados:
I. as águas superficiais ou subterrâneas, fluentes, emergentes e em depósito, ressalvadas, neste caso, na forma da lei, as decorrentes de obras da União;
II. as áreas, nas ilhas oceânicas e costeiras, que estiverem no seu domínio, excluídas aquelas sob domínio da União, Municípios ou terceiros;
III. as ilhas fluviais e lacustres não pertencentes à União;
IV. as terras devolutas não compreendidas entre as da União.

Art. 27. O número de Deputados à Assembleia Legislativa corresponderá ao triplo da representação do Estado na Câmara dos Deputados e, atingido o número de trinta e seis, será acrescido de tantos quantos forem os Deputados Federais acima de doze.
§ 1º Será de quatro anos o mandato dos Deputados Estaduais, aplicando sê-lhes as regras desta Constituição sobre sistema eleitoral, inviolabilidade, imunidades, remuneração, perda de mandato, licença, impedimentos e incorporação às Forças Armadas.
§ 2º O subsídio dos Deputados Estaduais será fixado por lei de iniciativa da Assembleia Legislativa, na razão de, no máximo, setenta e cinco por cento daquele estabelecido, em espécie, para os Deputados Federais, observado o que dispõem os arts. 39, § 4º, 57, § 7º, 150, II, 153, III, e 153, § 2º, I.
§ 3º Compete às Assembleias Legislativas dispor sobre seu regimento interno, polícia e serviços administrativos de sua secretaria, e prover os respectivos cargos.
§ 4º A lei disporá sobre a iniciativa popular no processo legislativo estadual.

Art. 28. A eleição do Governador e do Vice-Governador de Estado, para mandato de quatro anos, realizar-se-á no primeiro domingo de outubro, em primeiro turno, e no último domingo de outubro, em segundo turno, se houver, do ano anterior ao do término do mandato de seus antecessores, e a posse ocorrerá em primeiro de janeiro do ano subsequente, observado, quanto ao mais, o disposto no art. 77.
§ 1º Perderá o mandato o Governador que assumir outro cargo ou função na administração pública direta ou indireta, ressalvada a posse em virtude de concurso público e observado o disposto no art. 38, I, IV e V.
§ 2º Os subsídios do Governador, do Vice-Governador e dos Secretários de Estado serão fixados por lei de iniciativa da Assembleia Legislativa, observado o que dispõem os arts. 37, XI, 39, § 4º, 150, II, 153, III, e 153, § 2º, I.

CAPÍTULO IV
Dos Municípios

Art. 29. O Município reger-se-á por lei orgânica, votada em dois turnos, com o interstício mínimo de dez dias, e aprovada por dois terços dos membros da Câmara Municipal, que a promulgará, atendidos os princípios estabelecidos nesta Constituição, na Constituição do respectivo Estado e os seguintes preceitos:
I. eleição do Prefeito, do Vice-Prefeito e dos Vereadores, para mandato de quatro anos, mediante pleito direto e simultâneo realizado em todo o País;
II. eleição do Prefeito e do Vice-Prefeito realizada no primeiro domingo de outubro do ano anterior ao término do mandato dos que devam suceder, aplicadas as regras do art. 77, no caso de Municípios com mais de duzentos mil eleitores;
III. posse do Prefeito e do Vice-Prefeito no dia 1º de janeiro do ano subsequente ao da eleição;
IV. para a composição das Câmaras Municipais, será observado o limite máximo de: **(Vide ADIN 4307)**
a) 9 (nove) Vereadores, nos Municípios de até 15.000 (quinze mil) habitantes;

b) 11 (onze) Vereadores, nos Municípios de mais de 15.000 (quinze mil) habitantes e de até 30.000 (trinta mil) habitantes;
c) 13 (treze) Vereadores, nos Municípios com mais de 30.000 (trinta mil) habitantes e de até 50.000 (cinquenta mil) habitantes;
d) 15 (quinze) Vereadores, nos Municípios de mais de 50.000 (cinquenta mil) habitantes e de até 80.000 (oitenta mil) habitantes;
e) 17 (dezessete) Vereadores, nos Municípios de mais de 80.000 (oitenta mil) habitantes e de até 120.000 (cento e vinte mil) habitantes;
f) 19 (dezenove) Vereadores, nos Municípios de mais de 120.000 (cento e vinte mil) habitantes e de até 160.000 (cento sessenta mil) habitantes;
g) 21 (vinte e um) Vereadores, nos Municípios de mais de 160.000 (cento e sessenta mil) habitantes e de até 300.000 (trezentos mil) habitantes;
h) 23 (vinte e três) Vereadores, nos Municípios de mais de 300.000 (trezentos mil) habitantes e de até 450.000 (quatrocentos e cinquenta mil) habitantes;
i) 25 (vinte e cinco) Vereadores, nos Municípios de mais de 450.000 (quatrocentos e cinquenta mil) habitantes e de até 600.000 (seiscentos mil) habitantes;
j) 27 (vinte e sete) Vereadores, nos Municípios de mais de 600.000 (seiscentos mil) habitantes e de até 750.000 (setecentos cinquenta mil) habitantes;
k) 29 (vinte e nove) Vereadores, nos Municípios de mais de 750.000 (setecentos cinquenta mil) habitantes e de até 900.000 (novecentos mil) habitantes;
l) 31 (trinta e um) Vereadores, nos Municípios de mais de 900.000 (novecentos mil) habitantes e de até 1.050.000 (um milhão e cinquenta mil) habitantes;
m) 33 (trinta e três) Vereadores, nos Municípios de mais de 1.050.000 (um milhão e cinquenta mil) habitantes e de até 1.200.000 (um milhão e duzentos mil) habitantes;
n) 35 (trinta e cinco) Vereadores, nos Municípios de mais de 1.200.000 (um milhão e duzentos mil) habitantes e de até 1.350.000 (um milhão e trezentos e cinquenta mil) habitantes;
o) 37 (trinta e sete) Vereadores, nos Municípios de 1.350.000 (um milhão e trezentos e cinquenta mil) habitantes e de até 1.500.000 (um milhão e quinhentos mil) habitantes;
p) 39 (trinta e nove) Vereadores, nos Municípios de mais de 1.500.000 (um milhão e quinhentos mil) habitantes e de até 1.800.000 (um milhão e oitocentos mil) habitantes;
q) 41 (quarenta e um) Vereadores, nos Municípios de mais de 1.800.000 (um milhão e oitocentos mil) habitantes e de até 2.400.000 (dois milhões e quatrocentos mil) habitantes;
r) 43 (quarenta e três) Vereadores, nos Municípios de mais de 2.400.000 (dois milhões e quatrocentos mil) habitantes e de até 3.000.000 (três milhões) de habitantes;
s) 45 (quarenta e cinco) Vereadores, nos Municípios de mais de 3.000.000 (três milhões) de habitantes e de até 4.000.000 (quatro milhões) de habitantes;
t) 47 (quarenta e sete) Vereadores, nos Municípios de mais de 4.000.000 (quatro milhões) de habitantes e de até 5.000.000 (cinco milhões) de habitantes;
u) 49 (quarenta e nove) Vereadores, nos Municípios de mais de 5.000.000 (cinco milhões) de habitantes e de até 6.000.000 (seis milhões) de habitantes;
v) 51 (cinquenta e um) Vereadores, nos Municípios de mais de 6.000.000 (seis milhões) de habitantes e de até 7.000.000 (sete milhões) de habitantes;
w) 53 (cinquenta e três) Vereadores, nos Municípios de mais de 7.000.000 (sete milhões) de habitantes e de até 8.000.000 (oito milhões) de habitantes; e
x) 55 (cinquenta e cinco) Vereadores, nos Municípios de mais de 8.000.000 (oito milhões) de habitantes;
V. subsídios do Prefeito, do Vice-Prefeito e dos Secretários Municipais fixados por lei de iniciativa da Câmara Municipal, observado o que dispõem os arts. 37, XI, 39, § 4º, 150, II, 153, III, e 153, § 2º, I;
VI. o subsídio dos Vereadores será fixado pelas respectivas Câmaras Municipais em cada legislatura para a subsequente, observado o que dispõe esta Constituição, observados os critérios estabelecidos na respectiva Lei Orgânica e os seguintes limites máximos:
a) em Municípios de até dez mil habitantes, o subsídio máximo dos Vereadores corresponderá a vinte por cento do subsídio dos Deputados Estaduais;
b) em Municípios de dez mil e um a cinquenta mil habitantes, o subsídio máximo dos Vereadores corresponderá a trinta por cento do subsídio dos Deputados Estaduais;
c) em Municípios de cinquenta mil e um a cem mil habitantes, o subsídio máximo dos Vereadores corresponderá a quarenta por cento do subsídio dos Deputados Estaduais;
d) em Municípios de cem mil e um a trezentos mil habitantes, o subsídio máximo dos Vereadores

corresponderá a cinquenta por cento do subsídio dos Deputados Estaduais;
e) em Municípios de trezentos mil e um a quinhentos mil habitantes, o subsídio máximo dos Vereadores corresponderá a sessenta por cento do subsídio dos Deputados Estaduais;
f) em Municípios de mais de quinhentos mil habitantes, o subsídio máximo dos Vereadores corresponderá a setenta e cinco por cento do subsídio dos Deputados Estaduais;

VII. o total da despesa com a remuneração dos Vereadores não poderá ultrapassar o montante de cinco por cento da receita do Município;

VIII. inviolabilidade dos Vereadores por suas opiniões, palavras e votos no exercício do mandato e na circunscrição do Município;

IX. proibições e incompatibilidades, no exercício da vereança, similares, no que couber, ao disposto nesta Constituição para os membros do Congresso Nacional e na Constituição do respectivo Estado para os membros da Assembleia Legislativa;

X. julgamento do Prefeito perante o Tribunal de Justiça;

XI. organização das funções legislativas e fiscalizadoras da Câmara Municipal;

XII. cooperação das associações representativas no planejamento municipal;

XIII. iniciativa popular de projetos de lei de interesse específico do Município, da cidade ou de bairros, através de manifestação de, pelo menos, cinco por cento do eleitorado; perda do mandato do Prefeito, nos termos do art. 28, Parágrafo único.

Art. 29-A. O total da despesa do Poder Legislativo Municipal, incluídos os subsídios dos Vereadores e excluídos os gastos com inativos, não poderá ultrapassar os seguintes percentuais, relativos ao somatório da receita tributária e das transferências previstas no § 5º do art. 153 e nos arts. 158 e 159, efetivamente realizado no exercício anterior: (Vide Emenda Constitucional nº 109, de 2021):

7% (sete por cento) para Municípios com população de até 100.000 (cem mil) habitantes;
6% (seis por cento) para Municípios com população entre 100.000 (cem mil) e 300.000 (trezentos mil) habitantes;
5% (cinco por cento) para Municípios com população entre 300.001 (trezentos mil e um) e 500.000 (quinhentos mil) habitantes;

XIV. 4,5% (quatro inteiros e cinco décimos por cento) para Municípios com população entre 500.001 (quinhentos mil e um) e 3.000.000 (três milhões) de habitantes;

XV. 4% (quatro por cento) para Municípios com população entre 3.000.001 (três milhões e um) e 8.000.000 (oito milhões) de habitantes;

XVI. 3,5% (três inteiros e cinco décimos por cento) para Municípios com população acima de 8.000.001 (oito milhões e um) habitantes.

§ 1º A Câmara Municipal não gastará mais de setenta por cento de sua receita com folha de pagamento, incluído o gasto com o subsídio de seus Vereadores.

§ 2º Constitui crime de responsabilidade do Prefeito Municipal:

I. efetuar repasse que supere os limites definidos neste artigo;

II. não enviar o repasse até o dia vinte de cada mês; ou

III. enviá-lo a menor em relação à proporção fixada na Lei Orçamentária.

§ 3º Constitui crime de responsabilidade do Presidente da Câmara Municipal o desrespeito ao § 1º deste artigo.

Art. 30. Compete aos Municípios:

I. legislar sobre assuntos de interesse local;

II. suplementar a legislação federal e a estadual no que couber;

III. instituir e arrecadar os tributos de sua competência, bem como aplicar suas rendas, sem prejuízo da obrigatoriedade de prestar contas e publicar balancetes nos prazos fixados em lei;

IV. criar, organizar e suprimir distritos, observada a legislação estadual;

V. organizar e prestar, diretamente ou sob regime de concessão ou permissão, os serviços públicos de interesse local, incluído o de transporte coletivo, que tem caráter essencial;

VI. manter, com a cooperação técnica e financeira da União e do Estado, programas de educação infantil e de ensino fundamental;

VII. prestar, com a cooperação técnica e financeira da União e do Estado, serviços de atendimento à saúde da população;

VIII. promover, no que couber, adequado ordenamento territorial, mediante planejamento e controle do uso, do parcelamento e da ocupação do solo urbano;

IX. promover a proteção do patrimônio histórico-cultural local, observada a legislação e a ação fiscalizadora federal e estadual.

Art. 31. A fiscalização do Município será exercida pelo Poder Legislativo Municipal, mediante controle externo, e pelos sistemas de controle interno do Poder Executivo Municipal, na forma da lei.

§ 1º O controle externo da Câmara Municipal será exercido com o auxílio dos Tribunais de Contas dos Estados ou do Município ou dos Conselhos ou Tribunais de Contas dos Municípios, onde houver.

§ 2º O parecer prévio, emitido pelo órgão competente sobre as contas que o Prefeito deve anualmente prestar, só deixará de prevalecer por decisão de dois terços dos membros da Câmara Municipal.

§ 3º As contas dos Municípios ficarão, durante sessenta dias, anualmente, à disposição de qualquer contribuinte, para exame e apreciação, o qual poderá questionar-lhes a legitimidade, nos termos da lei.

§ 4º É vedada a criação de Tribunais, Conselhos ou órgãos de Contas Municipais.

CAPÍTULO V
Do Distrito Federal e dos Territórios

SEÇÃO I
Do Distrito Federal

Art. 32. O Distrito Federal, vedada sua divisão em Municípios, reger- sê-a por lei orgânica, votada em dois turnos com interstício mínimo de dez dias, e aprovada por dois terços da Câmara Legislativa, que a promulgará, atendidos os princípios estabelecidos nesta Constituição.

§ 1º Ao Distrito Federal são atribuídas as competências legislativas reservadas aos Estados e Municípios.

§ 2º A eleição do Governador e do Vice-Governador, observadas as regras do art. 77, e dos Deputados Distritais coincidirá com a dos Governadores e Deputados Estaduais, para mandato de igual duração.

§ 3º Aos Deputados Distritais e à Câmara Legislativa aplica-se o disposto no art. 27.

§ 4º Lei federal disporá sobre a utilização, pelo Governo do Distrito Federal, da polícia civil, da polícia penal, da polícia militar e do corpo de bombeiros militar. **(Redação dada pela Emenda Constitucional nº 104, de 2019)**

SEÇÃO II
Dos Territórios

Art. 33. A lei disporá sobre a organização administrativa e judiciária dos Territórios.

§ 1º Os Territórios poderão ser divididos em Municípios, aos quais se aplicará, no que couber, o disposto no Capítulo IV deste Título.

§ 2º As contas do Governo do Território serão submetidas ao Congresso Nacional, com parecer prévio do Tribunal de Contas da União.

§ 3º Nos Territórios Federais com mais de cem mil habitantes, além do Governador nomeado na forma desta Constituição, haverá órgãos judiciários de primeira e segunda instância, membros do Ministério Público e defensores públicos federais; a lei disporá sobre as eleições para a Câmara Territorial e sua competência deliberativa.

CAPÍTULO VI
Da intervenção

Art. 34. A União não intervirá nos Estados nem no Distrito Federal, exceto para:

I. manter a integridade nacional;

II. repelir invasão estrangeira ou de uma unidade da Federação em outra;

III. pôr termo a grave comprometimento da ordem pública;

IV. garantir o livre exercício de qualquer dos Poderes nas unidades da Federação;

V. reorganizar as finanças da unidade da Federação que:

a) suspender o pagamento da dívida fundada por mais de dois anos consecutivos, salvo motivo de força maior;

b) deixar de entregar aos Municípios receitas tributárias fixadas nesta Constituição, dentro dos prazos estabelecidos em lei;

VI. prover a execução de lei federal, ordem ou decisão judicial;

VII. assegurar a observância dos seguintes princípios constitucionais:

a) forma republicana, sistema representativo e regime democrático;

b) direitos da pessoa humana;

c) autonomia municipal;

d) prestação de contas da administração pública, direta e indireta.

e) aplicação do mínimo exigido da receita resultante de impostos estaduais, compreendida a proveniente de transferências, na manutenção e desenvolvimento do ensino e nas ações e serviços públicos de saúde.

Art. 35. O Estado não intervirá em seus Municípios, nem a União nos Municípios localizados em Território Federal, exceto quando:

I. deixar de ser paga, sem motivo de força maior, por dois anos consecutivos, a dívida fundada;

II. não forem prestadas contas devidas, na forma da lei;

III. não tiver sido aplicado o mínimo exigido da receita municipal na manutenção e desenvolvimento do ensino e nas ações e serviços públicos de saúde;

IV. o Tribunal de Justiça der provimento a representação para assegurar a observância de princípios indicados na Constituição Estadual, ou para prover a execução de lei, de ordem ou de decisão judicial.

Art. 36. A decretação da intervenção dependerá:

I. no caso do art. 34, IV, de solicitação do Poder Legislativo ou do Poder Executivo coacto ou impedido, ou de requisição do Supremo Tribunal Federal, se a coação for exercida contra o Poder Judiciário;

II. no caso de desobediência a ordem ou decisão judiciária, de requisição do Supremo Tribunal Federal, do Superior Tribunal de Justiça ou do Tribunal Superior Eleitoral;

III. de provimento, pelo Supremo Tribunal Federal, de representação do Procurador-Geral da República, na hipótese do art. 34, VII, e no caso de recusa à execução de lei federal.

IV. (Revogado pela Emenda Constitucional nº 45, de 2004)

§ 1º O decreto de intervenção, que especificará a amplitude, o prazo e as condições de execução e que, se couber, nomeará o interventor, será submetido à apreciação do Congresso Nacional ou da Assembleia Legislativa do Estado, no prazo de vinte e quatro horas.

§ 2º Se não estiver funcionando o Congresso Nacional ou a Assembleia Legislativa, far-se-á convocação extraordinária, no mesmo prazo de vinte e quatro horas.

§ 3º Nos casos do art. 34, VI e VII, ou do art. 35, IV, dispensada a apreciação pelo Congresso Nacional ou pela Assembleia Legislativa, o decreto limitar-se-á a suspender a execução do ato impugnado, se essa medida bastar ao restabelecimento da normalidade.

§ 4º Cessados os motivos da intervenção, as autoridades afastadas de seus cargos a estes voltarão, salvo impedimento legal.

CAPÍTULO VII
Da Administração Pública

SEÇÃO I
Disposições gerais

Art. 37. A administração pública direta e indireta de qualquer dos Poderes da União, dos Estados, do Distrito Federal e dos Municípios obedecerá aos princípios de legalidade, impessoalidade, moralidade, publicidade e eficiência e, também, ao seguinte:

I. os cargos, empregos e funções públicas são acessíveis aos brasileiros que preencham os requisitos estabelecidos em lei, assim como aos estrangeiros, na forma da lei;

II. a investidura em cargo ou emprego público depende de aprovação prévia em concurso público de provas ou de provas e títulos, de acordo com a natureza e a complexidade do cargo ou emprego, na forma prevista em lei, ressalvadas as nomeações para cargo em comissão declarado em lei de livre nomeação e exoneração;

III. o prazo de validade do concurso público será de até dois anos, prorrogável uma vez, por igual período;

IV. durante o prazo improrrogável previsto no edital de convocação, aquele aprovado em concurso público de provas ou de provas e títulos será convocado com prioridade sobre novos concursados para assumir cargo ou emprego, na carreira;

V. as funções de confiança, exercidas exclusivamente por servidores ocupantes de cargo efetivo, e os cargos em comissão, a serem preenchidos por servidores de carreira nos casos, condições e percentuais mínimos previstos em lei, destinam-se apenas às atribuições de direção, chefia e assessoramento;

VI. é garantido ao servidor público civil o direito à livre associação sindical;

VII. o direito de greve será exercido nos termos e nos limites definidos em lei específica;

VIII. a lei reservará percentual dos cargos e empregos públicos para as pessoas portadoras de deficiência e definirá os critérios de sua admissão;

IX. a lei estabelecerá os casos de contratação por tempo determinado para atender a necessidade temporária de excepcional interesse público; **(Vide Emenda constitucional nº 106, de 2020)**

X. a remuneração dos servidores públicos e o subsídio de que trata o § 4º do art. 39 somente poderão ser fixados ou alterados por lei específica, observada a iniciativa privativa em cada caso, assegurada revisão geral anual, sempre na mesma data e sem distinção de índices;

XI. a remuneração e o subsídio dos ocupantes de cargos, funções e empregos públicos da administração direta, autárquica e fundacional, dos membros de qualquer dos Poderes da União, dos Estados, do Distrito Federal e dos Municípios, dos detentores de mandato eletivo e dos demais agentes políticos e os proventos, pensões ou outra espécie remuneratória, percebidos cumulativamente ou não, incluídas as vantagens pessoais ou de qualquer outra natureza, não poderão exceder o subsídio mensal, em espécie, dos Ministros do Supremo Tribunal Federal, aplicando-se como limite, nos Municípios, o subsídio do Prefeito, e nos Estados e no Distrito Federal, o subsídio mensal do Governador no âmbito do Poder Executivo, o subsídio dos Deputados Estaduais e Distritais no âmbito do Poder Legislativo e o subsídio dos Desembargadores do Tribunal de Justiça, limitado a noventa inteiros e vinte e cinco centésimos por cento do subsídio mensal, em espécie, dos Ministros do Supremo Tribunal Federal, no âmbito do Poder Judiciário, aplicável este limite aos membros do Ministério Público, aos Procuradores e aos Defensores Públicos;

XII. os vencimentos dos cargos do Poder Legislativo e do Poder Judiciário não poderão ser superiores aos pagos pelo Poder Executivo;

XIII. é vedada a vinculação ou equiparação de quaisquer espécies remuneratórias para o efeito de remuneração de pessoal do serviço público;

XIV. os acréscimos pecuniários percebidos por servidor público não serão computados nem acumulados para fins de concessão de acréscimos ulteriores;

XV. o subsídio e os vencimentos dos ocupantes de cargos e empregos públicos são irredutíveis, ressalvado o disposto nos incisos XI e XIV deste artigo e nos arts. 39, § 4º, 150, II, 153, III, e 153, § 2º, I;

XVI. é vedada a acumulação remunerada de cargos públicos, exceto, quando houver compatibilidade de horários, observado em qualquer caso o disposto no inciso XI:

a) a de dois cargos de professor;

b) a de um cargo de professor com outro técnico ou científico;

c) a de dois cargos ou empregos privativos de profissionais de saúde, com profissões regulamentadas;

XVII. a proibição de acumular estende-se a empregos e funções e abrange autarquias, fundações, empresas públicas, sociedades de economia mista, suas subsidiárias, e sociedades controladas, direta ou indiretamente, pelo poder público;

XVIII. a administração fazendária e seus servidores fiscais terão, dentro de suas áreas de competência e jurisdição, precedência sobre os demais setores administrativos, na forma da lei;

XIX. somente por lei específica poderá ser criada autarquia e autorizada a instituição de empresa pública, de sociedade de economia mista e de fundação, cabendo à lei complementar, neste último caso, definir as áreas de sua atuação;

XX. depende de autorização legislativa, em cada caso, a criação de subsidiárias das entidades mencionadas no inciso anterior, assim como a participação de qualquer delas em empresa privada;

XXI. ressalvados os casos especificados na legislação, as obras, serviços, compras e alienações serão contratados mediante processo de licitação pública que assegure igualdade de condições a todos os concorrentes, com cláusulas que estabeleçam obrigações de pagamento, mantidas as condições efetivas da proposta, nos termos da lei, o qual somente permitirá as exigências de qualificação técnica e econômica indispensáveis à garantia do cumprimento das obrigações.

XXII. as administrações tributárias da União, dos Estados, do Distrito Federal e dos Municípios, atividades essenciais ao funcionamento do Estado, exercidas por servidores de carreiras específicas, terão recursos prioritários para a realização de suas atividades e atuarão de forma integrada, inclusive com o compartilhamento de cadastros e de informações fiscais, na forma da lei ou convênio.

§ 1º A publicidade dos atos, programas, obras, serviços e campanhas dos órgãos públicos deverá ter caráter educativo, informativo ou de orientação social, dela não podendo constar nomes, símbolos ou imagens que caracterizem promoção pessoal de autoridades ou servidores públicos.

§ 2º A não observância do disposto nos incisos II e III implicará a nulidade do ato e a punição da autoridade responsável, nos termos da lei.

§ 3º A lei disciplinará as formas de participação do usuário na administração pública direta e indireta, regulando especialmente:

I. as reclamações relativas à prestação dos serviços públicos em geral, asseguradas a manutenção de serviços de atendimento ao usuário e a avaliação periódica, externa e interna, da qualidade dos serviços;

II. o acesso dos usuários a registros administrativos e a informações sobre atos de governo, observado o disposto no art. 5º, X e XXXIII;

III. a disciplina da representação contra o exercício negligente ou abusivo de cargo, emprego ou função na administração pública.

§ 4º Os atos de improbidade administrativa importarão a suspensão dos direitos políticos, a perda da função pública, a indisponibilidade dos bens e o ressarcimento ao erário, na forma e gradação previstas em lei, sem prejuízo da ação penal cabível.

§ 5º A lei estabelecerá os prazos de prescrição para ilícitos praticados por qualquer agente, servidor ou não, que causem prejuízos ao erário, ressalvadas as respectivas ações de ressarcimento.

§ 6º As pessoas jurídicas de direito público e as de direito privado prestadoras de serviços públicos responderão pelos danos que seus agentes, nessa qualidade, causarem a terceiros, assegurado o direito de regresso contra o responsável nos casos de dolo ou culpa.

§ 7º A lei disporá sobre os requisitos e as restrições ao ocupante de cargo ou emprego da administração direta e indireta que possibilite o acesso a informações privilegiadas.

§ 8º A autonomia gerencial, orçamentária e financeira dos órgãos e entidades da administração direta e indireta poderá ser ampliada mediante contrato, a ser firmado entre seus administradores e o poder público, que tenha por objeto a fixação de metas de desempenho para o órgão ou entidade, cabendo à lei dispor sobre:

I. o prazo de duração do contrato;

II. os controles e critérios de avaliação de desempenho, direitos, obrigações e responsabilidade dos dirigentes;

III. a remuneração do pessoal."

§ 9º O disposto no inciso XI aplica-se às empresas públicas e às sociedades de economia mista, e suas subsidiárias, que receberem recursos da União, dos Estados, do Distrito Federal ou dos Municípios para pagamento de despesas de pessoal ou de custeio em geral.

§ 10º É vedada a percepção simultânea de proventos de aposentadoria decorrentes do art. 40 ou dos arts. 42 e 142 com a remuneração de cargo, emprego ou função pública, ressalvados os cargos acumuláveis na forma desta Constituição, os cargos eletivos e os cargos em comissão declarados em lei de livre nomeação e exoneração.

§ 11º Não serão computadas, para efeito dos limites remuneratórios de que trata o inciso XI do caput deste artigo, as parcelas de caráter indenizatório previstas em lei.

§ 12º Para os fins do disposto no inciso XI do caput deste artigo, fica facultado aos Estados e ao Distrito Federal fixar, em seu âmbito, mediante emenda às respectivas Constituições e Lei Orgânica, como limite único, o subsídio mensal dos Desembargadores do respectivo Tribunal de Justiça, limitado a noventa inteiros e vinte e cinco centésimos por cento do subsídio mensal dos Ministros do Supremo Tribunal Federal, não se aplicando o disposto neste parágrafo aos subsídios dos Deputados Estaduais e Distritais e dos Vereadores.

§ 13º O servidor público titular de cargo efetivo poderá ser readaptado para exercício de cargo cujas atribuições e responsabilidades sejam compatíveis com a limitação que tenha sofrido em sua capacidade física ou mental, enquanto permanecer nesta condição, desde que possua a habilitação e o nível de escolaridade exigidos para o cargo de destino, mantida a remuneração do cargo de origem. **(Incluído pela Emenda Constitucional nº 103, de 2019)**

§ 14º A aposentadoria concedida com a utilização de tempo de contribuição decorrente de cargo, emprego ou função pública, inclusive do Regime Geral de Previdência Social, acarretará o rompimento do vínculo que gerou o referido tempo de contribuição. **(Incluído pela Emenda Constitucional nº 103, de 2019)**

§ 15º É vedada a complementação de aposentadorias de servidores públicos e de pensões por morte a seus dependentes que não seja decorrente do disposto nos §§ 14 a 16 do art. 40 ou que não seja prevista em lei que extinga regime próprio de previdência social. **(Incluído pela Emenda Constitucional nº 103, de 2019)**

§ 16º Os órgãos e entidades da administração pública, individual ou conjuntamente, devem realizar avaliação das políticas públicas, inclusive com divulgação do objeto a ser avaliado e dos resultados alcançados, na forma da lei. **(Incluído pela Emenda Constitucional nº 109, de 2021)**

Art. 38. Ao servidor público da administração direta, autárquica e fundacional, no exercício de mandato eletivo, aplicam-se as seguintes disposições:

I. tratando-se de mandato eletivo federal, estadual ou distrital, ficará afastado de seu cargo, emprego ou função;

II. investido no mandato de Prefeito, será afastado do cargo, emprego ou função, sendo-lhe facultado optar pela sua remuneração;

III. investido no mandato de Vereador, havendo compatibilidade de horários, perceberá as vantagens de seu cargo, emprego ou função, sem prejuízo da remuneração do cargo eletivo, e, não havendo compatibilidade, será aplicada a norma do inciso anterior;

IV. em qualquer caso que exija o afastamento para o exercício de mandato eletivo, seu tempo de serviço será contado para todos os efeitos legais, exceto para promoção por merecimento;

V. na hipótese de ser segurado de regime próprio de previdência social, permanecerá filiado a esse regime, no ente federativo de origem. **(Redação dada pela Emenda Constitucional nº 103, de 2019)**

SEÇÃO II
Dos servidores públicos

Art. 39. A União, os Estados, o Distrito Federal e os Municípios instituirão, no âmbito de sua competência, regime jurídico único e planos de carreira para os servidores da administração pública direta, das autarquias e das fundações públicas. (Vide ADIN nº 2.135-4)

Art. 39. A União, os Estados, o Distrito Federal e os Municípios instituirão conselho de política de administração e remuneração de pessoal, integrado por servidores designados pelos respectivos Poderes

§ 1º A fixação dos padrões de vencimento e dos demais componentes do sistema remuneratório observará:

I. a natureza, o grau de responsabilidade e a complexidade dos cargos componentes de cada carreira;

II. os requisitos para a investidura;

III. as peculiaridades dos cargos.

§ 2º A União, os Estados e o Distrito Federal manterão escolas de governo para a formação e o aperfeiçoamento dos servidores públicos, constituindo-se a participação nos cursos um dos requisitos para a promoção na carreira, facultada, para isso, a celebração de convênios ou contratos entre os entes federados.

§ 3º Aplica-se aos servidores ocupantes de cargo público o disposto no art. 7º, IV, VII, VIII, IX, XII, XIII, XV, XVI, XVII, XVIII, XIX, XX, XXII e XXX, podendo a lei estabelecer requisitos diferenciados de admissão quando a natureza do cargo o exigir.

§ 4º O membro de Poder, o detentor de mandato eletivo, os Ministros de Estado e os Secretários Estaduais e Municipais serão remunerados exclusivamente por subsídio fixado em parcela única, vedado o acréscimo de qualquer gratificação, adicional, abono, prêmio, verba de representação ou outra espécie remuneratória, obedecido, em qualquer caso, o disposto no art. 37, X e XI.

§ 5º Lei da União, dos Estados, do Distrito Federal e dos Municípios poderá estabelecer a relação entre a maior e a menor remuneração dos servidores públicos, obedecido, em qualquer caso, o disposto no art. 37, XI.

§ 6º Os Poderes Executivo, Legislativo e Judiciário publicarão anualmente os valores do subsídio e da remuneração dos cargos e empregos públicos.

§ 7º Lei da União, dos Estados, do Distrito Federal e dos Municípios disciplinará a aplicação de recursos orçamentários provenientes da economia com despesas correntes em cada órgão, autarquia e fundação, para aplicação no desenvolvimento de programas de qualidade e produtividade, treinamento e desenvolvimento, modernização, reaparelhamento e racionalização do serviço público, inclusive sob a forma de adicional ou prêmio de produtividade.

§ 8º A remuneração dos servidores públicos organizados em carreira poderá ser fixada nos termos do § 4º.

§ 9º É vedada a incorporação de vantagens de caráter temporário ou vinculadas ao exercício de função de confiança ou de cargo em comissão à remuneração do cargo efetivo. **(Incluído pela Emenda Constitucional nº 103, de 2019)**

Art. 40. O regime próprio de previdência social dos servidores titulares de cargos efetivos terá caráter contributivo e solidário, mediante contribuição do respectivo ente federativo, de servidores ativos, de aposentados e de pensionistas, observados critérios que preservem o equilíbrio financeiro e atuarial. **(Redação dada pela Emenda Constitucional nº 103, de 2019)**

§ 1º O servidor abrangido por regime próprio de previdência social será aposentado: **(Redação dada pela Emenda Constitucional nº 103, de 2019)**

I. por incapacidade permanente para o trabalho, no cargo em que estiver investido, quando insuscetível de readaptação, hipótese em que será obrigatória a realização de avaliações periódicas para verificação da continuidade das condições que ensejaram a concessão da aposentadoria, na forma de lei do respectivo ente federativo; **(Redação dada pela Emenda Constitucional nº 103, de 2019)** compulsoriamente, com proventos proporcionais ao tempo de contribuição, aos 70 (setenta) anos de idade, ou aos 75 (setenta e cinco) anos de idade, na forma de lei complementar;

II. no âmbito da União, aos 62 (sessenta e dois) anos de idade, se mulher, e aos 65 (sessenta e cinco) anos de idade, se homem, e, no âmbito dos Estados, do Distrito Federal e dos Municípios, na idade mínima estabelecida mediante emenda às respectivas Constituições e Leis Orgânicas, observados o tempo de contribuição e os demais requisitos estabelecidos em lei complementar do respectivo ente federativo. **(Redação dada pela Emenda Constitucional nº 103, de 2019)**

§ 2º Os proventos de aposentadoria não poderão ser inferiores ao valor mínimo a que se refere o § 2º do art. 201 ou superiores ao limite máximo estabelecido para o Regime Geral de Previdência Social, observado o disposto nos §§ 14 a 16º **(Redação dada pela Emenda Constitucional nº 103, de 2019)**

§ 3º As regras para cálculo de proventos de aposentadoria serão disciplinadas em lei do respectivo ente federativo. **(Redação dada pela Emenda Constitucional nº 103, de 2019)**

§ 4º É vedada a adoção de requisitos ou critérios diferenciados para concessão de benefícios em regime próprio de previdência social, ressalvado o disposto nos §§ 4º-A, 4º-B, 4º-C e 5º. **(Redação dada pela Emenda Constitucional nº 103, de 2019)**

§ 4º-A. Poderão ser estabelecidos por lei complementar do respectivo ente federativo idade e tempo de contribuição diferenciados para aposentadoria de servidores com deficiência, previamente submetidos a avaliação biopsicossocial realizada por equipe multiprofissional e interdisciplinar. **(Incluído pela Emenda Constitucional nº 103, de 2019)**

§ 4º-B. Poderão ser estabelecidos por lei complementar do respectivo ente federativo idade e tempo de contribuição diferenciados para aposentadoria de ocupantes do cargo de agente penitenciário, de agente socioeducativo ou de policial dos órgãos de que tratam o inciso IV do caput do art. 51, o inciso XIII do caput do art. 52 e os incisos I a IV do caput do art. 144º **(Incluído pela Emenda Constitucional nº 103, de 2019)**

§ 4º-C. Poderão ser estabelecidos por lei complementar do respectivo ente federativo idade e tempo de contribuição diferenciados para aposentadoria de servidores cujas atividades sejam exercidas com efetiva exposição a agentes químicos, físicos e biológicos prejudiciais à saúde, ou associação desses agentes, vedada a caracterização por categoria profissional ou ocupação. **(Incluído pela Emenda Constitucional nº 103, de 2019)**

§ 5º Os ocupantes do cargo de professor terão idade mínima reduzida em 5 (cinco) anos em relação às idades decorrentes da aplicação do disposto no inciso III do § 1º, desde que comprovem tempo de efetivo exercício das funções de magistério na educação infantil e no ensino fundamental e médio fixado em lei complementar do respectivo ente federativo. **(Redação dada pela Emenda Constitucional nº 103, de 2019)**

§ 6º Ressalvadas as aposentadorias decorrentes dos cargos acumuláveis na forma desta Constituição, é vedada a percepção de mais de uma aposentadoria à conta de regime próprio de previdência social, aplicando-se outras vedações, regras e condições para a acumulação de benefícios previdenciários estabelecidas no Regime Geral de Previdência Social. **(Redação dada pela Emenda Constitucional nº 103, de 2019)**

§ 7º Observado o disposto no § 2º do art. 201, quando se tratar da única fonte de renda formal auferida pelo dependente, o benefício de pensão por morte será concedido nos termos de lei do respectivo ente federativo, a qual tratará de forma diferenciada a hipótese de morte dos servidores de que trata o § 4º-B decorrente de agressão sofrida no exercício ou em razão da função. **(Redação dada pela Emenda Constitucional nº 103, de 2019)**

§ 8º É assegurado o reajustamento dos benefícios para preservar-lhes, em caráter permanente, o valor real, conforme critérios estabelecidos em lei.

§ 9º O tempo de contribuição federal, estadual, distrital ou municipal será contado para fins de aposentadoria, observado o disposto nos §§ 9º e 9º-A do art. 201, e o tempo de serviço correspondente será contado para fins de disponibilidade. **(Redação dada pela Emenda Constitucional nº 103, de 2019)**

§ 10º A lei não poderá estabelecer qualquer forma de contagem de tempo de contribuição fictício.

§ 11º Aplica-se o limite fixado no art. 37, XI, à soma total dos proventos de inatividade, inclusive quando decorrentes da acumulação de cargos ou empregos públicos, bem como de outras atividades sujeitas a contribuição para o regime geral de previdência social, e ao montante resultante da adição de proventos de inatividade com remuneração de cargo acumulável na forma desta Constituição, cargo em comissão declarado em lei de livre nomeação e exoneração, e de cargo eletivo.

§ 12º Além do disposto neste artigo, serão observados, em regime próprio de previdência social, no que couber, os requisitos e critérios fixados para o Regime Geral de Previdência Social. **(Redação dada pela Emenda Constitucional nº 103, de 2019)**

§ 13º Aplica-se ao agente público ocupante, exclusivamente, de cargo em comissão declarado em lei de livre nomeação e exoneração, de outro cargo temporário, inclusive mandato eletivo, ou de emprego público, o Regime Geral de Previdência Social. **(Redação dada pela Emenda Constitucional nº 103, de 2019)**

§ 14º A União, os Estados, o Distrito Federal e os Municípios instituirão, por lei de iniciativa do respectivo Poder Executivo, regime de previdência complementar para servidores públicos ocupantes de cargo efetivo, observado o limite máximo dos benefícios do Regime Geral de Previdência Social para o valor das aposentadorias e das pensões em regime próprio de previdência social, ressalvado o disposto no § 16º **(Redação dada pela Emenda Constitucional nº 103, de 2019)**

§ 15º O regime de previdência complementar de que trata o § 14 oferecerá plano de benefícios somente na modalidade contribuição definida, observará o disposto no art. 202 e será efetivado por intermédio de entidade fechada de previdência complementar ou de entidade aberta de previdência complementar. **(Redação dada pela Emenda Constitucional nº 103, de 2019)**

§ 16º Somente mediante sua prévia e expressa opção, o disposto nos §§ 14 e 15 poderá ser aplicado ao servidor que tiver ingressado no serviço público até a data da publicação do ato de instituição do correspondente regime de previdência complementar.

§ 17º Todos os valores de remuneração considerados para o cálculo do benefício previsto no § 3º serão devidamente atualizados, na forma da lei.

§ 18º Incidirá contribuição sobre os proventos de aposentadorias e pensões concedidas pelo regime de que trata este artigo que superem o limite máximo estabelecido para os benefícios do regime geral de previdência social de que trata o art. 201, com percentual igual ao estabelecido para os servidores titulares de cargos efetivos.

§ 19º Observados critérios a serem estabelecidos em lei do respectivo ente federativo, o servidor titular de cargo efetivo que tenha completado as exigências para a aposentadoria voluntária e que opte por permanecer em atividade poderá fazer jus a um abono de permanência equivalente, no máximo, ao valor da sua contribuição previdenciária, até completar a idade para aposentadoria compulsória. **(Redação dada pela Emenda Constitucional nº 103, de 2019)**

§ 20º É vedada a existência de mais de um regime próprio de previdência social e de mais de um órgão ou entidade gestora desse regime em cada ente federativo, abrangidos todos os poderes, órgãos e entidades autárquicas e fundacionais, que serão responsáveis pelo seu financiamento, observados os critérios, os parâmetros e a natureza jurídica definidos na lei complementar de que trata o § 22º **(Redação dada pela Emenda Constitucional nº 103, de 2019)**

§ 21º (Revogado). **(Redação dada pela Emenda Constitucional nº 103, de 2019)**

§ 22º Vedada a instituição de novos regimes próprios de previdência social, lei complementar federal estabelecerá, para os que já existam, normas gerais de organização, de funcionamento e de responsabilidade em sua gestão, dispondo, entre outros aspectos, sobre: **(Incluído pela Emenda Constitucional nº 103, de 2019)**

I. requisitos para sua extinção e consequente migração para o Regime Geral de Previdência Social; **(Incluído pela Emenda Constitucional nº 103, de 2019)**

II. modelo de arrecadação, de aplicação e de utilização dos recursos; **(Incluído pela Emenda Constitucional nº 103, de 2019)**

III. fiscalização pela União e controle externo e social; **(Incluído pela Emenda Constitucional nº 103, de 2019)**

IV. definição de equilíbrio financeiro e atuarial; **(Incluído pela Emenda Constitucional nº 103, de 2019)**

V. condições para instituição do fundo com finalidade previdenciária de que trata o art. 249 e para vinculação a ele dos recursos provenientes de contribuições e dos bens, direitos e ativos de qualquer natureza; **(Incluído pela Emenda Constitucional nº 103, de 2019)**
VI. mecanismos de equacionamento do déficit atuarial; **(Incluído pela Emenda Constitucional nº 103, de 2019)**
VII. estruturação do órgão ou entidade gestora do regime, observados os princípios relacionados com governança, controle interno e transparência; **(Incluído pela Emenda Constitucional nº 103, de 2019)**
VIII. condições e hipóteses para responsabilização daqueles que desempenhem atribuições relacionadas, direta ou indiretamente, com a gestão do regime; **(Incluído pela Emenda Constitucional nº 103, de 2019)**
IX. condições para adesão a consórcio público; **(Incluído pela Emenda Constitucional nº 103, de 2019)**
X. parâmetros para apuração da base de cálculo e definição de alíquota de contribuições ordinárias e extraordinárias. **(Incluído pela Emenda Constitucional nº 103, de 2019)**

Art. 41. São estáveis após três anos de efetivo exercício os servidores nomeados para cargo de provimento efetivo em virtude de concurso público.
§ 1º O servidor público estável só perderá o cargo:
I. em virtude de sentença judicial transitada em julgado;
II. mediante processo administrativo em que lhe seja assegurada ampla defesa;
III. mediante procedimento de avaliação periódica de desempenho, na forma de lei complementar, assegurada ampla defesa.
§ 2º Invalidada por sentença judicial a demissão do servidor estável, será ele reintegrado, e o eventual ocupante da vaga, se estável, reconduzido ao cargo de origem, sem direito a indenização, aproveitado em outro cargo ou posto em disponibilidade com remuneração proporcional ao tempo de serviço.
§ 3º Extinto o cargo ou declarada a sua desnecessidade, o servidor estável ficará em disponibilidade, com remuneração proporcional ao tempo de serviço, até seu adequado aproveitamento em outro cargo.
§ 4º Como condição para a aquisição da estabilidade, é obrigatória a avaliação especial de desempenho por comissão instituída para essa finalidade.

SEÇÃO III
Dos militares dos Estados, do Distrito Federal e dos territórios

Art. 42 Os membros das Polícias Militares e Corpos de Bombeiros Militares, instituições organizadas com base na hierarquia e disciplina, são militares dos Estados, do Distrito Federal e dos Territórios.
§ 1º Aplicam-se aos militares dos Estados, do Distrito Federal e dos Territórios, além do que vier a ser fixado em lei, as disposições do art. 14, § 8º; do art. 40, § 9º; e do art. 142, §§ 2º e 3º, cabendo a lei estadual específica dispor sobre as matérias do art. 142, § 3º, inciso X, sendo as patentes dos oficiais conferidas pelos respectivos governadores.
§ 2º Aos pensionistas dos militares dos Estados, do Distrito Federal e dos Territórios aplica-se o que for fixado em lei específica do respectivo ente estatal.
§ 3º Aplica-se aos militares dos Estados, do Distrito Federal e dos Territórios o disposto no art. 37, inciso XVI, com prevalência da atividade militar. **(Incluído pela Emenda Constitucional nº 101, de 2019)**

SEÇÃO IV
Das regiões

Art. 43. Para efeitos administrativos, a União poderá articular sua ação em um mesmo complexo geoeconômico e social, visando a seu desenvolvimento e à redução das desigualdades regionais.
§ 1º Lei complementar disporá sobre:
I. as condições para integração de regiões em desenvolvimento;
II. a composição dos organismos regionais que executarão, na forma da lei, os planos regionais, integrantes dos planos nacionais de desenvolvimento econômico e social, aprovado juntamente com estes.
§ 2º Os incentivos regionais compreenderão, além de outros, na forma da lei:
I. igualdade de tarifas, fretes, seguros e outros itens de custos e preços de responsabilidade do Poder Público;
II. juros favorecidos para financiamento de atividades prioritárias;
III. isenções, reduções ou diferimento temporário de tributos federais devidos por pessoas físicas ou jurídicas;
IV. prioridade para o aproveitamento econômico e social dos rios e das massas de água represadas ou represáveis nas regiões de baixa renda, sujeitas a secas periódicas.

§ 3º Nas áreas a que se refere o § 2º, IV, a União incentivará a recuperação de terras áridas e cooperará com os pequenos e médios proprietários rurais para o estabelecimento, em suas glebas, de fontes de água e de pequena irrigação.

TÍTULO IV
Da organização dos poderes

CAPÍTULO I
Do Poder Legislativo

SEÇÃO I
Do Congresso Nacional

Art. 44. O Poder Legislativo é exercido pelo Congresso Nacional, que se compõe da Câmara dos Deputados e do Senado Federal.
Parágrafo único. Cada legislatura terá a duração de quatro anos.
Art. 45. A Câmara dos Deputados compõe-se de representantes do povo, eleitos, pelo sistema proporcional, em cada Estado, em cada Território e no Distrito Federal.
§ 1º O número total de Deputados, bem como a representação por Estado e pelo Distrito Federal, será estabelecido por lei complementar, proporcionalmente à população, procedendo-se aos ajustes necessários, no ano anterior às eleições, para que nenhuma daquelas unidades da Federação tenha menos de oito ou mais de setenta Deputados.
§ 2º Cada Território elegerá quatro Deputados.
Art. 46. O Senado Federal compõe-se de representantes dos Estados e do Distrito Federal, eleitos segundo o princípio majoritário.
§ 1º Cada Estado e o Distrito Federal elegerão três Senadores, com mandato de oito anos.
§ 2º A representação de cada Estado e do Distrito Federal será renovada de quatro em quatro anos, alternadamente, por um e dois terços.
§ 3º Cada Senador será eleito com dois suplentes.
Art. 47. Salvo disposição constitucional em contrário, as deliberações de cada Casa e de suas Comissões serão tomadas por maioria dos votos, presente a maioria absoluta de seus membros.

SEÇÃO II
Das atribuições do Congresso Nacional

Art. 48. Cabe ao Congresso Nacional, com a sanção do Presidente da República, não exigida esta para o especificado nos arts. 49, 51 e 52, dispor sobre todas as matérias de competência da União, especialmente sobre:
I. sistema tributário, arrecadação e distribuição de rendas;
II. plano plurianual, diretrizes orçamentárias, orçamento anual, operações de crédito, dívida pública e emissões de curso forçado;
III. fixação e modificação do efetivo das Forças Armadas;
IV. planos e programas nacionais, regionais e setoriais de desenvolvimento;
V. limites do território nacional, espaço aéreo e marítimo e bens do domínio da União;
VI. incorporação, subdivisão ou desmembramento de áreas de Territórios ou Estados, ouvidas as respectivas Assembleias Legislativas;
VII. transferência temporária da sede do Governo Federal;
VIII. organização administrativa, judiciária, do Ministério Público e da Defensoria Pública da União e dos Territórios e organização judiciária e do Ministério Público do Distrito Federal;
IX. criação, transformação e extinção de cargos, empregos e funções públicas, observado o que estabelece o art. 84, VI, *b*;
X. criação e extinção de Ministérios e órgãos da administração pública;
XI. telecomunicações e radiodifusão;
XII. matéria financeira, cambial e monetária, instituições financeiras e suas operações;
XIII. moeda, seus limites de emissão, e montante da dívida mobiliária federal.
XIV. fixação do subsídio dos Ministros do Supremo Tribunal Federal, observado o que dispõem os arts. 39, § 4º; 150, II; 153, III; e 153, § 2º, I.
Art. 49. É da competência exclusiva do Congresso Nacional:
I. resolver definitivamente sobre tratados, acordos ou atos internacionais que acarretem encargos ou compromissos gravosos ao patrimônio nacional;
II. autorizar o Presidente da República a declarar guerra, a celebrar a paz, a permitir que forças estrangeiras transitem pelo território nacional ou

nele permaneçam temporariamente, ressalvados os casos previstos em lei complementar;
III. autorizar o Presidente e o Vice-Presidente da República a se ausentarem do País, quando a ausência exceder a quinze dias;
IV. aprovar o estado de defesa e a intervenção federal, autorizar o estado de sítio, ou suspender qualquer uma dessas medidas;
V. sustar os atos normativos do Poder Executivo que exorbitem do poder regulamentar ou dos limites de delegação legislativa;
VI. mudar temporariamente sua sede;
VII. fixar idêntico subsídio para os Deputados Federais e os Senadores, observado o que dispõem os arts. 37, XI, 39, § 4º, 150, II, 153, III, e 153, § 2º, I;
VIII. fixar os subsídios do Presidente e do Vice-Presidente da República e dos Ministros de Estado, observado o que dispõem os arts. 37, XI, 39, § 4º, 150, II, 153, III, e 153, § 2º, I;
IX. julgar anualmente as contas prestadas pelo Presidente da República e apreciar os relatórios sobre a execução dos planos de governo;
X. fiscalizar e controlar, diretamente, ou por qualquer de suas Casas, os atos do Poder Executivo, incluídos os da administração indireta;
XI. zelar pela preservação de sua competência legislativa em face da atribuição normativa dos outros Poderes;
XII. apreciar os atos de concessão e renovação de concessão de emissoras de rádio e televisão;
XIII. escolher dois terços dos membros do Tribunal de Contas da União;
XIV. aprovar iniciativas do Poder Executivo referentes a atividades nucleares;
XV. autorizar referendo e convocar plebiscito;
XVI. autorizar, em terras indígenas, a exploração e o aproveitamento de recursos hídricos e a pesquisa e lavra de riquezas minerais;
XVII. aprovar, previamente, a alienação ou concessão de terras públicas com área superior a dois mil e quinhentos hectares.
XVIII. decretar o estado de calamidade pública de âmbito nacional previsto nos arts. 167-B, 167-C, 167-D, 167-E, 167-F e 167-G desta Constituição. **(Incluído pela Emenda Constitucional nº 109, de 2021)**
Art. 50. A Câmara dos Deputados e o Senado Federal, ou qualquer de suas Comissões, poderão convocar Ministro de Estado ou quaisquer titulares de órgãos diretamente subordinados à Presidência da República para prestarem, pessoalmente, informações sobre assunto previamente determinado, importando crime de responsabilidade a ausência sem justificação adequada.

§ 1º Os Ministros de Estado poderão comparecer ao Senado Federal, à Câmara dos Deputados, ou a qualquer de suas Comissões, por sua iniciativa e mediante entendimentos com a Mesa respectiva, para expor assunto de relevância de seu Ministério.

§ 2º As Mesas da Câmara dos Deputados e do Senado Federal poderão encaminhar pedidos escritos de informações a Ministros de Estado ou a qualquer das pessoas referidas no caput deste artigo, importando em crime de responsabilidade a recusa, ou o não atendimento, no prazo de trinta dias, bem como a prestação de informações falsas.

SEÇÃO III
Da Câmara dos Deputados

Art. 51. Compete privativamente à Câmara dos Deputados:
I. autorizar, por dois terços de seus membros, a instauração de processo contra o Presidente e o Vice-Presidente da República e os Ministros de Estado;
II. proceder à tomada de contas do Presidente da República, quando não apresentadas ao Congresso Nacional dentro de sessenta dias após a abertura da sessão legislativa;
III. elaborar seu regimento interno;
IV. dispor sobre sua organização, funcionamento, polícia, criação, transformação ou extinção dos cargos, empregos e funções de seus serviços, e a iniciativa de lei para fixação da respectiva remuneração, observados os parâmetros estabelecidos na lei de diretrizes orçamentárias;
V. eleger membros do Conselho da República, nos termos do art. 89, VII.

SEÇÃO IV
Do Senado Federal

Art. 52. Compete privativamente ao Senado Federal:
I. processar e julgar o Presidente e o Vice-Presidente da República nos crimes de responsabilidade, bem como os Ministros de Estado e os Comandantes da Marinha, do Exército e da Aeronáutica nos crimes da mesma natureza conexos com aqueles;

II. processar e julgar os Ministros do Supremo Tribunal Federal, os membros do Conselho Nacional de Justiça e do Conselho Nacional do Ministério Público, o Procurador-Geral da República e o Advogado-Geral da União nos crimes de responsabilidade;
III. aprovar previamente, por voto secreto, após arguição pública, a escolha de:
a) Magistrados, nos casos estabelecidos nesta Constituição;
b) Ministros do Tribunal de Contas da União indicados pelo Presidente da República;
c) Governador de Território;
d) Presidente e diretores do banco central;
e) Procurador-Geral da República;
f) titulares de outros cargos que a lei determinar;
IV. aprovar previamente, por voto secreto, após arguição em sessão secreta, a escolha dos chefes de missão diplomática de caráter permanente;
V. autorizar operações externas de natureza financeira, de interesse da União, dos Estados, do Distrito Federal, dos Territórios e dos Municípios;
VI. fixar, por proposta do Presidente da República, limites globais para o montante da dívida consolidada da União, dos Estados, do Distrito Federal e dos Municípios;
VII. dispor sobre limites globais e condições para as operações de crédito externo e interno da União, dos Estados, do Distrito Federal e dos Municípios, de suas autarquias e demais entidades controladas pelo Poder Público federal;
VIII. dispor sobre limites e condições para a concessão de garantia da União em operações de crédito externo e interno;
IX. estabelecer limites globais e condições para o montante da dívida mobiliária dos Estados, do Distrito Federal e dos Municípios;
X. suspender a execução, no todo ou em parte, de lei declarada inconstitucional por decisão definitiva do Supremo Tribunal Federal;
XI. aprovar, por maioria absoluta e por voto secreto, a exoneração, de ofício, do Procurador-Geral da República antes do término de seu mandato;
XII. elaborar seu regimento interno;
XIII. dispor sobre sua organização, funcionamento, polícia, criação, transformação ou extinção dos cargos, empregos e funções de seus serviços, e a iniciativa de lei para fixação da respectiva remuneração, observados os parâmetros estabelecidos na lei de diretrizes orçamentárias;

XIV. eleger membros do Conselho da República, nos termos do art. 89, VII.
XV. avaliar periodicamente a funcionalidade do Sistema Tributário Nacional, em sua estrutura e seus componentes, e o desempenho das administrações tributárias da União, dos Estados e do Distrito Federal e dos Municípios.
Parágrafo único. Nos casos previstos nos incisos I e II, funcionará como Presidente o do Supremo Tribunal Federal, limitando-se a condenação, que somente será proferida por dois terços dos votos do Senado Federal, à perda do cargo, com inabilitação, por oito anos, para o exercício de função pública, sem prejuízo das demais sanções judiciais cabíveis.

SEÇÃO V
Dos deputados e dos senadores

Art. 53. Os Deputados e Senadores são invioláveis, civil e penalmente, por quaisquer de suas opiniões, palavras e votos.
§ 1º Os Deputados e Senadores, desde a expedição do diploma, serão submetidos a julgamento perante o Supremo Tribunal Federal.
§ 2º Desde a expedição do diploma, os membros do Congresso Nacional não poderão ser presos, salvo em flagrante de crime inafiançável. Nesse caso, os autos serão remetidos dentro de vinte e quatro horas à Casa respectiva, para que, pelo voto da maioria de seus membros, resolva sobre a prisão.
§ 3º Recebida a denúncia contra o Senador ou Deputado, por crime ocorrido após a diplomação, o Supremo Tribunal Federal dará ciência à Casa respectiva, que, por iniciativa de partido político nela representado e pelo voto da maioria de seus membros, poderá, até a decisão final, sustar o andamento da ação.
§ 4º O pedido de sustação será apreciado pela Casa respectiva no prazo improrrogável de quarenta e cinco dias do seu recebimento pela Mesa Diretora.
§ 5º A sustação do processo suspende a prescrição, enquanto durar o mandato.
§ 6º Os Deputados e Senadores não serão obrigados a testemunhar sobre informações recebidas ou prestadas em razão do exercício do mandato, nem sobre as pessoas que lhes confiaram ou deles receberam informações.
§ 7º A incorporação às Forças Armadas de Deputados e Senadores, embora militares e ainda que em tempo de guerra, dependerá de prévia licença da Casa respectiva.

§ 8º As imunidades de Deputados ou Senadores subsistirão durante o estado de sítio, só podendo ser suspensas mediante o voto de dois terços dos membros da Casa respectiva, nos casos de atos praticados fora do recinto do Congresso Nacional, que sejam incompatíveis com a execução da medida.

Art. 54. Os Deputados e Senadores não poderão:
I. desde a expedição do diploma:
a) firmar ou manter contrato com pessoa jurídica de direito público, autarquia, empresa pública, sociedade de economia mista ou empresa concessionária de serviço público, salvo quando o contrato obedecer a cláusulas uniformes;
b) aceitar ou exercer cargo, função ou emprego remunerado, inclusive os de que sejam demissíveis "ad nutum", nas entidades constantes da alínea anterior;
II. desde a posse:
a) ser proprietários, controladores ou diretores de empresa que goze de favor decorrente de contrato com pessoa jurídica de direito público, ou nela exercer função remunerada;
b) ocupar cargo ou função de que sejam demissíveis "ad nutum", nas entidades referidas no inciso I, "a";
c) patrocinar causa em que seja interessada qualquer das entidades a que se refere o inciso I, "a";
d) ser titulares de mais de um cargo ou mandato público eletivo.

Art. 55. Perderá o mandato o Deputado ou Senador:
I. que infringir qualquer das proibições estabelecidas no artigo anterior;
II. cujo procedimento for declarado incompatível com o decoro parlamentar;
III. que deixar de comparecer, em cada sessão legislativa, à terça parte das sessões ordinárias da Casa a que pertencer, salvo licença ou missão por esta autorizada;
IV. que perder ou tiver suspensos os direitos políticos;
V. quando o decretar a Justiça Eleitoral, nos casos previstos nesta Constituição;
VI. que sofrer condenação criminal em sentença transitada em julgado.
§ 1º É incompatível com o decoro parlamentar, além dos casos definidos no regimento interno, o abuso das prerrogativas asseguradas a membro do Congresso Nacional ou a percepção de vantagens indevidas.
§ 2º Nos casos dos incisos I, II e VI, a perda do mandato será decidida pela Câmara dos Deputados ou pelo Senado Federal, por maioria absoluta, mediante provocação da respectiva Mesa ou de partido político representado no Congresso Nacional, assegurada ampla defesa.
§ 3º Nos casos previstos nos incisos III a V, a perda será declarada pela Mesa da Casa respectiva, de ofício ou mediante provocação de qualquer de seus membros, ou de partido político representado no Congresso Nacional, assegurada ampla defesa.
§ 4º A renúncia de parlamentar submetido a processo que vise ou possa levar à perda do mandato, nos termos deste artigo, terá seus efeitos suspensos até as deliberações finais de que tratam os §§ 2º e 3º.

Art. 56. Não perderá o mandato o Deputado ou Senador:
I. investido no cargo de Ministro de Estado, Governador de Território, Secretário de Estado, do Distrito Federal, de Território, de Prefeitura de Capital ou chefe de missão diplomática temporária;
II. licenciado pela respectiva Casa por motivo de doença, ou para tratar, sem remuneração, de interesse particular, desde que, neste caso, o afastamento não ultrapasse cento e vinte dias por sessão legislativa.
§ 1º O suplente será convocado nos casos de vaga, de investidura em funções previstas neste artigo ou de licença superior a cento e vinte dias.
§ 2º Ocorrendo vaga e não havendo suplente, far-se-á eleição para preenchê-la se faltarem mais de quinze meses para o término do mandato.
§ 3º Na hipótese do inciso I, o Deputado ou Senador poderá optar pela remuneração do mandato.

SEÇÃO VI
Das reuniões

Art. 57. O Congresso Nacional reunir-se-á, anualmente, na Capital Federal, de 2 de fevereiro a 17 de julho e de 1º de agosto a 22 de dezembro.
§ 1º As reuniões marcadas para essas datas serão transferidas para o primeiro dia útil subsequente, quando recaírem em sábados, domingos ou feriados.
§ 2º A sessão legislativa não será interrompida sem a aprovação do projeto de lei de diretrizes orçamentárias.
§ 3º Além de outros casos previstos nesta Constituição, a Câmara dos Deputados e o Senado Federal reunir-se-ão em sessão conjunta para:
I. inaugurar a sessão legislativa;
II. elaborar o regimento comum e regular a criação de serviços comuns às duas Casas;
III. receber o compromisso do Presidente e do Vice-Presidente da República;

IV. conhecer do veto e sobre ele deliberar.

§ 4º Cada uma das Casas reunir-se-á em sessões preparatórias, a partir de 1º de fevereiro, no primeiro ano da legislatura, para a posse de seus membros e eleição das respectivas Mesas, para mandato de 2 (dois) anos, vedada a recondução para o mesmo cargo na eleição imediatamente subsequente.

§ 5º A Mesa do Congresso Nacional será presidida pelo Presidente do Senado Federal, e os demais cargos serão exercidos, alternadamente, pelos ocupantes de cargos equivalentes na Câmara dos Deputados e no Senado Federal.

§ 6º A convocação extraordinária do Congresso Nacional far-se-á:

I. pelo Presidente do Senado Federal, em caso de decretação de estado de defesa ou de intervenção federal, de pedido de autorização para a decretação de estado de sítio e para o compromisso e a posse do Presidente e do Vice-Presidente da República;

II. pelo Presidente da República, pelos Presidentes da Câmara dos Deputados e do Senado Federal ou a requerimento da maioria dos membros de ambas as Casas, em caso de urgência ou interesse público relevante, em todas as hipóteses deste inciso com a aprovação da maioria absoluta de cada uma das Casas do Congresso Nacional.

§ 7º Na sessão legislativa extraordinária, o Congresso Nacional somente deliberará sobre a matéria para a qual foi convocado, ressalvada a hipótese do § 8º deste artigo, vedado o pagamento de parcela indenizatória, em razão da convocação.

§ 8º Havendo medidas provisórias em vigor na data de convocação extraordinária do Congresso Nacional, serão elas automaticamente incluídas na pauta da convocação.

SEÇÃO VII
Das comissões

Art. 58. O Congresso Nacional e suas Casas terão comissões permanentes e temporárias, constituídas na forma e com as atribuições previstas no respectivo regimento ou no ato de que resultar sua criação.

§ 1º Na constituição das Mesas e de cada Comissão, é assegurada, tanto quanto possível, a representação proporcional dos partidos ou dos blocos parlamentares que participam da respectiva Casa.

§ 2º Às comissões, em razão da matéria de sua competência, cabe:

I. discutir e votar projeto de lei que dispensar, na forma do regimento, a competência do Plenário, salvo se houver recurso de um décimo dos membros da Casa;

II. realizar audiências públicas com entidades da sociedade civil;

III. convocar Ministros de Estado para prestar informações sobre assuntos inerentes a suas atribuições;

IV. receber petições, reclamações, representações ou queixas de qualquer pessoa contra atos ou omissões das autoridades ou entidades públicas;

V. solicitar depoimento de qualquer autoridade ou cidadão;

VI. apreciar programas de obras, planos nacionais, regionais e setoriais de desenvolvimento e sobre eles emitir parecer.

§ 3º As comissões parlamentares de inquérito, que terão poderes de investigação próprios das autoridades judiciais, além de outros previstos nos regimentos das respectivas Casas, serão criadas pela Câmara dos Deputados e pelo Senado Federal, em conjunto ou separadamente, mediante requerimento de um terço de seus membros, para a apuração de fato determinado e por prazo certo, sendo suas conclusões, se for o caso, encaminhadas ao Ministério Público, para que promova a responsabilidade civil ou criminal dos infratores.

§ 4º Durante o recesso, haverá uma Comissão representativa do Congresso Nacional, eleita por suas Casas na última sessão ordinária do período legislativo, com atribuições definidas no regimento comum, cuja composição reproduzirá, quanto possível, a proporcionalidade da representação partidária.

SEÇÃO VIII
Do Processo Legislativo

Subseção I
Disposição Geral

Art. 59. O processo legislativo compreende a elaboração de:

I. emendas à Constituição;
II. leis complementares;
III. leis ordinárias;
IV. leis delegadas;
V. medidas provisórias;
VI. decretos legislativos;
VII. resoluções.

Parágrafo único. Lei complementar disporá sobre a elaboração, redação, alteração e consolidação das leis.

Subseção II
Da Emenda à Constituição

Art. 60. A Constituição poderá ser emendada mediante proposta:
I. de um terço, no mínimo, dos membros da Câmara dos Deputados ou do Senado Federal;
II. do Presidente da República;
III. de mais da metade das Assembleias Legislativas das unidades da Federação, manifestando-se, cada uma delas, pela maioria relativa de seus membros.
§ 1º A Constituição não poderá ser emendada na vigência de intervenção federal, de estado de defesa ou de estado de sítio.
§ 2º A proposta será discutida e votada em cada Casa do Congresso Nacional, em dois turnos, considerando-se aprovada se obtiver, em ambos, três quintos dos votos dos respectivos membros.
§ 3º A emenda à Constituição será promulgada pelas Mesas da Câmara dos Deputados e do Senado Federal, com o respectivo número de ordem.
§ 4º Não será objeto de deliberação a proposta de emenda tendente a abolir:
I. a forma federativa de Estado;
II. o voto direto, secreto, universal e periódico;
III. a separação dos Poderes;
IV. os direitos e garantias individuais.
§ 5º A matéria constante de proposta de emenda rejeitada ou havida por prejudicada não pode ser objeto de nova proposta na mesma sessão legislativa.

Subseção III
Das Leis

Art. 61. A iniciativa das leis complementares e ordinárias cabe a qualquer membro ou Comissão da Câmara dos Deputados, do Senado Federal ou do Congresso Nacional, ao Presidente da República, ao Supremo Tribunal Federal, aos Tribunais Superiores, ao Procurador-Geral da República e aos cidadãos, na forma e nos casos previstos nesta Constituição.
§ 1º São de iniciativa privativa do Presidente da República as leis que:
I. fixem ou modifiquem os efetivos das Forças Armadas;
II. disponham sobre:
a) criação de cargos, funções ou empregos públicos na administração direta e autárquica ou aumento de sua remuneração;
b) organização administrativa e judiciária, matéria tributária e orçamentária, serviços públicos e pessoal da administração dos Territórios;
c) servidores públicos da União e Territórios, seu regime jurídico, provimento de cargos, estabilidade e aposentadoria;
d) organização do Ministério Público e da Defensoria Pública da União, bem como normas gerais para a organização do Ministério Público e da Defensoria Pública dos Estados, do Distrito Federal e dos Territórios;
e) criação e extinção de Ministérios e órgãos da administração pública, observado o disposto no art. 84, VI;
f) militares das Forças Armadas, seu regime jurídico, provimento de cargos, promoções, estabilidade, remuneração, reforma e transferência para a reserva.
§ 2º A iniciativa popular pode ser exercida pela apresentação à Câmara dos Deputados de projeto de lei subscrito por, no mínimo, um por cento do eleitorado nacional, distribuído pelo menos por cinco Estados, com não menos de três décimos por cento dos eleitores de cada um deles.

Art. 62. Em caso de relevância e urgência, o Presidente da República poderá adotar medidas provisórias, com força de lei, devendo submetê-las de imediato ao Congresso Nacional.
§ 1º É vedada a edição de medidas provisórias sobre matéria:
I. relativa a:
a) nacionalidade, cidadania, direitos políticos, partidos políticos e direito eleitoral;
b) direito penal, processual penal e processual civil;
c) organização do Poder Judiciário e do Ministério Público, a carreira e a garantia de seus membros;
d) planos plurianuais, diretrizes orçamentárias, orçamento e créditos adicionais e suplementares, ressalvado o previsto no art. 167, § 3º;
II. que vise a detenção ou sequestro de bens, de poupança popular ou qualquer outro ativo financeiro;
III. reservada a lei complementar;
IV. já disciplinada em projeto de lei aprovado pelo Congresso Nacional e pendente de sanção ou veto do Presidente da República.
§ 2º Medida provisória que implique instituição ou majoração de impostos, exceto os previstos nos arts.

153, I, II, IV, V, e 154, II, só produzirá efeitos no exercício financeiro seguinte se houver sido convertida em lei até o último dia daquele em que foi editada.

§ 3º As medidas provisórias, ressalvado o disposto nos §§ 11 e 12 perderão eficácia, desde a edição, se não forem convertidas em lei no prazo de sessenta dias, prorrogável, nos termos do § 7º, uma vez por igual período, devendo o Congresso Nacional disciplinar, por decreto legislativo, as relações jurídicas delas decorrentes.

§ 4º O prazo a que se refere o § 3º contar-se-á da publicação da medida provisória, suspendendo-se durante os períodos de recesso do Congresso Nacional.

§ 5º A deliberação de cada uma das Casas do Congresso Nacional sobre o mérito das medidas provisórias dependerá de juízo prévio sobre o atendimento de seus pressupostos constitucionais.

§ 6º Se a medida provisória não for apreciada em até quarenta e cinco dias contados de sua publicação, entrará em regime de urgência, subsequentemente, em cada uma das Casas do Congresso Nacional, ficando sobrestadas, até que se ultime a votação, todas as demais deliberações legislativas da Casa em que estiver tramitando.

§ 7º Prorrogar-se-á uma única vez por igual período a vigência de medida provisória que, no prazo de sessenta dias, contado de sua publicação, não tiver a sua votação encerrada nas duas Casas do Congresso Nacional.

§ 8º As medidas provisórias terão sua votação iniciada na Câmara dos Deputados.

§ 9º Caberá à comissão mista de Deputados e Senadores examinar as medidas provisórias e sobre elas emitir parecer, antes de serem apreciadas, em sessão separada, pelo plenário de cada uma das Casas do Congresso Nacional.

§ 10º É vedada a reedição, na mesma sessão legislativa, de medida provisória que tenha sido rejeitada ou que tenha perdido sua eficácia por decurso de prazo.

§ 11º Não editado o decreto legislativo a que se refere o § 3º até sessenta dias após a rejeição ou perda de eficácia de medida provisória, as relações jurídicas constituídas e decorrentes de atos praticados durante sua vigência conservar-se-ão por ela regidas.

§ 12º Aprovado projeto de lei de conversão alterando o texto original da medida provisória, esta manter-se-á integralmente em vigor até que seja sancionado ou vetado o projeto.

Art. 63. Não será admitido aumento da despesa prevista:

I. nos projetos de iniciativa exclusiva do Presidente da República, ressalvado o disposto no art. 166, § 3º e § 4º;

II. nos projetos sobre organização dos serviços administrativos da Câmara dos Deputados, do Senado Federal, dos Tribunais Federais e do Ministério Público.

Art. 64. A discussão e votação dos projetos de lei de iniciativa do Presidente da República, do Supremo Tribunal Federal e dos Tribunais Superiores terão início na Câmara dos Deputados.

§ 1º O Presidente da República poderá solicitar urgência para apreciação de projetos de sua iniciativa.

§ 2º Se, no caso do § 1º, a Câmara dos Deputados e o Senado Federal não se manifestarem sobre a proposição, cada qual sucessivamente, em até quarenta e cinco dias, sobrestar-se-ão todas as demais deliberações legislativas da respectiva Casa, com exceção das que tenham prazo constitucional determinado, até que se ultime a votação.

§ 3º A apreciação das emendas do Senado Federal pela Câmara dos Deputados far-se-á no prazo de dez dias, observado quanto ao mais o disposto no parágrafo anterior.

§ 4º Os prazos do § 2º não correm nos períodos de recesso do Congresso Nacional, nem se aplicam aos projetos de código.

Art. 65. O projeto de lei aprovado por uma Casa será revisto pela outra, em um só turno de discussão e votação, e enviado à sanção ou promulgação, se a Casa revisora o aprovar, ou arquivado, se o rejeitar.

Parágrafo único. Sendo o projeto emendado, voltará à Casa iniciadora.

Art. 66. A Casa na qual tenha sido concluída a votação enviará o projeto de lei ao Presidente da República, que, aquiescendo, o sancionará.

§ 1º Se o Presidente da República considerar o projeto, no todo ou em parte, inconstitucional ou contrário ao interesse público, vetá-lo-á total ou parcialmente, no prazo de quinze dias úteis, contados da data do recebimento, e comunicará, dentro de quarenta e oito horas, ao Presidente do Senado Federal os motivos do veto.

§ 2º O veto parcial somente abrangerá texto integral de artigo, de parágrafo, de inciso ou de alínea.

§ 3º Decorrido o prazo de quinze dias, o silêncio do Presidente da República importará sanção.

§ 4º O veto será apreciado em sessão conjunta, dentro de trinta dias a contar de seu recebimento, só podendo ser rejeitado pelo voto da maioria absoluta dos Deputados e Senadores.

§ 5º Se o veto não for mantido, será o projeto enviado, para promulgação, ao Presidente da República.

§ 6º Esgotado sem deliberação o prazo estabelecido no § 4º, o veto será colocado na ordem do dia da sessão imediata, sobrestadas as demais proposições, até sua votação final.

§ 7º Se a lei não for promulgada dentro de quarenta e oito horas pelo Presidente da República, nos casos dos § 3º e § 5º, o Presidente do Senado a promulgará, e, se este não o fizer em igual prazo, caberá ao Vice-Presidente do Senado fazê-lo.

Art. 67. A matéria constante de projeto de lei rejeitado somente poderá constituir objeto de novo projeto, na mesma sessão legislativa, mediante proposta da maioria absoluta dos membros de qualquer das Casas do Congresso Nacional.

Art. 68. As leis delegadas serão elaboradas pelo Presidente da República, que deverá solicitar a delegação ao Congresso Nacional.

§ 1º Não serão objeto de delegação os atos de competência exclusiva do Congresso Nacional, os de competência privativa da Câmara dos Deputados ou do Senado Federal, a matéria reservada à lei complementar, nem a legislação sobre:

I. organização do Poder Judiciário e do Ministério Público, a carreira e a garantia de seus membros;

II. nacionalidade, cidadania, direitos individuais, políticos e eleitorais;

III. planos plurianuais, diretrizes orçamentárias e orçamentos.

§ 2º A delegação ao Presidente da República terá a forma de resolução do Congresso Nacional, que especificará seu conteúdo e os termos de seu exercício.

§ 3º Se a resolução determinar a apreciação do projeto pelo Congresso Nacional, este a fará em votação única, vedada qualquer emenda.

Art. 69. As leis complementares serão aprovadas por maioria absoluta.

SEÇÃO IX
Da fiscalização contábil, financeira e orçamentária

Art. 70. A fiscalização contábil, financeira, orçamentária, operacional e patrimonial da União e das entidades da administração direta e indireta, quanto à legalidade, legitimidade, economicidade, aplicação das subvenções e renúncia de receitas, será exercida pelo Congresso Nacional, mediante controle externo, e pelo sistema de controle interno de cada Poder.

Parágrafo único. Prestará contas qualquer pessoa física ou jurídica, pública ou privada, que utilize, arrecade, guarde, gerencie ou administre dinheiros, bens e valores públicos ou pelos quais a União responda, ou que, em nome desta, assuma obrigações de natureza pecuniária.

Art. 71. O controle externo, a cargo do Congresso Nacional, será exercido com o auxílio do Tribunal de Contas da União, ao qual compete:

I. apreciar as contas prestadas anualmente pelo Presidente da República, mediante parecer prévio que deverá ser elaborado em sessenta dias a contar de seu recebimento;

II. julgar as contas dos administradores e demais responsáveis por dinheiros, bens e valores públicos da administração direta e indireta, incluídas as fundações e sociedades instituídas e mantidas pelo Poder Público federal, e as contas daqueles que derem causa a perda, extravio ou outra irregularidade de que resulte prejuízo ao erário público;

III. apreciar, para fins de registro, a legalidade dos atos de admissão de pessoal, a qualquer título, na administração direta e indireta, incluídas as fundações instituídas e mantidas pelo Poder Público, excetuadas as nomeações para cargo de provimento em comissão, bem como a das concessões de aposentadorias, reformas e pensões, ressalvadas as melhorias posteriores que não alterem o fundamento legal do ato concessório;

IV. realizar, por iniciativa própria, da Câmara dos Deputados, do Senado Federal, de Comissão técnica ou de inquérito, inspeções e auditorias de natureza contábil, financeira, orçamentária, operacional e patrimonial, nas unidades administrativas dos Poderes Legislativo, Executivo e Judiciário, e demais entidades referidas no inciso II;

V. fiscalizar as contas nacionais das empresas supranacionais de cujo capital social a União participe, de forma direta ou indireta, nos termos do tratado constitutivo;

VI. fiscalizar a aplicação de quaisquer recursos repassados pela União mediante convênio, acordo, ajuste ou outros instrumentos congêneres, a Estado, ao Distrito Federal ou a Município;

VII. prestar as informações solicitadas pelo Congresso Nacional, por qualquer de suas Casas, ou por qualquer das respectivas Comissões, sobre a fiscalização contábil, financeira, orçamentária, operacional e patrimonial e sobre resultados de auditorias e inspeções realizadas;

VIII. aplicar aos responsáveis, em caso de ilegalidade de despesa ou irregularidade de contas, as sanções previstas em lei, que estabelecerá, entre outras cominações, multa proporcional ao dano causado ao erário;

IX. assinar prazo para que o órgão ou entidade adote as providências necessárias ao exato cumprimento da lei, se verificada ilegalidade;

X. sustar, se não atendido, a execução do ato impugnado, comunicando a decisão à Câmara dos Deputados e ao Senado Federal;

XI. representar ao Poder competente sobre irregularidades ou abusos apurados.

§ 1º No caso de contrato, o ato de sustação será adotado diretamente pelo Congresso Nacional, que solicitará, de imediato, ao Poder Executivo as medidas cabíveis.

§ 2º Se o Congresso Nacional ou o Poder Executivo, no prazo de noventa dias, não efetivar as medidas previstas no parágrafo anterior, o Tribunal decidirá a respeito.

§ 3º As decisões do Tribunal de que resulte imputação de débito ou multa terão eficácia de título executivo.

§ 4º O Tribunal encaminhará ao Congresso Nacional, trimestral e anualmente, relatório de suas atividades.

Art. 72. A Comissão mista permanente a que se refere o art. 166, §1º, diante de indícios de despesas não autorizadas, ainda que sob a forma de investimentos não programados ou de subsídios não aprovados, poderá solicitar à autoridade governamental responsável que, no prazo de cinco dias, preste os esclarecimentos necessários.

§ 1º Não prestados os esclarecimentos, ou considerados estes insuficientes, a Comissão solicitará ao Tribunal pronunciamento conclusivo sobre a matéria, no prazo de trinta dias.

§ 2º Entendendo o Tribunal irregular a despesa, a Comissão, se julgar que o gasto possa causar dano irreparável ou grave lesão à economia pública, proporá ao Congresso Nacional sua sustação.

Art. 73. O Tribunal de Contas da União, integrado por nove Ministros, tem sede no Distrito Federal, quadro próprio de pessoal e jurisdição em todo o território nacional, exercendo, no que couber, as atribuições previstas no art. 96..

§ 1º Os Ministros do Tribunal de Contas da União serão nomeados dentre brasileiros que satisfaçam os seguintes requisitos:

I. mais de trinta e cinco e menos de sessenta e cinco anos de idade;

II. idoneidade moral e reputação ilibada;

III. notórios conhecimentos jurídicos, contábeis, econômicos e financeiros ou de administração pública;

IV. mais de dez anos de exercício de função ou de efetiva atividade profissional que exija os conhecimentos mencionados no inciso anterior.

§ 2º Os Ministros do Tribunal de Contas da União serão escolhidos:

I. um terço pelo Presidente da República, com aprovação do Senado Federal, sendo dois alternadamente dentre auditores e membros do Ministério Público junto ao Tribunal, indicados em lista tríplice pelo Tribunal, segundo os critérios de antiguidade e merecimento;

II. dois terços pelo Congresso Nacional.

§ 3º Os Ministros do Tribunal de Contas da União terão as mesmas garantias, prerrogativas, impedimentos, vencimentos e vantagens dos Ministros do Superior Tribunal de Justiça, aplicando-se lhes, quanto à aposentadoria e pensão, as normas constantes do art. 40º

§ 4º O auditor, quando em substituição a Ministro, terá as mesmas garantias e impedimentos do titular e, quando no exercício das demais atribuições da judicatura, as de juiz de Tribunal Regional Federal.

Art. 74. Os Poderes Legislativo, Executivo e Judiciário manterão, de forma integrada, sistema de controle interno com a finalidade de:

I. avaliar o cumprimento das metas previstas no plano plurianual, a execução dos programas de governo e dos orçamentos da União;

II. comprovar a legalidade e avaliar os resultados, quanto à eficácia e eficiência, da gestão orçamentária, financeira e patrimonial nos órgãos e entidades da administração federal, bem como da aplicação de recursos públicos por entidades de direito privado;

III. exercer o controle das operações de crédito, avais e garantias, bem como dos direitos e haveres da União;

IV. apoiar o controle externo no exercício de sua missão institucional.

§ 1º Os responsáveis pelo controle interno, ao tomarem conhecimento de qualquer irregularidade ou ilegalidade, dela darão ciência ao Tribunal de Contas da União, sob pena de responsabilidade solidária.

§ 2º Qualquer cidadão, partido político, associação ou sindicato é parte legítima para, na forma da lei, denunciar irregularidades ou ilegalidades perante o Tribunal de Contas da União.

Art. 75. As normas estabelecidas nesta SEÇÃO aplicam-se, no que couber, à organização, composição e fiscalização dos Tribunais de Contas dos Estados e do Distrito Federal, bem como dos Tribunais e Conselhos de Contas dos Municípios.

Parágrafo único. As Constituições estaduais disporão sobre os Tribunais de Contas respectivos, que serão integrados por sete Conselheiros.

CAPÍTULO II
Do Poder Executivo

SEÇÃO I
Do Presidente e do Vice-Presidente da República

Art. 76. O Poder Executivo é exercido pelo Presidente da República, auxiliado pelos Ministros de Estado.

Art. 77. A eleição do Presidente e do Vice-Presidente da República realizar-se-á, simultaneamente, no primeiro domingo de outubro, em primeiro turno, e no último domingo de outubro, em segundo turno, se houver, do ano anterior ao do término do mandato presidencial vigente.

§ 1º A eleição do Presidente da República importará a do Vice-Presidente com ele registrado.

§ 2º Será considerado eleito Presidente o candidato que, registrado por partido político, obtiver a maioria absoluta de votos, não computados os em branco e os nulos.

§ 3º Se nenhum candidato alcançar maioria absoluta na primeira votação, far-se-á nova eleição em até vinte dias após a proclamação do resultado, concorrendo os dois candidatos mais votados e considerando-se eleito aquele que obtiver a maioria dos votos válidos.

§ 4º Se, antes de realizado o segundo turno, ocorrer morte, desistência ou impedimento legal de candidato, convocar-se-á, dentre os remanescentes, o de maior votação.

§ 5º Se, na hipótese dos parágrafos anteriores, remanescer, em segundo lugar, mais de um candidato com a mesma votação, qualificar-se-á o mais idoso.

Art. 78. O Presidente e o Vice-Presidente da República tomarão posse em sessão do Congresso Nacional, prestando o compromisso de manter, defender e cumprir a Constituição, observar as leis, promover o bem geral do povo brasileiro, sustentar a união, a integridade e a independência do Brasil.

Parágrafo único. Se, decorridos dez dias da data fixada para a posse, o Presidente ou o Vice-Presidente, salvo motivo de força maior, não tiver assumido o cargo, este será declarado vago.

Art. 79. Substituirá o Presidente, no caso de impedimento, e suceder-lhe-á, no de vaga, o Vice-Presidente.

Parágrafo único. O Vice-Presidente da República, além de outras atribuições que lhe forem conferidas por lei complementar, auxiliará o Presidente, sempre que por ele convocado para missões especiais.

Art. 80. Em caso de impedimento do Presidente e do Vice-Presidente, ou vacância dos respectivos cargos, serão sucessivamente chamados ao exercício da Presidência o Presidente da Câmara dos Deputados, o do Senado Federal e o do Supremo Tribunal Federal.

Art. 81. Vagando os cargos de Presidente e Vice-Presidente da República, far-se-á eleição noventa dias depois de aberta a última vaga.

§ 1º Ocorrendo a vacância nos últimos dois anos do período presidencial, a eleição para ambos os cargos será feita trinta dias depois da última vaga, pelo Congresso Nacional, na forma da lei.

§ 2º Em qualquer dos casos, os eleitos deverão completar o período de seus antecessores.

Art. 82. O mandato do Presidente da República é de quatro anos e terá início em primeiro de janeiro do ano seguinte ao da sua eleição.

Art. 83. O Presidente e o Vice-Presidente da República não poderão, sem licença do Congresso Nacional, ausentar-se do País por período superior a quinze dias, sob pena de perda do cargo.

SEÇÃO II
Das Atribuições do Presidente da República

Art. 84. Compete privativamente ao Presidente da República:

I. nomear e exonerar os Ministros de Estado;

II. exercer, com o auxílio dos Ministros de Estado, a direção superior da administração federal;
III. iniciar o processo legislativo, na forma e nos casos previstos nesta Constituição;
IV. sancionar, promulgar e fazer publicar as leis, bem como expedir decretos e regulamentos para sua fiel execução;
V. vetar projetos de lei, total ou parcialmente;
VI. dispor, mediante decreto, sobre:
a) organização e funcionamento da administração federal, quando não implicar aumento de despesa nem criação ou extinção de órgãos públicos;
b) extinção de funções ou cargos públicos, quando vagos;
VII. manter relações com Estados estrangeiros e acreditar seus representantes diplomáticos;
VIII. celebrar tratados, convenções e atos internacionais, sujeitos a referendo do Congresso Nacional;
IX. decretar o estado de defesa e o estado de sítio;
X. decretar e executar a intervenção federal;
XI. remeter mensagem e plano de governo ao Congresso Nacional por ocasião da abertura da sessão legislativa, expondo a situação do País e solicitando as providências que julgar necessárias;
XII. conceder indulto e comutar penas, com audiência, se necessário, dos órgãos instituídos em lei;
XIII. exercer o comando supremo das Forças Armadas, nomear os Comandantes da Marinha, do Exército e da Aeronáutica, promover seus oficiais-generais e nomeá-los para os cargos que lhes são privativos;
XIV. nomear, após aprovação pelo Senado Federal, os Ministros do Supremo Tribunal Federal e dos Tribunais Superiores, os Governadores de Territórios, o Procurador-Geral da República, o presidente e os diretores do banco central e outros servidores, quando determinado em lei;
XV. nomear, observado o disposto no art. 73, os Ministros do Tribunal de Contas da União;
XVI. nomear os magistrados, nos casos previstos nesta Constituição, e o Advogado-Geral da União;
XVII. nomear membros do Conselho da República, nos termos do art. 89, VII;
XVIII. convocar e presidir o Conselho da República e o Conselho de Defesa Nacional;
XIX. declarar guerra, no caso de agressão estrangeira, autorizado pelo Congresso Nacional ou referendado por ele, quando ocorrida no intervalo das sessões legislativas, e, nas mesmas condições, decretar, total ou parcialmente, a mobilização nacional;
XX. celebrar a paz, autorizado ou com o referendo do Congresso Nacional;
XXI. conferir condecorações e distinções honoríficas;
XXII. permitir, nos casos previstos em lei complementar, que forças estrangeiras transitem pelo território nacional ou nele permaneçam temporariamente;
XXIII. enviar ao Congresso Nacional o plano plurianual, o projeto de lei de diretrizes orçamentárias e as propostas de orçamento previstos nesta Constituição;
XXIV. prestar, anualmente, ao Congresso Nacional, dentro de sessenta dias após a abertura da sessão legislativa, as contas referentes ao exercício anterior;
XXV. prover e extinguir os cargos públicos federais, na forma da lei;
XXVI. editar medidas provisórias com força de lei, nos termos do art. 62;
XXVII. exercer outras atribuições previstas nesta Constituição.
XXVIII. propor ao Congresso Nacional a decretação do estado de calamidade pública de âmbito nacional previsto nos arts. 167-B, 167-C, 167-D, 167-E, 167-F e 167-G desta Constituição. **(Incluído pela Emenda Constitucional nº 109, de 2021)**
Parágrafo único. O Presidente da República poderá delegar as atribuições mencionadas nos incisos VI, XII e XXV, primeira parte, aos Ministros de Estado, ao Procurador-Geral da República ou ao Advogado-Geral da União, que observarão os limites traçados nas respectivas delegações.

SEÇÃO III
Da Responsabilidade do Presidente da República

Art. 85. São crimes de responsabilidade os atos do Presidente da República que atentem contra a Constituição Federal e, especialmente, contra:
I. a existência da União;
II. o livre exercício do Poder Legislativo, do Poder Judiciário, do Ministério Público e dos Poderes constitucionais das unidades da Federação;
III. o exercício dos direitos políticos, individuais e sociais;
IV. a segurança interna do País;
V. a probidade na administração;
VI. a lei orçamentária;

VII. o cumprimento das leis e das decisões judiciais.
Parágrafo único. Esses crimes serão definidos em lei especial, que estabelecerá as normas de processo e julgamento.
Art. 86. Admitida a acusação contra o Presidente da República, por dois terços da Câmara dos Deputados, será ele submetido a julgamento perante o Supremo Tribunal Federal, nas infrações penais comuns, ou perante o Senado Federal, nos crimes de responsabilidade.
§ 1º O Presidente ficará suspenso de suas funções:
I. nas infrações penais comuns, se recebida a denúncia ou queixa-crime pelo Supremo Tribunal Federal;
II. nos crimes de responsabilidade, após a instauração do processo pelo Senado Federal.
§ 2º Se, decorrido o prazo de cento e oitenta dias, o julgamento não estiver concluído, cessará o afastamento do Presidente, sem prejuízo do regular prosseguimento do processo.
§ 3º Enquanto não sobrevier sentença condenatória, nas infrações comuns, o Presidente da República não estará sujeito a prisão.
§ 4º O Presidente da República, na vigência de seu mandato, não pode ser responsabilizado por atos estranhos ao exercício de suas funções.

SEÇÃO IV
Dos Ministros de Estado

Art. 87. Os Ministros de Estado serão escolhidos dentre brasileiros maiores de vinte e um anos e no exercício dos direitos políticos.
Parágrafo único. Compete ao Ministro de Estado, além de outras atribuições estabelecidas nesta Constituição e na lei:
I. exercer a orientação, coordenação e supervisão dos órgãos e entidades da administração federal na área de sua competência e referendar os atos e decretos assinados pelo Presidente da República;
II. expedir instruções para a execução das leis, decretos e regulamentos;
III. apresentar ao Presidente da República relatório anual de sua gestão no Ministério;
IV. praticar os atos pertinentes às atribuições que lhe forem outorgadas ou delegadas pelo Presidente da República.
Art. 88. A lei disporá sobre a criação e extinção de Ministérios e órgãos da administração pública.

SEÇÃO V
Do Conselho da República e do Conselho de Defesa Nacional

Subseção I
Do Conselho da República

Art. 89. O Conselho da República é órgão superior de consulta do Presidente da República, e dele participam:
I. o Vice-Presidente da República;
II. o Presidente da Câmara dos Deputados;
III. o Presidente do Senado Federal;
IV. os líderes da maioria e da minoria na Câmara dos Deputados;
V. os líderes da maioria e da minoria no Senado Federal;
VI. o Ministro da Justiça;
VII. seis cidadãos brasileiros natos, com mais de trinta e cinco anos de idade, sendo dois nomeados pelo Presidente da República, dois eleitos pelo Senado Federal e dois eleitos pela Câmara dos Deputados, todos com mandato de três anos, vedada a recondução.
Art. 90. Compete ao Conselho da República pronunciar-se sobre:
I. intervenção federal, estado de defesa e estado de sítio;
II. as questões relevantes para a estabilidade das instituições democráticas.
§ 1º O Presidente da República poderá convocar Ministro de Estado para participar da reunião do Conselho, quando constar da pauta questão relacionada com o respectivo Ministério.
§ 2º A lei regulará a organização e o funcionamento do Conselho da República.

Subseção II
Do Conselho de Defesa Nacional

Art. 91. O Conselho de Defesa Nacional é órgão de consulta do Presidente da República nos assuntos relacionados com a soberania nacional e a defesa do Estado democrático, e dele participam como membros natos:
I. o Vice-Presidente da República;
II. o Presidente da Câmara dos Deputados;
III. o Presidente do Senado Federal;
IV. o Ministro da Justiça;

V. o Ministro de Estado da Defesa;
VI. o Ministro das Relações Exteriores;
VII. o Ministro do Planejamento.
VIII. os Comandantes da Marinha, do Exército e da Aeronáutica.

§ 1º Compete ao Conselho de Defesa Nacional:

I. opinar nas hipóteses de declaração de guerra e de celebração da paz, nos termos desta Constituição;

II. opinar sobre a decretação do estado de defesa, do estado de sítio e da intervenção federal;

III. propor os critérios e condições de utilização de áreas indispensáveis à segurança do território nacional e opinar sobre seu efetivo uso, especialmente na faixa de fronteira e nas relacionadas com a preservação e a exploração dos recursos naturais de qualquer tipo;

IV. estudar, propor e acompanhar o desenvolvimento de iniciativas necessárias a garantir a independência nacional e a defesa do Estado democrático.

§ 2º A lei regulará a organização e o funcionamento do Conselho de Defesa Nacional.

CAPÍTULO III

Do Poder Judiciário

SEÇÃO I
Disposições Gerais

Art. 92. São órgãos do Poder Judiciário:
I. o Supremo Tribunal Federal;
I-A. o Conselho Nacional de Justiça;
II. o Superior Tribunal de Justiça;
II-A. o Tribunal Superior do Trabalho;
III. os Tribunais Regionais Federais e Juízes Federais;
IV. os Tribunais e Juízes do Trabalho;
V. os Tribunais e Juízes Eleitorais;
VI. os Tribunais e Juízes Militares;
VII. os Tribunais e Juízes dos Estados e do Distrito Federal e Territórios.

§ 1º O Supremo Tribunal Federal, o Conselho Nacional de Justiça e os Tribunais Superiores têm sede na Capital Federal.

§ 2º O Supremo Tribunal Federal e os Tribunais Superiores têm jurisdição em todo o território nacional.

Art. 93. Lei complementar, de iniciativa do Supremo Tribunal Federal, disporá sobre o Estatuto da Magistratura, observados os seguintes princípios:

I. ingresso na carreira, cujo cargo inicial será o de juiz substituto, mediante concurso público de provas e títulos, com a participação da Ordem dos Advogados do Brasil em todas as fases, exigindo-se do bacharel em direito, no mínimo, três anos de atividade jurídica e obedecendo-se, nas nomeações, à ordem de classificação;

II. promoção de entrância para entrância, alternadamente, por antiguidade e merecimento, atendidas as seguintes normas:

a) é obrigatória a promoção do juiz que figure por três vezes consecutivas ou cinco alternadas em lista de merecimento;

b) a promoção por merecimento pressupõe dois anos de exercício na respectiva entrância e integrar o juiz a primeira quinta parte da lista de antiguidade desta, salvo se não houver com tais requisitos quem aceite o lugar vago;

c) aferição do merecimento conforme o desempenho e pelos critérios objetivos de produtividade e presteza no exercício da jurisdição e pela frequência e aproveitamento em cursos oficiais ou reconhecidos de aperfeiçoamento;

d) na apuração de antiguidade, o tribunal somente poderá recusar o juiz mais antigo pelo voto fundamentado de dois terços de seus membros, conforme procedimento próprio, e assegurada ampla defesa, repetindo-se a votação até fixar-se a indicação;

e) não será promovido o juiz que, injustificadamente, retiver autos em seu poder além do prazo legal, não podendo devolvê-los ao cartório sem o devido despacho ou decisão;

III. o acesso aos tribunais de segundo grau far-se-á por antiguidade e merecimento, alternadamente, apurados na última ou única entrância;

IV. previsão de cursos oficiais de preparação, aperfeiçoamento e promoção de magistrados, constituindo etapa obrigatória do processo de vitaliciamento a participação em curso oficial ou reconhecido por escola nacional de formação e aperfeiçoamento de magistrados;

V. o subsídio dos Ministros dos Tribunais Superiores corresponderá a noventa e cinco por cento do subsídio mensal fixado para os Ministros do Supremo Tribunal Federal e os subsídios dos demais magistrados serão fixados em lei e escalonados, em nível federal e estadual, conforme as respectivas categorias da estrutura judiciária nacional, não podendo a diferença entre uma e outra ser superior a dez por cento ou inferior a cinco por cento, nem exceder a noventa e cinco por cento do subsídio mensal dos Ministros dos Tribunais Superiores, obedecido, em qualquer caso, o disposto nos arts. 37, XI, e 39, § 4º;

VI. a aposentadoria dos magistrados e a pensão de seus dependentes observarão o disposto no art. 40;

VII. o juiz titular residirá na respectiva comarca, salvo autorização do tribunal;

VIII. o ato de remoção ou de disponibilidade do magistrado, por interesse público, fundar-se-á em decisão por voto da maioria absoluta do respectivo tribunal ou do Conselho Nacional de Justiça, assegurada ampla defesa; **(Redação dada pela Emenda Constitucional nº 103, de 2019)**

VIII-A a remoção a pedido ou a permuta de magistrados de comarca de igual entrância atenderá, no que couber, ao disposto nas alíneas a, b, c e e do inciso II;

IX. todos os julgamentos dos órgãos do Poder Judiciário serão públicos, e fundamentadas todas as decisões, sob pena de nulidade, podendo a lei limitar a presença, em determinados atos, às próprias partes e a seus advogados, ou somente a estes, em casos nos quais a preservação do direito à intimidade do interessado no sigilo não prejudique o interesse público à informação;

X. as decisões administrativas dos tribunais serão motivadas e em sessão pública, sendo as disciplinares tomadas pelo voto da maioria absoluta de seus membros;

XI. nos tribunais com número superior a vinte e cinco julgadores, poderá ser constituído órgão especial, com o mínimo de onze e o máximo de vinte e cinco membros, para o exercício das atribuições administrativas e jurisdicionais delegadas da competência do tribunal pleno, provendo-se metade das vagas por antiguidade e a outra metade por eleição pelo tribunal pleno;

XII. a atividade jurisdicional será ininterrupta, sendo vedado férias coletivas nos juízos e tribunais de segundo grau, funcionando, nos dias em que não houver expediente forense normal, juízes em plantão permanente;

XIII. o número de juízes na unidade jurisdicional será proporcional à efetiva demanda judicial e à respectiva população;

XIV. os servidores receberão delegação para a prática de atos de administração e atos de mero expediente sem caráter decisório;

XV. a distribuição de processos será imediata, em todos os graus de jurisdição.

Art. 94. Um quinto dos lugares dos Tribunais Regionais Federais, dos Tribunais dos Estados, e do Distrito Federal e Territórios será composto de membros, do Ministério Público, com mais de dez anos de carreira, e de advogados de notório saber jurídico e de reputação ilibada, com mais de dez anos de efetiva atividade profissional, indicados em lista sêxtupla pelos órgãos de representação das respectivas classes.

Parágrafo único. Recebidas as indicações, o tribunal formará lista tríplice, enviando-a ao Poder Executivo, que, nos vinte dias subsequentes, escolherá um de seus integrantes para nomeação.

Art. 95. Os juízes gozam das seguintes garantias:
I. vitaliciedade, que, no primeiro grau, só será adquirida após dois anos de exercício, dependendo a perda do cargo, nesse período, de deliberação do tribunal a que o juiz estiver vinculado, e, nos demais casos, de sentença judicial transitada em julgado;
II. inamovibilidade, salvo por motivo de interesse público, na forma do art. 93, VIII;
III. irredutibilidade de subsídio, ressalvado o disposto nos arts. 37, X e XI, 39, § 4º, 150, II, 153, III, e 153, § 2º, I.

Parágrafo único. Aos juízes é vedado:
I. exercer, ainda que em disponibilidade, outro cargo ou função, salvo uma de magistério;
II. receber, a qualquer título ou pretexto, custas ou participação em processo;
III. dedicar-se à atividade político-partidária.
IV. receber, a qualquer título ou pretexto, auxílios ou contribuições de pessoas físicas, entidades públicas ou privadas, ressalvadas as exceções previstas em lei;
V. exercer a advocacia no juízo ou tribunal do qual se afastou, antes de decorridos três anos do afastamento do cargo por aposentadoria ou exoneração.

Art. 96. Compete privativamente:
I. aos tribunais:
a) eleger seus órgãos diretivos e elaborar seus regimentos internos, com observância das normas de processo e das garantias processuais das partes, dispondo sobre a competência e o funcionamento dos respectivos órgãos jurisdicionais e administrativos;
b) organizar suas secretarias e serviços auxiliares e os dos juízes que lhes forem vinculados, velando pelo exercício da atividade correicional respectiva;

c) prover, na forma prevista nesta Constituição, os cargos de juiz de carreira da respectiva jurisdição;
d) propor a criação de novas varas judiciárias;
e) prover, por concurso público de provas, ou de provas e títulos, obedecido o disposto no art. 169, parágrafo único, os cargos necessários à administração da Justiça, exceto os de confiança assim definidos em lei;
f) conceder licença, férias e outros afastamentos a seus membros e aos juízes e servidores que lhes forem imediatamente vinculados;
II. ao Supremo Tribunal Federal, aos Tribunais Superiores e aos Tribunais de Justiça propor ao Poder Legislativo respectivo, observado o disposto no art. 169:
a) a alteração do número de membros dos tribunais inferiores;
b) a criação e a extinção de cargos e a remuneração dos seus serviços auxiliares e dos juízos que lhes forem vinculados, bem como a fixação do subsídio de seus membros e dos juízes, inclusive dos tribunais inferiores, onde houver;
c) a criação ou extinção dos tribunais inferiores;
d) a alteração da organização e da divisão judiciárias;
III. aos Tribunais de Justiça julgar os juízes estaduais e do Distrito Federal e Territórios, bem como os membros do Ministério Público, nos crimes comuns e de responsabilidade, ressalvada a competência da Justiça Eleitoral.

Art. 97. Somente pelo voto da maioria absoluta de seus membros ou dos membros do respectivo órgão especial poderão os tribunais declarar a inconstitucionalidade de lei ou ato normativo do Poder Público.

Art. 98. A União, no Distrito Federal e nos Territórios, e os Estados criarão:
I. juizados especiais, providos por juízes togados, ou togados e leigos, competentes para a conciliação, o julgamento e a execução de causas cíveis de menor complexidade e infrações penais de menor potencial ofensivo, mediante os procedimentos oral e sumaríssimo, permitidos, nas hipóteses previstas em lei, a transação e o julgamento de recursos por turmas de juízes de primeiro grau;
II. justiça de paz, remunerada, composta de cidadãos eleitos pelo voto direto, universal e secreto, com mandato de quatro anos e competência para, na forma da lei, celebrar casamentos, verificar, de ofício ou em face de impugnação apresentada, o processo de habilitação e exercer atribuições conciliatórias, sem caráter jurisdicional, além de outras previstas na legislação.
§ 1º Lei federal disporá sobre a criação de juizados especiais no âmbito da Justiça Federal.
§ 2º As custas e emolumentos serão destinados exclusivamente ao custeio dos serviços afetos às atividades específicas da Justiça.

Art. 99. Ao Poder Judiciário é assegurada autonomia administrativa e financeira.
§ 1º Os tribunais elaborarão suas propostas orçamentárias dentro dos limites estipulados conjuntamente com os demais Poderes na lei de diretrizes orçamentárias.
§ 2º O encaminhamento da proposta, ouvidos os outros tribunais interessados, compete:
I. no âmbito da União, aos Presidentes do Supremo Tribunal Federal e dos Tribunais Superiores, com a aprovação dos respectivos tribunais;
II. no âmbito dos Estados e no do Distrito Federal e Territórios, aos Presidentes dos Tribunais de Justiça, com a aprovação dos respectivos tribunais.
§ 3º Se os órgãos referidos no § 2º não encaminharem as respectivas propostas orçamentárias dentro do prazo estabelecido na lei de diretrizes orçamentárias, o Poder Executivo considerará, para fins de consolidação da proposta orçamentária anual, os valores aprovados na lei orçamentária vigente, ajustados de acordo com os limites estipulados na forma do § 1º deste artigo.
§ 4º Se as propostas orçamentárias de que trata este artigo forem encaminhadas em desacordo com os limites estipulados na forma do § 1º, o Poder Executivo procederá aos ajustes necessários para fins de consolidação da proposta orçamentária anual.
§ 5º Durante a execução orçamentária do exercício, não poderá haver a realização de despesas ou a assunção de obrigações que extrapolem os limites estabelecidos na lei de diretrizes orçamentárias, exceto se previamente autorizadas, mediante a abertura de créditos suplementares ou especiais.

Art. 100. Os pagamentos devidos pelas Fazendas Públicas Federal, Estaduais, Distrital e Municipais, em virtude de sentença judiciária, far-se-ão exclusivamente na ordem cronológica de apresentação dos precatórios e à conta dos créditos respectivos, proibida a designação de casos ou de pessoas nas dotações orçamentárias e nos créditos adicionais abertos para este fim.

§ 1º Os débitos de natureza alimentícia compreendem aqueles decorrentes de salários, vencimentos, proventos, pensões e suas complementações, benefícios previdenciários e indenizações por morte ou por invalidez, fundadas em responsabilidade civil, em virtude de sentença judicial transitada em julgado, e serão pagos com preferência sobre todos os demais débitos, exceto sobre aqueles referidos no § 2º deste artigo.

§ 2º Os débitos de natureza alimentícia cujos titulares, originários ou por sucessão hereditária, tenham 60 (sessenta) anos de idade, ou sejam portadores de doença grave, ou pessoas com deficiência, assim definidos na forma da lei, serão pagos com preferência sobre todos os demais débitos, até o valor equivalente ao triplo fixado em lei para os fins do disposto no § 3º deste artigo, admitido o fracionamento para essa finalidade, sendo que o restante será pago na ordem cronológica de apresentação do precatório.

§ 3º O disposto no caput deste artigo relativamente à expedição de precatórios não se aplica aos pagamentos de obrigações definidas em leis como de pequeno valor que as Fazendas referidas devam fazer em virtude de sentença judicial transitada em julgado.

§ 4º Para os fins do disposto no § 3º, poderão ser fixados, por leis próprias, valores distintos às entidades de direito público, segundo as diferentes capacidades econômicas, sendo o mínimo igual ao valor do maior benefício do regime geral de previdência social.

§ 5º É obrigatória a inclusão, no orçamento das entidades de direito público, de verba necessária ao pagamento de seus débitos, oriundos de sentenças transitadas em julgado, constantes de precatórios judiciários apresentados até 1º de julho, fazendo-se o pagamento até o final do exercício seguinte, quando terão seus valores atualizados monetariamente.

§ 6º As dotações orçamentárias e os créditos abertos serão consignados diretamente ao Poder Judiciário, cabendo ao Presidente do Tribunal que proferir a decisão exequenda determinar o pagamento integral e autorizar, a requerimento do credor e exclusivamente para os casos de preterimento de seu direito de precedência ou de não alocação orçamentária do valor necessário à satisfação do seu débito, o sequestro da quantia respectiva.

§ 7º O Presidente do Tribunal competente que, por ato comissivo ou omissivo, retardar ou tentar frustrar a liquidação regular de precatórios incorrerá em crime de responsabilidade e responderá, também, perante o Conselho Nacional de Justiça.

§ 8º É vedada a expedição de precatórios complementares ou suplementares de valor pago, bem como o fracionamento, repartição ou quebra do valor da execução para fins de enquadramento de parcela do total ao que dispõe o § 3º deste artigo.

§ 9º No momento da expedição dos precatórios, independentemente de regulamentação, deles deverá ser abatido, a título de compensação, valor correspondente aos débitos líquidos e certos, inscritos ou não em dívida ativa e constituídos contra o credor original pela Fazenda Pública devedora, incluídas parcelas vincendas de parcelamentos, ressalvados aqueles cuja execução esteja suspensa em virtude de contestação administrativa ou judicial.

§ 10º Antes da expedição dos precatórios, o Tribunal solicitará à Fazenda Pública devedora, para resposta em até 30 (trinta) dias, sob pena de perda do direito de abatimento, informação sobre os débitos que preencham as condições estabelecidas no § 9º, para os fins nele previstos.

§ 11º É facultada ao credor, conforme estabelecido em lei da entidade federativa devedora, a entrega de créditos em precatórios para compra de imóveis públicos do respectivo ente federado.

§ 12º A partir da promulgação desta Emenda Constitucional, a atualização de valores de requisitórios, após sua expedição, até o efetivo pagamento, independentemente de sua natureza, será feita pelo índice oficial de remuneração básica da caderneta de poupança, e, para fins de compensação da mora, incidirão juros simples no mesmo percentual de juros incidentes sobre a caderneta de poupança, ficando excluída a incidência de juros compensatórios.

§ 13º O credor poderá ceder, total ou parcialmente, seus créditos em precatórios a terceiros, independentemente da concordância do devedor, não se aplicando ao cessionário o disposto nos §§ 2º e 3º.

§ 14º A cessão de precatórios somente produzirá efeitos após comunicação, por meio de petição protocolizada, ao tribunal de origem e à entidade devedora.

§ 15º Sem prejuízo do disposto neste artigo, lei complementar a esta Constituição Federal poderá estabelecer regime especial para pagamento de crédito de precatórios de Estados, Distrito Federal e Municípios, dispondo sobre vinculações à receita corrente líquida e forma e prazo de liquidação.

§ 16º A seu critério exclusivo e na forma de lei, a União poderá assumir débitos, oriundos de precatórios, de Estados, Distrito Federal e Municípios, refinanciando-os diretamente.

§ 17º A União, os Estados, o Distrito Federal e os Municípios aferirão mensalmente, em base anual, o comprometimento de suas respectivas receitas correntes líquidas com o pagamento de precatórios e obrigações de pequeno valor.

§ 18º Entende-se como receita corrente líquida, para os fins de que trata o § 17, o somatório das receitas tributárias, patrimoniais, industriais, agropecuárias, de contribuições e de serviços, de transferências correntes e outras receitas correntes, incluindo as oriundas do § 1º do art. 20 da Constituição Federal, verificado no período compreendido pelo segundo mês imediatamente anterior ao de referência e os 11 (onze) meses precedentes, excluídas as duplicidades, e deduzidas:

I. na União, as parcelas entregues aos Estados, ao Distrito Federal e aos Municípios por determinação constitucional;

II. nos Estados, as parcelas entregues aos Municípios por determinação constitucional;

III. na União, nos Estados, no Distrito Federal e nos Municípios, a contribuição dos servidores para custeio de seu sistema de previdência e assistência social e as receitas provenientes da compensação financeira referida no § 9º do art. 201 da Constituição Federal.

§ 19º Caso o montante total de débitos decorrentes de condenações judiciais em precatórios e obrigações de pequeno valor, em período de 12 (doze) meses, ultrapasse a média do comprometimento percentual da receita corrente líquida nos 5 (cinco) anos imediatamente anteriores, a parcela que exceder esse percentual poderá ser financiada, excetuada dos limites de endividamento de que tratam os incisos VI e VII do art. 52 da Constituição Federal e de quaisquer outros limites de endividamento previstos, não se aplicando a esse financiamento a vedação de vinculação de receita prevista no inciso IV do art. 167 da Constituição Federal.

§ 20º Caso haja precatório com valor superior a 15% (quinze por cento) do montante dos precatórios apresentados nos termos do § 5º deste artigo, 15% (quinze por cento) do valor deste precatório serão pagos até o final do exercício seguinte e o restante em parcelas iguais nos cinco exercícios subsequentes, acrescidas de juros de mora e correção monetária, ou mediante acordos diretos, perante Juízos Auxiliares de Conciliação de Precatórios, com redução máxima de 40% (quarenta por cento) do valor do crédito atualizado, desde que em relação ao crédito não penda recurso ou defesa judicial e que sejam observados os requisitos definidos na regulamentação editada pelo ente federado.

SEÇÃO II
Do Supremo Tribunal Federal

Art. 101. O Supremo Tribunal Federal compõe-se de onze Ministros, escolhidos dentre cidadãos com mais de trinta e cinco e menos de sessenta e cinco anos de idade, de notável saber jurídico e reputação ilibada.

Parágrafo único. Os Ministros do Supremo Tribunal Federal serão nomeados pelo Presidente da República, depois de aprovada a escolha pela maioria absoluta do Senado Federal.

Art. 102. Compete ao Supremo Tribunal Federal, precipuamente, a guarda da Constituição, cabendo-lhe:

I. processar e julgar, originariamente:

a) a ação direta de inconstitucionalidade de lei ou ato normativo federal ou estadual e a ação declaratória de constitucionalidade de lei ou ato normativo federal;

b) nas infrações penais comuns, o Presidente da República, o Vice-Presidente, os membros do Congresso Nacional, seus próprios Ministros e o Procurador-Geral da República;

c) nas infrações penais comuns e nos crimes de responsabilidade, os Ministros de Estado e os Comandantes da Marinha, do Exército e da Aeronáutica, ressalvado o disposto no art. 52, I, os membros dos Tribunais Superiores, os do Tribunal de Contas da União e os chefes de missão diplomática de caráter permanente;

d) o *habeas corpus*, sendo paciente qualquer das pessoas referidas nas alíneas anteriores; o mandado de segurança e o *habeas data* contra atos do Presidente da República, das Mesas da Câmara dos Deputados e do Senado Federal, do Tribunal de Contas da União, do Procurador-Geral da República e do próprio Supremo Tribunal Federal;

e) o litígio entre Estado estrangeiro ou organismo internacional e a União, o Estado, o Distrito Federal ou o Território;

f) as causas e os conflitos entre a União e os Estados, a União e o Distrito Federal, ou entre uns e outros,

inclusive as respectivas entidades da administração indireta;
g) a extradição solicitada por Estado estrangeiro;
h) (Revogado pela Emenda Constitucional nº 45, de 2004)
i) o *habeas corpus*, quando o coator for Tribunal Superior ou quando o coator ou o paciente for autoridade ou funcionário cujos atos estejam sujeitos diretamente à jurisdição do Supremo Tribunal Federal, ou se trate de crime sujeito à mesma jurisdição em uma única instância;
j) a revisão criminal e a ação rescisória de seus julgados;
l) a reclamação para a preservação de sua competência e garantia da autoridade de suas decisões;
m) a execução de sentença nas causas de sua competência originária, facultada a delegação de atribuições para a prática de atos processuais;
n) a ação em que todos os membros da magistratura sejam direta ou indiretamente interessados, e aquela em que mais da metade dos membros do tribunal de origem estejam impedidos ou sejam direta ou indiretamente interessados;
o) os conflitos de competência entre o Superior Tribunal de Justiça e quaisquer tribunais, entre Tribunais Superiores, ou entre estes e qualquer outro tribunal;
p) o pedido de medida cautelar das ações diretas de inconstitucionalidade;
q) o mandado de injunção, quando a elaboração da norma regulamentadora for atribuição do Presidente da República, do Congresso Nacional, da Câmara dos Deputados, do Senado Federal, das Mesas de uma dessas Casas Legislativas, do Tribunal de Contas da União, de um dos Tribunais Superiores, ou do próprio Supremo Tribunal Federal;
r) as ações contra o Conselho Nacional de Justiça e contra o Conselho Nacional do Ministério Público;
II. julgar, em recurso ordinário:
a) o *habeas corpus*, o mandado de segurança, o *habeas data* e o mandado de injunção decididos em única instância pelos Tribunais Superiores, se denegatória a decisão;
b) o crime político;
III. julgar, mediante recurso extraordinário, as causas decididas em única ou última instância, quando a decisão recorrida:
a) contrariar dispositivo desta Constituição;
b) declarar a inconstitucionalidade de tratado ou lei federal;

c) julgar válida lei ou ato de governo local contestado em face desta Constituição.
d) julgar válida lei local contestada em face de lei federal.
§ 1º A arguição de descumprimento de preceito fundamental, decorrente desta Constituição, será apreciada pelo Supremo Tribunal Federal, na forma da lei.
§ 2º As decisões definitivas de mérito, proferidas pelo Supremo Tribunal Federal, nas ações diretas de inconstitucionalidade e nas ações declaratórias de constitucionalidade produzirão eficácia contra todos e efeito vinculante, relativamente aos demais órgãos do Poder Judiciário e à administração pública direta e indireta, nas esferas federal, estadual e municipal.
§ 3º No recurso extraordinário o recorrente deverá demonstrar a repercussão geral das questões constitucionais discutidas no caso, nos termos da lei, a fim de que o Tribunal examine a admissão do recurso, somente podendo recusá-lo pela manifestação de dois terços de seus membros.
Art. 103. Podem propor a ação direta de inconstitucionalidade e a ação declaratória de constitucionalidade:
I. o Presidente da República;
II. a Mesa do Senado Federal;
III. a Mesa da Câmara dos Deputados;
IV. a Mesa de Assembleia Legislativa ou da Câmara Legislativa do Distrito Federal;
V. o Governador de Estado ou do Distrito Federal;
VI. o Procurador-Geral da República;
VII. o Conselho Federal da Ordem dos Advogados do Brasil;
VIII. partido político com representação no Congresso Nacional;
IX. confederação sindical ou entidade de classe de âmbito nacional.
§ 1º O Procurador-Geral da República deverá ser previamente ouvido nas ações de inconstitucionalidade e em todos os processos de competência do Supremo Tribunal Federal.
§ 2º Declarada a inconstitucionalidade por omissão de medida para tornar efetiva norma constitucional, será dada ciência ao Poder competente para a adoção das providências necessárias e, em se tratando de órgão administrativo, para fazê-lo em trinta dias.
§ 3º Quando o Supremo Tribunal Federal apreciar a inconstitucionalidade, em tese, de norma legal ou ato

normativo, citará, previamente, o Advogado-Geral da União, que defenderá o ato ou texto impugnado.

§ 4º (Revogado pela Emenda Constitucional nº 45, de 2004)

Art. 103-A. O Supremo Tribunal Federal poderá, de ofício ou por provocação, mediante decisão de dois terços dos seus membros, após reiteradas decisões sobre matéria constitucional, aprovar súmula que, a partir de sua publicação na imprensa oficial, terá efeito vinculante em relação aos demais órgãos do Poder Judiciário e à administração pública direta e indireta, nas esferas federal, estadual e municipal, bem como proceder à sua revisão ou cancelamento, na forma estabelecida em lei.

§ 1º A súmula terá por objetivo a validade, a interpretação e a eficácia de normas determinadas, acerca das quais haja controvérsia atual entre órgãos judiciários ou entre esses e a administração pública que acarrete grave insegurança jurídica e relevante multiplicação de processos sobre questão idêntica.

§ 2º Sem prejuízo do que vier a ser estabelecido em lei, a aprovação, revisão ou cancelamento de súmula poderá ser provocada por aqueles que podem propor a ação direta de inconstitucionalidade.

§ 3º Do ato administrativo ou decisão judicial que contrariar a súmula aplicável ou que indevidamente a aplicar, caberá reclamação ao Supremo Tribunal Federal que, julgando-a procedente, anulará o ato administrativo ou cassará a decisão judicial reclamada, e determinará que outra seja proferida com ou sem a aplicação da súmula, conforme o caso.

Art. 103-B. O Conselho Nacional de Justiça compõe-se de 15 (quinze) membros com mandato de 2 (dois) anos, admitida 1 (uma) recondução, sendo:

I. o Presidente do Supremo Tribunal Federal;

II. um Ministro do Superior Tribunal de Justiça, indicado pelo respectivo tribunal;

III. um Ministro do Tribunal Superior do Trabalho, indicado pelo respectivo tribunal;

IV. um desembargador de Tribunal de Justiça, indicado pelo Supremo Tribunal Federal;

V. um juiz estadual, indicado pelo Supremo Tribunal Federal;

VI. um juiz de Tribunal Regional Federal, indicado pelo Superior Tribunal de Justiça;

VII. um juiz federal, indicado pelo Superior Tribunal de Justiça;

VIII. um juiz de Tribunal Regional do Trabalho, indicado pelo Tribunal Superior do Trabalho;

IX. um juiz do trabalho, indicado pelo Tribunal Superior do Trabalho;

X. um membro do Ministério Público da União, indicado pelo Procurador-Geral da República;

XI. um membro do Ministério Público estadual, escolhido pelo Procurador-Geral da República dentre os nomes indicados pelo órgão competente de cada instituição estadual;

XII. dois advogados, indicados pelo Conselho Federal da Ordem dos Advogados do Brasil;

XIII. dois cidadãos, de notável saber jurídico e reputação ilibada, indicados um pela Câmara dos Deputados e outro pelo Senado Federal.

§ 1º O Conselho será presidido pelo Presidente do Supremo Tribunal Federal e, nas suas ausências e impedimentos, pelo Vice-Presidente do Supremo Tribunal Federal.

§ 2º Os demais membros do Conselho serão nomeados pelo Presidente da República, depois de aprovada a escolha pela maioria absoluta do Senado Federal.

§ 3º Não efetuadas, no prazo legal, as indicações previstas neste artigo, caberá a escolha ao Supremo Tribunal Federal.

§ 4º Compete ao Conselho o controle da atuação administrativa e financeira do Poder Judiciário e do cumprimento dos deveres funcionais dos juízes, cabendo-lhe, além de outras atribuições que lhe forem conferidas pelo Estatuto da Magistratura:

I. zelar pela autonomia do Poder Judiciário e pelo cumprimento do Estatuto da Magistratura, podendo expedir atos regulamentares, no âmbito de sua competência, ou recomendar providências;

II. zelar pela observância do art. 37 e apreciar, de ofício ou mediante provocação, a legalidade dos atos administrativos praticados por membros ou órgãos do Poder Judiciário, podendo desconstituí-los, revê-los ou fixar prazo para que se adotem as providências necessárias ao exato cumprimento da lei, sem prejuízo da competência do Tribunal de Contas da União;

III. receber e conhecer das reclamações contra membros ou órgãos do Poder Judiciário, inclusive contra seus serviços auxiliares, serventias e órgãos prestadores de serviços notariais e de registro que atuem por delegação do poder público ou oficializados, sem prejuízo da competência disciplinar e

correicional dos tribunais, podendo avocar processos disciplinares em curso, determinar a remoção ou a disponibilidade e aplicar outras sanções administrativas, assegurada ampla defesa; **(Redação dada pela Emenda Constitucional nº 103, de 2019)**
IV. representar ao Ministério Público, no caso de crime contra a administração pública ou de abuso de autoridade;
V. rever, de ofício ou mediante provocação, os processos disciplinares de juízes e membros de tribunais julgados há menos de um ano;
VI. elaborar semestralmente relatório estatístico sobre processos e sentenças prolatadas, por unidade da Federação, nos diferentes órgãos do Poder Judiciário;
VII. elaborar relatório anual, propondo as providências que julgar necessárias, sobre a situação do Poder Judiciário no País e as atividades do Conselho, o qual deve integrar mensagem do Presidente do Supremo Tribunal Federal a ser remetida ao Congresso Nacional, por ocasião da abertura da sessão legislativa.
§ 5º O Ministro do Superior Tribunal de Justiça exercerá a função de Ministro-Corregedor e ficará excluído da distribuição de processos no Tribunal, competindo-lhe, além das atribuições que lhe forem conferidas pelo Estatuto da Magistratura, as seguintes:
I. receber as reclamações e denúncias, de qualquer interessado, relativas aos magistrados e aos serviços judiciários;
II. exercer funções executivas do Conselho, de inspeção e de correição geral;
III. requisitar e designar magistrados, delegando-lhes atribuições, e requisitar servidores de juízos ou tribunais, inclusive nos Estados, Distrito Federal e Territórios.
§ 6º Junto ao Conselho oficiarão o Procurador-Geral da República e o Presidente do Conselho Federal da Ordem dos Advogados do Brasil.
§ 7º A União, inclusive no Distrito Federal e nos Territórios, criará ouvidorias de justiça, competentes para receber reclamações e denúncias de qualquer interessado contra membros ou órgãos do Poder Judiciário, ou contra seus serviços auxiliares, representando diretamente ao Conselho Nacional de Justiça.

SEÇÃO III
Do Superior Tribunal de Justiça

Art. 104. O Superior Tribunal de Justiça compõe-se de, no mínimo, trinta e três Ministros.
Parágrafo único. Os Ministros do Superior Tribunal de Justiça serão nomeados pelo Presidente da República, dentre brasileiros com mais de trinta e cinco e menos de sessenta e cinco anos, de notável saber jurídico e reputação ilibada, depois de aprovada a escolha pela maioria absoluta do Senado Federal, sendo:
I. um terço dentre juízes dos Tribunais Regionais Federais e um terço dentre desembargadores dos Tribunais de Justiça, indicados em lista tríplice elaborada pelo próprio Tribunal;
II. um terço, em partes iguais, dentre advogados e membros do Ministério Público Federal, Estadual, do Distrito Federal e Territórios, alternadamente, indicados na forma do art. 94.
Art. 105. Compete ao Superior Tribunal de Justiça:
I. processar e julgar, originariamente:
a) nos crimes comuns, os Governadores dos Estados e do Distrito Federal, e, nestes e nos de responsabilidade, os desembargadores dos Tribunais de Justiça dos Estados e do Distrito Federal, os membros dos Tribunais de Contas dos Estados e do Distrito Federal, os dos Tribunais Regionais Federais, dos Tribunais Regionais Eleitorais e do Trabalho, os membros dos Conselhos ou Tribunais de Contas dos Municípios e os do Ministério Público da União que oficiem perante tribunais;
b) os mandados de segurança e os *habeas data* contra ato de Ministro de Estado, dos Comandantes da Marinha, do Exército e da Aeronáutica ou do próprio Tribunal;
c) os *habeas corpus*, quando o coator ou paciente for qualquer das pessoas mencionadas na alínea "a", ou quando o coator for tribunal sujeito à sua jurisdição, Ministro de Estado ou Comandante da Marinha, do Exército ou da Aeronáutica, ressalvada a competência da Justiça Eleitoral;
d) os conflitos de competência entre quaisquer tribunais, ressalvado o disposto no art. 102, I, "o", bem como entre tribunal e juízes a ele não vinculados e entre juízes vinculados a tribunais diversos;
e) as revisões criminais e as ações rescisórias de seus julgados;

f) a reclamação para a preservação de sua competência e garantia da autoridade de suas decisões;
g) os conflitos de atribuições entre autoridades administrativas e judiciárias da União, ou entre autoridades judiciárias de um Estado e administrativas de outro ou do Distrito Federal, ou entre as deste e da União;
h) o mandado de injunção, quando a elaboração da norma regulamentadora for atribuição de órgão, entidade ou autoridade federal, da administração direta ou indireta, excetuados os casos de competência do Supremo Tribunal Federal e dos órgãos da Justiça Militar, da Justiça Eleitoral, da Justiça do Trabalho e da Justiça Federal;
i) a homologação de sentenças estrangeiras e a concessão de exequatur às cartas rogatórias;
II. julgar, em recurso ordinário:
a) os *habeas corpus* decididos em única ou última instância pelos Tribunais Regionais Federais ou pelos tribunais dos Estados, do Distrito Federal e Territórios, quando a decisão for denegatória;
b) os mandados de segurança decididos em única instância pelos Tribunais Regionais Federais ou pelos tribunais dos Estados, do Distrito Federal e Territórios, quando denegatória a decisão;
c) as causas em que forem partes Estado estrangeiro ou organismo internacional, de um lado, e, do outro, Município ou pessoa residente ou domiciliada no País;
III. julgar, em recurso especial, as causas decididas, em única ou última instância, pelos Tribunais Regionais Federais ou pelos tribunais dos Estados, do Distrito Federal e Territórios, quando a decisão recorrida:
a) contrariar tratado ou lei federal, ou negar-lhes vigência;
b) julgar válido ato de governo local contestado em face de lei federal;
c) der a lei federal interpretação divergente da que lhe haja atribuído outro tribunal.
Parágrafo único. Funcionarão junto ao Superior Tribunal de Justiça:
I. a Escola Nacional de Formação e Aperfeiçoamento de Magistrados, cabendo-lhe, dentre outras funções, regulamentar os cursos oficiais para o ingresso e promoção na carreira;
II. o Conselho da Justiça Federal, cabendo-lhe exercer, na forma da lei, a supervisão administrativa e orçamentária da Justiça Federal de primeiro e segundo graus, como órgão central do sistema e com poderes correicionais, cujas decisões terão caráter vinculante.

SEÇÃO IV
Dos Tribunais Regionais Federais e dos Juízes Federais

Art. 106. São órgãos da Justiça Federal:
I. os Tribunais Regionais Federais;
II. os Juízes Federais.
Art. 107. Os Tribunais Regionais Federais compõem-se de, no mínimo, sete juízes, recrutados, quando possível, na respectiva região e nomeados pelo Presidente da República dentre brasileiros com mais de trinta e menos de sessenta e cinco anos, sendo:
I. um quinto dentre advogados com mais de dez anos de efetiva atividade profissional e membros do Ministério Público Federal com mais de dez anos de carreira;
II. os demais, mediante promoção de juízes federais com mais de cinco anos de exercício, por antiguidade e merecimento, alternadamente.
§ 1º A lei disciplinará a remoção ou a permuta de juízes dos Tribunais Regionais Federais e determinará sua jurisdição e sede.
§ 2º Os Tribunais Regionais Federais instalarão a justiça itinerante, com a realização de audiências e demais funções da atividade jurisdicional, nos limites territoriais da respectiva jurisdição, servindo-se de equipamentos públicos e comunitários.
§ 3º Os Tribunais Regionais Federais poderão funcionar descentralizadamente, constituindo Câmaras regionais, a fim de assegurar o pleno acesso do jurisdicionado à justiça em todas as fases do processo.
Art. 108. Compete aos Tribunais Regionais Federais:
I. processar e julgar, originariamente:
a) os juízes federais da área de sua jurisdição, incluídos os da Justiça Militar e da Justiça do Trabalho, nos crimes comuns e de responsabilidade, e os membros do Ministério Público da União, ressalvada a competência da Justiça Eleitoral;
b) as revisões criminais e as ações rescisórias de julgados seus ou dos juízes federais da região;
c) os mandados de segurança e os *habeas data* contra ato do próprio Tribunal ou de juiz federal;
d) os *habeas corpus*, quando a autoridade coatora for juiz federal;

e) os conflitos de competência entre juízes federais vinculados ao Tribunal;
II. julgar, em grau de recurso, as causas decididas pelos juízes federais e pelos juízes estaduais no exercício da competência federal da área de sua jurisdição.
Art. 109. Aos juízes federais compete processar e julgar:
I. as causas em que a União, entidade autárquica ou empresa pública federal forem interessadas na condição de autoras, rés, assistentes ou oponentes, exceto as de falência, as de acidentes de trabalho e as sujeitas à Justiça Eleitoral e à Justiça do Trabalho;
II. as causas entre Estado estrangeiro ou organismo internacional e Município ou pessoa domiciliada ou residente no País;
III. as causas fundadas em tratado ou contrato da União com Estado estrangeiro ou organismo internacional;
IV. os crimes políticos e as infrações penais praticadas em detrimento de bens, serviços ou interesse da União ou de suas entidades autárquicas ou empresas públicas, excluídas as contravenções e ressalvada a competência da Justiça Militar e da Justiça Eleitoral;
V. os crimes previstos em tratado ou convenção internacional, quando, iniciada a execução no País, o resultado tenha ou devesse ter ocorrido no estrangeiro, ou reciprocamente;
V-A as causas relativas a direitos humanos a que se refere o § 5º deste artigo;
VI. os crimes contra a organização do trabalho e, nos casos determinados por lei, contra o sistema financeiro e a ordem econômico-financeira;
VII. os *habeas corpus*, em matéria criminal de sua competência ou quando o constrangimento provier de autoridade cujos atos não estejam diretamente sujeitos a outra jurisdição;
VIII. os mandados de segurança e os *habeas data* contra ato de autoridade federal, excetuados os casos de competência dos tribunais federais;
IX. os crimes cometidos a bordo de navios ou aeronaves, ressalvada a competência da Justiça Militar;
X. os crimes de ingresso ou permanência irregular de estrangeiro, a execução de carta rogatória, após o "exequatur", e de sentença estrangeira, após a homologação, as causas referentes à nacionalidade, inclusive a respectiva opção, e à naturalização;
XI. a disputa sobre direitos indígenas.

§ 1º As causas em que a União for autora serão aforadas na SEÇÃO judiciária onde tiver domicílio a outra parte.
§ 2º As causas intentadas contra a União poderão ser aforadas na SEÇÃO judiciária em que for domiciliado o autor, naquela onde houver ocorrido o ato ou fato que deu origem à demanda ou onde esteja situada a coisa, ou, ainda, no Distrito Federal.
§ 3º Lei poderá autorizar que as causas de competência da Justiça Federal em que forem parte instituição de previdência social e segurado possam ser processadas e julgadas na justiça estadual quando a comarca do domicílio do segurado não for sede de vara federal. (**Redação dada pela Emenda Constitucional nº 103, de 2019**)
§ 4º Na hipótese do parágrafo anterior, o recurso cabível será sempre para o Tribunal Regional Federal na área de jurisdição do juiz de primeiro grau.
§ 5º Nas hipóteses de grave violação de direitos humanos, o Procurador-Geral da República, com a finalidade de assegurar o cumprimento de obrigações decorrentes de tratados internacionais de direitos humanos dos quais o Brasil seja parte, poderá suscitar, perante o Superior Tribunal de Justiça, em qualquer fase do inquérito ou processo, incidente de deslocamento de competência para a Justiça Federal.
Art. 110. Cada Estado, bem como o Distrito Federal, constituirá uma SEÇÃO judiciária que terá por sede a respectiva Capital, e varas localizadas segundo o estabelecido em lei.
Parágrafo único. Nos Territórios Federais, a jurisdição e as atribuições cometidas aos juízes federais caberão aos juízes da justiça local, na forma da lei.

SEÇÃO V
Do Tribunal Superior do Trabalho, dos Tribunais Regionais do Trabalho e dos Juízes do Trabalho

Art. 111. São órgãos da Justiça do Trabalho:
I. o Tribunal Superior do Trabalho;
II. os Tribunais Regionais do Trabalho;
III. Juízes do Trabalho.
§§ 1º a 3º (Revogados pela Emenda Constitucional nº 45, de 2004)
Art. 111-A. O Tribunal Superior do Trabalho compor-se-á de vinte e sete Ministros, escolhidos dentre brasileiros com mais de trinta e cinco anos e menos

de sessenta e cinco anos, de notável saber jurídico e reputação ilibada, nomeados pelo Presidente da República após aprovação pela maioria absoluta do Senado Federal, sendo:

I. um quinto dentre advogados com mais de dez anos de efetiva atividade profissional e membros do Ministério Público do Trabalho com mais de dez anos de efetivo exercício, observado o disposto no art. 94;

II. os demais dentre juízes dos Tribunais Regionais do Trabalho, oriundos da magistratura da carreira, indicados pelo próprio Tribunal Superior.

§ 1º A lei disporá sobre a competência do Tribunal Superior do Trabalho.

§ 2º Funcionarão junto ao Tribunal Superior do Trabalho:

I. a Escola Nacional de Formação e Aperfeiçoamento de Magistrados do Trabalho, cabendo-lhe, dentre outras funções, regulamentar os cursos oficiais para o ingresso e promoção na carreira;

II. o Conselho Superior da Justiça do Trabalho, cabendo-lhe exercer, na forma da lei, a supervisão administrativa, orçamentária, financeira e patrimonial da Justiça do Trabalho de primeiro e segundo graus, como órgão central do sistema, cujas decisões terão efeito vinculante.

§ 3º Compete ao Tribunal Superior do Trabalho processar e julgar, originariamente, a reclamação para a preservação de sua competência e garantia da autoridade de suas decisões.

Art. 112. A lei criará varas da Justiça do Trabalho, podendo, nas comarcas não abrangidas por sua jurisdição, atribuí-la aos juízes de direito, com recurso para o respectivo Tribunal Regional do Trabalho.

Art. 113. A lei disporá sobre a constituição, investidura, jurisdição, competência, garantias e condições de exercício dos órgãos da Justiça do Trabalho.

Art. 114. Compete à Justiça do Trabalho processar e julgar:

I. as ações oriundas da relação de trabalho, abrangidos os entes de direito público externo e da administração pública direta e indireta da União, dos Estados, do Distrito Federal e dos Municípios;

II. as ações que envolvam exercício do direito de greve;

III. as ações sobre representação sindical, entre sindicatos, entre sindicatos e trabalhadores, e entre sindicatos e empregadores;

IV. os mandados de segurança, *habeas corpus* e *habeas data*, quando o ato questionado envolver matéria sujeita à sua jurisdição;

V. os conflitos de competência entre órgãos com jurisdição trabalhista, ressalvado o disposto no art. 102, I, o;

VI. as ações de indenização por dano moral ou patrimonial, decorrentes da relação de trabalho;

VII. as ações relativas às penalidades administrativas impostas aos empregadores pelos órgãos de fiscalização das relações de trabalho;

VIII. a execução, de ofício, das contribuições sociais previstas no art. 195, I, a, e II, e seus acréscimos legais, decorrentes das sentenças que proferir;

IX. outras controvérsias decorrentes da relação de trabalho, na forma da lei.

§ 1º Frustrada a negociação coletiva, as partes poderão eleger árbitros.

§ 2º Recusando-se qualquer das partes à negociação coletiva ou à arbitragem, é facultado às mesmas, de comum acordo, ajuizar dissídio coletivo de natureza econômica, podendo a Justiça do Trabalho decidir o conflito, respeitadas as disposições mínimas legais de proteção ao trabalho, bem como as convencionadas anteriormente.

§ 3º Em caso de greve em atividade essencial, com possibilidade de lesão do interesse público, o Ministério Público do Trabalho poderá ajuizar dissídio coletivo, competindo à Justiça do Trabalho decidir o conflito.

Art. 115. Os Tribunais Regionais do Trabalho compõem-se de, no mínimo, sete juízes, recrutados, quando possível, na respectiva região, e nomeados pelo Presidente da República dentre brasileiros com mais de trinta e menos de sessenta e cinco anos, sendo:

I. um quinto dentre advogados com mais de dez anos de efetiva atividade profissional e membros do Ministério Público do Trabalho com mais de dez anos de efetivo exercício, observado o disposto no art. 94;

II. os demais, mediante promoção de juízes do trabalho por antiguidade e merecimento, alternadamente.

§ 1º Os Tribunais Regionais do Trabalho instalarão a justiça itinerante, com a realização de audiências e demais funções de atividade jurisdicional, nos limites territoriais da respectiva jurisdição, servindo-se de equipamentos públicos e comunitários.

§ 2º Os Tribunais Regionais do Trabalho poderão funcionar descentralizadamente, constituindo Câmaras

regionais, a fim de assegurar o pleno acesso do jurisdicionado à justiça em todas as fases do processo.
Art. 116. Nas Varas do Trabalho, a jurisdição será exercida por um juiz singular.
Parágrafo único.
Art. 117. e Parágrafo único.

SEÇÃO VI
Dos Tribunais e Juízes Eleitorais

Art. 118. São órgãos da Justiça Eleitoral:
I. o Tribunal Superior Eleitoral;
II. os Tribunais Regionais Eleitorais;
III. os Juízes Eleitorais;
IV. as Juntas Eleitorais.
Art. 119. O Tribunal Superior Eleitoral compor-se-á, no mínimo, de sete membros, escolhidos:
I. mediante eleição, pelo voto secreto:
a) três juízes dentre os Ministros do Supremo Tribunal Federal;
b) dois juízes dentre os Ministros do Superior Tribunal de Justiça;
II. por nomeação do Presidente da República, dois juízes dentre seis advogados de notável saber jurídico e idoneidade moral, indicados pelo Supremo Tribunal Federal.
Parágrafo único. O Tribunal Superior Eleitoral elegerá seu Presidente e o Vice-Presidente dentre os Ministros do Supremo Tribunal Federal, e o Corregedor Eleitoral dentre os Ministros do Superior Tribunal de Justiça.
Art. 120. Haverá um Tribunal Regional Eleitoral na Capital de cada Estado e no Distrito Federal.
§ 1º Os Tribunais Regionais Eleitorais compor-se-ão:
I. mediante eleição, pelo voto secreto:
a) de dois juízes dentre os desembargadores do Tribunal de Justiça;
b) de dois juízes, dentre juízes de direito, escolhidos pelo Tribunal de Justiça;
II. de um juiz do Tribunal Regional Federal com sede na Capital do Estado ou no Distrito Federal, ou, não havendo, de juiz federal, escolhido, em qualquer caso, pelo Tribunal Regional Federal respectivo;
III. por nomeação, pelo Presidente da República, de dois juízes dentre seis advogados de notável saber jurídico e idoneidade moral, indicados pelo Tribunal de Justiça.
§ 2º O Tribunal Regional Eleitoral elegerá seu Presidente e o Vice-Presidente- dentre os desembargadores.

Art. 121. Lei complementar disporá sobre a organização e competência dos tribunais, dos juízes de direito e das juntas eleitorais.
§ 1º Os membros dos tribunais, os juízes de direito e os integrantes das juntas eleitorais, no exercício de suas funções, e no que lhes for aplicável, gozarão de plenas garantias e serão inamovíveis.
§ 2º Os juízes dos tribunais eleitorais, salvo motivo justificado, servirão por dois anos, no mínimo, e nunca por mais de dois biênios consecutivos, sendo os substitutos escolhidos na mesma ocasião e pelo mesmo processo, em número igual para cada categoria.
§ 3º São irrecorríveis as decisões do Tribunal Superior Eleitoral, salvo as que contrariarem esta Constituição e as denegatórias de *habeas corpus* ou mandado de segurança.
§ 4º Das decisões dos Tribunais Regionais Eleitorais somente caberá recurso quando:
I. forem proferidas contra disposição expressa desta Constituição ou de lei;
II. ocorrer divergência na interpretação de lei entre dois ou mais tribunais eleitorais;
III. versarem sobre inelegibilidade ou expedição de diplomas nas eleições federais ou estaduais;
IV. anularem diplomas ou decretarem a perda de mandatos eletivos federais ou estaduais;
V. denegarem *habeas corpus*, mandado de segurança, *habeas data* ou mandado de injunção.

SEÇÃO VII
Dos Tribunais e Juízes Militares

Art. 122. São órgãos da Justiça Militar:
I. o Superior Tribunal Militar;
II. os Tribunais e Juízes Militares instituídos por lei.
Art. 123. O Superior Tribunal Militar compor-se-á de quinze Ministros vitalícios, nomeados pelo Presidente da República, depois de aprovada a indicação pelo Senado Federal, sendo três dentre oficiais-generais da Marinha, quatro dentre oficiais-generais do Exército, três dentre oficiais-generais da Aeronáutica, todos da ativa e do posto mais elevado da carreira, e cinco dentre civis.
Parágrafo único. Os Ministros civis serão escolhidos pelo Presidente da República dentre brasileiros maiores de trinta e cinco anos, sendo:
I. três dentre advogados de notório saber jurídico e conduta ilibada, com mais de dez anos de efetiva atividade profissional;

II. dois, por escolha paritária, dentre juízes auditores e membros do Ministério Público da Justiça Militar.

Art. 124. à Justiça Militar compete processar e julgar os crimes militares definidos em lei.

Parágrafo único. A lei disporá sobre a organização, o funcionamento e a competência da Justiça Militar.

SEÇÃO VIII
Dos tribunais e juízes dos Estados

Art. 125. Os Estados organizarão sua Justiça, observados os princípios estabelecidos nesta Constituição.

§ 1º A competência dos tribunais será definida na Constituição do Estado, sendo a lei de organização judiciária de iniciativa do Tribunal de Justiça.

§ 2º Cabe aos Estados a instituição de representação de inconstitucionalidade de leis ou atos normativos estaduais ou municipais em face da Constituição Estadual, vedada a atribuição da legitimação para agir a um único órgão.

§ 3º A lei estadual poderá criar, mediante proposta do Tribunal de Justiça, a Justiça Militar estadual, constituída, em primeiro grau, pelos juízes de direito e pelos Conselhos de Justiça e, em segundo grau, pelo próprio Tribunal de Justiça, ou por Tribunal de Justiça Militar nos Estados em que o efetivo militar seja superior a vinte mil integrantes.

§ 4º Compete à Justiça Militar estadual processar e julgar os militares dos Estados, nos crimes militares definidos em lei e as ações judiciais contra atos disciplinares militares, ressalvada a competência do júri quando a vítima for civil, cabendo ao tribunal competente decidir sobre a perda do posto e da patente dos oficiais e da graduação das praças.

§ 5º Compete aos juízes de direito do juízo militar processar e julgar, singularmente, os crimes militares cometidos contra civis e as ações judiciais contra atos disciplinares militares, cabendo ao Conselho de Justiça, sob a presidência de juiz de direito, processar e julgar os demais crimes militares.

§ 6º O Tribunal de Justiça poderá funcionar descentralizadamente, constituindo Câmaras regionais, a fim de assegurar o pleno acesso do jurisdicionado à justiça em todas as fases do processo.

§ 7º O Tribunal de Justiça instalará a justiça itinerante, com a realização de audiências e demais funções da atividade jurisdicional, nos limites territoriais da respectiva jurisdição, servindo-se de equipamentos públicos e comunitários.

Art. 126. Para dirimir conflitos fundiários, o Tribunal de Justiça proporá a criação de varas especializadas, com competência exclusiva para questões agrárias.

Parágrafo único. Sempre que necessário à eficiente prestação jurisdicional, o juiz far-se-á presente no local do litígio.

CAPÍTULO IV
Das funções essenciais à justiça

SEÇÃO I
Do Ministério Público

Art. 127. O Ministério Público é instituição permanente, essencial à função jurisdicional do Estado, incumbindo-lhe a defesa da ordem jurídica, do regime democrático e dos interesses sociais e individuais indisponíveis.

§ 1º São princípios institucionais do Ministério Público a unidade, a indivisibilidade e a independência funcional.

§ 2º Ao Ministério Público é assegurada autonomia funcional e administrativa, podendo, observado o disposto no art. 169, propor ao Poder Legislativo a criação e extinção de seus cargos e serviços auxiliares, provendo-os por concurso público de provas ou de provas e títulos, a política remuneratória e os planos de carreira; a lei disporá sobre sua organização e funcionamento.

§ 3º O Ministério Público elaborará sua proposta orçamentária dentro dos limites estabelecidos na lei de diretrizes orçamentárias.

§ 4º Se o Ministério Público não encaminhar a respectiva proposta orçamentária dentro do prazo estabelecido na lei de diretrizes orçamentárias, o Poder Executivo considerará, para fins de consolidação da proposta orçamentária anual, os valores aprovados na lei orçamentária vigente, ajustados de acordo com os limites estipulados na forma do § 3º.

§ 5º Se a proposta orçamentária de que trata este artigo for encaminhada em desacordo com os limites estipulados na forma do § 3º, o Poder Executivo procederá aos ajustes necessários para fins de consolidação da proposta orçamentária anual.

§ 6º Durante a execução orçamentária do exercício, não poderá haver a realização de despesas ou a assunção de obrigações que extrapolem os limites estabelecidos na lei de diretrizes orçamentárias, exceto se previamente autorizadas, mediante a abertura de créditos suplementares ou especiais.

Art. 128. O Ministério Público abrange:
I. o Ministério Público da União, que compreende:
a) o Ministério Público Federal;
b) o Ministério Público do Trabalho;
c) o Ministério Público Militar;
d) o Ministério Público do Distrito Federal e Territórios;
II. os Ministérios Públicos dos Estados.

§ 1º O Ministério Público da União tem por chefe o Procurador-Geral da República, nomeado pelo Presidente da República dentre integrantes da carreira, maiores de trinta e cinco anos, após a aprovação de seu nome pela maioria absoluta dos membros do Senado Federal, para mandato de dois anos, permitida a recondução.

§ 2º A destituição do Procurador-Geral da República, por iniciativa do Presidente da República, deverá ser precedida de autorização da maioria absoluta do Senado Federal.

§ 3º Os Ministérios Públicos dos Estados e o do Distrito Federal e Territórios formarão lista tríplice dentre integrantes da carreira, na forma da lei respectiva, para escolha de seu Procurador-Geral, que será nomeado pelo Chefe do Poder Executivo, para mandato de dois anos, permitida uma recondução.

§ 4º Os Procuradores-Gerais nos Estados e no Distrito Federal e Territórios poderão ser destituídos por deliberação da maioria absoluta do Poder Legislativo, na forma da lei complementar respectiva.

§ 5º Leis complementares da União e dos Estados, cuja iniciativa é facultada aos respectivos Procuradores-Gerais, estabelecerão a organização, as atribuições e o estatuto de cada Ministério Público, observadas, relativamente a seus membros:
I. as seguintes garantias:
a) vitaliciedade, após dois anos de exercício, não podendo perder o cargo senão por sentença judicial transitada em julgado;
b) inamovibilidade, salvo por motivo de interesse público, mediante decisão do órgão colegiado competente do Ministério Público, pelo voto da maioria absoluta de seus membros, assegurada ampla defesa;
c) irredutibilidade de subsídio, fixado na forma do art. 39, § 4º, e ressalvado o disposto nos arts. 37, X e XI, 150, II, 153, III, 153, § 2º, I;
II. as seguintes vedações:
a) receber, a qualquer título e sob qualquer pretexto, honorários, percentagens ou custas processuais;
b) exercer a advocacia;
c) participar de sociedade comercial, na forma da lei;
d) exercer, ainda que em disponibilidade, qualquer outra função pública, salvo uma de magistério;
e) exercer atividade político-partidária;
f) receber, a qualquer título ou pretexto, auxílios ou contribuições de pessoas físicas, entidades públicas ou privadas, ressalvadas as exceções previstas em lei.

§ 6º Aplica-se aos membros do Ministério Público o disposto no art. 95, parágrafo único, V.

Art. 129. São funções institucionais do Ministério Público:
I. promover, privativamente, a ação penal pública, na forma da lei;
II. zelar pelo efetivo respeito dos Poderes Públicos e dos serviços de relevância pública aos direitos assegurados nesta Constituição, promovendo as medidas necessárias a sua garantia;
III. promover o inquérito civil e a ação civil pública, para a proteção do patrimônio público e social, do meio ambiente e de outros interesses difusos e coletivos;
IV. promover a ação de inconstitucionalidade ou representação para fins de intervenção da União e dos Estados, nos casos previstos nesta Constituição;
V. defender judicialmente os direitos e interesses das populações indígenas;
VI. expedir notificações nos procedimentos administrativos de sua competência, requisitando informações e documentos para instruí-los, na forma da lei complementar respectiva;
VII. exercer o controle externo da atividade policial, na forma da lei complementar mencionada no artigo anterior;
VIII. requisitar diligências investigatórias e a instauração de inquérito policial, indicados os fundamentos jurídicos de suas manifestações processuais;
IX. exercer outras funções que lhe forem conferidas, desde que compatíveis com sua finalidade, sendo-lhe vedada a representação judicial e a consultoria jurídica de entidades públicas.

§ 1º A legitimação do Ministério Público para as ações civis previstas neste artigo não impede a de terceiros, nas mesmas hipóteses, segundo o disposto nesta Constituição e na lei.

§ 2º As funções do Ministério Público só podem ser exercidas por integrantes da carreira, que deverão residir na comarca da respectiva lotação, salvo autorização do chefe da instituição.

§ 3º O ingresso na carreira do Ministério Público far-se-á mediante concurso público de provas e títulos, assegurada a participação da Ordem dos Advogados do Brasil em sua realização, exigindo-se do bacharel em direito, no mínimo, três anos de atividade jurídica e observando-se, nas nomeações, a ordem de classificação.

§ 4º Aplica-se ao Ministério Público, no que couber, o disposto no art. 93º

§ 5º A distribuição de processos no Ministério Público será imediata.

Art. 130. Aos membros do Ministério Público junto aos Tribunais de Contas aplicam-se as disposições desta SEÇÃO pertinentes a direitos, vedações e forma de investidura.

Art. 130-A. O Conselho Nacional do Ministério Público compõe-se de quatorze membros nomeados pelo Presidente da República, depois de aprovada a escolha pela maioria absoluta do Senado Federal, para um mandato de dois anos, admitida uma recondução, sendo:

I. o Procurador-Geral da República, que o preside;

II. quatro membros do Ministério Público da União, assegurada a representação de cada uma de suas carreiras;

III. três membros do Ministério Público dos Estados;

IV. dois juízes, indicados um pelo Supremo Tribunal Federal e outro pelo Superior Tribunal de Justiça;

V. dois advogados, indicados pelo Conselho Federal dois cidadãos de notável saber jurídico e reputação ilibada, indicados um pela Câmara dos Deputados e outro pelo Senado Federal.

§ 1º Os membros do Conselho oriundos do Ministério Público serão indicados pelos respectivos Ministérios Públicos, na forma da lei.

§ 2º Compete ao Conselho Nacional do Ministério Público o controle da atuação administrativa e financeira do Ministério Público e do cumprimento dos deveres funcionais de seus membros, cabendo lhe:

I. zelar pela autonomia funcional e administrativa do Ministério Público, podendo expedir atos regulamentares, no âmbito de sua competência, ou recomendar providências;

II. zelar pela observância do art. 37 e apreciar, de ofício ou mediante provocação, a legalidade dos atos administrativos praticados por membros ou órgãos do Ministério Público da União e dos Estados, podendo desconstituí-los, revê-los ou fixar prazo para que se adotem as providências necessárias ao exato cumprimento da lei, sem prejuízo da competência dos Tribunais de Contas;

III. receber e conhecer das reclamações contra membros ou órgãos do Ministério Público da União ou dos Estados, inclusive contra seus serviços auxiliares, sem prejuízo da competência disciplinar e correicional da instituição, podendo avocar processos disciplinares em curso, determinar a remoção ou a disponibilidade e aplicar outras sanções administrativas, assegurada ampla defesa; **(Redação dada pela Emenda Constitucional nº 103, de 2019)**

IV. rever, de ofício ou mediante provocação, os processos disciplinares de membros do Ministério Público da União ou dos Estados julgados há menos de um ano;

V. elaborar relatório anual, propondo as providências que julgar necessárias sobre a situação do Ministério Público no País e as atividades do Conselho, o qual deve integrar a mensagem prevista no art. 84, XI.

§ 3º O Conselho escolherá, em votação secreta, um Corregedor nacional, dentre os membros do Ministério Público que o integram, vedada a recondução, competindo-lhe, além das atribuições que lhe forem conferidas pela lei, as seguintes:

I. receber reclamações e denúncias, de qualquer interessado, relativas aos membros do Ministério Público e dos seus serviços auxiliares;

II. exercer funções executivas do Conselho, de inspeção e correição geral;

III. requisitar e designar membros do Ministério Público, delegando-lhes atribuições, e requisitar servidores de órgãos do Ministério Público.

§ 4º O Presidente do Conselho Federal da Ordem dos Advogados do Brasil oficiará junto ao Conselho.

§ 5º Leis da União e dos Estados criarão ouvidorias do Ministério Público, competentes para receber reclamações e denúncias de qualquer interessado contra membros ou órgãos do Ministério Público, inclusive contra seus serviços auxiliares, representando diretamente ao Conselho Nacional do Ministério Público.

SEÇÃO II
Da advocacia pública

Art. 131. A Advocacia-Geral da União é a instituição que, diretamente ou através de órgão vinculado, representa a União, judicial e extrajudicialmente, cabendo-lhe, nos termos da lei complementar que dispuser sobre sua organização e funcionamento, as atividades de consultoria e assessoramento jurídico do Poder Executivo.

§ 1º A Advocacia-Geral da União tem por chefe o Advogado-Geral da União, de livre nomeação pelo Presidente da República dentre cidadãos maiores de trinta e cinco anos, de notável saber jurídico e reputação ilibada.

§ 2º O ingresso nas classes iniciais das carreiras da instituição de que trata este artigo far-se-á mediante concurso público de provas e títulos.

§ 3º Na execução da dívida ativa de natureza tributária, a representação da União cabe à Procuradoria-Geral da Fazenda Nacional, observado o disposto em lei.

Art. 132. Os Procuradores dos Estados e do Distrito Federal, organizados em carreira, na qual o ingresso dependerá de concurso público de provas e títulos, com a participação da Ordem dos Advogados do Brasil em todas as suas fases, exercerão a representação judicial e a consultoria jurídica das respectivas unidades federadas.

Parágrafo único. Aos procuradores referidos neste artigo é assegurada estabilidade após três anos de efetivo exercício, mediante avaliação de desempenho perante os órgãos próprios, após relatório circunstanciado das corregedorias.

SEÇÃO III
Da advocacia

Art. 133. O advogado é indispensável à administração da justiça, sendo inviolável por seus atos e manifestações no exercício da profissão, nos limites da lei.

SEÇÃO IV
Da Defensoria Pública

Art. 134. A Defensoria Pública é instituição permanente, essencial à função jurisdicional do Estado, incumbindo-lhe, como expressão e instrumento do regime democrático, fundamentalmente, a orientação jurídica, a promoção dos direitos humanos e a defesa, em todos os graus, judicial e extrajudicial, dos direitos individuais e coletivos, de forma integral e gratuita, aos necessitados, na forma do inciso LXXIV do art. 5º desta Constituição Federal.

§ 1º Lei complementar organizará a Defensoria Pública da União e do Distrito Federal e dos Territórios e prescreverá normas gerais para sua organização nos Estados, em cargos de carreira, providos, na classe inicial, mediante concurso público de provas e títulos, assegurada a seus integrantes a garantia da inamovibilidade e vedado o exercício da advocacia fora das atribuições institucionais.

§ 2º Às Defensorias Públicas Estaduais são asseguradas autonomia funcional e administrativa e a iniciativa de sua proposta orçamentária dentro dos limites estabelecidos na lei de diretrizes orçamentárias e subordinação ao disposto no art. 99, § 2º.

§ 3º Aplica-se o disposto no § 2º às Defensorias Públicas da União e do Distrito Federal.

§ 4º São princípios institucionais da Defensoria Pública a unidade, a indivisibilidade e a independência funcional, aplicando-se também, no que couber, o disposto no art. 93 e no inciso II do art. 96 desta Constituição Federal.

Art. 135. Os servidores integrantes das carreiras disciplinadas nas Seções II e III deste Capítulo serão remunerados na forma do art. 39, § 4º.

TÍTULO V
Da Defesa do Estado e das Instituições Democráticas

CAPÍTULO I
Do Estado de Defesa e do Estado de Sítio

SEÇÃO I
Do Estado de Defesa

Art. 136. O Presidente da República pode, ouvidos o Conselho da República e o Conselho de Defesa Nacional, decretar estado de defesa para preservar ou prontamente restabelecer, em locais restritos e determinados, a ordem pública ou a paz social ameaçadas por grave e iminente instabilidade institucional ou atingidas por calamidades de grandes proporções na natureza.

§ 1º O decreto que instituir o estado de defesa determinará o tempo de sua duração, especificará as áreas a serem abrangidas e indicará, nos termos e limites da lei, as medidas coercitivas a vigorarem, dentre as seguintes:

I. restrições aos direitos de:
a) reunião, ainda que exercida no seio das associações;
b) sigilo de correspondência;
c) sigilo de comunicação telegráfica e telefônica;

II. ocupação e uso temporário de bens e serviços públicos, na hipótese de calamidade pública, respondendo a União pelos danos e custos decorrentes.

§ 2º O tempo de duração do estado de defesa não será superior a trinta dias, podendo ser prorrogado uma vez, por igual período, se persistirem as razões que justificaram a sua decretação.

§ 3º Na vigência do estado de defesa:

I. a prisão por crime contra o Estado, determinada pelo executor da medida, será por este comunicada imediatamente ao juiz competente, que a relaxará, se não for legal, facultado ao preso requerer exame de corpo de delito à autoridade policial;

II. a comunicação será acompanhada de declaração, pela autoridade, do estado físico e mental do detido no momento de sua autuação;

III. a prisão ou detenção de qualquer pessoa não poderá ser superior a dez dias, salvo quando autorizada pelo Poder Judiciário;

IV. é vedada a incomunicabilidade do preso.

§ 4º Decretado o estado de defesa ou sua prorrogação, o Presidente da República, dentro de vinte e quatro horas, submeterá o ato com a respectiva justificação ao Congresso Nacional, que decidirá por maioria absoluta.

§ 5º Se o Congresso Nacional estiver em recesso, será convocado, extraordinariamente, no prazo de cinco dias.

§ 6º O Congresso Nacional apreciará o decreto dentro de dez dias contados de seu recebimento, devendo continuar funcionando enquanto vigorar o estado de defesa.

§ 7º Rejeitado o decreto, cessa imediatamente o estado de defesa.

SEÇÃO II
Do Estado de Sítio

Art. 137. O Presidente da República pode, ouvidos o Conselho da República e o Conselho de Defesa Nacional, solicitar ao Congresso Nacional autorização para decretar o estado de sítio nos casos de:

I. comoção grave de repercussão nacional ou ocorrência de fatos que comprovem a ineficácia de medida tomada durante o estado de defesa;

II. declaração de estado de guerra ou resposta a agressão armada estrangeira.

Parágrafo único. O Presidente da República, ao solicitar autorização para decretar o estado de sítio ou sua prorrogação, relatará os motivos determinantes do pedido, devendo o Congresso Nacional decidir por maioria absoluta.

Art. 138. O decreto do estado de sítio indicará sua duração, as normas necessárias a sua execução e as garantias constitucionais que ficarão suspensas, e, depois de publicado, o Presidente da República designará o executor das medidas específicas e as áreas abrangidas.

§ 1º O estado de sítio, no caso do art. 137, I, não poderá ser decretado por mais de trinta dias, nem prorrogado, de cada vez, por prazo superior; no do inciso II, poderá ser decretado por todo o tempo que perdurar a guerra ou a agressão armada estrangeira.

§ 2º Solicitada autorização para decretar o estado de sítio durante o recesso parlamentar, o Presidente do Senado Federal, de imediato, convocará extraordinariamente o Congresso Nacional para se reunir dentro de cinco dias, a fim de apreciar o ato.

§ 3º O Congresso Nacional permanecerá em funcionamento até o término das medidas coercitivas.

Art. 139. Na vigência do estado de sítio decretado com fundamento no art. 137, I, só poderão ser tomadas contra as pessoas as seguintes medidas:

I. obrigação de permanência em localidade determinada;

II. detenção em edifício não destinado a acusados ou condenados por crimes comuns;

III. restrições relativas à inviolabilidade da correspondência, ao sigilo das comunicações, à prestação de informações e à liberdade de imprensa, radiodifusão e televisão, na forma da lei;

IV. suspensão da liberdade de reunião;

V. busca e apreensão em domicílio;

VI. intervenção nas empresas de serviços públicos;

VII. requisição de bens.

Parágrafo único. Não se inclui nas restrições do inciso III a difusão de pronunciamentos de parlamentares efetuados em suas Casas Legislativas, desde que liberada pela respectiva Mesa.

SEÇÃO III
Disposições gerais

Art. 140. A Mesa do Congresso Nacional, ouvidos os líderes partidários, designará Comissão composta de cinco de seus membros para acompanhar e fiscalizar a execução das medidas referentes ao estado de defesa e ao estado de sítio.

Art. 141. Cessado o estado de defesa ou o estado de sítio, cessarão também seus efeitos, sem prejuízo da responsabilidade pelos ilícitos cometidos por seus executores ou agentes.

Parágrafo único. Logo que cesse o estado de defesa ou o estado de sítio, as medidas aplicadas em sua vigência serão relatadas pelo Presidente da República, em mensagem ao Congresso Nacional, com especificação e justificação das providências adotadas, com relação nominal dos atingidos e indicação das restrições aplicadas.

CAPÍTULO II
Das forças armadas

Art. 142. As Forças Armadas, constituídas pela Marinha, pelo Exército e pela Aeronáutica, são instituições nacionais permanentes e regulares, organizadas com base na hierarquia e na disciplina, sob a autoridade suprema do Presidente da República, e destinam-se à defesa da Pátria, à garantia dos poderes constitucionais e, por iniciativa de qualquer destes, da lei e da ordem.

§ 1º Lei complementar estabelecerá as normas gerais a serem adotadas na organização, no preparo e no emprego das Forças Armadas.

§ 2º Não caberá *habeas corpus* em relação a punições disciplinares militares.

§ 3º Os membros das Forças Armadas são denominados militares, aplicando-se lhes, além das que vierem a ser fixadas em lei, as seguintes disposições:

I. as patentes, com prerrogativas, direitos e deveres a elas inerentes, são conferidas pelo Presidente da República e asseguradas em plenitude aos oficiais da ativa, da reserva ou reformados, sendo-lhes privativos os títulos e postos militares e, juntamente com os demais membros, o uso dos uniformes das Forças Armadas;

II. o militar em atividade que tomar posse em cargo ou emprego público civil permanente, ressalvada a hipótese prevista no art. 37, inciso XVI, alínea "c", será transferido para a reserva, nos termos da lei;

III. o militar da ativa que, de acordo com a lei, tomar posse em cargo, emprego ou função pública civil temporária, não eletiva, ainda que da administração indireta, ressalvada a hipótese prevista no art. 37, inciso XVI, alínea "c", ficará agregado ao respectivo quadro e somente poderá, enquanto permanecer nessa situação, ser promovido por antiguidade, contando-se-lhe o tempo de serviço apenas para aquela promoção e transferência para a reserva, sendo depois de dois anos de afastamento, contínuos ou não, transferido para a reserva, nos termos da lei;

IV. ao militar são proibidas a sindicalização e a greve;

V. o militar, enquanto em serviço ativo, não pode estar filiado a partidos políticos;

VI. o oficial só perderá o posto e a patente se for julgado indigno do oficialato ou com ele incompatível, por decisão de tribunal militar de caráter permanente, em tempo de paz, ou de tribunal especial, em tempo de guerra;

VII. o oficial condenado na justiça comum ou militar a pena privativa de liberdade superior a dois anos, por sentença transitada em julgado, será submetido ao julgamento previsto no inciso anterior;

VIII. aplica-se aos militares o disposto no art. 7º, incisos VIII, XII, XVII, XVIII, XIX e XXV, e no art. 37, incisos XI, XIII, XIV e XV, bem como, na forma da lei e com prevalência da atividade militar, no art. 37, inciso XVI, alínea "c";

IX. (Revogado pela Emenda Constitucional nº 41, de 19.12.2003)

X. a lei disporá sobre o ingresso nas Forças Armadas, os limites de idade, a estabilidade e outras condições de transferência do militar para a inatividade, os direitos, os deveres, a remuneração, as prerrogativas e outras situações especiais dos militares, consideradas as peculiaridades de suas atividades, inclusive aquelas cumpridas por força de compromissos internacionais e de guerra.

Art. 143. O serviço militar é obrigatório nos termos da lei.

§ 1º Às Forças Armadas compete, na forma da lei, atribuir serviço alternativo aos que, em tempo de paz, após alistados, alegarem imperativo de consciência, entendendo-se como tal o decorrente de crença religiosa e de convicção filosófica ou política, para se eximirem de atividades de caráter essencialmente militar.

§ 2º As mulheres e os eclesiásticos ficam isentos do serviço militar obrigatório em tempo de paz, sujeitos, porém, a outros encargos que a lei lhes atribuir.

CAPÍTULO III
Da Segurança Pública

Art. 144. A segurança pública, dever do Estado, direito e responsabilidade de todos, é exercida para a preservação da ordem pública e da incolumidade das pessoas e do patrimônio, através dos seguintes órgãos:
I. polícia federal;
II. polícia rodoviária federal;
III. polícia ferroviária federal;
IV. polícias civis;
V. polícias militares e corpos de bombeiros militares.
VI. polícias penais federal, estaduais e distrital. **(Redação dada pela Emenda Constitucional nº 104, de 2019)**

§ 1º A polícia federal, instituída por lei como órgão permanente, organizado e mantido pela União e estruturado em carreira, destina-se a:"
I. apurar infrações penais contra a ordem política e social ou em detrimento de bens, serviços e interesses da União ou de suas entidades autárquicas e empresas públicas, assim como outras infrações cuja prática tenha repercussão interestadual ou internacional e exija repressão uniforme, segundo se dispuser em lei;,
II. prevenir e reprimir o tráfico ilícito de entorpecentes e drogas afins, o contrabando e o descaminho, sem prejuízo da ação fazendária e de outros órgãos públicos nas respectivas áreas de competência;
III. exercer as funções de polícia marítima, aeroportuária e de fronteiras;
IV. Iexercer, com exclusividade, as funções de polícia judiciária da União.

§ 2º A polícia rodoviária federal, órgão permanente, organizado e mantido pela União e estruturado em carreira, destina-se, na forma da lei, ao patrulhamento ostensivo das rodovias federais.

§ 3º A polícia ferroviária federal, órgão permanente, organizado e mantido pela União e estruturado em carreira, destina-se, na forma da lei, ao patrulhamento ostensivo das ferrovias federais.

§ 4º Às polícias civis, dirigidas por delegados de polícia de carreira, incumbem, ressalvada a competência da União, as funções de polícia judiciária e a apuração de infrações penais, exceto as militares.

§ 5º Às polícias militares cabem a polícia ostensiva e a preservação da ordem pública; aos corpos de bombeiros militares, além das atribuições definidas em lei, incumbe a execução de atividades de defesa civil.

§ 5º-A. Às polícias penais, vinculadas ao órgão administrador do sistema penal da unidade federativa a que pertencem, cabe a segurança dos estabelecimentos penais. **(Redação dada pela Emenda Constitucional nº 104, de 2019)**

§ 6º As polícias militares e os corpos de bombeiros militares, forças auxiliares e reserva do Exército subordinam-se, juntamente com as polícias civis e as polícias penais estaduais e distrital, aos Governadores dos Estados, do Distrito Federal e dos Territórios. **(Redação dada pela Emenda Constitucional nº 104, de 2019)**

§ 7º A lei disciplinará a organização e o funcionamento dos órgãos responsáveis pela segurança pública, de maneira a garantir a eficiência de suas atividades.

§ 8º Os Municípios poderão constituir guardas municipais destinadas à proteção de seus bens, serviços e instalações, conforme dispuser a lei.

§ 9º A remuneração dos servidores policiais integrantes dos órgãos relacionados neste artigo será fixada na forma do § 4º do art. 39.

§ 10º A segurança viária, exercida para a preservação da ordem pública e da incolumidade das pessoas e do seu patrimônio nas vias públicas:
I. compreende a educação, engenharia e fiscalização de trânsito, além de outras atividades previstas em lei, que assegurem ao cidadão o direito à mobilidade urbana eficiente; e
II. compete, no âmbito dos Estados, do Distrito Federal e dos Municípios, aos respectivos órgãos ou entidades executivos e seus agentes de trânsito, estruturados em Carreira, na forma da lei.

TÍTULO VI
Da tributação e do orçamento

CAPÍTULO I
Do Sistema Tributário Nacional

SEÇÃO I
Dos princípios gerais

Art. 145. A União, os Estados, o Distrito Federal e os Municípios poderão instituir os seguintes tributos:
I. impostos;
II. taxas, em razão do exercício do poder de polícia ou pela utilização, efetiva ou potencial, de serviços públicos específicos e divisíveis, prestados ao contribuinte ou postos a sua disposição;
III. contribuição de melhoria, decorrente de obras públicas.
§ 1º Sempre que possível, os impostos terão caráter pessoal e serão graduados segundo a capacidade econômica do contribuinte, facultado à administração tributária, especialmente para conferir efetividade a esses objetivos, identificar, respeitados os direitos individuais e nos termos da lei, o patrimônio, os rendimentos e as atividades econômicas do contribuinte.
§ 2º As taxas não poderão ter base de cálculo própria de impostos.

Art. 146. Cabe à lei complementar:
I. dispor sobre conflitos de competência, em matéria tributária, entre a União, os Estados, o Distrito Federal e os Municípios;
II. regular as limitações constitucionais ao poder de tributar;
III. estabelecer normas gerais em matéria de legislação tributária, especialmente sobre:
a) definição de tributos e de suas espécies, bem como, em relação aos impostos discriminados nesta Constituição, a dos respectivos fatos geradores, bases de cálculo e contribuintes;
b) obrigação, lançamento, crédito, prescrição e decadência tributários;
c) adequado tratamento tributário ao ato cooperativo praticado pelas sociedades cooperativas.
d) definição de tratamento diferenciado e favorecido para as microempresas e para as empresas de pequeno porte, inclusive regimes especiais ou simplificados no caso do imposto previsto no art. 155, II, das contribuições previstas no art. 195, I e §§ 12 e 13, e da contribuição a que se refere o art. 239.

Parágrafo único. A lei complementar de que trata o inciso III, d, também poderá instituir um regime único de arrecadação dos impostos e contribuições da União, dos Estados, do Distrito Federal e dos Municípios, observado que:
I. será opcional para o contribuinte;
II. poderão ser estabelecidas condições de enquadramento diferenciadas por Estado;
III. o recolhimento será unificado e centralizado e a distribuição da parcela de recursos pertencentes aos respectivos entes federados será imediata, vedada qualquer retenção ou condicionamento;
IV. a arrecadação, a fiscalização e a cobrança poderão ser compartilhadas pelos entes federados, adotado cadastro nacional único de contribuintes.

Art. 146-A. Lei complementar poderá estabelecer critérios especiais de tributação, com o objetivo de prevenir desequilíbrios da concorrência, sem prejuízo da competência de a União, por lei, estabelecer normas de igual objetivo.

Art. 147. Competem à União, em Território Federal, os impostos estaduais e, se o Território não for dividido em Municípios, cumulativamente, os impostos municipais; ao Distrito Federal cabem os impostos municipais.

Art. 148. A União, mediante lei complementar, poderá instituir empréstimos compulsórios:
I. para atender a despesas extraordinárias, decorrentes de calamidade pública, de guerra externa ou sua iminência;
II. no caso de investimento público de caráter urgente e de relevante interesse nacional, observado o disposto no art. 150, III, "b".

Parágrafo único. A aplicação dos recursos provenientes de empréstimo compulsório será vinculada à despesa que fundamentou sua instituição.

Art. 149. Compete exclusivamente à União instituir contribuições sociais, de intervenção no domínio econômico e de interesse das categorias profissionais ou econômicas, como instrumento de sua atuação nas respectivas áreas, observado o disposto nos arts. 146, III, e 150, I e III, e sem prejuízo do previsto no art. 195, § 6º, relativamente às contribuições a que alude o dispositivo.

§ 1º Os Estados, o Distrito Federal e os Municípios instituirão contribuição, cobrada de seus servidores, para o custeio, em benefício destes, do regime previdenciário de que trata o art. 40, cuja alíquota não será inferior à da contribuição dos servidores titulares de cargos efetivos da União.

§ 1º-A. Quando houver déficit atuarial, a contribuição ordinária dos aposentados e pensionistas poderá incidir sobre o valor dos proventos de aposentadoria e de pensões que supere o salário-mínimo. **(Incluído pela Emenda Constitucional nº 103, de 2019)**

§ 1º-B. Demonstrada a insuficiência da medida prevista no § 1º-A para equacionar o déficit atuarial, é facultada a instituição de contribuição extraordinária, no âmbito da União, dos servidores públicos ativos, dos aposentados e dos pensionistas. **(Incluído pela Emenda Constitucional nº 103, de 2019)**

§ 1º-C. A contribuição extraordinária de que trata o § 1º-B deverá ser instituída simultaneamente com outras medidas para equacionamento do déficit e vigorará por período determinado, contado da data de sua instituição. **(Incluído pela Emenda Constitucional nº 103, de 2019)**

§ 2º As contribuições sociais e de intervenção no domínio econômico de que trata o caput deste artigo:
I. não incidirão sobre as receitas decorrentes de exportação;
II. incidirão também sobre a importação de produtos estrangeiros ou serviços;
III. poderão ter alíquotas:
a) *ad valorem*, tendo por base o faturamento, a receita bruta ou o valor da operação e, no caso de importação, o valor aduaneiro;
b) específica, tendo por base a unidade de medida adotada.

§ 3º A pessoa natural destinatária das operações de importação poderá ser equiparada a pessoa jurídica, na forma da lei.

§ 4º A lei definirá as hipóteses em que as contribuições incidirão uma única vez.

Art. 149-A. Os Municípios e o Distrito Federal poderão instituir contribuição, na forma das respectivas leis, para o custeio do serviço de iluminação pública, observado o disposto no art. 150, I e III.

Parágrafo único. É facultada a cobrança da contribuição a que se refere o caput, na fatura de consumo de energia elétrica.

SEÇÃO II
Das Limitações do Poder de Tributar

Art. 150. Sem prejuízo de outras garantias asseguradas ao contribuinte, é vedado à União, aos Estados, ao Distrito Federal e aos Municípios:
I. exigir ou aumentar tributo sem lei que o estabeleça;
II. instituir tratamento desigual entre contribuintes que se encontrem em situação equivalente, proibida qualquer distinção em razão de ocupação profissional ou função por eles exercida, independentemente da denominação jurídica dos rendimentos, títulos ou direitos;
III. cobrar tributos:
a) em relação a fatos geradores ocorridos antes do início da vigência da lei que os houver instituído ou aumentado;
b) no mesmo exercício financeiro em que haja sido publicada a lei que os instituiu ou aumentou;
c) antes de decorridos noventa dias da data em que haja sido publicada a lei que os instituiu ou aumentou, observado o disposto na alínea b;
IV. utilizar tributo com efeito de confisco;
V. estabelecer limitações ao tráfego de pessoas ou bens, por meio de tributos interestaduais ou intermunicipais, ressalvada a cobrança de pedágio pela utilização de vias conservadas pelo Poder Público;
VI. instituir impostos sobre:
a) patrimônio, renda ou serviços, uns dos outros;
b) templos de qualquer culto;
c) patrimônio, renda ou serviços dos partidos políticos, inclusive suas fundações, das entidades sindicais dos trabalhadores, das instituições de educação e de assistência social, sem fins lucrativos, atendidos os requisitos da lei;
d) livros, jornais, periódicos e o papel destinado a sua impressão.
e) fonogramas e videofonogramas musicais produzidos no Brasil contendo obras musicais ou literomusicais de autores brasileiros e/ou obras em geral interpretadas por artistas brasileiros bem como os suportes materiais ou arquivos digitais que os contenham, salvo na etapa de replicação industrial de mídias ópticas de leitura a laser.

§ 1º A vedação do inciso III, *b*, não se aplica aos tributos previstos nos arts. 148, I, 153, I, II, IV e V; e 154, II; e a vedação do inciso III, *c*, não se aplica aos tributos previstos nos arts. 148, I, 153, I, II, III e V; e 154, II, nem à fixação da base de cálculo dos impostos previstos nos arts. 155, III, e 156, I.

§ 2º A vedação do inciso VI, «a», é extensiva às autarquias e às fundações instituídas e mantidas pelo Poder Público, no que se refere ao patrimônio, à renda e aos serviços, vinculados a suas finalidades essenciais ou às delas decorrentes.

§ 3º As vedações do inciso VI, «a», e do parágrafo anterior não se aplicam ao patrimônio, à renda e aos serviços, relacionados com exploração de atividades econômicas regidas pelas normas aplicáveis a empreendimentos privados, ou em que haja contraprestação ou pagamento de preços ou tarifas pelo usuário, nem exonera o promitente comprador da obrigação de pagar imposto relativamente ao bem imóvel.

§ 4º As vedações expressas no inciso VI, alíneas «b» e «c», compreendem somente o patrimônio, a renda e os serviços, relacionados com as finalidades essenciais das entidades nelas mencionadas.

§ 5º A lei determinará medidas para que os consumidores sejam esclarecidos acerca dos impostos que incidam sobre mercadorias e serviços.

§ 6º Qualquer subsídio ou isenção, redução de base de cálculo, concessão de crédito presumido, anistia ou remissão, relativos a impostos, taxas ou contribuições, só poderá ser concedido mediante lei específica, federal, estadual ou municipal, que regule exclusivamente as matérias acima enumeradas ou o correspondente tributo ou contribuição, sem prejuízo do disposto no art. 155, § 2.º, XII, g.

§ 7º A lei poderá atribuir a sujeito passivo de obrigação tributária a condição de responsável pelo pagamento de imposto ou contribuição, cujo fato gerador deva ocorrer posteriormente, assegurada a imediata e preferencial restituição da quantia paga, caso não se realize o fato gerador presumido.

Art. 151. É vedado à União:

I. instituir tributo que não seja uniforme em todo o território nacional ou que implique distinção ou preferência em relação a Estado, ao Distrito Federal ou a Município, em detrimento de outro, admitida a concessão de incentivos fiscais destinados a promover o equilíbrio do desenvolvimento socioeconômico entre as diferentes regiões do País;

II. tributar a renda das obrigações da dívida pública dos Estados, do Distrito Federal e dos Municípios, bem como a remuneração e os proventos dos respectivos agentes públicos, em níveis superiores aos que fixar para suas obrigações e para seus agentes;

III. instituir isenções de tributos da competência dos Estados, do Distrito Federal ou dos Municípios.

Art. 152. É vedado aos Estados, ao Distrito Federal e aos Municípios estabelecer diferença tributária entre bens e serviços, de qualquer natureza, em razão de sua procedência ou destino.

SEÇÃO III
Dos impostos da União

Art. 153. Compete à União instituir impostos sobre:

I. importação de produtos estrangeiros;

II. exportação, para o exterior, de produtos nacionais ou nacionalizados;

III. renda e proventos de qualquer natureza;

IV. produtos industrializados;

V. operações de crédito, câmbio e seguro, ou relativas a títulos ou valores mobiliários;

VI. propriedade territorial rural;

VII. grandes fortunas, nos termos de lei complementar.

§ 1º É facultado ao Poder Executivo, atendidas as condições e os limites estabelecidos em lei, alterar as alíquotas dos impostos enumerados nos incisos I, II, IV e V.

§ 2º O imposto previsto no inciso III:

I. será informado pelos critérios da generalidade, da universalidade e da progressividade, na forma da lei;

II. (Revogado pela Emenda Constitucional nº 20, de 1998)

§ 3º O imposto previsto no inciso IV:

I. será seletivo, em função da essencialidade do produto;

II. será não cumulativo, compensando-se o que for devido em cada operação com o montante cobrado nas anteriores;

III. não incidirá sobre produtos industrializados destinados ao exterior.

IV. terá reduzido seu impacto sobre a aquisição de bens de capital pelo contribuinte do imposto, na forma da lei.

§ 4º O imposto previsto no inciso VI do *caput*:

I. será progressivo e terá suas alíquotas fixadas de forma a desestimular a manutenção de propriedades improdutivas;

II. não incidirá sobre pequenas glebas rurais, definidas em lei, quando as explore o proprietário que não possua outro imóvel;

III. será fiscalizado e cobrado pelos Municípios que assim optarem, na forma da lei, desde que não implique redução do imposto ou qualquer outra forma de renúncia fiscal.

§ 5º O ouro, quando definido em lei como ativo financeiro ou instrumento cambial, sujeita-se exclusivamente à incidência do imposto de que trata o inciso V do «caput» deste artigo, devido na operação de origem; a alíquota mínima será de um por cento, assegurada a transferência do montante da arrecadação nos seguintes termos:

I. trinta por cento para o Estado, o Distrito Federal ou o Território, conforme a origem;

II. setenta por cento para o Município de origem.

Art. 154. A União poderá instituir:

I. mediante lei complementar, impostos não previstos no artigo anterior, desde que sejam não-cumulativos e não tenham fato gerador ou base de cálculo próprios dos discriminados nesta Constituição;

II. na iminência ou no caso de guerra externa, impostos extraordinários, compreendidos ou não em sua competência tributária, os quais serão suprimidos, gradativamente, cessadas as causas de sua criação.

SEÇÃO IV
Dos impostos dos Estados e do Distrito Federal

Art. 155. Compete aos Estados e ao Distrito Federal instituir impostos sobre:

I. transmissão causa mortis e doação, de quaisquer bens ou direitos;

II. operações relativas à circulação de mercadorias e sobre prestações de serviços de transporte interestadual e intermunicipal e de comunicação, ainda que as operações e as prestações se iniciem no exterior;

III. propriedade de veículos automotores.

§ 1º O imposto previsto no inciso I:

I. relativamente a bens imóveis e respectivos direitos, compete ao Estado da situação do bem, ou ao Distrito Federal

II. relativamente a bens móveis, títulos e créditos, compete ao Estado onde se processar o inventário ou arrolamento, ou tiver domicílio o doador, ou ao Distrito Federal;

III. terá competência para sua instituição regulada por lei complementar:

a) se o doador tiver domicilio ou residência no exterior;

b) se o de cujus possuía bens, era residente ou domiciliado ou teve o seu inventário processado no exterior;

IV. terá suas alíquotas máximas fixadas pelo Senado Federal;

§ 2º O imposto previsto no inciso II atenderá ao seguinte:

I. será não cumulativo, compensando-se o que for devido em cada operação relativa à circulação de mercadorias ou prestação de serviços com o montante cobrado nas anteriores pelo mesmo ou outro Estado ou pelo Distrito Federal;

II. a isenção ou não incidência, salvo determinação em contrário da legislação:

a) não implicará crédito para compensação com o montante devido nas operações ou prestações seguintes;

b) acarretará a anulação do crédito relativo às operações anteriores;

III. poderá ser seletivo, em função da essencialidade das mercadorias e dos serviços;

IV. resolução do Senado Federal, de iniciativa do Presidente da República ou de um terço dos Senadores, aprovada pela maioria absoluta de seus membros, estabelecerá as alíquotas aplicáveis às operações e prestações, interestaduais e de exportação;

V. é facultado ao Senado Federal:

a) estabelecer alíquotas mínimas nas operações internas, mediante resolução de iniciativa de um terço e aprovada pela maioria absoluta de seus membros;

b) fixar alíquotas máximas nas mesmas operações para resolver conflito específico que envolva interesse de Estados, mediante resolução de iniciativa da maioria absoluta e aprovada por dois terços de seus membros;

VI. salvo deliberação em contrário dos Estados e do Distrito Federal, nos termos do disposto no inciso XII, "g", as alíquotas internas, nas operações relativas à circulação de mercadorias e nas prestações de serviços, não poderão ser inferiores às previstas para as operações interestaduais;

VII. nas operações e prestações que destinem bens e serviços a consumidor final, contribuinte

ou não do imposto, localizado em outro Estado, adotar-se-á a alíquota interestadual e caberá ao Estado de localização do destinatário o imposto correspondente à diferença entre a alíquota interna do Estado destinatário e a alíquota interestadual;
a) (revogada);
b) (revogada);
VIII. a responsabilidade pelo recolhimento do imposto correspondente à diferença entre a alíquota interna e a interestadual de que trata o inciso VII será atribuída:
a) ao destinatário, quando este for contribuinte do imposto;
b) ao remetente, quando o destinatário não for contribuinte do imposto;
IX. incidirá também:
a) sobre a entrada de bem ou mercadoria importados do exterior por pessoa física ou jurídica, ainda que não seja contribuinte habitual do imposto, qualquer que seja a sua finalidade, assim como sobre o serviço prestado no exterior, cabendo o imposto ao Estado onde estiver situado o domicílio ou o estabelecimento do destinatário da mercadoria, bem ou serviço;
b) sobre o valor total da operação, quando mercadorias forem fornecidas com serviços não compreendidos na competência tributária dos Municípios;
X. não incidirá:
a) sobre operações que destinem mercadorias para o exterior, nem sobre serviços prestados a destinatários no exterior, assegurada a manutenção e o aproveitamento do montante do imposto cobrado nas operações e prestações anteriores;
b) sobre operações que destinem a outros Estados petróleo, inclusive lubrificantes, combustíveis líquidos e gasosos dele derivados, e energia elétrica;
c) sobre o ouro, nas hipóteses definidas no art. 153, § 5º;
d) nas prestações de serviço de comunicação nas modalidades de radiodifusão sonora e de sons e imagens de recepção livre e gratuita;
XI. não compreenderá, em sua base de cálculo, o montante do imposto sobre produtos industrializados, quando a operação, realizada entre contribuintes e relativa a produto destinado à industrialização ou à comercialização, configure fato gerador dos dois impostos;
XII. cabe à lei complementar:
a) definir seus contribuintes;
b) dispor sobre substituição tributária;
c) disciplinar o regime de compensação do imposto;
d) fixar, para efeito de sua cobrança e definição do estabelecimento responsável, o local das operações relativas à circulação de mercadorias e das prestações de serviços;
e) excluir da incidência do imposto, nas exportações para o exterior, serviços e outros produtos além dos mencionados no inciso X, "a";
f) prever casos de manutenção de crédito, relativamente à remessa para outro Estado e exportação para o exterior, de serviços e de mercadorias;
g) regular a forma como, mediante deliberação dos Estados e do Distrito Federal, isenções, incentivos e benefícios fiscais serão concedidos e revogados.
h) definir os combustíveis e lubrificantes sobre os quais o imposto incidirá uma única vez, qualquer que seja a sua finalidade, hipótese em que não se aplicará o disposto no inciso X, *b*;
i) fixar a base de cálculo, de modo que o montante do imposto a integre, também na importação do exterior de bem, mercadoria ou serviço.
§ 3º À exceção dos impostos de que tratam o inciso II do caput deste artigo e o art. 153, I e II, nenhum outro imposto poderá incidir sobre operações relativas a energia elétrica, serviços de telecomunicações, derivados de petróleo, combustíveis e minerais do País.
§ 4º Na hipótese do inciso XII, *h*, observar-se-á o seguinte:
I. nas operações com os lubrificantes e combustíveis derivados de petróleo, o imposto caberá ao Estado onde ocorrer o consumo;
II. nas operações interestaduais, entre contribuintes, com gás natural e seus derivados, e lubrificantes e combustíveis não incluídos no inciso I deste parágrafo, o imposto será repartido entre os Estados de origem e de destino, mantendo-se a mesma proporcionalidade que ocorre nas operações com as demais mercadorias;
III. nas operações interestaduais com gás natural e seus derivados, e lubrificantes e combustíveis não incluídos no inciso I deste parágrafo, destinadas a não contribuinte, o imposto caberá ao Estado de origem;
IV. as alíquotas do imposto serão definidas mediante deliberação dos Estados e Distrito Federal, nos termos do § 2º, XII, *g*, observando-se o seguinte:

a) serão uniformes em todo o território nacional, podendo ser diferenciadas por produto;
b) poderão ser específicas, por unidade de medida adotada, ou ad valorem, incidindo sobre o valor da operação ou sobre o preço que o produto ou seu similar alcançaria em uma venda em condições de livre concorrência;
c) poderão ser reduzidas e restabelecidas, não se lhes aplicando o disposto no art. 150, III, b.
§ 5º As regras necessárias à aplicação do disposto no § 4º, inclusive as relativas à apuração e à destinação do imposto, serão estabelecidas mediante deliberação dos Estados e do Distrito Federal, nos termos do § 2º, XII, g.
§ 6º O imposto previsto no inciso III:
I. terá alíquotas mínimas fixadas pelo Senado Federal;
II. poderá ter alíquotas diferenciadas em função do tipo e utilização.

SEÇÃO V
Dos impostos dos Municípios

Art. 156. Compete aos Municípios instituir impostos sobre:
I. propriedade predial e territorial urbana;
II. transmissão "intervivos", a qualquer título, por ato oneroso, de bens imóveis, por natureza ou acessão física, e de direitos reais sobre imóveis, exceto os de garantia, bem como cessão de direitos a sua aquisição;
III. serviços de qualquer natureza, não compreendidos no art. 155, II, definidos em lei complementar.
IV. (Revogado pela Emenda Constitucional nº 3, de 1993)
§ 1º Sem prejuízo da progressividade no tempo a que se refere o art. 182, § 4º, inciso II, o imposto previsto no inciso I poderá:
I. ser progressivo em razão do valor do imóvel; e
II. ter alíquotas diferentes de acordo com a localização e o uso do imóvel.
§ 2º O imposto previsto no inciso II:
I. não incide sobre transmissão de bens ou direitos incorporados ao patrimônio de pessoa jurídica em realização de capital, nem sobre a transmissão de bens ou direitos decorrente de fusão, incorporação, cisão ou extinção de pessoa jurídica, salvo se, nesses casos, a atividade preponderante do adquirente for a compra e venda desses bens ou direitos, locação de bens imóveis ou arrendamento mercantil;
II. compete ao Município da situação do bem.
§ 3º Em relação ao imposto previsto no inciso III do caput deste artigo, cabe à lei complementar:
I. fixar as suas alíquotas máximas e mínimas;
II. excluir da sua incidência exportações de serviços para o exterior.
III. regular a forma e as condições como isenções, incentivos e benefícios fiscais serão concedidos e revogados.
§ 4º (Revogado pela Emenda Constitucional nº 3, de 1993)

SEÇÃO VI
Da repArtição das receitas tributárias

Art. 157. Pertencem aos Estados e ao Distrito Federal:
I. o produto da arrecadação do imposto da União sobre renda e proventos de qualquer natureza, incidente na fonte, sobre rendimentos pagos, a qualquer título, por eles, suas autarquias e pelas fundações que instituírem e mantiverem;
II. vinte por cento do produto da arrecadação do imposto que a União instituir no exercício da competência que lhe é atribuída pelo art. 154, I.

Art. 158. Pertencem aos Municípios:
I. o produto da arrecadação do imposto da União sobre renda e proventos de qualquer natureza, incidente na fonte, sobre rendimentos pagos, a qualquer título, por eles, suas autarquias e pelas fundações que instituírem e mantiverem;
II. cinquenta por cento do produto da arrecadação do imposto da União sobre a propriedade territorial rural, relativamente aos imóveis neles situados, cabendo a totalidade na hipótese da opção a que se refere o art. 153, § 4º, III;
III. cinquenta por cento do produto da arrecadação do imposto do Estado sobre a propriedade de veículos automotores licenciados em seus territórios;
IV. vinte e cinco por cento do produto da arrecadação do imposto do Estado sobre operações relativas à circulação de mercadorias e sobre prestações de serviços de transporte interestadual e intermunicipal e de comunicação.
Parágrafo único. As parcelas de receita pertencentes aos Municípios, mencionadas no inciso IV, serão creditadas conforme os seguintes critérios:

I. 65% (sessenta e cinco por cento), no mínimo, na proporção do valor adicionado nas operações relativas à circulação de mercadorias e nas prestações de serviços, realizadas em seus territórios; **(Redação dada pela Emenda Constitucional nº 108, de 2020)**

II. até 35% (trinta e cinco por cento), de acordo com o que dispuser lei estadual, observada, obrigatoriamente, a distribuição de, no mínimo, 10 (dez) pontos percentuais com base em indicadores de melhoria nos resultados de aprendizagem e de aumento da equidade, considerado o nível socioeconômico dos educandos. **(Redação dada pela Emenda Constitucional nº 108, de 2020)**

Art. 159. A União entregará:

I. do produto da arrecadação dos impostos sobre renda e proventos de qualquer natureza e sobre produtos industrializados, 49% (quarenta e nove por cento), na seguinte forma:

a) vinte e um inteiros e cinco décimos por cento ao Fundo de Participação dos Estados e do Distrito Federal;

b) vinte e dois inteiros e cinco décimos por cento ao Fundo de Participação dos Municípios;

c) três por cento, para aplicação em programas de financiamento ao setor produtivo das Regiões Norte, Nordeste e Centro-Oeste, através de suas instituições financeiras de caráter regional, de acordo com os planos regionais de desenvolvimento, ficando assegurada ao semiárido do Nordeste a metade dos recursos destinados à Região, na forma que a lei estabelecer;

d) um por cento ao Fundo de Participação dos Municípios, que será entregue no primeiro decêndio do mês de dezembro de cada ano;

e) 1% (um por cento) ao Fundo de Participação dos Municípios, que será entregue no primeiro decêndio do mês de julho de cada ano;

II. do produto da arrecadação do imposto sobre produtos industrializados, dez por cento aos Estados e ao Distrito Federal, proporcionalmente ao valor das respectivas exportações de produtos industrializados.

III. do produto da arrecadação da contribuição de intervenção no domínio econômico prevista no art. 177, § 4º, 29% (vinte e nove por cento) para os Estados e o Distrito Federal, distribuídos na forma da lei, observada a destinação a que se refere o inciso II, c, do referido parágrafo.

§ 1º Para efeito de cálculo da entrega a ser efetuada de acordo com o previsto no inciso I, excluir-se-á a parcela da arrecadação do imposto de renda e proventos de qualquer natureza pertencente aos Estados, ao Distrito Federal e aos Municípios, nos termos do disposto nos arts. 157, I, e 158, I.

§ 2º A nenhuma unidade federada poderá ser destinada parcela superior a vinte por cento do montante a que se refere o inciso II, devendo o eventual excedente ser distribuído entre os demais participantes, mantido, em relação a esses, o critério de partilha nele estabelecido.

§ 3º Os Estados entregarão aos respectivos Municípios vinte e cinco por cento dos recursos que receberem nos termos do inciso II, observados os critérios estabelecidos no art. 158, parágrafo único, I e II.

§ 4º Do montante de recursos de que trata o inciso III que cabe a cada Estado, vinte e cinco por cento serão destinados aos seus Municípios, na forma da lei a que se refere o mencionado inciso.

Art. 160. É vedada a retenção ou qualquer restrição à entrega e ao emprego dos recursos atribuídos, nesta seção, aos Estados, ao Distrito Federal e aos Municípios, neles compreendidos adicionais e acréscimos relativos a impostos.

Parágrafo único. A vedação prevista neste artigo não impede a União e os Estados de condicionarem a entrega de recursos:

I. ao pagamento de seus créditos, inclusive de suas autarquias;

II. ao cumprimento do disposto no art. 198, § 2º, incisos II e III.

Art. 161. Cabe à lei complementar:

I. definir valor adicionado para fins do disposto no art. 158, parágrafo único, I;

II. estabelecer normas sobre a entrega dos recursos de que trata o art. 159, especialmente sobre os critérios de rateio dos fundos previstos em seu inciso I, objetivando promover o equilíbrio socioeconômico entre Estados e entre Municípios;

III. dispor sobre o acompanhamento, pelos beneficiários, do cálculo das quotas e da liberação das participações previstas nos arts. 157, 158 e 159.

Parágrafo único. O Tribunal de Contas da União efetuará o cálculo das quotas referentes aos fundos de participação a que alude o inciso II.

Art. 162. A União, os Estados, o Distrito Federal e os Municípios divulgarão, até o último dia do mês subsequente ao da arrecadação, os montantes de cada um dos tributos arrecadados, os recursos recebidos, os valores de origem tributária entregues e a entregar e a expressão numérica dos critérios de rateio.

Parágrafo único. Os dados divulgados pela União serão discriminados por Estado e por Município; os dos Estados, por Município.

CAPÍTULO II

Das finanças públicas

SEÇÃO I
Normas gerais

Art. 163. Lei complementar disporá sobre:
I. finanças públicas;
II. dívida pública externa e interna, incluída a das autarquias, fundações e demais entidades controladas pelo Poder Público;
III. concessão de garantias pelas entidades públicas;
IV. emissão e resgate de títulos da dívida pública;
V. fiscalização financeira da administração pública direta e indireta;
VI. operações de câmbio realizadas por órgãos e entidades da União, dos Estados, do Distrito Federal e dos Municípios;
VII. compatibilização das funções das instituições oficiais de crédito da União, resguardadas as características e condições operacionais plenas das voltadas ao desenvolvimento regional.
VIII. sustentabilidade da dívida, especificando: **(Incluído pela Emenda Constitucional nº 109, de 2021)**
a) indicadores de sua apuração; **(Incluído pela Emenda Constitucional nº 109, de 2021)**
b) níveis de compatibilidade dos resultados fiscais com a trajetória da dívida; **(Incluído pela Emenda Constitucional nº 109, de 2021)**
c) trajetória de convergência do montante da dívida com os limites definidos em legislação; **(Incluído pela Emenda Constitucional nº 109, de 2021)**
d) medidas de ajuste, suspensões e vedações; **(Incluído pela Emenda Constitucional nº 109, de 2021)**
e) planejamento de alienação de ativos com vistas à redução do montante da dívida. Parágrafo único. A lei complementar de que trata o inciso VIII do caput deste artigo pode autorizar a aplicação das vedações previstas no art. 167-A desta Constituição. **(Incluído pela Emenda Constitucional nº 109, de 2021)**

Art. 163-A. A União, os Estados, o Distrito Federal e os Municípios disponibilizarão suas informações e dados contábeis, orçamentários e fiscais, conforme periodicidade, formato e sistema estabelecidos pelo órgão central de contabilidade da União, de forma a garantir a rastreabilidade, a comparabilidade e a publicidade dos dados coletados, os quais deverão ser divulgados em meio eletrônico de amplo acesso público. **(Incluído pela Emenda Constitucional nº 108, de 2020)**

Art. 164. A competência da União para emitir moeda será exercida exclusivamente pelo banco central.
§ 1º É vedado ao banco central conceder, direta ou indiretamente, empréstimos ao Tesouro Nacional e a qualquer órgão ou entidade que não seja instituição financeira.
§ 2º O banco central poderá comprar e vender títulos de emissão do Tesouro Nacional, com o objetivo de regular a oferta de moeda ou a taxa de juros.
§ 3º As disponibilidades de caixa da União serão depositadas no banco central; as dos Estados, do Distrito Federal, dos Municípios e dos órgãos ou entidades do Poder Público e das empresas por ele controladas, em instituições financeiras oficiais, ressalvados os casos previstos em lei.

Art. 164-A. A União, os Estados, o Distrito Federal e os Municípios devem conduzir suas políticas fiscais de forma a manter a dívida pública em níveis sustentáveis, na forma da lei complementar referida no inciso VIII do caput do art. 163 desta Constituição. **(Incluído pela Emenda Constitucional nº 109, de 2021)**

Parágrafo único. A elaboração e a execução de planos e orçamentos devem refletir a compatibilidade dos indicadores fiscais com a sustentabilidade da dívida. **(Incluído pela Emenda Constitucional nº 109, de 2021)**

SEÇÃO II
Dos orçamentos

Art. 165. Leis de iniciativa do Poder Executivo estabelecerão:
I. o plano plurianual;
II. as diretrizes orçamentárias;
III. os orçamentos anuais.

§ 1º A lei que instituir o plano plurianual estabelecerá, de forma regionalizada, as diretrizes, objetivos e metas da administração pública federal para as despesas de capital e outras delas decorrentes e para as relativas aos programas de duração continuada.

§ 2º A lei de diretrizes orçamentárias compreenderá as metas e prioridades da administração pública federal, estabelecerá as diretrizes de política fiscal e respectivas metas, em consonância com trajetória sustentável da dívida pública, orientará a elaboração da lei orçamentária anual, disporá sobre as alterações na legislação tributária e estabelecerá a política de aplicação das agências financeiras oficiais de fomento. **(Redação dada pela Emenda Constitucional nº 109, de 2021)**

§ 3º O Poder Executivo publicará, até trinta dias após o encerramento de cada bimestre, relatório resumido da execução orçamentária. **(Vide Emenda constitucional nº 106, de 2020)**

§ 4º Os planos e programas nacionais, regionais e setoriais previstos nesta Constituição serão elaborados em consonância com o plano plurianual e apreciados pelo Congresso Nacional.

§ 5º A lei orçamentária anual compreenderá:
I. o orçamento fiscal referente aos Poderes da União, seus fundos, órgãos e entidades da administração direta e indireta, inclusive fundações instituídas e mantidas pelo Poder Público;
II. o orçamento de investimento das empresas em que a União, direta ou indiretamente, detenha a maioria do capital social com direito a voto;
III. o orçamento da seguridade social, abrangendo todas as entidades e órgãos a ela vinculados, da administração direta ou indireta, bem como os fundos e fundações instituídos e mantidos pelo Poder Público.

§ 6º O projeto de lei orçamentária será acompanhado de demonstrativo regionalizado do efeito, sobre as receitas e despesas, decorrente de isenções, anistias, remissões, subsídios e benefícios de natureza financeira, tributária e creditícia.

§ 7º Os orçamentos previstos no § 5º, I e II, deste artigo, compatibilizados com o plano plurianual, terão entre suas funções a de reduzir desigualdades inter-regionais, segundo critério populacional.

§ 8º A lei orçamentária anual não conterá dispositivo estranho à previsão da receita e à fixação da despesa, não se incluindo na proibição a autorização para abertura de créditos suplementares e contratação de operações de crédito, ainda que por antecipação de receita, nos termos da lei.

§ 9º Cabe à lei complementar:
I. dispor sobre o exercício financeiro, a vigência, os prazos, a elaboração e a organização do plano plurianual, da lei de diretrizes orçamentárias e da lei orçamentária anual;
II. estabelecer normas de gestão financeira e patrimonial da administração direta e indireta bem como condições para a instituição e funcionamento de fundos.
III. dispor sobre critérios para a execução equitativa, além de procedimentos que serão adotados quando houver impedimentos legais e técnicos, cumprimento de restos a pagar e limitação das programações de caráter obrigatório, para a realização do disposto nos §§ 11 e 12 do art. 166. **(Redação dada pela Emenda Constitucional nº 100, de 2019)**

§ 10º A administração tem o dever de executar as programações orçamentárias, adotando os meios e as medidas necessárias, com o propósito de garantir a efetiva entrega de bens e serviços à sociedade. **(Incluído pela Emenda Constitucional nº 100, de 2019)**

§ 11º O disposto no § 10 deste artigo, nos termos da lei de diretrizes orçamentárias: **(Incluído pela Emenda Constitucional nº 102, de 2019)**
I. subordina-se ao cumprimento de dispositivos constitucionais e legais que estabeleçam metas fiscais ou limites de despesas e não impede o cancelamento necessário à abertura de créditos adicionais;
II. não se aplica nos casos de impedimentos de ordem técnica devidamente justificados;
III. aplica-se exclusivamente às despesas primárias discricionárias.

§ 12º Integrará a lei de diretrizes orçamentárias, para o exercício a que se refere e, pelo menos, para os 2 (dois) exercícios subsequentes, anexo com previsão de agregados fiscais e a proporção dos recursos para investimentos que serão alocados na lei orçamentária anual para a continuidade daqueles em andamento. **(Incluído pela Emenda Constitucional nº 102, de 2019)**

§ 13º O disposto no inciso III do § 9º e nos §§ 10, 11 e 12 deste artigo aplica-se exclusivamente aos orçamentos fiscal e da seguridade social da União. **(Incluído pela Emenda Constitucional nº 102, de 2019)**

§ 14º A lei orçamentária anual poderá conter previsões de despesas para exercícios seguintes, com a especificação dos investimentos plurianuais e daqueles em andamento. **(Incluído pela Emenda Constitucional nº 102, de 2019)**

§ 15º A União organizará e manterá registro centralizado de projetos de investimento contendo, por Estado ou Distrito Federal, pelo menos, análises de viabilidade, estimativas de custos e informações sobre a execução física e financeira. **(Incluído pela Emenda Constitucional nº 102, de 2019)**

§ 16º As leis de que trata este artigo devem observar, no que couber, os resultados do monitoramento e da avaliação das políticas públicas previstos no § 16 do art. 37 desta Constituição. **(Incluído pela Emenda Constitucional nº 109, de 2021)**

Art. 166. Os projetos de lei relativos ao plano plurianual, às diretrizes orçamentárias, ao orçamento anual e aos créditos adicionais serão apreciados pelas duas Casas do Congresso Nacional, na forma do regimento comum.

§ 1º Caberá a uma Comissão mista permanente de Senadores e Deputados:

I. examinar e emitir parecer sobre os projetos referidos neste artigo e sobre as contas apresentadas anualmente pelo Presidente da República;

II. examinar e emitir parecer sobre os planos e programas nacionais, regionais e setoriais previstos nesta Constituição e exercer o acompanhamento e a fiscalização orçamentária, sem prejuízo da atuação das demais comissões do Congresso Nacional e de suas Casas, criadas de acordo com o art. 58.

§ 2º As emendas serão apresentadas na Comissão mista, que sobre elas emitirá parecer, e apreciadas, na forma regimental, pelo Plenário das duas Casas do Congresso Nacional.

§ 3º As emendas ao projeto de lei do orçamento anual ou aos projetos que o modifiquem somente podem ser aprovadas caso:

I. sejam compatíveis com o plano plurianual e com a lei de diretrizes orçamentárias;

II. indiquem os recursos necessários, admitidos apenas os provenientes de anulação de despesa, excluídas as que incidam sobre:

a) dotações para pessoal e seus encargos;
b) serviço da dívida;
c) transferências tributárias constitucionais para Estados, Municípios e Distrito Federal; ou

III. sejam relacionadas:

a) com a correção de erros ou omissões; ou
b) com os dispositivos do texto do projeto de lei.

§ 4º As emendas ao projeto de lei de diretrizes orçamentárias não poderão ser aprovadas quando incompatíveis com o plano plurianual.

§ 5º O Presidente da República poderá enviar mensagem ao Congresso Nacional para propor modificação nos projetos a que se refere este artigo enquanto não iniciada a votação, na Comissão mista, da parte cuja alteração é proposta.

§ 6º Os projetos de lei do plano plurianual, das diretrizes orçamentárias e do orçamento anual serão enviados pelo Presidente da República ao Congresso Nacional, nos termos da lei complementar a que se refere o art. 165, § 9º.

§ 7º Aplicam-se aos projetos mencionados neste artigo, no que não contrariar o disposto nesta seção, as demais normas relativas ao processo legislativo.

§ 8º Os recursos que, em decorrência de veto, emenda ou rejeição do projeto de lei orçamentária anual, ficarem sem despesas correspondentes poderão ser utilizados, conforme o caso, mediante créditos especiais ou suplementares, com prévia e específica autorização legislativa.

§ 9º As emendas individuais ao projeto de lei orçamentária serão aprovadas no limite de 1,2% (um inteiro e dois décimos por cento) da receita corrente líquida prevista no projeto encaminhado pelo Poder Executivo, sendo que a metade deste percentual será destinada a ações e serviços públicos de saúde.

§ 10º A execução do montante destinado a ações e serviços públicos de saúde previsto no § 9º, inclusive custeio, será computada para fins do cumprimento do inciso I do § 2º do art. 198, vedada a destinação para pagamento de pessoal ou encargos sociais.

§ 11º É obrigatória a execução orçamentária e financeira das programações a que se refere o § 9º deste artigo, em montante correspondente a 1,2% (um inteiro e dois décimos por cento) da receita corrente líquida realizada no exercício anterior, conforme os critérios para a execução equitativa da programação definidos na lei complementar prevista no § 9º do art. 165º.

§ 12º A garantia de execução de que trata o § 11 deste artigo aplica-se também às programações incluídas por todas as emendas de iniciativa de bancada de parlamentares de Estado ou do Distrito Federal, no montante de até 1% (um por cento) da receita corrente líquida realizada no exercício anterior. **(Redação dada pela Emenda Constitucional nº 100, de 2019)**

§ 13º As programações orçamentárias previstas nos §§ 11 e 12 deste artigo não serão de execução obrigatória nos casos dos impedimentos de ordem técnica. **(Redação dada pela Emenda Constitucional nº 100, de 2019)**

§ 14º Para fins de cumprimento do disposto nos §§ 11 e 12 deste artigo, os órgãos de execução deverão observar, nos termos da lei de diretrizes orçamentárias, cronograma para análise e verificação de eventuais impedimentos das programações e demais procedimentos necessários à viabilização da execução dos respectivos montantes. **(Redação dada pela Emenda Constitucional nº 100, de 2019)**

I. (revogado); **(Redação dada pela Emenda Constitucional nº 100, de 2019)**

II. (revogado); **(Redação dada pela Emenda Constitucional nº 100, de 2019)**

III. (revogado); **(Redação dada pela Emenda Constitucional nº 100, de 2019)**

IV. (revogado). **(Redação dada pela Emenda Constitucional nº 100, de 2019)**

§ 15º (Revogado) **(Redação dada pela Emenda Constitucional nº 100, de 2019)**

§ 16º Quando a transferência obrigatória da União para a execução da programação prevista nos §§ 11 e 12 deste artigo for destinada a Estados, ao Distrito Federal e a Municípios, independerá da adimplência do ente federativo destinatário e não integrará a base de cálculo da receita corrente líquida para fins de aplicação dos limites de despesa de pessoal de que trata o caput do art. 169. **(Redação dada pela Emenda Constitucional nº 100, de 2019)**

§ 17º Os restos a pagar provenientes das programações orçamentárias previstas nos §§ 11 e 12 poderão ser considerados para fins de cumprimento da execução financeira até o limite de 0,6% (seis décimos por cento) da receita corrente líquida realizada no exercício anterior, para as programações das emendas individuais, e até o limite de 0,5% (cinco décimos por cento), para as programações das emendas de iniciativa de bancada de parlamentares de Estado ou do Distrito Federal. **(Redação dada pela Emenda Constitucional nº 100, de 2019)**

§ 18º Se for verificado que a reestimativa da receita e da despesa poderá resultar no não cumprimento da meta de resultado fiscal estabelecida na lei de diretrizes orçamentárias, os montantes previstos nos §§ 11 e 12 deste artigo poderão ser reduzidos em até a mesma proporção da limitação incidente sobre o conjunto das demais despesas discricionárias. **(Redação dada pela Emenda Constitucional nº 100, de 2019)**

§ 19º Considera-se equitativa a execução das programações de caráter obrigatório que observe critérios objetivos e imparciais e que atenda de forma igualitária e impessoal às emendas apresentadas, independentemente da autoria. **(Incluído pela Emenda Constitucional nº 100, de 2019)**

§ 20º As programações de que trata o § 12 deste artigo, quando versarem sobre o início de investimentos com duração de mais de 1 (um) exercício financeiro ou cuja execução já tenha sido iniciada, deverão ser objeto de emenda pela mesma bancada estadual, a cada exercício, até a conclusão da obra ou do empreendimento. **(Incluído pela Emenda Constitucional nº 100, de 2019)**

Art. 166-A. As emendas individuais impositivas apresentadas ao projeto de lei orçamentária anual poderão alocar recursos a Estados, ao Distrito Federal e a Municípios por meio de: **(Incluído pela Emenda Constitucional nº 105, de 2019)**

I. transferência especial; ou **(Incluído pela Emenda Constitucional nº 105, de 2019)**

II. transferência com finalidade definida. **(Incluído pela Emenda Constitucional nº 105, de 2019)**

§ 1º Os recursos transferidos na forma do caput deste artigo não integrarão a receita do Estado, do Distrito Federal e dos Municípios para fins de repartição e para o cálculo dos limites da despesa com pessoal ativo e inativo, nos termos do § 16 do art. 166, e de endividamento do ente federado, vedada, em qualquer caso, a aplicação dos recursos a que se refere o caput deste artigo no pagamento de: **(Incluído pela Emenda Constitucional nº 105, de 2019)**

I. despesas com pessoal e encargos sociais relativas a ativos e inativos, e com pensionistas; e **(Incluído pela Emenda Constitucional nº 105, de 2019)**

II. encargos referentes ao serviço da dívida. **(Incluído pela Emenda Constitucional nº 105, de 2019)**

§ 2º Na transferência especial a que se refere o inciso I do caput deste artigo, os recursos: **(Incluído pela Emenda Constitucional nº 105, de 2019)**

I. serão repassados diretamente ao ente federado beneficiado, independentemente de celebração de convênio ou de instrumento congênere; **(Incluído pela Emenda Constitucional nº 105, de 2019)**

II. pertencerão ao ente federado no ato da efetiva transferência financeira; e **(Incluído pela Emenda Constitucional nº 105, de 2019)**

III. serão aplicadas em programações finalísticas das áreas de competência do Poder Executivo do ente federado beneficiado, observado o disposto no § 5º deste artigo. **(Incluído pela Emenda Constitucional nº 105, de 2019)**

§ 3º O ente federado beneficiado da transferência especial a que se refere o inciso I do caput deste artigo poderá firmar contratos de cooperação técnica para fins de subsidiar o acompanhamento da execução orçamentária na aplicação dos recursos. **(Incluído pela Emenda Constitucional nº 105, de 2019)**

§ 4º Na transferência com finalidade definida a que se refere o inciso II do caput deste artigo, os recursos serão: **(Incluído pela Emenda Constitucional nº 105, de 2019)**

I. vinculados à programação estabelecida na emenda parlamentar; e **(Incluído pela Emenda Constitucional nº 105, de 2019)**

II. aplicados nas áreas de competência constitucional da União. **(Incluído pela Emenda Constitucional nº 105, de 2019)**

§ 5º Pelo menos 70% (setenta por cento) das transferências especiais de que trata o inciso I do caput deste artigo deverão ser aplicadas em despesas de capital, observada a restrição a que se refere o inciso II do § 1º deste artigo. **(Incluído pela Emenda Constitucional nº 105, de 2019)**

Art. 167. São vedados:

I. o início de programas ou projetos não incluídos na lei orçamentária anual;

II. a realização de despesas ou a assunção de obrigações diretas que excedam os créditos orçamentários ou adicionais;

III. a realização de operações de créditos que excedam o montante das despesas de capital, ressalvadas as autorizadas mediante créditos suplementares ou especiais com finalidade precisa, aprovados pelo Poder Legislativo por maioria absoluta; **(Vide Emenda constitucional nº 106, de 2020)**

IV. a vinculação de receita de impostos a órgão, fundo ou despesa, ressalvadas a repartição do produto da arrecadação dos impostos a que se referem os arts. 158 e 159, a destinação de recursos para as ações e serviços públicos de saúde, para manutenção e desenvolvimento do ensino e para realização de atividades da administração tributária, como determinado, respectivamente, pelos arts. 198, § 2º, 212 e 37, XXII, e a prestação de garantias às operações de crédito por antecipação de receita, previstas no art. 165, § 8º, bem como o disposto no § 4º deste artigo;

V. a abertura de crédito suplementar ou especial sem prévia autorização legislativa e sem indicação dos recursos correspondentes;

VI. a transposição, o remanejamento ou a transferência de recursos de uma categoria de programação para outra ou de um órgão para outro, sem prévia autorização legislativa;

VII. a concessão ou utilização de créditos ilimitados;

VIII. a utilização, sem autorização legislativa específica, de recursos dos orçamentos fiscal e da seguridade social para suprir necessidade ou cobrir déficit de empresas, fundações e fundos, inclusive dos mencionados no art. 165, § 5º;

IX. a instituição de fundos de qualquer natureza, sem prévia autorização legislativa.

X. a transferência voluntária de recursos e a concessão de empréstimos, inclusive por antecipação de receita, pelos Governos Federal e Estaduais e suas instituições financeiras, para pagamento de despesas com pessoal ativo, inativo e pensionista, dos Estados, do Distrito Federal e dos Municípios.

XI. a utilização dos recursos provenientes das contribuições sociais de que trata o art. 195, I, a, e II, para a realização de despesas distintas do pagamento de benefícios do regime geral de previdência social de que trata o art. 201.

XII. na forma estabelecida na lei complementar de que trata o § 22 do art. 40, a utilização de recursos de regime próprio de previdência social, incluídos os valores integrantes dos fundos previstos no art. 249, para a realização de despesas distintas do pagamento dos benefícios previdenciários do respectivo fundo vinculado àquele regime e das despesas necessárias à sua organização e ao seu funcionamento; **(Incluído pela Emenda Constitucional nº 103, de 2019)**

XIII. a transferência voluntária de recursos, a concessão de avais, as garantias e as subvenções pela União e a concessão de empréstimos e de financiamentos por instituições financeiras federais aos Estados, ao Distrito Federal e aos Municípios na hipótese de descumprimento das regras gerais de organização e de funcionamento de regime próprio de previdência social. **(Incluído pela Emenda Constitucional nº 103, de 2019)**

XIV. a criação de fundo público, quando seus objetivos puderem ser alcançados mediante a vinculação de receitas orçamentárias específicas ou mediante a execução direta por programação orçamentária e financeira de órgão ou entidade da administração pública. **(Incluído pela Emenda Constitucional nº 109, de 2021)**

§ 1º Nenhum investimento cuja execução ultrapasse um exercício financeiro poderá ser iniciado sem prévia inclusão no plano plurianual, ou sem lei que autorize a inclusão, sob pena de crime de responsabilidade.

§ 2º Os créditos especiais e extraordinários terão vigência no exercício financeiro em que forem autorizados, salvo se o ato de autorização for promulgado nos últimos quatro meses daquele exercício, caso em que, reabertos nos limites de seus saldos, serão incorporados ao orçamento do exercício financeiro subsequente.

§ 3º A abertura de crédito extraordinário somente será admitida para atender a despesas imprevisíveis e urgentes, como as decorrentes de guerra, comoção interna ou calamidade pública, observado o disposto no art. 62.

§ 4º É permitida a vinculação das receitas a que se referem os arts. 155, 156, 157, 158 e as alíneas «a», «b», «d» e «e» do inciso I e o inciso II do caput do art. 159 desta Constituição para pagamento de débitos com a União e para prestar-lhe garantia ou contragarantia. **(Redação dada pela Emenda Constitucional nº 109, de 2021)**

§ 5º A transposição, o remanejamento ou a transferência de recursos de uma categoria de programação para outra poderão ser admitidos, no âmbito das atividades de ciência, tecnologia e inovação, com o objetivo de viabilizar os resultados de projetos restritos a essas funções, mediante ato do Poder Executivo, sem necessidade da prévia autorização legislativa prevista no inciso VI deste artigo.

§ 6º Para fins da apuração ao término do exercício financeiro do cumprimento do limite de que trata o inciso III do caput deste artigo, as receitas das operações de crédito efetuadas no contexto da gestão da dívida pública mobiliária federal somente serão consideradas no exercício financeiro em que for realizada a respectiva despesa. **(Incluído pela Emenda Constitucional nº 109, de 2021)**

Art. 167-A. Apurado que, no período de 12 (doze) meses, a relação entre despesas correntes e receitas correntes supera 95% (noventa e cinco por cento), no âmbito dos Estados, do Distrito Federal e dos Municípios, é facultado aos Poderes Executivo, Legislativo e Judiciário, ao Ministério Público, ao Tribunal de Contas e à Defensoria Pública do ente, enquanto permanecer a situação, aplicar o mecanismo de ajuste fiscal de vedação da: **(Incluído pela Emenda Constitucional nº 109, de 2021)**

I. concessão, a qualquer título, de vantagem, aumento, reajuste ou adequação de remuneração de membros de Poder ou de órgão, de servidores e empregados públicos e de militares, exceto dos derivados de sentença judicial transitada em julgado ou de determinação legal anterior ao início da aplicação das medidas de que trata este artigo; **(Incluído pela Emenda Constitucional nº 109, de 2021)**

II. criação de cargo, emprego ou função que implique aumento de despesa; **(Incluído pela Emenda Constitucional nº 109, de 2021)**

III. alteração de estrutura de carreira que implique aumento de despesa; **(Incluído pela Emenda Constitucional nº 109, de 2021)**

IV. admissão ou contratação de pessoal, a qualquer título, ressalvadas: **(Incluído pela Emenda Constitucional nº 109, de 2021)**

a) as reposições de cargos de chefia e de direção que não acarretem aumento de despesa; **(Incluído pela Emenda Constitucional nº 109, de 2021)**

b) as reposições decorrentes de vacâncias de cargos efetivos ou vitalícios; **(Incluído pela Emenda Constitucional nº 109, de 2021)**

c) as contratações temporárias de que trata o inciso IX do caput do art. 37 desta Constituição; e **(Incluído pela Emenda Constitucional nº 109, de 2021)**

d) as reposições de temporários para prestação de serviço militar e de alunos de órgãos de formação de militares; **(Incluído pela Emenda Constitucional nº 109, de 2021)**

V. realização de concurso público, exceto para as reposições de vacâncias previstas no inciso IV deste caput; **(Incluído pela Emenda Constitucional nº 109, de 2021)**

VI. criação ou majoração de auxílios, vantagens, bônus, abonos, verbas de representação ou benefícios de qualquer natureza, inclusive os de cunho indenizatório, em favor de membros de Poder, do Ministério Público ou da Defensoria Pública e de servidores e empregados públicos e de militares, ou ainda de seus dependentes, exceto quando derivados de sentença judicial transitada em julgado ou de determinação legal anterior ao início da aplicação das medidas de que trata este artigo; **(Incluído pela Emenda Constitucional nº 109, de 2021)**

VII. criação de despesa obrigatória; **(Incluído pela Emenda Constitucional nº 109, de 2021)**

VIII. adoção de medida que implique reajuste de despesa obrigatória acima da variação da inflação, observada a preservação do poder aquisitivo referida no inciso IV do caput do art. 7º desta Constituição; **(Incluído pela Emenda Constitucional nº 109, de 2021)**

IX. criação ou expansão de programas e linhas de financiamento, bem como remissão, renegociação ou refinanciamento de dívidas que impliquem ampliação das despesas com subsídios e subvenções; **(Incluído pela Emenda Constitucional nº 109, de 2021)**

X. concessão ou ampliação de incentivo ou benefício de natureza tributária. **(Incluído pela Emenda Constitucional nº 109, de 2021)**

§ 1º Apurado que a despesa corrente supera 85% (oitenta e cinco por cento) da receita corrente, sem exceder o percentual mencionado no caput deste artigo, as medidas nele indicadas podem ser, no todo ou em parte, implementadas por atos do Chefe do Poder Executivo com vigência imediata, facultado aos demais Poderes e órgãos autônomos implementá-las em seus respectivos âmbitos. **(Incluído pela Emenda Constitucional nº 109, de 2021)**

§ 2º O ato de que trata o § 1º deste artigo deve ser submetido, em regime de urgência, à apreciação do Poder Legislativo. **(Incluído pela Emenda Constitucional nº 109, de 2021)**

§ 3º O ato perde a eficácia, reconhecida a validade dos atos praticados na sua vigência, quando: **(Incluído pela Emenda Constitucional nº 109, de 2021)**

I. rejeitado pelo Poder Legislativo; **(Incluído pela Emenda Constitucional nº 109, de 2021)** transcorrido o prazo de 180 (cento e oitenta) dias sem que se ultime a sua apreciação; ou **(Incluído pela Emenda Constitucional nº 109, de 2021)**

II. apurado que não mais se verifica a hipótese prevista no § 1º deste artigo, mesmo após a sua aprovação pelo Poder Legislativo. **(Incluído pela Emenda Constitucional nº 109, de 2021)**

§ 4º A apuração referida neste artigo deve ser realizada bimestralmente. **(Incluído pela Emenda Constitucional nº 109, de 2021)**

§ 5º As disposições de que trata este artigo: **(Incluído pela Emenda Constitucional nº 109, de 2021)**

I. não constituem obrigação de pagamento futuro pelo ente da Federação ou direitos de outrem sobre o erário; **(Incluído pela Emenda Constitucional nº 109, de 2021)**

II. não revogam, dispensam ou suspendem o cumprimento de dispositivos constitucionais e legais que disponham sobre metas fiscais ou limites máximos de despesas. **(Incluído pela Emenda Constitucional nº 109, de 2021)**

§ 6º Ocorrendo a hipótese de que trata o caput deste artigo, até que todas as medidas nele previstas tenham sido adotadas por todos os Poderes e órgãos nele mencionados, de acordo com declaração do respectivo Tribunal de Contas, é vedada: **(Incluído pela Emenda Constitucional nº 109, de 2021)**

I. a concessão, por qualquer outro ente da Federação, de garantias ao ente envolvido; **(Incluído pela Emenda Constitucional nº 109, de 2021)**

II. a tomada de operação de crédito por parte do ente envolvido com outro ente da Federação, diretamente ou por intermédio de seus fundos, autarquias, fundações ou empresas estatais dependentes, ainda que sob a forma de novação, refinanciamento ou postergação de dívida contraída anteriormente, ressalvados os financiamentos destinados a projetos específicos celebrados na forma de operações típicas das agências financeiras oficiais de fomento. **(Incluído pela Emenda Constitucional nº 109, de 2021)**

Art. 167-B. Durante a vigência de estado de calamidade pública de âmbito nacional, decretado pelo Congresso Nacional por iniciativa privativa do Presidente da República, a União deve adotar regime extraordinário fiscal, financeiro e de contratações para atender às necessidades dele decorrentes, somente naquilo em que a urgência for incompatível com o regime regular, nos termos definidos nos arts. 167-C, 167-D, 167-E, 167-F e 167-G desta Constituição. **(Incluído pela Emenda Constitucional nº 109, de 2021)**

Art. 167-C. Com o propósito exclusivo de enfrentamento da calamidade pública e de seus efeitos sociais e econômicos, no seu período de duração, o Poder Executivo federal pode adotar processos simplificados de contratação de pessoal, em caráter temporário e emergencial, e de obras, serviços e compras que assegurem, quando possível, competição e igualdade de condições a todos os concorrentes, dispensada a observância do § 1º do art. 169 na contratação de que trata o inciso IX do caput do art. 37 desta Constituição, limitada a dispensa às situações de que trata o referido inciso, sem prejuízo do controle dos órgãos competentes. **(Incluído pela Emenda Constitucional nº 109, de 2021)**

Art. 167-D. As proposições legislativas e os atos do Poder Executivo com propósito exclusivo de enfrentar a calamidade e suas consequências sociais e econômicas, com vigência e efeitos restritos à sua duração, desde que não impliquem despesa obrigatória de caráter continuado, ficam dispensados da observância das limitações legais quanto à criação, à expansão ou ao aperfeiçoamento de ação governamental que acarrete aumento de despesa e à concessão ou à ampliação de incentivo ou benefício de natureza tributária da qual decorra renúncia de receita. **(Incluído pela Emenda Constitucional nº 109, de 2021)**

Parágrafo único. Durante a vigência da calamidade pública de âmbito nacional de que trata o art. 167-B, não se aplica o disposto no § 3º do art. 195 desta Constituição. **(Incluído pela Emenda Constitucional nº 109, de 2021)**

Art. 167-E. Fica dispensada, durante a integralidade do exercício financeiro em que vigore a calamidade pública de âmbito nacional, a observância do inciso III do caput do art. 167 desta Constituição. **(Incluído pela Emenda Constitucional nº 109, de 2021)**

Art. 167-F. Durante a vigência da calamidade pública de âmbito nacional de que trata o art. 167-B desta Constituição: **(Incluído pela Emenda Constitucional nº 109, de 2021)**

I. são dispensados, durante a integralidade do exercício financeiro em que vigore a calamidade pública, os limites, as condições e demais restrições aplicáveis à União para a contratação de operações de crédito, bem como sua verificação; **(Incluído pela Emenda Constitucional nº 109, de 2021)**

II. o superávit financeiro apurado em 31 de dezembro do ano imediatamente anterior ao reconhecimento pode ser destinado à cobertura de despesas oriundas das medidas de combate à calamidade pública de âmbito nacional e ao pagamento da dívida pública. **(Incluído pela Emenda Constitucional nº 109, de 2021)**

§ 1º Lei complementar pode definir outras suspensões, dispensas e afastamentos aplicáveis durante a vigência do estado de calamidade pública de âmbito nacional. **(Incluído pela Emenda Constitucional nº 109, de 2021)**

§ 2º O disposto no inciso II do caput deste artigo não se aplica às fontes de recursos: **(Incluído pela Emenda Constitucional nº 109, de 2021)**

I. decorrentes de repartição de receitas a Estados, ao Distrito Federal e a Municípios; **(Incluído pela Emenda Constitucional nº 109, de 2021)**

II. decorrentes das vinculações estabelecidas pelos arts. 195, 198, 201, 212, 212-A e 239 desta Constituição; **(Incluído pela Emenda Constitucional nº 109, de 2021)**

III. destinadas ao registro de receitas oriundas da arrecadação de doações ou de empréstimos compulsórios, de transferências recebidas para o atendimento de finalidades determinadas ou das receitas de capital produto de operações de financiamento celebradas com finalidades contratualmente determinadas. **(Incluído pela Emenda Constitucional nº 109, de 2021)**

Art. 167-G. Na hipótese de que trata o art. 167-B, aplicam-se à União, até o término da calamidade pública, as vedações previstas no art. 167-A desta Constituição. **(Incluído pela Emenda Constitucional nº 109, de 2021)**

§ 1º Na hipótese de medidas de combate à calamidade pública cuja vigência e efeitos não ultrapassem a sua duração, não se aplicam as vedações referidas nos incisos II, IV, VII, IX e X do caput do art. 167-A desta Constituição. **(Incluído pela Emenda Constitucional nº 109, de 2021)**

§ 2º Na hipótese de que trata o art. 167-B, não se aplica a alínea «c» do inciso I do caput do art. 159 desta Constituição, devendo a transferência a que se refere aquele dispositivo ser efetuada nos mesmos montantes transferidos no exercício anterior à decretação da calamidade. **(Incluído pela Emenda Constitucional nº 109, de 2021)**

§ 3º É facultada aos Estados, ao Distrito Federal e aos Municípios a aplicação das vedações referidas no caput, nos termos deste artigo, e, até que as tenham adotado na integralidade, estarão submetidos às restrições do § 6º do art. 167-A desta Constituição, enquanto perdurarem seus efeitos para a União. **(Incluído pela Emenda Constitucional nº 109, de 2021)**

Art. 168. Os recursos correspondentes às dotações orçamentárias, compreendidos os créditos suplementares e especiais, destinados aos órgãos dos Poderes Legislativo e Judiciário, do Ministério Público e da Defensoria Pública, ser-lhes-ão entregues até o dia 20 de cada mês, em duodécimos, na forma da lei complementar a que se refere o art. 165, § 9º.

§ 1º É vedada a transferência a fundos de recursos financeiros oriundos de repasses duodecimais. **(Incluído pela Emenda Constitucional nº 109, de 2021)**

§ 2º O saldo financeiro decorrente dos recursos entregues na forma do caput deste artigo deve ser restituído ao caixa único do Tesouro do ente federativo, ou terá seu valor deduzido das primeiras parcelas duodecimais do exercício seguinte. **(Incluído pela Emenda Constitucional nº 109, de 2021)**

Art. 169. A despesa com pessoal ativo e inativo e pensionistas da União, dos Estados, do Distrito Federal e dos Municípios não pode exceder os limites estabelecidos em lei complementar. **(Redação dada pela Emenda Constitucional nº 109, de 2021)**

§ 1º A concessão de qualquer vantagem ou aumento de remuneração, a criação de cargos, empregos e funções ou alteração de estrutura de carreiras, bem como a admissão ou contratação de pessoal, a qualquer título, pelos órgãos e entidades da administração direta ou indireta, inclusive fundações instituídas e mantidas pelo poder público, só poderão ser feitas: **(Vide Emenda constitucional nº 106, de 2020)**

I. se houver prévia dotação orçamentária suficiente para atender às projeções de despesa de pessoal e aos acréscimos dela decorrentes;

II. se houver autorização específica na lei de diretrizes orçamentárias, ressalvadas as empresas públicas e as sociedades de economia mista.

§ 2º Decorrido o prazo estabelecido na lei complementar referida neste artigo para a adaptação aos parâmetros ali previstos, serão imediatamente suspensos todos os repasses de verbas federais ou estaduais aos Estados, ao Distrito Federal e aos Municípios que não observarem os referidos limites.

§ 3º Para o cumprimento dos limites estabelecidos com base neste artigo, durante o prazo fixado na lei complementar referida no caput, a União, os Estados, o Distrito Federal e os Municípios adotarão as seguintes providências:

I. redução em pelo menos vinte por cento das despesas com cargos em comissão e funções de confiança;

II. exoneração dos servidores não estáveis.

§ 4º Se as medidas adotadas com base no parágrafo anterior não forem suficientes para assegurar o cumprimento da determinação da lei complementar referida neste artigo, o servidor estável poderá perder o cargo, desde que ato normativo motivado de cada um dos Poderes especifique a atividade funcional, o órgão ou unidade administrativa objeto da redução de pessoal.

§ 5º O servidor que perder o cargo na forma do parágrafo anterior fará jus a indenização correspondente a um mês de remuneração por ano de serviço.

§ 6º O cargo objeto da redução prevista nos parágrafos anteriores será considerado extinto, vedada a criação de cargo, emprego ou função com atribuições iguais ou assemelhadas pelo prazo de quatro anos.

§ 7º Lei federal disporá sobre as normas gerais a serem obedecidas na efetivação do disposto no § 4º.

TÍTULO VII
Da Ordem Econômica e Financeira

CAPÍTULO I
Dos Princípios Gerais da Atividade Econômica

Art. 170. A ordem econômica, fundada na valorização do trabalho humano e na livre iniciativa, tem por fim assegurar a todos existência digna, conforme os ditames da justiça social, observados os seguintes princípios:

I. soberania nacional;
II. propriedade privada;
III. função social da propriedade;
IV. livre concorrência;
V. defesa do consumidor;
VI. defesa do meio ambiente, inclusive mediante tratamento diferenciado conforme o impacto ambiental dos produtos e serviços e de seus processos de elaboração e prestação;
VII. redução das desigualdades regionais e sociais;
VIII. busca do pleno emprego;
IX. tratamento favorecido para as empresas de pequeno porte constituídas sob as leis brasileiras e que tenham sua sede e administração no País.

Parágrafo único. É assegurado a todos o livre exercício de qualquer atividade econômica, independentemente de autorização de órgãos públicos, salvo nos casos previstos em lei. (**Vide Lei nº 13.874, de 2019**)

Art. 171. (Revogado pela Emenda Constitucional nº 6, de 1995)

Art. 172. A lei disciplinará, com base no interesse nacional, os investimentos de capital estrangeiro, incentivará os reinvestimentos e regulará a remessa de lucros.

Art. 173. Ressalvados os casos previstos nesta Constituição, a exploração direta de atividade econômica pelo Estado só será permitida quando necessária aos imperativos da segurança nacional ou a relevante interesse coletivo, conforme definidos em lei.

§ 1º A lei estabelecerá o estatuto jurídico da empresa pública, da sociedade de economia mista e de suas subsidiárias que explorem atividade econômica de produção ou comercialização de bens ou de prestação de serviços, dispondo sobre:

I. sua função social e formas de fiscalização pelo Estado e pela sociedade;

II. a sujeição ao regime jurídico próprio das empresas privadas, inclusive quanto aos direitos e obrigações civis, comerciais, trabalhistas e tributários;

III. licitação e contratação de obras, serviços, compras e alienações, observados os princípios da administração pública;

IV. a constituição e o funcionamento dos conselhos de administração e fiscal, com a participação de acionistas minoritários;

V. os mandatos, a avaliação de desempenho e a responsabilidade dos administradores.

§ 2º As empresas públicas e as sociedades de economia mista não poderão gozar de privilégios fiscais não extensivos às do setor privado.

§ 3º A lei regulamentará as relações da empresa pública com o Estado e a sociedade.

§ 4º lei reprimirá o abuso do poder econômico que vise à dominação dos mercados, à eliminação da concorrência e ao aumento arbitrário dos lucros.

§ 5º A lei, sem prejuízo da responsabilidade individual dos dirigentes da pessoa jurídica, estabelecerá a responsabilidade desta, sujeitando-a às punições compatíveis com sua natureza, nos atos praticados contra a ordem econômica e financeira e contra a economia popular.

Art. 174. Como agente normativo e regulador da atividade econômica, o Estado exercerá, na forma da lei, as funções de fiscalização, incentivo e planejamento, sendo este determinante para o setor público e indicativo para o setor privado. (**Vide Lei nº 13.874, de 2019**)

§ 1º A lei estabelecerá as diretrizes e bases do planejamento do desenvolvimento nacional equilibrado, o qual incorporará e compatibilizará os planos nacionais e regionais de desenvolvimento.

§ 2º A lei apoiará e estimulará o cooperativismo e outras formas de associativismo.

§ 3º O Estado favorecerá a organização da atividade garimpeira em cooperativas, levando em conta a proteção do meio ambiente e a promoção econômico-social dos garimpeiros.

§ 4º As cooperativas a que se refere o parágrafo anterior terão prioridade na autorização ou concessão para pesquisa e lavra dos recursos e jazidas de minerais garimpáveis, nas áreas onde estejam atuando, e naquelas fixadas de acordo com o art. 21, XXV, na forma da lei.

Art. 175. Incumbe ao Poder Público, na forma da lei, diretamente ou sob regime de concessão ou permissão, sempre através de licitação, a prestação de serviços públicos.

Parágrafo único. A lei disporá sobre:

I. o regime das empresas concessionárias e permissionárias de serviços públicos, o caráter especial de seu contrato e de sua prorrogação, bem como as condições de caducidade, fiscalização e rescisão da concessão ou permissão;

II. os direitos dos usuários;

III. política tarifária;

IV. a obrigação de manter serviço adequado.

Art. 176. As jazidas, em lavra ou não, e demais recursos minerais e os potenciais de energia hidráulica constituem propriedade distinta da do solo, para efeito de exploração ou aproveitamento, e pertencem à União, garantida ao concessionário a propriedade do produto da lavra.

§ 1º A pesquisa e a lavra de recursos minerais e o aproveitamento dos potenciais a que se refere o «caput» deste artigo somente poderão ser efetuados mediante autorização ou concessão da União, no interesse nacional, por brasileiros ou empresa constituída sob as leis brasileiras e que tenha sua sede e administração no País, na forma da lei, que estabelecerá as condições específicas quando essas atividades se desenvolverem em faixa de fronteira ou terras indígenas. (Redação dada pela Emenda Constitucional nº 6, de 1995)

§ 2º É assegurada participação ao proprietário do solo nos resultados da lavra, na forma e no valor que dispuser a lei.

§ 3º A autorização de pesquisa será sempre por prazo determinado, e as autorizações e concessões previstas neste artigo não poderão ser cedidas ou transferidas, total ou parcialmente, sem prévia anuência do poder concedente.

§ 4º Não dependerá de autorização ou concessão o aproveitamento do potencial de energia renovável de capacidade reduzida.

Art. 177. Constituem monopólio da União:

I. a pesquisa e a lavra das jazidas de petróleo e gás natural e outros hidrocarbonetos fluidos;

II. a refinação do petróleo nacional ou estrangeiro;

III. a importação e exportação dos produtos e derivados básicos resultantes das atividades previstas nos incisos anteriores;

IV. o transporte marítimo do petróleo bruto de origem nacional ou de derivados básicos de petróleo produzidos no País, bem assim o transporte, por meio de conduto, de petróleo bruto, seus derivados e gás natural de qualquer origem;

V. a pesquisa, a lavra, o enriquecimento, o reprocessamento, a industrialização e o comércio de minérios e minerais nucleares e seus derivados, com exceção dos radioisótopos cuja produção, comercialização e utilização poderão ser autorizadas sob regime de permissão, conforme as alíneas *b* e *c* do inciso XXIII do caput do art. 21 desta Constituição Federal.

§ 1º A União poderá contratar com empresas estatais ou privadas a realização das atividades previstas nos incisos I a IV deste artigo observadas as condições estabelecidas em lei.

§ 2º A lei a que se refere o § 1º disporá sobre:

I. a garantia do fornecimento dos derivados de petróleo em todo o território nacional;

II. as condições de contratação;

III. a estrutura e atribuições do órgão regulador do monopólio da União;

§ 3º A lei disporá sobre o transporte e a utilização de materiais radioativos no território nacional.

§ 4º A lei que instituir contribuição de intervenção no domínio econômico relativa às atividades de importação ou comercialização de petróleo e seus derivados, gás natural e seus derivados e álcool combustível deverá atender aos seguintes requisitos:

I. a alíquota da contribuição poderá ser:

a) diferenciada por produto ou uso;

b) reduzida e restabelecida por ato do Poder Executivo, não se lhe aplicando o disposto no art. 150, III, *b*;

II. os recursos arrecadados serão destinados:

a) ao pagamento de subsídios a preços ou transporte de álcool combustível, gás natural e seus derivados e derivados de petróleo;

b) ao financiamento de projetos ambientais relacionados com a indústria do petróleo e do gás;

c) ao financiamento de programas de infraestrutura de transportes.

Art. 178. A lei disporá sobre a ordenação dos transportes aéreo, aquático e terrestre, devendo, quanto à ordenação do transporte internacional, observar os acordos firmados pela União, atendido o princípio da reciprocidade.

Parágrafo único. Na ordenação do transporte aquático, a lei estabelecerá as condições em que o transporte de mercadorias na cabotagem e a navegação interior poderão ser feitos por embarcações estrangeiras.

Art. 179. A União, os Estados, o Distrito Federal e os Municípios dispensarão às microempresas e às empresas de pequeno porte, assim definidas em lei, tratamento jurídico diferenciado, visando a incentivá-las pela simplificação de suas obrigações administrativas, tributárias, previdenciárias e creditícias, ou pela eliminação ou redução destas por meio de lei.

Art. 180. A União, os Estados, o Distrito Federal e os Municípios promoverão e incentivarão o turismo como fator de desenvolvimento social e econômico.

Art. 181. O atendimento de requisição de documento ou informação de natureza comercial, feita por autoridade administrativa ou judiciária estrangeira, a pessoa física ou jurídica residente ou domiciliada no País dependerá de autorização do Poder competente.

CAPÍTULO II

Da Política Urbana

Art. 182. A política de desenvolvimento urbano, executada pelo Poder Público municipal, conforme diretrizes gerais fixadas em lei, tem por objetivo ordenar o pleno desenvolvimento das funções sociais da cidade e garantir o bem-estar de seus habitantes.

§ 1º O plano diretor, aprovado pela Câmara Municipal, obrigatório para cidades com mais de vinte mil habitantes, é o instrumento básico da política de desenvolvimento e de expansão urbana.

§ 2º A propriedade urbana cumpre sua função social quando atende às exigências fundamentais de ordenação da cidade expressas no plano diretor.

§ 3º As desapropriações de imóveis urbanos serão feitas com prévia e justa indenização em dinheiro.

§ 4º É facultado ao Poder Público municipal, mediante lei específica para área incluída no plano diretor, exigir, nos termos da lei federal, do proprietário do solo urbano não edificado, subutilizado ou não utilizado, que promova seu adequado aproveitamento, sob pena, sucessivamente, de:

I. parcelamento ou edificação compulsórios;

II. imposto sobre a propriedade predial e territorial urbana progressivo no tempo;

III. desapropriação com pagamento mediante títulos da dívida pública de emissão previamente aprovada pelo Senado Federal, com prazo de resgate de até dez anos, em parcelas anuais, iguais e sucessivas, assegurados o valor real da indenização e os juros legais.

Art. 183. Aquele que possuir como sua área urbana de até duzentos e cinquenta metros quadrados, por cinco anos, ininterruptamente e sem oposição, utilizando-a para sua moradia ou de sua família, adquirir-lhe-á o domínio, desde que não seja proprietário de outro imóvel urbano ou rural.

§ 1º O título de domínio e a concessão de uso serão conferidos ao homem ou à mulher, ou a ambos, independentemente do estado civil.

§ 2º Esse direito não será reconhecido ao mesmo possuidor mais de uma vez.

§ 3º Os imóveis públicos não serão adquiridos por usucapião.

CAPÍTULO III

Da Política Agrícola e Fundiária e da Reforma Agrária

Art. 184. Compete à União desapropriar por interesse social, para fins de reforma agrária, o imóvel rural que não esteja cumprindo sua função social, mediante prévia e justa indenização em títulos da dívida agrária, com cláusula de preservação do valor real, resgatáveis no prazo de até vinte anos, a partir do segundo ano de sua emissão, e cuja utilização será definida em lei.

§ 1º As benfeitorias úteis e necessárias serão indenizadas em dinheiro.

§ 2º O decreto que declarar o imóvel como de interesse social, para fins de reforma agrária, autoriza a União a propor a ação de desapropriação.

§ 3º Cabe à lei complementar estabelecer procedimento contraditório especial, de rito sumário, para o processo judicial de desapropriação.

§ 4º O orçamento fixará anualmente o volume total de títulos da dívida agrária, assim como o montante de recursos para atender ao programa de reforma agrária no exercício.

§ 5º São isentas de impostos federais, estaduais e municipais as operações de transferência de imóveis desapropriados para fins de reforma agrária.

Art. 185. São insuscetíveis de desapropriação para fins de reforma agrária:

I. a pequena e média propriedade rural, assim definida em lei, desde que seu proprietário não possua outra;

II. a propriedade produtiva.

Parágrafo único. A lei garantirá tratamento especial à propriedade produtiva e fixará normas para o cumprimento dos requisitos relativos a sua função social.

Art. 186. A função social é cumprida quando a propriedade rural atende, simultaneamente, segundo critérios e graus de exigência estabelecidos em lei, aos seguintes requisitos:

I. aproveitamento racional e adequado;

II. utilização adequada dos recursos naturais disponíveis e preservação do meio ambiente;

III. observância das disposições que regulam as relações de trabalho;

IV. exploração que favoreça o bem-estar dos proprietários e dos trabalhadores.

Art. 187. A política agrícola será planejada e executada na forma da lei, com a participação efetiva do setor de produção, envolvendo produtores e trabalhadores rurais, bem como dos setores de comercialização, de armazenamento e de transportes, levando em conta, especialmente:

I. os instrumentos creditícios e fiscais;

II. os preços compatíveis com os custos de produção e a garantia de comercialização;

III. o incentivo à pesquisa e à tecnologia;

IV. a assistência técnica e extensão rural;

V. o seguro agrícola;

VI. o cooperativismo;

VII. a eletrificação rural e irrigação;

VIII. a habitação para o trabalhador rural.

§ 1º Incluem-se no planejamento agrícola as atividades agroindustriais, agropecuárias, pesqueiras e florestais.

§ 2º Serão compatibilizadas as ações de política agrícola e de reforma agrária.

Art. 188. A destinação de terras públicas e devolutas será compatibilizada com a política agrícola e com o plano nacional de reforma agrária.

§ 1º A alienação ou a concessão, a qualquer título, de terras públicas com área superior a dois mil e quinhentos hectares a pessoa física ou jurídica, ainda que por interposta pessoa, dependerá de prévia aprovação do Congresso Nacional.

§ 2º Excetuam-se do disposto no parágrafo anterior as alienações ou as concessões de terras públicas para fins de reforma agrária.

Art. 189. Os beneficiários da distribuição de imóveis rurais pela reforma agrária receberão títulos de domínio ou de concessão de uso, inegociáveis pelo prazo de dez anos.

Parágrafo único. O título de domínio e a concessão de uso serão conferidos ao homem ou à mulher, ou a ambos, independentemente do estado civil, nos termos e condições previstos em lei.

Art. 190. A lei regulará e limitará a aquisição ou o arrendamento de propriedade rural por pessoa física ou jurídica estrangeira e estabelecerá os casos que dependerão de autorização do Congresso Nacional.

Art. 191. Aquele que, não sendo proprietário de imóvel rural ou urbano, possua como seu, por cinco anos ininterruptos, sem oposição, área de terra, em zona rural, não superior a cinquenta hectares, tornando-a produtiva por seu trabalho ou de sua família, tendo nela sua moradia, adquirir-lhe-á a propriedade.

Parágrafo único. Os imóveis públicos não serão adquiridos por usucapião.

CAPÍTULO IV
Do Sistema Financeiro Nacional

Art. 192. O sistema financeiro nacional, estruturado de forma a promover o desenvolvimento equilibrado do País e a servir aos interesses da coletividade, em todas as partes que o compõem, abrangendo as cooperativas de crédito, será regulado por leis complementares que disporão, inclusive, sobre a participação do capital estrangeiro nas instituições que o integram.

TÍTULO VIII
Da Ordem Social

CAPÍTULO I
Disposição Geral

Art. 193. A ordem social tem como base o primado do trabalho, e como objetivo o bem-estar e a justiça sociais.

Parágrafo único. O Estado exercerá a função de planejamento das políticas sociais, assegurada, na forma da lei, a participação da sociedade nos processos de formulação, de monitoramento, de controle e de avaliação dessas políticas. **(Incluído pela Emenda Constitucional nº 108, de 2020)**

CAPÍTULO II
Da Seguridade Social

SEÇÃO I
Disposições gerais

Art. 194. A seguridade social compreende um conjunto integrado de ações de iniciativa dos Poderes Públicos e da sociedade, destinadas a assegurar os direitos relativos à saúde, à previdência e à assistência social.

Parágrafo único. Compete ao Poder Público, nos termos da lei, organizar a seguridade social, com base nos seguintes objetivos:

I. universalidade da cobertura e do atendimento;

II. uniformidade e equivalência dos benefícios e serviços às populações urbanas e rurais;

III. seletividade e distributividade na prestação dos benefícios e serviços;

IV. irredutibilidade do valor dos benefícios;

V. equidade na forma de participação no custeio;

VI. diversidade da base de financiamento, identificando-se, em rubricas contábeis específicas para cada área, as receitas e as despesas vinculadas a ações de saúde, previdência e assistência social, preservado o caráter contributivo da previdência social; **(Redação dada pela Emenda Constitucional nº 103, de 2019)**

VII. caráter democrático e descentralizado da administração, mediante gestão quadripartite, com participação dos trabalhadores, dos empregadores, dos aposentados e do Governo nos órgãos colegiados.

Art. 195. A seguridade social será financiada por toda a sociedade, de forma direta e indireta, nos termos da lei, mediante recursos provenientes dos orçamentos da União, dos Estados, do Distrito Federal e dos Municípios, e das seguintes contribuições sociais:

I. do empregador, da empresa e da entidade a ela equiparada na forma da lei, incidentes sobre:
a) a folha de salários e demais rendimentos do trabalho pagos ou creditados, a qualquer título, à pessoa física que lhe preste serviço, mesmo sem vínculo empregatício;
b) a receita ou o faturamento;
c) o lucro;

II. do trabalhador e dos demais segurados da previdência social, podendo ser adotadas alíquotas progressivas de acordo com o valor do salário de contribuição, não incidindo contribuição sobre aposentadoria e pensão concedidas pelo Regime Geral de Previdência Social; **(Redação dada pela Emenda Constitucional nº 103, de 2019)**

III. sobre a receita de concursos de prognósticos.

IV. do importador de bens ou serviços do exterior, ou de quem a lei a ele equiparar.

§ 1º As receitas dos Estados, do Distrito Federal e dos Municípios destinadas à seguridade social constarão dos respectivos orçamentos, não integrando o orçamento da União.

§ 2º A proposta de orçamento da seguridade social será elaborada de forma integrada pelos órgãos responsáveis pela saúde, previdência social e assistência social, tendo em vista as metas e prioridades estabelecidas na lei de diretrizes orçamentárias, assegurada a cada área a gestão de seus recursos.

§ 3º A pessoa jurídica em débito com o sistema da seguridade social, como estabelecido em lei, não poderá contratar com o Poder Público nem dele receber benefícios ou incentivos fiscais ou creditícios. **(Vide Emenda constitucional nº 106, de 2020)**

§ 4º A lei poderá instituir outras fontes destinadas a garantir a manutenção ou expansão da seguridade social, obedecido o disposto no art. 154, I.

§ 5º Nenhum benefício ou serviço da seguridade social poderá ser criado, majorado ou estendido sem a correspondente fonte de custeio total.

§ 6º As contribuições sociais de que trata este artigo só poderão ser exigidas após decorridos noventa dias da data da publicação da lei que as houver instituído ou modificado, não se lhes aplicando o disposto no art. 150, III, «b».

§ 7º São isentas de contribuição para a seguridade social as entidades beneficentes de assistência social que atendam às exigências estabelecidas em lei.

§ 8º O produtor, o parceiro, o meeiro e o arrendatário rurais e o pescador artesanal, bem como os respectivos cônjuges, que exerçam suas atividades em regime de economia familiar, sem empregados permanentes, contribuirão para a seguridade social mediante a aplicação de uma alíquota sobre o resultado da comercialização da produção e farão jus aos benefícios nos termos da lei.

§ 9º As contribuições sociais previstas no inciso I do caput deste artigo poderão ter alíquotas diferenciadas em razão da atividade econômica, da utilização intensiva de mão de obra, do porte da empresa ou da condição estrutural do mercado de trabalho, sendo também autorizada a adoção de bases de cálculo diferenciadas apenas no caso das alíneas "b" e "c" do inciso I do caput. **(Redação dada pela Emenda Constitucional nº 103, de 2019)**

§ 10º A lei definirá os critérios de transferência de recursos para o sistema único de saúde e ações de assistência social da União para os Estados, o Distrito Federal e os Municípios, e dos Estados para os Municípios, observada a respectiva contrapartida de recursos.

§ 11º São vedados a moratória e o parcelamento em prazo superior a 60 (sessenta) meses e, na forma de lei complementar, a remissão e a anistia das contribuições sociais de que tratam a alínea «a» do inciso I e o inciso II do caput. **(Redação dada pela Emenda Constitucional nº 103, de 2019)**

§ 12º A lei definirá os setores de atividade econômica para os quais as contribuições incidentes na forma dos incisos I, b; e IV do *caput*, serão não cumulativas.

§ 13º (Revogado). **(Revogado pela Emenda Constitucional nº 103, de 2019)**

§ 14º O segurado somente terá reconhecida como tempo de contribuição ao Regime Geral de Previdência Social a competência cuja contribuição seja igual ou superior à contribuição mínima mensal exigida para sua categoria, assegurado o agrupamento de contribuições. **(Incluído pela Emenda Constitucional nº 103, de 2019)**

SEÇÃO II
Da Saúde

Art. 196. A saúde é direito de todos e dever do Estado, garantido mediante políticas sociais e econômicas que visem à redução do risco de doença e de outros agravos e ao acesso universal e igualitário às ações e serviços para sua promoção, proteção e recuperação.

Art. 197. São de relevância pública as ações e serviços de saúde, cabendo ao Poder Público dispor, nos termos da lei, sobre sua regulamentação, fiscalização e controle, devendo sua execução ser feita diretamente ou através de terceiros e, também, por pessoa física ou jurídica de direito privado.

Art. 198. As ações e serviços públicos de saúde integram uma rede regionalizada e hierarquizada e constituem um sistema único, organizado de acordo com as seguintes diretrizes:

I. descentralização, com direção única em cada esfera de governo;

II. atendimento integral, com prioridade para as atividades preventivas, sem prejuízo dos serviços assistenciais;

III. participação da comunidade.

§ 1º O sistema único de saúde será financiado, nos termos do art. 195, com recursos do orçamento da seguridade social, da União, dos Estados, do Distrito Federal e dos Municípios, além de outras fontes.

§ 2º A União, os Estados, o Distrito Federal e os Municípios aplicarão, anualmente, em ações e serviços públicos de saúde recursos mínimos derivados da aplicação de percentuais calculados sobre:

I. no caso da União, a receita corrente líquida do respectivo exercício financeiro, não podendo ser inferior a 15% (quinze por cento);

II. no caso dos Estados e do Distrito Federal, o produto da arrecadação dos impostos a que se refere o art. 155 e dos recursos de que tratam os arts. 157 e 159, inciso I, alínea a, e inciso II, deduzidas as parcelas que forem transferidas aos respectivos Municípios;

III. no caso dos Municípios e do Distrito Federal, o produto da arrecadação dos impostos a que se refere o art. 156 e dos recursos de que tratam os arts. 158 e 159, inciso I, alínea b e § 3º.

§ 3º Lei complementar, que será reavaliada pelo menos a cada cinco anos, estabelecerá:

I. os percentuais de que tratam os incisos II e III do § 2º;

II. os critérios de rateio dos recursos da União vinculados à saúde destinados aos Estados, ao Distrito Federal e aos Municípios, e dos Estados destinados a seus respectivos Municípios, objetivando a progressiva redução das disparidades regionais;

III. as normas de fiscalização, avaliação e controle das despesas com saúde nas esferas federal, estadual, distrital e municipal;

IV. (revogado). (Redação dada pela Emenda Constitucional nº 86, de 2015)

§ 4º Os gestores locais do sistema único de saúde poderão admitir agentes comunitários de saúde e agentes de combate às endemias por meio de processo seletivo público, de acordo com a natureza e complexidade de suas atribuições e requisitos específicos para sua atuação.

§ 5º Lei federal disporá sobre o regime jurídico, o piso salarial profissional nacional, as diretrizes para os Planos de Carreira e a regulamentação das atividades de agente comunitário de saúde e agente de combate às endemias, competindo à União, nos termos da lei, prestar assistência financeira complementar aos Estados, ao Distrito Federal e aos Municípios, para o cumprimento do referido piso salarial.

§ 6º Além das hipóteses previstas no § 1º do art. 41 e no § 4º do art. 169 da Constituição Federal, o servidor que exerça funções equivalentes às de agente comunitário de saúde ou de agente de combate às endemias poderá perder o cargo em caso de descumprimento dos requisitos específicos, fixados em lei, para o seu exercício.

Art. 199. A assistência à saúde é livre à iniciativa privada.

§ 1º As instituições privadas poderão participar de forma complementar do sistema único de saúde, segundo diretrizes deste, mediante contrato de direito público ou convênio, tendo preferência as entidades filantrópicas e as sem fins lucrativos.

§ 2º É vedada a destinação de recursos públicos para auxílios ou subvenções às instituições privadas com fins lucrativos.

§ 3º É vedada a participação direta ou indireta de empresas ou capitais estrangeiros na assistência à saúde no País, salvo nos casos previstos em lei.

§ 4º A lei disporá sobre as condições e os requisitos que facilitem a remoção de órgãos, tecidos e substâncias humanas para fins de transplante, pesquisa e tratamento, bem como a coleta, processamento e transfusão de sangue e seus derivados, sendo vedado todo tipo de comercialização.

Art. 200. Ao sistema único de saúde compete, além de outras atribuições, nos termos da lei:

I. controlar e fiscalizar procedimentos, produtos e substâncias de interesse para a saúde e participar da produção de medicamentos, equipamentos, imunobiológicos, hemoderivados e outros insumos;

II. executar as ações de vigilância sanitária e epidemiológica, bem como as de saúde do trabalhador;

III. ordenar a formação de recursos humanos na área de saúde;

IV. participar da formulação da política e da execução das ações de saneamento básico;

V. incrementar, em sua área de atuação, o desenvolvimento científico e tecnológico e a inovação;

VI. fiscalizar e inspecionar alimentos, compreendido o controle de seu teor nutricional, bem como bebidas e águas para consumo humano;

VII. participar do controle e fiscalização da produção, transporte, guarda e utilização de substâncias e produtos psicoativos, tóxicos e radioativos;

VIII. colaborar na proteção do meio ambiente, nele compreendido o do trabalho.

SEÇÃO III
Da Previdência Social

Art. 201. A previdência social será organizada sob a forma do Regime Geral de Previdência Social, de caráter contributivo e de filiação obrigatória, observados critérios que preservem o equilíbrio financeiro e atuarial, e atenderá, na forma da lei, a: **(Redação dada pela Emenda Constitucional nº 103, de 2019)**

I. cobertura dos eventos de incapacidade temporária ou permanente para o trabalho e idade avançada; **(Redação dada pela Emenda Constitucional nº 103, de 2019)**

II. proteção à maternidade, especialmente à gestante;

III. proteção ao trabalhador em situação de desemprego involuntário;

IV. salário-família e auxílio-reclusão para os dependentes dos segurados de baixa renda;

V. pensão por morte do segurado, homem ou mulher, ao cônjuge ou companheiro e dependentes, observado o disposto no § 2º.

§ 1º É vedada a adoção de requisitos ou critérios diferenciados para concessão de benefícios, ressalvada, nos termos de lei complementar, a possibilidade de previsão de idade e tempo de contribuição distintos da regra geral para concessão de aposentadoria exclusivamente em favor dos segurados: **(Redação dada pela Emenda Constitucional nº 103, de 2019)**

I. com deficiência, previamente submetidos a avaliação biopsicossocial realizada por equipe multiprofissional e interdisciplinar; **(Incluído pela Emenda Constitucional nº 103, de 2019)**

II. cujas atividades sejam exercidas com efetiva exposição a agentes químicos, físicos e biológicos prejudiciais à saúde, ou associação desses agentes, vedada a caracterização por categoria profissional ou ocupação. **(Incluído pela Emenda Constitucional nº 103, de 2019)**

§ 2º Nenhum benefício que substitua o salário de contribuição ou o rendimento do trabalho do segurado terá valor mensal inferior ao salário mínimo.

§ 3º Todos os salários de contribuição considerados para o cálculo de benefício serão devidamente atualizados, na forma da lei.

§ 4º É assegurado o reajustamento dos benefícios para preservar-lhes, em caráter permanente, o valor real, conforme critérios definidos em lei.

§ 5º É vedada a filiação ao regime geral de previdência social, na qualidade de segurado facultativo, de pessoa participante de regime próprio de previdência.

§ 6º A gratificação natalina dos aposentados e pensionistas terá por base o valor dos proventos do mês de dezembro de cada ano.

§ 7º É assegurada aposentadoria no regime geral de previdência social, nos termos da lei, obedecidas as seguintes condições:

I. 65 (sessenta e cinco) anos de idade, se homem, e 62 (sessenta e dois) anos de idade, se mulher, observado tempo mínimo de contribuição; **(Redação dada pela Emenda Constitucional nº 103, de 2019)**

60 (sessenta) anos de idade, se homem, e 55 (cinquenta e cinco) anos de idade, se mulher, para os trabalhadores rurais e para os que exerçam suas atividades em regime de economia familiar, nestes incluídos o produtor rural, o garimpeiro e o pescador artesanal. **(Redação dada pela Emenda Constitucional nº 103, de 2019)**

§ 8º O requisito de idade a que se refere o inciso I do § 7º será reduzido em 5 (cinco) anos, para o professor que comprove tempo de efetivo exercício das funções de magistério na educação infantil e no ensino fundamental e médio fixado em lei complementar. **(Redação dada pela Emenda Constitucional nº 103, de 2019)**

§ 9º Para fins de aposentadoria, será assegurada a contagem recíproca do tempo de contribuição entre o Regime Geral de Previdência Social e os regimes próprios de previdência social, e destes entre si, observada a compensação financeira, de acordo com os critérios estabelecidos em lei. **(Redação dada pela Emenda Constitucional nº 103, de 2019)**

§ 9º-A. O tempo de serviço militar exercido nas atividades de que tratam os arts. 42, 142 e 143 e o tempo de contribuição ao Regime Geral de Previdência Social ou a regime próprio de previdência social terão contagem recíproca para fins de inativação militar ou aposentadoria, e a compensação financeira será devida entre as receitas de contribuição referentes aos militares e as receitas de contribuição aos demais regimes. **(Incluído pela Emenda Constitucional nº 103, de 2019)**

§ 10º Lei complementar poderá disciplinar a cobertura de benefícios não programados, inclusive os decorrentes de acidente do trabalho, a ser atendida concorrentemente pelo Regime Geral de Previdência Social e pelo setor privado. **(Redação dada pela Emenda Constitucional nº 103, de 2019)**

§ 11º Os ganhos habituais do empregado, a qualquer título, serão incorporados ao salário para efeito de contribuição previdenciária e consequente repercussão em benefícios, nos casos e na forma da lei.

§ 12º Lei instituirá sistema especial de inclusão previdenciária, com alíquotas diferenciadas, para atender aos trabalhadores de baixa renda, inclusive os que se encontram em situação de informalidade, e àqueles sem renda própria que se dediquem exclusivamente ao trabalho doméstico no âmbito de sua residência, desde que pertencentes a famílias de baixa renda. **(Redação dada pela Emenda Constitucional nº 103, de 2019)**

§ 13º A aposentadoria concedida ao segurado de que trata o § 12 terá valor de 1 (um) salário-mínimo. **(Redação dada pela Emenda Constitucional nº 103, de 2019)**

§ 14º É vedada a contagem de tempo de contribuição fictício para efeito de concessão dos benefícios previdenciários e de contagem recíproca. **(Incluído pela Emenda Constitucional nº 103, de 2019)**

§ 15º Lei complementar estabelecerá vedações, regras e condições para a acumulação de benefícios previdenciários. **(Incluído pela Emenda Constitucional nº 103, de 2019)**

§ 16º Os empregados dos consórcios públicos, das empresas públicas, das sociedades de economia mista e das suas subsidiárias serão aposentados compulsoriamente, observado o cumprimento do tempo mínimo de contribuição, ao atingir a idade máxima de que trata o inciso II do § 1º do art. 40, na forma estabelecida em lei. **(Incluído pela Emenda Constitucional nº 103, de 2019)**

Art. 202. O regime de previdência privada, de caráter complementar e organizado de forma autônoma em relação ao regime geral de previdência social, será facultativo, baseado na constituição de reservas que garantam o benefício contratado, e regulado por lei complementar.

§ 1º A lei complementar de que trata este artigo assegurará ao participante de planos de benefícios de entidades de previdência privada o pleno acesso às informações relativas à gestão de seus respectivos planos.

§ 2º As contribuições do empregador, os benefícios e as condições contratuais previstas nos estatutos, regulamentos e planos de benefícios das entidades de previdência privada não integram o contrato de trabalho dos participantes, assim como, à exceção dos benefícios concedidos, não integram a remuneração dos participantes, nos termos da lei.

§ 3º É vedado o aporte de recursos a entidade de previdência privada pela União, Estados, Distrito Federal e Municípios, suas autarquias, fundações, empresas públicas, sociedades de economia mista e outras entidades públicas, salvo na qualidade de patrocinador, situação na qual, em hipótese alguma, sua contribuição normal poderá exceder a do segurado.

§ 4º Lei complementar disciplinará a relação entre a União, Estados, Distrito Federal ou Municípios, inclusive suas autarquias, fundações, sociedades de economia mista e empresas controladas direta ou indiretamente, enquanto patrocinadores de planos de benefícios previdenciários, e as entidades de previdência complementar. **(Redação dada pela Emenda Constitucional nº 103, de 2019)**

§ 5º A lei complementar de que trata o § 4º aplicar-se-á, no que couber, às empresas privadas permissionárias ou concessionárias de prestação de serviços públicos, quando patrocinadoras de planos de benefícios em entidades de previdência complementar. **(Redação dada pela Emenda Constitucional nº 103, de 2019)**

§ 6º Lei complementar estabelecerá os requisitos para a designação dos membros das diretorias das entidades fechadas de previdência complementar instituídas pelos patrocinadores de que trata o § 4º e disciplinará a inserção dos participantes nos colegiados e instâncias de decisão em que seus interesses sejam objeto de discussão e deliberação. **(Redação dada pela Emenda Constitucional nº 103, de 2019)**

SEÇÃO IV
Da Assistência Social

Art. 203. A assistência social será prestada a quem dela necessitar, independentemente de contribuição à seguridade social, e tem por objetivos:

I. a proteção à família, à maternidade, à infância, à adolescência e à velhice;

II. o amparo às crianças e adolescentes carentes;

III. a promoção da integração ao mercado de trabalho;

IV. a habilitação e reabilitação das pessoas portadoras de deficiência e a promoção de sua integração à vida comunitária;

V. a garantia de um salário mínimo de benefício mensal à pessoa portadora de deficiência e ao idoso que comprovem não possuir meios de prover à própria manutenção ou de tê-la provida por sua família, conforme dispuser a lei.

Art. 204. As ações governamentais na área da assistência social serão realizadas com recursos do orçamento da seguridade social, previstos no art. 195, além de outras fontes, e organizadas com base nas seguintes diretrizes:

I. descentralização político-administrativa, cabendo a coordenação e as normas gerais à esfera federal e a coordenação e a execução dos respectivos programas às esferas estadual e municipal, bem como a entidades beneficentes e de assistência social;

II. participação da população, por meio de organizações representativas, na formulação das políticas e no controle das ações em todos os níveis.

Parágrafo único. É facultado aos Estados e ao Distrito Federal vincular a programa de apoio à inclusão e promoção social até cinco décimos por cento de sua receita tributária líquida, vedada a aplicação desses recursos no pagamento de:

I. despesas com pessoal e encargos sociais;

II. serviço da dívida;

III. qualquer outra despesa corrente não vinculada diretamente aos investimentos ou ações apoiados.

CAPÍTULO III
Da educação, da cultura e do desporto

SEÇÃO I
Da educação

Art. 205. A educação, direito de todos e dever do Estado e da família, será promovida e incentivada com a colaboração da sociedade, visando ao pleno desenvolvimento da pessoa, seu preparo para o exercício da cidadania e sua qualificação para o trabalho.

Art. 206. O ensino será ministrado com base nos seguintes princípios:

I. igualdade de condições para o acesso e permanência na escola;

II. liberdade de aprender, ensinar, pesquisar e divulgar o pensamento, a arte e o saber;

III. pluralismo de ideias e de concepções pedagógicas, e coexistência de instituições públicas e privadas de ensino;

IV. gratuidade do ensino público em estabelecimentos oficiais;

V. valorização dos profissionais da educação escolar, garantidos, na forma da lei, planos de carreira, com ingresso exclusivamente por concurso público de provas e títulos, aos das redes públicas;

VI. gestão democrática do ensino público, na forma da lei;

VII. garantia de padrão de qualidade.

VIII. piso salarial profissional nacional para os profissionais da educação escolar pública, nos termos de lei federal.

IX. garantia do direito à educação e à aprendizagem ao longo da vida. **(Incluído pela Emenda Constitucional nº 108, de 2020)**

Parágrafo único. A lei disporá sobre as categorias de trabalhadores considerados profissionais da educação básica e sobre a fixação de prazo para a elaboração ou adequação de seus planos de carreira, no âmbito da União, dos Estados, do Distrito Federal e dos Municípios.

Art. 207. As universidades gozam de autonomia didático-científica, administrativa e de gestão financeira e patrimonial, e obedecerão ao princípio de indissociabilidade entre ensino, pesquisa e extensão.

§ 1º É facultado às universidades admitir professores, técnicos e cientistas estrangeiros, na forma da lei.

§ 2º O disposto neste artigo aplica-se às instituições de pesquisa científica e tecnológica.

Art. 208. O dever do Estado com a educação será efetivado mediante a garantia de: educação básica obrigatória e gratuita dos 4 (quatro) aos 17 (dezessete) anos de idade, assegurada inclusive sua oferta gratuita para todos os que a ela não tiveram acesso na idade própria;

X. progressiva universalização do ensino médio gratuito;

XI. atendimento educacional especializado aos portadores de deficiência, preferencialmente na rede regular de ensino;

XII. educação infantil, em creche e pré-escola, às crianças até 5 (cinco) anos de idade;

XIII. acesso aos níveis mais elevados do ensino, da pesquisa e da criação artística, segundo a capacidade de cada um;

XIV. oferta de ensino noturno regular, adequado às condições do educando;

XV. atendimento ao educando, em todas as etapas da educação básica, por meio de programas suplementares de material didático escolar, transporte, alimentação e assistência à saúde.

§ 1º O acesso ao ensino obrigatório e gratuito é direito público subjetivo.

§ 2º O não oferecimento do ensino obrigatório pelo Poder Público, ou sua oferta irregular, importa responsabilidade da autoridade competente.

§ 3º Compete ao Poder Público recensear os educandos no ensino fundamental, fazer-lhes a chamada e zelar, junto aos pais ou responsáveis, pela frequência à escola.

Art. 209. O ensino é livre à iniciativa privada, atendidas as seguintes condições:

I. cumprimento das normas gerais da educação nacional;

II. autorização e avaliação de qualidade pelo Poder Público.

Art. 210. Serão fixados conteúdos mínimos para o ensino fundamental, de maneira a assegurar formação básica comum e respeito aos valores culturais e artísticos, nacionais e regionais.

§ 1º O ensino religioso, de matrícula facultativa, constituirá disciplina dos horários normais das escolas públicas de ensino fundamental.

§ 2º O ensino fundamental regular será ministrado em língua portuguesa, assegurada às comunidades indígenas também a utilização de suas línguas maternas e processos próprios de aprendizagem.

Art. 211. A União, os Estados, o Distrito Federal e os Municípios organizarão em regime de colaboração seus sistemas de ensino.

§ 1º A União organizará o sistema federal de ensino e o dos Territórios, financiará as instituições de ensino públicas federais e exercerá, em matéria educacional, função redistributiva e supletiva, de forma a garantir equalização de oportunidades educacionais e padrão mínimo de qualidade do ensino mediante assistência técnica e financeira aos Estados, ao Distrito Federal e aos Municípios;

§ 2º Os Municípios atuarão prioritariamente no ensino fundamental e na educação infantil.

§ 3º Os Estados e o Distrito Federal atuarão prioritariamente no ensino fundamental e médio.

§ 4º Na organização de seus sistemas de ensino, a União, os Estados, o Distrito Federal e os Municípios definirão formas de colaboração, de modo a assegurar a universalização do ensino obrigatório.

§ 5º A educação básica pública atenderá prioritariamente ao ensino regular.

Art. 212. A União aplicará, anualmente, nunca menos de dezoito, e os Estados, o Distrito Federal e os Municípios vinte e cinco por cento, no mínimo, da receita resultante de impostos, compreendida a proveniente de transferências, na manutenção e desenvolvimento do ensino.

§ 1º A parcela da arrecadação de impostos transferida pela União aos Estados, ao Distrito Federal e aos Municípios, ou pelos Estados aos respectivos Municípios, não é considerada, para efeito do cálculo previsto neste artigo, receita do governo que a transferir.

§ 2º Para efeito do cumprimento do disposto no «caput» deste artigo, serão considerados os sistemas de ensino federal, estadual e municipal e os recursos aplicados na forma do art. 213.

§ 3º A distribuição dos recursos públicos assegurará prioridade ao atendimento das necessidades do ensino obrigatório, no que se refere a universalização, garantia de padrão de qualidade e equidade, nos termos do plano nacional de educação.

§ 4º Na organização de seus sistemas de ensino, a União, os Estados, o Distrito Federal e os Municípios definirão formas de colaboração, de forma a assegurar a universalização, a qualidade e a equidade do ensino obrigatório. **(Redação dada pela Emenda Constitucional nº 108, de 2020)**

§ 5º A educação básica pública terá como fonte adicional de financiamento a contribuição social do salário-educação, recolhida pelas empresas na forma da lei.

§ 6º A União, os Estados, o Distrito Federal e os Municípios exercerão ação redistributiva em relação a suas escolas. **(Incluído pela Emenda Constitucional nº 108, de 2020)**

§ 7º É vedado o uso dos recursos referidos no caput e nos §§ 5º e 6º deste artigo para pagamento de aposentadorias e de pensões. **(Incluído pela Emenda Constitucional nº 108, de 2020)**

§ 8º Na hipótese de extinção ou de substituição de impostos, serão redefinidos os percentuais referidos no caput deste artigo e no inciso II do caput do art. 212-A, de modo que resultem recursos vinculados à manutenção e ao desenvolvimento do ensino, bem como os recursos subvinculados aos fundos de que trata o art. 212-A desta Constituição, em aplicações equivalentes às anteriormente praticadas. **(Incluído pela Emenda Constitucional nº 108, de 2020)**

§ 9º A lei disporá sobre normas de fiscalização, de avaliação e de controle das despesas com educação nas esferas estadual, distrital e municipal. **(Incluído pela Emenda Constitucional nº 108, de 2020)**

Art. 212-A. Os Estados, o Distrito Federal e os Municípios destinarão parte dos recursos a que se refere o caput do art. 212 desta Constituição à manutenção e ao desenvolvimento do ensino na educação básica e à remuneração condigna de seus profissionais, respeitadas as seguintes disposições: **(Incluído pela Emenda Constitucional nº 108, de 2020)**

I. a distribuição dos recursos e de responsabilidades entre o Distrito Federal, os Estados e seus Municípios é assegurada mediante a instituição, no âmbito de cada Estado e do Distrito Federal, de um Fundo de Manutenção e Desenvolvimento da Educação Básica e de Valorização dos Profissionais da Educação (Fundeb), de natureza contábil; **(Incluído pela Emenda Constitucional nº 108, de 2020)**

II. os fundos referidos no inciso I do caput deste artigo serão constituídos por 20% (vinte por cento) dos recursos a que se referem os incisos I, II e III do caput do art. 155, o inciso II do caput do art. 157, os incisos II, III e IV do caput do art. 158 e as alíneas «a» e «b» do inciso I e o inciso II do caput do art. 159 desta Constituição; **(Incluído pela Emenda Constitucional nº 108, de 2020)**

III. os recursos referidos no inciso II do caput deste artigo serão distribuídos entre cada Estado e seus Municípios, proporcionalmente ao número de alunos das diversas etapas e modalidades da educação básica presencial matriculados nas respectivas redes, nos âmbitos de atuação prioritária, conforme estabelecido nos §§ 2º e 3º do art. 211 desta Constituição, observadas as ponderações referidas na alínea «a» do inciso X do caput e no § 2º deste artigo; **(Incluído pela Emenda Constitucional nº 108, de 2020)**

IV. a União complementará os recursos dos fundos a que se refere o inciso II do caput deste artigo; **(Incluído pela Emenda Constitucional nº 108, de 2020)**

V. a complementação da União será equivalente a, no mínimo, 23% (vinte e três por cento) do total de recursos a que se refere o inciso II do caput deste artigo, distribuída da seguinte forma: **(Incluído pela Emenda Constitucional nº 108, de 2020)**

a) 10 (dez) pontos percentuais no âmbito de cada Estado e do Distrito Federal, sempre que o valor anual por aluno (VAAF), nos termos do inciso III do caput deste artigo, não alcançar o mínimo definido nacionalmente; **(Incluído pela Emenda Constitucional nº 108, de 2020)**

b) no mínimo, 10,5 (dez inteiros e cinco décimos) pontos percentuais em cada rede pública de ensino municipal, estadual ou distrital, sempre que o valor anual total por aluno (VAAT), referido no inciso VI do caput deste artigo, não alcançar o mínimo definido nacionalmente; **(Incluído pela Emenda Constitucional nº 108, de 2020)**

c) 2,5 (dois inteiros e cinco décimos) pontos percentuais nas redes públicas que, cumpridas condicionalidades de melhoria de gestão previstas em lei, alcançarem evolução de indicadores a serem definidos, de atendimento e melhoria da aprendizagem com redução das desigualdades, nos termos do sistema nacional de avaliação da educação básica; **(Incluído pela Emenda Constitucional nº 108, de 2020)**

VI. o VAAT será calculado, na forma da lei de que trata o inciso X do caput deste artigo, com base nos recursos a que se refere o inciso II do caput deste artigo, acrescidos de outras receitas e de transferências vinculadas à educação, observado o disposto no § 1º e consideradas as matrículas nos termos do inciso III do caput deste artigo; **(Incluído pela Emenda Constitucional nº 108, de 2020)**

VII. os recursos de que tratam os incisos II e IV do caput deste artigo serão aplicados pelos Estados e pelos Municípios exclusivamente nos respectivos âmbitos de atuação prioritária, conforme estabelecido nos §§ 2º e 3º do art. 211 desta Constituição; **(Incluído pela Emenda Constitucional nº 108, de 2020)**

VIII. a vinculação de recursos à manutenção e ao desenvolvimento do ensino estabelecida no art. 212 desta Constituição suportará, no máximo, 30% (trinta por cento) da complementação da União, considerados para os fins deste inciso os valores previstos no inciso V do caput deste artigo; **(Incluído pela Emenda Constitucional nº 108, de 2020)**

IX. o disposto no caput do art. 160 desta Constituição aplica-se aos recursos referidos nos incisos II e IV do caput deste artigo, e seu descumprimento pela autoridade competente importará em crime de responsabilidade; **(Incluído pela Emenda Constitucional nº 108, de 2020)**

X. a lei disporá, observadas as garantias estabelecidas nos incisos I, II, III e IV do caput e no § 1º do art. 208 e as metas pertinentes do plano nacional de educação, nos termos previstos no art. 214 desta Constituição, sobre: **(Incluído pela Emenda Constitucional nº 108, de 2020)**

a) a organização dos fundos referidos no inciso I do caput deste artigo e a distribuição proporcional de seus recursos, as diferenças e as ponderações quanto ao valor anual por aluno entre etapas, modalidades, duração da jornada e tipos de estabelecimento de ensino, observados as respectivas especificidades e os insumos necessários para a garantia de sua qualidade; **(Incluído pela Emenda Constitucional nº 108, de 2020)**

b) a forma de cálculo do VAAF decorrente do inciso III do caput deste artigo e do VAAT referido no inciso VI do caput deste artigo; **(Incluído pela Emenda Constitucional nº 108, de 2020)**

c) a forma de cálculo para distribuição prevista na alínea "c" do inciso V do caput deste artigo; **(Incluído pela Emenda Constitucional nº 108, de 2020)**

d) a transparência, o monitoramento, a fiscalização e o controle interno, externo e social dos fundos referidos no inciso I do caput deste artigo, assegurada a criação, a autonomia, a manutenção e a consolidação de conselhos de acompanhamento e controle social, admitida sua integração aos conselhos de educação; **(Incluído pela Emenda Constitucional nº 108, de 2020)**

e) o conteúdo e a periodicidade da avaliação, por parte do órgão responsável, dos efeitos redistributivos, da melhoria dos indicadores educacionais e da ampliação do atendimento; **(Incluído pela Emenda Constitucional nº 108, de 2020)**

XI. proporção não inferior a 70% (setenta por cento) de cada fundo referido no inciso I do caput deste artigo, excluídos os recursos de que trata a alínea «c» do inciso V do caput deste artigo, será destinada ao pagamento dos profissionais da educação básica em efetivo exercício, observado, em relação aos recursos previstos na alínea «b» do inciso V do caput deste artigo, o percentual mínimo de 15% (quinze por cento) para despesas de capital; **(Incluído pela Emenda Constitucional nº 108, de 2020)**

XII. lei específica disporá sobre o piso salarial profissional nacional para os profissionais do magistério da educação básica pública; **(Incluído pela Emenda Constitucional nº 108, de 2020)**

XIII. a utilização dos recursos a que se refere o § 5º do art. 212 desta Constituição para a complementação da União ao Fundeb, referida no inciso V do caput deste artigo, é vedada. **(Incluído pela Emenda Constitucional nº 108, de 2020)**

§ 1º O cálculo do VAAT, referido no inciso VI do caput deste artigo, deverá considerar, além dos recursos previstos no inciso II do caput deste artigo, pelo menos, as seguintes disponibilidades: **(Incluído pela Emenda Constitucional nº 108, de 2020)**

I. receitas de Estados, do Distrito Federal e de Municípios vinculadas à manutenção e ao desenvolvimento do ensino não integrantes dos fundos referidos no inciso I do caput deste artigo; **(Incluído pela Emenda Constitucional nº 108, de 2020)**

II. cotas estaduais e municipais da arrecadação do salário-educação de que trata o § 6º do art. 212 desta Constituição; **(Incluído pela Emenda Constitucional nº 108, de 2020)**

III. complementação da União transferida a Estados, ao Distrito Federal e a Municípios nos termos da alínea "a" do inciso V do caput deste artigo. **(Incluído pela Emenda Constitucional nº 108, de 2020)**

§ 2º Além das ponderações previstas na alínea «a» do inciso X do caput deste artigo, a lei definirá outras relativas ao nível socioeconômico dos educandos e aos indicadores de disponibilidade de recursos vinculados à educação e de potencial de arrecadação tributária de cada ente federado, bem como seus prazos de implementação. **(Incluído pela Emenda Constitucional nº 108, de 2020)**

§ 3º Será destinada à educação infantil a proporção de 50% (cinquenta por cento) dos recursos globais a que se refere a alínea «b» do inciso V do caput deste artigo, nos termos da lei.» **(Incluído pela Emenda Constitucional nº 108, de 2020)**

Art. 213. Os recursos públicos serão destinados às escolas públicas, podendo ser dirigidos a escolas comunitárias, confessionais ou filantrópicas, definidas em lei, que:

I. comprovem finalidade não-lucrativa e apliquem seus excedentes financeiros em educação;

II. assegurem a destinação de seu patrimônio a outra escola comunitária, filantrópica ou confessional, ou ao Poder Público, no caso de encerramento de suas atividades.

§ 1º Os recursos de que trata este artigo poderão ser destinados a bolsas de estudo para o ensino fundamental e médio, na forma da lei, para os que demonstrarem insuficiência de recursos, quando houver falta de vagas e cursos regulares da rede pública na localidade da residência do educando, ficando o Poder Público obrigado a investir prioritariamente na expansão de sua rede na localidade.

§ 2º As atividades de pesquisa, de extensão e de estímulo e fomento à inovação realizadas por universidades e/ou por instituições de educação profissional e tecnológica poderão receber apoio financeiro do Poder Público.

Art. 214. A lei estabelecerá o plano nacional de educação, de duração decenal, com o objetivo de articular o sistema nacional de educação em regime de colaboração e definir diretrizes, objetivos, metas e estratégias de implementação para assegurar a manutenção e desenvolvimento do ensino em seus diversos níveis, etapas e modalidades por meio de ações integradas dos poderes públicos das diferentes esferas federativas que conduzam a:

I. erradicação do analfabetismo;
II. universalização do atendimento escolar;
III. melhoria da qualidade do ensino;
IV. formação para o trabalho;
V. promoção humanística, científica e tecnológica do País.
VI. estabelecimento de meta de aplicação de recursos públicos em educação como proporção do produto interno bruto.

SEÇÃO II
Da cultura

Art. 215. O Estado garantirá a todos o pleno exercício dos direitos culturais e acesso às fontes da cultura nacional, e apoiará e incentivará a valorização e a difusão das manifestações culturais.

§ 1º O Estado protegerá as manifestações das culturas populares, indígenas e afro-brasileiras, e das de outros grupos participantes do processo civilizatório nacional.

§ 2º A lei disporá sobre a fixação de datas comemorativas de alta significação para os diferentes segmentos étnicos nacionais.

§ 3º A lei estabelecerá o Plano Nacional de Cultura, de duração plurianual, visando ao desenvolvimento cultural do País e à integração das ações do poder público que conduzem à:

I. defesa e valorização do patrimônio cultural brasileiro;
II. produção, promoção e difusão de bens culturais;
III. formação de pessoal qualificado para a gestão da cultura em suas múltiplas dimensões;
IV. democratização do acesso aos bens de cultura;
V. valorização da diversidade étnica e regional.

Art. 216. Constituem patrimônio cultural brasileiro os bens de natureza material e imaterial, tomados individualmente ou em conjunto, portadores de referência à identidade, à ação, à memória dos diferentes grupos formadores da sociedade brasileira, nos quais se incluem:

I. as formas de expressão;
II. os modos de criar, fazer e viver;
III. as criações científicas, artísticas e tecnológicas;
IV. as obras, objetos, documentos, edificações e demais espaços destinados às manifestações artístico-culturais;
V. os conjuntos urbanos e sítios de valor histórico, paisagístico, artístico, arqueológico, paleontológico, ecológico e científico.

§ 1º O Poder Público, com a colaboração da comunidade, promoverá e protegerá o patrimônio cultural brasileiro, por meio de inventários, registros, vigilância, tombamento e desapropriação, e de outras formas de acautelamento e preservação.

§ 2º Cabem à administração pública, na forma da lei, a gestão da documentação governamental e as providências para franquear sua consulta a quantos dela necessitem.

§ 3º A lei estabelecerá incentivos para a produção e o conhecimento de bens e valores culturais.

§ 4º Os danos e ameaças ao patrimônio cultural serão punidos, na forma da lei.

§ 5º Ficam tombados todos os documentos e os sítios detentores de reminiscências históricas dos antigos quilombos.

§ 6º É facultado aos Estados e ao Distrito Federal vincular a fundo estadual de fomento à cultura até cinco décimos por cento de sua receita tributária líquida, para o financiamento de programas e projetos culturais, vedada a aplicação desses recursos no pagamento de:

I. despesas com pessoal e encargos sociais;
II. serviço da dívida;
III. qualquer outra despesa corrente não vinculada diretamente aos investimentos ou ações apoiados.

Art. 216-A. O Sistema Nacional de Cultura, organizado em regime de colaboração, de forma descentralizada e participativa, institui um processo de gestão e promoção conjunta de políticas públicas de cultura, democráticas e permanentes, pactuadas entre os entes da Federação e a sociedade, tendo por objetivo promover o desenvolvimento humano, social e econômico com pleno exercício dos direitos culturais.

§ 1º O Sistema Nacional de Cultura fundamenta-se na política nacional de cultura e nas suas diretrizes, estabelecidas no Plano Nacional de Cultura, e rege-se pelos seguintes princípios:

I. diversidade das expressões culturais;
II. universalização do acesso aos bens e serviços culturais;
III. fomento à produção, difusão e circulação de conhecimento e bens culturais;
IV. cooperação entre os entes federados, os agentes públicos e privados atuantes na área cultural;
V. integração e interação na execução das políticas, programas, projetos e ações desenvolvidas;
VI. complementaridade nos papéis dos agentes culturais;
VII. transversalidade das políticas culturais;
VIII. autonomia dos entes federados e das instituições da sociedade civil;
IX. transparência e compartilhamento das informações;
X. democratização dos processos decisórios com participação e controle social;
XI. descentralização articulada e pactuada da gestão, dos recursos e das ações;
XII. ampliação progressiva dos recursos contidos nos orçamentos públicos para a cultura.

§ 2º Constitui a estrutura do Sistema Nacional de Cultura, nas respectivas esferas da Federação:

I. órgãos gestores da cultura;
II. conselhos de política cultural;
III. conferências de cultura;
IV. comissões Inter gestores;
V. planos de cultura;
VI. sistemas de financiamento à cultura;
VII. sistemas de informações e indicadores culturais;
VIII. programas de formação na área da cultura; e
IX. sistemas setoriais de cultura.

§ 3º Lei federal disporá sobre a regulamentação do Sistema Nacional de Cultura, bem como de sua articulação com os demais sistemas nacionais ou políticas setoriais de governo.

§ 4º Os Estados, o Distrito Federal e os Municípios organizarão seus respectivos sistemas de cultura em leis próprias.

SEÇÃO III
DO DESPORTO

Art. 217. É dever do Estado fomentar práticas desportivas formais e não-formais, como direito de cada um, observados:

I. a autonomia das entidades desportivas dirigentes e associações, quanto a sua organização e funcionamento;
II. a destinação de recursos públicos para a promoção prioritária do desporto educacional e, em casos específicos, para a do desporto de alto rendimento;
III. o tratamento diferenciado para o desporto profissional e o não- profissional;
IV. a proteção e o incentivo às manifestações desportivas de criação nacional.

§ 1º O Poder Judiciário só admitirá ações relativas à disciplina e às competições desportivas após esgotarem-se as instâncias da justiça desportiva, regulada em lei.

§ 2º A justiça desportiva terá o prazo máximo de sessenta dias, contados da instauração do processo, para proferir decisão final.

§ 3º O Poder Público incentivará o lazer, como forma de promoção social.

CAPÍTULO IV
Da ciência, tecnologia e inovação

Art. 218. O Estado promoverá e incentivará o desenvolvimento científico, a pesquisa, a capacitação científica e tecnológica e a inovação.

§ 1º A pesquisa científica básica e tecnológica receberá tratamento prioritário do Estado, tendo em vista o bem público e o progresso da ciência, tecnologia e inovação.

§ 2º A pesquisa tecnológica voltar-se-á preponderantemente para a solução dos problemas brasileiros e para o desenvolvimento do sistema produtivo nacional e regional.

§ 3º O Estado apoiará a formação de recursos humanos nas áreas de ciência, pesquisa, tecnologia e inovação, inclusive por meio do apoio às atividades de extensão tecnológica, e concederá aos que delas se ocupem meios e condições especiais de trabalho.

§ 4º A lei apoiará e estimulará as empresas que invistam em pesquisa, criação de tecnologia adequada ao País, formação e aperfeiçoamento de seus recursos humanos e que pratiquem sistemas de remuneração que assegurem ao empregado, desvinculada do salário, participação nos ganhos econômicos resultantes da produtividade de seu trabalho.

§ 5º É facultado aos Estados e ao Distrito Federal vincular parcela de sua receita orçamentária a entidades públicas de fomento ao ensino e à pesquisa científica e tecnológica.

§ 6º O Estado, na execução das atividades previstas no caput, estimulará a articulação entre entes, tanto públicos quanto privados, nas diversas esferas de governo.

§ 7º O Estado promoverá e incentivará a atuação no exterior das instituições públicas de ciência, tecnologia e inovação, com vistas à execução das atividades previstas no caput.

Art. 219. O mercado interno integra o patrimônio nacional e será incentivado de modo a viabilizar o desenvolvimento cultural e socioeconômico, o bem-estar da população e a autonomia tecnológica do País, nos termos de lei federal.

Parágrafo único. O Estado estimulará a formação e o fortalecimento da inovação nas empresas, bem como nos demais entes, públicos ou privados, a constituição e a manutenção de parques e polos tecnológicos e de demais ambientes promotores da inovação, a atuação dos inventores independentes e a criação, absorção, difusão e transferência de tecnologia.

Art. 219-A. A União, os Estados, o Distrito Federal e os Municípios poderão firmar instrumentos de cooperação com órgãos e entidades públicos e com entidades privadas, inclusive para o compartilhamento de recursos humanos especializados e capacidade instalada, para a execução de projetos de pesquisa, de desenvolvimento científico e tecnológico e de inovação, mediante contrapartida financeira ou não financeira assumida pelo ente beneficiário, na forma da lei.

Art. 219-B. O Sistema Nacional de Ciência, Tecnologia e Inovação (SNCTI) será organizado em regime de colaboração entre entes, tanto públicos quanto privados, com vistas a promover o desenvolvimento científico e tecnológico e a inovação.

§ 1º Lei federal disporá sobre as normas gerais do SNCTI.

§ 2º Os Estados, o Distrito Federal e os Municípios legislarão concorrentemente sobre suas peculiaridades.

CAPÍTULO V
Da comunicação social

Art. 220. A manifestação do pensamento, a criação, a expressão e a informação, sob qualquer forma, processo ou veículo não sofrerão qualquer restrição, observado o disposto nesta Constituição.

§ 1º Nenhuma lei conterá dispositivo que possa constituir embaraço à plena liberdade de informação jornalística em qualquer veículo de comunicação social, observado o disposto no art. 5º, IV, V, X, XIII e XIV.

§ 2º É vedada toda e qualquer censura de natureza política, ideológica e artística.

§ 3º Compete à lei federal:

I. regular as diversões e espetáculos públicos, cabendo ao Poder Público informar sobre a natureza deles, as faixas etárias a que não se recomendem, locais e horários em que sua apresentação se mostre inadequada;

II. estabelecer os meios legais que garantam à pessoa e à família a possibilidade de se defenderem de programas ou programações de rádio e televisão que contrariem o disposto no art. 221, bem como da propaganda de produtos, práticas e serviços que possam ser nocivos à saúde e ao meio ambiente.

§ 4º A propaganda comercial de tabaco, bebidas alcoólicas, agrotóxicos, medicamentos e terapias estará sujeita a restrições legais, nos termos do inciso II do parágrafo anterior, e conterá, sempre que necessário, advertência sobre os malefícios decorrentes de seu uso.

§ 5º Os meios de comunicação social não podem, direta ou indiretamente, ser objeto de monopólio ou oligopólio.

§ 6º A publicação de veículo impresso de comunicação independe de licença de autoridade.

Art. 221. A produção e a programação das emissoras de rádio e televisão atenderão aos seguintes princípios:

I. preferência a finalidades educativas, artísticas, culturais e informativas;

II. promoção da cultura nacional e regional e estímulo à produção independente que objetive sua divulgação;

III. regionalização da produção cultural, artística e jornalística, conforme percentuais estabelecidos em lei;

IV. respeito aos valores éticos e sociais da pessoa e da família.

Art. 222. A propriedade de empresa jornalística e de radiodifusão sonora e de sons e imagens é privativa de brasileiros natos ou naturalizados há mais de dez anos, ou de pessoas jurídicas constituídas sob as leis brasileiras e que tenham sede no País.

§ 1º Em qualquer caso, pelo menos setenta por cento do capital total e do capital votante das empresas jornalísticas e de radiodifusão sonora e de sons e imagens deverá pertencer, direta ou indiretamente, a brasileiros natos ou naturalizados há mais de dez anos, que exercerão obrigatoriamente a gestão das atividades e estabelecerão o conteúdo da programação.

§ 2º A responsabilidade editorial e as atividades de seleção e direção da programação veiculada são privativas de brasileiros natos ou naturalizados há mais de dez anos, em qualquer meio de comunicação social.

§ 3º Os meios de comunicação social eletrônica, independentemente da tecnologia utilizada para a prestação do serviço, deverão observar os princípios enunciados no art. 221, na forma de lei específica, que também garantirá a prioridade de profissionais brasileiros na execução de produções nacionais.

§ 4º Lei disciplinará a participação de capital estrangeiro nas empresas de que trata o § 1º. (Incluído pela Emenda Constitucional nº 36, de 2002)

§ 5º As alterações de controle societário das empresas de que trata o § 1º serão comunicadas ao Congresso Nacional.

Art. 223. Compete ao Poder Executivo outorgar e renovar concessão, permissão e autorização para o serviço de radiodifusão sonora e de sons e imagens, observado o princípio da complementaridade dos sistemas privado, público e estatal.

§ 1º O Congresso Nacional apreciará o ato no prazo do art. 64, § 2º e § 4º, a contar do recebimento da mensagem.

§ 2º A não renovação da concessão ou permissão dependerá de aprovação de, no mínimo, dois quintos do Congresso Nacional, em votação nominal.

§ 3º O ato de outorga ou renovação somente produzirá efeitos legais após deliberação do Congresso Nacional, na forma dos parágrafos anteriores.

§ 4º O cancelamento da concessão ou permissão, antes de vencido o prazo, depende de decisão judicial.

§ 5º O prazo da concessão ou permissão será de dez anos para as emissoras de rádio e de quinze para as de televisão.

Art. 224. Para os efeitos do disposto neste capítulo, o Congresso Nacional instituirá, como seu órgão auxiliar, o Conselho de Comunicação Social, na forma da lei.

CAPÍTULO VI

Do meio ambiente

Art. 225. Todos têm direito ao meio ambiente ecologicamente equilibrado, bem de uso comum do povo e essencial à sadia qualidade de vida, impondo-se ao Poder Público e à coletividade o dever de defendê-lo e preservá-lo para as presentes e futuras gerações.

§ 1º Para assegurar a efetividade desse direito, incumbe ao Poder Público:

I. preservar e restaurar os processos ecológicos essenciais e prover o manejo ecológico das espécies e ecossistemas;

II. preservar a diversidade e a integridade do patrimônio genético do País e fiscalizar as entidades dedicadas à pesquisa e manipulação de material genético;
III. definir, em todas as unidades da Federação, espaços territoriais e seus componentes a serem especialmente protegidos, sendo a alteração e a supressão permitidas somente através de lei, vedada qualquer utilização que comprometa a integridade dos atributos que justifiquem sua proteção;
IV. exigir, na forma da lei, para instalação de obra ou atividade potencialmente causadora de significativa degradação do meio ambiente, estudo prévio de impacto ambiental, a que se dará publicidade;
V. controlar a produção, a comercialização e o emprego de técnicas, métodos e substâncias que comportem risco para a vida, a qualidade de vida e o meio ambiente;
VI. promover a educação ambiental em todos os níveis de ensino e a conscientização pública para a preservação do meio ambiente;
VII. proteger a fauna e a flora, vedadas, na forma da lei, as práticas que coloquem em risco sua função ecológica, provoquem a extinção de espécies ou submetam os animais a crueldade.
§ 2º Aquele que explorar recursos minerais fica obrigado a recuperar o meio ambiente degradado, de acordo com solução técnica exigida pelo órgão público competente, na forma da lei.
§ 3º As condutas e atividades consideradas lesivas ao meio ambiente sujeitarão os infratores, pessoas físicas ou jurídicas, a sanções penais e administrativas, independentemente da obrigação de reparar os danos causados.
§ 4º A Floresta Amazônica brasileira, a Mata Atlântica, a Serra do Mar, o Pantanal Mato-Grossense e a Zona Costeira são patrimônio nacional, e sua utilização far-se-á, na forma da lei, dentro de condições que assegurem a preservação do meio ambiente, inclusive quanto ao uso dos recursos naturais.
§ 5º São indisponíveis as terras devolutas ou arrecadadas pelos Estados, por ações discriminatórias, necessárias à proteção dos ecossistemas naturais.
§ 6º As usinas que operem com reator nuclear deverão ter sua localização definida em lei federal, sem o que não poderão ser instaladas.
§ 7º Para fins do disposto na parte final do inciso VII do § 1º deste artigo, não se consideram cruéis as práticas desportivas que utilizem animais, desde que sejam manifestações culturais, conforme o § 1º do art. 215 desta Constituição Federal, registradas como bem de natureza imaterial integrante do patrimônio cultural brasileiro, devendo ser regulamentadas por lei específica que assegure o bem-estar dos animais envolvidos.

CAPÍTULO VII
Da Família, da Criança, do Adolescente, do Jovem e do Idoso

Art. 226. A família, base da sociedade, tem especial proteção do Estado.
§ 1º O casamento é civil e gratuita a celebração.
§ 2º O casamento religioso tem efeito civil, nos termos da lei.
§ 3º Para efeito da proteção do Estado, é reconhecida a união estável entre o homem e a mulher como entidade familiar, devendo a lei facilitar sua conversão em casamento.
§ 4º Entende-se, também, como entidade familiar a comunidade formada por qualquer dos pais e seus descendentes.
§ 5º Os direitos e deveres referentes à sociedade conjugal são exercidos igualmente pelo homem e pela mulher.
§ 6º O casamento civil pode ser dissolvido pelo divórcio.
§ 7º Fundado nos princípios da dignidade da pessoa humana e da paternidade responsável, o planejamento familiar é livre decisão do casal, competindo ao Estado propiciar recursos educacionais e científicos para o exercício desse direito, vedada qualquer forma coercitiva por parte de instituições oficiais ou privadas.
§ 8º O Estado assegurará a assistência à família na pessoa de cada um dos que a integram, criando mecanismos para coibir a violência no âmbito de suas relações.

Art. 227. É dever da família, da sociedade e do Estado assegurar à criança, ao adolescente e ao jovem, com absoluta prioridade, o direito à vida, à saúde, à alimentação, à educação, ao lazer, à profissionalização, à cultura, à dignidade, ao respeito, à liberdade e à convivência familiar e comunitária, além de colocá-los a salvo de toda forma de negligência, discriminação, exploração, violência, crueldade e opressão.

§ 1º O Estado promoverá programas de assistência integral à saúde da criança, do adolescente e do jovem, admitida a participação de entidades não governamentais, mediante políticas específicas e obedecendo aos seguintes preceitos:
I. aplicação de percentual dos recursos públicos destinados à saúde na assistência materno-infantil;
II. criação de programas de prevenção e atendimento especializado para as pessoas portadoras de deficiência física, sensorial ou mental, bem como de integração social do adolescente e do jovem portador de deficiência, mediante o treinamento para o trabalho e a convivência, e a facilitação do acesso aos bens e serviços coletivos, com a eliminação de obstáculos arquitetônicos e de todas as formas de discriminação.
§ 2º A lei disporá sobre normas de construção dos logradouros e dos edifícios de uso público e de fabricação de veículos de transporte coletivo, a fim de garantir acesso adequado às pessoas portadoras de deficiência.
§ 3º O direito a proteção especial abrangerá os seguintes aspectos:
I. idade mínima de quatorze anos para admissão ao trabalho, observado o disposto no art. 7º, XXXIII;
II. garantia de direitos previdenciários e trabalhistas;
III. garantia de acesso do trabalhador adolescente e jovem à escola;
IV. garantia de pleno e formal conhecimento da atribuição de ato infracional, igualdade na relação processual e defesa técnica por profissional habilitado, segundo dispuser a legislação tutelar específica;
V. obediência aos princípios de brevidade, excepcionalidade e respeito à condição peculiar de pessoa em desenvolvimento, quando da aplicação de qualquer medida privativa da liberdade;
VI. estímulo do Poder Público, através de assistência jurídica, incentivos fiscais e subsídios, nos termos da lei, ao acolhimento, sob a forma de guarda, de criança ou adolescente órfão ou abandonado;
VII. programas de prevenção e atendimento especializado à criança, ao adolescente e ao jovem dependente de entorpecentes e drogas afins.
§ 4º A lei punirá severamente o abuso, a violência e a exploração sexual da criança e do adolescente.
§ 5º A adoção será assistida pelo Poder Público, na forma da lei, que estabelecerá casos e condições de sua efetivação por parte de estrangeiros.

§ 6º Os filhos, havidos ou não da relação do casamento, ou por adoção, terão os mesmos direitos e qualificações, proibidas quaisquer designações discriminatórias relativas à filiação.
§ 7º No atendimento dos direitos da criança e do adolescente levar-se-á em consideração o disposto no art. 204.
§ 8º A lei estabelecerá:
I. o estatuto da juventude, destinado a regular os direitos dos jovens;
II. o plano nacional de juventude, de duração decenal, visando à articulação das várias esferas do poder público para a execução de políticas públicas.

Art. 228. São penalmente inimputáveis os menores de dezoito anos, sujeitos às normas da legislação especial.

Art. 229. Os pais têm o dever de assistir, criar e educar os filhos menores, e os filhos maiores têm o dever de ajudar e amparar os pais na velhice, carência ou enfermidade.

Art. 230. A família, a sociedade e o Estado têm o dever de amparar as pessoas idosas, assegurando sua participação na comunidade, defendendo sua dignidade e bem-estar e garantindo-lhes o direito à vida.
§ 1º Os programas de amparo aos idosos serão executados preferencialmente em seus lares.
§ 2º Aos maiores de sessenta e cinco anos é garantida a gratuidade dos transportes coletivos urbanos.

CAPÍTULO VIII
Dos Índios

Art. 231. São reconhecidos aos índios sua organização social, costumes, línguas, crenças e tradições, e os direitos originários sobre as terras que tradicionalmente ocupam, competindo à União demarcá-las, proteger e fazer respeitar todos os seus bens.
§ 1º São terras tradicionalmente ocupadas pelos índios as por eles habitadas em caráter permanente, as utilizadas para suas atividades produtivas, as imprescindíveis à preservação dos recursos ambientais necessários a seu bem-estar e as necessárias a sua reprodução física e cultural, segundo seus usos, costumes e tradições.
§ 2º As terras tradicionalmente ocupadas pelos índios destinam-se a sua posse permanente, cabendo-lhes o usufruto exclusivo das riquezas do solo, dos rios e dos lagos nelas existentes.

§ 3º O aproveitamento dos recursos hídricos, incluídos os potenciais energéticos, a pesquisa e a lavra das riquezas minerais em terras indígenas só podem ser efetivados com autorização do Congresso Nacional, ouvidas as comunidades afetadas, ficando-lhes assegurada participação nos resultados da lavra, na forma da lei.

§ 4º As terras de que trata este artigo são inalienáveis e indisponíveis, e os direitos sobre elas, imprescritíveis.

§ 5º É vedada a remoção dos grupos indígenas de suas terras, salvo, «ad referendum» do Congresso Nacional, em caso de catástrofe ou epidemia que ponha em risco sua população, ou no interesse da soberania do País, após deliberação do Congresso Nacional, garantido, em qualquer hipótese, o retorno imediato logo que cesse o risco.

§ 6º São nulos e extintos, não produzindo efeitos jurídicos, os atos que tenham por objeto a ocupação, o domínio e a posse das terras a que se refere este artigo, ou a exploração das riquezas naturais do solo, dos rios e dos lagos nelas existentes, ressalvado relevante interesse público da União, segundo o que dispuser lei complementar, não gerando a nulidade e a extinção direito a indenização ou a ações contra a União, salvo, na forma da lei, quanto às benfeitorias derivadas da ocupação de boa fé.

§ 7º Não se aplica às terras indígenas o disposto no art. 174, § 3º e § 4º.

Art. 232. Os índios, suas comunidades e organizações são partes legítimas para ingressar em juízo em defesa de seus direitos e interesses, intervindo o Ministério Público em todos os atos do processo.

TÍTULO IX
Das Disposições Constitucionais Gerais

Art. 233. Revogado pela Emenda Constitucional nº 28, de 25/05/2000

Art. 234. É vedado à União, direta ou indiretamente, assumir, em decorrência da criação de Estado, encargos referentes a despesas com pessoal inativo e com encargos e amortizações da dívida interna ou externa da administração pública, inclusive da indireta.

Art. 235. Nos dez primeiros anos da criação de Estado, serão observadas as seguintes normas básicas:

I. a Assembleia Legislativa será composta de dezessete Deputados se a população do Estado for inferior a seiscentos mil habitantes, e de vinte e quatro, se igual ou superior a esse número, até um milhão e quinhentos mil;

II. o Governo terá no máximo dez Secretarias;

III. o Tribunal de Contas terá três membros, nomeados, pelo Governador eleito, dentre brasileiros de comprovada idoneidade e notório saber;

IV. o Tribunal de Justiça terá sete Desembargadores;

V. os primeiros Desembargadores serão nomeados pelo Governador eleito, escolhidos da seguinte forma:

a) cinco dentre os magistrados com mais de trinta e cinco anos de idade, em exercício na área do novo Estado ou do Estado originário;

b) dois dentre promotores, nas mesmas condições, e advogados de comprovada idoneidade e saber jurídico, com dez anos, no mínimo, de exercício profissional, obedecido o procedimento fixado na Constituição;

VI. no caso de Estado proveniente de Território Federal, os cinco primeiros Desembargadores poderão ser escolhidos dentre juízes de direito de qualquer parte do País;

VII. em cada Comarca, o primeiro Juiz de Direito, o primeiro Promotor de Justiça e o primeiro Defensor Público serão nomeados pelo Governador eleito após concurso público de provas e títulos;

VIII. até a promulgação da Constituição Estadual, responderão pela Procuradoria-Geral, pela Advocacia-Geral e pela Defensoria-Geral do Estado advogados de notório saber, com trinta e cinco anos de idade, no mínimo, nomeados pelo Governador eleito e demissíveis "ad nutum";

IX. se o novo Estado for resultado de transformação de Território Federal, a transferência de encargos financeiros da União para pagamento dos servidores optantes que pertenciam à Administração Federal ocorrerá da seguinte forma:

a) no sexto ano de instalação, o Estado assumirá vinte por cento dos encargos financeiros para fazer face ao pagamento dos servidores públicos, ficando ainda o restante sob a responsabilidade da União;

b) no sétimo ano, os encargos do Estado serão acrescidos de trinta por cento e, no oitavo, dos restantes cinquenta por cento;

X. as nomeações que se seguirem às primeiras, para os cargos mencionados neste artigo, serão disciplinadas na Constituição Estadual;

XI. as despesas orçamentárias com pessoal não poderão ultrapassar cinquenta por cento da receita do Estado.

Art. 236. Os serviços notariais e de registro são exercidos em caráter privado, por delegação do Poder Público.

§ 1º Lei regulará as atividades, disciplinará a responsabilidade civil e criminal dos notários, dos oficiais de registro e de seus prepostos, e definirá a fiscalização de seus atos pelo Poder Judiciário.

§ 2º Lei federal estabelecerá normas gerais para fixação de emolumentos relativos aos atos praticados pelos serviços notariais e de registro.

§ 3º O ingresso na atividade notarial e de registro depende de concurso público de provas e títulos, não se permitindo que qualquer serventia fique vaga, sem abertura de concurso de provimento ou de remoção, por mais de seis meses.

Art. 237. A fiscalização e o controle sobre o comércio exterior, essenciais à defesa dos interesses fazendários nacionais, serão exercidos pelo Ministério da Fazenda.

Art. 238. A lei ordenará a venda e revenda de combustíveis de petróleo, álcool carburante e outros combustíveis derivados de matérias-primas renováveis, respeitados os princípios desta Constituição.

Art. 239. A arrecadação decorrente das contribuições para o Programa de Integração Social, criado pela Lei Complementar nº 7, de 7 de setembro de 1970, e para o Programa de Formação do Patrimônio do Servidor Público, criado pela Lei Complementar nº 8, de 3 de dezembro de 1970, passa, a partir da promulgação desta Constituição, a financiar, nos termos que a lei dispuser, o programa do seguro-desemprego, outras ações da previdência social e o abono de que trata o § 3º deste artigo. **(Redação dada pela Emenda Constitucional nº 103, de 2019)**

§ 1º Dos recursos mencionados no caput, no mínimo 28% (vinte e oito por cento) serão destinados para o financiamento de programas de desenvolvimento econômico, por meio do Banco Nacional de Desenvolvimento Econômico e Social, com critérios de remuneração que preservem o seu valor. **(Redação dada pela Emenda Constitucional nº 103, de 2019)**

§ 2º Os patrimônios acumulados do Programa de Integração Social e do Programa de Formação do Patrimônio do Servidor Público são preservados, mantendo-se os critérios de saque nas situações previstas nas leis específicas, com exceção da retirada por motivo de casamento, ficando vedada a distribuição da arrecadação de que trata o «caput» deste artigo, para depósito nas contas individuais dos participantes.

§ 3º Aos empregados que percebam de empregadores que contribuem para o Programa de Integração Social ou para o Programa de Formação do Patrimônio do Servidor Público, até dois salários mínimos de remuneração mensal, é assegurado o pagamento de um salário mínimo anual, computado neste valor o rendimento das contas individuais, no caso daqueles que já participavam dos referidos programas, até a data da promulgação desta Constituição.

§ 4º O financiamento do seguro-desemprego receberá uma contribuição adicional da empresa cujo índice de rotatividade da força de trabalho superar o índice médio da rotatividade do setor, na forma estabelecida por lei.

§ 5º Os programas de desenvolvimento econômico financiados na forma do § 1º e seus resultados serão anualmente avaliados e divulgados em meio de comunicação social eletrônico e apresentados em reunião da comissão mista permanente de que trata o § 1º do art. 166º **(Incluído pela Emenda Constitucional nº 103, de 2019)**

Art. 240. Ficam ressalvadas do disposto no art. 195 as atuais contribuições compulsórias dos empregadores sobre a folha de salários, destinadas às entidades privadas de serviço social e de formação profissional vinculadas ao sistema sindical.

Art. 241. A União, os Estados, o Distrito Federal e os Municípios disciplinarão por meio de lei os consórcios públicos e os convênios de cooperação entre os entes federados, autorizando a gestão associada de serviços públicos, bem como a transferência total ou parcial de encargos, serviços, pessoal e bens essenciais à continuidade dos serviços transferidos.

Art. 242. O princípio do art. 206, IV, não se aplica às instituições educacionais oficiais criadas por lei estadual ou municipal e existentes na data da promulgação desta Constituição, que não sejam total ou preponderantemente mantidas com recursos públicos.

§ 1º O ensino da História do Brasil levará em conta as contribuições das diferentes culturas e etnias para a formação do povo brasileiro.

§ 2º O Colégio Pedro II, localizado na cidade do Rio de Janeiro, será mantido na órbita federal.

Art. 243. As propriedades rurais e urbanas de qualquer região do País onde forem localizadas culturas ilegais de plantas psicotrópicas ou a exploração de trabalho escravo na forma da lei serão expropriadas e destinadas à reforma agrária e a programas de habitação popular, sem qualquer indenização ao proprietário e sem prejuízo de outras sanções previstas em lei, observado, no que couber, o disposto no art. 5º.

Parágrafo único. Todo e qualquer bem de valor econômico apreendido em decorrência do tráfico ilícito de entorpecentes e drogas afins e da exploração de trabalho escravo será confiscado e reverterá a fundo especial com destinação específica, na forma da lei.

Art. 244. A lei disporá sobre a adaptação dos logradouros, dos edifícios de uso público e dos veículos de transporte coletivo atualmente existentes a fim de garantir acesso adequado às pessoas portadoras de deficiência, conforme o disposto no art. 227, § 2º.

Art. 245. A lei disporá sobre as hipóteses e condições em que o Poder Público dará assistência aos herdeiros e dependentes carentes de pessoas vitimadas por crime doloso, sem prejuízo da responsabilidade civil do autor do ilícito.

Art. 246. É vedada a adoção de medida provisória na regulamentação de artigo da Constituição cuja redação tenha sido alterada por meio de emenda promulgada entre 1º de janeiro de 1995 até a promulgação desta emenda, inclusive.

Art. 247. As leis previstas no inciso III do § 1º do art. 41 e no § 7º do art. 169 estabelecerão critérios e garantias especiais para a perda do cargo pelo servidor público estável que, em decorrência das atribuições de seu cargo efetivo, desenvolva atividades exclusivas de Estado.

Parágrafo único. Na hipótese de insuficiência de desempenho, a perda do cargo somente ocorrerá mediante processo administrativo em que lhe sejam assegurados o contraditório e a ampla defesa.

Art. 248. Os benefícios pagos, a qualquer título, pelo órgão responsável pelo regime geral de previdência social, ainda que à conta do Tesouro Nacional, e os não sujeitos ao limite máximo de valor fixado para os benefícios concedidos por esse regime observarão os limites fixados no art. 37, XI.

Art. 249. Com o objetivo de assegurar recursos para o pagamento de proventos de aposentadoria e pensões concedidas aos respectivos servidores e seus dependentes, em adição aos recursos dos respectivos tesouros, a União, os Estados, o Distrito Federal e os Municípios poderão constituir fundos integrados pelos recursos provenientes de contribuições e por bens, direitos e ativos de qualquer natureza, mediante lei que disporá sobre a natureza e administração desses fundos.

Art. 250. Com o objetivo de assegurar recursos para o pagamento dos benefícios concedidos pelo regime geral de previdência social, em adição aos recursos de sua arrecadação, a União poderá constituir fundo integrado por bens, direitos e ativos de qualquer natureza, mediante lei que disporá sobre a natureza e administração desse fundo.

Brasília, 5 de outubro de 1988.

Este texto não substitui o publicado no DOU de 5.10.1988

Ato das disposições constitucionais transitórias

Art. 1. O Presidente da República, o Presidente do Supremo Tribunal Federal e os membros do Congresso Nacional prestarão o compromisso de manter, defender e cumprir a Constituição, no ato e na data de sua promulgação.

Art. 2. No dia 7 de setembro de 1993 o eleitorado definirá, através de plebiscito, a forma (república ou monarquia constitucional) e o sistema de governo (parlamentarismo ou presidencialismo) que devem vigorar no País.

§ 1º Será assegurada gratuidade na livre divulgação dessas formas e sistemas, através dos meios de comunicação de massa cessionários de serviço público.

§ 2º O Tribunal Superior Eleitoral, promulgada a Constituição, expedirá as normas regulamentadoras deste artigo.

Art. 3. A revisão constitucional será realizada após cinco anos, contados da promulgação da Constituição, pelo voto da maioria absoluta dos membros do Congresso Nacional, em sessão unicameral.

Art. 4. O mandato do atual Presidente da República terminará em 15 de março de 1990.

§ 1º A primeira eleição para Presidente da República após a promulgação da Constituição será realizada no dia 15 de novembro de 1989, não se lhe aplicando o disposto no art. 16 da Constituição.

§ 2º É assegurada a irredutibilidade da atual representação dos Estados e do Distrito Federal na Câmara dos Deputados.

§ 3º Os mandatos dos Governadores e dos Vice-Governadores eleitos em 15 de novembro de 1986 terminarão em 15 de março de 1991.

§ 4º Os mandatos dos atuais Prefeitos, Vice-Prefeitos e Vereadores terminarão no dia 1º de janeiro de 1989, com a posse dos eleitos.

Art. 5. Não se aplicam às eleições previstas para 15 de novembro de 1988 o disposto no art. 16 e as regras do art. 77 da Constituição.

§ 1º Para as eleições de 15 de novembro de 1988 será exigido domicílio eleitoral na circunscrição pelo menos durante os quatro meses anteriores ao pleito, podendo os candidatos que preencham este requisito, atendidas as demais exigências da lei, ter seu registro efetivado pela Justiça Eleitoral após a promulgação da Constituição.

§ 2º Na ausência de norma legal específica, caberá ao Tribunal Superior Eleitoral editar as normas necessárias à realização das eleições de 1988, respeitada a legislação vigente.

§ 3º Os atuais parlamentares federais e estaduais eleitos Vice-Prefeitos, se convocados a exercer a função de Prefeito, não perderão o mandato parlamentar.

§ 4º O número de vereadores por município será fixado, para a representação a ser eleita em 1988, pelo respectivo Tribunal Regional Eleitoral, respeitados os limites estipulados no art. 29, IV, da Constituição.

§ 5º Para as eleições de 15 de novembro de 1988, ressalvados os que já exercem mandato eletivo, são inelegíveis para qualquer cargo, no território de jurisdição do titular, o cônjuge e os parentes por consanguinidade ou afinidade, até o segundo grau, ou por adoção, do Presidente da República, do Governador de Estado, do Governador do Distrito Federal e do Prefeito que tenham exercido mais da metade do mandato.

Art. 6. Nos seis meses posteriores à promulgação da Constituição, parlamentares federais, reunidos em número não inferior a trinta, poderão requerer ao Tribunal Superior Eleitoral o registro de novo partido político, juntando ao requerimento o manifesto, o estatuto e o programa devidamente assinados pelos requerentes.

§ 1º O registro provisório, que será concedido de plano pelo Tribunal Superior Eleitoral, nos termos deste artigo, defere ao novo partido todos os direitos, deveres e prerrogativas dos atuais, entre eles o de participar, sob legenda própria, das eleições que vierem a ser realizadas nos doze meses seguintes a sua formação.

§ 2º O novo partido perderá automaticamente seu registro provisório se, no prazo de vinte e quatro meses, contados de sua formação, não obtiver registro definitivo no Tribunal Superior Eleitoral, na forma que a lei dispuser.

Art. 7. O Brasil propugnará pela formação de um tribunal internacional dos direitos humanos.

Art. 8. É concedida anistia aos que, no período de 18 de setembro de 1946 até a data da promulgação da Constituição, foram atingidos, em decorrência de motivação exclusivamente política, por atos de exceção, institucionais ou complementares, aos que foram abrangidos pelo Decreto Legislativo nº 18, de 15 de dezembro de 1961, e aos atingidos pelo <u>Decreto-Lei nº 864, de 12 de setembro de 1969</u>, asseguradas as promoções, na inatividade, ao cargo, emprego, posto ou graduação a que teriam direito se estivessem em serviço ativo, obedecidos os prazos de permanência em atividade previstos nas leis e regulamentos vigentes, respeitadas as características e peculiaridades das carreiras dos servidores públicos civis e militares e observados os respectivos regimes jurídicos.

§ 1º O disposto neste artigo somente gerará efeitos financeiros a partir da promulgação da Constituição, vedada a remuneração de qualquer espécie em caráter retroativo.

§ 2º Ficam assegurados os benefícios estabelecidos neste artigo aos trabalhadores do setor privado, dirigentes e representantes sindicais que, por motivos exclusivamente políticos, tenham sido punidos, demitidos ou compelidos ao afastamento das atividades remuneradas que exerciam, bem como aos que foram impedidos de exercer atividades profissionais em virtude de pressões ostensivas ou expedientes oficiais sigilosos.

§ 3º Aos cidadãos que foram impedidos de exercer, na vida civil, atividade profissional específica, em decorrência das Portarias Reservadas do Ministério da Aeronáutica nº S-50-GM5, de 19 de junho de 1964, e nº S-285-GM5 será concedida reparação de natureza econômica, na forma que dispuser lei de iniciativa do Congresso Nacional e a entrar em vigor no prazo de doze meses a contar da promulgação da Constituição.

§ 4º Aos que, por força de atos institucionais, tenham exercido gratuitamente mandato eletivo de vereador serão computados, para efeito de aposentadoria no serviço público e previdência social, os respectivos períodos.

§ 5º A anistia concedida nos termos deste artigo aplica-se aos servidores públicos civis e aos empregados em todos os níveis de governo ou em suas fundações, empresas públicas ou empresas mistas sob controle estatal, exceto nos Ministérios militares, que tenham sido punidos ou demitidos por atividades profissionais interrompidas em virtude de decisão de seus trabalhadores, bem como em decorrência do Decreto-Lei nº 1.632, de 4 de agosto de 1978, ou por motivos exclusivamente políticos, assegurada a readmissão dos que foram atingidos a partir de 1979, observado o disposto no § 1º.

Art. 9. Os que, por motivos exclusivamente políticos, foram cassados ou tiveram seus direitos políticos suspensos no período de 15 de julho a 31 de dezembro de 1969, por ato do então Presidente da República, poderão requerer ao Supremo Tribunal Federal o reconhecimento dos direitos e vantagens interrompidos pelos atos punitivos, desde que comprovem terem sido estes eivados de vício grave.

Parágrafo único. O Supremo Tribunal Federal proferirá a decisão no prazo de cento e vinte dias, a contar do pedido do interessado.

Art. 10. Até que seja promulgada a lei complementar a que se refere o art. 7º, I, da Constituição:

I. fica limitada a proteção nele referida ao aumento, para quatro vezes, da porcentagem prevista no art. 6º, "caput" e § 1º, da Lei nº 5.107, de 13 de setembro de 1966;

II. fica vedada a dispensa arbitrária ou sem justa causa:

a) do empregado eleito para cargo de direção de comissões internas de prevenção de acidentes, desde o registro de sua candidatura até um ano após o final de seu mandato;

b) da empregada gestante, desde a confirmação da gravidez até cinco meses após o parto.

§ 1º Até que a lei venha a disciplinar o disposto no art. 7º, XIX, da Constituição, o prazo da licença-paternidade a que se refere o inciso é de cinco dias.

§ 2º Até ulterior disposição legal, a cobrança das contribuições para o custeio das atividades dos sindicatos rurais será feita juntamente com a do imposto territorial rural, pelo mesmo órgão arrecadador.

§ 3º Na primeira comprovação do cumprimento das obrigações trabalhistas pelo empregador rural, na forma do art. 233, após a promulgação da Constituição, será certificada perante a Justiça do Trabalho a regularidade do contrato e das atualizações das obrigações trabalhistas de todo o período.

Art. 11. Cada Assembleia Legislativa, com poderes constituintes, elaborará a Constituição do Estado, no prazo de um ano, contado da promulgação da Constituição Federal, obedecidos os princípios desta.

Parágrafo único. Promulgada a Constituição do Estado, caberá à Câmara Municipal, no prazo de seis meses, votar a Lei Orgânica respectiva, em dois turnos de discussão e votação, respeitado o disposto na Constituição Federal e na Constituição Estadual.

Art. 12. Será criada, dentro de noventa dias da promulgação da Constituição, Comissão de Estudos Territoriais, com dez membros indicados pelo Congresso Nacional e cinco pelo Poder Executivo, com a finalidade de apresentar estudos sobre o território nacional e anteprojetos relativos a novas unidades territoriais, notadamente na Amazônia Legal e em áreas pendentes de solução.

§ 1º No prazo de um ano, a Comissão submeterá ao Congresso Nacional os resultados de seus estudos para, nos termos da Constituição, serem apreciados nos doze meses subsequentes, extinguindo-se logo após.

§ 2º Os Estados e os Municípios deverão, no prazo de três anos, a contar da promulgação da Constituição, promover, mediante acordo ou arbitramento, a demarcação de suas linhas divisórias atualmente litigiosas, podendo para isso fazer alterações e compensações de área que atendam aos acidentes naturais, critérios históricos, conveniências administrativas e comodidade das populações limítrofes.

§ 3º Havendo solicitação dos Estados e Municípios interessados, a União poderá encarregar-se dos trabalhos demarcatórios.

§ 4º Se, decorrido o prazo de três anos, a contar da promulgação da Constituição, os trabalhos demarcatórios não tiverem sido concluídos, caberá à União determinar os limites das áreas litigiosas.

§ 5º Ficam reconhecidos e homologados os atuais limites do Estado do Acre com os Estados do Amazonas e de Rondônia, conforme levantamentos cartográficos e geodésicos realizados pela Comissão Tripartite integrada por representantes dos Estados e dos serviços técnico-especializados do Instituto Brasileiro de Geografia e Estatística.

Art. 13. É criado o Estado do Tocantins, pelo desmembramento da área descrita neste artigo, dando-se sua instalação no quadragésimo sexto dia após a eleição prevista no § 3º, mas não antes de 1º de janeiro de 1989.

§ 1º O Estado do Tocantins integra a Região Norte e limita-se com o Estado de Goiás pelas divisas norte dos Municípios de São Miguel do Araguaia, Porangatu, Formoso, Minaçu, Cavalcante, Monte Alegre de Goiás e Campos Belos, conservando a leste, norte e oeste as divisas atuais de Goiás com os Estados da Bahia, Piauí, Maranhão, Pará e Mato Grosso.

§ 2º O Poder Executivo designará uma das cidades do Estado para sua Capital provisória até a aprovação da sede definitiva do governo pela Assembleia Constituinte.

§ 3º O Governador, o Vice-Governador, os Senadores, os Deputados Federais e os Deputados Estaduais serão eleitos, em um único turno, até setenta e cinco dias após a promulgação da Constituição, mas não antes de 15 de novembro de 1988, a critério do Tribunal Superior Eleitoral, obedecidas, entre outras, as seguintes normas:

I. o prazo de filiação partidária dos candidatos será encerrado setenta e cinco dias antes da data das eleições;

II. as datas das convenções regionais partidárias destinadas a deliberar sobre coligações e escolha de candidatos, de apresentação de requerimento de registro dos candidatos escolhidos e dos demais procedimentos legais serão fixadas, em calendário especial, pela Justiça Eleitoral;

III. são inelegíveis os ocupantes de cargos estaduais ou municipais que não se tenham deles afastado, em caráter definitivo, setenta e cinco dias antes da data das eleições previstas neste parágrafo;

IV. ficam mantidos os atuais diretórios regionais dos partidos políticos do Estado de Goiás, cabendo às comissões executivas nacionais designar comissões provisórias no Estado do Tocantins, nos termos e para os fins previstos na lei.

§ 4º Os mandatos do Governador, do Vice-Governador, dos Deputados Federais e Estaduais eleitos na forma do parágrafo anterior extinguir-se-ão concomitantemente aos das demais unidades da Federação; o mandato do Senador eleito menos votado extinguir-se-á nessa mesma oportunidade, e os dos outros dois, juntamente com os dos Senadores eleitos em 1986 nos demais Estados.

§ 5º A Assembleia Estadual Constituinte será instalada no quadragésimo sexto dia da eleição de seus integrantes, mas não antes de 1º de janeiro de 1989, sob a presidência do Presidente do Tribunal Regional Eleitoral do Estado de Goiás, e dará posse, na mesma data, ao Governador e ao Vice-Governador eleitos.

§ 6º Aplicam-se à criação e instalação do Estado do Tocantins, no que couber, as normas legais disciplinadoras da divisão do Estado de Mato Grosso, observado o disposto no art. 234 da Constituição.

§ 7º Fica o Estado de Goiás liberado dos débitos e encargos decorrentes de empreendimentos no território do novo Estado, e autorizada a União, a seu critério, a assumir os referidos débitos.

Art. 14. Os Territórios Federais de Roraima e do Amapá são transformados em Estados Federados, mantidos seus atuais limites geográficos.

§ 1º A instalação dos Estados dar-se-á com a posse dos governadores eleitos em 1990.

§ 2º Aplicam-se à transformação e instalação dos Estados de Roraima e Amapá as normas e critérios seguidos na criação do Estado de Rondônia, respeitado o disposto na Constituição e neste Ato.

§ 3º O Presidente da República, até quarenta e cinco dias após a promulgação da Constituição, encaminhará à apreciação do Senado Federal os nomes dos governadores dos Estados de Roraima e do Amapá que exercerão o Poder Executivo até a instalação dos novos Estados com a posse dos governadores eleitos.

§ 4º Enquanto não concretizada a transformação em Estados, nos termos deste artigo, os Territórios Federais de Roraima e do Amapá serão beneficiados pela transferência de recursos prevista nos arts. 159, I, «a», da Constituição, e 34, § 2º, II, deste Ato.

Art. 15. Fica extinto o Território Federal de Fernando de Noronha, sendo sua área reincorporada ao Estado de Pernambuco.

Art. 16. Até que se efetive o disposto no art. 32, § 2º, da Constituição, caberá ao Presidente da República, com a aprovação do Senado Federal, indicar o Governador e o Vice-Governador do Distrito Federal.

§ 1º A competência da Câmara Legislativa do Distrito Federal, até que se instale, será exercida pelo Senado Federal.

§ 2º A fiscalização contábil, financeira, orçamentária, operacional e patrimonial do Distrito Federal, enquanto não for instalada a Câmara Legislativa, será exercida pelo Senado Federal, mediante controle externo, com o auxílio do Tribunal de Contas do Distrito Federal, observado o disposto no art. 72 da Constituição.

§ 3º Incluem-se entre os bens do Distrito Federal aqueles que lhe vierem a ser atribuídos pela União na forma da lei.

Art. 17. Os vencimentos, a remuneração, as vantagens e os adicionais, bem como os proventos de aposentadoria que estejam sendo percebidos em desacordo com a Constituição serão imediatamente reduzidos aos limites dela decorrentes, não se admitindo, neste caso, invocação de direito adquirido ou percepção de excesso a qualquer título.

§ 1º É assegurado o exercício cumulativo de dois cargos ou empregos privativos de médico que estejam sendo exercidos por médico militar na administração pública direta ou indireta.

§ 2º É assegurado o exercício cumulativo de dois cargos ou empregos privativos de profissionais de saúde que estejam sendo exercidos na administração pública direta ou indireta.

Art. 18. Ficam extintos os efeitos jurídicos de qualquer ato legislativo ou administrativo, lavrado a partir da instalação da Assembleia Nacional Constituinte, que tenha por objeto a concessão de estabilidade a servidor admitido sem concurso público, da administração direta ou indireta, inclusive das fundações instituídas e mantidas pelo Poder Público.

Art. 19. Os servidores públicos civis da União, dos Estados, do Distrito Federal e dos Municípios, da administração direta, autárquica e das fundações públicas, em exercício na data da promulgação da Constituição, há pelo menos cinco anos continuados, e que não tenham sido admitidos na forma regulada no art. 37, da Constituição, são considerados estáveis no serviço público.

§ 1º O tempo de serviço dos servidores referidos neste artigo será contado como título quando se submeterem a concurso para fins de efetivação, na forma da lei.

§ 2º O disposto neste artigo não se aplica aos ocupantes de cargos, funções e empregos de confiança ou em comissão, nem aos que a lei declare de livre exoneração, cujo tempo de serviço não será computado para os fins do «caput» deste artigo, exceto se se tratar de servidor.

§ 3º O disposto neste artigo não se aplica aos professores de nível superior, nos termos da lei.

Art. 20. Dentro de cento e oitenta dias, proceder-se-á à revisão dos direitos dos servidores públicos inativos e pensionistas e à atualização dos proventos e pensões a eles devidos, a fim de ajustá-los ao disposto na Constituição.

Art. 21. Os juízes togados de investidura limitada no tempo, admitidos mediante concurso público de provas e títulos e que estejam em exercício na data da promulgação da Constituição, adquirem estabilidade, observado o estágio probatório, e passam a compor quadro em extinção, mantidas as competências, prerrogativas e restrições da legislação a que se achavam submetidos, salvo as inerentes à transitoriedade da investidura.

Parágrafo único. A aposentadoria dos juízes de que trata este artigo regular-se-á pelas normas fixadas para os demais juízes estaduais.

Art. 22. É assegurado aos defensores públicos investidos na função até a data de instalação da Assembleia Nacional Constituinte o direito de opção pela carreira, com a observância das garantias e vedações previstas no art. 134, parágrafo único, da Constituição.

Art. 23. Até que se edite a regulamentação do art. 21, XVI, da Constituição, os atuais ocupantes do cargo de censor federal continuarão exercendo funções com este compatíveis, no Departamento de Polícia Federal, observadas as disposições constitucionais.

Parágrafo único. A lei referida disporá sobre o aproveitamento dos Censores Federais, nos termos deste artigo.

Art. 24. A União, os Estados, o Distrito Federal e os Municípios editarão leis que estabeleçam critérios para a compatibilização de seus quadros de pessoal ao disposto no art. 39 da Constituição e à reforma administrativa dela decorrente, no prazo de dezoito meses, contados da sua promulgação.

Art. 25. Ficam revogados, a partir de cento e oitenta dias da promulgação da Constituição, sujeito este prazo a prorrogação por lei, todos os dispositivos legais que atribuam ou deleguem a

órgão do Poder Executivo competência assinalada pela Constituição ao Congresso Nacional, especialmente no que tange a:
I. ação normativa;
II. alocação ou transferência de recursos de qualquer espécie.

§ 1º Os decretos-lei em tramitação no Congresso Nacional e por este não apreciados até a promulgação da Constituição terão seus efeitos regulados da seguinte forma:
I. se editados até 2 de setembro de 1988, serão apreciados pelo Congresso Nacional no prazo de até cento e oitenta dias a contar da promulgação da Constituição, não computado o recesso parlamentar;
II. decorrido o prazo definido no inciso anterior, e não havendo apreciação, os decretos-lei ali mencionados serão considerados rejeitados;
III. nas hipóteses definidas nos incisos I e II, terão plena validade os atos praticados na vigência dos respectivos decretos-lei, podendo o Congresso Nacional, se necessário, legislar sobre os efeitos deles remanescentes.

§ 2º Os decretos-lei editados entre 3 de setembro de 1988 e a promulgação da Constituição serão convertidos, nesta data, em medidas provisórias, aplicando-se-lhes as regras estabelecidas no art. 62, parágrafo único.

Art. 26. No prazo de um ano a contar da promulgação da Constituição, o Congresso Nacional promoverá, através de Comissão mista, exame analítico e pericial dos atos e fatos geradores do endividamento externo brasileiro.

§ 1º A Comissão terá a força legal de Comissão parlamentar de inquérito para os fins de requisição e convocação, e atuará com o auxílio do Tribunal de Contas da União.

§ 2º Apurada irregularidade, o Congresso Nacional proporá ao Poder Executivo a declaração de nulidade do ato e encaminhará o processo ao Ministério Público Federal, que formalizará, no prazo de sessenta dias, a ação cabível.

Art. 27. O Superior Tribunal de Justiça será instalado sob a Presidência do Supremo Tribunal Federal.

§ 1º Até que se instale o Superior Tribunal de Justiça, o Supremo Tribunal Federal exercerá as atribuições e competências definidas na ordem constitucional precedente.

§ 2º A composição inicial do Superior Tribunal de Justiça far-se-á:

I. pelo aproveitamento dos Ministros do Tribunal Federal de Recursos;
II. pela nomeação dos Ministros que sejam necessários para completar o número estabelecido na Constituição.

§ 3º Para os efeitos do disposto na Constituição, os atuais Ministros do Tribunal Federal de Recursos serão considerados pertencentes à classe de que provieram, quando de sua nomeação.

§ 4º Instalado o Tribunal, os Ministros aposentados do Tribunal Federal de Recursos tornar-se-ão, automaticamente, Ministros aposentados do Superior Tribunal de Justiça.

§ 5º Os Ministros a que se refere o § 2º, II, serão indicados em lista tríplice pelo Tribunal Federal de Recursos, observado o disposto no art. 104, parágrafo único, da Constituição.

§ 6º Ficam criados cinco Tribunais Regionais Federais, a serem instalados no prazo de seis meses a contar da promulgação da Constituição, com a jurisdição e sede que lhes fixar o Tribunal Federal de Recursos, tendo em conta o número de processos e sua localização geográfica.

§ 7º Até que se instalem os Tribunais Regionais Federais, o Tribunal Federal de Recursos exercerá a competência a eles atribuída em todo o território nacional, cabendo-lhe promover sua instalação e indicar os candidatos a todos os cargos da composição inicial, mediante lista tríplice, podendo desta constar juízes federais de qualquer região, observado o disposto no § 9º.

§ 8º É vedado, a partir da promulgação da Constituição, o provimento de vagas de Ministros do Tribunal Federal de Recursos.

§ 9º Quando não houver juiz federal que conte o tempo mínimo previsto no art. 107, II, da Constituição, a promoção poderá contemplar juiz com menos de cinco anos no exercício do cargo.

§ 10º Compete à Justiça Federal julgar as ações nela propostas até a data da promulgação da Constituição, e aos Tribunais Regionais Federais bem como ao Superior Tribunal de Justiça julgar as ações rescisórias das decisões até então proferidas pela Justiça Federal, inclusive daquelas cuja matéria tenha passado à competência de outro ramo do Judiciário.

§ 11º São criados, ainda, os seguintes Tribunais Regionais Federais: o da 6ª Região, com sede em Curitiba, Estado do Paraná, e jurisdição nos Estados do Paraná, Santa Catarina e Mato Grosso do Sul; o da 7ª Região, com sede em Belo Horizonte, Estado de Minas Gerais, e jurisdição no Estado de Minas Gerais; o da 8ª Região, com sede em Salvador, Estado da Bahia, e jurisdição nos Estados da Bahia e Sergipe; e o da 9ª Região, com sede em Manaus, Estado do Amazonas, e jurisdição nos Estados do Amazonas, Acre, Rondônia e Roraima.

Art. 28. Os juízes federais de que trata o art. 123, § 2º, da Constituição de 1967, com a redação dada pela Emenda Constitucional nº 7, de 1977, ficam investidos na titularidade de varas na SEÇÃO Judiciária para a qual tenham sido nomeados ou designados; na inexistência de vagas, proceder-se-á ao desdobramento das varas existentes.

Parágrafo único. Para efeito de promoção por antiguidade, o tempo de serviço desses juízes será computado a partir do dia de sua posse.

Art. 29. Enquanto não aprovadas as leis complementares relativas ao Ministério Público e à Advocacia-Geral da União, o Ministério Público Federal, a Procuradoria-Geral da Fazenda Nacional, as Consultorias Jurídicas dos Ministérios, as Procuradorias e Departamentos Jurídicos de autarquias federais com representação própria e os membros das Procuradorias das Universidades fundacionais públicas continuarão a exercer suas atividades na área das respectivas atribuições.

§ 1º O Presidente da República, no prazo de cento e vinte dias, encaminhará ao Congresso Nacional projeto de lei complementar dispondo sobre a organização e o funcionamento da Advocacia-Geral da União.

§ 2º Aos atuais Procuradores da República, nos termos da lei complementar, será facultada a opção, de forma irretratável, entre as carreiras do Ministério Público Federal e da Advocacia-Geral da União.

§ 3º Poderá optar pelo regime anterior, no que respeita às garantias e vantagens, o membro do Ministério Público admitido antes da promulgação da Constituição, observando-se, quanto às vedações, a situação jurídica na data desta.

§ 4º Os atuais integrantes do quadro suplementar dos Ministérios Públicos do Trabalho e Militar que tenham adquirido estabilidade nessas funções passam a integrar o quadro da respectiva carreira.

§ 5º Cabe à atual Procuradoria-Geral da Fazenda Nacional, diretamente ou por delegação, que pode ser ao Ministério Público Estadual, representar judicialmente a União nas causas de natureza fiscal, na área da respectiva competência, até a promulgação das leis complementares previstas neste artigo.

Art. 30. A legislação que criar a justiça de paz manterá os atuais juízes de paz até a posse dos novos titulares, assegurando-lhes os direitos e atribuições conferidos a estes, e designará o dia para a eleição prevista no art. 98, II, da Constituição.

Art. 31. Serão estatizadas as serventias do foro judicial, assim definidas em lei, respeitados os direitos dos atuais titulares.

Art. 32. O disposto no art. 236 não se aplica aos serviços notariais e de registro que já tenham sido oficializados pelo Poder Público, respeitando-se o direito de seus servidores.

Art. 33. Ressalvados os créditos de natureza alimentar, o valor dos precatórios judiciais pendentes de pagamento na data da promulgação da Constituição, incluído o remanescente de juros e correção monetária, poderá ser pago em moeda corrente, com atualização, em prestações anuais, iguais e sucessivas, no prazo máximo de oito anos, a partir de 1º de julho de 1989, por decisão editada pelo Poder Executivo até cento e oitenta dias da promulgação da Constituição.

Parágrafo único. Poderão as entidades devedoras, para o cumprimento do disposto neste artigo, emitir, em cada ano, no exato montante do dispêndio, títulos de dívida pública não computáveis para efeito do limite global de endividamento.

Art. 34. O sistema tributário nacional entrará em vigor a partir do primeiro dia do quinto mês seguinte ao da promulgação da Constituição, mantido, até então, o da Constituição de 1967, com a redação dada pela Emenda nº 1, de 1969, e pelas posteriores.

§ 1º Entrarão em vigor com a promulgação da Constituição os arts. 148, 149, 150, 154, I, 156, III, e 159, I, «c», revogadas as disposições em contrário da Constituição de 1967 e das Emendas que a modificaram, especialmente de seu art. 25, III.

§ 2º O Fundo de Participação dos Estados e do Distrito Federal e o Fundo de Participação dos Municípios obedecerão às seguintes determinações:

I. a partir da promulgação da Constituição, os percentuais serão, respectivamente, de dezoito por cento e de vinte por cento, calculados sobre o produto da arrecadação dos impostos referidos no art. 153, III e IV, mantidos os atuais critérios de rateio até a entrada em vigor da lei complementar a que se refere o art. 161, II;

II. o percentual relativo ao Fundo de Participação dos Estados e do Distrito Federal será acrescido de um ponto percentual no exercício financeiro de 1989 e, a partir de 1990, inclusive, à razão de meio ponto por exercício, até 1992, inclusive, atingindo em 1993 o percentual estabelecido no art. 159, I, "a";
III. o percentual relativo ao Fundo de Participação dos Municípios, a partir de 1989, inclusive, será elevado à razão de meio ponto percentual por exercício financeiro, até atingir o estabelecido no art. 159, I, "b".
§ 3º Promulgada a Constituição, a União, os Estados, o Distrito Federal e os Municípios poderão editar as leis necessárias à aplicação do sistema tributário nacional nela previsto.
§ 4º As leis editadas nos termos do parágrafo anterior produzirão efeitos a partir da entrada em vigor do sistema tributário nacional previsto na Constituição.
§ 5º Vigente o novo sistema tributário nacional, fica assegurada a aplicação da legislação anterior, no que não seja incompatível com ele e com a legislação referida nos §3º e § 4º.
§ 6º Até 31 de dezembro de 1989, o disposto no art. 150, III, «b», não se aplica aos impostos de que tratam os arts. 155, I, «a» e «b», e 156, II e III, que podem ser cobrados trinta dias após a publicação da lei que os tenha instituído ou aumentado.
§ 7º Até que sejam fixadas em lei complementar, as alíquotas máximas do imposto municipal sobre vendas a varejo de combustíveis líquidos e gasosos não excederão a três por cento.
§ 8º Se, no prazo de sessenta dias contados da promulgação da Constituição, não for editada a lei complementar necessária à instituição do imposto de que trata o art. 155, I, «b», os Estados e o Distrito Federal, mediante convênio celebrado nos termos da Lei Complementar nº 24, de 7 de janeiro de 1975, fixarão normas para regular provisoriamente a matéria.
§ 9º Até que lei complementar disponha sobre a matéria, as empresas distribuidoras de energia elétrica, na condição de contribuintes ou de substitutos tributários, serão as responsáveis, por ocasião da saída do produto de seus estabelecimentos, ainda que destinado a outra unidade da Federação, pelo pagamento do imposto sobre operações relativas à circulação de mercadorias incidente sobre energia elétrica, desde a produção ou importação até a última operação, calculado o imposto sobre o preço então praticado na operação final e assegurado seu recolhimento ao Estado ou ao Distrito Federal, conforme o local onde deva ocorrer essa operação.
§ 10º Enquanto não entrar em vigor a lei prevista no art. 159, I, «c», cuja promulgação se fará até 31 de dezembro de 1989, é assegurada a aplicação dos recursos previstos naquele dispositivo da seguinte maneira:
I. seis décimos por cento na Região Norte, através do Banco da Amazônia S.A.;
II. um inteiro e oito décimos por cento na Região Nordeste, através do Banco do Nordeste do Brasil S.A.;
III. seis décimos por cento na Região Centro-Oeste, através do Banco do Brasil S.A.
§ 11º Fica criado, nos termos da lei, o Banco de Desenvolvimento do Centro-Oeste, para dar cumprimento, na referida região, ao que determinam os arts. 159, I, «c», e 192, § 2º, da Constituição.
§ 12º A urgência prevista no art. 148, II, não prejudica a cobrança do empréstimo compulsório instituído, em benefício das Centrais Elétricas Brasileiras S.A. (Eletrobrás), pela Lei nº 4.156, de 28 de novembro de 1962, com as alterações posteriores.
Art. 35. O disposto no art. 165, § 7º, será cumprido de forma progressiva, no prazo de até dez anos, distribuindo-se os recursos entre as regiões macroeconômicas em razão proporcional à população, a partir da situação verificada no biênio 1986-87.
§ 1º Para aplicação dos critérios de que trata este artigo, excluem-se das despesas totais as relativas:
I. aos projetos considerados prioritários no plano plurianual;
II. à segurança e defesa nacional;
III. à manutenção dos órgãos federais no Distrito Federal;
IV. ao Congresso Nacional, ao Tribunal de Contas da União e ao Poder Judiciário;
V. ao serviço da dívida da administração direta e indireta da União, inclusive fundações instituídas e mantidas pelo Poder Público federal.
§ 2º Até a entrada em vigor da lei complementar a que se refere o art. 165, § 9º, I e II, serão obedecidas as seguintes normas:
I. o projeto do plano plurianual, para vigência até o final do primeiro exercício financeiro do mandato presidencial subsequente, será encaminhado até quatro meses antes do encerramento do primeiro exercício financeiro e devolvido para sanção até o encerramento da sessão legislativa;

II. o projeto de lei de diretrizes orçamentárias será encaminhado até oito meses e meio antes do encerramento do exercício financeiro e devolvido para sanção até o encerramento do primeiro período da sessão legislativa;

III. o projeto de lei orçamentária da União será encaminhado até quatro meses antes do encerramento do exercício financeiro e devolvido para sanção até o encerramento da sessão legislativa.

Art. 36. Os fundos existentes na data da promulgação da Constituição, excetuados os resultantes de isenções fiscais que passem a integrar patrimônio privado e os que interessem à defesa nacional, extinguir-se-ão, se não forem ratificados pelo Congresso Nacional no prazo de dois anos.

Art. 37. A adaptação ao que estabelece o art. 167, III, deverá processar-se no prazo de cinco anos, reduzindo-se o excesso à base de, pelo menos, um quinto por ano.

Art. 38. Até a promulgação da lei complementar referida no art. 169, a União, os Estados, o Distrito Federal e os Municípios não poderão despender com pessoal mais do que sessenta e cinco por cento do valor das respectivas receitas correntes.

Parágrafo único. A União, os Estados, o Distrito Federal e os Municípios, quando a respectiva despesa de pessoal exceder o limite previsto neste artigo, deverão retornar àquele limite, reduzindo o percentual excedente à razão de um quinto por ano.

Art. 39. Para efeito do cumprimento das disposições constitucionais que impliquem variações de despesas e receitas da União, após a promulgação da Constituição, o Poder Executivo deverá elaborar e o Poder Legislativo apreciar projeto de revisão da lei orçamentária referente ao exercício financeiro de 1989.

Parágrafo único. O Congresso Nacional deverá votar no prazo de doze meses a lei complementar prevista no art. 161, II.

Art. 40. É mantida a Zona Franca de Manaus, com suas características de área livre de comércio, de exportação e importação, e de incentivos fiscais, pelo prazo de vinte e cinco anos, a partir da promulgação da Constituição.

Parágrafo único. Somente por lei federal podem ser modificados os critérios que disciplinaram ou venham a disciplinar a aprovação dos projetos na Zona Franca de Manaus.

Art. 41. Os Poderes Executivos da União, dos Estados, do Distrito Federal e dos Municípios reavaliarão todos os incentivos fiscais de natureza setorial ora em vigor, propondo aos Poderes Legislativos respectivos as medidas cabíveis.

§ 1º Considerar-se-ão revogados após dois anos, a partir da data da promulgação da Constituição, os incentivos que não forem confirmados por lei.

§ 2º A revogação não prejudicará os direitos que já tiverem sido adquiridos, àquela data, em relação a incentivos concedidos sob condição e com prazo certo.

§ 3º Os incentivos concedidos por convênio entre Estados, celebrados nos termos do art. 23, § 6º, da Constituição de 1967, com a redação da Emenda Constitucional nº 1, de 17 de outubro de 1969, também deverão ser reavaliados e reconfirmados nos prazos deste artigo.

Art. 42. Durante 40 (quarenta) anos, a União aplicará dos recursos destinados à irrigação:

I. 20% (vinte por cento) na Região Centro-Oeste;

II. 50% (cinquenta por cento) na Região Nordeste, preferencialmente no Semiárido.

Parágrafo único. Dos percentuais previstos nos incisos I e II do caput, no mínimo 50% (cinquenta por cento) serão destinados a projetos de irrigação que beneficiem agricultores familiares que atendam aos requisitos previstos em legislação específica.

Art. 43. Na data da promulgação da lei que disciplinar a pesquisa e a lavra de recursos e jazidas minerais, ou no prazo de um ano, a contar da promulgação da Constituição, tornar-se-ão sem efeito as autorizações, concessões e demais títulos atributivos de direitos minerários, caso os trabalhos de pesquisa ou de lavra não hajam sido comprovadamente iniciados nos prazos legais ou estejam inativos.

Art. 44. As atuais empresas brasileiras titulares de autorização de pesquisa, concessão de lavra de recursos minerais e de aproveitamento dos potenciais de energia hidráulica em vigor terão quatro anos, a partir da promulgação da Constituição, para cumprir os requisitos do art. 176, § 1º.

§ 1º Ressalvadas as disposições de interesse nacional previstas no texto constitucional, as empresas brasileiras ficarão dispensadas do cumprimento do disposto no art. 176, § 1º, desde que, no prazo de até quatro anos da data da promulgação da Constituição, tenham o produto de sua lavra e beneficiamento destinado a industrialização no território nacional, em seus próprios estabelecimentos ou em empresa industrial controladora ou controlada.

§ 2º Ficarão também dispensadas do cumprimento do disposto no art. 176, § 1º, as empresas brasileiras titulares de concessão de energia hidráulica para uso em seu processo de industrialização.

§ 3º As empresas brasileiras referidas no § 1º somente poderão ter autorizações de pesquisa e concessões de lavra ou potenciais de energia hidráulica, desde que a energia e o produto da lavra sejam utilizados nos respectivos processos industriais.

Art. 45. Ficam excluídas do monopólio estabelecido pelo art. 177, II, da Constituição as refinarias em funcionamento no País amparadas pelo art. 43 e nas condições do art. 45 da Lei nº 2.004, de 3 de outubro de 1953.

Parágrafo único. Ficam ressalvados da vedação do art. 177, § 1º, os contratos de risco feitos com a Petróleo Brasileiro S.A. (Petrobrás), para pesquisa de petróleo, que estejam em vigor na data da promulgação da Constituição.

Art. 46. São sujeitos à correção monetária desde o vencimento, até seu efetivo pagamento, sem interrupção ou suspensão, os créditos junto a entidades submetidas aos regimes de intervenção ou liquidação extrajudicial, mesmo quando esses regimes sejam convertidos em falência.

Parágrafo único. O disposto neste artigo aplica-se também:
I. às operações realizadas posteriormente à decretação dos regimes referidos no "caput" deste artigo;
II. às operações de empréstimo, financiamento, refinanciamento, assistência financeira de liquidez, cessão ou sub-rogação de créditos ou cédulas hipotecárias, efetivação de garantia de depósitos do público ou de compra de obrigações passivas, inclusive as realizadas com recursos de fundos que tenham essas destinações;
III. aos créditos anteriores à promulgação da Constituição;
IV. aos créditos das entidades da administração pública anteriores à promulgação da Constituição, não liquidados até 1 de janeiro de 1988.

Art. 47. Na liquidação dos débitos, inclusive suas renegociações e composições posteriores, ainda que ajuizados, decorrentes de quaisquer empréstimos concedidos por bancos e por instituições financeiras, não existirá correção monetária desde que o empréstimo tenha sido concedido:

I. aos micro e pequenos empresários ou seus estabelecimentos no período de 28 de fevereiro de 1986 a 28 de fevereiro de 1987;
II. ao mini, pequenos e médios produtores rurais no período de 28 de fevereiro de 1986 a 31 de dezembro de 1987, desde que relativos a crédito rural.

§ 1º Consideram-se, para efeito deste artigo, microempresas as pessoas jurídicas e as firmas individuais com receitas anuais de até dez mil Obrigações do Tesouro Nacional, e pequenas empresas as pessoas jurídicas e as firmas individuais com receita anual de até vinte e cinco mil Obrigações do Tesouro Nacional.

§ 2º A classificação de mini, pequeno e médio produtor rural será feita obedecendo-se às normas de crédito rural vigentes à época do contrato.

§ 3º A isenção da correção monetária a que se refere este artigo só será concedida nos seguintes casos:
I. se a liquidação do débito inicial, acrescido de juros legais e taxas judiciais, vier a ser efetivada no prazo de noventa dias, a contar da data da promulgação da Constituição;
II. se a aplicação dos recursos não contrariar a finalidade do financiamento, cabendo o ônus da prova à instituição credora;
III. se não for demonstrado pela instituição credora que o mutuário dispõe de meios para o pagamento de seu débito, excluído desta demonstração seu estabelecimento, a casa de moradia e os instrumentos de trabalho e produção;
IV. se o financiamento inicial não ultrapassar o limite de cinco mil Obrigações do Tesouro Nacional;
V. se o beneficiário não for proprietário de mais de cinco módulos rurais.

§ 4º Os benefícios de que trata este artigo não se estendem aos débitos já quitados e aos devedores que sejam constituintes.

§ 5º No caso de operações com prazos de vencimento posteriores à data- limite de liquidação da dívida, havendo interesse do mutuário, os bancos e as instituições financeiras promoverão, por instrumento próprio, alteração nas condições contratuais originais de forma a ajustá-las ao presente benefício.

§ 6º A concessão do presente benefício por bancos comerciais privados em nenhuma hipótese acarretará ônus para o Poder Público, ainda que através de refinanciamento e repasse de recursos pelo banco central.

§ 7º No caso de repasse a agentes financeiros oficiais ou cooperativas de crédito, o ônus recairá sobre a fonte de recursos originária.

Art. 48. O Congresso Nacional, dentro de cento e vinte dias da promulgação da Constituição, elaborará código de defesa do consumidor.

Art. 49. A lei disporá sobre o instituto da enfiteuse em imóveis urbanos, sendo facultada aos foreiros, no caso de sua extinção, a remição dos aforamentos mediante aquisição do domínio direto, na conformidade do que dispuserem os respectivos contratos.

§ 1º Quando não existir cláusula contratual, serão adotados os critérios e bases hoje vigentes na legislação especial dos imóveis da União.

§ 2º Os direitos dos atuais ocupantes inscritos ficam assegurados pela aplicação de outra modalidade de contrato.

§ 3º A enfiteuse continuará sendo aplicada aos terrenos de marinha e seus acrescidos, situados na faixa de segurança, a partir da orla marítima.

§ 4º Remido o foro, o antigo titular do domínio direto deverá, no prazo de noventa dias, sob pena de responsabilidade, confiar à guarda do registro de imóveis competente toda a documentação a ele relativa.

Art. 50. Lei agrícola a ser promulgada no prazo de um ano disporá, nos termos da Constituição, sobre os objetivos e instrumentos de política agrícola, prioridades, planejamento de safras, comercialização, abastecimento interno, mercado externo e instituição de crédito fundiário.

Art. 51. Serão revistos pelo Congresso Nacional, através de Comissão mista, nos três anos a contar da data da promulgação da Constituição, todas as doações, vendas e concessões de terras públicas com área superior a três mil hectares, realizadas no período de 1º de janeiro de 1962 a 31 de dezembro de 1987.

§ 1º No tocante às vendas, a revisão será feita com base exclusivamente no critério de legalidade da operação.

§ 2º No caso de concessões e doações, a revisão obedecerá aos critérios de legalidade e de conveniência do interesse público.

§ 3º Nas hipóteses previstas nos parágrafos anteriores, comprovada a ilegalidade, ou havendo interesse público, as terras reverterão ao patrimônio da União, dos Estados, do Distrito Federal ou dos Municípios.

Art. 52. Até que sejam fixadas as condições do art. 192, são vedados:

I. a instalação, no País, de novas agências de instituições financeiras domiciliadas no exterior;

II. o aumento do percentual de participação, no capital de instituições financeiras com sede no País, de pessoas físicas ou jurídicas residentes ou domiciliadas no exterior.

Parágrafo único. A vedação a que se refere este artigo não se aplica às autorizações resultantes de acordos internacionais, de reciprocidade, ou de interesse do Governo brasileiro.

Art. 53. Ao ex-combatente que tenha efetivamente participado de operações bélicas durante a Segunda Guerra Mundial, nos termos da Lei nº 5.315, de 12 de setembro de 1967, serão assegurados os seguintes direitos:

I. aproveitamento no serviço público, sem a exigência de concurso, com estabilidade;

II. pensão especial correspondente à deixada por segundo-tenente das Forças Armadas, que poderá ser requerida a qualquer tempo, sendo inacumulável com quaisquer rendimentos recebidos dos cofres públicos, exceto os benefícios previdenciários, ressalvado o direito de opção;

III. Iem caso de morte, pensão à viúva ou companheira ou dependente, de forma proporcional, de valor igual à do inciso anterior;

IV. assistência médica, hospitalar e educacional gratuita, extensiva aos dependentes;

V. aposentadoria com proventos integrais aos vinte e cinco anos de serviço efetivo, em qualquer regime jurídico;

VI. prioridade na aquisição da casa própria, para os que não a possuam ou para suas viúvas ou companheiras.

Parágrafo único. A concessão da pensão especial do inciso II substitui, para todos os efeitos legais, qualquer outra pensão já concedida ao ex-combatente.

Art. 54. Os seringueiros recrutados nos termos do Decreto-Lei nº 5.813, de 14 de setembro de 1943, e amparados pelo Decreto-Lei nº 9.882, de 16 de setembro de 1946, receberão, quando carentes, pensão mensal vitalícia no valor de dois salários mínimos.

§ 1º O benefício é estendido aos seringueiros que, atendendo a apelo do Governo brasileiro, contribuíram para o esforço de guerra, trabalhando na produção de borracha, na Região Amazônica, durante a Segunda Guerra Mundial.

§ 2º Os benefícios estabelecidos neste artigo são transferíveis aos dependentes reconhecidamente carentes.

§ 3º A concessão do benefício far-se-á conforme lei a ser proposta pelo Poder Executivo dentro de cento e cinquenta dias da promulgação da Constituição.

Art. 54-A. Os seringueiros de que trata o art. 54 deste Ato das Disposições Constitucionais Transitórias receberão indenização, em parcela única, no valor de R$ 25.000,00 (vinte e cinco mil reais).

Art. 55. Até que seja aprovada a lei de diretrizes orçamentárias, trinta por cento, no mínimo, do orçamento da seguridade social, excluído o seguro-desemprego, serão destinados ao setor de saúde.

Art. 56. Até que a lei disponha sobre o art. 195, I, a arrecadação decorrente de, no mínimo, cinco dos seis décimos percentuais correspondentes à alíquota da contribuição de que trata o Decreto-Lei nº 1.940, de 25 de maio de 1982, alterada pelo Decreto-Lei nº 2.049, de 1º de agosto de 1983, pelo Decreto nº 91.236, de 8 de maio de 1985, e pela Lei nº 7.611, de 8 de julho de 1987, passa a integrar a receita da seguridade social, ressalvados, exclusivamente no exercício de 1988, os compromissos assumidos com programas e projetos em andamento.

Art. 57. Os débitos dos Estados e dos Municípios relativos às contribuições previdenciárias até 30 de junho de 1988 serão liquidados, com correção monetária, em cento e vinte parcelas mensais, dispensados os juros e multas sobre eles incidentes, desde que os devedores requeiram o parcelamento e iniciem seu pagamento no prazo de cento e oitenta dias a contar da promulgação da Constituição.

§ 1º O montante a ser pago em cada um dos dois primeiros anos não será inferior a cinco por cento do total do débito consolidado e atualizado, sendo o restante dividido em parcelas mensais de igual valor.

§ 2º A liquidação poderá incluir pagamentos na forma de cessão de bens e prestação de serviços, nos termos da Lei nº 7.578, de 23 de dezembro de 1986.

§ 3º Em garantia do cumprimento do parcelamento, os Estados e os Municípios consignarão, anualmente, nos respectivos orçamentos as dotações necessárias ao pagamento de seus débitos.

§ 4º Descumprida qualquer das condições estabelecidas para concessão do parcelamento, o débito será considerado vencido em sua totalidade, sobre ele incidindo juros de mora; nesta hipótese, parcela dos recursos correspondentes aos Fundos de Participação, destinada aos Estados e Municípios devedores, será bloqueada e repassada à previdência social para pagamento de seus débitos.

Art. 58. Os benefícios de prestação continuada, mantidos pela previdência social na data da promulgação da Constituição, terão seus valores revistos, a fim de que seja restabelecido o poder aquisitivo, expresso em número de salários mínimos, que tinham na data de sua concessão, obedecendo-se a esse critério de atualização até a implantação do plano de custeio e benefícios referidos no artigo seguinte.

Parágrafo único. As prestações mensais dos benefícios atualizadas de acordo com este artigo serão devidas e pagas a partir do sétimo mês a contar da promulgação da Constituição.

Art. 59. Os projetos de lei relativos à organização da seguridade social e aos planos de custeio e de benefício serão apresentados no prazo máximo de seis meses da promulgação da Constituição ao Congresso Nacional, que terá seis meses para apreciá-los.

Parágrafo único. Aprovados pelo Congresso Nacional, os planos serão implantados progressivamente nos dezoito meses seguintes.

Art. 60. A complementação da União referida no inciso IV do caput do art. 212-A da Constituição Federal será implementada progressivamente até alcançar a proporção estabelecida no inciso V do caput do mesmo artigo, a partir de 1º de janeiro de 2021, nos seguintes valores mínimos: **(Redação dada pela Emenda Constitucional nº 108, de 2020)**

I. 12% (doze por cento), no primeiro ano; **(Redação dada pela Emenda Constitucional nº 108, de 2020)**

II. 15% (quinze por cento), no segundo ano; **(Redação dada pela Emenda Constitucional nº 108, de 2020)**

III. 17% (dezessete por cento), no terceiro ano; **(Redação dada pela Emenda Constitucional nº 108, de 2020)**

IV. 19% (dezenove por cento), no quarto ano; **(Redação dada pela Emenda Constitucional nº 108, de 2020)**

V. 21% (vinte e um por cento), no quinto ano; **(Redação dada pela Emenda Constitucional nº 108, de 2020)**

VI. 23% (vinte e três por cento), no sexto ano. **(Redação dada pela Emenda Constitucional nº 108, de 2020)**

§ 1º A parcela da complementação de que trata a alínea «b» do inciso V do caput do art. 212-A da Constituição Federal observará, no mínimo, os seguintes valores: **(Redação dada pela Emenda Constitucional nº 108, de 2020)**

I. 2 (dois) pontos percentuais, no primeiro ano; **(Redação dada pela Emenda Constitucional nº 108, de 2020)**
II. 5 (cinco) pontos percentuais, no segundo ano; **(Redação dada pela Emenda Constitucional nº 108, de 2020)**
III. 6,25 (seis inteiros e vinte e cinco centésimos) pontos percentuais, no terceiro ano; **(Redação dada pela Emenda Constitucional nº 108, de 2020)**
IV. 7,5 (sete inteiros e cinco décimos) pontos percentuais, no quarto ano; **(Redação dada pela Emenda Constitucional nº 108, de 2020)**
V. 9 (nove) pontos percentuais, no quinto ano; **(Redação dada pela Emenda Constitucional nº 108, de 2020)**
VI. 10,5 (dez inteiros e cinco décimos) pontos percentuais, no sexto ano. **(Redação dada pela Emenda Constitucional nº 108, de 2020)**
§ 2º A parcela da complementação de que trata a alínea «c» do inciso V do caput do art. 212-A da Constituição Federal observará os seguintes valores: **(Redação dada pela Emenda Constitucional nº 108, de 2020)**
I. 0,75 (setenta e cinco centésimos) ponto percentual, no terceiro ano; **(Redação dada pela Emenda Constitucional nº 108, de 2020)**
II. 1,5 (um inteiro e cinco décimos) ponto percentual, no quarto ano; **(Redação dada pela Emenda Constitucional nº 108, de 2020)**
III. 2 (dois) pontos percentuais, no quinto ano; **(Redação dada pela Emenda Constitucional nº 108, de 2020)**
IV. 2,5 (dois inteiros e cinco décimos) pontos percentuais, no sexto ano. **(Redação dada pela Emenda Constitucional nº 108, de 2020)**

Art. 60-A. Os critérios de distribuição da complementação da União e dos fundos a que se refere o inciso I do caput do art. 212-A da Constituição Federal serão revistos em seu sexto ano de vigência e, a partir dessa primeira revisão, periodicamente, a cada 10 (dez) anos. **(Incluído pela Emenda Constitucional nº 108, de 2020)**

Art. 61. As entidades educacionais a que se refere o art. 213, bem como as fundações de ensino e pesquisa cuja criação tenha sido autorizada por lei, que preencham os requisitos dos incisos I e II do referido artigo e que, nos últimos três anos, tenham recebido recursos públicos, poderão continuar a recebê-los, salvo disposição legal em contrário.

Art. 62. A lei criará o Serviço Nacional de Aprendizagem Rural (SENAR) nos moldes da legislação relativa ao Serviço Nacional de Aprendizagem Industrial (SENAI) e ao Serviço Nacional de Aprendizagem do Comércio (SENAC), sem prejuízo das atribuições dos órgãos públicos que atuam na área.

Art. 63. É criada uma Comissão composta de nove membros, sendo três do Poder Legislativo, três do Poder Judiciário e três do Poder Executivo, para promover as comemorações do centenário da proclamação da República e da promulgação da primeira Constituição republicana do País, podendo, a seu critério, desdobrar-se em tantas subcomissões quantas forem necessárias.

Parágrafo único. No desenvolvimento de suas atribuições, a Comissão promoverá estudos, debates e avaliações sobre a evolução política, social, econômica e cultural do País, podendo articular-se com os governos estaduais e municipais e com instituições públicas e privadas que desejem participar dos eventos.

Art. 64. A Imprensa Nacional e demais gráficas da União, dos Estados, do Distrito Federal e dos Municípios, da administração direta ou indireta, inclusive fundações instituídas e mantidas pelo Poder Público, promoverão edição popular do texto integral da Constituição, que será posta à disposição das escolas e dos cartórios, dos sindicatos, dos quartéis, das igrejas e de outras instituições representativas da comunidade, gratuitamente, de modo que cada cidadão brasileiro possa receber do Estado um exemplar da Constituição do Brasil.

Art. 65. O Poder Legislativo regulamentará, no prazo de doze meses, o art. 220, § 4º.

Art. 66. São mantidas as concessões de serviços públicos de telecomunicações atualmente em vigor, nos termos da lei.

Art. 67. A União concluirá a demarcação das terras indígenas no prazo de cinco anos a partir da promulgação da Constituição.

Art. 68. Aos remanescentes das comunidades dos quilombos que estejam ocupando suas terras é reconhecida a propriedade definitiva, devendo o Estado emitir-lhes os títulos respectivos.

Art. 69. Será permitido aos Estados manter consultorias jurídicas separadas de suas Procuradorias-Gerais ou Advocacias-Gerais, desde que, na data da promulgação da Constituição, tenham órgãos distintos para as respectivas funções.

Art. 70. Fica mantida atual competência dos tribunais estaduais até a mesma seja definida na Constituição do Estado, nos termos do art. 125, § 1º, da Constituição.

Art. 71. É instituído, nos exercícios financeiros de 1994 e 1995, bem assim nos períodos de 01/01/1996 a 30/06/97 e 01/07/97 a 31/12/1999, o Fundo Social de Emergência, com o objetivo de saneamento financeiro da Fazenda Pública Federal e de estabilização econômica, cujos recursos serão aplicados prioritariamente no custeio das ações dos sistemas de saúde e educação, incluindo a complementação de recursos de que trata o § 3º do art. 60 do Ato das Disposições Constitucionais Transitórias, benefícios previdenciários e auxílios assistenciais de prestação continuada, inclusive liquidação de passivo previdenciário, e despesas orçamentárias associadas a programas de relevante interesse econômico e social.

§ 1º Ao Fundo criado por este artigo não se aplica o disposto na parte final do inciso II do § 9º do art. 165 da Constituição.

§ 2º O Fundo criado por este artigo passa a ser denominado Fundo de Estabilização Fiscal a partir do início do exercício financeiro de 1996º

§ 3º O Poder Executivo publicará demonstrativo da execução orçamentária, de periodicidade bimestral, no qual se discriminarão as fontes e usos do Fundo criado por este artigo.

Art. 72. Integram o Fundo Social de Emergência:

I. o produto da arrecadação do imposto sobre renda e proventos de qualquer natureza incidente na fonte sobre pagamentos efetuados, a qualquer título, pela União, inclusive suas autarquias e fundações;

II. a parcela do produto da arrecadação do imposto sobre renda e proventos de qualquer natureza e do imposto sobre operações de crédito, câmbio e seguro, ou relativas a títulos e valores mobiliários, decorrente das alterações produzidas pela Lei nº 8.894, de 21 de junho de 1994, e pelas Leis nº 8.849 e 8.848, ambas de 28 de janeiro de 1994, e modificações posteriores;

III. a parcela do produto da arrecadação resultante da elevação da alíquota da contribuição social sobre o lucro dos contribuintes a que se refere o § 1º do Art. 22 da Lei nº 8.212, de 24 de julho de 1991, a qual, nos exercícios financeiros de 1994 e 1995, bem assim no período de 1º de janeiro de 1996 a 30 de junho de 1997, passa a ser de trinta por cento, sujeita a alteração por lei ordinária, mantidas as demais normas da Lei nº 7.689, de 15 de dezembro de 1988;

IV. vinte por cento do produto da arrecadação de todos os impostos e contribuições da União, já instituídos ou a serem criados, excetuado o previsto nos incisos I, II e III, observado o disposto nos §§ 3º e 4º;

V. a parcela do produto da arrecadação da contribuição de que trata a Lei Complementar nº 7, de 7 de setembro de 1970, devida pelas pessoas jurídicas a que se refere o inciso III deste artigo, a qual será calculada, nos exercícios financeiros de 1994 a 1995, bem assim nos períodos de 1º de janeiro de 1996 a 30 de junho de 1997 e de 1º de julho de 1997 a 31 de dezembro de 1999, mediante a aplicação da alíquota de setenta e cinco centésimos por cento, sujeita a alteração por lei ordinária posterior, sobre a receita bruta operacional, como definida na legislação do imposto sobre renda e proventos de qualquer natureza.

VI. outras receitas previstas em lei específica.

§ 1º As alíquotas e a base de cálculo previstas nos incisos III e V aplicar-se-ão a partir do primeiro dia do mês seguinte aos noventa dias posteriores à promulgação desta Emenda.

§ 2º As parcelas de que tratam os incisos I, II, III e V serão previamente deduzidas da base de cálculo de qualquer vinculação ou participação constitucional ou legal, não se lhes aplicando o disposto nos artigos, 159, 212 e 239 da Constituição.

§ 3º A parcela de que trata o inciso IV será previamente deduzida da base de cálculo das vinculações ou participações constitucionais previstas nos artigos 153, § 5º, 157, II, 212 e 239 da Constituição.

§ 4º O disposto no parágrafo anterior não se aplica aos recursos previstos nos Artigos 158, II e 159 da Constituição.

§ 5º A parcela dos recursos provenientes do imposto sobre renda e proventos de qualquer natureza, destinada ao Fundo Social de Emergência, nos termos do inciso II deste artigo, não poderá exceder a cinco inteiros e seis décimos por cento do total do produto da sua arrecadação.

Art. 73. Na regulação do Fundo Social de Emergência não poderá ser utilizado o instrumento previsto no inciso V do art. 59 da Constituição.

Art. 74. A União poderá instituir contribuição provisória sobre movimentação ou transmissão de valores e de créditos e direitos de natureza financeira.

§ 1º A alíquota da contribuição de que trata este artigo não excederá a vinte e cinco centésimos por cento, facultado ao Poder Executivo reduzi-la ou restabelecê-la, total ou parcialmente, nas condições e limites fixados em lei.

§ 2º A contribuição de que trata este artigo não se aplica o disposto nos arts. 153, § 5º, e 154, I, da Constituição.

§ 3º O produto da arrecadação da contribuição de que trata este artigo será destinado integralmente ao Fundo Nacional de Saúde, para financiamento das ações e serviços de saúde.

§ 4º A contribuição de que trata este artigo terá sua exigibilidade subordinada ao disposto no art. 195, § 6º, da Constituição, e não poderá ser cobrada por prazo superior a dois anos.

Art. 75. É prorrogada, por trinta e seis meses, a cobrança da contribuição provisória sobre movimentação ou transmissão de valores e de créditos e direitos de natureza financeira de que trata o art. 74, instituída pela Lei nº 9.311, de 24 de outubro de 1996, modificada pela Lei nº 9.539, de 12 de dezembro de 1997, cuja vigência é também prorrogada por idêntico prazo.

§ 1º Observado o disposto no § 6º do art. 195 da Constituição Federal, a alíquota da contribuição será de trinta e oito centésimos por cento, nos primeiros doze meses, e de trinta centésimos, nos meses subsequentes, facultado ao Poder Executivo reduzi-la total ou parcialmente, nos limites aqui definidos.

§ 2º O resultado do aumento da arrecadação, decorrente da alteração da alíquota, nos exercícios financeiros de 1999, 2000 e 2001, será destinado ao custeio da previdência social.

§ 3º É a União autorizada a emitir títulos da dívida pública interna, cujos recursos serão destinados ao custeio da saúde e da previdência social, em montante equivalente ao produto da arrecadação da contribuição, prevista e não realizada em 1999.

Art. 76. São desvinculados de órgão, fundo ou despesa, até 31 de dezembro de 2023, 30% (trinta por cento) da arrecadação da União relativa às contribuições sociais, sem prejuízo do pagamento das despesas do Regime Geral da Previdência Social, às contribuições de intervenção no domínio econômico e às taxas, já instituídas ou que vierem a ser criadas até a referida data.

§ 1º (Revogado). (Redação dada pela Emenda constitucional nº 93, de 2016)

§ 2º Excetua-se da desvinculação de que trata o caput a arrecadação da contribuição social do salário-educação a que se refere o § 5º do art. 212 da Constituição Federal.

§ 3º (Revogado).

§ 4º A desvinculação de que trata o caput não se aplica às receitas das contribuições sociais destinadas ao custeio da seguridade social.

Art. 76-A. São desvinculados de órgão, fundo ou despesa, até 31 de dezembro de 2023, 30% (trinta por cento) das receitas dos Estados e do Distrito Federal relativas a impostos, taxas e multas, já instituídos ou que vierem a ser criados até a referida data, seus adicionais e respectivos acréscimos legais, e outras receitas correntes.

Parágrafo único. Excetuam-se da desvinculação de que trata o caput:

I. recursos destinados ao financiamento das ações e serviços públicos de saúde e à manutenção e desenvolvimento do ensino de que tratam, respectivamente, os incisos II e III do § 2º do art. 198 e o art. 212 da Constituição Federal;

II. receitas que pertencem aos Municípios decorrentes de transferências previstas na Constituição Federal;

III. receitas de contribuições previdenciárias e de assistência à saúde dos servidores;

IV. demais transferências obrigatórias e voluntárias entre entes da Federação com destinação especificada em lei;

V. fundos instituídos pelo Poder Judiciário, pelos Tribunais de Contas, pelo Ministério Público, pelas Defensorias Públicas e pelas Procuradorias-Gerais dos Estados e do Distrito Federal.

Art. 76-B. São desvinculados de órgão, fundo ou despesa, até 31 de dezembro de 2023, 30% (trinta por cento) das receitas dos Municípios relativas a impostos, taxas e multas, já instituídos ou que vierem a ser criados até a referida data, seus adicionais e respectivos acréscimos legais, e outras receitas correntes.

Parágrafo único. Excetuam-se da desvinculação de que trata o caput:

I. recursos destinados ao financiamento das ações e serviços públicos de saúde e à manutenção e desenvolvimento do ensino de que tratam, respectivamente, os incisos II e III do § 2º do art. 198 e o art. 212 da Constituição Federal;

II. receitas de contribuições previdenciárias e de assistência à saúde dos servidores;

III. transferências obrigatórias e voluntárias entre entes da Federação com destinação especificada em lei;
IV. fundos instituídos pelo Tribunal de Contas do Município.

Art. 77. Até o exercício financeiro de 2004, os recursos mínimos aplicados nas ações e serviços públicos de saúde serão equivalentes:
I. no caso da União:
a) no ano 2000, o montante empenhado em ações e serviços públicos de saúde no exercício financeiro de 1999 acrescido de, no mínimo, cinco por cento;
b) do ano 2001 ao ano 2004, o valor apurado no ano anterior, corrigido pela variação nominal do Produto Interno Bruto PIB;
II. no caso dos Estados e do Distrito Federal, doze por cento do produto da arrecadação dos impostos a que se refere o art. 155 e dos recursos de que tratam os arts. 157 e 159, inciso I, alínea *a*, e inciso II, deduzidas as parcelas que forem transferidas aos respectivos Municípios; e
III. no caso dos Municípios e do Distrito Federal, quinze por cento do produto da arrecadação dos impostos a que se refere o art. 156 e dos recursos de que tratam os arts. 158 e 159, inciso I, alínea *b* e § 3º.
§ 1º Os Estados, o Distrito Federal e os Municípios que apliquem percentuais inferiores aos fixados nos incisos II e III deverão elevá-los gradualmente, até o exercício financeiro de 2004, reduzida a diferença à razão de, pelo menos, um quinto por ano, sendo que, a partir de 2000, a aplicação será de pelo menos sete por cento.
§ 2º Dos recursos da União apurados nos termos deste artigo, quinze por cento, no mínimo, serão aplicados nos Municípios, segundo o critério populacional, em ações e serviços básicos de saúde, na forma da lei.
§ 3º Os recursos dos Estados, do Distrito Federal e dos Municípios destinados às ações e serviços públicos de saúde e os transferidos pela União para a mesma finalidade serão aplicados por meio de Fundo de Saúde que será acompanhado e fiscalizado por Conselho de Saúde, sem prejuízo do disposto no art. 74 da Constituição Federal.
§ 4º Na ausência da lei complementar a que se refere o art. 198, § 3º, a partir do exercício financeiro de 2005, aplicar-se-á à União, aos Estados, ao Distrito Federal e aos Municípios o disposto neste artigo.

Art. 78. Ressalvados os créditos definidos em lei como de pequeno valor, os de natureza alimentícia, os de que trata o art. 33 deste Ato das Disposições Constitucionais Transitórias e suas complementações e os que já tiverem os seus respectivos recursos liberados ou depositados em juízo, os precatórios pendentes na data de promulgação desta Emenda e os que decorram de ações iniciais ajuizadas até 31 de dezembro de 1999 serão liquidados pelo seu valor real, em moeda corrente, acrescido de juros legais, em prestações anuais, iguais e sucessivas, no prazo máximo de dez anos, permitida a cessão dos créditos.
§ 1º É permitida a decomposição de parcelas, a critério do credor.
§ 2º As prestações anuais a que se refere o caput deste artigo terão, se não liquidadas até o final do exercício a que se referem, poder liberatório do pagamento de tributos da entidade devedora.
§ 3º O prazo referido no caput deste artigo fica reduzido para dois anos, nos casos de precatórios judiciais originários de desapropriação de imóvel residencial do credor, desde que comprovadamente único à época da imissão na posse.
§ 4º O Presidente do Tribunal competente deverá, vencido o prazo ou em caso de omissão no orçamento, ou preterição ao direito de precedência, a requerimento do credor, requisitar ou determinar o sequestro de recursos financeiros da entidade executada, suficientes à satisfação da prestação.

Art. 79. É instituído, para vigorar até o ano de 2010, no âmbito do Poder Executivo Federal, o Fundo de Combate e Erradicação da Pobreza, a ser regulado por lei complementar com o objetivo de viabilizar a todos os brasileiros acesso a níveis dignos de subsistência, cujos recursos serão aplicados em ações suplementares de nutrição, habitação, educação, saúde, reforço de renda familiar e outros programas de relevante interesse social voltados para melhoria da qualidade de vida.
Parágrafo único. O Fundo previsto neste artigo terá Conselho Consultivo e de Acompanhamento que conte com a participação de representantes da sociedade civil, nos termos da lei.

Art. 80. Compõem o Fundo de Combate e Erradicação da Pobreza:
I. a parcela do produto da arrecadação correspondente a um adicional de oito centésimos por cento, aplicável de 18 de junho de 2000 a 17 de junho de 2002, na alíquota da contribuição social de que trata o art. 75 do Ato das Disposições Constitucionais Transitórias;

II. a parcela do produto da arrecadação correspondente a um adicional de cinco pontos percentuais na alíquota do Imposto sobre Produtos Industrializados – IPI, ou do imposto que vier a substituí-lo, incidente sobre produtos supérfluos e aplicável até a extinção do Fundo;

III. o produto da arrecadação do imposto de que trata o art. 153, inciso VII, da Constituição;

IV. dotações orçamentárias;

V. doações, de qualquer natureza, de pessoas físicas ou jurídicas do País ou do exterior;

VI. outras receitas, a serem definidas na regulamentação do referido Fundo.

§ 1º Aos recursos integrantes do Fundo de que trata este artigo não se aplica o disposto nos arts. 159 e 167, inciso IV, da Constituição, assim como qualquer desvinculação de recursos orçamentários.

§ 2º A arrecadação decorrente do disposto no inciso I deste artigo, no período compreendido entre 18 de junho de 2000 e o início da vigência da lei complementar a que se refere a art. 79, será integralmente repassada ao Fundo, preservado o seu valor real, em títulos públicos federais, progressivamente resgatáveis após 18 de junho de 2002, na forma da lei.

Art. 81. É instituído Fundo constituído pelos recursos recebidos pela União em decorrência da desestatização de sociedades de economia mista ou empresas públicas por ela controladas, direta ou indiretamente, quando a operação envolver a alienação do respectivo controle acionário a pessoa ou entidade não integrante da Administração Pública, ou de participação societária remanescente após a alienação, cujos rendimentos, gerados a partir de 18 de junho de 2002, reverterão ao Fundo de Combate e Erradicação de Pobreza.

§ 1º Caso o montante anual previsto nos rendimentos transferidos ao Fundo de Combate e Erradicação da Pobreza, na forma deste artigo, não alcance o valor de quatro bilhões de reais, far-se-à complementação na forma do art. 80, inciso IV, do Ato das disposições Constitucionais Transitórias.

§ 2º Sem prejuízo do disposto no § 1º, o Poder Executivo poderá destinar ao Fundo a que se refere este artigo outras receitas decorrentes da alienação de bens da União.

§ 3º A constituição do Fundo a que se refere o caput, a transferência de recursos ao Fundo de Combate e Erradicação da Pobreza e as demais disposições referentes ao § 1º deste artigo serão disciplinadas em lei, não se aplicando o disposto no art. 165, § 9º, inciso II, da Constituição.

Art. 82. Os Estados, o Distrito Federal e os Municípios devem instituir Fundos de Combate á Pobreza, com os recursos de que trata este artigo e outros que vierem a destinar, devendo os referidos Fundos ser geridos por entidades que contem com a participação da sociedade civil.

§ 1º Para o financiamento dos Fundos Estaduais e Distrital, poderá ser criado adicional de até dois pontos percentuais na alíquota do Imposto sobre Circulação de Mercadorias e Serviços – ICMS, sobre os produtos e serviços supérfluos e nas condições definidas na lei complementar de que trata o art. 155, § 2º, XII, da Constituição, não se aplicando, sobre este percentual, o disposto no art. 158, IV, da Constituição.

§ 2º Para o financiamento dos Fundos Municipais, poderá ser criado adicional de até meio ponto percentual na alíquota do Imposto sobre serviços ou do imposto que vier a substituí-lo, sobre serviços supérfluos.

Art. 83. Lei federal definirá os produtos e serviços supérfluos a que se referem os arts. 80, II, e 82, § 2º.

Art. 84. A contribuição provisória sobre movimentação ou transmissão de valores e de créditos e direitos de natureza financeira, prevista nos arts. 74, 75 e 80, I, deste Ato das Disposições Constitucionais Transitórias, será cobrada até 31 de dezembro de 2004.

§ 1º Fica prorrogada, até a data referida no caput deste artigo, a vigência da Lei nº 9.311, de 24 de outubro de 1996, e suas alterações.

§ 2º Do produto da arrecadação da contribuição social de que trata este artigo será destinada a parcela correspondente à alíquota de:

I. vinte centésimos por cento ao Fundo Nacional de Saúde, para financiamento das ações e serviços de saúde;

II. dez centésimos por cento ao custeio da previdência social;

III. oito centésimos por cento ao Fundo de Combate e Erradicação da Pobreza, de que tratam os arts. 80 e 81 deste Ato das Disposições Constitucionais Transitórias.

§ 3º A alíquota da contribuição de que trata este artigo será de:

I. trinta e oito centésimos por cento, nos exercícios financeiros de 2002 e 2003;

II. (Revogado pela Emenda Constitucional nº 42, de 19.12.2003)

Art. 85. A contribuição a que se refere o art. 84 deste Ato das Disposições Constitucionais Transitórias não incidirá, a partir do trigésimo dia da data de publicação desta Emenda Constitucional, nos lançamentos:

I. em contas correntes de depósito especialmente abertas e exclusivamente utilizadas para operações de:
a) câmaras e prestadoras de serviços de compensação e de liquidação de que trata o parágrafo único do art. 2º da Lei nº 10.214, de 27 de março de 2001;
b) companhias securitizadoras de que trata a Lei nº 9.514, de 20 de novembro de 1997;
c) sociedades anônimas que tenham por objeto exclusivo a aquisição de créditos oriundos de operações praticadas no mercado financeiro;

II. em contas correntes de depósito, relativos a:
a) operações de compra e venda de ações, realizadas em recintos ou sistemas de negociação de bolsas de valores e no mercado de balcão organizado;
b) contratos referenciados em ações ou índices de ações, em suas diversas modalidades, negociados em bolsas de valores, de mercadorias e de futuros;

III. em contas de investidores estrangeiros, relativos a entradas no País e a remessas para o exterior de recursos financeiros empregados, exclusivamente, em operações e contratos referidos no inciso II deste artigo.

§ 1º O Poder Executivo disciplinará o disposto neste artigo no prazo de trinta dias da data de publicação desta Emenda Constitucional.

§ 2º O disposto no inciso I deste artigo aplica-se somente às operações relacionadas em ato do Poder Executivo, dentre aquelas que constituam o objeto social das referidas entidades.

§ 3º O disposto no inciso II deste artigo aplica-se somente a operações e contratos efetuados por intermédio de instituições financeiras, sociedades corretoras de títulos e valores mobiliários, sociedades distribuidoras de títulos e valores mobiliários e sociedades corretoras de mercadorias.

Art. 86. Serão pagos conforme disposto no art. 100 da Constituição Federal, não se lhes aplicando a regra de parcelamento estabelecida no caput do art. 78 deste Ato das Disposições Constitucionais Transitórias, os débitos da Fazenda Federal, Estadual, Distrital ou Municipal oriundos de sentenças transitadas em julgado, que preencham, cumulativamente, as seguintes condições:

I. ter sido objeto de emissão de precatórios judiciários;

II. ter sido definidos como de pequeno valor pela lei de que trata o § 3º do art. 100 da Constituição Federal ou pelo art. 87 deste Ato das Disposições Constitucionais Transitórias;

III. estar, total ou parcialmente, pendentes de pagamento na data da publicação desta Emenda Constitucional.

§ 1º Os débitos a que se refere o caput deste artigo, ou os respectivos saldos, serão pagos na ordem cronológica de apresentação dos respectivos precatórios, com precedência sobre os de maior valor.

§ 2º Os débitos a que se refere o caput deste artigo, se ainda não tiverem sido objeto de pagamento parcial, nos termos do art. 78 deste Ato das Disposições Constitucionais Transitórias, poderão ser pagos em duas parcelas anuais, se assim dispuser a lei.

§ 3º Observada a ordem cronológica de sua apresentação, os débitos de natureza alimentícia previstos neste artigo terão precedência para pagamento sobre todos os demais.

Art. 87. Para efeito do que dispõem o § 3º do art. 100 da Constituição Federal e o art. 78 deste Ato das Disposições Constitucionais Transitórias serão considerados de pequeno valor, até que se dê a publicação oficial das respectivas leis definidoras pelos entes da Federação, observado o disposto no § 4º do art. 100 da Constituição Federal, os débitos ou obrigações consignados em precatório judiciário, que tenham valor igual ou inferior a:

I. quarenta salários-mínimos, perante a Fazenda dos Estados e do Distrito Federal;

II. trinta salários-mínimos, perante a Fazenda dos Municípios.

Parágrafo único. Se o valor da execução ultrapassar o estabelecido neste artigo, o pagamento far-se-á, sempre, por meio de precatório, sendo facultada à parte exequente a renúncia ao crédito do valor excedente, para que possa optar pelo pagamento do saldo sem o precatório, da forma prevista no § 3º do art. 100.

Art. 88. Enquanto lei complementar não disciplinar o disposto nos incisos I e III do § 3º do art. 156 da Constituição Federal, o imposto a que se refere o inciso III do caput do mesmo artigo:

I. terá alíquota mínima de dois por cento, exceto para os serviços a que se referem os itens 32, 33 e 34 da Lista de Serviços anexa ao Decreto-Lei nº 406, de 31 de dezembro de 1968;

II. não será objeto de concessão de isenções, incentivos e benefícios fiscais, que resulte, direta ou indiretamente, na redução da alíquota mínima estabelecida no inciso I.

Art. 89. Os integrantes da carreira policial militar e os servidores municipais do ex-Território Federal de Rondônia que, comprovadamente, se encontravam no exercício regular de suas funções prestando serviço àquele ex-Território na data em que foi transformado em Estado, bem como os servidores e os policiais militares alcançados pelo disposto no art. 36 da Lei Complementar nº 41, de 22 de dezembro de 1981, e aqueles admitidos regularmente nos quadros do Estado de Rondônia até a data de posse do primeiro Governador eleito, em 15 de março de 1987, constituirão, mediante opção, quadro em extinção da administração federal, assegurados os direitos e as vantagens a eles inerentes, vedado o pagamento, a qualquer título, de diferenças remuneratórias.

§ 1º Os membros da Polícia Militar continuarão prestando serviços ao Estado de Rondônia, na condição de cedidos, submetidos às corporações da Polícia Militar, observadas as atribuições de função compatíveis com o grau hierárquico.

§ 2º Os servidores a que se refere o caput continuarão prestando serviços ao Estado de Rondônia na condição de cedidos, até seu aproveitamento em órgão ou entidade da administração federal direta, autárquica ou fundacional.

Art. 90. O prazo previsto no caput do art. 84 deste Ato das Disposições Constitucionais Transitórias fica prorrogado até 31 de dezembro de 2007.

§ 1º Fica prorrogada, até a data referida no caput deste artigo, a vigência da Lei nº 9.311, de 24 de outubro de 1996, e suas alterações.

§ 2º Até a data referida no caput deste artigo, a alíquota da contribuição de que trata o art. 84 deste Ato das Disposições Constitucionais Transitórias será de trinta e oito centésimos por cento.

Art. 91. (**Revogado pela Emenda Constitucional nº 109, de 2021**)

Art. 92. São acrescidos dez anos ao prazo fixado no art. 40 deste Ato das Disposições Constitucionais Transitórias.

Art. 92-A. São acrescidos 50 (cinquenta) anos ao prazo fixado pelo art. 92 deste Ato das Disposições Constitucionais Transitórias.

Art. 93. A vigência do disposto no art. 159, III, e § 4º, iniciará somente após a edição da lei de que trata o referido inciso III.

Art. 94. Os regimes especiais de tributação para microempresas e empresas de pequeno porte próprios da União, dos Estados, do Distrito Federal e dos Municípios cessarão a partir da entrada em vigor do regime previsto no art. 146, III, d, da Constituição.

Art. 95. Os nascidos no estrangeiro entre 7 de junho de 1994 e a data da promulgação desta Emenda Constitucional, filhos de pai brasileiro ou mãe brasileira, poderão ser registrados em repartição diplomática ou consular brasileira competente ou em ofício de registro, se vierem a residir na República Federativa do Brasil.

Art. 96. Ficam convalidados os atos de criação, fusão, incorporação e desmembramento de Municípios, cuja lei tenha sido publicada até 31 de dezembro de 2006, atendidos os requisitos estabelecidos na legislação do respectivo Estado à época de sua criação.

Art. 97. Até que seja editada a lei complementar de que trata o § 15 do art. 100 da Constituição Federal, os Estados, o Distrito Federal e os Municípios que, na data de publicação desta Emenda Constitucional, estejam em mora na quitação de precatórios vencidos, relativos às suas administrações direta e indireta, inclusive os emitidos durante o período de vigência do regime especial instituído por este artigo, farão esses pagamentos de acordo com as normas a seguir estabelecidas, sendo inaplicável o disposto no art. 100 desta Constituição Federal, exceto em seus §§ 2º, 3º, 9º, 10, 11, 12, 13 e 14, e sem prejuízo dos acordos de juízos conciliatórios já formalizados na data de promulgação desta Emenda Constitucional.

§ 1º Os Estados, o Distrito Federal e os Municípios sujeitos ao regime especial de que trata este artigo optarão, por meio de ato do Poder Executivo:

I. pelo depósito em conta especial do valor referido pelo § 2º deste artigo; ou pela adoção do regime especial pelo prazo de até 15 (quinze) anos, caso em que o percentual a ser depositado na conta especial a que se refere o § 2º deste artigo corresponderá, anualmente, ao saldo total dos precatórios devidos, acrescido do índice oficial de remuneração básica da caderneta de poupança e de juros simples no mesmo percentual de juros incidentes sobre a caderneta de poupança para fins de compensação da mora, excluída a incidência de juros compensatórios, diminuído das amortizações e dividido pelo número de anos restantes no regime especial de pagamento.

§ 2º Para saldar os precatórios, vencidos e a vencer, pelo regime especial, os Estados, o Distrito Federal e os Municípios devedores depositarão mensalmente, em conta especial criada para tal fim, 1/12 (um doze avos) do valor calculado percentualmente sobre as respectivas receitas correntes líquidas, apuradas no segundo mês anterior ao mês de pagamento, sendo que esse percentual, calculado no momento de opção pelo regime e mantido fixo até o final do prazo a que se refere o § 14 deste artigo, será:

I. para os Estados e para o Distrito Federal:
a) de, no mínimo, 1,5% (um inteiro e cinco décimos por cento), para os Estados das regiões Norte, Nordeste e Centro-Oeste, além do Distrito Federal, ou cujo estoque de precatórios pendentes das suas administrações direta e indireta corresponder a até 35% (trinta e cinco por cento) do total da receita corrente líquida;
b) de, no mínimo, 2% (dois por cento), para os Estados das regiões Sul e Sudeste, cujo estoque de precatórios pendentes das suas administrações direta e indireta corresponder a mais de 35% (trinta e cinco por cento) da receita corrente líquida;

II. para Municípios:
a) de, no mínimo, 1% (um por cento), para Municípios das regiões Norte, Nordeste e Centro-Oeste, ou cujo estoque de precatórios pendentes das suas administrações direta e indireta corresponder a até 35% (trinta e cinco por cento) da receita corrente líquida;
b) de, no mínimo, 1,5% (um inteiro e cinco décimos por cento), para Municípios das regiões Sul e Sudeste, cujo estoque de precatórios pendentes das suas administrações direta e indireta corresponder a mais de 35 % (trinta e cinco por cento) da receita corrente líquida.

§ 3º Entende-se como receita corrente líquida, para os fins de que trata este artigo, o somatório das receitas tributárias, patrimoniais, industriais, agropecuárias, de contribuições e de serviços, transferências correntes e outras receitas correntes, incluindo as oriundas do § 1º do art. 20 da Constituição Federal, verificado no período compreendido pelo mês de referência e os 11 (onze) meses anteriores, excluídas as duplicidades, e deduzidas:

I. nos Estados, as parcelas entregues aos Municípios por determinação constitucional;
II. nos Estados, no Distrito Federal e nos Municípios, a contribuição dos servidores para custeio do seu sistema de previdência e assistência social e as receitas provenientes da compensação financeira referida no § 9º do art. 201 da Constituição Federal.

§ 4º As contas especiais de que tratam os §§ 1º e 2º serão administradas pelo Tribunal de Justiça local, para pagamento de precatórios expedidos pelos tribunais.

§ 5º Os recursos depositados nas contas especiais de que tratam os §§ 1º e 2º deste artigo não poderão retornar para Estados, Distrito Federal e Municípios devedores.

§ 6º Pelo menos 50% (cinquenta por cento) dos recursos de que tratam os §§ 1º e 2º deste artigo serão utilizados para pagamento de precatórios em ordem cronológica de apresentação, respeitadas as preferências definidas no § 1º, para os requisitórios do mesmo ano e no § 2º do art. 100, para requisitórios de todos os anos.

§ 7º Nos casos em que não se possa estabelecer a precedência cronológica entre 2 (dois) precatórios, pagar-se-á primeiramente o precatório de menor valor.

§ 8º A aplicação dos recursos restantes dependerá de opção a ser exercida por Estados, Distrito Federal e Municípios devedores, por ato do Poder Executivo, obedecendo à seguinte forma, que poderá ser aplicada isoladamente ou simultaneamente:

I. destinados ao pagamento dos precatórios por meio do leilão;
II. destinados a pagamento a vista de precatórios não quitados na forma do § 6º e do inciso I, em ordem única e crescente de valor por precatório;
III. destinados a pagamento por acordo direto com os credores, na forma estabelecida por lei própria da entidade devedora, que poderá prever criação e forma de funcionamento de câmara de conciliação.

§ 9º Os leilões de que trata o inciso I do § 8º deste artigo:

I. serão realizados por meio de sistema eletrônico administrado por entidade autorizada pela Comissão de Valores Mobiliários ou pelo Banco Central do Brasil;

II. admitirão a habilitação de precatórios, ou parcela de cada precatório indicada pelo seu detentor, em relação aos quais não esteja pendente, no âmbito do Poder Judiciário, recurso ou impugnação de qualquer natureza, permitida por iniciativa do Poder Executivo a compensação com débitos líquidos e certos, inscritos ou não em dívida ativa e constituídos contra devedor originário pela Fazenda Pública devedora até a data da expedição do precatório, ressalvados aqueles cuja exigibilidade esteja suspensa nos termos da legislação, ou que já tenham sido objeto de abatimento nos termos do § 9º do art. 100 da Constituição Federal;
III. ocorrerão por meio de oferta pública a todos os credores habilitados pelo respectivo ente federativo devedor;
IV. considerarão automaticamente habilitado o credor que satisfaça o que consta no inciso II;
V. serão realizados tantas vezes quanto necessário em função do valor disponível;
VI. a competição por parcela do valor total ocorrerá a critério do credor, com deságio sobre o valor desta;
VII. ocorrerão na modalidade deságio, associado ao maior volume ofertado cumulado ou não com o maior percentual de deságio, pelo maior percentual de deságio, podendo ser fixado valor máximo por credor, ou por outro critério a ser definido em edital;
VIII. o mecanismo de formação de preço constará nos editais publicados para cada leilão;
IX. a quitação parcial dos precatórios será homologada pelo respectivo Tribunal que o expediu.
§ 10º No caso de não liberação tempestiva dos recursos de que tratam o inciso II do § 1º e os §§ 2º e 6º deste artigo:
I. haverá o sequestro de quantia nas contas de Estados, Distrito Federal e Municípios devedores, por ordem do Presidente do Tribunal referido no § 4º, até o limite do valor não liberado;
II. constituir-se-á, alternativamente, por ordem do Presidente do Tribunal requerido, em favor dos credores de precatórios, contra Estados, Distrito Federal e Municípios devedores, direito líquido e certo, autoaplicável e independentemente de regulamentação, à compensação automática com débitos líquidos lançados por esta contra aqueles, e, havendo saldo em favor do credor, o valor terá automaticamente poder liberatório do pagamento de tributos de Estados, Distrito Federal e Municípios devedores, até onde se compensarem;
III. o chefe do Poder Executivo responderá na forma da legislação de responsabilidade fiscal e de improbidade administrativa;
IV. enquanto perdurar a omissão, a entidade devedora:
a) não poderá contrair empréstimo externo ou interno;
b) ficará impedida de receber transferências voluntárias;
V. a União reterá os repasses relativos ao Fundo de Participação dos Estados e do Distrito Federal e ao Fundo de Participação dos Municípios, e os depositará nas contas especiais referidas no § 1º, devendo sua utilização obedecer ao que prescreve o § 5º, ambos deste artigo.
§ 11º No caso de precatórios relativos a diversos credores, em litisconsórcio, admite-se o desmembramento do valor, realizado pelo Tribunal de origem do precatório, por credor, e, por este, a habilitação do valor total a que tem direito, não se aplicando, neste caso, a regra do § 3º do art. 100 da Constituição Federal.
§ 12º Se a lei a que se refere o § 4º do art. 100 não estiver publicada em até 180 (cento e oitenta) dias, contados da data de publicação desta Emenda Constitucional, será considerado, para os fins referidos, em relação a Estados, Distrito Federal e Municípios devedores, omissos na regulamentação, o valor de:
- 40 (quarenta) salários mínimos para Estados e para o Distrito Federal;
- 30 (trinta) salários mínimos para Municípios.

§ 13º Enquanto Estados, Distrito Federal e Municípios devedores estiverem realizando pagamentos de precatórios pelo regime especial, não poderão sofrer sequestro de valores, exceto no caso de não liberação tempestiva dos recursos de que tratam o inciso II do § 1º e o § 2º deste artigo.
§ 14º O regime especial de pagamento de precatório previsto no inciso I do § 1º vigorará enquanto o valor dos precatórios devidos for superior ao valor dos recursos vinculados, nos termos do § 2º, ambos deste artigo, ou pelo prazo fixo de até 15 (quinze) anos, no caso da opção prevista no inciso II do § 1º.
§ 15º Os precatórios parcelados na forma do art. 33 ou do art. 78 deste Ato das Disposições Constitucionais Transitórias e ainda pendentes de pagamento ingressarão no regime especial com o valor atualizado das parcelas não pagas relativas a cada

precatório, bem como o saldo dos acordos judiciais e extrajudiciais.

§ 16º A partir da promulgação desta Emenda Constitucional, a atualização de valores de requisitórios, até o efetivo pagamento, independentemente de sua natureza, será feita pelo índice oficial de remuneração básica da caderneta de poupança, e, para fins de compensação da mora, incidirão juros simples no mesmo percentual de juros incidentes sobre a caderneta de poupança, ficando excluída a incidência de juros compensatórios.

§ 17º O valor que exceder o limite previsto no § 2º do art. 100 da Constituição Federal será pago, durante a vigência do regime especial, na forma prevista nos §§ 6º e 7º ou nos incisos I, II e III do § 8º deste artigo, devendo os valores dispendidos para o atendimento do disposto no § 2º do art. 100 da Constituição Federal serem computados para efeito do § 6º deste artigo.

§ 18º Durante a vigência do regime especial a que se refere este artigo, gozarão também da preferência a que se refere o § 6º os titulares originais de precatórios que tenham completado 60 (sessenta) anos de idade até a data da promulgação desta Emenda Constitucional.

Art. 98. O número de defensores públicos na unidade jurisdicional será proporcional à efetiva demanda pelo serviço da Defensoria Pública e à respectiva população.

§ 1º No prazo de 8 (oito) anos, a União, os Estados e o Distrito Federal deverão contar com defensores públicos em todas as unidades jurisdicionais, observado o disposto no caput deste artigo.

§ 2º Durante o decurso do prazo previsto no § 1º deste artigo, a lotação dos defensores públicos ocorrerá, prioritariamente, atendendo as regiões com maiores índices de exclusão social e adensamento populacional.

Art. 99. Para efeito do disposto no inciso VII do § 2º do art. 155, no caso de operações e prestações que destinem bens e serviços a consumidor final não contribuinte localizado em outro Estado, o imposto correspondente à diferença entre a alíquota interna e a interestadual será partilhado entre os Estados de origem e de destino, na seguinte proporção:

I. para o ano de 2015: 20% (vinte por cento) para o Estado de destino e 80% (oitenta por cento) para o Estado de origem;

II. para o ano de 2016: 40% (quarenta por cento) para o Estado de destino e 60% (sessenta por cento) para o Estado de origem;

III. para o ano de 2017: 60% (sessenta por cento) para o Estado de destino e 40% (quarenta por cento) para o Estado de origem;

IV. para o ano de 2018: 80% (oitenta por cento) para o Estado de destino e 20% (vinte por cento) para o Estado de origem;

V. a partir do ano de 2019: 100% (cem por cento) para o Estado de destino.

Art. 100. Até que entre em vigor a lei complementar de que trata o inciso II do § 1º do art. 40 da Constituição Federal, os Ministros do Supremo Tribunal Federal, dos Tribunais Superiores e do Tribunal de Contas da União aposentar-se-ão, compulsoriamente, aos 75 (setenta e cinco) anos de idade, nas condições do art. 52 da Constituição Federal.

Art. 101. Os Estados, o Distrito Federal e os Municípios que, em 25 de março de 2015, se encontravam em mora no pagamento de seus precatórios quitarão, até 31 de dezembro de 2029, seus débitos vencidos e os que vencerão dentro desse período, atualizados pelo Índice Nacional de Preços ao Consumidor Amplo Especial (IPCA-E), ou por outro índice que venha a substituí-lo, depositando mensalmente em conta especial do Tribunal de Justiça local, sob única e exclusiva administração deste, 1/12 (um doze avos) do valor calculado percentualmente sobre suas receitas correntes líquidas apuradas no segundo mês anterior ao mês de pagamento, em percentual suficiente para a quitação de seus débitos e, ainda que variável, nunca inferior, em cada exercício, ao percentual praticado na data da entrada em vigor do regime especial a que se refere este artigo, em conformidade com plano de pagamento a ser anualmente apresentado ao Tribunal de Justiça local. **(Redação dada pela Emenda Constitucional nº 109, de 2021)**

§ 1º Entende-se como receita corrente líquida, para os fins de que trata este artigo, o somatório das receitas tributárias, patrimoniais, industriais, agropecuárias, de contribuições e de serviços, de transferências correntes e outras receitas correntes, incluindo as oriundas do § 1º do art. 20 da Constituição Federal, verificado no período compreendido pelo segundo mês imediatamente anterior ao de referência e os 11 (onze) meses precedentes, excluídas as duplicidades, e deduzidas:

I. nos Estados, as parcelas entregues aos Municípios por determinação constitucional;

II. nos Estados, no Distrito Federal e nos Municípios, a contribuição dos servidores para custeio de seu sistema de previdência e assistência social e as receitas provenientes da compensação financeira referida no § 9º do art. 201 da Constituição Federal.

§ 2º O débito de precatórios será pago com recursos orçamentários próprios provenientes das fontes de receita corrente líquida referidas no § 1º deste artigo e, adicionalmente, poderão ser utilizados recursos dos seguintes instrumentos:

- até 75% (setenta e cinco por cento) dos depósitos judiciais e dos depósitos administrativos em dinheiro referentes a processos judiciais ou administrativos, tributários ou não tributários, nos quais sejam parte os Estados, o Distrito Federal ou os Municípios, e as respectivas autarquias, fundações e empresas estatais dependentes, mediante a instituição de fundo garantidor em montante equivalente a 1/3 (um terço) dos recursos levantados, constituído pela parcela restante dos depósitos judiciais e remunerado pela taxa referencial do Sistema Especial de Liquidação e de Custódia (Selic) para títulos federais, nunca inferior aos índices e critérios aplicados aos depósitos levantados;
- até 30% (trinta por cento) dos demais depósitos judiciais da localidade sob jurisdição do respectivo Tribunal de Justiça, mediante a instituição de fundo garantidor em montante equivalente aos recursos levantados, constituído pela parcela restante dos depósitos judiciais e remunerado pela taxa referencial do Sistema Especial de Liquidação e de Custódia (Selic) para títulos federais, nunca inferior aos índices e critérios aplicados aos depósitos levantados, destinando-se:

a) no caso do Distrito Federal, 100% (cem por cento) desses recursos ao próprio Distrito Federal;
b) no caso dos Estados, 50% (cinquenta por cento) desses recursos ao próprio Estado e 50% (cinquenta por cento) aos respectivos Municípios, conforme a circunscrição judiciária onde estão depositados os recursos, e, se houver mais de um Município na mesma circunscrição judiciária, os recursos serão rateados entre os Municípios concorrentes, proporcionalmente às respectivas populações, utilizado como referência o último levantamento censitário ou a mais recente estimativa populacional da Fundação Instituto Brasileiro de Geografia e Estatística (IBGE);

III. empréstimos, excetuados para esse fim os limites de endividamento de que tratam os incisos VI e VII do caput do art. 52 da Constituição Federal e quaisquer outros limites de endividamento previstos em lei, não se aplicando a esses empréstimos a vedação de vinculação de receita prevista no inciso IV do caput do art. 167 da Constituição Federal;

IV. a totalidade dos depósitos em precatórios e requisições diretas de pagamento de obrigações de pequeno valor efetuados até 31 de dezembro de 2009 e ainda não levantados, com o cancelamento dos respectivos requisitórios e a baixa das obrigações, assegurada a revalidação dos requisitórios pelos juízos dos processos perante os Tribunais, a requerimento dos credores e após a oitiva da entidade devedora, mantidas a posição de ordem cronológica original e a remuneração de todo o período.

§ 3º Os recursos adicionais previstos nos incisos I, II e IV do § 2º deste artigo serão transferidos diretamente pela instituição financeira depositária para a conta especial referida no caput deste artigo, sob única e exclusiva administração do Tribunal de Justiça local, e essa transferência deverá ser realizada em até sessenta dias contados a partir da entrada em vigor deste parágrafo, sob pena de responsabilização pessoal do dirigente da instituição financeira por improbidade.

§ 4º **(Revogado pela Emenda Constitucional nº 109, de 2021)**

Art. 102. Enquanto viger o regime especial previsto nesta Emenda Constitucional, pelo menos 50% (cinquenta por cento) dos recursos que, nos termos do art. 101 deste Ato das Disposições Constitucionais Transitórias, forem destinados ao pagamento dos precatórios em mora serão utilizados no pagamento segundo a ordem cronológica de apresentação, respeitadas as preferências dos créditos alimentares, e, nessas, as relativas à idade, ao estado de saúde e à deficiência, nos termos do § 2º do art. 100 da Constituição Federal, sobre todos os demais créditos de todos os anos.

§ 1º A aplicação dos recursos remanescentes, por opção a ser exercida por Estados, Distrito Federal e Municípios, por ato do respectivo Poder Executivo, observada a ordem de preferência dos credores, poderá ser destinada ao pagamento mediante acordos diretos, perante Juízos Auxiliares de Conciliação de

Precatórios, com redução máxima de 40% (quarenta por cento) do valor do crédito atualizado, desde que em relação ao crédito não penda recurso ou defesa judicial e que sejam observados os requisitos definidos na regulamentação editada pelo ente federado.

§ 2º Na vigência do regime especial previsto no art. 101 deste Ato das Disposições Constitucionais Transitórias, as preferências relativas à idade, ao estado de saúde e à deficiência serão atendidas até o valor equivalente ao quíntuplo fixado em lei para os fins do disposto no § 3º do art. 100 da Constituição Federal, admitido o fracionamento para essa finalidade, e o restante será pago em ordem cronológica de apresentação do precatório.

Art. 103. Enquanto os Estados, o Distrito Federal e os Municípios estiverem efetuando o pagamento da parcela mensal devida como previsto no caput do art. 101 deste Ato das Disposições Constitucionais Transitórias, nem eles, nem as respectivas autarquias, fundações e empresas estatais dependentes poderão sofrer sequestro de valores, exceto no caso de não liberação tempestiva dos recursos.

Parágrafo único. Na vigência do regime especial previsto no art. 101 deste Ato das Disposições Constitucionais Transitórias, ficam vedadas desapropriações pelos Estados, pelo Distrito Federal e pelos Municípios, cujos estoques de precatórios ainda pendentes de pagamento, incluídos os precatórios a pagar de suas entidades da administração indireta, sejam superiores a 70% (setenta por cento) das respectivas receitas correntes líquidas, excetuadas as desapropriações para fins de necessidade pública nas áreas de saúde, educação, segurança pública, transporte público, saneamento básico e habitação de interesse social.

Art. 104. Se os recursos referidos no art. 101 deste Ato das Disposições Constitucionais Transitórias para o pagamento de precatórios não forem tempestivamente liberados, no todo ou em parte:

I. o Presidente do Tribunal de Justiça local determinará o sequestro, até o limite do valor não liberado, das contas do ente federado inadimplente;

II. o chefe do Poder Executivo do ente federado inadimplente responderá, na forma da legislação de responsabilidade fiscal e de improbidade administrativa;

III. a União reterá os recursos referentes aos repasses ao Fundo de Participação dos Estados e do Distrito Federal e ao Fundo de Participação dos Municípios e os depositará na conta especial referida no art. 101 deste Ato das Disposições Constitucionais Transitórias, para utilização como nele previsto;

IV. os Estados reterão os repasses previstos no parágrafo único do art. 158 da Constituição Federal e os depositarão na conta especial referida no art. 101 deste Ato das Disposições Constitucionais Transitórias, para utilização como nele previsto.

Parágrafo único. Enquanto perdurar a omissão, o ente federado não poderá contrair empréstimo externo ou interno, exceto para os fins previstos no § 2º do art. 101 deste Ato das Disposições Constitucionais Transitórias, e ficará impedido de receber transferências voluntárias.

Art. 105. Enquanto viger o regime de pagamento de precatórios previsto no art. 101 deste Ato das Disposições Constitucionais Transitórias, é facultada aos credores de precatórios, próprios ou de terceiros, a compensação com débitos de natureza tributária ou de outra natureza que até 25 de março de 2015 tenham sido inscritos na dívida ativa dos Estados, do Distrito Federal ou dos Municípios, observados os requisitos definidos em lei própria do ente federado.

§ 1º Não se aplica às compensações referidas no caput deste artigo qualquer tipo de vinculação, como as transferências a outros entes e as destinadas à educação, à saúde e a outras finalidades.

§ 2º Os Estados, o Distrito Federal e os Municípios regulamentarão nas respectivas leis o disposto no caput deste artigo em até cento e vinte dias a partir de 1º de janeiro de 2018º

§ 3º Decorrido o prazo estabelecido no § 2º deste artigo sem a regulamentação nele prevista, ficam os credores de precatórios autorizados a exercer a faculdade a que se refere o caput deste artigo.

Art. 106. Fica instituído o Novo Regime Fiscal no âmbito dos Orçamentos Fiscal e da Seguridade Social da União, que vigorará por vinte exercícios financeiros, nos termos dos arts. 107 a 114 deste Ato das Disposições Constitucionais Transitórias.

Art. 107. Ficam estabelecidos, para cada exercício, limites individualizados para as despesas primárias:

I. do Poder Executivo;

II. do Supremo Tribunal Federal, do Superior Tribunal de Justiça, do Conselho Nacional de Justiça, da Justiça do Trabalho, da Justiça Federal, da Justiça Militar da União, da Justiça Eleitoral e da Justiça do

Distrito Federal e Territórios, no âmbito do Poder Judiciário;
III. do Senado Federal, da Câmara dos Deputados e do Tribunal de Contas da União, no âmbito do Poder Legislativo;
IV. do Ministério Público da União e do Conselho Nacional do Ministério Público; e
V. da Defensoria Pública da União.
§ 1º Cada um dos limites a que se refere o caput deste artigo equivalerá:
I. para o exercício de 2017, à despesa primária paga no exercício de 2016, incluídos os restos a pagar pagos e demais operações que afetam o resultado primário, corrigida em 7,2% (sete inteiros e dois décimos por cento); e
II. para os exercícios posteriores, ao valor do limite referente ao exercício imediatamente anterior, corrigido pela variação do Índice Nacional de Preços ao Consumidor Amplo IPCA, publicado pelo Instituto Brasileiro de Geografia e Estatística, ou de outro índice que vier a substituí-lo, para o período de doze meses encerrado em junho do exercício anterior a que se refere a lei orçamentária.
§ 2º Os limites estabelecidos na forma do inciso IV do caput do art. 51, do inciso XIII do caput do art. 52, do § 1º do art. 99, do § 3º do art. 127 e do § 3º do art. 134 da Constituição Federal não poderão ser superiores aos estabelecidos nos termos deste artigo.
§ 3º A mensagem que encaminhar o projeto de lei orçamentária demonstrará os valores máximos de programação compatíveis com os limites individualizados calculados na forma do § 1º deste artigo, observados os §§ 7º a 9º deste artigo.
§ 4º As despesas primárias autorizadas na lei orçamentária anual sujeitas aos limites de que trata este artigo não poderão exceder os valores máximos demonstrados nos termos do § 3º deste artigo.
§ 5º É vedada a abertura de crédito suplementar ou especial que amplie o montante total autorizado de despesa primária sujeita aos limites de que trata este artigo.
§ 6º Não se incluem na base de cálculo e nos limites estabelecidos neste artigo:
I. transferências constitucionais estabelecidas no § 1º do art. 20, no inciso III do parágrafo único do art. 146, no § 5º do art. 153, no art. 157, nos incisos I e II do caput do art. 158, no art. 159 e no § 6º do art. 212, as despesas referentes ao inciso XIV do caput do art. 21 e as complementações de que tratam os incisos IV e V do caput do art. 212-A, todos da Constituição Federal; (**Redação dada pela Emenda constitucional nº 108, de 2020**)
II. créditos extraordinários a que se refere o § 3º do art. 167 da Constituição Federal;
III. despesas não recorrentes da Justiça Eleitoral com a realização de eleições; e
IV. despesas com aumento de capital de empresas estatais não dependentes.
V. transferências a Estados, Distrito Federal e Municípios de parte dos valores arrecadados com os leilões dos volumes excedentes ao limite a que se refere o § 2º do art. 1º da Lei nº 12.276, de 30 de junho de 2010, e a despesa decorrente da revisão do contrato de cessão onerosa de que trata a mesma Lei. (**Incluído pela Emenda Constitucional nº 102, de 2019**)
§ 7º Nos três primeiros exercícios financeiros da vigência do Novo Regime Fiscal, o Poder Executivo poderá compensar com redução equivalente na sua despesa primária, consoante os valores estabelecidos no projeto de lei orçamentária encaminhado pelo Poder Executivo no respectivo exercício, o excesso de despesas primárias em relação aos limites de que tratam os incisos II a V do caput deste artigo.
§ 8º A compensação de que trata o § 7º deste artigo não excederá a 0,25% (vinte e cinco centésimos por cento) do limite do Poder Executivo.
§ 9º Respeitado o somatório em cada um dos incisos de II a IV do caput deste artigo, a lei de diretrizes orçamentárias poderá dispor sobre a compensação entre os limites individualizados dos órgãos elencados em cada inciso.
§ 10º Para fins de verificação do cumprimento dos limites de que trata este artigo, serão consideradas as despesas primárias pagas, incluídos os restos a pagar pagos e demais operações que afetam o resultado primário no exercício.
§ 11º O pagamento de restos a pagar inscritos até 31 de dezembro de 2015 poderá ser excluído da verificação do cumprimento dos limites de que trata este artigo, até o excesso de resultado primário dos Orçamentos Fiscal e da Seguridade Social do exercício em relação à meta fixada na lei de diretrizes orçamentárias.

Art. 108. O Presidente da República poderá propor, a partir do décimo exercício da vigência do

Novo Regime Fiscal, projeto de lei complementar para alteração do método de correção dos limites a que se refere o inciso II do § 1º do art. 107 deste Ato das Disposições Constitucionais Transitórias.

Parágrafo único. Será admitida apenas uma alteração do método de correção dos limites por mandato presidencial.

Art. 109. Se verificado, na aprovação da lei orçamentária, que, no âmbito das despesas sujeitas aos limites do art. 107 deste Ato das Disposições Constitucionais Transitórias, a proporção da despesa obrigatória primária em relação à despesa primária total foi superior a 95% (noventa e cinco por cento), aplicam-se ao respectivo Poder ou órgão, até o final do exercício a que se refere a lei orçamentária, sem prejuízo de outras medidas, as seguintes vedações: **(Redação dada pela Emenda Constitucional nº 109, de 2021)**

I. concessão, a qualquer título, de vantagem, aumento, reajuste ou adequação de remuneração de membros de Poder ou de órgão, de servidores e empregados públicos e de militares, exceto dos derivados de sentença judicial transitada em julgado ou de determinação legal anterior ao início da aplicação das medidas de que trata este artigo; **(Redação dada pela Emenda Constitucional nº 109, de 2021)**

II. criação de cargo, emprego ou função que implique aumento de despesa;

III. alteração de estrutura de carreira que implique aumento de despesa;

IV. admissão ou contratação de pessoal, a qualquer título, ressalvadas: **(Redação dada pela Emenda Constitucional nº 109, de 2021)**

a) as reposições de cargos de chefia e de direção que não acarretem aumento de despesa; **(Incluído pela Emenda Constitucional nº 109, de 2021)**

b) as reposições decorrentes de vacâncias de cargos efetivos ou vitalícios; **(Incluído pela Emenda Constitucional nº 109, de 2021)**

c) as contratações temporárias de que trata o inciso IX do caput do art. 37 da Constituição Federal; e **(Incluído pela Emenda Constitucional nº 109, de 2021)**

d) as reposições de temporários para prestação de serviço militar e de alunos de órgãos de formação de militares; **(Incluído pela Emenda Constitucional nº 109, de 2021)**

V. realização de concurso público, exceto para as reposições de vacâncias previstas no inciso IV;

VI. criação ou majoração de auxílios, vantagens, bônus, abonos, verbas de representação ou benefícios de qualquer natureza, inclusive os de cunho indenizatório, em favor de membros de Poder, do Ministério Público ou da Defensoria Pública, de servidores e empregados públicos e de militares, ou ainda de seus dependentes, exceto quando derivados de sentença judicial transitada em julgado ou de determinação legal anterior ao início da aplicação das medidas de que trata este artigo; **(Redação dada pela Emenda Constitucional nº 109, de 2021)**

VII. criação de despesa obrigatória; e

VIII. adoção de medida que implique reajuste de despesa obrigatória acima da variação da inflação, observada a preservação do poder aquisitivo referida no inciso IV do caput do art. 7º da Constituição Federal.

IX. aumento do valor de benefícios de cunho indenizatório destinados a qualquer membro de Poder, servidor ou empregado da administração pública e a seus dependentes, exceto quando derivado de sentença judicial transitada em julgado ou de determinação legal anterior ao início da aplicação das medidas de que trata este artigo. **(Incluído pela Emenda Constitucional nº 109, de 2021)**

§ 1º As vedações previstas nos incisos I, III e VI do caput deste artigo, quando acionadas as vedações para qualquer dos órgãos elencados nos incisos II, III e IV do caput do art. 107 deste Ato das Disposições Constitucionais Transitórias, aplicam-se ao conjunto dos órgãos referidos em cada inciso. **(Redação dada pela Emenda Constitucional nº 109, de 2021)**

§ 2º Caso as vedações de que trata o caput deste artigo sejam acionadas para o Poder Executivo, ficam vedadas: **(Redação dada pela Emenda Constitucional nº 109, de 2021)**

I. a criação ou expansão de programas e linhas de financiamento, bem como a remissão, renegociação ou refinanciamento de dívidas que impliquem ampliação das despesas com subsídios e subvenções; e

II. a concessão ou a ampliação de incentivo ou benefício de natureza tributária.

§ 3º Caso as vedações de que trata o caput deste artigo sejam acionadas, fica vedada a concessão da revisão geral prevista no inciso X do caput do art.

37 da Constituição Federal. **(Redação dada pela Emenda Constitucional nº 109, de 2021)**

§ 4º As disposições deste artigo: **(Redação dada pela Emenda Constitucional nº 109, de 2021)**

I. não constituem obrigação de pagamento futuro pela União ou direitos de outrem sobre o erário; **(Incluído pela Emenda Constitucional nº 109, de 2021)**

II. não revogam, dispensam ou suspendem o cumprimento de dispositivos constitucionais e legais que disponham sobre metas fiscais ou limites máximos de despesas; e **(Incluído pela Emenda Constitucional nº 109, de 2021)**

III. aplicam-se também a proposições legislativas. **(Incluído pela Emenda Constitucional nº 109, de 2021)**

§ 5º O disposto nos incisos II, IV, VII e VIII do caput e no § 2º deste artigo não se aplica a medidas de combate a calamidade pública nacional cuja vigência e efeitos não ultrapassem a sua duração. **(Incluído pela Emenda Constitucional nº 109, de 2021)**

Art. 110. Na vigência do Novo Regime Fiscal, as aplicações mínimas em ações e serviços públicos de saúde e em manutenção e desenvolvimento do ensino equivalerão:

I. no exercício de 2017, às aplicações mínimas calculadas nos termos do inciso I do § 2º do art. 198 e do caput do art. 212, da Constituição Federal; e

II. nos exercícios posteriores, aos valores calculados para as aplicações mínimas do exercício imediatamente anterior, corrigidos na forma estabelecida pelo inciso II do § 1º do art. 107 deste Ato das Disposições Constitucionais Transitórias.

Art. 111. A partir do exercício financeiro de 2018, até o último exercício de vigência do Novo Regime Fiscal, a aprovação e a execução previstas nos §§ 9º e 11 do art. 166 da Constituição Federal corresponderão ao montante de execução obrigatória para o exercício de 2017, corrigido na forma estabelecida pelo inciso II do § 1º do art. 107 deste Ato das Disposições Constitucionais Transitórias.

Art. 112. As disposições introduzidas pelo Novo Regime Fiscal:

I. não constituirão obrigação de pagamento futuro pela União ou direitos de outrem sobre o erário; e

II. não revogam, dispensam ou suspendem o cumprimento de dispositivos constitucionais e legais que disponham sobre metas fiscais ou limites máximos de despesas.

Art. 113. A proposição legislativa que crie ou altere despesa obrigatória ou renúncia de receita deverá ser acompanhada da estimativa do seu impacto orçamentário e financeiro.

Art. 114. A tramitação de proposição elencada no caput do art. 59 da Constituição Federal, ressalvada a referida no seu inciso V, quando acarretar aumento de despesa ou renúncia de receita, será suspensa por até vinte dias, a requerimento de um quinto dos membros da Casa, nos termos regimentais, para análise de sua compatibilidade com o Novo Regime Fiscal.

Brasília, 5 de outubro de 1988.

2

Constituições Estaduais da Região Sudeste

Constituição do Estado de São Paulo

(Atualizada até a Emenda Constitucional nº 49, de 06 de março de 2020)

CONSTITUIÇÃO ESTADUAL, DE 05 DE OUTUBRO DE 1989

PREÂMBULO

O Povo Paulista, invocando a proteção de Deus, e inspirado nos princípios constitucionais da República e no ideal de a todos assegurar justiça e bem-estar, decreta e promulga, por seus representantes, a CONSTITUIÇÃO DO ESTADO DE SÃO PAULO.

TÍTULO I
Dos Fundamentos do Estado

Art. 1. O Estado de São Paulo, integrante da República Federativa do Brasil, exerce as competências que não lhe são vedadas pela Constituição Federal.

Art. 2. A lei estabelecerá procedimentos judiciários abreviados e de custos reduzidos para as ações cujo objeto principal seja a salvaguarda dos direitos e liberdades fundamentais.

Art. 3. O Estado prestará assistência jurídica integral e gratuita aos que declararem insuficiência de recursos.

Art. 4. Nos procedimentos administrativos, qualquer que seja o objeto, observar-se-ão, entre outros requisitos de validade, a igualdade entre os administrados e o devido processo legal, especialmente quanto à exigência da publicidade, do contraditório, da ampla defesa e do despacho ou decisão motivados.

TÍTULO II
Da Organização dos Poderes

CAPÍTULO I
Disposições Preliminares

Art. 5. São Poderes do Estado, independentes e harmônicos entre si, o Legislativo, o Executivo e o Judiciário.

§ 1º É vedado a qualquer dos Poderes delegar atribuições.

§ 2º O cidadão, investido na função de um dos Poderes, não poderá exercer a de outro, salvo as exceções previstas nesta Constituição.

Art. 6. O Município de São Paulo é a Capital do Estado.

Art. 7. São símbolos do Estado a bandeira, o brasão de armas e o hino.

Art. 8. Além dos indicados no artigo 26º da Constituição Federal, incluem-se entre os bens do Estado os terrenos reservados às margens dos rios e lagos do seu domínio.

CAPÍTULO II
Do Poder Legislativo

SEÇÃO I
Da Organização do Poder Legislativo

Art. 9. O Poder Legislativo é exercido pela Assembleia Legislativa, constituída de Deputados eleitos e investidos na forma da legislação federal, para uma legislatura de quatro anos.

§ 1º A Assembleia Legislativa reunir-se-á, em sessão legislativa anual, independentemente de convocação, de primeiro de fevereiro a trinta de junho e de primeiro de agosto a quinze de dezembro.

§ 2º No primeiro ano da legislatura, a Assembleia Legislativa reunir-se-á, da mesma forma, em sessões preparatórias, a partir de primeiro de fevereiro, para a posse de seus membros e eleição da Mesa. (NR)

Com redação dada pela Emenda Constitucional nº 47, de 14/03/2019.

§ 3º As reuniões marcadas para as datas fixadas no § 1º serão transferidas para o primeiro dia útil subsequente quando recaírem em sábado, domingo ou feriado.

§ 4º A sessão legislativa não será interrompida sem aprovação do projeto de lei de diretrizes orçamentárias e sem deliberação sobre o projeto de lei do orçamento e sobre as contas prestadas pelo Governador, referentes ao exercício anterior. (NR)

§ 5º A convocação extraordinária da Assembleia Legislativa far-se-á:

I. pelo Presidente, nos seguintes casos:

a) decretação de estado de sítio ou de estado de defesa que atinja todo ou parte do território estadual;

b) intervenção no Estado ou em Município;
c) recebimento dos autos de prisão de Deputado, na hipótese de crime inafiançável.
II. pela maioria absoluta dos membros da Assembleia Legislativa ou pelo Governador, em caso de urgência ou interesse público relevante.
§ 6° Na sessão legislativa extraordinária, a Assembleia Legislativa somente deliberará sobre a matéria para a qual foi convocada, vedado o pagamento de parcela indenizatória de valor superior ao subsídio mensal. (NR)

Art. 10. A Assembleia Legislativa funcionará em sessões públicas, presente, nas sessões deliberativas, pelo menos um quarto de seus membros e, nas sessões exclusivamente de debates, pelo menos um oitavo de seus membros. (NR)
§ 1° Salvo disposição constitucional em contrário, as deliberações da Assembleia Legislativa e de suas Comissões serão tomadas por maioria de votos, presente a maioria absoluta de seus membros.
§ 2° O voto será público. (NR)

Art. 11. Os membros da Mesa e seus substitutos serão eleitos para um mandato de dois anos.
§ 1° A eleição far-se-á, em primeiro escrutínio, pela maioria absoluta da Assembleia Legislativa.
§ 2° É vedada a recondução para o mesmo cargo na eleição imediatamente subsequente.

Art. 12. Na constituição da Mesa e das Comissões assegurar-se-á, tanto quanto possível, a representação proporcional dos partidos políticos com assento na Assembleia Legislativa.

Art. 13. A Assembleia Legislativa terá Comissões permanentes e temporárias, na forma e com as atribuições previstas no Regimento Interno.
§ 1° Às comissões, em razão da matéria de sua competência, cabe:
I. discutir e votar projetos de lei que dispensarem, na forma do Regimento Interno, a competência do Plenário, salvo se houver, para decisão deste, requerimento de um décimo dos membros da Assembleia Legislativa;
II. convocar Secretário de Estado, sem prejuízo do disposto no artigo 52°-A, para prestar pessoalmente, no prazo de trinta dias, informações sobre assunto previamente determinado, importando crime de responsabilidade a ausência sem justificação adequada; (NR)
III. convocar dirigentes de autarquias, empresas públicas, sociedades de economia mista e fundações instituídas ou mantidas pelo Poder Público, para prestarem informações sobre assuntos de área de sua competência, previamente determinados, no prazo de trinta dias, sujeitando-se, pelo não comparecimento sem justificação adequada, às penas da lei;
IV. convocar o Procurador-Geral de Justiça, o Procurador-Geral do Estado e o Defensor Público-Geral, para prestarem informações a respeito de assuntos previamente fixados, relacionados com a respectiva área;
V. acompanhar a execução orçamentária;
VI. realizar audiências públicas dentro ou fora da sede do Poder Legislativo;
VII. receber petições, reclamações, representações ou queixas de qualquer pessoa contra atos ou omissões das autoridades ou entidades públicas;
VIII. velar pela completa adequação dos atos do Poder Executivo que regulamentem dispositivos legais;
IX. tomar o depoimento de autoridade e solicitar o de cidadão;
X. fiscalizar e apreciar programas de obras, planos estaduais, regionais e setoriais de desenvolvimento e, sobre eles, emitir parecer;
XI. convocar representantes de empresa resultante de sociedade desestatizada e representantes de empresa prestadora de serviço público concedido ou permitido, para prestarem informações sobre assuntos de sua área de competência, previamente determinados, no prazo de trinta dias, sujeitando-se, pelo não comparecimento sem adequada justificação, às penas da lei. (NR)
§ 2° As comissões parlamentares de inquérito, que terão poderes de investigação próprios das autoridades judiciais, além de outros previstos no Regimento Interno, serão criadas mediante requerimento de um terço dos membros da Assembleia Legislativa, para apuração de fato determinado e por prazo certo, sendo suas conclusões, quando for o caso, encaminhadas aos órgãos competentes do Estado para que promovam a responsabilidade civil e criminal de quem de direito.
§ 3° O Regimento Interno disporá sobre a competência da Comissão representativa da Assembleia Legislativa que funcionará durante o recesso, quando não houver convocação extraordinária.
§ 4° Aplicam-se ao Conselho de Defesa das Prerrogativas Parlamentares da Assembleia Legislativa as competências previstas nos itens 2, 3, 7 e 11 do § 1°

deste artigo, para apuração de fatos e informações estritamente afetos à inobservância ou infringência das prerrogativas das Deputadas e Deputados. (NR)

SEÇÃO II
Dos Deputados

Art. 14. Os Deputados são invioláveis, civil e penalmente, por quaisquer de suas opiniões, palavras e votos. (NR)

§ 1º Os Deputados, desde a expedição do diploma, serão submetidos a julgamento perante o Tribunal de Justiça. (NR)

§ 2º Desde a expedição do diploma, os membros da Assembleia Legislativa não poderão ser presos, salvo em flagrante de crime inafiançável. Nesse caso, os autos serão remetidos dentro de vinte e quatro horas à Assembleia Legislativa, para que, pelo voto da maioria de seus membros, resolva sobre a prisão. (NR)

§ 3º Recebida a denúncia contra Deputado, por crime ocorrido após a diplomação, o Tribunal de Justiça dará ciência à Assembleia Legislativa que, por iniciativa de partido político nela representado e pelo voto da maioria de seus membros, poderá, até a decisão final, sustar o andamento da ação. (NR)

§ 4º O pedido de sustação será apreciado pela Assembleia Legislativa no prazo improrrogável de quarenta e cinco dias do seu recebimento pela Mesa Diretora. (NR)

§ 5º A sustação do processo suspende a prescrição, enquanto durar o mandato. (NR)

§ 6º Os Deputados não serão obrigados a testemunhar sobre informações recebidas ou prestadas em razão do exercício do mandato, nem sobre as pessoas que lhes confiaram ou deles receberam informações. (NR)

§ 7º A incorporação às Forças Armadas de Deputados, embora militares e ainda que em tempo de guerra, dependerá de prévia licença da Assembleia Legislativa. (NR)

§ 8º As imunidades de Deputados subsistirão durante o estado de sítio, só podendo ser suspensas mediante o voto de dois terços dos membros da Assembleia Legislativa, nos casos de atos praticados fora do recinto dessa Casa, que sejam incompatíveis com a execução da medida. (NR)

§ 9º O Deputado ou a Deputada, sempre que representando uma das Comissões Permanentes, Comissões Parlamentares de Inquérito ou a Assembleia Legislativa, neste último caso mediante deliberação do Plenário, terá livre acesso às repartições públicas, podendo diligenciar pessoalmente junto aos órgãos da administração direta e indireta e agências reguladoras, sujeitando-se os respectivos responsáveis às sanções civis, administrativas e penais previstas em lei, na hipótese de recusa ou omissão. (NR)

§ 9º-A Suprimido.

§ 10º No caso de inviolabilidade por quaisquer opiniões, palavras, votos e manifestações verbais ou escritas de deputado em razão de sua atividade parlamentar, impende-se o arquivamento de inquérito policial e o imediato não-conhecimento de ação civil ou penal promovida com inobservância deste direito do Poder Legislativo, independentemente de prévia comunicação ao deputado ou à Assembleia Legislativa. (NR)

§ 11º Salvo as hipóteses do § 10º, os procedimentos investigatórios e as suas diligências de caráter instrutório somente serão promovidos perante o Tribunal de Justiça, e sob seu controle, a quem caberá ordenar toda e qualquer providência necessária à obtenção de dados probatórios para demonstração de alegado delito de deputado. (NR)

Art. 15. Os Deputados não poderão:

I. desde a expedição do diploma:

a) firmar ou manter contrato com pessoa jurídica de direito público, autarquia, empresa pública, sociedade de economia mista ou empresa concessionária de serviço público, salvo quando o contrato obedecer a cláusulas uniformes;

b) aceitar ou exercer cargo, função ou emprego remunerado, incluindo os de que sejam demissíveis "ad nutum", nas entidades constantes da alínea anterior;

II. desde a posse:

a) ser proprietários, controladores ou diretores de empresa que goze de favor decorrente de contrato com pessoa jurídica de direito público, ou nela exercer função remunerada;

b) ocupar cargo ou função de que sejam demissíveis "ad nutum", nas entidades referidas na alínea "a" do inciso I;

c) patrocinar causa em que seja interessada qualquer das entidades a que se refere a alínea "a" do inciso I;

d) ser titulares de mais de um cargo ou mandato eletivo federal, estadual ou municipal.

Art. 16. Perderá o mandato o Deputado:

I. que infringir qualquer das proibições estabelecidas no artigo anterior;
II. cujo procedimento for declarado incompatível com o decoro parlamentar;
III. que deixar de comparecer, em cada sessão legislativa, à terça-parte das sessões ordinárias, salvo licença ou missão autorizada pela Assembleia Legislativa;
IV. que perder ou tiver suspensos os direitos políticos;
V. quando o decretar a Justiça Eleitoral, nos casos previstos na Constituição Federal;
VI. que sofrer condenação criminal em sentença transitada em julgado. (NR)

§ 1º É incompatível com o decoro parlamentar, além dos casos definidos no Regimento Interno, o abuso das prerrogativas asseguradas ao Deputado ou a percepção de vantagens indevidas.

§ 2º Nos casos dos incisos I, II e VI deste artigo, a perda do mandato será decidida pela Assembleia Legislativa, por votação nominal e maioria absoluta, mediante provocação da Mesa ou de partido político representado no Legislativo, assegurada ampla defesa. (NR)

§ 3º Nos casos previstos nos incisos III a V, a perda será declarada pela Mesa, de ofício ou mediante provocação de qualquer dos membros da Assembleia Legislativa ou de partido político nela representado, assegurada ampla defesa.

Art. 17. Não perderá o mandato o Deputado:
I. investido na função de Ministro de Estado, Governador de Território, Secretário de Estado, do Distrito Federal, de Território, de Prefeitura de Capital ou Chefe de Missão Diplomática temporária;
II. licenciado pela Assembleia Legislativa por motivo de doença ou para tratar, sem subsídio, de interesse particular, desde que, neste caso, o afastamento não ultrapasse cento e vinte dias por sessão legislativa. (NR)

§ 1º O Suplente será convocado, nos casos de vaga, com a investidura nas funções previstas neste artigo ou de licença superior a cento e vinte dias.

§ 2º Ocorrendo vaga e não havendo suplente, far-se-á eleição, se faltarem mais de quinze meses para o término do mandato.

§ 3º Na hipótese do inciso I deste artigo, o Deputado poderá optar pelo subsídio fixado aos parlamentares estaduais. (NR)

Art. 18. O subsídio dos Deputados Estaduais será fixado por lei de iniciativa da Assembleia Legislativa, na razão de, no máximo, setenta e cinco por cento daquele estabelecido, em espécie, para os Deputados Federais, observado o que dispõem os artigos 39º, § 4º, 57º, § 7º, 150º, II, 153º, III, e 153º, § 2º, I, da Constituição Federal. (NR)

Parágrafo único. Os Deputados farão declaração pública de bens, no ato da posse e no término do mandato.

SEÇÃO III
Das Atribuições do Poder Legislativo

Art. 19. Compete à Assembleia Legislativa, com a sanção do Governador, dispor sobre todas as matérias de competência do Estado, ressalvadas as especificadas no artigo 20º, e especialmente sobre:
I. sistema tributário estadual, instituição de impostos, taxas, contribuições de melhoria e contribuição social;
II. plano plurianual, diretrizes orçamentárias, orçamento anual, operações de crédito, dívida pública e empréstimos externos, a qualquer título, pelo Poder Executivo;
III. criação, transformação e extinção de cargos, empregos e funções públicas, observado o que estabelece o artigo 47º, XIX, "b"; (NR)
IV. autorização para a alienação de bens imóveis do Estado ou a cessão de direitos reais a eles relativos, bem como o recebimento, pelo Estado, de doações com encargo, não se considerando como tal a simples destinação específica do bem;
V. autorização para cessão ou para concessão de uso de bens imóveis do Estado para particulares, dispensado o consentimento nos casos de permissão e autorização de uso, outorgada a título precário, para atendimento de sua destinação específica;
VI. criação e extinção de Secretarias de Estado e órgãos da administração pública; (NR)
VII. bens do domínio do Estado e proteção do patrimônio público;
VIII. organização administrativa, judiciária, do Ministério Público, da Defensoria Pública e da Procuradoria Geral do Estado;
IX. normas de direito financeiro.

Art. 20. Compete, exclusivamente, à Assembleia Legislativa:
I. eleger a Mesa e constituir as Comissões;

II. elaborar seu Regimento Interno;
III. dispor sobre a organização de sua Secretaria, funcionamento, polícia, criação, transformação ou extinção dos cargos, empregos e funções de seus serviços e a iniciativa de lei para fixação da respectiva remuneração, observados os parâmetros estabelecidos na lei de diretrizes orçamentárias; (NR)
IV. dar posse ao Governador e ao Vice-Governador eleitos e conceder-lhes licença para ausentar-se do Estado, por mais de quinze dias;
V. apresentar projeto de lei para fixar, para cada exercício financeiro, os subsídios do Governador, do Vice-Governador, dos Secretários de Estado e dos Deputados Estaduais; (NR)
VI. tomar e julgar, anualmente, as contas prestadas pela Mesa da Assembleia Legislativa, pelo Governador e pelo Presidente do Tribunal de Justiça, respectivamente, do Poder Legislativo, do Poder Executivo e do Poder Judiciário, e apreciar os relatórios sobre a execução dos Planos de Governo;
VII. decidir, quando for o caso, sobre intervenção estadual em Município;
VIII. autorizar o Governador a efetuar ou contrair empréstimos, salvo com Município do Estado, suas entidades descentralizadas e órgãos ou entidades federais;
IX. sustar os atos normativos do Poder Executivo que exorbitem do poder regulamentar;
X. fiscalizar e controlar os atos do Poder Executivo, inclusive os da administração descentralizada;
XI. escolher dois terços dos membros do Tribunal de Contas do Estado, após arguição em sessão pública;
XII. aprovar previamente, após arguição em sessão pública, a escolha dos titulares dos cargos de Conselheiros do Tribunal de Contas, indicados pelo Governador do Estado; (NR)
XIII. suspender, no todo ou em parte, a execução de lei ou ato normativo declarado inconstitucional em decisão irrecorrível do Tribunal de Justiça;
XIV. convocar Secretários de Estado, dirigentes, diretores e Superintendentes de órgãos da administração pública indireta e fundacional e Reitores das universidades públicas estaduais para prestar, pessoalmente, informações sobre assuntos previamente determinados, no prazo de trinta dias, importando crime de responsabilidade a ausência sem justificativa; (NR)
XV. convocar o Procurador-Geral de Justiça, o Procurador-Geral do Estado e o Defensor Público- Geral, para prestarem informações sobre assuntos previamente determinados, no prazo de trinta dias, sujeitando-se às penas da lei, na ausência sem justificativa;
XVI. requisitar informações dos Secretários de Estado, dirigentes, diretores e superintendentes de órgãos da administração pública indireta e fundacional, do Procurador-Geral de Justiça, dos Reitores das universidades públicas estaduais e dos diretores de Agência Reguladora sobre assunto relacionado com sua pasta ou instituição, importando crime de responsabilidade não só a recusa ou o não atendimento, no prazo de trinta dias, bem como o fornecimento de informações falsas; (NR)
XVII. declarar a perda do mandato do Governador;
XVIII. autorizar referendo e convocar plebiscito, exceto nos casos previstos nesta Constituição;
XIX. autorizar ou aprovar convênios, acordos ou contratos que resultem para o Estado em encargos não previstos na lei orçamentária;
XX. mudar temporariamente sua sede;
XXI. zelar pela preservação de sua competência legislativa em face da atribuição normativa de outros Poderes;
XXII. solicitar intervenção federal, se necessário, para assegurar o livre exercício de suas funções;
XXIII. destituir o Procurador-Geral de Justiça, por deliberação da maioria absoluta de seus membros;
XXIV. solicitar ao Governador, na forma do Regimento Interno, informações sobre atos de sua competência privativa, bem como ao Presidente do Tribunal de Justiça, informações de natureza eminentemente administrativa;
XXV. receber a denúncia e promover o respectivo processo, no caso de crime de responsabilidade do Governador do Estado;
XXVI. apreciar, anualmente, as contas do Tribunal de Contas.

SEÇÃO IV
Do Processo Legislativo

Art. 21. O processo legislativo compreende a elaboração de:
I. emenda à Constituição;
II. lei complementar;
III. lei ordinária;
IV. decreto legislativo;
V. resolução.

Art. 22. A Constituição poderá ser emendada mediante proposta:

I. de um terço, no mínimo, dos membros da Assembleia Legislativa;
II. do Governador do Estado;
III. de mais de um terço das Câmaras Municipais do Estado, manifestando-se, cada uma delas, pela maioria relativa de seus membros;
IV. de cidadãos, mediante iniciativa popular assinada, no mínimo, por um por cento dos eleitores.
§ 1º A Constituição não poderá ser emendada na vigência de estado de defesa ou de estado de sítio.
§ 2º A proposta será discutida e votada em dois turnos, considerando-se aprovada quando obtiver, em ambas as votações, o voto favorável de três quintos dos membros da Assembleia Legislativa.
§ 3º A emenda à Constituição será promulgada pela Mesa da Assembleia Legislativa, com o respectivo número de ordem.
§ 4º A matéria constante de proposta de emenda rejeitada não poderá ser objeto de nova proposta na mesma sessão legislativa.

Art. 23. As leis complementares serão aprovadas pela maioria absoluta dos membros da Assembleia Legislativa, observados os demais termos da votação das leis ordinárias.

Parágrafo único. Para os fins deste artigo, consideram-se complementares:
1. a Lei de Organização Judiciária;
2. a Lei Orgânica do Ministério Público;
3. a Lei Orgânica da Procuradoria Geral do Estado;
4. a Lei Orgânica da Defensoria Pública;
5. a Lei Orgânica da Polícia Civil;
6. a Lei Orgânica da Polícia Militar;
7. a Lei Orgânica do Tribunal de Contas;
8. a Lei Orgânica das Entidades Descentralizadas;
9. a Lei Orgânica do Fisco Estadual;
10. os Estatutos dos Servidores Civis e dos Militares;
11. o Código de Educação;
12. o Código de Saúde;
13. o Código de Saneamento Básico;
14. o Código de Proteção ao Meio Ambiente;
15. o Código Estadual de Proteção contra Incêndios e Emergências;
16. a Lei sobre Normas Técnicas de Elaboração Legislativa;
17. a Lei que institui regiões metropolitanas, aglomerações urbanas e microrregiões;
18. a Lei que impuser requisitos para a criação, a incorporação, a fusão e o desmembramento de Municípios ou para a sua classificação como estância de qualquer natureza.

Art. 24. A iniciativa das leis complementares e ordinárias cabe a qualquer membro ou Comissão da Assembleia Legislativa, ao Governador do Estado, ao Tribunal de Justiça, ao Procurador-Geral de Justiça e aos cidadãos, na forma e nos casos previstos nesta Constituição.
§ 1º Compete, exclusivamente, à Assembleia Legislativa a iniciativa das leis que disponham sobre:
1. criação, incorporação, fusão e desmembramento de Municípios; (NR)
2. regras de criação, organização e supressão de distritos nos Municípios; (NR)
3. subsídios do Governador, do Vice-Governador e dos Secretários de Estado, observado o que dispõem os artigos 37º, XI, 39º, § 4º, 150º, II, 153º, III, e 153º, § 2º, I, da Constituição Federal; (NR)
4. declaração de utilidade pública de entidades de direito privado. (NR)
§ 2º Compete, exclusivamente, ao Governador do Estado a iniciativa das leis que disponham sobre:
1. criação e extinção de cargos, funções ou empregos públicos na administração direta e autárquica, bem como a fixação da respectiva remuneração;
2. criação e extinção das Secretarias de Estado e órgãos da administração pública, observado o disposto no artigo 47º, XIX; (NR)
3. organização da Procuradoria Geral do Estado e da Defensoria Pública do Estado, observadas as normas gerais da União;
4. servidores públicos do Estado, seu regime jurídico, provimento de cargos, estabilidade e aposentadoria; (NR)
5. militares, seu regime jurídico, provimento de cargos, promoções, estabilidade, remuneração, reforma e transferência para inatividade, bem como fixação ou alteração do efetivo da Polícia Militar; (NR)
6. criação, alteração ou supressão de cartórios notariais e de registros públicos.
§ 3º O exercício direto da soberania popular realizar-se-á da seguinte forma:
1. a iniciativa popular pode ser exercida pela apresentação de projeto de lei subscrito por, no mínimo, cinco décimos de unidade por cento do eleitorado do Estado, assegurada a defesa do projeto, por representantes dos respectivos responsáveis, perante as Comissões pelas quais tramitar;

2. um por cento do eleitorado do Estado poderá requerer à Assembleia Legislativa a realização de referendo sobre lei;
3. as questões relevantes aos destinos do Estado poderão ser submetidas a plebiscito, quando pelo menos um por cento do eleitorado o requerer ao Tribunal Regional Eleitoral, ouvida a Assembleia Legislativa;
4. o eleitorado referido nos itens anteriores deverá estar distribuído em, pelo menos, cinco dentre os quinze maiores Municípios com não menos que dois décimos de unidade por cento de eleitores em cada um deles;
5. não serão suscetíveis de iniciativa popular matérias de iniciativa exclusiva, definidas nesta Constituição;
6. o Tribunal Regional Eleitoral, observada a legislação federal pertinente, providenciará a consulta popular prevista nos itens 2 e 3, no prazo de sessenta dias.

§ 4º Compete, exclusivamente, ao Tribunal de Justiça a iniciativa das leis que disponham sobre:
1. criação e extinção de cargos e a remuneração dos seus serviços auxiliares e dos juízes que lhes forem vinculados, bem como a fixação do subsídio de seus membros e dos juízes, incluído o Tribunal de Justiça Militar; (NR)
2. organização e divisão judiciárias, bem como criação, alteração ou supressão de ofícios e cartórios judiciários.

§ 5º Não será admitido o aumento da despesa prevista:
1. nos projetos de iniciativa exclusiva do Governador, ressalvado o disposto no artigo 174º, § § 1º e 2º;
2. nos projetos sobre organização dos serviços administrativos da Assembleia Legislativa, do Poder Judiciário e do Ministério Público.

§ 6º A atribuição de denominação de próprio público dar-se-á concorrentemente pela Assembleia Legislativa e Governador do Estado, na forma de legislação competente a cada um, atendidas as regras da legislação específica. (NR)

Art. 25. Nenhum projeto de lei que implique a criação ou o aumento de despesa pública será sancionado sem que dele conste a indicação dos recursos disponíveis, próprios para atender aos novos encargos.

Parágrafo único. O disposto neste artigo não se aplica a créditos extraordinários.

Art. 26. O Governador poderá solicitar que os projetos de sua iniciativa tramitem em regime de urgência.

Parágrafo único. Se a Assembleia Legislativa não deliberar em até quarenta e cinco dias, o projeto será incluído na ordem do dia até que se ultime sua votação. (NR)

Art. 27. O Regimento Interno da Assembleia Legislativa disciplinará os casos de decreto legislativo e de resolução cuja elaboração, redação, alteração e consolidação serão feitas com observância das mesmas normas técnicas relativas às leis.

Art. 28. Aprovado o projeto de lei, na forma regimental, será ele enviado ao Governador que, aquiescendo, o sancionará e promulgará.

§ 1º Se o Governador julgar o projeto, no todo ou em parte, inconstitucional ou contrário ao interesse público, vetá-lo-á, total ou parcialmente, dentro de quinze dias úteis, contados da data do recebimento, comunicando, dentro de quarenta e oito horas, ao Presidente da Assembleia Legislativa, o motivo do veto.

§ 2º O veto parcial deverá abranger, por inteiro, o artigo, o parágrafo, o inciso, o item ou alínea.

§ 3º Sendo negada a sanção, as razões do veto serão comunicadas ao Presidente da Assembleia Legislativa e publicadas se em época de recesso parlamentar.

§ 4º Decorrido o prazo, em silêncio, considerar-se-á sancionado o projeto, sendo obrigatória a sua promulgação pelo Presidente da Assembleia Legislativa no prazo de dez dias.

§ 5º A Assembleia Legislativa deliberará sobre a matéria vetada, em único turno de votação e discussão, no prazo de trinta dias de seu recebimento, considerando-se aprovada quando obtiver o voto favorável da maioria absoluta de seus membros.

§ 6º Esgotado, sem deliberação, o prazo estabelecido no § 5º, o veto será incluído na ordem do dia da sessão imediata, até sua votação final. (NR)

§ 7º Se o veto for rejeitado, será o projeto enviado para promulgação, ao Governador.

§ 8º Se, na hipótese do § 7º, a lei não for promulgada dentro de quarenta e oito horas pelo Governador, o Presidente da Assembleia Legislativa promulgará e, se este não o fizer, em igual prazo, caberá ao Primeiro Vice-Presidente fazê-lo.

Art. 29. A matéria constante de projeto de lei rejeitado somente poderá ser renovada, na mesma sessão legislativa, mediante proposta da maioria absoluta dos membros da Assembleia Legislativa. (NR)

SEÇÃO V
Da Procuradoria da Assembleia Legislativa

Art. 30. À Procuradoria da Assembleia Legislativa compete exercer a representação judicial, a consultoria e o assessoramento técnico-jurídico do Poder Legislativo.

Parágrafo único. Lei de iniciativa da Mesa da Assembleia Legislativa organizará a Procuradoria da Assembleia Legislativa, observados os princípios e regras pertinentes da Constituição Federal e desta Constituição, disciplinará sua competência e disporá sobre o ingresso na classe inicial, mediante concurso público de provas e títulos.

SEÇÃO VI
Do Tribunal de Contas

Art. 31. O Tribunal de Contas do Estado, integrado por sete Conselheiros, tem sede na Capital do Estado, quadro próprio de pessoal e jurisdição em todo o território estadual, exercendo, no que couber, as atribuições previstas no artigo 96° da Constituição Federal.

§ 1° Os Conselheiros do Tribunal serão nomeados dentre brasileiros que satisfaçam os seguintes requisitos:
1. mais de trinta e cinco e menos de sessenta e cinco anos de idade;
2. idoneidade moral e reputação ilibada;
3. notórios conhecimentos jurídicos, contábeis, econômicos e financeiros ou de administração pública;
4. mais de dez anos de exercício de função ou de efetiva atividade profissional que exija conhecimentos mencionados no item anterior.

§ 2° Os Conselheiros do Tribunal serão escolhidos na seguinte ordem, sucessivamente: (NR)
1. dois terços pela Assembleia Legislativa; (NR)
2. um terço pelo Governador do Estado, com aprovação pela Assembleia Legislativa, observadas as regras contidas no inciso I do § 2° do artigo 73° da Constituição Federal. (NR)

§ 3° Os Conselheiros terão as mesmas garantias, prerrogativas, impedimentos e subsídios dos Desembargadores do Tribunal de Justiça do Estado, aplicando-se-lhes, quanto à aposentadoria e pensão, as normas constantes do artigo 40° da Constituição Federal e do artigo 126° desta Constituição. (NR)

§ 4° Os Conselheiros, nas suas faltas e impedimentos, serão substituídos na forma determinada em lei, depois de aprovados os substitutos pela Assembleia Legislativa.

§ 5° Os Substitutos de Conselheiros, quando no efetivo exercício da substituição, terão as mesmas garantias e impedimentos do titular.

§ 6° Os Conselheiros do Tribunal de Contas do Estado farão declaração pública de bens, no ato da posse e no término do exercício do cargo.

SEÇÃO VII
Da Fiscalização Contábil, Financeira e Orçamentária

Art. 32. A fiscalização contábil, financeira, orçamentária, operacional e patrimonial do Estado, das entidades da administração direta e indireta e das fundações instituídas ou mantidas pelo Poder Público, quanto à legalidade, legitimidade, economicidade, aplicação de subvenções e renúncia de receitas, será exercida pela Assembleia Legislativa, mediante controle externo, e pelo sistema de controle interno de cada Poder.

Parágrafo único. Prestará contas qualquer pessoa física ou jurídica, de direito público ou de direito privado que utilize, arrecade, guarde, gerencie ou administre dinheiro, bens e valores públicos ou pelos quais o Estado responda, ou que, em nome deste, assuma obrigações de natureza pecuniária.

Art. 33. O controle externo, a cargo da Assembleia Legislativa, será exercido com auxílio do Tribunal de Contas do Estado, ao qual compete:

I. apreciar as contas prestadas anualmente pelo Governador do Estado, mediante parecer prévio que deverá ser elaborado em sessenta dias, a contar do seu recebimento;

II. julgar as contas dos administradores e demais responsáveis por dinheiros, bens e valores públicos da administração direta e autarquias, empresas públicas e sociedades de economia mista, incluídas as fundações instituídas ou mantidas pelo Poder Público estadual, e as contas daqueles que derem perda, extravio ou outra irregularidade de que resulte prejuízo ao erário;

III. apreciar, para fins de registro, a legalidade dos atos de admissão de pessoal, a qualquer título, na administração direta e autarquias, empresas públicas e empresas de economia mista, incluídas as fundações instituídas ou mantidas pelo Poder Público, excetuadas as nomeações para cargo de provimento em comissão, bem como a das concessões de aposentadorias, reformas e pensões, ressalvadas as melhorias posteriores que não alterem o fundamento legal do ato concessório;

IV. avaliar a execução das metas previstas no plano plurianual, nas diretrizes orçamentárias e no orçamento anual;

V. realizar, por iniciativa própria da Assembleia Legislativa, de comissão técnica ou de inquérito, inspeções e auditoria de natureza contábil, financeira, orçamentária, operacional e patrimonial, nas unidades administrativas dos Poderes Legislativo, Executivo e Judiciário, do Ministério Público e demais entidades referidas no inciso II;

VI. fiscalizar as aplicações estaduais em empresas de cujo capital social o Estado participe de forma direta ou indireta, nos termos do respectivo ato constitutivo;

VII. fiscalizar a aplicação de quaisquer recursos repassados ao Estado e pelo Estado, mediante convênio, acordo, ajuste ou outros instrumentos congêneres;

VIII. prestar as informações solicitadas pela Assembleia Legislativa ou por comissão técnica sobre a fiscalização contábil, financeira, orçamentária, operacional e patrimonial e sobre resultados de auditorias e inspeções realizadas;

IX. aplicar aos responsáveis, em caso de ilegalidade de despesa ou irregularidade de contas, as sanções previstas em lei, que estabelecerá, entre outras cominações, multa proporcional ao dano causado ao erário;

X. assinar prazo para que o órgão ou entidade adote as providências necessárias ao exato cumprimento da lei, se verificada a ilegalidade;

XI. sustar, se não atendido, a execução do ato impugnado, comunicando a decisão à Assembleia Legislativa;

XII. representar ao Poder competente sobre irregularidades ou abusos apurados;

XIII. emitir parecer sobre a prestação anual de contas da administração financeira dos Municípios, exceto a dos que tiverem Tribunal próprio;

XIV. comunicar à Assembleia Legislativa qualquer irregularidade verificada nas contas ou na gestão públicas, enviando-lhe cópia dos respectivos documentos.

§ 1° No caso de contrato, o ato de sustação será adotado diretamente pela Assembleia Legislativa que solicitará, de imediato, ao Poder Executivo, as medidas cabíveis.

§ 2° Se a Assembleia Legislativa ou o Poder Executivo, no prazo de noventa dias, não efetivar as medidas previstas no parágrafo anterior, o Tribunal decidirá a respeito.

§ 3° O Tribunal encaminhará à Assembleia Legislativa, trimestral e anualmente, relatório de suas atividades.

Art. 34. A Comissão a que se refere o artigo 33°, inciso V, diante de indícios de despesas não autorizadas, ainda que sob a forma de investimentos não programados ou de subsídios não aprovados, poderá solicitar à autoridade governamental responsável que, no prazo de cinco dias, preste os esclarecimentos necessários.

§ 1° Não prestados os esclarecimentos, ou considerados esses insuficientes, a Comissão solicitará ao Tribunal pronunciamento conclusivo sobre a matéria, no prazo de trinta dias.

§ 2° Entendendo o Tribunal irregular a despesa, a Comissão, se julgar que o gasto possa causar dano irreparável ou grave lesão à economia pública, proporá à Assembleia Legislativa sua sustação.

Art. 35. Os Poderes Legislativo, Executivo e Judiciário manterão, de forma integrada, sistema de controle interno com a finalidade de:

I. avaliar o cumprimento das metas previstas no plano plurianual, a execução dos programas de governo e dos orçamentos do Estado;

II. comprovar a legalidade e avaliar os resultados quanto à eficácia e eficiência da gestão orçamentária, financeira e patrimonial nos órgãos e entidades da administração estadual, bem como da aplicação de recursos públicos por entidades de direito privado;

III. exercer o controle sobre o deferimento de vantagens e a forma de calcular qualquer parcela integrante do subsídio, vencimento ou salário de seus membros ou servidores; (NR)

IV. exercer o controle das operações de crédito, avais e garantias, bem como dos direitos e haveres do Estado;

V. apoiar o controle externo, no exercício de sua missão institucional.

§ 1° Os responsáveis pelo controle interno, ao tomarem conhecimento de qualquer irregularidade, ilegalidade, ou ofensa aos princípios do artigo 37° da Constituição Federal, dela darão ciência ao Tribunal de Contas do Estado, sob pena de responsabilidade solidária.

§ 2º Qualquer cidadão, partido político, associação ou entidade sindical é parte legítima para, na forma da lei, denunciar irregularidades ao Tribunal de Contas ou à Assembleia Legislativa.

Art. 36. O Tribunal de Contas prestará suas contas, anualmente, à Assembleia Legislativa, no prazo de sessenta dias, a contar da abertura da sessão legislativa.

CAPÍTULO III
Do poder executivo

SEÇÃO I
Do Governador e Vice-Governador do Estado

Art. 37. O Poder Executivo é exercido pelo Governador do Estado, eleito para um mandato de quatro anos, podendo ser reeleito para um único período subsequente, na forma estabelecida na Constituição Federal. (NR)

Art. 38. Substituirá o Governador, no caso de impedimento, e suceder-lhe-á, no de vaga, o Vice-Governador.

Parágrafo único. O Vice-Governador, além de outras atribuições que lhe forem conferidas por lei complementar, auxiliará o Governador, sempre que por ele convocado para missões especiais.

Art. 39. A eleição do Governador e do Vice-Governador realizar-se-á no primeiro domingo de outubro, em primeiro turno, e no último domingo de outubro, em segundo turno, se houver, do ano anterior ao do término do mandato de seus antecessores, e a posse ocorrerá em primeiro de janeiro do ano subsequente, observado, quanto ao mais, o disposto no artigo 77º da Constituição Federal. (NR)

Art. 40. Em caso de impedimento do Governador e do Vice-Governador, ou vacância dos respectivos cargos, serão sucessivamente chamados ao exercício da Governança o Presidente da Assembleia Legislativa e o Presidente do Tribunal de Justiça.

Art. 41. Vagando os cargos de Governador e Vice-Governador, far-se-á eleição noventa dias depois de aberta a última vaga.

§ 1º Ocorrendo a vacância no último ano do período governamental, aplica-se o disposto no artigo anterior.

§ 2º Em qualquer dos casos, os sucessores deverão completar o período de governo restante.

Art. 42. Perderá o mandato o Governador que assumir outro cargo ou função na administração pública direta ou indireta, ressalvada a posse em virtude de concurso público e observado o disposto no artigo 38º, I, IV e V, da Constituição Federal.

Art. 43. O Governador e o Vice-Governador tomarão posse perante a Assembleia Legislativa, prestando compromisso de cumprir e fazer cumprir a Constituição Federal e a do Estado e de observar as leis.

Parágrafo único. Se, decorridos dez dias da data fixada para a posse, o Governador ou o Vice-Governador, salvo motivo de força maior, não tiver assumido o cargo, este será declarado vago.

Art. 44. O Governador e o Vice-Governador não poderão, sem licença da Assembleia Legislativa, ausentar-se do Estado por período superior a quinze dias, sob pena de perda do cargo.

Parágrafo único. O pedido de licença, amplamente motivado, indicará, especialmente, as razões da viagem, o roteiro e a previsão de gastos.

Art. 45. O Governador deverá residir na Capital do Estado.

Art. 46. O Governador e o Vice-Governador deverão, no ato da posse e no término do mandato, fazer declaração pública de bens.

SEÇÃO II
Das Atribuições do Governador

Art. 47. Compete privativamente ao Governador, além de outras atribuições previstas nesta Constituição:

I. representar o Estado nas suas relações jurídicas, políticas e administrativas;

II. exercer, com o auxílio dos Secretários de Estado, a direção superior da administração estadual;

III. sancionar, promulgar e fazer publicar as leis, bem como, no prazo nelas estabelecido, não inferior a trinta nem superior a cento e oitenta dias, expedir decretos e regulamentos para sua fiel execução, ressalvados os casos em que, nesse prazo, houver interposição de ação direta de inconstitucionalidade contra a lei publicada; (NR)

IV. vetar projetos de lei, total ou parcialmente;

V. prover os cargos públicos do Estado, com as restrições da Constituição Federal e desta Constituição, na forma pela qual a lei estabelecer;

VI. nomear e exonerar livremente os Secretários de Estado;

VII. nomear e exonerar os dirigentes de autarquias, observadas as condições estabelecidas nesta Constituição;
VIII. decretar e fazer executar intervenção nos Municípios, na forma da Constituição Federal e desta Constituição;
IX. prestar contas da administração do Estado à Assembleia Legislativa, na forma desta Constituição;
X. apresentar à Assembleia Legislativa, na sua sessão inaugural, mensagem sobre a situação do Estado, solicitando medidas de interesse do Governo;
XI. iniciar o processo legislativo, na forma e nos casos previstos nesta Constituição;
XII. fixar ou alterar, por decreto, os quadros, vencimentos e vantagens do pessoal das fundações instituídas ou mantidas pelo Estado, nos termos da lei;
XIII. indicar diretores de sociedade de economia mista e empresas públicas;
XIV. praticar os demais atos de administração, nos limites da competência do Executivo;
XV. subscrever ou adquirir ações, realizar ou aumentar capital, desde que haja recursos hábeis, de sociedade de economia mista ou de empresa pública, bem como dispor, a qualquer título, no todo ou em parte, de ações ou capital que tenha subscrito, adquirido, realizado ou aumentado, mediante autorização da Assembleia Legislativa;
XVI. delegar, por decreto, a autoridade do Executivo, funções administrativas que não sejam de sua exclusiva competência;
XVII. enviar à Assembleia Legislativa projetos de lei relativos ao plano plurianual, diretrizes orçamentárias, orçamento anual, dívida pública e operações de crédito;
XVIII. enviar à Assembleia Legislativa projeto de lei sobre o regime de concessão ou permissão de serviços públicos;
XIX. dispor, mediante decreto, sobre: (NR)
a) organização e funcionamento da administração estadual, quando não implicar aumento de despesa, nem criação ou extinção de órgãos públicos; (NR)
b) extinção de funções ou cargos públicos, quando vagos. (NR)
Parágrafo único. A representação a que se refere o inciso I poderá ser delegada por lei, de iniciativa do Governador, a outra autoridade.

SEÇÃO III
Da Responsabilidade do Governador

Art. 48. Declarado inconstitucional, em controle concentrado, pelo Supremo Tribunal Federal.
Parágrafo único. Declarado inconstitucional, em controle concentrado, pelo Supremo Tribunal Federal.
Art. 49. Admitida a acusação contra o Governador, por dois terços da Assembleia Legislativa, será ele submetido a julgamento perante o Superior Tribunal de Justiça, nas infrações penais comuns. (NR)
§ 1° Declarado inconstitucional, em controle concentrado, pelo Supremo Tribunal Federal.
§ 2° Declarado inconstitucional, em controle concentrado, pelo Supremo Tribunal Federal.
§ 3° O Governador ficará suspenso de suas funções:
1. nas infrações penais comuns, recebida a denúncia ou queixa-crime pelo Superior Tribunal de Justiça;
2. Declarado inconstitucional, em controle concentrado, pelo Supremo Tribunal Federal.
§ 4° Se, decorrido o prazo de cento e oitenta dias, o julgamento não estiver concluído, cessará o afastamento do Governador, sem prejuízo do prosseguimento do processo.
§ 5° Declarado inconstitucional, em controle concentrado, pelo Supremo Tribunal Federal.
§ 6° Declarado inconstitucional, em controle concentrado, pelo Supremo Tribunal Federal.
Art. 50. Declarado inconstitucional, em controle concentrado, pelo Supremo Tribunal Federal.

SEÇÃO IV
Dos Secretários de Estado

Art. 51. Os Secretários de Estado serão escolhidos entre brasileiros maiores de vinte e um anos e no exercício dos direitos políticos.
Art. 52. Os Secretários de Estado, auxiliares diretos e da confiança do Governador, serão responsáveis pelos atos que praticarem ou referendarem no exercício do cargo, bem como por retardar ou deixar de praticar, indevidamente, ato de ofício. (NR)
§ 1° Os Secretários de Estado responderão, no prazo estabelecido pelo inciso XVI do artigo 20°, os requerimentos de informação formulados por Deputados e encaminhados pelo Presidente da Assembleia após apreciação da Mesa, reputando-se não praticado o ato de seu ofício sempre que a resposta for elaborada

em desrespeito ao parlamentar ou ao Poder Legislativo, ou que deixar de referir-se especificamente a cada questionamento feito. (NR)

§ 2º Para os fins do disposto no § 1º deste artigo, os Secretários de Estado respondem pelos atos dos dirigentes, diretores e superintendentes de órgãos da administração pública direta, indireta e fundacional a eles diretamente subordinados ou vinculados. (NR)

§ 3º Aos diretores de Agência Reguladora aplica-se o disposto no § 1º deste artigo. (NR)

Art. 52-A. Caberá a cada Secretário de Estado, semestralmente, comparecer perante a Comissão Permanente da Assembleia Legislativa a que estejam afetas as atribuições de sua Pasta, para prestação de contas do andamento da gestão, bem como demonstrar e avaliar o desenvolvimento de ações, programas e metas da Secretaria correspondente. (NR)

§ 1º Aplica-se o disposto no "caput" deste artigo aos Diretores de Agências Reguladoras. (NR)

§ 2º Aplicam-se aos procedimentos previstos neste artigo, no que couber, aqueles já disciplinados em Regimento Interno do Poder Legislativo. (NR)

§ 3º O comparecimento do Secretário de Estado, com a finalidade de apresentar, quadrimestralmente, perante Comissão Permanente do Poder Legislativo, a demonstração e a avaliação do cumprimento das metas fiscais por parte do Poder Executivo suprirá a obrigatoriedade constante do "caput" deste artigo. (NR)

§ 4º No caso das Universidades Públicas Estaduais e da Fundação de Amparo à Pesquisa do Estado de São Paulo, incumbe, respectivamente, aos próprios Reitores e ao Presidente, efetivar, anualmente e no que couber, o disposto no "caput" deste artigo. (NR)

Art. 53. Os Secretários farão declaração pública de bens, no ato da posse e no término do exercício do cargo, e terão os mesmos impedimentos estabelecidos nesta Constituição para os Deputados, enquanto permanecerem em suas funções.

CAPÍTULO IV
Do poder judiciário

SEÇÃO I
Disposições Gerais

Art. 54. São órgãos do Poder Judiciário do Estado: (NR)

I. o Tribunal de Justiça; (NR)

II. o Tribunal de Justiça Militar; (NR)

III. os Tribunais do Júri; (NR)

IV. as Turmas de Recursos; (NR)

V. os Juízes de Direito; (NR)

VI. as Auditorias Militares; (NR)

VII. os Juizados Especiais; (NR)

VIII. os Juizados de Pequenas Causas. (NR)

Art. 55. Ao Poder Judiciário é assegurada autonomia financeira e administrativa.

Parágrafo único. São assegurados, na forma do artigo 99º da Constituição Federal, ao Poder Judiciário, recursos suficientes para manutenção, expansão e aperfeiçoamento de suas atividades jurisdicionais, visando ao acesso de todos à Justiça.

Art. 56. Dentro dos limites estipulados conjuntamente com os demais Poderes na lei de diretrizes orçamentárias, o Tribunal de Justiça, pelo seu Órgão Especial, elaborará proposta orçamentária do Poder Judiciário, encaminhando-a, por intermédio de seu Presidente, ao Poder Executivo, para inclusão no projeto de lei orçamentária. (NR)

Art. 57. À exceção dos créditos de natureza alimentícia, os pagamentos devidos pela Fazenda Estadual ou Municipal e correspondentes autarquias, em virtude de sentença judiciária, far-se-ão exclusivamente na ordem cronológica de apresentação de precatórios e à conta dos respectivos créditos, proibida a designação de casos ou pessoas nas dotações orçamentárias e nos créditos adicionais abertos para esse fim.

§ 1º É obrigatória a inclusão, no orçamento das entidades de direito público, de verba necessária ao pagamento de seus débitos oriundos de sentenças transitadas em julgado, constantes de precatórios judiciários, apresentados até primeiro de julho, fazendo-se o pagamento até o final do exercício seguinte, quando terão seus valores atualizados monetariamente. (NR)

§ 2º As dotações orçamentárias e os créditos abertos serão consignados diretamente ao Poder Judiciário, cabendo ao Presidente do Tribunal de Justiça proferir a decisão exequenda e determinar o pagamento segundo as possibilidades do depósito, e autorizar, a requerimento do credor, e exclusivamente para o caso de preterimento de seu direito de precedência, o sequestro da quantia necessária à satisfação do débito. (NR)

§ 3º Os débitos de natureza alimentícia compreendem aqueles decorrentes de salários, vencimentos, proventos, pensões e suas complementações, benefícios previdenciários e indenizações por morte ou invalidez, fundadas na responsabilidade civil, em virtude de sentença transitada em julgado. (NR)

§ 4º O disposto no "caput" deste artigo, relativamente à expedição dos precatórios, não se aplica aos pagamentos de obrigações definidas em lei como de pequeno valor que a Fazenda Estadual ou Municipal deva fazer em virtude de sentença judicial transitada em julgado. (NR)

§ 5º É vedada a expedição de precatório complementar ou suplementar de valor pago, bem como fracionamento, repartição ou quebra do valor da execução, a fim de que seu pagamento não se faça, em parte, na forma estabelecida no § 4º deste artigo e, em parte, mediante expedição de precatório. (NR)

§ 6º A lei poderá fixar valores distintos para o fim previsto no § 4º deste artigo, segundo as diferentes capacidades das entidades de direito público. (NR)

§ 7º Incorrerá em crime de responsabilidade o Presidente do Tribunal de Justiça se, por ato comissivo ou omissivo, retardar ou tentar frustrar a liquidação regular de precatório. (NR)

Art. 58. Ao Tribunal de Justiça, mediante ato de seu Presidente, compete nomear, promover, remover, aposentar e colocar em disponibilidade os juízes de sua Jurisdição, ressalvado o disposto no artigo 62º, exercendo, pelos seus órgãos competentes, as demais atribuições previstas nesta Constituição. (NR)

Parágrafo único. Caberá ainda ao Presidente do Tribunal de Justiça, observadas as disponibilidades orçamentárias, indeferir as férias de quaisquer de seus membros por necessidade de serviço, ou determinar a reassunção imediata de magistrado no exercício de seu cargo, cabendo a este, nas hipóteses aqui previstas, o direito à correspondente indenização das férias no mês subsequente ao indeferimento, ou a anotação para gozo oportuno, a requerimento do interessado. (NR)

Art. 59. A Magistratura é estruturada em carreira, observados os princípios, garantias, prerrogativas e vedações estabelecidas na Constituição Federal, nesta Constituição e no Estatuto da Magistratura.

Parágrafo único. O benefício da pensão por morte deve obedecer ao princípio do artigo 40º, § 7º, da Constituição Federal. (NR)

Art. 60. No Tribunal de Justiça haverá um Órgão Especial, com vinte e cinco Desembargadores, para o exercício das atribuições administrativas e jurisdicionais de competência do Tribunal Pleno, inclusive para uniformizar a jurisprudência divergente entre suas Seções e entre estas e o Plenário.

Art. 61. O acesso dos Desembargadores ao Órgão Especial, respeitadas a situação existente e a representação do quinto constitucional, dar-se-á pelos critérios de antiguidade e eleição, alternadamente.

Parágrafo único. Pelo primeiro critério, a vaga será preenchida pelo Desembargador mais antigo, salvo recusa oportunamente manifestada. Pelo segundo, serão elegíveis pelo Tribunal Pleno. (NR)

Art. 62. O Presidente e o Primeiro Vice-Presidente do Tribunal de Justiça e o Corregedor Geral da Justiça, eleitos, a cada biênio, pela totalidade dos Desembargadores, dentre os integrantes do órgão especial, comporão o Conselho Superior da Magistratura. (NR)

§ 1º Haverá um Vice-Corregedor-Geral da Justiça para desempenhar funções, em caráter itinerante, em todo o território do Estado.

§ 2º Cada SEÇÃO do Tribunal de Justiça será presidida por um Vice-Presidente.

Art. 63. Um quinto dos lugares dos Tribunais de Justiça e de Justiça Militar será composto de advogados e de membros do Ministério Público, de notório saber jurídico e reputação ilibada, com mais de dez anos de efetiva atividade profissional ou na carreira, indicados em lista sêxtupla, pela SEÇÃO Estadual da Ordem dos Advogados do Brasil ou pelo Ministério Público, conforme a classe a que pertencer o cargo a ser provido. (NR)

Parágrafo único. Dentre os nomes indicados, o Órgão Especial do Tribunal de Justiça formará lista tríplice, encaminhando-a ao Governador do Estado que, nos vinte dias subsequentes, escolherá um de seus integrantes para o cargo e o nomeará. (NR)

Art. 64. As decisões administrativas dos Tribunais de segundo grau serão motivadas e tomadas em sessão pública, sendo as de caráter disciplinar tomadas por voto da maioria absoluta dos membros do Tribunal de Justiça, ou de seu Órgão Especial, salvo nos casos de remoção, disponibilidade e aposentadoria de magistrado, por interesse público, que dependerão de voto de dois terços, assegurada ampla defesa. (NR)

Art. 65. Aos órgãos do Poder Judiciário do Estado competem a administração e uso dos imóveis e instalações forenses, podendo ser autorizada parte desse uso a órgãos diversos, no interesse do serviço judiciário, como dispuser o Tribunal de Justiça, asseguradas salas privativas, condignas e permanentes aos advogados e membros do Ministério Público e da Defensoria Pública, sob a administração das respectivas entidades.

Art. 66. Os processos cíveis já findos em que houver acordo ou satisfação total da pretensão não constarão das certidões expedidas pelos Cartórios dos Distribuidores, salvo se houver autorização da autoridade judicial competente.

Parágrafo único. As certidões relativas aos atos de que cuida este artigo serão expedidas com isenção de custos e emolumentos, quando se trate de interessado que declare insuficiência de recursos.

Art. 67. As comarcas do Estado serão classificadas em entrâncias, nos termos da Lei de Organização Judiciária.

Art. 68. O ingresso na atividade notarial e registral, tanto de titular como de preposto, depende de concurso público de provas e títulos, não se permitindo que qualquer serventia fique vaga sem abertura de concurso por mais de seis meses.

Parágrafo único. Compete ao Poder Judiciário a realização do concurso de que trata este artigo, observadas as normas da legislação estadual vigente.

SEÇÃO II
Da Competência do Tribunal de Justiça (NR)

Art. 69. Compete privativamente ao Tribunal de Justiça: (NR)
I. pela totalidade de seus membros, eleger os órgãos diretivos, na forma de seu regimento interno; (NR)
II. pelos seus órgãos específicos:
a) elaborar seu regimento interno, com observância das normas de processo e das garantias processuais das partes, dispondo sobre a competência e o funcionamento dos respectivos órgãos jurisdicionais e administrativos; (NR)
b) organizar suas secretarias e serviços auxiliares, velando pelo exercício da respectiva atividade correcional;
c) conceder licença, férias e outros afastamentos a seus membros e aos servidores que lhes forem subordinados;
d) prover, por concurso público de provas, ou provas e títulos, ressalvado o disposto no Parágrafo Único do artigo 169º da Constituição Federal, os cargos de servidores que integram seus quadros, exceto os de confiança, assim definidos em lei, que serão providos livremente.

Art. 70. Compete privativamente ao Tribunal de Justiça, por deliberação de seu Órgão Especial, propor à Assembleia Legislativa, observado o disposto no artigo 169º da Constituição Federal:
I. a alteração do número de seus membros e dos membros do Tribunal de Justiça Militar; (NR)
II. a criação e a extinção de cargos e a remuneração dos seus serviços auxiliares e dos juízes que lhes forem vinculados, bem como a fixação do subsídio de seus membros e dos juízes, incluído o Tribunal de Justiça Militar; (NR)
III. a criação ou a extinção do Tribunal de Justiça Militar; (NR)
IV. a alteração da organização e da divisão judiciária.

Art. 71. Revogado.

Art. 71-A. O Tribunal de Justiça poderá funcionar de forma descentralizada, constituindo Câmaras regionais, a fim de assegurar o pleno acesso do jurisdicionado à justiça em todas as fases do processo. (NR)

Parágrafo único. O Tribunal de Justiça instalará a justiça itinerante, com a realização de audiências e demais funções da atividade jurisdicional, nos limites territoriais da respectiva jurisdição, servindo-se de equipamentos públicos e comunitários. (NR)

Art. 72. A Lei de Organização Judiciária poderá criar cargos de Juiz de Direito Substituto em Segundo Grau, a serem classificados em quadro próprio, na mais elevada entrância do primeiro grau e providos mediante concurso de remoção.

§ 1º A designação será feita pelo Tribunal de Justiça para substituir seus membros ou nele auxiliar, quando o acúmulo de feitos evidenciar a necessidade de sua atuação. (NR)

§ 2º Em nenhuma hipótese haverá redistribuição ou passagem de processos, salvo para o voto do revisor.

SEÇÃO III
Do Tribunal de Justiça

Art. 73. O Tribunal de Justiça, órgão superior do Poder Judiciário do Estado, com jurisdição em todo o seu território e sede na Capital, compõe-se de Desembargadores em número que a lei fixar, providos pelos critérios de antiguidade e de merecimento, em conformidade com o disposto nos artigos 58º e 63º deste Capítulo.

Parágrafo único. O Tribunal de Justiça exercerá, em matéria administrativa de interesse geral do Poder Judiciário, direção e disciplina da Justiça do Estado.

Art. 74. Compete ao Tribunal de Justiça, além das atribuições previstas nesta Constituição, processar e julgar originariamente:

I. nas infrações penais comuns, o Vice-Governador, os Secretários de Estado, os Deputados Estaduais, o Procurador-Geral de Justiça, o Procurador-Geral do Estado, o Defensor Público-Geral e os Prefeitos Municipais;

II. nas infrações penais comuns e nos crimes de responsabilidade, os juízes do Tribunal de Justiça Militar, os juízes de Direito e os juízes de Direito do juízo militar, os membros do Ministério Público, exceto o Procurador-Geral de Justiça, o Delegado-Geral da Polícia Civil e o Comandante-Geral da Polícia Militar; (NR)

III. os mandados de segurança e os *habeas data* contra atos do Governador, da Mesa e da Presidência da Assembleia, do próprio Tribunal ou de algum de seus membros, dos Presidentes dos Tribunais de Contas do Estado e do Município de São Paulo, do Procurador-Geral de Justiça, do Prefeito e do Presidente da Câmara Municipal da Capital;

IV. os *habeas corpus*, nos processos cujos recursos forem de sua competência ou quando o coator ou paciente for autoridade diretamente sujeita a sua jurisdição, ressalvada a competência do Tribunal de Justiça Militar, nos processos cujos recursos forem de sua competência;

V. os mandados de injunção, quando a inexistência de norma regulamentadora estadual ou municipal, de qualquer dos Poderes, inclusive da administração indireta, torne inviável o exercício de direitos assegurados nesta Constituição;

VI. a representação de inconstitucionalidade de lei ou ato normativo estadual ou municipal, contestados em face desta Constituição, o pedido de intervenção em Município e ação de inconstitucionalidade por omissão, em face de preceito desta Constituição;

VII. as ações rescisórias de seus julgados e as revisões criminais nos processos de sua competência;

VIII. Revogado.

IX. os conflitos de atribuição entre as autoridades administrativas e judiciárias do Estado;

X. a reclamação para garantia da autoridade de suas decisões;

XI. a representação de inconstitucionalidade de lei ou ato normativo municipal, contestados em face da Constituição. (NR)

Art. 75. Compete, também, ao Tribunal de Justiça:

I. provocar a intervenção da União no Estado para garantir o livre exercício do Poder Judiciário, nos termos desta Constituição e da Constituição Federal;

II. requisitar a intervenção do Estado em Município, nas hipóteses previstas em lei.

Art. 76. Compete, outrossim, ao Tribunal de Justiça, processar e julgar, originariamente ou em grau de recurso, as demais causas que lhe forem atribuídas por lei complementar.

§ 1° Cabe-lhe, também, a execução de sentença nas causas de sua competência originária, facultada, em qualquer fase do processo, a delegação de atribuições.

§ 2° Cabe-lhe, ainda, processar e julgar os recursos relativos às causas que a lei especificar, entre aquelas não reservadas à competência privativa do Tribunal de Justiça Militar ou dos órgãos recursais dos Juizados Especiais. (NR)

Art. 77. Compete, ademais, ao Tribunal de Justiça, por seus órgãos específicos, exercer controle sobre atos e serviços auxiliares da justiça, abrangidos os notariais e os de registro.

SEÇÃO IV
Revogada

SEÇÃO IV revogada pela Emenda Constitucional n° 21, de 14/02/2006.

Art. 78. Revogado.

Art. 78. Revogado pela Emenda Constitucional n° 21, de 14/02/2006.

Art. 79. Revogado.

Art. 79. Revogado pela Emenda Constitucional n° 21, de 14/02/2006.

SEÇÃO V
Da Justiça Militar do Estado (NR)

SEÇÃO V com redação dada pela Emenda Constitucional n° 21, de 14/02/2006.

Art. 79-A. A Justiça Militar do Estado será constituída, em primeiro grau, pelos juízes de Direito e pelos Conselhos de Justiça e, em segundo grau, pelo Tribunal de Justiça Militar. (NR)

Art. 79-B. Compete à Justiça Militar estadual processar e julgar os militares do Estado, nos crimes militares definidos em lei e as ações judiciais contra atos disciplinares militares, ressalvada a competência do júri quando a vítima for civil, cabendo ainda decidir sobre a perda do posto e da patente dos oficiais e da graduação das praças. (NR)

Art. 80. O Tribunal de Justiça Militar do Estado, com jurisdição em todo o território estadual e com sede na Capital, compor-se-á de sete juízes, divididos em duas câmaras, nomeados em conformidade com as normas da SEÇÃO I deste Capítulo, exceto o disposto no artigo 60º, e respeitado o artigo 94º da Constituição Federal, sendo quatro militares Coronéis da ativa da Polícia Militar do Estado e três civis.

Art. 81. Compete ao Tribunal de Justiça Militar processar e julgar:

I. originariamente, o Chefe da Casa Militar, o Comandante-Geral da Polícia Militar, nos crimes militares definidos em lei, os mandados de segurança e os *habeas corpus*, nos processos cujos recursos forem de sua competência ou quando o coator ou coagido estiverem diretamente sujeitos a sua jurisdição e às revisões criminais de seus julgados e das Auditorias Militares;

II. em grau de recurso, os policiais militares, nos crimes militares definidos em lei, observado o disposto no artigo 79º-B. (NR)

§ 1º Compete ainda ao Tribunal exercer a correição geral sobre as atividades de Polícia Judiciária Militar, bem como decidir sobre a perda do posto e da patente dos Oficiais e da graduação das praças.

§ 2º Compete aos juízes de Direito do juízo militar processar e julgar, singularmente, os crimes militares cometidos contra civis e as ações judiciais contra atos disciplinares militares, cabendo ao Conselho de Justiça, sob a presidência do juiz de Direito, processar e julgar os demais crimes militares. (NR)

§ 3º Os serviços de correição permanente sobre as atividades de Polícia Judiciária Militar e do Presídio Militar serão realizados pelo juiz de Direito do juízo militar designado pelo Tribunal. (NR)

Art. 82. Os juízes do Tribunal de Justiça Militar e os juízes de Direito do juízo militar gozam dos mesmos direitos, vantagens e subsídios e sujeitam-se às mesmas proibições dos Desembargadores do Tribunal de Justiça e dos juízes de Direito, respectivamente. (NR)

Parágrafo único. Os juízes de Direito do juízo militar serão promovidos ao Tribunal de Justiça Militar nas vagas de juízes civis, observado o disposto nos artigos 93º, III e 94º da Constituição Federal. (NR)

SEÇÃO VI
Dos Tribunais do Júri

Art. 83. Os Tribunais do Júri têm as competências e garantias previstas no artigo 5º, XXXVIII da Constituição Federal. Sua organização obedecerá ao que dispuser a lei federal e, no que couber, a Lei de Organização Judiciária.

SEÇÃO VII
Das Turmas de Recursos

Art. 84. As Turmas de Recursos são formadas por juízes de direito titulares da mais elevada entrância de Primeiro Grau, na Capital ou no Interior, observada a sua sede, nos termos da resolução do Tribunal de Justiça, que designará seus integrantes, os quais poderão ser dispensados, quando necessário, do serviço de suas varas.

§ 1º As Turmas de Recursos constituem-se em órgão de segunda instância, cuja competência é vinculada aos Juizados Especiais e de Pequenas Causas.

§ 2º A designação prevista neste artigo deverá ocorrer antes da distribuição dos processos de competência da Turma de Recursos.

SEÇÃO VIII
Dos Juízes de Direito

Art. 85. Os juízes de Direito integram a carreira da Magistratura e exercem a jurisdição comum estadual de primeiro grau, nas comarcas e juízos, segundo a competência determinada por lei.

Art. 86. O Tribunal de Justiça, através de seu Órgão Especial, designará juízes de entrância especial com competência exclusiva para questões agrárias.

§ 1º A designação prevista neste artigo só pode ser revogada a pedido do juiz ou por deliberação da maioria absoluta do órgão especial.

§ 2º No exercício dessa jurisdição, o juiz deverá, sempre que necessário à eficiente prestação jurisdicional, deslocar-se até o local do litígio.

§ 3º O Tribunal de Justiça organizará a infraestrutura humana e material necessária ao exercício dessa atividade jurisdicional.

SEÇÃO IX
Dos Juizados Especiais e dos Juizados de Pequenas Causas

Art. 87. Os Juizados Especiais das Causas Cíveis de Menor Complexidade e das Infrações Penais de Menor Potencial Ofensivo terão sua composição e competência definidas em lei, obedecidos os princípios previstos no artigo 98, I, da Constituição Federal.

Art. 88. A lei disporá sobre a criação, funcionamento e processo dos Juizados de Pequenas Causas a que se refere o artigo 24°, X, da Constituição Federal.

SEÇÃO X
Da Justiça de Paz

Art. 89. A Justiça de Paz compõe-se de cidadãos remunerados, eleitos pelo voto direto, universal e secreto, com mandato de quatro anos, e tem competência para, na forma da lei, celebrar casamentos, verificar, de ofício ou em face de impugnação apresentada, o processo de habilitação e exercer atribuições conciliatórias, sem caráter jurisdicional, além de outras previstas na legislação.

SEÇÃO XI
Da Declaração de Inconstitucionalidade e da Ação Direta de Inconstitucionalidade

Art. 90. São partes legítimas para propor ação de inconstitucionalidade de lei ou ato normativo estaduais ou municipais, contestados em face desta Constituição ou por omissão de medida necessária para tornar efetiva norma ou princípio desta Constituição, no âmbito de seu interesse:

I. o Governador do Estado e a Mesa da Assembleia Legislativa;
II. o Prefeito e a Mesa da Câmara Municipal;
III. o Procurador-Geral de Justiça;
IV. o Conselho da SEÇÃO Estadual da Ordem dos Advogados do Brasil;
V. as entidades sindicais ou de classe, de atuação estadual ou municipal, demonstrando seu interesse jurídico no caso;
VI. os partidos políticos com representação na Assembleia Legislativa, ou, em se tratando de lei ou ato normativo municipais, na respectiva Câmara.

§ 1° O Procurador-Geral de Justiça será sempre ouvido nas ações diretas de inconstitucionalidade.

§ 2° Quando o Tribunal apreciar a inconstitucionalidade, em tese, de norma legal ou ato normativo, citará, previamente, o Procurador-Geral do Estado, a quem caberá defender, no que couber, o ato ou o texto impugnado.

§ 3° *Declarado inconstitucional, em controle difuso, pelo Supremo Tribunal Federal.*

§ 3° *foi declarado inconstitucional pelo Supremo Tribunal Federal nos autos do Recurso Extraordinário n° 199293/1996, julgado em 19/05/2004, e teve a sua execução suspensa pela Resolução n° 46/2005, de 28/06/2005, do Senado Federal.*

§ 4° Declarada a inconstitucionalidade por omissão de medida para tornar efetiva norma desta Constituição, a decisão será comunicada ao Poder competente para a adoção das providências necessárias à prática do ato que lhe compete ou início do processo legislativo, e, em se tratando de órgão administrativo, para a sua ação em trinta dias, sob pena de responsabilidade.

§ 5° Somente pelo voto da maioria absoluta de seus membros ou de seu órgão especial poderá o Tribunal de Justiça declarar a inconstitucionalidade de lei ou ato normativo estadual ou municipal, como objeto de ação direta.

§ 6° Nas declarações incidentais, a decisão dos Tribunais dar-se-á pelo órgão jurisdicional colegiado competente para exame da matéria.

CAPÍTULO V
Das funções essenciais à justiça

SEÇÃO I
Do Ministério Público

Art. 91. O Ministério Público é instituição permanente, essencial à função jurisdicional do Estado, incumbindo-lhe a defesa da ordem jurídica, do regime democrático e dos interesses sociais e individuais indisponíveis.

Parágrafo único. São princípios institucionais do Ministério Público a unidade, a indivisibilidade e a independência funcional.

Art. 92. Ao Ministério Público é assegurada autonomia administrativa e funcional, cabendo-lhe, na forma de sua lei complementar:

I. praticar atos próprios de gestão;

II. praticar atos e decidir sobre a situação funcional do pessoal ativo e inativo da carreira e dos serviços auxiliares, organizados em quadros próprios;
III. adquirir bens e serviços e efetuar a respectiva contabilização;
IV. propor à Assembleia Legislativa a criação e a extinção de seus cargos e serviços auxiliares, bem como a fixação dos subsídios de seus membros, observados os parâmetros estabelecidos na lei de diretrizes orçamentárias e no artigo 169° da Constituição Federal; (NR)
V. prover os cargos iniciais de carreira e dos serviços auxiliares, bem como nos casos de promoção, remoção e demais formas de provimento derivado;
VI. organizar suas secretarias e os serviços auxiliares das Promotorias de Justiça;
VII. compor os órgãos da Administração Superior;
VIII. elaborar seus regimentos internos;
IX. exercer outras competências dela decorrentes.
§ 1° O Ministério Público instalará as Promotorias de Justiça e serviços auxiliares em prédios sob sua administração.
§ 2° As decisões do Ministério Público, fundadas em sua autonomia funcional e administrativa, obedecidas as formalidades legais, têm eficácia plena e executoriedade imediata, ressalvada a competência constitucional dos Poderes do Estado.
Art. 93. O Ministério Público elaborará sua proposta orçamentária dentro dos limites estabelecidos na Lei de Diretrizes Orçamentárias, encaminhando-a, por intermédio do Procurador-Geral de Justiça, ao Poder Executivo, para inclusão no projeto de lei orçamentária.
§ 1° Os recursos correspondentes às dotações orçamentárias próprias e globais do Ministério Público serão entregues, na forma do artigo 171°, sem vinculação a qualquer tipo de despesa.
§ 2° Os recursos próprios, não originários do Tesouro Estadual, serão utilizados em programas vinculados aos fins da Instituição, vedada outra destinação.
§ 3° A fiscalização contábil, financeira, orçamentária, operacional e patrimonial do Ministério Público, quanto à legalidade, legitimidade e economicidade, aplicação de dotações e recursos próprios e renúncia de receitas, será exercida pela Assembleia Legislativa, mediante controle externo, e pelo sistema de controle interno estabelecido na sua lei complementar e, no que couber, no artigo 35° desta Constituição.

Art. 94. Lei complementar, cuja iniciativa é facultada ao Procurador-Geral de Justiça, disporá sobre:
I. normas específicas de organização, atribuições e Estatuto do Ministério Público, observados, entre outros, os seguintes princípios:
a) ingresso na carreira mediante concurso público de provas e títulos, assegurada a participação da Ordem dos Advogados do Brasil em sua realização, exigindo-se, do bacharel em direito, no mínimo, três anos de atividade jurídica e observando-se, nas nomeações, a ordem de classificação; (NR)
b) promoção voluntária, por antiguidade e merecimento, alternadamente, de entrância a entrância, e da entrância mais elevada para o cargo de Procurador de Justiça, aplicando-se, por assemelhação, o disposto no artigo 93°, III, da Constituição Federal;
c) subsídios fixados com diferença não excedente a dez por cento de uma para outra entrância, e da entrância mais elevada para o cargo de Procurador-Geral de Justiça, cujo subsídio, em espécie, a qualquer título, não poderá ultrapassar o teto fixado nos artigos 37°, XI, da Constituição Federal e 115°, XII, desta Constituição; (NR)
d) aposentadoria, observado o disposto no artigo 40° da Constituição Federal e no artigo 126° desta Constituição; (NR)
e) o benefício da pensão por morte deve obedecer ao princípio do artigo 40°, § 7°, da Constituição Federal; (NR)
II. elaboração de lista tríplice, entre integrantes da carreira, para escolha do Procurador-Geral de Justiça pelo Governador do Estado, para mandato de dois anos, permitida uma recondução;
III. destituição do Procurador-Geral de Justiça por deliberação da maioria absoluta da Assembleia Legislativa; (NR)
IV. controle externo da atividade policial;
V. procedimentos administrativos de sua competência;
VI. regime jurídico dos membros do Ministério Público, integrantes de quadro especial, que oficiam junto aos Tribunais de Contas;
VII. demais matérias necessárias ao cumprimento de seus fins institucionais.
§ 1° Decorrido o prazo previsto em lei, sem nomeação do Procurador-Geral de Justiça, será investido no cargo o integrante mais votado da lista tríplice prevista no inciso II deste artigo.

§ 2º O Procurador-Geral de Justiça fará declaração pública de bens, no ato da posse e no término do mandato.

Art. 95. Os membros do Ministério Público têm as seguintes garantias:

I. vitaliciedade, após dois anos de exercício, não podendo perder o cargo senão por sentença judicial transitada em julgado;

II. inamovibilidade, salvo por motivo de interesse público, mediante decisão do órgão colegiado competente do Ministério Público, pelo voto da maioria absoluta de seus membros, assegurada a ampla defesa; (NR)

III. irredutibilidade de subsídio, observado, quanto à remuneração, o disposto na Constituição Federal. (NR)

Parágrafo único. O ato de remoção e de disponibilidade de membro do Ministério Público, por interesse público, fundar-se-á em decisão por voto de dois terços do órgão colegiado competente, assegurada ampla defesa.

Art. 96. Os membros do Ministério Público sujeitam-se, entre outras, às seguintes proibições:

I. receber, a qualquer título e sob qualquer pretexto, honorários, percentagens ou custas processuais;

II. exercer a advocacia;

III. participar de sociedade comercial, na forma da lei;

IV. exercer, ainda que em disponibilidade, qualquer outra função pública, salvo uma de magistério, se houver compatibilidade de horário;

V. exercer atividade político-partidária; (NR)

VI. receber, a qualquer título ou pretexto, auxílios ou contribuições de pessoas físicas, entidades públicas ou privadas, ressalvadas as exceções previstas em lei; (NR)

VII. exercer a advocacia no juízo ou tribunal perante o qual atuava, antes de decorridos três anos do afastamento do cargo por aposentadoria ou exoneração. (NR)

Art. 97. Incumbe ao Ministério Público, além de outras funções:

I. exercer a fiscalização dos estabelecimentos prisionais e dos que abriguem idosos, menores, incapazes ou portadores de deficiências, sem prejuízo da correição judicial;

II. deliberar sobre sua participação em organismos estatais de defesa do meio ambiente, do consumidor, de política penal e penitenciária e outros afetos a sua área de atuação;

III. receber petições, reclamações, representações ou queixas de qualquer pessoa ou entidade representativa de classe, por desrespeito aos direitos assegurados na Constituição Federal e nesta Constituição, as quais serão encaminhadas a quem de direito, e respondidas no prazo improrrogável de trinta dias.

Parágrafo único. Para promover o inquérito civil e os procedimentos administrativos de sua competência, o Ministério Público poderá, nos termos de sua lei complementar:

1. requisitar dos órgãos da administração direta ou indireta, os meios necessários à sua conclusão;

2. propor à autoridade administrativa competente a instauração de sindicância para a apuração de falta disciplinar ou ilícito administrativo.

SEÇÃO II
Da Procuradoria Geral do Estado

Art. 98. A Procuradoria Geral do Estado é instituição de natureza permanente, essencial à administração da justiça e à Administração Pública Estadual, vinculada diretamente ao Governador, responsável pela advocacia do Estado, sendo orientada pelos princípios da legalidade e da indisponibilidade do interesse público. (NR)

§ 1º Lei orgânica da Procuradoria Geral do Estado disciplinará sua competência e a dos órgãos que a compõem e disporá sobre o regime jurídico dos integrantes da carreira de Procurador do Estado, respeitado o disposto nos artigos 132º e 135º da Constituição Federal. (NR)

§ 2º Os Procuradores do Estado, organizados em carreira, na qual o ingresso dependerá de concurso público de provas e títulos, com a participação da Ordem dos Advogados do Brasil em todas as suas fases, exercerão a representação judicial e a consultoria jurídica na forma do "caput" deste artigo. (NR)

§ 3º Aos procuradores referidos neste artigo é assegurada estabilidade após três anos de efetivo exercício, mediante avaliação de desempenho perante os órgãos próprios, após relatório circunstanciado das corregedorias. (NR)

Art. 99. São funções institucionais da Procuradoria Geral do Estado:

I. representar judicial e extrajudicialmente o Estado e suas autarquias, inclusive as de regime especial, exceto as universidades públicas estaduais; (NR)
II. exercer as atividades de consultoria e assessoramento jurídico do Poder Executivo e das entidades autárquicas a que se refere o inciso anterior; (NR)
III. representar a Fazenda do Estado perante o Tribunal de Contas;
IV. exercer as funções de consultoria jurídica e de fiscalização da Junta Comercial do Estado;
V. prestar assessoramento jurídico e técnico-legislativo ao Governador do Estado; (NR)
VI. promover a inscrição, o controle e a cobrança da dívida ativa estadual;
VII. propor ação civil pública representando o Estado;
VIII. prestar assistência jurídica aos Municípios, na forma da lei;
IX. realizar procedimentos administrativos, inclusive disciplinares, não regulados por lei especial; (NR)
X. exercer outras funções que lhe forem conferidas por lei.

Art. 100. A direção superior da Procuradoria Geral do Estado compete ao Procurador-Geral do Estado, responsável pela orientação jurídica e administrativa da instituição, ao Conselho da Procuradoria Geral do Estado e à Corregedoria-Geral do Estado, na forma da respectiva Lei Orgânica.
Parágrafo único. O Procurador-Geral do Estado será nomeado pelo Governador, em comissão, entre os Procuradores que integram a carreira e terá tratamento, prerrogativas e representação de Secretário de Estado, devendo apresentar declaração pública de bens, no ato da posse e de sua exoneração. (NR)

Art. 101. Vinculam-se à Procuradoria Geral do Estado, para fins de atuação uniforme e coordenada, os órgãos jurídicos das universidades públicas estaduais, das empresas públicas, das sociedades de economia mista sob controle do Estado, pela sua Administração centralizada ou descentralizada, e das fundações por ele instituídas ou mantidas. (NR)
Parágrafo único. As atividades de representação judicial, consultoria e assessoramento jurídico das universidades públicas estaduais poderão ser realizadas ou supervisionadas, total ou parcialmente, pela Procuradoria Geral do Estado, na forma a ser estabelecida em convênio. (NR)

Art. 102. As autoridades e servidores da Administração Estadual ficam obrigados a atender às requisições de certidões, informações, autos de processo administrativo, documentos e diligências formuladas pela Procuradoria Geral do Estado, na forma da lei.

SEÇÃO III
Da Defensoria Pública

Art. 103. À Defensoria Pública, instituição essencial à função jurisdicional do Estado, compete a orientação jurídica e a defesa dos necessitados, em todos os graus.
§ 1º Lei Orgânica disporá sobre a estrutura, funcionamento e competência da Defensoria Pública, observado o disposto na Constituição Federal e nas normas gerais prescritas por lei complementar federal. (NR)
§ 2º À Defensoria Pública é assegurada autonomia funcional e administrativa e a iniciativa de sua proposta orçamentária dentro dos limites estabelecidos na lei de diretrizes orçamentárias e subordinação ao disposto no artigo 99º, § 2º, da Constituição Federal. (NR)

SEÇÃO IV
Da Advocacia

Art. 104. O advogado é indispensável à administração da justiça e, nos termos da lei, inviolável por seus atos e manifestações, no exercício da profissão.
Parágrafo único. É obrigatório o patrocínio das partes por advogados, em qualquer juízo ou tribunal, inclusive nos juizados de menores, nos juizados previstos nos incisos VIII e IX do artigo 54º e junto às turmas de recursos, ressalvadas as exceções legais.

Art. 105. O Poder Executivo manterá, no sistema prisional e nos distritos policiais, instalações destinadas ao contato privado do advogado com o cliente preso.

Art. 106. Os membros do Poder Judiciário, as autoridades e os servidores do Estado zelarão para que os direitos e prerrogativas dos advogados sejam respeitados, sob pena de responsabilização na forma da lei.

Art. 107. O advogado que não seja defensor público, quando nomeado para defender autor ou réu pobre, terá os honorários fixados pelo juiz, na forma que a lei estabelecer.

Art. 108. As atividades correicionais nos Cartórios Judiciais contarão, necessariamente, com a presença de um representante da Ordem dos Advogados do Brasil, SEÇÃO de São Paulo.

Art. 109. Para efeito do disposto no artigo 3º desta Constituição, o Poder Executivo manterá quadros fixos de defensores públicos em cada juizado e, quando necessário, advogados designados pela Ordem dos Advogados do Brasil – SP, mediante convênio.

SEÇÃO V
Do Conselho Estadual de Defesa dos Direitos da Pessoa Humana

Art. 110. O Conselho Estadual de Defesa dos Direitos da Pessoa Humana será criado por lei com a finalidade de investigar as violações de direitos humanos no território do Estado, de encaminhar as denúncias a quem de direito e de propor soluções gerais a esses problemas.

TÍTULO III
Da Organização do Estado

CAPÍTULO I
Da administração pública

SEÇÃO I
Disposições Gerais

Art. 111. A administração pública direta, indireta ou fundacional, de qualquer dos Poderes do Estado, obedecerá aos princípios de legalidade, impessoalidade, moralidade, publicidade, razoabilidade, finalidade, motivação, interesse público e eficiência. (NR)

Art. 111.-A É vedada a nomeação de pessoas que se enquadram nas condições de inelegibilidade nos termos da legislação federal para os cargos de Secretário de Estado, Secretário Adjunto, Procurador-Geral de Justiça, Procurador-Geral do Estado, Defensor Público-Geral, Superintendentes e Diretores de órgãos da administração pública indireta, fundacional, de agências reguladoras e autarquias, Delegado-Geral de Polícia, Reitores das universidades públicas estaduais e ainda para todos os cargos de livre provimento dos poderes Executivo, Legislativo e Judiciário do Estado. (NR)

Art. 112. As leis e atos administrativos externos deverão ser publicados no órgão oficial do Estado, para que produzam os seus efeitos regulares. A publicação dos atos não normativos poderá ser resumida.

Art. 113. A lei deverá fixar prazos para a prática dos atos administrativos e estabelecer recursos adequados à sua revisão, indicando seus efeitos e forma de processamento.

Art. 114. A administração é obrigada a fornecer a qualquer cidadão, para a defesa de seus direitos e esclarecimentos de situações de seu interesse pessoal, no prazo máximo de dez dias úteis, certidão de atos, contratos, decisões ou pareceres, sob pena de responsabilidade da autoridade ou servidor que negar ou retardar a sua expedição. No mesmo prazo deverá atender às requisições judiciais, se outro não for fixado pela autoridade judiciária.

Art. 115. Para a organização da administração pública direta e indireta, inclusive as fundações instituídas ou mantidas por qualquer dos Poderes do Estado, é obrigatório o cumprimento das seguintes normas:

I. os cargos, empregos e funções públicas são acessíveis aos brasileiros que preencham os requisitos estabelecidos em lei, assim como aos estrangeiros, na forma da lei; (NR)

II. a investidura em cargo ou emprego público depende de aprovação prévia, em concurso público de provas ou de provas e títulos, ressalvadas as nomeações para cargo em comissão, declarado em lei, de livre nomeação e exoneração;

III. o prazo de validade do concurso público será de até dois anos, prorrogável uma vez, por igual período. A nomeação do candidato aprovado obedecerá à ordem de classificação;

IV. durante o prazo improrrogável previsto no edital de convocação, o aprovado em concurso público de provas ou de provas e títulos será convocado com prioridade sobre novos concursados para assumir cargo ou emprego, na carreira;

V. as funções de confiança, exercidas exclusivamente por servidores ocupantes de cargo efetivo, e os cargos em comissão, a serem preenchidos por servidores de carreira nos casos, condições e percentuais mínimos previstos em lei, destinam-se apenas às atribuições de direção, chefia e assessoramento; (NR)

VI. é garantido ao servidor público civil o direito à livre associação sindical, obedecido o disposto no artigo 8º da Constituição Federal;

VII. o servidor e empregado público gozarão de estabilidade no cargo ou emprego desde o registro de sua candidatura para o exercício de cargo de representação sindical ou no caso previsto no inciso XXIII deste artigo, até um ano após o término do mandato, se eleito, salvo se cometer falta grave definida em lei;
VIII. o direito de greve será exercido nos termos e nos limites definidos em lei específica; (NR)
IX. a lei reservará percentual dos cargos e empregos públicos para os portadores de deficiências, garantindo as adaptações necessárias para a sua participação nos concursos públicos e definirá os critérios de sua admissão;
X. a lei estabelecerá os casos de contratação por tempo determinado, para atender a necessidade temporária de excepcional interesse público;
XI. a revisão geral anual da remuneração dos servidores públicos, sem distinção de índices entre servidores públicos civis e militares, far-se-á sempre na mesma data e por lei específica, observada a iniciativa privativa em cada caso; (NR)
XII. em conformidade com o artigo 37°, XI, da Constituição Federal, a remuneração e o subsídio dos ocupantes de cargos, funções e empregos públicos da administração direta, autárquica e fundacional, os proventos, pensões ou outra espécie remuneratória, percebidos cumulativamente ou não, incluídas as vantagens pessoais ou de qualquer outra natureza, não poderão exceder o subsídio mensal do Governador no âmbito do Poder Executivo, o subsídio dos Deputados Estaduais no âmbito do Poder Legislativo e o subsídio dos Desembargadores do Tribunal de Justiça, limitado a noventa inteiros e vinte e cinco centésimos por cento do subsídio mensal, em espécie, dos Ministros do Supremo Tribunal Federal, no âmbito do Poder Judiciário, aplicável este limite aos membros do Ministério Público, aos Procuradores e aos Defensores Públicos; (NR)
XIII. até que se atinja o limite a que se refere o inciso anterior, é vedada a redução de salários que implique a supressão das vantagens de caráter individual, adquiridas em razão de tempo de serviço, previstas no artigo 129° desta Constituição. Atingido o referido limite, a redução se aplicará independentemente da natureza das vantagens auferidas pelo servidor;
XIV. os vencimentos dos cargos do Poder Legislativo e do Poder Judiciário não poderão ser superiores aos pagos pelo Poder Executivo;
XV. é vedada a vinculação ou equiparação de quaisquer espécies remuneratórias para o efeito de remuneração de pessoal do serviço público, observado o disposto na Constituição Federal; (NR)
XVI. os acréscimos pecuniários percebidos por servidor público não serão computados nem acumulados para fins de concessão de acréscimos ulteriores sob o mesmo título ou idêntico fundamento;
XVII. o subsídio e os vencimentos dos ocupantes de cargos e empregos públicos são irredutíveis, observado o disposto na Constituição Federal; (NR)
XVIII. é vedada a acumulação remunerada de cargos públicos, exceto quando houver compatibilidade de horários:
a) de dois cargos de professor;
b) de um cargo de professor com outro técnico ou científico;
c) de dois cargos ou empregos privativos de profissionais de saúde, com profissões regulamentadas; (NR)
XIX. a proibição de acumular estende-se a empregos e funções e abrange autarquias, fundações, empresas públicas, sociedades de economia mista, suas subsidiárias, e sociedades controladas, direta ou indiretamente, pelo Poder Público; (NR)
XX. a administração fazendária e seus agentes fiscais de rendas, aos quais compete exercer, privativamente, a fiscalização de tributos estaduais, terão, dentro de suas áreas de competência e jurisdição, precedência sobre os demais setores administrativos, na forma da lei;
XX-A. a administração tributária, atividade essencial ao funcionamento do Estado, exercida por servidores de carreiras específicas, terá recursos prioritários para a realização de suas atividades e atuará de forma integrada com as administrações tributárias da União, de outros Estados, do Distrito Federal e dos Municípios, inclusive com o compartilhamento de cadastros e de informações fiscais, na forma da lei ou convênio; (NR)
XXI. a criação, transformação, fusão, cisão, incorporação, privatização ou extinção das sociedades de economia mista, autarquias, fundações e empresas públicas depende de prévia aprovação da Assembleia Legislativa;
XXII. depende de autorização legislativa, em cada caso, a criação de subsidiárias das entidades mencionadas no inciso anterior, assim como a participação de qualquer delas em empresa privada;

XXIII. fica instituída a obrigatoriedade de um Diretor Representante e de um Conselho de Representantes, eleitos pelos servidores e empregados públicos, nas autarquias, sociedades de economia mista e fundações instituídas ou mantidas pelo Poder Público, cabendo à lei definir os limites de sua competência e atuação;

XXIV. é obrigatória a declaração pública de bens, antes da posse e depois do desligamento, de todo o dirigente de empresa pública, sociedade de economia mista, autarquia e fundação instituída ou mantida pelo Poder Público;

XXV. os órgãos da administração direta e indireta ficam obrigados a constituir Comissão Interna de Prevenção de Acidentes – CIPA, e, quando assim o exigirem suas atividades, Comissão de Controle Ambiental, visando à proteção da vida, do meio ambiente e das condições de trabalho dos seus servidores, na forma da lei;

XXVI. ao servidor público que tiver sua capacidade de trabalho reduzida em decorrência de acidente de trabalho ou doença do trabalho será garantida a transferência para locais ou atividades compatíveis com sua situação;

XXVII. é vedada a estipulação de limite de idade para ingresso por concurso público na administração direta, empresa pública, sociedade de economia mista, autarquia e fundações instituídas ou mantidas pelo Poder Público, respeitando-se apenas o limite constitucional para aposentadoria compulsória;

XXVIII. os recursos provenientes dos descontos compulsórios dos servidores públicos, bem como a contrapartida do Estado, destinados à formação de fundo próprio de previdência, deverão ser postos, mensalmente, à disposição da entidade estadual responsável pela prestação do benefício, na forma que a lei dispuser;

XXIX. a administração pública direta e indireta, as universidades públicas e as entidades de pesquisa técnica e científica oficiais ou subvencionadas pelo Estado prestarão ao Ministério Público o apoio especializado ao desempenho das funções da Curadoria de Proteção de Acidentes do Trabalho, da Curadoria de Defesa do Meio Ambiente e de outros interesses coletivos e difusos.

§ 1º A publicidade dos atos, programas, obras, serviços e campanhas da administração pública direta, indireta, fundações e órgãos controlados pelo Poder Público deverá ter caráter educacional, informativo e de orientação social, dela não podendo constar nomes, símbolos e imagens que caracterizem promoção pessoal de autoridades ou servidores públicos.

§ 2º É vedada ao Poder Público, direta ou indiretamente, a publicidade de qualquer natureza fora do território do Estado, para fins de propaganda governamental, exceto às empresas que enfrentam concorrência de mercado e divulgação destinada a promover o turismo estadual. (NR)

§ 3º A inobservância do disposto nos incisos II, III e IV deste artigo implicará a nulidade do ato e a punição da autoridade responsável, nos termos da lei.

§ 4º As pessoas jurídicas de direito público e as de direito privado, prestadoras de serviços públicos, responderão pelos danos que seus agentes, nessa qualidade, causarem a terceiros, assegurado o direito de regresso contra o responsável nos casos de dolo ou culpa.

§ 5º As entidades da administração direta e indireta, inclusive fundações instituídas ou mantidas pelo Poder Público, o Ministério Público, bem como os Poderes Legislativo e Judiciário, publicarão, até o dia trinta de abril de cada ano, seu quadro de cargos e funções, preenchidos e vagos, referentes ao exercício anterior.

§ 6º É vedada a percepção simultânea de proventos de aposentadoria decorrentes dos artigos 40º, 42º e 142º da Constituição Federal e dos artigos 126º e 138º desta Constituição com a remuneração de cargo, emprego ou função pública, ressalvados os cargos acumuláveis na forma desta Constituição, os cargos eletivos e os cargos em comissão declarados em lei de livre nomeação e exoneração. (NR)

§ 7º Não serão computadas, para efeito dos limites remuneratórios de que trata o inciso XII do "caput" deste artigo, as parcelas de caráter indenizatório previstas em lei. (NR)

§ 8º Para os fins do disposto no inciso XII deste artigo e no inciso XI do artigo 37º da Constituição Federal, poderá ser fixado no âmbito do Estado, mediante emenda à presente Constituição, como limite único, o subsídio mensal dos Desembargadores do Tribunal de Justiça, limitado a noventa inteiros e vinte e cinco centésimos por cento do subsídio mensal dos Ministros do Supremo Tribunal Federal, não se aplicando o disposto neste parágrafo aos subsídios dos Deputados Estaduais. (NR)

§ 9º O servidor público titular de cargo efetivo poderá ser readaptado para exercício de cargo cujas atribuições e responsabilidades sejam compatíveis com a limitação que tenha sofrido em sua capacidade física ou mental enquanto permanecer nessa condição, desde que possua a habilitação e o nível de escolaridade exigidos para o cargo de destino, mantida a remuneração do cargo de origem. (NR)
Acrescentado pela Emenda Constitucional nº 49, de 06/03/2020.

§ 10º A aposentadoria concedida com a utilização de tempo de contribuição decorrente de cargo, emprego ou função pública, inclusive do Regime Geral de Previdência Social, acarretará o rompimento do vínculo que gerou o referido tempo de contribuição. (NR)
Acrescentado pela Emenda Constitucional nº 49, de 06/03/2020.

Art. 116. Os vencimentos, vantagens ou qualquer parcela remuneratória, pagos com atraso, deverão ser corrigidos monetariamente, de acordo com os índices oficiais aplicáveis à espécie.

SEÇÃO II
Das Obras, Serviços Públicos, Compras e Alienações

Art. 117. Ressalvados os casos especificados na legislação, as obras, serviços, compras e alienações serão contratados mediante processo de licitação pública, que assegure igualdade de condições a todos os concorrentes, com cláusulas que estabeleçam obrigações de pagamento, mantidas as condições efetivas da proposta, nos termos da lei, o qual somente permitirá as exigências de qualificação técnica e econômica indispensáveis à garantia do cumprimento das obrigações.

Parágrafo único. É vedada à administração pública direta e indireta, inclusive fundações instituídas ou mantidas pelo Poder Público, a contratação de serviços e obras de empresas que não atendam às normas relativas à saúde e segurança no trabalho.

Art. 118. As licitações de obras e serviços públicos deverão ser precedidas da indicação do local onde serão executados e do respectivo projeto técnico completo, que permita a definição precisa de seu objeto e previsão de recursos orçamentários, sob pena de invalidade da licitação.

Parágrafo único. Na elaboração do projeto mencionado neste artigo, deverão ser atendidas as exigências de proteção do patrimônio histórico-cultural e do meio ambiente, observando-se o disposto no § 2º do artigo 192º desta Constituição.

Art. 119. Os serviços concedidos ou permitidos ficarão sempre sujeitos à regulamentação e fiscalização do Poder Público e poderão ser retomados quando não atendam satisfatoriamente aos seus fins ou às condições do contrato.

Parágrafo único. Os serviços de que trata este artigo não serão subsidiados pelo Poder Público, em qualquer medida, quando prestados por particulares.

Art. 120. Os serviços públicos serão remunerados por tarifa previamente fixada pelo órgão executivo competente, na forma que a lei estabelecer.

Art. 121. Órgãos competentes publicarão, com a periodicidade necessária, os preços médios de mercado de bens e serviços, os quais servirão de base para as licitações realizadas pela administração direta e indireta, inclusive fundações instituídas ou mantidas pelo Poder Público.

Art. 122. Os serviços públicos, de natureza industrial ou domiciliar, serão prestados aos usuários por métodos que visem à melhor qualidade e maior eficiência e à modicidade das tarifas.

Parágrafo único. Cabe ao Estado explorar diretamente, ou mediante concessão, na forma da lei, os serviços de gás canalizado em seu território, incluído o fornecimento direto a partir de gasodutos de transporte, de maneira a atender às necessidades dos setores industrial, domiciliar, comercial, automotivo e outros. (NR)

Art. 123. Revogado.

CAPÍTULO II
Dos Servidores Públicos do Estado

SEÇÃO I
Dos Servidores Públicos Civis

Art. 124. Os servidores da administração pública direta, das autarquias e das fundações instituídas ou mantidas pelo Poder Público terão regime jurídico único e planos de carreira.

§ 1º A lei assegurará aos servidores da administração direta isonomia de vencimentos para cargos de atribuições iguais ou assemelhados do mesmo Poder, ou entre servidores dos Poderes Legislativo, Executivo e

Judiciário, ressalvadas as vantagens de caráter individual e as relativas à natureza ou ao local de trabalho.

§ 2º No caso do parágrafo anterior, não haverá alteração nos vencimentos dos demais cargos da carreira a que pertence aquele cujos vencimentos foram alterados por força da isonomia.

§ 3º Aplica-se aos servidores a que se refere o "caput" deste artigo e disposto no artigo 7º, IV, VI, VII, VIII, IX, XII, XIII, XV, XVI, XVII, XVIII, XIX, XX, XXII, XXIII e XXX da Constituição Federal.

§ 4º Lei estadual poderá estabelecer a relação entre a maior e a menor remuneração dos servidores públicos, obedecido, em qualquer caso, o disposto no artigo 37º, XI, da Constituição Federal e no artigo 115º, XII, desta Constituição. (NR)

§ 5º É vedada a incorporação de vantagens de caráter temporário ou vinculadas ao exercício de função de confiança ou de cargo em comissão à remuneração do cargo efetivo. (NR)

Art. 125. O exercício do mandato eletivo por servidor público far-se-á com observância do artigo 38 da Constituição Federal.

§ 1º Fica assegurado ao servidor público, eleito para ocupar cargo em sindicato de categoria, o direito de afastar-se de suas funções, durante o tempo em que durar o mandato, recebendo seus vencimentos e vantagens, nos termos da lei.

§ 2º O tempo de mandato eletivo será computado para fins de aposentadoria especial.

Art. 126. O Regime Próprio de Previdência Social dos servidores titulares de cargos efetivos terá caráter contributivo e solidário, mediante contribuição do Estado de São Paulo, de servidores ativos, de aposentados e de pensionistas, observados critérios que preservem o equilíbrio financeiro e atuarial. (NR)

Com redação dada pela Emenda Constitucional nº 49, de 06/03/2020.

§ 1º Os servidores abrangidos pelo regime de previdência de que trata este artigo serão aposentados: (NR)

1. por incapacidade permanente para o trabalho, no cargo em que estiver investido, quando insuscetível de readaptação, hipótese em que será obrigatório realizar avaliações periódicas para verificar a continuidade das condições que ensejaram a concessão da aposentadoria, na forma da lei; (NR)

2. compulsoriamente, nos termos do artigo 40º, § 1º, inciso II, da Constituição Federal; (NR)

3. voluntariamente, aos sessenta e dois anos de idade, se mulher, e aos sessenta e cinco anos de idade, se homem, observados o tempo de contribuição e os demais requisitos estabelecidos em lei complementar. (NR)

• *Itens 1,2 e 3 com redação dada pela Emenda Constitucional nº 49, de 06/03/2020.*

§ 2º Os proventos de aposentadoria não poderão ser inferiores ao valor mínimo a que se refere o § 2º do artigo 201º da Constituição Federal ou superiores ao limite máximo estabelecido para o Regime Geral de Previdência Social, quanto aos servidores abrangidos pelos §§ 14º, 15º e 16º. (NR)

§ 2º com redação dada pela Emenda Constitucional nº 49, de 06/03/2020.

§ 3º As regras para cálculo de proventos de aposentadoria serão disciplinadas por lei. (NR)

Com redação dada pela Emenda Constitucional nº 49, de 06/03/2020.

§ 4º É vedada a adoção de requisitos ou critérios diferenciados para concessão de benefícios no regime próprio previsto no "caput", ressalvados, nos termos definidos em lei complementar, os casos de aposentadoria de servidores: (NR)

1. com deficiência; (NR)

2. integrantes das carreiras de Policial Civil, Polícia Técnico Científica, Agente de Segurança Penitenciária e Agente de Escolta e Vigilância Penitenciária; (NR)

3. que exerçam atividades com efetiva exposição a agentes nocivos químicos, físicos e biológicos prejudiciais à saúde, ou à associação desses agentes, não se permitindo a caracterização por categoria profissional ou ocupação. (NR)

Com redação dada pela Emenda Constitucional nº 49, de 06/03/2020.

§ 5º Os ocupantes do cargo de professor terão a idade mínima reduzida em cinco anos em relação àquelas previstas no item 3 do § 1º, desde que comprovem tempo de efetivo exercício das funções de magistério na educação infantil, no ensino fundamental ou no médio, nos termos fixados em lei complementar. (NR)

Com redação dada pela Emenda Constitucional nº 49, de 06/03/2020.

§ 6º Declarado inconstitucional, em controle concentrado, pelo Supremo Tribunal Federal.

§ 6º-A Ressalvadas as aposentadorias decorrentes dos cargos acumuláveis na forma da Constituição

Federal, é vedada a percepção de mais de uma aposentadoria à conta de Regime Próprio de Previdência Social, aplicando-se outras vedações, regras e condições para a acumulação de benefícios previdenciários estabelecidas no Regime Geral de Previdência Social. (NR)

Com redação dada pela Emenda Constitucional n° 49, de 06/06/2020.

§ 7° A pensão por morte dos servidores de que trata o item 2 do § 4°, será concedida de forma diferenciada, nos termos da lei. (NR)

Com redação dada pela Emenda Constitucional n° 49, de 06/03/2020.

§ 8° Declarado inconstitucional, em controle concentrado, pelo Supremo Tribunal Federal.

§ 8°-A É assegurado o reajustamento dos benefícios para preservar-lhes, em caráter permanente, o valor real, conforme critérios estabelecidos em lei. (NR)

§ 9° O tempo de contribuição federal, estadual, distrital ou municipal será contado para fins de aposentadoria, observado o disposto nos § § 9° e 9°-A do artigo 201° da Constituição Federal, e o tempo de serviço correspondente será contado para fins de disponibilidade. (NR)

Com redação dada pela Emenda Constitucional n° 49, de 06/03/2020.

§ 10° A lei não poderá estabelecer qualquer forma de contagem de tempo de contribuição fictício. (NR)

§ 11° Aplica-se o limite fixado no artigo 115°, XII, desta Constituição e do artigo 37°, XI, da Constituição Federal à soma total dos proventos de inatividade, inclusive quando decorrentes da acumulação de cargos ou empregos públicos, bem como de outras atividades sujeitas a contribuição para o regime geral de previdência social, e ao montante resultante da adição de proventos de inatividade com remuneração de cargo acumulável na forma desta Constituição, cargo em comissão declarado em lei de livre nomeação e exoneração, e de cargo eletivo. (NR)

§ 12° Além do disposto neste artigo, serão observados no Regime Próprio de Previdência Social, no que couber, os requisitos e os critérios fixados para o Regime Geral de Previdência Social. (NR)

Com redação dada pela Emenda Constitucional n° 49, de 06/03/2020.

§ 13° Ao agente público ocupante exclusivamente de cargo em comissão declarado em lei de livre nomeação e exoneração, de outro cargo temporário inclusive aos detentores de mandato eletivo ou de emprego público, aplica-se o Regime Geral de Previdência Social. (NR)

Com redação dada pela Emenda Constitucional n° 49, de 06/03/2020.

§ 14° O Estado, desde que institua regime de previdência complementar para os seus respectivos servidores titulares de cargo efetivo, poderá fixar, para o valor das aposentadorias e pensões a serem concedidas pelo regime de que trata este artigo, o limite máximo estabelecido para os benefícios do regime geral de previdência social de que trata o artigo 201° da Constituição Federal. (NR)

§ 15° O Regime de Previdência Complementar de que trata o § 14° oferecerá plano de benefícios somente na modalidade contribuição definida, observará o disposto no artigo 202° da Constituição Federal e será efetivado por intermédio de entidade fechada de previdência complementar. (NR)

Com redação dada pela Emenda Constitucional n° 49, de 06/03/2020.

§ 16° Somente mediante sua prévia e expressa opção, o disposto nos § § 14° e 15° poderá ser aplicado ao servidor que tiver ingressado no serviço público até a data da publicação do ato de instituição do correspondente regime de previdência complementar. (NR)

§ 17° Todos os valores de remuneração considerados para o cálculo do benefício previsto no § 3° serão devidamente atualizados, na forma da lei. (NR)

§ 18° Incidirá contribuição sobre os proventos de aposentadorias e pensões concedidas pelo regime de que trata este artigo que superem o limite máximo estabelecido para os benefícios do regime geral de previdência social de que trata o artigo 201° da Constituição Federal, com percentual igual ao estabelecido para os servidores titulares de cargos efetivos. (NR)

§ 19° Observados os critérios a serem estabelecidos em lei, o servidor titular de cargo efetivo que tenha completado as exigências para a aposentadoria voluntária e que opte por permanecer em atividade poderá fazer jus a um abono de permanência equivalente, no máximo, ao valor da sua contribuição previdenciária, até completar a idade para aposentadoria compulsória. (NR)

Com redação dada pela Emenda Constitucional n° 49, de 06/03/2020.

§ 20° Fica vedada a existência de mais de um Regime Próprio de Previdência Social para os

servidores titulares de cargos efetivos e de mais de um órgão ou entidade gestora desse regime, abrangidos todos os Poderes, os órgãos e as entidades autárquicas e fundacionais, que serão responsáveis pelo seu financiamento, observados os critérios, os parâmetros e a natureza jurídica definidos em lei complementar federal. (NR)
Com redação dada pela Emenda Constitucional nº 49, de 06/03/2020.
§ 21º O rol de benefícios do Regime Próprio de Previdência Social fica limitado às aposentadorias e à pensão por morte. (NR)
Com redação dada pela Emenda Constitucional nº 49, de 06/03/2020.
§ 22º O servidor, após noventa dias decorridos da apresentação do pedido de aposentadoria voluntária, instruído com prova de ter cumprido os requisitos necessários à obtenção do direito, poderá cessar o exercício da função pública, independentemente de qualquer formalidade. (NR)
Art. 127. Aplica-se aos servidores públicos estaduais, para efeito de estabilidade, o disposto no artigo 41º da Constituição Federal.
Art. 128. As vantagens de qualquer natureza só poderão ser instituídas por lei e quando atendam efetivamente ao interesse público e às exigências do serviço.
Art. 129. Ao servidor público estadual é assegurado o percebimento do adicional por tempo de serviço, concedido no mínimo por quinquênio, e vedada a sua limitação, bem como a sexta-parte dos vencimentos integrais, concedida aos vinte anos de efetivo exercício, que se incorporarão aos vencimentos para todos os efeitos, observado o disposto no artigo 115º, XVI, desta Constituição.
Parágrafo único. O disposto no "caput" não se aplica aos servidores remunerados por subsídio, na forma da lei. (NR)
Parágrafo Único acrescentado pela Emenda Constitucional nº 49, de 06/03/2020.
Art. 130. Ao servidor será assegurado o direito de remoção para igual cargo ou função, no lugar de residência do cônjuge, se este também for servidor e houver vaga, nos termos da lei.
Parágrafo único. O disposto neste artigo aplica-se também ao servidor cônjuge de titular de mandato eletivo estadual ou municipal.
Art. 131. O Estado responsabilizará os seus servidores por alcance e outros danos causados à administração, ou por pagamentos efetuados em desacordo com as normas legais, sujeitando-os ao sequestro e perdimento dos bens, nos termos da lei.
Art. 132. Os servidores titulares de cargos efetivos do Estado, incluídas suas autarquias e fundações, desde que tenham completado cinco anos de efetivo exercício, terão computado, para efeito de aposentadoria, nos termos da lei, o tempo de contribuição ao regime geral de previdência social decorrente de atividade de natureza privada, rural ou urbana, hipótese em que os diversos sistemas de previdência social se compensarão financeiramente, segundo os critérios estabelecidos em lei. (NR)
Art. 133. *revogado pela Emenda Constitucional nº 49, de 06/03/2020.*
Art. 134. O servidor, durante o exercício do mandato de vereador, será inamovível.
Art. 135. Ao servidor público titular de cargo efetivo do Estado será contado, como efetivo exercício, para efeito de aposentadoria e disponibilidade, o tempo de contribuição decorrente de serviço prestado em cartório não oficializado, mediante certidão expedida pela Corregedoria-Geral da Justiça. (NR)
Art. 136. O servidor público civil demitido por ato administrativo, se absolvido pela Justiça, na ação referente ao ato que deu causa à demissão, será reintegrado ao serviço público, com todos os direitos adquiridos.
Art. 137. A lei assegurará à servidora gestante mudança de função, nos casos em que for recomendado, sem prejuízo de seus vencimentos ou salários e demais vantagens do cargo ou função-atividade.

SEÇÃO II
Dos Servidores Públicos Militares

Art. 138. São servidores públicos militares estaduais os integrantes da Polícia Militar do Estado.
§ 1º Aplica-se, no que couber, aos servidores a que se refere este artigo, o disposto no artigo 42 da Constituição Federal.
§ 2º Naquilo que não colidir com a legislação específica, aplica-se aos servidores mencionados neste artigo o disposto na SEÇÃO anterior.
§ 3º O servidor público militar demitido por ato administrativo, se absolvido pela Justiça, na ação referente ao ato que deu causa à demissão, será reintegrado à Corporação com todos os direitos restabelecidos.

§ 4º O oficial da Polícia Militar só perderá o posto e a patente se for julgado indigno do Oficialato ou com ele incompatível, por decisão do Tribunal de Justiça Militar do Estado.

§ 5º O oficial condenado na Justiça comum ou militar à pena privativa de liberdade superior a dois anos, por sentença transitada em julgado, será submetido ao julgamento previsto no parágrafo anterior.

§ 6º O direito do servidor militar de ser transferido para a reserva ou ser reformado será assegurado, ainda que respondendo a inquérito ou processo em qualquer jurisdição, nos casos previstos em lei específica.

CAPÍTULO III
Da Segurança Pública

SEÇÃO I
Disposições Gerais

Art. 139. A Segurança Pública, dever do Estado, direito e responsabilidade de todos, é exercida para a preservação da ordem pública e incolumidade das pessoas e do patrimônio.

§ 1º O Estado manterá a Segurança Pública por meio de sua polícia, subordinada ao Governador do Estado.

§ 2º A polícia do Estado será integrada pela Polícia Civil, Polícia Militar e Corpo de Bombeiros.

§ 3º A Polícia Militar, integrada pelo Corpo de Bombeiros é força auxiliar, reserva do Exército.

SEÇÃO II
Da Polícia Civil

Art. 140. À Polícia Civil, órgão permanente, dirigida por delegados de polícia de carreira, bacharéis em Direito, incumbe, ressalvada a competência da União, as funções de polícia judiciária e a apuração de infrações penais, exceto as militares.

§ 1º O Delegado-Geral da Polícia Civil, integrante da última classe da carreira, será nomeado pelo Governador do Estado e deverá fazer declaração pública de bens no ato da posse e da sua exoneração.

§ 2º No desempenho da atividade de polícia judiciária, instrumental à propositura de ações penais, a Polícia Civil exerce atribuição essencial à função jurisdicional do Estado e à defesa da ordem jurídica. (NR)

§ 3º Aos Delegados de Polícia é assegurada independência funcional pela livre convicção nos atos de polícia judiciária. (NR)

§ 4º O ingresso na carreira de Delegado de Polícia dependerá de concurso público de provas e títulos, assegurada a participação da Ordem dos Advogados do Brasil em todas as suas fases, exigindo-se do bacharel em direito, no mínimo, dois anos de atividades jurídicas, observando-se, nas nomeações, a ordem de classificação. (NR)

§ 5º A exigência de tempo de atividade jurídica será dispensada para os que contarem com, no mínimo, dois anos de efetivo exercício em cargo de natureza policial-civil, anteriormente à publicação do edital de concurso. (NR)

§ 6º A remoção de integrante da carreira de delegado de polícia somente poderá ocorrer mediante pedido do interessado ou manifestação favorável do Colegiado Superior da Polícia Civil, nos termos da lei. (NR)

§ 7º Lei Orgânica e Estatuto disciplinarão a organização, o funcionamento, os direitos, deveres, vantagens e regime de trabalho da Polícia Civil e de seus integrantes, servidores especiais, assegurado na estruturação das carreiras o mesmo tratamento dispensado, para efeito de escalonamento e promoção, aos delegados de polícia, respeitadas as leis federais concernentes. (NR)

§ 8º Lei específica definirá a organização, funcionamento e atribuições da Superintendência da Polícia Técnico-Científica, que será dirigida, alternadamente, por perito criminal e médico legista, sendo integrada pelos seguintes órgãos: (NR)

I. Instituto de Criminalística; (NR)

II. Instituto Médico Legal. (NR)

SEÇÃO III
Da Polícia Militar

Art. 141. À Polícia Militar, órgão permanente, incumbe, além das atribuições definidas em lei, a polícia ostensiva e a preservação da ordem pública.

§ 1º O Comandante-Geral da Polícia Militar será nomeado pelo Governador do Estado dentre oficiais da ativa, ocupantes do último posto do Quadro de Oficiais Policiais Militares, conforme dispuser a lei, devendo fazer declaração pública de bens no ato da posse e de sua exoneração.

§ 2º Lei Orgânica e Estatuto disciplinarão a organização, o funcionamento, direitos, deveres, vantagens e regime de trabalho da Polícia Militar e de seus integrantes, servidores militares estaduais, respeitadas as leis federais concernentes.

§ 3º A criação e manutenção da Casa Militar e Assessorias Militares somente poderão ser efetivadas nos termos em que a lei estabelecer.

§ 4º O Chefe da Casa Militar será escolhido pelo Governador do Estado entre oficiais da ativa, ocupantes do último posto do Quadro de Oficiais Policiais Militares.

Art. 142. Ao Corpo de Bombeiros, além das atribuições definidas em lei, incumbe a execução de atividades de defesa civil, tendo seu quadro próprio e funcionamento definidos na legislação prevista no § 2º do artigo anterior.

SEÇÃO IV
Da Política Penitenciária

Art. 143. A legislação penitenciária estadual assegurará o respeito às regras mínimas da Organização das Nações Unidas para o tratamento de reclusos, a defesa técnica nas infrações disciplinares e definirá a composição e competência do Conselho Estadual de Política Penitenciária.

TÍTULO IV
Dos Municípios e Regiões

CAPÍTULO I
Dos Municípios

SEÇÃO I
Disposições Gerais

Art. 144. Os Municípios, com autonomia política, legislativa, administrativa e financeira se auto-organizarão por Lei Orgânica, atendidos os princípios estabelecidos na Constituição Federal e nesta Constituição.

Art. 145. A criação, a fusão, a incorporação e o desmembramento de Municípios far-se-ão por lei estadual, dentro do período determinado por lei complementar federal, e dependerão de consulta prévia, mediante plebiscito, às populações dos Municípios envolvidos, após divulgação dos Estudos de Viabilidade Municipal, apresentados e publicados na forma da lei, nos termos do artigo 18º, § 4º, da Constituição Federal. (NR)

Parágrafo único. O território dos Municípios poderá ser dividido em distritos, mediante lei municipal, atendidos os requisitos previstos em lei complementar, garantida a participação popular.

Art. 145.-A A alteração da denominação de Municípios, quando não resultar do disposto no artigo 145º, far-se-á por lei estadual e dependerá de consulta prévia, mediante plebiscito, à população do respectivo Município. (NR)

§ 1º O plebiscito será realizado pelo Tribunal Regional Eleitoral, mediante solicitação da Câmara Municipal, instruída com representação subscrita por, no mínimo, um por cento dos eleitores domiciliados no respectivo Município e informação do órgão técnico competente sobre a inexistência de topônimo correlato no Estado ou em outra unidade da Federação. (NR)

§ 2º Caso o resultado do plebiscito seja favorável à alteração proposta, o Tribunal Regional Eleitoral o encaminhará à Assembleia Legislativa para a elaboração da lei estadual mencionada no "caput". (NR)

Art. 146. A classificação de Municípios Turísticos, assim considerados as Estâncias e os Municípios de Interesse Turístico, far-se-á por lei estadual e dependerá da observância de condições e requisitos mínimos estabelecidos em lei complementar e da manifestação do órgão técnico competente. (NR)

§ 1º O Poder Executivo deverá encaminhar à Assembleia Legislativa, a cada três anos, projeto de Lei Revisional dos Municípios Turísticos, a ser disciplinado na lei complementar prevista no "caput" deste artigo. (NR)

§ 2º O Estado manterá, na forma que a lei estabelecer, um Fundo de Melhoria dos Municípios Turísticos, com o objetivo de desenvolver programas de melhoria e preservação ambiental, urbanização, serviços e equipamentos turísticos. (NR)

§ 3º O Fundo de Melhoria dos Municípios Turísticos terá dotação orçamentária anual correspondente a onze por cento da totalidade da arrecadação dos impostos municipais das Estâncias no exercício imediatamente anterior, limitada ao valor inicial da última dotação atualizado pela variação anual nominal da receita de impostos estaduais estimada na subsequente proposta orçamentária. (NR)

§ 4º Os critérios para a distribuição, transferência e aplicação dos recursos do Fundo de Melhoria dos Municípios Turísticos serão estabelecidos em lei, garantida a destinação de vinte por cento para os Municípios de Interesse Turístico. (NR)

Art. 147. Os Municípios poderão, por meio de lei municipal, constituir guarda municipal, destinada à proteção de seus bens, serviços e instalações, obedecidos os preceitos da lei federal.

Art. 148. Lei estadual estabelecerá condições que facilitem e estimulem a criação de Corpos de Bombeiros Voluntários nos Municípios respeitada a legislação federal.

SEÇÃO II
Da Intervenção

Art. 149. O Estado não intervirá no Município, salvo quando:

I. deixar de ser paga, sem motivo de força maior, por dois anos consecutivos, a dívida fundada;

II. não forem prestadas contas devidas, na forma da lei;

III. não tiver sido aplicado o mínimo exigido da receita municipal na manutenção e desenvolvimento do ensino e nas ações e serviços públicos de saúde; (NR)

IV. o Tribunal de Justiça der provimento a representação para a observância de princípios constantes nesta Constituição, ou para prover a execução de lei, de ordem ou de decisão judicial.

§ 1º O decreto de intervenção, que especificará a amplitude, prazo e condições de execução e, se couber, nomeará o interventor, será submetido à apreciação da Assembleia Legislativa, no prazo de vinte e quatro horas.

§ 2º Estando a Assembleia Legislativa em recesso, far-se-á convocação extraordinária, no mesmo prazo de vinte e quatro horas, para apreciar a Mensagem do Governador do Estado.

§ 3º No caso do inciso IV, dispensada a apreciação pela Assembleia Legislativa, o decreto limitar-se-á a suspender a execução do ato impugnado, se esta medida bastar ao restabelecimento da normalidade, comunicando o Governador do Estado seus efeitos ao Presidente do Tribunal de Justiça.

§ 4º Cessados os motivos da intervenção, as autoridades afastadas de seus cargos a estes voltarão, salvo impedimento legal, sem prejuízo da apuração administrativa, civil ou criminal decorrente de seus atos.

§ 5º O interventor prestará contas de seus atos ao Governador do Estado e aos órgãos de fiscalização a que estão sujeitas as autoridades afastadas.

SEÇÃO III
Da Fiscalização Contábil, Financeira, Orçamentária, Operacional e Patrimonial

Art. 150. A fiscalização contábil, financeira, orçamentária, operacional e patrimonial do Município e de todas as entidades da administração direta e indireta, quanto à legalidade, legitimidade, economicidade, finalidade, motivação, moralidade, publicidade e interesse público, aplicação de subvenções e renúncia de receitas, será exercida pela Câmara Municipal, mediante controle externo, e pelos sistemas de controle interno de cada Poder, na forma da respectiva lei orgânica, em conformidade com o disposto no artigo 31º da Constituição Federal.

Art. 151. O Tribunal de Contas do Município de São Paulo será composto por cinco Conselheiros e obedecerá, no que couber, aos princípios da Constituição Federal e desta Constituição.

Parágrafo único. Aplicam-se aos Conselheiros do Tribunal de Contas do Município de São Paulo as normas pertinentes aos Conselheiros do Tribunal de Contas do Estado.

Vide ADINs nº 346/1990 e 4776/2012.

CAPÍTULO II
Da Organização Regional

SEÇÃO I
Dos Objetivos, Diretrizes e Prioridades

Art. 152. A organização regional do Estado tem por objetivo promover:

I. o planejamento regional para o desenvolvimento socioeconômico e melhoria da qualidade de vida;

II. a cooperação dos diferentes níveis de governo, mediante a descentralização, articulação e integração de seus órgãos e entidades da administração direta e indireta com atuação na região, visando ao máximo aproveitamento dos recursos públicos a ela destinados;

III. a utilização racional do território, dos recursos naturais, culturais e a proteção do meio ambiente, mediante o controle da implantação dos empreendimentos públicos e privados na região;

IV. a integração do planejamento e da execução de funções públicas de interesse comum aos entes públicos atuantes na região;

V. a redução das desigualdades sociais e regionais.

Parágrafo único. O Poder Executivo coordenará e compatibilizará os planos e sistemas de caráter regional.

SEÇÃO II
Das Entidades Regionais

Art. 153. O território estadual poderá ser dividido, total ou parcialmente, em unidades regionais constituídas por agrupamentos de Municípios limítrofes, mediante lei complementar, para integrar a organização, o planejamento e a execução de funções públicas de interesse comum, atendidas as respectivas peculiaridades.

§ 1º Considera-se região metropolitana o agrupamento de Municípios limítrofes que assuma destacada expressão nacional, em razão de elevada densidade demográfica, significativa conurbação e de funções urbanas e regionais com alto grau de diversidade, especialização e integração socioeconômica, exigindo planejamento integrado e ação conjunta permanente dos entes públicos nela atuantes.

§ 2º Considera-se aglomeração urbana o agrupamento de Municípios limítrofes que apresente relação de integração funcional de natureza econômico-social e urbanização contínua entre dois ou mais Municípios ou manifesta tendência nesse sentido, que exija planejamento integrado e recomende ação coordenada dos entes públicos nela atuantes.

§ 3º Considera-se microrregião o agrupamento de Municípios limítrofes que apresente, entre si, relações de interação funcional de natureza físico-territorial, econômico-social e administrativa, exigindo planejamento integrado com vistas a criar condições adequadas para o desenvolvimento e integração regional.

Art. 154. Visando a promover o planejamento regional, a organização e execução das funções públicas de interesse comum, o Estado criará, mediante lei complementar, para cada unidade regional, um conselho de caráter normativo e deliberativo, bem como disporá sobre a organização, a articulação, a coordenação e, conforme o caso, a fusão de entidades ou órgãos públicos atuantes na região, assegurada, nestes e naquele, a participação paritária do conjunto dos Municípios, com relação ao Estado.

§ 1º Em regiões metropolitanas, o conselho a que alude o "caput" deste artigo integrará entidade pública de caráter territorial, vinculando-se a ele os respectivos órgãos de direção e execução, bem como as entidades regionais e setoriais executoras das funções públicas de interesse comum, no que respeita ao planejamento e às medidas para sua implementação.

§ 2º É assegurada, nos termos da lei complementar, a participação da população no processo de planejamento e tomada de decisões, bem como na fiscalização da realização de serviços ou funções públicas em nível regional.

§ 3º A participação dos municípios nos conselhos deliberativos e normativos regionais, previstos no "caput" deste artigo, será disciplinada em lei complementar.

Art. 155. Os Municípios deverão compatibilizar, no que couber, seus planos, programas, orçamentos, investimentos e ações às metas, diretrizes e objetivos estabelecidos nos planos e programas estaduais, regionais e setoriais de desenvolvimento econômico-social e de ordenação territorial, quando expressamente estabelecidos pelo conselho a que se refere o artigo 154º.

Parágrafo único. O Estado, no que couber, compatibilizará os planos e programas estaduais, regionais e setoriais de desenvolvimento, com o plano diretor dos Municípios e as prioridades da população local.

Art. 156. Os planos plurianuais do Estado estabelecerão, de forma regionalizada, as diretrizes, objetivos e metas da Administração Estadual.

Art. 157. O Estado e os Municípios destinarão recursos financeiros específicos, nos respectivos planos plurianuais e orçamentos, para o desenvolvimento de funções públicas de interesse comum, observado o disposto no artigo 174º desta Constituição.

Art. 158. Em região metropolitana ou aglomeração urbana, o planejamento do transporte coletivo de caráter regional será efetuado pelo Estado, em conjunto com os municípios integrantes das respectivas entidades regionais.

Parágrafo único. Caberá ao Estado a operação do transporte coletivo de caráter regional, diretamente ou mediante concessão ou permissão.

TÍTULO V
Da Tributação, das Finanças e dos Orçamentos

CAPÍTULO I
Do sistema tributário estadual

SEÇÃO I
Dos Princípios Gerais

Art. 159. A receita pública será constituída por tributos, preços e outros ingressos.

Parágrafo único. Os preços públicos serão fixados pelo Executivo, observadas as normas gerais de Direito Financeiro e as leis atinentes à espécie.

Art. 160. Compete ao Estado instituir:
I. os impostos previstos nesta Constituição e outros que venham a ser de sua competência;
II. taxas em razão do exercício do poder de polícia, ou pela utilização, efetiva ou potencial, de serviços públicos de sua atribuição, específicos e divisíveis, prestados ao contribuinte, ou postos a sua disposição;
III. contribuição de melhoria, decorrente de obras públicas;
IV. contribuição, cobrada de seus servidores, para o custeio, em benefício destes, do regime previdenciário e de assistência social, na forma do artigo 149°, § 1°, da Constituição Federal. (NR)
§ 1° Sempre que possível, os impostos terão caráter pessoal e serão graduados segundo a capacidade econômica do contribuinte, facultado à administração tributária, especialmente para conferir efetividade a esses objetivos, identificar, respeitados os direitos individuais e nos termos da lei, o patrimônio, os rendimentos e as atividades econômicas do contribuinte.
§ 2° As taxas não poderão ter base de cálculo própria de impostos.

Art. 161. O Estado proporá e defenderá a isenção de impostos sobre produtos componentes da cesta básica.

Parágrafo único. Observadas as restrições da legislação federal, a lei definirá, para efeito de redução ou isenção da carga tributária, os produtos que integrarão a cesta básica, para atendimento da população de baixa renda.

Art. 162. O Estado coordenará e unificará serviços de fiscalização e arrecadação de tributos, bem como poderá delegar à União, a outros Estados e Municípios, e deles receber encargos de administração tributária.

SEÇÃO II
Das Limitações do Poder de Tributar

Art. 163. Sem prejuízo de outras garantias asseguradas ao contribuinte, é vedado ao Estado:
I. exigir ou aumentar tributo sem lei que o estabeleça;
II. instituir tratamento desigual entre contribuintes que se encontrem em situação equivalente, proibida qualquer distinção em razão de ocupação profissional ou função por eles exercida, independentemente da denominação jurídica dos rendimentos, títulos ou direitos;
III. cobrar tributos:
a) em relação a fatos geradores ocorridos antes do início da vigência da lei que os houver instituído ou aumentado;
b) no mesmo exercício financeiro em que haja sido publicada a lei que os instituiu ou aumentou;
c) antes de decorridos noventa dias da data em que haja sido publicada a lei que os instituiu ou aumentou, observado o disposto na alínea "b"; (NR)
IV. utilizar tributo com efeito de confisco;
V. estabelecer limitações ao tráfego de pessoas ou bens, por meio de tributo, ressalvada a cobrança de pedágio pela utilização de vias conservadas pelo Poder Público Estadual;
VI. instituir impostos sobre:
a) patrimônio, renda ou serviços, da União, dos Estados, do Distrito Federal e dos Municípios;
b) templos de qualquer culto;
c) patrimônio, renda ou serviços dos partidos políticos, inclusive suas fundações, das entidades sindicais dos trabalhadores, das instituições de educação e de assistência social sem fins lucrativos, atendidos os requisitos de lei;
d) livros, jornais, periódicos e o papel destinado à sua impressão;
VII. respeitado o disposto no artigo 150° da Constituição Federal, bem assim na legislação complementar específica, instituir tributo que não

seja uniforme em todo o território estadual, ou que implique distinção ou preferência em relação a Município em detrimento de outro, admitida a concessão de incentivos fiscais destinados a promover o equilíbrio do desenvolvimento socioeconômico entre as diferentes regiões do Estado;
VIII. instituir isenções de tributos da competência dos Municípios.

§ 1º A proibição do inciso VI, "a", é extensiva às autarquias e às fundações instituídas ou mantidas pelo Poder Público, no que se refere ao patrimônio, à renda e aos serviços, vinculados aos seus fins essenciais ou deles decorrentes.

§ 2º As proibições do inciso VI, "a", e do parágrafo anterior não se aplicam ao patrimônio, à renda e aos serviços, relacionados com exploração de atividades econômicas regidas pelas normas aplicáveis a empreendimentos privados, ou em que haja contraprestação ou pagamento de preços ou tarifas pelo usuário.

§ 3º A contribuição de que trata o artigo 160º, IV, só poderá ser exigida após decorridos noventa dias da publicação da lei que a houver instituído ou modificado, não se lhe aplicando o disposto no inciso III, "b", deste artigo.

§ 4º As proibições expressas no inciso VI, alíneas "b" e "c", compreendem somente o patrimônio, a renda e os serviços, relacionados com as finalidades essenciais das entidades nelas mencionadas.

§ 5º A lei determinará medidas para que os consumidores sejam esclarecidos acerca dos impostos que incidam sobre mercadorias e serviços.

§ 6º Qualquer subsídio ou isenção, redução de base de cálculo, concessão de crédito presumido, anistia ou remissão, relativos a impostos, taxas ou contribuições, só poderão ser concedidos mediante lei estadual específica, que regule exclusivamente as matérias acima enumeradas ou o correspondente tributo ou contribuição, sem prejuízo do disposto no artigo 155º, § 2º, XII, "g", da Constituição Federal. (NR)

§ 7º Para os efeitos do inciso V, não se compreende como limitação ao tráfego de bens a apreensão de mercadorias, quando desacompanhadas de documentação fiscal idônea, hipótese em que ficarão retidas até a comprovação da legitimidade de sua posse pelo proprietário.

§ 8º A vedação do inciso III, "c", não se aplica à fixação da base de cálculo do imposto previsto no artigo 165, I, "c". (NR)

Art. 164. É vedada a cobrança de taxas:
I. pelo exercício do direito de petição ao Poder Público em defesa de direitos ou contra ilegalidade ou abuso de poder;
II. para a obtenção de certidões em repartições públicas, para defesa de direitos e esclarecimentos de interesse pessoal.

SEÇÃO III
Dos Impostos do Estado

Art. 165. Compete ao Estado instituir:
I. impostos sobre:
a) transmissão "causa mortis" e doação de quaisquer bens ou direitos;
b) operações relativas à circulação de mercadorias e sobre prestações de serviços de transporte interestadual, intermunicipal e de comunicação, ainda que as operações e as prestações se iniciem no exterior;
c) propriedade de veículos automotores;
II. adicional de até cinco por cento do que for pago à União por pessoas físicas ou jurídicas domiciliadas no território do Estado de São Paulo, a título do imposto previsto no artigo 153º, III, da Constituição Federal, incidentes sobre lucros, ganhos e rendimentos de capital.

§ 1º O imposto previsto no inciso I, "a":
1. incide sobre:
a) bens imóveis situados neste Estado e direitos a eles relativos;
b) bens móveis, títulos e créditos, cujo inventário ou arrolamento for processado neste Estado;
c) bens móveis, títulos e créditos, cujo doador estiver domiciliado neste Estado;
2. terá suas alíquotas limitadas aos percentuais máximos fixados pelo Senado Federal.

§ 2º O imposto previsto no inciso I, "b", atenderá ao seguinte:
1. será não cumulativo, compensando-se o que for devido em cada operação relativa à circulação de mercadorias ou prestação de serviços com o montante cobrado nas anteriores pelo mesmo ou em outro Estado ou pelo Distrito Federal;
2. a isenção ou não incidência, salvo determinação em contrário da legislação:
a) não implicará crédito para compensação com o montante devido nas operações ou prestações seguintes;

b) acarretará a anulação do crédito relativo às operações anteriores;

3. poderá ser seletivo, em função da essencialidade das mercadorias e dos serviços;

4. terá as suas alíquotas fixadas nos termos do artigo 155°, § 2°, IV, V e VI, da Constituição Federal;

5. em relação às operações e prestações que destinem bens e serviços a consumidor final localizado em outro Estado, adotar-se-á:

a) a alíquota interestadual, quando o destinatário for contribuinte do imposto;

b) a alíquota interna, quando o destinatário não for contribuinte dele;

6. na hipótese da alínea "a" do item anterior, caberá a este Estado, quando nele estiver localizado o destinatário, o imposto correspondente à diferença entre a alíquota interna e a interestadual;

7. incidirá também:

a) sobre a entrada de bem ou mercadoria importados do exterior por pessoa física ou jurídica, ainda que não seja contribuinte habitual do imposto, qualquer que seja a sua finalidade, assim como o serviço prestado no exterior, cabendo o imposto a este Estado, quando nele estiver situado o estabelecimento destinatário da mercadoria, bem ou serviço; (NR)

b) sobre o valor total da operação, quando mercadorias forem fornecidas com serviços não compreendidos na competência tributária dos Municípios;

8. não incidirá:

a) sobre operações que destinem mercadorias para o exterior, nem sobre serviços prestados a destinatários no exterior, assegurada a manutenção e o aproveitamento do montante do imposto cobrado nas operações e prestações anteriores; (NR)

b) sobre operações que destinem a outros Estados petróleo, incluindo lubrificantes, combustíveis líquidos e gasosos dele derivados e energia elétrica;

c) sobre o ouro, nas hipóteses definidas no artigo 153°, § 5°, da Constituição Federal;

d) nas prestações de serviço de comunicação nas modalidades de radiodifusão sonora e de sons e imagens de recepção livre e gratuita; (NR)

9. não compreenderá, em sua base de cálculo, o montante do imposto sobre produtos industrializados, quando a operação, realizada entre contribuintes e relativa a produto destinado à industrialização ou à comercialização, configure fato gerador dos dois impostos;

§ 3° O produto das multas provenientes do adicional do imposto de renda será aplicado obrigatoriamente na construção de casas populares.

§ 4° O imposto previsto no inciso I, "c": (NR)

1. terá alíquotas mínimas fixadas pelo Senado Federal; (NR)

2. poderá ter alíquotas diferenciadas em função do tipo e utilização. (NR)

Art. 166. Lei de iniciativa do Poder Executivo isentará do imposto as transmissões "causa mortis" de imóvel de pequeno valor, utilizado como residência do beneficiário da herança.

Parágrafo único. A lei a que se refere o "caput" deste artigo estabelecerá as bases do valor referido, de conformidade com os índices oficiais fixados pelo Governo Federal.

SEÇÃO IV
Da Repartição das Receitas Tributárias

Art. 167. O Estado destinará aos Municípios:

I. cinquenta por cento do produto da arrecadação do imposto sobre a propriedade de veículos automotores licenciados em seus respectivos territórios;

II. vinte e cinco por cento do produto da arrecadação do imposto sobre operações relativas à circulação de mercadorias e sobre prestação de serviços de transporte interestadual e intermunicipal e de comunicação;

III. vinte e cinco por cento dos recursos que receber nos termos do artigo 159°, II, da Constituição Federal;

IV. vinte e cinco por cento do produto da arrecadação da contribuição de intervenção no domínio econômico que couber ao Estado, nos termos do § 4° do artigo 159° da Constituição Federal e na forma da lei a que se refere o inciso III do mesmo artigo. (NR)

§ 1° As parcelas de receita pertencentes aos Municípios, mencionadas no inciso II, serão creditadas conforme os seguintes critérios:

1. três quartos, no mínimo, na proporção do valor adicionado nas operações relativas à circulação de mercadorias e nas prestações de serviços, realizadas em seus territórios;

2. até um quarto, de acordo com o que dispuser lei estadual.

§ 2° As parcelas de receita pertencentes aos Municípios mencionadas no inciso III serão creditadas conforme os critérios estabelecidos no § 1°.

§ 3º Cabe à lei dispor sobre o acompanhamento, pelos beneficiários, do cálculo das quotas e da liberação das participações previstas neste artigo.

Art. 168. É vedada a retenção ou qualquer restrição à entrega e ao emprego dos recursos atribuídos nesta seção aos Municípios, neles compreendidos adicionais e acréscimos relativos a impostos.

Parágrafo único. A proibição contida no "caput" não impede o Estado de condicionar a entrega de recursos ao pagamento de seus créditos, inclusive de suas autarquias, e ao cumprimento do disposto no artigo 198º, § 2º, III, e § 3º, da Constituição Federal. (NR)

CAPÍTULO II
Das finanças

Art. 169. A despesa de pessoal ativo e inativo ficará sujeita aos limites estabelecidos na lei complementar a que se refere o artigo 169º da Constituição Federal.

Parágrafo único. A concessão de qualquer vantagem ou aumento de remuneração, a criação de cargos ou a alteração de estrutura de carreiras, bem como a admissão de pessoal, a qualquer título, pelos órgãos e entidades da administração direta ou indireta, inclusive fundações instituídas ou mantidas pelo Poder Público, só poderão ser feitas:

1. se houver prévia dotação orçamentária suficiente para atender às projeções de despesa de pessoal e aos acréscimos dela decorrentes;

2. se houver autorização específica na lei de diretrizes orçamentárias, ressalvadas as empresas públicas e as sociedades de economia mista.

Art. 170. O Poder Executivo publicará e enviará ao Legislativo, até trinta dias após o encerramento de cada bimestre, relatório resumido da execução orçamentária.

§ 1º Até dez dias antes do encerramento do prazo de que trata este artigo, as autoridades nele referidas remeterão ao Poder Executivo as informações necessárias.

§ 2º Os Poderes Judiciário e Legislativo, bem como o Tribunal de Contas e o Ministério Público, publicarão seus relatórios, nos termos deste artigo.

Art. 171. Os recursos correspondentes às dotações orçamentárias, compreendidos os créditos suplementares e especiais, destinados aos órgãos dos Poderes Legislativo e Judiciário, do Ministério Público e da Defensoria Pública, ser-lhes-ão entregues até o dia vinte de cada mês, em duodécimos, na forma da lei complementar a que se refere o artigo 165º, § 9º, da Constituição Federal. (NR)

Art. 172. Os recursos financeiros provenientes da exploração de gás natural que couberem ao Estado por força do disposto no § 1º do artigo 20º da Constituição Federal, serão aplicados preferencialmente na construção, desenvolvimento e manutenção do sistema estadual de gás canalizado.

Art. 173. São agentes financeiros do Tesouro Estadual os hoje denominados Banco do Estado de São Paulo S/A e Caixa Econômica do Estado de São Paulo S/A.

CAPÍTULO III
Dos orçamentos

Art. 174. Leis de iniciativa do Poder Executivo estabelecerão, com observância dos preceitos correspondentes da Constituição Federal:

I. o plano plurianual;

II. as diretrizes orçamentárias;

III. os orçamentos anuais.

§ 1º A lei que instituir o plano plurianual estabelecerá as diretrizes, objetivos e metas da administração pública estadual para as despesas de capital e outras delas decorrentes e para as relativas aos programas de duração continuada.

§ 2º A lei de diretrizes orçamentárias compreenderá as metas e prioridades da administração pública estadual, incluindo as despesas de capital para o exercício financeiro subsequente, orientará a elaboração da lei orçamentária anual, disporá sobre as alterações na legislação tributária e estabelecerá a política de aplicação das agências financeiras oficiais de fomento.

§ 3º Os planos e programas estaduais previstos nesta Constituição serão elaborados em consonância com o plano plurianual.

§ 4º A lei orçamentária anual compreenderá:

1. o orçamento fiscal referente aos Poderes do Estado, seus fundos, órgãos e entidades da administração direta e indireta, inclusive fundações instituídas ou mantidas pelo Poder Público;

2. o orçamento de investimentos das empresas em que o Estado, direta ou indiretamente, detenha a maioria do capital social com direito a voto;

3. o orçamento de seguridade social, abrangendo todas as entidades e órgãos a ela vinculados, da administração direta e indireta, bem como os fundos e fundações instituídas ou mantidas pelo Poder Público;

4. o orçamento da verba necessária ao pagamento de débitos oriundos de sentenças transitadas em julgado, constantes dos precatórios judiciais apresentados até primeiro de julho, a serem consignados diretamente ao Poder Judiciário, ressalvados os créditos de natureza alimentícia e as obrigações definidas em lei como de pequeno valor. (NR)

§ 5º A matéria do projeto das leis a que se refere o "caput" deste artigo será organizada e compatibilizada em todos os seus aspectos setoriais e regionais pelo órgão central de planejamento do Estado.

§ 6º O projeto de lei orçamentária será acompanhado de demonstrativo dos efeitos decorrentes de isenções, anistias, remissões, subsídios e benefícios de natureza financeira, tributária e creditícia.

§ 7º Os orçamentos previstos no § 4º, itens 1 e 2, deste artigo, compatibilizados com o plano plurianual, terão, entre suas funções, a de reduzir desigualdades inter-regionais.

§ 8º A lei orçamentária anual não conterá dispositivo estranho à previsão da receita e à fixação da despesa, não se incluindo na proibição a autorização para abertura de créditos suplementares e contratação de operações de crédito, ainda que por antecipação de receita, nos termos da lei.

§ 9º O Governador enviará à Assembleia Legislativa: (NR)

1. até quinze de agosto do primeiro ano do mandato do Governador eleito, o projeto de lei dispondo sobre o plano plurianual; (NR)

2. até trinta de abril, anualmente, o projeto de lei de diretrizes orçamentárias; e (NR)

3. até trinta de setembro, de cada ano, o projeto de lei da proposta orçamentária para o exercício subsequente. (NR)

Art. 175. Os projetos de lei relativos ao plano plurianual, às diretrizes orçamentárias, ao orçamento anual e aos créditos adicionais, bem como suas emendas, serão apreciados pela Assembleia Legislativa.

§ 1º As emendas ao projeto de lei do orçamento anual ou aos projetos que o modifiquem serão admitidas desde que:

1. sejam compatíveis com o plano plurianual e com a lei de diretrizes orçamentárias;

2. indiquem os recursos necessários, admitidos apenas os provenientes de anulação de despesa, excluídas as que incidam sobre:

a) dotações para pessoal e seus encargos;

b) serviço da dívida;

c) transferências tributárias constitucionais para Municípios.

3. sejam relacionadas:

a) com correção de erros ou omissões;

b) com os dispositivos do texto do projeto de lei.

§ 2º As emendas ao projeto de lei de diretrizes orçamentárias não poderão ser aprovadas quando incompatíveis com o plano plurianual.

§ 3º O Governador poderá enviar mensagem ao Legislativo para propor modificações nos projetos a que se refere este artigo, enquanto não iniciada, na Comissão competente, a votação da parte cuja alteração é proposta.

§ 4º Aplicam-se aos projetos mencionados neste artigo, no que não contrariar o disposto nesta seção, as demais normas relativas ao processo legislativo.

§ 5º Os recursos que, em decorrência de veto, emenda ou rejeição do projeto de lei orçamentária anual, ficarem sem despesas correspondentes, poderão ser utilizados, conforme o caso, mediante créditos especiais ou suplementares, com prévia e específica autorização legislativa.

§ 6º As emendas individuais ao projeto de lei orçamentária serão de três décimos por cento da receita corrente líquida prevista no projeto encaminhado pelo Poder Executivo, sendo que a metade do percentual a ser estabelecido será destinada a ações e serviços públicos de saúde. (NR)

§ 7º A execução do montante destinado a ações e serviços públicos de saúde previsto no § 6º deste artigo, inclusive custeio, será computada para fins do cumprimento do item 1 do Parágrafo Único do artigo 222º, vedada a destinação para pagamento de pessoal ou encargos sociais. (NR)

§ 8º É obrigatória a execução orçamentária e financeira das programações a que se refere o § 6º deste artigo, em montante de três décimos por cento da receita corrente líquida realizada no exercício anterior, conforme os critérios definidos na lei de diretrizes orçamentárias. (NR)

§ 9º Os restos a pagar poderão ser considerados para fins de cumprimento da execução financeira prevista no § 8º deste artigo, em montante estabelecido na lei de diretrizes orçamentárias. (NR)

§ 10° Se for verificado que a reestimativa da receita e da despesa poderá resultar no não cumprimento da meta de resultado fiscal estabelecida na lei de diretrizes orçamentárias, o montante previsto no § 8° deste artigo poderá ser reduzido em até a mesma proporção da limitação incidente sobre o conjunto das despesas discricionárias. (NR)

Art. 176. São vedados:
I. o início de programas, projetos e atividades não incluídos na lei orçamentária anual;
II. a realização de despesas ou assunção de obrigações diretas que excedam os créditos orçamentários ou adicionais;
III. a realização de operações de crédito que excedam o montante das despesas de capital, ressalvadas as autorizadas mediante créditos suplementares ou especiais com fim preciso, aprovados pelo Poder Legislativo, por maioria absoluta;
IV. a vinculação de receita de impostos a órgão, fundo ou despesa, ressalvadas as permissões previstas no artigo 167°, IV, da Constituição Federal e a destinação de recursos para a pesquisa científica e tecnológica, conforme dispõe o artigo 218°, § 5°, da Constituição Federal;
V. a abertura de crédito suplementar ou especial sem prévia autorização legislativa e sem indicação dos recursos correspondentes;
VI. a transposição, o remanejamento ou a transferência de recursos de uma categoria de programação para outra ou de um órgão para outro, sem prévia autorização legislativa;
VII. a concessão ou utilização de créditos ilimitados;
VIII. a utilização, sem autorização legislativa específica, de recursos dos orçamentos fiscal e da seguridade social para suprir necessidade ou cobrir "déficit" de empresas, fundações e fundos, inclusive dos mencionados no artigo 165°, § 5°, da Constituição Federal.
IX. a instituição de fundos de qualquer natureza, sem prévia autorização legislativa.
§ 1° Nenhum investimento cuja execução ultrapasse um exercício financeiro poderá ser iniciado sem prévia inclusão no plano plurianual, ou sem lei que autorize a inclusão, sob pena de crime de responsabilidade.
§ 2° Os créditos especiais e extraordinários terão vigência no exercício financeiro em que forem autorizados, salvo se o ato de autorização for promulgado nos últimos quatro meses daquele exercício, caso em que, reabertos nos limites de seus saldos, serão incorporados ao orçamento do exercício financeiro subsequente.

TÍTULO VI
Da Ordem Econômica

CAPÍTULO I
Dos princípios gerais da atividade econômica

Art. 177. O Estado estimulará a descentralização geográfica das atividades de produção de bens e serviços, visando ao desenvolvimento equilibrado das regiões.

Art. 178. O Estado dispensará às microempresas, às empresas de pequeno porte constituídas sob as leis brasileiras e que tenham sede e administração no País, aos micro e pequenos produtores rurais, assim definidos em lei, tratamento jurídico diferenciado, visando a incentivá-los pela simplificação de suas obrigações administrativas, tributárias e creditícias, ou pela eliminação ou redução destas, por meio de lei. (NR)
Parágrafo único. As microempresas e empresas de pequeno porte constituem categorias econômicas diferenciadas apenas quanto às atividades industriais, comerciais, de prestação de serviços e de produção rural a que se destinam.

Art. 179. A lei apoiará e estimulará o cooperativismo e outras formas de associativismo.

CAPÍTULO II
Do desenvolvimento urbano

Art. 180. No estabelecimento de diretrizes e normas relativas ao desenvolvimento urbano, o Estado e os Municípios assegurarão:
I. o pleno desenvolvimento das funções sociais da cidade e a garantia do bem-estar de seus habitantes;
II. a participação das respectivas entidades comunitárias no estudo, encaminhamento e solução dos problemas, planos, programas e projetos que lhes sejam concernentes;
III. a preservação, proteção e recuperação do meio ambiente urbano e cultural;

IV. a criação e manutenção de áreas de especial interesse histórico, urbanístico, ambiental, turístico e de utilização pública;
V. a observância das normas urbanísticas, de segurança, higiene e qualidade de vida;
VI. a restrição à utilização de áreas de riscos geológicos;
VII. as áreas definidas em projetos de loteamento como áreas verdes ou institucionais não poderão ter sua destinação, fim e objetivos originariamente alterados, exceto quando a alteração da destinação tiver como finalidade a regularização de: (NR)
a) loteamentos, cujas áreas verdes ou institucionais estejam total ou parcialmente ocupadas por núcleos habitacionais de interesse social destinados à população de baixa renda, e cuja situação esteja consolidada ou seja de difícil reversão; (NR)
b) equipamentos públicos implantados com uso diverso da destinação, fim e objetivos originariamente previstos quando da aprovação do loteamento; (NR)
c) imóveis ocupados por organizações religiosas para suas atividades finalísticas. (NR)
§ 1º As exceções contempladas nas alíneas "a" e "b" do inciso VII deste artigo serão admitidas desde que a situação das áreas objeto de regularização esteja consolidada até dezembro de 2004, e mediante a realização de compensação, que se dará com a disponibilização de outras áreas livres ou que contenham equipamentos públicos já implantados nas proximidades das áreas objeto de compensação. (NR)
§ 2º A compensação de que trata o parágrafo anterior poderá ser dispensada, por ato fundamentado da autoridade municipal competente, desde que nas proximidades da área pública cuja destinação será alterada existam outras áreas públicas que atendam as necessidades da população. (NR)
§ 3º A exceção contemplada na alínea 'c' do inciso VII deste artigo será permitida desde que a situação das áreas públicas objeto de alteração da destinação esteja consolidada até dezembro de 2004, e mediante a devida compensação ao Poder Executivo Municipal, conforme diretrizes estabelecidas em lei municipal específica. (NR)
§ 4º Além das exceções contempladas nas alíneas do inciso VII deste artigo, as áreas institucionais poderão ter sua destinação, fim e objetivos originais alterados para a implantação de programas habitacionais de interesse social, desenvolvidos por órgãos ou entidades da administração pública. (NR)

Acrescentado pela Emenda Constitucional nº 48, de 10/02/2020.

Art. 181. Lei municipal estabelecerá em conformidade com as diretrizes do plano diretor, normas sobre zoneamento, loteamento, parcelamento, uso e ocupação do solo, índices urbanísticos, proteção ambiental e demais limitações administrativas pertinentes.
§ 1º Os planos diretores, obrigatórios a todos os Municípios, deverão considerar a totalidade de seu território municipal.
§ 2º Os Municípios observarão, quando for o caso, os parâmetros urbanísticos de interesse regional, fixados em lei estadual, prevalecendo, quando houver conflito, a norma de caráter mais restritivo, respeitadas as respectivas autonomias.
§ 3º Os Municípios estabelecerão, observadas as diretrizes fixadas para as regiões metropolitanas, microrregiões e aglomerações urbanas, critérios para regularização e urbanização, assentamentos e loteamentos irregulares.
§ 4º É vedado aos Municípios, nas suas legislações edilícias, a exigência de apresentação da planta interna para edificações unifamiliares. No caso de reformas, é vedado a exigência de qualquer tipo de autorização administrativa e apresentação da planta interna para todas as edificações residenciais, desde que assistidas por profissionais habilitados. (NR)
Art. 182. Incumbe ao Estado e aos Municípios promover programas de construção de moradias populares, de melhoria das condições habitacionais e de saneamento básico.
Art. 183. Ao Estado, em consonância com seus objetivos de desenvolvimento econômico e social, cabe estabelecer, mediante lei, diretrizes para localização e integração das atividades industriais, considerando os aspectos ambientais, locacionais, sociais, econômicos e estratégicos, e atendendo ao melhor aproveitamento das condições naturais urbanas e de organização especial.
Parágrafo único. Competem aos Municípios, de acordo com as respectivas diretrizes de desenvolvimento urbano, a criação e a regulamentação de zonas industriais, obedecidos os critérios estabelecidos pelo Estado, mediante lei, e respeitadas as normas relacionadas ao uso e ocupação do solo e ao meio ambiente urbano e natural.

CAPÍTULO III

Da Política Agrícola, Agrária e Fundiária

Art. 184. Caberá ao Estado, com a cooperação dos Municípios:
I. orientar o desenvolvimento rural, mediante zoneamento agrícola inclusive;
II. propiciar o aumento da produção e da produtividade, bem como a ocupação estável do campo;
III. manter estrutura de assistência técnica e extensão rural;
IV. orientar a utilização racional de recursos naturais de forma sustentada, compatível com a preservação do meio ambiente, especialmente quanto à proteção e conservação do solo e da água;
V. manter um sistema de defesa sanitária animal e vegetal;
VI. criar sistema de inspeção e fiscalização de insumos agropecuários;
VII. criar sistema de inspeção, fiscalização, normatização, padronização e classificação de produtos de origem animal e vegetal;
VIII. manter e incentivar a pesquisa agropecuária;
IX. criar programas especiais para fornecimento de energia, de forma favorecida, com o objetivo de amparar e estimular a irrigação;
X. criar programas específicos de crédito, de forma favorecida, para custeio e aquisição de insumos, objetivando incentivar a produção de alimentos básicos e da horticultura.

§ 1º Para a consecução dos objetivos assinalados neste artigo, o Estado organizará sistema integrado de órgãos públicos e promoverá a elaboração e execução de planos de desenvolvimento agropecuários, agrários e fundiários.

§ 2º O Estado, mediante lei, criará um Conselho de Desenvolvimento Rural, com objetivo de propor diretrizes à sua política agrícola, garantida a participação de representantes da comunidade agrícola, tecnológica e agronômica, organismos governamentais, de setores empresariais e de trabalhadores.

Art. 185. O Estado compatibilizará a sua ação na área agrícola e agrária para garantir as diretrizes e metas do Programa Nacional de Reforma Agrária.

Art. 186. A ação dos órgãos oficiais atenderá, de forma preferencial, aos imóveis que cumpram a função social da propriedade, e especialmente aos mini e pequenos produtores rurais e aos beneficiários de projeto de reforma agrária.

Art. 187. A concessão real de uso de terras públicas far-se-á por meio de contrato, onde constarão, obrigatoriamente, além de outras que forem estabelecidas pelas partes, cláusulas definidoras:
I. da exploração das terras, de modo direto, pessoal ou familiar, para cultivo ou qualquer outro tipo de exploração que atenda ao plano público de política agrária, sob pena de reversão ao concedente;
II. da obrigatoriedade de residência dos beneficiários na localidade de situação das terras;
III. da indivisibilidade e da intransferibilidade das terras, a qualquer título, sem autorização expressa e prévia do concedente;
IV. da manutenção das reservas florestais obrigatórias e observância das restrições ambientais do uso do imóvel, nos termos da lei.

Art. 188. O Estado apoiará e estimulará o cooperativismo e o associativismo como instrumento de desenvolvimento socioeconômico, bem como estimulará formas de produção, consumo, serviços, créditos e educação coassociadas, em especial nos assentamentos para fins de reforma agrária.

Art. 189. Caberá ao Poder Público, na forma da lei, organizar o abastecimento alimentar, assegurando condições para a produção e distribuição de alimentos básicos.

Art. 190. Declarado inconstitucional, em controle concentrado, pelo Supremo Tribunal Federal.

CAPÍTULO IV

Do meio ambiente, dos recursos naturais e do saneamento

SEÇÃO I
Do Meio Ambiente

Art. 191. O Estado e os Municípios providenciarão, com a participação da coletividade, a preservação, conservação, defesa, recuperação e melhoria do meio ambiente natural, artificial e do trabalho, atendidas as peculiaridades regionais e locais e em harmonia com o desenvolvimento social e econômico.

Art. 192. A execução de obras, atividades, processos produtivos e empreendimentos e a exploração de recursos naturais de qualquer espécie, quer pelo setor público, quer pelo privado, serão admitidas se houver resguardo do meio ambiente ecologicamente equilibrado.

§ 1º A outorga de licença ambiental, por órgão ou entidade governamental competente, integrante de sistema unificado para esse efeito, será feita com observância dos critérios gerais fixados em lei, além de normas e padrões estabelecidos pelo Poder Público e em conformidade com o planejamento e zoneamento ambientais.

§ 2º A licença ambiental, renovável na forma da lei, para a execução e a exploração mencionadas no "caput" deste artigo, quando potencialmente causadoras de significativa degradação do meio ambiente, será sempre precedida, conforme critérios que a legislação especificar, da aprovação do Estudo Prévio de Impacto Ambiental e respectivo relatório a que se dará prévia publicidade, garantida a realização de audiências públicas.

Art. 193. O Estado, mediante lei, criará um sistema de administração da qualidade ambiental, proteção, controle e desenvolvimento do meio ambiente e uso adequado dos recursos naturais, para organizar, coordenar e integrar as ações de órgãos e entidades da administração pública direta e indireta, assegurada a participação da coletividade, com o fim de:

I. propor uma política estadual de proteção ao meio ambiente;

II. adotar medidas, nas diferentes áreas de ação pública e junto ao setor privado, para manter e promover o equilíbrio ecológico e a melhoria da qualidade ambiental, prevenindo a degradação em todas as suas formas e impedindo ou mitigando impactos ambientais negativos e recuperando o meio ambiente degradado;

III. definir, implantar e administrar espaços territoriais e seus componentes representativos de todos os ecossistemas originais a serem protegidos, sendo a alteração e supressão, incluindo os já existentes, permitidas somente por lei;

IV. realizar periodicamente auditorias nos sistemas de controle de poluição e de atividades potencialmente poluidoras;

V. informar a população sobre os níveis de poluição, a qualidade do meio ambiente, as situações de risco de acidentes, a presença de substâncias potencialmente nocivas à saúde, na água potável e nos alimentos, bem como os resultados das monitoragens e auditorias a que se refere o inciso IV deste artigo;

VI. incentivar a pesquisa, o desenvolvimento e a capacitação tecnológica para a resolução dos problemas ambientais e promover a informação sobre essas questões;

VII. estimular e incentivar a pesquisa, o desenvolvimento e a utilização de fontes de energias alternativas, não poluentes, bem como de tecnologias brandas e materiais poupadores de energia;

VIII. fiscalizar as entidades dedicadas à pesquisa e manipulação genética;

IX. preservar e restaurar os processos ecológicos essenciais das espécies e dos ecossistemas;

X. proteger a flora e a fauna, nesta compreendidos todos os animais silvestres, exóticos e domésticos, vedadas as práticas que coloquem em risco sua função ecológica e que provoquem extinção de espécies ou submetam os animais à crueldade, fiscalizando a extração, produção, criação, métodos de abate, transporte, comercialização e consumo de seus espécimes e subprodutos;

XI. controlar e fiscalizar a produção, armazenamento, transporte, comercialização, utilização e destino final de substâncias, bem como o uso de técnicas, métodos e instalações que comportem risco efetivo ou potencial para a qualidade de vida e meio ambiente, incluindo o de trabalho;

XII. promover a captação e orientar a aplicação de recursos financeiros destinados ao desenvolvimento de todas as atividades relacionadas com a proteção e conservação do meio ambiente;

XIII. disciplinar a restrição à participação em concorrências públicas e ao acesso a benefícios fiscais e créditos oficiais às pessoas físicas e jurídicas condenadas por atos de degradação do meio ambiente;

XIV. promover medidas judiciais e administrativas de responsabilização dos causadores de poluição ou de degradação ambiental;

XV. promover a educação ambiental e a conscientização pública para a preservação, conservação e recuperação do meio ambiente;

XVI. promover e manter o inventário e o mapeamento da cobertura vegetal nativa, visando à adoção de medidas especiais de proteção, bem como promover o reflorestamento, em especial, às margens de rios e lagos, visando à sua perenidade;

XVII. estimular e contribuir para a recuperação da vegetação em áreas urbanas, com plantio de árvores, preferencialmente frutíferas, objetivando especialmente a consecução de índices mínimos de cobertura vegetal;

XVIII. incentivar e auxiliar tecnicamente as associações de proteção ao meio ambiente constituídas na forma da lei, respeitando a sua autonomia e independência de atuação;

XIX. instituir programas especiais mediante a integração de todos os seus órgãos, incluindo os de crédito, objetivando incentivar os proprietários rurais a executarem as práticas de conservação do solo e da água, de preservação e reposição das matas ciliares e replantio de espécies nativas;

XX. controlar e fiscalizar obras, atividades, processos produtivos e empreendimentos que, direta ou indiretamente, possam causar degradação do meio ambiente, adotando medidas preventivas ou corretivas e aplicando as sanções administrativas pertinentes;

XXI. realizar o planejamento e o zoneamento ambientais, considerando as características regionais e locais, e articular os respectivos planos, programas e ações;

Parágrafo único. O sistema mencionado no "caput" deste artigo será coordenado por órgão da administração direta que será integrado por:

a) Conselho Estadual do Meio Ambiente, órgão normativo e recursal, cujas atribuições e composição serão definidas em lei;

b) órgãos executivos incumbidos da realização das atividades de desenvolvimento ambiental.

Art. 194. Aquele que explorar recursos naturais fica obrigado a recuperar o meio ambiente degradado, de acordo com a solução técnica exigida pelo órgão público competente, na forma da lei.

Parágrafo único. É obrigatória, na forma da lei, a recuperação, pelo responsável, da vegetação adequada nas áreas protegidas, sem prejuízo das demais sanções cabíveis.

Art. 195. As condutas e atividades lesivas ao meio ambiente sujeitarão os infratores, pessoas físicas ou jurídicas, a sanções penais e administrativas, com aplicação de multas diárias e progressivas no caso de continuidade da infração ou reincidência, incluídas a redução do nível de atividade e a interdição, independentemente da obrigação dos infratores de reparação aos danos causados.

Parágrafo único. O sistema de proteção e desenvolvimento do meio ambiente será integrado pela Polícia Militar, mediante suas unidades de policiamento florestal e de mananciais, incumbidas da prevenção e repressão das infrações cometidas contra o meio ambiente, sem prejuízo dos corpos de fiscalização dos demais órgãos especializados.

Art. 196. A Mata Atlântica, a Serra do Mar, a Zona Costeira, o Complexo Estuarino Lagunar entre Iguape e Cananeia, os Vales dos Rios Paraíba, Ribeira, Tietê e Paranapanema e as unidades de conservação do Estado, são espaços territoriais especialmente protegidos e sua utilização far-se-á na forma da lei, dependendo de prévia autorização e dentro de condições que assegurem a preservação do meio ambiente.

Art. 197. São áreas de proteção permanente:

I. os manguezais;

II. as nascentes, os mananciais e matas ciliares;

III. as áreas que abriguem exemplares raros da fauna e da flora, bem como aquelas que sirvam como local de pouso ou reprodução de migratórios;

IV. as áreas estuarinas;

V. as paisagens notáveis;

VI. as cavidades naturais subterrâneas.

Art. 198. O Estado estabelecerá, mediante lei, os espaços definidos no inciso V do artigo anterior, a serem implantados como especialmente protegidos, bem como as restrições ao uso e ocupação desses espaços, considerando os seguintes princípios:

I. preservação e proteção da integridade de amostras de toda a diversidade de ecossistemas;

II. proteção do processo evolutivo das espécies;

III. preservação e proteção dos recursos naturais.

Art. 199. O Poder Público estimulará a criação e manutenção de unidades privadas de conservação.

Art. 200. O Poder Público Estadual, mediante lei, criará mecanismos de compensação financeira para Municípios que sofrerem restrições por força de instituição de espaços territoriais especialmente protegidos pelo Estado.

Art. 201. O Estado apoiará a formação de consórcios entre os Municípios, objetivando a solução de problemas comuns relativos à proteção ambiental, em particular à preservação dos recursos hídricos e ao uso equilibrado dos recursos naturais.

Art. 202. As áreas declaradas de utilidade pública, para fins de desapropriação, objetivando a implantação de unidades de conservação ambiental, serão consideradas espaços territoriais especialmente protegidos, não sendo nelas permitidas atividades que degradem o meio ambiente ou que, por qualquer forma, possam comprometer a integridade das condições ambientais que motivaram a expropriação.

Art. 203. São indisponíveis as terras devolutas estaduais, apuradas em ações discriminatórias e arrecadadas pelo Poder Público, inseridas em unidades de preservação ou necessárias à proteção dos ecossistemas naturais.

Art. 204. Fica proibida a caça, sob qualquer pretexto, em todo o Estado.

SEÇÃO II
Dos Recursos Hídricos

Art. 205. O Estado instituirá, por lei, sistema integrado de gerenciamento dos recursos hídricos, congregando órgãos estaduais e municipais e a sociedade civil, e assegurará meios financeiros e institucionais para:

I. a utilização racional das águas superficiais e subterrâneas e sua prioridade para abastecimento às populações;

II. o aproveitamento múltiplo dos recursos hídricos e o rateio dos custos das respectivas obras, na forma da lei;

III. a proteção das águas contra ações que possam comprometer o seu uso atual e futuro;

IV. a defesa contra eventos críticos, que ofereçam riscos à saúde e segurança públicas e prejuízos econômicos ou sociais;

V. a celebração de convênios com os Municípios, para a gestão, por estes, das águas de interesse exclusivamente local;a gestão descentralizada, participativa e integrada em relação aos demais recursos naturais e às peculiaridades da respectiva bacia hidrográfica;

VI. o desenvolvimento do transporte hidroviário e seu aproveitamento econômico.

Art. 206. As águas subterrâneas, reservas estratégicas para o desenvolvimento econômico-social e valiosas para o suprimento de água às populações, deverão ter programa permanente de conservação e proteção contra poluição e superexploração, com diretrizes em lei.

Art. 207. O Poder Público, mediante mecanismos próprios, definidos em lei, contribuirá para o desenvolvimento dos Municípios em cujos territórios se localizarem reservatórios hídricos e naqueles que recebam o impacto deles.

Art. 208. Fica vedado o lançamento de efluentes e esgotos urbanos e industriais, sem o devido tratamento, em qualquer corpo de água.

Art. 209. O Estado adotará medidas para controle da erosão, estabelecendo-se normas de conservação do solo em áreas agrícolas e urbanas.

Art. 210. Para proteger e conservar as águas e prevenir seus efeitos adversos, o Estado incentivará a adoção, pelos Municípios, de medidas no sentido:

I. da instituição de áreas de preservação das águas utilizáveis para abastecimento às populações e da implantação, conservação e recuperação de matas ciliares;

II. do zoneamento de áreas inundáveis, com restrições a usos incompatíveis nas sujeitas a inundações frequentes e da manutenção da capacidade de infiltração do solo;

III. da implantação de sistemas de alerta e defesa civil, para garantir a segurança e a saúde públicas, quando de eventos hidrológicos indesejáveis;

IV. do condicionamento, à aprovação prévia por organismos estaduais de controle ambiental e de gestão de recursos hídricos, na forma da lei, dos atos de outorga de direitos que possam influir na qualidade ou quantidade das águas superficiais e subterrâneas;

V. da instituição de programas permanentes de racionalização do uso das águas destinadas ao abastecimento público e industrial e à irrigação, assim como de combate às inundações e à erosão.

Parágrafo único. A lei estabelecerá incentivos para os Municípios que aplicarem, prioritariamente, o produto da participação no resultado da exploração dos potenciais energéticos em seu território, ou da compensação financeira, nas ações previstas neste artigo e no tratamento de águas residuárias.

Art. 211. Para garantir as ações previstas no artigo 205°, a utilização dos recursos hídricos será cobrada segundo as peculiaridades de cada bacia hidrográfica, na forma da lei, e o produto aplicado nos serviços e obras referidos no item 1 do Parágrafo Único deste artigo.

Parágrafo único. O produto da participação do Estado no resultado da exploração de potenciais hidroenergéticos em seu território, ou da compensação financeira, será aplicado, prioritariamente:

1. em serviços e obras hidráulicas e de saneamento de interesse comum, previstos nos planos estaduais de recursos hídricos e de saneamento básico;

2. na compensação, na forma da lei, aos Municípios afetados por inundações decorrentes de

reservatórios de água implantados pelo Estado, ou que tenham restrições ao seu desenvolvimento em razão de leis de proteção de mananciais.

Art. 212. Na articulação com a União, quando da exploração dos serviços e instalações de energia elétrica, e do aproveitamento energético dos cursos de água em seu território, o Estado levará em conta os usos múltiplos e o controle das águas, a drenagem, a correta utilização das várzeas, a flora e a fauna aquáticas e a preservação do meio ambiente.

Art. 213. A proteção da quantidade e da qualidade das águas será obrigatoriamente levada em conta quando da elaboração de normas legais relativas a florestas, caça, pesca, fauna, conservação da natureza, defesa do solo e demais recursos naturais e ao meio ambiente.

SEÇÃO III
Dos Recursos Minerais

Art. 214. Compete ao Estado:

I. elaborar e propor o planejamento estratégico do conhecimento geológico de seu território, executando programa permanente de levantamentos geológicos básicos, no atendimento de necessidades do desenvolvimento econômico e social, em conformidade com a política estadual do meio ambiente;

II. aplicar o conhecimento geológico ao planejamento regional, às questões ambientais, de erosão do solo, de estabilidade de encostas, de construção de obras civis e à pesquisa e exploração de recursos minerais e de água subterrânea;

III. proporcionar o atendimento técnico nas aplicações do conhecimento geológico às necessidades das Prefeituras do Estado;

IV. fomentar as atividades de mineração, de interesse socioeconômico financeiro para o Estado, em particular de cooperativas, pequenos e médios mineradores, assegurando o suprimento de recursos minerais necessários ao atendimento da agricultura, da indústria de transformação e da construção civil do Estado, de maneira estável e harmônica com as demais formas de ocupação do solo e atendimento à legislação ambiental;

V. executar e incentivar o desenvolvimento tecnológico aplicado à pesquisa, exploração racional e beneficiamento de recursos minerais.

SEÇÃO IV
Do Saneamento

Art. 215. A lei estabelecerá a política das ações e obras de saneamento básico no Estado, respeitando os seguintes princípios:

I. criação e desenvolvimento de mecanismos institucionais e financeiros, destinados a assegurar os benefícios do saneamento à totalidade da população;

II. prestação de assistência técnica e financeira aos Municípios, para o desenvolvimento dos seus serviços;

III. orientação técnica para os programas visando ao tratamento de despejos urbanos e industriais e de resíduos sólidos, e fomento à implantação de soluções comuns, mediante planos regionais de ação integrada.

Art. 216. O Estado instituirá, por lei, plano plurianual de saneamento estabelecendo as diretrizes e os programas para as ações nesse campo.

§ 1º O plano, objeto deste artigo deverá respeitar as peculiaridades regionais e locais e as características das bacias hidrográficas e dos respectivos recursos hídricos.

§ 2º O Estado assegurará condições para a correta operação, necessária ampliação e eficiente administração dos serviços de saneamento básico prestados por concessionária sob seu controle acionário.

§ 3º As ações de saneamento deverão prever a utilização racional da água, do solo e do ar, de modo compatível com a preservação e melhoria da qualidade da saúde pública e do meio ambiente e com a eficiência dos serviços públicos de saneamento.

TÍTULO VII
Da Ordem Social

CAPÍTULO I
Disposição geral

Art. 217. Ao Estado cumpre assegurar o bem-estar social, garantindo o pleno acesso aos bens e serviços essenciais ao desenvolvimento individual e coletivo.

CAPÍTULO II

Da seguridade social

SEÇÃO I
Disposição Geral

Art. 218. O Estado garantirá, em seu território, o planejamento e desenvolvimento de ações que viabilizem, no âmbito de sua competência, os princípios de seguridade social previstos nos artigos 194° e 195° da Constituição Federal.

SEÇÃO II
Da Saúde

Art. 219. A saúde é direito de todos e dever do Estado.
Parágrafo único. Os Poderes Públicos Estadual e Municipal garantirão o direito à saúde mediante:
1. políticas sociais, econômicas e ambientais que visem ao bem-estar físico, mental e social do indivíduo e da coletividade e à redução do risco de doenças e outros agravos;
2. acesso universal e igualitário às ações e ao serviço de saúde, em todos os níveis;
3. direito à obtenção de informações e esclarecimentos de interesse da saúde individual e coletiva, assim como as atividades desenvolvidas pelo sistema;
4. atendimento integral do indivíduo, abrangendo a promoção, preservação e recuperação de sua saúde.

Art. 220. As ações e os serviços de saúde são de relevância pública, cabendo ao Poder Público dispor, nos termos da lei, sobre sua regulamentação, fiscalização e controle.
§ 1° As ações e os serviços de preservação da saúde abrangem o ambiente natural, os locais públicos e de trabalho.
§ 2° As ações e serviços de saúde serão realizados, preferencialmente, de forma direta, pelo Poder Público ou através de terceiros, e pela iniciativa privada.
§ 3° A assistência à saúde é livre à iniciativa privada.
§ 4° A participação do setor privado no sistema único de saúde efetivar-se-á segundo suas diretrizes, mediante convênio ou contrato de direito público, tendo preferência as entidades filantrópicas e as sem fins lucrativos.
§ 5° As pessoas físicas e as pessoas jurídicas de direito privado, quando participarem do sistema único de saúde, ficam sujeitas às suas diretrizes e às normas administrativas incidentes sobre o objeto de convênio ou de contrato.
§ 6° É vedada a destinação de recursos públicos para auxílio ou subvenções às instituições privadas com fins lucrativos.

Art. 221. Os Conselhos Estaduais e Municipais de Saúde, que terão sua composição, organização e competência fixadas em lei, garantem a participação de representantes da comunidade, em especial, dos trabalhadores, entidades e prestadores de serviços da área de saúde, além do Poder Público, na elaboração e controle das políticas de saúde, bem como na formulação, fiscalização e acompanhamento do sistema único de saúde.

Art. 222. As ações e os serviços de saúde executados e desenvolvidos pelos órgãos e instituições públicas estaduais e municipais, da administração direta, indireta e fundacional, constituem o sistema único de saúde, nos termos da Constituição Federal, que se organizará ao nível do Estado, de acordo com as seguintes diretrizes e bases:
I. descentralização com direção única no âmbito estadual e no de cada Município, sob a direção de um profissional de saúde;
II. municipalização dos recursos, serviços e ações de saúde, com estabelecimento em lei dos critérios de repasse das verbas oriundas das esferas federal e estadual;
III. integração das ações e serviços com base na regionalização e hierarquização do atendimento individual e coletivo, adequado às diversas realidades epidemiológicas;
IV. universalização da assistência de igual qualidade com instalação e acesso a todos os níveis, dos serviços de saúde à população urbana e rural;
V. gratuidade dos serviços prestados, vedada a cobrança de despesas e taxas sob qualquer título.
Parágrafo único. O Poder Público Estadual e os Municípios aplicarão, anualmente, em ações e serviços públicos de saúde recursos mínimos derivados da aplicação de percentuais calculados sobre: (NR)
1. no caso do Estado, o produto da arrecadação dos impostos a que se refere o artigo 165° da Constituição Estadual e dos recursos de que tratam os artigos 157° e 159°, I, "a", e II, da Constituição Federal, deduzidas as parcelas que forem transferidas aos Municípios; (NR)

2. no caso dos Municípios, o produto da arrecadação dos impostos a que se refere o artigo 156º da Constituição Federal e dos recursos de que tratam os artigos 158º, I e II, e 159º, I, "b", da Constituição Federal e artigo 167º da Constituição Estadual. (NR)

Art. 223. Compete ao sistema único de saúde, nos termos da lei, além de outras atribuições:

I. a assistência integral à saúde, respeitadas as necessidades específicas de todos os segmentos da população;

II. a identificação e o controle dos fatores determinantes e condicionantes da saúde individual e coletiva, mediante, especialmente, ações referentes à:
a) vigilância sanitária;
b) vigilância epidemiológica;
c) saúde do trabalhador;
d) saúde do idoso;
e) saúde da mulher;
f) saúde da criança e do adolescente;
g) saúde dos portadores de deficiências;

III. a implementação dos planos estaduais de saúde e de alimentação e nutrição, em termos de prioridades e estratégias regionais, em consonância com os Planos Nacionais;

IV. a participação na formulação da política e na execução das ações de saneamento básico;

V. a organização, fiscalização e controle da produção e distribuição dos componentes farmacêuticos básicos, medicamentos, produtos químicos, biotecnológicos, imunobiológicos, hemoderivados e outros de interesse para a saúde, facilitando à população o acesso a eles;

VI. a colaboração na proteção do meio ambiente, incluindo do trabalho, atuando em relação ao processo produtivo para garantir:
a) o acesso dos trabalhadores às informações referentes a atividades que comportem riscos à saúde e a métodos de controle, bem como aos resultados das avaliações realizadas;
b) a adoção de medidas preventivas de acidentes e de doenças do trabalho;

VII. a participação no controle e fiscalização da produção, armazenamento, transporte, guarda e utilização de substâncias de produtos psicoativos, tóxicos e teratogênicos;

VIII. a adoção de política de recursos humanos em saúde e na capacitação, formação e valorização de profissionais da área, no sentido de propiciar melhor adequação às necessidades específicas do Estado e de suas regiões e ainda àqueles segmentos da população cujas particularidades requerem atenção especial, de forma a aprimorar a prestação de assistência integral;

IX. a implantação de atendimento integral aos portadores de deficiências, de caráter regionalizado, descentralizado e hierarquizado em níveis de complexidade crescente, abrangendo desde a atenção primária, secundária e terciária de saúde, até o fornecimento de todos os equipamentos necessários à sua integração social;

X. a garantia do direito à auto regulação da fertilidade como livre decisão do homem, da mulher ou do casal, tanto para exercer a procriação como para evitá-la, provendo por meios educacionais, científicos e assistenciais para assegurá-lo, vedada qualquer forma coercitiva ou de indução por parte de instituições públicas ou privadas;

XI. a revisão do Código Sanitário Estadual a cada cinco anos;

XII. a fiscalização e controle do equipamento e aparelhagem utilizados no sistema de saúde, na forma da lei.

Art. 224. Cabe à rede pública de saúde, pelo seu corpo clínico especializado, prestar o atendimento médico para a prática do aborto nos casos excludentes de antijuridicidade, previstos na legislação penal.

Art. 225. O Estado criará banco de órgãos, tecidos e substâncias humanas.

§ 1º A lei disporá sobre as condições e requisitos que facilitem a remoção de órgão, tecidos e substâncias humanas, para fins de transplante, obedecendo-se à ordem cronológica da lista de receptores e respeitando-se, rigorosamente, as urgências médicas, pesquisa e tratamento bem como, a coleta, processamento e transfusão de sangue e seus derivados, sendo vedado todo tipo de comercialização.

§ 2º A notificação, em caráter de emergência, em todos os casos de morte encefálica comprovada, tanto para hospital público, como para a rede privada, nos limites do Estado, é obrigatória.

§ 3º Cabe ao Poder Público providenciar recursos e condições para receber as notificações que deverão ser feitas em caráter de emergência, para atender ao disposto nos § § 1º e 2º.

Art. 226. É vedada a nomeação ou designação, para cargo ou função de chefia ou assessoramento na área de Saúde, em qualquer nível, de pessoa que participe de direção, gerência ou administração de entidades que mantenham contratos ou convênios com o sistema único de saúde, a nível estadual, ou sejam por ele credenciadas.

Art. 227. O Estado incentivará e auxiliará os Órgãos Públicos e entidades filantrópicas de estudos, pesquisa e combate ao câncer, constituídos na forma da lei, respeitando a sua autonomia e independência de atuação científica.

Art. 228. O Estado regulamentará, em seu território, todo processo de coleta e percurso de sangue.

Art. 229. Compete à autoridade estadual, de ofício ou mediante denúncia de risco à saúde, proceder à avaliação das fontes de risco no ambiente de trabalho e determinar a adoção das devidas providências para que cessem os motivos que lhe deram causa.

§ 1º Ao sindicato de trabalhadores, ou a representante que designar, é garantido requerer a interdição de máquina, de setor de serviço ou de todo o ambiente de trabalho, quando houver exposição a risco iminente para a vida ou a saúde dos empregados.

§ 2º Em condições de risco grave ou iminente no local de trabalho, será lícito ao empregado interromper suas atividades, sem prejuízo de quaisquer direitos, até a eliminação do risco.

§ 3º O Estado atuará para garantir a saúde e a segurança dos empregados nos ambientes de trabalho.

§ 4º É assegurada a cooperação dos sindicatos de trabalhadores nas ações de vigilância sanitária desenvolvidas no local de trabalho.

Art. 230. O Estado garantirá o funcionamento de unidades terapêuticas para recuperação de usuários de substâncias que geram dependência física ou psíquica, resguardado o direito de livre adesão dos pacientes, salvo ordem judicial.

Art. 231. Assegurar-se-á ao paciente, internado em hospitais da rede pública ou privada, a faculdade de ser assistido, religiosa e espiritualmente, por ministro de culto religioso.

SEÇÃO III
Da Promoção Social

Art. 232. As ações do Poder Público, por meio de programas e projetos na área de promoção social, serão organizadas, elaboradas, executadas e acompanhadas com base nos seguintes princípios:

I. participação da comunidade;

II. descentralização administrativa, respeitada a legislação federal, cabendo a coordenação e execução de programas às esferas estadual e municipal, considerados os Municípios e as comunidades como instâncias básicas para o atendimento e realização dos programas;

III. integração das ações dos órgãos e entidades da administração em geral, compatibilizando programas e recursos e evitando a duplicidade de atendimento entre as esferas estadual e municipal.

Parágrafo único. É facultado ao Poder Público vincular a programa de apoio à inclusão e promoção social até cinco décimos por cento de sua receita tributária, vedada a aplicação desses recursos no pagamento de: (NR)

1. despesas com pessoal e encargos sociais; (NR)
2. serviço da dívida; (NR)
3. qualquer outra despesa corrente não vinculada diretamente aos investimentos ou ações apoiados. (NR)

Art. 233. As ações governamentais e os programas de assistência social, pela sua natureza emergencial e compensatória, não deverão prevalecer sobre a formulação e aplicação de políticas sociais básicas nas áreas de saúde, educação, abastecimento, transporte e alimentação.

Art. 234. O Estado subvencionará os programas desenvolvidos pelas entidades assistenciais filantrópicas e sem fins lucrativos, com especial atenção às que se dediquem à assistência aos portadores de deficiências, conforme critérios definidos em lei, desde que cumpridas as exigências de fins dos serviços de assistência social a serem prestados.

Parágrafo único. Compete ao Estado a fiscalização dos serviços prestados pelas entidades citadas no "caput" deste artigo.

Art. 235. Revogado.

Art. 236. O Estado criará o Conselho Estadual de Promoção Social, cuja composição, funções e regulamentos serão definidos em lei.

CAPÍTULO III
Da Educação, da Cultura e dos Esportes e Lazer

SEÇÃO I
Da Educação

Art. 237. A educação, ministrada com base nos princípios estabelecidos no artigo 205º e seguintes da Constituição Federal e inspirada nos princípios de liberdade e solidariedade humana, tem por fim:

I. a compreensão dos direitos e deveres da pessoa humana, do cidadão, do Estado, da família e dos demais grupos que compõem a comunidade;

II. o respeito à dignidade e às liberdades fundamentais da pessoa humana;

III. o fortalecimento da unidade nacional e da solidariedade internacional;

IV. o desenvolvimento integral da personalidade humana e a sua participação na obra do bem comum;

V. o preparo do indivíduo e da sociedade para o domínio dos conhecimentos científicos e tecnológicos que lhes permitam utilizar as possibilidades e vencer as dificuldades do meio, preservando-o;

VI. a preservação, difusão e expansão do patrimônio cultural;

VII. a condenação a qualquer tratamento desigual por motivo de convicção filosófica, política ou religiosa, bem como a quaisquer preconceitos de classe, raça ou sexo;

VIII. o desenvolvimento da capacidade de elaboração e reflexão crítica da realidade.

Art. 238. A lei organizará o Sistema de Ensino do Estado de São Paulo, levando em conta o princípio da descentralização.

Art. 239. O Poder Público organizará o Sistema Estadual de Ensino, abrangendo todos os níveis e modalidades, incluindo a especial, estabelecendo normas gerais de funcionamento para as escolas públicas estaduais e municipais, bem como para as particulares.

§ 1º Os Municípios organizarão, igualmente, seus sistemas de ensino.

§ 2º O Poder Público oferecerá atendimento especializado aos portadores de deficiências, preferencialmente na rede regular de ensino.

§ 3º As escolas particulares estarão sujeitas à fiscalização, controle e avaliação, na forma da lei.

§ 4º O Poder Público adequará as escolas e tomará as medidas necessárias quando da construção de novos prédios, visando promover a acessibilidade das pessoas com deficiência ou com mobilidade reduzida, mediante a supressão de barreiras e obstáculos nos espaços e mobiliários. (NR)

Art. 240. Os Municípios responsabilizar-se-ão prioritariamente pelo ensino fundamental, inclusive para os que a ele não tiveram acesso na idade própria, e pré-escolar, só podendo atuar nos níveis mais elevados quando a demanda naqueles níveis estiver plena e satisfatoriamente atendida, do ponto de vista qualitativo e quantitativo.

Art. 241. O Plano Estadual de Educação, estabelecido em lei, é de responsabilidade do Poder Público Estadual, tendo sua elaboração coordenada pelo Executivo, consultados os órgãos descentralizados do Sistema Estadual de Ensino, a comunidade educacional, e considerados os diagnósticos e necessidades apontados nos Planos Municipais de Educação.

Art. 242. O Conselho Estadual de Educação é órgão normativo, consultivo e deliberativo do sistema de ensino do Estado de São Paulo, com suas atribuições, organização e composição definidas em lei.

Art. 243. Os critérios para criação de Conselhos Regionais e Municipais de Educação, sua composição e atribuições, bem como as normas para seu funcionamento, serão estabelecidos e regulamentados por lei.

Art. 244. O ensino religioso, de matrícula facultativa, constituirá disciplina dos horários normais das escolas públicas de ensino fundamental.

Art. 245. Nos três níveis de ensino, será estimulada a prática de esportes individuais e coletivos, como complemento à formação integral do indivíduo.

Parágrafo único. A prática referida no "caput", sempre que possível, será levada em conta em face das necessidades dos portadores de deficiências.

Art. 246. É vedada a cessão de uso de próprios públicos estaduais, para o funcionamento de estabelecimentos de ensino privado de qualquer natureza.

Art. 247. A educação da criança de zero a seis anos, integrada ao sistema de ensino, respeitará as características próprias dessa faixa etária.

Art. 248. O órgão próprio de educação do Estado será responsável pela definição de normas, autorização de funcionamento, supervisão e fiscalização das creches e pré-escolas públicas e privadas no Estado.

Parágrafo único. Aos Municípios, cujos sistemas de ensino estejam organizados, será delegada competência para autorizar o funcionamento e supervisionar as instituições de educação das crianças de zero a seis anos de idade.

Art. 249. O ensino fundamental, com oito anos de duração, é obrigatório para todas as crianças a partir dos sete anos de idade, visando a propiciar formação básica e comum indispensável a todos.

§ 1º É dever do Poder Público o provimento, em todo o território paulista, de vagas em número suficiente para atender à demanda do ensino fundamental obrigatório e gratuito.

§ 2º A atuação da administração pública estadual no ensino público fundamental dar-se-á por meio de rede própria ou em cooperação técnica e financeira com os Municípios, nos termos do artigo 30º, VI, da Constituição Federal, assegurando a existência de escolas com corpo técnico qualificado e elevado padrão de qualidade, devendo ser definidas com os Municípios formas de colaboração, de modo a assegurar a universalização do ensino obrigatório. (NR)

§ 3º O ensino fundamental público e gratuito será também garantido aos jovens e adultos que, na idade própria, a ele não tiveram acesso, e terá organização adequada às características dos alunos.

§ 4º Caberá ao Poder Público prover o ensino fundamental diurno e noturno, regular e supletivo, adequado às condições de vida do educando que já tenha ingressado no mercado de trabalho.

§ 5º É permitida a matrícula no ensino fundamental, a partir dos seis anos de idade, desde que plenamente atendida a demanda das crianças de sete anos de idade.

Art. 250. O Poder Público responsabilizar-se-á pela manutenção e expansão do ensino médio, público e gratuito, inclusive para os jovens e adultos que, na idade própria, a ele não tiveram acesso, tomando providências para universalizá-lo.

§ 1º O Estado proverá o atendimento do ensino médio em curso diurno e noturno, regular e supletivo, aos jovens e adultos, especialmente trabalhadores, de forma compatível com suas condições de vida.

§ 2º Além de outras modalidades que a lei vier a estabelecer no ensino médio, fica assegurada a especificidade do curso de formação do magistério para a pré-escola e das quatro primeiras séries do ensino fundamental, inclusive com formação de docentes para atuarem na educação de portadores de deficiências.

Art. 251. A lei assegurará a valorização dos profissionais de ensino, mediante fixação de planos de carreira para o magistério público, com piso salarial profissional, carga horária compatível com o exercício das funções e ingresso exclusivamente por concurso público de provas e títulos.

Art. 252. O Estado manterá seu próprio sistema de ensino superior, articulado com os demais níveis.

Parágrafo único. O sistema de ensino superior do Estado de São Paulo incluirá universidades e outros estabelecimentos.

Art. 253. A organização do sistema de ensino superior do Estado será orientada para a ampliação do número de vagas oferecidas no ensino público diurno e noturno, respeitadas as condições para a manutenção da qualidade de ensino e do desenvolvimento da pesquisa.

Parágrafo único. As universidades públicas estaduais deverão manter cursos noturnos que, no conjunto de suas unidades, correspondam a pelo menos um terço do total das vagas por elas oferecidas.

Art. 254. A autonomia da universidade será exercida, respeitando, nos termos do seu estatuto, a necessária democratização do ensino e a responsabilidade pública da instituição, observados os seguintes princípios:

I. utilização dos recursos de forma a ampliar o atendimento à demanda social, tanto mediante cursos regulares, quanto atividades de extensão;

II. representação e participação de todos os segmentos da comunidade interna nos órgãos decisórios e na escolha de dirigentes, na forma de seus estatutos.

§ 1º A lei criará formas de participação da sociedade, por meio de instâncias públicas externas à universidade, na avaliação do desempenho da gestão dos recursos. (NR)

§ 2º É facultado às universidades admitir professores, técnicos e cientistas estrangeiros, na forma da lei. (NR)

§ 3º O disposto neste artigo aplica-se às instituições de pesquisa científica e tecnológica. (NR)

Art. 255. O Estado aplicará, anualmente, na manutenção e no desenvolvimento do ensino público, no mínimo, trinta por cento da receita resultante de impostos, incluindo recursos provenientes de transferências.

Parágrafo único. A lei definirá as despesas que se caracterizem como manutenção e desenvolvimento do ensino.

Art. 256. O Estado e os Municípios publicarão, até trinta dias após o encerramento de cada trimestre, informações completas sobre receitas arrecadadas e transferências de recursos destinados à educação, nesse período e discriminadas por nível de ensino.

Art. 257. A distribuição dos recursos públicos assegurará prioridade ao atendimento das necessidades do ensino fundamental.

Parágrafo único. Parcela dos recursos públicos destinados à educação deverá ser utilizada em programas integrados de aperfeiçoamento e atualização para os educadores em exercício no ensino público.

Art. 258. O Poder Público poderá, mediante convênio, destinar parcela dos recursos de que trata o artigo 255° a instituições filantrópicas, definidas em lei, para a manutenção e o desenvolvimento de atendimento educacional, especializado e gratuito a educandos portadores de necessidades especiais. (NR)

SEÇÃO II
Da Cultura

Art. 259. O Estado garantirá a todos o pleno exercício dos direitos culturais e o acesso às fontes da cultura, e apoiará e incentivará a valorização e a difusão de suas manifestações.

Art. 260. Constituem patrimônio cultural estadual os bens de natureza material e imaterial, tomados individualmente ou em conjunto, portadores de referências à identidade, à ação e à memória dos diferentes grupos formadores da sociedade nos quais se incluem:

I. as formas de expressão;

II. as criações científicas, artísticas e tecnológicas;

III. as obras, objetos, documentos, edificações e demais espaços destinados às manifestações artístico-culturais;

IV. os conjuntos urbanos e sítios de valor histórico, paisagístico, artístico, arqueológico, paleontológico, ecológico e científico.

Art. 261. O Poder Público pesquisará, identificará, protegerá e valorizará o patrimônio cultural paulista, através do Conselho de Defesa do Patrimônio Histórico, Arqueológico, Artístico e Turístico do Estado de São Paulo CONDEPHAAT, na forma que a lei estabelecer.

Art. 262. O Poder Público incentivará a livre manifestação cultural mediante:

I. criação, manutenção e abertura de espaços públicos devidamente equipados e capazes de garantir a produção, divulgação e apresentação das manifestações culturais e artísticas;

II. desenvolvimento de intercâmbio cultural e artístico com os Municípios, integração de programas culturais e apoio à instalação de casas de cultura e de bibliotecas públicas;

III. acesso aos acervos das bibliotecas, museus, arquivos e congêneres;

IV. promoção do aperfeiçoamento e valorização dos profissionais da cultura;

V. planejamento e gestão do conjunto das ações, garantida a participação de representantes da comunidade;

VI. compromisso do Estado de resguardar e defender a integridade, pluralidade, independência e autenticidade das culturas brasileiras, em seu território;

VII. cumprimento, por parte do Estado, de uma política cultural não intervencionista, visando à participação de todos na vida cultural;

VIII. preservação dos documentos, obras e demais registros de valor histórico ou científico.

Art. 263. A lei estimulará, mediante mecanismos específicos, os empreendimentos privados que se voltem à preservação e à restauração do patrimônio cultural do Estado, bem como incentivará os proprietários de bens culturais tombados, que atendam às recomendações de preservação do patrimônio cultural.

Art. 263.-A É facultado ao Poder Público vincular a fundo estadual de fomento à cultura até cinco décimos por cento de sua receita tributária líquida, para o financiamento de programas e projetos culturais, vedada a aplicação desses recursos no pagamento de: (NR)

I. despesas com pessoal e encargos sociais; (NR)

II. serviço da dívida; (NR)

III. qualquer outra despesa corrente não vinculada diretamente aos investimentos ou ações apoiados. (NR)

SEÇÃO III
Dos Esportes e Lazer

Art. 264. O Estado apoiará e incentivará as práticas esportivas formais e não formais, como direito de todos.

Art. 265. O Poder Público apoiará e incentivará o lazer como forma de integração social.

Art. 266. As ações do Poder Público e a destinação de recursos orçamentários para o setor darão prioridade:

I. ao esporte educacional, ao esporte comunitário e, na forma da lei, ao esporte de alto rendimento;

II. ao lazer popular;

III. à construção e manutenção de espaços devidamente equipados para as práticas esportivas e o lazer;

IV. à promoção, estímulo e orientação à prática e difusão da Educação Física;

V. à adequação dos locais já existentes e previsão de medidas necessárias quando da construção de novos espaços, tendo em vista a prática de esportes e atividades de lazer por parte dos portadores de deficiências, idosos e gestantes, de maneira integrada aos demais cidadãos.

Parágrafo único. O Poder Público estimulará e apoiará as entidades e associações da comunidade dedicadas às práticas esportivas.

Art. 267. O Poder Público incrementará a prática esportiva às crianças, aos idosos e aos portadores de deficiências.

CAPÍTULO IV
Da ciência e tecnologia

Art. 268. O Estado promoverá e incentivará o desenvolvimento científico, a pesquisa e a capacitação tecnológica.

§ 1º A pesquisa científica receberá tratamento prioritário do Estado, diretamente ou por meio de seus agentes financiadores de fomento, tendo em vista o bem público e o progresso da ciência.

§ 2º A pesquisa tecnológica voltar-se-á preponderantemente para a solução dos problemas sociais e ambientais e para o desenvolvimento do sistema produtivo, procurando harmonizá-lo com os direitos fundamentais e sociais dos cidadãos.

Art. 269. O Estado manterá Conselho Estadual de Ciência e Tecnologia com o objetivo de formular, acompanhar, avaliar e reformular a política estadual científica e tecnológica e coordenar os diferentes programas de pesquisa.

§ 1º A política a ser definida pelo Conselho Estadual de Ciência e Tecnologia deverá orientar-se pelas seguintes diretrizes:

1. desenvolvimento do sistema produtivo estadual;
2. aproveitamento racional dos recursos naturais, preservação e recuperação do meio ambiente;
3. aperfeiçoamento das atividades dos órgãos e entidades responsáveis pela pesquisa científica e tecnológica;
4. garantia de acesso da população aos benefícios do desenvolvimento científico e tecnológico;
5. atenção especial às empresas nacionais, notadamente às médias, pequenas e microempresas.

§ 2º A estrutura, organização, composição e competência desse Conselho serão definidas em lei.

Art. 270. O Poder Público apoiará e estimulará, mediante mecanismos definidos em lei, instituições e empresas que invistam em pesquisa e criação de tecnologia, observado o disposto no artigo 218º, § 4º, da Constituição Federal.

Art. 271. O Estado destinará o mínimo de um por cento de sua receita tributária à Fundação de Amparo à Pesquisa do Estado de São Paulo, como renda de sua privativa administração, para aplicação em desenvolvimento científico e tecnológico.

Parágrafo único. A dotação fixada no "caput", excluída a parcela de transferência aos Municípios, de acordo com o artigo 158º, IV, da Constituição Federal, será transferida mensalmente, devendo o percentual ser calculado sobre a arrecadação do mês de referência e ser pago no mês subsequente.

Art. 272. O patrimônio físico, cultural e científico dos museus, institutos e centros de pesquisa da administração direta, indireta e fundacional são inalienáveis e intransferíveis, sem audiência da comunidade científica e aprovação prévia do Poder Legislativo.

Parágrafo único. O disposto neste artigo não se aplica à doação de equipamentos e insumos para a pesquisa, quando feita por entidade pública de fomento ao ensino e à pesquisa científica e tecnológica, para outra entidade pública da área de ensino e pesquisa em ciência e tecnologia.

CAPÍTULO V
Da comunicação social

Art. 273. A ação do Estado, no campo da comunicação, fundar-se-á sobre os seguintes princípios:

I. democratização do acesso às informações;

II. pluralismo e multiplicidade das fontes de informação;

III. visão pedagógica da comunicação dos órgãos e entidades públicas.

Art. 274. Os órgãos de comunicação social pertencentes ao Estado, as fundações instituídas ou mantidas pelo Poder Público ou a quaisquer entidades sujeitas, direta ou indiretamente, ao seu controle econômico, serão utilizados de modo a assegurar a possibilidade de expressão e confronto das diversas correntes de opinião.

CAPÍTULO VI
Da Defesa do Consumidor

Art. 275. O Estado promoverá a defesa do consumidor mediante adoção de política governamental própria e de medidas de orientação e fiscalização, definidas em lei.

Parágrafo único. A lei definirá também os direitos básicos dos consumidores e os mecanismos de estímulo à auto-organização da defesa do consumidor, de assistência judiciária e policial especializada e de controle de qualidade dos serviços públicos.

Art. 276. O Sistema Estadual de Defesa do Consumidor, integrado por órgãos públicos das áreas de saúde, alimentação, abastecimento, assistência judiciária, crédito, habitação, segurança e educação, com atribuições de tutela e promoção dos consumidores de bens e serviços, terá como órgão consultivo e deliberativo o Conselho Estadual de Defesa do Consumidor, com atribuições e composição definidas em lei.

CAPÍTULO VII
Da proteção especial

SEÇÃO I
Da Família, da Criança, do Adolescente, do Jovem, do Idoso e dos Portadores de Deficiências (NR)

Art. 277. Cabe ao Poder Público, bem como à família, assegurar a criança, ao adolescente, ao jovem, ao idoso e aos portadores de deficiências, com absoluta prioridade, o direito à vida, à saúde, à alimentação, à educação, ao lazer, à profissionalização, à cultura, à dignidade, ao respeito, à liberdade e à convivência familiar e comunitária, além de colocá-los a salvo de toda forma de negligência, discriminação, exploração, violência, crueldade e agressão. (NR)

Parágrafo único. O direito à proteção especial, conforme a lei, abrangerá, entre outros, os seguintes aspectos:

1. garantia à criança e ao adolescente de conhecimento formal do ato infracional que lhe seja atribuído, de igualdade na relação processual, representação legal, acompanhamento psicológico e social e defesa técnica por profissionais habilitados;

2. obrigação de empresas e instituições, que recebam do Estado recursos financeiros para a realização de programas, projetos e atividades culturais, educacionais, de lazer e outros afins, de preverem o acesso e a participação de portadores de deficiências.

Art. 278. O Poder Público promoverá programas especiais, admitindo a participação de entidades não governamentais e tendo como propósito:

I. assistência social e material às famílias de baixa renda dos egressos de hospitais psiquiátricos do Estado, até sua reintegração na sociedade;

II. concessão de incentivo às empresas para adequação de seus equipamentos, instalações e rotinas de trabalho aos portadores de deficiências;

III. garantia às pessoas idosas de condições de vida apropriadas, frequência e participação em todos os equipamentos, serviços e programas culturais, educacionais, esportivos, recreativos e de lazer, defendendo sua dignidade e visando à sua integração à sociedade;

IV. integração social de portadores de deficiências, mediante treinamento para o trabalho, convivência e facilitação do acesso aos bens e serviços coletivos;

V. criação e manutenção de serviços de prevenção, orientação, recebimento e encaminhamento de denúncias referentes à violência;

VI. instalação e manutenção de núcleos de atendimento especial e casas destinadas ao acolhimento provisório de crianças, adolescentes, idosos, portadores de deficiências e vítimas de violência, incluindo a criação de serviços jurídicos de apoio às vítimas, integrados a atendimento psicológico e social;

VII. nos internamentos de crianças com até doze anos nos hospitais vinculados aos órgãos da administração direta ou indireta, é assegurada a permanência da mãe, também nas enfermarias, na forma da lei;

VIII. prestação de orientação e informação sobre a sexualidade humana e conceitos básicos da instituição da família, sempre que possível, de forma integrada aos conteúdos curriculares do ensino fundamental e médio;

IX. criação e manutenção de serviços e programas de prevenção e orientação contra entorpecentes, álcool e drogas afins, bem como de encaminhamento de denúncias e atendimento especializado, referentes à criança, ao adolescente, ao adulto e ao idoso dependentes.

Art. 279. Os Poderes Públicos estadual e municipal assegurarão condições de prevenção de deficiências, com prioridade para a assistência

pré-natal e à infância, bem como integração social de portadores de deficiências, mediante treinamento para o trabalho e para a convivência, mediante:
I. criação de centros profissionalizantes para treinamento, habilitação e reabilitação profissional de portadores de deficiências, oferecendo os meios adequados para esse fim aos que não tenham condições de frequentar a rede regular de ensino;
II. implantação de sistema "Braille" em estabelecimentos da rede oficial de ensino, em cidade polo regional, de forma a atender às necessidades educacionais e sociais dos portadores de deficiências.
Parágrafo único. As empresas que adaptarem seus equipamentos para o trabalho de portadores de deficiências poderão receber incentivos, na forma da lei.
Art. 280. É assegurado, na forma da lei, aos portadores de deficiências e aos idosos, acesso adequado aos logradouros e edifícios de uso público, bem como aos veículos de transporte coletivo urbano.
Art. 281. O Estado propiciará, por meio de financiamentos, aos portadores de deficiências, a aquisição dos equipamentos que se destinam a uso pessoal e que permitam a correção, diminuição e superação de suas limitações, segundo condições a serem estabelecidas em lei.

SEÇÃO II
Dos Índios

Art. 282. O Estado fará respeitar os direitos, bens materiais, crenças, tradições e todas as demais garantias conferidas aos índios na Constituição Federal.
§ 1º Compete ao Ministério Público a defesa judicial dos direitos e interesses das populações indígenas, bem como intervir em todos os atos do processo em que os índios sejam partes.
§ 2º A Defensoria Pública prestará assistência jurídica aos índios do Estado, suas comunidades e organizações.
§ 3º O Estado protegerá as terras, as tradições, usos e costumes dos grupos indígenas integrantes do patrimônio cultural e ambiental estadual.
Art. 283. A lei disporá sobre formas de proteção do meio ambiente nas áreas contíguas às reservas e áreas tradicionalmente ocupadas por grupos indígenas, observado o disposto no artigo 231 da Constituição Federal.

TÍTULO VIII
Disposições Constitucionais Gerais

Art. 284. O Estado comemorará, anualmente, no período de três a nove de julho, a Revolução Constitucionalista de 1932.
Art. 285. Fica assegurado a todos livre e amplo acesso às praias do litoral paulista.
§ 1º Sempre que, de qualquer forma, for impedido ou dificultado esse acesso, o Ministério Público tomará imediata providência para a garantia desse direito.
§ 2º O Estado poderá utilizar-se da desapropriação para abertura de acesso a que se refere o "caput".
Art. 286. Fica assegurada a criação de creches nos presídios femininos e, às mães presidiárias, a adequada assistência aos seus filhos durante o período de amamentação.
Art. 287. Declarado inconstitucional, em controle concentrado, pelo Supremo Tribunal Federal.
Parágrafo único. Declarado inconstitucional, em controle concentrado, pelo Supremo Tribunal Federal.
Art. 288. É assegurada a participação dos servidores públicos nos colegiados e diretorias dos órgãos públicos em que seus interesses profissionais, de assistência médica e previdenciários sejam objeto de discussão e deliberação, na forma da lei.
Art. 289. O Estado criará crédito educativo, por meio de suas entidades financeiras, para favorecer os estudantes de baixa renda, na forma que dispuser a lei.
Art. 290. Toda e qualquer pensão paga pelo Estado, a qualquer título, não poderá ser de valor inferior ao do salário mínimo vigente no País.
Art. 291. Todos terão o direito de, em caso de condenação criminal, obter das repartições policiais e judiciais competentes, após reabilitação, bem como no caso de inquéritos policiais arquivados, certidões e informações de folha corrida, sem menção aos antecedentes, salvo em caso de requisição judicial, do Ministério Público, ou para fins de concurso público.
Parágrafo único. Observar-se-á o disposto neste artigo quando o interesse for de terceiros.
Art. 292. O Poder Executivo elaborará plano de desenvolvimento orgânico e integrado, com a participação dos Municípios interessados, abrangendo toda a zona costeira do Estado.
Art. 293. Os Municípios atendidos pela Companhia de Saneamento Básico do Estado de São Paulo

poderão criar e organizar seus serviços autônomos de água e esgoto.
Parágrafo único. Declarado inconstitucional, em controle concentrado, pelo Supremo Tribunal Federal.
Art. 294. Fica assegurada a participação da sociedade civil nos conselhos estaduais previstos nesta Constituição, com composição e competência definidas em lei.
Art. 295. O Estado manterá um sistema unificado visando à localização, informação e referências de pessoas desaparecidas.
Art. 296. É vedada a concessão de incentivos e isenções fiscais às empresas que comprovadamente não atendam às normas de preservação ambiental e às relativas à saúde e à segurança do trabalho.
Art. 297. São também aplicáveis no Estado, no que couber, os artigos das Emendas à Constituição Federal que não integram o corpo do texto constitucional, bem como as alterações efetuadas no texto da Constituição Federal que causem implicações no âmbito estadual, ainda que não contempladas expressamente pela Constituição do Estado. (NR)

ATO DAS DISPOSIÇÕES CONSTITUCIONAIS TRANSITÓRIAS

Art. 1. Os Deputados integrantes da atual legislatura, iniciada em 15 de março de 1987, exercerão seus mandatos até 15 de março de 1991, data em que se iniciará a legislatura seguinte.
Parágrafo único. Os Deputados eleitos para a legislatura seguinte à atual exercerão seus mandatos até 14 de março de 1995. (NR)
Art. 1.-A Os Deputados integrantes da legislatura iniciada em 15 de março de 2019 exercerão seus mandatos até 14 de março de 2023.
Parágrafo único. A legislatura subsequente começará em 15 de março de 2023, e se encerrará em 31 de janeiro de 2027, iniciando-se a imediatamente posterior, assim como as que se seguirão a ela, em primeiro de fevereiro, nos termos do § 2º do artigo 9º desta Constituição." (NR)
A acrescentado pela Emenda Constitucional nº 47, de 14/03/2019.
Art. 2. O atual Governador do Estado, empossado em 15 de março de 1987, exercerá seu mandato até 15 de março de 1991, data em que tomará posse o Governador eleito para o período seguinte.
Parágrafo único. O Governador eleito para o período seguinte ao atual exercerá seu mandato até 1º de janeiro de 1995.
Art. 3. A revisão constitucional será iniciada imediatamente após o término da prevista no artigo 3º do Ato das Disposições Constitucionais Transitórias da Constituição Federal e aprovada pelo voto da maioria absoluta dos membros da Assembleia Legislativa.
Art. 4. O Regimento Interno da Assembleia Legislativa estabelecerá normas procedimentais com rito especial e sumaríssimo, com o fim de adequar esta Constituição ou suas leis complementares à legislação federal.
Art. 5. A Capital do Estado poderá ser transferida mediante lei, desde que estudos técnicos demonstrem a conveniência dessa mudança e após plebiscito, com resultado favorável, pelo eleitorado do Estado.
Art. 6. Até 28 de junho de 1990, as empresas públicas, sociedades de economia mista e as fundações instituídas ou mantidas pelo Poder Público estadual incorporarão aos seus estatutos as normas desta Constituição que digam respeito às suas atividades e serviços.
Art. 7. As quatro primeiras vagas de Conselheiros do Tribunal de Contas do Estado, ocorridas a partir da data da publicação desta Constituição, serão preenchidas na conformidade do disposto no artigo 31º, § 2º, item 2, desta Constituição.
Parágrafo único. Após o preenchimento das vagas, na forma prevista neste artigo, serão obedecidos o critério e a ordem fixados pelo artigo 31º, § § 1º e 2º, desta Constituição.
Art. 8. Os Poderes Legislativo, Executivo e Judiciário, no prazo de cento e oitenta dias, proporão uma forma de integração dos seus controles internos em conformidade com o artigo 35º desta Constituição.
Art. 9. Enquanto não forem criados os serviços auxiliares a que se refere o artigo 92º, IV, desta Constituição, o Ministério Público terá assegurados, em caráter temporário, os meios necessários ao desempenho das funções a que se refere o artigo 97º.
Art. 10. Dentro de cento e oitenta dias, a contar da promulgação desta Constituição, o Poder Executivo encaminhará à Assembleia Legislativa o projeto de Lei Orgânica a que se refere o artigo 103º, Parágrafo único. Enquanto não entrar em funcionamento

a Defensoria Pública, suas atribuições poderão ser exercidas pela Procuradoria de Assistência Judiciária da Procuradoria Geral do Estado ou por advogados contratados ou conveniados com o Poder Público.

Art. 11. Aos procuradores do Estado, no prazo de sessenta dias da promulgação da Lei Orgânica da Defensoria Pública, será facultada opção, de forma irretratável, pela permanência no quadro da Procuradoria Geral do Estado, ou no quadro de carreira de Defensor Público, garantidas as vantagens, níveis e proibições.

Art. 11.-A A assunção das funções dos órgãos jurídicos das autarquias, inclusive as de regime especial, pela Procuradoria Geral do Estado fica condicionada à adequação da estrutura organizacional desta, sem prejuízo da possibilidade de imediata designação de Procuradores do Estado para a execução de tarefas específicas do interesse das entidades autárquicas, por ato do Procurador-Geral do Estado, mediante prévia solicitação do respectivo Superintendente. (NR)

§ 1º Os cargos e as funções-atividades de Procurador de Autarquia, inclusive as de regime especial, exceto as universidades públicas estaduais, ficarão extintos, na vacância, na forma a ser estabelecida em lei, assegurado aos seus atuais titulares e ocupantes o exercício das atribuições respectivas, bem como a ascensão funcional, nos termos da legislação em vigor. (NR)

§ 2º Enquanto não efetivada por completo a assunção dos órgãos jurídicos das autarquias pela Procuradoria Geral do Estado, a eles continuará aplicável o disposto no artigo 101º, "caput", desta Constituição, permanecendo os Procuradores de Autarquia que os integram sujeitos às disposições legais atinentes a direitos e deveres, garantias e prerrogativas, proibições e impedimentos dos Procuradores do Estado. (NR)

Art. 12. Os créditos a que se refere o artigo 57º, § § 3º e 4º, bem como os saldos devedores dos precatórios judiciários, incluindo-se o remanescente de juros e correção monetária pendentes de pagamento na data da promulgação desta Constituição, serão pagos em moeda corrente com atualização até a data do efetivo depósito, da seguinte forma:

I. no exercício de 1990, serão pagos os precatórios judiciários protocolados até 01/07/83;

II. no exercício de 1991, os protocolados no período de 02/07/83 a 01/07/85;

III. no exercício de 1992, os protocolados no período de 02/07/85 a 01/07/87;

IV. no exercício de 1993, os protocolados no período de 02/07/87 a 01/07/89;

V. no exercício de 1994, os protocolados no período de 02/07/89 a 01/07/91;

VI. no exercício de 1995, os protocolados no período de 02/07/91 a 01/07/93;

VII. no exercício de 1996, os protocolados no período de 02/07/93 a 01/07/94;

VIII. no exercício de 1997, os protocolados no período de 02/07/94 a 01/07/96.

§ 1º Os precatórios judiciários referentes aos créditos de natureza não alimentar, sujeitos ao preceito estabelecido no artigo 33º do Ato das Disposições Constitucionais Transitórias da Constituição Federal estão excluídos da forma de pagamento disposta neste artigo.

§ 2º A forma de pagamento a que se refere este artigo não desobriga as entidades a efetuarem o pagamento na forma do artigo 100º da Constituição Federal e artigo 57º, § § 1º e 2º, desta Constituição.

Art. 12.-A Ressalvados os créditos definidos em lei como de pequeno valor, os de natureza alimentícia, os de que trata o artigo 33º do Ato das Disposições Constitucionais Transitórias da Constituição Federal e suas complementações e os que já tiverem os seus respectivos recursos liberados ou depositados em juízo, os precatórios pendentes na data de promulgação da Emenda à Constituição Federal nº 30, de 13 de setembro de 2000, e os que decorrem de ações iniciais ajuizadas até 31 de dezembro de 1999 serão liquidados pelo seu valor real, em moeda corrente, acrescido dos juros legais, em prestações anuais, iguais e sucessivas, no prazo máximo de dez anos, permitida a cessão de créditos. (NR)

§ 1º É permitida a decomposição de parcelas, a critério do credor. (NR)

§ 2º As prestações anuais a que se refere o "caput" deste artigo terão, se não liquidadas até o final do exercício a que se referem, poder liberatório do pagamento de tributos da entidade devedora. (NR)

§ 3º O prazo referido no "caput" deste artigo fica reduzido para dois anos, nos casos de precatórios judiciais originários de desapropriação de imóvel residencial do credor, desde que comprovadamente único à época da imissão na posse. (NR)

§ 4º O Presidente do Tribunal competente deverá, vencido o prazo ou em caso de omissão no orçamento, ou preterição ao direito de precedência, a requerimento do credor, requisitar ou determinar o sequestro de recursos financeiros da entidade executada, suficientes à satisfação da prestação. (NR)

Art. 13. O Tribunal de Justiça, no prazo de cento e oitenta dias contados da promulgação desta Constituição, encaminhará projeto de lei fixando a forma e os termos para criação de Tribunais de Alçada Regionais, a que se refere o artigo 71°

Art. 14. A competência das Turmas de Recursos a que se refere o artigo 84° entrará em vigor à medida que forem designados seus juízes. Tais designações terão seu início dentro de seis meses, pela Comarca da Capital.

Art. 15. O Tribunal de Justiça, dentro do prazo de noventa dias, após a promulgação desta Constituição, encaminhará projeto de lei à Assembleia Legislativa, dispondo sobre a organização, competência e instalação dos Juizados Especiais a que se refere o artigo 87°.

§ 1° São mantidos os Juizados Especiais de Pequenas Causas criados com base na Lei Federal n° 7.244, de 7 de novembro de 1984, e na Lei Estadual n° 5.143, de 28 de maio de 1986, bem como suas instâncias recursais.

§ 2° O projeto a que se refere o "caput" deste artigo deverá prever a instalação, na Capital, de Juizados Especiais em número suficiente e localização adequada ao atendimento da população dos bairros periféricos.

Art. 16. Até a elaboração da lei que criar e organizar a Justiça de Paz, ficam mantidos os atuais juízes e suplentes de juiz de casamentos, até a posse de novos titulares, assegurando-lhes os direitos e atribuições conferidos aos juízes de paz de que tratam os artigos 98°, II, da Constituição Federal, artigo 30° do Ato das Disposições Constitucionais Transitórias e artigo 89° desta Constituição.

Art. 17. Lei a ser editada no prazo de quatro meses após a promulgação desta Constituição, disporá sobre normas para criação dos cartórios extrajudiciais, levando-se em consideração sua distribuição geográfica, a densidade populacional e a demanda do serviço.

§ 1° O Poder Executivo providenciará no sentido de que, no prazo de seis meses após a publicação da lei mencionada no "caput" deste artigo, seja dado cumprimento a ela, instalando-se os cartórios.

§ 2° Os cartórios extrajudiciais localizar-se-ão, obrigatoriamente, na circunscrição onde tenham atribuições.

Art. 18. Os servidores civis da administração direta, autárquica e das fundações instituídas ou mantidas pelo Poder Público em exercício na data da promulgação desta Constituição, que não tenham sido admitidos na forma regulada pelo artigo 37° da Constituição Federal, são considerados estáveis no serviço público, desde que contassem, em 5 de outubro de 1988, cinco anos continuados, em serviço.

§ 1° O tempo de serviço dos servidores referidos neste artigo será contado como título, quando se submeterem a concurso para fins de efetivação, na forma da lei.

§ 2° O disposto neste artigo não se aplica aos ocupantes de cargos, funções e empregos de confiança ou em comissão, nem aos que a lei declare de livre exoneração, cujo tempo de serviço não será computado para os fins do "caput" deste artigo, exceto se se tratar de servidor.

§ 3° O disposto neste artigo não se aplica aos professores de nível superior, nos termos da lei.

§ 4° Para os integrantes das carreiras docentes do magistério público estadual não se considera, para os fins previstos no "caput", a interrupção ou descontinuidade de exercício por prazo igual ou inferior a noventa dias, exceto nos casos de dispensa ou exoneração solicitadas pelo servidor.

Art. 19. Para os efeitos do disposto no artigo 133°, é assegurado ao servidor o cômputo de tempo de exercício anterior à data da promulgação desta Constituição.

Art. 20. O pagamento do adicional por tempo de serviço e da sexta parte, na forma prevista no artigo 129°, será devido a partir do primeiro dia do mês seguinte ao da publicação desta Constituição, vedada sua acumulação com vantagem já percebida por esses títulos.

Art. 21. Dentro de cento e oitenta dias, proceder-se-á à revisão dos direitos dos servidores públicos inativos e pensionistas e à atualização dos proventos e pensões a eles devidos, a fim de ajustá-los ao disposto no artigo 126°, § 4°, desta Constituição e ao que dispõe a Constituição Federal, retroagindo seus efeitos a 5 de outubro de 1988.

Art. 22. Os atuais Supervisores de Ensino do Quadro do Magistério, aposentados, que exerciam cargos ou funções idênticas às do antigo Inspetor de Ensino Médio, sob a égide da Lei n° 9.717, de 31 de janeiro de 1967 ou do Decreto n° 49.532, de 26 de abril de 1968, em regime especial de trabalho ou de dedicação exclusiva, terão assegurado o direito à contagem do período exercido, para fim de incorporação.

Art. 23. Aos servidores extranumerários estáveis do Estado, ficam asseguradas todas as vantagens pecuniárias concedidas aos que, exercendo idênticas funções, foram beneficiados pelas disposições da Constituição Federal de 1967.

Art. 24. Os exercentes da função-atividade de Orientador Trabalhista e Orientador Trabalhista Encarregado, originários do quadro da Secretaria de Relações do Trabalho, os Assistentes de Atendimento Jurídico da Fundação Estadual de Amparo ao Trabalhador Preso, bem como os servidores públicos que sejam advogados e que prestam serviços na Procuradoria de Assistência Judiciária da Procuradoria Geral do Estado, serão aproveitados na Defensoria Pública, desde que estáveis em 5 de outubro de 1988.

Parágrafo único. Os servidores referidos no "caput" deste artigo serão aproveitados em função-atividade ou cargo idêntico ou correlato ao que exerciam anteriormente.

Art. 25. Ao servidor ocupante de cargo em comissão ou designado para responder pelas atribuições de cargo vago retribuído mediante "pro-labore", ou em substituição de Direção, Chefia ou Encarregatura, com direito à aposentadoria, que contar, no mínimo cinco anos contínuos ou dez intercalados em cargo de provimento dessa natureza, fica assegurada a aposentadoria com proventos correspondentes ao cargo que tiver exercido ou que estiver exercendo, desde que esteja em efetivo exercício há pelo menos um ano, na data da promulgação desta Constituição.

Art. 26. Os vencimentos do servidor público estadual que teve transformado o seu cargo ou função anteriormente à data da promulgação desta Constituição, corresponderão, no mínimo, àqueles atribuídos ao cargo ou função de cujo exercício decorreu a transformação.

Parágrafo único. Aplica-se aos proventos dos aposentados o disposto no "caput" do presente artigo.

Art. 27. Aplica-se o disposto no artigo 8° e seus parágrafos do Ato das Disposições Constitucionais Transitórias da Constituição Federal aos servidores públicos civis da administração direta, autárquica, fundacional e aos empregados das empresas públicas ou sociedade de economia mista, sob controle estatal.

Art. 28. Será contado para todos os fins, como de efetivo exercício, na carreira em que se encontrem, o tempo de serviço dos ex-integrantes das carreiras da antiga Guarda Civil, Força Pública, Polícia Marítima, Aérea e de Fronteiras e outras carreiras policiais extintas.

Art. 29. Fica assegurada promoção na inatividade aos ex-integrantes da Força Pública, Guarda Civil, Polícia Marítima, Aérea e de Fronteiras que se encontravam no serviço ativo em 9 de abril de 1970, hoje na ativa ou inatividade, vinculados às Polícias Civil e Militar, mediante requerimento feito até noventa dias após promulgada esta Constituição que não tenham sido contemplados, de maneira isonômica, pelo artigo seguinte e pelas Leis n° 418/85, 4.794/85, 5.455/86 e 6.471/89.

Art. 30. Aos integrantes inativos da Polícia Militar do Estado, a partir de 15 de março de 1968, em virtude de invalidez, a pedido, após trinta anos ou mais de serviço, ou por haver atingido a idade limite para permanência no serviço ativo e que não foram beneficiados por lei posterior àquela data, fica assegurado, a partir da promulgação desta Constituição, o apostilamento do título ao posto ou graduação imediatamente superior ao que possuíam quando da transferência para a inatividade, com vencimentos e vantagens integrais, observando-se o disposto no artigo 40°, § § 4° e 5°, da Constituição Federal, inclusive.

Parágrafo único. Os componentes da extinta Força Pública do Estado, que em 8 de abril de 1970 se encontravam em atividade na graduação de subtenente, terão seus títulos apostilados no posto superior ao que se encontram na data da promulgação desta Constituição, restringindo-se o benefício exclusivamente aos segundos-tenentes.

Art. 31. O concurso público, prorrogado uma vez, por período inferior ao prazo de validade previsto no edital de convocação, e em vigor em 5 de outubro de 1988, terá automaticamente ajustado o período de sua validade, de acordo com os termos do inciso III do artigo 37° da Constituição Federal.

Art. 32. As normas de prevenção de acidentes e doenças do trabalho integrarão, obrigatoriamente, o Código Sanitário do Estado, sendo o seu descumprimento passível das correspondentes sanções administrativas.

Art. 33. O Poder Público promoverá, no prazo de três anos, a identificação prévia de áreas e o ajuizamento de ações discriminatórias, visando a separar as terras devolutas das particulares, e manterá cadastro atualizado dos seus recursos fundiários.

Art. 34. Até que lei complementar disponha sobre a matéria, na forma do artigo 145° desta Constituição, a criação de Municípios fica condicionada à observância dos seguintes requisitos:

I. população mínima de dois mil e quinhentos habitantes e eleitorado não inferior a dez por cento da população;
II. centro urbano já constituído, com um mínimo de duzentas casas;
III. a área da nova unidade municipal deve ser distrito ou subdistrito há mais de três anos e ter condições apropriadas para a instalação da Prefeitura e da Câmara Municipal;
IV. a área deve apresentar solução de continuidade de pelo menos cinco quilômetros, entre o seu perímetro urbano e a do Município de origem, excetuando-se, neste caso, os distritos e subdistritos integrantes de áreas metropolitanas;
V. a área não pode interromper a continuidade territorial do Município de origem;
VI. o nome do novo Município não pode repetir outro já existente no País, bem como conter a designação de datas e nomes de pessoas vivas.

§ 1° Ressalvadas as Regiões Metropolitanas, a área da nova unidade municipal independe de ser distrito ou subdistrito quando pertencer a mais de um Município, preservada a continuidade territorial.
§ 2° O desmembramento de Município ou Municípios, para a criação de nova unidade municipal, não lhes poderá acarretar a perda dos requisitos estabelecidos neste artigo.
§ 3° Somente será considerada aprovada a emancipação quando o resultado favorável do plebiscito obtiver a maioria dos votos válidos, tendo votado a maioria absoluta dos eleitores.
§ 4° As eleições para Prefeito, Vice-Prefeito e Vereadores serão designadas dentro de noventa dias, a partir da publicação da lei emancipadora, salvo se faltarem menos de dois anos para as eleições municipais gerais, hipótese em que serão realizadas com estas.
§ 5° O término do primeiro mandato dar-se-á em 31 de dezembro de 1992.

Art. 35. Com a finalidade de regularizar-se a situação imobiliária do Município de Barão de Antonina, fica o Estado autorizado a conceder títulos de legitimação de posse, comprovada, administrativamente, apenas a morada permanente, por si ou sucessores, pelo prazo de dez anos, aos ocupantes das terras devolutas localizadas naquele Município, bem como para a própria Prefeitura Municipal, comprovada para esta, apenas, a efetiva ocupação, relativamente aos imóveis, áreas e logradouros públicos.

Art. 36. O Estado criará, na forma da lei, por prazo não inferior a dez anos, os Fundos de Desenvolvimento Econômico e Social do Vale do Ribeira e do Pontal do Paranapanema.

Art. 37. Os fundos existentes na data da promulgação desta Constituição extinguir-se-ão, se não forem ratificados pela Assembleia Legislativa no prazo de um ano.

Art. 38. Os conselhos, fundos, entidades e órgãos previstos nesta Constituição, não existentes na data da sua promulgação, serão criados mediante lei de iniciativa do Poder Executivo, que terá o prazo de cento e oitenta dias para remeter à Assembleia Legislativa o projeto. No mesmo prazo, remeterá os projetos de adaptação dos já existentes e que dependam de lei para esse fim.

Art. 39. Até a entrada em vigor da lei complementar a que se refere o artigo 165°, § 9° da Constituição Federal, serão obedecidas as seguintes normas:
I. o projeto de lei de diretrizes orçamentárias do Estado será encaminhado até oito meses antes do encerramento do exercício financeiro e devolvido para sanção até o encerramento do primeiro período da sessão legislativa;
II. o projeto de lei orçamentária anual do Estado será encaminhado até três meses antes do encerramento do exercício financeiro e devolvido para sanção até o encerramento da sessão legislativa.

Art. 40. Enquanto não forem disciplinados por lei o plano plurianual e as diretrizes orçamentárias, não se aplica à lei de orçamento o disposto no artigo 175°, § 1°, item 1, desta Constituição.

Art. 41. Declarado inconstitucional, em controle concentrado, pelo Supremo Tribunal Federal.

Art. 42. O Estado, no exercício da competência prevista no artigo 24°, incisos VI, VII e VIII, da Constituição Federal, no que couber, elaborará, atendendo suas peculiaridades, o Código de Proteção ao Meio Ambiente, no prazo de cento e oitenta dias.

Art. 43. Fica o Poder Público, no prazo de dois anos, obrigado a iniciar obras de adequação, atendendo ao disposto no artigo 205° desta Constituição.

Art. 44. Ficam mantidas as unidades de conservação atualmente existentes, promovendo o Estado a sua demarcação, regularização dominial e efetiva implantação no prazo de cinco anos, consignando nos próximos orçamentos as verbas para tanto necessárias.

Art. 45. O Poder Público, dentro de cento e oitenta dias demarcará as áreas urbanizadas na Serra do Mar, com vistas a definir as responsabilidades do Estado e dos Municípios, em que se enquadram essas áreas, a fim de assegurar a preservação do meio ambiente e ao disposto no artigo 12°, § 2°, do Ato das Disposições Constitucionais Transitórias da Constituição Federal.

Art. 46. No prazo de três anos, a contar da promulgação desta Constituição, ficam os Poderes Públicos Estadual e Municipal obrigados a tomar medidas eficazes para impedir o bombeamento de águas servidas, dejetos e de outras substâncias poluentes para a represa Billings.

Parágrafo único. Qualquer que seja a solução a ser adotada, fica o Estado obrigado a consultar permanentemente os Poderes Públicos dos Municípios afetados.

Art. 47. O Poder Executivo implantará no prazo de um ano, a contar da data da promulgação desta Constituição, na Secretaria de Estado da Saúde, banco de órgãos, tecidos e substâncias humanas.

Art. 48. A Assembleia Legislativa, no prazo de um ano, contado da promulgação desta Constituição, elaborará lei complementar específica, disciplinando o Sistema Previdenciário do Estado.

Art. 49. Nos dez primeiros anos da promulgação desta Constituição, o Poder Público desenvolverá esforços, com a mobilização de todos os setores organizados da sociedade e com a aplicação de, pelo menos, cinquenta por cento dos recursos a que se refere o artigo 255° desta Constituição, para eliminar o analfabetismo e universalizar o ensino fundamental, com qualidade satisfatória.

Art. 50. Até o ano 2000, bienalmente, o Estado e os Municípios promoverão e publicarão censos que aferirão os índices de analfabetismo e sua relação com a universalização do ensino fundamental, de conformidade com o preceito estabelecido no artigo 60° do Ato das Disposições Constitucionais Transitórias da Constituição Federal.

Art. 51. No prazo de cento e vinte dias, a contar da promulgação desta Constituição, o Poder Público estadual deverá definir a situação escolar dos alunos matriculados em escolas de 1° e 2° graus da rede particular que, nos últimos cinco anos, tiveram suas atividades suspensas ou encerradas por desrespeito a disposições legais, obedecida a legislação aplicável à espécie.

Art. 52. Nos termos do artigo 253° desta Constituição e do artigo 60°, Parágrafo Único do Ato das Disposições Constitucionais Transitórias da Constituição Federal, o Poder Público Estadual implantará ensino superior público e gratuito nas regiões de maior densidade populacional, no prazo de até três anos, estendendo as unidades das universidades públicas estaduais e diversificando os cursos de acordo com as necessidades socioeconômicas dessas regiões.

Parágrafo único. A expansão do ensino superior público a que se refere o "caput" poderá ser viabilizada na criação de universidades estaduais, garantido o padrão de qualidade.

Art. 53. O disposto no Parágrafo Único do artigo 253° deverá ser implantado no prazo de dois anos.

Art. 54. A lei, no prazo de cento e oitenta dias após a promulgação do Código do Consumidor, a que se refere o artigo 48° do Ato das Disposições Constitucionais Transitórias da Constituição Federal, estabelecerá normas para proteção ao consumidor.

Art. 55. A lei disporá sobre a adaptação dos logradouros públicos, dos edifícios de uso público e dos veículos de transporte coletivo, a fim de garantir acesso adequado aos portadores de deficiências.

Art. 56. No prazo de cinco anos, a contar da promulgação desta Constituição, os sistemas de ensino municipal e estadual tomarão todas as providências necessárias à efetivação dos dispositivos nela previstos, relativos à formação e reabilitação dos portadores de deficiências, em especial e quanto aos recursos financeiros, humanos, técnicos e materiais.

Parágrafo único. Os sistemas mencionados neste artigo, no mesmo prazo, igualmente, garantirão recursos financeiros, humanos, técnicos e materiais, destinados a campanhas educativas de prevenção de deficiências.

Art. 57. Aos participantes ativos da Revolução Constitucionalista de 1932 serão assegurados os seguintes direitos:

I. pensão especial, sendo inacumulável com quaisquer rendimentos recebidos dos cofres públicos, exceto os benefícios previdenciários, ressalvado o direito de opção;

II. em caso de morte, pensão à viúva, companheira ou dependente, na forma do inciso anterior.

Parágrafo único. A concessão da pensão especial a que se refere o inciso I, substitui, para todos os efeitos legais, qualquer outra pensão já concedida aos ex-combatentes.

Art. 58. Salvo disposições em contrário, os Poderes Legislativo, Executivo e Judiciário deverão propor os projetos que objetivam dar cumprimento às determinações desta Constituição, bem como, no que couber, da Constituição Federal, até a data de 28 de junho de 1990, para apreciação pela Assembleia Legislativa.

Art. 59. A Imprensa Oficial do Estado promoverá a edição do texto integral desta Constituição que, gratuitamente, será colocado à disposição de todos os interessados.

Art. 60. O Estado entregará aos Municípios vinte e cinco por cento do montante de recursos recebidos da União com base no artigo 91° do Ato das Disposições Constitucionais Transitórias da Constituição Federal, respeitando-se, ainda, o disposto nos § § 2° a 4° do mesmo artigo. (NR)

Art. 61. Fica instituído, para vigorar até o ano de 2010, no âmbito do Poder Executivo Estadual, o Fundo de Combate e Erradicação da Pobreza, a ser regulado por lei complementar com o objetivo de proporcionar aos residentes no Estado de São Paulo o acesso a níveis dignos de sobrevivência, cujos recursos serão aplicados em ações complementares de nutrição, habitação, educação, saúde, reforço de renda familiar e outros programas de relevante interesse social voltados para a melhoria da qualidade de vida. (NR)

§ 1° Compõem o Fundo de Combate e Erradicação da Pobreza: (NR)

1. a parcela do produto da arrecadação correspondente a um adicional de até dois pontos percentuais da alíquota do Imposto sobre Operações Relativas à Circulação de Mercadorias e sobre Operações de Serviço de Transporte Interestadual e Intermunicipal e de Comunicação ICMS, ou do imposto que vier a substituí-lo, sobre produtos e serviços supérfluos definidos em lei complementar federal; (NR)

2. dotações orçamentárias; (NR)

3. doações, de qualquer natureza, de pessoas físicas ou jurídicas do País ou do exterior; (NR)

4. outras doações, de qualquer natureza, a serem definidas da regulamentação do próprio fundo. (NR)

§ 2° Para o financiamento do Fundo poderá ser instituído um adicional de até dois pontos percentuais na alíquota do Imposto sobre Operações Relativas à Circulação de Mercadorias e sobre Serviços de Transporte Interestadual e Intermunicipal e de Comunicação ICMS incidente sobre produtos e serviços supérfluos e nas condições definidas em lei complementar federal, não se aplicando, sobre este percentual, o disposto no artigo 158°, IV, da Constituição Federal. (NR)

§ 3° O Fundo previsto neste artigo terá Conselho Consultivo e de Acompanhamento que conte com a participação da sociedade civil, nos termos da lei. (NR)

Art. 62. Na ausência da lei complementar a que se refere o artigo 198°, § 3°, da Constituição Federal, deverá ser observado para o cumprimento do Parágrafo Único do artigo 222° da Constituição Estadual o disposto no artigo 77° do Ato das Disposições Constitucionais Transitórias da Constituição Federal. (NR)

Sala das Sessões da Assembleia Legislativa, na Cidade de São Paulo, em 5 de outubro de 1989, 436° da fundação de São Paulo.

Tonico Ramos – Presidente
Nabi Abi Chedid – 1° Secretário
Vicente Botta – 2° Secretário
Mauro Bragato 1° Vice-Presidente
Sylvio Benito Martini – 2° Vice-Presidente
Maurício Nagib Najar – 3° Secretário
Hilkias de Oliveira – 4° Secretário
Roberto Hilvo Giovani Purini – Relator da Comissão de Sistematização
José Antonio Barros Munhoz – Presidente da Comissão de Sistematização
Inocêncio Erbella – Vice-Presidente da Comissão de Sistematização
Abdo Antonio Hadade
Adilson Monteiro Alves
Afanásio Jazadji
Alcides Carlos Bianchi
Aloysio Nunes Ferreira Filho
Antonio Adolpho Lobbe Neto
Antonio Calixto
Antonio Carlos de Campos Machado
Antonio Carlos Tonca Falseti

Antonio Erasmo Dias
Antonio Lucas Buzato
Antonio Luiz Lima do Amaral Furlan
Antonio Rubens Costa de Lara
Arnaldo Calil Pereira Jardim
Ary Kara José
Carlos Alberto Eugênio Apolinário
Clara Levin Ant
Daniel Marins Alessi
Edson Edinho Coelho Araújo
Edson Ferrarini
Eduardo Bittencourt Carvalho
Eni Luiza Galante
Erci Aparecida Martinelli de Lima Ayala
Expedito Soares Batista
Fauze Carlos
Fernando Vasco Leça do Nascimento
Fernando Silveira
Francisco Carlos de Souza
Francisco Ribeiro Nogueira
Getúlio Kiyotomo Hanashiro
Guiomar Namo de Mello
Inôcencio Erbella
Hatiro Shimomoto
Israel Zekcer
Ivan Espíndola de Ávila
Ivan Valente
Jairo Ribeiro de Mattos
João Bastos Soares
João do Pulo Carlos de Oliveira
Jorge Tadeu Mudalen
José Antônio Barros Munhoz
José Cicote
José de Castro Coimbra
José Dirceu de Oliveira e Silva
José Francisco Archimedes Lammoglia
José Mentor Guilherme de Mello Neto
Jurandyr da Paixão de Campos Freire Filho
Laerte Pinto da Cunha
Luiz Benedicto Máximo
Luiz Francisco da Silva
Luiz Lauro Ferreira
Marcelino Romano Machado
Miguel Martini
Mílton José Baldochi
Moisés Sragowicz Lipnik
Néfi Tales
Nelson Mancini

Nicolau Osmar Thibes
Oswaldo Bettio
Osvaldo Sbeghen
Paulo Osório Silveira Bueno
Randal Juliano Garcia
Roberto Gouveia Nascimento
Roberto Hilvo Giovani Purini
Roberval Conte Lopes Lima
Ruth Escobar
Sebastião Bognar
Tadashi Kuriki
Valdemar Corauci Sobrinho
Vanderlei Macris
Vergílio Dalla Pria Netto
Vitor Sapienza
Wadih Helú
Waldemar Chubaci
Waldemar Mattos Silveira
Waldyr Alceu Trigo
Walter Mendes

Constituição do Estado do Rio de Janeiro

PREÂMBULO

Nós, Deputados Estaduais Constituintes, no pleno exercício dos poderes outorgados pelo artigo 11º do Ato das Disposições Transitórias da Constituição da República Federativa do Brasil, promulgada em 5 de outubro de 1988, reunidos em Assembleia e exercendo nossos mandatos, em perfeito acordo com a vontade política dos cidadãos deste Estado quanto à necessidade de ser construída uma ordem jurídica democrática, voltada à mais ampla defesa da liberdade e da igualdade de todos os brasileiros, e ainda no intransigente combate à opressão, à discriminação e à exploração do homem pelo homem, dentro dos limites autorizados pelos princípios constitucionais que disciplinam a Federação Brasileira, promulgamos, sob a proteção de Deus, a presente CONSTITUIÇÃO DO ESTADO DO RIO DE JANEIRO.

TÍTULO I
Dos Princípios Fundamentais
(arts. 1º a 7º)

Art. 1. O povo é o sujeito da Vida Política e da História do Estado do Rio de Janeiro.

Art. 2. Todo o poder emana do povo, que o exerce por meio de representantes eleitos ou diretamente, nos termos desta Constituição.

Art. 3. A soberania popular, que se manifesta quando a todos são asseguradas condições dignas de existência, será exercida:

I. pelo sufrágio universal e pelo voto direto e secreto com valor igual para todos;
II. pelo plebiscito;
III. pelo referendo;
IV. pela iniciativa popular do processo legislativo.

Art. 4. O Estado do Rio de Janeiro é o instrumento e a mediação da soberania do povo fluminense e de sua forma individual de expressão, a cidadania.

Art. 5. O Estado do Rio de Janeiro, integrante, com seus municípios, da República Federativa do Brasil, proclama e se compromete a assegurar em seu território os valores que fundamentam a existência e a organização do Estado Brasileiro, quais sejam: além da soberania da Nação e de seu povo, a dignidade da pessoa humana, os valores sociais do trabalho e da livre iniciativa, o pluralismo político; tudo em prol do regime democrático, de uma sociedade livre, justa e solidária, isenta do arbítrio e de preconceitos de qualquer espécie.

Art. 6. O Estado do Rio de Janeiro rege-se por esta Constituição e pelas leis que adotar, observados os princípios constitucionais da República Federativa do Brasil.

Art. 7. São Poderes do Estado, independentes e harmônicos entre si, o Legislativo, o Executivo e o Judiciário.

CAPÍTULO I
Dos Direitos e Deveres Individuais e Coletivos (Arts. 8º a 38º)

Art. 8. Todos têm o direito de viver com dignidade.
Parágrafo único. É dever do Estado garantir a todos uma qualidade de vida compatível com a dignidade da pessoa humana, assegurando a educação, os serviços de saúde, a alimentação, a habitação, o transporte, o saneamento básico, o suprimento energético, a drenagem, o trabalho remunerado, o lazer, as atividades econômicas e a acessibilidade, devendo as dotações orçamentárias contemplar preferencialmente tais atividades, segundo planos e programas de governo.

Art. 9. O Estado do Rio de Janeiro garantirá, através de lei e dos demais atos dos seus órgãos e agentes, a imediata e plena efetividade dos direitos e garantias individuais e coletivos, mencionados na Constituição da República, bem como de quaisquer outros decorrentes do regime e dos princípios que ela adota e daqueles constantes dos tratados internacionais firmados pela República Federativa do Brasil.

§ 1º Ninguém será discriminado, prejudicado ou privilegiado em razão de nascimento, idade, etnia, raça, cor, sexo, estado civil, trabalho rural ou urbano, religião, convicções políticas ou filosóficas, deficiência física ou mental, por ter cumprido pena nem por qualquer particularidade ou condição.

§ 2º O Estado e os Municípios estabelecerão sanções de natureza administrativa, econômica e financeira a quem incorrer em qualquer tipo de discriminação, independentemente das sanções criminais previstas em lei.

§ 3º Serão proibidas as diferenças salariais para trabalho igual, assim como critérios de admissão e estabilidade profissional discriminatórios por quaisquer dos motivos previstos no § 1º e atendidas as qualificações das profissões estabelecidas em lei.*

§ 4º A todos, no âmbito judicial e administrativo, são assegurados a razoável duração do processo e os meios que garantam a celeridade de sua tramitação.

Art. 10. As omissões do Poder Público na esfera administrativa, que tornem inviável o exercício dos direitos constitucionais, serão supridas, no prazo fixado em lei, sob pena de responsabilidade da autoridade competente, após requerimento do interessado, sem prejuízo da utilização do mandado de injunção, da ação de inconstitucionalidade e demais medidas judiciais.

Art. 11. Qualquer cidadão é parte legítima para propor ação popular que vise anular ato lesivo ao patrimônio público ou de entidade na qual o Estado participe, à moralidade administrativa, ao meio ambiente e ao patrimônio histórico e cultural, ficando o autor, salvo comprovada má fé, isento de custas judiciais e do ônus da sucumbência.

Art. 12. São assegurados a todos, independentemente do pagamento de taxas, emolumentos ou de garantia de instância, os seguintes direitos:
I. de petição e representação aos Poderes Públicos em defesa de direitos ou para coibir ilegalidade ou abuso de poder;
II. da obtenção de certidões em repartições públicas para a defesa de direitos e esclarecimentos de situações de interesse pessoal.

Art. 13. São gratuitos para os que percebem até 1 (um) salário mínimo, os desempregados e para os reconhecidamente pobres, na forma da lei:
I. o registro civil de nascimento e respectiva certidão;
II. o registro e a certidão de óbito;
III. a expedição de cédula de identidade individual;
IV. a celebração do casamento civil e a respectiva certidão;
V. o sepultamento e os procedimentos a ele necessários, inclusive o fornecimento de esquife pelo concessionário de serviço funerário.
Vide ADIN 1221-5.

Art. 14. É garantida, na forma da lei, a gratuidade dos serviços públicos estaduais de transporte coletivo, mediante passe especial, expedido à vista de comprovante de serviço de saúde oficial, a pessoa portadora:
I. de doença crônica, que exija tratamento continuado e cuja interrupção possa acarretar risco de vida;
II. de deficiência com reconhecida dificuldade de locomoção.

Art. 15. São gratuitas as ações de *habeas corpus* e *habeas data* e, na forma da lei, os atos necessários ao exercício da cidadania.

Art. 16. Os procedimentos administrativos respeitarão a igualdade entre os administrados e o devido processo legal, especialmente quanto à exigência da publicidade, do contraditório, da ampla defesa, da moralidade e da motivação suficiente.

Art. 17. Ao jurisdicionado é assegurada a preferência no julgamento da ação de inconstitucionalidade, do *habeas corpus*, do mandado de segurança individual ou coletivo, do *habeas data*, do mandado de injunção, da ação popular, da ação indenizatória por erro judiciário e da ação de alimentos.

Art. 18. Ninguém será discriminado ou, de qualquer forma, prejudicado pelo fato de haver litigado ou estar litigando com os órgãos estaduais nas esferas administrativa ou judicial.

Art. 19. Todos têm direito de receber, no prazo fixado em lei, informações objetivas, de interesse particular, coletivo ou geral, acerca dos atos e projetos do Estado e dos Municípios, bem como dos respectivos órgãos da administração pública direta ou indireta.

Art. 20. Todos têm direito de tomar conhecimento gratuitamente do que constar a seu respeito nos registros ou bancos de dados públicos, estaduais e municipais, bem como do fim a que se destinam essas informações, podendo exigir, a qualquer tempo, a retificação e atualização das mesmas.

§ 1º O *habeas data* poderá ser impetrado em face do registro ou banco de dados ou cadastro de entidades públicas ou de caráter público.

§ 2º Os bancos de dados no âmbito do Estado ficam obrigados, sob pena de responsabilidade, a averbar gratuitamente as baixas das anotações em seus registros, compilados das mesmas fontes, que originaram a anotação.

Art. 21. Não poderão ser objeto de registro os dados referentes a convicções filosófica, política e religiosa, a filiação partidária e sindical, nem os que digam respeito à vida privada e à intimidade pessoal, salvo quando se tratar de processamento estatístico, não individualizado.

Art. 22. São invioláveis a intimidade, a vida privada, a honra e a imagem das pessoas, assegurado o direito de resposta proporcional ao agravo, além da indenização pelo dano material ou moral decorrente da violação de qualquer daqueles direitos.

§ 1º É inviolável a liberdade de consciência e de crença, sendo assegurado o livre exercício dos cultos religiosos e garantida, na forma da lei, a proteção dos locais de culto, suas liturgias e seguidores.

§ 2º Não serão admitidas a pregação da intolerância religiosa ou a difusão de preconceitos de qualquer espécie.

§ 3º São invioláveis as sedes de entidades associativas, ressalvados os casos previstos em lei.

Art. 23. Todos podem reunir-se pacificamente, sem armas, em locais abertos, independentemente de autorização, desde que não frustrem outra reunião anteriormente convocada para o mesmo local, sendo exigido apenas prévio aviso à autoridade.

Parágrafo único. A força policial só intervirá para garantir o exercício do direito de reunião e demais liberdades constitucionais, bem como para a defesa da segurança pessoal e do patrimônio público e privado, cabendo responsabilidade pelos excessos que cometer.

Art. 24. A tortura, o tráfico ilícito de entorpecentes e drogas afins, o terrorismo e os crimes definidos como hediondos serão objeto de prioritária prevenção e repressão pelos órgãos estaduais e municipais competentes, sem prejuízo da responsabilidade penal e cível, nos termos do artigo 5º, XLIII, da Constituição da República.

Parágrafo único. Nos crimes de que trata este artigo, cabe ao Estado implementar um programa de proteção às testemunhas.

Art. 25. Aos litigantes e aos acusados em processo administrativo ou judicial, o Poder Público garantirá o contraditório e ampla defesa, com os meios e recursos a ela inerentes.

Art. 26. O civilmente identificado não será submetido à identificação criminal, salvo nas hipóteses previstas em lei.

Art. 27. O Estado garantirá a dignidade e a integridade física e moral dos presos, facultando-lhes assistência espiritual, assegurando o direito de visita e de encontros íntimos a ambos os sexos, assistência médica e jurídica, aprendizado profissionalizante, trabalho produtivo e remunerado, além de acesso a dados relativos ao andamento dos processos em que sejam partes e à execução das respectivas penas.

§ 1º O estabelecimento prisional destinado a mulheres terá, em local anexo e independente, creche, atendida por pessoal especializado, para menores até a idade de seis anos.

§ 2º O aprendizado profissionalizante e o trabalho produtivo remunerado serão administrados e exercidos em unidades prisionais, industriais e/ou agrícolas, com lotação carcerária máxima de duzentos homens.

§ 3º O trabalho do presidiário será remunerado no mesmo padrão do mercado de trabalho livre, considerando-se a natureza do serviço e a qualidade da prestação oferecida.

§ 4º O salário do presidiário será pago diretamente pelo Estado.

§ 5º O trabalho desempenhado pelo presidiário será de sua livre escolha, de acordo com as possibilidades do sistema penitenciário do Estado e das conveniências públicas.

§ 6º Tanto quanto possível, o Estado utilizará o trabalho dos presidiários na produção de bens de consumo e de serviços do próprio Estado.

§ 7º É lícito aos presidiários optar pelo recolhimento à Previdência Social e ao Fundo de Garantia do Tempo de Serviço para os efeitos da seguridade social, quando voltarem à liberdade ou em proveito dos seus dependentes.

§ 8º A opção acima prevista e o desempenho de tarefas de trabalho não afetarão o regime disciplinar interno dos presidiários, nem constituirão pretexto para qualquer tipo de favor.

§ 9º Os princípios estabelecidos neste artigo não poderão superar a garantia de assistência semelhante ao cidadão livre, de baixa renda.

Art. 28. Incorre em falta grave, punível na forma da lei, o responsável por qualquer órgão público, seu preposto ou agente, que impeça ou dificulte, sob qualquer pretexto, a verificação imediata das condições da permanência, alojamento e segurança para os que estejam sob guarda do Estado, por parlamentares federais ou estaduais, autoridades judiciárias, membros do Ministério Público, da Defensoria Pública, representantes credenciados da Ordem dos Advogados do Brasil, ou quaisqer outras autoridades, instituições ou pessoas com tal prerrogativa por força da lei ou de sua função.

Art. 29. Ninguém será preso senão em flagrante delito ou por ordem escrita e fundamentada de autoridade judiciária competente, salvo nos casos de transgressão militar ou crime propriamente militar, definidos em lei.

§ 1º O preso será informado de seus direitos, entre os quais o de permanecer calado, sendo-lhe assegurada a assistência da família e de advogado.

§ 2º O preso tem direito à identificação dos responsáveis por sua prisão ou por seu interrogatório policial.

§ 3º A prisão de qualquer pessoa e o local onde se encontra serão comunicados imediatamente ao juiz competente e à família do preso ou à pessoa por ele indicada.

§ 4º Todo cidadão, preso por pequeno delito e considerado réu primário, não poderá ocupar celas com presos de alta periculosidade ou já condenados.

Art. 30. O Estado obriga-se, através da Defensoria Pública, a prestar assistência jurídica integral e gratuita aos que comprovarem insuficiência de recursos.

§ 1º A lei disporá, como função institucional da Defensoria Pública, sobre o atendimento jurídico pleno de mulheres e familiares vítimas de violência, principalmente física e sexual, através da criação de um Centro de Atendimento para Assistência, Apoio e Orientação Jurídica à Mulher.

§ 2º Comprova-se a insuficiência de recursos com a simples afirmação do assistido, na forma da lei.

Art. 31. A pequena propriedade rural, assim definida em lei, desde que trabalhada pela família, não será objeto de penhora para o pagamento de débitos decorrentes de sua atividade produtiva, dispondo a lei sobre os meios de financiar o seu desenvolvimento.

Art. 32. O Estado deverá garantir o livre acesso de todos os cidadãos às praias, proibindo, nos limites de sua competência, quaisquer edificações particulares sobre as areias.

Art. 33. Para garantia do direito constitucional de atendimento à mulher, vítima de violência, principalmente física e sexual, ficam instituídas as Delegacias Especializadas de Atendimento à Mulher.

§ 1º O corpo funcional das Delegacias Especializadas de Atendimento à Mulher será composto, preferencialmente, por servidores do sexo feminino, com formação profissional específica.

§ 2º O Estado providenciará, nos setores técnicos da Polícia Civil, a instalação de serviços especiais de atendimento à mulher, constituídos, preferencialmente, por servidores do sexo feminino.

Art. 34. O Estado garantirá a criação e a manutenção de abrigos para acolhimento provisório de mulheres e crianças, vítimas de violência, bem como auxílio para subsistência, na forma da lei.

Art. 35. O Estado garantirá o direito à autorregularão da fertilidade como livre decisão da mulher, do homem ou do casal, tanto para procriar como para não o fazer, competindo-lhe, nos diversos níveis administrativos, fornecer os recursos educacionais, científicos e assistenciais para assegurar o exercício daquele direito, vedada qualquer atuação coercitiva ou indutiva de instituições públicas ou privadas.

Art. 36. Observado o princípio fundamental da dignidade da pessoa, a lei disporá que o Sistema Único de Saúde regulará as pesquisas genéticas, e de reprodução em seres humanos, avaliadas, em cada caso, por uma comissão estadual interdisciplinar.

Parágrafo único. Na comissão a que se refere este artigo, deverá ser garantida a participação de um membro do movimento autônomo de mulheres e de um do Conselho Estadual dos Direitos da Mulher.

Art. 37. Será instituído sistema estadual de creches e pré-escolas.

Parágrafo único. Creche e pré-escola são entidades de prestação de serviços às crianças, para o atendimento das necessidades biopsicossociais na faixa de zero a seis anos.

Art. 38. O título de domínio e a concessão de uso do solo, nas áreas urbana ou rural, serão conferidos ao homem ou à mulher, ou a ambos, independentemente do estado civil.

CAPÍTULO II
Dos Direitos Sociais (Arts. 39º a 44º)

Art. 39. São direitos sociais a educação, a saúde, a alimentação, o trabalho, a moradia, o lazer, a segurança, a previdência social, a proteção à maternidade e à infância, a assistência aos desamparados, na forma da Constituição. (NR)

Art. 40. A liberdade de associação profissional ou sindical será assegurada pelos agentes estaduais e municipais, respeitados os princípios estabelecidos na Constituição da República.

Art. 41. É assegurado o direito de greve, consagrado pela Constituição da República, competindo aos trabalhadores decidir sobre a oportunidade de exercê-lo e sobre os interesses que devem por meio dele defender.

§ 1º Os serviços ou atividades essenciais e o atendimento das necessidades inadiáveis da comunidade serão definidos pela lei federal.

§ 2º Os abusos cometidos sujeitarão os responsáveis às penas da lei.

Art. 42. Os empregados serão representados na proporção de um terço nos conselhos de administração e fiscal das empresas públicas e sociedades de economia mista.

§ 1º O Estado e os Municípios garantirão a institucionalização de comissões paritárias de trabalho, nos órgãos da administração pública direta, indireta ou fundacional.

§ 2º Os representantes dos trabalhadores serão eleitos para um mandato de dois anos, por votação secreta entre todos os empregados, vedadas a eleição daqueles que exercem cargo ou função de confiança e a reeleição.

§ 3º É assegurada a participação dos trabalhadores e empregadores nos colegiados dos órgãos públicos em que seus interesses profissionais ou previdenciários sejam objeto de discussão e deliberação.

§ 4º Os representantes dos trabalhadores, a partir do registro de sua candidatura e até um ano após o término do mandato, têm assegurada a estabilidade no emprego, nos termos da legislação trabalhista.

§ 5º Nas entidades de que trata o «caput" deste artigo serão estabelecidas comissões permanentes de acidentes de trabalho, compostas equitativamente de representantes da empresa e dos trabalhadores, para prevenção dos mesmos e assistência de toda espécie aos acidentados.

Art. 43. O Estado garantirá a educação não diferenciada a alunos de ambos sexos, eliminando práticas discriminatórias, não só nos currículos escolares como no material didático.

Art. 44. A lei criará mecanismos de estímulo ao mercado de trabalho da mulher, inclusive por incentivos específicos.

CAPÍTULO III

Da Família, da Criança, do Adolescente, do Idoso (Arts. 45º a 62º)

Art. 45. É dever da família, da sociedade e do Estado assegurar à criança, ao adolescente, ao jovem e ao idoso, com absoluta prioridade, o direito à vida, à saúde, à alimentação, à educação, ao lazer, à profissionalização, à cultura, à dignidade, ao respeito, à liberdade e à convivência familiar e comunitária, além de colocá-los a salvo de toda forma de negligência, discriminação, exploração, violência, crueldade e opressão. (NR)

Art. 46. É reconhecida como entidade familiar a união estável entre homem e mulher e a comunidade formada por pai, mãe ou qualquer dos ascendentes ou descendentes.

Art. 47. Os filhos havidos ou não da relação de casamento, ou por adoção, terão os mesmos direitos ou qualificações, proibidas quaisquer designações discriminatórias relativas à filiação, garantindo o Estado o acesso gratuito aos meios ou recursos necessários à determinação da paternidade ou da maternidade.

Art. 48. Os direitos e deveres referentes à sociedade conjugal são exercidos igualmente pelo homem e pela mulher.

Art. 49. A lei disporá sobre a criação de mecanismos que facilitem o trânsito e as atividades da gestante em qualquer local.

Art. 50. As pessoas jurídicas de direito público poderão receber menores de quatorze a dezoito anos incompletos para estágio supervisionado, educativo e profissionalizante.

§ 1º Considera-se estágio supervisionado, educativo e profissionalizante, a atividade realizada sob forma de iniciação, treinamento e encaminhamento profissional do menor estagiário.

§ 2º À criança e ao adolescente trabalhadores, inclusive àqueles na condição de aprendiz, ficam assegurados todos os direitos sociais previstos na Constituição da República.

Art. 51. A Administração punirá o abuso, a violência e a exploração, especialmente sexual, da criança, do adolescente, do idoso e também do desvalido, sem prejuízo das sanções penais cabíveis.

Parágrafo único. A lei disporá sobre criação e o funcionamento de centros de recebimento e encaminhamento de denúncias referentes a violências praticadas contra crianças e adolescentes, inclusive no âmbito familiar, e sobre as providências cabíveis.

Art. 52. Serão elaborados programas de prevenção e atendimento especializado à criança e ao adolescente dependente de entorpecentes e drogas afins.

Art. 53. É vedada ao Poder Público a transferência compulsória, para outros Estados e Municípios que não o de sua origem, de crianças e adolescentes atendidos direta ou indiretamente por instituições oficiais, visando garantir a unidade familiar.

Art. 54. Cabe ao Poder Público estimular, através de assistência jurídica e incentivos fiscais, o acolhimento de crianças ou adolescentes, sob a forma de guarda, feito por pessoa física.

Art. 55. Às crianças e aos adolescentes assegurar-se-á direito a juizado de proteção, com especialização e competência exclusiva, nas comarcas de mais de duzentos mil habitantes.

Art. 56. O acesso ao crédito público somente se permitirá a pessoas jurídicas que comprovarem prestar assistência, através de creche, aos filhos dos seus trabalhadores, atendidos os requisitos da lei.

Art. 57. À criança e ao adolescente é garantido o pleno e formal conhecimento de infração que lhes seja atribuída e a ampla defesa por profissionais habilitados, na forma da lei.

Art. 58. A família ou entidade familiar será sempre o espaço preferencial para o atendimento da criança, do adolescente e do idoso.

Art. 59. O Estado eliminará, progressivamente, à medida que criar meios adequados que os substituam, o sistema de internato para as crianças e adolescentes carentes.

Art. 60. Em caso de conduta antissocial, a criança e o adolescente deverão ser conduzidos a órgão especializado, que conte com a permanente assistência de psicólogo e assistente social, atendo-se sempre à sua peculiar condição de pessoa em desenvolvimento, garantida a convocação imediata dos pais ou responsáveis, se houve, e, na falta destes, a notificação do Conselho Estadual de Defesa da Criança e do Adolescente.

Art. 61. A família, a sociedade e o Estado têm o dever de amparar as pessoas idosas, assegurando-lhes participação na comunidade, defendendo-lhes a dignidade e o bem-estar, garantido o direito à vida.

Parágrafo único. Lei disporá sobre programas de atendimento aos idosos, executados preferencialmente em seus lares, referentes à integração familiar e comunitária, saúde, habitação e lazer.

Art. 62. O Estado garantirá na forma da lei a participação de entidades de defesa dos direitos da criança, do adolescente e do idoso na fiscalização do cumprimento dos dispositivos previstos neste capítulo, através da organização de Conselhos de Defesa dos seus direitos.

CAPÍTULO IV
Da Defesa do Consumidor (Art. 63°)

Art. 63. O consumidor tem direito à proteção do Estado.

Parágrafo único. A proteção far-se-á, entre outras medidas criadas em lei, através de:

I. criação de organismos de defesa do consumidor;
II. desestímulo à propaganda enganosa, ao atraso na entrega de mercadorias e ao abuso na fixação de preços;
III. responsabilidade das empresas comerciais, industriais e de prestação de serviços pela garantia dos produtos que comercializam, pela segurança e higiene das embalagens, pelo prazo de validade e pela troca dos produtos defeituosos;
IV. responsabilização dos administradores de sistemas de consórcio pelo descumprimento dos prazos de entrega das mercadorias adquiridas por seu intermédio;
V. obrigatoriedade de informação na embalagem em linguagem compreensível pelo consumidor, sobre a composição do produto, a data da sua fabricação e o prazo de sua validade;
VI. determinação para que os consumidores sejam esclarecidos acerca do preço máximo de venda e do montante do imposto a que estão sujeitas as mercadorias comercializadas;
VII. autorização às associações, sindicatos e grupos da população para exercer, por solicitação do Estado, o controle e a fiscalização de suprimentos, estocagens, preços e qualidade dos bens e serviços de consumo;
VIII. assistência jurídica integral e gratuita ao consumidor, curadorias de proteção no âmbito do Ministério Público e Juizados Especiais de Pequenas Causas, obrigatórios nas cidades com mais de duzentos mil habitantes;
IX. estudos socioeconômicos de mercado, a fim de estabelecer sistemas de planejamento, acompanhamento e orientação de consumo capazes de corrigir as distorções e promover seu crescimento;
X. atuação do Estado como regulador do abastecimento, impeditiva da retenção de estoques.

TÍTULO III
DA Organização Estadual

CAPÍTULO I
Disposições Preliminares (Arts. 64° a 71°)

Art. 64. A organização político-administrativa do Estado do Rio de Janeiro compreende o Estado-membro e os seus municípios, sendo todos entidades autônomas e exercendo suas competências constitucionais em seus respectivos territórios e circunscrições.

§ 1° O território do Estado tem como limites geográficos os existentes e demarcados na data da promulgação desta Constituição, compreendendo a área continental e suas projeções marítima e aérea e só podendo ser alterado mediante aprovação de sua população e lei complementar federal.

§ 2° A Cidade do Rio de Janeiro é a Capital do Estado.

Art. 65. No exercício de sua autonomia o Estado editará leis, expedirá decretos, praticará atos e adotará medidas pertinentes aos seus interesses, às necessidades da administração e ao bem-estar do seu povo.

Parágrafo único. O Estado poderá celebrar convênios com a União, outros Estados e Municípios ou respectivos órgãos da administração indireta, inclusive fundacional, para execução de suas leis, serviços ou decisões por servidores federais, estaduais ou municipais.

Art. 66. São símbolos estaduais a bandeira, o hino e o brasão.

Art. 67. Incluem-se entre os bens do Estado:

I. os que atualmente lhe pertencem e os que lhe vierem a ser atribuídos;

II. as áreas, nas ilhas oceânicas e costeiras, que estiverem em seu domínio, excluídas as sob domínio da União, Municípios ou terceiros;

III. as ilhas fluviais e lacustres e as terras devolutas situadas em seu território, não pertencentes à União;

IV. as águas superficiais ou subterrâneas, fluentes, emergentes e em depósito, ressalvadas, neste caso, na forma da lei, as decorrentes de obras da União.

Art. 68. Os bens imóveis do estado não podem ser objeto de doação nem de utilização gratuita por terceiros, nem de aluguel, salvo mediante autorização do Governador, se o beneficiário for pessoa jurídica de direito público interno, entidade componente de sua administração indireta ou fundação instituída pelo Poder Público, bem como nos casos legalmente previstos para regularização fundiária. (NR)

§ 1º Exceto no caso de imóveis residenciais destinados à população de baixa renda, através de órgão próprio estatal, a alienação, a título oneroso, de bens imóveis do Estado ou de suas autarquias dependerá de autorização prévia da Assembleia Legislativa, salvo nos casos previstos em lei complementar, e será precedida de licitação, dispensada quando o adquirente for uma das pessoas referidas no "caput" deste artigo ou nos casos de dação em pagamento, permuta ou investidura.

§ 2º O disposto no parágrafo anterior não se aplica aos bens imóveis das sociedades de economia mista e de suas subsidiárias, que não sejam de uso próprio para o desenvolvimento de sua atividade nem aos que constituam exclusivamente objeto dessa mesma atividade.

§ 3º As entidades beneficiárias de doação do Estado ficam impedidas de alienar bem imóvel que dela tenha sido objeto. No caso de o bem doado não mais servir às finalidades que motivaram o ato de disposição, reverterá ao domínio do Estado, sem qualquer indenização, inclusive por benfeitorias de qualquer natureza, nele introduzidas.

§ 4º Na hipótese de privatização de empresa pública ou sociedade de economia mista, mediante expressa autorização legislativa, seus empregados terão preferência, em igualdade de condições, para assumi-las sob a forma de cooperativas.

§ 5º As exigências previstas neste artigo poderão ser dispensadas no caso de imóveis destinados a programas de regularização fundiária, inclusive para fins de assentamento de população de baixa renda, na forma da lei complementar, que disporá, ainda, sobre as condições e procedimentos específicos para a alienação de imóveis públicos e para sua utilização pelos beneficiários no âmbito dos referidos programas. (NR)

§ 6º É vedada a concessão de uso de bem imóvel do Estado a empresa privada com fins lucrativos, quando o bem possuir destinação social específica.

Art. 69. As ações de sociedades de economia mista pertencentes ao Estado não poderão ser alienadas a qualquer título, sem expressa autorização legislativa.

Parágrafo único. Sem prejuízo do disposto neste artigo, as ações com direito a voto das sociedades de economia mista só poderão ser alienadas desde que mantido o controle acionário, representado por cinquenta e um por cento das referidas ações.

STF – ADIN – 234-1/600, de 1990 – Decisão da Liminar: "Por votação UNÂNIME, o Tribunal INDEFERIU o pedido de medida liminar incidental. Votou o Presidente". Plenário, 11.05.1995. Acórdão, DJ 26.05.1995.

Art. 70. Incumbe ao Poder Público, na forma da lei, diretamente ou sob regime de concessão ou permissão, sempre através de licitação, a prestação de serviços públicos.

Parágrafo único. A lei disporá sobre:

I. o regime das empresas concessionárias e permissionárias de serviços públicos, o caráter especial de seu contrato e de sua prorrogação, bem como as condições de caducidade, fiscalização e rescisão da concessão ou permissão;

II. os direitos dos usuários;

III. política tarifária;

IV. a obrigação de manter serviço adequado.

Art. 71. É vedado ao Estado e aos Municípios:

I. instituir cultos religiosos ou igrejas, subvencioná-los, embaraçar-lhes o exercício ou manter com eles, ou com seus representantes, relações de dependência ou aliança, ressalvada, na forma da lei, a colaboração de interesse público;

II. recusar fé aos documentos públicos ou exigir reconhecimento de firma;
III. criar distinções entre brasileiros ou preferências entre si.

CAPÍTULO II
Da Competência Do Estado
(Arts. 72º a 74º)

Art. 72. O Estado exerce todas as competências que não lhe sejam vedadas pela Constituição da República.

§ 1º As competências político-administrativas do Estado são exercidas com plenitude sobre as pessoas, bens e atividades em seu território, ressalvadas as competências expressas da União e dos Municípios.

§ 2º Cabe ao Estado explorar diretamente ou mediante concessão os serviços locais de gás canalizado, na forma da lei. (NR)

§ 3º Na construção de novos gasodutos para transporte de gás combustível deverão ser executadas derivações, as quais possibilitem o atendimento aos municípios que tenham seu território cortado por esses gasodutos, em locais a serem definidos pelas autoridades municipais em acordo com a concessionária dos serviços de distribuição de gás canalizado.

Art. 73. É competência do Estado, em comum com a União e os Municípios:
I. zelar pela guarda da Constituição, das leis e das instituições democráticas e conservar o patrimônio público;
II. cuidar da saúde, assistência pública e da proteção das pessoas portadoras de deficiência;
III. proteger os documentos, as obras e outros bens de valor histórico, artístico e cultural, os monumentos, as paisagens naturais notáveis e os sítios arqueológicos;
IV. impedir a evasão, a destruição e a descaracterização de obras de arte e de outros bens de valor histórico, artístico ou cultural;
V. proporcionar os meios de acesso a cultura, a educação e a ciência;
VI. proteger o meio ambiente e combater a poluição em qualquer de suas formas;
VII. preservar as florestas, a fauna e a flora;
VIII. fomentar a produção agropecuária e organizar o abastecimento alimentar;
IX. promover programas de construção de moradias e a melhoria das condições habitacionais e de saneamento básico;
X. combater as causas da pobreza e os fatores de marginalização, promovendo a integração social dos setores desfavorecidos;
XI. registrar, acompanhar e fiscalizar as concessões de direitos de pesquisa e exploração de recursos hídricos e minerais em seus territórios;
XII. estabelecer e implantar política de educação para a segurança do trânsito.

Art. 74. Compete ao Estado, concorrentemente com a União, legislar sobre:
I. direito tributário, financeiro, penitenciário, econômico e urbanístico;
II. orçamento;
III. juntas comerciais;
IV. custas dos serviços forenses;
V. produção e consumo;
VI. florestas, caça, pesca, fauna, conservação da natureza, defesa do solo e dos recursos naturais, proteção ao meio ambiente e controle da poluição;
VII. proteção ao patrimônio histórico, cultural, artístico, turístico e paisagístico;
VIII. responsabilidade por dano ao meio ambiente, ao consumidor, a bens e direitos de valor artístico, estético, histórico, turístico e paisagístico;
IX. educação, cultura, ensino e desporto;
X. criação, funcionamento e processo do juizado de pequenas causas;
XI. procedimentos em matéria processual;
XII. previdência social, proteção e defesa da saúde;
XIII. assistência jurídica e defensoria pública;
XIV. proteção e integração social das pessoas portadoras de deficiência;
XV. proteção à infância e à juventude;
XVI. organização, garantias, direitos e deveres das polícias civil e penal. **Redação dada pela Emenda Constitucional nº 77, de 20/10/2020**

§ 1º O Estado, no exercício de sua competência suplementar, observará as normas gerais estabelecidas pela União.

§ 2º Inexistindo lei federal sobre normas gerais, o Estado exercerá a competência legislativa plena, para atender às suas peculiaridades.

§ 3º A superveniência de lei federal sobre normas gerais suspende a eficácia da lei estadual, no que lhe for contrário.

CAPÍTULO III

Das Regiões Metropolitanas, Aglomerações Urbanas e Microrregiões
(Arts. 75° e 76°)

Art. 75. O Estado poderá criar, mediante lei complementar, regiões metropolitanas, microrregiões a aglomerações urbanas, constituídas por agrupamentos de municípios limítrofes para integrar a organização o planejamento e a execução de funções públicas e serviços de interesse comum.

§ 1° Os Municípios que integrem agrupamentos não perdem a autonomia política, financeira e administrativa.

§ 2° As regiões metropolitanas, as microrregiões e as aglomerações urbanas disporão de um órgão executivo e de um Conselho Deliberativo compostos na forma da lei complementar que incluirá representantes dos poderes Executivo e Legislativo, de entidades comunitárias e da sociedade civil.

§ 3° O Estado e os Municípios estabelecerão mecanismos de cooperação de recursos para assegurar a realização das funções públicas e serviços de interesse comum das regiões, microrregiões e aglomerações urbanas.

§ 4° Os Municípios que suportarem os maiores ônus decorrentes de funções públicas de interesse comum terão direito a compensação financeira a ser definida em lei complementar.

Art. 76. É facultada aos municípios, mediante aprovação das respectivas Câmaras Municipais, a formação de consórcios intermunicipais, para o atendimento de problemas específicos dos consorciados no período de tempo por eles determinado.

CAPÍTULO IV

Da administração pública

SEÇÃO I
Disposições Gerais (Arts. 77° e 78°)

Art. 77. A administração pública direta, indireta ou fundacional, de qualquer dos Poderes do Estado e dos Municípios, obedecerá aos princípios da legalidade, impessoalidade, moralidade, publicidade, interesse coletivo e, também, ao seguinte:

I. os cargos, empregos e funções públicas são acessíveis aos brasileiros que preencham os requisitos estabelecidos em lei;

II. a investidura em cargo ou emprego público da administração direta, indireta ou fundacional depende de aprovação prévia em concurso público de provas ou de provas e títulos, ressalvadas as nomeações para cargo em comissão declarado em lei de livre nomeação e exoneração; Vide Lei n° 4.053, de 30.12.2002, que estabelece normas para os concursos públicos, e dá outras providências.

III. não haverá limite máximo de idade para a inscrição em concurso público, constituindo-se, entretanto, em requisito de acessibilidade ao cargo ou emprego a possibilidade de permanência por cinco anos no seu efetivo exercício;

IV. o prazo de validade do concurso público será de até dois anos, prorrogável uma vez, por igual período;

V. tanto no prazo de validade quanto no de sua prorrogação, previstos no edital de convocação, o aprovado em concurso público de provas ou de provas e títulos será, observada a classificação, convocado com prioridade sobre novos concursados para assumir cargo ou emprego, na carreira;

VI. a convocação do aprovado em concurso far-se-á mediante publicação oficial, e por correspondência pessoal;

VII. a classificação em concurso público, dentro do número de vagas obrigatoriamente fixado no respectivo edital, assegura o provimento no cargo no prazo máximo de cento e oitenta dias, contado da homologação do resultado.

VIII. a remuneração e o subsídio dos ocupantes de cargos, funções e empregos públicos da administração direta, autárquica e fundacional, dos Poderes do Estado do Rio de Janeiro, do Ministério Público, do tribunal de Contas do Estado, da Procuradoria-Geral do Estado e da Defensoria Pública e os proventos, pensões ou outra espécie remuneratória, percebidos cumulativamente ou não, incluídas as vantagens pessoais ou de qualquer outra natureza, não poderão exceder o subsídio mensal, em espécie, dos Desembargadores do Tribunal de Justiça, nos termos do § 12° do art. 37° da Constituição da República Federativa do Brasil;

IX. os cargos de natureza técnica só poderão ser ocupados pelos profissionais legalmente habilitados e de comprovada atuação na área;

X. a administração fazendária e seus servidores fiscais terão, em suas áreas de competência e jurisdição, precedência sobre os demais setores administrativos, na forma da lei;

XI. a lei estabelecerá os casos de contratação por tempo determinado para atender à necessidade temporária de excepcional interesse público;

XII. à revisão geral da remuneração dos servidores públicos, sem distinção de índices entre servidores públicos civis e militares, far-se-á sempre na mesma data;

XIII. a lei fixará o limite máximo e a relação de valores entre a maior e a menor remuneração dos servidores públicos, observados, como limites máximos e no âmbito dos respectivos poderes, os valores percebidos como remuneração, em espécie, a qualquer título, por Deputados Estaduais, Secretários de Estado e Desembargadores, e, nos Municípios, os valores percebidos como remuneração, em espécie, pelo Prefeito;

XIV. os vencimentos dos cargos do Poder Legislativo e do Poder Judiciário não poderão ser superiores aos pagos pelo Poder Executivo;

XV. é vedada a vinculação ou equiparação de vencimentos, para o efeito de remuneração de pessoal do serviço público, ressalvado o disposto no inciso anterior e no artigo 82º, § 1º, desta Constituição;

XVI. os acréscimos pecuniários percebidos por servidor público não serão computados nem acumulados, para fins de concessão de acréscimos ulteriores, sob o mesmo título ou idêntico fundamento;

XVII. o servidor público estadual, civil ou militar, poderá gozar licença especial e férias na forma da lei ou de ambas dispor, sob a forma de direito de contagem em dobro para efeito de aposentadoria ou tê-las transformadas em pecúnia indenizatória, segundo sua opção;

XVIII. os vencimentos dos servidores públicos, civis e militares, são irredutíveis e a remuneração observará o que dispõem os incisos XIII e XIV deste artigo e o artigo 153º, III e § 2º, I, da Constituição da República;

XIX. é vedada a acumulação remunerada de cargos públicos, exceto quando houver compatibilidade de horários:

a) a de dois cargos de professor, assim considerado o de especialista de educação;

b) a de um cargo de professor com outro técnico ou científico;

c) e de dois cargos privativos de médico.

XX. a proibição de acumular não se aplica a proventos de aposentadoria, mas se estende a empregos e funções e abrange autarquias, empresas públicas, sociedades de economia mista e fundações mantidas pelo Poder Público;

XXI. somente por lei específica poderão ser criadas, empresa pública, sociedade de economia mista, autarquia ou fundação pública;

XXII. depende de autorização legislativa, em cada caso, a criação de subsidiárias das entidades mencionadas no inciso anterior, assim como a participação de qualquer delas em empresa privada;

XXIII. ressalvada a legislação federal aplicável, ao servidor público estadual é proibido substituir, sob qualquer pretexto, trabalhadores de empresas privadas em greve;

XXIV. aos servidores públicos do Estado é vedado serem proprietários, controlarem direta ou indiretamente, ou fazerem parte da administração de empresas privadas fornecedoras de suas instituições ou que delas dependam para controle ou credenciamento e, na forma da lei:

a) as vedações deste inciso estender-se-ão aos parentes diretos, consanguíneos ou afins, assim como aos seus prepostos;

b) as punições específicas aos transgressores desta norma serão impostas, sem prejuízos das sanções genéricas que lhes sejam aplicáveis.

XXV. ressalvados os casos especificados na legislação, as obras, serviços, compras e alienações serão contratados mediante processo de licitação pública que assegure igualdade de condições e de pagamentos a todos os concorrentes, com previsão de atualização monetária para os pagamentos em atraso, penalidades para os descumprimentos contratuais, permitindo-se, no ato convocatório, somente as exigências de qualificação técnica, jurídica e econômico-financeira indispensáveis à garantia do cumprimento das obrigações.

XXVI. os servidores públicos não poderão ser colocados à disposição de outros setores da administração pública da União, dos Estados e dos Municípios, antes de completarem dois anos de efetivo exercício funcional no órgão de origem;

XXVII. os servidores da administração pública direta, colocados à disposição da administração pública indireta ou fundacional, quando da transferência para a inatividade, incorporarão aos proventos a complementação de vencimentos que venham percebendo, desde que caracterizada essa situação há, no mínimo, oito anos consecutivos.

XXVIII. É vedada a nomeação de pessoas que se enquadram nas condições de inelegibilidade nos termos da legislação federal para os cargos de Secretário de Estado, Subsecretário, Procurador-Geral de Justiça, Procurador-Geral do Estado, Defensor Público-Geral, Superintendentes e Diretores de órgãos da administração pública indireta, fundacional, de agências reguladoras e autarquias, Chefe de Polícia Civil, Titulares de Delegacias de Polícia, Comandante-Geral da Polícia Militar, Comandante-Geral do Corpo de Bombeiros, Comandantes de Batalhões de Polícia Militar, Comandante de Quartéis de Bombeiro Militar, Reitores das Universidades Públicas Estaduais e ainda para todos os cargos de livre provimento dos poderes Executivo, Legislativo e Judiciário do Estado.

§ 1° Compreende-se na administração direta os serviços sem personalidade jurídica própria, integrados na estrutura administrativa de qualquer dos Poderes do Estado; na administração indireta, constituída de entidades dotadas de personalidade jurídica própria, as autarquias, as empresas públicas e as sociedades de economia mista, bem como as subsidiárias dessas entidades, incluindo as fundações instituídas ou mantidas pelo Poder Público.

§ 2° Considera-se:

I. autarquia – o serviço autônomo criado por lei, com personalidade jurídica de direito público, patrimônio e receita próprios, para executar atividades típicas da administração pública, que requeiram, para seu melhor funcionamento, gestão administrativa e financeira descentralizada;

II. empresa pública – a entidade dotada de personalidade jurídica de direito privado com patrimônio próprio e capital público majoritariamente do Estado, criada por lei para a exploração de atividade econômica que o Governo seja levado a exercer por força de contingência ou de conveniência administrativa, podendo revestir-se de qualquer das formas admitidas em direito;

III. sociedade de economia mista – a entidade dotada de personalidade jurídica de direito privado, criada por lei para a exploração de atividade econômica, sob a forma de sociedade anônima, cujas ações com direito a voto pertençam em sua maioria ao Estado ou a entidade da administração indireta;

IV. fundação pública – a entidade dotada de personalidade jurídica de direito privado, sem fins lucrativos, criada em virtude de autorização legislativa, para o desenvolvimento de atividades que não exijam execução por órgãos ou entidades de direito público, com autonomia administrativa, patrimônio próprio gerido pelos respectivos órgãos de direção, e funcionamento custeado por recursos do Estado e de outras fontes.

§ 3° A publicidade dos atos e programas, obras e serviços dos órgãos públicos somente poderá ser feita em caráter educativo e de orientação social, dela não podendo constar nomes, símbolos ou imagens que caracterizem promoção pessoal de autoridades ou servidores públicos.

§ 4° A não observância do disposto nos incisos II e V deste artigo implicará a nulidade do ato e a punição da autoridade responsável, nos termos da lei.

§ 5° As reclamações relativas à prestação de serviços públicos serão disciplinadas em lei.

§ 6° Os atos de improbidade administrativa importarão a perda da função pública, a indisponibilidade dos bens e o ressarcimento ao erário, na forma e gradação previstas em lei, sem prejuízo da ação penal cabível.

§ 7° As pessoas jurídicas de direito público e as de direito privado prestadoras de serviços públicos responderão pelos danos que seus agentes, nessa qualidade, causarem a terceiros, assegurado o direito de regresso contra o responsável nos casos de dolo ou culpa.

§ 8° Os Conselhos, Seccional da Ordem dos Advogados do Brasil e Regionais das demais profissões regulamentadas, serão obrigatoriamente chamados a participar de todas as fases do processo de concurso público, desde a elaboração dos editais até a homologação e publicação dos resultados, sempre que nos referidos concursos se exigirem conhecimentos técnicos dessas categorias, cabendo, na inexistência dos Conselhos, idêntico direito às entidades de funcionários.

§ 9° O Estado não subvencionará nem beneficiará, com isenção ou redução de tributos, taxas, tarifas, ou quaisquer outras vantagens, as entidades dedicadas a atividades educacionais, culturais, hospitalares, sanitárias, esportivas ou recreativas, cujos atos constitutivos e estatutos não disponham expressamente esses fins exclusivamente filantrópicos e não lucrativos, ou que, de forma direta ou indireta, remunerem seus instituidores, diretores, sócios ou mantenedores.

§ 10° É vedada ao Poder Público, direta ou indiretamente, a publicidade de qualquer natureza, fora do território do Estado, para fins de propaganda governamental.
§ 11° São vedadas, na Administração Pública do Estado do Rio de Janeiro:
I. a nomeação de cônjuge, companheiro ou parente, até o terceiro grau civil inclusive, de membro de Poder, para cargo em comissão declarado em Lei de livre nomeação e exoneração ou função de confiança, qualquer que seja a denominação ou símbolo da gratificação;
II. a contratação, sem que seja por concurso público, ainda que por tempo determinado, para atender a necessidade temporária de excepcional interesse público, das pessoas descritas no inciso anterior.
§ 11° acrescido pela Emenda Constitucional n° 34/2005°
§ 12° A vedação prevista no parágrafo anterior estende-se aos membros de órgão coletivo, reciprocamente, de modo que não poderão as pessoas mencionadas exercer qualquer das funções previstas, no referido órgão.
§ 13° O disposto no parágrafo anterior não se aplica a servidores efetivos.
§ 14° Em caso de violação do disposto nos parágrafos 11° e 12° deste artigo, as autoridades públicas e membros de Poder incorrerão em falta disciplinar grave e serão solidariamente responsáveis com os beneficiados, sem prejuízo das sanções de outra ordem cabíveis e da nulidade dos atos praticados.
Art. 78. Qualquer que seja a causa mortis do servidor público civil ou militar, será de cem por cento da remuneração total o valor mínimo da pensão devida a seus dependentes na forma da lei.

SEÇÃO II
Do Controle Administrativo
(Arts. 79° a 81°)

Art. 79. O controle dos atos administrativos do Estado e dos Municípios será exercido pelo Poder Legislativo, pelo Ministério Público, pela sociedade, pela própria administração e, no que couber, pelo Tribunal de Contas do Estado.
Parágrafo único. Haverá uma instância colegiada administrativa para dirimir controvérsias entre o Estado e seus servidores públicos civis.

Art. 80. A administração pública tem o dever de anular os próprios atos, quando eivados de vícios que os tornem ilegais, bem como a faculdade de revogá-los, por motivo de conveniência ou oportunidade, respeitados neste caso os direitos adquiridos, além de observado, em qualquer circunstância, o devido processo legal.
Art. 81. A autoridade que, ciente de vício invalidador de ato administrativo, deixar de saná-lo, incorrerá nas penalidades da lei pela omissão, sem prejuízo das sanções previstas no artigo 37°, § 4°, da Constituição da República, se for o caso.

SEÇÃO III
Dos Servidores Públicos Civis
(Arts. 82° a 90°)

Art. 82. O Estado e os Municípios instituirão regime jurídico único e planos de carreira para os servidores da administração pública direta, das autarquias e das fundações públicas.
§ 1° A lei assegurará, aos servidores da administração direta, isonomia de vencimentos para cargos de atribuições iguais ou assemelhados do mesmo Poder ou entre os de servidores dos Poderes Executivo, Legislativo e Judiciário, ressalvadas as vantagens de caráter individual e as relativas à natureza ou ao local de trabalho.
§ 2° O benefício da pensão por morte corresponderá à totalidade dos vencimentos ou proventos do servidor falecido, até o limite estabelecido em lei, observado o disposto no artigo 89°, § 5°, desta Constituição.
§ 3° O pagamento dos servidores do Estado será feito, impreterivelmente, até o 10° (décimo) dia útil de cada mês.
§ 4° Os vencimentos, vantagens ou qualquer parcela remuneratória, pagos com atraso, deverão ser corrigidos monetariamente, de acordo com os índices oficiais aplicáveis à espécie.
§ 5° As regras previstas neste artigo se aplicarão também aos empregados públicos, no âmbito de toda a administração pública estadual.
Art. 83. Aos servidores públicos civis ficam assegurados, além de outros que a lei estabelecer, os seguintes direitos:
I. salário mínimo;
II. irredutibilidade do salário;
III. garantia de salário, nunca inferior ao mínimo, para os que percebem remuneração variável;

IV. décimo terceiro salário com base na remuneração integral ou no valor da aposentadoria;
V. remuneração do trabalho noturno superior à do diurno;
VI. remuneração do serviço extraordinário superior, no mínimo, em cinquenta por cento à do normal;
VII. salário-família para os seus dependentes;
VIII. duração do trabalho normal não superior a oito horas diárias e quarenta semanais, facultada a compensação de horários;
IX. incidência da gratificação adicional por tempo de serviço sobre o valor dos vencimentos;
X. repouso semanal remunerado, preferencialmente aos domingos;
XI. gozo de férias anuais remuneradas com, pelo menos, um terço a mais do que o salário normal;
XII. licença à gestante, sem prejuízo do emprego e do salário, com a duração de cento e oitenta dias, contados a partir da alta da Unidade de Tratamento Intensivo, em caso de nascimento prematuro, prorrogável no caso de aleitamento materno, por, no mínimo, mais trinta dias, estendendo-se, no máximo, até noventa dias, e no caso de perda gestacional;
XIII. licença-paternidade, sem prejuízo do emprego e do salário, contados a partir da alta da Unidade de Tratamento Intensivo, em caso de nascimento prematuro, com a duração de trinta dias, mesmo em caso de perda gestacional da esposa ou perda gestacional da esposa ou companheira;
XIV. licença maternidade de cento e oitenta dias e paternidade com duração de trinta dias, nos casos de adoção;
XV. proteção do mercado de trabalho da mulher, mediante incentivos específicos, nos termos da lei;
XVI. redução dos riscos inerentes ao trabalho, por meio de normas de saúde, higiene e segurança;
XVII. indenização em caso de acidente de trabalho, na forma da lei;
XVIII. redução da carga horária e adicional de remuneração para as atividades penosas, insalubres ou perigosas, na forma da lei;
XIX. proibição de diferença de salários, de exercício de funções e de critério de admissão por motivo de sexo, idade, etnia ou estado civil;
XX. o de opção, na forma da lei, para os efeitos de contribuição mensal, tanto aos submetidos a regime jurídico único quanto aos contratados sob regime da Legislação Trabalhista que sejam, simultaneamente, segurados obrigatórios de mais de um Instituto de Previdência Social sediado no Estado;
XXI. redução em cinquenta por cento de carga horária de trabalho de servidor estadual, responsável legal por portador de necessidades especiais que requeira atenção permanente;
XXII. o de relotação aos membros do magistério público, no caso de mudança de residência, observados os critérios de distância estabelecidos em lei.
XXIII. licença para tratamento de saúde;
XXIV. licença por motivo de doença em pessoa da família;
XXV. licença para serviço militar, na forma que legislação especifica;
XXVI. licença para acompanhar o cônjuge;
XXVII. licença a título de prêmio;
XXVIII. licença para desempenho de mandato legislativo ou executivo;

§ 1º O período de licença à gestante, nos termos do inciso XII deste artigo, em caso de perda gestacional, será de trinta dias, em caso de aborto não criminoso, e de cento e vinte dias quando a gestação tiver duração igual ou superior a vinte semanas, ou o feto tiver peso corporal igual ou superior a quinhentos gramas, e/ou estatura igual ou superior a vinte e cinco centímetros.

§ 2º Os direitos previstos nos incisos deste artigo, ressalvado o inciso XXII, aplicam-se indistintamente aos servidores e empregados públicos no âmbito de toda a administração pública estadual.

§ 3º Salvo os casos previstos nos incisos XXV, XXVI e XXVIII, o servidor ou empregado público não poderá permanecer em licença por prazo superior à vinte e quatro meses.

§ 4º As licenças dos incisos XII, XXIII e XXIV, serão concedidas pelo órgão médico oficial competente ou por outros aos quais aquele transferir ou delegar atribuições, e pelo prazo indicado nos respectivos laudos.

§ 5º Estando o servidor ou empregado público, ou pessoa de sua família, absolutamente impossibilitado de locomover-se e não havendo na localidade qualquer dos órgãos referidos neste artigo, poderá ser admitido laudo expedido por órgão médico de outra entidade pública e, na falta deste atestado, passado por médico particular, com firma reconhecida.

§ 6º Nas hipóteses referidas no parágrafo anterior, o laudo ou atestado deverá ser encaminhado ao órgão médico competente, no prazo máximo de três dias, contados da primeira falta ao serviço, sendo que a licença respectiva somente será considerada concedida com a homologação do laudo ou atestado, e será sempre publicada.

§ 7º Será facultado ao órgão competente, em caso de dúvida razoável, exigir nova inspeção por outro médico ou junta oficial.

§ 8º No caso do laudo ou atestado não ser homologado, o funcionário será obrigado a reassumir o exercício do cargo ou emprego público dentro de três dias, contados da publicação do despacho denegatório, sendo considerados como de efetivo exercício os dias em que deixou de comparecer ao serviço, por conta de tal justificativa.

§ 9º Se, na hipótese do parágrafo anterior, a não homologação decorrer de falsa afirmativa por parte do médico atestante, os dias de ausência do servidor ou empregado público serão tidos como faltas ao serviço, sujeitos, aquele e estes, à apuração e definição das responsabilidades cabíveis.

Art. 84. É garantido ao servidor público civil o direito à livre associação sindical, observado, no que couber, o disposto no artigo 8º da Constituição da República.

Parágrafo único. A lei disporá sobre a licença sindical para os dirigentes de Federações e Sindicatos de servidores públicos, durante o exercício do mandato, resguardados os direitos e vantagens inerentes à carreira da cada um.

Art. 85. O desconto em folha de pagamento, pelos órgãos competentes da Administração Pública, é obrigatório em favor de entidade de classe, sem fins lucrativos, devidamente constituída e registrada, desde que regular e expressamente autorizado pelo associado.

Art. 86. O direito de greve será exercido nos termos e nos limites definidos em Lei específica.

Art. 87. Ao servidor público em exercício de mandato eletivo aplicam-se as seguintes disposições:

I. tratando-se de mandato eletivo federal, estadual ou distrital, ficará afastado de seu cargo, emprego ou função;

II. investido no mandato de Prefeito, será afastado do cargo, emprego ou função, sendo-lhe facultado optar pela remuneração;

III. investido no mandato de Vereador ou Juiz de Paz, havendo compatibilidade de horários, perceberá as vantagens de seu cargo, emprego ou função,

sem prejuízo da remuneração do cargo eletivo, e não havendo compatibilidade, aplicar-se-á a norma do inciso anterior;

IV. em qualquer caso que exija o afastamento para o exercício de mandato eletivo, seu tempo de serviço será contado para todos os efeitos legais, exceto para promoção por merecimento;

V. para efeito de benefício previdenciário, no caso de afastamento, os valores serão determinados como se no exercício estivesse.

Art. 88. A assistência previdenciária e social aos servidores públicos estaduais será prestada, em suas diferentes modalidades e na forma da legislação ordinária pelos atuais Instituto de Previdência do Estado do Rio de Janeiro IPERJ, Instituto de Previdência da Assembleia Legislativa do Estado do Rio de Janeiro IPALERJ e Instituto de Assistência dos Servidores do Estado do Rio de Janeiro IASERJ.

Art. 89. O servidor será aposentado:

I. por invalidez permanente, com os proventos integrais, quando decorrentes de acidente em serviço, moléstia profissional ou doença grave, contagiosa ou incurável, especificadas em lei, e proporcionais nos demais casos;

II. compulsoriamente, com proventos proporcionais ao tempo de contribuição, aos setenta anos de idade, ou setenta e cinco anos de idade, na forma de Lei Complementar;

III. voluntariamente;

a) aos trinta e cinco anos de serviço, se homem, e aos trinta se mulher, com proventos integrais;

b) aos trinta anos de efetivo exercício em funções de magistério, se professor, assim considerado especialista em educação, e vinte e cinco, se professora, nas mesmas condições, com proventos integrais;

c) aos trinta anos de serviço, se homem, e aos vinte e cinco, se mulher, com proventos proporcionais a esse tempo;

d) aos sessenta e cinco anos de idade, se homem, e aos sessenta, se mulher, com proventos proporcionais ao tempo de serviço.

§ 1º Serão observadas as exceções ao disposto no inciso III, «a» e «c», no caso de exercício de atividades consideradas penosas, insalubres ou perigosas, bem como as disposições sobre a aposentadoria em cargos ou empregos temporários, na forma prevista na legislação federal.

§ 2º O tempo de serviço público federal, estadual ou municipal será computado integralmente para os efeitos de aposentadoria e disponibilidade.

§ 3º É assegurada, para efeito de aposentadoria, a contagem recíproca do tempo de serviço nas atividades públicas e privadas, inclusive do tempo de trabalho comprovadamente exercido na qualidade de autônomo, fazendo-se a compensação financeira segundo os critérios estabelecidos em lei.

§ 4º Na incorporação de vantagens ao vencimento ou provento do servidor, decorrentes do exercício de cargo em comissão ou função gratificada, será computado o tempo de serviço prestado ao Estado nesta condição, considerados, na forma da lei, exclusivamente os valores que lhes correspondam na administração direta estadual.

§ 5º Os proventos da aposentadoria serão revistos, na mesma proporção e na mesma data, sempre que se modificar a remuneração dos servidores em atividade, sendo também estendidos aos inativos quaisquer benefícios ou vantagens posteriormente concedidos aos servidores em atividade, inclusive quando decorrentes da transformação ou reclassificação do cargo ou função em que se deu a aposentadoria.

§ 6º O valor incorporado a qualquer título pelo servidor ativo ou inativo, como direito pessoal, pelo exercício de funções de confiança ou de mandato, será revisto na mesma proporção e na mesma data, sempre que se modificar a remuneração do cargo que lhe deu causa.

§ 7º Na hipótese de extinção do cargo que deu origem à incorporação de que trata o parágrafo anterior, o valor incorporado pelo servidor será fixado de acordo com a remuneração de cargo correspondente.

§ 8º O Estado providenciará para que os processos de aposentadoria sejam solucionados, definitivamente, dentro de noventa dias, contados da data do protocolo.

§ 9º Com base em dossiê com documentação completa de todos os inativos, os benefícios de paridade serão pagos independente de requerimento e apostila, responsabilizando-se o funcionário que der causa a atraso ou retardamento superior a noventa dias.

§ 10º A aposentadoria por invalidez poderá, a requerimento do servidor, ser transformada em seguro-reabilitação, custeado pelo Estado, visando a reintegrá-lo em novas funções compatíveis com suas aptidões.

§ 11º Ao servidor referido no parágrafo anterior é garantida a irredutibilidade de seus proventos, ainda que na nova função em que venha a ser aproveitado, a remuneração seja inferior à recebida a título de seguro-reabilitação.

§ 12º Considera-se como proventos de aposentadoria o valor resultante da soma de todas as parcelas a eles incorporadas pelo Poder Público.

§ 13º As regras previstas nos incisos I e III, bem como nos parágrafos anteriores deste artigo, se aplicarão, no que couber, aos empregados públicos, no âmbito de toda a administração pública estadual.

Art. 90. São estáveis, após dois anos de efetivo exercício, os servidores nomeados em virtude de concurso público.

§ 1º O servidor público estável só perderá o cargo em virtude de sentença judicial transitada em julgado ou mediante processo administrativo em que lhe que seja assegurada ampla defesa.

§ 2º Invalidada por sentença judicial a demissão do servidor estável, será ele reintegrado, e o eventual ocupante da vaga reconduzido ao cargo de origem, sem direito à indenização, aproveitado em outro cargo ou posto em disponibilidade.

§ 3º Ocorrendo extinção do cargo, o funcionário estável ficará em disponibilidade remunerada, com vencimentos e vantagens integrais, pelo prazo máximo de um ano, até seu aproveitamento obrigatório em função equivalente no serviço público.

§ 4º O servidor público civil demitido por ato administrativo, se absolvido na pela justiça, na ação que deu causa a demissão, será reintegrado ao serviço público com todos os direitos adquiridos.

SEÇÃO IV
Dos Servidores Públicos Militares (Arts. 91º a 93º)

Art. 91. São servidores militares estaduais os integrantes da Polícia Militar e do Corpo de Bombeiros Militar.

§ 1º As patentes, com prerrogativas, direitos e deveres a elas inerentes, são asseguradas em plenitude aos oficiais da ativa, da reserva ou reformados da Polícia Militar e do Corpo de Bombeiros Militar, sendo-lhes privativos os títulos, postos e uniformes militares.

§ 2º As patentes dos oficiais da Polícia Militar e do Corpo de Bombeiros Militar são conferidas pelo Governador do Estado.

§ 3º O militar em atividade que aceitar cargo público civil permanente será transferido para a reserva.

§ 4º O militar da ativa, que aceitar cargo, emprego ou função pública temporária, não eletiva, ainda que da administração indireta, ficará agregado ao respectivo quadro e, enquanto permanecer nessa situação, só poderá ser promovido por antiguidade, contando-se-lhe o tempo de serviço apenas para aquela promoção a transferência para a reserva, sendo, depois de dois anos de afastamento, contínuos ou não, transferido para a inatividade.

§ 5º Ao servidor militar são proibidas a sindicalização e a greve, sendo livre, no entanto, a associação de natureza não sindical, sem fins lucrativos, garantido o desconto em folha de pagamento das contribuições expressamente autorizadas pelo associado.

§ 6º O militar, enquanto em efetivo serviço, não pode estar filiado a partidos políticos.

§ 7º O oficial e a praça só perderão o posto, a patente e a graduação se forem julgados indignos do oficialato, da graduação ou com eles incompatíveis, por decisão de tribunal competente.

§ 8º O oficial condenado na justiça comum ou militar a pena privativa de liberdade superior a dois anos, por sentença transitada em julgado, será submetido ao julgamento previsto no parágrafo anterior.

§ 9º A lei disporá sobre os limites de idade, a estabilidade e outras condições de transferência do servidor militar para a inatividade.

§ 10º Aplica-se aos servidores a que se refere este artigo, e a seus pensionistas, o disposto nos artigos 82º, § 2º e 89º, § 5º, desta Constituição.

§ 11º O Estado fornecerá aos servidores militares os equipamentos de proteção individual adequados aos diversos riscos a que são submetidos em suas atividades operacionais.

§ 12º Será designado para as corporações da Polícia Militar e do Corpo de Bombeiros Militar um pastor evangélico que desempenhará a função de orientador religioso em quartéis, hospitais e presídios com direito a ingressar no oficialato capelão.

§ 13º O servidor público militar estadual demitido por ato administrativo, se absolvido pela justiça, na ação que deu causa a demissão, será reintegrado à Corporação com todos os direitos restabelecidos.

Art. 92. Aos servidores militares ficam assegurados os seguintes direitos:

I. garantia de salário, nunca inferior ao mínimo, para os que recebem remuneração variável;

II. décimo terceiro salário com base na remuneração integral ou no valor da aposentadoria;

III. salário-família para os seus dependentes;

IV. gozo de férias anuais remuneradas com, pelo menos, um terço a mais do que o salário normal;

V. licença à gestante, sem prejuízo do emprego e do salário, com a duração de cento e oitenta dias, contados a partir da alta da Unidade de Tratamento Intensivo, em caso de nascimento prematuro, prorrogável no caso de aleitamento materno, por, no mínimo, mais trinta dias, estendendo-se, no máximo, até noventa dias, e no caso de perda gestacional, nos termos no § 1º do Art. 83;

VI. licença-paternidade, sem prejuízo do emprego e do salário, contados a partir da alta da Unidade de Tratamento Intensivo, em caso de nascimento prematuro, com a duração de trinta dias, mesmo em caso de perda gestacional da esposa ou companheira;

VII. licença especial para os adotantes, nos termos fixados em lei;

VIII. elegibilidade do alistável, atendidas as seguintes condições:

a) se contar menos de dez anos de serviço deverá afastar-se da atividade;

b) se contar mais de dez anos de serviço, será agregado pela autoridade superior e, se eleito, passará automaticamente, no ato da diplomação, para a inatividade.

IX. aos servidores militares estaduais será permitido o porte de arma, para a sua defesa pessoal e dos concidadãos, fora do horário de serviço.

Parágrafo único. O disposto nos incisos V, VI, VIII, XVI, XVII e XXI do art. 83º desta Constituição aplica-se aos servidores a que se refere este artigo, que também terão assegurado adicional de remuneração para as atividades penosas, insalubres ou perigosas, na forma da Lei.

Art. 93. A lei disporá sobre a pensão militar estadual.

TÍTULO IV
Dos Poderes do Estado

CAPÍTULO I
DO PODER LEGISLATIVO

SEÇÃO I
Disposições Preliminares (Arts. 94° a 97°)

Art. 94. O Poder Legislativo é exercido pela Assembleia Legislativa, composta de Deputados, representantes do povo, eleitos entre cidadãos brasileiros, maiores de vinte e um anos, no exercício dos direitos políticos, por voto direto e secreto, na forma da legislação federal.

Parágrafo único. O número de deputados à Assembleia Legislativa corresponderá ao triplo da representação do Estado na Câmara dos Deputados e, atingido o número de trinta e seis, será acrescido de tantos quantos forem os deputados federais acima de doze.

Art. 95. Cada legislatura terá a duração de quatro anos, iniciando-se com a posse dos eleitos.

Art. 96. Salvo disposição constitucional em contrário, as deliberações da Assembleia Legislativa e de suas Comissões serão tomadas por maioria de votos, presente a maioria absoluta de seus membros.

Parágrafo único. As deliberações, a que se refere o caput deste artigo, serão sempre tomadas por voto aberto.

Art. 97. Ao Poder Legislativo fica assegurada autonomia funcional, administrativa e financeira.

SEÇÃO II
Das Atribuições da Assembleia Legislativa (Arts. 98° a 101°)

Art. 98. Cabe à Assembleia Legislativa com a sanção do Governador do Estado, não exigida esta para o especificado nos artigos 99° e 100°, legislar sobre todas as matérias de competência do Estado, entre as quais:

I. sistema tributário, arrecadação e distribuição de rendas;

II. plano plurianual, diretrizes orçamentárias, orçamento anual, operações de crédito e dívida pública;

III. planos e programas estaduais de desenvolvimento, em conformidade com os planos e programas nacionais;

IV. normas gerais sobre exploração ou concessão dos serviços públicos, bem como encampação e reversão destes, ou a expropriação dos bens de concessionárias ou permissionárias e autorizar cada um dos atos de retomada ou intervenção;

V. criação, transformação e extinção de cargos, empregos e funções públicas, observado o que estabelece o art. 145°, caput, VI, da Constituição;

VI. normas gerais sobre alienação, cessão, permuta, arrendamento ou aquisição de bens públicos;

VII. transferência temporária da sede do Governo;

VIII. organização e fixação dos efetivos da Polícia Militar e do Corpo de Bombeiros Militar, observadas as diretrizes fixadas na legislação federal;

IX. organização administrativa, judiciária, do Ministério Público, da Procuradoria-Geral do Estado, da Defensoria Pública e do Tribunal de Contas do Estado;

X. criação, incorporação, fusão e desmembramento de Municípios;

XI. exploração direta ou mediante concessão a empresa estatal em que o Poder Público estadual detenha a maioria do capital com direito a voto, com exclusividade de distribuição de serviços de gás canalizado;

XII. instituição de regiões metropolitanas, aglomerações urbanas e microrregiões;

XIII. criação, estruturação e atribuições das Secretarias de Estado e entidades da administração pública indireta.

XIV. fixar, por lei de sua iniciativa, os subsídios dos Deputados Estaduais, consoante § 2° do artigo 27° da Constituição Federal;

XV. fixar, por lei de sua iniciativa, os subsídios do Governador, do Vice-Governador e dos Secretários de Estado, consoante 2 do artigo 28 da Constituição Federal;

XVI. tombamentos para fins de proteção de áreas ambientais e ecossistemas e conservação de patrimônio histórico e cultural.

XVII. autorizar o Governador a ausentar-se do Estado por mais de quinze dias consecutivos;

XVIII. autorizar o Governador e Vice-Governador a se ausentarem do País;

XIX. estabelecer e mudar temporariamente sua sede, a de suas reuniões, bem como o local de reunião de suas comissões permanentes;
XX. dar posse ao Governador e ao Vice-Governador, bem como receber os respectivos compromissos ou renúncias;
XXI. sustar os atos normativos do Poder Executivo que exorbitem do poder regulamentar ou dos limites de delegação legislativa;
XXII. julgar anualmente as contas do Governador, apreciar os relatórios sobre a execução dos planos de Governo e proceder à tomada de contas, quando não apresentadas dentro de sessenta dias, após a abertura da Sessão Legislativa;
XXIII. (Revogado pela Emenda Constitucional nº 49, de 19.10.2011, em vigor na data da sua publicação);
XXIV. fiscalizar e controlar os atos do Poder Executivo, inclusive os da administração indireta;
XXV. zelar pela preservação de sua competência legislativa em face da atribuição normativa dos outros Poderes;
XXVI. autorizar, por dois terços dos seus membros, a instauração de processo contra o Governador, o Vice-Governador e os Secretários de Estado;
XXVII. processar e julgar o Governador e o Vice-Governador nos crimes de responsabilidade e os Secretários de Estado nos crimes da mesma natureza conexos com aqueles;
XXVIII. processar e julgar o Procurador-Geral de Justiça, o Procurador-Geral do Estado e o Defensor Público-Geral do Estado nos crimes de responsabilidade;
XXIX. Aprovar previamente, por escrutínio aberto, após arguição pública, a escolha de Conselheiros do Tribunal de Contas do Estado, indicados pelo Governador;
XXX. suspender a execução, no todo ou em parte, de lei ou de ato normativo estadual ou municipal declarado inconstitucional por decisão definitiva do Tribunal de Justiça;
XXXI. destituir, por deliberação da maioria absoluta, o Procurador-Geral da Justiça antes do término de seu mandato, na forma da lei complementar respectiva;
XXXII. apreciar, anualmente, as contas do Tribunal de Contas do Estado;
XXXIII. pedir intervenção federal, se necessário, para assegurar o livre exercício de suas funções;
XXXIV. apreciar e aprovar convênios, acordos, convenções coletivas ou contratos celebrados pelo Poder Executivo com os Governos Federal, Estadual ou Municipal, entidades de direito público ou privado, ou particulares, de que resultem para o Estado quaisquer encargos não estabelecidos na lei orçamentária;
XXXV. autorizar referendo e convocar plebiscito;
XXXVI. autorizar previamente alienação, a título oneroso, de bens do Estado, na conformidade desta Constituição;
XXXVII. receber renúncia de mandato de Deputado;
XXXVIII. emendar a Constituição, promulgar leis no caso do silêncio do Governador, expedir decretos legislativos e resoluções;
XXXIX. declarar a perda de mandato de Deputado, por maioria absoluta de seus membros;
XL. autorizar previamente operações financeiras externas de interesse do Estado.
XLI. apreciar decretos de intervenção nos Municípios;
XLII. ordenar a sustação de contrato impugnado pelo Tribunal de Contas;
XLIII. apreciar vetos;
XLIV. (Revogado pela Emenda Constitucional nº 49, de 19.10.2011, em vigor na data da sua publicação).
XLV. aprovar, por iniciativa de um terço e pelo voto favorável de três quintos de seus membros, moção de desaprovação a atos dos Secretários de Estado, sobre cujo processo de discussão e votação disporá o Regime Interno da Assembleia Legislativa, assegurando-lhes o direito de defesa em Plenário;
XLVI. autorizar previamente, por maioria absoluta dos Deputados, proposta de empréstimo externo a ser apresentada pelo Governador ao Senado Federal;
XLVII. autorizar a criação, fusão ou extinção de empresas públicas ou de economia mista, bem como o controle acionário de empresas particulares pelo Estado;
XLVIII. escolher dois terços dos membros do Tribunal de Contas do Estado.
Parágrafo único. Nos casos previstos nos incisos XIII e XIV, funcionará como Presidente o do Tribunal de Justiça, limitando-se a condenação, que somente será proferida por dois terços dos votos da Assembleia Legislativa, à perda do cargo, com inabilitação, por oito anos, para o exercício de função pública, sem prejuízo das demais sanções cabíveis.
Art. 100. A Assembleia Legislativa, por maioria simples, ou qualquer de suas Comissões, poderá convocar Secretários de Estado e Procuradores Gerais para prestar, pessoalmente, informações sobre

assuntos de sua pasta, previamente determinados, importando a ausência, sem justificação adequada, crime de responsabilidade.

§ 1º O Secretário de Estado poderá comparecer à Assembleia Legislativa e a qualquer de suas Comissões, por sua iniciativa e mediante entendimento prévio com a Mesa Diretora, para fazer exposição sobre assuntos relevante de sua pasta.

§ 2º A Mesa Diretora da Assembleia Legislativa poderá encaminhar pedidos escritos de informação a Secretários de Estado ou a qualquer das pessoas referidas no caput deste artigo, importando em crime de responsabilidade a recusa, ou o não atendimento no prazo de trinta dias, bem como a prestação de informações falsas.

Art. 101. A qualquer Deputado ou Comissão da Assembleia Legislativa é permitido formular requerimento de informação sobre atos do Poder Executivo e de suas entidades de administração indireta, até o limite de doze requerimentos por ano e por requerente, constituindo crime de responsabilidade, nos termos da lei, o não atendimento no prazo de trinta dias, ou a prestação de informações falsas.

Parágrafo único. Recebidos pela Mesa Diretora, pedidos de convocação de Secretários de Estado ou Procuradores Gerais ou requerimentos de informação deverão ser encaminhados aos respectivos destinatários dentro de, no máximo, dez dias.

SEÇÃO III
Dos Deputados (Arts. 102º a 106º)

Art. 102. Os Deputados são invioláveis, civil e penalmente, por quaisquer de suas opiniões, palavras e votos.

§ 1º Os Deputados, desde a expedição do diploma, serão submetidos a julgamento perante o Tribunal de Justiça.

§ 2º Desde a expedição do diploma, os membros da Assembleia Legislativa não poderão ser presos, salvo em flagrante de crime inafiançável. Nesse caso, os autos serão remetidos dentro de vinte e quatro horas à Assembleia Legislativa, para que, pelo voto da maioria de seus membros, resolva sobre a prisão.

§ 3º Recebida a denúncia contra o Deputado, por crime ocorrido após a diplomação, o Tribunal de Justiça dará ciência à Assembleia Legislativa, que, por iniciativa de partido político nela representado e pelo voto da maioria de seus membros, poderá, até a decisão final, sustar o andamento da ação.

§ 4º O pedido de sustação será apreciado pela Assembleia Legislativa no prazo improrrogável de quarenta e cinco dias do seu recebimento pela Mesa Diretora.

§ 5º A sustação do processo suspende a prescrição, enquanto durar o mandato.

§ 6º Os Deputados não serão obrigados a testemunhar sobre informações recebidas ou prestadas em razão do exercício do mandato, nem sobre as pessoas que lhes confiaram ou deles receberam informações.

§ 7º A incorporação de Deputados às Forças Armadas, embora militares e ainda que em tempo de guerra, dependerá de prévia licença da Assembleia Legislativa.

§ 8º As imunidades de Deputados subsistirão durante o estado de sítio, só podendo ser suspensas mediante o voto de dois terços dos membros da Assembleia Legislativa, nos casos de atos praticados fora do recinto da Assembleia Legislativa, que sejam incompatíveis com a execução da medida.

§ 9º Autoriza o livre acesso a deputados estaduais, independentemente de serem membros de Comissões Permanentes ou Temporárias da Assembleia Legislativa do Estado do Rio de Janeiro, aos órgãos e empresas da Administração Pública Estadual direta e indireta, para fins de fiscalização de assuntos relacionados à atividade parlamentar.

Art. 103. Os Deputados não poderão:
I. desde a expedição do diploma:
a) firmar ou manter contrato com pessoa jurídica de direito público, autarquia, empresa pública, sociedade de economia mista ou empresa concessionária de serviço público, salvo quando o contrato obedecer a cláusulas uniformes;
b) aceitar ou exercer cargo, função ou emprego remunerado, inclusive os de confiança, nas entidades constantes da alínea anterior;
II. desde a posse:
a) ser proprietários, controladores ou diretores de empresa que goze de favor decorrente de contrato com pessoa jurídica de direito público, ou nela exercer função remunerada;
b) ocupar cargo ou função de confiança nas entidades referidas no inciso I, "a";
c) patrocinar causa em que seja interessada qualquer das entidades a que se refere o inciso I, "a";
d) ser titulares de mais de um cargo ou mandato público eletivo.

Art. 104. Perderá o mandato o Deputado:

I. que infringir qualquer das proibições estabelecidas no artigo anterior;
II. cujo procedimento for declarado incompatível com o decoro parlamentar;
III. que deixar de comparecer, em cada sessão legislativa, à terça parte das sessões ordinárias, salvo licença ou missão autorizada pela Assembleia Legislativa;
IV. que perder ou tiver suspensos os direitos políticos;
V. quando o decretar a Justiça Eleitoral, nos casos previstos na Constituição da República;
VI. que sofrer condenação criminal em sentença transitada em julgado.
§ 1º É incompatível com o decoro parlamentar, além dos casos definidos no Regimento Interno, o abuso das prerrogativas asseguradas a membro da Assembleia Legislativa ou a percepção de vantagens indevidas.
§ 2º Nos casos dos incisos I, II e VI, a perda do mandato será decidida pela Assembleia Legislativa, por voto aberto e maioria absoluta, mediante provocação da Mesa Diretora ou de partido político com representação na Casa, assegurada ampla defesa.
§ 3º Nos casos previstos nos incisos III a V, a perda será declarada pela Mesa, de ofício ou mediante provocação de qualquer de seus membros, ou de partido político representado na Assembleia Legislativa, assegurada plena defesa.
§ 4º A renúncia de parlamentar submetido a processo que vise ou possa levar à perda do mandato, nos termos deste artigo, terá seus efeitos suspensos até as deliberações finais de que tratam os §§ 2º e 3º.

Art. 105. Não perderá o mandato o Deputado:
I. investido no cargo de Ministro de Estado, Governador de Território, Secretário de Estado, do Distrito Federal, de Território, Secretário Municipal de Prefeitura de Capital e de Município com no mínimo 300.000 eleitores, ou de Chefe de missão diplomática temporária;
II. licenciado por motivo de doença, ou para tratar, sem remuneração, de interesse particular, desde que, neste caso, o afastamento não ultrapasse cento e vinte dias por sessão legislativa.
§ 1º O suplente será convocado nos casos de vaga, de investidura nos cargos ou funções previstas neste artigo, ou de licença superior a cento e vinte dias.
§ 2º Ocorrendo vaga e não havendo suplente, far-se-á eleição para preenchê-la se faltarem mais de quinze meses para o término do mandato.
§ 3º Na hipótese do inciso I deste artigo, o Deputado pode optar pela remuneração do mandato.

Art. 106. A remuneração dos Deputados Estaduais será fixada em cada legislatura, para a subsequente, pela Assembleia Legislativa, observado o que dispõem os artigos 150º, II, 153º, III e 153º, § 2º, I, da Constituição da República.

SEÇÃO IV
Das Reuniões (Arts. 107º e 108º)

Art. 107. A Assembleia Legislativa reunir-se-á anualmente na Capital do Estado de primeiro de fevereiro a trinta de junho e de primeiro de agosto a trinta e um de dezembro.
§ 1º As reuniões marcadas para essas datas serão transferidas para o primeiro dia útil subsequente, quando recaírem em sábados, domingos e feriados.
§ 2º A sessão legislativa não será interrompida sem a aprovação do projeto de lei de diretrizes orçamentárias.
§ 3º A Assembleia Legislativa reunir-se-á em sessões preparatórias, a partir de primeiro de fevereiro, no primeiro ano da legislatura, para a posse de seus membros; no primeiro e no terceiro anos, para eleição da Mesa Diretora.
§ 4º A convocação extraordinária da Assembleia Legislativa será feita:
I. pelo seu Presidente, em caso de intervenção em Município, bem como para receber o compromisso e dar posse ao Governador e ao Vice-Governador do Estado;
II. pela Mesa Diretora ou a requerimento de um terço dos Deputados que compõem a Assembleia Legislativa para apreciação de ato do Governador do Estado que importe em crime de responsabilidade;
III. pelo Governador do Estado, pelo Presidente da Assembleia Legislativa ou a requerimento da maioria dos seus membros, em caso de urgência ou interesse público relevante.
§ 5º Na sessão legislativa extraordinária, a Assembleia Legislativa somente deliberará sobre a matéria para a qual tiver sido convocada.
§ 6º Quando houver convocação extraordinária, os Deputados não farão jus a qualquer tipo de remuneração adicional.
§ 7º A Assembleia Legislativa poderá reunir-se de forma itinerante, conforme calendário previamente determinado, em Municípios Polos das Regiões do Estado.

Art. 108. A Assembleia Legislativa reservará um período para a manifestação de representantes de entidades civis, na forma que dispuser o Regimento Interno.

SEÇÃO V
Das Comissões (Art. 109°)

Art. 109. A Assembleia Legislativa terá comissões permanentes e temporárias, constituídas na forma e com as atribuições previstas nos respectivos Regimento ou ato legislativo de sua criação.

§ 1° Na constituição da Mesa Diretora e de cada Comissão, é assegurada, tanto quanto possível, a representação proporcional dos partidos ou dos blocos parlamentares com participação na Assembleia Legislativa.

§ 2° Às comissões, em relação a matéria de sua competência, além de outras atribuições previstas nesta Constituição, cabe:
I. discutir e votar projeto de lei que dispensar na forma do Regimento, a deliberação do plenário, salvo recurso de um décimo dos membros da Assembleia Legislativa;
II. realizar audiências públicas com entidades representativas da sociedade civil;
III. convocar, na forma do artigo 100 desta Constituição, Secretário de Estado ou Procurador-Geral para prestar informações sobre assuntos inerentes a atribuições de sua pasta;
IV. receber petições, reclamações, representações ou queixas contra atos ou omissões das autoridades ou entidades públicas;
V. solicitar depoimento de qualquer autoridade ou cidadão;
VI. apreciar programas de obras, planos estaduais, regionais e setoriais de desenvolvimento e sobre eles emitir parecer.

§ 3° As comissões parlamentares de inquérito, que terão poderes de investigação próprios das autoridades judiciais, além de outros previstos no Regimento Interno da Casa, serão criadas a requerimento de um terço dos membros da Assembleia Legislativa, para apuração de fato determinado e por prazo certo, sendo suas conclusões, se for o caso, encaminhadas ao Ministério Público, para que promova a responsabilidade civil ou criminal dos infratores.

§ 4° Durante o recesso, haverá uma comissão representativa da Assembleia Legislativa, com atribuições definidas no Regimento Interno, cuja composição reproduzirá, tanto quanto possível, a proporcionalidade da representação partidária, eleita na última sessão ordinária de cada período legislativo.

SEÇÃO VI
Do Processo Legislativo (Art. 110°)

Art. 110. O processo legislativo compreende a elaboração de:
I. emendas à Constituição;
II. leis complementares à Constituição;
III. leis ordinárias;
IV. leis delegadas;
V. decretos legislativos;
VI. resoluções.

Subseção I
Da Emenda à Constituição (Art. 111°)

Art. 111. A Constituição poderá ser emendada mediante proposta:
I. de um terço dos membros de Assembleia Legislativa;
II. do Governador do Estado;
III. de mais da metade das Câmaras Municipais do Estado, manifestando-se, cada uma delas, pela maioria relativa de seus membros.
IV. de iniciativa popular, subscrita por, no mínimo, um por cento do eleitorado estadual, distribuído, pelo menos, em um décimo dos municípios existentes no Estado, com não menos de três décimos por cento dos eleitores de cada um deles.
Inciso IV acrescido pela Emenda Constitucional n° 56, de 18.12.2013, DOE de 19.12.2013, em vigor na data de sua publicação.

§ 1° Em qualquer caso, a proposta de emenda será discutida e votada, em dois turnos, considerando-se aprovada quando obtiver, em ambas as votações, votos favoráveis de três quintos dos membros da Assembleia Legislativa.

§ 2° A Emenda à Constituição será promulgada pela Mesa Diretora da Assembleia Legislativa, com o respectivo número de ordem.

§ 3° A Constituição não poderá ser emendada na vigência de intervenção federal, de estado de defesa ou de estado de sítio.

§ 4° A matéria constante de proposta de emenda rejeitada ou havida por prejudicada não pode ser objeto de nova proposta na mesma sessão legislativa.

Subseção II
Das Leis (Arts. 112° a 118°)

Art. 112. A iniciativa das leis complementares e ordinárias cabe a qualquer membro ou Comissão da Assembleia Legislativa, ao Governador do Estado, ao Tribunal de Justiça, ao Ministério Público, a Defensoria Pública e aos cidadãos, na forma e nos casos previstos nesta Constituição.

§ 1° São de iniciativa privativa do Governador do Estado as leis que:

I. fixem ou alterem os efetivos da Polícia Militar e do Corpo de Bombeiros Militar;

II. disponham sobre:

a) criação de cargos, funções ou empregos públicos na administração direta e autárquica do Poder Executivo ou aumento de sua remuneração;

b) servidores públicos do Estado, seu regime jurídico, provimento de cargos, estabilidade e aposentadoria de civis, reforma e transferência de militares para a inatividade;

c) organização do Ministério Público, sem prejuízo da faculdade contida no artigo 172° desta Constituição, da Procuradoria-Geral do Estado e da Defensoria Pública;

d) criação e extinção de Secretarias de Estado e órgãos da administração pública, observado o disposto o art. 145°, caput, VI, da Constituição;

§ 2° Não será objeto de deliberação proposta que vise conceder gratuidade em serviço público prestado de forma indireta, sem a correspondente indicação da fonte de custeio.

§ 3° Em caso de dúvida em relação às matérias de competência exclusiva do Governador do Estado, a Sanção torna superado o possível vício de iniciativa.

Art. 113. Não será admitido aumento da despesa prevista:

I. nos projetos de iniciativa exclusiva do Governador do Estado, ressalvando o disposto no artigo 210, § 3° desta Constituição;

II. nos projetos sobre organização dos serviços administrativos da Assembleia Legislativa, dos Tribunais e do Ministério Público.

Art. 114. O Governador do Estado pode solicitar urgência para apreciação de projetos de sua iniciativa.

§ 1° Se, no caso deste artigo, a Assembleia Legislativa não se manifestar sobre a proposição em até quarenta e cinco dias, esta deverá ser incluída na Ordem do Dia, sobrestando-se a deliberação quanto aos demais assuntos, para que se ultime a votação.

§ 2° Os prazos de que trata o parágrafo anterior não correm nos períodos de recesso da Assembleia Legislativa, nem se aplicam, aos projetos de código.

Art. 115. O Projeto de Lei, se aprovado, será enviado ao Governador do Estado, o qual, aquiescendo, o sancionará.

§ 1° Se o Governador do Estado considerar o Projeto de Lei, no todo ou em parte, inconstitucional ou contrário ao interesse público, vetá-lo-á total ou parcialmente, no prazo de quinze dias úteis, contado da data do recebimento e comunicará, dentro de quarenta e oito horas, os motivos do veto ao Presidente da Assembleia Legislativa.

§ 2° O veto parcial somente abrangerá texto integral de artigo, de parágrafo, de inciso ou de alínea.

§ 3° Decorrido o prazo de quinze dias úteis, o silêncio do Governador importará sanção.

§ 4° O veto será apreciado no prazo de trinta dias a contar de seu recebimento, só podendo ser rejeitado pelo voto da maioria absoluta dos membros da Assembleia Legislativa, em escrutínio aberto.

§ 5° Se o veto for rejeitado, será o projeto enviado, para promulgação, ao Governador.

§ 6° Esgotado, sem deliberação, o prazo estabelecido no § 4°, o veto será colocado na Ordem do Dia da sessão imediata, sobrestadas as demais proposições, até sua votação final.

§ 7° Se a lei não for promulgada dentro de quarenta e oito horas, pelo Governador nos casos dos § § 3° e 5°, o Presidente da Assembleia Legislativa a promulgará e, se este não o fizer em igual prazo, caberá ao primeiro Vice-Presidente fazê-lo.

Art. 116. A matéria constante de Projeto de Lei rejeitado somente poderá constituir objeto de novo projeto, na mesma sessão legislativa, mediante proposta da maioria absoluta dos membros da Assembleia Legislativa.

Art. 117. As leis delegadas serão elaboradas pelo Governador do Estado, que deverá solicitar a delegação à Assembleia Legislativa.

§ 1° Não serão objeto de delegação os atos de competência exclusiva da Assembleia Legislativa, a matéria reservada à lei complementar, nem a legislação sobre:

I. organização do Poder Judiciário, do Ministério Público e da Defensoria Pública, a carreira e garantia de seus membros;

II. planos plurianuais, diretrizes orçamentárias e orçamentos.

§ 2º A delegação ao Governador do Estado terá a forma de resolução da Assembleia Legislativa, que especificará seu conteúdo e os termos do seu exercício.

§ 3º Se a resolução determinar a apreciação do projeto pela Assembleia Legislativa, esta a fará em votação única, vedada qualquer emenda.

Art. 118. As leis complementares serão aprovadas por maioria absoluta e receberão numeração distinta das leis ordinárias.

Parágrafo único. Considerar-se-ão leis complementares, entre outras previstas nesta Constituição:

I. (Revogado pela Emenda Constitucional nº 39, de 21.12.2006, em vigor na data de sua publicação).
II. Lei Orgânica do Tribunal de Contas do Estado;
III. Lei Orgânica do Ministério Público;
IV. Lei Orgânica da Procuradoria-Geral do Estado;
V. Lei Orgânica do Ministério Público junto ao Tribunal de Contas;
VI. Lei Orgânica da Defensoria Pública;
VII. Lei Orgânica da Carreira de Fiscal de Rendas;
VIII. Estatuto dos Servidores Públicos Civis;
IX. Estatuto dos Servidores Públicos Militares;
X. Lei Orgânica da Polícia Civil.

Subseção III
Da Iniciativa Popular (Arts. 119º e 120º)

Art. 119. A iniciativa popular pode ser exercida pela apresentação à Assembleia Legislativa de Projeto de Lei devidamente articulado e subscrito por, no mínimo, dois décimos por cento do eleitorado do Estado, distribuídos em pelo menos dez por cento dos Municípios, com não menos de um décimo por cento dos eleitores de cada um deles.

Parágrafo único. O Projeto de Lei de iniciativa popular poderá ser parcial ou totalmente subscrito por meio de assinatura digital autenticada.

Art. 120. Mediante proposição devidamente fundamentada de dois quintos dos Deputados ou de cinco por cento dos eleitores inscritos no Estado, será submetida a plebiscito popular questão relevante para os destinos do Estado.

§ 1º A votação será organizada pelo Tribunal Regional Eleitoral, no prazo de três meses após a aprovação da proposta, assegurando-se formas de publicidade gratuita para os partidários e os opositores da proposição.

§ 2º Serão realizadas, no máximo, duas consultas plebiscitárias por ano, admitindo-se até cinco proposições por consulta, e vedada a sua realização nos quatro meses que antecederem à realização de eleições municipais, estaduais e nacionais.

§ 3º O Tribunal Regional Eleitoral proclamará o resultado do plebiscito que será considerado como decisão definitiva sobre a questão proposta.

§ 4º A proposição que já tenha sido objeto de plebiscito popular somente poderá ser reapresentada com intervalo de três anos.

§ 5º O Estado assegurará ao Tribunal Regional Eleitoral os recursos necessários à realização das consultas plebiscitárias.

SEÇÃO VII
Da Procuradoria-Geral da Assembleia Legislativa (Art. 121º)

Art. 121. A consultoria jurídica, a supervisão dos serviços de assessoramento jurídico, bem como a representação judicial da Assembleia Legislativa, quando couber, são exercidas por seus Procuradores, integrantes da Procuradoria-Geral da Assembleia Legislativa, diretamente vinculada ao Presidente.

§ 1º A carreira de Procurador da Assembleia Legislativa, a organização e o funcionamento da instituição serão disciplinados em Lei Complementar, dependendo o respectivo ingresso de provimento condicionado à classificação em concurso público de provas e títulos, com a participação da Ordem dos Advogados do Brasil.

§ 2º O Procurador-Geral da Assembleia Legislativa, chefe da instituição, será nomeado pela Mesa Diretora dentre cidadãos de notável saber jurídico e reputação ilibada.

Art. 122. A fiscalização contábil, financeira, orçamentária, operacional e patrimonial do Estado e das entidades da Administração Direta e Indireta, quanto à legalidade, legitimidade, economicidade, aplicação das subvenções e renúncia de receitas, será exercida pela Assembleia Legislativa, mediante controle externo e pelo sistema de controle interno de cada Poder.

Parágrafo único. Prestará contas qualquer pessoa física ou entidade pública que utilize, arrecade, guarde, gerencie ou administre dinheiros, bens e valores públicos, ou pelos quais o Estado responda ou que, em nome deste, assuma obrigações de natureza pecuniária.

Art. 123. O controle externo, a cargo da Assembleia Legislativa, será exercido com o auxílio do Tribunal de Contas do Estado, ao qual compete:

I. apreciar as contas prestadas anualmente pelo Governador do Estado, mediante parecer prévio que deverá ser elaborado em sessenta dias a contar de seu recebimento;

II. julgar as contas dos administradores e demais responsáveis por dinheiros, bens e valores públicos dos três poderes, da administração direta e indireta, incluídas as empresas públicas, autarquias, sociedades de economia mista e as fundações instituídas ou mantidas pelo Poder Público Estadual, e as contas daqueles que derem causa a perda, extravio ou outra irregularidade de que resulte prejuízo à Fazenda Estadual;

III. apreciar, para fins de registro, a legalidade dos atos de admissão de pessoal, a qualquer título, na administração direta e indireta, incluídas as fundações instituídas ou mantidas pelo Poder Público, excetuadas as nomeações para cargos de provimento em comissão, bem como a das concessões de aposentadorias, transferências para a reserva, reformas e pensões, ressalvadas as melhorias posteriores que não alterem o fundamento legal do ato concessório;

IV. realizar, por iniciativa própria da Assembleia Legislativa, de Comissão técnica ou de inquérito, inspeções e auditorias de natureza contábil, financeira, orçamentária, operacional e patrimonial, nas unidades administrativas dos Poderes Legislativo, Executivo e Judiciário, e demais entidades referidas no inciso II;

V. fiscalizar a aplicação de quaisquer recursos repassados pelo Estado mediante convênio, acordo, ajuste ou outros instrumentos congêneres;

VI. prestar as informações solicitadas pela Assembleia Legislativa, ou por qualquer de suas Comissões, sobre a fiscalização contábil, financeira, orçamentária, operacional e patrimonial, e sobre resultados de auditorias e inspeções realizadas;

VII. aplicar aos responsáveis, em caso de ilegalidade de despesa ou irregularidade de contas, as sanções previstas em lei, que estabelecerá, dentre outras cominações, multa proporcional ao dano causado ao erário;

VIII. assinar prazo para que o órgão ou entidade adote as providências necessárias ao exato cumprimento da lei, se verificada ilegalidade;

IX. sustar, se não atendido, a execução do ato impugnado, comunicando a decisão à Assembleia Legislativa;

X. representar ao Poder competente sobre irregularidades ou abusos apurados.

§ 1º No caso de contrato, o ato de sustação será adotado diretamente pela Assembleia Legislativa, que solicitará, de imediato, ao Poder Executivo as medidas cabíveis.

§ 2º Se a Assembleia Legislativa ou o Poder Executivo, no prazo de noventa dias, não efetivar as medidas previstas no parágrafo anterior, o Tribunal decidirá a respeito.

§ 3º As decisões do Tribunal de que resulte imputação de débito ou multa terão eficácia de título executivo.

§ 4º O Tribunal encaminhará à Assembleia Legislativa, trimestral e anualmente, relatório de suas atividades.

§ 5º Os responsáveis pelo sistema de controle interno previsto neste artigo, na área contábil, serão, necessariamente, contabilistas inscritos no Conselho Regional de Contabilidade do Estado do Rio de Janeiro.

§ 6º Aplica-se ao Tribunal de Contas, no que couber, o disposto no artigo 152º, §§ 1º e 3º, desta Constituição.

Art. 124. A fiscalização contábil, financeira, orçamentária, operacional e patrimonial dos Municípios, e de todas as entidades de sua administração direta e indireta e fundacional, é exercida mediante controle externo da Câmara Municipal e pelos sistemas de controle interno do respectivo Poder Executivo, na forma estabelecida em lei.

§ 1º O controle externo da Câmara Municipal será exercido com o auxílio do Tribunal de Contas do Estado, que emitirá parecer prévio sobre as contas do Prefeito.

§ 2º Somente por decisão de dois terços dos membros da Câmara Municipal deixará de prevalecer o parecer prévio, emitido pelo Tribunal de Contas do Estado, sobre as contas que o Prefeito prestará anualmente.

§ 3º No Município do Rio de Janeiro, o controle externo é exercido pela Câmara Municipal, com o auxílio do Tribunal de Contas do Município, aplicando-se, no que couber as normas estabelecidas nesta seção, inclusive as relativas ao provimento de cargos de Conselheiro e os termos dos §§ 3º e 4º do artigo 131º desta Constituição.

§ 4º As contas do Tribunal de Contas do Município do Rio de Janeiro serão submetidas, anualmente, à apreciação da Câmara Municipal do Rio de Janeiro.

Art. 125. Compete ao Tribunal de Contas do Estado, além de outras atribuições conferidas por lei:

I. dar parecer prévio sobre a prestação anual de contas da administração financeira dos Municípios elaborado em sessenta dias, a contar de seu recebimento;

II. encaminhar a Câmara Municipal e ao Prefeito o parecer sobre as contas e sugerir as medidas convenientes para a final apreciação da Câmara;

III. julgar as contas dos administradores e demais responsáveis por dinheiros, bens e valores públicos da administração direta e indireta dos Municípios, incluídas as fundações e sociedades instituídas e mantidas pelo Poder Público Municipal, e as contas dos que derem causa a perda, extravio ou outra irregularidade de que resulte prejuízo ao erário;

IV. apreciar, para fins de registro, a legalidade dos atos de admissão de pessoal, a qualquer título, na administração direta e indireta, incluídas as fundações instituídas e mantidas pelo Poder Público, excetuadas as nomeações para cargo de provimento em comissão, bem como a legalidade das concessões de aposentadorias e pensões, ressalvadas as melhorias posteriores que não alterem o fundamento legal do ato concessório;

V. realizar, por iniciativa própria da Câmara Municipal, de Comissão Técnica ou de Inquérito, inspeções e auditorias de natureza contábil, financeira, orçamentária, operacional e patrimonial, nas unidades administrativas da Câmara Municipal do Poder Executivo Municipal e demais entidades referidas no inciso III;

VI. prestar as informações solicitadas pela Câmara Municipal ou por qualquer das respectivas Comissões, sobre a fiscalização contábil, financeira, orçamentária, operacional e patrimonial, e sobre resultados de auditorias e de inspeções realizadas;

VII. aplicar aos responsáveis, em caso de ilegalidade de despesa ou irregularidade de contas, as sanções previstas em lei que estabelecerá, entre outras cominações, multa proporcional ao dano causado ao erário;

VIII. assinar prazo para que o órgão ou entidade adote as providências necessárias ao exato cumprimento da lei, se verificada ilegalidade;

IX. sustar, se não atendido, a execução do ato impugnado, comunicando a decisão a Câmara Municipal;

X. representar ao Poder competente sobre irregularidades ou abusos apurados.

XI. Considerar em juízo o responsável em processos de prestação ou tomada de contas, para todos os efeitos de direito, com a entrada do processo no Tribunal de Contas, estabelecendo-se o contraditório quando tomar ciência da decisão prolatada.

XII. Julgar as prestações ou tomada de contas e registrar os atos de pessoal que a administração não puder anular em até cinco anos contados do término do exercício seguinte àquele em que estas lhe tiverem sido apresentadas.

§ 1º Ficam obrigados os Chefes de Poderes Estadual e Municipais, bem como seus subordinados hierárquicos, de cargos políticos os administrativos, a fornecerem ao responsável, nos termos do caput deste artigo, os documentos, certidões e informações por ele solicitados com a finalidade de exercer o seu direito de defesa perante ao Tribunal de Contas.

§ 2º A apresentação dos documentos, certidões e informações a que se refere o parágrafo anterior será feita obrigatoriamente dentro de dez dias contados da data da solicitação protocolada.

§ 3º O descumprimento do disposto nos parágrafos 1º e 2º deste artigo implicará na responsabilidade solidária pela apresentação dos documentos, certidões e informações ao Tribunal de Contas, sujeitando-se às mesmas penalidades decorrentes do não atendimento a diligência ou decisão do Tribunal, e servirá de fundamento para a prorrogação dos prazos processuais de acordo com as circunstâncias do caso concreto.

§ 4º Observada à garantia constitucional da duração razoável do processo (CF-1988, art. 5º, inciso LXXVIII), este prazo poderá ser prorrogado, uma única vez, nos casos de necessidade, por decisão fundamentada do Conselheiro Relator.

§ 5º A pretensão punitiva do Tribunal de Contas prescreverá quando a paralisação da tramitação de feito ultrapassar o prazo de cinco anos.

Art. 126. As contas dos Municípios ficarão, durante sessenta dias, anualmente, a disposição de qualquer contribuinte, para exame e apreciação, o qual poderá questionar-lhes a legitimidade nos termos da lei.

Art. 127. A Comissão permanente a que se refere o artigo 210º, § 1º, desta Constituição, diante de indícios de despesas não autorizadas, ainda que sob a forma de investimentos não programados ou de subsídios não aprovados, poderá solicitar a autoridade governamental responsável que, no prazo de cinco dias, preste os esclarecimentos necessários.

§ 1º Não prestados os esclarecimentos, ou considerados insuficientes, a comissão solicitará ao Tribunal pronunciamento conclusivo sobre a matéria, no prazo de trinta dias.

§ 2º Entendendo o Tribunal irregular a despesa, a Comissão, se julgar que o gasto possa causar dano irreparável ou grave lesão à economia pública, proporá à Assembleia Legislativa sua sustação.

Art. 128. O Tribunal de Contas do Estado, integrado por sete Conselheiros, tem sede na Capital, quadro próprio de pessoal e jurisdição em todo território estadual, exercendo, no que couber, as atribuições previstas no art. 158º da Constituição.

§ 1º Os Conselheiros do Tribunal de Contas do Estado serão nomeados dentre brasileiros que satisfaçam os seguintes requisitos:
I. mais de trinta e cinco e menos de sessenta e cinco anos de idade;
II. idoneidade moral e reputação ilibada;
III. notórios conhecimentos jurídicos, contábeis, econômicos e financeiros ou de administração pública;
IV. mais de dez anos de exercício de função ou de efetiva atividade profissional que exija os conhecimentos mencionados no inciso anterior.

§ 2º Os Conselheiros do Tribunal de Contas do Estado serão escolhidos:
I. três pelo Governador do Estado, com a aprovação da Assembleia Legislativa, sendo dois alternadamente dentre auditores e membros do Ministério Público junto ao Tribunal, indicados em lista tríplice pelo Tribunal, segundo os critérios de antiguidade e merecimento;
II. quatro pela Assembleia Legislativa.

§ 3º Os Conselheiros do Tribunal de Contas do Estado terão as mesmas garantias, prerrogativas, impedimentos, vencimentos e vantagens dos Desembargadores do Tribunal de Justiça, aplicando-se-lhes, quanto à aposentadoria e pensão, as normas constantes do art. 89º.

§ 4º O auditor, quando em substituição a Conselheiro, terá as mesmas garantias e impedimentos do titular e, quando no exercício das demais atribuições da judicatura, as de juiz de direito da mais alta entrância.

§ 5º São infrações administrativas de Conselheiro do Tribunal de Contas, sujeitas a julgamento pela Assembleia Legislativa e sancionadas, mesmo na forma tentada, com o afastamento do cargo:
I. impedir o funcionamento administrativo de Câmara Municipal ou da Assembleia Legislativa;
II. desatender, sem motivo justo, pedido de informações, de auditoria ou de inspeção externa, formulado por Câmara Municipal ou pela Assembleia Legislativa;
III. não cumprir prazo constitucional ou legal para o exercício de sua atribuição;
IV. deixar de prestar contas à Assembleia Legislativa;
V. incidir em quaisquer das proibições do art. 167º da Constituição da República;
VI. praticar, contra expressa disposição de lei, ato de sua competência ou omitir-se na sua prática;
VII. omitir-se ou negligenciar na defesa de bens, rendas, direitos ou interesses, sujeitos à administração do Tribunal de Contas;
VIII. proceder de modo incompatível com a dignidade e o decoro do cargo.

§ 6º Assegurados o contraditório e ampla defesa, o processo administrativo por fato descrito no parágrafo anterior obedecerá ao seguinte rito:
I. a notícia, por escrito e com firma reconhecida, poderá ser formulada por qualquer pessoa;
II. a instauração do processo administrativo dependerá de aprovação pela maioria absoluta da Assembleia Legislativa, após a leitura da notícia em Plenário;
III. constituir-se-á comissão processante especial, composta por cinco Deputados sorteados, os quais elegerão o Presidente e o Relator;
IV. recebidos os autos, o Presidente determinará a citação do noticiado, remetendo-lhe cópia integral do processo administrativo, para que, no prazo de cinco dias, apresente defesa prévia, por escrito, indique as provas que pretender produzir e arrole testemunhas, até o máximo de dez;
V. o noticiado deverá ser intimado de todos os atos do processo, pessoalmente, ou na pessoa de seu procurador, com a antecedência, pelo menos, de vinte e quatro horas, sendo-lhe permitido assistir às diligências e audiências, bem como formular perguntas e reperguntas às testemunhas e requerer o que for de interesse da defesa;
VI. concluída a instrução, será aberta vista do processo ao noticiado, para razões escritas no prazo de cinco dias, após o que a comissão processante emitirá parecer final, pela procedência ou improcedência da notícia;

VII. havendo julgamento, o parecer final será lido com Plenário e, depois, o noticiado, ou seu procurador, terá o prazo máximo de uma hora para produzir sua defesa oral.

VIII. concluída a defesa, proceder-se-á a tantas votações quantas forem as infrações articuladas na notícia, considerando-se afastado do cargo, o noticiado que for declarado, pelo voto aberto da maioria absoluta dos Deputados, como incurso em qualquer das infrações especificadas na notícia;

IX. o processo será concluído em noventa dias, contados da data em que se efetivar a notificação do acusado, sob pena de arquivamento.

§ 7º Fica vedada a nomeação para Conselheiro do Tribunal de Constas o cidadão que:

I. tenha contra sua pessoa representação julgada procedente pela Justiça Eleitoral, em decisão transitada em julgado ou proferida por órgão colegiado, em processo de apuração de abuso do poder econômico ou político, para a eleição na qual concorrem ou tenham sido diplomados, bem como para as que se realizaram nos oito anos anteriores;

II. que forem condenados, em decisão transitada em julgado ou proferida por órgão judicial colegiado, desde a condenação até o transcurso do prazo de oito anos após o cumprimento da pena, pelos crimes:
1. contra a economia popular, a fé pública, a administração pública e o patrimônio público;
2. contra o patrimônio privado, o sistema financeiro, o mercado de capitais e os previstos na lei que regula a falência;
3. contra o meio ambiente e a saúde pública;
4. eleitorais, para os quais a lei comine pena privativa de liberdade;
5. de abuso de autoridade, nos casos em que houver condenação à perda do cargo ou à inabilitação para o exercício de função pública;
6. de lavagem ou ocultação de bens, direitos e valores;
7. de tráfico de entorpecentes e drogas afins, racismo, tortura, terrorismo e hediondos;
8. de redução à condição análoga à de escravo;
9. contra a vida e a dignidade sexual; e
10. praticados por organização criminosa, quadrilha ou bando;

I. que forem declarados indignos do oficialato, ou com ele incompatíveis;

II. os que tiverem suas contas relativas ao exercício de cargos ou funções públicas rejeitadas por irregularidade insanável que configure ato doloso de improbidade administrativa, e por decisão irrecorrível do órgão competente, salvo se esta houver sido suspensa ou anulada pelo Poder Judiciário.

III. os detentores de cargo na administração pública direta, indireta ou fundacional, que beneficiarem a si ou a terceiros, pelo abuso do poder econômico ou político, que forem condenados em decisão transitada em julgado ou proferida por órgão judicial colegiado, nos oito anos anteriores a data de indicação;

IV. que forem condenados, em decisão transitada em julgado ou proferida por órgão colegiado da Justiça Eleitoral, por corrupção eleitoral, por captação ilícita de sufrágio, por doação, captação ou gastos ilícitos de recursos de campanha ou por conduta vedada aos agentes públicos em campanhas eleitorais;

V. o Presidente da República, o Governador de Estado e do Distrito Federal, o Prefeito, os membros do Congresso Nacional, das Assembleias Legislativas, da Câmara Legislativa, das Câmaras Municipais, que renunciarem a seus mandatos desde o oferecimento de representação ou petição capaz de autorizar a abertura de processo por infringência a dispositivo da Constituição Federal, da Constituição Estadual, da Lei Orgânica do Distrito Federal ou da Lei Orgânica do Município, nos oito anos anteriores a data da nomeação;

VI. que forem condenados à suspensão dos direitos políticos, em decisão transitada em julgado ou proferida por órgão judicial colegiado, por ato doloso de improbidade administrativa que importe lesão ao patrimônio público e enriquecimento ilícito, desde a condenação ou o trânsito em julgado até o transcurso do prazo de oito anos após o cumprimento da pena;

VII. que forem excluídos do exercício da profissão, por decisão sancionatória do órgão profissional competente, em decorrência de infração ético-profissional, salvo se o ato houver sido anulado ou suspenso pelo Poder Judiciário;

VIII. a pessoa física e os dirigentes de pessoas jurídicas responsáveis por doações eleitorais tidas por ilegais por decisão transitada em julgado ou proferida por órgão colegiado da Justiça Eleitoral, observando-se o procedimento previsto no art. 22º;

IX. os magistrados e os membros do Ministério Público que forem aposentados compulsoriamente por decisão sancionatória, que tenham perdido o cargo por sentença ou que tenham pedido exoneração ou aposentadoria voluntária na pendência de processo administrativo disciplinar.

Art. 129. Os Poderes Legislativo, Executivo e Judiciário manterão, de forma integrada, sistema de controle interno com a finalidade de:

I. avaliar o cumprimento das metas previstas no plano plurianual, a execução dos programas de governo e dos orçamentos do Estado;

II. comprovar a legalidade e avaliar os resultados, quanto à eficácia e eficiência da gestão orçamentária, financeira e patrimonial nos órgãos e entidades da administração estadual, bem como da aplicação de recursos públicos por entidades de direito privado;

III. exercer o controle das operações de crédito, avais e garantias, bem como dos direitos e haveres do Estado;

IV. apoiar o controle externo no exercício de sua missão institucional.

Parágrafo único. Os responsáveis pelo controle interno, ao tomarem conhecimento de qualquer irregularidade ou ilegalidade, dela darão ciência ao Tribunal de Contas do Estado, sob pena de responsabilidade solidária.

Art. 130. Os Conselheiros do Tribunal de Contas, ainda que em disponibilidade, não poderão exercer outra função pública, nem qualquer profissão remunerada, salvo uma de magistério, nem receber, a qualquer título ou pretexto, participação nos processos, bem como dedicar-se à atividade político-partidária, sob pena de perda do cargo.

Art. 131. O Tribunal de Contas prestará suas contas, anualmente, à Assembleia Legislativa, no prazo de sessenta dias da abertura da sessão legislativa.

Art. 132. Qualquer cidadão, partido político, associação ou sindicato é parte legítima para, na forma da lei, denunciar irregularidades ou ilegalidades perante o Tribunal de Contas do Estado.

Art. 133. É de competência exclusiva do Tribunal de Contas elaborar o seu Regimento Interno, dispor sobre sua organização e funcionamento, solicitar criação, transformação ou extinção de cargos, empregos e funções do quadro de pessoal e seu estatuto, e a fixação da respectiva remuneração, observados os parâmetros estabelecidos na lei de diretrizes orçamentárias.

Parágrafo único. A consultoria jurídica, a supervisão dos serviços jurídicos e a representação judicial do Tribunal de Contas, quando couber, são exercidas por seus Procuradores, integrantes da Procuradoria-Geral do Tribunal de Contas, instituição a ser regulada por Lei Complementar

Art. 134. Lei disporá sobre a organização e funcionamento do Tribunal de Contas, podendo dividi-lo em Câmaras e criar delegações ou órgãos destinados a auxiliá-lo no exercício de suas funções e na descentralização dos seus trabalhos, incluindo-se entre as atribuições de seus membros a participação nesses órgãos, quando designados pelo Tribunal.

CAPÍTULO I
Do poder executivo (Arts. 135° a 150°)

SEÇÃO I
Do Governador e do Vice-Governador do Estado (Arts. 135° a 144°)

Art. 135. O Poder Executivo é exercido pelo Governador do Estado, auxiliado pelos Secretários de Estado.

Art. 136. A eleição do Governador e do Vice-Governador de Estado, para mandato de quatro anos, realizar-se-á, simultaneamente, no primeiro domingo de outubro, em primeiro turno, e no último domingo de outubro, em segundo turno, se houver, do ano do término do mandato de seus antecessores e a posse ocorrerá em primeiro de janeiro do ano subsequente.

§ 1° A eleição do Governador do Estado importará a do Vice-Governador com ele registrado.

§ 2° A eleição do Governador do Estado é feita por sufrágio universal e pelo voto direto e secreto.

§ 3° (Revogado pela Emenda Constitucional n° 53, de 26.06.2012, em vigor na data de sua publicação).

Art. 137. São condições de elegibilidade para Governador e Vice-Governador do Estado:

I. nacionalidade brasileira;

II. pleno exercício dos direitos políticos;

III. domicílio eleitoral na circunscrição do Estado pelo prazo fixado em lei;

IV. filiação partidária;

V. idade mínima de trinta anos.

Art. 138. Será considerado eleito Governador do Estado o candidato que, registrado por partido político, obtiver a maioria absoluta de votos, não computados os em branco e os nulos.

§ 1º Se nenhum candidato alcançar maioria absoluta na primeira votação, far-se-á nova eleição em até vinte dias após a proclamação do resultado, concorrendo os dois candidatos mais votados, considerando-se eleito o que obtiver a maioria dos votos válidos.

§ 2º Se, antes de realizado o segundo turno, ocorrer morte, desistência ou impedimento legal de candidato, convocar-se-á, dentre os remanescentes, o de maior votação.

§ 3º Se, na hipótese dos parágrafos anteriores, remanescer, em segundo lugar, mais de um candidato com a mesma votação, qualificar-se-á o mais idoso.

Art. 139. O Governador e o Vice-Governador do Estado tomarão posse em sessão da Assembleia Legislativa, prestando o compromisso de manter, defender e cumprir a Constituição, observar as leis e promover o bem geral do povo do Estado do Rio de Janeiro.

Parágrafo único. Se, decorridos dez dias da data fixada para a posse, o Governador ou o Vice-Governador do Estado, salvo motivo de força maior, não tiver assumido o cargo, este será declarado vago.

Art. 140. Substituirá o Governador, no caso de impedimento, e suceder-lhe-á, no de vaga, o Vice-Governador.

Parágrafo único. O Vice-Governador do Estado, além de outras atribuições que lhe forem conferidas por lei complementar, auxiliará o Governador, sempre que por ele convocado para missões especiais.

Art. 141. Em caso de impedimento do Governador e do Vice-Governador, ou de vacância dos respectivos cargos, serão sucessivamente chamados ao exercício da chefia do Poder Executivo o Presidente da Assembleia Legislativa e o Presidente do Tribunal de Justiça.

Art. 142. Vagando os cargos de Governador e de Vice-Governador do Estado, far-se-á eleição noventa dias depois de aberta a última vaga.

§ 1º Ocorrendo a vacância nos últimos dois anos do período governamental, a eleição para ambos os cargos será feita trinta dias depois da última vaga, pela Assembleia Legislativa, na forma da lei.

§ 2º Em qualquer dos casos, os eleitos deverão completar o período de seus antecessores.

Art. 143. O Governador residirá na Capital do Estado.

§ 1º O Governador não pode ausentar-se do Estado por mais de quinze dias consecutivos, nem do Território Nacional por qualquer prazo, sem prévia autorização da Assembleia Legislativa, sob pena de perda do cargo.

§ 2º O Vice-Governador não pode ausentar-se do Território Nacional por mais de quinze dias consecutivos, sem prévia autorização da Assembleia Legislativa, sob pena de perda do cargo.

§ 3º Tratando-se de viagem oficial, o Governador, no prazo de quinze dias a partir da data do retorno, deverá enviar à Assembleia Legislativa relatório circunstanciado sobre o resultado da mesma

Art. 144. Aplicam-se ao Governador e ao Vice-Governador, no que couber, as proibições e impedimentos estabelecidos para os Deputados Estaduais.

Parágrafo único. Perderá o mandato o Governador que assumir outro cargo ou função na administração pública direta ou indireta, ressalvada a posse em virtude de concurso público e observado o disposto no artigo 87º, I, IV e V, desta Constituição.

SEÇÃO II
Das Atribuições do Governador do Estado (Art. 145°)

Art. 145. Compete privativamente ao Governador do Estado:

I. nomear e exonerar os Secretários de Estado;

II. exercer, com o auxílio dos Secretários de Estado, a direção superior da administração estadual;

III. iniciar o processo legislativo, na forma e nos casos previstos nesta Constituição;

IV. sancionar, promulgar e fazer publicar as leis bem como expedir decretos e regulamentos para sua fiel execução;

V. vetar projetos de lei, total ou parcialmente;

VI. dispor, mediante decreto, sobre:

a) organização e funcionamento da administração estadual, com não implicar aumento de despesa nem criação ou extinção de órgãos públicos;

b) extinção de funções ou cargos públicos, quando vagos;

VII. decretar e executar a intervenção nos Municípios, nomeando o Interventor, nos casos previstos nesta Constituição;

VIII. emeter mensagens e plano de governo à Assembleia Legislativa por ocasião da abertura da Sessão Legislativa, expondo a situação do Estado e solicitando as providências que julgar necessárias;

IX. nomear o Procurador-Geral da Justiça, dentre os indicados em lista tríplice composta, na forma da lei, por integrantes da carreira do Ministério Público;

X. nomear os Conselheiros do Tribunal de Contas do Estado;

XI. Parágrafo Único do artigo 157° desta Constituição, bem como o Procurador-Geral do Estado e o Defensor Público-Geral do Estado, estes observados os artigos 176°, § 1° e 180°, Parágrafo Único, respectivamente;

XII. enviar à Assembleia Legislativa o plano plurianual, o projeto de lei de diretrizes orçamentárias e as propostas de orçamento previstas nesta Constituição;

XIII. prestar, anualmente, à Assembleia Legislativa, dentro de sessenta dias após a abertura da Sessão Legislativa, as contas referentes ao exercício anterior;

XIV. prover e extinguir os cargos públicos estaduais, na forma da lei;

XV. exercer outras atribuições previstas nesta Constituição.

Parágrafo único. O Governador do Estado poderá delegar as atribuições mencionadas nos incisos VI e XIV, primeira parte, aos Secretários de Estado, ao Procurador-Geral da Justiça ou ao Procurador-Geral do Estado, que observarão os limites traçados nas respectivas delegações.

XVI. nomear o Defensor Público-Geral do Estado, dentre os indicados em lista tríplice composta, na forma da Lei, por integrantes da carreira da Defensoria Pública;

SEÇÃO III
Da Responsabilidade do Governador do Estado (Arts. 146° a 147°)

Art. 146. São crimes de responsabilidade os atos do Governador do Estado que atentarem contra a Constituição da República, a do Estado e, especialmente, contra:

I. a existência da União, do Estado ou dos Municípios;

II. o livre exercício do Poder Legislativo, do Poder Judiciário e do Ministério Público;

III. o exercício dos direitos políticos, individuais e sociais;

IV. a segurança interna do País ou do Estado;

V. a probidade na administração;

VI. a lei orçamentária;

VII. o cumprimento das leis e das decisões judiciais.

Parágrafo único. As normas de processo e julgamento bem como a definição desses crimes são as estabelecidas por lei federal.

Art. 147. O Governador do Estado, admitida a acusação pelo voto de dois terços dos Deputados, será submetido a julgamento perante o Superior Tribunal de Justiça, nas infrações penais comuns, ou perante a Assembleia Legislativa, nos crimes de responsabilidade.

§ 1° O Governador ficará suspenso de suas funções:

I. nas infrações penais comuns, se recebida a denúncia ou queixa-crime pelo Superior Tribunal de Justiça;

II. nos crimes de responsabilidade, após a instauração do processo pela Assembleia Legislativa.

§ 2° Se, decorrido o prazo de cento e oitenta dias, o julgamento não estiver concluído, cessará o afastamento do Governador, sem prejuízo do regular prosseguimento do processo.

§ 3° Enquanto não sobrevier sentença condenatória, nas infrações penais comuns, o Governador do Estado não estará sujeito à prisão.

§ 4° O Governador do Estado, na vigência de seu mandato, não pode ser responsabilizado por atos estranhos ao exercício de suas funções.

SEÇÃO IV
Dos Secretários de Estado (Arts. 148° a 150°)

Art. 148. Os Secretários de Estado serão escolhidos dentre brasileiros maiores de vinte e um anos e no exercício dos direitos políticos.

Parágrafo único. Compete ao Secretário de Estado, além de outras atribuições estabelecidas nesta Constituição e na lei:

I. exercer a orientação, coordenação e supervisão dos órgãos e entidades da administração estadual na área de sua competência e referendar os atos e decretos assinados pelo Governador;

II. expedir instruções para a execução das leis, decretos e regulamentos;

III. apresentar ao Governador do Estado relatório anual das atividades realizadas pela Secretaria;

IV. praticar os atos pertinentes às atribuições que lhe forem outorgadas ou delegadas pelo Governador do Estado.

Art. 149. A lei disporá sobre a criação e extinção de Secretarias de Estado e órgãos da administração pública.

Art. 149. com redação dada pela Emenda Constitucional nº 53, de 26.06.2012, em vigor na data de sua publicação. O artigo alterado dispunha o seguinte: "Art. 149. A lei disporá sobre a criação, estruturação e atribuições das Secretarias de Estado."

Art. 150. Os Secretários de Estado, nos crimes comuns e nos de responsabilidade, serão julgados pelo Tribunal de Justiça.

Parágrafo único. Nos crimes de responsabilidade, conexos com os do Governador, o julgamento será efetuado pela Assembleia Legislativa.

CAPÍTULO III
Do Poder Judiciário

SEÇÃO I
Disposições Gerais (Arts. 151º a 157º)

Art. 151. São Órgãos do Poder Judiciário:
I. o Tribunal de Justiça;
II. os Juízes de Direito;
III. o Tribunal do Júri;
IV. os Conselhos da Justiça Militar;
V. os Juizados Especiais e suas Turmas Recursais.

§ 1º Em cada comarca existirá, pelo menos, um Tribunal do Júri, presidido por Juiz de Direito e composto de Jurados, nos termos da lei processual penal.

§ 2º Os Juízes de Paz, sem função jurisdicional, integrarão a administração da Justiça.

Art. 152. Ao Poder Judiciário é assegurada autonomia administrativa e financeira.

§ 1º O Tribunal de Justiça elaborará a proposta orçamentária do Poder Judiciário dentro dos limites estipulados em conjunto com os demais Poderes na Lei de Diretrizes Orçamentárias.

§ 2º O encaminhamento da proposta, depois de aprovada pelo Tribunal de Justiça, será feito pelo seu Presidente, à Assembleia Legislativa.

§ 3º Não encaminhadas as respectivas propostas orçamentárias dentro do prazo estabelecido na lei de diretrizes orçamentárias, o Poder Executivo considerará, para fins de consolidação da proposta orçamentária anual, os valores aprovados na lei orçamentária vigente, ajustados de acordo com os limites estipulados na forma do § 1º deste artigo.

§ 4º Se as propostas orçamentárias de que trata este artigo forem encaminhadas em desacordo com os limites estipulados na forma do § 1º, o Poder Executivo procederá aos ajustes necessários para fins de consolidação da proposta orçamentária anual.

§ 5º Durante a execução orçamentária do exercício, não poderá haver a realização de despesas ou a assunção de obrigações que extrapolem os limites estabelecidos na lei de diretrizes orçamentárias, exceto se previamente autorizadas, mediante a abertura de créditos suplementares ou especiais.

Art. 153. À exceção dos créditos de natureza alimentícia, os pagamentos devidos pela Fazenda Estadual ou Municipal, em virtude de sentença judicial, serão feitos exclusivamente na ordem cronológica de apresentação dos precatórios e à conta dos créditos respectivos, proibida a designação de casos ou de pessoas nas dotações orçamentárias e nos créditos adicionais abertos para este fim.

§ 1º É obrigatória a inclusão, no orçamento das entidades de direito público, de verba necessária ao pagamento dos seus débitos, constantes de precatórios judiciários, apresentados até primeiro de julho, data em que terão atualizados os seus valores, fazendo-se o pagamento até o final do exercício seguinte.

§ 2º As dotações orçamentárias e os créditos abertos serão consignados ao Poder Judiciário, recolhendo-se as importâncias respectivas a repartição competente, cabendo ao Presidente do Tribunal de Justiça determinar o pagamento, segundo as possibilidades do depósito, e autorizar, a requerimento do credor e exclusivamente para o caso de preterimento do seu direito de precedência, o sequestro da quantia necessária à satisfação do crédito.

§ 3º Os maiores de sessenta e cinco anos de idade terão preferência no recebimento de precatórios referentes a créditos de natureza alimentícia.

Art. 154. Os juízes gozam das seguintes garantias:
I. vitaliciedade, que, no primeiro grau, só será adquirida após dois anos de exercício, dependendo a perda do cargo, nesse período, de deliberação do Tribunal de Justiça, e, nos demais casos, de sentença judicial transitada em julgado;
II. inamovibilidade, salvo por motivo de interesse público, na forma do artigo 156º, VIII, desta Constituição;
III. irredutibilidade de vencimentos; a remuneração observará o que dispõem o artigo 77º, XIII, desta Constituição, e artigos 150º, II, 153º, III e 153º, § 2º, I, da Constituição da República.

Art. 155. Aos juízes é vedado:

I. exercer, ainda que em disponibilidade, outro cargo ou função, salvo uma de magistério;
II. receber, a qualquer título ou pretexto, custas ou participação em processo;
III. dedicar-se à atividade político-partidária.
IV. receber, a qualquer título ou pretexto, a auxílios ou contribuições de pessoas físicas, entidades públicas ou privadas, ressalvadas as exceções previstas em Lei;
V. exercer a advocacia no juízo ou tribunal do qual se afastou, antes de decorridos três anos do afastamento do cargo por aposentadoria ou exoneração.

Art. 156. A magistratura estadual terá seu regime jurídico estabelecido no Estatuto da Magistratura, observados os seguintes princípios:
I. ingresso na carreira, cujo cargo inicial será o de juiz substituto, mediante concurso público de provas e títulos, promovido pelo Tribunal de Justiça com a participação da Ordem dos Advogados do Brasil em todas as fases, exigindo-se do bacharel em direito, no mínimo, três anos de atividade jurídica e obedecendo-se, nas nomeações, à ordem de classificação;
II. promoção de entrância para entrância, alternadamente, por antiguidade e merecimento, observado o seguinte:
a) é obrigatória a promoção do juiz que figure por três vezes consecutivas, ou cinco alternadas, em listas de merecimento;
b) a promoção por merecimento pressupõe dois anos de exercício na respectiva entrância e integrar o juiz a primeira quinta parte da lista de antiguidade desta, salvo se não houver, com tais requisitos, quem aceite o lugar vago;
c) aferição do merecimento conforme o desempenho e pelos critérios objetivos de produtividade e presteza no exercício da jurisdição e pela frequência e aproveitamento em cursos oficiais ou reconhecidos de aperfeiçoamento;
d) na apuração de antiguidade, o Tribunal somente poderá recusar o juiz mais antigo pelo voto fundamentado de dois terços de seus membros, conforme procedimento próprio, e assegurada ampla defesa, repetindo-se a votação até fixar-se a indicação;
e) não será promovido o juiz que, injustificadamente, retiver autos em seu poder além do prazo legal, não podendo devolvê-los ao cartório sem o devido despacho ou decisão.
Alínea "e" acrescida pela Emenda Constitucional nº 37, de 31.05.2006, em vigor na data de sua publicação.

III. o acesso ao Tribunal de segundo grau far-se-á por antiguidade e merecimento, alternadamente, apurados na última ou única entrância;
IV. previsão de cursos oficiais de preparação, aperfeiçoamento e promoção de magistrados, constituindo etapa obrigatória do processo de vitaliciamento a participação em curso oficial ou reconhecido por escola nacional de formação e aperfeiçoamento de magistrados;
V. os subsídios dos magistrados serão fixados com diferença não superior a dez por cento nem inferior a cinco por cento de uma para outra das categorias da carreira, sendo o subsídio da mais elevada categoria equivalente a noventa inteiros e vinte e cinco centésimos por cento do subsídio mensal fixado para os Ministros do Supremo Tribunal Federal;
VI. a aposentadoria dos magistrados observará o disposto no artigo 40º da Constituição da República, sendo compulsória, por invalidez, ou aos setenta e cinco anos de idade, na forma da lei complementar, o que também se aplica aos membros do Ministério Público e da Defensoria Pública, consoante o § 2º do artigo 172º e a alínea "f" do inciso I do artigo 181º da Constituição Estadual, respectivamente;
VII. o juiz titular residirá na respectiva comarca, salvo autorização do Tribunal;
VIII. o ato de remoção, disponibilidade e aposentadoria do magistrado, por interesse público, fundar-se-á em decisão por voto da maioria absoluta do órgão especial do Tribunal de Justiça ou do Conselho Nacional de Justiça, assegurada ampla defesa;
IX. remoção a pedido ou a permuta de magistrados de comarca de igual entrância atenderá, no que couber, ao disposto nas alíneas "a", "b", "c" e "e" do inciso II;
X. todos os julgamentos dos órgãos do Poder Judiciário serão públicos, e fundamentadas todas as decisões, sob pena de nulidade, podendo a lei limitar a presença, em determinados atos, às próprias partes e a seus advogados, ou somente a estes, em casos nos quais a preservação do direito à intimidade do interessado no sigilo não prejudique o interesse público à informação;
XI. as decisões administrativas do Tribunal serão motivadas e em sessão pública, sendo as disciplinares tomadas pelo voto da maioria absoluta de seus membros;
XII. no Tribunal, havendo número superior a vinte e cinco julgadores, poderá ser constituído órgão

especial, com o mínimo de onze e o máximo de vinte e cinco membros, para o exercício das atribuições administrativas e jurisdicionais delegadas da competência do tribunal pleno, provendo-se metade das vagas por antiguidade e a outra metade por eleição pelo tribunal pleno;

XIII. a atividade jurisdicional será ininterrupta, sendo vedadas férias coletivas nos juízos e no Tribunal, funcionando, nos dias em que não houver expediente forense normal, juízes em plantão permanente;

XIV. o número de juízes na unidade jurisdicional será proporcional à efetiva demanda judicial e à respectiva população;

XV. os servidores receberão delegação para a prática de atos de administração e atos de mero expediente sem caráter decisório;

XVI. a distribuição de processos será imediata, em todos os graus de jurisdição.

Art. 157. Um quinto dos lugares dos Tribunais do Estado será composto de membros do Ministério Público, com mais de dez anos de carreira, e de advogados de notório saber jurídico e de reputação ilibada, com mais de dez anos de efetiva atividade profissional, indicados em lista sêxtupla pelos órgãos de representação das respectivas classes.

Parágrafo único. Recebidas as indicações, o Tribunal de Justiça formará lista tríplice, enviando-a ao Governador que, nos vinte dias subsequentes, escolherá um de seus integrantes para nomeação.

SEÇÃO II
Da Competência dos Tribunais (Arts. 158° a 159°)

Art. 158. Compete privativamente aos tribunais:
I. por sua composição plena:
a) eleger seus órgãos diretivos;
b) elaborar seus regimentos internos, com observância das normas de processo e das garantias processuais das partes, dispondo sobre a competência e o funcionamento dos respectivos órgãos jurisdicionais e administrativos;
II. por seus órgãos específicos:
a) organizar suas secretarias e serviços auxiliares, zelando pelo exercício da atividade correicional respectiva;
b) conceder licença, férias e outros afastamentos a seus membros e servidores que lhes forem imediatamente vinculados;

c) autorizar a permuta ou transferência, a pedido de seus membros, de uma para outra Câmara;
d) prover, por concurso público de provas, ou de provas e títulos, obedecido o disposto no artigo 77°, II, desta Constituição, os cargos dos seus serviços auxiliares, exceto os de confiança assim definidos em lei.

Art. 159. Somente pelo voto da maioria absoluta de seus membros ou de membros do respectivo órgão especial poderão os tribunais declarar a inconstitucionalidade de lei ou ato normativo do Poder Público.

SEÇÃO III
Do Tribunal de Justiça (Arts. 160° a 162°)

Art. 160. O Tribunal de Justiça, com sede na Capital e jurisdição em todo o território do Estado, compõe-se de Desembargadores em número que a lei fixar.

Art. 161. Compete ao Tribunal de Justiça:
I. propor à Assembleia Legislativa, observado o artigo 213° desta Constituição, levados em consideração, no que couber o movimento forense nos dois anos anteriores, o número de habitantes e de eleitores, a receita tributária e a extensão territorial a ser abrangida:
a) a alteração do número dos membros dos Tribunais;
b) a criação e a extinção de cargos e a fixação de vencimentos dos desembargadores, dos juízes, inclusive dos tribunais inferiores, onde houver, dos serviços auxiliares e os dos juízos que lhes forem vinculados;
c) a criação ou extinção de tribunais inferiores;
d) a criação de novos cargos de juízes e a alteração da organização e da divisão judiciárias.
II. solicitar a intervenção do Estado para garantir o livre exercício do Poder Judiciário, nos termos desta Constituição e da Constituição da República;
III. prover os cargos de juízes, na forma prevista nesta Constituição;
IV. processar e julgar originariamente:
a) a representação de inconstitucionalidade de lei ou ato normativo, estadual ou municipal, em face da Constituição Estadual;
b) a representação do Procurador-Geral da Justiça que tenha por objeto a intervenção em Município;
c) nos crimes comuns, o Vice-Governador e os Deputados;
d) nos crimes comuns e de responsabilidade:

1. os Secretários de Estado, ressalvado o disposto no Parágrafo Único do artigo 150º desta Constituição;
2. os juízes estaduais e os membros do Ministério Público, das Procuradorias Gerais do Estado, da Assembleia Legislativa e da Defensoria Pública e os Delegados de Polícia, ressalvada a competência da Justiça Eleitoral;
3. os Prefeitos, os Vice-Prefeitos e os Vereadores;

e) mandado de segurança e o *habeas data* contra atos:
1. do Governador;
2. do próprio Tribunal;
3. da Mesa Diretora e do Presidente da Assembleia Legislativa;
4. do Tribunal de Contas do Estado;
5. dos Secretários de Estado;
6. dos Procuradores-Gerais da Justiça, do Estado e da Defensoria Pública;
7. do Prefeito da Capital e dos Municípios com mais de 200.000 eleitores.

f) o *habeas corpus*, quando o coator ou paciente for autoridade ou funcionário cujos atos estejam sujeitos diretamente à sua jurisdição, ou se trate de crime cuja ação penal seja de sua competência originária ou recursal;

g) o mandado de injunção, quando a elaboração da norma regulamentadora for atribuição de órgão, entidade ou autoridade estadual, da administração direta ou indireta;

h) a revisão criminal e a ação rescisória de julgados seus e dos juízes, no âmbito de sua competência recursal;

i) a execução de sentença nas causas de sua competência originária, facultada a delegação de atribuições para a prática de atos processuais;

I. julgar, em grau de recurso, as causas decididas em primeira instância, no âmbito de sua competência;

II. exercer as demais atribuições que lhe são conferidas pela Lei de Organização e Divisão Judiciárias.

§ 1º O Tribunal de Justiça poderá funcionar descentralizadamente, constituindo Câmaras regionais, a fim de assegurar o pleno acesso do jurisdicionado à justiça em todas as fases do processo.

§ 2º O Tribunal de Justiça instalará a justiça itinerante, com a realização de audiências e demais funções da atividade jurisdicional, nos limites territoriais da respectiva jurisdição, servindo-se de equipamentos públicos e comunitários.

Art. 162. A representação de inconstitucionalidade de leis ou de atos normativos estaduais ou municipais, em face desta Constituição, pode ser proposta pelo Governador do Estado, pela Mesa, por Comissão Permanente ou pelos membros da Assembleia Legislativa, pelo Procurador-Geral da Justiça, pelo Procurador-Geral do Estado, pelo Procurador-Geral da Defensoria Pública, Defensor Público-Geral do Estado, por Prefeito Municipal, por Mesa de Câmara de Vereadores, pelo Conselho Seccional da Ordem dos Advogados do Brasil, por partido político com representação na Assembleia Legislativa ou em Câmara de Vereadores, e por federação sindical ou entidade de classe de âmbito estadual.

§ 1º O Procurador-Geral da Justiça deverá ser previamente ouvido nas ações de inconstitucionalidade.

§ 2º Declarada a inconstitucionalidade, por omissão de medida para tornar efetiva norma constitucional, será dada ciência ao Poder competente para adoção das providências necessárias e, em se tratando de órgão administrativo, para fazê-lo em trinta dias.

§ 3º Quando não for o autor da representação de inconstitucionalidade, o Procurador-Geral do Estado nela oficiará.

§ 4º Declarada a inconstitucionalidade, a decisão será comunicada a Assembleia Legislativa ou a Câmara Municipal.

SEÇÃO IV
Dos Tribunais de Alçada e de Outros Tribunais Criados por Lei (Art. 163º)

Art. 163. Suprimido pelo artigo 3º da Emenda Constitucional nº 7, de 27.05.1998

SEÇÃO V
Dos Juízes de Direito (Arts. 164º e 165º)

Art. 164. Os Juízes de Direito, integrando a magistratura de carreira, exercem a jurisdição comum de primeiro grau, nas Comarcas e Juízos, conforme estabelecido na Lei de Organização e Divisão Judiciárias.

Art. 165. Para dirimir conflitos fundiários, o Tribunal de Justiça proporá a criação de varas especializadas, designando juízes de entrância especial, com competência exclusiva para questões agrárias.

SEÇÃO VI
Dos Conselhos de Justiça Militar
(Art. 166°)

Art. 166. A Lei Estadual poderá criar, mediante proposta do Tribunal de Justiça, a Justiça Militar estadual, constituída, em primeiro grau, pelos juízes de direito e pelos Conselhos de Justiça e, em segundo grau, pelo próprio Tribunal de Justiça.

§ 1° Compete à Justiça Militar estadual processar e julgar os militares dos Estados, nos crimes militares definidos em lei e as ações judiciais contra atos disciplinares militares, ressalvada a competência do júri quando a vítima for civil, cabendo ao tribunal competente decidir sobre a perda do posto e da patente dos oficiais e da graduação das praças.

§ 2° Compete aos juízes de direito do juízo militar processar e julgar, singularmente, os crimes militares cometidos contra civis e as ações judiciais contra atos disciplinares militares, cabendo ao Conselho de Justiça, sob a presidência de juiz de direito, processar e julgar os demais crimes militares.

SEÇÃO VII
Dos Juizados Especiais (Art. 167°)

Art. 167. Serão criados juizados especiais providos por Juízes togados, ou togados e leigos, para a conciliação, o julgamento e a execução de causas cíveis de menor complexidade e infrações penais de menor potencial ofensivo mediante os procedimentos oral e sumaríssimo, permitidos, nas hipóteses previstas em lei, a transação e o julgamento de recursos por turmas de juízes de primeiro grau.

SEÇÃO VIII
Da Justiça e Paz (Art. 168°)

Art. 168. À Justiça de Paz, remunerada, composta de bacharéis em Direito, eleitos pelo voto direto, universal e secreto, com mandato de quatro anos, compete, na forma da lei, celebrar casamentos, verificar, de ofício ou em face de impugnação apresentada, o processo de habilitação, exercer atribuições conciliatórias, sem caráter jurisdicional, além de outras previstas em lei.

SEÇÃO IX
Do Juizado de Execuções Penais
(Art. 169°)

Art. 169. Fica criado o Juizado das Execuções Penais provido por Juízes togados, nas Comarcas do Estado do Rio de Janeiro, com o concurso da Curadoria e Defensoria Pública nos seus feitos, regulamentado por lei ordinária, proposta por mensagem do Poder Judiciário.

Art. 169-A. As custas e emolumentos serão destinados exclusivamente ao custeio dos serviços afetos às atividades específicas da Justiça.

CAPÍTULO IV
Das funções essenciais à justiça

SEÇÃO I
Do Ministério Público (Arts. 170° a 175°)

Art. 170. O Ministério Público é instituição permanente, essencial à função jurisdicional do Estado, incumbindo-lhe a defesa da ordem jurídica, do regime democrático e dos interesses sociais e individuais indisponíveis.

§ 1° São princípios institucionais do Ministério Público a unidade, a indivisibilidade e a independência funcional.

§ 2° Ao Ministério Público é assegurada autonomia funcional, administrativa e financeira, cabendo-lhe, dentre outras competências:

I. propor à Assembleia Legislativa, observado o disposto no artigo 213° desta Constituição, a criação e extinção de seus cargos e serviços auxiliares, bem como a fixação de vencimentos de seus membros e servidores;

II. prover os cargos iniciais de carreira e de seus serviços auxiliares por concurso público de provas e de provas e títulos;

III. prover os cargos de confiança, assim definidos em lei;

IV. editar atos de provimento derivado e desprovimento;

V. praticar atos próprios de gestão, na forma da lei complementar;

VI. elaborar suas folhas de pagamento e expedir os competentes demonstrativos;

VII. adquirir bens e serviços e efetuar a respectiva contabilização.

§ 3º O Ministério Público elaborará sua proposta orçamentária dentro dos limites estabelecidos na lei de diretrizes orçamentárias, observando-se, dentre outras, as seguintes normas:

I. os recursos correspondentes às suas dotações orçamentárias próprias e globais, compreendidos os créditos suplementares e especiais, ser-lhe-ão entregues até o dia vinte de cada mês.

II. os recursos próprios, não originários do Tesouro Estadual, serão utilizados em programas vinculados às finalidades da instituição, vedada outra destinação.

§ 4º Se o Ministério Público não encaminhar a respectiva proposta orçamentária dentro do prazo estabelecido na lei de diretrizes orçamentárias, o Poder Executivo considerará, para fins de consolidação da proposta orçamentária anual, os valores aprovados na Lei orçamentária vigente, ajustados de acordo com os limites estipulados na forma do § 3º.

§ 5º Se a proposta orçamentária de que trata este artigo for encaminhada em desacordo com os limites estipulados na forma do § 3º, o Poder Executivo procederá aos ajustes necessários para fins de consolidação da proposta orçamentária anual.

§ 6º Durante a execução orçamentária do exercício, não poderá haver a realização de despesas ou a assunção de obrigações que extrapolem os limites estabelecidos na lei de diretrizes orçamentárias, exceto se previamente autorizadas, mediante a abertura de créditos suplementares ou especiais.

§ 7º O Ministério Público, pelos órgãos de atuação, poderá requisitar aos órgãos públicos estaduais da administração, direta e indireta, todos os meios necessários ao desempenho de suas atribuições.

Art. 171. O Ministério Público tem por chefe o Procurador-Geral de Justiça.

§ 1º O Ministério Público, pelo voto secreto e universal de seus membros, formará lista tríplice, dentre integrantes da carreira, com mais de dois anos de atividade, para escolha do Procurador-Geral de Justiça, que será nomeado pelo Chefe do Poder Executivo, para período de dois anos, permitida uma recondução.

§ 2º O Procurador-Geral de Justiça poderá ser destituído por deliberação da maioria absoluta do Poder Legislativo, na forma da lei complementar respectiva.

Art. 172. Lei complementar, cuja iniciativa é facultada ao Procurador-Geral da Justiça, estabelecerá a organização, as atribuições e o estatuto do Ministério Público, observadas, quanto a seus membros:

I. as seguintes garantias:

a) vitaliciedade, após dois anos de exercício, não podendo perder o cargo senão por sentença judicial transitada em julgado;

b) inamovibilidade, salvo por motivo de interesse público, mediante decisão do órgão colegiado competente do Ministério Público, pelo voto da maioria absoluta de seus membros, assegurada ampla defesa;

c) irredutibilidade de subsídio, observado quanto a remuneração o que dispõem os artigos 77º, XIII, desta Constituição, e 39º, § 4º, da Constituição da República, com as ressalvas dos seus arts. 37º, X e XI, 150º, II, 153º, III, 153º, § 2º, I, da Constituição da República;

II. as seguintes vedações:

a) receber, a qualquer título ou pretexto, auxílios ou contribuições de pessoas físicas, entidades públicas ou privadas, ressalvadas as exceções previstas em Lei.

b) exercer a advocacia;

c) participar de sociedade comercial, na forma da lei;

d) exercer, ainda que em disponibilidade, qualquer outra função pública, salvo uma de magistério;

e) exercer atividade político-partidária;

f) exercer a advocacia no juízo ou tribunal perante o qual atuava quando do afastamento do cargo por aposentadoria ou exoneração, antes de decorridos três anos.

§ 1º O ingresso na carreira do Ministério Público far-se-á mediante concurso público de provas e títulos, promovido pela Procuradoria-Geral de Justiça, assegurada a participação da Ordem dos Advogados do Brasil na sua realização, exigindo-se do bacharel em direito, no mínimo, três anos de atividade jurídica e observada, na nomeação, a ordem de classificação.

§ 2º Aplica-se ao Ministério Público, no que couber, o disposto no art. 156º.

Art. 173. São funções institucionais do Ministério Público:

I. promover, privativamente, a ação penal pública, na forma da lei;

II. zelar pelo efetivo respeito dos Poderes Públicos e dos serviços de relevância pública aos direitos assegurados nesta e na Constituição da República, promovendo as medidas necessárias à sua garantia;

III. promover o inquérito civil e a ação civil pública, para proteção do patrimônio público e social, do meio ambiente, do consumidor, do contribuinte, dos grupos socialmente discriminados e de qualquer outro interesse difuso e coletivo;

IV. promover a ação de inconstitucionalidade ou representação para fins de intervenção do Estado, nos casos previstos nesta Constituição;

V. atuar, além das hipóteses do inciso anterior, em qualquer caso em que seja arguida por outrem, direta ou indiretamente, inconstitucionalidade de lei ou ato normativo;

VI. expedir notificação nos procedimentos administrativos de sua competência, requisitando informações e documentos para instruí-los, na forma da lei complementar respectiva;

VII. exercer o controle externo da atividade policial, na forma da lei complementar mencionada no artigo anterior;

VIII. requisitar diligências investigatórias e a instauração de inquérito policial, indicados os fundamentos jurídicos de suas manifestações processuais;

IX. exercer outras funções que lhe forem conferidas, desde que compatíveis com sua finalidade, sendo-lhe vedada a representação judicial e a consultoria jurídica de entidades públicas;

X. fiscalizar a aplicação de verbas públicas destinadas às instituições assistenciais;

XI. receber petições, reclamações, representações ou queixas de qualquer pessoa por desrespeito aos direitos assegurados nesta Constituição e na da República.

§ 1º A legitimação do Ministério Público para as ações civis previstas neste artigo não impede a de terceiros, nas mesmas hipóteses, segundo o disposto na Constituição da República e na lei.

§ 2º As funções do Ministério Público só podem ser exercidas por integrantes da carreira, que deverão residir na comarca ou sede da região da respectiva lotação, salvo autorização do chefe da instituição.

§ 3º Para os fins do inciso IX deste artigo, o Ministério Público poderá ser dotado de órgãos de atuação especializados em meio ambiente, direitos do consumidor, direitos dos grupos socialmente discriminados, sem prejuízo de outros que a lei criar. A estes poderão ser encaminhadas, as denúncias de violações de direitos e descumprimento das leis que lhes são relativos, ficando a autoridade que receber a denúncia solidariamente responsável, em caso de omissão, nos termos da lei.

§ 4º A distribuição de processos no Ministério Público será imediata.

§ 5º Lei de iniciativa do Procurador-Geral de Justiça, observado o disposto no art. 173º, § 2º, criará a Ouvidoria do Ministério Público, competente para receber reclamações e denúncias de qualquer interessado contra membros ou órgãos do Ministério Público, inclusive contra seus serviços auxiliares, representando diretamente ao Conselho Nacional do Ministério Público.

Art. 174. Aos membros do Ministério Público junto ao Tribunal de Contas aplicam-se as disposições desta SEÇÃO pertinentes a direitos, vedações e forma de investidura.

Art. 175. Para fiscalizar e superintender a atuação do Ministério Público, bem como, para velar pelos seus princípios institucionais, haverá um Conselho Superior, estruturado na forma de lei complementar.

SEÇÃO II
Da Procuradoria-Geral do Estado
(Arts. 176º e 177º)

Art. 176. A representação judicial e a consultoria jurídica do Estado, ressalvado o disposto nos artigos 121º e 133º, Parágrafo Único, são exercidas pelos Procuradores do Estado, membros da Procuradoria-Geral, instituirão essencial à Justiça, diretamente vinculada ao Governador, com funções, como órgão central do sistema de supervisão dos serviços jurídicos da administração direta e indireta no âmbito do Poder Executivo.

§ 1º O Procurador-Geral do Estado, nomeado pelo Governador do Estado dentre os integrantes das duas classes finais da carreira, maiores de trinta e cinco anos e com mais de dez anos de carreira, integra o Secretariado Estadual.

§ 2º Os Procuradores do Estado, com iguais direitos e deveres, são organizados em carreira na qual o ingresso depende de concurso público de provas e títulos realizados pela Procuradoria-Geral do Estado, assegurada a participação da Ordem dos Advogados do Brasil, observados os requisitos estabelecidos em lei complementar.

§ 3º A Procuradoria-Geral oficiará obrigatoriamente no controle interno da legalidade dos atos do Poder Executivo e exercerá a defesa dos interesses legítimos do Estado, incluídos os de natureza financeira-orçamentária, sem prejuízo das atribuições do Ministério Público.

§ 4° Lei complementar disciplinará a organização e o funcionamento da Procuradoria-Geral do Estado, bem como a carreira e o regime jurídico dos Procuradores do Estado.

§ 5° A Procuradoria-Geral do Estado terá dotação orçamentária própria, sendo-lhe assegurada autonomia administrativa e financeira, bem como a iniciativa, em conjunto com o Governador do Estado, de sua proposta orçamentária dentro dos limites estabelecidos na lei de diretrizes orçamentárias.

§ 6° Compete privativamente à Procuradoria-Geral do Estado a cobrança judicial e extrajudicial da dívida ativa do Estado.

Art. 177. O Conselho da Procuradoria-Geral do Estado, órgão de assessoramento do Procurador-Geral, é integrado por ele, com voto próprio e de qualidade, e por onze Procuradores eleitos pelos demais em escrutínio direto e secreto, competindo-lhe, entre outras atribuições estabelecidas em lei complementar, elaborar listas para promoção por merecimento na carreira de que trata o § 2° do artigo 176°.

SEÇÃO III
Da Advocacia e da Defensoria Pública
(Arts. 178° a 181°)

Art. 178. O advogado é indispensável à administração da justiça, sendo inviolável por seus atos e manifestações no exercício da profissão, nos limites da lei.

Art. 179. A Defensoria Pública é instituição essencial à função jurisdicional do Estado, incumbindo-lhe, como expressão e instrumento do regime democrático, fundamentalmente, a orientação jurídica integral e gratuita, a postulação e a defesa, em todos os graus e instâncias, judicial e extrajudicialmente, dos direitos e interesses individuais e coletivos dos necessitados, na forma da lei.

§ 1° À Defensoria Pública são asseguradas autonomia funcional e administrativa e a iniciativa de sua proposta orçamentária dentro dos limites estabelecidos na lei de diretrizes orçamentárias e subordinação ao disposto no art. 152°, § 2°.

§ 2° São princípios institucionais da Defensoria Pública a unicidade, a impessoalidade e a independência funcional.

§ 3° São funções institucionais da Defensoria Pública, dentre outras que lhe são inerentes, as seguintes:

I. promover a conciliação entre as partes em conflitos de interesses;

II. atuar como curador especial;

III. atuar junto às delegacias de polícia e estabelecimentos penais;

IV. atuar como defensora do vínculo matrimonial;

V. patrocinar:

a) ação penal privada;
b) ação cível;
c) defesa em ação penal;
d) defesa em ação civil;
e) ação civil pública em favor das associações necessitadas que incluam entre suas finalidades estatutárias a proteção ao meio ambiente e a de outros interesses difusos e coletivos;
f) os direitos e interesses do consumidor lesado, desde que economicamente hipossuficiente, na forma da Lei;
g) a defesa do interesse do menor e do idoso, na forma da Lei;
h) os interesses de pessoas jurídicas de direito privado e necessitadas na forma da Lei;
i) a assistência jurídica integral às mulheres vítimas de violência específica e seus familiares

Art. 180. A Defensoria Pública tem como órgão administrativo sua Procuradoria-Geral, ocupando na estrutura administrativa estadual posição equivalente à de Secretaria de Estado.

Parágrafo único. A Defensoria Pública, pelo voto secreto e universal de seus membros, formará lista tríplice, dentre os integrantes da carreira, para escolha do Defensor Público-Geral do Estado, cuja nomeação e exoneração se dará na forma da Lei Complementar respectiva.

Art. 181. Lei complementar de autoria da Defensoria Pública disporá sobre sua organização e funcionamento, seus direitos, deveres, prerrogativas, atribuições e regime disciplinar dos seus membros, observadas, entre outras:

I. as seguintes diretrizes:

a) a Defensoria Pública é organizada em cargos de carreira, providos, na classe inicial, mediante concurso público de provas e títulos, promovidos por sua Procuradoria-Geral Defensoria Pública-Geral, com a participação da Ordem dos Advogados do Brasil, obedecendo-se, nas nomeações, à ordem de classificação;

b) autonomia administrativa e financeira, com dotação orçamentária própria, assegurada a iniciativa

de sua proposta orçamentária dentro dos limites estabelecidos na Lei de diretrizes orçamentárias.
c) residência do Defensor Público titular na comarca onde estiver lotado, nos termos da lei;
d) promoção segundo os critérios de antiguidade e merecimento, alternadamente, na forma da lei;
e) distribuição territorial proporcional à população das regiões e municípios, assegurando-se a lotação de pelo menos um defensor em cada comarca.
f) aposentadoria dos membros da Defensoria Pública nos termos do artigo 172°, § 2°, desta Constituição;
g) o Defensor Público, após dois anos de exercício na função, não perderá o cargo senão por sentença judicial transitada em julgado.
II. a garantia de inamovibilidade;
III. a vedação do exercício da advocacia fora das atribuições institucionais;
IV. as seguintes prerrogativas:
a) requisitar, administrativamente, de autoridade pública e dos seus agentes ou de entidade particular: certidões, exames, perícias, vistorias, diligências, processos, documentos, informações, esclarecimentos e providências, necessários ao exercício de suas atribuições;
b) comunicar-se pessoal e reservadamente com o preso, tendo livre acesso e trânsito a qualquer local e dependência em que ele se encontrar;
c) ter livre acesso e trânsito a estabelecimentos públicos e os destinados ao público no exercício de suas funções.
Art. 181.-A. Compete à Defensoria Pública, dentro de sua autonomia funcional, administrativa e financeira, nos limites dispostos no artigo 213° desta Constituição, propor à Assembleia Legislativa a criação e extinção de seus cargos e serviços auxiliares, bem como a fixação de vencimentos de seus membros e servidores.

SEÇÃO IV
Das Disposições Gerais (Art. 182°)

Art. 182. Às carreiras disciplinadas neste Título aplicam-se os princípios dos artigos 77°, XIV e 82°, § 1°, desta Constituição.
Parágrafo único. A remuneração dos Procuradores-Gerais das carreiras referidas neste artigo, excluído tão somente o adicional por tempo de serviço, não poderá ser inferior ao maior teto estabelecido no âmbito dos Poderes do Estado, garantindo-se aos cargos da classe mais elevada, a título de vencimento-base

e representação, não menos de noventa e cinco por cento da remuneração daqueles, com exclusão do referido adicional, e, aos cargos das demais classes, somatório de vencimento-base e representação, com diferença não excedente a dez por cento de classe a classe, a partir da mais elevada.

TÍTULO V
Da Segurança Pública

CAPÍTULO ÚNICO (ARTS. 183° A 191°)

Art. 183. A segurança pública, que inclui a vigilância intramuros nos estabelecimentos penais, dever do Estado, direito e responsabilidade de todos, é exercida para a preservação da ordem pública e da incolumidade das pessoas e do patrimônio, pelos seguintes órgãos estaduais:
I. Polícia Civil;
II. Polícia Penitenciária;
III. Polícia Militar;
IV. Corpo de Bombeiros Militar.
§ 1° Os municípios poderão constituir guardas municipais destinadas à proteção de seus bens, serviços e instalações, conforme dispuser a lei.
§ 2° Os órgãos de segurança pública serão assessorados pelo Conselho Comunitário de Defesa Social, estruturado na forma da lei, guardando-se a proporcionalidade relativa à respectiva representação.
§ 3° Os membros do Conselho referido no parágrafo anterior serão nomeados pelo Governador do Estado, após indicação pelos órgãos e entidades diretamente envolvidos na prevenção e combate à criminalidade, bem como pelas instituições representativas da sociedade, sem qualquer ônus para o erário ou vínculo com o serviço público.
§ 4° Nas jurisdições policiais com sede nos Municípios, o delegado de polícia será escolhido entre os delegados de carreira, por voto unitário residencial, por período de dois anos, podendo ser reconduzido, dentre os componentes de lista tríplice apresentada pelo Superintendente da Polícia Civil:
a) o delegado de polícia residirá na jurisdição policial da delegacia da qual for titular;
b) a autoridade policial será destituída, por força de decisão de maioria simples do Conselho Comunitário da Defesa Social do Município onde atuar;

c) o voto unitário residencial será representado pelo comprovante de pagamento de imposto predial ou territorial.

§ 5º Lei específica definirá a organização, funcionamento e atribuições do órgão responsável pelas perícias criminalística e médico-legal, que terá organização e estrutura próprias.

§ 6º Fica autorizada a criação, na forma da lei complementar, do Fundo Estadual de Investimentos e ações de Segurança Pública e Desenvolvimento Social, destinado à implementação de programas e projetos nas áreas de segurança pública e de desenvolvimento social a ela associadas.

§ 7º Constituirá recurso para o fundo de que trata o § 6º deste artigo, entre outros, cinco por cento da compensação financeira a que se refere o art. 20º, § 1º, da Constituição Federal, calculados na forma da lei complementar, a que faz jus o Estado do Rio de Janeiro, quando se tratar de petróleo e gás extraído da camada do pré-sal.

Art. 184. A Polícia Militar e o Corpo de Bombeiros Militar, forças auxiliares e reserva do Exército, subordinam-se, com a Polícia Civil, ao Governador do Estado.

Art. 185. O exercício da função policial é privativo do policial de carreira, recrutado exclusivamente por concurso público de provas ou de provas e títulos, submetido a curso de formação policial.

Parágrafo único. Os integrantes dos serviços policiais serão reavaliados periodicamente, aferindo-se suas condições físicas e mentais para o exercício do cargo, na forma da lei.

Art. 186. Para atuar em colaboração com organismos federais, deles recebendo assistência técnica, operacional e financeira, poderá ser criado órgão especializado para prevenir e reprimir o tráfico e a facilitação do uso de entorpecentes e tóxicos.

Art. 187. A pesquisa e a investigação científica aplicadas, a especialização e o aprimoramento de policiais civis e militares e dos integrantes do Corpo de Bombeiros Militar serão orientados para contar com a cooperação das universidades, por intermédio de convênio.

Art. 188. À Polícia Civil, dirigida por Delegados de Polícia de carreira, incumbem, ressalvada a competência da União, as funções de Polícia Judiciária e a apuração das infrações penais, exceto as militares.

§ 1º A carreira de Delegado de Polícia faz parte da carreira única da polícia civil, dependendo o respectivo ingresso de classificação em concurso público de provas e títulos e, por ascensão, sendo que metade das vagas será reservada para cada uma dessas formas de provimento, podendo ser aproveitadas para concurso público as vagas que não forem preenchidas pelo instituto de ascensão.

§ 2º Aos delegados de polícia de carreira aplica-se o princípio de isonomia de vencimentos previsto no artigo 82º, § 1º, correspondente às carreiras disciplinadas no artigo 182º, ambos desta Constituição, na forma do artigo 241º da Constituição da República.

Art. 189. Cabem à Polícia Militar a polícia ostensiva e a preservação da ordem pública; ao Corpo de Bombeiros Militar, além das atribuições definidas em lei, incumbe a execução de atividades de defesa civil.

§ 1º A lei disporá sobre os limites de competência dos órgãos policiais mencionados no caput deste artigo.

§ 2º As corporações militares do Estado serão comandadas por oficial combatente da ativa, do último posto dos respectivos quadros, salvo no caso de mobilização nacional.

§ 3º É assegurada aos servidores militares estaduais isonomia de vencimentos com os servidores militares federais.

Art. 190. Na divulgação pelas entidades policiais aos órgãos de comunicação social dos fatos pertinentes à apuração das infrações penais é assegurada a preservação da intimidade, da vida privada, da honra e da imagem das vítimas envolvidas por aqueles fatos, bem como das testemunhas destes.

Art. 191. Ao abordar qualquer cidadão no cumprimento de suas funções, o servidor policial deverá, em primeiro lugar, identificar-se pelo nome, cargo, posto ou graduação e indicar o órgão onde esteja lotado.

TÍTULO VI
Da Tributação e do Orçamento

CAPÍTULO I
Do Sistema Tributário Estadual

SEÇÃO I
Dos Princípios Gerais (Arts. 192º a 195º)

Art. 192. O sistema tributário estadual será regulado pelo disposto na Constituição da República, em leis complementares federais, nesta Constituição e em leis estaduais complementares e ordinárias.

Art. 193. O Estado e os Municípios balizarão a sua ação no campo da tributação pelo princípio da justiça fiscal e pela utilização dos mecanismos tributários, prioritariamente, como instrumento de realização social, através do fomento da atividade econômica e coibição de práticas especulativas e distorções de mercado.

Art. 194. O Estado e os Municípios poderão instituir os seguintes tributos:

I. impostos de sua competência;

II. taxas, em razão do exercício do poder de polícia ou pela utilização, efetiva ou potencial, de serviços públicos de sua atribuição, específicos e divisíveis, prestados ao contribuinte ou postos à sua disposição;

III. contribuição de melhoria, decorrente de obras públicas.

§ 1º Sempre que possível, os impostos terão caráter pessoal e serão graduados segundo a capacidade econômica do contribuinte, facultado à administração tributária, especialmente para conferir efetividade a esses objetivos, identificar, respeitados os direitos individuais e nos termos da lei, o patrimônio, os rendimentos e as atividades econômicas do contribuinte.

§ 2º As taxas não poderão ter base de cálculo própria de impostos.

§ 3º O Estado pode, mediante convênio com o Município, coordenar e unificar os serviços de fiscalização e arrecadação de tributos, bem como delegar à União, a outros Estados ou Municípios, ou deles receber encargos de administração tributária.

§ 4º Nenhuma taxa, à exceção das decorrentes do exercício do poder de polícia, poderá ser aplicada em despesas estranhas aos serviços para os quais foi criada.

§ 5º A competência tributária do Estado e dos Municípios é exercida sobre a área dos respectivos territórios, incluídos nestes as projeções aérea e marítima de sua área continental, especialmente as correspondentes partes da plataforma continental, do mar territorial e da zona econômica exclusiva.

§ 6º O Estado poderá firmar convênios com os Municípios, incumbindo estes de prestar informações e coligir dados, em especial os relacionados com o trânsito de mercadorias ou produtos, com vista a resguardar o efetivo ingresso de tributos estaduais nos quais tenham participação, assim como o Estado deverá informar os dados das operações com cartões de crédito às municipalidades, para fins de fiscalização e recolhimento do Imposto sobre Serviços de Qualquer Natureza, como disposto no art. 199º do Código Tributário Nacional.

§ 7º A disponibilização das informações para os municípios ocorrerá mensalmente e de forma continuada, por meio eletrônico, contendo o rol de todas as operações com cartões de crédito e de débito ocorridas em seus respectivos territórios, no período do mês anterior. Deverá a relação explicitar, para cada administradora de cartões, os nomes dos vendedores de mercadorias e/ou de serviços e os valores de suas operações discriminadas.

Art. 195. O Estado e os Municípios poderão instituir contribuição, cobrada de seus servidores, para o custeio em benefício destes, de sistemas de previdência e de assistência social.

SEÇÃO II
Das Limitações do Poder de Tributar
(Arts. 196º a 198º)

Art. 196. Sem prejuízo de outras garantias asseguradas ao contribuinte, é vedado ao Estado e aos Municípios:

I. exigir ou aumentar tributo sem lei que o estabeleça;

II. instituir tratamento desigual entre contribuintes que se encontrem em situação equivalente, proibida qualquer distinção em razão de ocupação profissional ou função por eles exercida, independentemente da denominação jurídica dos rendimentos, títulos e direitos;

III. cobrar tributos:

a) em relação a fatos geradores ocorridos antes do início da vigência da lei que os houver instituído ou aumentado;

b) no mesmo exercício financeiro em que haja sido publicada a lei que os instituiu ou aumentou;

c) antes de decorridos noventa dias da data em que haja sido publicada a lei que os instituiu ou aumentou, observado o disposto na alínea b.

IV. utilizar tributo com efeito de confisco;

V. estabelecer limitações ao tráfego de pessoas ou bens por meio de tributos interestaduais, intermunicipais ou quaisquer outros, ressalvada a cobrança de pedágio pela utilização de vias conservadas pelo Poder Público;

VI. instituir impostos sobre:

a) patrimônio, renda ou serviços, uns dos outros, de outros Estados, ou da União Federal;
b) templos de qualquer culto;
c) patrimônio, renda ou serviços dos partidos políticos inclusive suas fundações, das entidades sindicais dos trabalhadores e das instituições de educação e de assistência social, sem fins lucrativos, atendidos os requisitos da lei;
d) livros, jornais, periódicos, papel destinado à sua impressão e veículos de radiodifusão.

§ 1º A vedação de que trata a alínea «a» do inciso VI é extensiva às autarquias e fundações instituídas e mantidas pelo Poder Público, no que se refere ao patrimônio, à renda e aos serviços vinculados às suas finalidades essenciais ou às delas decorrentes.

§ 2º O disposto na alínea «a» do inciso VI e no parágrafo anterior não se aplica ao patrimônio, à renda e aos serviços relacionados com a exploração de atividades econômicas regidas pelas normas aplicáveis a empreendimentos privados, ou em que haja contraprestação ou pagamento de preços ou tarifas pelo usuário, nem exonera o promitente comprador da obrigação de pagar o imposto relativamente ao bem imóvel.

§ 3º As vedações expressas nas alíneas «b» e «c» do inciso VI compreendem somente o patrimônio, a renda e os serviços relacionados com as finalidades essências das entidades nelas mencionadas.

§ 4º A lei determinará medidas para que os consumidores sejam esclarecidos acerca dos impostos estaduais e municipais que incidam sobre mercadorias e serviços.

Art. 197. São isentas de impostos estaduais e municipais as operações de transferências de imóveis desapropriados para fins de reforma agrária.

Art. 198. A concessão de anistia ou remissão que envolva matéria tributária ou previdenciária só poderá ser concedida por lei específica, estadual ou municipal.

SEÇÃO III
Dos Impostos do Estado (Art. 199º)

Art. 199. Compete ao Estado instituir:
I. impostos sobre:
a) transmissão causa mortis e doação, de quaisquer bens ou direitos;
b) operações relativas à circulação de mercadorias e sobre prestações de serviços de transporte interestadual ou intermunicipal e de comunicação, ainda que as operações e as prestações se iniciem no exterior;
c) propriedade de veículos automotores.

II. adicional de até cinco por cento do que for pago à União, por pessoas físicas ou jurídicas domiciliadas no território do Estado, a título do imposto previsto no artigo 153º, III, da Constituição da República, incidente sobre lucros, ganhos e rendimentos de capital apurados na forma da legislação federal.

§ 1º Relativamente ao imposto de que trata o inciso I, «a», deste artigo, é competente o Estado para exigir o tributo sobre os bens imóveis e respectivos direitos, quando situados em seu território e sobre os bens móveis, títulos e créditos, quando neste Estado se processar o inventário ou arrolamento, ou nele tiver o doador o seu domicílio.

§ 2º Se o doador tiver domicílio ou residência no exterior, ou se aí o «de cujus» possuía bens, era residente ou domiciliado, ou teve o seu inventário processado, a competência para instituir o tributo de que trata o inciso I, «a», deste artigo, observará o disposto em lei complementar federal.

§ 3º As alíquotas do imposto de que trata o inciso I, «a», deste artigo não excederão os limites estabelecidos pelo Senado Federal.

§ 4º O imposto de que trata o inciso I, «b», deste artigo será não cumulativo, compensando-se o que for devido, em cada operação relativa à circulação de mercadorias ou prestação de serviços, com o montante cobrado nas operações anteriores realizadas neste, noutro Estado ou no Distrito Federal. A isenção ou não incidência, salvo determinação em contrário da legislação, não implicará crédito de imposto para compensação daquele devido nas operações ou prestações seguintes e acarretará anulação do crédito do imposto relativo às operações anteriores.

§ 5º As alíquotas aplicáveis às operações e prestações interestaduais e de exportação serão as fixadas em Resolução do Senado Federal.

§ 6º As alíquotas mínimas e máximas, nas operações internas do imposto de que trata o inciso I, «b», deste artigo, obedecerão ao que possa vir a ser determinado pelo Senado Federal, na forma do disposto na Constituição da República.

§ 7º Salvo deliberação em contrário dos Estados e do Distrito Federal, nos termos do disposto na Constituição da República, as alíquotas internas,

nas operações relativas à circulação de mercadorias e nas prestações de serviços, não poderão ser inferiores às previstas para as operações interestaduais.

§ 8º Em relação às operações e prestações que destinem bens e serviços a consumidor final localizado em outro Estado, adotar-se-á:
a) alíquota interestadual, quando o destinatário for contribuinte do imposto;
b) alíquota interna, quando o destinatário não for contribuinte dele.

§ 9º O imposto de que trata o inciso I, «b», deste artigo:
I. incidirá também:
a) sobre a entrada de mercadoria importada do exterior, ainda quando se tratar de bem destinado a consumo ou ativo fixo do estabelecimento, assim como sobre serviço prestado no exterior, cabendo o imposto ao Estado do Rio de Janeiro, se neste estiver situado o estabelecimento destinatário da mercadoria ou do serviço;
b) sobre o valor total da operação, quando mercadorias forem fornecidas com serviços não compreendidos na competência tributária dos Municípios;
II. não incidirá:
a) sobre operações que destinem ao exterior produtos industrializados, excluídos os semielaborados definidos em lei complementar;
b) sobre operações que destinem a outros Estados petróleo, inclusive lubrificantes, combustíveis líquidos e gasosos dele derivados, e energia elétrica;
c) sobre o ouro, nas hipóteses definidas no artigo 153º, § 5º, da Constituição da República;
III. não compreenderá, em sua base de cálculo, o montante do imposto sobre produtos industrializados, quando a operação, realizada entre contribuinte e relativa a produto destinado à industrialização ou à comercialização, configure fato gerador de incidência dos dois impostos, bem como o valor correspondente aos encargos financeiros acrescidos ao preço à vista nas vendas a prestações efetuadas por estabelecimentos varejistas a consumidor final, sem interveniência de instituição financeira, na forma em que a lei dispuser.

§ 10º À exceção do imposto de que trata o inciso I, «b», deste artigo, nenhum outro tributo estadual incidirá sobre as operações relativas à energia elétrica, combustíveis líquidos e gasosos, lubrificantes e minerais do País.

§ 11º Quanto ao imposto de que trata o inciso I, «b», deste artigo, observar-se-á a lei complementar federal, no tocante a:
I. definição de seus contribuintes;
II. substituição tributária;
III. compensação do imposto;
IV. fixação, para efeito de cobrança e definição do estabelecimento responsável, do local das operações relativas à circulação de mercadorias e das prestações de serviços;
V. exclusão da incidência do imposto, nas exportações para o exterior, de serviços e outros produtos, além dos mencionados no § 9º, II, "a";
VI. casos de manutenção de crédito, relativamente à remessa para outro Estado e exportação para o exterior, de serviços e de mercadorias;
VII. concessão e revogação de isenções, incentivos e benefícios fiscais, mediante deliberação dos Estados e Distrito Federal.

§ 12º O imposto previsto no inciso I, «b», poderá ser seletivo, em função da essencialidade das mercadorias e dos serviços.

SEÇÃO IV
Dos Impostos dos Municípios
(Art. 200º)

Art. 200. Compete aos Municípios instituir impostos sobre:
I. propriedade predial e territorial urbana;
II. transmissão inter vivos, a qualquer título, por ato oneroso, de bens imóveis, por natureza ou acessão física, e de direitos reais sobre imóveis, exceto os de garantia, bem como cessão de direitos a sua aquisição;
III. vendas a varejo de combustíveis líquidos e gasosos, exceto óleo diesel;
IV. serviços de qualquer natureza, não compreendidos no inciso I, "b", do artigo 155º, da Constituição da República, definidos em lei complementar federal.

§ 1º O imposto de que trata o inciso I poderá ser progressivo, nos termos da lei municipal, de forma a assegurar o cumprimento da função social da propriedade.

§ 2º O imposto de que trata o inciso II não incide sobre a transmissão de bens ou direitos incorporados ao patrimônio de pessoa jurídica em realização de capital, nem sobre a transmissão de bens ou direitos decorrentes de fusão, incorporação, cisão ou extinção de pessoa jurídica, salvo se nesses casos, a atividade preponderante do adquirente for a compra e venda desses bens ou direitos, locação de bens imóveis ou arrendamento mercantil.

§ 3º O imposto de que trata o inciso II compete ao Município da situação do bem.

§ 4º A competência municipal para instituir e cobrar o imposto mencionado no inciso III não exclui a do Estado para instituir e cobrar, na mesma operação, o imposto de que trata o inciso I, «b», do artigo 199º desta Constituição.

§ 5º A fixação das alíquotas máximas dos impostos previstos nos incisos III e IV e a exclusão da incidência do imposto previsto no inciso IV, nas exportações de serviços para o exterior, serão estabelecidas em lei complementar federal.

SEÇÃO V
Da RepArtição das Receitas Tributárias
(Arts. 201º a 206º)

Art. 201. Pertencem ao Estado:

I. o produto da arrecadação do imposto da União sobre renda e proventos de qualquer natureza, incidente na fonte, sobre rendimentos pagos, a qualquer título, por ele, suas autarquias e pelas fundações que instituir e mantiver;

II. vinte por cento do produto da arrecadação do imposto que a União instituir no exercício da competência que lhe é atribuída pelo artigo 154º, inciso I, da Constituição da República;

III. sua cota no Fundo de Participação dos Estados, e a que lhe couber no produto da arrecadação do imposto sobre produtos industrializados, nos termos do artigo 159º, inciso I, "a" e II, da Constituição da República;

IV. trinta por cento da arrecadação, no Estado, do imposto a que se refere o artigo 153º, inciso V, e seu § 5º, da Constituição da República, incidente sobre o ouro, quando definido em lei como ativo financeiro ou instrumento cambial.

Art. 202. Pertencem aos Municípios:

I. o produto da arrecadação do imposto da União sobre renda e proventos de qualquer natureza, incidente na fonte, sobre rendimentos pagos a qualquer título, por eles, suas autarquias e pelas fundações que instituírem e mantiverem;

II. cinquenta por cento do produto da arrecadação do imposto da União sobre a propriedade territorial rural, relativamente aos imóveis situados em cada um deles;

III. cinquenta por cento do produto da arrecadação do imposto estadual sobre a propriedade de veículos automotores licenciados no território de cada um deles;

IV. vinte e cinco por cento do produto de arrecadação do imposto estadual sobre as operações relativas à circulação de mercadorias e sobre prestações de serviços de transporte interestadual e intermunicipal e de comunicação;

V. a respectiva cota no Fundo de Participação dos Municípios, previsto no artigo 159º, I, "b", da Constituição da República;

VI. setenta por cento da arrecadação, conforme a origem do imposto a que se refere o artigo 153º, inciso V, da Constituição da República, incidente sobre o ouro, quando definido em lei como ativo financeiro ou instrumento cambial;

VII. vinte e cinco por cento dos recursos recebidos pelo Estado, nos termos do artigo 159º, § 3º, da Constituição da República.

Parágrafo único. As parcelas de receitas pertencentes aos Municípios, mencionadas no inciso IV deste artigo, serão creditadas, conforme os seguintes critérios:

I. três quartos, no mínimo, na proporção do valor adicionado nas operações relativas à circulação de mercadorias e nas prestações de serviços, realizadas em seus territórios;

II. até um quarto, de acordo com o que dispuser a lei estadual.

Art. 203. O Estado divulgará, através da imprensa oficial, até o último dia do mês subsequente ao da arrecadação, os montantes de cada um dos tributos arrecadados, bem como os recursos recolhidos, os valores de origem tributária entregues e a entregar e a expressão numérica dos critérios de rateio.

Parágrafo único. Os dados serão discriminados por Município.

Art. 204. Os Municípios divulgarão, até o último dia do mês subsequente ao da arrecadação, os montantes de cada um dos tributos arrecadados, bem como os recursos recolhidos.

Art. 205. O Estado repassará a totalidade dos recursos de origem tributária, pertencentes aos Municípios, até o décimo dia do mês subsequente ao da arrecadação.

Parágrafo único. O não cumprimento do prazo máximo fixado neste artigo implica, além da responsabilidade funcional, a atualização monetária dos valores não repassados.

Art. 206. É vedada a retenção ou qualquer restrição à entrega e ao emprego dos recursos atribuídos aos municípios, na SEÇÃO VI do Capítulo I do Título VI da Constituição da República, neles compreendidos adicionais e acréscimos relativos a impostos.

Parágrafo único. A vedação prevista neste artigo não impede o Estado de condicionar a entrega de recursos ao pagamento de seus créditos, inclusive de suas autarquias.

CAPÍTULO II

Das finanças públicas

SEÇÃO I
Disposições Gerais (Arts. 207° e 208°)

Art. 207. Lei complementar disporá sobre finanças públicas, observados os princípios estabelecidos na Constituição da República e em lei complementar federal.

Art. 208. Os depósitos judiciais de qualquer natureza serão, obrigatoriamente, realizados no Banco do Estado do Rio de Janeiro S.A.

Parágrafo único. Todos os serviços prestados pelo Banco do Estado do Rio de Janeiro S.A. serão remunerados na forma da lei.

SEÇÃO II
Dos Orçamentos (Arts. 209° a 213°)

Art. 209. Leis de iniciativa do Poder Executivo estabelecerão:
I. o plano plurianual;
II. as diretrizes orçamentárias;
III. os orçamentos anuais.

§ 1° A lei que instituir o plano plurianual estabelecerá, de forma regionalizada, as diretrizes, objetivos e metas da administração pública estadual para as despesas de capital e outras delas decorrentes e para as relativas aos programas de duração continuada.

§ 2° A lei de diretrizes orçamentárias compreenderá as metas e prioridades da administração pública estadual, incluindo as despesas de capital para o exercício financeiro subsequente, orientará a elaboração da lei orçamentária anual, disporá sobre as alterações na legislação tributária e estabelecerá a política de aplicação das agências financeiras oficiais de fomento.

§ 3° O Poder Executivo publicará, até trinta dias após o encerramento de cada bimestre, relatório resumido da execução orçamentária.

§ 4° Os planos e programas estaduais, regionais e setoriais previstos nesta Constituição serão elaborados em consonância com o plano plurianual e apreciados pela Assembleia Legislativa.

§ 5° A lei orçamentária anual compreenderá:
I. o orçamento fiscal referente aos Poderes do Estado, seus fundos, órgãos e entidades da administração direta e indireta, inclusive fundações instituídas e mantidas pelo Poder Público;
II. o orçamento de investimento das empresas em que o Estado, direta ou indiretamente, detenha a maioria do capital social com direito a voto;
III. o orçamento da seguridade social, abrangendo todas as entidades e órgãos a ela vinculados, da administração direta ou indireta, bem como os fundos e fundações instituídos e mantidos pelo Poder Público.

§ 6° O projeto de lei orçamentária será acompanhado de demonstrativo regionalizado do efeito, sobre as receitas e despesas, decorrente de isenções, anistias, remissões, subsídios e benefícios de natureza financeira, tributária e creditícia.

§ 7° Os orçamentos previstos no § 5°, I e II, deste artigo, compatibilizados com o plano plurianual, terão entre suas funções a de reduzir desigualdades inter-regionais, segundo critério populacional.

§ 8° A lei orçamentária anual não conterá dispositivo estranho à previsão da receita e à fixação da despesa, não se incluindo na proibição a autorização para abertura de créditos suplementares e contratação de operações de crédito, ainda que por antecipação de receita, nos termos da lei.

§ 9° Cabe a Lei Complementar:
I. dispor sobre critérios para a execução equitativa, além de procedimentos que serão adotados quando houver impedimentos legais e técnicos, cumprimento de restos a pagar e limitação das programações de caráter obrigatório, para a realização do disposto nos § § 11° e 12° do art. 210°.

§ 10° A administração tem o dever de executar as programações orçamentárias, adotando os meios e as medidas necessárias, com o propósito de garantir a efetiva entrega de bens e serviços à sociedade.

Art. 210. Os projetos de lei relativos ao plano plurianual, às diretrizes orçamentárias, ao orçamento anual e aos créditos adicionais serão apreciados pela Assembleia Legislativa.

§ 1º Caberá a uma comissão permanente de Deputados:

I. examinar e emitir parecer sobre os projetos referidos neste artigo e sobre as contas apresentadas anualmente pelo Governador do Estado;

II. examinar e emitir parecer sobre os planos e programas estaduais, regionais e setoriais previstos nesta Constituição e exercer o acompanhamento e a fiscalização orçamentária, sem prejuízo da atuação das demais Comissões da Assembleia Legislativa, criadas de acordo com o artigo 109º desta Constituição.

§ 2º As emendas serão apresentadas na Comissão, que sobre elas emitirá parecer, e apreciadas, na forma regimental, pelo Plenário.

§ 3º As emendas ao projeto de lei do orçamento anual, ou aos projetos que o modifiquem, somente podem ser aprovadas caso:

I. sejam compatíveis com o plano plurianual e com a lei de diretrizes orçamentárias;

II. indiquem os recursos necessários, admitidos apenas os provenientes de anulação de despesa, excluídas as que incidam sobre:
a) dotações para pessoal e seus encargos;
b) serviço da dívida;
c) transferências tributárias constitucionais para Municípios;

III. sejam relacionadas:
a) com a correção de erros ou omissões, ou
b) com os dispositivos do texto do projeto de lei.

§ 4º O Governador do Estado poderá enviar mensagem à Assembleia Legislativa para propor modificação nos projetos a que se refere este artigo, enquanto não iniciada a votação, na Comissão permanente, da parte cuja alteração é proposta.

§ 5º Os projetos de lei do plano plurianual, das diretrizes orçamentárias e do orçamento anual serão enviados pelo Governador do Estado à Assembleia Legislativa, nos termos da lei complementar a que se refere o artigo 165º, § 9º, da Constituição da República.

§ 6º Aplicam-se aos projetos mencionados neste artigo, no que não contrariar o disposto nesta seção, as demais normas relativas ao processo legislativo.

§ 7º Os recursos que, em decorrência de veto, emenda ou rejeição do projeto de lei orçamentária anual, ficarem sem despesas correspondentes poderão ser utilizados, conforme o caso, mediante créditos especiais ou suplementares, com prévia e específica autorização legislativa.

§ 8º Na apreciação e votação do orçamento anual o Poder Executivo colocará à disposição do Poder Legislativo todas as informações sobre a situação do endividamento do Estado, detalhadas para cada empréstimo existente, e acompanhadas das agregações e consolidações pertinentes.

§ 9º As emendas individuais e de bancada de parlamentares por regiões de governo ao projeto de lei orçamentária serão de zero vírgula trinta e sete por cento (0,37%) da receita corrente líquida prevista no projeto encaminhado pelo Poder Executivo, dos quais serão, no mínimo de trinta por cento destinado para serviços de saúde e no mínimo de trinta por cento para educação.

§ 10º A execução do montante destinado a ações e serviços públicos de saúde e educação previsto no inciso I do § 9º, inclusive custeio, será computada para fins do cumprimento do inciso II do § 2º do art. 198º da Constituição Federal, vedada a destinação para pagamento de pessoal ou encargos sociais.

§ 11º É obrigatória a execução orçamentária e financeira das programações a que se refere o § 9º deste artigo, em montante correspondente a zero vírgula trinta e sete por cento (0,37%) da receita corrente líquida realizada no exercício anterior, conforme os critérios para a execução equitativa da programação definidos na lei complementar prevista no § 9º do art. 165º.

§ 12º A garantia de execução de que trata o § 11º deste artigo aplica-se também às programações incluídas por todas as emendas individuais e de bancada de parlamentares por regiões de governo, no montante de até zero vírgula trinta e sete por cento (0,37%) da receita corrente líquida realizada no exercício anterior.

§ 13º As programações orçamentárias previstas nos § § 11º e 12º deste artigo não serão de execução obrigatória nos casos dos impedimentos de ordem técnica.

§ 14º Quando a transferência obrigatória do Estado para a execução da programação prevista nos § § 11º e 12º deste artigo for destinada a Municípios, independerá da adimplência do ente federativo destinatário e não integrará a base de cálculo da receita corrente líquida para fins de aplicação dos limites de despesa de pessoal de que trata o caput do art. 169º da Constituição Federal.

§ 15° Se for verificado que a reestimativa da receita e da despesa poderá resultar no não cumprimento da meta de resultado fiscal estabelecida na lei de diretrizes orçamentárias, os montantes previstos nos §§ 11° e 12° deste artigo poderão ser reduzidos em até a mesma proporção da limitação incidente sobre o conjunto das demais despesas discricionárias.
§ 16° Considera-se equitativa a execução das programações de caráter obrigatório que observe critérios objetivos e imparciais e que atenda de forma igualitária e impessoal às emendas apresentadas, independentemente da autoria.
§ 17 As programações de que trata o § 12° deste artigo, quando versarem sobre o início de investimentos com duração de mais de um (1) exercício financeiro ou cuja execução já tenha sido iniciada, deverão ser objeto de emenda pela mesma bancada, a cada exercício, até a conclusão da obra ou do empreendimento.
Art. 211. São vedados:
I. o início de programas ou projetos não incluídos na lei orçamentária anual, bem como a paralisação de programas ou projetos nas áreas de educação, saúde e habitação já iniciados, havendo recursos orçamentários específicos ou possibilidade de suplementação dos mesmos, quando se tenham esgotado;
II. a realização de despesas ou a assunção de obrigações diretas que excedam os créditos orçamentários ou adicionais;
III. a realização de operações de crédito que excedam o montante das despesas de capital, ressalvadas as autorizadas mediante créditos suplementares ou especiais com finalidade precisa, aprovados pela Assembleia Legislativa, por maioria absoluta;
IV. a vinculação de receita de impostos a órgão, fundo ou despesa, ressalvadas a repartição do produto da arrecadação dos impostos a que se referem os artigos 158° e 159° da Constituição da República, a destinação de recursos para manutenção e desenvolvimento do ensino como determinado pelo artigo 212° da Constituição da República, a prestação de garantia às operações de crédito por antecipação de receita previstas no artigo 165°, § 8°, da Constituição da República e a destinação de recursos para as entidades públicas de fomento ao ensino e à pesquisa científica e tecnológica, prevista no artigo 218°, § 5°, da Constituição da República;
V. a abertura de crédito suplementar ou especial sem prévia autorização legislativa e sem indicação dos recursos correspondentes;
VI. a transposição, o remanejamento ou a transferência de recursos de uma categoria de programação para outra ou de um órgão para outro, sem prévia autorização legislativa;
VII. a concessão ou utilização de créditos ilimitados;
VIII. a utilização, sem autorização legislativa específica, de recursos dos orçamentos fiscal e da seguridade social, para suprir necessidade ou cobrir déficit de empresas, fundações e fundos, inclusive dos mencionados no artigo 209°, § 5°, desta Constituição;
IX. a instituição de fundos de qualquer natureza, sem prévia autorização legislativa.
§ 1° Nenhum investimento, cuja execução ultrapasse um exercício financeiro, poderá ser iniciado sem prévia inclusão no plano plurianual, ou sem lei que autorize a inclusão, sob pena de crime de responsabilidade.
§ 2° Os créditos especiais e extraordinários terão vigência no exercício financeiro em que forem autorizados, salvo se o ato de autorização for promulgado nos últimos quatro meses daquele exercício, caso em que, reabertos nos limites de seus saldos, serão incorporados ao orçamento do exercício financeiro subsequente.
§ 3° A abertura de crédito extraordinário somente será admitida para atender a despesas imprevisíveis e urgentes, como as decorrentes de guerra, comoção interna ou calamidade pública, observado o processo legislativo do artigo 167°, § 3°, da Constituição da República.
§ 4° Fica vedada ao Estado e aos Municípios a contratação de empréstimos sob garantia de receitas futuras sem previsão do impacto a recair nas subsequentes administrações financeiras estadual e municipais.
Art. 212. Os recursos correspondentes às dotações orçamentárias, compreendidos os créditos suplementares e especiais, destinados aos órgãos dos Poderes Legislativo e Judiciário, do Ministério Público e da Defensoria Pública, ser-lhes-ão entregues até o dia vinte de cada mês, em duodécimos, na forma da Lei complementar a que se refere o art. 207°.
Parágrafo único. (Revogado pela Emenda Constitucional n° 37, de 31.05.2006, em vigor na data de sua publicação).
Art. 213. A despesa com pessoal ativo e inativo do Estado não poderá exceder os limites estabelecidos em lei complementar.
§ 1° A concessão de qualquer vantagem ou aumento de remuneração, a criação de cargos ou alteração de estrutura de carreiras, bem como a admissão de

pessoal, a qualquer título, pelos órgãos e entidades da administração direta ou indireta, inclusive fundações instituídas e mantidas pelo Poder Público, só poderão ser feitas:

I. se houver prévia dotação orçamentária suficiente para atender às projeções de despesa de pessoal e aos acréscimos dela decorrentes;

II. se houver autorização específica na lei de diretrizes orçamentárias, ressalvadas as empresas públicas e as sociedades de economia mista.

§ 2º Todo e qualquer incentivo fiscal concedido pelo Estado não será considerado para redução do limite de que trata este artigo.

TÍTULO VII
Da Ordem Econômica Financeira e do Meio Ambiente

CAPÍTULO I
Dos princípios gerais da atividade econômica (Arts. 214º a 222º)

Art. 214. O Estado e os Municípios, observados os preceitos estabelecidos na Constituição da República, atuarão no sentido da realização do desenvolvimento econômico e da justiça social, prestigiando o primado do trabalho e das atividades produtivas e distributivas da riqueza, com a finalidade de assegurar a elevação do nível e qualidade de vida e o bem-estar da população.

Art. 215. Como agentes normativos e reguladores da atividade econômica, o Estado e os Municípios exercerão, na forma da lei, as funções de fiscalização, incentivo e planejamento, sendo este determinante para o setor público e indicativo para o setor privado, cuja iniciativa é livre desde que não contrarie o interesse público.

§ 1º A lei estabelecerá as diretrizes e bases do planejamento do desenvolvimento equilibrado, consideradas as características e as necessidades dos Municípios, e das regiões do Estado, bem como a sua integração.

§ 2º A lei apoiará e estimulará o cooperativismo e outras formas de associativismo.

§ 3º A pessoa jurídica em débito com o fisco, com obrigações trabalhistas ou com o sistema da seguridade social não poderá contratar com o poder público nem dele receber benefícios ou incentivos fiscais ou creditícios.

Art. 216. O Estado e os Municípios garantirão a função social da propriedade urbana e rural.

§ 1º A função social é cumprida quando a propriedade rural atende, simultaneamente, segundo critérios e graus de exigência estabelecidos em lei, aos seguintes requisitos:

I. aproveitamento racional e adequado;

II. utilização adequada dos recursos naturais disponíveis e preservação do meio ambiente;

III. observância das disposições que regulam as relações de trabalho;

IV. exploração que favoreça o bem-estar dos proprietários e dos trabalhadores.

§ 2º Em caso de perigo público iminente, a autoridade competente poderá usar de propriedade particular, assegurada ao proprietário indenização ulterior, se houver dano.

Art. 217. As empresas em que o Estado detenha, ou venha a deter, direta ou indiretamente, a maioria do capital com direito a voto, são patrimônio do Estado e só poderão ser extintas, fundidas ou ter alienado o controle acionário, mediante lei.

Art. 218. Na direção executiva das empresas públicas, das sociedades de economia mista e fundações instituídas pelo poder público participarão, com um terço de sua composição, representantes de seus servidores, eleitos por estes mediante voto direto e secreto, atendidas as exigências legais para o preenchimento dos referidos cargos.

Parágrafo único. Aplica-se aos representantes referidos neste artigo o disposto no inciso VIII, do artigo 8º, da Constituição da República.

Art. 219. Na aquisição de bens e serviços, o Poder Público Estadual, por seus órgãos da administração direta e indireta, dará tratamento preferencial a empresa sediada em seu território.

Art. 220. O Estado adotará política integrada de fomento à indústria, ao comércio e aos serviços, em especial ao turismo, à produção agrícola e à agropecuária, à produção avícola e pesqueira, à produção mineral, através de assistência tecnológica e crédito específico, bem como estimulará o abastecimento mediante a instalação de rede de armazéns, silos e frigoríficos, da construção e conservação de vias de transportes para o escoamento e circulação, de suprimentos de energia e planejamento de irrigação,

delimitando as zonas industriais e rurais que receberão incentivo prioritário do Poder Público.
Parágrafo único. Os Poderes Públicos estimularão a empresa pública ou privada que gerar produto novo e sem similar, destinado ao consumo da população de baixa renda, ou realizar novos investimentos em seu território, úteis aos seus interesses econômicos e sociais, e especialmente às atividades relacionadas ao desenvolvimento de pesquisas e produção de material ou equipamento especializado para pessoas portadoras de deficiências.
Art. 221. O Estado dará prioridade ao desenvolvimento das regiões e municípios onde a pobreza e as desigualdades sociais sejam maiores.
Parágrafo único. Fica autorizada a instituição de um Fundo Especial para a execução do previsto no caput, atendido o disposto no § 7° do artigo 209° desta Constituição.
Art. 222. Não haverá limites para localização de estabelecimentos que exerçam atividades congêneres, respeitadas as limitações da legislação federal.

CAPÍTULO II

Da Política Industrial, Comercial e de Serviços (Arts. 223° a 228°)

Art. 223. Na elaboração e execução das políticas industrial, comercial e de serviços, o Estado garantirá a efetiva participação dos diversos setores produtivos, especialmente as representações empresariais e sindicais.
Art. 224. As políticas industrial, comercial e de serviços a serem implantadas pelo Estado priorizarão as ações que, tendo impacto social relevante, estejam voltadas para a geração de empregos, elevação dos níveis de renda e da qualidade de vida e redução das desigualdades regionais, possibilitando o acesso da população ao conjunto de bens socialmente prioritários.
Art. 225. O Estado elaborará uma política específica para o setor industrial, privilegiando os projetos que promovam a desconcentração espacial da indústria e o melhor aproveitamento das suas potencialidades locais e regionais.
Art. 226. Fica criado o Fundo de Desenvolvimento Econômico, voltado para o apoio e estímulo de projetos de investimentos industriais prioritários do Estado.

§ 1° Ao Fundo de Desenvolvimento Econômico serão destinados recursos de, no mínimo, dez por cento do total anualmente transferido para o Estado, proveniente do Fundo de Participação dos Estados, previsto no artigo 159°, inciso I, letra «a», da Constituição da República, dos quais vinte por cento se destinarão a projetos de microempresas e de empresas de pequeno porte.
§ 2° Caberá à agência de financiamento a que se refere o artigo 54° do Ato das Disposições Constitucionais Transitórias a administração do Fundo.
§ 3° Na aplicação dos recursos do Fundo, obedecer-se-á ao disposto no artigo 221° desta Constituição.
Art. 227. O Estado promoverá e incentivará o turismo, como fator de desenvolvimento econômico e social bem como de divulgação, valorização e preservação do patrimônio cultural e natural, cuidando para que sejam respeitadas as peculiaridades locais, não permitindo efeitos desagregadores sobre a vida das comunidades envolvidas, assegurando sempre o respeito ao meio ambiente e à cultura das localidades onde vier a ser explorado.
§ 1° O Estado definirá a política estadual de turismo buscando proporcionar as condições necessárias para o pleno desenvolvimento dessa atividade.
§ 2° O instrumento básico de intervenção do Estado no setor será o plano diretor de turismo, que deverá estabelecer, com base no inventário do potencial turístico das diferentes regiões, e com a participação dos Municípios envolvidos, as ações de planejamento, promoção e execução da política de que trata este artigo.
§ 3° Para cumprimento do disposto no parágrafo anterior, caberá ao Estado, em ação conjunta com os Municípios, promover especialmente:
I. o inventário e a regulamentação do uso, ocupação e fruição dos bens naturais e culturais de interesse turístico;
II. a infraestrutura básica necessária à prática do turismo, apoiando e realizando investimentos na produção, criação e qualificação dos empreendimentos, equipamentos e instalações ou serviços turísticos, através de linhas de crédito especiais e incentivos;
III. o fomento ao intercâmbio permanente com outros Estados da Federação e com o exterior, visando fortalecimento do espírito de fraternidade e aumento do fluxo turístico nos dois sentidos,

bem como a elevação da média de permanência do turismo em território do Estado;

IV. a construção de albergues populares, objetivando o lazer das camadas mais pobres da população;

V. a adoção de medidas específicas para o desenvolvimento dos recursos humanos para o setor.

§ 4º Serão estimuladas a realização de programações turísticas para os alunos das escolas públicas, para trabalhadores sindicalizados e para os idosos, dentro do território do Estado, bem como a implantação de albergues da juventude.

Art. 228. O Estado e os Municípios concederão especial proteção às microempresas e empresas de pequeno porte, como tais definidas em lei, que receberão tratamento jurídico diferenciado, visando o incentivo de sua criação, preservação e desenvolvimento, através da eliminação, redução ou simplificação, conforme o caso, de suas obrigações administrativas, tributárias, creditícias e previdenciárias, nos termos da lei, assegurando-lhes, entre outros, direito a:

I. redução de tributos e obrigações acessórias estaduais e municipais, com dispensa do pagamento de multas por infrações formais, das quais não resulte falta de pagamento de tributos;

II. notificação prévia, para início de ação ou procedimento administrativo ou tributário-fiscal de qualquer natureza ou espécie;

III. habilitação sumária e procedimentos simplificados para participação em licitações públicas, bem como preferência na aquisição de bens e serviços de valor compatível com o porte das micro e pequenas empresas;

IV. criação de mecanismos descentralizados, a nível regional, para o oferecimento de pedidos e requerimentos de qualquer espécie, junto a órgãos de registros públicos, civis e comerciais, bem como perante a quaisquer órgãos administrativos tributários ou fiscais;

V. obtenção de incentivos especiais, vinculados à absorção de mão de obra portadora de deficiências ou constituída de menores carentes.

Parágrafo único. As entidades representativas das microempresas e das empresas de pequeno porte participarão na elaboração de políticas governamentais voltadas para esse segmento e no colegiado dos órgãos públicos em que seus interesses sejam objeto de discussão e deliberação.

CAPÍTULO III

Da política urbana (Arts. 229º a 241º)

Art. 229. A política urbana a ser formulada pelos municípios e, onde couber, pelo Estado, atenderá ao pleno desenvolvimento das funções sociais da cidade com vistas à garantia e melhoria da qualidade de vida de seus habitantes.

§ 1º As funções sociais da cidade são compreendidas como o direito de todo o cidadão de acesso a moradia, transporte público, saneamento básico, energia elétrica, gás canalizado, abastecimento, iluminação pública, saúde, educação, cultura, creche, lazer, água potável, coleta de lixo, drenagem das vias de circulação, contenção de encostas, segurança e preservação do patrimônio ambiental e cultural.

§ 2º O exercício do direito de propriedade atenderá à função social quando condicionado às funções sociais da cidade e às exigências do plano diretor.

§ 3º Aos Municípios, nas leis orgânicas e nos planos diretores, caberá submeter o direito de construir aos princípios previstos neste artigo.

Art. 230. Para assegurar as funções sociais das cidades e da propriedade, o Estado e o Município, cada um nos limites de sua competência, poderão utilizar os seguintes instrumentos:

I. tributários e financeiros:

a) imposto predial e territorial urbano progressivo, e diferenciado por zonas e outros critérios de ocupação e uso do solo;

b) taxas e tarifas diferenciadas por zonas, segundo os serviços públicos oferecidos;

c) contribuição de melhoria;

d) incentivos e benefícios fiscais e financeiros, nos limites das legislações próprias;

e) fundos destinados ao desenvolvimento urbano.

II. institutos jurídicos:

a) discriminação de terras públicas;

b) desapropriação;

c) parcelamento ou edificação compulsórios;

d) servidão administrativa;

e) limitação administrativa;

f) tombamento de imóveis;

g) declaração de área de preservação ou proteção ambiental;

h) cessão ou permissão;

i) concessão real de uso ou domínio;

j) poder de polícia;

l) outras medidas previstas em lei.

Art. 231. O plano diretor, aprovado pela Câmara Municipal, obrigatório para as áreas urbanas de mais de vinte mil habitantes, é o instrumento básico da política de desenvolvimento e expansão urbana.
§ 1º O plano diretor é parte integrante de um processo contínuo de planejamento a ser conduzido pelos municípios, abrangendo a totalidade dos respectivos territórios e contendo diretrizes de uso e ocupação do solo, vocação das áreas rurais, defesa dos mananciais e demais recursos naturais, vias de circulação integradas, zoneamento, índices urbanísticos, áreas de interesse especial e social, diretrizes econômico-financeiras e administrativas.
§ 2º É atribuição exclusiva dos municípios, a elaboração do plano diretor e a condução de sua posterior implementação.
§ 3º As intervenções de órgãos federais, estaduais e municipais deverão estar de acordo com as diretrizes definidas pelo plano diretor.
§ 4º É garantida a participação popular, através de entidades representativas, nas fases de elaboração e implementação do plano diretor, em conselhos municipais a serem definidos em lei.
§ 5º Nos municípios com população inferior a vinte mil habitantes serão obrigatoriamente estabelecidas, com a participação das entidades representativas, diretrizes gerais de ocupação do território que garantam, através de lei, as funções sociais da cidade e da propriedade.
§ 6º O projeto de plano diretor e a lei de diretrizes gerais previstos neste artigo regulamentarão, segundo as peculiaridades locais, as seguintes normas básicas dentre outras:
I. proibição de construções e edificações sobre dutos, canais, valões e vias similares de esgotamento ou passagem de cursos d'água;
II. condicionamento da desafetação de bens de uso comum do povo à prévia aprovação das populações circunvizinhas ou diretamente interessadas;
III. restrição à utilização de área que apresente riscos geológicos.
Art. 232. O abuso de direito pelo proprietário urbano acarretará, além das civis e criminais, sanções administrativas na forma da lei.
Art. 233. As terras públicas estaduais não utilizadas, subutilizadas e as discriminadas serão prioritariamente destinadas a assentamentos de população de baixa renda e a instalação de equipamentos coletivos, respeitados o plano diretor, ou as diretrizes gerais de ocupação do território.
§ 1º É obrigação do Estado e dos Municípios manter atualizados os respectivos cadastros imobiliários e de terras públicas abertos a consultas dos cidadãos.
§ 2º Nos assentamentos em terras públicas e ocupadas por população de baixa renda ou em terras não utilizadas ou subutilizadas, o domínio ou a concessão real de uso serão concedidos ao homem ou à mulher ou a ambos, independentemente de estado civil.
Art. 234. No estabelecimento de diretrizes e normas relativas ao desenvolvimento urbano, o Estado e os Municípios assegurarão:
I. urbanização, regularização fundiária e titulação das áreas faveladas e de baixa renda, sem remoção dos moradores, salvo quando as condições físicas da área imponham risco à vida de seus habitantes;
II. regularização dos loteamentos clandestinos, abandonados ou não titulados;
III. participação ativa das entidades representativas no estudo, encaminhamento e solução dos problemas, planos, programas e projetos que lhes sejam concernentes;
IV. preservação das áreas de exploração agrícola e pecuária e estímulo a essas atividades primárias;
V. preservação, proteção e recuperação do meio ambiente urbano e cultural;
VI. criação de áreas de especial interesse urbanístico, social, ambiental, turístico e de utilização pública;
VII. especialmente às pessoas portadoras de deficiência, livre acesso a edifícios públicos e particulares de frequência aberta ao público e a logradouros públicos, mediante eliminação de barreiras arquitetônicas e ambientais.
VIII. utilização racional do território e dos recursos naturais, mediante controle da implantação e do funcionamento de atividades industriais, comerciais, residenciais e viárias.
Parágrafo único. O Estado prestará assistência aos Municípios para consecução dos objetivos estabelecidos neste artigo.
Art. 235. Terão obrigatoriamente de atender a normas vigentes e ser aprovados pelo Poder Público Municipal quaisquer projetos, obras e serviços, a serem iniciados em território de Município, independentemente da origem da solicitação.
Art. 236. A lei municipal, na elaboração de cujo projeto as entidades representativas locais

participarão, disporá sobre o zoneamento, o parcelamento do solo, seu uso e sua ocupação, as construções e edificações, a proteção ao meio ambiente, o licenciamento, a fiscalização e os parâmetros urbanísticos básicos objetos do plano diretor.

Art. 237. Os direitos decorrentes da concessão de licença, manterão sua validade nos prazos e limites estabelecidos na legislação municipal.

Parágrafo único. Os projetos, aprovados pelos municípios, só poderão ser modificados com a concordância de todos os interessados ou por decisão judicial, observados os preceitos legais regedores de cada espécie.

Art. 238. A prestação dos serviços públicos a comunidades de baixa renda independerá do reconhecimento de logradouros e da regularização urbanística ou registrária das áreas em que se situem e de suas edificações ou construções.

Art. 239. Incumbe ao Estado e aos Municípios promover e executar programas de construção de moradias populares e garantir condições habitacionais e infraestrutura urbana, em especial as de saneamento básico, escola pública, posto de saúde e transporte.

Art. 240. O Poder Público estimulará a criação de cooperativas de moradores, destinadas à construção da casa própria e auxiliará o esforço das populações de baixa renda na edificação de suas habitações.

Art. 241. Ficam asseguradas à população as informações sobre cadastro atualizado das terras públicas e planos de desenvolvimento urbanos e regionais.

CAPÍTULO IV

Dos Serviços Públicos (Arts. 242º a 246º)

Art. 242. Compete ao Estado organizar e prestar, diretamente ou sob regime de concessão ou permissão, os serviços públicos de interesse estadual, metropolitano ou microrregional, incluído o de transporte coletivo, que tem caráter essencial.

§ 1º Compete ao Estado legislar sobre o sistema de transportes intermunicipal, bem como sobre os demais modos de transportes de sua competência, estabelecidos em lei.

§ 2º O transporte coletivo de passageiros é um serviço público essencial sendo da atribuição do Poder Público o seu planejamento e a sua operação direta ou mediante regime de concessão ou permissão.

§ 3º O planejamento e as condições de operação dos serviços de transporte de passageiros, com itinerários intermunicipais, são da atribuição do Estado, na forma da lei.

§ 4º Serão estabelecidos em lei os critérios de fixação de tarifas dos serviços públicos de transportes.

§ 5º Os veículos de transportes rodoviários de passageiros, fabricados para esse fim específico, devem respeitar o livre acesso e circulação dos idosos e de portadores de deficiência.

§ 6º A adaptação dos veículos de transporte coletivo atualmente existentes, a fim de garantir acesso adequado aos idosos e portadores de deficiência, será regulada por lei.

Art. 243. Compete ao município organizar e prestar, diretamente ou sob regime de concessão ou permissão, os serviços públicos de interesse local, incluído o de transporte coletivo, que tem caráter essencial como no artigo 30º, V, da Constituição da República.

Art. 244. Autorizado na forma do Parágrafo Único do artigo 22º da Constituição da República, o Estado legislará sobre questões específicas de trânsito e transporte, além de, no âmbito de sua competência, comum à União e aos Municípios, estabelecer e implantar política de educação para a segurança do trânsito.

Parágrafo único. Os sistemas rodoviários, ferroviários e hidroviários por onde circulem cargas deverão ser projetados, implantados e operados considerando as regiões produtoras e consumidoras em termos de:

I. implantação da rede de rodovias para escoamento de produção à rede troncal;

II. implantação de silos, armazéns e centros de comercialização de produtos;

III. terminais de integração multimodal.

Art. 245. Aos maiores de sessenta e cinco anos é garantida a gratuidade nos transportes coletivos urbanos e intermunicipais.

Parágrafo único. Aos vigilantes uniformizados e sindicalizados será, na forma da lei, concedida gratuidade nos transportes públicos.

Art. 246. O gás produzido na Bacia de Campos, e que, nos termos do § 2º do artigo 25º da Constituição da República, é de distribuição exclusiva do Estado, terá prioritária comercialização, de até cinquenta por cento, na própria região norte/nordeste fluminense.

CAPÍTULO V

Da Política Agrária (Arts. 247° a 251°)

Art. 247. A política agrária do Estado será orientada no sentido de promover o desenvolvimento econômico e a preservação da natureza, mediante práticas científicas e tecnológicas, propiciando a justiça social e a manutenção do homem no campo, pela garantia às comunidades do acesso à formação profissional, educação, cultura, lazer e infraestrutura.

Parágrafo único. O órgão formulador do desenvolvimento geral das atividades agrárias do Estado será o Conselho Estadual de Política Agrária constituído na forma da lei, em cuja composição é garantida a ampla participação dos trabalhadores rurais e suas entidades representativas.

Art. 248. Compete ao Instituto Estadual de Terras e Cartografia, organizado sob a forma de autarquia e obedecida a legislação específica da União, promover:

I. através de sua Procuradoria, ações discriminatórias objetivando a identificação, de limitação e arrecadação de áreas devolutas, incorporando-as ao patrimônio imobiliário do Estado e divulgando amplamente seus resultados;

II. levantamento das terras ociosas e inadequadamente aproveitadas;

III. cadastramento das áreas de conflito pela posse da terra e adoção de providências que garantam solução dos impasses;

IV. levantamento de áreas agrícolas ocupadas por posseiros, apoiando-os, no caso de indivíduos ou famílias que trabalham diretamente a gleba, incumbindo-se a Defensoria Pública e o serviço jurídico do órgão das ações de proteção, legitimação e reconhecimento da posse e da propriedade da terra, inclusive das ações de usucapião especial;

V. realização do cadastro geral das propriedades rurais do Estado com indicação do uso do solo, produção, cultura agrícola e desenvolvimento científico e tecnológico das unidades de produção;

VI. regularização fundiária dos projetos de assentamento de lavradores, em áreas de domínio público;

VII. convênios com entidades públicas federais, municipais e entidades privadas para implementação dos planos e projetos especiais de reforma agrária;

VIII. viabilizar utilização de recursos humanos, técnicos e financeiros destinados à implementação dos planos e projetos especiais de assentamento nas áreas agrícolas;

IX. desapropriação de áreas rurais para assentamento e implementação de fazendas experimentais;

X. administração dos imóveis rurais de propriedade do Estado;

XI. levantamento das terras agricultáveis próximas às áreas urbanas e adoção de medidas com objetivo de preservá-las dos efeitos prejudiciais da expansão urbana;

XII. Obras de infraestrutura econômica e social para consolidação dos assentamentos rurais e projetos especiais de reforma agrária.

Parágrafo único. Incumbe à Procuradoria do órgão realizar, juntamente com o órgão técnico competente e as entidades representativas das comunidades urbanas e rurais, os trabalhos de identificação de terras devolutas e promover, nas instâncias administrativa e judicial, a sua discriminação para assentamentos humanos, urbanos ou rurais, conforme seja a vocação das terras discriminadas, excluídas as comprovadamente necessárias à formação e preservação de reservas biológicas, florestais e ecológicas.

Art. 249. As terras públicas situadas fora da área urbana serão destinadas preferencialmente ao assentamento de famílias de origem rural, projetos de proteção ambiental ou pesquisa e experimentação agropecuárias.

§ 1° Entende-se por famílias de origem rural as de proprietários de minifúndios, parceiros, subparceiros, arrendatários, subarrendatários, posseiros, assalariados permanentes ou temporários, agregados, demais trabalhadores rurais e migrantes de origem rural.

§ 2° Os órgãos estaduais da administração direta e indireta, incumbidos das políticas agrária e agrícola, destinarão parte de seus respectivos orçamentos ao desenvolvimento dos assentamentos de que trata este artigo.

§ 3° As terras devolutas incorporadas através de ação discriminatória, desde que não localizadas em área de proteção ambiental obrigatória, serão destinadas ao assentamento de famílias de origem rural.

Art. 250. A regularização de ocupação, referente a imóvel rural incorporado ao patrimônio público estadual, far-se-á através de concessão do direito real de uso, inegociável pelo prazo de dez anos.

Parágrafo único. A concessão do direito real de uso de terras públicas subordinar-se-á obrigatoriamente, além de a outras que forem estabelecidas pelas partes, sob pena de reversão ao outorgante, às cláusulas definidoras:

I. da exploração da terra, direta, pessoal ou familiar, para cultivo ou qualquer outro tipo de exploração que atenda aos objetivos da política agrária;

II. da residência permanente dos beneficiários na área objeto do contrato;

III. da indivisibilidade e intransferibilidade das terras pelos outorgados e seus herdeiros, a qualquer título, sem autorização expressa e prévia do outorgante;

IV. de manutenção das reservas florestais obrigatórias e observância das restrições de uso do imóvel, nos termos da lei.

Art. 251. A alienação ou concessão, a qualquer título, de terras públicas estaduais com área superior a 50 hectares, dependerá de prévia aprovação da Assembleia Legislativa.

§ 1º Não se aplica o disposto neste artigo às terras destinadas a assentamento.

§ 2º As terras devolutas do Estado não serão adquiridas por usucapião.

CAPÍTULO VI

Da Política Agrícola (Arts. 252º a 256º)

Art. 252. Na elaboração e execução da política agrícola, o Estado garantirá a efetiva participação dos diversos setores da produção, especialmente dos produtores e trabalhadores rurais através de suas representações sindicais e organizações similares, inclusive na elaboração de planos plurianuais de desenvolvimento agrícola, de safras e operativos anuais.

Art. 253. As ações de apoio à produção dos órgãos oficiais somente atenderão aos estabelecimentos agrícolas que cumpram a função social da propriedade segundo se define no artigo 216º.

Art. 254. A política agrícola a ser implementada pelo Estado dará prioridade à pequena produção e ao abastecimento alimentar através de sistema de comercialização direta entre produtores e consumidores, competindo ao Poder Público:

I. garantir a prestação de serviço de assistência técnica e extensão rural gratuitas, a benefício dos pequenos e médios produtores, aos trabalhadores rurais, suas famílias e suas organizações;

II. incentivar e manter pesquisa agropecuária que garanta o desenvolvimento do setor de produção de alimentos, com progresso tecnológico voltado aos pequenos e médios produtores, às características regionais e aos ecossistemas;

III. planejar e implementar a política de desenvolvimento agrícola compatível com a política agrária e com a preservação do meio ambiente e conservação do solo, estimulando os sistemas de produção integrados, a policultura, a agricultura orgânica e a integração entre agricultura, pecuária e aquicultura;

IV. fiscalizar e controlar o armazenamento, o abastecimento de produtos agropecuários e a comercialização de insumos agrícolas em todo o território do Estado, estimulando a adubação orgânica e o controle integrado das pragas e doenças;

V. desenvolver programas de irrigação e drenagem, eletrificação rural, produção e distribuição de mudas e sementes, de reflorestamento, bem como de aprimoramento de rebanhos;

VI. instituir programa de ensino agrícola associado ao ensino não formal e à educação para preservação do meio ambiente;

VII. utilizar seus equipamentos, mediante convênio com cooperativas agrícolas ou entidades similares, para o desenvolvimento das atividades agrícolas dos pequenos produtores e dos trabalhadores rurais;

VIII. estabelecer convênios com os municípios para conservação permanente das estradas vicinais.

Art. 255. Incumbe diretamente ao Estado, garantir:

I. execução da política agrícola, especialmente em favor de pequenos produtores, proprietários ou não;

II. controle e fiscalização da produção, comercialização, armazenamento, transporte interno e uso de agrotóxicos e biocidas em geral, exigindo o cumprimento de receituários agronômicos;

III. preservação da diversidade genética tanto animal quanto vegetal;

IV. manter barreiras sanitárias a fim de controlar e impedir o ingresso, no território estadual, de animais e vegetais contaminados por pragas e doenças.

Art. 256. A conservação do solo é de interesse público em todo o território do Estado, impondo-se à coletividade e ao Poder Público o dever de preservá-lo e cabendo a este:

I. estabelecer regimes de conservação e elaborar normas de preservação dos recursos do solo e da água, assegurando o uso múltiplo desta;

II. orientar os produtores rurais sobre técnicas de manejo e recuperação de solos, através do serviço de extensão rural;

III. desenvolver e estimular pesquisas de tecnologia de conservação do solo;
IV. desenvolver infraestrutura física e social que garanta a produção agrícola e crie condições de permanência do homem no campo;
V. proceder ao zoneamento agrícola, considerando os objetivos e as ações de política agrícola prevista neste capítulo.

CAPÍTULO VII

Da Política Pesqueira
(Arts. 257° a 260°)

Art. 257. O Estado elaborará política específica para o setor pesqueiro, enfatizando sua função de abastecimento alimentar, promovendo o seu desenvolvimento e ordenamento, incentivando a pesca artesanal e a aquicultura através de programas específicos de crédito, rede pública de entrepostos, pesquisa, assistência técnica e extensão pesqueira e estimulando a comercialização direta aos consumidores.
§ 1° Na elaboração da política pesqueira, o Estado garantirá a efetiva participação dos pequenos piscicultores e pescadores artesanais ou profissionais, através de suas representações sindicais, cooperativas e organizações similares.
§ 2° Entende-se por pesca artesanal a exercida por pescador que tire da pesca o seu sustento, segundo a classificação do órgão competente.
§ 3° Incumbe ao Estado criar mecanismos de proteção e preservação das áreas ocupadas por comunidades de pescadores.
Art. 258. O disposto nos artigos 254° e 257° desta Constituição é aplicável, no que couber, à atividade pesqueira, estendendo-se às zonas costeiras, às águas continentais e à pesca artesanal as regras ali estabelecidas para proteção prioritária dos solos e da pequena produção rural.
Art. 259. É vedada e será reprimida na forma da lei, pelos órgãos públicos, com atribuição para fiscalizar e controlar as atividades pesqueiras, a pesca predatória sob qualquer das suas formas tais como:
I. práticas que causam riscos às bacias hidrográficas e zonas costeiras de território do Estado;
II. emprego de técnicas e equipamentos que possam causar danos à capacidade de renovação do recurso pesqueiro;
III. nos lugares e épocas interditados pelos órgãos competentes.

Parágrafo único. Reverterão aos setores de pesquisa e extensão pesqueira e educacional os recursos captados na fiscalização e controle sobre atividades que comportem riscos para as espécies aquáticas, bacias hidrográficas e zonas costeiras.
Art. 260. A assistência técnica e a extensão pesqueira compreenderão:
I. difusão de tecnologia adequada à conservação de recursos naturais e à melhoria das condições de vida do pequeno produtor pesqueiro e do pescador artesanal;
II. estímulo à associação e organização dos pequenos produtores pesqueiros e dos pescadores artesanais ou profissionais;
III. integração da pesquisa pesqueira com as reais necessidades do setor produtivo.

CAPÍTULO VIII

Do Meio Ambiente (Arts. 261° a 282°)

Art. 261. Todos têm direito ao meio ambiente ecologicamente saudável e equilibrado, bem de uso comum do povo e essencial à qualidade de vida, impondo-se a todos, e em especial ao Poder Público, o dever de defendê-lo, zelar por sua recuperação e proteção, em benefício das gerações atuais e futuras.
§ 1° Para assegurar a efetividade desse direito, incumbe ao Poder Público:
I. fiscalizar e zelar pela utilização racional e sustentada dos recursos naturais;
II. proteger e restaurar a diversidade e a integridade do patrimônio genético, biológico, ecológico, paisagístico, histórico e arquitetônico;
III. implantar sistema de unidades de conservação, representativo dos ecossistemas originais do espaço territorial do Estado, vedada qualquer utilização ou atividade que comprometa seus atributos essenciais;
IV. proteger e preservar a flora e a fauna, as espécies ameaçadas de extinção, as vulneráveis e raras, vedadas as práticas que submetam os animais à crueldade, por ação direta do homem sobre os mesmos;
V. estimular e promover o reflorestamento ecológico em áreas degradadas, objetivando especialmente a proteção de encostas e dos recursos hídricos, a consecução de índices mínimos de cobertura vegetal, o reflorestamento econômico em áreas ecologicamente adequadas visando a suprir a demanda de matéria-prima de origem florestal e a preservação das florestas nativas;

VI. apoiar o reflorestamento econômico integrado, com essências diversificadas, em áreas ecologicamente adequadas, visando suprir a demanda de matérias-primas de origem vegetal;

VII. promover, respeitada a competência da União, o gerenciamento integrado dos recursos hídricos, na forma da lei, com base nos seguintes princípios:
a) adoção das áreas das bacias e sub-bacias hidrográficas como unidades de planejamento e execução de planos, programas e projetos;
b) unidade na administração da quantidade e da qualidade das águas;
c) compatibilização entre os usos múltiplos, efetivos e potenciais;
d) participação dos usuários no gerenciamento e obrigatoriedade de contribuição para recuperação e manutenção da qualidade em função do tipo e da intensidade do uso;
e) ênfase no desenvolvimento e no emprego de método e critérios biológicos de avaliação da qualidade das águas;
f) proibição do despejo nas águas de caldas ou vinhotos, bem como de resíduos ou dejetos capazes de torná-las impróprias, ainda que temporariamente, para o consumo e a utilização normais ou para a sobrevivência das espécies;

VIII. promover os meios defensivos necessários para evitar a pesca predatória;

IX. controlar e fiscalizar a produção, a estocagem, o transporte, a comercialização e a utilização de técnicas, métodos e instalações que comportem risco efetivo ou potencial para a qualidade de vida e o meio ambiente, incluindo formas geneticamente alteradas pela ação humana;

X. condicionar, na forma da lei, a implantação de instalações ou atividades, efetiva ou potencialmente causadoras de alterações significativas do meio ambiente à prévia elaboração de estudo de impacto ambiental, a que se dará publicidade;

XI. determinar a realização periódica, preferencialmente por instituições científicas e sem fins lucrativos, de auditorias nos sistemas de controle de poluição e prevenção de riscos de acidentes das instalações e atividades de significativo potencial poluidor, incluindo a avaliação detalhada dos efeitos de sua operação sobre a qualidade física, química e biológica dos recursos ambientais;

XII. estabelecer, controlar e fiscalizar padrões de qualidade ambiental, considerando os efeitos sinérgicos e cumulativos da exposição às fontes de poluição, incluída a absorção de substâncias químicas através da dieta alimentar, com especial atenção para aquelas efetiva ou potencialmente cancerígenas, mutagênicas e teratogênicas;

XIII. garantir o acesso dos interessados às informações sobre as fontes e causas da degradação ambiental;

XIV. informar sistematicamente à população sobre os níveis de poluição, a qualidade do meio ambiente, as situações de risco de acidentes e a presença de substâncias potencialmente danosas à saúde na água potável e nos alimentos;

XV. promover medidas judiciais e administrativas de responsabilização dos causadores de poluição ou de degradação ambiental, e dos que praticarem pesca predatória;

XVI. buscar a integração das universidades, centros de pesquisa, associações civis, organizações sindicais para garantir e aprimorar o controle da poluição;

XVII. estimular a pesquisa, o desenvolvimento e a utilização de tecnologias poupadoras de energia, bem como de fontes energéticas alternativas que possibilitem, em particular nas indústrias e nos veículos, a redução das emissões poluentes.

XVIII. estabelecer política tributária visando à efetivação do princípio poluidor-pagador e o estímulo ao desenvolvimento e implantação de tecnologias de controle e recuperação ambiental mais aperfeiçoadas, vedada a concessão de financiamentos governamentais e incentivos fiscais às atividades que desrespeitem padrões e normas de proteção ao meio ambiente;

XIX. acompanhar e fiscalizar as concessões de direitos de pesquisa e exploração de recursos hídricos e minerais efetuadas pela União no território do Estado;

XX. promover a conscientização da população e a adequação do ensino de forma a incorporar os princípios e objetivos de proteção ambiental;

XXI. implementar política setorial visando a coleta seletiva, transporte, tratamento e disposição final de resíduos urbanos, hospitalares e industriais, com ênfase nos processos que envolvam sua reciclagem;

XXII. criar o Conselho Estadual do Meio Ambiente, de composição paritária, no qual participarão os Poderes Executivo e Legislativo, comunidades científicas e associações civis, na forma da lei;

XXIII. instituir órgãos próprios para estudar, planejar e controlar a utilização racional do meio ambiente;

XXIV. aprimorar a atuação na prevenção, apuração e combate nos crimes ambientais, inclusive através da especialização de órgãos;

XXV. fiscalizar e controlar, na forma da lei, a utilização de áreas biologicamente ricas de manguezais, estuários e outros espaços de reprodução e crescimento de espécies aquáticas, em todas as atividades humanas capazes de comprometer esses ecossistemas;

XXVI. criar, no Corpo de Bombeiros Militar, unidade de combate a incêndios florestais, assegurando a prevenção, fiscalização, combate a incêndios e controle de queimadas.

§ 2º As condutas e atividades comprovadamente lesivas ao meio ambiente sujeitarão os infratores a sanções administrativas, com a aplicação de multas diárias e progressivas nos casos de continuidade da infração ou reincidência, incluídas a redução do nível de atividade e a interdição, além da obrigação de reparar, mediante restauração os danos causados.

§ 3º Aquele que utilizar recursos ambientais fica obrigado, na forma da lei a realizar programas de monitoragem a serem estabelecidos pelos órgãos competentes.

§ 4º A captação em cursos d'água para fins industriais será feita a jusante do ponto de lançamento dos efluentes líquidos da própria indústria, na forma da lei.

§ 5º Os servidores públicos encarregados da execução da política estadual do meio ambiente, que tiverem conhecimento de infrações persistentes, intencionais ou por omissão, dos padrões e normas ambientais deverão, imediatamente, comunicar o fato ao Ministério Público, indicando os elementos de convicção, sob pena de responsabilidade administrativa, na forma da lei.

Art. 262. A utilização dos recursos naturais com fins econômicos será objeto de taxas correspondentes aos custos necessários à fiscalização, à recuperação e à manutenção dos padrões de qualidade ambiental.

§ 1º Aos municípios que tenham seus recursos hídricos utilizados para abastecer de água potável a população do Estado do Rio de Janeiro é assegurada participação na arrecadação tarifária ou compensação financeira em face da exploração econômica dos mencionados recursos, devendo os respectivos resultados serem processados separadamente em favor de cada um daqueles Municípios, por volume de água fornecida, e calculados em proporção compatível com os valores dos royalties pagos a outros Municípios pela exploração de petróleo e de gás natural.

§ 2º Os resultados financeiros que venham a ser obtidos em decorrência do disposto no parágrafo anterior deverão ser aplicados integralmente em programas conjuntos com o Estado para tratamento de despejos urbanos e industriais e de resíduos sólidos, de proteção e de utilização racional de água e de outros programas que garantam a fiscalização, a recuperação e a manutenção dos padrões de qualidade ambiental nos Municípios de que cogitam o artigo anterior.

§ 3º Aos Municípios de Nova Iguaçu, Japeri, Queimados, Belford Roxo, Mesquita, Nilópolis, São João de Meriti, Duque de Caxias, Guapimirim, Magé e outros que venham a integrar a Baixada Fluminense, abrangendo inclusive os Municípios de Niterói, São Gonçalo, Itaboraí e o Bairro de Paquetá, no Município do Rio de Janeiro, integrantes do sistema de abastecimento de água denominado IMUNA – LARANJAL, fica assegurada, no sistema de abastecimento de água à população do Estado do Rio de Janeiro, uma distribuição prioritária correspondente a trinta por cento do volume de recursos hídricos provenientes dos dois primeiros e do Município de Magé no presente referido.

Art. 263. Fica autorizada a criação, na forma da lei, do Fundo Estadual de Conservação Ambiental e Desenvolvimento Urbano FECAM, destinado à implementação de programas e projetos de recuperação e preservação do meio ambiente, bem como de desenvolvimento urbano, vedada sua utilização para pagamento de pessoal da administração pública direta e indireta ou de despesas de custeio diversas de sua finalidade.

§ 1º Constituirão recursos para o fundo de que trata o caput deste artigo, entre outros:

I. cinco por cento da compensação financeira a que se refere o art. 20º, § 1º, da Constituição da República e a que faz jus o Estado do Rio de Janeiro.

II. O produto das multas administrativas e de condenações judiciais por atos lesivos ao meio ambiente;

III. dotações e créditos adicionais que lhe forem atribuídos;

IV. empréstimos, repasses, doações, subvenções, auxílios, contribuições, legados ou quaisquer transferências de recursos, excepcionados os recursos privados referidos no § 4º do presente artigo;

V. Vrendimentos provenientes de suas operações ou aplicações financeiras.

VI. cinco por cento da compensação financeira, a que se refere o art. 20°, § 1°, da Constituição Federal, calculados na forma da lei, a que faz jus o Estado do Rio de Janeiro, quando se tratar de petróleo e gás extraído da camada do pré-sal, não se aplicando, nesse caso, o disposto no inciso I.

§ 2° O disciplinamento da utilização dos recursos do Fundo de que trata este artigo caberá a um Conselho de que participarão, necessariamente, o Ministério Público e representantes da comunidade, na forma a ser estabelecida em lei.

§ 3° Os programas e projetos ambientais a que se refere o caput deste artigo incluem, entre outros, os seguintes:

I. implantação de sistema de coleta e tratamento de esgotos domésticos;

II. implantação de sistemas de coleta de lixo, com ênfase na coleta seletiva e destinação final adequadas de resíduos sólidos urbanos e sua reciclagem;

III. programas de conservação, reaproveitamento, reciclagem de energia, cogeração e eficiência energética, e desenvolvimento de energias alternativas, como a solar e eólica, entre outras;

IV. programas e projetos de educação ambiental na rede pública estadual, incluindo intervenção desta na preservação das áreas do entorno das escolas, na forma da lei;

V. programas de desenvolvimento urbano integrados aos projetos locais e regionais de desenvolvimento que contemplem soluções para os problemas ambientais locais;

VI. programas de despoluição dos ambientes de trabalho com monitoramento da qualidade ambiental das empresas e desenvolvimento e implantação de tecnologias alternativas não poluentes que preservem a saúde do trabalhador;

VII. programas de defesa dos recursos hídricos, incluindo a implantação dos comitês de bacias hidrográficas, na forma da lei;

VIII. programas de monitoragem e fiscalização da presença de agrotóxicos nos alimentos e de implementação de sistemas agrícolas integrados e não poluentes, como os da agricultura biológica e orgânica;

IX. programas de fiscalização e inibição da pesca predatória e de estímulo à piscicultura e maricultura;

X. programas de recuperação de áreas degradadas e de reflorestamento ecológico, incluindo a produção de mudas;

XI. fiscalização e recuperação da Mata Atlântica e proteção da biodiversidade.

XII. demarcação da faixa marginal de proteção das lagoas e lagunas;

XIII. programas de prevenção e combate a incêndios em Florestas;

XIV. implantação das unidades de conservação da natureza, como parques, reservas e área de preservação ambiental, incluindo plano diretor, plano de manejo, demarcação, sede e educação ambiental das populações dos entornos, sem prejuízo do que dispõe a disciplina específica prevista no § 4° do presente artigo;

XV. programas de tratamento e destinação final de lixo químico;

XVI. reforço dos sistemas de fiscalização ambiental;

XVII. programas de proteção à fauna, incluindo centros de triagem de animais, prevenção e fiscalização;

XVIII. reforço de equipamentos e instalações do BPFMA, DPMA e Corpo de Bombeiros do Estado do Rio de Janeiro;

XIX. utilização de recursos como contrapartida a programas com financiamento internacional, tais como, Programa de Despoluição da Baía de Guanabara e/ou de Despoluição da Baía de Sepetiba;

XX. programa de divulgação em mídia de campanhas publicitárias, tais como o combate aos balões e pela reciclagem de pilhas e garrafas plásticas;

XXI. programa de ecologia urbana, tais como ciclovias, implantação de combustíveis menos poluentes nos transportes e nas indústrias, defesa das encostas;

XXII. recomposição e manutenção de manguezais e áreas protegidas;

XXIII. monitoragem e melhoria da qualidade do ar e da água potável e da balneabilidade;

XXIV. programa para equipar e capacitar as cooperativas de catadores;

XXV. programas de relocalização (quando couber) de populações que ocupem áreas de preservação ambiental, incluindo habitação digna e reinstalação;

XXVI. desenvolvimento de programas de ecoturismo;

XXVII. implantação do Centro de Referência de Segurança e Crimes Ambientais;

XXVIII. implantação do Centro de Referência da Saúde do Trabalhador em Ambientes de Trabalho;

XXIX. campanhas e programas de orientação do consumidor aos custos do desperdício e às qualidades e riscos ambientais dos produtos;
XXX. mapeamento das áreas e atividades de risco, na forma da Lei.
§ 4º É considerado recurso privado, e não constitui receita do Fundo Estadual de Conservação Ambiental e Desenvolvimento Urbano FECAM, o montante de recursos devido pelos empreendedores nos casos de licenciamento ambiental de empreendimentos de significativo impacto ambiental decorrentes da compensação ambiental estabelecida no âmbito do Sistema Nacional de Unidades de Conservação da Natureza – SNUC.
§ 5º Os passivos não liquidados, cuja competência tenha ocorrido a partir do ano de 2015 até dezembro de 2019, poderão ser extintos, salvo se for o caso de despesas de exercícios anteriores, nos termos da Lei nº 4.320, de 17 de março de 1964º
§ 6º O percentual não aplicado no Fundo Estadual de Conservação Ambiental e Desenvolvimento Urbano FECAM, a partir do exercício de 2015, não se converterá em obrigação de aplicação em exercícios posteriores ao Estado

Art. 264. A implantação e a operação de instalações que utilizem ou manipulem materiais radioativos, estarão sujeitas ao estabelecimento e à implementação de plano de evacuação da população das áreas de risco e a permanente monitoragem de seus efeitos sobre o meio ambiente e a saúde da população.
Parágrafo único. As disposições deste artigo não se aplicam à utilização de radioisótopos previstos no artigo 21º, XXIII, "b", da Constituição da República.

Art. 265. Os projetos governamentais da administração direta ou indireta, que exijam a remoção involuntária de contingente da população, deverão cumprir, dentre outras, as seguintes exigências:
I. pagamento prévio e em dinheiro de indenização pela desapropriação, bem como dos custos de mudança e reinstalação, inclusive, neste caso, para os não proprietários, nas áreas vizinhas às do projeto, de residências, atividades produtivas e equipamentos sociais.
II. implantação, anterior à remoção, de programas socioeconômicos que permitam às populações atingidas restabelecerem seu sistema produtivo garantindo sua qualidade de vida;
III. implantação prévia de programas de defesa ambiental que reduzam ao mínimo os impactos do empreendimento sobre a fauna, a flora e as riquezas naturais e arqueológicas.

Art. 266. O Estado promoverá, com a participação dos Municípios e das comunidades, o zoneamento ambiental de seu território.
§ 1º A implantação de áreas ou polos industriais, bem como as transformações de uso do solo, dependerão de estudo de impacto ambiental, e do correspondente licenciamento.
§ 2º O registro dos projetos de loteamento dependerá do prévio licenciamento na forma da legislação de proteção ambiental.
§ 3º Os proprietários rurais ficam obrigados, na forma da lei, a preservar e a recuperar, com espécies nativas suas propriedades.

Art. 267. A extinção ou alteração das finalidades das áreas das unidades de conservação dependerá de lei específica.

Art. 268. São áreas de preservação permanente:
I. os manguezais, lagos, lagoas e lagunas e as áreas estuarinas;
II. as praias, vegetação de restingas quando fixadoras de dunas, as dunas, costões rochosos e as cavidades naturais subterrâneas-cavernas;
III. as nascentes e as faixas marginais de proteção de águas superficiais;
IV. as áreas que abriguem exemplares ameaçados de extinção, raros, vulneráveis ou menos conhecidos, na fauna e flora, bem como aquelas que sirvam como local de pouso, alimentação ou reprodução;
V. as áreas de interesse arqueológico, histórico, científico, paisagístico e cultural;
VI. aquelas assim declaradas por lei;
VII. a Baía de Guanabara.

Art. 269. São áreas de relevante interesse ecológico, cuja utilização dependerá de prévia autorização dos órgãos competentes, preservados seus atributos essenciais:
I. as coberturas florestais nativas;
II. a zona costeira;
III. o Rio Paraíba do Sul;
IV. a Ilha Grande;
V. a Baía da Guanabara;
VI. a Baía de Sepetiba.

Art. 270. As terras públicas ou devolutas, consideradas de interesse para a proteção ambiental, não poderão ser transferidas a particulares a qualquer título.

Art. 271. A iniciativa do Poder Público de criação de unidades de conservação, com a finalidade de preservar a integridade de exemplares dos ecossistemas, será imediatamente seguida dos procedimentos necessários a regularização fundiária, demarcação e implantação da estrutura de fiscalização adequadas.

Art. 272. O Poder Público poderá estabelecer restrições administrativas de uso de áreas privadas para fins de proteção de ecossistemas.

Parágrafo único. As restrições administrativas de uso a que se refere este artigo deverão ser averbadas no registro imobiliário no prazo máximo de um ano a contar de seu estabelecimento.

Art. 273. As coberturas florestais nativas existentes no Estado são consideradas indispensáveis ao processo de desenvolvimento equilibrado e à sadia qualidade de vida de seus habitantes e não poderão ter suas áreas reduzidas.

Art. 274. As empresas concessionárias ou permissionárias de serviços públicos deverão atender aos dispositivos de proteção ambiental em vigor.

Art. 275. Fica proibida a introdução no meio ambiente de substâncias cancerígenas, mutagênicas e teratogênicas, além dos limites e das condições permitidas pelos regulamentos dos órgãos do controle ambiental.

Art. 276. A implantação e a operação de atividades efetiva ou potencialmente poluidoras dependerão de adoção das melhores tecnologias de controle para proteção do meio ambiente, na forma da lei.

Parágrafo único. O Estado e os Municípios manterão permanente fiscalização e controle sobre os veículos, que só poderão trafegar com equipamentos antipoluentes, que eliminem ou diminuam ao máximo o impacto nocivo da gaseificação de seus combustíveis.

Art. 277. Os lançamentos finais dos sistemas públicos e particulares de coleta de esgotos sanitários deverão ser precedidos, no mínimo, de tratamento primário completo, na forma da lei.

§ 1º Fica vedada a implantação de sistemas de coleta conjunta de águas pluviais e esgotos domésticos ou industriais.

§ 2º As atividades poluidoras deverão dispor de bacias de contenção para as águas de drenagem, na forma da lei.

Art. 278. É vedada a criação de aterros sanitários à margem de rios, lagos, lagoas, manguezais e mananciais.

Art. 279. O Estado exercerá o controle de utilização de insumos químicos na agricultura e na criação de animais para alimentação humana, de forma a assegurar a proteção do meio ambiente e a saúde pública.

Parágrafo único. O controle a que se refere este artigo será exercido, tanto na esfera da produção quanto na de consumo, com a participação do órgão encarregado da execução da política de proteção ambiental.

Art. 280. A lei instituirá normas para coibir a poluição sonora.

Art. 281. Nenhum padrão ambiental do Estado poderá ser menos restritivo do que os padrões fixados pela Organização Mundial de Saúde.

Art. 282. As empresas concessionárias do serviço de abastecimento público de água deverão divulgar, semestralmente, relatório de monitoragem da água distribuída à população, a ser elaborado por instituição de reconhecida capacidade técnica e científica.

Parágrafo único. A monitoragem deverá incluir a avaliação dos parâmetros a serem definidos pelos órgãos estaduais de saúde e meio ambiente.

TÍTULO VIII
Da Ordem Social

CAPÍTULO I

Disposição geral (Art. 283º)

Art. 283. A ordem social tem como base o primado do trabalho, e como objetivo o bem-estar e a justiça sociais.

CAPÍTULO II

Da seguridade social

SEÇÃO I
Disposição Geral (Arts. 284º a 286º)

Art. 284. O Estado e os Municípios, com a União, integram um conjunto de ações e iniciativas dos Poderes Públicos e da sociedade, destinado a assegurar os direitos relativos à saúde, à previdência e assistência sociais, de conformidade com as disposições da Constituição da República e das leis.

§ 1º As receitas do Estado e dos Municípios, destinados a seguridade social, constarão dos respectivos orçamentos.

§ 2º Para efeito de aposentadoria, é assegurada a contagem recíproca do tempo de contribuição na administração pública e na atividade privada, rural e urbana, inclusive na condição de autônomo, hipótese em que os diversos sistemas de previdência social se compensarão financeiramente, segundo critérios estabelecidos em lei.

Art. 285. Será garantida pensão por morte de servidor, homem ou mulher, ao cônjuge ou companheiro e dependentes.

Parágrafo único. A pensão mínima a ser paga aos pensionistas do Instituto de Previdência do Estado do Rio de Janeiro IPERJ, não poderá ser de valor inferior ao de um salário mínimo.

Art. 286. É facultado ao servidor público que não tenha cônjuge, companheiro ou dependente, legar a pensão por morte a beneficiários de sua indicação, respeitadas as condições e a faixa etária previstas em lei para a concessão do benefício a dependentes.

SEÇÃO II
Da Saúde (Arts. 287° a 304°)

Art. 287. A saúde é direito de todos e dever do Estado, assegurada mediante políticas sociais, econômicas e ambientais que visem a prevenção de doenças físicas e mentais, e outros agravos, o acesso universal e igualitário às ações de saúde e a soberana liberdade de escolha dos serviços, quando esses constituírem ou complementarem o Sistema Unificado e Descentralizado de Saúde, guardada a regionalização para sua promoção, proteção e recuperação.

Art. 288. As ações e serviços de saúde são de relevância pública, cabendo ao Poder Público dispor, nos termos da lei, sobre sua regulamentação, fiscalização e controle, devendo sua execução ser feita com prioridade, diretamente ou através de terceiros, preferencialmente por entidades filantrópicas e, também, por pessoa física ou jurídica de direito privado.

Art. 289. As ações e serviços públicos de saúde integram uma rede regionalizada e hierarquizada e constituem um sistema único de saúde, de acordo com as seguintes diretrizes:

I. integração das ações e serviços de saúde dos Municípios ao Sistema Único de Saúde;

II. descentralização político-administrativa, com direção única em cada nível, respeitada a autonomia municipal, garantindo-se os recursos necessários;

III. atendimento integral, universal e igualitário, com acesso a todos os níveis dos serviços de saúde da população urbana e rural, contemplando as ações de promoção, proteção e recuperação de saúde individual e coletiva, com prioridade para as atividades preventivas e de atendimento de emergência e urgência, sem prejuízo dos demais serviços assistenciais;

IV. participação na elaboração e controle das políticas e ações de saúde de membros de entidades representativas de usuários e de profissionais de saúde, através de conselho estadual de saúde, deliberativo e paritário, estruturado por lei complementar;

V. râmetros o perfil epidemiológico e demográfico, e a necessidade de implantação, expansão e manutenção dos serviços de saúde de cada Município;

VI. elaboração e atualização periódicas do Plano Estadual de Saúde, em termos de prioridade e estratégias regionais, em consonância com o Plano Nacional de Saúde e de acordo com as diretrizes do conselho estadual;

VII. outras, que venham a ser adotadas em legislação complementar.

Art. 290. É assegurada, na área de saúde, a liberdade de exercício profissional e de organização de serviços privados, na forma da lei, de acordo com os princípios da política nacional de saúde e das normas gerais estabelecidas pelo conselho estadual de saúde.

Art. 291. As instituições privadas poderão participar de forma complementar do Sistema Único de Saúde, mediante o contrato de direito público ou convênio, tendo preferência as entidades filantrópicas e as sem fins lucrativos.

§ 1º A decisão sobre a contratação de serviços privados deverá ser precedida de audiência dos conselhos municipais de saúde, quando de abrangência municipal, e do conselho estadual de saúde, quando de abrangência estadual.

§ 2º Aos serviços de saúde de natureza privada, que descumpram as diretrizes do Sistema Único de Saúde, ou os termos previstos nos contratos firmados com o Poder Público, aplicar-se-ão as sanções previstas em lei.

§ 3º É vedada a participação direta ou indireta de empresas estrangeiras ou de empresas brasileiras de capital estrangeiro na assistência à saúde no Estado, salvo nos casos previstos em lei.

§ 4º É vedada a destinação de recursos públicos para auxílios ou subvenções às instituições privadas com fins lucrativos.

Art. 292. O Sistema Único de Saúde será financiado com recursos do orçamento do Estado, da seguridade social, da União e dos Municípios, além de outras fontes.

Parágrafo único. Os recursos financeiros do sistema de saúde serão administrados, em cada esfera, por fundos de natureza contábil, criados na forma da lei.

Art. 293. Ao Sistema Único de Saúde compete, além de outras atribuições estabelecidas na Lei Orgânica da Saúde:

I. ordenar a formação de recursos humanos na área de saúde, bem como a capacitação técnica e reciclagem permanente;

II. garantir aos profissionais da área de saúde um plano de cargos e salários único, o estímulo ao regime de tempo integral e condições adequadas de trabalho em todos os níveis;

III. promover o desenvolvimento de novas tecnologias e a produção de medicamentos, matérias-primas, insumos imunobiológicos e contraceptivos de barreira por laboratórios oficiais do Estado, abrangendo também a homeopatia, a acupuntura, a fitoterapia e outras práticas de comprovada base científica, que serão adotadas pela rede oficial de assistência à população;

IV. criar e implantar sistema estadual público de sangue, componentes e derivados, para garantir a autossuficiência do Estado no setor, assegurando a preservação da saúde do doador e do receptor de sangue, bem como a manutenção de laboratórios e hemocentros regionais;

V. dispor sobre a fiscalização e normatização da remoção de órgãos, tecidos e substâncias, para fins de transplantes, pesquisa, especialmente sobre a reprodução humana e tratamento, vedada a sua comercialização;

VI. participar na elaboração e atualização de plano estadual de alimentação e nutrição;

VII. controlar, fiscalizar e inspecionar procedimentos, produtos e substâncias que compõem os medicamentos, contraceptivos, imunobiológicos, alimentos, compreendido o controle de seu teor nutricional, bem como bebidas e águas para consumo humano, cosméticos, perfumes, produtos de higiene, saneantes, domissanitários, agrotóxicos, biocidas, produtos agrícolas, drogas veterinárias, sangue, hemoderivados, equipamentos médico-hospitalares e odontológicos, insumos, e outros de interesse para a saúde;

VIII. manter laboratório de referência de controle de qualidade;

IX. participar na fiscalização das operações de produção, transporte, guarda e utilização, executadas com substâncias e produtos psicoativos, tóxicos e radioativos;

X. desenvolver ações visando à segurança e à saúde do trabalhador, integrando sindicatos e associações técnicas, compreendendo a fiscalização, normatização e coordenação geral na prevenção, prestação de serviços e recuperação, mediante:

a) medidas que visem à eliminação de riscos de acidentes, doenças profissionais e do trabalho, e que ordenem o processo produtivo, para esse fim;

b) informações aos trabalhadores a respeito de atividades que comportem riscos à saúde e dos métodos para o seu controle;

c) controle e fiscalização dos ambientes e processos de trabalhos nos órgãos ou empresas públicas e privadas, incluindo os departamentos médicos;

d) direito de recusa ao trabalho em ambientes sem controle adequado de riscos, assegurada a permanência no emprego;

e) promoção regular e prioritária de estudos e pesquisas em saúde do trabalho;

f) proibição do uso de atestado de esterilização e de teste gravidez como condição para admissão ou permanência no trabalho;

g) notificação compulsória, pelos ambulatórios médicos dos órgãos ou empresas públicas ou privadas, das doenças profissionais e dos acidentes de trabalho;

h) intervenção, interrompendo as atividades em local de trabalho em que haja risco iminente ou naqueles em que tenham ocorrido graves danos à saúde do trabalhador;

XI. coordenar e estabelecer diretrizes e estratégias das ações de vigilância sanitária e epidemiológica e colaborar no controle do meio ambiente e saneamento;

XII. determinar que todo estabelecimento, público ou privado, sob fiscalização de órgãos do Sistema Único de Saúde, seja obrigado a utilizar coletor seletivo de lixo hospitalar;

XIII. formular e implantar política de atendimento à saúde de portadores de deficiência, bem como coordenar e fiscalizar os serviços e ações específicas, de modo a garantir a prevenção de doenças ou condições que favoreçam o seu surgimento, assegurando o direito à habilitação, reabilitação e integração social, com todos os recursos necessários, inclusive o acesso aos materiais e equipamentos de reabilitação;
XIV. implantar política de atendimento à saúde das pessoas consideradas doentes mentais, devendo ser observados os seguintes princípios:
a) rigoroso respeito aos direitos humanos dos doentes;
b) integração dos serviços de emergência psiquiátricos e psicológicos aos serviços de emergência geral;
c) prioridade e atenção extra-hospitalar, incluído atendimento ao grupo familiar, bem como ênfase na abordagem interdisciplinar;
d) ampla informação aos doentes, familiares e à sociedade organizada sobre os métodos de tratamento a serem utilizados;
e) garantia da destinação de recursos materiais e humanos para a proteção e tratamento adequado ao doente mental nos níveis ambulatorial e hospitalar;
XV. garantir destinação de recursos materiais e humanos na assistência às doenças crônicas e à terceira idade, na forma da lei;
XVI. estabelecer cooperação com a rede pública de ensino, de modo a promover acompanhamento constante às crianças em fase escolar, prioritariamente aos estudantes do primeiro grau;
XVII. incentivar, através de campanhas promocionais educativas e outras iniciativas, a doação de órgãos;
XVIII. prover a criação de programa suplementar que garanta fornecimento de medicação às pessoas portadoras de necessidades especiais, no caso em que seu uso seja imprescindível à vida.
Parágrafo único. O Estado, na forma da lei, concederá estímulos especiais às pessoas que doarem órgãos possíveis de serem transplantados, quando de sua morte, com o propósito de restabelecerem funções vitais à saúde.
Art. 294. O Estado garantirá assistência integral à saúde da mulher em todas as fases de sua vida através da implantação de política adequada, assegurando:
I. assistência à gestação, ao parto e ao aleitamento;
II. direito à autorregulação da fertilidade como livre decisão da mulher, do homem ou do casal, tanto para exercer a procriação quanto para evitá-la;
III. fornecimento de recursos educacionais, científicos e assistenciais, bem como acesso gratuito aos métodos anticoncepcionais, esclarecendo os resultados, indicações e contraindicações, vedada qualquer forma coercitiva ou de indução por parte de instituições públicas ou privadas;
IV. assistência à mulher, em caso de aborto, provocado ou não, como também em caso de violência sexual, asseguradas dependências especiais nos serviços garantidos direta ou indiretamente pelo Poder Público;
V. adoção de novas práticas de atendimento relativas ao direito da reprodução mediante consideração da experiência dos grupos ou instituições de defesa da saúde da mulher.
Art. 295. O Estado, através dos órgãos competentes, determinará a fluoretização do cloreto de sódio, na proporção fixada pela autoridade responsável.
Art. 296. Será fiscalizado a produção, distribuição e comercialização de processos químicos ou hormonais e artefatos de contracepção, proibindo-se a comercialização e uso em fase de experimentação.
Art. 297. O Estado regulamentará em relação ao sangue, coleta, processamento, estocagem, tipagem, sorologia, distribuição, transporte, descarte, indicação e transfusão, bem como sua procedência e qualidade ou componente destinado à industrialização, seu processamento, guarda, distribuição e aplicação.
Art. 298. O Estado assegurará a todo cidadão o fornecimento de sangue, componentes e derivados, bem como obter informações sobre o produto do sangue humano que lhe tenha sido aplicado.
Art. 299. A assistência farmacêutica faz parte da assistência global à saúde, e as ações a ela correspondentes devem ser integradas ao Sistema Único de Saúde, garantindo-se o direito de toda a população aos medicamentos básicos, que constem de lista padronizada dos que sejam considerados essenciais.
Art. 300. O Estado só poderá adquirir medicamentos e soros imunobiológicos produzidos pela rede privada, quando a rede pública, prioritariamente a estadual, não estiver capacitada a fornecê-lo.
Parágrafo único. O Estado garantirá o investimento permanente na produção estatal de medicamentos à qual serão destinados recursos especiais.
Art. 301. O Poder Público, mediante ação conjunta de suas áreas de educação e saúde, garantirá aos alunos da rede pública de ensino acompanhamento médico-odontológico, e às crianças que ingressem

no pré-escolar exames e tratamentos oftalmológico e fonoaudiológico.

Art. 302. Os municípios deverão no âmbito de sua competência, estabelecer medidas de proteção à saúde dos cidadãos não fumantes em escolas, restaurantes, hospitais, transportes coletivos, repartições públicas, cinemas, teatros e demais estabelecimentos de grande afluência de público.

Art. 303.. O Estado instituirá mecanismos de controle e fiscalização adequados para coibir a imperícia, a negligência, a imprudência e a omissão de socorro nos estabelecimentos hospitalares oficiais e particulares, cominando penalidades severas para os culpados.

Parágrafo único. Quando se tratar de estabelecimento particular, as penalidades poderão variar da imposição de multas pecuniárias à cassação da licença de funcionamento.

Art. 304. As empresas privadas prestadoras de serviços de assistência médica, administradoras de planos de saúde, deverão ressarcir o Estado e os Municípios das despesas com o atendimento dos segurados respectivos em unidades de saúde pertencentes ao poder público estadual ou municipal.

Parágrafo único. O pagamento será de responsabilidade das empresas a que estejam associadas as pessoas atendidas em unidades de saúde do Estado ou dos Municípios.

SEÇÃO III
Da Assistência Social (Art. 305°)

Art. 305. O Estado e os Municípios prestarão assistência social a quem dela necessitar, obedecidos os princípios e normas da Constituição da República.

Parágrafo único. Será assegurada, nos termos da lei, a participação da população, por meio de organizações representativas, na formulação das políticas e no controle das ações de assistência social.

CAPÍTULO III
Da Educação, da Cultura e do Desporto

SEÇÃO I
Da Educação (Arts. 306° a 321°)

Art. 306. A educação, direito de todos e dever do Estado e da família, promovida e incentivada com a colaboração da sociedade, visa ao pleno desenvolvimento da pessoa e a formação do cidadão; o aprimoramento da democracia e dos direitos humanos; a eliminação de todas as formas de racismo e de discriminação; o respeito dos valores e do primado do trabalho; à afirmação do pluralismo cultural; a convivência solidária a serviço de uma sociedade justa, fraterna, livre e soberana.

Art. 307. O ensino será ministrado com base nos seguintes princípios:

I. igualdade de condições para o acesso e permanência na escola;

II. liberdade de aprender, ensinar, pesquisar e divulgar o pensamento, a arte e o saber, vedada qualquer discriminação;

III. pluralismo de ideias e de concepções pedagógicas, e coexistência de instituições públicas e privadas de ensino;

IV. ensino público, gratuito para todos, em estabelecimentos oficiais, observado o critério da alínea abaixo:

a) na eventualidade de, em unidade escolar oficial de pré-escolar, 1° grau, 2° grau ou de ensino supletivo, haver necessidade de opção para a ocupação de vaga em decorrência de a demanda de matrículas ser superior à oferta de vagas, dar-se-á preferência aos candidatos comprovadamente carentes;

V. valorização dos profissionais da educação escolar, garantidos, na forma da lei, planos de carreira, com ingresso exclusivamente por concurso público de provas e títulos, aos das redes públicas;

VI. gestão democrática do ensino público, na forma da lei, atendendo as seguintes diretrizes:

a) participação da sociedade na formulação da política educacional e no acompanhamento de sua execução;

b) criação de mecanismos para prestação de contas à sociedade da utilização dos recursos destinados à educação;

c) participação de estudantes, professores, pais e funcionários, através de funcionamento de conselhos comunitários em todas as unidades escolares, com o objetivo de acompanhar o nível pedagógico da escola, segundo normas dos Conselhos Estadual e Municipal de Educação.

VII. garantia de padrão de qualidade;

VIII. educação não diferenciada entre sexos, seja no comportamento pedagógico ou no conteúdo do material didático;

IX. regionalização, inclusive para o ensino profissionalizante, segundo características socioeconômicas e culturais, respeitado o estabelecido no artigo 317º, desta Constituição.
X. animação cultural compreendida como instrumento pedagógico e de promoção da dignidade da pessoa humana.

Art. 308. O dever do Estado e dos Municípios com a educação será efetivado mediante garantia de:
I. ensino público fundamental, obrigatório e gratuito, com o estabelecimento progressivo do turno único;
II. oferta obrigatória do ensino fundamental e gratuito aos que a eles não tiverem acesso na idade própria;
III. progressiva extensão da obrigatoriedade e gratuidade do ensino médio;
IV. atendimento educacional especializado aos portadores de deficiência e ensino profissionalizante na rede regular de ensino, quando necessário, por professores de educação especial;
V. atendimento especializado, aos alunos superdotados, a ser implantado por legislação específica;
VI. atendimento obrigatório e gratuito em creches e pré-escolas às crianças de zero a seis anos de idade, mediante atendimento de suas necessidades biopsicossociais, adequado aos seus diferentes níveis de desenvolvimento, com preferência à população de baixa renda;
VII. acesso ao ensino obrigatório e gratuito, que constitui direito público subjetivo;
VIII. oferta de ensino noturno regular, adequado às condições do educando;
IX. atendimento ao educando, no ensino fundamental, através de programas suplementares de material didático-escolar, transporte, alimentação e assistência à saúde;
X. liberdade de organização dos alunos, professores, funcionários e pais de alunos, sendo facultada a utilização das instalações do estabelecimento de ensino para as atividades das associações;
XI. submissão, quando necessário, dos alunos matriculados na rede regular de ensino a testes de acuidade visual e auditiva, a fim de detectar possíveis desvios de desenvolvimento;
XII. eleições diretas, na forma da lei, para direção das instituições de ensino mantidas pelo Poder Público, com a participação da comunidade escolar;
XIII. assistência à saúde no que respeita ao tratamento médico-odontológico e atendimento aos portadores de problemas psicológicos ou destes decorrentes.

§ 1º A não oferta, ou a oferta insuficiente do ensino obrigatório e gratuito pelo Poder Público, importará responsabilidade da autoridade competente, nos termos da lei.

§ 2º Compete ao Poder Público recensear, periodicamente, as crianças em idade escolar, com a finalidade de orientar a política de expansão da rede pública e a elaboração do plano estadual de educação.

§ 3º O Estado prestará assistência técnica e material aos municípios para o desenvolvimento do ensino fundamental e pré-escolar.

§ 4º Ao educando portador de deficiência física, mental ou sensorial assegura-se o direito de matrícula na escola pública mais próxima de sua residência.

Art. 309. A Universidade do Estado do Rio de Janeiro, organizada sob forma de fundação de direito público, goza de autonomia didático-científica, administrativa e de gestão financeira e patrimonial, para o exercício de suas funções de ensino, pesquisa e extensão.

§ 1º O poder público destinará anualmente à Universidade do Estado do Rio de Janeiro UERJ, dotação definida de acordo com a lei orçamentária estadual que lhe será transferida em duodécimos, mensalmente.

§ 2º A Universidade do Estado do Rio de Janeiro deverá encaminhar, anualmente, ao Conselho Superior da Fundação de Amparo à Pesquisa do Estado do Rio de Janeiro (FAPERJ), plano de aplicação financeira na área científica, tecnológica e acadêmica para acompanhamento de sua execução.

§ 3º As receitas próprias da Universidade serão por ela geridas em conta no Banco do Estado do Rio de Janeiro e sua aplicação será apreciada pelo Tribunal de Contas.

§ 4º O ensino, nos cursos regulares da Universidade do Estado do Rio de Janeiro UERJ, obedecerá ao disposto no artigo 206º, IV, da Constituição da República.

§ 5º O controle social do trabalho e do desempenho da Universidade do Estado do Rio de Janeiro será exercido por um Conselho Comunitário de caráter consultivo, criado por lei, com participação de representantes dos Poderes Públicos e de entidades da sociedade civil.

Art. 309.-A. O poder público destinará anualmente à Universidade Estadual do Norte Fluminense Darcy Ribeiro UENF e à Fundação Centro Universitário Estadual da Zona Oeste – UEZO, dotação definida de acordo com a lei orçamentária estadual que lhe será transferida em duodécimos, mensalmente".

Art. 310. A escolha dos reitores das universidades públicas estaduais será efetuada por meio de eleição direta e secreta, com a participação da comunidade universitária, de acordo com seus estatutos.

Art. 311. O Estado atuará no sentido de interiorizar o ensino superior público e gratuito, o que, na Região Metropolitana, do Rio de Janeiro, se fará, obrigatória e preferencialmente, através da Universidade do Estado do Rio de Janeiro.

Parágrafo único. Nos Municípios de Duque de Caxias e São Gonçalo, a interiorização referida neste artigo será feita, através da Universidade do Estado do Rio de Janeiro, pela expansão de suas unidades em funcionamento naqueles municípios.

Art. 312. O ensino é livre à iniciativa privada, atendidas as seguintes condições:

I. cumprimento das normas gerais da educação nacional;

II. autorização e avaliação de qualidade, pelo Poder Público, segundo as normas dos Conselhos Federal e Estadual de Educação;

III. garantia pelo Poder Público de mecanismos de controle indispensáveis à necessária autorização para a cobrança de taxas, mensalidades e quaisquer outros pagamentos.

Parágrafo único. O não atendimento às normas legais relativas ao ensino e a seus profissionais acarretará sanções administrativas e financeiras.

Art. 313. O ensino religioso, de matrícula facultativa, constituirá disciplina dos horários normais das escolas públicas de ensino fundamental.

Art. 314. O Estado aplicará, anualmente, nunca menos de trinta e cinco por cento da receita de impostos, compreendida a proveniente de transferências, na manutenção e desenvolvimento do ensino público, incluídos os percentuais referentes à UERJ (6%) e à FAPERJ (2%).

§ 1° A parcela da arrecadação de impostos transferida pelo Estado aos Municípios não é considerada, para efeito de cálculo previsto neste artigo, receita estadual.

§ 2° A distribuição dos recursos públicos assegurará prioridade ao ensino obrigatório, nos termos dos planos nacional e estadual de educação, e garantirá um percentual mínimo de dez por cento para a educação especial.

§ 3° Os programas suplementares de alimentação e assistência ao educando, no ensino fundamental, serão financiados com recursos provenientes de contribuições sociais e de outras dotações orçamentárias.

§ 4° O ensino fundamental público terá como fonte adicional de financiamento a contribuição social do salário-educação, recolhido, na forma da lei, pelas empresas, que dela poderão deduzir a aplicação realizada no ensino fundamental para seus empregados e dependentes.

§ 5° Os recursos federais transferidos ao Estado para aplicação no ensino de 1° grau serão distribuídos entre o Estado e os Municípios na exata proporção entre o número de matrículas na rede oficial de 1° grau de cada um e o número total de matrículas na rede pública estadual e municipal e repassados integralmente aos municípios no mês subsequente ao da transferência feita pela União.

Art. 315. Os recursos públicos estaduais destinados à educação serão dirigidos exclusivamente à rede pública de ensino.

Parágrafo único. Às escolas filantrópicas ou comunitárias, comprovadamente sem fins lucrativos e que ofereçam ensino gratuito a todos que nelas estudam, poderá ser destinado um percentual máximo de três por cento dos recursos de que trata este artigo.

Art. 316. O Estado e os Municípios, na elaboração de seus planos de educação, considerarão o Plano Nacional de Educação de duração plurianual, visando a articulação e ao desenvolvimento do ensino em seus diversos níveis, e a integração das ações do Poder Público, que conduzam a:

I. erradicação do analfabetismo;

II. universalização do atendimento escolar;

III. melhoria da qualidade de ensino;

IV. formação para o trabalho;

V. promoção humanística, científica e tecnológica do País.

Parágrafo único. A lei organizará, nos termos do § 1° do artigo 211° da Constituição da República, o sistema estadual integrado de ensino, constituído pelos vários serviços educacionais desenvolvidos no território fluminense.

Art. 317. Serão fixados conteúdos mínimos para o ensino de 1° e 2° graus, em complementação regional àqueles a serem fixados pela Lei de Diretrizes e Bases da Educação Nacional, de modo a assegurar formação básica comum e respeito aos valores culturais e artísticos nacionais e latino-americanos.

§ 1º Às comunidades indígenas serão também assegurados a utilização de suas línguas maternas e processos próprios de aprendizagem.

§ 2º Os programas a serem elaborados observarão, obrigatoriamente, as especificidades regionais.

§ 3º A língua espanhola passa a constar do núcleo obrigatório de disciplinas de todas as séries do 2º grau da rede estadual de ensino, tendo em vista, primordialmente, o que estabelece a Constituição da República em seu artigo 4º, Parágrafo único.

§ 4º Será introduzida, como disciplina obrigatória, nos currículos de 2º grau, da rede pública e privada, em todo o território do Estado do Rio de Janeiro, a Sociologia.

Art. 318. A lei disporá sobre a instalação de creches e escolas oficiais na construção de conjuntos habitacionais.

Art. 319. O Conselho Estadual de Educação, incumbido de normatizar, orientar e acompanhar o ensino nas redes pública e privada, com atribuições e composição a serem definidas em lei, terá os seus membros indicados pelo Governador do Estado entre pessoas de comprovado saber, com representantes das entidades mantenedoras de ensino, dos trabalhadores do ensino e dos usuários.

Parágrafo único. A composição da metade do conselho a que se refere este artigo terá a indicação de seus membros referendada pela Assembleia Legislativa.

Art. 320. Proverá o Estado a sua rede de ensino de condições plenas de abrigar tantos quantos busquem matrículas nas séries de 1º grau, na faixa etária dos sete aos quatorze anos, sendo proibida a sua negativa.

§ 1º O remanejamento e a criação de complexos escolares serão admitidos, conforme disposições legais específicas.

§ 2º Na rede estadual de ensino, nas escolas de 2º segmento do 1º grau, far-se-á obrigatória a inclusão de atividades de iniciação e prática profissionais, objetivando promover o respeito dos valores e do primado do trabalho, tendo em vista as características socioeconômicas e culturais regionais, e a carga curricular oficial.

Art. 321. Os membros do magistério público não poderão ser afastados do exercício de regência de turma salvo para ocupar funções diretivas ou chefias onde sejam absolutamente indispensáveis e exclusivamente na estrutura da Secretaria de Educação do Estado, ressalvado o disposto no Parágrafo Único do artigo 84º.

SEÇÃO II
Da Cultura (Arts. 322º a 324º)

Art. 322. O Estado do Rio de Janeiro destinará, anualmente, à Fundação de Amparo à Pesquisa – FAPERJ, dois por cento da receita tributária do exercício, deduzidas as transferências e vinculações constitucionais e legais.

I. atuação do Conselho Estadual de Cultura;

II. articulação das ações governamentais no âmbito da cultura, da educação, dos desportos, do lazer e das comunicações;

III. criação e manutenção de espaços públicos devidamente equipados e acessíveis, à população para as diversas manifestações culturais, inclusive através de uso de próprios estaduais, vedada a extinção de espaço público, sem criação, na mesma área, de espaço equivalente.

IV. estímulo à instalação de bibliotecas nas sedes dos Municípios e Distritos, assim como atenção especial à aquisição de bibliotecas, obras de arte e outros bens particulares de valor cultural;

V. incentivo ao intercâmbio cultural com países estrangeiros, com outros Estados da Federação, bem como o intercâmbio cultural dos municípios fluminenses, uns com os outros;

VI. promoção do aperfeiçoamento e valorização dos profissionais da cultura, da criação artística, inclusive a cinematográfica;

VII. proteção das expressões culturais, incluindo as indígenas, afro-brasileiras, e de outros grupos participantes do processo cultural, bem como o artesanato;

VIII. proteção dos documentos, das obras e outros bens de valor histórico, artístico, cultural e científico, os monumentos, as paisagens naturais notáveis e os sítios arqueológicos, espeleológicos, paleontológicos e ecológicos;

IX. manutenção de suas instituições culturais devidamente dotadas de recursos humanos, materiais e financeiros, promovendo pesquisa, preservação, veiculação e ampliação de seus acervos;

X. preservação, conservação e recuperação de bens nas cidades e sítios considerados instrumentos históricos e arquitetônicos.

Parágrafo único. A lei estabelecerá o Plano Estadual de Cultura, de duração plurianual, visando ao desenvolvimento cultural do Estado e à integração das ações do poder público que conduzem à:
I. defesa e valorização do patrimônio cultural estadual;
II. produção, promoção e difusão de bens culturais;
III. formação de pessoal qualificado para a gestão da cultura em suas múltiplas dimensões;
IV. democratização do acesso aos bens de cultura;
V. valorização da diversidade étnica e regional.
Art. 323. O Conselho Estadual de Cultura, incumbido de regulamentar, orientar e acompanhar a política cultural do Estado, terá suas atribuições e composições definidas em lei, observando-se a representação das áreas de trabalhadores e empresários da cultura.
Parágrafo único. A lei disporá sobre a composição do Conselho Estadual de Cultura, devendo a indicação de seus membros ser submetida à Assembleia Legislativa.
Art. 324. O Poder Público, com a colaboração da comunidade, promoverá e protegerá o patrimônio cultural do Estado do Rio de Janeiro por meio de inventários, registros, vigilância, tombamento, desapropriação e de outras formas de acautelamento e preservação.
§ 1º Os documentos de valor histórico-cultural terão sua preservação assegurada, inclusive mediante recolhimento a arquivo público estadual.
§ 2º Os danos e ameaças ao patrimônio cultural serão punidos na forma da lei.

SEÇÃO III
Do Desporto (Arts. 325º a 329º)

Art. 325. É dever do Estado fomentar práticas desportivas formais e não formais, inclusive para pessoas portadoras de deficiências, como direito de cada um, observados:
I. a autonomia das entidades desportivas dirigentes e associações, quanto à sua organização e ao seu funcionamento;
II. O voto unitário nas decisões das entidades desportivas;
III. a destinação de recursos públicos à promoção prioritária do desporto educacional e, em casos específicos, para a do desporto de alto rendimento;
IV. o tratamento diferenciado para o desporto profissional e o não profissional;
V. a participação mínima de vinte clubes no campeonato de futebol profissional da primeira divisão;
VI. a proteção e o incentivo a manifestações esportivas de criação nacional e olímpicas.
§ 1º O Estado assegurará o direito ao lazer e à utilização criativa do tempo destinado ao descanso, mediante oferta de área pública para fins de recreação, esportes e execução de programas culturais e de projetos turísticos intermunicipais.
§ 2º O Poder Público, ao formular a política de esporte e lazer, considerará as características socioculturais das comunidades interessadas.
Art. 326. O Poder Público incentivará as práticas desportivas, inclusive através de:
I. criação e manutenção de espaços adequados para a prática de esportes nas escolas e praças públicas;
II. ações governamentais com vistas a garantir aos municípios a possibilidade de construírem e manterem espaços próprios para a prática de esportes;
III. promoção, em conjunto com os municípios, de jogos e competições esportivas amadoras, regionais e estaduais, inclusive de alunos da rede pública.
Art. 327. A educação física é disciplina curricular, regular e obrigatória nos ensinos fundamental e médio.
Parágrafo único. Nos estabelecimentos de ensino público e privado deverão ser reservados espaços para a prática de atividades físicas, equipados materialmente e com recursos humanos qualificados.
Art. 328. O atleta selecionado para representar o Estado ou o País em competições oficiais terá, quando servidor público, no período de duração das competições, seus vencimentos, direitos e vantagens garantidos, de forma integral, sem prejuízo de sua ascensão funcional.
Art. 329. Os estabelecimentos especializados em atividades de educação física, esportes e recreação ficam sujeitos a registro, supervisão e orientação normativa do Poder Público, na forma da lei.

CAPÍTULO IV
Dos Índios (Art. 330º)

Art. 330. O Estado contribuirá, no âmbito da sua competência, para o reconhecimento, aos índios, de sua organização social, costumes, línguas, crenças e tradições, e os direitos originários sobre as terras que tradicionalmente ocupam, sua demarcação, proteção e o respeito a todos os seus bens, obedecendo-se ao que dispõe a Constituição da República.

CAPÍTULO V
Da Ciência e Tecnologia
(Arts. 331º a 333º)

Art. 331. O Poder Público promoverá e incentivará a pesquisa e a capacitação científica e tecnológica, bem como a difusão do conhecimento, visando ao progresso da ciência e ao bem-estar da população.

§ 1º A pesquisa e a capacitação tecnológicas voltar-se-ão preponderantemente para o desenvolvimento econômico e social do Estado do Rio de Janeiro.

§ 2º O Poder Público, nos termos da lei, apoiará e estimulará as empresas que invistam em pesquisa, criação de tecnologia adequada ao País, formação e aperfeiçoamento de seus recursos humanos, que pratiquem sistemas de remuneração que assegurem ao empregado, desvinculada do salário, participação nos ganhos econômicos resultantes da produtividade de seu trabalho e que se voltem especialmente às atividades relacionadas ao desenvolvimento de pesquisas e produção de material ou equipamento especializado para pessoas portadoras de deficiência.

Art. 332. O Estado do Rio de Janeiro destinará, anualmente, à Fundação de Amparo à Pesquisa – FAPERJ, dois por cento da receita tributária do exercício, deduzidas as transferências e vinculações constitucionais e legais.

Art. 333. As políticas científica e tecnológica tomarão como princípios o respeito à vida e à saúde humana, o aproveitamento racional e não predatório dos recursos naturais, a preservação e a recuperação do meio ambiente, bem como o respeito aos valores culturais do povo.

§ 1º As universidades e demais instituições de pesquisa sediadas no Estado devem participar no processo de formulação e acompanhamento da política científica e tecnológica.

§ 2º O Estado garantirá, na forma da lei, o acesso às informações que permitam ao indivíduo, às entidades e à sociedade o acompanhamento das atividades de impacto social, tecnológico, econômico e ambiental.

§ 3º No interesse das investigações realizadas nas universidades, institutos de pesquisas ou por pesquisadores isolados, fica assegurado o amplo acesso às informações coletadas por órgãos oficiais, sobretudo no campo dos dados estatísticos de uso técnico e científico.

§ 4º A implantação ou expansão de sistemas tecnológicos de grande impacto social, econômico ou ambiental devem ser objeto de consulta à sociedade, na forma da lei.

CAPÍTULO VI
Da Comunicação Social
(Arts. 334º a 337º)

Art. 334. A manifestação do pensamento, a criação, a expressão e a informação, sob qualquer forma, processo ou veículo não sofrerão qualquer restrição, observados os princípios da Constituição da República e da legislação própria.

§ 1º São vedadas a propaganda, as divulgações e as manifestações, sob qualquer forma, que atentem contra minorias raciais, étnicas ou religiosas, bem assim a constituição e funcionamento de empresas ou organizações que visem ou exerçam aquelas práticas.

§ 2º Está assegurada a obrigatoriedade da regionalização da produção cultural, artística e jornalística, estabelecendo-se os percentuais em lei complementar.

Art. 335. Os órgãos de comunicação social pertencentes ao Estado, a fundações instituídas pelo Poder Público ou a quaisquer entidades sujeitas, direta ou indiretamente, ao seu controle econômico, serão utilizados de modo a assegurar a possibilidade de expressão e confronto das diversas correntes de opinião.

§ 1º Lei criará o Conselho de Comunicação Social, que será responsável pelas diretrizes gerais a serem seguidas pelos órgãos de comunicação social do Estado.

§ 2º Não será permitida veiculação pelos órgãos de comunicação social de propaganda discriminatória de raça, etnia, credo ou condição social.

§ 3º Nos meios de radiodifusão sonora do Estado, o Poder Legislativo terá direito a um espaço mínimo de trinta minutos nos dias em que se realizarem sessões, para informar a sociedade fluminense sobre suas atividades.

Art. 336. Os partidos políticos e as organizações sindicais, profissionais, comunitárias, ambientais ou dedicadas à defesa de direitos humanos, de âmbito estadual, terão direito a tempos de antena nos órgãos de comunicação social do Estado, segundo critérios a serem definidos por lei.

Art. 337. As emissoras de televisão dos Poderes Públicos Estadual e Municipais, se houver, terão intérpretes para deficientes auditivos nos noticiários e comunicações oficiais.

CAPÍTULO VII

Dos Direitos das Pessoas Portadores de Deficiências (Arts. 338° a 342°)

Art. 338. É dever do Estado assegurar às pessoas portadoras de qualquer deficiência a plena inserção na vida econômica e social e o total desenvolvimento de suas potencialidades, obedecendo os seguintes princípios:

I. proibir a adoção de critérios diferentes para a admissão, a promoção, a remuneração e a dispensa no serviço público estadual garantindo-se a adaptação de provas, na forma da lei;

II. assegurar às pessoas portadoras de deficiência o direito à assistência desde o nascimento, incluindo a estimulação precoce, a educação de primeiro e segundo graus e profissionalizante, obrigatórias e gratuitas, sem limite de idade;

III. garantir às pessoas portadoras de deficiências o direito à habilitação e reabilitação com todos os equipamentos necessários;

IV. com a participação estimulada de entidades não governamentais, prover a criação de programas de prevenção de doenças ou condições que levam à deficiência, e atendimento especializado para os portadores de deficiência física, sensorial ou mental, e de integração social do adolescente portador de deficiência, mediante treinamento para o trabalho e a convivência;

V. elaborar lei que disponha sobre normas de construção dos logradouros e dos edifícios de uso público e de fabricação de veículos de transporte coletivo, a fim de garantir acesso adequado às pessoas portadoras de deficiência;

VI. garantir as pessoas portadoras de deficiência física, pela forma que a lei estabelecer, a adoção de mecanismos capazes de assegurar o livre acesso aos veículos de transporte coletivo, bem assim, aos cinemas, teatros e demais casas de espetáculos públicos;

VII. instituir organismo deliberativo sobre a política de apoio à pessoa portadora de deficiência, assegurada a participação das entidades representativas das diferentes áreas de deficiência;

VIII. assegurar a formação de recursos humanos, em todos os níveis, especializados no tratamento, na assistência e na educação dos portadores de deficiência;

IX. garantir o direito à informação e à comunicação, considerando-se as adaptações necessárias às pessoas portadoras de deficiência;

X. conceder gratuidade nos transportes coletivos de empresas públicas estaduais para as pessoas portadoras de deficiência, com reconhecida dificuldade de locomoção, e seu acompanhante;

XI. regulamentar e organizar o trabalho das oficinas abrigadas para pessoas portadoras de deficiência, enquanto estas não possam integrar-se no mercado de trabalho competitivo;

XII. estabelecer obrigatoriedade de utilização de tecnologias e normas de segurança destinadas à prevenção de doenças ou condições que levem a deficiências.

Art. 339. O Estado promoverá, diretamente ou através de convênios, censos periódicos de sua população portadora de deficiência.

Art. 340. O Estado implantará sistemas de aprendizagem e comunicação para o deficiente visual e auditivo, de forma a atender às suas necessidades educacionais e sociais.

Art. 341. Leis municipais instituirão organismos deliberativos sobre a política municipal de apoio à pessoa portadora de deficiência, assegurando a participação de suas entidades representativas onde houver.

Art. 342. Cabe ao Poder Público celebrar os convênios necessários a garantir aos deficientes físicos as condições ideais para o convívio social, o estudo, o trabalho e a locomoção, inclusive mediante reservas de vagas nos estacionamentos públicos.

Parágrafo único. A gratuidade nos gastos inerentes dar-se-á à vista de passes especiais expedidos por autoridade competente.

TÍTULO IX
Da Organização Municipal

CAPÍTULO I

Das Disposições Preliminares (Arts. 343° a 354°)

Art. 343. Os Municípios são unidades territoriais que integram a organização político-administrativa da República Federativa do Brasil, dotados de autonomia política, administrativa e financeira, nos termos assegurados pela Constituição da República, por esta Constituição e pela respectiva Lei Orgânica.

Art. 344. São Poderes do Município:

I. o Poder Legislativo, representado pela Câmara Municipal, composta de Vereadores;

II. o Poder Executivo, representado pelo Prefeito.

Art. 345. O Município será regido por Lei Orgânica, votada em dois turnos, com o intervalo mínimo de dez dias, e aprovada por dois terços dos membros da Câmara Municipal, que a promulgará, atendidos os princípios estabelecidos na Constituição da República, nesta Constituição e os seguintes preceitos:

I. eleição do Prefeito, do Vice-Prefeito e dos Vereadores, para mandato de quatro anos, mediante pleito direto e simultâneo;

II. eleição do Prefeito e do Vice-Prefeito até noventa dias antes do término do mandato dos que devam suceder, aplicadas as regras do artigo 77º da Constituição da República, no caso de Municípios com mais de duzentos mil eleitores;

III. posse do Prefeito e do Vice-Prefeito, perante a Câmara Municipal, no dia primeiro de janeiro do ano subsequente ao da eleição;

IV. inviolabilidade dos Vereadores por suas opiniões, palavras e votos no exercício do mandato e na circunscrição do Município;

V. proibições e incompatibilidades, no exercício da vereança, similares, no que couber, ao disposto na Constituição da República para os membros do Congresso Nacional e, nesta Constituição, para os membros da Assembleia Legislativa;

VI. julgamento do Prefeito e do Vice-Prefeito perante o Tribunal de Justiça;

VII. cooperação das associações representativas no planejamento municipal e iniciativa popular de projetos de lei de interesse específico do Município ou de bairros mediante manifestações de, pelo menos, cinco por cento do eleitorado;

VIII. similaridade das atribuições da Câmara Municipal, de suas Comissões Permanentes e de Inquérito, no que couber, ao disposto nesta Constituição para o âmbito estadual.

Parágrafo único. O total da despesa do Poder Legislativo Municipal, incluídos os subsídios dos Vereadores e excluídos os gastos com inativos, não poderá ultrapassar os seguintes percentuais, relativos ao somatório da receita tributária e das transferências previstas no art. 153º, § 5º, e arts. 158º e 159º, todos da Constituição da República, efetivamente realizado no exercício anterior:

I. 7% (sete por cento) para Municípios com população de até 100.000 (cem mil) habitantes;

II. 6% (seis por cento) para Municípios com população entre 100.000 (cem mil) e 300.000 (trezentos mil) habitantes;

III. 5% (cinco por cento) para Municípios com população entre 300.001 (trezentos mil e um) e 500.000 (quinhentos mil) habitantes;

IV. 4,5% (quatro inteiros e cinco décimos por cento) para Municípios com população entre 500.001 (quinhentos mil e um) e 3.000.000 (três milhões) de habitantes;

V. 4% (quatro por cento) para Municípios com população entre 3.000.001 (três milhões e um) e 8.000.000 (oito milhões) de habitantes;

VI. 3,5% (três inteiros e cinco décimos por cento) para Municípios com população acima de 8.000.001 (oito milhões e um) habitantes.

Art. 346. O número de Vereadores será fixado pela Lei Orgânica Municipal e guardará proporção com a população do Município, observado o limite máximo de:

I. 9 (nove) Vereadores, nos Municípios de até 15.000 (quinze mil) habitantes;

II. 11 (onze) Vereadores, nos Municípios de mais de 15.000 (quinze mil) habitantes e de até 30.000 (trinta mil) habitantes;

III. 13 (treze) Vereadores, nos Municípios com mais de 30.000 (trinta mil) habitantes e de até 50.000 (cinquenta mil) habitantes;

IV. 15 (quinze) Vereadores, nos Municípios de mais de 50.000 (cinquenta mil) habitantes e de até 80.000 (oitenta mil) habitantes;

V. 17 (dezessete) Vereadores, nos Municípios de mais de 80.000 (oitenta mil) habitantes e de até 120.000 (cento e vinte mil) habitantes;

VI. 19 (dezenove) Vereadores, nos Municípios de mais de 120.000 (cento e vinte mil) habitantes e de até 160.000 (cento e sessenta mil) habitantes;

VII. 21 (vinte e um) Vereadores, nos Municípios de mais de 160.000 (cento e sessenta mil) habitantes e de até 300.000 (trezentos mil) habitantes;

VIII. 23 (vinte e três) Vereadores, nos Municípios de mais de 300.000 (trezentos mil) habitantes e de até 450.000 (quatrocentos e cinquenta mil) habitantes;

IX. 25 (vinte e cinco) Vereadores, nos Municípios de mais de 450.000 (quatrocentos e cinquenta mil) habitantes e de até 600.000 (seiscentos mil) habitantes;
X. 27 (vinte e sete) Vereadores, nos Municípios de mais de 600.000 (seiscentos mil) habitantes e de até 750.000 (setecentos e cinquenta mil) habitantes;
XI. 29 (vinte e nove) Vereadores, nos Municípios de mais de 750.000 (setecentos e cinquenta mil) habitantes e de até 900.000 (novecentos mil) habitantes;
XII. 31 (trinta e um) Vereadores, nos Municípios de mais de 900.000 (novecentos mil) habitantes e de até 1.050.000 (um milhão e cinquenta mil) habitantes;
XIII. 33 (trinta e três) Vereadores, nos Municípios de mais de 1.050.000 (um milhão e cinquenta mil) habitantes e de até 1.200.000 (um milhão e duzentos mil) habitantes;
XIV. 35 (trinta e cinco) Vereadores, nos Municípios de mais de 1.200.000 (um milhão e duzentos mil) habitantes e de até 1.350.000 (um milhão e trezentos e cinquenta mil) habitantes;
XV. 37 (trinta e sete) Vereadores, nos Municípios de 1.350.000 (um milhão e trezentos e cinquenta mil) habitantes e de até 1.500.000 (um milhão e quinhentos mil) habitantes;
XVI. 39 (trinta e nove) Vereadores, nos Municípios de mais de 1.500.000 (um milhão e quinhentos mil) habitantes e de até 1.800.000 (um milhão e oitocentos mil) habitantes;
XVII. 41 (quarenta e um) Vereadores, nos Municípios de mais de 1.800.000 (um milhão e oitocentos mil) habitantes e de até 2.400.000 (dois milhões e quatrocentos mil) habitantes;
XVIII. 43 (quarenta e três) Vereadores, nos Municípios de mais de 2.400.000 (dois milhões e quatrocentos mil) habitantes e de até 3.000.000 (três milhões) de habitantes;
XIX. 45 (quarenta e cinco) Vereadores, nos Municípios de mais de 3.000.000 (três milhões) de habitantes e de até 4.000.000 (quatro milhões) de habitantes;
XX. 47 (quarenta e sete) Vereadores, nos Municípios de mais de 4.000.000 (quatro milhões) de habitantes e de até 5.000.000 (cinco milhões) de habitantes;
XXI. 49 (quarenta e nove) Vereadores, nos Municípios de mais de 5.000.000 (cinco milhões) de habitantes e de até 6.000.000 (seis milhões) de habitantes;
XXII. 51 (cinquenta e um) Vereadores, nos Municípios de mais de 6.000.000 (seis milhões) de habitantes e de até 7.000.000 (sete milhões) de habitantes;
XXIII. 53 (cinquenta e três) Vereadores, nos Municípios de mais de 7.000.000 (sete milhões) de habitantes e de até 8.000.000 (oito milhões) de habitantes; e
XXIV. 55 (cinquenta e cinco) Vereadores, nos Municípios de mais de 8.000.000 (oito milhões) de habitantes.
Parágrafo único. A população do Município será aquela existente até trinta e um de dezembro do ano anterior ao da eleição, apurada pelo órgão federal competente.
Art. 347. Os subsídios dos Vereadores obedecerão ao disposto no artigo 29º-A da Constituição da República.
Parágrafo único. Os subsídios do Prefeito, do Vice-Prefeito e dos Secretários Municipais obedecerão ao disposto no inciso V do artigo 29º da Constituição da República.
Art. 348. Os subsídios dos Vereadores serão fixados por lei, a qual deve ser publicada no mesmo veículo de comunicação que divulgue os demais atos municipais, de iniciativa da Câmara Municipal, em cada Legislatura para a subsequente, consoante inciso VI do artigo 29º da Constituição Federal.
Art. 349. Aos Vereadores aplica-se o disposto nos parágrafos 1º, 2º, 3º, 5º e 6º do artigo 102º desta Constituição.
Art. 350. Lei Municipal poderá dispor sobre a criação e a organização de quadro de voluntários para o combate a incêndio, socorro em caso de calamidade pública ou de defesa permanente do meio ambiente.
Parágrafo único. O quadro de voluntários, a que se refere este artigo, ficará sujeito aos padrões, normas e fiscalização do Corpo de Bombeiros Militar do Estado do Rio de Janeiro, condicionada a respectiva criação à celebração de convênios entre o Município e a mencionada corporação para garantia da padronização de estrutura, instrução e equipamentos operacionais.
Art. 351. Os Municípios podem celebrar convênios para execução de suas leis, de seus serviços ou de suas decisões por outros órgãos ou servidores públicos federais, estaduais ou de outros Municípios.
Parágrafo único. Os Municípios podem também através de convênios, prévia e devidamente autorizados por leis municipais, criar entidades intermunicipais de administração indireta para a realização de obras, atividades e serviços específicos de interesse

comum, dotadas de personalidade jurídica própria, com autonomia administrativa e financeira e sediadas em um dos Municípios convenentes.

Art. 352. Lei municipal disporá, com vistas a facilitar a locomoção de pessoas portadoras de deficiência, a previsão de rebaixamentos, rampas e outros meios adequados de acesso, em logradouros, edificações em geral e demais locais de uso público, bem como a adaptação das já existentes.

Art. 353. Fica assegurado aos servidores públicos estatutários dos Municípios que não disponham de órgãos de previdência e assistência médico-hospitalar, o direito de filiarem-se aos correspondentes órgãos do Estado, na forma estabelecida em lei estadual.

Parágrafo único. Lei Complementar definirá os critérios para o cumprimento do disposto neste artigo.

Art. 354. Nenhuma lei, decreto, resolução ou ato administrativo municipal produzirá efeitos antes de sua publicação.

§ 1° A publicação será feita em jornal de circulação local e, não havendo, na seção competente do Diário Oficial do Estado ou a escolha recairá sobre jornal de circulação regional com sede em município limítrofe, com afixação de cópia do ato na sede da Prefeitura.

§ 2° A escolha de órgão particular de imprensa para a divulgação das leis, resoluções e atos municipais, quando houver mais de um no Município, será feita mediante licitação em que se levarão em conta não só as condições de preço, como as circunstâncias de frequência, horário, tiragem e distribuição.

§ 3° Os atos não normativos poderão ser publicados por extrato.

§ 4° Será responsabilizado civil e criminalmente quem efetuar o pagamento de qualquer retribuição a funcionário ou servidor, de que não tenha sido publicado o respectivo ato de nomeação, admissão, contratação ou designação.

CAPÍTULO II

Da Intervenção do Estado nos Municípios (Arts. 355° e 356°)

Art. 355. O Estado não intervirá nos Municípios, exceto quando:

I. deixar de ser paga, sem motivo de força maior, por dois anos consecutivos, a dívida fundada;

II. não forem prestadas contas devidas, na forma da lei;

III. não tiver sido aplicado o mínimo exigido da receita municipal na manutenção e desenvolvimento do ensino e nas ações e serviços públicos de saúde;

IV. o Tribunal de Justiça der provimento a representação, para assegurar a observância de princípios desta Constituição, ou para prover a execução de lei, de ordem ou de decisão judicial.

Parágrafo único. O não pagamento da dívida fundada, referido no inciso I, não ensejará a intervenção quando o inadimplemento esteja vinculado a gestão anterior, conforme for apurado em auditoria que o Prefeito solicitará ao Tribunal de Contas do Estado, dentro de noventa dias após sua investidura na Chefia do Executivo Municipal.

Art. 356. A decretação da intervenção observará os seguintes requisitos:

I. comprovado o fato ou a conduta prevista nos incisos I a IV do artigo 35° da Constituição da República, de ofício ou mediante representação do interessado, inclusive por intermédio da provocação de dois terços, no mínimo, dos membros da Câmara Municipal, o Governador decretará a intervenção e submeterá o decreto, com a respectiva justificativa, dentro de vinte e quatro horas, à apreciação da Assembleia Legislativa que, se estiver em recesso, será para tal fim convocada;

II. o decreto de intervenção especificará a amplitude, o prazo e as condições de execução e, se couber, nomeará o interventor;

III. quando não couber a nomeação do interventor, assumirá o Vice-Prefeito, ou, caso este tenha sido afastado juntamente com o Prefeito, o Presidente da Câmara Municipal;

IV. o interventor prestará contas de seus atos ao Governador e a Câmara Municipal;

V. cessados os motivos da intervenção, as autoridades municipais afastadas de suas funções a elas retornarão, quando for o caso, sem prejuízo da apuração da responsabilidade civil ou criminal decorrente de seus atos;

VI. no caso do inciso IV do artigo 35° da Constituição da República a decretação de intervenção dependerá de requisição do Tribunal de Justiça, e o decreto limitar-se-á a suspender a execução do ato impugnado, se essa medida bastar para o restabelecimento da normalidade.

CAPÍTULO III

Da Criação, Incorporação ou Anexação, Fusão e Desmembramento de Municípios (Art. 357°)

Art. 357. A criação, a incorporação, a fusão e o desmembramento de municípios, far-se-ão por Lei Estadual, dentro do período determinado por Lei Complementar Federal, e dependerão de consulta prévia, mediante plebiscito, às populações dos municípios envolvidos após divulgação dos Estudos de Viabilidade Municipal, apresentados e publicados na forma da Lei.

Parágrafo único. A participação de qualquer município em uma região metropolitana, aglomeração urbana ou microrregião dependerá de prévia aprovação pela respectiva Câmara Municipal.

CAPÍTULO IV

Da Competência Dos Municípios (Arts. 358° e 359°)

Art. 358. Compete aos Municípios, além do exercício de sua competência tributária e da competência comum com a União e o Estado, previstas nos artigos 23°, 145° e 156° da Constituição da República:

I. legislar sobre assuntos de interesse local;
II. suplementar a legislação federal e a estadual, no que couber;
III. instituir e arrecadar os tributos de sua competência, bem como aplicar suas rendas, sem prejuízo da obrigatoriedade de prestar contas e publicar balancetes nos prazos fixados em lei;
IV. criar, organizar e suprimir distrito, observada a legislação estadual;
V. organizar e prestar, diretamente ou sob regime de concessão ou permissão, os serviços públicos de interesse local, incluído o de transporte coletivo, que tem caráter essencial;
VI. manter, com a cooperação técnica e financeira da União e do Estado, programas de educação pré-escolar e de ensino fundamental e, ainda, atendimento especial aos que não frequentaram a escola na idade própria;
VII. prestar, com a cooperação técnica e financeira da União e do Estado, serviços de atendimento à saúde da população;
VIII. promover, no que couber, adequado ordenamento territorial, mediante planejamento e controle do uso, do parcelamento e da ocupação do solo urbano;
IX. promover a proteção do patrimônio histórico-cultural local, observada a legislação e a ação fiscalizadora federal e estadual e apoiar a atividade cultural.
X. Fica garantido aos Municípios o direito de liberdade de decisão quanto à associação ou não à Associação Estadual de Municípios do Rio de Janeiro AEMERJ e da Confederação Nacional de Municípios – CNM, inclusive com pagamento de contribuição.

Art. 359. Na elaboração e na execução da política de desenvolvimento urbano e seus instrumentos legais, o Município observará o disposto nos artigos 182° e 183°, da Constituição da República, de modo a promover e assegurar a gestão democrática e participativa da cidade e condições de vida urbana digna.

Parágrafo único. Os planos diretores municipais incluirão obrigatoriamente as zonas de proteção de aeródromos, visando, desta forma, preservar os aeroportos do crescimento urbano desordenado.

CAPÍTULO V

Do Patrimônio Municipal (Art. 360°)

Art. 360. Constituem patrimônio do Município os seus direitos, os bens móveis e imóveis de seu domínio pleno, direto ou útil, e a renda proveniente do exercício das atividades de sua competência e prestação de seus serviços.

§ 1° O Município, com prévia autorização legislativa e mediante concessão de direito real de uso, poderá transferir áreas de seu patrimônio para implantação de indústrias ou formação de distritos industriais.

§ 2° Aos bens imóveis dos municípios aplica-se, no que couber o disposto no artigo 68° desta Constituição.

Art. 360-A. Os Prefeitos podem delegar aos Secretários Municipais e dirigentes de autarquias e fundações municipais a competência de serem ordenadores de despesas das respectivas contas de gestão.

Parágrafo único. O ato de delegação a que se refere o caput deverá ser publicado no Diário Oficial do Estado do Rio de Janeiro DOE-RJ ".

TÍTULO X

Das disposições gerais
(arts. 361° a 369°)

Art. 361. Os servidores da administração autárquica e fundacional ficam sujeitos ao mesmo regime jurídico de deveres, proibições, impedimentos, vencimentos, direitos, vantagens e prerrogativas que vigorar para cargos, funções ou empregos de atribuições iguais ou assemelhados da administração direta.

Art. 362. É mantido o Instituto de Previdência da Assembleia Legislativa do Estado do Rio de Janeiro IPALERJ.

Art. 363. Os Assistentes Jurídicos do Poder Executivo exercerão suas funções, sob supervisão da Procuradoria-Geral do Estado, no Serviço Jurídico da Administração Direta e Indireta, sem representação judicial.

Parágrafo único. À carreira de Assistente Jurídico serão reservadas as funções de assessoramento jurídico, atividade da advocacia cujo exercício lhe é inerente, sendo-lhe vedada, além da representação judicial, como previsto neste artigo, a consultoria jurídica, também privativa de Procuradores do Estado, nos termos do artigo 132° da Constituição da República.

Art. 364. O Banco do Estado do Rio de Janeiro S.A. é considerado patrimônio do povo do Estado do Rio de Janeiro não podendo suas ações ordinárias nominativas, representativas do controle acionário, ser alienadas, a qualquer título, a pessoas físicas ou jurídicas, de direito público ou privado, nem negociadas, expropriadas ou penhoradas.

Parágrafo único. A arrecadação de impostos, taxas, contribuições e demais receitas do Estado e dos órgãos vinculados à administração direta e indireta, bem como os respectivos pagamentos a terceiros, serão processados, com exclusividade, pelo Banco do Estado do Rio de Janeiro S.A., salvo nas localidades onde este não possuir agência ou posto e nas quais poderão ser efetuados por outros estabelecimentos.

Art. 365. Os serviços notariais e de registro são exercidos na forma do artigo 236° da Constituição da República.

Art. 366. A lei não prejudicará o direito adquirido, o ato jurídico perfeito e a coisa julgada.

Art. 367. O Estado e os Municípios não concederão autorização para o funcionamento de indústrias que fabriquem armas de fogo.

Parágrafo único. O Poder Público estabelecerá restrições à atividade comercial que explore a venda de armas de fogo e munições.

Art. 368. Na aplicação, integração e interpretação das leis, decretos e outros atos normativos estaduais, ressalvada a existência de norma estadual específica, observar-se-ão os princípios vigentes quanto às da Constituição e das leis federais.

Art. 369. São mantidos os atuais símbolos, brasão, hino e bandeira do Estado do Rio de Janeiro.

Rio de Janeiro, 5 de outubro de 1989.

Gilberto Rodrigues (Presidente)
Mesquita Bráulio (1º Vice-Presidente)
Paulo Antunes (2º Vice-Presidente)
Oton São Paio (3º Vice-Presidente)
Domingos Freitas (4º Vice-Presidente)
Fernando Miguel (1º Secretário)
Ademar Alves (2º Secretário)
Farid Abrão David (3º Secretário)
Pedro Fernandes (4º Secretário)
Daisy Lúcidi (1º Suplente)
Daniel Eugênio (2º Suplente)
D'janir Azevêdo (3º Suplente)
Josias Ávila (Presidente da Comissão Constitucional)
Elmiro Coutinho (Relator-Geral)
Nicanor Campanário (Vice-Relator)
Carlos Minc (Vice-Relator)
Milton Temer (Vice-Relator)
Luis Henrique Lima (Vice-Relator)
Accácio Caldeira
Albano Reis
Alberto Brizola
Alberto Dauaire
Alcides Fonseca
Alexandre Cardoso
Alice Tamborindeguy
Aloisio Oliveira
Altino Moreira
Amadeu Chácar
Antônio Francisco Neto
Antônio Lopes Filho
Carlos Correia
Carlos Vignoli
Cláudio Moacyr
Elias Camilo Jorge
Eraldo Macedo
Ernani Coelho

Fernando Bandeira
Fernando Lopes
Floriano Cinelli
Godofredo Pinto
Gouvêa Filho
Heitor Furtado
Heloneida Studart
Ibiracy Pereira
Jandira Feghali
Jardanes De Oliveira
João Caldara
Jorge Armando
José Cozzolino
José Figorelle
José Nader
José Nicolau
Leôncio Vasconcellos
Lúcia Arruda
Luis Barbosa
Luiz Paes Selles
Napoleão Velloso
Nielsen Louzada
Nilo Campos
Noé Martins
Paulo Cordeiro
Paulo Duque
Pereira Pinto
Roberto Figueiredo
Roberto Pinto
Rubens Bomtempo
Sérgio Diniz
Silvério Do Espírito Santo
Waldir Vieira
Yara Vargas

Constituição do Estado do Espírito Santo

Atualizada com a Emenda Constitucional nº 114/2019

PREÂMBULO

Nós, os representantes do povo espírito-santense, reunidos sob a proteção de DEUS, em Assembleia Estadual Constituinte, por força do art. 11 do Ato das Disposições Constitucionais Transitórias, da Constituição Federal, baseados nos princípios nela contidos, promulgamos a CONSTITUIÇÃO ESTADUAL, assegurando o bem-estar de todo cidadão mediante a participação do povo no processo político, econômico e social do Estado, repudiando, assim, toda a forma autoritária de governo

TÍTULO I
Do Estado do Espírito Santo e seu Território

Art. 1. O Estado do Espírito Santo e seus Municípios integram a República Federativa do Brasil e adotam os princípios fundamentais da Constituição Federal.
Parágrafo único. Todo o poder emana do povo, que o exerce por meio de representantes eleitos ou diretamente, nos termos da Constituição Federal e desta Constituição.
Art. 2. O território do Estado, constituído por Municípios, tem os limites que lhe são assegurados pela tradição, documentos históricos, leis e julgados, não podendo ser alterado senão nos casos previstos na Constituição Federal.

TÍTULO II
Dos Direitos e Garantias Fundamentais
Capítulo Único dos Direitos e Garantias Individuais e Coletivos

Art. 3. O Estado assegurará, pela lei e demais atos de seus órgãos e agentes, a imediata e plena efetividade dos direitos e garantias individuais e coletivos mencionados na Constituição Federal e dela decorrentes, além dos constantes nos tratados internacionais de que a República Federativa do Brasil seja parte.
Parágrafo único. O Estado e os Municípios estabelecerão, por lei, sanções de natureza administrativa, econômica e financeira a quem incorrer em qualquer tipo de discriminação, independentemente das sanções criminais.
Art. 4. Todos têm direito a participar, pelos meios legais, das decisões do Estado e do aperfeiçoamento democrático de suas instituições, exercendo a soberania popular pelo sufrágio universal e pelo voto direto e secreto, além do plebiscito, do referendo e da iniciativa popular no processo legislativo.

Parágrafo único. O Estado prestigiará e facultará, nos termos da lei, a participação da coletividade na formulação e execução das políticas públicas em seu território, como também no permanente controle popular da legalidade e da moralidade dos atos dos Poderes Públicos.

Art. 5. Fica assegurado, na forma da lei, o caráter democrático na formulação e execução das políticas e no controle das ações governamentais através de mecanismos que garantam a participação da sociedade civil.

Art. 6. As omissões dos agentes do Poder Público que tornem inviável o exercício dos direitos constitucionais serão sanadas na esfera administrativa, sob pena de responsabilidade da autoridade competente, no prazo de trinta dias, após requerimento do interessado, sem prejuízo da utilização de medidas judiciais.

Art. 6-A. A todos, no âmbito judicial e administrativo, são assegurados a razoável duração do processo e os meios que garantam a celeridade de sua tramitação.

Art. 7. É gratuita, para os reconhecidamente pobres, na forma da lei, além dos atos previstos no art. 5º, LXXVI, da Constituição Federal, a expedição de cédula de identidade individual.

Art. 8. Não poderão constar de registro, ou de bancos de dados de entidades governamentais ou de caráter público, as informações referentes a convicção política, filosófica ou religiosa nem as que se reportem a filiação partidária ou sindical, nem as que digam respeito à vida privada e à intimidade pessoal, salvo quando se tratar de processamento estatístico e não-individualizado.

Art. 9. Ninguém poderá ser privado dos serviços públicos essenciais.

Seção I
Da Defesa do Consumidor

Art. 10. O Estado promoverá a defesa do consumidor, mediante:
I. política estadual de defesa do consumidor;
II. sistema estadual integrado por órgãos públicos que tenham atribuições de defesa dos destinatários finais de bens e serviços junto com entidades especializadas da sociedade civil;
III. órgão colegiado, consultivo e deliberativo integrante do sistema estadual referido no inciso anterior, composto, paritariamente, por representantes de órgãos públicos e entidades da sociedade civil.

Art. 11. Na promoção da política a que se refere o artigo anterior, o Estado assegurará ao consumidor:
I. proteção quanto a prejuízos à saúde, à segurança e ao interesse econômico;
II. fornecimento de informações básicas necessárias à utilização de bens e serviços;
III. atendimento, aconselhamento, conciliação e encaminhamento, através de órgão de execução especializado;
IV. assistência judiciária, quando solicitada, independente de sua situação financeira; curadoria de proteção no âmbito do Ministério Público; delegacia especializada na Polícia Civil e juizados especiais de pequenas causas;
V. fiscalização de preços e de pesos e medidas, observada a competência normativa da União.

Parágrafo único. O Poder Público ao executar e planejar a política de consumo deverá estimular o consumo sustentável.(NR)

Seção II
Dos Direitos Sociais

Art. 12. O Estado e os Municípios assegurarão, em seu território e nos limites de sua competência, a plenitude e a inviolabilidade do s direitos e garantias sociais e princípio s previsto s na Constituição Federal e nos tratados internacionais vigentes em nossa Pátria, inclusive as concernentes aos trabalhadores urbano s, rurais e servidores públicos, bem como o s da vedação de discriminação por motivo de crença religiosa ou orientação sexual.

§ 1º No âmbito estadual, além das vedações previstas na Constituição Federal e no s tratados internacionais vigentes em nossa Pátria, não será admitida a discriminação do s trabalhadores urbano s, rurais e dos servidores público s, o u de seus dependentes, por motivo de crença religiosa, orientação sexual, sexo, cor, estado civil o u idade, ressalvado, no último caso, os limites fixado s por esta Constituição e pela Constituição Federal.

§ 2º A proibição de discriminação dos trabalhadores urbanos, rurais e dos servidores públicos e seus dependentes engloba vedação à diferenciação dos proventos percebidos em virtude do trabalho ou de aposentadoria e pensões, critérios para exercício de funções, admissão no serviço público e reconhecimento de dependentes, identificados nos termos da Constituição Federal, para efeitos previdenciários.

Art. 13. A liberdade de associação profissional ou sindical será assegurada pelos agentes públicos estaduais e municipais, respeitados os princípios estabelecido s na Constituição Federal e tratados internacionais vigentes em nossa Pátria.

TÍTULO III
Da Organização do Estado

CAPÍTULO I
Da Organização Político-Administrativa

Art. 14. A organização político-administrativa do Estado é constituída pela união dos Municípios, todos autônomos, nos termos da Constituição Federal, desta Constituição e das leis que vierem a ser adotadas.

Art. 15. A Cidade de Vitória é a Capital do Estado, podendo o Governador decretar a sua transferência temporariamente para outra cidade do território estadual:

Parágrafo único. A Cidade de Vila Velha é considerada a Capital Histórica do Espírito Santo, podendo nela residir o Governador e o Vice-Governador do Estado."(NR)

I. nas situações de calamidade pública, para dar continuidade à administração pública;
II. simbolicamente, em datas festivas, como homenagem a Municípios ou a seus cidadãos.

Art. 16. São símbolos do Estado a bandeira, as armas e o hino já adotados na data da promulgação desta Constituição, além de outros que a lei estabelecer.

Art. 17. São Poderes do Estado, independentes e harmônicos entre si, o Legislativo, o Executivo e o Judiciário.

Parágrafo único. É vedado a qualquer dos Poderes delegar atribuições de sua competência exclusiva. Quem for investido na função de um deles não poderá exercer a de outro, salvo as exceções previstas nesta Constituição.

Art. 18. Incluem-se entre os bens do Estado:
I. as águas, exclusivamente em terreno de seu domínio, superficiais ou subterrâneas, fluentes, emergentes, e em depósito, ressalvadas, neste caso, na forma da lei, as decorrentes de obras da União;
II. as áreas, nas ilhas oceânicas e costeiras de seu domínio;
III. as ilhas fluviais e lacustres sob o seu domínio e não pertencentes à União;
IV. as terras devolutas não compreendidas entre as do domínio da união;
V. os bens que atualmente lhe pertencem e os que lhe vierem a ser atribuídos.

CAPÍTULO II
Da Competência do Estado

Art. 19. Compete ao Estado, respeitados os princípios estabelecidos na Constituição Federal:
I. decretar e promulgar a Constituição e as leis por que deve reger-se;
II. prover as necessidades do seu governo e da sua administração;
III. exercer todos os poderes que, explícita ou implicitamente, não lhe sejam vedados pela Constituição Federal;
IV. exercer, no âmbito da legislação concorrente, a competente legislação suplementar e, quando couber, a plena, para atender às suas peculiaridades;
V. fixar tarifas públicas dos serviços de sua competência.

CAPÍTULO III
Dos Municípios

Art. 20. O Município rege-se por sua lei orgânica e leis que adotar, observados os princípios da Constituição Federal e os desta Constituição.

§ 1º Aos Municípios instituídos como Estância Ecológica e Turística, através de lei estadual, fica assegurada a concessão de benefícios estabelecidos em lei complementar específica.

§ 2º O Município, para ser instituído como Estância Ecológica e Turística, deverá atender, além de outros critérios definidos em lei complementar específica, ao seguinte:
I. ter, no mínimo, 35% (trinta e cinco por cento) de sua área coberta por mata nativa ou reflorestada com espécimes da nossa flora;
II. ter, no mínimo, 35% (trinta e cinco por cento) de sua receita bruta proveniente da atividade econômica de turismo." (NR)

Art. 21. A criação, a incorporação, anexação, a fusão e o desmembramento de Municípios, far-se-ão por lei estadual, dentro do período determinado por lei complementar federal, e dependerão de consultoria prévia, mediante plebiscito, às populações dos Municípios envolvidos, após divulgação de Estudos de Viabilidade Municipal, apresentados e publicados na forma da lei, preservando-se, obrigatoriamente em todos os casos, a continuidade e a unidade histórico cultural do ambiente urbano.

Art. 22. O território do Município será dividido, para fins administrativos, em distritos, na forma prevista em lei.

Parágrafo único. A sede do Município terá categoria de cidade e a do distrito, de vila.

Art. 23. A Lei Orgânica do Município será votada em dois turnos, com o interstício mínimo de dez dias, e aprovada por dois terços dos membros da Câmara Municipal, que a promulgará, atendidos os princípios estabelecidos na Constituição Federal e nesta Constituição, e os seguintes preceitos:

I. eleição do Prefeito, do Vice-Prefeito e dos Vereadores, mediante pleito direto e simultâneo realizado em todo o Estado, observado, no que couber, o disposto no art. 84;

II. inviolabilidade dos Vereadores por suas opiniões, palavras e votos no exercício do mandato e na circunscrição do Município;

III. proibições e incompatibilidades, no exercício da vereança, similares, no que couber, ao disposto na Constituição Federal para os membros do Congresso Nacional e, nesta Constituição para os membros da Assembleia Legislativa;

IV. organização das funções legislativas e fiscalizadoras da Câmara Municipal;

V. julgamento do Prefeito perante o Tribunal de Justiça;

VI. cooperação das associações representativas na elaboração do planejamento e da proposta orçamentária anual, na forma prevista em lei municipal;

VII. iniciativa popular de projetos de lei de interesse específico do Município, da cidade, dos distritos ou dos bairros, através de manifestação de, pelo menos, cinco por cento do eleitorado;

VIII. suspensão do Prefeito de suas funções, no que couber, nas hipóteses previstas no art. 94;

IX. perda do mandato do Prefeito que assumir outro cargo ou função na administração direta e indireta, ressalvada a posse por concurso público e observado o disposto no art. 33, II, IV e V;

X. publicação das leis e atos municipais. (*Suprimido pela EC nº 07/95*).

XI. previsão de acesso às informações sobre a administração municipal em curso pela equipe de transição democrática de governo, nos termos desta Constituição.

Art. 24. O número de Vereadores por Município será proporcional à sua população, observado o disposto no art. 29, IV, da Constituição Federal.

§ 1º O mandato de Vereador terá a duração de quatro anos.

§ 2º O Vereador fará declaração de bens no ato da posse e no término do mandato.

§ 3º A Lei Orgânica do Município fixará o período de funcionamento da Câmara Municipal.

Art. 25. O Prefeito e o Vice-Prefeito serão eleitos no primeiro domingo de outubro, em primeiro turno, e no último domingo de outubro, em segundo turno, se houver, do ano anterior ao término do mandato, para quatro anos de mandato, e tomarão posse no dia 1º de janeiro do ano subsequente.

§ 1º O Prefeito e o Vice-Prefeito, no ato da posse e no término dos mandatos, encaminharão à Câmara Municipal declaração de seus bens.

§ 2º Em caso de impedimento do Prefeito e do Vice-Prefeito, ou vacância dos respectivos cargos, será chamado para o exercício do cargo o Presidente da Câmara Municipal, respeitados os princípios estabelecidos nesta Constituição e em legislação complementar.

Art. 25-A. Ao candidato declarado eleito pela Justiça Eleitoral para o cargo de Prefeito, a partir da proclamação do resultado das eleições, é assegurado o direito de obter acesso às informações sobre o funcionamento dos órgãos e das entidades da administração pública municipal, bem como das ações, projetos e dos programas em andamento, dos contratos, dos convênios e outros pactos, das contas públicas, dos bens, da estrutura funcional, do inventário de dívidas e haveres e dos recursos vinculados a fundos constituídos, por meio de equipe de transição democrática de governo, instituída com este objetivo.

§ 1º A instituição da equipe de transição democrática de governo, prevista no caput deste artigo, será disciplinada por lei municipal específica, cuja inexistência não constituirá óbice, em qualquer hipótese, ao acesso às informações por todos aqueles que sejam credenciados pelo prefeito recém-eleito.

§ 2º A inobservância do disposto neste artigo poderá ser denunciada ao Tribunal de Contas do Estado, nos termos do artigo 76, § 2º, desta Constituição.

Art. 26. O subsídio do Prefeito, do Vice-Prefeito e dos Secretários Municipais e dos Vereadores serão fixados, observado o seguinte:

os subsídios do Prefeito, do Vice-Prefeito e dos Secretários Municipais serão fixados por lei de iniciativa da Câmara Municipal, observado o que dispõe os artigos 37, XI, 39, § 4º, 150, II, 153, III e 153, § 2º, I da Constituição Federal.

I. o subsídio dos Vereadores será fixado pelas respectivas Câmaras Municipais em cada legislatura, para a subsequente, observado o que dispõe esta Constituição, os critérios estabelecidos na respectiva Lei Orgânica e os seguintes limites máximos:

a) em municípios de até 10.000 (dez mil) habitantes, o subsídio máximo dos Vereadores corresponderá a 20% (vinte por cento) do subsídio dos Deputados Estaduais;

b) em municípios de 10.001 (dez mil e um) a 50.000 (cinquenta mil) habitantes, o subsídio máximo dos Vereadores corresponderá a 30% (trinta por cento) do subsídio dos Deputados Estaduais;

c) em municípios de 50.001 (cinquenta mil e um) a 100.000 (cem mil) habitantes, o subsídio máximo dos Vereadores corresponderá a 40% (quarenta por cento) do subsídio dos Deputados Estaduais;

d) em municípios de 100.001 (cem mil e um) a 300.000 (trezentos mil) habitantes, o subsídio máximo dos Vereadores corresponderá a 50% (cinquenta por cento) do subsídio dos Deputados Estaduais;

e) em municípios de 300.001 (trezentos mil e um) a 500.000 (quinhentos mil) habitantes, o subsídio máximo dos Vereadores corresponderá a 60% (sessenta por cento) do subsídio dos Deputados Estaduais;

f) em municípios de mais de 500.000 (quinhentos mil) habitantes, o subsídio máximo dos Vereadores corresponderá a 75% (setenta e cinco por cento) do subsídio dos Deputados Estaduais.

Art. 26-A. O total da despesa do Poder Legislativo Municipal, incluídos os subsídios dos Vereadores e excluídos os gastos com inativos, não poderá ultrapassar os seguintes percentuais, relativos ao somatório da receita tributária e das transferências previstas no § 5º do artigo 153 e nos artigos 158 e 159 da Constituição Federal, efetivamente realizado no exercício anterior:

I. 07% (sete por cento) para municípios com população de até 100.000 (cem mil) habitantes;

II. 06% (seis por cento) para municípios com população entre 100.001 (cem mil e um) e 300.000 (trezentos mil) habitantes;

III. 05% (cinco por cento) para municípios com população entre 300.001 (trezentos mil e um) e 500.000 (quinhentos mil) habitantes;

IV. 04,5% (quatro inteiros e cinco décimos por cento) para municípios com população entre 500.001 (quinhentos mil e um) e 3.000.000 (três milhões) de habitantes;

V. 04% (quatro por cento) para municípios com população entre 3.000.001 (três milhões e um) e 8.000.000 (oito milhões) de habitantes;

VI. 03,5% (três inteiros e cinco décimos por cento) para municípios com população acima de 8.000.001 (oito milhões e um) habitantes.

§ 1º A Câmara Municipal não gastará mais de 70% (setenta por cento) de sua receita com folha de pagamento, incluído o gasto com o subsídio de seus Vereadores.

§ 2º Constitui crime de responsabilidade do Prefeito:

I. efetuar repasse que supere os limites definidos neste artigo;

II. não enviar o repasse até o dia 20 (vinte) de cada mês; ou

III. enviar o repasse, a menor, em relação à proporção fixada na Lei Orçamentária.

§ 3º Constituiu crime de responsabilidade do Presidente da Câmara Municipal o desrespeito ao § 1º deste artigo.

Art. 27. À Câmara Municipal é assegurada autonomia funcional, administrativa e financeira, garantindo-se-lhe o disposto no art. 153.

Art. 28. Compete ao Município:

I. legislar sobre assunto de interesse local;

II. suplementar a legislação federal e estadual no que couber;

III. instituir e arrecadar os tributos de sua competência, bem como aplicar as suas rendas, sem prejuízo da obrigatoriedade de prestar contas, e publicar balancetes nos prazos fixados em lei;

IV. criar, organizar e suprimir distritos, observados os requisitos estabelecidos na legislação estadual;

V. organizar e prestar, diretamente ou sob regime de concessão ou permissão, os serviços públicos de interesse local, incluído o de transporte coletivo, que tem caráter essencial;

VI. manter, com a cooperação técnica e financeira da União e do Estado, programas de educação pré-escolar e de ensino fundamental;
VII. promover, no que couber, o adequado ordenamento territorial, mediante planejamento e controle do uso, parcelamento e ocupação do solo urbano;
VIII. prestar, com a cooperação técnica e financeira da União e do Estado, serviços de atendimento à saúde da população;
IX. estabelecer incentivos que favoreçam a instalação de indústrias e empresas visando à promoção do seu desenvolvimento, em consonância com os interesses locais e peculiares, respeitada a legislação ambiental e a política de desenvolvimento estadual;
X. promover a proteção do patrimônio histórico-cultural local, observada a legislação e a ação fiscalizadora federal e estadual.
Art. 29. A fiscalização financeira e orçamentária do Município será exercida pela Câmara Municipal, mediante controle externo, e pelos sistemas de controle interno do Poder Executivo Municipal, na forma da lei.
§ 1º O controle externo da Câmara Municipal será exercido com o auxílio do Tribunal de Contas do Estado.
§ 2º O parecer prévio emitido pelo Tribunal de Contas sobre as contas que o Prefeito e o Presidente da Câmara devem, anualmente, prestar, somente deixará de prevalecer por decisão de dois terços dos membros da Câmara Municipal. **Vide ADI nº 1964/2014.**
§ 3º As contas do Município ficarão, durante sessenta dias, anualmente, à disposição do contribuinte, para exame e apreciação, podendo qualquer cidadão, nos termos da lei, questionar-lhes a legitimidade.
§ 4º Fica o Poder Público Municipal obrigado a fornecer ao interessado, no prazo da lei, informações sobre quaisquer despesas ou receitas realizadas.

CAPÍTULO IV
Da Intervenção

Art. 30. O Estado não intervirá no Município, salvo quando:
I. deixar de ser paga, sem motivo de força maior, por dois anos consecutivos, a dívida fundada;
II. não forem prestadas contas devidas, na forma da lei;
III. não tiver sido aplicado o mínimo exigido da receita municipal na manutenção e desenvolvimento do ensino;
IV. o Tribunal de Justiça do Estado der provimento à representação para assegurar a observância de princípios indicados nas Constituições Federal e Estadual, ou para prover a execução de lei, de ordem ou de decisão judicial.
Art. 31. A intervenção em Município dar-se-á por decreto do Governador, observado o seguinte procedimento:
I. comprovados os fatos previstos nos incisos I a III do artigo anterior, o Governador, de ofício, ou mediante denúncia de qualquer autoridade pública ou de cidadão, em vinte e quatro horas, decretará a intervenção, justificando-a, em igual prazo, à Assembleia Legislativa, que, se estiver em recesso, será convocada extraordinariamente para apreciá-la;
II. na hipótese do inciso IV do artigo anterior, recebida a solicitação do Tribunal de Justiça, o Governador, se não puder determinar a execução de lei, de ordem ou de decisão judicial, expedirá, em quarenta e oito horas, o decreto de intervenção, comunicando o seu ato à Assembleia Legislativa.
§ 1º O decreto de intervenção, que especificará a amplitude, o prazo e as condições de execução e que, se couber, nomeará o interventor, será submetido à apreciação da Assembleia Legislativa, no prazo de vinte e quatro horas.
§ 2º O interventor deverá prestar contas de sua administração à Câmara Municipal e ao Tribunal de Contas, sob as mesmas condições estabelecidas para o Prefeito Municipal.
§ 3º Cessados os motivos da intervenção ou findo o prazo legal, a autoridade afastada reassumirá suas funções, salvo se ocorrer impedimento legal.

CAPÍTULO V
Da Administração Pública

Seção I
Disposições Gerais

Art. 32. As administrações públicas direta e indireta de quaisquer dos Poderes do Estado e dos Municípios obedecerão aos princípios de legalidade, impessoalidade, moralidade, publicidade, eficiência, finalidade, interesse público, razoabilidade, proporcionalidade e motivação, e também aos seguintes:

I. os cargos, empregos e funções públicas são acessíveis aos brasileiros que preencham os requisitos estabelecidos em lei, assim como os estrangeiros, na forma da lei;

II. a investidura em cargo ou emprego público depende de aprovação prévia em concurso público de provas ou de provas e títulos, de acordo com a natureza e a complexibilidade do cargo ou emprego, na forma prevista em lei, ressalvadas as nomeações para cargo em comissão declarado em lei de livre nomeação e exoneração;

III. o prazo de validade do concurso público será de até dois anos, prorrogável uma vez por igual período;

IV. durante o prazo improrrogável previsto no edital de convocação, aquele aprovado em concurso público de prova ou de provas e títulos será convocado com prioridade sobre novos concursados para assumir cargo ou emprego na carreira.

V. as funções de confiança, exercidas exclusivamente por servidores ocupantes de cargo efetivo, e os cargos em comissão, a serem preenchidos por servidores de carreira nos casos, condições e percentuais mínimos previstos em lei, destinam-se apenas às atribuições de direção, chefia e assessoramento;

VI. é vedado ao servidor público servir sob a direção imediata de cônjuge ou parente até terceiro grau civil, não admitindo ainda nomeações que configurem reciprocidade por nomeações; (Vide ADIN 0524).

VII. é garantido ao servidor público civil o direito à livre associação de classe e à sindicalização;

VIII. o direito de greve será exercido nos termos e nos limites definidos em lei específica;

IX. a lei estabelecerá os casos de contratação por tempo determinado para atender à necessidade temporária de excepcional interesse público;

X. a lei estabelecerá a punição do servidor que descumprir os preceitos da probidade, moralidade e zelo pela coisa pública;

XI. os acréscimos pecuniários percebidos por servidor público não serão computados nem acumulados para fins de concessão de acréscimo ulteriores;

XII. a remuneração e o subsídio dos ocupantes de cargos, funções e empregos públicos da administração direta, autárquica e fundacional, dos membros de qualquer dos Poderes do Estado e dos Municípios, dos detentores de mandato eletivo e dos demais agentes políticos e os proventos, pensões ou outra espécie remuneratória, percebidos cumulativamente ou não, incluídas as vantagens pessoais ou de qualquer outra natureza, não poderão exceder o subsídio mensal, em espécie, dos Ministros do Supremo Tribunal Federal;

XIII. os vencimentos dos cargos dos Poderes Legislativo e Judiciário não poderão ser superiores aos pagos pelo Poder Executivo;

XIV. é vedada a vinculação ou equiparação de quaisquer espécies remuneratórias para o efeito de remuneração de pessoal do serviço público;

XV. o subsídio e os vencimentos dos ocupantes de cargos e empregos públicos são irredutíveis, ressalvado o disposto nos incisos XI e XII deste artigo e no art. 38, § 3º, e sujeitos aos impostos gerais;

XVI. a remuneração dos servidores públicos e o subsídio de que trata o § 3º, do art. 38, somente poderão ser fixados ou alterados por norma específica, observada a iniciativa privativa em cada caso, assegurada a revisão geral anual, sempre na mesma data e sem distinção de índices;

XVII. é vedada a acumulação remunerada de cargos públicos, exceto quando houver compatibilidade de horários, observado, em qualquer caso, o disposto no inciso XII deste artigo:

a) a de dois cargos de professor;
b) a de um cargo de professor com outro, técnico ou científico;
c) a de 2 (dois) cargos ou empregos privativos de profissionais de saúde, com profissões regulamentadas.

XVIII. a proibição de acumular estende-se a empregos e funções e abrange autarquias, fundações, empresas públicas, sociedades de economia mista, suas subsidiárias, e sociedades controladas, direta ou indiretamente, pelo Poder Público;

XIX. somente por lei específica o Estado e os Municípios poderão criar autarquia e autorizar a instituição de empresa pública, de sociedade de economia mista e de fundação, cabendo à lei complementar, neste último caso, definir as áreas de sua atuação;

XX. depende de autorização legislativa, em cada caso, a criação de subsidiárias das entidades mencionadas no inciso anterior, assim como a participação de qualquer delas em empresa privada;

XXI. ressalvados os casos especificados na legislação, as obras, serviços, compras, arrendamentos e alienações serão contratados mediante processo de licitação pública que assegure igualdade de condições a todos os concorrentes, com cláusulas que estabeleçam as obrigações de pagamento, mantidas as condições efetivas da proposta, nos termos da lei, o qual somente permitirá as exigências de qualificação técnica e econômica indispensáveis à garantia do cumprimento das obrigações;

XXII. a administração fazendária e seus servidores fiscais terão, dentro de suas áreas de competência e jurisdição, precedência sobre os demais setores administrativos, na forma da lei;

XXIII. o diretor de órgão da administração indireta e fundacional deverá apresentar declaração de bens ao tomar posse e ao deixar o cargo.

XXIV. (Revogado pela EC n.º 43/03).

XXV. (Revogado pela EC n.º 43/03).

XXVI. a administração tributária do Estado do Espírito Santo, atividade essencial ao funcionamento do Estado, exercida por servidores de carreiras específicas, terá recursos prioritários para a realização de suas atividades e atuará de forma integrada com a União, os demais Estados, o Distrito Federal e os Municípios, inclusive com o compartilhamento de cadastros e de informações fiscais, na forma da lei ou convênio.

§ 1° A publicidade de atos, programas, obras, serviços e campanhas dos órgãos públicos terá caráter educativo, informativo ou de orientação social, dela não podendo constar elementos que caracterizem promoção pessoal de autoridades, de servidor público ou de partido político, ficando a administração pública direta do Poder Executivo Estadual e Municipal proibida de utilizar logomarcas, slogans, jingles, cores, frases, imagens ou quaisquer outros símbolos que guardem associação com a figura do gestor público ou de períodos administrativos.

§ 2° São de domínio público as informações relativas aos gastos com a publicidade dos órgãos públicos.

§ 3° A não observância do disposto nos incisos II, III e IV implicará a nulidade do ato e a punição da autoridade responsável, nos termos da lei.

§ 4° A Lei disciplinará as formas de participação do usuário na administração pública direta e indireta do Estado e dos Municípios, regulando especialmente:

I. as reclamações relativas à prestação dos serviços públicos em geral, asseguradas a manutenção de serviços de atendimento ao usuário e a avaliação periódica, externa e interna, da qualidade dos serviços;

II. o acesso dos usuários a registros administrativos e as informações sobre atos de governo, observado o disposto nos incisos X e XXXIII, do art. 5º, da Constituição da República Federativa do Brasil;

III. a disciplina da representação contra o exercício negligente ou abusivo de cargo, emprego ou função na administração pública.

§ 5° Os atos de improbidade administrativa importarão a suspensão dos direitos políticos, a perda da função pública, a indisponibilidade dos bens e o ressarcimento ao erário, na forma e gradação previstas em lei, sem prejuízo da ação penal cabível.

§ 6° A lei estabelecerá os prazos de prescrição para ilícitos praticados por qualquer agente, servidor ou não, que causem prejuízos ao erário, ressalvadas as respectivas ações de ressarcimento.

§ 7° As pessoas jurídicas de direito público e as de direito privado prestadoras de serviços públicos responderão pelos danos que seus agentes, nessa qualidade, causarem a terceiros, assegurado o direito de regresso contra o responsável, nos casos de dolo ou culpa.

§ 8° Os vencimentos e os subsídios dos servidores estaduais devem ser pagos até o último dia útil do mês de trabalho, corrigindo-se os seus valores, na forma da lei estadual, se tal prazo ultrapassar o décimo dia do mês subsequente ao vencido.

§ 9° É direito do servidor público, entre outros, o acesso à profissionalização e ao treinamento como estímulo à produtividade e eficiência, na forma da lei.

§ 10° Aplica-se aos servidores do Estado e dos Municípios, ocupantes de cargo público, o disposto nos incisos IV, VII, VIII, IX, XII, XIII, XV, XVI, XVII, XVIII, XIX, XX, XXII, e XXX, do art. 7º, da Constituição da República Federativa do Brasil, podendo a lei estabelecer requisitos diferenciados de admissão quando a natureza do cargo o exigir.

§ 11° O Estado e os Municípios instituirão planos e programas únicos de previdência e assistência social para seus servidores ativos e inativos e respectivos dependentes, neles incluída a assistência médica, odontológica, psicológica, hospitalar ambulatorial e jurídica, além de serviços de creches, mediante contribuição, obedecidos os princípios constitucionais.

§ 12° É assegurada a participação dos servidores públicos nos colegiados dos órgãos públicos em que seus interesses profissionais, salariais ou previdenciários sejam objeto de discussão e de deliberação.

§ 13º A lei disporá sobre os requisitos e as restrições ao ocupante de cargo ou emprego da administração direta e indireta que possibilite o acesso a informações privilegiadas.
§ 14º A autonomia gerencial, orçamentária e financeira dos órgãos e entidades da administração direta e indireta poderá ser ampliada mediante contrato, a ser firmado entre os seus administradores e o poder público, que tenha por objeto a fixação de metas de desempenho para o órgão ou entidade, cabendo à lei dispor sobre:
I. o prazo de duração do contrato;
II. os controles e critérios de avaliação de desempenho, direitos, obrigações e responsabilidade dos dirigentes;
III. a remuneração do pessoal.
§ 15º O disposto no inciso XII aplica-se às empresas públicas e às sociedades de economia mista e suas subsidiárias, que receberem recursos da União, do Estado ou dos Municípios para pagamento de despesas de pessoal ou de custeio em geral.
§ 16º É vedada a percepção simultânea de proventos de aposentadoria decorrentes do art. 39 ou do art. 43, § 10, com a remuneração de cargo, emprego ou função pública, ressalvados os cargos acumuláveis na forma desta Constituição, os cargos eletivos e os cargos em comissão declarados em lei de livre nomeação e exoneração.
§ 17º A vedação de que trata o inciso VI deste artigo não se aplica às nomeações para os cargos de natureza política." (NR)
§ 18º A administração pública é obrigada a fornecer a qualquer cidadão certidão de atos, contratos, decisões ou pareceres para a defesa de seus direitos e esclarecimentos de situações de seu interesse pessoal, no prazo máximo de dez dias úteis, sob pena de responsabilidade da autoria ou de servidor que negar ou retardar a sua expedição.
§ 19º Fica vedada a fixação da imagem de Chefe do Poder ou de Órgão nas repartições públicas.
§ 20º A divulgação dos gastos de todos os Poderes e Órgãos do Estado do Espírito Santo, bem como das entidades que recebam recursos públicos, deverá ser realizada de forma objetiva, transparente, clara, em linguagem de fácil compreensão, propiciando amplo acesso, observando-se os demais requisitos da legislação em vigor, sendo proibida a exigência de cadastro e/ou a solicitação de dados pessoais como condição de acesso às informações, e ainda:

I. tratando-se de contrato ou de convênio, deverão ser divulgados os nomes das partes, o objeto, o prazo, o valor, dentre outras informações;
II. tratando-se de gastos com pessoal, deverão ser divulgados nomes, cargos/funções, valores recebidos de forma detalhada, dentre outras informações.
§ 21º. O servidor público titular de cargo efetivo poderá ser readaptado para exercício de cargo cujas atribuições e responsabilidades sejam compatíveis com a limitação que tenha sofrido em sua capacidade física ou mental, enquanto permanecer nesta condição, desde que possua a habilitação e o nível de escolaridade exigidos para o cargo de destino, mantida a remuneração do cargo de origem.
§ 22º A aposentadoria concedida com a utilização de tempo de contribuição decorrente de cargo, emprego ou função pública, inclusive do Regime Geral de Previdência Social, acarretará o rompimento do vínculo que gerou o referido tempo de contribuição.
§ 23º É vedada a complementação de aposentadorias de servidores públicos e de pensões por morte a seus dependentes que não seja decorrente do disposto nos §§ 14 a 16 do art. 39 ou que não seja prevista em lei que extinga regime próprio de previdência social.
Art. 33. Ao servidor público da administração direta, autárquica e fundacional no exercício de mandato eletivo, aplicam-se as seguintes disposições:
I. investido em mandato eletivo federal ou estadual, ficará afastado de seu cargo, emprego ou função;
II. investido no mandato de Prefeito, será afastado do cargo, emprego ou função, sendo-lhe facultado optar pelos vencimentos de seu cargo;
III. investido no mandato de Vereador, havendo compatibilidade de horários, perceberá as vantagens de seu cargo, emprego ou função, sem prejuízo da remuneração do cargo eletivo, e, não havendo compatibilidade, será aplicada a norma do inciso II;
IV. afastando-se o servidor para o exercício de mandato eletivo, seu tempo de serviço será contado para todos os efeitos legais, exceto para promoção por merecimento;
V. na hipótese de ser segurado de regime próprio de previdência social, permanecerá filiado a este regime, no ente federativo de origem.
Parágrafo único. O servidor público, desde o registro de sua candidatura até o término do mandato eletivo, não poderá ser removido ex officio, do seu local de trabalho.

Art. 34. Ao servidor público, efetivo e estável, dirigente sindical, é garantida a proteção necessária ao exercício de sua atividade.

Parágrafo único. O servidor afastado nos termos deste artigo gozará de todos os direitos e vantagens decorrentes do exercício de seu cargo, inclusive remuneração, sendo vedada a sua exoneração ou dispensa, desde o registro de sua candidatura até um ano após o término do mandato, salvo se, nos termos da lei, cometer falta grave.

Art. 35. É vedado ao servidor público, sob pena de demissão, participar, na qualidade de proprietário, sócio ou administrador, de empresa fornecedora de bens e serviços, executora de obras ou que realize qualquer modalidade de contrato, de ajuste ou compromisso com o Estado.

Art. 36. A lei reservará percentual dos cargos e empregos públicos para a pessoa com deficiência e definirá os critérios de sua admissão." (NR)

Art. 37. (*Revogado pela EC n.º 21/99*)

Seção II
Dos Servidores Públicos Civis

Art. 38. O Estado e os Municípios instituirão Conselho de Política de Administração e Remuneração de Pessoal, integrado por servidores designados pelos respectivos Poderes.

§ 1º A fixação dos padrões de vencimento e dos demais componentes do sistema remuneratório observará:

I. a natureza, o grau de responsabilidade e a complexibilidade dos cargos componentes de cada carreira;

II. os requisitos para a investidura;

III. as peculiaridades dos cargos.

§ 2º O Estado e os Municípios manterão escolas de governo para a formação e o aperfeiçoamento dos servidores públicos, constituindo-se a participação nos cursos, um dos requisitos para a promoção na carreira, facultada, para isso, a celebração de convênios ou contratos com os entes federados.

§ 3º O membro de Poder, o detentor de mandato eletivo, os Secretários de Estado e dos Municípios serão remunerados exclusivamente por subsídio fixado em parcela única, vedado o acréscimo de qualquer gratificação, adicional, abono, prêmio, verba de representação ou outra espécie remuneratória, obedecido, em qualquer caso, o disposto nos incisos XII e XVI, do art. 32.

§ 4º Lei do Estado e dos Municípios poderá estabelecer a relação entre a maior e a menor remuneração dos servidores públicos, obedecido, em qualquer caso, o disposto no inciso XII, do art. 32.

§ 5º Os Poderes Executivo, Legislativo e Judiciário, bem como o Tribunal de Contas e o Ministério Público Estadual, publicarão anualmente, até o mês de julho, os valores do subsídio e da remuneração dos cargos e empregos públicos.

§ 6º Lei do Estado e dos Municípios disciplinará a aplicação de recursos orçamentários provenientes da economia com despesas correntes em cada órgão, autarquia e fundação, para aplicação no desenvolvimento de programas de qualidade e produtividade, treinamento e desenvolvimento, modernização, reaparelhamento e racionalização do serviço público, inclusive sob a forma de adicional ou prêmio de produtividade.

§ 7º A remuneração dos servidores públicos efetivos organizados em carreira poderá ser fixada nos termos do § 3º.

§ 8º É vedada a incorporação de vantagens de caráter temporário ou vinculadas ao exercício de função de confiança ou de cargo em comissão à remuneração do cargo efetivo.

Art. 39. O regime próprio de previdência social dos servidores titulares de cargos efetivos terá caráter contributivo e solidário, mediante contribuição do Estado, de servidores ativos, de aposentados e de pensionistas, observados critérios que preservem o equilíbrio financeiro e atuarial.

§ 1º O servidor abrangido por regime próprio de previdência social será aposentado:

I. por incapacidade permanente para o trabalho, no cargo em que estiver investido, quando insuscetível de readaptação, hipótese em que será obrigatória a realização de avaliações periódicas para verificação da continuidade das condições que ensejaram a concessão da aposentadoria, na forma de lei;

II. compulsoriamente, com proventos proporcionais ao tempo de contribuição, aos 70 (setenta) anos de idade, ou aos 75 (setenta e cinco) anos de idade, na forma de lei complementar federal; e

III. voluntariamente, aos 62 (sessenta e dois) anos de idade, se mulher, e aos 65 (sessenta e cinco anos) de idade, se homem, observados o tempo de contribuição e os demais requisitos estabelecidos em lei complementar.

§ 2º Os proventos de aposentadoria não poderão ser inferiores ao valor mínimo a que se refere o § 2º do art. 201 da Constituição Federal ou superiores ao limite máximo estabelecido para o Regime Geral de Previdência Social, observado o disposto nos §§ 14 a 16.

§ 3º As regras para cálculo de proventos de aposentadoria serão disciplinadas em lei.

§ 4º É vedada a adoção de requisitos ou critérios diferenciados para concessão de benefícios em regime próprio de previdência social, ressalvado o disposto nos §§ 4º-A, 4º-B, 4º-C, 4º-D e 5º.

§ 4º-A Poderão ser estabelecidos por lei complementar idade e tempo de contribuição diferenciados para aposentadoria de servidores com deficiência, previamente submetidos à avaliação biopsicossocial realizada por equipe multiprofissional e interdisciplinar.

§ 4º-B Poderão ser estabelecidos por lei complementar idade e tempo de contribuição diferenciados para aposentadoria de ocupantes do cargo de policial civil.

§ 4º-C Poderão ser estabelecidos por lei complementar idade e tempo de contribuição diferenciados para aposentadoria de ocupantes do cargo de agente penitenciário ou de agente socioeducativo.

§ 4º-D Poderão ser estabelecidos por lei complementar idade e tempo de contribuição diferenciados para aposentadoria de servidores cujas atividades sejam exercidas com efetiva exposição a agentes nocivos químicos, físicos e biológicos prejudiciais à saúde, ou associação desses agentes, vedada a caracterização por categoria profissional ou ocupação.

§ 5º Os ocupantes do cargo de professor terão idade mínima reduzida em 5 (cinco) anos em relação às idades decorrentes da aplicação do disposto no inciso III do § 1º, desde que comprovem tempo de efetivo exercício das funções de magistério na educação infantil e no ensino fundamental e médio fixado em lei complementar.

§ 6º Ressalvadas as aposentadorias decorrentes dos cargos acumuláveis na forma desta Constituição, é vedada a percepção de mais de uma aposentadoria à conta de regime próprio de previdência social, aplicando-se outras vedações, regras e condições para a acumulação de benefícios previdenciários estabelecidas no Regime Geral de Previdência Social.

§ 7º Observado o disposto no § 2º do art. 201 da Constituição Federal quando se tratar da única fonte de renda formal auferida pelo dependente, o benefício de pensão por morte será concedido nos termos de lei.

§ 8º É assegurado o reajustamento dos benefícios para preservar-lhes, em caráter permanente, o valor real, conforme critérios estabelecidos em lei.

§ 9º O tempo de contribuição federal, estadual, distrital ou municipal será contado para fins de aposentadoria, observado o disposto nos §§ 9º e 9º-A do art. 201 da Constituição Federal, e o tempo de serviço correspondente será contado para fins de disponibilidade.

§ 10º A lei não poderá estabelecer qualquer forma de contagem de tempo de contribuição fictício.

§ 11º Aplica-se o limite fixado no art. 32, inc. XII, à soma total dos proventos de inatividade, inclusive quando decorrentes da acumulação de cargos ou empregos públicos, bem como de outras atividades sujeitas à contribuição para o regime geral de previdência social, e ao montante resultante da adição de proventos de inatividade com remuneração de cargo acumulável na forma desta Constituição, cargo em comissão declarado em lei de livre nomeação e exoneração, e de cargo eletivo.

§ 12º Além do disposto neste artigo, serão observados, em regime próprio de previdência social, no que couber, os requisitos e critérios fixados para o Regime Geral de Previdência Social.

§ 13º Aplica-se ao agente público ocupante, exclusivamente, de cargo em comissão declarado em lei de livre nomeação e exoneração, de outro cargo temporário, inclusive aos detentores de mandato eletivo, ou de emprego público, o Regime Geral de Previdência Social.

§ 14º O Estado e os Municípios instituirão, por lei de iniciativa do respectivo Poder Executivo, regime de previdência complementar para servidores públicos ocupantes de cargo efetivo, observado o limite máximo dos benefícios do Regime Geral de Previdência Social para o valor das aposentadorias e das pensões em regime próprio de previdência social, ressalvado o disposto no § 16.

§ 15º O regime de previdência complementar de que trata o § 14 oferecerá plano de benefícios somente na modalidade contribuição definida, observará o disposto no art. 202 da Constituição Federal e será efetivado por intermédio de entidade fechada de previdência complementar ou de entidade aberta de previdência complementar.

§ 16º Somente mediante sua prévia e expressa opção, o disposto nos §§ 14 e 15 poderá ser aplicado ao servidor que tiver ingressado no serviço público até a data da publicação do ato de instituição do correspondente regime de previdência complementar.
§ 17º Todos os valores de remuneração considerados para o cálculo do benefício previsto no § 3º serão devidamente atualizados, na forma da lei.
§ 18º Incidirá contribuição sobre os proventos de aposentadorias e pensões concedidas pelo regime de que trata este artigo que superem o limite máximo estabelecido
para os benefícios do Regime Geral de Previdência Social de que trata o art. 201 da Constituição Federal, com percentual igual ao estabelecido para os servidores titulares de cargos efetivos.
§ 19º Observados critérios a serem estabelecidos em lei, o servidor titular de cargo efetivo que tenha completado as exigências para a aposentadoria voluntária e que opte por permanecer em atividade poderá fazer jus a um abono de permanência equivalente, no máximo, ao valor da sua contribuição previdenciária, até completar a idade para aposentadoria compulsória.
§ 20º É vedada a existência de mais de um regime próprio de previdência social e de mais de um órgão ou entidade gestora deste regime em cada ente federativo, abrangidos todos os poderes, os órgãos e as entidades autárquicas e fundacionais, que serão responsáveis pelo seu financiamento, observados os critérios, os parâmetros e a natureza jurídica definidos na lei complementar federal.

Art. 40. A aposentadoria por invalidez poderá, a critério da administração e por requerimento do servidor, ser, na forma da lei, transformada em seguro-reabilitação, custeado pelo Estado, visando reintegrá-lo em novas funções compatíveis com suas aptidões.

Art. 41. Para fins de aposentadoria, será assegurada a contagem recíproca do tempo de contribuição entre o Regime Geral de Previdência Social e os regimes próprios de previdência social, e destes entre si, observada a compensação financeira, de acordo com os critérios estabelecidos em lei federal.
§ 1º Integrará o cálculo do provento o valor das vantagens permanentes que o servidor público efetivo estiver percebendo e corresponderão à totalidade da remuneração.

§ 2º Considera-se abrangida pelo disposto no parágrafo anterior a gratificação correspondente que o servidor público efetivo vier percebendo, por mais de dez anos, por opção permitida na legislação específica.
§ 3º Para efeito de aposentadoria é assegurada a contagem recíproca do tempo de contribuição na administração pública e na atividade privada, rural e urbana, hipótese em que os diversos sistemas de previdência social se compensarão financeiramente na forma prevista em lei federal.
§ 4º (*Revogado pela EC n.º 10/96*).
§ 5º (*Transformado em §3º pela EC n.º 23/99*).

Art. 42. São estáveis após três anos de efetivo exercício os servidores públicos nomeados para o cargo em provimento efetivo em virtude de concurso público.
§ 1º O servidor público estável só perderá o cargo: em virtude de sentença judicial transitada em julgado;
I. mediante processo administrativo em que lhe seja assegurada ampla defesa;
II. mediante procedimento de avaliação periódica de desempenho, na forma de lei complementar, assegurada ampla defesa.
§ 2º Invalidada por sentença judicial a demissão do servidor público estável, será ele reintegrado, e o eventual ocupante da vaga, se estável, reconduzido ao cargo de origem, sem direito a indenização, aproveitado em outro cargo ou posto em disponibilidade com remuneração proporcional ao tempo de serviço.
§ 3º Extinto o cargo ou declarada a sua desnecessidade, o servidor público estável ficará em disponibilidade, com remuneração proporcional ao seu tempo de serviço, até seu adequado aproveitamento em outro cargo.
§ 4º Como condição para a aquisição da estabilidade, é obrigatória a avaliação especial de desempenho por comissão instituída para essa finalidade.

Seção III
Dos Servidores Públicos Militares

Art. 43. Os membros da Polícia Militar e do Corpo de Bombeiros Militar, instituições organizadas com base na hierarquia e disciplina, são militares do Estado.
§ 1º As patentes, com prerrogativas, direitos e deveres a elas inerentes, são asseguradas em plenitude aos oficiais da Polícia Militar e do Corpo de Bombeiros

Militar, da ativa, da reserva ou reformados, sendo-lhes privativos os títulos, postos e uniformes militares.

§ 2° As patentes dos oficiais da Polícia Militar e do Corpo de Bombeiros Militar são conferidas pelo Governador do Estado.

§ 3° O militar em atividade que aceitar cargo ou emprego público civil permanente será transferido para a reserva não-remunerada.

§ 4° O militar da ativa que aceitar cargo, emprego ou função pública temporária, não eletiva, ainda que da administração indireta, ficará agregado ao respectivo quadro e enquanto permanecer nessa situação somente poderá ser promovido por antiguidade, contando-lhe o tempo de serviço apenas para aquela promoção e transferência para a reserva, sendo depois de dois anos de afastamento, contínuos ou não, transferido para a inatividade.

§ 5° Ao militar são proibidas a sindicalização e a greve.

§ 6° O militar em serviço ativo não poderá ser filiado a partido político nem exercitar atividade político-partidária.

§ 7° O oficial da Polícia Militar e do Corpo de Bombeiros Militar só perderá o posto e a patente se for julgado indigno do oficialato ou com ele incompatível, por decisão de caráter permanente do Tribunal de Justiça, em tempo de paz, ou de tribunal especial, em tempo de guerra.

§ 8° O oficial condenado a pena privativa de liberdade superior a dois anos, por sentença transitada em julgado, será submetido ao julgamento previsto no parágrafo anterior.

§ 9° Respeitada a legislação federal pertinente, a lei disporá sobre os limites de idade, a estabilidade e outras condições de transferência do militar para a inatividade.

§ 10° Aplica-se aos militares e a seus pensionistas o disposto no art. 39, §§ 7°, 8° e 9° desta Constituição.

§ 11° Aplica-se ao militar o disposto no artigo 7°, VIII, XII, XVII, XVIII e XIX, bem como no art. 14, § 8°, ambos da Constituição da República Federativa do Brasil

§ 12° O servidor público integrante da Polícia Militar e do Corpo de Bombeiros Militar usará, em serviço, o uniforme próprio de sua corporação, vedado o uso, em serviço, de qualquer outro tipo de vestimenta, contendo propaganda de empresas públicas ou privadas.

Art. 44. O exercício das funções de Policial Militar e de Bombeiro Militar é privativo do servidor público militar de carreira, recrutado exclusivamente por concurso público de provas e títulos, submetido a curso de formação específica.

Parágrafo único. O ingresso no quadro de oficiais, para provimento de posto para o qual se exija graduação universitária específica, dar-se-á, na forma da lei, através de concurso público de provas e títulos.

Seção IV
Do Controle dos Atos Administrativos

Art. 45. O controle dos atos administrativos será exercido pelos Poderes Públicos e pela sociedade civil, na forma que dispuser a lei.

§ 1° O controle popular será exercido, dentre outras formas, por audiência pública e recurso administrativo coletivo, e alcançará, inclusive, a fiscalização da execução orçamentária.

§ 2° São requisitos essenciais à validade do ato administrativo, além dos princípios estabelecidos no art. 32, caput, a motivação suficiente e a razoabilidade.

Art. 46. A Administração Pública tem o dever de anular seus próprios atos quando contiverem vícios que os tornem ilegais, bem como a faculdade de revogá-los, por motivo de conveniência ou oportunidade, respeitados, neste caso, os direitos adquiridos, além de observado, em qualquer circunstância, o devido processo legal.

Art. 47. A autoridade que, ciente de vícios invalidadores de ato administrativo, deixar de saná-los, incorrerá nas penalidades da lei por sua omissão.

TÍTULO IV
Da Organização dos Poderes

CAPÍTULO I

Do Poder Legislativo

Seção I
Das Garantias e Composição

Art. 48. O Poder Legislativo é exercido pela Assembleia Legislativa, constituída de Deputados, representantes do povo, eleitos na forma que dispuser a lei.

§ 1º Integram a Assembleia Legislativa os seguintes órgãos:
I. a Mesa;
II. o Plenário;
III. as Comissões.
§ 2º Ao Poder Legislativo é assegurada autonomia funcional, administrativa e financeira.
§ 3º O Poder Legislativo elaborará sua proposta orçamentária com os demais Poderes dentro dos limites estipulados na lei de diretrizes orçamentárias.
§ 4º Integrará o orçamento do Poder Legislativo o do Tribunal de Contas.

Art. 49. O número de Deputados à Assembleia Legislativa corresponderá ao triplo da representação do Estado na Câmara dos Deputados e, atingido o número de trinta e seis, será acrescido de tantos quantos forem os Deputados Federais acima de doze.
§ 1º O mandato de Deputado será de quatro anos, aplicando-se-lhe as regras da Constituição Federal sobre o sistema eleitoral.
§ 2º O subsídio dos Deputados Estaduais será fixado por lei de iniciativa da Assembleia Legislativa, na razão de, no máximo, 75% (setenta e cinco por cento) daquele estabelecido, em espécie, para os Deputados Federais, observado o que dispõem os artigos 39, § 4º, 57, § 7º, 150, II, 153, III, e 153, § 2º, I, todos da Constituição Federal.
§ 3º Cada legislatura terá a duração de quatro anos, iniciando-se com a posse dos Deputados. (NR)

Art. 50. O Deputado Estadual fará declaração de bens no ato da posse e no término do mandato.

Art. 51. O Deputado é inviolável, civil e penalmente, por quaisquer de suas opiniões, palavras e votos.
§ 1º O Deputado, desde a expedição do diploma, será submetido a julgamento perante o Tribunal de Justiça.
§ 2º Desde a expedição do diploma, o Deputado não poderá ser preso, salvo em flagrante de crime inafiançável, caso em que os autos serão remetidos dentro de vinte e quatro horas, à Assembleia Legislativa, que resolverá, pelo voto da maioria de seus membros, sobre a prisão.
§ 3º Recebida a denúncia contra Deputado, por crime ocorrido após a diplomação, o Tribunal de Justiça dará ciência à Assembleia Legislativa, que por iniciativa de partido político nela representado e pelo voto da maioria de seus membros, poderá, até a decisão final, sustar o andamento da ação.

§ 4º O pedido de sustação será apreciado pela Assembleia Legislativa no prazo improrrogável de 45 (quarenta e cinco) dias do seu recebimento pela Mesa Diretora.
§ 5º A sustação do processo suspende a prescrição, enquanto durar o mandato.
§ 6º O Deputado não será obrigado a testemunhar sobre informações recebidas ou prestadas em razão do exercício do mandato nem sobre as pessoas que lhe confiaram ou dele receberam informações.
§ 7º A incorporação de Deputado, embora militar, às forças armadas, ainda que em tempo de guerra, dependerá de prévia licença da Assembleia Legislativa.
§ 8º As imunidades de Deputado subsistirão durante o estado de sítio, só podendo ser suspensas mediante o voto de dois terços dos membros da Assembleia Legislativa, nos casos de atos, praticados fora do seu recinto, que sejam incompatíveis com a execução da medida.

Art. 52. O Deputado não poderá:
I. desde a expedição do diploma:
a) firmar ou manter contrato com pessoa jurídica de direito público, autarquia, empresa pública, sociedade de economia mista ou empresa concessionária de serviço público, salvo quando o contrato obedecer a cláusulas uniformes;
b) aceitar ou exercer cargo, função ou emprego remuneração, inclusive os de que seja demissível *ad nutum*, nas entidades constantes da alínea anterior;
II. desde a posse:
a) ser proprietário, controlador ou diretor de empresa que goze de favor decorrente de contrato com pessoa jurídica de direito público, ou nela exercer função remunerada;
b) patrocinar causas em que seja interessada qualquer das entidades a que se refere o inciso I, a;
c) ser titular de mais de um cargo ou mandato eletivo;
d) ocupar cargo ou função de que seja demissível *ad nutum*, nas entidades referidas no inciso I, a.

Art. 53. Perderá o mandato o Deputado:
I. que infringir qualquer das proibições estabelecidas no artigo anterior;
II. cujo procedimento for declarado incompatível com o decoro parlamentar;
III. que deixar de comparecer, em cada sessão legislativa, à terça parte das sessões ordinárias, salvo licença ou missão autorizada pela Assembleia Legislativa;

IV. que perder ou tiver suspensos os seus direitos políticos;
V. quando o decretar a Justiça Eleitoral, nos casos previstos na Constituição Federal;
VI. que sofrer condenação criminal em sentença transitada em julgado.

§ 1º É incompatível com o decoro parlamentar, além dos casos definidos no regimento interno, o abuso das prerrogativas asseguradas ao Deputado ou a percepção de vantagens indevidas.

§ 2º Nos casos dos incisos I, II e VI, a perda do mandato será declarada pela Assembleia Legislativa, por maioria absoluta, mediante provocação da Mesa ou de partido político com representação na Casa, assegurada ampla defesa.

§ 3º Nos casos previstos nos incisos III, IV e V, a perda será declarada pela Mesa, de ofício, ou mediante provocação de qualquer Deputado ou de partido político com representação na Assembleia Legislativa.

Art. 54. Não perderá o mandato o Deputado: investido no cargo de Ministro de Estado, Governador de Território, Secretário de Estado, do Distrito Federal, de Território e de Prefeitura Municipal ou de chefe de missão diplomática temporária; licenciado pela Assembleia Legislativa por motivo de doença, ou para tratar de interesse particular, sem direito a remuneração, desde que, neste caso, o afastamento não seja superior a cento e vinte dias por sessão legislativa.

§ 1º O suplente será convocado nos casos de vaga decorrente da investidura em funções previstas no inciso I, ou de licença superior a cento e vinte dias.

§ 2º Ocorrendo vaga e não havendo suplente, far-se-á eleição para preenchê-la se faltarem mais de quinze meses para o término do mandato.

§ 3º Na hipótese do inciso I, o Deputado poderá optar pela remuneração de seu mandato, exceto se investido no cargo de Secretário Municipal quando receberá apenas a remuneração devida pelo Município.

Seção II
Das Atribuições da Assembleia Legislativa

Art. 55. Cabe à Assembleia Legislativa, com a sanção do Governador do Estado, dispor sobre todas as matérias de competência do Estado, especialmente sobre:

I. tributos, arrecadação e distribuição de rendas;
II. plano plurianual, diretrizes orçamentárias, orçamento anual, operações de crédito e da dívida pública;
III. fixação e modificação do efetivo da Polícia Militar e do Corpo de Bombeiros Militar, nos termos da legislação federal;
IV. planos e programas estaduais, regionais e setoriais de desenvolvimento;
V. transferência temporária da sede do governo;
VI. criação, incorporação, fusão, anexação e desmembramento de Municípios;
VII. divisão territorial em Municípios e organização administrativa do Estado, judiciária, do Ministério Público, da Procuradoria-Geral, da Defensoria Pública e do Tribunal de Contas
VIII. criação, transformação e extinção de cargos, empregos e funções públicas, bem como a fixação dos respectivos vencimentos;
IX. criação, estruturação e atribuições das Secretarias de Estado e órgãos da administração direta, indireta e fundacional;
X. alienação, cessão, permuta ou arrendamento de imóveis públicos;
XI. exploração, permissão ou concessão de serviço público;
XII. instituição de regiões metropolitanas, aglomerações urbanas e microrregiões.

Art. 56. É de competência exclusiva da Assembleia Legislativa, além de zelar pela preservação da sua competência legislativa em face de atribuição normativa dos outros Poderes:
I. eleger a Mesa;
II. dispor sobre seu regimento interno;
III. organizar os serviços administrativos de sua secretaria, da Procuradoria-Geral e da polícia interna, provendo os respectivos cargos, na forma do art. 32, II;
IV. dispor sobre o quadro de seus funcionários;
V. criar, transformar ou extinguir cargos, empregos e funções de seus serviços e fixar os respectivos vencimentos;
VI. conhecer do veto e sobre ele deliberar;
VII. autorizar o Governador e o Vice-Governador do Estado a se ausentarem do País ou do Estado quando a ausência exceder a quinze dias;
VIII. aprovar ou suspender a intervenção estadual nos Municípios;

IX. sustar os atos normativos do Poder Executivo que exorbitem do poder regulamentar;

X. iniciar o processo legislativo para a fixação do subsídio do Governador, do Vice-Governador e dos Secretários de Estado, observado o que dispõem os artigos 37, XI, 39, § 4º, 150, II, 153, III e 153, § 2º, I, todos da Constituição Federal;

XI. julgar as contas prestadas pelo Governador e apreciar os relatórios sobre a execução dos planos de governo;

XII. proceder à tomada de contas do Governador quando não apresentadas no prazo estabelecido nesta Constituição;

XIII. fiscalizar e controlar os atos do Poder Executivo, inclusive os da administração indireta;

XIV. mudar temporariamente a sua sede;

XV. solicitar intervenção federal, quando necessária, para assegurar o livre exercício de suas funções;

XVI. autorizar ou aprovar convênios, acordos ou contratos a serem firmados com os governos federal, estadual e municipal, com entidades de direito público ou privado, ou com particulares, dos quais resultem para o Estado quaisquer encargos não-estabelecidos na lei orçamentária;

XVII. autorizar consulta plebiscitária e referendo popular;

XVIII. receber a renúncia de Deputado, do Governador e do Vice-Governador do Estado;

XIX. escolher quatro dos membros do Tribunal de Contas do Estado;

XX. aprovar previamente, após arguição em sessão pública, além de outros titulares de cargos que a lei determinar, a escolha de três dos Conselheiros do Tribunal de Contas do Estado indicados pelo Governador;

XXI. processar e julgar o Governador e o Vice- Governador do Estado nos crimes de responsabilidade e os Secretários de Estado nos crimes da mesma natureza conexos com aqueles;

XXII. aprovar, por maioria absoluta, a exoneração, de ofício, do Procurador Geral de Justiça, antes do término de seu mandato.

XXIII. autorizar operações externas, de natureza financeira, de interesse do Estado, para posterior apreciação pelo Senado Federal;

XXIV. iniciar o processo legislativo para a fixação do subsídio dos Deputados Estaduais de acordo com o § 2º do artigo 49;

XXV. julgar as contas prestadas pelos membros da Mesa;

XXVI. dar posse aos Deputados;

XXVII. receber o compromisso de posse do Governador e o do Vice-Governador;

XXVIII. emendar esta Constituição.

XXIX. conceder título de cidadão espírito-santense.

Parágrafo único. No caso previsto no inciso XXI, funcionará como presidente o do Tribunal de Justiça, limitando-se a condenação, que somente será proferida por dois terços dos votos da Assembleia Legislativa, à perda do cargo, com inabilitação por oito anos para o exercício de função pública, sem prejuízo das demais sanções judiciais cabíveis.

Art. 57. A Assembleia Legislativa ou qualquer de suas comissões, através da Mesa, poderá convocar Secretário de Estado, Presidente do Tribunal de Justiça, Presidente do Tribunal de Contas e o Procurador-Geral da Justiça, para prestarem, pessoalmente, as informações sobre assunto previamente determinado, importando a ausência sem justificação adequada, crime de responsabilidade.

§ 1º O Secretário de Estado, o Presidente do Tribunal de Justiça, o Presidente do Tribunal de Contas e o Procurador-Geral da Justiça, poderão comparecer à Assembleia Legislativa ou a qualquer das suas comissões, por iniciativa própria e mediante prévio entendimento com a Mesa, para expor assunto de relevância do seu órgão.

§ 2º A Mesa da Assembleia Legislativa poderá encaminhar pedidos de informação, por escrito, aos Secretários de Estado, ao Presidente do Tribunal de Contas e ao Procurador Geral da Justiça, importando crime de responsabilidade a recusa ou não atendimento, no prazo de 60 (sessenta) dias úteis, bem como a prestação de informações falsas.

§ 3º Caso as informações previstas no parágrafo anterior sejam consideradas insuficientes, será concedido mais 10 (dez) dias para a sua complementação.

Seção III
Das Reuniões

Art. 58. A Assembleia Legislativa reunir-se-á, anualmente, na Capital do Estado, independentemente de convocação, de 02 de fevereiro a 17 de julho e de 1º de agosto a 22 de dezembro.

§ 1º As reuniões marcadas para as datas fixadas neste artigo serão transferidas para o primeiro dia útil subsequente, quando recaírem em sábados, domingos ou feriados.

§ 2º A sessão legislativa ordinária não será interrompida enquanto não for aprovado o projeto de lei de diretrizes orçamentárias.

§ 3º O Regimento Interno disporá sobre o uso da tribuna para manifestação popular.

§ 4º Além de outros casos previstos nesta Constituição, a Assembleia Legislativa reunir-se-á em sessão solene:

I. no dia 1º de janeiro subsequente à eleição, para receber o compromisso de posse do Governador e do Vice- Governador;

II. no dia 1º de fevereiro, no primeiro ano da legislatura, para dar posse aos Deputados eleitos;

III. na primeira sessão subsequente à eleição, para inaugurar a legislatura e, nos três anos seguintes, para a instalação da sessão legislativa ordinária.(NR).

§ 5º A Assembleia Legislativa reunir-se-á, em sessão preparatória, no dia 1º de fevereiro, para:

I. no primeiro ano da legislatura, dar posse aos seus membros, bem como eleger e dar posse à Mesa, cujos membros terão o mandato de dois anos, sendo permitida aos membros da Mesa a recondução para o mesmo cargo no biênio imediatamente subsequente;

II. no terceiro ano da legislatura, dar posse à Mesa, cujos membros serão eleitos na forma do § 9º.

§ 6º A convocação extraordinária da Assembleia Legislativa far-se-á:

I. pelo Presidente da Assembleia Legislativa em caso de decretação de intervenção estadual em Município e para o compromisso de posse do Governador e o do Vice- Governador do Estado;

II. em caso de urgência ou interesse público relevante:
a) pelo Presidente da Assembleia Legislativa;
b) pelo Governador do Estado;
c) pela maioria absoluta de seus membros.

III. nos casos do inciso anterior, somente após a provação da maioria absoluta dos membros da Assembleia Legislativa.

§ 7º Na sessão legislativa extraordinária, a Assembleia Legislativa somente deliberará sobre a matéria para a qual foi convocada, vedado o pagamento de parcela indenizatória em razão da convocação.

§ 8º A eleição para a Mesa da Assembleia Legislativa ou o preenchimento de qualquer vaga nela ocorrida dar-se-ão por votos nominal e aberto.

§ 9º Em data e hora previamente designadas pelo Presidente da Assembleia Legislativa, antes do início do terceiro ano de cada legislatura, sob a direção da Mesa Diretora, realizar-se-á a eleição da Mesa, cujos membros terão mandato de dois anos e serão empossados na forma do inciso II do § 5º, sendo permitida aos membros da Mesa a recondução para o mesmo cargo no biênio imediatamente subsequente.

Art. 59. Salvo disposição constitucional em contrário, as deliberações da Assembleia Legislativa serão tomadas por maioria dos votos, presente a maioria absoluta de seus membros.

Parágrafo único. É vedado o voto secreto nas deliberações da Assembleia Legislativa.

Seção IV
Das Comissões

Art. 60. A Assembleia Legislativa terá comissões permanentes e temporárias, constituídas na forma e com as atribuições previstas no regimento interno ou no ato de que resultar sua criação.

§ 1º Na constituição da Mesa e na de cada comissão é assegurada, tanto quanto possível, a representação proporcional dos partidos ou dos blocos parlamentares representados na Assembleia Legislativa.

§ 2º Às comissões, em razão da matéria de sua competência, cabe:

I. discutir e votar parecer sobre proposições;

II. realizar audiências públicas com entidades da sociedade civil;

III. convocar Secretário de Estado para prestar informações sobre assuntos inerentes às suas atribuições;

IV. convocar dirigente de autarquia, de empresa pública, de sociedade de economia mista e de fundação instituída ou mantida pelo Poder Público Estadual;

V. acompanhar os atos de regulamentação do Poder Executivo, velando por sua completa adequação às normas constitucionais e legais;

VI. receber petições, reclamações, representação ou queixa de qualquer pessoa contra ato ou omissão de autoridade pública, de dirigente de órgão ou entidade da administração indireta e fundacional e de concessionário ou de permissionário de serviço público;

VII. acompanhar a execução orçamentária;

VIII. solicitar depoimento de autoridade pública, de dirigente de órgão da administração indireta ou fundacional e de cidadão;
IX. apreciar programas de obras e planos estaduais, regionais e setoriais de desenvolvimento e sobre eles emitir parecer;
X. promover, através da Mesa, a defesa extrajudicial e judicial dos interesses e direitos difusos ou coletivos;
XI. discutir e votar projeto de lei que dispensar, na forma do regimento, a competência do Plenário, salvo se houver recurso de 1/5 (um quinto) dos membros da Casa.
§ 3º As comissões parlamentares de inquérito, que terão poderes de investigação próprios das autoridades judiciais, além de outros previstos no regimento interno da Assembleia Legislativa, serão criadas mediante requerimento de um terço dos seus membros para apuração de fato determinado e por prazo certo, sendo suas conclusões, se for o caso, encaminhadas ao Ministério Público, para que promova a responsabilidade civil ou criminal dos infratores, no prazo de noventa dias.
§ 4º Durante o recesso, haverá uma comissão representativa da Assembleia Legislativa, eleita na última sessão ordinária do período legislativo, com atribuições definidas no Regimento Interno, observada, quanto possível, a representação proporcional dos partidos ou dos blocos parlamentares.

Seção V
Do Processo Legislativo

Art. 61. O processo legislativo compreende a elaboração de:
I. emendas à Constituição;
II. leis complementares;
III. leis ordinárias;
IV. decretos legislativos;
V. resoluções.
Parágrafo único. Lei complementar disporá sobre a elaboração, redação, alteração e consolidação das leis.

Subseção I
Da Emenda à Constituição

Art. 62. A Constituição poderá ser emendada mediante proposta:

I. de um terço, no mínimo, dos membros da Assembleia Legislativa;
II. do Governador do Estado;
III. de iniciativa popular, na forma do art. 69;
IV. de um terço, no mínimo, das Câmaras Municipais.
§ 1º A Constituição não poderá ser emendada na vigência de intervenção federal, de estado de defesa ou de estado de sítio que abranja o território do Estado.
§ 2º A proposta será discutida e votada em dois turnos, considerando-se aprovada quando obtiver, em ambos, três quintos dos votos dos membros da Casa.
§ 3º A emenda à Constituição será promulgada pela Mesa da Assembleia Legislativa, com o respectivo número de ordem.
§ 4º A matéria constante da proposta de emenda rejeitada ou havida por prejudicada não pode ser objeto de nova proposta na mesma sessão legislativa

Subseção II
Das Leis

Art. 63. A iniciativa das leis cabe a qualquer membro ou comissão da Assembleia Legislativa, ao Governador do Estado, ao Tribunal de Justiça, ao Tribunal de Contas, ao Ministério Público e aos cidadãos, satisfeitos os requisitos estabelecidos nesta Constituição.
Parágrafo único. São de iniciativa privativa do Governador do Estado as leis que disponham sobre:
I. criação de cargos, funções ou empregos públicos na administração direta, autárquica e fundacional do Poder Executivo ou aumento de sua remuneração;
II. fixação ou modificação do efetivo da Polícia Militar e do Corpo de Bombeiros Militar;
III. organização administrativa e pessoal da administração do Poder Executivo;
IV. servidores públicos do Poder Executivo, seu regime jurídico, provimento de cargos, estabilidade e aposentadoria de civis, reforma e transferência de militares para a inatividade;
V. organização do Ministério Público, da Procuradoria- Geral do Estado e da Defensoria Pública;
VI. criação, estruturação e atribuições das Secretarias de Estado e órgãos do Poder Executivo.
Art. 64. Não será admitido aumento da despesa prevista:
I. nos projetos de iniciativa exclusiva do Governador do Estado, ressalvado o disposto no art. 151, §§ 2º e 3º;

II. nos projetos sobre organização dos serviços administrativos da Assembleia Legislativa, do Tribunal de Justiça e do Ministério Público.

Art. 65. O Governador do Estado poderá solicitar urgência para apreciação de projetos de sua iniciativa.

§ 1º Se, no caso de urgência, a Assembleia Legislativa não se manifestar em até quarenta e cinco dias sobre a proposição, esta deverá ser incluída na ordem do dia, sobrestando-se a deliberação dos demais assuntos, para que se ultime a votação.

§ 2º O prazo estabelecido no parágrafo anterior não corre nos períodos de recesso nem se aplica aos projetos de lei complementar.

Art. 66. Concluída a votação de um projeto, a Assembleia Legislativa o enviará ao Governador do Estado que, aquiescendo, o sancionará.

§ 1º Decorrido o prazo de quinze dias, o silêncio do Governador do Estado importará sanção.

§ 2º Se o Governador do Estado considerar o projeto, no todo ou em parte, inconstitucional ou contrário ao interesse público, vetá-lo-á, total ou parcialmente, no prazo de quinze dias úteis, contados da data do recebimento, e comunicará, dentro de quarenta e oito horas, ao Presidente da Assembleia Legislativa os motivos do veto.

§ 3º O veto parcial deverá abranger texto integral de artigo, de parágrafo, de inciso ou de alínea.

§ 4º O veto será apreciado pela Assembleia Legislativa dentro de 30 (trinta) dias, a contar do seu recebimento, só podendo ser rejeitado pelo voto da maioria absoluta dos Deputados.

§ 5º Se o veto for rejeitado, será o projeto enviado ao Governador do Estado para promulgação.

§ 6º Esgotado, sem deliberação, o prazo estabelecido no § 4º, o veto será colocado na ordem do dia da sessão imediata, sobrestadas as demais proposições até sua votação final.

§ 7º Se a lei não for promulgada dentro de quarenta e oito horas pelo Governador do Estado, nos casos dos §§ 1º e 5º, o Presidente da Assembleia Legislativa a promulgará. Se este não o fizer em igual prazo, caberá ao Vice- Presidente fazê-lo.

Art. 67. A matéria constante do projeto de lei rejeitado somente poderá constituir objeto de novo projeto, na mesma sessão legislativa, mediante proposta da maioria absoluta dos membros da Assembleia Legislativa.

Art. 68. As leis complementares serão aprovadas por maioria absoluta dos membros da Assembleia Legislativa e receberão numeração sequencial distinta da atribuída às leis ordinárias.

Parágrafo único. São leis complementares, entre outras de caráter estrutural, as seguintes:

I. lei do sistema financeiro e do sistema tributário estadual;
II. lei de organização judiciária;
III. estatuto e lei orgânica do Ministério Público;
IV. lei orgânica do Tribunal de Contas;
V. lei orgânica da Procuradoria-Geral do Estado;
VI. lei orgânica da Defensoria Pública;
VII. estatuto e lei orgânica do Magistério Público;
VIII. estatuto dos funcionários públicos civis do Estado;
IX. estatuto e lei orgânica da Polícia Civil;
X. estatuto e lei orgânica da Polícia Militar;
XI. Estatuto e Lei Orgânica do Corpo de Bombeiros Militar.

Subseção III
Da Iniciativa Popular

Art. 69. A iniciativa popular pode ser exercida pela apresentação à Assembleia Legislativa de projeto de lei ou proposta de emenda à Constituição, devidamente articulados e subscritos por, no mínimo, um por cento do eleitorado estadual, distribuído em pelo menos cinco Municípios com um mínimo de dois por cento dos eleitores de cada um dos Municípios.

§ 1º As proposições de iniciativa popular poderão ser subscritas por meio eletrônico, através da Rede Mundial de Computadores, a Internet.

§ 2º Os projetos serão discutidos e votados no prazo máximo de noventa dias, garantida a defesa em Plenário por um de seus cinco primeiros signatários.

§ 3º Não tendo sido votado até o encerramento da sessão legislativa, desde que respeitado o prazo do § 2º, o projeto estará automaticamente inscrito para a votação na sessão seguinte da mesma legislatura ou na primeira sessão da legislatura subsequente.

Seção VI
Da Fiscalização Contábil, Financeira, Orçamentária, Operacional e Patrimonial

Art. 70. A fiscalização contábil, financeira, orçamentária, operacional e patrimonial do Estado, dos

Municípios e das entidades da administração direta e indireta dos seus Poderes constituídos, quanto aos aspectos de legalidade, legitimidade e economicidade, aplicação das subvenções e renúncias de receitas será exercida pela Assembleia Legislativa e Câmaras Municipais, nas suas respectivas jurisdições, mediante controle externo e pelo sistema de controle interno de cada um dos Poderes.

Parágrafo único. Prestará contas qualquer pessoa física, jurídica ou entidade pública que utilize, arrecade, guarde, gerencie ou administre dinheiros, bens e valores públicos ou pelos quais o Estado ou os Municípios respondam, ou que, em nome destes, assuma obrigações de natureza pecuniária.

Art. 71. O controle externo, a cargo da Assembleia Legislativa ou da Câmara Municipal, será exercido com o auxílio do Tribunal de Contas do Estado ao qual compete:

I. apreciar as contas prestadas anualmente pelo Governador do Estado, mediante parecer prévio a ser elaborado em sessenta dias a contar do seu recebimento;

II. emitir parecer prévio sobre as contas dos Prefeitos, em até vinte e quatro meses, a contar do seu recebimento, e julgar as contas do Tribunal de Justiça, do Ministério Público e das Mesas da Assembleia Legislativa e das Câmaras Municipais, em até dezoito meses, a contar dos seus recebimentos;

III. julgar as contas dos administradores e demais responsáveis por dinheiros, bens e valores públicos da administração direta e indireta, incluídas as fundações e sociedades instituídas e mantidas pelo Poderes Públicos Estadual e Municipal e as contas daqueles que derem causa a perda, extravio ou outra irregularidade de que resulte prejuízo ao erário, exceto as previstas nos arts. 29, § 2°, e 56, XI e XXV;

IV. apreciar, para fins de registro, a legalidade dos atos de admissão de pessoal, a qualquer título, na administração direta e indireta, inclusive nas fundações instituídas e mantidas pelo Poder Público, excetuadas as nomeações para cargo de provimento em comissão, bem como apreciar as concessões de aposentadorias, reformas e pensões, ressalvadas as melhorias posteriores que não alterem o fundamento legal do ato concessório;

V. realizar, por iniciativa própria, da Assembleia Legislativa ou da Câmara Municipal, de comissão técnica ou de inquérito, inspeções e auditorias de natureza contábil, financeira, orçamentária, operacional e patrimonial, nas unidades administrativas dos Poderes Legislativo, Executivo, Judiciário e demais entidades referidas no inciso III;

VI. fiscalizar a aplicação de qualquer recurso repassado pelo Estado a Município, mediante convênio, acordo, ajuste ou outros instrumentos congêneres;

VII. fiscalizar os cálculos das cotas do imposto sobre as operações relativas à circulação de mercadorias e sobre prestação de serviços de transporte interestadual e intermunicipal e de comunicação, devidas aos Municípios;

VIII. prestar as informações solicitadas pela Assembleia Legislativa, Câmara Municipal ou por qualquer de suas comissões sobre a fiscalização contábil, financeira, orçamentária, operacional, patrimonial e sobre resultados de auditorias e inspeções realizadas;

IX. aplicar aos responsáveis, em caso de ilegalidade de despesa ou irregularidade de contas, as sanções previstas em lei que estabelecerá, dentre outras cominações, multa proporcional ao vulto do dano causado ao erário;

X. assinar prazo para que o órgão ou entidade adote as providências necessárias ao exato cumprimento da lei, se verificada ilegalidade;

XI. sustar, se não atendido, a execução do ato impugnado, comunicando a decisão à Assembleia Legislativa ou à Câmara Municipal;

XII. representar ao Poder competente sobre irregularidades ou abusos apurados.

§ 1° No caso de contrato, o ato de sustação será adotado diretamente pela Assembleia Legislativa ou Câmara Municipal que, de imediato, solicitará ao Poder Executivo as medidas cabíveis.

§ 2° Se a Assembleia Legislativa, a Câmara Municipal ou o Poder Executivo, no prazo de noventa dias, não efetivar as medidas previstas no parágrafo anterior, o Tribunal de Contas decidirá a respeito.

§ 3° As decisões do Tribunal de Contas de que resulte imputação de débito ou multa terão eficácia de título executivo.

§ 4° O Tribunal de Contas, trimestral e anualmente, encaminhará relatório de suas atividades à Assembleia Legislativa, à qual prestará contas, cabendo a sua comissão específica de caráter permanente, prevista no artigo 151, deliberar sobre as contas prestadas.

Art. 72. O Tribunal de Contas prestará, quando solicitado, orientação técnica às Prefeituras e Câmaras Municipais, na forma definida em lei.

Art. 73. A comissão permanente específica dos Poderes Legislativos Estadual e Municipais, diante de indícios de despesas não-autorizadas, ainda que sob a forma de investimentos não-programados ou de subsídios não- aprovados, poderá, pela maioria absoluta dos seus membros, solicitar à autoridade governamental responsável que, no prazo de cinco dias, preste os esclarecimentos necessários.

§ 1º Não prestados os esclarecimentos ou considerados estes insuficientes, a comissão a que se refere o caput deste artigo solicitará ao Tribunal de Contas pronunciamento conclusivo sobre a matéria no prazo de trinta dias.

§ 2º Entendendo o Tribunal de Contas irregular a despesa, a comissão, se julgar que o gasto possa causar dano irreparável ou grave lesão à economia pública, proporá à Assembleia Legislativa ou à Câmara Municipal a sustação da despesa.

Art. 74. O Tribunal de Contas do Estado, integrado por sete Conselheiros, tem sede na Capital do Estado, quadro próprio de pessoal e jurisdição em todo o território estadual, exercendo, no que couber, as seguintes atribuições:

a) eleger seu Presidente e elaborar seu regimento interno;
b) organizar sua secretaria e serviços auxiliares;
c) prover, por concurso público de provas ou de provas e títulos, os cargos necessários a seus serviços internos, ressalvadas as nomeações para cargos de provimento em comissão, declarados em lei, de livre nomeação e exoneração;
d) conceder licença, férias e outros afastamentos a seus membros, aos substitutos de Conselheiros, e aos servidores de sua secretaria.

§ 1º Os Conselheiros do Tribunal serão nomeados dentre os brasileiros que satisfaçam os seguintes requisitos:

a) ter mais de trinta e cinco e menos de sessenta e cinco anos de idade;
b) possuir idoneidade moral e reputação ilibada;
c) ter notórios conhecimentos jurídicos, ou contábeis, ou econômicos e financeiros ou de administração pública, com mais de dez anos de exercício de função, ou de cargo público, ou de efetiva atividade profissional nas áreas referidas.

§ 2º Os Conselheiros do Tribunal de Contas serão escolhidos obedecendo-se a seguinte proporção:

I. 03 (três) de escolha do Governador do Estado, com aprovação da Assembleia Legislativa, observado a condição de:

a) 01 (um) de livre indicação, com aprovação da Assembleia Legislativa;
b) 02 (dois) alternadamente dentre Auditores e Membros do Ministério Público junto ao Tribunal de Contas, indicados em lista tríplice pelo Tribunal, segundo os critérios de antiguidade e merecimento, e recebidas as indicações o Governador do Estado, indicará um que submeterá à aprovação da Assembleia Legislativa;

II. 04 (quatro) escolhidos pela Assembleia Legislativa.

§ 3º Os Conselheiros terão as mesmas garantias, prerrogativas, impedimentos e subsídios dos Desembargadores do Tribunal de Justiça do Estado, e somente poderão aposentar-se quando tiverem exercido o cargo, efetivamente, por mais de cinco anos.

§ 4º Os Conselheiros, nos crimes comuns e nos de responsabilidade, serão processados e julgados, originariamente, pelo Superior Tribunal de Justiça.

§ 5º Os Conselheiros, nas suas faltas e impedimentos, serão substituídos na forma determinada em lei.

§ 6º Os Substitutos de Conselheiros, em número de sete, quando no efetivo exercício da substituição, terão as mesmas garantias e impedimentos do titular. **Vide ADI nº 1994-5.**

§ 7º Os Conselheiros do Tribunal de Contas do Estado e seus substitutos legais, farão declaração pública de bens, no ato da posse e no término do exercício de seus cargos.

Art. 75. A lei orgânica do Tribunal de Contas disporá sobre a sua organização.

Art. 76. Os Poderes Legislativo, Executivo e Judiciário manterão, de forma integrada, sistema de controle interno com a finalidade de:

I. avaliar o cumprimento das metas previstas no plano plurianual, a execução dos programas de governo e dos orçamentos do Estado;

II. comprovar a legalidade e avaliar os resultados, quanto à eficácia e eficiência, da gestão orçamentária, financeira e patrimonial nos órgãos e entidades da administração estadual, bem como da aplicação de recursos públicos por entidades de direito privado;

III. exercer o controle das operações de créditos, avais e garantias, bem como dos direitos, obrigações e haveres do Estado;

IV. apoiar o controle externo no exercício de sua missão institucional.

§ 1º Os responsáveis pelo controle interno darão ciência ao Tribunal de Contas do Estado, sob pena de responsabilidade solidária, de qualquer irregularidade ou ilegalidade de que tiverem conhecimento.

§ 2º Qualquer cidadão, partido político, associação ou sindicato é parte legítima para, na forma da lei, denunciar irregularidade ou ilegalidade ao Tribunal de Contas do Estado.

Art. 77. Aplicam-se aos Municípios, naquilo que lhes couber, as disposições contidas nesta seção.

CAPÍTULO II
Do Poder Executivo

Seção I
Do Governador e do Vice-Governador do Estado

Art. 78. O Poder Executivo é exercido pelo Governador do Estado auxiliado pelos Secretários de Estado.

Art. 79. A eleição do Governador e do Vice-Governador do Estado realizar-se-á, simultaneamente, no primeiro domingo de outubro, em primeiro turno, e no último domingo de outubro, em segundo turno, se houver, do ano anterior ao término do mandato governamental vigente.

Art. 80. Será considerado eleito Governador do Estado o candidato que, registrado por partido político, obtiver a maioria absoluta de votos, não computados os em brancos e os nulos.

§ 1º A eleição do Governador do Estado importará a do Vice-Governador com ele registrado.

§ 2º Se nenhum candidato alcançar maioria absoluta na primeira votação, far-se-á nova eleição em até vinte dias após a proclamação do resultado, concorrendo os dois candidatos mais votados, considerando-se eleito aquele que obtiver a maioria dos votos válidos.

§ 3º Se, antes de realizado o segundo turno, qualquer dos candidatos que a ele tiver o direito de concorrer vier a falecer, desistir de sua candidatura ou sofrer qualquer impedimento que o inabilite, convocar-se-á, dentre os remanescentes, o candidato com maior votação.

§ 4º Se, na hipótese dos parágrafos anteriores, remanescer, em segundo lugar, mais de um candidato com a mesma votação, qualificar-se-á o mais idoso.

Art. 81. O Governador e o Vice-Governador do Estado tomarão posse no dia 1º de janeiro do ano subsequente ao da eleição, em sessão solene na Assembleia Legislativa, prestando compromisso de manter, defender e cumprir as Constituições Federal e Estadual, observar as leis e promover o bem geral do povo espírito-santense.

Parágrafo único. Se, decorridos dez dias da data fixada para a posse, o Governador ou o Vice-Governador do Estado, salvo motivo de força-maior, não tiver assumido o cargo, este será declarado vago.

Art. 82. Substituirá o Governador do Estado, no caso de impedimento, e suceder-lhe-á, no de vaga, o Vice-Governador.

Parágrafo único. O Vice-Governador, além de outras atribuições que lhe forem conferidas por lei complementar, auxiliará o Governador do Estado sempre que por ele for convocado para missões especiais.

Art. 83. Em caso de impedimento do Governador e do Vice-Governador do Estado, ou vacância dos respectivos cargos, serão sucessivamente chamados ao exercício da Governadoria o Presidente da Assembleia Legislativa e o Presidente do Tribunal de Justiça.

Art. 84. Vagando os cargos de Governador e Vice-Governador, far-se-á eleição noventa dias depois de aberta a última vaga. Ocorrendo a vacância nos últimos dois anos do período governamental, a eleição para ambos os cargos será feita pela Assembleia Legislativa, na forma da lei, trinta dias depois de aberta a última vaga. Em qualquer dos casos, os eleitos deverão completar o período dos seus antecessores.

Art. 85. O mandato do Governador é de quatro anos e terá início em primeiro de janeiro do ano seguinte ao da sua eleição. (NR)

Art. 85-A. Ao candidato declarado eleito pela Justiça Eleitoral para o cargo de Governador, a partir da proclamação do resultado das eleições, é assegurado o direito de obter acesso às informações sobre o funcionamento dos órgãos e das entidades da administração pública estadual, bem como das ações, projetos e dos programas em andamento, dos contratos, dos convênios e outros pactos, das contas públicas, dos bens, da estrutura funcional, do inventário de dívidas e haveres e dos recursos vinculados a fundos constituídos, por meio de equipe de transição democrática de governo, instituída com este objetivo.

§ 1º A instituição da equipe de transição democrática de governo, prevista no caput deste artigo, será disciplinada por lei estadual específica, cuja inexistência não constituirá óbice, em qualquer hipótese, ao acesso às informações por todos aqueles que sejam credenciados pelo governador recém-eleito.

§ 2º A inobservância do disposto neste artigo poderá ser denunciada ao Tribunal de Contas do Estado, nos termos do artigo 76, § 2º, desta Constituição.

Art. 86. O Governador e o Vice-Governador do Estado não poderão ausentar-se do Estado e do País sem licença da Assembleia Legislativa, sob pena de perda do cargo, salvo se por período não superior a quinze dias.

Parágrafo único. Ficam o Governador e o Vice- Governador do Estado obrigados a enviar à Assembleia Legislativa relatório circunstanciado dos resultados de viagem ao exterior.

Art. 87. Perderá o mandato o Governador do Estado que assumir outro cargo ou função na administração pública, direta ou indireta, ressalvada a posse em virtude de concurso público e observado o disposto no art. 33, I, IV e V.

Art. 88. A renúncia do Governador ou do Vice-Governador do Estado tornar-se-á efetiva com o conhecimento da respectiva mensagem pela Assembleia Legislativa.

Art. 89. O Governador e o Vice-Governador do Estado, no ato da posse e no término do mandato, farão declaração pública de bens.

Art. 90. Qualquer cidadão poderá, através de documento formal e detalhado, representar contra o Governador ou o Vice-Governador do Estado perante a Assembleia Legislativa.

Seção II
Das Atribuições do Governador do Estado

Art. 91. Compete privativamente ao Governador do Estado:

I. exercer, com auxílio dos Secretários de Estado, a direção superior da administração estadual;

II. iniciar o processo legislativo, na forma e nos casos previstos nesta Constituição;

III. sancionar, promulgar e fazer publicar as leis, bem como expedir decretos e regulamentos para sua fiel execução;

IV. vetar projeto de lei, parcial ou totalmente, na forma prevista nesta Constituição;

V. dispor, mediante decreto, sobre:

a) organização e funcionamento da administração estadual, quando não implicar aumento de despesa nem criação ou extinção de órgãos públicos;

b) extinção de funções ou cargos públicos, quando vagos;

VI. nomear e exonerar Secretário de Estado;

VII. nomear o Procurador-Geral de Justiça e o Procurador-Geral do Estado;

VIII. nomear os Conselheiros do Tribunal de Contas do Estado, na forma prevista nesta Constituição;

IX. nomear e exonerar dirigente de autarquia, empresa pública e fundação instituída e mantida pelo Poder Público;

X. nomear os magistrados nos casos previstos nesta Constituição;

XI. remeter mensagem e plano de governo à Assembleia Legislativa por ocasião da abertura da sessão legislativa ordinária, expondo a situação econômica, financeira, administrativa, política e social do Estado e solicitando as providências que julgar necessárias;

XII. decretar e executar a intervenção nos Municípios, na forma desta Constituição;

XIII. autorizar convênios ou acordos a serem celebrados com entidades ou fundações instituídas e mantidas pelo Poder Público;

XIV. conferir condecorações e distinções honoríficas estaduais;

XV. prestar as informações solicitadas pelos Poderes Legislativo e Judiciário nos casos e prazos fixados em lei;

XVI. enviar à Assembleia Legislativa o plano plurianual de investimentos, o plano estadual de desenvolvimento, o projeto de lei de diretrizes orçamentárias e a proposta de orçamento anual previstos nesta Constituição;

XVII. comparecer anualmente à Assembleia Legislativa para apresentar relatório sobre sua administração e responder a indagações dos deputados.

XVIII. prestar à Assembleia Legislativa, até o dia 30 de abril de cada ano, as contas relativas ao exercício anterior;

XIX. prover e extinguir os cargos públicos estaduais, com as restrições desta Constituição e na forma que a lei estabelecer;

XX. decretar situação de emergência e estado de calamidade pública;
XXI. delegar aos Secretários de Estado as atribuições previstas nos incisos V e XIX;
XXII. convocar extraordinariamente a Assembleia Legislativa na forma prevista nesta Constituição.
XXIII. enviar ao Poder Legislativo o Programa de Metas e Ações Estratégicas de seu Governo até 90 (noventa) dias após sua posse.

Seção III
Da Responsabilidade do Governador do Estado

Art. 92. São crimes de responsabilidade os atos do Governador do Estado que atentarem contra a Constituição Federal ou Estadual e especialmente contra a existência do Estado; o livre exercício dos Poderes Legislativo e Judiciário e do Ministério Público; o exercício dos direitos políticos, individuais e sociais; a segurança interna do Estado; a probidade na administração; a lei orçamentária; o cumprimento das leis e das decisões judiciais.
Parágrafo único. O processo de apuração e julgamento desses crimes obedecerá a normas definidas em lei federal específica.
Art. 93. Depois que a Assembleia Legislativa declarar a admissibilidade da acusação contra o Governador do Estado, pelo voto de dois terços de seus membros, será ele submetido a julgamento perante o Superior Tribunal de Justiça, nas infrações penais comuns, ou perante a Assembleia Legislativa, nos crimes de responsabilidade. **Vide ADI 4792 ES.**
Art. 94. O Governador do Estado ficará suspenso de suas funções:
I. nas infrações penais comuns, se recebida a denúncia ou queixa-crime pelo Superior Tribunal de Justiça;
II. nos crimes de responsabilidade, após instauração de processo pela Assembleia Legislativa;
§ 1º Se, decorrido o prazo de cento e oitenta dias, o julgamento não estiver concluído, cessará o afastamento do Governador do Estado, sem prejuízo do regular prosseguimento do processo.
§ 2º *(Revogado pela EC n.º 14/98)*.
Art. 95. *(Revogado pela EC n.º 14/98)*.

Seção IV
Dos Secretários de Estado

Art. 96. Os Secretários de Estado serão escolhidos dentre brasileiros maiores de vinte e um anos e no exercício dos direitos políticos.
Art. 97. A lei disporá sobre a criação, estruturação e atribuições das Secretarias de Estado.
Art. 98. Compete ao Secretário de Estado, além de outras atribuições que esta Constituição e as leis estabelecerem:
I. exercer a orientação, coordenação e supervisão dos órgãos e entidades da administração estadual na área de sua competência e referendar os atos e decretos assinados pelo Governador;
II. expedir instruções para a execução das leis, decretos e regulamentos;
III. apresentar ao Governador do Estado relatório semestral, circunstanciado, dos serviços realizados na respectiva Secretaria de Estado;
IV. praticar os atos pertinentes às atribuições que lhe forem outorgadas ou delegadas pelo Governador do Estado;
V. propor anualmente ao Governador o orçamento de sua Secretaria;
VI. delegar atribuições, por ato expresso, aos seus subordinados.
Art. 99. Os Secretários de Estado responderão por crime de responsabilidade da mesma natureza ou conexos com os atribuídos ao Governador do Estado.
Art. 100. Os Secretários de Estado, no ato da posse e no término de sua gestão, farão declaração pública de bens.

Seção V
Do Conselho de Estado

Art.100-A. O Conselho de Estado é o órgão superior de consulta do Governador, e dele participam:
I. o Vice-Governador do Estado;
II. o Presidente da Assembleia Legislativa;
III. 2 (dois) integrantes do Colégio de Líderes da Assembleia Legislativa, indicados pelos seus pares;
IV. o Procurador Geral de Justiça;
V. o Secretário de Estado da Segurança Pública;
VI. 4 (quatro) cidadãos capixabas, todos com mandato de 2 (dois) anos, vedada à recondução, sendo:

a) 2 (dois) nomeados pelo Governador do Estado; e
b) 2 (dois) eleitos pela Assembleia Legislativa.

Art.100-B. Compete ao Conselho de Estado pronunciar-se sobre:
intervenção estadual;
as questões relevantes para a estabilidade social, política, econômica e das instituições democráticas no Estado.

§ 1º O Governador do Estado poderá convocar Secretários de Estado para participar da reunião do Conselho de Estado, quando constar da pauta questão relacionada com a respectiva Secretaria.

§ 2º Lei específica regulará a organização e o funcionamento do Conselho de Estado.

Seção VI
Dos Conselhos de Políticas Públicas do Estado

Art.100-C. Compete ao Poder Executivo garantir a capacitação dos conselheiros representantes da sociedade civil nos Conselhos de Políticas Públicas do Estado.

§ 1º O processo de capacitação deve ser contínuo e permanente para garantir a formação dos conselheiros representantes da sociedade civil.

§ 2º Lei específica regulará os processos formais de capacitação e construção de conhecimento dos conselheiros nos Conselhos de Políticas Públicas do Estado.

CAPÍTULO III
Do Poder Judiciário

Seção I
Disposições Gerais

Art. 101. São órgãos do Poder Judiciário:
I. o Tribunal de Justiça;
II. os Juízes de Direito;
III. os Tribunais do Júri;
IV. os Tribunais ou Juízes;
V. os Juizados Especiais;
VI. o Conselho de Justiça Militar.

Art. 102. O Tribunal de Justiça tem sede na Capital do Estado e jurisdição em todo o território estadual.

Art. 103. Compete ao Tribunal de Justiça a iniciativa da lei de organização judiciária do Estado e, respeitadas a Constituição Federal e leis complementares, a iniciativa do Estatuto da Magistratura Estadual, observados os seguintes princípios:

I. ingresso na carreira, cujo cargo inicial será o de juiz substituto, através de concurso público de provas e títulos, com a participação da Ordem dos Advogados do Brasil, em todas as suas fases, obedecendo-se, nas nomeações, à ordem de classificação;

II. promoção de entrância para entrância, alternadamente, por antiguidade e merecimento, atendidas as seguintes normas:
a) obrigatoriedade da promoção de juiz que figure por três vezes consecutivas, ou cinco alternadas, em lista de merecimento;
b) promoção por merecimento pressupõe dois anos de exercício na respectiva entrância e integrar o juiz a primeira quinta parte da lista de antiguidade desta, salvo se não houver com tais requisitos quem aceite a vaga;
c) aferição do merecimento pelos critérios da presteza e segurança no exercício da jurisdição, e ainda, pela frequência e aproveitamento em cursos reconhecidos de aperfeiçoamento;
d) na apuração da antiguidade, o Tribunal somente poderá recusar o juiz mais antigo pelo voto de dois terços de seus membros, conforme procedimento próprio, repetindo-se a votação até fixar-se a indicação;

III. o acesso ao tribunal de segundo grau far-se-á por antiguidade e merecimento, alternadamente, apurados na última entrância, observado o inciso II;

IV. a previsão de cursos oficiais de preparação e aperfeiçoamento de magistrados como requisitos para ingresso e promoção na carreira;

V. os subsídios dos magistrados serão fixados com diferença não superior a dez por cento ou inferior a cinco por cento, nem exceder a noventa e cinco por cento do subsídio mensal dos Ministros do Superior Tribunal de Justiça, obedecido, em qualquer caso, o disposto no inc. XII, do art. 32, e no § 3º, do art. 38.

VI. a aposentadoria dos magistrados e a pensão de seus dependentes observarão o disposto no art. 39 desta Constituição;

VII. o ato de remoção, disponibilidade e aposentadoria do magistrado, por interesse público, fundar-se-á em decisão por voto de dois terços do Tribunal, assegurada ampla defesa;

VIII. todos os julgamentos dos órgãos do Poder Judiciário serão públicos, e fundamentadas todas as decisões, sob pena de nulidade; se o interesse público o exigir, a lei poderá limitar a presença, em determinados atos, às próprias partes e seus advogados, ou somente a estes;

IX. se o Tribunal de Justiça vier a ter número superior a vinte e cinco julgadores, será constituído órgão especial, com o mínimo de onze e o máximo de vinte e cinco membros, para o exercício das atribuições administrativas e jurisdicionais da competência do tribunal pleno;

X. as decisões administrativas do Tribunal serão motivadas, sendo que as disciplinares serão tomadas pelo voto da maioria absoluta de seus membros;

XI. o juiz titular residirá na respectiva comarca.

Art. 104. Os magistrados gozam das seguintes garantias:

I. vitaliciedade, que, no primeiro grau, só será adquirida após dois anos de exercício, dependendo a perda do cargo, nesse período, de deliberação do Tribunal, e, nos demais casos, de sentença judicial transitada em julgado;

II. inamovibilidade, salvo por motivo de interesse público, na forma do art. 103, VII;

III. irredutibilidade de subsídios, ressalvado o disposto nos incisos XII e XVI do art. 32, e no § 3º, do art. 38, sujeitos aos impostos gerais, inclusive o de renda e os extraordinários;

Parágrafo único. Aos magistrados é vedado:

I. receber, a qualquer título ou pretexto, custas ou participação em processo;

II. dedicar-se à atividade político-partidária;

III. exercer, ainda que em disponibilidade, outro cargo ou função, salvo uma de magistério;

Art. 105. Ao Poder Judiciário é assegurada autonomia administrativa e financeira.

§ 1º O Tribunal elaborará sua proposta orçamentária com os demais Poderes dentro dos limites estipulados na lei de diretrizes orçamentárias.

§ 2º O encaminhamento da proposta aprovada pelo Tribunal compete a seu presidente.

Art. 106. À exceção dos créditos de natureza alimentícia, os pagamentos devidos pela Fazenda Estadual ou Municipal e correspondentes autarquias, em virtude de sentença judiciária, far-se-ão exclusivamente na ordem cronológica de apresentação dos precatórios e à conta dos créditos respectivos, proibida a designação de casos ou pessoas nas dotações orçamentárias e nos créditos adicionais abertos para esse fim.

§ 1º É obrigatória a inclusão, no orçamento das entidades de direito público, de verba necessária ao pagamento de seus débitos oriundos de sentenças transitadas em julgado, constantes de precatórios judiciários, apresentados até 1º de julho, fazendo-se o pagamento até o final do exercício seguinte, quando terão seus valores atualizados monetariamente.

§ 2º Os débitos de natureza alimentícia compreendem aqueles decorrentes de salários, vencimentos, proventos, pensões e suas complementações, benefícios previdenciários e indenizações por morte ou invalidez, fundadas na responsabilidade civil, em virtude de sentença transitada em julgado.

§ 3º As dotações orçamentárias e os créditos abertos serão consignados diretamente ao Poder Judiciário, cabendo ao Presidente do Tribunal de Justiça que proferir a decisão exequenda e determinar o pagamento segundo as possibilidades do depósito, e autorizar, a requerimento do credor, e exclusivamente para o caso de preterimento de seu direito de precedência, o sequestro da quantia necessária à satisfação do débito.

§ 4º O disposto no "caput" deste artigo, relativamente à expedição dos precatórios, não se aplica aos pagamentos de obrigações definidas em lei como de pequeno valor que a Fazenda Estadual ou Municipal deva fazer em virtude de sentença judicial transitada em julgado.

§ 5º São vedados a expedição de precatório complementar ou suplementar de valor pago, bem como fracionamento, repartição ou quebra do valor da execução, a fim de que seu pagamento não se faça, em parte, na forma estabelecida no § 4º deste artigo e, em parte, mediante expedição de precatório.

§ 6º A lei poderá fixar valores distintos para o fim previsto no § 4º deste artigo, segundo as diferentes capacidades das entidades de direito público.

§ 7º Incorrerá em crime de responsabilidade o Presidente do Tribunal de Justiça se, por ato comissivo ou omissivo, retardar ou tentar frustrar a liquidação regular de precatório.

§ 8º A Fazenda Estadual, na forma do § 2º deste artigo, disponibilizará prioritariamente os recursos financeiros para a integral liquidação dos créditos de natureza alimentícia, cujos titulares sejam maiores de 65 (sessenta e cinco) anos, de forma que o pagamento integral ocorra em prazo de até 24 (vinte e quatro) meses contados da data da apresentação dos respectivos precatórios judiciários.

§ 9º Incorrerá em crime de responsabilidade o Secretário de Estado da Fazenda que deixar de cumprir o quanto disposto no § 8º deste artigo.

Art. 107. A lei de organização judiciária fixará a estrutura, competência e funcionamento dos juizados de direito e de seu pessoal administrativo e criará:

I. juizados especiais, providos por juízes togados, ou togados e leigos, para a conciliação, o julgamento e a execução de causas cíveis de menor complexidade e de infrações penais de menor potencial ofensivo, mediante procedimento oral e sumaríssimo, permitida a transação, nos termos da lei, e o julgamento de recursos por turmas de juízes de primeiro grau;

II. justiça de paz, remunerada, composta de cidadãos eleitos pelo voto direto, universal e secreto, com mandato de quatro anos e competência para, na forma da lei, celebrar casamentos, verificar, de ofício, ou em face de impugnação apresentada, o processo de habilitação, exercer atribuições conciliatórias, sem caráter jurisdicional, além de outras previstas na legislação.

Seção II
Do Tribunal de Justiça

Art. 108. Compete privativamente ao Tribunal de Justiça:

I. eleger seus órgãos diretivos e elaborar seu regimento interno, com observância das normas de processo e das garantias processuais das partes, dispondo sobre a competência e o funcionamento dos respectivos órgãos jurisdicionais e administrativos;

II. organizar suas secretarias e serviços auxiliares e a dos juízos que lhe forem subordinados, velando pelo exercício da atividade correcional respectiva;

III. conceder licença, férias e outros afastamentos a seus membros e aos juízes e servidores que lhe forem imediatamente subordinados;

IV. prover, por concurso público de provas ou de provas e títulos, os cargos necessários à administração da Justiça, exceto os de confiança assim definidos em lei;

V. prover os cargos de juízes de carreira da respectiva jurisdição;

VI. propor ao Poder Legislativo, observado o disposto no art. 154 desta Constituição:
a) a alteração do número de seu membros;
b) a criação e extinção de cargos e a remuneração dos seus serviços auxiliares e dos juízos que lhe forem vinculados, bem como a fixação do subsídio de seus membros e dos Juízes, inclusive dos tribunais inferiores, quando criados, e dos serviços auxiliares;
c) a criação ou extinção de tribunais inferiores;
d) a criação de comarcas e varas judiciárias;
e) a alteração da organização e da divisão judiciárias;
f) os procedimentos processuais, respeitada a legislação federal específica.

Art. 109. Compete, ainda, ao Tribunal de Justiça:

I. processar e julgar, originariamente:
a) nos crimes comuns, o Vice-Governador do Estado, os Deputados Estaduais e os Prefeitos Municipais, e, nesses e nos de responsabilidade, os juízes de direito e os juízes substitutos, os Secretários de Estado, o Procurador-Geral de Justiça, os membros do Ministério Público e o Procurador-Geral do Estado, ressalvada a competência da justiça eleitoral;
b) os mandados de segurança e os habeas-data contra ato do Governador do Estado, do Presidente da Assembleia Legislativa, dos membros da sua Mesa, do Presidente e dos Conselheiros do Tribunal de Contas do Estado, do Procurador Geral de Justiça, do Procurador-Geral do Estado, de Secretário de Estado e do próprio Tribunal, do seu Presidente, do seu Vice-Presidente e do Corregedor- Geral da Justiça; os habeas-corpus, quando o coator ou o paciente for qualquer das pessoas mencionadas na alínea a, ressalvada a competência da justiça eleitoral;
c) os mandados de injunção, quando a elaboração da norma regulamentadora for atribuição do Governador do Estado, da Assembleia Legislativa, de sua Mesa, do Tribunal de Contas, do próprio Tribunal, de órgão, entidade ou autoridade estadual da administração direta ou indireta, ressalvados os casos de competência dos tribunais federais e dos órgãos da justiça militar, da justiça eleitoral, da justiça do trabalho e da justiça federal;
d) as ações de inconstitucionalidade contra lei ou atos normativos estaduais ou municipais que firam preceito desta Constituição;
e) as ações rescisórias de seus julgados e as revisões criminais;
f) as execuções de sentença, nas causas de sua competência originária;
g) nas ações que possam resultar na suspensão ou perda dos direitos políticos ou na perda da função

pública ou de mandato eletivo, aqueles que tenham foro no Tribunal de Justiça por prerrogativa de função, previsto nesta Constituição;
II. solicitar intervenção:
a) federal, nos termos da Constituição Federal;
b) estadual, nos casos previstos no art. 30, IV.

Art. 110. Um quinto dos lugares do Tribunal de Justiça e, se houver, dos demais tribunais, será composto de membros oriundos do Ministério Público com mais de dez anos de carreira e de advogados de notório saber jurídico, de reputação ilibada, com mais de dez anos de efetiva atividade profissional, indicados em listas sêxtuplas pelos órgãos de representação das respectivas classes.

Parágrafo único. Recebidas as indicações, o Tribunal formará lista tríplice, enviando-a ao Governador, que, nos vinte dias subsequentes, escolherá um de seus integrantes para nomeação.

Art. 111. Para dirimir conflitos fundiários, o Tribunal de Justiça designará, na forma da lei, juízes de entrância especial, com competência exclusiva para questões agrárias, sempre que solicitado pelos Poderes Públicos Estadual e Municipal ou por entidades da sociedade civil.

Parágrafo único. Para o exercício das funções previstas neste artigo, o juiz comparecerá ao local do conflito sempre que necessário à eficiente prestação jurisdicional.

Seção III
Do Controle de Constitucionalidade

Art. 112. São partes legítimas para propor ação de inconstitucionalidade de leis ou de atos normativos estaduais ou municipais em face desta Constituição:
I. o Governador do Estado;
II. a Mesa da Assembleia Legislativa;
III. o Procurador-Geral de Justiça;
IV. o partido político com representação na Assembleia Legislativa;
V. a secção regional da Ordem dos Advogados do Brasil;
VI. a federação sindical ou entidade de classe de âmbito estadual, e municipal quando se tratar de lei ou ato normativo local;
VII. o Prefeito Municipal e a Mesa da Câmara, em se tratando de lei ou ato normativo local.

§ 1º O Procurador-Geral de Justiça será sempre ouvido nas ações diretas de inconstitucionalidade.

§ 2º Declarada a inconstitucionalidade, a decisão será comunicada à Assembleia Legislativa ou à Câmara Municipal para suspensão, no todo ou em parte, da execução da lei ou do ato impugnado.

§ 3º Declarada a inconstitucionalidade por omissão de medida para tornar efetiva norma desta Constituição, a decisão será comunicada ao Poder competente para a adoção das providências necessárias à prática do ato que lhe compete ou início do processo legislativo, e, em se tratando de órgão administrativo, para sua ação em trinta dias, sob pena de responsabilidade.

CAPÍTULO IV
Das Funções Essenciais à Administração da Justiça

Seção I
Do Ministério Público

Art. 113. O Ministério Público é instituição permanente, essencial à função jurisdicional do Estado, incumbindo-lhe a defesa da ordem jurídica, do regime democrático, dos interesses sociais e individuais indisponíveis.

Art. 114. São princípios institucionais do Ministério Público a unidade, a indivisibilidade e a independência funcional.

Art. 115. Ao Ministério Público é assegurada autonomia funcional e administrativa, podendo, observado o disposto no art. 154 propor ao Poder Legislativo a criação e a extinção de seus cargos e serviços auxiliares, provendo-os, por concurso público de provas, ou de provas e títulos, bem como a política remuneratória e os planos de carreira, e a lei disporá sobre sua organização e funcionamento.

Art. 116. O Ministério Público elaborará sua proposta orçamentária dentro dos limites da lei de diretrizes orçamentárias.

Art. 117. O Ministério Público é exercido:
I. pelo Procurador-Geral de Justiça;
II. pelos Procuradores de Justiça;
III. pelos Promotores de Justiça;
IV. pelos Promotores de Justiça Substitutos da Capital;
V. pelos Promotores de Justiça Substitutos.

Art. 118. O Ministério Público tem por chefe o Procurador-Geral de Justiça, nomeado pelo Governador

dentre integrantes da carreira, em exercício, com mais de trinta e cinco anos de idade, em lista tríplice formada pelos membros da instituição, para mandato de dois anos, permitida uma recondução.
Parágrafo único. O Procurador-Geral de Justiça poderá ser destituído por deliberação da maioria absoluta da Assembleia Legislativa, na forma da lei complementar.
Art. 119. Lei complementar cuja iniciativa é facultada ao Procurador-Geral de Justiça estabelecerá a organização, as atribuições e o Estatuto do Ministério Público, observadas, relativamente aos seus membros, as seguintes garantias:
a) vitaliciedade, após dois anos de exercício, não podendo perder o cargo senão por sentença judicial transitada em julgado;
b) inamovibilidade, salvo por motivo de interesse público, mediante decisão do órgão colegiado competente do Ministério Público, por voto de dois terços de seus membros, assegurada ampla defesa;
c) irredutibilidade de subsídios, ressalvado o disposto nos incisos XII e XVI do art. 32, e no § 3º, do art. 38, sujeitos aos impostos gerais, inclusive o de renda e os extraordinários.
Parágrafo único. Aplicam-se à promoção e à aposentadoria dos membros do Ministério Público as normas adotadas para a Magistratura Estadual.
Art. 120. Os membros do Ministério Público sujeitam-se, dentre outras, às seguintes vedações:
I. receber, a qualquer título e sob qualquer pretexto, honorários, percentagens ou custas processuais;
II. exercer a advocacia;
III. participar de sociedade comercial, na forma da lei;
IV. exercer, ainda que em disponibilidade, qualquer outra função pública, salvo uma de magistério;
V. exercer atividade político-partidária, salvo exceções previstas na lei.
§ 1º São funções institucionais do Ministério Público:
I. promover, privativamente e na forma da lei, a ação penal pública;
II. zelar pelo efetivo respeito dos Poderes Públicos e dos serviços de relevância pública aos direitos assegurados na Constituição Federal e nesta Constituição, promovendo as medidas necessárias à sua garantia;
III. promover o inquérito civil e a ação civil pública para proteção do patrimônio público e social, do meio ambiente e de outros interesses difusos e coletivos;
IV. promover a ação de inconstitucionalidade ou representação para fins de intervenção do Estado nos casos previstos nesta Constituição;
V. expedir notificações nos procedimentos administrativos de sua competência, requisitando, na forma da lei complementar, informações e documentos para instruí-los;
VI. exercer outras funções que lhe forem conferidas, desde que compatíveis com sua finalidade, sendo-lhe vedadas a representação judicial e a consultoria jurídica de entidades públicas;
VII. defender judicialmente direitos e interesses das populações indígenas.
§ 2º Ao Ministério Público compete, na forma da lei complementar, exercer o controle externo da atividade policial.
§ 3º A legitimação do Ministério Público para as ações civis previstas neste artigo não impede a de terceiros, nas mesmas hipóteses, segundo o disposto na Constituição Federal, nesta Constituição e na legislação específica.
§ 4º No exercício de suas funções, os membros do Ministério Público podem requisitar diligências investigatórias e a instauração de inquérito policial, devendo indicar os fundamentos jurídicos de suas manifestações processuais.
§ 5º As funções do Ministério Público só podem ser exercidas por integrantes da carreira, que deverão residir na comarca da respectiva lotação.
§ 6º O ingresso na carreira far-se-á mediante concurso público de provas e títulos, assegurada a participação da Ordem dos Advogados do Brasil em sua realização, e observada nas nomeações a ordem de classificação.
§ 7º A Procuradoria Geral de Justiça manterá, em caráter permanente, entre outras que a lei criar, as curadorias do meio ambiente, as de proteção ao consumidor, as de defesa da criança e do adolescente e as dos direitos da pessoa humana.(NR)
Art. 121. Ao Ministério Público junto ao Tribunal de Contas, aplicam-se as disposições desta seção pertinentes às garantias, vedações e forma de investidura nos respectivos cargos.

Seção II
Da Procuradoria-Geral do Estado

Art. 122. A Procuradoria-Geral é o órgão que representa o Estado, judicial e extrajudicialmente, cabendo-lhe, ainda, nos termos da lei complementar, as atividades de consultoria e assessoramento jurídico do Poder Executivo Estadual.

§ 1º A Procuradoria-Geral tem por chefe o Procurador- Geral do Estado, de livre nomeação pelo Governador dentre advogados maiores de trinta e cinco anos, de notável saber jurídico e reputação ilibada.

§ 2º O ingresso nas classes iniciais da carreira de Procurador far-se-á mediante concurso público de provas e títulos.

§ 3º Lei complementar disporá sobre a organização e o funcionamento da Procuradoria-Geral.

§ 4º Os integrantes da Procuradoria Geral do Estado e da Procuradoria Geral da Assembleia Legislativa são remunerados por iguais subsídios.

§ 5º Compete à Procuradoria Geral da Assembleia Legislativa a representação judicial e extrajudicial do Poder Legislativo nos atos praticados pelos seus representantes ou por sua administração interna.

§ 6º A Procuradoria Geral do Estado tem por chefe o Procurador Geral, nomeado dentre os integrantes de sua carreira.

§ 7º Os membros integrantes da Procuradoria Geral do Estado e da Procuradoria Geral da Assembleia Legislativa serão julgados e processados perante o Tribunal de Justiça.

Seção II-A
Da Procuradoria Geral do Município

Art. 122-A. A Procuradoria Geral é o órgão que representa o Município, judicial e extrajudicialmente, cabendo-lhe, privativamente, as atividades de consultoria e assessoramento jurídico do Poder Executivo Municipal.

§ 1º A Procuradoria Geral tem por chefe o Procurador Geral do Município, de livre nomeação pelo Prefeito, dentre advogados com experiência comprovada de pelo menos cinco anos de exercício profissional, de notável saber jurídico e reputação ilibada.

§ 2º O ingresso nas classes iniciais da carreira de Procurador Municipal far-se-á mediante concurso público de provas e títulos, com participação obrigatória da Ordem dos Advogados do Brasil.

§ 3º Lei complementar disporá sobre a organização e o funcionamento da Procuradoria Geral do Município.

§ 4º Os integrantes da Procuradoria Geral do Município e da Procuradoria Geral da Câmara de Vereadores são remunerados por iguais vencimentos ou subsídios, em valor digno e compatível com sua importância para o Estado Democrático de Direito.

§ 5º Compete à Procuradoria Geral da Câmara de Vereadores a representação judicial e extrajudicial do Poder Legislativo nos atos praticados pelos seus representantes ou por sua administração interna.

Seção III
Da Defensoria Pública

Art. 123. A Defensoria Pública é instituição essencial à função jurisdicional do Estado, incumbindo-lhe a orientação jurídica e, em todos os graus, a defesa dos que comprovarem insuficiência de recursos.

§ 1º À Defensoria Pública é assegurada autonomia funcional e administrativa.

§ 2º Compete à Defensoria Pública, observados os prazos e os limites estabelecidos na lei de diretrizes orçamentárias, a elaboração de sua proposta orçamentária.

§ 3º No caso de a Defensoria Pública não encaminhar sua proposta orçamentária dentro do prazo a que se refere o § 2º o Poder Executivo considerará, para fins de consolidação da proposta orçamentária anual, os valores constantes na lei orçamentária vigente.

§ 4º Ocorrendo a hipótese prevista no § 3º ou desacordo entre a proposta orçamentária de que trata este artigo e os limites estipulados na lei de diretrizes orçamentárias, o Poder Executivo procederá aos ajustes necessários para fins de consolidação da proposta orçamentária anual.

§ 5º Lei complementar organizará a Defensoria Pública em cargos de carreiras, providos na classe inicial mediante concurso público de provas e títulos, assegurados aos seus integrantes a garantia da inamovibilidade e vedado o exercício da advocacia fora das atribuições institucionais.

§ 6º Os membros integrantes da Defensoria Pública serão julgados e processados perante o Tribunal de Justiça.

TÍTULO V
Da Defesa do Cidadão e da Sociedade

CAPÍTULO I
Da Segurança Pública

Art. 124. A segurança pública, dever do Estado, direito e responsabilidade de todos, consiste em garantir às pessoas o pleno e livre exercício dos direitos e garantias fundamentais, individuais, coletivos, sociais e políticos estabelecidos na Constituição Federal e nesta Constituição.

Parágrafo único. Fica assegurado, na forma da lei, o caráter democrático na formulação da política e no controle das ações de segurança pública do Estado, com a participação da sociedade civil.

Art. 125. Os Municípios poderão instituir guardas municipais destinadas à proteção dos seus bens, serviços e instalações, conforme dispuser a lei municipal.

Art. 126. São órgãos da administração pública encarregados especificamente da segurança pública e subordinados ao Governador do Estado e à Secretaria de Estado da Segurança Pública:

I. a Polícia Civil;
II. a Polícia Militar;
III. o Corpo de Bombeiros Militar.

Art. 127. Os órgãos estaduais de segurança pública, referidos no artigo anterior, serão regidos por legislação especial que definirá suas estruturas, competências, direitos, garantias, deveres e prerrogativas de seus integrantes, de modo a assegurar a eficácia de suas atividades e atuação harmônica, respeitada a legislação federal.

Art. 128. À Polícia Civil, essencial à defesa dos indivíduos, da sociedade e do patrimônio, dirigida por delegado de polícia de carreira, incumbem as funções de polícia judiciária, polícia técnico-científica e a apuração das infrações penais, exceto as militares.

§ 1º O delegado-chefe da Polícia Civil será nomeado pelo Governador do Estado e escolhido entre os integrantes da última classe da carreira de delegado de polícia.

§ 2º O exercício da função de autoridade de polícia judiciária e de apuração de infrações penais compete ao delegado de carreira.

§ 3º No desempenho da atividade de polícia judiciária, instrumental à propositura das ações penais, a Polícia Civil exerce atribuição essencial à função jurisdicional do Estado e à defesa da ordem jurídica.

§ 4º Os Delegados de Polícia integram as carreiras jurídicas do Estado, dispensando-lhes o mesmo tratamento legal e protocolar, motivo pelo qual se exige para o ingresso na carreira o bacharelado em Direito e assegura-se a participação da Ordem dos Advogados do Brasil em todas as fases do concurso público.

§ 5º O cargo de Delegado de Polícia tem o subsídio previsto em lei própria.

§ 6º O Delegado de Polícia é legítima autoridade policial, a quem é assegurada independência funcional pela livre convicção nos atos de polícia judiciária.

Art. 129. O exercício do cargo policial civil é privativo do servidor policial de carreira, recrutado exclusivamente por concurso público de provas ou de provas e títulos, submetido a curso de formação policial, em consonância com os princípios constitucionais e fundamentais da defesa da pessoa humana.

Art. 130. À Polícia Militar compete, com exclusividade, a polícia ostensiva e a preservação da ordem pública, e, ao Corpo de Bombeiros Militar, a coordenação e execução de ações de defesa civil, prevenção e combate a incêndios, perícias de incêndios e explosões em local de sinistros, busca e salvamento, elaboração de normas relativas à segurança das pessoas e de seus bens contra incêndios e pânico e outras previstas em lei.

§ 1º Nos termos da Constituição Federal, a Polícia Militar e o Corpo de Bombeiros Militar são forças auxiliares e reservas do Exército, subordinadas ao Governador do Estado, não podendo o soldo de seus postos e graduações ser inferior ao fixado pelo Exército para os postos e graduações correspondentes. **Vide ADIN 4944/2019.**

§ 2º São autoridades policiais militares na função exclusiva de polícia ostensiva e de preservação da ordem pública os oficiais da ativa da Polícia Militar e os Comandantes de frações constituídas.

§ 3º A Polícia Militar e o Corpo de Bombeiros Militar são instituições regulares e permanentes, organizadas com base na hierarquia e disciplina.

§ 4º O Comando Geral da Polícia Militar e do Corpo de Bombeiros Militar, serão nomeados pelo Governador do Estado, dentre oficiais superiores da ativa, do último posto de seus respectivos quadros.

Art. 131. A administração pública desenvolverá a pesquisa e a investigação científica aplicadas, a especialização e o aprimoramento dos órgãos estaduais de segurança pública e de seus integrantes, dentro dos limites de sua área de atuação.

CAPÍTULO II
Da Política Penitenciária Estadual

Art. 132. A política penitenciária estadual visa assegurar a promoção e valorização do indivíduo encarcerado, sua reintegração social, a garantia dos seus direitos e a defesa de sua integridade física, psíquica e mental no período de cumprimento da pena.
§ 1º Fica assegurada, na forma da lei, a participação popular, por meio de organizações representativas, na formulação da política penitenciária estadual.
§ 2º Para garantia do disposto no caput deste artigo, o Poder Público assegurará ao encarcerado:
I. celas condignas para o cumprimento da pena, em quaisquer dos regimes previstos na legislação federal;
II. assistência jurídica, médica, odontológica, farmacêutica e psicossocial;
III. aprendizado profissional e trabalho produtivo com remuneração justa;
IV. visita e convívio com os familiares, na forma da lei;
V. alimentação condigna e higiene;
VI. educação, desporto e lazer;
VII. cultura e respeito aos seus valores e manifestações étnico-culturais;
VIII. assistência religiosa, respeitada a opção de cada presidiário;
IX. respeito à individualidade, vedada a identificação pessoal por número.
§ 3º Serão asseguradas às mulheres presidiárias:
I. assistência pré-natal;
II. assistência psicossocial e creches para seus filhos;
III. condições para permanecer nos presídios com seus filhos durante o período de amamentação.
§ 4º Para garantia dos direitos do presidiário, todo estabelecimento penal ou prisão estarão sujeitos à jurisdição do magistrado competente.
§ 5º Todo estabelecimento penal ou prisão estarão sujeitos a fiscalização dos órgãos de entidades de defesa dos direitos humanos ou de assistência ao preso.
Art. 133. As penas serão cumpridas em estabelecimentos apropriados à natureza do delito, às condições físicas, psíquicas, ao sexo, às caraterísticas e aptidões do apenado.
Parágrafo único. O Estado instalará colônias penais, respeitadas as peculiaridades do local.
Art. 133-A. São asseguradas, nos termos da lei, aos municípios que abriguem penitenciárias, casas de detenção ou estabelecimentos penais congêneres, em funcionamento, medidas que visem mitigar e compensar os impactos sociais, ambientais, econômicos e financeiros decorrentes desse fato.
Art. 134. É assegurado ao sentenciado o direito de ser recolhido de imediato a estabelecimento penal adequado ao cumprimento da pena.

TÍTULO VI
Da Tributação e do Orçamento

CAPÍTULO I
Do Sistema Tributário Estadual

Seção I
Dos Princípios Gerais

Art. 135. O sistema tributário estadual será regulado pelo disposto na Constituição Federal e em suas leis complementares, por esta Constituição e pelas leis que vierem a ser adotadas.
Art. 136. O Estado e os Municípios poderão instituir os seguintes tributos:
I. impostos;
II. taxas, em razão do exercício do poder de polícia ou pela utilização, efetiva ou potencial, de serviços públicos de sua atribuição, específicos e divisíveis, prestados ao contribuinte ou postos à sua disposição;
III. contribuição de melhoria decorrente de obras públicas.
IV. § 1º Sempre que possível, os impostos terão caráter pessoal e serão graduados segundo a capacidade econômica do contribuinte, facultado à administração tributária, especialmente para conferir efetividade a esses objetivos, identificar, respeitados os direitos individuais e nos termos da lei, o patrimônio, os rendimentos e as atividades econômicas do contribuinte.
V. § 2º As taxas não poderão ter base de cálculo própria de impostos.

VI. § 3º O Estado pode delegar ou receber da União, de outros Estados ou de Municípios encargos de administração tributária.

Art. 137. O Estado e os Municípios instituirão, por meio de lei, contribuições para custeio de regime próprio de previdência social, cobradas dos servidores ativos, dos aposentados e dos pensionistas, que poderão ter alíquotas progressivas de acordo com o valor da base de contribuição ou dos proventos de aposentadoria e de pensões.

Parágrafo único. Quando houver déficit atuarial, a contribuição dos aposentados e pensionistas poderá incidir sobre o valor dos proventos de aposentadoria e de pensões que supere o salário-mínimo.

Seção II
Das Limitações do Poder de Tributar

Art. 138. Sem prejuízo de outras garantias asseguradas ao contribuinte, é vedado ao Estado e aos Municípios:

I. exigir ou aumentar tributo sem lei que o estabeleça;

II. instituir tratamento desigual entre contribuintes que se encontrem em situação equivalente, proibida qualquer distinção em razão de ocupação profissional ou função por eles exercida, independentemente da denominação jurídica dos rendimentos, títulos e direitos;

III. cobrar tributos:
a) em relação a fatos geradores ocorridos antes do início da vigência da lei que os houver instituído ou aumentado;
b) no mesmo exercício financeiro em que haja sido publicada a lei que os instituiu ou aumentou;

IV. utilizar tributo com efeito de confisco;

V. estabelecer limitações ao tráfego de pessoas ou bens por meio de tributos interestaduais ou intermunicipais ou quaisquer outros, ressalvada a cobrança de pedágios pela utilização de vias conservadas pelo Poder Público;

VI. instituir impostos sobre:
a) patrimônio, renda ou serviços uns dos outros e da União;
b) templos de qualquer culto;
c) patrimônio, renda ou serviços dos partidos políticos, inclusive suas fundações, das entidades sindicais dos trabalhadores, das instituições de educação e de assistência social, sem fins lucrativos, atendidos os requisitos da lei;
d) livros, jornais, periódicos e o papel destinado à sua impressão;

VII. cobrar taxas nos casos de:
a) petição em defesa de direitos ou contra ilegalidade ou abuso de poder;
b) obtenção de certidão especificamente para fins de defesa de direitos e esclarecimentos de situações de interesse pessoal.

§ 1º A vedação expressa no inciso VI, a, é extensiva às autarquias e às fundações instituídas e mantidas pelo Poder Público no que se refere ao patrimônio, à renda e aos serviços vinculados às suas finalidades essenciais ou às delas decorrentes.

§ 2º O disposto no inciso VI, a, e no parágrafo anterior não se aplica ao patrimônio, à renda e aos serviços relacionados com a exploração de atividades econômicas regidas pelas normas aplicáveis a empreendimentos privados, ou em que haja contraprestação ou pagamento de preços ou tarifa pelo usuário, nem exonera o promitente comprador da obrigação de pagar o imposto relativamente ao bem imóvel.

§ 3º As vedações expressas no inciso VI, b e c, compreendem somente o patrimônio, a renda e os serviços relacionados com as finalidades essenciais das entidades nelas mencionadas.

§ 4º A lei determinará medidas para que os consumidores sejam esclarecidos acerca dos impostos que incidam sobre mercadorias e serviços.

§ 5º Qualquer anistia ou remissão que envolva matéria tributária ou previdenciária só poderá ser concedida através de lei específica, estadual ou municipal.

Seção III
Dos Impostos do Estado

Art. 139. Compete ao Estado instituir:

I. impostos sobre:
a) transmissão *causa mortis* e doação de quaisquer bens ou direitos;
b) operações relativas à circulação de mercadorias e sobre prestação de serviços de transporte interestadual e intermunicipal e de comunicação, ainda que as operações e as prestações se iniciem no exterior;
c) propriedade de veículos automotores;

II. adicional de até cinco por cento do que for pago à União por pessoas físicas ou jurídicas domiciliadas no território do Estado, a título do imposto previsto no art. 153, III, da Constituição Federal, incidentes sobre lucros, ganhos e rendimentos de capital.

§ 1º Relativamente ao imposto de que trata o inciso I, a, competente é o Estado para exigir o tributo sobre os bens imóveis e respectivos direitos, quando situados em seu território, e sobre os bens móveis, títulos e créditos, quando neste Estado se processar o inventário ou arrolamento, ou tiver o doador o seu domicílio.

§ 2º Se o doador tiver domicílio ou residência no exterior, ou se aí o *de cujus* possuía bens, era residente ou domiciliado ou aí se processou seu inventário, a competência para instituir o tributo de que trata inciso I, a, será determinada em lei complementar federal.

§ 3º As alíquotas do imposto de que trata o inciso I, a, poderão ser progressivas e não excederão os limites estabelecidos pelo Senado Federal.

§ 4º O imposto de que trata o inciso I, b, atenderá ao seguinte:

I. será não cumulativo, compensando-se o que for devido em cada operação relativa à circulação de mercadorias ou prestação de serviços com o montante cobrado nas anteriores pelo Estado, por outro Estado ou pelo Distrito Federal;

II. a isenção ou não incidência, salvo determinação em contrário da legislação:

a) não implicará crédito para compensação com o montante devido nas operações ou prestações seguintes;

b) acarretará a anulação do crédito relativo às operações anteriores;

III. poderá ser seletivo, em função da essencialidade das mercadorias e dos serviços.

§ 5º Salvo deliberação em contrário dos Estados e do Distrito Federal, nos termos do disposto na Constituição Federal, as alíquotas internas nas operações relativas à circulação de mercadorias e nas prestações de serviços não poderão ser inferiores às previstas para as operações interestaduais.

§ 6º Em relação às operações e prestações que destinem bens e serviços a consumidor final localizado em outro Estado ou Distrito Federal, adotar-se-á:

I. a alíquota interestadual, quando o destinatário for contribuinte do imposto;

II. a alíquota interna, quando o destinatário não for contribuinte dele.

§ 7º O imposto de que trata o inciso I, b:

I. incidirá também:

a) sobre a entrada de bem ou mercadoria importados do exterior por pessoa física ou jurídica, ainda que não seja contribuinte habitual do imposto, qualquer que seja a sua finalidade, assim como sobre o serviço prestado no exterior, cabendo o imposto ao Estado onde estiver situado o domicílio ou o estabelecimento do destinatário da mercadoria, bem ou serviço;

b) sobre o valor total da operação, quando mercadorias forem fornecidas com serviços não compreendidos na competência tributária dos Municípios;

II. não incidirá:

a) sobre operações que destinem ao exterior produtos industrializados, excluídos os semi-elaborados definidos em lei complementar federal;

b) sobre operações que destinem a outros Estados petróleo, inclusive lubrificantes, combustíveis líquidos e gasosos dele derivados, e energia elétrica;

c) sobre o ouro, nas hipóteses definidas no art. 153, § 5º, da Constituição Federal;

III. não compreenderá, em sua base de cálculo, o montante do imposto sobre produtos industrializados, quando a operação, realizada entre contribuintes e relativa a produto destinado à industrialização ou à comercialização, configurar a hipótese de incidência dos dois impostos.

§ 8º À exceção do imposto de que trata o inciso I, b, nenhum outro tributo estadual incidirá sobre as operações relativas à energia elétrica, combustíveis líquidos e gasosos, lubrificantes e minerais.

§ 9º Quanto ao imposto de que trata o inciso I, b, observar-se-á a lei complementar federal no tocante a:

I. definição dos seus contribuintes;

II. substituição tributária;

III. compensação de imposto;

IV. fixação, para efeito de cobrança e definição do estabelecimento responsável, do local das operações relativas à circulação de mercadorias e das prestações de serviços;

V. exclusão da incidência de imposto, nas exportações para o exterior, de serviços e outros produtos além dos mencionados no § 7º, II, a;

VI. previsão de casos de manutenção de crédito relativamente à remessa para outro Estado e exportação para o exterior de serviços e de mercadorias;
VII. concessão e revogação de isenções, incentivos e benefícios fiscais;
VIII. definir os combustíveis e lubrificantes sobre os quais o imposto incidirá uma única vez, qualquer que seja a sua finalidade, hipótese em que não se aplicará o disposto no inciso II, b, do § 7º;
IX. fixar a base de cálculo, de modo que o montante do imposto a integre, também na importação do exterior de bem, mercadoria ou serviço.
§ 10. À exceção dos impostos de que tratam o inciso I, b, do caput deste artigo e o art. 153, I e II da Constituição Federal, nenhum outro imposto poderá incidir sobre operações relativas a energia elétrica, serviços de telecomunicações, derivados de petróleo, combustíveis e minerais do país.
§ 11. Na hipótese do § 9º, incisos VIII e IX, observar-se-á o seguinte:
I. nas operações com os lubrificantes e combustíveis derivados de petróleo, o imposto caberá ao Estado onde ocorrer o consumo;
II. nas operações interestaduais, entre contribuintes, com gás natural e seus derivados, e lubrificantes e combustíveis não incluídos no inciso I deste parágrafo, o imposto será repartido entre os Estados de origem e de destino, mantendo-se a mesma proporcionalidade que ocorre nas operações com as demais mercadorias;
III. nas operações interestaduais com gás natural e seus derivados, e lubrificantes e combustíveis não incluídos no inciso I deste parágrafo, destinadas a não contribuinte, o imposto caberá ao Estado de origem;
IV. as alíquotas do imposto serão definidas mediante deliberação através de lei estadual, nos termos do § 9º, VIII, observando-se o seguinte:
a) será uniforme, podendo ser diferenciadas por produto;
b) poderão ser específicas, por unidade de medida adotada, ou *ad valorem*, incidindo sobre o valor da operação ou sobre o preço que o produto ou seu similar alcançaria em uma venda em condições de livre concorrência;
c) poderão ser reduzidas e restabelecidas, não se lhes aplicando o disposto no art.138, III, b.
§ 12º As regras necessárias à aplicação do disposto no § 11, inclusive as relativas à apuração e à destinação do imposto, serão estabelecidas mediante deliberação dos Estados e do Distrito Federal.

Seção IV
Dos Impostos dos Municípios

Art. 140. Compete aos Municípios instituir impostos sobre:
I. propriedade predial e territorial urbana;
II. transmissão *inter vivos*, a qualquer título, por ato oneroso, de bens imóveis, por natureza ou acessão física, e de direitos reais sobre imóveis, exceto os de garantia, bem como cessão de direitos à sua aquisição;
III. vendas a varejo de combustíveis líquidos e gasosos, exceto óleo diesel;
IV. serviços de qualquer natureza não-compreendidos no art. 155, I,b, da Constituição Federal, definidos em lei complementar federal.
§ 1º O imposto de que trata o inciso I poderá ser progressivo, nos termos da lei municipal, de forma a assegurar o cumprimento da função social da propriedade.
§ 2º O imposto de que trata o inciso II compete ao Município da situação do bem e não incide sobre a transmissão de bens ou direitos incorporados ao patrimônio de pessoas jurídicas em realização de capital, nem sobre a transmissão de bens ou direitos decorrentes de fusão, incorporação, cisão ou extinção de pessoa jurídica, salvo se, nesses casos, a atividade preponderante do adquirente for o comércio desses bens ou direitos, locação de bens imóveis ou arrendamento mercantil.
§ 3º A competência municipal para instituir e cobrar o imposto mencionado no inciso III não exclui a do Estado para instituir e cobrar, sobre a mesma operação, o imposto de que trata o art. 139, I, b.
§ 4º Aos Municípios caberá, na forma da lei complementar federal:
I. fixar as alíquotas máximas dos impostos de que tratam os incisos III e IV;
II. excluir da incidência do imposto previsto no inciso IV as exportações de serviço para o exterior.

Seção V
Da RepArtição das Receitas Tributárias

Art. 141. Pertencem ao Estado:
I. o produto da arrecadação do imposto da União sobre renda e proventos de qualquer natureza, incidente na fonte, sobre rendimentos pagos, a qualquer

título, por ele, suas autarquias e pelas fundações que instituir e mantiver;

II. vinte por cento do produto da arrecadação do imposto que a União instituir no exercício da competência que lhe é atribuída pelo art. 154, I, da Constituição Federal;

III. sua cota no Fundo de Participação dos Estados, bem como a parcela que lhe couber no produto da arrecadação do imposto sobre produtos industrializados, nos termos do art. 159, I, a, e II, da Constituição Federal;

IV. trinta por cento da arrecadação, no Estado, do imposto a que refere o art. 153, § 5°, I, da Constituição Federal.

Art. 142. Pertencem aos Municípios:

I. o produto da arrecadação do imposto da União sobre a renda e proventos de qualquer natureza, incidente na fonte, sobre rendimentos pagos, a qualquer título, por eles, suas autarquias e pelas fundações que instituírem e mantiverem;

II. cinquenta por cento do produto da arrecadação do imposto da União sobre a propriedade territorial rural, relativamente aos imóveis neles situados;

III. cinquenta por cento do produto da arrecadação do imposto estadual sobre a propriedade de veículos automotores licenciados em seus territórios;

IV. vinte e cinco por cento do produto da arrecadação do imposto estadual sobre as operações relativas à circulação de mercadorias e sobre prestações de serviços de transporte interestadual e intermunicipal e de comunicação;

V. a respectiva cota do Fundo de Participação dos Municípios prevista no art. 159, I, **b**, da Constituição Federal;

VI. setenta por cento da arrecadação, conforme a origem, do imposto a que se refere o art. 153, § 5°, II, da Constituição Federal;

VII. vinte e cinco por cento dos recursos recebidos pelo Estado, nos termos do art. 159, § 3°, da Constituição Federal.

Parágrafo único. As parcelas de receitas pertencentes aos municípios, mencionadas no inciso IV, serão creditadas conforme os seguintes critérios:

I. três quartos, no mínimo, na proporção do valor adicionado nas operações relativas à circulação de mercadorias e nas prestações de serviço realizadas em seus territórios;

II. até um quarto, de acordo com o que dispuser a lei estadual.

Art. 143. O Estado e os Municípios divulgarão e publicarão, até o último dia do mês subsequente ao da arrecadação, o montante de cada um dos tributos arrecadados, bem como os recursos recebidos.

§ 1° Cabe ao Estado a publicação e divulgação dos valores de origem tributária entregues e a entregar e a expressão numérica dos critérios de rateio.

§ 2° Os dados divulgados serão publicados, discriminadamente, por Município.

Art. 144. A definição do valor adicionado, para os efeitos do art. 142, parágrafo único, I, obedecerá aos critérios fixados em lei complementar federal.

Art. 145. *(Revogado pela E.C. n° 103, de 22.12.2015).*

Art. 146. É vedada ao Estado a retenção ou qualquer restrição à entrega dos tributos ou de outros recursos devidos ou destinados ao Município, neles compreendidos adicionais e acréscimos relativos a impostos, importando crime de responsabilidade a sua retenção por prazo superior a quinze dias do seu real recebimento no caixa do Estado.

Parágrafo único. (Revogado pela EC n.° 39/02).

§ 1° *(Revogado pela EC n.° 43/03).*

§ 2° *(Revogado pela EC n.° 43/03).*

§ 3° A Lei poderá condicionar a entrega de recursos ao pagamento de seus créditos, nos termos do Parágrafo único do art. 160 da Constituição Federal.

CAPÍTULO II
Das Finanças Públicas

Seção I
Normas Gerais

Art. 147. No Estado, as finanças públicas respeitarão a legislação complementar federal e as leis que vierem a ser adotadas.

Art. 148. As disponibilidades de caixa do Estado, bem como dos órgãos ou entidades do Poder Público e das empresas por ele controladas, serão depositadas em instituições financeiras oficiais, ressalvados os casos previstos em lei.

Seção II
Dos Orçamentos

Art. 149. O orçamento público, expressão físico-financeira do planejamento governamental, será entendido não só como um documento formal de decisões sobre a alocação de recursos, mas sobretudo como um instrumento que expressa, anualmente, o conjunto de ações visando alcançar, setorial e espacialmente, maiores níveis de eficiência e eficácia da ação do governo.

Art. 150. Leis de iniciativa do Poder Executivo estabelecerão:
I. o plano plurianual;
II. as diretrizes orçamentárias;
III. os orçamentos anuais.

§ 1º A lei que instituir o plano plurianual estabelecerá, de forma regionalizada, as diretrizes, objetivos e metas da administração pública estadual, direta e indireta, para as despesas de capital e outras delas decorrentes e para as relativas aos programas de duração continuada.

§ 2º A lei de diretrizes orçamentárias compreenderá as metas e prioridades da administração pública estadual, incluindo as despesas de capital para o exercício financeiro subsequente; orientará a elaboração da lei orçamentária anual; disporá sobre as alterações na legislação tributária e estabelecerá a política de aplicação das agências financeiras oficiais de fomento.

§ 3º Os Poderes Executivos Estadual e Municipal publicarão, até trinta dias após o encerramento de cada bimestre, relatório resumido da execução orçamentária, apresentado em valores mensais para todas as suas receitas e despesas.

§ 4º Os planos e programas estaduais, regionais e setoriais, previstos nesta Constituição, serão elaborados em consonância com o plano plurianual e apreciados pela Assembleia Legislativa.

§ 5º A lei orçamentária anual compreenderá:
I. o orçamento fiscal referente aos Poderes do Estado, seus fundos, órgãos e entidades da administração direta e indireta, inclusive fundações instituídas e mantidas pelo Poder Público;
II. o orçamento de investimento das empresas em que o Estado, direta ou indiretamente, detenha a maioria do capital social com direito a voto;
III. o orçamento da seguridade social, abrangendo todas as entidades e órgãos a ela vinculados, da administração direta e indireta, bem como os fundos e fundações instituídos e mantidos pelo Poder Público.

§ 6º O projeto de lei orçamentária será acompanhado de demonstrativo regionalizado do efeito sobre as receitas e despesas decorrentes de isenções, anistias, remissões, subsídios e benefícios de natureza financeira, tributária e creditícia.

§ 7º Os orçamentos previstos no § 5º, I e II, compatibilizados com o plano plurianual, terão, entre suas funções, a de reduzir as desigualdades regionais segundo critério estabelecido em lei.

§ 8º A lei orçamentária anual não conterá dispositivo estranho à previsão da receita e à fixação da despesa, não se incluindo na proibição a autorização para abertura de créditos suplementares e contratação de operações de crédito, ainda que por antecipação de receita, nos termos da lei.

§ 9º Lei complementar estadual disporá sobre o exercício financeiro, a vigência, os prazos, a elaboração e a organização do plano plurianual, das diretrizes orçamentárias e dos orçamentos anuais e estabelecerá normas de gestão financeira e patrimonial da administração direta e indireta, bem como condições para a instituição e funcionamento de fundos, respeitados os princípios e normas estabelecidos na lei complementar federal a que se refere o art. 165, § 9º, da Constituição Federal.

Art. 151. Os projetos de lei relativos ao plano plurianual, às diretrizes orçamentárias, ao orçamento anual e aos créditos adicionais serão apreciados pela Assembleia Legislativa, cabendo à sua comissão específica de caráter permanente:
I. examinar e emitir parecer sobre os projetos referidos neste artigo e sobre as contas apresentadas anualmente pelo Governo Estado;
II. examinar e emitir parecer sobre os planos e programas estaduais, regionais e setoriais e exercer o acompanhamento e a fiscalização orçamentária, sem prejuízo da atuação das demais comissões existentes na Assembleia Legislativa.

§ 1º As emendas serão apresentadas na comissão que sobre elas emitirá parecer, e apreciadas, na forma regimental, pelo plenário da Assembleia Legislativa.

§ 2º As emendas ao projeto de lei do orçamento anual ou aos projetos que o modifiquem somente podem ser aprovadas caso:
I. sejam compatíveis com o plano plurianual e com a lei de diretrizes orçamentárias;
II. indiquem os recursos necessários, admitidos apenas os provenientes de anulação de despesas, excluídas as que incidam sobre:
a) dotações para pessoal e seus encargos;
b) serviço da dívida;

c) transferências tributárias constitucionais para Municípios; ou

III. sejam relacionadas:
com correção de erros ou omissões; ou
com os dispositivos do texto do projeto de lei.

§ 3º As emendas ao projeto de lei de diretrizes orçamentárias não poderão ser aprovadas quando incompatíveis com o plano plurianual.

§ 4º O Governador do Estado poderá enviar mensagem à Assembleia Legislativa para propor modificações nos projetos a que se refere este artigo, enquanto não iniciada a votação, na comissão específica, da parte cuja alteração é proposta.

§ 5º Os projetos de lei do plano plurianual, das diretrizes orçamentárias e do orçamento anual serão enviados pelo Governador do Estado à Assembleia Legislativa, nos termos da lei complementar.

§ 6º Aplicam-se aos projetos mencionados neste artigo, no que não contrariar o disposto nesta seção, as demais normas relativas ao processo legislativo.

§ 7º Os recursos que, em decorrência de veto, emenda ou rejeição do projeto de lei orçamentária anual, ficarem sem despesas correspondentes poderão ser utilizados, conforme o caso, mediante crédito especiais ou suplementares, com prévia e específica autorização legislativa.

Art. 152. São vedados:

I. o início de programas ou projetos não-incluídos na lei orçamentária anual;

II. a realização de despesas ou a assunção de obrigações diretas que excedam os créditos orçamentários ou adicionais;

III. a realização de operações de crédito que excedam o montante das despesas de capital, ressalvadas as autorizadas mediante créditos suplementares ou especiais com finalidade precisa, aprovados pelo Poder Legislativo, por maioria absoluta;

IV. a vinculação de receita de impostos a órgão, fundo ou despesa, ressalvadas a repartição do produto da arrecadação dos impostos a que se referem os artigos 141, III e 142, I a V e VII, a parcela destinada ao fomento de projetos de desenvolvimento científico e tecnológico, prevista no artigo 197, § 2º, a destinação de recursos para manutenção e desenvolvimento do ensino e para realização de atividades da administração tributária, como determinado, respectivamente, pelos artigos 178 e 32, XXVI e a prestação de garantia às operações de crédito por antecipação da receita prevista no artigo 150, § 8º;

V. a abertura de crédito suplementar ou especial, sem prévia autorização legislativa e sem indicação dos recursos correspondentes;

VI. a transposição, o remanejamento ou a transferência de recursos de uma categoria de programação para outra ou de um órgão para outro, sem prévia autorização legislativa;

VII. a concessão ou utilização de créditos ilimitados;

VIII. a utilização, sem autorização legislativa específica, de recursos dos orçamentos fiscal e da seguridade social para suprir necessidade ou cobrir déficit de empresas, fundações e fundos, inclusive dos mencionados no art. 150, § 5º;

IX. a instituição de fundos de qualquer natureza sem prévia autorização legislativa;

X. a transferência voluntária de recursos e a concessão de empréstimos, inclusive por antecipação de receita, pelo Governo Estadual e suas instituições financeiras, para pagamento de despesas com pessoal ativo, inativo e pensionista, do Estado e dos Municípios.

§ 1º Nenhum investimento cuja execução ultrapasse um exercício financeiro poderá ser iniciado sem prévia inclusão no plano plurianual, ou sem lei que autorize a inclusão, sob pena de crime de responsabilidade.

§ 2º Os créditos especiais e extraordinários terão vigência no exercício financeiro em que forem autorizados, salvo se o ato de autorização for promulgado nos últimos quatro meses daquele exercício, caso em que, reabertos nos limites de seus saldos, serão incorporados ao orçamento do exercício financeiro subsequente.

§ 3º A abertura de crédito extraordinário somente será admitida para atender a despesas imprevisíveis e urgentes, como as decorrentes de comoção interna ou calamidade pública.

§ 4º A destinação de recursos para a realização de atividades da administração tributária, prevista no inciso IV deste artigo e no artigo 32, XXVI, deverá ser disciplinada em lei a ser encaminhada pelo Governador do Estado à Assembleia Legislativa no prazo de 90 (noventa) dias, a contar da promulgação desta Emenda Constitucional.

XI. na forma estabelecida na lei complementar de que trata o § 22 do art. 40 da Constituição Federal, a utilização de recursos de regime próprio de previdência social, incluídos os valores integrantes dos

X. desenvolver e apoiar programas de incentivo à doação de órgãos humanos para transplante;
XI. desenvolver programa estadual de saúde objetivando garantir a saúde e a vida dos trabalhadores, através da adoção de medidas que visem à eliminação de riscos de acidentes, doenças profissionais e do trabalho e que ordenem o processo produtivo;
XII. oferecer serviço de prevenção para a saúde e para a cárie dentária à clientela escolar do ensino fundamental da rede estadual de ensino;
XIII. dar assistência, proteção e tratamento adequados ao doente mental em nível ambulatorial e hospitalar, garantindo recursos materiais e humanos.
Art. 165. A assistência farmacêutica, privativa de profissional habilitado de nível superior, integra o sistema único de saúde ao qual cabe garantir o acesso de toda a população aos medicamentos básicos, bem como controlar e fiscalizar o funcionamento de postos de manipulação, doação e venda de medicamentos, drogas e insumos farmacêuticos destinados ao uso humano.
Parágrafo único. O Sistema Único de Saúde deverá implantar procedimentos de farmacovigilância que permitam o uso racional de medicamento e a verificação dos efeitos causados à população.
Art. 166. É da competência do Estado providenciar, dentro de rigorosos padrões técnicos, a inspeção e a fiscalização dos serviços de saúde públicos e privados, principalmente aqueles possuidores de instalações que utilizem substâncias ionizantes, visando assegurar a proteção ao trabalhador no exercício de suas atividades e aos usuários desses serviços.

Seção III
Da Assistência Social

Art. 167. À assistência social será prestada a quem dela necessitar, independentemente do pagamento de qualquer contribuição, e tem por objetivos:
I. a proteção à família, à maternidade, à infância, à adolescência e à velhice;
II. o amparo à criança e ao adolescente carente, inclusive com o oferecimento de creches, mediante ação integrada das áreas de saúde, educação e assistência social;
III. a promoção da integração ao mercado de trabalho, inclusive do adolescente carente e da pessoa com deficiência;
IV. a habilitação e a reabilitação da pessoa com deficiência;
V. a promoção da integração à vida comunitária da criança e do adolescente carente, do idoso e da pessoa com deficiência.
Parágrafo único. As ações governamentais, na área da assistência social, serão realizadas com recursos do orçamento da seguridade social, previstos no art. 150, § 5°, III, além de outras fontes, e organizadas com base nas seguintes diretrizes:
I. descentralização político-administrativa, cabendo a coordenação e normas gerais à União, a coordenação e execução dos respectivos programas ao Estado e aos Municípios, na esfera de sua competência, bem como a entidades beneficentes e de assistência social;
II. participação da população, por meio de organizações representativas, na formulação da política e no controle das ações em todos os níveis;
III. acompanhamento, por profissional técnico da área de serviço social, da execução dos programas e ações sociais.

CAPÍTULO III
Da Educação; da Cultura; do Desporto e Lazer; do Meio Ambiente; e da Ciência e da Tecnologia

Seção I
Da Educação

Art. 168. A educação, direito de todos e dever do Estado e da família, será promovida e incentivada com a colaboração da sociedade, visando ao pleno desenvolvimento da pessoa, sua capacidade de elaboração e reflexão crítica da realidade, seu preparo para o exercício da cidadania e sua qualificação para o trabalho, respeitadas as diferenças culturais da sociedade.
Art. 169. A educação básica é obrigatória e gratuita dos 04 (quatro) ao s 17 (dezessete) anos de idade, assegurada inclusive sua oferta gratuita para todos os que a ela não tiveram acesso na idade própria.
Parágrafo único. O acesso ao ensino obrigatório e gratuito é direito público subjetivo e o seu não-oferecimento, ou a sua oferta irregular, importa responsabilidade da autoridade competente.
Art. 170. O ensino será ministrado com obediência aos princípios estabelecidos no art. 206 da Constituição Federal e aos seguintes:

I. flexibilidade da organização e do funcionamento do ensino para atendimento às peculiaridades locais;
II. valorização dos profissionais do magistério, garantido o aperfeiçoamento periódico e sistemático;
III. respeito às condições peculiares e inerentes ao educando trabalhador com oferta de ensino regular noturno à pessoa com deficiência e ao superdotado;
IV. valorização dos profissionais do ensino, garantidos, na forma da lei, planos de carreira para o magistério público, com piso salarial profissional e ingresso exclusivamente por concurso público de provas e títulos;
V. remuneração dos profissionais do magistério público, fixada de acordo com a maior habilitação adquirida, independentemente do grau de ensino em que atue;
VI. efetiva participação, em todos os níveis, dos profissionais de magistério, dos alunos, dos pais ou responsáveis, na gestão administrativo-pedagógica da escola;
VII. liberdade e autonomia para organização estudantil;
VIII. instituição de órgão colegiado nas unidades de ensino em todos os níveis, como instância máxima das suas decisões e com o objetivo de fiscalizar e avaliar o planejamento e a execução da ação educacional nos estabelecimentos de ensino.

Art. 171. Constitui obrigação dos Poderes Públicos:
I. a garantia de educação especial, até a idade de dezoito anos em classes especiais, para a pessoa com deficiência que efetivamente não possa acompanhar as classes regulares;
II. a garantia de unidades escolares equipadas e aparelhadas para a integração do aluno portador de deficiência, na rede regular de ensino;
III. a criação de programas de educação especial, em unidades hospitalares congêneres de internação, de educando doente ou de pessoa com deficiência, por prazo igual ou superior a um ano;
IV. a manutenção e conservação dos estabelecimentos públicos de ensino.
Parágrafo único. O Estado aplicará na educação especial destinada à pessoa com deficiência percentual dos recursos disponíveis para a educação." (NR)

Art. 172. O ensino fundamental, público e gratuito, é obrigação do Estado e direito de toda criança, prioritariamente, a partir de sete anos de idade.
§ 1º Compete ao Estado e aos Municípios promover o recenseamento escolar e desenvolver, no âmbito da escola, da família e da comunidade, instrumentos para garantir a frequência, a efetiva permanência do educando na escola e o acompanhamento do seu aprendizado.
§ 2º O ensino fundamental será ministrado em língua portuguesa, assegurada às comunidades indígenas, também, a utilização de suas línguas maternas e processos próprios de aprendizagem.
§ 3º Além dos conteúdos mínimos fixados a nível nacional para o ensino obrigatório, os sistemas de educação estadual e municipal poderão acrescentar outros compatíveis com suas peculiaridades.

Art. 173. Os Municípios atuarão, prioritariamente, no ensino fundamental e pré-escolar.

Art. 174. O Estado e os Municípios garantirão atendimento ao educando no ensino fundamental, inclusive nas creches e pré-escolas, através de programas suplementares de material didático-escolar, transporte, alimentação e assistência à saúde.
§ 1º Os programas suplementares de alimentação e assistência à saúde serão financiados com recursos provenientes de contribuições sociais e outros recursos financeiros.
§ 2º O programa suplementar de transporte será estendido aos profissionais do magistério da rede pública de ensino, na forma da lei.
§ 3º O programa suplementar de transporte do Município atenderá exclusivamente aos educandos no ensino fundamental, nas creches e nas pré-escolas, e, de forma excepcional, no ensino médio e superior.
§ 4º O Estado incumbir-se-á de assumir o transporte escolar integral dos estudantes matriculados no ensino médio, no ensino técnico e no ensino superior, matriculados nas redes públicas estadual e federal e para os estudantes que sejam contratados com o Fundo de Financiamento Estudantil – FIES, bem como os bolsistas beneficiados por programas estaduais e federais, na forma da lei de iniciativa do Poder Executivo Estadual, exclusivamente para os deslocamentos residência/faculdade/residência nos horários e linhas específicas para esses deslocamentos.
§ 5º Os beneficiados pela gratuidade estabelecida no § 4º deverão comprovar insuficiência de renda familiar, na forma da lei de iniciativa do Poder Executivo Estadual.

Art. 175. O ensino religioso interconfessional, de matrícula facultativa, constituirá disciplina dos horários normais das escolas públicas de ensino fundamental e médio e será ministrado por professor qualificado em formação religiosa, na forma da lei.

Art. 176. O ensino médio é obrigação do Estado e visa assegurar formação humanística, científica e tecnológica voltada para o desenvolvimento de uma consciência crítica, sendo obrigatório, público e gratuito.

Parágrafo único. Parágrafo único. O Poder Público oferecerá ensino médio profissionalizante e, facultativamente, ensino superior, respeitadas as necessidades e peculiaridades locais e regionais.

Art. 177. *(Revogado pela EC n.º 19/99).*

Art. 178. O Estado e os Municípios aplicarão, anualmente, no mínimo, vinte e cinco por cento da receita resultante de impostos, compreendida a proveniente de transferência, na manutenção e desenvolvimento do ensino, na forma do disposto no art. 212 da Constituição Federal.

§ 1º O ensino fundamental público terá como fonte adicional de financiamento a contribuição social do salário-educação, na forma do disposto no art. 212, § 5º, da Constituição Federal.

§ 2º Os recursos públicos serão destinados às escolas públicas, podendo ser dirigidos a escolas comunitárias, confessionais ou filantrópicas, definidas em lei, que:

I. assegurem a efetiva participação da comunidade de referência na gestão da escola;

II. apliquem na manutenção e desenvolvimento do ensino ou em programas suplementares a ele vinculados seus excedentes financeiros e os recursos públicos a ela destinados, vedada a transferência dessas parcelas a entidades mantenedoras ou a terceiros;

III. comprovem finalidade não lucrativa;

IV. sejam reconhecidas de utilidade pública educacional pelo Poder Público Estadual, segundo normas por ele fixadas;

V. assegurem a destinação de seu patrimônio a outra escola comunitária, filantrópica ou confessional, ou ao Poder Público, no caso de encerramento de suas atividades.

§ 3º Os recursos de que trata o parágrafo anterior poderão ser destinados a bolsas de estudo para o ensino fundamental e médio, na forma da lei, para os que demonstrarem insuficiência de recursos, quando houver falta de vagas e cursos regulares da rede pública na localidade da residência do educando, ficando o Poder Público obrigado a investir prioritariamente na expansão de sua rede na localidade.

§ 4º É vedada a utilização gratuita de bens públicos por entidades privadas de ensino.

§ 5º O ensino é livre para a iniciativa privada, atendidas, simultaneamente, as seguintes condições:

I. cumprimento das normas gerais da educação nacional e das suplementares estaduais;

II. autorização para funcionamento e avaliação permanente de qualidade do ensino, dos conteúdos programáticos e de instalações e equipamentos adequados, pelo Poder Público competente;

III. liberdade de organização estudantil autônoma.

§ 6º O Poder Público Estadual suspenderá a autorização de funcionamento das instituições que não cumprirem as normas e princípios de organização do ensino.

Art. 179. A lei estabelecerá o plano estadual de educação, de duração plurianual, compatibilizado com os diagnósticos e necessidades apontadas nos planos municipais de educação, respeitadas as diretrizes e normas gerais estabelecidas pelo plano nacional de educação.

Parágrafo único. Fica assegurada, na elaboração do plano estadual de educação, a participação da comunidade científica e docente, de estudantes, pais de alunos e servidores técnico-administrativos da rede escolar.

Art. 180. Será garantido o caráter democrático na formulação da política do órgão colegiado responsável pela avaliação e encaminhamento de questões fundamentais da educação estadual e pela autorização e fiscalização do funcionamento das unidades escolares que ministram o pré-escolar e os ensinos fundamental e médio, com a representação paritária entre a administração pública, a comunidade científica e entidades da sociedade civil representativas de alunos, pais de alunos, sindicatos e associações de profissionais do ensino público e privado, na forma da lei;

Parágrafo único. Os Municípios instituirão, na forma da lei, órgão colegiado para a formulação e o planejamento da política de educação.

Seção II
Da Cultura

Art. 181. O Poder Público garantirá a todos o pleno exercício dos direitos à cultura através:

I. da garantia de liberdade de criação, expressão e produção intelectual e artística e do acesso a todas as fontes e formas de expressão cultural;
II. do incentivo à formação cultural e ao desenvolvimento da criatividade;
III. da proteção das expressões culturais populares, indígenas, afro-brasileiras e das outras etnias ou grupos participantes do processo cultural;
IV. do acesso e da preservação da memória cultural e documental.
§ 1º Os espaços públicos para a promoção e difusão artístico-culturais não poderão ser extintos, salvo por deliberação da comunidade, na forma da lei e, em caso de destruição por sinistro ou acidente da natureza, deverão ser reconstruídos conforme a sua forma original.
§ 2º Os danos e as ameaças ao patrimônio cultural serão punidos na forma da lei.
§ 3º A lei estabelecerá incentivos fiscais e financeiros para a preservação, conservação e produção cultural e artística, bem como para o conhecimento dos bens e valores culturais e documentais.
Art. 182. Constituem patrimônio cultural do Estado do Espírito Santo os bens de natureza material e imaterial, tomados individualmente ou em conjunto, portadores de referência à identidade, à ação, à memória dos diferentes grupos formadores da sociedade capixaba, nos quais se incluem:
I. as formas de expressão;
II. os modos de criar, fazer e viver;
III. as criações científicas, artísticas e tecnológicas;
IV. as obras, objetos, documentos, edificações e demais espaços destinados às manifestações artístico-culturais;
V. os conjuntos urbanos e sítios de valor histórico, paisagístico, artístico, arqueológico, paleontológico, ecológico e científico.
§ 1º Os bens culturais sob proteção do Estado somente poderão ser alterados ou suprimidos através de lei, vedada qualquer utilização que comprometa a integridade dos atributos que justifiquem sua proteção.
§ 2º Os conjuntos e sítios de valor arqueológicos e paleontológicos, bem como outros bens considerados como pertencentes à União, só poderão ser declarados como patrimônio histórico, artístico, cultural, paisagístico ou científico do Estado do Espírito Santo, mediante prévia anuência do órgão federal responsável pela titularidade do bem." (NR)

I. a Língua Pomerana;
II. a Língua Alemã.
Art. 183. É dever do Estado, com a participação da sociedade civil, promover e proteger o seu patrimônio cultural através de inventário, registro, vigilância, tombamento, desapropriação e outras formas possíveis de acautelamento, sendo de competência exclusiva do Governador do Estado os atos de tombamento e desapropriação de bens móveis e imóveis.
Art. 184. Será assegurada, na forma da lei, a participação de entidades da sociedade civil na formulação da política estadual de cultura.

Seção III
Do Desporto e do Lazer

Art. 185. O Poder Público fomentará práticas desportivas formais e não-formais, como direito de cada um, observados os princípios estabelecidos na Constituição Federal.
§ 1º O Poder Público incentivará o esporte amador para a pessoa com deficiência.
§ 2º O Poder Público incentivará o lazer como forma de promoção social e assegurará a utilização criativa do tempo de descanso, mediante oferta de espaços públicos para fins de recreação e execução de programas culturais e de projetos turísticos intermunicipais.
§ 3º Fica assegurada a participação democrática na formulação e acompanhamento da política estadual do desporto e lazer.

Seção IV
Do Meio Ambiente

Art. 186. Todos têm direito ao meio ambiente ecologicamente saudável e equilibrado, impondo-se-lhes e, em especial, ao Estado e aos Municípios, o dever de zelar por sua preservação, conservação e recuperação em benefício das gerações atuais e futuras.
Parágrafo único. Para assegurar a efetividade desse direito, além do disposto na Constituição Federal, incumbe ao Poder Público competente:
I. proteger bens de valor histórico, artístico e cultural, os monumentos, as paisagens naturais notáveis e os sítios arqueológicos, espeleológicos e paleontológicos;
II. definir espaços territoriais e seus componentes a serem especialmente protegidos, permitidas suas alterações e supressões somente através de lei,

vedada qualquer utilização que comprometa a integridade dos atributos que justifiquem sua proteção;

III. proteger a flora e a fauna, assegurando a diversidade das espécies, principalmente as ameaçadas de extinção, fiscalizando a extração, captura, produção e consumo de seus espécimes e subprodutos, vedadas as práticas que submetam os animais a crueldade;

IV. estimular e promover o reflorestamento com espécies nativas em áreas degradadas, objetivando, especialmente, a proteção de encostas e de recursos hídricos, bem como a manutenção de índices mínimos de cobertura vegetal;

V. promover o zoneamento ambiental do território, estabelecendo, para a utilização dos solos, normas que evitem o assoreamento, a erosão e a redução de fertilidade, estimulando o manejo integrado e a difusão de técnicas de controle biológico;

VI. garantir o monitoramento ambiental com a finalidade de acompanhar a situação real e as tendências de alteração dos recursos naturais e da qualidade ambiental;

VII. garantir a todos amplo acesso às informações sobre as fontes e causas da poluição e da degradação ambiental;

VIII. promover medidas judiciais e administrativas de responsabilidade dos causadores de poluição ou de degradação ambiental;

IX. estimular o desenvolvimento científico e tecnológico, a implantação de tecnologias de controle e recuperação ambiental visando ao uso adequado do meio ambiente;

X. assegurar a participação da sociedade civil nos processos de planejamento e na decisão e implementação da política ambiental;

XI. promover a educação ambiental em todos os níveis de ensino.

XII. fiscalizar e normatizar a produção, o armazenamento, o transporte, o uso e o destino final de produtos, embalagens e substâncias potencialmente perigosas à saúde e aos recursos naturais;

XIII. preservar a diversidade e a integridade do patrimônio genético contido em seu território, inclusive mantendo e ampliando bancos de germoplasma, dedicados à pesquisa e preservação de material genético.

Art. 187. Para a localização, instalação, operação e ampliação de obra ou atividade potencialmente causadora de significativa degradação do meio ambiente, será exigido estudo de impacto ambiental, na forma da lei, que assegurará a participação da comunidade em todas as fases de sua discussão.

§ 1º Do estudo de impacto ambiental será gerado o relatório de impacto ambiental, ao qual se dará publicidade.

§ 2º Do estudo de impacto ambiental relativo a projetos de grande porte constará obrigatoriamente:

I. a relação, quantificação e especificação de equipamentos sociais e comunitários e de infraestrutura básica para o atendimento das necessidades da população, decorrentes da operação ou expansão do projeto;

II. a fonte de recursos necessários à construção e à manutenção dos equipamentos sociais e comunitários e à infraestrutura.

§ 3º A análise do estudo de impacto ambiental relativa a projeto s de grande porte será realizada pelo órgão público competente.

§ 4º Na implantação e na operação de atividades efetiva ou potencialmente poluidoras é obrigatória a adoção de sistemas que garantam a proteção do meio ambiente

§ 5º Fica assegurado aos cidadãos, na forma da lei, o direito de pleitear referendo popular para decidir sobre a instalação e operação de obras ou atividades de grande porte e de elevado potencial poluidor, mediante requerimento ao órgão competente, subscrito por, no mínimo, cinco por cento do eleitorado do Município atingido.

§ 6º Para o licenciamento de atividades que utilizem produtos florestais como combustível ou matéria-prima, é obrigatória a comprovação de disponibilidade de suprimento desses produtos, de maneira a não comprometer os remanescentes de floresta nativa do Estado.

Art. 188. A autorização para a utilização dos recursos naturais não-renováveis será concedida por prazo determinado, prorrogável mediante decisão fundamentada, ouvido o órgão técnico responsável e condicionada a novo relatório de impacto ambiental.

§ 1º Aquele que explorar recursos minerais fica obrigado a recuperar o meio ambiente degradado, de acordo com solução técnica exigida pelo órgão público competente, na forma da lei.

§ 2º O órgão ambiental competente somente poderá autorizar a atividade mineradora nos espaços territoriais previstos no art. 186, parágrafo único, II, em caso de utilidade pública e se a atividade for compatível com os objetivos de criação da unidade respectiva.

Art. 189. Os proprietários rurais ficam obrigados a preservar ou a recuperar com espécies florestais nativas um por cento ao ano de sua propriedade, até que atinja o limite mínimo de vinte por cento.

Art. 190. O Poder Público poderá estabelecer, para fins de proteção de ecossistemas, restrições ao uso de áreas particulares que serão averbadas no registro imobiliário.

§ 1º O Estado, na forma da lei, estabelecerá incentivos aos proprietários das áreas alcançadas pela restrição prevista neste artigo e pela obrigação constante do artigo anterior.

§ 2º As terras particulares cobertas com florestas nativas receberão, na forma da lei, incentivos do Estado proporcionais à dimensão da área conservada, e seu proprietário terá prioridade na concessão de crédito.

Art. 191. O Estado estimulará a formação de consórcios entre Municípios objetivando a solução de problemas comuns relativos à proteção ambiental.

Art. 192. Os municípios estabelecerão:

I. planos e programas para a coleta, transporte, tratamento e destinação final de resíduos sólidos urbanos, com ênfase aos processos que envolvam sua reciclagem;

II. planos e programas de conservação da água quanto ao uso racional, reúso, e destinação final.

Art. 193. Ficam proibidos no território do Estado:

I. a fabricação de equipamentos e produtos que contenham clorofluorcarbono ou qualquer outra substância que contribua para a destruição da camada de ozônio;

II. a estocagem, a circulação e o comércio de alimentos ou insumos oriundos de áreas contaminadas;

III. o lançamento de esgoto *in natura* nos corpos d'água;

IV. o uso de cromato em tratamento de água em sistema de resfriamento aberto e semi-fechado.

Art. 194. As condutas e atividades lesivas ao meio ambiente sujeitarão, na forma da lei, o infrator às sanções administrativas, com aplicação de multas progressivas nos casos de continuidade da infração ou reincidência, nelas incluídas a redução do nível de atividade, a interdição e a demolição, independentemente da obrigação de restaurar os danos causados.

Art. 195. É obrigatória, na forma da lei, a apresentação de certidão negativa de débito relativa à infração ambiental, expedida por órgão competente, no ato de transcrição imobiliária.

Art. 196. Os manguezais, a vegetação de restinga quando fixadora de dunas, as dunas, as encostas de morros com aclive superior a quarenta e cinco por cento, as cabeceiras de mananciais, o entorno das lagoas, as margens dos rios e cursos d'água constituem-se áreas de preservação especial, não podendo sofrer interferência que implique em alteração de suas características primitivas.

Seção V
Da Ciência e da Tecnologia

Art. 197. O Estado promoverá e incentivará o desenvolvimento científico e tecnológico, a pesquisa científica, a autonomia e a capacitação tecnológicas e a difusão dos conhecimentos, tendo em vista o bem-estar da população, o aproveitamento racional e não predatório dos recursos naturais, a preservação e a recuperação do meio ambiente, o desenvolvimento do sistema produtivo, o respeito aos valores culturais do povo, a solução dos problemas sociais e o progresso das ciências.

§ 1º O Estado apoiará a formação de recursos humanos nas áreas de ciência, pesquisa, tecnologia, extensão rural e informática e concederá aos que dela se ocupem meios e condições especiais de trabalho, nelas incluídas as necessidades de recursos financeiros, materiais, de infra- estrutura e humanas, e salários e vencimentos compatíveis com os do mercado de trabalho correspondente.

§ 2º O Estado destinará anualmente não menos de dois e meio por cento de sua receita orçamentária ao fomento de projetos de desenvolvimento científico e tecnológico.

§ 3º Será assegurada, na forma da lei, na formulação da política de ciência e tecnologia do Estado, a participação da comunidade científica, da sociedade civil e de instituições públicas de pesquisa, ciência e tecnologia.

CAPÍTULO IV

Da Família, da Criança, do Adolescente, do Jovem, do Idoso e da Pessoa com Deficiência

Art. 198. O Poder Público promoverá o amparo à criança, ao adolescente, ao jovem, à pessoa com deficiência e ao idoso assegurando-lhes, no limite de sua competência, o tratamento determinado pela Constituição e pelas leis.

§ 1º O Estado assegurará assistência à família na pessoa dos membros que a integram, criando mecanismos para coibir a violência no âmbito dessas relações.

§ 2º Fica assegurado, na forma da lei, o caráter democrático na formulação e execução da política e no controle das ações dos órgãos públicos encarregados da assistência e promoção da família, da criança, do adolescente, do idoso e da pessoa com deficiência.

Art. 199. É dever da família, da sociedade e do Poder Público assegurar à criança e ao adolescente, com absoluta prioridade, o direito à vida, à saúde, à alimentação, à educação, ao lazer, à profissionalização, à cultura, à dignidade, ao respeito, à liberdade e à convivência familiar e comunitária, além de colocá-los a salvo de toda forma de negligência, discriminação, exploração, violência, crueldade e opressão.

Parágrafo único. São inaceitáveis, por atentarem contra a vida humana, o aborto diretamente provocado, o genocídio, o suicídio, a eutanásia, a tortura e a violência física, psicológica ou moral que venham a atingir a dignidade e a integridade da pessoa humana.

Art. 200. O Poder Público promoverá, juntamente com entidades não governamentais, programas de assistência integral à saúde da criança e do adolescente, obedecidos os seguintes preceitos:

I. aplicação de percentual dos recursos públicos destinados à saúde na assistência materno-infantil;

II. estímulo do Poder Público, através de assistência jurídica, incentivos fiscais e subsídios, nos termos da lei, ao acolhimento, sob a forma de guarda de criança, adolescente, órfão ou abandonado;

III. criação de programas de prevenção e atendimento especializado para as pessoas com deficiência física, sensorial ou mental, bem como de integração social do adolescente deficiente, mediante o treinamento para o trabalho e a convivência, e a facilitação do acesso aos bens e serviços coletivos, com a eliminação de preconceitos e obstáculos arquitetônicos.

§ 1º As ações de tratamento e de reabilitação da pessoa com deficiência são integradas ao sistema estadual de saúde e devem incluir o fornecimento de medicamentos, órteses e próteses como ação rotineira, com garantia de encaminhamento e atendimento em unidades especializadas, quando necessário.

§ 2º O Poder Público incentivará e financiará programas e projetos de atendimento e tratamento à criança e ao adolescente dependentes de entorpecentes, drogas e afins.

Art. 201. A família, a sociedade e o Poder Público têm o dever de amparar a pessoa idosa assegurando a sua participação na comunidade, defendendo sua dignidade, bem-estar e o direito à vida.

Parágrafo único. Os programas de amparo ao idoso, neles incluída a assistência geriátrica, serão executados, preferencialmente, em seu lar.

Art. 202. Cabe aos Poderes Públicos:

I. criar e manter escolas especializadas para crianças e adolescentes carentes ou abandonados, com currículo e metodologia adequados, na forma da lei;

II. garantir o amparo e a proteção à criança e ao adolescente que estão no mercado informal de trabalho;

III. garantir assistência ao adolescente que, estando sob a tutela do Estado, ingresse na maioridade;

IV. apoiar e incentivar, técnica e financeiramente, nos termos da lei, as entidades beneficentes e de assistência social executoras de programas voltados para o bem-estar da criança, do adolescente, da pessoa com deficiência e do idoso.

Art. 203. A lei disporá sobre norma de construção dos edifícios e logradouros públicos, bem como dos edifícios de uso público, a fim de garantir o acesso adequado da pessoa com deficiência, do idoso e da gestante.

Parágrafo único. A concessão e a permissão de serviço de transporte coletivo somente serão deferidas pelo Poder Público a empresas cujos veículos sejam adaptados ao livre acesso da pessoa com eficiência, conforme dispuser a lei.

Art. 204. O planejamento familiar é livre decisão do casal, competindo ao Estado propiciar recursos educacionais e científicos para o exercício desse direito, vedada qualquer forma coercitiva por parte de instituições públicas ou privadas.

CAPÍTULO V

Do Índio

Art. 205. O Estado respeitará e fará respeitar os direitos, os bens materiais, as crenças, tradições e garantias conferidas aos índios na Constituição Federal.

§ 1º A Defensoria Pública designará um de seus membros para, em caráter permanente, dar assistência judiciária aos índios do Estado, às suas comunidades e organizações.

§ 2º O Estado dará assistência técnica e incentivos que proporcionem aos índios de seu território meios de sobrevivência e preservação física e cultural, desde que solicitados por suas comunidades e organizações.

TÍTULO VIII
Da Ordem Econômica e Financeira

CAPÍTULO I

Dos Princípios Gerais

Art. 206. A ordem econômica e financeira do Estado inspirar-se-á nos princípios da Constituição Federal, nesta Constituição e em leis federais e estaduais, tendo por fim assegurar a todos existência digna, prestigiando o primado do trabalho e das atividades produtivas, o bem-estar econômico, a elevação do nível de vida e a justiça social.

Art. 207. O Estado exercerá, no âmbito de sua atuação e na forma da lei, as funções de fiscalização, incentivo e planejamento da atividade econômica, livre à iniciativa privada, desde que não contrarie o interesse público.

§ 1º A exploração direta de atividade econômica pelo Estado só será permitida quando motivada por relevante interesse coletivo.

§ 2º O Estado apoiará e estimulará o cooperativismo e outras formas de associativismo propiciando-lhes orientação técnica e concedendo-lhes incentivos financeiros.

Art. 208. O Estado e os Municípios dispensarão às microempresas e às empresas de pequeno porte, assim definidas em lei, tratamento jurídico diferenciado, visando incentivá-las pela simplificação de suas obrigações administrativas, tributárias e creditícias, ou pela eliminação ou redução destas por meio de lei.

Art. 209. A lei estabelecerá o estatuto jurídico da empresa pública, da sociedade de economia mista e de suas subsidiárias que explorem atividade econômica de produção ou comercialização de bens ou de prestação de serviços, dispondo sobre:

I. sua função social e formas de fiscalização pelo Estado e pela sociedade;

II. a sujeição ao regime jurídico próprio das empresas privadas, inclusive quanto aos direitos e obrigações civis, comerciais, trabalhistas e tributários;

III. licitação e contratação de obras, serviços, compras e alienações, observados os princípios de administração pública;

IV. a constituição e o funcionamento dos conselhos de administração e fiscal, com a participação dos acionistas minoritários;

V. os mandatos, a avaliação de desempenho e a responsabilidade dos administradores.

§ 1º A empresa pública e a sociedade de economia mista não poderão gozar de privilégios fiscais não extensivos às do setor privado.

§ 2º A empresa pública, a sociedade de economia mista e a fundação instituída ou mantida pelo Poder Público incluirão, obrigatoriamente, no Conselho de Administração, no mínimo, um representante dos seus trabalhadores, eleito por estes, mediante voto direto e secreto.

Art. 210. Incumbe ao Estado e aos Municípios, diretamente ou sob regime de concessão ou permissão, sempre através de licitação, a prestação de serviço público, na forma da lei, que estabelecerá:

I. o regime das empresas concessionárias e permissionárias de serviços públicos, o caráter especial de seu contrato e de sua prorrogação, bem como as condições de caducidade, fiscalização e rescisão da concessão ou permissão;

II. os direitos dos usuários;

III. política tarifária que permita o melhoramento e a expansão dos serviços;

IV. a obrigação de manter serviço adequado.

Parágrafo único. Na fixação da política tarifária, o Estado garantirá tratamento diferenciado, considerando as diversas classes de renda da população, beneficiando aquela de menor renda.

CAPÍTULO II

Da Política de Desenvolvimento Estadual

Seção I
Dos Princípios Gerais

Art. 211. O Estado estabelecerá política de desenvolvimento estadual a ser orientada e executada conforme princípios e objetivos estabelecidos nesta Constituição, através de:

I. elaboração do plano estadual de desenvolvimento e dos orçamentos, estruturados de forma a garantir a regionalização adequada da distribuição dos recursos estaduais;

II. articulação, integração e descentralização dos diferentes níveis de governo e de suas entidades da administração direta e indireta, a nível regional;

III. gestão adequada do patrimônio cultural, da proteção ao meio ambiente e da subordinação do crescimento econômico à não degradação ambiental;

IV. utilização racional do território mediante controle da implantação de empreendimentos institucionais, industriais, comerciais, habitacionais e viários;

V. apoio e incentivo à elevação da taxa de investimentos produtivos e à geração de empregos.

VI. preservação da biodiversidade genética.

Art. 212. As atividades governamentais de promoção do desenvolvimento estadual serão organizadas através do sistema estadual de planejamento.

Parágrafo único. Será garantida a participação dos Municípios no sistema estadual de planejamento e na elaboração dos planos e programas anuais e plurianuais regionalizados.

Art. 213. São instrumentos básicos da política de desenvolvimento estadual o plano estadual de desenvolvimento, o orçamento estadual regionalizado, o plano de ordenação territorial e os planos e programas regionais de duração anual e plurianual.

§ 1º O plano estadual de desenvolvimento deverá estabelecer as exigências necessárias à compatibilização dos investimentos privados de grande impacto com os objetivos do desenvolvimento estadual.

§ 2º O plano de ordenação territorial deverá conter a regulamentação das atividades econômicas através do zoneamento industrial, agrícola e ambiental.

§ 3º Na elaboração do orçamento estadual regionalizado deverão ser consultados os Municípios integrantes das respectivas regiões.

Art. 214. O plano estadual de desenvolvimento será encaminhado à Assembleia Legislativa, na forma de projeto de lei, pelo Governador do Estado, até o dia 30 de agosto do ano anterior à sua vigência.

Art. 215. Lei complementar disporá sobre a política de incentivos, visando à redução das desigualdades regionais e ao desenvolvimento equilibrado do Estado.

Parágrafo único. A política de incentivos somente atenderá a programas e projetos que assegurem retorno do investimento público na forma de benefícios sociais.

Art. 216. O território estadual poderá ser dividido mediante lei complementar, total ou parcialmente, em unidades regionais, tais como regiões metropolitanas, aglomerações urbanas e microrregiões constituídas por agrupamentos de Municípios limítrofes, para integrar a organização, o planejamento e a execução de funções públicas de interesse comuns, nos termos do art. 25, § 3º, da Constituição Federal.

§ 1º *(Excluído pela EC n.º 14/98).*

§ 2º Considera-se região metropolitana o agrupamento de Municípios limítrofes que apresentem cumulativamente grande porte e expressiva densidade demográfica, intensas relações de natureza econômica e social, elevado grau de urbanização contínua entre dois ou mais Municípios, tendo a presença ou de uma aglomeração urbana, ou de uma cidade-pólo, ou da Capital do Estado, que comande e estruture a integração regional, caracterizando-se como área de influência sobre outras regiões do Estado ou do País.

§ 3º Considera-se aglomeração urbana o agrupamento de Municípios limítrofes que apresentem intensas relações de integração funcional de natureza econômica e social, multiplicidade de ofertas de bens e serviços que atendam à própria região ou, eventualmente, a outras regiões estaduais, formando, ou com tendência a formar, áreas de urbanização contínua entre dois ou mais Municípios.

§ 4º Considera-se microrregião o agrupamento de Municípios limítrofes que apresentem, entre si, ou com a cidade-pólo regional, relação funcional de natureza econômica, social ou físico-territorial, com oferta de bens e serviços que atendam preponderantemente a seu próprio âmbito.

§ 5º Consideram-se funções públicas de interesse comum a prestação de serviços públicos ou de utilidade pública e o exercício do poder de polícia administrativa para fins de ordenamento do uso e ocupação do solo, respeitada sua função social na defesa e preservação do meio ambiente e do patrimônio cultural.

Art. 217. A lei disporá sobre a criação, organização e composição das unidades regionais e dos órgãos públicos que implementarão a política de desenvolvimento estadual.

§ 1° A gestão das unidades regionais deverá estar baseada no princípio da cogestão entre Estado e Municípios, com a participação da sociedade civil no processo decisório e no controle das instituições.
§ 2° Para a organização, o planejamento e a gestão das unidades regionais deverão ser destinados, obrigatoriamente, recursos financeiros específicos no orçamento estadual e nos orçamentos dos Municípios que as integram.

Art. 218. Serão instituídos, mediante lei, mecanismos de compensação financeira ou de investimentos para os Municípios que, por atribuições e funções decorrentes do planejamento regional, sofrerem diminuição, perda de receita ou aumento de despesas.

Seção II
Do Sistema Financeiro Estadual

Art. 219. O sistema financeiro estadual é estruturado de forma a cumprir os objetivos da política de desenvolvimento estadual.
Parágrafo único. As instituições públicas de caráter financeiro incorporadas, fundidas ou criadas com o objetivo expresso neste artigo integrarão o sistema financeiro estadual.
§ 1° *Transformado em Parágrafo único, conforme redação dada pela EC n.º 37/02.*
§ 2° *(Revogado pela EC n.º 37/02).*

Art. 220. As instituições integrantes do sistema financeiro estadual que exerçam atividade de fomento elaborarão, na forma prevista no art. 150, § 2°, a política de aplicação de seus recursos direcionada, preferencialmente, para o desenvolvimento da produção, de serviços e de geração de tecnologia que atendam ao mercado interno.

Art. 221. O Governo Estadual alocará recursos em seu orçamento anual, sob a forma de fundo específico ou para a capitalização das instituições financeiras, destinados a apoiar os programas de alta relevância econômica e social e, principalmente, os destinados ao fomento da pequena produção agrícola, à democratização do acesso à terra, às terras particulares cobertas com florestas nativas, à habitação popular, ao saneamento básico e a obras de urbanização.
§ 1° A Companhia Habitacional do Estado do Espírito Santo adequará seu programa de ação de forma a viabilizar, efetivamente, a construção de habitação para a população de baixa renda, rural e urbana.
§ 2° O Governo alocará recursos próprios à Companhia Habitacional do Espírito Santo, para a aquisição de área destinada à construção de habitação e implantação de infraestrutura básica não incidente sobre a prestação da casa própria.

Art. 222. *(Revogado pela EC n.º 37/02).*
Art. 223. *(Revogado pela EC n.º 37/02).*
Art. 224. *(Revogado pela EC n.º 37/02).*
Art. 225. As instituições integrantes do sistema financeiro estadual prestarão as informações requeridas pela Assembleia Legislativa, por suas comissões permanentes e de inquérito, importando responsabilidade administrativa a recusa ou o não atendimento no prazo de trinta dias, bem como o fornecimento de informações falsas.

Seção III
Dos Transportes

Art. 226. O sistema viário e de transporte estadual, instituído na forma da lei, subordina-se à preservação da vida humana, à segurança e ao conforto do indivíduo, à defesa do meio ambiente e do patrimônio natural, paisagístico e arquitetônico, observados os seguintes princípios:
I. integração entre as diversas modalidades de transporte;
II. atendimento ao pedestre e ao ciclista;
III. proteção especial das áreas contíguas às estradas;
IV. participação dos usuários, a nível de decisão, na gestão e na definição do serviço de transporte coletivo intermunicipal e intermunicipal urbano.
Parágrafo único. No plano estadual de desenvolvimento deverão estar inseridos o plano viário e o de transporte.

Art. 227. O transporte coletivo de passageiros é serviço público essencial, obrigação do Poder Público, responsável por seu planejamento, gerenciamento e sua operação, diretamente ou mediante concessão ou permissão, sempre através de licitação.
Parágrafo único. Cabe ao Estado o planejamento, o gerenciamento e a execução da política de transporte coletivo intermunicipal e intermunicipal urbano, e aos Municípios os da política de transporte coletivo municipal, além do planejamento e administração do trânsito.

Art. 228. O Poder Público estimulará a substituição de combustíveis poluentes utilizados em veículos, privilegiando a implantação e incentivando a operação dos meios de transporte que utilizem combustíveis não- poluentes.

Art. 229. Aos maiores de sessenta e cinco anos e aos menores de cinco anos de idade, e às pessoas com deficiência é garantida a gratuidade no transporte coletivo urbano, mediante a apresentação de documento oficial de identificação e, na forma da lei complementar de iniciativa do Poder Executivo, em cujo texto constará parâmetros necessários para a habilitação do deficiente ao benefício, especialmente em relação ao grau de sua capacidade física, à condição financeira de sua família e à limitação do uso da gratuidade.

§ 1º Os estudantes de qualquer grau ou nível de ensino oficial e regular, na forma da lei, terão redução de cinquenta por cento no valor da tarifa dos transportes coletivos intermunicipais urbanos.

§ 2º Fica vedada a concessão de gratuidade no transporte coletivo urbano e rodoviário intermunicipal, redução no valor de sua tarifa fora dos casos previstos neste artigo e, ainda, a inclusão ou manutenção de subsídio de qualquer natureza para cobrir déficit de outros serviços de transporte (Vide ADI 2349/2005).

§ 3º É obrigatória a instituição de seguro de acidentes pessoais em benefício de usuários do sistema de transporte coletivo urbano com cobertura, no mínimo, dos eventos acidentais de invalidez permanente e morte.

§ 4º Os estudantes matriculados no ensino médio das redes públicas estadual e federal farão jus à gratuidade integral da tarifa no Sistema Transcol, exclusivamente para os deslocamentos residência/escola/residência nos horários e linhas específicas para esses deslocamentos.

§ 5º A gratuidade estabelecida no Poder Legislativo § 4º deste artigo poderá ser extensível, na forma da lei de iniciativa do Poder Executivo Estadual, aos estudantes de ensino técnico da rede pública estadual e federal.

§ 6º Os estudantes de ensino superior, matriculados nos estabelecimentos da rede pública, os estudantes que estejam contratados com o Fundo de Financiamento Estudantil – FIES, bem como os bolsistas beneficiados por programas estaduais e federais, na forma da lei de iniciativa do Poder Executivo Estadual, farão jus à gratuidade integral da tarifa no Sistema Transcol, exclusivamente para os deslocamentos residência/faculdade/residência nos horários e linhas específicas para esses deslocamentos.

§ 7º Os beneficiários da gratuidade estabelecida pelo § 6º deverão comprovar insuficiência de renda familiar, na forma da Lei de iniciativa do Poder Executivo Estadual.

§ 8º O estudante que optar por alguma das gratuidades fixadas nos §§ 4º, 5º e 6º não fará jus ao benefício de meia tarifa concedido pelo § 1º deste artigo.

§ 9º As gratuidades estabelecidas neste artigo não se aplicam ao Transporte Especial. (NR)

§ 10. Aos maiores de sessenta e cinco anos, aos menores de seis anos de idade e às pessoas com deficiência é garantida a gratuidade no transporte coletivo rodoviário intermunicipal de passageiros, mediante a apresentação de documento oficial de identificação e, nos estritos termos fixados em lei complementar específica, de iniciativa do Poder Executivo, que definirá os parâmetros necessários para a habilitação dos beneficiários da gratuidade, especialmente em relação ao grau de capacidade física, à condição financeira de sua família e à limitação do uso.

Art. 230. É vedado ao Poder Público subsidiar financeiramente as empresas concessionárias ou permissionárias de transporte coletivo, salvo autorização expressa em lei.

Seção IV
Da Política de Desenvolvimento Urbano

Art. 231. A política de desenvolvimento urbano, executada pelo Poder Público Municipal conforme diretrizes gerais fixadas em lei, tem por objetivo ordenar o pleno desenvolvimento das funções sociais da cidade e garantir o bem-estar de seus habitantes.

Parágrafo único. Na formulação da política de desenvolvimento urbano serão assegurados:

I. plano de uso e ocupação do solo que garanta o controle da expansão urbana, dos vazios urbanos e da especulação imobiliária, a preservação das áreas de exploração agrícola e pecuária, além da preservação, proteção e recuperação do ambiente cultural e natural;

II. plano e programa específico de saneamento básico;

III. organização territorial das vilas e povoados;

IV. participação ativa das entidades comunitárias no estudo e no encaminhamento dos planos, programas e projetos, e na solução dos problemas que lhes sejam concernentes.

Art. 232. A política de desenvolvimento urbano deverá ser compatibilizada com as diretrizes e objetivos estabelecidos nos planos e programas estaduais, regionais e setoriais de desenvolvimento econômico-social e da ordenação do território, e será consubstanciada através do plano diretor, do programa municipal de investimento e dos programas e projetos setoriais, de duração anual e plurianual, relacionados com cronogramas físico-financeiros de implantação.

Art. 233. O plano diretor, aprovado pela Câmara Municipal, expressará as exigências de ordenação da cidade para que se cumpra a função social da propriedade e será obrigatório para Municípios com população urbana igual ou superior a vinte mil habitantes.

Parágrafo único. Os Municípios com população urbana inferior a vinte mil habitantes deverão elaborar diretrizes gerais de ocupação do território que garantam as funções sociais da cidade e da propriedade.

Art. 234. A propriedade urbana cumpre sua função social quando atende às exigências fundamentais de ordenação da cidade expressas no plano diretor.

Parágrafo único. É facultado ao Poder Público Municipal, mediante lei específica para área incluída no plano diretor, exigir, nos termos da lei federal, do proprietário de solo urbano não edificado, não utilizado ou subutilizado, que promova seu adequado aproveitamento, sob pena sucessiva da aplicação das sanções previstas no art. 182, § 4º, da Constituição Federal.

Art. 235. O plano diretor deverá dispor, no mínimo, sobre os seguintes aspectos:

I. regime urbanístico através de normas relativas ao uso, ocupação e parcelamento do solo, e também ao controle das edificações;

II. proteção de mananciais, áreas de preservação ecológica, patrimônio paisagístico, histórico e cultural, na totalidade do território municipal;

III. definição de áreas para implantação de programas habitacionais de interesse social e para equipamentos públicos de uso coletivo.

Art. 236. Os planos, programas e projetos setoriais municipais deverão integrar-se com os dos órgãos e entidades federais e estaduais, garantidos amplo conhecimento público e o livre acesso a informações a eles concernentes.

Seção V
Da Política Habitacional

Art. 237. A política habitacional deverá compatibilizar-se com as diretrizes do plano estadual de desenvolvimento e com a política municipal de desenvolvimento urbano, e terá por objetivo a redução do déficit habitacional, a melhoria das condições de infraestrutura atendendo, prioritariamente, à população de baixa renda.

Art. 238. Na promoção da política habitacional incumbe ao Estado e aos Municípios a garantia de acesso à moradia digna para todos, assegurada a:

I. urbanização, a regularização fundiária e a titulação das áreas de assentamento por população de baixa renda;

II. localização de empreendimentos habitacionais em áreas sanitárias e ambientalmente adequadas, integradas à malha urbana, que possibilite a acessibilidade aos locais de trabalho, serviços e lazer;

III. implantação de unidades habitacionais com dimensões adequadas e com padrões sanitários mínimos de abastecimento de água potável, de esgotamento sanitário, de drenagem, de limpeza urbana, de destinação final de resíduos sólidos, de obras de contenção em áreas com risco de desabamento;

IV. oferta de infraestrutura indispensável em termos de iluminação pública, transporte coletivo, sistema viário e equipamentos de uso coletivo;

V. destinação de suas terras públicas não utilizadas ou subutilizadas a programas habitacionais para a população de baixa renda e à instalação de equipamentos de uso coletivo.

Art. 239. O Estado e os Municípios apoiarão e estimularão estudos e pesquisas que visem à melhoria das condições habitacionais, através do desenvolvimento de tecnologias construtivas alternativas que reduzam o custo de construção, respeitados os valores e cultura locais.

Art. 240. Na definição da política habitacional do Estado, fica assegurada a participação dos Municípios e das organizações populares de moradia.

Art. 241. Na elaboração dos respectivos orçamentos e planos plurianuais, o Estado e os Municípios deverão prever dotações necessárias à execução da política habitacional.

Art. 242. O Estado e os Municípios estimularão a criação de cooperativas de trabalhadores para a construção de casa própria, auxiliando, técnica e financeiramente, esses empreendimentos.

Art. 243. Nos assentamentos em terras públicas ocupadas por população de baixa renda, ou em terras públicas não- utilizadas ou subutilizadas, a concessão de direito real de uso será feita a homem ou mulher, ou a ambos, independentes do estado civil, nos termos e condições previstos em lei.

Seção VI
Do Saneamento Básico

Art. 244. A política e as ações de saneamento básico são de natureza pública, competindo ao Estado e aos Municípios a oferta, a execução, a manutenção e o controle de qualidade dos serviços delas decorrentes.

§ 1º Constitui-se direito de todos o recebimento dos serviços de saneamento básico.

§ 2º A política de saneamento básico, no âmbito da competência do Estado, integrará a política de desenvolvimento estadual, abrangendo as áreas urbanas e rurais.

§ 3º A política de saneamento básico, de responsabilidade dos Municípios, respeitadas as diretrizes do Estado e da União, garantirá:

I. o fornecimento de água potável às cidades, vilas e povoados;

II. a instituição, a manutenção e controle de sistemas:
a) de coleta, tratamento e disposição de esgoto sanitário e domiciliar;
b) de limpeza pública, de coleta e disposição adequada de lixo domiciliar;
c) de coleta, disposição e drenagem de águas pluviais.

§ 4º O Poder Público Municipal incentivará e apoiará o desenvolvimento de pesquisas dos sistemas referidos no inciso II do parágrafo anterior, compatíveis com as características dos ecossistemas.

§ 5º O Estado, para assegurar o cumprimento da política de saneamento básico, prestará assistência técnica e financeira aos Municípios que a solicitarem.

§ 6º A política de saneamento básico do Município deverá ser compatibilizada com a do Estado.

§ 7º Será garantida a participação popular no estabelecimento das diretrizes e da política de saneamento básico do Estado e dos Municípios, bem como na fiscalização e no controle dos serviços prestados.

Seção VII
Do Turismo

Art. 245. O Estado promoverá e incentivará o turismo, como fator de desenvolvimento econômico e social bem como de divulgação, valorização e preservação do patrimônio cultural e natural, cuidando para que sejam respeitadas as peculiaridades locais, não permitindo efeitos desagregadores sobre a vida das comunidades envolvidas, assegurando sempre o respeito ao meio ambiente e à cultura das localidades em que vier a ser explorado.

§ 1º O Estado definirá a política estadual de turismo buscando proporcionar as condições necessárias para o pleno desenvolvimento dessa atividade.

§ 2º O instrumento básico de intervenção do Estado no setor será o plano diretor de turismo, que deverá estabelecer, com base no inventário do potencial turístico das diferentes regiões, e com a participação dos Municípios envolvidos, as ações de planejamento, promoção e execução da política de que trata este artigo.

§ 3º Para cumprimento do disposto no § 2º, caberá ao Estado, em ação conjunta com os Municípios, promover especialmente:

I. o inventário e a regulamentação do uso, ocupação e fruição dos bens naturais e culturais de interesse turístico;

II. a infraestrutura básica necessária à prática do turismo, apoiando e realizando investimentos na produção, criação e qualificação dos empreendimentos, equipamentos e instalações ou serviços turísticos, por meio de linhas de crédito especiais e incentivos;

III. a adoção de medidas específicas para o desenvolvimento dos recursos humanos para o setor.

CAPÍTULO III

Da Política Fundiária, Agrícola e Pesqueira

Seção I
Disposições Preliminares

Art. 246. O Estado compatibilizará a sua ação na área fundiária, agrícola e pesqueira às políticas nacionais do setor agrícola e da reforma agrária.

§ 1º As ações de política fundiária e agrícola do Estado, inclusive as executadas através do sistema financeiro estadual, atenderão, prioritariamente, os imóveis rurais que cumpram a função social da propriedade.

§ 2º As ações de política pesqueira do Estado atenderão, prioritariamente, aos pescadores inscritos nas colônias de pesca localizadas em seu território.

Art. 247. O Estado estabelecerá política fundiária e agrícola capaz de permitir:

I. o equilibrado desenvolvimento das atividades agropecuárias;

II. a promoção do bem-estar dos que subsistem das atividades agropecuárias;

III. a garantia de contínuo e apropriado abastecimento alimentar às cidades e ao campo;

IV. a racional utilização dos recursos naturais.

§ 1º No planejamento da política agrícola do Estado incluem-se as atividades agroindustrial, agropecuária, pesqueira e florestal.

§ 2º Para a concessão de licença de localização, instalação, operação e expansão de empreendimentos de grande porte ou unidades de produção isoladas integrantes de programas especiais pertencentes às atividades mencionadas no parágrafo anterior, o Poder Público estabelecerá, no que couber, condições que evitem a intensificação do processo de concentração fundiária e de formação de grandes extensões de áreas cultivadas com monoculturas.

Art. 248. Fica assegurado, na forma da lei, o caráter democrático no planejamento e na execução da política fundiária e agrícola do Estado, com a participação paritária entre órgãos da administração pública e entidades representativas das classes rurais.

Seção II
Da Política Fundiária

Art. 249. O Estado desenvolverá planos de valorização e aproveitamento de seus recursos fundiários, a fim de:

I. promover a efetiva exploração agrossilvopastoril nas terras que se encontram ociosas, subaproveitadas ou aproveitadas inadequadamente;

II. criar oportunidade de trabalho e de progresso social e econômico para o trabalhador rural;

III. melhorar as condições de vida e a fixação do homem na zona rural;

IV. implantar a justiça social.

Art. 250. É vedado ao Estado:

I. promover a alienação de terras públicas ou devolutas com área igual ou superior a duzentos e cinquenta hectares;

II. promover a legitimação ou alienação de terras públicas ou devolutas para fins de reflorestamento homogêneo com espécies exóticas.

Parágrafo único. Dependerá de autorização da Assembleia Legislativa a alienação de terras públicas ou devolutas com área superior a cento e cinquenta e inferior a duzentos e cinquenta hectares.

Art. 251. Os projetos técnicos de assentamento de trabalhadores rurais serão elaborados pela administração pública, juntamente com os beneficiários e as entidades representativas das classes envolvidas.

§ 1º O Estado outorgará títulos de concessão de direito real de uso aos beneficiários dos projetos de assentamento de trabalhador rural, dos quais constarão as seguintes condições resolutivas:

I. exploração da terra, direta, pessoal, familiar, associativa ou cooperativa, ou com os demais membros do assentamento, para cultivo ou qualquer outro tipo de exploração que atenda ao planejamento da política agrária, sob pena de reversão ao outorgante;

II. domicílio e residência na área do assentamento;

III. indivisibilidade e intransferibilidade, a qualquer título, sem autorização expressa do outorgante;

IV. manutenção das reservas florestais obrigatórias e a observância das restrições ao uso do imóvel, nos termos da lei.

§ 2º O título de concessão de direito real de uso será conferido a grupo de trabalhador rural, a homem ou mulher, ou a ambos, independentemente do estado civil, nos termos e condições previstos em lei.

Seção III
Da Política Agrícola e Pesqueira

Art. 252. É obrigação do Estado e dos Municípios implementar a política agrícola assim definida em lei objetivando, principalmente, o incentivo à produção nas pequenas propriedades, através do desenvolvimento de tecnologia compatível com as condições sócio-econômico- culturais dos produtores e adaptadas às características dos ecossistemas regionais, de forma a garantir a exploração autossustentada dos recursos disponíveis.

Art. 253. Compete ao Estado e, no que couber, aos Municípios, garantir:

I. a geração, a difusão e o apoio à implementação de tecnologias adaptadas aos ecossistemas regionais;

II. os mecanismos para a proteção e a recuperação dos recursos naturais;

III. o controle e a fiscalização da produção, do consumo, do comércio, do transporte interno, do armazenamento, do uso dos agrotóxicos, seus componentes e afins, visando à preservação do meio ambiente e da saúde do trabalhador rural e do consumidor;

IV. a manutenção de sistema de pesquisa, crédito, assistência técnica e extensão rural e de fomento agrossilvopastoril;

V. as infraestruturas física, viária, social e de serviços da zona rural, nelas incluída a eletrificação, telefonia, armazenagem da produção, habitação, irrigação e drenagem, barragem e represa, estrada e transporte, educação, saúde, lazer, segurança, desporto, assistência social, cultura, mecanização agrícola e linha de crédito agrícola;

VI. *(Revogado pela EC n.º 23/99).*

Art. 254. A conservação do solo é de interesse público em todo o território do Estado, impondo-se à coletividade e ao Poder Público o dever de preservá-lo.

Art. 255. O Estado e os Municípios elaborarão política específica para o setor pesqueiro, privilegiando a pesca artesanal e a piscicultura através de dotação orçamentária, rede de frigoríficos, pesquisas, assistência técnica e extensão pesqueira, e propiciando a comercialização direta entre pescadores e consumidores.

Parágrafo único. Na elaboração da política pesqueira, o Estado garantirá a efetiva participação dos pequenos piscicultores e pescadores artesanais ou profissionais, através de suas representações sindicais, cooperativas e organizações similares.

Art. 256. É obrigação do Estado desenvolver política creditícia, respeitada a legislação federal, voltada, preferencialmente para os parceiros agrícolas, pequenos produtores rurais, arrendatários, beneficiários de projetos de assentamento de trabalhadores rurais e para os estabelecimentos rurais que cumpram a função social da propriedade.

Art. 257. O Estado e os Municípios estabelecerão planos e programas visando à organização do abastecimento alimentar.

CAPÍTULO IV

Da Política de Recursos Hídricos e Minerais

Art. 258. A política de recursos hídricos e minerais, executada pelo Poder Público Estadual e estabelecida por lei, destina-se a ordenar o uso, o reúso e o aproveitamento racional, bem como a proteção e a conservação dos recursos hídricos e minerais, obedecida à legislação federal.

§ 1º Para assegurar a efetividade do disposto neste artigo, incumbe ao Estado:

I. instituir, no sistema estadual do meio ambiente, o gerenciamento e monitoramento da qualidade e da quantidade de recursos hídricos superficiais e subterrâneos;

II. adotar a bacia hidrográfica como base de gerenciamento e considerar o ciclo hidrológico em todas as suas fases;

III. promover e orientar a proteção e a utilização racional das águas superficiais e subterrâneas, sendo prioritário o abastecimento às populações;

IV. registrar, acompanhar e fiscalizar as concessões e os direitos de pesquisa e exploração de recursos hídricos efetuados pela União no território do Estado.

§ 2º Para a preservação dos recursos hídricos do Estado, todo lançamento de efluentes industriais se dará a montante do respectivo ponto de captação.

§ 3º Os Municípios participarão com o Estado da elaboração e da execução dos programas de gerenciamento dos recursos hídricos do seu território e celebrarão convênios para a gestão das águas de interesse exclusivamente local.

§ 4º O Estado assegurará, na forma da Lei, aos Municípios que tenham parte de seu território integrando unidades de conservação ambiental, ou que sejam diretamente influenciados por elas, ou àqueles com mananciais de abastecimento público, tratamento especial quanto ao crédito de receita referida no artigo 142, parágrafo único, II, da Constituição Estadual.

Art. 259. É de interesse do Estado a pesquisa, a exploração racional e o beneficiamento dos recursos minerais do seu subsolo.

Parágrafo único. Incumbe ao Estado:

I. registrar, acompanhar e fiscalizar os direitos de pesquisa e exploração dos recursos minerais efetuadas pela União em seu território;

II. incentivar e estimular instituições públicas que realizem pesquisas e desenvolvimento de tecnologia de exploração mineral compatíveis com a preservação ambiental;

III. promover o mapeamento geológico básico complementarmente ao desenvolvido pela União.

Art. 260. A exploração de recursos hídricos e minerais no Estado não poderá comprometer a preservação do patrimônio natural e cultural.

Art. 261. O Estado compatibilizará a sua política de recursos hídricos e minerais, a de irrigação e drenagem e a de construção de barragens e eclusas com os programas de conservação do solo, da água e dos ecossistemas.

Art. 262. Constarão das leis orgânicas municipais disposições relativas ao uso, ao reúso, à proteção, à conservação e ao controle dos recursos hídricos.

TÍTULO IX
Das Disposições Constitucionais Gerais

Art. 263. Os Vereadores eleitos e empossados, se convocados a exercer eventualmente função de Secretário Municipal, não perderão o mandato parlamentar, devendo afastar-se na forma prevista para os Deputados Estaduais.

Art. 264. Os serviços notariais e de registro são exercidos em caráter privado, por delegação do Poder Público, na forma prevista no art. 236 da Constituição Federal.

§ 1° A lei regulará as atividades dos exercentes de serviços notariais, de registro e seus prepostos, definirá a fiscalização de seus atos pelo Poder Judiciário e estabelecerá, com base em lei federal, o valor dos emolumentos relativos aos atos praticados.

§ 2° O ingresso na atividade notarial e de registro dar-se-á na forma prevista no art. 236, § 3°, da Constituição Federal.

Art. 265. As contas dos Poderes Legislativo, Executivo e Judiciário ficarão durante sessenta dias, anualmente, à disposição dos contribuintes, para exame e apreciação, podendo qualquer cidadão, nos termos da lei, questionar-lhes a legitimidade.

Art. 266. Para assegurar a integridade e os direitos do indivíduo será garantida assistência médica, farmacêutica, social e jurídica gratuita nas delegacias policiais e destacamentos policiais militares.

Art. 267. Ao preso ainda não-sentenciado, em quaisquer das unidades dos órgãos estaduais de segurança pública, é garantida, gratuitamente, assistência jurídica, psicossocial, médico-odontológica, farmacêutica e religiosa, quando requerida, além do irrestrito respeito à sua integridade física, psíquica e moral.

Art. 268. O Estado executará programa permanente com o objetivo de recuperar a floresta Atlântica localizada em seu território.

Art. 269. Para garantir o acesso à informação e à comunicação, o Estado adaptará os veículos do sistema estadual de comunicação social às necessidades da pessoa com deficiência sensorial e da fala.

Art. 270. O Estado promoverá a regionalização da programação dos veículos do sistema estadual de comunicação social.

Parágrafo único. As empresas de rádio e televisão e os órgãos de imprensa integrantes do sistema estadual de comunicação social propiciarão espaços para a veiculação de programas de educação moral e religiosa.

Art. 271. A lei disporá sobre a adaptação dos edifícios e logradouros públicos, dos edifícios de uso público e dos veículos de transporte coletivo atualmente existentes, a fim de se garantir o adequado acesso da pessoa com deficiência, do idoso e da gestante.

Parágrafo único. As empresas concessionárias e permissionárias de transporte coletivo deverão adaptar sua frota de veículos em circulação ao livre acesso da pessoa com deficiência, sob pena de rescisão do contrato de concessão ou permissão, na forma da lei.

Art. 272. (*Revogado pela EC n.º 23/99*).
I. (*Revogado pela EC n.º 23/99*).
II. (*Revogado pela EC n.º 23/99*).
III. (*Revogado pela EC n.º 23/99*).
IV. (*Revogado pela EC n.º 23/99*).
V. (*Revogado pela EC n.º 23/99*).
§ 1º (*Revogado pela EC n.º 23/99*).
§ 2º (*Revogado pela EC n.º 23/99*).
§ 3º (*Revogado pela EC n.º 23/99*).
§ 4º (*Revogado pela EC n.º 23/99*).

Art. 273. (*Revogado pela EC n.º 23/99*).

Art. 274. A Lagoa Juparanã, o Delta do rio Doce e a Ilha dos Franceses são considerados patrimônios do Estado e terão suas características ecológicas preservadas, condicionada a sua exploração à prévia autorização dos órgãos competentes.

Art. 275. O orçamento de que trata o art. 150, § 5°, II, conterá o reinvestimento do valor distribuído ao Estado, a título de dividendo, na própria companhia que o gerou, observado o disposto em lei complementar.

Art. 276. O Estado e os Municípios disciplinarão por meio de lei os consórcios públicos e os convênios de cooperação entre ambos, autorização a gestão associada de serviços públicos, bem como a transferência total ou parcial de encargos, serviços, pessoal e bens essenciais à continuidade dos serviços transferidos.

Art. 277. O tempo de serviço militar obrigatório será computado para os efeitos de aposentadoria e disponibilidade.

Art. 278. Fica assegurado pelo Estado o sistema de previdência dos deputados estaduais, sendo o seu funcionamento regulado na forma da lei.

Art. 279. A investidura do Substituto de Conselheiro do Tribunal de Contas é para mandato de dois anos, após a aprovação prévia do Plenário da Assembleia Legislativa, nomeado pela Mesa da Assembleia Legislativa, podendo ser reconduzido.

I. *(Excluído pela EC n.º 14/98)*
II. *(Excluído pela EC n.º 14/98).*

Art. 280. O Estado executará obra pública de sua competência relacionada com os setores da educação, saúde e transporte, mediante convênios com as Prefeituras Municipais.

Parágrafo único. As Prefeituras Municipais deverão manifestar sua aquiescência no prazo de trinta dias contados da comunicação da administração pública estadual, sem o que o Estado executará a obra.

Art. 281. Equiparam-se às escolas públicas as que pertencem às entidades filantrópicas do Movimento de Educação Promocional do Espírito Santo, as da Campanha Nacional de Escolas da Comunidade e as de Educação Especial para pessoas com deficiência, atendidas as exigências do art. 178, § 2º, I a V.

Parágrafo único. A lei regulamentará a forma de assegurar às escolas referidas neste artigo os encargos financeiros nele estabelecidos.

Art. 282. É assegurada, na forma e nos prazos previstos em lei, a participação de entidades representativas da sociedade civil de âmbito estadual nos estudos para a elaboração do projeto de lei de diretrizes orçamentárias.

Art. 283. O Estado promoverá, na forma da lei, os meios necessários à definitiva absorção pelos Municípios dos encargos educacionais com o pré-escolar e com o ensino fundamental, através da destinação de recursos públicos, de apoio técnico e pedagógico e transferência de prédios escolares de sua propriedade.

Vitória, 05 de outubro de 1989.
Alcino Santos, Presidente
Hugo Borges, 1º Vice-Presidente
Dário Martinelli, 2º Vice-Presidente
Ronaldo do Espírito Santo Lopes, 1º Secretário
Armando Batista Viola, 2º Secretário
Waldemiro Seibel, 3º Secretário
Douglas Puppin, 4º Secretário e Presidente da Comissão Constitucional
Lúcio Merçon, Relator Geral
Antônio Angelo Moschen
Antonio Moreira
Antonio Pelaes da Silva – Arildo José Cassaro
Claudio Humberto Vereza Lodi
Dilton Lyrio Netto
Ferrando Inácio Santório
João Carlos Coser
João Gama Filho
João Francisco Martins
Jório de Barros Carneiro
José Tasso Oliveira de Andrade
Levi Aguiar de Jesus Ferreira
Luiz Carlos Piassi
Luiz Carlos Santana
Nilton Gomes
Paulo Cesar Hartung Gomes
Paulo Lemos Barbosa
Rainor Breda
Rubens Camata
Salvador Bonomo
Valci José Ferreira de Souza.

Constituição do Estado de Minas Gerais

PREÂMBULO

Nós, representantes do povo do Estado de Minas Gerais, fiéis aos ideais de liberdade de sua tradição, reunidos em Assembleia Constituinte, com o propósito de instituir ordem jurídica autônoma, que, com base nas aspirações dos mineiros, consolide os princípios estabelecidos na Constituição da República, promova a descentralização do Poder e assegure o seu controle pelos cidadãos, garanta o direito de todos à cidadania plena, ao desenvolvimento e à vida, numa sociedade fraterna, pluralista e sem preconceito, fundada na justiça social, promulgamos, sob a proteção de Deus, a seguinte Constituição:

TÍTULO I
Disposições Preliminares

Art. 1. O Estado de Minas Gerais integra, com autonomia político-administrativa, a República Federativa do Brasil.

§ 1º Todo o poder do Estado emana do povo, que o exerce por meio de representantes eleitos ou diretamente, nos termos da Constituição da República e desta Constituição.

§ 2º O Estado se organiza e se rege por esta Constituição e leis que adotar, observados os princípios constitucionais da República.

Art. 2. São objetivos prioritários do Estado:

I. garantir a efetividade dos direitos públicos subjetivos;

II. assegurar o exercício, pelo cidadão, dos mecanismos de controle da legalidade e legitimidade dos atos do Poder Público e da eficácia dos serviços públicos;

III. preservar os valores éticos;

IV. promover a regionalização da ação administrativa, em busca do equilíbrio no desenvolvimento das coletividades;

V. criar condições para a segurança e a ordem públicas;

VI. promover as condições necessárias para a fixação do homem no campo;

VII. garantir a educação, o acesso à informação, o ensino, a saúde e a assistência à maternidade, à infância, à adolescência e à velhice;

VIII. dar assistência ao Município, especialmente ao de escassas condições de propulsão socioeconômica;

IX. preservar os interesses gerais e coletivos;

X. garantir a unidade e a integridade de seu território;

XI. desenvolver e fortalecer, junto aos cidadãos e aos grupos sociais, os sentimentos de pertinência à comunidade mineira em favor da preservação da unidade geográfica de Minas Gerais e de sua identidade social, cultural, política e histórica.

XII. erradicar a pobreza e reduzir as desigualdades sociais e regionais.

Art. 3. O território do Estado somente será incorporado, dividido ou desmembrado, com aprovação da Assembleia Legislativa.

TÍTULO II
Dos Direitos e Garantias Fundamentais

Art. 4. O Estado assegura, no seu território e nos limites de sua competência, os direitos e garantias fundamentais que a Constituição da República confere aos brasileiros e aos estrangeiros residentes no País.

§ 1º Incide na penalidade de destituição de mandato administrativo ou de cargo ou função de direção, em órgão da administração direta ou entidade da administração indireta, o agente público que deixar injustificadamente de sanar, dentro de noventa dias da data do requerimento do interessado, omissão que inviabilize o exercício de direito constitucional.

§ 2º Independe do pagamento de taxa ou de emolumento ou de garantia de instância o exercício do direito de petição ou representação, bem como a obtenção de certidão para a defesa de direito ou esclarecimento de situação de interesse pessoal.

§ 3º Nenhuma pessoa será discriminada, ou de qualquer forma prejudicada, pelo fato de litigar com órgão ou entidade estadual, no âmbito administrativo ou no judicial.

§ 4º Nos processos administrativos, qualquer que seja o objeto e o procedimento, observar-se-ão, entre outros requisitos de validade, a publicidade, o contraditório, a defesa ampla e o despacho ou a decisão motivados.

§ 5º Todos têm o direito de requerer e obter informação sobre projeto do Poder Público, a qual será prestada no prazo da lei, ressalvada aquela cujo sigilo seja imprescindível à segurança da sociedade e do Estado.

§ 6º O Estado garante o exercício do direito de reunião e de outras liberdades constitucionais e a defesa da ordem pública, da segurança pessoal e dos patrimônios público e privado.

§ 7º Ao presidiário é assegurado o direito a:

I. assistência médica, jurídica e espiritual;
II. aprendizado profissionalizante e trabalho produtivo e remunerado;
III. acesso a notícia divulgada fora do ambiente carcerário;
IV. acesso aos dados relativos à execução da respectiva pena;
V. creche ou outras condições para o atendimento do disposto no art. 5º, L, da Constituição da República.
§ 8º É passível de punição, nos termos da lei, o agente público que, no exercício de suas atribuições e independentemente da função que exerça, violar direito constitucional do cidadão.

Art. 5. Ao Estado é vedado:
I. estabelecer culto religioso ou igreja, subvencioná-los, embaraçar-lhes o funcionamento ou manter com eles ou com seus representantes relações de dependência ou de aliança, ressalvada, na forma da lei, a colaboração de interesse público;
II. recusar fé a documento público;
III. criar distinção entre brasileiros ou preferência em relação às demais unidades e entidades da Federação.

TÍTULO III
Do Estado

CAPÍTULO I
Da Organização do Estado

Seção I
Disposições Gerais

Art. 6. São Poderes do Estado, independentes e harmônicos entre si, o Legislativo, o Executivo e o Judiciário.
Parágrafo único. Ressalvados os casos previstos nesta Constituição, é vedado a qualquer dos Poderes delegar atribuição e, a quem for investido na função de um deles, exercer a de outro.
Art. 7. São símbolos do Estado a bandeira, o hino e o brasão, definidos em lei.
Art. 8. A cidade de Belo Horizonte é a Capital do Estado.

Seção II
Da Competência do Estado

Art. 9. É reservada ao Estado a competência que não lhe seja vedada pela Constituição da República.
Art. 10. Compete ao Estado:
I. manter relações com a União, os Estados Federados, o Distrito Federal e os Municípios;
II. organizar seu Governo e Administração;
III. firmar acordo, convênio, ajuste e instrumento congênere;
IV. difundir a seguridade social, a educação, a cultura, o desporto, a ciência e a tecnologia;
V. proteger o meio ambiente;
VI. manter e preservar a segurança e a ordem públicas e a incolumidade da pessoa e do patrimônio;
VII. intervir no Município, nos casos previstos nesta Constituição;
VIII. explorar diretamente ou mediante concessão os serviços locais de gás canalizado, na forma da lei;
IX. explorar diretamente, ou mediante concessão, os serviços de transporte ferroviário e aquaviário que não transponham os limites do seu território e o rodoviário estadual de passageiros;
X. instituir região metropolitana, aglomeração urbana e microrregião;
XI. instituir plano de aproveitamento e destinação de terra pública e devoluta, compatibilizando-o com a política agrícola e com o plano nacional de reforma agrária;
XII. criar sistema integrado de parques estaduais, reservas biológicas, estações ecológicas e equivalentes, adequado à conservação dos ecossistemas do Estado, para proteção ecológica, pesquisa científica e recreação pública, e dotá-los dos serviços públicos indispensáveis às suas finalidades;
XIII. dispor sobre sua divisão e organização judiciárias e divisão administrativa;
XIV. suplementar as normas gerais da União sobre:
a) organização, efetivos, garantias, direitos e deveres da Polícia Militar;
b) licitação e contrato administrativo na administração pública direta e indireta
XV. legislar privativamente nas matérias de sua competência e, concorrentemente com a União, sobre:
a) direito tributário, financeiro, penitenciário, econômico e urbanístico;

b) orçamento;
c) junta comercial;
d) custas dos serviços forenses;
e) produção e consumo;
f) florestas, caça, pesca, fauna, conservação da natureza, defesa do solo e dos recursos naturais, proteção do ambiente e controle da poluição;
g) proteção do patrimônio histórico, cultural, artístico, turístico e paisagístico;
h) responsabilidade por dano ao meio ambiente, ao consumidor, a bens e direitos de valor artístico, estético, histórico, turístico e paisagístico;
i) educação, cultura, ensino e desporto;
j) criação, funcionamento e processo do juizado de pequenas causas;
k) procedimentos em matéria processual;
l) previdência social, proteção e defesa da saúde;
m) assistência jurídica e defensoria pública;
n) apoio e assistência ao portador de deficiência e sua integração social;
o) proteção à infância e à juventude;
p) organização, garantias, direitos e deveres da Polícia Civil.
§ 1º No domínio da legislação concorrente, o Estado exercerá:
I. competência suplementar;
II. competência plena, quando inexistir lei federal sobre normas gerais, ficando suspensa a eficácia da lei estadual no que for contrário a lei federal superveniente.
§ 2º O Estado poderá legislar sobre matéria da competência privativa da União, quando permitido em lei complementar federal.
Art. 11. É competência do Estado, comum à União e ao Município:
I. zelar pela guarda da Constituição, das leis e das instituições democráticas e conservar o patrimônio público;
II. cuidar da saúde e assistência pública, da proteção e garantia do portador de deficiência;
III. proteger os documentos, obras e outros bens de valor histórico, artístico e cultural, os monumentos, paisagens naturais notáveis e sítios arqueológicos;
IV. impedir a evasão, destruição e descaracterização de obra de arte e de outros bens de valor histórico, artístico ou cultural;
V. proporcionar os meios de acesso à cultura, à educação e à ciência;

VI. proteger o meio ambiente e combater a poluição em qualquer de suas formas;
VII. VII preservar as florestas, a fauna e a flora;
VIII. fomentar a produção agropecuária e organizar o abastecimento alimentar, com a viabilização da assistência técnica ao produtor e da extensão rural;
IX. promover programas de construção de moradias e a melhoria das condições habitacionais e de saneamento básico;
X. combater as causas da pobreza e os fatores de marginalização, mediante a integração social dos setores desfavorecidos;
XI. registrar, acompanhar e fiscalizar as concessões de direito de pesquisa e de exploração de recursos hídricos e minerais em seu território;
XII. estabelecer e implantar política de educação para a segurança do trânsito.

Seção III
Do Domínio Público

Art. 12. Formam o domínio público patrimonial do Estado os seus bens móveis e imóveis, os seus direitos e os rendimentos das atividades e serviços de sua competência.
Parágrafo único. Incluem-se entre os bens do Estado:
I. as águas superficiais ou subterrâneas, fluentes, emergentes e em depósito, salvo, neste caso, na forma da lei federal, as decorrentes de obra da União;
II. as ilhas fluviais e lacustres não pertencentes à União;
III. os lagos em terreno de seu domínio e os rios que em seu território têm nascente e foz, salvo os de domínio da União;
IV. as terras devolutas não compreendidas entre as da União.

Seção IV
Da Administração Pública

Art. 13. A atividade de administração pública dos Poderes do Estado e a de entidade descentralizada se sujeitarão aos princípios de legalidade, impessoalidade, moralidade, publicidade, eficiência e razoabilidade.
§ 1º A moralidade e a razoabilidade dos atos do Poder Público serão apuradas, para efeito de controle e invalidação, em face dos dados objetivos de cada caso.

§ 2º O agente público motivará o ato administrativo que praticar, explicitando-lhe o fundamento legal, o fático e a finalidade.

Art. 14. Administração pública direta é a que compete a órgão de qualquer dos Poderes do Estado.

§ 1º Administração pública indireta é a que compete:
I. à autarquia, de serviço ou territorial;
II. à sociedade de economia mista;
III. à empresa pública;
IV. à fundação pública;
V. às demais entidades de direito privado, sob controle direto ou indireto do Estado.

§ 2º A atividade administrativa do Estado se organizará em sistemas, principalmente a de planejamento, a de finanças e a de administração geral.

§ 3º É facultado ao Estado criar órgão, dotado de autonomia financeira e administrativa, segundo a lei, sob a denominação de órgão autônomo.

§ 4º Depende de lei específica:
I. a instituição e a extinção de autarquia, fundação pública e órgão autônomo;
II. a autorização para instituir, cindir e extinguir a entidade a que se refere o § 14 do art. 36, sociedade de economia mista e empresa pública e para alienar ações que garantam o controle dessas entidades pelo Estado;
III. a autorização para criação de subsidiária das entidades mencionadas neste parágrafo e para sua participação em empresa privada;
IV. a alienação de ações que garantam, nas empresas públicas e sociedades de economia mista, o controle pelo Estado.

§ 5º Ressalvada a entidade a que se refere o § 14 do art. 36, ao Estado somente é permitido instituir ou manter fundação com personalidade jurídica de direito público, cabendo a lei complementar definir as áreas de sua atuação.

§ 6º (Revogado pelo art. 3º da Emenda à Constituição nº 75, de 8/8/2006.)

§ 7º As relações jurídicas entre o Estado e o particular prestador de serviço público em virtude de delegação, sob a forma de concessão, permissão ou autorização, são regidas pelo direito público.

§ 8º É vedada a delegação de poderes ao Executivo para criação, extinção ou transformação de entidade de sua administração indireta.

§ 9º A lei disciplinará as formas de participação do usuário de serviços públicos na administração pública direta e indireta, regulando especialmente:

I. a reclamação relativa à prestação de serviços públicos em geral, asseguradas a manutenção de serviços de atendimento ao usuário e a avaliação periódica, externa e interna, da qualidade dos serviços;
II. o acesso dos usuários a registros administrativos e a informações sobre atos de governo, observado o disposto no art. 5º, X e XXXIII, da Constituição da República;
III. a representação contra negligência ou abuso de poder no exercício de cargo, emprego ou função da administração pública.

§ 10º A autonomia gerencial, orçamentária e financeira dos órgãos e das entidades da administração direta e indireta poderá ser ampliada mediante instrumento específico que tenha por objetivo a fixação de metas de desempenho para o órgão ou entidade.

§ 11º A lei disporá sobre a natureza jurídica do instrumento a que se refere o § 10 deste artigo e, entre outros requisitos, sobre:
I. o seu prazo de duração;
II. o controle e o critério de avaliação de desempenho;
III. os direitos, as obrigações e as responsabilidades dos dirigentes;
IV. a remuneração do pessoal;
V. alteração do quantitativo e da distribuição dos cargos de provimento em comissão e das funções gratificadas, observados os valores de retribuição correspondentes e desde que não altere as unidades orgânicas estabelecidas em lei e não acarrete aumento de despesa.

§ 12º O Estado e os Municípios disciplinarão, por meio de lei, os consórcios públicos e os convênios de cooperação com os entes federados, autorizando a gestão associada de serviços públicos bem como a transferência total ou parcial de encargos, serviços, pessoal e bens essenciais à continuidade dos serviços transferidos.

§ 13º A transferência ou cessão, onerosa ou gratuita, de pessoal efetivo ou estável para entidade não mencionada no § 1º deste artigo fica condicionada à anuência do servidor.

§ 14º Lei complementar disporá sobre normas gerais de criação, funcionamento e extinção de conselhos estaduais.

§ 15º Será de três quintos dos membros da Assembleia Legislativa o quorum para aprovação de lei que autorizar a alteração da estrutura societária ou a cisão de sociedade de economia mista e de empresa pública ou a alienação das ações que garantam o controle direto ou indireto dessas entidades pelo Estado, ressalvada a alienação de ações para entidade sob controle acionário do poder público federal, estadual ou municipal.

§ 16º A lei que autorizar a alienação de ações de empresa concessionária ou permissionária de serviço público estabelecerá a exigência de cumprimento, pelo adquirente, de metas de qualidade de serviço e de atendimento aos objetivos sociais inspiradores da constituição da entidade.

§ 17º A desestatização de empresa de propriedade do Estado prestadora de serviço público de distribuição de gás canalizado, de geração, transmissão e distribuição de energia elétrica ou de saneamento básico, autorizada nos termos deste artigo, será submetida a referendo popular.

Art. 15. Lei estadual disciplinará o procedimento de licitação, obrigatória para a contratação de obra, serviço, compra, alienação, concessão e permissão, em todas as modalidades, para a administração pública direta, autárquica e fundacional, bem como para as empresas públicas e sociedades de economia mista.

§ 1º Na licitação a cargo do Estado ou de entidade de administração indireta, observar-se-ão, entre outros, sob pena de nulidade, os princípios de isonomia, publicidade, probidade administrativa, vinculação ao instrumento convocatório e julgamento objetivo.

§ 2º (Suprimido pelo art. 1º da Emenda à Constituição nº 15, de 1/12/1995.)

Art. 16. As pessoas jurídicas de direito público e as de direito privado prestadoras de serviços públicos responderão pelos danos que seus agentes, nessa qualidade, causarem a terceiros, sendo obrigatória a regressão, no prazo estabelecido em lei, contra o responsável, nos casos de dolo ou culpa.

Art. 17. A publicidade de ato, programa, projeto, obra, serviço e campanha de órgão público, por qualquer veículo de comunicação, somente pode ter caráter informativo, educativo ou de orientação social, e dela não constarão nome, símbolo ou imagem que caracterizem a promoção pessoal de autoridade, servidor público ou partido político.

Parágrafo único. Os Poderes do Estado e do Município, incluídos os órgãos que os compõem, publicarão, trimestralmente, o montante das despesas com publicidade pagas, ou contratadas naquele período com cada agência ou veículo de comunicação.

Art. 18. A aquisição de bem imóvel, a título oneroso, depende de avaliação prévia e de autorização legislativa, exigida ainda, para a alienação, a licitação, salvo nos casos de permuta e doação, observada a lei.

§ 1º A alienação de bem móvel depende de avaliação prévia e de licitação, dispensável esta, na forma da lei, nos casos de:
I. doação
II. permuta

§ 2º O uso especial de bem patrimonial do Estado por terceiro será objeto, na forma da lei, de:
I. concessão, mediante contrato de direito público, remunerada ou gratuita, ou a título de direito real resolúvel;
II. permissão;
III. cessão;
IV. autorização.

§ 3º Os bens do patrimônio estadual devem ser cadastrados, zelados e tecnicamente identificados, especialmente as edificações de interesse administrativo, as terras públicas e a documentação dos serviços públicos.

§ 4º O cadastramento e a identificação técnica dos imóveis do Estado, de que trata o parágrafo anterior, devem ser anualmente atualizados, garantido o acesso às informações neles contidas.

§ 5º O disposto neste artigo se aplica às autarquias e às fundações públicas.

Art. 19. A administração fazendária e seus servidores fiscais terão, dentro das respectivas áreas de competência e jurisdição, precedência sobre os demais setores administrativos, na forma da lei.

Parágrafo único. As administrações tributárias do Estado e dos Municípios, atividades essenciais ao funcionamento do Estado, exercidas por servidores de carreiras específicas, terão recursos prioritários para a realização de suas atividades e atuarão de forma integrada, inclusive com o compartilhamento de cadastros e de informações fiscais, na forma da lei ou de convênio.

Seção V
Dos Servidores Públicos

Subseção I
Disposições Gerais

Art. 20. A atividade administrativa permanente é exercida:

I. na administração direta de qualquer dos Poderes, por servidor público ocupante de cargo público em caráter efetivo ou em comissão, por empregado público detentor de emprego público ou designado para função de confiança ou por detentor de função pública, na forma do regime jurídico previsto em lei;
II. nas autarquias e fundações públicas, por servidor público ocupante de cargo público em caráter efetivo ou em comissão, por empregado público detentor de emprego público ou designado para função de confiança ou por detentor de função pública, na forma do regime jurídico previsto em lei;
III. nas sociedades de economia mista, empresas públicas e demais entidades de direito privado sob o controle direto ou indireto do Estado, por empregado público detentor de emprego público ou função de confiança.
Parágrafo único. A lei disporá sobre os requisitos e as restrições a serem observados pelo ocupante de cargo ou detentor de emprego ou função que lhe possibilite acesso a informações privilegiadas.
Art. 21. Os cargos, funções e empregos públicos são acessíveis aos brasileiros que preencham os requisitos estabelecidos em lei, assim como aos estrangeiros, na forma da lei.
§ 1º A investidura em cargo ou emprego público depende de aprovação prévia em concurso público de provas ou de provas e títulos, ressalvadas as nomeações para cargo em comissão declarado em lei de livre nomeação e exoneração.
§ 2º O prazo de validade do concurso público é de até dois anos, prorrogável, uma vez, por igual período.
§ 3º Durante o prazo improrrogável previsto no edital de convocação, o aprovado em concurso público será convocado, observada a ordem de classificação, com prioridade sobre novos concursados, para assumir o cargo ou emprego na carreira.
§ 4º A inobservância do disposto nos §§ 1º, 2º e 3º deste artigo implica nulidade do ato e punição da autoridade responsável, nos termos da lei.
Art. 22. A lei estabelecerá os casos de contratação por tempo determinado, para atender a necessidade temporária de excepcional interesse público.
Parágrafo único. O disposto neste artigo não se aplica a funções de magistério.
Art. 23. As funções de confiança, exercidas exclusivamente por servidores ocupantes de cargo efetivo, e os cargos em comissão, a serem preenchidos por servidores de carreira nos casos, condições e percentuais mínimos previstos em lei, destinam-se apenas às atribuições de direção, chefia e assessoramento.
§ 1º Nas entidades da administração indireta, pelo menos um cargo ou função de confiança de direção superior será provido por servidor ou empregado público de carreira da respectiva instituição.
§ 2º Lei complementar disporá sobre as condições para o provimento de cargos e empregos de direção nas autarquias, fundações, empresas públicas e sociedades
Art. 24. A remuneração dos servidores públicos e o subsídio de que trata o § 7º deste artigo somente poderão ser fixados ou alterados por lei específica, observada a iniciativa privativa em cada caso, assegurada revisão geral anual, sempre na mesma data e sem distinção de índices.
§ 1º A remuneração e o subsídio dos ocupantes de cargos, funções e empregos públicos da administração direta, autárquica e fundacional dos Poderes do Estado, do Ministério Público, do Tribunal de Contas e da Defensoria Pública e os proventos, pensões ou outra espécie remuneratória, percebidos cumulativamente ou não, incluídas as vantagens pessoais, não poderão exceder o subsídio mensal dos Desembargadores do Tribunal de Justiça, nos termos do § 12 do art. 37 da Constituição da República e observado o disposto no § 5º deste artigo.
§ 2º Os vencimentos dos cargos do Poder Legislativo e do Poder Judiciário não podem ser superiores aos percebidos no Poder Executivo.
§ 3º É vedado vincular ou equiparar espécies remuneratórias para efeito de remuneração de pessoal do serviço público.
§ 4º Os acréscimos pecuniários percebidos por servidor público não serão computados nem acumulados para o fim de concessão de acréscimo ulterior. *(Parágrafo com redação dada pelo art. 5º da Emenda à Constituição nº 84, de 22/12/2010.)*
§ 5º O subsídio e os vencimentos dos ocupantes de cargos, funções e empregos públicos são irredutíveis, ressalvado o disposto nos §§ 1º, 4º e 7º deste artigo e nos arts. 150, "caput", II, e 153, "caput", III, e § 2º, I, da Constituição da República.
§ 6º A lei estabelecerá a relação entre a maior e a menor remuneração dos servidores públicos, obedecido, em qualquer caso, o disposto no § 1º deste artigo. *(Parágrafo com redação dada pelo art. 5º da Emenda à Constituição nº 84, de 22/12/2010.)*

§ 7º O membro de Poder, o detentor de mandato eletivo e os Secretários de Estado serão remunerados exclusivamente por subsídio fixado em parcela única, vedado o acréscimo de qualquer gratificação, adicional, abono, prêmio, verba de representação ou outra espécie remuneratória, e observado, em qualquer caso, o disposto no § 1º deste artigo.

§ 8º A remuneração dos servidores públicos organizados em carreira poderá ser fixada nos termos do § 7º deste artigo.

§ 9º Não serão computadas, para efeito dos limites remuneratórios de que trata o § 1º deste artigo, as parcelas de caráter indenizatório previstas em lei.

§ 10º O disposto no § 1º deste artigo aplica-se às empresas públicas e às sociedades de economia mista, bem como às suas subsidiárias, que recebam recursos do Estado para pagamento de despesas de pessoal ou de custeio em geral.

§ 11º Os Poderes Executivo, Legislativo e Judiciário publicarão anualmente os valores do subsídio e da remuneração dos cargos, funções e empregos públicos.

Art. 25. É vedada a acumulação remunerada de cargos públicos, permitida, se houver compatibilidade de horários e observado o disposto no § 1º do art. 24:

I. a de dois cargos de professor;
II. a de um cargo de professor com outro técnico ou científico;
III. a de dois cargos e empregos privativos de profissionais de saúde com profissões regulamentadas.

Parágrafo único. A proibição de acumular estende-se a empregos e funções e abrange autarquias, fundações e empresas públicas, sociedades de economia mista, bem como suas subsidiárias, e sociedades controladas, direta ou indiretamente, pelo poder público.

Art. 26. Ao servidor público da administração direta, autárquica e fundacional no exercício de mandato eletivo aplicam- se as seguintes disposições:

I. tratando-se de mandato eletivo federal, estadual ou distrital, ficará afastado do cargo, emprego ou função;
II. investido no mandato de Prefeito, será afastado do cargo, emprego ou função, sendo-lhe facultado optar por sua remuneração;
III. investido no mandato de Vereador, se houver compatibilidade de horários, perceberá as vantagens de seu cargo, emprego ou função, sem prejuízo da remuneração do cargo eletivo, e, se não houver, será aplicada a norma do inciso anterior;
IV. em qualquer caso que exija o afastamento para o exercício de mandato eletivo, seu tempo de serviço será contado para todos os efeitos legais, exceto para promoção por merecimento;
V. para o efeito de benefício previdenciário, no caso de afastamento, os valores serão determinados como se no exercício estivesse.

Art. 27. A despesa com pessoal ativo e inativo do Estado e dos Municípios não pode exceder os limites estabelecidos em lei complementar.

§ 1º A concessão de vantagem ou o aumento de remuneração, a criação de cargo, emprego e função ou a alteração de estrutura de carreira bem como a admissão ou contratação de pessoal, a qualquer título, por órgão ou entidade da administração direta ou indireta ficam condicionados a:

I. prévia dotação orçamentária suficiente para atender às projeções de despesa de pessoal e aos acréscimos dela decorrentes;
II. autorização específica na Lei de Diretrizes Orçamentárias, ressalvadas as empresas públicas e as sociedades de economia mista.

§ 2º Decorrido o prazo estabelecido em lei para a adaptação aos parâmetros por ela previstos, serão suspensos os repasses de verbas estaduais aos Municípios que não observarem os limites legalmente estabelecidos.

§ 3º Para o cumprimento dos limites estabelecidos com base neste artigo, dentro do prazo fixado na lei complementar referida no *caput*, o Estado adotará as seguintes providências, sucessivamente:

I. redução de pelo menos 20% (vinte por cento) das despesas com cargos em comissão e funções de confiança;
II. dispensa ou exoneração de servidor público civil não estável, admitido em órgão da administração direta ou em entidade autárquica ou fundacional, que conte menos de três anos de efetivo exercício no Estado;
III. dispensa ou exoneração de servidor não estável, observados os critérios de menor tempo de efetivo serviço e de avaliação de desempenho, na forma da lei.

Art. 28. A lei reservará percentual dos cargos e empregos públicos para provimento com portador de deficiência e definirá os critérios de sua admissão.

Art. 29. Os atos de improbidade administrativa importam a suspensão dos direitos políticos, a perda de função pública, a indisponibilidade dos bens e o ressarcimento ao erário, na forma e na gradação estabelecidas em lei, sem prejuízo da ação penal cabível.

Subseção II
Dos Servidores Públicos Civis

Art. 30. O Estado instituirá conselho de política de administração e remuneração de pessoal, integrado por servidores designados por seus Poderes, com a finalidade de participar da formulação da política de pessoal.

§ 1º A política de pessoal obedecerá às seguintes diretrizes:

I. valorização e dignificação da função pública e do servidor público;

II. profissionalização e aperfeiçoamento do servidor público;

III. constituição de quadro dirigente, mediante formação e aperfeiçoamento de administradores;

IV. sistema do mérito objetivamente apurado para ingresso no serviço e desenvolvimento na carreira;

V. remuneração compatível com a complexidade e a responsabilidade das tarefas e com a escolaridade exigida para seu desempenho.

§ 2º Ao servidor público que, por acidente ou doença, tornar-se inapto para exercer as atribuições específicas de seu cargo, serão assegurados os direitos e vantagens a ele inerentes, até seu definitivo aproveitamento em outro cargo.

§ 3º Para provimento de cargo de natureza técnica, exigir-se-á a respectiva habilitação profissional.

§ 4º Os recursos orçamentários provenientes da economia na execução de despesas correntes em cada órgão, autarquia e fundação serão aplicados no desenvolvimento de programas de qualidade e produtividade, de treinamento e desenvolvimento, de modernização, reaparelhamento e racionalização do serviço público ou no pagamento de adicional ou prêmio de produtividade, nos termos da lei.

§ 5º O Estado instituirá planos de carreira para os servidores da administração direta, das autarquias e das fundações públicas.

§ 6º O Estado manterá escola de governo para a formação e o aperfeiçoamento dos servidores públicos, constituindo a participação nos cursos um dos requisitos para a promoção na carreira, facultada, para isso, a celebração de convênios ou contratos com os demais entes federados.

Art. 31. O Estado assegurará ao servidor público civil da Administração Pública direta, autárquica e fundacional os direitos previstos no art. 7º, incisos IV, VII, VIII, IX, XII, XIII, XV, XVI, XVII, XVIII, XIX, XX, XXII e XXX, da Constituição da República e os que, nos termos da lei, visem à melhoria de sua condição social e da produtividade e da eficiência no serviço público, em especial o prêmio por produtividade e o adicional de desempenho:

§ 1º A lei disporá sobre o cálculo e a periodicidade do prêmio por produtividade a que se refere o *caput* deste artigo, o qual não se incorporará, em nenhuma hipótese, aos proventos de aposentadoria e pensões a que o servidor fizer jus e cuja concessão dependerá de previsão orçamentária e disponibilidade financeira do Estado.

§ 2º O adicional de desempenho será pago mensalmente, em valor variável, calculado nos termos da lei, vedada sua concessão ao detentor, exclusivamente, de cargo em comissão declarado em lei de livre nomeação e exoneração.

§ 3º Para fins de promoção e progressão nas carreiras será adotado, além dos critérios estabelecidos na legislação pertinente, o sistema de avaliação de desempenho, que será disciplinado em lei, podendo ser prevista pontuação por tempo de serviço.

§ 4º Serão concedidas ao servidor ocupante de cargo de provimento efetivo e função pública férias-prêmio com duração de três meses a cada cinco anos de efetivo exercício no serviço público do Estado de Minas Gerais.

§ 5º A avaliação de desempenho dos integrantes da Polícia Civil, para efeito de promoção e progressão nas respectivas carreiras, obedecerá a regras especiais.

§ 6º Fica assegurado ao servidor público civil o direito a:

I. assistência e previdência sociais, extensivas ao cônjuge ou companheiro e aos dependentes;

II. assistência gratuita, em creche e pré-escola, aos filhos e aos dependentes, desde o nascimento até seis anos de idade;

III. adicional de remuneração para as atividades penosas, insalubres ou perigosas.

Art. 32. A fixação dos padrões de vencimento e dos demais componentes do sistema remuneratório observará:

I. a natureza, o grau de responsabilidade e a complexidade dos cargos que compõem cada carreira;

II. os requisitos para a investidura nos cargos;
III. as peculiaridades dos cargos.
§ 1º (Revogado pelo art. 6º da Emenda à Constituição nº 57, de 15/7/2003
§ 2º (Revogado pelo art. 6º da Emenda à Constituição nº 57, de 15/7/2003.)
§ 3º Observado o disposto no *caput* e incisos deste artigo, a lei disporá sobre reajustes diferenciados nas administrações direta, autárquica e fundacional dos três Poderes do Estado, visando à reestruturação do sistema remuneratório de funções, cargos e carreiras.

Art. 33. O direito de greve será exercido nos termos e nos limites definidos em lei específica.

Art. 34. É garantida a liberação do servidor público para exercício de mandato eletivo em diretoria de entidade sindical representativa de servidores públicos, de âmbito estadual, sem prejuízo da remuneração e dos demais direitos e vantagens do seu cargo.
§ 1º Os servidores eleitos para cargos de direção ou de representação serão liberados, na seguinte proporção, para cada sindicato:
I. de 1.000 (mil) a 3.000 (três mil) filiados, 1 (um) representante;
II. de 3.001 (três mil e um) a 6.000 (seis mil) filiados, 2 (dois) representantes;
III. de 6.001 (seis mil e um) a 10.000 (dez mil) filiados, 3 (três) representantes;
IV. acima de 10.000 (dez mil) filiados, 4 (quatro) representantes.
§ 2º O Estado procederá ao desconto, em folha ou ordem de pagamento, de consignações autorizadas pelos servidores públicos civis das administrações direta e indireta em favor dos sindicatos e associações de classe, efetuando o repasse às entidades até o quinto dia do mês subsequente ao mês de competência do pagamento dos servidores, observada a data do efetivo desconto.

Art. 35. É estável, após três anos de efetivo exercício, o servidor público nomeado para cargo de provimento efetivo em virtude de concurso público.
§ 1º O servidor público estável só perderá o cargo:
I. em virtude de sentença judicial transitada em julgado;
II. mediante processo administrativo em que lhe seja assegurada ampla defesa;
III. mediante procedimento de avaliação periódica de desempenho, na forma de lei complementar, assegurada ampla defesa.

§ 2º Invalidada por sentença judicial a demissão do servidor estável, será ele reintegrado, e o eventual ocupante da vaga, se estável, reconduzido ao cargo de origem, sem direito a indenização, aproveitado em outro cargo ou posto em disponibilidade com remuneração proporcional ao tempo de serviço público federal, estadual e municipal.
§ 3º Extinto o cargo ou declarada a sua desnecessidade, o servidor estável ficará em disponibilidade, com remuneração proporcional ao tempo de serviço público federal, estadual e municipal, até seu adequado aproveitamento em outro cargo.
§ 4º Como condição para aquisição da estabilidade, é obrigatória a avaliação especial de desempenho por comissão instituída para essa finalidade.

Art. 36. Aos servidores titulares de cargos de provimento efetivo do Estado, incluídas suas autarquias e fundações, é assegurado regime próprio de previdência de caráter contributivo e solidário, mediante contribuição do Estado, dos servidores ativos e inativos e dos pensionistas, observados critérios que preservem o equilíbrio financeiro e atuarial e o disposto neste artigo.
§ 1º Os servidores abrangidos pelo regime de previdência de que trata este artigo serão aposentados com proventos calculados a partir dos valores fixados na forma dos §§ 3º e 17:
I. por invalidez permanente, com proventos proporcionais ao tempo de contribuição, exceto se a invalidez for decorrente de acidente em serviço, moléstia profissional ou doença grave, contagiosa ou incurável, na forma da lei;
II. compulsoriamente, aos setenta anos de idade, com proventos proporcionais ao tempo de contribuição;
III. voluntariamente, desde que cumprido tempo mínimo de dez anos de efetivo exercício no serviço público e cinco anos no cargo efetivo em que se der a aposentadoria, observadas as seguintes condições:
a) sessenta anos de idade e trinta e cinco de contribuição, se homem, e cinquenta e cinco anos de idade e trinta de contribuição, se mulher;
b) sessenta e cinco anos de idade, se homem, e sessenta anos de idade, se mulher, com proventos proporcionais ao tempo de contribuição.
§ 2º Os proventos de aposentadoria e as pensões, por ocasião de sua concessão, não poderão exceder a remuneração do servidor no cargo efetivo em que se deu a aposentadoria ou que serviu de referência para a concessão da pensão.

§ 3º Para o cálculo dos proventos de aposentadoria, por ocasião de sua concessão, serão consideradas as remunerações utilizadas como base para as contribuições do servidor aos regimes de previdência de que tratam este artigo e os arts. 40 e 201 da Constituição da República, na forma da lei.

§ 4º É vedada a adoção de requisitos e critérios diferenciados para a concessão de aposentadoria aos abrangidos pelo regime de que trata este artigo, ressalvados, nos termos definidos em lei complementar, os casos de servidores:

I. portadores de deficiência;
II. que exerçam atividades de risco;
III. cujas atividades sejam exercidas sob condições especiais que prejudiquem a saúde ou a integridade física.

§ 5º Os requisitos de idade e de tempo de contribuição serão reduzidos em cinco anos, em relação ao disposto no § 1º, III, "a", deste artigo, para o professor que comprove exclusivamente tempo de efetivo exercício de magistério na educação infantil e no ensino fundamental e médio.

§ 6º É vedada:
I. a percepção de mais de uma aposentadoria pelos regimes de previdência a que se referem este artigo e o art. 40 da Constituição da República, ressalvadas as aposentadorias decorrentes dos cargos acumuláveis na forma prevista nesta Constituição;
II. a percepção simultânea de proventos de aposentadoria pelos regimes de previdência a que se referem este artigo e o art. 39 desta Constituição, bem como os arts. 40, 42 e 142 da Constituição da República, com a remuneração de cargo, função ou emprego públicos, ressalvados os cargos acumuláveis na forma prevista nesta Constituição, os cargos eletivos e os cargos em comissão declarados em lei de livre nomeação e exoneração.

§ 7º Lei disporá sobre a concessão do benefício da pensão por morte, que será igual:
I. ao valor da totalidade dos proventos do servidor falecido, até o limite máximo estabelecido para os benefícios do regime geral de previdência social de que trata o art. 201 da Constituição da República, acrescido de 70% (setenta por cento) da parcela excedente a esse limite, caso o servidor estivesse aposentado na data do óbito;
II. ao valor da totalidade da remuneração do servidor no cargo efetivo em que se deu o falecimento, até o limite máximo estabelecido para os benefícios do regime geral de previdência social de que trata o art. 201 da Constituição da República, acrescido de 70% (setenta por cento) da parcela excedente a esse limite, caso o servidor estivesse em atividade na data do óbito.

§ 8º É assegurado o reajustamento dos benefícios de pensão e aposentadoria para preservar, em caráter permanente, seu valor real, conforme critérios estabelecidos em lei.

§ 9º O tempo de contribuição federal, estadual, distrital ou municipal será contado para efeito de aposentadoria, e o tempo de serviço correspondente, para efeito de disponibilidade.

§ 10º A lei não poderá estabelecer nenhuma forma de contagem de tempo de contribuição fictício.

§ 11º Aplica-se o limite fixado no art. 24, § 1º, à soma total dos proventos de aposentadoria, inclusive quando decorrentes da acumulação de cargos, funções ou empregos públicos, bem como de outras atividades sujeitas a contribuição para o regime geral de previdência social, e ao montante resultante da adição de proventos de aposentadoria com remuneração de cargo acumulável na forma desta Constituição, de cargo em comissão declarado em lei de livre nomeação e exoneração ou de cargo eletivo.

§ 12º Além do disposto neste artigo, o regime de previdência dos servidores públicos titulares de cargo efetivo observará, no que couber, os requisitos e critérios fixados para o regime geral de previdência social.

§ 13º Ao servidor ocupante, exclusivamente, de cargo em comissão declarado em lei de livre nomeação e exoneração, bem como de outro cargo temporário ou de emprego público, aplica-se o regime geral de previdência social.

§ 14º Lei de iniciativa do Governador do Estado poderá instituir regime de previdência complementar para os servidores de que trata este artigo, por intermédio de entidade fechada de previdência complementar, de natureza pública, que oferecerá aos respectivos participantes planos de benefícios somente na modalidade de contribuição definida, observado, no que couber, o disposto no art. 202 da Constituição da República.

§ 15º Após a instituição do regime de previdência complementar a que se refere o § 14, poderá ser fixado para o valor das aposentadorias e pensões de que trata este artigo o limite máximo estabelecido para os benefícios do regime geral de previdência social de que trata o art. 201 da Constituição da República.

§ 16º O disposto nos §§ 14 e 15 poderá ser aplicado ao servidor que tiver ingressado no serviço público até a data da publicação do ato de instituição do regime de previdência complementar, mediante sua prévia e expressa opção.

§ 17º Todos os valores de remuneração considerados para o cálculo dos proventos da aposentadoria previsto no § 3º deste artigo serão devidamente atualizados, na forma da lei.

§ 18º Incidirá contribuição, com percentual igual ao estabelecido para os servidores titulares de cargo de provimento efetivo, sobre a parcela dos proventos de aposentadoria e das pensões concedidos pelo regime de que trata este artigo que supere o limite máximo estabelecido para os benefícios do regime geral de previdência social de que trata o art. 201 da Constituição da República.

§ 19º Quando o beneficiário, na forma da lei, for portador de doença incapacitante, a contribuição prevista no § 18 deste artigo incidirá apenas sobre as parcelas de proventos de aposentadoria e de pensão que superem o dobro do limite máximo estabelecido para os benefícios do regime geral de previdência social de que trata o art. 201 da Constituição da República.

§ 20º O servidor de que trata este artigo que tenha cumprido as exigências para aposentadoria voluntária estabelecidas no § 1º, III, "a", e no § 5º e que opte por permanecer em atividade fará jus a abono de permanência equivalente ao valor da sua contribuição previdenciária.

§ 21º Fica vedada a existência de mais de um regime próprio de previdência para os servidores ocupantes de cargos de provimento efetivo do Estado e de mais de um órgão ou entidade gestora do respectivo regime, ressalvado o disposto no § 10 do art. 39.

§ 22º O órgão ou entidade gestora do regime próprio de previdência social dos servidores do Estado contará com colegiado, com participação paritária de representantes e de servidores dos Poderes do Estado, ao qual caberá acompanhar e fiscalizar a administração do regime, na forma do regulamento.

§ 23 Com o objetivo de assegurar recursos para o pagamento de proventos de aposentadorias e pensões concedidas aos servidores e seus dependentes, em adição aos recursos do Tesouro, o Estado poderá constituir fundos integrados pelos recursos provenientes de contribuições e por bens, direitos e ativos de qualquer natureza, mediante lei que disporá sobre a natureza e a administração desses fundos.

§ 24º É assegurado ao servidor afastar-se da atividade a partir da data do requerimento de aposentadoria, e a não concessão desta importará o retorno do requerente para o cumprimento do tempo necessário à aquisição do direito, na forma da lei.

§ 25º Para efeito de aposentadoria, é assegurada a contagem recíproca do tempo de contribuição na administração pública e na atividade privada, rural e urbana, hipótese em que os diversos regimes de previdência social se compensarão financeiramente, segundo critérios estabelecidos em lei.

Art. 37. *(Revogado pelo art. 49 da Emenda à Constituição nº 84, de 22/12/2010.)*

Subseção III
Dos Servidores Policiais Civis

Art. 38. Assegurados, no que couber, os direitos, garantias e prerrogativas previstos nas Subseções I e II deste Capítulo e observado o disposto no art. 32 desta Constituição, a lei disporá sobre os planos de carreira e o regime jurídico dos servidores policiais civis.

Parágrafo único. Lei complementar estabelecerá os requisitos e critérios para a concessão de aposentadoria aos servidores policiais civis que exerçam atividades de risco ou cujas atividades sejam exercidas sob condições especiais que prejudiquem a saúde ou a integridade física, nos termos do § 4º do art. 40 da Constituição Federal.

Seção VI
Dos Militares do Estado

Art. 39. São militares do Estado os integrantes da Polícia Militar e do Corpo de Bombeiros Militar, que serão regidos por estatuto próprio estabelecido em lei complementar.

§ 1º As patentes, com prerrogativas, direitos e deveres a elas inerentes, são asseguradas em plenitude aos Oficiais da ativa, da reserva ou reformados, sendo-lhes privativos os títulos, postos e uniforme militares.

§ 2º As patentes dos Oficiais são conferidas pelo Governador do Estado.

§ 3º O militar em atividade que aceitar cargo ou emprego público permanente será transferido para a reserva.

§ 4º O militar da ativa que aceitar cargo, emprego ou função públicos temporários, não eletivos, ainda que de entidade da administração indireta, ficará agregado ao respectivo quadro e, enquanto permanecer nessa situação, somente poderá ser promovido por antiguidade, terá seu tempo de serviço contado apenas para aquela promoção e transferência para a reserva e será, depois de dois anos de afastamento, contínuos ou não, transferido para a inatividade.
§ 5º Ao militar são proibidas a sindicalização e a greve.
§ 6º O militar, enquanto em efetivo serviço, não pode estar filiado a partidos políticos.
§ 7º O Oficial somente perderá o posto e a patente se for julgado indigno do oficialato ou com ele incompatível, por decisão do Tribunal de Justiça Militar, ou de tribunal especial, em tempo de guerra, e a lei especificará os casos de submissão a processo e o rito deste.
§ 8º O militar condenado na Justiça, comum ou militar, a pena privativa de liberdade superior a dois anos, por sentença transitada em julgado, será submetido ao julgamento previsto no parágrafo anterior.
§ 9º A lei estabelecerá as condições em que a praça perderá a graduação, observado o disposto no art. 111.
§ 10º Os direitos, deveres, garantias e vantagens do servidor militar e as normas sobre admissão, promoção, estabilidade, limites de idade e condições de transferência para a inatividade serão estabelecidos no estatuto.
§ 11º Aplica-se ao militar o disposto nos §§ 1º, 3º, 4º e 5º do art. 24, nos §§ 1º, 2º,3º, 4º, 5º e 6º do art. 31 e nos §§ 9º, 24 e 25 do art. 36 desta Constituição e nos incisos VIII, XII, XVII, XVIII e XIX do art. 7º da Constituição da República.
§ 12º Os militares da mesma patente perceberão os mesmos vencimentos e vantagens, excetuadas as provenientes de cursos ou tempo de serviço.
§ 13º Aos pensionistas dos militares aplica-se o que for fixado em lei complementar específica.

Seção VII
Dos Serviços Públicos

Art. 40. Incumbe ao Estado, às entidades da administração indireta e ao particular delegado assegurar, na prestação de serviços públicos, a efetividade:
I. dos requisitos, dentre outros, de eficiência, segurança e continuidade dos serviços públicos, e do preço ou tarifa justa e compensada;
II. dos direitos do usuário.
§ 1º A delegação da execução de serviço público será precedida de licitação, na forma da lei.
§ 2º A lei disporá sobre:
I. o regime das empresas concessionárias e permissionárias de serviços públicos, o caráter especial de seu contrato e de sua prorrogação e as condições de exclusividade do serviço, caducidade, fiscalização e rescisão da concessão ou da permissão;
II. a política tarifária;
III. a obrigação de o concessionário e o permissionário manterem serviço adequado.
§ 3º É facultado ao Poder Público ocupar e usar temporariamente bens e serviços, na hipótese de calamidade, situação em que o Estado responderá pela indenização, em dinheiro e imediatamente após a cessação do evento, dos danos e custos decorrentes.
§ 4º As reclamações relativas à prestação de serviço público serão disciplinadas em lei.
§ 5º A lei estabelecerá tratamento especial em favor do usuário de baixa renda.

Seção VIII
Da Regionalização

Subseção I
Disposições Gerais

Art. 41. O Estado articulará regionalmente a ação administrativa, com o objetivo de:
I. integrar o planejamento, a organização e a execução de funções públicas, de interesse comum, em área de intensa urbanização;
II. contribuir para a redução das desigualdades regionais, mediante execução articulada de planos, programas e projetos regionais e setoriais dirigidos ao desenvolvimento global das coletividades do mesmo complexo geoeconômico e social;
III. assistir os Municípios de escassas condições de propulsão socioeconômica, situados na região, para que se integrem no processo de desenvolvimento.

Subseção II
Da Região Metropolitana, Aglomeração Urbana e Microrregião

Art. 42. O Estado poderá instituir, mediante lei complementar, região metropolitana, aglomeração urbana e microrregião constituídas por agrupamento de Municípios limítrofes, para integrar o planejamento, a organização e a execução de funções públicas de interesse comum.

Art. 43. Considera-se função pública de interesse comum a atividade ou o serviço cuja realização por parte de um Município, isoladamente, seja inviável ou cause impacto nos outros Municípios integrantes da região metropolitana.

§ 1º A gestão de função pública de interesse comum será unificada.

§ 2º As especificações das funções públicas de interesse comum serão definidas na lei complementar que instituir região metropolitana, aglomeração urbana e microrregião.

Art. 44. A instituição de região metropolitana se fará com base nos conceitos estabelecidos nesta Constituição e na avaliação, na forma de parecer técnico, do conjunto dos seguintes dados ou fatores, dentre outros, objetivamente apurados:

I. População e crescimento demográfico, com projeção quinquenal;

II. grau de conurbação e movimentos pendulares da população;

III. atividade econômica e perspectivas de desenvolvimento;

IV. fatores de polarização;

V. Deficiência dos serviços públicos, em um ou mais Municípios, com implicação no desenvolvimento da região.

§ 1º Lei complementar estabelecerá os procedimentos para a elaboração e a análise do parecer técnico a que se refere o *caput* deste artigo, indispensável para a apresentação do projeto de lei complementar de instituição de região metropolitana.

§ 2º A inclusão de Município em região metropolitana já instituída será feita com base em estudo técnico prévio, elaborado em conformidade com os critérios estabelecidos neste artigo.

Art. 45. Considera-se região metropolitana o conjunto de Municípios limítrofes que apresentam a ocorrência ou a tendência de continuidade do tecido urbano e de complementaridade de funções urbanas, que tenha como núcleo a capital do Estado ou metrópole regional e que exija planejamento integrado e gestão conjunta permanente por parte dos entes públicos nela atuantes.

Art. 46. Haverá em cada região metropolitana:

I. uma Assembleia Metropolitana;

II. um Conselho Deliberativo de Desenvolvimento Metropolitano;

III. uma Agência de Desenvolvimento, com caráter técnico e executivo;

IV. um Plano Diretor de Desenvolvimento Integrado;

V. um Fundo de Desenvolvimento Metropolitano.

§ 1º-A Assembleia Metropolitana constitui o órgão colegiado de decisão superior e de representação do Estado e dos municípios na região metropolitana, competindo-lhe:

I. definir as macrodiretrizes do planejamento global da região metropolitana;

II. vetar, por deliberação de pelo menos dois terços de seus membros, resolução emitida pelo Conselho Deliberativo de Desenvolvimento Metropolitano.

§ 2º Fica assegurada, para fins de deliberação, representação paritária entre o Estado e os Municípios da região metropolitana na Assembleia Metropolitana, nos termos de lei complementar.

§ 3º O Conselho Deliberativo de Desenvolvimento Metropolitano é o órgão colegiado da região metropolitana ao qual compete:

I. deliberar sobre o planejamento e a execução das funções públicas de interesse comum;

II. elaborar a programação normativa da implantação e da execução das funções públicas de interesse comum;

III. provocar a elaboração e aprovar o Plano Diretor de Desenvolvimento Integrado da região metropolitana;

IV. aprovar as regras de compatibilização entre o planejamento da região metropolitana e as políticas setoriais adotadas pelo poder público para a região;

V. deliberar sobre a gestão do Fundo de Desenvolvimento Metropolitano.

§ 4º Fica assegurada a participação de representantes do Estado, dos Municípios da região metropolitana e da sociedade civil organizada no Conselho Deliberativo de Desenvolvimento Metropolitano.

- *(Artigo com redação dada pelo art. 1º da Emenda à Constituição nº 65, de 25/11/2004.)*

Art. 47. Fica instituído o Fundo de Desenvolvimento Metropolitano, destinado a financiar os planos e projetos da região metropolitana, em consonância com o Plano Diretor de Desenvolvimento Integrado.

Art. 48. Considera-se aglomeração urbana o agrupamento de Municípios limítrofes que

apresentam tendência à complementaridade das funções urbanas que exija planejamento integrado e recomende ação coordenada dos entes públicos.
Parágrafo único. A instituição de aglomeração urbana obedecerá, no que couber, ao disposto no art. 44.
Art. 49. Considera-se microrregião o agrupamento de Municípios limítrofes resultante de elementos comuns físico-territoriais e sócioeconômicos que exija planejamento integrado com vistas a criar condições adequadas para o desenvolvimento e a integração regional.
Art. 50. O Estado compatibilizará a organização administrativa regional de seus órgãos da administração direta e indireta com as regiões metropolitanas, aglomerações urbanas e microrregiões.

Subseção III
Das Regiões de Desenvolvimento

Art. 51. O Estado instituirá autarquias territoriais para planejamento e orientação da execução articulada de funções e serviços públicos com a finalidade de desenvolvimento global em favor da população do mesmo complexo geoeconômico e social.
§ 1º Entre outras atribuições, incumbe à autarquia territorial de desenvolvimento:
I. coordenar a elaboração dos planos, programas e projetos permanentes de desenvolvimento integrado da região, orientando, fiscalizando e controlando-lhes a execução, observadas as diretrizes do Governo;
II. articular, no âmbito regional, a ação dos organismos estaduais, para que se integrem no processo de consecução racionalizada dos objetivos comuns de justiça social e desenvolvimento;
III. executar, em articulação com os organismos estaduais, funções públicas e serviços essenciais da infraestrutura de desenvolvimento do complexo geoeconômico e social;
IV. articular-se com organismo federal, ou internacional, para a captação de recursos de investimento ou financiamento na região;
V. promover a cultura e preservar as tradições da região.
§ 2º É obrigatória a inclusão, nas propostas orçamentárias e nos planos plurianuais de despesas de capital, de dotações especificamente destinadas às regiões de desenvolvimento, que serão administradas pelas respectivas autarquias.

§ 3º Lei complementar disporá sobre as autarquias territoriais de desenvolvimento, sua organização e funcionamento.
§ 4º A lei criará o Fundo de Desenvolvimento Regional.

CAPÍTULO II
Da Organização dos Poderes

Seção I
Do Poder Legislativo

Subseção I
Da Assembleia Legislativa

Art. 52. O Poder Legislativo é exercido pela Assembleia Legislativa, que se compõe de representantes do povo mineiro, eleitos na forma da lei.
§ 1º O número de Deputados corresponde ao triplo da representação do Estado na Câmara dos Deputados e, atingido o número de trinta e seis, será acrescido de tantos quantos forem os Deputados Federais acima de doze.
§ 2º O número de Deputados não vigorará na legislatura em que for fixado.
§ 3º Cada legislatura terá a duração de quatro anos.
Art. 53. A Assembleia Legislativa se reunirá, em sessão ordinária, na Capital do Estado, independentemente de convocação, de primeiro de fevereiro a dezoito de julho e de primeiro de agosto a vinte de dezembro de cada ano.
§ 1º As reuniões previstas para as datas fixadas neste artigo serão transferidas para o primeiro dia útil subsequente, quando recaírem em sábado, domingo ou feriado.
§ 2º A sessão legislativa ordinária não será interrompida sem a aprovação do projeto da Lei de Diretrizes Orçamentárias nem encerrada sem que seja aprovado o projeto da Lei Orçamentária Anual.
§ 3º No início de cada legislatura, haverá reuniões preparatórias, entre os dias primeiro e quinze de fevereiro, com a finalidade de:
I. dar posse aos Deputados diplomados;
II. eleger a Mesa da Assembleia para mandato de dois anos, permitida uma única recondução para o mesmo cargo na eleição subsequente, na mesma legislatura ou na seguinte.

§ 4º Por motivo de conveniência pública e deliberação da maioria de seus membros, poderá a Assembleia Legislativa reunir-se, temporariamente, em qualquer cidade do Estado.
§ 5º A convocação de sessão extraordinária da Assembleia Legislativa será feita:
I. pelo Governador do Estado, em caso de urgência ou de interesse público relevante, com a aprovação da maioria dos membros da Assembleia Legislativa;
II. por seu Presidente, quando ocorrer intervenção em Município, para o compromisso e a posse do Governador e do Vice-Governador do Estado, ou, em caso de urgência ou de interesse público relevante, a requerimento da maioria de seus membros.
§ 6º Na sessão extraordinária, a Assembleia Legislativa somente deliberará sobre a matéria para a qual tenha sido convocada, vedado o pagamento de parcela indenizatória em razão da convocação.
§ 7º (Suprimido pelo art. 1º da Emenda à Constituição nº 21, de 3/7/1997.)
Art. 54. A Assembleia Legislativa ou qualquer de suas comissões poderão convocar Secretário de Estado, dirigente de entidade da administração indireta ou titular de órgão diretamente subordinado ao Governador do Estado para prestarem, pessoalmente, informações sobre assunto previamente determinado, sob pena de responsabilidade, no caso de ausência injustificada.
§ 1º O Secretário de Estado poderá comparecer à Assembleia Legislativa ou a qualquer de suas comissões, por sua iniciativa e após entendimento com a Mesa da Assembleia, para expor assunto de relevância de sua Secretaria.
§ 2º A Mesa da Assembleia poderá encaminhar ao Secretário de Estado pedido escrito de informação, e a recusa, ou o não atendimento no prazo de trinta dias, ou a prestação de informação falsa importam crime de responsabilidade.
§ 3º A Mesa da Assembleia poderá encaminhar pedido de informação a dirigente de entidade da administração indireta, ao Comandante-Geral da Polícia Militar e a outras autoridades estaduais, e a recusa, ou o não atendimento no prazo de trinta dias, ou a prestação de informação falsa constituem infração administrativa, sujeita a responsabilização.
Art. 55. As deliberações da Assembleia Legislativa e de suas comissões serão tomadas por voto aberto e, salvo disposição constitucional em contrário, por maioria de votos, presente a maioria de seus membros.

Parágrafo único. Adotar-se-á a votação nominal nas deliberações sobre as proposições a que se refere o art. 63.

Subseção II
Dos Deputados

Art. 56. O Deputado é inviolável, civil e penalmente, por quaisquer de suas opiniões, palavras e votos.
§ 1º O Deputado, desde a expedição do diploma, será submetido a julgamento perante o Tribunal de Justiça.
§ 2º O Deputado não pode, desde a expedição do diploma, ser preso, salvo em flagrante de crime inafiançável.
§ 3º Na hipótese prevista no § 2º deste artigo, os autos serão remetidos dentro de vinte e quatro horas à Assembleia Legislativa, para que esta, pelo voto da maioria de seus membros, resolva sobre a prisão.
§ 4º Recebida a denúncia contra Deputado, por crime ocorrido após a diplomação, o Tribunal de Justiça dará ciência à Assembleia Legislativa, que, por iniciativa de partido político nela representado e pelo voto da maioria de seus membros, poderá, até a decisão final, sustar o andamento da ação.
§ 5º O pedido de sustação será apreciado pela Assembleia Legislativa no prazo improrrogável de quarenta e cinco dias do seu recebimento pela Mesa.
§ 6º A sustação do processo suspende a prescrição, enquanto durar o mandato.
§ 7º O Deputado não será obrigado a testemunhar sobre informação recebida ou prestada em razão do exercício do mandato, nem sobre pessoa que a ele confiou ou dele recebeu informação.
§ 8º Aplicam-se ao Deputado as regras da Constituição da República não inscritas nesta Constituição sobre sistema eleitoral, inviolabilidade, imunidade, remuneração, perda de mandato, licença, impedimento e incorporação às Forças Armadas.
Art. 57. O Deputado não pode:
I. desde a expedição do diploma:
a) firmar ou manter contrato com pessoa jurídica de direito público, autarquia, empresa pública, sociedade de economia mista ou empresa concessionária de serviço público, salvo quando o contrato obedecer a cláusulas uniformes;
b) aceitar ou exercer cargo, função ou emprego remunerado, incluídos os de que seja demissível *ad nutum*, nas entidades indicadas na alínea anterior;

II. desde a posse:
a) ser proprietário, controlador ou diretor de empresa que goze de favor decorrente de contrato com pessoa jurídica de direito público, ou nela exercer função remunerada;
b) ocupar cargo ou função de que seja demissível *ad nutum* nas entidades indicadas no inciso I, a;
c) patrocinar causa em que seja interessada qualquer das entidades a que se refere o inciso I, a;
d) ser titular de mais de um cargo ou mandato público eletivo.

Art. 58. Perderá o mandato o Deputado:
I. que infringir proibição estabelecida no artigo anterior;
II. cujo procedimento for declarado incompatível com o decoro parlamentar;
III. que deixar de comparecer, em cada sessão legislativa, à terça parte das reuniões ordinárias, salvo licença ou missão autorizada pela Assembleia Legislativa;
IV. que perder os direitos políticos ou os tiver suspensos;
V. quando o decretar a Justiça Eleitoral, nos casos previstos na Constituição da República;
VI. que sofrer condenação criminal em sentença transitada em julgado.
§ 1º É incompatível com o decoro parlamentar, além dos casos definidos no Regimento Interno, o abuso de prerrogativa assegurada ao Deputado ou a percepção de vantagem indevida.
§ 2º Nos casos dos incisos I, II e VI, a perda de mandato será decidida pela Assembleia Legislativa pelo voto da maioria de seus membros, por provocação da Mesa ou de partido político representado na Assembleia Legislativa, assegurada ampla defesa.
§ 3º Nos casos dos incisos III, IV e V, a perda será declarada pela Mesa da Assembleia, de ofício ou por provocação de qualquer de seus membros ou de partido político representado na Assembleia Legislativa, assegurada ampla defesa.
§ 4º A renúncia de parlamentar submetido a processo que vise ou possa levar à perda do mandato, nos termos deste artigo, terá seus efeitos suspensos até as deliberações finais de que tratam os §§ 2º e 3º.

Art. 59. Não perderá o mandato o Deputado:
I. investido em cargo de Ministro de Estado, Governador de Território, Secretário de Estado, do Distrito Federal, de Território, de Prefeitura de Capital ou de chefe de missão diplomática temporária;

II. licenciado por motivo de doença ou para tratar, sem remuneração, de interesse particular, desde que, neste caso, o afastamento não ultrapasse cento e vinte dias por sessão legislativa.
§ 1º O suplente será convocado nos casos de vaga, de investidura em cargo mencionado neste artigo, ou de licença superior a cento e vinte dias, vedada a sua posse em períodos de recesso, excetuando-se a hipótese de convocação extraordinária da Assembleia Legislativa, caso em que a posse poderá ocorrer a partir do primeiro dia da sessão extraordinária.
§ 2º Se ocorrer vaga e não houver suplente, far-se-á eleição para preenchê-la, se faltarem mais de quinze meses para o término do mandato.
§ 3º Na hipótese do inciso I, o Deputado poderá optar pela remuneração do mandato.

Subseção III
Das Comissões

Art. 60. A Assembleia Legislativa terá comissões permanentes e temporárias, constituídas na forma do Regimento Interno e com as atribuições nele previstas, ou conforme os termos do ato de sua criação.
§ 1º Na constituição da Mesa e na de cada comissão é assegurada, tanto quanto possível, a participação proporcional dos partidos políticos ou dos blocos parlamentares representados na Assembleia Legislativa.
§ 2º Às comissões, em razão da matéria de sua competência, cabe:
I. discutir e votar projeto de lei que dispensar, na forma do Regimento Interno, a competência do Plenário, salvo se houver recurso de um décimo dos membros da Assembleia;
II. realizar audiência pública com entidade da sociedade civil;
III. realizar audiência pública em regiões do Estado, para subsidiar o processo legislativo, observada a disponibilidade orçamentária;
IV. convocar, além das autoridades a que se refere o art. 54, outra autoridade estadual para prestar informação sobre assunto inerente às suas atribuições, constituindo infração administrativa a recusa ou o não atendimento no prazo de trinta dias;
V. receber petição, reclamação, representação ou queixa de qualquer pessoa contra ato ou omissão de autoridade ou entidade públicas;
VI. solicitar depoimento de qualquer autoridade ou cidadão;

VII. apreciar plano de desenvolvimento e programa de obras do Estado, de região metropolitana, de aglomeração urbana e de microrregião;
VIII. acompanhar a implantação dos planos e programas de que trata o inciso anterior e exercer a fiscalização dos recursos estaduais neles investidos.
§ 3º As Comissões Parlamentares de Inquérito, observada a legislação específica, no que couber, terão poderes de investigação próprios das autoridades judiciárias, além de outros previstos no Regimento Interno, e serão criadas a requerimento de um terço dos membros da Assembleia Legislativa, para apuração de fato determinado e por prazo certo, e suas conclusões, se for o caso, serão encaminhadas ao Ministério Público, ou a outra autoridade competente, para que se promova a responsabilidade civil, criminal ou administrativa do infrator.

Subseção IV
Das Atribuições da Assembleia Legislativa

Art. 61. Cabe à Assembleia Legislativa, com a sanção do Governador, não exigida esta para o especificado no art. 62, dispor sobre todas as matérias de competência do Estado, especificamente:
I. plano plurianual e orçamentos anuais;
II. diretrizes orçamentárias;
III. sistema tributário estadual, arrecadação e distribuição de rendas;
IV. dívida pública, abertura e operação de crédito;
V. plano de desenvolvimento;
VI. normas gerais relativas ao planejamento e execução de funções públicas de interesse comum, a cargo da região metropolitana, aglomeração urbana e microrregião;
VII. fixação e modificação dos efetivos da Polícia Militar e do Corpo de Bombeiros Militar;
VIII. criação, transformação e extinção de cargo, emprego e função públicos na administração direta, autárquica e fundacional e fixação de remuneração, observados os parâmetros estabelecidos na Lei de Diretrizes Orçamentárias;
IX. servidor público da administração direta, autárquica e fundacional, seu regime jurídico único, provimento de cargos, estabilidade e aposentadoria de civil e reforma e transferência de militar para a inatividade;
X. fixação do quadro de empregos das empresas públicas, sociedades de economia mista e demais entidades sob controle direto ou indireto do Estado;
XI. criação, estruturação, definição de atribuições e extinção de Secretarias de Estado e demais órgãos da administração pública;
XII. organização do Ministério Público, da Advocacia do Estado, da Defensoria Pública, do Tribunal de Contas, da Polícia Militar, da Polícia Civil e dos demais órgãos da Administração Pública;
XIII. organização e divisão judiciárias;
XIV. bens do domínio público;
XV. aquisição onerosa e alienação de bem imóvel do Estado;
XVI. transferência temporária da sede do Governo Estadual;
XVII. matéria decorrente da competência comum prevista no art. 23 da Constituição da República;
XVIII. matéria de legislação concorrente, de que trata o art. 24 da Constituição da República;
XIX. matéria da competência reservada ao Estado Federado no § 1º do art. 25 da Constituição da República;
XX. fixação do subsídio do Deputado Estadual, observado o disposto nos arts. 24, § 7º, e 53, § 6º, desta Constituição, e nos arts. 27, § 2º; 150, "caput", II, e 153, "caput", III, e § 2º, I, da Constituição da República;
XXI. fixação dos subsídios do Governador, do Vice-Governador e dos Secretários de Estado, observado o disposto no art. 24, §§ 1º e 7º, desta Constituição, e nos arts. 150, "caput", II, e 153, "caput", III, e § 2º, I, da Constituição da República.

Art. 62. Compete privativamente à Assembleia Legislativa:
I. eleger a Mesa e constituir as comissões;
II. elaborar o Regimento Interno;
III. dispor sobre sua organização, funcionamento e polícia;
IV. dispor sobre a criação, a transformação ou a extinção de cargo, emprego e função de seus serviços e de sua administração indireta;
V. aprovar crédito suplementar ao orçamento de sua Secretaria, nos termos desta Constituição;
VI. resolver sobre prisão e sustar o andamento de ação penal contra Deputado, observado o disposto no art. 56;
VII. (Revogado pelo art. 49 da Emenda à Constituição nº 84, de 22/12/2010.)
VIII. (Revogado pelo art. 49 da Emenda à Constituição nº 84, de 22/12/2010.)

IX. dar posse ao Governador e ao Vice-Governador do Estado;

X. conhecer da renúncia do Governador e do Vice-Governador do Estado;

XI. conceder licença ao Governador do Estado para interromper o exercício de suas funções;

XII. autorizar o Governador a ausentar-se do Estado, e o Vice-Governador, do País, quando a ausência exceder quinze dias;

XIII. autorizar, por dois terços de seus membros, a instauração de processo contra o Governador e o Vice-Governador do Estado, nos crimes de responsabilidade, e, contra o Secretário de Estado, nos crimes de responsabilidade não conexos com os do Governador;

XIV. processar e julgar o Governador e o Vice-Governador do Estado nos crimes de responsabilidade, e o Secretário de Estado nos crimes da mesma natureza conexos com aqueles;

XV. processar e julgar o Procurador-Geral de Justiça e o Advogado-Geral do Estado nos crimes de responsabilidade;

XVI. aprovar, por maioria de seus membros, a exoneração, de ofício, do Procurador-Geral de Justiça, antes do término de seu mandato;

XVII. destituir, na forma da lei orgânica do Ministério Público, por maioria de seus membros, o Procurador-Geral de Justiça;

XVIII. destituir do cargo o Governador e o Vice-Governador do Estado, após condenação por crime comum ou de responsabilidade;

XIX. proceder à tomada de contas do Governador do Estado não apresentadas dentro de sessenta dias da abertura da sessão legislativa;

XX. julgar, anualmente, as contas prestadas pelo Governador do Estado, e apreciar os relatórios sobre a execução dos planos de governo;

XXI. escolher quatro dos sete Conselheiros do Tribunal de Contas;

XXII. apreciar, anualmente, as contas do Tribunal de Contas;

XXIII. aprovar, previamente, após arguição pública, a escolha:
a) dos Conselheiros do Tribunal de Contas indicados pelo Governador do Estado;
b) dos membros do Conselho de Governo indicados pelo Governador do Estado, do Conselho Estadual de Educação e do Conselho de Defesa Social;
c) de Interventor em Município;
d) dos Presidentes das entidades da administração pública indireta, dos Presidentes e dos Diretores do sistema financeiro estadual; Vide *ADIN 1642-3.*
e) de titular de cargo, quando a lei o determinar.

XXIV. eleger os quatro membros do Conselho de Governo a que se refere o inciso V do art. 94;

XXV. (*Inciso declarado inconstitucional em 7/8/1997 – ADIN 165. Acórdão publicado no Diário da Justiça em 26/9/1997.*)

XXVI. aprovar convênio intermunicipal para modificação de limites;

XXVII. solicitar a intervenção federal;

XXVIII. aprovar ou suspender a intervenção em Município;

XXIX. suspender, no todo ou em parte, a execução de ato normativo estadual declarado, incidentalmente, inconstitucional por decisão definitiva do Tribunal de Justiça, quando a decisão de inconstitucionalidade for limitada ao texto da Constituição do Estado;

XXX. sustar os atos normativos do Poder Executivo que exorbitem do poder regulamentar ou dos limites de delegação legislativa;

XXXI. fiscalizar e controlar os atos do Poder Executivo, incluídos os da administração indireta;

XXXII. dispor sobre limites e condições para a concessão de garantia do Estado em operações de crédito;

XXXIII. zelar pela preservação de sua competência legislativa em face da atribuição normativa dos outros Poderes;

XXXIV. aprovar, previamente, a alienação ou a concessão de terra pública, ressalvados:
a) os casos previstos no § 2º do art. 246 e nos §§ 3º e 8º do art. 247;
b) a alienação ou a concessão de terras públicas e devolutas rurais previstas no art. 247, com área de até 100ha (cem hectares);

XXXV. mudar temporariamente sua sede;

XXXVI. dispor sobre o sistema de previdência e assistência social dos seus membros e o sistema de assistência social dos servidores de sua Secretaria;

XXXVII. manifestar-se, perante o Congresso Nacional, após resolução aprovada pela maioria de seus membros, na hipótese de incorporação, subdivisão ou desmembramento de área do território do Estado, nos termos do art. 48, VI, da Constituição da República.

XXXVIII. autorizar referendo e convocar plebiscito nas questões de competência do Estado.

§ 1º No caso previsto no inciso XIV, a condenação, que somente será proferida por dois terços dos votos da Assembleia Legislativa, se limitará à perda do cargo, com inabilitação, por oito anos, para o exercício de função pública, sem prejuízo das demais sanções judiciais cabíveis.

§ 2º A representação judicial da Assembleia Legislativa é exercida por sua Procuradoria-Geral, à qual cabe também a consultoria jurídica do Poder Legislativo.

§ 3º O não encaminhamento, à Assembleia Legislativa, dos convênios a que se refere o inciso XXV, nos dez dias úteis subsequentes à sua celebração, implica a nulidade dos atos já praticados em virtude de sua execução.

§ 4º O exercício da competência a que se refere o inciso XXXVIII dar-se-á nos termos da lei.

Subseção V
Do Processo Legislativo

Art. 63. O processo legislativo compreende a elaboração de:
I. emenda à Constituição;
II. lei complementar;
III. lei ordinária;
IV. lei delegada; ou
V. resolução.

Parágrafo único. Lei complementar disporá sobre a elaboração, redação, a alteração e a consolidação das leis.

Art. 64. A Constituição pode ser emendada por proposta:
I. de, no mínimo, um terço dos membros da Assembleia Legislativa;
II. do Governador do Estado; ou
III. de, no mínimo, 100 (cem) Câmaras Municipais, manifestada pela maioria de cada uma delas.

§ 1º As regras de iniciativa privativa pertinentes a legislação infraconstitucional não se aplicam à competência para a apresentação da proposta de que trata este artigo.

§ 2º A Constituição não pode ser emendada na vigência de estado de sítio ou estado de defesa, nem quando o Estado estiver sob intervenção federal.

§ 3º A proposta será discutida e votada em dois turnos e considerada aprovada se obtiver, em ambos, três quintos dos votos dos membros da Assembleia Legislativa.

§ 4º A emenda à Constituição, com o respectivo número de ordem, será promulgada pela Mesa da Assembleia.

§ 5º A matéria constante de proposta de emenda rejeitada ou havida por prejudicada não pode ser reapresentada na mesma sessão legislativa.

Art. 65. A iniciativa de lei complementar e ordinária cabe a qualquer membro ou comissão da Assembleia Legislativa, ao Governador do Estado, ao Tribunal de Justiça, ao Tribunal de Contas, ao Procurador-Geral de Justiça e aos cidadãos, na forma e nos casos definidos nesta Constituição.

§ 1º A lei complementar é aprovada por maioria dos membros da Assembleia Legislativa.

§ 2º Consideram-se lei complementar, entre outras matérias previstas nesta Constituição:
I. o Código de Finanças Públicas e o Código Tributário;
II. a Lei de Organização e Divisão Judiciárias;
III. o Estatuto dos Servidores Públicos Civis, o Estatuto dos Militares e as leis que instituírem os respectivos regimes de previdência;
IV. as leis orgânicas do Ministério Público, do Tribunal de Contas, da Advocacia do Estado, da Defensoria Pública, da Polícia Civil e da Polícia Militar.

Art. 66. São matérias de iniciativa privativa, além de outras previstas nesta Constituição:
I. da Mesa da Assembleia:
a) o Regimento Interno da Assembleia Legislativa;
b) o subsídio do Deputado Estadual, observado o disposto nos arts. 27, § 2º; 150, "caput", II, e 153, "caput", III, e § 2º, I, da Constituição da República;
c) os subsídios do Governador, do Vice-Governador e do Secretário de Estado, observado o disposto nos arts. 150, "caput", II, e 153, "caput", III, e § 2º, I, da Constituição da República;
d) a organização da Secretaria da Assembleia Legislativa, seu funcionamento e sua polícia, a criação, a transformação ou a extinção de cargo, emprego e função e o regime jurídico de seus servidores;
e) a criação de entidade da administração indireta da Assembleia Legislativa;
f) a autorização para o Governador ausentar-se do Estado, e o Vice-Governador, do País, quando a ausência exceder quinze dias;
g) a mudança temporária da sede da Assembleia Legislativa;

h) a remuneração dos servidores da Secretaria da Assembleia Legislativa, observados os parâmetros estabelecidos na Lei de Diretrizes Orçamentárias e o disposto nos arts. 24 e 32 desta Constituição
II. do Tribunal de Contas, por seu Presidente, a criação e a extinção de cargo e função públicos e a fixação do subsídio de seus membros e da remuneração dos servidores da sua Secretaria, observados os parâmetros da Lei de Diretrizes Orçamentárias;
III. do Governador do Estado:
a) a fixação e a modificação dos efetivos da Polícia Militar e do Corpo de Bombeiros Militar;
b) a criação de cargo e função públicos da administração direta, autárquica e fundacional e a fixação da respectiva remuneração, observados os parâmetros da Lei de Diretrizes Orçamentárias;
c) o regime de previdência dos militares, o regime de previdência e o regime jurídico único dos servidores públicos da administração direta, autárquica e fundacional, incluídos o provimento de cargo e a estabilidade;
d) o quadro de empregos das empresas públicas, sociedades de economia mista e demais entidades sob controle direto ou indireto do Estado;
e) a criação, estruturação e extinção de Secretaria de Estado, órgão autônomo e entidade da administração indireta;
f) a organização da Advocacia do Estado, da Defensoria Pública, da Polícia Civil, da Polícia Militar e dos demais órgãos da Administração Pública, respeitada a competência normativa da União;
g) os planos plurianuais;
h) as diretrizes orçamentárias;
i) os orçamentos anuais;
IV. do Tribunal de Justiça, por seu Presidente:
a) a criação e a organização de juízo inferior e de vara judiciária, a criação e a extinção de cargo e função públicos e a remuneração dos seus serviços auxiliares e dos juízes que lhe forem vinculados, bem como a fixação do subsídio de seus membros e dos juízes, observados os parâmetros estabelecidos na Lei de Diretrizes Orçamentárias e o disposto nos arts. 24 e 32 desta Constituição;
b) a criação, a transformação ou a extinção de cargo e função públicos de sua Secretaria e da Secretaria do Tribunal de Justiça Militar e a fixação da respectiva remuneração, observados os parâmetros estabelecidos na Lei de Diretrizes Orçamentárias e o disposto nos arts. 24 e 32 desta Constituição;

c) a organização e a divisão judiciárias e suas alterações.
§ 1º A iniciativa de que tratam as alíneas "a", "d", "e", "f" e "g" do inciso I do "caput" será formalizada por meio de projeto de resolução.
§ 2º Ao Procurador-Geral de Justiça é facultada, além do disposto no art. 125, a iniciativa de projetos sobre a criação, a transformação e a extinção de cargo e função públicos do Ministério Público e dos serviços auxiliares e a fixação da respectiva remuneração, observados os parâmetros estabelecidos na Lei de Diretrizes Orçamentárias e o disposto nos arts. 24 e 32 desta Constituição

Art. 67. Salvo nas hipóteses de iniciativa privativa e de matéria indelegável, previstas nesta Constituição, a iniciativa popular pode ser exercida pela apresentação à Assembleia Legislativa de projeto de lei, subscrito por, no mínimo, dez mil eleitores do Estado, em lista organizada por entidade associativa legalmente constituída, que se responsabilizará pela idoneidade das assinaturas.
§ 1º Das assinaturas, no máximo vinte e cinco por cento poderão ser de eleitores alistados na Capital do Estado.
§ 2º (Suprimido pelo art. 1º da Emenda à Constituição nº 32, de 18/3/1998.)

Art. 68. Não será admitido aumento da despesa prevista:
I. nos projetos de iniciativa do Governador do Estado, ressalvada a comprovação da existência de receita e o disposto no art. 160, III;
II. nos projetos sobre organização dos serviços administrativos da Assembleia Legislativa, dos Tribunais e do Ministério Público.

Art. 69. O Governador do Estado poderá solicitar urgência para apreciação de projeto de sua iniciativa.
§ 1º Se a Assembleia Legislativa não se manifestar em até quarenta e cinco dias sobre o projeto, será ele incluído na ordem do dia, sobrestando-se a deliberação quanto aos demais assuntos, para que se ultime a votação.
§ 2º O prazo estabelecido no §1º não corre em período de recesso da Assembleia Legislativa nem se aplica a projeto que dependa de quórum especial para aprovação, a projeto de lei orgânica, estatutária ou equivalente a código e a projeto relativo a plano

plurianual, diretrizes orçamentárias, orçamento anual ou crédito adicional.

Art. 70. A proposição de lei, resultante de projeto aprovado pela Assembleia Legislativa, será enviada ao Governador do Estado, que, no prazo de quinze dias úteis, contados da data de seu recebimento:
I. se aquiescer, sancioná-la-á; ou
II. se a considerar, no todo ou em parte, inconstitucional ou contrária ao interesse público, vetá-la-á total ou parcialmente.
§ 1º O silêncio do Governador do Estado, decorrido o prazo, importa sanção.
§ 2º A sanção expressa ou tácita supre a iniciativa do Poder Executivo no processo legislativo.
§ 3º O Governador do Estado publicará o veto e, dentro de quarenta e oito horas, comunicará seus motivos ao Presidente da Assembleia Legislativa.
§ 4º O veto parcial abrangerá texto integral de artigo, de parágrafo, de inciso ou de alínea.
§ 5º A Assembleia Legislativa, dentro de trinta dias contados do recebimento da comunicação do veto, sobre ele decidirá, e sua rejeição só ocorrerá pelo voto da maioria de seus membros.
§ 6º Se o veto não for mantido, será a proposição de lei enviada ao Governador do Estado para promulgação.
§ 7º Esgotado o prazo estabelecido no § 5º sem deliberação, o veto será incluído na ordem do dia da reunião imediata, sobrestadas as demais proposições, até votação final, ressalvada a matéria de que trata o § 1º do artigo anterior.
§ 8º Se, nos casos dos §§ 1º e 6º, a lei não for, dentro de quarenta e oito horas, promulgada pelo Governador do Estado, o Presidente da Assembleia Legislativa a promulgará, e, se este não o fizer em igual prazo, caberá ao Vice-Presidente fazê-lo.

Art. 71. A matéria constante de projeto de lei rejeitado somente poderá constituir objeto de novo projeto na mesma sessão legislativa por proposta da maioria dos membros da Assembleia Legislativa.

Art. 72. As leis delegadas serão elaboradas pelo Governador do Estado, por solicitação à Assembleia Legislativa.
§ 1º Não podem constituir objeto de delegação os atos de competência privativa da Assembleia Legislativa, a matéria reservada à lei complementar e a legislação sobre:
I. organização do Poder Judiciário, do Ministério Público e do Tribunal de Contas, a carreira e a garantia de seus membros, bem assim a carreira e a remuneração dos servidores de suas Secretarias;
II. planos plurianuais, diretrizes orçamentárias e orçamentos.
§ 2º A delegação ao Governador do Estado terá a forma de resolução da Assembleia Legislativa, que especificará seu conteúdo e os termos de seu exercício.
§ 3º Se a resolução determinar a apreciação do projeto pela Assembleia Legislativa, esta o fará em votação única, vedada qualquer emenda.

Subseção VI
Da Fiscalização e dos Controles

Art. 73. A sociedade tem direito a governo honesto, obediente à lei e eficaz.
§ 1º Os atos das unidades administrativas dos Poderes do Estado e de entidade da administração indireta se sujeitarão a:
I. controles internos exercidos, de forma integrada, pelo próprio Poder e a entidade envolvida;
II. controle externo, a cargo da Assembleia Legislativa, com o auxílio do Tribunal de Contas; e
III. controle direto, pelo cidadão e associações representativas da comunidade, mediante amplo e irrestrito exercício do direito de petição e representação perante órgão de qualquer Poder e entidade da administração indireta.
§ 2º É direito da sociedade manter-se correta e oportunamente informada de ato, fato ou omissão, imputáveis a órgão, agente político, servidor público ou empregado público e de que tenham resultado ou possam resultar:
I. ofensa à moralidade administrativa, ao patrimônio público e aos demais interesses legítimos, coletivos ou difusos;
II. prestação de serviço público insuficiente, tardia ou inexistente;
III. propaganda enganosa do Poder Público;
IV. inexecução ou execução insuficiente ou tardia de plano, programa ou projeto de governo e de programas e projetos priorizados em audiências públicas regionais; ou
V. ofensa a direito individual ou coletivo consagrado nesta Constituição.
§ 3º Os Poderes do Estado, seus órgãos e entidades, o Tribunal de Contas e o Ministério Público divulgarão, no órgão oficial de imprensa do Estado

e por meio eletrônico de acesso público, até o vigésimo dia do mês subsequente ao trimestre vencido, demonstrativo da despesa mensal realizada no trimestre anterior com remuneração, subsídio e verbas indenizatórias, incluídas as vantagens de natureza pessoal ou de qualquer outra natureza, de seus servidores, empregados públicos e agentes políticos, ativos e inativos, discriminada por unidade orçamentária e por cargo, emprego ou função e respectivos números de ocupantes ou membros.

Art. 74. A fiscalização contábil, financeira, orçamentária, operacional e patrimonial do Estado e das entidades da administração indireta é exercida pela Assembleia Legislativa, mediante controle externo, e pelo sistema de controle interno de cada Poder e entidade.

§ 1º A fiscalização e o controle de que trata este artigo abrangem:

I. a legalidade, legitimidade, economicidade e razoabilidade de ato gerador de receita ou determinante de despesa e do de que resulte nascimento ou extinção de direito ou obrigação;

II. a fidelidade funcional do agente responsável por bem ou valor públicos; e

III. o cumprimento de programa de trabalho expresso em termos monetários, a realização de obra, a prestação de serviço e a execução orçamentária de propostas priorizadas em audiências públicas regionais.

§ 2º Prestará contas a pessoa física ou jurídica que:

I. utilizar, arrecadar, guardar, gerenciar ou administrar dinheiro, bem ou valor públicos ou pelos quais responda o Estado ou entidade da administração indireta; ou

II. assumir, em nome do Estado ou de entidade da administração indireta, obrigações de natureza pecuniária.

§ 3º As unidades administrativas dos Poderes do Estado e as entidades da administração indireta publicarão, mensalmente, no órgão oficial e, facultativamente, em jornais locais, resumo do demonstrativo das despesas orçamentárias executadas no período.

Art. 75. As disponibilidades de caixa do Estado e dos órgãos ou entidades da administração direta e indireta serão depositadas nas instituições financeiras oficiais, ressalvados os casos previstos em lei federal.

Art. 76. O controle externo, a cargo da Assembleia Legislativa, será exercido com o auxílio do Tribunal de Contas, ao qual compete:

I. apreciar as contas prestadas anualmente pelo Governador do Estado e sobre elas emitir parecer prévio, em sessenta dias, contados de seu recebimento;

II. julgar as contas dos administradores e demais responsáveis por dinheiro, bem ou valor públicos, de órgão de qualquer dos Poderes ou de entidade da administração indireta, facultado valer-se de certificado de auditoria passado por profissional ou entidade habilitados na forma da lei e de notória idoneidade técnica;

III. fixar a responsabilidade de quem tiver dado causa a perda, extravio ou outra irregularidade de que tenha resultado prejuízo ao Estado ou a entidade da administração indireta;

IV. promover a tomada de contas, nos casos em que não tenham sido prestadas no prazo legal;

V. apreciar, para o fim de registro, a legalidade dos atos de admissão de pessoal, a qualquer título, pelas administrações direta e indireta, excluídas as nomeações para cargo de provimento em comissão ou para função de confiança;

VI. apreciar, para o fim de registro, a legalidade dos atos de concessão de aposentadoria, reforma e pensão, ressalvadas as melhorias posteriores que não tenham alterado o fundamento legal do ato concessório;

VII. realizar, por iniciativa própria, ou a pedido da Assembleia Legislativa ou de comissão sua, inspeção e auditoria de natureza contábil, financeira, orçamentária, operacional e patrimonial em órgão de qualquer dos Poderes e em entidade da administração indireta;

VIII. emitir parecer, quando solicitado pela Assembleia Legislativa, sobre empréstimo e operação de crédito que o Estado realize, e fiscalizar a aplicação dos recursos deles resultantes;

IX. emitir, na forma da lei, parecer em consulta sobre matéria que tenha repercussão financeira, contábil, orçamentária, operacional e patrimonial;

X. fiscalizar as contas estaduais das empresas, incluídas as supranacionais, de cujo capital social o Estado participe de forma direta ou indireta, nos termos do ato constitutivo ou de tratado;

XI. fiscalizar a aplicação de quaisquer recursos repassados ou recebidos pelo Estado, por força de convênio, acordo, ajuste ou instrumento congênere;

XII. prestar as informações solicitadas pela Assembleia Legislativa, no mínimo por um terço de seus membros, ou por comissão sua, sobre assunto de fiscalização contábil, financeira, orçamentária, operacional e patrimonial, e sobre os resultados de auditoria e inspeção realizadas em órgão de qualquer dos Poderes ou entidade da administração indireta;

XIII. aplicar ao responsável, em caso de ilegalidade de despesa ou irregularidade de contas, a sanção prevista em lei, que estabelecerá, entre outras cominações, multa proporcional ao dano causado ao erário;

XIV. examinar a legalidade de ato dos procedimentos licitatórios, de modo especial dos editais, das atas de julgamento e dos contratos celebrados;

XV. apreciar a legalidade, legitimidade, economicidade e razoabilidade de contrato, convênio, ajuste ou instrumento congênere que envolvam concessão, cessão, doação ou permissão de qualquer natureza, a título oneroso ou gratuito, de responsabilidade do Estado, por qualquer de seus órgãos ou entidade da administração indireta;

XVI. estabelecer prazo para que o órgão ou entidade tome as providências necessárias ao cumprimento da lei, se apurada ilegalidade;

XVII. sustar, se não atendido, a execução do ato impugnado e comunicar a decisão à Assembleia Legislativa;

XVIII. representar ao Poder competente sobre irregularidade ou abuso apurados;

XIX. acompanhar e fiscalizar a aplicação das disponibilidades de caixa do Tesouro Estadual no mercado financeiro nacional de títulos públicos e privados de renda fixa, e sobre ela emitir parecer para apreciação da Assembleia Legislativa.

§ 1º No caso de contrato, o ato de sustação será praticado diretamente pela Assembleia Legislativa, que, de imediato, solicitará ao Poder competente a medida cabível.

§ 2º Caso a medida a que se refere o parágrafo anterior não seja efetivada no prazo de noventa dias, o Tribunal decidirá a respeito.

§ 3º A decisão do Tribunal de que resulte imputação de débito ou multa terá eficácia de título executivo.

§ 4º O Tribunal encaminhará à Assembleia Legislativa, trimestral e anualmente, relatórios de suas atividades.

§ 5º O Tribunal prestará contas à Assembleia Legislativa.

§ 6º (Revogado pelo art. 3º da Emenda à Constituição nº 78, de 5/10/2007.)

§ 7º O Tribunal de Contas, no exercício de suas competências, observará os institutos da prescrição e da decadência, nos termos da legislação em vigor.

Art. 77. O Tribunal de Contas, com sede na Capital do Estado, é composto de sete Conselheiros e tem quadro próprio de pessoal e jurisdição em todo o território do Estado.

§ 1º A lei disporá sobre a organização do Tribunal, que poderá ser dividido em Câmaras, cuja composição será renovada periodicamente.

§ 2º (Revogado pelo art. 3º da Emenda à Constituição nº 78, de 5/10/2007.)

§ 3º Ao Tribunal de Contas compete privativamente:

I. elaborar seu Regimento Interno, por iniciativa de seu Presidente, eleger seu órgão diretivo e organizar sua Secretaria;

II. submeter à Assembleia Legislativa projeto de lei relativo a criação e extinção de cargo e a fixação do subsídio de seus membros e da remuneração dos servidores de sua Secretaria, observados os parâmetros estabelecidos na Lei de Diretrizes Orçamentárias;

III. conceder licença, férias e outros afastamentos a seus membros, aos seus servidores e aos que lhe forem imediatamente vinculados.

§ 4º Haverá um Ministério Público junto ao Tribunal de Contas, ao qual se aplicam os princípios institucionais da unidade, da indivisibilidade e da independência funcional e ao qual incumbe, na forma de lei complementar, a guarda da lei e a fiscalização de sua execução.

§ 5º O Ministério Público junto ao Tribunal de Contas compõe-se de Procuradores, brasileiros, bacharéis em Direito, aprovados em concurso público de provas e títulos e nomeados pelo Governador do Estado, que também escolherá e nomeará o seu Procurador-Geral dentre aqueles indicados em lista tríplice elaborada e composta pelos integrantes da carreira, para mandato de dois anos, permitida uma recondução, na forma de lei complementar.

Art. 78. Os Conselheiros do Tribunal de Contas são escolhidos dentre brasileiros que satisfaçam os seguintes requisitos:

I. mais de trinta e cinco e menos de sessenta e cinco anos de idade;

II. idoneidade moral e reputação ilibada;

III. notórios conhecimentos jurídicos, contábeis, econômicos, financeiros ou de administração pública; e

IV. mais de dez anos de exercício de função ou de efetiva atividade profissional que exijam os conhecimentos mencionados no inciso anterior.

§ 1º Os Conselheiros do Tribunal de Contas são nomeados:

I. dois pelo Governador do Estado, precedida a nomeação de aprovação da Assembleia Legislativa; e

II. cinco pela Assembleia Legislativa.

§ 2º Alternadamente, cabe ao Governador prover uma e à Assembleia duas ou três vagas de Conselheiro.

§ 3º Das duas vagas a serem providas pelo Governador, uma será preenchida por livre escolha, e a outra, alternadamente, por Auditor e membro do Ministério Público junto do Tribunal, por este indicados em lista tríplice, segundo os critérios de antiguidade e merecimento.

§ 4º O Conselheiro do Tribunal de Contas tem as mesmas garantias, prerrogativas, impedimentos e subsídio do Desembargador, aplicando-se-lhe, quanto a aposentadoria e pensão, as normas constantes no art. 36 desta Constituição.

Art. 79. Os Auditores do Tribunal de Contas, em número de sete, são nomeados pelo Governador do Estado, depois de aprovada a escolha pela Assembleia Legislativa, cumpridos os seguintes requisitos:

I. ter título de curso superior de Direito, Ciências Econômicas, Ciências Contábeis ou Administração Pública;

II. ter mais de cinco anos de exercício de função ou de efetiva atividade profissional que exijam os conhecimentos da formação mencionada no inciso anterior;

III. ter idoneidade moral e reputação ilibada; e

IV. ter, no mínimo, trinta e, no máximo, sessenta e cinco anos de idade na data da indicação.

§ 1º O Auditor tem os mesmos impedimentos e garantias do Juiz de Direito de entrância mais elevada e, quando em substituição a Conselheiro, os mesmos impedimentos e garantias deste.

§ 2º O Auditor somente pode aposentar-se com as vantagens do cargo quando o tiver efetivamente exercido, no Tribunal de Contas, por mais de cinco anos.

§ 3º Os Auditores do Tribunal de Contas, em número de quatro, serão nomeados após aprovação em concurso público de provas e títulos, observada a ordem de classificação e os requisitos previstos na Lei Orgânica do Tribunal de Contas.

§ 4º Sempre que ocorrer a vacância de cargo de Auditor do Tribunal de Contas, será realizado concurso público para seu provimento.

§ 5º O edital do concurso público a que se refere o § 4º deste artigo será publicado no prazo de cento e oitenta dias contados da ocorrência da vacância.

Art. 80. A Comissão Permanente a que se refere o art. 164 pode, diante de indício de despesa não autorizada, ainda que sob a forma de investimento não programado ou de subsídio não aprovado, solicitar à autoridade responsável que, no prazo de cinco dias, preste os esclarecimentos necessários.

§ 1º Não prestados os esclarecimentos, ou considerados insuficientes, a Comissão solicitará ao Tribunal de Contas pronunciamento conclusivo sobre a matéria, no prazo de trinta dias.

§ 2º Se o Tribunal entender irregular a despesa, a Comissão proporá à Assembleia Legislativa a sua sustação.

Art. 81. Os Poderes Legislativo, Executivo e Judiciário e as entidades da administração indireta manterão, de forma integrada, sistema de controle interno, com a finalidade de:

I. avaliar o cumprimento das metas previstas nos respectivos planos plurianuais e a execução dos programas de governo e orçamentos;

II. comprovar a legalidade e avaliar os resultados, quanto à eficácia e eficiência, da gestão orçamentária, financeira e patrimonial dos órgãos da administração direta e das entidades da administração indireta, e da aplicação de recursos públicos por entidade de direito privado;

III. exercer o controle de operações de crédito, avais e garantias e o de seus direitos e haveres;

IV. apoiar o controle externo no exercício de sua missão institucional.

Parágrafo único. Os responsáveis pelo controle interno, ao tomarem conhecimento de qualquer irregularidade ou ilegalidade, dela darão ciência ao Tribunal de Contas, sob pena de responsabilidade solidária.

Art. 82. Qualquer cidadão, partido político, associação legalmente constituída ou sindicato é parte legítima para, na forma da lei, denunciar irregularidade ou ilegalidade de ato de agente público.

Parágrafo único. A denúncia poderá ser feita, em qualquer caso, à Assembleia Legislativa, ou, sobre assunto da respectiva competência, ao Ministério Público ou ao Tribunal de Contas.

Seção II
Do Poder Executivo

Subseção I
Disposições Gerais

Art. 83. O Poder Executivo é exercido pelo Governador do Estado, auxiliado pelos Secretários de Estado.

Art. 84. A eleição simultânea do Governador e do Vice-Governador do Estado, para mandato de quatro anos, será realizada, no primeiro turno, no primeiro domingo de outubro e, no segundo turno, se houver, no último domingo de outubro do ano anterior ao do término do mandato vigente, e a posse ocorrerá no dia 1º de janeiro do ano subsequente, observado, quanto ao mais, o disposto no art. 77 da Constituição da República.

§ 1º Perderá o mandato o Governador do Estado que assumir outro cargo ou função na administração pública direta ou indireta, ressalvada a posse em virtude de concurso público e observado o disposto no art. 26, I, IV e V.

§ 2º O Governador do Estado e quem o houver sucedido ou substituído no curso do mandato poderá ser reeleito para um único período subsequente.

Art. 85. A eleição do Governador do Estado importará, para mandato correspondente, a do Vice-Governador com ele registrado.

§ 1º O Vice-Governador substituirá o Governador do Estado, no caso de impedimento, e lhe sucederá, no de vaga.

§ 2º O Vice-Governador, além de outras atribuições que lhe forem conferidas por lei complementar, auxiliará o Governador do Estado, sempre que por ele convocado para missões especiais.

Art. 86. O Governador e o Vice-Governador do Estado tomarão posse em reunião da Assembleia Legislativa, prestando o seguinte compromisso: "Prometo manter, defender e cumprir a Constituição da República e a do Estado, observar as leis, promover o bem geral do povo mineiro e sustentar a integridade e a autonomia de Minas Gerais."

Art. 87. No caso de impedimento do Governador e do Vice-Governador do Estado ou no de vacância dos respectivos cargos, serão sucessivamente chamados ao exercício do Governo o Presidente da Assembleia Legislativa e o do Tribunal de Justiça.

§ 1º Vagando os cargos de Governador e Vice-Governador do Estado, far-se-á eleição noventa dias depois de aberta a última vaga.

§ 2º Ocorrendo a vacância nos últimos dois anos do mandato governamental, a eleição para ambos os cargos será feita trinta dias depois da última vaga, pela Assembleia Legislativa, na forma de lei complementar.

§ 3º Em qualquer dos casos, os eleitos deverão completar o período de seus antecessores.

Art. 88. Se, decorridos dez dias da data fixada para a posse, o Governador ou o Vice-Governador do Estado, salvo motivo de força maior, não tiver assumido o cargo, este será declarado vago.

Art. 89. O Governador residirá na Capital do Estado e não poderá, sem autorização da Assembleia Legislativa, ausentar-se do Estado por mais de quinze dias consecutivos, sob pena de perder o cargo.

Parágrafo único. O Governador e o Vice-Governador do Estado, no ato da posse e ao término do mandato, farão declaração pública de seus bens, em cartório de títulos e documentos, sob pena de responsabilidade.

Subseção II
Das Atribuições do Governador do Estado

Art. 90. Compete privativamente ao Governador do Estado:

I. nomear e exonerar o Secretário de Estado;

II. exercer, com o auxílio dos Secretários de Estado, a direção superior do Poder Executivo;

III. prover e extinguir os cargos públicos do Poder Executivo, observado o disposto nesta Constituição;

IV. prover os cargos de direção ou administração superior das autarquias e fundações públicas;

V. iniciar o processo legislativo, na forma e nos casos previstos nesta Constituição;

VI. fundamentar os projetos de lei que remeter à Assembleia Legislativa;

VII. sancionar, promulgar e fazer publicar as leis e, para sua fiel execução, expedir decretos e regulamentos;

VIII. vetar proposições de lei, total ou parcialmente;

IX. elaborar leis delegadas;

X. remeter mensagem e planos de governo à Assembleia Legislativa, quando da reunião inaugural da sessão legislativa ordinária, expondo a situação do Estado;

XI. enviar à Assembleia Legislativa o plano plurianual de ação governamental, o projeto da Lei de Diretrizes Orçamentárias e as propostas de orçamento, previstos nesta Constituição;
XII. prestar, anualmente, à Assembleia Legislativa, dentro de sessenta dias da abertura da sessão legislativa ordinária, as contas referentes ao exercício anterior;
XIII. extinguir cargo desnecessário, desde que vago ou ocupado por servidor público não estável, na forma da lei;
XIV. dispor, na forma da lei, sobre a organização e a atividade do Poder Executivo;
XV. decretar intervenção em Município e nomear Interventor;
XVI. celebrar convênio com entidade de direito público ou privado, observado o disposto no art. 62, XXV;
XVII. conferir condecoração e distinção honoríficas;
XVIII. contrair empréstimo externo ou interno e fazer operação ou acordo externo de qualquer natureza, após autorização da Assembleia Legislativa, observados os parâmetros de endividamento regulados em lei, dentro dos princípios da Constituição da República;
XIX. solicitar intervenção federal, ressalvado o disposto nesta Constituição;
XX. convocar extraordinariamente a Assembleia Legislativa;
XXI. apresentar ao órgão federal competente o plano de aplicação dos créditos concedidos pela União, a título de auxílio, e prestar as contas respectivas;
XXII. prover um quinto dos lugares dos Tribunais do Estado, observado o disposto no art. 94 e seu parágrafo da Constituição da República;
XXIII. nomear Conselheiros e os Auditores do Tribunal de Contas e os Juízes do Tribunal de Justiça Militar, nos termos desta Constituição;
XXIV. nomear dois dos membros do Conselho de Governo, a que se refere o inciso V do art. 94;
XXV. exercer o comando superior da Polícia Militar e do Corpo de Bombeiros Militar, promover seus oficiais e nomeá-los para os cargos que lhes são privativos;
XXVI. nomear o Procurador-Geral de Justiça, o Advogado-Geral do Estado e o Defensor Público Geral, nos termos desta Constituição;
XXVII. exercer outras atribuições previstas nesta Constituição.

XXVIII. relevar, atenuar ou anular penalidades administrativas impostas a servidores civis e a militares do Estado, quando julgar conveniente.
Parágrafo único. É vedada a inclusão daqueles inelegíveis em razão de atos ilícitos, nos termos da legislação federal, em lista tríplice a ser submetida ao Governador do Estado para escolha e nomeação de autoridades nos casos previstos nesta Constituição.

Subseção III
Da Responsabilidade do Governador do Estado

Art. 91. São crimes de responsabilidade os atos do Governador do Estado que atentem contra a Constituição da República, esta Constituição e, especialmente, contra:
I. a existência da União;
II. o livre exercício do Poder Legislativo, do Poder Judiciário e do Ministério Público, da União e do Estado;
III. o exercício dos direitos políticos, individuais, coletivos e sociais;
IV. a segurança interna do País e do Estado;
V. a probidade na administração;
VI. a lei orçamentária;
VII. o cumprimento das leis e das decisões judiciais.
§ 1º Os crimes de que trata este artigo são definidos em lei federal especial, que estabelece as normas de processo e julgamento.
§ 2º É permitido a todo cidadão denunciar o Governador perante a Assembleia Legislativa por crime de responsabilidade.
§ 3º Nos crimes de responsabilidade, o Governador do Estado será submetido a processo e julgamento perante a Assembleia Legislativa, se admitida a acusação por dois terços de seus membros.
Art. 92. O Governador do Estado será submetido a processo e julgamento perante o Superior Tribunal de Justiça, nos crimes comuns.
§ 1º O Governador será suspenso de suas funções:
I. nos crimes comuns, se recebida a denúncia ou a queixa pelo Superior Tribunal de Justiça;
II. nos crimes de responsabilidade, se admitida a acusação e instaurado o processo, pela Assembleia Legislativa.
§ 2º Na hipótese do inciso II do parágrafo anterior, se o julgamento não estiver concluído no prazo de cento e oitenta dias, cessará o afastamento do Governador do Estado, sem prejuízo do regular prosseguimento do processo.

§ 3º Enquanto não sobrevier sentença condenatória, nos crimes comuns, o Governador não estará sujeito a prisão.

§ 4º O Governador não pode, na vigência de seu mandato, ser responsabilizado por ato estranho ao exercício de suas funções.

Subseção IV
Do Secretário de Estado

Art. 93. O Secretário de Estado será escolhido entre brasileiros maiores de vinte e um anos de idade, no exercício dos direitos políticos, vedada a nomeação daqueles inelegíveis em razão de atos ilícitos, nos termos da legislação federal.

§ 1º Compete ao Secretário de Estado, além de outras atribuições conferidas em lei:

I. exercer a orientação, coordenação e supervisão dos órgãos de sua Secretaria e das entidades da administração indireta a ela vinculadas;
II. referendar ato e decreto do Governador;
III. expedir instruções para a execução de lei, decreto e regulamento;
IV. apresentar ao Governador do Estado relatório anual de sua gestão, que será publicado no órgão oficial do Estado;
V. comparecer à Assembleia Legislativa, nos casos e para os fins indicados nesta Constituição;
VI. praticar os atos pertinentes às atribuições que lhe forem outorgadas ou delegadas pelo Governador do Estado.

§ 2º Nos crimes comuns e nos de responsabilidade, o Secretário será processado e julgado pelo Tribunal de Justiça e, nos de responsabilidade conexos com os do Governador do Estado, pela Assembleia Legislativa.

§ 3º O Secretário de Estado está sujeito aos mesmos impedimentos do Deputado Estadual, ressalvado o exercício de um cargo de magistério.

§ 4º As condições e a vedação previstas no "caput" deste artigo aplicam-se à nomeação para os cargos de Secretário Adjunto, de Subsecretário de Estado e para outros cargos que se equiparem a esses e ao de Secretário de Estado, nos termos da lei.

Subseção V
Do Conselho de Governo

Art. 94. O Conselho de Governo é o órgão superior de consulta do Governador do Estado, sob sua presidência, e dele participam:

I. o Vice-Governador do Estado;
II. o Presidente da Assembleia Legislativa;
III. os líderes da maioria e da minoria na Assembleia Legislativa;
IV. o Secretário de Estado da Justiça;
V. seis cidadãos brasileiros natos, com mais de trinta e cinco anos de idade, dois dos quais nomeados pelo Governador do Estado e quatro eleitos pela Assembleia Legislativa, todos com mandato de dois anos, vedada a recondução.

Art. 95. Compete ao Conselho pronunciar-se sobre questões relevantes suscitadas pelo Governo Estadual, incluídos a estabilidade das instituições e os problemas emergentes de grave complexidade e implicações sociais.

Parágrafo único. A lei regulará a organização e o funcionamento do Conselho.

Seção III
Do Poder Judiciário

Subseção I
Disposições Gerais

Art. 96. São órgãos do Poder Judiciário:

I. o Tribunal de Justiça;
II. (Revogado pelo art. 5º da Emenda à Constituição nº 63, de 19/7/2004.)
III. o Tribunal e os Conselhos de Justiça Militar;
IV. os Tribunais do Júri;
V. os Juízes de Direito;
VI. os Juizados Especiais.

Art. 97. Ao Poder Judiciário é assegurada autonomia administrativa e financeira.

§ 1º Quando o regular exercício das funções do Poder Judiciário for impedido pela não satisfação oportuna das dotações que lhe correspondam, caberá ao Tribunal de Justiça, pela maioria de seus membros, solicitar ao Supremo Tribunal Federal intervenção da União no Estado.

§ 2º As custas e os emolumentos serão destinados exclusivamente ao custeio dos serviços afetos às atividades específicas da Justiça.

Art. 98. Compete ao Tribunal de Justiça a iniciativa da Lei de Organização e Divisão Judiciárias do Estado e de suas alterações, observados os seguintes princípios:

I. o ingresso na carreira se dará no cargo inicial de Juiz Substituto, mediante concurso público de provas e títulos, com a participação da Ordem dos Advogados do Brasil, Seção do Estado de Minas Gerais, em todas as fases, sendo exigidos o título de bacharel em Direito e, no mínimo, três anos de atividade jurídica, e obedecendo-se, nas nomeações, à ordem de classificação;

II. promoção de entrância para entrância, por antiguidade e merecimento, alternadamente, observado o seguinte:

a) na apuração de antiguidade, o Tribunal de Justiça poderá recusar o Juiz mais antigo pelo voto fundamentado de dois terços de seus membros, conforme procedimento próprio, assegurada a ampla defesa, repetindo-se a votação até fixar-se a indicação;

b) a promoção por merecimento pressupõe dois anos de exercício na respectiva entrância, desde que integre o Juiz a primeira quinta parte da lista de antiguidade desta, salvo se não houver, com tais requisitos, quem aceite o lugar vago;

c) a promoção por merecimento, atendido o disposto na alínea anterior, resultará de lista tríplice organizada pelo Tribunal de Justiça, composta pelos nomes mais votados dentre os que tenham obtido maioria de votos dos membros do órgão, e se procederá, para alcançá-la, a até três votações, examinados, em primeiro lugar, os remanescentes de lista anterior;

d) a aferição do merecimento será feita conforme o desempenho, observados os critérios objetivos de produtividade e presteza no exercício da jurisdição, a frequência e o aproveitamento em cursos de aperfeiçoamento, oficiais ou reconhecidos, bem como o funcionamento regular dos serviços judiciais na comarca;

e) é obrigatória a promoção do Juiz que figure por três vezes consecutivas ou cinco alternadas em lista de merecimento;

f) não será promovido ou removido a pedido o Juiz que retiver, injustificadamente, autos em seu poder além do prazo legal, ou que mantiver processo paralisado, pendente de despacho, decisão ou sentença de sua competência, enquanto perdurar a paralisação;

III. o acesso ao Tribunal de Justiça e ao Tribunal de Justiça Militar far-se-á alternadamente por antiguidade e merecimento, apurados, respectivamente, entre os Juízes de Direito da entrância mais elevada e entre os Juízes Auditores;

IV. serão previstos cursos oficiais de preparação, aperfeiçoamento e promoção de magistrados, constituindo etapa obrigatória do processo de vitaliciamento a participação em curso oficial ou reconhecido por escola nacional de formação e aperfeiçoamento de magistrados;

V. a aposentadoria dos magistrados e a pensão de seus dependentes observarão o disposto no art. 36 desta Constituição;

VI. o Juiz titular residirá na respectiva comarca, salvo autorização do Tribunal;

VII. a criação ou restauração de comarca ou vara importará a previsão das respectivas estruturas administrativa, judiciária, notarial e de registro definidas na Lei de Organização e Divisão Judiciárias;

VIII. o ato de remoção, disponibilidade e aposentadoria do magistrado, por interesse público, fundar-se-á em decisão pelo voto da maioria absoluta dos membros do Tribunal ou do Conselho Nacional de Justiça, assegurada a ampla defesa;

IX. os julgamentos dos órgãos do Poder Judiciário serão públicos, e as decisões, fundamentadas, sob pena de nulidade, podendo a lei limitar a presença, em determinados atos, às próprias partes e a seus advogados ou somente a estes, nos casos em que a preservação do direito à intimidade do interessado no sigilo não prejudique o interesse público no que se refere à informação;

X. as decisões administrativas dos tribunais serão motivadas e tomadas em sessão pública, e as disciplinares, tomadas pelo voto da maioria absoluta dos membros do Tribunal ou do órgão especial, assegurada a ampla defesa;

XI. nos tribunais com número superior a vinte e cinco julgadores, poderá ser constituído órgão especial, com o mínimo de onze e o máximo de vinte e cinco membros, para o exercício de atribuições administrativas e jurisdicionais delegadas da competência do tribunal pleno, provendo-se metade das vagas por antiguidade, e a outra metade, por eleição pelo tribunal pleno;

XII. a remoção a pedido ou a permuta de magistrados de comarca de igual entrância atenderá, no que couber, ao disposto nas alíneas "b", "d", "e" e "f" do inciso II;

XIII. a atividade jurisdicional será ininterrupta, sendo vedadas férias coletivas nos juízos e tribunais de segundo grau, e seu funcionamento será garantido, nos dias em que não houver expediente forense normal, por Juízes em plantão permanente;

XIV. o número de Juízes na unidade jurisdicional será proporcional à efetiva demanda judicial e à respectiva população;
XV. os servidores receberão delegação para a prática de atos de administração e atos de mero expediente sem caráter decisório;
XVI. a distribuição de processos será imediata, em todos os graus de jurisdição.
Parágrafo único. *(Revogado pelo art. 1º da Emenda à Constituição nº 71, de 31/08/2005.)*
Art. 99. Um quinto dos lugares dos tribunais de segundo grau será composto de membros do Ministério Público com mais de dez anos de carreira e de advogados de notório saber jurídico e de reputação ilibada, com mais de dez anos de efetiva atividade profissional, indicados pelos órgãos de representação das respectivas classes em lista sêxtupla.
Parágrafo único. Recebidas as indicações, o Tribunal de Justiça formará lista tríplice e a enviará ao Governador do Estado, que, nos vinte dias subsequentes, escolherá um de seus integrantes para nomeação.
Art. 100. São garantias do Magistrado:
I. vitaliciedade, que, no primeiro grau, só será adquirida após o período de dois anos de exercício;
II. inamovibilidade, salvo a remoção por motivo de interesse público, observado o disposto no inciso VIII do art. 98 desta Constituição;
III. irredutibilidade do subsídio, ressalvado o disposto no "caput" e nos §§ 1º e 7º do art. 24 desta Constituição e nos arts. 150, "caput", II, e 153, "caput", III, e § 2º, I, da Constituição da República.
§ 1º O magistrado vitalício somente perderá o cargo em decorrência de sentença judicial transitada em julgado.
§ 2º Os tribunais estaduais poderão, pelo voto da maioria de seus membros e assegurada ampla defesa, decidir pela exoneração, por ato ou por omissão ocorridos durante o biênio do estágio, do magistrado de carreira:
I. manifestamente negligente no cumprimento dos deveres do cargo;
II. de procedimento incompatível com a dignidade, a honra e o decoro das suas funções; ou
III. de insuficiente capacidade de trabalho ou cujo proceder funcional seja incompatível com o bom desempenho das atividades do Poder Judiciário.
§ 3º Dar-se-á exoneração, com automático afastamento das funções, ainda que o ato respectivo seja publicado após o biênio.

§ 4º Em caso de extinção da comarca ou mudança de sede do juízo, será facultado ao magistrado remover-se para outra comarca de igual entrância ou obter disponibilidade com subsídio integral até seu aproveitamento na magistratura.
Art. 101. O subsídio do magistrado será fixado em lei, com diferença não superior a 10% (dez por cento) nem inferior a 5% (cinco por cento) de uma categoria da carreira para a subsequente, e não poderá exceder a 90,25% (noventa vírgula vinte e cinco por cento) do subsídio de Ministro do Supremo Tribunal Federal.
§ 1º *(Revogado pelo art. 49 da Emenda à Constituição nº 84, de 22/12/2010.)*
§ 2º *(Revogado pelo art. 49 da Emenda à Constituição nº 84, de 22/12/2010.)*
§ 4º *(Revogado pelo art. 49 da Emenda à Constituição nº 84, de 22/12/2010.)*
§ 5º *(Revogado pelo art. 49 da Emenda à Constituição nº 84, de 22/12/2010.)*
Art. 102. Ao magistrado é vedado:
I. exercer, ainda que em disponibilidade, outro cargo ou função, salvo uma de magistério;
II. receber, a qualquer título ou pretexto, custas ou participação em processo;
III. dedicar-se a atividade político-partidária.
IV. receber, a qualquer título ou pretexto, auxílio ou contribuição de pessoa física ou de entidade pública ou privada, ressalvadas as exceções previstas em lei;
V. exercer a advocacia no juízo ou tribunal do qual se afastou por aposentadoria ou exoneração, antes de decorridos três anos do afastamento do cargo.
Art. 103. Compete privativamente:
I. aos tribunais de segundo grau:
a) eleger seus órgãos diretivos e elaborar seus regimentos internos com observância das normas de processo e das garantias processuais das partes e dispondo sobre a competência e o funcionamento dos respectivos órgãos jurisdicionais e administrativos;
b) organizar suas secretarias, seus serviços auxiliares e os dos juízos que lhes forem vinculados, velando pelo exercício da atividade correicional respectiva;
c) prover, por concurso público de provas, ou de provas e títulos, os cargos necessários à administração da Justiça, exceto os de confiança assim definidos em lei; e

d) conceder licença, férias e outros afastamentos a seus membros e aos juízes e servidores que lhes forem imediatamente vinculados.
II. ao Tribunal de Justiça:
a) prover os cargos de juiz de carreira da respectiva jurisdição;
b) expedir decisão normativa em matéria administrativa de economia interna do Poder Judiciário, ressalvada a autonomia administrativa do Tribunal de Justiça Militar;
c) por iniciativa de seu Presidente, elaborar o Regimento Interno e organizar sua Secretaria e os serviços auxiliares, e os dos juízos que lhe forem vinculados.
Parágrafo único. Para a eleição a que se refere a alínea a do inciso I, terão direito a voto todos os membros do Tribunal.
Art. 104. Compete privativamente ao Tribunal de Justiça propor ao Poder Legislativo, observadas as limitações desta Constituição:
I. a alteração do número de seus membros;
II. a criação e a extinção de cargo e a remuneração dos seus serviços auxiliares e dos juízos que lhe forem vinculados, bem como a fixação do subsídio de seus membros e dos juízes;
III. *(Revogado pelo art. 49 da Emenda à Constituição nº 84, de 22/12/2010.)*
IV. a revisão da organização e da divisão judiciárias, bienalmente;
V. a criação de novas varas.

Subseção II
Do Tribunal de Justiça

Art. 105. O Tribunal de Justiça, com jurisdição em todo o Estado e sede na Capital, compor-se-á de desembargadores em número fixado em lei de sua iniciativa, com competência definida nesta Constituição e na legislação pertinente.
§ 1° O Tribunal de Justiça poderá funcionar descentralizadamente, constituindo câmaras regionais, a fim de assegurar o pleno acesso do jurisdicionado à Justiça em todas as fases do processo.
§ 2° O Tribunal de Justiça instalará a justiça itinerante, com a realização de audiências e demais funções da atividade jurisdicional, nos limites territoriais da respectiva jurisdição, servindo-se de equipamentos públicos e comunitários.

Art. 106. Compete ao Tribunal de Justiça, além das atribuições previstas nesta Constituição:
I. processar e julgar originariamente, ressalvada a competência das justiças especializadas:
a) o Vice-Governador do Estado, o Deputado Estadual, o Advogado-Geral do Estado e o Procurador-Geral de Justiça, nos crimes comuns;
b) o Secretário de Estado, ressalvado o disposto no § 2º do art. 93, os Juízes do Tribunal de Justiça Militar, os Juízes de Direito, os membros do Ministério Público, o Comandante-Geral da Polícia Militar e o do Corpo de Bombeiros Militar, o Chefe da Polícia Civil e os Prefeitos Municipais, nos crimes comuns e nos de responsabilidade;
c) o mandado de segurança contra ato do Governador do Estado, da Mesa e da Presidência da Assembleia Legislativa, do próprio Tribunal ou de seus órgãos diretivos e colegiados, de Juiz de Direito, nas causas de sua competência recursal, de Secretário de Estado, do Presidente do Tribunal de Contas, do Procurador- Geral de Justiça, do Advogado-Geral do Estado e contra ato da Presidência de Câmara Municipal ou de suas comissões, quando se tratar de processo de perda de mandato de Prefeito;
d) *habeas corpus*, nos processos cujos recursos forem de sua competência ou quando o coator ou paciente for autoridade diretamente sujeita à sua jurisdição;
e) *habeas data*, contra ato de autoridade diretamente sujeita à sua jurisdição;
f) mandado de injunção, quando a elaboração da norma regulamentadora for atribuição de órgão, de entidade ou de autoridade estadual da administração direta ou indireta;
g) ação rescisória de julgado seu e revisão criminal em processo de sua competência;
h) ação direta de inconstitucionalidade de lei ou ato normativo estadual ou municipal em face desta Constituição e ação declaratória de constitucionalidade de lei ou ato normativo estadual em face desta Constituição;
i) conflito de competência entre Juízes de Direito, em matéria de sua competência recursal;
j) as causas e os conflitos entre o Estado e os municípios, entre estes e entre as respectivas entidades da administração indireta.
k) reclamação para a preservação de sua competência e a garantia da autoridade de suas decisões, conforme estabelecido em lei;

II. julgar, em grau de recurso as causas decididas em primeira instância, ressalvadas as de competência de Tribunal Federal, do Tribunal de Justiça Militar ou de órgãos recursais dos juizados especiais;
III. solicitar a intervenção no Estado e em Município, nos casos previstos nesta e na Constituição da República.
§ 1º (Revogado pelo art. 5º da Emenda à Constituição nº 63, de 19/7/2004.)
§ 2º Compete ao Presidente do Tribunal de Justiça expedir ato de nomeação, remoção, promoção, disponibilidade e aposentadoria de magistrado de carreira da respectiva jurisdição.

Subseção III
Dos Tribunais de Alçada

Art. 107. (Revogado pelo art. 5º da Emenda à Constituição nº 63, de 19/7/2004.)
Art. 108. (Revogado pelo art. 5º da Emenda à Constituição nº 63, de 19/7/2004.)

Subseção IV
Da Justiça Militar

Art. 109. A Justiça Militar é constituída, em primeiro grau, pelos Juízes de Direito e pelos Conselhos de Justiça e, em segundo grau, pelo Tribunal de Justiça Militar.
Art. 110. O Tribunal de Justiça Militar, com sede na Capital e jurisdição em todo o território do Estado, compõe-se de juízes Oficiais da ativa, do mais alto posto da Polícia Militar ou do Corpo de Bombeiros Militar, e de juízes civis, em número ímpar, fixado na Lei de Organização e Divisão Judiciárias, excedendo o número de juízes Oficiais ao de juízes civis em uma unidade.
§ 1º Os juízes Oficiais da ativa e os integrantes do quinto constitucional serão nomeados por ato do Governador do Estado, obedecendo-se a regra do art. 99.
§ 2º O Juiz do Tribunal de Justiça Militar e o Juiz Auditor gozam, respectivamente, dos mesmos direitos e vantagens do Desembargador e do Juiz de Direito de entrância mais elevada e sujeitam-se às mesmas vedações.
§ 3º O subsídio do Juiz do Tribunal de Justiça Militar e o do Juiz Auditor serão fixados em lei, observado o disposto no art. 101 desta Constituição.

Art. 111. Compete à Justiça Militar processar e julgar os militares do Estado, nos crimes militares definidos em lei, e as ações contra atos administrativos disciplinares militares, ressalvada a competência do júri quando a vítima for civil, cabendo ao Tribunal de Justiça Militar decidir sobre a perda do posto e da patente de oficial e da graduação de praça.
Parágrafo único. Compete aos Juízes de Direito do Juízo Militar processar e julgar, singularmente, os crimes militares cometidos contra civis e as ações judiciais contra atos disciplinares militares, cabendo ao Conselho de Justiça, sob a presidência de Juiz de Direito, processar e julgar os demais crimes militares.

Subseção V
Do Tribunal do Júri

Art. 112. Em cada comarca funcionará pelo menos um Tribunal do Júri, com a composição e a organização que a lei federal determinar, assegurados o sigilo das votações, a plenitude da defesa e a soberania dos vereditos, e com competência para julgar os crimes dolosos contra a vida.

Subseção VI
Do Juiz de Direito

Art. 113. O Juiz de Direito exerce a jurisdição comum estadual de primeiro grau e integra a carreira da magistratura nas comarcas e juízos e com a competência que a Lei de Organização e Divisão Judiciárias determinar.
Parágrafo único. Compete ao Juiz de Direito julgar mandado de injunção quando a norma regulamentadora for atribuição do Prefeito, da Câmara Municipal ou de sua Mesa Diretora, ou de autarquia ou fundação pública municipais.
Art. 114. O Tribunal de Justiça proporá a criação de varas especializadas, com competência exclusiva para questões agrárias, para dirimir conflitos fundiários.
Parágrafo único. Sempre que necessário à eficiente prestação jurisdicional, o juiz se fará presente no local do litígio.
Art. 115. O Tribunal de Justiça avaliará, periodicamente, as comarcas e o volume dos trabalhos forenses e proporá, se necessário, a reavaliação das entrâncias e a criação de novas varas.

Subseção VII
Dos Juizados Especiais

Art. 116. A competência e a composição dos juizados especiais, inclusive dos órgãos de julgamento de seus recursos, serão determinadas na Lei de Organização e Divisão Judiciárias, observado o disposto no art. 98, I, da Constituição da República, e, no que couber, no inciso VII do art. 98 desta Constituição.

Subseção VIII
Da Justiça de Paz

Art. 117. A lei disporá sobre a Justiça de Paz, remunerada, composta de cidadãos eleitos pelo voto direto, universal e secreto, com mandato de quatro anos e competência para celebrar casamento, verificar, de ofício ou em face de impugnação apresentada, o processo de habilitação e exercer atribuições conciliatórias, sem caráter jurisdicional, além de outras previstas na legislação.

Parágrafo único. A eleição do Juiz de Paz, observado o sistema majoritário e a coincidência com as eleições municipais, será disciplinada na lei.

Subseção IX
Do Controle de Constitucionalidade

Art. 118. São partes legítimas para propor ação direta de inconstitucionalidade e ação declaratória de constitucionalidade:
I. o Governador do Estado;
II. a Mesa da Assembleia;
III. o Procurador-Geral de Justiça;
IV. o Prefeito ou a Mesa da Câmara Municipal;
V. o Conselho da Ordem dos Advogados do Brasil, Seção do Estado de Minas Gerais;
VI. partido político com representação na Assembleia Legislativa do Estado;
VII. entidade sindical ou de classe com base territorial no Estado.
VIII. a Defensoria Pública.

§ 1º Aplica-se o disposto neste artigo à ação direta de inconstitucionalidade de lei ou ato normativo municipal em face da Constituição da República. Vide *ADIN 508*.

§ 2º O Procurador-Geral de Justiça será ouvido, previamente, nas ações diretas de inconstitucionalidade.

§ 3º Declarada a inconstitucionalidade, a decisão será comunicada à Assembleia Legislativa ou à Câmara Municipal.

§ 4º Reconhecida a inconstitucionalidade por omissão de medida para tornar efetiva norma desta Constituição, a decisão será comunicada ao Poder competente para adoção das providências necessárias à prática do ato ou início do processo legislativo, e, em se tratando de órgão administrativo, para fazê-lo em trinta dias, sob pena de responsabilidade.

§ 5º Quando o Tribunal de Justiça apreciar a inconstitucionalidade, em tese, de norma legal ou ato normativo estadual, citará, previamente, o Advogado-Geral do Estado e o Procurador-Geral da Assembleia Legislativa, que defenderão o ato ou texto impugnado, ou, no caso de norma legal ou ato normativo municipal, o Prefeito e o Presidente da Câmara Municipal, para a mesma finalidade.

§ 6º Somente pelo voto da maioria de seus membros ou de seu órgão especial poderá o Tribunal de Justiça declarar inconstitucionalidade de lei ou ato normativo estadual ou municipal, incidentalmente ou como objeto de ação direta, ou declarar a constitucionalidade de lei ou ato normativo estadual ou municipal que seja objeto de ação declaratória de constitucionalidade.

§ 7º As decisões definitivas de mérito proferidas pelo Tribunal de Justiça nas ações diretas de inconstitucionalidade e nas ações declaratórias de constitucionalidade produzirão eficácia contra todos e efeito vinculante relativamente aos demais órgãos do Poder Judiciário e à administração pública direta e indireta nas esferas estadual e municipal.

§ 8º Em caso de necessidade de esclarecimento de matéria ou circunstância de fato ou de notória insuficiência das informações existentes nos autos, poderá o relator requisitar informações adicionais, designar perito ou comissão de peritos para que emita parecer sobre a questão ou fixar data para, em audiência pública, ouvir depoimentos de pessoas com experiência e autoridade na matéria.

§ 9º Na hipótese de processamento simultâneo de ação direta de inconstitucionalidade e de ação declaratória de constitucionalidade que tenham identidade de objeto, o Tribunal de Justiça adotará as medidas necessárias à efetivação do princípio da economia processual, ouvindo-se todos os envolvidos nesses processos a fim de assegurar o princípio do contraditório e da ampla defesa.

Seção IV
Das Funções Essenciais à Justiça

Subseção I
Do Ministério Público

Art. 119. O Ministério Público é instituição permanente, essencial à função jurisdicional do Estado, a que incumbe a defesa da ordem jurídica, do regime democrático e dos interesses sociais e individuais indisponíveis.

Parágrafo único. São princípios institucionais do Ministério Público a unidade, a indivisibilidade e a independência funcional.

Art. 120. São funções institucionais do Ministério Público:

I. promover, privativamente, a ação penal pública, na forma da lei;

II. zelar pelo efetivo respeito dos Poderes Públicos e dos serviços de relevância pública aos direitos constitucionalmente assegurados, promovendo as medidas necessárias à sua garantia;

III. promover inquérito civil e ação civil pública, para a proteção do patrimônio público e social, do meio ambiente e de outros interesses difusos e coletivos;

IV. promover ação direta de inconstitucionalidade, ação declaratória de constitucionalidade e representação para o fim de intervenção do Estado em Município, nos casos previstos nesta Constituição;

V. expedir notificação nos procedimentos administrativos de sua competência, requisitando informação e documento para instruí-los, na forma da lei complementar respectiva;

VI. exercer o controle externo da atividade policial, na forma da lei complementar respectiva;

VII. requisitar diligência investigatória e instauração de inquérito policial, indicados os fundamentos jurídicos de suas manifestações processuais;

VIII. exercer outras funções que lhe forem conferidas, desde que compatíveis com sua finalidade, vedada a representação judicial e a consultoria jurídica de entidade pública.

Art. 121. Além das funções previstas na Constituição da República e nas leis, incumbe ao Ministério Público, nos termos de sua lei complementar:

I. exercer a fiscalização de estabelecimento prisional ou que abrigue idoso, menor, incapaz ou portador de deficiência;

II. participar de organismo estatal de defesa do meio ambiente, do consumidor, de política penal e penitenciária e de outros afetos à sua área de atuação.

Art. 122. Ao Ministério Público é assegurada autonomia funcional, administrativa e financeira, cabendo-lhe, especialmente:

I. propor ao Poder Legislativo a criação e a extinção de seus cargos e serviços auxiliares e a fixação do subsídio de seus membros e da remuneração de seus servidores;

II. expedir, nos termos desta Constituição, ato de provimento de cargo inicial de carreira e dos serviços auxiliares, de promoção, de remoção, de readmissão e de reversão;

III. editar ato de aposentadoria, exoneração, demissão e outros que importem vacância de cargo de carreira ou dos serviços auxiliares;

IV. organizar suas secretarias e os serviços auxiliares das Procuradorias e Promotorias de Justiça;

V. elaborar regimento interno;

VI. elaborar sua proposta orçamentária dentro dos limites estabelecidos na Lei de Diretrizes Orçamentárias.

§ 1º Os atos de que tratam os incisos I, II, III e VI do "caput" deste artigo são da competência do Procurador-Geral de Justiça.

§ 2º Se o Ministério Público não encaminhar a respectiva proposta orçamentária dentro do prazo estabelecido na Lei de Diretrizes Orçamentárias, o Poder Executivo considerará, para fins de consolidação da proposta orçamentária anual, os valores aprovados na lei orçamentária vigente, ajustados de acordo com os limites mencionados no inciso VI do "caput" deste artigo.

§ 3º Se a proposta orçamentária do Ministério Público for encaminhada em desacordo com os limites a que se refere o inciso VI do "caput" deste artigo, o Poder Executivo procederá aos ajustes necessários para fins de consolidação da proposta orçamentária anual.

§ 4º Durante a execução orçamentária do exercício, não poderá haver a realização de despesas ou a assunção de obrigações que extrapolem os limites estabelecidos na Lei de Diretrizes Orçamentárias, exceto se previamente autorizadas, mediante a abertura de créditos suplementares ou especiais.

Art. 123. O Ministério Público Estadual é exercido:
I. pelo Procurador-Geral de Justiça;
II. pelos Procuradores de Justiça;
III. pelos Promotores de Justiça.

§ 1º Os membros do Ministério Público, em exercício, que gozem de vitaliciedade, formarão lista tríplice entre os Procuradores de Justiça de categoria mais elevada, na forma da lei complementar, para escolha de seu Procurador-Geral, que será nomeado pelo Governador do Estado para mandato de dois anos, permitida uma recondução, observado o mesmo procedimento.

§ 2º Recebida a lista tríplice, o Governador do Estado, nos vinte dias subsequentes, nomeará um dos seus integrantes e lhe dará posse.

§ 3º Caso o Governador do Estado não nomeie ou emposse o Procurador-Geral de Justiça no prazo do parágrafo anterior, será investido no cargo o mais votado entre os integrantes da lista, para o exercício do mandato.

§ 4º O Procurador-Geral de Justiça poderá ser destituído por deliberação da maioria dos membros do Poder Legislativo, na forma da lei complementar respectiva.

Art. 124. O Ministério Público junto do Tribunal de Contas e do Tribunal de Justiça Militar será exercido por Procurador de Justiça integrante do Ministério Público Estadual.

Art. 125. É facultada ao Procurador-Geral de Justiça a iniciativa de lei complementar que disponha sobre:
I. organização, atribuições e Estatuto do Ministério Público, observado o seguinte:
a) ingresso na carreira do Ministério Público mediante concurso público de provas e títulos, assegurada a participação da Ordem dos Advogados do Brasil, Seção do Estado de Minas Gerais, em sua realização, sendo exigidos o título de bacharel em Direito e, no mínimo, três anos de atividade jurídica, e observando-se, nas nomeações, a ordem de classificação;
b) promoção, por antiguidade e merecimento, alternadamente, de uma para outra entrância ou categoria, e da entrância mais elevada para o cargo imediato de Procurador de Justiça, aplicado, no que couber, o disposto no art. 98, II;
c) subsídio fixado em lei, com diferença não superior a 10% (dez por cento) nem inferior a 5% (cinco por cento) de uma categoria da carreira para a subsequente, não podendo exceder o valor atribuído ao Procurador-Geral de Justiça, que não poderá ser superior ao que perceber o Desembargador do Tribunal de Justiça;
d) aposentadoria dos membros do Ministério Público e pensão de seus dependentes, nos termos do art. 36 desta Constituição;
e) direitos previstos nos incisos VIII, XII, XVII, XVIII e XIX do art. 7º da Constituição da República, no § 4º e no inciso I do § 6º do art. 31 desta Constituição
II. - controle externo da atividade policial, por meio do exercício das seguintes atribuições, entre outras:
a) fiscalizar o cumprimento dos mandados de prisão;
b) receber, diretamente da autoridade policial, os inquéritos e quaisquer outras peças de informação;
c) fixar prazo para prosseguimento de inquérito policial;
d) requisitar diligência à autoridade policial;
e) inspecionar as unidades policiais civis ou militares;
f) receber cópia de ocorrência lavrada pela Polícia Civil ou pela Polícia Militar;
g) avocar, excepcional e fundamentadamente, inquérito policial em andamento;
III. procedimentos administrativos de sua competência;
IV. manutenção de curadorias especializadas para atuação na defesa do meio ambiente, dos direitos do consumidor e do patrimônio cultural do Estado.

Parágrafo único. A distribuição de processos no Ministério Público será imediata.

Art. 126. Aos membros do Ministério Público são asseguradas as seguintes garantias:
I. vitaliciedade, após dois anos de exercício, não podendo perder o cargo senão por sentença judicial transitada em julgado;
II. inamovibilidade, salvo por motivo de interesse público, mediante decisão do órgão colegiado competente do Ministério Público, pelo voto da maioria absoluta de seus membros, assegurada a ampla defesa;

III. irredutibilidade de subsídio, ressalvado o disposto no "caput" e nos §§ 1º e 7º do art. 24 desta Constituição e nos arts. 150, "caput", II, e 153, "caput", III, e § 2º, I, da Constituição da República.".
Parágrafo único. Aplica-se aos casos de disponibilidade e aposentadoria, por interesse público, o disposto no inciso II deste artigo.
Art. 127. Os membros do Ministério Público se sujeitam, entre outras, às seguintes vedações:
I. receber, a qualquer título e sob qualquer pretexto, honorários, percentagens ou custas processuais;
II. exercer a advocacia;
III. participar de sociedade comercial, na forma da lei;
IV. exercer, ainda que em disponibilidade, qualquer outra função pública, salvo uma de magistério;
V. exercer atividade político-partidária;
VI. receber, a qualquer título ou pretexto, auxílio ou contribuição de pessoa física ou de entidade pública ou privada, ressalvadas as exceções previstas em lei.
§ 1º As funções do Ministério Público só podem ser exercidas por integrantes da carreira, que deverão residir na comarca da respectiva lotação, salvo autorização do chefe da instituição.
§ 2º Aplica-se aos membros do Ministério Público o disposto no inciso V do art. 102 desta Constituição

Subseção II
Da Advocacia do Estado

Art. 128. A Advocacia-Geral do Estado, subordinada ao Governador do Estado, representa o Estado judicial e extrajudicialmente, cabendo-lhe, nos termos da lei complementar que sobre ela dispuser, as atividades de consultoria e assessoramento jurídicos do Poder Executivo.
§ 1º A Advocacia-Geral do Estado será chefiada pelo Advogado-Geral do Estado, nomeado pelo Governador entre Procuradores do Estado, integrantes da carreira da Advocacia Pública do Estado, estáveis e maiores de trinta e cinco anos.
§ 2º Subordinam-se técnica e juridicamente ao Advogado-Geral do Estado as consultorias, as assessorias, os departamentos jurídicos, as procuradorias das autarquias e das fundações e os demais órgãos e unidades jurídicas integrantes da administração direta e indireta do Poder Executivo.
§ 3º O ingresso na classe inicial da carreira da Advocacia Pública do Estado depende de concurso público de provas e títulos, realizado com a participação da Ordem dos Advogados do Brasil, Seção do Estado de Minas Gerais, em todas as suas fases.
§ 4º Ao integrante da carreira referida no § 3º deste artigo é assegurada estabilidade após três anos de efetivo exercício, mediante avaliação de desempenho, após relatório circunstanciado e conclusivo da Corregedoria do órgão.
§ 5º No processo judicial que versar sobre ato praticado pelo Poder Legislativo ou por sua administração, a representação do Estado incumbe à Procuradoria-Geral da Assembleia Legislativa, na forma do § 2º do art. 62.

Subseção III
Da Defensoria Pública

Art. 129. A Defensoria Pública é instituição essencial à função jurisdicional do Estado, a que incumbe a orientação jurídica, a representação judicial e a defesa gratuitas, em todos os graus, dos necessitados.
§ 1º À Defensoria Pública é assegurada autonomia funcional e administrativa.
§ 2º Compete à Defensoria Pública, observados os prazos e os limites estabelecidos na lei de diretrizes orçamentárias, a elaboração de sua proposta orçamentária.
§ 3º No caso de a Defensoria Pública não encaminhar sua proposta orçamentária dentro do prazo a que se refere o § 2º, o Poder Executivo considerará, para fins de consolidação da proposta orçamentária anual, os valores constantes na lei orçamentária vigente.
§ 4º Ocorrendo a hipótese prevista no § 3º ou desacordo entre a proposta orçamentária a que se refere este artigo e os limites estipulados na lei de diretrizes orçamentárias, o Poder Executivo procederá aos ajustes necessários, para fins de consolidação da proposta orçamentária anual.
Art. 130. Lei complementar organizará a Defensoria Pública em cargos de carreira, providos na classe inicial mediante concurso público de provas e títulos, realizado com participação da Ordem dos Advogados do Brasil, Seção do Estado de Minas Gerais, assegurada aos seus integrantes a garantia de inamovibilidade e vedado o exercício da advocacia fora de suas atribuições institucionais.

§ 1º O Defensor Público Geral da Defensoria Pública será nomeado pelo Governador do Estado, escolhido dentre três defensores públicos de classe final, indicados em lista tríplice pelos integrantes da carreira, para mandato de dois anos, permitida uma recondução.

§ 2º É obrigatória a criação de órgão da Defensoria Pública em todas as comarcas.

Art. 131. Às carreiras disciplinadas nas Seções I, II e III e nas Subseções I, II e III da Seção IV deste capítulo aplica-se o disposto nos arts. 24 e 32 desta Constituição, devendo os servidores integrantes das carreiras a que se referem as Subseções II e III da Seção IV ser remunerados na forma do § 7º do art. 24.

Subseção IV
Da Advocacia

Art. 132. O advogado é indispensável à administração da Justiça e inviolável por seus atos e manifestações no exercício da profissão, nos limites da lei.

Parágrafo único. É obrigatória a representação das partes por advogado, para ingresso ou defesa em Juízo, perante juiz ou tribunal estadual.

Seção V
Da Segurança do Cidadão e da Sociedade

Subseção I
Da Defesa Social

Art. 133. A defesa social, dever do Estado e direito e responsabilidade de todos, organiza-se de forma sistêmica visando a:

I. garantir a segurança pública, mediante a manutenção da ordem pública, com a finalidade de proteger o cidadão, a sociedade e os bens públicos e privados, coibindo os ilícitos penais e as infrações administrativas;

II. prestar a defesa civil, por meio de atividades de socorro e assistência, em casos de calamidade pública, sinistros e outros flagelos;

III. promover a integração social, com a finalidade de prevenir a violência e a criminalidade.

Art. 134. O Conselho de Defesa Social é órgão consultivo do Governador na definição da política de defesa social do Estado e tem assegurada, em su composição, a participação:

I. do Vice-Governador do Estado, que o presidirá;
II. do Secretário de Estado da Justiça e de Direitos Humanos;
III. do Secretário de Estado da Educação;
IV. de um membro do Poder Legislativo Estadual;
V. do Comandante-Geral da Polícia Militar;
VI. do Chefe da Polícia Civil;
VII. de um representante da Defensoria Pública;
VIII. de um representante do Ministério Público;
IX. de três representantes da sociedade civil, sendo um da Ordem dos Advogados do Brasil, Seção do Estado de Minas Gerais, um da imprensa e um indicado na forma da lei.

§ 1º Na definição da política a que se refere este artigo, serão observadas as seguintes diretrizes:

I. valorização dos direitos individuais e coletivos;
II. estímulo ao desenvolvimento da consciência individual e coletiva de respeito à lei e ao direito;
III. valorização dos princípios éticos e das práticas da sociabilidade;
IV. prevenção e repressão dos ilícitos penais e das infrações administrativas;
V. preservação da ordem pública;
VI. eficiência e presteza na atividade de colaboração para atuação jurisdicional da lei penal.

§ 2º A lei disporá sobre a organização e o funcionamento do Conselho de Defesa Social.

Art. 135. A lei disporá sobre a criação e a organização de serviços autônomos de assistência psicossocial e jurídica, a cargo de profissionais com exercício de suas atividades junto das unidades policiais.

Subseção II
Da Segurança Pública

Art. 136. A segurança pública, dever do Estado, direito e responsabilidade de todos, é exercida para a preservação da ordem pública e da incolumidade das pessoas e do patrimônio, através dos seguintes órgãos:

I. Polícia Civil;
II. Polícia Militar;
III. Corpo de Bombeiros Militar.

instalações, nos termos do art. 144, § 8º, da Constituição da República.

Art. 139. À Polícia Civil, órgão permanente do Poder Público, dirigido por Delegado de Polícia de carreira e organizado de acordo com os princípios da hierarquia e da disciplina, incumbem, ressalvada a competência da União, as funções de polícia judiciária e a apuração, no território do Estado, das infrações penais, exceto as militares, e lhe são privativas as atividades pertinentes a:

I. Polícia técnico-científica;

II. processamento e arquivo de identificação civil e criminal;

III. registro e licenciamento de veículo automotor e habilitação de condutor.

Art. 140. A Polícia Civil é estruturada em carreiras, e as promoções obedecerão ao critério alternado de antiguidade e merecimento.

§ 1º O ingresso na Polícia Civil se dará em classe inicial das carreiras, mediante concurso público de provas ou de provas e títulos, realizado privativamente pela Academia de Polícia Civil.

§ 2º O exercício de cargo policial civil é privativo de integrantes das respectivas carreiras.

§ 3º Para o ingresso na carreira de Delegado de Polícia, é exigido o título de Bacharel em Direito e concurso público, realizado com a participação da Ordem dos Advogados do Brasil, Seção do Estado de Minas Gerais, e exigido curso de nível superior de escolaridade para a de Perito Criminal.

§ 4º O cargo de Delegado de Polícia integra, para todos os fins, as carreiras jurídicas do Estado.

Art. 141. O Chefe da Polícia Civil é livremente nomeado pelo Governador do Estado dentre os integrantes, em atividade, da classe final da carreira de Delegado de Polícia.

Art. 142. A Polícia Militar e o Corpo de Bombeiros Militar, as públicas estaduais, são órgãos permanentes, organizados com base na hierarquia e na disciplina, comandados por oficiais preferencialmente,

I. à Polícia Militar, do último posto, competindo: criminal, de polícia ostensiva, prevenção viário, relacionadas ao trânsito e rodoviário, ordem pública, policiais e restaídades poder de polícia, bombeiros exe da especialmente das

proteção ambiental, de uso e ocupação do solo e de patrimônio cultural;

II. ao Corpo de Bombeiros Militar, a coordenação e a execução de ações de defesa civil, a prevenção e combate a incêndio, perícias de incêndio, busca e salvamento e estabelecimento de normas relativas à segurança das pessoas e de seus bens contra incêndio ou qualquer tipo de catástrofe;

III. à Polícia Militar e ao Corpo de Bombeiros Militar, a função de polícia judiciária militar, nos termos da lei federal.

§ 1º A Polícia Militar e o Corpo de Bombeiros Militar são forças auxiliares e reservas do Exército.

§ 2º Por decisão fundamentada do Governador do Estado, o comando da Polícia Militar ou do Corpo de Bombeiros Militar poderá ser exercido por oficial da reserva que tenha ocupado, durante o serviço ativo e em caráter efetivo, cargo privativo do último posto da corporação.

§ 3º Para o ingresso no Quadro de Oficiais da Polícia Militar – QO-PM – é exigido o título de bacharel em Direito e a aprovação em concurso público de provas ou de provas e títulos, realizado com a participação da Ordem dos Advogados do Brasil, Seção do Estado de Minas Gerais.

§ 4º O cargo de Oficial do Quadro de Oficiais da Polícia Militar – QO-PM –, com competência para o exercício da função de Juiz Militar e das atividades de polícia judiciária militar, integra, para todos os fins, a carreira jurídica militar do Estado.

Art. 143. Lei complementar organizará a Polícia Militar e o Corpo de Bombeiros Militar.

Parágrafo único. Os regulamentos disciplinares das corporações a que se refere o *caput* deste artigo serão revistos periodicamente pelo Poder Executivo, com intervalos de no máximo cinco anos, visando ao seu aprimoramento e atualização.

CAPÍTULO III

Das Finanças Públicas

Seção I
Da Tributação

Art. 144. Ao Estado compete instituir:

I. imposto sobre:

a) transmissão *causa mortis* e doação, de bem ou direito;

b) operações relativas à circulação de mercadorias e sobre prestações de serviços de transporte interestadual e intermunicipal e de comunicação, ainda que as operações e as prestações se iniciem no Exterior;
c) propriedade de veículos automotores;
d) (Revogada pelo art. 1º da Emenda à Constituição nº 10, de 2/9/1993.)
II. taxas, em razão do exercício do poder de polícia ou pela utilização, efetiva ou potencial, de serviços públicos específicos e divisíveis, prestados ao contribuinte ou postos à sua disposição;
III. contribuição de melhoria, decorrente de obras públicas.
IV. contribuição de seus servidores e militares, ativos e inativos, bem como de seus pensionistas, com alíquota não inferior à da contribuição dos servidores titulares de cargos efetivos da União, para custeio de regime próprio de previdência.
§ 1º Sempre que possível, os impostos terão caráter pessoal e serão graduados segundo a capacidade econômica do contribuinte, facultado à administração tributária, especialmente para conferir efetividade a esses objetivos, identificar, respeitados os direitos individuais e nos termos da lei, o patrimônio, os rendimentos e as atividades econômicas do contribuinte.
§ 2º As taxas não poderão ter base de cálculo própria de imposto, ou integrar a receita corrente do órgão ou entidade responsável por sua arrecadação.
§ 3º A instituição do imposto previsto na alínea a do inciso I obedecerá ao disposto em lei complementar federal, nas hipóteses mencionadas no inciso III do § 1º do art. 155 da Constituição da República.
Art. 145. O imposto previsto na alínea a do inciso I do artigo anterior é devido ao Estado:
I. relativamente a bem imóvel e aos respectivos direitos, quando situado no Estado;
II. relativamente a bem móvel, título e crédito, quando o inventário ou arrolamento se processar em seu território, ou nele tiver domicílio o doador.
Parágrafo único. O Estado respeitará, na fixação da alíquota do imposto de que trata este artigo, o índice máximo estabelecido pelo Senado Federal.
Art. 146. Aplicam-se ao Imposto sobre Circulação de Mercadorias e sobre Prestações de Serviços de Transportes Interestadual e Intermunicipal e de Comunicação as seguintes normas:

I. será não cumulativo, compensando-se o que for devido em cada operação relativa à circulação de mercadorias ou prestações de serviços com o montante cobrado nas anteriores por este ou outro Estado;
II. a isenção ou não incidência, salvo determinação em contrário da legislação:
a) não implicará crédito para compensação com o montante devido nas operações ou prestações seguintes;
b) acarretará a anulação do crédito relativo às operações anteriores;
III. poderá ser seletivo, em função da essencialidade das mercadorias e dos serviços;
IV. as alíquotas estabelecidas em resolução do Senado Federal serão aplicáveis a operações e prestações interestaduais e de exportação;
V. o Estado fixará as alíquotas para as operações internas, observado o seguinte:
a) limite mínimo não inferior ao estabelecido pelo Senado Federal para as operações interestaduais, salvo:
1. deliberação em contrário estabelecida na forma da lei complementar federal, conforme previsto na alínea g do inciso XII do § 2º do art. 155 da Constituição da República;
2. por resolução do Senado Federal, na forma da alínea a do inciso V do § 2º do art. 155 da Constituição da República;
b) limite máximo, na hipótese de resolução do Senado Federal, para a solução de conflito específico que envolva interesse do Estado;
VI. para as operações que destinem bens e serviços a consumidor final localizado em outro Estado, adotar-se-á:
a) a alíquota interestadual, quando o destinatário for contribuinte do imposto; ou
b) a alíquota interna, quando o destinatário não for contribuinte dele;
VII. caberá ao Estado a diferença entre a alíquota interna e a interestadual, nas operações e prestações interestaduais que lhe destinem mercadorias e serviços para contribuinte do imposto, na qualidade de consumidor final;
VIII. o imposto incidirá ainda:
a) sobre a entrada de bem ou mercadoria importados do exterior por pessoa física ou jurídica, ainda que não seja contribuinte habitual do imposto, qualquer que seja a sua finalidade, assim como

sobre o serviço prestado no exterior, se no Estado estiver situado o domicílio ou o estabelecimento do destinatário da mercadoria, bem ou serviço;
b) sobre o valor total da operação, quando mercadorias forem fornecidas com serviços não compreendidos na competência tributária do Município;
IX. não haverá incidência do imposto, ressalvada a hipótese prevista no inciso XI:
a) sobre operação que destine mercadoria para o exterior nem sobre serviço prestado a destinatário no exterior, assegurada a manutenção e o aproveitamento do montante do imposto cobrado nas operações e prestações anteriores;
b) sobre operação que destine a outro Estado petróleo, lubrificante, combustível líquido e gasoso dele derivados, e energia elétrica;
c) sobre o ouro, quando definido em lei como ativo financeiro ou instrumento cambial;
d) sobre encargo financeiro incorporado ao valor de operação de venda a prazo, realizada mediante sistema de crediário, diretamente a consumidor final;
e) sobre a saída de leite *in natura*, para consumo, em operação interna;
f) sobre prestação de serviço de comunicação nas modalidades de radiodifusão sonora e de sons e imagens de recepção livre e gratuita;
X. não compreenderá, em sua base de cálculo, o montante do imposto sobre produtos industrializados, quando a operação realizada entre contribuintes e relativa a produto destinado a industrialização ou a comercialização configure fato gerador dos dois impostos;
XI. as isenções, os incentivos e os benefícios fiscais poderão ser concedidos ou revogados pelo Estado, na forma de lei complementar federal;
XII. à exceção deste imposto, nenhum tributo estadual poderá incidir sobre operações relativas a energia elétrica, serviços de telecomunicações, derivados de petróleo, combustíveis e minerais.
Art. 147. A saída de carvão vegetal será acobertada por documento fiscal emitido no Município produtor e, quando destinada a industrialização neste Estado, seu imposto poderá ser diferido.
Art. 148. A microempresa, assim definida em lei, gozará de isenção do Imposto sobre Operações Relativas à Circulação de Mercadorias para destinatário localizado neste ou em outro Estado e sobre Prestações de Serviços de Transporte Interestadual e Intermunicipal e de Comunicação.
Parágrafo único. Os benefícios estabelecidos neste artigo serão aplicados ao pequeno e miniprodutor rural, assim classificado pelas normas do Manual de Crédito Rural.

Subseção I
Da Repartição das Receitas Tributárias

Art. 149. Em relação aos impostos de competência da União, na repartição das respectivas receitas, pertencem ao Estado:
I. o produto da arrecadação do imposto sobre a renda e proventos de qualquer natureza, incidente na fonte sobre rendimentos pagos, a qualquer título, pelo Estado, suas autarquias e fundações públicas;
II. vinte por cento do produto da arrecadação do imposto que a União instituir nos termos do art. 154, I, da Constituição da República;
III. a quota-parte do produto da arrecadação do imposto sobre a renda e proventos de qualquer natureza e sobre produtos industrializados, na forma a que se refere o art. 159, I, a, e II, da Constituição da República;
IV. trinta por cento do produto da arrecadação do imposto de que trata o art. 153, § 5º, da Constituição da República.
Art. 150. Na repartição das respectivas receitas, em relação aos impostos de competência do Estado, pertencem aos Municípios:
I. cinquenta por cento do produto da arrecadação do Imposto sobre a Propriedade de Veículos Automotores;
II. vinte e cinco por cento do produto da arrecadação do Imposto sobre Operações Relativas à Circulação de Mercadorias e sobre Prestações de Serviços de Transporte Interestadual e Intermunicipal e de Comunicação;
III. vinte e cinco por cento dos recursos recebidos pelo Estado, em razão do disposto no inciso II do art. 159 da Constituição da República, na forma estabelecida no § 1º deste artigo.
§ 1º As parcelas a que se referem os incisos serão diretamente creditadas em contas próprias dos Municípios beneficiários, em estabelecimento oficial de crédito, onde houver, observados, quanto às indicadas nos incisos II e III, os seguintes critérios:
I. três quartos, no mínimo, na proporção do valor adicionado nas operações relativas à circulação de

mercadorias e nas prestações de serviços, realizadas em seus territórios;
II. até um quarto, de acordo com o que dispuser a lei.
§ 2º As parcelas do imposto a que se refere o inciso I serão transferidas pelo Poder Executivo Estadual aos Municípios até o último dia do mês subsequente ao da arrecadação.
§ 3º É vedada a retenção ou a restrição à entrega ou ao emprego dos recursos atribuídos aos Municípios e previstos nesta subseção, não estando impedido o Estado de condicionar a entrega de recursos ao pagamento de seus créditos, inclusive de suas autarquias.
Art. 151. O Estado divulgará, no órgão oficial, até o último dia do mês subsequente ao da arrecadação, o montante de cada um dos tributos arrecadados, os recursos recebidos e os transferidos sob forma de convênio, os valores de origem tributária entregues e a entregar e a expressão numérica dos critérios de rateio.
Parágrafo único. Os dados divulgados pelo Estado serão discriminados por Município.

Subseção II
Das Limitações ao Poder de Tributar

Art. 152. É vedado ao Estado, sem prejuízo das garantias asseguradas ao contribuinte e do disposto no art. 150 da Constituição da República e na legislação complementar específica:
I. instituir tributo que não seja uniforme em todo o território estadual, ou que implique distinção ou preferência em relação a Município em detrimento de outro, admitida a concessão de incentivo fiscal destinado a promover o equilíbrio do desenvolvimento socioeconômico entre as diferentes regiões do Estado;
II. instituir isenção de tributo da competência do Município;
III. estabelecer diferença tributária entre bens e serviços, de qualquer natureza, em razão de sua procedência ou destino.
§ 1º Não será admitida, no período de noventa dias que antecede o término da sessão legislativa, a apresentação de projeto de lei que tenha por objeto a instituição ou a majoração de tributo estadual.
§ 2º O disposto no § 1º deste artigo não se aplica a projeto de lei destinado exclusivamente a adaptar lei estadual a norma federal.

Seção II
Do Orçamento

Art. 153. Leis de iniciativa do Poder Executivo estabelecerão:
I. o plano plurianual de ação governamental;
II. as diretrizes orçamentárias;
III. o orçamento anual.
Art. 154. A lei que instituir o plano plurianual de ação governamental estabelecerá, de forma regionalizada, as diretrizes, objetivos e metas da Administração Pública para as despesas de capital e outras delas decorrentes e para as relativas a programas de duração continuada.
Parágrafo único. O plano plurianual e os programas estaduais, regionais e setoriais previstos nesta Constituição serão elaborados em consonância com o Plano Mineiro de Desenvolvimento Integrado e submetidos à apreciação da Assembleia Legislativa.
Art. 155. A Lei de Diretrizes Orçamentárias, compatível com o plano plurianual, compreenderá as metas e prioridades da Administração Pública Estadual, incluirá as despesas correntes e de capital para o exercício financeiro subsequente, orientará a elaboração da lei orçamentária anual, disporá sobre as alterações na legislação tributária e estabelecerá a política de aplicação das agências financeiras oficiais.
§ 1º O projeto da Lei de Diretrizes Orçamentárias, de iniciativa do Governador do Estado, resultará das propostas parciais de cada Poder, do Ministério Público, do Tribunal de Contas e da Defensoria Pública, compatibilizadas em regime de colaboração.
§ 2º Para proceder à compatibilização prevista no parágrafo anterior e à efetiva verificação dos limites estabelecidos na Lei de Diretrizes Orçamentárias, será constituída comissão permanente, composta de seis membros, indicados:
I. um, pela Mesa da Assembleia;
II. um, pelo Governador do Estado;
III. um, pelo Presidente do Tribunal de Justiça;
IV. um, pelo Procurador-Geral de Justiça;
V. um, pelo Presidente do Tribunal de Contas;
VI. um, pelo Defensor Público-Geral do Estado.".
§ 3º A comissão a que se refere o parágrafo anterior, com amplo acesso a todos os documentos pertinentes à sua função, emitirá laudo conclusivo sobre a capacidade real do Estado de arcar com os custos das

propostas parciais e indicará, se for o caso, os ajustes necessários ao equilíbrio da despesa com a receita.

§ 4º A lei definirá os critérios e a competência desta comissão, que acompanhará e avaliará as receitas do Estado, para o fim de se estabelecer a justa remuneração do servidor.

§ 5º A Lei de Diretrizes Orçamentárias fixará percentual não inferior a um por cento da receita orçamentária corrente ordinária do Estado, destinado ao atendimento das propostas priorizadas nas audiências públicas regionais, a ser incluído na Lei Orçamentária Anual e executado, com o respectivo pagamento, até o final do exercício financeiro correspondente, sob pena de responsabilidade, nos termos do inciso VI do art. 91.

Art. 156. As propostas orçamentárias dos Poderes Legislativo e Judiciário serão elaboradas, respectivamente, pela Assembleia Legislativa e pelo Tribunal de Justiça, observados os limites estipulados conjuntamente e incluídos na Lei de Diretrizes Orçamentárias.

Parágrafo único. O disposto neste artigo se aplica, no que couber, ao Ministério Público e ao Tribunal de Contas.

Art. 157. A lei orçamentária anual compreenderá:

I. o orçamento fiscal referente aos Poderes do Estado, seus fundos, órgãos e entidades da administração direta e indireta;

II. o orçamento de investimento das empresas em que o Estado, direta ou indiretamente, detenha a maioria do capital social com direito a voto.

§ 1º Integrará a lei orçamentária demonstrativo específico com detalhamento das ações governamentais, em nível mínimo, de:

I. objetivos e metas especificados em subprojetos e subatividades;

II. fontes de recursos;

III. natureza da despesa;

IV. órgão ou entidade responsável pela realização da despesa;

V. órgão ou entidade beneficiários;

VI. identificação dos investimentos, por região do Estado;

VII. identificação, de forma regionalizada, dos efeitos, sobre as receitas e despesas, decorrentes de isenções, remissões, subsídios e benefícios de natureza financeira, tributária e creditícia.

§ 2º O orçamento, compatibilizado com o Plano Mineiro de Desenvolvimento Integrado, terá, entre suas funções, a de reduzir desigualdades entre as regiões do Estado, segundo critério populacional.

§ 3º A lei orçamentária anual não conterá disposição estranha à previsão da receita e à fixação da despesa, ressalvadas a autorização para a abertura de crédito suplementar e a contratação de operação de crédito, ainda que por antecipação de receita, nos termos da lei.

§ 4º O Estado publicará, até o dia trinta do mês subsequente ao da competência, balancetes mensais de sua execução orçamentária e financeira.

§ 5º Para subsidiar a elaboração do Plano Mineiro de Desenvolvimento Integrado, do plano plurianual de ação governamental e da proposta orçamentária anual, a Assembleia Legislativa sistematizará e priorizará, em audiência pública regional, realizada a cada dois anos, as propostas resultantes de audiências públicas municipais realizadas pelos poderes públicos locais, nos termos de regulamentação.

§ 6º O Tribunal de Contas, órgão auxiliar do Poder Legislativo, o Poder Judiciário e o Poder Executivo, com a finalidade de prestarem informações e colherem subsídios para as ações pertinentes a seu âmbito de competência, participarão da audiência pública regional a que se refere o § 5º.

§ 7º (Suprimido pelo art. 3º da Emenda à Constituição nº 36, de 29/12/1998.)

Art. 158. A lei orçamentária assegurará investimentos prioritários em programas de educação, saúde, habitação, saneamento básico, proteção ao meio ambiente, fomento ao ensino, à pesquisa científica e tecnológica, ao esporte e à cultura e ao atendimento das propostas priorizadas nas audiências públicas regionais.

§ 1º Os recursos para os programas de saúde não serão inferiores aos destinados aos investimentos em transporte e sistema viário.

§ 2º Tomando-se como referência as respectivas dotações orçamentárias, o percentual executado e pago das despesas com publicidade não será superior, em cada trimestre, ao percentual executado e pago das despesas decorrentes das propostas priorizadas nas audiências públicas regionais, ressalvados os casos de despesas imprevisíveis e urgentes, decorrentes de calamidade pública.

Art. 159. Cabe à lei complementar:

I. dispor sobre o exercício financeiro, a vigência, os prazos, a elaboração e a organização do plano

plurianual, da lei de diretrizes orçamentárias e da lei orçamentária anual;
II. estabelecer normas de gestão financeira e patrimonial da administração direta e indireta, e condições para a instituição e funcionamento de fundo.
Art. 160. Os projetos de lei relativos a plano plurianual, às diretrizes orçamentárias, ao orçamento anual e a crédito adicional serão apreciados pela Assembleia Legislativa, observado o seguinte:
I. caberá à Comissão Permanente de Fiscalização Financeira e Orçamentária da Assembleia Legislativa:
a) examinar e emitir parecer sobre os projetos de que trata este artigo e sobre as contas apresentadas anualmente pelo Governador do Estado;
b) examinar e emitir parecer sobre os planos e programas estaduais, regionais e setoriais previstos nesta Constituição, e exercer o acompanhamento e a fiscalização orçamentários, sem prejuízo da atuação das demais comissões da Assembleia Legislativa;
II. as emendas serão apresentadas na Comissão indicada no inciso I, a qual sobre elas emitirá parecer, e apreciadas, na forma regimental, pelo Plenário da Assembleia Legislativa;
III. as emendas ao projeto da lei do orçamento anual ou a projeto que a modifique somente podem ser aprovadas caso:
a) sejam compatíveis com o plano plurianual e com a Lei de Diretrizes Orçamentárias;
b) indiquem os recursos necessários, admitidos apenas os provenientes de anulação de despesa, excluídas as que incidam sobre:
1. dotação para pessoal e seus encargos;
2. serviço da dívida;
3. transferência tributária constitucional para Município; ou
c) sejam relacionadas:
1. com a correção de erro ou omissão; ou
2. com as disposições do projeto de lei.
§ 1º O Governador do Estado poderá enviar mensagem à Assembleia Legislativa, para propor modificação nos projetos a que se refere este artigo, enquanto não iniciada, na Comissão a que se refere o inciso I, a votação da parte cuja alteração for proposta.
§ 2º Os projetos de lei do plano plurianual das diretrizes orçamentárias e do orçamento anual serão enviados pelo Governador do Estado à Assembleia Legislativa, nos termos da lei complementar a que se refere o art. 159.

§ 3º Os recursos que, em decorrência de veto, emenda ou rejeição do projeto de lei orçamentária anual, ficarem sem despesas correspondentes poderão ser utilizados, conforme o caso, mediante créditos especiais ou suplementares, com prévia e específica autorização legislativa.
Art. 161. São vedados:
I. o início de programa ou projeto não incluídos na Lei Orçamentária anual;
II. a realização de despesa ou assunção de obrigação direta que excedam os créditos orçamentários ou adicionais;
III. a realização de operação de crédito que exceda o montante das despesas de capital, ressalvada a autorizada mediante crédito suplementar ou especial com finalidade precisa, aprovados pelo Poder Legislativo, pela maioria de seus membros;
IV. a vinculação de receita de imposto a órgão, fundo ou despesas, ressalvadas:
a) a repartição da arrecadação dos impostos a que se refere o art. 149;
b) a destinação de recursos para manutenção e desenvolvimento do ensino, como determinado pelo art. 201;
c) a prestação de garantias às operações de crédito por antecipação de receita, prevista no art. 157, § 3º;
d) a destinação de recursos para o amparo e fomento à pesquisa, prevista no art. 212;
e) a prestação de garantia ou contragarantia à União e para pagamento de débitos para com esta;
f) a destinação de recursos para a Universidade do Estado de Minas Gerais – UEMG – e para a Universidade Estadual de Montes Claros – Unimontes –, prevista no art. 199.
g) a realização de atividades da administração tributária;
V. a abertura de crédito suplementar ou especial sem prévia autorização legislativa e sem indicação dos recursos correspondentes;
VI. a transposição, o remanejamento ou a transferência de recursos de uma categoria de programação para outra ou de um órgão para outro sem prévia autorização legislativa;
VII. a concessão ou utilização de crédito ilimitado;
VIII. a utilização, sem autorização legislativa específica, de recursos dos orçamentos previstos no art. 158, para suprir necessidade ou cobrir déficit de empresa, fundação pública ou fundo;

IX. a instituição de fundo de qualquer natureza, sem prévia autorização legislativa;

X. o lançamento de títulos da dívida pública estadual e a realização de operação de crédito interna e externa, sem prévia autorização da Assembleia Legislativa;

XI. a aplicação de disponibilidade de caixa do Estado em títulos, valores mobiliários e outros ativos de empresa privada.

XII. o aporte de recursos pelo Estado, por suas autarquias e fundações, por empresas públicas e sociedades de economia mista, a entidade de previdência complementar privada, salvo na qualidade de patrocinador, situação na qual, em hipótese alguma, sua contribuição normal poderá exceder a do segurado;

XIII. a transferência voluntária de recursos e a concessão de empréstimos, inclusive por antecipação de receita, pelo Estado e suas instituições financeiras, para pagamento de despesas com pessoal ativo e inativo e com pensionistas dos Municípios.

§ 1º Nenhum investimento cuja execução ultrapasse um exercício financeiro poderá, sob pena de crime de responsabilidade, ser iniciado sem prévia inclusão no plano plurianual ou sem lei que a autorize.

§ 2º Os créditos especiais e extraordinários terão vigência no exercício financeiro em que tenham sido autorizados, salvo se o ato de autorização for promulgado nos últimos quatro meses daquele exercício, caso em que, reabertos nos limites de seus saldos, serão incorporados ao orçamento do exercício financeiro subsequente.

§ 3º A abertura de crédito extraordinário somente será admitida, ouvido o Conselho de Governo e *ad referendum* da Assembleia Legislativa, por resolução, para atender a despesas imprevisíveis e urgentes, decorrentes de calamidade pública.

§ 4º É permitida a vinculação dos recursos de que trata o art. 149 para os efeitos previstos no inciso IV, alínea e, deste artigo.

Art. 162 Os recursos correspondentes às dotações orçamentárias, aí compreendidos os créditos suplementares e especiais destinados aos órgãos dos Poderes Legislativo e Judiciário, do Ministério Público, do Tribunal de Contas e da Defensoria Pública, ser-lhes-ão entregues em duodécimos, até o dia vinte de cada mês.

§ 1º *(Parágrafo declarado inconstitucional – ADIN 1.901.)*

§ 2º É vedada a retenção ou restrição ao repasse ou emprego dos recursos atribuídos aos órgãos mencionados no *caput* deste artigo, sob pena de crime de responsabilidade. *(Vide ADIN 1.901)*

Art. 163. Os pagamentos devidos pelas Fazendas Públicas Estadual ou Municipal, em virtude de sentença judicial, far-se-ão exclusivamente na ordem cronológica de apresentação dos precatórios e à conta dos créditos respectivos, proibida a designação de casos ou de pessoas nas dotações orçamentárias e nos créditos adicionais abertos para este fim.

§ 1º É obrigatória, no orçamento das entidades de direito público, a inclusão da verba necessária ao pagamento de seus débitos oriundos de sentenças transitadas em julgado, constantes de precatórios judiciários apresentados até 1º de julho, fazendo-se o pagamento, em valores atualizados monetariamente, até o final do exercício seguinte.

§ 2º As dotações orçamentárias e os créditos abertos serão consignados diretamente ao Poder Judiciário, cabendo ao Presidente do Tribunal que proferir a decisão exequenda determinar o pagamento integral e autorizar o sequestro da quantia respectiva, a requerimento do credor, exclusivamente para os casos de preterimento de seu direito de precedência ou de não alocação orçamentária do valor necessário à satisfação do seu débito.

§ 3º O Presidente do Tribunal competente que, por ato comissivo ou omissivo, retardar ou tentar frustrar a liquidação regular de precatório incorrerá em crime de responsabilidade.

§ 4º Os débitos de natureza alimentícia compreendem aqueles decorrentes de salários, vencimentos, proventos, pensões e suas complementações, benefícios previdenciários e indenizações por morte ou por invalidez, fundadas em responsabilidade civil, em virtude de sentença judicial transitada em julgado, e serão pagos com preferência sobre todos os demais débitos.

§ 5º O disposto no "caput" deste artigo, relativamente à expedição de precatórios, não se aplica ao pagamento de obrigações definidas em lei como de pequeno valor, devidas pelas Fazendas Públicas estadual ou municipal em virtude de sentença judicial transitada em julgado.

§ 6º O Estado e os Municípios poderão fixar, por leis próprias, valores distintos para os débitos das entidades de direito público a serem considerados de pequeno valor para fins do disposto no § 5º, segundo a capacidade econômica de cada entidade, valores esses que não poderão ser inferiores ao do maior benefício pago pelo regime geral de previdência social.

§ 7º É proibida a expedição de precatório complementar ou suplementar de valor pago, bem como o fracionamento, a repartição ou a quebra do valor da execução, vedado o pagamento em parte na forma estabelecida no § 5º deste artigo e em parte mediante expedição de precatório.

Art. 164. Os projetos de lei de que trata esta seção serão apreciados, na forma do Regimento, por comissão permanente da Assembleia Legislativa, com a competência indicada no inciso I do art. 160.

CAPÍTULO IV
Do Município

Art. 165. Os Municípios do Estado de Minas Gerais integram a República Federativa do Brasil.

§ 1º O Município, dotado de autonomia política, administrativa e financeira, organiza-se e rege-se por sua Lei Orgânica e demais leis que adotar, observados os princípios da Constituição da República e os desta Constituição.

§ 2º Ao Município incumbe gerir interesses da população situada em área contínua do território do Estado, de extensão variável, delimitada em lei.

§ 3º O Município se sujeita às vedações do art. 19 da Constituição da República.

§ 4º Todo o poder do Município emana do povo, que o exerce por meio de representantes eleitos ou diretamente, nos termos de sua Lei Orgânica e da Constituição da República.

§ 5º O Município pode subdividir-se em Distritos e, estes, em Subdistritos. Art. 166 – O Município tem os seguintes objetivos prioritários:

I. gerir interesses locais, como fator essencial de desenvolvimento da comunidade;
II. cooperar com a União e o Estado e associar-se a outros Municípios, na realização de interesses comuns;
III. promover, de forma integrada, o desenvolvimento social e econômico da população de sua sede e dos Distritos;
IV. promover plano, programas e projetos de interesse dos segmentos mais carentes da sociedade;
V. estimular e difundir o ensino e a cultura, proteger o patrimônio cultural e histórico e o meio ambiente e combater a poluição;

VI. preservar a moralidade administrativa.

Art. 167. Lei complementar estabelecerá os requisitos para a criação, incorporação, fusão e desmembramento de Municípios, observado o disposto no art. 18, § 4º, da Constituição da República.

Art. 168. O topônimo pode ser alterado em lei estadual, verificado o seguinte:
resolução da Câmara Municipal, aprovada por, no mínimo, dois terços de seus membros;
aprovação da população interessada, em plebiscito, com manifestação favorável de, no mínimo, metade dos respectivos eleitores.

Seção I
Da Competência do Município

Art. 169. O Município exerce, em seu território, competência privativa e comum ou suplementar, a ele atribuída pela Constituição da República e por esta Constituição.

Art. 170. A autonomia do Município se configura no exercício de competência privativa, especialmente:

I. elaboração e promulgação de sua Lei Orgânica;
II. eleição de seu Prefeito, Vice-Prefeito e Vereadores;
III. instituição, decretação e arrecadação dos tributos de sua competência e aplicação de suas rendas, sem prejuízo da obrigação de prestar contas e publicar balancetes nos prazos fixados em lei;
IV. criação, organização e supressão de Distrito, observada a legislação estadual;
V. promoção do ordenamento territorial, mediante planejamento e controle do uso, do parcelamento e da ocupação do solo urbano, ficando dispensada a exigência de alvará ou de qualquer outro tipo de licenciamento para o funcionamento de templo religioso e proibida limitação de caráter geográfico à sua instalação;
VI. organização e prestação de serviços públicos de interesse local, diretamente ou sob regime de concessão, permissão ou autorização, incluído o transporte coletivo de passageiros, que tem caráter essencial.

Parágrafo único. No exercício da competência de que trata este artigo, o Município observará a norma geral respectiva, federal ou estadual.

Art. 171. Ao Município compete legislar:

I. sobre assuntos de interesse local, notadamente:
a) o plano diretor;

b) o planejamento do uso, parcelamento e ocupação do solo, a par de outras limitações urbanísticas gerais, observadas as diretrizes do plano diretor;
c) a polícia administrativa de interesse local, especialmente em matéria de saúde e higiene públicas, construção, trânsito e tráfego, plantas e animais nocivos e logradouros públicos;
d) a matéria indicada nos incisos I, III, IV, V e VI do artigo anterior;
e) o regime jurídico único de seus servidores, observada a diversificação quanto aos da administração direta, da autárquica e da fundacional em relação aos das demais entidades da administração indireta;
f) a organização dos serviços administrativos;
g) a administração, utilização e alienação de seus bens;
h) o plano plurianual, as diretrizes orçamentárias e os orçamentos anuais;
i) caça, pesca, conservação da natureza e defesa do solo e dos recursos naturais;
j) educação, cultura, ensino e desporto;
k) proteção à infância, à juventude, à gestante e ao idoso.

§ 1º O Município se sujeita às limitações ao poder de tributar de que trata o art. 150 da Constituição da República.

§ 2º As diretrizes, metas e prioridades da administração municipal serão definidas, por Distrito, nos planos de que trata a alínea a do inciso II deste artigo.

Seção II
Da Lei Orgânica do Município

Art. 172. A Lei Orgânica pela qual se regerá o Município será votada e promulgada pela Câmara Municipal e observará os princípios da Constituição da República e os desta Constituição.

Seção III
Dos Poderes

Art. 173. São Poderes do Município, independentes e harmônicos entre si, o Legislativo e o Executivo.

§ 1º Ressalvados os casos previstos nesta Constituição, é vedado a qualquer dos Poderes delegar atribuições, e, a quem for investido na função de um deles, exercer a de outro.

§ 2º À Câmara Municipal cabe, entre outras matérias de sua competência privativa, suspender, no todo ou em parte, a execução de ato normativo municipal declarado, incidentalmente, inconstitucional, por decisão definitiva do Tribunal de Justiça, quando a decisão de inconstitucionalidade for limitada ao texto da Constituição do Estado.

Art. 174. O Prefeito, o Vice-Prefeito e os Vereadores serão eleitos, para mandato de quatro anos, em pleito direto e simultâneo, realizado em todo o Estado no primeiro domingo de outubro do ano anterior ao do término do mandato daqueles a quem devam suceder, aplicadas as regras do art. 77 da Constituição da República no caso de Municípios com mais de duzentos mil eleitores.

§ 1º A equipe de transição de governo indicada pelo candidato eleito para o cargo de Prefeito terá pleno acesso às informações relativas às contas públicas, aos programas e aos projetos de governo, nos termos de lei municipal.

§ 2º A posse dos Vereadores, do Prefeito e do Vice-Prefeito será no dia primeiro de janeiro do ano subsequente ao da eleição.

§ 3º O Prefeito e quem o houver sucedido ou substituído no curso do mandato poderão ser reeleitos para um único período subsequente

Subseção I
Do Poder Legislativo

Art. 175 O Poder Legislativo é exercido pela Câmara Municipal, que se compõe de Vereadores.

§ 1º O número de Vereadores é proporcional à população do Município, observados os limites estabelecidos na Constituição da República.

§ 2º No início e no término de cada mandato, o Vereador apresentará, à Câmara Municipal, declaração de seus bens.

§ 3º O Vereador se sujeita, no que couber, às proibições, incompatibilidades e perda de mandato aplicáveis ao Deputado Estadual.

§ 4º Ao Vereador será assegurada ampla defesa em processo no qual seja acusado, observados, entre outros requisitos de validade, o contraditório, a publicidade e o despacho ou decisão motivados.

Art. 176. Compete privativamente à Câmara Municipal, no que couber, o exercício das atribuições enumeradas no art. 62.

Subseção II
Do Poder Executivo

Art. 177. O Poder Executivo é exercido pelo Prefeito Municipal.

§ 1º Substitui o Prefeito, no caso de impedimento, e lhe sucede no de vaga, o Vice-Prefeito.

§ 2º Na posse e no término do mandato, o Prefeito e o Vice-Prefeito apresentarão à Câmara Municipal declaração de seus bens, sem prejuízo do disposto no parágrafo único do art. 258.

§ 3º *(Parágrafo declarado inconstitucional – ADIN 322)*

Art. 178. O Prefeito é processado e julgado originariamente pelo Tribunal de Justiça, nos crimes comuns e nos de responsabilidade.

Parágrafo único. Na forma da Lei Orgânica, compete à Câmara Municipal o julgamento do Prefeito por infração político-administrativa, observada a regra do § 4º do art. 175.

Subseção III
Da Remuneração do Prefeito e do Vereador

Art. 179 A remuneração do Prefeito, do Vice-Prefeito e do Vereador será fixada, em cada legislatura, para a subsequente, pela Câmara Municipal.

Parágrafo único. Na hipótese de a Câmara Municipal deixar de exercer a competência de que trata este artigo, ficarão mantidos, na legislatura subsequente, os critérios de remuneração vigentes em dezembro do último exercício da legislatura anterior, admitida apenas a atualização dos valores.

Seção IV
Da Fiscalização

Art. 180. A Câmara Municipal julgará as contas do Prefeito, mediante parecer prévio do Tribunal de Contas, que terá trezentos e sessenta dias de prazo, contados de seu recebimento, para emiti-lo, na forma da lei.

§ 1º Como procedimento fiscalizador e orientador, o Tribunal de Contas realizará habitualmente inspeções locais nas Prefeituras, Câmaras Municipais e demais órgãos e entidades da administração direta e da indireta dos Municípios.

§ 2º As decisões do Tribunal de Contas de que resulte imputação de débito ou multa terão eficácia de título executivo.

§ 3º No primeiro e no último ano de mandato do Prefeito Municipal, o Município enviará ao Tribunal de Contas inventário de todos os seus bens móveis e imóveis.

§ 4º O Tribunal de Contas exercerá, em relação ao Município e às entidades de sua administração indireta, as atribuições previstas no art. 76 desta Constituição, observado o disposto no art. 31 da Constituição da República.

Seção V
Da Cooperação

Subseção I
Disposições Gerais

Art. 181. É facultado ao Município:

I. associar-se a outros, do mesmo complexo geoeconômico e social, mediante convênio previamente aprovado pela Câmara Municipal, para a gestão, sob planejamento, de funções públicas ou serviços de interesse comum, de forma permanente ou transitória; *(Vide ADIN 770)*

II. cooperar com a União e o Estado, nos termos de convênio ou consórcio previamente aprovados pela Câmara Municipal, na execução de serviços e obras de interesse para o desenvolvimento local; *(Vide ADIN 770)*

III. participar, autorizado por lei municipal, da criação de entidade intermunicipal para realização de obra, exercício de atividade ou execução de serviço específico de interesse comum.

Art. 182. A cooperação técnica e financeira do Estado, para a manutenção de programas de educação pré-escolar e de ensino fundamental e para a prestação de serviços de saúde de que trata o art. 30, VI e VII, da Constituição da República, obedecerá ao plano definido em lei estadual.

Parágrafo único. A cooperação somente se dará por força de convênio que, em cada caso, assegure ao Município os recursos técnicos e financeiros indispensáveis a manter os padrões de qualidade dos serviços e a atender às necessidades supervenientes da coletividade.

Subseção II
Da Assistência aos Municípios

Art. 183 O Estado assegurará, com base em programas especiais, ampla assistência técnica e financeira ao Município de escassas condições de desenvolvimento socioeconômico, com prioridade para o de população inferior a trinta mil habitantes.

§ 1º A assistência, preservada a autonomia municipal, inclui, entre outros serviços:

I. abertura e manutenção de estrada municipal ou caminho vicinal;
II. instalação de equipamentos necessários para o ensino, a saúde e o saneamento básico;
III. difusão intensiva das potencialidades da região;
IV. implantação de mecanismo de escoamento da produção regional;
V. assistência técnica às Prefeituras, Câmaras Municipais e microrregiões;
VI. implantação de política de colonização, a partir do estímulo à execução de programa de reforma agrária;
VII. concessão de incentivos, com o objetivo de fixar o homem no meio rural;
VIII. implantação de processo adequado para tratamento do lixo urbano.

§ 2º A coordenação da execução dos programas especiais será confiada à autarquia territorial de desenvolvimento implantada na região, assegurada na forma da lei a participação de representantes dos Municípios envolvidos.

§ 3º Na execução de programa especial, ter-se-á em vista a participação das populações interessadas, por meio de órgãos comunitários e regionais de consulta e acompanhamento.

§ 4º A Polícia Militar poderá, por solicitação do Município, incumbir-se da orientação à guarda municipal e de seu treinamento, e da orientação aos corpos de voluntários para o combate a incêndio e socorro em caso de calamidade.

Seção VI
Da Intervenção no Município

Art. 184. O Estado não intervirá no Município, exceto quando:

I. deixar de ser paga, sem motivo de força maior, por dois anos consecutivos, a dívida fundada;
II. não forem prestadas contas devidas, na forma da lei;
III. não tiverem sido aplicados, no ano, pelo menos vinte e cinco por cento da receita resultantes de impostos, compreendida a proveniente de transferências, na manutenção e desenvolvimento do ensino; ou

IV. o Tribunal de Justiça der provimento a representação para assegurar a observância de princípio indicado nesta Constituição, ou para prover a execução de lei, de ordem ou de decisão judicial.

Parágrafo único. A intervenção será decretada e seus efeitos cessarão na forma da Constituição da República.

TÍTULO IV
Da Sociedade

CAPÍTULO I
Da Ordem Social

Art. 185. A ordem social tem como base o primado do trabalho e como objetivo o bem-estar e a justiça sociais.

Seção I
Da Saúde

Art. 186. A saúde é direito de todos, e a assistência a ela é dever do Estado, assegurada mediante políticas sociais e econômicas que visem à eliminação do risco de doenças e de outros agravos e ao acesso universal e igualitário às ações e aos serviços para sua promoção, proteção e recuperação.

Parágrafo único. O direito à saúde implica a garantia de:

I. condições dignas de trabalho, moradia, alimentação, educação, transporte, lazer e saneamento básico;
II. acesso às informações de interesse para a saúde, obrigado o Poder Público a manter a população informada sobre os riscos e danos à saúde e sobre as medidas de prevenção e controle;
III. dignidade, gratuidade e boa qualidade no atendimento e no tratamento de saúde;
IV. participação da sociedade, por intermédio de entidades representativas, na elaboração de políticas, na definição de estratégias de implementação e no controle das atividades com impacto sobre a saúde.

Art. 187. As ações e serviços de saúde são de relevância pública, e cabem ao Poder Público sua regulamentação, fiscalização e controle, na forma da lei.

Parágrafo único. A execução das ações e serviços será feita pelo Poder Público e, complementarmente, por pessoa física ou jurídica de direito privado.

Art. 188 As ações e serviços públicos de saúde no âmbito do Estado integram rede nacional regionalizada e hierarquicamente constituída em sistema único, e se pautam também pelas seguintes diretrizes:
I. descentralização com direção única, em nível estadual e municipal;
II. regionalização de ações da competência do Estado;
III. integralidade na prestação de ações de saúde adequadas à realidade epidemiológica, com prioridade para as ações preventivas e consideradas as características socioeconômicas da população e de cada região, sem prejuízo dos serviços assistenciais;
IV. participação da comunidade;
V. participação complementar das instituições privadas no sistema único de saúde, segundo diretrizes deste, mediante contrato de direito público ou convênio, assegurada a preferência a entidades filantrópicas e às sem fins lucrativos;
VI. valorização do profissional da área da saúde, com a garantia de planos de carreira e condições para reciclagem periódica.
Art. 189 O sistema único de saúde será financiado com recursos provenientes dos orçamentos da seguridade social, da União, do Estado, dos Municípios, e com os de outras fontes.
Art. 190 Compete ao Estado, no âmbito do sistema único de saúde, além de outras atribuições previstas em lei federal:
I. controlar e fiscalizar procedimentos, produtos e substâncias de interesse para a saúde e participar da produção de medicamentos, equipamentos imunobiológicos, hemoderivados e outros insumos;
II. executar as ações de vigilância sanitária e epidemiológica, e as de saúde do trabalhador;
III. ordenar a formação de recursos humanos na área da saúde;
IV. participar da formulação da política e da execução das ações de saneamento básico;
V. incrementar em sua área de atuação o desenvolvimento científico e tecnológico;
VI. fiscalizar e inspecionar alimentos, compreendido o controle de seu teor nutricional, e bebidas e águas para o consumo humano;
VII. participar do controle e da fiscalização da produção, do transporte, da guarda e da utilização de substâncias e produtos psicoativos, tóxicos e radioativos;
VIII. colaborar na proteção do meio ambiente, nele compreendido o de trabalho;
IX. adotar rígida política de fiscalização e controle da infecção hospitalar e de endemias;
X. garantir o atendimento prioritário nos casos legais de interrupção da gravidez;
XI. gerir o fundo especial de reserva de medicamentos essenciais, na forma da lei;
XII. promover, quando necessária, a transferência do paciente carente de recursos para outro estabelecimento de assistência médica ou ambulatorial, integrante do sistema único de saúde, mais próximo de sua residência;
XIII. promover a instalação de estabelecimentos de assistência médica de emergência nas cidades-pólo;
XIV. executar as ações de prevenção, tratamento e reabilitação, nos casos de deficiência física, mental e sensorial;
XV. implementar, em conjunto com os órgãos federais e municipais, o sistema de informação na área da saúde.
Parágrafo único. O Estado instituirá instrumentos para controle unificado dos bancos de sangue.
Art. 191 A assistência à saúde é livre à iniciativa privada.
§ 1º É vedada a destinação de recursos públicos para auxílio ou subvenção a instituição privada com fins lucrativos.
§ 2º É vedada a participação direta ou indireta de empresa ou capital estrangeiro na assistência à saúde no Estado, salvo nos casos previstos em lei federal.
§ 3º O Estado suplementará a legislação federal sobre as condições que facilitem a remoção de órgãos, tecidos e substâncias humanas para fins de transplante, pesquisa e tratamento, e sobre coleta, processamento e transfusão de sangue e seus derivados, vedado todo tipo de comercialização nos termos do § 4º do art. 199 da Constituição da República.

Subseção Única
Do Saneamento Básico

Art. 192 O Estado formulará a política e os planos plurianuais estaduais de saneamento básico.
§ 1º A política e os planos plurianuais serão submetidos a um Conselho Estadual de Saneamento Básico.
§ 2º O Estado proverá os recursos necessários para a implementação da política estadual de saneamento básico.

§ 3º A execução de programa de saneamento básico, estadual ou municipal, será precedida de planejamento que atenda aos critérios de avaliação do quadro sanitário e epidemiológico estabelecidos em lei.

Seção II
Da Assistência Social

Art. 193 A assistência social será prestada pelo Estado a quem dela necessitar, independentemente de contribuição, sem prejuízo da assegurada no art. 203 da Constituição da República.

Art. 194. As ações estaduais, na área de assistência social, serão implementadas com recursos do orçamento do Estado e de outras fontes, observadas as seguintes diretrizes:
I. desconcentração administrativa, segundo a política de regionalização, com participação de entidade beneficente e de assistência social;
II. participação da população, por meio de organizações representativas, na formulação das políticas e no controle das ações em todos os níveis.
Parágrafo único. O Estado promoverá plano de assistência social às populações de áreas inundadas por reservatórios.

Seção III
Da educação

Art. 195. A educação, direito de todos, dever do Estado e da família, será promovida e incentivada com a colaboração da sociedade, com vistas ao pleno desenvolvimento da pessoa, seu preparo para o exercício da cidadania e sua qualificação para o trabalho.
Parágrafo único. Para assegurar o estabelecido neste artigo, o Estado deverá garantir o ensino de Filosofia, Sociologia e noções de Direito Eleitoral nas escolas públicas do ensino médio.

Art. 196. O ensino será ministrado com base nos seguintes princípios:
I. igualdade de condições para o acesso e frequência à escola e permanência nela;
II. liberdade de aprender, ensinar e pesquisar, e de divulgar o pensamento, a arte e o saber;
III. pluralismo de idéias e de concepções filosóficas, políticas, estéticas, religiosas e pedagógicas, que conduza o educando à formação de uma postura ética e social próprias;
IV. preservação dos valores educacionais regionais e locais;

V. gratuidade do ensino público;
VI. valorização dos profissionais do ensino, com a garantia, na forma da lei, de plano de carreira para o magistério público, com piso de vencimento profissional e com ingresso exclusivamente por concurso público de provas e títulos, realizado periodicamente, sob o regime jurídico único adotado pelo Estado para seus servidores;
VII. gestão democrática do ensino público, na forma da lei;
VIII. *(Inciso declarado inconstitucional – ADIN 640)*
IX. garantia do princípio do mérito, objetivamente apurado, na carreira do magistério;
X. garantia do padrão de qualidade, mediante:
a) avaliação cooperativa periódica por órgão próprio do sistema educacional, pelo corpo docente e pelos responsáveis pelos alunos;
b) condições para reciclagem periódica pelos profissionais de ensino;
XI. coexistência de instituições públicas e privadas.
Parágrafo único. A gratuidade do ensino a cargo do Estado inclui a de todo o material escolar e a da alimentação do educando, quando na escola.

Art. 197 A descentralização do ensino, por cooperação, na forma da lei, submete-se às seguintes diretrizes:
I. atendimento prioritário à escolaridade obrigatória;
II. garantia de repasse de recursos técnicos e financeiros.
Parágrafo único. A cessão de pessoal do magistério se dará com todos os direitos e vantagens do cargo, como se em exercício em unidade do sistema estadual de ensino.

Art. 198 A garantia de educação pelo Poder Público se dá mediante:
I. ensino fundamental, obrigatório e gratuito, mesmo para os que não tiverem tido acesso a ele na idade própria, em período de oito horas diárias para o curso diurno;
II. prioridade para o ensino médio, para garantir, gradativamente, a gratuidade e a obrigatoriedade desse grau de ensino;
III. atendimento educacional especializado ao portador de deficiência, preferencialmente na rede regular de ensino, com garantia de recursos humanos capacitados e material e equipamento públicos adequados, e de vaga em escola próxima à sua residência;

IV. apoio às entidades especializadas, públicas e privadas, sem fins lucrativos, para o atendimento ao portador de deficiência;
V. cessão de servidores especializados para atendimento às fundações públicas e entidades filantrópicas, confessionais e comunitárias sem fins lucrativos, de assistência ao menor e ao excepcional, como dispuser a lei;
VI. incentivo à participação da comunidade no processo educacional, na forma da lei;
VII. preservação dos aspectos humanísticos e profissionalizantes no ensino médio;
VIII. expansão e manutenção da rede de estabelecimentos oficiais de ensino, com a dotação de infraestrutura física e equipamentos adequados;
IX. promoção da expansão da rede de estabelecimentos oficiais que ofereçam cursos gratuitos de ensino técnico-industrial, agrícola e comercial, observadas as peculiaridades regionais e as características dos grupos sociais;
X. atendimento gratuito em creche e pré-escola à criança de até seis anos de idade, em período diário de oito horas, com a garantia de acesso ao ensino fundamental;
XI. propiciamento de acesso aos níveis mais elevados do ensino, da pesquisa e da criação artística, segundo a capacidade de cada um;
XII. expansão da oferta de ensino noturno regular e de ensino supletivo, adequados às condições do educando;
XIII. criação de sistema integrado de bibliotecas, para difusão de informações científicas e culturais;
XIV. programas específicos de atendimento à criança e ao adolescente superdotados, na forma da lei;
XV. supervisão e orientação educacional nas escolas públicas, em todos os níveis e modalidades de ensino, exercidas por profissional habilitado;
XVI. atendimento ao educando, no ensino fundamental, por meio de programas suplementares de fornecimento de material didático-escolar, transporte, alimentação e assistência à saúde;
XVII. amparo ao menor carente ou infrator e sua formação em curso profissionalizante.
§ 1º O acesso ao ensino obrigatório e gratuito é direito público subjetivo.
§ 2º O não oferecimento do ensino obrigatório pelo Poder Público, ou sua oferta irregular, importa responsabilidade da autoridade competente.

§ 3º Compete ao Estado recensear os educandos do ensino fundamental e, mediante instrumentos de controle, zelar pela frequência à escola.
§ 4º O ensino é livre à iniciativa privada, verificadas as seguintes condições:
I. observância das diretrizes e bases da educação nacional e da legislação concorrente em nível estadual;
II. autorização de funcionamento e supervisão e avaliação de qualidade pelo Poder Público.

Art. 199 As universidades gozam de autonomia didático – científica e administrativa, incluída a gestão financeira e patrimonial, observado o princípio de indissociabilidade entre ensino, pesquisa e extensão.
§ 1º O Estado destinará dotações e recursos à operacionalização e à manutenção das atividades necessárias à total implantação e desenvolvimento da Universidade do Estado de Minas Gerais – UEMG – e da Universidade Estadual de Montes Claros – Unimontes –, no valor de, no mínimo, 2% (dois por cento) da receita orçamentária corrente ordinária do Estado, repassados em parcelas mensais equivalentes a um doze avos do total, no mesmo exercício.
§ 2º dos recursos a que se refere o parágrafo anterior, 7,5% (sete e meio por cento) serão destinados prioritariamente à criação e à implantação de cursos superiores nos vales do Jequitinhonha e do Mucuri pela Universidade do Estado de Minas Gerais – UEMG – e pela Universidade Estadual de Montes Claros – Unimontes –, podendo, justificadamente, ser empregados na manutenção de outras atividades das respectivas universidades.
§ 3º Na instalação das unidades da Universidade Estadual de Minas Gerais, ou na encampação de entidades educacionais de ensino universitário, levar-se-ão em conta, prioritariamente, regiões densamente povoadas não atendidas por ensino público superior, observada a vocação regional.
§ 4º As atividades acadêmicas e administrativas das universidades públicas estaduais serão reguladas por normas específicas.

Art. 200 Respeitado o conteúdo mínimo do ensino fundamental estabelecido pela União, o Estado lhe fixará conteúdo complementar, com o objetivo de assegurar a formação política, cultural e regional.
Parágrafo único. O ensino religioso, de matrícula facultativa, constituirá disciplina dos horários normais das escolas públicas de ensino fundamental.

Art. 201. O Estado aplicará, anualmente, nunca menos de vinte e cinco por cento da receita resultante de seus impostos, incluída a proveniente de transferências, na manutenção e no desenvolvimento do ensino.

§ 1º A parcela de arrecadação de impostos transferida pelo Estado aos Municípios não é considerada para efeito do cálculo previsto neste artigo.

§ 2º Para efeito de cumprimento do disposto neste artigo, serão considerados o sistema estadual de ensino, os recursos transferidos para o sistema municipal de ensino e os aplicados na forma do art. 203.

§ 3º A distribuição dos recursos públicos assegurará prioridade ao atendimento das necessidades do ensino obrigatório, nos termos do plano estadual de educação, observadas as diretrizes nacionais da educação.

§ 4º O ensino fundamental público terá como fonte adicional de financiamento a contribuição social do salário-educação, na forma da legislação federal.

§ 5º O percentual mínimo a que se refere este artigo será obtido de acordo com os valores reais dos recursos na data de sua arrecadação.

Art. 202 O Estado publicará no órgão oficial, até o dia dez de março de cada ano, demonstrativo da aplicação dos recursos previstos no artigo anterior, por Município e por atividade.

Art. 203. Os recursos públicos serão destinados às escolas públicas e podem ser dirigidos às escolas comunitárias, confessionais ou filantrópicas, definidas em lei, que:

I. comprovem finalidade não lucrativa e apliquem seus excedentes financeiros em educação;

II. assegurem a destinação do seu patrimônio a outra escola comunitária, filantrópica ou confessional, ou ao Poder Público, no caso de encerramento de suas atividades.

§ 1º Os recursos de que trata este artigo poderão ser destinados a bolsas de estudo para ensino fundamental e médio, na forma da lei, para os que demonstrarem insuficiência de recursos, quando houver falta de vagas e de cursos regulares da rede pública na localidade de residência do educando, obrigado o Poder Público a investir prioritariamente na expansão de sua rede na localidade.

§ 2º As atividades universitárias de pesquisa e extensão poderão receber apoio financeiro do Poder Público.

Art. 204 O plano estadual de educação, de duração plurianual, visará à articulação e ao desenvolvimento do ensino em seus diversos níveis, à integração das ações do Poder Público e à adaptação ao plano nacional, com os objetivos de:

I. erradicação do analfabetismo;
II. universalização do atendimento escolar;
III. melhoria da qualidade do ensino;
IV. formação para o trabalho;
V. promoção humanística, científica e tecnológica.

Parágrafo único. Os planos de educação serão encaminhados, para apreciação da Assembleia Legislativa, até o dia trinta e um de agosto do ano imediatamente anterior ao do início de sua execução.

Art. 205 É defeso ao Estado auxiliar, com recursos financeiros e humanos, o Município que deixe de comprovar a regular e eficaz aplicação, no ano imediatamente anterior, do mínimo constitucional na manutenção e no desenvolvimento do ensino.

Art. 206 Compete ao Conselho Estadual de Educação, sem prejuízo de outras atribuições a ele conferidas em lei e observadas as diretrizes e bases estabelecidas pela União:

I. baixar normas disciplinadoras dos sistemas estadual e municipal de ensino;
II. interpretar a legislação de ensino;
III. autorizar e supervisionar o funcionamento do ensino particular e avaliar-lhe a qualidade;
IV. desconcentrar suas atribuições, por meio de comissões de âmbito municipal.

Parágrafo único. A competência, a organização e as diretrizes do funcionamento do Conselho serão estabelecidas em lei.

Seção IV
Da Cultura

Art. 207. O Poder Público garante a todos o pleno exercício dos direitos culturais, para o que incentivará, valorizará e difundirá as manifestações culturais da comunidade mineira, mediante, sobretudo:

I. definição e desenvolvimento de política que articule, integre e divulgue as manifestações culturais das diversas regiões do Estado;
II. criação e manutenção de núcleos culturais regionais e de espaços públicos equipados, para a formação e difusão das expressões artístico-culturais;
III. criação e manutenção de museus e arquivos públicos regionais que integrem o sistema de

preservação da memória do Estado, franqueada a consulta da documentação governamental a quantos dela necessitem;
IV. adoção de medidas adequadas à identificação, proteção, conservação, revalorização e recuperação do patrimônio cultural, histórico, natural e científico do Estado;
V. adoção de incentivos fiscais que estimulem as empresas privadas a investir na produção cultural e artística do Estado, e na preservação do seu patrimônio histórico, artístico e cultural;
VI. adoção de ação impeditiva da evasão, destruição e descaracterização de obras de arte e de outros bens de valor histórico, científico, artístico e cultural;
VII. estímulo às atividades de caráter cultural e artístico, notadamente as de cunho regional e as folclóricas;
VIII. formação de pessoal qualificado para a gestão da cultura em suas múltiplas dimensões.
§ 1º O Estado, com a colaboração da comunidade, prestará apoio para a preservação das manifestações culturais locais, especialmente das escolas e bandas musicais, guardas de congo e cavalhadas.
§ 2º O Estado manterá fundo de desenvolvimento cultural como garantia de viabilização do disposto neste artigo.
§ 3º A lei estabelecerá o Plano Estadual de Cultura, de duração plurianual, visando ao desenvolvimento das ações de que tratam os incisos I a VIII deste artigo e de outras consideradas relevantes pelo poder público para a garantia do exercício dos direitos culturais pela população.
Art. 208. Constituem patrimônio cultural mineiro os bens de natureza material e imaterial, tomados individualmente ou em conjunto, que contenham referência à identidade, à ação e à memória dos diferentes grupos formadores da sociedade mineira, entre os quais se incluem:
I. as formas de expressão;
II. os modos de criar, fazer e viver;
III. as criações científicas, tecnológicas e artísticas;
IV. as obras, objetos, documentos, edificações e demais espaços destinados a manifestações artístico-culturais;
V. os conjuntos urbanos e sítios de valor histórico, paisagístico, artístico, arqueológico, espeleológico, paleontológico, ecológico e científico.
Art. 209 O Estado, com a colaboração da comunidade, protegerá o patrimônio cultural por meio de inventários, registros, vigilância, tombamento e desapropriação, de outras formas de acautelamento e preservação e, ainda, de repressão aos danos e às ameaças a esse patrimônio.
Parágrafo único. A lei estabelecerá plano permanente para proteção do patrimônio cultural do Estado, notadamente dos núcleos urbanos mais significativos.
Art. 210. A lei disporá sobre a fixação de datas comemorativas de fatos relevantes para a cultura estadual.

Seção V
Da Ciência e Tecnologia

Art. 211. O Estado promoverá e incentivará o desenvolvimento científico, a pesquisa, a difusão e a capacitação tecnológicas.
§ 1º A pesquisa básica receberá tratamento prioritário do Estado, com vistas ao bem público e ao progresso do conhecimento e da ciência.
§ 2º A pesquisa e a difusão tecnológicas se voltarão preponderantemente para a solução de problemas regionais e para o desenvolvimento produtivo do Estado, com prioridade para o consumo interno.
§ 3º O Estado apoiará a formação de recursos humanos nas áreas de ciência, pesquisa e tecnologia e concederá aos que dela se ocupem meios e condições especiais de trabalho.
Art. 212. O Estado manterá entidade de amparo e fomento à pesquisa e lhe atribuirá dotações e recursos necessários à sua efetiva operacionalização, a serem por ela privativamente administrados, correspondentes a, no mínimo, um por cento da receita orçamentária corrente ordinária do Estado, os quais serão repassados em parcelas mensais equivalentes a um doze avos, no mesmo exercício.
Parágrafo único. A entidade destinará os recursos de que trata este artigo prioritariamente a projetos que se ajustem às diretrizes básicas estabelecidas pelo Conselho Estadual de Ciência e Tecnologia – CONECIT –, definidos como essenciais ao desenvolvimento científico e tecnológico do Estado, e à reestruturação da capacidade técnico-científica das instituições de pesquisa do Estado, em conformidade com os princípios definidos nos Planos Mineiros de Desenvolvimento Integrado – PMDIs – e contemplados nos Programas dos Planos Plurianuais de Ação Governamental – PPAGs.

Art. 213 Entre outros estímulos, a lei disporá, observado o art. 146, XI, sobre concessão de isenções, incentivos e benefícios fiscais a empresas brasileiras de capital nacional, com sede e administração no Estado, que concorram para a viabilização da autonomia tecnológica nacional, especialmente:
I. as do setor privado:
a) que tenham sua produção voltada para o mercado interno, em particular as dedicadas à produção de alimentos, com utilização de tecnologia indicada para a exploração dos recursos naturais e para a preservação do meio ambiente;
b) que promovam pesquisa tecnológica e desenvolvimento experimental no âmbito da medicina preventiva e terapêutica, publiquem e divulguem seus resultados e produzam equipamentos especializados destinados ao uso de portador de deficiência;
c) que promovam pesquisa tecnológica voltada para o desenvolvimento de métodos e técnicas apropriadas à geração, interpretação e aplicação de dados mínero-geológicos, além de criação, desenvolvimento, inovação e adaptação técnica, em equipamentos;
d) que promovam pesquisa tecnológica no desenvolvimento e na adaptação de equipamentos eletroeletrônicos;
II. as empresas públicas e sociedades de economia mista cujos investimentos em pesquisa científica e criação de tecnologia se revelem necessários e relevantes ao desenvolvimento socioeconômico estadual;
III. as empresas que promovam a pesquisa e a utilização de tecnologias alternativas.

Seção VI
Do Meio Ambiente

Art. 214. Todos têm direito a meio ambiente ecologicamente equilibrado, bem de uso comum do povo e essencial à sadia qualidade de vida, e ao Estado e à coletividade é imposto o dever de defendê-lo e conservá-lo para as gerações presentes e futuras.
§ 1º Para assegurar a efetividade do direito a que se refere este artigo, incumbe ao Estado, entre outras atribuições:
I. promover a educação ambiental em todos os níveis de ensino e disseminar, na forma da lei, as informações necessárias à conscientização pública para a preservação do meio ambiente;
II. assegurar, na forma da lei, o livre acesso às informações básicas sobre o meio ambiente;
III. prevenir e controlar a poluição, a erosão, o assoreamento e outras formas de degradação ambiental;
IV. exigir, na forma da lei, prévia anuência do órgão estadual de controle e política ambiental, para início, ampliação ou desenvolvimento de atividades, construção ou reforma de instalações capazes de causar, sob qualquer forma, degradação do meio ambiente, sem prejuízo de outros requisitos legais, preservado o sigilo industrial;
V. proteger a fauna e a flora, a fim de assegurar a diversidade das espécies e dos ecossistemas e a preservação do patrimônio genético, vedadas, na forma da lei, as práticas que provoquem a extinção das espécies ou submetam os animais a crueldade;
VI. definir mecanismos de proteção à fauna e à flora nativas e estabelecer, com base em monitoramento contínuo, a lista de espécies ameaçadas de extinção e que mereçam proteção especial;
VII. controlar a produção, a comercialização e o emprego de técnicas, métodos e substâncias que importem riscos para a vida, a qualidade de vida, o meio ambiente, bem como o transporte e o armazenamento dessas substâncias em seu território;
VIII. criar parques, reservas, estações ecológicas e outras unidades de conservação, mantê-los sob especial proteção e dotá-los da infraestrutura indispensável às suas finalidades;
IX. estabelecer, através de órgão colegiado, com participação da sociedade civil, normas regulamentares e técnicas, padrões e demais medidas de caráter operacional, para proteção do meio ambiente e controle da utilização racional dos recursos ambientais;
X. manter instituição de pesquisa, planejamento e execução que assegure ao órgão indicado no inciso anterior o suporte técnico e operacional necessário ao cumprimento de sua finalidade;
XI. preservar os recursos bioterapêuticos regionais.
§ 2º O licenciamento de que trata o inciso IV do parágrafo anterior dependerá, nos casos de atividade ou obra potencialmente causadora de significativa degradação do meio ambiente, de estudo prévio de impacto ambiental, a que se dará publicidade.
§ 3º Parte dos recursos estaduais previstos no art. 20, § 1º, da Constituição da República será aplicada de modo a garantir o disposto no § 1º, sem prejuízo de outras dotações orçamentárias.
§ 4º Quem explorar recurso ambiental fica obrigado a recuperar o meio ambiente degradado, na forma da lei.

§ 5º A conduta e a atividade consideradas lesivas ao meio ambiente sujeitarão o infrator, pessoa física ou jurídica, a sanções administrativas, sem prejuízo das obrigações de reparar o dano e das cominações penais cabíveis.

§ 6º São indisponíveis as terras devolutas, ou arrecadadas pelo Estado, necessárias às atividades de recreação pública e à instituição de parques e demais unidades de conservação, para a proteção dos ecossistemas naturais.

§ 7º Os remanescentes da Mata Atlântica, as veredas, os campos rupestres, as cavernas, as paisagens notáveis e outras unidades de relevante interesse ecológico constituem patrimônio ambiental do Estado e sua utilização se fará, na forma da lei, em condições que assegurem sua conservação.

Art. 215. É obrigação das instituições do Poder Executivo, com atribuições diretas ou indiretas de proteção e controle ambiental, informar o Ministério Público sobre ocorrência de conduta ou atividade considerada lesiva ao meio ambiente.

Art. 216 O Estado criará mecanismos de fomento a:
I. reflorestamento com a finalidade de suprir a demanda de produtos lenhosos e de minimizar o impacto da exploração dos adensamentos vegetais nativos;
II. programas de conservação de solos, para minimizar a erosão e o assoreamento de corpos d'água interiores naturais ou artificiais;
III. programas de defesa e recuperação da qualidade das águas e do ar;
IV. projetos de pesquisa e desenvolvimento tecnológico para a utilização de espécies nativas nos programas de reflorestamento.

§ 1º O Estado promoverá o inventário, o mapeamento e o monitoramento das coberturas vegetais nativas e de seus recursos hídricos, para adoção de medidas especiais de proteção.

§ 2º O Estado auxiliará o Município na implantação e na manutenção de hortos florestais destinados à recomposição da flora nativa.

Art. 217. As atividades que utilizem produtos florestais como combustível ou matéria prima deverão, para o fim de licenciamento ambiental e na forma estabelecida em lei, comprovar que possuem disponibilidade daqueles insumos, capaz de assegurar, técnica e legalmente, o respectivo suprimento.

Parágrafo único. É obrigatória a reposição florestal pelas empresas consumidoras, nos limites do Estado, preferencialmente no território do Município produtor de carvão vegetal.

Seção VII
Do Desporto e do Lazer

Art. 218. O Estado garantirá, por intermédio da rede oficial de ensino e em colaboração com entidades desportivas, a promoção, o estímulo, a orientação e o apoio à prática e difusão da educação física e do desporto, formal e não formal, com:
I. a destinação de recursos públicos à promoção prioritária do desporto educacional e, em situações específicas, do desporto de alto rendimento;
II. a proteção e incentivo às manifestações esportivas de criação mineira;
III. o tratamento diferenciado para o desporto profissional e não profissional;
IV. a obrigatoriedade de reserva de áreas destinadas a praças e campos de esporte nos projetos de urbanização e de unidades escolares, e a de desenvolvimento de programas de construção de áreas para a prática do esporte comunitário.

Parágrafo único. O Poder Público garantirá ao portador de deficiência atendimento especializado no que se refere à educação física e à prática de atividades desportivas, sobretudo no âmbito escolar.

Art. 219 O clube e a associação que fomentem práticas esportivas propiciarão ao atleta integrante de seus quadros formas adequadas de acompanhamento médico e de exames.

Art. 220. O Poder Público apoiará e incentivará o lazer, e o reconhecerá como forma de promoção social.

Parágrafo único. O Estado incentivará, mediante benefícios fiscais e na forma da lei, o investimento da iniciativa privada no desporto.

Seção VIII
Da Família, da Criança, do Adolescente, do Portador de Deficiência e do Idoso

Art. 221 A família receberá proteção do Estado, na forma da lei.

Parágrafo único. O Estado, isoladamente ou em cooperação, manterá programas destinados à assistência à família, com o objetivo de assegurar:
I. o livre exercício do planejamento familiar;
II. a orientação psicossocial às famílias de baixa renda;

III. a prevenção da violência no âmbito das relações familiares;
IV. o acolhimento, preferentemente em casa especializada, de mulher, criança, adolescente e idoso, vítimas de violência no âmbito da família ou fora dele.

Art. 222 É dever do Estado promover ações que visem assegurar à criança e ao adolescente, com prioridade, o direito à vida, saúde, alimentação, educação, lazer, profissionalização, cultura, dignidade, respeito, liberdade, convivência familiar e comunitária, e colocá-los a salvo de toda forma de negligência, discriminação, exploração, violência, crueldade e opressão.

§ 1º O Estado estimulará, mediante incentivos fiscais, subsídios e menções promocionais, nos termos da lei, o acolhimento ou a guarda de criança ou adolescente órfão ou abandonado.

§ 2º O Estado destinará recursos à assistência materno-infantil.

§ 3º A prevenção da dependência de drogas e afins é dever do Estado, que prestará atendimento especializado à criança e ao adolescente dependentes, desenvolvendo ações que auxiliem sua integração na comunidade, na forma da lei.

Art. 223. As ações do Estado de proteção à infância e à juventude serão organizadas na forma da lei, com base nas seguintes diretrizes:
I. desconcentração do atendimento;
II. valorização dos vínculos familiar e comunitário, como medida preferencial para a integração social da criança e do adolescente;
III. atendimento prioritário em situações de risco, definidas em lei, observadas as características culturais e socioeconômicas locais;
IV. participação da sociedade, mediante organizações representativas, na formulação de políticas e programas e no acompanhamento e fiscalização de sua execução.

Parágrafo único. O Estado manterá programas socioeducativos destinados à criança e ao adolescente privados das condições fundamentais necessárias ao seu pleno desenvolvimento e estimulará, por meio de apoio técnico e financeiro, os de igual natureza de iniciativa de entidade filantrópica.

Art. 224. O Estado assegurará condições de prevenção das deficiências física, sensorial e mental, com prioridade para a assistência pré-natal e à infância, e de integração social do portador de deficiência, em especial do adolescente, e a facilitação do acesso a bens e serviços coletivos, com eliminação de preconceitos e remoção de obstáculos arquitetônicos.

§ 1º Para assegurar a implementação das medidas indicadas neste artigo, incumbe ao Poder Público:
I. estabelecer normas de construção e adaptação de logradouros e edifícios de uso público e de adaptação de veículos de transporte coletivo;
II. celebrar convênio com entidade profissionalizante sem fins lucrativos, com vistas à formação profissional e à preparação para o trabalho;
III. estimular a empresa, mediante adoção de mecanismos, inclusive incentivos fiscais, a absorver a mão de obra de portador de deficiência;
IV. criar centros profissionalizantes para treinamento, habilitação e reabilitação profissional do portador de deficiência e do acidentado no trabalho, e assegurar a integração entre saúde, educação e trabalho;
V. implantar sistemas especializados de comunicação em estabelecimento da rede oficial de ensino de cidade-pólo regional, de modo a atender às necessidades educacionais e sociais de portador de deficiência visual ou auditiva;
VI. criar programas de assistência integral para excepcional não reabilitável;
VII. promover a participação das entidades representativas do segmento na formulação da política de atendimento ao portador de deficiência e no controle das ações desenvolvidas, em todos os níveis, pelos órgãos estaduais responsáveis pela política de proteção ao portador de deficiência;
VIII. assegurar, nas emissoras oficiais de televisão do Estado, tradução, por intérprete, para portador de deficiência auditiva, dos noticiários e comunicações oficiais;
IX. promover a formação dos policiais militares e demais servidores públicos responsáveis pela segurança do trânsito, para habilitá-los ao atendimento das necessidades do portador de deficiência;
X. destinar, na forma da lei, recursos às entidades de amparo e de assistência ao portador de deficiência.

§ 2º Ao servidor público que passe à condição de deficiente no exercício de cargo ou função pública, o Estado assegurará assistência médica e hospitalar, medicamentos, aparelhos e equipamentos necessários ao tratamento e à sua adaptação às novas condições de vida.

Art. 225. O Estado promoverá condições que assegurem amparo à pessoa idosa, no que respeite à sua dignidade e ao seu bem-estar.
§ 1º O amparo ao idoso será, quanto possível, exercido no próprio lar.
§ 2º Para assegurar a integração do idoso na comunidade e na família, serão criados centros diurnos de lazer e de amparo à velhice e programas de preparação para a aposentadoria, com a participação de instituições dedicadas a essa finalidade.
§ 3º Aos maiores de 65 (sessenta e cinco) anos é garantida a gratuidade nos transportes coletivos urbanos mediante apresentação da carteira de identidade ou de trabalho, sendo vedada a exigência de qualquer outra forma de identificação.
Art. 226. Para assegurar a efetiva participação da sociedade, nos termos do disposto nesta seção, serão criados o Conselho Estadual dos Direitos da Criança e do Adolescente, o Conselho Estadual de Defesa dos Direitos do Portador de Deficiência e o Conselho Estadual do Idoso.
Parágrafo único. O Conselho Estadual de Defesa dos Direitos do Portador de Deficiência e o Conselho Estadual do Idoso serão instituídos até o dia 15 de março de 1993.

Seção IX
Da Comunicação Social

Art. 227. A manifestação do pensamento, a criação, a expressão e a informação, sob qualquer forma, processo ou veículo, não sofrerão restrição, observado o disposto na Constituição da República e nesta Constituição.
Parágrafo único. Nenhuma lei ou ato do Poder Público poderão constituir embaraço à plena liberdade de informação jornalística em veículo de comunicação social, observado o seguinte:
I. é livre a manifestação do pensamento, vedado o anonimato;
II. é assegurado o direito de resposta proporcional ao agravo, além de indenização por danos material, moral ou à imagem;
III. são invioláveis a intimidade, a vida privada, a honra e a imagem das pessoas, assegurado o direito a indenização por dano, material ou moral, decorrente de sua violação;
IV. é livre o exercício de qualquer trabalho, ofício ou profissão, atendidas as qualificações profissionais que a lei federal estabelecer;
V. a publicação de veículo impresso de comunicação independe de licença de autoridade;
VI. é vedada toda e qualquer censura de natureza política, ideológica e artística.
Art. 228. A produção e a programação das emissoras de rádio e de televisão oficiais atenderão aos seguintes princípios:
I. preferência a finalidades educativas, artísticas, culturais e informativas;
II. promoção das culturas nacional e regional e estímulo à produção independente que objetive sua divulgação;
III. regionalização de produções culturais artística e jornalística, nos percentuais estabelecidos em lei federal;
IV. respeito aos valores éticos e sociais da pessoa e da família.
Parágrafo único. As emissoras de rádio e de televisão sob controle do Estado ou de entidade de administração indireta reservarão horário para a divulgação das atividades dos Poderes do Estado, conforme dispuser a lei.
Art. 229. Os veículos de comunicação social da administração direta e indireta do Estado são obrigados a:
I. manter conselhos editoriais integrados paritariamente por representantes do Poder Público e da sociedade civil;
II. manter comissões de redação compostas de representantes dos profissionais habilitados, eleitos diretamente por seus pares.
Art. 230. Para os efeitos do disposto nesta seção, o Estado instituirá, como órgão auxiliar, o Conselho Estadual de Comunicação Social, composto de representantes da sociedade civil, na forma da lei.

CAPÍTULO II
Da Ordem Econômica

Seção I
Do Desenvolvimento Econômico

Art. 231. O Estado, para fomentar o desenvolvimento econômico, observados os princípios da Constituição da República e os desta Constituição, estabelecerá e executará o Plano Mineiro de Desenvolvimento Integrado, que será proposto pelo

Conselho de Desenvolvimento Econômico e Social e aprovado em lei.

§ 1º Na composição do Conselho será assegurada a participação da sociedade civil.

§ 2º O Plano terá, entre outros, os seguintes objetivos:

I. o desenvolvimento socioeconômico integrado do Estado;
II. a racionalização e a coordenação das ações do Governo;
III. o incremento das atividades produtivas do Estado;
IV. a expansão social do mercado consumidor;
V. a superação das desigualdades sociais e regionais do Estado;
VI. a expansão do mercado de trabalho;
VII. o desenvolvimento dos Municípios de escassas condições de propulsão socioeconômica;
VIII. o desenvolvimento tecnológico do Estado.

§ 3º Na fixação das diretrizes para a consecução dos objetivos previstos no parágrafo anterior, deve o Estado respeitar e preservar os valores culturais.

§ 4º O planejamento governamental terá caráter indicativo para o setor privado.

Art. 232 A exploração, pelo Estado, de atividade econômica não será permitida, salvo quando motivada por relevante interesse coletivo.

§ 1º As entidades de administração indireta no exercício de atividade econômica não poderão gozar de privilégio fiscal não extensivo ao setor privado.

§ 2º A lei estabelecerá o estatuto jurídico da empresa pública e da sociedade de economia mista, bem como de suas subsidiárias, que explorem atividade econômica de produção ou comercialização de bens ou de prestação de serviços, dispondo sobre:

I. a sua função social e as formas de fiscalização pelo Estado e pela sociedade;
II. a sujeição ao regime jurídico próprio das empresas privadas, inclusive quanto aos direitos e obrigações civis, comerciais, trabalhistas e tributários;
III. a licitação e a contratação de obras, serviços, compras e alienações, observados os princípios da administração pública;
IV. a constituição e o funcionamento dos conselhos de administração e fiscal, com a participação de acionistas minoritários;
V. os mandatos, a avaliação de desempenho e a responsabilidade dos administradores.

Art. 233 O Estado adotará instrumentos para:

I. restrição ao abuso do poder econômico;
II. defesa, promoção e divulgação dos direitos do consumidor, educação para o consumo e estímulo à organização de associações voltadas para esse fim;
III. fiscalização e controle de qualidade, de preços e de pesos e medidas dos bens e serviços produzidos e comercializados em seu território;
IV. eliminação de entrave burocrático que embarace o exercício da atividade econômica;
V. apoio à pequena e à microempresa;
VI. apoio ao associativismo e estímulo à organização da atividade econômica em cooperativas, mediante tratamento jurídico diferenciado.

§ 1º O Estado dispensará tratamento jurídico diferenciado à microempresa e à empresa de pequeno porte, assim definidas em lei, com a simplificação de suas obrigações administrativas, tributárias e creditícias, ou com a eliminação ou a redução destas por meio de lei.

§ 2º O Estado, para consecução dos objetivos mencionados no parágrafo anterior, poderá adotar sistema tarifário diferenciado, na forma da lei.

§ 3º Poder Público manterá órgão especializado para a execução da política de defesa do consumidor.

Art. 234. O serviço público estadual de fomento ao desenvolvimento econômico do Estado será executado por instituições creditícias oficiais.

Art. 235 Fica criado fundo destinado ao fomento e ao desenvolvimento socioeconômico do Estado, voltado para as médias, pequenas e microempresas e para as cooperativas, na forma da lei.

Seção II
Do Sistema Financeiro Estadual

Art. 236. O sistema financeiro público estadual, estruturado de modo a promover o desenvolvimento equilibrado do Estado e a servir aos interesses da coletividade, com a função precípua de democratizar o crédito e permitir à população o acesso aos serviços bancários, é constituído pelas instituições financeiras oficiais estaduais.

Art. 237 As instituições financeiras estaduais são órgãos de execução da política de crédito do Governo do Estado, sendo constituídas nos segmentos do sistema financeiro que convierem ao desenvolvimento financeiro estadual.

Art. 238. A transformação, a fusão, a cisão, a incorporação ou a extinção das instituições financeiras oficiais estaduais dependerão de prévia autorização da Assembleia Legislativa.

Parágrafo único. Ainda que ocorra modificação na estrutura das instituições de que trata este artigo, o Estado deterá, no mínimo, cinquenta e um por cento das ações com direito a voto nas constituídas sob a forma de sociedade anônima.

Art. 239. Sem prejuízo do sistema de centralização das receitas públicas, o recolhimento de tributos e demais receitas públicas estaduais será efetuado nos estabelecimentos públicos ou privados autorizados pela administração fazendária.

Parágrafo único. A autorização a que se refere o *caput* deste artigo será publicada no órgão de imprensa oficial dos Poderes do Estado e divulgada na internet, na página eletrônica do Estado.

Art. 240. Os recursos captados pelas instituições oficiais estaduais serão integralmente aplicados no interesse do desenvolvimento do Estado.

Art. 241 O Conselho Diretor de cada instituição financeira estadual terá, entre.. seus membros, um Diretor representante dos servidores, com direito a voz e voto e. por estes eleito livremente.

§ 1º O Diretor representante dos servidores não executará funções operacionais, cabendo-lhe promover e incentivar a participação dos servidores na melhor gestão da empresa.

§ 2º O Diretor representante dos servidores terá estabilidade no emprego durante o período de representação e por mais um ano depois de terminado o mandato.

Seção III
Do Turismo

Art. 242. O Estado apoiará e incentivará o turismo como atividade econômica, reconhecendo-o como forma de promoção e desenvolvimento, social e cultural.

Art. 243. O Estado, juntamente com o órgão colegiado representativo dos segmentos do setor, definirá a política estadual de turismo, observadas as seguintes diretrizes e ações:

I. adoção de plano integrado e permanente, estabelecido em lei, para o desenvolvimento do turismo no Estado, observado o princípio da regionalização;
II. incentivo ao turismo para a população de baixa renda, inclusive mediante estímulos fiscais e criação de colônias de férias, observado o disposto no inciso anterior;
III. desenvolvimento de infraestrutura e conservação dos parques estaduais, reservas biológicas, cavernas e abrigos sob rocha e de todo potencial natural que venha a ser de interesse turístico;
IV. estímulo à produção artesanal típica de cada região do Estado, mediante política de redução ou de isenção de tarifas devidas por serviços estaduais, conforme especificação em lei;
V. apoio a programas de orientação e divulgação do turismo regional e ao desenvolvimento de projetos turísticos municipais;
VI. criação de fundo de assistência ao turismo, em benefício das cidades históricas, estâncias hidrominerais e outras localidades com reconhecido potencial turístico desprovidas de recursos;
VII. regulamentação do uso, ocupação e fruição dos bens naturais e culturais de interesse turístico;
VIII. manutenção e aparelhamento das estâncias hidrominerais;
IX. proteção do patrimônio ecológico e histórico-cultural do Estado;
X. apoio à iniciativa privada no desenvolvimento de programas de lazer e entretenimento para a população;
XI. apoio a eventos turísticos, na forma da lei;
XII. promoção da educação para o turismo em todos os níveis educacionais;
XIII. divulgação de informações sobre a atividade do turismo, com vistas a conscientizar a população da importância do desenvolvimento do setor no Estado.

Parágrafo único. O Estado incentivará o turismo social, mediante benefícios fiscais, na forma da lei.

Seção IV
Da Política Urbana

Art. 244. Compete ao Estado participar do processo de execução das diretrizes dos planos diretores, na forma deste artigo.

§ 1º As atividades e serviços a cargo do Estado e de suas entidades de administração indireta, no âmbito urbano, serão articulados com os do Município, visando harmonizar e racionalizar a execução das diretrizes do respectivo plano diretor, em favor do objetivo comum de ordenar o pleno desenvolvimento das funções sociais da cidade e de garantir o bem-estar de seus habitantes.

§ 2º A articulação de que trata o parágrafo anterior será incumbência de órgão constituído, paritariamente, por representantes dos Poderes Públicos estadual e municipal.

§ 3º As entidades da Administração Pública Estadual, concessionárias dos serviços públicos relativos a equipamentos urbanos, obrigam-se a realizar e instalar os respectivos serviços de infraestrutura urbana nos loteamentos novos, no prazo de cento e oitenta dias contados de sua aprovação pelas autoridades municipais.

Art. 245. O Estado assistirá os Municípios que o solicitarem na elaboração dos planos diretores.

§ 1º Na liberação de recursos do erário estadual e na concessão de outros benefícios em favor de objetivos de desenvolvimento urbano e social, o Estado atenderá, prioritariamente, ao Município já dotado de plano diretor, incluídas, entre suas diretrizes, as de:

I. ordenamento do território, sob os requisitos de zoneamento, uso, parcelamento e ocupação do solo urbano;

II. aprovação e fiscalização de edificações, observadas as condições geológicas, minerais e hídricas e respeitado o patrimônio cultural a que se refere o art. 208, entre outros requisitos compatibilizados com o disposto neste inciso;

III. preservação do meio ambiente e da cultura;

IV. garantia do saneamento básico;

V. urbanização, regularização e titulação das áreas deterioradas, preferencialmente sem remoção dos moradores;

VI. participação das entidades comunitárias no planejamento e controle da execução dos programas a elas pertinentes;

VII. manutenção de sistemas de limpeza urbana, coleta, tratamento e destinação final do lixo urbano;

VIII. reserva de áreas urbanas para implantação de projetos de cunho social.

§ 2º O Estado incentivará, mediante assistência técnica, a criação de cidades-satélites, para expansão urbana de cidades consideradas históricas, com o objetivo de preservação do núcleo cultural.

§ 3º Adotar-se-á o mapeamento geológico básico como subsídio técnico para a planificação do uso e ocupação do solo.

Art. 246. O Poder Público adotará instrumentos para efetivar o direito de todos à moradia, em condições dignas, mediante políticas habitacionais que considerem as peculiaridades regionais e garantam a participação da sociedade civil.

§ 1º O direito à moradia compreende o acesso aos equipamentos urbanos.

§ 2º A legitimação de terras devolutas situadas no perímetro urbano ou na zona de expansão urbana, assim considerada a faixa externa contígua ao perímetro urbano de até 2 km (dois quilômetros) de largura, compatibilizada com o plano urbanístico municipal ou metropolitano, é limitada, respectivamente, a 500 m2 (quinhentos metros quadrados) e a 2.000 m^2 (dois mil metros quadrados), permitida ao ocupante a legitimação da área remanescente, quando esta for insuficiente à constituição de um novo lote.

§ 3º Será onerosa a legitimação:

I. de terreno ocupado por proprietário de outro imóvel urbano ou rural no mesmo município;

II. de área superior a 1.000 m^2 (mil metros quadrados), situada em zona de expansão urbana;

III. da área remanescente.

§ 4º O Poder Executivo poderá delegar aos municípios, nos termos da lei, a discriminação e a legitimação das terras devolutas situadas no perímetro urbano e na zona de expansão urbana.

§ 5º A legitimação onerosa efetuada pelo município obedecerá à tabela de preços previamente aprovada pela Câmara Municipal.

§ 6º Das áreas arrecadadas pelo município em processo discriminatório administrativo ou ação judicial discriminatória, 30% (trinta por cento) continuarão a pertencer ao Estado e serão destinadas, prioritariamente, a:

I. construção de habitações populares;

II. implantação de equipamentos comunitários;

III. preservação do meio ambiente;

IV. instalação de obras e serviços municipais, estaduais e federais.

§ 7º Serão encaminhados à Assembleia Legislativa:

I. relatório anual das atividades relacionadas com a alienação ou a concessão administrativa, sem prévia autorização legislativa, de terras públicas e devolutas;

II. relação das terras públicas e devolutas a serem legitimadas administrativamente, com antecedência mínima de 90 (noventa) dias da expedição do título.

Seção V
Da Política Rural

Art. 247. O Estado adotará programas de desenvolvimento rural destinados a fomentar a produção agropecuária, organizar o abastecimento alimentar, promover o bem-estar do homem que vive do trabalho da terra e fixá-lo no campo, compatibilizados com a política agrícola e com o plano de reforma agrária estabelecidos pela União.

§ 1º Para a consecução dos objetivos indicados neste artigo, será assegurada, no planejamento e na execução da política rural, na forma da lei, a participação dos setores de produção, envolvendo produtores e trabalhadores rurais, e dos setores de comercialização, armazenamento, transportes e abastecimento, levando-se em conta, especialmente:
I. os instrumentos creditícios e fiscais;
II. o incentivo à pesquisa tecnológica e científica e à difusão de seus resultados;
III. a assistência técnica e a extensão rural;
IV. o seguro agrícola;
V. o cooperativismo;
VI. a eletrificação rural e a irrigação;
VII. a habitação para o trabalhador rural;
VIII. o cumprimento da função social da propriedade;
IX. a alienação ou a concessão, a qualquer título, de terra pública para assentamento de trabalhador rural ou produtor rural, pessoa física ou jurídica, ainda que por interposta pessoa, compatibilizadas com os objetivos da reforma agrária e limitadas a 100ha (cem hectares).

§ 2º A alienação ou concessão de que trata o inciso IX do parágrafo anterior será permitida uma única vez a cada beneficiário, ainda que a negociação se verifique após o prazo fixado no § 4º.

§ 3º Independem da prévia autorização legislativa:
I. a alienação ou concessão de terra pública previstas no plano de reforma agrária estadual, aprovado em lei;
II. a concessão gratuita do domínio de área devoluta rural não superior a 50ha (cinquenta hectares) a quem, não sendo proprietário de imóvel rural ou urbano, a possua como sua, por 5 (cinco) anos ininterruptos, sem oposição, tenha nela sua moradia e a tenha tornado produtiva.

§ 4º Será outorgado título de domínio ou de concessão de uso, inegociável pelo prazo de dez anos, ao beneficiário do disposto no inciso IX do § 1º que comprovar exploração efetiva e vinculação pessoal à terra, nos termos e condições previstos em lei.

§ 5º O título de domínio e a concessão de uso serão conferidos ao homem ou à mulher, ou a ambos, independentemente do estado civil, nos termos e nas condições previstos em lei.

§ 6º Quem tornar economicamente produtiva terra devoluta estadual e comprovar sua vinculação pessoal a ela terá preferência para adquirir-lhe o domínio, até a área de duzentos e cinquenta hectares, contra o pagamento do seu valor, acrescido dos emolumentos.

§ 7º São vedadas a alienação e a concessão de terra pública:
I. a membro dos Poderes Executivo, Judiciário e Legislativo e a dirigente de órgão e entidade de administração pública direta e indireta;
II. a servidor de órgão ou entidade da Administração Pública vinculado ao sistema de política rural do Estado;
III. a proprietário de mais de duzentos e cinquenta hectares;
IV. a pessoa jurídica cuja titularidade do poder decisório seja de estrangeiro;
V. a cônjuge ou a parente consanguíneo ou afim, até o terceiro grau, ou por adoção, das autoridades e do servidor indicados, respectivamente, nos incisos I e II e de beneficiário de terra pública rural em área contígua à do beneficiário.

§ 8º Na ação judicial discriminatória, o Estado poderá firmar acordo para a legitimação de terra devoluta rural com área de até 250ha (duzentos e cinquenta hectares), atendidos os seguintes requisitos:
I. cumprimento da função social, nos termos do art. 186 da Constituição Federal; e II – devolução, pelo ocupante, da área remanescente.

§ 9º Serão encaminhados à Assembleia Legislativa:
I. relatório anual das atividades relacionadas com a alienação ou a concessão administrativa, sem prévia autorização legislativa, de terras públicas e devolutas;
II. relação das terras públicas e devolutas a serem legitimadas ou concedidas administrativamente, com antecedência mínima de 90 (noventa) dias da expedição do título ou da celebração do contrato.

Art. 248. O Estado formulará, mediante lei, a política rural, conforme a regionalização prevista nesta Constituição, observadas as peculiaridades locais, para desenvolver e consolidar a diversificação e a

especialização regionais, asseguradas as seguintes medidas:
I. implantação e manutenção de núcleos gratuitos de profissionalização específica;
II. criação e manutenção de fazendas-modelo e de serviços de preservação e controle da saúde animal;
III. divulgação de dados técnicos relevantes concernentes à política rural;
IV. oferta, pelo Poder Público, de infraestrutura de armazenagem, de garantia de mercado na área estadual e de sistema viário adequado ao escoamento da produção;
V. repressão ao uso de anabolizante e ao uso indiscriminado de agrotóxico;
VI. incentivo, com a participação do Município, à criação de granja, sítio e chácara em núcleo rural, em sistema familiar;
VII. estímulo à organização participativa da população rural;
VIII. adoção de treinamento de prática preventiva de medicinas humana e veterinária e de técnicas de exploração e de reposição florestal, compatibilizadas com a exploração do solo e a preservação do meio ambiente;
IX. oferta, pelo Poder Público, de escolas, postos de saúde, centros de lazer e centros de treinamento de mão de obra rural, e de condições para implantação de instalações de saneamento básico;
X. incentivo ao uso de tecnologias adequadas ao manejo do solo;
XI. programas de fornecimento de insumos básicos e de serviços de mecanização agrícola;
XII. programas de controle de erosão, de manutenção de fertilidade e de recuperação de solos degradados;
XIII. assistência técnica e extensão rural, com atendimento gratuito aos pequenos produtores rurais e suas formas associativas e aos beneficiários de projeto de reforma agrária;
XIV. prioridade para o abastecimento interno, notadamente no que diz respeito ao apoio aos produtores de gêneros alimentícios básicos;
XV. criação e manutenção de núcleos de demonstração e experimentação de tecnologia apropriada à pequena produção;
XVI. apoio às iniciativas de comercialização direta entre pequenos produtores rurais e consumidores.

Seção VI
Da Política Hídrica e Mineraria

Art. 249. A política hídrica e minerária executada pelo Poder Público se destina ao aproveitamento racional, em seus múltiplos usos, e à proteção dos recursos hídricos e minerais, observada a legislação federal.

Art. 250 Para assegurar a efetividade do objetivo do artigo anterior, o Poder Público, por meio de sistema estadual de gerenciamento de recursos hídricos e sistema estadual de gerenciamento de recursos minerários, observará, entre outros, os seguintes preceitos:
I. adoção da bacia hidrográfica como base de gerenciamento e de classificação dos recursos hídricos;
II. proteção e utilização racional das águas superficiais e subterrâneas, das nascentes e sumidouros e das áreas úmidas adjacentes;
III. criação de incentivo a programas nas áreas de turismo e saúde, com vistas ao uso terapêutico das águas minerais e termais na prevenção e no tratamento de doenças;
IV. conservação dos ecossistemas aquáticos;
V. fomento das práticas náuticas, de pesca desportiva e de recreação pública em rios de preservação permanente;
VI. fomento à pesquisa, à exploração racional e ao beneficiamento dos recursos minerais do subsolo, por meio das iniciativas pública e privada;
VII. adoção de instrumentos de controle dos direitos de pesquisa e de exploração dos recursos minerais e energéticos;
VIII. adoção de mapeamento geológico básico, como suporte para o gerenciamento e a classificação de recursos minerais;
IX. democratização das informações cartográficas, de geociências e de recursos naturais;
X. estímulo à organização das atividades de garimpo, sob a forma de cooperativas, com vistas à promoção socioeconômica de seus membros, ao incremento da produtividade e à redução de impactos ambientais decorrentes dessa atividade.

§ 1º Para a execução do gerenciamento previsto no inciso I, o Estado instituirá circunscrições hidrográficas integrantes do Sistema Estadual de Gerenciamento de Recursos Hídricos, na forma da lei.

§ 2º Para preservação dos recursos hídricos do Estado, a lei estabelecerá as hipóteses em que será exigido o lançamento de efluentes industriais a montante do ponto de captação.

§ 3º Para cumprimento do disposto no inciso V, a lei instituirá sistema estadual de rios de preservação permanente.

Art. 251. A exploração de recursos hídricos e minerais do Estado não poderá comprometer os patrimônios natural e cultural, sob pena de responsabilidade, na forma da lei.

Art. 252. Os recursos financeiros destinados ao Estado, resultantes de sua participação na exploração de recursos minerais em seu território ou de compensação financeira correspondente, serão, prioritariamente, aplicados de forma a garantir o disposto no art. 253, sem prejuízo da destinação assegurada no § 3º do art. 214.

Art. 253. O Estado assistirá, de modo especial, o Município que se desenvolva em torno de atividade mineradora, tendo em vista a diversificação de sua economia e a garantia de permanência de seu desenvolvimento socioeconômico.

§ 1º A assistência de que trata este artigo será objeto de plano de integração e de assistência aos Municípios mineradores, a se efetivar, tanto quanto possível, por meio de associação que os congregue.

§ 2º A lei que estabelecer o critério de rateio da parte disponível do imposto a que se refere o art. 144, I, b, reservará percentual específico para os Municípios considerados mineradores.

§ 3º A lei criará o Fundo de Exaustão e Assistência aos Municípios Mineradores, formado por recursos oriundos do Estado e dos Municípios interessados, cuja gestão dará prioridade à diversificação de atividades econômicas desses Municípios, na forma de lei complementar.

Art. 254. O Estado promoverá e incentivará sua política de desenvolvimento energético e a exploração de recursos hídricos, de gás canalizado e de outras formas de energia, observadas as diretrizes gerais da legislação federal pertinente.

§ 1º A exploração de fontes energéticas e a produção de energia receberão tratamento prioritário do Estado, com vistas ao desenvolvimento socioeconômico regional e à criação de recursos para a viabilização de projetos pioneiros considerados estratégicos para esses fins.

§ 2º O Estado executará a política a que se refere este artigo, observadas as condições nele estabelecidas, por intermédio das suas entidades constituídas para esse fim ou de empresas privadas delegatárias.

Art. 255 O estado alocará recursos para o atendimento de projetos prioritários para o desenvolvimento energético nas áreas de geração, de transmissão, de transporte e de distribuição de energia.

Parágrafo único. O aporte de recursos, para os fins deste artigo, levará em consideração a arrecadação tributária proveniente do setor e a sua capacidade de execução técnica de tais projetos.

TÍTULO V
Disposições Gerais

Art. 256 São considerados:

XI. data magna do Estado o dia 21 de abril, Dia de Tiradentes;

XI. Dia de Minas o dia 16 de julho;

XII. Dia dos Gerais o dia 8 de dezembro.

§ 1º As semanas em que recaírem os dias 16 de julho e 8 de dezembro serão denominadas Semana de Minas e Semana dos Gerais, respectivamente, e constituirão períodos de celebrações cívicas em todo o território do Estado.

§ 2º A Capital do Estado será transferida simbolicamente para a cidade de Ouro Preto no dia 21 de abril, para a cidade de Mariana no dia 16 de julho e para a cidade de Matias Cardoso no dia 8 de dezembro.

Art. 257. O Governador eleito designará Comissão de Transição, cujos trabalhos se iniciarão, no mínimo, trinta dias antes de sua posse.

Parágrafo único. O Governo do Estado oferecerá as condições necessárias para que a Comissão possa efetuar completo levantamento da situação da administração direta e da indireta, inclusive mediante a contratação de auditoria externa.

Art. 258. Todo agente político ou agente público, qualquer que seja sua categoria ou a natureza do cargo, e o dirigente, a qualquer título, de entidade da administração indireta, obrigam-se, ao se empossarem e ao serem exonerados, a declarar seus bens, sob pena de nulidade, de pleno direito, do ato de posse.

Parágrafo único. Obrigam-se a declaração de bens, registrada no Cartório de Títulos e Documentos, os ocupantes de cargos eletivos nos Poderes Legislativo e Executivo, os membros do Poder Judiciário, os

Secretários de Estado e os dirigentes de entidades da administração indireta, no ato de posse e no término de seu exercício, sob pena de responsabilidade.

Art. 259. O Estado assegurará a participação de representantes de associações profissionais nos órgãos colegiados de sua administração direta e indireta, na forma da lei.

Art. 260. As diretrizes para a atuação estatal nas áreas de que trata o Título IV serão definidas conjuntamente pelo Estado e pela sociedade civil por meio de órgãos colegiados que serão criados em lei.

Art. 261. É facultado a qualquer pessoa e obrigatório para o servidor público representar ao Ministério Público, quando for o caso, contra ato lesivo ao meio ambiente, ao patrimônio artístico ou histórico, ao turismo ou paisagismo e aos direitos do consumidor.

Art. 262. A não instalação e a não manutenção das creches previstas nesta Constituição acarretarão direito do servidor a indenização, na forma da lei, sem prejuízo do disposto nos arts. 5º, LXXI e § 1º, e 103, § 2º, da Constituição da República, e nos arts. 4º, § 7º, V, 106, I, h, e 118, § 4º, desta Constituição.

Art. 263. O Estado instituirá contencioso administrativo para a apreciação de recursos contra as decisões da Fazenda Estadual, com composição paritária entre o Estado e os contribuintes, sem prejuízo da competência do Poder Judiciário.

Art. 264. Nenhum benefício ou serviço da previdência social poderá ser criado, majorado ou estendido sem a correspondente fonte de custeio total.

Art. 265. Na forma da Lei Orgânica do Tribunal de Contas, a instrução dos processos de fiscalização financeira e orçamentária será promovida por Auditor quando não estiver substituindo Conselheiro.

Parágrafo único. A substituição de Conselheiro por Auditor se fará em regime de rodízio.

Art. 266. O Estado dará prioridade ao aumento de sua participação no capital da Telecomunicações de Minas Gerais S. A. – TELEMIG – por meio de subscrição de novas ações, até atingir o montante de vinte e cinco por cento do capital social, em parcelas anuais da ordem de cinco por cento cada uma, para custear projetos em áreas prioritárias e regiões servidas deficientemente e para atender a populações de baixa renda.

Art. 267. A empresa pública que se constituir a partir do patrimônio da autarquia Caixa Econômica do Estado de Minas Gerais será mantida, vedada sua alienação ou extinção.

Art. 268. Lei complementar, de iniciativa privativa da Assembleia Legislativa, disporá sobre a Ouvidoria do Povo, órgão auxiliar do Poder Legislativo na fiscalização da execução dos serviços públicos estaduais.

Parágrafo único. A lei de que trata este artigo estabelecerá a competência e a organização da Ouvidoria do Povo e os critérios de nomeação do Ouvidor-Geral.

Art. 269. A recusa de posse, pelo candidato nomeado para ingresso na magistratura de carreira ou no Ministério Público, importa perda do direito ao provimento durante o período de validade do concurso a que se tenha submetido.

Parágrafo único. O Tribunal de Justiça, na designação da comarca ou vara para exercício do Juiz Substituto, dará preferência à que estiver vaga há mais tempo.

Art. 270. (Revogado pelo art. 5º da Emenda à Constituição nº 63, de 19/7/2004.)

Art. 270. *O magistrado que tiver proferido e remetido à Corregedoria de Justiça, cada mês, mais de dez acórdãos, como Relator no Tribunal de Alçada, ou mais de dez sentenças de mérito, em primeira instância, terá preferência para promoção por merecimento.*

Parágrafo único. A presteza no exercício da jurisdição, segundo o critério definido neste artigo, será informada ao Tribunal de Justiça, pelo Corregedor de Justiça, para efeito de elaboração de lista de promoção por merecimento, sem prejuízo do exame dos demais critérios indicados no art. 98, II e III."

Art. 271. Para o fim de plantão forense diuturno, em Comarca com mais de uma vara, fora do horário de funcionamento externo do foro, o Presidente do Tribunal de Justiça designará Juiz, na forma da Lei de Organização e Divisão Judiciárias.

Art. 272. O advogado que não for Defensor Público, quando nomeado para defender réu pobre, em processo civil ou criminal, terá os honorários fixados pelo Juiz, no ato da nomeação, segundo tabela organizada pelo Conselho da Ordem dos Advogados do Brasil, Seção do Estado de Minas Gerais, os quais serão pagos pelo Estado, na forma que a lei estabelecer.

Art. 273. (Revogado pelo art. 6º da Emenda à Constituição nº 40, de 24/5/2000.)

Art. 274. As serventias do foro judicial constituem serviço público sujeito à administração, ao controle e à fiscalização do Poder Judiciário.

Art. 275. O ingresso em cargo das serventias do foro judicial se fará mediante concurso público de provas e títulos, realizado, com a participação da Ordem dos Advogados do Brasil, Seção do Estado de Minas Gerais, pelo Tribunal de Justiça, que fará o provimento respectivo.

Art. 276. Os servidores das serventias do foro judicial estarão sujeitos, na forma da Lei de Organização e Divisão Judiciárias, ao regime jurídico único a que se refere o art. 30.

Art. 277. Os serviços notariais e de registro são exercidos em caráter privado, por delegação do Poder Público.

§ 1º A lei regulará as atividades dos notários, dos oficiais de registro e de seus prepostos e definirá a fiscalização de seus atos pelo Poder Judiciário, observada a legislação federal.

§ 2º Os emolumentos relativos aos serviços notariais e de registro serão estabelecidos no Regimento de Custas e Emolumentos, observada a legislação federal.

§ 3º O ingresso na atividade notarial e de registro depende de concurso público de provas e títulos, realizado com a participação da Ordem dos Advogados do Brasil, Seção do Estado de Minas Gerais.

§ 4º Nenhuma serventia permanecerá vaga por mais de seis meses sem abertura de concurso para provimento ou remoção.

Art. 278. Lei ordinária fixará os critérios populacionais, socioeconômicos e estatísticos, para criação, fusão e desmembramento dos serviços notariais e de registro.

Art. 279. O Estado promoverá, no âmbito de sua competência, condições necessárias à instalação, na rede hospitalar, de alas para atendimento de hemofílicos e aidéticos.

Art. 280. É garantida ao estudante hemofílico a reposição de aulas perdidas por motivo de saúde.

Art. 281. A lei estabelecerá estímulos em favor de quem fizer doação de órgão para transplante, na forma de lei federal, sob cadastramento e controle a cargo do Estado.

Art. 282. O oficial do corpo, quadro ou serviço de saúde ou veterinário que possua curso universitário, terá contado, como tempo de efetivo serviço, um ano para cada cinco anos de efetivo serviço prestado, até que esse acréscimo perfaça o total de anos de duração do mencionado curso.

Art. 283. O vencimento do integrante do Quadro do Magistério será fixado, respeitado o critério de habilitação profissional, a partir de valor que atenda às necessidades básicas do servidor e às de sua família, e terá reajustes periódicos que lhe preservem o poder aquisitivo.

Parágrafo único. O vencimento será fixado com diferença não excedente a cinquenta por cento de um nível para outro da carreira.

Art. 283-A. Os servidores ocupantes de cargo de provimento efetivo das carreiras da área de educação do Poder Executivo do Estado e o pessoal civil da Polícia Militar poderão ser remunerados na forma de subsídio, fixado nos termos de lei específica, observados os limites e parâmetros estabelecidos nesta Constituição e o disposto neste artigo.

§ 1º A lei instituidora do regime de subsídio de que trata o "caput" poderá facultar ao servidor a opção entre o regime de remuneração composto de vencimento básico e vantagens e o regime de subsídio.

§ 2º Ao servidor remunerado na forma de subsídio fica assegurada a percepção de verbas de natureza indenizatória, inclusive as relativas à extensão de carga horária, de vantagens decorrentes de direitos remuneratórios estabelecidos no "caput" do art. 31 desta Constituição, exceto o adicional de desempenho e os direitos estabelecidos em lei não aplicáveis ao regime de subsídio, e do abono de permanência de que trata a Constituição da República.

§ 3º O servidor remunerado na forma de subsídio não perceberá qualquer outra parcela que lhe tenha sido concedida, no regime remuneratório anterior à instituição do regime do subsídio, por força desta Constituição e da legislação ordinária, inclusive aquelas de que tratam o art. 284 e o inciso II do art. 290 desta Constituição e os arts. 112, 113, 114, II, 115, 118 e 120 do Ato das Disposições Constitucionais Transitórias da Constituição do Estado, assegurado o direito às férias-prêmio adquiridas e a adquirir.

§ 4º É assegurado ao servidor enquadrado no regime de subsídio o pagamento pelo exercício de cargo em comissão ou de função de confiança, nos termos da lei.

§ 5º O servidor enquadrado no regime de subsídio em exercício de cargo em comissão ou função de confiança não fará jus à percepção das parcelas remuneratórias vedadas ao servidor remunerado na forma de subsídio, nem ao cômputo do tempo para a aquisição de novos adicionais.".

§ 6º Os servidores integrantes das carreiras de que trata o caput cujas vantagens pecuniárias tenham sido incorporadas pela implantação do regime de subsídio e que posteriormente retornem ao regime de remuneração farão jus, unicamente, a vantagens pecuniárias, gratificações, adicionais, abonos, prêmios, verbas de representação e outras parcelas estabelecidos na lei que reinstituir o regime remuneratório e na legislação específica superveniente.

Art. 284. Fica assegurada ao Professor e ao Regente de Ensino, enquanto no exercício de regência ou na orientação de aprendizagem, a percepção de gratificação de pelo menos dez por cento de seus vencimentos, a título de incentivo à docência.

Art. 285. (Revogado pelo art. 6º da Emenda à Constituição nº 57, de 15/7/2003.)

Art. 286. *(Artigo declarado inconstitucional em 18/3/1992. ADIN 152. Acórdão publicado no Diário da Justiça em 24/4/1992.)*

Art. 287. *(Revogado pelo art. 49 da Emenda à Constituição nº 84, de 22/12/2010.)*

Art. 288. A jornada de trabalho de ocupante de cargo das classes de Especialista de Educação será cumprida no regime básico de vinte e quatro horas semanais.

§ 1º Ao ocupante de cargo das classes de que trata este artigo fica ressalvado o direito de optar pelo regime de quarenta horas semanais, assegurado o vencimento correspondente a essa jornada.

§ 2º A opção de que trata o parágrafo anterior poderá ser manifestada no prazo de noventa dias contados da data do início do respectivo exercício.

Art. 289. Para o exercício em substituição de atividade de magistério mediante designação para função pública, dar-se-á prioridade ao servidor aprovado em concurso público para o cargo correspondente.

Parágrafo único. No caso de vacância, só se aplica o disposto neste artigo quando não houver candidato aprovado em concurso público, ou, se houver, não aceitar a nomeação.

Art. 290. O servidor público que desempenhe a sua atividade profissional em unidade escolar localizada na zona rural fará jus, proporcionalmente ao tempo de exercício na mencionada unidade escolar:
a férias-prêmio em dobro, em relação às previstas no art. 31, § 4º, desta Constituição, se integrante do Quadro de Magistério;
a gratificação calculada sobre seu vencimento básico, incorporável à remuneração.

Art. 291. Para os fins do art. 203, o Estado apoiará, prioritariamente, o ensino comunitário da rede estadual das unidades da Campanha Nacional de Escolas da Comunidade – CNEC.

Art. 292. O disposto no art. 196, V, não se aplica às instituições educacionais oficiais criadas por lei estadual e existentes na data da promulgação da Constituição da República que não sejam totais ou preponderadamente mantidas com recursos públicos.

Art. 293. Fica assegurada a cada unidade do sistema estadual de ensino público dotação mensal de recursos para os fins de conservação, manutenção e funcionamento.

Art. 294. O Estado manterá suas atuais instituições de pesquisa ou as que lhes venham a suceder e lhes assegurará as condições necessárias ao cumprimento do disposto na parte final do parágrafo único do art. 212.

Parágrafo único. Fica mantida a Fundação de Amparo à Pesquisa do Estado de Minas Gerais com as atribuições constantes do art. 212.

Art. 295. Incumbe ao Estado, conjuntamente com os Municípios, realizar censo para levantamento do número de portadores de deficiência, de suas condições socioeconômicas, culturais e profissionais, e das causas da deficiência para orientação do planejamento de ações públicas.

Art. 296. O Estado instituirá apólice-seguro, com valor definido em lei, que será devida e paga integralmente à família da vítima de homicídio qualificado por motivo fútil ou torpe, latrocínio, rapto ou sequestro seguidos de morte ou de que resulte incapacidade física, mental ou motora permanente.

Parágrafo único. O réu incurso em condenação definitiva resgatará a apólice- seguro ao Estado, mediante ressarcimento em amortizações iguais e sucessivas pelo fruto do trabalho assalariado prestado ao estabelecimento penal designado, e a pena será proporcional à capacidade de quitação do débito, se cumprida mais da metade da sentença condenatória.

Art. 297. Os sistemas de informações pertencentes a órgãos ou entidades da Administração Pública Estadual relativos à segurança pública serão utilizados de forma integrada pelos órgãos responsáveis por aquela atividade, conforme dispuser a lei.

Art. 298. Ao proprietário rural cujo imóvel seja atingido por inundação causada por represamento de águas decorrentes de construção de usina hidrelétrica serão assegurados, pelo Estado, o fornecimento prioritário de energia elétrica e a recomposição de malha rodoviária, na área de influência da barragem.

Art. 299. A variação nominal da folha global de pessoal de cada um dos Poderes do Estado, do Tribunal de Contas e da Procuradoria-Geral de Justiça não poderá ser superior, em cada quadrimestre, à variação nominal da receita estadual ocorrida no período.

§ 1º Para os efeitos do disposto neste artigo, considera-se a data de 1º de janeiro como termo inicial do primeiro quadrimestre.

§ 2º A variação nominal da folha global de pessoal e a composição da receita estadual a que se refere este artigo serão apuradas segundo critérios definidos em lei.

Palácio da Inconfidência, 21 de setembro de 1989.
Kemil Said Kumaira, Presidente
Cleuber Brandão Carneiro, 1º– Vice-Presidente
Geraldo Gomes Rezende, 2º-Vice-Presidente
Elmo Braz Soares, 1º-Secretário
Márcio Lemos Soares Maia, 2º– Secretário
Paulo César Guimarães, 3º-Secretário
Romeu Ferreira de Queiroz, 4º- Secretário
Jaime Martins do Espírito Santo, 1º– Suplente
Eduardo Benedito Ottoni, 2º- Suplente e Relator Adjunto
Anderson Adauto Pereira, 3º-Suplente
Adelino Pereira Dias, 4º– Suplente
José Bonifácio Mourão, Relator
Agostinho César Valente
Agostinho Patrús
Aílton Torres Neves
Amílcar Campos Padovani
Antônio da Cunha Resende Ninico
Antônio Genaro de Oliveira
Antônio Mílton Salles
Armando Gonçalves Costa
Benedito Rubens Rennó Bené Guedes
Bernardo Rubinger de Queiroz
Camilo Machado de Miranda
Carlos Eduardo Antunes Pereira
Delfim Carvalho Ribeiro
Dirceu Pereira de Araújo
Domingos Sávio Teixeira Lanna
Elmiro Alves do Nascimento
Eurípedes Craide
Felipe Néri de Almeida
Geraldo da Costa Pereira
Irani Vieira Barbosa
Jairo Magalhães Alves
Jamill Selim de Sales Júnior
João Batista Rosa
João Bosco Martins
João Lamego Netto
João Pedro Gustin
João Pinto Ribeiro
Jorge Gibram Sobrinho
Jorge Hannas
José Bonifácio Tamm de Andrada
José Ferraz Caldas
José Ferraz da Silva
José Laviola Matos
José Maria de Mendonça Chaves
José Maria Pinto
José Militão Costa
José Neif Jabur
José Rodrigues Duarte
Lacyr Dias de Andrade
Luís Carlos Balbino Gambogi
Luiz Vicente Ribeiro Calicchio
Manoel Nelinho Rezende de Mattos Cabral
Maria Elvira Sales Ferreira
Maria José Haueisen
Maurício Dutra Moreira
Mauro Pinto de Moraes
Mílton Pereira da Cruz
Narciso Paulo Michelli
Nilmário de Miranda
Otacílio Oliveira de Miranda
Paulo César de Carvalho Pettersen
Paulo Fernando Soares de Oliveira
Paulo Pereira
Péricles Ferreira dos Anjos
Raimundo Silva Albergaria
Raul Messias Franco
Roberto Luiz Soares de Mello
Ronaldo Vasconcellos Novais
Sandra Meira Starling

Saint'Clair Martins Souto
Sebastião Helvécio Ramos de Castro
Sebastião Mendes Barros
Sílvio Carvalho Mitre
Tancredo Antônio Naves
Wellington Balbino de Castro
PARTICIPANTES: Ademir Lucas Gomes
Aloísio Teixeira Garcia
Francisco Carlos Chico Ferramenta Delfino
José Adamo Belato
José Renato Novais -Samir Tannus
Serafim Lopes Godinho Filho
Sérgio Emílio Brant de Vasconcelos Costa
Vítor Penido de Barros
IN MEMORIAM: Rubens Pinto Garci

3
Declarações Internacionais de Direitos Humanos

Carta das Nações Unidas – 1945

Decreto no 19.841, de 22 de outubro de 1945

Promulga a Carta das Nações Unidas, da qual faz parte integrante o anexo Estatuto da Corte Internacional de Justiça, assinada em São Francisco, a 26 de junho de 1945, por ocasião da Conferência de Organização Internacional das Nações Unidas.

O presidente da república, tendo em vista que foi aprovada a 4 de setembro e ratifica a 12 de setembro de 1945. Pelo governo brasileiro a Carta das Nações Unidas, da qual faz parte integrante o anexo Estatuto da Corte Internacional de Justiça, assinada em São Francisco, a 26 de junho de 1945, por ocasião da Conferência de Organização Internacional da Nações Unidas; e Havendo sido o referido instrumento de ratificação depositado nos arquivos do Governo dos Estados Unidos da América a 21 de setembro de 1945 e usando da atribuição que lhe confere o art. 74, letra a da Constituição, decreta:

Art. 1. Fica promulgada a Carta da Nações Unidas apensa por cópia ao presente decreto, da qual faz parte integrante o anexo Estatuto da Corte Internacional de Justiça, assinada em São Francisco, a 26 de junho de 1945.

Art. 2. Este decreto entrará em vigor na data de sua publicação.

Rio de Janeiro, 22 de outubro de 1945, 124º da Independência e 57º da República.

Getúlio Vargas
Pedro Leão Velloso

Faço saber, aos que a presente Carta de ratificação vierem, que, entre a República dos Estados Unidos e os países representados na Conferência das Nações Unidas sobre Organização Internacional, foi concluída e assinada, pelos respectivos Plenipotenciários, em São Francisco, a 26 de junho de 1945, a Carta das Nações Unidas, da qual faz parte integrante o anexo Estatuto da Corte Internacional de Justiça, tudo do teor seguinte:

CARTA DAS NAÇÕES UNIDAS
Nós, os povos das nações unidas, resolvidos

A preservar as gerações vindouras do flagelo da guerra, que por duas vezes, no espaço da nossa vida, trouxe sofrimentos indizíveis à humanidade, e a reafirmar a fé nos direitos fundamentais do homem, na dignidade e no valor do ser humano, na igualdade de direito dos homens e das mulheres, assim como das nações grandes e pequenas, e a estabelecer condições sob as quais a justiça e o respeito às obrigações decorrentes de tratados e de outras fontes do direito internacional possam ser mantidos, e a promover o progresso social e melhores condições de vida dentro de uma liberdade ampla.

E para tais fins praticar a tolerância e viver em paz, uns com os outros, como bons vizinhos, e unir as nossas forças para manter a paz e a segurança internacionais, e a garantir, pela aceitação de princípios e a instituição dos métodos, que a força armada não será usada a não ser no interesse comum, a empregar um mecanismo internacional para promover o progresso econômico e social de todos os povos.

Resolvemos conjugar nossos esforços para a consecução desses objetivos.

Em vista disso, nossos respectivos Governos, por intermédio de representantes reunidos na cidade de São Francisco, depois de exibirem seus plenos poderes, que foram achados em boa e devida forma, concordaram com a presente Carta das Nações Unidas e estabelecem, por meio dela, uma organização internacional que será conhecida pelo nome de Nações Unidas.

CAPÍTULO I
Propósitos e Princípios

Art. 1. Os propósitos das Nações unidas são:

I. Manter a paz e a segurança internacionais e, para esse fim: tomar, coletivamente, medidas efetivas para evitar ameaças à paz e reprimir os atos de agressão ou outra qualquer ruptura da paz e chegar, por meios pacíficos e de conformidade com os princípios da justiça e do direito internacional, a um ajuste ou solução das controvérsias ou situações que possam levar a uma perturbação da paz;

II. Desenvolver relações amistosas entre as nações, baseadas no respeito ao princípio de igualdade de direitos e de autodeterminação dos povos, e tomar outras medidas apropriadas ao fortalecimento da paz universal;

III. Conseguir uma cooperação internacional para resolver os problemas internacionais de caráter econômico, social, cultural ou humanitário, e para promover e estimular o respeito aos direitos humanos e às liberdades fundamentais para todos, sem distinção de raça, sexo, língua ou religião; e

IV. Ser um centro destinado a harmonizar a ação das nações para a consecução desses objetivos comuns.

Art. 2. A Organização e seus Membros, para a realização dos propósitos mencionados no Artigo 1, agirão de acordo com os seguintes Princípios:

I. A Organização é baseada no princípio da igualdade de todos os seus Membros.

II. Todos os Membros, a fim de assegurarem para todos em geral os direitos e vantagens resultantes de sua qualidade de Membros, deverão cumprir de boa-fé as obrigações por eles assumidas de acordo com a presente Carta.

III. Todos os Membros deverão resolver suas controvérsias internacionais por meios pacíficos, de modo que não sejam ameaçadas a paz, a segurança e a justiça internacionais.

IV. Todos os Membros deverão evitar em suas relações internacionais a ameaça ou o uso da força contra a integridade territorial ou a dependência política de qualquer Estado, ou qualquer outra ação incompatível com os Propósitos das Nações Unidas.

V. Todos os Membros darão às Nações toda assistência em qualquer ação a que elas recorrerem de acordo com a presente Carta e se absterão de dar auxílio a qual Estado contra o qual as Nações Unidas agirem de modo preventivo ou coercitivo.

VI. A Organização fará com que os Estados que não são Membros das Nações Unidas ajam de acordo com esses Princípios em tudo quanto for necessário à manutenção da paz e da segurança internacionais.

VII. Nenhum dispositivo da presente Carta autorizará as Nações Unidas a intervirem em assuntos que dependam essencialmente da jurisdição de qualquer Estado ou obrigará os Membros a submeterem tais assuntos a uma solução, nos termos da presente Carta; este princípio, porém, não prejudicará a aplicação das medidas coercitivas constantes do Capítulo vii.

CAPÍTULO II
Dos Membros

Art. 3. Os Membros originais das Nações Unidas serão os Estados que, tendo participado da Conferência das Nações Unidas sobre a Organização Internacional, realizada em São Francisco, ou, tendo assinado previamente a Declaração das Nações Unidas, de 1 de janeiro de 1942, assinarem a presente Carta, e a ratificarem, de acordo com o Artigo 110.

Art. 4.

I. A admissão como Membro das Nações Unidas fica aberta a todos os Estados amantes da paz que aceitarem as obrigações contidas na presente Carta e que, a juízo da Organização, estiverem aptos e dispostos a cumprir tais obrigações.

II. A admissão de qualquer desses Estados como Membros das Nações Unidas será efetuada por decisão da Assembleia Geral, mediante recomendação do Conselho de Segurança.

Art. 5. O Membro das Nações Unidas, contra o qual for levada a efeito ação preventiva ou coercitiva por parte do Conselho de Segurança, poderá ser suspenso do exercício dos direitos e privilégios de Membro pela Assembleia Geral, mediante recomendação do Conselho de Segurança. O exercício desses direitos e privilégios poderá ser restabelecido pelo Conselho de Segurança.

Art. 6. O Membro das Nações Unidas que houver violado persistentemente os Princípios contidos na presente Carta, poderá ser expulso da Organização pela Assembleia Geral mediante recomendação do Conselho de Segurança.

CAPÍTULO III
Órgãos

Art. 7.

I. Ficam estabelecidos como órgãos principais das Nações Unidas: uma Assembleia Geral, um Conselho de Segurança, um Conselho Econômico e Social, um Conselho de Tutela, uma Corte Internacional de Justiça e um Secretariado.

II. Serão estabelecidos, de acordo com a presente Carta, os órgãos subsidiários considerados de necessidade.

Art. 8. As Nações Unidas não farão restrições quanto à elegibilidade de homens e mulheres destinados a participar em qualquer caráter e em condições de igualdade em seus órgãos principais e subsidiários.

CAPÍTULO IV

Assembleia Geral

Composição

Art. 9.
I. A Assembleia Geral será constituída por todos os Membros das Nações Unidas.
II. Cada Membro não deverá ter mais de cinco representantes na Assembleia Geral.
Funções e atribuições
Art. 10. A Assembleia Geral poderá discutir quaisquer questões ou assuntos que estiverem dentro das finalidades da presente Carta ou que se relacionarem com as atribuições e funções de qualquer dos órgãos nela previstos e, com exceção do estipulado no Artigo 12, poderá fazer recomendações aos Membros das Nações Unidas ou ao Conselho de Segurança ou a este e àqueles, conjuntamente, com referência a qualquer daquelas questões ou assuntos.
Art. 11.
I. A Assembleia Geral poderá considerar os princípios gerais de cooperação na manutenção da paz e da segurança internacionais, inclusive os princípios que disponham sobre o desarmamento e a regulamentação dos armamentos, e poderá fazer recomendações relativas a tais princípios aos Membros ou ao Conselho de Segurança, ou a este e àqueles conjuntamente.
II. A Assembleia Geral poderá discutir quaisquer questões relativas à manutenção da paz e da segurança internacionais, que a ela forem submetidas por qualquer Membro das Nações Unidas, ou pelo Conselho de Segurança, ou por um Estado que não seja Membro das Nações unidas, de acordo com o Artigo 35, parágrafo 2, e, com exceção do que fica estipulado no Artigo 12, poderá fazer recomendações relativas a quaisquer destas questões ao Estado ou Estados interessados, ou ao Conselho de Segurança ou a ambos. Qualquer destas questões, para cuja solução for necessária uma ação, será submetida ao Conselho de Segurança pela Assembleia Geral, antes ou depois da discussão.
III. A Assembleia Geral poderá solicitar a atenção do Conselho de Segurança para situações que possam constituir ameaça à paz e à segurança internacional.

IV. As atribuições da Assembleia Geral enumeradas neste artigo não limitarão a finalidade geral do Artigo 10.
Art. 12.
I. Enquanto o Conselho de Segurança estiver exercendo, em relação a qualquer controvérsia ou situação, as funções que lhe são atribuídas na presente Carta, a Assembleia Geral não fará nenhuma recomendação a respeito dessa controvérsia ou situação, a menos que o Conselho de Segurança a solicite.
II. O Secretário-Geral, com o consentimento do Conselho de Segurança, comunicará à Assembleia Geral, em cada sessão, quaisquer assuntos relativos à manutenção da paz e da segurança internacionais que estiverem sendo tratados pelo Conselho de Segurança, e da mesma maneira dará conhecimento de tais assuntos à Assembleia Geral, ou aos Membros das Nações Unidas se a Assembleia Geral não estiver em sessão, logo que o Conselho de Segurança terminar o exame dos referidos assuntos.
Art. 13.
I. A Assembleia Geral iniciará estudos e fará recomendações, destinados a:
a) promover cooperação internacional no terreno político e incentivar o desenvolvimento progressivo do direito internacional e a sua codificação;
b) promover cooperação internacional nos terrenos econômico, social, cultural, educacional e sanitário e favorecer o pleno gozo dos direitos humanos e das liberdades fundamentais, por parte de todos os povos, sem distinção de raça, sexo, língua ou religião.
II. As demais responsabilidades, funções e atribuições da Assembleia Geral, em relação aos assuntos mencionados no parágrafo 1(b) acima, estão enumeradas nos Capítulos ix e x.
Art. 14. A Assembleia Geral, sujeita aos dispositivos do Artigo 12, poderá recomendar medidas para a solução pacífica de qualquer situação, qualquer que seja sua origem, que lhe pareça prejudicial ao bem-estar geral ou às relações amistosas entre as nações, inclusive em situações que resultem da violação dos dispositivos da presente Carta que estabelecem os Propósitos e Princípios das Nações Unidas.
Art. 15.
I. A Assembleia Geral receberá e examinará os relatórios anuais e especiais do Conselho de Segurança. Esses relatórios incluirão uma relação das medidas que o Conselho de Segurança tenha

adotado ou aplicado a fim de manter a paz e a segurança internacionais.

II. A Assembleia Geral receberá e examinará os relatórios dos outros órgãos das Nações Unidas.

Art. 16. A Assembleia Geral desempenhará, com relação ao sistema internacional de tutela, as funções a ela atribuídas nos Capítulos xii e xiii, inclusive a aprovação de acordos de tutela referentes às zonas não designadas como estratégias.

Art. 17.

I. A Assembleia Geral considerará e aprovará o orçamento da organização.

II. As despesas da Organização serão custeadas pelos Membros, segundo cotas fixadas pela Assembleia Geral.

III. A Assembleia Geral considerará e aprovará quaisquer ajustes financeiros e orçamentários com as entidades especializadas, a que se refere o Artigo 57 e examinará os orçamentos administrativos de tais instituições especializadas com o fim de lhes fazer recomendações.

Votação

Art. 18.

I. Cada Membro da Assembleia Geral terá um voto.

II. As decisões da Assembleia Geral, em questões importantes, serão tomadas por maioria de dois terços dos Membros presentes e votantes. Essas questões compreenderão: recomendações relativas à manutenção da paz e da segurança internacionais; à eleição dos Membros não permanentes do Conselho de Segurança; à eleição dos Membros do Conselho Econômico e Social; à eleição dos Membros do Conselho de Tutela, de acordo como parágrafo 1 (c) do Artigo 86; à admissão de novos Membros das Nações Unidas; à suspensão dos direitos e privilégios de Membros; à expulsão dos Membros; questões referentes o funcionamento do sistema de tutela e questões orçamentárias.

III. As decisões sobre outras questões, inclusive a determinação de categoria adicionais de assuntos a serem debatidos por uma maioria dos membros presentes e que votem.

Art. 19. O Membro das Nações Unidas que estiver em atraso no pagamento de sua contribuição financeira à Organização não terá voto na Assembleia Geral, se o total de suas contribuições atrasadas igualar ou exceder a soma das contribuições correspondentes aos dois anos anteriores completos. A Assembleia Geral poderá entretanto, permitir que o referido Membro vote, se ficar provado que a falta de pagamento é devida a condições independentes de sua vontade.

Processo

Art. 20. A Assembleia Geral reunir-se-á em sessões anuais regulares e em sessões especiais exigidas pelas circunstâncias. As sessões especiais serão convocadas pelo Secretário-Geral, a pedido do Conselho de Segurança ou da maioria dos Membros das Nações Unidas.

Art. 21. A Assembleia Geral adotará suas regras de processo e elegerá seu presidente para cada sessão.

Art. 22. A Assembleia Geral poderá estabelecer os órgãos subsidiários que julgar necessários ao desempenho de suas funções.

CAPÍTULO V

Conselho de Segurança

Composição

Art. 23.

I. O Conselho de Segurança será composto de quinze Membros das Nações Unidas. A República da China, a França, a União das Repúblicas Socialistas Soviéticas, o Reino Unido da Grã-Bretanha e Irlanda do norte e os Estados unidos da América serão membros permanentes do Conselho de Segurança. A Assembleia Geral elegerá dez outros Membros das Nações Unidas para Membros não permanentes do Conselho de Segurança, tendo especialmente em vista, em primeiro lugar, a contribuição dos Membros das Nações Unidas para a manutenção da paz e da segurança internacionais e para os outros propósitos da Organização e também a distribuição geográfica equitativa.

II. Os membros não permanentes do Conselho de Segurança serão eleitos por um período de dois anos. Na primeira eleição dos Membros não permanentes do Conselho de Segurança, que se celebre depois de haver-se aumentado de onze para quinze o número de membros do Conselho de Segurança, dois dos quatro membros novos serão eleitos por um período de um ano. Nenhum membro que termine seu mandato poderá ser reeleito para o período imediato.

III. Cada Membro do Conselho de Segurança terá um representante.

Funções e atribuições

Art. 24.
I. A fim de assegurar pronta e eficaz ação por parte das Nações Unidas, seus Membros conferem ao Conselho de Segurança a principal responsabilidade na manutenção da paz e da segurança internacionais e concordam em que no cumprimento dos deveres impostos por essa responsabilidade o Conselho de Segurança aja em nome deles.
II. No cumprimento desses deveres, o Conselho de Segurança agirá de acordo com os Propósitos e Princípios das Nações Unidas. As atribuições específicas do Conselho de Segurança para o cumprimento desses deveres estão enumeradas nos Capítulos vi, vii, viii e xii.
III. O Conselho de Segurança submeterá relatórios anuais e, quando necessário, especiais à Assembleia Geral para sua consideração.

Art. 25. Os Membros das Nações Unidas concordam em aceitar e executar as decisões do Conselho de Segurança, de acordo com a presente Carta.

Art. 26. A fim de promover o estabelecimento e a manutenção da paz e da segurança internacionais, desviando para armamentos o menos possível dos recursos humanos e econômicos do mundo, o Conselho de Segurança terá o encargo de formular, com a assistência da Comissão de Estado Maior, a que se refere o Artigo 47, os planos a serem submetidos aos Membros das Nações Unidas, para o estabelecimento de um sistema de regulamentação dos armamentos.

Votação

Art. 27.
I. Cada membro do Conselho de Segurança terá um voto.
II. As decisões do Conselho de Segurança, em questões processuais, serão tomadas pelo voto afirmativo de nove Membros.
III. As decisões do Conselho de Segurança, em todos os outros assuntos, serão tomadas pelo voto afirmativo de nove membros, inclusive os votos afirmativos de todos os membros permanentes, ficando estabelecido que, nas decisões previstas no Capítulo vi e no parágrafo 3 do Artigo 52, aquele que for parte em uma controvérsia se absterá de votar.

Art. 28.
I. O Conselho de Segurança será organizado de maneira que possa funcionar continuamente. Cada membro do Conselho de Segurança será, para tal fim, em todos os momentos, representado na sede da Organização.
II. O Conselho de Segurança terá reuniões periódicas, nas quais cada um de seus membros poderá, se assim o desejar, ser representado por um membro do governo ou por outro representante especialmente designado.
III. O Conselho de Segurança poderá reunir-se em outros lugares, fora da sede da Organização, e que, a seu juízo, possam facilitar o seu trabalho.

Art. 29. O Conselho de Segurança poderá estabelecer órgãos subsidiários que julgar necessários para o desempenho de suas funções.

Art. 30. O Conselho de Segurança adotará seu próprio regulamento interno, que incluirá o método de escolha de seu Presidente.

Art. 31. Qualquer membro das Nações Unidas, que não for membro do Conselho de Segurança, poderá participar, sem direito a voto, na discussão de qualquer questão submetida ao Conselho de Segurança, sempre que este considere que os interesses do referido Membro estão especialmente em jogo.

Art. 32. Qualquer Membro das Nações Unidas que não for Membro do Conselho de Segurança, ou qualquer Estado que não for Membro das Nações Unidas será convidado, desde que seja parte em uma controvérsia submetida ao Conselho de Segurança, a participar, sem voto, na discussão dessa controvérsia. O Conselho de Segurança determinará as condições que lhe parecerem justas para a participação de um Estado que não for Membro das Nações Unidas.

CAPÍTULO VI

Solução Pacífica de Controvérsias

Art. 33.
I. As partes em uma controvérsia, que possa vir a constituir uma ameaça à paz e à segurança internacionais, procurarão, antes de tudo, chegar a uma solução por negociação, inquérito, mediação, conciliação, arbitragem, solução judicial, recurso a entidades ou acordos regionais, ou a qualquer outro meio pacífico à sua escolha.

II. O Conselho de Segurança convidará, quando julgar necessário, as referidas partes a resolver, por tais meios, suas controvérsias.

Art. 34. O Conselho de Segurança poderá investigar sobre qualquer controvérsia ou situação suscetível de provocar atritos entre as Nações ou dar origem a uma controvérsia, a fim de determinar se a continuação de tal controvérsia ou situação pode constituir ameaça à manutenção da paz e da segurança internacionais.

Art. 35.

I. Qualquer Membro das Nações Unidas poderá solicitar a atenção do Conselho de Segurança ou da Assembleia Geral para qualquer controvérsia, ou qualquer situação, da natureza das que se acham previstas no Artigo 34.

II. Um Estado que não for Membro das Nações Unidas poderá solicitar a atenção do Conselho de Segurança ou da Assembleia Geral para qualquer controvérsia em que seja parte, uma vez que aceite, previamente, em relação a essa controvérsia, as obrigações de solução pacífica previstas na presente Carta.

III. Os atos da Assembleia Geral, a respeito dos assuntos submetidos à sua atenção, de acordo com este Artigo, serão sujeitos aos dispositivos dos Artigos 11 e 12.

Art. 36.

I. O Conselho de Segurança poderá, em qualquer fase de uma controvérsia da natureza a que se refere o Artigo 33, ou de uma situação de natureza semelhante, recomendar procedimentos ou métodos de solução apropriados.

II. O Conselho de Segurança deverá tomar em consideração quaisquer procedimentos para a solução de uma controvérsia que já tenham sido adotados pelas partes.

III. Ao fazer recomendações, de acordo com este Artigo, o Conselho de Segurança deverá tomar em consideração que as controvérsias de caráter jurídico devem, em regra geral, ser submetidas pelas partes à Corte Internacional de Justiça, de acordo com os dispositivos do Estatuto da Corte.

Art. 37.

I. No caso em que as partes em controvérsia da natureza a que se refere o Artigo 33 não conseguirem resolvê-la pelos meios indicados no mesmo Artigo, deverão submetê-la ao Conselho de Segurança.

II. O Conselho de Segurança, caso julgue que a continuação dessa controvérsia poderá realmente constituir uma ameaça à manutenção da paz e da segurança internacionais, decidirá sobre a conveniência de agir de acordo com o Artigo 36 ou recomendar as condições que lhe parecerem apropriadas à sua solução.

Art. 38. Sem prejuízo dos dispositivos dos Artigos 33 a 37, o Conselho de Segurança poderá, se todas as partes em uma controvérsia assim o solicitarem, fazer recomendações às partes, tendo em vista uma solução pacífica da controvérsia.

CAPÍTULO VII

Ação Relativa a Ameaças à Paz, Ruptura da Paz e Atos de Agressão

Art. 39. O Conselho de Segurança determinará a existência de qualquer ameaça à paz, ruptura da paz ou ato de agressão, e fará recomendações ou decidirá que medidas deverão ser tomadas de acordo com os Artigos 41 e 42, a fim de manter ou restabelecer a paz e a segurança internacionais.

Art. 40. A fim de evitar que a situação se agrave, o Conselho de Segurança poderá, antes de fazer as recomendações ou decidir a respeito das medidas previstas no Artigo 39, convidar as partes interessadas a que aceitem as medidas provisórias que lhe pareçam necessárias ou aconselháveis. Tais medidas provisórias não prejudicarão os direitos ou pretensões, nem a situação das partes interessadas. O Conselho de Segurança tomará devida nota do não cumprimento dessas medidas.

Art. 41. O Conselho de Segurança decidirá sobre as medidas que, sem envolver o emprego de forças armadas, deverão ser tomadas para tornar efetivas suas decisões e poderá convidar os Membros das Nações Unidas a aplicarem tais medidas. Estas poderão incluir a interrupção completa ou parcial das relações econômicas, dos meios de comunicação ferroviários, marítimos, aéreos, postais, telegráficos, radiofônicos, ou de outra qualquer espécie e o rompimento das relações diplomáticas.

Art. 42. No caso de o Conselho de Segurança considerar que as medidas previstas no Artigo 41 seriam ou demonstraram que são inadequadas, poderá levar a efeito, por meio de forças aéreas, navais ou terrestres, a ação que julgar necessária para manter ou restabelecer a paz e a segurança internacionais. Tal ação poderá compreender demonstrações, bloqueios e outras operações, por parte das forças aéreas, navais ou terrestres dos Membros das Nações Unidas.

Art. 43.

I. Todos os Membros das Nações Unidas, a fim de contribuir para a manutenção da paz e da segurança internacionais, se comprometem a proporcionar ao Conselho de Segurança, a seu pedido e de conformidade com o acordo ou acordos especiais, forças armadas, assistência e facilidades, inclusive direitos de passagem, necessários à manutenção da paz e da segurança internacionais.

II. Tal acordo ou tais acordos determinarão o número e tipo das forças, seu grau de preparação e sua localização geral, bem como a natureza das facilidades e da assistência a serem proporcionadas.

III. O acordo ou acordos serão negociados o mais cedo possível, por iniciativa do Conselho de Segurança. Serão concluídos entre o Conselho de Segurança e Membros da Organização ou entre o Conselho de Segurança e grupos de Membros e submetidos à ratificação, pelos Estados signatários, de conformidade com seus respectivos processos constitucionais.

Art. 44. Quando o Conselho de Segurança decidir o emprego de força, deverá, antes de solicitar a um Membro nele não representado o fornecimento de forças armadas em cumprimento das obrigações assumidas em virtude do Artigo 43, convidar o referido Membro, se este assim o desejar, a participar das decisões do Conselho de Segurança relativas ao emprego de contingentes das forças armadas do dito Membro.

Art. 45. A fim de habilitar as Nações Unidas a tomarem medidas militares urgentes, os Membros das Nações Unidas deverão manter, imediatamente utilizáveis, contingentes das forças aéreas nacionais para a execução combinada de uma ação coercitiva internacional. A potência e o grau de preparação desses contingentes, como os planos de ação combinada, serão determinados pelo Conselho de Segurança com a assistência da Comissão de Estado Maior, dentro dos limites estabelecidos no acordo ou acordos especiais a que se refere o Artigo 43.

Art. 46. O Conselho de Segurança, com a assistência da Comissão de Estado Maior, fará planos para a aplicação das forças armadas.

Art. 47.

I. Será estabelecia uma Comissão de Estado Maior destinada a orientar e assistir o Conselho de Segurança, em todas as questões relativas às exigências militares do mesmo Conselho, para manutenção da paz e da segurança internacionais, utilização e comando das forças colocadas à sua disposição, regulamentação de armamentos e possível desarmamento.

II. A Comissão de Estado Maior será composta dos Chefes de Estado Maior dos Membros Permanentes do Conselho de Segurança ou de seus representantes. Todo Membro das Nações Unidas que não estiver permanentemente representado na Comissão será por esta convidado a tomar parte nos seus trabalhos, sempre que a sua participação for necessária ao eficiente cumprimento das responsabilidades da Comissão.

III. A Comissão de Estado Maior será responsável, sob a autoridade do Conselho de Segurança, pela direção estratégica de todas as forças armadas postas à disposição do dito Conselho. As questões relativas ao comando dessas forças serão resolvidas ulteriormente.

IV. A Comissão de Estado Maior, com autorização do Conselho de Segurança e depois de consultar os organismos regionais adequados, poderá estabelecer subcomissões regionais.

Art. 48.

I. A ação necessária ao cumprimento das decisões do Conselho de Segurança para manutenção da paz e da segurança internacionais será levada a efeito por todos os Membros das Nações Unidas ou por alguns deles, conforme seja determinado pelo Conselho de Segurança.

II. Essas decisões serão executas pelos Membros das Nações Unidas diretamente e, por seu intermédio, nos organismos internacionais apropriados de que façam parte.

Art. 49. Os Membros das Nações Unidas prestar-se-ão assistência mútua para a execução das medidas determinadas pelo Conselho de Segurança.

Art. 50. No caso de serem tomadas medidas preventivas ou coercitivas contra um Estado pelo Conselho de Segurança, qualquer outro Estado, Membro ou não das Nações unidas, que se sinta em presença de problemas especiais de natureza econômica, resultantes da execução daquelas medidas, terá o direito de consultar o Conselho de Segurança a respeito da solução de tais problemas.

Art. 51. Nada na presente Carta prejudicará o direito inerente de legítima defesa individual ou coletiva no caso de ocorrer um ataque armado contra um Membro das Nações Unidas, até que o

Conselho de Segurança tenha tomado as medidas necessárias para a manutenção da paz e da segurança internacionais. As medidas tomadas pelos Membros no exercício desse direito de legítima defesa serão comunicadas imediatamente ao Conselho de Segurança e não deverão, de modo algum, atingir a autoridade e a responsabilidade que a presente Carta atribui ao Conselho para levar a efeito, em qualquer tempo, a ação que julgar necessária à manutenção ou ao restabelecimento da paz e da segurança internacionais.

CAPÍTULO VIII
Acordos Regionais

Art. 52.
I. Nada na presente Carta impede a existência de acordos ou de entidades regionais, destinadas a tratar dos assuntos relativos à manutenção da paz e da segurança internacionais que forem suscetíveis de uma ação regional, desde que tais acordos ou entidades regionais e suas atividades sejam compatíveis com os Propósitos e Princípios das Nações Unidas.
II. Os Membros das Nações Unidas, que forem parte em tais acordos ou que constituírem tais entidades, empregarão todo os esforços para chegar a uma solução pacífica das controvérsias locais por meio desses acordos e entidades regionais, antes de as submeter ao Conselho de Segurança.
III. O Conselho de Segurança estimulará o desenvolvimento da solução pacífica de controvérsias locais mediante os referidos acordos ou entidades regionais, por iniciativa dos Estados interessados ou a instância do próprio Conselho de Segurança.
IV. Este artigo não prejudica, de modo algum, a aplicação dos Artigos 34 e 35.

Art. 53.
I. O Conselho de Segurança utilizará, quando for o caso, tais acordos e entidades regionais para uma ação coercitiva sob a sua própria autoridade. Nenhuma ação coercitiva será, no entanto, levada a efeito de conformidade com acordos ou entidades regionais sem autorização do Conselho de Segurança, com exceção das medidas contra um Estado inimigo como está definido no parágrafo 2 deste Artigo, que forem determinadas em consequência do Artigo 107 ou em acordos regionais destinados a impedir a renovação de uma política agressiva por parte de qualquer desses Estados, até o momento em que a Organização possa, a pedido dos Governos interessados, ser incumbida de impedir toda nova agressão por parte de tal Estado.
II. O termo Estado inimigo, usado no parágrafo 1 deste Artigo, aplica-se a qualquer Estado que, durante a Segunda Guerra Mundial, foi inimigo de qualquer signatário da presente Carta.

Art. 54. O Conselho de Segurança será sempre informado de toda ação empreendida ou projetada de conformidade com os acordos ou entidades regionais para manutenção da paz e da segurança internacionais.

CAPÍTULO IX
Cooperação Econômica e Social Internacional

Art. 55. Com o fim de criar condições de estabilidade e bem-estar, necessárias às relações pacíficas e amistosas entre as Nações, baseadas no respeito ao princípio da igualdade de direitos e da autodeterminação dos povos, as Nações Unidas favorecerão:
a) níveis mais altos de vida, trabalho efetivo e condições de progresso e desenvolvimento econômico e social;
b) a solução dos problemas internacionais econômicos, sociais, sanitários e conexos; a cooperação internacional, de caráter cultural e educacional; e
c) o respeito universal e efetivo dos direitos humanos e das liberdades fundamentais para todos, sem distinção de raça, sexo, língua ou religião.

Art. 56. Para a realização dos propósitos enumerados no Artigo 55, todos os Membros da Organização se comprometem a agir em cooperação com esta, em conjunto ou separadamente.

Art. 57.
I. As várias entidades especializadas, criadas por acordos intergovernamentais e com amplas responsabilidades internacionais, definidas em seus instrumentos básicos, nos campos econômico, social, cultural, educacional, sanitário e conexos, serão vinculadas às Nações Unidas, de conformidade com as disposições do Artigo 63.
II. Tais entidades assim vinculadas às Nações Unidas serão designadas, daqui por diante, como entidades especializadas.

Art. 58. A Organização fará recomendação para coordenação dos programas e atividades das entidades especializadas.

Art. 59. A Organização, quando julgar conveniente, iniciará negociações entre os Estados interessados para a criação de novas entidades especializadas que forem necessárias ao cumprimento dos propósitos enumerados no Artigo 55.

Art. 60. A Assembleia Geral e, sob sua autoridade, o Conselho Econômico e Social, que dispões, para esse efeito, da competência que lhe é atribuída no Capítulo x, são incumbidos de exercer as funções da Organização estipuladas no presente Capítulo.

CAPÍTULO X

Conselho Econômico e Social

Composição

Art. 61.

I. O Conselho Econômico e Social será composto de cinquenta e quatro Membros das Nações Unidas eleitos pela Assembleia Geral.

II. De acordo com os dispositivos do parágrafo 3, dezoito Membros do Conselho Econômico e Social serão eleitos cada ano para um período de três anos, podendo, ao terminar esse prazo, ser reeleitos para o período seguinte.

III. Na primeira eleição a realizar-se depois de elevado de vinte e sete para cinquenta e quatro o número de Membros do Conselho Econômico e Social, além dos Membros que forem eleitos para substituir os nove Membros, cujo mandato expira no fim desse ano, serão eleitos outros vinte e sete Membros. O mandato de nove destes vinte e sete Membros suplementares assim eleitos expirará no fim de um ano e o de nove outros no fim de dois anos, de acordo com o que for determinado pela Assembleia Geral.

IV. Cada Membro do Conselho Econômico e social terá nele um representante.

Funções e atribuições

Art. 62.

I. O Conselho Econômico e Social fará ou iniciará estudos e relatórios a respeito de assuntos internacionais de caráter econômico, social, cultural, educacional, sanitário e conexos e poderá fazer recomendações a respeito de tais assuntos à Assembleia Geral, aos Membros das Nações Unidas e às entidades especializadas interessadas.

II. Poderá, igualmente, fazer recomendações destinadas a promover o respeito e a observância dos direitos humanos e das liberdades fundamentais para todos.

III. Poderá preparar projetos de convenções a serem submetidos à Assembleia Geral, sobre assuntos de sua competência.

IV. Poderá convocar, de acordo com as regras estipuladas pelas Nações Unidas, conferências internacionais sobre assuntos de sua competência.

Art. 63.

I. O conselho Econômico e Social poderá estabelecer acordos com qualquer das entidades a que se refere o Artigo 57, a fim de determinar as condições em que a entidade interessada será vinculada às Nações Unidas. Tais acordos serão submetidos à aprovação da Assembleia Geral.

II. Poderá coordenar as atividades das entidades especializadas, por meio de consultas e recomendações às mesmas e de recomendações à Assembleia Geral e aos Membros das Nações Unidas.

Art. 64.

I. O Conselho Econômico e Social poderá tomar as medidas adequadas a fim de obter relatórios regulares das entidades especializadas. Poderá entrar em entendimentos com os Membros das Nações Unidas e com as entidades especializadas, a fim de obter relatórios sobre as medidas tomadas para cumprimento de suas próprias recomendações e das que forem feitas pelas Assembleia Geral sobre assuntos da competência do Conselho.

II. Poderá comunicar à Assembleia Geral suas observações a respeito desses relatórios.

Art. 65. O Conselho Econômico e Social poderá fornecer informações ao Conselho de Segurança e, a pedido deste, prestar-lhe assistência.

Art. 66.

I. O Conselho Econômico e Social desempenhará as funções que forem de sua competência em relação ao cumprimento das recomendações da Assembleia Geral.

II. Poderá mediante aprovação da Assembleia Geral, prestar os serviços que lhe forem solicitados pelos Membros das Nações unidas e pelas entidades especializadas.

III. Desempenhará as demais funções específicas em outras partes da presente Carta ou as que forem atribuídas pela Assembleia Geral.

Votação

Art. 67.

I. Cada Membro do Conselho Econômico e Social terá um voto.

II. As decisões do Conselho Econômico e Social serão tomadas por maioria dos membros presentes e votantes.

Processo

Art. 68. O Conselho Econômico e Social criará comissões para os assuntos econômicos e sociais e a proteção dos direitos humanos assim como outras comissões que forem necessárias para o desempenho de suas funções.

Art. 69. O Conselho Econômico e Social poderá convidar qualquer Membro das Nações Unidas a tomar parte, sem voto, em suas deliberações sobre qualquer assunto que interesse particularmente a esse Membro.

Art. 70. O Conselho Econômico e Social poderá entrar em entendimentos para que representantes das entidades especializadas tomem parte, sem voto, em suas deliberações e nas das comissões por ele criadas, e para que os seus próprios representantes tomem parte nas deliberações das entidades especializadas.

Art. 71. O Conselho Econômico e Social poderá entrar nos entendimentos convenientes para a consulta com organizações não governamentais, encarregadas de questões que estiverem dentro da sua própria competência. Tais entendimentos poderão ser feitos com organizações internacionais e, quando for o caso, com organizações nacionais, depois de efetuadas consultas com o Membro das Nações Unidas no caso.

Art. 72.

I. O Conselho Econômico e Social adotará seu próprio regulamento, que incluirá o método de escolha de seu Presidente.

II. O Conselho Econômico e Social reunir-se-á quando for necessário, de acordo com o seu regulamento, o qual deverá incluir disposições referentes à convocação de reuniões a pedido da maioria dos Membros.

CAPÍTULO XI
Declaração Relativa a Territórios sem Governo Próprio

Art. 73. Os Membros das Nações Unidas, que assumiram ou assumam responsabilidades pela administração de territórios cujos povos não tenham atingido a plena capacidade de se governarem a si mesmos, reconhecem o princípio de que os interesses dos habitantes desses territórios são da mais alta importância, e aceitam, como missão sagrada, a obrigação de promover no mais alto grau, dentro do sistema de paz e segurança internacionais estabelecido na presente Carta, o bem-estar dos habitantes desses territórios e, para tal fim, se obrigam a:

a) assegurar, com o devido respeito à cultura dos povos interessados, o seu progresso político, econômico, social e educacional, o seu tratamento equitativo e a sua proteção contra todo abuso;

b) desenvolver sua capacidade de governo próprio, tomar devida nota das aspirações políticas dos povos e auxiliá-los no desenvolvimento progressivo de suas instituições políticas livres, de acordo com as circunstâncias peculiares a cada território e seus habitantes e os diferentes graus de seu adiantamento;

c) consolidar a paz e a segurança internacionais;

d) promover medidas construtivas de desenvolvimento, estimular pesquisas, cooperar uns com os outros e, quando for o caso, com entidades internacionais especializadas, com vistas à realização prática dos propósitos de ordem social, econômica ou científica enumerados neste Artigo; e

e) transmitir regularmente ao Secretário-Geral, para fins de informação, sujeitas às reservas impostas por considerações de segurança e de ordem constitucional, informações estatísticas ou de outro caráter técnico, relativas às condições econômicas, sociais e educacionais dos territórios pelos quais são respectivamente responsáveis e que não estejam compreendidos entre aqueles a que se referem os Capítulos xii e xiii da Carta.

Art. 74. Os Membros das Nações Unidas concordam também em que a sua política com relação aos territórios a que se aplica o presente Capítulo deve ser baseada, do mesmo modo que a política seguida nos respectivos territórios metropolitanos, no princípio geral de boa vizinhança, tendo na devida conta os interesses e o bem-estar do resto do mundo no que se refere às questões sociais, econômicas e comerciais.

CAPÍTULO XII
Sistema Internacional de Tutela

Art. 75. As Nações Unidas estabelecerão sob sua autoridade um sistema internacional de tutela para a administração e fiscalização dos territórios que possam ser colocados sob tal sistema em consequência de futuros acordos individuais. Esses territórios serão, daqui em diante, mencionados como territórios tutelados.

Art. 76. Os objetivos básicos do sistema de tutela, de acordo com os Propósitos das Nações Unidas enumerados no Artigo 1 da presente Carta serão:
a) favorecer a paz e a segurança internacionais;
b) fomentar o progresso político, econômico, social e educacional dos habitantes dos territórios tutelados e o seu desenvolvimento progressivo para alcançar governo próprio ou independência, como mais convenha às circunstâncias particulares de cada território e de seus habitantes e aos desejos livremente expressos dos povos interessados e como for previsto nos termos de cada acordo de tutela;
c) estimular o respeito aos direitos humanos e às liberdades fundamentais para todos, sem distinção de raça, sexo língua ou religião e favorecer o reconhecimento da interdependência de todos os povos; e
d) assegurar igualdade de tratamento nos domínios social, econômico e comercial para todos os Membros das Nações Unidas e seus nacionais e, para estes últimos, igual tratamento na administração da justiça, sem prejuízo dos objetivos acima expostos e sob reserva das disposições do Artigo 80.

Art. 77.
I. O sistema de tutela será aplicado aos territórios das categorias seguintes, que venham a ser colocados sob tal sistema por meio de acordos de tutela:
a) territórios atualmente sob mandato;
b) territórios que possam ser separados de Estados inimigos em consequência da Segunda Guerra Mundial; e
c) territórios voluntariamente colocados sob tal sistema por Estados responsáveis pela sua administração.
II. Será objeto de acordo ulterior a determinação dos territórios das categorias acima mencionadas a serem colocados sob o sistema de tutela e das condições em que o serão.

Art. 78. O sistema de tutela não será aplicado a territórios que se tenham tornado Membros das Nações Unidas, cujas relações mútuas deverão basear-se no respeito ao princípio da igualdade soberana.

Art. 79. As condições de tutela em que cada território será colocado sob este sistema, bem como qualquer alteração ou emenda, serão determinadas por acordo entre os Estados diretamente interessados, inclusive a potência mandatária no caso de território sob mandato de um Membro das Nações Unidas e serão aprovadas de conformidade com as disposições dos Artigos 83 e 85.

Art. 80.
I. Salvo o que for estabelecido em acordos individuais de tutela, feitos de conformidade com os Artigos 77, 79 e 81, pelos quais se coloque cada território sob este sistema e até que tais acordos tenham sido concluídos, nada neste Capítulo será interpretado como alteração de qualquer espécie nos direitos de qualquer Estado ou povo ou dos termos dos atos internacionais vigentes em que os Membros das Nações Unidas forem partes.
II. O parágrafo 1 deste Artigo não será interpretado como motivo para demora ou adiamento da negociação e conclusão de acordos destinados a colocar territórios dentro do sistema de tutela, conforme as disposições do Artigo 77.

Art. 81. O acordo de tutela deverá, em cada caso, incluir as condições sob as quais o território tutelado será administrado e designar a autoridade que exercerá essa administração. Tal autoridade, daqui por diante chamada a autoridade administradora, poderá ser um ou mais Estados ou a própria Organização.

Art. 82. Poderão designar-se, em qualquer acordo de tutela, uma ou várias zonas estratégicas, que compreendam parte ou a totalidade do território tutelado a que o mesmo se aplique, sem prejuízo de qualquer acordo ou acordos especiais feitos de conformidade com o Artigo 43.

Art. 83.
I. Todas as funções atribuídas às Nações Unidas relativamente às zonas estratégicas, inclusive a aprovação das condições dos acordos de tutela, assim como de sua alteração ou emendas, serão exercidas pelo Conselho de Segurança.
II. Os objetivos básicos enumerados no Artigo 76 serão aplicáveis aos habitantes de cada zona estratégica.
III. O Conselho de Segurança, ressalvadas as disposições dos acordos de tutela e sem prejuízo das exigências de segurança, poderá valer-se da assistência do Conselho de Tutela para desempenhar as funções que cabem às Nações Unidas pelo sistema de tutela, relativamente a matérias políticas, econômicas, sociais ou educacionais dentro das zonas estratégicas.

Art. 84. A autoridade administradora terá o dever de assegurar que o território tutelado preste sua colaboração à manutenção da paz e da segurança internacionais. Para tal fim, a autoridade administradora poderá fazer uso de forças voluntárias, de facilidades e da ajuda do território tutelado para o desempenho das obrigações por ele assumidas a este respeito perante o Conselho de Segurança, assim como para a defesa local e para a manutenção da lei e da ordem dentro do território tutelado.

Art. 85.
I. As funções das Nações Unidas relativas a acordos de tutela para todas as zonas não designadas como estratégias, inclusive a aprovação das condições dos acordos de tutela e de sua alteração ou emenda, serão exercidas pela Assembleia Geral.
II. O Conselho de Tutela, que funcionará sob a autoridade da Assembleia Geral, auxiliará esta no desempenho dessas atribuições.

CAPÍTULO XIII
Conselho de Tutela
Composição

Art. 86.
I. O Conselho de Tutela será composto dos seguintes Membros das Nações Unidas:
a) os Membros que administrem territórios tutelados;
b) aqueles dentre os Membros mencionados nominalmente no Artigo 23, que não estiverem administrando territórios tutelados; e
c) quantos outros Membros eleitos por um período de três anos, pela Assembleia Geral, sejam necessários para assegurar que o número total de Membros do Conselho de Tutela fique igualmente dividido entre os Membros das Nações Unidas que administrem territórios tutelados e aqueles que o não fazem.
II. Cada Membro do Conselho de Tutela designará uma pessoa especialmente qualificada para representá-lo perante o Conselho.

Art. 87. A Assembleia Geral e, sob a sua autoridade, o Conselho de Tutela, no desempenho de suas funções, poderão:
a) examinar os relatórios que lhes tenham sido submetidos pela autoridade administradora;
b) aceitar petições e examiná-las, em consulta com a autoridade administradora;
c) providenciar sobre visitas periódicas aos territórios tutelados em épocas ficadas de acordo com a autoridade administradora; e

d) tomar estas e outras medidas de conformidade com os termos dos acordos de tutela.

Art. 88. O Conselho de Tutela formulará um questionário sobre o adiantamento político, econômico, social e educacional dos habitantes de cada território tutelado e a autoridade administradora de cada um destes territórios, dentro da competência da Assembleia Geral, fará um relatório anual à Assembleia, baseado no referido questionário.

Votação

Art. 89.
I. Cada Membro do Conselho de Tutela terá um voto.
II. As decisões do Conselho de Tutela serão tomadas por uma maioria dos membros presentes e votantes.

Processo

Art. 90.
I. O Conselho de Tutela adotará seu próprio regulamento que incluirá o método de escolha de seu Presidente.
II. O Conselho de Tutela reunir-se-á quando for necessário, de acordo com o seu regulamento, que incluirá uma disposição referente à convocação de reuniões a pedido da maioria dos seus membros.

Art. 91. O Conselho de Tutela valer-se-á, quando for necessário, da colaboração do Conselho Econômico e Social e das entidades especializadas, a respeito das matérias em que estas e aquele sejam respectivamente interessados.

CAPÍTULO XIV
A Corte Internacional de Justiça

Art. 92. A Corte Internacional de Justiça será o principal órgão judiciário das Nações Unidas. Funcionará de acordo com o Estatuto anexo, que é baseado no Estatuto da Corte Permanente de Justiça Internacional e faz parte integrante da presente Carta.

Art. 93.
I. Todos os Membros das Nações Unidas são ipso facto partes do Estatuto da Corte Internacional de Justiça.
II. Um Estado que não for Membro das Nações Unidas poderá tornar-se parte no Estatuto da Corte Internacional de Justiça, em condições que serão determinadas, em cada caso, pela Assembleia Geral, mediante recomendação do Conselho de Segurança.

Art. 94.
I. Cada Membro das Nações Unidas se compromete a conformar-se com a decisão da Corte Internacional de Justiça em qualquer caso em que for parte.
II. Se uma das partes num caso deixar de cumprir as obrigações que lhe incumbem em virtude de sentença proferida pela Corte, a outra terá direito de recorrer ao Conselho de Segurança que poderá, se julgar necessário, fazer recomendações ou decidir sobre medidas a serem tomadas para o cumprimento da sentença.
Art. 95. Nada na presente Carta impedirá os Membros das Nações Unidas de confiarem a solução de suas divergências a outros tribunais, em virtude de acordos já vigentes ou que possam ser concluídos no futuro.
Art. 96.
I. A Assembleia Geral ou o Conselho de Segurança poderá solicitar parecer consultivo da Corte Internacional de Justiça, sobre qualquer questão de ordem jurídica.
II. Outros órgãos das Nações Unidas e entidades especializadas, que forem em qualquer época devidamente autorizados pela Assembleia Geral, poderão também solicitar pareceres consultivos da Corte sobre questões jurídicas surgidas dentro da esfera de suas atividades.

CAPÍTULO XV
O Secretariado

Art. 97. O Secretariado será composto de um Secretário-Geral e do pessoal exigido pela Organização. O Secretário-Geral será indicado pela Assembleia Geral mediante a recomendação do Conselho de Segurança. Será o principal funcionário administrativo da Organização.
Art. 98. O Secretário-Geral atuará neste caráter em todas as reuniões da Assembleia Geral, do Conselho de Segurança, do Conselho Econômico e Social e do Conselho de Tutela e desempenhará outras funções que lhe forem atribuídas por estes órgãos. O Secretário-Geral fará um relatório anual à Assembleia Geral sobre os trabalhos da Organização.
Art. 99. O Secretário-Geral poderá chamar a atenção do Conselho de Segurança para qualquer assunto que em sua opinião possa ameaçar a manutenção da paz e da segurança internacionais.

Art. 100.
I. No desempenho de seus deveres, o Secretário-Geral e o pessoal do Secretariado não solicitarão nem receberão instruções de qualquer governo ou de qualquer autoridade estranha à organização. Abster-se-ão de qualquer ação que seja incompatível com a sua posição de funcionários internacionais responsáveis somente perante a Organização.
II. Cada Membro das Nações Unidas se compromete a respeitar o caráter exclusivamente internacional das atribuições do Secretário-Geral e do pessoal do Secretariado e não procurará exercer qualquer influência sobre eles, no desempenho de suas funções.
Art. 101.
I. O pessoal do Secretariado será nomeado pelo Secretário-Geral, de acordo com regras estabelecidas pela Assembleia Geral.
II. Será também nomeado, em caráter permanente, o pessoal adequado para o Conselho Econômico e Social, o Conselho de Tutela e, quando for necessário, para outros órgãos das Nações Unidas. Esses funcionários farão parte do Secretariado.
III. A consideração principal que prevalecerá na escolha do pessoal e na determinação das condições de serviço será a da necessidade de assegurar o mais alto grau de eficiência, competência e integridade. Deverá ser levada na devida conta a importância de ser a escolha do pessoal feita dentro do mais amplo critério geográfico possível.

CAPÍTULO XVI
Disposições Diversas

Art. 102.
I. Todo tratado e todo acordo internacional, concluídos por qualquer Membro das Nações Unidas depois da entrada em vigor da presente Carta, deverão, dentro do mais breve prazo possível, ser registrados e publicados pelo Secretariado.
II. Nenhuma parte em qualquer tratado ou acordo internacional que não tenha sido registrado de conformidade com as disposições do parágrafo 1 deste artigo poderá invocar tal tratado ou acordo perante qualquer órgão das Nações Unidas.
Art. 103. No caso de conflito entre as obrigações dos Membros das Nações Unidas, em virtude da presente Carta e as obrigações resultantes de qualquer outro acordo internacional, prevalecerão as obrigações assumidas em virtude da presente Carta.

Art. 104. A Organização gozará, no território de cada um de seus Membros, da capacidade jurídica necessária ao exercício de suas funções e à realização de seus propósitos.

Art. 105.

I. A Organização gozará, no território de cada um de seus Membros, dos privilégios e imunidades necessários à realização de seus propósitos.

II. Os representantes dos Membros das Nações Unidas e os funcionários da Organização gozarão, igualmente, dos privilégios e imunidades necessários ao exercício independente de sus funções relacionadas com a Organização.

III. A Assembleia Geral poderá fazer recomendações com o fim de determinar os pormenores da aplicação dos parágrafos 1 e 2 deste artigo ou poderá propor aos Membros das Nações Unidas convenções nesse sentido.

CAPÍTULO XVII

Disposições Transitórias sobre Segurança

Art. 106. Antes da entrada em vigor dos acordos especiais a que se refere o Artigo 43, que, a juízo do Conselho de Segurança, o habilitem ao exercício de suas funções previstas no Artigo 42, as partes na Declaração das Quatro Nações, assinada em Moscou, a 30 de outubro de 1943, e a França, deverão, de acordo com as disposições do parágrafo 5 daquela Declaração, consultar-se entre si e, sempre que a ocasião o exija, com outros Membros das Nações Unidas a fim de ser levada a efeito, em nome da Organização, qualquer ação conjunta que se torne necessária à manutenção da paz e da segurança internacionais.

Art. 107. Nada na presente Carta invalidará ou impedirá qualquer ação que, em relação a um Estado inimigo de qualquer dos signatários da presente Carta durante a Segunda Guerra Mundial, for levada a efeito ou autorizada em consequência da dita guerra, pelos governos responsáveis por tal ação.

CAPÍTULO XVIII

Emendas

Art. 108. As emendas à presente Carta entrarão em vigor para todos os Membros das Nações Unidas, quando forem adotadas pelos votos de dois terços dos membros da Assembleia Geral e ratificada de acordo com os seus respectivos métodos constitucionais por dois terços dos Membros das Nações Unidas, inclusive todos os membros permanentes do Conselho de Segurança.

Art. 109.

I. Uma Conferência Geral dos Membros das Nações Unidas, destinada a rever a presente Carta, poderá reunir-se em data e lugar a serem fixados pelo voto de dois terços dos membros da Assembleia Geral e de nove membros quaisquer do Conselho de Segurança. Cada Membro das Nações Unidas terá voto nessa Conferência.

II. Qualquer modificação à presente Carta, que for recomendada por dois terços dos votos da Conferência, terá efeito depois de ratificada, de acordo com os respectivos métodos constitucionais, por dois terços dos Membros das Nações Unidas, inclusive todos os membros permanentes do Conselho de Segurança.

III. Se essa Conferência não for celebrada antes da décima sessão anual da Assembleia Geral que se seguir à entrada em vigor da presente Carta, a proposta de sua convocação deverá figurar na agenda da referida sessão da Assembleia Geral, e a Conferência será realizada, se assim for decidido por maioria de votos dos membros da Assembleia Geral, e pelo voto de sete membros quaisquer do Conselho de Segurança.

CAPÍTULO XIX

Ratificação e Assinatura

Art. 110.

I. A presente Carta deverá ser ratificada pelos Estados signatários, de acordo com os respectivos métodos constitucionais.

II. As ratificações serão depositadas junto ao Governo dos Estados Unidos da América, que notificará de cada depósito todos os Estados signatários, assim como o Secretário-Geral da Organização depois que este for escolhido.

III. A presente Carta entrará em vigor depois do depósito de ratificações pela República da China, França, União das Repúblicas Socialistas Soviéticas, Reino Unido da Grã-Bretanha e Irlanda do Norte e Estados Unidos da América e pela maioria dos outros Estados signatários. O Governo dos Estados Unidos da América organizará, em seguida, um protocolo das ratificações depositadas, o qual será comunicado, por meio de cópias, aos Estados signatários.

IV. Os Estados signatários da presente Carta, que a ratificarem depois de sua entrada em vigor tornar-se-ão membros fundadores das Nações Unidas, na data do depósito de suas respectivas ratificações.

Art. 111. A presente Carta, cujos textos em chinês, francês, russo, inglês e espanhol fazem igualmente fé, ficará depositada nos arquivos do Governo dos Estados Unidos da América. Cópias da mesma, devidamente autenticadas, serão transmitidas por este último Governo aos dos outros Estados signatários. Em fé do que, os representantes dos Governos das Nações Unidas assinaram a presente Carta.

Feita na cidade de São Francisco, aos vinte e seis dias do mês de junho de mil novecentos e quarenta e cinco.

Estatuto da Corte Internacional de Justiça – 1945

Art. 1. A Corte Internacional de Justiça, estabelecida pela Carta das Nações Unidas como o principal órgão judiciário das Nações Unidas, será constituída e funcionará de acordo com as disposições do presente Estatuto.

CAPÍTULO I

Organização da Corte

Art. 2. A corte será composta de um corpo de juízes independentes, eleitos sem atenção à sua nacionalidade, entre pessoas que gozem de alta consideração moral e possuam as condições exigidas em seus respectivos países para o desempenho das mais altas funções judiciárias, ou que sejam jurisconsultos de reconhecida competência em direito internacional.

Art. 3.

I. A corte será composta de quinze membros, não podendo configurar entre eles dois nacionais do mesmo Estado.

II. A pessoa que possa ser considerada nacional de mais de um Estado será, para efeito de sua inclusão como membro da corte, considerada nacional do Estado em que exercer ordinariamente seus direitos civis e políticos.

Art. 4.

I. Os membros da corte serão eleitos pela Assembleia Geral e pelo Conselho de Segurança de uma lista de pessoas apresentadas pelos grupos nacionais da corte Permanente de Arbitragem, de acordo com as disposições seguintes.

II. Quando se tratar de Membros das Nações Unidas não representados na Corte Permanente de Arbitragem, os candidatos serão apresentador por grupos nacionais designados para esse fim pelos seus Governos, nas mesmas condições que as estipuladas para os membros da Corte Permanente de Arbitragem pelo art. 44 da Convenção de Haia, de 1907, referente à solução pacífica das controvérsias internacionais.

III. As condições pelas quais um Estado, que é parte no presente Estatuto, sem ser Membro das Nações Unidas, poderá participar na eleição dos membros da corte, serão, na falta de acordo especial, determinadas pela Assembleia Geral mediante recomendação do Conselho de Segurança.

Art. 5.

I. Três meses, pelo menos antes da data da eleição, o Secretário-Geral das Nações Unidas convidará, por escrito, os membros da Corte Permanente de Arbitragem pertencentes a Estados que sejam partes no presente Estatuto, e os membros dos grupos nacionais designados de conformidade com o art. 5, parágrafo 2, para que indiquem, por grupos nacionais, dentro de um prazo estabelecido, os nomes das pessoas em condições de desempenhar as funções de membro da corte.

II. Nenhum grupo deverá indicar mais de quatro pessoas, das quais, no máximo, duas poderão ser de sua nacionalidade. Em nenhum caso o número dos candidatos indicados por um grupo poderá ser maior do que o dobro dos lugares a serem preenchidos.

Art. 6. Recomenda-se que, antes de fazer estas indicações, cada grupo nacional consulte sua mais alta corte de justiça, suas faculdades e escolas de direito, suas academias nacionais e as seções nacionais de academias internacionais dedicada ao estudo de direito.

Art. 7.

I. O Secretário-Geral preparará uma lista, por ordem alfabética, de todas as pessoas assim indicadas. Salvo o caso previsto no art. 12, parágrafo 2, serão elas as únicas pessoas elegíveis.

II. O Secretário-Geral submeterá essa lista à Assembleia Geral e ao Conselho de Segurança.

Art. 8. A Assembleia Geral e o Conselho de Segurança procederão, independentemente um do outro, à eleição dos membras da corte.

Art. 9. Em cada eleição, os eleitores devem ter presente não só que as pessoas a serem eleitas possuam individualmente as condições exigidas, mas também que, no conjunto desse órgão judiciário, seja assegurada a representação das mais altas formas da civilização e dos principais sistemas jurídicos do mundo.

Art. 10.
I. Os candidatos que obtiverem maioria absoluta de votos na Assembleia Geral e no Conselho de Segurança serão considerados eleitos.
II. Nas votações do Conselho de Segurança, quer para a eleição, dos juízes, quer para a nomeação dos membros da comissão prevista no artigo 12, não haverá qualquer distinção entre membros permanentes e não permanentes do Conselho de Segurança.
III. No caso em que a maioria absoluta de votos, tanto da Assembleia Geral quanto do Conselho de Segurança, contemple mais de um nacional do mesmo Estado, o mais velho dos dois será considerado eleito.

Art. 11. Se, depois da primeira reunião convocada para fins de eleição, um ou mais lugares continuarem vagos, deverá ser realizada uma segunda e, se for necessário, uma terceira reunião.

Art. 12.
I. Se, depois da terceira reunião, um ou mais lugares ainda continuarem vagos, uma comissão, composta de seis membros, três indicados pela Assembleia Geral e três pelo Conselho de Segurança, poderá ser formada em qualquer momento, por, solicitação da Assembleia ou do Conselho de Segurança, com o fim de escolher, por maioria absoluta de votos, um nome para cada lugar ainda vago, o qual será submetido à Assembleia Geral e ao Conselho de Segurança para sua respectiva aceitação.
II. A Comissão Mista, caso concorde unanimemente com a escolha de uma pessoa que preencha as condições exigidas, poderá inclui-la em sua lista, ainda que a mesma não tenha figurado na lista de indicações a que se refere o artigo 7.
III. Se a Comissão Mista chegar à convicção de que não logrará resultados com uma eleição, os membros já eleitos da corte deverão, dentro de um prazo a ser fixado pelo Conselho de Segurança, preencher os lugares vagos, e o farão por escolha de entre os candidatos que tenham obtido votos na Assembleia Geral ou no Conselho de Segurança.
IV. No caso de um empate na votação dos juízes, o mais velho deles terá voto decisivo.

Art. 13.
I. Os membros da corte serão eleitos por nove anos e poderão ser reeleitos; fica estabelecido, entretanto, que, dos juízes eleitos na primeira eleição, cinco terminarão suas funções no fim de um período de três anos, e outros cinco no fim de um período de seis anos.
II. Os juízes cujas funções deverão terminar no fim dos referidos períodos iniciais de três e seis anos serão escolhidos por sorteio, que será efetuado pelo Secretário-Geral imediatamente depois de terminada a primeira eleição.
III. Os membros da corte continuarão no desempenho de suas funções até que suas vagas tenham sido preenchidas. Ainda depois de substituídos, deverão terminar qualquer questão cujo estudo tenham começado.
IV. No caso de renúncia de um membro da corte, o pedido de demissão deverá ser dirigido ao Presidente da corte que o transmitirá ao Secretário-Geral. Esta última notificação significará a abertura da vaga.

Art. 14. As vagas serão preenchidas pelo método estabelecido para a primeira eleição, de acordo com a seguinte disposição: o Secretário-Geral, dentro de um mês a contar da abertura da vaga, expedirá os convites a que se refere o art. 5, e a data da eleição será fixada pelo Conselho de Segurança.

Art. 15. O membro da corte eleito na vaga de um membro que não terminou seu mandato, completará o período do mandato do seu predecessor.

Art. 16.
I. Nenhum membro da corte poderá exercer qualquer função política ou administrativa, ou dedicar-se a outra ocupação de natureza profissional.
II. Qualquer dúvida a esse respeito será resolvida por decisão da corte.

Art. 17.
I. Nenhum membro da corte poderá servir como agente, consultor ou advogado em qualquer questão.
II. Nenhum membro poderá participar da decisão de qualquer questão na qual anteriormente tenha intervindo como agente, consultor ou advogado de uma das partes, como membro de um tribunal nacional ou internacional, ou de uma comissão de inquérito, ou em qualquer outro caráter.
III. Qualquer dúvida a esse respeito será resolvida por decisão da corte.

Art. 18.
I. Nenhum membro da corte poderá ser demitido, a menos que, na opinião unânime dos outros membros, tenha deixado de preencher as condições exigidas.
II. O Secretário-Geral será disso notificado, oficialmente, pelo Escrivão da corte.
III. Essa notificação significará a abertura da vaga.
Art. 19. Os membros da corte, quando no exercício de suas funções, gozarão dos privilégios e imunidades diplomáticas.
Art. 20. Todo membro da corte, antes de assumir as suas funções, fará, em sessão pública, a declaração solene de que exercerá as suas atribuições imparcial e conscienciosamente.
Art. 21.
I. A corte elegerá, pelo período de três anos, seu Presidente e seu Vice-Presidente, que poderão ser reeleitos.
II. A corte nomeará seu Escrivão e providenciará sobre a nomeação de outros funcionários que sejam necessários.
Art. 22.
I. A sede da corte será a cidade de Haia. Isto, entretanto, não impedirá que até aqui a corte se reúna e exerça suas funções em qualquer outro lugar que considere conveniente.
II. O Presidente e o Escrivão residirão na sede da corte.
Art. 23.
I. A corte funcionará permanentemente, exceto durante as férias judiciárias, cuja data e duração serão por ela fixadas.
II. Os membros da corte gozarão de licenças periódicas, cujas datas e duração serão fixadas pela corte, sendo tomadas em consideração a distância entre a Haia e o domicílio de cada Juiz.
III. Os membros da corte serão obrigados a ficar permanentemente à disposição da corte, a menos que estejam em licença ou impedidos de comparecer por motivo de doença ou outra séria razão, devidamente justificada perante o Presidente.
Art. 24.
I. Se, por qualquer razão especial, o membro da corte considerar que não deve tomar parte no julgamento de uma determinada questão, deverá informar disto o Presidente.
II. Se o Presidente considerar que, por uma razão especial, um dos membros da corte não deve funcionar numa determinada questão, deverá informá-lo disto.
III. Se, em qualquer desses casos, o membro da corte e o Presidente não estiverem de acordo, o assunto será resolvido por decisão da corte.
Art. 25.
I. A corte funcionará em sessão plenária, exceto nos casos previstos em contrário no presente capítulo.
II. O regulamento da corte poderá permitir que um ou mais juízes, de acordo com as circunstâncias e rotativamente, sejam dispensados das sessões, contanto que o número de juízes disponíveis para constituir a corte não seja reduzido a menos de onze.
III. O quórum de nove juízes será suficiente para constituir a corte.
Art. 26.
I. A corte poderá periodicamente formar uma ou mais Câmaras, compostas de três ou mais juízes, conforme ela mesma determinar, a fim de tratar de questões de caráter especial, como, por exemplo, questões trabalhistas e assuntos referentes a trânsito e comunicações.
II. A corte poderá, em qualquer tempo, formar uma Câmara para tratar de uma determinada questão. O número de juízes que constituirão essa Câmara será determinado pela corte, com a aprovação das partes.
III. As questões serão consideradas e resolvidas pelas Câmaras a que se refere o presente artigo, se as partes assim o solicitarem.
Art. 27. Uma sentença proferida por qualquer das câmaras, a que se referem os artigos 26 e 29, será considerada como sentença emanada da corte.
Art. 28. As Câmaras, a que se referem os artigos 26 e 29, poderão, com o consentimento das partes, reunir-se e exercer suas funções fora da cidade de Haia.
Art. 29. Com o fim de apressar a solução dos assuntos, a corte formará anualmente uma Câmara, composta de cinco juízes; a qual, a pedido das partes, poderá considerar e resolver sumariamente as questões. Além dos cinco juízes, serão escolhidos outros dois, que atuarão como substitutos, no impedimento de um daqueles.
Art. 30.
I. A corte estabelecera regras para o desempenho de suas funções; especialmente as que se refiram aos métodos processuais.
II. O Regulamento da corte disporá sobre a nomeação de assessores para a corte ou para qualquer de suas Câmaras, os quais não terão direito a voto.

Art. 31.

I. Os juízes da mesma nacionalidade de qualquer das partes conservam o direito de funcionar numa questão julgada pela corte.

II. Se a corte incluir entre os seus membros um juiz de nacionalidade de uma das partes, qualquer outra parte poderá escolher uma pessoa para funcionar como juiz. Essa pessoa deverá, de preferência, ser escolhida entre os que figuraram entre os candidatos a que se referem os artigos 4 e 5.

III. Se a corte não incluir entre os seus membros nenhum juiz de nacionalidade das partes, cada uma destas poderá proceder à escolha de um juiz, de conformidade com o parágrafo 2 deste artigo.

IV. As disposições deste artigo serão aplicadas aos casos previstos nos artigos 26 e 29. Em tais casos, o presidente solicitará a um ou, se necessário a dois dos membros da corte integrantes da Câmara, que cedam seu lugar aos membros da corte de nacionalidade das partes interessadas, e, na falta ou impedimento destes, aos juízes especialmente escolhidos pelas partes.

V. No caso de haver diversas partes interessadas na mesma questão, elas serão, para os fins das disposições precedentes, consideradas como uma só parte. Qualquer dúvida sobre este ponto será resolvida por decisão da corte.

VI. Os juízes escolhidos de conformidade com os parágrafos 2, 3 e 4 deste artigo deverão preencher as condições exigidas pelos artigos 2, 17 (parágrafo 2), 20 e 24, do presente Estatuto. Tomarão parte nas decisões em condições de completa igualdade com seus colegas.

Art. 32.

I. Os membros da corte perceberão vencimentos anuais.

II. O Presidente receberá, por ano, um subsídio especial.

III. O Vice-Presidente recebera um subsídio especial, correspondente a cada dia em que funcionar como Presidente.

IV. Os juízes escolhidos de conformidade com o art. 31, que não sejam membros da corte, receberão uma remuneração correspondente a cada dia em que exerçam suas funções.

V. Esses vencimentos, subsídios e remunerações serão fixados pela Assembleia Geral e não poderão ser diminuídos enquanto durarem os mandatos.

VI. Os vencimentos de Escrivão serão fixados pela Assembleia Geral, por proposta da corte.

VII. O Regulamento elaborado pela Assembleia Geral fixará as condições pelas quais serão concedidas pensões aos membros da corte e ao Escrivão, e as condições pelas quais os membros da corte e o Escrivão serão reembolsados de suas despesas de viagem.

VIII. Os vencimentos, subsídios e remuneração, acima mencionados, estarão livres de qualquer imposto.

Art. 33.
As despesas da corte serão custeadas pelas Nações Unidas da maneira que for decidida pela Assembleia Geral.

CAPÍTULO II
Competência da Corte

Art. 34.

I. Só os Estados poderão ser partes em questões perante a corte.

II. Sobre as questões que lhe forem submetidas, a corte, nas condições prescritas por seu Regulamento, poderá solicitar informação, de organizações públicas internacionais, e receberá as informações que lhe forem prestadas, por iniciativa própria, pelas referidas organizações.

III. Sempre que, no Julgamento de uma questão perante a corte, for discutida a interpretação de instrumento constitutivo de uma organização pública internacional ou de uma convenção internacional adotada em virtude do mesmo, o Escrivão dará conhecimento disso à organização pública internacional interessada e lhe encaminhará cópias de todo o expediente escrito.

Art. 35.

I. A corte estará aberta aos Estados que são parte no presente Estatuto.

II. As condições pelas quais a corte estará aberta a outros Estados serão determinadas, pelo Conselho de Segurança, ressalvadas as disposições especiais dos tratados vigentes; em nenhum caso, porém, tais condições colocarão as partes em posição de desigualdade perante a corte.

III. Quando um Estado que não é Membro das Nações Unidas for parte numa questão, a corte fixará a importância com que ele deverá contribuir para as despesas da corte. Esta disposição não será aplicada, se tal Estado já contribuir para as referidas despesas.

Art. 36.
I. A competência da corte abrange todas as questões que as partes lhe submetam, bem como todos os assuntos especialmente previstos na Carta das Nações Unidas ou em tratados e convenções em vigor.
II. Os Estados Partes no presente Estatuto poderão, em qualquer momento, declarar que reconhecem como obrigatória, ipso facto e sem acordo especial, em relação a qualquer outro Estado que aceite a mesma obrigação, a jurisdição da corte em todas as controvérsias de ordem jurídica que tenham por objeto:
a) a interpretação de um tratado;
b) qualquer ponto de direito internacional;
c) a existência de qualquer fato que, se verificado, constituiria a violação de um compromisso internacional;
d) a natureza ou a extensão da reparação devida pela rotura de um compromisso internacional.
III. As declarações acima mencionadas poderão ser feitas pura e simplesmente ou sob condição de reciprocidade da parte de vários ou de certos Estados, ou por -prazo determinado.
IV. Tais declarações serão depositadas junto ao Secretário-Geral das Nações Unidas, que as transmitirá, por cópia, às partes contratantes do presente Estatuto e ao Escrivão da corte.
V. Nas relações entre as partes contratantes do presente Estatuto, as declarações feitas de acordo com o artigo 36 do Estatuto da Corte Permanente de Justiça Internacional e que ainda estejam em vigor serão consideradas como importando na aceitação da jurisdição obrigatória da Corte Internacional de Justiça pelo período em que ainda devem vigorar e de conformidade com os seus termos.
VI. Qualquer controvérsia sobre a jurisdição da corte será resolvida por decisão da própria corte.
Art. 37. Sempre que um tratado ou convenção em vigor disponha que um assunto deve ser submetido a uma jurisdição a ser instituída pela Liga das Nações, ou à Corte Permanente de Justiça Internacional, o assunto deverá, no que respeita às partes contratantes do presente Estatuto, ser submetido à Corte Internacional de Justiça.
Art. 38.
I. A corte, cuja função é decidir de acordo com o direito internacional as controvérsias que lhe forem submetidas, aplicará:

a) as convenções internacionais, quer gerais, quer especiais, que estabeleçam regras expressamente reconhecidas pelos Estados litigantes;
b) o costume internacional, como prova de uma prática geral aceita como sendo o direito;
c) os princípios gerais de direito reconhecidos pelas Nações civilizadas;
d) sob ressalva da disposição do art. 59, as decisões judiciárias e a doutrina dos publicistas mais qualificados das diferentes Nações, como meio auxiliar para a determinação das regras de direito.
II. A presente disposição não prejudicará a faculdade da corte de decidir uma questão ex aeque et bano, se as partes com isto concordarem.

CAPÍTULO LII

Processo

Art. 39.
I. As línguas oficiais da corte serão o francês e o inglês. Se as partes concordarem em que todo o processo se efetue em francês, a sentença será proferida em francês. Se as partes concordarem em que todo o processo se efetue em inglês, a sentença será proferida em inglês.
II. Na ausência de acordo a respeito da língua que deverá ser empregada; cada parte poderá, em suas alegações, usar a língua que preferir; a sentença da corte será proferida em francês e em inglês. Neste caso, a corte determinará ao mesmo tempo qual dos dois textos fará fé.
III. A pedido de uma das partes, a corte poderá autorizá-la a usar uma língua que não seja o francês ou o inglês.
Art. 40.
I. As questões serão submetidas à corte, conforme o caso, por notificação do acordo especial ou por uma petição escrita dirigida ao Escrivão. Em qualquer dos casos, o objeto da controvérsia e as partes deverão ser indicados.
II. O Escrivão comunicará imediatamente a petição a todos os interessados.
III. Notificará também os Membros das Nações Unidas por intermédio do Secretário-Geral e quaisquer outros Estados com direito a comparecer perante a corte.
Art. 41.
I. A corte terá a faculdade de indicar, se julgar que as circunstâncias o exigem, quaisquer medidas

provisórias que devem ser tomadas para preservar os direitos de cada parte.

II. Antes que a sentença seja proferida, as partes e o Conselho de Segurança deverão ser informados imediatamente das medidas sugeridas.

Art. 42.

I. As partes serão representadas por agentes.

II. Estes terão a assistência de consultores ou advogados, perante a corte.

III. Os agentes, os consultores e os advogados das partes perante a corte gozarão dos privilégios e imunidades necessários ao livre exercício de suas atribuições.

Art. 43.

I. O processo constará de duas fases: uma escrita e outra oral.

II. O processo escrito compreenderá a comunicação, à corte e, às partes de memórias, contra memórias e, se necessário, réplicas, assim como quaisquer peças e documentos em apoio das mesmas.

III. Essas comunicações serão feitas por intermédio do Escrivão, na ordem e dentro do prazo fixados pela corte.

IV. Uma cópia autenticada de cada documento apresentado por uma das partes será comunicada à outra parte.

V. O processo oral consistirá na audiência, pela corte, de testemunhas, peritos, agentes, consultores e advogados.

Art. 44.

I. Para citação de outras pessoas que não sejam os agentes, os consultores ou advogados, a corte dirigir-se-á diretamente ao Governo do Estado em cujo território deve ser feita a citação.

II. O mesmo processo será usado sempre que for necessário providenciar para obter quaisquer meios de prova no lugar do fato.

Art. 45. Os debates serão dirigidos pelo Presidente ou, no impedimento deste, pelo vice-presidente; se ambos estiverem impossibilitados de presidir, o mais antigo dos Juízes presentes ocupará a presidência.

Art. 46. As audiências da corte serão públicas, a menos que a corte decida de outra maneira em que as partes solicitem a não admissão de público.

Art. 47.

I. Será lavrada ata de cada audiência, assinada pelo Escrivão e pelo Presidente.

II. Só essa ata fará fé.

Art. 48. A Corte proferirá decisões sobre o andamento do processo, a forma e o tempo em que cada parte terminará suas alegações, e tomará todas as medidas relacionadas com a apresentação das provas.

Art. 49. A corte poderá, ainda antes do início da audiência, intimar os agentes a apresentarem qualquer documento ou a fornecerem quaisquer explicações. Qualquer recusa deverá constar da ata.

Art. 50. A corte poderá, em qualquer momento, confiar a qualquer indivíduo, corporação, repartição, comissão ou outra organização, à sua escolha, a tarefa de proceder a um inquérito ou a uma perícia.

Art. 51. Durante os debates, todas as perguntas de interesse serão feitas às testemunhas e peritos de conformidade com as condições determinadas pela corte no Regulamento a que se refere o artigo 30.

Art. 52. Depois de receber as provas e depoimentos dentro do prazo fixado para esse fim, a corte poderá recusar-se a aceitar qualquer novo depoimento oral ou escrito que uma das partes deseje apresentar, a menos que as outras partes com isso concordem.

Art. 53.

I. Se uma das partes deixar de comparecer perante a corte ou de apresentar a sua defesa, a outra parte poderá solicitar à corte que decida a favor de sua pretensão.

II. A corte, antes de decidir nesse sentido, deve certificar-se não só de que o assunto é de sua competência, de conformidade com os artigos. 36 e 37, mas também de que a pretensão é bem fundada, de fato e de direito.

Art. 54.

I. Quando os agentes, consultores e advogados tiverem concluído, sob a fiscalização da corte, a apresentação de sua causa, o Presidente declarará encerrados os debates.

II. A corte retirar-se-á para deliberar.

III. As deliberações da corte serão tomadas privadamente e permanecerão secretas.

Art. 55.

I. Todas as questões serão decididas por maioria dos juízes presentes.

II. No caso de empate na votação, o Presidente ou o juiz que funcionar em seu lugar decidirá com o seu voto.

Art. 56.

I. A sentença deverá declarar as razões em que se funda.

II. Deverá mencionar os nomes dos juízes que tomaram parte na decisão.

Art. 57. Se a sentença não representar no todo ou em parte a opinião unânime dos juízes, qualquer deles terá direito de lhe juntar a exposição de sua opinião individual.

Art. 58. A sentença será assinada pelo Presidente e pelo Escrivão. Deverá ser lida em sessão pública, depois de notificados, devidamente, os agentes.

Art. 59. A decisão da corte só será obrigatória para as partes litigantes e a respeito do caso em questão.

Art. 60. A sentença é definitiva e inapelável. Em caso de controvérsia quanto ao sentido e ao alcance da sentença, caberá à corte interpretá-la a pedido de qualquer das partes.

Art. 61.

I. O pedido de revisão de uma sentença só poderá ser feito em razão do descobrimento de algum fato suscetível de exercer influência decisiva, o qual, na ocasião de ser proferida a sentença, era desconhecido da corte e também da parte que solicita a revisão, contanto que tal desconhecimento não tenha sido devido à negligência.

II. O processo de revisão será aberto por uma sentença da corte, na qual se consignará expressamente a existência do fato novo, com o reconhecimento do caráter que determina a abertura da revisão e a declaração de que é cabível a solicitação nesse sentido.

III. A corte poderá subordinar a abertura do processo de revisão à prévia execução da sentença.

IV. O pedido de revisão deverá ser feito no prazo máximo de seis meses a partir do descobrimento do fato novo.

V. Nenhum pedido de revisão poderá ser feito depois de transcorridos 10 anos da data da sentença.

Art. 62.

I. Quando um Estado entender que a decisão de uma causa é suscetível de comprometer um interesse seu de ordem jurídica, esse Estado poderá solicitar à corte permissão para intervir em tal causa.

II. A corte decidirá sobre esse pedido.

Art. 63.

I. Quando se tratar da interpretação de uma convenção, da qual forem partes outros Estados, além dos litigantes, o Escrivão notificará imediatamente todos os Estados interessados.

II. Cada Estado assim notificado terá o direito de intervir no processo; mas, se usar deste direito, a interpretação dada pela sentença será igualmente obrigatória para ele.

Art. 64. A menos que seja decidido em contrário pela corte, cada parte pagará suas próprias custas no processo.

CAPÍTULO IV
Pareceres Consultivos

Art. 65.

I. A corte poderá dar parecer consultivo sobre qualquer questão jurídica a pedido do órgão que, de acordo com a Carta das Nações Unidas ou por ela autorizado, estiver em condições de fazer tal pedido.

II. As questões sobre as quais for pedido o parecer consultivo da corte serão submetidas a ela por meio de petição escrita que deverá conter uma exposição do assunto sobre o qual é solicitado o parecer e será acompanhada de todos os documentos que possam elucidar a questão.

Art. 66.

I. O Escrivão notificará imediatamente todos os Estados com direito a comparecer perante a corte, do pedido de parecer consultivo.

II. Além disto, a todo Estado admitido a comparecer perante a corte e a qualquer organização internacional, que, a juízo da corte ou de seu Presidente, se a corte não estiver reunida, forem suscetíveis de fornecer informações sobre a questão o Escrivão fará saber, por comunicação especial e direta, que a corte estará disposta a receber exposições escritas, dentro num prazo a ser fixado pelo Presidente, ou ouvir exposições orais durante uma audiência pública realizada para tal fim.

III. Se qualquer Estado com direito a comparecer perante a corte deixar de receber a comunicação especial a que se refere o parágrafo 2 deste artigo, tal Estado poderá manifestar o desejo de submeter a ela uma exposição escrita ou oral. A corte decidirá.

IV. Os Estados e organizações que tenham apresentado exposição escrita ou oral, ou ambas, terão a faculdade de discutir as exposições feitas por outros Estados ou organizações, na forma, extensão ou limite de tempo que a corte, ou, se ela não estiver reunida, o seu Presidente determinar, em cada caso particular. Para esse efeito, o Escrivão devera, no devido tempo, comunicar qualquer dessas exposições escritas aos Estados e organizações que submeterem exposições semelhantes.

Art. 67. A corte dará seus pareceres consultivos em sessão pública, depois de terem sido notificados o Secretário-Geral, os representantes dos Membros das Nações Unidas, bem como de outros Estados e das organizações internacionais diretamente interessadas.

Art. 68. No exercício de suas funções consultivas, a corte deverá guiar-se, além disso, pelas disposições do presente Estatuto, que se aplicam em casos contenciosos, na medida em que, na sua opinião, tais disposições forem aplicáveis.

CAPÍTULO V
Emendas

Art. 69. As emendas ao presente Estatuto serão efetuadas pelo mesmo processo estabelecido pela Carta das Nações Unidas para emendas à Carta, ressalvadas, entretanto, quaisquer disposições que a Assembleia Geral, por determinação do Conselho de Segurança, possa adotar a respeito da participação de Estados que, tendo aceito o presente Estatuto, não são Membros das Nações Unidas.

Art. 70. A corte terá a faculdade de propor por escrito ao Secretário-Geral quaisquer emendas ao presente Estatuto, que julgar necessárias, a fim de que as mesmas sejam consideradas de conformidade com as disposições do art. 69.

E, havendo o governo do Brasil aprovado a mesma Carta nos termos acima transcritos, pela presente a dou por firme e valiosa para produzir os seus devidos efeitos, prometendo que será cumprida inviolavelmente.

Em firmeza do que, mandei passar esta Carta que assino e é selada sem o selo das armas da República e subscrita pelo Ministro de Estado das Relações Exteriores.

Dada no Palácio da Presidência, no Rio de Janeiro, aos doze dias do mês de setembro, de mil novecentos e quarenta e cinco, 124º da Independência e 57º da República.

Getúlio Vargas
Pedro Leão Velloso

Carta da Organização dos Estados Americanos (OEA) – 1948

Decreto no 30.544, de 14 de fevereiro de 1952

Promulga a Carta da Organização dos Estados Americanos, firmada em Bogotá, a 30 de abril de 1948.

O presidente da república dos estados unidos do Brasil:

Havendo o Congresso Nacional aprovado, pelo Decreto Legislativo no 64, de 7 de dezembro de 1949, a Carta da Organização dos Estados Americanos, firmada em Bogotá, a 30 de abril de 1948, por ocasião da IX Conferência Internacional Americana, e havendo sido depositado na União Pan-Americana, em Washington, a 13 de março de 1950, o Instrumento brasileiro de ratificação da mencionada Carta, a qual entrou em vigor a 13 de dezembro de 1951:

Decreta que a Carta da Organização dos Estados Americanos, apensa por cópia ao presente Decreto, seja executada e cumprida tão inteiramente como nela se contém.

Rio de Janeiro, em 14 de fevereiro de 1952; 131º Independência e 64º da República.

Getúlio Vargas
João Neves da Fontoura

CARTA DA ORGANIZAÇÃO DOS ESTADOS AMERICANOS

Em Nome dos Seus Povos, os Estados Representados na Nona Conferência Internacional Americana, Convencidos de que a missão histórica da América é oferecer ao Homem uma terra de liberdade e um ambiente favorável ao desenvolvimento de sua personalidade e à realização de suas justas aspirações;

Conscientes de que esta missão já inspirou numerosos convênios e acordos cuja virtude essencial se origina do seu desejo de conviver em paz e de promover, mediante sua mútua compreensão e seu respeito pela soberania de cada um, o melhoramento de todos na independência, na igualdade e no direito;

Seguros de que a democracia representativa é condição indispensável para a estabilidade, a paz e o desenvolvimento da região;

Certos de que o verdadeiro sentido da solidariedade americana e da boa vizinhança não pode ser outro senão o de consolidar neste Continente, dentro do quadro das instituições democráticas, um regime de liberdade individual e de justiça social, fundado no respeito dos direitos essenciais do Homem;

Persuadidos de que o bem-estar de todos eles, assim como sua contribuição ao progresso e à civilização do mundo exigirá, cada vez mais, uma intensa cooperação continental;

Resolvidos a perseverar na nobre empresa que a Humanidade confiou às Nações Unidas, cujos princípios e propósitos reafirmam solenemente;

Convencidos de que a organização jurídica é uma condição necessária à segurança e à paz, baseadas na ordem moral e na justiça; e

De acordo com a Resolução IX da Conferência sobre Problemas da Guerra e da Paz, reunida na cidade do México,

Resolveram

Assinar a seguinte

CARTA DA ORGANIZAÇÃO DOS ESTADOS AMERICANOS

PRIMEIRA PARTE

CAPÍTULO I

Natureza e Propósitos

Art. 1. Os Estados americanos consagram nesta Carta a organização internacional que vêm desenvolvendo para conseguir uma ordem de paz e de justiça, para promover sua solidariedade, intensificar sua colaboração e defender sua soberania, sua integridade territorial e sua independência. Dentro das Nações Unidas, a Organização dos Estados Americanos constitui um organismo regional.

A Organização dos Estados Americanos não tem mais faculdades que aquelas expressamente conferidas por esta Carta, nenhuma de cujas disposições a autoriza a intervir em assuntos da jurisdição interna dos Estados membros.

Art. 2. Para realizar os princípios em que se baseia e para cumprir com suas obrigações regionais, de acordo com a Carta das Nações Unidas, a Organização dos Estados Americanos estabelece como propósitos essenciais os seguintes:
a) Garantir a paz e a segurança continentais;
b) Promover e consolidar a democracia representativa, respeitado o princípio da não intervenção;
c) Prevenir as possíveis causas de dificuldades e assegurar a solução pacífica das controvérsias que surjam entre seus membros;
d) Organizar a ação solidária destes em caso de agressão;
e) Procurar a solução dos problemas políticos, jurídicos e econômicos que surgirem entre os Estados membros;
f) Promover, por meio da ação cooperativa, seu desenvolvimento econômico, social e cultural;
g) Erradicar a pobreza crítica, que constitui um obstáculo ao pleno desenvolvimento democrático dos povos do Hemisfério; e
h) Alcançar uma efetiva limitação de armamentos convencionais que permita dedicar a maior soma de recursos ao desenvolvimento econômico-social dos Estados membros.

CAPÍTULO II

Princípios

Art. 3. Os Estados americanos reafirmam os seguintes princípios:
a) O direito internacional é a norma de conduta dos Estados em suas relações recíprocas;
b) A ordem internacional é constituída essencialmente pelo respeito à personalidade, soberania e independência dos Estados e pelo cumprimento fiel das obrigações emanadas dos tratados e de outras fontes do direito internacional;
c) A boa-fé deve reger as relações dos Estados entre si;
d) A solidariedade dos Estados americanos e os altos fins a que ela visa requerem a organização política dos mesmos, com base no exercício efetivo da democracia representativa;
e) Todo Estado tem o direito de escolher, sem ingerências externas, seu sistema político, econômico e social, bem como de organizar-se da maneira que mais lhe convenha, e tem o dever de não intervir nos assuntos de outro Estado. Sujeitos ao acima disposto, os Estados americanos cooperarão amplamente

entre si, independentemente da natureza de seus sistemas políticos, econômicos e sociais;
f) A eliminação da pobreza crítica é parte essencial da promoção e consolidação da democracia representativa e constitui responsabilidade comum e compartilhada dos Estados americanos;
g) Os Estados americanos condenam a guerra de agressão: a vitória não dá direitos;
h) A agressão a um Estado americano constitui uma agressão a todos os demais Estados americanos;
i) As controvérsias de caráter internacional, que surgirem entre dois ou mais Estados americanos, deverão ser resolvidas por meio de processos pacíficos;
j) A justiça e a segurança sociais são bases de uma paz duradoura;
k) A cooperação econômica é essencial para o bem-estar e para a prosperidade comuns dos povos do Continente;
l) Os Estados americanos proclamam os direitos fundamentais da pessoa humana, sem fazer distinção de raça, nacionalidade, credo ou sexo;
m) A unidade espiritual do Continente baseia-se no respeito à personalidade cultural dos países americanos e exige a sua estreita colaboração para as altas finalidades da cultura humana;
n) A educação dos povos deve orientar-se para a justiça, a liberdade e a paz.

CAPÍTULO III

Membros

Art. 4. São membros da Organização todos os Estados americanos que ratificarem a presente Carta.

Art. 5. Na Organização será admitida toda nova entidade política que nasça da união de seus Estados membros e que, como tal, ratifique esta Carta. O ingresso da nova entidade política na Organização redundará para cada um dos Estados que a constituam em perda da qualidade de membro da Organização.

Art. 6. Qualquer outro Estado americano independente que queira ser membro da Organização deverá manifestá-lo mediante nota dirigida ao Secretário-Geral, na qual seja consignado que está disposto a assinar e ratificar a Carta da Organização, bem como a aceitar todas as obrigações inerentes à condição de membro, em especial as referentes à segurança coletiva, mencionadas expressamente nos artigos 28 e 29.

Art. 7. A Assembleia Geral, após recomendação do Conselho Permanente da Organização, determinará se é procedente autorizar o Secretário-Geral a permitir que o Estado solicitante assine a Carta e a aceitar o depósito do respectivo instrumento de ratificação. Tanto a recomendação do Conselho Permanente como a decisão da Assembleia Geral requererão o voto afirmativo de dois terços dos Estados membros.

Art. 8. A condição de membro da Organização estará restringida aos Estados independentes do Continente que, em 10 de dezembro de 1985, forem membros das Nações Unidas e aos territórios não autônomos mencionados no documento oea/Ser.P, AG/doc.1939/85, de 5 de novembro de 1985, quando alcançarem a sua independência.

Art. 9. Um membro da Organização, cujo governo democraticamente constituído seja deposto pela força, poderá ser suspenso do exercício do direito de participação nas sessões da Assembleia Geral, da Reunião de Consulta, dos Conselhos da Organização e das Conferências Especializadas, bem como das comissões, grupos de trabalho e demais órgãos que tenham sido criados.
a) A faculdade de suspensão somente será exercida quando tenham sido infrutíferas as gestões diplomáticas que a Organização houver empreendido a fim de propiciar o restabelecimento da democracia representativa no Estado membro afetado;
b) A decisão sobre a suspensão deverá ser adotada em um período extraordinário de sessões da Assembleia Geral, pelo voto afirmativo de dois terços dos Estados membros;
c) A suspensão entrará em vigor imediatamente após sua aprovação pela Assembleia Geral;
d) Não obstante a medida de suspensão, a Organização procurará empreender novas gestões diplomáticas destinadas a coadjuvar o restabelecimento da democracia representativa no Estado membro afetado;
e) O membro que tiver sido objeto de suspensão deverá continuar observando o cumprimento de suas obrigações com a Organização;
f) A Assembleia Geral poderá levantar a suspensão mediante decisão adotada com a aprovação de dois terços dos Estados membros; e
g) As atribuições a que se refere este artigo se exercerão de conformidade com a presente Carta.

CAPÍTULO IV

Direitos e Deveres Fundamentais dos Estados

Art. 10. Os Estados são juridicamente iguais, desfrutam de iguais direitos e de igual capacidade para exercê-los, e têm deveres iguais. Os direitos de cada um não dependem do poder de que dispõem para assegurar o seu exercício, mas sim do simples fato da sua existência como personalidade jurídica internacional.

Art. 11. Todo Estado americano tem o dever de respeitar os direitos dos demais Estados de acordo com o direito internacional.

Art. 12. Os direitos fundamentais dos Estados não podem ser restringidos de maneira alguma.

Art. 13. A existência política do Estado é independente do seu reconhecimento pelos outros Estados. Mesmo antes de ser reconhecido, o Estado tem o direito de defender a sua integridade e independência, de promover a sua conservação e prosperidade, e, por conseguinte, de se organizar como melhor entender, de legislar sobre os seus interesses, de administrar os seus serviços e de determinar a jurisdição e a competência dos seus tribunais. O exercício desses direitos não tem outros limites senão o do exercício dos direitos de outros Estados, conforme o direito internacional.

Art. 14. O reconhecimento significa que o Estado que o outorga aceita a personalidade do novo Estado com todos os direitos e deveres que, para um e outro, determina o direito internacional.

Art. 15. O direito que tem o Estado de proteger e desenvolver a sua existência não o autoriza a praticar atos injustos contra outro Estado.

Art. 16. A jurisdição dos Estados nos limites do território nacional exerce-se igualmente sobre todos os habitantes, quer sejam nacionais ou estrangeiros.

Art. 17. Cada Estado tem o direito de desenvolver, livre e espontaneamente, a sua vida cultural, política e econômica. No seu livre desenvolvimento, o Estado respeitará os direitos da pessoa humana e os princípios da moral universal.

Art. 18. O respeito e a observância fiel dos tratados constituem norma para o desenvolvimento das relações pacíficas entre os Estados. Os tratados e acordos internacionais devem ser públicos.

Art. 19. Nenhum Estado ou grupo de Estados tem o direito de intervir, direta ou indiretamente, seja qual for o motivo, nos assuntos internos ou externos de qualquer outro. Este princípio exclui não somente a força armada, mas também qualquer outra forma de interferência ou de tendência atentatória à personalidade do Estado e dos elementos políticos, econômicos e culturais que o constituem.

Art. 20. Nenhum Estado poderá aplicar ou estimular medidas coercivas de caráter econômico e político, para forçar a vontade soberana de outro Estado e obter deste vantagens de qualquer natureza.

Art. 21. O território de um Estado é inviolável; não pode ser objeto de ocupação militar, nem de outras medidas de força tomadas por outro Estado, direta ou indiretamente, qualquer que seja o motivo, embora de maneira temporária. Não se reconhecerão as aquisições territoriais ou as vantagens especiais obtidas pela força ou por qualquer outro meio de coação.

Art. 22. Os Estados americanos se comprometem, em suas relações internacionais, a não recorrer ao uso da força, salvo em caso de legítima defesa, em conformidade com os tratados vigentes, ou em cumprimento dos mesmos tratados.

Art. 23. As medidas adotadas para a manutenção da paz e da segurança, de acordo com os tratados vigentes, não constituem violação aos princípios enunciados nos artigos 19 e 21.

CAPÍTULO V

Solução Pacífica de Controvérsias

Art. 24. As controvérsias internacionais entre os Estados membros devem ser submetidas aos processos de solução pacífica indicados nesta Carta.
Esta disposição não será interpretada no sentido de prejudicar os direitos e obrigações dos Estados membros, de acordo com os artigos 34 e 35 da Carta das Nações Unidas.

Art. 25. São processos pacíficos: a negociação direta, os bons ofícios, a mediação, a investigação e conciliação, o processo judicial, a arbitragem e os que sejam especialmente combinados, em qualquer momento, pelas partes.

Art. 26. Quando entre dois ou mais Estados americanos surgir uma controvérsia que, na opinião de um deles, não possa ser resolvida pelos meios diplomáticos comuns, as partes deverão convir em qualquer outro processo pacífico que lhes permita chegar a uma solução.

Art. 27. Um tratado especial estabelecerá os meios adequados para solução das controvérsias e determinará os processos pertinentes a cada um dos meios pacíficos, de forma a não permitir que controvérsia alguma entre os Estados americanos possa ficar sem solução definitiva, dentro de um prazo razoável.

CAPÍTULO VI
Segurança Coletiva

Art. 28. Toda agressão de um Estado contra a integridade ou a inviolabilidade do território, ou contra a soberania, ou a independência política de um Estado americano, será considerada como um ato de agressão contra todos os demais Estados americanos.

Art. 29. Se a inviolabilidade, ou a integridade do território, ou a soberania, ou a independência política de qualquer Estado americano forem atingidas por um ataque armado, ou por uma agressão que não seja ataque armado, ou por um conflito extracontinental, ou por um conflito entre dois ou mais Estados americanos, ou por qualquer outro fato ou situação que possa pôr em perigo a paz da América, os Estados americanos, em obediência aos princípios de solidariedade continental, ou de legítima defesa coletiva, aplicarão as medidas e processos estabelecidos nos tratados especiais existentes sobre a matéria.

CAPÍTULO VII
Desenvolvimento Integral

Art. 30. Os Estados membros, inspirados nos princípios de solidariedade e cooperação interamericanas, comprometem-se a unir seus esforços no sentido de que impere a justiça social internacional em suas relações e de que seus povos alcancem um desenvolvimento integral, condições indispensáveis para a paz e a segurança. O desenvolvimento integral abrange os campos econômico, social, educacional, cultural, científico e tecnológico, nos quais devem ser atingidas as metas que cada país definir para alcançá-lo.

Art. 31. A cooperação interamericana para o desenvolvimento integral é responsabilidade comum e solidária dos Estados membros, no contexto dos princípios democráticos e das instituições do Sistema Interamericano. Ela deve compreender os campos econômico, social, educacional, cultural, científico e tecnológico, apoiar a consecução dos objetivos nacionais dos Estados membros e respeitar as prioridades que cada país fixar em seus planos de desenvolvimento, sem vinculações nem condições de caráter político.

Art. 32. A cooperação interamericana para o desenvolvimento integral deve ser contínua e encaminhar-se, de preferência, por meio de organismos multilaterais, sem prejuízo da cooperação bilateral acordada entre os Estados membros.

Os Estados membros contribuirão para a cooperação interamericana para o desenvolvimento integral, de acordo com seus recursos e possibilidades e em conformidade com suas leis.

Art. 33. O desenvolvimento é responsabilidade primordial de cada país e deve constituir um processo integral e continuado para a criação de uma ordem econômica e social justa que permita a plena realização da pessoa humana e para isso contribua.

Art. 34. Os Estados membros convêm em que a igualdade de oportunidades, a eliminação da pobreza crítica e a distribuição equitativa da riqueza e da renda, bem como a plena participação de seus povos nas decisões relativas a seu próprio desenvolvimento, são, entre outros, objetivos básicos do desenvolvimento integral. Para alcançá-los convêm, da mesma forma, em dedicar seus maiores esforços à consecução das seguintes metas básicas:

a) Aumento substancial e autossustentado do produto nacional per capita;
b) Distribuição equitativa da renda nacional;
c) Sistemas tributários adequados e equitativos;
d) Modernização da vida rural e reformas que conduzam a regimes equitativos e eficazes de posse da terra, maior produtividade agrícola, expansão do uso da terra, diversificação da produção e melhores sistemas para a industrialização e comercialização de produtos agrícolas, e fortalecimento e ampliação dos meios para alcançar esses fins;
e) Industrialização acelerada e diversificada, especialmente de bens de capital e intermediários;
f) Estabilidade do nível dos preços internos, em harmonia com o desenvolvimento econômico sustentado e com a consecução da justiça social;
g) Salários justos, oportunidades de emprego e condições de trabalho aceitáveis para todos;
h) Rápida erradicação do analfabetismo e ampliação, para todos, das oportunidades no campo da educação;
i) Defesa do potencial humano mediante extensão e aplicação dos modernos conhecimentos da ciência médica;

j) Alimentação adequada, especialmente por meio da aceleração dos esforços nacionais no sentido de aumentar a produção e disponibilidade de alimentos;
k) Habitação adequada para todos os setores da população;
l) Condições urbanas que proporcionem oportunidades de vida sadia, produtiva e digna;
m) Promoção da iniciativa e dos investimentos privados em harmonia com a ação do setor público; e
n) Expansão e diversificação das exportações.

Art. 35. Os Estados membros devem abster-se de exercer políticas e praticar ações ou tomar medidas que tenham sérios efeitos adversos sobre o desenvolvimento de outros Estados membros.

Art. 36. As empresas transnacionais e o investimento privado estrangeiro estão sujeitos à legislação e à jurisdição dos tribunais nacionais competentes dos países receptores, bem como aos tratados e convênios internacionais dos quais estes sejam parte, e devem ajustar-se à política de desenvolvimento dos países receptores.

Art. 37. Os Estados membros convêm em buscar, coletivamente, solução para os problemas urgentes ou graves que possam apresentar-se quando o desenvolvimento ou estabilidade econômicos de qualquer Estado membro se virem seriamente afetados por situações que não puderem ser solucionadas pelo esforço desse Estado.

Art. 38. Os Estados membros difundirão entre si os benefícios da ciência e da tecnologia, promovendo, de acordo com os tratados vigentes e as leis nacionais, o intercâmbio e o aproveitamento dos conhecimentos científicos e técnicos.

Art. 39. Os Estados membros, reconhecendo a estrita interdependência que há entre o comércio exterior e o desenvolvimento econômico e social, devem envidar esforços, individuais e coletivos, a fim de conseguir:
a) Condições favoráveis de acesso aos mercados mundiais para os produtos dos países em desenvolvimento da região, especialmente por meio da redução ou abolição, por parte dos países importadores, das barreiras alfandegárias e não alfandegárias que afetam as exportações dos Estados membros da Organização, salvo quando tais barreiras se aplicarem a fim de diversificar a estrutura econômica, acelerar o desenvolvimento dos Estados membros menos desenvolvidos e intensificar seu processo de integração econômica, ou quando se relacionarem com a segurança nacional ou com as necessidades do equilíbrio econômico;
b) Continuidade do seu desenvolvimento econômico e social, mediante:
i) Melhores condições para o comércio de produtos básicos por meio de convênios internacionais, quando forem adequados; de processos ordenados de comercialização que evitem a perturbação dos mercados; e de outras medidas destinadas a promover a expansão de mercados e a obter receitas seguras para os produtores, fornecimentos adequados e seguros para os consumidores, e preços estáveis que sejam ao mesmo tempo recompensadores para os produtores e equitativos para os consumidores;
ii) Melhor cooperação internacional no setor financeiro e adoção de outros meios para atenuar os efeitos adversos das acentuadas flutuações das receitas de exportação que experimentem os países exportadores de produtos básicos;
iii) Diversificação das exportações e ampliação das oportunidades de exportação dos produtos manufaturados e semimanufaturados de países em desenvolvimento; e
iv) Condições favoráveis ao aumento das receitas reais provenientes das exportações dos Estados membros, especialmente dos países em desenvolvimento da região, e ao aumento de sua participação no comércio internacional.

Art. 40. Os Estados membros reafirmam o princípio de que os países de maior desenvolvimento econômico, que em acordos internacionais de comércio façam concessões em benefício dos países de menor desenvolvimento econômico no tocante à redução e abolição de tarifas ou outras barreiras ao comércio exterior, não devem solicitar a estes países concessões recíprocas que sejam incompatíveis com seu desenvolvimento econômico e com suas necessidades financeiras e comerciais.

Art. 41. Os Estados membros, com o objetivo de acelerar o desenvolvimento econômico, a integração regional, a expansão e a melhoria das condições do seu comércio, promoverão a modernização e a coordenação dos transportes e comunicações nos países em desenvolvimento e entre os Estados membros.

Art. 42. Os Estados membros reconhecem que a integração dos países em desenvolvimento do Continente constitui um dos objetivos do Sistema

Interamericano e, portanto, orientarão seus esforços e tomarão as medidas necessárias no sentido de acelerar o processo de integração com vistas à consecução, no mais breve prazo, de um mercado comum latino-americano.

Art. 43. Com o objetivo de fortalecer e acelerar a integração em todos os seus aspectos, os Estados membros comprometem-se a dar adequada prioridade à elaboração e execução de projetos multinacionais e a seu financiamento, bem como a estimular as instituições econômicas e financeiras do Sistema Interamericano a que continuem dando seu mais amplo apoio às instituições e aos programas de integração regional.

Art. 44. Os Estados membros convêm em que a cooperação técnica e financeira, tendente a estimular os processos de integração econômica regional, deve basear-se no princípio do desenvolvimento harmônico, equilibrado e eficiente, dispensando especial atenção aos países de menor desenvolvimento relativo, de modo que constitua um fator decisivo que os habilite a promover, com seus próprios esforços, o melhor desenvolvimento de seus programas de infraestrutura, novas linhas de produção e a diversificação de suas exportações.

Art. 45. Os Estados membros, convencidos de que o Homem somente pode alcançar a plena realização de suas aspirações dentro de uma ordem social justa, acompanhada de desenvolvimento econômico e de verdadeira paz, convêm em envidar os seus maiores esforços na aplicação dos seguintes princípios e mecanismos:

a) Todos os seres humanos, sem distinção de raça, sexo, nacionalidade, credo ou condição social, têm direito ao bem-estar material e a seu desenvolvimento espiritual em condições de liberdade, dignidade, igualdade de oportunidades e segurança econômica;

b) O trabalho é um direito e um dever social; confere dignidade a quem o realiza e deve ser exercido em condições que, compreendendo um regime de salários justos, assegurem a vida, a saúde e um nível econômico digno ao trabalhador e sua família, tanto durante os anos de atividade como na velhice, ou quando qualquer circunstância o prive da possibilidade de trabalhar;

c) Os empregadores e os trabalhadores, tanto rurais como urbanos, têm o direito de se associarem livremente para a defesa e promoção de seus interesses, inclusive o direito de negociação coletiva e o de greve por parte dos trabalhadores, o reconhecimento da personalidade jurídica das associações e a proteção de sua liberdade e independência, tudo de acordo com a respectiva legislação;

d) Sistemas e processos justos e eficientes de consulta e colaboração entre os setores da produção, levada em conta a proteção dos interesses de toda a sociedade;

e) O funcionamento dos sistemas de administração pública, bancário e de crédito, de empresa, e de distribuição e vendas, de forma que, em harmonia com o setor privado, atendam às necessidades e interesses da comunidade;

f) A incorporação e crescente participação dos setores marginais da população, tanto das zonas rurais como dos centros urbanos, na vida econômica, social, cívica, cultural e política da nação, a fim de conseguir a plena integração da comunidade nacional, o aceleramento do processo de mobilidade social e a consolidação do regime democrático. O estímulo a todo esforço de promoção e cooperação populares que tenha por fim o desenvolvimento e o progresso da comunidade;

g) O reconhecimento da importância da contribuição das organizações tais como os sindicatos, as cooperativas e as associações culturais, profissionais, de negócios, vicinais e comunais para a vida da sociedade e para o processo de desenvolvimento;

h) Desenvolvimento de uma política eficiente de previdência social; e

i) Disposições adequadas a fim de que todas as pessoas tenham a devida assistência legal para fazer valer seus direitos.

Art. 46. Os Estados membros reconhecem que, para facilitar o processo de integração regional latino-americana, é necessário harmonizar a legislação social dos países em desenvolvimento, especialmente no setor trabalhista e no da previdência social, a fim de que os direitos dos trabalhadores sejam igualmente protegidos, e convêm em envidar os maiores esforços com o objetivo de alcançar essa finalidade.

Art. 47. Os Estados membros darão primordial importância, dentro dos seus planos de desenvolvimento, ao estímulo da educação, da ciência, da tecnologia e da cultura, orientadas no sentido do melhoramento integral da pessoa humana e como fundamento da democracia, da justiça social e do progresso.

Art. 48. Os Estados membros cooperarão entre si, a fim de atender às suas necessidades no tocante à educação, promover a pesquisa científica e impulsionar o progresso tecnológico para seu desenvolvimento integral. Considerar-se-ão individual e solidariamente comprometidos a preservar e enriquecer o patrimônio cultural dos povos americanos.

Art. 49. Os Estados membros empreenderão os maiores esforços para assegurar, de acordo com suas normas constitucionais, o exercício efetivo do direito à educação, observados os seguintes princípios:
a) O ensino primário, obrigatório para a população em idade escolar, será estendido também a todas as outras pessoas a quem possa aproveitar. Quando ministrado pelo Estado, será gratuito;
b) O ensino médio deverá ser estendido progressivamente, com critério de promoção social, à maior parte possível da população. Será diversificado de maneira que, sem prejuízo da formação geral dos educandos, atenda às necessidades do desenvolvimento de cada país; e
c) A educação de grau superior será acessível a todos, desde que, a fim de manter seu alto nível, se cumpram as normas regulamentares ou acadêmicas respectivas.

Art. 50. Os Estados membros dispensarão especial atenção à erradicação do analfabetismo, fortalecerão os sistemas de educação de adultos e de habilitação para o trabalho, assegurarão a toda a população o gozo dos bens da cultura e promoverão o emprego de todos os meios de divulgação para o cumprimento de tais propósitos.

Art. 51. Os Estados membros promoverão a ciência e a tecnologia por meio de atividades de ensino, pesquisa e desenvolvimento tecnológico e de programas de difusão e divulgação, estimularão as atividades no campo da tecnologia, com o propósito de adequá-la às necessidades do seu desenvolvimento integral; concertarão de maneira eficaz sua cooperação nessas matérias; e ampliarão substancialmente o intercâmbio de conhecimentos, de acordo com os objetivos e leis nacionais e os tratados vigentes.

Art. 52. Os Estados membros, dentro do respeito devido à personalidade de cada um deles, convêm em promover o intercâmbio cultural como meio eficaz para consolidar a compreensão interamericana e reconhecem que os programas de integração regional devem ser fortalecidos mediante estreita vinculação nos setores da educação, da ciência e da cultura.

SEGUNDA PARTE

CAPÍTULO VIII
Dos Órgãos

Art. 53. A Organização dos Estados Americanos realiza os seus fins por intermédio:
a) Da Assembleia Geral;
b) Da Reunião de Consulta dos Ministros das Relações Exteriores;
c) Dos Conselhos;
d) Da Comissão Jurídica Interamericana;
e) Da Comissão Interamericana de Direitos Humanos;
f) Da Secretaria-geral;
g) Das Conferências Especializadas; e
h) Dos Organismos Especializados.
Poderão ser criados, além dos previstos na Carta e de acordo com suas disposições, os órgãos subsidiários, organismos e outras entidades que forem julgados necessários.

CAPÍTULO IX
A Assembleia Geral

Art. 54. A Assembleia Geral é o órgão supremo da Organização dos Estados Americanos. Tem por principais atribuições, além das outras que lhe confere a Carta, as seguintes:
a) Decidir a ação e a política gerais da Organização, determinar a estrutura e funções de seus órgãos e considerar qualquer assunto relativo à convivência dos Estados americanos;
b) Estabelecer normas para a coordenação das atividades dos órgãos, organismos e entidades da Organização entre si e de tais atividades com as das outras instituições do Sistema Interamericano;
c) Fortalecer e harmonizar a cooperação com as Nações Unidas e seus organismos especializados;
d) Promover a colaboração, especialmente nos setores econômico, social e cultural, com outras organizações internacionais cujos objetivos sejam análogos aos da Organização dos Estados Americanos;
e) Aprovar o orçamento-programa da Organização e fixar as quotas dos Estados membros;

f) Considerar os relatórios da Reunião de Consulta dos Ministros das Relações Exteriores e as observações e recomendações que, a respeito dos relatórios que deverem ser apresentados pelos demais órgãos e entidades, lhe sejam submetidas pelo Conselho Permanente, conforme o disposto na alínea "f", do artigo 91, bem como os relatórios de qualquer órgão que a própria Assembleia Geral requeira;
g) Adotar as normas gerais que devem reger o funcionamento da Secretaria-geral; e
h) Aprovar seu regulamento e, pelo voto de dois terços, sua agenda.
A Assembleia Geral exercerá suas atribuições de acordo com o disposto na Carta e em outros tratados interamericanos.

Art. 55. A Assembleia Geral estabelece as bases para a fixação da quota com que deve cada um dos governos contribuir para a manutenção da Organização, levando em conta a capacidade de pagamento dos respectivos países e a determinação dos mesmos de contribuir de forma equitativa. Para que possam ser tomadas decisões sobre assuntos orçamentários, é necessária a aprovação de dois terços dos Estados membros.

Art. 56. Todos os Estados membros têm direito a fazer-se representar na Assembleia Geral. Cada Estado tem direito a um voto.

Art. 57. A Assembleia Geral reunir-se-á anualmente na época que determinar o regulamento e em sede escolhida consoante o princípio do rodízio. Em cada período ordinário de sessões serão determinadas, de acordo com o regulamento, a data e a sede do período ordinário seguinte.
Se, por qualquer motivo, a Assembleia Geral não se puder reunir na sede escolhida, reunir-se-á na Secretaria-Geral, sem prejuízo de que, se algum dos Estados membros oferecer oportunamente sede em seu território, possa o Conselho Permanente da Organização acordar que a Assembleia Geral se reúna nessa sede.

Art. 58. Em circunstâncias especiais e com a aprovação de dois terços dos Estados membros, o Conselho Permanente convocará um período extraordinário de sessões da Assembleia Geral.

Art. 59. As decisões da Assembleia Geral serão adotadas pelo voto da maioria absoluta dos Estados membros, salvo nos casos em que é exigido o voto de dois terços, de acordo com o disposto na Carta, ou naqueles que determinar a Assembleia Geral, pelos processos regulamentares.

Art. 60. Haverá uma Comissão Preparatória da Assembleia Geral, composta de representantes de todos os Estados membros, a qual desempenhará as seguintes funções:
a) Elaborar o projeto de agenda de cada período de sessões da Assembleia Geral;
b) Examinar o projeto de orçamento-programa e o de resolução sobre quotas e apresentar à Assembleia Geral um relatório sobre os mesmos, com as recomendações que julgar pertinentes;
c) As outras que lhe forem atribuídas pela Assembleia Geral; e
d) O projeto de agenda e o relatório serão oportunamente encaminhados aos governos dos Estados membros.

CAPÍTULO X
A Reunião de Consulta dos Ministros das Relações Exteriores

Art. 61. A Reunião de Consulta dos Ministros das Relações Exteriores deverá ser convocada a fim de considerar problemas de natureza urgente e de interesse comum para os Estados americanos, e para servir de Órgão de Consulta.

Art. 62. Qualquer Estado membro pode solicitar a convocação de uma Reunião de Consulta. A solicitação deve ser dirigida ao Conselho Permanente da Organização, o qual decidirá, por maioria absoluta de votos, se é oportuna a reunião.

Art. 63. A agenda e o regulamento da Reunião de Consulta serão preparados pelo Conselho Permanente da Organização e submetidos à consideração dos Estados membros.

Art. 64. Se, em caso excepcional, o Ministro das Relações Exteriores de qualquer país não puder assistir à reunião, far-se-á representar por um delegado especial.

Art. 65. Em caso de ataque armado ao território de um Estado americano ou dentro da zona de segurança demarcada pelo tratado em vigor, o Presidente do Conselho Permanente reunirá o Conselho, sem demora, a fim de determinar a convocação da Reunião de Consulta, sem prejuízo do disposto no Tratado Interamericano de Assistência Recíproca no que diz respeito aos Estados Partes no referido instrumento.

Art. 66. Fica estabelecida uma Comissão Consultiva de Defesa para aconselhar o Órgão de Consulta a respeito dos problemas de colaboração militar, que possam surgir da aplicação dos tratados especiais existentes sobre matéria de segurança coletiva.

Art. 67. A Comissão Consultiva de Defesa será integrada pelas mais altas autoridades militares dos Estados americanos que participem da Reunião de Consulta. Excepcionalmente, os governos poderão designar substitutos. Cada Estado terá direito a um voto.

Art. 68. A Comissão Consultiva de Defesa será convocada nos mesmos termos que o Órgão de Consulta, quando este tenha que tratar de assuntos relacionados com a defesa contra agressão.

Art. 69. Quando a Assembleia Geral ou a Reunião de Consulta ou os governos lhe cometerem, por maioria de dois terços dos Estados membros, estudos técnicos ou relatórios sobre temas específicos, a Comissão também se reunirá para esse fim.

CAPÍTULO XI
Os Conselhos da Organização

Disposições comuns

Art. 70. O Conselho Permanente da Organização e o Conselho Interamericano de Desenvolvimento Integral dependem diretamente da Assembleia Geral e têm a competência conferida a cada um deles pela Carta e por outros instrumentos interamericanos, bem como as funções que lhes forem confiadas pela Assembleia Geral e pela Reunião de Consulta dos Ministros das Relações Exteriores.

Art. 71. Todos os Estados membros têm direito a fazer-se representar em cada um dos Conselhos. Cada Estado tem direito a um voto.

Art. 72. Dentro dos limites da Carta e dos demais instrumentos interamericanos, os Conselhos poderão fazer recomendações no âmbito de suas atribuições.

Art. 73. Os Conselhos, em assuntos de sua respectiva competência, poderão apresentar estudos e propostas à Assembleia Geral e submeter-lhe projetos de instrumentos internacionais e proposições com referência à realização de conferências especializadas e à criação, modificação ou extinção de organismos especializados e outras entidades interamericanas, bem como sobre a coordenação de suas atividades.

Os Conselhos poderão também apresentar estudos, propostas e projetos de instrumentos internacionais às Conferências Especializadas.

Art. 74. Cada Conselho, em casos urgentes, poderá convocar, em matéria de sua competência, Conferências Especializadas, mediante consulta prévia com os Estados membros e sem ter de recorrer ao processo previsto no artigo 122.

Art. 75. Os Conselhos, na medida de suas possibilidades e com a cooperação da Secretaria-Geral, prestarão aos governos os serviços especializados que estes solicitarem.

Art. 76. Cada Conselho tem faculdades para requerer do outro, bem como dos órgãos subsidiários e dos organismos a eles subordinados, a prestação, nas suas respectivas esferas de competência, de informações e assessoramento. Poderá, também, cada um deles, solicitar os mesmos serviços às demais entidades do Sistema Interamericano.

Art. 77. Com a prévia aprovação da Assembleia Geral, os Conselhos poderão criar os órgãos subsidiários e os organismos que julgarem convenientes para o melhor exercício de suas funções. Se a Assembleia Geral não estiver reunida, os referidos órgãos e organismos poderão ser estabelecidos provisoriamente pelo Conselho respectivo. Na composição dessas entidades os Conselhos observarão, na medida do possível, os princípios do rodízio e da representação geográfica equitativa.

Art. 78. Os Conselhos poderão realizar reuniões no território de qualquer Estado membro, quando o julgarem conveniente e com aquiescência prévia do respectivo governo.

Art. 79. Cada Conselho elaborará seu estatuto, submetê-lo-á à aprovação da Assembleia Geral e aprovará seu regulamento e os de seus órgãos subsidiários, organismos e comissões.

CAPÍTULO XII
O Conselho Permanente da Organização

Art. 80. O Conselho Permanente da Organização compõe-se de um representante de cada Estado membro, nomeado especialmente pelo respectivo governo, com a categoria de embaixador. Cada governo poderá acreditar um representante interino, bem como os suplentes e assessores que julgar conveniente.

Art. 81. A Presidência do Conselho Permanente será exercida sucessivamente pelos representantes, na ordem alfabética dos nomes em espanhol de seus respectivos países, e a Vice-Presidência, de modo idêntico, seguida a ordem alfabética inversa. O Presidente e o Vice-Presidente exercerão suas funções por um período não superior a seis meses, que será determinado pelo estatuto.

Art. 82. O Conselho Permanente tomará conhecimento, dentro dos limites da Carta e dos tratados e acordos interamericanos, de qualquer assunto de que o encarreguem a Assembleia Geral ou a Reunião de Consulta dos Ministros das Relações Exteriores.

Art. 83. O Conselho Permanente agirá provisoriamente como Órgão de Consulta, conforme o estabelecido no tratado especial sobre a matéria.

Art. 84. O Conselho Permanente velará pela manutenção das relações de amizade entre os Estados membros e, com tal objetivo, ajudá-los-á de maneira efetiva na solução pacífica de suas controvérsias, de acordo com as disposições que se seguem.

Art. 85. De acordo com as disposições da Carta, qualquer parte numa controvérsia, no tocante à qual não esteja em tramitação qualquer dos processos pacíficos previstos na Carta, poderá recorrer ao Conselho Permanente, para obter seus bons ofícios. O Conselho, de acordo com o disposto no artigo anterior, assistirá as partes e recomendará os processos que considerar adequados para a solução pacífica da controvérsia.

Art. 86. O Conselho Permanente, no exercício de suas funções, com a anuência das partes na controvérsia, poderá estabelecer comissões ad hoc.

As comissões ad hoc terão a composição e o mandato que em cada caso decidir o Conselho Permanente, com o consentimento das partes na controvérsia.

Art. 87. O Conselho Permanente poderá também, pelo meio que considerar conveniente, investigar os fatos relacionados com a controvérsia, inclusive no território de qualquer das partes, após consentimento do respectivo governo.

Art. 88. Se o processo de solução pacífica de controvérsias recomendado pelo Conselho Permanente, ou sugerido pela respectiva comissões ad hoc nos termos de seu mandato, não for aceito por uma das partes, ou qualquer destas declarar que o processo não resolveu a controvérsia, o Conselho Permanente informará a Assembleia Geral, sem prejuízo de que leve a cabo gestões para o entendimento entre as partes ou para o reatamento das relações entre elas.

Art. 89. O Conselho Permanente, no exercício de tais funções, tomará suas decisões pelo voto afirmativo de dois terços dos seus membros, excluídas as partes, salvo as decisões que o regulamento autorize a aprovar por maioria simples.

Art. 90. No desempenho das funções relativas à solução pacífica de controvérsias, o Conselho Permanente e a comissão ad hoc respectiva deverão observar as disposições da Carta e os princípios e normas do direito internacional, bem como levar em conta a existência dos tratados vigentes entre as partes.

Art. 91. Compete também ao Conselho Permanente:
a) Executar as decisões da Assembleia Geral ou da Reunião de Consulta dos Ministros das Relações Exteriores, cujo cumprimento não haja sido confiado a nenhuma outra entidade;
b) Velar pela observância das normas que regulam o funcionamento da Secretaria-Geral e, quando a Assembleia Geral não estiver reunida, adotar as disposições de natureza regulamentar que habilitem a Secretaria-Geral para o cumprimento de suas funções administrativas;
c) Atuar como Comissão Preparatória da Assembleia Geral nas condições estabelecidas pelo artigo 60 da Carta, a não ser que a Assembleia Geral decida de maneira diferente;
d) Preparar, a pedido dos Estados membros e com a cooperação dos órgãos pertinentes da Organização, projetos de acordo destinados a promover e facilitar a colaboração entre a Organização dos Estados Americanos e as Nações Unidas, ou entre a Organização e outros organismos americanos de reconhecida autoridade internacional. Esses projetos serão submetidos à aprovação da Assembleia Geral;
e) Formular recomendações à Assembleia Geral sobre o funcionamento da Organização e sobre a coordenação dos seus órgãos subsidiários, organismos e comissões;
f) Considerar os relatórios do Conselho Interamericano de Desenvolvimento Integral, da Comissão Jurídica Interamericana, da Comissão Interamericana de Direitos Humanos, da Secretaria-Geral, dos organismos e conferências especializados e dos demais órgãos e entidades, e apresentar à Assembleia Geral as observações e recomendações que julgue pertinentes; e

g) Exercer as demais funções que lhe atribui a Carta.

Art. 92. O Conselho Permanente e a Secretaria-Geral terão a mesma sede.

CAPÍTULO XIII
O Conselho Interamericano de Desenvolvimento Integral

Art. 93. O Conselho Interamericano de Desenvolvimento Integral compõe-se de um representante titular, no nível ministerial ou seu equivalente, de cada Estado membro, nomeado especificamente pelo respectivo governo.

Conforme previsto na Carta, o Conselho Interamericano de Desenvolvimento Integral poderá criar os órgãos subsidiários e os organismos que julgar suficiente para o melhor exercício de suas funções.

Art. 94. O Conselho Interamericano de Desenvolvimento Integral tem como finalidade promover a cooperação entre os Estados americanos, com o propósito de obter seu desenvolvimento integral e, em particular, de contribuir para a eliminação da pobreza crítica, segundo as normas da Carta, principalmente as consignadas no Capítulo vii no que se refere aos campos econômico, social, educacional, cultural, e científico e tecnológico.

Art. 95. Para realizar os diversos objetivos, particularmente na área específica da cooperação técnica, o Conselho Interamericano de Desenvolvimento Integral deverá:

a) Formular e recomendar à Assembleia Geral o plano estratégico que articule as políticas, os programas e as medidas de ação em matéria de cooperação para o desenvolvimento integral, no marco da política geral e das prioridades definidas pela Assembleia Geral;

b) Formular diretrizes para a elaboração do orçamento programa de cooperação técnica, bem como para as demais atividades do Conselho;

c) Promover, coordenar e encomendar a execução de programas e projetos de desenvolvimento aos órgãos subsidiários e organismos correspondentes, com base nas prioridade determinadas pelos Estados membros, em áreas tais como:

I. Desenvolvimento econômico e social, inclusive o comércio, o turismo, a integração e o meio ambiente;

II. Melhoramento e extensão da educação a todos os níveis, e a promoção da pesquisa científica e tecnológica, por meio da cooperação técnica, bem como do apoio às atividades da área cultural; e

III. Fortalecimento da consciência cívica dos povos americanos, como um dos fundamentos da prática efetiva da democracia e a do respeito aos direitos e deveres da pessoa humana.

Para este fim, contará com mecanismos de participação setorial e com apoio dos órgãos subsidiários e organismos previstos na Carta e outros dispositivos da Assembleia Geral;

d) Estabelecer relações de cooperação com os órgãos correspondentes das Nações Unidas e outras entidades nacionais e internacionais, especialmente no que diz respeito a coordenação dos programas interamericanos de assistência técnica;

e) Avaliar periodicamente as entidades de cooperação para o desenvolvimento integral, no que tange ao seu desempenho na implementação das políticas, programas e projetos, em termos de seu impacto, eficácia, eficiência, aplicação de recursos e da qualidade, entre outros, dos serviços de cooperação técnica prestados e informar à Assembleia Geral.

Art. 96. O Conselho Interamericano de Desenvolvimento Integral realizará, no mínimo, uma reunião por ano, no nível ministerial ou seu equivalente, e poderá convocar a realização de reuniões no mesmo nível para os temas especializados ou setoriais que julgar pertinentes, em áreas de sua competência. Além disso, reunir-se-á, quando for convocado pela Assembleia Geral, pela Reunião de Consulta dos Ministros das Relações Exteriores, por iniciativa própria, ou para os casos previstos no artigo 37 da Carta.

Art. 97. O Conselho Interamericano de Desenvolvimento Integral terá as comissões especializadas não permanentes que decidir estabelecer e que forem necessárias para o melhor desempenho de suas funções. Estas Comissões funcionarão e serão constituídas segundo o disposto no Estatuto do mesmo Conselho.

Art. 98. A execução e, conforme o caso, a coordenação dos projetos aprovados será confiada à Secretaria Executiva de Desenvolvimento Integral, que informará o Conselho sobre o resultado da execução.

CAPÍTULO XIV
A Comissão Jurídica Interamericana

Art. 99. A Comissão Jurídica Interamericana tem por finalidade servir de corpo consultivo da

Organização em assuntos jurídicos; promover o desenvolvimento progressivo e a codificação do direito internacional; e estudar os problemas jurídicos referentes à integração dos países em desenvolvimento do Continente, bem como a possibilidade de uniformizar suas legislações no que parecer conveniente.

Art. 100. A Comissão Jurídica Interamericana empreenderá os estudos e trabalhos preparatórios de que for encarregada pela Assembleia Geral, pela Reunião de Consulta dos Ministros das Relações Exteriores e pelos Conselhos da Organização. Pode, além disso, levar a efeito, por sua própria iniciativa, os que julgar convenientes, bem como sugerir a realização de conferências jurídicas e especializadas.

Art. 101. A Comissão Jurídica Interamericana será composta de onze juristas nacionais dos Estados membros, eleitos, de listas de três candidatos apresentadas pelos referidos Estados, para um período de quatro anos. A Assembleia Geral procederá à eleição, de acordo com um regime que leve em conta a renovação parcial e procure, na medida do possível, uma representação geográfica equitativa. Não poderá haver na Comissão mais de um membro da mesma nacionalidade.

As vagas que ocorrerem por razões diferentes da expiração normal dos mandatos dos membros da Comissão serão preenchidas pelo Conselho Permanente da Organização, de acordo com os mesmos critérios estabelecidos no parágrafo anterior.

Art. 102. A Comissão Jurídica Interamericana representa o conjunto dos Estados membros da Organização, e tem a mais ampla autonomia técnica.

Art. 103. A Comissão Jurídica Interamericana estabelecerá relações de cooperação com as universidades, institutos e outros centros de ensino e com as comissões e entidades nacionais e internacionais dedicadas ao estudo, pesquisa, ensino ou divulgação dos assuntos jurídicos de interesse internacional.

Art. 104. A Comissão Jurídica Interamericana elaborará seu estatuto, o qual será submetido à aprovação da Assembleia Geral.

A Comissão adotará seu próprio regulamento.

Art. 105. A Comissão Jurídica Interamericana terá sua sede na cidade do Rio de Janeiro, mas, em casos especiais, poderá realizar reuniões em qualquer outro lugar que seja oportunamente designado, após consulta ao Estado membro correspondente.

CAPÍTULO XV

A Comissão Interamericana de Direitos Humanos

Art. 106. Haverá uma Comissão Interamericana de Direitos Humanos que terá por principal função promover o respeito e a defesa dos direitos humanos e servir como órgão consultivo da Organização em tal matéria.

Uma convenção interamericana sobre direitos humanos estabelecerá a estrutura, a competência e as normas de funcionamento da referida Comissão, bem como as dos outros órgãos encarregados de tal matéria.

CAPÍTULO XVI

A Secretaria-Geral

Art. 107. A Secretaria-Geral é o órgão central e permanente da Organização dos Estados Americanos. Exercerá as funções que lhe atribuam a Carta, outros tratados e acordos interamericanos e a Assembleia Geral, e cumprirá os encargos de que for incumbida pela Assembleia Geral, pela Reunião de Consulta dos Ministros das Relações Exteriores e pelos Conselhos.

Art. 108. O Secretário-Geral da Organização será eleito pela Assembleia Geral para um período de cinco anos e não poderá ser reeleito mais de uma vez, nem poderá suceder-lhe pessoa da mesma nacionalidade. Vagando o cargo de Secretário-Geral, o Secretário-Geral Adjunto assumirá as funções daquele até que a Assembleia Geral proceda à eleição de novo titular para um período completo.

Art. 109. O Secretário-Geral dirige a Secretaria-Geral, é o representante legal da mesma e, sem prejuízo do estabelecido no artigo 91, alínea "b", responde perante a Assembleia Geral pelo cumprimento adequado das atribuições e funções da Secretaria-Geral.

Art. 110. O Secretário-Geral ou seu representante poderá participar, com direito a palavra, mas sem voto, de todas as reuniões da Organização.

O Secretário-Geral poderá levar à atenção da Assembleia Geral ou do Conselho Permanente qualquer assunto que, na sua opinião, possa afetar a paz e a segurança do Continente e o desenvolvimento dos Estados membros.

As atribuições a que se refere o parágrafo anterior serão exercidas em conformidade com esta Carta.

Art. 111. De acordo com a ação e a política decididas pela Assembleia Geral e com as resoluções pertinentes dos Conselhos, a Secretaria-Geral promoverá relações econômicas, sociais, jurídicas, educacionais, científicas e culturais entre todos os Estados membros da Organização, com especial ênfase na cooperação da pobreza crítica.

Art. 112. A Secretaria-Geral desempenha também as seguintes funções:

a) Encaminhar ex ofício aos Estados membros a convocatória da Assembleia Geral, da Reunião de Consulta dos Ministros das Relações Exteriores, do Conselho Interamericano de Desenvolvimento Integral e das Conferências Especializadas;

b) Assessorar os outros órgãos, quando cabível, na elaboração das agendas e regulamentos;

c) Preparar o projeto de orçamento-programa da Organização com base nos programas aprovados pelos Conselhos, organismos e entidades cujas despesas devam ser incluídas no orçamento-programa e, após consulta com esses Conselhos ou suas Comissões Permanentes, submetê-lo à Comissão Preparatória da Assembleia Geral e em seguida à própria Assembleia;

d) Proporcionar à Assembleia Geral e aos demais órgãos serviços de secretaria permanentes e adequados, bem como dar cumprimento a seus mandatos e encargos. Dentro de suas possibilidades, atender às outras reuniões da Organização;

e) Custodiar os documentos e arquivos das Conferências Interamericanas, da Assembleia Geral, das Reuniões de Consulta dos Ministros das Relações Exteriores, dos Conselhos e das Conferências Especializadas;

f) Servir de depositária dos tratados e acordos interamericanos, bem como dos instrumentos de ratificação dos mesmos;

g) Apresentar à Assembleia Geral, em cada período ordinário de sessões, um relatório anual sobre as atividades e a situação financeira da Organização; e

h) Estabelecer relações de cooperação, consoante o que for decidido pela Assembleia Geral ou pelos Conselhos, com os Organismos Especializados e com outros organismos nacionais e internacionais.

Art. 113. Compete ao Secretário-Geral:

a) Estabelecer as dependências da Secretaria-Geral que sejam necessárias para a realização de seus fins; e

b) Determinar o número de funcionários e empregados da Secretaria-Geral, nomeá-los, regulamentar suas atribuições e deveres e fixar sua retribuição.

O Secretário-Geral exercerá essas atribuições de acordo com as normas gerais e as disposições orçamentárias que forem estabelecidas pela Assembleia Geral.

Art. 114. O Secretário Geral Adjunto será eleito pela Assembleia Geral para um período de cinco anos e não poderá ser reeleito mais de uma vez, nem poderá suceder-lhe pessoa da mesma nacionalidade. Vagando o cargo de Secretário Geral Adjunto, o Conselho Permanente elegerá um substituto, o qual exercerá o referido cargo até que a Assembleia Geral proceda à eleição de novo titular para um período completo.

Art. 115. O Secretário-Geral Adjunto é o Secretário do Conselho Permanente. Tem o caráter de funcionário consultivo do Secretário-Geral e atuará como delegado seu em tudo aquilo de que for por ele incumbido. Na ausência temporária ou no impedimento do Secretário-Geral, exercerá as funções deste.

O Secretário Geral e o Secretário Geral Adjunto deverão ser de nacionalidades diferentes.

Art. 116. A Assembleia Geral, com o voto de dois terços dos Estados membros, pode destituir o Secretário-Geral ou o Secretário-Geral Adjunto, ou ambos, quando o exigir o bom funcionamento da Organização.

Art. 117. O Secretário-Geral designará o Secretário Executivo de Desenvolvimento Integral, com a aprovação do Conselho Interamericano de Desenvolvimento Integral.

Art. 118. No cumprimento de seus deveres, o Secretário-Geral e o pessoal da Secretaria não solicitarão nem receberão instruções de governo algum nem de autoridade alguma estranha à Organização, e abster-se-ão de agir de maneira incompatível com sua condição de funcionários internacionais, responsáveis unicamente perante a Organização.

Art. 119. Os Estados membros comprometem-se a respeitar o caráter exclusivamente internacional das responsabilidades do Secretário-Geral e do pessoal da Secretaria Geral e a não tentar influir sobre eles no desempenho de suas funções.

Art. 120. Na seleção do pessoal da Secretaria Geral levar-se-ão em conta, em primeiro lugar, a eficiência, a competência e a probidade; mas, ao mesmo tempo, dever-se-á dar importância à necessidade de ser o pessoal escolhido, em todas as hierarquias, de acordo com um critério de representação geográfica tão amplo quanto possível.

Art. 121. A sede da Secretaria Geral é a cidade de Washington, D.C.

CAPÍTULO XVII

As Conferências Especializadas

Art. 122. As Conferências Especializadas são reuniões intergovernamentais destinadas a tratar de assuntos técnicos especiais ou a desenvolver aspectos específicos da cooperação interamericana e são realizadas quando o determine a Assembleia Geral ou a Reunião de Consulta dos Ministros das Relações Exteriores, por iniciativa própria ou a pedido de algum dos Conselhos ou Organismos Especializados.

Art. 123. A agenda e o regulamento das Conferências Especializadas serão elaborados pelos Conselhos competentes, ou pelos Organismos Especializados interessados, e submetidos à consideração dos governos dos Estados membros.

CAPÍTULO XVIII

Organismos Especializados

Art. 124. Consideram-se como Organismos Especializados Interamericanos, para os efeitos desta Carta, os organismos intergovernamentais estabelecidos por acordos multilaterais, que tenham determinadas funções em matérias técnicas de interesse comum para os Estados americanos.

Art. 125. A Secretaria Geral manterá um registro dos organismos que satisfaçam as condições estabelecidas no artigo anterior, de acordo com as determinações da Assembleia Geral e à vista de relatório do Conselho correspondente.

Art. 126. Os Organismos Especializados gozam da mais ampla autonomia técnica, mas deverão levar em conta as recomendações da Assembleia Geral e dos Conselhos, de acordo com as disposições da Carta.

Art. 127. Os Organismos Especializados apresentarão à Assembleia Geral relatórios anuais sobre o desenvolvimento de suas atividades, bem como sobre seus orçamentos e contas anuais.

Art. 128. As relações que devem existir entre os Organismos Especializados e a Organização serão definidas mediante acordos celebrados entre cada organismo e o Secretário-Geral, com a autorização da Assembleia Geral.

Art. 129. Os Organismos Especializados devem estabelecer relações de cooperação com os organismos mundiais do mesmo caráter, a fim de coordenar suas atividades. Ao entrarem em acordo com os organismos internacionais de caráter mundial, os Organismos Especializados Interamericanos devem manter a sua identidade e posição como parte integrante da Organização dos Estados Americanos, mesmo quando desempenhem funções regionais dos organismos internacionais.

Art. 130. Na localização dos Organismos Especializados, levar-se-ão em conta os interesses de todos os Estados membros e a conveniência de que as sedes dos mesmos sejam escolhidas mediante critério de distribuição geográfica tão equitativa quanto possível.

TERCEIRA PARTE

CAPÍTULO XIX

Nações Unidas

Art. 131. Nenhuma das estipulações desta Carta se interpretará no sentido de prejudicar os direitos e obrigações dos Estados membros, de acordo com a Carta das Nações Unidas.

CAPÍTULO XX

Disposições Diversas

Art. 132. A assistência às reuniões dos órgãos permanentes da Organização dos Estados Americanos ou às conferências e reuniões previstas na Carta, ou realizadas sob os auspícios da Organização, obedece ao caráter multilateral dos referidos órgãos, conferências e reuniões e não depende das relações bilaterais entre o governo de qualquer Estado membro e o governo do país sede.

Art. 133. A Organização dos Estados Americanos gozará no território de cada um de seus membros da capacidade jurídica, dos privilégios e das imunidades que forem necessários para o exercício das suas funções e a realização dos seus propósitos.

Art. 134. Os representantes dos Estados membros nos órgãos da Organização, o pessoal das suas representações, o Secretário-Geral e o Secretário-Geral Adjunto gozarão dos privilégios e imunidades correspondentes a seus cargos e necessários para desempenhar com independência suas funções.

Art. 135. A situação jurídica dos Organismos Especializados e os privilégios e imunidades que devem ser concedidos aos mesmos e ao seu pessoal, bem como aos funcionários da Secretaria Geral, serão determinados em acordo multilateral. O disposto neste artigo não impede que se celebrem acordos bilaterais, quando julgados necessários.

Art. 136. A correspondência da Organização dos Estados Americanos, inclusive impressos e pacotes, sempre que for marcada com o seu selo de franquia, circulará isenta de porte pelos correios dos Estados membros.

Art. 137. A Organização dos Estados Americanos não admite restrição alguma, por motivo de raça, credo ou sexo, à capacidade para exercer cargos na Organização e participar de suas atividades.

Art. 138. Os órgãos competentes buscarão, de acordo com as disposições desta Carta, maior colaboração dos países não membros da Organização em matéria de cooperação para o desenvolvimento.

CAPÍTULO XXI
Ratificação e Vigência

Art. 139. A presente Carta fica aberta à assinatura dos Estados americanos e será ratificada conforme seus respectivos processos constitucionais. O instrumento original, cujos textos em português, espanhol, inglês e francês são igualmente autênticos, será depositado na Secretaria Geral, a qual enviará cópias autenticadas aos governos, para fins de ratificação. Os instrumentos de ratificação serão depositados na Secretaria Geral e esta notificará os governos signatários do dito depósito.

Art. 140. A presente Carta entrará em vigor entre os Estados que a ratificarem, quando dois terços dos Estados signatários tiverem depositado suas ratificações. Quanto aos Estados restantes, entrará em vigor na ordem em que eles depositarem as suas ratificações.

Art. 141. A presente Carta será registrada na Secretaria das Nações Unidas por intermédio da Secretaria Geral.

Art. 142. As reformas da presente Carta só poderão ser adotadas pela Assembleia Geral, convocada para tal fim. As reformas entrarão em vigor nos mesmos termos e segundo o processo estabelecido no artigo 140.

Art. 143. Esta Carta vigorará indefinidamente, mas poderá ser denunciada por qualquer dos Estados membros, mediante uma notificação escrita à Secretaria-Geral, a qual comunicará em cada caso a todos os outros Estados as notificações de denúncia que receber. Transcorridos dois anos a partir da data em que a Secretaria-Geral receber uma notificação de denúncia, a presente Carta cessará seus efeitos em relação ao dito Estado denunciante e este ficará desligado da Organização, depois de ter cumprido as obrigações oriundas da presente Carta.

CAPÍTULO XXII
Disposições transitórias

Art. 144. O Comitê Interamericano da Aliança para o Progresso atuará como comissão executiva permanente do Conselho Interamericano Econômico e Social enquanto estiver em vigor a Aliança para o Progresso.

Art. 145. Enquanto não entrar em vigor a convenção interamericana sobre direitos humanos a que se refere o Capítulo xv, a atual Comissão Interamericana de Direitos Humanos velará pela observância de tais direitos.

Art. 146. O Conselho Permanente não formulará nenhuma recomendação, nem a Assembleia Geral tomará decisão alguma sobre pedido de admissão apresentado por entidade política cujo território esteja sujeito, total ou parcialmente e em época anterior à data de 18 de dezembro de 1964, fixada pela Primeira Conferência Interamericana Extraordinária, a litígio ou reclamação entre país extracontinental e um ou mais Estados membros da Organização, enquanto não se houver posto fim à controvérsia mediante processo pacífico. Este artigo permanecerá em vigor até 10 de dezembro de 1990.

Este texto não substitui o original publicado no dou – SEÇÃO 1 de 19.2.1952.

Declaração Universal dos Direitos Humanos – 1948

Adotada e proclamada pela Resolução no 217 A (III) da Assembleia Geral das Nações Unidas em 10 de dezembro de 1948. Assinada pelo Brasil na mesma data.

Considerando que o reconhecimento da dignidade inerente a todos os membros da família humana e

de seus direitos iguais e inalienáveis é o fundamento da liberdade, da justiça e da paz no mundo;
Considerando que o desprezo e o desrespeito pelos direitos humanos resultam em atos bárbaros que ultrajam a consciência da humanidade e que o advento de um mundo em que os homens gozem de liberdade de palavra, de crença e da liberdade de viverem a salvo do temor e da necessidade foi proclamado como a mais alta aspiração do homem comum;
Considerando essencial que os direitos humanos sejam protegidos pelo Estado de Direito, para que o homem não seja compelido, como último recurso, à rebelião contra a tirania e a opressão;
Considerando essencial promover o desenvolvimento de relações amistosas entre as nações;
Considerando que os povos das Nações Unidas reafirmaram, na Carta, sua fé nos direitos humanos fundamentais, na dignidade e no valor da pessoa humana e na igualdade de direitos dos homens e das mulheres, e que decidiram promover o progresso social e melhores condições de vida em uma liberdade mais ampla;
Considerando que os Estados-Membros se comprometeram a promover, em cooperação com as Nações Unidas, o respeito universal aos direitos humanos e liberdades fundamentais e a observância desses direitos e liberdades;
Considerando que uma compreensão comum desses direitos e liberdades é da mais alta importância para o pleno cumprimento desse compromisso;

A Assembleia Geral proclama:
A presente Declaração Universal dos Direitos Humanos como o ideal comum a ser atingido por todos os povos e todas as nações, com o objetivo de que cada indivíduo e cada órgão da sociedade, tendo sempre em mente esta Declaração, se esforce, através do ensino e da educação, por promover o respeito a esses direitos e liberdades, e, pela adoção de medidas progressivas de caráter nacional e internacional, por assegurar o seu reconhecimento e a sua observância universal e efetiva, tanto entre os povos dos próprios Estados-Membros, quanto entre os povos dos territórios sob sua jurisdição.

Art. 1. Todas as pessoas nascem livres e iguais em dignidade e direitos. São dotadas de razão e consciência e devem agir em relação umas às outras com espírito de fraternidade.

Art. 2. Toda pessoa tem capacidade para gozar os direitos e as liberdades estabelecidas nesta Declaração, sem distinção de qualquer espécie, seja de raça, cor, sexo, língua, religião, opinião política ou de outra natureza, origem nacional ou social, riqueza, nascimento, ou qualquer outra condição.
Não será tampouco feita qualquer distinção fundada na condição política, jurídica ou internacional do país ou território a que pertença uma pessoa, quer se trate de um território independente, sob tutela, sem governo próprio, quer sujeito a qualquer outra limitação de soberania.

Art. 3. Toda pessoa tem direito à vida, à liberdade e à segurança pessoal.

Art. 4. Ninguém será mantido em escravidão ou servidão; a escravidão e o tráfico de escravos serão proibidos em todas as suas formas.

Art. 5. Ninguém será submetido à tortura, nem a tratamento ou castigo cruel, desumano ou degradante.

Art. 6. Toda pessoa tem o direito de ser, em todos os lugares, reconhecida como pessoa perante a lei.

Art. 7. Todos são iguais perante a lei e têm direito, sem qualquer distinção, a igual proteção da lei. Todos têm direito a igual proteção contra qualquer discriminação que viole a presente Declaração e contra qualquer incitamento a tal discriminação.

Art. 8. Toda pessoa tem direito a receber dos tribunais nacionais competentes remédio efetivo para os atos que violem os direitos fundamentais que lhe sejam reconhecidos pela constituição ou pela lei.

Art. 9. Ninguém será arbitrariamente preso, detido ou exilado.

Art. 10. Toda pessoa tem direito, em plena igualdade, a uma audiência justa e pública por parte de um tribunal independente e imparcial, para decidir sobre seus direitos e deveres ou do fundamento de qualquer acusação criminal contra ele.

Art. 11.
§ 1º Toda pessoa acusada de um ato delituoso tem o direito de ser presumida inocente até que a sua culpabilidade tenha sido provada de acordo com a lei, em julgamento público no qual lhe tenham sido asseguradas todas as garantias necessárias à sua defesa.
§ 2º Ninguém poderá ser culpado por qualquer ação ou omissão que, no momento, não constituíam delito perante o direito nacional ou internacional. Tampouco

será imposta pena mais forte do que aquela que, no momento da prática, era aplicável ao ato delituoso.

Art. 12. Ninguém será sujeito a interferências na sua vida privada, na sua família, no seu lar ou na sua correspondência, nem a ataques à sua honra e reputação. Toda pessoa tem direito à proteção da lei contra tais interferências ou ataques.

Art. 13.
§ 1º Toda pessoa tem direito à liberdade de locomoção e residência dentro das fronteiras de cada Estado.
§ 2º Toda pessoa tem o direito de deixar qualquer país, inclusive o próprio, e a este regressar.

Art. 14.
§ 1º Toda pessoa, vítima de perseguição, tem o direito de procurar e de gozar asilo em outros países.
§ 2º Este direito não pode ser invocado em caso de perseguição legitimamente motivada por crimes de direito comum ou por atos contrários aos propósitos e princípios das Nações Unidas.

Art. 15.
§ 1º Toda pessoa tem direito a uma nacionalidade.
§ 2º Ninguém será arbitrariamente privado de sua nacionalidade, nem do direito de mudar de nacionalidade.

Art. 16. Os homens e mulheres de maior idade, sem qualquer restrição de raça, nacionalidade ou religião, têm o direito de contrair matrimônio e fundar uma família. Gozam de iguais direitos em relação ao casamento, sua duração e sua dissolução.
§ 1º O casamento não será válido senão como o livre e pleno consentimento dos nubentes.
§ 2º A família é o núcleo natural e fundamental da sociedade e tem direito à proteção da sociedade e do Estado.

Art. 17.
§ 1º Toda pessoa tem direito à propriedade, só ou em sociedade com outros.
§ 2º Ninguém será arbitrariamente privado de sua propriedade.

Art. 18. Toda pessoa tem direito à liberdade de pensamento, consciência e religião; este direito inclui a liberdade de mudar de religião ou crença e a liberdade de manifestar essa religião ou crença, pelo ensino, pela prática, pelo culto e pela observância, isolada ou coletivamente, em público ou em particular.

Art. 19. Toda pessoa tem direito à liberdade de opinião e expressão; este direito inclui a liberdade de, sem interferência, ter opiniões e de procurar, receber e transmitir informações e ideias por quaisquer meios e independentemente de fronteiras.

Art. 20.
§ 1º Toda pessoa tem direito à liberdade de reunião e associação pacíficas.
§ 2º Ninguém pode ser obrigado a fazer parte de uma associação.

Art. 21.
§ 1º Toda pessoa tem o direito de tomar parte no governo de seu país, diretamente ou por intermédio de representantes livremente escolhidos.
§ 2º Toda pessoa tem igual direito de acesso ao serviço público do seu país.
§ 3º A vontade do povo será a base da autoridade do governo; esta vontade será expressa em eleições periódicas e legítimas, por sufrágio universal, por voto secreto ou processo equivalente que assegure a liberdade de voto.

Art. 22. Toda pessoa, como membro da sociedade, tem direito à segurança social e à realização, pelo esforço nacional, pela cooperação internacional de acordo com a organização e recursos de cada Estado, dos direitos econômicos, sociais e culturais indispensáveis à sua dignidade e ao livre desenvolvimento da sua personalidade.

Art. 23.
§ 1º Toda pessoa tem direito ao trabalho, à livre escolha de emprego, a condições justas e favoráveis de trabalho e à proteção contra o desemprego.
§ 2º Toda pessoa, sem qualquer distinção, tem direito a igual remuneração por igual trabalho.
§ 3º Toda pessoa que trabalha tem direito a uma remuneração justa e satisfatória, que lhe assegure, assim como à sua família, uma existência compatível com a dignidade humana, e a que se acrescentarão, se necessário, outros meios de proteção social.
§ 4º Toda pessoa tem direito a organizar sindicatos e a neles ingressar para a proteção de seus interesses.

Art. 24. Toda pessoa tem direito a repouso e lazer, inclusive a limitação razoável das horas de trabalho e a férias periódicas remuneradas.

Art. 25.
§ 1º Toda pessoa tem direito a um padrão de vida capaz de assegurar a si e a sua família saúde e bem-estar, inclusive alimentação, vestuário, habitação, cuidados médicos e os serviços sociais indispensáveis, e direito à segurança em caso de desemprego,

doença, invalidez, viuvez, velhice ou outros casos de perda dos meios de subsistência em circunstâncias fora de seu controle.

§ 2º A maternidade e a infância têm direito a cuidados e assistência especiais. Todas as crianças, nascidas dentro ou fora de matrimônio, gozarão da mesma proteção social.

Art. 26.

§ 1º Toda pessoa tem direito à instrução. A instrução será gratuita, pelo menos nos graus elementares e fundamentais. A instrução elementar será obrigatória. A instrução técnico-profissional será acessível a todos, bem como a instrução superior, esta baseada no mérito.

§ 2º A instrução será orientada no sentido do pleno desenvolvimento da personalidade humana e do fortalecimento do respeito pelos direitos humanos e pelas liberdades fundamentais. A instrução promoverá a compreensão, a tolerância e a amizade entre todas as nações e grupos raciais ou religiosos, e coadjuvará as atividades das Nações Unidas em prol da manutenção da paz.

§ 3º Os pais têm prioridade de direito na escolha do gênero de instrução que será ministrada a seus filhos.

Art. 27.

§ 1º Toda pessoa tem o direito de participar livremente da vida cultural da comunidade, de fruir as artes e de participar do processo científico e de seus benefícios.

§ 2º Toda pessoa tem direito à proteção dos interesses morais e materiais decorrentes de qualquer produção científica, literária ou artística da qual seja autor.

Art. 28. Toda pessoa tem direito a uma ordem social e internacional em que os direitos e liberdades estabelecidos na presente Declaração possam ser plenamente realizados.

Art. 29.

§ 1º Toda pessoa tem deveres para com a comunidade, em que o livre e pleno desenvolvimento de sua personalidade é possível.

§ 2º No exercício de seus direitos e liberdades, toda pessoa estará sujeita apenas às limitações determinadas por lei, exclusivamente com o fim de assegurar o devido reconhecimento e respeito dos direitos e liberdades de outrem e de satisfazer às justas exigências da moral, da ordem pública e do bem-estar de uma sociedade democrática.

§ 3º Esses direitos e liberdades não podem, em hipótese alguma, ser exercidos contrariamente aos propósitos e princípios das Nações Unidas.

Art. 30. Nenhuma disposição da presente Declaração pode ser interpretada como o reconhecimento a qualquer Estado, grupo ou pessoa, do direito de exercer qualquer atividade ou praticar qualquer ato destinado à destruição de quaisquer dos direitos e liberdades aqui estabelecidos.

Declaração do Direito ao Desenvolvimento – 1986

Adotada pela Revolução no 41/128 da Assembleia Geral das Nações Unidas, de 4 de dezembro de 1986

A Assembleia Geral,

Tendo em mente os propósitos e os princípios da Carta das Nações Unidas relativas à realização da cooperação internacional para resolver os problemas internacionais de caráter econômico, social, cultural ou humanitário, e para promover e encorajar o respeito aos Direitos Humanos e às liberdades fundamentais para todos, sem distinção de raça, sexo, língua ou religião;

Reconhecendo que o desenvolvimento é um processo econômico, social, cultural e político abrangente, que visa ao constante incremento do bem-estar de toda a população e de todos os indivíduos com base em sua participação ativa, livre e significativa no desenvolvimento e na distribuição justa dos benefícios daí resultantes;

Considerando que sob as disposições da Declaração Universal dos Direitos Humanos todos têm direito a uma ordem social e internacional em que os direitos e as liberdades consagrados nesta Declaração possam ser plenamente realizados;

Recordando os dispositivos do Pacto Internacional sobre Direitos Econômicos, Sociais e Culturais e do Pacto Internacional sobre Direitos Civis e Políticos;

Recordando ainda os importantes Acordos, Convenções, Resoluções, Recomendações e outros instrumentos das Nações Unidas e de suas agências especializadas relativos ao desenvolvimento integral do ser humano, ao progresso econômico e social e desenvolvimento de todos os povos, inclusive os instrumentos relativos à descolonização, à prevenção de discriminação, ao respeito e observância dos direitos humanos e das liberdades fundamentais, à manutenção da paz e segurança internacionais e maior promoção das relações amistosas e cooperação entre os Estados de acordo com a Carta;

Recordando o direito dos povos à autodeterminação, em virtude do qual eles têm o direito de determinar livremente seus status político e de buscar seu desenvolvimento econômico, social e cultural;

Recordando também o direito dos povos de exercer, sujeitos aos dispositivos relevantes de ambos os Pactos Internacionais sobre Direitos Humanos, soberania plena e completa sobre todas as suas riquezas e recursos naturais;

Atenta à obrigação dos Estados sob a Carta de promover o respeito e a observância universais aos direitos humanos e às liberdades fundamentais para todos, sem distinção de qualquer natureza, tal como de raça, cor, sexo, língua, religião, política ou outra opinião nacional ou social, propriedade, nascimento ou outro status;

Considerando que a eliminação das violações maciças e flagrantes dos direitos humanos dos povos e indivíduos afetados por situações tais como as resultantes do colonialismo, neocolonialismo, apartheid, de todas as formas de racismo e discriminação racial, dominação estrangeira e ocupação, agressão e ameaças contra a soberania nacional, unidade nacional e integridade territorial, e ameaças de guerra, contribuiria para o estabelecimento de circunstâncias propícias para o desenvolvimento de grande parte da humanidade;

Preocupada com a existência de sérios obstáculos ao desenvolvimento, assim como à completa realização dos seres humanos e dos povos, constituídos, inter alia, pela negação dos direitos civis, políticos, econômicos, sociais e culturais, e considerando que todos os direitos humanos e as liberdades fundamentais são indivisíveis e interdependentes, e que, para promover o desenvolvimento, devem ser dadas atenção igual e consideração urgente à implementação, promoção e proteção dos direitos civis, políticos, econômicos, sociais e culturais, e que, por conseguinte, a promoção, o respeito e o gozo de certos direitos humanos e liberdades fundamentais não podem justificar a negação de outros direitos humanos e liberdades fundamentais;

Considerando que a paz e a segurança internacionais são elementos essenciais à realização do direito ao desenvolvimento;

Reafirmando que existe uma relação íntima entre desarmamento e desenvolvimento, que o progresso no campo do desarmamento promoveria consideravelmente o progresso no campo do desenvolvimento, e que os recursos liberados pelas medidas de desarmamento deveriam dedicar-se ao desenvolvimento econômico e social e ao bem-estar de todos os povos e, em particular, daqueles dos países em desenvolvimento;

Reconhecendo que a pessoa humana é o sujeito central do processo de desenvolvimento e que essa política de desenvolvimento deveria assim fazer do ser humano o principal participante e beneficiário do desenvolvimento;

Reconhecendo que a criação de condições favoráveis ao desenvolvimento dos povos e indivíduos é a responsabilidade primária de seus Estados;

Ciente de que os esforços em nível internacional para promover e proteger os direitos humanos devem ser acompanhados de esforços para estabelecer uma nova ordem econômica internacional;

Confirmando que o direito ao desenvolvimento é um direito humano inalienável e que a igualdade de oportunidade para o desenvolvimento é uma prerrogativa tanto das nações quanto dos indivíduos que compõem as nações;

Proclama a seguinte Declaração sobre o Direito ao Desenvolvimento:

Art. 1.

§ 1º O direito ao desenvolvimento é um direito humano inalienável, em virtude do qual toda pessoa e todos os povos estão habilitados a participar do desenvolvimento econômico, social, cultural e político, para ele contribuir e dele desfrutar, no qual todos os direitos humanos e liberdades fundamentais possam ser plenamente realizados.

§ 2º O direito humano ao desenvolvimento também implica a plena realização do direito dos povos à autodeterminação que inclui, sujeito às disposições relevantes de ambos os Pactos Internacionais sobre Direitos Humanos, o exercício de seu direito inalienável à soberania plena sobre todas as suas riquezas e recursos naturais.

Art. 2.

§ 1º A pessoa humana é o sujeito central do desenvolvimento e deveria ser participante ativo e beneficiário do direito ao desenvolvimento.

§ 2º Todos os seres humanos têm responsabilidade pelo desenvolvimento, individual e coletivamente, levando-se em conta a necessidade de pleno respeito aos seus direitos humanos e liberdades fundamentais, bem como seus deveres para com a comunidade, que sozinhos podem assegurar a realização livre e completa do ser humano e deveriam por isso promover e proteger uma ordem política, social e econômica apropriada para o desenvolvimento.

§ 3º Os Estados têm o direito e o dever de formular políticas nacionais adequadas para o desenvolvimento, que visem ao constante aprimoramento do bem-estar de toda a população e de todos os indivíduos, com base em sua participação ativa, livre e significativa, e no desenvolvimento e na distribuição equitativa dos benefícios daí resultantes.

Art. 3.

§ 1º Os Estados têm a responsabilidade primária pela criação das condições nacionais e internacionais favoráveis à realização do direito ao desenvolvimento.

§ 2º A realização do direito ao desenvolvimento requer pleno respeito aos princípios do direito internacional, relativos às relações amistosas de cooperação entre os Estados, em conformidade com a Carta das Nações Unidas.

§ 3º Os Estados têm o dever de cooperar uns com os outros para assegurar o desenvolvimento e eliminar os obstáculos ao desenvolvimento. Os Estados deveriam realizar seus direitos e cumprir suas obrigações, de modo tal a promover uma nova ordem econômica internacional, baseada na igualdade soberana, interdependência, interesse mútuo e cooperação entre todos os Estados, assim como a encorajar a observância e a realização dos direitos humanos.

Art. 4.

Os Estados têm o dever de, individual e coletivamente, tomar medidas para formular as políticas internacionais de desenvolvimento, com vistas a facilitar a plena realização do direito ao desenvolvimento. É necessária ação permanente para promover um desenvolvimento mais rápido dos países em desenvolvimento. Como complemento dos esforços dos países em desenvolvimento, uma cooperação internacional efetiva é essencial para prover esses países de meios e facilidades apropriados para incrementar seu amplo desenvolvimento.

Art. 5.

Os Estados tomarão medidas firmes para eliminar as violações maciças e flagrantes dos direitos humanos dos povos e dos seres humanos afetados por situações tais como as resultantes do apartheid, de todas as formas de racismo e discriminação racial, colonialismo, dominação estrangeira e ocupação, agressão, interferência estrangeira e ameaças contra a soberania nacional, unidade nacional e integridade territorial, ameaças de guerra e recusas de reconhecimento do direito fundamental dos povos à autodeterminação.

Art. 6.

§ 1º Todos os Estados devem cooperar, com vistas a promover, encorajar e fortalecer o respeito universal à observância de todos os direitos humanos e liberdades fundamentais para todos, sem distinção de raça, sexo, língua ou religião.

§ 2º Todos os direitos humanos e liberdades fundamentais são indivisíveis e interdependentes; atenção igual e consideração urgente devem ser dadas à implementação, promoção e proteção dos direitos civis, políticos, econômicos, sociais e culturais.

§ 3º Os Estados devem tomar providências para eliminar os obstáculos ao desenvolvimento resultantes da falha na observância dos direitos civis e políticos, assim como dos direitos econômicos, sociais e culturais.

Art. 7.

Todos os Estados devem promover o estabelecimento, a manutenção e o fortalecimento da paz e segurança internacionais e, para este fim, deveriam fazer o máximo para alcançar o desarmamento geral e completo do efetivo controle internacional, assim como assegurar que os recursos liberados por medidas efetivas de desarmamento sejam usados para o desenvolvimento amplo, em particular o dos países em via de desenvolvimento.

Art. 8.

§ 1º Os Estados devem tomar, em nível nacional, todas as medidas necessárias para a realização do direito ao desenvolvimento, e devem assegurar, inter alia, igualdade de oportunidade para todos no acesso aos recursos básicos, educação, serviços de saúde, alimentação, habitação, emprego e distribuição equitativa da renda. Medidas efetivas devem ser tomadas para assegurar que as mulheres tenham um papel ativo no processo de desenvolvimento. Reformas econômicas e sociais apropriadas devem ser efetuadas com vistas à erradicação de todas as injustiças sociais.

§ 2º Os Estados devem encorajar a participação popular em todas as esferas, como um fator importante no desenvolvimento e na plena realização de todos os direitos humanos.

Art. 9.

§ 1º Todos os aspectos dos direitos ao desenvolvimento estabelecidos na presente Declaração são indivisíveis e interdependentes, e cada um deles deve ser considerado no contexto do todo.

§ 2º Nada na presente Declaração deverá ser tido como sendo contrário aos propósitos e princípios das Nações Unidas, ou como implicando que qualquer Estado, grupo ou pessoa tenha o direito de se engajar em qualquer atividade ou de desempenhar qualquer ato voltado à violação dos direitos consagrados na Declaração Universal dos Direitos Humanos e nos Pactos Internacionais sobre Direitos Humanos.

Art. 10. Os Estados deverão tomar medidas para assegurar o pleno exercício e o fortalecimento progressivo do direito ao desenvolvimento, incluindo a formulação, adoção e implementação de políticas, medidas legislativas e outras, em níveis nacional e internacional.

Declaração e programa de ação de Viena – 1993

DECLARAÇÃO E PROGRAMA DE AÇÃO DE VIENA

Conferência Mundial sobre Direitos Humanos
Viena, 14-25 de Junho de 1993

DECLARAÇÃO E PROGRAMA DE AÇÃO DE VIENA

Considerando que a promoção e a proteção dos Direitos Humanos constituem questões prioritárias para a comunidade internacional, e que a Conferência proporciona uma oportunidade única de efetuar uma análise global do sistema internacional de Direitos Humanos e dos mecanismos de proteção destes direitos, por forma a incentivar e assim promover o seu maior respeito, de uma forma justa e equilibrada, Reconhecendo e afirmando que todos os Direitos Humanos decorrem da dignidade e do valor inerentes à pessoa humana, que a pessoa humana é o sujeito central dos Direitos Humanos e das liberdades fundamentais, e que, consequentemente, deve ser o seu principal beneficiário e participar ativamente na realização desses direitos e liberdades, Reafirmando o seu compromisso para com os fins e princípios consagrados na Carta das Nações Unidas e na Declaração Universal dos Direitos do Homem, Reafirmando o compromisso assumido no Artigo 56º da Carta da Nações Unidas de empreender ações coletivas e individuais, atribuindo a devida importância ao desenvolvimento de uma cooperação internacional efetiva com vista à realização dos objetivos estabelecidos no Artigo 55º, incluindo o respeito e a observância universais pelos Direitos Humanos e pelas liberdades fundamentais para todos, Realçando as responsabilidades de todos os Estados, em conformidade com a Carta das Nações Unidas, de desenvolver e encorajar o respeito pelos Direitos Humanos e pelas liberdades fundamentais de todos, sem distinção quanto à raça, sexo, língua ou religião, Relembrando o Preâmbulo da Carta das Nações Unidas, em particular a determinação em reafirmar a fé nos Direitos Humanos fundamentais, na dignidade e valor da pessoa humana, e na igualdade de direitos de homens e mulheres, assim como das nações, grandes e pequenas, Relembrando, igualmente, a determinação dos povos das Nações Unidas expressa no Preâmbulo da Carta das Nações Unidas de preservar as gerações vindouras do flagelo da guerra, de estabelecer as condições que permitam a manutenção da justiça e do respeito pelas obrigações decorrentes de tratados e outras fontes de Direito Internacional, de promover o progresso social e melhores condições de vida dentro de um conceito mais amplo de liberdade, de praticar a tolerância e a sã convivência e de empregar os mecanismos internacionais para promover o progresso econômico e social de todos os povos, Realçando que a Declaração Universal dos Direitos do Homem, que constitui um padrão comum a seguir por todos os povos e por todas as nações, é a fonte de inspiração e tem sido a base dos progressos das Nações Unidas com vista ao estabelecimento de padrões, conforme expressos nos instrumentos internacionais existentes em matéria de Direitos Humanos, particularmente no Pacto Internacional sobre os Direitos Civis e Políticos e no Pacto Internacional sobre os Direitos Econômicos, Sociais e Culturais, Considerando as alterações mais significativas que ocorrem na cena internacional e as aspirações de todos os povos a uma ordem internacional baseada nos princípios consagrados na Carta das Nações Unidas, incluindo a promoção e o encorajamento do respeito pelos Direitos Humanos e pelas liberdades fundamentais para todos, bem como do respeito pelo princípio da igualdade de direitos e da autodeterminação dos povos, da paz, da democracia, da justiça, da igualdade, do Estado de Direito, do pluralismo, do desenvolvimento, de melhores padrões de vida e da solidariedade, Profundamente preocupada com as várias formas de discriminação e de violência a que as mulheres continuam a estar expostas por todo o mundo, Reconhecendo que as atividades das Nações Unidas em matéria de Direitos Humanos deveriam ser racionalizadas e promovidas de forma a fortalecerem os mecanismos da Organização nesta área e a favorecerem os objetivos do respeito universal e observância das normas internacionais sobre Direitos Humanos, Tendo tomado em consideração as Declarações adotadas pelas três reuniões regionais realizadas em Túnis, São José e Bangkok, bem como as contribuições dos Governos, e tendo presentes a s sugestões apresentadas por organizações intergovernamentais e não governamentais, bem como os estudos elaborados por peritos independentes durante o processo preparatório conducente à Conferência Mundial sobre Direitos Humanos.

Congratulando-se com a proclamação de 1993 como Ano Internacional dos Povos Indígenas do Mundo, enquanto forma de reafirmação do empenho da comunidade internacional em garantir a estes povos o gozo de todos os Direitos Humanos e liberdades fundamentais, bem como em respeitar o valor e a diversidade das suas culturas e identidades, Reconhecendo também que a comunidade internacional deveria encontrar formas e meios de remover os atuais obstáculos e de responder aos desafios que se colocam à plena realização de todos os Direitos Humanos, com vista a impedir a continuada violação dos Direitos Humanos daí resultante, por todo o mundo, Invocando o espírito da nossa era e as realidades do nosso tempo que incitam os povos do mundo e os Estados Membros das Nações Unidas a dedicarem-se novamente à tarefa global de promoção e proteção dos Direitos Humanos e das liberdades fundamentais, por forma a garantir o gozo pleno e universal de tais direitos, Determinada a dar novos passos no sentido de um maior empenho da comunidade internacional, com vista a alcançar progressos substanciais em matéria dos Direitos Humanos mediante um esforço acrescido e sustentado de cooperação e solidariedade internacionais, Adota, solenemente, a Declaração e Programa de Ação de Viena I.

1. A Conferência Mundial sobre Direitos Humanos reafirma o empenho solene de todos os Estados em cumprirem as suas obrigações no tocante à promoção do respeito universal, da observância e da proteção de todos os Direitos Humanos e liberdades fundamentais para todos, em conformidade com a Carta das Nações Unidas, com outros instrumentos relacionados com os Direitos Humanos e com o Direito Internacional. A natureza universal destes direitos e liberdades são inquestionáveis. Neste âmbito, o reforço da cooperação internacional no domínio dos Direitos Humanos é essencial para a plena realização dos objetivos das Nações Unidas. Os Direitos Humanos e as liberdades fundamentais são inerentes a todos os seres humanos; a sua proteção e promoção constituem a responsabilidade primeira dos Governos.

2. Todos os povos têm direito à autodeterminação. Por força desse direito, escolhem livremente o seu estatuto político e prosseguem livremente o seu desenvolvimento econômico, social e cultural. Tendo em consideração a situação particular dos povos que se encontram sob o domínio colonial, ou sob outras formas de domínio ou ocupação estrangeira, a Conferência Mundial sobre Direitos Humanos reconhece o direito dos povos a empreenderem qualquer ação legítima, em conformidade com a Carta das Nações Unidas, para realizarem o seu direito inalienável à autodeterminação. A Conferência Mundial sobre Direitos Humanos considera a recusa do direito à autodeterminação como uma violação dos Direitos Humanos e sublinha a importância da concretização efetiva deste direito. Em conformidade com a Declaração sobre os Princípios de Direito Internacional relativos às Relações Amigáveis e à Cooperação entre Estados nos termos da Carta das Nações Unidas, tal não deverá ser entendido como autorizando ou encorajando qualquer ação que conduza ao desmembramento ou coloque em perigo, no todo ou em parte, a integridade territorial ou a unidade política de Estados soberanos e independentes que se rejam em conformidade com o princípio da igualdade de direitos e da autodeterminação dos povos e que, consequentemente, possuam um Governo representativo de toda a população pertencente ao seu território, sem qualquer tipo de distinções.

3. Deverão ser tomadas medidas internacionais efetivas para garantir e fiscalizar o cumprimento das normas de Direitos Humanos relativamente a povos sujeitos a ocupação estrangeira, devendo ser garantida uma proteção jurídica efetiva contra a violação dos Direitos Humanos destes povos, em conformidade com as normas de Direitos Humanos e o Direito Internacional, nomeadamente a Convenção de Genebra relativa à proteção de Civis em Tempo de Guerra, de 12 de Agosto de 1949, e outras normas aplicáveis de direito humanitário.

4. A promoção e a proteção de todos os Direitos Humanos e liberdades fundamentais devem ser consideradas como objetivos prioritários das Nações Unidas em conformidade com os seus fins e princípios, em particular o da cooperação internacional. No quadro destes fins e princípios, a promoção e a proteção de todos os Direitos Humanos constituem preocupações legítimas da comunidade internacional. Os órgãos e as agências especializadas cuja atividade se relaciona com os Direitos Humanos deverão, assim, reforçar ainda mais a coordenação das suas atividades com base na aplicação coerente e objetiva dos instrumentos internacionais em matéria de Direitos Humanos.

5. Todos os Direitos Humanos são universais, indivisíveis, interdependentes e inter-relacionados. A comunidade internacional deve considerar os Direitos Humanos, globalmente, de forma justa e equitativa, no mesmo pé e com igual ênfase. Embora se deva ter sempre presente o significado das especificidades nacionais e regionais e os diversos antecedentes históricos, culturais e religiosos, compete aos Estados, independentemente dos seus sistemas políticos, econômicos e culturais, promover e proteger todos os Direitos Humanos e liberdades fundamentais.

6. Os esforços empreendidos pelo sistema das Nações Unidas no sentido do respeito universal e da observância pelos Direitos Humanos e liberdades fundamentais para todos, contribuem para a estabilidade e bem-estar necessários à manutenção de relações pacíficas e amigáveis entre as nações, e para melhores condições de paz e segurança, bem como para o desenvolvimento social e econômico, em conformidade com a Carta das Nações Unidas.

7. Os processos de promoção e proteção dos Direitos Humanos deverão ser conduzidos em conformidade com os fins e os princípios consagrados na Carta das Nações Unidas e com o Direito Internacional.

8. A democracia, o desenvolvimento e o respeito pelos Direitos Humanos e pelas liberdades fundamentais são interdependentes e reforçam-se mutuamente. A democracia assenta no desejo livremente expresso dos povos em determinar os seus próprios sistemas políticos, econômicos, sociais e culturais e a sua participação plena em todos os aspectos das suas vidas. Neste contexto, a promoção e a proteção dos Direitos Humanos e das liberdades fundamentais, a nível nacional e internacional, devem ser universais e conduzidas sem restrições adicionais. A comunidade internacional deverá apoiar o reforço e a promoção da democracia, do desenvolvimento e do respeito pelos Direitos Humanos e pelas liberdades fundamentais no mundo inteiro.

9. A Conferência Mundial sobre Direitos Humanos reafirma que os países menos desenvolvidos empenhados no processo de democratização e de reformas econômicas, muitos dos quais se situam em África, deverão ser apoiados pela comunidade internacional, por forma a serem bem-sucedidos na sua transição para a democracia e para o desenvolvimento econômico.

10. A Conferência Mundial sobre Direitos Humanos reafirma o direito ao desenvolvimento, conforme estabelecido na Declaração sobre o Direito ao Desenvolvimento, enquanto direito universal e inalienável e parte integrante dos Direitos Humanos fundamentais. Conforme estabelecido na Declaração sobre o Direito ao Desenvolvimento, a pessoa humana é o sujeito central do desenvolvimento. O desenvolvimento facilita o gozo de todos os Direitos Humanos, mas a falta de desenvolvimento não pode ser invocada para justificar a limitação de Direitos Humanos internacionalmente reconhecidos. Os Estados devem cooperar entre si para assegurar o desenvolvimento e eliminar os obstáculos que lhe sejam colocados. A comunidade internacional deve promover uma cooperação internacional efetiva com vista à realização do direito ao desenvolvimento e à eliminação de obstáculos ao desenvolvimento. O progresso duradouro no sentido da realização do direito ao desenvolvimento exige a adoção de políticas de desenvolvimento eficazes a nível nacional, bem como o estabelecimento de relações econômicas equitativas e a existência de um panorama econômico favorável a nível internacional.

11. O direito ao desenvolvimento deverá ser realizado de modo a satisfazer, de forma equitativa, as necessidades de desenvolvimento e ambientais das gerações presentes e vindouras. A Conferência Mundial sobre Direitos Humanos reconhece que a descarga ilícita de substâncias e resíduos tóxicos e perigosos representa potencialmente uma séria ameaça aos Direitos Humanos à vida e à saúde de todos. Consequentemente, a Conferência Mundial sobre Direitos Humanos apela a todos os Estados para que adotem e apliquem rigorosamente as convenções em vigor sobre matérias relativas à descarga de substâncias e resíduos tóxicos e perigosos, e para que cooperem na prevenção de descargas ilícitas. Todos têm direito a usufruir os benefícios decorrentes do progresso científico e das suas aplicações práticas. A Conferência Mundial sobre Direitos Humanos toma nota de que alguns progressos, nomeadamente nas ciências biomédicas e da vida, bem como na tecnologia de informação, podem ter consequências potencialmente adversas para a integridade, a dignidade e os Direitos Humanos do indivíduo, e apela à cooperação internacional para garantir o pleno respeito dos Direitos Humanos e da dignidade da pessoa humana nesta área de preocupação universal.

12. A Conferência Mundial sobre Direitos Humanos exorta a comunidade internacional a envidar todos os esforços necessários para ajudar a aliviar o peso da dívida externa dos países em vias de desenvolvimento, de forma a complementar os esforços dos Governos de tais países na plena realização dos direitos econômicos, sociais e culturais dos seus povos.

13. Existe a necessidade dos Estados e organizações internacionais, em cooperação com as organizações não governamentais, criarem condições favoráveis, aos níveis nacional, regional e internacional, para garantir o gozo pleno e efetivo dos Direitos Humanos. Os Estados deverão eliminar todas as violações dos Direitos Humanos e respectivas causas, bem como os obstáculos ao gozo desses direitos.

14. A existência de uma pobreza extrema generalizada obsta ao gozo pleno e efetivo de Direitos Humanos; a sua imediata atenuação e eventual eliminação devem permanecer como uma das grandes prioridades da comunidade internacional.

15. O respeito pelos Direitos Humanos e pelas liberdades fundamentais sem distinção de qualquer tipo constitui uma regra fundamental das normas internacionais de Direitos Humanos. A rápida e ampla eliminação de todas as formas de racismo e discriminação racial, xenofobia e manifestações conexas de intolerância, constitui uma tarefa prioritária da comunidade internacional. Os Governos deverão adotar medidas efetivas para as prevenir e combater. Os grupos, instituições, organizações intergovernamentais e não governamentais, bem como os indivíduos, são instados a intensificar os seus esforços de cooperação e coordenação das suas atividades contra estes males.

16. A Conferência Mundial sobre Direitos Humanos congratula-se com os progressos alcançados no desmantelamento do apartheid e apela à comunidade internacional e ao sistema das Nações Unidas para que apoiem este processo. A Conferência Mundial sobre Direitos Humanos lamenta igualmente os contínuos atos de violência que visam destruir o processo de desmantelamento pacífico do apartheid.

17. Os atos, métodos e práticas de terrorismo sob todas as suas formas e manifestações, bem como a sua ligação, em alguns países, ao tráfico de estupefacientes, são atividades que visam a destruição dos Direitos Humanos, das liberdades fundamentais e da democracia, ameaçando a integridade territorial e a segurança dos Estados e desestabilizando Governos legitimamente constituídos. A comunidade internacional deverá tomar as medidas necessárias para o reforço da cooperação na prevenção e combate ao terrorismo.

18. Os Direitos Humanos das mulheres e das crianças do sexo feminino constituem uma parte inalienável, integral e indivisível dos Direitos Humanos universais. A participação plena das mulheres, em condições de igualdade, na vida política, civil, econômica, social e cultural, aos níveis nacional, regional e internacional, bem como a erradicação de todas as formas de discriminação com base no sexo, constituem objetivos prioritários da comunidade internacional. A violência baseada no sexo da pessoa e todas as formas de assédio e exploração sexual, nomeadamente as que resultam de preconceitos culturais e do tráfico internacional, são incompatíveis com a dignidade e o valor da pessoa humana e devem ser eliminadas. Isto pode ser alcançado através de medidas de caráter legislativo e da ação nacional e cooperação internacional em áreas tais como o desenvolvimento socioeconômico, a educação, a maternidade segura e os cuidados de saúde, e a assistência social.

Os Direitos Humanos das mulheres deverão constituir parte integrante das atividades das Nações Unidas no domínio dos Direitos Humanos, incluindo a promoção de todos os instrumentos de Direitos Humanos relativos às mulheres. A Conferência Mundial sobre Direitos Humanos insta os Governos, as instituições e as organizações intergovernamentais e não governamentais a intensificarem os seus esforços com vista à proteção e à promoção dos Direitos Humanos das mulheres e das meninas.

19. Considerando a importância da promoção e da proteção dos direitos de pessoas pertencentes a minorias e o contribuo de tal promoção e proteção para a estabilidade política e social dos Estados onde vivem essas pessoas, A Conferência Mundial sobre Direitos Humanos reafirma a obrigação para os Estados de garantir que as pessoas pertencentes a minorias possam exercer de forma plena e efetiva todos os Direitos Humanos e liberdades fundamentais sem qualquer discriminação e em plena igualdade perante a lei, de acordo com a Declaração sobre os Direitos de Pessoas pertencentes a Minorias Nacionais ou Étnicas, Religiosas e Linguísticas. As pessoas pertencentes a minorias têm o direito de usufruir a sua própria cultura, de professar e praticar a sua religião e de se exprimir na sua língua, tanto em privado como em público, livremente e sem interferências ou qualquer forma de discriminação.

20. A Conferência Mundial sobre Direitos Humanos reconhece a dignidade inerente e o contribuo único dos povos indígenas para o desenvolvimento e o pluralismo da sociedade e reafirma fortemente o empenho da comunidade internacional no seu bem-estar econômico, social e cultural e no seu gozo dos frutos do desenvolvimento sustentável. Os Estados deverão garantir a participação plena e livre dos povos indígenas em todos os aspectos da vida social, particularmente em questões que sejam do seu interesse. Considerando a importância da promoção e da proteção dos direitos dos povos indígenas, bem como a contribuição de tal promoção e proteção para a estabilidade política e social dos Estados onde vivem esses povos, os Estados deverão, em conformidade com o Direito Internacional, adotar medidas positivas e concertadas com vista a garantir o respeito por todos os Direitos Humanos e liberdades fundamentais dos povos indígenas, na base da igualdade e da não discriminação, bem como reconhecer o valor e a diversidade das suas distintas identidades, culturas e organizações sociais.

21. A Conferência Mundial sobre Direitos Humanos, congratulando-se com a pronta ratificação da Convenção sobre os Direitos da Criança por um grande número de Estados e constatando o reconhecimento dos Direitos Humanos das crianças na Declaração Mundial sobre a Sobrevivência, a proteção e o Desenvolvimento das Crianças e Plano de Ação, adotados pela Cimeira Mundial para a Infância, insta à ratificação universal da Convenção até 1995 e à sua efetiva aplicação pelos Estados Partes através da adoção de todas as medidas legislativas, administrativas e outras necessárias, bem como da máxima afetação de todos os recursos disponíveis. Em todas as iniciativas relativas à infância, a não discriminação e o interesse superior da criança deverão constituir considerações primordiais, devendo ter-se na devida conta as opiniões da criança. Os mecanismos e programas de âmbito nacional e internacional deverão ser reforçados com vista à defesa e à proteção das crianças, em particular, das meninas, das crianças abandonadas, dos meninos da rua, das crianças sujeitas a exploração econômica e sexual, nomeadamente através da pornografia e da prostituição infantis ou da venda de órgãos, das crianças vítimas de doenças, incluindo a síndrome da imunodeficiência adquirida, das crianças refugiadas e deslocadas, das crianças sujeitas a detenção e das crianças envolvidas em conflitos armados, bem como das crianças vítimas da fome e da seca e de outras situações de emergência. A cooperação e a solidariedade internacionais deverão ser promovidas, com vista a apoiar a aplicação da Convenção, e os direitos da criança deverão constituir uma prioridade no âmbito da ação alargada do sistema das Nações Unidas na área dos Direitos Humanos. A Conferência Mundial sobre Direitos Humanos sublinha também que, para um desenvolvimento harmonioso e pleno da sua personalidade, a criança deverá crescer num ambiente familiar, que é assim merecedor de uma proteção mais ampla.

22. Haverá que prestar atenção especial para garantir a não discriminação e o gozo, em termos de igualdade, de todos os Direitos Humanos e liberdades fundamentais por parte de pessoas com deficiência, incluindo a sua participação ativa em todos os aspectos da vida em sociedade.

23. A Conferência Mundial sobre Direitos Humanos reafirma que todos, sem distinção de qualquer espécie, têm o direito de procurar e obter, noutros países, asilo contra as perseguições de que sejam alvo, bem como o direito de regressar ao seu próprio país. A este respeito, realça a importância da Declaração Universal dos Direitos do Homem, da Convenção de 1951 Relativa ao Estatuto dos Refugiados e seu Protocolo de 1967, e de instrumentos de âmbito regional. Exprime o seu reconhecimento aos Estados que continuam a aceitar e a acolher um elevado número de refugiados nos seus territórios, e ao Alto Comissariado das Nações Unidas para os Refugiados pela dedicação demonstrada no cumprimento da sua missão. Expressa, igualmente, o seu apreço à Agência de Obras Públicas e Assistência aos Refugiados Palestinos no Próximo Oriente. A Conferência Mundial sobre Direitos Humanos reconhece que as violações graves dos Direitos Humanos, nomeadamente em casos de conflito armado, se encontram entre os múltiplos e complexos fatores que conduzem à deslocação de pessoas. A Conferência Mundial sobre Direitos Humanos reconhece que, face às complexidades da crise global de refugiados e conformemente à Carta das Nações Unidas, aos relevantes instrumentos internacionais e à solidariedade internacional, e num espírito de partilha de responsabilidades, se torna necessária uma abordagem global por parte da comunidade internacional, em coordenação e cooperação com os países afetados e com as organizações relevantes, tendo presente o mandato do Alto Comissariado das Nações Unidas para os Refugiados. Tal deverá incluir o desenvolvimento de estratégias para abordar as causas remotas e os efeitos das movimentações de refugiados e outras pessoas deslocadas, o reforço de mecanismos de alerta e resposta em caso de emergência, a disponibilização de proteção e assistência efetivas, tendo presentes as necessidades especiais das mulheres e crianças, bem como a obtenção de soluções duradouras, primeiramente através da solução preferível do repatriamento voluntário dignificante e seguro, e incluindo soluções tais como as adotadas pelas conferências internacionais sobre refugiados. A Conferência Mundial sobre Direitos Humanos sublinha as responsabilidades dos Estados, particularmente as que se relacionam com os países de origem. À luz da abordagem global, a Conferência Mundial sobre Direitos Humanos realça a importância de se dar especial atenção, inclusivamente através de organizações intergovernamentais e humanitárias, e de se encontrarem soluções duradouras para as questões relacionadas com pessoas internamente deslocadas, incluindo o seu regresso voluntário e seguro e a sua reabilitação. Em conformidade com a Carta das Nações Unidas e os princípios de Direito Humanitário, a Conferência Mundial sobre Direitos Humanos realça ainda a importância e a necessidade da assistência humanitária às vítimas de todas as catástrofes, quer naturais quer causadas pelo ser humano.

24. Deve ser dada grande importância à promoção e à proteção dos Direitos Humanos de pessoas pertencentes a grupos que se tenham tornado vulneráveis, incluindo os trabalhadores migrantes, à eliminação de todas as formas de discriminação contra eles, bem como ao reforço e a uma mais efetiva aplicação dos instrumentos existentes em matéria de Direitos Humanos. Os Estados têm uma obrigação de adotar e manter medidas adequadas a nível nacional, sobretudo nos domínios da educação, da saúde e da assistência social, com vista à promoção e proteção dos direitos das pessoas pertencentes a sectores vulneráveis das suas populações, e a garantir a participação das que, de entre elas, se mostrem interessadas em encontrar uma solução para os seus próprios problemas.

25. A Conferência Mundial sobre Direitos Humanos afirma que a pobreza extrema e a exclusão social constituem uma violação da dignidade humana e que são necessárias medidas urgentes para alcançar um melhor conhecimento sobre a pobreza extrema e as suas causas, incluindo aquelas relacionadas com o problema do desenvolvimento, com vista a promover os Direitos Humanos dos mais pobres, a pôr fim à pobreza extrema e à exclusão social e a promover o gozo dos frutos do progresso social. É essencial que os Estados estimulem a participação das pessoas mais pobres no processo decisório da comunidade em que vivem, bem como a promoção de Direitos Humanos e os esforços para combater a pobreza extrema.

26. A Conferência Mundial sobre Direitos Humanos congratula-se com os progressos feitos na codificação de instrumentos em matéria de Direitos Humanos, o que constitui um processo dinâmico e evolutivo, e insta à ratificação universal de tratados em matéria de Direitos Humanos. Todos os Estados são encorajados a aderir a estes instrumentos internacionais; todos os Estados são encorajados a evitar, tanto quanto possível, o recurso a reservas.

27. Todos os Estados deverão oferecer um quadro efetivo de soluções para reparar injustiças ou violações dos Direitos Humanos. A administração da justiça, incluindo os departamentos policiais e de ação penal e, especialmente, um poder judicial independente e um estatuto das profissões forenses em total conformidade com as normas aplicáveis constantes de instrumentos internacionais em matéria de Direitos Humanos, são essenciais para a concretização plena e não discriminatória dos Direitos Humanos e indispensáveis aos processos da democracia e do desenvolvimento sustentável. Neste contexto, deverão ser devidamente financiadas instituições que se dediquem à administração da justiça, devendo a comunidade internacional providenciar pela prestação de um maior apoio técnico e financeiro. Compete às Nações Unidas utilizar, com caráter prioritário, programas especiais de serviços consultivos com vista à obtenção de uma administração da justiça forte e independente.

28. A Conferência Mundial sobre Direitos Humanos manifesta a sua consternação perante as violações massivas de Direitos Humanos, em especial sob a forma de genocídio, "limpeza étnica" e violação sistemática de mulheres em situações de guerra, originando êxodos em massa de refugiados e pessoas deslocadas. Ao condenar veementemente tais práticas abomináveis, reitera o apelo para que os autores de tais crimes sejam punidos e tais práticas imediatamente eliminadas.

29. A Conferência Mundial sobre Direitos Humanos exprime a sua profunda preocupação pelas contínuas violações de Direitos Humanos que ocorrem em todas as partes do mundo, em desrespeito pelas normas consagradas em instrumentos internacionais de Direitos Humanos e de Direito Internacional Humanitário, assim como pela falta de soluções suficientes e eficazes para compensar as vítimas. A Conferência Mundial sobre Direitos Humanos está profundamente preocupada com as violações dos Direitos Humanos que ocorrem durante os conflitos armados, afetando a população civil, sobretudo mulheres, crianças, idosos e pessoas com deficiências. A Conferência apela, assim, aos Estados e a todas as partes em conflitos armados para que respeitem escrupulosamente o Direito Internacional Humanitário, conforme estabelecido nas Convenções de Genebra de 1949 e noutras normas e princípios do Direito Internacional, bem como os padrões mínimos de proteção dos Direitos Humanos, conforme determinado em convenções internacionais. A Conferência Mundial sobre Direitos Humanos reafirma o direito das vítimas a receberem assistência de organizações humanitárias, conforme estabelecido nas Convenções de Genebra de 1949 e noutros instrumentos relevantes de Direito Internacional Humanitário, e apela ao acesso seguro e atempado a tal assistência.

30. A Conferência Mundial sobre Direitos Humanos exprime também a sua consternação e condenação pelo fato de violações graves e sistemáticas de Direitos Humanos, bem como situações que constituem sérios obstáculos ao pleno gozo desses direitos, continuarem a ocorrer em diferentes partes do mundo. Tais violações e obstáculos incluem, além da tortura e das penas ou tratamentos cruéis, desumanos e degradantes, as execuções sumárias e arbitrárias, os desaparecimentos, as detenções arbitrárias, todas as formas de racismo, discriminação racial e apartheid, a ocupação e o domínio por parte de potências estrangeiras, a xenofobia, a pobreza, a fome e outras negações dos direitos econômicos, sociais e culturais, a intolerância religiosa, o terrorismo, a discriminação contra as mulheres e a inexistência do Estado de Direito.

31. A Conferência Mundial sobre Direitos Humanos apela aos Estados para que se abstenham de tomar qualquer medida unilateral, que não esteja em conformidade com o Direito Internacional e com a Carta das Nações Unidas e que crie obstáculos às relações comerciais entre Estados e obste à plena realização dos Direitos Humanos consagrados na Declaração Universal dos Direitos do Homem e nos instrumentos internacionais de Direitos Humanos, em especial do direito de todos a um nível de vida adequado à sua saúde e bem-estar, incluindo a alimentação e os cuidados médicos, a habitação e os necessários serviços sociais. A Conferência Mundial sobre Direitos Humanos afirma que a alimentação não deverá ser utilizada como um instrumento de pressão política.

32. A Conferência Mundial sobre Direitos Humanos reafirma a importância de garantir a universalidade, a objetividade e a não seletividade na consideração de questões relativas aos Direitos Humanos.

33. A Conferência Mundial sobre Direitos Humanos reafirma que os Estados estão vinculados, conforme previsto na Declaração Universal dos Direitos do Homem, no Pacto Internacional sobre os Direitos econômicos, Sociais e Culturais e noutros instrumentos internacionais de Direitos Humanos, a garantir que a educação se destine a reforçar o respeito pelos Direitos Humanos e liberdades fundamentais. A Conferência Mundial sobre Direitos Humanos realça a importância de incluir a questão dos Direitos Humanos nos programas de educação e apela aos Estados para o fazerem. A educação deverá promover a compreensão, a tolerância, a paz e as relações amistosas entre as nações e todos os grupos raciais ou religiosos, e encorajar o desenvolvimento de atividades das Nações Unidas na prossecução destes objetivos. Assim, a educação em matéria de Direitos Humanos e a divulgação de informação adequada, tanto teórica como prática, desempenham um papel importante na promoção e no respeito dos Direitos Humanos em relação a todos os indivíduos, sem distinção de qualquer tipo, nomeadamente de raça, sexo, língua ou religião, devendo isto ser incluído nas políticas educacionais, quer a nível nacional, quer internacional. A Conferência Mundial sobre Direitos Humanos observa que as limitações de recursos e a falta de adequação das instituições podem impedir a imediata concretização destes objetivos.

34. Deverão ser empreendidos esforços acrescidos para apoiar os países que o solicitem a criar as condições que permitam a cada indivíduo usufruir os Direitos Humanos e das liberdades fundamentais universalmente reconhecidos. Os Governos, o sistema das Nações Unidas, bem como outras organizações multilaterais, são instados a aumentar consideravelmente os recursos afetos a programas que visem a criação e o reforço de legislação interna, de instituições nacionais e de infraestruturas conexas que sustentem o Estado de Direito e a democracia, da assistência ao processo eleitoral, da sensibilização para a temática dos Direitos Humanos através da formação, do ensino e da educação, da participação popular e da sociedade civil. Os programas de serviços consultivos e de cooperação técnica do âmbito do Centro para os Direitos Humanos deverão ser reforçados e tornados mais eficientes e transparentes, podendo assim contribuir para um maior respeito pelos Direitos Humanos. Apela-se aos Estados para que aumentem as suas contribuições para estes programas, quer através da promoção de uma maior afetação de verbas provenientes do orçamento ordinário das Nações Unidas, quer através de contribuições voluntárias.

35. A plena e efetiva execução das atividades das Nações Unidas destinadas a promover e a proteger os Direitos Humanos deve refletir a grande importância atribuída aos Direitos Humanos pela Carta das Nações Unidas e as exigências das atividades das Nações Unidas em matéria de Direitos Humanos, conforme mandato conferido pelos Estados Membros. Para esse fim, as atividades das Nações Unidas em matéria de Direitos Humanos deverão ser dotadas de maiores recursos.

36. A Conferência Mundial sobre Direitos Humanos reafirma o importante e construtivo papel desempenhado pelas instituições nacionais na promoção e na proteção dos Direitos Humanos, em particular na sua qualidade de órgãos consultivos das autoridades competentes, bem como no que diz respeito ao seu papel na reparação de violações dos Direitos Humanos, na divulgação de informação sobre Direitos Humanos e na educação em matéria de Direitos Humanos. A Conferência Mundial sobre Direitos Humanos encoraja a criação e o reforço de instituições nacionais, tendo em conta os "Princípios relativos ao estatuto de instituições nacionais" e reconhecendo que cada Estado tem o direito de optar pelo enquadramento que melhor se abdique às suas necessidades específicas a nível nacional.

37. Os acordos regionais desempenham um papel fundamental na promoção e na proteção dos Direitos Humanos. Deverão reforçar as normas universais de Direitos Humanos, conforme consagradas nos instrumentos internacionais de Direitos Humanos, e a respectiva proteção. A Conferência

Mundial sobre Direitos Humanos apoia os esforços em curso para reforçar tais acordos e aumentar a sua eficácia, sublinhado, simultaneamente, a importância da cooperação com as atividades das Nações Unidas no domínio dos Direitos Humanos. A Conferência Mundial sobre Direitos Humanos reitera a necessidade de considerar a possibilidade de estabelecer acordos regionais e sub-regionais para a promoção e a proteção de Direitos Humanos, sempre que se verifique a sua inexistência.

38. A Conferência Mundial sobre Direitos Humanos reconhece o importante papel desempenhado pelas organizações não governamentais na promoção de todos os Direitos Humanos e nas atividades humanitárias aos níveis nacional, regional e internacional. A Conferência Mundial sobre Direitos Humanos agradece a contribuição das mesmas para uma crescente consciencialização pública sobre as questões dos Direitos Humanos, para a orientação da educação, da formação e da pesquisa neste domínio, e para a promoção e proteção de todos os Direitos Humanos e liberdades fundamentais. Embora reconhecendo que a responsabilidade primeira pela definição de normas cabe aos Estados, a Conferência agradece também a contribuição de organizações não governamentais para este processo. A este respeito, a Conferência Mundial sobre Direitos Humanos realça a importância da cooperação e do diálogo contínuos entre os Governos e as organizações não governamentais. As organizações não governamentais e os seus membros genuinamente envolvidos na área dos Direitos Humanos deverão gozar dos direitos e liberdades consagrados na Declaração Universal dos Direitos do Homem, e da proteção do direito interno. Estes direitos e liberdades não podem ser exercidos contrariamente aos fins e princípios das Nações Unidas. As organizações não governamentais deverão desenvolver livremente as suas atividades no domínio dos Direitos Humanos, sem interferências, nos termos do direito interno e da Declaração Universal dos Direitos do Homem.

39. Sublinhando a importância de uma informação objetiva, responsável e imparcial sobre Direitos Humanos e questões humanitárias, a Conferência Mundial sobre Direitos Humanos encoraja o crescente envolvimento dos meios de comunicação social, aos quais deverão ser garantidas liberdade e proteção no quadro do direito interno.

II A. Maior coordenação no domínio dos Direitos Humanos no âmbito do sistema das Nações Unidas

1. A Conferência Mundial sobre Direitos Humanos recomenda uma maior coordenação no apoio aos Direitos Humanos e às liberdades fundamentais no âmbito do sistema das Nações Unidas. Para este fim, a Conferência Mundial sobre Direitos Humanos insta todos os órgãos, organismos e agências especializadas das Nações Unidas, cujas atividades se relacionam com os Direitos Humanos, a cooperar por forma a fortalecer, racionalizar e tornar mais eficazes as suas atividades, tendo em conta a necessidade de evitar duplicações desnecessárias. A Conferência Mundial sobre Direitos Humanos recomenda também aos funcionários superiores dos relevantes organismos e agências especializadas das Nações Unidas que, por ocasião da sua reunião anual, além de coordenarem as suas atividades, avaliem também o impacto das suas estratégias e políticas a respeito do gozo de todos os Direitos Humanos.

2. Além disso, a Conferência Mundial sobre Direitos Humanos apela às organizações regionais e às principais instituições financeiras e de desenvolvimento, de âmbito regional e internacional, para que avaliem também o impacto das suas políticas e programas sobre o gozo dos Direitos Humanos.

3. A Conferência Mundial sobre Direitos Humanos reconhece que as agências especializadas relevantes e os organismos e instituições do sistema das Nações Unidas, bem como outras organizações intergovernamentais relevantes, cujas atividades se relacionem com os Direitos Humanos, desempenham um papel fundamental na formulação, promoção e aplicação de normas de Direitos Humanos, no âmbito dos respectivos mandatos, e deverão ter em consideração as conclusões da Conferência Mundial sobre Direitos Humanos no âmbito das respectivas áreas de competência.

4. A Conferência Mundial sobre Direitos Humanos recomenda vivamente que sejam feitos esforços concertados no sentido de encorajar e facilitar a ratificação e a adesão ou sucessão em tratados e protocolos internacionais de Direitos Humanos adotados no âmbito do sistema das Nações Unidas, com vista à sua aceitação universal. O Secretário--Geral, em consulta com os órgãos de controlo da aplicação dos instrumentos das Nações Unidas em matéria de Direitos Humanos, deverá considerar a possibilidade de estabelecer um diálogo com os Estados que não tenham ainda aderido a tais tratados de Direitos Humanos, por forma a identificar os obstáculos e a procurar formas de os ultrapassar.

5. A Conferência Mundial sobre Direitos Humanos encoraja os Estados a considerarem a possibilidade de limitar o âmbito de quaisquer reservas por eles formuladas em relação a instrumentos internacionais de Direitos Humanos, a formularem quaisquer reservas da forma mais precisa e restrita possível, a garantirem que nenhuma dessas reservas será incompatível com o objeto e o fim do tratado em questão e a reverem regularmente quaisquer reservas, com vista à sua eliminação.

6. A Conferência Mundial sobre Direitos Humanos, reconhecendo a necessidade de manter o alto nível de qualidade das normas internacionais existentes e de evitar a proliferação de instrumentos de Direitos Humanos, reafirma as diretrizes relativas à elaboração de novos instrumentos internacionais constantes da resolução 41/120 da Assembleia Geral, de 4 de Dezembro de 1986, e apela aos organismos das Nações Unidas no domínio dos Direitos Humanos, ao considerar a elaboração de novas normas internacionais, a terem presentes aquelas diretrizes, a consultarem os órgãos de controlo da aplicação dos instrumentos das Nações Unidas em matéria de Direitos Humanos sobre a necessidade de preparar novas normas e a solicitarem ao Secretariado a elaboração de revisões técnicas dos novos instrumentos que tenham sido propostos.

7. A Conferência Mundial sobre Direitos Humanos recomenda que sejam adstritos funcionários que exerçam funções na área dos Direitos Humanos, se e quando necessário, a departamentos regionais da Organização das Nações Unidas, com o objetivo de divulgar informação e de proporcionar formação e outra assistência técnica na área dos Direitos Humanos a pedido de Estados Membros interessados. Deverá ser organizada a formação em matéria de Direitos Humanos para os funcionários públicos internacionais que sejam designados para trabalhar em áreas relacionadas com os Direitos Humanos.

8. A Conferência Mundial sobre Direitos Humanos congratula-se com a convocação de sessões de emergência da Comissão de os Direitos do Homem, considerando-a uma iniciativa positiva, e com o fato dos órgãos relevantes do sistema das Nações Unidas terem em atenção outras formas de dar resposta a violações graves dos Direitos Humanos. Recursos

9. A Conferência Mundial sobre Direitos Humanos, preocupada com a crescente disparidade entre as atividades do Centro para os Direitos Humanos e os recursos humanos, financeiros e de outra natureza disponíveis para as levar a efeito, e tendo presentes os recursos necessários para outros programas importantes das Nações Unidas, solicita ao Secretário-Geral e à Assembleia Geral que adotem medidas imediatas com vista a aumentar substancialmente os recursos para o programa de Direitos Humanos a partir do atual e dos futuros orçamentos ordinários das Nações Unidas, bem como medidas urgentes no sentido da obtenção de recursos extraorçamentais acrescidos.

10. Neste quadro, uma parte acrescida do orçamento ordinário deverá ser afeta diretamente ao Centro para os Direitos Humanos para cobertura das suas despesas e de todas as outras despesas suportadas por este Centro, incluindo as relacionadas com os organismos de Direitos Humanos das Nações Unidas. O financiamento voluntário das atividades de cooperação técnica do Centro deverá reforçar este orçamento; a Conferência Mundial sobre Direitos Humanos apela às contribuições generosas a favor dos fundos de afetação especial existentes

11. A Conferência Mundial sobre Direitos Humanos solicita ao Secretário-Geral e à Assembleia Geral que providenciem pela atribuição, ao Centro para os Direitos Humanos, de recursos suficientes de natureza humana, financeira e outra, que lhe permitam desempenhar as suas atividades de forma efetiva, eficiente e célere

12. A Conferência Mundial sobre Direitos Humanos, constatando a necessidade de assegurar a disponibilização de recursos humanos e financeiros necessários ao desenvolvimento de atividades no domínio dos Direitos Humanos, conforme mandato conferido pelas entidades intergovernamentais, insta o Secretário-Geral, em conformidade com o artigo 101º da Carta das Nações Unidas, bem como os Estados Membros, a adotarem uma abordagem coerente com o propósito de garantir a atribuição ao Secretariado de recursos compatíveis com os mandatos alargados que lhe são conferidos. A

Conferência Mundial sobre Direitos Humanos convida o Secretário-Geral a ponderar a necessidade ou a utilidade de se proceder a ajustamentos nos procedimentos adotados no âmbito do ciclo do programa orçamental, por forma a garantir a execução atempada e efetiva das atividades em matéria de Direitos Humanos conforme o mandato conferido pelos Estados Membros. Centro para os Direitos Humanos

13. 3. A Conferência Mundial sobre Direitos Humanos sublinha a importância de reforçar o Centro para os Direitos Humanos das Nações Unidas

14. O Centro para os Direitos Humanos deverá desempenhar um papel importante na coordenação das atividades de Direitos Humanos no conjunto do sistema. O papel fulcral do Centro poderá ser mais bem desempenhado caso lhe seja permitido cooperar plenamente com outros órgãos e organismos das Nações Unidas. O papel coordenador do Centro para os Direitos Humanos implica igualmente que as instalações do Centro para os Direitos Humanos, em Nova Iorque, sejam reforçadas

15. Deverá ser assegurada ao Centro para os Direitos Humanos a disponibilização de meios adequados para o funcionamento do sistema de relatores temáticos e por países, peritos, grupos de trabalho e órgãos de controlo da aplicação dos instrumentos das Nações Unidas em matéria de Direitos Humanos. O acompanhamento das recomendações deverá tornar-se uma questão prioritária a ser considerada pela Comissão dos Direitos do Homem

16. O Centro para os Direitos Humanos deverá assumir um papel mais abrangente na promoção dos Direitos Humanos. Este papel deverá ser moldado através da cooperação com os Estados Membros e de um programa reforçado de serviços consultivos e de assistência técnica. Para tais fins, os fundos voluntários existentes terão de ser substancialmente ampliados e deverão ser geridos de forma mais eficiente e coordenada. Todas as atividades deverão obedecer a regras de gestão de projeto rigorosas e transparentes, e deverão ser efetuadas periodicamente avaliações regulares de programas e projetos. Para este fim, os resultados de tais exercícios de avaliação e outra informação relevante deverão ser disponibilizadas regularmente. O Centro deverá, em particular, organizar pelo menos uma vez por ano reuniões informativas, abertas a todos os Estados Membros e a organizações diretamente envolvidas nestes projetos e programas. Adaptação e reforço dos mecanismos das Nações Unidas para os Direitos Humanos, incluindo a questão da criação de um Alto Comissariado das Nações Unidas para os Direitos Humanos

17. A Conferência Mundial sobre Direitos Humanos reconhece a necessidade de uma adaptação contínua dos mecanismos das Nações Unidas para os Direitos Humanos às necessidades presentes e futuras de promoção e proteção dos Direitos Humanos, conforme refletidas na presente Declaração e no quadro de um desenvolvimento equilibrado e sustentável para todos os povos. Em particular, os órgãos das Nações Unidas para os Direitos Humanos deverão fomentar a respectiva coordenação, eficiência e eficácia

18. A Conferência Mundial sobre Direitos Humanos recomenda à Assembleia Geral que, ao analisar o relatório da Conferência por ocasião da sua quadragésima oitava sessão, comece por considerar, com caráter prioritário, a questão da criação de um Alto Comissariado para os Direitos Humanos para a promoção e proteção de todos os Direitos Humanos. B. Igualdade, dignidade e tolerância 1. Racismo, discriminação racial, xenofobia e outras formas de intolerância.

19. A Conferência Mundial sobre Direitos Humanos considera que a eliminação do racismo e da discriminação racial, particularmente nas suas formas institucionalizadas tais como o apartheid, ou resultantes de doutrinas de superioridade ou exclusividade racial, ou formas e manifestações contemporâneas de racismo, constitui um objetivo prioritário da comunidade internacional e um programa de promoção dos Direitos Humanos a nível mundial. Os órgãos e as agências das Nações Unidas deverão intensificar os seus esforços no sentido de executar tal programa de ação relativo à terceira década de combate ao racismo e à discriminação racial, bem como mandatos subsequentes para o mesmo fim. A Conferência Mundial sobre Direitos do Homem apela veementemente à comunidade internacional para que contribua generosamente para o Fundo de afetação Especial para o Programa de Ação para a Década de Luta contra o Racismo e a Discriminação Racial

20. A Conferência Mundial sobre Direitos Humanos insta todos os Governos a adotarem medidas imediatas e a desenvolverem políticas sólidas de prevenção e combate a todas as formas e manifestações de racismo, xenofobia ou intolerância conexa, se necessário através da promulgação de legislação adequada, incluindo medidas de caráter penal, e através da criação de instituições nacionais para o combate a tais fenômenos

21. A Conferência Mundial sobre Direitos Humanos congratula-se com a decisão da Comissão dos Direitos do Homem de nomear um Relator Especial para as formas contemporâneas de racismo, discriminação racial, xenofobia e intolerância conexa. A Conferência Mundial sobre Direitos do Homem apela igualmente a todos os Estados Partes na Convenção Internacional sobre a Eliminação de Todas as Formas de Discriminação Racial que considerem a possibilidade de fazer a declaração prevista no artigo 14º da Convenção

22. A Conferência Mundial sobre Direitos Humanos apela a todos os Governos para que adotem todas as medidas adequadas, em conformidade com as suas obrigações internacionais e no respeito pelos respectivos sistemas jurídicos, para combater a intolerância e a violência com ela conexa que tenham por base a religião ou o credo, incluindo práticas discriminatórias contra as mulheres e profanação de locais religiosos, reconhecendo que cada indivíduo tem direito à liberdade de pensamento, consciência, expressão e religião. A Conferência convida, igualmente, todos os Estados a porem em prática as disposições da Declaração sobre a Eliminação de Todas as Formas de Intolerância e Discriminação baseadas na Religião ou no Credo

23. A Conferência Mundial sobre Direitos Humanos realça que todas as pessoas que praticam ou autorizam a prática de atos criminosos associados à limpeza étnica são individualmente responsáveis e imputáveis por tais violações dos Direitos Humanos, e que a comunidade internacional deverá envidar todos os esforços para levar os indivíduos legalmente responsáveis por tais violações a responder perante a justiça

24. A Conferência Mundial sobre Direitos Humanos apela a todos os Estados para que adotem, individual e coletivamente, medidas imediatas para combater a prática da limpeza étnica com vista à sua rápida eliminação. As vítimas da odiosa prática da limpeza étnica têm direito a reparações adequadas e efetivas. 2. Pessoas pertencentes a minorias nacionais ou étnicas, religiosas e linguísticas.

25. A Conferência Mundial sobre Direitos Humanos apela à Comissão dos Direitos do Homem para que analise formas e meios de promover e proteger eficazmente os direitos das pessoas pertencentes a minorias tal como estabelecido na Declaração sobre os Direitos de Pessoas pertencentes a Minorias Nacionais ou Étnicas, Religiosas e linguísticas. Neste contexto, a Conferência Mundial sobre Direitos Humanos apela ao Centro para os Direitos Humanos para que providencie, a pedido dos Governos interessados e como parte do seu programa de serviços consultivos e de assistência técnica, pela prestação de serviços de peritos qualificados sobre questões relativas às minorias e aos Direitos Humanos, bem como sobre a prevenção e a resolução de diferendos, para fins de assistência em situações atuais ou potenciais envolvendo minorias.

26. A Conferência Mundial sobre Direitos Humanos insta os Estados e a comunidade internacional a promover e proteger os direitos das pessoas pertencentes a minorias nacionais ou étnicas, religiosas e linguísticas, em conformidade com a Declaração sobre os Direitos das Pessoas pertencentes a Minorias Nacionais ou Étnicas, Religiosas e linguísticas

27. As medidas a adotar, se necessário, deverão consistir, nomeadamente, em facilitar a participação plena dessas pessoas em todos os aspectos da vida política, social, religiosa e cultural da sociedade e no progresso econômico e desenvolvimento dos seus países. Povos Indígenas

28. A Conferência Mundial sobre Direitos Humanos apela ao Grupo de Trabalho sobre as Populações Indígenas da Subcomissão para a Prevenção da Discriminação e proteção das Minorias, para que ultime, na sua décima primeira sessão, a redação de um projeto de declaração sobre os direitos dos povos indígenas.

29. A Conferência Mundial sobre Direitos Humanos recomenda que a Comissão dos Direitos do Homem considere a possibilidade de renovação e atualização do mandato do Grupo de Trabalho sobre as Populações Indígenas, após a elaboração do projeto de declaração sobre os direitos dos povos indígenas

30. A Conferência Mundial sobre Direitos Humanos recomenda, igualmente, que os serviços consultivos e os programas de assistência técnica, no âmbito do sistema das Nações Unidas, respondam positivamente a pedidos formulados pelos Estados para assistência que beneficie diretamente os povos indígenas. A Conferência Mundial sobre Direitos Humanos recomenda, ainda, que sejam postos à disposição do Centro para os Direitos Humanos recursos humanos e financeiros adequados, no âmbito do quadro geral de reforço das atividades do Centro previsto no presente documento

31. A Conferência Mundial sobre Direitos Humanos insta os Estados a assegurarem a plena e livre participação dos povos indignas em todos os aspectos da sociedade, e em particular nas questões que sejam do seu interesse

32. A Conferência Mundial sobre os Direitos Humanos recomenda que a Assembleia Geral proclame uma década internacional dos povos indígenas do mundo, com início em Janeiro de 1994, incluindo programas orientados para a ação, a ser decididos em conjunto com os povos indígenas. Deverá ser estabelecido um fundo voluntário de afetação especial para este fim. No âmbito da referida década, deverá ser considerada a criação de um fórum permanente para os povos indígenas no interior do sistema das Nações Unidas. Trabalhadores migrantes

33. A Conferência Mundial sobre Direitos Humanos apela a todos os Estados para que garantam a proteção dos Direitos Humanos de todos os trabalhadores migrantes e suas famílias

34. Conferência Mundial sobre Direitos Humanos considera que a criação de condições, que favoreçam a harmonia e a tolerância entre os trabalhadores migrantes e o resto da sociedade do Estado em que residem, se reveste de particular importância

35. A Conferência Mundial sobre Direitos Humanos convida os Estados a estudarem a possibilidade de assinar e ratificar, dentro do mais curto espaço de tempo possível, a Convenção Internacional sobre os Direitos de Todos os Trabalhadores Migrantes e dos Membros das suas Famílias. 3. A igualdade de estatuto e os Direitos Humanos das mulheres

36. A Conferência Mundial sobre Direitos Humanos apela ao gozo pleno e em condições de igualdade de todos os Direitos Humanos pelas mulheres, e a que tal constitua uma prioridade para os Governos e para as Nações Unidas. A Conferência Mundial sobre Direitos Humanos sublinha igualmente a importância da integração e da plena participação das mulheres, não apenas como agentes, mas também como destinatárias, do processo de desenvolvimento, e reitera os objetivos estabelecidos sobre a ação global a favor das mulheres para um desenvolvimento sustentável e equitativo, consignados na Declaração do Rio sobre Ambiente e Desenvolvimento, e no capítulo 24 da Agenda 21, adotada pela Conferência das Nações Unidas sobre Ambiente e Desenvolvimento (Rio de Janeiro, Brasil, 3 – 14 de Junho de 1992)

37. A igualdade de estatuto e os Direitos Humanos das mulheres devem ser integrados nas principais atividades de todo o sistema das Nações Unidas. Estas questões devem ser tratadas de forma regular e sistemática em todos os órgãos e mecanismos pertinentes das Nações Unidas. De um modo especial, devem ser tomadas medidas para aumentar a cooperação entre a Comissão sobre o Estatuto da Mulher, a Comissão dos Direitos do Homem, o Comitê para a Eliminação da Discriminação contra as Mulheres, o Fundo das Nações Unidas para o Desenvolvimento das Mulheres, o Programa das Nações Unidas para o Desenvolvimento e outras agências desta organização e para uma melhor integração dos objetivos respectivos. Deve, neste âmbito, ser reforçada a cooperação e integração entre o Centro para os Direitos Humanos e a Divisão para o Progresso das Mulheres

38. A Conferência sobre Direitos Humanos salienta principalmente a importância de se trabalhar no sentido da eliminação da violência contra as mulheres na vida pública e privada, da eliminação de todas as formas de assédio sexual, exploração e tráfico de mulheres para prostituição, da eliminação de tendências sexistas na administração da justiça e da erradicação de quaisquer conflitos que possam surgir entre os direitos das mulheres e os efeitos nocivos de certas práticas tradicionais ou consuetudinárias, preconceitos culturais e extremismos religiosos. A Conferência Mundial sobre Direitos Humanos apela à Assembleia Geral para que adote o projeto de declaração sobre a violência contra as mulheres, e insta os Estados a combaterem a violência contra as mulheres em conformidade com as disposições contidas na declaração. As violações dos direitos das mulheres em situações de conflito armado constituem violações dos princípios internacionais fundamentais de Direitos Humanos e de Direito Humanitário. Todas as violações deste tipo, incluindo especialmente, o homicídio, as violações sistemáticas, a escravatura sexual e a gravidez forçada exigem uma resposta particularmente eficaz

39. A Conferência Mundial sobre Direitos Humanos apela à erradicação de todas as formas de discriminação, flagrantes ou ocultas, de que as mulheres são vítimas. As Nações Unidas deverão encorajar a ratificação universal, por todos os Estados, até ao ano 2000, da Convenção sobre a Eliminação de Todas as Formas de Discriminação contra as Mulheres. Deverá ser estimulada a procura de formas e de meios para lidar com o número particularmente elevado de reservas à Convenção. O comitê para a Eliminação da Discriminação contra as Mulheres deverá continuar, inter alia, o exame às reservas formuladas. Exortam-se os Estados a retirar as reservas contrárias ao objeto e fim da Convenção ou que sejam, a qualquer título, incompatíveis com o Direito Internacional dos tratados

40. Os órgãos de controlo da aplicação de tratados deveriam divulgar a informação necessária para possibilitar às mulheres utilizarem, mais eficazmente os procedimentos de aplicação já existentes na sua luta pelo gozo pleno e igualitário dos Direitos Humanos e pela não discriminação. Deveriam ser igualmente adotados novos procedimentos, destinados a reforçar a aplicação do compromisso assumido em favor da igualdade da mulher e dos seus Direitos Humanos. A Comissão sobre o Estatuto da Mulher e o comitê para a Eliminação da Discriminação contra as Mulheres deveriam examinar rapidamente a hipótese da introdução do direito de petição, através da preparação de um protocolo facultativo à Convenção sobre a Eliminação de Todas as Formas de Discriminação contra as Mulheres. A Conferência Mundial sobre Direitos Humanos acolhe a decisão da Comissão dos Direitos do Homem, tomada na sua quinta sessão, no sentido de considerar a nomeação de um Relator Especial sobre a violência contra as mulheres.

41. A Conferência Mundial sobre Direitos Humanos reconhece a importância das mulheres poderem usufruir o mais elevado padrão de saúde física e mental ao longo das suas vidas. No âmbito da Conferência Mundial sobre Direitos Humanos e da Convenção sobre a Eliminação de todas as Formas de Discriminação contra as Mulheres, bem como da Proclamação de Teerã de 1968, a Conferência Mundial sobre Direitos do Homem reafirma, com base na igualdade entre homens e mulheres, um direito da mulher a cuidados de saúde adequados e acessíveis e ao mais vasto leque possível de serviços de planejamento familiar, assim como à igualdade de acesso ao ensino, a todos os níveis.

42. Os órgãos de controlo da aplicação de tratados deverão incluir o estatuto da mulher e os seus Direitos Humanos nas suas deliberações e conclusões, fazendo uso de dados que se refiram especificamente a este sexo. Os Estados deverão ser encorajados a fornecer informações sobre a situação das mulheres, de jure e de fato, nos seus relatórios apresentados àqueles órgãos. A Conferência Mundial sobre Direitos Humanos constata, com satisfação, que a Comissão dos Direitos do Homem, adotou, na sua quadragésima nona sessão, a resolução 1993/46, de 8 de Março de 1993, afirmando que os relatores e os grupos de trabalho no domínio dos Direitos Humanos deveriam ser encorajados a proceder de igual modo. A Divisão para o Progresso das Mulheres, em cooperação com outros organismos das Nações Unidas, particularmente o Centro para os Direitos Humanos, deverá igualmente tomar medidas com vista a garantir que as atividades das Nações Unidas ligadas aos Direitos Humanos contemplem regularmente as violações dos Direitos Humanos das mulheres, incluindo os abusos cometidos especificamente contra esse sexo. Deverá ser encorajada a formação de pessoal das Nações Unidas no domínio dos Direitos Humanos e do auxílio humanitário, para que este possa reconhecer e lidar com este tipo de abusos de Direitos Humanos, e efetuar o seu trabalho sem preconceitos sexistas.

43. A Conferência Mundial sobre Direitos Humanos insta os Governos e as organizações regionais e internacionais a facilitarem o acesso das mulheres a cargos com competências decisórias e a permitirem a sua maior participação nos processos decisórios. A Conferência encoraja ainda a adoção de novas medidas no seio do Secretariado das Nações Unidas, no sentido de serem nomeadas e promovidas mulheres enquanto membros do pessoal, em conformidade com a Carta das Nações Unidas, e encoraja outros órgãos principais e subsidiários das Nações Unidas a garantirem a participação das mulheres em condições de igualdade.

44. A Conferência Mundial sobre os Direitos Humanos congratula-se com a Conferência Mundial sobre as Mulheres, que ocorrerá em Pequim em 1995, e insta a que os Direitos Humanos das mulheres desempenhem um papel importante nas suas deliberações, em conformidade com os temas prioritários relativos à igualdade, ao desenvolvimento e à paz, da Conferência Mundial sobre Mulheres. 4. Os direitos da criança

45. A Conferência Mundial sobre Direitos Humanos reitera o princípio "As Crianças em Primeiro Lugar" e, neste domínio, sublinha a importância dos esforços significativos, realizados a nível nacional e internacional, especialmente os do Fundo das Nações Unidas para a Infância, com vista à promoção do respeito pelos direitos da criança à sobrevivência, à proteção, ao desenvolvimento e à participação.

46. Deverão ser tomadas medidas para alcançar, até 1995, a ratificação universal da Convenção sobre os Direitos da Criança e a assinatura universal da Declaração Mundial sobre a Sobrevivência, a proteção e o Desenvolvimento das Crianças e o Plano de Ação, adotados pela Cimeira Mundial para a Infância, bem como a sua aplicação efetiva. A Conferência Mundial sobre Direitos Humanos insta os Estados a retirarem as reservas emitidas à Convenção sobre os Direitos da Criança contrárias ao objeto e ao fim da mesma ou que sejam, a qualquer título, incompatíveis com o Direito Internacional dos tratados.

47. A Conferência Mundial sobre Direitos Humanos insta todas as nações a empreenderem medidas no limite máximo dos seus recursos disponíveis, com o apoio da cooperação internacional, para se atingirem os objetivos fixados no Plano de Ação da Cimeira Mundial. A Conferência apela aos Estados para integrarem a Convenção sobre os Direitos da Criança nos respectivos planos de ação nacionais. Através de tais planos nacionais e dos esforços internacionais, deverá ser atribuída especial prioridade à redução das taxas de mortalidade infantil e materna, à redução das taxas de má nutrição e analfabetismo, ao acesso a água potável e ao ensino básico. Sempre que necessário, os planos nacionais de ação serão concebidos com vista a combater emergências de consequências devastadoras resultantes de catástrofes naturais e conflitos armados, bem como o problema igualmente grave das crianças em situação de pobreza extrema.

48. A Conferência Mundial sobre Direitos Humanos insta todos os Estados a debruçarem-se, com o apoio da cooperação internacional, sobre o sério problema das crianças que vivem em circunstância especialmente difíceis. A exploração e o abuso de crianças deverão ser ativamente combatidos, devendo ser analisadas as suas causas mais remotas. Impõem-se medidas eficazes contra o infanticídio de crianças do sexo feminino, o trabalho infantil de efeitos nocivos, a venda de crianças e de órgãos, a prostituição e a pornografia infantis e outras formas de abuso sexual.

49. A Conferência Mundial sobre Direitos Humanos apoia todas as medidas tomadas pelas Nações Unidas e pelas suas agências especializadas com vista a assegurar a proteção e a promoção efetivas dos Direitos Humanos das meninas. A Conferência Mundial sobre Direitos Humanos insta os Estados a revogarem as leis e regulamentos em vigor e quaisquer costumes e práticas que descriminem e prejudiquem as meninas.

50. Deverão ser aplicadas normas de Direito Humanitário e adotadas medidas por forma a proteger e a facilitar a prestação de assistência às crianças em zonas de guerra. As medidas deverão incluir a proteção das crianças contra o uso indiscriminado de todas as armas de guerra, em especial das minas antipessoal. A necessidade de cuidados subsequentes e de medidas de reabilitação das crianças traumatizadas pela guerra deverão ser abordadas com urgência. A Conferência apela ao comitê dos Direitos da Criança para que estude a questão da elevação da idade mínima de incorporação nas forças armadas.

51. A Conferência Mundial sobre Direitos Humanos recomenda que as questões relacionadas com os Direitos Humanos e a situação das crianças sejam regularmente revistas e supervisionadas por todos os órgãos e mecanismos relevantes do sistema das Nações Unidas e pelos organismos de fiscalização das agências especializadas, em conformidade com os respectivos mandatos.

52. A Conferência Mundial sobre Direitos Humanos reconhece a importância do papel desempenhado por organizações não governamentais na aplicação efetiva de todos os instrumentos em matéria de Direitos Humanos e, em particular, da Convenção sobre os Direitos da Criança.

53. A Conferência Mundial sobre Direitos Humanos recomenda que o comitê dos Direitos da Criança seja habilitado, de forma rápida e efetiva, e mediante o apoio do Centro para os Direitos Humanos, a desempenhar o seu mandato, tendo especialmente em vista o número sem precedentes de Estados que ratificaram a Convenção e que apresentaram relatórios nacionais. 5. Proibição da tortura

54. A Conferência Mundial sobre Direitos Humanos congratula-se com a ratificação da Convenção contra a Tortura e outros Tratamentos ou Penas Cruéis, Desumanos ou Degradantes por um elevado número de Estados Membros e encoraja a sua rápida ratificação pelos restantes Estados Membros.

55. A Conferência Mundial sobre Direitos Humanos sublinha que uma das violações mais atrozes da dignidade humana consiste no ato da tortura, cujos efeitos destroem a dignidade das vítimas, diminuindo a sua capacidade de prosseguirem as suas vidas e as suas atividades.

56. A Conferência Mundial sobre Direitos Humanos reafirma que, de acordo com a legislação em matéria de Direitos Humanos e Direito Humanitário, o direito a não ser sujeito a tortura deve ser protegido em quaisquer circunstâncias, incluindo em situações de distúrbios internos ou internacionais ou de conflitos armados.

57. A Conferência Mundial sobre Direitos Humanos insta, assim, todos os Estados a porem um termo imediato à prática da tortura e a erradicar definitivamente este mal através da aplicação plena da Declaração Universal dos Direitos do Homem, bem como das convenções relevantes, reforçando, quando necessário, os mecanismos já existentes. A Conferência Mundial sobre Direitos Humanos apela a todos os Estados para que cooperem plenamente com o Relator Especial sobre a questão da tortura, no cumprimento do seu mandato.

58. Deverá ser dada especial atenção ao respeito universal e à efetiva aplicação dos Princípios de Deontologia Médica aplicáveis à atuação do pessoal dos serviços de saúde, especialmente aos médicos, para a proteção de pessoas presas ou detidas contra a tortura e outras penas ou tratamentos cruéis, desumanos ou degradantes, adotados pela Assembleia Geral das Nações Unidas.

59. A Conferência Mundial sobre Direitos Humanos sublinha a importância de serem tomadas outras ações concretas no âmbito das Nações Unidas, com vista a prestar assistência às vítimas de tortura e assegurar soluções mais eficazes para a sua reabilitação social, física e psicológica. Deverá conceder-se uma elevada prioridade à atribuição dos recursos necessários para este fim, inter alia, mediante contribuições adicionais para o Fundo Voluntário das Nações Unidas para as Vítimas de Tortura.

60. Os Estados deverão revogar a legislação que conduza à impunidade dos responsáveis por violações graves dos Direitos Humanos, tais como a tortura, devendo igualmente instaurar ações judiciais contra tais violações, fazendo assim prevalecer os princípios do Estado de Direito.

61. A Conferência Mundial sobre Direitos Humanos reafirma que os esforços para erradicar a tortura deverão, antes de tudo, concentrar-se na prevenção, pelo que apela à rápida adoção de um protocolo facultativo à Convenção contra a Tortura e Outros Tratamentos Cruéis, Desumanos ou Degradantes, que se destina a criar um sistema de visitas regulares aos locais de detenção.

Desaparecimentos forçados

62. A Conferência Mundial sobre Direitos Humanos, congratulando-se com a adoção, pela Assembleia Geral, da Declaração sobre a proteção de Todas as Pessoas contra os Desaparecimentos Forçados, apela a todos os Estados para que tomem medidas legislativas, administrativas, judiciais e outras por forma a prevenir, fazer cessar e punir atos de desaparecimentos forçados. A Conferência Mundial sobre Direitos Humanos reafirma constituir dever de todos os Estados, em quaisquer circunstâncias, proceder a investigações sempre que houver razões para crer que ocorreu um desaparecimento forçado num território sob a sua jurisdição e, a confirmarem-se as suspeitas, julgar os seus autores. 6. Direitos da Pessoa com Deficiências

63. A Conferência Mundial sobre Direitos Humanos reafirma que todos os Direitos Humanos e liberdades fundamentais são universais neles se incluindo, por conseguinte, e sem quaisquer reservas, as pessoas com deficiências. Todas as pessoas nascem iguais tendo os mesmos direitos à vida e ao bem-estar, à educação e ao trabalho, a viverem com independência e a participarem ativamente em todos os aspectos da vida em sociedade. Assim, qualquer discriminação direta ou outro tratamento discriminatório negativo de uma pessoa com deficiência constitui uma violação dos seus direitos. A Conferência Mundial sobre Direitos Humanos apela aos Governos para que, quando tal seja necessário, adotem ou adaptem a legislação existente por forma a garantir o acesso das pessoas com deficiências a estes e outros direitos.

64. As pessoas com deficiências devem ter lugar em toda a parte. Deverá ser garantida a igualdade de oportunidades às pessoas com deficiências através da eliminação de todas as barreiras socialmente impostas, quer sejam estas físicas, financeiras, sociais ou psicológicas, que excluam ou limitem a sua participação plena na vida em sociedade.

65. Relembrando o Programa de Ação Mundial relativo às Pessoas com Deficiências, adotado pela Assembleia Geral na sua trigésima sétima sessão, a Conferência Mundial sobre Direitos Humanos apela à Assembleia Geral e ao Conselho econômico e Social para que adotem, nas suas reuniões de 1993, o projeto de regras gerais sobre a igualdade de oportunidades para as pessoas com deficiências. C. Cooperação, desenvolvimento e reforço dos Direitos Humanos

66. A Conferência Mundial sobre Direitos Humanos recomenda que seja dada prioridade à adoção de medidas nacionais e internacionais visando a promoção da democracia, do desenvolvimento e dos Direitos Humanos.

67. Deverá ser dado especial ênfase a medidas tendentes a estabelecer e fortalecer instituições relacionadas com os Direitos Humanos, ao reforço de uma sociedade civil pluralista e à proteção de grupos que se tenham tornado vulneráveis. Neste contexto, reveste-se de particular importância o apoio prestado a pedido de Governos para a realização de eleições livres e justas, incluindo a assistência em aspectos das eleições relativos a Direitos Humanos e a informação ao público sobre o processo eleitoral. É igualmente importante o apoio prestado na consolidação do Estado de Direito, na promoção da liberdade de expressão e na administração da justiça, bem como na participação efetiva das pessoas nos processos decisórios.

68. A Conferência Mundial sobre Direitos Humanos sublinha a necessidade de serem reforçados os serviços consultivos e as atividades de assistência técnica do Centro para os Direitos Humanos. O Centro deverá prestar apoio aos Estados que o solicitem, em questões específicas sobre Direitos Humanos, incluindo na preparação de relatórios ao abrigo de tratados em matéria de Direitos Humanos, bem como na aplicação de planos de ação coerentes e completos com vista à promoção e à proteção dos Direitos Humanos. O reforço das instituições de Direitos Humanos e da democracia, a proteção jurídica dos Direitos Humanos, a formação de funcionários e outro pessoal, a educação alargada e a informação ao público destinados a promover o respeito pelos Direitos Humanos, deverão ser disponibilizados enquanto componentes destes programas.

69. A Conferência Mundial sobre Direitos Humanos recomenda vivamente que seja criado, no âmbito das Nações Unidas, um programa completo para ajudar os Estados na tarefa da construção e do reforço das estruturas nacionais adequadas que tenham um impacto direto na observância generalizada dos Direitos Humanos e na manutenção do Estado de Direito. Este programa, que deverá ser coordenado pelo Centro para os Direitos Humanos, deverá poder prestar, a pedido do Governo interessado, apoio técnico e financeiro a projetos nacionais destinados a reformar estabelecimentos penais e penitenciários, o ensino e a formação de advogados, juízes e agentes de forças de segurança no domínio dos Direitos Humanos, e em qualquer outra esfera de atividade relevante para o bom funcionamento do Estado de Direito. O programa deverá colocar à disposição dos Estados o apoio para a realização de planos de ação com vista à promoção e à proteção dos Direitos Humanos.

70. A Conferência Mundial sobre Direitos Humanos solicita ao Secretário-Geral das Nações Unidas que submeta propostas à Assembleia Geral das Nações Unidas contendo alternativas para a criação, a estrutura, as modalidades operacionais e o financiamento do programa proposto.

71. A Conferência Mundial sobre Direitos Humanos recomenda que cada Estado pondere a oportunidade da elaboração de um plano de ação nacional que identifique os passos através dos quais esse Estado poderia melhorar a promoção e a proteção dos Direitos Humanos.

72. A Conferência Mundial sobre Direitos Humanos reafirma que o direito universal e inalienável ao desenvolvimento, tal como se encontra consagrado na Declaração sobre o Direito ao Desenvolvimento, deve ser aplicado e realizado. Neste contexto, a Conferência Mundial sobre Direitos Humanos congratula-se com a nomeação, pela Comissão dos Direitos do Homem, de um grupo de trabalho temático sobre o direito ao desenvolvimento e insta o Grupo de Trabalho, em consulta e cooperação com outros órgãos e agências do sistema das Nações Unidas, a formular de imediato, para consideração prévia pela Assembleia Geral das Nações Unidas, medidas abrangentes e efetivas com vista à eliminação de obstáculos na realização e concretização da Declaração sobre o Direito ao Desenvolvimento, recomendando formas e meios que permitam a concretização do direito ao desenvolvimento por todos os Estados.

73. A Conferência Mundial sobre Direitos Humanos recomenda que as organizações não governamentais e outras organizações locais ativas na área do desenvolvimento e/ou Direitos Humanos, deverão ser habilitadas a desempenhar um papel significativo a nível nacional e internacional no debate e nas atividades relacionados com o direito ao desenvolvimento e na sua realização, em cooperação com os Governos, em todos os aspectos relevantes da cooperação para o desenvolvimento.

74. A Conferência Mundial sobre Direitos Humanos apela aos Governos, às agências e às instituições competentes, bem como a instituições nacionais que trabalhem nessa área, para que aumentem consideravelmente os recursos atribuídos à criação de sistemas jurídicos operacionais capazes de proteger os Direitos Humanos. Os intervenientes no domínio da cooperação para o desenvolvimento deverão ter presente a relação mutuamente complementar entre o desenvolvimento, a democracia e os Direitos Humanos. A cooperação deverá basear-se no diálogo e na transparência. A Conferência Mundial sobre Direitos Humanos apela igualmente à criação de programas abrangentes, que incluam bancos de informação e pesquisa e pessoal especializado, relacionados com o fortalecimento do Estado de Direito e das instituições democráticas.

75. A Conferência Mundial sobre Direitos Humanos encoraja a Comissão dos Direitos do Homem, em cooperação com o comitê sobre os Direitos econômicos, Sociais e Culturais, a prosseguir a análise de protocolos facultativos ao Pacto Internacional sobre os Direitos econômicos, Sociais e Culturais.

76. A Conferência Mundial sobre Direitos Humanos recomenda que sejam disponibilizados mais recursos para o reforço ou o estabelecimento de acordos regionais com vista à promoção ou à proteção dos Direitos Humanos, ao abrigo dos programas de serviços consultivos e de assistência técnica do Centro para os Direitos Humanos. Os Estados são encorajados a solicitar apoio para fins como sessões de trabalho regionais e sub-regionais, seminários e trocas de informação destinados a reforçar os acordos regionais para a promoção e a proteção dos Direitos Humanos em consonância com os padrões universais de Direitos Humanos, consagrados nos instrumentos internacionais sobre Direitos Humanos.

77. A Conferência Mundial sobre Direitos Humanos apoia todas as medidas tomadas pelas Nações Unidas e suas agências especializadas relevantes, com vista a assegurar a promoção e a proteção efetivas dos direitos das associações sindicais, conforme estabelecido no Pacto Internacional sobre os Direitos econômicos, Sociais e Culturais e outros instrumentos internacionais relevantes. A Conferência apela a todos os Estados para que observem rigorosamente as suas obrigações neste domínio, constantes de instrumentos internacionais. D. Educação em matéria de Direitos Humanos

78. A Conferência Mundial sobre Direitos Humanos considera que o ensino, a formação e a informação ao público em matéria de Direitos Humanos são essenciais para a promoção e a obtenção de relações estáveis e harmoniosas entre as comunidades, bem como para o favorecimento da compreensão mútua, da tolerância e da paz.

79. Os Estados deverão erradicar o analfabetismo e deverão direcionar o ensino para o desenvolvimento pleno da personalidade humana e para o reforço do respeito pelos Direitos Humanos e liberdades fundamentais. A Conferência Mundial sobre Direitos Humanos apela a todos os Estados e instituições que incluam os Direitos Humanos, o Direito Humanitário, a democracia e o primado do direito como disciplinas curriculares em todos os estabelecimentos de ensino, formais e não formais.

80. A educação em matéria de Direitos Humanos deverá incluir a paz, a democracia, o desenvolvimento e a justiça social, conforme definidos nos instrumentos internacionais e regionais de Direitos Humanos, a fim de alcançar uma compreensão e uma consciencialização comuns, que permitam reforçar o compromisso universal em favor dos Direitos Humanos.

81. Considerando o Plano Mundial de Ação para a Educação em matéria de Direitos Humanos e Democracia, adotado em Março de 1993 pelo Congresso Internacional para a Educação em matéria de Direitos Humanos e Democracia da Organização das Nações Unidas para a Educação, Ciência e Cultura, bem como outros instrumentos em matéria de Direitos Humanos, a Conferência Mundial sobre Direitos Humanos recomenda que os Estados desenvolvam programas e estratégias específicos que assegurem uma educação, o mais abrangente possível, em matéria de Direitos Humanos e a divulgação de informação ao público, com particular incidência sobre as necessidades das mulheres no campo dos Direitos Humanos.

82. Os Governos, com o apoio das organizações intergovernamentais, das instituições nacionais e das organizações não governamentais, deverão promover uma maior consciencialização para os Direitos Humanos e para a tolerância mútua. A Conferência Mundial sobre Direitos Humanos sublinha a importância do reforço da Campanha Mundial de Informação ao Público em matéria de Direitos Humanos promovida pelas Nações Unidas. Tais entidades deverão empreender e apoiar a educação em matéria de Direitos Humanos e divulgar de forma efetiva informação ao público neste domínio. Os serviços consultivos e os programas de assistência técnica do sistema das Nações Unidas deverão ser capazes de responder imediatamente a pedidos dos Estados relativos a atividades educacionais e de formação nesta matéria, bem como à educação específica sobre normas contidas em instrumentos internacionais de Direitos Humanos e de Direito Humanitário e a sua aplicação a grupos especiais tais como as forças armadas, os funcionários responsáveis pela aplicação da lei, a polícia e os especialistas na área da saúde. Deverá ser considerada a proclamação de uma década das Nações Unidas para a educação em matéria de Direitos Humanos, por forma a promover, encorajar e fazer sobressair este tipo de atividades educativas.

E. Métodos de aplicação e controlo

83. A Conferência Mundial sobre Direitos Humanos insta os Governos a incluírem no seu direito interno as normas consagradas nos instrumentos internacionais de Direitos Humanos e a reforçarem as estruturas, as instituições e os órgãos nacionais ativos na promoção e na salvaguarda dos Direitos Humanos.

84. A Conferência Mundial sobre Direitos Humanos recomenda o reforço das atividades e dos programas das Nações Unidas, por forma a que estes respondam a pedidos de apoio de Estados que queiram criar e reforçar as suas próprias instituições nacionais de promoção e proteção dos Direitos Humanos.

85. A Conferência Mundial sobre Direitos Humanos encoraja igualmente o reforço da cooperação entre as instituições nacionais de promoção e proteção dos Direitos Humanos, particularmente através do intercâmbio de informações e experiência, bem como a cooperação com organizações regionais e as Nações Unidas.

86. Neste âmbito, a Conferência Mundial sobre Direitos Humanos recomenda vivamente que os representantes das instituições nacionais de promoção e proteção dos Direitos Humanos se reúnam periodicamente, sob os auspícios do Centro para os Direitos Humanos, a fim de examinarem formas e meios de melhorar os seus mecanismos e de partilharem experiências.

87. A Conferência Mundial sobre Direitos Humanos recomenda aos órgãos de controlo da aplicação de tratados em matéria de Direitos Humanos, às reuniões de presidentes daqueles órgãos e às reuniões dos Estados Partes, que continuem a tomar medidas visando a coordenação das múltiplas obrigações impostas aos Estados em matéria de apresentação de relatórios e das linhas de orientação necessárias à preparação dos relatórios dos Estados, ao abrigo das respectivas convenções em matéria de Direitos Humanos, e que ponderem se a sugestão relativa à possibilidade de apresentação de um relatório único, relativo às obrigações convencionais assumidas por cada Estado, tornará estes procedimentos mais efetivos e aumentará o respectivo impacto.

88. A Conferência Mundial sobre Direitos Humanos recomenda que os Estados Partes em instrumentos internacionais de Direitos Humanos, a Assembleia Geral e o Conselho econômico e Social ponderem o estudo dos órgãos de controlo da aplicação de tratados em matéria de Direitos Humanos e dos vários mecanismos e procedimentos temáticos existentes, com vista a promover uma maior eficiência e eficácia, através de uma melhor coordenação dos diversos órgãos, mecanismos e procedimentos, tomando em consideração a necessidade de evitar duplicações desnecessárias e sobreposições dos respectivos mandatos e tarefas.

89. A Conferência Mundial sobre Direitos Humanos recomenda que se prossiga o esforço de melhoria do funcionamento, nomeadamente das tarefas de fiscalização, dos órgãos de controlo da aplicação de tratados, considerando as múltiplas propostas apresentadas neste domínio, em particular aquelas submetidas pelos próprios órgãos de controlo da aplicação de tratados e pelas reuniões dos presidentes daqueles órgãos. Deverá ser igualmente encorajada a abordagem nacional global adotada pelo comitê dos Direitos da Criança.

90. A Conferência Mundial sobre Direitos Humanos recomenda que os Estados Partes nos tratados de Direitos Humanos considerem a aceitação de todos os procedimentos facultativos de comunicação disponíveis.

91. A Conferência Mundial sobre Direitos Humanos encara com preocupação a questão da impunidade dos autores de violações dos Direitos Humanos e apoia os esforços desenvolvidos pela Comissão dos Direitos do Homem e pela Subcomissão para a Prevenção da Discriminação e proteção das Minorias, na análise de todos os aspectos deste problema.

92. A Conferência Mundial sobre Direitos Humanos recomenda que a Comissão dos Direitos do Homem analise a possibilidade de uma melhor aplicação dos instrumentos existentes em matéria de Direitos Humanos a nível internacional e regional, e encoraja a Comissão de Direito Internacional a prosseguir os seus trabalhos relativos à criação de um tribunal penal internacional.

93. A Conferência Mundial sobre Direitos Humanos apela aos Estados que ainda não o fizeram, para que adiram às Convenções de Genebra de 12 de Agosto de 1949 e aos respectivos Protocolos e que tomem todas as medidas adequadas a nível nacional, incluindo medidas legislativas, para a sua aplicação plena.

94. A Conferência Mundial sobre Direitos Humanos recomenda que seja rapidamente concluído e adotado o projeto de declaração sobre o direito e a responsabilidade dos indivíduos, grupos e órgãos da sociedade na promoção e proteção dos Direitos Humanos e das liberdades fundamentais universalmente reconhecidos.

95. A Conferência Mundial sobre Direitos Humanos sublinha a importância da preservação e reforço do sistema de procedimentos especiais: relatores, representantes, peritos e grupos de trabalho da Comissão dos Direitos do Homem e da Subcomissão para a Prevenção da Discriminação e da proteção das Minorias, por forma a permitir-lhes que cumpram os seus mandatos em todos os países do mundo, fornecendo-lhes os recursos humanos e financeiros necessários. Dever-se-á garantir a possibilidade a estes procedimentos e mecanismos de harmonizarem e racionalizarem os seus trabalhos através de reuniões periódicas. Todos os Estados são solicitados a cooperar plenamente com tais procedimentos e mecanismos.

96. A Conferência Mundial sobre Direitos Humanos recomenda que as Nações Unidas assumam um papel mais ativo na promoção e na proteção dos Direitos Humanos, assegurando o respeito total pelo Direito Internacional Humanitário em todas as situações de conflito armado, em conformidade com os fins e os princípios consagrados na Carta das Nações Unidas.

97. Reconhecendo o importante papel da componente de Direitos Humanos em acordos específicos respeitantes a algumas operações de manutenção da paz das Nações Unidas, a Conferência Mundial sobre Direitos Humanos, recomenda que o Secretário-Geral tome em consideração a atividade de preparação de relatórios, a experiência e as capacidades do Centro para os Direitos Humanos e dos mecanismos de Direitos Humanos, em conformidade com a Carta das Nações Unidas.

98. Por forma a reforçar o gozo dos direitos econômicos, sociais e culturais, deverão ser consideradas novas abordagens, tais como um sistema de indicadores para a avaliação dos progressos realizados na realização dos direitos enunciados no Pacto Internacional sobre os Direitos econômicos, Sociais e Culturais. Deve ser realizado um esforço concertado que garanta o reconhecimento dos direitos econômicos, sociais e culturais aos níveis nacional, regional e internacional. F. Acompanhamento da Conferência Mundial sobre Direitos Humanos

99. A Conferência Mundial sobre Direitos Humanos recomenda que a Assembleia Geral, a Comissão dos Direitos do Homem e outros órgãos e agências do sistema das Nações Unidas relacionados com os Direitos Humanos, considerem formas e meios para uma total e imediata aplicação das recomendações contidas na presente Declaração, incluindo a possibilidade de proclamação de uma década das Nações Unidas para os Direitos Humanos. A Conferência Mundial sobre Direitos Humanos recomenda ainda que a Comissão dos Direitos do Homem analise anualmente os progressos alcançados nesse sentido.

100. A Conferência Mundial sobre Direitos Humanos solicita ao Secretário-Geral das Nações Unidas que, por ocasião do quinquagésimo aniversário da Declaração Universal dos Direitos do Homem, convide todos os Estados, órgãos e agências do sistema das Nações Unidas relacionados com os Direitos Humanos, a apresentarem-lhe relatórios sobre os progressos alcançados na aplicação da presente Declaração e que o Secretário-Geral apresente um relatório à Assembleia Geral, na sua quinquagésima terceira sessão, por intermédio da Comissão dos Direitos do Homem e do Conselho económico e Social. Do mesmo modo, as instituições regionais e, se tal for julgado apropriado, as instituições nacionais de Direitos Humanos, bem como as organizações não governamentais, podem apresentar os seus pontos de vista ao Secretário-Geral sobre os progressos alcançados na aplicação da presente Declaração. Deverá ser dada especial atenção à avaliação dos progressos com vista à ratificação universal dos tratados e protocolos internacionais em matéria de Direitos Humanos adotados no âmbito do sistema das Nações Unidas.

Declaração de Pequim adotada pela quarta conferência mundial sobre as mulheres: ação para igualdade, desenvolvimento e paz – 1995

1. Nós, os Governos, participantes da Quarta Conferência Mundial sobre as Mulheres,
2. Reunidos aqui em Pequim, em setembro de 1995, o ano do 50º aniversário de fundação das Nações Unidas,
3. Determinados a promover os objetivos da igualdade, desenvolvimento e paz para todas as mulheres, em todos os lugares do mundo, no interesse de toda a humanidade,
4. Reconhecendo as aspirações de todas as mulheres do mundo inteiro e levando em consideração a diversidade das mulheres, suas funções e circunstâncias, honrando as mulheres que têm aberto e construído um caminho e inspirados pela esperança presente na juventude do mundo,
5. Reconhecemos que o status das mulheres tem avançado em alguns aspectos importantes desde a década passada; no entanto, este progresso tem sido heterogêneo, desigualdades entre homens e mulheres têm persistido e sérios obstáculos também, com consequências prejudiciais para o bem-estar de todos os povos,
6. Reconhecemos ainda que esta situação é agravada pelo crescimento da pobreza que afeta a vida da maioria da população mundial, em particular das mulheres e crianças, tendo origem tanto na esfera nacional, como na esfera internacional,
7. Comprometemo-nos, sem qualquer reserva, a combater estas limitações e obstáculos e a promover o avanço e o fortalecimento das mulheres em todo o mundo e concordamos que isto requer medidas e ações urgentes, com espírito de determinação, esperança, cooperação e solidariedade, agora e ao longo do próximo século.

Nós reafirmamos o nosso compromisso relativo:
8. À igualdade de direitos e à dignidade humana inerente a mulheres e homens e aos demais propósitos e princípios consagrados na Carta das Nações Unidas, na Declaração Universal dos Direitos Humanos e em outros instrumentos internacionais de direitos humanos, em particular na Convenção sobre a Eliminação de todas as Formas de Discriminação contra as Mulheres e na Convenção sobre os Direitos da Criança, como também na Declaração sobre a Eliminação da Violência contra as Mulheres e na Declaração sobre o Direito ao Desenvolvimento;
9. Assegurar a plena implementação dos direitos humanos das mulheres e das meninas como parte inalienável, integral e indivisível de todos os direitos humanos e liberdades fundamentais;
10. Impulsionar o consenso e o progresso alcançados nas anteriores Conferências das Nações Unidas – sobre as Mulheres em Nairóbi em 1985, sobre as Crianças em Nova York em 1990, sobre o Meio Ambiente e o Desenvolvimento no Rio de Janeiro em 1992, sobre Direitos Humanos em Viena em 1993, sobre População e Desenvolvimento no Cairo em 1994 e sobre Desenvolvimento Social em Copenhagen em 1995, com os objetivos de atingir a igualdade, o desenvolvimento e a paz;
11. Alcançar a plena e efetiva implementação das Estratégias de Nairóbi para o fortalecimento das Mulheres;
12. O fortalecimento e o avanço das mulheres, incluindo o direito à liberdade de pensamento, consciência, religião e crença, o que contribui para a satisfação das necessidades morais, éticas, espirituais e intelectuais de mulheres e homens, individualmente ou em comunidade, de forma a

garantir-lhes a possibilidade de realizar seu pleno potencial na sociedade e organizar suas vidas de acordo com as suas próprias aspirações.

Nós estamos convencidos de que:

13. O fortalecimento das mulheres e sua plena participação, em condições de igualdade, em todas as esferas sociais, incluindo a participação nos processos de decisão e acesso ao poder, são fundamentais para o alcance da igualdade, desenvolvimento e paz;

14. Os direitos das mulheres são direitos humanos;

15. A igualdade de direitos, oportunidades e acesso aos recursos, a distribuição equitativa das responsabilidades familiares entre homens e mulheres e a harmônica associação entre eles são fundamentais para seu próprio bem-estar e de suas famílias, como também para a consolidação da democracia;

16. A erradicação da pobreza baseada no crescimento econômico sustentado, no desenvolvimento social, na proteção do meio ambiente e na justiça social, requer a participação das mulheres no desenvolvimento econômico e social, a igualdade de oportunidades e a plena e equânime participação de mulheres e homens como agentes beneficiários de um desenvolvimento sustentado centrado na pessoa;

17. O reconhecimento explícito e a reafirmação do direito de todas as mulheres de controlar todos os aspectos de sua saúde, em particular sua própria fertilidade, é básico para seu fortalecimento;

18. A paz local, nacional, regional e global é alcançável e está necessariamente relacionada com os avanços das mulheres, que constituem uma força fundamental para a liderança, a solução de conflitos e a promoção de uma paz duradoura em todos os níveis;

19. É indispensável formular, implementar e monitorar, com a plena participação das mulheres, políticas e programas efetivos, eficientes e reforçadores do enfoque de gênero, incluindo políticas de desenvolvimento e programas que em todos os níveis busquem o fortalecimento e o avanço das mulheres;

20. A participação e contribuição de todos os atores da sociedade civil, particularmente de grupos e redes de mulheres e demais organizações não governamentais e organizações comunitárias de base, com o pleno respeito de sua autonomia, em cooperação com os Governos, é fundamental para a efetiva implementação e monitoramento da Plataforma de Ação;

21. A implementação da Plataforma de Ação exige o compromisso dos Governos e da comunidade internacional. Ao assumir compromissos de ação, no plano nacional e internacional, incluídos os compromissos firmados na Conferência, os Governos e a comunidade internacional reconhecem a necessidade de priorizar a ação para o alcance do fortalecimento e do avanço das mulheres.

Nós estamos determinados a:

22. Intensificar esforços e ações para alcançar, até o final deste século, os objetivos e estratégias de Nairóbi orientados para os avanços das mulheres;

23. Garantir o pleno exercício de todos os direitos humanos e liberdades fundamentais às mulheres e meninas e adotar medidas efetivas contra a violação destes direitos e liberdades;

24. Adotar todas as medidas necessárias para eliminar todas as formas de discriminação contra mulheres e meninas e remover todos os obstáculos à igualdade de gênero e aos avanços e fortalecimento das mulheres;

25. Encorajar os homens a participar plenamente de todas as ações orientadas à busca da igualdade;

26. Promover a independência econômica das mulheres, incluindo o emprego, e erradicar a persistente e crescente pobreza que recai sobre as mulheres, combatendo as causas estruturais da pobreza através de transformações nas estruturas econômicas, assegurando acesso igualitário a todas as mulheres, incluindo as mulheres da área rural, como agentes vitais do desenvolvimento, dos recursos produtivos, oportunidades e dos serviços públicos;

27. Promover um desenvolvimento sustentado centrado na pessoa, incluindo o crescimento econômico sustentado através da educação básica, educação durante toda a vida, alfabetização e capacitação e atenção primária à saúde das meninas e das mulheres;

28. Adotar as medidas positivas para assegurar a paz para os avanços das mulheres e, reconhecendo o papel de liderança que as mulheres têm apresentado no movimento pela paz, trabalhar ativamente para o desarmamento geral e completo, sob o estrito e efetivo controle internacional, e apoiar as negociações para a conclusão, sem demora, de tratado universal e multilateral de proibição de testes nucleares, que efetivamente contribua para o desarmamento nuclear e para a prevenção da proliferação de armas nucleares em todos os seus aspectos;

29. Prevenir e eliminar todas as formas de violência contra mulheres e meninas;

30. Assegurar a igualdade de acesso e a igualdade de tratamento de mulheres e homens na educação e saúde e promover a saúde sexual e reprodutiva das mulheres e sua educação;

31. Promover e proteger todos os direitos humanos das mulheres e das meninas;

32. Intensificar os esforços para garantir o exercício, em igualdade de condições, de todos os direitos humanos e liberdades fundamentais para todas as mulheres e meninas que enfrentam múltiplas barreiras para seu fortalecimento e avanços, em virtude de fatores como raça, idade, língua, origem étnica, cultura, religião, incapacidade/deficiência, ou por integrar comunidades indígenas;

33. Assegurar o respeito ao Direito Internacional, incluído o Direito Humanitário, no sentido de proteger as mulheres e as meninas em particular;

34. Desenvolver o pleno potencial de meninas e mulheres de todas as idades, garantir sua plena participação, em condições de igualdade, na construção de um mundo melhor para todos, e promover seu papel no processo de desenvolvimento.

Nós estamos determinados a:

35. Assegurar às mulheres a igualdade de acesso aos recursos econômicos, incluindo a terra, o crédito, a ciência, a tecnologia, a capacitação profissional, a informação, a comunicação e os mercados, como meio de promover o avanço e o fortalecimento das mulheres e meninas, inclusive através da promoção de sua capacidade de exercer os benefícios do acesso igualitário a estes recursos, para o que se recorre, dentre outras coisas, à cooperação internacional;

36. Assegurar o sucesso da Plataforma de Ação que exigirá o sólido compromisso dos Governos, organizações e instituições internacionais de todos os níveis. Nós estamos firmemente convencidos de que o desenvolvimento econômico, o desenvolvimento social e a proteção do meio ambiente são interdependentes e componentes mutuamente enfatizadores do desenvolvimento sustentável, que é o marco de nossos esforços para o alcance de uma melhor qualidade de vida para todos os povos. Um desenvolvimento social equitativo que reconheça a importância do fortalecimento dos pobres, particularmente das mulheres que vivem na pobreza, na utilização dos recursos ambientais sustentáveis, é uma base necessária ao desenvolvimento sustentável. Nós também reconhecemos que um crescimento econômico sustentado, com ampla base, no contexto do desenvolvimento sustentável, é necessário para estimular o desenvolvimento social e a justiça social. O sucesso da Plataforma de Ação ainda exigirá uma adequada mobilização de recursos nos âmbitos nacional e internacional, como também novos e adicionais recursos para os países em desenvolvimento, provenientes de todos os mecanismos de financiamento disponíveis, incluídas as fontes multilaterais, bilaterais e privadas, a fim de que se promova o fortalecimento das mulheres; recursos financeiros para aumentar a capacidade de instituições nacionais, sub-regionais, regionais e internacionais; o compromisso de garantir a igualdade de direitos, a igualdade de responsabilidades, a igualdade de oportunidades e a igualdade de participação de mulheres e homens em todos os órgãos e processos de formulação de políticas públicas no âmbito nacional, regional e internacional; o estabelecimento ou o fortalecimento de mecanismos em todos os níveis para prestar contas às mulheres de todo mundo;

37. Garantir também o êxito da Plataforma de Ação em países cujas economias estejam em transição, o que requer contínua cooperação e assistência internacional;

38. Pela presente nos comprometemos, na qualidade de Governos, a implementar a seguinte Plataforma de Ação, de modo a garantir que uma perspectiva de gênero esteja presente em todas as nossas políticas e programas. Nós insistimos ao sistema das Nações Unidas, às instituições financeiras regionais e internacionais e às demais relevantes instituições regionais e internacionais e a todas as mulheres e homens, como também às organizações não governamentais, com pleno respeito à sua autonomia, e a todos os setores da sociedade civil que, em cooperação com os Governos, se comprometam plenamente e contribuam para a implementação desta Plataforma de Ação.

4

Tratados Internacionais de Direitos Humanos

Sistema Global

CONVENÇÃO CONTRA O GENOCÍDIO – 1948

Decreto no 30.822, de 6 de maio de 1952

Promulga a convenção para a prevenção e a repressão do crime de Genocídio, concluída em Paris, a 11 de dezembro de 1948, por ocasião da III Sessão da Assembleia Geral das Nações Unidas.
Tendo o Congresso Nacional aprovado pelo Decreto Legislativo no 2, de 11 de abril de 1951, a convenção para a prevenção e a repressão do crime de Genocídio, concluída em Paris a 11 de dezembro de 1948, por ocasião da III Sessão da Assembleia Geral das Nações Unidas; e
Tendo sido depositado no secretariado geral da Organização das Nações Unidas, em Lake Sucess, Nova York, a 15 de abril de 1952, o Instrumento Brasileiro de ratificação:
Decreta:
Que a referida convenção, apensa por cópia ao presente decreto, seja executada e cumprida tão inteiramente como nela se contém.
Rio de Janeiro, em 6 de maio de 1952; 131º da Independência e 64º da República.
Getúlio Vargas
João Neves da Fontoura
Este texto não substitui o publicado no dou de 9.5.1952.

CONVENÇÃO PARA A PREVENÇÃO E A REPRESSÃO DO CRIME DE GENOCÍDIO

As Partes Contratantes,
Considerando que a Assembleia Geral da Organização das Nações Unidas, em sua Resolução 96 (1) de 11 de dezembro de 1945, declarou que o genocídio é um crime contra o Direito Internacional, contrário ao espírito e aos fins das Nações Unidas e que o mundo civilizado condena;
Reconhecendo que todos os méritos da história o genocídio causou grandes perdas à humanidade;
Convencidas de que, para libertar a humanidade de flagelo tão odioso, a cooperação internacional é necessária:
Convém no seguinte:

Art. I. As Partes Contratantes confirmam que o genocídio quer cometido em tempo de paz ou em tempo de guerra, é um crime contra o Direito Internacional, que elas se comprometem a prevenir e a punir.

Art. II. Na presente Convenção entende-se por genocídio qualquer dos seguintes atos, cometidos com a intenção de destruir no todo ou em parte, um grupo nacional, étnico, racial ou religioso, como tal:
a) matar membros do grupo;
b) causar lesão grave à integridade física ou mental de membros do grupo;
c) submeter intencionalmente o grupo a condição de existência capazes de ocasionar-lhe a destruição física total ou parcial;
d) adotar medidas destinadas a impedir os nascimentos no seio de grupo;
e) efetuar a transferência forçada de crianças do grupo para outro grupo.

Art. III. Serão punidos os seguintes atos:
a) o genocídio;
b) a associação de pessoas para cometer o genocídio;
c) a incitação direta e pública a cometer o genocídio;
d) a tentativa de genocídio;
e) a coautoria no genocídio.

Art. IV. As pessoas que tiverem cometido o genocídio ou qualquer dos outros atos enumerados no Artigo III serão punidas, sejam governistas, funcionários ou particulares.

Art. V. As Partes Contratantes assumem o compromisso de tomar, de acordo com suas respectivas constituições as medidas legislativas necessárias a assegurar as aplicações das disposições da presente Convenção, e, sobretudo a estabelecer sanções penais eficazes aplicáveis às pessoas culpadas de genocídio ou de qualquer dos outros atos enumerados no Artigo III.

Art. VI. As pessoas acusadas de genocídio ou qualquer dos outros atos enumerados no Artigo III serão julgadas pelos tribunais competentes do Estado em cujo território foi o ato cometido ou pela Corte Penal Internacional competente com relação às Partes Contratantes que lhe tiverem reconhecido a jurisdição.

Art. VII. O genocídio e os outros atos enumerados no Artigo III não serão considerados crimes políticos para efeitos de extradição.
As partes Contratantes se comprometem em tal caso a conceder a extradição de acordo com sua legislação e com os tratados em vigor.

Art. VIII. Qualquer Parte Contratante pode recorrer aos órgãos competentes das Nações Unidas a fim de que estes tomem, de acordo com a Carta das Nações Unidas, as medidas que julguem necessárias para a prevenção e a repressão dos atos de genocídio ou em qualquer dos outros atos enumerados no Artigo III.

Art. IX. As controvérsias entre as Partes Contratantes relativas à interpretação, aplicação ou execução da presente Convenção bem como as referentes à responsabilidade de um Estado em matéria de genocídio ou de qualquer dos outros atos enumerados no Artigo III, serão submetidas à Corte Internacional de Justiça, a pedido de uma das Partes na controvérsia.

Art. X. A presente Convenção, outros textos inglês, chinês, espanhol, francês e russo serão igualmente autênticos terá a data de 9 de dezembro de 1948.

Art. XI. A presente Convenção ficará aberta, até 31 de dezembro de 1949, à assinatura de todos os Membros das Nações Unidas e de todo Estado não membro ao qual a Assembleia Geral houver enviado um convite para esse fim.

A presente Convenção será ratificada e dos instrumentos de ratificação far-se-á depósito no Secretariado das Nações Unidas.

A partir de 1º de janeiro de 1950, qualquer Membro das nações Unidas e qualquer Estado não membro que houver recebido o convite acima mencionado poderão aderir à presente Convenção.

Os instrumentos de adesão serão depositados no Secretariado das Nações Unidas.

Art. XII. Qualquer Parte Contratante poderá a qualquer tempo, por notificação dirigida ao Secretário-Geral das Nações Unidas, estender a aplicação da presente Convenção a todos os territórios ou a qualquer dos territórios ou qualquer dos territórios de cujas relações exteriores seja responsável.

Art. XIII. Na data em que os vinte primeiros instrumentos de ratificação ou adesão tiverem sido depositados, o Secretário-Geral lavrará uma ata, e transmitirá cópia da mesma a todos os membros das Nações Unidas e aos Estados não membros a que se refere o Artigo xi.

A presente Convenção entrará em vigor noventa dias após a data do depósito do vigésimo instrumento de ratificação ou adesão.

Qualquer ratificação ou adesão efetuada posteriormente à última data entrará em vigor noventa dias após o depósito do instrumento de ratificação ou adesão.

Art. XIV. A presente Convenção vigorará por dez anos a partir da data de sua entrada em vigor.

Ficará, posteriormente, em vigor por um período de cinco anos e assim sucessivamente, com relação às Partes Contratantes que não tiverem denunciado pelo menos seis meses antes do termo do prazo.

A denúncia será feita por notificação escrita dirigida ao Secretário-Geral das Nações Unidas.

Art. XV. Se, em consequência de denúncias, o número das Partes na presente Convenção se reduzir a menos de dezesseis, a Convenção cessará de vigorar a partir da data na qual a última dessas denúncias entrar em vigor.

Art. XVI. A qualquer tempo, qualquer Parte Contratante poderá formular pedido de revisão da presente Convenção, por meio de notificação escrita dirigida ao Secretário-Geral.

A Assembleia Geral decidirá com relação às medidas que se devam tomar, se for o caso, com relação a esse pedido.

Art. XVII. O Secretário-Geral das Nações Unidas notificará todos os membros das nações Unidas e os Estados não membros mencionados no Artigo XI:

a) das assinaturas, ratificações e adesões recebidas de acordo com o Artigo XI;

b) das notificações recebidas de acordo com o Artigo XIi;

c) da data em que a presente Convenção entrar em vigor de acordo com o Artigo XIII;

d) das denúncias recebidas de acordo com o Artigo XIV;

e) da aprovação da Convenção de acordo com o Artigo XV;

f) das notificações recebidas de acordo com o Artigo XVI.

Art. XVIII. O original da presente Convenção será depositado nos arquivos da Organização das Nações Unidas.

Enviar-se-á cópia autêntica a todos os Membros das Nações Unidas e aos Estados não membros mencionados no Artigo XI.

Art. XIX. A presente Convenção será registrada pelo Secretário-Geral das Nações Unidas na data de sua entrada em vigor.

Pelo Afeganistão Pela Argentina – Pela Austrália: Herbert V. Evatt – 11 de dezembro de 1948.

Pelo Reino da Bélgica – Pela Bolívia. A Costa du Rels – 11 de dezembro de 1948.
Pelo Brasil: João Carlos Muniz – 11 de dezembro de 1948.
Pela União da Birmânia – Pela República Socialista Soviética da Bielorrússia – Pelo Canadá – Pelo Chile: com a reserva que requer também a aprovação do Congresso do meu país – H. Arancibia Laso.
Pela China – Pela Colômbia – Por Costa Rica – Por Cuba – Pela Tchecoslováquia – Pela Dinamarca – Pela República Dominicana: Joaquim Balaguer – 11 de dezembro de 1948.
Pelo Equador: Homero Viteri – La Fronte – 11 de dezembro de 1948.
Pelo Egito: Ahmed Mohamed Khachaba – 12 de dezembro de 1948.
Por El Salvador – Pela Etiópia: – Aklilou – 11 de dezembro de 1948.
Pela França: Robert Schuman – 11 de dezembro de 1948.
Pela Grécia – Pela Guatemala – Por Haiti: (ilegível) – 11 de dezembro de 1948.
Por Honduras – Pela Islândia – Pela Índia – Pelo Irã – Pelo Iraque – Pelo Líbano Pela Libéria: Henry Coop – 11 de dezembro de 1948.
Pelo Grão Ducado de Luxemburgo Pelo México: L. Padilha Nervo 14 de dezembro de 1948.
Pelo Reino dos Países Baixos – Pela Nova Zelândia – Pela Nicarágua – Pelo Reino da Noruega: Finn Moe – 11 de dezembro de 1948.
Pelo Paquistão: Zafrullah Khan – 11 de dezembro de 1948.
Pelo Panamá: R. J. Alfaro 11 de dezembro de 1948.
Pelo Paraguai: (ilegível) – 11 de dezembro de 1946.
Pelo Peru: f. Berckmeyer – 11 de dezembro de 1948.
Pela República das Filipinas: Carlos P. Rómulo 11 de dezembro de 1948.
Pela Polônia – Pela Arábia Saudita – Pelo Sião Pela Suécia – Pela Síria – Pela Turquia – Pela República Socialista Soviética da Ucrânia – Pela União Sul Africana – Pela União das Repúblicas Socialistas Soviéticas – Pelo Reino Unido da Grã-Bretanha e Irlanda do Norte – Pelos Estados Unidos da América: Ernest A. Gross – 11 de dezembro de 1948.
Pelo Uruguai: Enrique C. Armanã Ugon – 11 de dezembro de 1948. Pela Venezuela – Pelo Imen – Pela Iugoslávia: Ales Bebler – 11 de dezembro de 1948.
A presente é a tradução oficial, em idioma português, do texto original e autêntico da Convenção para a Prevenção e a Repressão do Crime de Genocídio, firmada em Paris, em dezembro de 1948, por ocasião da 3a Sessão da Assembleia Geral das Nações Unidas. Secretaria de Estado das Relações Exteriores, Rio de Janeiro, D.F., em 28 de abril de 1952. – Jayme de Barros Gomes. Chefe da Divisão de Atos, Congressos e Conferências Internacionais.

Convenção Relativa ao Estatuto dos Refugiados – 1951

Decreto no 50.215, de 28 de janeiro de 1961

Promulga a Convenção relativa ao Estatuto dos Refugiados, concluída em Genebra, em 28 de julho de 1951.

O presidente da república:
Havendo o Congresso Nacional aprovado, pelo Decreto-Legislativo no 11, de 7 de julho de 1960, com exclusão dos seus artigos 15 e 17, a Convenção relativa ao Estatuto dos Refugiados, concluída em Genebra, a 28 de julho de 1951, e assinada pelo Brasil a 15 de julho de 1952; e tendo sido depositado, a 15 de novembro de 1960, junto ao Secretário-Geral das Nações Unidas, o Instrumento brasileiro de ratificação da referida Convenção, com exclusão dos artigos já citados;
Decreta que a mencionada Convenção, apenas por cópia ao presente decreto, seja com exclusão dos seus artigos 15 e 17, executada e cumprida, tão inteiramente como nela se contém, e que, para os efeitos da mesma, com relação ao Brasil, se aplique o disposto na SEÇÃO B.1 (b), do seu artigo 1º.
Brasília, em 28 de janeiro de 1961; 140º da Independência e 73º da República.
Juscelino Kubitschek
Horácio Lafer

CONVENÇÃO RELATIVA AO ESTATUTO DOS REFUGIADOS

Adotada em 28 de julho de 1951 pela Conferência das Nações Unidas de Plenipotenciários sobre o Estatuto dos Refugiados e Apátridas, convocada pela

Resolução 429 (V) da Assembleia Geral das Nações Unidas, de 14 de dezembro de 1950.

As Altas Partes Contratantes,

Considerando que a Carta das Nações Unidas e a Declaração Universal dos Direitos Humanos, aprovada em 10 de dezembro de 1948 pela Assembleia Geral, afirmaram o princípio de que os seres humanos, sem distinção, devem gozar dos direitos do homem e das liberdades fundamentais,

Considerando que a Organização das Nações Unidas tem repetidamente manifestado sua profunda preocupação pelos refugiados e que tem se esforçado por assegurar-lhes o exercício mais amplo possível dos direitos do homem e das liberdades fundamentais,

Considerando que é desejável rever e codificar os acordos internacionais anteriores relativos ao estatuto dos refugiados e estender a aplicação desses instrumentos e a proteção que eles oferecem por meio de um novo acordo,

Considerando que da concessão do direito de asilo podem resultar encargos indevidamente pesados para certos países e que a solução satisfatória para os problemas cujo alcance e natureza internacionais a Organização das Nações Unidas reconheceu, não pode, portanto, ser obtida sem cooperação internacional,

Exprimindo o desejo de que todos os Estados, reconhecendo o caráter social e humanitário do problema dos refugiados, façam tudo o que esteja ao seu alcance para evitar que esse problema se torne causa de tensão entre os Estados,

Notando que o Alto Comissariado das Nações Unidas para os Refugiados tem a incumbência de zelar para a aplicação das convenções internacionais que assegurem a proteção dos refugiados, e reconhecendo que a coordenação efetiva das medidas tomadas para resolver este problema dependerá da cooperação dos Estados com o Alto Comissário,

Convieram nas seguintes disposições:

CAPÍTULO I

Disposições Gerais

Art. 1. Definição do termo "refugiado"

A. Para fins da presente Convenção, o termo "refugiado" se aplicará a qualquer pessoa:

1. Que foi considerada refugiada nos termos dos Ajustes de 12 de maio de 1926 e de 30 de junho de 1928, ou das Convenções de 28 de outubro de 1933 e de 10 de fevereiro de 1938 e do Protocolo de 14 de setembro de 1939, ou ainda da Constituição da Organização Internacional dos Refugiados.

As decisões de inabilitação tomadas pela Organização Internacional dos Refugiados durante o período do seu mandato não constituem obstáculo a que a qualidade de refugiado seja reconhecida a pessoas que preencham as condições previstas no parágrafo 2º da presente seção.

2. Que, em consequência dos acontecimentos ocorridos antes de 1º de janeiro de 1951 e temendo ser perseguida por motivos de raça, religião, nacionalidade, grupo social ou opiniões políticas, encontra-se fora do país de sua nacionalidade e que não pode ou, em virtude desse temor, não quer valer-se da proteção desse país, ou que, se não tem nacionalidade encontra-se fora do país no qual tinha sua residência habitual em consequência de tais acontecimentos, não pode ou, devido ao referido temor, não quer voltar a ele.

No caso de uma pessoa que tem mais de uma nacionalidade, a expressão "do país de sua nacionalidade" se refere a cada um dos países dos quais ela é nacional. Uma pessoa que, sem razão válida fundada sobre um temor justificado, não se houver valido da proteção de um dos países de que é nacional, não será considerada privada da proteção do país de sua nacionalidade.

B.

1. Para os fins da presente Convenção, as palavras "acontecimentos ocorridos antes de 1º de janeiro de 1951", do art. 1º, SEÇÃO A, poderão ser compreendidos no sentido de

a) "acontecimentos ocorridos antes de 1º de janeiro de 1951 na Europa"; ou

b) "acontecimentos ocorridos antes de 1º de janeiro de 1951 na Europa ou alhures";

e cada Estado Contratante fará, no momento da assinatura, da ratificação ou da adesão, uma declaração precisando o alcance que pretende dar a essa expressão do ponto de vista das obrigações assumidas por ele em virtude da presente Convenção.

2. Qualquer Estado Contratante que adotou a fórmula a) poderá em qualquer momento estender as suas obrigações adotando a fórmula b) por meio de uma notificação dirigida ao Secretário-Geral das Nações Unidas.

C. Esta Convenção cessará, nos casos infra, de ser aplicável a qualquer pessoa compreendida nos termos da SEÇÃO A, retro:

1. se ela voltou a valer-se da proteção do país de que é nacional; ou

2. se havendo perdido a nacionalidade, ela a recuperou voluntariamente; ou

3. se adquiriu nova nacionalidade e goza da proteção do país cuja nacionalidade adquiriu; ou

4. se voltou a estabelecer-se, voluntariamente, no país que abandonou ou fora do qual permaneceu com medo de ser perseguido; ou

5. se por terem deixado de existir as circunstâncias em consequência das quais foi reconhecida como refugiada, ela não pode mais continuar recusando a proteção do país de que é nacional;

Contanto, porém, que as disposições do presente parágrafo não se apliquem a um refugiado incluído nos termos do parágrafo 1 da SEÇÃO A do presente artigo, que pode invocar, para recusar a proteção do país de que é nacional, razões imperiosas resultantes de perseguições anteriores;

6. tratando-se de pessoa que não tem nacionalidade, se por terem deixado de existir as circunstâncias em consequência das quais foi reconhecida como refugiada, ela está em condições de voltar ao país no qual tinha sua residência habitual;

Contanto, porém, que as disposições do presente parágrafo não se apliquem a um refugiado incluído nos termos do parágrafo 1 da SEÇÃO A do presente artigo, que pode invocar, para recusar voltar ao país no qual tinha sua residência habitual, razões imperiosas resultantes de perseguições anteriores.

D. Esta Convenção não será aplicável às pessoas que atualmente se beneficiam de uma proteção ou assistência de parte de um organismo ou de uma instituição das Nações Unidas, que não o Alto Comissariado das Nações Unidas para os Refugiados. Quando esta proteção ou assistência houver cessado, por qualquer razão, sem que a sorte dessas pessoas tenha sido definitivamente resolvida de acordo com as resoluções a ela relativas, adotadas pela Assembleia Geral das Nações Unidas, essas pessoas se beneficiarão de pleno direito do regime desta Convenção.

E. Esta Convenção não será aplicável a uma pessoa considerada pelas autoridades competentes do país no qual ela instalou sua residência como tendo os direitos e as obrigações relacionadas com a posse da nacionalidade desse país.

F. As disposições desta Convenção não serão aplicáveis às pessoas a respeito das quais houver razões sérias para se pensar que:

a) cometeram um crime contra a paz, um crime de guerra ou um crime contra a humanidade, no sentido dado pelos instrumentos internacionais elaborados para prever tais crimes;

b) cometeram um crime grave de direito comum fora do país de refúgio antes de serem nele admitidas como refugiados;

c) tornaram-se culpadas de atos contrários aos fins e princípios das Nações Unidas.

Art. 2. Obrigações gerais

Todo refugiado tem deveres para com o país em que se encontra, os quais compreendem notadamente a obrigação de respeitar as leis e regulamentos, assim como as medidas que visam a manutenção da ordem pública.

Art. 3. Não discriminação

Os Estados Contratantes aplicarão as disposições desta Convenção aos refugiados sem discriminação quanto à raça, à religião ou ao país de origem.

Art. 4. Religião

Os Estados Contratantes proporcionarão aos refugiados, em seu território, um tratamento pelo menos tão favorável como o que é proporcionado aos nacionais no que concerne à liberdade de praticar sua religião e no que concerne à liberdade de instrução religiosa dos seus filhos.

Art. 5. Direitos conferidos independentemente desta Convenção

Nenhuma disposição desta Convenção prejudicará os outros direitos e vantagens concedidos aos outros refugiados, independentemente desta Convenção.

Art. 6. A expressão "nas mesmas circunstâncias"

Para os fins desta Convenção, a expressão "nas mesmas circunstâncias" significa que todas as condições – em especial as que se referem à duração e às condições de permanência ou de residência – que o interessado teria de preencher para poder exercer o direito em causa, se ele não fosse refugiado, devem ser preenchidas por ele, com exceção das condições que, em razão da sua natureza, não podem ser preenchidas por um refugiado.

Art. 7. Dispensa de reciprocidade

1. Ressalvadas as disposições mais favoráveis previstas por esta Convenção, um Estado Contratante concederá aos refugiados o regime que concede aos estrangeiros em geral.

2. Após um prazo de residência de três anos, todos os refugiados se beneficiarão, no território dos Estados Contratantes, da dispensa de reciprocidade legislativa.

3. Cada Estado Contratante continuará a conceder aos refugiados os direitos e vantagens de que já gozavam, na ausência de reciprocidade, na data da entrada em vigor desta Convenção para o referido Estado.

4. Os Estados Contratantes considerarão com benevolência a possibilidade de conceder aos refugiados, na ausência de reciprocidade, direitos e vantagens outros além dos que eles gozam em virtude dos parágrafos 2 e 3, assim como a possibilidade de conceder o benefício da dispensa de reciprocidade a refugiados que não preencham as condições previstas nos parágrafos 2 e 3.

5. As disposições dos parágrafos 2 e 3, supra, aplicam-se assim às vantagens mencionadas nos artigos 13, 18, 19, 21 e 22 desta Convenção, como aos direitos e vantagens que não são previstos pela mesma.

Art. 8. Dispensa de medidas excepcionais

No que concerne às medidas excepcionais que podem ser tomadas contra a pessoa, bens ou interesses dos nacionais de um Estado, os Estados Contratantes não aplicarão tais medidas a um refugiado que seja formalmente nacional do referido Estado unicamente em razão da sua nacionalidade. Os Estados Contratantes que, pela sua legislação, não podem aplicar o dispositivo geral consagrado neste artigo concederão, nos casos apropriados, dispensas em favor de tais refugiados.

Art. 9. Medidas provisórias

Nenhuma das disposições da presente Convenção tem por efeito impedir um Estado Contratante, em tempo de guerra ou em outras circunstâncias graves e excepcionais, de tomar provisoriamente, a propósito de uma determinada pessoa, as medidas que este Estado julgar indispensáveis à segurança nacional, até que o referido Estado determine que essa pessoa é efetivamente um refugiado e que a continuação de tais medidas é necessária a seu propósito no interesse da segurança nacional.

Art. 10. Continuidade de residência

1. No caso de um refugiado que foi deportado no curso da Segunda Guerra Mundial, transportado para o território de um dos Estados Contratantes e aí resida, a duração dessa permanência forçada será considerada residência regular nesse território.

2. No caso de um refugiado que foi deportado do território de um Estado Contratante no curso da Segunda Guerra Mundial e para ele voltou antes da entrada em vigor desta Convenção para aí estabelecer sua residência, o período que precedeu e o que se seguiu a essa deportação serão considerados, para todos os fins para os quais é necessária uma residência ininterrupta, como constituindo apenas um período ininterrupto.

Art. 11. Marinheiros refugiados

No caso de refugiados regularmente empregados como membros da tripulação a bordo de um navio que hasteie pavilhão de um Estado Contratante, este Estado examinará com benevolência a possibilidade de autorizar os referidos refugiados a se estabelecerem no seu território e entregar-lhes documentos de viagem ou de os admitir a título temporário no seu território, a fim, notadamente, de facilitar sua fixação em outro país.

CAPÍTULO II

Situação Jurídica

Art. 12. Estatuto pessoal

1. O estatuto pessoal de um refugiado será regido pela lei do país de seu domicílio, ou, na falta de domicílio, pela lei do país de sua residência.

2. Os direitos adquiridos anteriormente pelo refugiado e decorrentes do estatuto pessoal, e principalmente os que resultam do casamento, serão respeitados por um Estado Contratante, ressalvado, sendo o caso, o cumprimento das formalidades previstas pela legislação do referido Estado, entendendo-se, todavia, que o direito em causa deve ser dos que seriam reconhecidos pela legislação do referido Estado se o interessado não houvesse se tornado refugiado.

Art. 13. Propriedade móvel e imóvel

Os Estados Contratantes concederão a um refugiado um tratamento tão favorável quanto possível, e de qualquer maneira um tratamento que não seja menos favorável do que o que é concedido, nas mesmas circunstâncias, aos estrangeiros em geral, no que concerne à aquisição de propriedade móvel ou imóvel e a outros direitos a ela referentes, ao aluguel e aos outros contratos relativos a propriedade móvel ou imóvel.

Art. 14. Propriedade intelectual e industrial

Em matéria de proteção da propriedade industrial, especialmente de invenções, desenhos, modelos, marcas de fábrica, nome comercial, e em matéria de proteção da propriedade literária, artística e científica, um refugiado se beneficiará, no país em que tem sua residência habitual, da proteção que é conferida aos nacionais do referido país. No território de qualquer um dos outros Estados Contratantes, ele se beneficiará da proteção dada no referido território aos nacionais do país no qual tem sua residência habitual.

Art. 15. Direitos de associação

Os Estados Contratantes concederão aos refugiados que residem regularmente em seu território, no que concerne às associações sem fins políticos nem lucrativos e aos sindicatos profissionais, o tratamento mais favorável concedido aos nacionais de um país estrangeiro, nas mesmas circunstâncias.

Art. 16. Direito de propugnar em juízo

1. Qualquer refugiado terá, no território dos Estados Contratantes, livre e fácil acesso aos tribunais.

2. No Estado Contratante em que tem sua residência habitual, qualquer refugiado gozará do mesmo tratamento que um nacional, no que concerne ao acesso aos tribunais, inclusive a assistência judiciária e a isenção de cautio judicatum solvi.

3. Nos Estados Contratantes outros que não aquele em que tem sua residência habitual, e no que concerne às questões mencionadas no parágrafo 2, qualquer refugiado gozará do mesmo tratamento que um nacional do país no qual tem sua residência habitual.

CAPÍTULO III

Empregos Remunerados

Art. 17. Profissões assalariadas

1. Os Estados Contratantes darão a todo refugiado que resida regularmente no seu território o tratamento mais favorável dado, nas mesmas circunstâncias, aos nacionais de um país estrangeiro no que concerne ao exercício de uma atividade profissional assalariada.

2. Em qualquer caso, as medidas restritivas impostas aos estrangeiros ou ao emprego de estrangeiros para a proteção do mercado nacional do trabalho não serão aplicáveis aos refugiados que já estavam dispensados na data da entrada em vigor desta Convenção pelo Estado Contratante interessado, ou que preencham uma das seguintes condições:

a) contar três anos de residência no país;

b) ter por cônjuge uma pessoa que possua a nacionalidade do país de residência. Um refugiado não poderá invocar o benefício desta disposição no caso de haver abandonado o cônjuge;

c) ter um ou vários filhos que possuam a nacionalidade do país de residência.

3. Os Estados Contratantes considerarão com benevolência a adoção de medidas tendentes a assimilar os direitos de todos os refugiados no que concerne ao exercício das profissões assalariadas aos dos seus nacionais, e em particular para os refugiados que entraram no seu território em virtude de um programa de recrutamento de mão de obra ou de um plano de imigração.

Art. 18. Profissões não assalariadas

Os Estados Contratantes darão aos refugiados que se encontrem regularmente no seu território tratamento tão favorável quanto possível e, em todo caso, tratamento não menos favorável do que aquele que é dado, nas mesmas circunstâncias, aos estrangeiros em geral, no que concerne ao exercício de uma profissão não assalariada na agricultura, na indústria, no artesanato e no comércio, bem como à instalação de firmas comerciais e industriais.

Art. 19. Profissões liberais

1. Cada Estado Contratante dará aos refugiados que residam regularmente no seu território e sejam titulares de diplomas reconhecidos pelas autoridades competentes do referido Estado e que desejam exercer uma profissão liberal, tratamento tão favorável quanto possível, e, em todo caso, tratamento não menos favorável do que aquele que é dado, nas mesmas circunstâncias, aos estrangeiros em geral.

2. Os Estados Contratantes farão tudo o que estiver ao seu alcance, conforme as suas leis e constituições, para assegurar a instalação de tais refugiados em territórios outros que não o território metropolitano, de cujas relações internacionais sejam responsáveis.

CAPÍTULO IV

Bem-estar

Art. 20. Racionamento

No caso de existir um sistema de racionamento ao qual esteja submetido o conjunto da população, que regule a repartição geral dos produtos de que há escassez, os refugiados serão tratados como os nacionais.

Art. 21. Alojamento

No que concerne ao alojamento, os Estados Contratantes darão, na medida em que esta questão seja regulada por leis ou regulamentos ou seja submetida ao controle das autoridades públicas, aos refugiados que residam regularmente no seu território, tratamento tão favorável quanto possível e, em todo caso, tratamento não menos favorável do que aquele que é dado, nas mesmas circunstâncias, aos estrangeiros em geral.

Art. 22. Educação pública

1. Os Estados Contratantes darão aos refugiados o mesmo tratamento que é dado aos nacionais no que concerne ao ensino primário.

2. Os Estados Contratantes darão aos refugiados um tratamento tão favorável quanto possível, e em todo caso não menos favorável do que aquele que é dado aos estrangeiros em geral, nas mesmas circunstâncias, no que concerne aos graus de ensino superior ao primário, em particular no que diz respeito ao acesso aos estudos, ao reconhecimento de certificados de estudos, de diplomas e títulos universitários estrangeiros, à isenção de emolumentos alfandegários e taxas e à concessão de bolsas de estudos.

Art. 23. Assistência pública

Os Estados Contratantes darão aos refugiados que residam regularmente no seu território o mesmo tratamento em matéria de assistência e de socorros públicos que é dado aos seus nacionais.

Art. 24. Legislação do trabalho e previdência social

1. Os Estados Contratantes darão aos refugiados que residam regularmente no seu território o mesmo tratamento dado aos nacionais quanto aos seguintes pontos:

a) Na medida em que estas questões são regulamentadas pela legislação ou dependem das autoridades administrativas: remuneração, inclusive abonos familiares quando os mesmos integrarem a remuneração; duração do trabalho; horas suplementares; férias pagas; restrições ao trabalho doméstico; idade mínima para o emprego; aprendizado e formação profissional; trabalho das mulheres e dos adolescentes, e gozo das vantagens proporcionadas pelas convenções coletivas.

b) Previdência social (as disposições legais relativas aos acidentes do trabalho, às moléstias profissionais, à maternidade, à doença, à invalidez, à velhice, à morte, ao desemprego, aos encargos de família, bem como a qualquer outro risco que, conforme a legislação nacional, esteja previsto no sistema de previdência social), observadas as seguintes limitações:

I) existência de medidas apropriadas visando a manutenção dos direitos adquiridos e dos direitos em curso de aquisição;

II) disposições particulares prescritas pela legislação nacional do país de residência concernentes a benefícios ou a frações de benefícios pagáveis exclusivamente por fundos públicos, bem como a pensões pagas a pessoas que não preenchem as condições de contribuição exigidas para a concessão de uma pensão normal.

2. Os direitos a um benefício decorrentes da morte de um refugiado em virtude de acidente de trabalho ou de doença profissional não serão afetados pelo fato de o beneficiário residir fora do território do Estado Contratante.

3. Os Estados Contratantes estenderão aos refugiados o benefício dos acordos que concluíram ou vierem a concluir entre si, relativamente à manutenção dos direitos adquiridos ou em curso de aquisição em matéria de previdência social, contanto que os refugiados preencham as condições previstas para os nacionais dos países signatários dos acordos em questão.

4. Os Estados Contratantes examinarão com benevolência a possibilidade de estender, na medida do possível, aos refugiados, o benefício de acordos semelhantes que estão ou estarão em vigor entre esses Estados Contratantes e Estados não contratantes.

CAPÍTULO V
Medidas Administrativas

Art. 25. Assistência administrativa

1. Quando o exercício de um direito por parte de um refugiado normalmente exigir a assistência de autoridades estrangeiras às quais ele não pode recorrer, os Estados Contratantes em cujo território reside providenciarão para que essa assistência lhe seja dada, quer pelas suas próprias autoridades, quer por uma autoridade internacional.

2. A ou as autoridades mencionadas no parágrafo 1 entregarão ou farão entregar, sob seu controle, aos refugiados, os documentos ou certificados que normalmente seriam entregues a um estrangeiro pelas suas autoridades nacionais ou por seu intermédio.

3. Os documentos ou certificados assim entregues substituirão os documentos oficiais entregues a estrangeiros pelas suas autoridades nacionais ou por seu intermédio, e terão fé pública até prova em contrário.

4. Ressalvadas as exceções que possam ser admitidas em favor dos indigentes, os serviços mencionados no presente artigo poderão ser cobrados; mas estas cobranças serão moderadas e de acordo com o valor que se cobrar dos nacionais por serviços análogos.
5. As disposições deste artigo em nada afetarão os artigos 27 e 28.

Art. 26. Liberdade de movimento
Cada Estado Contratante dará aos refugiados que se encontrem no seu território o direito de nele escolher o local de sua residência e de nele circular livremente, com as reservas instituídas pela regulamentação aplicável aos estrangeiros em geral nas mesmas circunstâncias.

Art. 27. Papéis de identidade
Os Estados Contratantes entregarão documentos de identidade a qualquer refugiado que se encontre no seu território e que não possua documento de viagem válido.

Art. 28. Documentos de viagem
1. Os Estados Contratantes entregarão aos refugiados que residam regularmente no seu território documentos de viagem destinados a permitir-lhes viajar fora desse território, a menos que a isto se oponham razões imperiosas de segurança nacional ou de ordem pública; as disposições do Anexo a esta Convenção se aplicarão a esses documentos. Os Estados Contratantes poderão entregar tal documento de viagem a qualquer outro refugiado que se encontre no seu território; darão atenção especial aos casos de refugiados que se encontrem no seu território e que não estejam em condições de obter um documento de viagem do país onde residem regularmente.
2. Os documentos de viagem entregues nos termos de acordos internacionais anteriores serão reconhecidos pelos Estados Contratantes e tratados como se houvessem sido entregues aos refugiados em virtude do presente artigo.

Art. 29. Despesas fiscais
1. Os Estados Contratantes não submeterão os refugiados a emolumentos alfandegários, taxas e impostos de qualquer espécie, além ou mais elevados do que aqueles que são ou serão cobrados dos seus nacionais em situações análogas.
2. As disposições do parágrafo anterior não impedem a aplicação aos refugiados das disposições de leis e regulamentos concernentes às taxas relativas à expedição de documentos administrativos para os estrangeiros, inclusive papéis de identidade.

Art. 30. Transferência de bens
1. Cada Estado Contratante permitirá aos refugiados, conforme as leis e regulamentos do seu país, transferir os bens que trouxeram para o seu território para o território de um outro país, no qual foram admitidos, a fim de nele se reinstalarem.
2. Cada Estado Contratante considerará com benevolência os pedidos apresentados pelos refugiados que desejarem obter autorização para transferir todos os outros bens necessários a sua reinstalação em um outro país, onde foram admitidos, a fim de nele se reinstalarem.

Art. 31. Refugiados em situação irregular no país de refúgio
1. Os Estados Contratantes não aplicarão sanções penais aos refugiados que, chegando diretamente de território no qual sua vida ou sua liberdade estava ameaçada, no sentido previsto pelo art. 1º, encontrem-se no seu território sem autorização, contanto que apresentem-se sem demora às autoridades e exponham-lhes razões aceitáveis para a sua entrada ou presença irregulares.
2. Os Estados Contratantes não aplicarão aos deslocamentos de tais refugiados outras restrições que não as necessárias; essas restrições serão aplicadas somente enquanto o estatuto desses refugiados no país de refúgio não houver sido regularizado ou eles não houverem obtido admissão em outro país. À vista desta última admissão, os Estados Contratantes concederão a esses refugiados um prazo razoável, assim como todas as facilidades necessárias.

Art. 32. Expulsão
1. Os Estados Contratantes não expulsarão um refugiado que esteja regularmente no seu território, senão por motivos de segurança nacional ou de ordem pública.
2. A expulsão desse refugiado somente ocorrerá em consequência de decisão judicial proferida em processo legal. A não ser que a isso se oponham razões imperiosas de segurança nacional, o refugiado deverá ter permissão de apresentar provas em seu favor, de interpor recurso e de se fazer representar para esse fim perante uma autoridade competente ou perante uma ou várias pessoas especialmente designadas pela autoridade competente.
3. Os Estados Contratantes concederão a tal refugiado um prazo razoável para ele obter admissão legal em um outro país. Os Estados Contratantes

podem aplicar, durante esse prazo, a medida de ordem interna que julgarem oportuna.

Art. 33. Proibição de expulsão ou de rechaço
1. Nenhum dos Estados Contratantes expulsará ou rechaçará, de forma alguma, um refugiado para as fronteiras dos territórios em que sua vida ou liberdade seja ameaçada em decorrência da sua raça, religião, nacionalidade, grupo social a que pertença ou opiniões políticas.
2. O benefício da presente disposição não poderá, todavia, ser invocado por um refugiado que por motivos sérios seja considerado um perigo à segurança do país no qual ele se encontre ou que, tendo sido condenado definitivamente por um crime ou delito particularmente grave, constitua ameaça para a comunidade do referido país.

Art. 34. Naturalização
Os Estados Contratantes facilitarão, na medida do possível, a assimilação e a naturalização dos refugiados. Esforçar-se-ão, em especial, para acelerar o processo de naturalização e reduzir, também na medida do possível, as taxas e despesas desse processo.

CAPÍTULO VI

Disposições Executórias e Transitórias

Art. 35. Cooperação das autoridades nacionais com as Nações Unidas
1. Os Estados Contratantes comprometem-se a cooperar com o Alto Comissariado das Nações Unidas para os Refugiados, ou qualquer outra instituição das Nações Unidas que lhe suceda, no exercício das suas funções e em particular para facilitar a sua tarefa de supervisionar a aplicação das disposições desta Convenção.
2. A fim de permitir ao Alto Comissariado ou a qualquer outra instituição das Nações Unidas que lhe suceda apresentar relatório aos órgãos competentes das Nações Unidas, os Estados Contratantes se comprometem a fornecer-lhes, pela forma apropriada, as informações e os dados estatísticos solicitados relativos:
a) ao estatuto dos refugiados,
b) à execução desta Convenção, e
c) às leis, regulamentos e decretos que estão ou entrarão em vigor no que concerne aos refugiados.

Art. 36. Informações sobre as leis e regulamentos nacionais

Os Estados Contratantes comunicarão ao Secretário-Geral das Nações Unidas o texto das leis e dos regulamentos que promulguem para assegurar a aplicação desta Convenção.

Art. 37. Relações com as convenções anteriores
Sem prejuízo das disposições constantes no parágrafo 2 do artigo 28, esta Convenção substitui, entre as Partes na Convenção, os acordos de 5 de julho de 1922, 31 de maio de 1924, 12 de maio de 1926, 30 de julho de 1928 e 30 de julho de 1935, bem como as Convenções de 28 de outubro de 1933, 10 de fevereiro de 1938, o Protocolo de 14 de setembro de 1939 e o Acordo de 15 de outubro de 1946.

CAPÍTULO VII

Cláusulas Finais

Art. 38. Solução dos dissídios
Qualquer controvérsia entre as Partes nesta Convenção relativa a sua interpretação ou a sua aplicação, que não possa ser resolvida por outros meios, será submetida à Corte Internacional de Justiça, a pedido de uma das Partes na controvérsia.

Art. 39. Assinatura, ratificação e adesão
1. Esta Convenção ficará aberta à assinatura em Genebra a 28 de julho de 1951 e, após esta data, depositada em poder do Secretário-Geral das Nações Unidas. Ficará aberta à assinatura no Escritório Europeu das Nações Unidas de 28 de julho a 31 de agosto de 1951, e depois será reaberta à assinatura na sede da Organização das Nações Unidas, de 17 de setembro de 1951 a 31 de dezembro de 1952.
2. Esta Convenção ficará aberta à assinatura de todos os Estados membros da Organização das Nações Unidas, bem como de qualquer outro Estado não membro convidado para a Conferência de Plenipotenciários sobre o Estatuto dos Refugiados e dos Apátridas, ou de qualquer Estado ao qual a Assembleia Geral haja dirigido convite para assinar. Deverá ser ratificada e os instrumentos de ratificação ficarão depositados em poder do Secretário-Geral das Nações Unidas.
3. Os Estados mencionados no parágrafo 2 do presente artigo poderão aderir a esta Convenção a partir de 28 de julho de 1951. A adesão será feita mediante instrumento próprio que ficará depositado em poder do Secretário-Geral das Nações Unidas.

Art. 40. Cláusula de aplicação territorial

1. Qualquer Estado poderá, no momento da assinatura, ratificação ou adesão, declarar que esta Convenção se estenderá ao conjunto dos territórios que representa no plano internacional, ou a um ou vários dentre eles. Tal declaração produzirá efeitos no momento da entrada em vigor da Convenção para o referido Estado.

2. A qualquer momento posterior a extensão poderá ser feita através de notificação dirigida ao Secretário-Geral das Nações Unidas, e produzirá efeitos a partir do nonagésimo dia seguinte à data na qual o Secretário-Geral das Nações Unidas houver recebido a notificação ou na data de entrada em vigor da Convenção para o referido Estado, se esta última data for posterior.

3. No que concerne aos territórios aos quais esta Convenção não se aplique na data da assinatura, ratificação ou adesão, cada Estado interessado examinará a possibilidade de tomar, logo que possível, todas as medidas necessárias a fim de estender a aplicação desta Convenção aos referidos territórios, ressalvado, sendo necessário por motivos constitucionais, o consentimento do governo de tais territórios.

Art. 41. Cláusula federal

No caso de um Estado federal ou não unitário, aplicar-se-ão as seguintes disposições:

a) No que concerne aos artigos desta Convenção cuja execução dependa da ação legislativa do poder legislativo federal, as obrigações do governo federal serão, nesta medida, as mesmas que as das partes que não são Estados federais.

b) No que concerne aos artigos desta Convenção cuja aplicação depende da ação legislativa de cada um dos Estados, províncias ou municípios constitutivos, que não são, em virtude do sistema constitucional da federação, obrigados a tomar medidas legislativas, o governo federal levará, o mais cedo possível, e com o seu parecer favorável, os referidos artigos ao conhecimento das autoridades competentes dos Estados, províncias ou municípios.

c) Um Estado federal Parte nesta Convenção fornecerá, mediante solicitação de qualquer outro Estado Contratante que lhe haja sido transmitida pelo Secretário-Geral das Nações Unidas, uma exposição sobre a legislação e as práticas em vigor na federação e em suas unidades constitutivas, no que concerne a qualquer disposição da Convenção, indicando em que medida, por uma ação legislativa ou de outra natureza, tornou-se efetiva a referida disposição.

Art. 42. Reservas

1. No momento da assinatura, da ratificação ou da adesão, qualquer Estado poderá formular reservas aos artigos da Convenção, que não os artigos 1, 3, 4, 16 (1), 33 e 36 a 46 inclusive.

2. Qualquer Estado Contratante que haja formulado uma reserva conforme o parágrafo 1 desse artigo, poderá retirá-la a qualquer momento mediante comunicação com esse fim dirigida ao Secretário-Geral das Nações Unidas.

Art. 43. Entrada em vigor

1. Esta Convenção entrará em vigor no nonagésimo dia seguinte à data do depósito do sexto instrumento de ratificação ou de adesão.

2. Para cada um dos Estados que ratificarem a Convenção ou a ela aderirem depois do depósito do sexto instrumento de ratificação ou de adesão, ela entrará em vigor no nonagésimo dia seguinte à data do depósito feito por esse Estado do seu instrumento de ratificação ou de adesão.

Art. 44. Denúncia

1. Qualquer Estado Contratante poderá denunciar a Convenção a qualquer momento por notificação dirigida ao Secretário-Geral das Nações Unidas.

2. A denúncia entrará em vigor para o Estado interessado um ano depois da data em que tiver sido recebida pelo Secretário-Geral das Nações Unidas.

3. Qualquer Estado que houver feito uma declaração ou notificação conforme o artigo 40, poderá notificar ulteriormente ao Secretário-Geral das Nações Unidas que a Convenção cessará de se aplicar a todo o território designado na notificação. A Convenção cessará, então, de se aplicar ao território em questão, um ano depois da data na qual o Secretário-Geral houver recebido essa notificação.

Art. 45. Revisão

1. Qualquer Estado Contratante poderá, a qualquer tempo, por uma notificação dirigida ao Secretário-Geral das Nações Unidas, pedir a revisão desta Convenção.

2. A Assembleia Geral das Nações Unidas recomendará as medidas a serem tomadas, se for o caso, a propósito de tal pedido.

Art. 46. Notificações pelo Secretário-Geral das Nações Unidas

O Secretário-Geral das Nações Unidas comunicará a todos os Estados membros das Nações Unidas e aos Estados não membros mencionados no artigo 39:

a) as declarações e as notificações mencionadas na SEÇÃO B do artigo 1;
b) as assinaturas, ratificações e adesões mencionadas no artigo 39;
c) as declarações e as notificações mencionadas no artigo 40;
d) as reservas formuladas ou retiradas mencionadas no artigo 42;
e) a data na qual esta Convenção entrará em vigor, de acordo com o artigo 43;
f) as denúncias e as notificações mencionadas no artigo 44;
g) os pedidos de revisão mencionados no artigo 45.
Em fé do que, os abaixo-assinados, devidamente autorizados, assinaram, em nome de seus respectivos Governos, a presente Convenção.

Protocolo sobre o Estatuto dos Refugiados – 1966

Adotado e aberto à adesão pela Resolução no 2.198 (XXI) da Assembleia Geral das Nações Unidas, de 16 de dezembro de 1966, e aprovado anteriormente pela Resolução no 1.186 (XLI) do Conselho Econômico e Social (ecosoc) das Nações Unidas, de 18 de novembro de 1966.
Os Estados Membros no Presente Protocolo,
Considerando que a Convenção sobre o Estatuto dos Refugiados assinada em Genebra, em 28 de julho de 1951 (doravante denominada Convenção), só se aplica às pessoas que se tornaram refugiados em decorrência dos acontecimentos ocorridos antes de 1º de janeiro de 1951.
Considerando que surgiram novas categorias de refugiados desde que a Convenção foi adotada e que, por isso, os citados refugiados não podem beneficiar-se da Convenção.
Considerando a conveniência de que o mesmo Estatuto se aplique a todos os refugiados compreendidos na definição dada na Convenção, independentemente da data-limite de 1º de janeiro de 1951.
Convieram no seguinte:
Art. 1. Disposição geral
§ 1º Os Estados Membros no presente Protocolo comprometer-se-ão a aplicar os "artigos 2º a 34" inclusive da Convenção aos refugiados, definidos a seguir.

§ 2º Para os fins do presente Protocolo, o termo "refugiados", salvo no que diz respeito à aplicação do "§ 3º do presente artigo", significa qualquer pessoa que se enquadre na definição dada no artigo primeiro da Convenção, como se as palavras "em decorrência dos acontecimentos ocorridos antes de 1º de janeiro de 1951 e..." e as palavras "... como consequência de tais acontecimentos" não figurassem do "§ 2º da SEÇÃO A do artigo primeiro".
O presente Protocolo será aplicado pelos Estados Membros sem nenhuma limitação geográfica; entretanto, as declarações já feitas em virtude da "alínea 'a' do § 1º da SEÇÃO B do artigo 1º" da Convenção aplicar-se-ão, também, no regime do presente Protocolo, a menos que as obrigações do Estado declarante tenham sido ampliadas em conformidade com o "§ 2º da SEÇÃO B do artigo 1º" da Convenção.
Art. 2. Cooperação das autoridades nacionais com as Nações Unidas
§ 1º Os Estados Membros no presente Protocolo, comprometem-se a cooperar com o Alto Comissário das Nações Unidas para os Refugiados ou qualquer outra instituição das Nações Unidas que lhe suceder, no exercício de suas funções e, especialmente, a facilitar seu trabalho de observar a aplicação das disposições do presente Protocolo.
§ 2º A fim de permitir ao Alto Comissariado, ou a toda outra instituição das Nações Unidas que lhe suceder, apresentar relatórios aos órgãos competentes das Nações Unidas, os Estados Membros no presente Protocolo comprometem-se a fornecer-lhe, na forma apropriada, as informações e os dados estatísticos solicitados sobre:
a) O estatuto dos refugiados.
b) A execução do presente Protocolo.
c) As leis, os regulamentos e os decretos que estão ou entrarão em vigor, no que concerne aos refugiados.
Art. 3. Informações relativas às leis e regulamentos nacionais
Os Estados Membros no presente Protocolo comunicarão ao Secretário-Geral da Organização das Nações Unidas o texto das leis e dos regulamentos que promulgarem para assegurar a aplicação do presente Protocolo.
Art. 4. Solução das controvérsias
Toda controvérsia entre as Partes no presente Protocolo, relativa à sua interpretação e à sua aplicação, que não for resolvida por outros meios,

será submetida à Corte Internacional da Justiça, a pedido de uma das Partes na controvérsia.

Art. 5. Adesão

O presente Protocolo ficará aberto à adesão de todos os Estados Membros na Convenção e qualquer outro Estado Membro da Organização das Nações Unidas ou membro de uma de suas Agências Especializadas ou de outro Estado ao qual a Assembleia Geral endereçar um convite para aderir ao Protocolo. A adesão far-se-á pelo depósito de um instrumento de adesão junto ao Secretário-Geral da Organização das Nações Unidas.

Art. 6. Cláusula Federal

No caso de um Estado Federal ou não unitário, as seguintes disposições serão aplicadas:

§ 1º No que diz respeito aos artigos da Convenção que devam ser aplicados de conformidade com o "§ 1º do artigo 1" do presente Protocolo e cuja execução depender da ação legislativa do poder legislativo federal, as obrigações do governo federal serão, nesta medida, as mesmas que aquelas dos Estados Membros que não forem Estados federais.

§ 2º No que diz respeito aos artigos da Convenção que devam ser aplicados de conformidade com o "§ 1º do artigo 1º" do presente Protocolo e aplicação depender da ação legislativa de cada um dos Estados, províncias, ou municípios constitutivos, que não forem, por causa do sistema constitucional da federação, obrigados a adotar medidas legislativas, o governo federal levará, o mais cedo possível e com a sua opinião favorável, os referidos artigos ao conhecimento das autoridades competentes dos Estados, províncias ou municípios.

§ 3º Um Estado federal Membro no presente Protocolo comunicará, a pedido de qualquer outro Estado Membro no presente Protocolo, que lhe for transmitido pelo Secretário-Geral da Organização das Nações Unidas, uma exposição de sua legislação e as práticas em vigor na federação e suas unidades constitutivas, no que diz respeito a qualquer disposição da Convenção a ser aplicada em conformidade com o disposto no "§ 1º do artigo 1" do presente Protocolo, indicando em que medida, por ação legislativa ou de outra espécie, foi efetiva tal disposição.

Art. 7. Reservas e declarações

§ 1º No momento de sua adesão, todo Estado poderá formular reservas ao "artigo 4º" do presente Protocolo e a respeito da aplicação, em virtude do artigo primeiro do presente Protocolo, de quaisquer disposições da Convenção, com exceção dos "artigos 1, 3, 4, 16 (I) e 33", desde que, no caso de um Estado Membro na Convenção, as reservas feitas, em virtude do presente artigo, não se estendam aos refugiados aos quais se aplica a Convenção.

§ 2º As reservas feitas por Estados Membros na Convenção, em conformidade com o "artigo 42" da referida Convenção, aplicar-se-ão, a não ser que sejam retiradas, as suas obrigações decorrentes do presente Protocolo.

§ 3º Todo Estado que formular uma reserva, em virtude do "§ 1º" do presente artigo, poderá retirá-la a qualquer momento, por uma comunicação endereçada com este objetivo ao Secretário Geral da Organização das Nações Unidas.

§ 4º As declarações feitas em virtude dos "§ 1º e § 2º do artigo 40" da Convenção, por um Estado Membro nesta Convenção, e que aderir ao presente protocolo, serão consideradas aplicáveis a este Protocolo, a menos que no momento da adesão uma notificação contrária for endereçada ao Secretário-Geral da Organização das Nações Unidas. As disposições dos "§ 2º e § 3º do artigo 40 e do § 3º do artigo 44" da Convenção serão consideradas aplicáveis mutantis ao presente Protocolo.

Art. 8. Entrada em vigor

§ 1º O presente Protocolo entrará em vigor na data do depósito do sexto instrumento de adesão.

§ 2º Para cada um dos Estados que aderir ao Protocolo após o depósito do sexto instrumento de adesão, o Protocolo entrará em vigor na data em que esse Estado depositar seu instrumento de adesão.

Art. 9. Denúncia

§ 1º Todo Estado Membro no presente Protocolo poderá denunciá-lo, a qualquer momento, mediante uma notificação endereçada ao Secretário-Geral da Organização das Nações Unidas. A denúncia surtirá efeito, para o Estado Membro em questão, um ano após a data em que for recebida pelo Secretário-Geral da Organização das Nações Unidas.

Art. 10. Notificações pelo Secretário Geral da Organização das Nações Unidas

O Secretário-Geral da Organização das Nações Unidas notificará a todos os Estados referido no "artigo 5" as datas da entrada em vigor, de adesão, de depósito e de retirada de reservas, de denúncia e de declarações e notificações pertinentes a este Protocolo.

Art. 11. Depósito do Protocolo nos Arquivos do Secretariado da Organização das Nações Unidas. Um

exemplar do presente Protocolo, cujos textos em língua chinesa, espanhola, francesa, inglesa e russa fazem igualmente fé, assinado pelo Presidente da Assembleia Geral e pelo Secretário-Geral da Organização das Nações Unidas, será depositado nos arquivos do Secretariado da Organização. O Secretário Geral remeterá cópias autenticadas do Protocolo a todos os Estados membros da Organização das Nações Unidas e aos outros Estados referidos no "artigo 5" acima.
decreto no 70.946 – de 7 de agosto de 1972

Promulga o Protocolo sobre o Estatuto dos Refugiados

O Presidente da República, havendo sido aprovado, pelo "Decreto Legislativo n. 93", de 30 de novembro de 1971, o Protocolo sobre o Estatuto dos Refugiados, concluído em Nova York, a 31 de janeiro de 1967.
Havendo sido depositado, pelo Brasil, um Instrumento de Adesão junto ao Secretariado das Nações Unidas, em 7 de abril de 1972.
E havendo o referido Protocolo, em conformidade com o seu "artigo 8, § 2º", entrado em vigor, para o Brasil, a 7 de abril de 1972.
Decreta que o Protocolo, apenso por cópia ao presente Decreto, seja executado e cumprido tão inteiramente como nele se contém.
Emílio G. Médici – Presidente da República.
LEI Nº 9.474/1997
Define mecanismos para a implementação do Estatuto dos Refugiados de 1951, e determina
outras providências
o presidente da república
Faço saber que o Congresso Nacional decreta e eu sanciono a seguinte Lei:

TÍTULO I.
DOS ASPECTOS CARACTERIZADORES

CAPÍTULO I

Do Conceito, da Extensão e da Exclusão

SEÇÃO I
Do Conceito

Art. 1. Será reconhecido como refugiado todo indivíduo que:

I. devido a fundados temores de perseguição por motivos de raça, religião, nacionalidade, grupo social ou opiniões políticas encontre-se fora de seu país de nacionalidade e não possa ou não queira acolher-se à proteção de tal país;
II. não tendo nacionalidade e estando fora do país onde antes teve sua residência habitual, não possa ou não queira regressar a ele, em função das circunstâncias descritas no inciso anterior;
III. devido a grave e generalizada violação de direitos humanos, é obrigado a deixar seu país de nacionalidade para buscar refúgio em outro país.

SEÇÃO II
Da Extensão

Art. 2. Os efeitos da condição dos refugiados serão extensivos ao cônjuge, aos ascendentes e descendentes, assim como aos demais membros do grupo familiar que do refugiado dependerem economicamente, desde que se encontrem em território nacional.

SEÇÃO III
Da Exclusão

Art. 3. Não se beneficiarão da condição de refugiado os indivíduos que:
I. já desfrutem de proteção ou assistência por parte de organismo ou instituição das Nações Unidas que não o Alto Comissariado das Nações Unidas para os Refugiados – Acnur;
II. sejam residentes no território nacional e tenham direitos e obrigações relacionados com a condição de nacional brasileiro;
III. tenham cometido crime contra a paz, crime de guerra, crime contra a humanidade, crime hediondo, participado de atos terroristas ou tráfico de drogas;
IV. sejam considerados culpados de atos contrários aos fins e princípios das Nações Unidas.

CAPÍTULO II

Da Condição Jurídica de Refugiado

Art. 4. O reconhecimento da condição de refugiado, nos termos das definições anteriores, sujeitará seu beneficiário ao preceituado nesta Lei, sem prejuízo do disposto em instrumentos internacionais de que o Governo brasileiro seja parte, ratifique ou venha a aderir.

Art. 5. O refugiado gozará de direitos e estará sujeito aos deveres dos estrangeiros no Brasil, ao disposto nesta Lei, na Convenção sobre o Estatuto dos Refugiados de 1951 e no Protocolo sobre o Estatuto dos Refugiados de 1967, cabendo-lhe a obrigação de acatar as leis, regulamentos e providências destinados à manutenção da ordem pública.

Art. 6. O refugiado terá direito, nos termos da Convenção sobre o Estatuto dos Refugiados de 1951, a cédula de identidade comprobatória de sua condição jurídica, carteira de trabalho e documento de viagem.

TÍTULO II.
Do Ingresso no Território
NACIONAL E DO PEDIDO DE REFÚGIO

Art. 7. O estrangeiro que chegar ao território nacional poderá expressar sua vontade de solicitar reconhecimento como refugiado a qualquer autoridade migratória que se encontre na fronteira, a qual lhe proporcionará as informações necessárias quanto ao procedimento cabível.

§ 1º Em hipótese alguma será efetuada sua deportação para fronteira de território em que sua vida ou liberdade esteja ameaçada, em virtude de raça, religião, nacionalidade, grupo social ou opinião política.

§ 2º O benefício previsto neste artigo não poderá ser invocado por refugiado considerado perigoso para a segurança do Brasil.

Art. 8. O ingresso irregular no território nacional não constitui impedimento para o estrangeiro solicitar refúgio às autoridades competentes.

Art. 9. A autoridade a quem for apresentada a solicitação deverá ouvir o interessado e preparar termo de declaração, que deverá conter as circunstâncias relativas à entrada no Brasil e às razões que o fizeram deixar o país de origem.

Art. 10. A solicitação, apresentada nas condições previstas nos artigos anteriores, suspenderá qualquer procedimento administrativo ou criminal pela entrada irregular, instaurado contra o peticionário e pessoas de seu grupo familiar que o acompanhem.

§ 1º Se a condição de refugiado for reconhecida, o procedimento será arquivado, desde que demonstrado que a infração correspondente foi determinada pelos mesmos fatos que justificaram o dito reconhecimento.

§ 2º Para efeito do disposto no parágrafo anterior, a solicitação de refúgio e a decisão sobre a mesma deverão ser comunicadas à Polícia Federal, que as transmitirá ao órgão onde tramitar o procedimento administrativo ou criminal.

TÍTULO III.
Do Conare

Art. 11. Fica criado o Comitê Nacional para os Refugiados – Conare, órgão de deliberação coletiva, no âmbito do Ministério da Justiça.

CAPÍTULO I
Da Competência

Art. 12. Compete ao Conare, em consonância com a Convenção sobre o Estatuto dos Refugiados de 1951, com o Protocolo sobre o Estatuto dos Refugiados de 1967 e com as demais fontes de direito internacional dos refugiados:

I. analisar o pedido e declarar o reconhecimento, em primeira instância, da condição de refugiado;

II. decidir a cessação, em primeira instância, ex officio ou mediante requerimento das autoridades competentes, da condição de refugiado;

III. determinar a perda, em primeira instância, da condição de refugiado;

IV. orientar e coordenar as ações necessárias à eficácia da proteção, assistência e apoio jurídico aos refugiados;

V. aprovar instruções normativas esclarecedoras à execução desta Lei.

Art. 13. O regimento interno do Conare será aprovado pelo Ministro de Estado da Justiça.

Parágrafo único. O regimento interno determinará a periodicidade das reuniões do Conare.

CAPÍTULO II
Da Estrutura e do Funcionamento

Art. 14. O Conare será constituído por:

I. um representante do Ministério da Justiça, que o presidirá;

II. um representante do Ministério das Relações Exteriores;

III. um representante do Ministério do Trabalho;

IV. um representante do Ministério da Saúde;
V. um representante do Ministério da Educação e do Desporto;
VI. um representante do Departamento de Polícia Federal;
VII. um representante de organização não governamental, que se dedique a atividades de assistência e proteção de refugiados no País.

§ 1º O Alto Comissariado das Nações Unidas para Refugiados – Acnur será sempre membro convidado para as reuniões do Conare, com direito a voz, sem voto.

§ 2º Os membros do Conare, serão designados pelo Presidente da República, mediante indicações dos órgãos e da entidade que o compõem.

§ 3º O Conare, terá um Coordenador-Geral, com a atribuição de preparar os processos de requerimento de refúgio e a pauta de reunião.

Art. 15. A participação no Conare, será considerada serviço relevante e não implicará remuneração de qualquer natureza ou espécie.

Art. 16. O Conare reunir-se-á com quórum de quatro membros com direito a voto, deliberando por maioria simples.

Parágrafo único. Em caso de empate, será considerado voto decisivo o do Presidente do Conare.

TÍTULO IV.
Do Processo de Refúgio

CAPÍTULO I
Do Procedimento

Art. 17. O estrangeiro deverá apresentar-se à autoridade competente e externar vontade de solicitar o reconhecimento da condição de refugiado.

Art. 18. A autoridade competente notificará o solicitante para prestar declarações, ato que marcará a data de abertura dos procedimentos.

Parágrafo único. A autoridade competente informará o Alto Comissariado das Nações Unidas para Refugiados – Acnur sobre a existência do processo de solicitação de refúgio e facultará a esse organismo a possibilidade de oferecer sugestões que facilitem seu andamento.

Art. 19. Além das declarações, prestadas se necessário com ajuda de intérprete, deverá o estrangeiro preencher a solicitação de reconhecimento como refugiado, a qual deverá conter identificação completa, qualificação profissional, grau de escolaridade do solicitante e membros do seu grupo familiar, bem como relato das circunstâncias e fatos que fundamentem o pedido de refúgio, indicando os elementos de prova pertinentes.

Art. 20. O registro de declaração e a supervisão do preenchimento da solicitação do refúgio devem ser efetuados por funcionários qualificados e em condições que garantam o sigilo das informações.

CAPÍTULO II
Da Autorização de Residência Provisória

Art. 21. Recebida a solicitação de refúgio, o Departamento de Polícia Federal emitirá protocolo em favor do solicitante e de seu grupo familiar que se encontre no território nacional, o qual autorizará a estada até a decisão final do processo.

§ 1º O protocolo permitirá ao Ministério do Trabalho expedir carteira de trabalho provisória, para o exercício de atividade remunerada no País.

§ 2º No protocolo do solicitante de refúgio serão mencionados, por averbamento, os menores de quatorze anos.

Art. 22. Enquanto estiver pendente o processo relativo à solicitação de refúgio, ao peticionário será aplicável a legislação sobre estrangeiros, respeitadas as disposições específicas contidas nesta Lei.

CAPÍTULO III
Da Instrução e do Relatório

Art. 23. A autoridade competente procederá a eventuais diligências requeridas pelo Conare, devendo averiguar todos os fatos cujo conhecimento seja conveniente para uma justa e rápida decisão, respeitando sempre o princípio da confidencialidade.

Art. 24. Finda a instrução, a autoridade competente elaborará, de imediato, relatório, que será enviado ao Secretário do Conare, para inclusão na pauta da próxima reunião daquele Colegiado.

Art. 25. Os intervenientes nos processos relativos às solicitações de refúgio deverão guardar segredo profissional quanto às informações a que terão acesso no exercício de suas funções.

CAPÍTULO IV
Da Decisão, da Comunicação e do Registro

Art. 26. A decisão pelo reconhecimento da condição de refugiado será considerada ato declaratório e deverá estar devidamente fundamentada.

Art. 27. Proferida a decisão, o Conare notificará o solicitante e o Departamento de Polícia Federal, para as medidas administrativas cabíveis.

Art. 28. No caso de decisão positiva, o refugiado será registrado junto ao Departamento de Polícia Federal, devendo assinar termo de responsabilidade e solicitar cédula de identidade pertinente.

CAPÍTULO V
Do Recurso

Art. 29. No caso de decisão negativa, esta deverá ser fundamentada na notificação ao solicitante, cabendo direito de recurso ao Ministro de Estado da Justiça, no prazo de quinze dias, contados do recebimento da notificação.

Art. 30. Durante a avaliação do recurso, será permitido ao solicitante de refúgio e aos seus familiares permanecer no território nacional, sendo observado o disposto nos §§ 1º e 2º do art. 21 desta Lei.

Art. 31. A decisão do Ministro de Estado da Justiça não será passível de recurso, devendo ser notificada ao Conare, para ciência do solicitante, e ao Departamento de Polícia Federal, para as providências devidas.

Art. 32. No caso de recusa definitiva de refúgio, ficará o solicitante sujeito à legislação de estrangeiros, não devendo ocorrer sua transferência para o seu país de nacionalidade ou de residência habitual, enquanto permanecerem as circunstâncias que põem em risco sua vida, integridade física e liberdade, salvo nas situações determinadas nos incisos III e IV do art. 3º desta Lei.

TÍTULO V.
Dos Efeitos do Estatuto de Refugiados Sobre a Extradição e a Expulsão

CAPÍTULO I
Da Extradição

Art. 33. O reconhecimento da condição de refugiado obstará o seguimento de qualquer pedido de extradição baseado nos fatos que fundamentaram a concessão de refúgio.

Art. 34. A solicitação de refúgio suspenderá, até decisão definitiva, qualquer processo de extradição pendente, em fase administrativa ou judicial, baseado nos fatos que fundamentaram a concessão de refúgio.

Art. 35. Para efeito do cumprimento do disposto nos arts. 33 e 34 desta Lei, a solicitação de reconhecimento como refugiado será comunicada ao órgão onde tramitar o processo de extradição.

CAPÍTULO II
Da Expulsão

Art. 36. Não será expulso do território nacional o refugiado que esteja regularmente registrado, salvo por motivos de segurança nacional ou de ordem pública.

Art. 37. A expulsão de refugiado do território nacional não resultará em sua retirada para país onde sua vida, liberdade ou integridade física possam estar em risco, e apenas será efetivada quando da certeza de sua admissão em país onde não haja riscos de perseguição.

TÍTULO VI.
Da Cessação e da Perda da Condição de Refugiado

CAPÍTULO I
Da Cessação da Condição de Refugiado

Art. 38. Cessará a condição de refugiado nas hipóteses em que o estrangeiro:

I. voltar a valer-se da proteção do país de que é nacional;
II. recuperar voluntariamente a nacionalidade outrora perdida;
III. adquirir nova nacionalidade e gozar da proteção do país cuja nacionalidade adquiriu;
IV. estabelecer-se novamente, de maneira voluntária, no país que abandonou ou fora do qual permaneceu por medo de ser perseguido;
V. não puder mais continuar a recusar a proteção do país de que é nacional por terem deixado de existir as circunstâncias em consequência das quais foi reconhecido como refugiado;
VI. sendo apátrida, estiver em condições de voltar ao país no qual tinha sua residência habitual, uma vez que tenham deixado de existir as circunstâncias em consequência das quais foi reconhecido como refugiado.

CAPÍTULO II

Da Perda da Condição de Refugiado

Art. 39. Implicará perda da condição de refugiado:
I. a renúncia;
II. a prova da falsidade dos fundamentos invocados para o reconhecimento da condição de refugiado ou a existência de fatos que, se fossem conhecidos quando do reconhecimento, teriam ensejado uma decisão negativa;
III. o exercício de atividades contrárias à segurança nacional ou à ordem pública;
IV. a saída do território nacional sem prévia autorização do Governo brasileiro.
Parágrafo único. Os refugiados que perderem essa condição com fundamento nos incisos I e IV deste artigo serão enquadrados no regime geral de permanência de estrangeiros no território nacional, e os que a perderem com fundamento nos incisos II e III estarão sujeitos às medidas compulsórias previstas na Lei no 6.815, de 19 de agosto de 1980.

CAPÍTULO III

Da Autoridade Competente e do Recurso

Art. 40. Compete ao Conare decidir em primeira instância sobre cessação ou perda da condição de refugiado, cabendo, dessa decisão, recurso ao Ministro de Estado da Justiça, no prazo de quinze dias, contados do recebimento da notificação.

§ 1º A notificação conterá breve relato dos fatos e fundamentos que ensejaram a decisão e cientificará o refugiado do prazo para interposição do recurso.
§ 2º Não sendo localizado o estrangeiro para a notificação prevista neste artigo, a decisão será publicada no Diário Oficial da União, para fins de contagem do prazo de interposição de recurso.
Art. 41. A decisão do Ministro de Estado da Justiça é irrecorrível e deverá ser notificada ao Conare, que a informará ao estrangeiro e ao Departamento de Polícia Federal, para as providências cabíveis.

TÍTULO VII.

Das Soluções Duráveis

CAPÍTULO I

Da Repatriação

Art. 42. A repatriação de refugiados aos seus países de origem deve ser caracterizada pelo caráter voluntário do retorno, salvo nos casos em que não possam recusar a proteção do país de que são nacionais, por não mais subsistirem as circunstâncias que determinaram o refúgio.

CAPÍTULO II

Da Integração Local

Art. 43. No exercício de seus direitos e deveres, a condição atípica dos refugiados deverá ser considerada quando da necessidade da apresentação de documentos emitidos por seus países de origem ou por suas representações diplomáticas e consulares.
Art. 44. O reconhecimento de certificados e diplomas, os requisitos para a obtenção da condição de residente e o ingresso em instituições acadêmicas de todos os níveis deverão ser facilitados, levando-se em consideração a situação desfavorável vivenciada pelos refugiados.

CAPÍTULO III

Do Reassentamento

Art. 45. O reassentamento de refugiados em outros países deve ser caracterizado, sempre que possível, pelo caráter voluntário.

Art. 46. O reassentamento de refugiados no Brasil se efetuará de forma planificada e com a participação coordenada dos órgãos estatais e, quando possível, de organizações não governamentais, identificando áreas de cooperação e de determinação de responsabilidades.

TÍTULO VIII.

Das Disposições Finais

Art. 47. Os processos de reconhecimento da condição de refugiado serão gratuitos e terão caráter urgente.

Art. 48. Os preceitos desta Lei deverão ser interpretados em harmonia com a Declaração Universal dos Direitos do Homem de 1948, com a Convenção sobre o Estatuto dos Refugiados de 1951, com o Protocolo sobre o Estatuto dos Refugiados de 1967 e com todo dispositivo pertinente de instrumento internacional de proteção de direitos humanos com o qual o Governo brasileiro estiver comprometido.

Art. 49. Esta Lei entra em vigor na data de sua publicação.

Brasília, 22 de julho de 1997; 176º da Independência e 109º da República.

Fernando Henrique Cardoso
Iris Rezende

Este texto não substitui o publicado no dou de 23.7.1997.

Lei Nº 13.445, de 24 de Maio de 2017: Lei de Migração

O presidente da república
Faço saber que o Congresso Nacional decreta e eu sanciono a seguinte Lei:

CAPÍTULO I

Disposições Preliminares

SEÇÃO I
Disposições Gerais

Art. 1. Esta Lei dispõe sobre os direitos e os deveres do migrante e do visitante, regula a sua entrada e estada no País e estabelece princípios e diretrizes para as políticas públicas para o emigrante.

§ 1º Para os fins desta Lei, considera-se:
I. (vetado);
II. imigrante: pessoa nacional de outro país ou apátrida que trabalha ou reside e se estabelece temporária ou definitivamente no Brasil;
III. emigrante: brasileiro que se estabelece temporária ou definitivamente no exterior;
IV. residente fronteiriço: pessoa nacional de país limítrofe ou apátrida que conserva a sua residência habitual em município fronteiriço de país vizinho;
V. visitante: pessoa nacional de outro país ou apátrida que vem ao Brasil para estadas de curta duração, sem pretensão de se estabelecer temporária ou definitivamente no território nacional;
VI. apátrida: pessoa que não seja considerada como nacional por nenhum Estado, segundo a sua legislação, nos termos da Convenção sobre o Estatuto dos Apátridas, de 1954, promulgada pelo Decreto no 4.246, de 22 de maio de 2002, ou assim reconhecida pelo Estado brasileiro.

§ 2º (vetado).

Art. 2. Esta Lei não prejudica a aplicação de normas internas e internacionais específicas sobre refugiados, asilados, agentes e pessoal diplomático ou consular, funcionários de organização internacional e seus familiares.

SEÇÃO II
Dos Princípios e das Garantias

Art. 3. A política migratória brasileira rege-se pelos seguintes princípios e diretrizes:
I. universalidade, indivisibilidade e interdependência dos direitos humanos;
II. repúdio e prevenção à xenofobia, ao racismo e a quaisquer formas de discriminação;
III. não criminalização da migração;
IV. não discriminação em razão dos critérios ou dos procedimentos pelos quais a pessoa foi admitida em território nacional;
V. promoção de entrada regular e de regularização documental;
VI. acolhida humanitária;
VII. desenvolvimento econômico, turístico, social, cultural, esportivo, científico e tecnológico do Brasil;
VIII. garantia do direito à reunião familiar;

IX. igualdade de tratamento e de oportunidade ao migrante e a seus familiares;
X. inclusão social, laboral e produtiva do migrante por meio de políticas públicas;
XI. acesso igualitário e livre do migrante a serviços, programas e benefícios sociais, bens públicos, educação, assistência jurídica integral pública, trabalho, moradia, serviço bancário e seguridade social;
XII. promoção e difusão de direitos, liberdades, garantias e obrigações do migrante;
XIII. diálogo social na formulação, na execução e na avaliação de políticas migratórias e promoção da participação cidadã do migrante;
XIV. fortalecimento da integração econômica, política, social e cultural dos povos da América Latina, mediante constituição de espaços de cidadania e de livre circulação de pessoas;
XV. cooperação internacional com Estados de origem, de trânsito e de destino de movimentos migratórios, a fim de garantir efetiva proteção aos direitos humanos do migrante;
XVI. integração e desenvolvimento das regiões de fronteira e articulação de políticas públicas regionais capazes de garantir efetividade aos direitos do residente fronteiriço;
XVII. proteção integral e atenção ao superior interesse da criança e do adolescente migrante;
XVIII. observância ao disposto em tratado;
XIX. proteção ao brasileiro no exterior;
XX. migração e desenvolvimento humano no local de origem, como direitos inalienáveis de todas as pessoas;
XXI. promoção do reconhecimento acadêmico e do exercício profissional no Brasil, nos termos da lei; e
XXII. repúdio a práticas de expulsão ou de deportação coletivas.
Art. 4. Ao migrante é garantida no território nacional, em condição de igualdade com os nacionais, a inviolabilidade do direito à vida, à liberdade, à igualdade, à segurança e à propriedade, bem como são assegurados:
I. direitos e liberdades civis, sociais, culturais e econômicos;
II. direito à liberdade de circulação em território nacional;
III. direito à reunião familiar do migrante com seu cônjuge ou companheiro e seus filhos, familiares e dependentes;
IV. medidas de proteção a vítimas e testemunhas de crimes e de violações de direitos;
V. direito de transferir recursos decorrentes de sua renda e economias pessoais a outro país, observada a legislação aplicável;
VI. direito de reunião para fins pacíficos;
VII. direito de associação, inclusive sindical, para fins lícitos;
VIII. acesso a serviços públicos de saúde e de assistência social e à previdência social, nos termos da lei, sem discriminação em razão da nacionalidade e da condição migratória;
IX. amplo acesso à justiça e à assistência jurídica integral gratuita aos que comprovarem insuficiência de recursos;
X. direito à educação pública, vedada a discriminação em razão da nacionalidade e da condição migratória;
XI. garantia de cumprimento de obrigações legais e contratuais trabalhistas e de aplicação das normas de proteção ao trabalhador, sem discriminação em razão da nacionalidade e da condição migratória;
XII. isenção das taxas de que trata esta Lei, mediante declaração de hipossuficiência econômica, na forma de regulamento;
XIII. direito de acesso à informação e garantia de confidencialidade quanto aos dados pessoais do migrante, nos termos da Lei no 12.527, de 18 de novembro de 2011;
XIV. direito a abertura de conta bancária;
XV. direito de sair, de permanecer e de reingressar em território nacional, mesmo enquanto pendente pedido de autorização de residência, de prorrogação de estada ou de transformação de visto em autorização de residência; e
XVI. direito do imigrante de ser informado sobre as garantias que lhe são asseguradas para fins de regularização migratória.
§ 1º Os direitos e as garantias previstos nesta Lei serão exercidos em observância ao disposto na Constituição Federal, independentemente da situação migratória, observado o disposto no § 4º deste artigo, e não excluem outros decorrentes de tratado de que o Brasil seja parte.
§ 2º (vetado).
§ 3º (vetado).
§ 4º (vetado).

CAPÍTULO II

Da Situação Documental do Migrante e do Visitante

SEÇÃO I
Dos Documentos de Viagem

Art. 5. São documentos de viagem:
I. passaporte;
II. laissez-passer;
III. autorização de retorno;
IV. salvo-conduto;
V. carteira de identidade de marítimo;
VI. carteira de matrícula consular;
VII. documento de identidade civil ou documento estrangeiro equivalente, quando admitidos em tratado;
VIII. certificado de membro de tripulação de transporte aéreo; e
IX. outros que vierem a ser reconhecidos pelo Estado brasileiro em regulamento.

§ 1º Os documentos previstos nos incisos i, ii, iii, iv, v, vi e ix, quando emitidos pelo Estado brasileiro, são de propriedade da União, cabendo a seu titular a posse direta e o uso regular.

§ 2º As condições para a concessão dos documentos de que trata o § 1º serão previstas em regulamento.

SEÇÃO II
Dos Vistos

Subseção I. Disposições Gerais

Art. 6. O visto é o documento que dá a seu titular expectativa de ingresso em território nacional.
Parágrafo único. (vetado).

Art. 7. O visto será concedido por embaixadas, consulados-gerais, consulados, vice-consulados e, quando habilitados pelo órgão competente do Poder Executivo, por escritórios comerciais e de representação do Brasil no exterior.
Parágrafo único. Excepcionalmente, os vistos diplomático, oficial e de cortesia poderão ser concedidos no Brasil.

Art. 8. Poderão ser cobrados taxas e emolumentos consulares pelo processamento do visto.

Art. 9. Regulamento disporá sobre:
I. requisitos de concessão de visto, bem como de sua simplificação, inclusive por reciprocidade;
II. prazo de validade do visto e sua forma de contagem;
III. prazo máximo para a primeira entrada e para a estada do imigrante e do visitante no País;
IV. hipóteses e condições de dispensa recíproca ou unilateral de visto e de taxas e emolumentos consulares por seu processamento; e
V. solicitação e emissão de visto por meio eletrônico.
Parágrafo único. A simplificação e a dispensa recíproca de visto ou de cobrança de taxas e emolumentos consulares por seu processamento poderão ser definidas por comunicação diplomática.

Art. 10. Não se concederá visto:
I. a quem não preencher os requisitos para o tipo de visto pleiteado;
II. a quem comprovadamente ocultar condição impeditiva de concessão de visto ou de ingresso no País; ou
III. a menor de 18 (dezoito) anos desacompanhado ou sem autorização de viagem por escrito dos responsáveis legais ou de autoridade competente.

Art. 11. Poderá ser denegado visto a quem se enquadrar em pelo menos um dos casos de impedimento definidos nos incisos i, ii, iii, iv e ix do art. 45.
Parágrafo único. A pessoa que tiver visto brasileiro denegado será impedida de ingressar no País enquanto permanecerem as condições que ensejaram a denegação.

Subseção II. Dos Tipos de Visto

Art. 12. Ao solicitante que pretenda ingressar ou permanecer em território nacional poderá ser concedido visto:
I. de visita;
II. temporário;
III. diplomático;
IV. oficial;
V. de cortesia.

Subseção III. Do Visto de Visita

Art. 13. O visto de visita poderá ser concedido ao visitante que venha ao Brasil para estada de curta duração, sem intenção de estabelecer residência, nos seguintes casos:
I. turismo;
II. negócios;
III. trânsito;
IV. atividades artísticas ou desportivas; e

V. outras hipóteses definidas em regulamento.

§ 1º É vedado ao beneficiário de visto de visita exercer atividade remunerada no Brasil.

§ 2º O beneficiário de visto de visita poderá receber pagamento do governo, de empregador brasileiro ou de entidade privada a título de diária, ajuda de custo, cachê, pró-labore ou outras despesas com a viagem, bem como concorrer a prêmios, inclusive em dinheiro, em competições desportivas ou em concursos artísticos ou culturais.

§ 3º O visto de visita não será exigido em caso de escala ou conexão em território nacional, desde que o visitante não deixe a área de trânsito internacional.

Subseção IV. Do Visto Temporário

Art. 14. O visto temporário poderá ser concedido ao imigrante que venha ao Brasil com o intuito de estabelecer residência por tempo determinado e que se enquadre em pelo menos uma das seguintes hipóteses:

I. o visto temporário tenha como finalidade:
a) pesquisa, ensino ou extensão acadêmica;
b) tratamento de saúde;
c) acolhida humanitária;
d) estudo;
e) trabalho;
f) férias-trabalho;
g) prática de atividade religiosa ou serviço voluntário;
h) realização de investimento ou de atividade com relevância econômica, social, científica, tecnológica ou cultural;
i) reunião familiar;
j) atividades artísticas ou desportivas com contrato por prazo determinado;

II. o imigrante seja beneficiário de tratado em matéria de vistos;

III. outras hipóteses definidas em regulamento.

§ 1º O visto temporário para pesquisa, ensino ou extensão acadêmica poderá ser concedido ao imigrante com ou sem vínculo empregatício com a instituição de pesquisa ou de ensino brasileira, exigida, na hipótese de vínculo, a comprovação de formação superior compatível ou equivalente reconhecimento científico.

§ 2º O visto temporário para tratamento de saúde poderá ser concedido ao imigrante e a seu acompanhante, desde que o imigrante comprove possuir meios de subsistência suficientes.

§ 3º O visto temporário para acolhida humanitária poderá ser concedido ao apátrida ou ao nacional de qualquer país em situação de grave ou iminente instabilidade institucional, de conflito armado, de calamidade de grande proporção, de desastre ambiental ou de grave violação de direitos humanos ou de direito internacional humanitário, ou em outras hipóteses, na forma de regulamento.

§ 4º O visto temporário para estudo poderá ser concedido ao imigrante que pretenda vir ao Brasil para frequentar curso regular ou realizar estágio ou intercâmbio de estudo ou de pesquisa.

§ 5º Observadas as hipóteses previstas em regulamento, o visto temporário para trabalho poderá ser concedido ao imigrante que venha exercer atividade laboral, com ou sem vínculo empregatício no Brasil, desde que comprove oferta de trabalho formalizada por pessoa jurídica em atividade no País, dispensada esta exigência se o imigrante comprovar titulação em curso de ensino superior ou equivalente.

§ 6º O visto temporário para férias-trabalho poderá ser concedido ao imigrante maior de 16 (dezesseis) anos que seja nacional de país que conceda idêntico benefício ao nacional brasileiro, em termos definidos por comunicação diplomática.

§ 7º Não se exigirá do marítimo que ingressar no Brasil em viagem de longo curso ou em cruzeiros marítimos pela costa brasileira o visto temporário de que trata a alínea "e" do inciso i do caput, bastando a apresentação da carteira internacional de marítimo, nos termos de regulamento.

§ 8º É reconhecida ao imigrante a quem se tenha concedido visto temporário para trabalho a possibilidade de modificação do local de exercício de sua atividade laboral.

§ 9º O visto para realização de investimento poderá ser concedido ao imigrante que aporte recursos em projeto com potencial para geração de empregos ou de renda no País.

§ 10º (vetado).

Subseção V. Dos Vistos Diplomático, Oficial e de Cortesia

Art. 15. Os vistos diplomático, oficial e de cortesia serão concedidos, prorrogados ou dispensados na forma desta Lei e de regulamento.

Parágrafo único. Os vistos diplomático e oficial poderão ser transformados em autorização de residência, o que importará cessação de todas as prerrogativas, privilégios e imunidades decorrentes do respectivo visto.

Art. 16. Os vistos diplomático e oficial poderão ser concedidos a autoridades e funcionários estrangeiros que viajem ao Brasil em missão oficial de caráter transitório ou permanente, representando Estado estrangeiro ou organismo internacional reconhecido.

§ 1º Não se aplica ao titular dos vistos referidos no caput o disposto na legislação trabalhista brasileira.

§ 2º Os vistos diplomático e oficial poderão ser estendidos aos dependentes das autoridades referidas no caput.

Art. 17. O titular de visto diplomático ou oficial somente poderá ser remunerado por Estado estrangeiro ou organismo internacional, ressalvado o disposto em tratado que contenha cláusula específica sobre o assunto.

Parágrafo único. O dependente de titular de visto diplomático ou oficial poderá exercer atividade remunerada no Brasil, sob o amparo da legislação trabalhista brasileira, desde que seja nacional de país que assegure reciprocidade de tratamento ao nacional brasileiro, por comunicação diplomática.

Art. 18. O empregado particular titular de visto de cortesia somente poderá exercer atividade remunerada para o titular de visto diplomático, oficial ou de cortesia ao qual esteja vinculado, sob o amparo da legislação trabalhista brasileira.

Parágrafo único. O titular de visto diplomático, oficial ou de cortesia será responsável pela saída de seu empregado do território nacional.

SEÇÃO III
Do Registro e da Identificação Civil do Imigrante e dos Detentores de Vistos Diplomático, Oficial e de Cortesia

Art. 19. O registro consiste na identificação civil por dados biográficos e biométricos, e é obrigatório a todo imigrante detentor de visto temporário ou de autorização de residência.

§ 1º O registro gerará número único de identificação que garantirá o pleno exercício dos atos da vida civil.

§ 2º O documento de identidade do imigrante será expedido com base no número único de identificação.

§ 3º Enquanto não for expedida identificação civil, o documento comprobatório de que o imigrante a solicitou à autoridade competente garantirá ao titular o acesso aos direitos disciplinados nesta Lei.

Art. 20. A identificação civil de solicitante de refúgio, de asilo, de reconhecimento de apatridia e de acolhimento humanitário poderá ser realizada com a apresentação dos documentos de que o imigrante dispuser.

Art. 21. Os documentos de identidade emitidos até a data de publicação desta Lei continuarão válidos até sua total substituição.

Art. 22. A identificação civil, o documento de identidade e as formas de gestão da base cadastral dos detentores de vistos diplomático, oficial e de cortesia atenderão a disposições específicas previstas em regulamento.

CAPÍTULO III
Da Condição Jurídica do Migrante e do Visitante

SEÇÃO I
Do Residente Fronteiriço

Art. 23. A fim de facilitar a sua livre circulação, poderá ser concedida ao residente fronteiriço, mediante requerimento, autorização para a realização de atos da vida civil.

Parágrafo único. Condições específicas poderão ser estabelecidas em regulamento ou tratado.

Art. 24. A autorização referida no caput do art. 23 indicará o Município fronteiriço no qual o residente estará autorizado a exercer os direitos a ele atribuídos por esta Lei.

§ 1º O residente fronteiriço detentor da autorização gozará das garantias e dos direitos assegurados pelo regime geral de migração desta Lei, conforme especificado em regulamento.

§ 2º O espaço geográfico de abrangência e de validade da autorização será especificado no documento de residente fronteiriço.

Art. 25. O documento de residente fronteiriço será cancelado, a qualquer tempo, se o titular:

I. tiver fraudado documento ou utilizado documento falso para obtê-lo;

II. obtiver outra condição migratória;

III. sofrer condenação penal; ou

IV. exercer direito fora dos limites previstos na autorização.

SEÇÃO II
Da Proteção do Apátrida e da Redução da Apatridia

Art. 26. Regulamento disporá sobre instituto protetivo especial do apátrida, consolidado em processo simplificado de naturalização.

§ 1º O processo de que trata o caput será iniciado tão logo seja reconhecida a situação de apatridia.

§ 2º Durante a tramitação do processo de reconhecimento da condição de apátrida, incidem todas as garantias e mecanismos protetivos e de facilitação da inclusão social relativos à Convenção sobre o Estatuto dos Apátridas de 1954, promulgada pelo Decreto no 4.246, de 22 de maio de 2002, à Convenção relativa ao Estatuto dos Refugiados, promulgada pelo Decreto no 50.215, de 28 de janeiro de 1961, e à Lei no 9.474, de 22 de julho de 1997.

§ 3º Aplicam-se ao apátrida residente todos os direitos atribuídos ao migrante relacionados no art. 4º.

§ 4º O reconhecimento da condição de apátrida assegura os direitos e garantias previstos na Convenção sobre o Estatuto dos Apátridas, de 1954, promulgada pelo Decreto no 4.246, de 22 de maio de 2002, bem como outros direitos e garantias reconhecidos pelo Brasil.

§ 5º O processo de reconhecimento da condição de apátrida tem como objetivo verificar se o solicitante é considerado nacional pela legislação de algum Estado e poderá considerar informações, documentos e declarações prestadas pelo próprio solicitante e por órgãos e organismos nacionais e internacionais.

§ 6º Reconhecida a condição de apátrida, nos termos do inciso vi do § 1º do art. 1º, o solicitante será consultado sobre o desejo de adquirir a nacionalidade brasileira.

§ 7º Caso o apátrida opte pela naturalização, a decisão sobre o reconhecimento será encaminhada ao órgão competente do Poder Executivo para publicação dos atos necessários à efetivação da naturalização no prazo de 30 (trinta) dias, observado o art. 65.

§ 8º O apátrida reconhecido que não opte pela naturalização imediata terá a autorização de residência outorgada em caráter definitivo.

§ 9º Caberá recurso contra decisão negativa de reconhecimento da condição de apátrida.

§ 10º Subsistindo a denegação do reconhecimento da condição de apátrida, é vedada a devolução do indivíduo para país onde sua vida, integridade pessoal ou liberdade estejam em risco.

§ 11º Será reconhecido o direito de reunião familiar a partir do reconhecimento da condição de apátrida.

§ 12º Implica perda da proteção conferida por esta Lei:

I. a renúncia;

II. a prova da falsidade dos fundamentos invocados para o reconhecimento da condição de apátrida; ou

III. a existência de fatos que, se fossem conhecidos por ocasião do reconhecimento, teriam ensejado decisão negativa.

SEÇÃO III
Do Asilado

Art. 27. O asilo político, que constitui ato discricionário do Estado, poderá ser diplomático ou territorial e será outorgado como instrumento de proteção à pessoa.

Parágrafo único. Regulamento disporá sobre as condições para a concessão e a manutenção de asilo.

Art. 28. Não se concederá asilo a quem tenha cometido crime de genocídio, crime contra a humanidade, crime de guerra ou crime de agressão, nos termos do Estatuto de Roma do Tribunal Penal Internacional, de 1998, promulgado pelo Decreto no 4.388, de 25 de setembro de 2002.

Art. 29. A saída do asilado do País sem prévia comunicação implica renúncia ao asilo.

SEÇÃO IV
Da Autorização de Residência

Art. 30. A residência poderá ser autorizada, mediante registro, ao imigrante, ao residente fronteiriço ou ao visitante que se enquadre em uma das seguintes hipóteses:

I. a residência tenha como finalidade:

a) pesquisa, ensino ou extensão acadêmica;

b) tratamento de saúde;

c) acolhida humanitária;

d) estudo;

e) trabalho;

f) férias-trabalho;

g) prática de atividade religiosa ou serviço voluntário;

h) realização de investimento ou de atividade com relevância econômica, social, científica, tecnológica ou cultural;

i) reunião familiar;
II. a pessoa:
a) seja beneficiária de tratado em matéria de residência e livre circulação;
b) seja detentora de oferta de trabalho;
c) já tenha possuído a nacionalidade brasileira e não deseje ou não reúna os requisitos para readquiri-la;
d) (vetado);
e) seja beneficiária de refúgio, de asilo ou de proteção ao apátrida;
f) seja menor nacional de outro país ou apátrida, desacompanhado ou abandonado, que se encontre nas fronteiras brasileiras ou em território nacional;
g) tenha sido vítima de tráfico de pessoas, de trabalho escravo ou de violação de direito agravada por sua condição migratória;
h) esteja em liberdade provisória ou em cumprimento de pena no Brasil;
III. outras hipóteses definidas em regulamento.
§ 1º Não se concederá a autorização de residência a pessoa condenada criminalmente no Brasil ou no exterior por sentença transitada em julgado, desde que a conduta esteja tipificada na legislação penal brasileira, ressalvados os casos em que:
I. a conduta caracterize infração de menor potencial ofensivo;
II. (vetado); ou
III. a pessoa se enquadre nas hipóteses previstas nas alíneas "b", "c" e "i" do inciso i e na alínea "a" do inciso ii do caput deste artigo.
§ 2º O disposto no § 1º não obsta progressão de regime de cumprimento de pena, nos termos da Lei no 7.210, de 11 de julho de 1984, ficando a pessoa autorizada a trabalhar quando assim exigido pelo novo regime de cumprimento de pena.
§ 3º Nos procedimentos conducentes ao cancelamento de autorização de residência e no recurso contra a negativa de concessão de autorização de residência devem ser respeitados o contraditório e a ampla defesa.
Art. 31. Os prazos e o procedimento da autorização de residência de que trata o art. 30 serão dispostos em regulamento, observado o disposto nesta Lei.
§ 1º Será facilitada a autorização de residência nas hipóteses das alíneas "a" e "e" do inciso i do art. 30 desta Lei, devendo a deliberação sobre a autorização ocorrer em prazo não superior a 60 (sessenta) dias, a contar de sua solicitação.

§ 2º Nova autorização de residência poderá ser concedida, nos termos do art. 30, mediante requerimento.
§ 3º O requerimento de nova autorização de residência após o vencimento do prazo da autorização anterior implicará aplicação da sanção prevista no inciso II do art. 109.
§ 4º O solicitante de refúgio, de asilo ou de proteção ao apátrida fará jus a autorização provisória de residência até a obtenção de resposta ao seu pedido.
§ 5º Poderá ser concedida autorização de residência independentemente da situação migratória.
Art. 32. Poderão ser cobradas taxas pela autorização de residência.
Art. 33. Regulamento disporá sobre a perda e o cancelamento da autorização de residência em razão de fraude ou de ocultação de condição impeditiva de concessão de visto, de ingresso ou de permanência no País, observado procedimento administrativo que garanta o contraditório e a ampla defesa.
Art. 34. Poderá ser negada autorização de residência com fundamento nas hipóteses previstas nos incisos I, II, III, IV e IX do art. 45.
Art. 35. A posse ou a propriedade de bem no Brasil não confere o direito de obter visto ou autorização de residência em território nacional, sem prejuízo do disposto sobre visto para realização de investimento.
Art. 36. O visto de visita ou de cortesia poderá ser transformado em autorização de residência, mediante requerimento e registro, desde que satisfeitos os requisitos previstos em regulamento.

SEÇÃO V
Da Reunião Familiar

Art. 37. O visto ou a autorização de residência para fins de reunião familiar será concedido ao imigrante:
I. cônjuge ou companheiro, sem discriminação alguma;
II. filho de imigrante beneficiário de autorização de residência, ou que tenha filho brasileiro ou imigrante beneficiário de autorização de residência;
III. ascendente, descendente até o segundo grau ou irmão de brasileiro ou de imigrante beneficiário de autorização de residência; ou
IV. que tenha brasileiro sob sua tutela ou guarda.
Parágrafo único. (vetado).

CAPÍTULO IV

Da Entrada e da Saída do Território Nacional

SEÇÃO I
Da Fiscalização Marítima, Aeroportuária e de Fronteira

Art. 38. As funções de polícia marítima, aeroportuária e de fronteira serão realizadas pela Polícia Federal nos pontos de entrada e de saída do território nacional.
Parágrafo único. É dispensável a fiscalização de passageiro, tripulante e estafe de navio em passagem inocente, exceto quando houver necessidade de descida de pessoa a terra ou de subida a bordo do navio.
Art. 39. O viajante deverá permanecer em área de fiscalização até que seu documento de viagem tenha sido verificado, salvo os casos previstos em lei.
Art. 40. Poderá ser autorizada a admissão excepcional no País de pessoa que se encontre em uma das seguintes condições, desde que esteja de posse de documento de viagem válido:
I. não possua visto;
II. seja titular de visto emitido com erro ou omissão;
III. tenha perdido a condição de residente por ter permanecido ausente do País na forma especificada em regulamento e detenha as condições objetivas para a concessão de nova autorização de residência;
IV. (vetado); ou
V. seja criança ou adolescente desacompanhado de responsável legal e sem autorização expressa para viajar desacompanhado, independentemente do documento de viagem que portar, hipótese em que haverá imediato encaminhamento ao Conselho Tutelar ou, em caso de necessidade, a instituição indicada pela autoridade competente.
Parágrafo único. Regulamento poderá dispor sobre outras hipóteses excepcionais de admissão, observados os princípios e as diretrizes desta Lei.
Art. 41. A entrada condicional, em território nacional, de pessoa que não preencha os requisitos de admissão poderá ser autorizada mediante a assinatura, pelo transportador ou por seu agente, de termo de compromisso de custear as despesas com a permanência e com as providências para a repatriação do viajante.
Art. 42. O tripulante ou o passageiro que, por motivo de força maior, for obrigado a interromper a viagem em território nacional poderá ter seu desembarque permitido mediante termo de responsabilidade pelas despesas decorrentes do transbordo.
Art. 43. A autoridade responsável pela fiscalização contribuirá para a aplicação de medidas sanitárias em consonância com o Regulamento Sanitário Internacional e com outras disposições pertinentes.

SEÇÃO II
Do Impedimento de Ingresso

Art. 44. (vetado).
Art. 45. Poderá ser impedida de ingressar no País, após entrevista individual e mediante ato fundamentado, a pessoa:
I. anteriormente expulsa do País, enquanto os efeitos da expulsão vigorarem;
II. condenada ou respondendo a processo por ato de terrorismo ou por crime de genocídio, crime contra a humanidade, crime de guerra ou crime de agressão, nos termos definidos pelo Estatuto de Roma do Tribunal Penal Internacional, de 1998, promulgado pelo Decreto no 4.388, de 25 de setembro de 2002;
III. condenada ou respondendo a processo em outro país por crime doloso passível de extradição segundo a lei brasileira;
IV. que tenha o nome incluído em lista de restrições por ordem judicial ou por compromisso assumido pelo Brasil perante organismo internacional;
V. que apresente documento de viagem que:
a) não seja válido para o Brasil;
b) esteja com o prazo de validade vencido; ou
c) esteja com rasura ou indício de falsificação;
VI. que não apresente documento de viagem ou documento de identidade, quando admitido;
VII. cuja razão da viagem não seja condizente com o visto ou com o motivo alegado para a isenção de visto;
VIII. que tenha, comprovadamente, fraudado documentação ou prestado informação falsa por ocasião da solicitação de visto; ou
IX. que tenha praticado ato contrário aos princípios e objetivos dispostos na Constituição Federal.
Parágrafo único. Ninguém será impedido de ingressar no País por motivo de raça, religião, nacionalidade, pertinência a grupo social ou opinião política.

CAPÍTULO V

Das Medidas de Retirada Compulsória

SEÇÃO I
Disposições Gerais

Art. 46. A aplicação deste Capítulo observará o disposto na Lei no 9.474, de 22 de julho de 1997, e nas disposições legais, tratados, instrumentos e mecanismos que tratem da proteção aos apátridas ou de outras situações humanitárias.

Art. 47. A repatriação, a deportação e a expulsão serão feitas para o país de nacionalidade ou de procedência do migrante ou do visitante, ou para outro que o aceite, em observância aos tratados dos quais o Brasil seja parte.

Art. 48. Nos casos de deportação ou expulsão, o chefe da unidade da Polícia Federal poderá representar perante o juízo federal, respeitados, nos procedimentos judiciais, os direitos à ampla defesa e ao devido processo legal.

SEÇÃO II
Da Repatriação

Art. 49. A repatriação consiste em medida administrativa de devolução de pessoa em situação de impedimento ao país de procedência ou de nacionalidade.

§ 1º Será feita imediata comunicação do ato fundamentado de repatriação à empresa transportadora e à autoridade consular do país de procedência ou de nacionalidade do migrante ou do visitante, ou a quem o representa.

§ 2º A Defensoria Pública da União será notificada, preferencialmente por via eletrônica, no caso do § 4º deste artigo ou quando a repatriação imediata não seja possível.

§ 3º Condições específicas de repatriação podem ser definidas por regulamento ou tratado, observados os princípios e as garantias previstos nesta Lei.

§ 4º Não será aplicada medida de repatriação à pessoa em situação de refúgio ou de apatridia, de fato ou de direito, ao menor de 18 (dezoito) anos desacompanhado ou separado de sua família, exceto nos casos em que se demonstrar favorável para a garantia de seus direitos ou para a reintegração a sua família de origem, ou a quem necessite de acolhimento humanitário, nem, em qualquer caso, medida de devolução para país ou região que possa apresentar risco à vida, à integridade pessoal ou à liberdade da pessoa.

§ 5º (vetado).

SEÇÃO III
Da Deportação

Art. 50. A deportação é medida decorrente de procedimento administrativo que consiste na retirada compulsória de pessoa que se encontre em situação migratória irregular em território nacional.

§ 1º A deportação será precedida de notificação pessoal ao deportando, da qual constem, expressamente, as irregularidades verificadas e prazo para a regularização não inferior a 60 (sessenta) dias, podendo ser prorrogado, por igual período, por despacho fundamentado e mediante compromisso de a pessoa manter atualizadas suas informações domiciliares.

§ 2º A notificação prevista no § 1º não impede a livre circulação em território nacional, devendo o deportando informar seu domicílio e suas atividades.

§ 3º Vencido o prazo do § 1º sem que se regularize a situação migratória, a deportação poderá ser executada.

§ 4º A deportação não exclui eventuais direitos adquiridos em relações contratuais ou decorrentes da lei brasileira.

§ 5º A saída voluntária de pessoa notificada para deixar o País equivale ao cumprimento da notificação de deportação para todos os fins.

§ 6º O prazo previsto no § 1º poderá ser reduzido nos casos que se enquadrem no inciso IX do art. 45.

Art. 51. Os procedimentos conducentes à deportação devem respeitar o contraditório e a ampla defesa e a garantia de recurso com efeito suspensivo.

§ 1º A Defensoria Pública da União deverá ser notificada, preferencialmente por meio eletrônico, para prestação de assistência ao deportando em todos os procedimentos administrativos de deportação.

§ 2º A ausência de manifestação da Defensoria Pública da União, desde que prévia e devidamente notificada, não impedirá a efetivação da medida de deportação.

Art. 52. Em se tratando de apátrida, o procedimento de deportação dependerá de prévia autorização da autoridade competente.

Art. 53. Não se procederá à deportação se a medida configurar extradição não admitida pela legislação brasileira.

SEÇÃO IV
Da Expulsão

Art. 54. A expulsão consiste em medida administrativa de retirada compulsória de migrante ou visitante do território nacional, conjugada com o impedimento de reingresso por prazo determinado.
§ 1º Poderá dar causa à expulsão a condenação com sentença transitada em julgado relativa à prática de:
I. crime de genocídio, crime contra a humanidade, crime de guerra ou crime de agressão, nos termos definidos pelo Estatuto de Roma do Tribunal Penal Internacional, de 1998, promulgado pelo Decreto nº 4.388, de 25 de setembro de 2002; ou
II. crime comum doloso passível de pena privativa de liberdade, consideradas a gravidade e as possibilidades de ressocialização em território nacional.
§ 2º Caberá à autoridade competente resolver sobre a expulsão, a duração do impedimento de reingresso e a suspensão ou a revogação dos efeitos da expulsão, observado o disposto nesta Lei.
§ 3º O processamento da expulsão em caso de crime comum não prejudicará a progressão de regime, o cumprimento da pena, a suspensão condicional do processo, a comutação da pena ou a concessão de pena alternativa, de indulto coletivo ou individual, de anistia ou de quaisquer benefícios concedidos em igualdade de condições ao nacional brasileiro.
§ 4º O prazo de vigência da medida de impedimento vinculada aos efeitos da expulsão será proporcional ao prazo total da pena aplicada e nunca será superior ao dobro de seu tempo.

Art. 55. Não se procederá à expulsão quando:
I. a medida configurar extradição inadmitida pela legislação brasileira;
II. o expulsando:
a) tiver filho brasileiro que esteja sob sua guarda ou dependência econômica ou socioafetiva ou tiver pessoa brasileira sob sua tutela;
b) tiver cônjuge ou companheiro residente no Brasil, sem discriminação alguma, reconhecido judicial ou legalmente;
c) tiver ingressado no Brasil até os 12 (doze) anos de idade, residindo desde então no País;
d) for pessoa com mais de 70 (setenta) anos que resida no País há mais de 10 (dez) anos, consideradas a gravidade e o fundamento da expulsão; ou
e) (vetado).

Art. 56. Regulamento definirá procedimentos para apresentação e processamento de pedidos de suspensão e de revogação dos efeitos das medidas de expulsão e de impedimento de ingresso e permanência em território nacional.

Art. 57. Regulamento disporá sobre condições especiais de autorização de residência para viabilizar medidas de ressocialização a migrante e a visitante em cumprimento de penas aplicadas ou executadas em território nacional.

Art. 58. No processo de expulsão serão garantidos o contraditório e a ampla defesa.
§ 1º A Defensoria Pública da União será notificada da instauração de processo de expulsão, se não houver defensor constituído.
§ 2º Caberá pedido de reconsideração da decisão sobre a expulsão no prazo de 10 (dez) dias, a contar da notificação pessoal do expulsando.

Art. 59. Será considerada regular a situação migratória do expulsando cujo processo esteja pendente de decisão, nas condições previstas no art. 55.

Art. 60. A existência de processo de expulsão não impede a saída voluntária do expulsando do País.

SEÇÃO V
Das Vedações

Art. 61. Não se procederá à repatriação, à deportação ou à expulsão coletivas.
Parágrafo único. Entende-se por repatriação, deportação ou expulsão coletiva aquela que não individualiza a situação migratória irregular de cada pessoa.

Art. 62. Não se procederá à repatriação, à deportação ou à expulsão de nenhum indivíduo quando subsistirem razões para acreditar que a medida poderá colocar em risco a vida ou a integridade pessoal.

CAPÍTULO VI
Da Opção de Nacionalidade e da Naturalização

SEÇÃO I
Da Opção de Nacionalidade

Art. 63. O filho de pai ou de mãe brasileiro nascido no exterior e que não tenha sido registrado

em repartição consular poderá, a qualquer tempo, promover ação de opção de nacionalidade.
Parágrafo único. O órgão de registro deve informar periodicamente à autoridade competente os dados relativos à opção de nacionalidade, conforme regulamento.

SEÇÃO II
Das Condições da Naturalização

Art. 64. A naturalização pode ser:
I. ordinária;
II. extraordinária;
III. especial; ou
IV. provisória.

Art. 65. Será concedida a naturalização ordinária àquele que preencher as seguintes condições:
I. ter capacidade civil, segundo a lei brasileira;
II. ter residência em território nacional, pelo prazo mínimo de 4 (quatro) anos;
III. comunicar-se em língua portuguesa, consideradas as condições do naturalizando; e
IV. não possuir condenação penal ou estiver reabilitado, nos termos da lei.

Art. 66. O prazo de residência fixado no inciso II do caput do art. 65 será reduzido para, no mínimo, 1 (um) ano se o naturalizando preencher quaisquer das seguintes condições:
I. (vetado);
II. ter filho brasileiro;
III. ter cônjuge ou companheiro brasileiro e não estar dele separado legalmente ou de fato no momento de concessão da naturalização;
IV. (vetado);
V. haver prestado ou poder prestar serviço relevante ao Brasil; ou
VI. recomendar-se por sua capacidade profissional, científica ou artística.
Parágrafo único. O preenchimento das condições previstas nos incisos v e vi do caput será avaliado na forma disposta em regulamento.

Art. 67. A naturalização extraordinária será concedida a pessoa de qualquer nacionalidade fixada no Brasil há mais de 15 (quinze) anos ininterruptos e sem condenação penal, desde que requeira a nacionalidade brasileira.

Art. 68. A naturalização especial poderá ser concedida ao estrangeiro que se encontre em uma das seguintes situações:

I. seja cônjuge ou companheiro, há mais de 5 (cinco) anos, de integrante do Serviço Exterior Brasileiro em atividade ou de pessoa a serviço do Estado brasileiro no exterior; ou
II. seja ou tenha sido empregado em missão diplomática ou em repartição consular do Brasil por mais de 10 (dez) anos ininterruptos.

Art. 69. São requisitos para a concessão da naturalização especial:
I. ter capacidade civil, segundo a lei brasileira;
II. comunicar-se em língua portuguesa, consideradas as condições do naturalizando; e
III. não possuir condenação penal ou estiver reabilitado, nos termos da lei.

Art. 70. A naturalização provisória poderá ser concedida ao migrante criança ou adolescente que tenha fixado residência em território nacional antes de completar 10 (dez) anos de idade e deverá ser requerida por intermédio de seu representante legal.
Parágrafo único. A naturalização prevista no caput será convertida em definitiva se o naturalizando expressamente assim o requerer no prazo de 2 (dois) anos após atingir a maioridade.

Art. 71. O pedido de naturalização será apresentado e processado na forma prevista pelo órgão competente do Poder Executivo, sendo cabível recurso em caso de denegação.
§ 1º No curso do processo de naturalização, o naturalizando poderá requerer a tradução ou a adaptação de seu nome à língua portuguesa.
§ 2º Será mantido cadastro com o nome traduzido ou adaptado associado ao nome anterior.

Art. 72. No prazo de até 1 (um) ano após a concessão da naturalização, deverá o naturalizado comparecer perante a Justiça Eleitoral para o devido cadastramento.

SEÇÃO III
Dos Efeitos da Naturalização

Art. 73. A naturalização produz efeitos após a publicação no Diário Oficial do ato de naturalização.
Art. 74. (vetado).

SEÇÃO IV
Da Perda da Nacionalidade

Art. 75. O naturalizado perderá a nacionalidade em razão de condenação transitada em julgado por atividade nociva ao interesse nacional, nos termos do inciso I do § 4º do art. 12 da Constituição Federal.

Parágrafo único. O risco de geração de situação de apatridia será levado em consideração antes da efetivação da perda da nacionalidade.

SEÇÃO V
Da Reaquisição da Nacionalidade

Art. 76. O brasileiro que, em razão do previsto no inciso ii do § 4º do art. 12 da Constituição Federal, houver perdido a nacionalidade, uma vez cessada a causa, poderá readquiri-la ou ter o ato que declarou a perda revogado, na forma definida pelo órgão competente do Poder Executivo.

CAPÍTULO VII
Do Emigrante

SEÇÃO I
Das Políticas Públicas para os Emigrantes

Art. 77. As políticas públicas para os emigrantes observarão os seguintes princípios e diretrizes:
I. Proteção e prestação de assistência consular por meio das representações do Brasil no exterior;
II. promoção de condições de vida digna, por meio, entre outros, da facilitação do registro consular e da prestação de serviços consulares relativos às áreas de educação, saúde, trabalho, previdência social e cultura;
III. promoção de estudos e pesquisas sobre os emigrantes e as comunidades de brasileiros no exterior, a fim de subsidiar a formulação de políticas públicas;
IV. atuação diplomática, nos âmbitos bilateral, regional e multilateral, em defesa dos direitos do emigrante brasileiro, conforme o direito internacional;
V. ação governamental integrada, com a participação de órgãos do governo com atuação nas áreas temáticas mencionadas nos incisos I, II, III e IV, visando a assistir as comunidades brasileiras no exterior; e
VI. esforço permanente de desburocratização, atualização e modernização do sistema de atendimento, com o objetivo de aprimorar a assistência ao emigrante.

SEÇÃO II
Dos Direitos do Emigrante

Art. 78. Todo emigrante que decida retornar ao Brasil com ânimo de residência poderá introduzir no País, com isenção de direitos de importação e de taxas aduaneiras, os bens novos ou usados que um viajante, em compatibilidade com as circunstâncias de sua viagem, puder destinar para seu uso ou consumo pessoal e profissional, sempre que, por sua quantidade, natureza ou variedade, não permitam presumir importação ou exportação com fins comerciais ou industriais.

Art. 79. Em caso de ameaça à paz social e à ordem pública por grave ou iminente instabilidade institucional ou de calamidade de grande proporção na natureza, deverá ser prestada especial assistência ao emigrante pelas representações brasileiras no exterior.

Art. 80. O tripulante brasileiro contratado por embarcação ou armadora estrangeira, de cabotagem ou a longo curso e com sede ou filial no Brasil, que explore economicamente o mar territorial e a costa brasileira terá direito a seguro a cargo do contratante, válido para todo o período da contratação, conforme o disposto no Registro de Embarcações Brasileiras (REB), contra acidente de trabalho, invalidez total ou parcial e morte, sem prejuízo de benefícios de apólice mais favorável vigente no exterior.

CAPÍTULO VIII
Das Medidas de Cooperação

SEÇÃO I
Da Extradição

Art. 81. A extradição é a medida de cooperação internacional entre o Estado brasileiro e outro Estado pela qual se concede ou solicita a entrega de pessoa sobre quem recaia condenação criminal definitiva ou para fins de instrução de processo penal em curso.
§ 1º A extradição será requerida por via diplomática ou pelas autoridades centrais designadas para esse fim.
§ 2º A extradição e sua rotina de comunicação serão realizadas pelo órgão competente do Poder Executivo em coordenação com as autoridades judiciárias e policiais competentes.

Art. 82. Não se concederá a extradição quando:
I. o indivíduo cuja extradição é solicitada ao Brasil for brasileiro nato;
II. o fato que motivar o pedido não for considerado crime no Brasil ou no Estado requerente;
III. o Brasil for competente, segundo suas leis, para julgar o crime imputado ao extraditando;

IV. a lei brasileira impuser ao crime pena de prisão inferior a 2 (dois) anos;
V. o extraditando estiver respondendo a processo ou já houver sido condenado ou absolvido no Brasil pelo mesmo fato em que se fundar o pedido;
VI. a punibilidade estiver extinta pela prescrição, segundo a lei brasileira ou a do Estado requerente;
VII. o fato constituir crime político ou de opinião;
VIII. o extraditando tiver de responder, no Estado requerente, perante tribunal ou juízo de exceção; ou
IX. o extraditando for beneficiário de refúgio, nos termos da Lei no 9.474, de 22 de julho de 1997, ou de asilo territorial.
§ 1º A previsão constante do inciso vii do caput não impedirá a extradição quando o fato constituir, principalmente, infração à lei penal comum ou quando o crime comum, conexo ao delito político, constituir o fato principal.
§ 2º Caberá à autoridade judiciária competente a apreciação do caráter da infração.
§ 3º Para determinação da incidência do disposto no inciso I, será observada, nos casos de aquisição de outra nacionalidade por naturalização, a anterioridade do fato gerador da extradição.
§ 4º O Supremo Tribunal Federal poderá deixar de considerar crime político o atentado contra chefe de Estado ou quaisquer autoridades, bem como crime contra a humanidade, crime de guerra, crime de genocídio e terrorismo.
§ 5º Admite-se a extradição de brasileiro naturalizado, nas hipóteses previstas na Constituição Federal.
Art. 83. São condições para concessão da extradição:
I. ter sido o crime cometido no território do Estado requerente ou serem aplicáveis ao extraditando as leis penais desse Estado; e
II. estar o extraditando respondendo a processo investigatório ou a processo penal ou ter sido condenado pelas autoridades judiciárias do Estado requerente a pena privativa de liberdade.
Art. 84. Em caso de urgência, o Estado interessado na extradição poderá, previamente ou conjuntamente com a formalização do pedido extradicional, requerer, por via diplomática ou por meio de autoridade central do Poder Executivo, prisão cautelar com o objetivo de assegurar a executoriedade da medida de extradição que, após exame da presença dos pressupostos formais de admissibilidade exigidos nesta Lei ou em tratado, deverá representar à autoridade judicial competente, ouvido previamente o Ministério Público Federal.
§ 1º O pedido de prisão cautelar deverá conter informação sobre o crime cometido e deverá ser fundamentado, podendo ser apresentado por correio, fax, mensagem eletrônica ou qualquer outro meio que assegure a comunicação por escrito.
§ 2º O pedido de prisão cautelar poderá ser transmitido à autoridade competente para extradição no Brasil por meio de canal estabelecido com o ponto focal da Organização Internacional de Polícia Criminal (Interpol) no País, devidamente instruído com a documentação comprobatória da existência de ordem de prisão proferida por Estado estrangeiro, e, em caso de ausência de tratado, com a promessa de reciprocidade recebida por via diplomática.
§ 3º Efetivada a prisão do extraditando, o pedido de extradição será encaminhado à autoridade judiciária competente.
§ 4º Na ausência de disposição específica em tratado, o Estado estrangeiro deverá formalizar o pedido de extradição no prazo de 60 (sessenta) dias, contado da data em que tiver sido cientificado da prisão do extraditando.
§ 5º Caso o pedido de extradição não seja apresentado no prazo previsto no § 4º, o extraditando deverá ser posto em liberdade, não se admitindo novo pedido de prisão cautelar pelo mesmo fato sem que a extradição tenha sido devidamente requerida.
§ 6º A prisão cautelar poderá ser prorrogada até o julgamento final da autoridade judiciária competente quanto à legalidade do pedido de extradição.
Art. 85. Quando mais de um Estado requerer a extradição da mesma pessoa, pelo mesmo fato, terá preferência o pedido daquele em cujo território a infração foi cometida.
§ 1º Em caso de crimes diversos, terá preferência, sucessivamente:
I. o Estado requerente em cujo território tenha sido cometido o crime mais grave, segundo a lei brasileira;
II. o Estado que em primeiro lugar tenha pedido a entrega do extraditando, se a gravidade dos crimes for idêntica;
III. o Estado de origem, ou, em sua falta, o domiciliar do extraditando, se os pedidos forem simultâneos.
§ 2º Nos casos não previstos nesta Lei, o órgão competente do Poder Executivo decidirá sobre a preferência

do pedido, priorizando o Estado requerente que mantiver tratado de extradição com o Brasil.

§ 3º Havendo tratado com algum dos Estados requerentes, prevalecerão suas normas no que diz respeito à preferência de que trata este artigo.

Art. 86. O Supremo Tribunal Federal, ouvido o Ministério Público, poderá autorizar prisão albergue ou domiciliar ou determinar que o extraditando responda ao processo de extradição em liberdade, com retenção do documento de viagem ou outras medidas cautelares necessárias, até o julgamento da extradição ou a entrega do extraditando, se pertinente, considerando a situação administrativa migratória, os antecedentes do extraditando e as circunstâncias do caso.

Art. 87. O extraditando poderá entregar-se voluntariamente ao Estado requerente, desde que o declare expressamente, esteja assistido por advogado e seja advertido de que tem direito ao processo judicial de extradição e à proteção que tal direito encerra, caso em que o pedido será decidido pelo Supremo Tribunal Federal.

Art. 88. Todo pedido que possa originar processo de extradição em face de Estado estrangeiro deverá ser encaminhado ao órgão competente do Poder Executivo diretamente pelo órgão do Poder Judiciário responsável pela decisão ou pelo processo penal que a fundamenta.

§ 1º Compete a órgão do Poder Executivo o papel de orientação, de informação e de avaliação dos elementos formais de admissibilidade dos processos preparatórios para encaminhamento ao Estado requerido.

§ 2º Compete aos órgãos do sistema de Justiça vinculados ao processo penal gerador de pedido de extradição a apresentação de todos os documentos, manifestações e demais elementos necessários para o processamento do pedido, inclusive suas traduções oficiais.

§ 3º O pedido deverá ser instruído com cópia autêntica ou com o original da sentença condenatória ou da decisão penal proferida, conterá indicações precisas sobre o local, a data, a natureza e as circunstâncias do fato criminoso e a identidade do extraditando e será acompanhado de cópia dos textos legais sobre o crime, a competência, a pena e a prescrição.

§ 4º O encaminhamento do pedido de extradição ao órgão competente do Poder Executivo confere autenticidade aos documentos.

Art. 89. O pedido de extradição originado de Estado estrangeiro será recebido pelo órgão competente do Poder Executivo e, após exame da presença dos pressupostos formais de admissibilidade exigidos nesta Lei ou em tratado, encaminhado à autoridade judiciária competente.

Parágrafo único. Não preenchidos os pressupostos referidos no caput, o pedido será arquivado mediante decisão fundamentada, sem prejuízo da possibilidade de renovação do pedido, devidamente instruído, uma vez superado o óbice apontado.

Art. 90. Nenhuma extradição será concedida sem prévio pronunciamento do Supremo Tribunal Federal sobre sua legalidade e procedência, não cabendo recurso da decisão.

Art. 91. Ao receber o pedido, o relator designará dia e hora para o interrogatório do extraditando e, conforme o caso, nomear-lhe-á curador ou advogado, se não o tiver.

§ 1º A defesa, a ser apresentada no prazo de 10 (dez) dias contado da data do interrogatório, versará sobre a identidade da pessoa reclamada, defeito de forma de documento apresentado ou ilegalidade da extradição.

§ 2º Não estando o processo devidamente instruído, o Tribunal, a requerimento do órgão do Ministério Público Federal correspondente, poderá converter o julgamento em diligência para suprir a falta.

§ 3º Para suprir a falta referida no § 2º, o Ministério Público Federal terá prazo improrrogável de 60 (sessenta) dias, após o qual o pedido será julgado independentemente da diligência.

§ 4º O prazo referido no § 3º será contado da data de notificação à missão diplomática do Estado requerente.

Art. 92. Julgada procedente a extradição e autorizada a entrega pelo órgão competente do Poder Executivo, será o ato comunicado por via diplomática ao Estado requerente, que, no prazo de 60 (sessenta) dias da comunicação, deverá retirar o extraditando do território nacional.

Art. 93. Se o Estado requerente não retirar o extraditando do território nacional no prazo previsto no art. 92, será ele posto em liberdade, sem prejuízo de outras medidas aplicáveis.

Art. 94. Negada a extradição em fase judicial, não se admitirá novo pedido baseado no mesmo fato.

Art. 95. Quando o extraditando estiver sendo processado ou tiver sido condenado, no Brasil, por crime punível com pena privativa de liberdade, a extradição será executada somente depois da conclusão do processo ou do cumprimento da pena, ressalvadas as hipóteses de liberação antecipada pelo Poder Judiciário e de determinação da transferência da pessoa condenada.

§ 1º A entrega do extraditando será igualmente adiada se a efetivação da medida puser em risco sua vida em virtude de enfermidade grave comprovada por laudo médico oficial.

§ 2º Quando o extraditando estiver sendo processado ou tiver sido condenado, no Brasil, por infração de menor potencial ofensivo, a entrega poderá ser imediatamente efetivada.

Art. 96. Não será efetivada a entrega do extraditando sem que o Estado requerente assuma o compromisso de:

I. não submeter o extraditando a prisão ou processo por fato anterior ao pedido de extradição;
II. computar o tempo da prisão que, no Brasil, foi imposta por força da extradição;
III. comutar a pena corporal, perpétua ou de morte em pena privativa de liberdade, respeitado o limite máximo de cumprimento de 30 (trinta) anos;
IV. não entregar o extraditando, sem consentimento do Brasil, a outro Estado que o reclame;
V. não considerar qualquer motivo político para agravar a pena; e
VI. não submeter o extraditando a tortura ou a outros tratamentos ou penas cruéis, desumanos ou degradantes.

Art. 97. A entrega do extraditando, de acordo com as leis brasileiras e respeitado o direito de terceiro, será feita com os objetos e instrumentos do crime encontrados em seu poder.

Parágrafo único. Os objetos e instrumentos referidos neste artigo poderão ser entregues independentemente da entrega do extraditando.

Art. 98. O extraditando que, depois de entregue ao Estado requerente, escapar à ação da Justiça e homiziar-se no Brasil, ou por ele transitar, será detido mediante pedido feito diretamente por via diplomática ou pela Interpol e novamente entregue, sem outras formalidades.

Art. 99. Salvo motivo de ordem pública, poderá ser permitido, pelo órgão competente do Poder Executivo, o trânsito no território nacional de pessoa extraditada por Estado estrangeiro, bem como o da respectiva guarda, mediante apresentação de documento comprobatório de concessão da medida.

SEÇÃO II
Da Transferência de Execução da Pena

Art. 100. Nas hipóteses em que couber solicitação de extradição executória, a autoridade competente poderá solicitar ou autorizar a transferência de execução da pena, desde que observado o princípio do non bis in idem.

Parágrafo único. Sem prejuízo do disposto no Decreto-Lei no 2.848, de 7 de dezembro de 1940 (Código Penal), a transferência de execução da pena será possível quando preenchidos os seguintes requisitos:
I. o condenado em território estrangeiro for nacional ou tiver residência habitual ou vínculo pessoal no Brasil;
II. a sentença tiver transitado em julgado;
III. a duração da condenação a cumprir ou que restar para cumprir for de, pelo menos, 1 (um) ano, na data de apresentação do pedido ao Estado da condenação;
IV. o fato que originou a condenação constituir infração penal perante a lei de ambas as partes; e
V. houver tratado ou promessa de reciprocidade.

Art. 101. O pedido de transferência de execução da pena de Estado estrangeiro será requerido por via diplomática ou por via de autoridades centrais.

§ 1º O pedido será recebido pelo órgão competente do Poder Executivo e, após exame da presença dos pressupostos formais de admissibilidade exigidos nesta Lei ou em tratado, encaminhado ao Superior Tribunal de Justiça para decisão quanto à homologação.

§ 2º Não preenchidos os pressupostos referidos no § 1º, o pedido será arquivado mediante decisão fundamentada, sem prejuízo da possibilidade de renovação do pedido, devidamente instruído, uma vez superado o óbice apontado.

Art. 102. A forma do pedido de transferência de execução da pena e seu processamento serão definidos em regulamento.

Parágrafo único. Nos casos previstos nesta Seção, a execução penal será de competência da Justiça Federal.

SEÇÃO III
Da Transferência de Pessoa Condenada

Art. 103. A transferência de pessoa condenada poderá ser concedida quando o pedido se fundamentar em tratado ou houver promessa de reciprocidade.

§ 1º O condenado no território nacional poderá ser transferido para seu país de nacionalidade ou país em que tiver residência habitual ou vínculo pessoal, desde que expresse interesse nesse sentido, a fim de cumprir pena a ele imposta pelo Estado brasileiro por sentença transitada em julgado.

§ 2º A transferência de pessoa condenada no Brasil pode ser concedida juntamente com a aplicação de medida de impedimento de reingresso em território nacional, na forma de regulamento.

Art. 104. A transferência de pessoa condenada será possível quando preenchidos os seguintes requisitos:

I. o condenado no território de uma das partes for nacional ou tiver residência habitual ou vínculo pessoal no território da outra parte que justifique a transferência;
II. a sentença tiver transitado em julgado;
III. a duração da condenação a cumprir ou que restar para cumprir for de, pelo menos, 1 (um) ano, na data de apresentação do pedido ao Estado da condenação;
IV. o fato que originou a condenação constituir infração penal perante a lei de ambos os Estados;
V. houver manifestação de vontade do condenado ou, quando for o caso, de seu representante; e
VI. houver concordância de ambos os Estados.

Art. 105. A forma do pedido de transferência de pessoa condenada e seu processamento serão definidos em regulamento.

§ 1º Nos casos previstos nesta Seção, a execução penal será de competência da Justiça Federal.

§ 2º Não se procederá à transferência quando inadmitida a extradição.

§ 3º (vetado).

CAPÍTULO IX

Das Infrações e das Penalidades Administrativas

Art. 106. Regulamento disporá sobre o procedimento de apuração das infrações administrativas e seu processamento e sobre a fixação e a atualização das multas, em observância ao disposto nesta Lei.

Art. 107. As infrações administrativas previstas neste Capítulo serão apuradas em processo administrativo próprio, assegurados o contraditório e a ampla defesa e observadas as disposições desta Lei.

§ 1º O cometimento simultâneo de duas ou mais infrações importará cumulação das sanções cabíveis, respeitados os limites estabelecidos nos incisos v e vi do art. 108.

§ 2º A multa atribuída por dia de atraso ou por excesso de permanência poderá ser convertida em redução equivalente do período de autorização de estada para o visto de visita, em caso de nova entrada no País.

Art. 108. O valor das multas tratadas neste Capítulo considerará:

I. as hipóteses individualizadas nesta Lei;
II. a condição econômica do infrator, a reincidência e a gravidade da infração;
III. a atualização periódica conforme estabelecido em regulamento;
IV. o valor mínimo individualizável de R$ 100,00 (cem reais);
V. o valor mínimo de R$ 100,00 (cem reais) e o máximo de R$ 10.000,00 (dez mil reais) para infrações cometidas por pessoa física;
VI. o valor mínimo de R$ 1.000,00 (mil reais) e o máximo de R$ 1.000.000,00 (um milhão de reais) para infrações cometidas por pessoa jurídica, por ato infracional.

Art. 109. Constitui infração, sujeitando o infrator às seguintes sanções:

I. entrar em território nacional sem estar autorizado:
- Sanção: deportação, caso não saia do País ou não regularize a situação migratória no prazo fixado;

II. permanecer em território nacional depois de esgotado o prazo legal da documentação migratória:
- Sanção: multa por dia de excesso e deportação, caso não saia do País ou não regularize a situação migratória no prazo fixado;

III. deixar de se registrar, dentro do prazo de 90 (noventa) dias do ingresso no País, quando for obrigatória a identificação civil:
- Sanção: multa;

IV. deixar o imigrante de se registrar, para efeito de autorização de residência, dentro do prazo de 30 (trinta) dias, quando orientado a fazê-lo pelo órgão competente:
- Sanção: multa por dia de atraso;

V. transportar para o Brasil pessoa que esteja sem documentação migratória regular:
- Sanção: multa por pessoa transportada;

VI. deixar a empresa transportadora de atender a compromisso de manutenção da estada ou de

promoção da saída do território nacional de quem tenha sido autorizado a ingresso condicional no Brasil por não possuir a devida documentação migratória:
• Sanção: multa;
VII. furtar-se ao controle migratório, na entrada ou saída do território nacional:
Sanção: multa.
Art. 110. As penalidades aplicadas serão objeto de pedido de reconsideração e de recurso, nos termos de regulamento.
Parágrafo único. Serão respeitados o contraditório, a ampla defesa e a garantia de recurso, assim como a situação de hipossuficiência do migrante ou do visitante.

CAPÍTULO X
Disposições Finais e Transitórias

Art. 111. Esta Lei não prejudica direitos e obrigações estabelecidos por tratados vigentes no Brasil e que sejam mais benéficos ao migrante e ao visitante, em particular os tratados firmados no âmbito do Mercosul.
Art. 112. As autoridades brasileiras serão tolerantes quanto ao uso do idioma do residente fronteiriço e do imigrante quando eles se dirigirem a órgãos ou repartições públicas para reclamar ou reivindicar os direitos decorrentes desta Lei.
Art. 113. As taxas e emolumentos consulares são fixados em conformidade com a tabela anexa a esta Lei.
§ 1º Os valores das taxas e emolumentos consulares poderão ser ajustados pelo órgão competente da administração pública federal, de forma a preservar o interesse nacional ou a assegurar a reciprocidade de tratamento.
§ 2º Não serão cobrados emolumentos consulares pela concessão de:
I. vistos diplomáticos, oficiais e de cortesia; e
II. vistos em passaportes diplomáticos, oficiais ou de serviço, ou equivalentes, mediante reciprocidade de tratamento a titulares de documento de viagem similar brasileiro.
§ 3º Não serão cobrados taxas e emolumentos consulares pela concessão de vistos ou para a obtenção de documentos para regularização migratória aos integrantes de grupos vulneráveis e indivíduos em condição de hipossuficiência econômica.
§ 4º (vetado).

Art. 114. Regulamento poderá estabelecer competência para órgãos do Poder Executivo disciplinarem aspectos específicos desta Lei.
Art. 115. O Decreto-Lei no 2.848, de 7 de dezembro de 1940 (Código Penal), passa a vigorar acrescido do seguinte art. 232-A:
"Promoção de migração ilegal
Art. 232-A. Promover, por qualquer meio, com o fim de obter vantagem econômica, a entrada ilegal de estrangeiro em território nacional ou de brasileiro em país estrangeiro:
Pena – reclusão, de 2 (dois) a 5 (cinco) anos, e multa.
§ 1º. Na mesma pena incorre quem promover, por qualquer meio, com o fim de obter vantagem econômica, a saída de estrangeiro do território nacional para ingressar ilegalmente em país estrangeiro.
§ 2º. A pena é aumentada de 1/6 (um sexto) a 1/3 (um terço) se:
I. o crime é cometido com violência; ou
II. a vítima é submetida a condição desumana ou degradante.
§ 3º. A pena prevista para o crime será aplicada sem prejuízo das correspondentes às infrações conexas".
Art. 116. (vetado).
Art. 117. O documento conhecido por Registro Nacional de Estrangeiro passa a ser denominado Registro Nacional Migratório.
Art. 118. (vetado).
Art. 119. O visto emitido até a data de entrada em vigor desta Lei poderá ser utilizado até a data prevista de expiração de sua validade, podendo ser transformado ou ter seu prazo de estada prorrogado, nos termos de regulamento.
Art. 120. A Política Nacional de Migrações, Refúgio e Apatridia terá a finalidade de coordenar e articular ações setoriais implementadas pelo Poder Executivo federal em regime de cooperação com os Estados, o Distrito Federal e os Municípios, com participação de organizações da sociedade civil, organismos internacionais e entidades privadas, conforme regulamento.
§ 1º Ato normativo do Poder Executivo federal poderá definir os objetivos, a organização e a estratégia de coordenação da Política Nacional de Migrações, Refúgio e Apatridia.
§ 2º Ato normativo do Poder Executivo federal poderá estabelecer planos nacionais e outros instrumentos

para a efetivação dos objetivos desta Lei e a coordenação entre órgãos e colegiados setoriais.

§ 3º Com vistas à formulação de políticas públicas, deverá ser produzida informação quantitativa e qualitativa, de forma sistemática, sobre os migrantes, com a criação de banco de dados.

Art. 121. Na aplicação desta Lei, devem ser observadas as disposições da Lei no 9.474, de 22 de julho de 1997, nas situações que envolvam refugiados e solicitantes de refúgio.

Art. 122. A aplicação desta Lei não impede o tratamento mais favorável assegurado por tratado em que a República Federativa do Brasil seja parte.

Art. 123. Ninguém será privado de sua liberdade por razões migratórias, exceto nos casos previstos nesta Lei.

Art. 124. Revogam-se:

I. a Lei no 818, de 18 de setembro de 1949; e

II. a Lei no 6.815, de 19 de agosto de 1980 (Estatuto do Estrangeiro).

Art. 125. Esta Lei entra em vigor após decorridos 180 (cento e oitenta) dias de sua publicação oficial.
Brasília, 24 de maio de 2017; 196º da Independência e 129º da República.
Michel Temer
Osmar Serraglio
Aloysio Nunes Ferreira Filho
Henrique Meirelles
Eliseu Padilha
Sergio Westphalen Etchegoyen 26/05/2017
Grace Maria Fernandes Mendonça

Este texto não substitui o publicado no dou de 25.5.2017.

Pacto Internacional Sobre Direitos Civis e Políticos - 1966

Decreto no 592, de 6 de julho de 1992
Atos Internacionais. Pacto Internacional sobre Direitos Civis e Políticos. Promulgação.
O presidente da república, no uso da atribuição que lhe confere o art. 84, inciso VIII, da Constituição, e
Considerando que o Pacto Internacional sobre Direitos Civis e Políticos foi adotado pela XXI Sessão da Assembleia Geral das Nações Unidas, em 16 de dezembro de 1966;

Considerando que o Congresso Nacional aprovou o texto do referido diploma internacional por meio do Decreto Legislativo no 226, de 12 de dezembro de 1991;
Considerando que a Carta de Adesão ao Pacto Internacional sobre Direitos Civis e Políticos foi depositada em 24 de janeiro de 1992;
Considerando que o pacto ora promulgado entrou em vigor, para o Brasil, em 24 de abril de 1992, na forma de seu art. 49, § 2º;
decreta:

Art. 1. O Pacto Internacional sobre Direitos Civis e Políticos, apenso por cópia ao presente decreto, será executado e cumprido tão inteiramente como nele se contém.

Art. 2. Este Decreto entra em vigor na data de sua publicação.
Brasília, 6 de julho de 1992; 171º da Independência e 104º da República.
Fernando Collor
Celso Lafer

Este texto não substitui o publicado no dou de 7.7.1992.
ANEXO AO DECRETO QUE PROMULGA O PACTO INTERNACIONAL SOBRE DIREITOS CIVIS E POLÍTICOS/MRE. PACTO INTERNACIONAL SOBRE DIREITOS CIVIS E POLÍTICOS

PREÂMBULO

Os Estados Partes do presente Pacto,
Considerando que, em conformidade com os princípios proclamados na Carta das Nações Unidas, o reconhecimento da dignidade inerente a todos os membros da família humana e de seus direitos iguais e inalienáveis constitui o fundamento da liberdade, da justiça e da paz no mundo,
Reconhecendo que esses direitos decorrem da dignidade inerente à pessoa humana,
Reconhecendo que, em conformidade com a Declaração Universal dos Direitos do Homem, o ideal do ser humano livre, no gozo das liberdades civis e políticas e liberto do temor e da miséria, não pode ser realizado e menos que se criem às condições que permitam a cada um gozar de seus direitos civis e políticos, assim como de seus direitos econômicos, sociais e culturais,

Considerando que a Carta das Nações Unidas impõe aos Estados a obrigação de promover o respeito universal e efetivo dos direitos e das liberdades do homem,

Compreendendo que o indivíduo, por ter deveres para com seus semelhantes e para com a coletividade a que pertence, tem a obrigação de lutar pela promoção e observância dos direitos reconhecidos no presente Pacto,

Acordam o seguinte:

PARTE I

Art. 1.

1. Todos os povos têm direito à autodeterminação. Em virtude desse direito, determinam livremente seu estatuto político e asseguram livremente seu desenvolvimento econômico, social e cultural.

2. Para a consecução de seus objetivos, todos os povos podem dispor livremente se suas riquezas e de seus recursos naturais, sem prejuízo das obrigações decorrentes da cooperação econômica internacional, baseada no princípio do proveito mútuo, e do Direito Internacional. Em caso algum, poderá um povo ser privado de seus meios de subsistência.

3. Os Estados Partes do presente Pacto, inclusive aqueles que tenham a responsabilidade de administrar territórios não autônomos e territórios sob tutela, deverão promover o exercício do direito à autodeterminação e respeitar esse direito, em conformidade com as disposições da Carta das Nações Unidas.

PARTE II

Art. 2.

1. Os Estados Partes do presente pacto comprometem-se a respeitar e garantir a todos os indivíduos que se achem em seu território e que estejam sujeitos a sua jurisdição os direitos reconhecidos no presente Pacto, sem discriminação alguma por motivo de raça, cor, sexo, língua, religião, opinião política ou de outra natureza, origem nacional ou social, situação econômica, nascimento ou qualquer condição.

2. Na ausência de medidas legislativas ou de outra natureza destinadas a tornar efetivos os direitos reconhecidos no presente Pacto, os Estados Partes do presente Pacto comprometem-se a tomar as providências necessárias com vistas a adotá-las, levando em consideração seus respectivos procedimentos constitucionais e as disposições do presente Pacto.

3. Os Estados Partes do presente Pacto comprometem-se a:

a) Garantir que toda pessoa, cujos direitos e liberdades reconhecidos no presente Pacto tenham sido violados, possa de um recurso efetivo, mesmo que a violência tenha sido perpetra por pessoas que agiam no exercício de funções oficiais;

b) Garantir que toda pessoa que interpuser tal recurso terá seu direito determinado pela competente autoridade judicial, administrativa ou legislativa ou por qualquer outra autoridade competente prevista no ordenamento jurídico do Estado em questão; e a desenvolver as possibilidades de recurso judicial;

c) Garantir o cumprimento, pelas autoridades competentes, de qualquer decisão que julgar procedente tal recurso.

Art. 3.

Os Estados Partes no presente Pacto comprometem-se a assegurar a homens e mulheres igualdade no gozo de todos os direitos civis e políticos enunciados no presente Pacto.

Art. 4.

1. Quando situações excepcionais ameacem a existência da nação e sejam proclamadas oficialmente, os Estados Partes do presente Pacto podem adotar, na estrita medida exigida pela situação, medidas que suspendam as obrigações decorrentes do presente Pacto, desde que tais medidas não sejam incompatíveis com as demais obrigações que lhes sejam impostas pelo Direito Internacional e não acarretem discriminação alguma apenas por motivo de raça, cor, sexo, língua, religião ou origem social.

2. A disposição precedente não autoriza qualquer suspensão dos artigos 6, 7, 8 (parágrafos 1 e 2), 11, 15, 16 e 18.

3. Os Estados Partes do presente Pacto que fizerem uso do direito de suspensão devem comunicar imediatamente aos outros Estados Partes do presente Pacto, por intermédio do Secretário-Geral da Organização das Nações Unidas, as disposições que tenham suspendido, bem como os motivos de tal suspensão. Os Estados Partes deverão fazer uma nova comunicação, igualmente por intermédio do Secretário-Geral da Organização das Nações Unidas, na data em que terminar tal suspensão.

Art. 5.
1. Nenhuma disposição do presente Pacto poderá ser interpretada no sentido de reconhecer a um Estado, grupo ou indivíduo qualquer direito de dedicar-se a quaisquer atividades ou praticar quaisquer atos que tenham por objetivo destruir os direitos ou liberdades reconhecidos no presente Pacto ou impor-lhe limitações mais amplas do que aquelas nele previstas.
2. Não se admitirá qualquer restrição ou suspensão dos direitos humanos fundamentais reconhecidos ou vigentes em qualquer Estado Parte do presente Pacto em virtude de leis, convenções, regulamentos ou costumes, sob pretexto de que o presente Pacto não os reconheça ou os reconheça em menor grau.

PARTE III

Art. 6.
1. O direito à vida é inerente à pessoa humana. Esse direito deverá ser protegido pela lei. Ninguém poderá ser arbitrariamente privado de sua vida.
2. Nos países em que a pena de morte não tenha sido abolida, esta poderá ser imposta apenas nos casos de crimes mais graves, em conformidade com legislação vigente na época em que o crime foi cometido e que não esteja em conflito com as disposições do presente Pacto, nem com a Convenção sobra a Prevenção e a Punição do Crime de Genocídio. Poder-se-á aplicar essa pena apenas em decorrência de uma sentença transitada em julgado e proferida por tribunal competente.
3. Quando a privação da vida constituir crime de genocídio, entende-se que nenhuma disposição do presente artigo autorizará qualquer Estado Parte do presente Pacto a eximir-se, de modo algum, do cumprimento de quaisquer das obrigações que tenham assumido em virtude das disposições da Convenção sobre a Prevenção e a Punição do Crime de Genocídio.
4. Qualquer condenado à morte terá o direito de pedir indulto ou comutação da pena. A anistia, o indulto ou a comutação da pena poderá ser concedido em todos os casos.
5. A pena de morte não deverá ser imposta em casos de crimes cometidos por pessoas menores de 18 anos, nem aplicada a mulheres em estado de gravidez.
6. Não se poderá invocar disposição alguma do presente artigo para retardar ou impedir a abolição da pena de morte por um Estado Parte do presente Pacto.

Art. 7.
Ninguém poderá ser submetido à tortura, nem a penas ou tratamento cruéis, desumanos ou degradantes. Será proibido sobretudo, submeter uma pessoa, sem seu livre consentimento, a experiências médias ou cientificas.

Art. 8.
1. Ninguém poderá ser submetido à escravidão; a escravidão e o tráfico de escravos, em todas as suas formas, ficam proibidos.
2. Ninguém poderá ser submetido à servidão.
3. a) Ninguém poderá ser obrigado a executar trabalhos forçados ou obrigatórios;
b) A alínea a) do presente parágrafo não poderá ser interpretada no sentido de proibir, nos países em que certos crimes sejam punidos com prisão e trabalhos forçados, o cumprimento de uma pena de trabalhos forçados, imposta por um tribunal competente;
c) Para os efeitos do presente parágrafo, não serão considerados "trabalhos forçados ou obrigatórios":
I. qualquer trabalho ou serviço, não previsto na alínea b) normalmente exigido de um indivíduo que tenha sido encarcerado em cumprimento de decisão judicial ou que, tendo sido objeto de tal decisão, ache-se em liberdade condicional;
II. qualquer serviço de caráter militar e, nos países em que se admite a isenção por motivo de consciência, qualquer serviço nacional que a lei venha a exigir daqueles que se oponham ao serviço militar por motivo de consciência;
III. qualquer serviço exigido em casos de emergência ou de calamidade que ameacem o bem-estar da comunidade;
IV. qualquer trabalho ou serviço que faça parte das obrigações cívicas normais.

Art. 9.
1. Toda pessoa tem direito à liberdade e à segurança pessoal. Ninguém poderá ser preso ou encarcerado arbitrariamente. Ninguém poderá ser privado de liberdade, salvo pelos motivos previstos em lei e em conformidade com os procedimentos nela estabelecidos.
2. Qualquer pessoa, ao ser presa, deverá ser informada das razões da prisão e notificada, sem demora, das acusações formuladas contra ela.
3. Qualquer pessoa presa ou encarcerada em virtude de infração penal deverá ser conduzida, sem demora,

à presença do juiz ou de outra autoridade habilitada por lei a exercer funções judiciais e terá o direito de ser julgada em prazo razoável ou de ser posta em liberdade. A prisão preventiva de pessoas que aguardam julgamento não deverá constituir a regra geral, mas a soltura poderá estar condicionada a garantias que assegurem o comparecimento da pessoa em questão à audiência, a todos os atos do processo e, se necessário for, para a execução da sentença.

4. Qualquer pessoa que seja privada de sua liberdade por prisão ou encarceramento terá o direito de recorrer a um tribunal para que este decida sobre a legislação de seu encarceramento e ordene sua soltura, caso a prisão tenha sido ilegal.

5. Qualquer pessoa vítima de prisão ou encarceramento ilegais terá direito à repartição.

Art. 10.
1. Toda pessoa privada de sua liberdade deverá ser tratada com humanidade e respeito à dignidade inerente à pessoa humana.
2. a) As pessoas processadas deverão ser separadas, salvo em circunstâncias excepcionais, das pessoas condenadas e receber tratamento distinto, condizente com sua condição de pessoa não condenada.
b) As pessoas processadas, jovens, deverão ser separadas das adultas e julgadas o mais rápido possível.
3. O regime penitenciário consistirá num tratamento cujo objetivo principal seja a reforma e a reabilitação normal dos prisioneiros. Os delinquentes juvenis deverão ser separados dos adultos e receber tratamento condizente com sua idade e condição jurídica.

Art. 11. Ninguém poderá ser preso apenas por não poder cumprir com uma obrigação contratual.

Art. 12.
1. Toda pessoa que se ache legalmente no território de um Estado terá o direito de nele livremente circular e escolher sua residência.
2. Toda pessoa terá o direito de sair livremente de qualquer país, inclusive de seu próprio país.
3. Os direitos supracitados não poderão em lei e no intuito de restrições, a menos que estejam previstas em lei e no intuito de proteger a segurança nacional e a ordem, a saúde ou a moral pública, bem como os direitos e liberdades das demais pessoas, e que sejam compatíveis com os outros direitos reconhecidos no presente Pacto.
4. Ninguém poderá ser privado arbitrariamente do direito de entrar em seu próprio país.

Art. 13. Um estrangeiro que se ache legalmente no território de um Estado Parte do presente Pacto só poderá dele ser expulso em decorrência de decisão adotada em conformidade com a lei e, a menos que razões imperativas de segurança nacional a isso se oponham, terá a possibilidade de expor as razões que militem contra sua expulsão e de ter seu caso reexaminado pelas autoridades competentes, ou por uma ou várias pessoas especialmente designadas pelas referidas autoridades, e de fazer-se representar com esse objetivo.

Art. 14.
1. Todas as pessoas são iguais perante os tribunais e as cortes de justiça. Toda pessoa terá o direito de ser ouvida publicamente e com devidas garantias por um tribunal competente, independente e imparcial, estabelecido por lei, na apuração de qualquer acusação de caráter penal formulada contra ela ou na determinação de seus direitos e obrigações de caráter civil. A imprensa e o público poderão ser excluídos de parte da totalidade de um julgamento, quer por motivo de moral pública, de ordem pública ou de segurança nacional em uma sociedade democrática, quer quando o interesse da vida privada das Partes o exija, que na medida em que isso seja estritamente necessário na opinião da justiça, em circunstâncias específicas, nas quais a publicidade venha a prejudicar os interesses da justiça; entretanto, qualquer sentença proferida em matéria penal ou civil deverá torna-se pública, a menos que o interesse de menores exija procedimento oposto, ou processo diga respeito à controvérsia matrimoniais ou à tutela de menores.
2. Toda pessoa acusada de um delito terá direito a que se presuma sua inocência enquanto não for legalmente comprovada sua culpa.
3. Toda pessoa acusada de um delito terá direito, em plena igualmente, a, pelo menos, as seguintes garantias:
a) De ser informado, sem demora, numa língua que compreenda e de forma minuciosa, da natureza e dos motivos da acusação contra ela formulada;
b) De dispor do tempo e dos meios necessários à preparação de sua defesa e a comunicar-se com defensor de sua escolha;
c) De ser julgado sem dilações indevidas;
d) De estar presente no julgamento e de defender-se pessoalmente ou por intermédio de defensor de sua

escolha; de ser informado, caso não tenha defensor, do direito que lhe assiste de tê-lo e, sempre que o interesse da justiça assim exija, de ter um defensor designado ex offício gratuitamente, se não tiver meios para remunerá-lo;

e) De interrogar ou fazer interrogar as testemunhas de acusação e de obter o comparecimento e o interrogatório das testemunhas de defesa nas mesmas condições de que dispõem as de acusação;

f) De ser assistida gratuitamente por um intérprete, caso não compreenda ou não fale a língua empregada durante o julgamento;

g) De não ser obrigada a depor contra si mesma, nem a confessar-se culpada.

4. O processo aplicável a jovens que não sejam maiores nos termos da legislação penal em conta a idade dos menos e a importância de promover sua reintegração social.

5. Toda pessoa declarada culpada por um delito terá direito de recorrer da sentença condenatória e da pena a uma instância superior, em conformidade com a lei.

6. Se uma sentença condenatória passada em julgado for posteriormente anulada ou se um indulto for concedido, pela ocorrência ou descoberta de fatos novos que provem cabalmente a existência de erro judicial, a pessoa que sofreu a pena decorrente desse condenação deverá ser indenizada, de acordo com a lei, a menos que fique provado que se lhe pode imputar, total ou parcialmente, a não revelação dos fatos desconhecidos em tempo útil.

7. Ninguém poderá ser processado ou punido por um delito pelo qual já foi absorvido ou condenado por sentença passada em julgado, em conformidade com a lei e os procedimentos penais de cada país.

Art. 15.

1. Ninguém poderá ser condenado por atos omissões que não constituam delito de acordo com o direito nacional ou internacional, no momento em que foram cometidos. Tampouco poder-se-á impor pena mais grave do que a aplicável no momento da ocorrência do delito. Se, depois de perpetrado o delito, a lei estipular a imposição de pena mais leve, o delinquente deverá dela beneficiar-se.

2. Nenhuma disposição do presente Pacto impedirá o julgamento ou a condenação de qualquer indivíduo por atos ou omissões que, momento em que forma cometidos, eram considerados delituosos de acordo com os princípios gerais de direito reconhecidos pela comunidade das nações.

Art. 16. Toda pessoa terá direito, em qualquer lugar, ao reconhecimento de sua personalidade jurídica.

Art. 17.

1. Ninguém poderá ser objetivo de ingerências arbitrárias ou ilegais em sua vida privada, em sua família, em seu domicílio ou em sua correspondência, nem de ofensas ilegais às suas honra e reputação.

2. Toda pessoa terá direito à proteção da lei contra essas ingerências ou ofensas.

Art. 18.

1. Toda pessoa terá direito a liberdade de pensamento, de consciência e de religião. Esse direito implicará a liberdade de ter ou adotar uma religião ou uma crença de sua escolha e a liberdade de professar sua religião ou crença, individual ou coletivamente, tanto pública como privadamente, por meio do culto, da celebração de ritos, de práticas e do ensino.

2. Ninguém poderá ser submetido a medidas coercitivas que possam restringir sua liberdade de ter ou de adotar uma religião ou crença de sua escolha.

3. A liberdade de manifestar a própria religião ou crença estará sujeita apenas a limitações previstas em lei e que se façam necessárias para proteger a segurança, a ordem, a saúde ou a moral públicas ou os direitos e as liberdades das demais pessoas.

4. Os Estados Partes do presente Pacto comprometem-se a respeitar a liberdade dos pais e, quando for o caso, dos tutores legais – de assegurar a educação religiosa e moral dos filhos que esteja de acordo com suas próprias convicções.

Art. 19.

1. Ninguém poderá ser molestado por suas opiniões.

2. Toda pessoa terá direito à liberdade de expressão; esse direito incluirá a liberdade de procurar, receber e difundir informações e ideias de qualquer natureza, independentemente de considerações de fronteiras, verbalmente ou por escrito, em forma impressa ou artística, ou por qualquer outro meio de sua escolha.

3. O exercício do direito previsto no parágrafo 2 do presente artigo implicará deveres e responsabilidades especiais. Consequentemente, poderá estar sujeito a certas restrições, que devem, entretanto, ser expressamente previstas em lei e que se façam necessárias para:

a) assegurar o respeito dos direitos e da reputação das demais pessoas;
b) proteger a segurança nacional, a ordem, a saúde ou a moral públicas.

Art. 20.
1. Será proibida por lei qualquer propaganda em favor da guerra.
2. Será proibida por lei qualquer apologia do ódio nacional, racial ou religioso que constitua incitamento à discriminação, à hostilidade ou à violência.

Art. 21. O direito de reunião pacifica será reconhecido. O exercício desse direito estará sujeito apenas às restrições previstas em lei e que se façam necessárias, em uma sociedade democrática, no interesse da segurança nacional, da segurança ou da ordem pública, ou para proteger a saúde ou a moral pública ou os direitos e as liberdades das demais pessoas.

Art. 22.
1. Toda pessoa terá o direito de associar-se livremente a outras, inclusive o direito de construir sindicatos e de a eles filiar-se, para a proteção de seus interesses.
2. O exercício desse direito estará sujeito apenas às restrições previstas em lei e que se façam necessárias, em uma sociedade democrática, no interesse da segurança nacional, da segurança e da ordem públicas, ou para proteger a saúde ou a moral públicas ou os direitos e liberdades das demais pessoas. O presente artigo não impedirá que se submeta a restrições legais o exercício desse direito por membros das forças armadas e da polícia.
3. Nenhuma das disposições do presente artigo permitirá que Estados Partes da Convenção de 1948 da Organização Internacional do Trabalho, relativa à liberdade sindical e à proteção do direito sindical, venham a adotar medidas legislativas que restrinjam ou aplicar a lei de maneira a restringir as garantias previstas na referida Convenção.

Art. 23.
1. A família é o elemento natural e fundamental da sociedade e terá o direito de ser protegida pela sociedade e pelo Estado.
2. Será reconhecido o direito do homem e da mulher de, em idade núbil, contrair casamento e constituir família.
3. Casamento algum será celebrado sem o consentimento livre e pleno dos futuros esposos.

4. Os Estados Partes do presente Pacto deverão adotar as medidas apropriadas para assegurar a igualdade de direitos e responsabilidades dos esposos quanto ao casamento, durante o mesmo e por ocasião de sua dissolução. Em caso de dissolução, deverão adotar-se disposições que assegurem a proteção necessária para os filhos.

Art. 24.
1. Toda criança terá direito, sem discriminação alguma por motivo de cor, sexo, língua, religião, origem nacional ou social, situação econômica ou nascimento, às medidas de proteção que a sua condição de menor requerer por parte de sua família, da sociedade e do Estado.
2. Toda criança deverá ser registrada imediatamente após seu nascimento e deverá receber um nome.
Toda criança terá o direito de adquirir uma nacionalidade.

Art. 25. Todo cidadão terá o direito e a possibilidade, sem qualquer das formas de discriminação mencionadas no artigo 2 e sem restrições infundadas:
a) de participar da condução dos assuntos públicos, diretamente ou por meio de representantes livremente escolhidos;
b) de votar e de ser eleito em eleições periódicas, autênticas, realizadas por sufrágio universal e igualitário e por voto secreto, que garantam a manifestação da vontade dos eleitores;
c) de ter acesso, em condições gerais de igualdade, às funções públicas de seu país.

Art. 26. Todas as pessoas são iguais perante a lei e têm direito, sem discriminação alguma, a igual proteção da Lei. A este respeito, a lei deverá proibir qualquer forma de discriminação e garantir a todas as pessoas proteção igual e eficaz contra qualquer discriminação por motivo de raça, cor, sexo, língua, religião, opinião política ou de outra natureza, origem nacional ou social, situação econômica, nascimento ou qualquer outra situação.

Art. 27. Nos Estados em que haja minorias étnicas, religiosas ou linguísticas, as pessoas pertencentes a essas minorias não poderão ser privadas do direito de ter, conjuntamente com outros membros de seu grupo, sua própria vida cultural, de professar e praticar sua própria religião e usar sua própria língua.

PARTE IV

Art. 28.
1. Constituir-se-á um Comitê de Diretores Humanos (doravante denominado o «Comitê» no presente Pacto). O Comitê será composto de dezoito membros e desempenhará as funções descritas adiante.
2. O Comitê será integrado por nacionais dos Estados Partes do presente Pacto, os quais deverão ser pessoas de elevada reputação moral e reconhecida competência em matéria de direito humanos, levando-se em consideração a utilidade da participação de algumas pessoas com experiências jurídicas.
3. Os membros do Comitê serão eleitos e exercerão suas funções a título pessoal.

Art. 29.
1. Os membros do Comitê serão eleitos em votação secreta dentre uma lista de pessoas que preencham os requisitos previstos no artigo 28 e indicados, com esse objetivo, pelos Estados Partes do presente Pacto.
2. Cada Estado Parte no presente Pacto poderá indicar duas pessoas. Essas pessoas deverão ser nacionais do Estado que as indicou.
3. A mesma pessoa poderá ser indicada mais de uma vez.

Art. 30.
1. A primeira eleição realizar-se-á no máximo seis meses após a data de entrada em vigor do presente Pacto.
2. Ao menos quatro meses antes da data de cada eleição do Comitê, e desde que seja uma eleição para preencher uma vaga declarada nos termos do artigo 34, o Secretário-Geral da Organização das Nações Unidas convidará, por escrito, os Estados Partes do presente Protocolo a indicar, no prazo de três meses, os candidatos a membro do Comitê.
3. O Secretário-Geral da Organização das Nações Unidas organizará uma lista por ordem alfabética de todos os candidatos assim designados, mencionando os Estados Partes que os tiverem indicado, e a comunicará aos Estados Partes o presente Pacto, no máximo um mês antes da data de cada eleição.
4. Os membros do Comitê serão eleitos em reuniões dos Estados Partes convocados pelo Secretário-Geral da Organização das Nações Unidas na sede da Organização. Nessas reuniões, em que o quórum será estabelecido por dois terços dos Estados Partes do presente Pacto, serão eleitos membros do Comitê os candidatos que obtiverem o maior número de votos e a maioria absoluta dos votos dos representantes dos Estados Partes presentes e votantes.

Art. 31.
1. O Comitê não poderá ter mais de uma nacional de um mesmo Estado.
2. Nas eleições do Comitê, levar-se-ão em consideração uma distribuição geográfica equitativa e uma representação das diversas formas de civilização, bem como dos principais sistemas jurídicos.

Art. 32.
1. Os membros do Comitê serão eleitos para um mandato de quatro anos. Poderão, caso suas candidaturas sejam apresentadas novamente, ser reeleitos. Entretanto, o mandato de nove dos membros eleitos na primeira eleição expirará ao final de dois anos; imediatamente após a primeira eleição, o presidente da reunião a que se refere o parágrafo 4 do artigo 30 indicará, por sorteio, os nomes desses nove membros.
2. Ao expirar o mandato dos membros, as eleições se realizarão de acordo com o disposto nos artigos precedentes desta parte do presente Pacto.

Art. 33.
1. Se, na opinião unânime dos demais membros, um membro do Comitê deixar de desempenhar suas funções por motivos distintos de uma ausência temporária, o Presidente comunicará tal fato ao Secretário-Geral da Organização das Nações Unidas, que declarará vago o lugar que o referido membro ocupava.
2. Em caso de morte ou renúncia de um membro do Comitê, o Presidente comunicará imediatamente tal fato ao Secretário-Geral da Organização das Nações Unidas, que declarará vago o lugar desde a data da morte ou daquela em que a renúncia passe a produzir efeitos.

Art. 34.
1. Quando uma vaga for declarada nos termos do artigo 33 e o mandato do membro a ser substituído não expirar no prazo de seis messes a conta da data em que tenha sido declarada a vaga, o Secretário-Geral da Organização das Nações Unidas comunicará tal fato aos Estados Partes do presente Pacto, que poderá, no prazo de dois meses, indicar candidatos, em conformidade com o artigo 29, para preencher a vaga.
2. O Secretário-Geral da Organização das Nações Unidas organizará uma lista por ordem alfabética dos candidatos assim designados e a comunicará

aos Estados Partes do presente Pacto. A eleição destinada a preencher tal vaga será realizada nos termos das disposições pertinentes desta parte do presente Pacto.

3. Qualquer membro do Comitê eleito para preencher uma vaga em conformidade com o artigo 33 fará parte do Comitê durante o restante do mandato do membro que deixar vago o lugar do Comitê, nos termos do referido artigo.

Art. 35. Os membros do Comitê receberão, com a aprovação da Assembleia Geral da Organização das Nações, honorários provenientes de recursos da Organização das Nações Unidas, nas condições fixadas, considerando-se a importância das funções do Comitê, pela Assembleia Geral.

Art. 36. O Secretário-Geral da Organização das Nações Unidas colocará à disposição do Comitê o pessoal e os serviços necessários ao desempenho eficaz das funções que lhe são atribuídas em virtude do presente Pacto.

Art. 37.

1. O Secretário-Geral da Organização das Nações Unidas convocará os Membros do Comitê para a primeira reunião, a realizar-se na sede da Organização.

2. Após a primeira reunião, o Comitê deverá reunir-se em todas as ocasiões previstas em suas regras de procedimento.

3. As reuniões do Comitê serão realizadas normalmente na sede da Organização das Nações Unidas ou no Escritório das Nações Unidas em Genebra.

Art. 38. Todo Membro do Comitê deverá, antes de iniciar suas funções, assumir, em sessão pública, o compromisso solene de que desempenhará suas funções imparciais e conscientemente.

Art. 39.

1. O Comitê elegerá sua mesa para um período de dois anos. Os membros da mesa poderão ser reeleitos.

2. O próprio Comitê estabelecerá suas regras de procedimento; estas, contudo, deverão conter, entre outras, as seguintes disposições:

a) O quórum será de doze membros;
b) As decisões do Comitê serão tomadas por maioria de votos dos membros presentes.

Art. 40.

1. Os Estados Partes do presente Pacto comprometem-se a submeter relatórios sobre as medidas por eles adotadas para tornar efeitos os direitos reconhecidos no presente Pacto e sobre o processo alcançado no gozo desses direitos:

a) Dentro do prazo de um ano, a contar do início da vigência do presente pacto nos Estados Partes interessados;
b) A partir de então, sempre que o Comitê vier a solicitar.

2. Todos os relatórios serão submetidos ao Secretário-Geral da Organização das Nações Unidas, que os encaminhará, para exame, ao Comitê. Os relatórios deverão sublinhar, caso existam, os fatores e as dificuldades que prejudiquem a implementação do presente Pacto.

3. O Secretário-Geral da Organização das Nações Unidas poderá, após consulta ao Comitê, encaminhar às agências especializadas interessadas cópias das partes dos relatórios que digam respeito a sua esfera de competência.

4. O Comitê estudará os relatórios apresentados pelos Estados Partes do presente Pacto e transmitirá aos Estados Partes seu próprio relatório, bem como os comentários gerais que julgar oportunos. O Comitê poderá igualmente transmitir ao Conselho Econômico e Social os referidos comentários, bem como cópias dos relatórios que houver recebido dos Estados Partes do presente Pacto.

5. Os Estados Partes no presente Pacto poderão submeter ao Comitê as observações que desejarem formular relativamente aos comentários feitos nos termos do parágrafo 4 do presente artigo.

Art. 41.

1. Com base no presente Artigo, todo Estado Parte do presente Pacto poderá declarar, a qualquer momento, que reconhece a competência do Comitê para receber e examinar as comunicações em que um Estado Parte alegue que outro Estado Parte não vem cumprindo as obrigações que lhe impõe o presente Pacto. As referidas comunicações só serão recebidas e examinadas nos termos do presente artigo no caso de serem apresentadas por um Estado Parte que houver feito uma declaração em que reconheça, com relação a si próprio, a competência do Comitê. O Comitê não receberá comunicação alguma relativa a um Estado Parte que não houver feito uma declaração dessa natureza. As comunicações recebidas em virtude do presente artigo estarão sujeitas ao procedimento que se segue:

a) Se um Estado Parte do presente Pacto considerar que outro Estado Parte não vem cumprindo as disposições do presente Pacto poderá, mediante comunicação escrita, levar a questão ao conhecimento

deste Estado Parte. Dentro do prazo de três meses, a contar da data do recebimento da comunicação, o Estado destinatário fornecerá ao Estado que enviou a comunicação explicações ou quaisquer outras declarações por escrito que esclareçam a questão, as quais deverão fazer referência, até onde seja possível e pertinente, aos procedimentos nacionais e aos recursos jurídicos adotados, em trâmite ou disponíveis sobre a questão;
b) Se, dentro do prazo de seis meses, a contar da data do recebimento da comunicação original pelo Estado destinatário, a questão não estiver dirimida satisfatoriamente para ambos os Estados partes interessados, tanto um como o outro terão o direito de submetê-la ao Comitê, mediante notificação endereçada ao Comitê ou ao outro Estado interessado;
c) O Comitê tratará de todas as questões que se lhe submetem em virtude do presente artigo somente após ter-se assegurado de que todos os recursos jurídicos internos disponíveis tenham sido utilizados e esgotados, em consonância com os princípios do Direito Internacional geralmente reconhecidos. Não se aplicará essa regra quanto a aplicação dos mencionados recursos prolongar-se injustificadamente;
d) O Comitê realizará reuniões confidencias quando estiver examinando as comunicações previstas no presente artigo;
e) Sem prejuízo das disposições da alínea c) Comitê colocará seus bons Ofícios dos Estados Partes interessados no intuito de alcançar uma solução amistosa para a questão, baseada no respeito aos direitos humanos e liberdades fundamentais reconhecidos no presente Pacto;
f) Em todas as questões que se submetam em virtude do presente artigo, o Comitê poderá solicitar aos Estados Partes interessados, a que se faz referência na alínea b), que lhe forneçam quaisquer informações pertinentes;
g) Os Estados Partes interessados, a que se faz referência na alínea b), terão direito de fazer-se representar quando as questões forem examinadas no Comitê e de apresentar suas observações verbalmente e/ou por escrito;
h) O Comitê, dentro dos doze meses seguintes à data de recebimento da notificação mencionada na alínea b), apresentará relatório em que:
i) se houver sido alcançada uma solução nos termos da alínea e), o Comitê restringir-se-á, em relatório, a uma breve exposição dos fatos e da solução alcançada.

ii) se não houver sido alcançada solução alguma nos termos da alínea e), o Comitê, restringir-se-á, em seu relatório, a uma breve exposição dos fatos; serão anexados ao relatório o texto das observações escritas e as atas das observações orais apresentadas pelos Estados Parte interessado.
Para cada questão, o relatório será encaminhado aos Estados Partes interessados.
2. As disposições do presente artigo entrarão em vigor a partir do momento em que dez Estados Partes do presente Pacto houverem feito as declarações mencionadas no parágrafo 1 desde artigo. As referidas declarações serão depositados pelos Estados Partes junto ao Secretário-Geral das Organizações das Nações Unidas, que enviará cópias das mesmas aos demais Estados Partes. Toda declaração poderá ser retirada, a qualquer momento, mediante notificação endereçada ao Secretário-Geral. Far-se-á essa retirada sem prejuízo do exame de quaisquer questões que constituam objeto de uma comunicação já transmitida nos termos deste artigo; em virtude do presente artigo, não se receberá qualquer nova comunicação de um Estado Parte uma vez que o Secretário-Geral tenha recebido a notificação sobre a retirada da declaração, a menos que o Estado Parte interessado haja feito uma nova declaração.

Art. 42.
1. a) Se uma questão submetida ao Comitê, nos termos do artigo 41, não estiver dirimida satisfatoriamente para os Estados Partes interessados, o Comitê poderá, com o consentimento prévio dos Estados Partes interessados, constituir uma Comissão ad hoc (doravante denominada "a Comissão"). A Comissão colocará seus bons ofícios à disposição dos Estados Partes interessados no intuito de se alcançar uma solução amistosa para a questão baseada no respeito ao presente Pacto.
b) A Comissão será composta de cinco membros designados com o consentimento dos Estados interessados. Se os Estados Partes interessados não chegarem a um acordo a respeito da totalidade ou de parte da composição da Comissão dentro do prazo de três meses, os membro da Comissão em relação aos quais não se chegou a acordo serão eleitos pelo Comitê, entre os seus próprios membros, em votação secreta e por maioria de dois terços dos membros do Comitê.
2. Os membros da Comissão exercerão suas funções a título pessoal. Não poderão ser nacionais dos

Estados interessados, nem de Estado que não seja Parte do presente Pacto, nem de um Estado Parte que não tenha feito a declaração prevista no artigo 41.

3. A própria Comissão alegará seu Presidente e estabelecerá suas regras de procedimento.

4. As reuniões da Comissão serão realizadas normalmente na sede da Organização das Nações Unidas ou no escritório das Nações Unidas em Genebra. Entretanto, poderão realizar-se em qualquer outro lugar apropriado que a Comissão determinar, após consulta ao Secretário-Geral da Organização das Nações Unidas e aos Estados Partes interessados.

5. O secretariado referido no artigo 36 também prestará serviços às condições designadas em virtude do presente artigo.

6. As informações obtidas e coligidas pelo Comitê serão colocadas à disposição da Comissão, a qual poderá solicitar aos Estados Partes interessados que lhe forneçam qualquer outra informação pertinente.

7. Após haver estudado a questão sob todos os seus aspectos, mas, em qualquer caso, no prazo de doze meses após dela tomado conhecimento, a Comissão apresentará um relatório ao Presidente do Comitê, que o encaminhará aos Estados Partes interessados:

a) Se a Comissão não puder terminar o exame da questão, restringir-se-á, em seu relatório, a uma breve exposição sobre o estágio em que se encontra o exame da questão;

b) Se houver sido alcançado uma solução amistosa para a questão, baseada no respeito dos direitos humanos reconhecidos no presente Pacto, a Comissão restringir-se-á, em relatório, a uma breve exposição dos fatos e da solução alcançada;

c) Se não houver sido alcançada solução nos termos da alínea b) a Comissão incluirá no relatório suas conclusões sobre os fatos relativos à questão debatida entre os Estados Partes interessados, assim como sua opinião sobre a possibilidade de solução amistosa para a questão, o relatório incluirá as observações escritas e as atas das observações orais feitas pelos Estados Partes interessados;

d) Se o relatório da Comissão for apresentado nos termos da alínea c), os Estados Partes interessados comunicarão, no prazo de três meses a contar da data do recebimento do relatório, ao Presidente do Comitê se aceitam ou não os termos do relatório da Comissão.

8. As disposições do presente artigo não prejudicarão as atribuições do Comitê previstas no artigo 41.

9. Todas as despesas dos membros da Comissão serão repartidas equitativamente entre os Estados Partes interessados, com base em estimativas a serem estabelecidas pelo Secretário-Geral da Organização das Nações Unidas.

10. O Secretário-Geral da Organização das Nações Unidas poderá caso seja necessário, pagar as despesas dos membros da Comissão antes que sejam reembolsadas pelos Estados Partes interessados, em conformidade com o parágrafo 9 do presente artigo.

Art. 43. Os membros do Comitê e os membros da Comissão de Conciliação ad hoc que forem designados nos termos do artigo 42 terão direito às facilidades, privilégios e imunidades que se concedem aos peritos no desempenho de missões para a Organização das Nações Unidas, em conformidade com as seções pertinentes da Convenção sobre Privilégios e Imunidades das Nações Unidas.

Art. 44. As disposições relativas à implementação do presente Pacto aplicar-se-ão sem prejuízo dos procedimentos instituídos em matéria de direito humanos pelos ou em virtude dos mesmos instrumentos constitutivos e pelas Convenções da Organização das Nações Unidas e das agências especializadas e não impedirão que os Estados Partes venham a recorrer a outros procedimentos para a solução de controvérsias em conformidade com os acordos internacionais gerais ou especiais vigentes entre eles.

Art. 45. O Comitê submeterá a Assembleia Geral, por intermédio do Conselho Econômico e Social, um relatório sobre suas atividades.

PARTE V

Art. 46. Nenhuma disposição do presente Pacto poderá ser interpretada em detrimento das disposições da Carta das Nações Unidas e das constituições das agências especializadas, as quais definem as responsabilidades respectivas dos diversos órgãos da Organização das Nações Unidas e das agências especializadas relativamente às questões tratadas no presente Pacto.

Art. 47. Nenhuma disposição do presente Pacto poderá ser interpretada em detrimento do direito inerente a todos os povos de desfrutar e utilizar plena e livremente suas riquezas e seus recursos naturais.

PARTE VI

Art. 48.
1. O presente Pacto está aberto à assinatura de todos os Estados membros da Organização das Nações Unidas ou membros de qualquer de suas agências especializadas, de todo Estado Parte do Estatuto da Corte Internacional de Justiça, bem como de qualquer de suas agências especializadas, de todo Estado Parte do Estatuto da Corte Internacional de Justiça, bem como de qualquer outro Estado convidado pela Assembleia Geral a tornar-se Parte do presente Pacto.
2. O presente Pacto está sujeito à ratificação. Os instrumentos de ratificação serão depositados junto ao Secretário-Geral da Organização da Organização das Nações Unidas.
3. O presente Pacto está aberto à adesão de qualquer dos Estados mencionados no parágrafo 1 do presente artigo.
4. Far-se-á a adesão mediante depósito do instrumento de adesão junto ao Secretário-Geral da Organização das Nações Unidas.
5. O Secretário-Geral da Organização das Nações Unidas informará todos os Estados que hajam assinado o presente Pacto ou a ele aderido do depósito de cada instrumento de ratificação ou adesão.

Art. 49.
1. O presente Pacto entrará em vigor três meses após a data do depósito, junto ao Secretário-Geral da Organização das Nações Unidas, do trigésimo quinto instrumento de ratificação ou adesão.
2. Para os Estados que vierem a ratificar o presente Pacto ou a ele aderir após o deposito do trigésimo quinto instrumento de ratificação ou adesão, o presente Pacto entrará em vigor três meses após a data do depósito, pelo Estado em questão, de seu instrumento de ratificação ou adesão.

Art. 50. Aplicar-se-ão as disposições do presente Pacto, sem qualquer limitação ou exceção, a todas as unidades constitutivas dos Estados federativos.

Art. 51.
1. Qualquer Estado Parte do presente Pacto poderá propor emendas e depositá-las junto ao Secretário-Geral da Organização das Nações Unidas. O Secretário-Geral comunicará todas as propostas de emenda aos Estados Partes do presente Pacto, pedindo-lhes que o notifiquem se desejam que se convoque uma conferência dos Estados Partes destinada a examinar as propostas e submetê-las a votação. Se pelo menos um terço dos Estados Partes se manifestar a favor da referida convocação, o Secretário-Geral convocará a conferência sob os auspícios da Organização das Nações Unidas. Qualquer emenda adotada pela maioria dos Estados Partes presente e votantes na conferência será submetida à aprovação da Assembleia Geral das Nações Unidas.
2. Tais emendas entrarão em vigor quando aprovadas pela Assembleia Geral das Nações Unidas e aceitas em conformidade com seus respectivos procedimentos constitucionais, por uma maioria de dois terços dos Estados Partes no presente Pacto.
3. Ao entrarem em vigor, tais emendas serão obrigatórias para os Estados Partes que as aceitaram, ao passo que os demais Estados Partes permanecem obrigados pelas disposições do presente Pacto e pelas emendas anteriores por eles aceitas.

Art. 52. Independentemente das notificações previstas no parágrafo 5 do artigo 48, o Secretário-Geral da Organização das Nações Unidas comunicará a todos os Estados referidos no parágrafo 1 do referido artigo:
a) as assinaturas, ratificações e adesões recebidas em conformidade com o artigo 48;
b) a data de entrega em vigor do Pacto, nos termos do artigo 49, e a data, e a data em entrada em vigor de quaisquer emendas, nos termos do artigo 51.

Art. 53.
1. O presente Pacto cujos textos em chinês, espanhol, francês, inglês e russo são igualmente autênticos, será depositado nos arquivos da Organização das Nações Unidas.
2. O Secretário-Geral da Organização das Nações Unidas encaminhará cópias autênticas do presente Pacto a todos os Estados mencionados no artigo 48. Em fé do quê, os abaixo-assinados, devidamente autorizados por seus respectivos Governos, assinaram o presente Pacto, aberto à assinatura em Nova York, aos 19 dias do mês de dezembro do ano de mil novecentos e sessenta e seis.

Pacto Internacional Sobre Direitos Econômicos, Sociais e Culturais – 1966

Decreto no 591, de 6 de julho de 1992

Atos Internacionais. Pacto Internacional sobre Direitos Econômicos, Sociais e Culturais. Promulgação.

O presidente da república, no uso da atribuição que lhe confere o art. 84, inciso VIII, da Constituição, e

Considerando que o Pacto Internacional sobre Direitos Econômicos, Sociais e Culturais foi adotado pela XXI Sessão da Assembleia Geral das Nações Unidas, em 19 de dezembro de 1966;

Considerando que o Congresso Nacional aprovou o texto do referido diploma internacional por meio do Decreto Legislativo no 226, de 12 de dezembro de 1991;

Considerando que a Carta de Adesão ao Pacto Internacional sobre Direitos Econômicos, Sociais e Culturais foi depositada em 24 de janeiro de 1992;

Considerando que o pacto ora promulgado entrou em vigor, para o Brasil, em 24 de abril de 1992, na forma de seu art. 27, parágrafo 2º;

decreta:

Art. 1. O Pacto Internacional sobre Direitos Econômicos, Sociais e Culturais, apenso por cópia ao presente decreto, será executado e cumprido tão inteiramente como nele se contém.

Art. 2. Este Decreto entra em vigor na data de sua publicação.

Brasília, 6 de julho de 1992; 171º da Independência e 104º da República.

Fernando Collor
Celso Lafer

Este texto não substitui o publicado no dou de 7.7.1992.

ANEXO AO DECRETO QUE PROMULGA O PACTO INTERNACIONAL SOBRE DIREITOS ECONÔMICOS, SOCIAIS E CULTURAIS/MRE — PACTO INTERNACIONAL SOBRE DIREITOS ECONÔMICOS, SOCIAIS E CULTURAIS

PREÂMBULO

Os Estados Partes do presente Pacto,

Considerando que, em conformidade com os princípios proclamados na Carta das Nações Unidas, o relacionamento da dignidade inerente a todos os membros da família humana e dos seus direitos iguais e inalienáveis constitui o fundamento da liberdade, da justiça e da paz no mundo,

Reconhecendo que esses direitos decorrem da dignidade inerente à pessoa humana,

Reconhecendo que, em conformidade com a Declaração Universal dos Direitos do Homem. O ideal do ser humano livre, liberto do temor e da miséria. Não pode ser realizado a menos que se criem condições que permitam a cada um gozar de seus direitos econômicos, sociais e culturais, assim como de seus direitos civis e políticos,

Considerando que a Carta das Nações Unidas impõe aos Estados a obrigação de promover o respeito universal e efetivo dos direitos e das liberdades do homem,

Compreendendo que o indivíduo, por ter deveres para com seus semelhantes e para com a coletividade a que pertence, tem a obrigação de lutar pela promoção e observância dos direitos reconhecidos no presente Pacto,

Acordam o seguinte:

PARTE I

Art. 1.

1. Todos os povos têm direito à autodeterminação. Em virtude desse direito, determinam livremente seu estatuto político e asseguram livremente seu desenvolvimento econômico, social e cultural.

2. Para a consecução de seus objetivos, todos os povos podem dispor livremente de suas riquezas e de seus recursos naturais, sem prejuízo das obrigações decorrentes da cooperação econômica internacional, baseada no princípio do proveito mútuo, e do Direito Internacional. Em caso algum, poderá um povo ser privado de seus próprios meios de subsistência.

3. Os Estados Partes do Presente Pacto, inclusive aqueles que tenham a responsabilidade de administrar territórios não autônomos e territórios sob tutela, deverão promover o exercício do direito à autodeterminação e respeitar esse direito, em conformidade com as disposições da Carta das Nações Unidas.

PARTE II

Art. 2.
1. Cada Estado Parte do presente Pacto compromete-se a adotar medidas, tanto por esforço próprio como pela assistência e cooperação internacionais, principalmente nos planos econômico e técnico, até o máximo de seus recursos disponíveis, que visem a assegurar, progressivamente, por todos os meios apropriados, o pleno exercício dos direitos reconhecidos no presente Pacto, incluindo, em particular, a adoção de medidas legislativas.
2. Os Estados Partes do presente Pacto comprometem-se a garantir que os direitos nele enunciados e exercerão em discriminação alguma por motivo de raça, cor, sexo, língua, religião, opinião política ou de outra natureza, origem nacional ou social, situação econômica, nascimento ou qualquer outra situação.
3. Os países em desenvolvimento, levando devidamente em consideração os direitos humanos e a situação econômica nacional, poderão determinar em que garantirão os direitos econômicos reconhecidos no presente Pacto àqueles que não sejam seus nacionais.
Art. 3. Os Estados Partes do presente Pacto comprometem-se a assegurar a homens e mulheres igualdade no gozo de todos os direitos econômicos, sociais e culturais enumerados no presente Pacto.
Art. 4. Os Estados Partes do presente Pacto reconhecem que, no exercício dos direitos assegurados em conformidade com presente Pacto pelo Estado, este poderá submeter tais direitos unicamente às limitações estabelecidas em lei, somente na medida compatível com a natureza desses direitos e exclusivamente com o objetivo de favorecer o bem-estar geral em uma sociedade democrática.
Art. 5.
1. Nenhuma das disposições do presente Pacto poderá ser interpretada no sentido de reconhecer a um Estado, grupo ou indivíduo qualquer direito de dedicar-se a quaisquer atividades ou de praticar quaisquer atos que tenham por objetivo destruir os direitos ou liberdades reconhecidos no presente Pacto ou impor-lhe limitações mais amplas do que aquelas nele previstas.

2. Não se admitirá qualquer restrição ou suspensão dos direitos humanos fundamentais reconhecidos ou vigentes em qualquer país em virtude de leis, convenções, regulamentos ou costumes, sob pretexto de que o presente Pacto não os reconheça ou os reconheça em menor grau.

PARTE III

Art. 6.
1. Os Estados Partes do presente Pacto reconhecem o direito ao trabalho, que compreende o direito de toda pessoa de ter a possibilidade de ganhar a vida mediante um trabalho livremente escolhido ou aceito, e tomarão medidas apropriadas para salvaguardar esse direito.
2. As medidas que cada Estado Parte do presente Pacto tomará a fim de assegurar o pleno exercício desse direito deverão incluir a orientação e a formação técnica e profissional, a elaboração de programas, normas e técnicas apropriadas para assegurar um desenvolvimento econômico, social e cultural constante e o pleno emprego produtivo em condições que salvaguardem aos indivíduos o gozo das liberdades políticas e econômicas fundamentais.
Art. 7. Os Estados Partes do presente Pacto reconhecem o direito de toda pessoa de gozar de condições de trabalho justas e favoráveis, que assegurem especialmente:
a) Uma remuneração que proporcione, no mínimo, a todos os trabalhadores:
I. Um salário equitativo e uma remuneração igual por um trabalho de igual valor, sem qualquer distinção; em particular, as mulheres deverão ter a garantia de condições de trabalho não inferiores às dos homens e perceber a mesma remuneração que eles por trabalho igual;
II. Uma existência decente para eles e suas famílias, em conformidade com as disposições do presente Pacto;
b) À segurança e a higiene no trabalho;
c) Igual oportunidade para todos de serem promovidos, em seu trabalho, à categoria superior que lhes corresponda, sem outras considerações que as de tempo de trabalho e capacidade;
d) O descanso, o lazer, a limitação razoável das horas de trabalho e férias periódicas remuneradas, assim como a remuneração dos feriados.

Art. 8.
1. Os Estados Partes do presente Pacto comprometem-se a garantir:
a) O direito de toda pessoa de fundar com outras, sindicatos e de filiar-se ao sindicato de escolha, sujeitando-se unicamente aos estatutos da organização interessada, com o objetivo de promover e de proteger seus interesses econômicos e sociais. O exercício desse direito só poderá ser objeto das restrições previstas em lei e que sejam necessárias, em uma sociedade democrática, no interesse da segurança nacional ou da ordem pública, ou para proteger os direitos e as liberdades alheias;
b) O direito dos sindicatos de formar federações ou confederações nacionais e o direito destas de formar organizações sindicais internacionais ou de filiar-se às mesmas.
c) O direito dos sindicatos de exercer livremente suas atividades, sem quaisquer limitações além daquelas previstas em lei e que sejam necessárias, em uma sociedade democrática, no interesse da segurança nacional ou da ordem pública, ou para proteger os direitos e as liberdades das demais pessoas:
d) O direito de greve, exercido de conformidade com as leis de cada país.
2. O presente artigo não impedirá que se submeta a restrições legais o exercício desses direitos pelos membros das forças armadas, da política ou da administração pública.
3. Nenhuma das disposições do presente artigo permitirá que os Estados Partes da Convenção de 1948 da Organização Internacional do Trabalho, relativa à liberdade sindical e à proteção do direito sindical, venham a adotar medidas legislativas que restrinjam – ou a aplicar a lei de maneira a restringir as garantias previstas na referida Convenção.
Art. 9. Os Estados Partes do presente Pacto reconhecem o direito de toda pessoa à previdência social, inclusive ao seguro social.
Art. 10. Os Estados Partes do presente Pacto reconhecem que:
1. Deve-se conceder à família, que é o elemento natural e fundamental da sociedade, as mais amplas proteção e assistência possíveis, especialmente para a sua constituição e enquanto ele for responsável pela criação e educação dos filhos. O matrimônio deve ser contraído com o livre consentimento dos futuros cônjuges.

2. Deve-se conceder proteção especial às mães por um período de tempo razoável antes e depois do parto. Durante esse período, deve-se conceder às mães que trabalham licença remunerada ou licença acompanhada de benefícios previdenciários adequados.
3. Devem-se adotar medidas especiais de proteção e de assistência em prol de todas as crianças e adolescentes, sem distinção alguma por motivo de filiação ou qualquer outra condição. Devem-se proteger as crianças e adolescentes contra a exploração econômica e social. O emprego de crianças e adolescentes em trabalhos que lhes sejam nocivos à moral e à saúde ou que lhes façam correr perigo de vida, ou ainda que lhes venham a prejudicar o desenvolvimento norma, será punido por lei.
Os Estados devem também estabelecer limites de idade sob os quais fique proibido e punido por lei o emprego assalariado da mão de obra infantil.
Art. 11.
1. Os Estados Partes do presente Pacto reconhecem o direito de toda pessoa a um nível de vida adequando para si próprio e sua família, inclusive à alimentação, vestimenta e moradia adequadas, assim como a uma melhoria continua de suas condições de vida. Os Estados Partes tomarão medidas apropriadas para assegurar a consecução desse direito, reconhecendo, nesse sentido, a importância essencial da cooperação internacional fundada no livre consentimento.
2. Os Estados Partes do presente Pacto, reconhecendo o direito fundamental de toda pessoa de estar protegida contra a fome, adotarão, individualmente e mediante cooperação internacional, as medidas, inclusive programas concretos, que se façam necessárias para:
a) Melhorar os métodos de produção, conservação e distribuição de gêneros alimentícios pela plena utilização dos conhecimentos técnicos e científicos, pela difusão de princípios de educação nutricional e pelo aperfeiçoamento ou reforma dos regimes agrários, de maneira que se assegurem a exploração e a utilização mais eficazes dos recursos naturais;
b) Assegurar uma repartição equitativa dos recursos alimentícios mundiais em relação às necessidades, levando-se em conta os problemas tanto dos países importadores quanto dos exportadores de gêneros alimentícios.

Art. 12.

1. Os Estados Partes do presente Pacto reconhecem o direito de toda pessoa de desfrutar o mais elevado nível possível de saúde física e mental.

2. As medidas que os Estados Partes do presente Pacto deverão adotar com o fim de assegurar o pleno exercício desse direito incluirão as medidas que se façam necessárias para assegurar:

a) A diminuição da mortinatalidade e da mortalidade infantil, bem como o desenvolvimento é das crianças;
b) A melhoria de todos os aspectos de higiene do trabalho e do meio ambiente;
c) A prevenção e o tratamento das doenças epidêmicas, endêmicas, profissionais e outras, bem como a luta contra essas doenças;
d) A criação de condições que assegurem a todos assistência médica e serviços médicos em caso de enfermidade.

Art. 13.

1. Os Estados Partes do presente Pacto reconhecem o direito de toda pessoa à educação. Concordam em que a educação deverá visar ao pleno desenvolvimento da personalidade humana e do sentido de sua dignidade e fortalecer o respeito pelos direitos humanos e liberdades fundamentais. Concordam ainda em que a educação deverá capacitar todas as pessoas a participar efetivamente de uma sociedade livre, favorecer a compreensão, a tolerância e a amizade entre todas as nações e entre todos os grupos raciais, étnicos ou religiosos e promover as atividades das Nações Unidas em prol da manutenção da paz.

2. Os Estados Partes do presente Pacto reconhecem que, com o objetivo de assegurar o pleno exercício desse direito:

a) A educação primaria deverá ser obrigatória e acessível gratuitamente a todos;
b) A educação secundária em suas diferentes formas, inclusive a educação secundária técnica e profissional, deverá ser generalizada e torna-se acessível a todos, por todos os meios apropriados e, principalmente, pela implementação progressiva do ensino gratuito;
c) A educação de nível superior deverá igualmente tornar-se acessível a todos, com base na capacidade de cada um, por todos os meios apropriados e, principalmente, pela implementação progressiva do ensino gratuito;
d) Dever-se-á fomentar e intensificar, na medida do possível, a educação de base para aquelas pessoas que não receberam educação primária ou não concluíram o ciclo completo de educação primária;
e) Será preciso prosseguir ativamente o desenvolvimento de uma rede escolar em todos os níveis de ensino, implementar-se um sistema adequado de bolsas de estudo e melhorar continuamente as condições materiais do corpo docente.

3. Os Estados Partes do presente Pacto comprometem-se a respeitar a liberdade dos pais e, quando for o caso, dos tutores legais de escolher para seus filhos escolas distintas daquelas criadas pelas autoridades públicas, sempre que atendam aos padrões mínimos de ensino prescritos ou aprovados pelo Estado, e de fazer com que seus filhos venham a receber educação religiosa ou moral que esteja de acordo com suas próprias convicções.

4. Nenhuma das disposições do presente artigo poderá ser interpretada no sentido de restringir a liberdade de indivíduos e de entidades de criar e dirigir instituições de ensino, desde que respeitados os princípios enunciados no parágrafo 1 do presente artigo e que essas instituições observem os padrões mínimos prescritos pelo Estado.

Art. 14. Todo Estado Parte do presente pacto que, no momento em que se tornar Parte, ainda não tenha garantido em seu próprio território ou territórios sob sua jurisdição a obrigatoriedade e a gratuidade da educação primária, se compromete a elaborar e a adotar, dentro de um prazo de dois anos, um plano de ação detalhado destinado à implementação progressiva, dentro de um número razoável de anos estabelecidos no próprio plano, do princípio da educação primária obrigatória e gratuita para todos.

Art. 15.

1. Os Estados Partes do presente Pacto reconhecem a cada indivíduo o direito de:

a) Participar da vida cultural;
b) Desfrutar o processo científico e suas aplicações;
c) Beneficiar-se da proteção dos interesses morais e materiais decorrentes de toda a produção científica, literária ou artística de que seja autor.

2. As Medidas que os Estados Partes do Presente Pacto deverão adotar com a finalidade de assegurar o pleno exercício desse direito incluirão aquelas necessárias à convenção, ao desenvolvimento e à difusão da ciência e da cultura.

3. Os Estados Partes do presente Pacto comprometem-se a respeitar a liberdade indispensável à pesquisa científica e à atividade criadora.

4. Os Estados Partes do presente Pacto reconhecem os benefícios que derivam do fomento e do desenvolvimento da cooperação e das relações internacionais no domínio da ciência e da cultura.

PARTE IV

Art. 16.

1. Os Estados Partes do presente Pacto comprometem-se a apresentar, de acordo com as disposições da presente parte do Pacto, relatórios sobre as medidas que tenham adotado e sobre o progresso realizado com o objetivo de assegurar a observância dos direitos reconhecidos no Pacto.

2. a) Todos os relatórios deverão ser encaminhados ao Secretário-Geral da Organização das Nações Unidas, o qual enviará cópias dos mesmos ao Conselho Econômico e Social, para exame, de acordo com as disposições do presente Pacto.

b) O Secretário-Geral da Organização das Nações Unidas encaminhará também às agências especializadas cópias dos relatórios – ou de todas as partes pertinentes dos mesmos enviados pelos Estados Partes do presente Pacto que sejam igualmente membros das referidas agências especializadas, na medida em que os relatórios, ou partes deles, guardem relação com questão que sejam da competência de tais agências, nos termos de seus respectivos instrumentos constitutivos.

Art. 17.

1. Os Estados Partes do presente Pacto apresentarão seus relatórios por etapas, segundo um programa a ser estabelecido pelo Conselho Econômico e Social no prazo de um ano a contar da data da entrada em vigor do presente Pacto, após consulta aos Estados Partes e às agências especializadas interessadas.

2. Os relatórios poderão indicar os fatores e as dificuldades que prejudiquem o pleno cumprimento das obrigações previstas no presente Pacto.

3. Caso as informações pertinentes já tenham sido encaminhadas à Organização das Nações Unidas ou a uma agência especializada por um Estado Parte, não será necessário reproduzir as referidas informações, sendo suficiente uma referência precisa às mesmas.

Art. 18. Em virtude das responsabilidades que lhe são conferidas pela Carta das Nações Unidas no domínio dos direitos humanos e das liberdades fundamentais, o Conselho Econômico e Social poderá concluir acordos com as agências especializadas sobre a apresentação, por estas, de relatórios relativos aos progressos realizados quanto ao cumprimento das disposições do presente Pacto que correspondam ao seu campo de atividades. Os relatórios poderão incluir dados sobre as decisões e recomendações referentes ao cumprimento das disposições do presente Pacto adotadas pelos órgãos competentes das agências especializadas.

Art. 19. O Conselho Econômico e Social poderá encaminhar à Comissão de Direitos Humanos, para fins de estudo e de recomendação de ordem geral, ou para informação, caso julgue apropriado, os relatórios concernentes aos direitos humanos que apresentarem os Estados nos termos dos artigos 16 e 17 e aqueles concernentes aos direitos humanos que apresentarem as agências especializadas nos termos do artigo 18.

Art. 20. Os Estados Partes do presente Pacto e as agências especializadas interessadas poderão encaminhar ao Conselho Econômico e Social comentários sobre qualquer recomendação de ordem geral feita em virtude do artigo 19 ou sobre qualquer referência a uma recomendação de ordem geral que venha a constar de relatório da Comissão de Direitos Humanos ou de qualquer documento mencionado no referido relatório.

Art. 21. O Conselho Econômico e Social poderá apresentar ocasionalmente à Assembleia Geral relatórios que contenham recomendações de caráter geral bem como resumo das informações recebidas dos Estados Partes do presente Pacto e das agências especializadas sobre as medidas adotadas e o progresso realizado com a finalidade de assegurar a observância geral dos direitos reconhecidos no presente Pacto.

Art. 22. O Conselho Econômico e Social poderá levar ao conhecimento de outros órgãos da Organização das Nações Unidas, de seus órgãos subsidiários e das agências especializadas interessadas, às quais incumba a prestação de assistência técnica, quaisquer questões suscitadas nos relatórios mencionados nesta parte do presente Pacto que possam ajudar essas entidades a pronunciar-se, cada uma dentro de sua esfera de competência, sobre a conveniência de medidas internacionais que possam contribuir para a implementação efetiva e progressiva do presente Pacto.

Art. 23. Os Estados Partes do presente Pacto concordam em que as medidas de ordem internacional destinada a tornar efetivos os direitos reconhecidos no referido Pacto incluem, sobretudo, a conclusão de convenções, a adoção de recomendações, a prestação de assistência técnica e a organização, em conjunto com os governos interessados, e no intuito de efetuar consultas e realizar estudos, de reuniões regionais e de reuniões técnicas.

Art. 24. Nenhuma das disposições do presente Pacto poderá ser interpretada em detrimento das disposições da Carta das Nações Unidas ou das constituições das agências especializadas, as quais definem as responsabilidades respectivas dos diversos órgãos da Organização das Nações Unidas e agências especializadas relativamente às matérias tratadas no presente Pacto.

Art. 25. Nenhuma das disposições do presente Pacto poderá ser interpretada em detrimento do direito inerente a todos os povos de desfrutar e utilizar plena e livremente suas riquezas e seus recursos naturais.

PARTE V

Art. 26.

1. O presente Pacto está aberto à assinatura de todos os Estados membros da Organização das Nações Unidas ou membros de qualquer de suas agências especializadas, de todo Estado Parte do Estatuto da Corte internacional de Justiça, bem como de qualquer outro Estado convidado pela Assembleia Geral das Nações Unidas a torna-se Parte do presente Pacto.

2. O presente Pacto está sujeito à ratificação. Os instrumentos de ratificação serão depositados junto ao Secretário-Geral da Organização das Nações Unidas.

3. O presente Pacto está aberto à adesão de qualquer dos Estados mencionados no parágrafo 1 do presente artigo.

4. Far-se-á a adesão mediante depósito do instrumento de adesão junto ao Secretário-Geral da Organização das Nações Unidas.

5. O Secretário-Geral da Organização das Nações Unidas informará todos os Estados que hajam assinado o presente Pacto ou a ele aderido, do depósito de cada instrumento de ratificação ou de adesão.

Art. 27.

1. O presente Pacto entrará em vigor três meses após a data do depósito, junto ao Secretário-Geral da Organização das Nações Unidas, do trigésimo-quinto instrumento de ratificação ou de adesão.

2. Para os Estados que vierem a ratificar o presente Pacto ou a ele aderir após o depósito do trigésimo-quinto instrumento de ratificação ou de adesão, o presente Pacto entrará em vigor três meses após a data do depósito, pelo Estado em questão, de seu instrumento de ratificação ou de adesão.

Art. 28. Aplicar-se-ão as disposições do presente Pacto, sem qualquer limitação ou exceção, a todas as unidades constitutivas dos Estados Federativos.

Art. 29.

1. Qualquer Estado Parte do presente Pacto poderá propor emendas e depositá-las junto ao Secretário-Geral da Organização das Nações Unidas. O Secretário-Geral comunicará todas as propostas de emenda aos Estados Partes do presente Pacto, pedindo-lhes que o notifiquem se desejam que se convoque uma conferência dos Estados Partes destinada a examinar as propostas e submetê-las à votação. Se pelo menos um terço dos Estados Partes se manifestar a favor da referida convocação, o Secretário-Geral convocará a conferência sob os auspícios da Organização das Nações Unidas. Qualquer emenda adotada pela maioria dos Estados Partes presentes e votantes na conferência será submetida à aprovação da Assembleia Geral das Nações Unidas.

2. Tais emendas entrarão em vigor quando aprovadas pela Assembleia Geral das Nações Unidas e aceitas, em conformidade com seus respectivos procedimentos constitucionais, por uma maioria de dois terços dos Estados Partes no presente Pacto.

3. Ao entrarem em vigor, tais emendas serão obrigatórias para os Estados Partes que as aceitaram, ao passo que os demais Estados Partes permanecem obrigatórios pelas disposições do presente Pacto e pelas emendas anteriores por eles aceitas.

Art. 30. Independentemente das notificações previstas no parágrafo 5 do artigo 26, o Secretário-Geral da Organização das Nações Unidas comunicará a todos os Estados mencionados no parágrafo 1 do referido artigo:

a) as assinaturas, ratificações e adesões recebidas em conformidade com o artigo 26;
b) a data de entrada em vigor do Pacto, nos termos do artigo 27, e a data de entrada em vigor de quaisquer emendas, nos termos do artigo 29.

Art. 31.

1. O presente Pacto, cujos textos em chinês, espanhol, francês, inglês e russo são igualmente autênticos, será depositado nos arquivos da Organização das Nações Unidas.

2. O Secretário-Geral da Organização das Nações Unidas encaminhará cópias autenticadas do presente Pacto a todos os Estados mencionados no artigo 26. Em fé do quê, os abaixo-assinados, devidamente autorizados por seus respectivos Governos, assinaram o presente Pacto, aberto à assinatura em Nova York, aos 19 dias no mês de dezembro do ano de mil novecentos e sessenta e seis.

Convenção De Viena Sobre o Direito dos Tratados, Concluída Em 23 de Maio De 1969, com Reserva aos Artigos 25 e 66.

DECRETO Nº 7.030, DE 14 DE DEZEMBRO DE 2009.

Promulga a Convenção de Viena sobre o Direito dos Tratados, concluída em 23 de maio de 1969, com reserva aos Artigos 25 e 66.

O PRESIDENTE DA REPÚBLICA, no uso da atribuição que lhe confere o art. 84, inciso IV, da Constituição, e

Considerando que o Congresso Nacional aprovou, por meio do Decreto Legislativo nº 496, de 17 de julho de 2009, a Convenção de Viena sobre o Direito dos Tratados, concluída em 23 de maio de 1969, com reserva aos Artigos 25 e 66;

Considerando que o Governo brasileiro depositou o instrumento de ratificação da referida Convenção junto ao Secretário-Geral das Nações Unidas em 25 de setembro de 2009;

DECRETA:

Art. 1. A Convenção de Viena sobre o Direito dos Tratados, concluída em 23 de maio de 1969, com reserva aos Artigos 25 e 66, apensa por cópia ao presente Decreto, será executada e cumprida tão inteiramente como nela se contém.

Art. 2. São sujeitos à aprovação do Congresso Nacional quaisquer atos que possam resultar em revisão da referida Convenção ou que acarretem encargos ou compromissos gravosos ao patrimônio nacional, nos termos do art. 49, inciso I, da Constituição.

Art. 3. Este Decreto entra em vigor na data de sua publicação.

Brasília, 14 de dezembro de 2009; 188º da Independência e 121º da República.

LUIZ INÁCIO LULA DA SILVA
Antonio de Aguiar Patriota

Este texto não substitui o publicado no DOU de 15.12.2009

Convenção de Viena Sobre o Direito dos Tratados

Os Estados Partes na presente Convenção,
Considerando o papel fundamental dos tratados na história das relações internacionais,
Reconhecendo a importância cada vez maior dos tratados como fonte do Direito Internacional e como meio de desenvolver a cooperação pacífica entre as nações, quaisquer que sejam seus sistemas constitucionais e sociais,
Constatando que os princípios do livre consentimento e da boa fé e a regra *pacta sunt servanda* são universalmente reconhecidos,
Afirmando que as controvérsias relativas aos tratados, tais como outras controvérsias internacionais, devem ser solucionadas por meios pacíficos e de conformidade com os princípios da Justiça e do Direito Internacional,
Recordando a determinação dos povos das Nações Unidas de criar condições necessárias à manutenção da Justiça e do respeito às obrigações decorrentes dos tratados,
Conscientes dos princípios de Direito Internacional incorporados na Carta das Nações Unidas, tais como os princípios da igualdade de direitos e da autodeterminação dos povos, da igualdade soberana e da independência de todos os Estados, da não-intervenção nos assuntos internos dos Estados,

da proibição da ameaça ou do emprego da força e do respeito universal e observância dos direitos humanos e das liberdades fundamentais para todos,
Acreditando que a codificação e o desenvolvimento progressivo do direito dos tratados alcançados na presente Convenção promoverão os propósitos das Nações Unidas enunciados na Carta, que são a manutenção da paz e da segurança internacionais, o desenvolvimento das relações amistosas e a consecução da cooperação entre as nações,
Afirmando que as regras do Direito Internacional consuetudinário continuarão a reger as questões não reguladas pelas disposições da presente Convenção,
Convieram no seguinte:

PARTE I
Introdução
Art. 1.
Âmbito da Presente Convenção
A presente Convenção aplica-se aos tratados entre Estados.
Art. 2.
Expressões Empregadas
1. Para os fins da presente Convenção:
a) "tratado" significa um acordo internacional concluído por escrito entre Estados e regido pelo Direito Internacional, quer conste de um instrumento único, quer de dois ou mais instrumentos conexos, qualquer que seja sua denominação específica;
b) "ratificação", "aceitação", "aprovação" e "adesão" significam, conforme o caso, o ato internacional assim denominado pelo qual um Estado estabelece no plano internacional o seu consentimento em obrigar-se por um tratado;
c) "plenos poderes" significa um documento expedido pela autoridade competente de um Estado e pelo qual são designadas uma ou várias pessoas para representar o Estado na negociação, adoção ou autenticação do texto de um tratado, para manifestar o consentimento do Estado em obrigar-se por um tratado ou para praticar qualquer outro ato relativo a um tratado;
d) "reserva" significa uma declaração unilateral, qualquer que seja a sua redação ou denominação, feita por um Estado ao assinar, ratificar, aceitar ou aprovar um tratado, ou a ele aderir, com o objetivo de excluir ou modificar o efeito jurídico de certas disposições do tratado em sua aplicação a esse Estado;
e) "Estado negociador" significa um Estado que participou na elaboração e na adoção do texto do tratado;
f) "Estado contratante" significa um Estado que consentiu em se obrigar pelo tratado, tenha ou não o tratado entrado em vigor;
g) "parte" significa um Estado que consentiu em se obrigar pelo tratado e em relação ao qual este esteja em vigor;
h) "terceiro Estado" significa um Estado que não é parte no tratado;
i) "organização internacional" significa uma organização intergovernamental.
2. As disposições do parágrafo 1 relativas às expressões empregadas na presente Convenção não prejudicam o emprego dessas expressões, nem os significados que lhes possam ser dados na legislação interna de qualquer Estado.
Art. 3.
Acordos Internacionais Excluídos do Âmbito da Presente Convenção
O fato de a presente Convenção não se aplicar a acordos internacionais concluídos entre Estados e outros sujeitos de Direito Internacional, ou entre estes outros sujeitos de Direito Internacional, ou a acordos internacionais que não sejam concluídos por escrito, não prejudicará:
a) a eficácia jurídica desses acordos;
b) a aplicação a esses acordos de quaisquer regras enunciadas na presente Convenção às quais estariam sujeitos em virtude do Direito Internacional, independentemente da Convenção;
c) a aplicação da Convenção às relações entre Estados, reguladas em acordos internacionais em que sejam igualmente partes outros sujeitos de Direito Internacional.
Art. 4.
Irretroatividade da Presente Convenção
Sem prejuízo da aplicação de quaisquer regras enunciadas na presente Convenção a que os tratados estariam sujeitos em virtude do Direito Internacional, independentemente da Convenção, esta somente se aplicará aos tratados concluídos por Estados após sua entrada em vigor em relação a esses Estados.
Art. 5.
Tratados Constitutivos de Organizações Internacionais e Tratados

Adotados no Âmbito de uma Organização Internacional

A presente Convenção aplica-se a todo tratado que seja o instrumento constitutivo de uma organização internacional e a todo tratado adotado no âmbito de uma organização internacional, sem prejuízo de quaisquer normas relevantes da organização.

PARTE II
Conclusão e Entrada em Vigor de Tratados

SEÇÃO 1
Conclusão de Tratados

Art. 6.
Capacidade dos Estados para Concluir Tratados
Todo Estado tem capacidade para concluir tratados.

Art. 7.
Plenos Poderes
1. Uma pessoa é considerada representante de um Estado para a adoção ou autenticação do texto de um tratado ou para expressar o consentimento do Estado em obrigar-se por um tratado se:
a) apresentar plenos poderes apropriados; ou
b) a prática dos Estados interessados ou outras circunstâncias indicarem que a intenção do Estado era considerar essa pessoa seu representante para esses fins e dispensar os plenos poderes.
2. Em virtude de suas funções e independentemente da apresentação de plenos poderes, são considerados representantes do seu Estado:
a) os Chefes de Estado, os Chefes de Governo e os Ministros das Relações Exteriores, para a realização de todos os atos relativos à conclusão de um tratado;
b) os Chefes de missão diplomática, para a adoção do texto de um tratado entre o Estado acreditante e o Estado junto ao qual estão acreditados;
c) os representantes acreditados pelos Estados perante uma conferência ou organização internacional ou um de seus órgãos, para a adoção do texto de um tratado em tal conferência, organização ou órgão.

Art. 8.
Confirmação Posterior de um Ato Praticado sem Autorização
Um ato relativo à conclusão de um tratado praticado por uma pessoa que, nos termos do artigo 7, não pode ser considerada representante de um Estado para esse fim não produz efeitos jurídicos, a não ser que seja confirmado, posteriormente, por esse Estado.

Art. 9.
Adoção do Texto
1. A adoção do texto do tratado efetua-se pelo consentimento de todos os Estados que participam da sua elaboração, exceto quando se aplica o disposto no parágrafo 2.
2. A adoção do texto de um tratado numa conferência internacional efetua-se pela maioria de dois terços dos Estados presentes e votantes, salvo se esses Estados, pela mesma maioria, decidirem aplicar uma regra diversa.

Art. 10.
Autenticação do Texto
O texto de um tratado é considerado autêntico e definitivo:
a) mediante o processo previsto no texto ou acordado pelos Estados que participam da sua elaboração; ou
b) na ausência de tal processo, pela assinatura, assinatura <u>ad referendum</u> ou rubrica, pelos representantes desses Estados, do texto do tratado ou da Ata Final da Conferência que incorporar o referido texto.

Art. 11.
Meios de Manifestar Consentimento em Obrigar-se por um Tratado
O consentimento de um Estado em obrigar-se por um tratado pode manifestar-se pela assinatura, troca dos instrumentos constitutivos do tratado, ratificação, aceitação, aprovação ou adesão, ou por quaisquer outros meios, se assim acordado.

Art. 12.
Consentimento em Obrigar-se por um Tratado Manifestado pela Assinatura
1. O consentimento de um Estado em obrigar-se por um tratado manifesta-se pela assinatura do representante desse Estado:
a) quando o tratado dispõe que a assinatura terá esse efeito;
b) quando se estabeleça, de outra forma, que os Estados negociadores acordaram em dar à assinatura esse efeito; ou
c) quando a intenção do Estado interessado em dar esse efeito à assinatura decorra dos plenos poderes de seu representante ou tenha sido manifestada durante a negociação.
2. Para os efeitos do parágrafo 1:

a) a rubrica de um texto tem o valor de assinatura do tratado, quando ficar estabelecido que os Estados negociadores nisso concordaram;

b) a assinatura ad referendum de um tratado pelo representante de um Estado, quando confirmada por esse Estado, vale como assinatura definitiva do tratado.

Art. 13.
Consentimento em Obrigar-se por um Tratado Manifestado pela
Troca dos seus Instrumentos Constitutivos

O consentimento dos Estados em se obrigarem por um tratado, constituído por instrumentos trocados entre eles, manifesta-se por essa troca:

a) quando os instrumentos estabeleçam que a troca produzirá esse efeito; ou

b) quando fique estabelecido, por outra forma, que esses Estados acordaram em que a troca dos instrumentos produziria esse efeito.

Art. 14.
Consentimento em Obrigar-se por um Tratado Manifestado pela
Ratificação, Aceitação ou Aprovação

1. O consentimento de um Estado em obrigar-se por um tratado manifesta-se pela ratificação:

a) quando o tratado disponha que esse consentimento se manifeste pela ratificação;

b) quando, por outra forma, se estabeleça que os Estados negociadores acordaram em que a ratificação seja exigida;

c) quando o representante do Estado tenha assinado o tratado sujeito a ratificação; ou

d) quando a intenção do Estado de assinar o tratado sob reserva de ratificação decorra dos plenos poderes de seu representante ou tenha sido manifestada durante a negociação.

2. O consentimento de um Estado em obrigar-se por um tratado manifesta-se pela aceitação ou aprovação em condições análogas às aplicáveis à ratificação.

Art. 15.
Consentimento em Obrigar-se por um Tratado Manifestado pela Adesão

O consentimento de um Estado em obrigar-se por um tratado manifesta-se pela adesão:

a) quando esse tratado disponha que tal consentimento pode ser manifestado, por esse Estado, pela adesão;

b) quando, por outra forma, se estabeleça que os Estados negociadores acordaram em que tal consentimento pode ser manifestado, por esse Estado, pela adesão; ou

c) quando todas as partes acordaram posteriormente em que tal consentimento pode ser manifestado, por esse Estado, pela adesão.

Art. 16.
Troca ou Depósito dos Instrumentos de Ratificação, Aceitação, Aprovação ou Adesão

A não ser que o tratado disponha diversamente, os instrumentos de ratificação, aceitação, aprovação ou adesão estabelecem o consentimento de um Estado em obrigar-se por um tratado por ocasião:

a) da sua troca entre os Estados contratantes;

b) do seu depósito junto ao depositário; ou

c) da sua notificação aos Estados contratantes ou ao depositário, se assim for convencionado.

Art. 17.
Consentimento em Obrigar-se por Parte de um Tratado e Escolha entre Disposições Diferentes

1. Sem prejuízo do disposto nos artigos 19 a 23, o consentimento de um Estado em obrigar-se por parte de um tratado só produz efeito se o tratado o permitir ou se outros Estados contratantes nisso acordarem.

2. O consentimento de um Estado em obrigar-se por um tratado que permite a escolha entre disposições diferentes só produz efeito se as disposições a que se refere o consentimento forem claramente indicadas.

Art. 18.
Obrigação de Não Frustrar o Objeto e Finalidade de um Tratado antes de sua Entrada em Vigor

Um Estado é obrigado a abster-se da prática de atos que frustrariam o objeto e a finalidade de um tratado, quando:

a) tiver assinado ou trocado instrumentos constitutivos do tratado, sob reserva de ratificação, aceitação ou aprovação, enquanto não tiver manifestado sua intenção de não se tornar parte no tratado; ou

b) tiver expressado seu consentimento em obrigar-se pelo tratado no período que precede a entrada em vigor do tratado e com a condição de esta não ser indevidamente retardada.

SEÇÃO 2
Reservas

Art. 19.
Formulação de Reservas

Um Estado pode, ao assinar, ratificar, aceitar ou aprovar um tratado, ou a ele aderir, formular uma reserva, a não ser que:

a) a reserva seja proibida pelo tratado;
b) o tratado disponha que só possam ser formuladas determinadas reservas, entre as quais não figure a reserva em questão; ou
c) nos casos não previstos nas alíneas a e b, a reserva seja incompatível com o objeto e a finalidade do tratado.

Art. 20.
Aceitação de Reservas e Objeções às Reservas
1. Uma reserva expressamente autorizada por um tratado não requer qualquer aceitação posterior pelos outros Estados contratantes, a não ser que o tratado assim disponha.
2. Quando se infere do número limitado dos Estados negociadores, assim como do objeto e da finalidade do tratado, que a aplicação do tratado na íntegra entre todas as partes é condição essencial para o consentimento de cada uma delas em obrigar-se pelo tratado, uma reserva requer a aceitação de todas as partes.
3. Quando o tratado é um ato constitutivo de uma organização internacional, a reserva exige a aceitação do órgão competente da organização, a não ser que o tratado disponha diversamente.
4. Nos casos não previstos nos parágrafos precedentes e a menos que o tratado disponha de outra forma:
a) a aceitação de uma reserva por outro Estado contratante torna o Estado autor da reserva parte no tratado em relação àquele outro Estado, se o tratado está em vigor ou quando entrar em vigor para esses Estados;
b) a objeção feita a uma reserva por outro Estado contratante não impede que o tratado entre em vigor entre o Estado que formulou a objeção e o Estado autor da reserva, a não ser que uma intenção contrária tenha sido expressamente manifestada pelo Estado que formulou a objeção;
c) um ato que manifestar o consentimento de um Estado em obrigar-se por um tratado e que contiver uma reserva produzirá efeito logo que pelo menos outro Estado contratante aceitar a reserva.
5. Para os fins dos parágrafos 2 e 4, e a não ser que o tratado disponha diversamente, uma reserva é tida como aceita por um Estado se este não formulou objeção à reserva quer no decurso do prazo de doze meses que se seguir à data em que recebeu a notificação, quer na data em que manifestou o seu consentimento em obrigar-se pelo tratado, se esta for posterior.

Art. 21.
Efeitos Jurídicos das Reservas e das Objeções às Reservas
1. Uma reserva estabelecida em relação a outra parte, de conformidade com os artigos 19, 20 e 23:
a) modifica para o autor da reserva, em suas relações com a outra parte, as disposições do tratado sobre as quais incide a reserva, na medida prevista por esta; e
b) modifica essas disposições, na mesma medida, quanto a essa outra parte, em suas relações com o Estado autor da reserva.
2. A reserva não modifica as disposições do tratado quanto às demais partes no tratado em suas relações inter se.
3. Quando um Estado que formulou objeção a uma reserva não se opôs à entrada em vigor do tratado entre ele próprio e o Estado autor da reserva, as disposições a que se refere a reserva não se aplicam entre os dois Estados, na medida prevista pela reserva.

Art. 22.
Retirada de Reservas e de Objeções às Reservas
1. A não ser que o tratado disponha de outra forma, uma reserva pode ser retirada a qualquer momento, sem que o consentimento do Estado que a aceitou seja necessário para sua retirada.
2. A não ser que o tratado disponha de outra forma, uma objeção a uma reserva pode ser retirada a qualquer momento.
3. A não ser que o tratado disponha ou fique acordado de outra forma:
a) a retirada de uma reserva só produzirá efeito em relação a outro Estado contratante quando este Estado receber a correspondente notificação;
b) a retirada de uma objeção a uma reserva só produzirá efeito quando o Estado que formulou a reserva receber notificação dessa retirada.

Art. 23.
Processo Relativo às Reservas
1. A reserva, a aceitação expressa de uma reserva e a objeção a uma reserva devem ser formuladas por escrito e comunicadas aos Estados contratantes e aos outros Estados que tenham o direito de se tornar partes no tratado.
2. Uma reserva formulada quando da assinatura do tratado sob reserva de ratificação, aceitação ou aprovação, deve ser formalmente confirmada pelo Estado que a formulou no momento em que

manifestar o seu consentimento em obrigar-se pelo tratado. Nesse caso, a reserva considerar-se-á feita na data de sua confirmação.

3. Uma aceitação expressa de uma reserva, ou objeção a uma reserva, feita antes da confirmação da reserva não requer confirmação.

4. A retirada de uma reserva ou de uma objeção a uma reserva deve ser formulada por escrito.

SEÇÃO 3
Entrada em Vigor dos Tratados e Aplicação Provisória

Art. 24.
Entrada em vigor

1. Um tratado entra em vigor na forma e na data previstas no tratado ou acordadas pelos Estados negociadores.

2. Na ausência de tal disposição ou acordo, um tratado entra em vigor tão logo o consentimento em obrigar-se pelo tratado seja manifestado por todos os Estados negociadores.

3. Quando o consentimento de um Estado em obrigar-se por um tratado for manifestado após sua entrada em vigor, o tratado entrará em vigor em relação a esse Estado nessa data, a não ser que o tratado disponha de outra forma.

4. Aplicam-se desde o momento da adoção do texto de um tratado as disposições relativas à autenticação de seu texto, à manifestação do consentimento dos Estados em obrigarem-se pelo tratado, à maneira ou à data de sua entrada em vigor, às reservas, às funções de depositário e aos outros assuntos que surjam necessariamente antes da entrada em vigor do tratado.

Art. 25.
Aplicação Provisória

1. Um tratado ou uma parte do tratado aplica-se provisoriamente enquanto não entra em vigor, se:
a) o próprio tratado assim dispuser; ou
b) os Estados negociadores assim acordarem por outra forma.

2. A não ser que o tratado disponha ou os Estados negociadores acordem de outra forma, a aplicação provisória de um tratado ou parte de um tratado, em relação a um Estado, termina se esse Estado notificar aos outros Estados, entre os quais o tratado é aplicado provisoriamente, sua intenção de não se tornar parte no tratado.

PARTE III
Observância, Aplicação e Interpretação de Tratados

SEÇÃO 1
Observância de Tratados

Art. 26.
Pacta sunt servanda
Todo tratado em vigor obriga as partes e deve ser cumprido por elas de boa fé.

Art. 27.
Direito Interno e Observância de Tratados
Uma parte não pode invocar as disposições de seu direito interno para justificar o inadimplemento de um tratado. Esta regra não prejudica o artigo 46.

SEÇÃO 2
Aplicação de Tratados

Art. 28.
Irretroatividade de Tratados
A não ser que uma intenção diferente se evidencie do tratado, ou seja estabelecida de outra forma, suas disposições não obrigam uma parte em relação a um ato ou fato anterior ou a uma situação que deixou de existir antes da entrada em vigor do tratado, em relação a essa parte.

Art. 29.
Aplicação Territorial de Tratados
A não ser que uma intenção diferente se evidencie do tratado, ou seja estabelecida de outra forma, um tratado obriga cada uma da partes em relação a todo o seu território.

Art. 30.
Aplicação de Tratados Sucessivos sobre o Mesmo Assunto

1. Sem prejuízo das disposições do artigo 103 da Carta das Nações Unidas, os direitos e obrigações dos Estados partes em tratados sucessivos sobre o mesmo assunto serão determinados de conformidade com os parágrafos seguintes.

2. Quando um tratado estipular que está subordinado a um tratado anterior ou posterior ou que não deve ser considerado incompatível com esse outro tratado, as disposições deste último prevalecerão.

3. Quando todas as partes no tratado anterior são igualmente partes no tratado posterior, sem que o tratado anterior tenha cessado de vigorar ou sem que a sua aplicação tenha sido suspensa nos termos do artigo 59, o tratado anterior só se aplica na medida em que as suas disposições sejam compatíveis com as do tratado posterior.

4. Quando as partes no tratado posterior não incluem todas a partes no tratado anterior:

a) nas relações entre os Estados partes nos dois tratados, aplica-se o disposto no parágrafo 3;

b) nas relações entre um Estado parte nos dois tratados e um Estado parte apenas em um desses tratados, o tratado em que os dois Estados são partes rege os seus direitos e obrigações recíprocos.

5. O parágrafo 4 aplica-se sem prejuízo do artigo 41, ou de qualquer questão relativa à extinção ou suspensão da execução de um tratado nos termos do artigo 60 ou qualquer questão de responsabilidade que possa surgir para um Estado da conclusão ou da aplicação de um tratado cujas disposições sejam incompatíveis com suas obrigações em relação a outro Estado nos termos de outro tratado.

SEÇÃO 3
Interpretação de Tratados

Art. 31.
Regra Geral de Interpretação

1. Um tratado deve ser interpretado de boa fé segundo o sentido comum atribuível aos termos do tratado em seu contexto e à luz de seu objetivo e finalidade.

2. Para os fins de interpretação de um tratado, o contexto compreenderá, além do texto, seu preâmbulo e anexos:

a) qualquer acordo relativo ao tratado e feito entre todas as partes em conexão com a conclusão do tratado;

b) qualquer instrumento estabelecido por uma ou várias partes em conexão com a conclusão do tratado e aceito pelas outras partes como instrumento relativo ao tratado.

3. Serão levados em consideração, juntamente com o contexto:

a) qualquer acordo posterior entre as partes relativo à interpretação do tratado ou à aplicação de suas disposições;

b) qualquer prática seguida posteriormente na aplicação do tratado, pela qual se estabeleça o acordo das partes relativo à sua interpretação;

c) quaisquer regras pertinentes de Direito Internacional aplicáveis às relações entre as partes.

4. Um termo será entendido em sentido especial se estiver estabelecido que essa era a intenção das partes.

Art. 32.
Meios Suplementares de Interpretação

Pode-se recorrer a meios suplementares de interpretação, inclusive aos trabalhos preparatórios do tratado e às circunstâncias de sua conclusão, a fim de confirmar o sentido resultante da aplicação do artigo 31 ou de determinar o sentido quando a interpretação, de conformidade com o artigo 31:

a) deixa o sentido ambíguo ou obscuro; ou

b) conduz a um resultado que é manifestamente absurdo ou desarrazoado.

Art. 33.
Interpretação de Tratados Autenticados em Duas ou Mais Línguas

1. Quando um tratado foi autenticado em duas ou mais línguas, seu texto faz igualmente fé em cada uma delas, a não ser que o tratado disponha ou as partes concordem que, em caso de divergência, prevaleça um texto determinado.

2. Uma versão do tratado em língua diversa daquelas em que o texto foi autenticado só será considerada texto autêntico se o tratado o previr ou as partes nisso concordarem.

3. Presume-se que os termos do tratado têm o mesmo sentido nos diversos textos autênticos.

4. Salvo o caso em que um determinado texto prevalece nos termos do parágrafo 1, quando a comparação dos textos autênticos revela uma diferença de sentido que a aplicação dos artigos 31 e 32 não elimina, adotar-se-á o sentido que, tendo em conta o objeto e a finalidade do tratado, melhor conciliar os textos.

SEÇÃO 4
Tratados e Terceiros Estados

Art. 34.
Regra Geral com Relação a Terceiros Estados

Um tratado não cria obrigações nem direitos para um terceiro Estado sem o seu consentimento.

Art. 35.
Tratados que Criam Obrigações para Terceiros Estados

Uma obrigação nasce para um terceiro Estado de uma disposição de um tratado se as partes no tratado tiverem a intenção de criar a obrigação por meio dessa disposição e o terceiro Estado aceitar expressamente, por escrito, essa obrigação.

Art. 36.
Tratados que Criam Direitos para Terceiros Estados
1. Um direito nasce para um terceiro Estado de uma disposição de um tratado se as partes no tratado tiverem a intenção de conferir, por meio dessa disposição, esse direito quer a um terceiro Estado, quer a um grupo de Estados a que pertença, quer a todos os Estados, e o terceiro Estado nisso consentir. Presume-se o seu consentimento até indicação em contrário, a menos que o tratado disponha diversamente.
2. Um Estado que exerce um direito nos termos do parágrafo 1 deve respeitar, para o exercício desse direito, as condições previstas no tratado ou estabelecidas de acordo com o tratado.

Art. 37.
Revogação ou Modificação de Obrigações ou Direitos de Terceiros Estados
1. Qualquer obrigação que tiver nascido para um terceiro Estado nos termos do artigo 35 só poderá ser revogada ou modificada com o consentimento das partes no tratado e do terceiro Estado, salvo se ficar estabelecido que elas haviam acordado diversamente.
2. Qualquer direito que tiver nascido para um terceiro Estado nos termos do artigo 36 não poderá ser revogado ou modificado pelas partes, se ficar estabelecido ter havido a intenção de que o direito não fosse revogável ou sujeito a modificação sem o consentimento do terceiro Estado.

Art. 38.
Regras de um Tratado Tornadas Obrigatórias para Terceiros Estados por Força do Costume Internacional
Nada nos artigos 34 a 37 impede que uma regra prevista em um tratado se torne obrigatória para terceiros Estados como regra consuetudinária de Direito Internacional, reconhecida como tal.

PARTE IV
Emenda e Modificação de Tratados

Art. 39.
Regra Geral Relativa à Emenda de Tratados
Um tratado poderá ser emendado por acordo entre as partes. As regras estabelecidas na parte II aplicar-se-ão a tal acordo, salvo na medida em que o tratado dispuser diversamente.

Art. 40.
Emenda de Tratados Multilaterais
1. A não ser que o tratado disponha diversamente, a emenda de tratados multilaterais reger-se-á pelos parágrafos seguintes.
2. Qualquer proposta para emendar um tratado multilateral entre todas as partes deverá ser notificada a todos os Estados contratantes, cada um dos quais terá o direito de participar:
a) na decisão quanto à ação a ser tomada sobre essa proposta;
b) na negociação e conclusão de qualquer acordo para a emenda do tratado.
3. Todo Estado que possa ser parte no tratado poderá igualmente ser parte no tratado emendado.
4. O acordo de emenda não vincula os Estados que já são partes no tratado e que não se tornaram partes no acordo de emenda; em relação a esses Estados, aplicar-se-á o artigo 30, parágrafo 4 (b).
5. Qualquer Estado que se torne parte no tratado após a entrada em vigor do acordo de emenda será considerado, a menos que manifeste intenção diferente:
a) parte no tratado emendado; e
b) parte no tratado não emendado em relação às partes no tratado não vinculadas pelo acordo de emenda.

Art. 41.
Acordos para Modificar Tratados Multilaterais somente entre Algumas Partes
1. Duas ou mais partes num tratado multilateral podem concluir um acordo para modificar o tratado, somente entre si, desde que:
a) a possibilidade de tal modificação seja prevista no tratado; ou
b) a modificação em questão não seja proibida pelo tratado; e
i) não prejudique o gozo pelas outras partes dos direitos provenientes do tratado nem o cumprimento de suas obrigações
ii) não diga respeito a uma disposição cuja derrogação seja incompatível com a execução efetiva do objeto e da finalidade do tratado em seu conjunto.
2. A não ser que, no caso previsto na alínea a do parágrafo 1, o tratado disponha de outra forma, as partes em questão notificarão às outras partes sua

intenção de concluir o acordo e as modificações que este introduz no tratado.

PARTE V
Nulidade, Extinção e Suspensão da Execução de Tratados

SEÇÃO 1
Disposições Gerais

Art. 42.
Validade e Vigência de Tratados
1. A validade de um tratado ou do consentimento de um Estado em obrigar-se por um tratado só pode ser contestada mediante a aplicação da presente Convenção.
2. A extinção de um tratado, sua denúncia ou a retirada de uma das partes só poderá ocorrer em virtude da aplicação das disposições do tratado ou da presente Convenção. A mesma regra aplica-se à suspensão da execução de um tratado.

Art. 43.
Obrigações Impostas pelo Direito Internacional, Independentemente de um Tratado
A nulidade de um tratado, sua extinção ou denúncia, a retirada de uma das partes ou a suspensão da execução de um tratado em consequência da aplicação da presente Convenção ou das disposições do tratado não prejudicarão, de nenhum modo, o dever de um Estado de cumprir qualquer obrigação enunciada no tratado à qual estaria ele sujeito em virtude do Direito Internacional, independentemente do tratado.

Art. 44.
Divisibilidade das Disposições de um Tratado
1. O direito de uma parte, previsto num tratado ou decorrente do artigo 56, de denunciar, retirar-se ou suspender a execução do tratado, só pode ser exercido em relação à totalidade do tratado, a menos que este disponha ou as partes acordem diversamente.
2. Uma causa de nulidade, de extinção, de retirada de uma das partes ou de suspensão de execução de um tratado, reconhecida na presente Convenção, só pode ser alegada em relação à totalidade do tratado, salvo nas condições previstas nos parágrafos seguintes ou no artigo 60.

3. Se a causa diz respeito apenas a determinadas cláusulas, só pode ser alegada em relação a essas cláusulas e desde que:
a) essas cláusulas sejam separáveis do resto do tratado no que concerne a sua aplicação;
b) resulte do tratado ou fique estabelecido de outra forma que a aceitação dessas cláusulas não constituía para a outra parte, ou para as outras partes no tratado, uma base essencial do seu consentimento em obrigar-se pelo tratado em seu conjunto; e
c) não seja injusto continuar a executar o resto do tratado.
4. Nos casos previstos nos artigos 49 e 50, o Estado que tem o direito de alegar o dolo ou a corrupção pode fazê-lo em relação à totalidade do tratado ou, nos termos do parágrafo 3, somente às determinadas cláusulas.
5. Nos casos previstos nos artigos 51, 52 e 53 a divisão das disposições de um tratado não é permitida.

Art. 45.
Perda do Direito de Invocar Causa de Nulidade, Extinção, Retirada
ou Suspensão da Execução de um Tratado
Um Estado não pode mais invocar uma causa de nulidade, de extinção, de retirada ou de suspensão da execução de um tratado, com base nos artigos 46 a 50 ou nos artigos 60 e 62, se, depois de haver tomado conhecimento dos fatos, esse Estado:
a) tiver aceito, expressamente, que o tratado é válido, permanece em vigor ou continua em execução conforme o caso, ou
b) em virtude de sua conduta, deva ser considerado como tendo concordado em que o tratado é válido, permanece em vigor ou continua em execução, conforme o caso.

SEÇÃO 2
Nulidade de Tratados

Art. 46.
Disposições do Direito Interno sobre Competência para Concluir Tratados
1. Um Estado não pode invocar o fato de que seu consentimento em obrigar-se por um tratado foi expresso em violação de uma disposição de seu direito interno sobre competência para concluir tratados, a não ser que essa violação fosse manifesta e dissesse respeito a uma norma de seu direito interno de importância fundamental.

2. Uma violação é manifesta se for objetivamente evidente para qualquer Estado que proceda, na matéria, de conformidade com a prática normal e de boa fé.

Art. 47.
Restrições Específicas ao Poder de Manifestar o Consentimento de um Estado
Se o poder conferido a um representante de manifestar o consentimento de um Estado em obrigar-se por um determinado tratado tiver sido objeto de restrição específica, o fato de o representante não respeitar a restrição não pode ser invocado como invalidando o consentimento expresso, a não ser que a restrição tenha sido notificada aos outros Estados negociadores antes da manifestação do consentimento.

Art. 48.
Erro
1. Um Estado pode invocar erro no tratado como tendo invalidado o seu consentimento em obrigar-se pelo tratado se o erro se referir a um fato ou situação que esse Estado supunha existir no momento em que o tratado foi concluído e que constituía uma base essencial de seu consentimento em obrigar-se pelo tratado.
2. O parágrafo 1 não se aplica se o referido Estado contribui para tal erro pela sua conduta ou se as circunstâncias foram tais que o Estado devia ter-se apercebido da possibilidade de erro.
3. Um erro relativo à redação do texto de um tratado não prejudicará sua validade; neste caso, aplicar-se-á o artigo 79.

Art. 49.
Dolo
Se um Estado foi levado a concluir um tratado pela conduta fraudulenta de outro Estado negociador, o Estado pode invocar a fraude como tendo invalidado o seu consentimento em obrigar-se pelo tratado.

Art. 50.
Corrupção de Representante de um Estado
Se a manifestação do consentimento de um Estado em obrigar-se por um tratado foi obtida por meio da corrupção de seu representante, pela ação direta ou indireta de outro Estado negociador, o Estado pode alegar tal corrupção como tendo invalidado o seu consentimento em obrigar-se pelo tratado.

Art. 51.
Coação de Representante de um Estado
Não produzirá qualquer efeito jurídico a manifestação do consentimento de um Estado em obrigar-se por um tratado que tenha sido obtida pela coação de seu representante, por meio de atos ou ameaças dirigidas contra ele.

Art. 52.
Coação de um Estado pela Ameaça ou Emprego da Força
É nulo um tratado cuja conclusão foi obtida pela ameaça ou o emprego da força em violação dos princípios de Direito Internacional incorporados na Carta das Nações Unidas.

Art. 53.
Tratado em Conflito com uma Norma Imperativa de Direito
Internacional Geral (jus cogens)
É nulo um tratado que, no momento de sua conclusão, conflite com uma norma imperativa de Direito Internacional geral. Para os fins da presente Convenção, uma norma imperativa de Direito Internacional geral é uma norma aceita e reconhecida pela comunidade internacional dos Estados como um todo, como norma da qual nenhuma derrogação é permitida e que só pode ser modificada por norma ulterior de Direito Internacional geral da mesma natureza.

SEÇÃO 3
Extinção e Suspensão da Execução de Tratados

Art. 54.
Extinção ou Retirada de um Tratado em Virtude de suas
Disposições ou por consentimento das Partes
A extinção de um tratado ou a retirada de uma das partes pode ter lugar:
a) de conformidade com as disposições do tratado; ou
b) a qualquer momento, pelo consentimento de todas as partes, após consulta com os outros Estados contratantes.

Art. 55.
Redução das Partes num Tratado Multilateral aquém do Número Necessário
para sua Entrada em Vigor
A não ser que o tratado disponha diversamente, um tratado multilateral não se extingue pelo simples

fato de que o número de partes ficou aquém do número necessário para sua entrada em vigor.

Art. 56.
Denúncia, ou Retirada, de um Tratado que não Contém Disposições sobre Extinção, Denúncia ou Retirada
1. Um tratado que não contém disposição relativa à sua extinção, e que não prevê denúncia ou retirada, não é suscetível de denúncia ou retirada, a não ser que:
a) se estabeleça terem as partes tencionado admitir a possibilidade da denúncia ou retirada; ou
b) um direito de denúncia ou retirada possa ser deduzido da natureza do tratado.
2. Uma parte deverá notificar, com pelo menos doze meses de antecedência, a sua intenção de denunciar ou de se retirar de um tratado, nos termos do parágrafo 1.

Art. 57.
Suspensão da Execução de um Tratado em Virtude de suas Disposições ou pelo Consentimento das Partes
A execução de um tratado em relação a todas as partes ou a uma parte determinada pode ser suspensa:
a) de conformidade com as disposições do tratado; ou
b) a qualquer momento, pelo consentimento de todas as partes, após consulta com os outros Estados contratantes

Art. 58.
Suspensão da Execução de Tratado Multilateral por Acordo apenas entre Algumas da Partes
1. Duas ou mais partes num tratado multilateral podem concluir um acordo para suspender temporariamente, e somente entre si, a execução das disposições de um tratado se:
a) a possibilidade de tal suspensão estiver prevista pelo tratado; ou
b) essa suspensão não for proibida pelo tratado e:
i) não prejudicar o gozo, pelas outras partes, dos seus direitos decorrentes do tratado nem o cumprimento de suas obrigações
ii) não for incompatível com o objeto e a finalidade do tratado.
2. Salvo se, num caso previsto no parágrafo 1 (a), o tratado dispuser diversamente, as partes em questão notificarão às outras partes sua intenção de concluir o acordo e as disposições do tratado cuja execução pretendem suspender.

Art. 59.
Extinção ou Suspensão da Execução de um Tratado em Virtude da Conclusão de um Tratado Posterior
1. Considerar-se-á extinto um tratado se todas as suas partes concluírem um tratado posterior sobre o mesmo assunto e:
a) resultar do tratado posterior, ou ficar estabelecido por outra forma, que a intenção das partes foi regular o assunto por este tratado; ou
b) as disposições do tratado posterior forem de tal modo incompatíveis com as do anterior, que os dois tratados não possam ser aplicados ao mesmo tempo.
2. Considera-se apenas suspensa a execução do tratado anterior se se depreender do tratado posterior, ou ficar estabelecido de outra forma, que essa era a intenção das partes.

Art. 60.
Extinção ou Suspensão da Execução de um Tratado em Consequência de sua Violação
1. Uma violação substancial de um tratado bilateral por uma das partes autoriza a outra parte a invocar a violação como causa de extinção ou suspensão da execução de tratado, no todo ou em parte.
2. Uma violação substancial de um tratado multilateral por uma das partes autoriza:
a) as outras partes, por consentimento unânime, a suspenderem a execução do tratado, no todo ou em parte, ou a extinguirem o tratado, quer:
i) nas relações entre elas e o Estado faltoso;
ii) entre todas as partes;
b) uma parte especialmente prejudicada pela violação a invocá-la como causa para suspender a execução do tratado, no todo ou em parte, nas relações entre ela e o Estado faltoso;
c) qualquer parte que não seja o Estado faltoso a invocar a violação como causa para suspender a execução do tratado, no todo ou em parte, no que lhe diga respeito, se o tratado for de tal natureza que uma violação substancial de suas disposições por parte modifique radicalmente a situação de cada uma das partes quanto ao cumprimento posterior de suas obrigações decorrentes do tratado.
3. Uma violação substancial de um tratado, para os fins deste artigo, consiste:
a) numa rejeição do tratado não sancionada pela presente Convenção; ou

b) na violação de uma disposição essencial para a consecução do objeto ou da finalidade do tratado.

4. Os parágrafos anteriores não prejudicam qualquer disposição do tratado aplicável em caso de violação.

5. Os parágrafos 1 a 3 não se aplicam às disposições sobre a proteção da pessoa humana contidas em tratados de caráter humanitário, especialmente às disposições que proíbem qualquer forma de represália contra pessoas protegidas por tais tratados.

Art. 61.
Impossibilidade Superveniente de Cumprimento

1. Uma parte pode invocar a impossibilidade de cumprir um tratado como causa para extinguir o tratado ou dele retirar-se, se esta possibilidade resultar da destruição ou do desaparecimento definitivo de um objeto indispensável ao cumprimento do tratado. Se a impossibilidade for temporária, pode ser invocada somente como causa para suspender a execução do tratado.

2. A impossibilidade de cumprimento não pode ser invocada por uma das partes como causa para extinguir um tratado, dele retirar-se, ou suspender a execução do mesmo, se a impossibilidade resultar de uma violação, por essa parte, quer de uma obrigação decorrente do tratado, quer de qualquer outra obrigação internacional em relação a qualquer outra parte no tratado.

Art. 62.
Mudança Fundamental de Circunstâncias

1. Uma mudança fundamental de circunstâncias, ocorrida em relação às existentes no momento da conclusão de um tratado, e não prevista pelas partes, não pode ser invocada como causa para extinguir um tratado ou dele retirar-se, salvo se:

a) a existência dessas circunstâncias tiver constituído uma condição essencial do consentimento das partes em obrigarem-se pelo tratado; e

b) essa mudança tiver por efeito a modificação radical do alcance das obrigações ainda pendentes de cumprimento em virtude do tratado.

2. Uma mudança fundamental de circunstâncias não pode ser invocada pela parte como causa para extinguir um tratado ou dele retirar-se:

a) se o tratado estabelecer limites; ou

b) se a mudança fundamental resultar de violação, pela parte que a invoca, seja de uma obrigação decorrente do tratado, seja de qualquer outra obrigação internacional em relação a qualquer outra parte no tratado.

3. Se, nos termos dos parágrafos anteriores, uma parte pode invocar uma mudança fundamental de circunstâncias como causa para extinguir um tratado ou dele retirar-se, pode também invocá-la como causa para suspender a execução do tratado.

Art. 63.
Rompimento de Relações Diplomáticas e Consulares
O rompimento de relações diplomáticas ou consulares entre partes em um tratado não afetará as relações jurídicas estabelecidas entre elas pelo tratado, salvo na medida em que a existência de relações diplomáticas ou consulares for indispensável à aplicação do tratado.

Art. 64.
Superveniência de uma Nova Norma Imperativa de Direito Internacional Geral (jus cogens)
Se sobrevier uma nova norma imperativa de Direito Internacional geral, qualquer tratado existente que estiver em conflito com essa norma torna-se nulo e extingue-se.

SEÇÃO 4
Processo

Art. 65.
Processo Relativo à Nulidade, Extinção, Retirada ou Suspensão da Execução de um Tratado

1. Uma parte que, nos termos da presente Convenção, invocar quer um vício no seu consentimento em obrigar-se por um tratado, quer uma causa para impugnar a validade de um tratado, extingui-lo, dele retirar-se ou suspender sua aplicação, deve notificar sua pretensão às outras partes. A notificação indicará a medida que se propõe tomar em relação ao tratado e as razões para isso.

2. Salvo em caso de extrema urgência, decorrido o prazo de pelo menos três meses contados do recebimento da notificação, se nenhuma parte tiver formulado objeções, a parte que fez a notificação pode tomar, na forma prevista pelo artigo 67, a medida que propõs.

3. Se, porém, qualquer outra parte tiver formulado uma objeção, as partes deverão procurar uma solução pelos meios previstos, no artigo 33 da Carta das Nações Unidas.

4. Nada nos parágrafos anteriores afetará os direitos ou obrigações das partes decorrentes de quaisquer disposições em vigor que obriguem as partes com relação à solução de controvérsias.

5. Sem prejuízo do artigo 45, o fato de um Estado não ter feito a notificação prevista no parágrafo 1 não o impede de fazer tal notificação em resposta a outra parte que exija o cumprimento do tratado ou alegue a sua violação.

Art. 66.
Processo de Solução Judicial, de Arbitragem e de Conciliação
Se, nos termos do parágrafo 3 do artigo 65, nenhuma solução foi alcançada, nos 12 meses seguintes à data na qual a objeção foi formulada, o seguinte processo será adotado:
a) qualquer parte na controvérsia sobre a aplicação ou a interpretação dos artigos 53 ou 64 poderá, mediante pedido escrito, submetê-la à decisão da Corte Internacional de Justiça, salvo se as partes decidirem, de comum acordo, submeter a controvérsia a arbitragem;
b) qualquer parte na controvérsia sobre a aplicação ou a interpretação de qualquer um dos outros artigos da Parte V da presente Convenção poderá iniciar o processo previsto no Anexo à Convenção, mediante pedido nesse sentido ao Secretário-Geral das Nações Unidas.

Art. 67.
Instrumentos Declaratórios da Nulidade, da Extinção, da Retirada
ou Suspensão da Execução de um Tratado
1. A notificação prevista no parágrafo 1 do artigo 65 deve ser feita por escrito.
2. Qualquer ato que declare a nulidade, a extinção, a retirada ou a suspensão da execução de um tratado, nos termos das disposições do tratado ou dos parágrafos 2 e 3 do artigo 65, será levado a efeito através de um instrumento comunicado às outras partes. Se o instrumento não for assinado pelo Chefe de Estado, Chefe de Governo ou Ministro das Relações Exteriores, o representante do Estado que faz a comunicação poderá ser convidado a exibir plenos poderes.

Art. 68.
Revogação de Notificações e Instrumentos Previstos nos Artigos 65 e 67
Uma notificação ou um instrumento previstos nos artigos 65 ou 67 podem ser revogados a qualquer momento antes que produzam efeitos.

SEÇÃO 5
Consequências da Nulidade, da Extinção e da Suspensão da Execução de um Tratado

Art. 69.
Consequências da Nulidade de um Tratado
1. É nulo um tratado cuja nulidade resulta das disposições da presente Convenção. As disposições de um tratado nulo não têm eficácia jurídica.
2. Se, todavia, tiverem sido praticados atos em virtude desse tratado:
a) cada parte pode exigir de qualquer outra parte o estabelecimento, na medida do possível, em suas relações mútuas, da situação que teria existido se esses atos não tivessem sido praticados;
b) os atos praticados de boa fé, antes de a nulidade haver sido invocada, não serão tornados ilegais pelo simples motivo da nulidade do tratado.
3. Nos casos previsto pelos artigos 49, 50, 51 ou 52, o parágrafo 2 não se aplica com relação à parte a que é imputado o dolo, o ato de corrupção ou a coação.
4. No caso da nulidade do consentimento de um determinado Estado em obrigar-se por um tratado multilateral, aplicam-se as regras acima nas relações entre esse Estado e as partes no tratado.

Art. 70.
Consequências da Extinção de um Tratado
1. A menos que o tratado disponha ou as partes acordem de outra forma, a extinção de um, tratado, nos termos de suas disposições ou da presente Convenção:
a) libera as partes de qualquer obrigação de continuar a cumprir o tratado;
b) não prejudica qualquer direito, obrigação ou situação jurídica das partes, criados pela execução do tratado antes de sua extinção.
2. Se um Estado denunciar um tratado multilateral ou dele se retirar, o parágrafo 1 aplica-se nas relações entre esse Estado e cada uma das outras partes no tratado, a partir da data em que produza efeito essa denúncia ou retirada.

Art. 71.
Consequências da Nulidade de um Tratado em Conflito com uma Norma
Imperativa de Direito Internacional Geral
1. No caso de um tratado nulo em virtude do artigo 53, as partes são obrigadas a:

a) eliminar, na medida do possível, as consequências de qualquer ato praticado com base em uma disposição que esteja em conflito com a norma imperativa de Direito Internacional geral; e
b) adaptar suas relações mútuas à norma imperativa do Direito Internacional geral.
2. Quando um tratado se torne nulo e seja extinto, nos termos do artigo 64, a extinção do tratado:
a) libera as partes de qualquer obrigação de continuar a cumprir o tratado;
b) não prejudica qualquer direito, obrigação ou situação jurídica das partes, criados pela execução do tratado, antes de sua extinção; entretanto, esses direitos, obrigações ou situações só podem ser mantidos posteriormente, na medida em que sua manutenção não entre em conflito com a nova norma imperativa de Direito Internacional geral.

Art. 72.
Consequências da Suspensão da Execução de um Tratado
1. A não ser que o tratado disponha ou as partes acordem de outra forma, a suspensão da execução de um tratado, nos termos de suas disposições ou da presente Convenção:
a) libera as partes, entre as quais a execução do tratado seja suspensa, da obrigação de cumprir o tratado nas suas relações mútuas durante o período da suspensão;
b) não tem outro efeito sobre as relações jurídicas entre as partes, estabelecidas pelo tratado.
2. Durante o período da suspensão, as partes devem abster-se de atos tendentes a obstruir o reinício da execução do tratado.

PARTE VI
Disposições Diversas

Art. 73.
Caso de Sucessão de Estados, de Responsabilidade de um Estado e de Início de Hostilidades
As disposições da presente Convenção não prejulgarão qualquer questão que possa surgir em relação a um tratado, em virtude da sucessão de Estados, da responsabilidade internacional de um Estado ou do início de hostilidades entre Estados.

Art. 74.
Relações Diplomáticas e Consulares e Conclusão de Tratados

O rompimento ou a ausência de relações diplomáticas ou consulares entre dois ou mais Estados não obsta à conclusão de tratados entre os referidos Estados. A conclusão de um tratado, por si, não produz efeitos sobre as relações diplomáticas ou consulares.

Art. 75.
Caso de Estado Agressor
As disposições da presente Convenção não prejudicam qualquer obrigação que, em relação a um tratado, possa resultar para um Estado agressor de medidas tomadas em conformidade com a Carta das Nações Unidas, relativas à agressão cometida por esse Estado.

PARTE VII
Depositários, Notificações, Correções e Registro

Art. 76.
Depositários de Tratados
1. A designação do depositário de um tratado pode ser feita pelos Estados negociadores no próprio tratado ou de alguma outra forma. O depositário pode ser um ou mais Estados, uma organização internacional ou o principal funcionário administrativo dessa organização.
2. As funções do depositário de um tratado têm caráter internacional e o depositário é obrigado a agir imparcialmente no seu desempenho. Em especial, não afetará essa obrigação o fato de um tratado não ter entrado em vigor entre algumas das partes ou de ter surgido uma divergência, entre um Estado e o depositário, relativa ao desempenho das funções deste último.

Art. 77.
Funções dos Depositários
1. As funções do depositário, a não ser que o tratado disponha ou os Estados contratantes acordem de outra forma, compreendem particularmente:
a) guardar o texto original do tratado e quaisquer plenos poderes que lhe tenham sido entregues;
b) preparar cópias autenticadas do texto original e quaisquer textos do tratado em outros idiomas que possam ser exigidos pelo tratado e remetê-los às partes e aos Estados que tenham direito a ser partes no tratado;
c) receber quaisquer assinaturas ao tratado, receber e guardar quaisquer instrumentos, notificações e comunicações pertinentes ao mesmo;

d) examinar se a assinatura ou qualquer instrumento, notificação ou comunicação relativa ao tratado, está em boa e devida forma e, se necessário, chamar a atenção do Estado em causa sobre a questão;
e) informar as partes e os Estados que tenham direito a ser partes no tratado de quaisquer atos, notificações ou comunicações relativas ao tratado;
f) informar os Estados que tenham direito a ser partes no tratado sobre quando tiver sido recebido ou depositado o número de assinaturas ou de instrumentos de ratificação, de aceitação, de aprovação ou de adesão exigidos para a entrada em vigor do tratado;
g) registrar o tratado junto ao Secretariado das Nações Unidas;
h) exercer as funções previstas em outras disposições da presente Convenção.
2. Se surgir uma divergência entre um Estado e o depositário a respeito do exercício das funções deste último, o depositário levará a questão ao conhecimento dos Estados signatários e dos Estados contratantes ou, se for o caso, do órgão competente da organização internacional em causa.

Art. 78.
Notificações e Comunicações
A não ser que o tratado ou a presente Convenção disponham de outra forma, uma notificação ou comunicação que deva ser feita por um Estado, nos termos da presente Convenção:
a) será transmitida, se não houver depositário, diretamente aos Estados a que se destina ou, se houver depositário, a este último;
b) será considerada como tendo sido feita pelo Estado em causa somente a partir do seu recebimento pelo Estado ao qual é transmitida ou, se for o caso, pelo depositário;
c) se tiver sido transmitida a um depositário, será considerada como tendo sido recebida pelo Estado ao qual é destinada somente a partir do momento em que este Estado tenha recebido do depositário a informação prevista no parágrafo 1 (e) do artigo 77.

Art. 79.
Correção de Erros em Textos ou em Cópias Autenticadas de Tratados
1. Quando, após a autenticação do texto de um tratado, os Estados signatários e os Estados contratantes acordarem em que nele existe erro, este, salvo decisão sobre diferente maneira de correção, será corrigido:

a) mediante a correção apropriada no texto, rubricada por representantes devidamente credenciados;
b) mediante a elaboração ou troca de instrumento ou instrumentos em que estiver consignada a correção que se acordou em fazer; ou
c) mediante a elaboração de um texto corrigido da totalidade do tratado, segundo o mesmo processo utilizado para o texto original.
2. Quando o tratado tiver um depositário, este deve notificar aos Estados signatários e contratantes a existência do erro e a proposta de corrigi-lo e fixar um prazo apropriado durante o qual possam ser formuladas objeções à correção proposta. Se, expirado o prazo:
a) nenhuma objeção tiver sido feita, o depositário deve efetuar e rubricar a correção do texto, lavrar a ata de retificação do texto e remeter cópias da mesma às partes e aos Estados que tenham direito a ser partes no tratado;
b) uma objeção tiver sido feita, o depositário deve comunicá-la aos Estados signatários e aos Estados contratantes.
3. As regras enunciadas nos parágrafos 1 e 2 aplicam-se igualmente quando o texto, autenticado em duas ou mais línguas, apresentar uma falta de concordância que, de acordo com os Estados signatários e os Estados contratantes, deva ser corrigida.
4. O texto corrigido substitui *ab initio* o texto defeituoso, a não ser que os Estados signatários e os Estados contratantes decidam de outra forma.
5. A correção do texto de um tratado já registrado será notificado ao Secretariado das Nações Unidas.
6. Quando se descobrir um erro numa cópia autenticada de um tratado, o depositário deve lavrar uma ata mencionando a retificação e remeter cópia da mesma aos Estados signatários e aos Estados contratantes.

Art. 80.
Registro e Publicação de Tratados
1. Após sua entrada em vigor, os tratados serão remetidos ao Secretariado das Nações Unidas para fins de registro ou de classificação e catalogação, conforme o caso, bem como de publicação
2. A designação de um depositário constitui autorização para este praticar os atos previstos no parágrafo anterior.

PARTE VIII
Disposições Finais

Art. 81.
Assinatura
A presente Convenção ficará aberta à assinatura de todos. os Estados Membros das Nações Unidas ou de qualquer das agências especializadas ou da Agência Internacional de Energia Atômica, assim como de todas as partes no Estatuto da Corte Internacional de Justiça e de qualquer outro Estado convidado pela Assembléia Geral das Nações Unidas a tornar-se parte na Convenção, da seguinte maneira: até 30 de novembro de 1969, no Ministério Federal dos Negócios Estrangeiros da República da Áustria e, posteriormente, até 30 de abril de 1970, na sede das Nações Unidas em Nova York.

Art. 82.
Ratificação
A presente Convenção é sujeita à ratificação. Os instrumentos de ratificação serão depositados junto ao Secretário-Geral das Nações Unidas.

Art. 83.
Adesão
A presente Convenção permanecerá aberta à adesão de todo Estado pertencente a qualquer das categorias mencionadas no artigo 81. Os instrumentos de adesão serão depositados junto ao Secretário-Geral das Nações Unidas.

Art. 84.
Entrada em Vigor
1. A presente Convenção entrará em vigor no trigésimo dia que se seguir à data do depósito do trigésimo quinto instrumento de ratificação ou adesão.
2. Para cada Estado que ratificar a Convenção ou a ela aderir após o depósito do trigésimo quinto instrumento de ratificação ou adesão, a Convenção entrará em vigor no trigésimo dia após o depósito, por esse Estado, de seu instrumento de ratificação ou adesão.

Art. 85.
Textos Autênticos
O original da presente Convenção, cujos textos em chinês, espanhol, francês, inglês e russo fazem igualmente fé, será depositado junto ao Secretário--Geral das Nações Unidas.
Em fé do que, os plenipotenciários abaixo assinados, devidamente autorizados por seus respectivos Governos, assinaram a presente Convenção.

Feita em Viena, aos vinte e três dias de maio de mil novecentos e sessenta e nove.

ANEXO

1. O Secretário-Geral das Nações Unidas deve elaborar e manter uma lista de conciliadores composta de juristas qualificados. Para esse fim, todo Estado membro das Nações Unidas ou parte na presente Convenção será convidado a nomear dois conciliadores e os nomes das pessoas assim nomeadas constituirão a lista. A nomeação dos conciliadores, inclusive os nomeados para preencher uma vaga eventual, é feita por um período de cinco anos, renovável. Com a expiração do período para o qual forem nomeados, os conciliadores continuarão a exercer as funções para as quais tiverem sido escolhidos, nos termos do parágrafo seguinte.

2. Quando um pedido é apresentado ao Secretário-Geral nos termos do artigo 66, o Secretário-Geral deve submeter a controvérsia a uma comissão de conciliação, constituída do seguinte modo:
0 Estado ou os Estados que constituem uma das partes na controvérsia nomeiam:
a) um conciliador da nacionalidade desse Estado ou de um desses Estados, escolhido ou não da lista prevista no parágrafo 1; e
b) um conciliador que não seja da nacionalidade desse Estado ou de um desses Estados, escolhido da lista.
O Estado ou os Estados que constituírem a outra parte na controvérsia nomeiam dois conciliadores do mesmo modo. Os quatro conciliadores escolhidos pelas partes devem ser nomeados num prazo de sessenta dias a partir da data do recebimento do pedido pelo Secretário-Geral.
Nos sessenta dias que se seguirem à última nomeação, os quatro conciliadores nomeiam um quinto, escolhido da lista, que será o presidente. Se a nomeação do presidente ou de qualquer outro conciliador não for feita no prazo acima previsto para essa nomeação, será feita pelo Secretário-Geral nos sessenta dias seguintes à expiração desse prazo. O Secretário-Geral pode nomear como presidente uma das pessoas inscritas na lista ou um dos membros da Comissão de Direito Internacional. Qualquer um dos prazos, nos quais as nomeações devem ser feitas, pode ser prorrogado, mediante acordo das partes na controvérsia.
Qualquer vaga deve ser preenchida da maneira prevista para a nomeação inicial.

3. A Comissão de Conciliação adotará o seu próprio procedimento. A Comissão, com o consentimento das partes na controvérsia, pode convidar qualquer outra parte no tratado a submeter seu ponto de vista oralmente ou por escrito. A decisão e as recomendações da Comissão serão adotadas por maioria de votos de seus cinco membros.

4. A Comissão pode chamar a atenção das partes na controvérsia sobre qualquer medida suscetível de facilitar uma solução amigável.

5. A Comissão deve ouvir as partes, examinar as pretensões e objeções e fazer propostas às partes a fim de ajudá-las a chegar a uma solução amigável da controvérsia.

6. A Comissão deve elaborar um relatório nos doze meses que se seguirem à sua constituição. Seu relatório deve ser depositado junto ao Secretário-Geral e comunicado às partes na controvérsia. O relatório da Comissão, inclusive todas as conclusões nele contidas quanto aos fatos e às questões de direito, não vincula as partes e não terá outro valor senão o de recomendações submetidas à consideração das partes, a fim de facilitar uma solução amigável da controvérsia.

7. O Secretário-Geral fornecerá à Comissão a assistência e as facilidades de que ela possa necessitar. As despesas da Comissão serão custeadas pelas Nações Unidas.

Regras Mínimas Para o Tratamento de Prisioneiros da ONU – 1984

Adotadas pelo Primeiro Congresso das Nações Unidas sobre a Prevenção do Crime e o Tratamento dos Delinquentes, realizado em Genebra em 1955, e aprovadas pelo Conselho Econômico e Social das Nações Unidas através das suas resoluções 663 C (XXIV), de 31 de Julho de 1957 e 2076 (LXII), de 13 de Maio de 1977. Resolução 663 C (XXIV) do Conselho Econômico e Social

O Conselho Econômico e Social

1. Aprova as Regras Mínimas para o Tratamento de Reclusos, adotadas pelo Primeiro Congresso das Nações Unidas para a Prevenção do Crime e o Tratamento dos Delinquentes (37);

2. Chama a atenção dos Governos para o Conjunto destas regras e recomenda:

a) Que a sua adoção e aplicação nos estabelecimentos penitenciários e correcionais seja favoravelmente encarada;

b) Que o Secretário-Geral seja informado de cinco em cinco anos dos progressos feitos relativamente à sua aplicação;

c) Que os Governos adotem as medidas necessárias para dar a mais ampla publicidade possível às Regras Mínimas, não apenas junto dos organismos públicos interessados, mas também junto das organizações não governamentais que se ocupam da defesa social;

3. Autoriza o Secretário-Geral a adotar os procedimentos necessários para assegurar, em termos adequados a publicação das informações recebidas nos termos da alínea b) do parágrafo 2, supra, e a pedir, se necessário, informações suplementares.

Regras Mínimas para o Tratamento de Reclusos
Resolução adotada a 31 de agosto de 1955
O Primeiro Congresso das Nações Unidas para a Prevenção do Crime e o Tratamento dos Delinquentes,
Tendo adotado as Regras Mínimas para o Tratamento de Reclusos, anexas à presente resolução,

1. Solicita ao Secretário-Geral que, de acordo com a alínea d) do anexo à Resolução 415(V) da Assembleia Geral das Nações Unidas, submeta estas Regras à aprovação da Comissão dos Assuntos Sociais do Conselho Econômico e Social;

2. Confia em que estas Regras sejam aprovadas pelo Conselho Econômico e Social e, se o Conselho considerar oportuno, pela Assembleia Geral, e que sejam transmitidas aos Governos com a recomendação de (a) que examinem favoravelmente a sua adoção e aplicação na administração dos estabelecimentos penitenciários, e (b) que o Secretário-Geral seja informado de três em três anos dos progressos realizados no que respeita à sua aplicação;

3. Expressa o desejo de que, para manter os Governos informados dos progressos realizados neste domínio, se solicite ao Secretário-Geral que publique na Revista Internacional de Política Criminal as informações enviadas pelos Governos, em cumprimento do disposto no parágrafo 2, e que autorize o pedido de informação suplementar, se necessário;

4. Expressa ainda o desejo de que se solicite ao Secretário-Geral que tome as medidas necessárias para assegurar que a mais ampla publicidade seja dada a estas Regras.

ANEXO
Regras Mínimas para o Tratamento de Reclusos*

OBSERVAÇÕES PRELIMINARES

1. As regras que se seguem não pretendem descrever em pormenor um modelo de sistema penitenciário. Procuram unicamente, com base no consenso geral do pensamento atual e nos elementos essenciais dos mais adequados sistemas contemporâneos, estabelecer os princípios e regras de uma boa organização penitenciária e as práticas relativas ao tratamento de reclusos.

2. Tendo em conta a grande variedade das condições legais, sociais, econômicas e geográficas do mundo, é evidente que nem todas as regras podem ser aplicadas indistinta e permanentemente em todos os lugares. Devem, contudo, servir como estímulo de esforços constantes para ultrapassar dificuldades práticas na sua aplicação, na certeza de que representam, em conjunto, as condições mínimas aceites pelas Nações Unidas.

3. Além disso, os critérios que se aplicam às matérias tratadas por estas regras evoluem constantemente. Não se pode excluir a possibilidade de experiências e da adoção de novas práticas, desde que estas se ajustem aos princípios e objetivos que informaram a adoção das regras. De acordo com este princípio, pode a administração penitenciária central autorizar exceções às regras.

4. 1) A primeira parte das regras trata das matérias relativas à administração geral dos estabelecimentos penitenciários e é aplicável a todas as categorias de reclusos, dos foros criminal ou civil, em regime de prisão preventiva ou já condenados, incluindo os que estejam detidos por aplicação de medidas de segurança ou que sejam objeto de medidas de reeducação ordenadas por um juiz.

2) A segunda parte contém as regras que são especificamente aplicáveis às categorias de reclusos de cada secção. Contudo as regras da secção A, aplicáveis aos reclusos condenados, serão também aplicadas às categorias de reclusos a que se referem às secções B, C e D, desde que não sejam contraditórias com as regras específicas destas secções e na condição de constituírem uma melhoria de condições para estes reclusos.

5. 1) Estas regras não têm como objetivo enquadrar a organização dos estabelecimentos para jovens delinquentes (estabelecimentos Borstal, instituições de reeducação, etc.). Contudo, e na generalidade, deve considerar-se que a primeira parte destas regras mínimas também se aplica a esses estabelecimentos.

2) A categoria de jovens reclusos deve, em qualquer caso, incluir os menores que dependem da jurisdição dos Tribunais de Menores. Como norma geral, não se deveriam condenar os jovens delinquentes a penas de prisão.

PARTE I
Regras de aplicação geral

Princípio básico

1. 1) As regras que se seguem devem ser aplicadas imparcialmente. Não haverá discriminação alguma com base em raça, cor, sexo, língua, religião, opinião política ou outra, origem nacional ou social, meios de fortuna, nascimento ou outra condição.

2) Por outro lado, é necessário respeitar as crenças religiosas e os preceitos morais do grupo a que pertença o recluso.

Registro

2. 1) Em todos os locais em que haja pessoas detidas, haverá um livro oficial de registro, com páginas numeradas, no qual serão registrados, relativamente a cada recluso:
a) A informação respeitante à sua identidade;
b) Os motivos da detenção e a autoridade competente que a ordenou;
c) O dia e a hora da sua entrada e saída.

2) Nenhuma pessoa deve ser admitida num estabelecimento penitenciário sem uma ordem de detenção válida, cujos pormenores tenham sido previamente registrados no livro de registro.

Separação de categorias

3. As diferentes categorias de reclusos devem ser mantidas em estabelecimentos penitenciários separados ou em diferentes zonas de um mesmo estabelecimento penitenciário, tendo em consideração o

respectivo sexo e idade, antecedentes penais, razões da detenção e medidas necessárias a aplicar. Assim:
a) Na medida do possível, homens e mulheres devem estar detidos em estabelecimentos separados; nos estabelecimentos que recebam homens e mulheres, a totalidade dos locais destinados às mulheres será completamente separada;
b) Presos preventivos devem ser mantidos separados dos condenados;
c) Pessoas presas por dívidas ou outros reclusos do foro civil devem ser mantidos separados de reclusos do foro criminal;
d) Os jovens reclusos devem ser mantidos separados dos adultos.

Locais de reclusão

4. 1) As celas ou locais destinados ao descanso notório não devem ser ocupados por mais de um recluso. Se, por razões especiais, tais como excesso temporário de população prisional, for necessário que a administração penitenciária central adote exceções a esta regra, deve evitar-se que dois reclusos sejam alojados numa mesma cela ou local.
2) Quando se recorra à utilização de dormitórios, estes devem ser ocupados por reclusos cuidadosamente escolhidos e reconhecidos como sendo capazes de serem alojados nestas condições. Durante a noite, deverão estar sujeitos a uma vigilância regular, adaptada ao tipo de estabelecimento prisional em causa.

Locais destinados aos reclusos

5. As acomodações destinadas aos reclusos, especialmente dormitórios, devem satisfazer todas as exigências de higiene e saúde, tomando-se devidamente em consideração as condições climatéricas e especialmente a cubicagem de ar disponível, o espaço mínimo, a iluminação, o aquecimento e a ventilação.
6. Em todos os locais destinados aos reclusos, para viverem ou trabalharem:
a) As janelas devem ser suficientemente amplas de modo a que os reclusos possam ler ou trabalhar com luz natural, e devem ser construídas de forma a permitir a entrada de ar fresco, haja ou não ventilação artificial;
b) A luz artificial deve ser suficiente para permitir aos reclusos ler ou trabalhar sem prejudicar a vista.

7. As instalações sanitárias devem ser adequadas, de modo a que os reclusos possam efetuar as suas necessidades quando precisarem, de modo limpo e decente.
8. As instalações de banho e ducha devem ser suficientes para que todos os reclusos possam, quando desejem ou lhes seja exigido, tomar banho ou ducha a uma temperatura adequada ao clima, tão frequentemente quanto necessário à higiene geral, de acordo com a estação do ano e a região geográfica, mas pelo menos uma vez por semana num clima temperado.
9. Todas as zonas de um estabelecimento penitenciário usadas regularmente pelos reclusos devem ser mantidas e conservadas sempre escrupulosamente limpas.

Higiene pessoal

10. Deve ser exigido a todos os reclusos que se mantenham limpos e, para este fim, ser-lhes-ão fornecidos água e os artigos de higiene necessários à saúde e limpeza.
11. A fim de permitir aos reclusos manter um aspecto correto e preservar o respeito por si próprios, ser-lhes-ão garantidos os meios indispensáveis para cuidar do cabelo e da barba; os homens devem poder barbear-se regularmente.

Vestuário e roupa de cama

12. 1) Deve ser garantido vestuário adaptado às condições climatéricas e de saúde a todos os reclusos que não estejam autorizados a usar o seu próprio vestuário. Este vestuário não deve de forma alguma ser degradante ou humilhante.
2) Todo o vestuário deve estar limpo e ser mantido em bom estado. As roupas interiores devem ser mudadas e lavadas tão frequentemente quanto seja necessário para manutenção da higiene.
3) Em circunstâncias excepcionais, sempre que um recluso obtenha licença para sair do estabelecimento, deve ser autorizado a vestir as suas próprias roupas ou roupas que não chamem a atenção.
13. Sempre que os reclusos sejam autorizados a utilizar o seu próprio vestuário, devem ser tomadas disposições no momento de admissão no estabelecimento para assegurar que este seja limpo e adequado.
14. A todos os reclusos, de acordo com padrões locais ou nacionais, deve ser fornecido um leito

próprio e roupa de cama suficiente e própria, que estará limpa quando lhes for entregue, mantida em bom estado de conservação e mudada com a frequência suficiente para garantir a sua limpeza.

Alimentação

15. 1) A administração deve fornecer a cada recluso, há horas determinadas, alimentação de valor nutritivo adequado à saúde e à robustez física, de qualidade e bem preparada e servida.
2) Todos os reclusos devem ter a possibilidade de se prover com água potável sempre que necessário.

Exercício e desporto

16. 1) Todos os reclusos que não efetuam trabalho no exterior devem ter pelo menos uma hora diária de exercício adequado ao ar livre quando o clima o permita.
2) Os jovens reclusos e outros de idade e condição física compatíveis devem receber durante o período reservado ao exercício, educação física e recreativa. Para este fim, serão colocados à disposição dos reclusos o espaço, instalações e equipamento adequados.

Serviços médicos

17. 1) Cada estabelecimento penitenciário deve dispor dos serviços de pelo menos um médico qualificado, que deverá ter alguns conhecimentos de psiquiatria. Os serviços médicos devem ser organizados em estreita ligação com a administração geral de saúde da comunidade ou da nação. Devem incluir um serviço de psiquiatria para o diagnóstico, e em casos específicos, o tratamento de estados de perturbação mental.
2) Os reclusos doentes que necessitem de cuidados especializados devem ser transferidos para estabelecimentos especializados ou para hospitais civis. Quando o tratamento hospitalar é organizado no estabelecimento este deve dispor de instalações, material e produtos farmacêuticos que permitam prestar aos reclusos doentes os cuidados e o tratamento adequados; o pessoal deve ter uma formação profissional suficiente.
3) Todos os reclusos devem poder beneficiar dos serviços de um dentista qualificado.

18. 1) Nos estabelecimentos penitenciários para mulheres devem existir instalações especiais para o tratamento das reclusas grávidas, das que tenham acabado de dar à luz e das convalescentes. Desde que seja possível, devem ser tomadas medidas para que o parto tenha lugar num hospital civil. Se a criança nascer num estabelecimento penitenciário, tal fato não deve constar do respectivo registro de nascimento.
2) Quando for permitido às mães reclusas conservar os filhos consigo, devem ser tomadas medidas para organizar um inventário dotado de pessoal qualificado, onde as crianças possam permanecer quando não estejam ao cuidado das mães.

19. O médico deve examinar cada recluso o mais depressa possível após a sua admissão no estabelecimento penitenciário e em seguida sempre que necessário, com o objetivo de detectar doenças físicas ou mentais e de tomar todas as medidas necessárias para o respectivo tratamento; de separar reclusos suspeitos de serem portadores de doenças infecciosas ou contagiosas; de detectar as deficiências físicas ou mentais que possam constituir obstáculos a reinserção dos reclusos e de determinar a capacidade física de trabalho de cada recluso.

20. 1) Ao médico compete vigiar a saúde física e mental dos reclusos. Deve visitar diariamente todos os reclusos doentes, os que se queixem de doença e todos aqueles para os quais a sua atenção é especialmente chamada.
2) O médico deve apresentar relatório ao diretor, sempre que julgue que a saúde física ou mental foi ou será desfavoravelmente afetada pelo prolongamento ou pela aplicação de qualquer modalidade de regime de reclusão.

21. 1) O médico deve proceder a inspeções regulares e aconselhar o diretor sobre:
a) A quantidade, qualidade, preparação e distribuição dos alimentos;
b) A higiene e asseio do estabelecimento penitenciário e dos reclusos;
c) As instalações sanitárias, aquecimento, iluminação e ventilação do estabelecimento;
d) A qualidade e asseio do vestuário e da roupa de cama dos reclusos;
e) A observância das regras respeitantes à educação física e desportiva, nos casos em que não haja pessoal especializado encarregado destas atividades.
2) O diretor deve tomar em consideração os relatórios e os conselhos do médico referidos nas regras 25 (2) e 26 e, se houver acordo, tomar imediatamente as medidas sugeridas para que estas recomendações sejam seguidas; em caso de

desacordo ou se a matéria não for da sua competência, transmitirá imediatamente à autoridade superior a sua opinião e o relatório médico.

Disciplina e sanções

22. A ordem e a disciplina devem ser mantidas com firmeza, mas sem impor mais restrições do que as necessárias para a manutenção da segurança e da boa organização da vida comunitária.

23. 1) Nenhum recluso poderá desempenhar nos serviços do estabelecimento qualquer atividade que comporte poder disciplinar.
2) Esta regra, contudo, não deve impedir o bom funcionamento de sistemas baseados na autogestão, nos quais certas atividades ou responsabilidades sociais, educativas ou desportivas podem ser confiadas, sob controlo, a grupos de reclusos tendo em vista o seu tratamento.

24. Os seguintes pontos devem ser determinados por lei ou regulamentação emanada da autoridade administrativa competente:
a) A conduta que constitua infração disciplinar;
b) O tipo e a duração das sanções disciplinares que podem ser aplicadas;
c) A autoridade competente para pronunciar essas sanções.

25. 1) Um recluso só pode ser punido de acordo com as disposições legais ou regulamentares e nunca duas vezes pela mesma infração.
2) Nenhum recluso pode ser punido sem ter sido informado da infração de que é acusado e sem que lhe seja dada uma oportunidade adequada para apresentar a sua defesa. A autoridade competente examinará o caso exaustivamente.
3) Quando necessário e possível, o recluso deve ser autorizado a defender-se por meio de um intérprete.

26. As penas corporais, a colocação em "segredo escuro" bem como todas as punições cruéis, desumanas ou degradantes devem ser completamente proibidas como sanções disciplinares.

27. 1) As penas de isolamento e de redução de alimentação não devem nunca ser aplicadas, a menos que o médico tenha examinado o recluso e certificado, por escrito, que ele está apto para as suportar.
2) O mesmo se aplicará a outra qualquer sanção que possa ser prejudicial à saúde física ou mental do recluso. Em nenhum caso devem tais sanções contrariar ou divergir do princípio estabelecido na regra

28. 3) O médico deve visitar diariamente os reclusos submetidos a tais sanções e deve apresentar relatório ao diretor, se considerar necessário pôr fim ou modificar a sanção por razões de saúde física ou mental.

Instrumentos de coação

29. A sujeição a instrumentos tais como algemas, correntes, ferros e coletes de força nunca deve ser aplicada como sanção. Mais ainda, correntes e ferros não devem ser usados como instrumentos de coação. Quaisquer outros instrumentos de coação só podem ser utilizados nas seguintes circunstâncias:
a) Como medida de precaução contra uma evasão durante uma transferência, desde que sejam retirados logo que o recluso compareça perante uma autoridade judicial ou administrativa;
b) Por razões médicas sob indicação do médico;
c) Por ordem do diretor, depois de se terem esgotado todos os outros meios de dominar o recluso, a fim de o impedir de causar prejuízo a si próprio ou a outros ou de causar estragos materiais; nestes casos o diretor deve consultar o médico com urgência e apresentar relatório à autoridade administrativa superior.

30. O modelo e o modo de utilização dos instrumentos de coação devem ser decididos pela administração penitenciária central. A sua aplicação não deve ser prolongada para além do tempo estritamente necessário.

Informação e direito de queixa dos reclusos

31. 1) No momento da admissão, cada recluso deve receber informação escrita sobre o regime aplicável aos reclusos da sua categoria, sobre as regras disciplinares do estabelecimento e sobre os meios autorizados para obter informações e formular queixas; e sobre todos os outros pontos que podem ser necessários para lhe permitir conhecer os seus direitos e obrigações, e para se adaptar à vida do estabelecimento.
2) Se o recluso for analfabeto estas informações devem ser-lhe comunicadas oralmente.

32. 1) Todo o recluso deve ter, em qualquer dia útil, a oportunidade de apresentar requerimentos ou queixas ao diretor do estabelecimento ou ao funcionário autorizado a representá-lo.
2) Qualquer recluso deve poder apresentar requerimentos ou queixas ao inspetor das prisões no decurso da sua visita. O recluso pode dirigir-se ao inspetor ou a qualquer outro funcionário incumbido

da inspeção fora da presença do diretor ou de outros membros do pessoal do estabelecimento.

3) Qualquer recluso deve ser autorizado a dirigir, pela via prescrita, sem censura quanto ao fundo, mas em devida forma, requerimentos ou queixas à administração penitenciária central, à autoridade judiciária ou a qualquer outra autoridade competente.

4) O requerimento ou queixa deve ser estudado sem demora e merecer uma resposta em tempo útil, salvo se for manifestamente inconsistente ou desprovido de fundamento.

Contato com o mundo exterior

33. Os reclusos devem ser autorizados, sob a necessária supervisão, a comunicar periodicamente com as suas famílias e com amigos de boa reputação, quer por correspondência quer através de visitas.

34. 1) A reclusos de nacionalidade estrangeira devem ser concedidas facilidades razoáveis para comunicarem com os representantes diplomáticos e consulares do Estado a que pertencem.

2) A reclusos de nacionalidade de Estados sem representação diplomática ou consular no país, e a refugiados ou apátridas, devem ser concedidas facilidades semelhantes para comunicarem com representantes diplomáticos do Estado encarregado de zelar pelos seus interesses ou com qualquer autoridade nacional ou internacional que tenha a seu cargo a proteção dessas pessoas.

35. Os reclusos devem ser mantidos regularmente informados das notícias mais importantes através da leitura de jornais, periódicos ou publicações penitenciárias especiais através de transmissões de rádio, conferências ou quaisquer outros meios semelhantes, autorizados ou controlados pela administração.

Biblioteca

36. Cada estabelecimento penitenciário deve ter uma biblioteca para o uso de todas as categorias de reclusos, devidamente provida com livros de recreio e de instrução e os reclusos devem ser incentivados a utilizá-la plenamente.

Religião

37. 1) Se o estabelecimento reunir um número suficiente de reclusos da mesma religião, deve ser nomeado ou autorizado um representante qualificado dessa religião. Se o número de reclusos o justificar e as circunstâncias o permitirem, deve ser encontrada uma solução permanente.

2) O representante qualificado, nomeado ou autorizado nos termos do parágrafo 1), deve ser autorizado a organizar periodicamente serviços religiosos e a fazer, sempre que for aconselhável, visitas pastorais, em particular aos reclusos da sua religião.

3) O direito de entrar em contato com um representante qualificado da sua religião nunca deve ser negado a qualquer recluso. Por outro lado, se um recluso se opõe à visita de um representante de uma religião, a sua vontade deve ser respeitada.

38. Tanto quanto possível cada recluso deve ser autorizado a satisfazer as exigências da sua vida religiosa, assistindo aos serviços ministrados no estabelecimento e tendo na sua posse livros de rito e prática de ensino religioso da sua confissão.

Depósito de objetos pertencentes aos reclusos

39. 1) Quando o regulamento não autorizar aos reclusos a posse de dinheiro, objetos de valor, peças de vestuário e outros objetos que lhes pertençam, estes devem, no momento de admissão no estabelecimento, ser guardados em lugar seguro. Deve ser elaborada uma lista destes objetos, assinada pelo recluso. Devem ser tomadas medidas para conservar estes objetos em bom estado.

2) Estes objetos e o dinheiro devem ser restituídos ao recluso no momento da sua libertação, com exceção do dinheiro que tenha sido autorizado a gastar, dos objetos que tenham sido enviados pelo recluso para o exterior ou das peças de vestuário que tenham sido destruídas por razões de higiene. O recluso deve entregar recibo dos objetos e do dinheiro que lhe tenham sido restituídos.

3) Na medida do possível, os valores e objetos enviados do exterior estão submetidos a estas mesmas regras.

4) Se o recluso for portador de medicamentos ou estupefacientes no momento da admissão, o médico decidirá sobre a sua utilização.

Notificação de morte, doença, transferência, etc.

40. 1) No caso de morte, doença grave, ou acidente grave de um recluso ou da sua mudança para um estabelecimento para o tratamento de doenças mentais, o diretor deve informar imediatamente o cônjuge, se o recluso for casado, ou o parente mais próximo e, em qualquer caso, a pessoa previamente designada pelo recluso.

2) Um recluso deve ser informado imediatamente da morte ou doença grave de qualquer parente próximo. No caso de doença crítica de um parente

próximo, o recluso deve ser autorizado, quando as circunstâncias o permitirem, a ir junto dele, quer sob escolta quer só.

3) Cada recluso deve ter o direito de informar imediatamente a sua família da sua prisão ou da sua transferência para outro estabelecimento penitenciário.

Transferência de reclusos

41. 1) Quando os reclusos sejam transferidos de ou para outro estabelecimento, devem ser vistos o menos possível pelo público, e devem ser tomadas medidas apropriadas para os proteger de insultos, curiosidade e de qualquer tipo de publicidade.

2) Deve ser proibido o transporte de reclusos em veículos com deficiente ventilação ou iluminação, ou que de qualquer outro modo os possa sujeitar a sacrifícios físicos desnecessários.

3) O transporte de reclusos deve ser efetuado a expensas da administração, em condições de igualdade para todos eles.

Pessoal penitenciário

42. 1) A administração penitenciária deve selecionar cuidadosamente o pessoal de todas as categorias, dado que é da sua integridade, humanidade, aptidões pessoais e capacidades profissionais que depende uma boa gestão dos estabelecimentos penitenciários.

2) A administração penitenciária deve esforçar-se permanentemente para suscitar e manter no espírito do pessoal e da opinião pública a convicção de que esta missão representa um serviço social de grande importância; para o efeito, devem ser utilizados todos os meios adequados para esclarecer o público.

3) Para a realização daqueles fins, os membros do pessoal devem desempenhar funções a tempo inteiro na qualidade de funcionários penitenciários profissionais, devem ter o estatuto de funcionários do Estado e ser-lhes garantida, por conseguinte, segurança no emprego dependente apenas de boa conduta, eficácia no trabalho e aptidão física. A remuneração deve ser suficiente para permitir recrutar e manter ao serviço homens e mulheres competentes; as vantagens da carreira e as condições de emprego devem ser determinadas tendo em conta a natureza penosa do trabalho.

43. 1) O pessoal deve possuir um nível intelectual adequado.

2) Deve frequentar, antes de entrar em funções, um curso de formação geral e especial e prestar provas teóricas e práticas.

3) Após a entrada em funções e ao longo da sua carreira, o pessoal deve conservar e melhorar os seus conhecimentos e competências profissionais, seguindo cursos de aperfeiçoamento organizados periodicamente.

44. Todos os membros do pessoal devem, em todas as circunstâncias, comportar-se e desempenhar as suas funções de maneira que o seu exemplo tenha boa influência sobre os reclusos e mereça o respeito destes.

45. 1) Na medida do possível, deve incluir-se no pessoal um número suficiente de especialistas, tais como psiquiatras, psicólogos, trabalhadores sociais, professores e instrutores técnicos.

2) Os trabalhadores sociais, professores e instrutores técnicos devem exercer as suas funções de forma permanente, mas poderá também se recorrer a auxiliares em tempo parcial ou a voluntários.

46. 1) O diretor do estabelecimento deve ser bem qualificado para a sua função, quer pelo seu caráter, quer pelas suas competências administrativas, formação e experiência.

2) Deve exercer a sua função oficial a tempo inteiro.

3) Deve residir no estabelecimento ou nas imediações deste.

4) Quando dois ou mais estabelecimentos estejam sob a autoridade de um único diretor, este deve visitar ambos com frequência. Em cada um dos estabelecimentos deve haver um funcionário responsável.

47. 1) O diretor, o seu adjunto e a maioria dos outros membros do pessoal do estabelecimento devem falar a língua da maior parte dos reclusos ou uma língua entendida pela maioria deles.

2) Deve recorrer-se aos serviços de um intérprete sempre que seja necessário.

48. 1) Nos estabelecimentos cuja dimensão exija os serviços de um ou mais de um médico a tempo inteiro, um deles pelo menos deve residir no estabelecimento ou nas suas imediações.

2) Nos outros estabelecimentos, o médico deve visitar diariamente os reclusos e residir suficientemente perto para acudir a casos de urgência.

49. 1) Nos estabelecimentos destinados a homens e mulheres, a secção das mulheres deve ser colocada sob a direção de um funcionário do sexo feminino responsável que terá à sua guarda todas as chaves dessa secção.

2) Nenhum funcionário do sexo masculino pode entrar na parte do estabelecimento destinada às

mulheres sem ser acompanhado por um funcionário do sexo feminino.

3) A vigilância das reclusas deve ser assegurada exclusivamente por funcionários do sexo feminino. Não obstante, isso não impede que funcionários do sexo masculino, especialmente médicos e professores, desempenhem as suas funções profissionais em estabelecimentos ou secções de estabelecimentos destinados a mulheres.

50. 1) Os funcionários dos estabelecimentos penitenciários não devem usar, nas suas relações com os reclusos, de força, exceto em legítima defesa ou em casos de tentativa de fuga, ou de resistência física ativa ou passiva a uma ordem baseada na lei ou nos regulamentos. Os funcionários que tenham de recorrer à força não devem usar senão a estritamente necessária, e devem informar imediatamente o diretor do estabelecimento penitenciário quanto ao incidente.

2) Os membros do pessoal penitenciário devem receber se necessário uma formação técnica especial que lhes permita dominar os reclusos violentos.

3) Salvo circunstâncias especiais, os agentes que assegurem serviços que os ponham em contacto direto com os reclusos não devem estar armados. Aliás, não deverá ser confiada uma arma a um membro do pessoal sem que ele seja treinado para o seu uso.

Inspeção

51. Haverá uma inspeção regular dos estabelecimentos e serviços penitenciários, por inspetores qualificados e experientes, nomeados por uma autoridade competente. É seu dever assegurar que estes estabelecimentos sejam administrados de acordo com as leis e regulamentos vigentes, para persecução dos objetivos dos serviços penitenciários e correcionais.

PARTE II
Regras Aplicáveis a Categorias Especiais

A. Reclusos condenados
Princípios gerais

52. Os princípios gerais a seguir enunciados têm por finalidade a definição do espírito dentro do qual os sistemas penitenciários devem ser administrados e os objetivos a que devem tender, de acordo com a declaração feita na observação preliminar 1 do presente texto.

53. A prisão e outras medidas que resultam na separação de um criminoso do mundo exterior são dolorosas pelo próprio fato de retirarem à pessoa o direito de autodeterminação, por a privarem da sua liberdade. Logo, o sistema penitenciário não deve, exceto pontualmente por razões justificáveis de segregação ou para a manutenção da disciplina, agravar o sofrimento inerente a tal situação.

54. O fim e a justificação de uma pena de prisão ou de uma medida semelhante que priva de liberdade é, em última instância, de proteger a sociedade contra o crime. Este fim só pode ser atingido se o tempo de prisão for aproveitado para assegurar, tanto quanto possível, que depois do seu regresso à sociedade, o criminoso não tenha apenas à vontade, mas esteja apto a seguir um modo de vida de acordo com a lei e a sustentar-se a si próprio.

55. Nesta perspectiva, o regime penitenciário deve fazer apelo a todos os meios terapêuticos, educativos, morais, espirituais e outros e a todos os meios de assistência de que pode dispor, procurando aplicá-los segundo as necessidades do tratamento individual dos delinquentes.

56. 1) O regime do estabelecimento deve procurar reduzir as diferenças que podem existir entre a vida na prisão e a vida em liberdade na medida em que essas diferenças tendam a esbater o sentido de responsabilidade do detido ou o respeito pela dignidade da sua pessoa.

2) Antes do termo da execução de uma pena ou de uma medida é desejável que sejam adotadas as medidas necessárias a assegurar ao recluso um regresso progressivo à vida na sociedade. Este objetivo poderá ser alcançado, consoante os casos, por um regime preparatório da libertação, organizado no próprio estabelecimento ou em outro estabelecimento adequado, ou por uma libertação condicional sob um controlo que não deve caber à polícia, mas que comportará uma assistência social.

57. O tratamento não deve acentuar a exclusão dos reclusos da sociedade, mas sim fazê-los compreender que eles continuam fazendo parte dela. Para este fim, há que recorrer, na medida do possível, à cooperação de organismos da comunidade destinados a auxiliar o pessoal do estabelecimento na sua função de reabilitação das pessoas. Assistentes sociais colaborando com cada estabelecimento devem ter por missão a manutenção e a melhoria das relações do recluso com a sua família e com os organismos sociais que podem ser-lhe úteis. Devem adoptar-se medidas tendo em vista a salvaguarda, de acordo com a lei e a pena imposta, dos direitos civis, dos direitos em matéria de segurança social e de outros benefícios sociais dos reclusos.

58. Os serviços médicos de o estabelecimento esforçar-se-ão por descobrir e tratar quaisquer deficiências ou doenças físicas ou mentais que podem constituir um obstáculo à reabilitação do recluso. Qualquer tratamento médico, cirúrgico e psiquiátrico considerado necessário deve ser aplicado tendo em vista esse objetivo.

59. 1) A realização destes princípios exige a individualização do tratamento e, para este fim, um sistema flexível de classificação dos reclusos por grupos; é por isso desejável que esses grupos sejam colocados em estabelecimentos separados em que cada um deles possa receber o tratamento adequado.
2) Estes estabelecimentos não devem possuir o mesmo grau de segurança para cada grupo. É desejável prever graus de segurança consoante as necessidades dos diferentes grupos. Os estabelecimentos abertos, pelo próprio fato de não preverem medidas de segurança física contra as evasões, mas remeterem neste domínio à autodisciplina dos reclusos, dão a reclusos cuidadosamente escolhidos as condições mais favoráveis à sua reabilitação.
3) É desejável que nos estabelecimentos fechados a individualização do tratamento não seja prejudicada pelo número demasiado elevado de reclusos. Nalguns países entende-se que a população de semelhantes estabelecimentos não deve ultrapassar os quinhentos. Nos estabelecimentos abertos, a população deve ser tão reduzida quanto possível.
4) Por outro lado, não é desejável manter estabelecimentos demasiado pequenos para se poder organizar neles um regime conveniente.

60. O dever da sociedade não cessa com a libertação de um recluso. Seria por isso necessário dispor de organismos governamentais ou privados capazes de trazer ao recluso colocado em liberdade um auxílio pós-penitenciário eficaz, tendente a diminuir os preconceitos a seu respeito e permitindo-lhe a sua reinserção na sociedade.

Tratamento

61. O tratamento das pessoas condenadas a uma pena ou medida privativa de liberdade deve ter por objetivo, na medida em que o permitir a duração da condenação, criar nelas à vontade e as aptidões que as tornem capazes, após a sua libertação, de viver no respeito da lei e de prover às suas necessidades. Este tratamento deve incentivar o respeito por si próprias e desenvolver o seu sentido da responsabilidade.

62. 1) Para este fim, há que recorrer nomeadamente à assistência religiosa nos países em que seja possível, à instrução, à orientação e à formação profissionais, aos métodos de assistência social individual, ao aconselhamento relativo ao emprego, ao desenvolvimento físico e à educação moral, de acordo com as necessidades de cada recluso. Há que ter em conta o passado social e criminal do condenado, as suas capacidades e aptidões físicas e mentais, as suas disposições pessoais, a duração da condenação e as perspectivas da sua reabilitação.
2) Para cada recluso condenado a uma pena ou a uma medida de certa duração, o diretor do estabelecimento deve receber, no mais breve trecho após a admissão do recluso, relatórios completos sobre os diferentes aspectos referidos no número anterior. Estes relatórios devem sempre compreender um relatório de um médico, se possível especializado em psiquiatria, sobre a condição física e mental do recluso.
3) Os relatórios e outros elementos pertinentes devem ser colocados num arquivo individual. Este arquivo deve ser atualizado e classificado de modo a poder ser consultado pelo pessoal responsável sempre que necessário.

Classificação e individualização

63. As finalidades da classificação devem ser:
a) De afastar os reclusos que pelo seu passado criminal ou pelas suas tendências exerceriam uma influência negativa sobre os outros reclusos;
b) De repartir os reclusos por grupos tendo em vista facilitar o seu tratamento para a sua reinserção social.

64. Há que dispor, na medida do possível, de estabelecimentos separados ou de secções distintas dentro de um estabelecimento para o tratamento das diferentes categorias de reclusos.

65. Assim que possível depois da admissão e depois de um estudo da personalidade de cada recluso condenado a uma pena ou a uma medida de uma certa duração deve ser preparado um programa de tratamento que lhe seja destinado, à luz dos dados de que se dispõe sobre as suas necessidades individuais, as suas capacidades e o seu estado de espírito.

Privilégios

66. Há que instituir em cada estabelecimento um sistema de privilégios adaptado às diferentes categorias de reclusos e aos diferentes métodos de tratamento, com o objetivo de encorajar o bom comportamento, de desenvolver o sentido da responsabilidade e de estimular o interesse e a cooperação dos reclusos no seu próprio tratamento.

Trabalho

67. 1) O trabalho na prisão não deve ser penoso.
2) Todos os reclusos condenados devem trabalhar, em conformidade com as suas aptidões física e mental, de acordo com determinação do médico.
3) Deve ser dado trabalho suficiente de natureza útil aos reclusos de modo a conservá-los ativos durante o dia normal de trabalho.
4) Tanto quanto possível, o trabalho proporcionado deve ser de natureza que mantenha ou aumente as capacidades dos reclusos para ganharem honestamente a vida depois de libertados.
5) Deve ser proporcionado treino profissional em profissões úteis aos reclusos que dele tirem proveito, e especialmente a jovens reclusos.
6) Dentro dos limites compatíveis com uma seleção profissional apropriada e com as exigências da administração e disciplina penitenciária, os reclusos devem poder escolher o tipo de trabalho que querem fazer.

68. 1) A organização e os métodos do trabalho penitenciário devem aproximar-se tanto quanto possível dos que regem um trabalho semelhante fora do estabelecimento, de modo a preparar os reclusos para as condições normais do trabalho em liberdade.
2) No entanto o interesse dos reclusos e da sua formação profissional não deve ser subordinado ao desejo de realizar um benefício por meio do trabalho penitenciário.

69. 1) As indústrias e explorações agrícolas devem de preferência ser dirigidas pela administração e não por empresários privados.
2) Quando os reclusos forem empregues para trabalho não controlado pela administração, devem ser sempre colocados sob vigilância do pessoal penitenciário. Salvo nos casos em que o trabalho seja efetuado por outros departamentos do Estado, as pessoas às quais esse trabalho seja prestado devem pagar à administração a remuneração normal exigível para esse trabalho, tendo, todavia em conta a remuneração auferida pelos reclusos.

70. 1) Os cuidados prescritos destinados a proteger a segurança e a saúde dos trabalhadores em liberdade devem igualmente existir nos estabelecimentos penitenciários.
2) Devem ser adotadas disposições para indenizar os reclusos dos acidentes de trabalho e doenças profissionais, nas mesmas condições que a lei concede aos trabalhadores em liberdade.

71. 1) As horas diárias e semanais máximas de trabalho dos reclusos devem ser fixadas por lei ou por regulamento administrativo, tendo em consideração regras ou costumes locais respeitantes ao trabalho dos trabalhadores em liberdade.
2) As horas devem ser fixadas de modo a deixar um dia de descanso semanal e tempo suficiente para educação e para outras atividades necessárias como parte do tratamento e reinserção dos reclusos.

72. 1) O tratamento dos reclusos deve ser remunerado de modo equitativo.
2) O regulamento deve permitir aos reclusos a utilização de pelo menos uma parte da sua remuneração para adquirir objetos autorizados destinados ao seu uso pessoal e para enviar outra parte à sua família.
3) O regulamento deve prever igualmente que uma parte da remuneração seja reservada pela administração de modo a constituir uma poupança que será entregue ao recluso no momento da sua colocação em liberdade.

Educação e recreio

73. 1) Devem ser tomadas medidas no sentido de melhorar a educação de todos os reclusos que daí tirem proveito, incluindo instrução religiosa nos países em que tal for possível. A educação de analfabetos e jovens reclusos será obrigatória, prestando-lhe a administração especial atenção.
2) Tanto quanto for possível, a educação dos reclusos deve estar integrada no sistema educacional do país, para que depois da sua libertação possam continuar, sem dificuldades, a sua educação.

74. Devem ser proporcionadas atividades de recreio e culturais em todos os estabelecimentos penitenciários em benefício da saúde mental e física dos reclusos.

A. Relações sociais e assistência pós-prisional

75. Deve ser prestada atenção especial à manutenção e melhoramento das relações entre o recluso e a sua família, que se mostrem de maior vantagem para ambos.

76. Desde o início do cumprimento da pena de um recluso deve ter-se em consideração o seu futuro depois de libertado, sendo estimulado e ajudado a manter ou estabelecer as relações com pessoas ou organizações externas, aptas a promover os melhores interesses da sua família e da sua própria reinserção social.

77. 1) Serviços ou organizações governamentais ou outras, que prestam assistência a reclusos colocados em liberdade para se reestabelecerem na sociedade, devem assegurar, na medida do possível e do necessário, que sejam fornecidos aos reclusos libertados documentos de identificação apropriados, garantidas casas adequadas e trabalho, adequado vestuário, tendo em conta o clima e a estação do ano e recursos suficientes para chegarem ao seu destino e para subsistirem no período imediatamente seguinte à sua libertação.

2) Os representantes oficiais dessas organizações terão o acesso necessário ao estabelecimento penitenciário e aos reclusos, sendo consultados sobre o futuro do recluso desde o início do cumprimento da pena.

3) É recomendável que as atividades destas organizações estejam centralizadas ou sejam coordenadas, tanto quanto possível, a fim de garantir a melhor utilização dos seus esforços.

Reclusos alienados e doentes mentais

78. 1) Os reclusos alienados não devem estar detidos em prisões, devendo ser tomadas medidas para os transferir para estabelecimentos para doentes mentais o mais depressa possível.

2) Os reclusos que sofrem de outras doenças ou anomalias mentais devem ser examinados e tratados em instituições especializadas sob vigilância médica.

3) Durante a sua estada na prisão, tais reclusos serão postos sob especial supervisão de um médico.

4) O serviço médico ou psiquiátrico dos estabelecimentos penitenciários deve proporcionar tratamento psiquiátrico a todos os reclusos que necessitem de tal tratamento.

79. É desejável que sejam adotadas disposições, de acordo com os organismos competentes, para que o tratamento psiquiátrico seja mantido, se necessário, depois da colocação em liberdade e que uma assistência social pós-penitenciária de natureza psiquiátrica seja assegurada.

C. Reclusos detidos ou aguardando julgamento

80. 1) Os detidos ou presos em virtude de lhes ser imputada à prática de uma infração penal quer estejam detidos sob custódia da polícia, quer num estabelecimento penitenciário, mas que ainda não foram julgados e condenados, são a seguir designados por "preventivos não julgados" nas disposições seguintes.

2) Os preventivos presumem-se inocentes e como tal devem ser tratados.

3) Sem prejuízo das disposições legais sobre a proteção da liberdade individual ou que prescrevem os trâmites a ser observados em relação a preventivos, estes reclusos devem beneficiar de um regime especial cujos elementos essenciais são os seguintes.

81. 1) Os preventivos devem ser mantidos separados dos reclusos condenados.

2) Os jovens preventivos devem ser mantidos separados dos adultos e ser, em princípio, detidos em estabelecimentos penitenciários separados.

82. Os preventivos dormirão sós em quartos separados sob reserva de diferente costume local relativo ao clima.

83. Dentro dos limites compatíveis com a boa ordem do estabelecimento, os preventivos podem, se o desejarem, mandar vir alimentação do exterior a expensas próprias, quer através da administração, quer através da sua família ou amigos. Caso contrário à administração deve fornecer-lhes a alimentação.

84. 1) O preventivo é autorizado a usar a sua própria roupa se estiver limpa e for adequada.

2) Se usar roupa do estabelecimento penitenciário, esta será diferente da fornecida aos condenados.

85. Será sempre dada ao preventivo oportunidade para trabalhar, mas não lhe será exigido trabalhar. Se optar por trabalhar, será remunerado.

86. O preventivo deve ser autorizado a obter a expensas próprias ou a expensas de terceiros, livros, jornais, material para escrever e outros meios de ocupação compatíveis com os interesses da administração da justiça e a segurança e boa ordem do estabelecimento.

87. O preventivo deve ser autorizado a ser visitado e tratado pelo seu médico pessoal ou dentista se existir motivo razoável para o seu pedido e puder pagar quaisquer despesas em que incorrer.

88. O preventivo deve ser autorizado a informar imediatamente a sua família da detenção e devem ser-lhe dadas todas as facilidades razoáveis para comunicar com a sua família e amigos e para receber as suas visitas sob reserva apenas das restrições e supervisão necessárias aos interesses da administração da justiça e à segurança e boa ordem do estabelecimento.

89. Para efeitos de defesa, o preventivo deve ser autorizado a pedir a designação de um defensor oficioso, onde tal assistência exista, e a receber visitas do seu advogado com vista à sua defesa, bem como a preparar e entregar-lhe instruções confidenciais. Para estes efeitos ser-lhe-á dado, se assim o desejar, material de escrita. As entrevistas entre o recluso e o seu advogado podem ser vistas, mas não ouvidas por um funcionário da polícia ou do estabelecimento.

Condenados por dívidas ou a prisão civil

90. Nos países cuja legislação prevê a prisão por dívidas ou outras formas de prisão pronunciadas por decisão judicial na sequência de processo que não tenha natureza penal, estes reclusos não devem ser submetidos a maiores restrições nem ser tratados com maior severidade do que for necessário para manter a segurança e a ordem. O seu tratamento não deve ser menos favorável do que o dos preventivos, sob reserva, porém, da eventual obrigação de trabalhar.

Reclusos detidos ou presos sem acusação

91. Sem prejuízo das regras contidas no artigo 9 do Pacto Internacional sobre os Direitos Civis e Políticos, deve ser concedida às pessoas detidas ou presas sem acusação à proteção conferida nos termos da Parte I e da secção C da Parte II. As disposições relevantes da secção A da Parte II serão igualmente aplicáveis sempre que a sua aplicação possa beneficiar esta categoria especial de reclusos, desde que não seja tomada nenhuma medida implicando que a reeducação ou a reinserção é de algum modo adequada a pessoas não condenadas por uma infração penal.

(37) A/CONF/6/1, anexo I, A. Publicação das Nações Unidas, número de venda 1956.IV.4.

* *A presente tradução seguiu parcialmente uma anterior versão em língua portuguesa, publicada pelo Centro dos Direitos do Homem das Nações Unidas (publicação GE.9415440).*

Regras das Nações Unidas para o tratamento de mulheres presas e medidas não privativas de liberdade para mulheres infratoras (Regras de Bangkok).

(Regras de Bangkok)
Nota do Secretariado
Por meio da Resolução 2010/16 de 22 de julho de 2010, o Conselho Econômico e Social recomendou à Assembleia Geral a adoção do seguinte projeto de resolução: Regras das Nações Unidas para o tratamento de mulheres presas e medidas não privativas de liberdade para mulheres infratoras (Regras de Bangkok)

A Assembleia Geral, Recordando as regras e normas das Nações Unidas em matéria de prevenção do delito e justiça penal relacionadas principalmente com o tratamento de presos, em particular as Regras mínimas para tratamento de reclusos, os procedimentos para a aplicação efetiva das Regras mínimas para o tratamento dos Reclusos, o Conjunto de Princípios para a proteção de todas as pessoas submetidas a qualquer forma de detenção ou prisão e os Princípios básicos para o tratamento dos reclusos,

Recordando também as regras e normas das Nações Unidas em matéria de prevenção de delitos e justiça criminal relacionadas principalmente com as medidas substitutivas do encarceramento, em particular as Regras Mínimas das Nações Unidas para Elaboração de Medidas Não Privativas de Liberdade (Regras de Tóquio) e os Princípios básicos sobre a utilização de programas de justiça restaurativa em matéria criminal,

Recordando ademais sua Resolução 58/138, de 22 de dezembro de 2003, pela qual convidou governos, órgãos internacionais, instituições nacionais de direitos humanos e organizações não governamentais para que prestassem maior atenção para a questão de mulheres que se encontravam em prisões, com o intuito de identificar os problemas fundamentais e as formas de abordá-los,

Considerando as alternativas ao encarceramento previstas nas Regras de Tóquio e levando em consideração as especificidades de gênero das mulheres que entraram em contato com o sistema de justiça criminal, e a consequente necessidade de aplicar-lhes prioritariamente medidas não privativas de liberdade,

Consciente da sua Resolução 61/143, de 19 de dezembro de 2006, na qual urge aos Estados para que, tomem medidas positivas para fazer frente às causas estruturais de violência contra mulheres e para fortalecer esforços preventivos que se voltam contra práticas e normas sociais discriminatórias, incluindo aquelas que tangem mulheres que necessitem de atenção especial para o desenvolvimento de políticas contra a violência, tais como mulheres reclusas em instituições ou encarceradas,

Consciente também da sua Resolução 63/241, de 24 de dezembro de 2008, a qual exortou todos os Estados para que dessem atenção ao impacto da detenção e o encarceramento de crianças e, em particular, para identificar e promover boas práticas em relação às necessidades e ao desenvolvimento físico, emocional, social e psicológico de bebês e crianças afetadas pela detenção ou encarceramento de pais,

Tendo em consideração a Declaração de Viena sobre Crime e Justiça: Enfrentando o desafio do século XXI, pela qual os Estados membros se comprometeram, inteiramente, a formular recomendações de ações políticas baseadas nas necessidades especiais da mulher, na condição de presa ou infratora, e os planos de ação para a implementação da Declaração,

Indicando a Declaração de Bangkok sobre Sinergia e Respostas: Alianças Estratégicas na Prevenção ao Delito e Justiça Penal, na medida em que se relaciona especificamente às mulheres em detenção e submetidas a medidas não privativas de liberdade,

Recordando que, na Declaração de Bangkok, Estados membros recomendaram à Comissão sobre Prevenção ao Crime e Justiça Criminal que considere a possibilidade de revisar a adequação dos padrões e normas em relação à administração penitenciária e aos detentos,

Tomando nota da iniciativa do Alto Comissariado das Nações Unidas para os Direitos Humanos em denominar a semana entre 6 e 12 de outubro de 2008 como a Semana da Dignidade e da Justiça para os Detentos, na qual se enfatizava os direitos humanos de mulheres e meninas,

Considerando que mulheres presas são um dos grupos vulneráveis com necessidades e exigências específicas,

Consciente de que muitas instalações penitenciárias existentes no mundo foram concebidas principalmente para presos do sexo masculino, enquanto o número de presas tem aumentado significativamente ao longo dos anos,

Reconhecendo que uma parcela das mulheres infratoras não representa risco à sociedade e, tal como ocorre para todos os infratores, seu encarceramento pode dificultar sua reinserção social,

Acolhendo o desenvolvimento pelo Escritório das Nações Unidas sobre Drogas e Crime do manual intitulado Manual Para Gestores e Formuladores de Políticas Públicas sobre Mulheres e Encarceramento,

Acolhendo também o convite contido na Resolução 10/2 do Conselho de Direitos Humanos, de 25 de março de 2009, dirigido a governos, órgãos internacionais e regionais relevantes, instituições nacionais de direitos humanos e organizações não governamentais, para que dediquem maior atenção à questão das mulheres e meninas em prisões, incluindo questões relacionadas aos filhos de mulheres presas, com o intuito de identificar e abordar os aspectos e desafios do problema em função do gênero,

Acolhendo ademais a colaboração entre o Escritório Regional da Europa da Organização Mundial da Saúde e o Escritório das Nações Unidas sobre Drogas e Crime, e tomando nota da Declaração de Kiev sobre a saúde de mulheres em prisões,

Tomando nota das Diretrizes das Nações Unidas sobre Emprego e Condições Adequadas de Cuidados Alternativos com Crianças

Recordando a Resolução 18/1 da Comissão sobre Prevenção ao Crime e Justiça Criminal, de 24 de abril de 2009, na qual a Comissão solicitou ao diretor executivo do Escritório das Nações Unidas sobre Drogas e Crime que convocasse em 2009 uma reunião de um grupo intergovernamental de especialistas de composição aberta encarregado de elaborar, em consonância com as Regras Mínimas para o Tratamento de Reclusos e as Regras de Tóquio, regras complementares específicas para o tratamento de mulheres em detenção e em medidas privativas ou não privativas de liberdade; acolheu com satisfação a oferta do governo da Tailândia para atuar como anfitrião da reunião do grupo de especialistas, e pediu a esse grupo de especialistas que apresentasse o resultado de seu trabalho no 12º Congresso das Nações Unidas sobre Prevenção ao Crime e Justiça Criminal, que foi realizado posteriormente em Salvador (Brasil), entre 12 e 19 de setembro de 2010,

Recordando também que nas quatro reuniões regionais preparatórias do 12º Congresso das Nações Unidas sobre Prevenção ao Crime e Justiça Criminal recebeu com entusiasmo o desenvolvimento de um conjunto de regras complementares específicas para o tratamento de mulheres encarceradas e submetidas a medidas de restrição ou não restrição de liberdade,

Recordando ademais a Declaração de Salvador sobre Estratégias Abrangentes para Desafios Globais: Sistemas de Prevenção ao Crime e de Justiça Criminal e seus Desenvolvimentos em um Mundo em Transformação, na qual os Estados membros recomendaram que a Comissão sobre Prevenção ao Crime e Justiça Criminal considerasse com caráter prioritário o projeto de Regras as Nações Unidas para o Tratamento de Mulheres Presas e Medidas Não Privativas de Liberdade para Mulheres Infratoras com o intuito de adotar as medidas apropriadas,

1. Toma nota com apreço pelo trabalho do grupo de especialistas para desenvolver medidas complementares específicas para o tratamento de mulheres encarceradas e submetidas a medidas privativas e não privativas durante a reunião realizada em Bangkok, entre 23 e 26 de novembro de 2009, assim como os resultados dessa reunião;

2. Expressa sua gratidão ao governo da Tailândia por ter atuado como anfitrião da reunião do grupo de especialistas e pelo apoio financeiro concedido para a organização da reunião;

3. Adota as Regras as Nações Unidas para o Tratamento de Mulheres Presas e Medidas Não Privativas de Liberdade para Mulheres Infratoras, anexadas à presente resolução, e aprova a recomendação do 12º Congresso das Nações Unidas sobre Prevenção ao Crime e Justiça Criminal que tais regras devem ser conhecidas como "as Regras de Bangkok";

4. Reconhece que, devido à grande variedade de condições jurídicas, sociais, econômicas e geográficas no mundo, nem todas as regras podem ser aplicadas igualmente em todos os lugares e a todo o momento; no entanto, devem servir para estimular o empenho para superar dificuldades práticas em sua aplicação, sabendo que representam, de modo geral, aspirações globais em sintonia com o objetivo comum de melhorar a situação de mulheres prisioneiras, seus filhos e suas comunidades;

5. Incentiva os Estados membros a adotar legislação para estabelecer alternativas à prisão e a priorizar o financiamento de tais sistemas, assim como o desenvolvimento dos mecanismos necessários para sua implementação;

6. Incentiva os Estados membros que elaboraram leis, procedimentos, políticas e práticas para mulheres em prisões ou alternativas ao cárcere para mulheres infratoras a tornarem disponíveis essas informações a outros Estados membros e organizações internacionais, regionais e intergovernamentais, além de organizações não governamentais, e ajudá-los a desenvolver e implementar a capacitação ou outras atividades relacionadas a tais leis, procedimentos, políticas e práticas;

7. Convida os Estados membros a considerarem as necessidades e realidades específicas das mulheres presas ao desenvolver leis, procedimentos, políticas e planos de ação relevantes e que reflitam, oportunamente, as Regras de Bangkok;

8. Também convida os Estados membros a reunir, manter, analisar e publicar, oportunamente, dados específicos sobre mulheres presas e infratoras;

9. Enfatiza que ao sentenciar ou decidir medidas cautelares a mulheres grávidas ou pessoa que seja fonte primária ou única de cuidado de uma criança, medidas não privativas de liberdade devem ser preferíveis quando possível e apropriado, e considerar impor penas privativas de liberdade a casos de crimes graves ou violentos;

10. Solicita ao Escritório das Nações Unidas sobre Drogas e Crime que providencie serviços de assistência técnica e assessoramento aos Estados-membros, mediante solicitação, com o intuito de desenvolver ou fortalecer, se for adequado, leis, procedimentos, políticas e práticas para mulheres em prisões ou alternativas ao cárcere para mulheres infratoras;

11. Solicita também ao Escritório das Nações Unidas sobre Drogas e Crime que, oportunamente, adote medidas para assegurar ampla disseminação das Regras de Bangkok, como um complemento paras Regras Mínimas para o Tratamento dos Reclusos e para as Regras Mínimas das Nações Unidas sobre Medidas Não Privativas de Liberdade (Regras de Tóquio), e a intensificação de atividades de informação nessa área;

12. Solicita ademais ao Escritório das Nações Unidas sobre Drogas e Crime aumentar sua cooperação com outras entidades relevantes das Nações Unidas, organizações intergovernamentais e regionais e organizações não governamentais para o provimento de assistência técnica a países e para identificar necessidades e capacidades dos países com o intuito de aumentara cooperação entre os países e a cooperação Sul-Sul;

13. Convida agências especializadas do sistema das Nações Unidas e relevantes organizações intergovernamentais regionais e internacionais e organizações não governamentais para participar na implementação das Regras de Bangkok;

14. Convida Estados membros e outros doadores a fornecer contribuição extraorçamentárias para tais propósitos, em conformidade com as regras e procedimentos das Nações Unidas.

REGRAS DAS NAÇÕES UNIDAS PARA O TRATAMENTO DE MULHERES PRESAS E MEDIDAS NÃO PRIVATIVAS DE LIBERDADE PARA MULHERES INFRATORAS (REGRAS DE BANGKOK)

Observações preliminares

1. As Regras Mínimas para o Tratamento dos Reclusos se aplicam a todos os reclusos sem discriminação; portanto, as necessidades e realidades específicas de todos os reclusos, incluindo mulheres presas, devem ser tomadas em consideração na sua aplicação. As Regras, adotadas há mais de 50 anos, não projetavam, contudo, atenção suficiente às necessidades específicas das mulheres. Com o aumento da população presa feminina ao redor do mundo, a necessidade de trazer mais clareza às considerações que devem ser aplicadas no tratamento de mulheres presas adquiriu importância e urgência.

2. Reconhecendo a necessidade de estabelecer regras de alcance mundial em relação a considerações específicas que deveriam ser aplicadas a mulheres presas e infratoras e levando em conta várias resoluções relevantes adotadas por diferentes órgãos das Nações Unidas, pelas quais Estados membros foram convocados a responder adequadamente às necessidades das mulheres presas e infratoras, as presentes regras foram elaboradas para complementar, se for adequado, as Regras Mínimas para o Tratamento dos Reclusos e as Regras Mínimas das Nações Unidas para Elaboração de Medidas Não Privativas de Liberdade (Regras de Tóquio), em conexão com o tratamento a mulheres presas ou alternativas ao cárcere para mulheres infratoras;

3. As presentes regras não substituem de modo algum as Regras Mínimas para o Tratamento de Reclusos e as Regras de Tóquio (Medidas Não Privativas de Liberdade) e, portanto, todas as provisões contidas nesses dois instrumentos continuam a serem aplicadas a todos os reclusos e infratores sem discriminação. Enquanto algumas das presentes regras aclaram as provisões existentes nas Regras Mínimas para o Tratamento de Reclusos e nas Regras de Tóquio em sua aplicação a mulheres presas e infratoras, outras compreendem novas áreas.

4. Essas regras são inspiradas por princípios contidos em várias convenções e resoluções das Nações Unidas e estão, portanto, de acordo com as provisões do direito internacional em vigor. Elas são dirigidas às autoridades penitenciárias e agências de justiça criminal incluindo os responsáveis por formular políticas públicas, legisladores, o ministério público, o judiciário e os funcionários encarregados de fiscalizar a liberdade condicional envolvidos na administração de penas não privativas de liberdade e de medidas em meio comunitário.

5. As Nações Unidas tem enfatizado em diversos contextos as exigências específicas para abordar a situação de mulheres infratoras. Por exemplo, em 1980, o Sexto Congresso das Nações Unidas sobre Prevenção ao Crime e Tratamento do Delinquente adotou uma resolução sobre as necessidades específicas das mulheres presas, na qual recomendou que, na aplicação das resoluções aprovadas pelo sexto Congresso, direta ou indiretamente relacionadas com o tratamento dos infratores, se reconhecessem os problemas específicos das mulheres presas e a necessidade de se propiciar meios para sua solução; que nos países onde isso ainda não fora feito, os programas e serviços utilizados como medidas alternativas ao encarceramento devem ser infratores; e que as Nações Unidas, as organizações governamentais e não governamentais reconhecidas como entidades consultivas pela Organização e todas as outras organizações internacionais continuassem envidando esforços para assegurar que a mulher infratora fosse tratada justa e igualmente durante a prisão, processo, sentença e encarceramento, com atenção especial dedicada aos problemas específicos enfrentados pelas mulheres infratoras, tais como gravidez e cuidados com os filhos.

6. O Sétimo, Oitavo e Nono Congressos, também fizeram recomendações específicas sobre mulheres presas.

7. Na Declaração de Viena sobre Crime e Justiça: Enfrentando o desafio do século XXI, também adotada pelo Décimo Congresso, Estados membros comprometeram-se a considerar e abordar, dentro do Programa das Nações Unidas de Prevenção ao Crime e Estratégias de Justiça Criminal, assim como nas estratégias nacionais de prevenção ao crime e justiça criminal, qualquer impacto discrepante dos programas e políticas sobre homens e mulheres (parágrafo 11); assim como a formular políticas orientadas para ação baseadas nas necessidades especiais de mulheres presas e infratoras (parágrafo 12). Os planos de ação para a implementação da Declaração de Viena contém uma SEÇÃO separada (SEÇÃO XIII) dedicada às medidas específicas recomendadas para dar prosseguimento aos compromissos estabelecidos nos parágrafos 11 e 12 da Declaração, incluindo a de que os Estados revisem, avaliem e, se necessário, modifiquem sua legislação, políticas, procedimentos e práticas relacionadas a matérias penais, de modo consistente com seus sistemas jurídicos, com o intuito de assegurar que as mulheres sejam tratadas imparcialmente pelo sistema de justiça criminal.

8. A Assembleia Geral, em sua Resolução 58/183, de 22 de dezembro de 2003, intitulado "Direitos humanos na administração da justiça", pediu por maior atenção à questão das mulheres na prisão, incluindo os filhos de mulheres presas, com a perspectiva de identificar os problemas-chave e modos de abordá-los.

9. Em sua Resolução 61/143, de 19 de dezembro de 2006, intitulada "Intensificação dos esforços para eliminar todas as formas de violência contra mulheres", a Assembleia Geral destacou que por "violência contra mulheres" se entendia todo ato de violência baseado no pertencimento ao sexo feminino que tivesse ou pudesse ter como resultado um dano ou sofrimento físico, sexual ou psicológico para mulheres, assim como as ameaças de tais atos, incluindo a privação arbitrária de liberdade, seja no âmbito público ou privado da vida, e incentivou os Estados a examinar e, oportunamente, revisar, emendar ou abolir todas as leis, normas, políticas, práticas e usos que discriminem mulheres ou que tenham efeitos discriminatórios sobre elas, e garantir que provisões de sistemas jurídicos múltiplos, quando existentes, cumpram obrigações, compromissos e princípios internacionais de direitos humanos, incluindo o princípio de não discriminação; que tomassem medidas positivas para abordar causas estruturais da violência contra mulheres e para robustecer esforços de prevenção contra práticas e normas sociais discriminatórias, incluindo aquelas em relação a mulheres que necessitem de atenção especial, tais como mulheres em instituições ou encarceradas; e que providenciem formação sobre a igualdade entre os gêneros e os direitos das mulheres aos profissionais encarregados de zelar pelo cumprimento da lei e ao judiciário. A resolução é um reconhecimento do fato de que a violência contra a mulher tem implicações específicas para aquelas mulheres em contato o sistema de justiça criminal, assim como seu direito de não sofrer vitimização em caso de detenção. A segurança física e psicológica é decisiva para assegurar os direitos humanos e melhorar a situação das mulheres infratoras, o que se aborda nas presentes regras.

10. Finalmente, na Declaração de Bangkok sobre Sinergias e Respostas: Alianças Estratégicas na Prevenção ao Crime e Justiça Penal, adotada pelo Décimo Primeiro Congresso das Nações Unidas sobre Prevenção ao Crime e Justiça Criminal, em 25 de abril de 2005, os Estados membros declararam estar comprometidos com o desenvolvimento e manutenção de instituições criminais justas e eficientes, incluindo o tratamento humano a todos aqueles sob medidas cautelares e em estabelecimentos penitenciários, em conformidade com os padrões internacionais aplicáveis (parágrafo 8º); e recomendaram que a Comissão sobre Prevenção ao Crime e Justiça Criminal deveria considerar a revisão da adequação dos padrões e normas em relação à gestão das prisões e dos presos (parágrafo 30).

11. Como no caso das Regras Mínimas para o Tratamento dos Reclusos, devido à grande variedade de condições jurídicas, sociais, econômicas e geográficas pelo mundo, é evidente que nem todas as seguintes regras podem ser igualmente aplicadas em todos os locais e em todos os momentos. Elas devem, no entanto, servir para estimular um empenho constante para superar dificuldades práticas na sua aplicação, no sentido de que representam, em seu conjunto, as aspirações globais consideradas pelas Nações Unidas como o objetivo comum de melhorar as condições das mulheres nas prisões, seus filhos e suas comunidades.

12. Algumas dessas regras abordam questões que interessam a homens e mulheres presos, incluindo aquelas, referentes às responsabilidades maternas e paternas, alguns serviços médicos, procedimentos de registro pessoal, entre outros, apesar das regras abordarem principalmente as necessidades das mulheres e seus filhos. Contudo, como o foco inclui os filhos de mulheres encarceradas, há necessidade de se reconhecer o papel central de ambos os pais na vida das crianças. Dessa forma, algumas dessas regras se aplicariam igualmente aos homens presos e infratores que são pais.

Introdução

13. As seguintes regras não substituem de modo algum as Regras Mínimas para o Tratamento dos Reclusos e as Regras de Tóquio (Regras mínimas das Nações Unidas para elaboração de Medidas Não Privativas de Liberdade). Portanto, todas as provisões contidas nesses dois instrumentos continuam a serem aplicadas a todos os presos e infratores sem discriminação.

14. A SEÇÃO I das presentes regras, que compreende a administração geral das instituições, é aplicável a todas as categorias de mulheres privadas de liberdade, incluindo casos penais e civis, mulheres presas preventivamente ou condenadas ou, assim como mulheres submetidas a "medidas de segurança" ou medidas corretivas ordenadas por um juiz.

15. A SEÇÃO II contém regras aplicáveis apenas a categorias especiais tratadas em cada Subseção. Apesar disso, as regras da Subseção (A), que se aplicam a presas condenadas, se aplicam igualmente à categoria de presas relacionadas na Subseção B, sempre que não se contraponham às normas relativas a essa categoria de mulheres e que seja em seu benefício.

16. As subseções A e B contêm regras adicionais para o tratamento de jovens mulheres presas. É importante notar, porém, que políticas e estratégias distintas em conformidade com padrões internacionais, em particular as Regras Mínimas das Nações Unidas para a Administração da Justiça, da Infância e da Juventude (Regras de Beijing), as Diretrizes das Nações Unidas para a Prevenção da Delinquência Juvenil (Diretrizes de Riad), as Regras das Nações Unidas para a Proteção de Jovens Privados de Liberdade e as Diretrizes para a Ação sobre Crianças no Sistema de Justiça Penal, precisam ser construídas para o tratamento e reabilitação dessa categoria de presos, enquanto a sua internação em instituições deve ser evitada ao máximo.

17. A SEÇÃO III contém regras que contemplam a aplicação de sanções não privativas de liberdade e medidas para jovens e mulheres infratoras, incluindo no momento de sua prisão, assim como nos estágios de procedimentos de justiça criminal anteriores ao julgamento, sentença e após a sentença.

18. A SEÇÃO IV contém regras sobre pesquisa, planejamento, avaliação, sensibilização pública e compartilhamento de informações, e é aplicável a todas as categorias de mulheres infratoras compreendidas nessas regras.

I

Regras de aplicação geral

1. Princípio básico

[Complementa a regra 6 das Regras Mínimas para o Tratamento dos Reclusos]

Regra 1. A fim de que o princípio de não discriminação, incorporado na regra 6 das Regras Mínimas para o Tratamento dos Reclusos, seja posto em prática, deve-se ter em consideração as distintas necessidades das mulheres presas na aplicação das Regras. A atenção a essas necessidades para atingir substancial igualdade entre os gêneros não deverá ser considerada discriminatória.

2. Ingresso

Regra 2.
1. Atenção adequada deve ser dedicada aos procedimentos de ingresso de mulheres e crianças, devido à sua especial vulnerabilidade nesse momento. Deverão ser oferecidas às recém-ingressas condições para contatar parentes; ter acesso à assistência jurídica; informações sobre as regras e regulamentos das prisões, o regime prisional e onde buscar ajuda quando necessário numa linguagem que elas compreendam; e, em caso de estrangeiras, acesso aos seus representantes consulares.
2. Antes ou no momento de seu ingresso, deverá ser permitido às mulheres responsáveis pela guarda de crianças, tomar as providências necessárias em relação a elas, incluindo a possibilidade de suspender por um período razoável a detenção, levando em consideração o melhor interesse das crianças.

3. Registro

[Complementa a regra 7 das Regras Mínimas para o Tratamento dos Reclusos]
Regra 3
1. No momento do ingresso, deverão ser registrados os dados pessoais e o número de filhos das mulheres que ingressam nas prisões. Os registros deverão incluir, sem prejudicar os direitos da mãe, ao menos os nomes das crianças, suas idades e, quando não acompanharem a mãe, sua localização e custódia ou situação de guarda.
2. Toda informação relativa à identidade das crianças deverá ser confidencial, e o uso de tais informações deverá sempre obedecer à exigências de garantir o melhor interesse das crianças.

4. Alocação

Regra 4. Mulheres presas deverão permanecer, na medida do possível, em prisões próximas ao seu meio familiar ou local de reabilitação social, considerando suas responsabilidades maternas, assim como sua preferência pessoal e a disponibilidade de programas e serviços apropriados.

5. Higiene pessoal

[Complementa as regras 15 e 16 das Regras Mínimas para o Tratamento dos Reclusos]
Regra 5. A acomodação de mulheres presas deverá conter instalações e materiais exigidos para satisfazer as necessidades de higiene específicas das mulheres, incluindo toalhas sanitárias gratuitas e um suprimento regular de água disponível para cuidados pessoais das mulheres e crianças, em particular às mulheres ocupadas com a cozinha e às mulheres grávidas, que estejam em amamentação ou menstruação.

6. Serviços de cuidados à saúde

[Complementa as regras 22 a 26 das Regras Mínimas para o Tratamento dos Reclusos]

(a) Exame médico no ingresso
[Complementa a regra 24 das Regras Mínimas para o Tratamento dos Reclusos]
Regra 6. O exame médico de mulheres presas deverá incluir avaliação ampla para determinar cuidados primários à saúde, e deverá também determinar:
(a) A presença de doenças sexualmente transmissíveis ou de transmissão sanguínea; e, dependendo dos fatores de risco, mulheres presas poderão ser submetidas a testes de HIV, com orientação antes e depois do teste;
(b) Necessidades de cuidados com a saúde mental, incluindo transtorno de estresse pós-traumático e risco de suicídio e de lesões autoinfligidas;
(c) O histórico de saúde reprodutiva da mulher presa, incluindo atual ou recente gravidez, partos e qualquer questão relacionada à saúde reprodutiva;
(d) A existência de dependência de drogas;
(e) Abuso sexual ou outras formas de violência que possa ter sofrido anteriormente ao ingresso.
Regra 7.
1. Se diagnosticada a existência de abuso sexual ou outras formas de violência antes ou durante o encarceramento, a mulher presa deverá ser informada de seu direito de recorrer às autoridades judiciais. A mulher presa deverá ser plenamente informada sobre os procedimentos e etapas envolvidas. Se a mulher presa concordar em prosseguir com ações judiciais, funcionários competentes deverão ser avisados e imediatamente o caso será remetido à autoridade competente para investigação. As autoridades prisionais deverão ajudá-la a obter assistência jurídica.
2. Escolha ou não pela ação judicial, as autoridades prisionais deverão empenhar-se em garantir que ela tenha acesso imediato a aconselhamento ou apoio psicológico especializado.

3. Medidas concretas deverão ser adotadas para evitar qualquer retaliação contra quem produza os relatórios correspondentes ou conduza ações judiciais.

Regra 8. O direito das mulheres presas à confidencialidade médica, incluindo especificamente o direito de não compartilhar ou não se submeter a exames em relação a seu histórico de saúde reprodutiva, será respeitado em todo momento.

Regra 9. Se a mulher presa for acompanhada de criança, esta também deverá passar por exame médico, preferencialmente por um pediatra, para determinar eventual tratamento ou necessidades médicas. Serão oferecidos cuidados médicos, ao menos equivalentes aos disponíveis na comunidade.

(b) Cuidados com a saúde voltados especificamente para mulheres

Regra 10.
1. Serão oferecidos às presas serviços de cuidados com a saúde voltados especificamente para mulheres, ao menos equivalentes com aqueles disponíveis na comunidade.
2. Se uma mulher presa solicitar ser examinada ou tratada por uma médica ou enfermeira, o pedido será atendido na medida do possível, exceto em situações que exijam intervenção médica urgente. Se um médico conduzir o exame de forma contrária à vontade da mulher presa, uma funcionária deverá estar presente durante o exame.

Regra 11.
1. Durante os exames deverá estar presente apenas a equipe médica, a menos que o médico julgue que existam circunstâncias excepcionais ou solicite a presença de um funcionário da prisão por razões de segurança ou a mulher presa especificamente solicite a presença de um funcionário como indicado no parágrafo 2º da regra 10 acima.
2. Se durante os exames houver necessidade da presença de um funcionário que não seja da equipe médica, tal funcionário deverá ser mulher e os exames deverão ser conduzidos de modo a salvaguardar a privacidade, dignidade e confidencialidade do procedimento.

(c) Cuidados com a saúde mental

Regra 12. Serão disponibilizados às mulheres presas com necessidades de atenção à saúde mental, na prisão ou fora dela, programas amplos e individualizados de atenção à saúde e à reabilitação, sensíveis às questões de gênero e habilitados para tratamento dos traumas.

Regra 13. Funcionários da prisão deverão ser alertados dos momentos de especial angústia para que sejam sensíveis a tal situação e assegurem que as mulheres recebam apoio adequado.

(d) Prevenção do HIV, tratamento, cuidado e apoio

Regra 14. Ao se formular respostas ante o HIV/AIDS nas instituições penitenciárias, os programas e serviços deverão ser orientados às necessidades próprias das mulheres, incluindo a prevenção da transmissão de mãe para filho. Nesse contexto, as autoridades penitenciárias deverão incentivar e apoiar o desenvolvimento de iniciativas de prevenção, tratamento e cuidado do HIV, como a educação entre pares.

(e) Programas de tratamento do consumo de drogas

Regra 15. Os serviços de saúde da prisão deverão prover ou facilitar programas de tratamento especializados a mulheres usuárias de drogas, considerando anterior vitimização, as necessidades especiais das mulheres grávidas e mulheres com crianças, assim como a diversidade cultural de suas experiências.

(f) Prevenção ao suicídio e às lesões autoinfligidas

Regra 16. A elaboração e aplicação de estratégias, em consulta com os serviços de atenção à saúde mental e de assistência social, para prevenir o suicídio e as lesões autoinfligidas entre as presas, e a prestação de apoio adequado, especializado e focado nas necessidades das mulheres em situação de risco, deverão formar parte de uma política ampla de atenção à saúde mental nas penitenciárias femininas.

(g) Serviços preventivos de atenção à saúde

Regra 17. As mulheres presas receberão educação e informação sobre as medidas preventivas de atenção à saúde, incluindo em relação ao hiv e as doenças sexualmente transmissíveis e de transmissão sanguínea, assim como sobre os problemas de saúde específicos das mulheres.

Regra 18. Medidas preventivas de atenção à saúde de particular relevância para mulheres, tais como o teste de Papanicolau e exames de câncer de mama e ginecológico, deverão ser oferecidas às mulheres presas da mesma maneira que às mulheres de mesma idade não privadas de liberdade.

7. Segurança e vigilância

[Complementa as regras 27 a 36 das Regras Mínimas para o Tratamento dos reclusos]

(a) Revistas

Regra 19. Medidas efetivas deverão ser tomadas para assegurar a dignidade e o respeito às mulheres presas durante as revistas pessoais, as quais deverão ser conduzidas apenas por funcionárias que tenham sido devidamente treinadas por métodos adequados e em conformidade com os procedimentos estabelecidos.

Regra 20. Deverão ser desenvolvidos outros métodos de inspeção, tais como escâneres, para substituir revistas íntimas e revistas corporais invasivas, de modo a evitar danos psicológicos e eventuais impactos físicos dessas inspeções corporais invasivas.

Regra 21. Funcionários da prisão deverão demonstrar competência, profissionalismo e sensibilidade e deverão preservar o respeito e a dignidade ao revistarem crianças na prisão com a mãe ou em visitação de presas.

(b) Disciplina e sanções

[Complementa as regras 27 a 32 das Regras Mínimas para o Tratamento dos Reclusos]

Regra 22. Não se aplicarão sanções de isolamento ou segregação disciplinar a mulheres grávidas, nem a mulheres com filhos ou em período de amamentação.

Regra 23. Sanções disciplinares para mulheres presas não devem incluir proibição de contato com a família, especialmente com as crianças.

(c) Instrumentos de coerção

[Complementa as regras 33 e 34 das Regras Mínimas para o Tratamento dos Reclusos]

Regra 24. Instrumentos de coerção jamais deverão ser usados contra mulheres prestes a dar a luz, durante trabalho de parto nem no período imediatamente posterior.

(d) Informações para as presas e queixas recebidas delas; vistorias

[Complementa as regras 35 e 36 e, em relação à vistoria, regra 55 das Regras Mínimas para o Tratamento dos Reclusos]

Regra 25.

1. Mulheres presas que relatarem abusos deverão receber imediatamente proteção, apoio e aconselhamento, e suas alegações deverão ser investigadas por autoridades competentes e independentes, com pleno respeito pelo princípio de confidencialidade. Medidas de proteção deverão considerar especificamente os riscos de retaliações.

2. Mulheres presas que tenham sido submetidas a abuso sexual, especialmente aquelas que engravidaram em decorrência desse abuso, deverão receber orientações e aconselhamento médicos apropriados e deverão ser contar com os necessários cuidados com a saúde física e mental, apoio e assistência jurídica.

3. Com o intuito de monitorar as condições de prisão e de tratamento das mulheres presas, entre os membros dos mecanismos inspeção, visitantes ou supervisores, deverão constar mulheres.

8. Contato com o mundo exterior

[Complementa as regras 37 a 39 das Regras Mínimas para o Tratamento dos Reclusos]

Regra 26. Será incentivado e facilitado por todos os meios razoáveis o contato das mulheres presas com seus familiares, incluindo seus filhos, quem detêm a guarda de seus filhos e seus representantes legais. Quando possível, serão adotadas medidas para amenizar os problemas das mulheres presas em instituições distantes de seu meio familiar.

Regra 27. Onde visitas conjugais forem permitidas, mulheres presas terão acesso a este direito do mesmo modo que os homens.

Regra 28. Visitas que envolvam crianças devem ser realizadas em um ambiente propício a uma experiência saudável, incluindo no que se refere ao comportamento dos funcionários, e deverá permitir o contato direto entre mães e filhos. Se possível, deverão ser incentivadas visitas que permitam uma permanência prolongada dos filhos.

9. Funcionários penitenciários e sua capacitação

[Complementa as regras 46 a 55 das Regras Mínimas para o Tratamento dos Reclusos]

Regra 29. A capacitação dos funcionários de penitenciárias femininas deverá colocá-los em condição de atender às necessidades especiais das presas para sua reinserção social, assim como a manutenção de serviços seguros e propícios para o cumprimento deste objetivo. As medidas de capacitação de funcionárias deverão incluir também a possibilidade de acesso a postos superiores com responsabilidades determinantes para o desenvolvimento de políticas e estratégias em relação ao tratamento e cuidados com as presas.

Regra 30. Deverá haver um comprometimento claro e permanente da administração penitenciária para evitar e abordar discriminações de gênero contra funcionárias.

Regra 31. Deverão ser elaborados e aplicados regulamentos e políticas claros sobre o comportamento de funcionários, com o intuito de prover a máxima proteção às mulheres presas contra todo tipo de violência física ou verbal motivada por razões de gêneros, assim como abuso e assédio sexual.

Regra 32. O pessoal penitenciário feminino deverá ter o mesmo acesso à capacitação que seus correspondentes do sexo masculino, e todos os funcionários da administração de penitenciárias femininas receberão capacitação sobre questões de gênero e a necessidade de eliminar a discriminação e o assédio sexual.

Regra 33.

1. Todo funcionário designado para trabalhar com mulheres presas deverá receber treinamento sobre as necessidades específicas das mulheres e os direitos humanos das presas.

2. Deverá ser oferecido treinamento básico aos funcionários das prisões sobre as principais questões relacionadas à saúde da mulher, além de medicina básica e primeiros socorros.

3. Quando crianças puderem acompanhar suas mães na prisão, os funcionários também serão sensibilizados sobre as necessidades de desenvolvimento das crianças e será oferecido treinamento básico sobre atenção à saúde da criança para que respondam com prontidão a emergências.

Regra 34. Os programas de capacitação sobre HIV deverão ser incluídos como parte do treinamento regular dos funcionários da prisão. Além da prevenção, tratamento, cuidado e apoio relativos a HIV/AIDS, temas como gênero e direitos humanos, com particular ênfase em sua relação com o HIV, a estigmatização e a discriminação, também deverão fazer parte do currículo.

Regra 35. Os funcionários da prisão deverão ser treinados para detectar a necessidade de cuidados com a saúde mental e o risco de lesões autoinfligidas e suicídio entre as mulheres presas, além de prestar assistência, apoio e encaminhar tais casos a especialistas.

10. Prisões femininas para jovens

Regra 36. Autoridades prisionais deverão colocar em prática medidas para atender as necessidades de proteção de jovens presas.

Regra 37. Jovens presas deverão ter acesso à educação e à orientação vocacional equivalente ao disponível a jovens presos.

Regra 38. As jovens presas deverão ter acesso a programas e serviços correspondentes à sua idade e gênero, como aconselhamento sobre abuso ou violência sexual. Elas deverão receber educação sobre atenção à saúde da mulher e ter acesso regular a ginecologistas, de modo similar às presas adultas.

Regra 39. Jovens grávidas deverão receber suporte e cuidados médicos equivalentes ao fornecido às presas adultas. Sua saúde deverá ser monitorada por médico especializado, tendo em conta que devido à sua idade há maiores riscos de complicações durante a gestação.

II
Regras aplicáveis a categorias especiais

A. PRESAS CONDENADAS

1. Classificação e individualização

[Complementa as regras 67 a 69 das Regras Mínimas para o Tratamento dos Reclusos]

Regra 40. Administradores de prisões deverão desenvolver e implementar métodos de classificação que contemplem as necessidades específicas de gênero e a situação das mulheres presas, com o intuito de assegurar o planejamento e a execução de programas apropriados e individualizados para a reabilitação, o tratamento e a reintegração das presas na sociedade.

Regra 41. A avaliação de risco e a classificação de presos que tomem em conta a dimensão de gênero deverão:

(a) Considerar que as mulheres presas apresentam, de um modo geral, menores riscos para os demais, assim como os efeitos particularmente nocivos que podem ter as medidas de segurança elevadas e altos graus de isolamento para as presas;

(b) Possibilitar que informações essenciais sobre seus antecedentes, como situações de violência que tenham sofrido, histórico de transtorno mental e consumo de drogas, assim como responsabilidades maternas e outras formas de cuidados com crianças, sejam tomados em consideração na distribuição das presas e na individualização da pena;
(c) Assegurar que o regime de pena das mulheres inclua serviços e programas de reabilitação condizentes com as necessidades específicas de gênero;
(d) Assegurar que as reclusas que necessitam de atenção à saúde mental sejam acomodadas em locais não restritivos e cujo nível de segurança seja o menor possível, além de receber tratamento adequado ao invés de colocá-las em unidades com elevados níveis de segurança apenas devido a seus problemas de saúde mental.

2. Regime prisional

[Complementa as regras 65, 66 e de 70 a 81 das Regras Mínimas para o Tratamento dos Reclusos]
Regra 42
1. Mulheres presas deverão ter acesso a um programa amplo e equilibrado de atividades que considerem as necessidades específicas de gênero.
2. O regime prisional deverá ser flexível o suficiente para atender às necessidades de mulheres grávidas, lactantes e mulheres com filhos. Nas prisões serão oferecidos serviços e instalações para o cuidado das crianças a fim de possibilitar às presas a participação em atividades prisionais.
3. Haverá especial empenho na elaboração de programas apropriados para mulheres grávidas, lactantes e com filhos na prisão.
4. Haverá especial empenho na prestação de serviços adequados para presas que necessitem de apoio psicológico, especialmente aquelas submetidas a abusos físicos, mentais ou sexuais.

Relações sociais e assistência posterior ao encarceramento

[Complementa as regras 79 a 81 das Regras Mínimas para o Tratamento dos Reclusos]
Regra 43. Autoridades prisionais deverão incentivar e, se possível, também facilitar visitas às mulheres presas como um importante pré-requisito para assegurar seu bem-estar mental e sua reintegração social.
Regra 44. Tendo em vista a possibilidade de mulheres presas que sofreram grave violência doméstica, elas deverão ser devidamente consultadas a respeito de quem, incluindo seus familiares, pode visitá-las.
Regra 45. As autoridades penitenciárias concederão às presas, sempre que possível, opções como saídas temporárias, regime prisional aberto, albergues de transição e programas e serviços comunitários com o intuito de facilitar sua transição da prisão para a liberdade, reduzir o estigma e restabelecer contato com seus familiares em estágios iniciais.
Regra 46. Autoridades prisionais, em cooperação com os serviços de sursis, liberdade condicional e/ou de assistência social, grupos comunitários locais e organizações não governamentais, deverão formular e implementar programas amplos de reinserção para o período anterior e posterior à saída da prisão, que incluam as necessidades específicas das mulheres.
Regra 47. Após sua saída da prisão, deverá ser oferecido às mulheres egressas apoio psicológico, médico, jurídico e ajuda prática para assegurar sua reintegração social exitosa, em cooperação com serviços da comunidade.

3. Mulheres grávidas, Com filhos e lactantes na prisão

[Complementa a regra 23 das Regras Mínimas para o Tratamento dos Reclusos]
Regra 48
1. Mulheres grávidas ou lactantes deverão receber orientação sobre dieta e saúde dentro de um programa a ser traçado e supervisionado por um profissional da saúde qualificado. Deverá ser fornecida gratuitamente alimentação adequada e pontual para gestantes, bebês, crianças e lactantes em um ambiente saudável e com a possibilidade para exercícios físicos regulares.
2. Mulheres presas não deverão ser desestimuladas a amamentar seus filhos, salvo se houver razões de saúde específicas para tal.
3. As necessidades médicas e nutricionais das mulheres presas que tenham recentemente dado à luz, mas cujos filhos não se encontram com elas na prisão, deverão ser incluídas em programas de tratamento.
Regra 49. Decisões para autorizar os filhos a permanecerem com suas mães na prisão deverão ser fundamentadas no melhor interesse da criança. Crianças na prisão com suas mães jamais serão tratadas como presas.

Regra 50. Mulheres presas cujos filhos estejam na prisão deverão ter o máximo de oportunidades possíveis de passar tempo com eles.

Regra 51.

1. Crianças vivendo com as mães na prisão deverão ter acesso a serviços permanentes de saúde e seu desenvolvimento será supervisionado por especialistas, em colaboração com serviços de saúde comunitários.

2. O ambiente oferecido à educação dessas crianças deverá ser o mais próximo possível àquele de crianças fora da prisão.

Regra 52.

1. A decisão do momento de separação da mãe de seu filho deverá ser feita caso a caso e fundada no melhor interesse da criança, no âmbito da legislação nacional pertinente.

2. A remoção da criança da prisão deverá ser conduzida com delicadeza, uma vez realizadas as diligências apenas quando as providências necessárias para o cuidado da criança tenham sido identificadas e, no caso de presas estrangeiras, com consulta aos funcionários consulares.

3. Uma vez separadas as crianças de suas mães e colocadas com familiares ou parentes, ou outra forma de abrigo, às mulheres presas será dado o máximo de oportunidade e será facilitado o encontro entre elas e as crianças, quando for no melhor interesse das crianças e a segurança pública não estiver comprometida.

4. Estrangeiras

[Complementa a regra 38 das Regras Mínimas para o Tratamento dos Reclusos]

Regra 53.

1. Quando houver tratados bilaterais ou multilaterais em vigência, a transferência das presas estrangeiras não residentes ao seu país de origem, especialmente se nele tiverem filhos, deverá ser considerada o mais cedo possível ao tempo de seu encarceramento, após prévia requisição e o consentimento da presa.

2. que viva com uma presa estrangeira não residente, será considerado o envio da criança a seu país de origem, considerando o melhor interesse da criança e após consulta à mãe.

5. Minorias e povos indígenas

Regra 54. Autoridades prisionais deverão reconhecer que mulheres presas de diferentes tradições religiosas e culturais possuem necessidades distintas e podem enfrentar diversas formas de discriminação para obter acesso a programas e serviços centrados em questões de gênero e de cultura. Desta forma, autoridades prisionais deverão oferecer programas e serviços amplos que incluam essas necessidades, em consulta às próprias presas e a grupos correspondentes.

Regra 55. Serão revisados os serviços de atenção anteriores e posteriores à liberdade para assegurar sua acessibilidade às presas de origem indígena e de grupos étnicos distintos, em consulta a os grupos correspondentes.

B. PRESAS EM RECLUSÃO PREVENTIVA OU ESPERANDO JULGAMENTO

[Complementa as regras 84 a 93 das Regras Mínimas para o Tratamento dos Reclusos]

Regra 56. As autoridades competentes reconhecerão o risco de abuso que enfrentam as mulheres em prisão preventiva, e adotarão medidas adequadas, de caráter normativo ou prático, para garantir sua segurança nessa situação (veja também regra 58 abaixo, em relação às medidas cautelares alternativas).

III

Medidas não restritivas de liberdade

Regra 57. As provisões das Regras de Tóquio deverão orientar o desenvolvimento e a implementação de respostas adequadas às mulheres infratoras. Deverão ser desenvolvidas opções de medidas e alternativas à prisão preventiva e à pena especificamente voltadas às mulheres infratoras, dentro do sistema jurídico do Estado membro, considerando o histórico de vitimização de diversas mulheres e suas responsabilidades maternas.

Regra 58. Considerando as provisões da regra 2.3 das Regras de Tóquio, mulheres infratoras não deverão ser separadas de suas famílias e comunidades sem a devida atenção ao seu contexto e laços familiares. Formas alternativas deverão ser usadas, quando possível, com as mulheres que cometam crimes, tais como medidas e alternativas à prisão preventiva e à pena.

Regra 59. Em geral, serão utilizadas medidas protetivas não privativas de liberdade, como albergues administrados por órgãos independentes, organizações não governamentais ou outros serviços comunitários, para assegurar proteção às mulheres que necessitem. Serão aplicadas medidas temporárias de privação da liberdade para proteger a uma mulher unicamente quando seja necessário e expressamente solicitado pela mulher interessada, sempre sob controle judicial ou outras autoridades competentes. Tais medidas de proteção não deverão persistir contra a vontade da mulher referida.

Regra 60. Serão disponibilizados recursos suficientes para elaborar opções satisfatórias às mulheres infratoras com o intuito de combinar medidas não privativas de liberdade com intervenções que visem responder aos problemas mais comuns que levam as mulheres ao contato com o sistema de justiça criminal. Entre elas, podem-se incluir cursos terapêuticos e orientação para vítimas de violência doméstica e abuso sexual; tratamento adequado para aquelas com transtorno mental; e programas educacionais e de capacitação para melhorar possibilidades de emprego. Tais programas considerarão serviços de atenção às crianças e outros destinados exclusivamente às mulheres.

Regra 61. Ao condenar mulheres infratoras, os juízes terão a discricionariedade de considerar fatores atenuantes, tais como ausência de histórico criminal e a não gravidade relativa da conduta criminal, considerando as responsabilidades maternas e os antecedentes característicos.

Regra 62. Deverá ser aprimorada a prestação de serviços comunitários para o tratamento do consumo de drogas nos quais se tenha presente questões de gênero, habilitados para o tratamento de traumas e destinados exclusivamente às mulheres, assim como o acesso a estes tratamentos, para a prevenção de crimes e a adoção de medidas e alternativas penais.

Disposições pós-condenação

Regra 63. Decisões acerca do livramento condicional deverão considerar favoravelmente as responsabilidades maternas, assim como suas necessidades específicas de reintegração social.

Mulheres grávidas e com filhos dependentes

Regra 64. Penas não privativas de liberdade serão preferíveis às mulheres grávidas e com filhos dependentes, quando for possível e apropriado, sendo a pena de prisão apenas considerada quando o crime for grave ou violento ou a mulher representar ameaça contínua, sempre velando pelo melhor interesse do filho ou filhos e assegurando as diligências adequadas para seu cuidado.

Infratores menores de idade

Regra 65. A institucionalização de crianças em conflito com a lei deverá ser evitada tanto quanto possível. A vulnerabilidade de gênero das jovens do sexo feminino será tomada em consideração nas decisões.

Estrangeiras

Regra 66. Será empregado máximo empenho para ratificar a Convenção das Nações Unidas contra o Crime Organizado Internacional e o Protocolo para a Prevenção, Repressão e Punição do Tráfico de Pessoas, Em Especial Mulheres e Crianças, suplementar à Convenção para implementar integralmente suas provisões com o intuito de oferecer máxima proteção às vítimas de tráfico e evitar a vitimização secundária de diversas mulheres estrangeiras.

IV
Pesquisa, planejamento, avaliação e sensibilização pública

1. Pesquisa, planejamento e avaliação

Regra 67. Serão envidados esforços para organizar e promover pesquisa ampla e orientada a resultados sobre delitos cometidos por mulheres, as razões que as levam a entrar em conflito com o sistema de justiça criminal, o impacto de criminalização secundária e o encarceramento de mulheres, as características das mulheres infratoras, assim como os programas estruturados para reduzir a reincidência criminal feminina, como uma base para planejamento efetivo, desenvolvimento de programas e formulação de políticas para atender às necessidades de reintegração social das mulheres infratoras.

Regra 68. Serão envidados esforços para organizar e promover pesquisa sobre o número de crianças afetadas pelo conflito de suas mães com o sistema de justiça criminal, e o encarceramento em particular, e o impacto disso nas crianças, com o intuito de contribuir para a formulação de políticas e a elaboração de programas, considerando o melhor interesse das crianças.

Regra 69. Serão envidados esforços para revisar, avaliar e tornar públicas periodicamente as tendências, os problemas e os fatores associados ao comportamento infrator em mulheres e a efetividade em atender às necessidades de reintegração social das mulheres infratoras, assim como de suas crianças, com o intuito de reduzir a estigmatização e o impacto negativo que estas sofrem do conflito das mulheres com o sistema de justiça criminal.

2. Sensibilização pública, troca de informações e capacitação

Regra 70.
1. Os meios de comunicação e o público serão informados sobre as razões pelas quais as mulheres entram em conflito com o sistema de justiça criminal e as maneiras mais eficazes de lidar com essas situações, com o intuito permitir a reintegração social das mulheres, considerando o melhor interesse de seus filhos.
2. Publicação e disseminação da pesquisa e exemplos de boas práticas deverão formar elementos amplos de políticas que visem melhorar os resultados e a igualdade das respostas do sistema de justiça criminal para mulheres infratoras e sus filhos.
3. Os meios de comunicação, o público e aqueles com responsabilidade profissional no que se refere às mulheres presas e infratoras terão regular acesso a informações empíricas acerca dos temas contemplados nessas regras e sobre sua implementação.
4. Programas de capacitação sobre as presentes regras e os resultados de pesquisas serão desenvolvidos e implementados para funcionários competentes da justiça criminal com o intuito de elevar sua consciência e sensibilidade sobre as disposições contidas nessas regras.

Convenção Sobre a Eliminação De Todas as Formas de Discriminação Racial – 1968

Os Estados Partes na presente Convenção,
Considerando que a Carta das Nações Unidas baseia-se em princípios de dignidade e igualdade inerentes a todos os seres humanos, e que todos os Estados Membros comprometeram-se a tomar medidas separadas e conjuntas, em cooperação com a Organização, para a consecução de um dos propósitos das Nações Unidas que é promover e encorajar o respeito universal e observância dos direitos humanos e liberdades fundamentais para todos, sem discriminação de raça, sexo, idioma ou religião.
Considerando que a Declaração Universal dos Direitos do Homem proclama que todos os homens nascem livres e iguais em dignidade e direitos e que todo homem tem todos os direitos estabelecidos na mesma, sem distinção de qualquer espécie e principalmente de raça, cor ou origem nacional,
Considerando todos os homens são iguais perante a lei e têm o direito à igual proteção contra qualquer discriminação e contra qualquer incitamento à discriminação,
Considerando que as Nações Unidas têm condenado o colonialismo e todas as práticas de segregação e discriminação a ele associados, em qualquer forma e onde quer que existam, e que a Declaração sobre a Concessão de Independência, a Partes e Povos Coloniais, de 14 de dezembro de 1960 (Resolução 1.514 (XV), da Assembleia Geral afirmou e proclamou solenemente a necessidade de levá-las a um fim rápido e incondicional,
Considerando que a Declaração das Nações Unidas sobre eliminação de todas as formas de Discriminação Racial, de 20 de novembro de 1963, (Resolução 1.904 (XVIII) da Assembleia Geral), afirma molemente a necessidade de eliminar rapidamente a discriminação racial através do mundo em todas as suas formas e manifestações e de assegurar a compreensão e o respeito à dignidade da pessoa humana,
Convencidos de que qualquer doutrina de superioridade baseada em diferenças raciais é cientificamente falsa, moralmente condenável, socialmente injusta e perigosa, em que, não existe justificação para a discriminação racial, em teoria ou na prática, em lugar algum,
Reafirmando que a discriminação entre os homens por motivos de raça, cor ou origem étnica é um obstáculo a relações amistosas e pacíficas entre as nações e é capaz de disturbar a paz e a segurança entre povos e a harmonia de pessoas vivendo lado a lado até dentro de um mesmo Estado,
Convencidos que a existência de barreiras raciais repugna os ideais de qualquer sociedade humana,

Alarmados por manifestações de discriminação racial ainda em evidência em algumas áreas do mundo e por políticas governamentais baseadas em superioridade racial ou ódio, como as políticas de apartheid, segregação ou separação,
Resolvidos a adotar todas as medidas necessárias para eliminar rapidamente a discriminação racial em todas as suas formas e manifestações, e a prevenir e combater doutrinas e práticas raciais com o objetivo de promover o entendimento entre as raças e construir uma comunidade internacional livre de todas as formas de separação racial e discriminação racial,
Levando em conta a Convenção sobre Discriminação nos Emprego e Ocupação adotada pela Organização internacional do Trabalho em 1958, e a Convenção contra discriminação no Ensino adotada pela Organização das Nações Unidas para Educação a Ciência em 1960,
Desejosos de completar os princípios estabelecidos na Declaração das Nações Unidas sobre a Eliminação de todas as formas de discriminação racial e assegurar o mais cedo possível a adoção de medidas práticas para esse fim,
Acordaram no seguinte:

PARTE I

Art. I.

1. Nesta Convenção, a expressão "discriminação racial" significará qualquer distinção, exclusão restrição ou preferência baseadas em raça, cor, descendência ou origem nacional ou étnica que tem por objetivo ou efeito anular ou restringir o reconhecimento, gozo ou exercício num mesmo plano (em igualdade de condição), de direitos humanos e liberdades fundamentais no domínio político econômico, social, cultural ou em qualquer outro domínio de vida pública.
2. Esta Convenção não se aplicará às distinções, exclusões, restrições e preferências feitas por um Estado Parte nesta Convenção entre cidadãos e não cidadãos.
3. Nada nesta Convenção poderá ser interpretado como afetando as disposições legais dos Estados Partes, relativas a nacionalidade, cidadania e naturalização, desde que tais disposições não discriminem contra qualquer nacionalidade particular.
4. Não serão consideradas discriminação racial as medidas especiais tomadas com o único objetivo de assegurar progresso adequado de certos grupos raciais ou étnicos ou de indivíduos que necessitem da proteção que possa ser necessária para proporcionar a tais grupos ou indivíduos igual gozo ou exercício de direitos humanos e liberdades fundamentais, contando que, tais medidas não conduzam, em consequência, à manutenção de direitos separados para diferentes grupos raciais e não prossigam após terem sidos alcançados os seus objetivos.

Art. II.

1. Os Estados Partes condenam a discriminação racial e comprometem-se a adotar, por todos os meios apropriados e sem tardar uma política de eliminação da discriminação racial em todas as suas formas e de promoção de entendimento entre todas as raças e para esse fim:
a) Cada Estado parte compromete-se a efetuar nenhum ato ou prática de discriminação racial contra pessoas, grupos de pessoas ou instituições e fazer com que todas as autoridades públicas nacionais ou locais, se conformem com esta obrigação;
b) Cada Estado Parte compromete-se a não encorajar, defender ou apoiar a discriminação racial praticada por uma pessoa ou uma organização qualquer;
c) Cada Estado Parte deverá tomar as medidas eficazes, a fim de rever as políticas governamentais nacionais e locais e para modificar, ab-rogar ou anular qualquer disposição regulamentar que tenha como objetivo criar a discriminação ou perpetrá-la onde já existir;
d) Cada Estado Parte deverá, por todos os meios apropriados, inclusive se as circunstâncias o exigirem, as medidas legislativas, proibir e por fim, a discriminação racial praticada por pessoa, por grupo ou das organizações;
e) Cada Estado Parte compromete-se a favorecer, quando for o caso as organizações e movimentos multirraciais e outros meios próprios a eliminar as barreiras entre as raças e a desencorajar o que tende a fortalecer a divisão racial.
2. Os Estados Partes tomarão, se as circunstâncias o exigirem, nos campos social, econômico, cultural e outros, as medidas especiais e concretas para assegurar como convier o desenvolvimento ou a proteção de certos grupos raciais ou de indivíduos pertencentes a estes grupos com o objetivo de garantir-lhes, em condições de igualdade, o pleno exercício dos direitos do homem e das liberdades fundamentais.

Essas medidas não deverão, em caso algum, ter a finalidade de manter direitos grupos raciais, depois de alcançados os objetivos em razão dos quais foram tomadas.

Art. III. Os Estados Partes especialmente condenam a segregação racial e o apartheid e comprometem-se a proibir e a eliminar nos territórios sob sua jurisdição todas as práticas dessa natureza.

Art. IV. Os Estados Partes condenam toda propaganda e todas as organizações que se inspirem em ideias ou teorias baseadas na superioridade de uma raça ou de um grupo de pessoas de uma certa cor ou de uma certa origem ética ou que pretendem justificar ou encorajar qualquer forma de ódio e de discriminação raciais e comprometem-se a adotar imediatamente medidas positivas destinadas a eliminar qualquer incitação a uma tal discriminação, ou quaisquer atos de discriminação com este objetivo tendo em vista os princípios formulados na Declaração Universal dos Direitos do Homem e os direitos expressamente enunciados no artigo 5 da presente convenção, eles se comprometem principalmente:

a) a declarar delitos puníveis por lei, qualquer difusão de ideias baseadas na superioridade ou ódio raciais, qualquer incitamento à discriminação racial, assim como quaisquer atos de violência ou provocação a tais atos, dirigidos contra qualquer raça ou qualquer grupo de pessoas de outra cor ou de outra origem técnica, como também qualquer assistência prestada a atividades racistas, inclusive seu financiamento;

b) a declarar ilegais e a proibir as organizações assim como as atividades de propaganda organizada e qualquer outro tipo de atividade de propaganda que incitar a discriminação racial e que a encorajar e a declara delito punível por lei a participação nestas organizações ou nestas atividades;

c) a não permitir as autoridades públicas nem às instituições públicas nacionais ou locais, o incitamento ou encorajamento à discriminação racial.

Art. V. De conformidade com as obrigações fundamentais enunciadas no artigo 2, os Estados Partes comprometem-se a proibir e a eliminar a discriminação racial em todas suas formas e a garantir o direito de cada uma à igualdade perante a lei sem distinção de raça, de cor ou de origem nacional ou étnica, principalmente no gozo dos seguintes direitos:

a) direito a um tratamento igual perante os tribunais ou qualquer outro órgão que administre justiça;

b) direito a segurança da pessoa ou à proteção do Estado contra violência ou lesão corporal cometida que por funcionários de Governo, quer por qualquer indivíduo, grupo ou instituição;

c) direitos políticos principalmente direito de participar às eleições – de votar e ser votado conforme o sistema de sufrágio universal e igual direito de tomar parte no Governo, assim como na direção dos assuntos públicos, em qualquer grau e o direito de acesso em igualdade de condições, às funções públicas;

d) outros direitos civis, principalmente,

I. direito de circular livremente e de escolher residência dentro das fronteiras do Estado;

II. direito de deixar qualquer país, inclusive o seu, e de voltar a seu país;

III. direito de uma nacionalidade;

IV. direito de casar-se e escolher o cônjuge;

V. direito de qualquer pessoa, tanto individualmente como em conjunto, à propriedade;

VI. direito de herda;

VII. direito à liberdade de pensamento, de consciência e de religião;

VIII. direito à liberdade de opinião e de expressão;

IX. direito à liberdade de reunião e de associação pacífica;

e) direitos econômicos, sociais culturais, principalmente:

I. direitos ao trabalho, a livre escolha de seu trabalho, a condições equitativas e satisfatórias de trabalho à proteção contra o desemprego, a um salário igual para um trabalho igual, a uma remuneração equitativa e satisfatória.

II. direito de fundar sindicatos e a eles se filiar;

III. direito à habitação;

IV. direito à saúde pública, a tratamento médico, à previdência social e aos serviços sociais;

V. direito a educação e à formação profissional;

VI. direito a igual participação das atividades culturais;

f) direito de acesso a todos os lugares e serviços destinados ao uso do público, tais como, meios de transporte hotéis, restaurantes, cafés, espetáculos e parques.

Art. VI. Os Estados Partes assegurarão a qualquer pessoa que estiver sob sua jurisdição, proteção e recursos efetivos perante os tribunais nacionais e outros órgãos do Estado competentes, contra quaisquer atos de discriminação racial que, contrariamente à presente Convenção, violarem seus direitos individuais e suas liberdades fundamentais, assim como o direito de pedir a esses tribunais uma satisfação ou repartição justa e adequada por qualquer dano de que foi vítima em decorrência de tal discriminação.

Art. VII. Os Estados Partes, comprometem-se a tomar as medidas imediatas e eficazes, principalmente no campo de ensino, educação, da cultura e da informação, para lutar contra os preconceitos que levem à discriminação racial e para promover o entendimento, a tolerância e a amizade entre nações e grupos raciais e éticos assim como para propagar ao objetivo e princípios da Carta das Nações Unidas da Declaração Universal dos Direitos do Homem, da Declaração das Nações Unidas sobre a eliminação de todas as formas de discriminação racial e da presente Convenção.

PARTE II

Art. VIII.

1. Será estabelecido um Comitê para a eliminação da discriminação racial (doravante denominado "o Comitê) composto de 18 peritos conhecidos para sua alta moralidade e conhecida imparcialidade, que serão eleitos pelos Estados Membros dentre seus nacionais e que atuarão a título individual, levando-se em conta uma repartição geográfica equitativa e a representação das formas diversas de civilização assim como dos principais sistemas jurídicos.

2. Os Membros do Comitê serão eleitos em escrutínio secreto de uma lista de candidatos designados pelos Estados Partes. Cada Estado Parte poderá designar um candidato escolhido dentre seus nacionais.

3. A primeira eleição será realizada seis meses após a data da entrada em vigor da presente Convenção. Três meses pelo menos antes de cada eleição, o Secretário-Geral das Nações Unidas enviará uma Carta aos Estados Partes para convidá-los a apresentar suas candidaturas no prazo de dois meses. O Secretário-Geral elaborará uma lista por ordem alfabética, de todos os candidatos assim nomeados com indicação dos Estados partes que os nomearam, e a comunicará aos Estados Partes.

4. Os membros do Comitê serão eleitos durante uma reunião dos Estados Partes convocada pelo Secretário-Geral das Nações Unidas. Nessa reunião, em que o quórum será alcançado com dois terços dos Estados Partes, serão eleitos membros do Comitê, os candidatos que obtiverem o maior número de votos e a maioria absoluta de votos dos representantes dos Estados Partes presentes e votantes.

5. a) Os membros do Comitê serão eleitos por um período de quatro anos. Entretanto, o mandato de nove dos membros eleitos na primeira eleição, expirará ao fim de dois anos; logo após a primeira eleição os nomes desses nove membros serão escolhidos, por sorteio, pelo Presidente do Comitê.

b) Para preencher as vagas fortuitas, o Estado Parte, cujo perito deixou de exercer suas funções de membro do Comitê, nomeará outro perito dentre seus nacionais, sob reserva da aprovação do Comitê.

6. Os Estados Partes serão responsáveis pelas despesas dos membros do Comitê para o período em que estes desempenharem funções no Comitê.

Art. IX.

1. Os Estados Partes comprometem-se a apresentar ao Secretário-Geral para exame do Comitê, um relatório sobre as medidas legislativas, judiciárias, administrativas ou outras que tomarem para tornarem efetivas as disposições da presente Convenção: a) dentro do prazo de um ano a partir da entrada em vigor da Convenção, para cada Estado interessado no que lhe diz respeito, e posteriormente, cada dois anos, e toda vez que o Comitê o solicitar. O Comitê poderá solicitar informações complementares aos Estados Partes.

2. O Comitê submeterá anualmente à Assembleia Geral, um relatório sobre suas atividades e poderá fazer sugestões e recomendações de ordem geral baseadas no exame dos relatórios e das informações recebidas dos Estados Partes. Levará estas sugestões e recomendações de ordem geral ao conhecimento da Assembleia Geral, e se as houver juntamente com as observações dos Estados Partes.

Art. X.

1. O Comitê adotará seu regulamento interno.

2. O Comitê elegerá sua mesa por um período de dois anos.

3. O Secretário-Geral da Organização das Nações Unidas fornecerá os serviços de Secretaria ao Comitê.

4. O Comitê reunir-se-á normalmente na Sede das Nações Unidas.

Art. XI.

1. Se um Estado Parte julgar que outro Estado igualmente Parte não aplica as disposições da presente Convenção poderá chamar a atenção do Comitê sobre a questão. O Comitê transmitirá, então, a comunicação ao Estado Parte interessado. Num prazo de três meses, o Estado destinatário submeterá ao Comitê as explicações ou declarações por escrito, a fim de esclarecer a questão e indicar as medidas corretivas que por acaso tenham sido tomadas pelo referido Estado.

2. Se, dentro de um prazo de seis meses a partir da data do recebimento da comunicação original pelo Estado destinatário a questão não foi resolvida a contento dos dois Estados, por meio de negociações bilaterais ou por qualquer outro processo que estiver a sua disposição, tanto um como o outro terão o direito de submetê-la novamente ao Comitê, endereçando uma notificação ao Comitê assim como ao outro Estado interessado.

3. O Comitê só poderá tomar conhecimento de uma questão, de acordo com o parágrafo 2 do presente artigo, após ter constatado que todos os recursos internos disponíveis foram interpostos ou esgotados, de conformidade com os princípios do direito internacional geralmente reconhecidos. Esta regra não se aplicará se os procedimentos de recurso excederem prazos razoáveis.

4. Em qualquer questão que lhe for submetida, Comitê poderá solicitar aos Estados Partes presentes que lhe forneçam quaisquer informações complementares pertinentes.

5. Quando o Comitê examinar uma questão conforme o presente Artigo os Estados Partes interessados terão o direito de nomear um representante que participará sem direito de voto dos trabalhos no Comitê durante todos os debates.

Art. XII.

1. a) Depois que o Comitê obtiver e consultar as informações que julgar necessárias, o Presidente nomeará uma Comissão de Conciliação ad hoc (doravante denominada "A Comissão"), composta de 5 pessoas que poderão ser ou não membros do Comitê. Os membros serão nomeados com o consentimento pleno e unânime das partes na controvérsia e a Comissão fará seus bons ofícios à disposição dos Estados presentes, com o objetivo de chegar a uma solução amigável da questão, baseada no respeito à presente Convenção.

b) Se os Estados Partes na controvérsia não chegarem a um entendimento em relação a toda ou parte da composição da Comissão num prazo de três meses os membros da Comissão que não tiverem o assentimento do Estados Partes, na controvérsia serão eleitos por escrutínio secreto entre os membros de dois terços dos membros do Comitê.

2. Os membros da Comissão atuarão a título individual. Não deverão ser nacionais de um dos Estados Partes na controvérsia nem de um Estado que não seja parte da presente Convenção.

3. A Comissão elegerá seu Presidente e adotará seu regimento interno.

4. A Comissão reunir-se-á normalmente na sede nas Nações Unidas em qualquer outro lugar apropriado que a Comissão determinar.

5. O Secretariado previsto no parágrafo 3 do artigo 10 prestará igualmente seus serviços à Comissão cada ver que uma controvérsia entre os Estados Partes provocar sua formação.

6. Todas as despesas dos membros da Comissão serão divididos igualmente entre os Estados Partes na controvérsia baseadas num cálculo estimativo feito pelo Secretário-Geral.

7. O Secretário-Geral ficará autorizado a pagar, se for necessário, as despesas dos membros da Comissão, antes que o reembolso seja efetuado pelos Estados Partes na controvérsia, de conformidade com o parágrafo 6 do presente artigo.

8. As informações obtidas e confrontadas pelo Comitê serão postas à disposição da Comissão, e a Comissão poderá solicitar aos Estados interessados se lhe fornecer qualquer informação complementar pertinente.

Art. XIII.

1. Após haver estudado a questão sob todos os seus aspectos, a Comissão preparará e submeterá ao Presidente do Comitê um relatório com as conclusões sobre todas as questões de fato relativas à controvérsia entre as partes e as recomendações que julgar oportunas a fim de chegar a uma solução amistosa da controvérsia.

2. O Presidente do Comitê transmitirá o relatório da Comissão a cada um dos Estados Partes na controvérsia. Os referidos Estados comunicarão ao Presidente do Comitê num prazo de três meses se aceitam ou não, as recomendações contidas no relatório da Comissão.

3. Expirado o prazo previsto no parágrafo 2º do presente artigo, o Presidente do Comitê comunicará o Relatório da Comissão e as declarações dos Estados Partes interessadas aos outros Estados Partes na Comissão.

Art. XIV.

1. Todo o Estado Parte poderá declarar e qualquer momento que reconhece a competência do Comitê para receber e examinar comunicações de indivíduos sob sua jurisdição que se consideram vítimas de uma violação pelo referido Estado Parte de qualquer um dos direitos enunciados na presente Convenção. O Comitê não receberá qualquer comunicação de um Estado Parte que não houver feito tal declaração.

2. Qualquer Estado parte que fizer uma declaração de conformidade com o parágrafo do presente artigo, poderá criar ou designar um órgão dentro de sua ordem jurídica nacional, que terá competência para receber e examinar as petições de pessoas ou grupos de pessoas sob sua jurisdição que alegarem ser vítimas de uma violação de qualquer um dos direitos enunciados na presente Convenção e que esgotaram os outros recursos locais disponíveis.

3. A declaração feita de conformidade com o parágrafo 1 do presente artigo e o nome de qualquer órgão criado ou designado pelo Estado Parte interessado consoante o parágrafo 2 do presente artigo será depositado pelo Estado Parte interessado junto ao Secretário-Geral das Nações Unidas que remeterá cópias aos outros Estados Partes. A declaração poderá ser retirada a qualquer momento mediante notificação ao Secretário-Geral, mas esta retirada não prejudicará as comunicações que já estiverem sendo estudadas pelo Comitê.

4. O órgão criado ou designado de conformidade com o parágrafo 2 do presente artigo, deverá manter um registro de petições e cópias autenticada do registro serão depositadas anualmente por canais apropriados junto ao Secretário-Geral das Nações Unidas, no entendimento que o conteúdo dessas cópias não será divulgado ao público.

5. Se não obtiver repartição satisfatória do órgão criado ou designado de conformidade com o parágrafo 2 do presente artigo, o peticionário terá o direito de levar a questão ao Comitê dentro de seis meses.

6. a) O Comitê levará, a título confidencial, qualquer comunicação que lhe tenha sido endereçada, ao conhecimento do Estado Parte que, pretensamente houver violado qualquer das disposições desta Convenção, mas a identidade da pessoa ou dos grupos de pessoas não poderá ser revelada sem o consentimento expresso da referida pessoa ou grupos de pessoas. O Comitê não receberá comunicações anônimas.

b) Nos três meses seguintes, o referido Estado submeterá, por escrito ao Comitê, as explicações ou recomendações que esclareçam a questão e indicará as medidas corretivas que por acaso houver adotado.

7. a) O Comitê examinará as comunicações, à luz de todas as informações que forem submetidas pelo Estado parte interessado e pelo peticionário. O Comitê só examinará uma comunicação de peticionário após ter-se assegurado que este esgotou todos os recursos internos disponíveis. Entretanto, esta regra não se aplicará se os processos de recurso excederem prazos razoáveis.

b) O Comitê remeterá suas sugestões e recomendações eventuais, ao Estado Parte interessado e ao peticionário.

8. O Comitê incluirá em seu relatório anual um resumo destas comunicações, se for necessário, um resumo das explicações e declarações dos Estados Partes interessados assim como suas próprias sugestões e recomendações.

9. O Comitê somente terá competência para exercer as funções previstas neste artigo se pelo menos dez Estados Partes nesta Convenção estiverem obrigados por declarações feitas de conformidade com o parágrafo deste artigo.

Art. XV.

1. Enquanto não forem atingidos os objetivos da Resolução 1.514 (XV) da Assembleia Geral de 14 de dezembro de 1960, relativa à Declaração sobre a concessão da independência dos países e povos coloniais, as disposições da presente convenção não restringirão de maneira alguma o direito de petição concedida aos povos por outros instrumentos internacionais ou pela Organização das Nações Unidas e suas agências especializadas.

2. a) O Comitê constituído de conformidade com o parágrafo 1 do artigo 8 desta Convenção receberá cópia das petições provenientes dos órgãos das Nações Unidas que se encarregarem de questões diretamente relacionadas com os princípios e objetivos da presente Convenção e expressará sua opinião e formulará recomendações sobre petições recebidas quando examinar as petições recebidas dos habitantes dos territórios sob tutela ou não autônomo ou de qualquer outro território a que se aplicar a Resolução 1.514 (XV) da Assembleia Geral, relacionadas a questões tratadas pela presente Convenção e que forem submetidas a esses órgãos.

b) O Comitê receberá dos órgãos competentes da Organização das Nações Unidas cópia dos relatórios sobre medidas de ordem legislativa judiciária, administrativa ou outra diretamente relacionada com os princípios e objetivos da presente Convenção que as Potências Administradoras tiverem aplicado nos territórios mencionados na alínea "a" do presente parágrafo e expressará sua opinião e fará recomendações a esses órgãos.

3. O Comitê incluirá em seu relatório à Assembleia um resumo das petições e relatórios que houver recebido de órgãos das Nações Unidas e as opiniões e recomendações que houver proferido sobre tais petições e relatórios.

4. O Comitê solicitará ao Secretário-Geral das Nações Unidas qualquer informação relacionada com os objetivos da presente Convenção que este dispuser sobre os territórios mencionados no parágrafo 2 (a) do presente artigo.

Art. XVI. As disposições desta Convenção relativas a solução das controvérsias ou queixas serão aplicadas sem prejuízo de outros processos para solução de controvérsias e queixas no campo da discriminação previstos nos instrumentos constitutivos das Nações Unidas e suas agências especializadas, e não excluirá a possibilidade dos Estados Partes recomendarem aos outros, processos para a solução de uma controvérsia de conformidade com os acordos internacionais ou especiais que os ligarem.

PARTE III

Art. XVII.

1. A presente Convenção ficará aberta à assinatura de todo Estado Membro da Organização das Nações Unidas ou membro de qualquer uma de suas agências especializadas, de qualquer Estado Parte no Estatuto da Corte Internacional de Justiça, assim como de qualquer outro Estado convidado pela Assembleia Geral da Organização das Nações Unidas a torna-se parte na presente Convenção.

2. A presente Convenção ficará sujeita à ratificação e os instrumentos de ratificação serão depositados junto ao Secretário-Geral das Nações Unidas.

Art. XVIII.

1. A presente Convenção ficará aberta a adesão de qualquer Estado mencionado no parágrafo 1º do artigo 17.

2. A adesão será efetuada pelo depósito de instrumento de adesão junto ao Secretário-Geral das Nações Unidas.

Art. XIX.

1. Esta Convenção entrará em vigor no trigésimo dia após a data do deposito junto ao Secretário-Geral das Nações Unidas do vigésimo sétimo instrumento de ratificação ou adesão.

2. Para cada Estado que ratificar a presente Convenção ou a ele aderir após o depósito do vigésimo sétimo instrumento de ratificação ou adesão esta Convenção entrará em vigor no trigésimo dia após o depósito de seu instrumento de ratificação ou adesão.

Art. XX.

1. O Secretário-Geral das Nações Unidas receberá e enviará, a todos os Estados que forem ou vierem a tornar-se partes desta Convenção, as reservas feitas pelos Estados no momento da ratificação ou adesão. Qualquer Estado que objetar a essas reservas, deverá notificar ao Secretário-Geral dentro de noventa dias da data da referida comunicação, que não aceita.

2. Não será permitida uma reserva incompatível com o objeto e o escopo desta Convenção nem uma reserva cujo efeito seria a de impedir o funcionamento de qualquer dos órgãos previstos nesta Convenção. Uma reserva será considerada incompatível ou impeditiva se a ela objetarem ao menos dois terços dos Estados partes nesta Convenção.

3. As reservas poderão ser retiradas a qualquer momento por uma notificação endereçada com esse objetivo ao Secretário-Geral. Tal notificação surgirá efeito na data de seu recebimento.

Art. XXI. Qualquer Estado Parte poderá denunciar esta Convenção mediante notificação escrita endereçada ao Secretário-Geral da Organização das Nações Unidas. A denúncia surtirá efeito um ano após data do recebimento da notificação pelo Secretário-Geral.

Art. XXII. Qualquer controvérsia entre dois ou mais Estados Partes relativa à interpretação ou aplicação desta Convenção, que não for resolvida por negociações ou pelos processos previstos expressamente nesta Convenção será, pedido de qualquer das Partes na controvérsia, submetida à decisão da Corte Internacional de Justiça a não ser que os litigantes concordem em outro meio de solução.

Art. XXIII.

1. Qualquer Estado Parte poderá formular a qualquer momento um pedido de revisão da presente Convenção, mediante notificação escrita endereçada ao Secretário-Geral das Nações Unidas.

2. A Assembleia Geral decidirá a respeito das medidas a serem tomadas, caso for necessário, sobre o pedido.

Art. XXIV. O Secretário-Geral da Organização das Nações Unidas comunicará a todos os Estados mencionados no parágrafo 1º do artigo 17 desta Convenção.

a) as assinaturas e os depósitos de instrumentos de ratificação e de adesão de conformidade com os artigos 17 e 18;

b) a data em que a presente Convenção entrar em vigor, de conformidade com o artigo 19;

c) as comunicações e declarações recebidas de conformidade com os artigos 14, 20 e 23.

d) as denúncias feitas de conformidade com o artigo 21.

Art. XXV.

1. Esta Convecção, cujos textos em chinês, espanhol, inglês e russo são igualmente autênticos será depositada nos arquivos das Nações Unidas.

2. O Secretário-Geral das Nações Unidas enviará cópias autenticadas desta Convenção a todos os Estados pertencentes a qualquer uma das categorias mencionadas no parágrafo 1º do artigo 17.

Em fé do que os abaixo assinados devidamente autorizados por seus Governos assinaram a presente convenção que foi aberta a assinatura em Nova York a 7 de março de 1966.

Convenção Americana Sobre Direitos Humanos - 1969

(Pacto de São José da Costa Rica)

Decreto no 678, de 6 de novembro de 1992

Promulga a Convenção Americana sobre Direitos Humanos (Pacto de São José da Costa Rica), de 22 de novembro de 1969.

o vice-presidente da república, no exercício do cargo de presidente da república, no uso da atribuição que lhe confere o art. 84, inciso VIII, da Constituição, e

Considerando que a Convenção Americana sobre Direitos Humanos (Pacto de São José da Costa Rica), adotada no âmbito da Organização dos Estados Americanos, em São José da Costa Rica, em 22 de novembro de 1969, entrou em vigor internacional em 18 de julho de 1978, na forma do segundo parágrafo de seu art. 74;

Considerando que o Governo brasileiro depositou a carta de adesão a essa convenção em 25 de setembro de 1992;

Considerando que a Convenção Americana sobre Direitos Humanos (Pacto de São José da Costa Rica) entrou em vigor, para o Brasil, em 25 de setembro de 1992, de conformidade com o disposto no segundo parágrafo de seu art. 74;

decreta:

Art. 1. A Convenção Americana sobre Direitos Humanos (Pacto de São José da Costa Rica), celebrada em São José da Costa Rica, em 22 de novembro de 1969, apensa por cópia ao presente decreto, deverá ser cumprida tão inteiramente como nela se contém.

Art. 2. Ao depositar a carta de adesão a esse ato internacional, em 25 de setembro de 1992, o Governo brasileiro fez a seguinte declaração interpretativa: "O Governo do Brasil entende que os arts. 43 e 48, alínea d, não incluem o direito automático de visitas e inspeções in loco da Comissão Interamericana de Direitos Humanos, as quais dependerão da anuência expressa do Estado".

Art. 3. O presente decreto entra em vigor na data de sua publicação.

Brasília, 6 de novembro de 1992; 171º da Independência e 104º da República.

Itamar Franco

Fernando Henrique Cardoso

Este texto não substitui o publicado no dou de 9.11.1992.

ANEXO AO DECRETO QUE PROMULGA A CONVENÇÃO AMERICANA SOBRE DIREITOS HUMANOS (PACTO DE SÃO JOSÉ DA COSTA RICA) – MRE. CONVENÇÃO AMERICANA

SOBRE DIREITOS HUMANOS

Preâmbulo

Os Estados americanos signatários da presente Convenção, Reafirmando seu propósito de consolidar neste Continente, dentro do quadro das instituições democráticas, um regime de liberdade pessoal e de justiça social, fundado no respeito dos direitos essenciais do homem;

Reconhecendo que os direitos essenciais do homem não deviam do fato de ser ele nacional de determinado Estado, mas sim do fato de ter como fundamento os atributos da pessoa humana, razão por que justificam uma proteção internacional, de natureza convencional, coadjuvante ou complementar da que oferece o direito interno dos Estados americanos;

Considerando que esses princípios foram consagrados na Carta da Organização dos Estados Americanos, na Declaração Americana dos Direitos e Deveres do Homem e na Declaração Universal dos Direitos do Homem e que foram reafirmados e desenvolvidos em outros instrumentos internacionais, tanto de âmbito mundial como regional;

Reiterando que, de acordo com a Declaração Universal dos Direitos do Homem, só pode ser realizado o ideal do ser humano livre, isento do temor e da miséria, se forem criadas condições que permitam a cada pessoa gozar dos seus direitos econômicos, sociais e culturais, bem como dos seus direitos civis e políticos; e

Considerando que a Terceira Conferência Interamericana Extraordinária (Buenos Aires, 1967) aprovou a incorporação às próprias sociais e educacionais e resolveu que uma convenção interamericana sobre direitos humanos determinasse a estrutura, competência e processo dos órgãos encarregados dessa matéria, Convieram no seguinte:

PARTE I.

Deveres dos Estados e Direitos Protegidos

CAPÍTULO I

Enumeração de Deveres

Art. 1. Obrigação de Respeitar os Direitos
1. Os Estados Partes nesta Convenção comprometem-se a respeitar os direitos e liberdades nela reconhecidos e a garantir seu livre e pleno exercício a toda pessoa que esteja sujeita à sua jurisdição, sem discriminação alguma por motivo de raça, cor, sexo, idioma, religião, opiniões políticas ou de qualquer outra natureza, origem nacional ou social, posição econômica, nascimento ou qualquer outra condição social.
2. Para os efeitos desta Convenção, pessoa é todo ser humano.
Art. 2. Dever de Adotar Disposições de Direito Interno
Se o exercício dos direitos e liberdades mencionados no artigo 1 ainda não estiver garantido por disposições legislativas ou de outra natureza, os Estados Partes comprometem-se a adotar, de acordo com as suas normas constitucionais e com as disposições desta Convenção, as medidas legislativas ou de outras naturezas que forem necessárias para tornar efetivos tais direitos e liberdades.

CAPÍTULO II

Direitos Civis e Políticos

Art. 3. Direitos ao Reconhecimento da Personalidade Jurídica
Toda pessoa tem direito ao reconhecimento de sua personalidade jurídica.
Art. 4. Direito à Vida
1. Toda pessoa tem o direito de que se respeite sua vida. Esse direito deve ser protegido pela lei e, em geral, desde o momento da concepção. Ninguém pode ser privado da vida arbitrariamente.
2. Nos países que não houverem abolido a pena de morte, esta só poderá ser imposta pelos delitos mais graves, em cumprimento de sentença final de tribunal competente e em conformidade com lei que estabeleça tal pena, promulgada antes de haver o delito sido cometido. Tampouco se estenderá sua aplicação a delitos aos quais não se aplique atualmente.
3. Não se pode restabelecer a pena de morte nos Estados que a hajam abolido.
4. Em nenhum caso pode a pena de morte ser aplicada por delitos políticos, nem por delidos comuns conexos com delitos políticos.
5. Não se deve impor a pena de morte à pessoa que, no momento da perpetração do delito, for menor de dezoito anos, ou maior de setenta, nem aplicá-la a mulher em estado de gravidez.

6. Toda pessoa condenada à morte tem direito a solicitar anistia, indulto ou comutação da pena, os quais podem ser concedidos em todos os casos. Não se pode executar a pena de morte enquanto o pedido estiver pendente de decisão ante a autoridade competente.

Art. 5. Direito à Integridade Pessoal
1. Toda pessoa tem o direito de que se respeite sua integridade física, psíquica e moral.
2. Ninguém deve ser submetido a torturas, nem a penas ou tratos cruéis, desumanos ou degradantes. Toda pessoa privada da liberdade deve ser tratada com o respeito devido à dignidade inerente ao ser humano.
3. A pena não pode passar da pessoa do delinquente.
4. Os processados devem ficar separados dos condenados, salvo em circunstâncias excepcionais, a ser submetidos a tratamento adequado à sua condição de pessoal não condenadas.
5. Os menores, quando puderem ser processados, devem ser separados dos adultos e conduzidos a tribunal especializado, com a maior rapidez possível, para seu tratamento.
6. As penas privativas da liberdade devem ter por finalidade essencial a reforma e a readaptação social dos condenados.

Art. 6. Proibição da Escravidão e da Servidão
1. Ninguém pode ser submetido à escravidão ou a servidão, e tanto estas como o tráfico de escravos e o tráfico de mulheres são proibidos em todas as formas.
2. Ninguém deve ser constrangido a executar trabalho forçado ou obrigatório. Nos países em que se prescreve, para certos delitos, pena privativa da liberdade acompanhada de trabalhos forçados, esta disposição não pode ser interpretada no sentido de que proíbe o cumprimento da dita pena, importa por juiz ou tribunal competente. O trabalho forçado não deve afetar a dignidade nem a capacidade física e intelectual do recluso.
3. Não constituem trabalhos forçados ou obrigatórios para os efeitos deste artigo:
a) os trabalhos ou serviços normalmente exigidos de pessoa reclusa em cumprimento de sentença ou resolução formal expedida pela autoridade judiciária competente. Tais trabalhos ou serviços devem ser executados sob a vigilância e controle das autoridades públicas, e os indivíduos que os executarem não devem ser postos à disposição de particulares, companhias ou pessoas jurídicas de caráter privado;
b) o serviço militar e, nos países onde se admite a isenção por motivos de consciências, o serviço nacional que a lei estabelecer em lugar daquele;
c) o serviço imposto em casos de perigo ou calamidade que ameace a existência ou o bem-estar da comunidade; e
d) o trabalho ou serviço que faça parte das obrigações cívicas normais.

Art. 7. Direito à Liberdade Pessoal
1. Toda pessoa tem direito à liberdade e à segurança pessoal.
2. Ninguém pode ser privado de sua liberdade física, salvo pelas causas e nas condições previamente fixadas pelas constituições políticas dos Estados Partes ou pelas leis de acordo com elas promulgadas.
3. Ninguém pode ser submetido a detenção ou encarceramento arbitrários.
4. Toda pessoa detida ou retida deve ser informada das razões da sua detenção e notificada, sem demora, da acusação ou acusações formuladas contra ela.
5. Toda pessoa detida ou retida deve ser conduzida, sem demora, à presença de um juiz ou outra autoridade autorizada pela lei a exercer funções judiciais e tem direito a ser julgada dentro de um prazo razoável ou a ser posta em liberdade, sem prejuízo de que prossiga o processo. Sua liberdade pode ser condicionada a garantias que assegurem o seu comparecimento em juízo.
6. Toda pessoa privada da liberdade tem direito a recorrer a um juiz ou tribunal competente, a fim de que este decida, sem demora, sobre a legalidade de sua prisão ou detenção e ordene sua soltura se a prisão ou a detenção forem ilegais. Nos Estados Partes cujas leis preveem que toda pessoa que se vir ameaçada de ser privada de sua liberdade tem direito a recorrer a um juiz ou tribunal competente a fim de que este decida sobre a legalidade de tal ameaça, tal recurso não pode ser restringido nem abolido. O recurso pode ser interposto pela própria pessoa ou por outra pessoa.
7. Ninguém deve ser detido por dívida. Este princípio não limita os mandados de autoridade judiciária competente expedidos em virtude de inadimplemento de obrigação alimentar.

Art. 8. Garantias Judiciais
1. Toda pessoa tem direito a ser ouvida, com as devidas garantias e dentro de um prazo razoável, por um juiz ou tribunal competente, independente

e imparcial, estabelecido anteriormente por lei, na apuração de qualquer acusação penal formulada contra ela, ou para que se determinem seus direitos ou obrigações de natureza civil, trabalhista, fiscal ou de qualquer outra natureza.

2. Toda pessoa acusada de delito tem direito a que se presuma sua inocência enquanto não se comprove legalmente sua culpa. Durante o processo, toda pessoa tem direito, em plena igualdade, às seguintes garantias mínimas:

a) direito do acusado de ser assistido gratuitamente por tradutor ou intérprete, se não compreender ou não falar o idioma do juízo ou tribunal;

b) comunicação prévia e pormenorizada ao acusado da acusação formulada;

c) concessão ao acusado do tempo e dos meios adequados para a preparação de sua defesa;

d) direito do acusado de defender-se pessoalmente ou de ser assistido por um defensor de sua escolha e de comunicar-se, livremente e em particular, com seu defensor;

e) direito irrenunciável de ser assistido por um defensor proporcionado pelo Estado, remunerado ou não, segundo a legislação interna, se o acusado não se defender ele próprio nem nomear defensor dentro do prazo estabelecido pela lei;

f) direito da defesa de inquirir as testemunhas presente no tribunal e de obter o comparecimento, como testemunhas ou peritos, de outras pessoas que possam lançar luz sobre os fatos;

g) direito de não ser obrigado a depor contra si mesma, nem a declarar-se culpada; e

h) direito de recorrer da sentença para juiz ou tribunal superior.

3. A confissão do acusado só é válida se feita sem coação de nenhuma natureza.

4. O acusado absolvido por sentença passada em julgado não poderá ser submetido a novo processo pelos mesmos fatos.

5. O processo penal deve ser público, salvo no que for necessário para preservar os interesses da justiça.

Art. 9. Princípio da Legalidade e da Retroatividade
Ninguém pode ser condenado por ações ou omissões que, no momento em que foram cometidas, não sejam delituosas, de acordo com o direito aplicável. Tampouco se pode impor pena mais grave que a aplicável no momento da perpetração do delito. Se depois da perpetração do delito a lei dispuser a imposição de pena mais leve, o delinquente será por isso beneficiado.

Art. 10. Direito a Indenização
Toda pessoa tem direito de ser indenizada conforme a lei, no caso de haver sido condenada em sentença passada em julgado, por erro judiciário.

Art. 11. Proteção da Honra e da Dignidade
1. Toda pessoa tem direito ao respeito de sua honra e ao reconhecimento de sua dignidade.

2. Ninguém pode ser objeto de ingerências arbitrárias ou abusivas em sua vida privada, na de sua família, em seu domicílio ou em sua correspondência, nem de ofensas ilegais à sua honra ou reputação.

3. Toda pessoa tem direito à proteção da lei contra tais ingerências ou tais ofensas.

Art. 12. Liberdade de Consciência e de Religião
1. Toda pessoa tem direito à liberdade de consciência e de religião. Esse direito implica a liberdade de conservar sua religião ou suas crenças, ou de mudar de religião ou de crenças, bem como a liberdade de professar e divulgar sua religião ou suas crenças, individual ou coletivamente, tanto em público como em privado.

2. Ninguém pode ser objeto de medidas restritivas que possam limitar sua liberdade de conservar sua religião ou suas crenças, ou de mudar de religião ou de crenças.

3. A liberdade de manifestar a própria religião e as próprias crenças está sujeita unicamente às limitações prescritas pelas leis e que sejam necessárias para proteger a segurança, a ordem, a saúde ou moral pública ou os direitos ou liberdades das demais pessoas.

4. Os pais, e quando for o caso os tutores, têm direito a que seus filhos ou pupilos recebam a educação religiosa e moral que esteja acorde com suas próprias convicções.

Art. 13. Liberdade de Pensamento e de Expressão
1. Toda pessoa tem direito à liberdade de pensamento e de expressão. Esse direito compreende a liberdade de buscar, receber e difundir informações e ideias de toda natureza, sem consideração de fronteiras, verbalmente ou por escrito, ou em forma impressa ou artística, ou por qualquer outro processo de sua escolha.

2. O exercício do direito previsto no inciso precedente não pode estar sujeito à censura prévia, mas a responsabilidades ulteriores, que devem ser expressamente fixadas pela lei a ser necessária para assegurar:

a) o respeito aos direitos ou à reputação das demais pessoas; ou
b) a proteção da segurança nacional, da ordem pública, ou da saúde ou da moral públicas.
3. Não se pode restringir o direito de expressão por vias ou meios indiretos, tais como o abuso de controles oficiais ou particulares de papel de imprensa, de frequências radioelétricas ou de equipamentos e aparelhos usados na difusão de informação, nem por quaisquer outros meios destinados a obstar a comunicação e a circulação de ideias e opiniões.
4. A lei pode submeter os espetáculos públicos à censura prévia, com o objetivo exclusivo de regular o acesso a eles, para proteção moral da infância e da adolescência, sem prejuízo do disposto no inciso 2º.
5. A lei deve proibir toda propaganda a favor da guerra, bem como toda apologia ao ódio nacional, racial ou religioso que constitua incitação à discriminação, à hostilidade, ao crime ou à violência.

Art. 14. Direito de Retificação ou Resposta
1. Toda pessoa atingida por informações inexatas ou ofensivas emitidas em seus prejuízos por meios de difusão legalmente regulamentados e que se dirijam ao público em geral, tem direito a fazer, pelo mesmo órgão de difusão, sua retificação ou resposta, nas condições que estabeleça a lei.
2. Em nenhum caso a retificação ou a resposta eximirá das outras responsabilidades legais em que se houver incorrido.
3. Para a efetiva proteção da honra e da reputação, toda publicação ou empresa jornalística, cinematográfica, de rádio ou televisão, deve ter uma pessoa responsável que não seja protegida por imunidades nem goze de foro especial.

Art. 15. Direito de Reunião
É reconhecido o direito de reunião pacífica e sem armas. O exercício de tal direito só pode estar sujeito às restrições previstas pela lei e que sejam necessárias, uma sociedade democrática, no interesse da segurança nacional, da segurança ou da ordem públicas, ou para proteger a saúde ou a moral públicas ou os direitos e liberdades das demais pessoas.

Art. 16. Liberdade de Associação
1. Todas as pessoas têm o direito de associar-se livremente com fins ideológicos, religiosos, políticos, econômicos, trabalhistas, sociais, culturais, desportivos, ou de qualquer outra natureza.
2. O exercício de tal direito só pode estar sujeito às restrições previstas pela lei que sejam necessárias, numa sociedade democrática, no interesse da segurança nacional, da segurança ou da ordem públicas, ou para proteger a saúde ou a moral públicas ou os direitos e liberdades das demais pessoas.
3. O disposto neste artigo não impede a imposição de restrições legais, e mesmo a privação do exercício do direito de associação, aos membros das forças armadas e da polícia.

Art. 17. Proteção da Família
1. A família é o elemento natural e fundamental da sociedade e deve ser protegida pela sociedade e pelo Estado.
2. É reconhecido o direito do homem e da mulher de contraírem casamento e de fundarem uma família, se tiverem a idade e as condições para isso exigidas pelas leis internas, na medida em que não afetem estas o princípio da não discriminação estabelecido nesta Convenção.
3. O casamento não pode ser celebrado sem o livre e pleno consentimento dos contraentes.
4. Os Estados Partes devem tomar medidas apropriadas no sentido de assegurar a igualdade de direitos e a adequada equivalência de responsabilidades dos cônjuges quanto ao casamento, durante o casamento e em caso de dissolução do mesmo. Em caso de dissolução, serão adotadas disposições que assegurem a proteção necessária aos filhos, com base unicamente no interesse e conveniência dos mesmos.
5. A lei deve reconhecer iguais direitos tanto aos filhos nascidos fora do casamento como aos nascidos dentro do casamento.

Art. 18. Direito ao Nome
Toda pessoa tem direito a um prenome e aos nomes de seus pais ou ao de um destes. A lei deve regular a forma de assegurar a todos esses direitos, mediante nomes fictícios, se for necessário.

Art. 19. Direitos da Criança
Toda criança tem direito às medidas de proteção que a sua condição de menor requer por parte da sua família, da sociedade e do Estado.

Art. 20. Direito à Nacionalidade
1. Toda pessoa tem direito a uma nacionalidade.
2. Toda pessoa tem direito à nacionalidade do Estado em cujo território houver nascido, se não tiver direito à outra.
3. A ninguém se deve privar arbitrariamente de sua nacionalidade nem do direito de mudá-la.

Art. 21. Direito à Propriedade Privada

1. Toda pessoa tem direito ao uso e gozo dos seus bens. A lei pode subordinar esse uso e gozo ao interesse social.
2. Nenhuma pessoa pode ser privada de seus bens, salvo mediante o pagamento de indenização justa, por motivo de utilidade pública ou de interesse social e nos casos e na forma estabelecidos pela lei.
3. Tanto a usura como qualquer outra forma de exploração do homem pelo homem devem ser reprimidas pela lei.

Art. 22. Direito de Circulação e de Residência
1. Toda pessoa que se ache legalmente no território de um Estado tem direito de circular nele e de nele residir em conformidade com as disposições legais.
2. Toda pessoa tem o direito de sair livremente de qualquer país, inclusive do próprio.
3. O exercício dos direitos acima mencionados não pode ser restringido senão em virtude de lei, na medida indispensável, numa sociedade democrática, para prevenir infrações penais ou para proteger a segurança nacional, a segurança ou a ordem públicas, a moral ou a saúde públicas, ou os direitos e liberdades das demais pessoas.
4. O exercício dos direitos reconhecidos no inciso 1 pode também ser restringido pela lei, em zonas determinadas, por motivos de interesse público.
5. Ninguém pode ser expulso do território do Estado do qual for nacional, nem ser privado do direito de nele entrar.
6. O estrangeiro que se ache legalmente no território de uma Estado Parte nesta Convenção só poderá dele ser expulso em cumprimento de decisão adotada de acordo com a lei.
7. Toda pessoa tem o direito de buscar e receber asilo em território estrangeiro, em caso de perseguição por delitos políticos ou comuns conexos com delitos políticos e de acordo com a legislação de cada estado e com os convênios internacionais.
8. Em nenhum caso o estrangeiro pode ser expulso ou entregue a outro país, seja ou não de origem, onde seu direito à vida ou liberdade pessoal esteja em risco de violação por causa da sua raça, nacionalidade, religião, condição social ou de suas opiniões políticas.
9. É proibida a expulsão coletiva de estrangeiros.

Art. 23. Direitos Políticos
1. Todos os cidadãos devem gozar dos seguintes direitos e oportunidades:
a) de participar da direção dos assuntos públicos, diretamente ou por meio de representantes livremente eleitos;
b) de votar e ser eleitos em eleições periódicas autênticas, realizadas por sufrágio universal e igual e por voto secreto que garanta a livre expressão da vontade dos eleitores; e
c) de ter acesso, em condições gerais de igualdade, às funções públicas de seu país.
2. A lei pode regular o exercício dos direitos e oportunidades e a que se refere o inciso anterior, exclusivamente por motivos de idade, nacionalidade, residência, idioma, instrução, capacidade civil ou mental, ou condenação, por juiz competente, em processo penal.

Art. 24. Igualdade Perante a Lei
Todas as pessoas são iguais perante a lei. Por conseguinte, têm direito, sem discriminação, a igual proteção da lei.

Art. 25. Proteção Judicial
1. Toda pessoa tem direito a um recurso simples e rápido ou a qualquer outro recurso efetivo, perante os juízos ou tribunais competentes, que a proteja contra atos que violem seus direitos fundamentais reconhecidos pela constituição, pela lei ou pela presente Convenção, mesmo quando tal violação seja cometida por pessoas que estejam atuando no exercícios de suas funções oficiais.
2. Os Estados Partes comprometem-se:
a) a assegurar que a autoridade competente prevista pelo sistema legal do Estado decida sobre os direitos de toda pessoa que interpuser tal recurso;
b) a desenvolver as possibilidades de recurso judicial; e
c) a assegurar o cumprimento, pelas autoridades competentes, de toda decisão em que se tenha considerado procedente o recurso.

CAPÍTULO III

Direitos Econômicos, Sociais e Culturais

Art. 26. Desenvolvimento Progressivo
Os Estados Partes comprometem-se a adotar providência, tanto no âmbito interno como mediante cooperação internacional, especialmente econômica e técnica, a fim de conseguir progressivamente a plena efetividade dos direitos que decorrem das normas econômicas, sociais e sobre educação, ciência e cultura, constantes da Carta da Organização dos

Estados Americanos, reformada pelo Protocolo de Buenos Aires, na medida dos recursos disponíveis, por via legislativa ou por outros meios apropriados.

CAPÍTULO IV

Suspensão de Garantias, Interpretação e Aplicação

Art. 27. Suspensão de Garantias

1. Em caso de guerra, de perigo público, ou de outra emergência que ameace a independência ou segurança do Estado Parte, este poderá adotar disposições que, na medida e pelo tempo estritamente limitadas às exigências da situação, suspendam as obrigações contraídas em virtude desta Convenção, desde que tais disposições não sejam incompatíveis com as demais obrigações que lhe impõe o Direito Internacional e não encerrem discriminação alguma fundada em motivos de raça, cor, sexo, idioma, religião ou origem social.

2. A disposição precedente não autoriza a suspensão dos direitos determinados nos seguintes artigos: 3 (Direito ao Reconhecimento da Personalidade Jurídica), 4 (Direito à vida), 5 (Direito à Integridade Pessoal), 6 (Proibição da Escravidão e Servidão), 9 (Princípio da Legalidade e da Retroatividade), 12 (Liberdade de Consciência e de Religião), 17 (Proteção da Família), 18 (Direito ao Nome), 18 (Direitos da Criança), 20 (Direito à Nacionalidade) e 23 (Direitos Políticos), nem das garantias indispensáveis para a proteção de tais direitos.

3. Todo Estado Parte que fizer uso do direito de suspensão deverá informar imediatamente os outros Estados Partes na presente Convenção, por intermédio do Secretário-Geral da Organização dos Estados Americanos, das disposições cuja aplicação haja suspendido, dos motivos determinantes da suspensão e da data em que haja dado por terminado tal suspensão.

Art. 28. Cláusula Federal

1. Quando se tratar de um Estado Parte constituído como Estado federal, o governo nacional do aludido Estado Parte cumprirá todas as disposições da presente Convenção, relacionadas com as matérias sobre as quais exerce competência legislativa e judicial.

2. No tocante às disposições relativas às matérias que correspondem à competência das entidades componentes da federação, o governo nacional deve tomar imediatamente as medidas pertinentes, em conformidade com sua constituição e suas leis, a fim de que as autoridades competentes das referidas entidades possam adotar as disposições cabíveis para o cumprimento desta Convenção.

3. Quando dois ou mais Estados Partes decidiram constituir entre eles uma federação ou outro tipo de associação, diligenciarão no sentido de que o pacto comunitário respectivo contenha as disposições necessárias para que continuem sendo efetivas no novo Estado assim organizado as normas da presente Convenção.

Art. 29. Normas de Interpretação

Nenhuma disposição desta Convenção pode ser interpretada no sentido de:

a) permitir a qualquer dos Estados Partes, grupo ou pessoa, suprimir o gozo e exercício dos direitos e liberdades reconhecidos na Convenção ou limitá-los em maior medida do que a nela prevista;

b) limitar o gozo e exercício de qualquer direito ou liberdade que possam ser reconhecidos de acordo com as leis de qualquer dos Estados Partes ou de acordo com outra convenção em que seja parte um dos referidos Estados;

c) excluir outros direitos e garantias que são inerentes ao ser humano ou que decorrem da forma democrática representativa de governo; e

d) excluir ou limitar o efeito que possam produzir a Declaração Americana dos Direitos e Deveres do Homem e outros atos internacionais da mesma natureza.

Art. 30. Alcance das Restrições

As restrições permitidas, de acordo com esta Convenção, ao gozo e exercício dos direitos e liberdades nela reconhecidos, não podem ser aplicadas senão de acordo com leis que forem promulgadas por motivo de interesse geral e com o propósito para o qual houverem sido estabelecidas.

Art. 31. Reconhecimento de Outros Direitos

Poderão ser incluídos no regime de proteção desta Convenção outros direitos e liberdades que forem reconhecidos de acordo com os processos estabelecidos nos artigos 69 e 70.

CAPÍTULO V

Deveres das Pessoas

Art. 32. Correlação entre Deveres e Direitos

1. Toda pessoa tem deveres para com a família, a comunidade e a humanidade.

2. Os direitos de cada pessoa são limitados pelos direitos dos demais, pela segurança de todos e pelas justas exigências do bem comum, numa sociedade democrática.

PARTE II.
Meios da Proteção

CAPÍTULO VI
Órgãos Competentes

Art. 33. São competentes para conhecer dos assuntos relacionados com o cumprimento dos compromissos assumidos pelos Estados Partes nesta Convenção:
a) a Comissão Interamericana de Direitos Humanos, doravante denominada a Comissão; e
b) a Corte Interamericana de Direitos Humanos, doravante denominada a Corte.

CAPÍTULO VII
Comissão Interamericana de Direitos Humanos

SEÇÃO 1.
Organização

Art. 34. A Comissão Interamericana de Direitos Humanos compor-se-á de sete membros, que deverão ser pessoas de alta autoridade moral e de reconhecimento saber em matéria de direitos humanos.

Art. 35. A Comissão representa todos os Membros da Organização dos Estados Americanos.

Art. 36.
1. Os membros da Comissão, serão eleitos a título pessoal, pela Assembleia Geral da organização, de uma lista de candidatos propostos pelos governos dos Estados Membros.
2. Cada um dos referidos governos pode propor até três candidatos, nacionais do Estado que os propuser ou de qualquer outro Estado Membro da organização dos Estados Americanos. Quando for proposta uma lista de três candidatos, pelo menos um deles deverá ser nacional de Estado diferente do proponente.

Art. 37.
1. Os membros da Comissão serão eleitos por quatro anos e só poderão ser reeleitos uma vez, porém o mandato de três dos membros designados na primeira eleição expirará ao cabo de dois anos. Logo depois da referida eleição, serão determinados por sorteio, na Assembleia Geral, os nomes desse três membros.
2. Não pode fazer parte da Comissão mais de um nacional de um mesmo Estado.

Art. 38. As vagas que ocorrerem na Comissão, que não se devam à expiração normal do mandado, serão preenchidas pelo Conselho Permanente da Organização, de acordo com o que dispuser o Estatuto da Comissão.

Art. 39. A Comissão elaborará seu estatuto e submetê-lo-á à aprovação da Assembleia Geral e expedirá seu próprio regulamento.

Art. 40. Os serviços de Secretaria da Comissão devem ser desempenhados pela unidade funcional especializada que faz parte da Secretaria-Geral da Organização e deve dispor dos recursos necessários para cumprir as tarefas que lhe forem confiadas pela Comissão.

SEÇÃO 2.
Funções

Art. 41. A Comissão tem a função principal de promover a observância e a defesa dos direitos humanos e, no exercício do seu mandato, tem as seguintes funções e atribuições:
a) estimular a consciência dos direitos humanos nos povos da América;
b) formular recomendações aos governos dos Estados Membros, quando o considerar conveniente, no sentido de que adotem medidas progressivas em prol dos direitos humanos no âmbito de suas leis internas e seus preceitos constitucionais, bem como disposições apropriadas para promover o devido respeito a esses direitos;
c) preparar os estudos ou relatórios que considerar convenientes o desempenho de suas funções;
d) solicitar aos governos dos Estados Membros que lhe proporcionem informações sobre as medidas que adotarem em matéria de direitos humanos;
e) atender às consultas que, por meio da Secretaria-Geral da Organização dos Estados Americanos, lhe formularem os Estados Membros sobre questões relacionadas com os direitos humanos e, dentro de

suas possibilidades, prestar-lhes o assessoramento que eles lhe solicitarem;
f) atuar com respeito às petições e outras comunicações, no exercício de sua autoridade, de conformidade com o disposto nos artigos 44 a 51 desta Convenção; e
g) apresentar um relatório anual a Assembleia Geral da Organização dos Estados Americanos.

Art. 42. Os Estados Partes devem remeter à Comissão cópia dos relatórios e estudos que, em seus respectivos campos, submetem anualmente às Comissões Executivas do Conselho Interamericano Econômico e Social e do Conselho Interamericano de Educação, Ciência e Cultura, a fim de que aquela vele por que se promovem os direitos decorrentes das normas econômicas, sociais e sobre educação, ciência e cultura constantes da Carta da Organização dos Estados Americanos, reformada pelo Protocolo de Buenos Aires.

Art. 43. Os Estados Partes obrigam-se a proporcionar à Comissão as informações que esta lhes solicitar sobre a maneira pela qual o seu direito interno assegura a aplicação efetiva de quaisquer disposições desta Convenção.

SEÇÃO 3.
Competência

Art. 44. Qualquer pessoa ou grupo de pessoas, ou entidade não governamental legalmente reconhecida em um ou mais Estados Membros da Organização, pode apresentar à Comissão petições que contenham denúncias ou queixas de violação desta Convenção por um Estado Parte.

Art. 45.
1. Todo Estado Parte pode, no momento do depósito do seu instrumento de ratificação desta Convenção ou de adesão a ela, ou em qualquer momento posterior, declarar que reconhece a competência da Comissão para receber e examinar as comunicações em que um Estado Parte alegue haver outro Estado Parte incorrido em violações dos direitos humanos estabelecidos nesta Convenção.
2. As comunicações feitas em virtude deste artigo só podem ser admitidas e examinadas se forem apresentadas por um Estado Parte que haja feito uma declaração pela qual reconheça a referida competência da Comissão. A Comissão não admitirá nenhuma comunicação contra um Estado Parte que não haja feito tal declaração.
3. As declarações sobre reconhecimento de competência podem ser feitas para que esta vigore por tempo indefinido, por período determinado ou para casos específicos.
4. As declarações serão depositadas na Secretaria-Geral da Organização dos Estados Americanos, a qual encaminhará cópia das mesmas aos Estados Membros da referida Organização.

Art. 46.
1. Para que uma petição ou comunicação apresentada de acordo com os artigos 44 ou 45 seja admitida pela Comissão, será necessário:
a) que hajam sido interpostos e esgotados os recursos da jurisdição interna, de acordo com os princípios de direito internacional geralmente reconhecidos;
b) que seja apresentada dentro do prazo de seis meses, a partir da data em que o presumido prejudicado em seus direitos tenha sido notificado da decisão definitiva;
c) que a matéria da petição ou comunicação não esteja pendente de outro processo de solução internacional; e
d) que, no caso do artigo 44, a petição contenha o nome, a nacionalidade, a profissão, o domicílio e a assinatura da pessoa ou pessoas ou do representante legal da entidade que submeter a petição.
2. As disposições das alíneas a e b do inciso 1º deste artigo não se aplicarão quando:
a) não existir, na legislação interna do Estado de que se tratar, o devido processo legal para a proteção do direito ou direitos que se alegue tenha sido violados;
b) não se houver permitido ao presumido prejudicado em seus direitos o acesso aos recursos da jurisdição interna, ou houver sido ele impedido de esgotá-los; e
c) houver demora injustificada na decisão sobre os mencionados recursos.

Art. 47. A Comissão declarará inadmissível toda petição ou comunicação apresentada de acordo com os artigos 44 ou 45 quando:
a) não preencher algum dos requisitos estabelecidos no artigo 46;
b) não expuser fatos que caracterizem violação dos direitos garantidos por esta Convenção;
c) pela exposição do próprio peticionário ou do Estado, for manifestamente infundada a petição ou

comunicação ou for evidente sua total improcedência; ou
d) for substancialmente reprodução de petição ou comunicação anterior, já examinada pela Comissão ou por outro organismo internacional.

SEÇÃO 4.
Processo

Art. 48.

1. A Comissão, ao receber uma petição ou comunicação na qual se alegue violação de qualquer dos direitos consagrados nesta Convenção, procederá da seguinte maneira:

a) se reconhecer a admissibilidade da petição ou comunicação, solicitará informações ao Governo do Estado ao qual pertença a autoridade apontada como responsável pela violação alegada e transcreverá as partes pertinentes da petição ou comunicação. As referidas informações devem ser enviadas dentro de um prazo razoável, fixado pela Comissão ao considerar as circunstâncias de cada caso;

b) recebidas as informações, ou transcorrido o prazo fixado sem que sejam elas recebidas, verificará se existem ou subsistem os motivos da petição ou comunicação. No caso de não existirem ou não subsistirem, mandará arquivar o expediente;

c) poderá também declarar a inadmissibilidade ou a improcedência da petição ou comunicação, com base em informação ou prova superveniente;

d) se o expediente não houver sido arquivado, e com o fim de comprovar os fatos, a Comissão procederá, com conhecimento das partes a um exame do assunto exposto na petição ou comunicação. Se for necessário e conveniente, a Comissão procederá a uma investigação para cuja eficaz realização solicitará, e os Estado interessados lhe proporcionarão, todas as facilidades necessárias;

e) poderá pedir aos Estados interessados qualquer informação pertinente e receberá, se isso lhe for solicitado, as exposições verbais ou escritas que apresentarem os interessados; e

f) pôr-se-á à disposição das partes interessadas, a fim de chegar a uma solução amistosa do assunto, fundada no respeito aos direitos humanos reconhecidos nesta Convenção.

2. Entretanto, em casos graves e urgentes, pode ser realizada uma investigação, mediante prévio consentimento do Estado em cujo território se alegue haver sido cometido à violação, tão somente com a apresentação de uma petição ou comunicação que reúna todos os requisitos formais de admissibilidade.

Art. 49. Se houver chegado a uma solução amistosa de acordo com as disposições do inciso 1, "f", do artigo 48, a Comissão redigirá um relatório que será encaminhado ao peticionário e aos Estados Partes nesta Convenção e, posteriormente, transmitido, para sua publicação, ao Secretário-Geral da Organização dos Estados Americanos. O referido relatório conterá uma breve exposição dos fatos e da solução alcançada. Se qualquer das partes no caso o solicitar, ser-lhe-á proporcionada a mais ampla informação possível.

Art. 50.

1. Se não se chegar a uma solução, e dentro do prazo que for fixado pelo Estatuto da Comissão, esta redigirá um relatório no qual exporá os fatos e suas conclusões. Se o relatório não representar, no todo ou em parte, o acordo unânime dos membros da Comissão, qualquer deles poderá agregar ao referido relatório seu voto em separado. Também se agregarão ao relatório às exposições verbais ou escritas que houverem sido feitas pelos interessados em virtudes do inciso 1º, "e", do artigo 48.

2. O relatório será encaminhado aos Estados interessados, aos quais não será facultado publicá-lo.

3. Ao encaminhar o relatório, a Comissão pode formular as proposições e recomendações que julgar adequada.

Art. 51.

1. Se no prazo de três meses, a partir da remessa aos Estados interessados do relatório da Comissão, o assunto não houver sido solucionado ou submetido a submetido à decisão da Corte pela Comissão ou pelo Estado interessado, aceitando sua competência, a Comissão poderá emitir, pelo voto da maioria absoluta dos seus membros, sua opinião e conclusões sobre a questão submetida à sua consideração.

2. A comissão fará as recomendações pertinentes e fixará um prazo dentro do qual o Estado deve tomar as medidas que lhe competirem para remediar a situação examinada.

3. Transcorrido o prazo fixado, a Comissão decidirá, pelo voto da maioria absoluta dos seus membros, se o Estado tomou ou não medidas adequadas e se publica ou não seu relatório.

CAPÍTULO VIII

Corte Interamericana de Direitos Humanos

SEÇÃO 1.
Organização

Art. 52.

1. A Corte compor-se-á de sete juízes, nacionais dos Estados Membros da Organização, eleitos a títulos pessoal dentre juristas da mais alta autoridade moral, de reconhecida competência em matéria de direitos humanos, que reúnam as condições requeridas para o exercício das mais elevadas funções judiciais, de acordo com a lei do Estado do qual sejam nacionais, ou do Estado que os propuser como candidatos.

2. Não deve haver dois juízes da mesma nacionalidade.

Art. 53.

1. Os juízes da Corte serão eleitos, em votação secreta e pelo voto da maioria absoluta dos Estados Partes na Convenção, na Assembleia Geral da Organização, de uma lista de candidatos propostos pelos mesmos Estados.

2. Cada um dos Estados Partes pode propor até três candidatos, nacionais do Estado que os propuser ou de qualquer outro Estado Membro da Organização dos Estados Americanos. Quando se propuser uma lista de três candidatos, pelo menos um deles deverá ser nacional de Estado diferente do proponente.

Art. 54.

1. Os juízes da Corte serão eleitos por um período de seis anos e só poderão ser reeleitos uma vez. O mandato de três dos juízes designados na primeira eleição expirará ao cabo de três anos. Imediatamente depois da referida eleição, determinar-se-ão por sorteio, na Assembleia Geral, os nomes desses três juízes.

2. O juiz eleito para substituir outro cujo mandato não haja expirado, completará o período deste.

3. Os juízes permanecerão em suas funções até o término dos seus mandatos. Entretanto, continuarão funcionando nos casos de que já houverem tomado conhecimento e que se encontrem em fase de sentença e, para tais efeitos, não serão substituídos pelos novos juízes eleitos.

Art. 55.

1. O juiz que for nacional de algum dos Estados Partes no caso submetido à Corte conservará o seu direito de conhecer o mesmo.

2. Se um dos juízes chamados a conhecer do caso for de nacionalidade de um dos Estados Partes, outro Estado Parte no caso poderá designar uma pessoa de sua escolha para integrar a Corte na qualidade de juiz ad hoc.

3. Se, dentre os juízos chamados a conhecer do caso, nenhuma for da nacionalidade dos Estados Partes, cada um destes poderá designar um juiz ad hoc.

4. O juiz ad hoc deve reunir os requisitos indicados no artigo 52.

5. Se vários Estados Partes na Convenção tiverem o mesmo interesse no caso, serão considerados como uma só parte, para os fins das disposições anteriores. Em caso de dúvida, a Corte decidirá.

Art. 56. O quórum para as deliberações da Corte é constituído por cinco juízes.

Art. 57. A Comissão comparecerá em todos os casos perante a Corte.

Art. 58.

1. A Corte terá sua sede no lugar que for determinado, na Assembleia Geral da Organização, pelos Estados Partes na Convenção, mas poderá realizar reuniões no território de qualquer Estado Membro da Organização dos Estrados Americanos em que o considerar conveniente pela maioria dos seus membros e mediante prévia aquiescência do Estado respectivo. Os Estados Partes na Convenção podem, na Assembleia Geral, por dois terços dos seus votos, mudar a sede da Corte.

2. A Corte designará seu Secretário.

3. O Secretário residirá na sede da Corte e deverá assistir às reuniões que ela realizar fora da mesma.

Art. 59. A Secretaria da Corte será por esta estabelecida e funcionará sob a direção do Secretário da Corte, de acordo com as normas administrativas da Secretaria-Geral da Organização em tudo o que não for incompatível com a independência da Corte. Seus funcionários serão nomeados pelo Secretário-Geral da Organização, em consulta com o Secretário da Corte.

Art. 60. A Corte elaborará seu estatuto e submetê-lo-á à aprovação da Assembleia Geral e expedirá sus regimento.

SEÇÃO 2.
Competência e Funções

Art. 61.
1. Somente os Estados Partes e a Comissão têm direito de submeter um caso à decisão da Corte.
2. Para que a Corte possa conhecer de qualquer caso, é necessário que sejam esgotados os processos previstos nos artigos 48 a 50.

Art. 62.
1. Toda Estado Parte pode, no momento do depósito do seu instrumento de ratificação desta Convenção ou de adesão a ela, ou em qualquer momento posterior, declarar que reconhece como obrigatória, de pleno direito e sem convenção especial, a competência da Corte em todos os casos relativos à interpretação ou aplicação desta Convenção.
2. A declaração pode ser feita incondicionalmente, ou sob condição de reciprocidade, por prazo determinado ou para casos específicos. Deverá ser apresentada ao Secretário-Geral da Organização, que encaminhará cópias da mesma aos outros Estados Membros da Organização e ao Secretário da Corte.
3. A Corte tem competência para conhecer de qualquer caso relativo à interpretação e aplicação das disposições desta Convenção que lhe seja submetido, desde que os Estados Partes no caso tenham reconhecido ou reconheçam a referida competência, seja por declaração especial, como preveem os incisos anteriores, seja por convenção especial.

Art. 63.
1. Quando decidir que houve violação de um direito ou liberdade protegido nesta Convenção, a Corte determinará que se assegure ao prejudicado o gozo do seu direito ou liberdade violados. Determinará também, se isso for procedente, que sejam reparadas as consequências da medida ou situação que haja configurado a violação desses direitos, bem como o pagamento de indenização justa à parte lesada.
2. Em casos de extrema gravidade e urgência, e quando se fizer necessário evitar danos irreparáveis às pessoas, a Corte, nos assuntos de que estiver conhecendo, poderá tomar as medidas provisórias que considerar pertinente. Se tratar de assuntos que ainda não estiverem submetidos ao seu conhecimento, poderá atuar a pedido da Comissão.

Art. 64.
1. Os Estados Partes da Organização poderão consultar a Corte sobre a interpretação desta Convenção ou de outros tratados concernentes à proteção dos direitos humanos nos Estados americanos. Também poderão consultá-la, no que lhes compete, os órgãos enumerados no capítulo x da Carta da Organização dos Estados Americanos, reformada pelo Protocolo da Buenos Aires.
2. A Corte, a pedido de um Estado Membro da Organização, poderá emitir pareceres sobre a compatibilidade entre qualquer de suas leis internas e os mencionados instrumentos internacionais.

Art. 65. A Corte submeterá à consideração da Assembleia Geral da Organização, em cada período ordinário de sessões, um relatório sobre suas atividades no ano anterior. De maneira especial, e com as recomendações pertinentes, indicará os casos em que um Estado não tenha dado cumprimento a suas sentenças.

SEÇÃO 3.
Processo

Art. 66.
1. A sentença da Corte deve ser fundamentada.
2. Se a sentença não expressar no todo ou em parte a opinião unânime dos juízes, qualquer deles terá direito a que se agregue à sentença o seu voto dissidente ou individual.

Art. 67. A sentença da Corte será definitiva e inapelável. Em caso de divergência sobre o sentido ou alcance da sentença, a Corte interpretá-la-á, a pedido de qualquer das partes, desde que o pedido seja apresentando dentro de noventa dias a partir da data da notificação da sentença.

Art. 68.
1. Os Estados Partes na Convenção comprometem-se a cumprir a decisão da Corte em todo caso em que forem partes.
2. A parte da sentença que determinar indenização compensatória poderá ser executada no país respectivo pelo processo interno vigente para a execução de sentença contra o Estado.

Art. 69. A sentença da Corte deve ser notificada às partes no caso e transmitida aos Estados Partes na Convenção.

CAPÍTULO IX

Disposições Comuns

Art. 70.

1. Os juízes da Corte e os membros da Comissão gozam, desde o momento de sua eleição e enquanto durar o seu mandato, das imunidades reconhecidas aos agentes diplomáticos pelo Direito Internacional. Durante o exercício dos seus cargos gozam, além disso, dos privilégios diplomáticos necessários para o desempenho de suas funções.

2. Não se poderá exigir responsabilidade em tempo algum dos juízes da Corte, nem dos membros da Comissão, por votos e opiniões emitidos no exercício de suas funções.

Art. 71. Os cargos de juiz da Corte ou de membro da Comissão são incompatíveis com outras atividades que possam afetar sua independência ou imparcialidade conforme o que for determinado nos respectivos estatutos.

Art. 72. Os juízes da Corte e os membros da Comissão perceberão honorários e despesas de viagem na forma e nas condições que determinarem os seus estatutos, levando em conta a importância e independência de suas funções. Tais honorários e despesas de viagem serão fixados no orçamento programa da organização dos Estados Americanos, no qual devem ser incluídas, além disso, as despesas da Corte e da sua Secretaria. Para tais efeitos, a Corte elaborará o seu próprio projeto de orçamento e submetê-lo-á aprovação da Assembleia Geral, por intermédio da Secretaria Geral. Esta última não poderá nele introduzir modificações.

Art. 73. Somente por solicitação da Comissão ou da Corte, conforme o caso, cabe à Assembleia Geral da Organização resolver sobre as sanções aplicáveis aos membros da Comissão ou aos juízes da Corte que incorrerem nos casos previstos nos respectivos estatutos. Para expedir uma resolução, será necessária maioria de dois terços dos votos dos Estados Membros da Organização, no caso dos membros da Comissão; e, além disso, de dois terços dos votos dos Estados Partes na Convenção, se tratar dos juízes da Corte.

PARTE III.

Disposições Gerais e Transitórias

CAPÍTULO X

Assinatura, Ratificação, Reserva, Emenda, Protocolo e Denúncia

Art. 74.

1. Esta Convenção fica aberta à assinatura e à ratificação ou adesão de todos os Estados Membros da Organização dos Estados Americanos.

2. A ratificação desta Convenção ou a adesão a ela efetuar-se-á mediante depósito de um instrumento de ratificação ou de adesão na Secretaria Geral da Organização dos Estados Americanos. Esta Convenção entrará em vigor logo que onze Estados houverem depositado os seus respectivos instrumentos de ratificação ou de adesão. Com referência a qualquer outro Estado que a ratificar ou que a ela aderir ulteriormente, a Convenção entrará em vigor na data do depósito do seu instrumento de ratificação ou de adesão.

3. O Secretário-Geral informará todos os Estados Membros da Organização sobre a entrada em vigor da Convenção.

Art. 75. Esta Convenção só pode ser objeto de reservas em conformidade com as disposições da Convenção de Viena sobre Direito dos Tratados assinados em 23 de maio de 1969.

Art. 76.

1. Qualquer Estado Parte, diretamente, e a Comissão ou a Corte, por intermédio do Secretário-Geral, podem submeter a Assembleia Geral, para o que julgarem conveniente, proposta de emenda a esta Convenção.

2. As emendas entrarão em vigor para os Estados que ratificarem as mesmas na data em que houver sido depositado o respectivo instrumento de ratificação que corresponda ao número de dois terços dos Estados Partes nesta Convenção. Quanto aos outros Estados Partes, entrarão em vigor na data em que depositarem eles os seus respectivos instrumentos de ratificação.

Art. 77.

1. De acordo com a faculdade estabelecida no artigo 31, qualquer Estado Parte e a Comissão podem submeter à consideração dos Estados Partes reunidos por ocasião da Assembleia Geral, projetos de protocolos a esta Convenção, com a finalidade de incluir progressivamente no regime de proteção da mesma outros direitos e liberdades.

2. Cada protocolo deve estabelecer as modalidades de sua entrada em vigor e será aplicado semente entre os Estados Partes no mesmo.

Art. 78.

1. Os Estados Partes poderão denunciar esta Convenção depois de expirado um prazo de cinco anos, a partir da data de entrada em vigor da mesma e mediante aviso prévio de um ano, notificando o Secretário-Geral da Organização, o qual deve informar as outras Partes.

2. Tal denúncia não terá o efeito de desligar o Estado Parte interessado das obrigações contidas nesta Convenção, no que diz respeito a qualquer ato que, podendo constituir violação dessas obrigações, houver sido cometido por ele anteriormente à data na qual a denúncia produzir efeito.

CAPÍTULO XI

Disposições Transitórias

SEÇÃO 1.
Comissão Interamericana de Direitos Humanos

Art. 79. Ao entrar em vigor esta Convenção, o Secretário-Geral pedirá por escrito a cada Estado Membro da Organização que apresente, dentro de um prazo de noventa dias, seus candidatos a membro da Comissão Interamericana de Direitos Humanos. O Secretário-Geral preparará uma lista por ordem alfabética dos candidatos apresentados e a encaminhará aos Estados Membros da Organização pelo menos trinta dias antes da Assembleia Geral seguinte.

Art. 80. A eleição dos membros da Comissão far-se-á dentre os candidatos que figurem na lista a que se refere o artigo 79, por votação secreta da Assembleia Geral, e serão declarados eleitos os candidatos que obtiverem maior número de votos e a maioria absoluta dos votos dos representantes dos Estados Membros. Se, para eleger todos os membros da Comissão, for necessário realizar várias votações, serão eliminados sucessivamente, na forma que for determinada pela Assembleia Geral, os candidatos que receberem menor número de votos.

SEÇÃO 2.
Corte Interamericana de Direitos Humanos

Art. 81. Ao entrar em vigor esta Convenção, o Secretário-Geral solicitará por escrito a cada Estado Parte que apresente, dentro de um prazo de noventa dias, seus candidatos a juiz da Corte Interamericana de Direitos Humanos. O Secretário-Geral prepara uma lista por ordem alfabética dos candidatos apresentados e a encaminhará aos Estados Partes pelo menos trinta dias antes da Assembleia Geral seguinte.

Art. 82. A eleição dos juízes da Corte far-se-á dentre os candidatos que figurem na lista a que se refere o artigo 81, por votação secreta dos Estados Partes, na Assembleia Geral, e serão declarados eleitos os candidatos que obtiverem maior número de votos e a maioria absoluta dos votos dos representantes dos Estados Partes. Se para eleger todos os juízes da Corte, for necessário realizar várias votações, serão eliminados sucessivamente, na forma que for determinada pelos Estados Partes, os candidatos que receberem menor número de votos.

DECLARAÇÃO E RESERVAS

Declaração do Chile

A Delegação do Chile apõe sua assinatura a esta Convenção, sujeita à sua posterior aprovação parlamentar e ratificação, em conformidade com as normas constitucionais vigentes.

Declaração do Equador

A Declaração do Equador tem a honra de assinar a Convenção Americana sobre Direitos Humanos. Não crê necessários especificar reserva alguma, deixando a salvo tão somente a faculdade geral constante da mesma Convenção, que deixa aos governos a liberdade de ratificá-la.

Reserva do Uruguai

O artigo 80, parágrafo 2, da Constituição da República Oriental do Uruguai, estabelece que se suspende a cidadania "pela condição de legalmente processado em causa criminal de que possa resultar pena de penitenciária". Essa limitação ao exercício dos direitos reconhecidos no artigo 23 da Convenção não está prevista entre as circunstâncias que a tal respeito prevê o parágrafo 2 do referido artigo 23, motivo por que a Delegação do Uruguai forma a reserva pertinente.

Em fé do que, os plenipotenciários abaixo assinados, cujos plenos poderes foram encontrados em boa e devida forma, assinam esta Convenção, que se denominará "Pacto de São José da Costa Rica", na cidade de São José, Costa Rica, em vinte e dois de novembro de mil novecentos e sessenta e nove.

***

Declaração interpretativa do Brasil

Ao depositar a Carta de Adesão à Convenção Americana sobre Direitos Humanos (Pacto de São José da Costa Rica), em 25 de setembro de 1992. O Governo brasileiro fez a seguinte declaração interpretativa sobre os artigos 43 e 48, alínea d:

"O Governo do Brasil entende que os artigos 43 e 48, alínea Comissão Interamericana de Direitos Humanos, as quais dependerão da anuência expressa do Estado".

Convenção Sobre a Eliminação De Todas as Formas de Discriminação Contra a Mulher - 1984

Decreto no 4.377, de 13 de setembro de 2002
Promulga a Convenção sobre a Eliminação de Todas as Formas de Discriminação contra a Mulher, de 1979, e revoga o Decreto no 89.460, de 20 de março de 1984.

o presidente da república, no uso da atribuição que lhe confere o art. 84, inciso VIII, da Constituição, e Considerando que o Congresso Nacional aprovou, pelo Decreto Legislativo no 93, de 14 de novembro de 1983, a Convenção sobre a Eliminação de Todas as Formas de Discriminação contra a Mulher, assinada pela República Federativa do Brasil, em Nova York, no dia 31 de março de 1981, com reservas aos seus artigos 15, parágrafo 4º, e 16, parágrafo 1º, alíneas (a), (c), (g) e (h);

Considerando que, pelo Decreto Legislativo no 26, de 22 de junho de 1994, o Congresso Nacional revogou o citado Decreto Legislativo no 93, aprovando a Convenção sobre a Eliminação de Todas as Formas de Discriminação contra a Mulher, inclusive os citados artigos 15, parágrafo 4º, e 16, parágrafo 1º, alíneas (a), (c), (g) e (h);

Considerando que o Brasil retirou as mencionadas reservas em 20 de dezembro de 1994;

Considerando que a Convenção entrou em vigor, para o Brasil, em 2 de março de 1984, com a reserva facultada em seu art. 29, parágrafo 2;

decreta:

Art. 1. A Convenção sobre a Eliminação de Todas as Formas de Discriminação contra a Mulher, de 18 de dezembro de 1979, apensa por cópia ao presente Decreto, com reserva facultada em seu art. 29, parágrafo 2, será executada e cumprida tão inteiramente como nela se contém.

Art. 2. São sujeitos à aprovação do Congresso Nacional quaisquer atos que possam resultar em revisão da referida Convenção, assim como quaisquer ajustes complementares que, nos termos do art. 49, inciso I, da Constituição, acarretem encargos ou compromissos gravosos ao patrimônio nacional.

Art. 3. Este Decreto entra em vigor na data de sua publicação.

Art. 4. Fica revogado o Decreto no 89.460, de 20 de março de 1984.

Brasília, 13 de setembro de 2002; 181º da Independência e 114º da República.

Fernando Henrique Cardoso
Osmar Chohfi

Este texto não substitui o publicado no dou de 16.9.2002.

Convenção Sobre a Eliminação de Todas as Formas de Discriminação Contra a Mulher

Os Estados Partes na presente convenção, considerando que a Carta das Nações Unidas reafirma a fé nos direitos fundamentais do homem, na dignidade e no valor da pessoa humana e na igualdade de direitos do homem e da mulher,

considerando que a Declaração Universal dos Direitos Humanos reafirma o princípio da não discriminação e proclama que todos os seres humanos nascem livres e iguais em dignidade e direitos e que toda pessoa pode invocar todos os direitos e liberdades proclamados nessa Declaração, sem distinção alguma, inclusive de sexo,

considerando que os Estados Partes nas Convenções Internacionais sobre Direitos Humanos tem a obrigação de garantir ao homem e à mulher a igualdade de gozo de todos os direitos econômicos, sociais, culturais, civis e políticos,

observando as convenções internacionais concluídas sob os auspícios das Nações Unidas e dos organismos especializados em favor da igualdade de direitos entre o homem e a mulher,

observando, ainda, as resoluções, declarações e recomendações aprovadas pelas Nações Unidas e pelas Agências Especializadas para favorecer a igualdade de direitos entre o homem e a mulher, preocupados, contudo, com o fato de que, apesar destes diversos instrumentos, a mulher continue sendo objeto de grandes discriminações,

relembrando que a discriminação contra a mulher viola os princípios da igualdade de direitos e do respeito da dignidade humana, dificulta a participação da mulher, nas mesmas condições que o homem, na vida política, social, econômica e cultural de seu país, constitui um obstáculo ao aumento do bem-estar da sociedade e da família e dificulta o pleno desenvolvimento das potencialidades da mulher para prestar serviço a seu país e à humanidade,

preocupados com o fato de que, em situações de pobreza, a mulher tem um acesso mínimo à alimentação, à saúde, à educação, à capacitação e às oportunidades de emprego, assim como à satisfação de outras necessidades,

convencidos de que o estabelecimento da Nova Ordem Econômica Internacional baseada na equidade e na justiça contribuirá significativamente para a promoção da igualdade entre o homem e a mulher, salientando que a eliminação do apartheid, de todas as formas de racismo, discriminação racial, colonialismo, neocolonialismo, agressão, ocupação estrangeira e dominação e interferência nos assuntos internos dos Estados é essencial para o pleno exercício dos direitos do homem e da mulher,

afirmando que o fortalecimento da paz e da segurança internacionais, o alívio da tensão internacional, a cooperação mútua entre todos os Estados, independentemente de seus sistemas econômicos e sociais, o desarmamento geral e completo, e em particular o desarmamento nuclear sob um estrito e efetivo controle internacional, a afirmação dos princípios de justiça, igualdade e proveito mútuo nas relações entre países e a realização do direito dos povos submetidos a dominação colonial e estrangeira e a ocupação estrangeira, à autodeterminação e independência, bem como o respeito da soberania nacional e da integridade territorial, promoverão o progresso e o desenvolvimento sociais, e, em consequência, contribuirão para a realização da plena igualdade entre o homem e a mulher,

convencidos de que a participação máxima da mulher, em igualdade de condições com o homem, em todos os campos, é indispensável para o desenvolvimento pleno e completo de um país, o bem-estar do mundo e a causa da paz,

tendo presente a grande contribuição da mulher ao bem-estar da família e ao desenvolvimento da sociedade, até agora não plenamente reconhecida, a importância social da maternidade e a função dos pais na família e na educação dos filhos, e conscientes de que o papel da mulher na procriação não deve ser causa de discriminação mas sim que a educação dos filhos exige a responsabilidade compartilhada entre homens e mulheres e a sociedade como um conjunto, reconhecendo que para alcançar a plena igualdade entre o homem e a mulher é necessário modificar o papel tradicional tanto do homem como da mulher na sociedade e na família,

resolvidos a aplicar os princípios enunciados na Declaração sobre a Eliminação da Discriminação contra a Mulher e, para isto, a adotar as medidas necessárias a fim de suprimir essa discriminação em todas as suas formas e manifestações,

concordaram no seguinte:

PARTE I

Art. 1. Para os fins da presente Convenção, a expressão "discriminação contra a mulher" significará toda a distinção, exclusão ou restrição baseada no sexo e que tenha por objeto ou resultado prejudicar ou anular o reconhecimento, gozo ou exercício pela mulher, independentemente de seu estado civil, com base na igualdade do homem e da mulher, dos direitos humanos e liberdades fundamentais nos campos político, econômico, social, cultural e civil ou em qualquer outro campo.

Art. 2. Os Estados Partes condenam a discriminação contra a mulher em todas as suas formas, concordam em seguir, por todos os meios apropriados e sem dilações, uma política destinada a eliminar a discriminação contra a mulher, e com tal objetivo se comprometem a:
a) Consagrar, se ainda não o tiverem feito, em suas constituições nacionais ou em outra legislação apropriada o princípio da igualdade do homem e da mulher e assegurar por lei outros meios apropriados a realização prática desse princípio;
b) Adotar medidas adequadas, legislativas e de outro caráter, com as sanções cabíveis e que proíbam toda discriminação contra a mulher;
c) Estabelecer a proteção jurídica dos direitos da mulher numa base de igualdade com os do homem e garantir, por meio dos tribunais nacionais competentes e de outras instituições públicas, a proteção efetiva da mulher contra todo ato de discriminação;
d) Abster-se de incorrer em todo ato ou prática de discriminação contra a mulher e zelar para que as autoridades e instituições públicas atuem em conformidade com esta obrigação;
e) Tomar as medidas apropriadas para eliminar a discriminação contra a mulher praticada por qualquer pessoa, organização ou empresa;
f) Adotar todas as medidas adequadas, inclusive de caráter legislativo, para modificar ou derrogar leis, regulamentos, usos e práticas que constituam discriminação contra a mulher;
g) Derrogar todas as disposições penais nacionais que constituam discriminação contra a mulher.
Art. 3. Os Estados Partes tomarão, em todas as esferas e, em particular, nas esferas política, social, econômica e cultural, todas as medidas apropriadas, inclusive de caráter legislativo, para assegurar o pleno desenvolvimento e progresso da mulher, com o objetivo de garantir-lhe o exercício e gozo dos direitos humanos e liberdades fundamentais em igualdade de condições com o homem.
Art. 4.
1. A adoção pelos Estados Partes de medidas especiais de caráter temporário destinadas a acelerar a igualdade de fato entre o homem e a mulher não se considerará discriminação na forma definida nesta Convenção, mas de nenhuma maneira implicará, como consequência, a manutenção de normas desiguais ou separadas; essas medidas cessarão quando os objetivos de igualdade de oportunidade e tratamento houverem sido alcançados.
2. A adoção pelos Estados Partes de medidas especiais, inclusive as contidas na presente Convenção, destinadas a proteger a maternidade, não se considerará discriminatória.
Art. 5. Os Estados Partes tornarão todas as medidas apropriadas para:
a) Modificar os padrões socioculturais de conduta de homens e mulheres, com vistas a alcançar a eliminação dos preconceitos e práticas consuetudinárias e de qualquer outra índole que estejam baseados na ideia da inferioridade ou superioridade de qualquer dos sexos ou em funções estereotipadas de homens e mulheres.
b) Garantir que a educação familiar inclua uma compreensão adequada da maternidade como função social e o reconhecimento da responsabilidade comum de homens e mulheres no que diz respeito à educação e ao desenvolvimento de seus filhos, entendendo-se que o interesse dos filhos constituirá a consideração primordial em todos os casos.
Art. 6. Os Estados Partes tomarão todas as medidas apropriadas, inclusive de caráter legislativo, para suprimir todas as formas de tráfico de mulheres e exploração da prostituição da mulher.

PARTE II

Art. 7. Os Estados Partes tomarão todas as medidas apropriadas para eliminar a discriminação contra a mulher na vida política e pública do país e, em particular, garantirão, em igualdade de condições com os homens, o direito a:
a) Votar em todas as eleições e referenda públicos e ser elegível para todos os órgãos cujos membros sejam objeto de eleições públicas;
b) Participar na formulação de políticas governamentais e na execução destas, e ocupar cargos públicos e exercer todas as funções públicas em todos os planos governamentais;
c) Participar em organizações e associações não governamentais que se ocupem da vida pública e política do país.
Art. 8. Os Estados Partes tomarão todas as medidas apropriadas para garantir, à mulher, em igualdade de condições com o homem e sem discriminação alguma, a oportunidade de representar seu governo

no plano internacional e de participar no trabalho das organizações internacionais.

Art. 9.

1. Os Estados Partes outorgarão às mulheres direitos iguais aos dos homens para adquirir, mudar ou conservar sua nacionalidade. Garantirão, em particular, que nem o casamento com um estrangeiro, nem a mudança de nacionalidade do marido durante o casamento, modifiquem automaticamente a nacionalidade da esposa, convertam-na em apátrida ou a obriguem a adotar a nacionalidade do cônjuge.

2. Os Estados Partes outorgarão à mulher os mesmos direitos que ao homem no que diz respeito à nacionalidade dos filhos.

PARTE III

Art. 10. Os Estados Partes adotarão todas as medidas apropriadas para eliminar a discriminação contra a mulher, a fim de assegurar-lhe a igualdade de direitos com o homem na esfera da educação e em particular para assegurarem condições de igualdade entre homens e mulheres:

a) As mesmas condições de orientação em matéria de carreiras e capacitação profissional, acesso aos estudos e obtenção de diplomas nas instituições de ensino de todas as categorias, tanto em zonas rurais como urbanas; essa igualdade deverá ser assegurada na educação pré-escolar, geral, técnica e profissional, incluída a educação técnica superior, assim como todos os tipos de capacitação profissional;

b) Acesso aos mesmos currículos e mesmos exames, pessoal docente do mesmo nível profissional, instalações e material escolar da mesma qualidade;

c) A eliminação de todo conceito estereotipado dos papéis masculino e feminino em todos os níveis e em todas as formas de ensino mediante o estímulo à educação mista e a outros tipos de educação que contribuam para alcançar este objetivo e, em particular, mediante a modificação dos livros e programas escolares e adaptação dos métodos de ensino;

d) As mesmas oportunidades para obtenção de bolsas de estudo e outras subvenções para estudos;

e) As mesmas oportunidades de acesso aos programas de educação supletiva, incluídos os programas de alfabetização funcional e de adultos, com vistas a reduzir, com a maior brevidade possível, a diferença de conhecimentos existentes entre o homem e a mulher;

f) A redução da taxa de abandono feminino dos estudos e a organização de programas para aquelas jovens e mulheres que tenham deixado os estudos prematuramente;

g) As mesmas oportunidades para participar ativamente nos esportes e na educação física;

h) Acesso a material informativo específico que contribua para assegurar a saúde e o bem-estar da família, incluída a informação e o assessoramento sobre planejamento da família.

Art. 11.

1. Os Estados Partes adotarão todas as medidas apropriadas para eliminar a discriminação contra a mulher na esfera do emprego a fim de assegurar, em condições de igualdade entre homens e mulheres, os mesmos direitos, em particular:

a) O direito ao trabalho como direito inalienável de todo ser humano;

b) O direito às mesmas oportunidades de emprego, inclusive a aplicação dos mesmos critérios de seleção em questões de emprego;

c) O direito de escolher livremente profissão e emprego, o direito à promoção e à estabilidade no emprego e a todos os benefícios e outras condições de serviço, e o direito ao acesso à formação e à atualização profissionais, incluindo aprendizagem, formação profissional superior e treinamento periódico;

d) O direito a igual remuneração, inclusive benefícios, e igualdade de tratamento relativa a um trabalho de igual valor, assim como igualdade de tratamento com respeito à avaliação da qualidade do trabalho;

e) O direito à seguridade social, em particular em casos de aposentadoria, desemprego, doença, invalidez, velhice ou outra incapacidade para trabalhar, bem como o direito de férias pagas;

f) O direito à proteção da saúde e à segurança nas condições de trabalho, inclusive a salvaguarda da função de reprodução.

2. A fim de impedir a discriminação contra a mulher por razões de casamento ou maternidade e assegurar a efetividade de seu direito a trabalhar, os Estados Partes tomarão as medidas adequadas para:

a) Proibir, sob sanções, a demissão por motivo de gravidez ou licença de maternidade e a discriminação nas demissões motivadas pelo estado civil;

b) Implantar a licença de maternidade, com salário pago ou benefícios sociais comparáveis, sem perda do emprego anterior, antiguidade ou benefícios sociais;

c) Estimular o fornecimento de serviços sociais de apoio necessários para permitir que os pais combinem as obrigações para com a família com as responsabilidades do trabalho e a participação na vida pública, especialmente mediante fomento da criação e desenvolvimento de uma rede de serviços destinados ao cuidado das crianças;
d) Dar proteção especial às mulheres durante a gravidez nos tipos de trabalho comprovadamente prejudiciais para elas.
3. A legislação protetora relacionada com as questões compreendidas neste artigo será examinada periodicamente à luz dos conhecimentos científicos e tecnológicos e será revista, derrogada ou ampliada conforme as necessidades.

Art. 12.
1. Os Estados Partes adotarão todas as medidas apropriadas para eliminar a discriminação contra a mulher na esfera dos cuidados médicos a fim de assegurar, em condições de igualdade entre homens e mulheres, o acesso a serviços médicos, inclusive os referentes ao planejamento familiar.
2. Sem prejuízo do disposto no parágrafo 1º, os Estados Partes garantirão à mulher assistências apropriadas em relação à gravidez, ao parto e ao período posterior ao parto, proporcionando assistência gratuita quando assim for necessário, e lhe assegurarão uma nutrição adequada durante a gravidez e a lactância.

Art. 13.
Os Estados Partes adotarão todas as medidas apropriadas para eliminar a discriminação contra a mulher em outras esferas da vida econômica e social a fim de assegurar, em condições de igualdade entre homens e mulheres, os mesmos direitos, em particular:
a) O direito a benefícios familiares;
b) O direito a obter empréstimos bancários, hipotecas e outras formas de crédito financeiro;
c) O direito a participar em atividades de recreação, esportes e em todos os aspectos da vida cultural.

Art. 14.
1. Os Estados Partes levarão em consideração os problemas específicos enfrentados pela mulher rural e o importante papel que desempenha na subsistência econômica de sua família, incluído seu trabalho em setores não monetários da economia, e tomarão todas as medidas apropriadas para assegurar a aplicação dos dispositivos desta Convenção à mulher das zonas rurais.

2. Os Estados Partes adotarão todas as medidas apropriadas para eliminar a discriminação contra a mulher nas zonas rurais a fim de assegurar, em condições de igualdade entre homens e mulheres, que elas participem no desenvolvimento rural e dele se beneficiem, e em particular as segurar-lhes-ão o direito a:
a) Participar da elaboração e execução dos planos de desenvolvimento em todos os níveis;
b) Ter acesso a serviços médicos adequados, inclusive informação, aconselhamento e serviços em matéria de planejamento familiar;
c) Beneficiar-se diretamente dos programas de seguridade social;
d) Obter todos os tipos de educação e de formação, acadêmica e não acadêmica, inclusive os relacionados à alfabetização funcional, bem como, entre outros, os benefícios de todos os serviços comunitário e de extensão a fim de aumentar sua capacidade técnica;
e) Organizar grupos de autoajuda e cooperativas a fim de obter igualdade de acesso às oportunidades econômicas mediante emprego ou trabalho por conta própria;
f) Participar de todas as atividades comunitárias;
g) Ter acesso aos créditos e empréstimos agrícolas, aos serviços de comercialização e às tecnologias apropriadas, e receber um tratamento igual nos projetos de reforma agrária e de reestabelecimentos;
h) gozar de condições de vida adequadas, particularmente nas esferas da habitação, dos serviços sanitários, da eletricidade e do abastecimento de água, do transporte e das comunicações.

PARTE IV

Art. 15.
1. Os Estados Partes reconhecerão à mulher a igualdade com o homem perante a lei.
2. Os Estados Partes reconhecerão à mulher, em matérias civis, uma capacidade jurídica idêntica do homem e as mesmas oportunidades para o exercício dessa capacidade. Em particular, reconhecerão à mulher iguais direitos para firmar contratos e administrar bens e dispensar-lhe-ão um tratamento igual em todas as etapas do processo nas cortes de justiça e nos tribunais.
3. Os Estados Partes convêm em que todo contrato ou outro instrumento privado de efeito jurídico que

tenda a restringir a capacidade jurídica da mulher será considerado nulo.

4. Os Estados Partes concederão ao homem e à mulher os mesmos direitos no que respeita à legislação relativa ao direito das pessoas à liberdade de movimento e à liberdade de escolha de residência e domicílio.

Art. 16.

1. Os Estados Partes adotarão todas as medidas adequadas para eliminar a discriminação contra a mulher em todos os assuntos relativos ao casamento e às ralações familiares e, em particular, com base na igualdade entre homens e mulheres, assegurarão:
a) O mesmo direito de contrair matrimônio;
b) O mesmo direito de escolher livremente o cônjuge e de contrair matrimônio somente com livre e pleno consentimento;
c) Os mesmos direitos e responsabilidades durante o casamento e por ocasião de sua dissolução;
d) Os mesmos direitos e responsabilidades como pais, qualquer que seja seu estado civil, em matérias pertinentes aos filhos. Em todos os casos, os interesses dos filhos serão a consideração primordial;
e) Os mesmos direitos de decidir livre a responsavelmente sobre o número de seus filhos e sobre o intervalo entre os nascimentos e a ter acesso à informação, à educação e aos meios que lhes permitam exercer esses direitos;
f) Os mesmos direitos e responsabilidades com respeito à tutela, curatela, guarda e adoção dos filhos, ou institutos análogos, quando esses conceitos existirem na legislação nacional. Em todos os casos os interesses dos filhos serão a consideração primordial;
g) Os mesmos direitos pessoais como marido e mulher, inclusive o direito de escolher sobrenome, profissão e ocupação;
h) Os mesmos direitos a ambos os cônjuges em matéria de propriedade, aquisição, gestão, administração, gozo e disposição dos bens, tanto a título gratuito quanto a título oneroso.

2. Os esponsais e o casamento de uma criança não terão efeito legal e todas as medidas necessárias, inclusive as de caráter legislativo, serão adotadas para estabelecer uma idade mínima para o casamento e para tornar obrigatória a inscrição de casamentos em registro oficial.

PARTE V

Art. 17.

1. Com o fim de examinar os progressos alcançados na aplicação desta Convenção, será estabelecido um Comitê sobre a Eliminação da Discriminação contra a Mulher (doravante denominado o Comitê) composto, no momento da entrada em vigor da Convenção, de dezoito e, após sua ratificação ou adesão pelo trigésimo quinto Estado Parte, de vinte e três peritos de grande prestígio moral e competência na área abarcada pela Convenção. Os peritos serão eleitos pelos Estados Partes entre seus nacionais e exercerão suas funções a título pessoal; será levada em conta uma repartição geográfica equitativa e a representação das formas diversas de civilização assim como dos principais sistemas jurídicos.

2. Os membros do Comitê serão eleitos em escrutínio secreto de uma lista de pessoas indicadas pelos Estados Partes. Cada um dos Estados Partes poderá indicar uma pessoa entre seus próprios nacionais.

3. A eleição inicial realizar-se-á seis meses após a data de entrada em vigor desta Convenção. Pelo menos três meses antes da data de cada eleição, o Secretário-Geral das Nações Unidas dirigirá uma carta aos Estados Partes convidando-os a apresentar suas candidaturas, no prazo de dois meses. O Secretário-Geral preparará uma lista, por ordem alfabética de todos os candidatos assim apresentados, com indicação dos Estados Partes que os tenham apresentado e comunicá-la-á aos Estados Partes.

4. Os membros do Comitê serão eleitos durante uma reunião dos Estados Partes convocado pelo Secretário-Geral na sede das Nações Unidas. Nessa reunião, em que o quórum será alcançado com dois terços dos Estados Partes, serão eleitos membros do Comitê os candidatos que obtiverem o maior número de votos e a maioria absoluta de votos dos representantes dos Estados Partes presentes e votantes.

5. Os membros do Comitê serão eleitos para um mandato de quatro anos. Entretanto, o mandato de nove dos membros eleitos na primeira eleição expirará ao fim de dois anos; imediatamente após a primeira eleição os nomes desses nove membros serão escolhidos, por sorteio, pelo Presidente do Comitê.

6. A eleição dos cinco membros adicionais do Comitê realizar-se-á em conformidade com o disposto nos parágrafos 2, 3 e 4 deste Artigo, após o depósito do trigésimo quinto instrumento de ratificação ou adesão. O mandato de dois dos membros adicionais eleitos nessa ocasião, cujos nomes serão escolhidos, por sorteio, pelo Presidente do Comitê, expirará ao fim de dois anos.

7. Para preencher as vagas fortuitas, o Estado Parte cujo perito tenha deixado de exercer suas funções de membro do Comitê nomeará outro perito entre seus nacionais, sob reserva da aprovação do Comitê.

8. Os membros do Comitê, mediante aprovação da Assembleia Geral, receberão remuneração dos recursos das Nações Unidas, na forma e condições que a Assembleia Geral decidir, tendo em vista a importância das funções do Comitê.

9. O Secretário-Geral das Nações Unidas proporcionará o pessoal e os serviços necessários para o desempenho eficaz das funções do Comitê em conformidade com esta Convenção.

Art. 18.

1. Os Estados Partes comprometem-se a submeter ao Secretário-Geral das Nações Unidas, para exame do Comitê, um relatório sobre as medidas legislativas, judiciárias, administrativas ou outras que adotarem para tornarem efetivas as disposições desta Convenção e sobre os progressos alcançados a esse respeito:

a) No prazo de um ano a partir da entrada em vigor da Convenção para o Estado interessado; e

b) Posteriormente, pelo menos cada quatro anos e toda vez que o Comitê a solicitar.

2. Os relatórios poderão indicar fatores e dificuldades que influam no grau de cumprimento das obrigações estabelecidos por esta Convenção.

Art. 19.

1. O Comitê adotará seu próprio regulamento.

2. O Comitê elegerá sua Mesa por um período de dois anos.

Art. 20.

1. O Comitê se reunirá normalmente todos os anos por um período não superior a duas semanas para examinar os relatórios que lhe sejam submetidos em conformidade com o artigo 18 desta Convenção.

2. As reuniões do Comitê realizar-se-ão normalmente na sede das Nações Unidas ou em qualquer outro lugar que o Comitê determine.

Art. 21.

1. O Comitê, através do Conselho Econômico e Social das Nações Unidas, informará anualmente a Assembleia Geral das Nações Unidas de suas atividades e poderá apresentar sugestões e recomendações de caráter geral baseadas no exame dos relatórios e em informações recebidas dos Estados Partes. Essas sugestões e recomendações de caráter geral serão incluídas no relatório do Comitê juntamente com as observações que os Estados Partes tenham porventura formulado.

2. O Secretário-Geral transmitirá, para informação, os relatórios do Comitê à Comissão sobre a Condição da Mulher.

Art. 22. As Agências Especializadas terão direito a estar representadas no exame da aplicação das disposições desta Convenção que correspondam à esfera de suas atividades. O Comitê poderá convidar as Agências Especializadas a apresentar relatórios sobre a aplicação da Convenção nas áreas que correspondam à esfera de suas atividades.

PARTE VI

Art. 23. Nada do disposto nesta Convenção prejudicará qualquer disposição que seja mais propícia à obtenção da igualdade entre homens e mulheres e que seja contida:

a) Na legislação de um Estado Parte ou

b) Em qualquer outra convenção, tratado ou acordo internacional vigente nesse Estado.

Art. 24. Os Estados Partes comprometem-se a adotar todas as medidas necessárias em âmbito nacional para alcançar a plena realização dos direitos reconhecidos nesta Convenção.

Art. 25.

1. Esta Convenção estará aberta à assinatura de todos os Estados.

2. O Secretário-Geral das Nações Unidas fica designado depositário desta Convenção.

3. Esta Convenção está sujeita a ratificação. Os instrumentos de ratificação serão depositados junto ao Secretário-Geral das Nações Unidas.

4. Esta Convenção estará aberta à adesão de todos os Estados. A adesão efetuar-se-á através do depósito de um instrumento de adesão junto ao Secretário-Geral das Nações Unidas.

Art. 26.

1. Qualquer Estado Parte poderá, em qualquer momento, formular pedido de revisão desta revisão desta Convenção, mediante notificação escrita dirigida ao Secretário-Geral das Nações Unidas.

2. A Assembleia Geral das Nações Unidas decidirá sobre as medidas a serem tomadas, se for o caso, com respeito a esse pedido.

Art. 27.

1. Esta Convenção entrará em vigor no trigésimo dia a partir da data do depósito do vigésimo instrumento de ratificação ou adesão junto ao Secretário-Geral das Nações Unidas.

2. Para cada Estado que ratificar a presente Convenção ou a ela aderir após o depósito do vigésimo instrumento de ratificação ou adesão, a Convenção entrará em vigor no trigésimo dia após o depósito de seu instrumento de ratificação ou adesão.

Art. 28.

1. O Secretário-Geral das Nações Unidas receberá e enviará a todos os Estados o texto das reservas feitas pelos Estados no momento da ratificação ou adesão.

2. Não será permitida uma reserva incompatível com o objeto e o propósito desta Convenção.

3. As reservas poderão ser retiradas a qualquer momento por uma notificação endereçada com esse objetivo ao Secretário-Geral das Nações Unidas, que informará a todos os Estados a respeito. A notificação surtirá efeito na data de seu recebimento.

Art. 29.

1. Qualquer controvérsia entre dois ou mais Estados Partes relativa à interpretação ou aplicação desta Convenção e que não for resolvida por negociações será, a pedido de qualquer das Partes na controvérsia, submetida a arbitragem. Se no prazo de seis meses a partir da data do pedido de arbitragem as Partes não acordarem sobre a forma da arbitragem, qualquer das Partes poderá submeter a controvérsia à Corte Internacional de Justiça mediante pedido em conformidade com o Estatuto da Corte.

2. Qualquer Estado Parte, no momento da assinatura ou ratificação desta Convenção ou de adesão a ela, poderá declarar que não se considera obrigado pelo parágrafo anterior. Os demais Estados Partes não estarão obrigados pelo parágrafo anterior perante nenhum Estado Parte que tenha formulado essa reserva.

3. Qualquer Estado Parte que tenha formulado a reserva prevista no parágrafo anterior poderá retirá-la em qualquer momento por meio de notificação ao Secretário-Geral das Nações Unidas.

Art. 30. Esta Convenção, cujos textos em árabe, chinês, espanhol, francês, inglês e russo são igualmente autênticos, será depositada junto ao Secretário-Geral das Nações Unidas.

Em testemunho do que, os abaixo-assinados devidamente autorizados, assinaram esta Convenção.

Convenção Contra a Tortura e Outros Tratamentos ou Penas Cruéis, Desumanos ou Degradantes – 1984

Decreto no 40, de 15 de fevereiro de 1991
Promulga a Convenção Contra a Tortura e Outros Tratamentos ou Penas Cruéis, Desumanos ou Degradantes.

O presidente da república, usando da atribuição que lhe confere o art. 84, inciso VIII, da Constituição, e
Considerando que a Assembleia Geral das Nações Unidas, em sua XL Sessão, realizada em Nova York, adotou a 10 de dezembro de 1984, a Convenção Contra a Tortura e Outros Tratamentos ou Penas Cruéis, Desumanos ou Degradantes;
Considerando que o Congresso Nacional aprovou a referida Convenção por meio do Decreto Legislativo no 4, de 23 de maio de 1989;
Considerando que a Carta de Ratificação da Convenção foi depositada em 28 de setembro de 1989;
Considerando que a Convenção entrou em vigor para o Brasil em 28 de outubro de 1989, na forma de seu artigo 27, inciso 2;
decreta:

Art. 1. A Convenção Contra a Tortura e Outros Tratamentos ou Penas Cruéis, Desumanos ou Degradantes, apensa por cópia ao presente Decreto, será executada e cumprida tão inteiramente como nela se contém.

Art. 2. Este Decreto entra em vigor na data de sua publicação.

Brasília, em 15 de fevereiro de 1991; 170º da Independência e 103º da República.

Fernando Collor
Francisco Rezek

Este texto não substitui o publicado no dou de 18.2.1991.

Art. 1. A Convenção Contra a Tortura e Outros Tratamentos ou Penas Cruéis, Desumanos ou Degradantes, apensa por cópia ao presente Decreto, será executada e cumprida tão inteiramente como nela se contém.

Art. 2. Este Decreto entra em vigor na data de sua publicação.

Brasília, em 15 de fevereiro de 1991; 170º da Independência e 103º da República.
Fernando Collor
Francisco Rezek

Este texto não substitui o publicado no dou de 18.2.1991.

CONVENÇÃO CONTRA A TORTURA E OUTROS TRATAMENTOS OU PENAS CRUÉIS, DESUMANOS OU DEGRADANTES

Os Estados Partes da presente Convenção,
Considerando que, de acordo com os princípios proclamados pela Carta das Nações Unidas, o reconhecimento dos direitos iguais e inalienáveis de todos os membros da família humana é o fundamento da liberdade, da justiça e da paz no mundo,
Reconhecendo que estes direitos emanam da dignidade inerente à pessoa humana,
Considerando a obrigação que incumbe os Estados, em virtude da Carta, em particular do Artigo 55, de promover o respeito universal e a observância dos direitos humanos e liberdades fundamentais.
Levando em conta o Artigo 5º da Declaração Universal e a observância dos Direitos do Homem e o Artigo 7º do Pacto Internacional sobre Direitos Civis e Políticos, que determinam que ninguém será sujeito à tortura ou a pena ou tratamento cruel, desumano ou degradante,
Levando também em conta a Declaração sobre a Proteção de Todas as Pessoas contra a Tortura e outros Tratamentos ou Penas Cruéis, Desumanos ou Degradantes, aprovada pela Assembleia Geral em 9 de dezembro de 1975,
Desejosos de tornar mais eficaz a luta contra a tortura e outros tratamentos ou penas cruéis, desumanos ou degradantes em todo o mundo,
Acordam o seguinte:

PARTE I

Art. 1.
1. Para os fins da presente Convenção, o termo "tortura" designa qualquer ato pelo qual dores ou sofrimentos agudos, físicos ou mentais, são infligidos intencionalmente a uma pessoa a fim de obter, dela ou de uma terceira pessoa, informações ou confissões; de castigá-la por ato que ela ou uma terceira pessoa tenha cometido ou seja suspeita de ter cometido; de intimidar ou coagir esta pessoa ou outras pessoas; ou por qualquer motivo baseado em discriminação de qualquer natureza; quando tais dores ou sofrimentos são infligidos por um funcionário público ou outra pessoa no exercício de funções públicas, ou por sua instigação, ou com o seu consentimento ou aquiescência. Não se considerará como tortura as dores ou sofrimentos que sejam consequência unicamente de sanções legítimas, ou que sejam inerentes a tais sanções ou delas decorram.
2. O presente Artigo não será interpretado de maneira a restringir qualquer instrumento internacional ou legislação nacional que contenha ou possa conter dispositivos de alcance mais amplo.

Art. 2.
1. Cada Estado Parte tomará medidas eficazes de caráter legislativo, administrativo, judicial ou de outra natureza, a fim de impedir a prática de atos de tortura em qualquer território sob sua jurisdição.
2. Em nenhum caso poderão invocar-se circunstâncias excepcionais tais como ameaça ou estado de guerra, instabilidade política interna ou qualquer outra emergência pública como justificação para tortura.
3. A ordem de um funcionário superior ou de uma autoridade pública não poderá ser invocada como justificação para a tortura.

Art. 3.
1. Nenhum Estado Parte procederá à expulsão, devolução ou extradição de uma pessoa para outro Estado quando houver razões substanciais para crer que a mesma corre perigo de ali ser submetida a tortura.
2. A fim de determinar a existência de tais razões, as autoridades competentes levarão em conta todas as considerações pertinentes, inclusive, quando for o caso, a existência, no Estado em questão, de um quadro de violações sistemáticas, graves e maciças de direitos humanos.

Art. 4.
1. Cada Estado Parte assegurará que todos os atos de tortura sejam considerados crimes segundo a sua legislação penal. O mesmo aplicar-se-á à tentativa de tortura e a todo ato de qualquer pessoa que constitua cumplicidade ou participação na tortura.
2. Cada Estado Parte punirá estes crimes com penas adequadas que levem em conta a sua gravidade.

Art. 5.
1. Cada Estado Parte tomará as medidas necessárias para estabelecer sua jurisdição sobre os crimes previstos no Artigo 4º nos seguintes casos:
a) quando os crimes tenham sido cometidos em qualquer território sob sua jurisdição ou a bordo de navio ou aeronave registrada no Estado em questão;
b) quando o suposto autor for nacional do Estado em questão;
c) quando a vítima for nacional do Estado em questão e este o considerar apropriado.
2. Cada Estado Parte tomará também as medidas necessárias para estabelecer sua jurisdição sobre tais crimes nos casos em que o suposto autor se encontre em qualquer território sob sua jurisdição e o Estado não extradite de acordo com o Artigo 8º para qualquer dos Estados mencionados no parágrafo 1 do presente Artigo.
3. Esta Convenção não exclui qualquer jurisdição criminal exercida de acordo com o direito interno.

Art. 6.
1. Todo Estado Parte em cujo território se encontre uma pessoa suspeita de ter cometido qualquer dos crimes mencionados no Artigo 4º, se considerar, após o exame das informações de que dispõe, que as circunstâncias o justificam, procederá à detenção de tal pessoa ou tomará outras medidas legais para assegurar sua presença. A detenção e outras medidas legais serão tomadas de acordo com a lei do Estado mas vigorarão apenas pelo tempo necessário ao início do processo penal ou de extradição.
2. O Estado em questão procederá imediatamente a uma investigação preliminar dos fatos.
3. Qualquer pessoa detida de acordo com o parágrafo 1 terá assegurada facilidades para comunicar-se imediatamente com o representante mais próximo do Estado de que é nacional ou, se for apátrida, com o representante do Estado de residência habitual.
4. Quando o Estado, em virtude deste Artigo, houver detido uma pessoa, notificará imediatamente os Estados mencionados no Artigo 5º, parágrafo 1, sobre tal detenção e sobre as circunstâncias que a justificam. O Estado que proceder à investigação preliminar a que se refere o parágrafo 2 do presente Artigo comunicará sem demora seus resultados aos Estados antes mencionados e indicará se pretende exercer sua jurisdição.

Art. 7.
1. O Estado Parte no território sob a jurisdição do qual o suposto autor de qualquer dos crimes mencionados no Artigo 4º for encontrado, se não o extraditar, obrigar-se-á, nos casos contemplados no Artigo 5º, a submeter o caso as suas autoridades competentes para o fim de ser o mesmo processado.
2. As referidas autoridades tomarão sua decisão de acordo com as mesmas normas aplicáveis a qualquer crime de natureza grave, conforme a legislação do referido Estado. Nos casos previstos no parágrafo 2 do Artigo 5º, as regras sobre prova para fins de processo e condenação não poderão de modo algum ser menos rigorosas do que as que se aplicarem aos casos previstos no parágrafo 1 do Artigo 5º.
3. Qualquer pessoa processada por qualquer dos crimes previstos no Artigo 4º receberá garantias de tratamento justo em todas as fases do processo.

Art. 8.
1. Os crimes a que se refere o Artigo 4º serão considerados como extraditáveis em qualquer tratado de extradição existente entre os Estados Partes. Os Estados Partes obrigar-se-ão a incluir tais crimes como extraditáveis em todo tratado de extradição que vierem a concluir entre si.
2. Se um Estado Parte que condiciona a extradição à existência de tratado de receber um pedido de extradição por parte do outro Estado Parte com o qual não mantém tratado de extradição, poderá considerar a presente Convenção com base legal para a extradição com respeito a tais crimes. A extradição sujeitar-se-á ás outras condições estabelecidas pela lei do Estado que receber a solicitação.
3. Os Estado Partes que não condicionam a extradição à existência de um tratado reconhecerão, entre si, tais crimes como extraditáveis, dentro das condições estabelecidas pela lei do Estado que receber a solicitação.
4. O crime será considerado, para o fim de extradição entre os Estados Partes, como se tivesse ocorrido não apenas no lugar em que ocorreu,

mas também nos territórios dos Estados chamados a estabelecerem sua jurisdição, de acordo com o parágrafo 1 do Artigo 5º.

Art. 9.

1. Os Estados Partes prestarão entre si a maior assistência possível em relação aos procedimentos criminais instaurados relativamente a qualquer dos delitos mencionados no Artigo 4º, inclusive no que diz respeito ao fornecimento de todos os elementos de prova necessários para o processo que estejam em seu poder.

2. Os Estados Partes cumprirão as obrigações decorrentes do parágrafo 1 do presente Artigo conforme quaisquer tratados de assistência judiciária recíproca existentes entre si.

Art. 10.

1. Cada Estado Parte assegurará que o ensino e a informação sobre a proibição de tortura sejam plenamente incorporados no treinamento do pessoal civil ou militar encarregado da aplicação da lei, do pessoal médico, dos funcionários públicos e de quaisquer outras pessoas que possam participar da custódia, interrogatório ou tratamento de qualquer pessoa submetida a qualquer forma de prisão, detenção ou reclusão.

2. Cada Estado Parte incluirá a referida proibição nas normas ou instruções relativas aos deveres e funções de tais pessoas.

Art. 11. Cada Estado Parte manterá sistematicamente sob exame as normas, instruções, métodos e práticas de interrogatório, bem como as disposições sobre a custódia e o tratamento das pessoas submetidas, em qualquer território sob sua jurisdição, a qualquer forma de prisão, detenção ou reclusão, com vistas a evitar qualquer caso de tortura.

Art. 12. Cada Estado Parte assegurará suas autoridades competentes procederão imediatamente a uma investigação imparcial sempre que houver motivos razoáveis para crer que um ato de tortura tenha sido cometido em qualquer território sob sua jurisdição.

Art. 13. Cada Estado Parte assegurará a qualquer pessoa que alegue ter sido submetida a tortura em qualquer território sob sua jurisdição o direito de apresentar queixa perante as autoridades competentes do referido Estado, que procederão imediatamente e com imparcialidade ao exame do seu caso. Serão tomadas medidas para assegurar a proteção do queixoso e das testemunhas contra qualquer mau tratamento ou intimação em consequência da queixa apresentada ou de depoimento prestado.

Art. 14.

1. Cada Estado Parte assegurará, em seu sistema jurídico, à vítima de um ato de tortura, o direito à reparação e a uma indenização justa e adequada, incluídos os meios necessários para a mais completa reabilitação possível. Em caso de morte da vítima como resultado de um ato de tortura, seus dependentes terão direito à indenização.

2. O disposto no presente Artigo não afetará qualquer direito a indenização que a vítima ou outra pessoa possam ter em decorrência das leis nacionais.

Art. 15. Cada Estado Parte assegurará que nenhuma declaração que se demonstre ter sido prestada como resultado de tortura possa ser invocada como prova em qualquer processo, salvo contra uma pessoa acusada de tortura como prova de que a declaração foi prestada.

Art. 16.

1. Cada Estado Parte se comprometerá a proibir em qualquer território sob sua jurisdição outros atos que constituam tratamento ou penas cruéis, desumanos ou degradantes que não constituam tortura tal como definida no Artigo 1, quando tais atos forem cometidos por funcionário público ou outra pessoa no exercício de funções públicas, ou por sua instigação, ou com o seu consentimento ou aquiescência. Aplicar-se-ão, em particular, as obrigações mencionadas nos Artigos 10, 11, 12 e 13, com a substituição das referências a tortura por referências a outras formas de tratamentos ou penas cruéis, desumanos ou degradantes.

2. Os dispositivos da presente Convenção não serão interpretados de maneira a restringir os dispositivos de qualquer outro instrumento internacional ou lei nacional que proíba os tratamentos ou penas cruéis, desumanos ou degradantes ou que se refira à extradição ou expulsão.

PARTE II

Art. 17.

1. Constituir-se-á um Comitê contra a Tortura (doravante denominado o "Comitê") que desempenhará as funções descritas adiante. O Comitê será composto por dez peritos de elevada reputação moral e reconhecida competência em matéria de direitos humanos, os quais exercerão suas funções a título pessoal. Os peritos serão eleitos pelos Estados Partes, levando em conta uma distribuição geográfica equitativa e a utilidade da participação de algumas pessoas com experiência jurídica.

2. Os membros do Comitê serão eleitos em votação secreta dentre uma lista de pessoas indicadas pelos Estados Partes. Cada Estado Parte pode indicar uma pessoa dentre os seus nacionais. Os Estados Partes terão presente a utilidade da indicação de pessoas que sejam também membros do Comitê de Direitos Humanos estabelecido de acordo com o Pacto Internacional de Direitos Civis e Políticos e que estejam dispostas a servir no Comitê contra a Tortura.

3. Os membros do Comitê serão eleitos em reuniões bienais dos Estados Partes convocadas pelo Secretário-Geral das Nações Unidas. Nestas reuniões, nas quais o quórum será estabelecido por dois terços dos Estados Partes, serão eleitos membros do Comitê os candidatos que obtiverem o maior número de votos e a maioria absoluta dos votos dos representantes dos Estados Partes presentes e votantes.

4. A primeira eleição se realizará no máximo seis meses após a data de entrada em vigor da presente Convenção. Ao menos quatro meses antes da data de cada eleição, o Secretário-Geral das Nações Unidas enviará uma carta aos Estados Partes para convidá-los a apresentar suas candidaturas no prazo de três meses. O Secretário-Geral organizará uma lista por ordem alfabética de todos os candidatos assim designados, com indicações dos Estados Partes que os tiverem designado, e a comunicará aos Estados Partes.

5. Os membros do Comitê serão eleitos para um mandato de quatro anos. Poderão, caso suas candidaturas sejam apresentadas novamente, ser reeleitos. No entanto, o mandato de cinco dos membros eleitos na primeira eleição expirará ao final de dois anos; imediatamente após a primeira eleição, o presidente da reunião a que se refere o parágrafo 3 do presente Artigo indicará, por sorteio, os nomes desses cinco membros.

6. Se um membro do Comitê vier a falecer, a demitir-se de suas funções ou, por outro motivo qualquer, não puder cumprir com suas obrigações no Comitê, o Estado Parte que apresentou sua candidatura indicará, entre seus nacionais, outro perito para cumprir o restante de seu mandato, sendo que a referida indicação estará sujeita à aprovação da maioria dos Estados Partes. Considerar-se-á como concedida a referida aprovação, a menos que a metade ou mais dos Estados Partes venham a responder negativamente dentro de um prazo de seis semanas, a contar do momento em que o Secretário-Geral das Nações Unidas lhes houver comunicado a candidatura proposta.

7. Correrão por conta dos Estados Partes as despesas em que vierem a incorrer os membros do Comitê no desempenho de suas funções no referido órgão.

Art. 18.

1. O Comitê elegerá sua mesa para um período de dois anos. Os membros da mesa poderão ser reeleitos.

2. O próprio Comitê estabelecerá suas regras de procedimento; estas, contudo, deverão conter, entre outras, as seguintes disposições:

a) o quórum será de seis membros;

b) as decisões do Comitê serão tomadas por maioria de votos dos membros presentes.

3. O Secretário-Geral das Nações Unidas colocará à disposição do Comitê o pessoal e os serviços necessários ao desempenho eficaz das funções que lhe são atribuídas em virtude da presente Convenção.

4. O Secretário-Geral das Nações Unidas convocará a primeira reunião do Comitê. Após a primeira reunião, o Comitê deverá reunir-se em todas as ocasiões previstas em suas regras de procedimento.

5. Os Estados Partes serão responsáveis pelos gastos vinculados à realização das reuniões dos Estados Partes e do Comitê, inclusive o reembolso de quaisquer gastos, tais como os de pessoal e de serviço, em que incorrerem as Nações Unidas em conformidade com o parágrafo 3 do presente Artigo.

Art. 19.

1. Os Estados Partes submeterão ao Comitê, por intermédio do Secretário-Geral das Nações Unidas, relatórios sobre as medidas por eles adotadas no cumprimento das obrigações assumidas em virtude da presente Convenção, dentro de prazo de um ano, a contar do início da vigência da presente Convenção no Estado Parte interessado. A partir de então, os Estados Partes deverão apresentar relatórios suplementares a cada quatro anos sobre todas as novas disposições que houverem adotado, bem como outros relatórios que o Comitê vier a solicitar.

2. O Secretário-Geral das Nações Unidas transmitirá os relatórios a todos os Estados Partes.

3. Cada relatório será examinado pelo Comitê, que poderá fazer os comentários gerais que julgar oportunos e os transmitirá ao Estado Parte interessado. Este poderá, em resposta ao Comitê, comunicar-lhe todas as observações que deseje formular.

4. O Comitê poderá, a seu critério, tomar a decisão de incluir qualquer comentário que houver feito de acordo com o que estipula o parágrafo 3 do presente Artigo, junto com as observações conexas recebidas do Estado Parte interessado, em seu relatório anual que apresentará em conformidade com o Artigo 24. Se assim o solicitar o Estado Parte interessado, o Comitê poderá também incluir cópia do relatório apresentado em virtude do parágrafo 1 do presente Artigo.

Art. 20.

1. O Comitê, no caso de vir a receber informações fidedignas que lhe pareçam indicar, de forma fundamentada, que a tortura é praticada sistematicamente no território de um Estado Parte, convidará o Estado Parte em questão a cooperar no exame das informações e, nesse sentido, a transmitir ao Comitê as observações que julgar pertinentes.

2. Levando em consideração todas as observações que houver apresentado o Estado Parte interessado, bem como quaisquer outras informações pertinentes de que dispuser, o Comitê poderá, se lhe parecer justificável, designar um ou vários de seus membros para que procedam a uma investigação confidencial e informem urgentemente o Comitê.

3. No caso de realizar-se uma investigação nos termos do parágrafo 2 do presente Artigo, o Comitê procurará obter a colaboração do Estado Parte interessado. Com a concordância do Estado Parte em questão, a investigação poderá incluir uma visita a seu território.

4. Depois de haver examinado as conclusões apresentadas por um ou vários de seus membros, nos termos do parágrafo 2 do presente Artigo, o Comitê as transmitirá ao Estado Parte interessado, junto com as observações ou sugestões que considerar pertinentes em vista da situação.

5. Todos os trabalhos do Comitê a que se faz referência nos parágrafos 1 ao 4 do presente Artigo serão confidenciais e, em todas as etapas dos referidos trabalhos, procurar-se-á obter a cooperação do Estado Parte. Quando estiverem concluídos os trabalhos relacionados com uma investigação realizada de acordo com o parágrafo 2, o Comitê poderá, após celebrar consultas com o Estado Parte interessado, tomar a decisão de incluir um resumo dos resultados da investigação em seu relatório anual, que apresentará em conformidade com o Artigo 24.

Art. 21.

1. Com base no presente Artigo, todo Estado Parte da presente Convenção poderá declarar, a qualquer momento, que reconhece a competência dos Comitês para receber e examinar as comunicações em que um Estado Parte alegue que outro Estado Parte não vem cumprindo as obrigações que lhe impõe a Convenção. As referidas comunicações só serão recebidas e examinadas nos termos do presente Artigo no caso de serem apresentadas por um Estado Parte que houver feito uma declaração em que reconheça, com relação a si próprio, a competência do Comitê. O Comitê não receberá comunicação alguma relativa a um Estado Parte que não houver feito uma declaração dessa natureza. As comunicações recebidas em virtude do presente Artigo estarão sujeitas ao procedimento que se segue:

a) se um Estado Parte considerar que outro Estado Parte não vem cumprindo as disposições da presente Convenção poderá, mediante comunicação escrita, levar a questão ao conhecimento deste Estado Parte. Dentro de um prazo de três meses a contar da data do recebimento da comunicação, o Estado destinatário fornecerá ao Estado que enviou a comunicação explicações ou quaisquer outras declarações por escrito que esclareçam a questão, as quais deverão fazer referência, até onde seja possível e pertinente, aos procedimentos nacionais e aos recursos jurídicos adotados, em trâmite ou disponíveis sobre a questão;

b) se, dentro de um prazo de seis meses, a contar da data do recebimento da comunicação original pelo Estado destinatário, a questão não estiver dirimida satisfatoriamente para ambos os Estados Partes interessados, tanto um como o outro terão o direito de submetê-la ao Comitê, mediante notificação endereçada ao Comitê ou ao outro Estado interessado;

c) o Comitê tratará de todas as questões que se lhe submetam em virtude do presente Artigo somente após ter-se assegurado de que todos os recursos jurídicos internos disponíveis tenham sido utilizados e esgotados, em consonância com os princípios do Direito internacional geralmente reconhecidos.

Não se aplicará esta regra quando a aplicação dos mencionados recursos se prolongar injustificadamente ou quando não for provável que a aplicação de tais recursos venha a melhorar realmente a situação da pessoa que seja vítima de violação da presente Convenção;

d) o Comitê realizará reuniões confidenciais quando estiver examinando as comunicações previstas no presente Artigo;

e) sem prejuízo das disposições da alínea c), o Comitê colocará seus bons ofícios à disposição dos Estados Partes interessados no intuito de se alcançar uma solução amistosa para a questão, baseada no respeito às obrigações estabelecidas na presente Convenção. Com vistas a atingir esse objetivo, o Comitê poderá constituir, se julgar conveniente, uma comissão de conciliação ad hoc;

f) em todas as questões que se lhe submetam em virtude do presente Artigo, o Comitê poderá solicitar aos Estados Partes interessados, a que se faz referência na alínea b), que lhe forneçam quaisquer informações pertinentes;

g) os Estados Partes interessados, a que se faz referência na alínea b), terão o direito de fazer-se representar quando as questões forem examinadas no Comitê e de apresentar suas observações verbalmente e/ou por escrito;

h) o Comitê, dentro dos doze meses seguintes à data de recebimento de notificação mencionada na b), apresentará relatório em que:

i) se houver sido alcançada uma solução nos termos da alínea e), o Comitê restringir-se-á, em seu relatório, a uma breve exposição dos fatos e da solução alcançada;

ii) se não houver sido alcançada solução alguma nos termos da alínea e), o Comitê restringir-se-á, em seu relatório, a uma breve exposição dos fatos; serão anexados ao relatório o texto das observações escritas e as atas das observações orais apresentadas pelos Estados Partes interessados.

Para cada questão, o relatório será encaminhado aos Estados Partes interessados.

2. As disposições do presente Artigo entrarão em vigor a partir do momento em que cinco Estado Partes da presente Convenção houverem feito as declarações mencionadas no parágrafo 1 deste Artigo. As referidas declarações serão depositadas pelos Estados Partes junto ao Secretário-Geral das Nações Unidas, que enviará cópia das mesmas aos demais Estados Partes. Toda declaração poderá ser retirada, a qualquer momento, mediante notificação endereçada ao Secretário-Geral. Far-se-á essa retirada sem prejuízo do exame de quaisquer questões que constituam objeto de uma comunicação já transmitida nos termos deste Artigo; em virtude do presente Artigo, não se receberá qualquer nova comunicação de um Estado Parte uma vez que o Secretário-Geral haja recebido a notificação sobre a retirada da declaração, a menos que o Estado Parte interessado haja feito uma nova declaração.

Art. 22.

1. Todo Estado Parte da presente Convenção poderá, em virtude do presente Artigo, declarar, a qualquer momento, que reconhece a competência do Comitê para receber e examinar as comunicações enviadas por pessoas sob sua jurisdição, ou em nome delas, que aleguem ser vítimas de violação, por um Estado Parte, das disposições da Convenção. O Comitê não receberá comunicação alguma relativa a um Estado Parte que não houver feito declaração dessa natureza.

2. O Comitê considerará inadmissível qualquer comunicação recebida em conformidade com o presente Artigo que seja anônima, ou que, a seu juízo, constitua abuso do direito de apresentar as referidas comunicações, ou que seja incompatível com as disposições da presente Convenção.

3. Sem prejuízo do disposto no parágrafo 2, o Comitê levará todas as comunicações apresentadas em conformidade com este Artigo ao conhecimento do Estado Parte da presente Convenção que houver feito uma declaração nos termos do parágrafo 1 e sobre o qual se alegue ter violado qualquer disposição da Convenção. Dentro dos seis meses seguintes, o Estado destinatário submeterá ao Comitê as explicações ou declarações por escrito que elucidem a questão e, se for o caso, indiquem o recurso jurídico adotado pelo Estado em questão.

4. O Comitê examinará as comunicações recebidas em conformidade com o presente Artigo à luz de todas as informações a ele submetidas pela pessoa interessada, ou em nome dela, e pelo Estado Parte interessado.

5. O Comitê não examinará comunicação alguma de uma pessoa, nos termos do presente Artigo, sem que se haja assegurado de que;

a) a mesma questão não foi, nem está sendo examinada perante uma outra instância internacional de investigação ou solução;
b) a pessoa em questão esgotou todos os recursos jurídicos internos disponíveis; não se aplicará esta regra quando a aplicação dos mencionados recursos se prolongar injustificadamente ou quando não for provável que a aplicação de tais recursos venha a melhorar realmente a situação da pessoa que seja vítima de violação da presente Convenção.

6. O Comitê realizará reuniões confidenciais quando estiver examinado as comunicações previstas no presente Artigo.

7. O Comitê comunicará seu parecer ao Estado Parte e à pessoa em questão.

8. As disposições do presente Artigo entrarão em vigor a partir do momento em que cinco Estado Partes da presente Convenção houverem feito as declarações mencionadas no parágrafo 1 deste Artigo. As referidas declarações serão depositadas pelos Estados Partes junto ao Secretário-Geral das Nações Unidas, que enviará cópia das mesmas ao demais Estados Partes. Toda declaração poderá ser retirada, a qualquer momento, mediante notificação endereçada ao Secretário-Geral. Far-se-á essa retirada sem prejuízo do exame de quaisquer questões que constituam objeto de uma comunicação já transmitida nos termos deste Artigo; em virtude do presente Artigo, não se receberá nova comunicação de uma pessoa, ou em nome dela, uma vez que o Secretário-Geral haja recebido a notificação sobre retirada da declaração, a menos que o Estado Parte interessado haja feito uma nova declaração.

Art. 23. Os membros do Comitê e os membros das Comissões de Conciliação ad hoc designados nos termos da alínea e) do parágrafo 1 do Artigo 21 terão o direito às facilidades, privilégios e imunidades que se concedem aos peritos no desempenho de missões para a Organização das Nações Unidas, em conformidade com as seções pertinentes da Convenção sobre Privilégios e Imunidades das Nações Unidas.

Art. 24. O Comitê apresentará, em virtude da presente Convenção, um relatório anula sobre suas atividades aos Estados Partes e à Assembleia Geral das Nações Unidas.

PARTE III

Art. 25.
1. A presente Convenção está aberta à assinatura de todos os Estados.
2. A presente Convenção está sujeita a ratificação. Os instrumentos de ratificação serão depositados junto ao Secretário-Geral das Nações Unidas.

Art. 26. A presente Convenção está aberta à Adesão de todos os Estados. Far-se-á a Adesão mediante depósito do Instrumento de Adesão junto ao Secretário-Geral das Nações Unidas.

Art. 27.
1. A presente Convenção entrará em vigor no trigésimo dia a contar da data em que o vigésimo instrumento de ratificação ou adesão houver sido depositado junto ao Secretário-Geral das Nações Unidas.
2. Para os Estados que vierem a ratificar a presente Convenção ou a ela aderir após o depósito do vigésimo instrumento de ratificação ou adesão, a Convenção entrará em vigor no trigésimo dia a contar da data em que o Estado em questão houver depositado seu instrumento de ratificação ou adesão.

Art. 28.
1. Cada Estado Parte poderá declarar, por ocasião da assinatura ou da ratificação da presente Convenção ou da adesão a ela, que não reconhece a competência do Comitê quando ao disposto no Artigo 20.
2. Todo Estado Parte da presente Convenção que houver formulado uma reserva em conformidade com o parágrafo 1 do presente Artigo poderá, a qualquer momento, tornar sem efeito essa reserva, mediante notificação endereçada ao Secretário-Geral das Nações Unidas.

Art. 29.
1. Todo Estado Parte da presente Convenção poderá propor uma emenda e depositá-la junto ao Secretário-Geral das Nações Unidas. O Secretário-Geral comunicará a proposta de emenda aos Estados Partes, pedindo-lhes que o notifiquem se desejam que se convoque uma conferência dos Estados Partes destinada a examinar a proposta e submetê-la a votação. Se, dentro dos quatro meses seguintes à data da referida comunicação, pelos menos um terço dos Estados Partes se manifestar a favor da referida convocação, o Secretário-Geral convocará uma conferência sob os auspícios das Nações Unidas. Toda emenda adotada pela maioria dos Estados Partes presentes e votantes na

conferência será submetida pelo Secretário-Geral à aceitação de todos os Estados Partes.

2. Toda emenda adotada nos termos das disposições do parágrafo 1 do presente Artigo entrará em vigor assim que dois terços dos Estados Partes da presente Convenção houverem notificado o Secretário-Geral das Nações Unidas de que a aceitaram em consonância com os procedimentos previstos por suas respectivas constituições.

3. Quando entrarem em vigor, as emendas serão obrigatórias para todos os Estados Partes que as tenham aceito, ao passo que os demais Estados Partes permanecem obrigados pelas disposições da Convenção e pelas emendas anteriores por eles aceitas.

Art. 30.

1. As controvérsias entre dois ou mais Estados Partes com relação à interpretação ou à aplicação da presente Convenção que não puderem ser dirimidas por meio da negociação serão, a pedido de um deles, submetidas a arbitragem. Se durante os seis meses seguintes à data do pedido de arbitragem, as Partes não lograrem pôr-se de acordo quanto aos termos do compromisso de arbitragem, qualquer das Partes poderá submeter a controvérsia à Corte Internacional de Justiça, mediante solicitação feita em conformidade com o Estatuto da Corte.

2. Cada Estado poderá, por ocasião da assinatura ou da ratificação da presente Convenção, declarar que não se considera obrigado pelo parágrafo 1 deste Artigo. Os demais Estados Partes não estarão obrigados pelo referido parágrafo com relação a qualquer Estado Parte que houver formulado reserva dessa natureza.

3. Todo Estado Parte que houver formulado reserva nos termos do parágrafo 2 do presente Artigo poderá retirá-la, a qualquer momento, mediante notificação endereçada ao Secretário-Geral das Nações Unidas.

Art. 31.

1. Todo Estado Parte poderá denunciar a presente Convenção mediante notificação por escrito endereçada ao Secretário-Geral das Nações Unidas. A denúncia produzirá efeitos um ano depois da data de recebimento da notificação pelo Secretário-Geral.

2. A referida denúncia não eximirá o Estado Parte das obrigações que lhe impõe a presente Convenção relativamente a qualquer ação ou omissão ocorrida antes da data em que a denúncia venha a produzir efeitos; a denúncia não acarretará, tampouco, a suspensão do exame de quaisquer questões que o Comitê já começara a examinar antes da data em que a denúncia veio a produzir efeitos.

3. A partir da data em que vier a produzir efeitos a denúncia de um Estado Parte, o Comitê não dará início ao exame de qualquer nova questão referente ao Estado em apreço.

Art. 32. O Secretário-Geral das Nações Unidas comunicará a todos os Estados membros das Nações Unidas e a todos os Estados que assinaram a presente Convenção ou a ela aderiram:

a) as assinaturas, ratificações e adesões recebidas em conformidade com os Artigos 25 e 26;

b) a data de entrada em vigor da Convenção, nos termos do Artigo 27, e a data de entrada em vigor de quaisquer emendas, nos termos do Artigo 29;

c) as denúncias recebidas em conformidades com o Artigo 31.

Art. 33.

1. A presente Convenção, cujos textos em árabe, chinês, espanhol, francês, inglês e russo são igualmente autênticos, será depositada junto ao Secretário-Geral das Nações Unidas.

2. O Secretário-Geral das Nações Unidas encaminhará cópias autenticadas da presente Convenção a todos os Estados.

Convenção Sobre os Direitos da Criança - 1989

Decreto no 99.710, de 21 de novembro de 1990
Promulga a Convenção sobre os Direitos da Criança.

O presidente da república, usando da atribuição que lhe confere o art. 84, inciso IV, da Constituição, e
Considerando que o Congresso Nacional aprovou, pelo Decreto Legislativo no 28, de 14 de setembro de 1990, a Convenção sobre os Direitos da Criança, a qual entrou em vigor internacional em 2 de setembro de 1990, na forma de seu artigo 49, inciso 1;
Considerando que o Governo brasileiro ratificou a referida Convenção em 24 de setembro de 1990, tendo a mesmo entrado em vigor para o Brasil em 23 de outubro de 1990, na forma do seu artigo 49, incisos 2;
decreta:

Art. 1. A Convenção sobre os Direitos da Criança, apensa por cópia ao presente Decreto, será executada e cumprida tão inteiramente como nela se contém.

Art. 2. Este Decreto entra em vigor na data de sua publicação.

Art. 3. Revogam-se as disposições em contrário.

Brasília, 21 de novembro de 1990; 169º da Independência e 102º da República.
Fernando Collor
Francisco Rezek

Este texto não substitui o publicado no dou de 22.11.1990.

CONVENÇÃO SOBRE OS DIREITOS DA CRIANÇA

Preâmbulo

Os Estados Partes da presente Convenção,

Considerando que, de acordo com os princípios proclamados na Carta das Nações Unidas, a liberdade, a justiça e a paz no mundo se fundamentam no reconhecimento da dignidade inerente e dos direitos iguais e inalienáveis de todos os membros da família humana;

Tendo em conta que os povos das Nações Unidas reafirmaram na carta sua fé nos direitos fundamentais do homem e na dignidade e no valor da pessoa humana e que decidiram promover o progresso social e a elevação do nível de vida com mais liberdade;

Reconhecendo que as Nações Unidas proclamaram e acordaram na Declaração Universal dos Direitos Humanos e nos Pactos Internacionais de Direitos Humanos que toda pessoa possui todos os direitos e liberdades neles enunciados, sem distinção de qualquer natureza, seja de raça, cor, sexo, idioma, crença, opinião política ou de outra índole, origem nacional ou social, posição econômica, nascimento ou qualquer outra condição;

Recordando que na Declaração Universal dos Direitos Humanos as Nações Unidas proclamaram que a infância tem direito a cuidados e assistência especiais;

Convencidos de que a família, como grupo fundamental da sociedade e ambiente natural para o crescimento e bem-estar de todos os seus membros, e em particular das crianças, deve receber a proteção e assistência necessárias a fim de poder assumir plenamente suas responsabilidades dentro da comunidade;

Reconhecendo que a criança, para o pleno e harmonioso desenvolvimento de sua personalidade, deve crescer no seio da família, em um ambiente de felicidade, amor e compreensão;

Considerando que a criança deve estar plenamente preparada para uma vida independente na sociedade e deve ser educada de acordo com os ideais proclamados na Cartas das Nações Unidas, especialmente com espírito de paz, dignidade, tolerância, liberdade, igualdade e solidariedade;

Tendo em conta que a necessidade de proporcionar à criança uma proteção especial foi enunciada na Declaração de Genebra de 1924 sobre os Direitos da Criança e na Declaração dos Direitos da Criança adotada pela Assembleia Geral em 20 de novembro de 1959, e reconhecida na Declaração Universal dos Direitos Humanos, no Pacto Internacional de Direitos Civis e Políticos (em particular nos Artigos 23 e 24), no Pacto Internacional de Direitos Econômicos, Sociais e Culturais (em particular no Artigo 10) e nos estatutos e instrumentos pertinentes das Agências Especializadas e das organizações internacionais que se interessam pelo bem-estar da criança;

Tendo em conta que, conforme assinalado na Declaração dos Direitos da Criança, "a criança, em virtude de sua falta de maturidade física e mental, necessita proteção e cuidados especiais, inclusive a devida proteção legal, tanto antes quanto após seu nascimento";

Lembrado o estabelecido na Declaração sobre os Princípios Sociais e Jurídicos Relativos à Proteção e ao Bem-Estar das Crianças, especialmente com Referência à Adoção e à Colocação em Lares de Adoção, nos Planos Nacional e Internacional; as Regras Mínimas das Nações Unidas para a Administração da Justiça Juvenil (Regras de Pequim); e a Declaração sobre a Proteção da Mulher e da Criança em Situações de Emergência ou de Conflito Armado;

Reconhecendo que em todos os países do mundo existem crianças vivendo sob condições excepcionalmente difíceis e que essas crianças necessitam consideração especial;

Tomando em devida conta a importância das tradições e dos valores culturais de cada povo para a proteção e o desenvolvimento harmonioso da criança;

Reconhecendo a importância da cooperação internacional para a melhoria das condições de vida das crianças em todos os países, especialmente nos países em desenvolvimento;

Acordam o seguinte:

PARTE I

Art. 1. Para efeitos da presente Convenção considera-se como criança todo ser humano com menos de dezoito anos de idade, a não ser que, em conformidade com a lei aplicável à criança, a maioridade seja alcançada antes.

Art. 2.

1. Os Estados Partes respeitarão os direitos enunciados na presente Convenção e assegurarão sua aplicação a cada criança sujeita à sua jurisdição, sem distinção alguma, independentemente de raça, cor, sexo, idioma, crença, opinião política ou de outra índole, origem nacional, étnica ou social, posição econômica, deficiências físicas, nascimento ou qualquer outra condição da criança, de seus pais ou de seus representantes legais.

2. Os Estados Partes tomarão todas as medidas apropriadas para assegurar a proteção da criança contra toda forma de discriminação ou castigo por causa da condição, das atividades, das opiniões manifestadas ou das crenças de seus pais, representantes legais ou familiares.

Art. 3.

1. Todas as ações relativas às crianças, levadas a efeito por instituições públicas ou privadas de bem-estar social, tribunais, autoridades administrativas ou órgãos legislativos, devem considerar, primordialmente, o interesse maior da criança.

2. Os Estados Partes se comprometem a assegurar à criança a proteção e o cuidado que sejam necessários para seu bem-estar, levando em consideração os direitos e deveres de seus pais, tutores ou outras pessoas responsáveis por ela perante a lei e, com essa finalidade, tomarão todas as medidas legislativas e administrativas adequadas.

3. Os Estados Partes se certificarão de que as instituições, os serviços e os estabelecimentos encarregados do cuidado ou da proteção das crianças cumpram com os padrões estabelecidos pelas autoridades competentes, especialmente no que diz respeito à segurança e à saúde das crianças, ao número e à competência de seu pessoal e à existência de supervisão adequada.

Art. 4. Os Estados Partes adotarão todas as medidas administrativas, legislativas e de outra índole com vistas à implementação dos direitos reconhecidos na presente Convenção. Com relação aos direitos econômicos, sociais e culturais, os Estados Partes adotarão essas medidas utilizando ao máximo os recursos disponíveis e, quando necessário, dentro de um quadro de cooperação internacional.

Art. 5. Os Estados Partes respeitarão as responsabilidades, os direitos e os deveres dos pais ou, onde for o caso, dos membros da família ampliada ou da comunidade, conforme determinem os costumes locais, dos tutores ou de outras pessoas legalmente responsáveis, de proporcionar à criança instrução e orientação adequadas e acordes com a evolução de sua capacidade no exercício dos direitos reconhecidos na presente convenção.

Art. 6.

1. Os Estados Partes reconhecem que toda criança tem o direito inerente à vida.

2. Os Estados Partes assegurarão ao máximo a sobrevivência e o desenvolvimento da criança.

Art. 7.

1. A criança será registrada imediatamente após seu nascimento e terá direito, desde o momento em que nasce, a um nome, a uma nacionalidade e, na medida do possível, a conhecer seus pais e a ser cuidada por eles.

2. Os Estados Partes zelarão pela aplicação desses direitos de acordo com sua legislação nacional e com as obrigações que tenham assumido em virtude dos instrumentos internacionais pertinentes, sobretudo se, de outro modo, a criança se tornaria apátrida.

Art. 8.

1. Os Estados Partes se comprometem a respeitar o direito da criança de preservar sua identidade, inclusive a nacionalidade, o nome e as relações familiares, de acordo com a lei, sem interferências ilícitas.

2. Quando uma criança se vir privada ilegalmente de algum ou de todos os elementos que configuram sua identidade, os Estados Partes deverão prestar assistência e proteção adequadas com vistas a restabelecer rapidamente sua identidade.

Art. 9.

1. Os Estados Partes deverão zelar para que a criança não seja separada dos pais contra a vontade dos mesmos, exceto quando, sujeita à revisão judicial, as autoridades competentes determinarem, em conformidade com a lei e os procedimentos legais cabíveis, que tal separação é necessária ao interesse maior da criança. Tal determinação pode ser necessária em casos específicos, por exemplo, nos casos em que a criança sofre maus-tratos ou descuido por parte de seus pais ou quando estes vivem separados e uma decisão deve ser tomada a respeito do local da residência da criança.

2. Caso seja adotado qualquer procedimento em conformidade com o estipulado no parágrafo 1 do presente artigo, todas as partes interessadas terão a oportunidade de participar e de manifestar suas opiniões.

3. Os Estados Partes respeitarão o direito da criança que esteja separada de um ou de ambos os pais de manter regularmente relações pessoais e contato direto com ambos, a menos que isso seja contrário ao interesse maior da criança.

4. Quando essa separação ocorrer em virtude de uma medida adotada por um Estado Parte, tal como detenção, prisão, exílio, deportação ou morte (inclusive falecimento decorrente de qualquer causa enquanto a pessoa estiver sob a custódia do Estado) de um dos pais da criança, ou de ambos, ou da própria criança, o Estado Parte, quando solicitado, proporcionará aos pais, à criança ou, se for o caso, a outro familiar, informações básicas a respeito do paradeiro do familiar ou familiares ausentes, a não ser que tal procedimento seja prejudicial ao bem-estar da criança. Os Estados Partes se certificarão, além disso, de que a apresentação de tal petição não acarrete, por si só, consequências adversas para a pessoa ou pessoas interessadas.

Art. 10.

1. De acordo com a obrigação dos Estados Partes estipulada no parágrafo 1 do Artigo 9, toda solicitação apresentada por uma criança, ou por seus pais, para ingressar ou sair de um Estado Parte com vistas à reunião da família, deverá ser atendida pelos Estados Partes de forma positiva, humanitária e rápida. Os Estados Partes assegurarão, ainda, que a apresentação de tal solicitação não acarretará consequências adversas para os solicitantes ou para seus familiares.

2. A criança cujos pais residam em Estados diferentes terá o direito de manter, periodicamente, relações pessoais e contato direto com ambos, exceto em circunstâncias especiais. Para tanto, e de acordo com a obrigação assumida pelos Estados Partes em virtude do parágrafo 2 do Artigo 9, os Estados Partes respeitarão o direito da criança e de seus pais de sair de qualquer país, inclusive do próprio, e de ingressar no seu próprio país. O direito de sair de qualquer país estará sujeito, apenas, às restrições determinadas pela lei que sejam necessárias para proteger a segurança nacional, a ordem pública, a saúde ou a moral públicas ou os direitos e as liberdades de outras pessoas e que estejam acordes com os demais direitos reconhecidos pela presente convenção.

Art. 11.

1. Os Estados Partes adotarão medidas a fim de lutar contra a transferência ilegal de crianças para o exterior e a retenção ilícita das mesmas fora do país.

2. Para tanto, aos Estados Partes promoverão a conclusão de acordos bilaterais ou multilaterais ou a adesão a acordos já existentes.

Art. 12.

1. Os Estados Partes assegurarão à criança que estiver capacitada a formular seus próprios juízos o direito de expressar suas opiniões livremente sobre todos os assuntos relacionados com a criança, levando-se devidamente em consideração essas opiniões, em função da idade e maturidade da criança.

2. Com tal propósito, se proporcionará à criança, em particular, a oportunidade de ser ouvida em todo processo judicial ou administrativo que afete a mesma, quer diretamente quer por intermédio de um representante ou órgão apropriado, em conformidade com as regras processuais da legislação nacional.

Art. 13.

1. A criança terá direito à liberdade de expressão. Esse direito incluirá a liberdade de procurar, receber e divulgar informações e ideias de todo tipo, independentemente de fronteiras, de forma oral, escrita ou impressa, por meio das artes ou por qualquer outro meio escolhido pela criança.

2. O exercício de tal direito poderá estar sujeito a determinadas restrições, que serão unicamente as previstas pela lei e consideradas necessárias:

a) para o respeito dos direitos ou da reputação dos demais, ou

b) para a proteção da segurança nacional ou da ordem pública, ou para proteger a saúde e a moral públicas.

Art. 14.
1. Os Estados Partes respeitarão o direito da criança à liberdade de pensamento, de consciência e de crença.
2. Os Estados Partes respeitarão os direitos e deveres dos pais e, se for o caso, dos representantes legais, de orientar a criança com relação ao exercício de seus direitos de maneira acorde com a evolução de sua capacidade.
3. A liberdade de professar a própria religião ou as próprias crenças estará sujeita, unicamente, às limitações prescritas pela lei e necessárias para proteger a segurança, a ordem, a moral, a saúde pública ou os direitos e liberdades fundamentais dos demais.

Art. 15.
1. Os Estados Partes reconhecem os direitos da criança à liberdade de associação e à liberdade de realizar reuniões pacíficas.
2. Não serão impostas restrições ao exercício desses direitos, a não ser as estabelecidas em conformidade com a lei e que sejam necessárias numa sociedade democrática, no interesse da segurança nacional ou pública, da ordem pública, da proteção à saúde e à moral públicas ou da proteção aos direitos e liberdades dos demais.

Art. 16.
1. Nenhuma criança será objeto de interferências arbitrárias ou ilegais em sua vida particular, sua família, seu domicílio ou sua correspondência, nem de atentados ilegais a sua honra e a sua reputação.
2. A criança tem direito à proteção da lei contra essas interferências ou atentados.

Art. 17. Os Estados Partes reconhecem a função importante desempenhada pelos meios de comunicação e zelarão para que a criança tenha acesso a informações e materiais procedentes de diversas fontes nacionais e internacionais, especialmente informações e materiais que visem a promover seu bem-estar social, espiritual e moral e sua saúde física e mental. Para tanto, os Estados Partes:
a) incentivarão os meios de comunicação a difundir informações e materiais de interesse social e cultural para a criança, de acordo com o espírito do artigo 29;
b) promoverão a cooperação internacional na produção, no intercâmbio e na divulgação dessas informações e desses materiais procedentes de diversas fontes culturais, nacionais e internacionais;
c) incentivarão a produção e difusão de livros para crianças;
d) incentivarão os meios de comunicação no sentido de, particularmente, considerar as necessidades linguísticas da criança que pertença a um grupo minoritário ou que seja indígena;
e) promoverão a elaboração de diretrizes apropriadas a fim de proteger a criança contra toda informação e material prejudiciais ao seu bem-estar, tendo em conta as disposições dos artigos 13 e 18.

Art. 18.
1. Os Estados Partes envidarão os seus melhores esforços a fim de assegurar o reconhecimento do princípio de que ambos os pais têm obrigações comuns com relação à educação e ao desenvolvimento da criança. Caberá aos pais ou, quando for o caso, aos representantes legais, a responsabilidade primordial pela educação e pelo desenvolvimento da criança. Sua preocupação fundamental visará ao interesse maior da criança.
2. A fim de garantir e promover os direitos enunciados na presente convenção, os Estados Partes prestarão assistência adequada aos pais e aos representantes legais para o desempenho de suas funções no que tange à educação da criança e assegurarão a criação de instituições, instalações e serviços para o cuidado das crianças.
3. Os Estados Partes adotarão todas as medidas apropriadas a fim de que as crianças cujos pais trabalhem tenham direito a beneficiar-se dos serviços de assistência social e creches a que fazem jus.

Art. 19.
1. Os Estados Partes adotarão todas as medidas legislativas, administrativas, sociais e educacionais apropriadas para proteger a criança contra todas as formas de violência física ou mental, abuso ou tratamento negligente, maus tratos ou exploração, inclusive abuso sexual, enquanto a criança estiver sob a custódia dos pais, do representante legal ou de qualquer outra pessoa responsável por ela.
2. Essas medidas de proteção deveriam incluir, conforme apropriado, procedimentos eficazes para a elaboração de programas sociais capazes de proporcionar uma assistência adequada à criança e às pessoas encarregadas de seu cuidado, bem como para outras formas de prevenção, para a identificação, notificação, transferência a uma instituição, investigação, tratamento e acompanhamento

posterior dos casos acima mencionados de maus-tratos à criança e, conforme o caso, para a intervenção judiciária.

Art. 20.

1. As crianças privadas temporária ou permanentemente do seu meio familiar, ou cujo interesse maior exija que não permaneçam nesse meio, terão direito à proteção e assistência especiais do Estado.

2. Os Estados Partes garantirão, de acordo com suas leis nacionais, cuidados alternativos para essas crianças.

3. Esses cuidados poderiam incluir, inter alia, a colocação em lares de adoção, a kafalah do direito islâmico, a adoção ou, caso necessário, a colocação em instituições adequadas de proteção para as crianças. Ao serem consideradas as soluções, deve-se dar especial atenção à origem étnica, religiosa, cultural e linguística da criança, bem como à conveniência da continuidade de sua educação.

Art. 21. Os Estados Partes que reconhecem ou permitem o sistema de adoção atentarão para o fato de que a consideração primordial seja o interesse maior da criança. Dessa forma, atentarão para que:

a) a adoção da criança seja autorizada apenas pelas autoridades competentes, as quais determinarão, consoante as leis e os procedimentos cabíveis e com base em todas as informações pertinentes e fidedignas, que a adoção é admissível em vista da situação jurídica da criança com relação a seus pais, parentes e representantes legais e que, caso solicitado, as pessoas interessadas tenham dado, com conhecimento de causa, seu consentimento à adoção, com base no assessoramento que possa ser necessário;

b) a adoção efetuada em outro país possa ser considerada como outro meio de cuidar da criança, no caso em que a mesma não possa ser colocada em um lar de adoção ou entregue a uma família adotiva ou não logre atendimento adequado em seu país de origem;

c) a criança adotada em outro país goze de salvaguardas e normas equivalentes às existentes em seu país de origem com relação à adoção;

d) todas as medidas apropriadas sejam adotadas, a fim de garantir que, em caso de adoção em outro país, a colocação não permita benefícios financeiros indevidos aos que dela participarem;

e) quando necessário, promover os objetivos do presente artigo mediante ajustes ou acordos bilaterais ou multilaterais, e envidarão esforços, nesse contexto, com vistas a assegurar que a colocação da criança em outro país seja levada a cabo por intermédio das autoridades ou organismos competentes.

Art. 22.

1. Os Estados Partes adotarão medidas pertinentes para assegurar que a criança que tente obter a condição de refugiada, ou que seja considerada como refugiada de acordo com o direito e os procedimentos internacionais ou internos aplicáveis, receba, tanto no caso de estar sozinha como acompanhada por seus pais ou por qualquer outra pessoa, a proteção e a assistência humanitária adequadas a fim de que possa usufruir dos direitos enunciados na presente convenção e em outros instrumentos internacionais de direitos humanos ou de caráter humanitário dos quais os citados Estados sejam parte.

2. Para tanto, os Estados Partes cooperarão, da maneira como julgarem apropriada, com todos os esforços das Nações Unidas e demais organizações intergovernamentais competentes, ou organizações não governamentais que cooperem com as Nações Unidas, no sentido de proteger e ajudar a criança refugiada, e de localizar seus pais ou outros membros de sua família a fim de obter informações necessárias que permitam sua reunião com a família. Quando não for possível localizar nenhum dos pais ou membros da família, será concedida à criança a mesma proteção outorgada a qualquer outra criança privada permanente ou temporariamente de seu ambiente familiar, seja qual for o motivo, conforme o estabelecido na presente convenção.

Art. 23.

1. Os Estados Partes reconhecem que a criança portadora de deficiências físicas ou mentais deverá desfrutar de uma vida plena e decente em condições que garantam sua dignidade, favoreçam sua autonomia e facilitem sua participação ativa na comunidade.

2. Os Estados Partes reconhecem o direito da criança deficiente de receber cuidados especiais e, de acordo com os recursos disponíveis e sempre que a criança ou seus responsáveis reúnam as condições requeridas, estimularão e assegurarão a prestação da assistência solicitada, que seja adequada ao estado da criança e às circunstâncias de seus pais ou das pessoas encarregadas de seus cuidados.

3. Atendendo às necessidades especiais da criança deficiente, a assistência prestada, conforme disposto no parágrafo 2 do presente artigo, será gratuita sempre que possível, levando-se em consideração a situação econômica dos pais ou das pessoas que cuidem da criança, e visará a assegurar à criança deficiente o acesso efetivo à educação, à capacitação, aos serviços de saúde, aos serviços de reabilitação, à preparação para o emprego e às oportunidades de lazer, de maneira que a criança atinja a mais completa integração social possível e o maior desenvolvimento individual factível, inclusive seu desenvolvimento cultural e espiritual.

4. Os Estados Partes promoverão, com espírito de cooperação internacional, um intercâmbio adequado de informações nos campos da assistência médica preventiva e do tratamento médico, psicológico e funcional das crianças deficientes, inclusive a divulgação de informações a respeito dos métodos de reabilitação e dos serviços de ensino e formação profissional, bem como o acesso a essa informação, a fim de que os Estados Partes possam aprimorar sua capacidade e seus conhecimentos e ampliar sua experiência nesses campos. Nesse sentido, serão levadas especialmente em conta as necessidades dos países em desenvolvimento.

Art. 24.
1. Os Estados Partes reconhecem o direito da criança de gozar do melhor padrão possível de saúde e dos serviços destinados ao tratamento das doenças e à recuperação da saúde. Os Estados Partes envidarão esforços no sentido de assegurar que nenhuma criança se veja privada de seu direito de usufruir desses serviços sanitários.

2. Os Estados Partes garantirão a plena aplicação desse direito e, em especial, adotarão as medidas apropriadas com vistas a:
a) reduzir a mortalidade infantil;
b) assegurar a prestação de assistência médica e cuidados sanitários necessários a todas as crianças, dando ênfase aos cuidados básicos de saúde;
c) combater as doenças e a desnutrição dentro do contexto dos cuidados básicos de saúde mediante, inter alia, a aplicação de tecnologia disponível e o fornecimento de alimentos nutritivos e de água potável, tendo em vista os perigos e riscos da poluição ambiental;
d) assegurar às mães adequada assistência pré-natal e pós-natal;
e) assegurar que todos os setores da sociedade, e em especial os pais e as crianças, conheçam os princípios básicos de saúde e nutrição das crianças, as vantagens da amamentação, da higiene e do saneamento ambiental e das medidas de prevenção de acidentes, e tenham acesso à educação pertinente e recebam apoio para a aplicação desses conhecimentos;
f) desenvolver a assistência médica preventiva, a orientação aos pais e a educação e serviços de planejamento familiar.

3. Os Estados Partes adotarão todas as medidas eficazes e adequadas para abolir práticas tradicionais que sejam prejudiciais à saúde da criança.

4. Os Estados Partes se comprometem a promover e incentivar a cooperação internacional com vistas a lograr, progressivamente, a plena efetivação do direito reconhecido no presente artigo. Nesse sentido, será dada atenção especial às necessidades dos países em desenvolvimento.

Art. 25. Os Estados Partes reconhecem o direito de uma criança que tenha sido internada em um estabelecimento pelas autoridades competentes para fins de atendimento, proteção ou tratamento de saúde física ou mental a um exame periódico de avaliação do tratamento ao qual está sendo submetida e de todos os demais aspectos relativos à sua internação.

Art. 26.
1. Os Estados Partes reconhecerão a todas as crianças o direito de usufruir da previdência social, inclusive do seguro social, e adotarão as medidas necessárias para lograr a plena consecução desse direito, em conformidade com sua legislação nacional.

2. Os benefícios deverão ser concedidos, quando pertinentes, levando-se em consideração os recursos e a situação da criança e das pessoas responsáveis pelo seu sustento, bem como qualquer outra consideração cabível no caso de uma solicitação de benefícios feita pela criança ou em seu nome.

Art. 27.
1. Os Estados Partes reconhecem o direito de toda criança a um nível de vida adequado ao seu desenvolvimento físico, mental, espiritual, moral e social.

2. Cabe aos pais, ou a outras pessoas encarregadas, a responsabilidade primordial de propiciar, de acordo com suas possibilidades e meios financeiros, as condições de vida necessárias ao desenvolvimento da criança.

3. Os Estados Partes, de acordo com as condições nacionais e dentro de suas possibilidades, adotarão medidas apropriadas a fim de ajudar os pais e outras pessoas responsáveis pela criança a tornar efetivo esse direito e, caso necessário, proporcionarão assistência material e programas de apoio, especialmente no que diz respeito à nutrição, ao vestuário e à habitação.

4. Os Estados Partes tomarão todas as medidas adequadas para assegurar o pagamento da pensão alimentícia por parte dos pais ou de outras pessoas financeiramente responsáveis pela criança, quer residam no Estado Parte quer no exterior. Nesse sentido, quando a pessoa que detém a responsabilidade financeira pela criança residir em Estado diferente daquele onde mora a criança, os Estados Partes promoverão a adesão a acordos internacionais ou a conclusão de tais acordos, bem como a adoção de outras medidas apropriadas.

Art. 28.

1. Os Estados Partes reconhecem o direito da criança à educação e, a fim de que ela possa exercer progressivamente e em igualdade de condições esse direito, deverão especialmente:

a) tornar o ensino primário obrigatório e disponível gratuitamente para todos;

b) estimular o desenvolvimento do ensino secundário em suas diferentes formas, inclusive o ensino geral e profissionalizante, tornando-o disponível e acessível a todas as crianças, e adotar medidas apropriadas tais como a implantação do ensino gratuito e a concessão de assistência financeira em caso de necessidade;

c) tornar o ensino superior acessível a todos com base na capacidade e por todos os meios adequados;

d) tornar a informação e a orientação educacionais e profissionais disponíveis e acessíveis a todas as crianças;

e) adotar medidas para estimular a frequência regular às escolas e a redução do índice de evasão escolar.

2. Os Estados Partes adotarão todas as medidas necessárias para assegurar que a disciplina escolar seja ministrada de maneira compatível com a dignidade humana da criança e em conformidade com a presente convenção.

3. Os Estados Partes promoverão e estimularão a cooperação internacional em questões relativas à educação, especialmente visando a contribuir para a eliminação da ignorância e do analfabetismo no mundo e facilitar o acesso aos conhecimentos científicos e técnicos e aos métodos modernos de ensino. A esse respeito, será dada atenção especial às necessidades dos países em desenvolvimento.

Art. 29.

1. Os Estados Partes reconhecem que a educação da criança deverá estar orientada no sentido de:

a) desenvolver a personalidade, as aptidões e a capacidade mental e física da criança em todo o seu potencial;

b) imbuir na criança o respeito aos direitos humanos e às liberdades fundamentais, bem como aos princípios consagrados na Carta das Nações Unidas;

c) imbuir na criança o respeito aos seus pais, à sua própria identidade cultural, ao seu idioma e seus valores, aos valores nacionais do país em que reside, aos do eventual país de origem, e aos das civilizações diferentes da sua;

d) preparar a criança para assumir uma vida responsável numa sociedade livre, com espírito de compreensão, paz, tolerância, igualdade de sexos e amizade entre todos os povos, grupos étnicos, nacionais e religiosos e pessoas de origem indígena;

e) imbuir na criança o respeito ao meio ambiente.

2. Nada do disposto no presente artigo ou no Artigo 28 será interpretado de modo a restringir a liberdade dos indivíduos ou das entidades de criar e dirigir instituições de ensino, desde que sejam respeitados os princípios enunciados no parágrafo 1 do presente artigo e que a educação ministrada em tais instituições esteja acorde com os padrões mínimos estabelecidos pelo Estado.

Art. 30. Nos Estados Partes onde existam minorias étnicas, religiosas ou linguísticas, ou pessoas de origem indígena, não será negado a uma criança que pertença a tais minorias ou que seja indígena o direito de, em comunidade com os demais membros de seu grupo, ter sua própria cultura, professar e praticar sua própria religião ou utilizar seu próprio idioma.

Art. 31.

1. Os Estados Partes reconhecem o direito da criança ao descanso e ao lazer, ao divertimento e às atividades recreativas próprias da idade, bem como à livre participação na vida cultural e artística.

2. Os Estados Partes respeitarão e promoverão o direito da criança de participar plenamente da vida cultural e artística e encorajarão a criação de oportunidades adequadas, em condições de igualdade, para que participem da vida cultural, artística, recreativa e de lazer.

Art. 32.
1. Os Estados Partes reconhecem o direito da criança de estar protegida contra a exploração econômica e contra o desempenho de qualquer trabalho que possa ser perigoso ou interferir em sua educação, ou que seja nocivo para sua saúde ou para seu desenvolvimento físico, mental, espiritual, moral ou social.
2. Os Estados Partes adotarão medidas legislativas, administrativas, sociais e educacionais com vistas a assegurar a aplicação do presente artigo. Com tal propósito, e levando em consideração as disposições pertinentes de outros instrumentos internacionais, os Estados Partes, deverão, em particular:
a) estabelecer uma idade ou idades mínimas para a admissão em empregos;
b) estabelecer regulamentação apropriada relativa a horários e condições de emprego;
c) estabelecer penalidades ou outras sanções apropriadas a fim de assegurar o cumprimento efetivo do presente artigo.
Art. 33. Os Estados Partes adotarão todas as medidas apropriadas, inclusive medidas legislativas, administrativas, sociais e educacionais, para proteger a criança contra o uso ilícito de drogas e substâncias psicotrópicas descritas nos tratados internacionais pertinentes e para impedir que crianças sejam utilizadas na produção e no tráfico ilícito dessas substâncias.
Art. 34. Os Estados Partes se comprometem a proteger a criança contra todas as formas de exploração e abuso sexual. Nesse sentido, os Estados Partes tomarão, em especial, todas as medidas de caráter nacional, bilateral e multilateral que sejam necessárias para impedir:
a) o incentivo ou a coação para que uma criança se dedique a qualquer atividade sexual ilegal;
b) a exploração da criança na prostituição ou outras práticas sexuais ilegais;
c) a exploração da criança em espetáculos ou materiais pornográficos.
Art. 35. Os Estados Partes tomarão todas as medidas de caráter nacional, bilateral e multilateral que sejam necessárias para impedir o sequestro, a venda ou o tráfico de crianças para qualquer fim ou sob qualquer forma.
Art. 36. Os Estados Partes protegerão a criança contra todas as demais formas de exploração que sejam prejudiciais para qualquer aspecto de seu bem-estar.
Art. 37. Os Estados Partes zelarão para que:
a) nenhuma criança seja submetida a tortura nem a outros tratamentos ou penas cruéis, desumanos ou degradantes. Não será imposta a pena de morte nem a prisão perpétua sem possibilidade de livramento por delitos cometidos por menores de dezoito anos de idade;
b) nenhuma criança seja privada de sua liberdade de forma ilegal ou arbitrária. A detenção, a reclusão ou a prisão de uma criança será efetuada em conformidade com a lei e apenas como último recurso, e durante o mais breve período de tempo que for apropriado;
c) toda criança privada da liberdade seja tratada com a humanidade e o respeito que merece a dignidade inerente à pessoa humana, e levando-se em consideração as necessidades de uma pessoa de sua idade. Em especial, toda criança privada de sua liberdade ficará separada dos adultos, a não ser que tal fato seja considerado contrário aos melhores interesses da criança, e terá direito a manter contato com sua família por meio de correspondência ou de visitas, salvo em circunstâncias excepcionais;
d) toda criança privada de sua liberdade tenha direito a rápido acesso a assistência jurídica e a qualquer outra assistência adequada, bem como direito a impugnar a legalidade da privação de sua liberdade perante um tribunal ou outra autoridade competente, independente e imparcial e a uma rápida decisão a respeito de tal ação.
Art. 38.
1. Os Estados Partes se comprometem a respeitar e a fazer com que sejam respeitadas as normas do direito humanitário internacional aplicáveis em casos de conflito armado no que digam respeito às crianças.
2. Os Estados Partes adotarão todas as medidas possíveis a fim de assegurar que todas as pessoas que ainda não tenham completado quinze anos de idade não participem diretamente de hostilidades.
3. Os Estados Partes abster-se-ão de recrutar pessoas que não tenham completado quinze anos de idade para servir em suas forças armadas. Caso recrutem pessoas que tenham completado quinze anos mas que tenham menos de dezoito anos, deverão procurar dar prioridade aos de mais idade.
4. Em conformidade com suas obrigações de acordo com o direito humanitário internacional para

proteção da população civil durante os conflitos armados, os Estados Partes adotarão todas as medidas necessárias a fim de assegurar a proteção e o cuidado das crianças afetadas por um conflito armado.

Art. 39. Os Estados Partes adotarão todas as medidas apropriadas para estimular a recuperação física e psicológica e a reintegração social de toda criança vítima de qualquer forma de abandono, exploração ou abuso; tortura ou outros tratamentos ou penas cruéis, desumanos ou degradantes; ou conflitos armados. Essa recuperação e reintegração serão efetuadas em ambiente que estimule a saúde, o respeito próprio e a dignidade da criança.

Art. 40.

1. Os Estados Partes reconhecem o direito de toda criança a quem se alegue ter infringido as leis penais ou a quem se acuse ou declare culpada de ter infringido as leis penais de ser tratada de modo a promover e estimular seu sentido de dignidade e de valor e a fortalecer o respeito da criança pelos direitos humanos e pelas liberdades fundamentais de terceiros, levando em consideração a idade da criança e a importância de se estimular sua reintegração e seu desempenho construtivo na sociedade.

2. Nesse sentido, e de acordo com as disposições pertinentes dos instrumentos internacionais, os Estados Partes assegurarão, em particular:

a) que não se alegue que nenhuma criança tenha infringido as leis penais, nem se acuse ou declare culpada nenhuma criança de ter infringido essas leis, por atos ou omissões que não eram proibidos pela legislação nacional ou pelo direito internacional no momento em que foram cometidos;

b) que toda criança de quem se alegue ter infringido as leis penais ou a quem se acuse de ter infringido essas leis goze, pelo menos, das seguintes garantias:

I. ser considerada inocente enquanto não for comprovada sua culpabilidade conforme a lei;

II. ser informada sem demora e diretamente ou, quando for o caso, por intermédio de seus pais ou de seus representantes legais, das acusações que pesam contra ela, e dispor de assistência jurídica ou outro tipo de assistência apropriada para a preparação e apresentação de sua defesa;

III. ter a causa decidida sem demora por autoridade ou órgão judicial competente, independente e imparcial, em audiência justa conforme a lei, com assistência jurídica ou outra assistência e, a não ser que seja considerado contrário aos melhores interesses da criança, levando em consideração especialmente sua idade ou situação e a de seus pais ou representantes legais;

IV. não ser obrigada a testemunhar ou a se declarar culpada, e poder interrogar ou fazer com que sejam interrogadas as testemunhas de acusação bem como poder obter a participação e o interrogatório de testemunhas em sua defesa, em igualdade de condições;

V. se for decidido que infringiu as leis penais, ter essa decisão e qualquer medida imposta em decorrência da mesma submetidas a revisão por autoridade ou órgão judicial superior competente, independente e imparcial, de acordo com a lei;

VI. contar com a assistência gratuita de um intérprete caso a criança não compreenda ou fale o idioma utilizado;

VII. ter plenamente respeitada sua vida privada durante todas as fases do processo.

3. Os Estados Partes buscarão promover o estabelecimento de leis, procedimentos, autoridades e instituições específicas para as crianças de quem se alegue ter infringido as leis penais ou que sejam acusadas ou declaradas culpadas de tê-las infringido, e em particular:

a) o estabelecimento de uma idade mínima antes da qual se presumirá que a criança não tem capacidade para infringir as leis penais;

b) a adoção sempre que conveniente e desejável, de medidas para tratar dessas crianças sem recorrer a procedimentos judiciais, contando que sejam respeitados plenamente os direitos humanos e as garantias legais.

4. Diversas medidas, tais como ordens de guarda, orientação e supervisão, aconselhamento, liberdade vigiada, colocação em lares de adoção, programas de educação e formação profissional, bem como outras alternativas à internação em instituições, deverão estar disponíveis para garantir que as crianças sejam tratadas de modo apropriado ao seu bem-estar e de forma proporcional às circunstâncias e ao tipo do delito.

Art. 41. Nada do estipulado na presente Convenção afetará disposições que sejam mais convenientes para a realização dos direitos da criança e que podem constar:

a) das leis de um Estado Parte;

b) das normas de direito internacional vigentes para esse Estado.

PARTE II

Art. 42. Os Estados Partes se comprometem a dar aos adultos e às crianças amplo conhecimento dos princípios e disposições da convenção, mediante a utilização de meios apropriados e eficazes.

Art. 43.

1. A fim de examinar os progressos realizados no cumprimento das obrigações contraídas pelos Estados Partes na presente convenção, deverá ser estabelecido um Comitê para os Direitos da Criança que desempenhará as funções a seguir determinadas.

2. O comitê estará integrado por dez especialistas de reconhecida integridade moral e competência nas áreas cobertas pela presente convenção. Os membros do comitê serão eleitos pelos Estados Partes dentre seus nacionais e exercerão suas funções a título pessoal, tomando-se em devida conta a distribuição geográfica equitativa bem como os principais sistemas jurídicos.

3. Os membros do comitê serão escolhidos, em votação secreta, de uma lista de pessoas indicadas pelos Estados Partes. Cada Estado Parte poderá indicar uma pessoa dentre os cidadãos de seu país.

4. A eleição inicial para o comitê será realizada, no mais tardar, seis meses após a entrada em vigor da presente convenção e, posteriormente, a cada dois anos. No mínimo quatro meses antes da data marcada para cada eleição, o Secretário-Geral das Nações Unidas enviará uma carta aos Estados Partes convidando-os a apresentar suas candidaturas num prazo de dois meses. O Secretário-Geral elaborará posteriormente uma lista da qual farão parte, em ordem alfabética, todos os candidatos indicados e os Estados Partes que os designaram, e submeterá a mesma aos Estados Partes presentes à Convenção.

5. As eleições serão realizadas em reuniões dos Estados Partes convocadas pelo Secretário-Geral na Sede das Nações Unidas. Nessas reuniões, para as quais o quórum será de dois terços dos Estados Partes, os candidatos eleitos para o comitê serão aqueles que obtiverem o maior número de votos e a maioria absoluta de votos dos representantes dos Estados Partes presentes e votantes.

6. Os membros do comitê serão eleitos para um mandato de quatro anos. Poderão ser reeleitos caso sejam apresentadas novamente suas candidaturas. O mandato de cinco dos membros eleitos na primeira eleição expirará ao término de dois anos; imediatamente após ter sido realizada a primeira eleição, o presidente da reunião na qual a mesma se efetuou escolherá por sorteio os nomes desses cinco membros.

7. Caso um membro do comitê venha a falecer ou renuncie ou declare que por qualquer outro motivo não poderá continuar desempenhando suas funções, o Estado Parte que indicou esse membro designará outro especialista, dentre seus cidadãos, para que exerça o mandato até seu término, sujeito à aprovação do comitê.

8. O comitê estabelecerá suas próprias regras de procedimento.

9. O comitê elegerá a mesa para um período de dois anos.

10. As reuniões do comitê serão celebradas normalmente na sede das Nações Unidas ou em qualquer outro lugar que o comitê julgar conveniente. O comitê se reunirá normalmente todos os anos. A duração das reuniões do comitê será determinada e revista, se for o caso, em uma reunião dos Estados Partes da presente convenção, sujeita à aprovação da Assembleia Geral.

11. O Secretário-Geral das Nações Unidas fornecerá o pessoal e os serviços necessários para o desempenho eficaz das funções do comitê de acordo com a presente convenção.

12. Com prévia aprovação da Assembleia Geral, os membros do Comitê estabelecido de acordo com a presente convenção receberão emolumentos provenientes dos recursos das Nações Unidas, segundo os termos e condições determinados pela assembleia.

Art. 44.

1. Os Estados Partes se comprometem a apresentar ao comitê, por intermédio do Secretário-Geral das Nações Unidas, relatórios sobre as medidas que tenham adotado com vistas a tornar efetivos os direitos reconhecidos na convenção e sobre os progressos alcançados no desempenho desses direitos:
a) num prazo de dois anos a partir da data em que entrou em vigor para cada Estado Parte a presente convenção;
b) a partir de então, a cada cinco anos.

2. Os relatórios preparados em função do presente artigo deverão indicar as circunstâncias e as dificuldades, caso existam, que afetam o grau de cumprimento das obrigações derivadas da presente convenção. Deverão, também, conter informações suficientes para que o comitê compreenda, com exatidão, a implementação da convenção no país em questão.

3. Um Estado Parte que tenha apresentado um relatório inicial ao comitê não precisará repetir, nos relatórios posteriores a serem apresentados conforme o estipulado no subitem b) do parágrafo 1 do presente artigo, a informação básica fornecida anteriormente.

4. O comitê poderá solicitar aos Estados Partes maiores informações sobre a implementação da convenção.

5. A cada dois anos, o comitê submeterá relatórios sobre suas atividades à Assembleia Geral das Nações Unidas, por intermédio do Conselho Econômico e Social.

6. Os Estados Partes tornarão seus relatórios amplamente disponíveis ao público em seus respectivos países.

Art. 45. A fim de incentivar a efetiva implementação da Convenção e estimular a cooperação internacional nas esferas regulamentadas pela convenção:

a) os organismos especializados, o Fundo das Nações Unidas para a Infância e outros órgãos das Nações Unidas terão o direito de estar representados quando for analisada a implementação das disposições da presente convenção que estejam compreendidas no âmbito de seus mandatos. O comitê poderá convidar as agências especializadas, o Fundo das Nações Unidas para a Infância e outros órgãos competentes que considere apropriados a fornecer assessoramento especializado sobre a implementação da Convenção em matérias correspondentes a seus respectivos mandatos. O comitê poderá convidar as agências especializadas, o Fundo das Nações Unidas para Infância e outros órgãos das Nações Unidas a apresentarem relatórios sobre a implementação das disposições da presente convenção compreendidas no âmbito de suas atividades;

b) conforme julgar conveniente, o comitê transmitirá às agências especializadas, ao Fundo das Nações Unidas para a Infância e a outros órgãos competentes quaisquer relatórios dos Estados Partes que contenham um pedido de assessoramento ou de assistência técnica, ou nos quais se indique essa necessidade, juntamente com as observações e sugestões do comitê, se as houver, sobre esses pedidos ou indicações;

c) comitê poderá recomendar à Assembleia Geral que solicite ao Secretário-Geral que efetue, em seu nome, estudos sobre questões concretas relativas aos direitos da criança;

d) o comitê poderá formular sugestões e recomendações gerais com base nas informações recebidas nos termos dos Artigos 44 e 45 da presente convenção. Essas sugestões e recomendações gerais deverão ser transmitidas aos Estados Partes e encaminhadas à Assembleia Geral, juntamente com os comentários eventualmente apresentados pelos Estados Partes.

PARTE III

Art. 46. A presente convenção está aberta à assinatura de todos os Estados.

Art. 47. A presente convenção está sujeita à ratificação. Os instrumentos de ratificação serão depositados junto ao Secretário-Geral das Nações Unidas.

Art. 48. A presente convenção permanecerá aberta à adesão de qualquer Estado. Os instrumentos de adesão serão depositados junto ao Secretário-Geral das Nações Unidas.

Art. 49.

1. A presente convenção entrará em vigor no trigésimo dia após a data em que tenha sido depositado o vigésimo instrumento de ratificação ou de adesão junto ao Secretário-Geral das Nações Unidas.

2. Para cada Estado que venha a ratificar a convenção ou a aderir a ela após ter sido depositado o vigésimo instrumento de ratificação ou de adesão, a convenção entrará em vigor no trigésimo dia após o depósito, por parte do Estado, de seu instrumento de ratificação ou de adesão.

Art. 50.

1. Qualquer Estado Parte poderá propor uma emenda e registrá-la com o Secretário-Geral das Nações Unidas. O Secretário-Geral comunicará a emenda proposta aos Estados Partes, com a solicitação de que estes o notifiquem caso apoiem a convocação de uma Conferência de Estados Partes com o propósito de analisar as propostas e submetê-las à votação. Se, num prazo de quatro meses a partir da data dessa notificação, pelo menos um terço dos Estados Partes se declarar favorável a tal Conferência, o Secretário-Geral convocará conferência, sob os auspícios das Nações Unidas. Qualquer emenda

adotada pela maioria de Estados Partes presentes e votantes na conferência será submetida pelo Secretário-Geral à Assembleia Geral para sua aprovação.
2. Uma emenda adotada em conformidade com o parágrafo 1 do presente artigo entrará em vigor quando aprovada pela Assembleia Geral das Nações Unidas e aceita por uma maioria de dois terços de Estados Partes.
3. Quando uma emenda entrar em vigor, ela será obrigatória para os Estados Partes que as tenham aceito, enquanto os demais Estados Partes permanecerão obrigados pelas disposições da presente convenção e pelas emendas anteriormente aceitas por eles.
Art. 51.
1. O Secretário-Geral das Nações Unidas receberá e comunicará a todos os Estados Partes o texto das reservas feitas pelos Estados no momento da ratificação ou da adesão.
2. Não será permitida nenhuma reserva incompatível com o objetivo e o propósito da presente convenção.
3. Quaisquer reservas poderão ser retiradas a qualquer momento mediante uma notificação nesse sentido dirigida ao Secretário-Geral das Nações Unidas, que informará a todos os Estados. Essa notificação entrará em vigor a partir da data de recebimento da mesma pelo Secretário-Geral.
Art. 52. Um Estado Parte poderá denunciar a presente convenção mediante notificação feita por escrito ao Secretário-Geral das Nações Unidas. A denúncia entrará em vigor um ano após a data em que a notificação tenha sido recebida pelo Secretário-Geral.
Art. 53. Designa-se para depositário da presente convenção o Secretário-Geral das Nações Unidas.
Art. 54. O original da presente convenção, cujos textos em árabe chinês, espanhol, francês, inglês e russo são igualmente autênticos, será depositado em poder do Secretário-Geral das Nações Unidas.
Em fé do que, os plenipotenciários abaixo assinados, devidamente autorizados por seus respectivos Governos, assinaram a presente Convenção.

Convenção das Nações Unidas Contra o Crime Organizado Transnacional – 2004

(Convenção de Palermo)
Decreto no 5.015, de 12 de março de 2004
Promulga a Convenção das Nações Unidas contra o Crime Organizado Transnacional.
O presidente da república, no uso da atribuição que lhe confere o art. 84, inciso IV, da Constituição, e
Considerando que o Congresso Nacional aprovou, por meio do Decreto Legislativo no 231, de 29 de maio de 2003, o texto da Convenção das Nações Unidas contra o Crime Organizado Transnacional, adotada em Nova York, em 15 de novembro de 2000;
Considerando que o Governo brasileiro depositou o instrumento de ratificação junto à Secretaria-Geral da ONU, em 29 de janeiro de 2004;
Considerando que a Convenção entrou em vigor internacional, em 29 de setembro de 2003, e entrou em vigor para o Brasil, em 28 de fevereiro de 2004;
decreta:
Art. 1. A Convenção das Nações Unidas contra o Crime Organizado Transnacional, adotada em Nova York, em 15 de novembro de 2000, apensa por cópia ao presente Decreto, será executada e cumprida tão inteiramente como nela se contém.
Art. 2. São sujeitos à aprovação do Congresso Nacional quaisquer atos que possam resultar em revisão da referida Convenção ou que acarretem encargos ou compromissos gravosos ao patrimônio nacional, nos termos do art. 49, inciso I, da Constituição.
Art. 3. Este Decreto entra em vigor na data de sua publicação.
Brasília, 12 de março de 2004; 183º da Independência e 116º da República.
Luiz Inácio lula da silva
Samuel Pinheiro Guimarães Neto

Este texto não substitui o publicado no dou de 15.3.2004.

CONVENÇÃO DAS NAÇÕES UNIDAS CONTRA O CRIME ORGANIZADO TRANSNACIONAL

Art. 1. Objetivo
O objetivo da presente Convenção consiste em promover a cooperação para prevenir e combater mais eficazmente a criminalidade organizada transnacional.

Art. 2. Terminologia
Para efeitos da presente Convenção, entende-se por:
a) "Grupo criminoso organizado" – grupo estruturado de três ou mais pessoas, existente há algum tempo e atuando concertadamente com o propósito de cometer uma ou mais infrações graves ou enunciadas na presente Convenção, com a intenção de obter, direta ou indiretamente, um benefício econômico ou outro benefício material;
b) "Infração grave" – ato que constitua infração punível com uma pena de privação de liberdade, cujo máximo não seja inferior a quatro anos ou com pena superior;
c) "Grupo estruturado" – grupo formado de maneira não fortuita para a prática imediata de uma infração, ainda que os seus membros não tenham funções formalmente definidas, que não haja continuidade na sua composição e que não disponha de uma estrutura elaborada;
d) "Bens" – os ativos de qualquer tipo, corpóreos ou incorpóreos, móveis ou imóveis, tangíveis ou intangíveis, e os documentos ou instrumentos jurídicos que atestem a propriedade ou outros direitos sobre os referidos ativos;
e) "Produto do crime" – os bens de qualquer tipo, provenientes, direta ou indiretamente, da prática de um crime;
f) "Bloqueio" ou "apreensão" – a proibição temporária de transferir, converter, dispor ou movimentar bens, ou a custódia ou controle temporário de bens, por decisão de um tribunal ou de outra autoridade competente;
g) "Confisco" – a privação com caráter definitivo de bens, por decisão de um tribunal ou outra autoridade competente;
h) "Infração principal" – qualquer infração de que derive um produto que possa passar a constituir objeto de uma infração definida no Artigo 6 da presente Convenção;
i) "Entrega vigiada" – a técnica que consiste em permitir que remessas ilícitas ou suspeitas saiam do território de um ou mais Estados, os atravessem ou neles entrem, com o conhecimento e sob o controle das suas autoridades competentes, com a finalidade de investigar infrações e identificar as pessoas envolvidas na sua prática;
j) "Organização regional de integração econômica" – uma organização constituída por Estados soberanos de uma região determinada, para a qual estes Estados tenham transferido competências nas questões reguladas pela presente Convenção e que tenha sido devidamente mandatada, em conformidade com os seus procedimentos internos, para assinar, ratificar, aceitar ou aprovar a Convenção ou a ela aderir; as referências aos "Estados Partes" constantes da presente Convenção são aplicáveis a estas organizações, nos limites das suas competências.

Art. 3. Âmbito de aplicação
1. Salvo disposição em contrário, a presente Convenção é aplicável à prevenção, investigação, instrução e julgamento de:
a) Infrações enunciadas nos Artigos 5, 6, 8 e 23 da presente Convenção; e
b) Infrações graves, na acepção do Artigo 2 da presente Convenção;
sempre que tais infrações sejam de caráter transnacional e envolvam um grupo criminoso organizado;
2. Para efeitos do parágrafo 1 do presente Artigo, a infração será de caráter transnacional se:
a) For cometida em mais de um Estado;
b) For cometida num só Estado, mas uma parte substancial da sua preparação, planeamento, direção e controle tenha lugar em outro Estado;
c) For cometida num só Estado, mas envolva a participação de um grupo criminoso organizado que pratique atividades criminosas em mais de um Estado; ou
d) For cometida num só Estado, mas produza efeitos substanciais noutro Estado.

Art. 4. Proteção da soberania
1. Os Estados Partes cumprirão as suas obrigações decorrentes da presente Convenção no respeito pelos princípios da igualdade soberana e da integridade territorial dos Estados, bem como da não ingerência nos assuntos internos de outros Estados.
2. O disposto na presente Convenção não autoriza qualquer Estado Parte a exercer, em território de

outro Estado, jurisdição ou funções que o direito interno desse Estado reserve exclusivamente às suas autoridades.

Art. 5. Criminalização da participação em um grupo criminoso organizado

1. Cada Estado Parte adotará as medidas legislativas ou outras que sejam necessárias para caracterizar como infração penal, quando praticado intencionalmente:

a) Um dos atos seguintes, ou ambos, enquanto infrações penais distintas das que impliquem a tentativa ou a consumação da atividade criminosa:

i) O entendimento com uma ou mais pessoas para a prática de uma infração grave, com uma intenção direta ou indiretamente relacionada com a obtenção de um benefício econômico ou outro benefício material e, quando assim prescrever o direito interno, envolvendo um ato praticado por um dos participantes para concretizar o que foi acordado ou envolvendo a participação de um grupo criminoso organizado;

ii) A conduta de qualquer pessoa que, conhecendo a finalidade e a atividade criminosa geral de um grupo criminoso organizado, ou a sua intenção de cometer as infrações em questão, participe ativamente em:

a) Atividades ilícitas do grupo criminoso organizado;

b) Outras atividades do grupo criminoso organizado, sabendo que a sua participação contribuirá para a finalidade criminosa acima referida;

c) O ato de organizar, dirigir, ajudar, incitar, facilitar ou aconselhar a prática de uma infração grave que envolva a participação de um grupo criminoso organizado.

2. O conhecimento, a intenção, a finalidade, a motivação ou o acordo a que se refere o parágrafo 1 do presente Artigo poderão inferir-se de circunstâncias factuais objetivas.

3. Os Estados Partes cujo direito interno condicione a incriminação pelas infrações referidas no inciso I) da alínea a) do parágrafo 1 do presente Artigo ao envolvimento de um grupo criminoso organizado diligenciarão no sentido de que o seu direito interno abranja todas as infrações graves que envolvam a participação de grupos criminosos organizados. Estes Estados Partes, assim como os Estados Partes cujo direito interno condicione a incriminação pelas infrações definidas no inciso I) da alínea a) do parágrafo 1 do presente Artigo à prática de um ato concertado, informarão deste fato o Secretário-Geral da Organização das Nações Unidas, no momento da assinatura ou do depósito do seu instrumento de ratificação, aceitação, aprovação ou adesão à presente Convenção.

Art. 6. Criminalização da lavagem do produto do crime

Cada Estado Parte adotará, em conformidade com os princípios fundamentais do seu direito interno, as medidas legislativas ou outras que sejam necessárias para caracterizar como infração penal, quando praticada intencionalmente:

1. a) i) A conversão ou transferência de bens, quando quem o faz tem conhecimento de que esses bens são produto do crime, com o propósito de ocultar ou dissimular a origem ilícita dos bens ou ajudar qualquer pessoa envolvida na prática da infração principal a furtar-se às consequências jurídicas dos seus atos;

ii) A ocultação ou dissimulação da verdadeira natureza, origem, localização, disposição, movimentação ou propriedade de bens ou direitos a eles relativos, sabendo o seu autor que os ditos bens são produto do crime;

b) e, sob reserva dos conceitos fundamentais do seu ordenamento jurídico:

i) A aquisição, posse ou utilização de bens, sabendo aquele que os adquire, possui ou utiliza, no momento da recepção, que são produto do crime;

ii) A participação na prática de uma das infrações enunciadas no presente Artigo, assim como qualquer forma de associação, acordo, tentativa ou cumplicidade, pela prestação de assistência, ajuda ou aconselhamento no sentido da sua prática.

2. Para efeitos da aplicação do parágrafo 1 do presente Artigo:

a) Cada Estado Parte procurará aplicar o parágrafo 1 do presente Artigo à mais ampla gama possível de infrações principais;

b) Cada Estado Parte considerará como infrações principais todas as infrações graves, na acepção do Artigo 2 da presente Convenção, e as infrações enunciadas nos seus Artigos 5, 8 e 23. Os Estados Partes cuja legislação estabeleça uma lista de infrações principais específicas incluirá entre estas, pelo menos, uma gama completa de infrações relacionadas com grupos criminosos organizados;

c) Para efeitos da alínea b), as infrações principais incluirão as infrações cometidas tanto dentro como fora da jurisdição do Estado Parte interessado. No entanto, as infrações cometidas fora da jurisdição de um Estado Parte só constituirão infração principal quando o ato correspondente constitua infração penal à luz do direito interno do Estado em que tenha sido praticado e constitua infração penal à luz do direito interno do Estado Parte que aplique o presente Artigo se o crime aí tivesse sido cometido;

d) Cada Estado Parte fornecerá ao Secretário-Geral das Nações Unidas uma cópia ou descrição das suas leis destinadas a dar aplicação ao presente Artigo e de qualquer alteração posterior;

e) Se assim o exigirem os princípios fundamentais do direito interno de um Estado Parte, poderá estabelecer-se que as infrações enunciadas no parágrafo 1 do presente Artigo não sejam aplicáveis às pessoas que tenham cometido a infração principal;

f) O conhecimento, a intenção ou a motivação, enquanto elementos constitutivos de uma infração enunciada no parágrafo 1 do presente Artigo, poderão inferir-se de circunstâncias fatuais objetivas.

Art. 7. Medidas para combater a lavagem de dinheiro

1. Cada Estado Parte:

a) Instituirá um regime interno completo de regulamentação e controle dos bancos e instituições financeiras não bancárias e, quando se justifique, de outros organismos especialmente susceptíveis de ser utilizados para a lavagem de dinheiro, dentro dos limites da sua competência, a fim de prevenir e detectar qualquer forma de lavagem de dinheiro, sendo nesse regime enfatizados os requisitos relativos à identificação do cliente, ao registro das operações e à denúncia de operações suspeitas;

b) Garantirá, sem prejuízo da aplicação dos Artigos 18 e 27 da presente Convenção, que as autoridades responsáveis pela administração, regulamentação, detecção e repressão e outras autoridades responsáveis pelo combate à lavagem de dinheiro (incluindo, quando tal esteja previsto no seu direito interno, as autoridades judiciais), tenham a capacidade de cooperar e trocar informações em âmbito nacional e internacional, em conformidade com as condições prescritas no direito interno, e, para esse fim, considerará a possibilidade de criar um serviço de informação financeira que funcione como centro nacional de coleta, análise e difusão de informação relativa a eventuais atividades de lavagem de dinheiro.

2. Os Estados Partes considerarão a possibilidade de aplicar medidas viáveis para detectar e vigiar o movimento transfronteiriço de numerário e de títulos negociáveis, no respeito pelas garantias relativas à legítima utilização da informação e sem, por qualquer forma, restringir a circulação de capitais lícitos. Estas medidas poderão incluir a exigência de que os particulares e as entidades comerciais notifiquem as transferências transfronteiriças de quantias elevadas em numerário e títulos negociáveis.

3. Ao instituírem, nos termos do presente Artigo, um regime interno de regulamentação e controle, e sem prejuízo do disposto em qualquer outro artigo da presente Convenção, todos os Estados Partes são instados a utilizar como orientação as iniciativas pertinentes tomadas pelas organizações regionais, inter-regionais e multilaterais para combater a lavagem de dinheiro.

4. Os Estados Partes diligenciarão no sentido de desenvolver e promover a cooperação à escala mundial, regional, sub-regional e bilateral entre as autoridades judiciais, os organismos de detecção e repressão e as autoridades de regulamentação financeira, a fim de combater a lavagem de dinheiro.

Art. 8. Criminalização da corrupção

1. Cada Estado Parte adotará as medidas legislativas e outras que sejam necessárias para caracterizar como infrações penais os seguintes atos, quando intencionalmente cometidos:

a) Prometer, oferecer ou conceder a um agente público, direta ou indiretamente, um benefício indevido, em seu proveito próprio ou de outra pessoa ou entidade, a fim de praticar ou se abster de praticar um ato no desempenho das suas funções oficiais;

b) Por um agente público, pedir ou aceitar, direta ou indiretamente, um benefício indevido, para si ou para outra pessoa ou entidade, a fim de praticar ou se abster de praticar um ato no desempenho das suas funções oficiais.

2. Cada Estado Parte considerará a possibilidade de adotar as medidas legislativas ou outras que sejam necessárias para conferir o caráter de infração penal aos atos enunciados no parágrafo 1 do presente Artigo que envolvam um agente público estrangeiro ou um funcionário internacional. Do mesmo modo, cada Estado Parte considerará a possibilidade de conferir o caráter de infração penal a outras formas de corrupção.

3. Cada Estado Parte adotará igualmente as medidas necessárias para conferir o caráter de infração penal à cumplicidade na prática de uma infração enunciada no presente Artigo.

4. Para efeitos do parágrafo 1 do presente Artigo e do Artigo 9, a expressão "agente público" designa, além do funcionário público, qualquer pessoa que preste um serviço público, tal como a expressão é definida no direito interno e aplicada no direito penal do Estado Parte onde a pessoa em questão exerce as suas funções.

Art. 9. Medidas contra a corrupção

1. Para além das medidas enunciadas no Artigo 8 da presente Convenção, cada Estado Parte, na medida em que seja procedente e conforme ao seu ordenamento jurídico, adotará medidas eficazes de ordem legislativa, administrativa ou outra para promover a integridade e prevenir, detectar e punir a corrupção dos agentes públicos.

2. Cada Estado Parte tomará medidas no sentido de se assegurar de que as suas autoridades atuam eficazmente em matéria de prevenção, detecção e repressão da corrupção de agentes públicos, inclusivamente conferindo a essas autoridades independência suficiente para impedir qualquer influência indevida sobre a sua atuação.

Art. 10. Responsabilidade das pessoas jurídicas

1. Cada Estado Parte adotará as medidas necessárias, em conformidade com o seu ordenamento jurídico, para responsabilizar pessoas jurídicas que participem em infrações graves envolvendo um grupo criminoso organizado e que cometam as infrações enunciadas nos Artigos 5, 6, 8 e 23 da presente Convenção.

2. No respeito pelo ordenamento jurídico do Estado Parte, a responsabilidade das pessoas jurídicas poderá ser penal, civil ou administrativa.

3. A responsabilidade das pessoas jurídicas não obstará à responsabilidade penal das pessoas físicas que tenham cometido as infrações.

4. Cada Estado Parte diligenciará, em especial, no sentido de que as pessoas jurídicas consideradas responsáveis em conformidade com o presente Artigo sejam objeto de sanções eficazes, proporcionais e acautelatórias, de natureza penal e não penal, incluindo sanções pecuniárias.

Art. 11. Processos judiciais, julgamento e sanções

1. Cada Estado Parte tornará a prática de qualquer infração enunciada nos Artigos 5, 6, 8 e 23 da presente Convenção passível de sanções que tenham em conta a gravidade dessa infração.

2. Cada Estado Parte diligenciará para que qualquer poder judicial discricionário conferido pelo seu direito interno e relativo a processos judiciais contra indivíduos por infrações previstas na presente Convenção seja exercido de forma a otimizar a eficácia das medidas de detecção e de repressão destas infrações, tendo na devida conta a necessidade de exercer um efeito cautelar da sua prática.

3. No caso de infrações como as enunciadas nos Artigos 5, 6, 8 e 23 da presente Convenção, cada Estado Parte tomará as medidas apropriadas, em conformidade com o seu direito interno, e tendo na devida conta os direitos da defesa, para que as condições a que estão sujeitas as decisões de aguardar julgamento em liberdade ou relativas ao processo de recurso tenham em consideração a necessidade de assegurar a presença do arguido em todo o processo penal ulterior.

4. Cada Estado Parte providenciará para que os seus tribunais ou outras autoridades competentes tenham presente a gravidade das infrações previstas na presente Convenção quando considerarem a possibilidade de uma libertação antecipada ou condicional de pessoas reconhecidas como culpadas dessas infrações.

5. Sempre que as circunstâncias o justifiquem, cada Estado Parte determinará, no âmbito do seu direito interno, um prazo de prescrição prolongado, durante o qual poderá ter início o processo relativo a uma das infrações previstas na presente Convenção, devendo esse período ser mais longo quando o presumível autor da infração se tenha subtraído à justiça.

6. Nenhuma das disposições da presente Convenção prejudica o princípio segundo o qual a definição das infrações nela enunciadas e dos meios jurídicos de defesa aplicáveis, bem como outros princípios jurídicos que rejam a legalidade das incriminações, são do foro exclusivo do direito interno desse Estado Parte, e segundo o qual as referidas infrações são objeto de procedimento judicial e punidas de acordo com o direito desse Estado Parte.

Art. 12. Confisco e apreensão

1. Os Estados Partes adotarão, na medida em que o seu ordenamento jurídico interno o permita, as medidas necessárias para permitir o confisco:

a) Do produto das infrações previstas na presente Convenção ou de bens cujo valor corresponda ao desse produto;
b) Dos bens, equipamentos e outros instrumentos utilizados ou destinados a ser utilizados na prática das infrações previstas na presente Convenção.

2. Os Estados Partes tomarão as medidas necessárias para permitir a identificação, a localização, o embargo ou a apreensão dos bens referidos no parágrafo 1 do presente Artigo, para efeitos de eventual confisco.

3. Se o produto do crime tiver sido convertido, total ou parcialmente, noutros bens, estes últimos podem ser objeto das medidas previstas no presente Artigo, em substituição do referido produto.

4. Se o produto do crime tiver sido misturado com bens adquiridos legalmente, estes bens poderão, sem prejuízo das competências de embargo ou apreensão, ser confiscados até ao valor calculado do produto com que foram misturados.

5. As receitas ou outros benefícios obtidos com o produto do crime, os bens nos quais o produto tenha sido transformado ou convertido ou os bens com que tenha sido misturado podem também ser objeto das medidas previstas no presente Artigo, da mesma forma e na mesma medida que o produto do crime.

6. Para efeitos do presente Artigo e do Artigo 13, cada Estado Parte habilitará os seus tribunais ou outras autoridades competentes para ordenarem a apresentação ou a apreensão de documentos bancários, financeiros ou comerciais. Os Estados Partes não poderão invocar o sigilo bancário para se recusarem a aplicar as disposições do presente número.

7. Os Estados Partes poderão considerar a possibilidade de exigir que o autor de uma infração demonstre a proveniência lícita do presumido produto do crime ou de outros bens que possam ser objeto de confisco, na medida em que esta exigência esteja em conformidade com os princípios do seu direito interno e com a natureza do processo ou outros procedimentos judiciais.

8. As disposições do presente Artigo não deverão, em circunstância alguma, ser interpretadas de modo a afetar os direitos de terceiros de boa-fé.

9. Nenhuma das disposições do presente Artigo prejudica o princípio segundo o qual as medidas nele previstas são definidas e aplicadas em conformidade com o direito interno de cada Estado Parte e segundo as disposições deste direito.

Art. 13. Cooperação internacional para efeitos de confisco

1. Na medida em que o seu ordenamento jurídico interno o permita, um Estado Parte que tenha recebido de outro Estado Parte, competente para conhecer de uma infração prevista na presente Convenção, um pedido de confisco do produto do crime, bens, equipamentos ou outros instrumentos referidos no parágrafo 1 do Artigo 12 da presente Convenção que se encontrem no seu território, deverá:
a) Submeter o pedido às suas autoridades competentes, a fim de obter uma ordem de confisco e, se essa ordem for emitida, executá-la; ou
b) Submeter às suas autoridades competentes, para que seja executada conforme o solicitado, a decisão de confisco emitida por um tribunal situado no território do Estado Parte requerente, em conformidade com o parágrafo 1 do Artigo 12 da presente Convenção, em relação ao produto do crime, bens, equipamentos ou outros instrumentos referidos no parágrafo 1 do Artigo 12 que se encontrem no território do Estado Parte requerido.

2. Quando um pedido for feito por outro Estado Parte competente para conhecer de uma infração prevista na presente Convenção, o Estado Parte requerido tomará medidas para identificar, localizar, embargar ou apreender o produto do crime, os bens, os equipamentos ou os outros instrumentos referidos no parágrafo 1 do Artigo 12 da presente Convenção, com vista a um eventual confisco que venha a ser ordenado, seja pelo Estado Parte requerente, seja, na sequência de um pedido formulado ao abrigo do parágrafo 1 do presente Artigo, pelo Estado Parte requerido.

3. As disposições do Artigo 18 da presente Convenção aplicam-se mutatis mutandis ao presente Artigo. Para além das informações referidas no parágrafo 15 do Artigo 18, os pedidos feitos em conformidade com o presente Artigo deverão conter:
a) Quando o pedido for feito ao abrigo da alínea a) do parágrafo 1 do presente Artigo, uma descrição dos bens a confiscar e uma exposição dos fatos em que o Estado Parte requerente se baseia, que permita ao Estado Parte requerido obter uma decisão de confisco em conformidade com o seu direito interno;

b) Quando o pedido for feito ao abrigo da alínea b) do parágrafo 1 do presente Artigo, uma cópia legalmente admissível da decisão de confisco emitida pelo Estado Parte requerente em que se baseia o pedido, uma exposição dos fatos e informações sobre os limites em que é pedida a execução da decisão;

c) Quando o pedido for feito ao abrigo do parágrafo 2 do presente Artigo, uma exposição dos fatos em que se baseia o Estado Parte requerente e uma descrição das medidas pedidas.

4. As decisões ou medidas previstas nos parágrafo 1 e parágrafo 2 do presente Artigo são tomadas pelo Estado Parte requerido em conformidade com o seu direito interno e segundo as disposições do mesmo direito, e em conformidade com as suas regras processuais ou com qualquer tratado, acordo ou protocolo bilateral ou multilateral que o ligue ao Estado Parte requerente.

5. Cada Estado Parte enviará ao Secretário-Geral da Organização das Nações Unidas uma cópia das suas leis e regulamentos destinados a dar aplicação ao presente Artigo, bem como uma cópia de qualquer alteração ulteriormente introduzida a estas leis e regulamentos ou uma descrição destas leis, regulamentos e alterações ulteriores.

6. Se um Estado Parte decidir condicionar a adoção das medidas previstas nos parágrafos 1 e 2 do presente Artigo à existência de um tratado na matéria, deverá considerar a presente Convenção como uma base jurídica necessária e suficiente para o efeito.

7. Um Estado Parte poderá recusar a cooperação que lhe é solicitada ao abrigo do presente Artigo, caso a infração a que se refere o pedido não seja abrangida pela presente Convenção.

8. As disposições do presente Artigo não deverão, em circunstância alguma, ser interpretadas de modo a afetar os direitos de terceiros de boa-fé.

9. Os Estados Partes considerarão a possibilidade de celebrar tratados, acordos ou protocolos bilaterais ou multilaterais com o objetivo de reforçar a eficácia da cooperação internacional desenvolvida para efeitos do presente Artigo.

Art. 14. Disposição do produto do crime ou dos bens confiscados

1. Um Estado Parte que confisque o produto do crime ou bens, em aplicação do Artigo 12 ou do parágrafo 1 do Artigo 13 da presente Convenção, disporá deles de acordo com o seu direito interno e os seus procedimentos administrativos.

2. Quando os Estados Partes agirem a pedido de outro Estado Parte em aplicação do Artigo 13 da presente Convenção, deverão, na medida em que o permita o seu direito interno e se tal lhes for solicitado, considerar prioritariamente a restituição do produto do crime ou dos bens confiscados ao Estado Parte requerente, para que este último possa indenizar as vítimas da infração ou restituir este produto do crime ou estes bens aos seus legítimos proprietários.

3. Quando um Estado Parte atuar a pedido de um outro Estado Parte em aplicação dos Artigos 12 e 13 da presente Convenção, poderá considerar especialmente a celebração de acordos ou protocolos que prevejam:

a) Destinar o valor deste produto ou destes bens, ou os fundos provenientes da sua venda, ou uma parte destes fundos, à conta criada em aplicação da alínea c) do parágrafo 2 do Artigo 30 da presente Convenção e a organismos intergovernamentais especializados na luta contra a criminalidade organizada;

b) Repartir com outros Estados Partes, sistemática ou casuisticamente, este produto ou estes bens, ou os fundos provenientes da respectiva venda, em conformidade com o seu direito interno ou os seus procedimentos administrativos.

Art. 15. Jurisdição

1. Cada Estado Parte adotará as medidas necessárias para estabelecer a sua competência jurisdicional em relação às infrações enunciadas nos Artigos 5, 6, 8 e 23 da presente Convenção, nos seguintes casos:

a) Quando a infração for cometida no seu território; ou

b) Quando a infração for cometida a bordo de um navio que arvore a sua bandeira ou a bordo de uma aeronave matriculada em conformidade com o seu direito interno no momento em que a referida infração for cometida.

2. Sem prejuízo do disposto no Artigo 4 da presente Convenção, um Estado Parte poderá igualmente estabelecer a sua competência jurisdicional em relação a qualquer destas infrações, nos seguintes casos:

a) Quando a infração for cometida contra um dos seus cidadãos;

b) Quando a infração for cometida por um dos seus cidadãos ou por uma pessoa apátrida residente habitualmente no seu território; ou

c) Quando a infração for:
i) Uma das previstas no parágrafo 1 do Artigo 5 da presente Convenção e praticada fora do seu território, com a intenção de cometer uma infração grave no seu território;
ii) Uma das previstas no inciso ii) da alínea b) do parágrafo 1 do Artigo 6 da presente Convenção e praticada fora do seu território com a intenção de cometer, no seu território, uma das infrações enunciadas nos incisos i) ou ii) da alínea a) ou i) da alínea b) do parágrafo 1 do Artigo 6 da presente Convenção.

3. Para efeitos do parágrafo 10 do Artigo 16 da presente Convenção, cada Estado Parte adotará as medidas necessárias para estabelecer a sua competência jurisdicional em relação às infrações abrangidas pela presente Convenção quando o presumível autor se encontre no seu território e o Estado Parte não o extraditar pela única razão de se tratar de um seu cidadão.

4. Cada Estado Parte poderá igualmente adotar as medidas necessárias para estabelecer a sua competência jurisdicional em relação às infrações abrangidas pela presente Convenção quando o presumível autor se encontre no seu território e o Estado Parte não o extraditar.

5. Se um Estado Parte que exerça a sua competência jurisdicional por força dos parágrafos 1 e 2 do presente Artigo tiver sido notificado, ou por qualquer outra forma tiver tomado conhecimento, de que um ou vários Estados Partes estão a efetuar uma investigação ou iniciaram diligências ou um processo judicial tendo por objeto o mesmo ato, as autoridades competentes destes Estados Partes deverão consultar-se, da forma que for mais conveniente, para coordenar as suas ações.

6. Sem prejuízo das normas do direito internacional geral, a presente Convenção não excluirá o exercício de qualquer competência jurisdicional penal estabelecida por um Estado Parte em conformidade com o seu direito interno.

Art. 16. Extradição

1. O presente Artigo aplica-se às infrações abrangidas pela presente Convenção ou nos casos em que um grupo criminoso organizado esteja implicado numa infração prevista nas alíneas a) ou b) do parágrafo 1 do Artigo 3 e em que a pessoa que é objeto do pedido de extradição se encontre no Estado Parte requerido, desde que a infração pela qual é pedida a extradição seja punível pelo direito interno do Estado Parte requerente e do Estado Parte requerido.

2. Se o pedido de extradição for motivado por várias infrações graves distintas, algumas das quais não se encontrem previstas no presente Artigo, o Estado Parte requerido pode igualmente aplicar o presente Artigo às referidas infrações.

3. Cada uma das infrações às quais se aplica o presente Artigo será considerada incluída, de pleno direito, entre as infrações que dão lugar a extradição em qualquer tratado de extradição em vigor entre os Estados Partes. Os Estados Partes comprometem-se a incluir estas infrações entre aquelas cujo autor pode ser extraditado em qualquer tratado de extradição que celebrem entre si.

4. Se um Estado Parte que condicione a extradição à existência de um tratado receber um pedido de extradição de um Estado Parte com o qual não celebrou tal tratado, poderá considerar a presente Convenção como fundamento jurídico da extradição quanto às infrações a que se aplique o presente Artigo.

5. Os Estados Partes que condicionem a extradição à existência de um tratado:
a) No momento do depósito do seu instrumento de ratificação, aceitação, aprovação ou adesão à presente Convenção, indicarão ao Secretário-Geral da Organização das Nações Unidas se consideram a presente Convenção como fundamento jurídico para a cooperação com outros Estados Partes em matéria de extradição; e
b) Se não considerarem a presente Convenção como fundamento jurídico para cooperar em matéria de extradição, diligenciarão, se necessário, pela celebração de tratados de extradição com outros Estados Partes, a fim de darem aplicação ao presente Artigo.

6. Os Estados Partes que não condicionem a extradição à existência de um tratado reconhecerão entre si, às infrações às quais se aplica o presente Artigo, o caráter de infração cujo autor pode ser extraditado.

7. A extradição estará sujeita às condições previstas no direito interno do Estado Parte requerido ou em tratados de extradição aplicáveis, incluindo, nomeadamente, condições relativas à pena mínima requerida para uma extradição e aos motivos pelos quais o Estado Parte requerido pode recusar a extradição.

8. Os Estados Partes procurarão, sem prejuízo do seu direito interno, acelerar os processos de extradição e simplificar os requisitos em matéria de prova com eles relacionados, no que se refere às infrações a que se aplica o presente Artigo.

9. Sem prejuízo do disposto no seu direito interno e nos tratados de extradição que tenha celebrado, o Estado Parte requerido poderá, a pedido do Estado Parte requerente, se considerar que as circunstâncias o justificam e que existe urgência, colocar em detenção uma pessoa, presente no seu território, cuja extradição é pedida, ou adotar a seu respeito quaisquer outras medidas apropriadas para assegurar a sua presença no processo de extradição.

10. Um Estado Parte em cujo território se encontre o presumível autor da infração, se não extraditar esta pessoa a título de uma infração à qual se aplica o presente Artigo pelo único motivo de se tratar de um seu cidadão, deverá, a pedido do Estado Parte requerente da extradição, submeter o caso, sem demora excessiva, às suas autoridades competentes para efeitos de procedimento judicial. Estas autoridades tomarão a sua decisão e seguirão os trâmites do processo da mesma forma que em relação a qualquer outra infração grave, à luz do direito interno deste Estado Parte. Os Estados Partes interessados cooperarão entre si, nomeadamente em matéria processual e probatória, para assegurar a eficácia dos referidos atos judiciais.

11. Quando um Estado Parte, por força do seu direito interno, só estiver autorizado a extraditar ou, por qualquer outra forma, entregar um dos seus cidadãos na condição de que essa pessoa retorne seguidamente ao mesmo Estado Parte para cumprir a pena a que tenha sido condenada na sequência do processo ou do procedimento que originou o pedido de extradição ou de entrega, e quando este Estado Parte e o Estado Parte requerente concordarem em relação a essa opção e a outras condições que considerem apropriadas, a extradição ou entrega condicional será suficiente para dar cumprimento à obrigação enunciada no parágrafo 10 do presente Artigo.

12. Se a extradição, pedida para efeitos de execução de uma pena, for recusada porque a pessoa que é objeto deste pedido é um cidadão do Estado Parte requerido, este, se o seu direito interno o permitir, em conformidade com as prescrições deste direito e a pedido do Estado Parte requerente, considerará a possibilidade de dar execução à pena que foi aplicada em conformidade com o direito do Estado Parte requerente ou ao que dessa pena faltar cumprir.

13. Qualquer pessoa que seja objeto de um processo devido a qualquer das infrações às quais se aplica o presente Artigo terá garantido um tratamento equitativo em todas as fases do processo, incluindo o gozo de todos os direitos e garantias previstos no direito interno do Estado Parte em cujo território se encontra.

14. Nenhuma disposição da presente Convenção deverá ser interpretada no sentido de que impõe uma obrigação de extraditar a um Estado Parte requerido, se existirem sérias razões para supor que o pedido foi apresentado com a finalidade de perseguir ou punir uma pessoa em razão do seu sexo, raça, religião, nacionalidade, origem étnica ou opiniões políticas, ou que a satisfação daquele pedido provocaria um prejuízo a essa pessoa por alguma destas razões.

15. Os Estados Partes não poderão recusar um pedido de extradição unicamente por considerarem que a infração envolve também questões fiscais.

16. Antes de recusar a extradição, o Estado Parte requerido consultará, se for caso disso, o Estado Parte requerente, a fim de lhe dar a mais ampla possibilidade de apresentar as suas razões e de fornecer informações em apoio das suas alegações.

17. Os Estados Partes procurarão celebrar acordos ou protocolos bilaterais e multilaterais com o objetivo de permitir a extradição ou de aumentar a sua eficácia.

Art. 17. Transferência de pessoas condenadas
Os Estados Partes poderão considerar a celebração de acordos ou protocolos bilaterais ou multilaterais relativos à transferência para o seu território de pessoas condenadas a penas de prisão ou outras penas de privação de liberdade devido a infrações previstas na presente Convenção, para que aí possam cumprir o resto da pena.

Art. 18. Assistência judiciária recíproca
1. Os Estados Partes prestarão reciprocamente toda a assistência judiciária possível nas investigações, nos processos e em outros atos judiciais relativos às infrações previstas pela presente Convenção, nos termos do Artigo 3, e prestarão reciprocamente uma assistência similar quando o Estado Parte requerente tiver motivos razoáveis para suspeitar de que a infração a que se referem as alíneas a) ou b) do parágrafo 1 do Artigo 3 é de caráter transnacional, inclusive quando as vítimas,

as testemunhas, o produto, os instrumentos ou os elementos de prova destas infrações se encontrem no Estado Parte requerido e nelas esteja implicado um grupo criminoso organizado.

2. Será prestada toda a cooperação judiciária possível, tanto quanto o permitam as leis, tratados, acordos e protocolos pertinentes do Estado Parte requerido, no âmbito de investigações, processos e outros atos judiciais relativos a infrações pelas quais possa ser considerada responsável uma pessoa coletiva no Estado Parte requerente, em conformidade com o Artigo 10 da presente Convenção.

3. A cooperação judiciária prestada em aplicação do presente Artigo pode ser solicitada para os seguintes efeitos:
a) Recolher testemunhos ou depoimentos;
b) Notificar atos judiciais;
c) Efetuar buscas, apreensões e embargos;
d) Examinar objetos e locais;
e) Fornecer informações, elementos de prova e pareceres de peritos;
f) Fornecer originais ou cópias certificadas de documentos e processos pertinentes, incluindo documentos administrativos, bancários, financeiros ou comerciais e documentos de empresas;
g) Identificar ou localizar os produtos do crime, bens, instrumentos ou outros elementos para fins probatórios;
h) Facilitar o comparecimento voluntário de pessoas no Estado Parte requerente;
i) Prestar qualquer outro tipo de assistência compatível com o direito interno do Estado Parte requerido.

4. Sem prejuízo do seu direito interno, as autoridades competentes de um Estado Parte poderão, sem pedido prévio, comunicar informações relativas a questões penais a uma autoridade competente de outro Estado Parte, se considerarem que estas informações poderão ajudar a empreender ou concluir com êxito investigações e processos penais ou conduzir este último Estado Parte a formular um pedido ao abrigo da presente Convenção.

5. A comunicação de informações em conformidade com o parágrafo 4 do presente Artigo será efetuada sem prejuízo das investigações e dos processos penais no Estado cujas autoridades competentes fornecem as informações. As autoridades competentes que recebam estas informações deverão satisfazer qualquer pedido no sentido de manter confidenciais as referidas informações, mesmo se apenas temporariamente, ou de restringir a sua utilização. Todavia, tal não impedirá o Estado Parte que receba as informações de revelar, no decurso do processo judicial, informações que inocentem um arguido. Neste último caso, o Estado Parte que recebeu as informações avisará o Estado Parte que as comunicou antes de as revelar e, se lhe for pedido, consultará este último. Se, num caso excepcional, não for possível uma comunicação prévia, o Estado Parte que recebeu as informações dará conhecimento da revelação, prontamente, ao Estado Parte que as tenha comunicado.

6. As disposições do presente Artigo em nada prejudicam as obrigações decorrentes de qualquer outro tratado bilateral ou multilateral que regule, ou deva regular, inteiramente ou em parte, a cooperação judiciária.

7. Os parágrafos 9 a 29 do presente Artigo serão aplicáveis aos pedidos feitos em conformidade com o presente Artigo, no caso de os Estados Partes em questão não estarem ligados por um tratado de cooperação judiciária. Se os referidos Estados Partes estiverem ligados por tal tratado, serão aplicáveis as disposições correspondentes desse tratado, a menos que os Estados Partes concordem em aplicar, em seu lugar, as disposições dos parágrafos 9 a 29 do presente Artigo. Os Estados Partes são fortemente instados a aplicar estes números, se tal facilitar a cooperação.

8. Os Estados Partes não poderão invocar o sigilo bancário para recusar a cooperação judiciária prevista no presente Artigo.

9. Os Estados Partes poderão invocar a ausência de dupla criminalização para recusar prestar a assistência judiciária prevista no presente Artigo. O Estado Parte requerido poderá, não obstante, quando o considerar apropriado, prestar esta assistência, na medida em que o decida por si próprio, independentemente de o ato estar ou não tipificado como uma infração no direito interno do Estado Parte requerido.

10. Qualquer pessoa detida ou a cumprir pena no território de um Estado Parte, cuja presença seja requerida num outro Estado Parte para efeitos de identificação, para testemunhar ou para contribuir por qualquer outra forma para a obtenção de provas no âmbito de investigações, processos ou outros atos

judiciais relativos às infrações visadas na presente Convenção, pode ser objeto de uma transferência, se estiverem reunidas as seguintes condições:
a) Se referida pessoa, devidamente informada, der o seu livre consentimento;
b) Se as autoridades competentes dos dois Estados Partes em questão derem o seu consentimento, sob reserva das condições que estes Estados Partes possam considerar convenientes.

11. Para efeitos do parágrafo 10 do presente Artigo:
a) O Estado Parte para o qual a transferência da pessoa em questão for efetuada terá o poder e a obrigação de a manter detida, salvo pedido ou autorização em contrário do Estado Parte do qual a pessoa foi transferida;
b) O Estado Parte para o qual a transferência for efetuada cumprirá prontamente a obrigação de entregar a pessoa à guarda do Estado Parte do qual foi transferida, em conformidade com o que tenha sido previamente acordado ou com o que as autoridades competentes dos dois Estados Partes tenham decidido;
c) O Estado Parte para o qual for efetuada a transferência não poderá exigir do Estado Parte do qual a transferência foi efetuada que abra um processo de extradição para que a pessoa lhe seja entregue;
d) O período que a pessoa em questão passe detida no Estado Parte para o qual for transferida é contado para o cumprimento da pena que lhe tenha sido aplicada no Estado Parte do qual for transferida;

12. A menos que o Estado Parte do qual a pessoa for transferida, ao abrigo dos parágrafos 10 e 11 do presente Artigo, esteja de acordo, a pessoa em questão, seja qual for a sua nacionalidade, não será objeto de processo judicial, detida, punida ou sujeita a outras restrições à sua liberdade de movimentos no território do Estado Parte para o qual seja transferida, devido a atos, omissões ou condenações anteriores à sua partida do território do Estado Parte do qual foi transferida.

13. Cada Estado Parte designará uma autoridade central que terá a responsabilidade e o poder de receber pedidos de cooperação judiciária e, quer de os executar, quer de os transmitir às autoridades competentes para execução. Se um Estado Parte possuir uma região ou um território especial dotado de um sistema de cooperação judiciária diferente, poderá designar uma autoridade central distinta, que terá a mesma função para a referida região ou território.

As autoridades centrais deverão assegurar a execução ou a transmissão rápida e em boa e devida forma dos pedidos recebidos. Quando a autoridade central transmitir o pedido a uma autoridade competente para execução, instará pela execução rápida e em boa e devida forma do pedido por parte da autoridade competente. O Secretário-Geral da Organização das Nações Unidas será notificado da autoridade central designada para este efeito no momento em que cada Estado Parte depositar os seus instrumentos de ratificação, aceitação, aprovação ou adesão à presente Convenção. Os pedidos de cooperação judiciária e qualquer comunicação com eles relacionada serão transmitidos às autoridades centrais designadas pelos Estados Partes. A presente disposição não afetará o direito de qualquer Estado Parte a exigir que estes pedidos e comunicações lhe sejam remetidos por via diplomática e, em caso de urgência, e se os Estados Partes nisso acordarem, por intermédio da Organização Internacional de Polícia Criminal, se tal for possível.

14. Os pedidos serão formulados por escrito ou, se possível, por qualquer outro meio capaz de produzir registro escrito, numa língua que seja aceita pelo Estado Parte requerido, em condições que permitam a este Estado Parte verificar a sua autenticidade. O Secretário-Geral das Nações Unidas será notificado a respeito da língua ou línguas aceitas por cada Estado Parte no momento em que o Estado Parte em questão depositar os seus instrumentos de ratificação, aceitação, aprovação ou adesão à presente Convenção. Em caso de urgência, e se os Estados Partes nisso acordarem, os pedidos poderão ser feitos oralmente, mais deverão ser imediatamente confirmados por escrito.

15. Um pedido de assistência judiciária deverá conter as seguintes informações:
a) A designação da autoridade que emite o pedido;
b) O objeto e a natureza da investigação, dos processos ou dos outros atos judiciais a que se refere o pedido, bem como o nome e as funções da autoridade que os tenha a cargo;
c) Um resumo dos fatos relevantes, salvo no caso dos pedidos efetuados para efeitos de notificação de atos judiciais;
d) Uma descrição da assistência pretendida e pormenores de qualquer procedimento específico que o Estado Parte requerente deseje ver aplicado;

e) Caso seja possível, a identidade, endereço e nacionalidade de qualquer pessoa visada; e
f) O fim para o qual são pedidos os elementos, informações ou medidas.

16. O Estado Parte requerido poderá solicitar informações adicionais, quando tal se afigure necessário à execução do pedido em conformidade com o seu direito interno, ou quando tal possa facilitar a execução do pedido.

17. Qualquer pedido será executado em conformidade com o direito interno do Estado Parte requerido e, na medida em que tal não contrarie este direito e seja possível, em conformidade com os procedimentos especificados no pedido.

18. Se for possível e em conformidade com os princípios fundamentais do direito interno, quando uma pessoa que se encontre no território de um Estado Parte deva ser ouvida como testemunha ou como perito pelas autoridades judiciais de outro Estado Parte, o primeiro Estado Parte poderá, a pedido do outro, autorizar a sua audição por videoconferência, se não for possível ou desejável que a pessoa compareça no território do Estado Parte requerente. Os Estados Partes poderão acordar em que a audição seja conduzida por uma autoridade judicial do Estado Parte requerente e que a ela assista uma autoridade judicial do Estado Parte requerido.

19. O Estado Parte requerente não comunicará nem utilizará as informações ou os elementos de prova fornecidos pelo Estado Parte requerido para efeitos de investigações, processos ou outros atos judiciais diferentes dos mencionados no pedido sem o consentimento prévio do Estado Parte requerido. O disposto neste número não impedirá o Estado Parte requerente de revelar, durante o processo, informações ou elementos de prova ilibatórios de um arguido. Neste último caso, o Estado Parte requerente avisará, antes da revelação, o Estado Parte requerido e, se tal lhe for pedido, consultará neste último. Se, num caso excepcional, não for possível uma comunicação prévia, o Estado Parte requerente informará da revelação, prontamente, o Estado Parte requerido.

20. O Estado Parte requerente poderá exigir que o Estado Parte requerido guarde sigilo sobre o pedido e o seu conteúdo, salvo na medida do que seja necessário para o executar. Se o Estado Parte requerido não puder satisfazer esta exigência, informará prontamente o Estado Parte requerente.

21. A cooperação judiciária poderá ser recusada:
a) Se o pedido não for feito em conformidade com o disposto no presente Artigo;
b) Se o Estado Parte requerido considerar que a execução do pedido pode afetar sua soberania, sua segurança, sua ordem pública ou outros interesses essenciais;
c) Se o direito interno do Estado Parte requerido proibir suas autoridades de executar as providências solicitadas com relação a uma infração análoga que tenha sido objeto de investigação ou de procedimento judicial no âmbito da sua própria competência;
d) Se a aceitação do pedido contrariar o sistema jurídico do Estado Parte requerido no que se refere à cooperação judiciária.

22. Os Estados Partes não poderão recusar um pedido de cooperação judiciária unicamente por considerarem que a infração envolve também questões fiscais.

23. Qualquer recusa de cooperação judiciária deverá ser fundamentada.

24. O Estado Parte requerido executará o pedido de cooperação judiciária tão prontamente quanto possível e terá em conta, na medida do possível, todos os prazos sugeridos pelo Estado Parte requerente para os quais sejam dadas justificações, de preferência no pedido. O Estado Parte requerido responderá aos pedidos razoáveis do Estado Parte requerente quanto ao andamento das diligências solicitadas. Quando a assistência pedida deixar de ser necessária, o Estado Parte requerente informará prontamente desse fato o Estado Parte requerido.

25. A cooperação judiciária poderá ser diferida pelo Estado Parte requerido por interferir com uma investigação, processos ou outros atos judiciais em curso.

26. Antes de recusar um pedido feito ao abrigo do parágrafo 21 do presente Artigo ou de diferir a sua execução ao abrigo do parágrafo 25, o Estado Parte requerido estudará com o Estado Parte requerente a possibilidade de prestar a assistência sob reserva das condições que considere necessárias. Se o Estado Parte requerente aceitar a assistência sob reserva destas condições, deverá respeitá-las.

27. Sem prejuízo da aplicação do parágrafo 12 do presente Artigo, uma testemunha, um perito ou outra pessoa que, a pedido do Estado Parte requerente, aceite depor num processo ou colaborar numa investigação, em processos ou outros atos judiciais no território do Estado Parte requerente, não será objeto de processo, detida, punida ou sujeita a outras restrições à sua liberdade pessoal neste território, devido a atos, omissões ou condenações anteriores à sua partida do território do Estado Parte requerido. Esta imunidade cessa quando a testemunha, o perito ou a referida pessoa, tendo tido, durante um período de quinze dias consecutivos ou qualquer outro período acordado pelos Estados Partes, a contar da data em que recebeu a comunicação oficial de que a sua presença já não era exigida pelas autoridades judiciais, a possibilidade de deixar o território do Estado Parte requerente, nele tenha voluntariamente permanecido ou, tendo-o deixado, a ele tenha regressado de livre vontade.

28. As despesas correntes com a execução de um pedido serão suportadas pelo Estado Parte requerido, salvo acordo noutro sentido dos Estados Partes interessados. Quando venham a revelar-se necessárias despesas significativas ou extraordinárias para executar o pedido, os Estados Partes consultar-se-ão para fixar as condições segundo as quais o pedido deverá ser executado, bem como o modo como as despesas serão assumidas.

29. O Estado Parte requerido:
a) Fornecerá ao Estado Parte requerente cópias dos processos, documentos ou informações administrativas que estejam em seu poder e que, por força do seu direito interno, estejam acessíveis ao público;
b) Poderá, se assim o entender, fornecer ao Estado Parte requerente, na íntegra ou nas condições que considere apropriadas, cópias de todos os processos, documentos ou informações que estejam na sua posse e que, por força do seu direito interno, não sejam acessíveis ao público.

30. Os Estados Partes considerarão, se necessário, a possibilidade de celebrarem acordos ou protocolos bilaterais ou multilaterais que sirvam os objetivos e as disposições do presente Artigo, reforçando-as ou dando-lhes maior eficácia.

Art. 19. Investigações conjuntas
Os Estados Partes considerarão a possibilidade de celebrar acordos ou protocolos bilaterais ou multilaterais em virtude dos quais, com respeito a matérias que sejam objeto de investigação, processos ou ações judiciais em um ou mais Estados, as autoridades competentes possam estabelecer órgãos mistos de investigação. Na ausência de tais acordos ou protocolos, poderá ser decidida casuisticamente a realização de investigações conjuntas. Os Estados Partes envolvidos agirão de modo a que a soberania do Estado Parte em cujo território decorra a investigação seja plenamente respeitada.

Art. 20. Técnicas especiais de investigação
1. Se os princípios fundamentais do seu ordenamento jurídico nacional o permitirem, cada Estado Parte, tendo em conta as suas possibilidades e em conformidade com as condições prescritas no seu direito interno, adotará as medidas necessárias para permitir o recurso apropriado a entregas vigiadas e, quando o considere adequado, o recurso a outras técnicas especiais de investigação, como a vigilância eletrônica ou outras formas de vigilância e as operações de infiltração, por parte das autoridades competentes no seu território, a fim de combater eficazmente a criminalidade organizada.

2. Para efeitos de investigações sobre as infrações previstas na presente Convenção, os Estados Partes são instados a celebrar, se necessário, acordos ou protocolos bilaterais ou multilaterais apropriados para recorrer às técnicas especiais de investigação, no âmbito da cooperação internacional. Estes acordos ou protocolos serão celebrados e aplicados sem prejuízo do princípio da igualdade soberana dos Estados e serão executados em estrita conformidade com as disposições neles contidas.

3. Na ausência dos acordos ou protocolos referidos no parágrafo 2 do presente Artigo, as decisões de recorrer a técnicas especiais de investigação a nível internacional serão tomadas casuisticamente e poderão, se necessário, ter em conta acordos ou protocolos financeiros relativos ao exercício de jurisdição pelos Estados Partes interessados.

4. As entregas vigiadas a que se tenha decidido recorrer a nível internacional poderão incluir, com o consentimento dos Estados Partes envolvidos, métodos como a intercepção de mercadorias e a autorização de prosseguir o seu encaminhamento, sem alteração ou após subtração ou substituição da totalidade ou de parte dessas mercadorias.

Art. 21. Transferência de processos penais
Os Estados Partes considerarão a possibilidade de transferirem mutuamente os processos relativos a uma infração prevista na presente Convenção, nos casos em que esta transferência seja considerada necessária

no interesse da boa administração da justiça e, em especial, quando estejam envolvidas várias jurisdições, a fim de centralizar a instrução dos processos.

Art. 22. Estabelecimento de antecedentes penais
Cada Estado Parte poderá adotar as medidas legislativas ou outras que sejam necessárias para ter em consideração, nas condições e para os efeitos que entender apropriados, qualquer condenação de que o presumível autor de uma infração tenha sido objeto noutro Estado, a fim de utilizar esta informação no âmbito de um processo penal relativo a uma infração prevista na presente Convenção.

Art. 23. Criminalização da obstrução à justiça
Cada Estado Parte adotará medidas legislativas e outras consideradas necessárias para conferir o caráter de infração penal aos seguintes atos, quando cometidos intencionalmente:
a) O recurso à força física, a ameaças ou a intimidação, ou a promessa, oferta ou concessão de um benefício indevido para obtenção de um falso testemunho ou para impedir um testemunho ou a apresentação de elementos de prova num processo relacionado com a prática de infrações previstas na presente Convenção;
b) O recurso à força física, a ameaças ou a intimidação para impedir um agente judicial ou policial de exercer os deveres inerentes à sua função relativamente à prática de infrações previstas na presente Convenção. O disposto na presente alínea não prejudica o direito dos Estados Partes de disporem de legislação destinada a proteger outras categorias de agentes públicos.

Art. 24. Proteção das testemunhas
1. Cada Estado Parte, dentro das suas possibilidades, adotará medidas apropriadas para assegurar uma proteção eficaz contra eventuais atos de represália ou de intimidação das testemunhas que, no âmbito de processos penais, deponham sobre infrações previstas na presente Convenção e, quando necessário, aos seus familiares ou outras pessoas que lhes sejam próximas.
2. Sem prejuízo dos direitos do arguido, incluindo o direito a um julgamento regular, as medidas referidas no parágrafo 1 do presente Artigo poderão incluir, entre outras:
a) Desenvolver, para a proteção física destas pessoas, procedimentos que visem, consoante as necessidades e na medida do possível, nomeadamente, fornecer-lhes um novo domicílio e impedir ou restringir a divulgação de informações relativas à sua identidade e paradeiro;
b) Estabelecer normas em matéria de prova que permitam às testemunhas depor de forma a garantir a sua segurança, nomeadamente autorizando-as a depor com recurso a meios técnicos de comunicação, como ligações de vídeo ou outros meios adequados.
3. Os Estados Partes considerarão a possibilidade de celebrar acordos com outros Estados para facultar um novo domicílio às pessoas referidas no parágrafo 1 do presente Artigo.
4. As disposições do presente Artigo aplicam-se igualmente às vítimas, quando forem testemunhas.

Art. 25. Assistência e proteção às vítimas
1. Cada Estado Parte adotará, segundo as suas possibilidades, medidas apropriadas para prestar assistência e assegurar a proteção às vítimas de infrações previstas na presente Convenção, especialmente em caso de ameaça de represálias ou de intimidação.
2. Cada Estado Parte estabelecerá procedimentos adequados para que as vítimas de infrações previstas na presente Convenção possam obter reparação.
3. Cada Estado Parte, sem prejuízo do seu direito interno, assegurará que as opiniões e preocupações das vítimas sejam apresentadas e tomadas em consideração nas fases adequadas do processo penal aberto contra os autores de infrações, por forma que não prejudique os direitos da defesa.

Art. 26. Medidas para intensificar a cooperação com as autoridades competentes para a aplicação da lei
1. Cada Estado Parte tomará as medidas adequadas para encorajar as pessoas que participem ou tenham participado em grupos criminosos organizados:
a) A fornecerem informações úteis às autoridades competentes para efeitos de investigação e produção de provas, nomeadamente
I) A identidade, natureza, composição, estrutura, localização ou atividades dos grupos criminosos organizados;
II) As conexões, inclusive conexões internacionais, com outros grupos criminosos organizados;
III) As infrações que os grupos criminosos organizados praticaram ou poderão vir a praticar;
b) A prestarem ajuda efetiva e concreta às autoridades competentes, susceptível de contribuir para privar os grupos criminosos organizados dos seus recursos ou do produto do crime.

2. Cada Estado Parte poderá considerar a possibilidade, nos casos pertinentes, de reduzir a pena de que é passível um arguido que coopere de forma substancial na investigação ou no julgamento dos autores de uma infração prevista na presente Convenção.

3. Cada Estado Parte poderá considerar a possibilidade, em conformidade com os princípios fundamentais do seu ordenamento jurídico interno, de conceder imunidade a uma pessoa que coopere de forma substancial na investigação ou no julgamento dos autores de uma infração prevista na presente Convenção.

4. A proteção destas pessoas será assegurada nos termos do Artigo 24 da presente Convenção.

5. Quando uma das pessoas referidas no parágrafo 1 do presente Artigo se encontre num Estado Parte e possa prestar uma cooperação substancial às autoridades competentes de outro Estado Parte, os Estados Partes em questão poderão considerar a celebração de acordos, em conformidade com o seu direito interno, relativos à eventual concessão, pelo outro Estado Parte, do tratamento descrito nos parágrafos 2 e 3 do presente Artigo.

Art. 27. Cooperação entre as autoridades competentes para a aplicação da lei

1. Os Estados Partes cooperarão estreitamente, em conformidade com os seus respectivos ordenamentos jurídicos e administrativos, a fim de reforçar a eficácia das medidas de controle do cumprimento da lei destinadas a combater as infrações previstas na presente Convenção. Especificamente, cada Estado Parte adotará medidas eficazes para:

a) Reforçar ou, se necessário, criar canais de comunicação entre as suas autoridades, organismos e serviços competentes, para facilitar a rápida e segura troca de informações relativas a todos os aspectos das infrações previstas na presente Convenção, incluindo, se os Estados Partes envolvidos o considerarem apropriado, ligações com outras atividades criminosas;

b) Cooperar com outros Estados Partes, quando se trate de infrações previstas na presente Convenção, na condução de investigações relativas aos seguintes aspectos:

I) Identidade, localização e atividades de pessoas suspeitas de implicação nas referidas infrações, bem como localização de outras pessoas envolvidas;

II) Movimentação do produto do crime ou dos bens provenientes da prática destas infrações;

III) Movimentação de bens, equipamentos ou outros instrumentos utilizados ou destinados a ser utilizados na prática destas infrações;

c) Fornecer, quando for caso disso, os elementos ou as quantidades de substâncias necessárias para fins de análise ou de investigação;

d) Facilitar uma coordenação eficaz entre as autoridades, organismos e serviços competentes e promover o intercâmbio de pessoal e de peritos, incluindo, sob reserva da existência de acordos ou protocolos bilaterais entre os Estados Partes envolvidos, a designação de agentes de ligação;

e) Trocar informações com outros Estados Partes sobre os meios e métodos específicos utilizados pelos grupos criminosos organizados, incluindo, se for caso disso, sobre os itinerários e os meios de transporte, bem como o uso de identidades falsas, de documentos alterados ou falsificados ou outros meios de dissimulação das suas atividades;

f) Trocar informações e coordenar as medidas administrativas e outras tendo em vista detectar o mais rapidamente possível as infrações previstas na presente Convenção.

2. Para dar aplicação à presente Convenção, os Estados Partes considerarão a possibilidade de celebrar acordos ou protocolos bilaterais ou multilaterais que prevejam uma cooperação direta entre as suas autoridades competentes para a aplicação da lei e, quando tais acordos ou protocolos já existam, considerarão a possibilidade de os alterar. Na ausência de tais acordos entre os Estados Partes envolvidos, estes últimos poderão basear-se na presente Convenção para instituir uma cooperação em matéria de detecção e repressão das infrações previstas na presente Convenção. Sempre que tal se justifique, os Estados Partes utilizarão plenamente os acordos ou protocolos, incluindo as organizações internacionais ou regionais, para intensificar a cooperação entre as suas autoridades competentes para a aplicação da lei.

3. Os Estados Partes procurarão cooperar, na medida das suas possibilidades, para enfrentar o crime organizado transnacional praticado com recurso a meios tecnológicos modernos.

Art. 28. Coleta, intercâmbio e análise de informações sobre a natureza do crime organizado

1. Cada Estado Parte considerará a possibilidade de analisar, em consulta com os meios científicos e universitários, as tendências da criminalidade organizada no seu território, as circunstâncias em que opera e os grupos profissionais e tecnologias envolvidos.

2. Os Estados Partes considerarão a possibilidade de desenvolver as suas capacidades de análise das atividades criminosas organizadas e de as partilhar diretamente entre si e por intermédio de organizações internacionais e regionais. Para este efeito, deverão ser elaboradas e aplicadas, quando for caso disso, definições, normas e metodologias comuns.

3. Cada Estado Parte considerará o estabelecimento de meios de acompanhamento das suas políticas e das medidas tomadas para combater o crime organizado, avaliando a sua aplicação e eficácia.

Art. 29. Formação e assistência técnica

1. Cada Estado Parte estabelecerá, desenvolverá ou melhorará, na medida das necessidades, programas de formação específicos destinados ao pessoal das autoridades competentes para a aplicação da lei, incluindo promotores públicos, juízes de instrução e funcionários aduaneiros, bem como outro pessoal que tenha por função prevenir, detectar e reprimir as infrações previstas na presente Convenção. Estes programas, que poderão prever cessões e intercâmbio de pessoal, incidirão especificamente, na medida em que o direito interno o permita, nos seguintes aspectos:

a) Métodos utilizados para prevenir, detectar e combater as infrações previstas na presente Convenção;
b) Rotas e técnicas utilizadas pelas pessoas suspeitas de implicação em infrações previstas na presente Convenção, incluindo nos Estados de trânsito, e medidas adequadas de combate;
c) Vigilância das movimentações dos produtos de contrabando;
d) Detecção e vigilância das movimentações do produto do crime, de bens, equipamentos ou outros instrumentos, de métodos de transferência, dissimulação ou disfarce destes produtos, bens, equipamentos ou outros instrumentos, bem como métodos de luta contra a lavagem de dinheiro e outras infrações financeiras;
e) Coleta de provas;
f) Técnicas de controle nas zonas francas e nos portos francos;
g) Equipamentos e técnicas modernas de detecção e de repressão, incluindo a vigilância eletrônica, as entregas vigiadas e as operações de infiltração;
h) Métodos utilizados para combater o crime organizado transnacional cometido por meio de computadores, de redes de telecomunicações ou outras tecnologias modernas; e
i) Métodos utilizados para a proteção das vítimas e das testemunhas.

2. Os Estados Partes deverão cooperar entre si no planejamento e execução de programas de investigação e de formação concebidos para o intercâmbio de conhecimentos especializados nos domínios referidos no parágrafo 1 do presente Artigo e, para este efeito, recorrerão também, quando for caso disso, a conferências e seminários regionais e internacionais para promover a cooperação e estimular as trocas de pontos de vista sobre problemas comuns, incluindo os problemas e necessidades específicos dos Estados de trânsito.

3. Os Estados Partes incentivarão as atividades de formação e de assistência técnica suscetíveis de facilitar a extradição e a cooperação judiciária. Estas atividades de cooperação e de assistência técnica poderão incluir ensino de idiomas, cessões e intercâmbio do pessoal das autoridades centrais ou de organismos que tenham responsabilidades nos domínios em questão.

4. Sempre que se encontrem em vigor acordos bilaterais ou multilaterais, os Estados Partes reforçarão, tanto quanto for necessário, as medidas tomadas no sentido de otimizar as atividades operacionais e de formação no âmbito de organizações internacionais e regionais e no âmbito de outros acordos ou protocolos bilaterais e multilaterais na matéria.

Art. 30. Outras medidas: aplicação da Convenção através do desenvolvimento econômico e da assistência técnica

1. Os Estados Partes tomarão as medidas adequadas para assegurar a melhor aplicação possível da presente Convenção através da cooperação internacional, tendo em conta os efeitos negativos da criminalidade organizada na sociedade em geral e no desenvolvimento sustentável em particular.

2. Os Estados Partes farão esforços concretos, na medida do possível, em coordenação entre si e com as organizações regionais e internacionais:

a) Para desenvolver a sua cooperação a vários níveis com os países em desenvolvimento, a fim de reforçar a capacidade destes para prevenir e combater a criminalidade organizada transnacional;

b) Para aumentar a assistência financeira e material aos países em desenvolvimento, a fim de apoiar os seus esforços para combater eficazmente a criminalidade organizada transnacional e ajudá-los a aplicar com êxito a presente Convenção;

c) Para fornecer uma assistência técnica aos países em desenvolvimento e aos países com uma economia de transição, a fim de ajudá-los a obter meios para a aplicação da presente Convenção. Para este efeito, os Estados Partes procurarão destinar voluntariamente contribuições adequadas e regulares a uma conta constituída especificamente para este fim no âmbito de um mecanismo de financiamento das Nações Unidas. Os Estados Partes poderão também considerar, especificamente, em conformidade com o seu direito interno e as disposições da presente Convenção, a possibilidade de destinarem à conta acima referida uma percentagem dos fundos ou do valor correspondente do produto do crime ou dos bens confiscados em aplicação das disposições da presente Convenção;

d) Para incentivar e persuadir outros Estados e instituições financeiras, quando tal se justifique, a associarem-se aos esforços desenvolvidos em conformidade com o presente Artigo, nomeadamente fornecendo aos países em desenvolvimento mais programas de formação e material moderno, a fim de os ajudar a alcançar os objetivos da presente Convenção.

e) Tanto quanto possível, estas medidas serão tomadas sem prejuízo dos compromissos existentes em matéria de assistência externa ou de outros acordos de cooperação financeira a nível bilateral, regional ou internacional.

3. Os Estados Partes poderão celebrar acordos ou protocolos bilaterais ou multilaterais relativos a assistência técnica e logística, tendo em conta os acordos financeiros necessários para assegurar a eficácia dos meios de cooperação internacional previstos na presente Convenção, e para prevenir, detectar e combater a criminalidade organizada transnacional.

Art. 31. Prevenção

1. Os Estados Partes procurarão elaborar e avaliar projetos nacionais, bem como estabelecer e promover as melhores práticas e políticas para prevenir a criminalidade organizada transnacional.

2. Em conformidade com os princípios fundamentais do seu direito interno, os Estados Partes procurarão reduzir, através de medidas legislativas, administrativas ou outras que sejam adequadas, as possibilidades atuais ou futuras de participação de grupos criminosos organizados em negócios lícitos utilizando o produto do crime. Estas medidas deverão incidir:

a) No fortalecimento da cooperação entre autoridades competentes para a aplicação da lei ou promotores e entidades privadas envolvidas, incluindo empresas;

b) Na promoção da elaboração de normas e procedimentos destinados a preservar a integridade das entidades públicas e privadas envolvidas, bem como de códigos de conduta para determinados profissionais, em particular advogados, tabeliães, consultores tributários e contadores;

c) Na prevenção da utilização indevida, por grupos criminosos organizados, de concursos públicos, bem como de subvenções e licenças concedidas por autoridades públicas para a realização de atividades comerciais;

d) Na prevenção da utilização indevida de pessoas jurídicas por grupos criminosos organizados; estas medidas poderão incluir:

I) O estabelecimento de registros públicos de pessoas jurídicas e físicas envolvidas na criação, gestão e financiamento de pessoas jurídicas;

II) A possibilidade de privar, por decisão judicial ou por qualquer outro meio adequado, as pessoas condenadas por infrações previstas na presente Convenção, por um período adequado, do direito de exercerem funções de direção de pessoas jurídicas estabelecidas no seu território;

III) O estabelecimento de registos nacionais de pessoas que tenham sido privadas do direito de exercerem funções de direção de pessoas jurídicas; e

IV) O intercâmbio de informações contidas nos registros referidos nos incisos I) e III) da presente alínea com as autoridades competentes dos outros Estados Partes.

3. Os Estados Partes procurarão promover a reinserção na sociedade das pessoas condenadas por infrações previstas na presente Convenção.

4. Os Estados Partes procurarão avaliar periodicamente os instrumentos jurídicos e as práticas administrativas aplicáveis, a fim de determinar se contêm lacunas que permitam aos grupos criminosos organizados fazerem deles utilização indevida.

5. Os Estados Partes procurarão sensibilizar melhor o público para a existência, as causas e a gravidade da criminalidade organizada transnacional e para a ameaça que representa. Poderão fazê-lo, quando for o caso, por intermédio dos meios de comunicação social e adotando medidas destinadas a promover a participação do público nas ações de prevenção e combate à criminalidade.

6. Cada Estado Parte comunicará ao Secretário-Geral da Organização das Nações Unidas o nome e o endereço da(s) autoridade(s) que poderão assistir os outros Estados Partes na aplicação das medidas de prevenção do crime organizado transnacional.

7. Quando tal se justifique, os Estados Partes colaborarão, entre si e com as organizações regionais e internacionais competentes, a fim de promover e aplicar as medidas referidas no presente Artigo. A este título, participarão em projetos internacionais que visem prevenir a criminalidade organizada transnacional, atuando, por exemplo, sobre os fatores que tornam os grupos socialmente marginalizados vulneráveis à sua ação.

Art. 32. Conferência das Partes na Convenção

1. Será instituída uma Conferência das Partes na Convenção, para melhorar a capacidade dos Estados Partes no combate à criminalidade organizada transnacional e para promover e analisar a aplicação da presente Convenção.

2. O Secretário-Geral da Organização das Nações Unidas convocará a Conferência das Partes, o mais tardar, um ano após a entrada em vigor da presente Convenção. A Conferência das Partes adotará um regulamento interno e regras relativas às atividades enunciadas nos parágrafos 3 e 4 do presente Artigo (incluindo regras relativas ao financiamento das despesas decorrentes dessas atividades).

3. A Conferência das Partes acordará em mecanismos destinados a atingir os objetivos referidos no parágrafo 1 do presente Artigo, nomeadamente:

a) Facilitando as ações desenvolvidas pelos Estados Partes em aplicação dos Artigos 29, 30 e 31 da presente Convenção, inclusive incentivando a mobilização de contribuições voluntárias;

b) Facilitando o intercâmbio de informações entre Estados Partes sobre as características e tendências da criminalidade organizada transnacional e as práticas eficazes para a combater;

c) Cooperando com as organizações regionais e internacionais e as organizações não governamentais competentes;

d) Avaliando, a intervalos regulares, a aplicação da presente Convenção;

e) Formulando recomendações a fim de melhorar a presente Convenção e a sua aplicação;

4. Para efeitos das alíneas d) e e) do parágrafo 3 do presente Artigo, a Conferência das Partes inteirar-se-á das medidas adotadas e das dificuldades encontradas pelos Estados Partes na aplicação da presente Convenção, utilizando as informações que estes lhe comuniquem e os mecanismos complementares de análise que venha a criar.

5. Cada Estado Parte comunicará à Conferência das Partes, a solicitação desta, informações sobre os seus programas, planos e práticas, bem como sobre as suas medidas legislativas e administrativas destinadas a aplicar a presente Convenção.

Art. 33. Secretariado

1. O Secretário-Geral da Organização das Nações Unidas fornecerá os serviços de secretariado necessários à Conferência das Partes na Convenção.

2. O secretariado:

a) Apoiará a Conferência das Partes na realização das atividades enunciadas no Artigo 32 da presente Convenção, tomará as disposições e prestará os serviços necessários para as sessões da Conferência das Partes;

b) Assistirá os Estados Partes, a pedido destes, no fornecimento à Conferência das Partes das informações previstas no parágrafo 5 do Artigo 32 da presente Convenção; e

c) Assegurará a coordenação necessária com os secretariados das organizações regionais e internacionais.

Art. 34. Aplicação da Convenção

1. Cada Estado Parte adotará as medidas necessárias, incluindo legislativas e administrativas, em conformidade com os princípios fundamentais do seu direito interno, para assegurar o cumprimento das suas obrigações decorrentes da presente Convenção.

2. As infrações enunciadas nos Artigos 5, 6, 8 e 23 da presente Convenção serão incorporadas no direito interno de cada Estado Parte, independentemente da sua natureza transnacional ou da implicação de um grupo criminoso organizado nos termos do parágrafo 1 do Artigo 3 da presente Convenção, salvo na medida em que o Artigo 5 da presente Convenção exija o envolvimento de um grupo criminoso organizado.

3. Cada Estado Parte poderá adotar medidas mais estritas ou mais severas do que as previstas na presente Convenção a fim de prevenir e combater a criminalidade organizada transnacional.

Art. 35. Solução de Controvérsias

1. Os Estados Partes procurarão solucionar controvérsias relativas à interpretação ou aplicação da presente Convenção por negociação direta.

2. Qualquer controvérsia entre dois ou mais Estados Partes relativa à interpretação ou aplicação da presente Convenção que não possa ser resolvida por via negocial num prazo razoável será, a pedido de um destes Estados Partes, submetida a arbitragem. Se, no prazo de seis meses a contar da data do pedido de arbitragem, os Estados Partes não chegarem a acordo sobre a organização da arbitragem, qualquer deles poderá submeter a controvérsia ao Tribunal Internacional de Justiça, mediante requerimento em conformidade com o Estatuto do Tribunal.

3. Qualquer Estado Parte poderá, no momento da assinatura, da ratificação, da aceitação ou da aprovação da presente Convenção, ou da adesão a esta, declarar que não se considera vinculado pelo parágrafo 2 do presente Artigo. Os outros Estados Partes não estarão vinculados pelo parágrafo 2 do presente Artigo em relação a qualquer Estado Parte que tenha formulado esta reserva.

4. Um Estado Parte que tenha formulado uma reserva ao abrigo do parágrafo 3 do presente Artigo poderá retirá-la a qualquer momento, mediante notificação do Secretário-Geral da Organização das Nações Unidas.

Art. 36. Assinatura, ratificação, aceitação, aprovação e adesão

1. A presente Convenção será aberta à assinatura de todos os Estados entre 12 e 15 de Dezembro de 2000, em Palermo (Itália) e, seguidamente, na sede da Organização das Nações Unidas, em Nova Iorque, até 12 de Dezembro de 2002.

2. A presente Convenção estará igualmente aberta à assinatura de organizações regionais de integração econômica, desde que pelos menos um Estado Membro dessa organização tenha assinado a presente Convenção, em conformidade com o parágrafo 1 do presente Artigo.

3. A presente Convenção será submetida a ratificação, aceitação ou aprovação. Os instrumentos de ratificação, aceitação ou aprovação serão depositados junto do Secretário-Geral da Organização das Nações Unidas. Uma organização regional de integração econômica poderá depositar os seus instrumentos de ratificação, aceitação ou aprovação se pelo menos um dos seus Estados Membros o tiver feito. Neste instrumento de ratificação, aceitação ou aprovação, a organização declarará o âmbito da sua competência em relação às questões que são objeto da presente Convenção. Informará igualmente o depositário de qualquer alteração relevante do âmbito da sua competência.

4. A presente Convenção estará aberta à adesão de qualquer Estado ou de qualquer organização regional de integração econômica de que, pelo menos, um Estado membro seja parte na presente Convenção. Os instrumentos de adesão serão depositados junto do Secretário-Geral da Organização das Nações Unidas. No momento da sua adesão, uma organização regional de integração econômica declarará o âmbito da sua competência em relação às questões que são objeto da presente Convenção. Informará igualmente o depositário de qualquer alteração relevante do âmbito dessa competência.

Art. 37. Relação com os protocolos

1. A presente Convenção poderá ser completada por um ou mais protocolos.

2. Para se tornar Parte num protocolo, um Estado ou uma organização regional de integração econômica deverá igualmente ser Parte na presente Convenção.

3. Um Estado Parte na presente Convenção não estará vinculado por um protocolo, a menos que se torne Parte do mesmo protocolo, em conformidade com as disposições deste.

4. Qualquer protocolo à presente Convenção será interpretado conjuntamente com a presente Convenção, tendo em conta a finalidade do mesmo protocolo.

Art. 38. Entrada em vigor

1. A presente Convenção entrará em vigor no nonagésimo dia seguinte à data de depósito do quadragésimo instrumento de ratificação, aceitação, aprovação ou adesão. Para efeitos do presente número, nenhum dos instrumentos depositados por uma organização regional de integração econômica será somado aos instrumentos já depositados pelos Estados membros dessa organização.

2. Para cada Estado ou organização regional de integração econômica que ratifique, aceite ou aprove a presente Convenção ou a ela adira após o depósito do quadragésimo instrumento pertinente, a presente Convenção entrará em vigor no trigésimo dia seguinte à data de depósito do instrumento pertinente do referido Estado ou organização.

Art. 39. Emendas

1. Quando tiverem decorrido cinco anos a contar da entrada em vigor da presente Convenção, um Estado Parte poderá propor uma emenda e depositar o respectivo texto junto do Secretário-Geral da Organização das Nações Unidas, que em seguida comunicará a proposta de emenda aos Estados Partes e à Conferência das Partes na Convenção, para exame da proposta e adoção de uma decisão. A Conferência das Partes esforçar-se-á por chegar a um consenso sobre qualquer emenda. Se todos os esforços nesse sentido se tiverem esgotado sem que se tenha chegado a um acordo, será necessário, como último recurso para que a emenda seja aprovada, uma votação por maioria de dois terços dos votos expressos dos Estados Partes presentes na Conferência das Partes.

2. Para exercerem, ao abrigo do presente Artigo, o seu direito de voto nos domínios em que sejam competentes, as organizações regionais de integração econômica disporão de um número de votos igual ao número dos seus Estados Membros que sejam Partes na presente Convenção. Não exercerão o seu direito de voto quando os seus Estados Membros exercerem os seus, e inversamente.

3. Uma emenda aprovada em conformidade com o parágrafo 1 do presente Artigo estará sujeita à ratificação, aceitação ou aprovação dos Estados Partes.

4. Uma emenda aprovada em conformidade com o parágrafo 1 do presente Artigo entrará em vigor para um Estado Parte noventa dias após a data de depósito pelo mesmo Estado Parte junto do Secretário-Geral da Organização das Nações Unidas de um instrumento de ratificação, aceitação ou aprovação da referida emenda.

5. Uma emenda que tenha entrado em vigor será vinculativa para os Estados Partes que tenham declarado o seu consentimento em serem por ela vinculados. Os outros Estados Partes permanecerão vinculados pelas disposições da presente Convenção e por todas as emendas anteriores que tenham ratificado, aceite ou aprovado.

Art. 40. Denúncia

1. Um Estado Parte poderá denunciar a presente Convenção mediante notificação escrita dirigida ao Secretário-Geral da Organização das Nações Unidas. A denúncia tornar-se-á efetiva um ano após a data da recepção da notificação pelo Secretário-Geral.

2. Uma organização regional de integração econômica cessará de ser Parte na presente Convenção quando todos os seus Estados Membros a tenham denunciado.

3. A denúncia da presente Convenção, em conformidade com o parágrafo 1 do presente Artigo, implica a denúncia de qualquer protocolo a ela associado.

Art. 41. Depositário e línguas

1. O Secretário-Geral da Organização das Nações Unidas será o depositário da presente Convenção.

2. O original da presente Convenção, cujos textos em inglês, árabe, chinês, espanhol, francês e russo fazem igualmente fé, será depositado junto do Secretário-Geral da Organização das Nações Unidas. Em fé do que os plenipotenciários abaixo assinados, devidamente mandatados para o efeito pelos respectivos Governos, assinaram a presente Convenção.

Este texto não substitui o publicado no dou de 5.8.2013 – Edição extra.

Convenção Sobre os Direitos das Pessoas com Deficiência (Convenção de Nova York) – 2006

Decreto no 6.949, de 25 de agosto de 2009
Promulga a Convenção Internacional sobre os Direitos das Pessoas com Deficiência e seu Protocolo Facultativo, assinados em Nova York, em 30 de março de 2007.
O presidente da república, no uso da atribuição que lhe confere o art. 84, inciso IV, da Constituição, e Considerando que o Congresso Nacional aprovou, por meio do Decreto Legislativo no 186, de 9 de julho

de 2008, conforme o procedimento do § 3º do art. 5º da Constituição, a Convenção sobre os Direitos das Pessoas com Deficiência e seu Protocolo Facultativo, assinados em Nova York, em 30 de março de 2007;
Considerando que o Governo brasileiro depositou o instrumento de ratificação dos referidos atos junto ao Secretário-Geral das Nações Unidas em 1º de agosto de 2008;
Considerando que os atos internacionais em apreço entraram em vigor para o Brasil, no plano jurídico externo, em 31 de agosto de 2008;
decreta:

Art. 1. A Convenção sobre os Direitos das Pessoas com Deficiência e seu Protocolo Facultativo, apensos por cópia ao presente Decreto, serão executados e cumpridos tão inteiramente como neles se contém.

Art. 2. São sujeitos à aprovação do Congresso Nacional quaisquer atos que possam resultar em revisão dos referidos diplomas internacionais ou que acarretem encargos ou compromissos gravosos ao patrimônio nacional, nos termos do art. 49, inciso I, da Constituição.

Art. 3. Este Decreto entra em vigor na data de sua publicação.

Brasília, 25 de agosto de 2009; 188º da Independência e 121º da República.

Luiz Inácio lula da silva
Celso Luiz Nunes Amorim

Este texto não substitui o publicado no dou de 26.8.2009.

Convenção Sobre os Direitos das Pessoas Com Deficiência

Preâmbulo

Os Estados Partes da presente Convenção,
a) Relembrando os princípios consagrados na Carta das Nações Unidas, que reconhecem a dignidade e o valor inerentes e os direitos iguais e inalienáveis de todos os membros da família humana como o fundamento da liberdade, da justiça e da paz no mundo,
b) Reconhecendo que as Nações Unidas, na Declaração Universal dos Direitos Humanos e nos Pactos Internacionais sobre Direitos Humanos, proclamaram e concordaram que toda pessoa faz jus a todos os direitos e liberdades ali estabelecidos, sem distinção de qualquer espécie,
c) Reafirmando a universalidade, a indivisibilidade, a interdependência e a inter-relação de todos os direitos humanos e liberdades fundamentais, bem como a necessidade de garantir que todas as pessoas com deficiência os exerçam plenamente, sem discriminação,
d) Relembrando o Pacto Internacional dos Direitos Econômicos, Sociais e Culturais, o Pacto Internacional dos Direitos Civis e Políticos, a Convenção Internacional sobre a Eliminação de Todas as Formas de Discriminação Racial, a Convenção sobre a Eliminação de todas as Formas de Discriminação contra a Mulher, a Convenção contra a Tortura e Outros Tratamentos ou Penas Cruéis, Desumanos ou Degradantes, a Convenção sobre os Direitos da Criança e a Convenção Internacional sobre a Proteção dos Direitos de Todos os Trabalhadores Migrantes e Membros de suas Famílias,
e) Reconhecendo que a deficiência é um conceito em evolução e que a deficiência resulta da interação entre pessoas com deficiência e as barreiras devidas às atitudes e ao ambiente que impedem a plena e efetiva participação dessas pessoas na sociedade em igualdade de oportunidades com as demais pessoas,
f) Reconhecendo a importância dos princípios e das diretrizes de política, contidos no Programa de Ação Mundial para as Pessoas Deficientes e nas Normas sobre a Equiparação de Oportunidades para Pessoas com Deficiência, para influenciar a promoção, a formulação e a avaliação de políticas, planos, programas e ações em níveis nacional, regional e internacional para possibilitar maior igualdade de oportunidades para pessoas com deficiência,
g) Ressaltando a importância de trazer questões relativas à deficiência ao centro das preocupações da sociedade como parte integrante das estratégias relevantes de desenvolvimento sustentável,
h) Reconhecendo também que a discriminação contra qualquer pessoa, por motivo de deficiência, configura violação da dignidade e do valor inerentes ao ser humano,
i) Reconhecendo ainda a diversidade das pessoas com deficiência,
j) Reconhecendo a necessidade de promover e proteger os direitos humanos de todas as pessoas com deficiência, inclusive daquelas que requerem maior apoio,

k) Preocupados com o fato de que, não obstante esses diversos instrumentos e compromissos, as pessoas com deficiência continuam a enfrentar barreiras contra sua participação como membros iguais da sociedade e violações de seus direitos humanos em todas as partes do mundo,

l) Reconhecendo a importância da cooperação internacional para melhorar as condições de vida das pessoas com deficiência em todos os países, particularmente naqueles em desenvolvimento,

m) Reconhecendo as valiosas contribuições existentes e potenciais das pessoas com deficiência ao bem-estar comum e à diversidade de suas comunidades, e que a promoção do pleno exercício, pelas pessoas com deficiência, de seus direitos humanos e liberdades fundamentais e de sua plena participação na sociedade resultará no fortalecimento de seu senso de pertencimento à sociedade e no significativo avanço do desenvolvimento humano, social e econômico da sociedade, bem como na erradicação da pobreza,

n) Reconhecendo a importância, para as pessoas com deficiência, de sua autonomia e independência individuais, inclusive da liberdade para fazer as próprias escolhas,

o) Considerando que as pessoas com deficiência devem ter a oportunidade de participar ativamente das decisões relativas a programas e políticas, inclusive aos que lhes dizem respeito diretamente,

p) Preocupados com as difíceis situações enfrentadas por pessoas com deficiência que estão sujeitas a formas múltiplas ou agravadas de discriminação por causa de raça, cor, sexo, idioma, religião, opiniões políticas ou de outra natureza, origem nacional, étnica, nativa ou social, propriedade, nascimento, idade ou outra condição,

q) Reconhecendo que mulheres e meninas com deficiência estão frequentemente expostas a maiores riscos, tanto no lar como fora dele, de sofrer violência, lesões ou abuso, descaso ou tratamento negligente, maus-tratos ou exploração,

r) Reconhecendo que as crianças com deficiência devem gozar plenamente de todos os direitos humanos e liberdades fundamentais em igualdade de oportunidades com as outras crianças e relembrando as obrigações assumidas com esse fim pelos Estados Partes na Convenção sobre os Direitos da Criança,

s) Ressaltando a necessidade de incorporar a perspectiva de gênero aos esforços para promover o pleno exercício dos direitos humanos e liberdades fundamentais por parte das pessoas com deficiência,

t) Salientando o fato de que a maioria das pessoas com deficiência vive em condições de pobreza e, nesse sentido, reconhecendo a necessidade crítica de lidar com o impacto negativo da pobreza sobre pessoas com deficiência,

u) Tendo em mente que as condições de paz e segurança baseadas no pleno respeito aos propósitos e princípios consagrados na Carta das Nações Unidas e a observância dos instrumentos de direitos humanos são indispensáveis para a total proteção das pessoas com deficiência, particularmente durante conflitos armados e ocupação estrangeira,

v) Reconhecendo a importância da acessibilidade aos meios físico, social, econômico e cultural, à saúde, à educação e à informação e comunicação, para possibilitar às pessoas com deficiência o pleno gozo de todos os direitos humanos e liberdades fundamentais,

w) Conscientes de que a pessoa tem deveres para com outras pessoas e para com a comunidade a que pertence e que, portanto, tem a responsabilidade de esforçar-se para a promoção e a observância dos direitos reconhecidos na Carta Internacional dos Direitos Humanos,

x) Convencidos de que a família é o núcleo natural e fundamental da sociedade e tem o direito de receber a proteção da sociedade e do Estado e de que as pessoas com deficiência e seus familiares devem receber a proteção e a assistência necessárias para tornar as famílias capazes de contribuir para o exercício pleno e equitativo dos direitos das pessoas com deficiência,

y) Convencidos de que uma convenção internacional geral e integral para promover e proteger os direitos e a dignidade das pessoas com deficiência prestará significativa contribuição para corrigir as profundas desvantagens sociais das pessoas com deficiência e para promover sua participação na vida econômica, social e cultural, em igualdade de oportunidades, tanto nos países em desenvolvimento como nos desenvolvidos,

Acordaram o seguinte:

Art. 1. Propósito

O propósito da presente Convenção é promover, proteger e assegurar o exercício pleno e equitativo de todos os direitos humanos e liberdades fundamentais por todas as pessoas com deficiência e promover o respeito pela sua dignidade inerente.

Pessoas com deficiência são aquelas que têm impedimentos de longo prazo de natureza física, mental, intelectual ou sensorial, os quais, em interação com diversas barreiras, podem obstruir sua participação plena e efetiva na sociedade em igualdades de condições com as demais pessoas.

Art. 2. Definições

Para os propósitos da presente Convenção:

"Comunicação" abrange as línguas, a visualização de textos, o braile, a comunicação tátil, os caracteres ampliados, os dispositivos de multimídia acessível, assim como a linguagem simples, escrita e oral, os sistemas auditivos e os meios de voz digitalizada e os modos, meios e formatos aumentativos e alternativos de comunicação, inclusive a tecnologia da informação e comunicação acessíveis;

"Língua" abrange as línguas faladas e de sinais e outras formas de comunicação não falada;

"Discriminação por motivo de deficiência" significa qualquer diferenciação, exclusão ou restrição baseada em deficiência, com o propósito ou efeito de impedir ou impossibilitar o reconhecimento, o desfrute ou o exercício, em igualdade de oportunidades com as demais pessoas, de todos os direitos humanos e liberdades fundamentais nos âmbitos político, econômico, social, cultural, civil ou qualquer outro. Abrange todas as formas de discriminação, inclusive a recusa de adaptação razoável;

"Adaptação razoável" significa as modificações e os ajustes necessários e adequados que não acarretem ônus desproporcional ou indevido, quando requeridos em cada caso, a fim de assegurar que as pessoas com deficiência possam gozar ou exercer, em igualdade de oportunidades com as demais pessoas, todos os direitos humanos e liberdades fundamentais;

"Desenho universal" significa a concepção de produtos, ambientes, programas e serviços a serem usados, na maior medida possível, por todas as pessoas, sem necessidade de adaptação ou projeto específico. O "desenho universal" não excluirá as ajudas técnicas para grupos específicos de pessoas com deficiência, quando necessárias.

Art. 3. Princípios gerais

Os princípios da presente Convenção são:

a) O respeito pela dignidade inerente, a autonomia individual, inclusive a liberdade de fazer as próprias escolhas, e a independência das pessoas;

b) A não discriminação;

c) A plena e efetiva participação e inclusão na sociedade;

d) O respeito pela diferença e pela aceitação das pessoas com deficiência como parte da diversidade humana e da humanidade;

e) A igualdade de oportunidades;

f) A acessibilidade;

g) A igualdade entre o homem e a mulher;

h) O respeito pelo desenvolvimento das capacidades das crianças com deficiência e pelo direito das crianças com deficiência de preservar sua identidade.

Art. 4. Obrigações gerais

1. Os Estados Partes se comprometem a assegurar e promover o pleno exercício de todos os direitos humanos e liberdades fundamentais por todas as pessoas com deficiência, sem qualquer tipo de discriminação por causa de sua deficiência. Para tanto, os Estados Partes se comprometem a:

a) Adotar todas as medidas legislativas, administrativas e de qualquer outra natureza, necessárias para a realização dos direitos reconhecidos na presente Convenção;

b) Adotar todas as medidas necessárias, inclusive legislativas, para modificar ou revogar leis, regulamentos, costumes e práticas vigentes, que constituírem discriminação contra pessoas com deficiência;

c) Levar em conta, em todos os programas e políticas, a proteção e a promoção dos direitos humanos das pessoas com deficiência;

d) Abster-se de participar em qualquer ato ou prática incompatível com a presente Convenção e assegurar que as autoridades públicas e instituições atuem em conformidade com a presente Convenção;

e) Tomar todas as medidas apropriadas para eliminar a discriminação baseada em deficiência, por parte de qualquer pessoa, organização ou empresa privada;

f) Realizar ou promover a pesquisa e o desenvolvimento de produtos, serviços, equipamentos e instalações com desenho universal, conforme definidos no Artigo 2 da presente Convenção, que exijam o mínimo possível de adaptação e cujo custo seja o mínimo possível, destinados a atender às necessidades específicas de pessoas com deficiência, promover sua disponibilidade e seu uso e a promover o desenho universal quando da elaboração de normas e diretrizes;

g) Realizar ou promover a pesquisa e o desenvolvimento, bem como a disponibilidade e o emprego de novas tecnologias, inclusive as tecnologias da informação e comunicação, ajudas técnicas para locomoção, dispositivos e tecnologias assistivas, adequados a pessoas com deficiência, dando prioridade a tecnologias de custo acessível;

h) Propiciar informação acessível para as pessoas com deficiência a respeito de ajudas técnicas para locomoção, dispositivos e tecnologias assistivas, incluindo novas tecnologias bem como outras formas de assistência, serviços de apoio e instalações;

i) Promover a capacitação em relação aos direitos reconhecidos pela presente Convenção dos profissionais e equipes que trabalham com pessoas com deficiência, de forma a melhorar a prestação de assistência e serviços garantidos por esses direitos.

2. Em relação aos direitos econômicos, sociais e culturais, cada Estado Parte se compromete a tomar medidas, tanto quanto permitirem os recursos disponíveis e, quando necessário, no âmbito da cooperação internacional, a fim de assegurar progressivamente o pleno exercício desses direitos, sem prejuízo das obrigações contidas na presente Convenção que forem imediatamente aplicáveis de acordo com o direito internacional.

3. Na elaboração e implementação de legislação e políticas para aplicar a presente Convenção e em outros processos de tomada de decisão relativos às pessoas com deficiência, os Estados Partes realizarão consultas estreitas e envolverão ativamente pessoas com deficiência, inclusive crianças com deficiência, por intermédio de suas organizações representativas.

4. Nenhum dispositivo da presente Convenção afetará quaisquer disposições mais propícias à realização dos direitos das pessoas com deficiência, as quais possam estar contidas na legislação do Estado Parte ou no direito internacional em vigor para esse Estado. Não haverá nenhuma restrição ou derrogação de qualquer dos direitos humanos e liberdades fundamentais reconhecidos ou vigentes em qualquer Estado Parte da presente Convenção, em conformidade com leis, convenções, regulamentos ou costumes, sob a alegação de que a presente Convenção não reconhece tais direitos e liberdades ou que os reconhece em menor grau.

5. As disposições da presente Convenção se aplicam, sem limitação ou exceção, a todas as unidades constitutivas dos Estados federativos.

Art. 5. Igualdade e não discriminação

1. Os Estados Partes reconhecem que todas as pessoas são iguais perante e sob a lei e que fazem jus, sem qualquer discriminação, a igual proteção e igual benefício da lei.

2. Os Estados Partes proibirão qualquer discriminação baseada na deficiência e garantirão às pessoas com deficiência igual e efetiva proteção legal contra a discriminação por qualquer motivo.

3. A fim de promover a igualdade e eliminar a discriminação, os Estados Partes adotarão todas as medidas apropriadas para garantir que a adaptação razoável seja oferecida.

4. Nos termos da presente Convenção, as medidas específicas que forem necessárias para acelerar ou alcançar a efetiva igualdade das pessoas com deficiência não serão consideradas discriminatórias.

Art. 6. Mulheres com deficiência

1. Os Estados Partes reconhecem que as mulheres e meninas com deficiência estão sujeitas a múltiplas formas de discriminação e, portanto, tomarão medidas para assegurar às mulheres e meninas com deficiência o pleno e igual exercício de todos os direitos humanos e liberdades fundamentais.

2. Os Estados Partes tomarão todas as medidas apropriadas para assegurar o pleno desenvolvimento, o avanço e o empoderamento das mulheres, a fim de garantir-lhes o exercício e o gozo dos direitos humanos e liberdades fundamentais estabelecidos na presente Convenção.

Art. 7. Crianças com deficiência

1. Os Estados Partes tomarão todas as medidas necessárias para assegurar às crianças com deficiência o pleno exercício de todos os direitos humanos e liberdades fundamentais, em igualdade de oportunidades com as demais crianças.

2. Em todas as ações relativas às crianças com deficiência, o superior interesse da criança receberá consideração primordial.

3. Os Estados Partes assegurarão que as crianças com deficiência tenham o direito de expressar livremente sua opinião sobre todos os assuntos que lhes disserem respeito, tenham a sua opinião devidamente valorizada de acordo com sua idade e maturidade, em igualdade de oportunidades com as demais crianças, e recebam atendimento adequado à sua deficiência e idade, para que possam exercer tal direito.

Art. 8. Conscientização

1. Os Estados Partes se comprometem a adotar medidas imediatas, efetivas e apropriadas para:
a) Conscientizar toda a sociedade, inclusive as famílias, sobre as condições das pessoas com deficiência e fomentar o respeito pelos direitos e pela dignidade das pessoas com deficiência;
b) Combater estereótipos, preconceitos e práticas nocivas em relação a pessoas com deficiência, inclusive aqueles relacionados a sexo e idade, em todas as áreas da vida;
c) Promover a conscientização sobre as capacidades e contribuições das pessoas com deficiência.
2. As medidas para esse fim incluem:
a) Lançar e dar continuidade a efetivas campanhas de conscientização públicas, destinadas a:
I) Favorecer atitude receptiva em relação aos direitos das pessoas com deficiência;
II) Promover percepção positiva e maior consciência social em relação às pessoas com deficiência;
III) Promover o reconhecimento das habilidades, dos méritos e das capacidades das pessoas com deficiência e de sua contribuição ao local de trabalho e ao mercado laboral;
b) Fomentar em todos os níveis do sistema educacional, incluindo neles todas as crianças desde tenra idade, uma atitude de respeito para com os direitos das pessoas com deficiência;
c) Incentivar todos os órgãos da mídia a retratar as pessoas com deficiência de maneira compatível com o propósito da presente Convenção;
d) Promover programas de formação sobre sensibilização a respeito das pessoas com deficiência e sobre os direitos das pessoas com deficiência.

Art. 9. Acessibilidade
1. A fim de possibilitar às pessoas com deficiência viver de forma independente e participar plenamente de todos os aspectos da vida, os Estados Partes tomarão as medidas apropriadas para assegurar às pessoas com deficiência o acesso, em igualdade de oportunidades com as demais pessoas, ao meio físico, ao transporte, à informação e comunicação, inclusive aos sistemas e tecnologias da informação e comunicação, bem como a outros serviços e instalações abertos ao público ou de uso público, tanto na zona urbana como na rural. Essas medidas, que incluirão a identificação e a eliminação de obstáculos e barreiras à acessibilidade, serão aplicadas, entre outros, a:
a) Edifícios, rodovias, meios de transporte e outras instalações internas e externas, inclusive escolas, residências, instalações médicas e local de trabalho;
b) Informações, comunicações e outros serviços, inclusive serviços eletrônicos e serviços de emergência.
2. Os Estados Partes também tomarão medidas apropriadas para:
a) Desenvolver, promulgar e monitorar a implementação de normas e diretrizes mínimas para a acessibilidade das instalações e dos serviços abertos ao público ou de uso público;
b) Assegurar que as entidades privadas que oferecem instalações e serviços abertos ao público ou de uso público levem em consideração todos os aspectos relativos à acessibilidade para pessoas com deficiência;
c) Proporcionar, a todos os atores envolvidos, formação em relação às questões de acessibilidade com as quais as pessoas com deficiência se confrontam;
d) Dotar os edifícios e outras instalações abertas ao público ou de uso público de sinalização em braile e em formatos de fácil leitura e compreensão;
e) Oferecer formas de assistência humana ou animal e serviços de mediadores, incluindo guias, ledores e intérpretes profissionais da língua de sinais, para facilitar o acesso aos edifícios e outras instalações abertas ao público ou de uso público;
f) Promover outras formas apropriadas de assistência e apoio a pessoas com deficiência, a fim de assegurar a essas pessoas o acesso a informações;
g) Promover o acesso de pessoas com deficiência a novos sistemas e tecnologias da informação e comunicação, inclusive à Internet;
h) Promover, desde a fase inicial, a concepção, o desenvolvimento, a produção e a disseminação de sistemas e tecnologias de informação e comunicação, a fim de que esses sistemas e tecnologias se tornem acessíveis a custo mínimo.

Art. 10. Direito à vida
Os Estados Partes reafirmam que todo ser humano tem o inerente direito à vida e tomarão todas as medidas necessárias para assegurar o efetivo exercício desse direito pelas pessoas com deficiência, em igualdade de oportunidades com as demais pessoas.

Art. 11. Situações de risco e emergências humanitárias
Em conformidade com suas obrigações decorrentes do direito internacional, inclusive do direito

humanitário internacional e do direito internacional dos direitos humanos, os Estados Partes tomarão todas as medidas necessárias para assegurar a proteção e a segurança das pessoas com deficiência que se encontrarem em situações de risco, inclusive situações de conflito armado, emergências humanitárias e ocorrência de desastres naturais.

Art. 12. Reconhecimento igual perante a lei

1. Os Estados Partes reafirmam que as pessoas com deficiência têm o direito de ser reconhecidas em qualquer lugar como pessoas perante a lei.

2. Os Estados Partes reconhecerão que as pessoas com deficiência gozam de capacidade legal em igualdade de condições com as demais pessoas em todos os aspectos da vida.

3. Os Estados Partes tomarão medidas apropriadas para prover o acesso de pessoas com deficiência ao apoio que necessitarem no exercício de sua capacidade legal.

4. Os Estados Partes assegurarão que todas as medidas relativas ao exercício da capacidade legal incluam salvaguardas apropriadas e efetivas para prevenir abusos, em conformidade com o direito internacional dos direitos humanos. Essas salvaguardas assegurarão que as medidas relativas ao exercício da capacidade legal respeitem os direitos, a vontade e as preferências da pessoa, sejam isentas de conflito de interesses e de influência indevida, sejam proporcionais e apropriadas às circunstâncias da pessoa, se apliquem pelo período mais curto possível e sejam submetidas à revisão regular por uma autoridade ou órgão judiciário competente, independente e imparcial. As salvaguardas serão proporcionais ao grau em que tais medidas afetarem os direitos e interesses da pessoa.

5. Os Estados Partes, sujeitos ao disposto neste Artigo, tomarão todas as medidas apropriadas e efetivas para assegurar às pessoas com deficiência o igual direito de possuir ou herdar bens, de controlar as próprias finanças e de ter igual acesso a empréstimos bancários, hipotecas e outras formas de crédito financeiro, e assegurarão que as pessoas com deficiência não sejam arbitrariamente destituídas de seus bens.

Art. 13. Acesso à justiça

1. Os Estados Partes assegurarão o efetivo acesso das pessoas com deficiência à justiça, em igualdade de condições com as demais pessoas, inclusive mediante a provisão de adaptações processuais adequadas à idade, a fim de facilitar o efetivo papel das pessoas com deficiência como participantes diretos ou indiretos, inclusive como testemunhas, em todos os procedimentos jurídicos, tais como investigações e outras etapas preliminares.

2. A fim de assegurar às pessoas com deficiência o efetivo acesso à justiça, os Estados Partes promoverão a capacitação apropriada daqueles que trabalham na área de administração da justiça, inclusive a polícia e os funcionários do sistema penitenciário.

Art. 14. Liberdade e segurança da pessoa

1. Os Estados Partes assegurarão que as pessoas com deficiência, em igualdade de oportunidades com as demais pessoas:

a) Gozem do direito à liberdade e à segurança da pessoa; e

b) Não sejam privadas ilegal ou arbitrariamente de sua liberdade e que toda privação de liberdade esteja em conformidade com a lei, e que a existência de deficiência não justifique a privação de liberdade.

2. Os Estados Partes assegurarão que, se pessoas com deficiência forem privadas de liberdade mediante algum processo, elas, em igualdade de oportunidades com as demais pessoas, façam jus a garantias de acordo com o direito internacional dos direitos humanos e sejam tratadas em conformidade com os objetivos e princípios da presente Convenção, inclusive mediante a provisão de adaptação razoável.

Art. 15. Prevenção contra tortura ou tratamentos ou penas cruéis, desumanos ou degradantes

1. Nenhuma pessoa será submetida à tortura ou a tratamentos ou penas cruéis, desumanos ou degradantes. Em especial, nenhuma pessoa deverá ser sujeita a experimentos médicos ou científicos sem seu livre consentimento.

2. Os Estados Partes tomarão todas as medidas efetivas de natureza legislativa, administrativa, judicial ou outra para evitar que pessoas com deficiência, do mesmo modo que as demais pessoas, sejam submetidas à tortura ou a tratamentos ou penas cruéis, desumanos ou degradantes.

Art. 16. Prevenção contra a exploração, a violência e o abuso

1. Os Estados Partes tomarão todas as medidas apropriadas de natureza legislativa, administrativa, social, educacional e outras para proteger as pessoas com deficiência, tanto dentro como fora do lar, contra todas as formas de exploração, violência e abuso, incluindo aspectos relacionados a gênero.

2. Os Estados Partes também tomarão todas as medidas apropriadas para prevenir todas as formas de exploração, violência e abuso, assegurando, entre outras coisas, formas apropriadas de atendimento e apoio que levem em conta o gênero e a idade das pessoas com deficiência e de seus familiares e atendentes, inclusive mediante a provisão de informação e educação sobre a maneira de evitar, reconhecer e denunciar casos de exploração, violência e abuso. Os Estados Partes assegurarão que os serviços de proteção levem em conta a idade, o gênero e a deficiência das pessoas.

3. A fim de prevenir a ocorrência de quaisquer formas de exploração, violência e abuso, os Estados Partes assegurarão que todos os programas e instalações destinados a atender pessoas com deficiência sejam efetivamente monitorados por autoridades independentes.

4. Os Estados Partes tomarão todas as medidas apropriadas para promover a recuperação física, cognitiva e psicológica, inclusive mediante a provisão de serviços de proteção, a reabilitação e a reinserção social de pessoas com deficiência que forem vítimas de qualquer forma de exploração, violência ou abuso. Tais recuperação e reinserção ocorrerão em ambientes que promovam a saúde, o bem-estar, o autorrespeito, a dignidade e a autonomia da pessoa e levem em consideração as necessidades de gênero e idade.

5. Os Estados Partes adotarão leis e políticas efetivas, inclusive legislação e políticas voltadas para mulheres e crianças, a fim de assegurar que os casos de exploração, violência e abuso contra pessoas com deficiência sejam identificados, investigados e, caso necessário, julgados.

Art. 17. Proteção da integridade da pessoa
Toda pessoa com deficiência tem o direito a que sua integridade física e mental seja respeitada, em igualdade de condições com as demais pessoas.

Art. 18. Liberdade de movimentação e nacionalidade
1. Os Estados Partes reconhecerão os direitos das pessoas com deficiência à liberdade de movimentação, à liberdade de escolher sua residência e à nacionalidade, em igualdade de oportunidades com as demais pessoas, inclusive assegurando que as pessoas com deficiência;

a) Tenham o direito de adquirir nacionalidade e mudar de nacionalidade e não sejam privadas arbitrariamente de sua nacionalidade em razão de sua deficiência.

b) Não sejam privadas, por causa de sua deficiência, da competência de obter, possuir e utilizar documento comprovante de sua nacionalidade ou outro documento de identidade, ou de recorrer a processos relevantes, tais como procedimentos relativos à imigração, que forem necessários para facilitar o exercício de seu direito à liberdade de movimentação;

c) Tenham liberdade de sair de qualquer país, inclusive do seu; e

d) Não sejam privadas, arbitrariamente ou por causa de sua deficiência, do direito de entrar no próprio país.

2. As crianças com deficiência serão registradas imediatamente após o nascimento e terão, desde o nascimento, o direito a um nome, o direito de adquirir nacionalidade e, tanto quanto possível, o direito de conhecer seus pais e de ser cuidadas por eles.

Art. 19. Vida independente e inclusão na comunidade
Os Estados Partes desta Convenção reconhecem o igual direito de todas as pessoas com deficiência de viver na comunidade, com a mesma liberdade de escolha que as demais pessoas, e tomarão medidas efetivas e apropriadas para facilitar às pessoas com deficiência o pleno gozo desse direito e sua plena inclusão e participação na comunidade, inclusive assegurando que:

a) As pessoas com deficiência possam escolher seu local de residência e onde e com quem morar, em igualdade de oportunidades com as demais pessoas, e que não sejam obrigadas a viver em determinado tipo de moradia;

b) As pessoas com deficiência tenham acesso a uma variedade de serviços de apoio em domicílio ou em instituições residenciais ou a outros serviços comunitários de apoio, inclusive os serviços de atendentes pessoais que forem necessários como apoio para que as pessoas com deficiência vivam e sejam incluídas na comunidade e para evitar que fiquem isoladas ou segregadas da comunidade;

c) Os serviços e instalações da comunidade para a população em geral estejam disponíveis às pessoas com deficiência, em igualdade de oportunidades, e atendam às suas necessidades.

Art. 20. Mobilidade pessoal
Os Estados Partes tomarão medidas efetivas para assegurar às pessoas com deficiência sua mobilidade pessoal com a máxima independência possível:

a) Facilitando a mobilidade pessoal das pessoas com deficiência, na forma e no momento em que elas quiserem, e a custo acessível;
b) Facilitando às pessoas com deficiência o acesso a tecnologias assistivas, dispositivos e ajudas técnicas de qualidade, e formas de assistência humana ou animal e de mediadores, inclusive tornando-os disponíveis a custo acessível;
c) Propiciando às pessoas com deficiência e ao pessoal especializado uma capacitação em técnicas de mobilidade;
d) Incentivando entidades que produzem ajudas técnicas de mobilidade, dispositivos e tecnologias assistivas a levarem em conta todos os aspectos relativos à mobilidade de pessoas com deficiência.

Art. 21. Liberdade de expressão e de opinião e acesso à informação
Os Estados Partes tomarão todas as medidas apropriadas para assegurar que as pessoas com deficiência possam exercer seu direito à liberdade de expressão e opinião, inclusive à liberdade de buscar, receber e compartilhar informações e ideias, em igualdade de oportunidades com as demais pessoas e por intermédio de todas as formas de comunicação de sua escolha, conforme o disposto no Artigo 2 da presente Convenção, entre as quais:
a) Fornecer, prontamente e sem custo adicional, às pessoas com deficiência, todas as informações destinadas ao público em geral, em formatos acessíveis e tecnologias apropriadas aos diferentes tipos de deficiência;
b) Aceitar e facilitar, em trâmites oficiais, o uso de línguas de sinais, braile, comunicação aumentativa e alternativa, e de todos os demais meios, modos e formatos acessíveis de comunicação, à escolha das pessoas com deficiência;
c) Urgir as entidades privadas que oferecem serviços ao público em geral, inclusive por meio da Internet, a fornecer informações e serviços em formatos acessíveis, que possam ser usados por pessoas com deficiência;
d) Incentivar a mídia, inclusive os provedores de informação pela Internet, a tornar seus serviços acessíveis a pessoas com deficiência;
e) Reconhecer e promover o uso de línguas de sinais.

Art. 22. Respeito à privacidade
1. Nenhuma pessoa com deficiência, qualquer que seja seu local de residência ou tipo de moradia, estará sujeita a interferência arbitrária ou ilegal em sua privacidade, família, lar, correspondência ou outros tipos de comunicação, nem a ataques ilícitos à sua honra e reputação. As pessoas com deficiência têm o direito à proteção da lei contra tais interferências ou ataques.
2. Os Estados Partes protegerão a privacidade dos dados pessoais e dados relativos à saúde e à reabilitação de pessoas com deficiência, em igualdade de condições com as demais pessoas.

Art. 23. Respeito pelo lar e pela família
1. Os Estados Partes tomarão medidas efetivas e apropriadas para eliminar a discriminação contra pessoas com deficiência, em todos os aspectos relativos a casamento, família, paternidade e relacionamentos, em igualdade de condições com as demais pessoas, de modo a assegurar que:
a) Seja reconhecido o direito das pessoas com deficiência, em idade de contrair matrimônio, de casar-se e estabelecer família, com base no livre e pleno consentimento dos pretendentes;
b) Sejam reconhecidos os direitos das pessoas com deficiência de decidir livre e responsavelmente sobre o número de filhos e o espaçamento entre esses filhos e de ter acesso a informações adequadas à idade e a educação em matéria de reprodução e de planejamento familiar, bem como os meios necessários para exercer esses direitos;
c) As pessoas com deficiência, inclusive crianças, conservem sua fertilidade, em igualdade de condições com as demais pessoas.
2. Os Estados Partes assegurarão os direitos e responsabilidades das pessoas com deficiência, relativos à guarda, custódia, curatela e adoção de crianças ou instituições semelhantes, caso esses conceitos constem na legislação nacional. Em todos os casos, prevalecerá o superior interesse da criança. Os Estados Partes prestarão a devida assistência às pessoas com deficiência para que essas pessoas possam exercer suas responsabilidades na criação dos filhos.
3. Os Estados Partes assegurarão que as crianças com deficiência terão iguais direitos em relação à vida familiar. Para a realização desses direitos e para evitar ocultação, abandono, negligência e segregação de crianças com deficiência, os Estados Partes fornecerão prontamente informações abrangentes sobre serviços e apoios a crianças com deficiência e suas famílias.

4. Os Estados Partes assegurarão que uma criança não será separada de seus pais contra a vontade destes, exceto quando autoridades competentes, sujeitas a controle jurisdicional, determinarem, em conformidade com as leis e procedimentos aplicáveis, que a separação é necessária, no superior interesse da criança. Em nenhum caso, uma criança será separada dos pais sob alegação de deficiência da criança ou de um ou ambos os pais.

5. Os Estados Partes, no caso em que a família imediata de uma criança com deficiência não tenha condições de cuidar da criança, farão todo esforço para que cuidados alternativos sejam oferecidos por outros parentes e, se isso não for possível, dentro de ambiente familiar, na comunidade.

Art. 24. Educação

1. Os Estados Partes reconhecem o direito das pessoas com deficiência à educação. Para efetivar esse direito sem discriminação e com base na igualdade de oportunidades, os Estados Partes assegurarão sistema educacional inclusivo em todos os níveis, bem como o aprendizado ao longo de toda a vida, com os seguintes objetivos:

a) O pleno desenvolvimento do potencial humano e do senso de dignidade e autoestima, além do fortalecimento do respeito pelos direitos humanos, pelas liberdades fundamentais e pela diversidade humana;

b) O máximo desenvolvimento possível da personalidade e dos talentos e da criatividade das pessoas com deficiência, assim como de suas habilidades físicas e intelectuais;

c) A participação efetiva das pessoas com deficiência em uma sociedade livre.

2. Para a realização desse direito, os Estados Partes assegurarão que:

a) As pessoas com deficiência não sejam excluídas do sistema educacional geral sob alegação de deficiência e que as crianças com deficiência não sejam excluídas do ensino primário gratuito e compulsório ou do ensino secundário, sob alegação de deficiência;

b) As pessoas com deficiência possam ter acesso ao ensino primário inclusivo, de qualidade e gratuito, e ao ensino secundário, em igualdade de condições com as demais pessoas na comunidade em que vivem;

c) Adaptações razoáveis de acordo com as necessidades individuais sejam providenciadas;

d) As pessoas com deficiência recebam o apoio necessário, no âmbito do sistema educacional geral, com vistas a facilitar sua efetiva educação;

e) Medidas de apoio individualizadas e efetivas sejam adotadas em ambientes que maximizem o desenvolvimento acadêmico e social, de acordo com a meta de inclusão plena.

3. Os Estados Partes assegurarão às pessoas com deficiência a possibilidade de adquirir as competências práticas e sociais necessárias de modo a facilitar às pessoas com deficiência sua plena e igual participação no sistema de ensino e na vida em comunidade. Para tanto, os Estados Partes tomarão medidas apropriadas, incluindo:

a) Facilitação do aprendizado do braile, escrita alternativa, modos, meios e formatos de comunicação aumentativa e alternativa, e habilidades de orientação e mobilidade, além de facilitação do apoio e aconselhamento de pares;

b) Facilitação do aprendizado da língua de sinais e promoção da identidade linguística da comunidade surda;

c) Garantia de que a educação de pessoas, em particular crianças cegas, surdocegas e surdas, seja ministrada nas línguas e nos modos e meios de comunicação mais adequados ao indivíduo e em ambientes que favoreçam ao máximo seu desenvolvimento acadêmico e social.

4. A fim de contribuir para o exercício desse direito, os Estados Partes tomarão medidas apropriadas para empregar professores, inclusive professores com deficiência, habilitados para o ensino da língua de sinais e/ou do braile, e para capacitar profissionais e equipes atuantes em todos os níveis de ensino. Essa capacitação incorporará a conscientização da deficiência e a utilização de modos, meios e formatos apropriados de comunicação aumentativa e alternativa, e técnicas e materiais pedagógicos, como apoios para pessoas com deficiência.

5. Os Estados Partes assegurarão que as pessoas com deficiência possam ter acesso ao ensino superior em geral, treinamento profissional de acordo com sua vocação, educação para adultos e formação continuada, sem discriminação e em igualdade de condições. Para tanto, os Estados Partes assegurarão a provisão de adaptações razoáveis para pessoas com deficiência.

Art. 25. Saúde

Os Estados Partes reconhecem que as pessoas com deficiência têm o direito de gozar do estado de saúde mais elevado possível, sem discriminação baseada na deficiência. Os Estados Partes tomarão todas as medidas apropriadas para assegurar às pessoas com deficiência o acesso a serviços de saúde, incluindo os serviços de reabilitação, que levarão em conta as especificidades de gênero. Em especial, os Estados Partes:
a) Oferecerão às pessoas com deficiência programas e atenção à saúde gratuitos ou a custos acessíveis da mesma variedade, qualidade e padrão que são oferecidos às demais pessoas, inclusive na área de saúde sexual e reprodutiva e de programas de saúde pública destinados à população em geral;
b) Propiciarão serviços de saúde que as pessoas com deficiência necessitam especificamente por causa de sua deficiência, inclusive diagnóstico e intervenção precoces, bem como serviços projetados para reduzir ao máximo e prevenir deficiências adicionais, inclusive entre crianças e idosos;
c) Propiciarão esses serviços de saúde às pessoas com deficiência, o mais próximo possível de suas comunidades, inclusive na zona rural;
d) Exigirão dos profissionais de saúde que dispensem às pessoas com deficiência a mesma qualidade de serviços dispensada às demais pessoas e, principalmente, que obtenham o consentimento livre e esclarecido das pessoas com deficiência concernentes. Para esse fim, os Estados Partes realizarão atividades de formação e definirão regras éticas para os setores de saúde público e privado, de modo a conscientizar os profissionais de saúde acerca dos direitos humanos, da dignidade, autonomia e das necessidades das pessoas com deficiência;
e) Proibirão a discriminação contra pessoas com deficiência na provisão de seguro de saúde e seguro de vida, caso tais seguros sejam permitidos pela legislação nacional, os quais deverão ser providos de maneira razoável e justa;
f) Prevenirão que se negue, de maneira discriminatória, os serviços de saúde ou de atenção à saúde ou a administração de alimentos sólidos ou líquidos por motivo de deficiência.

Art. 26. Habilitação e reabilitação
1. Os Estados Partes tomarão medidas efetivas e apropriadas, inclusive mediante apoio dos pares, para possibilitar que as pessoas com deficiência conquistem e conservem o máximo de autonomia e plena capacidade física, mental, social e profissional, bem como plena inclusão e participação em todos os aspectos da vida. Para tanto, os Estados Partes organizarão, fortalecerão e ampliarão serviços e programas completos de habilitação e reabilitação, particularmente nas áreas de saúde, emprego, educação e serviços sociais, de modo que esses serviços e programas:
a) Comecem no estágio mais precoce possível e sejam baseados em avaliação multidisciplinar das necessidades e pontos fortes de cada pessoa;
b) Apoiem a participação e a inclusão na comunidade e em todos os aspectos da vida social, sejam oferecidos voluntariamente e estejam disponíveis às pessoas com deficiência o mais próximo possível de suas comunidades, inclusive na zona rural.
2. Os Estados Partes promoverão o desenvolvimento da capacitação inicial e continuada de profissionais e de equipes que atuam nos serviços de habilitação e reabilitação.
3. Os Estados Partes promoverão a disponibilidade, o conhecimento e o uso de dispositivos e tecnologias assistivas, projetados para pessoas com deficiência e relacionados com a habilitação e a reabilitação.

Art. 27. Trabalho e emprego
1. Os Estados Partes reconhecem o direito das pessoas com deficiência ao trabalho, em igualdade de oportunidades com as demais pessoas. Esse direito abrange o direito à oportunidade de se manter com um trabalho de sua livre escolha ou aceitação no mercado laboral, em ambiente de trabalho que seja aberto, inclusivo e acessível a pessoas com deficiência. Os Estados Partes salvaguardarão e promoverão a realização do direito ao trabalho, inclusive daqueles que tiverem adquirido uma deficiência no emprego, adotando medidas apropriadas, incluídas na legislação, com o fim de, entre outros:
a) Proibir a discriminação baseada na deficiência com respeito a todas as questões relacionadas com as formas de emprego, inclusive condições de recrutamento, contratação e admissão, permanência no emprego, ascensão profissional e condições seguras e salubres de trabalho;
b) Proteger os direitos das pessoas com deficiência, em condições de igualdade com as demais pessoas, às condições justas e favoráveis de trabalho, incluindo iguais oportunidades e igual remuneração por trabalho de igual valor, condições seguras e salubres de trabalho, além de reparação de injustiças e proteção contra o assédio no trabalho;

c) Assegurar que as pessoas com deficiência possam exercer seus direitos trabalhistas e sindicais, em condições de igualdade com as demais pessoas;
d) Possibilitar às pessoas com deficiência o acesso efetivo a programas de orientação técnica e profissional e a serviços de colocação no trabalho e de treinamento profissional e continuado;
e) Promover oportunidades de emprego e ascensão profissional para pessoas com deficiência no mercado de trabalho, bem como assistência na procura, obtenção e manutenção do emprego e no retorno ao emprego;
f) Promover oportunidades de trabalho autônomo, empreendedorismo, desenvolvimento de cooperativas e estabelecimento de negócio próprio;
g) Empregar pessoas com deficiência no setor público;
h) Promover o emprego de pessoas com deficiência no setor privado, mediante políticas e medidas apropriadas, que poderão incluir programas de ação afirmativa, incentivos e outras medidas;
i) Assegurar que adaptações razoáveis sejam feitas para pessoas com deficiência no local de trabalho;
j) Promover a aquisição de experiência de trabalho por pessoas com deficiência no mercado aberto de trabalho;
k) Promover reabilitação profissional, manutenção do emprego e programas de retorno ao trabalho para pessoas com deficiência.
2. Os Estados Partes assegurarão que as pessoas com deficiência não serão mantidas em escravidão ou servidão e que serão protegidas, em igualdade de condições com as demais pessoas, contra o trabalho forçado ou compulsório.
Art. 28. Padrão de vida e proteção social adequados
1. Os Estados Partes reconhecem o direito das pessoas com deficiência a um padrão adequado de vida para si e para suas famílias, inclusive alimentação, vestuário e moradia adequados, bem como à melhoria contínua de suas condições de vida, e tomarão as providências necessárias para salvaguardar e promover a realização desse direito sem discriminação baseada na deficiência.
2. Os Estados Partes reconhecem o direito das pessoas com deficiência à proteção social e ao exercício desse direito sem discriminação baseada na deficiência, e tomarão as medidas apropriadas para salvaguardar e promover a realização desse direito, tais como:

a) Assegurar igual acesso de pessoas com deficiência a serviços de saneamento básico e assegurar o acesso aos serviços, dispositivos e outros atendimentos apropriados para as necessidades relacionadas com a deficiência;
b) Assegurar o acesso de pessoas com deficiência, particularmente mulheres, crianças e idosos com deficiência, a programas de proteção social e de redução da pobreza;
c) Assegurar o acesso de pessoas com deficiência e suas famílias em situação de pobreza à assistência do Estado em relação a seus gastos ocasionados pela deficiência, inclusive treinamento adequado, aconselhamento, ajuda financeira e cuidados de repouso;
d) Assegurar o acesso de pessoas com deficiência a programas habitacionais públicos;
e) Assegurar igual acesso de pessoas com deficiência a programas e benefícios de aposentadoria.
Art. 29. Participação na vida política e pública
Os Estados Partes garantirão às pessoas com deficiência direitos políticos e oportunidade de exercê-los em condições de igualdade com as demais pessoas, e deverão:
a) Assegurar que as pessoas com deficiência possam participar efetiva e plenamente na vida política e pública, em igualdade de oportunidades com as demais pessoas, diretamente ou por meio de representantes livremente escolhidos, incluindo o direito e a oportunidade de votarem e serem votadas, mediante, entre outros:
I) Garantia de que os procedimentos, instalações e materiais e equipamentos para votação serão apropriados, acessíveis e de fácil compreensão e uso;
II) Proteção do direito das pessoas com deficiência ao voto secreto em eleições e plebiscitos, sem intimidação, e a candidatar-se nas eleições, efetivamente ocupar cargos eletivos e desempenhar quaisquer funções públicas em todos os níveis de governo, usando novas tecnologias assistivas, quando apropriado;
III) Garantia da livre expressão de vontade das pessoas com deficiência como eleitores e, para tanto, sempre que necessário e a seu pedido, permissão para que elas sejam auxiliadas na votação por uma pessoa de sua escolha;
b) Promover ativamente um ambiente em que as pessoas com deficiência possam participar efetiva e plenamente na condução das questões públicas, sem

discriminação e em igualdade de oportunidades com as demais pessoas, e encorajar sua participação nas questões públicas, mediante:
I) Participação em organizações não governamentais relacionadas com a vida pública e política do país, bem como em atividades e administração de partidos políticos;
II) Formação de organizações para representar pessoas com deficiência em níveis internacional, regional, nacional e local, bem como a filiação de pessoas com deficiência a tais organizações.

Art. 30. Participação na vida cultural e em recreação, lazer e esporte
1. Os Estados Partes reconhecem o direito das pessoas com deficiência de participar na vida cultural, em igualdade de oportunidades com as demais pessoas, e tomarão todas as medidas apropriadas para que as pessoas com deficiência possam:
a) Ter acesso a bens culturais em formatos acessíveis;
b) Ter acesso a programas de televisão, cinema, teatro e outras atividades culturais, em formatos acessíveis; e
c) Ter acesso a locais que ofereçam serviços ou eventos culturais, tais como teatros, museus, cinemas, bibliotecas e serviços turísticos, bem como, tanto quanto possível, ter acesso a monumentos e locais de importância cultural nacional.
2. Os Estados Partes tomarão medidas apropriadas para que as pessoas com deficiência tenham a oportunidade de desenvolver e utilizar seu potencial criativo, artístico e intelectual, não somente em benefício próprio, mas também para o enriquecimento da sociedade.
3. Os Estados Partes deverão tomar todas as providências, em conformidade com o direito internacional, para assegurar que a legislação de proteção dos direitos de propriedade intelectual não constitua barreira excessiva ou discriminatória ao acesso de pessoas com deficiência a bens culturais.
4. As pessoas com deficiência farão jus, em igualdade de oportunidades com as demais pessoas, a que sua identidade cultural e linguística específica seja reconhecida e apoiada, incluindo as línguas de sinais e a cultura surda.
5. Para que as pessoas com deficiência participem, em igualdade de oportunidades com as demais pessoas, de atividades recreativas, esportivas e de lazer, os Estados Partes tomarão medidas apropriadas para:

a) Incentivar e promover a maior participação possível das pessoas com deficiência nas atividades esportivas comuns em todos os níveis;
b) Assegurar que as pessoas com deficiência tenham a oportunidade de organizar, desenvolver e participar em atividades esportivas e recreativas específicas às deficiências e, para tanto, incentivar a provisão de instrução, treinamento e recursos adequados, em igualdade de oportunidades com as demais pessoas;
c) Assegurar que as pessoas com deficiência tenham acesso a locais de eventos esportivos, recreativos e turísticos;
d) Assegurar que as crianças com deficiência possam, em igualdade de condições com as demais crianças, participar de jogos e atividades recreativas, esportivas e de lazer, inclusive no sistema escolar;
e) Assegurar que as pessoas com deficiência tenham acesso aos serviços prestados por pessoas ou entidades envolvidas na organização de atividades recreativas, turísticas, esportivas e de lazer.

Art. 31. Estatísticas e coleta de dados
1. Os Estados Partes coletarão dados apropriados, inclusive estatísticos e de pesquisas, para que possam formular e implementar políticas destinadas a pôr em prática a presente Convenção. O processo de coleta e manutenção de tais dados deverá:
a) Observar as salvaguardas estabelecidas por lei, inclusive pelas leis relativas à proteção de dados, a fim de assegurar a confidencialidade e o respeito pela privacidade das pessoas com deficiência;
b) Observar as normas internacionalmente aceitas para proteger os direitos humanos, as liberdades fundamentais e os princípios éticos na coleta de dados e utilização de estatísticas.
2. As informações coletadas de acordo com o disposto neste Artigo serão desagregadas, de maneira apropriada, e utilizadas para avaliar o cumprimento, por parte dos Estados Partes, de suas obrigações na presente Convenção e para identificar e enfrentar as barreiras com as quais as pessoas com deficiência se deparam no exercício de seus direitos.
3. Os Estados Partes assumirão responsabilidade pela disseminação das referidas estatísticas e assegurarão que elas sejam acessíveis às pessoas com deficiência e a outros.

Art. 32. Cooperação internacional
1. Os Estados Partes reconhecem a importância da cooperação internacional e de sua promoção, em

apoio aos esforços nacionais para a consecução do propósito e dos objetivos da presente Convenção e, sob este aspecto, adotarão medidas apropriadas e efetivas entre os Estados e, de maneira adequada, em parceria com organizações internacionais e regionais relevantes e com a sociedade civil e, em particular, com organizações de pessoas com deficiência. Estas medidas poderão incluir, entre outras:

a) Assegurar que a cooperação internacional, incluindo os programas internacionais de desenvolvimento, sejam inclusivos e acessíveis para pessoas com deficiência;
b) Facilitar e apoiar a capacitação, inclusive por meio do intercâmbio e compartilhamento de informações, experiências, programas de treinamento e melhores práticas;
c) Facilitar a cooperação em pesquisa e o acesso a conhecimentos científicos e técnicos;
d) Propiciar, de maneira apropriada, assistência técnica e financeira, inclusive mediante facilitação do acesso a tecnologias assistivas e acessíveis e seu compartilhamento, bem como por meio de transferência de tecnologias.

2. O disposto neste Artigo se aplica sem prejuízo das obrigações que cabem a cada Estado Parte em decorrência da presente Convenção.

Art. 33. Implementação e monitoramento nacionais

1. Os Estados Partes, de acordo com seu sistema organizacional, designarão um ou mais de um ponto focal no âmbito do Governo para assuntos relacionados com a implementação da presente Convenção e darão a devida consideração ao estabelecimento ou designação de um mecanismo de coordenação no âmbito do Governo, a fim de facilitar ações correlatas nos diferentes setores e níveis.

2. Os Estados Partes, em conformidade com seus sistemas jurídico e administrativo, manterão, fortalecerão, designarão ou estabelecerão estrutura, incluindo um ou mais de um mecanismo independente, de maneira apropriada, para promover, proteger e monitorar a implementação da presente Convenção. Ao designar ou estabelecer tal mecanismo, os Estados Partes levarão em conta os princípios relativos ao status e funcionamento das instituições nacionais de proteção e promoção dos direitos humanos.

3. A sociedade civil e, particularmente, as pessoas com deficiência e suas organizações representativas serão envolvidas e participarão plenamente no processo de monitoramento.

Art. 34. Comitê sobre os Direitos das Pessoas com Deficiência

1. Um Comitê sobre os Direitos das Pessoas com Deficiência (doravante denominado "Comitê") será estabelecido, para desempenhar as funções aqui definidas.

2. O Comitê será constituído, quando da entrada em vigor da presente Convenção, de 12 peritos. Quando a presente Convenção alcançar 60 ratificações ou adesões, o Comitê será acrescido em seis membros, perfazendo o total de 18 membros.

3. Os membros do Comitê atuarão a título pessoal e apresentarão elevada postura moral, competência e experiência reconhecidas no campo abrangido pela presente Convenção. Ao designar seus candidatos, os Estados Partes são instados a dar a devida consideração ao disposto no Artigo 4.3 da presente Convenção.

4. Os membros do Comitê serão eleitos pelos Estados Partes, observando-se uma distribuição geográfica equitativa, representação de diferentes formas de civilização e dos principais sistemas jurídicos, representação equilibrada de gênero e participação de peritos com deficiência.

5. Os membros do Comitê serão eleitos por votação secreta em sessões da Conferência dos Estados Partes, a partir de uma lista de pessoas designadas pelos Estados Partes entre seus nacionais. Nessas sessões, cujo quórum será de dois terços dos Estados Partes, os candidatos eleitos para o Comitê serão aqueles que obtiverem o maior número de votos e a maioria absoluta dos votos dos representantes dos Estados Partes presentes e votantes.

6. A primeira eleição será realizada, o mais tardar, até seis meses após a data de entrada em vigor da presente Convenção. Pelo menos quatro meses antes de cada eleição, o Secretário-Geral das Nações Unidas dirigirá carta aos Estados Partes, convidando-os a submeter os nomes de seus candidatos no prazo de dois meses. O Secretário-Geral, subsequentemente, preparará lista em ordem alfabética de todos os candidatos apresentados, indicando que foram designados pelos Estados Partes, e submeterá essa lista aos Estados Partes da presente Convenção.

7. Os membros do Comitê serão eleitos para mandato de quatro anos, podendo ser candidatos à reeleição uma única vez. Contudo, o mandato de seis dos membros eleitos na primeira eleição expirará ao fim de dois anos; imediatamente após a primeira eleição, os nomes desses seis membros serão selecionados por sorteio pelo presidente da sessão a que se refere o parágrafo 5 deste Artigo.

8. A eleição dos seis membros adicionais do Comitê será realizada por ocasião das eleições regulares, de acordo com as disposições pertinentes deste Artigo.

9. Em caso de morte, demissão ou declaração de um membro de que, por algum motivo, não poderá continuar a exercer suas funções, o Estado Parte que o tiver indicado designará um outro perito que tenha as qualificações e satisfaça aos requisitos estabelecidos pelos dispositivos pertinentes deste Artigo, para concluir o mandato em questão.

10. O Comitê estabelecerá suas próprias normas de procedimento.

11. O Secretário-Geral das Nações Unidas proverá o pessoal e as instalações necessários para o efetivo desempenho das funções do Comitê segundo a presente Convenção e convocará sua primeira reunião.

12. Com a aprovação da Assembleia Geral, os membros do Comitê estabelecido sob a presente Convenção receberão emolumentos dos recursos das Nações Unidas, sob termos e condições que a Assembleia possa decidir, tendo em vista a importância das responsabilidades do Comitê.

13. Os membros do Comitê terão direito aos privilégios, facilidades e imunidades dos peritos em missões das Nações Unidas, em conformidade com as disposições pertinentes da Convenção sobre Privilégios e Imunidades das Nações Unidas.

Art. 35. Relatórios dos Estados Partes

1. Cada Estado Parte, por intermédio do Secretário-Geral das Nações Unidas, submeterá relatório abrangente sobre as medidas adotadas em cumprimento de suas obrigações estabelecidas pela presente Convenção e sobre o progresso alcançado nesse aspecto, dentro do período de dois anos após a entrada em vigor da presente Convenção para o Estado Parte concernente.

2. Depois disso, os Estados Partes submeterão relatórios subsequentes, ao menos a cada quatro anos, ou quando o Comitê o solicitar.

3. O Comitê determinará as diretrizes aplicáveis ao teor dos relatórios.

4. Um Estado Parte que tiver submetido ao Comitê um relatório inicial abrangente não precisará, em relatórios subsequentes, repetir informações já apresentadas. Ao elaborar os relatórios ao Comitê, os Estados Partes são instados a fazê-lo de maneira franca e transparente e a levar em consideração o disposto no Artigo 4.3 da presente Convenção.

5. Os relatórios poderão apontar os fatores e as dificuldades que tiverem afetado o cumprimento das obrigações decorrentes da presente Convenção.

Art. 36. Consideração dos relatórios

1. Os relatórios serão considerados pelo Comitê, que fará as sugestões e recomendações gerais que julgar pertinentes e as transmitirá aos respectivos Estados Partes. O Estado Parte poderá responder ao Comitê com as informações que julgar pertinentes. O Comitê poderá pedir informações adicionais ao Estados Partes, referentes à implementação da presente Convenção.

2. Se um Estado Parte atrasar consideravelmente a entrega de seu relatório, o Comitê poderá notificar esse Estado de que examinará a aplicação da presente Convenção com base em informações confiáveis de que disponha, a menos que o relatório devido seja apresentado pelo Estado dentro do período de três meses após a notificação. O Comitê convidará o Estado Parte interessado a participar desse exame. Se o Estado Parte responder entregando seu relatório, aplicar-se-á o disposto no parágrafo 1 do presente artigo.

3. O Secretário-Geral das Nações Unidas colocará os relatórios à disposição de todos os Estados Partes.

4. Os Estados Partes tornarão seus relatórios amplamente disponíveis ao público em seus países e facilitarão o acesso à possibilidade de sugestões e de recomendações gerais a respeito desses relatórios.

5. O Comitê transmitirá às agências, fundos e programas especializados das Nações Unidas e a outras organizações competentes, da maneira que julgar apropriada, os relatórios dos Estados Partes que contenham demandas ou indicações de necessidade de consultoria ou de assistência técnica, acompanhados de eventuais observações e sugestões do Comitê em relação às referidas demandas ou indicações, a fim de que possam ser consideradas.

Art. 37. Cooperação entre os Estados Partes e o Comitê

1. Cada Estado Parte cooperará com o Comitê e auxiliará seus membros no desempenho de seu mandato.

2. Em suas relações com os Estados Partes, o Comitê dará a devida consideração aos meios e modos de aprimorar a capacidade de cada Estado Parte para a implementação da presente Convenção, inclusive mediante cooperação internacional.

Art. 38. Relações do Comitê com outros órgãos
A fim de promover a efetiva implementação da presente Convenção e de incentivar a cooperação internacional na esfera abrangida pela presente Convenção:
a) As agências especializadas e outros órgãos das Nações Unidas terão o direito de se fazer representar quando da consideração da implementação de disposições da presente Convenção que disserem respeito aos seus respectivos mandatos. O Comitê poderá convidar as agências especializadas e outros órgãos competentes, segundo julgar apropriado, a oferecer consultoria de peritos sobre a implementação da Convenção em áreas pertinentes a seus respectivos mandatos. O Comitê poderá convidar agências especializadas e outros órgãos das Nações Unidas a apresentar relatórios sobre a implementação da Convenção em áreas pertinentes às suas respectivas atividades;
b) No desempenho de seu mandato, o Comitê consultará, de maneira apropriada, outros órgãos pertinentes instituídos ao amparo de tratados internacionais de direitos humanos, a fim de assegurar a consistência de suas respectivas diretrizes para a elaboração de relatórios, sugestões e recomendações gerais e de evitar duplicação e superposição no desempenho de suas funções.

Art. 39. Relatório do Comitê
A cada dois anos, o Comitê submeterá à Assembleia Geral e ao Conselho Econômico e Social um relatório de suas atividades e poderá fazer sugestões e recomendações gerais baseadas no exame dos relatórios e nas informações recebidas dos Estados Partes. Estas sugestões e recomendações gerais serão incluídas no relatório do Comitê, acompanhadas, se houver, de comentários dos Estados Partes.

Art. 40. Conferência dos Estados Partes
1. Os Estados Partes reunir-se-ão regularmente em Conferência dos Estados Partes a fim de considerar matérias relativas à implementação da presente Convenção.
2. O Secretário-Geral das Nações Unidas convocará, dentro do período de seis meses após a entrada em vigor da presente Convenção, a Conferência dos Estados Partes. As reuniões subsequentes serão convocadas pelo Secretário-Geral das Nações Unidas a cada dois anos ou conforme a decisão da Conferência dos Estados Partes.

Art. 41. Depositário
O Secretário-Geral das Nações Unidas será o depositário da presente Convenção.

Art. 42. Assinatura
A presente Convenção será aberta à assinatura de todos os Estados e organizações de integração regional na sede das Nações Unidas em Nova York, a partir de 30 de março de 2007.

Art. 43. Consentimento em comprometer-se
A presente Convenção será submetida à ratificação pelos Estados signatários e à confirmação formal por organizações de integração regional signatárias. Ela estará aberta à adesão de qualquer Estado ou organização de integração regional que não a houver assinado.

Art. 44. Organizações de integração regional
1. "Organização de integração regional" será entendida como organização constituída por Estados soberanos de determinada região, à qual seus Estados membros tenham delegado competência sobre matéria abrangida pela presente Convenção. Essas organizações declararão, em seus documentos de confirmação formal ou adesão, o alcance de sua competência em relação à matéria abrangida pela presente Convenção. Subsequentemente, as organizações informarão ao depositário qualquer alteração substancial no âmbito de sua competência.
2. As referências a "Estados Partes" na presente Convenção serão aplicáveis a essas organizações, nos limites da competência destas.
3. Para os fins do parágrafo 1 do Artigo 45 e dos parágrafos 2 e 3 do Artigo 47, nenhum instrumento depositado por organização de integração regional será computado.
4. As organizações de integração regional, em matérias de sua competência, poderão exercer o direito de voto na Conferência dos Estados Partes, tendo direito ao mesmo número de votos quanto for o número de seus Estados membros que forem Partes da presente Convenção. Essas organizações não exercerão seu direito de voto, se qualquer de seus Estados membros exercer seu direito de voto, e vice-versa.

Art. 45. Entrada em vigor
1. A presente Convenção entrará em vigor no trigésimo dia após o depósito do vigésimo instrumento de ratificação ou adesão.

2. Para cada Estado ou organização de integração regional que ratificar ou formalmente confirmar a presente Convenção ou a ela aderir após o depósito do referido vigésimo instrumento, a Convenção entrará em vigor no trigésimo dia a partir da data em que esse Estado ou organização tenha depositado seu instrumento de ratificação, confirmação formal ou adesão.

Art. 46. Reservas

1. Não serão permitidas reservas incompatíveis com o objeto e o propósito da presente Convenção.

2. As reservas poderão ser retiradas a qualquer momento.

Art. 47. Emendas

1. Qualquer Estado Parte poderá propor emendas à presente Convenção e submetê-las ao Secretário-Geral das Nações Unidas. O Secretário-Geral comunicará aos Estados Partes quaisquer emendas propostas, solicitando-lhes que o notifiquem se são favoráveis a uma Conferência dos Estados Partes para considerar as propostas e tomar decisão a respeito delas. Se, até quatro meses após a data da referida comunicação, pelo menos um terço dos Estados Partes se manifestar favorável a essa Conferência, o Secretário-Geral das Nações Unidas convocará a Conferência, sob os auspícios das Nações Unidas. Qualquer emenda adotada por maioria de dois terços dos Estados Partes presentes e votantes será submetida pelo Secretário-Geral à aprovação da Assembleia Geral das Nações Unidas e, posteriormente, à aceitação de todos os Estados Partes.

2. Qualquer emenda adotada e aprovada conforme o disposto no parágrafo 1 do presente artigo entrará em vigor no trigésimo dia após a data na qual o número de instrumentos de aceitação tenha atingido dois terços do número de Estados Partes na data de adoção da emenda. Posteriormente, a emenda entrará em vigor para todo Estado Parte no trigésimo dia após o depósito por esse Estado do seu instrumento de aceitação. A emenda será vinculante somente para os Estados Partes que a tiverem aceitado.

3. Se a Conferência dos Estados Partes assim o decidir por consenso, qualquer emenda adotada e aprovada em conformidade com o disposto no parágrafo 1 deste Artigo, relacionada exclusivamente com os artigos 34, 38, 39 e 40, entrará em vigor para todos os Estados Partes no trigésimo dia a partir da data em que o número de instrumentos de aceitação depositados tiver atingido dois terços do número de Estados Partes na data de adoção da emenda.

Art. 48. Denúncia

Qualquer Estado Parte poderá denunciar a presente Convenção mediante notificação por escrito ao Secretário-Geral das Nações Unidas. A denúncia tornar-se-á efetiva um ano após a data de recebimento da notificação pelo Secretário-Geral.

Art. 49. Formatos acessíveis

O texto da presente Convenção será colocado à disposição em formatos acessíveis.

Art. 50. Textos autênticos

Os textos em árabe, chinês, espanhol, francês, inglês e russo da presente Convenção serão igualmente autênticos.

Em fé do que os plenipotenciários abaixo assinados, devidamente autorizados para tanto por seus respectivos Governos, firmaram a presente Convenção.

Protocolo Facultativo à Convenção Sobre os Direitos das Pessoas com Deficiência – 2007

Os Estados Partes do presente Protocolo acordaram o seguinte:

Art. 1.

1. Qualquer Estado Parte do presente Protocolo ("Estado Parte") reconhece a competência do Comitê sobre os Direitos das Pessoas com Deficiência ("Comitê") para receber e considerar comunicações submetidas por pessoas ou grupos de pessoas, ou em nome deles, sujeitos à sua jurisdição, alegando serem vítimas de violação das disposições da Convenção pelo referido Estado Parte.

2. O Comitê não receberá comunicação referente a qualquer Estado Parte que não seja signatário do presente Protocolo.

Art. 2. O Comitê considerará inadmissível a comunicação quando:

a) A comunicação for anônima;

b) A comunicação constituir abuso do direito de submeter tais comunicações ou for incompatível com as disposições da Convenção;

c) A mesma matéria já tenha sido examinada pelo Comitê ou tenha sido ou estiver sendo examinada

sob outro procedimento de investigação ou resolução internacional;
d) Não tenham sido esgotados todos os recursos internos disponíveis, salvo no caso em que a tramitação desses recursos se prolongue injustificadamente, ou seja improvável que se obtenha com eles solução efetiva;
e) A comunicação estiver precariamente fundamentada ou não for suficientemente substanciada; ou
f) Os fatos que motivaram a comunicação tenham ocorrido antes da entrada em vigor do presente Protocolo para o Estado Parte em apreço, salvo se os fatos continuaram ocorrendo após aquela data.

Art. 3. Sujeito ao disposto no Artigo 2 do presente Protocolo, o Comitê levará confidencialmente ao conhecimento do Estado Parte concernente qualquer comunicação submetida ao Comitê. Dentro do período de seis meses, o Estado concernente submeterá ao Comitê explicações ou declarações por escrito, esclarecendo a matéria e a eventual solução adotada pelo referido Estado.

Art. 4.
1. A qualquer momento após receber uma comunicação e antes de decidir o mérito dessa comunicação, o Comitê poderá transmitir ao Estado Parte concernente, para sua urgente consideração, um pedido para que o Estado Parte tome as medidas de natureza cautelar que forem necessárias para evitar possíveis danos irreparáveis à vítima ou às vítimas da violação alegada.
2. O exercício pelo Comitê de suas faculdades discricionárias em virtude do parágrafo 1 do presente Artigo não implicará prejuízo algum sobre a admissibilidade ou sobre o mérito da comunicação.

Art. 5. O Comitê realizará sessões fechadas para examinar comunicações a ele submetidas em conformidade com o presente Protocolo. Depois de examinar uma comunicação, o Comitê enviará suas sugestões e recomendações, se houver, ao Estado Parte concernente e ao requerente.

Art. 6.
1. Se receber informação confiável indicando que um Estado Parte está cometendo violação grave ou sistemática de direitos estabelecidos na Convenção, o Comitê convidará o referido Estado Parte a colaborar com a verificação da informação e, para tanto, a submeter suas observações a respeito da informação em pauta.

2. Levando em conta quaisquer observações que tenham sido submetidas pelo Estado Parte concernente, bem como quaisquer outras informações confiáveis em poder do Comitê, este poderá designar um ou mais de seus membros para realizar investigação e apresentar, em caráter de urgência, relatório ao Comitê. Caso se justifique e o Estado Parte o consinta, a investigação poderá incluir uma visita ao território desse Estado.
3. Após examinar os resultados da investigação, o Comitê os comunicará ao Estado Parte concernente, acompanhados de eventuais comentários e recomendações.
4. Dentro do período de seis meses após o recebimento dos resultados, comentários e recomendações transmitidos pelo Comitê, o Estado Parte concernente submeterá suas observações ao Comitê.
5. 5. A referida investigação será realizada confidencialmente e a cooperação do Estado Parte será solicitada em todas as fases do processo.

Art. 7.
1. O Comitê poderá convidar o Estado Parte concernente a incluir em seu relatório, submetido em conformidade com o disposto no Artigo 35 da Convenção, pormenores a respeito das medidas tomadas em consequência da investigação realizada em conformidade com o Artigo 6 do presente Protocolo.
2. Caso necessário, o Comitê poderá, encerrado o período de seis meses a que se refere o parágrafo 4 do Artigo 6, convidar o Estado Parte concernente a informar o Comitê a respeito das medidas tomadas em consequência da referida investigação.

Art. 8. Qualquer Estado Parte poderá, quando da assinatura ou ratificação do presente Protocolo ou de sua adesão a ele, declarar que não reconhece a competência do Comitê, a que se referem os Artigos 6 e 7.

Art. 9. O Secretário-Geral das Nações Unidas será o depositário do presente Protocolo.

Art. 10. O presente Protocolo será aberto à assinatura dos Estados e organizações de integração regional signatários da Convenção, na sede das Nações Unidas em Nova York, a partir de 30 de março de 2007.

Art. 11. O presente Protocolo estará sujeito à ratificação pelos Estados signatários do presente Protocolo que tiverem ratificado a Convenção ou aderido a ela. Ele estará sujeito à confirmação formal por organizações de integração regional signatárias do presente Protocolo que tiverem formalmente confirmado a Convenção ou a ela aderido. O Protocolo ficará aberto à adesão de qualquer Estado ou organização de integração regional que tiver ratificado ou formalmente confirmado a Convenção ou a ela aderido e que não tiver assinado o Protocolo.

Art. 12.
1. "Organização de integração regional" será entendida como organização constituída por Estados soberanos de determinada região, à qual seus Estados membros tenham delegado competência sobre matéria abrangida pela Convenção e pelo presente Protocolo. Essas organizações declararão, em seus documentos de confirmação formal ou adesão, o alcance de sua competência em relação à matéria abrangida pela Convenção e pelo presente Protocolo. Subsequentemente, as organizações informarão ao depositário qualquer alteração substancial no alcance de sua competência.
2. As referências a "Estados Partes" no presente Protocolo serão aplicáveis a essas organizações, nos limites da competência de tais organizações.
3. Para os fins do parágrafo 1 do Artigo 13 e do parágrafo 2 do Artigo 15, nenhum instrumento depositado por organização de integração regional será computado.
4. As organizações de integração regional, em matérias de sua competência, poderão exercer o direito de voto na Conferência dos Estados Partes, tendo direito ao mesmo número de votos que seus Estados membros que forem Partes do presente Protocolo. Essas organizações não exercerão seu direito de voto se qualquer de seus Estados membros exercer seu direito de voto, e vice-versa.

Art. 13.
1. Sujeito à entrada em vigor da Convenção, o presente Protocolo entrará em vigor no trigésimo dia após o depósito do décimo instrumento de ratificação ou adesão.
2. Para cada Estado ou organização de integração regional que ratificar ou formalmente confirmar o presente Protocolo ou a ele aderir depois do depósito do décimo instrumento dessa natureza, o Protocolo entrará em vigor no trigésimo dia a partir da data em que esse Estado ou organização tenha depositado seu instrumento de ratificação, confirmação formal ou adesão.

Art. 14.
1. Não serão permitidas reservas incompatíveis com o objeto e o propósito do presente Protocolo.
2. As reservas poderão ser retiradas a qualquer momento.

Art. 15.
1. Qualquer Estado Parte poderá propor emendas ao presente Protocolo e submetê-las ao Secretário-Geral das Nações Unidas. O Secretário-Geral comunicará aos Estados Partes quaisquer emendas propostas, solicitando-lhes que o notifiquem se são favoráveis a uma Conferência dos Estados Partes para considerar as propostas e tomar decisão a respeito delas. Se, até quatro meses após a data da referida comunicação, pelo menos um terço dos Estados Partes se manifestar favorável a essa Conferência, o Secretário-Geral das Nações Unidas convocará a Conferência, sob os auspícios das Nações Unidas. Qualquer emenda adotada por maioria de dois terços dos Estados Partes presentes e votantes será submetida pelo Secretário-Geral à aprovação da Assembleia Geral das Nações Unidas e, posteriormente, à aceitação de todos os Estados Partes.
2. Qualquer emenda adotada e aprovada conforme o disposto no parágrafo 1 do presente artigo entrará em vigor no trigésimo dia após a data na qual o número de instrumentos de aceitação tenha atingido dois terços do número de Estados Partes na data de adoção da emenda. Posteriormente, a emenda entrará em vigor para todo Estado Parte no trigésimo dia após o depósito por esse Estado do seu instrumento de aceitação. A emenda será vinculante somente para os Estados Partes que a tiverem aceitado.

Art. 16. Qualquer Estado Parte poderá denunciar o presente Protocolo mediante notificação por escrito ao Secretário-Geral das Nações Unidas. A denúncia tornar-se-á efetiva um ano após a data de recebimento da notificação pelo Secretário-Geral.

Art. 17. O texto do presente Protocolo será colocado à disposição em formatos acessíveis.

Art. 18. Os textos em árabe, chinês, espanhol, francês, inglês e russo e do presente Protocolo serão igualmente autênticos.

Em fé do que, os plenipotenciários abaixo assinados, devidamente autorizados para tanto por seus respectivos governos, firmaram o presente Protocolo.

Sistema Regional Interamericano

1. CONVENÇÃO INTERAMERICANA PARA PREVENIR E PUNIR A TORTURA – 1985

Decreto no 98.386, de 9 de dezembro de 1989
Promulga a Convenção Interamericana para Prevenir e Punir a Tortura
O presidente da república, usando da atribuição que lhe confere o art. 84, item IV, da Constituição e
Considerando que o Congresso Nacional aprovou, pelo Decreto Legislativo no 05, de 31 de maio de 1989, a Convenção Interamericana para Prevenir e Punir a Tortura, concluída em Cartagena, a 09 de dezembro de 1985;
Considerando que o Brasil ratificara a referida Convenção, em 20 de julho de 1989, tendo entrado em vigor na forma de seu artigo 21,
decreta:
Art. 1. A Convenção Interamericana para Prevenir e Punir a Tortura, apensa por cópia ao presente Decreto, será executada e cumprida tão inteiramente como nela se contém.
Art. 2. Este Decreto entra em vigor na data de sua publicação.
Art. 3. Revogam-se as disposições em contrário.

Brasília, em 9 de novembro de 1989; 168º da Independência e 101º da República.
José Sarney
Roberto Costa de Abreu Sodré

Este texto não substitui o publicado no dou de 13.11.1989.

Convenção Interamericana Para Prevenir e Punir a Tortura

Os Estados Americanos signatários da presente Convenção,
Conscientes do disposto na Convenção Americana sobre Direitos Humanos, no sentido de que ninguém deve ser submetido a torturas, nem a penas ou tratamento cruéis, desumanas ou degradantes;
Reafirmando que todo ato de tortura ou outros tratamentos ou penas cruéis, ou desumanas ou degradantes constituem uma ofensa à dignidade humana e uma negação dos princípios consagrados na Carta da Organização dos Estados Americanos e na Carta das Nações Unidas, e são violatórios aos direitos humanos e liberdades fundamentais proclamados na Declaração Universal dos Direitos do Homem;
Assinalando que, para tornar efetivas as normas pertinentes contidas nos instrumentos universais e regionais aludidos, é necessário elaborar uma convenção interamericana que previna e puna a tortura;
Reiterando seu propósito de consolidar neste Continente as condições que permitam o reconhecimento e o respeito da dignidade inerente à pessoa humana e assegurem o exercício pleno das suas liberdades e direitos fundamentais;
Convieram o seguinte:
Art. 1. Os Estados Partes obrigam-se a prevenir e a punir a tortura, nos termos desta Convenção.
Art. 2. Para os efeitos desta Convenção, entender-se-á por tortura todo ato pelo qual são infligidos intencionalmente a uma pessoa penas ou sofrimentos físicos ou mentais, com fins de investigação criminal, como meio de intimidação, como castigo pessoal, como medida preventiva, como pena ou com qualquer outro fim. Entender-se-á também como tortura a aplicação, sobre uma pessoa, de métodos tendentes a anular a personalidade da vítima, ou a diminuir sua capacidade física ou mental, embora não causem dor física ou angústia psíquica.
Não estarão compreendidos no conceito de tortura as penas ou sofrimentos físicos ou mentais que sejam unicamente consequência de medidas legais ou inerentes a elas, contato que não incluam a realização dos atos ou aplicação dos métodos a que se refere este Artigo.
Art. 3. Serão responsáveis pelo delito de tortura:
a) Os empregados ou funcionários públicos que, atuando nesse caráter, ordenem sua comissão ou instiguem ou induzam a ela, cometam-no diretamente ou, podendo impedi-lo, não o façam;
b) As pessoas que, por instigação dos funcionários ou empregados públicos a que se refere a alínea a, ordenem sua comissão, instiguem ou induzam a ela, comentam-no diretamente ou nela sejam cúmplices.

Art. 4. O fato de haver agido por ordens superiores não eximirá da responsabilidade penal correspondente.

Art. 5. Não se invocará nem admitirá como justificativa do delito de tortura a existência de circunstâncias tais como o estado de guerra, a ameaça de guerra, o estado de sítio ou emergência, a comoção ou conflito interno, a suspensão das garantias constitucionais, a instabilidade política interna, ou outras emergências ou calamidades públicas.

Nem a periculosidade do detido ou condenado, nem a insegurança do estabelecimento carcerário ou penitenciário podem justificar a tortura.

Art. 6. Em conformidade com o disposto no artigo 1, os Estados Partes tomarão medidas efetivas a fim de prevenir e punir a tortura no âmbito de sua jurisdição.

Os Estados Partes segurar-se-ão de que todos os atos de tortura e as tentativas de praticar atos dessa natureza sejam considerados delitos em seu direito penal, estabelecendo penas severas para sua punição, que levem em conta sua gravidade.

Os Estados Partes obrigam-se também a tomar medidas efetivas para prevenir e punir outros tratamentos ou penas cruéis, desumanos ou degradantes, no âmbito de sua jurisdição.

Art. 7. Os Estados Partes tomarão medidas para que, no treinamento de agentes de polícia e de outros funcionários públicos responsáveis pela custódia de pessoas privadas de liberdade, provisória ou definitivamente, e nos interrogatórios, detenção ou prisões, se ressalte de maneira especial a proibição do emprego da tortura.

Os Estados Partes tomarão medidas semelhantes para evitar outros tratamentos ou penas cruéis, desumanos ou degradantes.

Art. 8. Os Estados Partes assegurarão a qualquer pessoa que denunciar haver sido submetida a tortura, no âmbito de sua jurisdição, o direito de que o caso seja examinado de maneira imparcial.

Quando houver denúncia ou razão fundada para supor que haja sido cometido ato de tortura no âmbito de sua jurisdição, os Estados Partes garantirão que suas autoridades procederão de ofício e Partes garantirão que suas autoridades procederão de ofício e imediatamente à realização de uma investigação sobre o caso e iniciarão, se for cabível, o respectivo processo penal.

Uma vez esgotado o procedimento jurídico interno do Estado e os recursos que este prevê, o caso poderá ser submetido a instâncias internacionais, cuja competência tenha sido aceita por esse Estado.

Art. 9. Os Estados Partes comprometem-se a estabelecer, em suas legislações nacionais, normas que garantam compensação adequada para as vítimas do delito de tortura.

Nada do disposto neste Artigo afetará o direito que possa ter a vítima ou outras pessoas de receber compensação em virtude da legislação nacional existente.

Art. 10. Nenhuma declaração que se comprove haver sido obtida mediante tortura poderá ser admitida como prova num processo, salvo em processo instaurado contra a pessoa ou pessoas acusadas de havê-la obtido mediante atos de tortura unicamente como prova de que, por esse meio, o acusado obteve tal declaração.

Art. 11. Os Estados Partes tomarão as medidas necessárias para conceder a extradição de toda pessoa acusada de delito de tortura ou condenada por esse delito, de conformidade com suas legislações nacionais sobre extradição e suas obrigações internacionais nessa matéria.

Art. 12. Todo Estado Parte tomará as medidas necessárias para estabelecer sua jurisdição sobre o delito nesta Convenção, nos seguintes casos:

a) quando a tortura houver sido cometida no âmbito de sua jurisdição;
b) quando o suspeito for nacional do Estado Parte de que se trate;
c) quando a vítima for nacional do Estado Parte de que se trate e este o considerar apropriado.

Todo Estado Parte tomará também as medidas necessárias para estabelecer sua jurisdição sobre o delito descrito nesta Convenção, quando o suspeito se encontrar no âmbito de sua jurisdição e o Estado não o extraditar, de conformidade com o Artigo 11.

Art. 13. O delito a que se refere o Artigo 2 será considerado incluído entre os delitos que são motivo de extradição em todo tratado de extradição celebrado entre Estados Partes. Os Estados Partes comprometem-se a incluir o delito de tortura como caso de extradição em todo tratado de extradição que celebrarem entre si no futuro.

Todo Estado Parte que sujeitar a extradição à existência de um tratado poderá, se receber de outro

Estado Parte, com o qual não tiver tratado, uma solicitação de extradição, considerar esta Convenção como a base jurídica necessária para a extradição referente ao delito de tortura. A extradição estará sujeita às demais condições exigíveis pelo direito do Estado requerido.

Os Estados Partes que não sujeitarem a extradição à existência de um tratado reconhecerão esses delitos como casos de extradição entre eles, respeitando as condições exigidas pelo direito do Estado requerido. Não se conhecerá a extradição nem se procederá à devolução da pessoa requerida quando houver suspeita fundada de que corre perigo sua vida, de que será submetida à tortura, tratamento cruel, desumano ou degradante, ou de que será julgada por tribunais de exceção ou ad hoc, no estado requerente.

Art. 14. Quando um Estado Parte não conceder a extradição, submeterá o caso às suas autoridades competentes, como se o delito houvesse sido cometido no âmbito de sua jurisdição, para fins de investigação e, quando for cabível, da ação penal, de conformidade com sua legislação nacional. A decisão tomada por essas autoridades será comunicada ao Estado que houver solicitado a extradição.

Art. 15. Nada do disposto nesta Convenção poderá ser interpretado como limitação do direito de asilo, quando for cabível, nem como modificação das obrigações dos Estados Partes em matéria de extradição.

Art. 16. Esta Convenção deixa a salvo o disposto pela Convenção Americana sobre Direitos Humanos, por outras Convenções sobre a matéria e pelo Estatuto da Comissão Interamericana de Direitos Humanos com relação ao delito de tortura.

Art. 17. Os Estados Partes comprometem-se a informar a Comissão Interamericana de Direitos Humanos sobre as medidas legislativas, judiciais, administrativas e de outra natureza que adotarem em aplicação desta Convenção.

De conformidade com suas atribuições, a Comissão Interamericana de Direitos Humanos procurará analisar, em seu relatório anual, a situação prevalecente nos Estados Membros da Organização dos Estados Americanos, no que diz respeito à prevenção e supressão da tortura.

Art. 18. Esta Convenção estará aberta à assinatura dos Estados Membros da Organização dos Estados Americanos.

Art. 19. Esta Convenção estará sujeita a ratificação. Os instrumentos de ratificação serão depositados na Secretaria-Geral da Organização dos Estados Americanos.

Art. 20. Esta Convenção ficará aberta à adesão de qualquer outro Estado Americano. Os instrumentos de adesão serão depositados na Secretaria-Geral da Organização dos Estados Americanos.

Art. 21. Os Estados Partes poderão formular reservas a esta Convenção no momento de aprová-la, assiná-la, ratificá-la ou de a ela aderir, contanto que não sejam incompatíveis com o objetivo e o fim da Convenção e versem sobre uma ou mais disposições específicas.

Art. 22. Esta Convenção entrará em vigor no trigésimo dia a partir da data em que tenha sido depositado o segundo instrumento de ratificação. Para cada Estado que ratificar a Convenção ou a ela aderir depois de haver sido depositado o segundo instrumento de ratificação, a Convenção entrará em vigor no trigésimo dia a partir da data em que esse Estado tenha depositado seu instrumento de ratificação e adesão.

Art. 23. Esta Convenção vigorará indefinidamente, mas qualquer dos Estados Partes poderá denunciá-la. O instrumento de denúncia será depositado na Secretaria-Geral da Organização dos Estados Americanos. Transcorrido um ano, contado a partir da data de depósito do instrumento de denúncia, a Convenção cessará em seus efeitos para o Estado denunciante, ficando subsistente para os demais Estados Partes.

Art. 24. O instrumento original desta Convenção, cujos textos em português, espanhol, francês e inglês são igualmente autênticos, será depositado na Secretaria-Geral da Organização dos Estados Americanos, que enviará cópias autenticadas do seu texto para registro e publicação à Secretaria das Nações Unidas, de conformidade com o Artigo 102 da Carta das Nações Unidas. A Secretaria-eral da Organização dos Estados Americanos comunicará aos Estados Membros da referida Organização e aos Estados que tenham aderido à Convenção, as assinaturas e os depósitos de instrumentos de ratificação, adesão e denúncia, bem como as reservas que houver.

LEI Nº 12.847/2013 Institui o Sistema Nacional de Prevenção e Combate à Tortura. Cria o Comitê Nacional de Prevenção e Combate à Tortura e o Mecanismo Nacional de Prevenção e Combate à Tortura; e dá outras providências

A presidenta da república
Faço saber que o Congresso Nacional decreta e eu sanciono a seguinte Lei:

CAPÍTULO I

Do Sistema Nacional de Prevenção e Combate à Tortura - SNPCT

Art. 1. Fica instituído o Sistema Nacional de Prevenção e Combate à Tortura - snpct, com o objetivo de fortalecer a prevenção e o combate à tortura, por meio de articulação e atuação cooperativa de seus integrantes, dentre outras formas, permitindo as trocas de informações e o intercâmbio de boas práticas.

Art. 2. O SNPCT será integrado por órgãos e entidades públicas e privadas com atribuições legais ou estatutárias de realizar o monitoramento, a supervisão e o controle de estabelecimentos e unidades onde se encontrem pessoas privadas de liberdade, ou de promover a defesa dos direitos e interesses dessas pessoas.

§ 1º O SNPCT será composto pelo Comitê Nacional de Prevenção e Combate à Tortura - CNPCT, pelo Mecanismo Nacional de Prevenção e Combate à Tortura - MNPCT, pelo Conselho Nacional de Política Criminal e Penitenciária - CNPCP e pelo órgão do Ministério da Justiça responsável pelo sistema penitenciário nacional.

§ 2º O SNPCT poderá ser integrado, ainda, pelos seguintes órgãos e entidades, dentre outros:

I. comitês e mecanismos estaduais e distrital de prevenção e combate à tortura;

II. órgãos do Poder Judiciário com atuação nas áreas de infância, de juventude, militar e de execução penal;

III. comissões de direitos humanos dos poderes legislativos federal, estaduais, distrital e municipais;

IV. órgãos do Ministério Público com atuação no controle externo da atividade policial, pelas promotorias e procuradorias militares, da infância e da juventude e de proteção ao cidadão ou pelos vinculados à execução penal;

V. defensorias públicas;

VI. conselhos da comunidade e conselhos penitenciários estaduais e distrital;

VII. corregedorias e ouvidorias de polícia, dos sistemas penitenciários federal, estaduais e distrital e demais ouvidorias com atuação relacionada à prevenção e combate à tortura, incluídas as agrárias;

VIII. conselhos estaduais, municipais e distrital de direitos humanos;

IX. conselhos tutelares e conselhos de direitos de crianças e adolescentes; e

X. organizações não governamentais que reconhecidamente atuem no combate à tortura.

§ 3º Ato do Poder Executivo disporá sobre o funcionamento do SNPCT.

Art. 3. Para os fins desta Lei, considera-se:

I. tortura: os tipos penais previstos na Lei no 9.455, de 7 de abril de 1997, respeitada a definição constante do Artigo 1 da Convenção Contra a Tortura e Outros Tratamentos ou Penas Cruéis, Desumanos ou Degradantes, promulgada pelo Decreto no 40, de 15 de fevereiro de 1991; e

II. pessoas privadas de liberdade: aquelas obrigadas, por mandado ou ordem de autoridade judicial, ou administrativa ou policial, a permanecerem em determinados locais públicos ou privados, dos quais não possam sair de modo independente de sua vontade, abrangendo locais de internação de longa permanência, centros de detenção, estabelecimentos penais, hospitais psiquiátricos, casas de custódia, instituições socioeducativas para adolescentes em conflito com a lei e centros de detenção disciplinar em âmbito militar, bem como nas instalações mantidas pelos órgãos elencados no art. 61 da Lei no 7.210, de 11 de julho de 1984.

Art. 4. São princípios do SNPCT:

I. proteção da dignidade da pessoa humana;

II. universalidade;

III. objetividade;

IV. igualdade;

V. imparcialidade;

VI. não seletividade; e
VII. não discriminação.
Art. 5. São diretrizes do SNPCT:
I. respeito integral aos direitos humanos, em especial aos direitos das pessoas privadas de liberdade;
II. articulação com as demais esferas de governo e de poder e com os órgãos responsáveis pela segurança pública, pela custódia de pessoas privadas de liberdade, por locais de internação de longa permanência e pela proteção de direitos humanos; e
III. adoção das medidas necessárias, no âmbito de suas competências, para a prevenção e o combate à tortura e a outros tratamentos ou penas cruéis, desumanos ou degradantes.

CAPÍTULO II

Do Comitê Nacional de Prevenção e Combate à Tortura – CNPCT

Art. 6. Fica instituído no âmbito da Secretaria de Direitos Humanos da Presidência da República o Comitê Nacional de Prevenção e Combate à Tortura – CNPCT, com a função de prevenir e combater a tortura e outros tratamentos ou penas cruéis, desumanos ou degradantes, mediante o exercício das seguintes atribuições, entre outras:
I. acompanhar, avaliar e propor aperfeiçoamentos às ações, aos programas, aos projetos e aos planos de prevenção e combate à tortura e a outros tratamentos ou penas cruéis, desumanos ou degradantes desenvolvidos em âmbito nacional;
II. acompanhar, avaliar e colaborar para o aprimoramento da atuação de órgãos de âmbito nacional, estadual, distrital e municipal cuja função esteja relacionada com suas finalidades;
III. acompanhar a tramitação dos procedimentos de apuração administrativa e judicial, com vistas ao seu cumprimento e celeridade;
IV. acompanhar a tramitação de propostas normativas;
V. avaliar e acompanhar os projetos de cooperação firmados entre o Governo brasileiro e organismos internacionais;
VI. recomendar a elaboração de estudos e pesquisas e incentivar a realização de campanhas;
VII. apoiar a criação de comitês ou comissões semelhantes na esfera estadual e distrital para o monitoramento e a avaliação das ações locais;
VIII. articular-se com organizações e organismos locais, regionais, nacionais e internacionais, em especial no âmbito do Sistema Interamericano e da Organização das Nações Unidas;
IX. participar da implementação das recomendações do MNPCT e com ele se empenhar em diálogo sobre possíveis medidas de implementação;
X. subsidiar o MNPCT com dados e informações;
XI. construir e manter banco de dados, com informações sobre a atuação dos órgãos governamentais e não governamentais;
XII. construir e manter cadastro de alegações, denúncias criminais e decisões judiciais;
XIII. difundir as boas práticas e as experiências exitosas de órgãos e entidades;
XIV. elaborar relatório anual de atividades, na forma e no prazo dispostos em seu regimento interno;
XV. fornecer informações relativas ao número, tratamento e condições de detenção das pessoas privadas de liberdade; e
XVI. elaborar e aprovar o seu regimento interno.
Art. 7. O CNPCT será composto por 23 (vinte e três) membros, escolhidos e designados pelo Presidente da República, sendo 11 (onze) representantes de órgãos do Poder Executivo federal e 12 (doze) de conselhos de classes profissionais e de organizações da sociedade civil, tais como entidades representativas de trabalhadores, estudantes, empresários, instituições de ensino e pesquisa, movimentos de direitos humanos e outras cuja atuação esteja relacionada com a temática de que trata esta Lei.
§ 1º O CNPCT será presidido pelo Ministro de Estado Chefe da Secretaria de Direitos Humanos da Presidência da República.
§ 2º O Vice-Presidente será eleito pelos demais membros do CNPCT e exercerá mandato fixo de 1 (um) ano, assegurando-se a alternância entre os representantes do Poder Executivo federal e os representantes de conselhos de classes profissionais e de organizações da sociedade civil, na forma do regulamento.
§ 3º Haverá 1 (um) suplente para cada membro titular do CNPCT.
§ 4º Representantes do Ministério Público, do Poder Judiciário, da Defensoria Pública e de outras instituições públicas participarão do CNPCT na condição de convidados em caráter permanente, com direito a voz.

§ 5º Poderão participar das reuniões do CNPCT, a convite de seu Presidente, e na qualidade de observadores, especialistas e representantes de instituições públicas ou privadas que exerçam relevantes atividades no enfrentamento à tortura.

§ 6º A participação no CNPCT será considerada prestação de serviço público relevante, não remunerada.

§ 7º Ato do Poder Executivo disporá sobre a composição e o funcionamento do CNPCT.

§ 8º Para a composição do CNPCT – Comitê Nacional de Prevenção e Combate à Tortura, será assegurada a realização de prévia consulta pública para a escolha dos membros de classe e da sociedade civil, observadas a representatividade e a diversidade da representação.

CAPÍTULO III

Do Mecanismo Nacional de Prevenção e Combate à Tortura – MNPCT

Art. 8. Fica criado o Mecanismo Nacional de Prevenção e Combate à Tortura – MNPCT, órgão integrante da estrutura da Secretaria de Direitos Humanos da Presidência da República, responsável pela prevenção e combate à tortura e a outros tratamentos ou penas cruéis, desumanos ou degradantes, nos termos do Artigo 3 do Protocolo Facultativo à Convenção das Nações Unidas contra a Tortura e Outros Tratamentos ou Penas Cruéis, Desumanos ou Degradantes, promulgado pelo Decreto no 6.085, de 19 de abril de 2007.

§ 1º O MNPCT será composto por 11 (onze) peritos, escolhidos pelo CNPCT entre pessoas com notório conhecimento e formação de nível superior, atuação e experiência na área de prevenção e combate à tortura e a outros tratamentos ou penas cruéis, desumanos ou degradantes, e nomeados pelo Presidente da República, para mandato fixo de 3 (três) anos, permitida uma recondução.

§ 2º Os membros do MNPCT terão independência na sua atuação e garantia do seu mandato, do qual não serão destituídos senão pelo Presidente da República nos casos de condenação penal transitada em julgado, ou de processo disciplinar, em conformidade com as Leis no 8.112, de 11 de dezembro de 1990, e 8.429, de 2 de junho de 1992.

§ 3º O afastamento cautelar de membro do MNPCT poderá ser determinado por decisão fundamentada do CNPCT, no caso de constatação de indício de materialidade e autoria de crime ou de grave violação ao dever funcional, o que perdurará até a conclusão do procedimento disciplinar de que trata o § 2º.

§ 4º Não poderão compor o MNPCT, na condição de peritos, aqueles que:

I. exerçam cargos executivos em agremiação partidária;

II. não tenham condições de atuar com imparcialidade no exercício das competências do MNPCT.

§ 5º Os Estados poderão criar o Mecanismo Estadual de Prevenção e Combate à Tortura – MEPCT, órgão responsável pela prevenção e combate à tortura e a outros tratamentos ou penas cruéis, desumanos ou degradantes, no âmbito estadual.

§ 6º A visita periódica a que se refere o inciso i do caput e o § 2º, ambos do art. 9º, deverá ser realizada em conjunto com o Mecanismo Estadual, que será avisado com antecedência de 24 (vinte e quatro) horas.

§ 7º A inexistência, a recusa ou a impossibilidade de o Mecanismo Estadual acompanhar a visita periódica no dia e hora marcados não impede a atuação do MNPCT.

Art. 9. Compete ao MNPCT:

I. planejar, realizar e monitorar visitas periódicas e regulares a pessoas privadas de liberdade em todas as unidades da Federação, para verificar as condições de fato e de direito a que se encontram submetidas;

II. articular-se com o Subcomitê de Prevenção da Organização das Nações Unidas, previsto no Artigo 2 do Protocolo Facultativo à Convenção das Nações Unidas contra a Tortura e Outros Tratamentos ou Penas Cruéis, Desumanos ou Degradantes, promulgado pelo Decreto no 6.085, de 19 de abril de 2007, de forma a dar apoio a suas missões no território nacional, com o objetivo de unificar as estratégias e políticas de prevenção da tortura e de outros tratamentos e práticas cruéis, desumanos ou degradantes;

III. requerer à autoridade competente que instaure procedimento criminal e administrativo mediante a constatação de indícios da prática de tortura e de outros tratamentos e práticas cruéis, desumanos ou degradantes;

IV. elaborar relatório circunstanciado de cada visita realizada nos termos do inciso i e, no prazo máximo de 30 (trinta) dias, apresentá-lo ao CNPCT, à Procuradoria-Geral da República e às autoridades responsáveis pela detenção e outras autoridades competentes;

V. elaborar, anualmente, relatório circunstanciado e sistematizado sobre o conjunto de visitas realizadas e recomendações formuladas, comunicando ao dirigente imediato do estabelecimento ou da unidade visitada e ao dirigente máximo do órgão ou da instituição a que esteja vinculado o estabelecimento ou unidade visitada de qualquer dos entes federativos, ou ao particular responsável, do inteiro teor do relatório produzido, a fim de que sejam solucionados os problemas identificados e o sistema aprimorado;

VI. fazer recomendações e observações às autoridades públicas ou privadas, responsáveis pelas pessoas em locais de privação de liberdade, com vistas a garantir a observância dos direitos dessas pessoas;

VII. publicar os relatórios de visitas periódicas e regulares realizadas e o relatório anual e promover a difusão deles;

VIII. sugerir propostas e observações a respeito da legislação existente; e

IX. elaborar e aprovar o seu regimento interno.

§ 1º A atuação do MNPCT dar-se-á sem prejuízo das competências atribuídas aos demais órgãos e entidades que exerçam funções semelhantes.

§ 2º Nas visitas previstas no inciso i do caput, o MNPCT poderá ser representado por todos os seus membros ou por grupos menores e poderá convidar representantes de entidades da sociedade civil, peritos e especialistas com atuação em áreas afins.

§ 3º A seleção de projetos que utilizem recursos oriundos do Fundo Penitenciário Nacional, do Fundo Nacional de Segurança Pública, do Fundo Nacional do Idoso e do Fundo Nacional para a Criança e o Adolescente deverá levar em conta as recomendações formuladas pelo MNPCT.

§ 4º O Departamento de Polícia Federal e o Departamento de Polícia Rodoviária Federal prestarão o apoio necessário à atuação do MNPCT.

Art. 10. São assegurados ao MNPCT e aos seus membros:

I. a autonomia das posições e opiniões adotadas no exercício de suas funções;

II. o acesso, independentemente de autorização, a todas as informações e registros relativos ao número, à identidade, às condições de detenção e ao tratamento conferido às pessoas privadas de liberdade;

III. o acesso ao número de unidades de detenção ou execução de pena privativa de liberdade e a respectiva lotação e localização de cada uma;

IV. o acesso a todos os locais arrolados no inciso II do caput do art. 3º, públicos e privados, de privação de liberdade e a todas as instalações e equipamentos do local;

V. a possibilidade de entrevistar pessoas privadas de liberdade ou qualquer outra pessoa que possa fornecer informações relevantes, reservadamente e sem testemunhas, em local que garanta a segurança e o sigilo necessários;

VI. a escolha dos locais a visitar e das pessoas a serem entrevistadas, com a possibilidade, inclusive, de fazer registros por meio da utilização de recursos audiovisuais, respeitada a intimidade das pessoas envolvidas; e

VII. a possibilidade de solicitar a realização de perícias oficiais, em consonância com as normas e diretrizes internacionais e com o art. 159 do Decreto-Lei no 3.689, de 3 de outubro de 1941 – Código de Processo Penal.

§ 1º As informações obtidas pelo MNPCT serão públicas, observado o disposto na Lei no 12.527, de 18 de novembro de 2011.

§ 2º O MNPCT deverá proteger as informações pessoais das pessoas privadas de liberdade, de modo a preservar sua segurança, intimidade, vida privada, honra ou imagem, sendo vedada a publicação de qualquer dado pessoal sem o seu consentimento expresso.

§ 3º Os documentos e relatórios elaborados no âmbito das visitas realizadas pelo MNPCT nos termos do inciso i do caput do art. 9º poderão produzir prova em juízo, de acordo com a legislação vigente.

§ 4º Não se prejudicará pessoa, órgão ou entidade por ter fornecido informação ao MNPCT, assim como não se permitirá que nenhum servidor público ou autoridade tolere ou lhes ordene, aplique ou permita sanção relacionada com esse fato.

Art. 11. O MNPCT trabalhará de forma articulada com os demais órgãos que compõem o SNPCT e, anualmente, prestará contas das atividades realizadas ao CNPCT.

CAPÍTULO IV

Disposições Finais e Transitórias

Art. 12. A Secretaria de Direitos Humanos da Presidência da República garantirá o apoio técnico, financeiro e administrativo necessários ao funcionamento do SNPCT, do CNPCT e do MNPCT, em especial à realização das visitas periódicas e regulares previstas no inciso i do caput do art. 9º por parte do MNPCT, em todas as unidades da Federação.

Art. 13. A Secretaria de Direitos Humanos da Presidência da República fomentará a criação de mecanismos preventivos de combate à tortura no âmbito dos Estados ou do Distrito Federal, em consonância com o Protocolo Facultativo à Convenção das Nações Unidas contra a Tortura e Outros Tratamentos ou Penas Cruéis, Desumanos ou Degradantes, promulgado pelo Decreto no 6.085, de 19 de abril de 2007.

Art. 14. Os primeiros membros do MNPCT cumprirão mandatos diferenciados, nos seguintes termos:

I. 3 (três) peritos serão nomeados para cumprir mandato de 2 (dois) anos;

II. 4 (quatro) peritos serão nomeados para cumprir mandato de 3 (três) anos; e

III. 4 (quatro) peritos serão nomeados para cumprir mandato de 4 (quatro) anos.

Parágrafo único. Nos mandatos subsequentes deverá ser aplicado o disposto no § 1º do art. 8º.

Art. 15. Esta Lei entra em vigor na data de sua publicação.

Brasília, 2 de agosto de 2013; 192º da Independência e 125º da República.
Dilma Rousseff
José Eduardo Cardozo
Maria do Rosário Nunes

Este texto não substitui o publicado no dou de 5.8.2013 – Edição extra.

Convenção Interamericana Para Prevenir, Punir e Erradicar a Violência Contra a Mulher – 1994

Decreto no 1.973, de 1º de agosto de 1996
Promulga a Convenção Interamericana para Prevenir, Punir e Erradicar a Violência contra a Mulher, concluída em Belém do Pará, em 9 de junho de 1994.
O presidente da república, no uso das atribuições que lhe confere o Art. 84, inciso VIII, da Constituição, e
Considerando que a Convenção Interamericana para Prevenir, Punir e Erradicar a Violência contra a Mulher, foi concluída em Belém do Pará, em 9 de junho de 1994;
Considerando que a Convenção ora promulgada foi oportunamente submetida ao Congresso Nacional, que a aprovou por meio do Decreto Legislativo no 107, de 31 de agosto de 1995;
Considerando que a Convenção em tela entrou em vigor internacional em 3 de março de 1995;
Considerando que o Governo brasileiro depositou a Carta de Ratificação do instrumento multilateral em epígrafe em 27 de novembro de 1995, passando o mesmo a vigorar, para o Brasil, em 27 de dezembro de 1995, na forma de seu artigo 21, decreta:

Art. 1. A Convenção Interamericana para Prevenir, Punir e Erradicar a Violência contra a Mulher, concluída em Belém do Pará, em 9 de junho de 1994, apensa por cópia ao presente Decreto, deverá ser executada e cumprida tão inteiramente como nela se contém.

Art. 2. O presente Decreto entra em vigor na data de sua publicação.

Brasília, 1º de agosto de 1996; 175º da Independência e 108º da República.
Fernando Henrique Cardoso
Luiz Felipe Lampreia

Este texto não substitui o publicado no dou de 2.8.1996.

ANEXO AO DECRETO QUE PROMULGA A CONVENÇÃO INTERAMERICANA PARA PREVENIR, PUNIR E ERRADICAR A VIOLÊNCIA CONTRA A MULHER – "CONVENÇÃO DE BELÉM DO PARÁ"/MRE.

CONVENÇÃO INTERAMERICANA PARA PREVENIR, PUNIR E ERRADICAR A VIOLÊNCIA CONTRA A MULHER ("CONVENÇÃO DE BELÉM DO PARÁ")

Os Estados Partes nesta Convenção,

Reconhecendo que o respeito irrestrito aos direitos humanos foi consagrado na Declaração Americana dos Direitos e Deveres do Homem e na Declaração Universal dos Direitos Humanos e reafirmado em outros instrumentos internacionais e regionais,

Afirmando que a violência contra a mulher constitui violação dos direitos humanos e liberdades fundamentais e limita todas ou parcialmente a observância, gozo e exercício de tais direitos e liberdades;

Preocupados por que a violência contra a mulher constitui ofensa contra a dignidade humana e é manifestação das relações de poder historicamente desiguais entre mulheres e homens;

Recordando a Declaração para a Erradicação da Violência contra a Mulher, aprovada na Vigésima Quinta Assembleia de Delegadas da Comissão Interamericana de Mulheres, e afirmando que a violência contra a mulher permeia todos os setores da sociedade, independentemente de classe, raça ou grupo étnico, renda, cultura, idade ou religião, e afeta negativamente suas próprias bases;

Convencidos de que a eliminação da violência contra a mulher é condição indispensável para seu desenvolvimento individual e social e sua plena e igualitária participação cm todas as esferas devida; e

Convencidos de que a adoção de uma convenção para prevenir, punir e erradicar todas as formas de violência contra a mulher, no âmbito da Organização dos Estados Americanos, constitui positiva contribuição no sentido de protegeres direitos da mulher e eliminar as situações de violência contra ela,

Convieram no seguinte:

CAPITULO I
Definição e Âmbito de Aplicação

Art. 1. Para os efeitos desta Convenção, entender-se-á por violência contra a mulher qualquer ato ou conduta baseada no gênero, que cause morte, dano ou sofrimento físico, sexual ou psicológico à mulher, tanto na esfera pública como na esfera privada.

Art. 2. Entende-se que a violência contra a mulher abrange a violência física, sexual e psicológica:
a) ocorrida no âmbito da família ou unidade doméstica ou em qualquer relação interpessoal, quer o agressor compartilhe, tenha compartilhado ou não a sua residência, incluindo-se, entre outras turmas, o estupro, maus-tratos e abuso sexual;
b) ocorrida na comunidade e comedida por qualquer pessoa, incluindo, entre outras formas, o estupro, abuso sexual, tortura, tráfico de mulheres, prostituição forçada, sequestro e assédio sexual no local de trabalho, bem como em instituições educacionais, serviços de saúde ou qualquer outro local; e
c) perpetrada ou tolerada pelo Estado ou seus agentes, onde quer que ocorra.

CAPÍTULO II
Direitos Protegidos

Art. 3. Toda mulher tem direito a uma vida livre de violência, tanto na esfera pública como na esfera privada.

Art. 4. Toda mulher tem direito ao reconhecimento, desfrute, exercício e proteção de todos os direitos humanos e liberdades consagrados em todos os instrumentos regionais e internacionais relativos aos direitos humanos. Estes direitos abrangem, entre outros:
a) direito a que se respeite sua vida;
b) direitos a que se respeite sua integridade física, mental e moral;
c) direito à liberdade e à segurança pessoais;
d) direito a não ser submetida a tortura;
e) direito a que se respeite a dignidade inerente à sua pessoa e a que se proteja sua família;
f) direito a igual proteção perante a lei e da lei;
g) direito a recesso simples e rápido perante tribunal competente que a proteja contra atos que violem seus direitos;
h) direito de livre associação;

i) direito à liberdade de professar a própria religião e as próprias crenças, de acordo com a lei; e
j) direito a ter igualdade de acesso às funções públicas de seu país e a participar nos assuntos públicos, inclusive na tomada de decisões.

Art. 5. Toda mulher poderá exercer livre e plenamente seus direitos civis, políticos, econômicos, sociais e culturais, e contará com a total proteção desses direitos consagrados nos instrumentos regionais e internacionais sobre direitos humano. Os Estados Partes reconhecem que a violência contra a mulher impede e anula o exercício desses direitos.

Art. 6. O direito de toda mulher a ser livre de violência abrange, entre outros:
a) o direito da mulher a ser livre de todas as formas de discriminação; e
b) o direito da mulher a ser valorizada e educada livre de padrões estereotipados de comportamento e costumes sociais e culturais baseados em conceitos de inferioridade ou subordinação.

CAPÍTULO III
Deveres dos Estados

Art. 7. Os Estados Partes condenam todas as formas de violência contra a mulher e convêm em adotar, por todos os meios apropriados sem demora, políticas destinadas a prevenir, punir e erradicar tal violência e a empenhar-se em:
a) abster-se de qualquer ato ou prática de violência contra a mulher e velar porque as autoridades, seus funcionários e pessoal, bem como agentes e instituições públicos ajam de conformidade com essa obrigação;
b) agir com o devido zelo para prevenir, investigar e punir a violência contra a mulher;
c) incorporar na sua legislação interna normas penais, civis, administrativas e de outra natureza, que sejam necessárias para prevenir, punir e erradicar a violência contra a mulher, bem como adotar as medidas administrativas adequadas que forem aplicáveis;
d) adotar medidas jurídicas que exijam do agressor que se abstenha de perseguir, intimidar e ameaçar a mulher ou de fazer uso de qualquer método que danifique ou ponha em perigo sua vida ou integridade ou danifique sua propriedade;
e) tomar todas as medidas adequadas, inclusive legislativas, para modificar ou abolir leis e regulamentos vigentes ou modificar práticas jurídicas ou consuetudinárias que respaldem a persistência e a tolerância da violência contra a mulher;
f) estabelecer procedimentos jurídicos justos e eficazes para a mulher sujeitada a violência, inclusive, entre outros, medidas de proteção, juízo oportuno e efetivo acesso a tais processos;
g) estabelecer mecanismos judiciais e administrativos necessários para assegurar que a mulher sujeitada a violência tenha efetivo acesso a restituição, reparação do dano e outros meios de compensação justos e eficazes;
h) adotar as medidas legislativas ou de outra natureza necessárias à vigência desta Convenção.

Art. 8. Os Estados Partes convêm em adotar, progressivamente, medidas específicas, inclusive programas destinados a:
a) promover o conhecimento e a observância do direito da mulher a uma vida livre de violência e o direito da mulher a que se respeitem e protejam seus direitos humanos;
b) modificar os padrões sociais e culturais de conduta de homens e mulheres, inclusive a formulação de programas formais e não formais adequados a todos os níveis do processo educacional, a fim de combater preconceitos e costumes e todas as outras práticas baseadas na premissa da inferioridade ou superioridade de qualquer dos gêneros ou nos papéis estereotipados para o homem e a mulher, que legitimem ou exacerbem a violência contra a mulher;
c) promover a educação e treinamento de todo pessoal judiciário e policial e demais funcionários responsáveis pela aplicação da lei, bem como do pessoal encarregado da implementação de políticas de prevenção, punição e erradicação da violência contra a mulher;
d) prestar serviços especializados apropriados a mulher sujeitada a violência, por intermédio de entidades dos setores público e privado, inclusive abrigos, serviços de orientação familiar, quando for o caso, e atendimento e custódia dos menores afetados;
e) promover e apoiar programas de educação governamentais é privados, destinados a conscientizar o público para os problemas da violência contra a mulher, recursos jurídicos e reparação relacionados com essa violência;
f) proporcionar à mulher sujeita a violência acesso a programas eficazes de recuperação e treinamento

que lhe permitam participar plenamente da vida pública, privada e social;

g) incentivar os meios de comunicação a que formulem diretrizes adequadas, de divulgação que contribuam para a erradicação da violência contra a mulher em todas as suas formas e enalteçam o respeito pela dignidade da mulher;

h) assegurar a pesquisa e coleta de estatísticas e outras informações relevantes concernentes às causas, consequências a frequência da violência contra a mulher, a fim de avaliar a eficiência das medidas tomadas para prevenir, punir e erradicar a violência contra a mulher, bem como formular e implementar as mudanças necessárias; e

i) promover a cooperação internacional para o intercâmbio de ideias e experiências, bem como a execução de programas destinados à proteção da mulher sujeitada a violência.

Art. 9. Para a adoção das medidas a que se refere este capítulo, os Estados Partes levarão especialmente em conta a situação da mulher vulnerável a violência por sua raça, origem étnica ou condição de migrante, de refugiada ou de deslocada, entre outros motivos. Também será considerada violência a mulher gestante, deficiente, menor, idosa ou em situação socioeconômica desfavorável, afetada por situações de conflito armado ou de privação da liberdade.

Art. 10. A fim de proteger o direito de toda mulher a uma vida livre de violência, os Estados Partes deverão incluir nos relatórios nacionais à Comissão Interamericana de Mulheres informações sobre as medidas adotadas para prevenir e erradicar a violência contra a mulher, para prestar assistência à mulher afetada pela violência, bem como sobre as dificuldades que observarem na aplicação das mesmas e os fatores que contribuam para a violência contra a mulher.

Art. 11. Os Estados Partes nesta Convenção e a Comissão Interamericana de Mulheres poderão solicitar à Corte Interamericana de Direitos Humanos parecer sobre a interpretação desta Convenção.

Art. 12. Qualquer pessoa ou grupo de pessoas, ou qualquer entidade não governamental juridicamente reconhecida em um ou mais Estados membros da Organização, poderá apresentar à Comissão Interamericana de Direitos Humanos petições referentes a denúncias ou queixas de violação do Artigo 7 desta Convenção por um Estado Parte, devendo a Comissão considerar tais petições de acordo com as normas e procedimentos estabelecidos na Convenção Americana sobre Direitos Humanos e no Estatuto e Regulamento da Comissão Interamericana de Direitos Humanos, para a apresentação e consideração de petições.

CAPÍTULO V
Disposições Gerais

Art. 13. Nenhuma das disposições desta Convenção poderá ser interpretada no sentido de restringir ou limitar a legislação interna dos Estados Partes que ofereçam proteções e garantias iguais ou maiores para os direitos da mulher, bem como salvaguardas para prevenir e erradicar a violência contra a mulher.

Art. 14. Nenhuma das disposições desta Convenção poderá ser interpretada no sentido de restringir ou limitar as da Convenção Americana sobre Direitos Humanos ou de qualquer outra convenção internacional que ofereça proteção igual ou maior nesta matéria.

Art. 15. Esta Convenção fica aberta à assinatura de todos os Estados membros da Organização dos Estados Americanos.

Art. 16. Esta Convenção está sujeita a ratificação. Os instrumentos de ratificação serão depositados na Secretaria-Geral da Organização dos Estados Americanos.

Art. 17. Esta Convenção fica aberta a adesão de qualquer outro Estado. Os instrumentos de adesão serão depositados na Secretaria-Geral da Organização dos Estados Americanos.

Art. 18. Os Estados poderão formular reservas a esta Convenção no momento de aprová-la, assiná-la, ratificá-la ou a ela aderir, desde que tais reservas:

a) não sejam incompatíveis com o objetivo e propósito da Convenção;

b) não sejam de caráter geral e se refiram especificamente a uma ou mais de suas disposições.

Art. 19. Qualquer Estado Parte poderá apresentar à Assembleia Geral, por intermédio da Comissão Interamericana de Mulheres, propostas de emenda a esta Convenção.

As emendas entrarão em vigor para os Estados ratificantes das mesmas na data em que dois terços dos Estados Partes tenham depositado seus respectivos instrumentos de ratificação. Para os demais Estados Partes, entrarão em vigor na data em que depositarem seus respectivos instrumentos de ratificação.

Art. 20. Os Estados Partes que tenham duas ou mais unidades territoriais em que vigorem sistemas jurídicos diferentes relacionados com as questões de que trata esta Convenção poderão declarar, no momento de assiná-la, de ratificá-la ou de a ela aderir, que a Convenção se aplicará a todas as suas unidades territoriais ou somente a uma ou mais delas.

Tal declaração poderá ser modificada, em qualquer momento, mediante declarações ulteriores, que indicarão expressamente a unidade ou as unidades territoriais a que se aplicará esta Convenção. Essas declarações ulteriores serão transmitidas à Secretaria-Geral da Organização dos Estados Americanos e entrarão em vigor trinta dias depois de recebidas.

Art. 21. Esta Convenção entrará em vigor no trigésimo dia a partir da data em que for depositado o segundo instrumento de ratificação. Para cada Estado que ratificar a Convenção ou a ela aderir após haver sido depositado o segundo instrumento de ratificação, entrará em vigor no trigésimo dia a partir da data em que esse Estado houver depositado seu instrumento de ratificação ou adesão.

Art. 22. O Secretário-Geral informará a todos os Estados membros da Organização dos Estados Americanos a entrada em vigor da Convenção.

Art. 23. O Secretário-Geral da Organização dos Estados Americanos apresentará um relatório anual aos Estados membros da Organização sobre a situação desta Convenção, inclusive sobre as assinaturas e depósitos de instrumentos de ratificação, adesão e declaração, bem como sobre as reservas que os Estados Partes tiverem apresentado e, conforme o caso, um relatório sobre as mesmas.

Art. 24. Esta Convenção vigorará por prazo indefinido, mas qualquer Estado Parte poderá denunciá-la mediante o depósito na Secretaria-Geral da Organização dos Estados Americanos de instrumento que tenha essa finalidade. Um ano após a data do depósito do instrumento de denúncia, cessarão os efeitos da Convenção para o Estado denunciante, mas subsistirão para os demais Estados Partes.

Art. 25. O instrumento original desta Convenção, cujos textos em português espanhol, francês e inglês são igualmente autênticos, será depositado na Secretaria-Geral da Organização dos Estados Americanos, que enviará cópia autenticada do seu texto à Secretaria das Nações Unidas para registro e publicação, de acordo com o artigo 102 da Carta das Nações Unidas.

Em fé do que, os Plenipotenciários infra-assinados, devidamente autorizados por seus respectivos Governos, assinam esta Convenção, que se denominará Convenção Interamericana para Prevenir. Punir e Erradicar a Violência contra a Mulher "Convenção de Belém do Pará".

Expedida na Cidade de Belém do Pará, Brasil, no dia nove de junho de mil novecentos e noventa e quatro.

Convenção Interamericana Sobre Tráfico Internacional de Menores – 1998

Decreto no 2.740, de 20 de agosto de 1998
Promulga a Convenção Interamericana sobre Tráfico Internacional de Menores, assinada na Cidade do México em 18 de março de 1994.

O presidente da república, no uso das atribuições que lhe confere o art. 84, inciso VIII, da Constituição Federal,

considerando que a Convenção Interamericana sobre Tráfico Internacional de Menores, foi assinada na Cidade do México, em 18 de março de 1994;

considerando que o ato multilateral em epígrafe foi oportunamente submetido ao Congresso Nacional, que o aprovou por meio do Decreto Legislativo no 105, de 30 de outubro de 1996;

considerando que a Convenção em tela entrou em vigor internacional em 15 de agosto de 1997;

considerando que o Governo brasileiro depositou o Instrumento de Ratificação da Convenção, em 8 de julho de 1997, passando a mesma a vigorar, para o Brasil, em 15 de agosto de 1997, na forma de seu artigo 33.

decreta:

Art. 1. A Convenção Interamericana sobre Tráfico Internacional de Menores, assinada na Cidade do México, em 18 de março de 1994, apensa por cópia ao presente Decreto, deverá ser executada e cumprida tão inteiramente como nela se contém.

Art. 2. O presente Decreto entra em vigor na data de sua publicação.

Brasília, em 20 de agosto de 1998; 177º da Independência e 110º da República.
Fernando Henrique Cardoso
Luiz Felipe Lampreia

CONVENÇÃO INTERAMERICANA SOBRE TRÁFICO INTERNACIONAL DE MENORES

Os Estados Partes nesta Convenção,
Considerando a importância de assegurar proteção integral e efetiva ao menor, mediante a implementação de mecanismos adequados que garantam o respeito aos seus direitos;
Conscientes de que o tráfico internacional de menores constitui uma preocupação universal;
Levando em conta o direito convencional em matéria de proteção internacional do menor e, em especial, o disposto nos Artigos 11 e 35 da Convenção sobre os Direitos do Menor, adotada pela Assembleia Geral da Nações Unidas em 20 de novembro de 1989;
Convencidos da necessidade de regular os aspectos civis e penais do tráfico internacional de menores; e
Reafirmando a importância da cooperação internacional no sentido de proteger eficazmente os interesses superiores do menor,
Convêm no seguinte:

CAPÍTULO I
Disposições Gerais

Art. 1. O objeto desta Convenção, com vistas à proteção dos direitos fundamentais e dos interesses superiores do menor, é a prevenção e sanção do tráfico internacional de menores, bem como a regulamentação de seus aspectos civis e penais.
Neste sentido, os Estados Partes obrigam-se a:
a) garantir a proteção do menor, levando em consideração os seus interesses superiores;
b) instituir entre os Estados Partes um sistema de cooperação jurídica que consagre a prevenção e a sanção do tráfico internacional de menores, bem como a adoção das disposições jurídicas e administrativas sobre a referida matéria com essa finalidade;
c) assegurar a pronta restituição do menor vítima do tráfico internacional ao Estado onde tem residência habitual, levando em conta os interesses superiores do menor.

Art. 2. Esta Convenção aplicar-se-á a qualquer menor que resida habitualmente em um Estado Parte ou nele se encontre no momento em que ocorra um ato de tráfico internacional de menores que o afete.
Para os efeitos desta Convenção, entende-se:
a) por "menor", todo ser humano menor de 18 anos de idade;
b) por "tráfico internacional de menores", a subtração, a transferência ou retenção, ou a tentativa de subtração, transferência ou retenção de um menor, com propósitos ou por meios ilícitos;
c) por "propósitos ilícitos", entre outros, prostituição, exploração sexual, servidão ou qualquer outro propósito ilícito, seja no Estado em que o menor resida habitualmente, ou no Estado Parte em que este se encontre; e
d) por "meios ilícitos", entre outros, o sequestro, o consentimento mediante coação ou fraude, a entrega ou o recebimento de pagamentos ou benefícios ilícitos com vistas a obter o consentimento dos pais, das pessoas ou da instituição responsáveis pelo menor, ou qualquer outro meio ilícito utilizado seja no Estado de residência habitual do menor ou no Estado Parte em que este se encontre.

Art. 3. Esta Convenção também abrangerá os aspectos civis não previstos da subtração, transferência e retenção ilícitas de menores no âmbito internacional, não previstos em outras convenções internacionais sobre a matéria.

Art. 4. Os Estados Partes cooperarão com os Estados não Partes, na medida do possível, na prevenção e sanção do tráfico internacional de menores e na proteção e cuidado dos menores vítimas do fato ilícito.
Nesse sentido, as autoridades competentes dos Estados Partes deverão notificar as autoridades competentes de um Estado não Parte, nos casos em que se encontrar em seu território um menor que tenha sido vítima do tráfico internacional de menores.

Art. 5. Para os efeitos desta Convenção, cada Estado Parte designará uma Autoridade Central e comunicará essa designação à Secretaria-Geral da Organização dos Estados Americanos.
Um Estado federal, um Estado em que vigorem diferentes sistemas jurídicos ou um Estado com unidades territoriais autônomas pode designar mais de uma Autoridade Central e especificar a extensão jurídica ou territorial de suas funções.

O Estado que fizer uso dessa faculdade designará a Autoridade Central a que possam ser dirigidas todas as comunicações.

O Estado Parte que designar mais de uma Autoridade Central enviará a pertinente comunicação à Secretaria-Geral da organização dos Estados Americanos.

Art. 6. Os Estados Partes cuidarão do interesse do menor, mantendo os procedimentos de aplicação desta Convenção sempre confidenciais.

CAPÍTULO II

Aspectos Penais

Art. 7. Os Estados Partes comprometem-se a adotar, em conformidade com seu direito interno, medidas eficazes para prevenir e sancionar severamente a ocorrência de tráfico internacional de menores definido nesta Convenção.

Art. 8. Os Estados Partes comprometem-se a:
a) prestar, por meio de suas autoridades centrais e observados os limites da lei interna de cada Estado Parte e os tratados internacionais aplicáveis, pronta e expedita assistência mútua para as diligências judiciais e administrativas, obtenção de provas e demais atos processuais necessários ao cumprimento dos objetivos desta Convenção;
b) estabelecer, por meio de suas autoridades centrais, mecanismos de intercâmbio de informação sobre legislação nacional, jurisprudência, práticas administrativas, estatísticas e modalidades que tenha assumido o tráfico internacional de menores em seu territórios; e
c) dispor sobre as medidas necessárias para a remoção dos obstáculos capazes de afetar a aplicação desta Convenção em seus respectivos Estados.

Art. 9. Serão competentes para conhecer de delitos relativos ao tráfico internacional de menores:
a) o Estado Parte em que tenha ocorrido a conduta ilícita;
b) o Estado Parte em que o menor resida habitualmente;
c) o Estado Parte em que se encontre o suposto delinquente, no caso de não ter sido extraditado; e
d) o Estado Parte em que se encontre o menor vítima de tráfico.

Para os efeitos do parágrafo anterior, ficará prevento o Estado Parte que haja sido o primeiro a conhecer do fato ilícito.

Art. 10. O Estado Parte que, ao condicionar a extradição à existência de tratado, receber pedido de extradição de outro Estado Parte com a qual não mantenha tratado de extradição ou, se o mantiver, este não inclua o tráfico internacional de menores como delito que possibilite a extradição, poderá considerar esta Convenção como a base jurídica necessária para concedê-la no caso de tráfico internacional de menores.

Além disso, os Estados Partes que não condicionam a extradição à existência de tratado reconhecerão, entre si, o tráfico internacional de menores como causa de extradição.

Na inexistência de tratado de extradição, esta ficará sujeita às demais condições exigíveis pelo direito interno do Estado requerido.

Art. 11. As ações instauradas em conformidade com o disposto neste Capítulo não impedem que as autoridades competentes do Estado Parte em que encontre o menor determinem, a qualquer momento, em consideração aos seus interesses superiores, sua imediata restituição ao Estado em que resida habitualmente.

CAPÍTULO III

Aspectos Civis

Art. 12. A solicitação de localização e restituição do menor decorrente desta Convenção será promovida pelos titulares determinados pelo direito do Estado de residência habitual do mesmo.

Art. 13. São competentes para conhecer da solicitação de localização e de restituição, por opção dos reclamantes, as autoridades judiciais ou administrativas do Estado Parte de residência habitual do menor ou as do Estado Parte onde se encontrar ou se presuma encontrar-se retido.

Quando, a juízo dos reclamantes, existirem motivos de urgência, a solicitação também poderá ser submetida às autoridades judiciais ou administrativos do local onde tenha ocorrido o ato ilícito.

Art. 14. A solicitação de localização e de restituição será tramitada por intermédio das Autoridades Centrais ou diretamente perante as autoridades competentes indicadas no Artigo 13 desta Convenção. As autoridades requeridas estabelecerão os procedimentos mais expeditos para torná-la efetiva. Recebida a respectiva solicitação, a autoridade requerida estipulará as medidas que, de acordo com seu direito interno, sejam necessárias para iniciar, facilitar e coadjuvar os procedimentos judiciais e administrativos referentes à localização e restituição do menor. Adotar-se-ão, ademais, as medidas para providenciar a imediata restituição do menor e, conforme o caso, assegurar sua proteção, custódia ou guarda provisória, de acordo com as circunstâncias, bem como as medidas preventivas para impedir que o menor seja indevidamente transferido para outro Estado.

As solicitações de localização e de restituição, devidamente fundamentadas, será formulada dentro dos 120 dias de conhecida a subtração, transferência ou retenção ilícitas do menor. Quando a solicitação de localização e de restituição partir de um Estado Parte, este disporá do prazo de 180 dias para sua apresentação.

Havendo necessidade prévia de localizar o menor, o prazo anterior será contado a partir do dia em que o titular da ação tiver tomado conhecimento da respectiva localização.

Não obstante o disposto nos parágrafos anteriores, as autoridades do Estado Parte em que o menor tenha sido retido poderão, a qualquer momento, determinar sua restituição, atendendo aos interesses superiores do mesmo.

Art. 15. Os pedidos de cooperação previstos nesta Convenção, formulados por via consular ou diplomática ou por intermédio das Autoridades Centrais, dispensarão o requisito de legalização ou outras formalidades semelhantes. Os pedidos de cooperação formulados diretamente entre tribunais das áreas fronteiriças dos Estados Partes também dispensarão legalização. Ademais, estarão isentos de legalização, para efeitos de validade jurídica no Estado solicitante, os documentos pertinentes que sejam devolvidos por essas mesmas vias.

Os pedidos deverão estar traduzidos, em cada caso, para o idioma oficial ou idiomas oficiais do Estado Parte ao qual esteja dirigido. Com relação aos anexos, é suficiente a tradução de um sumário, contendo os dados essenciais.

Art. 16. As autoridades competentes de um Estado Parte que constatem, no território sujeito à sua jurisdição, a presença de um menor vítima de tráfico internacional deverão adotar as medidas imediatas necessárias para sua proteção, inclusive as que tenham caráter preventivo e impeçam a transferência indevida do menor para outro Estado.

Estas medidas serão comunicadas por intermédio das Autoridades Centrais às autoridades competentes do Estado onde o menor tenha tido, anteriormente, sua residência habitual. As autoridades intervenientes adotarão todas as providências necessárias para comunicar as medidas adotadas aos titulares das ações de localização e restituição do menor.

Art. 17. Em conformidade com os objetivos desta Convenção, as Autoridades Centrais dos Estados Partes intercambiarão informação e colaborarão com suas competentes autoridades judiciais e administrativas em tudo o que se refira ao controle de saída de menores de seu território e de sua entrada no mesmo.

Art. 18. As adoções internacionais e outros institutos afins, constituídos em um Estado Parte, serão passíveis de anulação quando tiveram como origem ou objetivo o tráfico internacional de menores.

Na respectiva ação de anulação, levar-se-ão sempre em conta os interesses superiores do menor.

A anulação será submetida à lei e às autoridades do Estado de constituição da adoção ou do instituto de que se trate.

Art. 19. A guarda ou custódia será passível de revogação quando sua origem ou objetivo for o tráfico internacional de menores, nas mesmas condições previstas no artigo anterior.

Art. 20. A solicitação de localização e de restituição do menor poderá ser apresentada sem prejuízo da ação de anulação e revogação previstas nos Artigos 18 e 19.

Art. 21. Em qualquer procedimento previsto neste Capítulo, a autoridade competente poderá determinar que a pessoa física ou jurídica responsável pelo tráfico internacional de menores pague os gastos e as despesas de localização e restituição, contanto que essa pessoa física ou jurídica tenha sido parte desse procedimento.

Os titulares da ação ou, se for o caso, qualquer autoridade competente, poderão propor ação civil para ressarcir-se das despesas, nestas incluídas os honorários advocatícios e os gastos de localização e restituição do menor, a não ser que estas tenham sido fixadas em ação penal ou em processo de restituição, nos termos desta Convenção.

A autoridade competente ou qualquer parte prejudicada poderá propor ação civil objetivando perdas e danos contra as pessoas físicas ou jurídicas responsáveis pelo tráfico internacional do menor.

Art. 22. Os Estados Partes adotarão as medidas necessárias para possibilitar gratuidade aos procedimentos de restituição do menor, nos termos de seu direito interno, e informarão aos legítimos interessados na respectiva restituição os benefícios decorrentes de pobreza e quando possam ter direito à assistência gratuita, em conformidade com as suas leis e regulamentos.

CAPÍTULO IV
Disposições Finais

Art. 23. Os Estados Partes poderão declarar, seja no momento da assinatura e da ratificação desta Convenção ou da adesão à mesma, ou posteriormente, que reconhecerão e executarão as sentenças penais proferidas em outro Estado Parte no que se refere à indenização por perdas e danos decorrentes do tráfico internacional de menores.

Art. 24. Com relação a um Estado que, relativamente a questões tratadas nesta Convenção, tenha dois ou mais sistemas jurídicos aplicáveis em unidades territoriais diferentes:
a) toda referência à lei do Estado será interpretada com referência à lei correspondente à respectiva unidade territorial;
b) toda referência à residência habitual no referido Estado será interpretada como à residência habitual em uma unidade territorial do estado mencionado;
c) toda referência às autoridades competentes do referido Estado será entendida em relação às autoridades competentes para agir na respectiva unidade territorial.

Art. 25. Os Estados que tenham duas ou mais unidades territoriais onde se apliquem sistemas jurídicos diferentes a questões tratadas nesta Convenção poderão declarar, no momento da assinatura, ratificação ou adesão, que a Convenção se aplicará a todas as suas unidades territoriais ou somente a uma ou mais.

Tais declarações podem ser modificadas mediante declarações posteriores, que especificarão expressamente a unidade territorial ou as unidades territoriais a que se aplicará esta Convenção. Essas declarações posteriores serão encaminhadas à Secretaria-Geral da Organização dos Estados Americanos e produzirão efeito noventa dias a partir da data do recebimento.

Art. 26. Os Estados Partes poderão declarar, no momento da assinatura e ratificação desta Convenção ou de adesão à mesma, ou posteriormente, que não se poderá opor em juízo civil deste Estado Parte exceção ou defesa alguma que tenda a demonstrar a inexistência do delito ou eximir de responsabilidade uma pessoa quando houver sentença condenatória proferida por outro Estado Parte em conexão com este delito e já transitada em julgado.

Art. 27. As autoridades competentes das zonas fronteiriças dos Estados Partes poderão acordar, diretamente e a qualquer momento, com relação a procedimentos de localização e restituição mais expeditos que os previstos nesta Convenção e sem prejuízo desta.

O disposto nesta Convenção não será interpretado no sentido de restringir as práticas mais favoráveis que as autoridades competentes dos Estados Partes puderem observar entre si, para os propósitos desta Convenção.

Art. 28. Esta Convenção está aberta à assinatura de todos os Estados membros da Organização dos Estados Americanos.

Art. 29. Esta Convenção está sujeita à ratificação. Os instrumentos de ratificação serão depositados na Secretaria-Geral da Organização dos Estados Americanos.

Art. 30. Esta Convenção ficará aberta à adesão de qualquer outro Estado, uma vez que entre em vigor. Os instrumentos de adesão serão depositados na Secretaria-Geral da Organização dos Estados Americanos.

Art. 31. Cada Estado poderá formular reservas a esta Convenção, no momento de assiná-la, ratificá-la ou de a ela aderir, desde que a reserva se refira a uma ou mais disposições específicas e que não seja incompatível com o objetivo e fins desta Convenção.

Art. 32. Nenhuma cláusula desta Convenção será interpretada de modo a restringir outros tratados bilaterais ou multilaterais ou outros acordos subscritos pelas partes.

Art. 33. Para os Estados ratificantes, esta Convenção entrará em vigor no trigésimo dia a partir da data em que haja sido depositado o segundo instrumento de ratificação.

Para cada Estado que ratificar esta Convenção ou a ela aderir depois de haver sido depositado o segundo instrumento de ratificação, a Convenção entrará em vigor no trigésimo dia a partir da data em que tal Estado haja depositado seu instrumento de ratificação ou de adesão.

Art. 34. Esta Convenção vigorará por prazo indeterminado, mas qualquer dos Estados Partes poderá denunciá-la. O instrumento de denúncia será depositado na Secretaria-Geral da Organização dos Estados Americanos. Transcorrido um ano da data do depósito do instrumento de denúncia, os efeitos da Convenção cessarão para o Estado denunciante.

Art. 35. O instrumento original desta Convenção, cujos textos em português, espanhol, francês e inglês são igualmente autênticos, será depositado na Secretaria-Geral da Organização dos Estados Americanos, que enviará cópia autenticada do seu texto à Secretaria das Nações Unidas para seu registro e publicação, de conformidade com o Artigo 102 da sua Carta constitutiva. A Secretaria-Geral da Organização dos Estados Americanos notificará aos Estados membros da referida Organização e aos Estados que houverem aderido à Convenção, as assinaturas e os depósitos de instrumentos de ratificação, adesão e denúncia, bem como as reservas existentes e a retirada destas.

Em fé do que os plenipotenciários infra-assinados, devidamente autorizados por seus respectivos Governos, assinam esta Convenção.

Expedida na Cidade do México, D.F., México, no dia dezoito de março de mil novecentos e noventa e quatro.

Estatuto de Roma do Tribunal Penal Internacional - 2002

Decreto no 4.388, de 25 de setembro de 2002
Promulga o Estatuto de Roma do Tribunal Penal Internacional.

O presidente da república, no uso da atribuição que lhe confere o art. 84, inciso VIII, da Constituição, Considerando que o Congresso Nacional aprovou o texto do Estatuto de Roma do Tribunal Penal Internacional, por meio do Decreto Legislativo no 112, de 6 de junho de 2002;

Considerando que o mencionado Ato Internacional entrou em vigor internacional em 1º de julho de 2002, e passou a vigorar, para o Brasil, em 1º de setembro de 2002, nos termos de seu art. 126; decreta:

Art. 1. O Estatuto de Roma do Tribunal Penal Internacional, apenso por cópia ao presente Decreto, será executado e cumprido tão inteiramente como nele se contém.

Art. 2. São sujeitos à aprovação do Congresso Nacional quaisquer atos que possam resultar em revisão do referido Acordo, assim como quaisquer ajustes complementares que, nos termos do art. 49, inciso I, da Constituição, acarretem encargos ou compromissos gravosos ao patrimônio nacional.

Art. 3. Este Decreto entra em vigor na data de sua publicação.

Brasília, 25 de setembro de 2002; 181º da Independência e 114º da República.
Fernando Henrique Cardoso
Luiz Augusto Soint-Brisson de Araujo Castro

Este texto não substitui o publicado no dou de 26.9.2002.

ESTATUTO DE ROMA DO TRIBUNAL PENAL INTERNACIONAL

Preâmbulo

Os Estados Partes no presente Estatuto.
Conscientes de que todos os povos estão unidos por laços comuns e de que suas culturas foram construídas sobre uma herança que partilham, e preocupados com o fato deste delicado mosaico poder vir a quebrar-se a qualquer instante,
Tendo presente que, no decurso deste século, milhões de crianças, homens e mulheres têm sido vítimas de atrocidades inimagináveis que chocam profundamente a consciência da humanidade,
Reconhecendo que crimes de uma tal gravidade constituem uma ameaça à paz, à segurança e ao bem-estar da humanidade,
Afirmando que os crimes de maior gravidade, que afetam a comunidade internacional no seu conjunto, não devem ficar impunes e que a sua repressão deve ser efetivamente assegurada através da adoção de medidas em nível nacional e do reforço da cooperação internacional,
Decididos a pôr fim à impunidade dos autores desses crimes e a contribuir assim para a prevenção de tais crimes,

Relembrando que é dever de cada Estado exercer a respectiva jurisdição penal sobre os responsáveis por crimes internacionais,

Reafirmando os Objetivos e Princípios consignados na Carta das Nações Unidas e, em particular, que todos os Estados se devem abster de recorrer à ameaça ou ao uso da força, contra a integridade territorial ou a independência política de qualquer Estado, ou de atuar por qualquer outra forma incompatível com os Objetivos das Nações Unidas,

Salientando, a este propósito, que nada no presente Estatuto deverá ser entendido como autorizando qualquer Estado Parte a intervir em um conflito armado ou nos assuntos internos de qualquer Estado,

Determinados em perseguir este objetivo e no interesse das gerações presentes e vindouras, a criar um Tribunal Penal Internacional com caráter permanente e independente, no âmbito do sistema das Nações Unidas, e com jurisdição sobre os crimes de maior gravidade que afetem a comunidade internacional no seu conjunto,

Sublinhando que o Tribunal Penal Internacional, criado pelo presente Estatuto, será complementar às jurisdições penais nacionais,

Decididos a garantir o respeito duradouro pela efetivação da justiça internacional,

Convieram no seguinte:

CAPÍTULO I
Criação do Tribunal

Art. 1. O Tribunal
É criado, pelo presente instrumento, um Tribunal Penal Internacional ("o Tribunal"). O Tribunal será uma instituição permanente, com jurisdição sobre as pessoas responsáveis pelos crimes de maior gravidade com alcance internacional, de acordo com o presente Estatuto, e será complementar às jurisdições penais nacionais. A competência e o funcionamento do Tribunal reger-se-ão pelo presente Estatuto.

Art. 2. Relação do Tribunal com as Nações Unidas
A relação entre o Tribunal e as Nações Unidas será estabelecida através de um acordo a ser aprovado pela Assembleia dos Estados Partes no presente Estatuto e, em seguida, concluído pelo Presidente do Tribunal em nome deste.

Art. 3. Sede do Tribunal

1. A sede do Tribunal será na Haia, Países Baixos ("o Estado anfitrião").

2. O Tribunal estabelecerá um acordo de sede com o Estado anfitrião, a ser aprovado pela Assembleia dos Estados Partes e em seguida concluído pelo Presidente do Tribunal em nome deste.

3. Sempre que entender conveniente, o Tribunal poderá funcionar em outro local, nos termos do presente Estatuto.

Art. 4. Regime Jurídico e Poderes do Tribunal

1. O Tribunal terá personalidade jurídica internacional. Possuirá, igualmente, a capacidade jurídica necessária ao desempenho das suas funções e à prossecução dos seus objetivos.

2. O Tribunal poderá exercer os seus poderes e funções nos termos do presente Estatuto, no território de qualquer Estado Parte e, por acordo especial, no território de qualquer outro Estado.

CAPÍTULO II
Competência, Admissibilidade e Direito Aplicável

Art. 5. Crimes da Competência do Tribunal

1. A competência do Tribunal restringir-se-á aos crimes mais graves, que afetam a comunidade internacional no seu conjunto. Nos termos do presente Estatuto, o Tribunal terá competência para julgar os seguintes crimes:
a) O crime de genocídio;
b) Crimes contra a humanidade;
c) Crimes de guerra;
d) O crime de agressão.

2. O Tribunal poderá exercer a sua competência em relação ao crime de agressão desde que, nos termos dos artigos 121 e 123, seja aprovada uma disposição em que se defina o crime e se enunciem as condições em que o Tribunal terá competência relativamente a este crime. Tal disposição deve ser compatível com as disposições pertinentes da Carta das Nações Unidas.

Art. 6. Crime de Genocídio
Para os efeitos do presente Estatuto, entende-se por "genocídio", qualquer um dos atos que a seguir se enumeram, praticado com intenção de destruir, no todo ou em parte, um grupo nacional, étnico, racial ou religioso, enquanto tal:
a) Homicídio de membros do grupo;

b) Ofensas graves à integridade física ou mental de membros do grupo;
c) Sujeição intencional do grupo a condições de vida com vista a provocar a sua destruição física, total ou parcial;
d) Imposição de medidas destinadas a impedir nascimentos no seio do grupo;
e) Transferência, à força, de crianças do grupo para outro grupo.

Art. 7. Crimes contra a Humanidade
1. Para os efeitos do presente Estatuto, entende-se por "crime contra a humanidade", qualquer um dos atos seguintes, quando cometido no quadro de um ataque, generalizado ou sistemático, contra qualquer população civil, havendo conhecimento desse ataque:
a) Homicídio;
b) Extermínio;
c) Escravidão;
d) Deportação ou transferência forçada de uma população;
e) Prisão ou outra forma de privação da liberdade física grave, em violação das normas fundamentais de direito internacional;
f) Tortura;
g) Agressão sexual, escravatura sexual, prostituição forçada, gravidez forçada, esterilização forçada ou qualquer outra forma de violência no campo sexual de gravidade comparável;
h) Perseguição de um grupo ou coletividade que possa ser identificado, por motivos políticos, raciais, nacionais, étnicos, culturais, religiosos ou de gênero, tal como definido no parágrafo 3º, ou em função de outros critérios universalmente reconhecidos como inaceitáveis no direito internacional, relacionados com qualquer ato referido neste parágrafo ou com qualquer crime da competência do Tribunal;
i) Desaparecimento forçado de pessoas;
j) Crime de apartheid;
k) Outros atos desumanos de caráter semelhante, que causem intencionalmente grande sofrimento, ou afetem gravemente a integridade física ou a saúde física ou mental.

2. Para efeitos do parágrafo 1º:
a) Por "ataque contra uma população civil" entende-se qualquer conduta que envolva a prática múltipla de atos referidos no parágrafo 1º contra uma população civil, de acordo com a política de um Estado ou de uma organização de praticar esses atos ou tendo em vista a prossecução dessa política;
b) O "extermínio" compreende a sujeição intencional a condições de vida, tais como a privação do acesso a alimentos ou medicamentos, com vista a causar a destruição de uma parte da população;
c) Por "escravidão" entende-se o exercício, relativamente a uma pessoa, de um poder ou de um conjunto de poderes que traduzam um direito de propriedade sobre uma pessoa, incluindo o exercício desse poder no âmbito do tráfico de pessoas, em particular mulheres e crianças;
d) Por "deportação ou transferência à força de uma população" entende-se o deslocamento forçado de pessoas, através da expulsão ou outro ato coercivo, da zona em que se encontram legalmente, sem qualquer motivo reconhecido no direito internacional;
e) Por "tortura" entende-se o ato por meio do qual uma dor ou sofrimentos agudos, físicos ou mentais, são intencionalmente causados a uma pessoa que esteja sob a custódia ou o controle do acusado; este termo não compreende a dor ou os sofrimentos resultantes unicamente de sanções legais, inerentes a essas sanções ou por elas ocasionadas;
f) Por "gravidez à força" entende-se a privação ilegal de liberdade de uma mulher que foi engravidada à força, com o propósito de alterar a composição étnica de uma população ou de cometer outras violações graves do direito internacional. Esta definição não pode, de modo algum, ser interpretada como afetando as disposições de direito interno relativas à gravidez;
g) Por "perseguição" entende-se a privação intencional e grave de direitos fundamentais em violação do direito internacional, por motivos relacionados com a identidade do grupo ou da coletividade em causa;
h) Por "crime de apartheid" entende-se qualquer ato desumano análogo aos referidos no parágrafo 1º, praticado no contexto de um regime institucionalizado de opressão e domínio sistemático de um grupo racial sobre um ou outros grupos nacionais e com a intenção de manter esse regime;
i) Por "desaparecimento forçado de pessoas" entende-se a detenção, a prisão ou o sequestro de pessoas por um Estado ou uma organização política ou com a autorização, o apoio ou a concordância destes, seguidos de recusa a reconhecer tal estado de privação de liberdade ou a prestar qualquer informação sobre a situação ou localização dessas pessoas, com

o propósito de lhes negar a proteção da lei por um prolongado período de tempo.

3. Para efeitos do presente Estatuto, entende-se que o termo "gênero" abrange os sexos masculino e feminino, dentro do contexto da sociedade, não lhe devendo ser atribuído qualquer outro significado.

Art. 8. Crimes de Guerra

1. O Tribunal terá competência para julgar os crimes de guerra, em particular quando cometidos como parte integrante de um plano ou de uma política ou como parte de uma prática em larga escala desse tipo de crimes.

2. Para os efeitos do presente Estatuto, entende-se por "crimes de guerra":

a) As violações graves às Convenções de Genebra, de 12 de Agosto de 1949, a saber, qualquer um dos seguintes atos, dirigidos contra pessoas ou bens protegidos nos termos da Convenção de Genebra que for pertinente:

I. Homicídio doloso;
II. Tortura ou outros tratamentos desumanos, incluindo as experiências biológicas;
III. O ato de causar intencionalmente grande sofrimento ou ofensas graves à integridade física ou à saúde;
IV. Destruição ou a apropriação de bens em larga escala, quando não justificadas por quaisquer necessidades militares e executadas de forma ilegal e arbitrária;
V. O ato de compelir um prisioneiro de guerra ou outra pessoa sob proteção a servir nas forças armadas de uma potência inimiga;
VI. Privação intencional de um prisioneiro de guerra ou de outra pessoa sob proteção do seu direito a um julgamento justo e imparcial;
VII. Deportação ou transferência ilegais, ou a privação ilegal de liberdade;
VIII. Tomada de reféns;

b) Outras violações graves das leis e costumes aplicáveis em conflitos armados internacionais no âmbito do direito internacional, a saber, qualquer um dos seguintes atos:

I. Dirigir intencionalmente ataques à população civil em geral ou civis que não participem diretamente nas hostilidades;
II. Dirigir intencionalmente ataques a bens civis, ou seja bens que não sejam objetivos militares;
III. Dirigir intencionalmente ataques ao pessoal, instalações, material, unidades ou veículos que participem numa missão de manutenção da paz ou de assistência humanitária, de acordo com a Carta das Nações Unidas, sempre que estes tenham direito à proteção conferida aos civis ou aos bens civis pelo direito internacional aplicável aos conflitos armados;
IV. Lançar intencionalmente um ataque, sabendo que o mesmo causará perdas acidentais de vidas humanas ou ferimentos na população civil, danos em bens de caráter civil ou prejuízos extensos, duradouros e graves no meio ambiente que se revelem claramente excessivos em relação à vantagem militar global concreta e direta que se previa;
V. Atacar ou bombardear, por qualquer meio, cidades, vilarejos, habitações ou edifícios que não estejam defendidos e que não sejam objetivos militares;
VI. Matar ou ferir um combatente que tenha deposto armas ou que, não tendo mais meios para se defender, se tenha incondicionalmente rendido;
VII. Utilizar indevidamente uma bandeira de trégua, a bandeira nacional, as insígnias militares ou o uniforme do inimigo ou das Nações Unidas, assim como os emblemas distintivos das Convenções de Genebra, causando deste modo a morte ou ferimentos graves;
VIII. A transferência, direta ou indireta, por uma potência ocupante de parte da sua população civil para o território que ocupa ou a deportação ou transferência da totalidade ou de parte da população do território ocupado, dentro ou para fora desse território;
IX. Dirigir intencionalmente ataques a edifícios consagrados ao culto religioso, à educação, às artes, às ciências ou à beneficência, monumentos históricos, hospitais e lugares onde se agrupem doentes e feridos, sempre que não se trate de objetivos militares;
X. Submeter pessoas que se encontrem sob o domínio de uma parte beligerante a mutilações físicas ou a qualquer tipo de experiências médicas ou científicas que não sejam motivadas por um tratamento médico, dentário ou hospitalar, nem sejam efetuadas no interesse dessas pessoas, e que causem a morte ou coloquem seriamente em perigo a sua saúde;
XI. Matar ou ferir à traição pessoas pertencentes à nação ou ao exército inimigo;
XII. Declarar que não será dado quartel;
XIII. Destruir ou apreender bens do inimigo, a menos que tais destruições ou apreensões sejam imperativamente determinadas pelas necessidades da guerra;

XIV. Declarar abolidos, suspensos ou não admissíveis em tribunal os direitos e ações dos nacionais da parte inimiga;

XV. Obrigar os nacionais da parte inimiga a participar em operações bélicas dirigidas contra o seu próprio país, ainda que eles tenham estado ao serviço daquela parte beligerante antes do início da guerra;

XVI. Saquear uma cidade ou uma localidade, mesmo quando tomada de assalto;

XVII. Utilizar veneno ou armas envenenadas;

XVIII. Utilizar gases asfixiantes, tóxicos ou outros gases ou qualquer líquido, material ou dispositivo análogo;

XIX. Utilizar balas que se expandem ou achatam facilmente no interior do corpo humano, tais como balas de revestimento duro que não cobre totalmente o interior ou possui incisões;

XX. Utilizar armas, projéteis; materiais e métodos de combate que, pela sua própria natureza, causem ferimentos supérfluos ou sofrimentos desnecessários ou que surtam efeitos indiscriminados, em violação do direito internacional aplicável aos conflitos armados, na medida em que tais armas, projéteis, materiais e métodos de combate sejam objeto de uma proibição geral e estejam incluídos em um anexo ao presente Estatuto, em virtude de uma alteração aprovada em conformidade com o disposto nos artigos 121 e 123;

XXI. Ultrajar a dignidade da pessoa, em particular por meio de tratamentos humilhantes e degradantes;

XXII. Cometer atos de violação, escravidão sexual, prostituição forçada, gravidez à força, tal como definida na alínea f) do parágrafo 2º do artigo 7º, esterilização à força e qualquer outra forma de violência sexual que constitua também um desrespeito grave às Convenções de Genebra;

XXIII. Utilizar a presença de civis ou de outras pessoas protegidas para evitar que determinados pontos, zonas ou forças militares sejam alvo de operações militares;

XXIV. Dirigir intencionalmente ataques a edifícios, material, unidades e veículos sanitários, assim como o pessoal que esteja usando os emblemas distintivos das Convenções de Genebra, em conformidade com o direito internacional;

XXV. Provocar deliberadamente a inanição da população civil como método de guerra, privando-a dos bens indispensáveis à sua sobrevivência, impedindo, inclusive, o envio de socorros, tal como previsto nas Convenções de Genebra;

XXVI. Recrutar ou alistar menores de 15 anos nas forças armadas nacionais ou utilizá-los para participar ativamente nas hostilidades;

c) Em caso de conflito armado que não seja de índole internacional, as violações graves do artigo 3 comum às quatro Convenções de Genebra, de 12 de Agosto de 1949, a saber, qualquer um dos atos que a seguir se indicam, cometidos contra pessoas que não participem diretamente nas hostilidades, incluindo os membros das forças armadas que tenham deposto armas e os que tenham ficado impedidos de continuar a combater devido a doença, lesões, prisão ou qualquer outro motivo:

I. Atos de violência contra a vida e contra a pessoa, em particular o homicídio sob todas as suas formas, as mutilações, os tratamentos cruéis e a tortura;

II. Ultrajes à dignidade da pessoa, em particular por meio de tratamentos humilhantes e degradantes;

III. A tomada de reféns;

IV. As condenações proferidas e as execuções efetuadas sem julgamento prévio por um tribunal regularmente constituído e que ofereça todas as garantias judiciais geralmente reconhecidas como indispensáveis.

d) A alínea c) do parágrafo 2º do presente artigo aplica-se aos conflitos armados que não tenham caráter internacional e, por conseguinte, não se aplica a situações de distúrbio e de tensão internas, tais como motins, atos de violência esporádicos ou isolados ou outros de caráter semelhante;

e) As outras violações graves das leis e costumes aplicáveis aos conflitos armados que não têm caráter internacional, no quadro do direito internacional, a saber qualquer um dos seguintes atos:

I. Dirigir intencionalmente ataques à população civil em geral ou civis que não participem diretamente nas hostilidades;

II. Dirigir intencionalmente ataques a edifícios, material, unidades e veículos sanitários, bem como ao pessoal que esteja usando os emblemas distintivos das Convenções de Genebra, em conformidade com o direito internacional;

III. Dirigir intencionalmente ataques ao pessoal, instalações, material, unidades ou veículos que participem numa missão de manutenção da paz ou de assistência humanitária, de acordo com a Carta das

Nações Unidas, sempre que estes tenham direito à proteção conferida pelo direito internacional dos conflitos armados aos civis e aos bens civis;

IV. Atacar intencionalmente edifícios consagrados ao culto religioso, à educação, às artes, às ciências ou à beneficência, monumentos históricos, hospitais e lugares onde se agrupem doentes e feridos, sempre que não se trate de objetivos militares;

V. Saquear um aglomerado populacional ou um local, mesmo quando tomado de assalto;

VI. Cometer atos de agressão sexual, escravidão sexual, prostituição forçada, gravidez à força, tal como definida na alínea f) do parágrafo 2º do artigo 7º; esterilização à força ou qualquer outra forma de violência sexual que constitua uma violação grave do artigo 3º comum às quatro Convenções de Genebra;

VII. Recrutar ou alistar menores de 15 anos nas forças armadas nacionais ou em grupos, ou utilizá-los para participar ativamente nas hostilidades;

VIII. Ordenar a deslocação da população civil por razões relacionadas com o conflito, salvo se assim o exigirem a segurança dos civis em questão ou razões militares imperiosas;

IX. Matar ou ferir à traição um combatente de uma parte beligerante;

X. Declarar que não será dado quartel;

XI. Submeter pessoas que se encontrem sob o domínio de outra parte beligerante a mutilações físicas ou a qualquer tipo de experiências médicas ou científicas que não sejam motivadas por um tratamento médico, dentário ou hospitalar nem sejam efetuadas no interesse dessa pessoa, e que causem a morte ou ponham seriamente a sua saúde em perigo;

XII. Destruir ou apreender bens do inimigo, a menos que as necessidades da guerra assim o exijam;

f) A alínea e) do parágrafo 2º do presente artigo aplicar-se-á aos conflitos armados que não tenham caráter internacional e, por conseguinte, não se aplicará a situações de distúrbio e de tensão internas, tais como motins, atos de violência esporádicos ou isolados ou outros de caráter semelhante; aplicar-se-á, ainda, a conflitos armados que tenham lugar no território de um Estado, quando exista um conflito armado prolongado entre as autoridades governamentais e grupos armados organizados ou entre estes grupos.

XIII. O disposto nas alíneas c) e e) do parágrafo 2º, em nada afetará a responsabilidade que incumbe a todo o Governo de manter e de restabelecer a ordem pública no Estado, e de defender a unidade e a integridade territorial do Estado por qualquer meio legítimo.

Art. 9. Elementos Constitutivos dos Crimes

1. Os elementos constitutivos dos crimes que auxiliarão o Tribunal a interpretar e a aplicar os artigos 6º, 7º e 8º do presente Estatuto, deverão ser adotados por uma maioria de dois terços dos membros da Assembleia dos Estados Partes.

2. As alterações aos elementos constitutivos dos crimes poderão ser propostas por:

a) Qualquer Estado Parte;

b) Os juízes, através de deliberação tomada por maioria absoluta;

c) O Procurador.

As referidas alterações entram em vigor depois de aprovadas por uma maioria de dois terços dos membros da Assembleia dos Estados Partes.

3. Os elementos constitutivos dos crimes e respectivas alterações deverão ser compatíveis com as disposições contidas no presente Estatuto.

Art. 10. Nada no presente capítulo deverá ser interpretado como limitando ou afetando, de alguma maneira, as normas existentes ou em desenvolvimento de direito internacional com fins distintos dos do presente Estatuto.

Art. 11. Competência "Ratione Temporis"

1. O Tribunal só terá competência relativamente aos crimes cometidos após a entrada em vigor do presente Estatuto.

2. Se um Estado se tornar Parte no presente Estatuto depois da sua entrada em vigor, o Tribunal só poderá exercer a sua competência em relação a crimes cometidos depois da entrada em vigor do presente Estatuto relativamente a esse Estado, a menos que este tenha feito uma declaração nos termos do parágrafo 3º do artigo 12.

Art. 12. Condições Prévias ao Exercício da Jurisdição

1. O Estado que se torne Parte no presente Estatuto, aceitará a jurisdição do Tribunal relativamente aos crimes a que se refere o artigo 5º.

2. Nos casos referidos nos parágrafos a) ou c) do artigo 13, o Tribunal poderá exercer a sua jurisdição se um ou mais Estados a seguir identificados forem Partes no presente Estatuto ou aceitarem a competência do Tribunal de acordo com o disposto no parágrafo 3º:

a) Estado em cujo território tenha tido lugar a conduta em causa, ou, se o crime tiver sido cometido a bordo de um navio ou de uma aeronave, o Estado de matrícula do navio ou aeronave;
b) Estado de que seja nacional a pessoa a quem é imputado um crime.
3. Se a aceitação da competência do Tribunal por um Estado que não seja Parte no presente Estatuto for necessária nos termos do parágrafo 2º, pode o referido Estado, mediante declaração depositada junto do Secretário, consentir em que o Tribunal exerça a sua competência em relação ao crime em questão. O Estado que tiver aceito a competência do Tribunal colaborará com este, sem qualquer demora ou exceção, de acordo com o disposto no Capítulo IX.

Art. 13. Exercício da Jurisdição
O Tribunal poderá exercer a sua jurisdição em relação a qualquer um dos crimes a que se refere o artigo 5º, de acordo com o disposto no presente Estatuto, se:
a) Um Estado Parte denunciar ao Procurador, nos termos do artigo 14, qualquer situação em que haja indícios de ter ocorrido a prática de um ou vários desses crimes;
b) O Conselho de Segurança, agindo nos termos do Capítulo vii da Carta das Nações Unidas, denunciar ao Procurador qualquer situação em que haja indícios de ter ocorrido a prática de um ou vários desses crimes; ou
c) O Procurador tiver dado início a um inquérito sobre tal crime, nos termos do disposto no artigo 15.

Art. 14. Denúncia por um Estado Parte
1. Qualquer Estado Parte poderá denunciar ao Procurador uma situação em que haja indícios de ter ocorrido a prática de um ou vários crimes da competência do Tribunal e solicitar ao Procurador que a investigue, com vista a determinar se uma ou mais pessoas identificadas deverão ser acusadas da prática desses crimes.
2. O Estado que proceder à denúncia deverá, tanto quanto possível, especificar as circunstâncias relevantes do caso e anexar toda a documentação de que disponha.

Art. 15. Procurador
1. O Procurador poderá, por sua própria iniciativa, abrir um inquérito com base em informações sobre a prática de crimes da competência do Tribunal.
2. O Procurador apreciará a seriedade da informação recebida. Para tal, poderá recolher informações suplementares junto aos Estados, aos órgãos da Organização das Nações Unidas, às Organizações Intergovernamentais ou Não Governamentais ou outras fontes fidedignas que considere apropriadas, bem como recolher depoimentos escritos ou orais na sede do Tribunal.
3. Se concluir que existe fundamento suficiente para abrir um inquérito, o Procurador apresentará um pedido de autorização nesse sentido ao Juízo de Instrução, acompanhado da documentação de apoio que tiver reunido. As vítimas poderão apresentar representações no Juízo de Instrução, de acordo com o Regulamento Processual.
4. Se, após examinar o pedido e a documentação que o acompanha, o Juízo de Instrução considerar que há fundamento suficiente para abrir um Inquérito e que o caso parece caber na jurisdição do Tribunal, autorizará a abertura do inquérito, sem prejuízo das decisões que o Tribunal vier a tomar posteriormente em matéria de competência e de admissibilidade.
5. A recusa do Juízo de Instrução em autorizar a abertura do inquérito não impedirá o Procurador de formular ulteriormente outro pedido com base em novos fatos ou provas respeitantes à mesma situação.
6. Se, depois da análise preliminar a que se referem os parágrafos 1º e 2º, o Procurador concluir que a informação apresentada não constitui fundamento suficiente para um inquérito, o Procurador informará quem a tiver apresentado de tal entendimento. Tal não impede que o Procurador examine, à luz de novos fatos ou provas, qualquer outra informação que lhe venha a ser comunicada sobre o mesmo caso.

Art. 16. Adiamento do Inquérito e do Procedimento Criminal
Nenhum inquérito ou procedimento crime poderá ter início ou prosseguir os seus termos, com base no presente Estatuto, por um período de doze meses a contar da data em que o Conselho de Segurança assim o tiver solicitado em resolução aprovada nos termos do disposto no Capítulo VII da Carta das Nações Unidas; o pedido poderá ser renovado pelo Conselho de Segurança nas mesmas condições.

Art. 17. Questões Relativas à Admissibilidade
1. Tendo em consideração o décimo parágrafo do preâmbulo e o artigo 1º, o Tribunal decidirá sobre a não admissibilidade de um caso se:
a) O caso for objeto de inquérito ou de procedimento criminal por parte de um Estado que tenha

jurisdição sobre o mesmo, salvo se este não tiver vontade de levar a cabo o inquérito ou o procedimento ou, não tenha capacidade para o fazer;
b) O caso tiver sido objeto de inquérito por um Estado com jurisdição sobre ele e tal Estado tenha decidido não dar seguimento ao procedimento criminal contra a pessoa em causa, a menos que esta decisão resulte do fato de esse Estado não ter vontade de proceder criminalmente ou da sua incapacidade real para o fazer;
c) A pessoa em causa já tiver sido julgada pela conduta a que se refere a denúncia, e não puder ser julgada pelo Tribunal em virtude do disposto no parágrafo 3º do artigo 20;
d) O caso não for suficientemente grave para justificar a ulterior intervenção do Tribunal.
2. A fim de determinar se há ou não vontade de agir num determinado caso, o Tribunal, tendo em consideração as garantias de um processo equitativo reconhecidas pelo direito internacional, verificará a existência de uma ou mais das seguintes circunstâncias:
a) O processo ter sido instaurado ou estar pendente ou a decisão ter sido proferida no Estado com o propósito de subtrair a pessoa em causa à sua responsabilidade criminal por crimes da competência do Tribunal, nos termos do disposto no artigo 5º;
b) Ter havido demora injustificada no processamento, a qual, dadas as circunstâncias, se mostra incompatível com a intenção de fazer responder a pessoa em causa perante a justiça;
c) O processo não ter sido ou não estar sendo conduzido de maneira independente ou imparcial, e ter estado ou estar sendo conduzido de uma maneira que, dadas as circunstâncias, seja incompatível com a intenção de levar a pessoa em causa perante a justiça;
3. A fim de determinar se há incapacidade de agir num determinado caso, o Tribunal verificará se o Estado, por colapso total ou substancial da respectiva administração da justiça ou por indisponibilidade desta, não estará em condições de fazer comparecer o acusado, de reunir os meios de prova e depoimentos necessários ou não estará, por outros motivos, em condições de concluir o processo.

Art. 18. Decisões Preliminares sobre Admissibilidade
1. Se uma situação for denunciada ao Tribunal nos termos do artigo 13, parágrafo a), e o Procurador determinar que existem fundamentos para abrir um inquérito ou der início a um inquérito de acordo com os artigos 13, parágrafo c) e 15, deverá notificar todos os Estados Partes e os Estados que, de acordo com a informação disponível, teriam jurisdição sobre esses crimes. O Procurador poderá proceder à notificação a título confidencial e, sempre que o considere necessário com vista a proteger pessoas, impedir a destruição de provas ou a fuga de pessoas, poderá limitar o âmbito da informação a transmitir aos Estados.
2. No prazo de um mês após a recepção da referida notificação, qualquer Estado poderá informar o Tribunal de que está procedendo, ou já procedeu, a um inquérito sobre nacionais seus ou outras pessoas sob a sua jurisdição, por atos que possam constituir crimes a que se refere o artigo 5º e digam respeito à informação constante na respectiva notificação. A pedido desse Estado, o Procurador transferirá para ele o inquérito sobre essas pessoas, a menos que, a pedido do Procurador, o Juízo de Instrução decida autorizar o inquérito.
3. A transferência do inquérito poderá ser reexaminada pelo Procurador seis meses após a data em que tiver sido decidida ou, a todo o momento, quando tenha ocorrido uma alteração significativa de circunstâncias, decorrente da falta de vontade ou da incapacidade efetiva do Estado de levar a cabo o inquérito.
4. O Estado interessado ou o Procurador poderão interpor recurso para o Juízo de Recursos da decisão proferida por um Juízo de Instrução, tal como previsto no artigo 82. Este recurso poderá seguir uma forma sumária.
5. Se o Procurador transferir o inquérito, nos termos do parágrafo 2º, poderá solicitar ao Estado interessado que o informe periodicamente do andamento do mesmo e de qualquer outro procedimento subsequente. Os Estados Partes responderão a estes pedidos sem atrasos injustificados.
6. O Procurador poderá, enquanto aguardar uma decisão a proferir no Juízo de Instrução, ou a todo o momento se tiver transferido o inquérito nos termos do presente artigo, solicitar ao tribunal de instrução, a título excepcional, que o autorize a efetuar as investigações que considere necessárias para preservar elementos de prova, quando exista uma oportunidade única de obter provas relevantes ou um risco significativo de que essas provas possam não estar disponíveis numa fase ulterior.

7. O Estado que tenha recorrido de uma decisão do Juízo de Instrução nos termos do presente artigo poderá impugnar a admissibilidade de um caso nos termos do artigo 19, invocando fatos novos relevantes ou uma alteração significativa de circunstâncias.

Art. 19. Impugnação da Jurisdição do Tribunal ou da Admissibilidade do Caso

1. O Tribunal deverá certificar-se de que detém jurisdição sobre todos os casos que lhe sejam submetidos. O Tribunal poderá pronunciar-se de ofício sobre a admissibilidade do caso em conformidade com o artigo 17.

2. Poderão impugnar a admissibilidade do caso, por um dos motivos referidos no artigo 17, ou impugnar a jurisdição do Tribunal:
a) O acusado ou a pessoa contra a qual tenha sido emitido um mandado ou ordem de detenção ou de comparecimento, nos termos do artigo 58;
b) Um Estado que detenha o poder de jurisdição sobre um caso, pelo fato de o estar investigando ou julgando, ou por já o ter feito antes; ou
c) Um Estado cuja aceitação da competência do Tribunal seja exigida, de acordo com o artigo 12.

3. O Procurador poderá solicitar ao Tribunal que se pronuncie sobre questões de jurisdição ou admissibilidade. Nas ações relativas a jurisdição ou admissibilidade, aqueles que tiverem denunciado um caso ao abrigo do artigo 13, bem como as vítimas, poderão também apresentar as suas observações ao Tribunal.

4. A admissibilidade de um caso ou a jurisdição do Tribunal só poderão ser impugnadas uma única vez por qualquer pessoa ou Estado a que se faz referência no parágrafo 2º. A impugnação deverá ser feita antes do julgamento ou no seu início. Em circunstâncias excepcionais, o Tribunal poderá autorizar que a impugnação se faça mais de uma vez ou depois do início do julgamento. As impugnações à admissibilidade de um caso feitas no início do julgamento, ou posteriormente com a autorização do Tribunal, só poderão fundamentar-se no disposto no parágrafo 1º, alínea c) do artigo 17.

5. Os Estados a que se referem as alíneas b) e c) do parágrafo 2º do presente artigo deverão deduzir impugnação logo que possível.

6. Antes da confirmação da acusação, a impugnação da admissibilidade de um caso ou da jurisdição do Tribunal será submetida ao Juízo de Instrução e, após confirmação, ao Juízo de Julgamento em Primeira Instância. Das decisões relativas à jurisdição ou admissibilidade caberá recurso para o Juízo de Recursos, de acordo com o artigo 82.

7. Se a impugnação for feita pelo Estado referido nas alíneas b) e c) do parágrafo 2º, o Procurador suspenderá o inquérito até que o Tribunal decida em conformidade com o artigo 17.

8. Enquanto aguardar uma decisão, o Procurador poderá solicitar ao Tribunal autorização para:
a) Proceder às investigações necessárias previstas no parágrafo 6º do artigo 18;
b) Recolher declarações ou o depoimento de uma testemunha ou completar o recolhimento e o exame das provas que tenha iniciado antes da impugnação; e
c) Impedir, em colaboração com os Estados interessados, a fuga de pessoas em relação às quais já tenha solicitado um mandado de detenção, nos termos do artigo 58.

9. A impugnação não afetará a validade de nenhum ato realizado pelo Procurador, nem de nenhuma decisão ou mandado anteriormente emitido pelo Tribunal.

10. Se o Tribunal tiver declarado que um caso não é admissível, de acordo com o artigo 17, o Procurador poderá pedir a revisão dessa decisão, após se ter certificado de que surgiram novos fatos que invalidam os motivos pelos quais o caso havia sido considerado inadmissível nos termos do artigo 17.

11. Se o Procurador, tendo em consideração as questões referidas no artigo 17, decidir transferir um inquérito, poderá pedir ao Estado em questão que o mantenha informado do seguimento do processo. Esta informação deverá, se esse Estado o solicitar, ser mantida confidencial. Se o Procurador decidir, posteriormente, abrir um inquérito, comunicará a sua decisão ao Estado para o qual foi transferido o processo.

Art. 20. "Ne Bis In Idem"

1. Salvo disposição contrária do presente Estatuto, nenhuma pessoa poderá ser julgada pelo Tribunal por atos constitutivos de crimes pelos quais este já a tenha condenado ou absolvido.

2. Nenhuma pessoa poderá ser julgada por outro tribunal por um crime mencionado no artigo 5º, relativamente ao qual já tenha sido condenada ou absolvida pelo Tribunal.

3. O Tribunal não poderá julgar uma pessoa que já tenha sido julgada por outro tribunal, por atos

também punidos pelos artigos 6º, 7º ou 8º, a menos que o processo nesse outro tribunal:
a) Tenha tido por objetivo subtrair o acusado à sua responsabilidade criminal por crimes da competência do Tribunal; ou
b) Não tenha sido conduzido de forma independente ou imparcial, em conformidade com as garantias de um processo equitativo reconhecidas pelo direito internacional, ou tenha sido conduzido de uma maneira que, no caso concreto, se revele incompatível com a intenção de submeter a pessoa à ação da justiça.

Art. 21. Direito Aplicável
1. O Tribunal aplicará:
a) Em primeiro lugar, o presente Estatuto, os Elementos Constitutivos do Crime e o Regulamento Processual;
b) Em segundo lugar, se for o caso, os tratados e os princípios e normas de direito internacional aplicáveis, incluindo os princípios estabelecidos no direito internacional dos conflitos armados;
c) Na falta destes, os princípios gerais do direito que o Tribunal retire do direito interno dos diferentes sistemas jurídicos existentes, incluindo, se for o caso, o direito interno dos Estados que exerceriam normalmente a sua jurisdição relativamente ao crime, sempre que esses princípios não sejam incompatíveis com o presente Estatuto, com o direito internacional, nem com as normas e padrões internacionalmente reconhecidos.
2. O Tribunal poderá aplicar princípios e normas de direito tal como já tenham sido por si interpretados em decisões anteriores.
3. A aplicação e interpretação do direito, nos termos do presente artigo, deverá ser compatível com os direitos humanos internacionalmente reconhecidos, sem discriminação alguma baseada em motivos tais como o gênero, definido no parágrafo 3º do artigo 7º, a idade, a raça, a cor, a religião ou o credo, a opinião política ou outra, a origem nacional, étnica ou social, a situação econômica, o nascimento ou outra condição.

CAPÍTULO III

Princípios Gerais de Direito Penal

Art. 22. "Nullum Crimen Sine Lege"
1. Nenhuma pessoa será considerada criminalmente responsável, nos termos do presente Estatuto, a menos que a sua conduta constitua, no momento em que tiver lugar, um crime da competência do Tribunal.
2. A previsão de um crime será estabelecida de forma precisa e não será permitido o recurso à analogia. Em caso de ambiguidade, será interpretada a favor da pessoa objeto de inquérito, acusada ou condenada.
3. O disposto no presente artigo em nada afetará a tipificação de uma conduta como crime nos termos do direito internacional, independentemente do presente Estatuto.

Art. 23. "Nulla Poena Sine Lege"
Qualquer pessoa condenada pelo Tribunal só poderá ser punida em conformidade com as disposições do presente Estatuto.

Art. 24. Não Retroatividade "Ratione Personae"
1. Nenhuma pessoa será considerada criminalmente responsável, de acordo com o presente Estatuto, por uma conduta anterior à entrada em vigor do presente Estatuto.
2. Se o direito aplicável a um caso for modificado antes de proferida sentença definitiva, aplicar-se-á o direito mais favorável à pessoa objeto de inquérito, acusada ou condenada.

Art. 25. Responsabilidade Criminal Individual
1. De acordo com o presente Estatuto, o Tribunal será competente para julgar as pessoas físicas.
2. Quem cometer um crime da competência do Tribunal será considerado individualmente responsável e poderá ser punido de acordo com o presente Estatuto.
3. Nos termos do presente Estatuto, será considerado criminalmente responsável e poderá ser punido pela prática de um crime da competência do Tribunal quem:
a) Cometer esse crime individualmente ou em conjunto ou por intermédio de outrem, quer essa pessoa seja, ou não, criminalmente responsável;
b) Ordenar, solicitar ou instigar à prática desse crime, sob forma consumada ou sob a forma de tentativa;
c) Com o propósito de facilitar a prática desse crime, for cúmplice ou encobridor, ou colaborar de algum modo na prática ou na tentativa de prática do crime, nomeadamente pelo fornecimento dos meios para a sua prática;
d) Contribuir de alguma outra forma para a prática ou tentativa de prática do crime por um grupo de pessoas que tenha um objetivo comum. Esta contribuição deverá ser intencional e ocorrer, conforme o caso:
I. Com o propósito de levar a cabo a atividade ou o objetivo criminal do grupo, quando um ou outro

impliquem a prática de um crime da competência do Tribunal; ou
II. Com o conhecimento da intenção do grupo de cometer o crime;
e) No caso de crime de genocídio, incitar, direta e publicamente, à sua prática;
f) Tentar cometer o crime mediante atos que contribuam substancialmente para a sua execução, ainda que não se venha a consumar devido a circunstâncias alheias à sua vontade. Porém, quem desistir da prática do crime, ou impedir de outra forma que este se consuma, não poderá ser punido em conformidade com o presente Estatuto pela tentativa, se renunciar total e voluntariamente ao propósito delituoso.
4. O disposto no presente Estatuto sobre a responsabilidade criminal das pessoas físicas em nada afetará a responsabilidade do Estado, de acordo com o direito internacional.

Art. 26. Exclusão da Jurisdição Relativamente a Menores de 18 anos
O Tribunal não terá jurisdição sobre pessoas que, à data da alegada prática do crime, não tenham ainda completado 18 anos de idade.

Art. 27. Irrelevância da Qualidade Oficial
1. O presente Estatuto será aplicável de forma igual a todas as pessoas sem distinção alguma baseada na qualidade oficial. Em particular, a qualidade oficial de Chefe de Estado ou de Governo, de membro de Governo ou do Parlamento, de representante eleito ou de funcionário público, em caso algum eximirá a pessoa em causa de responsabilidade criminal nos termos do presente Estatuto, nem constituirá de per se motivo de redução da pena.
2. As imunidades ou normas de procedimento especiais decorrentes da qualidade oficial de uma pessoa; nos termos do direito interno ou do direito internacional, não deverão obstar a que o Tribunal exerça a sua jurisdição sobre essa pessoa.

Art. 28. Responsabilidade dos Chefes Militares e Outros Superiores Hierárquicos
Além de outras fontes de responsabilidade criminal previstas no presente Estatuto, por crimes da competência do Tribunal:
a) O chefe militar, ou a pessoa que atue efetivamente como chefe militar, será criminalmente responsável por crimes da competência do Tribunal que tenham sido cometidos por forças sob o seu comando e controle efetivos ou sob a sua autoridade e controle efetivos, conforme o caso, pelo fato de não exercer um controle apropriado sobre essas forças quando:
I. Esse chefe militar ou essa pessoa tinha conhecimento ou, em virtude das circunstâncias do momento, deveria ter tido conhecimento de que essas forças estavam a cometer ou preparavam-se para cometer esses crimes; e
II. Esse chefe militar ou essa pessoa não tenha adotado todas as medidas necessárias e adequadas ao seu alcance para prevenir ou reprimir a sua prática, ou para levar o assunto ao conhecimento das autoridades competentes, para efeitos de inquérito e procedimento criminal.
b) Nas relações entre superiores hierárquicos e subordinados, não referidos na alínea a), o superior hierárquico será criminalmente responsável pelos crimes da competência do Tribunal que tiverem sido cometidos por subordinados sob a sua autoridade e controle efetivos, pelo fato de não ter exercido um controle apropriado sobre esses subordinados, quando:
I. O superior hierárquico teve conhecimento ou deliberadamente não levou em consideração a informação que indicava claramente que os subordinados estavam a cometer ou se preparavam para cometer esses crimes;
II. Esses crimes estavam relacionados com atividades sob a sua responsabilidade e controle efetivos; e
III. O superior hierárquico não adotou todas as medidas necessárias e adequadas ao seu alcance para prevenir ou reprimir a sua prática ou para levar o assunto ao conhecimento das autoridades competentes, para efeitos de inquérito e procedimento criminal.

Art. 29. Imprescritibilidade
Os crimes da competência do Tribunal não prescrevem.

Art. 30. Elementos Psicológicos
1. Salvo disposição em contrário, nenhuma pessoa poderá ser criminalmente responsável e punida por um crime da competência do Tribunal, a menos que atue com vontade de o cometer e conhecimento dos seus elementos materiais.
2. Para os efeitos do presente artigo, entende-se que atua intencionalmente quem:
a) Relativamente a uma conduta, se propuser adotá-la;
b) Relativamente a um efeito do crime, se propuser causá-lo ou estiver ciente de que ele terá lugar em uma ordem normal dos acontecimentos.

3. Nos termos do presente artigo, entende-se por "conhecimento" a consciência de que existe uma circunstância ou de que um efeito irá ter lugar, em uma ordem normal dos acontecimentos. As expressões "ter conhecimento" e "com conhecimento" deverão ser entendidas em conformidade.

Art. 31. Causas de Exclusão da Responsabilidade Criminal

1. Sem prejuízo de outros fundamentos para a exclusão de responsabilidade criminal previstos no presente Estatuto, não será considerada criminalmente responsável a pessoa que, no momento da prática de determinada conduta:

a) Sofrer de enfermidade ou deficiência mental que a prive da capacidade para avaliar a ilicitude ou a natureza da sua conduta, ou da capacidade para controlar essa conduta a fim de não violar a lei;

b) Estiver em estado de intoxicação que a prive da capacidade para avaliar a ilicitude ou a natureza da sua conduta, ou da capacidade para controlar essa conduta a fim de não transgredir a lei, a menos que se tenha intoxicado voluntariamente em circunstâncias que lhe permitiam ter conhecimento de que, em consequência da intoxicação, poderia incorrer numa conduta tipificada como crime da competência do Tribunal, ou, de que haveria o risco de tal suceder;

c) Agir em defesa própria ou de terceiro com razoabilidade ou, em caso de crimes de guerra, em defesa de um bem que seja essencial para a sua sobrevivência ou de terceiro ou de um bem que seja essencial à realização de uma missão militar, contra o uso iminente e ilegal da força, de forma proporcional ao grau de perigo para si, para terceiro ou para os bens protegidos. O fato de participar em uma força que realize uma operação de defesa não será causa bastante de exclusão de responsabilidade criminal, nos termos desta alínea;

d) Tiver incorrido numa conduta que presumivelmente constitui crime da competência do Tribunal, em consequência de coação decorrente de uma ameaça iminente de morte ou ofensas corporais graves para si ou para outrem, e em que se veja compelida a atuar de forma necessária e razoável para evitar essa ameaça, desde que não tenha a intenção de causar um dano maior que aquele que se propunha evitar. Essa ameaça tanto poderá:

I. Ter sido feita por outras pessoas; ou

II. Ser constituída por outras circunstâncias alheias à sua vontade.

2. O Tribunal determinará se os fundamentos de exclusão da responsabilidade criminal previstos no presente Estatuto serão aplicáveis no caso em apreço.

3. No julgamento, o Tribunal poderá levar em consideração outros fundamentos de exclusão da responsabilidade criminal; distintos dos referidos no parágrafo 1º, sempre que esses fundamentos resultem do direito aplicável em conformidade com o artigo 21. O processo de exame de um fundamento de exclusão deste tipo será definido no Regulamento Processual.

Art. 32. Erro de Fato ou Erro de Direito

1. O erro de fato só excluirá a responsabilidade criminal se eliminar o dolo requerido pelo crime.

2. O erro de direito sobre se determinado tipo de conduta constitui crime da competência do Tribunal não será considerado fundamento de exclusão de responsabilidade criminal. No entanto, o erro de direito poderá ser considerado fundamento de exclusão de responsabilidade criminal se eliminar o dolo requerido pelo crime ou se decorrer do artigo 33 do presente Estatuto.

Art. 33. Decisão Hierárquica e Disposições Legais

1. Quem tiver cometido um crime da competência do Tribunal, em cumprimento de uma decisão emanada de um Governo ou de um superior hierárquico, quer seja militar ou civil, não será isento de responsabilidade criminal, a menos que:

a) Estivesse obrigado por lei a obedecer a decisões emanadas do Governo ou superior hierárquico em questão;

b) Não tivesse conhecimento de que a decisão era ilegal; e

c) A decisão não fosse manifestamente ilegal.

2. Para os efeitos do presente artigo, qualquer decisão de cometer genocídio ou crimes contra a humanidade será considerada como manifestamente ilegal.

CAPÍTULO IV

Composição e Administração do Tribunal

Art. 34. Órgãos do Tribunal

O Tribunal será composto pelos seguintes órgãos:

a) A Presidência;

b) Uma SEÇÃO de Recursos, uma SEÇÃO de Julgamento em Primeira Instância e uma SEÇÃO de Instrução;

c) O Gabinete do Procurador;
d) A Secretaria.

Art. 35. Exercício das Funções de Juiz

1. Os juízes serão eleitos membros do Tribunal para exercer funções em regime de exclusividade e deverão estar disponíveis para desempenhar o respectivo cargo desde o início do seu mandato.

2. Os juízes que comporão a Presidência desempenharão as suas funções em regime de exclusividade desde a sua eleição.

3. A Presidência poderá, em função do volume de trabalho do Tribunal, e após consulta dos seus membros, decidir periodicamente em que medida é que será necessário que os restantes juízes desempenhem as suas funções em regime de exclusividade. Estas decisões não prejudicarão o disposto no artigo 40.

4. Os ajustes de ordem financeira relativos aos juízes que não tenham de exercer os respectivos cargos em regime de exclusividade serão adotadas em conformidade com o disposto no artigo 49.

Art. 36. Qualificações, Candidatura e Eleição dos Juízes

1. Sob reserva do disposto no parágrafo 2º, o Tribunal será composto por 18 juízes.

2. a) A Presidência, agindo em nome do Tribunal, poderá propor o aumento do número de juízes referido no parágrafo 1º fundamentando as razões pelas quais considera necessária e apropriada tal medida. O Secretário comunicará imediatamente a proposta a todos os Estados Partes;
b) A proposta será seguidamente apreciada em sessão da Assembleia dos Estados Partes convocada nos termos do artigo 112 e deverá ser considerada adotada se for aprovada na sessão por maioria de dois terços dos membros da Assembleia dos Estados Partes; a proposta entrará em vigor na data fixada pela Assembleia dos Estados Partes; c)
I. Logo que seja aprovada a proposta de aumento do número de juízes, de acordo com o disposto na alínea b), a eleição dos juízes adicionais terá lugar no período seguinte de sessões da Assembleia dos Estados Partes, nos termos dos parágrafos 3º a 8º do presente artigo e do parágrafo 2º do artigo 37;
II. Após a aprovação e a entrada em vigor de uma proposta de aumento do número de juízes, de acordo com o disposto nas alíneas b) e c) I), a Presidência poderá, a qualquer momento, se o volume de trabalho do Tribunal assim o justificar, propor que o número de juízes seja reduzido, mas nunca para um número inferior ao fixado no parágrafo 1º. A proposta será apreciada de acordo com o procedimento definido nas alíneas a) e b). Caso a proposta seja aprovada, o número de juízes será progressivamente reduzido, à medida que expirem os mandatos e até que se alcance o número previsto.

3. a) Os juízes serão eleitos dentre pessoas de elevada idoneidade moral, imparcialidade e integridade, que reúnam os requisitos para o exercício das mais altas funções judiciais nos seus respectivos países;
b) Os candidatos a juízes deverão possuir:
I. Reconhecida competência em direito penal e direito processual penal e a necessária experiência em processos penais na qualidade de juiz, procurador, advogado ou outra função semelhante; ou
II. Reconhecida competência em matérias relevantes de direito internacional, tais como o direito internacional humanitário e os direitos humanos, assim como vasta experiência em profissões jurídicas com relevância para a função judicial do Tribunal;
c) Os candidatos a juízes deverão possuir um excelente conhecimento e serem fluentes em, pelo menos, uma das línguas de trabalho do Tribunal.

4. a) Qualquer Estado Parte no presente Estatuto poderá propor candidatos às eleições para juiz do Tribunal mediante:
I. O procedimento previsto para propor candidatos aos mais altos cargos judiciais do país; ou
V. O procedimento previsto no Estatuto da Corte Internacional de Justiça para propor candidatos a esse Tribunal.

As propostas de candidatura deverão ser acompanhadas de uma exposição detalhada comprovativa de que o candidato possui os requisitos enunciados no parágrafo 3º;
b) Qualquer Estado Parte poderá apresentar uma candidatura de uma pessoa que não tenha necessariamente a sua nacionalidade, mas que seja nacional de um Estado Parte;
c) A Assembleia dos Estados Partes poderá decidir constituir, se apropriado, uma Comissão consultiva para o exame das candidaturas, neste caso, a Assembleia dos Estados Partes determinará a composição e o mandato da Comissão.

5. Para efeitos da eleição, serão estabelecidas duas listas de candidatos:
A lista A, com os nomes dos candidatos que reúnam os requisitos enunciados na alínea b) I) do parágrafo 3º; e

A lista B, com os nomes dos candidatos que reúnam os requisitos enunciados na alínea b) II) do parágrafo 3º.

O candidato que reúna os requisitos constantes de ambas as listas, poderá escolher em qual delas deseja figurar. Na primeira eleição de membros do Tribunal, pelo menos nove juízes serão eleitos entre os candidatos da lista A e pelo menos cinco entre os candidatos da lista B. As eleições subsequentes serão organizadas por forma a que se mantenha no Tribunal uma proporção equivalente de juízes de ambas as listas.

6. a) Os juízes serão eleitos por escrutínio secreto, em sessão da Assembleia dos Estados Partes convocada para esse efeito, nos termos do artigo 112. Sob reserva do disposto no parágrafo 7º, serão eleitos os 18 candidatos que obtenham o maior número de votos e uma maioria de dois terços dos Estados Partes presentes e votantes;

b) No caso em que da primeira votação não resulte eleito um número suficiente de juízes, proceder-se-á a nova votação, de acordo com os procedimentos estabelecidos na alínea a), até provimento dos lugares restantes.

7. O Tribunal não poderá ter mais de um juiz nacional do mesmo Estado. Para este efeito, a pessoa que for considerada nacional de mais de um Estado será considerada nacional do Estado onde exerce habitualmente os seus direitos civis e políticos.

8. a) Na seleção dos juízes, os Estados Partes ponderarão sobre a necessidade de assegurar que a composição do Tribunal inclua:

I. A representação dos principais sistemas jurídicos do mundo;

II. Uma representação geográfica equitativa; e

III. Uma representação justa de juízes do sexo feminino e do sexo masculino;

b) Os Estados Partes levarão igualmente em consideração a necessidade de assegurar a presença de juízes especializados em determinadas matérias incluindo, entre outras, a violência contra mulheres ou crianças.

9. a) Salvo o disposto na alínea b), os juízes serão eleitos por um mandato de nove anos e não poderão ser reeleitos, salvo o disposto na alínea c) e no parágrafo 2º do artigo 37;

b) Na primeira eleição, um terço dos juízes eleitos será selecionado por sorteio para exercer um mandato de três anos; outro terço será selecionado, também por sorteio, para exercer um mandato de seis anos; e os restantes exercerão um mandato de nove anos;

c) Um juiz selecionado para exercer um mandato de três anos, em conformidade com a alínea b), poderá ser reeleito para um mandato completo.

10. Não obstante o disposto no parágrafo 9º, um juiz afeto a um Juízo de Julgamento em Primeira Instância ou de Recurso, em conformidade com o artigo 39, permanecerá em funções até à conclusão do julgamento ou do recurso dos casos que tiver a seu cargo.

Art. 37. Vagas

1. Caso ocorra uma vaga, realizar-se-á uma eleição para o seu provimento, de acordo com o artigo 36.

2. O juiz eleito para prover uma vaga, concluirá o mandato do seu antecessor e, se esse período for igual ou inferior a três anos, poderá ser reeleito para um mandato completo, nos termos do artigo 36.

Art. 38. A Presidência

1. O Presidente, o Primeiro Vice-Presidente e o Segundo Vice-Presidente serão eleitos por maioria absoluta dos juízes. Cada um desempenhará o respectivo cargo por um período de três anos ou até ao termo do seu mandato como juiz, conforme o que expirar em primeiro lugar. Poderão ser reeleitos uma única vez.

2. O Primeiro Vice-Presidente substituirá o Presidente em caso de impossibilidade ou recusa deste. O Segundo Vice-Presidente substituirá o Presidente em caso de impedimento ou recusa deste ou do Primeiro Vice-Presidente.

3. O Presidente, o Primeiro Vice-Presidente e o Segundo Vice-Presidente constituirão a Presidência, que ficará encarregada:

a) Da adequada administração do Tribunal, com exceção do Gabinete do Procurador; e

b) Das restantes funções que lhe forem conferidas de acordo com o presente Estatuto.

4. Embora eximindo-se da sua responsabilidade nos termos do parágrafo 3º a), a Presidência atuará em coordenação com o Gabinete do Procurador e deverá obter a aprovação deste em todos os assuntos de interesse comum.

Art. 39. Juízos

1. Após a eleição dos juízes e logo que possível, o Tribunal deverá organizar-se nas seções referidas no artigo 34 b). A SEÇÃO de Recursos será composta pelo Presidente e quatro juízes, a SEÇÃO de Julgamento em Primeira Instância por, pelo menos, seis juízes e a SEÇÃO de Instrução por, pelo menos, seis juízes. Os juízes serão adstritos às Seções de acordo com a natureza das funções que corresponderem a cada um e com as respectivas qualificações e experiência, por forma a que cada SEÇÃO disponha de um conjunto adequado de especialistas em direito penal e processual penal e em direito internacional. A SEÇÃO de Julgamento em Primeira Instância e a SEÇÃO de Instrução serão predominantemente compostas por juízes com experiência em processo penal.

2. a) As funções judiciais do Tribunal serão desempenhadas em cada SEÇÃO pelos juízos; b)

I. O Juízo de Recursos será composto por todos os juízes da SEÇÃO de Recursos;

II. As funções do Juízo de Julgamento em Primeira Instância serão desempenhadas por três juízes da SEÇÃO de Julgamento em Primeira Instância;

III. As funções do Juízo de Instrução serão desempenhadas por três juízes da SEÇÃO de Instrução ou por um só juiz da referida SEÇÃO, em conformidade com o presente Estatuto e com o Regulamento Processual;

c) Nada no presente número obstará a que se constituam simultaneamente mais de um Juízo de Julgamento em Primeira Instância ou Juízo de Instrução, sempre que a gestão eficiente do trabalho do Tribunal assim o exigir.

3. a) Os juízes adstritos às Seções de Julgamento em Primeira Instância e de Instrução desempenharão o cargo nessas Seções por um período de três anos ou, decorrido esse período, até à conclusão dos casos que lhes tenham sido cometidos pela respectiva Seção;

b) Os juízes adstritos à SEÇÃO de Recursos desempenharão o cargo nessa SEÇÃO durante todo o seu mandato.

4. Os juízes adstritos à SEÇÃO de Recursos desempenharão o cargo unicamente nessa SEÇÃO. Nada no presente artigo obstará a que sejam adstritos temporariamente juízes da SEÇÃO de Julgamento em Primeira Instância à SEÇÃO de Instrução, ou inversamente, se a Presidência entender que a gestão eficiente do trabalho do Tribunal assim o exige; porém, o juiz que tenha participado na fase instrutória não poderá, em caso algum, fazer parte do Juízo de Julgamento em Primeira Instância encarregado do caso.

Art. 40. Independência dos Juízes

1. Os juízes serão independentes no desempenho das suas funções.

2. Os juízes não desenvolverão qualquer atividade que possa ser incompatível com o exercício das suas funções judiciais ou prejudicar a confiança na sua independência.

3. Os juízes que devam desempenhar os seus cargos em regime de exclusividade na sede do Tribunal não poderão ter qualquer outra ocupação de natureza profissional.

4. As questões relativas à aplicação dos parágrafos 2º e 3º serão decididas por maioria absoluta dos juízes. Nenhum juiz participará na decisão de uma questão que lhe diga respeito.

Art. 41. Impedimento e Desqualificação de Juízes

1. A Presidência poderá, a pedido de um juiz, declarar seu impedimento para o exercício de alguma das funções que lhe confere o presente Estatuto, em conformidade com o Regulamento Processual.

2. a) Nenhum juiz pode participar num caso em que, por qualquer motivo, seja posta em dúvida a sua imparcialidade. Será desqualificado, em conformidade com o disposto neste número, entre outras razões, se tiver intervindo anteriormente, a qualquer título, em um caso submetido ao Tribunal ou em um procedimento criminal conexo em nível nacional que envolva a pessoa objeto de inquérito ou procedimento criminal. Pode ser igualmente desqualificado por qualquer outro dos motivos definidos no Regulamento Processual;

b) O Procurador ou a pessoa objeto de inquérito ou procedimento criminal poderá solicitar a desqualificação de um juiz em virtude do disposto no presente número;

c) As questões relativas à desqualificação de juízes serão decididas por maioria absoluta dos juízes. O juiz cuja desqualificação for solicitada, poderá pronunciar-se sobre a questão, mas não poderá tomar parte na decisão.

Art. 42. O Gabinete do Procurador

1. O Gabinete do Procurador atuará de forma independente, enquanto órgão autônomo do Tribunal. Competir-lhe-á recolher comunicações e qualquer outro tipo de informação, devidamente fundamentada, sobre crimes da competência do Tribunal, a fim de os examinar e investigar e de exercer a ação penal junto ao Tribunal. Os membros do Gabinete do Procurador não solicitarão nem cumprirão ordens de fontes externas ao Tribunal.

2. O Gabinete do Procurador será presidido pelo Procurador, que terá plena autoridade para dirigir e administrar o Gabinete do Procurador, incluindo o pessoal, as instalações e outros recursos. O Procurador será coadjuvado por um ou mais Procuradores Adjuntos, que poderão desempenhar qualquer uma das funções que incumbam àquele, em conformidade com o disposto no presente Estatuto. O Procurador e os Procuradores Adjuntos terão nacionalidades diferentes e desempenharão o respectivo cargo em regime de exclusividade.

3. O Procurador e os Procuradores Adjuntos deverão ter elevada idoneidade moral, elevado nível de competência e vasta experiência prática em matéria de processo penal. Deverão possuir um excelente conhecimento e serem fluentes em, pelo menos, uma das línguas de trabalho do Tribunal.

4. O Procurador será eleito por escrutínio secreto e por maioria absoluta de votos dos membros da Assembleia dos Estados Partes. Os Procuradores Adjuntos serão eleitos da mesma forma, de entre uma lista de candidatos apresentada pelo Procurador. O Procurador proporá três candidatos para cada cargo de Procurador Adjunto a prover. A menos que, ao tempo da eleição, seja fixado um período mais curto, o Procurador e os Procuradores Adjuntos exercerão os respectivos cargos por um período de nove anos e não poderão ser reeleitos.

5. O Procurador e os Procuradores Adjuntos não deverão desenvolver qualquer atividade que possa interferir com o exercício das suas funções ou afetar a confiança na sua independência e não poderão desempenhar qualquer outra função de caráter profissional.

6. A Presidência poderá, a pedido do Procurador ou de um Procurador Adjunto, escusá-lo de intervir num determinado caso.

7. O Procurador e os Procuradores Adjuntos não poderão participar em qualquer processo em que, por qualquer motivo, a sua imparcialidade possa ser posta em causa. Serão recusados, em conformidade com o disposto no presente número, entre outras razões, se tiverem intervindo anteriormente, a qualquer título, num caso submetido ao Tribunal ou num procedimento crime conexo em nível nacional, que envolva a pessoa objeto de inquérito ou procedimento criminal.

8. As questões relativas à recusa do Procurador ou de um Procurador Adjunto serão decididas pelo Juízo de Recursos.

a) A pessoa objeto de inquérito ou procedimento criminal poderá solicitar, a todo o momento, a recusa do Procurador ou de um Procurador Adjunto, pelos motivos previstos no presente artigo;

b) O Procurador ou o Procurador Adjunto, segundo o caso, poderão pronunciar-se sobre a questão.

9. O Procurador nomeará assessores jurídicos especializados em determinadas áreas incluindo, entre outras, as da violência sexual ou violência por motivos relacionados com a pertença a um determinado gênero e da violência contra as crianças.

Art. 43. A Secretaria

1. A Secretaria será responsável pelos aspectos não judiciais da administração e do funcionamento do Tribunal, sem prejuízo das funções e atribuições do Procurador definidas no artigo 42.

2. A Secretaria será dirigida pelo Secretário, principal responsável administrativo do Tribunal. O Secretário exercerá as suas funções na dependência do Presidente do Tribunal.

3. O Secretário e o Secretário Adjunto deverão ser pessoas de elevada idoneidade moral e possuir um elevado nível de competência e um excelente conhecimento e domínio de, pelo menos, uma das línguas de trabalho do Tribunal.

4. Os juízes elegerão o Secretário em escrutínio secreto, por maioria absoluta, tendo em consideração as recomendações da Assembleia dos Estados Partes. Se necessário, elegerão um Secretário Adjunto, por recomendação do Secretário e pela mesma forma.

5. O Secretário será eleito por um período de cinco anos para exercer funções em regime de exclusividade e só poderá ser reeleito uma vez. O Secretário Adjunto será eleito por um período de cinco anos, ou por um período mais curto se assim o decidirem os juízes por deliberação tomada por maioria absoluta, e exercerá as suas funções de acordo com as exigências de serviço.

6. O Secretário criará, no âmbito da Secretaria, uma Unidade de Apoio às Vítimas e Testemunhas. Esta Unidade, em conjunto com o Gabinete do Procurador, adotará medidas de proteção e dispositivos de segurança e prestará assessoria e outro tipo de assistência às testemunhas e vítimas que compareçam perante o Tribunal e a outras pessoas ameaçadas em virtude do testemunho prestado por aquelas. A Unidade incluirá pessoal especializado para atender as vítimas de traumas, nomeadamente os relacionados com crimes de violência sexual.

Art. 44. O Pessoal

1. O Procurador e o Secretário nomearão o pessoal qualificado necessário aos respectivos serviços, nomeadamente, no caso do Procurador, o pessoal encarregado de efetuar diligências no âmbito do inquérito.
2. No tocante ao recrutamento de pessoal, o Procurador e o Secretário assegurarão os mais altos padrões de eficiência, competência e integridade, tendo em consideração, mutatis mutandis, os critérios estabelecidos no parágrafo 8º do artigo 36.
3. O Secretário, com o acordo da Presidência e do Procurador, proporá o Estatuto do Pessoal, que fixará as condições de nomeação, remuneração e cessação de funções do pessoal do Tribunal. O Estatuto do Pessoal será aprovado pela Assembleia dos Estados Partes.
4. O Tribunal poderá, em circunstâncias excepcionais, recorrer aos serviços de pessoal colocado à sua disposição, a título gratuito, pelos Estados Partes, organizações intergovernamentais e organizações não governamentais, com vista a colaborar com qualquer um dos órgãos do Tribunal. O Procurador poderá anuir a tal eventualidade em nome do Gabinete do Procurador. A utilização do pessoal disponibilizado a título gratuito ficará sujeita às diretivas estabelecidas pela Assembleia dos Estados Partes.

Art. 45. Compromisso Solene
Antes de assumir as funções previstas no presente Estatuto, os juízes, o Procurador, os Procuradores Adjuntos, o Secretário e o Secretário Adjunto declararão solenemente, em sessão pública, que exercerão as suas funções imparcial e conscienciosamente.

Art. 46. Cessação de Funções
1. Um Juiz, o Procurador, um Procurador Adjunto, o Secretário ou o Secretário Adjunto cessará as respectivas funções, por decisão adotada de acordo com o disposto no parágrafo 2º, nos casos em que:
a) Se conclua que a pessoa em causa incorreu em falta grave ou incumprimento grave das funções conferidas pelo presente Estatuto, de acordo com o previsto no Regulamento Processual; ou
b) A pessoa em causa se encontre impossibilitada de desempenhar as funções definidas no presente Estatuto.
2. A decisão relativa à cessação de funções de um juiz, do Procurador ou de um Procurador Adjunto, de acordo com o parágrafo 1º, será adotada pela Assembleia dos Estados Partes em escrutínio secreto:
a) No caso de um juiz, por maioria de dois terços dos Estados Partes, com base em recomendação adotada por maioria de dois terços dos restantes juízes;
b) No caso do Procurador, por maioria absoluta dos Estados Partes;
c) No caso de um Procurador Adjunto, por maioria absoluta dos Estados Partes, com base na recomendação do Procurador.
3. A decisão relativa à cessação de funções do Secretário ou do Secretário Adjunto, será adotada por maioria absoluta de votos dos juízes.
4. Os juízes, o Procurador, os Procuradores Adjuntos, o Secretário ou o Secretário Adjunto, cuja conduta ou idoneidade para o exercício das funções inerentes ao cargo em conformidade com o presente Estatuto tiver sido contestada ao abrigo do presente artigo, terão plena possibilidade de apresentar e obter meios de prova e produzir alegações de acordo com o Regulamento Processual; não poderão, no entanto, participar, de qualquer outra forma, na apreciação do caso.

Art. 47. Medidas Disciplinares
Os juízes, o Procurador, os Procuradores Adjuntos, o Secretário ou o Secretário Adjunto que tiverem cometido uma falta menos grave que a prevista no parágrafo 1º do artigo 46 incorrerão em responsabilidade disciplinar nos termos do Regulamento Processual.

Art. 48. Privilégios e Imunidades
1. O Tribunal gozará, no território dos Estados Partes, dos privilégios e imunidades que se mostrem necessários ao cumprimento das suas funções.
2. Os juízes, o Procurador, os Procuradores Adjuntos e o Secretário gozarão, no exercício das suas funções ou em relação a estas, dos mesmos privilégios e imunidades reconhecidos aos chefes das missões diplomáticas, continuando a usufruir de absoluta imunidade judicial relativamente às suas declarações, orais ou escritas, e aos atos que pratiquem no desempenho de funções oficiais após o termo do respectivo mandato.
3. O Secretário Adjunto, o pessoal do Gabinete do Procurador e o pessoal da Secretaria gozarão dos mesmos privilégios e imunidades e das facilidades necessárias ao cumprimento das respectivas funções, nos termos do acordo sobre os privilégios e imunidades do Tribunal.
4. Os advogados, peritos, testemunhas e outras pessoas, cuja presença seja requerida na sede do Tribunal, beneficiarão do tratamento que se mostre necessário ao funcionamento adequado deste, nos termos do acordo sobre os privilégios e imunidades do Tribunal.

5. Os privilégios e imunidades poderão ser levantados:
a) No caso de um juiz ou do Procurador, por decisão adotada por maioria absoluta dos juízes;
b) No caso do Secretário, pela Presidência;
c) No caso dos Procuradores Adjuntos e do pessoal do Gabinete do Procurador, pelo Procurador;
d) No caso do Secretário Adjunto e do pessoal da Secretaria, pelo Secretário.

Art. 49. Vencimentos, Subsídios e Despesas
Os juízes, o Procurador, os Procuradores Adjuntos, o Secretário e o Secretário Adjunto auferirão os vencimentos e terão direito aos subsídios e ao reembolso de despesas que forem estabelecidos em Assembleia dos Estados Partes. Estes vencimentos e subsídios não serão reduzidos no decurso do mandato.

Art. 50. Línguas Oficiais e Línguas de Trabalho
1. As línguas árabe, chinesa, espanhola, francesa, inglesa e russa serão as línguas oficiais do Tribunal. As sentenças proferidas pelo Tribunal, bem como outras decisões sobre questões fundamentais submetidas ao Tribunal, serão publicadas nas línguas oficiais. A Presidência, de acordo com os critérios definidos no Regulamento Processual, determinará quais as decisões que poderão ser consideradas como decisões sobre questões fundamentais, para os efeitos do presente parágrafo.
2. As línguas francesa e inglesa serão as línguas de trabalho do Tribunal. O Regulamento Processual definirá os casos em que outras línguas oficiais poderão ser usadas como línguas de trabalho.
3. A pedido de qualquer Parte ou qualquer Estado que tenha sido admitido a intervir num processo, o Tribunal autorizará o uso de uma língua que não seja a francesa ou a inglesa, sempre que considere que tal autorização se justifica.

Art. 51. Regulamento Processual
1. O Regulamento Processual entrará em vigor mediante a sua aprovação por uma maioria de dois terços dos votos dos membros da Assembleia dos Estados Partes.
2. Poderão propor alterações ao Regulamento Processual:
a) Qualquer Estado Parte;
b) Os juízes, por maioria absoluta; ou
c) O Procurador.
Estas alterações entrarão em vigor mediante a aprovação por uma maioria de dois terços dos votos dos membros da Assembleia dos Estados Partes.

3. Após a aprovação do Regulamento Processual, em casos urgentes em que a situação concreta suscitada em Tribunal não se encontre prevista no Regulamento Processual, os juízes poderão, por maioria de dois terços, estabelecer normas provisórias a serem aplicadas até que a Assembleia dos Estados Partes as aprove, altere ou rejeite na sessão ordinária ou extraordinária seguinte.
4. O Regulamento Processual, e respectivas alterações, bem como quaisquer normas provisórias, deverão estar em consonância com o presente Estatuto. As alterações ao Regulamento Processual, assim como as normas provisórias aprovadas em conformidade com o parágrafo 3º, não serão aplicadas com caráter retroativo em detrimento de qualquer pessoa que seja objeto de inquérito ou de procedimento criminal, ou que tenha sido condenada.
5. Em caso de conflito entre as disposições do Estatuto e as do Regulamento Processual, o Estatuto prevalecerá.

Art. 52. Regimento do Tribunal
1. De acordo com o presente Estatuto e com o Regulamento Processual, os juízes aprovarão, por maioria absoluta, o Regimento necessário ao normal funcionamento do Tribunal.
2. O Procurador e o Secretário serão consultados sobre a elaboração do Regimento ou sobre qualquer alteração que lhe seja introduzida.
3. O Regimento do Tribunal e qualquer alteração posterior entrarão em vigor mediante a sua aprovação, salvo decisão em contrário dos juízes. Imediatamente após a adoção, serão circulados pelos Estados Partes para observações e continuarão em vigor se, dentro de seis meses, não forem formuladas objeções pela maioria dos Estados Partes.

CAPÍTULO V
Inquérito e Procedimento Criminal

Art. 53. Abertura do Inquérito
1. O Procurador, após examinar a informação de que dispõe, abrirá um inquérito, a menos que considere que, nos termos do presente Estatuto, não existe fundamento razoável para proceder ao mesmo. Na sua decisão, o Procurador terá em conta se:
a) A informação de que dispõe constitui fundamento razoável para crer que foi, ou está sendo, cometido um crime da competência do Tribunal;

b) O caso é ou seria admissível nos termos do artigo 17; e

c) Tendo em consideração a gravidade do crime e os interesses das vítimas, não existirão, contudo, razões substanciais para crer que o inquérito não serve os interesses da justiça.

Se decidir que não há motivo razoável para abrir um inquérito e se esta decisão se basear unicamente no disposto na alínea c), o Procurador informará o Juízo de Instrução.

2. Se, concluído o inquérito, o Procurador chegar à conclusão de que não há fundamento suficiente para proceder criminalmente, na medida em que:

a) Não existam elementos suficientes, de fato ou de direito, para requerer a emissão de um mandado de detenção ou notificação para comparência, de acordo com o artigo 58;

b) O caso seja inadmissível, de acordo com o artigo 17; ou

c) O procedimento não serviria o interesse da justiça, consideradas todas as circunstâncias, tais como a gravidade do crime, os interesses das vítimas e a idade ou o estado de saúde do presumível autor e o grau de participação no alegado crime, comunicará a sua decisão, devidamente fundamentada, ao Juízo de Instrução e ao Estado que lhe submeteu o caso, de acordo com o artigo 14, ou ao Conselho de Segurança, se se tratar de um caso previsto no parágrafo b) do artigo 13.

3. a) A pedido do Estado que tiver submetido o caso, nos termos do artigo 14, ou do Conselho de Segurança, nos termos do parágrafo b) do artigo 13, o Juízo de Instrução poderá examinar a decisão do Procurador de não proceder criminalmente em conformidade com os parágrafos 1º ou 2º e solicitar-lhe que reconsidere essa decisão;

b) Além disso, o Juízo de Instrução poderá, oficiosamente, examinar a decisão do Procurador de não proceder criminalmente, se essa decisão se basear unicamente no disposto no parágrafo 1º, alínea c), e no parágrafo 2º, alínea c). Nesse caso, a decisão do Procurador só produzirá efeitos se confirmada pelo Juízo de Instrução.

4. O Procurador poderá, a todo o momento, reconsiderar a sua decisão de abrir um inquérito ou proceder criminalmente, com base em novos fatos ou novas informações.

Art. 54. Funções e Poderes do Procurador em Matéria de Inquérito

1. O Procurador deverá:

a) A fim de estabelecer a verdade dos fatos, alargar o inquérito a todos os fatos e provas pertinentes para a determinação da responsabilidade criminal, em conformidade com o presente Estatuto e, para esse efeito, investigar, de igual modo, as circunstâncias que interessam quer à acusação, quer à defesa;

b) Adotar as medidas adequadas para assegurar a eficácia do inquérito e do procedimento criminal relativamente aos crimes da jurisdição do Tribunal e, na sua atuação, o Procurador terá em conta os interesses e a situação pessoal das vítimas e testemunhas, incluindo a idade, o gênero tal como definido no parágrafo 3º do artigo 7º, e o estado de saúde; terá igualmente em conta a natureza do crime, em particular quando envolva violência sexual, violência por motivos relacionados com a pertença a um determinado gênero e violência contra as crianças; e

c) Respeitar plenamente os direitos conferidos às pessoas pelo presente Estatuto.

2. O Procurador poderá realizar investigações no âmbito de um inquérito no território de um Estado:

a) De acordo com o disposto na Parte IX; ou

b) Mediante autorização do Juízo de Instrução, dada nos termos do parágrafo 3º, alínea d), do artigo 57.

3. O Procurador poderá:

a) Reunir e examinar provas;

b) Convocar e interrogar pessoas objeto de inquérito e convocar e tomar o depoimento de vítimas e testemunhas;

c) Procurar obter a cooperação de qualquer Estado ou organização intergovernamental ou instrumento intergovernamental, de acordo com a respectiva competência e/ou mandato;

d) Celebrar acordos ou convênios compatíveis com o presente Estatuto, que se mostrem necessários para facilitar a cooperação de um Estado, de uma organização intergovernamental ou de uma pessoa;

e) Concordar em não divulgar, em qualquer fase do processo, documentos ou informação que tiver obtido, com a condição de preservar o seu caráter confidencial e com o objetivo único de obter novas provas, a menos que quem tiver facilitado a informação consinta na sua divulgação; e

f) Adotar ou requerer que se adotem as medidas necessárias para assegurar o caráter confidencial da informação, a proteção de pessoas ou a preservação da prova.

Art. 55. Direitos das Pessoas no Decurso do Inquérito

1. No decurso de um inquérito aberto nos termos do presente Estatuto:

a) Nenhuma pessoa poderá ser obrigada a depor contra si própria ou a declarar-se culpada;

b) Nenhuma pessoa poderá ser submetida a qualquer forma de coação, intimidação ou ameaça, tortura ou outras formas de penas ou tratamentos cruéis, desumanos ou degradantes; e

c) Qualquer pessoa que for interrogada numa língua que não compreenda ou não fale fluentemente, será assistida, gratuitamente, por um intérprete competente e disporá das traduções que são necessárias às exigências de equidade;

d) Nenhuma pessoa poderá ser presa ou detida arbitrariamente, nem ser privada da sua liberdade, salvo pelos motivos previstos no presente Estatuto e em conformidade com os procedimentos nele estabelecidos.

2. Sempre que existam motivos para crer que uma pessoa cometeu um crime da competência do Tribunal e que deve ser interrogada pelo Procurador ou pelas autoridades nacionais, em virtude de um pedido feito em conformidade com o disposto na Parte IX do presente Estatuto, essa pessoa será informada, antes do interrogatório, de que goza ainda dos seguintes direitos:

a) A ser informada antes de ser interrogada de que existem indícios de que cometeu um crime da competência do Tribunal;

b) A guardar silêncio, sem que tal seja tido em consideração para efeitos de determinação da sua culpa ou inocência;

c) A ser assistida por um advogado da sua escolha ou, se não o tiver, a solicitar que lhe seja designado um defensor dativo, em todas as situações em que o interesse da justiça assim o exija e sem qualquer encargo se não possuir meios suficientes para lhe pagar; e

d) A ser interrogada na presença do seu advogado, a menos que tenha renunciado voluntariamente ao direito de ser assistida por um advogado.

Art. 56. Intervenção do Juízo de Instrução em Caso de Oportunidade Única de Proceder a um Inquérito

1. a) Sempre que considere que um inquérito oferece uma oportunidade única de recolher depoimentos ou declarações de uma testemunha ou de examinar, reunir ou verificar provas, o Procurador comunicará esse fato ao Juízo de Instrução;

b) Nesse caso, o Juízo de Instrução, a pedido do Procurador, poderá adotar as medidas que entender necessárias para assegurar a eficácia e a integridade do processo e, em particular, para proteger os direitos de defesa;

c) Salvo decisão em contrário do Juízo de Instrução, o Procurador transmitirá a informação relevante à pessoa que tenha sido detida, ou que tenha comparecido na sequência de notificação emitida no âmbito do inquérito a que se refere a alínea a), para que possa ser ouvida sobre a matéria em causa.

2. As medidas a que se faz referência na alínea b) do parágrafo 1º poderão consistir em:

a) Fazer recomendações ou proferir despachos sobre o procedimento a seguir;

b) Ordenar que seja lavrado o processo;

c) Nomear um perito;

d) Autorizar o advogado de defesa do detido, ou de quem tiver comparecido no Tribunal na sequência de notificação, a participar no processo ou, no caso dessa detenção ou comparecimento não se ter ainda verificado ou não tiver ainda sido designado advogado, a nomear outro defensor que se encarregará dos interesses da defesa e os representará;

e) Encarregar um dos seus membros ou, se necessário, outro juiz disponível da SEÇÃO de Instrução ou da SEÇÃO de Julgamento em Primeira Instância, de formular recomendações ou proferir despachos sobre o recolhimento e a preservação de meios de prova e a inquirição de pessoas;

f) Adotar todas as medidas necessárias para reunir ou preservar meios de prova.

3. a) Se o Procurador não tiver solicitado as medidas previstas no presente artigo mas o Juízo de Instrução considerar que tais medidas serão necessárias para preservar meios de prova que lhe pareçam essenciais para a defesa no julgamento, o Juízo consultará o Procurador a fim de saber se existem motivos poderosos para este não requerer as referidas medidas. Se, após consulta, o Juízo concluir que a omissão de requerimento de tais medidas é injustificada, poderá adotar essas medidas de ofício;

b) O Procurador poderá recorrer da decisão do Juízo de Instrução de ofício, nos termos do presente número. O recurso seguirá uma forma sumária.

4. A admissibilidade dos meios de prova preservados ou recolhidos para efeitos do processo ou o respectivo registro, em conformidade com o presente artigo, reger-se-ão, em julgamento, pelo disposto no artigo 69, e terão o valor que lhes for atribuído pelo Juízo de Julgamento em Primeira Instância.

Art. 57. Funções e Poderes do Juízo de Instrução

1. Salvo disposição em contrário contida no presente Estatuto, o Juízo de Instrução exercerá as suas funções em conformidade com o presente artigo.

2. a) Para os despachos do Juízo de Instrução proferidos ao abrigo dos artigos 15, 18, 19, 54, parágrafo 2º, 61, parágrafo 7º, e 72, deve concorrer maioria de votos dos juízes que o compõem;

b) Em todos os outros casos, um único juiz do Juízo de Instrução poderá exercer as funções definidas no presente Estatuto, salvo disposição em contrário contida no Regulamento Processual ou decisão em contrário do Juízo de Instrução tomada por maioria de votos.

3. Independentemente das outras funções conferidas pelo presente Estatuto, o Juízo de Instrução poderá:

a) A pedido do Procurador, proferir os despachos e emitir os mandados que se revelem necessários para um inquérito;

b) A pedido de qualquer pessoa que tenha sido detida ou tenha comparecido na sequência de notificação expedida nos termos do artigo 58, proferir despachos, incluindo medidas tais como as indicadas no artigo 56, ou procurar obter, nos termos do disposto na Parte IX, a cooperação necessária para auxiliar essa pessoa a preparar a sua defesa;

c) Sempre que necessário, assegurar a proteção e o respeito pela privacidade de vítimas e testemunhas, a preservação da prova, a proteção de pessoas detidas ou que tenham comparecido na sequência de notificação para comparecimento, assim como a proteção de informação que afete a segurança nacional;

d) Autorizar o Procurador a adotar medidas específicas no âmbito de um inquérito, no território de um Estado Parte sem ter obtido a cooperação deste nos termos do disposto na Parte IX, caso o Juízo de Instrução determine que, tendo em consideração, na medida do possível, a posição do referido Estado, este último não está manifestamente em condições de satisfazer um pedido de cooperação face à incapacidade de todas as autoridades ou órgãos do seu sistema judiciário com competência para dar seguimento a um pedido de cooperação formulado nos termos do disposto na Parte IX;

e) Quando tiver emitido um mandado de detenção ou uma notificação para comparecimento nos termos do artigo 58, e levando em consideração o valor das provas e os direitos das partes em questão, em conformidade com o disposto no presente Estatuto e no Regulamento Processual, procurar obter a cooperação dos Estados, nos termos do parágrafo 1º, alínea k) do artigo 93, para adoção de medidas cautelares que visem à apreensão, em particular no interesse superior das vítimas.

Art. 58. Mandado de Detenção e Notificação para Comparecimento do Juízo de Instrução

1. A todo o momento após a abertura do inquérito, o Juízo de Instrução poderá, a pedido do Procurador, emitir um mandado de detenção contra uma pessoa se, após examinar o pedido e as provas ou outras informações submetidas pelo Procurador, considerar que:

a) Existem motivos suficientes para crer que essa pessoa cometeu um crime da competência do Tribunal; e

b) A detenção dessa pessoa se mostra necessária para:

I. Garantir o seu comparecimento em tribunal;

II. Garantir que não obstruirá, nem porá em perigo, o inquérito ou a ação do Tribunal; ou

III. Se for o caso, impedir que a pessoa continue a cometer esse crime ou um crime conexo que seja da competência do Tribunal e tenha a sua origem nas mesmas circunstâncias.

2. Do requerimento do Procurador deverão constar os seguintes elementos:

a) O nome da pessoa em causa e qualquer outro elemento útil de identificação;

b) A referência precisa do crime da competência do Tribunal que a pessoa tenha presumivelmente cometido;

c) Uma descrição sucinta dos fatos que alegadamente constituem o crime;

d) Um resumo das provas e de qualquer outra informação que constitua motivo suficiente para crer que a pessoa cometeu o crime; e

e) Os motivos pelos quais o Procurador considere necessário proceder à detenção daquela pessoa.

3. Do mandado de detenção deverão constar os seguintes elementos:

a) O nome da pessoa em causa e qualquer outro elemento útil de identificação;

b) A referência precisa do crime da competência do Tribunal que justifique o pedido de detenção; e
c) Uma descrição sucinta dos fatos que alegadamente constituem o crime.

4. O mandado de detenção manter-se-á válido até decisão em contrário do Tribunal.

5. Com base no mandado de detenção, o Tribunal poderá solicitar a prisão preventiva ou a detenção e entrega da pessoa em conformidade com o disposto na Parte IX do presente Estatuto.

6. O Procurador poderá solicitar ao Juízo de Instrução que altere o mandado de detenção no sentido de requalificar os crimes aí indicados ou de adicionar outros. O Juízo de Instrução alterará o mandado de detenção se considerar que existem motivos suficientes para crer que a pessoa cometeu quer os crimes na forma que se indica nessa requalificação, quer os novos crimes.

7. O Procurador poderá solicitar ao Juízo de Instrução que, em vez de um mandado de detenção, emita uma notificação para comparecimento. Se o Juízo considerar que existem motivos suficientes para crer que a pessoa cometeu o crime que lhe é imputado e que uma notificação para comparecimento será suficiente para garantir a sua presença efetiva em tribunal, emitirá uma notificação para que a pessoa compareça, com ou sem a imposição de medidas restritivas de liberdade (distintas da detenção) se previstas no direito interno. Da notificação para comparecimento deverão constar os seguintes elementos:
a) O nome da pessoa em causa e qualquer outro elemento útil de identificação;
b) A data de comparecimento;
c) A referência precisa ao crime da competência do Tribunal que a pessoa alegadamente tenha cometido; e
d) Uma descrição sucinta dos fatos que alegadamente constituem o crime.
Esta notificação será diretamente feita à pessoa em causa.

Art. 59. Procedimento de Detenção no Estado da Detenção

1. O Estado Parte que receber um pedido de prisão preventiva ou de detenção e entrega, adotará imediatamente as medidas necessárias para proceder à detenção, em conformidade com o respectivo direito interno e com o disposto na Parte IX.

2. O detido será imediatamente levado à presença da autoridade judiciária competente do Estado da detenção que determinará se, de acordo com a legislação desse Estado:
a) O mandado de detenção é aplicável à pessoa em causa;
b) A detenção foi executada de acordo com a lei;
c) Os direitos do detido foram respeitados.

3. O detido terá direito a solicitar à autoridade competente do Estado da detenção autorização para aguardar a sua entrega em liberdade.

4. Ao decidir sobre o pedido, a autoridade competente do Estado da detenção determinará se, em face da gravidade dos crimes imputados, se verificam circunstâncias urgentes e excepcionais que justifiquem a liberdade provisória e se existem as garantias necessárias para que o Estado de detenção possa cumprir a sua obrigação de entregar a pessoa ao Tribunal. Essa autoridade não terá competência para examinar se o mandado de detenção foi regularmente emitido, nos termos das alíneas a) e b) do parágrafo 1º do artigo 58.

5. O pedido de liberdade provisória será notificado ao Juízo de Instrução, o qual fará recomendações à autoridade competente do Estado da detenção. Antes de tomar uma decisão, a autoridade competente do Estado da detenção terá em conta essas recomendações, incluindo as relativas a medidas adequadas para impedir a fuga da pessoa.

6. Se a liberdade provisória for concedida, o Juízo de Instrução poderá solicitar informações periódicas sobre a situação de liberdade provisória.

7. Uma vez que o Estado da detenção tenha ordenado a entrega, o detido será colocado, o mais rapidamente possível, à disposição do Tribunal.

Art. 60. Início da Fase Instrutória

1. Logo que uma pessoa seja entregue ao Tribunal ou nele compareça voluntariamente em cumprimento de uma notificação para comparecimento, o Juízo de Instrução deverá assegurar-se de que essa pessoa foi informada dos crimes que lhe são imputados e dos direitos que o presente Estatuto lhe confere, incluindo o direito de solicitar autorização para aguardar o julgamento em liberdade.

2. A pessoa objeto de um mandado de detenção poderá solicitar autorização para aguardar julgamento em liberdade. Se o Juízo de Instrução considerar verificadas as condições enunciadas no parágrafo 1º do artigo 58, a detenção será mantida. Caso contrário, a pessoa será posta em liberdade, com ou sem condições.

3. O Juízo de Instrução reexaminará periodicamente a sua decisão quanto à liberdade provisória ou à detenção, podendo fazê-lo a todo o momento, a pedido do Procurador ou do interessado. Ao tempo da revisão, o Juízo poderá modificar a sua decisão quanto à detenção, à liberdade provisória ou às condições desta se considerar que a alteração das circunstâncias o justifica.

4. O Juízo de Instrução certificar-se-á de que a detenção não será prolongada por período não razoável devido a demora injustificada por parte do Procurador. Caso se produza a referida demora, o Tribunal considerará a possibilidade de pôr o interessado em liberdade, com ou sem condições.

5. Se necessário, o Juízo de Instrução poderá emitir um mandado de detenção para garantir o comparecimento de uma pessoa que tenha sido posta em liberdade.

Art. 61. Apreciação da Acusação Antes do Julgamento

1. Salvo o disposto no parágrafo 2º, e em um prazo razoável após a entrega da pessoa ao Tribunal ou ao seu comparecimento voluntário perante este, o Juízo de Instrução realizará uma audiência para apreciar os fatos constantes da acusação com base nos quais o Procurador pretende requerer o julgamento. A audiência ocorrerá lugar na presença do Procurador e do acusado, assim como do defensor deste.

2. O Juízo de Instrução, de ofício ou a pedido do Procurador, poderá realizar a audiência na ausência do acusado, a fim de apreciar os fatos constantes da acusação com base nos quais o Procurador pretende requerer o julgamento, se o acusado:
a) Tiver renunciado ao seu direito a estar presente; ou
b) Tiver fugido ou não for possível encontrá-lo, tendo sido tomadas todas as medidas razoáveis para assegurar o seu comparecimento em Tribunal e para o informar dos fatos constantes da acusação e da realização de uma audiência para apreciação dos mesmos. Neste caso, o acusado será representado por um defensor, se o Juízo de Instrução decidir que tal servirá os interesses da justiça.

3. Num prazo razoável antes da audiência, o acusado:
a) Receberá uma cópia do documento especificando os fatos constantes da acusação com base nos quais o Procurador pretende requerer o julgamento; e
b) Será informado das provas que o Procurador pretende apresentar em audiência.

O Juízo de Instrução poderá proferir despacho sobre a divulgação de informação para efeitos da audiência.

4. Antes da audiência, o Procurador poderá reabrir o inquérito e alterar ou retirar parte dos fatos constantes da acusação. O acusado será notificado de qualquer alteração ou retirada em tempo razoável, antes da realização da audiência. No caso de retirada de parte dos fatos constantes da acusação, o Procurador informará o Juízo de Instrução dos motivos da mesma.

5. Na audiência, o Procurador produzirá provas satisfatórias dos fatos constantes da acusação, nos quais baseou a sua convicção de que o acusado cometeu o crime que lhe é imputado. O Procurador poderá basear-se em provas documentais ou um resumo das provas, não sendo obrigado a chamar as testemunhas que irão depor no julgamento.

6. Na audiência, o acusado poderá:
a) Contestar as acusações;
b) Impugnar as provas apresentadas pelo Procurador; e
c) Apresentar provas.

7. Com base nos fatos apreciados durante a audiência, o Juízo de Instrução decidirá se existem provas suficientes de que o acusado cometeu os crimes que lhe são imputados. De acordo com essa decisão, o Juízo de Instrução:
a) Declarará procedente a acusação na parte relativamente à qual considerou terem sido reunidas provas suficientes e remeterá o acusado para o juízo de Julgamento em Primeira Instância, a fim de aí ser julgado pelos fatos confirmados;
b) Não declarará procedente a acusação na parte relativamente à qual considerou não terem sido reunidas provas suficientes;
c) Adiará a audiência e solicitará ao Procurador que considere a possibilidade de:
I. Apresentar novas provas ou efetuar novo inquérito relativamente a um determinado fato constante da acusação; ou
II. Modificar parte da acusação, se as provas reunidas parecerem indicar que um crime distinto, da competência do Tribunal, foi cometido.

8. A declaração de não procedência relativamente a parte de uma acusação, proferida pelo Juízo de Instrução, não obstará a que o Procurador solicite novamente a sua apreciação, na condição de apresentar provas adicionais.

9. Tendo os fatos constantes da acusação sido declarados procedentes, e antes do início do julgamento, o Procurador poderá, mediante autorização do Juízo de Instrução e notificação prévia do acusado, alterar alguns fatos constantes da acusação. Se o Procurador pretender acrescentar novos fatos ou substituí-los por outros de natureza mais grave, deverá, nos termos do preserve artigo, requerer uma audiência para a respectiva apreciação. Após o início do julgamento, o Procurador poderá retirar a acusação, com autorização do Juízo de Instrução.

10. Qualquer mandado emitido deixará de ser válido relativamente aos fatos constantes da acusação que tenham sido declarados não procedentes pelo Juízo de Instrução ou que tenham sido retirados pelo Procurador.

11. Tendo a acusação sido declarada procedente nos termos do presente artigo, a Presidência designará um Juízo de Julgamento em Primeira Instância que, sob reserva do disposto no parágrafo 9º do presente artigo e no parágrafo 4º do artigo 64, se encarregará da fase seguinte do processo e poderá exercer as funções do Juízo de Instrução que se mostrem pertinentes e apropriadas nessa fase do processo.

CAPÍTULO VI
O Julgamento

Art. 62. Local do Julgamento
Salvo decisão em contrário, o julgamento terá lugar na sede do Tribunal.

Art. 63. Presença do Acusado em Julgamento
1. O acusado estará presente durante o julgamento.
2. Se o acusado, presente em tribunal, perturbar persistentemente a audiência, o Juízo de Julgamento em Primeira Instância poderá ordenar a sua remoção da sala e providenciar para que acompanhe o processo e dê instruções ao seu defensor a partir do exterior da mesma, utilizando, se necessário, meios técnicos de comunicação. Estas medidas só serão adotadas em circunstâncias excepcionais e pelo período estritamente necessário, após se terem esgotado outras possibilidades razoáveis.

Art. 64. Funções e Poderes do Juízo de Julgamento em Primeira Instância
1. As funções e poderes do Juízo de Julgamento em Primeira Instância, enunciadas no presente artigo, deverão ser exercidas em conformidade com o presente Estatuto e o Regulamento Processual.
2. O Juízo de Julgamento em Primeira Instância zelará para que o julgamento seja conduzido de maneira equitativa e célere, com total respeito dos direitos do acusado e tendo em devida conta a proteção das vítimas e testemunhas.

3. O Juízo de Julgamento em Primeira Instância a que seja submetido um caso nos termos do presente Estatuto:
a) Consultará as partes e adotará as medidas necessárias para que o processo se desenrole de maneira equitativa e célere;
b) Determinará qual a língua, ou quais as línguas, a utilizar no julgamento; e
c) Sob reserva de qualquer outra disposição pertinente do presente Estatuto, providenciará pela revelação de quaisquer documentos ou da informação que não tenha sido divulgada anteriormente, com suficiente antecedência relativamente ao início do julgamento, a fim de permitir a sua preparação adequada para o julgamento.

4. O Juízo de Julgamento em Primeira Instância poderá, se mostrar necessário para o seu funcionamento eficaz e imparcial, remeter questões preliminares ao Juízo de Instrução ou, se necessário, a um outro juiz disponível da SEÇÃO de Instrução.

5. Mediante notificação às partes, o Juízo de Julgamento em Primeira Instância poderá, conforme se lhe afigure mais adequado, ordenar que as acusações contra mais de um acusado sejam deduzidas conjunta ou separadamente.

6. No desempenho das suas funções, antes ou no decurso de um julgamento, o Juízo de Julgamento em Primeira Instância poderá, se necessário:
a) Exercer qualquer uma das funções do Juízo de Instrução consignadas no parágrafo 11 do artigo 61;
b) Ordenar a comparência e a audição de testemunhas e a apresentação de documentos e outras provas, obtendo para tal, se necessário, o auxílio de outros Estados, conforme previsto no presente Estatuto;
c) Adotar medidas para a proteção da informação confidencial;
d) Ordenar a apresentação de provas adicionais às reunidas antes do julgamento ou às apresentadas no decurso do julgamento pelas partes;
e) Adotar medidas para a proteção do acusado, testemunhas e vítimas; e
f) Decidir sobre qualquer outra questão pertinente.

7. A audiência de julgamento será pública. No entanto, o Juízo de Julgamento em Primeira Instância poderá decidir que determinadas diligências se efetuem à porta fechada, em conformidade com os objetivos enunciados no artigo 68 ou com vista a proteger informação de caráter confidencial ou restrita que venha a ser apresentada como prova.

8. a) No início da audiência de julgamento, o Juízo de Julgamento em Primeira Instância ordenará a leitura ao acusado, dos fatos constantes da acusação previamente confirmados pelo Juízo de Instrução. O Juízo de Julgamento em Primeira Instância deverá certificar-se de que o acusado compreende a natureza dos fatos que lhe são imputados e dar-lhe a oportunidade de os confessar, de acordo com o disposto no artigo 65, ou de se declarar inocente;

b) Durante o julgamento, o juiz presidente poderá dar instruções sobre a condução da audiência, nomeadamente para assegurar que esta se desenrole de maneira equitativa e imparcial. Salvo qualquer orientação do juiz presidente, as partes poderão apresentar provas em conformidade com as disposições do presente Estatuto.

9. O Juízo de Julgamento em Primeira Instância poderá, inclusive, de ofício ou a pedido de uma das partes, a saber:
a) Decidir sobre a admissibilidade ou pertinência das provas; e
b) Tomar todas as medidas necessárias para manter a ordem na audiência.

10. O Juízo de Julgamento em Primeira Instância providenciará para que o Secretário proceda a um registro completo da audiência de julgamento onde sejam fielmente relatadas todas as diligências efetuadas, registro que deverá manter e preservar.

Art. 65. Procedimento em Caso de Confissão
1. Se o acusado confessar nos termos do parágrafo 8, alínea a), do artigo 64, o Juízo de Julgamento em Primeira Instância apurará:
a) Se o acusado compreende a natureza e as consequências da sua confissão;
b) Se essa confissão foi feita livremente, após devida consulta ao seu advogado de defesa; e
c) Se a confissão é corroborada pelos fatos que resultam:
I. Da acusação deduzida pelo Procurador e aceita pelo acusado;
II. De quaisquer meios de prova que confirmam os fatos constantes da acusação deduzida pelo Procurador e aceita pelo acusado; e
III. De quaisquer outros meios de prova, tais como depoimentos de testemunhas, apresentados pelo Procurador ou pelo acusado.

2. Se o Juízo de Julgamento em Primeira Instância estimar que estão reunidas as condições referidas no parágrafo 1º, considerará que a confissão, juntamente com quaisquer provas adicionais produzidas, constitui um reconhecimento de todos os elementos essenciais constitutivos do crime pelo qual o acusado se declarou culpado e poderá condená-lo por esse crime.

3. Se o Juízo de Julgamento em Primeira Instância estimar que não estão reunidas as condições referidas no parágrafo 1º, considerará a confissão como não tendo tido lugar e, nesse caso, ordenará que o julgamento prossiga de acordo com o procedimento comum estipulado no presente Estatuto, podendo transmitir o processo a outro Juízo de Julgamento em Primeira Instância.

4. Se o Juízo de Julgamento em Primeira Instância considerar necessária, no interesse da justiça, e em particular no interesse das vítimas, uma explanação mais detalhada dos fatos integrantes do caso, poderá:
a) Solicitar ao Procurador que apresente provas adicionais, incluindo depoimentos de testemunhas; ou
b) Ordenar que o processo prossiga de acordo com o procedimento comum estipulado no presente Estatuto, caso em que considerará a confissão como não tendo tido lugar e poderá transmitir o processo a outro Juízo de Julgamento em Primeira Instância.

5. Quaisquer consultas entre o Procurador e a defesa, no que diz respeito à alteração dos fatos constantes da acusação, à confissão ou à pena a ser imposta, não vincularão o Tribunal.

Art. 66. Presunção de Inocência
1. Toda a pessoa se presume inocente até prova da sua culpa perante o Tribunal, de acordo com o direito aplicável.
2. Incumbe ao Procurador o ônus da prova da culpa do acusado.
3. Para proferir sentença condenatória, o Tribunal deve estar convencido de que o acusado é culpado, além de qualquer dúvida razoável.

Art. 67. Direitos do Acusado
1. Durante a apreciação de quaisquer fatos constantes da acusação, o acusado tem direito a ser ouvido em audiência pública, levando em conta o disposto no presente Estatuto, a uma audiência conduzida de forma equitativa e imparcial e às seguintes garantias mínimas, em situação de plena igualdade:
a) A ser informado, sem demora e de forma detalhada, numa língua que compreenda e fale

fluentemente, da natureza, motivo e conteúdo dos fatos que lhe são imputados;
b) A dispor de tempo e de meios adequados para a preparação da sua defesa e a comunicar-se livre e confidencialmente com um defensor da sua escolha;
c) A ser julgado sem atrasos indevidos;
d) Salvo o disposto no parágrafo 2º do artigo 63, o acusado terá direito a estar presente na audiência de julgamento e a defender-se a si próprio ou a ser assistido por um defensor da sua escolha; se não o tiver, a ser informado do direito de o tribunal lhe nomear um defensor sempre que o interesse da justiça o exija, sendo tal assistência gratuita se o acusado carecer de meios suficientes para remunerar o defensor assim nomeado;
e) A inquirir ou a fazer inquirir as testemunhas de acusação e a obter o comparecimento das testemunhas de defesa e a inquirição destas nas mesmas condições que as testemunhas de acusação. O acusado terá também direito a apresentar defesa e a oferecer qualquer outra prova admissível, de acordo com o presente Estatuto;
f) A ser assistido gratuitamente por um intérprete competente e a serem-lhe facultadas as traduções necessárias que a equidade exija, se não compreender perfeitamente ou não falar a língua utilizada em qualquer ato processual ou documento produzido em tribunal;
g) A não ser obrigado a depor contra si próprio, nem a declarar-se culpado, e a guardar silêncio, sem que este seja levado em conta na determinação da sua culpa ou inocência;
h) A prestar declarações não ajuramentadas, oralmente ou por escrito, em sua defesa; e
i) A que não lhe seja imposta quer a inversão do ônus da prova, quer a impugnação.
2. Além de qualquer outra revelação de informação prevista no presente Estatuto, o Procurador comunicará à defesa, logo que possível, as provas que tenha em seu poder ou sob o seu controle e que, no seu entender, revelem ou tendam a revelar a inocência do acusado, ou a atenuar a sua culpa, ou que possam afetar a credibilidade das provas de acusação. Em caso de dúvida relativamente à aplicação do presente número, cabe ao Tribunal decidir.

Art. 68. Proteção das Vítimas e das Testemunhas e sua Participação no Processo
1. O Tribunal adotará as medidas adequadas para garantir a segurança, o bem-estar físico e psicológico, a dignidade e a vida privada das vítimas e testemunhas. Para tal, o Tribunal levará em conta todos os fatores pertinentes, incluindo a idade, o gênero tal como definido no parágrafo 3º do artigo 7º, e o estado de saúde, assim como a natureza do crime, em particular, mas não apenas quando este envolva elementos de agressão sexual, de violência relacionada com a pertença a um determinado gênero ou de violência contra crianças. O Procurador adotará estas medidas, nomeadamente durante o inquérito e o procedimento criminal. Tais medidas não poderão prejudicar nem ser incompatíveis com os direitos do acusado ou com a realização de um julgamento equitativo e imparcial.
2. Enquanto exceção ao princípio do caráter público das audiências estabelecido no artigo 67, qualquer um dos Juízes que compõem o Tribunal poderá, a fim de proteger as vítimas e as testemunhas ou o acusado, decretar que um ato processual se realize, no todo ou em parte, à porta fechada ou permitir a produção de prova por meios eletrônicos ou outros meios especiais. Estas medidas aplicar-se-ão, nomeadamente, no caso de uma vítima de violência sexual ou de um menor que seja vítima ou testemunha, salvo decisão em contrário adotada pelo Tribunal, ponderadas todas as circunstâncias, particularmente a opinião da vítima ou da testemunha.
3. Se os interesses pessoais das vítimas forem afetados, o Tribunal permitir-lhes-á que expressem as suas opiniões e preocupações em fase processual que entenda apropriada e por forma a não prejudicar os direitos do acusado nem a ser incompatível com estes ou com a realização de um julgamento equitativo e imparcial. Os representantes legais das vítimas poderão apresentar as referidas opiniões e preocupações quando o Tribunal o considerar oportuno e em conformidade com o Regulamento Processual.
4. A Unidade de Apoio às Vítimas e Testemunhas poderá aconselhar o Procurador e o Tribunal relativamente a medidas adequadas de proteção, mecanismos de segurança, assessoria e assistência a que se faz referência no parágrafo 6º do artigo 43.
5. Quando a divulgação de provas ou de informação, de acordo com o presente Estatuto, representar um grave perigo para a segurança de uma testemunha ou da sua família, o Procurador poderá, para efeitos de qualquer diligência anterior ao julgamento, não apresentar as referidas provas ou informação, mas

antes um resumo das mesmas. As medidas desta natureza deverão ser postas em prática de uma forma que não seja prejudicial aos direitos do acusado ou incompatível com estes e com a realização de um julgamento equitativo e imparcial.

6. Qualquer Estado poderá solicitar que sejam tomadas as medidas necessárias para assegurar a proteção dos seus funcionários ou agentes, bem como a proteção de toda a informação de caráter confidencial ou restrito.

Art. 69. Prova
1. Em conformidade com o Regulamento Processual e antes de depor, qualquer testemunha se comprometerá a fazer o seu depoimento com verdade.
2. A prova testemunhal deverá ser prestada pela própria pessoa no decurso do julgamento, salvo quando se apliquem as medidas estabelecidas no artigo 68 ou no Regulamento Processual. De igual modo, o Tribunal poderá permitir que uma testemunha preste declarações oralmente ou por meio de gravação em vídeo ou áudio, ou que sejam apresentados documentos ou transcrições escritas, nos termos do presente Estatuto e de acordo com o Regulamento Processual. Estas medidas não poderão prejudicar os direitos do acusado, nem ser incompatíveis com eles.
3. As partes poderão apresentar provas que interessem ao caso, nos termos do artigo 64. O Tribunal será competente para solicitar de ofício a produção de todas as provas que entender necessárias para determinar a veracidade dos fatos.
4. O Tribunal poderá decidir sobre a relevância ou admissibilidade de qualquer prova, tendo em conta, entre outras coisas, o seu valor probatório e qualquer prejuízo que possa acarretar para a realização de um julgamento equitativo ou para a avaliação equitativa dos depoimentos de uma testemunha, em conformidade com o Regulamento Processual.
5. O Tribunal respeitará e atenderá aos privilégios de confidencialidade estabelecidos no Regulamento Processual.
6. O Tribunal não exigirá prova dos fatos do domínio público, mas poderá fazê-los constar dos autos.
7. Não serão admissíveis as provas obtidas com violação do presente Estatuto ou das normas de direitos humanos internacionalmente reconhecidas quando:
a) Essa violação suscite sérias dúvidas sobre a fiabilidade das provas; ou

b) A sua admissão atente contra a integridade do processo ou resulte em grave prejuízo deste.
8. O Tribunal, ao decidir sobre a relevância ou admissibilidade das provas apresentadas por um Estado, não poderá pronunciar-se sobre a aplicação do direito interno desse Estado.

Art. 70. Infrações contra a Administração da Justiça
1. O Tribunal terá competência para conhecer das seguintes infrações contra a sua administração da justiça, quando cometidas intencionalmente:
a) Prestação de falso testemunho, quando há a obrigação de dizer a verdade, de acordo com o parágrafo 1º do artigo 69;
b) Apresentação de provas, tendo a parte conhecimento de que são falsas ou que foram falsificadas;
c) Suborno de uma testemunha, impedimento ou interferência no seu comparecimento ou depoimento, represálias contra uma testemunha por esta ter prestado depoimento, destruição ou alteração de provas ou interferência nas diligências de obtenção de prova;
d) Entrave, intimidação ou corrupção de um funcionário do Tribunal, com a finalidade de o obrigar ou o induzir a não cumprir as suas funções ou a fazê-lo de maneira indevida;
e) Represálias contra um funcionário do Tribunal, em virtude das funções que ele ou outro funcionário tenham desempenhado; e
f) Solicitação ou aceitação de suborno na qualidade de funcionário do Tribunal, e em relação com o desempenho das respectivas funções oficiais.
2. O Regulamento Processual estabelecerá os princípios e procedimentos que regularão o exercício da competência do Tribunal relativamente às infrações a que se faz referência no presente artigo. As condições de cooperação internacional com o Tribunal, relativamente ao procedimento que adote de acordo com o presente artigo, reger-se-ão pelo direito interno do Estado requerido.
3. Em caso de decisão condenatória, o Tribunal poderá impor uma pena de prisão não superior a cinco anos, ou de multa, de acordo com o Regulamento Processual, ou ambas.
4. a) Cada Estado Parte tornará extensivas as normas penais de direito interno que punem as infrações contra a realização da justiça às infrações contra a administração da justiça a que se faz referência no presente artigo, e que sejam cometidas no seu território ou por um dos seus nacionais;

b) A pedido do Tribunal, qualquer Estado Parte submeterá, sempre que o entender necessário, o caso à apreciação das suas autoridades competentes para fins de procedimento criminal. Essas autoridades conhecerão do caso com diligência e acionarão os meios necessários para a sua eficaz condução.

Art. 71. Sanções por Desrespeito ao Tribunal

1. Em caso de atitudes de desrespeito ao Tribunal, tal como perturbar a audiência ou recusar-se deliberadamente a cumprir as suas instruções, o Tribunal poderá impor sanções administrativas que não impliquem privação de liberdade, como, por exemplo, a expulsão temporária ou permanente da sala de audiências, a multa ou outra medida similar prevista no Regulamento Processual.

2. O processo de imposição das medidas a que se refere o número anterior reger-se-á pelo Regulamento Processual.

Art. 72. Proteção de Informação Relativa à Segurança Nacional

1. O presente artigo aplicar-se-á a todos os casos em que a divulgação de informação ou de documentos de um Estado possa, no entender deste, afetar os interesses da sua segurança nacional. Tais casos incluem os abrangidos pelas disposições constantes dos parágrafos 2º e 3º do artigo 56, parágrafo 3º do artigo 61, parágrafo 3º do artigo 64, parágrafo 2º do artigo 67, parágrafo 6º do artigo 68, parágrafo 6º do artigo 87 e do artigo 93, assim como os que se apresentem em qualquer outra fase do processo em que uma tal divulgação possa estar em causa.

2. O presente artigo aplicar-se-á igualmente aos casos em que uma pessoa a quem tenha sido solicitada a prestação de informação ou provas, se tenha recusado a apresentá-las ou tenha entregue a questão ao Estado, invocando que tal divulgação afetaria os interesses da segurança nacional do Estado, e o Estado em causa confirme que, no seu entender, essa divulgação afetaria os interesses da sua segurança nacional.

3. Nada no presente artigo afetará os requisitos de confidencialidade a que se referem as alíneas e) e f) do parágrafo 3º do artigo 54, nem a aplicação do artigo 73.

4. Se um Estado tiver conhecimento de que informações ou documentos do Estado estão a ser, ou poderão vir a ser, divulgados em qualquer fase do processo, e considerar que essa divulgação afetaria os seus interesses de segurança nacional, tal Estado terá o direito de intervir com vista a ver alcançada a resolução desta questão em conformidade com o presente artigo.

5. O Estado que considere que a divulgação de determinada informação poderá afetar os seus interesses de segurança nacional adotará, em conjunto com o Procurador, a defesa, o Juízo de Instrução ou o Juízo de Julgamento em Primeira Instância, conforme o caso, todas as medidas razoavelmente possíveis para encontrar uma solução através da concertação. Estas medidas poderão incluir:

a) A alteração ou o esclarecimento dos motivos do pedido;

b) Uma decisão do Tribunal relativa à relevância das informações ou dos elementos de prova solicitados, ou uma decisão sobre se as provas, ainda que relevantes, não poderiam ser ou ter sido obtidas junto de fonte distinta do Estado requerido;

c) A obtenção da informação ou de provas de fonte distinta ou em uma forma diferente; ou

d) Um acordo sobre as condições em que a assistência poderá ser prestada, incluindo, entre outras, a disponibilização de resumos ou exposições, restrições à divulgação, recurso ao procedimento à porta fechada ou à revelia de uma das partes, ou aplicação de outras medidas de proteção permitidas pelo Estatuto ou pelas Regulamento Processual.

6. Realizadas todas as diligências razoavelmente possíveis com vista a resolver a questão por meio de concertação, e se o Estado considerar não haver meios nem condições para que as informações ou os documentos possam ser fornecidos ou revelados sem prejuízo dos seus interesses de segurança nacional, notificará o Procurador ou o Tribunal nesse sentido, indicando as razões precisas que fundamentaram a sua decisão, a menos que a descrição específica dessas razões prejudique, necessariamente, os interesses de segurança nacional do Estado.

7. Posteriormente, se decidir que a prova é relevante e necessária para a determinação da culpa ou inocência do acusado, o Tribunal poderá adotar as seguintes medidas:

a) Quando a divulgação da informação ou do documento for solicitada no âmbito de um pedido de cooperação, nos termos da Parte IX do presente Estatuto ou nas circunstâncias a que se refere o parágrafo 2º do presente artigo, e o Estado invocar o motivo de recusa estatuído no parágrafo 4º do artigo 93:

I. O Tribunal poderá, antes de chegar a qualquer uma das conclusões a que se refere o ponto ii) da alínea a) do parágrafo 7º, solicitar consultas suplementares com o fim de ouvir o Estado, incluindo, se for caso disso, a sua realização à porta fechada ou à revelia de uma das partes;
II. Se o Tribunal concluir que, ao invocar o motivo de recusa estatuído no parágrafo 4º do artigo 93, dadas as circunstâncias do caso, o Estado requerido não está a atuar de harmonia com as obrigações impostas pelo presente Estatuto, poderá remeter a questão nos termos do parágrafo 7º do artigo 87, especificando as razões da sua conclusão; e
III. O Tribunal poderá tirar as conclusões, que entender apropriadas, em razão das circunstâncias, ao julgar o acusado, quanto à existência ou inexistência de um fato; ou
b) Em todas as restantes circunstâncias:
I. Ordenar a revelação; ou
II. Se não ordenar a revelação, inferir, no julgamento do acusado, quanto à existência ou inexistência de um fato, conforme se mostrar apropriado.

Art. 73. Informação ou Documentos Disponibilizados por Terceiros
Se um Estado Parte receber um pedido do Tribunal para que lhe forneça uma informação ou um documento que esteja sob sua custódia, posse ou controle, e que lhe tenha sido comunicado a título confidencial por um Estado, uma organização intergovernamental ou uma organização internacional, tal Estado Parte deverá obter o consentimento do seu autor para a divulgação dessa informação ou documento. Se o autor for um Estado Parte, este poderá consentir em divulgar a referida informação ou documento ou comprometer-se a resolver a questão com o Tribunal, salvaguardando-se o disposto no artigo 72. Se o autor não for um Estado Parte e não consentir em divulgar a informação ou o documento, o Estado requerido comunicará ao Tribunal que não lhe será possível fornecer a informação ou o documento em causa, devido à obrigação previamente assumida com o respectivo autor de preservar o seu caráter confidencial.

Art. 74. Requisitos para a Decisão
1. Todos os juízes do Juízo de Julgamento em Primeira Instância estarão presentes em cada uma das fases do julgamento e nas deliberações. A Presidência poderá designar, conforme o caso, um ou vários juízes substitutos, em função das disponibilidades, para estarem presentes em todas as fases do julgamento, bem como para substituírem qualquer membro do Juízo de Julgamento em Primeira Instância que se encontre impossibilitado de continuar a participar no julgamento.
2. O Juízo de Julgamento em Primeira Instância fundamentará a sua decisão com base na apreciação das provas e do processo no seu conjunto. A decisão não exorbitará dos fatos e circunstâncias descritos na acusação ou nas alterações que lhe tenham sido feitas. O Tribunal fundamentará a sua decisão exclusivamente nas provas produzidas ou examinadas em audiência de julgamento.
3. Os juízes procurarão tomar uma decisão por unanimidade e, não sendo possível, por maioria.
4. As deliberações do Juízo de Julgamento em Primeira Instância serão e permanecerão secretas.
5. A decisão será proferida por escrito e conterá uma exposição completa e fundamentada da apreciação das provas e as conclusões do Juízo de Julgamento em Primeira Instância. Será proferida uma só decisão pelo Juízo de Julgamento em Primeira Instância. Se não houver unanimidade, a decisão do Juízo de Julgamento em Primeira Instância conterá as opiniões tanto da maioria como da minoria dos juízes. A leitura da decisão ou de uma sua súmula far-se-á em audiência pública.

Art. 75. Reparação em Favor das Vítimas
1. O Tribunal estabelecerá princípios aplicáveis às formas de reparação, tais como a restituição, a indenização ou a reabilitação, que hajam de ser atribuídas às vítimas ou aos titulares desse direito. Nesta base, o Tribunal poderá, de ofício ou por requerimento, em circunstâncias excepcionais, determinar a extensão e o nível dos danos, da perda ou do prejuízo causados às vítimas ou aos titulares do direito à reparação, com a indicação dos princípios nos quais fundamentou a sua decisão.
2. O Tribunal poderá lavrar despacho contra a pessoa condenada, no qual determinará a reparação adequada a ser atribuída às vítimas ou aos titulares de tal direito. Esta reparação poderá, nomeadamente, assumir a forma de restituição, indenização ou reabilitação. Se for caso disso, o Tribunal poderá ordenar que a indenização atribuída a título de reparação seja paga por intermédio do Fundo previsto no artigo 79.
3. Antes de lavrar qualquer despacho ao abrigo do presente artigo, o Tribunal poderá solicitar e levar

em consideração as pretensões formuladas pela pessoa condenada, pelas vítimas, por outras pessoas interessadas ou por outros Estados interessados, bem como as observações formuladas em nome dessas pessoas ou desses Estados.

4. Ao exercer os poderes conferidos pelo presente artigo, o Tribunal poderá, após a condenação por crime que seja da sua competência, determinar se, para fins de aplicação dos despachos que lavrar ao abrigo do presente artigo, será necessário tomar quaisquer medidas em conformidade com o parágrafo 1º do artigo 93.

5. Os Estados Partes observarão as decisões proferidas nos termos deste artigo como se as disposições do artigo 109 se aplicassem ao presente artigo.

6. Nada no presente artigo será interpretado como prejudicando os direitos reconhecidos às vítimas pelo direito interno ou internacional.

Art. 76. Aplicação da Pena

1. Em caso de condenação, o Juízo de Julgamento em Primeira Instância determinará a pena a aplicar tendo em conta os elementos de prova e as exposições relevantes produzidos no decurso do julgamento.

2. Salvo nos casos em que seja aplicado o artigo 65 e antes de concluído o julgamento, o Juízo de Julgamento em Primeira Instância poderá, oficiosamente, e deverá, a requerimento do Procurador ou do acusado, convocar uma audiência suplementar, a fim de conhecer de quaisquer novos elementos de prova ou exposições relevantes para a determinação da pena, de harmonia com o Regulamento Processual.

3. Sempre que o parágrafo 2º for aplicável, as pretensões previstas no artigo 75 serão ouvidas pelo Juízo de Julgamento em Primeira Instância no decorrer da audiência suplementar referida no parágrafo 2º e, se necessário, no decorrer de qualquer nova audiência.

4. A sentença será proferida em audiência pública e, sempre que possível, na presença do acusado.

CAPÍTULO VII

As Penas

Art. 77. Penas Aplicáveis

1. Sem prejuízo do disposto no artigo 110, o Tribunal pode impor à pessoa condenada por um dos crimes previstos no artigo 5º do presente Estatuto uma das seguintes penas:

a) Pena de prisão por um número determinado de anos, até ao limite máximo de 30 anos; ou
b) Pena de prisão perpétua, se o elevado grau de ilicitude do fato e as condições pessoais do condenado o justificarem.

2. Além da pena de prisão, o Tribunal poderá aplicar:
a) Uma multa, de acordo com os critérios previstos no Regulamento Processual;
b) A perda de produtos, bens e haveres provenientes, direta ou indiretamente, do crime, sem prejuízo dos direitos de terceiros que tenham agido de boa-fé.78. Determinação da Pena

1. Na determinação da pena, o Tribunal atenderá, em harmonia com o Regulamento Processual, a fatores tais como a gravidade do crime e as condições pessoais do condenado.

2. O Tribunal descontará, na pena de prisão que vier a aplicar, o período durante o qual o acusado esteve sob detenção por ordem daquele. O Tribunal poderá ainda descontar qualquer outro período de detenção que tenha sido cumprido em razão de uma conduta constitutiva do crime.

3. Se uma pessoa for condenada pela prática de vários crimes, o Tribunal aplicará penas de prisão parcelares relativamente a cada um dos crimes e uma pena única, na qual será especificada a duração total da pena de prisão. Esta duração não poderá ser inferior à da pena parcelar mais elevada e não poderá ser superior a 30 anos de prisão ou ir além da pena de prisão perpétua prevista no artigo 77, parágrafo 1º, alínea b).

Art. 79. Fundo em Favor das Vítimas

1. Por decisão da Assembleia dos Estados Partes, será criado um Fundo a favor das vítimas de crimes da competência do Tribunal, bem como das respectivas famílias.

2. O Tribunal poderá ordenar que o produto das multas e quaisquer outros bens declarados perdidos revertam para o Fundo.

3. O Fundo será gerido em harmonia com os critérios a serem adotados pela Assembleia dos Estados Partes.

Art. 80. Não Interferência no Regime de Aplicação de Penas Nacionais e nos Direitos Internos
Nada no presente Capítulo prejudicará a aplicação, pelos Estados, das penas previstas nos respectivos direitos internos, ou a aplicação da legislação de Estados que não preveja as penas referidas neste capítulo.

CAPÍTULO VIII
Recurso e Revisão

Art. 81. Recurso da Sentença Condenatória ou Absolutória ou da Pena

1. A sentença proferida nos termos do artigo 74 é recorrível em conformidade com o disposto no Regulamento Processual nos seguintes termos:
a) O Procurador poderá interpor recurso com base num dos seguintes fundamentos:
I. Vício processual;
II. Erro de fato; ou
III. Erro de direito;
b) O condenado ou o Procurador, no interesse daquele; poderá interpor recurso com base num dos seguintes fundamentos:
I. Vício processual;
II. Erro de fato;
III. Erro de direito; ou
IV. Qualquer outro motivo suscetível de afetar a equidade ou a regularidade do processo ou da sentença.
2. a) O Procurador ou o condenado poderá, em conformidade com o Regulamento Processual, interpor recurso da pena decretada invocando desproporção entre esta e o crime;
b) Se, ao conhecer de recurso interposto da pena decretada, o Tribunal considerar que há fundamentos suscetíveis de justificar a anulação, no todo ou em parte, da sentença condenatória, poderá convidar o Procurador e o condenado a motivarem a sua posição nos termos da alínea a) ou b) do parágrafo 1º do artigo 81, após o que poderá pronunciar-se sobre a sentença condenatória nos termos do artigo 83;
c) O mesmo procedimento será aplicado sempre que o Tribunal, ao conhecer de recurso interposto unicamente da sentença condenatória, considerar haver fundamentos comprovativos de uma redução da pena nos termos da alínea a) do parágrafo 2º.
3. a) Salvo decisão em contrário do Juízo de Julgamento em Primeira Instância, o condenado permanecerá sob prisão preventiva durante a tramitação do recurso;
b) Se o período de prisão preventiva ultrapassar a duração da pena decretada, o condenado será posto em liberdade; todavia, se o Procurador também interpuser recurso, a libertação ficará sujeita às condições enunciadas na alínea c) infra;
c) Em caso de absolvição, o acusado será imediatamente posto em liberdade, sem prejuízo das seguintes condições:
I. Em circunstâncias excepcionais e tendo em conta, nomeadamente, o risco de fuga, a gravidade da infração e as probabilidades de o recurso ser julgado procedente, o Juízo de Julgamento em Primeira Instância poderá, a requerimento do Procurador, ordenar que o acusado seja mantido em regime de prisão preventiva durante a tramitação do recurso;
II. A decisão proferida pelo juízo de julgamento em primeira instância nos termos da subalínea I), será recorrível em harmonia com as Regulamento Processual.
4. Sem prejuízo do disposto nas alíneas a) e b) do parágrafo 3º, a execução da sentença condenatória ou da pena ficará suspensa pelo período fixado para a interposição do recurso, bem como durante a fase de tramitação do recurso.

Art. 82. Recurso de Outras Decisões
1. Em conformidade com o Regulamento Processual, qualquer uma das Partes poderá recorrer das seguintes decisões:
a) Decisão sobre a competência ou a admissibilidade do caso;
b) Decisão que autorize ou recuse a libertação da pessoa objeto de inquérito ou de procedimento criminal;
c) Decisão do Juízo de Instrução de agir por iniciativa própria, nos termos do parágrafo 3º do artigo 56;
d) Decisão relativa a uma questão suscetível de afetar significativamente a tramitação equitativa e célere do processo ou o resultado do julgamento, e cuja resolução imediata pelo Juízo de Recursos poderia, no entender do Juízo de Instrução ou do Juízo de Julgamento em Primeira Instância, acelerar a marcha do processo.
2. Quer o Estado interessado quer o Procurador poderão recorrer da decisão proferida pelo Juízo de Instrução, mediante autorização deste, nos termos do artigo 57, parágrafo 3º, alínea d). Este recurso adotará uma forma sumária.
3. O recurso só terá efeito suspensivo se o Juízo de Recursos assim o ordenar, mediante requerimento, em conformidade com o Regulamento Processual.
4. O representante legal das vítimas, o condenado ou o proprietário de boa-fé de bens que hajam sido afetados por um despacho proferido ao abrigo do artigo 75 poderá recorrer de tal despacho, em conformidade com o Regulamento Processual.

Art. 83. Processo Sujeito a Recurso
1. Para os fins do procedimentos referido no artigo 81 e no presente artigo, o Juízo de Recursos terá todos os poderes conferidos ao Juízo de Julgamento em Primeira Instância.
2. Se o Juízo de Recursos concluir que o processo sujeito a recurso padece de vícios tais que afetem a regularidade da decisão ou da sentença, ou que a decisão ou a sentença recorridas estão materialmente afetadas por erros de fato ou de direito, ou vício processual, ela poderá:
a) Anular ou modificar a decisão ou a pena; ou
b) Ordenar um novo julgamento perante um outro Juízo de Julgamento em Primeira Instância. Para os fins mencionados, poderá o Juízo de Recursos reenviar uma questão de fato para o Juízo de Julgamento em Primeira Instância à qual foi submetida originariamente, a fim de que esta decida a questão e lhe apresente um relatório, ou pedir, ela própria, elementos de prova para decidir. Tendo o recurso da decisão ou da pena sido interposto somente pelo condenado, ou pelo Procurador no interesse daquele, não poderão aquelas ser modificadas em prejuízo do condenado.
3. Se, ao conhecer, do recurso de uma pena, o Juízo de Recursos considerar que a pena é desproporcionada relativamente ao crime, poderá modificá-la nos termos do Capítulo VII.
4. O acórdão do Juízo de Recursos será tirado por maioria dos juízes e proferido em audiência pública. O acórdão será sempre fundamentado. Não havendo unanimidade, deverá conter as opiniões da parte maioria e da minoria de juízes; contudo, qualquer juiz poderá exprimir uma opinião separada ou discordante sobre uma questão de direito.
5. O Juízo de Recursos poderá emitir o seu acórdão na ausência da pessoa absolvida ou condenada.
Art. 84. Revisão da Sentença Condenatória ou da Pena
1. O condenado ou, se este tiver falecido, o cônjuge sobrevivo, os filhos, os pais ou qualquer pessoa que, em vida do condenado, dele tenha recebido incumbência expressa, por escrito, nesse sentido, ou o Procurador no seu interesse, poderá submeter ao Juízo de Recursos um requerimento solicitando a revisão da sentença condenatória ou da pena pelos seguintes motivos:
a) A descoberta de novos elementos de prova:

I. De que não dispunha ao tempo do julgamento, sem que essa circunstância pudesse ser imputada, no todo ou em parte, ao requerente; e
II. De tal forma importantes que, se tivessem ficado provados no julgamento, teriam provavelmente conduzido a um veredicto diferente;
b) A descoberta de que elementos de prova, apreciados no julgamento e decisivos para a determinação da culpa, eram falsos ou tinham sido objeto de contrafação ou falsificação;
c) Um ou vários dos juízes que intervieram na sentença condenatória ou confirmaram a acusação hajam praticado atos de conduta reprovável ou de incumprimento dos respectivos deveres de tal forma graves que justifiquem a sua cessação de funções nos termos do artigo 46.
2. O Juízo de Recursos rejeitará o pedido se o considerar manifestamente infundado. Caso contrário, poderá o Juízo, se julgar oportuno:
a) Convocar de novo o Juízo de Julgamento em Primeira Instância que proferiu a sentença inicial;
b) Constituir um novo Juízo de Julgamento em Primeira Instância; ou
c) Manter a sua competência para conhecer da causa, a fim de determinar se, após a audição das partes nos termos do Regulamento Processual, haverá lugar à revisão da sentença.
Art. 85. Indenização do Detido ou Condenado
1. Quem tiver sido objeto de detenção ou prisão ilegal terá direito a reparação.
2. Sempre que uma decisão final seja posteriormente anulada em razão de fatos novos ou recentemente descobertos que apontem inequivocamente para um erro judiciário, a pessoa que tiver cumprido pena em resultado de tal sentença condenatória será indenizada, em conformidade com a lei, a menos que fique provado que a não revelação, em tempo útil, do fato desconhecido lhe seja imputável, no todo ou em parte.
3. Em circunstâncias excepcionais e em face de fatos que conclusivamente demonstrem a existência de erro judiciário grave e manifesto, o Tribunal poderá, no uso do seu poder discricionário, atribuir uma indenização, de acordo com os critérios enunciados no Regulamento Processual, à pessoa que, em virtude de sentença absolutória ou de extinção da instância por tal motivo, haja sido posta em liberdade.

CAPÍTULO IX

Cooperação Internacional e Auxílio Judiciário

Art. 86. Obrigação Geral de Cooperar
Os Estados Partes deverão, em conformidade com o disposto no presente Estatuto, cooperar plenamente com o Tribunal no inquérito e no procedimento contra crimes da competência deste.

Art. 87. Pedidos de Cooperação: Disposições Gerais
1. a) O Tribunal estará habilitado a dirigir pedidos de cooperação aos Estados Partes. Estes pedidos serão transmitidos pela via diplomática ou por qualquer outra via apropriada escolhida pelo Estado Parte no momento de ratificação, aceitação, aprovação ou adesão ao presente Estatuto.
Qualquer Estado Parte poderá alterar posteriormente a escolha feita nos termos do Regulamento Processual.
b) Se for caso disso, e sem prejuízo do disposto na alínea a), os pedidos poderão ser igualmente transmitidos pela Organização internacional de Polícia Criminal (Interpol) ou por qualquer outra organização regional competente.
2. Os pedidos de cooperação e os documentos comprovativos que os instruam serão redigidos na língua oficial do Estado requerido ou acompanhados de uma tradução nessa língua, ou numa das línguas de trabalho do Tribunal ou acompanhados de uma tradução numa dessas línguas, de acordo com a escolha feita pelo Estado requerido no momento da ratificação, aceitação, aprovação ou adesão ao presente Estatuto.
Qualquer alteração posterior será feita de harmonia com o Regulamento Processual.
3. O Estado requerido manterá a confidencialidade dos pedidos de cooperação e dos documentos comprovativos que os instruam, salvo quando a sua revelação for necessária para a execução do pedido.
4. Relativamente aos pedidos de auxílio formulados ao abrigo do presente Capítulo, o Tribunal poderá, nomeadamente em matéria de proteção da informação, tomar as medidas necessárias à garantia da segurança e do bem-estar físico ou psicológico das vítimas, das potenciais testemunhas e dos seus familiares. O Tribunal poderá solicitar que as informações fornecidas ao abrigo do presente Capítulo sejam comunicadas e tratadas por forma a que a segurança e o bem-estar físico ou psicológico das vítimas, das potenciais testemunhas e dos seus familiares sejam devidamente preservados.
5. a) O Tribunal poderá convidar qualquer Estado que não seja Parte no presente Estatuto a prestar auxílio ao abrigo do presente Capítulo com base num convênio ad hoc, num acordo celebrado com esse Estado ou por qualquer outro modo apropriado.
b) Se, após a celebração de um convênio ad hoc ou de um acordo com o Tribunal, um Estado que não seja Parte no presente Estatuto se recusar a cooperar nos termos de tal convênio ou acordo, o Tribunal dará conhecimento desse fato à Assembleia dos Estados Parles ou ao Conselho de Segurança, quando tiver sido este a referenciar o fato ao Tribunal.
6. O Tribunal poderá solicitar informações ou documentos a qualquer organização intergovernamental. Poderá igualmente requerer outras formas de cooperação e auxílio a serem acordadas com tal organização e que estejam em conformidade com a sua competência ou o seu mandato.
7. Se, contrariamente ao disposto no presente Estatuto, um Estado Parte recusar um pedido de cooperação formulado pelo Tribunal, impedindo-o assim de exercer os seus poderes e funções nos termos do presente Estatuto, o Tribunal poderá elaborar um relatório e remeter a questão à Assembleia dos Estados Partes ou ao Conselho de Segurança, quando tiver sido este a submeter o fato ao Tribunal.

Art. 88. Procedimentos Previstos no Direito Interno
Os Estados Partes deverão assegurar-se de que o seu direito interno prevê procedimentos que permitam responder a todas as formas de cooperação especificadas neste Capítulo.

Art. 89. Entrega de Pessoas ao Tribunal
1. O Tribunal poderá dirigir um pedido de detenção e entrega de uma pessoa, instruído com os documentos comprovativos referidos no artigo 91, a qualquer Estado em cujo território essa pessoa se possa encontrar, e solicitar a cooperação desse Estado na detenção e entrega da pessoa em causa. Os Estados Partes darão satisfação aos pedidos de detenção e de entrega em conformidade com o presente Capítulo e com os procedimentos previstos nos respectivos direitos internos.
2. Sempre que a pessoa cuja entrega é solicitada impugnar a sua entrega perante um tribunal nacional com, base no princípio *ne bis in idem* previsto no

artigo 20, o Estado requerido consultará, de imediato, o Tribunal para determinar se houve uma decisão relevante sobre a admissibilidade. Se o caso for considerado admissível, o Estado requerido dará seguimento ao pedido. Se estiver pendente decisão sobre a admissibilidade, o Estado requerido poderá diferir a execução do pedido até que o Tribunal se pronuncie.

3. a) Os Estados Partes autorizarão, de acordo com os procedimentos previstos na respectiva legislação nacional, o trânsito, pelo seu território, de uma pessoa entregue ao Tribunal por um outro Estado, salvo quando o trânsito por esse Estado impedir ou retardar a entrega.

b) Um pedido de trânsito formulado pelo Tribunal será transmitido em conformidade com o artigo 87. Do pedido de trânsito constarão:

I. A identificação da pessoa transportada;

II. Um resumo dos fatos e da respectiva qualificação jurídica;

III. O mandado de detenção e entrega.

c) A pessoa transportada será mantida sob custódia no decurso do trânsito.

d) Nenhuma autorização será necessária se a pessoa for transportada por via aérea e não esteja prevista qualquer aterrissagem no território do Estado de trânsito.

e) Se ocorrer, uma aterrissagem imprevista no território do Estado de trânsito, poderá este exigir ao Tribunal a apresentação de um pedido de trânsito nos termos previstos na alínea b). O Estado de trânsito manterá a pessoa sob detenção até a recepção do pedido de trânsito e a efetivação do trânsito. Todavia, a detenção ao abrigo da presente alínea não poderá prolongar-se para além das 96 horas subsequentes à aterrissagem imprevista se o pedido não for recebido dentro desse prazo.

4. Se a pessoa reclamada for objeto de procedimento criminal ou estiver cumprindo uma pena no Estado requerido por crime diverso do que motivou o pedido de entrega ao Tribunal, este Estado consultará o Tribunal após ter decidido anuir ao pedido

Art. 90. Pedidos Concorrentes

1. Um Estado Parte que, nos termos do artigo 89, receba um pedido de entrega de uma pessoa formulado pelo Tribunal, e receba igualmente, de qualquer outro Estado, um pedido de extradição relativo à mesma pessoa, pelos mesmos fatos que motivaram o pedido de entrega por parte do Tribunal, deverá notificar o Tribunal e o Estado requerente de tal fato.

2. Se o Estado requerente for um Estado Parte, o Estado requerido dará prioridade ao pedido do Tribunal:

a) Se o Tribunal tiver decidido, nos termos dos artigos 18 ou 19, da admissibilidade do caso a que respeita o pedido de entrega, e tal determinação tiver levado em conta o inquérito ou o procedimento criminal conduzido pelo Estado requerente relativamente ao pedido de extradição por este formulado; ou

b) Se o Tribunal tiver tomado a decisão referida na alínea a) em conformidade com a notificação feita pelo Estado requerido, em aplicação do parágrafo 1º.

3. Se o Tribunal não tiver tomado uma decisão nos termos da alínea a) do parágrafo 2º, o Estado requerido poderá, se assim o entender, estando pendente a determinação do Tribunal nos termos da alínea b) do parágrafo 2º, dar seguimento ao pedido de extradição formulado pelo Estado requerente sem, contudo, extraditar a pessoa até que o Tribunal decida sobre a admissibilidade do caso. A decisão do Tribunal seguirá a forma sumária.

4. Se o Estado requerente não for Parte no presente Estatuto, o Estado requerido, desde que não esteja obrigado por uma norma internacional a extraditar o acusado para o Estado requerente, dará prioridade ao pedido de entrega formulado pelo Tribunal, no caso de este se ter decidido pela admissibilidade do caso.

5. Quando um caso previsto no parágrafo 4º não tiver sido declarado admissível pelo Tribunal, o Estado requerido poderá, se assim o entender, dar seguimento ao pedido de extradição formulado pelo Estado requerente.

6. Relativamente aos casos em que o disposto no parágrafo 4º seja aplicável, mas o Estado requerido se veja obrigado, por força de uma norma internacional, a extraditar a pessoa para o Estado requerente que não seja Parte no presente Estatuto, o Estado requerido decidirá se procederá à entrega da pessoa em causa ao Tribunal ou se a extraditará para o Estado requerente. Na sua decisão, o Estado requerido terá em conta todos os fatores relevantes, incluindo, entre outros:

a) A ordem cronológica dos pedidos;

b) Os interesses do Estado requerente, incluindo, se relevante, se o crime foi cometido no seu território bem como a nacionalidade das vítimas e da pessoa reclamada; e

c) A possibilidade de o Estado requerente vir a proceder posteriormente à entrega da pessoa ao Tribunal.

7. Se um Estado Parte receber um pedido de entrega de uma pessoa formulado pelo Tribunal e um pedido de extradição formulado por um outro Estado Parte relativamente à mesma pessoa, por fatos diferentes dos que constituem o crime objeto do pedido de entrega:

a) O Estado requerido dará prioridade ao pedido do Tribunal, se não estiver obrigado por uma norma internacional a extraditar a pessoa para o Estado requerente;

b) O Estado requerido terá de decidir se entrega a pessoa ao Tribunal ou a extradita para o Estado requerente, se estiver obrigado por uma norma internacional a extraditar a pessoa para o Estado requerente. Na sua decisão, o Estado requerido considerará todos os fatores relevantes, incluindo, entre outros, os constantes do parágrafo 6º; todavia, deverá dar especial atenção à natureza e à gravidade dos fatos em causa.

8. Se, em conformidade com a notificação prevista no presente artigo, o Tribunal se tiver pronunciado pela inadmissibilidade do caso e, posteriormente, a extradição para o Estado requerente for recusada, o Estado requerido notificará o Tribunal dessa decisão.

Art. 91. Conteúdo do Pedido de Detenção e de Entrega

1. O pedido de detenção e de entrega será formulado por escrito. Em caso de urgência, o pedido poderá ser feito através de qualquer outro meio de que fique registro escrito, devendo, no entanto, ser confirmado através dos canais previstos na alínea a) do parágrafo 1º do artigo 87.

2. O pedido de detenção e entrega de uma pessoa relativamente à qual o Juízo de Instrução tiver emitido um mandado de detenção ao abrigo do artigo 58, deverá conter ou ser acompanhado dos seguintes documentos:

a) Uma descrição da pessoa procurada, contendo informação suficiente que permita a sua identificação, bem como informação sobre a sua provável localização;

b) Uma cópia do mandado de detenção; e

c) Os documentos, declarações e informações necessários para satisfazer os requisitos do processo de entrega pelo Estado requerido; contudo, tais requisitos não deverão ser mais rigorosos dos que os que devem ser observados em caso de um pedido de extradição em conformidade com tratados ou convênios celebrados entre o Estado requerido e outros Estados, devendo, se possível, ser menos rigorosos face à natureza específica de que se reveste o Tribunal.

3. Se o pedido respeitar à detenção e à entrega de uma pessoa já condenada, deverá conter ou ser acompanhado dos seguintes documentos:

a) Uma cópia do mandado de detenção dessa pessoa;

b) Uma cópia da sentença condenatória;

c) Elementos que demonstrem que a pessoa procurada é a mesma a que se refere a sentença condenatória; e

d) Se a pessoa já tiver sido condenada, uma cópia da sentença e, em caso de pena de prisão, a indicação do período que já tiver cumprido, bem como o período que ainda lhe falte cumprir.

4. Mediante requerimento do Tribunal, um Estado Parte manterá, no que respeite a questões genéricas ou a uma questão específica, consultas com o Tribunal sobre quaisquer requisitos previstos no seu direito interno que possam ser aplicados nos termos da alínea c) do parágrafo 2º. No decurso de tais consultas, o Estado Parte informará o Tribunal dos requisitos específicos constantes do seu direito interno.

Art. 92. Prisão Preventiva

1. Em caso de urgência, o Tribunal poderá solicitar a prisão preventiva da pessoa procurada até a apresentação do pedido de entrega e os documentos de apoio referidos no artigo 91.

2. O pedido de prisão preventiva será transmitido por qualquer meio de que fique registro escrito e conterá:

a) Uma descrição da pessoa procurada, contendo informação suficiente que permita a sua identificação, bem como informação sobre a sua provável localização;

b) Uma exposição sucinta dos crimes pelos quais a pessoa é procurada, bem como dos fatos alegadamente constitutivos de tais crimes incluindo, se possível, a data e o local da sua prática;

c) Uma declaração que certifique a existência de um mandado de detenção ou de uma decisão condenatória contra a pessoa procurada; e

d) Uma declaração de que o pedido de entrega relativo à pessoa procurada será enviado posteriormente.

3. Qualquer pessoa mantida sob prisão preventiva poderá ser posta em liberdade se o Estado requerido não tiver recebido, em conformidade com o artigo 91, o pedido de entrega e os respectivos documentos no prazo fixado pelo Regulamento Processual. Todavia, essa pessoa poderá consentir na sua entrega antes do termo do período se a legislação do Estado requerido o permitir. Nesse caso, o Estado requerido procede à entrega da pessoa reclamada ao Tribunal, o mais rapidamente possível.

4. O fato de a pessoa reclamada ter sido posta em liberdade em conformidade com o parágrafo 3º não obstará a que seja de novo detida e entregue se o pedido de entrega e os documentos em apoio, vierem a ser apresentados posteriormente.

Art. 93. Outras Formas de Cooperação

1. Em conformidade com o disposto no presente Capítulo e nos termos dos procedimentos previstos nos respectivos direitos internos, os Estados Partes darão seguimento aos pedidos formulados pelo Tribunal para concessão de auxílio, no âmbito de inquéritos ou procedimentos criminais, no que se refere a:

a) Identificar uma pessoa e o local onde se encontra, ou localizar objetos;
b) Reunir elementos de prova, incluindo os depoimentos prestados sob juramento, bem como produzir elementos de prova, incluindo perícias e relatórios de que o Tribunal necessita;
c) Interrogar qualquer pessoa que seja objeto de inquérito ou de procedimento criminal;
d) Notificar documentos, nomeadamente documentos judiciários;
e) Facilitar o comparecimento voluntária, perante o Tribunal, de pessoas que deponham na qualidade de testemunhas ou de peritos;
f) Proceder à transferência temporária de pessoas, em conformidade com o parágrafo 7º;
g) Realizar inspeções, nomeadamente a exumação e o exame de cadáveres enterrados em fossas comuns;
h) Realizar buscas e apreensões;
i) Transmitir registros e documentos, nomeadamente registros e documentos oficiais;
j) Proteger vítimas e testemunhas, bem como preservar elementos de prova;
k) Identificar, localizar e congelar ou apreender o produto de crimes, bens, haveres e instrumentos ligados aos crimes, com vista à sua eventual declaração de perda, sem prejuízo dos direitos de terceiros de boa-fé; e

l) Prestar qualquer outra forma de auxílio não proibida pela legislação do Estado requerido, destinada a facilitar o inquérito e o julgamento por crimes da competência do Tribunal.

2. O Tribunal tem poderes para garantir à testemunha ou ao perito que perante ele compareça de que não serão perseguidos, detidos ou sujeitos a qualquer outra restrição da sua liberdade pessoal, por fato ou omissão anteriores à sua saída do território do Estado requerido.

3. Se a execução de uma determinada medida de auxílio constante de um pedido apresentado ao abrigo do parágrafo 1º não for permitida no Estado requerido em virtude de um princípio jurídico fundamental de aplicação geral, o Estado em causa iniciará sem demora consultas com o Tribunal com vista à solução dessa questão. No decurso das consultas, serão consideradas outras formas de auxílio, bem como as condições da sua realização. Se, concluídas as consultas, a questão não estiver resolvida, o Tribunal alterará o conteúdo do pedido conforme se mostrar necessário.

4. Nos termos do disposto no artigo 72, um Estado Parte só poderá recusar, no todo ou em parte, um pedido de auxílio formulado pelo Tribunal se tal pedido se reportar unicamente à produção de documentos ou à divulgação de elementos de prova que atentem contra a sua segurança nacional.

5. Antes de denegar o pedido de auxílio previsto na alínea l) do parágrafo 1º, o Estado requerido considerará se o auxílio poderá ser concedido sob determinadas condições ou se poderá sê-lo em data ulterior ou sob uma outra forma, com a ressalva de que, se o Tribunal ou o Procurador aceitarem tais condições, deverão observá-las.

6. O Estado requerido que recusar um pedido de auxílio comunicará, sem demora, os motivos ao Tribunal ou ao Procurador.

7. a) O Tribunal poderá pedir a transferência temporária de uma pessoa detida para fins de identificação ou para obter um depoimento ou outras formas de auxílio. A transferência realizar-se-á sempre que:

I. A pessoa der o seu consentimento, livremente e com conhecimento de causa; e
II. O Estado requerido concordar com a transferência, sem prejuízo das condições que esse Estado e o Tribunal possam acordar;

b) A pessoa transferida permanecerá detida. Esgotado o fim que determinou a transferência, o Tribunal reenviá-la-á imediatamente para o Estado requerido.

8. a) O Tribunal garantirá a confidencialidade dos documentos e das informações recolhidas, exceto se necessários para o inquérito e os procedimentos descritos no pedido;
b) O Estado requerido poderá, se necessário, comunicar os documentos ou as informações ao Procurador a título confidencial. O Procurador só poderá utilizá-los para recolher novos elementos de prova;
c) O Estado requerido poderá, de ofício ou a pedido do Procurador, autorizar a divulgação posterior de tais documentos ou informações; os quais poderão ser utilizados como meios de prova, nos termos do disposto nos Capítulos v e vi e no Regulamento Processual.

9. a) **I.** Se um Estado Parte receber pedidos concorrentes formulados pelo Tribunal e por um outro Estado, no âmbito de uma obrigação internacional, e cujo objeto não seja nem a entrega nem a extradição, esforçar-se-á, mediante consultas com o Tribunal e esse outro Estado, por dar satisfação a ambos os pedidos adiando ou estabelecendo determinadas condições a um ou outro pedido, se necessário.
II. Não sendo possível, os pedidos concorrentes observarão os princípios fixados no artigo 90.
b) Todavia, sempre que o pedido formulado pelo Tribunal respeitar a informações, bens ou pessoas que estejam sob o controle de um Estado terceiro ou de uma organização internacional ao abrigo de um acordo internacional, os Estados requeridos informarão o Tribunal em conformidade, este dirigirá o seu pedido ao Estado terceiro ou à organização internacional.

10. a) Mediante pedido, o Tribunal cooperará com um Estado Parte e prestar-lhe-á auxílio na condução de um inquérito ou julgamento relacionado com fatos que constituam um crime da jurisdição do Tribunal ou que constituam um crime grave à luz do direito interno do Estado requerente.
b) **I.** O auxílio previsto na alínea a) deve compreender, a saber:
a. A transmissão de depoimentos, documentos e outros elementos de prova recolhidos no decurso do inquérito ou do julgamento conduzidos pelo Tribunal; e
b. O interrogatório de qualquer pessoa detida por ordem do Tribunal;

II. No caso previsto na alínea b), I), a;
a) A transmissão dos documentos e de outros elementos de prova obtidos com o auxílio de um Estado necessita do consentimento desse Estado;
b) A transmissão de depoimentos, documentos e outros elementos de prova fornecidos quer por uma testemunha, quer por um perito, será feita em conformidade com o disposto no artigo 68.
c) O Tribunal poderá, em conformidade com as condições enunciadas neste número, deferir um pedido de auxílio formulado por um Estado que não seja parte no presente Estatuto.

Art. 94. Suspensão da Execução de um Pedido Relativamente a um Inquérito ou a Procedimento Criminal em Curso
1. Se a imediata execução de um pedido prejudicar o desenrolar de um inquérito ou de um procedimento criminal relativos a um caso diferente daquele a que se reporta o pedido, o Estado requerido poderá suspender a execução do pedido por tempo determinado, acordado com o Tribunal. Contudo, a suspensão não deve prolongar-se além do necessário para que o inquérito ou o procedimento criminal em causa sejam efetuados no Estado requerido. Este, antes de decidir suspender a execução do pedido, verificará se o auxílio não poderá ser concedido de imediato sob determinadas condições.
2. Se for decidida a suspensão de execução do pedido em conformidade com o parágrafo 1º, o Procurador poderá, no entanto, solicitar que sejam adotadas medidas para preservar os elementos de prova, nos termos da alínea j) do parágrafo 1º do artigo 93.

Art. 95. Suspensão da Execução de um Pedido por Impugnação de Admissibilidade
Se o Tribunal estiver apreciando uma impugnação de admissibilidade, de acordo com os artigos 18 ou 19, o Estado requerido poderá suspender a execução de um pedido formulado ao abrigo do presente Capítulo enquanto aguarda que o Tribunal se pronuncie, a menos que o Tribunal tenha especificamente ordenado que o Procurador continue a reunir elementos de prova, nos termos dos artigos 18 ou 19.

Art. 96. Conteúdo do Pedido sob Outras Formas de Cooperarão previstas no Artigo 93
1. Todo o pedido relativo a outras formas de cooperação previstas no artigo 93 será formulado por escrito. Em caso de urgência, o pedido poderá ser feito por qualquer meio que permita manter um registro

escrito, desde que seja confirmado através dos canais indicados na alínea a) do parágrafo 1º do artigo 87.
2. O pedido deverá conter, ou ser instruído com os seguintes documentos:
a) Um resumo do objeto do pedido, bem como da natureza do auxílio solicitado, incluindo os fundamentos jurídicos e os motivos do pedido;
b) Informações tão completas quanto possível sobre a pessoa ou o lugar a identificar ou a localizar, por forma a que o auxílio solicitado possa ser prestado;
c) Um exposição sucinta dos fatos essenciais que fundamentam o pedido;
d) A exposição dos motivos e a explicação pormenorizada dos procedimentos ou das condições a respeitar;
e) Toda a informação que o Estado requerido possa exigir de acordo com o seu direito interno para dar seguimento ao pedido; e
f) Toda a informação útil para que o auxílio possa ser concedido.
3. A requerimento do Tribunal, um Estado Parte manterá, no que respeita a questões genéricas ou a uma questão específica, consultas com o Tribunal sobre as disposições aplicáveis do seu direito interno, susceptíveis de serem aplicadas em conformidade com a alínea e) do parágrafo 2º. No decurso de tais consultas, o Estado Parte informará o Tribunal das disposições específicas constantes do seu direito interno.
4. O presente artigo aplicar-se-á, se for caso disso, a qualquer pedido de auxílio dirigido ao Tribunal.

Art. 97. Consultas
Sempre que, ao abrigo do presente Capítulo, um Estado Parte receba um pedido e verifique que este suscita dificuldades que possam obviar à sua execução ou impedi-la, o Estado em causa iniciará, sem demora, as consultas com o Tribunal com vista à solução desta questão. Tais dificuldades podem revestir as seguintes formas:
a) Informações insuficientes para dar seguimento ao pedido;
b) No caso de um pedido de entrega, o paradeiro da pessoa reclamada continuar desconhecido a despeito de todos os esforços ou a investigação realizada permitiu determinar que a pessoa que se encontra no Estado Requerido não é manifestamente a pessoa identificada no mandado; ou
c) O Estado requerido ver-se-ia compelido, para cumprimento do pedido na sua forma atual, a violar uma obrigação constante de um tratado anteriormente celebrado com outro Estado.

Art. 98. Cooperação Relativa à Renúncia, à Imunidade e ao Consentimento na Entrega
1. O Tribunal pode não dar seguimento a um pedido de entrega ou de auxílio por força do qual o Estado requerido devesse atuar de forma incompatível com as obrigações que lhe incumbem à luz do direito internacional em matéria de imunidade dos Estados ou de imunidade diplomática de pessoa ou de bens de um Estado terceiro, a menos que obtenha, previamente a cooperação desse Estado terceiro com vista ao levantamento da imunidade.
2. O Tribunal pode não dar seguimento à execução de um pedido de entrega por força do qual o Estado requerido devesse atuar de forma incompatível com as obrigações que lhe incumbem em virtude de acordos internacionais à luz dos quais o consentimento do Estado de envio é necessário para que uma pessoa pertencente a esse Estado seja entregue ao Tribunal, a menos que o Tribunal consiga, previamente, obter a cooperação do Estado de envio para consentir na entrega.

Art. 99. Execução dos Pedidos Apresentados ao Abrigo dos Artigos 93 e 96
1. Os pedidos de auxílio serão executados de harmonia com os procedimentos previstos na legislação interna do Estado requerido e, a menos que o seu direito interno o proíba, na forma especificada no pedido, aplicando qualquer procedimento nele indicado ou autorizando as pessoas nele indicadas a estarem presentes e a participarem na execução do pedido.
2. Em caso de pedido urgente, os documentos e os elementos de prova produzidos na resposta serão, a requerimento do Tribunal, enviados com urgência.
3. As respostas do Estado requerido serão transmitidas na sua língua e forma originais.
4. Sem prejuízo dos demais artigos do presente Capítulo, sempre que for necessário para a execução com sucesso de um pedido, e não haja que recorrer a medidas coercitivas, nomeadamente quando se trate de ouvir ou levar uma pessoa a depor de sua livre vontade, mesmo sem a presença das autoridades do Estado Parte requerido se tal for determinante para a execução do pedido, ou quando se trate de examinar, sem proceder a alterações, um lugar público ou um outro local público, o Procurador poderá dar cumprimento ao pedido

diretamente no território de um Estado, de acordo com as seguintes modalidades:

a) Quando o Estado requerido for o Estado em cujo território haja indícios de ter sido cometido o crime e existir uma decisão sobre a admissibilidade tal como previsto nos artigos 18 e 19, o Procurador poderá executar diretamente o pedido, depois de ter levado a cabo consultas tão amplas quanto possível com o Estado requerido;

b) Em outros casos, o Procurador poderá executar o pedido após consultas com o Estado Parte requerido e tendo em conta as condições ou as preocupações razoáveis que esse Estado tenha eventualmente argumentado. Sempre que o Estado requerido verificar que a execução de um pedido nos termos da presente alínea suscita dificuldades, consultará de imediato o Tribunal para resolver a questão.

5. As disposições que autorizam a pessoa ouvida ou interrogada pelo Tribunal ao abrigo do artigo 72, a invocar as restrições previstas para impedir a divulgação de informações confidenciais relacionadas com a segurança nacional, aplicar-se-ão de igual modo à execução dos pedidos de auxílio referidos no presente artigo.

Art. 100. Despesas

1. As despesas ordinárias decorrentes da execução dos pedidos no território do Estado requerido serão por este suportadas, com exceção das seguintes, que correrão a cargo do Tribunal:

a) As despesas relacionadas com as viagens e a proteção das testemunhas e dos peritos ou com a transferência de detidos ao abrigo do artigo 93;

b) As despesas de tradução, de interpretação e de transcrição;

c) As despesas de deslocação e de estada dos juízes, do Procurador, dos Procuradores Adjuntos, do Secretário, do Secretário Adjunto e dos membros do pessoal de todos os órgãos do Tribunal;

d) Os custos das perícias ou dos relatórios periciais solicitados pelo Tribunal;

e) As despesas decorrentes do transporte das pessoas entregues ao Tribunal pelo Estado de detenção; e

f) Após consulta, quaisquer despesas extraordinárias decorrentes da execução de um pedido.

2. O disposto no parágrafo 1º aplicar-se-á, sempre que necessário, aos pedidos dirigidos pelos Estados Partes ao Tribunal. Neste caso, o Tribunal tomará a seu cargo as despesas ordinárias decorrentes da execução.

Art. 101. Regra da Especialidade

1. Nenhuma pessoa entregue ao Tribunal nos termos do presente Estatuto poderá ser perseguida, condenada ou detida por condutas anteriores à sua entrega, salvo quando estas constituam crimes que tenham fundamentado a sua entrega.

2. O Tribunal poderá solicitar uma derrogação dos requisitos estabelecidos no parágrafo 1º ao Estado que lhe tenha entregue uma pessoa e, se necessário, facultar-lhe-á, em conformidade com o artigo 91, informações complementares. Os Estados Partes estarão habilitados a conceder uma derrogação ao Tribunal e deverão envidar esforços nesse sentido.

Art. 102. Termos Usados

Para os fins do presente Estatuto:

a) Por "entrega", entende-se a entrega de uma pessoa por um Estado ao Tribunal nos termos do presente Estatuto.

b) Por "extradição", entende-se a entrega de uma pessoa por um Estado a outro Estado conforme previsto em um tratado, em uma convenção ou no direito interno.

CAPÍTULO X

Execução da Pena

Art. 103. Função dos Estados na Execução das Penas Privativas de Liberdade

1. a) As penas privativas de liberdade serão cumpridas num Estado indicado pelo Tribunal a partir de uma lista de Estados que lhe tenham manifestado a sua disponibilidade para receber pessoas condenadas.

b) Ao declarar a sua disponibilidade para receber pessoas condenadas, um Estado poderá formular condições acordadas com o Tribunal e em conformidade com o presente Capítulo.

c) O Estado indicado no âmbito de um determinado caso dará prontamente a conhecer se aceita ou não a indicação do Tribunal.

2. a) O Estado da execução informará o Tribunal de qualquer circunstância, incluindo o cumprimento de quaisquer condições acordadas nos termos do parágrafo 1º, que possam afetar materialmente as condições ou a duração da detenção. O Tribunal será informado com, pelo menos, 45 dias de antecedência sobre qualquer circunstância dessa natureza,

conhecida ou previsível. Durante este período, o Estado da execução não tomará qualquer medida que possa ser contrária às suas obrigações ao abrigo do artigo 110.
b) Se o Tribunal não puder aceitar as circunstâncias referidas na alínea a), deverá informar o Estado da execução e proceder em harmonia com o parágrafo 1º do artigo 104.
3. Sempre que exercer o seu poder de indicação em conformidade com o parágrafo 1º, o Tribunal levará em consideração:
a) O princípio segundo o qual os Estados Partes devem partilhar da responsabilidade na execução das penas privativas de liberdade, em conformidade com os princípios de distribuição equitativa estabelecidos no Regulamento Processual;
b) A aplicação de normas convencionais do direito internacional amplamente aceitas, que regulam o tratamento dos reclusos;
c) A opinião da pessoa condenada; e
d) A nacionalidade da pessoa condenada;
e) Outros fatores relativos às circunstâncias do crime, às condições pessoais da pessoa condenada ou à execução efetiva da pena, adequadas à indicação do Estado da execução.
4. Se nenhum Estado for designado nos termos do parágrafo 1º, a pena privativa de liberdade será cumprida num estabelecimento prisional designado pelo Estado anfitrião, em conformidade com as condições estipuladas no acordo que determinou o local da sede previsto no parágrafo 2º do artigo 3º. Neste caso, as despesas relacionadas com a execução da pena ficarão a cargo do Tribunal.

Art. 104. Alteração da Indicação do Estado da Execução
1. O Tribunal poderá, a qualquer momento, decidir transferir um condenado para uma prisão de um outro Estado.
2. A pessoa condenada pelo Tribunal poderá, a qualquer momento, solicitar-lhe que a transfira do Estado encarregado da execução.

Art. 105. Execução da Pena
1. Sem prejuízo das condições que um Estado haja estabelecido nos termos do artigo 103, parágrafo 1º, alínea b), a pena privativa de liberdade é vinculativa para os Estados Partes, não podendo estes modificá-la em caso algum.

2. Será da exclusiva competência do Tribunal pronunciar-se sobre qualquer pedido de revisão ou recurso. O Estado da execução não obstará a que o condenado apresente um tal pedido.

Art. 106. Controle da Execução da Pena e das Condições de Detenção
1. A execução de uma pena privativa de liberdade será submetida ao controle do Tribunal e observará as regras convencionais internacionais amplamente aceitas em matéria de tratamento dos reclusos.
2. As condições de detenção serão reguladas pela legislação do Estado da execução e observarão as regras convencionais internacionais amplamente aceitas em matéria de tratamento dos reclusos. Em caso algum devem ser menos ou mais favoráveis do que as aplicáveis aos reclusos condenados no Estado da execução por infrações análogas.
3. As comunicações entre o condenado e o Tribunal serão livres e terão caráter confidencial.

Art. 107. Transferência do Condenado depois de Cumprida a Pena
1. Cumprida a pena, a pessoa que não seja nacional do Estado da execução poderá, de acordo com a legislação desse mesmo Estado, ser transferida para um outro Estado obrigado a aceitá-la ou ainda para um outro Estado que aceite acolhê-la tendo em conta a vontade expressa pela pessoa em ser transferida para esse Estado; a menos que o Estado da execução autorize essa pessoa a permanecer no seu território.
2. As despesas relativas à transferência do condenado para um outro Estado nos termos do parágrafo 1º serão suportadas pelo Tribunal se nenhum Estado as tomar a seu cargo.
3. Sem prejuízo do disposto no artigo 108, o Estado da execução poderá igualmente, em harmonia com o seu direito interno, extraditar ou entregar por qualquer outro modo a pessoa a um Estado que tenha solicitado a sua extradição ou a sua entrega para fins de julgamento ou de cumprimento de uma pena.

Art. 108. Restrições ao Procedimento Criminal ou à Condenação por Outras Infrações
1. A pessoa condenada que esteja detida no Estado da execução não poderá ser objeto de procedimento criminal, condenação ou extradição para um Estado terceiro em virtude de uma conduta anterior à sua transferência para o Estado da execução, a menos que o Tribunal tenha dado a sua aprovação

a tal procedimento, condenação ou extradição, a pedido do Estado da execução.
2. Ouvido o condenado, o Tribunal pronunciar-se-á sobre a questão.
3. O parágrafo 1º deixará de ser aplicável se o condenado permanecer voluntariamente no território do Estado da execução por um período superior a 30 dias após o cumprimento integral da pena proferida pelo Tribunal, ou se regressar ao território desse Estado após dele ter saído.

Art. 109. Execução das Penas de Multa e das Medidas de Perda
1. Os Estados Partes aplicarão as penas de multa, bem como as medidas de perda ordenadas pelo Tribunal ao abrigo do Capítulo VII, sem prejuízo dos direitos de terceiros de boa-fé e em conformidade com os procedimentos previstos no respectivo direito interno.
2. Sempre que um Estado Parte não possa tornar efetiva a declaração de perda, deverá tomar medidas para recuperar o valor do produto, dos bens ou dos haveres cuja perda tenha sido declarada pelo Tribunal, sem prejuízo dos direitos de terceiros de boa-fé.
3. Os bens, ou o produto da venda de bens imóveis ou, se for caso disso, da venda de outros bens, obtidos por um Estado Parte por força da execução de uma decisão do Tribunal, serão transferidos para o Tribunal.

Art. 110. Reexame pelo Tribunal da Questão de Redução de Pena
1. O Estado da execução não poderá libertar o recluso antes de cumprida a totalidade da pena proferida pelo Tribunal.
2. Somente o Tribunal terá a faculdade de decidir sobre qualquer redução da pena e, ouvido o condenado, pronunciar-se-á a tal respeito.
3. Quando a pessoa já tiver cumprido dois terços da pena, ou 25 anos de prisão em caso de pena de prisão perpétua, o Tribunal reexaminará a pena para determinar se haverá lugar a sua redução. Tal reexame só será efetuado transcorrido o período acima referido.
4. No reexame a que se refere o parágrafo 3º, o Tribunal poderá reduzir a pena se constatar que se verificam uma ou várias das condições seguintes:
a) A pessoa tiver manifestado, desde o início e de forma contínua, a sua vontade em cooperar com o Tribunal no inquérito e no procedimento;
b) A pessoa tiver, voluntariamente, facilitado a execução das decisões e despachos do Tribunal em outros casos, nomeadamente ajudando-o a localizar bens sobre os quais recaíam decisões de perda, de multa ou de reparação que poderão ser usados em benefício das vítimas; ou
c) Outros fatores que conduzam a uma clara e significativa alteração das circunstâncias suficiente para justificar a redução da pena, conforme previsto no Regulamento Processual.
5. 5. Se, no reexame inicial a que se refere o parágrafo 3º, o Tribunal considerar não haver motivo para redução da pena, ele reexaminará subsequentemente a questão da redução da pena com a periodicidade e nos termos previstos no Regulamento Processual.

Art. 111. Evasão
Se um condenado se evadir do seu local de detenção e fugir do território do Estado da execução, este poderá, depois de ter consultado o Tribunal, pedir ao Estado no qual se encontra localizado o condenado que o entregue em conformidade com os acordos bilaterais ou multilaterais em vigor, ou requerer ao Tribunal que solicite a entrega dessa pessoa ao abrigo do Capítulo IX. O Tribunal poderá, ao solicitar a entrega da pessoa, determinar que esta seja entregue ao Estado no qual se encontrava a cumprir a sua pena, ou a outro Estado por ele indicado.

CAPÍTULO XI

Assembleia dos Estados PArtes

Art. 112. Assembleia dos Estados Partes
1. É constituída, pelo presente instrumento, uma Assembleia dos Estados Partes. Cada um dos Estados Partes nela disporá de um representante, que poderá ser coadjuvado por substitutos e assessores. Outros Estados signatários do Estatuto ou da Ata Final poderão participar nos trabalhos da Assembleia na qualidade de observadores.
2. A Assembleia:
a) Examinará e adotará, se adequado, as recomendações da Comissão Preparatória;
b) Promoverá junto à Presidência, ao Procurador e ao Secretário as linhas orientadoras gerais no que toca à administração do Tribunal;
c) Examinará os relatórios e as atividades da Mesa estabelecido nos termos do parágrafo 3º e tomará as medidas apropriadas;
d) Examinará e aprovará o orçamento do Tribunal;

e) Decidirá, se for caso disso, alterar o número de juízes nos termos do artigo 36;
f) Examinará, em harmonia com os parágrafos 5º e 7º do artigo 87, qualquer questão relativa à não cooperação dos Estados;
g) Desempenhará qualquer outra função compatível com as disposições do presente Estatuto ou do Regulamento Processual;

3. a) A Assembleia será dotada de uma Mesa composta por um presidente, dois vice-presidentes e 18 membros por ela eleitos por períodos de três anos;
b) A Mesa terá um caráter representativo, atendendo nomeadamente ao princípio da distribuição geográfica equitativa e à necessidade de assegurar uma representação adequada dos principais sistemas jurídicos do mundo;
c) A Mesa reunir-se-á as vezes que forem necessárias, mas, pelo menos, uma vez por ano. Assistirá a Assembleia no desempenho das suas funções.

4. A Assembleia poderá criar outros órgãos subsidiários que julgue necessários, nomeadamente um mecanismo de controle independente que proceda a inspeções, avaliações e inquéritos em ordem a melhorar a eficiência e economia da administração do Tribunal.

5. O Presidente do Tribunal, o Procurador e o Secretário ou os respectivos representantes poderão participar, sempre que julguem oportuno, nas reuniões da Assembleia e da Mesa.

6. A Assembleia reunir-se-á na sede do Tribunal ou na sede da Organização das Nações Unidas uma vez por ano e, sempre que as circunstâncias o exigirem, reunir-se-á em sessão extraordinária. A menos que o presente Estatuto estabeleça em contrário, as sessões extraordinárias são convocadas pela Mesa, de ofício ou a pedido de um terço dos Estados Partes.

7. Cada um dos Estados Partes disporá de um voto. Todos os esforços deverão ser envidados para que as decisões da Assembleia e da Mesa sejam adotadas por consenso. Se tal não for possível, e a menos que o Estatuto estabeleça em contrário:
a) As decisões sobre as questões de fundo serão tomadas por maioria de dois terços dos membros presentes e votantes, sob a condição que a maioria absoluta dos Estados Partes constitua quórum para o escrutínio;
b) As decisões sobre as questões de procedimento serão tomadas por maioria simples dos Estados Partes presentes e votantes.

8. O Estado Parte em atraso no pagamento da sua contribuição financeira para as despesas do Tribunal não poderá votar nem na Assembleia nem na Mesa se o total das suas contribuições em atraso igualar ou exceder a soma das contribuições correspondentes aos dois anos anteriores completos por ele devidos. A Assembleia Geral poderá, no entanto, autorizar o Estado em causa a votar na Assembleia ou na Mesa se ficar provado que a falta de pagamento é devida a circunstâncias alheias ao controle do Estado Parte.

9. A Assembleia adotará o seu próprio Regimento.

10. As línguas oficiais e de trabalho da Assembleia dos Estados Partes serão as línguas oficiais e de trabalho da Assembleia Geral da Organização das Nações Unidas.

CAPÍTULO XII

Financiamento

Art. 113. Regulamento Financeiro
Salvo disposição expressa em contrário, todas as questões financeiras atinentes ao Tribunal e às reuniões da Assembleia dos Estados Partes, incluindo a sua Mesa e os seus órgãos subsidiários, serão reguladas pelo presente Estatuto, pelo Regulamento Financeiro e pelas normas de gestão financeira adotados pela Assembleia dos Estados Partes.

Art. 114. Pagamento de Despesas
As despesas do Tribunal e da Assembleia dos Estados Partes, incluindo a sua Mesa e os seus órgãos subsidiários, serão pagas pelos fundos do Tribunal.

Art. 115. Fundos do Tribunal e da Assembleia dos Estados Partes
As despesas do Tribunal e da Assembleia dos Estados Partes, incluindo a sua Mesa e os seus órgãos subsidiários, inscritas no orçamento aprovado pela Assembleia dos Estados Partes, serão financiadas:
a) Pelas quotas dos Estados Partes;
b) Pelos fundos provenientes da Organização das Nações Unidas, sujeitos à aprovação da Assembleia Geral, nomeadamente no que diz respeito às despesas relativas a questões remetidas para o Tribunal pelo Conselho de Segurança.

Art. 116. Contribuições Voluntárias
Sem prejuízo do artigo 115, o Tribunal poderá receber e utilizar, a título de fundos adicionais, as contribuições voluntárias dos Governos, das organizações internacionais, dos particulares, das

empresas e demais entidades, de acordo com os critérios estabelecidos pela Assembleia dos Estados Partes nesta matéria.

Art. 117. Cálculo das Quotas

As quotas dos Estados Partes serão calculadas em conformidade com uma tabela de quotas que tenha sido acordada, com base na tabela adotada pela Organização das Nações Unidas para o seu orçamento ordinário, e adaptada de harmonia com os princípios nos quais se baseia tal tabela.

Art. 118. Verificação Anual de Contas

Os relatórios, livros e contas do Tribunal, incluindo os balanços financeiros anuais, serão verificados anualmente por um revisor de contas independente.

CAPÍTULO XIII

Cláusulas Finais

Art. 119. Resolução de Diferendos

1. Qualquer diferendo relativo às funções judiciais do Tribunal será resolvido por decisão do Tribunal.

2. Quaisquer diferendos entre dois ou mais Estados Partes relativos à interpretação ou à aplicação do presente Estatuto, que não forem resolvidos pela via negocial num período de três meses após o seu início, serão submetidos à Assembleia dos Estados Partes. A Assembleia poderá procurar resolver o diferendo ou fazer recomendações relativas a outros métodos de resolução, incluindo a submissão do diferendo à Corte Internacional de Justiça, em conformidade com o Estatuto dessa Corte.

Art. 120. Reservas

Não são admitidas reservas a este Estatuto.

Art. 121. Alterações

1. Expirado o período de sete anos após a entrada em vigor do presente Estatuto, qualquer Estado Parte poderá propor alterações ao Estatuto. O texto das propostas de alterações será submetido ao Secretário-Geral da Organização das Nações Unidas, que o comunicará sem demora a todos os Estados Partes.

2. Decorridos pelo menos três meses após a data desta notificação, a Assembleia dos Estados Partes decidirá na reunião seguinte, por maioria dos seus membros presentes e votantes, se deverá examinar a proposta. A Assembleia poderá tratar desta proposta, ou convocar uma Conferência de Revisão se a questão suscitada o justificar.

3. A adoção de uma alteração numa reunião da Assembleia dos Estados Partes ou numa Conferência de Revisão exigirá a maioria de dois terços dos Estados Partes, quando não for possível chegar a um consenso.

4. Sem prejuízo do disposto no parágrafo 5º, qualquer alteração entrará em vigor, para todos os Estados Partes, um ano depois que sete oitavos de entre eles tenham depositado os respectivos instrumentos de ratificação ou de aceitação junto do Secretário-Geral da Organização das Nações Unidas.

5. Qualquer alteração aos artigos 5º, 6º, 7º e 8º do presente Estatuto entrará em vigor, para todos os Estados Partes que a tenham aceitado, um ano após o depósito dos seus instrumentos de ratificação ou de aceitação. O Tribunal não exercerá a sua competência relativamente a um crime abrangido pela alteração sempre que este tiver sido cometido por nacionais de um Estado Parte que não tenha aceitado a alteração, ou no território desse Estado Parte.

6. Se uma alteração tiver sido aceita por sete oitavos dos Estados Partes nos termos do parágrafo 4º, qualquer Estado Parte que não a tenha aceito poderá retirar-se do Estatuto com efeito imediato, não obstante o disposto no parágrafo 1º do artigo 127, mas sem prejuízo do disposto no parágrafo 2º do artigo 127, mediante notificação da sua retirada o mais tardar um ano após a entrada em vigor desta alteração.

7. O Secretário-Geral da Organização dás Nações Unidas comunicará a todos os Estados Partes quaisquer alterações que tenham sido adotadas em reunião da Assembleia dos Estados Partes ou numa Conferência de Revisão.

Art. 122. Alteração de Disposições de Caráter Institucional

1. Não obstante o artigo 121, parágrafo 1º, qualquer Estado Parte poderá, em qualquer momento, propor alterações às disposições do Estatuto, de caráter exclusivamente institucional, a saber, artigos 35, 36, parágrafos 8º e 9º, artigos 37, 38, 39, parágrafos 1º (as primeiras duas frases), 2º e 4º, artigo 42, parágrafos 4º a 9º, artigo 43, parágrafos 2º e 3º e artigos 44, 46, 47 e 49. O texto de qualquer proposta será submetido ao Secretário-Geral da Organização das Nações Unidas ou a qualquer outra pessoa designada pela Assembleia dos Estados Partes, que o comunicará sem demora a todos os Estados Partes e aos outros participantes na Assembleia.

2. As alterações apresentadas nos termos deste artigo, sobre as quais não seja possível chegar a um consenso, serão adotadas pela Assembleia dos Estados Partes ou por uma Conferência de Revisão, por uma maioria de dois terços dos Estados Partes. Tais alterações entrarão em vigor, para todos os Estados Partes, seis meses após a sua adoção pela Assembleia ou, conforme o caso, pela Conferência de Revisão.

Art. 123. Revisão do Estatuto

1. Sete anos após a entrada em vigor do presente Estatuto, o Secretário-Geral da Organização das Nações Unidas convocará uma Conferência de Revisão para examinar qualquer alteração ao presente Estatuto. A revisão poderá incidir nomeadamente, mas não exclusivamente, sobre a lista de crimes que figura no artigo 5º. A Conferência estará aberta aos participantes na Assembleia dos Estados Partes, nas mesmas condições.

2. A todo o momento ulterior, a requerimento de um Estado Parte e para os fins enunciados no parágrafo 1º, o Secretário-Geral da Organização das Nações Unidas, mediante aprovação da maioria dos Estados Partes, convocará uma Conferência de Revisão.

3. A adoção e a entrada em vigor de qualquer alteração ao Estatuto examinada numa Conferência de Revisão serão reguladas pelas disposições do artigo 121, parágrafos 3º a 7º.

Art. 124. Disposição Transitória

Não obstante o disposto nos parágrafos 1º e 2º do artigo 12, um Estado que se torne Parte no presente Estatuto, poderá declarar que, durante um período de sete anos a contar da data da entrada em vigor do Estatuto no seu território, não aceitará a competência do Tribunal relativamente à categoria de crimes referidos no artigo 8, quando haja indícios de que um crime tenha sido praticado por nacionais seus ou no seu território. A declaração formulada ao abrigo deste artigo poderá ser retirada a qualquer momento. O disposto neste artigo será reexaminado na Conferência de Revisão a convocar em conformidade com o parágrafo 1º do artigo 123.

Art. 125. Assinatura, Ratificação, Aceitação, Aprovação ou Adesão

1. O presente Estatuto estará aberto à assinatura de todos os Estados na sede da Organização das Nações Unidas para a Alimentação e a Agricultura, em Roma, a 17 de Julho de 1998, continuando aberto à assinatura no Ministério dos Negócios Estrangeiros de Itália, em Roma, até 17 de Outubro de 1998. Após esta data, o Estatuto continuará aberto na sede da Organização das Nações Unidas, em Nova Iorque, até 31 de Dezembro de 2000.

2. O presente Estatuto ficará sujeito a ratificação, aceitação ou aprovação dos Estados signatários. Os instrumentos de ratificação, aceitação ou aprovação serão depositados junto do Secretário-Geral da Organização das Nações Unidas.

3. O presente Estatuto ficará aberto à adesão de qualquer Estado. Os instrumentos de adesão serão depositados junto do Secretário-Geral da Organização das Nações Unidas.

Art. 126. Entrada em Vigor

1. O presente Estatuto entrará em vigor no primeiro dia do mês seguinte ao termo de um período de 60 dias após a data do depósito do sexagésimo instrumento de ratificação, de aceitação, de aprovação ou de adesão junto do Secretário-Geral da Organização das Nações Unidas.

2. Em relação ao Estado que ratifique, aceite ou aprove o Estatuto, ou a ele adira após o depósito do sexagésimo instrumento de ratificação, de aceitação, de aprovação ou de adesão, o Estatuto entrará em vigor no primeiro dia do mês seguinte ao termo de um período de 60 dias após a data do depósito do respectivo instrumento de ratificação, de aceitação, de aprovação ou de adesão.

Art. 127. Retirada

1. Qualquer Estado Parte poderá, mediante notificação escrita e dirigida ao Secretário-Geral da Organização das Nações Unidas, retirar-se do presente Estatuto. A retirada produzirá efeitos um ano após a data de recepção da notificação, salvo se esta indicar uma data ulterior.

2. A retirada não isentará o Estado das obrigações que lhe incumbem em virtude do presente Estatuto enquanto Parte do mesmo, incluindo as obrigações financeiras que tiver assumido, não afetando também a cooperação com o Tribunal no âmbito de inquéritos e de procedimentos criminais relativamente aos quais o Estado tinha o dever de cooperar e que se iniciaram antes da data em que a retirada começou a produzir efeitos; a retirada em nada afetará a prossecução da apreciação das causas que o Tribunal já tivesse começado a apreciar antes da data em que a retirada começou a produzir efeitos.

Art. 128. Textos Autênticos

O original do presente Estatuto, cujos textos em árabe, chinês, espanhol, francês, inglês e russo

fazem igualmente fé, será depositado junto do Secretário-Geral das Nações Unidas, que enviará cópia autenticada a todos os Estados.
Em fé do que, os abaixo assinados, devidamente autorizados pelos respectivos Governos, assinaram o presente Estatuto.
Feito em Roma, aos dezessete dias do mês de julho de mil novecentos e noventa e oito.

Convenção Interamericana Contra o Terrorismo – 2005

Decreto no 5.639, de 26 de dezembro de 2005
Promulga a Convenção Interamericana contra o Terrorismo, assinada em Barbados, em 3 de junho de 2002.
O presidente da república, no uso da atribuição que lhe confere o art. 84, inciso IV, da Constituição, e
Considerando que o Congresso Nacional aprovou o texto da Convenção Interamericana contra o Terrorismo, por meio do Decreto Legislativo no 890, de 1º de setembro de 2005;
Considerando que o Governo brasileiro ratificou a citada Convenção em 25 de outubro de 2005;
Considerando que a Convenção entrou em vigor internacional em 10 de julho de 2003 e, para o Brasil, em 24 de novembro de 2005;
decreta:
Art. 1. A Convenção Interamericana contra o Terrorismo, assinada em Barbados, em 3 de junho de 2002, apensa por cópia ao presente Decreto, será executada e cumprida tão inteiramente como nela se contém.
Art. 2. São sujeitos à aprovação do Congresso Nacional quaisquer atos que possam resultar em revisão da referida Convenção ou que acarretem encargos ou compromissos gravosos ao patrimônio nacional, nos termos do art. 49, inciso I, da Constituição Federal.
Art. 3. Este Decreto entra em vigor na data de sua publicação.

Brasília, 26 de dezembro de 2005; 184º da Independência e 117º da República.
Luiz Inácio Lula da Silva
Celso Luiz Nunes Amorim

Este texto não substitui o publicado no dou de 27.12.2005.

CONVENÇÃO INTERAMERICANA CONTRA O TERRORISMO

Os Estados Partes nesta Convenção,
Tendo presente os propósitos e princípios da Carta da Organização dos Estados Americanos e da Carta das Nações Unidas;
Considerando que o terrorismo constitui uma grave ameaça para os valores democráticos e para a paz e a segurança internacionais e é causa de profunda preocupação para todos os Estados membros;
Reafirmando a necessidade de adotar no Sistema Interamericano medidas eficazes para prevenir, punir e eliminar o terrorismo mediante a mais ampla cooperação;
Reconhecendo que os graves danos econômicos aos Estados que podem resultar de atos terroristas são um dos fatores que reforçam a necessidade da cooperação e a urgência dos esforços para erradicar o terrorismo;
Reafirmando o compromisso dos Estados de prevenir, combater, punir e eliminar o terrorismo; e
Levando em conta a Resolução rc. 23/res. 1/01 rev. 1 corr. 1, "Fortalecimento da cooperação hemisférica para prevenir, combater e eliminar o terrorismo", adotada na Vigésima Terceira Reunião de Consulta dos Ministros das Relações Exteriores,
Convieram no seguinte:
Art. 1. Objeto e fins
Esta Convenção tem por objeto prevenir, punir e eliminar o terrorismo. Para esses fins, os Estados Partes assumem o compromisso de adotar as medidas necessárias e fortalecer a cooperação entre eles, de acordo com o estabelecido nesta Convenção.
Art. 2. Instrumentos internacionais aplicáveis
1. Para os propósitos desta Convenção, entende-se por "delito" aqueles estabelecidos nos instrumentos internacionais a seguir indicados:
a) Convenção para a Repressão do Apoderamento Ilícito de Aeronaves, assinada na Haia em 16 de dezembro de 1970.
b) Convenção para a Repressão de Atos Ilícitos contra a Segurança da Aviação Civil, assinada em Montreal em 23 de dezembro de 1971.
c) Convenção sobre a Prevenção e Punição de Crimes contra Pessoas que Gozam de Proteção Internacional, Inclusive Agentes Diplomáticos, adotada pela Assembleia Geral das Nações Unidas em 14 de dezembro de 1973.

d) Convenção Internacional contra a Tomada de Reféns, adotada pela Assembleia Geral das Nações Unidas em 17 de dezembro de 1979.
e) Convenção sobre a Proteção Física dos Materiais Nucleares, assinada em Viena em 3 de dezembro de 1980.
f) Protocolo para a Repressão de Atos Ilícitos de Violência nos Aeroportos que Prestem Serviços à Aviação Civil Internacional, complementar à Convenção para a Repressão de Atos Ilícitos contra a Segurança da Aviação Civil, assinado em Montreal em 24 de dezembro de 1988.
g) Convenção para a Supressão de Atos Ilegais contra a Segurança da Navegação Marítima, feita em Roma em 10 de dezembro de 1988.
h) Protocolo para a Supressão de Atos Ilícitos contra a Segurança das Plataformas Fixas Situadas na Plataforma Continental, feito em Roma em 10 de dezembro de 1988.
i) Convenção Internacional para a Supressão de Atentados Terroristas a Bomba, adotada pela Assembleia Geral das Nações Unidas em 15 de dezembro de 1997.
j) Convenção Internacional para a Supressão do Financiamento do Terrorismo, adotada pela Assembleia Geral das Nações Unidas em 9 de dezembro de 1999.
2. Ao depositar seu instrumento de ratificação desta Convenção, o Estado que não for parte de um ou mais dos instrumentos internacionais enumerados no parágrafo 1 deste artigo poderá declarar que, na aplicação desta Convenção a esse Estado Parte, aquele instrumento não se considerará incluído no referido parágrafo. A declaração cessará em seus efeitos quando aquele instrumento entrar em vigor para o Estado Parte, o qual notificará o depositário desse fato.
3. Quando deixe de ser parte de um dos instrumentos internacionais enumerados no parágrafo 1 deste artigo, um Estado Parte poderá fazer uma declaração relativa àquele instrumento, em conformidade com o disposto no parágrafo 2 deste artigo.
Art. 3. Medidas internas
Cada Estado Parte, em conformidade com suas disposições constitucionais, esforçar-se-á para ser parte dos instrumentos internacionais enumerados no Artigo 2, dos quais ainda não seja parte e para adotar as medidas necessárias à sua efetiva aplicação, incluindo o estabelecimento em sua legislação interna de penas aos delitos aí contemplados.

Art. 4. Medidas para prevenir, combater e erradicar o financiamento do terrorismo
1. Cada Estado Parte, na medida em que não o tiver feito, deverá estabelecer um regime jurídico e administrativo para prevenir, combater e erradicar o financiamento do terrorismo e lograr uma cooperação internacional eficaz a respeito, a qual deverá incluir:
a) Um amplo regime interno normativo e de supervisão de bancos, outras instituições financeiras e outras entidades consideradas particularmente suscetíveis de ser utilizadas para financiar atividades terroristas. Este regime destacará os requisitos relativos à identificação de clientes, conservação de registros e comunicação de transações suspeitas ou incomuns.
b) Medidas de detecção e vigilância de movimentos transfronteiriços de dinheiro em efetivo, instrumentos negociáveis ao portador e outros movimentos relevantes de valores. Estas medidas estarão sujeitas a salvaguardas para garantir o devido uso da informação e não deverão impedir o movimento legítimo de capitais.
c) Medidas que assegurem que as autoridades competentes dedicadas ao combate dos delitos estabelecidos nos instrumentos internacionais enumerados no Artigo 2 tenham a capacidade de cooperar e intercambiar informações nos planos nacional e internacional, em conformidade com as condições prescritas no direito interno. Com essa finalidade, cada Estado Parte deverá estabelecer e manter uma unidade de inteligência financeira que seja o centro nacional para coleta, análise e divulgação de informações relevantes sobre lavagem de dinheiro e financiamento do terrorismo. Cada Estado Parte deverá informar o Secretário-Geral da Organização dos Estados Americanos sobre a autoridade designada como sua unidade de inteligência financeira.
2. Para a aplicação do parágrafo 1 deste artigo, os Estados Partes utilizarão como diretrizes as recomendações desenvolvidas por entidades regionais ou internacionais especializadas, em particular, o Grupo de Ação Financeira (GAFI) e, quando for cabível, a Comissão Interamericana para o Controle do Abuso de Drogas (CICAD), o Grupo de Ação Financeira do Caribe (GAFIC) e o Grupo de Ação Financeira da América do Sul (GAFISUD).
Art. 5. Embargo e confisco de fundos ou outros bens
1. Cada Estado Parte, em conformidade com os procedimentos estabelecidos em sua legislação

interna, adotará as medidas necessárias para identificar, congelar, embargar e, se for o caso, confiscar fundos ou outros bens que sejam produto da comissão ou tenham como propósito financiar ou tenham facilitado ou financiado a comissão de qualquer dos delitos estabelecidos nos instrumentos internacionais enumerados no Artigo 2 desta Convenção.

2. As medidas a que se refere o parágrafo 1 serão aplicáveis aos delitos cometidos tanto dentro como fora da jurisdição do Estado Parte.

Art. 6. Delitos prévios da lavagem de dinheiro

1. Cada Estado Parte tomará as medidas necessárias para assegurar que sua legislação penal relativa ao delito da lavagem de dinheiro inclua como delitos prévios da lavagem de dinheiro os delitos estabelecidos nos instrumentos internacionais enumerados no Artigo 2 desta Convenção.

2. Os delitos prévios da lavagem de dinheiro a que se refere o parágrafo 1 incluirão aqueles cometidos tanto dentro como fora da jurisdição do Estado Parte.

Art. 7. Cooperação no âmbito fronteiriço

1. Os Estados Partes, em conformidade com seus respectivos regimes jurídicos e administrativos internos, promoverão a cooperação e o intercâmbio de informações com o objetivo de aperfeiçoar as medidas de controle fronteiriço e aduaneiro para detectar e prevenir a circulação internacional de terroristas e o tráfico de armas ou outros materiais destinados a apoiar atividades terroristas.

2. Neste sentido, promoverão a cooperação e o intercâmbio de informações para aperfeiçoar seus controles de emissão dos documentos de viagem e identidade e evitar sua falsificação, adulteração ou utilização fraudulenta.

3. Essas medidas serão levadas a cabo sem prejuízo dos compromissos internacionais aplicáveis ao livre movimento de pessoas e à facilitação do comércio.

Art. 8. Cooperação entre autoridades competentes para aplicação da lei

Os Estados Partes colaborarão estreitamente, de acordo com seus respectivos ordenamentos legais e administrativos internos, a fim de fortalecer a efetiva aplicação da lei e combater os delitos estabelecidos nos instrumentos internacionais enumerados no Artigo 2. Neste sentido, estabelecerão e aperfeiçoarão, se necessário, os canais de comunicação entre suas autoridades competentes, a fim de facilitar o intercâmbio seguro e rápido de informações sobre todos os aspectos dos delitos estabelecidos nos instrumentos internacionais enumerados no Artigo 2 desta Convenção.

Art. 9. Assistência judiciária mútua

Os Estados Partes prestar-se-ão mutuamente a mais ampla e expedita assistência judiciária possível com relação à prevenção, investigação e processo dos delitos estabelecidos nos instrumentos internacionais enumerados no Artigo 2 e dos processos a eles relativos, em conformidade com os acordos internacionais aplicáveis em vigor. Na ausência de tais acordos, os Estados Partes prestar-se-ão essa assistência de maneira expedita em conformidade com sua legislação interna.

Art. 10. Translado de pessoas sob custódia

1. A pessoa que se encontrar detida ou cumprindo pena em um Estado Parte e cuja presença seja solicitada em outro Estado Parte para fins de prestar testemunho, ou de identificação, ou para ajudar na obtenção de provas necessárias para a investigação ou o processo de delitos estabelecidos nos instrumentos internacionais enumerados no Artigo 2, poderá ser transladada se forem atendidas as seguintes condições:

a) A pessoa dê livremente seu consentimento, uma vez informada; e

b) Ambos os Estados estejam de acordo, segundo as condições que considerem apropriadas.

2. Para os efeitos deste artigo:

a) O Estado a que a pessoa for transladada estará autorizado e obrigado a mantê-la sob detenção, a não ser que o Estado do qual foi transladada solicite ou autorize outra medida.

b) O Estado a que a pessoa for transladada cumprirá sem delonga sua obrigação de devolvê-la à custódia do Estado do qual foi transladada, em conformidade com o que as autoridades competentes de ambos os Estados tiverem acordado de antemão ou de outro modo.

c) O Estado a que a pessoa for transladada não poderá exigir do Estado do qual foi transladada que inicie procedimentos de extradição para sua devolução.

d) O tempo que a pessoa permanecer detida no Estado a que foi transladada será computado para fins de dedução da pena que está obrigada a cumprir no Estado do qual tiver sido transladada.

3. A menos que o Estado Parte do qual uma pessoa vier a ser transladada em conformidade com este artigo esteja de acordo, esta pessoa, qualquer que seja sua nacionalidade, não será processada, detida ou submetida a qualquer outra restrição de sua liberdade pessoal no território do Estado a que seja transladada, por atos ou condenações anteriores à sua saída do território do Estado do qual foi transladada.

Art. 11. Inaplicabilidade da exceção por delito político

Para os propósitos de extradição ou assistência judiciária mútua, nenhum dos delitos estabelecidos nos instrumentos internacionais enumerados no Artigo 2 será considerado delito político ou delito conexo com um delito político ou um delito inspirado por motivos políticos. Por conseguinte, não se poderá negar um pedido de extradição ou de assistência judiciária mútua pela única razão de que se relaciona com um delito político ou com um delito conexo com um delito político ou um delito inspirado por motivos políticos.

Art. 12. Denegação da condição de refugiado

Cada Estado Parte adotará as medidas cabíveis, em conformidade com as disposições pertinentes do direito interno e internacional, para assegurar que não se reconheça a condição de refugiado a pessoas com relação às quais haja motivos fundados para considerar que cometeram um delito estabelecido nos instrumentos internacionais enumerados no Artigo 2 desta Convenção.

Art. 13. Denegação de asilo

Cada Estado Parte adotará as medidas cabíveis, em conformidade com as disposições pertinentes do direito interno e internacional, a fim de assegurar que não se conceda asilo a pessoas com relação às quais existam motivos fundados para se considerar que cometeram um delito estabelecido nos instrumentos internacionais enumerados no Artigo 2 desta Convenção.

Art. 14. Não discriminação.

Nenhuma das disposições desta Convenção será interpretada como imposição da obrigação de prestar assistência judiciária mútua se o Estado Parte requerido tiver razões fundadas para crer que o pedido foi feito com o fim de processar ou punir uma pessoa por motivos de raça, religião, nacionalidade, origem étnica ou opinião política, ou se o cumprimento do pedido for prejudicial à situação dessa pessoa por qualquer destas razões.

Art. 15. Direitos humanos

1. As medidas adotadas pelos Estados Partes em decorrência desta Convenção serão levadas a cabo com pleno respeito ao Estado de Direito, aos direitos humanos e às liberdades fundamentais.

2. Nada do disposto nesta Convenção será interpretado no sentido de desconsiderar outros direitos e obrigações dos Estados e das pessoas, nos termos do direito internacional, em particular a Carta das Nações Unidas, a Carta da Organização dos Estados Americanos, o direito internacional humanitário, o direito internacional dos direitos humanos e o direito internacional dos refugiados.

3. A toda pessoa que estiver detida ou com relação à qual se adote quaisquer medidas ou que estiver sendo processada nos termos desta Convenção será garantido um tratamento justo, inclusive o gozo de todos os direitos e garantias em conformidade com a legislação do Estado em cujo território se encontre e com as disposições pertinentes do direito internacional.

Art. 16. Treinamento

1. Os Estados Partes promoverão programas de cooperação técnica e treinamento em nível nacional, bilateral, sub-regional e regional e no âmbito da Organização dos Estados Americanos, para fortalecer as instituições nacionais encarregadas do cumprimento das obrigações emanadas desta Convenção.

2. Os Estados Partes também promoverão, quando for o caso, programas de cooperação técnica e treinamento com outras organizações regionais e internacionais que realizem atividades vinculadas com os propósitos desta Convenção.

Art. 17. Cooperação por meio da Organização dos Estados Americanos

Os Estados Partes propiciarão a mais ampla cooperação no âmbito dos órgãos pertinentes da Organização dos Estados Americanos, inclusive o Comitê Interamericano contra o Terrorismo (CICTE), em matérias relacionadas com o objeto e os fins desta Convenção.

Art. 18. Consulta entre as Partes

1. Os Estados Partes realizarão reuniões periódicas de consulta, quando as considerarem oportunas, com vistas a facilitar:

a) a plena implementação desta Convenção, incluindo a consideração de assuntos de interesse a ela relativos identificados pelos Estados Partes; e

b) o intercâmbio de informações e experiências sobre formas e métodos eficazes para prevenir, detectar, investigar e punir o terrorismo.

2. O Secretário-Geral convocará uma reunião de consulta dos Estados Partes depois de receber o décimo instrumento de ratificação. Sem prejuízo disso, os Estados Partes poderão realizar as consultas que considerarem apropriadas.

3. Os Estados Partes poderão solicitar aos órgãos pertinentes da Organização dos Estados Americanos, inclusive ao CICTE, que facilitem as consultas mencionadas nos parágrafos anteriores e proporcionem outras formas de assistência no tocante à aplicação desta Convenção.

Art. 19. Exercício de jurisdição
Nada do disposto nesta Convenção facultará um Estado Parte a exercer jurisdição no território de outro Estado Parte nem a nele exercer funções reservadas exclusivamente às autoridades desse outro Estado Parte por seu direito interno.

Art. 20. Depositário
O instrumento original desta Convenção, cujos textos em espanhol, francês, inglês e português são igualmente autênticos, será depositado na Secretaria-Geral da Organização dos Estados Americanos.

Art. 21. Assinatura e ratificação
1. Esta Convenção está aberta à assinatura de todos os Estados membros da Organização dos Estados Americanos.
2. Esta Convenção está sujeita a ratificação por parte dos Estados signatários, de acordo com seus respectivos procedimentos constitucionais. Os instrumentos de ratificação serão depositados na Secretaria-Geral da Organização dos Estados Americanos.

Art. 22. Entrada em vigor
1. Esta Convenção entrará em vigor no trigésimo dia a contar da data em que tiver sido depositado o sexto instrumento de ratificação da Convenção na Secretaria-Geral da Organização dos Estados Americanos.
2. Para cada Estado que ratificar a Convenção após ter sido depositado o sexto instrumento de ratificação, a Convenção entrará em vigor no trigésimo dia a contar da data em que esse Estado tiver depositado o instrumento correspondente.

Art. 23. Denúncia
1. Qualquer Estado Parte poderá denunciar esta Convenção mediante notificação escrita dirigida ao Secretário-Geral da Organização dos Estados Americanos. A denúncia surtirá efeito um ano após a data em que a notificação tiver sido recebida pelo Secretário-Geral da Organização.

2. Essa denúncia não afetará nenhum pedido de informação ou de assistência feito no período de vigência da Convenção para o Estado denunciante.

Convenção das Nações Unidas Contra a Corrupção – 2006

(Convenção de Mérida 366)
Decreto no 5.687, de 31 de janeiro de 2006
Promulga a Convenção das Nações Unidas contra a Corrupção, adotada pela Assembleia Geral das Nações Unidas em 31 de outubro de 2003 e assinada pelo Brasil em 9 de dezembro de 2003.
O presidente da república, no uso da atribuição que lhe confere o art. 84, inciso IV, da Constituição, e
Considerando que o Congresso Nacional aprovou o texto da Convenção das Nações Unidas contra a Corrupção, por meio do Decreto Legislativo no 348, de 18 de maio de 2005;
Considerando que o Governo brasileiro ratificou a citada Convenção em 15 de junho de 2005;
Considerando que a Convenção entrou em vigor internacional, bem como para o Brasil, em 14 de dezembro de 2005;
decreta:
Art. 1. A Convenção das Nações Unidas contra a Corrupção, adotada pela Assembleia Geral das Nações Unidas em 31 de outubro de 2003 e assinada pelo Brasil em 9 de dezembro de 2003, apensa por cópia ao presente Decreto, será executada e cumprida tão inteiramente como nela se contém.
Art. 2. São sujeitos à aprovação do Congresso Nacional quaisquer atos que possam resultar em revisão da referida Convenção ou que acarretem encargos ou compromissos gravosos ao patrimônio nacional, nos termos do art. 49, inciso i, da Constituição.
Art. 3. Este Decreto entra em vigor na data de sua publicação.

Brasília, 31 de janeiro de 2006; 185º da Independência e 118º da República.
Luiz Inácio Lula da Silva
Celso Luiz Nunes Amorim

Este texto não substitui o publicado no dou de 1º.2.2006.

CONVENÇÃO DAS NAÇÕES UNIDAS CONTRA A CORRUPÇÃO

Preâmbulo

Os Estados Partes da presente Convenção,

Preocupados com a gravidade dos problemas e com as ameaças decorrentes da corrupção, para a estabilidade e a segurança das sociedades, ao enfraquecer as instituições e os valores da democracia, da ética e da justiça e ao comprometer o desenvolvimento sustentável e o Estado de Direito;

Preocupados, também, pelos vínculos entre a corrupção e outras formas de delinquência, em particular o crime organizado e a corrupção econômica, incluindo a lavagem de dinheiro;

Preocupados, ainda, pelos casos de corrupção que penetram diversos setores da sociedade, os quais podem comprometer uma proporção importante dos recursos dos Estados e que ameaçam a estabilidade política e o desenvolvimento sustentável dos mesmos;

Convencidos de que a corrupção deixou de ser um problema local para converter-se em um fenômeno transnacional que afeta todas as sociedades e economias, faz-se necessária a cooperação internacional para preveni-la e lutar contra ela;

Convencidos, também, de que se requer um enfoque amplo e multidisciplinar para prevenir e combater eficazmente a corrupção;

Convencidos, ainda, de que a disponibilidade de assistência técnica pode desempenhar um papel importante para que os Estados estejam em melhores condições de poder prevenir e combater eficazmente a corrupção, entre outras coisas, fortalecendo suas capacidades e criando instituições;

Convencidos de que o enriquecimento pessoal ilícito pode ser particularmente nocivo para as instituições democráticas, as economias nacionais e o Estado de Direito;

Decididos a prevenir, detectar e dissuadir com maior eficácia as transferências internacionais de ativos adquiridos ilicitamente e a fortalecer a cooperação internacional para a recuperação destes ativos;

Reconhecendo os princípios fundamentais do devido processo nos processos penais e nos procedimentos civis ou administrativos sobre direitos de propriedade;

Tendo presente que a prevenção e a erradicação da corrupção são responsabilidades de todos os Estados e que estes devem cooperar entre si, com o apoio e a participação de pessoas e grupos que não pertencem ao setor público, como a sociedade civil, as organizações não governamentais e as organizações de base comunitárias, para que seus esforços neste âmbito sejam eficazes;

Tendo presentes também os princípios de devida gestão dos assuntos e dos bens públicos, equidade, responsabilidade e igualdade perante a lei, assim como a necessidade de salvaguardar a integridade e fomentar uma cultura de rechaço à corrupção;

Elogiando o trabalho da Comissão de Prevenção de Delitos e Justiça Penal e o Escritório das Nações Unidas contra as Drogas e o Delito na prevenção e na luta contra a corrupção;

Recordando o trabalho realizado por outras organizações internacionais e regionais nesta esfera, incluídas as atividades do Conselho de Cooperação Aduaneira (também denominado Organização Mundial de Aduanas), o Conselho Europeu, a Liga dos Estados Árabes, a Organização de Cooperação e Desenvolvimento Econômicos, a Organização dos Estados Americanos, a União Africana e a União Europeia;

Tomando nota com reconhecimento dos instrumentos multilaterais encaminhados para prevenir e combater a corrupção, incluídos, entre outros, a Convenção Interamericana contra a Corrupção, aprovada pela Organização dos Estados Americanos em 29 de março de 1996, o Convênio relativo à luta contra os atos de corrupção no qual estão envolvidos funcionários das Comunidades Europeias e dos Estados Partes da União Europeia, aprovado pelo Conselho da União Europeia em 26 de maio de 1997, o Convênio sobre a luta contra o suborno dos funcionários públicos estrangeiros nas transações comerciais internacionais, aprovado pelo Comitê de Ministros do Conselho Europeu em 27 de janeiro de 1999, o Convênio de direito civil sobre a corrupção, aprovado pelo Comitê de Ministros do Conselho Europeu em 4 de novembro de 1999 e a Convenção da União Africana para prevenir e combater a corrupção, aprovada pelos Chefes de Estado e Governo da União Africana em 12 de julho de 2003;

Acolhendo com satisfação a entrada em vigor, em 29 de setembro de 2003, da Convenção das Nações Unidas contra o Crime Organizado Internacional;

Chegaram em acordo ao seguinte:

CAPÍTULO I

Disposições Gerais

Art. 1. Finalidade
A finalidade da presente Convenção é:
a) Promover e fortalecer as medidas para prevenir e combater mais eficaz e eficientemente a corrupção;
b) Promover, facilitar e apoiar a cooperação internacional e a assistência técnica na prevenção e na luta contra a corrupção, incluída a recuperação de ativos;
c) Promover a integridade, a obrigação de render contas e a devida gestão dos assuntos e dos bens públicos.

Art. 2. Definições
Aos efeitos da presente Convenção:
a) Por "funcionário público" se entenderá:
I. toda pessoa que ocupe um cargo legislativo, executivo, administrativo ou judicial de um Estado Parte, já designado ou empossado, permanente ou temporário, remunerado ou honorário, seja qual for o tempo dessa pessoa no cargo;
II. toda pessoa que desempenhe uma função pública, inclusive em um organismo público ou numa empresa pública, ou que preste um serviço público, segundo definido na legislação interna do Estado Parte e se aplique na esfera pertinente do ordenamento jurídico desse Estado Parte;
III. toda pessoa definida como "funcionário público" na legislação interna de um Estado Parte. Não obstante, aos efeitos de algumas medidas específicas incluídas no Capítulo ii da presente Convenção, poderá entender-se por "funcionário público" toda pessoa que desempenhe uma função pública ou preste um serviço público segundo definido na legislação interna do Estado Parte e se aplique na esfera pertinente do ordenamento jurídico desse Estado Parte;
b) Por "funcionário público estrangeiro" se entenderá toda pessoa que ocupe um cargo legislativo, executivo, administrativo ou judicial de um país estrangeiro, já designado ou empossado; e toda pessoa que exerça uma função pública para um país estrangeiro, inclusive em um organismo público ou uma empresa pública;
c) Por "funcionário de uma organização internacional pública" se entenderá um funcionário público internacional ou toda pessoa que tal organização tenha autorizado a atuar em seu nome;
d) Por "bens" se entenderá os ativos de qualquer tipo, corpóreos ou incorpóreos, móveis ou imóveis, tangíveis ou intangíveis e os documentos ou instrumentos legais que creditem a propriedade ou outros direitos sobre tais ativos;
e) Por "produto de delito" se entenderá os bens de qualquer índole derivados ou obtidos direta ou indiretamente da ocorrência de um delito;
f) Por "embargo preventivo" ou "apreensão" se entenderá a proibição temporária de transferir, converter ou trasladar bens, ou de assumir a custódia ou o controle temporário de bens sobre a base de uma ordem de um tribunal ou outra autoridade competente;
g) Por "confisco" se entenderá a privação em caráter definitivo de bens por ordem de um tribunal ou outra autoridade competente;
h) Por "delito determinante" se entenderá todo delito do qual se derive um produto que possa passar a constituir matéria de um delito definido no Artigo 23 da presente Convenção;
i) Por "entrega vigiada" se entenderá a técnica consistente em permitir que remessas ilícitas ou suspeitas saiam do território de um ou mais Estados, o atravessem ou entrem nele, com o conhecimento e sob a supervisão de suas autoridades competentes, com o fim de investigar um delito e identificar as pessoas envolvidas em sua ocorrência.

Art. 3. Âmbito de aplicação
1. A presente Convenção se aplicará, de conformidade com suas disposições, à prevenção, à investigação e à instrução judicial da corrupção e do embargo preventivo, da apreensão, do confisco e da restituição do produto de delitos identificados de acordo com a presente Convenção.
2. Para a aplicação da presente Convenção, a menos que contenha uma disposição em contrário, não será necessário que os delitos enunciados nela produzam dano ou prejuízo patrimonial ao Estado.

Art. 4. Proteção da soberania
1. Os Estados Partes cumprirão suas obrigações de acordo com a presente Convenção em consonância com os princípios de igualdade soberana e integridade territorial dos Estados, assim como de não intervenção nos assuntos internos de outros Estados.
2. Nada do disposto na presente Convenção delegará poderes a um Estado Parte para exercer, no território de outro Estado, jurisdição ou funções que a legislação interna desse Estado reserve exclusivamente a suas autoridades.

CAPÍTULO II
Medidas Preventivas

Art. 5º. Políticas e práticas de prevenção da corrupção

1. Cada Estado Parte, de conformidade com os princípios fundamentais de seu ordenamento jurídico, formulará e aplicará ou manterá em vigor políticas coordenadas e eficazes contra a corrupção que promovam a participação da sociedade e reflitam os princípios do Estado de Direito, a devida gestão dos assuntos e bens públicos, a integridade, a transparência e a obrigação de render contas.

2. Cada Estado Parte procurará estabelecer e fomentar práticas eficazes encaminhadas a prevenir a corrupção.

3. Cada Estado Parte procurará avaliar periodicamente os instrumentos jurídicos e as medidas administrativas pertinentes a fim de determinar se são adequadas para combater a corrupção.

4. Os Estados Partes, segundo procede e de conformidade com os princípios fundamentais de seu ordenamento jurídico, colaborarão entre si e com as organizações internacionais e regionais pertinentes na promoção e formulação das medidas mencionadas no presente Artigo. Essa colaboração poderá compreender a participação em programas e projetos internacionais destinados a prevenir a corrupção.

Art. 6º. Órgão ou órgãos de prevenção à corrupção

1. Cada Estado Parte, de conformidade com os princípios fundamentais de seu ordenamento jurídico, garantirá a existência de um ou mais órgãos, segundo procede, encarregados de prevenir a corrupção com medidas tais como:

a) A aplicação das políticas as quais se faz alusão no Artigo 5 da presente Convenção e, quando proceder, a supervisão e coordenação da prática dessas políticas;

b) O aumento e a difusão dos conhecimentos em matéria de prevenção da corrupção.

2. Cada Estado Parte outorgará ao órgão ou aos órgãos mencionados no parágrafo 1 do presente Artigo a independência necessária, de conformidade com os princípios fundamentais de seu ordenamento jurídico, para que possam desempenhar suas funções de maneira eficaz e sem nenhuma influência indevida. Devem proporcionar-lhes os recursos materiais e o pessoal especializado que sejam necessários, assim como a capacitação que tal pessoal possa requerer para o desempenho de suas funções.

3. Cada Estado Parte comunicará ao Secretário Geral das Nações Unidas o nome e a direção da(s) autoridade(s) que possa(m) ajudar a outros Estados Partes a formular e aplicar medidas concretas de prevenção da corrupção.

Art. 7. Setor Público

1. Cada Estado Parte, quando for apropriado e de conformidade com os princípios fundamentais de seu ordenamento jurídico, procurará adotar sistemas de convocação, contratação, retenção, promoção e aposentadoria de funcionários públicos e, quando proceder, de outros funcionários públicos não empossados, ou manter e fortalecer tais sistemas. Estes:

a) Estarão baseados em princípios de eficiência e transparência e em critérios objetivos como o mérito, a equidade e a aptidão;

b) Incluirão procedimentos adequados de seleção e formação dos titulares de cargos públicos que se considerem especialmente vulneráveis à corrupção, assim como, quando proceder, a rotação dessas pessoas em outros cargos;

c) Fomentarão uma remuneração adequada e escalas de soldo equitativas, tendo em conta o nível de desenvolvimento econômico do Estado Parte;

d) Promoverão programas de formação e capacitação que lhes permitam cumprir os requisitos de desempenho correto, honroso e devido de suas funções e lhes proporcionem capacitação especializada e apropriada para que sejam mais conscientes dos riscos da corrupção inerentes ao desempenho de suas funções. Tais programas poderão fazer referência a códigos ou normas de conduta nas esferas pertinentes.

2. Cada Estado Parte considerará também a possibilidade de adotar medidas legislativas e administrativas apropriadas, em consonância com os objetivos da presente Convenção e de conformidade com os princípios fundamentais de sua legislação interna, a fim de estabelecer critérios para a candidatura e eleição a cargos públicos.

3. Cada Estado Parte considerará a possibilidade de adotar medidas legislativas e administrativas apropriadas, em consonância com os objetivos da presente Convenção e de conformidade com os princípios fundamentais de sua legislação interna, para aumentar a transparência relativa ao financiamento de candidaturas a cargos públicos eletivos e, quando proceder, relativa ao financiamento de partidos políticos.

4. Cada Estado Parte, em conformidade com os princípios de sua legislação interna, procurará adotar sistemas destinados a promover a transparência e a prevenir conflitos de interesses, ou a manter e fortalecer tais sistemas.

Art. 8. Códigos de conduta para funcionários públicos

1. Com o objetivo de combater a corrupção, cada Estado Parte, em conformidade com os princípios fundamentais de seu ordenamento jurídico, promoverá, entre outras coisas, a integridade, a honestidade e a responsabilidade entre seus funcionários públicos.

2. Em particular, cada Estado Parte procurará aplicar, em seus próprios ordenamentos institucionais e jurídicos, códigos ou normas de conduta para o correto, honroso e devido cumprimento das funções públicas.

3. Com vistas a aplicar as disposições do presente Artigo, cada Estado Parte, quando proceder e em conformidade com os princípios fundamentais de seu ordenamento jurídico, tomará nota das iniciativas pertinentes das organizações regionais, interregionais e multilaterais, tais como o Código Internacional de Conduta para os titulares de cargos públicos, que figura no anexo da Resolução 51/59 da Assembleia Geral de 12 de dezembro de 1996.

4. Cada Estado Parte também considerará, em conformidade com os princípios fundamentais de sua legislação interna, a possibilidade de estabelecer medidas e sistemas para facilitar que os funcionários públicos denunciem todo ato de corrupção às autoridade competentes quando tenham conhecimento deles no exercício de suas funções.

5. Cada Estado Parte procurará, quando proceder e em conformidade com os princípios fundamentais de sua legislação interna, estabelecer medidas e sistemas para exigir aos funcionários públicos que tenham declarações às autoridades competentes em relação, entre outras coisas, com suas atividades externas e com empregos, inversões, ativos e presentes ou benefícios importantes que possam dar lugar a um conflito de interesses relativo a suas atribuições como funcionários públicos.

6. Cada Estado Parte considerará a possibilidade de adotar, em conformidade com os princípios fundamentais de sua legislação interna, medidas disciplinares ou de outra índole contra todo funcionário público que transgrida os códigos ou normas estabelecidos em conformidade com o presente Artigo.

Art. 9. Contratação pública e gestão da Fazenda Pública

1. Cada Estado Parte, em conformidade com os princípios fundamentais de seu ordenamento jurídico, adotará as medidas necessárias para estabelecer sistemas apropriados de contratação pública, baseados na transparência, na competência e em critérios objetivos de adoção de decisões, que sejam eficazes, entre outras coisas, para prevenir a corrupção. Esses sistemas, em cuja aplicação se poderá ter em conta valores mínimos apropriados, deverão abordar, entre outras coisas:

a) A difusão pública de informação relativa a procedimentos de contratação pública e contratos, incluída informação sobre licitações e informação pertinente ou oportuna sobre a adjudicação de contratos, a fim de que os licitadores potenciais disponham de tempo suficiente para preparar e apresentar suas ofertas;

b) A formulação prévia das condições de participação, incluídos critérios de seleção e adjudicação e regras de licitação, assim como sua publicação;

c) A aplicação de critérios objetivos e predeterminados para a adoção de decisões sobre a contratação pública a fim de facilitar a posterior verificação da aplicação correta das regras ou procedimentos;

d) Um mecanismo eficaz de exame interno, incluindo um sistema eficaz de apelação, para garantir recursos e soluções legais no caso de não se respeitarem as regras ou os procedimentos estabelecidos conforme o presente parágrafo;

e) Quando proceda, a adoção de medidas para regulamentar as questões relativas ao pessoal encarregado da contratação pública, em particular declarações de interesse relativo de determinadas contratações públicas, procedimentos de pré-seleção e requisitos de capacitação.

2. Cada Estado Parte, em conformidade com os princípios fundamentais de seu ordenamento jurídico, adotará medidas apropriadas para promover a transparência e a obrigação de render contas na gestão da Fazenda Pública. Essas medidas abarcarão, entre outras coisas:

a) Procedimentos para a aprovação do pressuposto nacional;

b) A apresentação oportuna de informação sobre gastos e ingressos;

c) Um sistema de normas de contabilidade e auditoria, assim como a supervisão correspondente;
d) Sistemas eficazes e eficientes de gestão de riscos e controle interno; e
e) Quando proceda, a adoção de medidas corretivas em caso de não cumprimento dos requisitos estabelecidos no presente parágrafo.

3. Cada Estado Parte, em conformidade com os princípios fundamentais de sua legislação interna, adotará as medidas que sejam necessárias nos âmbitos civil e administrativo para preservar a integridade dos livros e registros contábeis, financeiros ou outros documentos relacionados com os gastos e ingressos públicos e para prevenir a falsificação desses documentos.

Art. 10. Informação pública
Tendo em conta a necessidade de combater a corrupção, cada Estado Parte, em conformidade com os princípios fundamentais de sua legislação interna, adotará medidas que sejam necessárias para aumentar a transparência em sua administração pública, inclusive no relativo a sua organização, funcionamento e processos de adoção de decisões, quando proceder. Essas medidas poderão incluir, entre outras coisas:
a) A instauração de procedimentos ou regulamentações que permitam ao público em geral obter, quando proceder, informação sobre a organização, o funcionamento e os processos de adoção de decisões de sua administração pública, com o devido respeito à proteção da intimidade e dos documentos pessoais, sobre as decisões e atos jurídicos que incumbam ao público;
b) A simplificação dos procedimentos administrativos, quando proceder, a fim de facilitar o acesso do público às autoridades encarregadas da adoção de decisões; e
c) A publicação de informação, o que poderá incluir informes periódicos sobre os riscos de corrupção na administração pública.

Art. 11. Medidas relativas ao poder judiciário e ao Ministério Público
1. Tendo presentes a independência do poder judiciário e seu papel decisivo na luta contra a corrupção, cada Estado Parte, em conformidade com os princípios fundamentais de seu ordenamento jurídico e sem menosprezar a independência do poder judiciário, adotará medidas para reforçar a integridade e evitar toda oportunidade de corrupção entre os membros do poder judiciário. Tais medidas poderão incluir normas que regulem a conduta dos membros do poder judiciário.
2. Poderão formular-se e aplicar-se no Ministério Público medidas com idêntico fim às adotadas no parágrafo 1 do presente Artigo nos Estados Partes em que essa instituição não forme parte do poder judiciário, mas goze de independência análoga.

Art. 12. Setor Privado
1. Cada Estado Parte, em conformidade com os princípios fundamentais de sua legislação interna, adotará medidas para prevenir a corrupção e melhorar as normas contábeis e de auditoria no setor privado, assim como, quando proceder, prever sanções civis, administrativas ou penais eficazes, proporcionadas e dissuasivas em caso de não cumprimento dessas medidas.
2. As medidas que se adotem para alcançar esses fins poderão consistir, entre outras coisas, em:
a) Promover a cooperação entre os organismos encarregados de fazer cumprir a lei e as entidades privadas pertinentes;
b) Promover a formulação de normas e procedimentos com o objetivo de salvaguardar a integridade das entidades privadas pertinentes, incluídos códigos de conduta para o correto, honroso e devido exercício das atividades comerciais e de todas as profissões pertinentes e para a prevenção de conflitos de interesses, assim como para a promoção do uso de boas práticas comerciais entre as empresas e as relações contratuais das empresas com o Estado;
c) Promover a transparência entre entidades privadas, incluídas, quando proceder, medidas relativas à identificação das pessoas jurídicas e físicas envolvidas no estabelecimento e na gestão de empresas;
d) Prevenir a utilização indevida dos procedimentos que regulam as entidades privadas, incluindo os procedimentos relativos à concessão de subsídios e licenças pelas autoridades públicas para atividades comerciais;
e) Prevenir os conflitos de interesse impondo restrições apropriadas, durante um período razoável, às atividades profissionais de ex-funcionários públicos ou à contratação de funcionários públicos pelo setor privado depois de sua renúncia ou aposentadoria quando essas atividades ou essa contratação estejam diretamente relacionadas com as funções desempenhadas

ou supervisionadas por esses funcionários públicos durante sua permanência no cargo;

f) Velar para que as empresas privadas, tendo em conta sua estrutura e tamanho, disponham de suficientes controles contábeis internos para ajudar a prevenir e detectar os atos de corrupção e para que as contas e os estados financeiros requeridos dessas empresas privadas estejam sujeitos a procedimentos apropriados de auditoria e certificação.

3. A fim de prevenir a corrupção, cada estado parte adotará as medidas que sejam necessárias, em conformidade com suas leis e regulamentos internos relativos à manutenção de livros e registros, à divulgação de estados financeiros e às normas de contabilidade e auditoria, para proibir os seguintes atos realizados com o fim de cometer quaisquer dos delitos qualificados de acordo com a presente Convenção:

a) O estabelecimento de contas não registradas em livros;
b) A realização de operações não registradas em livros ou mal especificadas;
c) O registro de gastos inexistentes;
d) O juízo de gastos nos livros de contabilidade com indicação incorreta de seu objetivo;
e) A utilização de documentos falsos; e
f) A destruição deliberada de documentos de contabilidade antes do prazo previsto em lei.

4. Cada Estado Parte ditará a dedução tributária relativa aos gastos que venham a constituir suborno, que é um dos elementos constitutivos dos delitos qualificados de acordo com os Artigos 15 e 16 da presente Convenção e, quando proceder, relativa a outros gastos que tenham tido por objetivo promover um comportamento corrupto.

Art. 13. Participação da sociedade
1. Cada Estado Parte adotará medidas adequadas, no limite de suas possibilidades e de conformidade com os princípios fundamentais de sua legislação interna, para fomentar a participação ativa de pessoas e grupos que não pertençam ao setor público, como a sociedade civil, as organizações não governamentais e as organizações com base na comunidade, na prevenção e na luta contra a corrupção, e para sensibilizar a opinião pública a respeito à existência, às causas e à gravidade da corrupção, assim como a ameaça que esta representa. Essa participação deveria esforçar-se com medidas como as seguintes:

a) Aumentar a transparência e promover a contribuição da cidadania aos processos de adoção de decisões;
b) Garantir o acesso eficaz do público à informação;
c) Realizar atividade de informação pública para fomentar a intransigência à corrupção, assim como programas de educação pública, incluídos programas escolares e universitários;
d) Respeitar, promover e proteger a liberdade de buscar, receber, publicar e difundir informação relativa à corrupção. Essa liberdade poderá estar sujeita a certas restrições, que deverão estar expressamente qualificadas pela lei e ser necessárias para:
I. Garantir o respeito dos direitos ou da reputação de terceiros;
II. Salvaguardar a segurança nacional, a ordem pública, ou a saúde ou a moral públicas.

2. Cada Estado Parte adotará medidas apropriadas para garantir que o público tenha conhecimento dos órgão pertinentes de luta contra a corrupção mencionados na presente Convenção, e facilitará o acesso a tais órgãos, quando proceder, para a denúncia, inclusive anônima, de quaisquer incidentes que possam ser considerados constitutivos de um delito qualificado de acordo com a presente Convenção.

Art. 14. Medidas para prevenir a lavagem de dinheiro
1. Cada Estado Parte:
a) Estabelecerá um amplo regimento interno de regulamentação e supervisão dos bancos e das instituições financeiras não bancárias, incluídas as pessoas físicas ou jurídicas que prestem serviços oficiais ou oficiosos de transferência de dinheiro ou valores e, quando proceder, outros órgãos situados dentro de sua jurisdição que sejam particularmente suspeitos de utilização para a lavagem de dinheiro, a fim de prevenir e detectar todas as formas de lavagem de dinheiro, e em tal regimento há de se apoiar fortemente nos requisitos relativos à identificação do cliente e, quando proceder, do beneficiário final, ao estabelecimento de registros e à denúncia das transações suspeitas;
b) Garantirá, sem prejuízo à aplicação do Artigo 46 da presente Convenção, que as autoridades de administração, regulamentação e cumprimento da lei e demais autoridades encarregadas de combater a lavagem de dinheiro (incluídas, quando seja pertinente de acordo com a legislação interna, as autoridades judiciais) sejam capazes de cooperar e

intercambiar informações nos âmbitos nacional e internacional, de conformidade com as condições prescritas na legislação interna e, a tal fim, considerará a possibilidade de estabelecer um departamento de inteligência financeira que sirva de centro nacional de recompilação, análise e difusão de informação sobre possíveis atividades de lavagem de dinheiro.

2. Os Estados Partes considerarão a possibilidade de aplicar medidas viáveis para detectar e vigiar o movimento transfronteiriço de efetivo e de títulos negociáveis pertinentes, sujeitos a salvaguardas que garantam a devida utilização da informação e sem restringir de modo algum a circulação de capitais lícitos. Essas medidas poderão incluir a exigência de que os particulares e as entidades comerciais notifiquem as transferências transfronteiriças de quantidades elevadas de efetivos e de títulos negociáveis pertinentes.

3. Os Estados Partes considerarão a possibilidade de aplicar medidas apropriadas e viáveis para exigir às instituições financeiras, incluídas as que remetem dinheiro, que:

a) Incluam nos formulários de transferência eletrônica de fundos e mensagens conexas informação exata e válida sobre o remetente;
b) Mantenham essa informação durante todo o ciclo de operação; e
c) Examinem de maneira mais minuciosa as transferências de fundos que não contenham informação completa sobre o remetente.

4. Ao estabelecer um regimento interno de regulamentação e supervisão de acordo com o presente Artigo, e sem prejuízo do disposto em qualquer outro Artigo da presente Convenção, recomenda-se aos Estados Partes que utilizem como guia as iniciativas pertinentes das organizações regionais, interregionais e multilaterais de luta contra a lavagem de dinheiro.

5. Os Estados Partes se esforçarão por estabelecer e promover a cooperação em escala mundial, regional, sub-regional e bilateral entre as autoridades judiciais, de cumprimento da lei e de regulamentação financeira a fim de combater a lavagem de dinheiro.

CAPÍTULO III

Penalização e Aplicação da Lei

Art. 15. Suborno de funcionários públicos nacionais
Cada Estado Parte adotará as medidas legislativas e de outras índoles que sejam necessárias para qualificar como delito, quando cometidos intencionalmente:

a) A promessa, o oferecimento ou a concessão a um funcionário público, de forma direta ou indireta, de um benefício indevido que redunde em seu próprio proveito ou no de outra pessoa ou entidade com o fim de que tal funcionário atue ou se abstenha de atuar no cumprimento de suas funções oficiais;
b) A solicitação ou aceitação por um funcionário público, de forma direta ou indireta, de um benefício indevido que redunde em seu próprio proveito ou no de outra pessoa ou entidade com o fim de que tal funcionário atue ou se abstenha de atuar no cumprimento de suas funções oficiais.

Art. 16. Suborno de funcionários públicos estrangeiros e de funcionários de organizações internacionais públicas

1. Cada Estado Parte adotará as medidas legislativas e de outras índoles que sejam necessárias para qualificar como delito, quando cometido intencionalmente, a promessa, oferecimento ou a concessão, de forma direta ou indireta, a um funcionário público estrangeiro ou a um funcionário de organização internacional pública, de um benefício indevido que redunde em seu próprio proveito ou no de outra pessoa ou entidade com o fim de que tal funcionário atue ou se abstenha de atuar no exercício de suas funções oficiais para obter ou manter alguma transação comercial ou outro benefício indevido em relação com a realização de atividades comerciais internacionais.

2. Cada Estado Parte considerará a possibilidade de adotar medidas legislativas e de outras índoles que sejam necessárias para qualificar como delito, quando cometido intencionalmente, a solicitação ou aceitação por um funcionário público estrangeiro ou funcionário de organização internacional pública, de forma direta ou indireta, de um benefício indevido que redunde em proveito próprio ou no de outra pessoa ou entidade, com o fim de que tal funcionário atue ou se abstenha de atuar no exercício de suas funções oficiais.

Art. 17. Malversação ou peculato, apropriação indébita ou outras formas de desvio de bens por um funcionário público
Cada Estado Parte adotará as medidas legislativas e de outras índoles que sejam necessárias para qualificar como delito, quando cometido intencionalmente, a malversação ou o peculato, a apropriação indébita ou outras formas de desvio de bens, fundos

ou títulos públicos ou privados ou qualquer outra coisa de valor que se tenham confiado ao funcionário em virtude de seu cargo.

Art. 18. Tráfico de influências

Cada Estado Parte considerará a possibilidade de adotar as medidas legislativas e de outras índoles que sejam necessárias para qualificar como delito, quando cometido intencionalmente:

a) A promessa, o oferecimento ou a concessão a um funcionário público ou a qualquer outra pessoa, de forma direta ou indireta, de um benefício indevido com o fim de que o funcionário público ou a pessoa abuse de sua influência real ou suposta para obter de uma administração ou autoridade do Estado Parte um benefício indevido que redunde em proveito do instigador original do ato ou de qualquer outra pessoa;

b) A solicitação ou aceitação por um funcionário público ou qualquer outra pessoa, de forma direta ou indireta, de um benefício indevido que redunde em seu proveito próprio ou no de outra pessoa com o fim de que o funcionário público ou a pessoa abuse de sua influência real ou suposta para obter de uma administração ou autoridade do Estado Parte um benefício indevido.

Art. 19. Abuso de funções

Cada Estado Parte considerará a possibilidade de adotar as medidas legislativas e de outras índoles que sejam necessárias para qualificar como delito, quando cometido intencionalmente, o abuso de funções ou do cargo, ou seja, a realização ou omissão de um ato, em violação à lei, por parte de um funcionário público no exercício de suas funções, com o fim de obter um benefício indevido para si mesmo ou para outra pessoa ou entidade.

Art. 20. Enriquecimento ilícito

Com sujeição a sua constituição e aos princípios fundamentais de seu ordenamento jurídico, cada Estado Parte considerará a possibilidade de adotar as medidas legislativas e de outras índoles que sejam necessárias para qualificar como delito, quando cometido intencionalmente, o enriquecimento ilícito, ou seja, o incremento significativo do patrimônio de um funcionário público relativos aos seus ingressos legítimos que não podem ser razoavelmente justificados por ele.

Art. 21. Suborno no setor privado

Cada Estado Parte considerará a possibilidade de adotar medidas legislativas e de outras índoles que sejam necessárias para qualificar como delito, quando cometido intencionalmente no curso de atividades econômicas, financeiras ou comerciais:

a) A promessa, o oferecimento ou a concessão, de forma direta ou indireta, a uma pessoa que dirija uma entidade do setor privado ou cumpra qualquer função nela, de um benefício indevido que redunde em seu próprio proveito ou no de outra pessoa, com o fim de que, faltando ao dever inerente às suas funções, atue ou se abstenha de atuar;

b) A solicitação ou aceitação, de forma direta ou indireta, por uma pessoa que dirija uma entidade do setor privado ou cumpra qualquer função nela, de um benefício indevido que redunde em seu próprio proveito ou no de outra pessoa, com o fim de que, faltando ao dever inerente às suas funções, atue ou se abstenha de atuar.

Art. 22. Malversação ou peculato de bens no setor privado

Cada Estado Parte considerará a possibilidade de adotar medidas legislativas e de outras índoles que sejam necessárias para qualificar como delito, quando cometido intencionalmente no curso de atividades econômicas, financeiras ou comerciais, a malversação ou peculato, por uma pessoa que dirija uma entidade do setor privado ou cumpra qualquer função nela, de quaisquer bens, fundos ou títulos privados ou de qualquer outra coisa de valor que se tenha confiado a essa pessoa por razão de seu cargo.

Art. 23. Lavagem de produto de delito

1. Cada Estado Parte adotará, em conformidade com os princípios fundamentais de sua legislação interna, as medidas legislativas e de outras índoles que sejam necessárias para qualificar como delito, quando cometido intencionalmente:

a) I. A conversão ou a transferência de bens, sabendo-se que esses bens são produtos de delito, com o propósito de ocultar ou dissimular a origem ilícita dos bens e ajudar a qualquer pessoa envolvida na prática do delito com o objetivo de afastar as consequências jurídicas de seus atos;

II. A ocultação ou dissimulação da verdadeira natureza, origem, situação, disposição, movimentação ou da propriedade de bens o do legítimo direito a estes, sabendo-se que tais bens são produtos de delito;

b) Com sujeição aos conceitos básicos de seu ordenamento jurídico:

I. A aquisição, possessão ou utilização de bens, sabendo-se, no momento de sua receptação, de que se tratam de produto de delito;
II. A participação na prática de quaisquer dos delitos qualificados de acordo com o presente Artigo, assim como a associação e a confabulação para cometê-los, a tentativa de cometê-los e a ajuda, incitação, facilitação e o assessoramento com vistas à sua prática.
2. Para os fins de aplicação ou colocação em prática do parágrafo 1 do presente Artigo:
a) Cada Estado Parte velará por aplicar o parágrafo 1 do presente Artigo à gama mais ampla possível de delitos determinantes;
b) Cada Estado Parte incluirá como delitos determinantes, como mínimo, uma ampla gama de delitos qualificados de acordo com a presente Convenção;
c) Aos efeitos do item "b" supra, entre os delitos determinantes se incluirão os delitos cometidos tanto dentro como fora da jurisdição do Estado Parte interessado. Não obstante, os delitos cometidos fora da jurisdição de um Estado Parte constituirão delito determinante sempre e quando o ato correspondente seja delito de acordo com a legislação interna do Estado em que se tenha cometido e constitui-se assim mesmo delito de acordo com a legislação interna do Estado Parte que aplique ou ponha em prática o presente Artigo se o delito houvesse sido cometido ali;
d) Cada Estado Parte proporcionará ao Secretário Geral das Nações Unidas uma cópia de suas leis destinadas a dar aplicação ao presente Artigo e de qualquer emenda posterior que se atenha a tais leis;
e) Se assim requererem os princípios fundamentais da legislação interna de um Estado Parte, poderá dispor-se que os delitos enunciados no parágrafo 1 do presente Artigo não se apliquem às pessoas que tenham cometido o delito determinante.

Art. 24. Encobrimento
Sem prejuízo do disposto no Artigo 23 da presente Convenção, cada Estado Parte considerará a possibilidade de adotar as medidas legislativas e de outra índole que sejam necessárias para qualificar o delito, quando cometido intencionalmente após a prática de quaisquer dos delitos qualificados de acordo com a presente Convenção mas sem haver participado deles, o encobrimento ou a retenção contínua de bens sabendo-se que tais bens são produtos de quaisquer dos delitos qualificados de acordo com a presente Convenção.

Art. 25. Obstrução da justiça
Cada Estado Parte adotará as medidas legislativas e de outras índoles que sejam necessárias para qualificar como delito, quando cometidos intencionalmente:
a) O uso da força física, ameaças ou intimidação, ou a promessa, o oferecimento ou a concessão de um benefício indevido para induzir uma pessoa a prestar falso testemunho ou a atrapalhar a prestação de testemunho ou a apartação de provas em processos relacionados com a prática dos delitos qualificados de acordo com essa Convenção;
b) O uso da força física, ameaças ou intimidação para atrapalhar o cumprimento das funções oficiais de um funcionário da justiça ou dos serviços encarregados de fazer cumprir-se a lei em relação com a prática dos delitos qualificados de acordo com a presente Convenção. Nada do previsto no presente Artigo menosprezará a legislação interna dos Estados Partes que disponham de legislação que proteja a outras categorias de funcionários públicos.

Art. 26. Responsabilidade das pessoas jurídicas
1. Cada Estado Parte adotará as medidas que sejam necessárias, em consonância com seus princípios jurídicos, a fim de estabelecer a responsabilidade de pessoas jurídicas por sua participação nos delitos qualificados de acordo com a presente Convenção.
2. Sujeito aos princípios jurídicos do Estado Parte, a responsabilidade das pessoas jurídicas poderá ser de índole penal, civil ou administrativa.
3. Tal responsabilidade existirá sem prejuízo à responsabilidade penal que incumba às pessoas físicas que tenham cometido os delitos.
4. Cada Estado Parte velará em particular para que se imponham sanções penais ou não penais eficazes, proporcionadas e dissuasivas, incluídas sanções monetárias, às pessoas jurídicas consideradas responsáveis de acordo com o presente Artigo.

Art. 27. Participação ou tentativa
1. Cada Estado Parte adotará as medidas legislativas e de outras índoles que sejam necessárias para qualificar como delito, em conformidade com sua legislação interna, qualquer forma de participação, seja ela como cúmplice, colaborador ou instigador, em um delito qualificado de acordo com a presente Convenção.
2. Cada Estado Parte poderá adotar as medidas legislativas e de outras índoles que sejam necessárias para qualificar como delito, em conformidade com sua

legislação interna, toda tentativa de cometer um delito qualificado de acordo com a presente Convenção.

3. Cada Estado Parte poderá adotar as medidas legislativas e de outras índoles que sejam necessárias para qualificar como delito, em conformidade com sua legislação interna, a preparação com vistas a cometer um delito qualificado de acordo com a presente Convenção.

Art. 28. Conhecimento, intenção e propósito como elementos de um delito

O conhecimento, a intenção ou o propósito que se requerem como elementos de um delito qualificado de acordo com a presente Convenção poderão inferir-se de circunstâncias fáticas objetivas.

Art. 29. Prescrição

Cada Estado Parte estabelecerá, quando proceder, de acordo com sua legislação interna, um prazo de prescrição amplo para iniciar processos por quaisquer dos delitos qualificados de acordo com a presente Convenção e estabelecerá um prazo maior ou interromperá a prescrição quando o presumido delinquente tenha evadido da administração da justiça.

Art. 30. Processo, sentença e sanções

1. Cada Estado Parte punirá a prática dos delitos qualificados de acordo com a presente Convenção com sanções que tenham em conta a gravidade desses delitos.

2. Cada Estado Parte adotará as medidas que sejam necessárias para estabelecer ou manter, em conformidade com seu ordenamento jurídico e seus princípios constitucionais, um equilíbrio apropriado entre quaisquer imunidades ou prerrogativas jurisdicionais outorgadas a seus funcionários públicos para o cumprimento de suas funções e a possibilidade, se necessário, de proceder efetivamente à investigação, ao indiciamento e à sentença dos delitos qualificados de acordo com a presente Convenção.

3. Cada Estado Parte velará para que se exerçam quaisquer faculdades legais discricionárias de que disponham conforme sua legislação interna em relação ao indiciamento de pessoas pelos delitos qualificados de acordo com a presente Convenção a fim de dar máxima eficácia às medidas adotadas para fazer cumprir a lei a respeito desses delitos, tendo devidamente em conta a necessidade de preveni-los.

4. Quando se trate dos delitos qualificados de acordo com a presente Convenção, cada Estado Parte adotará as medidas apropriadas, em conformidade com sua legislação interna e levando devidamente em consideração os direitos de defesa, com vistas a procurar que, ao impor condições em relação com a decisão de conceder liberdade em espera de juízo ou apelação, se tenha presente a necessidade de garantir o comparecimento do acusado em todo procedimento penal posterior.

5. Cada Estado Parte terá em conta a gravidade dos delitos pertinentes ao considerar a eventualidade de conceder a liberdade antecipada ou a liberdade condicional a pessoas que tenham sido declaradas culpadas desses delitos.

6. Cada Estado Parte considerará a possibilidade de estabelecer, na medida em que ele seja concordante com os princípios fundamentais de seu ordenamento jurídico, procedimentos em virtude dos quais um funcionário público que seja acusado de um delito qualificado de acordo com a presente Convenção possa, quando proceder, ser destituído, suspenso ou transferido pela autoridade correspondente, tendo presente o respeito ao princípio de presunção de inocência.

7. Quando a gravidade da falta não justifique e na medida em que ele seja concordante com os princípios fundamentais de seu ordenamento jurídico, cada Estado Parte considerará a possibilidade de estabelecer procedimentos para inabilitar, por mandado judicial ou outro meio apropriado e por um período determinado em sua legislação interna, as pessoas condenadas por delitos qualificados de acordo com a presente Convenção para:

a) Exercer cargos públicos; e

b) Exercer cargos em uma empresa de propriedade total ou parcial do Estado.

8. O parágrafo 1 do presente Artigo não prejudicará a aplicação de medidas disciplinares pelas autoridades competentes contra funcionários públicos.

9. Nada do disposto na presente Convenção afetará o princípio de que a descrição dos delitos qualificados de acordo com ela e dos meios jurídicos de defesa aplicáveis ou demais princípios jurídicos que regulam a legalidade de uma conduta que a reservada à legislação interna dos Estados Partes e de que esses delitos haverão de ser perseguidos e sancionados em conformidade com essa legislação.

10. Os Estados Partes procurarão promover a reinserção social das pessoas condenadas por delitos qualificados de acordo com a presente Convenção.

Art. 31. Embargo preventivo, apreensão e confisco

1. Cada Estado Parte adotará, no maior grau permitido em seu ordenamento jurídico interno, as medidas que sejam necessárias para autorizar o confisco:
a) Do produto de delito qualificado de acordo com a presente Convenção ou de bens cujo valor corresponda ao de tal produto;
b) Dos bens, equipamentos ou outros instrumentos utilizados ou destinados utilizados na prática dos delitos qualificados de acordo com a presente Convenção.
2. Cada Estado Parte adotará as medidas que sejam necessárias para permitir a identificação, localização, embargo preventivo ou a apreensão de qualquer bem a que se tenha referência no parágrafo 1 do presente Artigo com vistas ao seu eventual confisco.
3. Cada Estado Parte adotará, em conformidade com sua legislação interna, as medidas legislativas e de outras índoles que sejam necessárias para regular a administração, por parte das autoridades competentes, dos bens embargados ou confiscados compreendidos nos parágrafos 1 e 2 do presente Artigo.
4. Quando esse produto de delito se tiver transformado ou convertido parcialmente ou totalmente em outros bens, estes serão objeto das medidas aplicáveis a tal produto de acordo com o presente Artigo.
5. Quando esse produto de delito se houver mesclado com bens adquiridos de fontes lícitas, esses bens serão objeto de confisco até o valor estimado do produto mesclado, sem menosprezo de qualquer outra faculdade de embargo preventivo ou apreensão.
6. Os ingressos e outros benefícios derivados desse produto de delito, de bens nos quais se tenham transformado ou convertido tal produto ou de bens que se tenham mesclado a esse produto de delito também serão objeto das medidas previstas no presente Artigo, da mesma maneira e no mesmo grau que o produto do delito.
7. Aos efeitos do presente Artigo e do Artigo 55 da presente Convenção, cada Estado Parte facultará a seus tribunais ou outras autoridade competentes para ordenar a apresentação ou a apreensão de documentos bancários, financeiros ou comerciais. Os Estados Partes não poderão abster-se de aplicar as disposições do presente parágrafo amparando-se no sigilo bancário.
8. Os Estados Partes poderão considerar a possibilidade de exigir de um delinquente que demonstre a origem lícita do alegado produto de delito ou de outros bens expostos ao confisco, na medida em que ele seja conforme com os princípios fundamentais de sua legislação interna e com a índole do processo judicial ou outros processos.
9. As disposições do presente Artigo não se interpretarão em prejuízo do direito de terceiros que atuem de boa-fé.
10. Nada do disposto no presente Artigo afetará o princípio de que as medidas nele previstas se definirão e aplicar-se-ão em conformidade com a legislação interna dos Estados Partes e com sujeição a este.

Art. 32. Proteção a testemunhas, peritos e vítimas
1. Cada Estado Parte adotará medidas apropriadas, em conformidade com seu ordenamento jurídico interno e dentro de suas possibilidades, para proteger de maneira eficaz contra eventuais atos de represália ou intimidação as testemunhas e peritos que prestem testemunho sobre os delitos qualificados de acordo com a presente Convenção, assim como, quando proceder, a seus familiares e demais pessoas próximas.
2. As medidas previstas no parágrafo 1 do presente Artigo poderão consistir, entre outras, sem prejuízo dos direitos do acusado e incluindo o direito de garantias processuais, em:
a) Estabelecer procedimentos para a proteção física dessas pessoas, incluída, na medida do necessário e do possível, sua remoção, e permitir, quando proceder, à proibição total ou parcial de revelar informação sobre sua identidade e paradeiro;
b) Estabelecer normas probatórias que permitam que as testemunhas e peritos prestem testemunho sem pôr em perigo a segurança dessas pessoas, por exemplo, aceitando o testemunho mediante tecnologias de comunicação como a videoconferência ou outros meios adequados.
3. Os Estados Partes considerarão a possibilidade de celebrar acordos ou tratados com outros Estados para a remoção das pessoas mencionadas no parágrafo 1 do presente Artigo.
4. As disposições do presente Artigo se aplicarão também às vítimas na medida em que sejam testemunhas.
5. Cada Estado Parte permitirá, com sujeição a sua legislação interna, que se apresentem e considerem as opiniões e preocupações das vítimas em etapas apropriadas das ações penais contra os criminosos sem menosprezar os direitos de defesa.

Art. 33. Proteção aos denunciantes

Cada Estado Parte considerará a possibilidade de incorporar em seu ordenamento jurídico interno medidas apropriadas para proporcionar proteção contra todo trato injusto às pessoas que denunciem ante as autoridades competentes, de boa-fé e com motivos razoáveis, quaisquer feitos relacionados com os delitos qualificados de acordo com a presente Convenção.

Art. 34. Consequências dos atos de corrupção

Com a devida consideração aos direitos adquiridos de boa-fé por terceiros, cada Estado Parte, em conformidade com os princípios fundamentais de sua legislação interna, adotará medidas para eliminar as consequências dos atos de corrupção. Neste contexto, os Estados Partes poderão considerar a corrupção um fator pertinente em procedimentos jurídicos encaminhados a anular ou deixar sem efeito um contrato ou a revogar uma concessão ou outro instrumento semelhante, o adotar qualquer outra medida de correção.

Art. 35. Indenização por danos e prejuízos

Cada Estado Parte adotará as medidas que sejam necessárias, em conformidade com os princípios de sua legislação interna, para garantir que as entidades ou pessoas prejudicadas como consequência de um ato de corrupção tenham direito a iniciar uma ação legal contra os responsáveis desses danos e prejuízos a fim de obter indenização.

Art. 36. Autoridades especializadas

Cada Estado Parte, de conformidade com os princípios fundamentais de seu ordenamento jurídico, se certificará de que dispõe de um ou mais órgãos ou pessoas especializadas na luta contra a corrupção mediante a aplicação coercitiva da lei. Esse(s) órgão(s) ou essa(s) pessoa(s) gozarão da independência necessária, conforme os princípios fundamentais do ordenamento jurídico do Estado Parte, para que possam desempenhar suas funções com eficácia e sem pressões indevidas. Deverá proporcionar-se a essas pessoas ou ao pessoal desse(s) órgão(s) formação adequada e recursos suficientes para o desempenho de suas funções.

Art. 37. Cooperação com as autoridades encarregadas de fazer cumprir a lei

1. Cada Estado Parte adotará as medidas apropriadas para restabelecer as pessoas que participem ou que tenham participado na prática dos delitos qualificados de acordo com a presente Convenção que proporcionem às autoridades competentes informação útil com fins investigativos e probatórios e as que lhes prestem ajuda efetiva e concreta que possa contribuir a privar os criminosos do produto do delito, assim como recuperar esse produto.

2. Cada Estado Parte considerará a possibilidade de prever, em casos apropriados, a mitigação de pena de toda pessoa acusada que preste cooperação substancial à investigação ou ao indiciamento dos delitos qualificados de acordo com a presente Convenção.

3. Cada Estado parte considerará a possibilidade de prever, em conformidade com os princípios fundamentais de sua legislação interna, a concessão de imunidade judicial a toda pessoa que preste cooperação substancial na investigação ou no indiciamento dos delitos qualificados de acordo com a presente Convenção.

4. A proteção dessas pessoas será, mutatis mutandis, a prevista no Artigo 32 da presente Convenção.

5. Quando as pessoas mencionadas no parágrafo 1 do presente Artigo se encontrem em um Estado Parte e possam prestar cooperação substancial às autoridades competentes de outro Estado Parte, os Estados Partes interessados poderão considerar a possibilidade de celebrar acordos ou tratados, em conformidade com sua legislação interna, a respeito da eventual concessão, por esse Estado Parte, do trato previsto nos parágrafos 2 e 3 do presente Artigo.

Art. 38. Cooperação entre organismos nacionais

Cada Estado Parte adotará as medidas que sejam necessárias, em conformidade com sua legislação interna, para estabelecer a cooperação entre, de um lado, seus organismos públicos, assim como seus funcionários públicos, e, do outro, seus organismos encarregados de investigar e processar judicialmente os delitos. Essa cooperação poderá incluir:

a) Informar a esses últimos organismos, por iniciativa do Estado Parte, quando tenha motivos razoáveis para suspeitar-se que fora praticado algum dos crimes qualificados de acordo com os Artigos 15, 21 e 23 da presente Convenção; ou

b) Proporcionar a esses organismos toda a informação necessária mediante solicitação.

Art. 39. Cooperação entre os organismos nacionais e o setor privado

1. Cada Estado Parte adotará as medidas que sejam necessárias, em conformidade com seu direito interno, para estabelecer a cooperação entre os organismos nacionais de investigação e o Ministério Público, de um lado, e as entidades do setor privado, em particular as instituições financeiras, de outro, em questões relativas à prática dos delitos qualificados de acordo com a presente Convenção.

2. Cada Estado Parte considerará a possibilidade de estabelecer que seus cidadãos e demais pessoas que tenham residência em seu território a denunciar ante os organismos nacionais de investigação e o Ministério Público a prática de todo delito qualificado de acordo com a presente Convenção.

Art. 40. Sigilo bancário

Cada Estado Parte velará para que, no caso de investigações penais nacionais de delitos qualificados de acordo com a presente Convenção, existam em seu ordenamento jurídico interno mecanismos apropriados para eliminar qualquer obstáculo que possa surgir como consequência da aplicação da legislação relativa ao sigilo bancário.

Art. 41. Antecedentes penais

Cada Estado Parte poderá adotar as medidas legislativas ou de outras índoles que sejam necessárias para ter em conta, nas condições e para os fins que estime apropriados, toda prévia declaração de culpabilidade de um presumido criminoso em outro Estado a fim de utilizar essa informação em ações penais relativas a delitos qualificados de acordo com a presente Convenção.

Art. 42. Jurisdição

1. Cada Estado Parte adotará as medidas que sejam necessárias para estabelecer sua jurisdição a respeito dos delitos qualificados de acordo com a presente Convenção quando:

a) O delito se cometa em seu território; ou

b) O delito se cometa a bordo de uma embarcação que possua identificação de tal Estado ou de uma aeronave registrada sob suas leis no momento de sua prática.

2. Com sujeição ao disposto no Artigo 4 da presente Convenção, um Estado Parte também poderá estabelecer sua jurisdição para ter conhecimento de tais delitos quando:

a) O delito se cometa contra um de seus cidadãos;

b) O delito seja cometido por um de seus cidadãos ou por um estrangeiro que tenha residência em seu território;

c) O delito seja um dos delitos qualificados de acordo com o inciso "II)" da parte "b)" do parágrafo 1 do Artigo 23 da presente Convenção e se cometa fora de seu território com vistas à prática, dentro de seu território, de um delito qualificado de acordo com os incisos "I)" e "II)" da parte "a)" ou inciso "I)" da parte "b)" do parágrafo 1 do Artigo 23 da presente Convenção; ou

d) O delito se cometa contra o Estado Parte.

3. Aos efeitos do Artigo 44 da presente Convenção, cada Estado Parte adotará as medidas que sejam necessárias para estabelecer a jurisdição relativa aos delitos qualificados de acordo com a presente Convenção quando o presumido criminoso se encontre em seu território e o Estado Parte não o extradite pelo fato de ser um de seus cidadãos.

4. Cada Estado Parte poderá também adotar as medidas que sejam necessárias para estabelecer sua jurisdição a respeito dos delitos qualificados na presente Convenção quando o presumido criminoso se encontre em seu território e o Estado Parte não o extradite.

5. Se um Estado Parte que exerce sua jurisdição de acordo com os parágrafos 1 ou 2 do presente Artigo for notificado, ou tomar conhecimento por outro meio, de que outros Estados Partes estão realizando uma investigação, um processo ou uma ação judicial relativa aos mesmos fatos, as autoridades competentes desses Estados Partes se consultarão, segundo proceda, a fim de coordenar suas medidas.

6. Sem prejuízo às normas do direito internacional geral, a presente Convenção não excluirá o exercício das competências penais estabelecidas pelos Estados Partes em conformidade com suas legislações internas.

CAPÍTULO IV

Cooperação Internacional

Art. 43. Cooperação internacional

1. Os Estados Partes cooperarão em assuntos penais conforme o disposto nos Artigos 44 a 50 da presente Convenção. Quando proceda e estiver em consonância com seu ordenamento jurídico interno, os Estados Partes considerarão a possibilidade de prestar-se assistência nas investigações e procedimentos correspondentes a questões civis e administrativas relacionadas com a corrupção.

2. Em questões de cooperação internacional, quando a dupla incriminação seja um requisito, este se considerará cumprido se a conduta constitutiva do delito relativo ao qual se solicita assistência é um delito de acordo com a legislação de ambos os Estados Partes, independentemente se as leis do Estado Parte requerido incluem o delito na mesma categoria ou o denominam com a mesma terminologia que o Estado Parte requerente.

Art. 44. Extradição

1. O presente Artigo se aplicará a todos os delitos qualificados de acordo com a presente Convenção no caso de que a pessoa que é objeto de solicitação de extradição se encontre no território do Estado Parte requerido, sempre e quando o delito pelo qual se pede a extradição seja punível de acordo com a legislação interna do Estado Parte requerente e do Estado Parte requerido.

2. Sem prejuízo ao disposto no parágrafo 1 do presente Artigo, os Estados Partes cuja legislação o permitam poderão conceder a extradição de uma pessoa por quaisquer dos delitos compreendidos na presente Convenção que não sejam puníveis com relação à sua própria legislação interna.

3. Quando a solicitação de extradição incluir vários delitos, dos quais ao menos um dê lugar à extradição conforme o disposto no presente Artigo e alguns não derem lugar à extradição devido ao período de privação de liberdade que toleram mas guardem relação com os delitos qualificados de acordo com a presente Convenção, o Estado Parte requerido poderá aplicar o presente Artigo também a respeito desses delitos.

4. Cada um dos delitos aos quais se aplicam o presente Artigo se considerará incluído entre os delitos que dão lugar à extradição em todo tratado de extradição vigente entre os Estados Partes. Estes se comprometem a incluir tais delitos como causa de extradição em todo tratado de extradição que celebrem entre si. Os Estados Partes cujas legislações os permitam, no caso de que a presente Convenção sirva de base para a extradição, não considerarão de caráter político nenhum dos delitos qualificados de acordo com a presente Convenção.

5. Se um Estado Parte que submete a extradição à existência de um tratado recebe uma solicitação de extradição de outro Estado Parte com o qual não celebra nenhum tratado de extradição, poderá considerar a presente Convenção como a base jurídica da extradição a respeito dos delitos aos quais se aplicam o presente Artigo.

6. Todo Estado Parte que submeta a extradição à existência de um tratado deverá:

a) No momento de depositar seu instrumento de ratificação, aceitação ou aprovação da presente Convenção ou de adesão à ela, informar ao Secretário Geral das Nações Unidas se considerará ou não a presente Convenção como a base jurídica da cooperação em matéria de extradição em suas relações com os outros Estados Partes da presente Convenção; e

b) Se não considera a presente Convenção como a base jurídica da cooperação em matéria de extradição, procurar, quando proceder, celebrar tratados de extradição com outros Estados Partes da presente Convenção a fim de aplicar o presente Artigo.

7. Os Estados Partes que não submetem a extradição à existência de um tratado reconhecerão os delitos aos quais se aplica o presente Artigo como causa de extradição entre eles.

8. A extradição estará sujeita às condições previstas na legislação interna do Estado Parte requerido ou nos tratados de extradição aplicáveis, incluídas, entre outras coisas, as relativas ao requisito de uma pena mínima para a extradição e aos motivos que o Estado Parte requerido pode incorrer na extradição.

9. Os Estados Partes, em conformidade com sua legislação interna, procurarão agilizar os procedimentos de extradição e simplificar os requisitos probatórios correspondentes com relação a qualquer dos delitos aos quais se aplicam o presente Artigo.

10. A respeito do disposto em sua legislação interna e em seus tratados de extradição, o Estado Parte requerido poderá, após haver-se certificado de que as circunstâncias o justificam e têm caráter urgente, e à solicitação do Estado Parte requerente, proceder à detenção da pessoa presente em seu território cuja extradição se peça ou adotar outras medidas adequadas para garantir o comparecimento dessa pessoa nos procedimentos de extradição.

11. O Estado Parte em cujo território se encontre um presumido criminoso, se não o extradita quando de um delito aos qual se aplica o presente Artigo pelo fato de ser um de seus cidadãos, estará obrigado, quando solicitado pelo Estado Parte que pede a extradição, a submeter o caso sem demora injustificada a suas autoridades competentes para efeitos de indiciamento. As mencionadas autoridades adotarão sua decisão e levarão a cabo suas ações judiciais da mesma maneira em que o fariam feito com relação a qualquer outro delito de caráter grave de acordo com a legislação interna desse Estado

Parte. Os Estados Partes interessados cooperarão entre si, em particular no tocante aos aspectos processuais e probatórios, com vistas a garantir a eficiência das mencionadas ações.

12. Quando a legislação interna de um Estado Parte só permite extraditar ou entregar de algum outro modo um de seus cidadãos a condição de que essa pessoa seja devolvida a esse Estado Parte para cumprir a pena imposta como resultado do juízo do processo por aquele que solicitou a extradição ou a entrega e esse Estado Parte e o Estado Parte que solicita a extradição aceitem essa opção, assim como toda outra condição que julguem apropriada, tal extradição ou entrega condicional será suficiente para que seja cumprida a obrigação enunciada no parágrafo 11 do presente Artigo.

13. Se a extradição solicitada com o propósito de que se cumpra uma pena é negada pelo fato de que a pessoa procurada é cidadã do Estado Parte requerido, este, se sua legislação interna autoriza e em conformidade com os requisitos da mencionada legislação, considerará, ante solicitação do Estado Parte requerente, a possibilidade de fazer cumprir a pena imposta ou o resto pendente de tal pena de acordo com a legislação interna do Estado Parte requerente.

14. Em todas as etapas das ações se garantirá um tratamento justo a toda pessoa contra a qual se tenha iniciado uma instrução em relação a qualquer dos delitos aos quais se aplica o presente Artigo, incluindo o gozo de todos os direitos e garantias previstos pela legislação interna do Estado Parte em cujo território se encontre essa pessoa.

15. Nada do disposto na presente Convenção poderá interpretar-se como a imposição de uma obrigação de extraditar se o Estado Parte requerido tem motivos justificados para pressupor que a solicitação foi apresentada com o fim de perseguir ou castigar a uma pessoa em razão de seu sexo, raça, religião, nacionalidade, origem étnica ou opiniões políticas ou que seu cumprimento ocasionaria prejuízos à posição dessa pessoa por quaisquer destas razões.

16. Os Estados Partes não poderão negar uma solicitação de extradição unicamente porque se considere que o delito também envolve questões tributárias.

17. Antes de negar a extradição, o Estado Parte requerido, quando proceder, consultará o Estado parte requerente para dar-lhe ampla oportunidade de apresentar suas opiniões e de proporcionar informação pertinente a sua alegação.

18. Os Estados Partes procurarão celebrar acordos ou tratados bilaterais e multilaterais para levar a cabo a extradição ou com vistas a aumentar sua eficácia.

Art. 45. Traslado de pessoas condenadas a cumprir uma pena

Os Estados Partes poderão considerar a possibilidade de celebrar acordos ou tratados bilaterais ou multilaterais sobre o traslado a seu território de toda pessoa que tenha sido condenada a pena de prisão ou outra forma de privação de liberdade por algum dos delitos qualificados de acordo com a presente Convenção a fim de que cumpra ali sua pena.

Art. 46. Assistência judicial recíproca

1. Os Estados Partes prestar-se-ão a mais ampla assistência judicial recíproca relativa a investigações, processos e ações judiciais relacionados com os delitos compreendidos na presente Convenção.

2. Prestar-se-á assistência judicial recíproca no maior grau possível conforme as leis, tratados, acordos e declarações pertinentes do Estado Parte requerido com relação a investigações, processos e ações judiciais relacionados com os delitos dos quais uma pessoa jurídica pode ser considerada responsável em conformidade com o Artigo 26 da presente Convenção no Estado Parte requerente.

3. A assistência judicial recíproca que se preste em conformidade com o presente Artigo poderá ser solicitada para quaisquer dos fins seguintes:

a) Receber testemunhos ou tomar declaração de pessoas;

b) Apresentar documentos judiciais;

c) Efetuar inspeções, incautações e/ou embargos preventivos;

d) Examinar objetos e lugares;

e) Proporcionar informação, elementos de prova e avaliações de peritos;

f) Entregar originais ou cópias certificadas dos documentos e expedientes pertinentes, incluída a documentação pública, bancária e financeira, assim como a documentação social ou comercial de sociedades mercantis;

g) Identificar ou localizar o produto de delito, os bens, os instrumentos e outros elementos para fins probatórios;

h) Facilitar o comparecimento voluntário de pessoas ao Estado Parte requerente;

i) Prestar qualquer outro tipo de assistência autorizada pela legislação interna do Estado Parte requerido;
j) Identificar, embargar com caráter preventivo e localizar o produto de delito, em conformidade com as disposições do Capítulo v da presente Convenção;
l) Recuperar ativos em conformidade com as disposições do Capítulo v da presente Convenção.

4. Sem menosprezo à legislação interna, as autoridades competentes de um Estado Parte poderão, sem que se lhes solicite previamente, transmitir informação relativa a questões penais a uma autoridade competente de outro Estado Parte se creem que essa informação poderia ajudar a autoridade a empreender ou concluir com êxito indagações e processos penais ou poderia dar lugar a uma petição formulada por este último Estado Parte de acordo com a presente Convenção.

5. A transmissão de informação de acordo com o parágrafo 4 do presente Artigo se fará sem prejuízo às indagações e processos penais que tenham lugar no Estado das autoridades competentes que facilitaram a informação. As autoridades competentes que recebem a informação deverão aquiescer a toda solicitação de que se respeite seu caráter confidencial, inclusive temporariamente, ou de que se imponham restrições a sua utilização. Sem embargo, ele não obstará para que o Estado Parte receptor revele, em suas ações, informação que seja fator de absolvição de uma pessoa acusada. Em tal caso, o Estado Parte receptor notificará o Estado Parte transmissor antes de revelar a mencionada informação e, se assim for solicitado, consultará o Estado Parte transmissor. Se, em um caso excepcional, não for possível notificar com antecipação, o Estado Parte receptor informará sem demora ao Estado Parte transmissor sobre a mencionada revelação.

6. O disposto no presente Artigo não afetará as obrigações inerentes de outros tratados bilaterais ou multilaterais vigentes ou futuros que rejam, total ou parcialmente, a assistência judicial recíproca.

7. Os parágrafos 9 a 29 do presente Artigo se aplicarão às solicitações que se formulem de acordo com o presente Artigo sempre que não se estabeleça entre os Estados Partes interessados um tratado de assistência judicial recíproca. Quando estes Estados Partes estiverem vinculados por um tratado dessa índole se aplicarão as disposições correspondentes do tal tratado, salvo quando aos Estados Partes convenha aplicar, em seu lugar, os parágrafos 9 a 29 do presente Artigo. Insta-se encarecidamente aos Estados Partes que apliquem esses parágrafos se a cooperação for facilitada.

8. Os Estados Partes não invocarão o sigilo bancário para negar a assistência judicial recíproca de acordo com o presente Artigo.

9. a) Ao atender a uma solicitação de assistência de acordo com o presente Artigo, na ausência de dupla incriminação, o Estado Parte requerido terá em conta a finalidade da presente Convenção, enunciada no Artigo 1;
b) Os Estados Partes poderão negar-se a prestar assistência de acordo com o presente Artigo invocando a ausência de dupla incriminação. Não obstante, o Estado Parte requerido, quando esteja em conformidade com os conceitos básicos de seu ordenamento jurídico, prestará assistência que não envolva medidas coercitivas. Essa assistência poderá ser negada quando a solicitação envolva assuntos de mínimos ou questões relativas às quais a cooperação ou a assistência solicitada estiver prevista em virtude de outras disposições da presente Convenção;
c) Na ausência da dupla incriminação, cada Estado Parte poderá considerar a possibilidade de adotar as medidas necessárias que lhe permitam prestar uma assistência mais ampla de acordo com o presente Artigo.

10. A pessoa que se encontre detida ou cumprindo uma pena no território de um Estado Parte e cuja presença se solicite por outro Estado Parte para fins de identificação, para prestar testemunho ou para que ajude de alguma outra forma na obtenção das provas necessárias para investigações, processos ou ações judiciais relativos aos delitos compreendidos na presente Convenção poderá ser trasladada se cumprirem-se as condições seguintes:
a) A pessoa, devidamente informada, dá seu livre consentimento;
b) As autoridades competentes de ambos os Estados Partes estão de acordo, com sujeição às condições que estes considerem apropriadas.

11. Aos efeitos do parágrafo 10 do presente Artigo:
a) O Estado Parte ao qual se traslade a pessoa terá a competência e a obrigação de mantê-la detida, salvo se o Estado Parte do qual a pessoa fora trasladada solicitar ou autorizar outra coisa;

b) O Estado Parte ao qual se traslade a pessoa cumprirá sem delongas sua obrigação de devolvê-la à custódia do Estado Parte do qual a trasladou, segundo convenham de antemão ou de outro modo as autoridades competentes de ambos os Estados Partes;

c) O Estado Parte ao qual se traslade a pessoa não poderá exigir do Estado Parte do qual a pessoa tenha sido trasladada que inicie procedimentos de extradição para sua devolução;

d) O tempo em que a pessoa tenha permanecido detida no Estado Parte ao qual fora trasladada se computará como parte da pena que se cumpre no Estado Parte do qual fora trasladada.

12. A menos que o Estado Parte remetente da pessoa a ser trasladada de conformidade com os parágrafos 10 e 11 do presente Artigo estiver de acordo, tal pessoa, seja qual for sua nacionalidade, não poderá ser processada, detida, condenada nem submetida a nenhuma outra restrição de sua liberdade pessoal no território do Estado ao qual fora trasladada em relação a atos, omissões ou penas anteriores a sua saída do território do Estado remetente.

13. Cada Estado Parte designará uma autoridade central encarregada de receber solicitações de assistência judicial recíproca e permitida a dar-lhes cumprimento ou para transmiti-las às autoridades competentes para sua execução. Quando alguma região ou algum território especial de um Estado Parte disponha de um regimento distinto de assistência judicial recíproca, o Estado Parte poderá designar outra autoridade central que desempenhará a mesma função para tal região ou mencionado território. As autoridades centrais velarão pelo rápido e adequado cumprimento ou transmissão das solicitações recebidas. Quando a autoridade central transmitir a solicitação a uma autoridade competente para sua execução, alentará a rápida e adequada execução da solicitação por parte da mencionada autoridade. Cada Estado Parte notificará o Secretário Geral das Nações Unidas, no momento de depositar seu instrumento de ratificação, aceitação ou aprovação da presente Convenção ou de adesão a ela, o nome da autoridade central que tenha sido designada para tal fim. As solicitações de assistência judicial recíproca e qualquer outra comunicação pertinente serão transmitidas às autoridades centrais designadas pelos Estados Partes. A presente disposição não afetará a legislação de quaisquer dos Estados Partes para exigir que estas solicitações e comunicações lhe sejam enviadas por via diplomática e, em circunstâncias urgentes, quando os Estados Partes convenham a ele, por condução da Organização Internacional de Polícia Criminal, de ser possível.

14. As solicitações se apresentarão por escrito ou, quando possível, por qualquer meio capaz de registrar um texto escrito, em um idioma aceitável pelo Estado Parte requerido. Em condições que permitam ao mencionado Estado Parte determinar sua autenticidade. Cada Estado Parte notificará o Secretário Geral das Nações Unidas, no momento de depositar seu instrumento de ratificação, aceitação ou aprovação da presente Convenção ou de adesão a ela, o(s) idioma(s) que é(são) aceitável(veis). Em situações de urgência, e quando os Estados Partes convenham a ele, as solicitações poderão fazer-se oralmente, devendo ser confirmadas por escrito sem delongas.

15. Toda solicitação de assistência judicial recíproca conterá o seguinte:

a) A identidade da autoridade que faz a solicitação;

b) O objeto e a índole das investigações, dos processos e das ações judiciais a que se refere a solicitação e o nome e as funções da autoridade encarregada de efetuar tais investigações, processos ou ações;

c) Um resumo dos feitos pertinentes, salvo quando se trate de solicitações de apresentação de documentos judiciais;

d) Uma descrição da assistência solicitada e pormenores sobre qualquer procedimento particular que o Estado Parte requerente deseja que se aplique;

e) Se possível, a identidade, situação e nacionalidade de cada pessoa interessada; e

f) A finalidade pela qual se solicita a prova, informação ou atuação.

16. O Estado Parte requerido poderá pedir informação adicional quando seja necessária para dar cumprimento à solicitação em conformidade com sua legislação interna ou para facilitar tal cumprimento.

17. Dar-se-á cumprimento a toda solicitação de acordo com o ordenamento jurídico interno do Estado Parte requerido e, na medida em que ele não o contravenha e seja factível, em conformidade com os procedimentos especificados na solicitação.

18. Sempre quando for possível e compatível com os princípios fundamentais da legislação interna, quando uma pessoa se encontre no território de um

Estado Parte e tenha que prestar declaração como testemunha ou perito ante autoridades judiciais de outro Estado Parte, o primeiro Estado Parte, ante solicitação do outro, poderá permitir que a audiência se celebre por videoconferência se não for possível ou conveniente que a pessoa em questão compareça pessoalmente ao território do Estado Parte requerente. Os Estados Partes poderão combinar que a audiência fique a cargo de uma autoridade judicial do Estado Parte requerente e que seja assistida por uma autoridade judicial do Estado Parte requerido.

19. O Estado Parte requerente não transmitirá nem utilizará, sem prévio consentimento do Estado Parte requerido, a informação ou as provas proporcionadas por este para investigações, processos ou ações judiciais distintas daquelas indicadas na solicitação. Nada do disposto no presente parágrafo impedirá que o Estado Parte requerente revele, em suas ações, informação ou provas que sejam fatores de absolvição de uma pessoa acusada. Neste último caso, o Estado Parte requerente notificará o Estado Parte requerido antes de revelar a informação ou as provas e, se assim solicitado, consultará o Estado Parte requerido. Se, em um caso excepcional, não for possível notificar este com antecipação, o Estado Parte requerente informará sem demora o Estado Parte requerido da mencionada revelação.

20. O Estado Parte requerente poderá exigir que o Estado Parte requerido mantenha sigilo acerca da existência e do conteúdo da solicitação, salvo na medida necessária para dar-lhe cumprimento. Se o Estado Parte requerido não pode manter esse sigilo, terá de fazer o Estado parte requerente sabê-lo de imediato.

21. A assistência judicial recíproca poderá ser negada:
a) Quando a solicitação não esteja em conformidade com o disposto no presente Artigo;
b) Quando o Estado Parte requerido considere que o cumprimento da solicitação poderia agredir sua soberania, sua segurança, sua ordem pública ou outros interesses fundamentais;
c) Quando a legislação interna do Estado Parte requerido proíba suas autoridades de atuarem na forma solicitada relativa a um delito análogo, se este tiver sido objeto de investigações, processos ou ações judiciais no exercício de sua própria competência;
d) Quando aquiescer à solicitação seja contrário ao ordenamento jurídico do Estado Parte requerido no tocante à assistência judicial recíproca.

22. Os Estados Partes não poderão negar uma solicitação de assistência judicial recíproca unicamente por considerarem que o delito também envolve questões tributárias.

23. Toda negação de assistência judicial recíproca deverá fundamentar-se devidamente.

24. O Estado Parte requerido cumprirá a solicitação de assistência judicial recíproca o quanto antes e terá plenamente em conta, na medida de suas possibilidades, os prazos que sugira o Estado Parte requerente e que estejam devidamente fundamentados, de preferência na própria solicitação. O Estado Parte requerente poderá pedir informação razoável sobre o estado e a evolução das gestões realizadas pelo Estado Parte requerido para satisfazer tal petição. O Estado Parte requerido responderá às solicitações razoáveis que formule o Estado Parte requerente relativas ao estado e à evolução do trâmite da resolução. O Estado Parte requerente informará de pronto ao Estado Parte requerido quando já não mais necessite da assistência requisitada.

25. A assistência judicial recíproca poderá ser modificada pelo Estado Parte requerido se perturba investigações, processos ou ações judiciais em curso.

26. Antes de negar uma solicitação apresentada de acordo com o parágrafo 21 do presente Artigo ou de modificar seu cumprimento de acordo com o parágrafo 25 do presente Artigo, o Estado Parte requerido consultará o Estado Parte requerente para considerar se é possível prestar a assistência solicitada submetendo-a às condições que julgue necessárias. Se o Estado Parte requerente aceita a assistência de acordo com essas condições, esse Estado Parte deverá cumprir as condições impostas.

27. Sem prejuízo à aplicação do parágrafo 12 do presente Artigo, a testemunha, perito ou outra pessoa que, sob requisição do Estado Parte requerente, consente em prestar testemunho em juízo ou colaborar em uma investigação, processo ou ação judicial no território do Estado Parte requerente, não poderá ser indiciado, detido, condenado nem submetido a nenhuma restrição de sua liberdade pessoal nesse território por atos, omissões ou declarações de culpabilidade anteriores ao momento em que abandonou o território do Estado Parte requerido. Esse salvo-conduto cessará quando a testemunha, perito ou outra pessoa tenha tido, durante 15 (quinze) dias consecutivos ou durante o período acordado entre os Estados Partes após a data na qual se tenha informado oficialmente de que as autoridades judiciais já não requeriam sua presença, a oportunidade de sair do país e não obstante permaneceu voluntariamente nesse território ou a ele regressou livremente depois de havê-lo abandonado.

28. Os gastos ordinários que ocasionem o cumprimento da solicitação serão sufragados pelo Estado Parte requerido, a menos que os Estados Partes interessados tenham acordado outro meio. Quando se requeiram para este fim gastos vultosos ou de caráter extraordinário, os Estados Partes se consultarão para determinar as condições nas quais se dará cumprimento à solicitação, assim como a maneira em que se sufragarão os gastos.

29. O Estado Parte requerido:
a) Facilitará ao Estado Parte requerente uma cópia dos documentos oficiais e outros documentos ou papéis que tenha sob sua custódia e que, conforme sua legislação interna, sejam de acesso do público em geral;
b) Poderá, a seu arbítrio e com sujeição às condições que julgue apropriadas, proporcionar ao Estado Parte requerente uma cópia total ou parcial de documentos oficiais ou de outros documentos ou papéis que tenha sob sua custódia e que, conforme sua legislação interna, não sejam de acesso do público em geral.

30. Quando se fizer necessário, os Estados Partes considerarão a possibilidade de celebrar acordos ou tratados bilaterais ou multilaterais que contribuam a lograr os fins do presente Artigo e que levem à prática ou reforcem suas disposições.

Art. 47. Enfraquecimento de ações penais
Os Estados Partes considerarão a possibilidade de enfraquecer ações penais para o indiciamento por um delito qualificado de acordo com a presente Convenção quando se estime que essa remissão redundará em benefício da devida administração da justiça, em particular nos casos nos quais intervenham várias jurisdições, com vistas a concentrar as atuações do processo.

Art. 48. Cooperação em matéria de cumprimento da lei
1. Os Estados Partes colaborarão estritamente, em consonância com seus respectivos ordenamentos jurídicos e administrativos, com vistas a aumentar a eficácia das medidas de cumprimento da lei orientada a combater os delitos compreendidos na presente Convenção. Em particular, os Estados Parte adotarão medidas eficazes para:
a) Melhorar os canais de comunicação entre suas autoridades, organismos e serviços competentes e, quando necessário, estabelecê-los, a fim de facilitar o intercâmbio seguro e rápido de informações sobre todos os aspectos dos delitos compreendidos na presente Convenção, assim como, se os Estados Partes interessados estimarem oportuno, sobre suas vinculações com outras atividades criminosas;
b) Cooperar com outros Estados Partes na realização de indagações a respeito dos delitos compreendidos na presente Convenção acerca de:
I. A identidade, o paradeiro e as atividades de pessoas presumidamente envolvidas em tais delitos ou a situação de outras pessoas interessadas;
II. A movimentação do produto do delito ou de bens derivados da prática desses delitos;
III. A movimentação de bens, equipamentos ou outros instrumentos utilizados ou destinados à prática desses delitos.
c) Proporcionar, quando proceder, os elementos ou as quantidades de substâncias que se requeiram para fins de análise e investigação;
d) Intercambiar, quando proceder, informação com outros Estados Partes sobre os meios e métodos concretos empregados para a prática dos delitos compreendidos na presente Convenção, entre eles o uso de identidades falsas, documentos falsificados, alterados ou falsos ou outros meios de encobrir atividades vinculadas a esses delitos;
e) Facilitar uma coordenação eficaz entre seus organismos, autoridades e serviços competentes e promover o intercâmbio de pessoal e outros, incluída a designação de oficiais de enlace com sujeição a acordos ou tratados bilaterais entre os Estados Partes interessados;
f) Intercambiar informação e coordenar as medidas administrativas e de outras índoles adotadas para a pronta detecção dos delitos compreendidos na presente Convenção.

2. Os Estados Partes, com vistas a dar efeito à presente Convenção, considerarão a possibilidade de celebrar acordos ou tratados bilaterais ou multilaterais em matéria de cooperação direta entre seus respectivos organismos encarregados de fazer cumprir a lei e, quando tais acordos ou tratados já existam, melhorá-los. Na falta de tais acordos ou tratados entre os Estados Partes interessados, os Estados Partes poderão considerar que a presente Convenção constitui a base para a cooperação recíproca em matéria de cumprimento da lei no que diz respeito aos delitos compreendidos na presente Convenção. Quando proceda, os Estados Partes aproveitarão plenamente os acordos e tratados, incluídas as organizações internacionais ou regionais, a fim de aumentar a cooperação entre seus respectivos organismos encarregados de fazer cumprir a lei.

3. Os Estados Partes se esforçarão por colaborar na medida de suas possibilidades para fazer frente aos delitos compreendidos na presente Convenção que se cometam mediante o recurso de tecnologia moderna.

Art. 49. Investigações conjuntas

Os Estados Partes considerarão a possibilidade de celebrar acordos ou tratados bilaterais ou multilaterais em virtude dos quais, em relação com questões que são objeto de investigações, processos ou ações penais em um ou mais Estados, as autoridades competentes possam estabelecer órgãos mistos de investigação. Na falta de tais acordos ou tratados, as investigações conjuntas poderão levar-se a cabo mediante acordos acertados caso a caso. Os Estados Partes interessados velarão para que a soberania do Estado Parte em cujo território se efetua a investigação seja plenamente respeitada.

Art. 50. Técnicas especiais de investigação

1. A fim de combater eficazmente a corrupção, cada Estado Parte, na medida em que lhe permitam os princípios fundamentais de seu ordenamento jurídico interno e conforme às condições prescritas por sua legislação interna, adotará as medidas que sejam necessárias, dentro de suas possibilidades, para prever o adequado recurso, por suas autoridades competentes em seu território, à entrega vigiada e, quando considerar apropriado, a outras técnicas especiais de investigação como a vigilância eletrônica ou de outras índoles e as operações secretas, assim como para permitir a admissibilidade das provas derivadas dessas técnicas em seus tribunais.

2. Para efeitos de investigação dos delitos compreendidos na presente Convenção, se recomenda aos Estados Partes que celebrem, quando proceder, acordos ou tratados bilaterais ou multilaterais apropriados para utilizar essas técnicas especiais de investigação no contexto da cooperação no plano internacional. Esses acordos ou tratados se apoiarão e executarão respeitando plenamente o princípio da igualdade soberana dos Estados e, ao pô-los em prática, cumprir-se-ão estritamente as condições neles contidas.

3. Não existindo os acordos ou tratados mencionados no parágrafo 2 do presente Artigo, toda decisão de recorrer a essas técnicas especiais de investigação no plano internacional se adotará sobre cada caso particular e poderá, quando seja necessário, ter em conta os tratados financeiros e os entendimentos relativos ao exercício de jurisdição pelos Estados Partes interessados.

4. Toda decisão de recorrer à entrega vigiada no plano internacional poderá, com o consentimento dos Estados Partes interessados, incluir a aplicação de métodos tais como interceptar bens e fundos, autorizá-los a prosseguir intactos ou retirá-los ou substituí-los total ou parcialmente.

CAPÍTULO V
Recuperação de Ativos

Art. 51. Disposição geral

A restituição de ativos de acordo com o presente Capítulo é um princípio fundamental da presente Convenção e os Estados Partes se prestarão à mais ampla cooperação e assistência entre si a esse respeito.

Art. 52. Prevenção e detecção de transferências de produto de delito

1. Sem prejuízo ao disposto no Artigo 14 da presente Convenção, cada Estado Parte adotará as medidas que sejam necessárias, em conformidade com sua legislação interna, para exigir das instituições financeiras que funcionam em seu território que verifiquem a identidade dos clientes, adotem medidas razoáveis para determinar a identidade dos beneficiários finais dos fundos depositados em contas vultosas, e intensifiquem seu escrutínio de toda conta solicitada ou mantida no ou pelo nome de pessoas que desempenhem ou tenham desempenhado funções públicas eminentes e de seus familiares e estreitos colaboradores. Esse escrutínio intensificado dar-se-á estruturado razoavelmente de modo que permita descobrir transações suspeitas com objetivo de informar às autoridades competentes e não deverá ser concebido de forma que atrapalhe ou impeça o curso normal do negócio das instituições financeiras com sua legítima clientela.

2. A fim de facilitar a aplicação das medidas previstas no parágrafo 1 do presente Artigo, cada Estado Parte, em conformidade com sua legislação interna e inspirando-se nas iniciativas pertinentes de suas organizações regionais, inter-regionais e multilaterais de luta contra a lavagem de dinheiro, deverá:
a) Estabelecer diretrizes sobre o tipo de pessoas físicas ou jurídicas cujas contas as instituições financeiras que funcionam em seu território deverão submeter a um maior escrutínio, os tipos de contas e transações às quais deverão prestar particular atenção e a maneira apropriada de abrir contas e de levar registros ou expedientes relativos a elas; e
b) Notificar, quando proceder, as instituições financeiras que funcionam em seu território, mediante solicitação de outro Estado Parte ou por iniciativa própria, a identidade de determinadas pessoas físicas ou jurídicas cujas contas essas instituições deverão submeter a um maior escrutínio, além das quais as instituições financeiras possam identificar de outra forma.
3. No contexto da parte "a)" do parágrafo 2 do presente Artigo, cada Estado Parte aplicará medidas para velar para que as instituições financeiras mantenham, durante um prazo conveniente, registros adequados das contas e transações relacionadas com as pessoas mencionadas no parágrafo 1 do presente Artigo, os quais deverão conter, no mínimo, informação relativa à identidade do cliente e, na medida do possível, do beneficiário final.
4. Com o objetivo de prevenir e detectar as transferências do produto dos delitos qualificados de acordo com a presente Convenção, cada Estado Parte aplicará medidas apropriadas e eficazes para impedir, com a ajuda de seus órgãos reguladores e de supervisão, o estabelecimento de bancos que não tenham presença real e que não estejam afiliados a um grupo financeiro sujeito à regulação. Ademais, os Estados Partes poderão considerar a possibilidade de exigir de suas instituições financeiras que se neguem a entabular relações com essas instituições na qualidade de bancos correspondentes, ou a continuar relações existentes, e que se abstenham de estabelecer relações com instituições financeiras estrangeiras que permitam utilizar suas contas a bancos que não tenham presença real e que não estejam afiliados a um grupo financeiro sujeito a regulação.
5. Cada Estado Parte considerará a possibilidade de estabelecer, em conformidade com sua legislação interna, sistemas eficazes de divulgação de informação financeira para os funcionários públicos pertinentes e aplicará sanções adequadas para todo descumprimento do dever a declarar. Cada Estado Parte considerará também a possibilidade de adotar as medidas que sejam necessárias para permitir que suas autoridades competentes compartilhem essa informação com as autoridades competentes de outros Estados Partes, se essa é necessária para investigar, reclamar ou recuperar o produto dos delitos qualificados de acordo com a presente Convenção.
6. Cada Estado Parte considerará a possibilidade de adotar as medidas que sejam necessárias, de acordo com sua legislação interna, para exigir dos funcionários públicos pertinentes que tenham algum direito ou poder de firma ou de outras índoles sobre alguma conta financeira em algum país estrangeiro que declarem sua relação com essa conta às autoridades competentes e que levem ao devido registro da tal conta. Essas medidas deverão incluir sanções adequadas para todo o caso de descumprimento.

Art. 53. Medidas para a recuperação direta de bens
Cada Estado Parte, em conformidade com sua legislação interna:
a) Adotará as medidas que sejam necessárias a fim de facultar a outros Estados Partes para entabular ante seus tribunais uma ação civil com o objetivo de determinar a titularidade ou propriedade de bens adquiridos mediante a prática de um delito qualificado de acordo com a presente Convenção;
b) Adotará as medidas que sejam necessárias a fim de facultar a seus tribunais para ordenar àqueles que tenham praticado delitos qualificados de acordo com a presente Convenção que indenizem ou ressarçam por danos e prejuízos a outro Estado Parte que tenha sido prejudicado por esses delitos; e
c) Adotará as medidas que sejam necessárias a fim de permitir a seus tribunais ou suas autoridades competentes, quando devam adotar decisões no que diz respeito ao confisco, que reconheça o legítimo direito de propriedade de outro Estado Parte sobre os bens adquiridos mediante a prática de um dos delitos qualificados de acordo com a presente Convenção.

Art. 54. Mecanismos de recuperação de bens mediante a cooperação internacional para fins de confisco
1. Cada Estado Parte, a fim de prestar assistência judicial recíproca conforme o disposto no Artigo 55

da presente Convenção relativa a bens adquiridos mediante a prática de um dos delitos qualificados de acordo com a presente Convenção ou relacionados a esse delito, em conformidade com sua legislação interna:

a) Adotará as medidas que sejam necessárias para que suas autoridades competentes possam dar efeito a toda ordem de confisco ditada por um tribunal de outro Estado Parte;

b) Adotará as medidas que sejam necessárias para que suas autoridades competentes, quando tenham jurisdição, possam ordenar o confisco desses bens de origem estrangeira em uma sentença relativa a um delito de lavagem de dinheiro ou quaisquer outros delitos sobre os quais possa ter jurisdição, ou mediante outros procedimentos autorizados em sua legislação interna; e

c) Considerará a possibilidade de adotar as medidas que sejam necessárias para permitir o confisco desses bens sem que envolva uma pena, nos casos nos quais o criminoso não possa ser indiciado por motivo de falecimento, fuga ou ausência, ou em outros casos apropriados.

2. Cada Estado Parte, a fim de prestar assistência judicial recíproca solicitada de acordo com o parágrafo 2 do Artigo 55 da presente Convenção, em conformidade com sua legislação interna:

a) Adotará as medidas que sejam necessárias para que suas autoridades competentes possam efetuar o embargo preventivo ou a apreensão de bens em cumprimento a uma ordem de embargo preventivo ou apreensão ditada por um tribunal ou autoridade competente de um Estado Parte requerente que constitua um fundamento razoável para que o Estado Parte requerido considere que existam razões suficientes para adotar essas medidas e que ulteriormente os bens seriam objeto de uma ordem de confisco de acordo com os efeitos da parte "a)" do parágrafo 1 do presente Artigo;

b) Adotará as medidas que sejam necessárias para que suas autoridades competentes possam efetuar o embargo preventivo ou a apreensão de bens em cumprimento de uma solicitação que constitua fundamento razoável para que o Estado Parte requerido considere que existam razões suficientes para adotar essas medidas e que ulteriormente os bens seriam objeto de uma ordem de confisco de acordo com os efeitos da parte "a)" do parágrafo 1 do presente Artigo; e

c) Considerará a possibilidade de adotar outras medidas para que suas autoridades competentes possam preservar os bens para efeitos de confisco, por exemplo sobre a base de uma ordem estrangeira de detenção ou imputação de culpa penal relacionada com a aquisição desses bens.

Art. 55. Cooperação internacional para fins de confisco

1. Os Estados Partes que recebam uma solicitação de outro Estado Parte que tenha jurisdição para conhecer um dos delitos qualificados de acordo com a presente Convenção com vistas ao confisco do produto de delito, os bens, equipamentos ou outros instrumentos mencionados no parágrafo 1 do Artigo 31 da presente Convenção que se encontrem em seu território deverão, no maior grau que lhe permita seu ordenamento jurídico interno:

a) Enviar a solicitação a suas autoridades competentes para obter uma ordem de confisco ao qual, em caso de concessão, darão cumprimento; ou

b) Apresentar a suas autoridades competentes, a fim de que se dê cumprimento ao solicitado, a ordem de confisco expedida por um tribunal situado no território do Estado Parte requerente em conformidade com o disposto no parágrafo 1 do Artigo 31 e na parte "a)" do parágrafo 1 do Artigo 54 da presente Convenção na medida em que guarde relação com o produto do delito, os bens, os equipamentos ou outros instrumentos mencionados no parágrafo 1 do Artigo 31 que se encontrem no território do Estado Parte requerido.

2. Com base na solicitação apresentada por outro Estado Parte que tenha jurisdição para conhecer um dos delitos qualificados de acordo com a presente Convenção, o Estado Parte requerido adotará as medidas encaminhadas para a identificação, localização e embargo preventivo ou apreensão do produto de delito, os bens, os equipamentos ou outros instrumentos mencionados no parágrafo e do Artigo 31 da presente Convenção com vistas ao seu eventual confisco, que haverá de ordenar o Estado Parte requerente ou, em caso de que envolva uma solicitação apresentada de acordo com o parágrafo 1 do presente Artigo, o Estado Parte requerido.

3. As disposições do Artigo 46 da presente Convenção serão aplicáveis, mutatis mutandis, ao presente Artigo. Ademais da informação indicada no parágrafo 15 do Artigo 46, as solicitações

apresentadas em conformidade com o presente Artigo conterão o seguinte:
a) Quando se trate de uma solicitação relativa à parte "a)" do parágrafo 1 do presente Artigo, uma descrição dos bens suscetíveis de confisco, assim como, na medida do possível, a situação e, quando proceder, o valor estimado dos bens e uma exposição dos fatos em que se baseia a solicitação do Estado Parte requerente que sejam suficientemente explícitas para que o Estado Parte requerido possa tramitar a ordem de acordo com sua legislação interna;
b) Quando se trate de uma solicitação relativa à parte "b)" do parágrafo 1 do presente Artigo, uma cópia admissível pela legislação da ordem de confisco expedida pelo Estado Parte requerente na qual se baseia a solicitação, uma exposição dos feitos e da informação que proceder sobre o grau de execução que se solicita dar à ordem, uma declaração na qual se indiquem as medidas adotadas pelo Estado Parte requerente para dar notificação adequada a terceiros de boa-fé e para garantir o devido processo e um certificado de que a ordem de confisco é definitiva;
c) Quando se trate de uma solicitação relativa ao parágrafo 2 do presente Artigo, uma exposição dos feitos nos quais se baseia o Estado Parte requerente e uma descrição das medidas solicitadas, assim como, quando dispor-se dela, uma cópia admissível pela legislação da ordem de confisco na qual se baseia a solicitação.

4. O Estado Parte requerido adotará as decisões ou medidas previstas nos parágrafos 1 e 2 do presente Artigo conforme e com sujeição ao disposto em sua legislação interna e em suas regras de procedimento ou nos acordos ou tratados bilaterais ou multilaterais pelos quais poderia estar vinculado ao Estado Parte requerente.

5. Cada Estado Parte proporcionará ao Secretário Geral das Nações Unidas uma cópia de suas leis e regulamentos destinados a dar aplicação ao presente Artigo e de quaisquer emendas ulteriores que se tenham de tais leis e regulamentos ou uma descrição destas.

6. Se um Estado Parte opta por submeter a adoção das medidas mencionadas nos parágrafos 1 e 2 do presente Artigo à existência de um tratado pertinente, esse Estado Parte considerará a presente Convenção como a base legal necessária e suficiente para cumprir esse requisito.

7. A cooperação prevista no presente Artigo também se poderá negar, ou poder-se-ão levantar as medidas cautelares, se o Estado Parte requerido não receber provas suficientes ou oportunas ou se os bens são de valor escasso.

8. Antes de levantar toda medida cautelar adotada em conformidade com o presente Artigo, o Estado Parte requerido deverá, sempre que possível, dar ao Estado Parte requerente a oportunidade de apresentar suas razões a favor de manter em vigor a medida.

9. As disposições do presente Artigo não se interpretarão em prejuízo dos direitos de terceiros de boa-fé.

Art. 56. Cooperação especial
Sem prejuízo ao disposto em sua legislação interna, cada Estado Parte procurará adotar as medidas que lhe facultem para remeter a outro Estado Parte que não tenha solicitado, sem prejuízo de suas próprias investigações ou ações judiciais, informação sobre o produto dos delitos qualificados de acordo com a presente Convenção se considerar que a divulgação dessa informação pode ajudar o Estado Parte destinatário a pôr em marcha ou levar a cabo suas investigações ou ações judiciais, ou que a informação assim facilitada poderia dar lugar a que esse Estado Parte apresentará uma solicitação de acordo com o presente Capítulo da presente Convenção.

Art. 57. Restituição e disposição de ativos
1. Cada Estado Parte disporá dos bens que tenham sido confiscados conforme o disposto nos Artigos 31 ou 55 da presente convenção, incluída a restituição a seus legítimos proprietários anteriores, de acordo com o parágrafo 3 do presente Artigo, em conformidade com as disposições da presente Convenção e com sua legislação interna.

2. Cada Estado Parte adotará, em conformidade com os princípios fundamentais de seu direito interno, as medidas legislativas e de outras índoles que sejam necessárias para permitir que suas autoridades competentes procedam à restituição dos bens confiscados, ao dar curso a uma solicitação apresentada por outro Estado Parte, em conformidade com a presente Convenção, tendo em conta os direitos de terceiros de boa-fé.

3. Em conformidade com os Artigos 46 e 55 da presente Convenção e com os parágrafos 1 e 2 do presente Artigo, o Estado Parte requerido:
a) Em caso de malversação ou peculato de fundos públicos ou de lavagem de fundos públicos malversados

aos quais se faz referência nos Artigos 17 e 23 da presente Convenção, restituirá ao Estado Parte requerente os bens confiscados quando se tenha procedido ao confisco de acordo com o disposto no Artigo 55 da presente Convenção e sobre a base da sentença firme ditada no Estado Parte requerente, requisito ao qual poderá renunciar o Estado Parte requerido;
b) Caso se trate do produto de qualquer outro delito compreendido na presente Convenção, restituirá ao Estado Parte requerente os bens confiscados quando se tenha procedido ao confisco de acordo com o disposto no Artigo 55 da presente Convenção e sobre a base de uma sentença firme ditada no Estado Parte requerente, requisito ao qual poderá renunciar o Estado Parte requerido, e quando o Estado Parte requerente acredite razoavelmente ante o Estado Parte requerido sua propriedade anterior dos bens confiscados ou o Estado Parte requerido reconheça os danos causados ao Estado Parte requerente como base para a restituição dos bens confiscados;
c) Em todos os demais casos, dará consideração prioritária à restituição ao Estado Parte requerente dos bens confiscados, à restituição desses bens a seus proprietários legítimos anteriores ou à indenização das vítimas do delito.
4. Quando proceder, a menos que os Estados Partes decidam diferentemente, o Estado Parte requerido poderá deduzir os gastos razoáveis que tenham sido feitos no curso das investigações ou ações judiciais que tenham possibilitado a restituição ou disposição dos bens confiscados conforme o disposto no presente Artigo.
5. Quando proceder, os Estados Partes poderão também dar consideração especial à possibilidade de celebrar acordos ou tratados mutuamente aceitáveis, baseados em cada caso particular, com vistas à disposição definitiva dos bens confiscados.
Art. 58. Departamento de inteligência financeira
Os Estados Partes cooperarão entre si a fim de impedir e combater a transferência do produto de quaisquer dos delitos qualificados de acordo com a presente Convenção e promover meios para recuperar o mencionado produto e, para tal fim, considerarão a possibilidade de estabelecer um departamento de inteligência financeira que se encarregará de receber, analisar e dar a conhecer às autoridades competentes toda informação relacionada com as transações financeiras suspeitas.

Art. 59. Acordos e tratados bilaterais e multilaterais
Os Estados Partes considerarão a possibilidade de celebrar acordos ou tratados bilaterais ou multilaterais com vistas a aumentar a eficácia da cooperação internacional prestada em conformidade com o presente Capítulo da presente Convenção.

CAPÍTULO VI
Assistência Técnica e Intercâmbio de Informações

Art. 60. Capacitação e assistência técnica
1. Cada Estado Parte, na medida do necessário, formulará, desenvolverá ou aperfeiçoará programas de capacitação especificamente concebidos para o pessoal de seus serviços encarregados de prevenir e combater a corrupção. Esses programas de capacitação poderão versar, entre outras coisas, sobre:
a) Medidas eficazes para prevenir, detectar, investigar, sancionar e combater a corrupção, inclusive o uso de métodos de reunião de provas e investigação;
b) Fomento da capacidade de formulação e planificação de uma política estratégica contra a corrupção;
c) Capacitação das autoridade competentes na preparação de solicitações de assistência judicial recíproca que satisfaçam os requisitos da presente Convenção;
d) Avaliação e fortalecimento das instituições, da gestão da função pública e a gestão das finanças públicas, incluída a contratação pública, assim como do setor privado;
e) Prevenção e luta contra as transferências de produtos de quaisquer dos delitos qualificados de acordo com a presente Convenção e recuperação do mencionado produto;
f) Detecção e embargo preventivo das transferências do produto de quaisquer dos delitos qualificados de acordo com a presente Convenção;
g) Vigilância da movimentação de produto de quaisquer dos delitos qualificados de acordo com a presente Convenção, assim como dos métodos empregados para a transferência, ocultação ou dissimulação de tal produto;
h) Mecanismos e métodos legais e administrativos apropriados e eficientes para facilitar a restituição do produto de quaisquer dos delitos qualificados de acordo com a presente Convenção;
i) Métodos utilizados para proteger as vítimas e as testemunhas que cooperem com as autoridades judiciais; e

j) Capacitação em matéria de regulamentos nacionais e internacionais e em idiomas.

2. Na medida de suas possibilidades, os Estados Partes considerarão a possibilidade de prestar-se a mais ampla assistência técnica, especialmente em favor dos países em desenvolvimento, em seus respectivos planos e programas para combater a corrupção, incluindo apoio material e capacitação nas esferas mencionadas no parágrafo 1 do presente Artigo, assim como a capacitação e assistência e intercâmbio mútuo de experiências e conhecimentos especializados, o que facilitará a cooperação internacional entre os Estados Partes nas esferas da extradição e da assistência judicial recíproca.

3. Os Estados Partes intensificarão, na medida do necessário, os esforços para otimizar as atividades operacionais e de capacitação nas organizações internacionais e regionais e no âmbito de acordos ou tratados bilaterais ou multilaterais pertinentes.

4. Os Estados Partes considerarão, ante solicitação, a possibilidade de ajudarem-se entre si na realização de avaliações, estudos e investigações sobre os tipos, causas, efeitos e custos da corrupção em seus respectivos países com vistas a elaborar, com a participação das autoridades competentes e da sociedade, estratégias e planos de ação contra a corrupção.

5. A fim de facilitar a recuperação de produto de quaisquer dos delitos qualificados de acordo com a presente Convenção, os Estados Partes poderão cooperar facilitando-se os nomes dos peritos que possam ser úteis para lograr esse objetivo.

6. Os Estados Partes considerarão a possibilidade de recorrer à organização de conferências e seminários subregionais, regionais e internacionais para promover a cooperação e a assistência técnica, e para fomentar os debates sobre problemas de interesse mútuo, incluídos os problemas e necessidades especiais dos países em desenvolvimento e dos países com economias em transição.

7. Os Estados Partes considerarão a possibilidade de estabelecer mecanismos voluntários com vistas a contribuir financeiramente com os esforços dos países em desenvolvimento e dos países com economias em transição para aplicar a presente Convenção mediante programas e projetos de assistência técnica.

8. Cada Estado Parte considerará a possibilidade de fazer contribuições voluntárias ao Escritório das Nações Unidas contra as Drogas e o Crime com o propósito de impulsionar, através do mencionado Escritório, programas e projetos nos países em desenvolvimento com vistas a aplicar a presente Convenção.

Art. 61. Recompilação, intercâmbio e análise de informações sobre a corrupção

1. Cada Estado Parte considerará a possibilidade de analisar, em consulta com especialistas, as tendências da corrupção em seu território, assim como as circunstâncias em que se cometem os delitos de corrupção.

2. Os Estados Partes considerarão a possibilidade de desenvolver e compartilhar, entre si e por ação de organizações internacionais e regionais, estatísticas, experiência analítica acerca da corrupção e informações com vistas a estabelecer, na medida do possível, definições, normas e metodologias comuns, assim como informações sobre práticas aceitáveis para prevenir e combater a corrupção.

3. Cada Estado Parte considerará a possibilidade de velar por suas políticas e medidas em vigor encaminhadas a combater a corrupção e de avaliar sua eficácia e eficiência.

Art. 62. Outras medidas: aplicação da presente Convenção mediante o desenvolvimento econômico e a assistência técnica

1. Os Estados Partes adotarão disposições condizentes com a aplicação aceitável da presente Convenção na medida do possível, mediante a cooperação internacional, tendo em conta os efeitos adversos da corrupção na sociedade em geral e no desenvolvimento sustentável, em particular.

2. Os Estados Partes farão esforços concretos, na medida do possível e na forma coordenada entre si, assim como com organizações internacionais e regionais, para:

a) Intensificar sua cooperação nos diversos planos com os países em desenvolvimento com vistas a fortalecer a capacidade desses países para prevenir e combater a corrupção;

b) Aumentar a assistência financeira e material a fim de apoiar os esforços dos países em desenvolvimento para prevenir e combater a corrupção com eficácia e ajudá-los a aplicar satisfatoriamente a presente Convenção;

c) Prestar assistência técnica aos países em desenvolvimento e aos países com economias em transição para ajudá-los a satisfazer suas necessidades relacionadas com a aplicação da presente Convenção. Para tal fim, os Estados Partes procurarão fazer contribuições voluntárias adequadas e periódicas a uma conta especificamente designada para esses efeitos em um mecanismo de financiamento das Nações Unidas. De acordo com sua legislação interna e com as disposições da presente Convenção, os Estados Partes poderão também dar consideração especial à possibilidade de ingressar nessa conta uma porcentagem do dinheiro confiscado ou da soma equivalente aos bens ou ao produto de delito confiscados conforme o disposto na presente Convenção;

d) Apoiar e persuadir outros Estados Partes e instituições financeiras, segundo proceder, para que se somem os esforços empregados de acordo com o presente Artigo, em particular proporcionando um maior número de programas de capacitação e equipamentos modernos aos países em desenvolvimento e com a finalidade de ajudá-los a lograr os objetivos da presente Convenção.

3. Na medida do possível, estas medidas não menosprezarão os compromissos existentes em matéria de assistência externa nem outros acordos de cooperação financeira nos âmbitos bilateral, regional ou internacional.

4. Os Estados Partes poderão celebrar acordos ou tratados bilaterais ou multilaterais sobre assistência material e logística, tendo em conta os acordos financeiros necessários para fazer efetiva a cooperação internacional prevista na presente Convenção e para prevenir, detectar e combater a corrupção.

CAPÍTULO VII

Mecanismos de Aplicação

Art. 63. Conferência dos Estados Partes da presente Convenção

1. Estabelecer-se-á uma Conferência dos Estados Partes da presente Convenção a fim de melhorar a capacidade dos Estados Partes e a cooperação entre eles para alcançar os objetivos enunciados na presente Convenção e promover e examinar sua aplicação.

2. O Secretário Geral das Nações Unidas convocará a Conferência dos Estados Partes da presente Convenção no mais tardar um ano depois da entrada em vigor da presente Convenção. Posteriormente celebrar-se-ão reuniões periódicas da Conferência dos Estados Partes em conformidade com o disposto nas regras de procedimento aprovadas pela Conferência.

3. A Conferência dos Estados Partes aprovará o regulamento e as normas que rejam a execução das atividades enunciadas no presente Artigo, incluídas as normas relativas à admissão e à participação de observadores e o pagamento dos gastos que ocasione a realização dessas atividades.

4. A Conferência dos Estados Partes realizará atividades, procedimentos e métodos de trabalho com vistas a lograr os objetivos enunciados no parágrafo 1 do presente Artigo, e, em particular:

a) Facilitará as atividades que realizem os Estados Partes de acordo com os Artigos 60 e 62 e com os Capítulos II a V da presente Convenção, inclusive promovendo o incentivo de contribuições voluntárias;

b) Facilitará o intercâmbio de informações entre os Estados Partes sobre as modalidades e tendências da corrupção e sobre práticas eficazes para preveni-la e combatê-la, assim como para a restituição do produto de delito, mediante, entre outras coisas, a publicação das informações pertinentes mencionadas no presente Artigo;

c) Cooperação com organizações e mecanismos internacionais e regionais e organizações não governamentais pertinentes;

d) Aproveitará adequadamente a informação pertinente elaborada por outros mecanismos internacionais e regionais encarregados de combater e prevenir a corrupção a fim de evitar a duplicação desnecessária de atividades;

e) Examinará periodicamente a aplicação da presente Convenção por seus Estados Partes;

f) Formulará recomendações para melhorar a presente Convenção e sua aplicação;

g) Tomará nota das necessidades de assistência técnica dos Estados Partes com relação à aplicação da presente Convenção e recomendará as medidas que considere necessária a esse respeito.

5. Aos efeitos do parágrafo 4 do presente Artigo, a Conferência dos Estados Partes obterá o conhecimento necessário das medidas adotadas e das dificuldades encontradas pelos Estados Partes na aplicação da presente Convenção por via da informação que eles facilitem e dos demais mecanismos de exame que estabeleça a Conferência dos Estados Partes.

6. Cada Estado Parte proporcionará à Conferência dos Estados Partes informação sobre seus programas, planos e práticas, assim como sobre as medidas legislativas e administrativas adotadas

para aplicar a presente Convenção, segundo requeira a Conferência dos Estados Partes. A Conferência dos Estados Partes procurará determinar a maneira mais eficaz de receber e processar as informações, inclusive aquelas recebidas dos Estados Partes e de organizações internacionais competentes. Também poder-se-ão considerar as aprovações recebidas de organizações não governamentais pertinentes devidamente acreditadas conforme os procedimentos acordados pela Conferência dos Estados Partes.

7. Em cumprimento aos parágrafos 4 a 6 do presente Artigo, a Conferência dos Estados Partes estabelecerá, se considerar necessário, um mecanismo ou órgão apropriado para apoiar a aplicação efetiva da presente Convenção.

Art. 64. Secretaria

1. O Secretário Geral das Nações Unidas prestará os serviços de secretaria necessários à Conferência dos Estados Partes da presente Convenção.

2. A secretaria:

a) Prestará assistência à Conferência dos Estados Partes na realização das atividades enunciadas no Artigo 63 da presente Convenção e organizará os períodos de seções da Conferência dos Estados Partes e proporcionar-lhes-á os serviços necessários;

b) Prestará assistência aos Estados Partes que a solicitem na subministração de informação da Conferência dos Estados Partes segundo o previsto nos parágrafos 5 e 6 do Artigo 63 da presente Convenção; e

c) Velará pela coordenação necessária com as secretarias de outras organizações internacionais e regionais pertinentes.

CAPÍTULO VIII
Disposições Finais

Art. 65. Aplicação da Convenção

1. Cada Estado Parte adotará, em conformidade com os princípios fundamentais de sua legislação interna, as medidas que sejam necessárias, incluídas medidas legislativas e administrativas, para garantir o cumprimento de suas obrigações de acordo com a presente Convenção.

2. Cada Estado Parte poderá adotar medidas mais estritas ou severas que as previstas na presente Convenção a fim de prevenir e combater a corrupção.

Art. 66. Solução de controvérsias

1. Os Estados Partes procurarão solucionar toda controvérsia relacionada com a interpretação ou aplicação da presente Convenção mediante a negociação.

2. Toda controvérsia entre dois ou mais Estados Partes acerca da interpretação ou da aplicação da presente Convenção que não possa ser resolvida mediante a negociação dentro de um prazo razoável deverá, por solicitação de um desses Estados Partes, submeter-se à arbitragem. Se, seis meses depois da data de solicitação da arbitragem, esses Estados Partes não se puseram de acordo sobre a organização da arbitragem, quaisquer dos Estados Partes poderá remeter a controvérsia à Corte Internacional de Justiça mediante solicitação conforme o Estatuto da Corte.

3. Cada Estado Parte poderá, no momento da firma, ratificação aceitação ou aprovação da presente Convenção ou de adesão a ela, declarar que não se considera vinculado pelo parágrafo do presente Artigo. Os demais Estados Partes não ficarão vinculados pelo parágrafo 2 do presente Artigo a respeito de todo Estado Parte que tenha feito essa reserva.

4. O Estado Parte que tenha feito uma reserva de conformidade com o parágrafo 3 do presente Artigo poderá em qualquer momento retirar essa reserva notificando o fato ao Secretário Geral das Nações Unidas.

Art. 67. Firma, ratificação, aceitação, aprovação e adesão

1. A presente Convenção estará aberta à assinatura de todos os Estados de 9 a 11 de dezembro de 2003 em Mérida, México, e depois desse evento na Sede das Nações Unidas em Nova York até o dia 9 de dezembro de 2005.

2. A presente Convenção também estará aberta à firma das organizações regionais de integração econômica que tenham, ao menos, algum de seus Estados Membros como Partes da presente Convenção em conformidade com o disposto no parágrafo 1 do presente Artigo.

3. A presente Convenção estará sujeita a ratificação, aceitação ou aprovação. Os instrumentos de ratificação, aceitação ou aprovação depositar-se-ão em poder do Secretário Geral das Nações Unidas. As organizações regionais de integração econômica poderão depositar seus instrumentos de ratificação, aceitação ou aprovação se pelo menos um de seus Estados Membros houver procedido de igual maneira. Nesse instrumento de ratificação, aceitação ou aprovação, essas organizações declararão o alcance de sua competência com respeito às questões regidas pela presente Convenção. As mencionadas organizações comunicarão também ao depositário qualquer modificação pertinente ao alcance de sua competência.

4. A presente Convenção estará aberta à adesão de todos os Estados ou organizações regionais de integração econômica que contem com pelo menos um Estado Membro que seja Parte da presente Convenção. Os instrumentos de adesão depositar-se-ão em poder do Secretário Geral das Nações Unidas. No momento de sua adesão, as organizações regionais de integração econômica declararão o alcance de sua competência com respeito às questões regidas pela presente Convenção. As mencionadas organizações comunicarão também ao depositário qualquer modificação pertinente ao alcance de sua competência.

Art. 68. Entrada em vigor

1. A presente Convenção entrará em vigor no nonagésimo dia após a inclusão do trigésimo instrumento de ratificação, aceitação, aprovação ou adesão. Aos efeitos do presente parágrafo, os instrumentos depositados por uma organização regional de integração econômica não serão considerados adicionais aos depositados por seus Estados Membros.

2. Para cada Estado ou organização regional de integração econômica que ratifique, aceite ou aprove a presente Convenção ou a ela adira depois de haver-se depositado o trigésimo instrumento de ratificação, aceitação, aprovação ou adesão, a presente Convenção entrará em vigor após o trigésimo dia depois que esse Estado ou organização tenha depositado o instrumento pertinente ou no momento de sua entrada em vigor de acordo com o parágrafo 1 do presente Artigo, se esta for posterior.

Art. 69. Emenda

1. Quando houverem transcorridos 5 (cinco) anos desde a entrada em vigor da presente Convenção, os Estados Partes poderão propor emendas e transmiti-las ao Secretário Geral das Nações Unidas, quem, por continuação, comunicará toda emenda proposta aos Estados Partes e à Conferência dos Estados Partes da presente Convenção para que a examinem e adotem uma decisão a seu respeito. A Conferência dos Estados Partes fará todo o possível para lograr um consenso sobre cada emenda. Se esgotarem-se todas as possibilidades de lograr um consenso e não se tiver chegado a um acordo, a aprovação da emenda exigirá, em última instância, uma maioria de dois terços dos Estados Partes presentes e votante na reunião da Conferência dos Estados Partes.

2. As organizações regionais de integração econômica, em assuntos de sua competência, exercerão seu direito de voto de acordo com o presente Artigo com um número de votos igual ao número de seus Estados Membros que sejam Partes da presente Convenção. As mencionadas organizações não exercerão seu direito de voto se seus Estados Membros exercerem os seus e vice-versa.

3. Toda emenda aprovada em conformidade com o parágrafo 1 do presente Artigo estará sujeita a ratificação, aceitação ou aprovação por parte dos Estados Partes.

4. Toda emenda aprovada em conformidade com o parágrafo 1 do presente Artigo entrará em vigor em relação a um Estado Parte noventa dias depois do momento em que este deposite em poder do Secretário Geral das Nações Unidas um instrumento de ratificação, aceitação ou aprovação dessa emenda.

5. Quando uma emenda entrar em vigor, será vinculante para os Estados Partes que tenham expressado seu consentimento a respeito. Os demais Estados Partes ficarão sujeitos às disposições da presente Convenção, assim como a qualquer outra emenda anterior que tenham ratificado, aceitado ou aprovado.

Art. 70. Denúncia

1. Os Estados Partes poderão denunciar a presente Convenção mediante notificação escrita ao Secretário Geral das Nações Unidas. A denúncia surtirá efeito um ano depois do momento em que o Secretário Geral tenha recebido a notificação.

2. As organizações regionais de integração econômica deixarão de ser Partes da presente Convenção quando tiverem denunciado todos seus Estados Membros.

Art. 71. Depositário e idiomas

1. O Secretário Geral das Nações Unidas será o depositário da presente Convenção.

2. O original da presente Convenção, cujos textos em árabe, chinês, espanhol, francês inglês e russo possuem igual autenticidade, depositar-se-á em poder do Secretário Geral das Nações Unidas.

em fé do que, os plenipotenciários infrascritos, devidamente autorizados por seus respectivos Governos, firmaram a presente Convenção.

Princípios e Boas Práticas Para e Proteção das Pessoas Privadas de Liberdade nas Américas – 2008

A Comissão Interamericana de Direitos Humanos, mediante iniciativa da Relatoria Especial sobre os Direitos das Pessoas Privadas de Liberdade, considerando o valor da dignidade humana e dos direitos e liberdades fundamentais, reconhecidos pelo sistema interamericano e pelos demais sistemas de proteção internacional dos direitos humanos;
reconhecendo o direito fundamental de que gozam todas as pessoas privadas de liberdade de serem tratadas humanamente e de que lhes sejam respeitadas a dignidade, a vida e a integridade física, psicológica e moral;
destacando a importância do devido processo legal e seus princípios e garantias fundamentais na efetiva proteção dos direitos das pessoas privadas de liberdade, dada sua especial situação de vulnerabilidade;
tendo presente que as penas privativas de liberdade terão como finalidade essencial a regeneração, a readaptação social e a reabilitação pessoal dos condenados; a ressocialização e a reintegração familiar; e a proteção das vítimas e da sociedade;
recordando que os Estados membros da Organização dos Estados Americanos comprometeram-se a respeitar a garantir os direitos de todas as pessoas privadas de liberdade submetidas à sua jurisdição;
levando devidamente em conta os princípios e as disposições constantes dos seguintes instrumentos internacionais: Convenção Americana sobre Direitos Humanos; Protocolo Adicional à Convenção Americana sobre Direitos Humanos em Matéria de Direitos Econômicos, Sociais e Culturais; Convenção Interamericana para Prevenir e Punir a Tortura; Convenção Interamericana sobre Desaparecimento Forçado de Pessoas; Convenção Interamericana para Prevenir, Punir e Erradicar a Violência contra a Mulher; Convenção Interamericana para a Eliminação de Todas as Formas de Discriminação contra as Pessoas Portadoras de Deficiência; Declaração Americana de Direitos e Deveres do Homem; Pacto Internacional de Direitos Civis e Políticos; Pacto Internacional de Direitos Econômicos, Sociais e Culturais; Convenção contra a Tortura e Outros Tratamentos ou Penas Cruéis, Desumanos ou Degradantes e seu Protocolo Opcional; Convenção sobre os Direitos da Criança; Convenção sobre a Eliminação de Todas as Formas de Discriminação Contra a Mulher; Convenção Internacional para a Proteção de Todas as Pessoas contra os Desaparecimentos Forçados; Convenção Internacional para a Proteção dos Direitos de Todos os Trabalhadores Migrantes e Membros de suas Famílias; Convenção sobre a Eliminação de Todas as Formas de Discriminação Racial; Convenção sobre os Direitos das Pessoas Portadoras de Deficiência; Convenção sobre o Estatuto dos Refugiados; Convenção 169 sobre Povos Indígenas e Tribais em Países Independentes; Convenções de Genebra, de 12 de agosto de 1949, e seus Protocolos Adicionais, de 1977; Declaração Universal dos Direitos Humanos; Declaração sobre os Princípios Fundamentais de Justiça para as Vítimas de Delitos e do Abuso de Poder; Princípios Básicos para o Tratamento dos Reclusos; Conjunto de Princípios para a Proteção de Todas as Pessoas Submetidas a Qualquer Forma de Detenção ou Prisão; Princípios para a Proteção dos Doentes Mentais e para a Melhoria do Atendimento de Saúde Mental; Regras Mínimas para o Tratamento dos Reclusos; Regras Mínimas das Nações Unidas para a Administração da Justiça de Menores (Regras de Beijing); Regras das Nações Unidas para a Proteção dos Menores Privados de Liberdade; Regras Mínimas das Nações Unidas sobre as Medidas Não Privativas de Liberdade (Regras de Tóquio); e de outros instrumentos internacionais sobre direitos humanos aplicáveis nas Américas;
reafirmando as decisões e a jurisprudência do Sistema Interamericano de Direitos Humanos;
observando com preocupação a crítica situação de violência, superlotação e falta de condições dignas de vida em diferentes locais de privação de liberdade nas Américas; bem como a especial situação de vulnerabilidade das pessoas com deficiência mental privadas de liberdade em hospitais psiquiátricos e em instituições penitenciárias; e a situação de grave risco em que se encontram as crianças, as mulheres e os idosos confinados em outras instituições públicas e privadas; os migrantes, os solicitantes de asilo ou de refúgio; os apátridas e indocumentados; bem

como as pessoas privadas de liberdade no âmbito dos conflitos armados; e

com o objetivo de contribuir para o processo de preparação, pelo Conselho Permanente, de uma Declaração Interamericana sobre os Direitos, os Deveres e o Atendimento das Pessoas Submetidas a Qualquer Forma de Detenção e Reclusão, em cumprimento à resolução AG/RES 2283 (XXXVII-0/07), adota os princípios e boas práticas para a proteção das pessoas privadas de liberdade nas américas (OEA/SER/L/V/II.131 doc. 26) a seguir discriminados.

Dado e assinado na sede da Comissão Interamericana de Direitos Humanos na cidade de Washington D.C., aos treze dias do mês de março de 2008. (Assinado): Paolo Carozza, Presidente; Luz Patricia Mejía,1 Primeira Vice-Presidenta; Felipe González, Segundo Vice- Presidente; Comissários: Florentín Meléndez, Clare K. Roberts e Víctor Abramovich.

PRINCÍPIOS E BOAS PRÁTICAS PARA A PROTEÇÃO DAS PESSOAS PRIVADAS DE LIBERDADE NAS AMÉRICAS

Disposição Geral

Para os efeitos deste documento, entende-se por "privação de liberdade":

"Qualquer forma de detenção, encarceramento, institucionalização ou custódia de uma pessoa, por razões de assistência humanitária, tratamento, tutela ou proteção, ou por delitos e infrações à lei, ordenada por uma autoridade judicial ou administrativa ou qualquer outra autoridade, ou sob seu controle de facto, numa instituição pública ou privada em que não tenha liberdade de locomoção. Incluem-se nessa categoria não somente as pessoas privadas de liberdade por delitos ou infrações e descumprimento da lei, independentemente de terem sido processadas ou condenadas, mas também aquelas que estejam sob a custódia e a responsabilidade de certas instituições, tais como hospitais psiquiátricos e outros estabelecimentos para pessoas com deficiência física, mental ou sensorial; instituições para crianças e idosos; centros para migrantes, refugiados, solicitantes de asilo ou refúgio, apátridas e indocumentados; e qualquer outra instituição similar destinada a pessoas privadas de liberdade".

Dada a amplitude do conceito acima exposto, os princípios e boas práticas a seguir descritos poderão ser invocados e aplicados, conforme seja o caso, dependendo se são pessoas privadas de liberdade por motivos relacionados com a prática de delitos ou infrações à lei ou por razões humanitárias e de proteção.

PRINCÍPIOS GERAIS

Princípio I. Tratamento humano

Toda pessoa privada de liberdade que esteja sujeita à jurisdição de qualquer dos Estados membros da Organização dos Estados Americanos será tratada humanamente, com irrestrito respeito à sua dignidade própria e aos seus direitos e garantias fundamentais e com estrito apego aos instrumentos internacionais sobre direitos humanos. Em especial, levando em conta a posição especial de garante dos Estados frente às pessoas privadas de liberdade, terão elas respeitadas e garantidas a vida e a integridade pessoal bem como asseguradas condições mínimas compatíveis com sua dignidade. Serão também protegidas contra todo tipo de ameaças e atos de tortura, execução, desaparecimento forçado, tratamentos ou penas cruéis, desumanos ou degradantes, violência sexual, castigos corporais, castigos coletivos, intervenção forçada ou tratamento coercitivo, métodos que tenham por finalidade anular sua personalidade ou reduzir sua capacidade física ou mental. Não poderão ser invocadas circunstâncias, como estados de guerra ou exceção, situações de emergência, instabilidade política interna ou outra emergência nacional ou internacional para evitar o cumprimento das obrigações de respeito e garantia de tratamento humano a todas as pessoas privadas de liberdade.

Princípio II. Igualdade e não discriminação

Todas as pessoas privadas de liberdade serão iguais perante a lei e terão direito a igual proteção legal e dos tribunais de justiça. Terão direito, ademais, a manter suas garantias fundamentais e a exercer seus direitos, exceto aqueles cujo exercício esteja limitado ou restringido temporariamente, por disposição da lei e por razões inerentes à sua condição de pessoas privadas de liberdade. Em nenhuma circunstância as pessoas privadas de liberdade serão discriminadas por motivos de raça, origem étnica, nacionalidade, cor, sexo, idade, idioma, religião, opinião política ou de outra natureza, origem nacional ou social, posição econômica, nascimento, deficiência física, mental ou sensorial, gênero, orientação sexual ou qualquer outra condição social. Será, por conseguinte, proibida qualquer distinção, exclusão ou restrição que tenha por objetivo ou promova a redução ou anulação do reconhecimento, gozo ou exercício dos direitos internacionalmente reconhecidos às pessoas privadas de liberdade. Não serão consideradas discriminatórias as medidas que se destinem a proteger exclusivamente os direitos das mulheres, em especial as mulheres grávidas ou as mães lactantes; das crianças; dos idosos; das pessoas doentes ou com infecções, como o HIV/AIDS; das pessoas com deficiência física, mental ou sensorial; bem como dos povos indígenas, afrodescendentes e minorias. Essas medidas serão aplicadas no âmbito da lei e do Direito Internacional dos Direitos Humanos e estarão sempre sujeitas ao exame de um juiz ou outra autoridade competente, independente e imparcial.

As pessoas privadas de liberdade no contexto de conflitos armados deverão ser objeto de proteção e atenção, conforme o regime jurídico especial disposto pelas normas do Direito Internacional Humanitário e complementado pelas normas do Direito Internacional dos Direitos Humanos. As medidas e sanções impostas às pessoas privadas de liberdade serão aplicadas com imparcialidade e com base em critérios objetivos.

Princípio III. Liberdade pessoal

1. Princípio básico

Toda pessoa terá direito à liberdade pessoal e a ser protegida contra todo tipo de privação de liberdade ilegal ou arbitrária. A lei proibirá, em todas as circunstâncias, a incomunicação coercitiva de pessoas privadas de liberdade e a privação de liberdade secreta, por constituírem formas de tratamento cruel e desumano. As pessoas privadas de liberdade só serão confinadas em locais oficialmente reconhecidos para essa finalidade. Como norma geral, a privação de liberdade de uma pessoa deverá ser aplicada pelo tempo mínimo necessário. A privação de liberdade de crianças deverá ser aplicada como último recurso, pelo período mínimo necessário, e limitada a casos estritamente excepcionais.

Quando se imponham sanções penais dispostas pela legislação geral a membros dos povos indígenas, deverá dar-se preferência a punições distintas do encarceramento, de acordo com a justiça consuetudinária e em coerência com a legislação vigente.

2. Excepcionalidade da privação preventiva da liberdade

A lei deverá assegurar que os procedimentos judiciais ou administrativos garantam a liberdade pessoal como regra geral e se aplique a privação preventiva da liberdade como exceção, conforme dispõem os instrumentos internacionais sobre direitos humanos. No âmbito de um processo penal, deverão existir elementos de prova suficientes que vinculem o acusado ao fato investigado, a fim de que se justifique uma ordem de privação de liberdade preventiva. Trata-se de exigência ou condição *sine qua non* no momento da imposição de qualquer medida cautelar, que, no entanto, já não será suficiente após o transcurso de determinado período. A privação preventiva da liberdade, como medida cautelar e não punitiva, deverá ademais obedecer aos princípios de legalidade, presunção de inocência, necessidade e proporcionalidade, na medida estritamente necessária numa sociedade democrática, que somente poderá proceder de acordo com os limites rigorosamente necessários para assegurar que não impeça o andamento eficaz das investigações nem se evite a ação da justiça, sempre que a autoridade competente fundamente e ateste a existência, no caso concreto, dos referidos requisitos.

3. Medidas especiais para as pessoas com deficiência mental

Os sistemas de saúde dos Estados membros da Organização dos Estados Americanos deverão incorporar, por disposição legal, uma série de medidas em favor das pessoas com deficiência mental, a fim de garantir a gradual desinstitucionalização dessas pessoas e a organização de serviços alternativos que possibilitem o cumprimento de objetivos compatíveis com um sistema de saúde e uma atenção psiquiátrica integral, contínua, preventiva, participativa e comunitária, desse modo evitando a privação desnecessária da liberdade nos estabelecimentos hospitalares ou de outra natureza. A privação de liberdade de uma pessoa num hospital psiquiátrico ou outra instituição similar deverá ser usada como último recurso e unicamente quando haja grande possibilidade de dano imediato ou iminente para a pessoa ou terceiros. A mera deficiência não deverá em caso algum justificar a privação de liberdade.

4. Medidas alternativas ou substitutivas da privação de liberdade

Os Estados membros da Organização dos Estados Americanos deverão incorporar, por disposição legal, uma série de medidas alternativas ou substitutivas da privação de liberdade, em cuja aplicação deverão ser levadas em conta as normas internacionais sobre direitos humanos nessa área. Ao serem aplicadas as medidas substitutivas ou alternativas à privação de liberdade, os Estados membros deverão promover a participação da sociedade e da família, a fim de complementar a intervenção do Estado, e deverão proporcionar os recursos necessários e apropriados para garantir sua disponibilidade e eficácia.

Princípio IV. Princípio de legalidade

Nenhuma pessoa poderá ser privada da liberdade física, salvo pelas causas e nas condições dispostas anteriormente pelo direito interno, uma vez que sejam compatíveis com as normas do Direito Internacional dos Direitos Humanos. As ordens de privação de liberdade deverão ser emitidas por autoridade competente por meio de resolução devidamente fundamentada. As ordens e resoluções judiciais ou administrativas suscetíveis de afetar, limitar ou restringir direitos e garantias das pessoas privadas de liberdade deverão ser compatíveis com o direito interno e internacional. As autoridades administrativas não poderão alterar as garantias e direitos dispostos no Direito Internacional nem limitá-los ou restringi-los além do que nele seja permitido.

Princípio V. Devido processo legal

Toda pessoa privada de liberdade terá direito, em todo momento e circunstância, à proteção de juízes e tribunais competentes, independentes e imparciais, estabelecidos anteriormente por lei, bem como ao acesso regular a essas instâncias. As pessoas privadas de liberdade terão direito a ser informadas prontamente das razões de sua detenção e das acusações contra elas formuladas bem como a tomar conhecimento de seus direitos e garantias, num idioma ou linguagem que compreendam; a dispor de um tradutor e intérprete durante o processo; e a comunicar-se com a família. Terão direito a ser ouvidas e julgadas com as devidas garantias e num prazo razoável por um juiz, autoridade ou outro funcionário autorizado por lei para exercer funções judiciais, ou a ser postas em liberdade, sem prejuízo do andamento do processo; a recorrer da sentença perante juiz ou tribunal superior; e a não ser julgadas duas vezes pelos mesmos fatos, caso tenham sido absolvidas ou tenha a causa sido declara improcedente mediante sentença passada em julgado proferida no âmbito de um devido processo legal e conforme o Direito Internacional dos Direitos Humanos. Para determinar o prazo razoável de duração de um processo judicial deverão ser levadas em conta: a complexidade do caso; a atividade processual do interessado; e a conduta das autoridades judiciais. Toda pessoa privada de liberdade terá direito à defesa e assistência jurídica, indicada por si mesma ou por sua família, ou proporcionada pelo Estado; a comunicar-se com seu defensor de maneira confidencial, sem interferência ou censura, e sem dilações ou limites injustificados de tempo, a partir do momento da prisão ou detenção, e necessariamente antes da primeira declaração perante a autoridade competente. Toda pessoa privada de liberdade, por si ou por meio de terceiros, terá direito a interpor recurso simples, rápido e eficaz, perante autoridades competentes, independentes e imparciais, contra atos ou omissões que violem ou ameacem violar seus direitos humanos. Em especial, terão direito a apresentar queixas ou denúncias por atos de tortura, violência carcerária, castigos corporais, tratamentos ou penas cruéis, desumanos ou degradantes bem como pelas condições de reclusão ou encarceramento e pela falta de atendimento médico ou psicológico e alimentação adequados.

As pessoas privadas de liberdade não deverão ser obrigadas a depor contra si mesmas nem a confessar-se culpadas. As declarações obtidas mediante tortura ou tratamentos cruéis, desumanos ou degradantes não deverão ser admitidas como meios de prova num processo, salvo no que se aplique à pessoa ou às pessoas acusadas de havê-los cometido e unicamente como prova de que tais declarações foram obtidas por esses meios. Em caso de condenação lhes serão impostas as penas ou sanções aplicáveis no momento da prática do delito ou da infração à lei, a não ser que posteriormente as leis disponham pena ou sanção menos grave, caso em que se aplicará a lei mais favorável à pessoa. As condenações à pena de morte serão adaptadas aos princípios, restrições e proibições estabelecidas no Direito Internacional dos Direitos Humanos. Em todo caso, aos condenados se reconhecerá o direito de solicitar a comutação da pena. As pessoas privadas de liberdade num Estado membro da Organização dos Estados Americanos de que não sejam nacionais deverão ser informadas, sem demora e sempre antes de prestar a primeira declaração perante a autoridade competente, sobre seu direito à assistência consular ou diplomática e a solicitar que lhes seja notificada de imediato sua privação de liberdade. Terão direito, ademais, a comunicar-se de maneira livre e privada com sua representação diplomática ou consular.

Princípio VI. Controle judicial e execução da pena

O controle da legalidade dos atos da administração pública que afetem ou possam afetar direitos, garantias ou benefícios reconhecidos em favor das pessoas privadas de liberdade, bem como o controle judicial das condições de privação de liberdade e a supervisão da execução ou cumprimento das penas, deverá ser periódico e estar a cargo de juízes e tribunais competentes, independentes e imparciais. Os Estados membros da Organização dos Estados Americanos deverão garantir os meios necessários para o estabelecimento e a eficácia das instâncias judiciais de controle e execução das penas e disporão dos recursos necessários para que funcionem de maneira adequada.

Princípio VII. Petição e resposta

As pessoas privadas de liberdade terão o direito de petição individual ou coletiva e de obter resposta junto às autoridades judiciais, administrativas e de outra natureza. Esse direito poderá ser exercido por terceiras pessoas ou organizações, em conformidade com a lei. Esse direito compreende, entre outros, o de apresentar petições, denúncias ou queixas às autoridades competentes e de receber pronta resposta num prazo razoável. Compreende também o direito de solicitar e receber oportunamente informação sobre sua situação processual e sobre a contagem da pena, caso seja pertinente. As pessoas privadas de liberdade terão direito ainda a apresentar denúncias, petições ou queixas às instituições nacionais de direitos humanos; à Comissão Interamericana de Direitos Humanos; e às demais instâncias internacionais competentes, conforme os requisitos dispostos no direito interno e no Direito Internacional.

PRINCÍPIOS RELATIVOS ÀS CONDIÇÕES DE PRIVAÇÃO DE LIBERDADE

Princípio VIII. Direitos e restrições

As pessoas privadas de liberdade gozarão dos mesmos direitos reconhecidos a toda pessoa nos instrumentos nacionais e internacionais sobre direitos humanos, com exceção daqueles cujo exercício tenha sido limitado ou restringido temporariamente, por disposição legal e por razões inerentes à sua condição.

Princípio IX. Ingresso, registro, exame médico e transferências

1. Ingresso

As autoridades responsáveis pelos estabelecimentos de privação de liberdade não permitirão o ingresso de pessoa alguma para efeitos de reclusão ou prisão, salvo se estiver autorizada por uma ordem de detenção ou de privação de liberdade, emitida por autoridade judicial, administrativa, médica ou outra autoridade competente, conforme os requisitos dispostos em lei. Ao ingressarem, as pessoas privadas de liberdade serão informadas de maneira clara e num idioma ou linguagem que compreendam, seja por escrito ou de forma verbal, seja por outro meio, sobre os direitos, os deveres e as proibições a serem observados no local de privação de liberdade.

2. Registro

Os dados das pessoas admitidas nos locais de privação de liberdade deverão ser introduzidos num registro oficial, que será acessível a elas próprias, a seu representante e às autoridades competentes. Constarão do registro, pelo menos, os seguintes dados:

a. identidade pessoal, de que deverão constar minimamente: nome, idade, sexo, nacionalidade, endereço e nome dos pais, familiares, representantes legais ou defensores, conforme seja cabível, ou qualquer outro dado relevante;
b. estado de saúde e integridade pessoal da pessoa privada de liberdade;
c. razões ou motivos da privação de liberdade;
d. autoridade que ordena ou determina a privação de liberdade;
e. autoridade que efetua a transferência da pessoa para o estabelecimento;
f. autoridade que legalmente supervisa a privação de liberdade;
g. dia e hora do ingresso e da saída;
h. dia e hora das transferências e locais de destino;
i. identidade da autoridade que ordena as transferências e delas se encarrega, respectivamente;
j. inventário dos bens pessoais; e
k. assinatura da pessoa privada de liberdade e, no caso de recusa ou impossibilidade, a explicação do motivo.

3. Exame médico

Toda pessoa privada de liberdade terá direito a ser submetida a exame médico ou psicológico, imparcial e confidencial, efetuado por pessoal de saúde idôneo, imediatamente após seu ingresso no estabelecimento de reclusão ou encarceramento, a fim de constatar seu estado de saúde física ou mental e a existência de qualquer ferimento, dano corporal ou mental; assegurar a identificação e tratamento de qualquer problema significativo de saúde; ou verificar queixas sobre possíveis maus-tratos ou torturas ou determinar a necessidade de atendimento e tratamento. A informação médica ou psicológica será incorporada ao registro oficial respectivo e, quando seja necessário, em virtude da gravidade do resultado, será enviada imediatamente à autoridade competente.

4. Transferências

As transferências das pessoas privadas de liberdade deverão ser autorizadas e supervisadas por autoridades competentes, que lhes respeitarão, em todas as circunstancias, a dignidade e os direitos fundamentais e levarão em conta a necessidade de que a privação de liberdade ocorra em locais próximos ou vizinhos à família, à comunidade, ao defensor ou representante legal e ao tribunal de justiça ou outro órgão do Estado que examine o caso.

As transferências não deverão ser efetuadas com a intenção de punir, reprimir ou discriminar as pessoas privadas de liberdade, seus familiares ou representantes; nem poderão ser realizadas em condições que a elas causem sofrimentos físicos ou mentais, de forma humilhante ou que propicie exibição pública

Princípio X. Saúde

As pessoas privadas de liberdade terão direito à saúde, entendida como o gozo do mais alto nível possível de bem-estar físico, mental e social, que inclui, entre outros, o atendimento médico, psiquiátrico e odontológico adequado; a disponibilidade permanente de pessoal médico idôneo e imparcial; o acesso a tratamento e medicamentos apropriados e gratuitos; a implantação de programas de educação e promoção em saúde, imunização, prevenção e tratamento de doenças infecciosas, endêmicas e de outra natureza; e as medidas especiais para atender às necessidades especiais de saúde das pessoas privadas de liberdade que façam parte de grupos vulneráveis ou de alto risco, tais como: os idosos, as mulheres, as crianças, as pessoas com deficiência e as portadoras do HIV/AIDS, tuberculose e doenças em fase terminal. O tratamento deverá basear-se em princípios científicos e aplicar as melhores práticas. A prestação do serviço de saúde deverá, em todas as circunstâncias, respeitar os seguintes princípios: confidencialidade da informação médica; autonomia dos pacientes a respeito da sua própria saúde; e consentimento fundamentado na relação médico-paciente. O Estado deverá assegurar que os serviços de saúde oferecidos nos locais de privação de liberdade funcionem em estreita coordenação com o sistema de saúde pública, de maneira que as políticas e práticas de saúde pública sejam incorporadas a esses locais. As mulheres e as meninas privadas de liberdade terão direito de acesso a atendimento médico especializado, que corresponda a suas características físicas e biológicas e que atenda adequadamente a suas necessidades em matéria de saúde reprodutiva. Em especial, deverão dispor de atendimento médico ginecológico e pediátrico, antes, durante e depois do parto, que não deverá ser realizado nos locais de privação de liberdade, mas em hospitais ou estabelecimentos destinados a essa finalidade. Caso isso não seja possível, não se registrará oficialmente que o nascimento ocorreu no interior de um local de privação de liberdade. Os estabelecimentos de privação de liberdade para mulheres e meninas deverão dispor de instalações especiais bem como de pessoal e recursos apropriados para o tratamento das mulheres e meninas grávidas e das que tenham recém dado à luz. Nos casos em que se permita às mães ou pais manter os filhos menores de idade no interior dos centros de privação de liberdade, deverão ser tomadas as medidas necessárias para a organização de creches infantis, que disponham de pessoal qualificado e de serviços educacionais, pediátricos e de nutrição apropriados, a fim de assegurar o interesse superior da infância.

Princípio XI. Alimentação e água potável

1. Alimentação

As pessoas privadas de liberdade terão direito a receber alimentação que atenda, em quantidade, qualidade e condições de higiene, a uma nutrição adequada e suficiente e leve em consideração as questões culturais e religiosas dessas pessoas bem como as necessidades ou dietas especiais determinadas por critérios médicos. Essa alimentação será oferecida em horários regulares e sua suspensão ou limitação, como medida disciplinar, deverá ser proibida por lei.

2. Água potável

Toda pessoa privada de liberdade terá acesso permanente a água potável suficiente e adequada para consumo. A suspensão ou limitação desse acesso, como medida disciplinar, deverá ser proibida por lei.

Princípio XII. Alojamento, condições de higiene e vestuário

1. Alojamento

As pessoas privadas de liberdade deverão dispor de espaço suficiente, com exposição diária à luz natural, ventilação e calefação apropriadas, segundo as condições climáticas do local de privação de liberdade. Receberão a cama individual, roupa de cama adequada e às demais condições indispensáveis para o descanso noturno. As instalações deverão levar em conta, entre outras, as necessidades especiais das pessoas doentes, das portadoras de deficiência, das crianças, das mulheres grávidas ou mães lactantes e dos idosos.

2. Condições de higiene

As pessoas privadas de liberdade terão acesso a instalações sanitárias higiênicas e em número suficiente, que assegurem sua privacidade e dignidade. Terão acesso também a produtos básicos de higiene pessoal e a água para o asseio pessoal, conforme as condições climáticas. Às mulheres e meninas privadas de liberdade serão proporcionados regularmente os artigos indispensáveis às necessidades sanitárias próprias de seu sexo.

3. Vestuário

O vestuário colocado à disposição das pessoas privadas de liberdade deverá ser em número suficiente e adequado às condições climáticas e levará em conta sua identidade cultural e religiosa. Em caso algum as roupas poderão ser degradantes ou humilhantes.

Princípio XIII. Educação e atividades culturais

As pessoas privadas de liberdade terão direito à educação, que será acessível a todas elas, sem discriminação alguma, e levará em conta a diversidade cultural e suas necessidades especiais.

O ensino fundamental ou básico será gratuito para as pessoas privadas de liberdade, especialmente as crianças e os adultos que não tenham recebido ou concluído o ciclo completo de instrução dos anos iniciais desse ensino. Os Estados membros da Organização dos Estados Americanos promoverão nos locais de privação de liberdade, de maneira progressiva e mediante a utilização máxima dos recursos de que disponham, o ensino médio, técnico, profissional e superior, igualmente acessível a todos, segundo a capacidade e aptidão de cada um. Os Estados membros deverão assegurar que os serviços de educação proporcionados nos locais de privação de liberdade funcionem em estreita coordenação e integração com o sistema de educação pública; e promoverão a cooperação da sociedade por meio da participação das associações civis, organizações não governamentais e instituições privadas de educação. Os locais de privação de liberdade disporão de bibliotecas, com número suficiente de livros, jornais e revistas educativas, equipamentos e tecnologia apropriada, de acordo com os recursos disponíveis. As pessoas privadas de liberdade terão direito a participar de atividades culturais, esportivas e sociais e a oportunidades de entretenimento sadio e construtivo. Os Estados membros incentivarão a participação da família, da comunidade e das organizações não governamentais nessas atividades, a fim de promover a regeneração, a readaptação social e a reabilitação das pessoas privadas de liberdade.

Princípio XIV. Trabalho

Toda pessoa privada de liberdade terá direito a trabalhar, a oportunidades efetivas de trabalho e a receber remuneração adequada e equitativa, de acordo com sua capacidade física e mental, a fim de que se promova a regeneração, reabilitação e readaptação social dos condenados, estimule e incentive a cultura do trabalho e combata o ócio nos locais de privação de liberdade. Em nenhum caso o trabalho terá caráter punitivo. Os Estados membros da Organização dos Estados Americanos deverão aplicar às crianças privadas de liberdade todas as normas nacionais e internacionais de proteção vigentes em matéria de trabalho infantil, a fim de evitar, especialmente, a exploração do trabalho e assegurar o interesse superior da infância. Os Estados membros promoverão nos locais de privação de liberdade, de maneira progressiva e mediante a utilização máxima dos recursos de que disponham, a orientação vocacional e a elaboração de projetos de capacitação técnico-profissional; e assegurarão a realização de oficinas de trabalho permanentes, adequados e em número suficiente, para o que incentivarão a participação e a cooperação da sociedade e da empresa privada.

Princípio XV. Liberdade de consciência e religião

As pessoas privadas de liberdade terão direito à liberdade de consciência e religião, inclusive a professar, manifestar, praticar e conservar sua religião, ou a mudar de religião, segundo sua crença; a participar de atividades religiosas e espirituais e a exercer suas práticas tradicionais; bem como a receber visitas de seus representantes religiosos ou espirituais. Os locais de privação de liberdade reconhecerão a diversidade e a pluralidade religiosa e espiritual e observarão os limites estritamente necessários para respeitar os direitos dos demais ou para proteger a saúde e a moral públicas bem como para preservar a ordem pública, a segurança e a disciplina interna, além dos demais limites permitidos nas leis ou no Direito Internacional dos Direitos Humanos.

Princípio XVI. Liberdade de expressão, associação e reunião

As pessoas privadas de liberdade terão direito à liberdade de expressão em seu próprio idioma, bem como de associação e reunião pacíficas; e observarão os limites estritamente necessários, numa sociedade democrática, para respeitar os direitos dos demais ou para proteger a saúde ou a moral públicas, bem como para preservar a ordem pública, a segurança e a disciplina interna nos locais de privação de liberdade, além dos demais limites permitidos nas leis ou no Direito Internacional dos Direitos Humanos.

Princípio XVII. Medidas contra a superlotação

A autoridade competente definirá o número de vagas disponíveis em cada local de privação de liberdade conforme as normas vigentes em matéria habitacional. Essa informação, bem como a taxa de ocupação real de cada estabelecimento ou centro, deverá ser pública, acessível e regularmente atualizada. A lei disporá os procedimentos mediante os quais as pessoas privadas de liberdade, seus advogados ou as organizações não governamentais poderão impugnar os dados acerca do número de vagas de um estabelecimento ou sua taxa de ocupação, individual ou coletivamente. Nos procedimentos de impugnação deverá ser permitido o trabalho de peritos independentes. A ocupação do estabelecimento acima do número estabelecido de vagas será proibida por lei. Quando desse fato decorra a violação de direitos humanos, deverá ela ser considerada pena ou tratamento cruel, desumano ou degradante. A lei deverá estabelecer os mecanismos para remediar de maneira imediata qualquer situação de alojamento acima do número de vagas estabelecido. Os juízes competentes deverão adotar medidas corretivas adequadas na ausência de regulamentação legal efetiva. Constatado o alojamento de pessoas acima do número de vagas estabelecido num estabelecimento, os Estados deverão investigar as razões que motivaram tal situação e determinar as respectivas responsabilidades individuais dos funcionários que tenham autorizado essas medidas. Deverão, ademais, adotar medidas para que a situação não se repita. Em ambos os casos, a lei disporá os procedimentos mediante os quais as pessoas privadas de liberdade, seus advogados ou as organizações não governamentais poderão participar dos procedimentos correspondentes.

Princípio XVIII. Contato com o mundo exterior

As pessoas privadas de liberdade terão direito a receber e enviar correspondência, sujeitando-se às limitações compatíveis com o Direito Internacional; e a manter contato pessoal e direto, mediante visitas periódicas, com seus familiares, representantes legais e outras pessoas, especialmente pais, filhos e filhas e respectivos cônjuges. Terão direito a ser informadas sobre os acontecimentos do mundo exterior pelos meios de comunicação social e por qualquer outra forma de comunicação externa, em conformidade com a lei.

Princípio XIX. Separação por categoria

As pessoas privadas de liberdade que façam parte de categorias diferentes deverão ser alojadas em locais diversos de privação de liberdade ou em seções distintas nos referidos estabelecimentos, segundo o sexo, a idade, a razão da privação de liberdade, a necessidade de proteção da vida e da integridade dessas pessoas ou do pessoal, as necessidades especiais de atendimento ou outras circunstâncias relacionadas com questões de segurança interna.

Em especial, será determinada a separação de mulheres e homens; crianças e adultos; jovens e adultos; idosos; processados e condenados; e pessoas privadas de liberdade por razões civis e penais. Nos casos de privação de liberdade dos solicitantes de asilo ou refúgio, e em outros casos similares, as crianças não deverão ser separadas dos pais. Os solicitantes de asilo ou refúgio e as pessoas privadas de liberdade em virtude de infração das disposições sobre migração não deverão ser privados de liberdade em estabelecimentos destinados a pessoas condenadas ou acusadas de infrações penais. Em nenhum caso a separação das pessoas privadas de liberdade por categoria será utilizada para justificar a discriminação, a imposição de tortura, tratamento ou penas cruéis, desumanos ou degradantes ou condições de privação de liberdade mais rigorosas ou menos adequadas a um determinado grupo de pessoas. Os mesmos critérios deverão ser observados para a transferência das pessoas privadas de liberdade. Princípios Relativos aos Sistemas de Privação de Liberdade.

Princípio XX. Pessoal dos locais de privação de liberdade

O pessoal que tenha sob sua responsabilidade a direção, custódia, tratamento, transferência, disciplina e vigilância de pessoas privadas de liberdade deverá ajustar-se, em todo momento e circunstância, ao respeito aos direitos humanos dessas pessoas e de seus familiares.

O pessoal deverá ser selecionado cuidadosamente, levando em conta sua integridade ética e moral, sensibilidade à diversidade cultural e às questões de gênero, capacidade profissional, adequação pessoal à função e sentido de responsabilidade. O pessoal será constituído por empregados e funcionários idôneos, de ambos os sexos, de preferência servidores públicos e de caráter civil. Como norma geral, será proibido o exercício de funções de custódia direta nos estabelecimentos das pessoas privadas de liberdade, com exceção das instalações policiais ou militares, por membros da Polícia ou das Forças Armadas. Os locais de privação de liberdade para mulheres, ou as seções constituídas por mulheres nos estabelecimentos mistos, serão dirigidos por pessoal feminino. A vigilância e a custódia das mulheres privadas de liberdade serão exercidas exclusivamente por pessoal do sexo feminino, sem prejuízo de que funcionários com outras habilidades ou de outras áreas, tais como médicos, profissionais de ensino ou pessoal administrativo, possam ser do sexo masculino. Os locais de privação de liberdade disporão de pessoal qualificado e suficiente para garantir a segurança, vigilância e custódia bem como para atender às necessidades médicas, psicológicas, educativas, de trabalho e de outra natureza. Ao pessoal dos locais de privação de liberdade serão destinados os recursos e o equipamento necessários para que possa executar seu trabalho nas condições devidas, inclusive remuneração justa e apropriada, alojamento digno e serviços básicos adequados. O pessoal dos locais de privação de liberdade receberá instrução inicial e capacitação periódica especializada, com atenção especial para o caráter social da função. A formação de pessoal deverá incluir, pelo menos, capacitação sobre direitos humanos; sobre direitos, deveres e proibições no exercício de funções; e sobre os princípios e normas nacionais e internacionais relativos ao uso da força e armas de fogo bem como sobre contenção física. Para essa finalidade, os Estados membros da Organização dos Estados Americanos promoverão a criação e o funcionamento de programas de treinamento e de ensino especializado, com a participação e a cooperação de instituições da sociedade e da empresa privada.

Princípio XXI. Exames corporais, inspeção de instalações e outras medidas

Os exames corporais, a inspeção de instalações e as medidas de organização dos locais de privação de liberdade, quando sejam procedentes em conformidade com a lei, deverão obedecer aos critérios de necessidade, razoabilidade e proporcionalidade. Os exames corporais das pessoas privadas de liberdade e dos visitantes dos locais de privação de liberdade serão praticados em condições sanitárias adequadas, por pessoal qualificado do mesmo sexo, e deverão ser compatíveis com a dignidade humana e o respeito aos direitos fundamentais. Para essa finalidade, os Estados membros utilizarão meios alternativos que levem em consideração procedimentos e equipamento tecnológico ou outros métodos apropriados. Os exames intrusivos vaginais e anais serão proibidos por lei. As inspeções ou exames praticados no interior das unidades e instalações dos locais de privação de liberdade deverão ser realizados por autoridade competente, observando-se um procedimento adequado e com respeito aos direitos das pessoas privadas de liberdade.

Princípio XXII. Regime disciplinar

1. Sanções disciplinares

As sanções disciplinares adotadas nos locais de privação de liberdade, bem como os procedimentos disciplinares, deverão sujeitar-se ao controle judicial e ser previamente estabelecidas em lei e não poderão infringir as normas do Direito Internacional dos Direitos Humanos.

2. Devido processo legal

A determinação das sanções ou medidas disciplinares e o controle de sua execução ficarão a cargo de autoridades competentes, que agirão em todas as circunstâncias conforme os princípios do devido processo legal, respeitando os direitos humanos e as garantias básicas das pessoas privadas de liberdade, reconhecidas pelo Direito Internacional dos Direitos Humanos.

3. Medidas de isolamento

Serão proibidas, por disposição da lei, as medidas ou sanções de isolamento em celas de castigo. Serão estritamente proibidas as medidas de isolamento das mulheres grávidas; das mães que convivam com os filhos no interior dos estabelecimentos de privação de liberdade; e das crianças privadas de liberdade. O isolamento só será permitido como medida por tempo estritamente limitado e como último recurso, quando se mostre necessária para salvaguardar interesses legítimos relativos à segurança interna dos estabelecimentos, e para proteger direitos fundamentais, como a vida e a integridade das próprias pessoas privadas de liberdade ou do pessoal dessas instituições. De todo modo, as ordens de isolamento serão autorizadas por autoridade competente e estarão sujeitas ao controle judicial, uma vez que seu prolongamento e aplicação inadequada e desnecessária constituiriam atos de tortura ou tratamentos ou penas cruéis, desumanos ou degradantes. No caso de isolamento involuntário de pessoas com deficiência mental, se garantirá, ademais, que a medida seja autorizada por um médico competente; praticada de acordo com procedimentos oficialmente estabelecidos; consignada no registro médico individual do paciente; e notificada imediatamente aos seus familiares ou representantes legais. As pessoas com deficiência mental submetidas a essa medida estarão sob cuidado e supervisão permanente de pessoal médico qualificado.

4. Proibição de sanções coletivas

Será proibida por disposição legal a aplicação de sanções coletivas.

5. Competência disciplinar

Não será permitido que as pessoas privadas de liberdade tenham sob sua responsabilidade a execução de medidas disciplinares, ou a realização de atividades de custódia e vigilância, sem prejuízo de que possam participar de atividades educativas, religiosas, esportivas ou outras similares, com participação da comunidade, de organizações não governamentais e de outras instituições privadas.

Princípio XXIII. Medidas para combater a violência e as situações de emergência

1. Medidas de prevenção

De acordo com o Direito Internacional dos Direitos Humanos, serão adotadas medidas apropriadas e eficazes para prevenir todo tipo de violência entre as pessoas privadas de liberdade e entre estas e o pessoal dos estabelecimentos. Para essa finalidade, poderão ser adotadas, entre outras, as seguintes medidas:

a. separar as pessoas de maneira adequada e por categoria, conforme os critérios estabelecidos neste documento;
b. assegurar a capacitação e formação contínua e apropriada do pessoal;
c. aumentar o pessoal destinado à segurança e vigilância interior e estabelecer normas de vigilância contínua nos estabelecimentos;
d. evitar de maneira efetiva o ingresso de armas, drogas, álcool e outras substâncias ou objetos proibidos por lei, por meio de exames e inspeções periódicas e a utilização de meios tecnológicos ou outros métodos apropriados, inclusive a revista do próprio pessoal;
e. estabelecer mecanismos de alerta preventivo de crises ou emergências;
f. promover a mediação e a solução pacífica de conflitos internos;
g. evitar e combater todo tipo de abuso de autoridade e atos de corrupção; e
h. erradicar a impunidade, investigando e punindo todo tipo de ato de violência e corrupção, conforme a lei.

2. Critérios para o uso da força e de armas

O pessoal dos locais de privação de liberdade não empregará a força e outros meios coercitivos, salvo excepcionalmente, de maneira proporcional, em casos de gravidade, urgência e necessidade, como último recurso depois de terem sido esgotadas previamente as demais vias disponíveis, e pelo tempo e na medida indispensáveis para garantir a segurança, a ordem interna, a proteção dos direitos fundamentais da população privada de liberdade, do pessoal ou das visitas. Será proibido ao pessoal o uso de armas de fogo ou outro tipo de arma letal no interior dos locais de privação de liberdade, salvo quando seja estritamente inevitável para proteger a vida das pessoas. Em todas as circunstâncias, o uso da força e de armas de fogo ou de qualquer outro meio ou método utilizado em casos de violência ou situações de emergência será objeto de supervisão de autoridade competente.

3. Investigação e punição

Os Estados membros da Organização dos Estados Americanos realizarão investigações sérias, minuciosas, imparciais e ágeis sobre todo tipo de ato de violência ou situação de emergência ocorridos no interior dos locais de privação de liberdade, a fim de esclarecer suas causas, individualizar os responsáveis e impor as sanções legais respectivas. Serão tomadas medidas apropriadas e envidados todos os esforços para evitar a repetição desses atos no interior dos estabelecimentos de privação de liberdade.

Princípio XXIV. Inspeções institucionais

Em conformidade com a legislação nacional e o Direito Internacional poderão ser realizadas visitas e inspeções periódicas nos locais de privação de liberdade, por parte de instituições e organizações nacionais e internacionais, a fim de verificar, em todo momento e circunstância, as condições de privação de liberdade e o respeito aos direitos humanos. Ao serem realizadas as inspeções, serão permitidos e garantidos, entre outros, o acesso a todas as instalações dos locais de privação de liberdade; o acesso à informação e documentação relacionada com o estabelecimento e as pessoas privadas de liberdade; e a possibilidade de entrevistar em particular e de maneira confidencial as pessoas privadas de liberdade e o pessoal. Em todas as circunstâncias será respeitado o mandato da Comissão Interamericana de Direitos Humanos e de suas relatorias, principalmente a Relatoria sobre os Direitos das Pessoas Privadas de Liberdade, a fim de que possam verificar o respeito à dignidade e aos direitos e garantias fundamentais das pessoas privadas de liberdade nos Estados membros da Organização dos Estados Americanos. Estas disposições não afetarão as obrigações dos Estados Partes decorrentes das quatro Convenções de Genebra, de 12 de agosto de 1949, e seus Protocolos Adicionais, de 8 de junho de 1977, ou a possibilidade aberta a qualquer Estado Parte de autorizar o Comitê Internacional da Cruz Vermelha a visitar os locais de detenção em situações não dispostas no Direito Internacional Humanitário.

Princípio XXV. Interpretação

Com a finalidade de respeitar e garantir plenamente os direitos e as liberdades fundamentais reconhecidos pelo sistema interamericano, os Estados membros da Organização dos Estados Americanos deverão interpretar extensivamente as normas de direitos humanos, de maneira que sejam aplicadas em qualquer circunstância as cláusulas mais favoráveis às pessoas privadas de liberdade. O disposto neste documento não será interpretado como limitação, suspensão ou restrição dos direitos e garantias das pessoas privadas de liberdade, reconhecidos no direito interno e internacional, sob a alegação de que este documento não os contempla ou os contempla em menor grau.

Tratado de Marraquexe para Facilitar o Acesso a Obras Publicadas às Pessoas Cegas, Com Deficiência Visual ou com Outras Dificuldades Para Ter Acesso ao Texto Impresso – 27 De Junho De 2013

Marraquexe, 17 a 28 de junho de 2013
Adotado pela Conferência Diplomática

PREÂMBULO

As Partes Contratantes,
Recordando os princípios da não discriminação, da igualdade de oportunidades, da acessibilidade e da participação e inclusão plena e efetiva na sociedade, proclamados na Declaração Universal dos Direitos Humanos e na Convenção das Nações Unidas sobre os Direitos das Pessoas com Deficiência,
Conscientes dos desafios que são prejudiciais ao desenvolvimento pleno das pessoas com deficiência visual ou com outras dificuldades para ter acesso ao texto impresso, que limitam a sua liberdade de expressão, incluindo a liberdade de procurar, receber e difundir informações e ideias de toda espécie em condições de igualdade com as demais pessoas mediante todas as formas de comunicação de sua escolha, assim como o gozo do seu direito à educação e a oportunidade de realizar pesquisas,
Enfatizando a importância da proteção ao direito de autor como incentivo e recompensa para as criações literárias e artísticas e a de incrementar as oportunidades para todas as pessoas, inclusive as pessoas com deficiência visual ou com outras dificuldades para ter acesso ao texto impresso, de participar na vida cultural da comunidade, desfrutar das artes e compartilhar o progresso científico e seus benefícios,
Cientes das barreiras que enfrentam as pessoas com deficiência visual ou com outras dificuldades para ter acesso ao texto impresso para alcançarem oportunidades iguais na sociedade, e da necessidade de ampliar o número de obras em formatos acessíveis e de aperfeiçoar a circulação de tais obras,
Considerando que a maioria das pessoas com deficiência visual ou com outras dificuldades para ter acesso ao texto impresso vive em países em desenvolvimento e em países de menor desenvolvimento relativo,
Reconhecendo que, apesar das diferenças existentes nas legislações nacionais de direito de autor, o impacto positivo das novas tecnologias de informação e comunicação na vida das pessoas com deficiência visual ou com outras dificuldades para ter acesso ao texto impresso pode ser reforçado por um marco jurídico aprimorado no plano internacional,
Reconhecendo que muitos Estados Membros estabeleceram exceções e limitações em suas legislações nacionais de direito de autor destinadas a pessoas com deficiência visual ou com outras dificuldades para ter acesso ao texto impresso, mas que ainda há uma escassez permanente de exemplares disponíveis em formato acessível para essas pessoas; que são necessários recursos consideráveis em seus esforços para tornar as obras acessíveis a essas pessoas; e que a falta de possibilidade de intercâmbio transfronteiriço de exemplares em formato acessível exige a duplicação desses esforços,
Reconhecendo tanto a importância do papel dos titulares de direitos em tornar suas obras acessíveis a pessoas com deficiência visual ou com outras dificuldades para ter acesso ao texto impresso, como a importância de limitações e exceções adequadas para tornar as obras acessíveis a essas pessoas, em particular quando o mercado é incapaz de prover tal acesso,
Reconhecendo a necessidade de se manter um equilíbrio entre a proteção efetiva dos direitos dos autores e o interesse público mais amplo, em especial no que diz respeito à educação, pesquisa e acesso à informação, e que esse equilíbrio deve facilitar às pessoas com deficiência visual ou com outras dificuldades para ter acesso ao texto impresso o acesso efetivo e tempestivo às obras,
Reafirmando as obrigações contraídas pelas Partes Contratantes em virtude de tratados internacionais

vigentes em matéria de proteção ao direito de autor, bem como a importância e a flexibilidade da regra dos três passos relativa às limitações e exceções, prevista no Artigo 9.2 da Convenção de Berna sobre a Proteção de Obras Literárias e Artísticas e em outros instrumentos internacionais,

Recordando a importância das recomendações da Agenda do Desenvolvimento, adotada em 2007 pela Assembleia Geral da Organização Mundial da Propriedade Intelectual (OMPI), que visa a assegurar que as considerações relativas ao desenvolvimento sejam parte integrante do trabalho da Organização,

Reconhecendo a importância do sistema internacional de direito de autor e visando harmonizar as limitações e exceções com vistas a facilitar o acesso e o uso de obras por pessoas com deficiência visual ou com outras dificuldades para ter acesso ao texto impresso,

Acordaram o seguinte:

Art. 1. Relação com outras Convenções e Tratados

Nenhuma disposição do presente Tratado derrogará quaisquer obrigações que as Partes Contratantes tenham entre si em virtude de outros tratados, nem prejudicará quaisquer direitos que uma Parte Contratante tenha em virtude de outros tratados.

Art. 2. Definições

Para os efeitos do presente Tratado:

a) "obras" significa as obras literárias e artísticas no sentido do Artigo 2.1 da Convenção de Berna sobre a Proteção de Obras Literárias e Artísticas, em forma de texto, notação e/ou ilustrações conexas, que tenham sido publicadas ou tornadas disponíveis publicamente por qualquer meio.***

b) "exemplar em formato acessível" significa a reprodução de uma obra de uma maneira ou forma alternativa que dê aos beneficiários acesso à obra, inclusive para permitir que a pessoa tenha acesso de maneira tão prática e cômoda como uma pessoa sem deficiência visual ou sem outras dificuldades para ter acesso ao texto impresso. O exemplar em formato acessível é utilizado exclusivamente por beneficiários e deve respeitar a integridade da obra original, levando em devida consideração as alterações necessárias para tornar a obra acessível no formato alternativo e as necessidades de acessibilidade dos beneficiários.

c) "entidade autorizada" significa uma entidade que é autorizada ou reconhecida pelo governo para prover aos beneficiários, sem intuito de lucro, educação, formação pedagógica, leitura adaptada ou acesso à informação. Inclui, também, instituição governamental ou organização sem fins lucrativos que preste os mesmos serviços aos beneficiários como uma de suas atividades principais ou obrigações institucionais.****

A entidade autorizada estabelecerá suas próprias práticas e as aplicará:

I. para determinar que as pessoas a que serve são beneficiárias;

II. para limitar aos beneficiários e/ou às entidades autorizadas a distribuição e colocação à disposição de exemplares em formato acessível;

III. para desencorajar a reprodução, distribuição e colocação à disposição de exemplares não autorizados; e

IV. para exercer o devido cuidado no uso dos exemplares das obras e manter os registros deste uso, respeitando a privacidade dos beneficiários em conformidade com o Artigo 8º.

Art. 3. Beneficiários

Será beneficiário toda pessoa:

a) cega;

b) que tenha deficiência visual ou outra deficiência de percepção ou de leitura que não possa ser corrigida para se obter uma acuidade visual substancialmente equivalente à de uma pessoa que não tenha esse tipo de deficiência ou dificuldade, e para quem é impossível ler material impresso de uma forma substancialmente equivalente à de uma pessoa sem deficiência ou dificuldade; ou*****

c) que esteja impossibilitada de qualquer outra maneira, devido a uma deficiência física, de sustentar ou manipular um livro ou focar ou mover os olhos da forma que normalmente seria apropriado para a leitura; independentemente de quaisquer outras deficiências.

Art. 4. Limitações e Exceções na Legislação Nacional sobre Exemplares em Formato Acessível

1. a) As Partes Contratantes estabelecerão na sua legislação nacional de direito de autor uma limitação ou exceção aos direitos de reprodução, de distribuição, bem como de colocação à disposição do público, tal como definido no Tratado da OMPI sobre Direito de Autor, para facilitar a disponibilidade de obras em formatos acessíveis aos beneficiários. A limitação ou exceção prevista na legislação nacional deve permitir as alterações necessárias para tornar a obra acessível em formato alternativo.

b) As Partes Contratantes podem também estabelecer uma exceção ao direito de representação ou execução pública para facilitar o acesso a obras para beneficiários.

2. Uma Parte Contratante poderá cumprir o disposto no Artigo 4 (1) para todos os direitos nele previstos, mediante o estabelecimento de uma limitação ou exceção em sua legislação nacional de direitos de autor de tal forma que:

a) Seja permitido às entidades autorizadas, sem a autorização do titular dos direitos de autor, produzir um exemplar em formato acessível de uma obra obter de outra entidade autorizada uma obra em formato acessível e fornecer tais exemplares para o beneficiário, por qualquer meio, inclusive por empréstimo não comercial ou mediante comunicação eletrônica por fio ou sem fio; e realizar todas as medidas intermediárias para atingir esses objetivos, quando todas as seguintes condições forem atendidas:

I. a entidade autorizada que pretenda realizar tal atividade tenha acesso legal à obra ou a um exemplar da obra;

II. a obra seja convertida para um exemplar em formato acessível, o que pode incluir quaisquer meios necessários para consultar a informação nesse formato, mas não a introdução de outras mudanças que não as necessárias para tornar a obra acessível aos beneficiários;

III. os exemplares da obra no formato acessível sejam fornecidos exclusivamente para serem utilizados por beneficiários; e

IV. a atividade seja realizada sem fins lucrativos; e

b) Um beneficiário, ou alguém agindo em seu nome, incluindo a pessoa principal que cuida do beneficiário ou se ocupe de seu cuidado, poderá produzir um exemplar em formato acessível de uma obra para o uso pessoal do beneficiário ou de outra forma poderá ajudar o beneficiário a produzir e utilizar exemplares em formato acessível, quando o beneficiário tenha acesso legal a essa obra ou a um exemplar dessa obra.

3. Uma Parte Contratante poderá cumprir o disposto no Artigo 4(1) estabelecendo outras limitações ou exceções em sua legislação nacional de direito de autor nos termos dos Artigos 10 e 11.*******

4. Uma Parte Contratante poderá restringir as limitações ou exceções nos termos deste Artigo às obras que, no formato acessível em questão, não possam ser obtidas comercialmente sob condições razoáveis para os beneficiários naquele mercado. Qualquer Parte Contratante que exercer essa faculdade deverá declará-la em uma notificação depositada junto ao Diretor-Geral da ompi no momento da ratificação, aceitação ou adesão a esse Tratado ou em qualquer momento posterior.*******

5. Caberá à lei nacional determinar se as exceções ou limitações a que se refere o presente artigo estão sujeitas à remuneração.

Art. 5. Intercâmbio Transfronteiriço de Exemplares em Formato Acessível

1. As Partes Contratantes estabelecerão que, se um exemplar em formato acessível de uma obra é produzido ao amparo de uma limitação ou exceção ou de outros meios legais, este exemplar em formato acessível poderá ser distribuído ou colocado à disposição por uma entidade autorizada a um beneficiário ou a uma entidade autorizada em outra Parte Contratante.********

2. Uma Parte Contratante poderá cumprir o disposto no Artigo 5(1) instituindo uma limitação ou exceção em sua legislação nacional de direito de autor de tal forma que:

a) será permitido às entidades autorizadas, sem a autorização do titular do direito, distribuir ou colocar à disposição para o uso exclusivo dos beneficiários exemplares em formato acessível a uma entidade autorizada em outra Parte Contratante; e

b) será permitido às entidades autorizadas, sem a autorização do titular do direito e em conformidade com o disposto no Artigo 2º(c), distribuir ou colocar à disposição exemplares em formato acessível a um beneficiário em outra Parte Contratante; desde que antes da distribuição ou colocação à disposição, a entidade autorizada originária não saiba ou tenha motivos razoáveis para saber que o exemplar em formato acessível seria utilizado por outras pessoas que não os beneficiários.********

3. Uma Parte Contratante poderá cumprir o disposto no Artigo 5(1) instituindo outras limitações ou exceções em sua legislação nacional de direito de autor nos termos do Artigo 5(4), 10 e 11.

4. a) Quando uma entidade autorizada em uma Parte Contratante receber um exemplar em formato acessível nos termos do Artigo 5(1) e essa Parte Contratante não tiver as obrigações decorrentes do Artigo 9 da Convenção de Berna, a Parte Contratante garantirá, de acordo com suas práticas e seu sistema jurídico, que os exemplares em formato acessível serão reproduzidos, distribuídos ou colocados à disposição apenas para o proveito dos beneficiários na jurisdição dessa Parte Contratante.

b) A distribuição e a colocação à disposição de exemplares em formato acessível por uma entidade autorizada nos termos do Artigo 5(1) deverá ser limitada a essa jurisdição, salvo se a Parte Contratante for parte do Tratado da ompi sobre Direito de Autor ou de outra forma limitar as exceções e limitações ao direito de distribuição e ao direito de colocação à disposição do público que implementam esse Tratado a determinados casos especiais, que não conflitem com a exploração normal da obra e não prejudiquem injustificadamente os interesses legítimos do titular do direito.********

c) Nada neste Artigo afeta a determinação do que constitui um ato de distribuição ou um ato de colocação à disposição do público.

5. Nada neste Tratado será utilizado para tratar da questão da exaustão de direitos.

Art. 6. Importação de Exemplares em Formato Acessível

Na medida em que a legislação nacional de uma Parte Contratante permita que um beneficiário, alguém agindo em seu nome, ou uma entidade autorizada produza um exemplar em formato acessível de uma obra, a legislação nacional dessa Parte Contratante permitirá, também, que eles possam importar um exemplar em formato acessível para o proveito dos beneficiários, sem a autorização do titular do direito.********

Art. 7. Obrigações Relativas a Medidas Tecnológicas

As Partes Contratantes adotarão medidas adequadas que sejam necessárias, para assegurar que, quando estabeleçam proteção legal adequada e recursos jurídicos efetivos contra a neutralização de medidas tecnológicas efetivas, essa proteção legal não impeça que os beneficiários desfrutem das limitações e exceções previstas neste Tratado.********

Art. 8. Respeito à Privacidade

Na implementação das limitações e exceções previstas neste Tratado, as Partes Contratantes empenhar-se-ão para proteger a privacidade dos beneficiários em condições de igualdade com as demais pessoas.

Art. 9. Cooperação para Facilitar o Intercâmbio Transfronteiriço

1. As Partes Contratantes envidarão esforços para promover o intercâmbio transfronteiriço de exemplares em formato acessível incentivando o compartilhamento voluntário de informações para auxiliar as entidades autorizadas a se identificarem.

O Escritório Internacional da OMPI estabelecerá um ponto de acesso à informação para essa finalidade.

2. As Partes Contratantes comprometem-se a auxiliar suas entidades autorizadas envolvidas em atividades nos termos do Artigo 5º a disponibilizarem informações sobre suas práticas conforme o Artigo 2º(c), tanto pelo compartilhamento de informações entre entidades autorizadas como pela disponibilização de informações sobre as suas políticas e práticas, inclusive as relacionadas com o intercâmbio transfronteiriço de exemplares em formato acessível, às partes interessadas e membros do público, conforme apropriado.

3. O Escritório Internacional da OMPI é convidado a compartilhar informações, quando disponíveis, sobre o funcionamento do presente Tratado.

4. As Partes Contratantes reconhecem a importância da cooperação internacional e de sua promoção em apoio aos esforços nacionais para a realização do propósito e dos objetivos deste Tratado.********

Art. 10. Princípios Gerais sobre Implementação

1. As Partes Contratantes comprometem-se a adotar as medidas necessárias para garantir a aplicação do presente Tratado.

2. Nada impedirá que as Partes Contratantes determinem a forma mais adequada de implementar as disposições do presente Tratado no âmbito de seus ordenamentos jurídicos e práticas legais.********

3. As Partes Contratantes poderão exercer os seus direitos e cumprir com as obrigações previstas neste Tratado por meio de limitações ou exceções específicas em favor dos beneficiários, outras exceções ou limitações, ou uma combinação de ambas no âmbito de seus ordenamentos jurídicos e práticas legais nacionais. Estas poderão incluir decisões judiciais, administrativas ou regulatórias em favor dos beneficiários, relativa a práticas, atos ou usos justos que permitam satisfazer as suas necessidades, em conformidade com os direitos e obrigações que as Partes Contratantes tenham em virtude da Convenção de Berna, de outros tratados internacionais e do Artigo 11.

Art. 11. Obrigações Gerais sobre Limitações e Exceções

Ao adotar as medidas necessárias para assegurar a aplicação do presente Tratado, uma Parte Contratante poderá exercer os direitos e deverá cumprir com as obrigações que essa Parte Contratante tenha no âmbito da Convenção de Berna, do Acordo Relativo aos Aspectos do Direito da Propriedade

Intelectual Relacionados com o Comércio e do Tratado da OMPI sobre Direito de Autor, incluindo os acordos interpretativos dos mesmos, de modo que:
a) em conformidade com o Artigo 9(2) da Convenção de Berna, a Parte Contratante pode permitir a reprodução de obras em certos casos especiais, contanto que tal reprodução não afete a exploração normal da obra nem cause prejuízo injustificado aos interesses legítimos do autor;
b) em conformidade com o Artigo 13 do Acordo Relativo aos Aspectos do Direito da Propriedade Intelectual Relacionados com o Comércio, a Parte Contratante deverá restringir as limitações ou exceções aos direitos exclusivos a determinados casos especiais, que não conflitem com a exploração normal da obra e não prejudiquem injustificadamente os interesses legítimos do titular do direito;
c) em conformidade com o Artigo 10(1) do Tratado da OMPI sobre Direito de Autor, a Parte Contratante pode prever limitações ou exceções aos direitos concedidos aos autores no âmbito do Tratado da OMPI sobre Direito de Autor em certoscasos especiais, que não conflitem com a exploração normal da obra e não prejudiquem os interesses legítimos do autor;
d) em conformidade com o Artigo 10(2) do Tratado da OMPI sobre Direito de Autor, a Parte Contratante deve restringir, ao aplicar a Convenção de Berna, qualquer limitação ou exceção aos direitos a determinados casos especiais que não conflitem com a exploração normal da obra e não prejudiquem injustificadamente os interesses legítimos do autor.

Art. 12. Outras Limitações e Exceções

1. As Partes Contratantes reconhecem que uma Parte Contratante pode implementar em sua legislação nacional outras limitações e exceções ao direito de autor para o proveito dos beneficiários além das previstas por este Tratado, tendo em vista a situação econômica dessa Parte Contratante e suas necessidades sociais e culturais, em conformidade com os direitos e obrigações internacionais dessa Parte Contratante, e, no caso de um país de menor desenvolvimento relativo, levando em consideração suas necessidades especiais, seus direitos e obrigações internacionais particulares e as flexibilidades derivadas destes últimos.

2. Este Tratado não prejudica outras limitações e exceções para pessoas com deficiência previstas pela legislação nacional.

Art. 13. Assembleia

1. a) As Partes Contratantes terão uma Assembleia.
b) Cada Parte Contratante será representada na Assembleia por um delegado, que poderá ser assistido por suplentes, assessores ou especialistas.
c) Os gastos de cada delegação serão custeados pela Parte Contratante que tenha designado a delegação. A Assembleia pode pedir à OMPI que conceda assistência financeira para facilitar a participação de delegações de Partes Contratantes consideradas países em desenvolvimento, em conformidade com a prática estabelecida pela Assembleia Geral das Nações Unidas, ou que sejam países em transição para uma economia de mercado.

2. a) A Assembleia tratará as questões relativas à manutenção e desenvolvimento deste Tratado e da aplicação e operação deste Tratado.
b) A Assembleia realizará a função a ela atribuída pelo Artigo 15 no que diz respeito à admissão de certas organizações intergovernamentais como Parte do presente Tratado.
c) A Assembleia decidirá a convocação de qualquer conferência diplomática para a revisão deste Tratado e dará as instruções necessárias ao Diretor-Geral da OMPI para a preparação de tal conferência diplomática.

3. a) Cada Parte Contratante que seja um Estado terá um voto e votará apenas em seu próprio nome.
b) Toda Parte Contratante que seja uma organização intergovernamental poderá participar na votação, no lugar de seus Estados Membros, com um número de votos igual ao número de seus Estados Membros que sejam parte deste Tratado. Nenhuma dessas organizações intergovernamentais poderá participar na votação se qualquer um de seus Estados Membros exercer seu direito ao voto e vice-versa.

4. A Assembleia se reunirá mediante convocação do Diretor-Geral e, na ausência de circunstâncias excepcionais, durante o mesmo período e no mesmo local que a Assembleia Geral da OMPI.

5. A Assembleia procurará tomar as suas decisões por consenso e estabelecerá suas próprias regras de procedimento, incluindo a convocação de sessões extraordinárias, os requisitos de quórum e, sujeita às disposições do presente Tratado, a maioria exigida para os diversos tipos de decisões.

Art. 14. Escritório Internacional

O Escritório Internacional da OMPI executará as tarefas administrativas relativas a este Tratado.

Art. 15. Condições para se tornar Parte do Tratado

1. Qualquer Estado Membro da OMPI poderá se tornar parte deste Tratado.

2. A Assembleia poderá decidir a admissão de qualquer organização intergovernamental para ser parte do Tratado que declare ter competência e ter sua própria legislação vinculante para todos seus Estados Membros sobre os temas contemplados neste Tratado e que tenha sido devidamente autorizada, em conformidade com seus procedimentos internos, a se tornar parte deste Tratado.

3. A União Europeia, tendo feito a declaração mencionada no parágrafo anterior na Conferência Diplomática que adotou este Tratado, poderá se tornar parte deste Tratado.

Art. 16. Direitos e Obrigações do Tratado

Salvo qualquer dispositivo específico em contrário neste Tratado, cada Parte Contratante gozará de todos os direitos e assumirá todas as obrigações decorrentes deste Tratado.

Art. 17. Assinatura do Tratado

Este Tratado ficará aberto para assinatura na Conferência Diplomática de Marraquexe, e, depois disso, na sede da OMPI, por qualquer parte que reúna as condições para tal fim, durante um ano após sua adoção.

Art. 18. Entrada em Vigor do Tratado

Este Tratado entrará em vigor três meses após 20 partes que reúnam as condições referidas no Artigo 15 tenham depositado seus instrumentos de ratificação ou adesão.

Art. 19. Data da Produção de Efeitos das Obrigações do Tratado

O presente Tratado produzirá efeitos:

a) para as 20 Partes referidas no Artigo 18, a partir da data de entrada em vigor do Tratado;

b) para qualquer outra Parte referida no Artigo 15, a partir do término do prazo de três meses contados da data em que tenha sido feito o depósito do instrumento de ratificação ou adesão junto ao Diretor-Geral da OMPI;

Art. 20. Denúncia do Tratado

Qualquer Parte Contratante poderá denunciar o presente Tratado mediante notificação dirigida ao Diretor-Geral da OMPI. A denúncia produzirá efeitos após um ano da data em que o Diretor-Geral da OMPI tenha recebido a notificação.

Art. 21. Línguas do Tratado

1. O presente tratado é assinado em um único exemplar original nas línguas inglesa, árabe, chinesa, francesa, russa e espanhola, sendo todas elas igualmente autênticas.

2. A pedido de uma parte interessada, o Diretor-Geral da OMPI estabelecerá um texto oficial em qualquer outra língua não referida no Artigo 21(1), após consulta com todas as partes interessadas. Para efeitos do disposto neste parágrafo, por "parte interessada" se entende qualquer Estado Membro da OMPI cuja língua oficial, ou uma das línguas oficiais, esteja implicada e a União Europeia, bem como qualquer outra organização intergovernamental que possa se tornar Parte do presente Tratado, se estiver implicada uma de suas línguas oficiais.

Art. 22. Depositário

O Diretor-Geral da OMPI é o depositário do presente Tratado.

Feito em Marraquexe, no dia 27 de junho de 2013.

O decreto no 1.904, de 13 de maio de 1996, que dispunha sobre o PNDH-1, foi revogado pelo Decreto no 4.229, de 13.5.2002.

O decreto no 4.229, de 13 de maio de 2002, que dispunhas sobre o PNDH-2, foi revogado pelo Decreto no 7.037/2009, que dispõe sobre o PNDH-3.

DECRETO Nº 6.044, DE 12 DE FEVEREIRO DE 2007

Aprova a Política Nacional de Proteção aos Defensores dos Direitos Humanos – PNPDDH, define prazo para a elaboração do Plano Nacional de Proteção aos Defensores dos Direitos Humanos e dá outras providências.

o presidente da república, no uso da atribuição que lhe confere o art. 84, inciso VI, alínea A, e de acordo com o disposto no art. 5º, caput e §§ 1º e 2º, da Constituição,

decreta:

Art. 1. Fica aprovada a Política Nacional de Proteção aos Defensores dos Direitos Humanos – PNPDDH, na forma do Anexo a este Decreto, que tem por finalidade estabelecer princípios e diretrizes de proteção e assistência à pessoa física ou jurídica, grupo, instituição, organização ou movimento social que promove, protege e defende os Direitos Humanos, e, em função de sua atuação e atividade nessas circunstâncias, encontra-se em situação de risco ou vulnerabilidade.

Art. 2. A Secretaria Especial dos Direitos Humanos da Presidência da República deverá elaborar, no prazo de noventa dias a partir da data de publicação deste Decreto, proposta de Plano Nacional de Proteção aos Defensores dos Direitos Humanos.

§ 1º Para a elaboração do Plano previsto no caput, a Secretaria Especial dos Direitos Humanos contará com a colaboração da Coordenação Nacional de Proteção aos Defensores dos Direitos Humanos criada pelo Conselho de Defesa dos Direitos da Pessoa Humana.

§ 2º A Secretaria Especial dos Direitos Humanos poderá contar ainda com a colaboração de representantes convidados de outros órgãos da administração pública e de instituições da sociedade civil.

§ 3º A participação nas atividades de elaboração do Plano Nacional de Proteção aos Defensores dos Direitos Humanos é de relevante interesse público e não será remunerada.

Art. 3. Enquanto não instituído o Plano aludido no art. 2º, poderá ser adotada, pela União, pelos Estados e o Distrito Federal, de acordo com suas competências, por provocação ou de ofício, medida urgente, com proteção imediata, provisória, cautelar e investigativa, mediante ações que garantam a integralidade física, psíquica e patrimonial do defensor dos direitos humanos, quando verificado risco ou vulnerabilidade à pessoa.

Parágrafo único. Ficam os órgãos de direitos humanos e de segurança pública da União autorizados a firmar convênios, acordos e instrumentos congêneres com os Estados e o Distrito Federal, para implementação de medidas protetivas aos defensores dos direitos humanos aludidas no caput.

Art. 4. Este Decreto entra em vigor na data de sua publicação.

Brasília, 12 de fevereiro de 2007; 186º da Independência e 119º da República.

Luiz Inácio Lula da Silva
Dilma Rousseff

Este texto não substitui o publicado no dou de 13.2.2007.

5

Lei de Introdução às Normas do Direito Brasileiro

Decreto-Lei Nº 4.657, de 4 de Setembro de 1942.

O PRESIDENTE DA REPÚBLICA, usando da atribuição que lhe confere o artigo 180 da Constituição, decreta:

Art. 1. Salvo disposição contrária, a lei começa a vigorar em todo o país quarenta e cinco dias depois de oficialmente publicada.

§ 1º Nos Estados, estrangeiros, a obrigatoriedade da lei brasileira, quando admitida, se inicia três meses depois de oficialmente publicada.

§ 2º (Revogado)

§ 3º Se, antes de entrar a lei em vigor, ocorrer nova publicação de seu texto, destinada à correção, o prazo deste artigo e dos parágrafos anteriores começará a correr da nova publicação.

§ 4º As correções a texto de lei já em vigor consideram-se lei nova.

Art. 2. Não se destinando à vigência temporária, a lei terá vigor até que outra a modifique ou revogue.

§ 1º A lei posterior revoga a anterior quando expressamente o declare, quando seja com ela incompatível ou quando regule inteiramente a matéria de que tratava a lei anterior.

§ 2º A lei nova, que estabeleça disposições gerais ou especiais a par das já existentes, não revoga nem modifica a lei anterior.

§ 3º Salvo disposição em contrário, a lei revogada não se restaura por ter a lei revogadora perdido a vigência.

Art. 3. Ninguém se escusa de cumprir a lei, alegando que não a conhece.

Art. 4. Quando a lei for omissa, o juiz decidirá o caso de acordo com a analogia, os costumes e os princípios gerais de direito.

Art. 5. Na aplicação da lei, o juiz atenderá aos fins sociais a que ela se dirige e às exigências do bem comum.

Art. 6. A Lei em vigor terá efeito imediato e geral, respeitados o ato jurídico perfeito, o direito adquirido e a coisa julgada.

§ 1º Reputa-se ato jurídico perfeito o já consumado segundo a lei vigente ao tempo em que se efetuou.

§ 2º Consideram-se adquiridos assim os direitos que o seu titular, ou alguém por ele, possa exercer, como aqueles cujo começo do exercício tenha termo pré-fixo, ou condição pré-estabelecida inalterável, a arbítrio de outrem.

§ 3º Chama-se coisa julgada ou caso julgado a decisão judicial de que já não caiba recurso.

Art. 7. A lei do país em que domiciliada a pessoa determina as regras sobre o começo e o fim da personalidade, o nome, a capacidade e os direitos de família.

§ 1º Realizando-se o casamento no Brasil, será aplicada a lei brasileira quanto aos impedimentos dirimentes e às formalidades da celebração.

§ 2º O casamento de estrangeiros poderá celebrar-se perante autoridades diplomáticas ou consulares do país de ambos os nubentes.

§ 3º Tendo os nubentes domicílio diverso, regerá os casos de invalidade do matrimônio a lei do primeiro domicílio conjugal.

§ 4º O regime de bens, legal ou convencional, obedece à lei do país em que tiverem os nubentes domicílio, e, se este for diverso, a do primeiro domicílio conjugal.

§ 5º O estrangeiro casado, que se naturalizar brasileiro, pode, mediante expressa anuência de seu cônjuge, requerer ao juiz, no ato de entrega do decreto de naturalização, se apostile ao mesmo a adoção do regime de comunhão parcial de bens, respeitados os direitos de terceiros e dada esta adoção ao competente registro.

§ 6º O divórcio realizado no estrangeiro, se um ou ambos os cônjuges forem brasileiros, só será reconhecido no Brasil depois de 1 (um) ano da data da sentença, salvo se houver sido antecedida de separação judicial por igual prazo, caso em que a homologação produzirá efeito imediato, obedecidas as condições estabelecidas para a eficácia das sentenças estrangeiras no país. O Superior Tribunal de Justiça, na forma de seu regimento interno, poderá reexaminar, a requerimento do interessado, decisões já proferidas em pedidos de homologação de sentenças estrangeiras de divórcio de brasileiros, a fim de que passem a produzir todos os efeitos legais.

§ 7º Salvo o caso de abandono, o domicílio do chefe da família estende-se ao outro cônjuge e aos filhos não emancipados, e o do tutor ou curador aos incapazes sob sua guarda.

§ 8º Quando a pessoa não tiver domicílio, considerar-se-á domiciliada no lugar de sua residência ou naquele em que se encontre.

Art. 8. Para qualificar os bens e regular as relações a eles concernentes, aplicar-se-á a lei do país em que estiverem situados.

§ 1º Aplicar-se-á a lei do país em que for domiciliado o proprietário, quanto aos bens moveis que ele trouxer ou se destinarem a transporte para outros lugares.

§ 2º O penhor regula-se pela lei do domicílio que tiver a pessoa, em cuja posse se encontre a coisa apenhada.

Art. 9. Para qualificar e reger as obrigações, aplicar-se-á a lei do país em que se constituírem.

§ 1º Destinando-se a obrigação a ser executada no Brasil e dependendo de forma essencial, será esta observada, admitidas as peculiaridades da lei estrangeira quanto aos requisitos extrínsecos do ato.

§ 2º A obrigação resultante do contrato reputa-se constituída no lugar em que residir o proponente.

Art. 10. A sucessão por morte ou por ausência obedece à lei do país em que domiciliado o defunto ou o desaparecido, qualquer que seja a natureza e a situação dos bens.

§ 1º A sucessão de bens de estrangeiros, situados no País, será regulada pela lei brasileira em benefício do cônjuge ou dos filhos brasileiros, ou de quem os represente, sempre que não lhes seja mais favorável a lei pessoal do de cujus.

§ 2º A lei do domicílio do herdeiro ou legatário regula a capacidade para suceder.

Art. 11. As organizações destinadas a fins de interesse coletivo, como as sociedades e as fundações, obedecem à lei do Estado em que se constituírem.

§ 1º Não poderão, entretanto, ter no Brasil filiais, agências ou estabelecimentos antes de serem os atos constitutivos aprovados pelo Governo brasileiro, ficando sujeitas à lei brasileira.

§ 2º Os Governos estrangeiros, bem como as organizações de qualquer natureza, que eles tenham constituído, dirijam ou hajam investido de funções públicas, não poderão adquirir no Brasil bens imóveis ou susceptíveis de desapropriação.

§ 3º Os Governos estrangeiros podem adquirir a propriedade dos prédios necessários à sede dos representantes diplomáticos ou dos agentes consulares.

Art. 12. É competente a autoridade judiciária brasileira, quando for o réu domiciliado no Brasil ou aqui tiver de ser cumprida a obrigação.

§ 1º Só à autoridade judiciária brasileira compete conhecer das ações relativas a imóveis situados no Brasil.

§ 2º A autoridade judiciária brasileira cumprirá, concedido o *exequatur* e segundo a forma estabelecida pele lei brasileira, as diligências deprecadas por autoridade estrangeira competente, observando a lei desta, quanto ao objeto das diligências.

Art. 13. A prova dos fatos ocorridos em país estrangeiro rege-se pela lei que nele vigorar, quanto ao ônus e aos meios de produzir-se, não admitindo os tribunais brasileiros provas que a lei brasileira desconheça.

Art. 14. Não conhecendo a lei estrangeira, poderá o juiz exigir de quem a invoca prova do texto e da vigência.

Art. 15. Será executada no Brasil a sentença proferida no estrangeiro, que reuna os seguintes requisitos:

a) haver sido proferida por juiz competente;
b) terem sido os partes citadas ou haver-se legalmente verificado à revelia;
c) ter passado em julgado e estar revestida das formalidades necessárias para a execução no lugar em que foi proferida;
d) estar traduzida por intérprete autorizado;
e) ter sido homologada pelo Supremo Tribunal Federal. (Vide art.105, I, I da Constituição Federal).

Parágrafo único. (Revogado)

Art. 16. Quando, nos termos dos artigos precedentes, se houver de aplicar a lei estrangeira, ter-se-á em vista a disposição desta, sem considerar-se qualquer remissão por ela feita a outra lei.

Art. 17. As leis, atos e sentenças de outro país, bem como quaisquer declarações de vontade, não terão eficácia no Brasil, quando ofenderem a soberania nacional, a ordem pública e os bons costumes.

Art. 18. Tratando-se de brasileiros, são competentes as autoridades consulares brasileiras para lhes celebrar o casamento e os mais atos de Registro Civil e de tabelionato, inclusive o registro de nascimento e de óbito dos filhos de brasileiro ou brasileira nascido no país da sede do Consulado.

§ 1º As autoridades consulares brasileiras também poderão celebrar a separação consensual e o divórcio consensual de brasileiros, não havendo filhos menores ou incapazes do casal e observados os requisitos legais quanto aos prazos, devendo constar da respectiva escritura pública as disposições relativas à descrição e à partilha dos bens comuns e à pensão alimentícia e, ainda, ao acordo quanto à retomada pelo cônjuge de seu nome de solteiro ou à manutenção do nome adotado quando se deu o casamento.

§ 2º É indispensável a assistência de advogado, devidamente constituído, que se dará mediante a subscrição de petição, juntamente com ambas as partes, ou com apenas uma delas, caso a outra constitua advogado próprio, não se fazendo necessário que a assinatura do advogado conste da escritura pública.

Art. 19. Reputam-se válidos todos os atos indicados no artigo anterior e celebrados pelos cônsules brasileiros na vigência do Decreto-lei nº 4.657, de 4 de setembro de 1942, desde que satisfaçam todos os requisitos legais.

Parágrafo único. No caso em que a celebração dêsses atos tiver sido recusada pelas autoridades consulares, com fundamento no artigo 18 do mesmo Decreto-lei, ao interessado é facultado renovar o pedido dentro em 90 (noventa) dias contados da data da publicação desta lei.

Art. 20. Nas esferas administrativa, controladora e judicial, não se decidirá com base em valores jurídicos abstratos sem que sejam consideradas as consequências práticas da decisão.

Parágrafo único. A motivação demonstrará a necessidade e a adequação da medida imposta ou da invalidação de ato, contrato, ajuste, processo ou norma administrativa, inclusive em face das possíveis alternativas.

Art. 21. A decisão que, nas esferas administrativa, controladora ou judicial, decretar a invalidação de ato, contrato, ajuste, processo ou norma administrativa deverá indicar de modo expresso suas consequências jurídicas e administrativas.

Parágrafo único. A decisão a que se refere o caput deste artigo deverá, quando for o caso, indicar as condições para que a regularização ocorra de modo proporcional e equânime e sem prejuízo aos interesses gerais, não se podendo impor aos sujeitos atingidos ônus ou perdas que, em função das peculiaridades do caso, sejam anormais ou excessivos.

Art. 22. Na interpretação de normas sobre gestão pública, serão considerados os obstáculos e as dificuldades reais do gestor e as exigências das políticas públicas a seu cargo, sem prejuízo dos direitos dos administrados.

§ 1º Em decisão sobre regularidade de conduta ou validade de ato, contrato, ajuste, processo ou norma administrativa, serão consideradas as circunstâncias práticas que houverem imposto, limitado ou condicionado a ação do agente.

§ 2º Na aplicação de sanções, serão consideradas a natureza e a gravidade da infração cometida, os danos que dela provierem para a administração pública, as circunstâncias agravantes ou atenuantes e os antecedentes do agente.

§ 3º As sanções aplicadas ao agente serão levadas em conta na dosimetria das demais sanções de mesma natureza e relativas ao mesmo fato.

Art. 23. A decisão administrativa, controladora ou judicial que estabelecer interpretação ou orientação nova sobre norma de conteúdo indeterminado, impondo novo dever ou novo condicionamento de direito, deverá prever regime de transição quando indispensável para que o novo dever ou condicionamento de direito seja cumprido de modo proporcional, equânime e eficiente e sem prejuízo aos interesses gerais.

Parágrafo único. (Vetado).

Art. 24. A revisão, nas esferas administrativa, controladora ou judicial, quanto à validade de ato, contrato, ajuste, processo ou norma administrativa cuja produção já se houver completado levará em conta as orientações gerais da época, sendo vedado que, com base em mudança posterior de orientação geral, se declarem inválidas situações plenamente constituídas.

Parágrafo único. Consideram-se orientações gerais as interpretações e especificações contidas em atos públicos de caráter geral ou em jurisprudência judicial ou administrativa majoritária, e ainda as adotadas por prática administrativa reiterada e de amplo conhecimento público.

Art. 25. (Vetado).

Art. 26. Para eliminar irregularidade, incerteza jurídica ou situação contenciosa na aplicação do direito público, inclusive no caso de expedição de licença, a autoridade administrativa poderá, após oitiva do órgão jurídico e, quando for o caso, após realização de consulta pública, e presentes razões de relevante interesse geral, celebrar compromisso com os interessados, observada a legislação aplicável, o qual só produzirá efeitos a partir de sua publicação oficial.

§ 1º O compromisso referido no caput deste artigo:
I. buscará solução jurídica proporcional, equânime, eficiente e compatível com os interesses gerais;
II. (Vetado);

III. não poderá conferir desoneração permanente de dever ou condicionamento de direito reconhecidos por orientação geral;

IV. deverá prever com clareza as obrigações das partes, o prazo para seu cumprimento e as sanções aplicáveis em caso de descumprimento.

§ 2º (Vetado).

Art. 27. A decisão do processo, nas esferas administrativa, controladora ou judicial, poderá impor compensação por benefícios indevidos ou prejuízos anormais ou injustos resultantes do processo ou da conduta dos envolvidos.

§ 1º A decisão sobre a compensação será motivada, ouvidas previamente as partes sobre seu cabimento, sua forma e, se for o caso, seu valor.

§ 2º Para prevenir ou regular a compensação, poderá ser celebrado compromisso processual entre os envolvidos.

Art. 28. O agente público responderá pessoalmente por suas decisões ou opiniões técnicas em caso de dolo ou erro grosseiro.

§ 1º (Vetado).

§ 2º (Vetado).

§ 3º (Vetado).

Art. 29. Em qualquer órgão ou Poder, a edição de atos normativos por autoridade administrativa, salvo os de mera organização interna, poderá ser precedida de consulta pública para manifestação de interessados, preferencialmente por meio eletrônico, a qual será considerada na decisão.

§ 1º A convocação conterá a minuta do ato normativo e fixará o prazo e demais condições da consulta pública, observadas as normas legais e regulamentares específicas, se houver.

§ 2º (Vetado).

Art. 30. As autoridades públicas devem atuar para aumentar a segurança jurídica na aplicação das normas, inclusive por meio de regulamentos, súmulas administrativas e respostas a consultas.

Parágrafo único. Os instrumentos previstos no caput deste artigo terão caráter vinculante em relação ao órgão ou entidade a que se destinam, até ulterior revisão.

Rio de Janeiro, 4 de setembro de 1942, 121º da Independência e 54º da República.

GETULIO VARGAS
Alexandre Marcondes Filho
Oswaldo Aranha.

Código Civil

6

Lei Nº 10.406, de 10 de Janeiro de 2002

O PRESIDENTE DA REPÚBLICA Faço saber que o Congresso Nacional decreta e eu sanciono a seguinte Lei:

PARTE GERAL

LIVRO I
Das Pessoas

TÍTULO I
Das Pessoas Naturais

CAPÍTULO I
Da Personalidade e da Capacidade

Art. 1. Toda pessoa é capaz de direitos e deveres na ordem civil.

Art. 2. A personalidade civil da pessoa começa do nascimento com vida; mas a lei põe a salvo, desde a concepção, os direitos do nascituro.

Art. 3. São absolutamente incapazes de exercer pessoalmente os atos da vida civil os menores de 16 (dezesseis) anos.
I. (Revogado);
II. (Revogado);
III. (Revogado);

Art. 4. São incapazes, relativamente a certos atos ou à maneira de os exercer
I. os maiores de dezesseis e menores de dezoito anos;
II. os ébrios habituais e os viciados em tóxico;
III. aqueles que, por causa transitória ou permanente, não puderem exprimir sua vontade;
IV. os pródigos.
Parágrafo único. A capacidade dos indígenas será regulada por legislação especial.

Art. 5. A menoridade cessa aos dezoito anos completos, quando a pessoa fica habilitada à prática de todos os atos da vida civil.

Parágrafo único. Cessará, para os menores, a incapacidade:
I. pela concessão dos pais, ou de um deles na falta do outro, mediante instrumento público, independentemente de homologação judicial, ou por sentença do juiz, ouvido o tutor, se o menor tiver dezesseis anos completos;
II. pelo casamento;
III. pelo exercício de emprego público efetivo;
IV. pela colação de grau em curso de ensino superior;
V. pelo estabelecimento civil ou comercial, ou pela existência de relação de emprego, desde que, em função deles, o menor com dezesseis anos completos tenha economia própria.

Art. 6. A existência da pessoa natural termina com a morte; presume-se esta, quanto aos ausentes, nos casos em que a lei autoriza a abertura de sucessão definitiva.

Art. 7. Pode ser declarada a morte presumida, sem decretação de ausência:
I. se for extremamente provável a morte de quem estava em perigo de vida;
II. se alguém, desaparecido em campanha ou feito prisioneiro, não for encontrado até dois anos após o término da guerra.
Parágrafo único. A declaração da morte presumida, nesses casos, somente poderá ser requerida depois de esgotadas as buscas e averiguações, devendo a sentença fixar a data provável do falecimento.

Art. 8. Se dois ou mais indivíduos falecerem na mesma ocasião, não se podendo averiguar se algum dos comorientes precedeu aos outros, presumir-se-ão simultaneamente mortos.

Art. 9. Serão registrados em registro público:
I. os nascimentos, casamentos e óbitos;
II. a emancipação por outorga dos pais ou por sentença do juiz;
III. a interdição por incapacidade absoluta ou relativa;
IV. a sentença declaratória de ausência e de morte presumida.

Art. 10. Far-se-á averbação em registro público:
I. das sentenças que decretarem a nulidade ou anulação do casamento, o divórcio, a separação judicial e o restabelecimento da sociedade conjugal;
II. dos atos judiciais ou extrajudiciais que declararem ou reconhecerem a filiação;
III. (Revogado)

CAPÍTULO I
Dos Direitos da Personalidade

Art. 11. Com exceção dos casos previstos em lei, os direitos da personalidade são intransmissíveis e irrenunciáveis, não podendo o seu exercício sofrer limitação voluntária.

Art. 12. Pode-se exigir que cesse a ameaça, ou a lesão, a direito da personalidade, e reclamar perdas e danos, sem prejuízo de outras sanções previstas em lei.

Parágrafo único. Em se tratando de morto, terá legitimação para requerer a medida prevista neste artigo o cônjuge sobrevivente, ou qualquer parente em linha reta, ou colateral até o quarto grau.

Art. 13. Salvo por exigência médica, é defeso o ato de disposição do próprio corpo, quando importar diminuição permanente da integridade física, ou contrariar os bons costumes.

Parágrafo único. O ato previsto neste artigo será admitido para fins de transplante, na forma estabelecida em lei especial.

Art. 14. É válida, com objetivo científico, ou altruístico, a disposição gratuita do próprio corpo, no todo ou em parte, para depois da morte.

Parágrafo único. O ato de disposição pode ser livremente revogado a qualquer tempo.

Art. 15. Ninguém pode ser constrangido a submeter-se, com risco de vida, a tratamento médico ou a intervenção cirúrgica.

Art. 16. Toda pessoa tem direito ao nome, nele compreendidos o prenome e o sobrenome.

Art. 17. O nome da pessoa não pode ser empregado por outrem em publicações ou representações que a exponham ao desprezo público, ainda quando não haja intenção difamatória.

Art. 18. Sem autorização, não se pode usar o nome alheio em propaganda comercial.

Art. 19. O pseudônimo adotado para atividades lícitas goza da proteção que se dá ao nome.

Art. 20. Salvo se autorizadas, ou se necessárias à administração da justiça ou à manutenção da ordem pública, a divulgação de escritos, a transmissão da palavra, ou a publicação, a exposição ou a utilização da imagem de uma pessoa poderão ser proibidas, a seu requerimento e sem prejuízo da indenização que couber, se lhe atingirem a honra, a boa fama ou a respeitabilidade, ou se se destinarem a fins comerciais.

Parágrafo único. Em se tratando de morto ou de ausente, são partes legítimas para requerer essa proteção o cônjuge, os ascendentes ou os descendentes.

Art. 21. A vida privada da pessoa natural é inviolável, e o juiz, a requerimento do interessado, adotará as providências necessárias para impedir ou fazer cessar ato contrário a esta norma.

CAPÍTULO III
Da Ausência

SEÇÃO I
Da Curadoria dos Bens do Ausente

Art. 22. Desaparecendo uma pessoa do seu domicílio sem dela haver notícia, se não houver deixado representante ou procurador a quem caiba administrar-lhe os bens, o juiz, a requerimento de qualquer interessado ou do Ministério Público, declarará a ausência, e nomear-lhe-á curador.

Art. 23. Também se declarará a ausência, e se nomeará curador, quando o ausente deixar mandatário que não queira ou não possa exercer ou continuar o mandato, ou se os seus poderes forem insuficientes.

Art. 24. O juiz, que nomear o curador, fixar-lhe-á os poderes e obrigações, conforme as circunstâncias, observando, no que for aplicável, o disposto a respeito dos tutores e curadores.

Art. 25. O cônjuge do ausente, sempre que não esteja separado judicialmente, ou de fato por mais de dois anos antes da declaração da ausência, será o seu legítimo curador.

§ 1º Em falta do cônjuge, a curadoria dos bens do ausente incumbe aos pais ou aos descendentes, nesta ordem, não havendo impedimento que os iniba de exercer o cargo.

§ 2º Entre os descendentes, os mais próximos precedem os mais remotos.

§ 3º Na falta das pessoas mencionadas, compete ao juiz a escolha do curador.

SEÇÃO II
Da Sucessão Provisória

Art. 26. Decorrido um ano da arrecadação dos bens do ausente, ou, se ele deixou representante ou procurador, em se passando três anos, poderão os interessados requerer que se declare a ausência e se abra provisoriamente a sucessão.

Art. 27. Para o efeito previsto no artigo anterior, somente se consideram interessados:

IV. o cônjuge não separado judicialmente;
V. os herdeiros presumidos, legítimos ou testamentários;
VI. os que tiverem sobre os bens do ausente direito dependente de sua morte;
VII. os credores de obrigações vencidas e não pagas.

Art. 28. A sentença que determinar a abertura da sucessão provisória só produzirá efeito cento e oitenta dias depois de publicada pela imprensa; mas, logo que passe em julgado, proceder-se-á à abertura do testamento, se houver, e ao inventário e partilha dos bens, como se o ausente fosse falecido.

§ 1º Findo o prazo a que se refere o art. 26, e não havendo interessados na sucessão provisória, cumpre ao Ministério Público requerê-la ao juízo competente.

§ 2º Não comparecendo herdeiro ou interessado para requerer o inventário até trinta dias depois de passar em julgado a sentença que mandar abrir a sucessão provisória, proceder-se-á à arrecadação dos bens do ausente pela forma estabelecida nos arts. 1.819 a 1.823.

Art. 29. Antes da partilha, o juiz, quando julgar conveniente, ordenará a conversão dos bens móveis, sujeitos a deterioração ou a extravio, em imóveis ou em títulos garantidos pela União.

Art. 30. Os herdeiros, para se imitirem na posse dos bens do ausente, darão garantias da restituição deles, mediante penhores ou hipotecas equivalentes aos quinhões respectivos.

§ 1º Aquele que tiver direito à posse provisória, mas não puder prestar a garantia exigida neste artigo, será excluído, mantendo-se os bens que lhe deviam caber sob a administração do curador, ou de outro herdeiro designado pelo juiz, e que preste essa garantia.

§ 2º Os ascendentes, os descendentes e o cônjuge, uma vez provada a sua qualidade de herdeiros, poderão, independentemente de garantia, entrar na posse dos bens do ausente.

Art. 31. Os imóveis do ausente só se poderão alienar, não sendo por desapropriação, ou hipotecar, quando o ordene o juiz, para lhes evitar a ruína.

Art. 32. Empossados nos bens, os sucessores provisórios ficarão representando ativa e passivamente o ausente, de modo que contra eles correrão as ações pendentes e as que de futuro àquele forem movidas.

Art. 33. O descendente, ascendente ou cônjuge que for sucessor provisório do ausente, fará seus todos os frutos e rendimentos dos bens que a este couberem; os outros sucessores, porém, deverão capitalizar metade desses frutos e rendimentos, segundo o disposto no art. 29, de acordo com o representante do Ministério Público, e prestar anualmente contas ao juiz competente.

Parágrafo único. Se o ausente aparecer, e ficar provado que a ausência foi voluntária e injustificada, perderá ele, em favor do sucessor, sua parte nos frutos e rendimentos.

Art. 34. O excluído, segundo o art. 30, da posse provisória poderá, justificando falta de meios, requerer lhe seja entregue metade dos rendimentos do quinhão que lhe tocaria.

Art. 35. Se durante a posse provisória se provar a época exata do falecimento do ausente, considerar-se-á, nessa data, aberta a sucessão em favor dos herdeiros, que o eram àquele tempo.

Art. 36. Se o ausente aparecer, ou se lhe provar a existência, depois de estabelecida a posse provisória, cessarão para logo as vantagens dos sucessores nela imitidos, ficando, todavia, obrigados a tomar as medidas assecuratórias precisas, até a entrega dos bens a seu dono.

SEÇÃO III
Da Sucessão Definitiva

Art. 37. Dez anos depois de passada em julgado a sentença que concede a abertura da sucessão provisória, poderão os interessados requerer a sucessão definitiva e o levantamento das cauções prestadas.

Art. 38. Pode-se requerer a sucessão definitiva, também, provando-se que o ausente conta oitenta anos de idade, e que de cinco datam as últimas notícias dele.

Art. 39. Regressando o ausente nos dez anos seguintes à abertura da sucessão definitiva, ou algum de seus descendentes ou ascendentes, aquele ou estes haverão só os bens existentes no estado em que se acharem, os sub-rogados em seu lugar, ou o preço que os herdeiros e demais interessados houverem recebido pelos bens alienados depois daquele tempo.

Parágrafo único. Se, nos dez anos a que se refere este artigo, o ausente não regressar, e nenhum interessado promover a sucessão definitiva, os bens arrecadados passarão ao domínio do Município ou do Distrito Federal, se localizados nas respectivas circunscrições, incorporando-se ao domínio da União, quando situados em território federal.

TÍTULO II

Das Pessoas Jurídicas

CAPÍTULO I

Disposições Gerais

Art. 40. As pessoas jurídicas são de direito público, interno ou externo, e de direito privado.

Art. 41. São pessoas jurídicas de direito público interno:
I. a União;
II. os Estados, o Distrito Federal e os Territórios;
III. os Municípios;
IV. as autarquias, inclusive as associações públicas;
V. as demais entidades de caráter público criadas por lei.

Parágrafo único. Salvo disposição em contrário, as pessoas jurídicas de direito público, a que se tenha dado estrutura de direito privado, regem-se, no que couber, quanto ao seu funcionamento, pelas normas deste Código.

Art. 42. São pessoas jurídicas de direito público externo os Estados estrangeiros e todas as pessoas que forem regidas pelo direito internacional público.

Art. 43. As pessoas jurídicas de direito público interno são civilmente responsáveis por atos dos seus agentes que nessa qualidade causem danos a terceiros, ressalvado direito regressivo contra os causadores do dano, se houver, por parte destes, culpa ou dolo.

Art. 44. São pessoas jurídicas de direito privado:
I. as associações;
II. as sociedades;
III. as fundações.
IV. as organizações religiosas;
V. os partidos políticos.
VI. as empresas individuais de responsabilidade limitada.

§ 1º São livres a criação, a organização, a estruturação interna e o funcionamento das organizações religiosas, sendo vedado ao poder público negar-lhes reconhecimento ou registro dos atos constitutivos e necessários ao seu funcionamento.

§ 2º As disposições concernentes às associações aplicam-se subsidiariamente às sociedades que são objeto do Livro II da Parte Especial deste Código.

§ 3º Os partidos políticos serão organizados e funcionarão conforme o disposto em lei específica.

Art. 45. Começa a existência legal das pessoas jurídicas de direito privado com a inscrição do ato constitutivo no respectivo registro, precedida, quando necessário, de autorização ou aprovação do Poder Executivo, averbando-se no registro todas as alterações por que passar o ato constitutivo.

Parágrafo único. Decai em três anos o direito de anular a constituição das pessoas jurídicas de direito privado, por defeito do ato respectivo, contado o prazo da publicação de sua inscrição no registro.

Art. 46. O registro declarará:
I. a denominação, os fins, a sede, o tempo de duração e o fundo social, quando houver;
II. o nome e a individualização dos fundadores ou instituidores, e dos diretores;
III. o modo por que se administra e representa, ativa e passivamente, judicial e extrajudicialmente;
IV. se o ato constitutivo é reformável no tocante à administração, e de que modo;
V. se os membros respondem, ou não, subsidiariamente, pelas obrigações sociais;
VI. as condições de extinção da pessoa jurídica e o destino do seu patrimônio, nesse caso.

Art. 47. Obrigam a pessoa jurídica os atos dos administradores, exercidos nos limites de seus poderes definidos no ato constitutivo.

Art. 48. Se a pessoa jurídica tiver administração coletiva, as decisões se tomarão pela maioria de votos dos presentes, salvo se o ato constitutivo dispuser de modo diverso.

Parágrafo único. Decai em três anos o direito de anular as decisões a que se refere este artigo, quando violarem a lei ou estatuto, ou forem eivadas de erro, dolo, simulação ou fraude.

Art. 49. Se a administração da pessoa jurídica vier a faltar, o juiz, a requerimento de qualquer interessado, nomear-lhe-á administrador provisório.

Art. 49-A. A pessoa jurídica não se confunde com os seus sócios, associados, instituidores ou administradores.

Parágrafo único. A autonomia patrimonial das pessoas jurídicas é um instrumento lícito de alocação e segregação de riscos, estabelecido pela lei com a finalidade de estimular empreendimentos, para a geração de empregos, tributo, renda e inovação em benefício de todos.

Art. 50. Em caso de abuso da personalidade jurídica, caracterizado pelo desvio de finalidade ou pela confusão patrimonial, pode o juiz, a requerimento da parte, ou do Ministério Público quando lhe couber intervir no processo, desconsiderá-la para que os efeitos de certas e determinadas relações de obrigações sejam estendidos aos bens particulares de administradores ou de sócios da pessoa jurídica beneficiados direta ou indiretamente pelo abuso.

§ 1º Para os fins do disposto neste artigo, desvio de finalidade é a utilização da pessoa jurídica com o propósito de lesar credores e para a prática de atos ilícitos de qualquer natureza.

§ 2º Entende-se por confusão patrimonial a ausência de separação de fato entre os patrimônios, caracterizada por:

I. cumprimento repetitivo pela sociedade de obrigações do sócio ou do administrador ou vice-versa;

II. transferência de ativos ou de passivos sem efetivas contraprestações, exceto os de valor proporcionalmente insignificante; e

III. outros atos de descumprimento da autonomia patrimonial.

§ 3º O disposto no caput e nos §§ 1º e 2º deste artigo também se aplica à extensão das obrigações de sócios ou de administradores à pessoa jurídica.

§ 4º A mera existência de grupo econômico sem a presença dos requisitos de que trata o caput deste artigo não autoriza a desconsideração da personalidade da pessoa jurídica.

§ 5º Não constitui desvio de finalidade a mera expansão ou a alteração da finalidade original da atividade econômica específica da pessoa jurídica.

Art. 51. Nos casos de dissolução da pessoa jurídica ou cassada a autorização para seu funcionamento, ela subsistirá para os fins de liquidação, até que esta se conclua.

§ 1º Far-se-á, no registro onde a pessoa jurídica estiver inscrita, a averbação de sua dissolução.

§ 2º As disposições para a liquidação das sociedades aplicam-se, no que couber, às demais pessoas jurídicas de direito privado.

§ 3º Encerrada a liquidação, promover-se-á o cancelamento da inscrição da pessoa jurídica.

Art. 52. Aplica-se às pessoas jurídicas, no que couber, a proteção dos direitos da personalidade.

CAPÍTULO II
Das Associações

Art. 53. Constituem-se as associações pela união de pessoas que se organizem para fins não econômicos.

Parágrafo único. Não há, entre os associados, direitos e obrigações recíprocos.

Art. 54. Sob pena de nulidade, o estatuto das associações conterá:

I. a denominação, os fins e a sede da associação;

II. os requisitos para a admissão, demissão e exclusão dos associados;

III. os direitos e deveres dos associados;

IV. as fontes de recursos para sua manutenção;

V. o modo de constituição e de funcionamento dos órgãos deliberativos;

VI. as condições para a alteração das disposições estatutárias e para a dissolução.

VII. a forma de gestão administrativa e de aprovação das respectivas contas.

Art. 55. Os associados devem ter iguais direitos, mas o estatuto poderá instituir categorias com vantagens especiais.

Art. 56. A qualidade de associado é intransmissível, se o estatuto não dispuser o contrário.

Parágrafo único. Se o associado for titular de quota ou fração ideal do patrimônio da associação, a transferência daquela não importará, *de per si*, na atribuição da qualidade de associado ao adquirente ou ao herdeiro, salvo disposição diversa do estatuto.

Art. 57. A exclusão do associado só é admissível havendo justa causa, assim reconhecida em procedimento que assegure direito de defesa e de recurso, nos termos previstos no estatuto.

Parágrafo único. (Revogado)

Art. 58. Nenhum associado poderá ser impedido de exercer direito ou função que lhe tenha sido legitimamente conferido, a não ser nos casos e pela forma previstos na lei ou no estatuto.

Art. 59. Compete privativamente à Assembleia Geral:

I. destituir os administradores;

II. alterar o estatuto.

Parágrafo único. Para as deliberações a que se referem os incisos I e II deste artigo é exigido deliberação da assembleia especialmente convocada para esse fim, cujo quorum será o estabelecido no estatuto, bem como os critérios de eleição dos administradores.

Art. 60. A convocação dos órgãos deliberativos far-se-á na forma do estatuto, garantido a 1/5 (um quinto) dos associados o direito de promovê-la.

Art. 61. Dissolvida a associação, o remanescente do seu patrimônio líquido, depois de deduzidas, se for o caso, as quotas ou frações ideais referidas no parágrafo único do art. 56, será destinado à entidade de fins não econômicos designada no estatuto, ou, omisso este, por deliberação dos associados, à instituição municipal, estadual ou federal, de fins idênticos ou semelhantes.

§ 1º Por cláusula do estatuto ou, no seu silêncio, por deliberação dos associados, podem estes, antes da destinação do remanescente referida neste artigo, receber em restituição, atualizado o respectivo valor, as contribuições que tiverem prestado ao patrimônio da associação.

§ 2º Não existindo no Município, no Estado, no Distrito Federal ou no Território, em que a associação tiver sede, instituição nas condições indicadas neste artigo, o que remanescer do seu patrimônio se devolverá à Fazenda do Estado, do Distrito Federal ou da União.

CAPÍTULO III
Das Fundações

Art. 62. Para criar uma fundação, o seu instituidor fará, por escritura pública ou testamento, dotação especial de bens livres, especificando o fim a que se destina, e declarando, se quiser, a maneira de administrá-la.

Parágrafo único. A fundação somente poderá constituir-se para fins de:

I. assistência social;
II. cultura, defesa e conservação do patrimônio histórico e artístico;
III. educação;
IV. saúde;
V. segurança alimentar e nutricional;
VI. defesa, preservação e conservação do meio ambiente e promoção do desenvolvimento sustentável;
VII. pesquisa científica, desenvolvimento de tecnologias alternativas, modernização de sistemas de gestão, produção e divulgação de informações e conhecimentos técnicos e científicos;
VIII. promoção da ética, da cidadania, da democracia e dos direitos humanos;
IX. atividades religiosas; e
X. (Vetado).

Art. 63. Quando insuficientes para constituir a fundação, os bens a ela destinados serão, se de outro modo não dispuser o instituidor, incorporados em outra fundação que se proponha a fim igual ou semelhante.

Art. 64. Constituída a fundação por negócio jurídico entre vivos, o instituidor é obrigado a transferir-lhe a propriedade, ou outro direito real, sobre os bens dotados, e, se não o fizer, serão registrados, em nome dela, por mandado judicial.

Art. 65. Aqueles a quem o instituidor cometer a aplicação do patrimônio, em tendo ciência do encargo, formularão logo, de acordo com as suas bases (art. 62), o estatuto da fundação projetada, submetendo-o, em seguida, à aprovação da autoridade competente, com recurso ao juiz.

Parágrafo único. Se o estatuto não for elaborado no prazo assinado pelo instituidor, ou, não havendo prazo, em cento e oitenta dias, a incumbência caberá ao Ministério Público.

Art. 66. Velará pelas fundações o Ministério Público do Estado onde situadas.

§ 1º Se funcionarem no Distrito Federal ou em Território, caberá o encargo ao Ministério Público do Distrito Federal e Territórios.

§ 2º Se estenderem a atividade por mais de um Estado, caberá o encargo, em cada um deles, ao respectivo Ministério Público.

Art. 67. Para que se possa alterar o estatuto da fundação é mister que a reforma:

I. seja deliberada por dois terços dos competentes para gerir e representar a fundação;
II. não contrarie ou desvirtue o fim desta;
III. seja aprovada pelo órgão do Ministério Público no prazo máximo de 45 (quarenta e cinco) dias, findo o qual ou no caso de o Ministério Público a denegar, poderá o juiz supri-la, a requerimento do interessado.

Art. 68. Quando a alteração não houver sido aprovada por votação unânime, os administradores da fundação, ao submeterem o estatuto ao órgão do Ministério Público, requererão que dê ciência à minoria vencida para impugná-la, se quiser, em dez dias.

Art. 69. Tornando-se ilícita, impossível ou inútil a finalidade a que visa a fundação, ou vencido o prazo de sua existência, o órgão do Ministério Público, ou qualquer interessado, lhe promoverá a extinção, incorporando-se o seu patrimônio, salvo disposição em contrário no ato constitutivo, ou no estatuto, em outra fundação, designada pelo juiz, que se proponha a fim igual ou semelhante.

TÍTULO III
Do Domicílio

Art. 70. O domicílio da pessoa natural é o lugar onde ela estabelece a sua residência com ânimo definitivo.

Art. 71. Se, porém, a pessoa natural tiver diversas residências, onde, alternadamente, viva, considerar-se-á domicílio seu qualquer delas.

Art. 72. É também domicílio da pessoa natural, quanto às relações concernentes à profissão, o lugar onde esta é exercida.

Parágrafo único. Se a pessoa exercitar profissão em lugares diversos, cada um deles constituirá domicílio para as relações que lhe corresponderem.

Art. 73. Ter-se-á por domicílio da pessoa natural, que não tenha residência habitual, o lugar onde for encontrada.

Art. 74. Muda-se o domicílio, transferindo a residência, com a intenção manifesta de o mudar.

Parágrafo único. A prova da intenção resultará do que declarar a pessoa às municipalidades dos lugares, que deixa, e para onde vai, ou, se tais declarações não fizer, da própria mudança, com as circunstâncias que a acompanharem.

Art. 75. Quanto às pessoas jurídicas, o domicílio é:
I. da União, o Distrito Federal;
II. dos Estados e Territórios, as respectivas capitais;
III. do Município, o lugar onde funcione a administração municipal;
IV. das demais pessoas jurídicas, o lugar onde funcionarem as respectivas diretorias e administrações, ou onde elegerem domicílio especial no seu estatuto ou atos constitutivos.

§ 1º Tendo a pessoa jurídica diversos estabelecimentos em lugares diferentes, cada um deles será considerado domicílio para os atos nele praticados.

§ 2º Se a administração, ou diretoria, tiver a sede no estrangeiro, haver-se-á por domicílio da pessoa jurídica, no tocante às obrigações contraídas por cada uma das suas agências, o lugar do estabelecimento, sito no Brasil, a que ela corresponder.

Art. 76. Têm domicílio necessário o incapaz, o servidor público, o militar, o marítimo e o preso.

Parágrafo único. O domicílio do incapaz é o do seu representante ou assistente; o do servidor público, o lugar em que exercer permanentemente suas funções; o do militar, onde servir, e, sendo da Marinha ou da Aeronáutica, a sede do comando a que se encontrar imediatamente subordinado; o do marítimo, onde o navio estiver matriculado; e o do preso, o lugar em que cumprir a sentença.

Art. 77. O agente diplomático do Brasil, que, citado no estrangeiro, alegar extraterritorialidade sem designar onde tem, no país, o seu domicílio, poderá ser demandado no Distrito Federal ou no último ponto do território brasileiro onde o teve.

Art. 78. Nos contratos escritos, poderão os contratantes especificar domicílio onde se exercitem e cumpram os direitos e obrigações deles resultantes.

LIVRO II
Dos Bens

TÍTULO ÚNICO
Das Diferentes Classes de Bens

CAPÍTULO I
Dos Bens Considerados em Si Mesmos

SEÇÃO I
Dos Bens Imóveis

Art. 79. São bens imóveis o solo e tudo quanto se lhe incorporar natural ou artificialmente.

Art. 80. Consideram-se imóveis para os efeitos legais:
I. os direitos reais sobre imóveis e as ações que os asseguram;
II. o direito à sucessão aberta.

Art. 81. Não perdem o caráter de imóveis:
I. as edificações que, separadas do solo, mas conservando a sua unidade, forem removidas para outro local;

II. os materiais provisoriamente separados de um prédio, para nele se reempregarem.

SEÇÃO II
Dos Bens Móveis

Art. 82. São móveis os bens suscetíveis de movimento próprio, ou de remoção por força alheia, sem alteração da substância ou da destinação econômico-social.

Art. 83. Consideram-se móveis para os efeitos legais:
I. as energias que tenham valor econômico;
II. os direitos reais sobre objetos móveis e as ações correspondentes;
III. os direitos pessoais de caráter patrimonial e respectivas ações.

Art. 84. Os materiais destinados a alguma construção, enquanto não forem empregados, conservam sua qualidade de móveis; readquirem essa qualidade os provenientes da demolição de algum prédio.

SEÇÃO III
Dos Bens Fungíveis e Consumíveis

Art. 85. São fungíveis os móveis que podem substituir-se por outros da mesma espécie, qualidade e quantidade.

Art. 86. São consumíveis os bens móveis cujo uso importa destruição imediata da própria substância, sendo também considerados tais os destinados à alienação.

SEÇÃO IV
Dos Bens Divisíveis

Art. 87. Bens divisíveis são os que se podem fracionar sem alteração na sua substância, diminuição considerável de valor, ou prejuízo do uso a que se destinam.

Art. 88. Os bens naturalmente divisíveis podem tornar-se indivisíveis por determinação da lei ou por vontade das partes.

SEÇÃO V
Dos Bens Singulares e Coletivos

Art. 89. São singulares os bens que, embora reunidos, se consideram *de per si*, independentemente dos demais.

Art. 90. Constitui universalidade de fato a pluralidade de bens singulares que, pertinentes à mesma pessoa, tenham destinação unitária.

Parágrafo único. Os bens que formam essa universalidade podem ser objeto de relações jurídicas próprias.

Art. 91. Constitui universalidade de direito o complexo de relações jurídicas, de uma pessoa, dotadas de valor econômico.

CAPÍTULO II
Dos Bens Reciprocamente Considerados

Art. 92. Principal é o bem que existe sobre si, abstrata ou concretamente; acessório, aquele cuja existência supõe a do principal.

Art. 93. São pertenças os bens que, não constituindo partes integrantes, se destinam, de modo duradouro, ao uso, ao serviço ou ao aformoseamento de outro.

Art. 94. Os negócios jurídicos que dizem respeito ao bem principal não abrangem as pertenças, salvo se o contrário resultar da lei, da manifestação de vontade, ou das circunstâncias do caso.

Art. 95. Apesar de ainda não separados do bem principal, os frutos e produtos podem ser objeto de negócio jurídico.

Art. 96. As benfeitorias podem ser voluptuárias, úteis ou necessárias.
§ 1º São voluptuárias as de mero deleite ou recreio, que não aumentam o uso habitual do bem, ainda que o tornem mais agradável ou sejam de elevado valor.
§ 2º São úteis as que aumentam ou facilitam o uso do bem.
§ 3º São necessárias as que têm por fim conservar o bem ou evitar que se deteriore.

Art. 97. Não se consideram benfeitorias os melhoramentos ou acréscimos sobrevindos ao bem sem a intervenção do proprietário, possuidor ou detentor.

CAPÍTULO III
Dos Bens Públicos

Art. 98. São públicos os bens do domínio nacional pertencentes às pessoas jurídicas de direito público interno; todos os outros são particulares, seja qual for a pessoa a que pertencerem.

Art. 99. São bens públicos:
I. os de uso comum do povo, tais como rios, mares, estradas, ruas e praças;
II. os de uso especial, tais como edifícios ou terrenos destinados a serviço ou estabelecimento da administração federal, estadual, territorial ou municipal, inclusive os de suas autarquias;
III. os dominicais, que constituem o patrimônio das pessoas jurídicas de direito público, como objeto de direito pessoal, ou real, de cada uma dessas entidades.
Parágrafo único. Não dispondo a lei em contrário, consideram-se dominicais os bens pertencentes às pessoas jurídicas de direito público a que se tenha dado estrutura de direito privado.
Art. 100. Os bens públicos de uso comum do povo e os de uso especial são inalienáveis, enquanto conservarem a sua qualificação, na forma que a lei determinar.
Art. 101. Os bens públicos dominicais podem ser alienados, observadas as exigências da lei.
Art. 102. Os bens públicos não estão sujeitos a usucapião.
Art. 103. O uso comum dos bens públicos pode ser gratuito ou retribuído, conforme for estabelecido legalmente pela entidade a cuja administração pertencerem.

LIVRO III
Dos Fatos Jurídicos

TÍTULO I
Do Negócio Jurídico

CAPÍTULO I
Disposições Gerais

Art. 104. A validade do negócio jurídico requer:
I. agente capaz;
II. objeto lícito, possível, determinado ou determinável;
III. forma prescrita ou não defesa em lei.
Art. 105. A incapacidade relativa de uma das partes não pode ser invocada pela outra em benefício próprio, nem aproveita aos co-interessados capazes, salvo se, neste caso, for indivisível o objeto do direito ou da obrigação comum.
Art. 106. A impossibilidade inicial do objeto não invalida o negócio jurídico se for relativa, ou se cessar antes de realizada a condição a que ele estiver subordinado.
Art. 107. A validade da declaração de vontade não dependerá de forma especial, senão quando a lei expressamente a exigir.
Art. 108. Não dispondo a lei em contrário, a escritura pública é essencial à validade dos negócios jurídicos que visem à constituição, transferência, modificação ou renúncia de direitos reais sobre imóveis de valor superior a trinta vezes o maior salário mínimo vigente no País.
Art. 109. No negócio jurídico celebrado com a cláusula de não valer sem instrumento público, este é da substância do ato.
Art. 110. A manifestação de vontade subsiste ainda que o seu autor haja feito a reserva mental de não querer o que manifestou, salvo se dela o destinatário tinha conhecimento.
Art. 111. O silêncio importa anuência, quando as circunstâncias ou os usos o autorizarem, e não for necessária a declaração de vontade expressa.
Art. 112. Nas declarações de vontade se atenderá mais à intenção nelas consubstanciada do que ao sentido literal da linguagem.
Art. 113. Os negócios jurídicos devem ser interpretados conforme a boa-fé e os usos do lugar de sua celebração.
§ 1º A interpretação do negócio jurídico deve lhe atribuir o sentido que:
I. for confirmado pelo comportamento das partes posterior à celebração do negócio;
II. corresponder aos usos, costumes e práticas do mercado relativas ao tipo de negócio;
III. corresponder à boa-fé;
IV. for mais benéfico à parte que não redigiu o dispositivo, se identificável; e
V. corresponder a qual seria a razoável negociação das partes sobre a questão discutida, inferida das demais disposições do negócio e da racionalidade econômica das partes, consideradas as informações disponíveis no momento de sua celebração.
§ 2º As partes poderão livremente pactuar regras de interpretação, de preenchimento de lacunas e de integração dos negócios jurídicos diversas daquelas previstas em lei.

Art. 114. Os negócios jurídicos benéficos e a renúncia interpretam-se estritamente.

CAPÍTULO II
Da Representação

Art. 115. Os poderes de representação conferem-se por lei ou pelo interessado.

Art. 116. A manifestação de vontade pelo representante, nos limites de seus poderes, produz efeitos em relação ao representado.

Art. 117. Salvo se o permitir a lei ou o representado, é anulável o negócio jurídico que o representante, no seu interesse ou por conta de outrem, celebrar consigo mesmo.

Parágrafo único. Para esse efeito, tem-se como celebrado pelo representante o negócio realizado por aquele em quem os poderes houverem sido subestabelecidos.

Art. 118. O representante é obrigado a provar às pessoas, com quem tratar em nome do representado, a sua qualidade e a extensão de seus poderes, sob pena de, não o fazendo, responder pelos atos que a estes excederem.

Art. 119. É anulável o negócio concluído pelo representante em conflito de interesses com o representado, se tal fato era ou devia ser do conhecimento de quem com aquele tratou.

Parágrafo único. É de cento e oitenta dias, a contar da conclusão do negócio ou da cessação da incapacidade, o prazo de decadência para pleitear-se a anulação prevista neste artigo.

Art. 120. Os requisitos e os efeitos da representação legal são os estabelecidos nas normas respectivas; os da representação voluntária são os da Parte Especial deste Código.

CAPÍTULO III
Da Condição, do Termo e do Encargo

Art. 121. Considera-se condição a cláusula que, derivando exclusivamente da vontade das partes, subordina o efeito do negócio jurídico a evento futuro e incerto.

Art. 122. São lícitas, em geral, todas as condições não contrárias à lei, à ordem pública ou aos bons costumes; entre as condições defesas se incluem as que privarem de todo efeito o negócio jurídico, ou o sujeitarem ao puro arbítrio de uma das partes.

Art. 123. Invalidam os negócios jurídicos que lhes são subordinados:

I. as condições física ou juridicamente impossíveis, quando suspensivas;

II. as condições ilícitas, ou de fazer coisa ilícita;

III. as condições incompreensíveis ou contraditórias.

Art. 124. Têm-se por inexistentes as condições impossíveis, quando resolutivas, e as de não fazer coisa impossível.

Art. 125. Subordinando-se a eficácia do negócio jurídico à condição suspensiva, enquanto esta se não verificar, não se terá adquirido o direito, a que ele visa.

Art. 126. Se alguém dispuser de uma coisa sob condição suspensiva, e, pendente esta, fizer quanto àquela novas disposições, estas não terão valor, realizada a condição, se com ela forem incompatíveis.

Art. 127. Se for resolutiva a condição, enquanto esta se não realizar, vigorará o negócio jurídico, podendo exercer-se desde a conclusão deste o direito por ele estabelecido.

Art. 128. Sobrevindo a condição resolutiva, extingue-se, para todos os efeitos, o direito a que ela se opõe; mas, se aposta a um negócio de execução continuada ou periódica, a sua realização, salvo disposição em contrário, não tem eficácia quanto aos atos já praticados, desde que compatíveis com a natureza da condição pendente e conforme aos ditames de boa-fé.

Art. 129. Reputa-se verificada, quanto aos efeitos jurídicos, a condição cujo implemento for maliciosamente obstado pela parte a quem desfavorecer, considerando-se, ao contrário, não verificada a condição maliciosamente levada a efeito por aquele a quem aproveita o seu implemento.

Art. 130. Ao titular do direito eventual, nos casos de condição suspensiva ou resolutiva, é permitido praticar os atos destinados a conservá-lo.

Art. 131. O termo inicial suspende o exercício, mas não a aquisição do direito.

Art. 132. Salvo disposição legal ou convencional em contrário, computam-se os prazos, excluído o dia do começo, e incluído o do vencimento.

§ 1º Se o dia do vencimento cair em feriado, considerar-se-á prorrogado o prazo até o seguinte dia útil.

§ 2º Meado considera-se, em qualquer mês, o seu décimo quinto dia.

§ 3º Os prazos de meses e anos expiram no dia de igual número do de início, ou no imediato, se faltar exata correspondência.

§ 4º Os prazos fixados por hora contar-se-ão de minuto a minuto.

Art. 133. Nos testamentos, presume-se o prazo em favor do herdeiro, e, nos contratos, em proveito do devedor, salvo, quanto a esses, se do teor do instrumento, ou das circunstâncias, resultar que se estabeleceu a benefício do credor, ou de ambos os contratantes.

Art. 134. Os negócios jurídicos entre vivos, sem prazo, são exequíveis desde logo, salvo se a execução tiver de ser feita em lugar diverso ou depender de tempo.

Art. 135. Ao termo inicial e final aplicam-se, no que couber, as disposições relativas à condição suspensiva e resolutiva.

Art. 136. O encargo não suspende a aquisição nem o exercício do direito, salvo quando expressamente imposto no negócio jurídico, pelo disponente, como condição suspensiva.

Art. 137. Considera-se não escrito o encargo ilícito ou impossível, salvo se constituir o motivo determinante da liberalidade, caso em que se invalida o negócio jurídico.

CAPÍTULO IV

Dos Defeitos do Negócio Jurídico

SEÇÃO I
Do Erro ou Ignorância

Art. 138. São anuláveis os negócios jurídicos, quando as declarações de vontade emanarem de erro substancial que poderia ser percebido por pessoa de diligência normal, em face das circunstâncias do negócio.

Art. 139. O erro é substancial quando:

I. interessa à natureza do negócio, ao objeto principal da declaração, ou a alguma das qualidades a ele essenciais;

II. concerne à identidade ou à qualidade essencial da pessoa a quem se refira a declaração de vontade, desde que tenha influído nesta de modo relevante;

III. sendo de direito e não implicando recusa à aplicação da lei, for o motivo único ou principal do negócio jurídico.

Art. 140. O falso motivo só vicia a declaração de vontade quando expresso como razão determinante.

Art. 141. A transmissão errônea da vontade por meios interpostos é anulável nos mesmos casos em que o é a declaração direta.

Art. 142. O erro de indicação da pessoa ou da coisa, a que se referir a declaração de vontade, não viciará o negócio quando, por seu contexto e pelas circunstâncias, se puder identificar a coisa ou pessoa cogitada.

Art. 143. O erro de cálculo apenas autoriza a retificação da declaração de vontade.

Art. 144. O erro não prejudica a validade do negócio jurídico quando a pessoa, a quem a manifestação de vontade se dirige, se oferecer para executá-la na conformidade da vontade real do manifestante.

SEÇÃO II
Do Dolo

Art. 145. São os negócios jurídicos anuláveis por dolo, quando este for a sua causa.

Art. 146. O dolo acidental só obriga à satisfação das perdas e danos, e é acidental quando, a seu despeito, o negócio seria realizado, embora por outro modo.

Art. 147. Nos negócios jurídicos bilaterais, o silêncio intencional de uma das partes a respeito de fato ou qualidade que a outra parte haja ignorado, constitui omissão dolosa, provando-se que sem ela o negócio não se teria celebrado.

Art. 148. Pode também ser anulado o negócio jurídico por dolo de terceiro, se a parte a quem aproveite dele tivesse ou devesse ter conhecimento; em caso contrário, ainda que subsista o negócio jurídico, o terceiro responderá por todas as perdas e danos da parte a quem ludibriou.

Art. 149. O dolo do representante legal de uma das partes só obriga o representado a responder civilmente até a importância do proveito que teve; se, porém, o dolo for do representante convencional, o representado responderá solidariamente com ele por perdas e danos.

Art. 150. Se ambas as partes procederem com dolo, nenhuma pode alegá-lo para anular o negócio, ou reclamar indenização.

SEÇÃO III
Da Coação

Art. 151. A coação, para viciar a declaração da vontade, há de ser tal que incuta ao paciente fundado temor de dano iminente e considerável à sua pessoa, à sua família, ou aos seus bens.

Parágrafo único. Se disser respeito a pessoa não pertencente à família do paciente, o juiz, com base nas circunstâncias, decidirá se houve coação.

Art. 152. No apreciar a coação, ter-se-ão em conta o sexo, a idade, a condição, a saúde, o temperamento do paciente e todas as demais circunstâncias que possam influir na gravidade dela.

Art. 153. Não se considera coação a ameaça do exercício normal de um direito, nem o simples temor reverencial.

Art. 154. Vicia o negócio jurídico a coação exercida por terceiro, se dela tivesse ou devesse ter conhecimento a parte a que aproveite, e esta responderá solidariamente com aquele por perdas e danos.

Art. 155. Subsistirá o negócio jurídico, se a coação decorrer de terceiro, sem que a parte a que aproveite dela tivesse ou devesse ter conhecimento; mas o autor da coação responderá por todas as perdas e danos que houver causado ao coacto.

SEÇÃO IV
Do Estado de Perigo

Art. 156. Configura-se o estado de perigo quando alguém, premido da necessidade de salvar-se, ou a pessoa de sua família, de grave dano conhecido pela outra parte, assume obrigação excessivamente onerosa.

Parágrafo único. Tratando-se de pessoa não pertencente à família do declarante, o juiz decidirá segundo as circunstâncias.

SEÇÃO V
Da Lesão

Art. 157. Ocorre a lesão quando uma pessoa, sob premente necessidade, ou por inexperiência, se obriga a prestação manifestamente desproporcional ao valor da prestação oposta.

§ 1º Aprecia-se a desproporção das prestações segundo os valores vigentes ao tempo em que foi celebrado o negócio jurídico.

§ 2º Não se decretará a anulação do negócio, se for oferecido suplemento suficiente, ou se a parte favorecida concordar com a redução do proveito.

SEÇÃO VI
Da Fraude Contra Credores

Art. 158. Os negócios de transmissão gratuita de bens ou remissão de dívida, se os praticar o devedor já insolvente, ou por eles reduzido à insolvência, ainda quando o ignore, poderão ser anulados pelos credores quirografários, como lesivos dos seus direitos.

§ 1º Igual direito assiste aos credores cuja garantia se tornar insuficiente.

§ 2º Só os credores que já o eram ao tempo daqueles atos podem pleitear a anulação deles.

Art. 159. Serão igualmente anuláveis os contratos onerosos do devedor insolvente, quando a insolvência for notória, ou houver motivo para ser conhecida do outro contratante.

Art. 160. Se o adquirente dos bens do devedor insolvente ainda não tiver pago o preço e este for, aproximadamente, o corrente, desobrigar-se-á depositando-o em juízo, com a citação de todos os interessados.

Parágrafo único. Se inferior, o adquirente, para conservar os bens, poderá depositar o preço que lhes corresponda ao valor real.

Art. 161. A ação, nos casos dos arts. 158 e 159, poderá ser intentada contra o devedor insolvente, a pessoa que com ele celebrou a estipulação considerada fraudulenta, ou terceiros adquirentes que hajam procedido de má-fé.

Art. 162. O credor quirografário, que receber do devedor insolvente o pagamento da dívida ainda não vencida, ficará obrigado a repor, em proveito do acervo sobre que se tenha de efetuar o concurso de credores, aquilo que recebeu.

Art. 163. Presumem-se fraudatórias dos direitos dos outros credores as garantias de dívidas que o devedor insolvente tiver dado a algum credor.

Art. 164. Presumem-se, porém, de boa-fé e valem os negócios ordinários indispensáveis à manutenção de estabelecimento mercantil, rural, ou industrial, ou à subsistência do devedor e de sua família.

Art. 165. Anulados os negócios fraudulentos, a vantagem resultante reverterá em proveito do acervo sobre que se tenha de efetuar o concurso de credores.

Parágrafo único. Se esses negócios tinham por único objeto atribuir direitos preferenciais, mediante hipoteca, penhor ou anticrese, sua invalidade importará somente na anulação da preferência ajustada.

CAPÍTULO V
Da Invalidade do Negócio Jurídico

Art. 166. É nulo o negócio jurídico quando:
I. celebrado por pessoa absolutamente incapaz;
II. for ilícito, impossível ou indeterminável o seu objeto;
III. o motivo determinante, comum a ambas as partes, for ilícito;
IV. não revestir a forma prescrita em lei;
V. for preterida alguma solenidade que a lei considere essencial para a sua validade;
VI. tiver por objetivo fraudar lei imperativa;
VII. a lei taxativamente o declarar nulo, ou proibir-lhe a prática, sem cominar sanção.

Art. 167. É nulo o negócio jurídico simulado, mas subsistirá o que se dissimulou, se válido for na substância e na forma.
§ 1º Haverá simulação nos negócios jurídicos quando:
I. aparentarem conferir ou transmitir direitos a pessoas diversas daquelas às quais realmente se conferem, ou transmitem;
II. contiverem declaração, confissão, condição ou cláusula não verdadeira;
III. os instrumentos particulares forem antedatados, ou pós-datados.
§ 2º Ressalvam-se os direitos de terceiros de boa-fé em face dos contraentes do negócio jurídico simulado.

Art. 168. As nulidades dos artigos antecedentes podem ser alegadas por qualquer interessado, ou pelo Ministério Público, quando lhe couber intervir.
Parágrafo único. As nulidades devem ser pronunciadas pelo juiz, quando conhecer do negócio jurídico ou dos seus efeitos e as encontrar provadas, não lhe sendo permitido supri-las, ainda que a requerimento das partes.

Art. 169. O negócio jurídico nulo não é suscetível de confirmação, nem convalesce pelo decurso do tempo.

Art. 170. Se, porém, o negócio jurídico nulo contiver os requisitos de outro, subsistirá este quando o fim a que visavam as partes permitir supor que o teriam querido, se houvessem previsto a nulidade.

Art. 171. Além dos casos expressamente declarados na lei, é anulável o negócio jurídico:
I. por incapacidade relativa do agente;
II. por vício resultante de erro, dolo, coação, estado de perigo, lesão ou fraude contra credores.

Art. 172. O negócio anulável pode ser confirmado pelas partes, salvo direito de terceiro.

Art. 173. O ato de confirmação deve conter a substância do negócio celebrado e a vontade expressa de mantê-lo.

Art. 174. É escusada a confirmação expressa, quando o negócio já foi cumprido em parte pelo devedor, ciente do vício que o inquinava.

Art. 175. A confirmação expressa, ou a execução voluntária de negócio anulável, nos termos dos arts. 172 a 174, importa a extinção de todas as ações, ou exceções, de que contra ele dispusesse o devedor.

Art. 176. Quando a anulabilidade do ato resultar da falta de autorização de terceiro, será validado se este a der posteriormente.

Art. 177. A anulabilidade não tem efeito antes de julgada por sentença, nem se pronuncia de ofício; só os interessados a podem alegar, e aproveita exclusivamente aos que a alegarem, salvo o caso de solidariedade ou indivisibilidade.

Art. 178. É de quatro anos o prazo de decadência para pleitear-se a anulação do negócio jurídico, contado:
I. no caso de coação, do dia em que ela cessar;
II. no de erro, dolo, fraude contra credores, estado de perigo ou lesão, do dia em que se realizou o negócio jurídico;
III. no de atos de incapazes, do dia em que cessar a incapacidade.

Art. 179. Quando a lei dispuser que determinado ato é anulável, sem estabelecer prazo para pleitear-se a anulação, será este de dois anos, a contar da data da conclusão do ato.

Art. 180. O menor, entre dezesseis e dezoito anos, não pode, para eximir-se de uma obrigação, invocar a sua idade se dolosamente a ocultou quando inquirido pela outra parte, ou se, no ato de obrigar-se, declarou-se maior.

Art. 181. Ninguém pode reclamar o que, por uma obrigação anulada, pagou a um incapaz, se não provar que reverteu em proveito dele a importância paga.

Art. 182. Anulado o negócio jurídico, restituir-se-ão as partes ao estado em que antes dele se achavam, e, não sendo possível restituí-las, serão indenizadas com o equivalente.

Art. 183. A invalidade do instrumento não induz a do negócio jurídico sempre que este puder provar-se por outro meio.

Art. 184. Respeitada a intenção das partes, a invalidade parcial de um negócio jurídico não o prejudicará na parte válida, se esta for separável; a invalidade da obrigação principal implica a das obrigações acessórias, mas a destas não induz a da obrigação principal.

TÍTULO II
Dos Atos Jurídicos Lícitos

Art. 185. Aos atos jurídicos lícitos, que não sejam negócios jurídicos, aplicam-se, no que couber, as disposições do Título anterior.

TÍTULO III
Dos Atos Ilícitos

Art. 186. Aquele que, por ação ou omissão voluntária, negligência ou imprudência, violar direito e causar dano a outrem, ainda que exclusivamente moral, comete ato ilícito.

Art. 187. Também comete ato ilícito o titular de um direito que, ao exercê-lo, excede manifestamente os limites impostos pelo seu fim econômico ou social, pela boa-fé ou pelos bons costumes.

Art. 188. Não constituem atos ilícitos:
I. os praticados em legítima defesa ou no exercício regular de um direito reconhecido;
II. a deterioração ou destruição da coisa alheia, ou a lesão a pessoa, a fim de remover perigo iminente.
Parágrafo único. No caso do inciso II, o ato será legítimo somente quando as circunstâncias o tornarem absolutamente necessário, não excedendo os limites do indispensável para a remoção do perigo.

TÍTULO IV
Da Prescrição e da Decadência

CAPÍTULO I
Da Prescrição

SEÇÃO I
Disposições Gerais

Art. 189. Violado o direito, nasce para o titular a pretensão, a qual se extingue, pela prescrição, nos prazos a que aludem os arts. 205 e 206.

Art. 190. A exceção prescreve no mesmo prazo em que a pretensão.

Art. 191. A renúncia da prescrição pode ser expressa ou tácita, e só valerá, sendo feita, sem prejuízo de terceiro, depois que a prescrição se consumar; tácita é a renúncia quando se presume de fatos do interessado, incompatíveis com a prescrição.

Art. 192. Os prazos de prescrição não podem ser alterados por acordo das partes.

Art. 193. A prescrição pode ser alegada em qualquer grau de jurisdição, pela parte a quem aproveita.

Art. 194. (Revogado)

Art. 195. Os relativamente incapazes e as pessoas jurídicas têm ação contra os seus assistentes ou representantes legais, que derem causa à prescrição, ou não a alegarem oportunamente.

Art. 196. A prescrição iniciada contra uma pessoa continua a correr contra o seu sucessor.

SEÇÃO II
Das Causas que Impedem ou Suspendem a Prescrição

Art. 197. Não corre a prescrição:
I. entre os cônjuges, na constância da sociedade conjugal;
II. entre ascendentes e descendentes, durante o poder familiar;
III. entre tutelados ou curatelados e seus tutores ou curadores, durante a tutela ou curatela.

Art. 198. Também não corre a prescrição:
I. contra os incapazes de que trata o art. 3º;
II. contra os ausentes do País em serviço público da União, dos Estados ou dos Municípios;
III. contra os que se acharem servindo nas Forças Armadas, em tempo de guerra.

Art. 199. Não corre igualmente a prescrição:
I. pendendo condição suspensiva;
II. não estando vencido o prazo;
III. pendendo ação de evicção.
Art. 200. Quando a ação se originar de fato que deva ser apurado no juízo criminal, não correrá a prescrição antes da respectiva sentença definitiva.
Art. 201. Suspensa a prescrição em favor de um dos credores solidários, só aproveitam os outros se a obrigação for indivisível.

SEÇÃO III
Das Causas que Interrompem a Prescrição

Art. 202. A interrupção da prescrição, que somente poderá ocorrer uma vez, dar-se-á:
I. por despacho do juiz, mesmo incompetente, que ordenar a citação, se o interessado a promover no prazo e na forma da lei processual;
II. por protesto, nas condições do inciso antecedente;
III. por protesto cambial;
IV. pela apresentação do título de crédito em juízo de inventário ou em concurso de credores;
V. por qualquer ato judicial que constitua em mora o devedor;
VI. por qualquer ato inequívoco, ainda que extrajudicial, que importe reconhecimento do direito pelo devedor.
Parágrafo único. A prescrição interrompida recomeça a correr da data do ato que a interrompeu, ou do último ato do processo para a interromper.
Art. 203. A prescrição pode ser interrompida por qualquer interessado.
Art. 204. A interrupção da prescrição por um credor não aproveita aos outros; semelhantemente, a interrupção operada contra o co-devedor, ou seu herdeiro, não prejudica aos demais coobrigados.
§ 1º A interrupção por um dos credores solidários aproveita aos outros; assim como a interrupção efetuada contra o devedor solidário envolve os demais e seus herdeiros.
§ 2º A interrupção operada contra um dos herdeiros do devedor solidário não prejudica os outros herdeiros ou devedores, senão quando se trate de obrigações e direitos indivisíveis.
§ 3º A interrupção produzida contra o principal devedor prejudica o fiador.

SEÇÃO IV
Dos Prazos da Prescrição

Art. 205. A prescrição ocorre em dez anos, quando a lei não lhe haja fixado prazo menor.
Art. 206. Prescreve:
§ 1º Em um ano:
I. a pretensão dos hospedeiros ou fornecedores de víveres destinados a consumo no próprio estabelecimento, para o pagamento da hospedagem ou dos alimentos;
II. a pretensão do segurado contra o segurador, ou a deste contra aquele, contado o prazo:
a) para o segurado, no caso de seguro de responsabilidade civil, da data em que é citado para responder à ação de indenização proposta pelo terceiro prejudicado, ou da data que a este indeniza, com a anuência do segurador;
b) quanto aos demais seguros, da ciência do fato gerador da pretensão;
III. a pretensão dos tabeliães, auxiliares da justiça, serventuários judiciais, árbitros e peritos, pela percepção de emolumentos, custas e honorários;
IV. a pretensão contra os peritos, pela avaliação dos bens que entraram para a formação do capital de sociedade anônima, contado da publicação da ata da assembleia que aprovar o laudo;
V. a pretensão dos credores não pagos contra os sócios ou acionistas e os liquidantes, contado o prazo da publicação da ata de encerramento da liquidação da sociedade.
§ 2º Em dois anos, a pretensão para haver prestações alimentares, a partir da data em que se vencerem.
§ 3º Em três anos:
I. a pretensão relativa a aluguéis de prédios urbanos ou rústicos;
II. a pretensão para receber prestações vencidas de rendas temporárias ou vitalícias;
III. a pretensão para haver juros, dividendos ou quaisquer prestações acessórias, pagáveis, em períodos não maiores de um ano, com capitalização ou sem ela;
IV. a pretensão de ressarcimento de enriquecimento sem causa;
V. a pretensão de reparação civil;
VI. a pretensão de restituição dos lucros ou dividendos recebidos de má-fé, correndo o prazo da data em que foi deliberada a distribuição;

VII. a pretensão contra as pessoas em seguida indicadas por violação da lei ou do estatuto, contado o prazo:
a) para os fundadores, da publicação dos atos constitutivos da sociedade anônima;
b) para os administradores, ou fiscais, da apresentação, aos sócios, do balanço referente ao exercício em que a violação tenha sido praticada, ou da reunião ou Assembleia Geral que dela deva tomar conhecimento;
c) para os liquidantes, da primeira assembleia semestral posterior à violação;
VIII. a pretensão para haver o pagamento de título de crédito, a contar do vencimento, ressalvadas as disposições de lei especial;
IX. a pretensão do beneficiário contra o segurador, e a do terceiro prejudicado, no caso de seguro de responsabilidade civil obrigatório.
§ 4º Em quatro anos, a pretensão relativa à tutela, a contar da data da aprovação das contas.
§ 5º Em cinco anos:
I. a pretensão de cobrança de dívidas líquidas constantes de instrumento público ou particular;
II. a pretensão dos profissionais liberais em geral, procuradores judiciais, curadores e professores pelos seus honorários, contado o prazo da conclusão dos serviços, da cessação dos respectivos contratos ou mandato;
III. a pretensão do vencedor para haver do vencido o que despendeu em juízo.

CAPÍTULO II
Da Decadência

Art. 207. Salvo disposição legal em contrário, não se aplicam à decadência as normas que impedem, suspendem ou interrompem a prescrição.
Art. 208. Aplica-se à decadência o disposto nos arts. 195 e 198, inciso I.
Art. 209. É nula a renúncia à decadência fixada em lei.
Art. 210. Deve o juiz, de ofício, conhecer da decadência, quando estabelecida por lei.
Art. 211. Se a decadência for convencional, a parte a quem aproveita pode alegá-la em qualquer grau de jurisdição, mas o juiz não pode suprir a alegação.

TÍTULO V
Da Prova

Art. 212. Salvo o negócio a que se impõe forma especial, o fato jurídico pode ser provado mediante:
I. confissão;
II. documento;
III. testemunha;
IV. presunção;
V. perícia.
Art. 213. Não tem eficácia a confissão se provém de quem não é capaz de dispor do direito a que se referem os fatos confessados.
Parágrafo único. Se feita a confissão por um representante, somente é eficaz nos limites em que este pode vincular o representado.
Art. 214. A confissão é irrevogável, mas pode ser anulada se decorreu de erro de fato ou de coação.
Art. 215. A escritura pública, lavrada em notas de tabelião, é documento dotado de fé pública, fazendo prova plena.
§ 1º Salvo quando exigidos por lei outros requisitos, a escritura pública deve conter:
I. data e local de sua realização;
II. reconhecimento da identidade e capacidade das partes e de quantos hajam comparecido ao ato, por si, como representantes, intervenientes ou testemunhas;
III. nome, nacionalidade, estado civil, profissão, domicílio e residência das partes e demais comparecentes, com a indicação, quando necessário, do regime de bens do casamento, nome do outro cônjuge e filiação;
IV. manifestação clara da vontade das partes e dos intervenientes;
V. referência ao cumprimento das exigências legais e fiscais inerentes à legitimidade do ato;
VI. declaração de ter sido lida na presença das partes e demais comparecentes, ou de que todos a leram;
VII. assinatura das partes e dos demais comparecentes, bem como a do tabelião ou seu substituto legal, encerrando o ato.
§ 2º Se algum comparecente não puder ou não souber escrever, outra pessoa capaz assinará por ele, a seu rogo.
§ 3º A escritura será redigida na língua nacional.
§ 4º Se qualquer dos comparecentes não souber a língua nacional e o tabelião não entender o idioma em que se expressa, deverá comparecer tradutor

público para servir de intérprete, ou, não o havendo na localidade, outra pessoa capaz que, a juízo do tabelião, tenha idoneidade e conhecimento bastantes.

§ 5º Se algum dos comparecentes não for conhecido do tabelião, nem puder identificar-se por documento, deverão participar do ato pelo menos duas testemunhas que o conheçam e atestem sua identidade.

Art. 216. Farão a mesma prova que os originais as certidões textuais de qualquer peça judicial, do protocolo das audiências, ou de outro qualquer livro a cargo do escrivão, sendo extraídas por ele, ou sob a sua vigilância, e por ele subscritas, assim como os traslados de autos, quando por outro escrivão consertados.

Art. 217. Terão a mesma força probante os traslados e as certidões, extraídos por tabelião ou oficial de registro, de instrumentos ou documentos lançados em suas notas.

Art. 218. Os traslados e as certidões considerar-se-ão instrumentos públicos, se os originais se houverem produzido em juízo como prova de algum ato.

Art. 219. As declarações constantes de documentos assinados presumem-se verdadeiras em relação aos signatários.

Parágrafo único. Não tendo relação direta, porém, com as disposições principais ou com a legitimidade das partes, as declarações enunciativas não eximem os interessados em sua veracidade do ônus de prová-las.

Art. 220. A anuência ou a autorização de outrem, necessária à validade de um ato, provar-se-á do mesmo modo que este, e constará, sempre que se possa, do próprio instrumento.

Art. 221. O instrumento particular, feito e assinado, ou somente assinado por quem esteja na livre disposição e administração de seus bens, prova as obrigações convencionais de qualquer valor; mas os seus efeitos, bem como os da cessão, não se operam, a respeito de terceiros, antes de registrado no registro público.

Parágrafo único. A prova do instrumento particular pode suprir-se pelas outras de caráter legal.

Art. 222. O telegrama, quando lhe for contestada a autenticidade, faz prova mediante conferência com o original assinado.

Art. 223. A cópia fotográfica de documento, conferida por tabelião de notas, valerá como prova de declaração da vontade, mas, impugnada sua autenticidade, deverá ser exibido o original.

Parágrafo único. A prova não supre a ausência do título de crédito, ou do original, nos casos em que a lei ou as circunstâncias condicionarem o exercício do direito à sua exibição.

Art. 224. Os documentos redigidos em língua estrangeira serão traduzidos para o português para ter efeitos legais no País.

Art. 225. As reproduções fotográficas, cinematográficas, os registros fonográficos e, em geral, quaisquer outras reproduções mecânicas ou eletrônicas de fatos ou de coisas fazem prova plena destes, se a parte, contra quem forem exibidos, não lhes impugnar a exatidão.

Art. 226. Os livros e fichas dos empresários e sociedades provam contra as pessoas a que pertencem, e, em seu favor, quando, escriturados sem vício extrínseco ou intrínseco, forem confirmados por outros subsídios.

Parágrafo único. A prova resultante dos livros e fichas não é bastante nos casos em que a lei exige escritura pública, ou escrito particular revestido de requisitos especiais, e pode ser ilidida pela comprovação da falsidade ou inexatidão dos lançamentos.

Art. 227. (Revogado)

Parágrafo único. Qualquer que seja o valor do negócio jurídico, a prova testemunhal é admissível como subsidiária ou complementar da prova por escrito.

Art. 228. Não podem ser admitidos como testemunhas:

I. os menores de dezesseis anos;

II. (Revogado);

III. (Revogado);

IV. o interessado no litígio, o amigo íntimo ou o inimigo capital das partes;

V. os cônjuges, os ascendentes, os descendentes e os colaterais, até o terceiro grau de alguma das partes, por consanguinidade, ou afinidade.

§ 1º Para a prova de fatos que só elas conheçam, pode o juiz admitir o depoimento das pessoas a que se refere este artigo.

§ 2º A pessoa com deficiência poderá testemunhar em igualdade de condições com as demais pessoas, sendo-lhe assegurados todos os recursos de tecnologia assistiva.

Art. 229. (Revogado)

Art. 230. (Revogado)

Art. 231. Aquele que se nega a submeter-se a exame médico necessário não poderá aproveitar-se de sua recusa.

Art. 232. A recusa à perícia médica ordenada pelo juiz poderá suprir a prova que se pretendia obter com o exame.

PARTE ESPECIAL

LIVRO I
Do Direito das Obrigações

TÍTULO I
Das Modalidades das Obrigações

CAPÍTULO I
Das Obrigações de Dar

SEÇÃO I
Das Obrigações de Dar Coisa Certa

Art. 233. A obrigação de dar coisa certa abrange os acessórios dela embora não mencionados, salvo se o contrário resultar do título ou das circunstâncias do caso.

Art. 234. Se, no caso do artigo antecedente, a coisa se perder, sem culpa do devedor, antes da tradição, ou pendente a condição suspensiva, fica resolvida a obrigação para ambas as partes; se a perda resultar de culpa do devedor, responderá este pelo equivalente e mais perdas e danos.

Art. 235. Deteriorada a coisa, não sendo o devedor culpado, poderá o credor resolver a obrigação, ou aceitar a coisa, abatido de seu preço o valor que perdeu.

Art. 236. Sendo culpado o devedor, poderá o credor exigir o equivalente, ou aceitar a coisa no estado em que se acha, com direito a reclamar, em um ou em outro caso, indenização das perdas e danos.

Art. 237. Até a tradição pertence ao devedor a coisa, com os seus melhoramentos e acrescidos, pelos quais poderá exigir aumento no preço; se o credor não anuir, poderá o devedor resolver a obrigação.

Parágrafo único. Os frutos percebidos são do devedor, cabendo ao credor os pendentes.

Art. 238. Se a obrigação for de restituir coisa certa, e esta, sem culpa do devedor, se perder antes da tradição, sofrerá o credor a perda, e a obrigação se resolverá, ressalvados os seus direitos até o dia da perda.

Art. 239. Se a coisa se perder por culpa do devedor, responderá este pelo equivalente, mais perdas e danos.

Art. 240. Se a coisa restituível se deteriorar sem culpa do devedor, recebê-la-á o credor, tal qual se ache, sem direito a indenização; se por culpa do devedor, observar-se-á o disposto no art. 239.

Art. 241. Se, no caso do art. 238, sobrevier melhoramento ou acréscimo à coisa, sem despesa ou trabalho do devedor, lucrará o credor, desobrigado de indenização.

Art. 242. Se para o melhoramento, ou aumento, empregou o devedor trabalho ou dispêndio, o caso se regulará pelas normas deste Código atinentes às benfeitorias realizadas pelo possuidor de boa-fé ou de má-fé.

Parágrafo único. Quanto aos frutos percebidos, observar-se-á, do mesmo modo, o disposto neste Código, acerca do possuidor de boa-fé ou de má-fé.

SEÇÃO II
Das Obrigações de Dar Coisa Incerta

Art. 243. A coisa incerta será indicada, ao menos, pelo gênero e pela quantidade.

Art. 244. Nas coisas determinadas pelo gênero e pela quantidade, a escolha pertence ao devedor, se o contrário não resultar do título da obrigação; mas não poderá dar a coisa pior, nem será obrigado a prestar a melhor.

Art. 245. Cientificado da escolha o credor, vigorará o disposto na SEÇÃO antecedente.

Art. 246. Antes da escolha, não poderá o devedor alegar perda ou deterioração da coisa, ainda que por força maior ou caso fortuito.

CAPÍTULO II
Das Obrigações de Fazer

Art. 247. Incorre na obrigação de indenizar perdas e danos o devedor que recusar a prestação a ele só imposta, ou só por ele exequível.

Art. 248. Se a prestação do fato tornar-se impossível sem culpa do devedor, resolver-se-á a obrigação; se por culpa dele, responderá por perdas e danos.

Art. 249. Se o fato puder ser executado por terceiro, será livre ao credor mandá-lo executar à custa do devedor, havendo recusa ou mora deste, sem prejuízo da indenização cabível.

Parágrafo único. Em caso de urgência, pode o credor, independentemente de autorização judicial, executar ou mandar executar o fato, sendo depois ressarcido.

CAPÍTULO III
Das Obrigações de Não Fazer

Art. 250. Extingue-se a obrigação de não fazer, desde que, sem culpa do devedor, se lhe torne impossível abster-se do ato, que se obrigou a não praticar.

Art. 251. Praticado pelo devedor o ato, a cuja abstenção se obrigara, o credor pode exigir dele que o desfaça, sob pena de se desfazer à sua custa, ressarcindo o culpado perdas e danos.

Parágrafo único. Em caso de urgência, poderá o credor desfazer ou mandar desfazer, independentemente de autorização judicial, sem prejuízo do ressarcimento devido.

CAPÍTULO IV
Das Obrigações Alternativas

Art. 252. Nas obrigações alternativas, a escolha cabe ao devedor, se outra coisa não se estipulou.

§ 1º Não pode o devedor obrigar o credor a receber parte em uma prestação e parte em outra.

§ 2º Quando a obrigação for de prestações periódicas, a faculdade de opção poderá ser exercida em cada período.

§ 3º No caso de pluralidade de optantes, não havendo acordo unânime entre eles, decidirá o juiz, findo o prazo por este assinado para a deliberação.

§ 4º Se o título deferir a opção a terceiro, e este não quiser, ou não puder exercê-la, caberá ao juiz a escolha se não houver acordo entre as partes.

Art. 253. Se uma das duas prestações não puder ser objeto de obrigação ou se tornada inexequível, subsistirá o débito quanto à outra.

Art. 254. Se, por culpa do devedor, não se puder cumprir nenhuma das prestações, não competindo ao credor a escolha, ficará aquele obrigado a pagar o valor da que por último se impossibilitou, mais as perdas e danos que o caso determinar.

Art. 255. Quando a escolha couber ao credor e uma das prestações tornar-se impossível por culpa do devedor, o credor terá direito de exigir a prestação subsistente ou o valor da outra, com perdas e danos; se, por culpa do devedor, ambas as prestações se tornarem inexequíveis, poderá o credor reclamar o valor de qualquer das duas, além da indenização por perdas e danos.

Art. 256. Se todas as prestações se tornarem impossíveis sem culpa do devedor, extinguir-se-á a obrigação.

CAPÍTULO V
Das Obrigações Divisíveis e Indivisíveis

Art. 257. Havendo mais de um devedor ou mais de um credor em obrigação divisível, esta presume-se dividida em tantas obrigações, iguais e distintas, quantos os credores ou devedores.

Art. 258. A obrigação é indivisível quando a prestação tem por objeto uma coisa ou um fato não suscetíveis de divisão, por sua natureza, por motivo de ordem econômica, ou dada a razão determinante do negócio jurídico.

Art. 259. Se, havendo dois ou mais devedores, a prestação não for divisível, cada um será obrigado pela dívida toda.

Parágrafo único. O devedor, que paga a dívida, sub-roga-se no direito do credor em relação aos outros coobrigados.

Art. 260. Se a pluralidade for dos credores, poderá cada um destes exigir a dívida inteira; mas o devedor ou devedores se desobrigarão, pagando:

I. a todos conjuntamente;

II. a um, dando este caução de ratificação dos outros credores.

Art. 261. Se um só dos credores receber a prestação por inteiro, a cada um dos outros assistirá o direito de exigir dele em dinheiro a parte que lhe caiba no total.

Art. 262. Se um dos credores remitir a dívida, a obrigação não ficará extinta para com os outros; mas estes só a poderão exigir, descontada a quota do credor remitente.

Parágrafo único. O mesmo critério se observará no caso de transação, novação, compensação ou confusão.

Art. 263. Perde a qualidade de indivisível a obrigação que se resolver em perdas e danos.

§ 1º Se, para efeito do disposto neste artigo, houver culpa de todos os devedores, responderão todos por partes iguais.

§ 2º Se for de um só a culpa, ficarão exonerados os outros, respondendo só esse pelas perdas e danos.

CAPÍTULO VI
Das Obrigações Solidárias

SEÇÃO I
Disposições Gerais

Art. 264. Há solidariedade, quando na mesma obrigação concorre mais de um credor, ou mais de um devedor, cada um com direito, ou obrigado, à dívida toda.

Art. 265. A solidariedade não se presume; resulta da lei ou da vontade das partes.

Art. 266. A obrigação solidária pode ser pura e simples para um dos cocredores ou codevedores, e condicional, ou a prazo, ou pagável em lugar diferente, para o outro.

SEÇÃO II
Da Solidariedade Ativa

Art. 267. Cada um dos credores solidários tem direito a exigir do devedor o cumprimento da prestação por inteiro.

Art. 268. Enquanto alguns dos credores solidários não demandarem o devedor comum, a qualquer daqueles poderá este pagar.

Art. 269. O pagamento feito a um dos credores solidários extingue a dívida até o montante do que foi pago.

Art. 270. Se um dos credores solidários falecer deixando herdeiros, cada um destes só terá direito a exigir e receber a quota do crédito que corresponder ao seu quinhão hereditário, salvo se a obrigação for indivisível.

Art. 271. Convertendo-se a prestação em perdas e danos, subsiste, para todos os efeitos, a solidariedade.

Art. 272. O credor que tiver remitido a dívida ou recebido o pagamento responderá aos outros pela parte que lhes caiba.

Art. 273. A um dos credores solidários não pode o devedor opor as exceções pessoais oponíveis aos outros.

Art. 274. O julgamento contrário a um dos credores solidários não atinge os demais, mas o julgamento favorável aproveita-lhes, sem prejuízo de exceção pessoal que o devedor tenha direito de invocar em relação a qualquer deles.

SEÇÃO III
Da Solidariedade Passiva

Art. 275. O credor tem direito a exigir e receber de um ou de alguns dos devedores, parcial ou totalmente, a dívida comum; se o pagamento tiver sido parcial, todos os demais devedores continuam obrigados solidariamente pelo resto.

Parágrafo único. Não importará renúncia da solidariedade a propositura de ação pelo credor contra um ou alguns dos devedores.

Art. 276. Se um dos devedores solidários falecer deixando herdeiros, nenhum destes será obrigado a pagar senão a quota que corresponder ao seu quinhão hereditário, salvo se a obrigação for indivisível; mas todos reunidos serão considerados como um devedor solidário em relação aos demais devedores.

Art. 277. O pagamento parcial feito por um dos devedores e a remissão por ele obtida não aproveitam aos outros devedores, senão até à concorrência da quantia paga ou relevada.

Art. 278. Qualquer cláusula, condição ou obrigação adicional, estipulada entre um dos devedores solidários e o credor, não poderá agravar a posição dos outros sem consentimento destes.

Art. 279. Impossibilitando-se a prestação por culpa de um dos devedores solidários, subsiste para todos o encargo de pagar o equivalente; mas pelas perdas e danos só responde o culpado.

Art. 280. Todos os devedores respondem pelos juros da mora, ainda que a ação tenha sido proposta somente contra um; mas o culpado responde aos outros pela obrigação acrescida.

Art. 281. O devedor demandado pode opor ao credor as exceções que lhe forem pessoais e as comuns a todos; não lhe aproveitando as exceções pessoais a outro codevedor.

Art. 282. O credor pode renunciar à solidariedade em favor de um, de alguns ou de todos os devedores.

Parágrafo único. Se o credor exonerar da solidariedade um ou mais devedores, subsistirá a dos demais.

Art. 283. O devedor que satisfez a dívida por inteiro tem direito a exigir de cada um dos codevedores a sua quota, dividindo-se igualmente por todos a do insolvente, se o houver, presumindo-se iguais, no débito, as partes de todos os codevedores.

Art. 284. No caso de rateio entre os codevedores, contribuirão também os exonerados da solidariedade pelo credor, pela parte que na obrigação incumbia ao insolvente.

Art. 285. Se a dívida solidária interessar exclusivamente a um dos devedores, responderá este por toda ela para com aquele que pagar.

TÍTULO II
Da Transmissão das Obrigações

CAPÍTULO I
Da Cessão de Crédito

Art. 286. O credor pode ceder o seu crédito, se a isso não se opuser a natureza da obrigação, a lei, ou a convenção com o devedor; a cláusula proibitiva da cessão não poderá ser oposta ao cessionário de boa-fé, se não constar do instrumento da obrigação.

Art. 287. Salvo disposição em contrário, na cessão de um crédito abrangem-se todos os seus acessórios.

Art. 288. É ineficaz, em relação a terceiros, a transmissão de um crédito, se não celebrar-se mediante instrumento público, ou instrumento particular revestido das solenidades do § 1º do art. 654.

Art. 289. O cessionário de crédito hipotecário tem o direito de fazer averbar a cessão no registro do imóvel.

Art. 290. A cessão do crédito não tem eficácia em relação ao devedor, senão quando a este notificada; mas por notificado se tem o devedor que, em escrito público ou particular, se declarou ciente da cessão feita.

Art. 291. Ocorrendo várias cessões do mesmo crédito, prevalece a que se completar com a tradição do título do crédito cedido.

Art. 292. Fica desobrigado o devedor que, antes de ter conhecimento da cessão, paga ao credor primitivo, ou que, no caso de mais de uma cessão notificada, paga ao cessionário que lhe apresenta, com o título de cessão, o da obrigação cedida; quando o crédito constar de escritura pública, prevalecerá a prioridade da notificação.

Art. 293. Independentemente do conhecimento da cessão pelo devedor, pode o cessionário exercer os atos conservatórios do direito cedido.

Art. 294. O devedor pode opor ao cessionário as exceções que lhe competirem, bem como as que, no momento em que veio a ter conhecimento da cessão, tinha contra o cedente.

Art. 295. Na cessão por título oneroso, o cedente, ainda que não se responsabilize, fica responsável ao cessionário pela existência do crédito ao tempo em que lhe cedeu; a mesma responsabilidade lhe cabe nas cessões por título gratuito, se tiver procedido de má-fé.

Art. 296. Salvo estipulação em contrário, o cedente não responde pela solvência do devedor.

Art. 297. O cedente, responsável ao cessionário pela solvência do devedor, não responde por mais do que daquele recebeu, com os respectivos juros; mas tem de ressarcir-lhe as despesas da cessão e as que o cessionário houver feito com a cobrança.

Art. 298. O crédito, uma vez penhorado, não pode mais ser transferido pelo credor que tiver conhecimento da penhora; mas o devedor que o pagar, não tendo notificação dela, fica exonerado, subsistindo somente contra o credor os direitos de terceiro.

CAPÍTULO II
Da Assunção de Dívida

Art. 299. É facultado a terceiro assumir a obrigação do devedor, com o consentimento expresso do credor, ficando exonerado o devedor primitivo, salvo se aquele, ao tempo da assunção, era insolvente e o credor o ignorava.

Parágrafo único. Qualquer das partes pode assinar prazo ao credor para que consinta na assunção da dívida, interpretando-se o seu silêncio como recusa.

Art. 300. Salvo assentimento expresso do devedor primitivo, consideram-se extintas, a partir da assunção da dívida, as garantias especiais por ele originariamente dadas ao credor.

Art. 301. Se a substituição do devedor vier a ser anulada, restaura-se o débito, com todas as suas garantias, salvo as garantias prestadas por terceiros, exceto se este conhecia o vício que inquinava a obrigação.

Art. 302. O novo devedor não pode opor ao credor as exceções pessoais que competiam ao devedor primitivo.

Art. 303. O adquirente de imóvel hipotecado pode tomar a seu cargo o pagamento do crédito garantido; se o credor, notificado, não impugnar em trinta dias a transferência do débito, entender-se-á dado o assentimento.

TÍTULO III
Do Adimplemento e Extinção das Obrigações

CAPÍTULO I
Do Pagamento

SEÇÃO I
De Quem Deve Pagar

Art. 304. Qualquer interessado na extinção da dívida pode pagá-la, usando, se o credor se opuser, dos meios conducentes à exoneração do devedor.

Parágrafo único. Igual direito cabe ao terceiro não interessado, se o fizer em nome e à conta do devedor, salvo oposição deste.

Art. 305. O terceiro não interessado, que paga a dívida em seu próprio nome, tem direito a reembolsar-se do que pagar; mas não se sub-roga nos direitos do credor.

Parágrafo único. Se pagar antes de vencida a dívida, só terá direito ao reembolso no vencimento.

Art. 306. O pagamento feito por terceiro, com desconhecimento ou oposição do devedor, não obriga a reembolsar aquele que pagou, se o devedor tinha meios para ilidir a ação.

Art. 307. Só terá eficácia o pagamento que importar transmissão da propriedade, quando feito por quem possa alienar o objeto em que ele consistiu.

Parágrafo único. Se se der em pagamento coisa fungível, não se poderá mais reclamar do credor que, de boa-fé, a recebeu e consumiu, ainda que o solvente não tivesse o direito de aliená-la.

SEÇÃO II
Daqueles a Quem se Deve Pagar

Art. 308. O pagamento deve ser feito ao credor ou a quem de direito o represente, sob pena de só valer depois de por ele ratificado, ou tanto quanto reverter em seu proveito.

Art. 309. O pagamento feito de boa-fé ao credor putativo é válido, ainda provado depois que não era credor.

Art. 310. Não vale o pagamento cientemente feito ao credor incapaz de quitar, se o devedor não provar que em benefício dele efetivamente reverteu.

Art. 311. Considera-se autorizado a receber o pagamento o portador da quitação, salvo se as circunstâncias contrariarem a presunção daí resultante.

Art. 312. Se o devedor pagar ao credor, apesar de intimado da penhora feita sobre o crédito, ou da impugnação a ele oposta por terceiros, o pagamento não valerá contra estes, que poderão constranger o devedor a pagar de novo, ficando-lhe ressalvado o regresso contra o credor.

SEÇÃO III
Do Objeto do Pagamento e Sua Prova

Art. 313. O credor não é obrigado a receber prestação diversa da que lhe é devida, ainda que mais valiosa.

Art. 314. Ainda que a obrigação tenha por objeto prestação divisível, não pode o credor ser obrigado a receber, nem o devedor a pagar, por partes, se assim não se ajustou.

Art. 315. As dívidas em dinheiro deverão ser pagas no vencimento, em moeda corrente e pelo valor nominal, salvo o disposto nos artigos subsequentes.

Art. 316. É lícito convencionar o aumento progressivo de prestações sucessivas.

Art. 317. Quando, por motivos imprevisíveis, sobrevier desproporção manifesta entre o valor da prestação devida e o do momento de sua execução, poderá o juiz corrigi-lo, a pedido da parte, de modo que assegure, quanto possível, o valor real da prestação.

Art. 318. São nulas as convenções de pagamento em ouro ou em moeda estrangeira, bem como para compensar a diferença entre o valor desta e o da moeda nacional, excetuados os casos previstos na legislação especial.

Art. 319. O devedor que paga tem direito a quitação regular, e pode reter o pagamento, enquanto não lhe seja dada.

Art. 320. A quitação, que sempre poderá ser dada por instrumento particular, designará o valor e a espécie da dívida quitada, o nome do devedor, ou quem por este pagou, o tempo e o lugar do pagamento, com a assinatura do credor, ou do seu representante.

Parágrafo único. Ainda sem os requisitos estabelecidos neste artigo valerá a quitação, se de seus termos ou das circunstâncias resultar haver sido paga a dívida.

Art. 321. Nos débitos, cuja quitação consista na devolução do título, perdido este, poderá o devedor exigir, retendo o pagamento, declaração do credor que inutilize o título desaparecido.

Art. 322. Quando o pagamento for em quotas periódicas, a quitação da última estabelece, até prova em contrário, a presunção de estarem solvidas as anteriores.

Art. 323. Sendo a quitação do capital sem reserva dos juros, estes presumem-se pagos.

Art. 324. A entrega do título ao devedor firma a presunção do pagamento.

Parágrafo único. Ficará sem efeito a quitação assim operada se o credor provar, em sessenta dias, a falta do pagamento.

Art. 325. Presumem-se a cargo do devedor as despesas com o pagamento e a quitação; se ocorrer aumento por fato do credor, suportará este a despesa acrescida.

Art. 326. Se o pagamento se houver de fazer por medida, ou peso, entender-se-á, no silêncio das partes, que aceitaram os do lugar da execução.

SEÇÃO IV
Do Lugar do Pagamento

Art. 327. Efetuar-se-á o pagamento no domicílio do devedor, salvo se as partes convencionarem diversamente, ou se o contrário resultar da lei, da natureza da obrigação ou das circunstâncias.

Parágrafo único. Designados dois ou mais lugares, cabe ao credor escolher entre eles.

Art. 328. Se o pagamento consistir na tradição de um imóvel, ou em prestações relativas a imóvel, far-se-á no lugar onde situado o bem.

Art. 329. Ocorrendo motivo grave para que se não efetue o pagamento no lugar determinado, poderá o devedor fazê-lo em outro, sem prejuízo para o credor.

Art. 330. O pagamento reiteradamente feito em outro local faz presumir renúncia do credor relativamente ao previsto no contrato.

SEÇÃO V
Do Tempo do Pagamento

Art. 331. Salvo disposição legal em contrário, não tendo sido ajustada época para o pagamento, pode o credor exigi-lo imediatamente.

Art. 332. As obrigações condicionais cumprem-se na data do implemento da condição, cabendo ao credor a prova de que deste teve ciência o devedor.

Art. 333. Ao credor assistirá o direito de cobrar a dívida antes de vencido o prazo estipulado no contrato ou marcado neste Código:

I. no caso de falência do devedor, ou de concurso de credores;

II. se os bens, hipotecados ou empenhados, forem penhorados em execução por outro credor;

III. se cessarem, ou se se tornarem insuficientes, as garantias do débito, fidejussórias, ou reais, e o devedor, intimado, se negar a reforçá-las.

Parágrafo único. Nos casos deste artigo, se houver, no débito, solidariedade passiva, não se reputará vencido quanto aos outros devedores solventes.

CAPÍTULO II
Do Pagamento em Consignação

Art. 334. Considera-se pagamento, e extingue a obrigação, o depósito judicial ou em estabelecimento bancário da coisa devida, nos casos e forma legais.

Art. 335. A consignação tem lugar:

I. se o credor não puder, ou, sem justa causa, recusar receber o pagamento, ou dar quitação na devida forma;

II. se o credor não for, nem mandar receber a coisa no lugar, tempo e condição devidos;

III. se o credor for incapaz de receber, for desconhecido, declarado ausente, ou residir em lugar incerto ou de acesso perigoso ou difícil;

IV. se ocorrer dúvida sobre quem deva legitimamente receber o objeto do pagamento;

V. se pender litígio sobre o objeto do pagamento.

Art. 336. Para que a consignação tenha força de pagamento, será mister concorram, em relação às pessoas, ao objeto, modo e tempo, todos os requisitos sem os quais não é válido o pagamento.

Art. 337. O depósito requerer-se-á no lugar do pagamento, cessando, tanto que se efetue, para o depositante, os juros da dívida e os riscos, salvo se for julgado improcedente.

Art. 338. Enquanto o credor não declarar que aceita o depósito, ou não o impugnar, poderá o devedor requerer o levantamento, pagando as respectivas despesas, e subsistindo a obrigação para todas as consequências de direito.

Art. 339. Julgado procedente o depósito, o devedor já não poderá levantá-lo, embora o credor consinta, senão de acordo com os outros devedores e fiadores.

Art. 340. O credor que, depois de contestar a lide ou aceitar o depósito, aquiescer no levantamento, perderá a preferência e a garantia que lhe competiam com respeito à coisa consignada, ficando para logo desobrigados os codevedores e fiadores que não tenham anuído.

Art. 341. Se a coisa devida for imóvel ou corpo certo que deva ser entregue no mesmo lugar onde está, poderá o devedor citar o credor para vir ou mandar recebê-la, sob pena de ser depositada.

Art. 342. Se a escolha da coisa indeterminada competir ao credor, será ele citado para esse fim, sob cominação de perder o direito e de ser depositada a coisa que o devedor escolher; feita a escolha pelo devedor, proceder-se-á como no artigo antecedente.

Art. 343. As despesas com o depósito, quando julgado procedente, correrão à conta do credor, e, no caso contrário, à conta do devedor.

Art. 344. O devedor de obrigação litigiosa exonerar-se-á mediante consignação, mas, se pagar a qualquer dos pretendidos credores, tendo conhecimento do litígio, assumirá o risco do pagamento.

Art. 345. Se a dívida se vencer, pendendo litígio entre credores que se pretendem mutuamente excluir, poderá qualquer deles requerer a consignação.

CAPÍTULO III
Do Pagamento com Sub-Rogação

Art. 346. A sub-rogação opera-se, de pleno direito, em favor:
I. do credor que paga a dívida do devedor comum;
II. do adquirente do imóvel hipotecado, que paga a credor hipotecário, bem como do terceiro que efetiva o pagamento para não ser privado de direito sobre imóvel;
III. do terceiro interessado, que paga a dívida pela qual era ou podia ser obrigado, no todo ou em parte.

Art. 347. A sub-rogação é convencional:
I. quando o credor recebe o pagamento de terceiro e expressamente lhe transfere todos os seus direitos;
II. quando terceira pessoa empresta ao devedor a quantia precisa para solver a dívida, sob a condição expressa de ficar o mutuante sub-rogado nos direitos do credor satisfeito.

Art. 348. Na hipótese do inciso I do artigo antecedente, vigorará o disposto quanto à cessão do crédito.

Art. 349. A sub-rogação transfere ao novo credor todos os direitos, ações, privilégios e garantias do primitivo, em relação à dívida, contra o devedor principal e os fiadores.

Art. 350. Na sub-rogação legal o sub-rogado não poderá exercer os direitos e as ações do credor, senão até à soma que tiver desembolsado para desobrigar o devedor.

Art. 351. O credor originário, só em parte reembolsado, terá preferência ao sub-rogado, na cobrança da dívida restante, se os bens do devedor não chegarem para saldar inteiramente o que a um e outro dever.

CAPÍTULO IV
Da Imputação do Pagamento

Art. 352. A pessoa obrigada por dois ou mais débitos da mesma natureza, a um só credor, tem o direito de indicar a qual deles oferece pagamento, se todos forem líquidos e vencidos.

Art. 353. Não tendo o devedor declarado em qual das dívidas líquidas e vencidas quer imputar o pagamento, se aceitar a quitação de uma delas, não terá direito a reclamar contra a imputação feita pelo credor, salvo provando haver ele cometido violência ou dolo.

Art. 354. Havendo capital e juros, o pagamento imputar-se-á primeiro nos juros vencidos, e depois no capital, salvo estipulação em contrário, ou se o credor passar a quitação por conta do capital.

Art. 355. Se o devedor não fizer a indicação do art. 352, e a quitação for omissa quanto à imputação, esta se fará nas dívidas líquidas e vencidas em primeiro lugar. Se as dívidas forem todas líquidas e vencidas ao mesmo tempo, a imputação far-se-á na mais onerosa.

CAPÍTULO V

Da Dação em Pagamento

Art. 356. O credor pode consentir em receber prestação diversa da que lhe é devida.

Art. 357. Determinado o preço da coisa dada em pagamento, as relações entre as partes regular-se-ão pelas normas do contrato de compra e venda.

Art. 358. Se for título de crédito a coisa dada em pagamento, a transferência importará em cessão.

Art. 359. Se o credor for evicto da coisa recebida em pagamento, restabelecer-se-á a obrigação primitiva, ficando sem efeito a quitação dada, ressalvados os direitos de terceiros.

CAPÍTULO VI

Da Novação

Art. 360. Dá-se a novação:
I. quando o devedor contrai com o credor nova dívida para extinguir e substituir a anterior;
II. quando novo devedor sucede ao antigo, ficando este quite com o credor;
III. quando, em virtude de obrigação nova, outro credor é substituído ao antigo, ficando o devedor quite com este.

Art. 361. Não havendo ânimo de novar, expresso ou tácito mas inequívoco, a segunda obrigação confirma simplesmente a primeira.

Art. 362. A novação por substituição do devedor pode ser efetuada independentemente de consentimento deste.

Art. 363. Se o novo devedor for insolvente, não tem o credor, que o aceitou, ação regressiva contra o primeiro, salvo se este obteve por má-fé a substituição.

Art. 364. A novação extingue os acessórios e garantias da dívida, sempre que não houver estipulação em contrário. Não aproveitará, contudo, ao credor ressalvar o penhor, a hipoteca ou a anticrese, se os bens dados em garantia pertencerem a terceiro que não foi parte na novação.

Art. 365. Operada a novação entre o credor e um dos devedores solidários, somente sobre os bens do que contrair a nova obrigação subsistem as preferências e garantias do crédito novado. Os outros devedores solidários ficam por esse fato exonerados.

Art. 366. Importa exoneração do fiador a novação feita sem seu consenso com o devedor principal.

Art. 367. Salvo as obrigações simplesmente anuláveis, não podem ser objeto de novação obrigações nulas ou extintas.

CAPÍTULO VII

Da Compensação

Art. 368. Se duas pessoas forem ao mesmo tempo credor e devedor uma da outra, as duas obrigações extinguem-se, até onde se compensarem.

Art. 369. A compensação efetua-se entre dívidas líquidas, vencidas e de coisas fungíveis.

Art. 370. Embora sejam do mesmo gênero as coisas fungíveis, objeto das duas prestações, não se compensarão, verificando-se que diferem na qualidade, quando especificada no contrato.

Art. 371. O devedor somente pode compensar com o credor o que este lhe dever; mas o fiador pode compensar sua dívida com a de seu credor ao afiançado.

Art. 372. Os prazos de favor, embora consagrados pelo uso geral, não obstam a compensação.

Art. 373. A diferença de causa nas dívidas não impede a compensação, exceto:
I. se provier de esbulho, furto ou roubo;
II. se uma se originar de comodato, depósito ou alimentos;
III. se uma for de coisa não suscetível de penhora.

Art. 374. (Revogado)

Art. 375. Não haverá compensação quando as partes, por mútuo acordo, a excluírem, ou no caso de renúncia prévia de uma delas.

Art. 376. Obrigando-se por terceiro uma pessoa, não pode compensar essa dívida com a que o credor dele lhe dever.

Art. 377. O devedor que, notificado, nada opõe à cessão que o credor faz a terceiros dos seus direitos, não pode opor ao cessionário a compensação, que antes da cessão teria podido opor ao cedente. Se, porém, a cessão lhe não tiver sido notificada, poderá opor ao cessionário compensação do crédito que antes tinha contra o cedente.

Art. 378. Quando as duas dívidas não são pagáveis no mesmo lugar, não se podem compensar sem dedução das despesas necessárias à operação.

Art. 379. Sendo a mesma pessoa obrigada por várias dívidas compensáveis, serão observadas, no compensá-las, as regras estabelecidas quanto à imputação do pagamento.

Art. 380. Não se admite a compensação em prejuízo de direito de terceiro. O devedor que se torne credor do seu credor, depois de penhorado o crédito deste, não pode opor ao exequente a compensação, de que contra o próprio credor disporia.

CAPÍTULO VIII
Da Confusão

Art. 381. Extingue-se a obrigação, desde que na mesma pessoa se confundam as qualidades de credor e devedor.

Art. 382. A confusão pode verificar-se a respeito de toda a dívida, ou só de parte dela.

Art. 383. A confusão operada na pessoa do credor ou devedor solidário só extingue a obrigação até a concorrência da respectiva parte no crédito, ou na dívida, subsistindo quanto ao mais a solidariedade.

Art. 384. Cessando a confusão, para logo se restabelece, com todos os seus acessórios, a obrigação anterior.

CAPÍTULO IX
Da Remissão das Dívidas

Art. 385. A remissão da dívida, aceita pelo devedor, extingue a obrigação, mas sem prejuízo de terceiro.

Art. 386. A devolução voluntária do título da obrigação, quando por escrito particular, prova desoneração do devedor e seus co-obrigados, se o credor for capaz de alienar, e o devedor capaz de adquirir.

Art. 387. A restituição voluntária do objeto empenhado prova a renúncia do credor à garantia real, não a extinção da dívida.

Art. 388. A remissão concedida a um dos codevedores extingue a dívida na parte a ele correspondente; de modo que, ainda reservando o credor a solidariedade contra os outros, já lhes não pode cobrar o débito sem dedução da parte remitida.

TÍTULO IV
Do Inadimplemento das Obrigações

CAPÍTULO I
Disposições Gerais

Art. 389. Não cumprida a obrigação, responde o devedor por perdas e danos, mais juros e atualização monetária segundo índices oficiais regularmente estabelecidos, e honorários de advogado.

Art. 390. Nas obrigações negativas o devedor é havido por inadimplente desde o dia em que executou o ato de que se devia abster.

Art. 391. Pelo inadimplemento das obrigações respondem todos os bens do devedor.

Art. 392. Nos contratos benéficos, responde por simples culpa o contratante, a quem o contrato aproveite, e por dolo aquele a quem não favoreça. Nos contratos onerosos, responde cada uma das partes por culpa, salvo as exceções previstas em lei.

Art. 393. O devedor não responde pelos prejuízos resultantes de caso fortuito ou força maior, se expressamente não se houver por eles responsabilizado.

Parágrafo único. O caso fortuito ou de força maior verifica-se no fato necessário, cujos efeitos não era possível evitar ou impedir.

CAPÍTULO II
Da Mora

Art. 394. Considera-se em mora o devedor que não efetuar o pagamento e o credor que não quiser recebê-lo no tempo, lugar e forma que a lei ou a convenção estabelecer.

Art. 395. Responde o devedor pelos prejuízos a que sua mora der causa, mais juros, atualização dos valores monetários segundo índices oficiais regularmente estabelecidos, e honorários de advogado.

Parágrafo único. Se a prestação, devido à mora, se tornar inútil ao credor, este poderá enjeitá-la, e exigir a satisfação das perdas e danos.

Art. 396. Não havendo fato ou omissão imputável ao devedor, não incorre este em mora.

Art. 397. O inadimplemento da obrigação, positiva e líquida, no seu termo, constitui de pleno direito em mora o devedor.

Parágrafo único. Não havendo termo, a mora se constitui mediante interpelação judicial ou extrajudicial.

Art. 398. Nas obrigações provenientes de ato ilícito, considera-se o devedor em mora, desde que o praticou.

Art. 399. O devedor em mora responde pela impossibilidade da prestação, embora essa impossibilidade resulte de caso fortuito ou de força maior, se estes ocorrerem durante o atraso; salvo se provar isenção de culpa, ou que o dano sobreviria ainda quando a obrigação fosse oportunamente desempenhada.

Art. 400. A mora do credor subtrai o devedor isento de dolo à responsabilidade pela conservação da coisa, obriga o credor a ressarcir as despesas empregadas em conservá-la, e sujeita-o a recebê-la pela estimação mais favorável ao devedor, se o seu valor oscilar entre o dia estabelecido para o pagamento e o da sua efetivação.

Art. 401. Purga-se a mora:

I. por parte do devedor, oferecendo este a prestação mais a importância dos prejuízos decorrentes do dia da oferta;

II. por parte do credor, oferecendo-se este a receber o pagamento e sujeitando-se aos efeitos da mora até a mesma data.

CAPÍTULO III

Das Perdas e Danos

Art. 402. Salvo as exceções expressamente previstas em lei, as perdas e danos devidas ao credor abrangem, além do que ele efetivamente perdeu, o que razoavelmente deixou de lucrar.

Art. 403. Ainda que a inexecução resulte de dolo do devedor, as perdas e danos só incluem os prejuízos efetivos e os lucros cessantes por efeito dela direto e imediato, sem prejuízo do disposto na lei processual.

Art. 404. As perdas e danos, nas obrigações de pagamento em dinheiro, serão pagas com atualização monetária segundo índices oficiais regularmente estabelecidos, abrangendo juros, custas e honorários de advogado, sem prejuízo da pena convencional.

Parágrafo único. Provado que os juros da mora não cobrem o prejuízo, e não havendo pena convencional, pode o juiz conceder ao credor indenização suplementar.

Art. 405. Contam-se os juros de mora desde a citação inicial.

CAPÍTULO IV

Dos Juros Legais

Art. 406. Quando os juros moratórios não forem convencionados, ou o forem sem taxa estipulada, ou quando provierem de determinação da lei, serão fixados segundo a taxa que estiver em vigor para a mora do pagamento de impostos devidos à Fazenda Nacional.

Art. 407. Ainda que se não alegue prejuízo, é obrigado o devedor aos juros da mora que se contarão assim às dívidas em dinheiro, como às prestações de outra natureza, uma vez que lhes esteja fixado o valor pecuniário por sentença judicial, arbitramento, ou acordo entre as partes.

CAPÍTULO V

Da Cláusula Penal

Art. 408. Incorre de pleno direito o devedor na cláusula penal, desde que, culposamente, deixe de cumprir a obrigação ou se constitua em mora.

Art. 409. A cláusula penal estipulada conjuntamente com a obrigação, ou em ato posterior, pode referir-se à inexecução completa da obrigação, à de alguma cláusula especial ou simplesmente à mora.

Art. 410. Quando se estipular a cláusula penal para o caso de total inadimplemento da obrigação, esta converter-se-á em alternativa a benefício do credor.

Art. 411. Quando se estipular a cláusula penal para o caso de mora, ou em segurança especial de outra cláusula determinada, terá o credor o arbítrio de exigir a satisfação da pena cominada, juntamente com o desempenho da obrigação principal.

Art. 412. O valor da cominação imposta na cláusula penal não pode exceder o da obrigação principal.

Art. 413. A penalidade deve ser reduzida equitativamente pelo juiz se a obrigação principal tiver sido cumprida em parte, ou se o montante da penalidade for manifestamente excessivo, tendo-se em vista a natureza e a finalidade do negócio.

Art. 414. Sendo indivisível a obrigação, todos os devedores, caindo em falta um deles, incorrerão na pena; mas esta só se poderá demandar integralmente do culpado, respondendo cada um dos outros somente pela sua quota.

Parágrafo único. Aos não culpados fica reservada a ação regressiva contra aquele que deu causa à aplicação da pena.

Art. 415. Quando a obrigação for divisível, só incorre na pena o devedor ou o herdeiro do devedor que a infringir, e proporcionalmente à sua parte na obrigação.

Art. 416. Para exigir a pena convencional, não é necessário que o credor alegue prejuízo.

Parágrafo único. Ainda que o prejuízo exceda ao previsto na cláusula penal, não pode o credor exigir indenização suplementar se assim não foi convencionado. Se o tiver sido, a pena vale como mínimo da indenização, competindo ao credor provar o prejuízo excedente.

CAPÍTULO VI
Das Arras ou Sinal

Art. 417. Se, por ocasião da conclusão do contrato, uma parte der à outra, a título de arras, dinheiro ou outro bem móvel, deverão as arras, em caso de execução, ser restituídas ou computadas na prestação devida, se do mesmo gênero da principal.

Art. 418. Se a parte que deu as arras não executar o contrato, poderá a outra tê-lo por desfeito, retendo-as; se a inexecução for de quem recebeu as arras, poderá quem as deu haver o contrato por desfeito, e exigir sua devolução mais o equivalente, com atualização monetária segundo índices oficiais regularmente estabelecidos, juros e honorários de advogado.

Art. 419. A parte inocente pode pedir indenização suplementar, se provar maior prejuízo, valendo as arras como taxa mínima. Pode, também, a parte inocente exigir a execução do contrato, com as perdas e danos, valendo as arras como o mínimo da indenização.

Art. 420. Se no contrato for estipulado o direito de arrependimento para qualquer das partes, as arras ou sinal terão função unicamente indenizatória. Neste caso, quem as deu perdê-las-á em benefício da outra parte; e quem as recebeu devolvê-las-á, mais o equivalente. Em ambos os casos não haverá direito a indenização suplementar.

TÍTULO V
Dos Contratos em Geral

CAPÍTULO I
Disposições Gerais

SEÇÃO I
Preliminares

Art. 421. A liberdade contratual será exercida nos limites da função social do contrato.

Parágrafo único. Nas relações contratuais privadas, prevalecerão o princípio da intervenção mínima e a excepcionalidade da revisão contratual.

Art. 421-A. Os contratos civis e empresariais presumem-se paritários e simétricos até a presença de elementos concretos que justifiquem o afastamento dessa presunção, ressalvados os regimes jurídicos previstos em leis especiais, garantido também que:
I. as partes negociantes poderão estabelecer parâmetros objetivos para a interpretação das cláusulas negociais e de seus pressupostos de revisão ou de resolução;
II. a alocação de riscos definida pelas partes deve ser respeitada e observada; e
III. a revisão contratual somente ocorrerá de maneira excepcional e limitada.

Art. 422. Os contratantes são obrigados a guardar, assim na conclusão do contrato, como em sua execução, os princípios de probidade e boa-fé.

Art. 423. Quando houver no contrato de adesão cláusulas ambíguas ou contraditórias, dever-se-á adotar a interpretação mais favorável ao aderente.

Art. 424. Nos contratos de adesão, são nulas as cláusulas que estipulem a renúncia antecipada do aderente a direito resultante da natureza do negócio.

Art. 425. É lícito às partes estipular contratos atípicos, observadas as normas gerais fixadas neste Código.

Art. 426. Não pode ser objeto de contrato a herança de pessoa viva.

SEÇÃO II
Da Formação dos Contratos

Art. 427. A proposta de contrato obriga o proponente, se o contrário não resultar dos termos dela, da natureza do negócio, ou das circunstâncias do caso.

Art. 428. Deixa de ser obrigatória a proposta:
I. se, feita sem prazo a pessoa presente, não foi imediatamente aceita. Considera-se também presente a pessoa que contrata por telefone ou por meio de comunicação semelhante;
II. se, feita sem prazo a pessoa ausente, tiver decorrido tempo suficiente para chegar a resposta ao conhecimento do proponente;
III. se, feita a pessoa ausente, não tiver sido expedida a resposta dentro do prazo dado;
IV. se, antes dela, ou simultaneamente, chegar ao conhecimento da outra parte a retratação do proponente.

Art. 429. A oferta ao público equivale a proposta quando encerra os requisitos essenciais ao contrato, salvo se o contrário resultar das circunstâncias ou dos usos.

Parágrafo único. Pode revogar-se a oferta pela mesma via de sua divulgação, desde que ressalvada esta faculdade na oferta realizada.

Art. 430. Se a aceitação, por circunstância imprevista, chegar tarde ao conhecimento do proponente, este comunicá-lo-á imediatamente ao aceitante, sob pena de responder por perdas e danos.

Art. 431. A aceitação fora do prazo, com adições, restrições, ou modificações, importará nova proposta.

Art. 432. Se o negócio for daqueles em que não seja costume a aceitação expressa, ou o proponente a tiver dispensado, reputar-se-á concluído o contrato, não chegando a tempo a recusa.

Art. 433. Considera-se inexistente a aceitação, se antes dela ou com ela chegar ao proponente a retratação do aceitante.

Art. 434. Os contratos entre ausentes tornam-se perfeitos desde que a aceitação é expedida, exceto:
I. no caso do artigo antecedente;
II. se o proponente se houver comprometido a esperar resposta;
III. se ela não chegar no prazo convencionado.

Art. 435. Reputar-se-á celebrado o contrato no lugar em que foi proposto.

SEÇÃO III
Da Estipulação em Favor de Terceiro

Art. 436. O que estipula em favor de terceiro pode exigir o cumprimento da obrigação.

Parágrafo único. Ao terceiro, em favor de quem se estipulou a obrigação, também é permitido exigi-la, ficando, todavia, sujeito às condições e normas do contrato, se a ele anuir, e o estipulante não o inovar nos termos do art. 438.

Art. 437. Se ao terceiro, em favor de quem se fez o contrato, se deixar o direito de reclamar-lhe a execução, não poderá o estipulante exonerar o devedor.

Art. 438. O estipulante pode reservar-se o direito de substituir o terceiro designado no contrato, independentemente da sua anuência e da do outro contratante.

Parágrafo único. A substituição pode ser feita por ato entre vivos ou por disposição de última vontade.

SEÇÃO IV
Da Promessa de Fato de Terceiro

Art. 439. Aquele que tiver prometido fato de terceiro responderá por perdas e danos, quando este o não executar.

Parágrafo único. Tal responsabilidade não existirá se o terceiro for o cônjuge do promitente, dependendo da sua anuência o ato a ser praticado, e desde que, pelo regime do casamento, a indenização, de algum modo, venha a recair sobre os seus bens.

Art. 440. Nenhuma obrigação haverá para quem se comprometer por outrem, se este, depois de se ter obrigado, faltar à prestação.

SEÇÃO V
Dos Vícios Redibitórios

Art. 441. A coisa recebida em virtude de contrato comutativo pode ser enjeitada por vícios ou defeitos ocultos, que a tornem imprópria ao uso a que é destinada, ou lhe diminuam o valor.

Parágrafo único. É aplicável a disposição deste artigo às doações onerosas.

Art. 442. Em vez de rejeitar a coisa, redibindo o contrato (art. 441), pode o adquirente reclamar abatimento no preço.

Art. 443. Se o alienante conhecia o vício ou defeito da coisa, restituirá o que recebeu com perdas e danos; se o não conhecia, tão-somente restituirá o valor recebido, mais as despesas do contrato.

Art. 444. A responsabilidade do alienante subsiste ainda que a coisa pereça em poder do alienatário, se perecer por vício oculto, já existente ao tempo da tradição.

Art. 445. O adquirente decai do direito de obter a redibição ou abatimento no preço no prazo de trinta dias se a coisa for móvel, e de um ano se for imóvel, contado da entrega efetiva; se já estava na posse, o prazo conta-se da alienação, reduzido à metade.

§ 1º Quando o vício, por sua natureza, só puder ser conhecido mais tarde, o prazo contar-se-á do momento em que dele tiver ciência, até o prazo máximo de cento e oitenta dias, em se tratando de bens móveis; e de um ano, para os imóveis.

§ 2º Tratando-se de venda de animais, os prazos de garantia por vícios ocultos serão os estabelecidos em lei especial, ou, na falta desta, pelos usos locais, aplicando-se o disposto no parágrafo antecedente se não houver regras disciplinando a matéria.

Art. 446. Não correrão os prazos do artigo antecedente na constância de cláusula de garantia; mas o adquirente deve denunciar o defeito ao alienante nos trinta dias seguintes ao seu descobrimento, sob pena de decadência.

SEÇÃO VI
Da Evicção

Art. 447. Nos contratos onerosos, o alienante responde pela evicção. Subsiste esta garantia ainda que a aquisição se tenha realizado em hasta pública.

Art. 448. Podem as partes, por cláusula expressa, reforçar, diminuir ou excluir a responsabilidade pela evicção.

Art. 449. Não obstante a cláusula que exclui a garantia contra a evicção, se esta se der, tem direito o evicto a receber o preço que pagou pela coisa evicta, se não soube do risco da evicção, ou, dele informado, não o assumiu.

Art. 450. Salvo estipulação em contrário, tem direito o evicto, além da restituição integral do preço ou das quantias que pagou:
I. à indenização dos frutos que tiver sido obrigado a restituir;
II. à indenização pelas despesas dos contratos e pelos prejuízos que diretamente resultarem da evicção;
III. às custas judiciais e aos honorários do advogado por ele constituído.

Parágrafo único. O preço, seja a evicção total ou parcial, será o do valor da coisa, na época em que se evenceu, e proporcional ao desfalque sofrido, no caso de evicção parcial.

Art. 451. Subsiste para o alienante esta obrigação, ainda que a coisa alienada esteja deteriorada, exceto havendo dolo do adquirente.

Art. 452. Se o adquirente tiver auferido vantagens das deteriorações, e não tiver sido condenado a indenizá-las, o valor das vantagens será deduzido da quantia que lhe houver de dar o alienante.

Art. 453. As benfeitorias necessárias ou úteis, não abonadas ao que sofreu a evicção, serão pagas pelo alienante.

Art. 454. Se as benfeitorias abonadas ao que sofreu a evicção tiverem sido feitas pelo alienante, o valor delas será levado em conta na restituição devida.

Art. 455. Se parcial, mas considerável, for a evicção, poderá o evicto optar entre a rescisão do contrato e a restituição da parte do preço correspondente ao desfalque sofrido. Se não for considerável, caberá somente direito a indenização.

Art. 456. (Revogado)

Art. 457. Não pode o adquirente demandar pela evicção, se sabia que a coisa era alheia ou litigiosa.

SEÇÃO VII
Dos Contratos Aleatórios

Art. 458. Se o contrato for aleatório, por dizer respeito a coisas ou fatos futuros, cujo risco de não virem a existir um dos contratantes assuma, terá o outro direito de receber integralmente o que lhe foi prometido, desde que de sua parte não tenha havido dolo ou culpa, ainda que nada do avençado venha a existir.

Art. 459. Se for aleatório, por serem objeto dele coisas futuras, tomando o adquirente a si o risco de virem a existir em qualquer quantidade, terá também direito o alienante a todo o preço, desde que de sua parte não tiver concorrido culpa, ainda que a coisa venha a existir em quantidade inferior à esperada.

Parágrafo único. Mas, se da coisa nada vier a existir, alienação não haverá, e o alienante restituirá o preço recebido.

Art. 460. Se for aleatório o contrato, por se referir a coisas existentes, mas expostas a risco, assumido pelo adquirente, terá igualmente direito o alienante a todo o preço, posto que a coisa já não existisse, em parte, ou de todo, no dia do contrato.

Art. 461. A alienação aleatória a que se refere o artigo antecedente poderá ser anulada como dolosa pelo prejudicado, se provar que o outro contratante não ignorava a consumação do risco, a que no contrato se considerava exposta a coisa.

SEÇÃO VIII
Do Contrato Preliminar

Art. 462. O contrato preliminar, exceto quanto à forma, deve conter todos os requisitos essenciais ao contrato a ser celebrado.

Art. 463. Concluído o contrato preliminar, com observância do disposto no artigo antecedente, e desde que dele não conste cláusula de arrependimento, qualquer das partes terá o direito de exigir a celebração do definitivo, assinando prazo à outra para que o efetive.

Parágrafo único. O contrato preliminar deverá ser levado ao registro competente.

Art. 464. Esgotado o prazo, poderá o juiz, a pedido do interessado, suprir a vontade da parte inadimplente, conferindo caráter definitivo ao contrato preliminar, salvo se a isto se opuser a natureza da obrigação.

Art. 465. Se o estipulante não der execução ao contrato preliminar, poderá a outra parte considerá-lo desfeito, e pedir perdas e danos.

Art. 466. Se a promessa de contrato for unilateral, o credor, sob pena de ficar a mesma sem efeito, deverá manifestar-se no prazo nela previsto, ou, inexistindo este, no que lhe for razoavelmente assinado pelo devedor.

SEÇÃO IX
Do Contrato com Pessoa a Declarar

Art. 467. No momento da conclusão do contrato, pode uma das partes reservar-se a faculdade de indicar a pessoa que deve adquirir os direitos e assumir as obrigações dele decorrentes.

Art. 468. Essa indicação deve ser comunicada à outra parte no prazo de cinco dias da conclusão do contrato, se outro não tiver sido estipulado.

Parágrafo único. A aceitação da pessoa nomeada não será eficaz se não se revestir da mesma forma que as partes usaram para o contrato.

Art. 469. A pessoa, nomeada de conformidade com os artigos antecedentes, adquire os direitos e assume as obrigações decorrentes do contrato, a partir do momento em que este foi celebrado.

Art. 470. O contrato será eficaz somente entre os contratantes originários:

I. se não houver indicação de pessoa, ou se o nomeado se recusar a aceitá-la;

II. se a pessoa nomeada era insolvente, e a outra pessoa o desconhecia no momento da indicação.

Art. 471. Se a pessoa a nomear era incapaz ou insolvente no momento da nomeação, o contrato produzirá seus efeitos entre os contratantes originários.

CAPÍTULO II
Da Extinção do Contrato

SEÇÃO I
Do Distrato

Art. 472. O distrato faz-se pela mesma forma exigida para o contrato.

Art. 473. A resilição unilateral, nos casos em que a lei expressa ou implicitamente o permita, opera mediante denúncia notificada à outra parte.

Parágrafo único. Se, porém, dada a natureza do contrato, uma das partes houver feito investimentos consideráveis para a sua execução, a denúncia unilateral só produzirá efeito depois de transcorrido prazo compatível com a natureza e o vulto dos investimentos.

SEÇÃO II
Da Cláusula Resolutiva

Art. 474. A cláusula resolutiva expressa opera de pleno direito; a tácita depende de interpelação judicial.

Art. 475. A parte lesada pelo inadimplemento pode pedir a resolução do contrato, se não preferir exigir-lhe o cumprimento, cabendo, em qualquer dos casos, indenização por perdas e danos.

SEÇÃO III
Da Exceção de Contrato não Cumprido

Art. 476. Nos contratos bilaterais, nenhum dos contratantes, antes de cumprida a sua obrigação, pode exigir o implemento da do outro.

Art. 477. Se, depois de concluído o contrato, sobrevier a uma das partes contratantes diminuição em seu patrimônio capaz de comprometer ou tornar duvidosa a prestação pela qual se obrigou, pode a outra recusar-se à prestação que lhe incumbe, até que aquela satisfaça a que lhe compete ou dê garantia bastante de satisfazê-la.

SEÇÃO IV
Da Resolução por Onerosidade Excessiva

Art. 478. Nos contratos de execução continuada ou diferida, se a prestação de uma das partes se tornar excessivamente onerosa, com extrema vantagem para a outra, em virtude de acontecimentos extraordinários e imprevisíveis, poderá o devedor pedir a resolução do contrato. Os efeitos da sentença que a decretar retroagirão à data da citação.

Art. 479. A resolução poderá ser evitada, oferecendo-se o réu a modificar equitativamente as condições do contrato.

Art. 480. Se no contrato as obrigações couberem a apenas uma das partes, poderá ela pleitear que a sua prestação seja reduzida, ou alterado o modo de executá-la, a fim de evitar a onerosidade excessiva.

TÍTULO VI
Das Várias Espécies de Contrato

CAPÍTULO I
Da Compra e Venda

SEÇÃO I
Disposições Gerais

Art. 481. Pelo contrato de compra e venda, um dos contratantes se obriga a transferir o domínio de certa coisa, e o outro, a pagar-lhe certo preço em dinheiro.

Art. 482. A compra e venda, quando pura, considerar-se-á obrigatória e perfeita, desde que as partes acordarem no objeto e no preço.

Art. 483. A compra e venda pode ter por objeto coisa atual ou futura. Neste caso, ficará sem efeito o contrato se esta não vier a existir, salvo se a intenção das partes era de concluir contrato aleatório.

Art. 484. Se a venda se realizar à vista de amostras, protótipos ou modelos, entender-se-á que o vendedor assegura ter a coisa as qualidades que a elas correspondem.

Parágrafo único. Prevalece a amostra, o protótipo ou o modelo, se houver contradição ou diferença com a maneira pela qual se descreveu a coisa no contrato.

Art. 485. A fixação do preço pode ser deixada ao arbítrio de terceiro, que os contratantes logo designarem ou prometerem designar. Se o terceiro não aceitar a incumbência, ficará sem efeito o contrato, salvo quando acordarem os contratantes designar outra pessoa.

Art. 486. Também se poderá deixar a fixação do preço à taxa de mercado ou de bolsa, em certo e determinado dia e lugar.

Art. 487. É lícito às partes fixar o preço em função de índices ou parâmetros, desde que suscetíveis de objetiva determinação.

Art. 488. Convencionada a venda sem fixação de preço ou de critérios para a sua determinação, se não houver tabelamento oficial, entende-se que as partes se sujeitaram ao preço corrente nas vendas habituais do vendedor.

Parágrafo único. Na falta de acordo, por ter havido diversidade de preço, prevalecerá o termo médio.

Art. 489. Nulo é o contrato de compra e venda, quando se deixa ao arbítrio exclusivo de uma das partes a fixação do preço.

Art. 490. Salvo cláusula em contrário, ficarão as despesas de escritura e registro a cargo do comprador, e a cargo do vendedor as da tradição.

Art. 491. Não sendo a venda a crédito, o vendedor não é obrigado a entregar a coisa antes de receber o preço.

Art. 492. Até o momento da tradição, os riscos da coisa correm por conta do vendedor, e os do preço por conta do comprador.

§ 1º Todavia, os casos fortuitos, ocorrentes no ato de contar, marcar ou assinalar coisas, que comumente se recebem, contando, pesando, medindo ou assinalando, e que já tiverem sido postas à disposição do comprador, correrão por conta deste.

§ 2º Correrão também por conta do comprador os riscos das referidas coisas, se estiver em mora de as receber, quando postas à sua disposição no tempo, lugar e pelo modo ajustados.

Art. 493. A tradição da coisa vendida, na falta de estipulação expressa, dar-se-á no lugar onde ela se encontrava, ao tempo da venda.

Art. 494. Se a coisa for expedida para lugar diverso, por ordem do comprador, por sua conta correrão os riscos, uma vez entregue a quem haja de transportá-la, salvo se das instruções dele se afastar o vendedor.

Art. 495. Não obstante o prazo ajustado para o pagamento, se antes da tradição o comprador cair em insolvência, poderá o vendedor sobrestar na entrega da coisa, até que o comprador lhe dê caução de pagar no tempo ajustado.

Art. 496. É anulável a venda de ascendente a descendente, salvo se os outros descendentes e o cônjuge do alienante expressamente houverem consentido.

Parágrafo único. Em ambos os casos, dispensa-se o consentimento do cônjuge se o regime de bens for o da separação obrigatória.

Art. 497. Sob pena de nulidade, não podem ser comprados, ainda que em hasta pública:

I. pelos tutores, curadores, testamenteiros e administradores, os bens confiados à sua guarda ou administração;

II. pelos servidores públicos, em geral, os bens ou direitos da pessoa jurídica a que servirem, ou que estejam sob sua administração direta ou indireta;

III. pelos juízes, secretários de tribunais, arbitradores, peritos e outros serventuários ou auxiliares da justiça, os bens ou direitos sobre que se litigar em tribunal, juízo ou conselho, no lugar onde servirem, ou a que se estender a sua autoridade;

IV. pelos leiloeiros e seus prepostos, os bens de cuja venda estejam encarregados.

Parágrafo único. As proibições deste artigo estendem-se à cessão de crédito.

Art. 498. A proibição contida no inciso III do artigo antecedente, não compreende os casos de compra e venda ou cessão entre co-herdeiros, ou em pagamento de dívida, ou para garantia de bens já pertencentes a pessoas designadas no referido inciso.

Art. 499. É lícita a compra e venda entre cônjuges, com relação a bens excluídos da comunhão.

Art. 500. Se, na venda de um imóvel, se estipular o preço por medida de extensão, ou se determinar a respectiva área, e esta não corresponder, em qualquer dos casos, às dimensões dadas, o comprador terá o direito de exigir o complemento da área, e, não sendo isso possível, o de reclamar a resolução do contrato ou abatimento proporcional ao preço.

§ 1º Presume-se que a referência às dimensões foi simplesmente enunciativa, quando a diferença encontrada não exceder de um vigésimo da área total enunciada, ressalvado ao comprador o direito de provar que, em tais circunstâncias, não teria realizado o negócio.

§ 2º Se em vez de falta houver excesso, e o vendedor provar que tinha motivos para ignorar a medida exata da área vendida, caberá ao comprador, à sua escolha, completar o valor correspondente ao preço ou devolver o excesso.

§ 3º Não haverá complemento de área, nem devolução de excesso, se o imóvel for vendido como coisa certa e discriminada, tendo sido apenas enunciativa a referência às suas dimensões, ainda que não conste, de modo expresso, ter sido a venda *ad corpus*.

Art. 501. Decai do direito de propor as ações previstas no artigo antecedente o vendedor ou o comprador que não o fizer no prazo de um ano, a contar do registro do título.

Parágrafo único. Se houver atraso na imissão de posse no imóvel, atribuível ao alienante, a partir dela fluirá o prazo de decadência.

Art. 502. O vendedor, salvo convenção em contrário, responde por todos os débitos que gravem a coisa até o momento da tradição.

Art. 503. Nas coisas vendidas conjuntamente, o defeito oculto de uma não autoriza a rejeição de todas.

Art. 504. Não pode um condômino em coisa indivisível vender a sua parte a estranhos, se outro consorte a quiser, tanto por tanto. O condômino, a quem não se der conhecimento da venda, poderá, depositando o preço, haver para si a parte vendida a estranhos, se o requerer no prazo de cento e oitenta dias, sob pena de decadência.

Parágrafo único. Sendo muitos os condôminos, preferirá o que tiver benfeitorias de maior valor e, na falta de benfeitorias, o de quinhão maior. Se as partes forem iguais, haverão a parte vendida os comproprietários, que a quiserem, depositando previamente o preço.

SEÇÃO II
Das Cláusulas Especiais à Compra e Venda

Subseção I
Da Retrovenda

Art. 505. O vendedor de coisa imóvel pode reservar-se o direito de recobrá-la no prazo máximo de decadência de três anos, restituindo o preço recebido e reembolsando as despesas do comprador, inclusive as que, durante o período de resgate, se efetuaram com a sua autorização escrita, ou para a realização de benfeitorias necessárias.

Art. 506. Se o comprador se recusar a receber as quantias a que faz jus, o vendedor, para exercer o direito de resgate, as depositará judicialmente.

Parágrafo único. Verificada a insuficiência do depósito judicial, não será o vendedor restituído no domínio da coisa, até e enquanto não for integralmente pago o comprador.

Art. 507. O direito de retrato, que é cessível e transmissível a herdeiros e legatários, poderá ser exercido contra o terceiro adquirente.

Art. 508. Se a duas ou mais pessoas couber o direito de retrato sobre o mesmo imóvel, e só uma o exercer, poderá o comprador intimar as outras para nele acordarem, prevalecendo o pacto em favor de quem haja efetuado o depósito, contanto que seja integral.

Subseção II
Da Venda a Contento e da Sujeita à Prova

Art. 509. A venda feita a contento do comprador entende-se realizada sob condição suspensiva, ainda que a coisa lhe tenha sido entregue; e não se reputará perfeita, enquanto o adquirente não manifestar seu agrado.

Art. 510. Também a venda sujeita a prova presume-se feita sob a condição suspensiva de que a coisa tenha as qualidades asseguradas pelo vendedor e seja idônea para o fim a que se destina.

Art. 511. Em ambos os casos, as obrigações do comprador, que recebeu, sob condição suspensiva, a coisa comprada, são as de mero comodatário, enquanto não manifeste aceitá-la.

Art. 512. Não havendo prazo estipulado para a declaração do comprador, o vendedor terá direito de intimá-lo, judicial ou extrajudicialmente, para que o faça em prazo improrrogável.

Subseção III
Da Preempção ou Preferência

Art. 513. A preempção, ou preferência, impõe ao comprador a obrigação de oferecer ao vendedor a coisa que aquele vai vender, ou dar em pagamento, para que este use de seu direito de prelação na compra, tanto por tanto.

Parágrafo único. O prazo para exercer o direito de preferência não poderá exceder a cento e oitenta dias, se a coisa for móvel, ou a dois anos, se imóvel.

Art. 514. O vendedor pode também exercer o seu direito de prelação, intimando o comprador, quando lhe constar que este vai vender a coisa.

Art. 515. Aquele que exerce a preferência está, sob pena de a perder, obrigado a pagar, em condições iguais, o preço encontrado, ou o ajustado.

Art. 516. Inexistindo prazo estipulado, o direito de preempção caducará, se a coisa for móvel, não se exercendo nos três dias, e, se for imóvel, não se exercendo nos sessenta dias subsequentes à data em que o comprador tiver notificado o vendedor.

Art. 517. Quando o direito de preempção for estipulado a favor de dois ou mais indivíduos em comum, só pode ser exercido em relação à coisa no seu todo. Se alguma das pessoas, a quem ele toque, perder ou não exercer o seu direito, poderão as demais utilizá-lo na forma sobredita.

Art. 518. Responderá por perdas e danos o comprador, se alienar a coisa sem ter dado ao vendedor ciência do preço e das vantagens que por ela lhe oferecem. Responderá solidariamente o adquirente, se tiver procedido de má-fé.

Art. 519. Se a coisa expropriada para fins de necessidade ou utilidade pública, ou por interesse social, não tiver o destino para que se desapropriou, ou não for utilizada em obras ou serviços públicos, caberá ao expropriado direito de preferência, pelo preço atual da coisa.

Art. 520. O direito de preferência não se pode ceder nem passa aos herdeiros.

Subseção IV
Da Venda com Reserva de Domínio

Art. 521. Na venda de coisa móvel, pode o vendedor reservar para si a propriedade, até que o preço esteja integralmente pago.

Art. 522. A cláusula de reserva de domínio será estipulada por escrito e depende de registro no domicílio do comprador para valer contra terceiros.

Art. 523. Não pode ser objeto de venda com reserva de domínio a coisa insuscetível de caracterização perfeita, para estremá-la de outras congêneres. Na dúvida, decide-se a favor do terceiro adquirente de boa-fé.

Art. 524. A transferência de propriedade ao comprador dá-se no momento em que o preço esteja integralmente pago. Todavia, pelos riscos da coisa responde o comprador, a partir de quando lhe foi entregue.

Art. 525. O vendedor somente poderá executar a cláusula de reserva de domínio após constituir o comprador em mora, mediante protesto do título ou interpelação judicial.

Art. 526. Verificada a mora do comprador, poderá o vendedor mover contra ele a competente ação de cobrança das prestações vencidas e vincendas e o mais que lhe for devido; ou poderá recuperar a posse da coisa vendida.

Art. 527. Na segunda hipótese do artigo antecedente, é facultado ao vendedor reter as prestações pagas até o necessário para cobrir a depreciação da coisa, as despesas feitas e o mais que de direito lhe for devido. O excedente será devolvido ao comprador; e o que faltar lhe será cobrado, tudo na forma da lei processual.

Art. 528. Se o vendedor receber o pagamento à vista, ou, posteriormente, mediante financiamento de instituição do mercado de capitais, a esta caberá exercer os direitos e ações decorrentes do contrato, a benefício de qualquer outro. A operação financeira e a respectiva ciência do comprador constarão do registro do contrato.

Subseção V
Da Venda Sobre Documentos

Art. 529. Na venda sobre documentos, a tradição da coisa é substituída pela entrega do seu título representativo e dos outros documentos exigidos pelo contrato ou, no silêncio deste, pelos usos.

Parágrafo único. Achando-se a documentação em ordem, não pode o comprador recusar o pagamento, a pretexto de defeito de qualidade ou do estado da coisa vendida, salvo se o defeito já houver sido comprovado.

Art. 530. Não havendo estipulação em contrário, o pagamento deve ser efetuado na data e no lugar da entrega dos documentos.

Art. 531. Se entre os documentos entregues ao comprador figurar apólice de seguro que cubra os riscos do transporte, correm estes à conta do comprador, salvo se, ao ser concluído o contrato, tivesse o vendedor ciência da perda ou avaria da coisa.

Art. 532. Estipulado o pagamento por intermédio de estabelecimento bancário, caberá a este efetuá-lo contra a entrega dos documentos, sem obrigação de verificar a coisa vendida, pela qual não responde.

Parágrafo único. Nesse caso, somente após a recusa do estabelecimento bancário a efetuar o pagamento, poderá o vendedor pretendê-lo, diretamente do comprador.

CAPÍTULO II
Da Troca ou Permuta

Art. 533. Aplicam-se à troca as disposições referentes à compra e venda, com as seguintes modificações:
I. salvo disposição em contrário, cada um dos contratantes pagará por metade as despesas com o instrumento da troca;
II. é anulável a troca de valores desiguais entre ascendentes e descendentes, sem consentimento dos outros descendentes e do cônjuge do alienante.

CAPÍTULO III
Do Contrato Estimatório

Art. 534. Pelo contrato estimatório, o consignante entrega bens móveis ao consignatário, que fica autorizado a vendê-los, pagando àquele o preço ajustado, salvo se preferir, no prazo estabelecido, restituir-lhe a coisa consignada.

Art. 535. O consignatário não se exonera da obrigação de pagar o preço, se a restituição da coisa, em sua integridade, se tornar impossível, ainda que por fato a ele não imputável.

Art. 536. A coisa consignada não pode ser objeto de penhora ou sequestro pelos credores do consignatário, enquanto não pago integralmente o preço.

Art. 537. O consignante não pode dispor da coisa antes de lhe ser restituída ou de lhe ser comunicada a restituição.

CAPÍTULO IV
Da Doação

SEÇÃO I
Disposições Gerais

Art. 538. Considera-se doação o contrato em que uma pessoa, por liberalidade, transfere do seu patrimônio bens ou vantagens para o de outra.

Art. 539. O doador pode fixar prazo ao donatário, para declarar se aceita ou não a liberalidade. Desde que o donatário, ciente do prazo, não faça, dentro dele, a declaração, entender-se-á que aceitou, se a doação não for sujeita a encargo.

Art. 540. A doação feita em contemplação do merecimento do donatário não perde o caráter de liberalidade, como não o perde a doação remuneratória, ou a gravada, no excedente ao valor dos serviços remunerados ou ao encargo imposto.

Art. 541. A doação far-se-á por escritura pública ou instrumento particular.

Parágrafo único. A doação verbal será válida, se, versando sobre bens móveis e de pequeno valor, se lhe seguir incontinenti a tradição.

Art. 542. A doação feita ao nascituro valerá, sendo aceita pelo seu representante legal.

Art. 543. Se o donatário for absolutamente incapaz, dispensa-se a aceitação, desde que se trate de doação pura.

Art. 544. A doação de ascendentes a descendentes, ou de um cônjuge a outro, importa adiantamento do que lhes cabe por herança.

Art. 545. A doação em forma de subvenção periódica ao beneficiado extingue-se morrendo o doador, salvo se este outra coisa dispuser, mas não poderá ultrapassar a vida do donatário.

Art. 546. A doação feita em contemplação de casamento futuro com certa e determinada pessoa, quer pelos nubentes entre si, quer por terceiro a um deles, a ambos, ou aos filhos que, de futuro, houverem um do outro, não pode ser impugnada por falta de aceitação, e só ficará sem efeito se o casamento não se realizar.

Art. 547. O doador pode estipular que os bens doados voltem ao seu patrimônio, se sobreviver ao donatário.

Parágrafo único. Não prevalece cláusula de reversão em favor de terceiro.

Art. 548. É nula a doação de todos os bens sem reserva de parte, ou renda suficiente para a subsistência do doador.

Art. 549. Nula é também a doação quanto à parte que exceder à de que o doador, no momento da liberalidade, poderia dispor em testamento.

Art. 550. A doação do cônjuge adúltero ao seu cúmplice pode ser anulada pelo outro cônjuge, ou por seus herdeiros necessários, até dois anos depois de dissolvida a sociedade conjugal.

Art. 551. Salvo declaração em contrário, a doação em comum a mais de uma pessoa entende-se distribuída entre elas por igual.

Parágrafo único. Se os donatários, em tal caso, forem marido e mulher, subsistirá na totalidade a doação para o cônjuge sobrevivo.

Art. 552. O doador não é obrigado a pagar juros moratórios, nem é sujeito às consequências da evicção ou do vício redibitório. Nas doações para casamento com certa e determinada pessoa, o doador ficará sujeito à evicção, salvo convenção em contrário.

Art. 553. O donatário é obrigado a cumprir os encargos da doação, caso forem a benefício do doador, de terceiro, ou do interesse geral.

Parágrafo único. Se desta última espécie for o encargo, o Ministério Público poderá exigir sua execução, depois da morte do doador, se este não tiver feito.

Art. 554. A doação a entidade futura caducará se, em dois anos, esta não estiver constituída regularmente.

SEÇÃO II
Da Revogação da Doação

Art. 555. A doação pode ser revogada por ingratidão do donatário, ou por inexecução do encargo.

Art. 556. Não se pode renunciar antecipadamente o direito de revogar a liberalidade por ingratidão do donatário.

Art. 557. Podem ser revogadas por ingratidão as doações:

I. se o donatário atentou contra a vida do doador ou cometeu crime de homicídio doloso contra ele;

II. se cometeu contra ele ofensa física;

III. se o injuriou gravemente ou o caluniou;

IV. se, podendo ministrá-los, recusou ao doador os alimentos de que este necessitava.

Art. 558. Pode ocorrer também a revogação quando o ofendido, nos casos do artigo anterior, for o cônjuge, ascendente, descendente, ainda que adotivo, ou irmão do doador.

Art. 559. A revogação por qualquer desses motivos deverá ser pleiteada dentro de um ano, a contar de quando chegue ao conhecimento do doador o fato que a autorizar, e de ter sido o donatário o seu autor.

Art. 560. O direito de revogar a doação não se transmite aos herdeiros do doador, nem prejudica os do donatário. Mas aqueles podem prosseguir na ação iniciada pelo doador, continuando-a contra os herdeiros do donatário, se este falecer depois de ajuizada a lide.

Art. 561. No caso de homicídio doloso do doador, a ação caberá aos seus herdeiros, exceto se aquele houver perdoado.

Art. 562. A doação onerosa pode ser revogada por inexecução do encargo, se o donatário incorrer em mora. Não havendo prazo para o cumprimento, o doador poderá notificar judicialmente o donatário, assinando-lhe prazo razoável para que cumpra a obrigação assumida.

Art. 563. A revogação por ingratidão não prejudica os direitos adquiridos por terceiros, nem obriga o donatário a restituir os frutos percebidos antes da citação válida; mas sujeita-o a pagar os posteriores, e, quando não possa restituir em espécie as coisas doadas, a indenizá-la pelo meio termo do seu valor.

Art. 564. Não se revogam por ingratidão:
I. as doações puramente remuneratórias;
II. as oneradas com encargo já cumprido;
III. as que se fizerem em cumprimento de obrigação natural;
IV. as feitas para determinado casamento.

CAPÍTULO V
Da Locação de Coisas

Art. 565. Na locação de coisas, uma das partes se obriga a ceder à outra, por tempo determinado ou não, o uso e gozo de coisa não fungível, mediante certa retribuição.

Art. 566. O locador é obrigado:
I. a entregar ao locatário a coisa alugada, com suas pertenças, em estado de servir ao uso a que se destina, e a mantê-la nesse estado, pelo tempo do contrato, salvo cláusula expressa em contrário;
II. a garantir-lhe, durante o tempo do contrato, o uso pacífico da coisa.

Art. 567. Se, durante a locação, se deteriorar a coisa alugada, sem culpa do locatário, a este caberá pedir redução proporcional do aluguel, ou resolver o contrato, caso já não sirva a coisa para o fim a que se destinava.

Art. 568. O locador resguardará o locatário dos embaraços e turbações de terceiros, que tenham ou pretendam ter direitos sobre a coisa alugada, e responderá pelos seus vícios, ou defeitos, anteriores à locação.

Art. 569. O locatário é obrigado:
I. a servir-se da coisa alugada para os usos convencionados ou presumidos, conforme a natureza dela e as circunstâncias, bem como tratá-la com o mesmo cuidado como se sua fosse;
II. a pagar pontualmente o aluguel nos prazos ajustados, e, em falta de ajuste, segundo o costume do lugar;
III. a levar ao conhecimento do locador as turbações de terceiros, que se pretendam fundadas em direito;
IV. a restituir a coisa, finda a locação, no estado em que a recebeu, salvas as deteriorações naturais ao uso regular.

Art. 570. Se o locatário empregar a coisa em uso diverso do ajustado, ou do a que se destina, ou se ela se danificar por abuso do locatário, poderá o locador, além de rescindir o contrato, exigir perdas e danos.

Art. 571. Havendo prazo estipulado à duração do contrato, antes do vencimento não poderá o locador reaver a coisa alugada, senão ressarcindo ao locatário as perdas e danos resultantes, nem o locatário devolvê-la ao locador, senão pagando, proporcionalmente, a multa prevista no contrato.
Parágrafo único. O locatário gozará do direito de retenção, enquanto não for ressarcido.

Art. 572. Se a obrigação de pagar o aluguel pelo tempo que faltar constituir indenização excessiva, será facultado ao juiz fixá-la em bases razoáveis.

Art. 573. A locação por tempo determinado cessa de pleno direito findo o prazo estipulado, independentemente de notificação ou aviso.

Art. 574. Se, findo o prazo, o locatário continuar na posse da coisa alugada, sem oposição do locador, presumir-se-á prorrogada a locação pelo mesmo aluguel, mas sem prazo determinado.

Art. 575. Se, notificado o locatário, não restituir a coisa, pagará, enquanto a tiver em seu poder, o aluguel que o locador arbitrar, e responderá pelo dano que ela venha a sofrer, embora proveniente de caso fortuito.
Parágrafo único. Se o aluguel arbitrado for manifestamente excessivo, poderá o juiz reduzi-lo, mas tendo sempre em conta o seu caráter de penalidade.

Art. 576. Se a coisa for alienada durante a locação, o adquirente não ficará obrigado a respeitar o contrato, se nele não for consignada a cláusula da sua vigência no caso de alienação, e não constar de registro.
§ 1º O registro a que se refere este artigo será o de Títulos e Documentos do domicílio do locador, quando a coisa for móvel; e será o Registro de Imóveis da respectiva circunscrição, quando imóvel.
§ 2º Em se tratando de imóvel, e ainda no caso em que o locador não esteja obrigado a respeitar o contrato, não poderá ele despedir o locatário, senão observado o prazo de noventa dias após a notificação.

Art. 577. Morrendo o locador ou o locatário, transfere-se aos seus herdeiros a locação por tempo determinado.

Art. 578. Salvo disposição em contrário, o locatário goza do direito de retenção, no caso de benfeitorias necessárias, ou no de benfeitorias úteis, se estas houverem sido feitas com expresso consentimento do locador.

CAPÍTULO VI
Do Empréstimo

SEÇÃO I
Do Comodato

Art. 579. O comodato é o empréstimo gratuito de coisas não fungíveis. Perfaz-se com a tradição do objeto.

Art. 580. Os tutores, curadores e em geral todos os administradores de bens alheios não poderão dar em comodato, sem autorização especial, os bens confiados à sua guarda.

Art. 581. Se o comodato não tiver prazo convencional, presumir-se-lhe-á o necessário para o uso concedido; não podendo o comodante, salvo necessidade imprevista e urgente, reconhecida pelo juiz, suspender o uso e gozo da coisa emprestada, antes de findo o prazo convencional, ou o que se determine pelo uso outorgado.

Art. 582. O comodatário é obrigado a conservar, como se sua própria fora, a coisa emprestada, não podendo usá-la senão de acordo com o contrato ou a natureza dela, sob pena de responder por perdas e danos. O comodatário constituído em mora, além de por ela responder, pagará, até restituí-la, o aluguel da coisa que for arbitrado pelo comodante.

Art. 583. Se, correndo risco o objeto do comodato juntamente com outros do comodatário, antepuser este a salvação dos seus abandonando o do comodante, responderá pelo dano ocorrido, ainda que se possa atribuir a caso fortuito, ou força maior.

Art. 584. O comodatário não poderá jamais recobrar do comodante as despesas feitas com o uso e gozo da coisa emprestada.

Art. 585. Se duas ou mais pessoas forem simultaneamente comodatárias de uma coisa, ficarão solidariamente responsáveis para com o comodante.

SEÇÃO II
Do Mútuo

Art. 586. O mútuo é o empréstimo de coisas fungíveis. O mutuário é obrigado a restituir ao mutuante o que dele recebeu em coisa do mesmo gênero, qualidade e quantidade.

Art. 587. Este empréstimo transfere o domínio da coisa emprestada ao mutuário, por cuja conta correm todos os riscos dela desde a tradição.

Art. 588. O mútuo feito a pessoa menor, sem prévia autorização daquele sob cuja guarda estiver, não pode ser reavido nem do mutuário, nem de seus fiadores.

Art. 589. Cessa a disposição do artigo antecedente:
I. se a pessoa, de cuja autorização necessitava o mutuário para contrair o empréstimo, o ratificar posteriormente;
II. se o menor, estando ausente essa pessoa, se viu obrigado a contrair o empréstimo para os seus alimentos habituais;
III. se o menor tiver bens ganhos com o seu trabalho. Mas, em tal caso, a execução do credor não lhes poderá ultrapassar as forças;
IV. se o empréstimo reverteu em benefício do menor;
V. se o menor obteve o empréstimo maliciosamente.

Art. 590. O mutuante pode exigir garantia da restituição, se antes do vencimento o mutuário sofrer notória mudança em sua situação econômica.

Art. 591. Destinando-se o mútuo a fins econômicos, presumem-se devidos juros, os quais, sob pena de redução, não poderão exceder a taxa a que se refere o art. 406, permitida a capitalização anual.

Art. 592. Não se tendo convencionado expressamente, o prazo do mútuo será:
I. até a próxima colheita, se o mútuo for de produtos agrícolas, assim para o consumo, como para semeadura;
II. de trinta dias, pelo menos, se for de dinheiro;
III. do espaço de tempo que declarar o mutuante, se for de qualquer outra coisa fungível.

CAPÍTULO VII
Da Prestação de Serviço

Art. 593. A prestação de serviço, que não estiver sujeita às leis trabalhistas ou a lei especial, reger-se-á pelas disposições deste Capítulo.

Art. 594. Toda a espécie de serviço ou trabalho lícito, material ou imaterial, pode ser contratada mediante retribuição.

Art. 595. No contrato de prestação de serviço, quando qualquer das partes não souber ler, nem escrever, o instrumento poderá ser assinado a rogo e subscrito por duas testemunhas.

Art. 596. Não se tendo estipulado, nem chegado a acordo as partes, fixar-se-á por arbitramento a retribuição, segundo o costume do lugar, o tempo de serviço e sua qualidade.

Art. 597. A retribuição pagar-se-á depois de prestado o serviço, se, por convenção, ou costume, não houver de ser adiantada, ou paga em prestações.

Art. 598. A prestação de serviço não se poderá convencionar por mais de quatro anos, embora o contrato tenha por causa o pagamento de dívida de quem o presta, ou se destine à execução de certa e determinada obra. Neste caso, decorridos quatro anos, dar-se-á por findo o contrato, ainda que não concluída a obra.

Art. 599. Não havendo prazo estipulado, nem se podendo inferir da natureza do contrato, ou do costume do lugar, qualquer das partes, a seu arbítrio, mediante prévio aviso, pode resolver o contrato.

Parágrafo único. Dar-se-á o aviso:

I. com antecedência de oito dias, se o salário se houver fixado por tempo de um mês, ou mais;

II. com antecipação de quatro dias, se o salário se tiver ajustado por semana, ou quinzena;

III. de véspera, quando se tenha contratado por menos de sete dias.

Art. 600. Não se conta no prazo do contrato o tempo em que o prestador de serviço, por culpa sua, deixou de servir.

Art. 601. Não sendo o prestador de serviço contratado para certo e determinado trabalho, entender-se-á que se obrigou a todo e qualquer serviço compatível com as suas forças e condições.

Art. 602. O prestador de serviço contratado por tempo certo, ou por obra determinada, não se pode ausentar, ou despedir, sem justa causa, antes de preenchido o tempo, ou concluída a obra.

Parágrafo único. Se se despedir sem justa causa, terá direito à retribuição vencida, mas responderá por perdas e danos. O mesmo dar-se-á, se despedido por justa causa.

Art. 603. Se o prestador de serviço for despedido sem justa causa, a outra parte será obrigada a pagar-lhe por inteiro a retribuição vencida, e por metade a que lhe tocaria de então ao termo legal do contrato.

Art. 604. Findo o contrato, o prestador de serviço tem direito a exigir da outra parte a declaração de que o contrato está findo. Igual direito lhe cabe, se for despedido sem justa causa, ou se tiver havido motivo justo para deixar o serviço.

Art. 605. Nem aquele a quem os serviços são prestados, poderá transferir a outrem o direito aos serviços ajustados, nem o prestador de serviços, sem aprazimento da outra parte, dar substituto que os preste.

Art. 606. Se o serviço for prestado por quem não possua título de habilitação, ou não satisfaça requisitos outros estabelecidos em lei, não poderá quem os prestou cobrar a retribuição normalmente correspondente ao trabalho executado. Mas se deste resultar benefício para a outra parte, o juiz atribuirá a quem o prestou uma compensação razoável, desde que tenha agido com boa-fé.

Parágrafo único. Não se aplica a segunda parte deste artigo, quando a proibição da prestação de serviço resultar de lei de ordem pública.

Art. 607. O contrato de prestação de serviço acaba com a morte de qualquer das partes. Termina, ainda, pelo escoamento do prazo, pela conclusão da obra, pela rescisão do contrato mediante aviso prévio, por inadimplemento de qualquer das partes ou pela impossibilidade da continuação do contrato, motivada por força maior.

Art. 608. Aquele que aliciar pessoas obrigadas em contrato escrito a prestar serviço a outrem pagará a este a importância que ao prestador de serviço, pelo ajuste desfeito, houvesse de caber durante dois anos.

Art. 609. A alienação do prédio agrícola, onde a prestação dos serviços se opera, não importa a rescisão do contrato, salvo ao prestador opção entre continuá-lo com o adquirente da propriedade ou com o primitivo contratante.

CAPÍTULO VIII
Da Empreitada

Art. 610. O empreiteiro de uma obra pode contribuir para ela só com seu trabalho ou com ele e os materiais.

§ 1º A obrigação de fornecer os materiais não se presume; resulta da lei ou da vontade das partes.

§ 2º O contrato para elaboração de um projeto não implica a obrigação de executá-lo, ou de fiscalizar-lhe a execução.

Art. 611. Quando o empreiteiro fornece os materiais, correm por sua conta os riscos até o momento da entrega da obra, a contento de quem a encomendou, se este não estiver em mora de receber. Mas se estiver, por sua conta correrão os riscos.

Art. 612. Se o empreiteiro só forneceu mão de obra, todos os riscos em que não tiver culpa correrão por conta do dono.

Art. 613. Sendo a empreitada unicamente de lavor (art. 610), se a coisa perecer antes de entregue, sem mora do dono nem culpa do empreiteiro, este perderá a retribuição, se não provar que a perda resultou de defeito dos materiais e que em tempo reclamara contra a sua quantidade ou qualidade.

Art. 614. Se a obra constar de partes distintas, ou for de natureza das que se determinam por medida, o empreiteiro terá direito a que também se verifique por medida, ou segundo as partes em que se dividir, podendo exigir o pagamento na proporção da obra executada.

§ 1º Tudo o que se pagou presume-se verificado.

§ 2º O que se mediu presume-se verificado se, em trinta dias, a contar da medição, não forem denunciados os vícios ou defeitos pelo dono da obra ou por quem estiver incumbido da sua fiscalização.

Art. 615. Concluída a obra de acordo com o ajuste, ou o costume do lugar, o dono é obrigado a recebê-la. Poderá, porém, rejeitá-la, se o empreiteiro se afastou das instruções recebidas e dos planos dados, ou das regras técnicas em trabalhos de tal natureza.

Art. 616. No caso da segunda parte do artigo antecedente, pode quem encomendou a obra, em vez de enjeitá-la, recebê-la com abatimento no preço.

Art. 617. O empreiteiro é obrigado a pagar os materiais que recebeu, se por imperícia ou negligência os inutilizar.

Art. 618. Nos contratos de empreitada de edifícios ou outras construções consideráveis, o empreiteiro de materiais e execução responderá, durante o prazo irredutível de cinco anos, pela solidez e segurança do trabalho, assim em razão dos materiais, como do solo.

Parágrafo único. Decairá do direito assegurado neste artigo o dono da obra que não propuser a ação contra o empreiteiro, nos cento e oitenta dias seguintes ao aparecimento do vício ou defeito.

Art. 619. Salvo estipulação em contrário, o empreiteiro que se incumbir de executar uma obra, segundo plano aceito por quem a encomendou, não terá direito a exigir acréscimo no preço, ainda que sejam introduzidas modificações no projeto, a não ser que estas resultem de instruções escritas do dono da obra.

Parágrafo único. Ainda que não tenha havido autorização escrita, o dono da obra é obrigado a pagar ao empreiteiro os aumentos e acréscimos, segundo o que for arbitrado, se, sempre presente à obra, por continuadas visitas, não podia ignorar o que se estava passando, e nunca protestou.

Art. 620. Se ocorrer diminuição no preço do material ou da mão de obra superior a um décimo do preço global convencionado, poderá este ser revisto, a pedido do dono da obra, para que se lhe assegure a diferença apurada.

Art. 621. Sem anuência de seu autor, não pode o proprietário da obra introduzir modificações no projeto por ele aprovado, ainda que a execução seja confiada a terceiros, a não ser que, por motivos supervenientes ou razões de ordem técnica, fique comprovada a inconveniência ou a excessiva onerosidade de execução do projeto em sua forma originária.

Parágrafo único. A proibição deste artigo não abrange alterações de pouca monta, ressalvada sempre a unidade estética da obra projetada.

Art. 622. Se a execução da obra for confiada a terceiros, a responsabilidade do autor do projeto respectivo, desde que não assuma a direção ou fiscalização daquela, ficará limitada aos danos resultantes de defeitos previstos no art. 618 e seu parágrafo único.

Art. 623. Mesmo após iniciada a construção, pode o dono da obra suspendê-la, desde que pague ao empreiteiro as despesas e lucros relativos aos serviços já feitos, mais indenização razoável, calculada em função do que ele teria ganho, se concluída a obra.

Art. 624. Suspensa a execução da empreitada sem justa causa, responde o empreiteiro por perdas e danos.

Art. 625. Poderá o empreiteiro suspender a obra:

I. por culpa do dono, ou por motivo de força maior;

II. quando, no decorrer dos serviços, se manifestarem dificuldades imprevisíveis de execução, resultantes de causas geológicas ou hídricas, ou outras semelhantes, de modo que torne a empreitada excessivamente onerosa, e o dono da obra se opuser ao reajuste do preço inerente ao projeto por ele elaborado, observados os preços;

III. se as modificações exigidas pelo dono da obra, por seu vulto e natureza, forem desproporcionais ao projeto aprovado, ainda que o dono se disponha a arcar com o acréscimo de preço.

Art. 626. Não se extingue o contrato de empreitada pela morte de qualquer das partes, salvo se ajustado em consideração às qualidades pessoais do empreiteiro.

CAPÍTULO IX

Do Depósito

SEÇÃO I
Do Depósito Voluntário

Art. 627. Pelo contrato de depósito recebe o depositário um objeto móvel, para guardar, até que o depositante o reclame.

Art. 628. O contrato de depósito é gratuito, exceto se houver convenção em contrário, se resultante de atividade negocial ou se o depositário o praticar por profissão.

Parágrafo único. Se o depósito for oneroso e a retribuição do depositário não constar de lei, nem resultar de ajuste, será determinada pelos usos do lugar, e, na falta destes, por arbitramento.

Art. 629. O depositário é obrigado a ter na guarda e conservação da coisa depositada o cuidado e diligência que costuma com o que lhe pertence, bem como a restituí-la, com todos os frutos e acrescidos, quando o exija o depositante.

Art. 630. Se o depósito se entregou fechado, colado, selado, ou lacrado, nesse mesmo estado se manterá.

Art. 631. Salvo disposição em contrário, a restituição da coisa deve dar-se no lugar em que tiver de ser guardada. As despesas de restituição correm por conta do depositante.

Art. 632. Se a coisa houver sido depositada no interesse de terceiro, e o depositário tiver sido cientificado deste fato pelo depositante, não poderá ele exonerar-se restituindo a coisa a este, sem consentimento daquele.

Art. 633. Ainda que o contrato fixe prazo à restituição, o depositário entregará o depósito logo que se lhe exija, salvo se tiver o direito de retenção a que se refere o art. 644, se o objeto for judicialmente embargado, se sobre ele pender execução, notificada ao depositário, ou se houver motivo razoável de suspeitar que a coisa foi dolosamente obtida.

Art. 634. No caso do artigo antecedente, última parte, o depositário, expondo o fundamento da suspeita, requererá que se recolha o objeto ao Depósito Público.

Art. 635. Ao depositário será facultado, outrossim, requerer depósito judicial da coisa, quando, por motivo plausível, não a possa guardar, e o depositante não queira recebê-la.

Art. 636. O depositário, que por força maior houver perdido a coisa depositada e recebido outra em seu lugar, é obrigado a entregar a segunda ao depositante, e ceder-lhe as ações que no caso tiver contra o terceiro responsável pela restituição da primeira.

Art. 637. O herdeiro do depositário, que de boa-fé vendeu a coisa depositada, é obrigado a assistir o depositante na reivindicação, e a restituir ao comprador o preço recebido.

Art. 638. Salvo os casos previstos nos arts. 633 e 634, não poderá o depositário furtar-se à restituição do depósito, alegando não pertencer a coisa ao depositante, ou opondo compensação, exceto se noutro depósito se fundar.

Art. 639. Sendo dois ou mais depositantes, e divisível a coisa, a cada um só entregará o depositário a respectiva parte, salvo se houver entre eles solidariedade.

Art. 640. Sob pena de responder por perdas e danos, não poderá o depositário, sem licença expressa do depositante, servir-se da coisa depositada, nem a dar em depósito a outrem.

Parágrafo único. Se o depositário, devidamente autorizado, confiar a coisa em depósito a terceiro, será responsável se agiu com culpa na escolha deste.

Art. 641. Se o depositário se tornar incapaz, a pessoa que lhe assumir a administração dos bens diligenciará imediatamente restituir a coisa depositada e, não querendo ou não podendo o depositante recebê-la, recolhê-la-á ao Depósito Público ou promoverá nomeação de outro depositário.

Art. 642. O depositário não responde pelos casos de força maior; mas, para que lhe valha a escusa, terá de prová-los.

Art. 643. O depositante é obrigado a pagar ao depositário as despesas feitas com a coisa, e os prejuízos que do depósito provierem.

Art. 644. O depositário poderá reter o depósito até que se lhe pague a retribuição devida, o líquido valor das despesas, ou dos prejuízos a que se refere o artigo anterior, provando imediatamente esses prejuízos ou essas despesas.

Parágrafo único. Se essas dívidas, despesas ou prejuízos não forem provados suficientemente, ou forem ilíquidos, o depositário poderá exigir caução idônea do depositante ou, na falta desta, a remoção da coisa para o Depósito Público, até que se liquidem.

Art. 645. O depósito de coisas fungíveis, em que o depositário se obrigue a restituir objetos do mesmo gênero, qualidade e quantidade, regular-se-á pelo disposto acerca do mútuo.

Art. 646. O depósito voluntário provar-se-á por escrito.

SEÇÃO II
Do Depósito Necessário

Art. 647. É depósito necessário:
I. o que se faz em desempenho de obrigação legal;
II. o que se efetua por ocasião de alguma calamidade, como o incêndio, a inundação, o naufrágio ou o saque.

Art. 648. O depósito a que se refere o inciso I do artigo antecedente, reger-se-á pela disposição da respectiva lei, e, no silêncio ou deficiência dela, pelas concernentes ao depósito voluntário.

Parágrafo único. As disposições deste artigo aplicam-se aos depósitos previstos no inciso II do artigo antecedente, podendo estes certificarem-se por qualquer meio de prova.

Art. 649. Aos depósitos previstos no artigo antecedente é equiparado o das bagagens dos viajantes ou hóspedes nas hospedarias onde estiverem.

Parágrafo único. Os hospedeiros responderão como depositários, assim como pelos furtos e roubos que perpetrarem as pessoas empregadas ou admitidas nos seus estabelecimentos.

Art. 650. Cessa, nos casos do artigo antecedente, a responsabilidade dos hospedeiros, se provarem que os fatos prejudiciais aos viajantes ou hóspedes não podiam ter sido evitados.

Art. 651. O depósito necessário não se presume gratuito. Na hipótese do art. 649, a remuneração pelo depósito está incluída no preço da hospedagem.

Art. 652. Seja o depósito voluntário ou necessário, o depositário que não o restituir quando exigido será compelido a fazê-lo mediante prisão não excedente a um ano, e ressarcir os prejuízos.

CAPÍTULO X
Do Mandato

SEÇÃO I
Disposições Gerais

Art. 653. Opera-se o mandato quando alguém recebe de outrem poderes para, em seu nome, praticar atos ou administrar interesses. A procuração é o instrumento do mandato.

Art. 654. Todas as pessoas capazes são aptas para dar procuração mediante instrumento particular, que valerá desde que tenha a assinatura do outorgante.

§ 1º O instrumento particular deve conter a indicação do lugar onde foi passado, a qualificação do outorgante e do outorgado, a data e o objetivo da outorga com a designação e a extensão dos poderes conferidos.

§ 2º O terceiro com quem o mandatário tratar poderá exigir que a procuração traga a firma reconhecida.

Art. 655. Ainda quando se outorgue mandato por instrumento público, pode substabelecer-se mediante instrumento particular.

Art. 656. O mandato pode ser expresso ou tácito, verbal ou escrito.

Art. 657. A outorga do mandato está sujeita à forma exigida por lei para o ato a ser praticado. Não se admite mandato verbal quando o ato deva ser celebrado por escrito.

Art. 658. O mandato presume-se gratuito quando não houver sido estipulada retribuição, exceto se o seu objeto corresponder ao daqueles que o mandatário trata por ofício ou profissão lucrativa.

Parágrafo único. Se o mandato for oneroso, caberá ao mandatário a retribuição prevista em lei ou no contrato. Sendo estes omissos, será ela determinada pelos usos do lugar, ou, na falta destes, por arbitramento.

Art. 659. A aceitação do mandato pode ser tácita, e resulta do começo de execução.

Art. 660. O mandato pode ser especial a um ou mais negócios determinadamente, ou geral a todos os do mandante.

Art. 661. O mandato em termos gerais só confere poderes de administração.

§ 1º Para alienar, hipotecar, transigir, ou praticar outros quaisquer atos que exorbitem da administração ordinária, depende a procuração de poderes especiais e expressos.

§ 2º O poder de transigir não importa o de firmar compromisso.

Art. 662. Os atos praticados por quem não tenha mandato, ou o tenha sem poderes suficientes, são ineficazes em relação àquele em cujo nome foram praticados, salvo se este os ratificar.

Parágrafo único. A ratificação há de ser expressa, ou resultar de ato inequívoco, e retroagirá à data do ato.

Art. 663. Sempre que o mandatário estipular negócios expressamente em nome do mandante, será este o único responsável; ficará, porém, o mandatário pessoalmente obrigado, se agir no seu próprio nome, ainda que o negócio seja de conta do mandante.

Art. 664. O mandatário tem o direito de reter, do objeto da operação que lhe foi cometida, quanto baste para pagamento de tudo que lhe for devido em consequência do mandato.

Art. 665. O mandatário que exceder os poderes do mandato, ou proceder contra eles, será considerado mero gestor de negócios, enquanto o mandante lhe não ratificar os atos.

Art. 666. O maior de dezesseis e menor de dezoito anos não emancipado pode ser mandatário, mas o mandante não tem ação contra ele senão de conformidade com as regras gerais, aplicáveis às obrigações contraídas por menores.

SEÇÃO II
Das Obrigações do Mandatário

Art. 667. O mandatário é obrigado a aplicar toda sua diligência habitual na execução do mandato, e a indenizar qualquer prejuízo causado por culpa sua ou daquele a quem substabelecer, sem autorização, poderes que devia exercer pessoalmente.

§ 1º Se, não obstante proibição do mandante, o mandatário se fizer substituir na execução do mandato, responderá ao seu constituinte pelos prejuízos ocorridos sob a gerência do substituto, embora provenientes de caso fortuito, salvo provando que o caso teria sobrevindo, ainda que não tivesse havido substabelecimento.

§ 2º Havendo poderes de substabelecer, só serão imputáveis ao mandatário os danos causados pelo substabelecido, se tiver agido com culpa na escolha deste ou nas instruções dadas a ele.

§ 3º Se a proibição de substabelecer constar da procuração, os atos praticados pelo substabelecido não obrigam o mandante, salvo ratificação expressa, que retroagirá à data do ato.

§ 4º Sendo omissa a procuração quanto ao substabelecimento, o procurador será responsável se o substabelecido proceder culposamente.

Art. 668. O mandatário é obrigado a dar contas de sua gerência ao mandante, transferindo-lhe as vantagens provenientes do mandato, por qualquer título que seja.

Art. 669. O mandatário não pode compensar os prejuízos a que deu causa com os proveitos que, por outro lado, tenha granjeado ao seu constituinte.

Art. 670. Pelas somas que devia entregar ao mandante ou recebeu para despesa, mas empregou em proveito seu, pagará o mandatário juros, desde o momento em que abusou.

Art. 671. Se o mandatário, tendo fundos ou crédito do mandante, comprar, em nome próprio, algo que devera comprar para o mandante, por ter sido expressamente designado no mandato, terá este ação para obrigá-lo à entrega da coisa comprada.

Art. 672. Sendo dois ou mais os mandatários nomeados no mesmo instrumento, qualquer deles poderá exercer os poderes outorgados, se não forem expressamente declarados conjuntos, nem especificamente designados para atos diferentes, ou subordinados a atos sucessivos. Se os mandatários forem declarados conjuntos, não terá eficácia o ato praticado sem interferência de todos, salvo havendo ratificação, que retroagirá à data do ato.

Art. 673. O terceiro que, depois de conhecer os poderes do mandatário, com ele celebrar negócio jurídico exorbitante do mandato, não tem ação contra o mandatário, salvo se este lhe prometeu ratificação do mandante ou se responsabilizou pessoalmente.

Art. 674. Embora ciente da morte, interdição ou mudança de estado do mandante, deve o mandatário concluir o negócio já começado, se houver perigo na demora.

SEÇÃO III
Das Obrigações do Mandante

Art. 675. O mandante é obrigado a satisfazer todas as obrigações contraídas pelo mandatário, na conformidade do mandato conferido, e adiantar a importância das despesas necessárias à execução dele, quando o mandatário lho pedir.

Art. 676. É obrigado o mandante a pagar ao mandatário a remuneração ajustada e as despesas da execução do mandato, ainda que o negócio não surta o esperado efeito, salvo tendo o mandatário culpa.

Art. 677. As somas adiantadas pelo mandatário, para a execução do mandato, vencem juros desde a data do desembolso.

Art. 678. É igualmente obrigado o mandante a ressarcir ao mandatário as perdas que este sofrer com a execução do mandato, sempre que não resultem de culpa sua ou de excesso de poderes.

Art. 679. Ainda que o mandatário contrarie as instruções do mandante, se não exceder os limites do mandato, ficará o mandante obrigado para com aqueles com quem o seu procurador contratou; mas terá contra este ação pelas perdas e danos resultantes da inobservância das instruções.

Art. 680. Se o mandato for outorgado por duas ou mais pessoas, e para negócio comum, cada uma ficará solidariamente responsável ao mandatário por todos os compromissos e efeitos do mandato, salvo direito regressivo, pelas quantias que pagar, contra os outros mandantes.

Art. 681. O mandatário tem sobre a coisa de que tenha a posse em virtude do mandato, direito de retenção, até se reembolsar do que no desempenho do encargo despendeu.

SEÇÃO IV
Da Extinção do Mandato

Art. 682. Cessa o mandato:
I. pela revogação ou pela renúncia;
II. pela morte ou interdição de uma das partes;
III. pela mudança de estado que inabilite o mandante a conferir os poderes, ou o mandatário para os exercer;
IV. pelo término do prazo ou pela conclusão do negócio.

Art. 683. Quando o mandato contiver a cláusula de irrevogabilidade e o mandante o revogar, pagará perdas e danos.

Art. 684. Quando a cláusula de irrevogabilidade for condição de um negócio bilateral, ou tiver sido estipulada no exclusivo interesse do mandatário, a revogação do mandato será ineficaz.

Art. 685. Conferido o mandato com a cláusula "em causa própria", a sua revogação não terá eficácia, nem se extinguirá pela morte de qualquer das partes, ficando o mandatário dispensado de prestar contas, e podendo transferir para si os bens móveis ou imóveis objeto do mandato, obedecidas as formalidades legais.

Art. 686. A revogação do mandato, notificada somente ao mandatário, não se pode opor aos terceiros que, ignorando-a, de boa-fé com ele trataram; mas ficam salvas ao constituinte as ações que no caso lhe possam caber contra o procurador.

Parágrafo único. É irrevogável o mandato que contenha poderes de cumprimento ou confirmação de negócios encetados, aos quais se ache vinculado.

Art. 687. Tanto que for comunicada ao mandatário a nomeação de outro, para o mesmo negócio, considerar-se-á revogado o mandato anterior.

Art. 688. A renúncia do mandato será comunicada ao mandante, que, se for prejudicado pela sua inoportunidade, ou pela falta de tempo, a fim de prover à substituição do procurador, será indenizado pelo mandatário, salvo se este provar que não podia continuar no mandato sem prejuízo considerável, e que não lhe era dado substabelecer.

Art. 689. São válidos, a respeito dos contratantes de boa-fé, os atos com estes ajustados em nome do mandante pelo mandatário, enquanto este ignorar a morte daquele ou a extinção do mandato, por qualquer outra causa.

Art. 690. Se falecer o mandatário, pendente o negócio a ele cometido, os herdeiros, tendo ciência do mandato, avisarão o mandante, e providenciarão a bem dele, como as circunstâncias exigirem.

Art. 691. Os herdeiros, no caso do artigo antecedente, devem limitar-se às medidas conservatórias, ou continuar os negócios pendentes que se não possam demorar sem perigo, regulando-se os seus serviços dentro desse limite, pelas mesmas normas a que os do mandatário estão sujeitos.

SEÇÃO V
Do Mandato Judicial

Art. 692. O mandato judicial fica subordinado às normas que lhe dizem respeito, constantes da legislação processual, e, supletivamente, às estabelecidas neste Código.

CAPÍTULO XI
Da Comissão

Art. 693. O contrato de comissão tem por objeto a aquisição ou a venda de bens pelo comissário, em seu próprio nome, à conta do comitente.

Art. 694. O comissário fica diretamente obrigado para com as pessoas com quem contratar, sem que estas tenham ação contra o comitente, nem este contra elas, salvo se o comissário ceder seus direitos a qualquer das partes.

Art. 695. O comissário é obrigado a agir de conformidade com as ordens e instruções do comitente, devendo, na falta destas, não podendo pedi-las a tempo, proceder segundo os usos em casos semelhantes.

Parágrafo único. Ter-se-ão por justificados os atos do comissário, se deles houver resultado vantagem para o comitente, e ainda no caso em que, não admitindo demora a realização do negócio, o comissário agiu de acordo com os usos.

Art. 696. No desempenho das suas incumbências o comissário é obrigado a agir com cuidado e diligência, não só para evitar qualquer prejuízo ao comitente, mas ainda para lhe proporcionar o lucro que razoavelmente se podia esperar do negócio.

Parágrafo único. Responderá o comissário, salvo motivo de força maior, por qualquer prejuízo que, por ação ou omissão, ocasionar ao comitente.

Art. 697. O comissário não responde pela insolvência das pessoas com quem tratar, exceto em caso de culpa e no do artigo seguinte.

Art. 698. Se do contrato de comissão constar a cláusula *del credere*, responderá o comissário solidariamente com as pessoas com que houver tratado em nome do comitente, caso em que, salvo estipulação em contrário, o comissário tem direito a remuneração mais elevada, para compensar o ônus assumido.

Art. 699. Presume-se o comissário autorizado a conceder dilação do prazo para pagamento, na conformidade dos usos do lugar onde se realizar o negócio, se não houver instruções diversas do comitente.

Art. 700. Se houver instruções do comitente proibindo prorrogação de prazos para pagamento, ou se esta não for conforme os usos locais, poderá o comitente exigir que o comissário pague incontinenti ou responda pelas consequências da dilação concedida, procedendo-se de igual modo se o comissário não der ciência ao comitente dos prazos concedidos e de quem é seu beneficiário.

Art. 701. Não estipulada a remuneração devida ao comissário, será ela arbitrada segundo os usos correntes no lugar.

Art. 702. No caso de morte do comissário, ou, quando, por motivo de força maior, não puder concluir o negócio, será devida pelo comitente uma remuneração proporcional aos trabalhos realizados.

Art. 703. Ainda que tenha dado motivo à dispensa, terá o comissário direito a ser remunerado pelos serviços úteis prestados ao comitente, ressalvado a este o direito de exigir daquele os prejuízos sofridos.

Art. 704. Salvo disposição em contrário, pode o comitente, a qualquer tempo, alterar as instruções dadas ao comissário, entendendo-se por elas regidos também os negócios pendentes.

Art. 705. Se o comissário for despedido sem justa causa, terá direito a ser remunerado pelos trabalhos prestados, bem como a ser ressarcido pelas perdas e danos resultantes de sua dispensa.

Art. 706. O comitente e o comissário são obrigados a pagar juros um ao outro; o primeiro pelo que o comissário houver adiantado para cumprimento de suas ordens; e o segundo pela mora na entrega dos fundos que pertencerem ao comitente.

Art. 707. O crédito do comissário, relativo a comissões e despesas feitas, goza de privilégio geral, no caso de falência ou insolvência do comitente.

Art. 708. Para reembolso das despesas feitas, bem como para recebimento das comissões devidas, tem o comissário direito de retenção sobre os bens e valores em seu poder em virtude da comissão.

Art. 709. São aplicáveis à comissão, no que couber, as regras sobre mandato.

CAPÍTULO XII
Da Agência e Distribuição

Art. 710. Pelo contrato de agência, uma pessoa assume, em caráter não eventual e sem vínculos de dependência, a obrigação de promover, à conta de outra, mediante retribuição, a realização de certos negócios, em zona determinada, caracterizando-se a distribuição quando o agente tiver à sua disposição a coisa a ser negociada.

Parágrafo único. O proponente pode conferir poderes ao agente para que este o represente na conclusão dos contratos.

Art. 711. Salvo ajuste, o proponente não pode constituir, ao mesmo tempo, mais de um agente, na mesma zona, com idêntica incumbência; nem pode o agente assumir o encargo de nela tratar de negócios do mesmo gênero, à conta de outros proponentes.

Art. 712. O agente, no desempenho que lhe foi cometido, deve agir com toda diligência, atendo-se às instruções recebidas do proponente.

Art. 713. Salvo estipulação diversa, todas as despesas com a agência ou distribuição correm a cargo do agente ou distribuidor.

Art. 714. Salvo ajuste, o agente ou distribuidor terá direito à remuneração correspondente aos negócios concluídos dentro de sua zona, ainda que sem a sua interferência.

Art. 715. O agente ou distribuidor tem direito à indenização se o proponente, sem justa causa, cessar o atendimento das propostas ou reduzi-lo tanto que se torna antieconômica a continuação do contrato.

Art. 716. A remuneração será devida ao agente também quando o negócio deixar de ser realizado por fato imputável ao proponente.

Art. 717. Ainda que dispensado por justa causa, terá o agente direito a ser remunerado pelos serviços úteis prestados ao proponente, sem embargo de haver este perdas e danos pelos prejuízos sofridos.

Art. 718. Se a dispensa se der sem culpa do agente, terá ele direito à remuneração até então devida, inclusive sobre os negócios pendentes, além das indenizações previstas em lei especial.

Art. 719. Se o agente não puder continuar o trabalho por motivo de força maior, terá direito à remuneração correspondente aos serviços realizados, cabendo esse direito aos herdeiros no caso de morte.

Art. 720. Se o contrato for por tempo indeterminado, qualquer das partes poderá resolvê-lo, mediante aviso prévio de noventa dias, desde que transcorrido prazo compatível com a natureza e o vulto do investimento exigido do agente.

Parágrafo único. No caso de divergência entre as partes, o juiz decidirá da razoabilidade do prazo e do valor devido.

Art. 721. Aplicam-se ao contrato de agência e distribuição, no que couber, as regras concernentes ao mandato e à comissão e as constantes de lei especial.

CAPÍTULO XIII
Da Corretagem

Art. 722. Pelo contrato de corretagem, uma pessoa, não ligada a outra em virtude de mandato, de prestação de serviços ou por qualquer relação de dependência, obriga-se a obter para a segunda um ou mais negócios, conforme as instruções recebidas.

Art. 723. O corretor é obrigado a executar a mediação com diligência e prudência, e a prestar ao cliente, espontaneamente, todas as informações sobre o andamento do negócio.

Parágrafo único. Sob pena de responder por perdas e danos, o corretor prestará ao cliente todos os esclarecimentos acerca da segurança ou do risco do negócio, das alterações de valores e de outros fatores que possam influir nos resultados da incumbência.

Art. 724. A remuneração do corretor, se não estiver fixada em lei, nem ajustada entre as partes, será arbitrada segundo a natureza do negócio e os usos locais.

Art. 725. A remuneração é devida ao corretor uma vez que tenha conseguido o resultado previsto no contrato de mediação, ou ainda que este não se efetive em virtude de arrependimento das partes.

Art. 726. Iniciado e concluído o negócio diretamente entre as partes, nenhuma remuneração será devida ao corretor; mas se, por escrito, for ajustada a corretagem com exclusividade, terá o corretor direito à remuneração integral, ainda que realizado o negócio sem a sua mediação, salvo se comprovada sua inércia ou ociosidade.

Art. 727. Se, por não haver prazo determinado, o dono do negócio dispensar o corretor, e o negócio se realizar posteriormente, como fruto da sua mediação, a corretagem lhe será devida; igual solução se adotará se o negócio se realizar após a decorrência do prazo contratual, mas por efeito dos trabalhos do corretor.

Art. 728. Se o negócio se concluir com a intermediação de mais de um corretor, a remuneração será paga a todos em partes iguais, salvo ajuste em contrário.

Art. 729. Os preceitos sobre corretagem constantes deste Código não excluem a aplicação de outras normas da legislação especial.

CAPÍTULO XIV
Do Transporte

SEÇÃO I
Disposições Gerais

Art. 730. Pelo contrato de transporte alguém se obriga, mediante retribuição, a transportar, de um lugar para outro, pessoas ou coisas.

Art. 731. O transporte exercido em virtude de autorização, permissão ou concessão, rege-se pelas normas regulamentares e pelo que for estabelecido naqueles atos, sem prejuízo do disposto neste Código.

Art. 732. Aos contratos de transporte, em geral, são aplicáveis, quando couber, desde que não contrariem as disposições deste Código, os preceitos constantes da legislação especial e de tratados e convenções internacionais.

Art. 733. Nos contratos de transporte cumulativo, cada transportador se obriga a cumprir o contrato relativamente ao respectivo percurso, respondendo pelos danos nele causados a pessoas e coisas.

§ 1º O dano, resultante do atraso ou da interrupção da viagem, será determinado em razão da totalidade do percurso.

§ 2º Se houver substituição de algum dos transportadores no decorrer do percurso, a responsabilidade solidária estender-se-á ao substituto.

SEÇÃO II
Do Transporte de Pessoas

Art. 734. O transportador responde pelos danos causados às pessoas transportadas e suas bagagens, salvo motivo de força maior, sendo nula qualquer cláusula excludente da responsabilidade.

Parágrafo único. É lícito ao transportador exigir a declaração do valor da bagagem a fim de fixar o limite da indenização.

Art. 735. A responsabilidade contratual do transportador por acidente com o passageiro não é elidida por culpa de terceiro, contra o qual tem ação regressiva.

Art. 736. Não se subordina às normas do contrato de transporte o feito gratuitamente, por amizade ou cortesia.

Parágrafo único. Não se considera gratuito o transporte quando, embora feito sem remuneração, o transportador auferir vantagens indiretas.

Art. 737. O transportador está sujeito aos horários e itinerários previstos, sob pena de responder por perdas e danos, salvo motivo de força maior.

Art. 738. A pessoa transportada deve sujeitar-se às normas estabelecidas pelo transportador, constantes no bilhete ou afixadas à vista dos usuários, abstendo-se de quaisquer atos que causem incômodo ou prejuízo aos passageiros, danifiquem o veículo, ou dificultem ou impeçam a execução normal do serviço.

Parágrafo único. Se o prejuízo sofrido pela pessoa transportada for atribuível à transgressão de normas e instruções regulamentares, o juiz reduzirá equitativamente a indenização, na medida em que a vítima houver concorrido para a ocorrência do dano.

Art. 739. O transportador não pode recusar passageiros, salvo os casos previstos nos regulamentos, ou se as condições de higiene ou de saúde do interessado o justificarem.

Art. 740. O passageiro tem direito a rescindir o contrato de transporte antes de iniciada a viagem, sendo-lhe devida a restituição do valor da passagem, desde que feita a comunicação ao transportador em tempo de ser renegociada.

§ 1º Ao passageiro é facultado desistir do transporte, mesmo depois de iniciada a viagem, sendo-lhe devida a restituição do valor correspondente ao trecho não utilizado, desde que provado que outra pessoa haja sido transportada em seu lugar.

§ 2º Não terá direito ao reembolso do valor da passagem o usuário que deixar de embarcar, salvo se provado que outra pessoa foi transportada em seu lugar, caso em que lhe será restituído o valor do bilhete não utilizado.

§ 3º Nas hipóteses previstas neste artigo, o transportador terá direito de reter até cinco por cento da importância a ser restituída ao passageiro, a título de multa compensatória.

Art. 741. Interrompendo-se a viagem por qualquer motivo alheio à vontade do transportador, ainda que em consequência de evento imprevisível, fica ele obrigado a concluir o transporte contratado em outro veículo da mesma categoria, ou, com a anuência do passageiro, por modalidade diferente, à sua custa, correndo também por sua conta as despesas de estada e alimentação do usuário, durante a espera de novo transporte.

Art. 742. O transportador, uma vez executado o transporte, tem direito de retenção sobre a bagagem de passageiro e outros objetos pessoais deste, para garantir-se do pagamento do valor da passagem que não tiver sido feito no início ou durante o percurso.

SEÇÃO III
Do Transporte de Coisas

Art. 743. A coisa, entregue ao transportador, deve estar caracterizada pela sua natureza, valor, peso e quantidade, e o mais que for necessário para que não se confunda com outras, devendo o destinatário ser indicado ao menos pelo nome e endereço.

Art. 744. Ao receber a coisa, o transportador emitirá conhecimento com a menção dos dados que a identifiquem, obedecido o disposto em lei especial.

Parágrafo único. O transportador poderá exigir que o remetente lhe entregue, devidamente assinada, a relação discriminada das coisas a serem transportadas, em duas vias, uma das quais, por ele devidamente autenticada, ficará fazendo parte integrante do conhecimento.

Art. 745. Em caso de informação inexata ou falsa descrição no documento a que se refere o artigo antecedente, será o transportador indenizado pelo prejuízo que sofrer, devendo a ação respectiva ser ajuizada no prazo de cento e vinte dias, a contar daquele ato, sob pena de decadência.

Art. 746. Poderá o transportador recusar a coisa cuja embalagem seja inadequada, bem como a que possa pôr em risco a saúde das pessoas, ou danificar o veículo e outros bens.

Art. 747. O transportador deverá obrigatoriamente recusar a coisa cujo transporte ou comercialização não sejam permitidos, ou que venha desacompanhada dos documentos exigidos por lei ou regulamento.

Art. 748. Até a entrega da coisa, pode o remetente desistir do transporte e pedi-la de volta, ou ordenar seja entregue a outro destinatário, pagando, em ambos os casos, os acréscimos de despesa decorrentes da contra-ordem, mais as perdas e danos que houver.

Art. 749. O transportador conduzirá a coisa ao seu destino, tomando todas as cautelas necessárias para mantê-la em bom estado e entregá-la no prazo ajustado ou previsto.

Art. 750. A responsabilidade do transportador, limitada ao valor constante do conhecimento, começa no momento em que ele, ou seus prepostos, recebem a coisa; termina quando é entregue ao destinatário, ou depositada em juízo, se aquele não for encontrado.

Art. 751. A coisa, depositada ou guardada nos armazéns do transportador, em virtude de contrato de transporte, rege-se, no que couber, pelas disposições relativas a depósito.

Art. 752. Desembarcadas as mercadorias, o transportador não é obrigado a dar aviso ao destinatário, se assim não foi convencionado, dependendo também de ajuste a entrega a domicílio, e devem constar do conhecimento de embarque as cláusulas de aviso ou de entrega a domicílio.

Art. 753. Se o transporte não puder ser feito ou sofrer longa interrupção, o transportador solicitará, incontinenti, instruções ao remetente, e zelará pela coisa, por cujo perecimento ou deterioração responderá, salvo força maior.

§ 1º Perdurando o impedimento, sem motivo imputável ao transportador e sem manifestação do remetente, poderá aquele depositar a coisa em juízo, ou vendê-la, obedecidos os preceitos legais e regulamentares, ou os usos locais, depositando o valor.

§ 2º Se o impedimento for responsabilidade do transportador, este poderá depositar a coisa, por sua conta e risco, mas só poderá vendê-la se perecível.

§ 3º Em ambos os casos, o transportador deve informar o remetente da efetivação do depósito ou da venda.

§ 4º Se o transportador mantiver a coisa depositada em seus próprios armazéns, continuará a responder pela sua guarda e conservação, sendo-lhe devida, porém, uma remuneração pela custódia, a qual poderá ser contratualmente ajustada ou se conformará aos usos adotados em cada sistema de transporte.

Art. 754. As mercadorias devem ser entregues ao destinatário, ou a quem apresentar o conhecimento endossado, devendo aquele que as receber conferi-las e apresentar as reclamações que tiver, sob pena de decadência dos direitos.

Parágrafo único. No caso de perda parcial ou de avaria não perceptível à primeira vista, o destinatário conserva a sua ação contra o transportador, desde que denuncie o dano em dez dias a contar da entrega.

Art. 755. Havendo dúvida acerca de quem seja o destinatário, o transportador deve depositar a mercadoria em juízo, se não lhe for possível obter instruções do remetente; se a demora puder ocasionar a deterioração da coisa, o transportador deverá vendê-la, depositando o saldo em juízo.

Art. 756. No caso de transporte cumulativo, todos os transportadores respondem solidariamente pelo dano causado perante o remetente, ressalvada a apuração final da responsabilidade entre eles, de modo que o ressarcimento recaia, por inteiro, ou proporcionalmente, naquele ou naqueles em cujo percurso houver ocorrido o dano.

CAPÍTULO XV

Do Seguro

SEÇÃO I
Disposições Gerais

Art. 757. Pelo contrato de seguro, o segurador se obriga, mediante o pagamento do prêmio, a garantir interesse legítimo do segurado, relativo a pessoa ou a coisa, contra riscos predeterminados.

Parágrafo único. Somente pode ser parte, no contrato de seguro, como segurador, entidade para tal fim legalmente autorizada.

Art. 758. O contrato de seguro prova-se com a exibição da apólice ou do bilhete do seguro, e, na falta deles, por documento comprobatório do pagamento do respectivo prêmio.

Art. 759. A emissão da apólice deverá ser precedida de proposta escrita com a declaração dos elementos essenciais do interesse a ser garantido e do risco.

Art. 760. A apólice ou o bilhete de seguro serão nominativos, à ordem ou ao portador, e mencionarão os riscos assumidos, o início e o fim de sua validade, o limite da garantia e o prêmio devido, e, quando for o caso, o nome do segurado e o do beneficiário.

Parágrafo único. No seguro de pessoas, a apólice ou o bilhete não podem ser ao portador.

Art. 761. Quando o risco for assumido em co-seguro, a apólice indicará o segurador que administrará o contrato e representará os demais, para todos os seus efeitos.

Art. 762. Nulo será o contrato para garantia de risco proveniente de ato doloso do segurado, do beneficiário, ou de representante de um ou de outro.

Art. 763. Não terá direito a indenização o segurado que estiver em mora no pagamento do prêmio, se ocorrer o sinistro antes de sua purgação.

Art. 764. Salvo disposição especial, o fato de se não ter verificado o risco, em previsão do qual se faz o seguro, não exime o segurado de pagar o prêmio.

Art. 765. O segurado e o segurador são obrigados a guardar na conclusão e na execução do contrato, a mais estrita boa-fé e veracidade, tanto a respeito do objeto como das circunstâncias e declarações a ele concernentes.

Art. 766. Se o segurado, por si ou por seu representante, fizer declarações inexatas ou omitir circunstâncias que possam influir na aceitação da proposta ou na taxa do prêmio, perderá o direito à garantia, além de ficar obrigado ao prêmio vencido.

Parágrafo único. Se a inexatidão ou omissão nas declarações não resultar de má-fé do segurado, o segurador terá direito a resolver o contrato, ou a cobrar, mesmo após o sinistro, a diferença do prêmio.

Art. 767. No seguro à conta de outrem, o segurador pode opor ao segurado quaisquer defesas que tenha contra o estipulante, por descumprimento das normas de conclusão do contrato, ou de pagamento do prêmio.

Art. 768. O segurado perderá o direito à garantia se agravar intencionalmente o risco objeto do contrato.

Art. 769. O segurado é obrigado a comunicar ao segurador, logo que saiba, todo incidente suscetível de agravar consideravelmente o risco coberto, sob pena de perder o direito à garantia, se provar que silenciou de má-fé.

§ 1º O segurador, desde que o faça nos quinze dias seguintes ao recebimento do aviso da agravação do risco sem culpa do segurado, poderá dar-lhe ciência, por escrito, de sua decisão de resolver o contrato.

§ 2º A resolução só será eficaz trinta dias após a notificação, devendo ser restituída pelo segurador a diferença do prêmio.

Art. 770. Salvo disposição em contrário, a diminuição do risco no curso do contrato não acarreta a redução do prêmio estipulado; mas, se a redução do risco for considerável, o segurado poderá exigir a revisão do prêmio, ou a resolução do contrato.

Art. 771. Sob pena de perder o direito à indenização, o segurado participará o sinistro ao segurador, logo que o saiba, e tomará as providências imediatas para minorar-lhe as consequências.

Parágrafo único. Correm à conta do segurador, até o limite fixado no contrato, as despesas de salvamento consequente ao sinistro.

Art. 772. A mora do segurador em pagar o sinistro obriga à atualização monetária da indenização devida segundo índices oficiais regularmente estabelecidos, sem prejuízo dos juros moratórios.

Art. 773. O segurador que, ao tempo do contrato, sabe estar passado o risco de que o segurado se pretende cobrir, e, não obstante, expede a apólice, pagará em dobro o prêmio estipulado.

Art. 774. A recondução tácita do contrato pelo mesmo prazo, mediante expressa cláusula contratual, não poderá operar mais de uma vez.

Art. 775. Os agentes autorizados do segurador presumem-se seus representantes para todos os atos relativos aos contratos que agenciarem.

Art. 776. O segurador é obrigado a pagar em dinheiro o prejuízo resultante do risco assumido, salvo se convencionada a reposição da coisa.

Art. 777. O disposto no presente Capítulo aplica-se, no que couber, aos seguros regidos por leis próprias.

SEÇÃO II
Do Seguro de Dano

Art. 778. Nos seguros de dano, a garantia prometida não pode ultrapassar o valor do interesse segurado no momento da conclusão do contrato, sob pena do disposto no art. 766, e sem prejuízo da ação penal que no caso couber.

Art. 779. O risco do seguro compreenderá todos os prejuízos resultantes ou consequentes, como sejam os estragos ocasionados para evitar o sinistro, minorar o dano, ou salvar a coisa.

Art. 780. A vigência da garantia, no seguro de coisas transportadas, começa no momento em que são pelo transportador recebidas, e cessa com a sua entrega ao destinatário.

Art. 781. A indenização não pode ultrapassar o valor do interesse segurado no momento do sinistro, e, em hipótese alguma, o limite máximo da garantia fixado na apólice, salvo em caso de mora do segurador.

Art. 782. O segurado que, na vigência do contrato, pretender obter novo seguro sobre o mesmo interesse, e contra o mesmo risco junto a outro segurador, deve previamente comunicar sua intenção por escrito ao primeiro, indicando a soma por que pretende segurar-se, a fim de se comprovar a obediência ao disposto no art. 778.

Art. 783. Salvo disposição em contrário, o seguro de um interesse por menos do que valha acarreta a redução proporcional da indenização, no caso de sinistro parcial.

Art. 784. Não se inclui na garantia o sinistro provocado por vício intrínseco da coisa segurada, não declarado pelo segurado.

Parágrafo único. Entende-se por vício intrínseco o defeito próprio da coisa, que se não encontra normalmente em outras da mesma espécie.

Art. 785. Salvo disposição em contrário, admite-se a transferência do contrato a terceiro com a alienação ou cessão do interesse segurado.

§ 1º Se o instrumento contratual é nominativo, a transferência só produz efeitos em relação ao segurador mediante aviso escrito assinado pelo cedente e pelo cessionário.

§ 2º A apólice ou o bilhete à ordem só se transfere por endosso em preto, datado e assinado pelo endossante e pelo endossatário.

Art. 786. Paga a indenização, o segurador sub-roga-se, nos limites do valor respectivo, nos direitos e ações que competirem ao segurado contra o autor do dano.

§ 1º Salvo dolo, a sub-rogação não tem lugar se o dano foi causado pelo cônjuge do segurado, seus descendentes ou ascendentes, consanguíneos ou afins.

§ 2º É ineficaz qualquer ato do segurado que diminua ou extinga, em prejuízo do segurador, os direitos a que se refere este artigo.

Art. 787. No seguro de responsabilidade civil, o segurador garante o pagamento de perdas e danos devidos pelo segurado a terceiro.

§ 1º Tão logo saiba o segurado das consequências de ato seu, suscetível de lhe acarretar a responsabilidade incluída na garantia, comunicará o fato ao segurador.

§ 2º É defeso ao segurado reconhecer sua responsabilidade ou confessar a ação, bem como transigir com o terceiro prejudicado, ou indenizá-lo diretamente, sem anuência expressa do segurador.

§ 3º Intentada a ação contra o segurado, dará este ciência da lide ao segurador.

§ 4º Subsistirá a responsabilidade do segurado perante o terceiro, se o segurador for insolvente.

Art. 788. Nos seguros de responsabilidade legalmente obrigatórios, a indenização por sinistro será paga pelo segurador diretamente ao terceiro prejudicado.

Parágrafo único. Demandado em ação direta pela vítima do dano, o segurador não poderá opor a exceção de contrato não cumprido pelo segurado, sem promover a citação deste para integrar o contraditório.

SEÇÃO III
Do Seguro de Pessoa

Art. 789. Nos seguros de pessoas, o capital segurado é livremente estipulado pelo proponente, que pode contratar mais de um seguro sobre o mesmo interesse, com o mesmo ou diversos seguradores.

Art. 790. No seguro sobre a vida de outros, o proponente é obrigado a declarar, sob pena de falsidade, o seu interesse pela preservação da vida do segurado.

Parágrafo único. Até prova em contrário, presume-se o interesse, quando o segurado é cônjuge, ascendente ou descendente do proponente.

Art. 791. Se o segurado não renunciar à faculdade, ou se o seguro não tiver como causa declarada a garantia de alguma obrigação, é lícita a substituição do beneficiário, por ato entre vivos ou de última vontade.

Parágrafo único. O segurador, que não for cientificado oportunamente da substituição, desobrigar-se-á pagando o capital segurado ao antigo beneficiário.

Art. 792. Na falta de indicação da pessoa ou beneficiário, ou se por qualquer motivo não prevalecer a que for feita, o capital segurado será pago por metade ao cônjuge não separado judicialmente, e o restante aos herdeiros do segurado, obedecida a ordem da vocação hereditária.

Parágrafo único. Na falta das pessoas indicadas neste artigo, serão beneficiários os que provarem que a morte do segurado os privou dos meios necessários à subsistência.

Art. 793. É válida a instituição do companheiro como beneficiário, se ao tempo do contrato o segurado era separado judicialmente, ou já se encontrava separado de fato.

Art. 794. No seguro de vida ou de acidentes pessoais para o caso de morte, o capital estipulado não está sujeito às dívidas do segurado, nem se considera herança para todos os efeitos de direito.

Art. 795. É nula, no seguro de pessoa, qualquer transação para pagamento reduzido do capital segurado.

Art. 796. O prêmio, no seguro de vida, será conveniado por prazo limitado, ou por toda a vida do segurado.

Parágrafo único. Em qualquer hipótese, no seguro individual, o segurador não terá ação para cobrar o prêmio vencido, cuja falta de pagamento, nos prazos previstos, acarretará, conforme se estipular, a resolução do contrato, com a restituição da reserva já formada, ou a redução do capital garantido proporcionalmente ao prêmio pago.

Art. 797. No seguro de vida para o caso de morte, é lícito estipular-se um prazo de carência, durante o qual o segurador não responde pela ocorrência do sinistro.

Parágrafo único. No caso deste artigo o segurador é obrigado a devolver ao beneficiário o montante da reserva técnica já formada.

Art. 798. O beneficiário não tem direito ao capital estipulado quando o segurado se suicida nos primeiros dois anos de vigência inicial do contrato, ou da sua recondução depois de suspenso, observado o disposto no parágrafo único do artigo antecedente.

Parágrafo único. Ressalvada a hipótese prevista neste artigo, é nula a cláusula contratual que exclui o pagamento do capital por suicídio do segurado.

Art. 799. O segurador não pode eximir-se ao pagamento do seguro, ainda que da apólice conste a restrição, se a morte ou a incapacidade do segurado provier da utilização de meio de transporte mais arriscado, da prestação de serviço militar, da prática de esporte, ou de atos de humanidade em auxílio de outrem.

Art. 800. Nos seguros de pessoas, o segurador não pode sub-rogar-se nos direitos e ações do segurado, ou do beneficiário, contra o causador do sinistro.

Art. 801. O seguro de pessoas pode ser estipulado por pessoa natural ou jurídica em proveito de grupo que a ela, de qualquer modo, se vincule.

§ 1º O estipulante não representa o segurador perante o grupo segurado, e é o único responsável, para com o segurador, pelo cumprimento de todas as obrigações contratuais.

§ 2º A modificação da apólice em vigor dependerá da anuência expressa de segurados que representem três quartos do grupo.

Art. 802. Não se compreende nas disposições desta SEÇÃO a garantia do reembolso de despesas hospitalares ou de tratamento médico, nem o custeio das despesas de luto e de funeral do segurado.

CAPÍTULO XVI
Da Constituição de Renda

Art. 803. Pode uma pessoa, pelo contrato de constituição de renda, obrigar-se para com outra a uma prestação periódica, a título gratuito.

Art. 804. O contrato pode ser também a título oneroso, entregando-se bens móveis ou imóveis à pessoa que se obriga a satisfazer as prestações a favor do credor ou de terceiros.

Art. 805. Sendo o contrato a título oneroso, pode o credor, ao contratar, exigir que o rendeiro lhe preste garantia real, ou fidejussória.

Art. 806. O contrato de constituição de renda será feito a prazo certo, ou por vida, podendo ultrapassar a vida do devedor mas não a do credor, seja ele o contratante, seja terceiro.

Art. 807. O contrato de constituição de renda requer escritura pública.

Art. 808. É nula a constituição de renda em favor de pessoa já falecida, ou que, nos trinta dias seguintes, vier a falecer de moléstia que já sofria, quando foi celebrado o contrato.

Art. 809. Os bens dados em compensação da renda caem, desde a tradição, no domínio da pessoa que por aquela se obrigou.

Art. 810. Se o rendeiro, ou censuário, deixar de cumprir a obrigação estipulada, poderá o credor da renda acioná-lo, tanto para que lhe pague as prestações atrasadas como para que lhe dê garantias das futuras, sob pena de rescisão do contrato.

Art. 811. O credor adquire o direito à renda dia a dia, se a prestação não houver de ser paga adiantada, no começo de cada um dos períodos prefixos.

Art. 812. Quando a renda for constituída em benefício de duas ou mais pessoas, sem determinação da parte de cada uma, entende-se que os seus direitos são iguais; e, salvo estipulação diversa, não adquirirão os sobrevivos direito à parte dos que morrerem.

Art. 813. A renda constituída por título gratuito pode, por ato do instituidor, ficar isenta de todas as execuções pendentes e futuras.

Parágrafo único. A isenção prevista neste artigo prevalece de pleno direito em favor dos montepios e pensões alimentícias.

CAPÍTULO XVII
Do Jogo e da Aposta

Art. 814. As dívidas de jogo ou de aposta não obrigam a pagamento; mas não se pode recobrar a quantia, que voluntariamente se pagou, salvo se foi ganha por dolo, ou se o perdente é menor ou interdito.

§ 1º Estende-se esta disposição a qualquer contrato que encubra ou envolva reconhecimento, novação ou fiança de dívida de jogo; mas a nulidade resultante não pode ser oposta ao terceiro de boa-fé.

§ 2º O preceito contido neste artigo tem aplicação, ainda que se trate de jogo não proibido, só se excetuando os jogos e apostas legalmente permitidos.

§ 3º Excetuam-se, igualmente, os prêmios oferecidos ou prometidos para o vencedor em competição de natureza esportiva, intelectual ou artística, desde que os interessados se submetam às prescrições legais e regulamentares.

Art. 815. Não se pode exigir reembolso do que se emprestou para jogo ou aposta, no ato de apostar ou jogar.

Art. 816. As disposições dos arts. 814 e 815 não se aplicam aos contratos sobre títulos de bolsa, mercadorias ou valores, em que se estipulem a liquidação exclusivamente pela diferença entre o preço ajustado e a cotação que eles tiverem no vencimento do ajuste.

Art. 817. O sorteio para dirimir questões ou dividir coisas comuns considera-se sistema de partilha ou processo de transação, conforme o caso.

CAPÍTULO XVIII
Da Fiança

SEÇÃO I
Disposições Gerais

Art. 818. Pelo contrato de fiança, uma pessoa garante satisfazer ao credor uma obrigação assumida pelo devedor, caso este não a cumpra.

Art. 819. A fiança dar-se-á por escrito, e não admite interpretação extensiva.

Art. 819-A. (Vetado)

Art. 820. Pode-se estipular a fiança, ainda que sem consentimento do devedor ou contra a sua vontade.

Art. 821. As dívidas futuras podem ser objeto de fiança; mas o fiador, neste caso, não será demandado senão depois que se fizer certa e líquida a obrigação do principal devedor.

Art. 822. Não sendo limitada, a fiança compreenderá todos os acessórios da dívida principal, inclusive as despesas judiciais, desde a citação do fiador.

Art. 823. A fiança pode ser de valor inferior ao da obrigação principal e contraída em condições menos onerosas, e, quando exceder o valor da dívida, ou for mais onerosa que ela, não valerá senão até ao limite da obrigação afiançada.

Art. 824. As obrigações nulas não são suscetíveis de fiança, exceto se a nulidade resultar apenas de incapacidade pessoal do devedor.

Parágrafo único. A exceção estabelecida neste artigo não abrange o caso de mútuo feito a menor.

Art. 825. Quando alguém houver de oferecer fiador, o credor não pode ser obrigado a aceitá-lo se não for pessoa idônea, domiciliada no município onde tenha de prestar a fiança, e não possua bens suficientes para cumprir a obrigação.

Art. 826. Se o fiador se tornar insolvente ou incapaz, poderá o credor exigir que seja substituído.

SEÇÃO II
Dos Efeitos da Fiança

Art. 827. O fiador demandado pelo pagamento da dívida tem direito a exigir, até a contestação da lide, que sejam primeiro executados os bens do devedor.
Parágrafo único. O fiador que alegar o benefício de ordem, a que se refere este artigo, deve nomear bens do devedor, sitos no mesmo município, livres e desembargados, quantos bastem para solver o débito.

Art. 828. Não aproveita este benefício ao fiador:
I. se ele o renunciou expressamente;
II. se se obrigou como principal pagador, ou devedor solidário;
III. se o devedor for insolvente, ou falido.

Art. 829. A fiança conjuntamente prestada a um só débito por mais de uma pessoa importa o compromisso de solidariedade entre elas, se declaradamente não se reservarem o benefício de divisão.
Parágrafo único. Estipulado este benefício, cada fiador responde unicamente pela parte que, em proporção, lhe couber no pagamento.

Art. 830. Cada fiador pode fixar no contrato a parte da dívida que toma sob sua responsabilidade, caso em que não será por mais obrigado.

Art. 831. O fiador que pagar integralmente a dívida fica sub-rogado nos direitos do credor; mas só poderá demandar a cada um dos outros fiadores pela respectiva quota.
Parágrafo único. A parte do fiador insolvente distribuir-se-á pelos outros.

Art. 832. O devedor responde também perante o fiador por todas as perdas e danos que este pagar, e pelos que sofrer em razão da fiança.

Art. 833. O fiador tem direito aos juros do desembolso pela taxa estipulada na obrigação principal, e, não havendo taxa convencionada, aos juros legais da mora.

Art. 834. Quando o credor, sem justa causa, demorar a execução iniciada contra o devedor, poderá o fiador promover-lhe o andamento.

Art. 835. O fiador poderá exonerar-se da fiança que tiver assinado sem limitação de tempo, sempre que lhe convier, ficando obrigado por todos os efeitos da fiança, durante sessenta dias após a notificação do credor.

Art. 836. A obrigação do fiador passa aos herdeiros; mas a responsabilidade da fiança se limita ao tempo decorrido até a morte do fiador, e não pode ultrapassar as forças da herança.

SEÇÃO III
Da Extinção da Fiança

Art. 837. O fiador pode opor ao credor as exceções que lhe forem pessoais, e as extintivas da obrigação que competem ao devedor principal, se não provierem simplesmente de incapacidade pessoal, salvo o caso do mútuo feito a pessoa menor.

Art. 838. O fiador, ainda que solidário, ficará desobrigado:
I. se, sem consentimento seu, o credor conceder moratória ao devedor;
II. se, por fato do credor, for impossível a sub-rogação nos seus direitos e preferências;
III. se o credor, em pagamento da dívida, aceitar amigavelmente do devedor objeto diverso do que este era obrigado a lhe dar, ainda que depois venha a perdê-lo por evicção.

Art. 839. Se for invocado o benefício da excussão e o devedor, retardando-se a execução, cair em insolvência, ficará exonerado o fiador que o invocou, se provar que os bens por ele indicados eram, ao tempo da penhora, suficientes para a solução da dívida afiançada.

CAPÍTULO XIX
Da Transação

Art. 840. É lícito aos interessados prevenirem ou terminarem o litígio mediante concessões mútuas.

Art. 841. Só quanto a direitos patrimoniais de caráter privado se permite a transação.

Art. 842. A transação far-se-á por escritura pública, nas obrigações em que a lei o exige, ou por instrumento particular, nas em que ela o admite; se recair sobre direitos contestados em juízo, será feita por escritura pública, ou por termo nos autos, assinado pelos transigentes e homologado pelo juiz.

Art. 843. A transação interpreta-se restritivamente, e por ela não se transmitem, apenas se declaram ou reconhecem direitos.

Art. 844. A transação não aproveita, nem prejudica senão aos que nela intervierem, ainda que diga respeito a coisa indivisível.

§ 1º Se for concluída entre o credor e o devedor, desobrigará o fiador.

§ 2º Se entre um dos credores solidários e o devedor, extingue a obrigação deste para com os outros credores.

§ 3º Se entre um dos devedores solidários e seu credor, extingue a dívida em relação aos co-devedores.

Art. 845. Dada a evicção da coisa renunciada por um dos transigentes, ou por ele transferida à outra parte, não revive a obrigação extinta pela transação; mas ao evicto cabe o direito de reclamar perdas e danos.

Parágrafo único. Se um dos transigentes adquirir, depois da transação, novo direito sobre a coisa renunciada ou transferida, a transação feita não o inibirá de exercê-lo.

Art. 846. A transação concernente a obrigações resultantes de delito não extingue a ação penal pública.

Art. 847. É admissível, na transação, a pena convencional.

Art. 848. Sendo nula qualquer das cláusulas da transação, nula será esta.

Parágrafo único. Quando a transação versar sobre diversos direitos contestados, independentes entre si, o fato de não prevalecer em relação a um não prejudicará os demais.

Art. 849. A transação só se anula por dolo, coação, ou erro essencial quanto à pessoa ou coisa controversa.

Parágrafo único. A transação não se anula por erro de direito a respeito das questões que foram objeto de controvérsia entre as partes.

Art. 850. É nula a transação a respeito do litígio decidido por sentença passada em julgado, se dela não tinha ciência algum dos transatores, ou quando, por título ulteriormente descoberto, se verificar que nenhum deles tinha direito sobre o objeto da transação.

CAPÍTULO XX

Do Compromisso

Art. 851. É admitido compromisso, judicial ou extrajudicial, para resolver litígios entre pessoas que podem contratar.

Art. 852. É vedado compromisso para solução de questões de estado, de direito pessoal de família e de outras que não tenham caráter estritamente patrimonial.

Art. 853. Admite-se nos contratos a cláusula compromissória, para resolver divergências mediante juízo arbitral, na forma estabelecida em lei especial.

TÍTULO VII
Dos Atos Unilaterais

CAPÍTULO I
Da Promessa de Recompensa

Art. 854. Aquele que, por anúncios públicos, se comprometer a recompensar, ou gratificar, a quem preencha certa condição, ou desempenhe certo serviço, contrai obrigação de cumprir o prometido.

Art. 855. Quem quer que, nos termos do artigo antecedente, fizer o serviço, ou satisfizer a condição, ainda que não pelo interesse da promessa, poderá exigir a recompensa estipulada.

Art. 856. Antes de prestado o serviço ou preenchida a condição, pode o promitente revogar a promessa, contanto que o faça com a mesma publicidade; se houver assinado prazo à execução da tarefa, entender-se-á que renuncia o arbítrio de retirar, durante ele, a oferta.

Parágrafo único. O candidato de boa-fé, que houver feito despesas, terá direito a reembolso.

Art. 857. Se o ato contemplado na promessa for praticado por mais de um indivíduo, terá direito à recompensa o que primeiro o executou.

Art. 858. Sendo simultânea a execução, a cada um tocará quinhão igual na recompensa; se esta não for divisível, conferir-se-á por sorteio, e o que obtiver a coisa dará ao outro o valor de seu quinhão.

Art. 859. Nos concursos que se abrirem com promessa pública de recompensa, é condição essencial, para valerem, a fixação de um prazo, observadas também as disposições dos parágrafos seguintes.

§ 1º A decisão da pessoa nomeada, nos anúncios, como juiz, obriga os interessados.

§ 2º Em falta de pessoa designada para julgar o mérito dos trabalhos que se apresentarem, entender-se-á que o promitente se reservou essa função.

§ 3º Se os trabalhos tiverem mérito igual, proceder-se-á de acordo com os arts. 857 e 858.

Art. 860. As obras premiadas, nos concursos de que trata o artigo antecedente, só ficarão pertencendo ao promitente, se assim for estipulado na publicação da promessa.

CAPÍTULO II
Da Gestão de Negócios

Art. 861. Aquele que, sem autorização do interessado, intervém na gestão de negócio alheio, dirigi-lo-á segundo o interesse e a vontade presumível de seu dono, ficando responsável a este e às pessoas com que tratar.

Art. 862. Se a gestão foi iniciada contra a vontade manifesta ou presumível do interessado, responderá o gestor até pelos casos fortuitos, não provando que teriam sobrevindo, ainda quando se houvesse abatido.

Art. 863. No caso do artigo antecedente, se os prejuízos da gestão excederem o seu proveito, poderá o dono do negócio exigir que o gestor restitua as coisas ao estado anterior, ou o indenize da diferença.

Art. 864. Tanto que se possa, comunicará o gestor ao dono do negócio a gestão que assumiu, aguardando-lhe a resposta, se da espera não resultar perigo.

Art. 865. Enquanto o dono não providenciar, velará o gestor pelo negócio, até o levar a cabo, esperando, se aquele falecer durante a gestão, as instruções dos herdeiros, sem se descuidar, entretanto, das medidas que o caso reclame.

Art. 866. O gestor envidará toda sua diligência habitual na administração do negócio, ressarcindo ao dono o prejuízo resultante de qualquer culpa na gestão.

Art. 867. Se o gestor se fizer substituir por outrem, responderá pelas faltas do substituto, ainda que seja pessoa idônea, sem prejuízo da ação que a ele, ou ao dono do negócio, contra ela possa caber.

Parágrafo único. Havendo mais de um gestor, solidária será a sua responsabilidade.

Art. 868. O gestor responde pelo caso fortuito quando fizer operações arriscadas, ainda que o dono costumasse fazê-las, ou quando preterir interesse deste em proveito de interesses seus.

Parágrafo único. Querendo o dono aproveitar-se da gestão, será obrigado a indenizar o gestor das despesas necessárias, que tiver feito, e dos prejuízos, que por motivo da gestão, houver sofrido.

Art. 869. Se o negócio for utilmente administrado, cumprirá ao dono as obrigações contraídas em seu nome, reembolsando ao gestor as despesas necessárias ou úteis que houver feito, com os juros legais, desde o desembolso, respondendo ainda pelos prejuízos que este houver sofrido por causa da gestão.

§ 1º A utilidade, ou necessidade, da despesa, apreciar-se-á não pelo resultado obtido, mas segundo as circunstâncias da ocasião em que se fizerem.

§ 2º Vigora o disposto neste artigo, ainda quando o gestor, em erro quanto ao dono do negócio, der a outra pessoa as contas da gestão.

Art. 870. Aplica-se a disposição do artigo antecedente, quando a gestão se proponha a acudir a prejuízos iminentes, ou redunde em proveito do dono do negócio ou da coisa; mas a indenização ao gestor não excederá, em importância, as vantagens obtidas com a gestão.

Art. 871. Quando alguém, na ausência do indivíduo obrigado a alimentos, por ele os prestar a quem se devem, poder-lhes-á reaver do devedor a importância, ainda que este não ratifique o ato.

Art. 872. Nas despesas do enterro, proporcionadas aos usos locais e à condição do falecido, feitas por terceiro, podem ser cobradas da pessoa que teria a obrigação de alimentar a que veio a falecer, ainda mesmo que esta não tenha deixado bens.

Parágrafo único. Cessa o disposto neste artigo e no antecedente, em se provando que o gestor fez essas despesas com o simples intento de bem-fazer.

Art. 873. A ratificação pura e simples do dono do negócio retroage ao dia do começo da gestão, e produz todos os efeitos do mandato.

Art. 874. Se o dono do negócio, ou da coisa, desaprovar a gestão, considerando-a contrária aos seus interesses, vigorará o disposto nos arts. 862 e 863, salvo o estabelecido nos arts. 869 e 870.

Art. 875. Se os negócios alheios forem conexos ao do gestor, de tal arte que se não possam gerir separadamente, haver-se-á o gestor por sócio daquele cujos interesses agenciar de envolta com os seus.

Parágrafo único. No caso deste artigo, aquele em cujo benefício interveio o gestor só é obrigado na razão das vantagens que lograr.

CAPÍTULO III
Do Pagamento Indevido

Art. 876. Todo aquele que recebeu o que lhe não era devido fica obrigado a restituir; obrigação que incumbe àquele que recebe dívida condicional antes de cumprida a condição.

Art. 877. Àquele que voluntariamente pagou o indevido incumbe a prova de tê-lo feito por erro.

Art. 878. Aos frutos, acessões, benfeitorias e deteriorações sobrevindas à coisa dada em pagamento indevido, aplica-se o disposto neste Código sobre o possuidor de boa-fé ou de má-fé, conforme o caso.

Art. 879. Se aquele que indevidamente recebeu um imóvel o tiver alienado em boa-fé, por título oneroso, responde somente pela quantia recebida; mas, se agiu de má-fé, além do valor do imóvel, responde por perdas e danos.

Parágrafo único. Se o imóvel foi alienado por título gratuito, ou se, alienado por título oneroso, o terceiro adquirente agiu de má-fé, cabe ao que pagou por erro o direito de reivindicação.

Art. 880. Fica isento de restituir pagamento indevido aquele que, recebendo-o como parte de dívida verdadeira, inutilizou o título, deixou prescrever a pretensão ou abriu mão das garantias que asseguravam seu direito; mas aquele que pagou dispõe de ação regressiva contra o verdadeiro devedor e seu fiador.

Art. 881. Se o pagamento indevido tiver consistido no desempenho de obrigação de fazer ou para eximir-se da obrigação de não fazer, aquele que recebeu a prestação fica na obrigação de indenizar o que a cumpriu, na medida do lucro obtido.

Art. 882. Não se pode repetir o que se pagou para solver dívida prescrita, ou cumprir obrigação judicialmente inexigível.

Art. 883. Não terá direito à repetição aquele que deu alguma coisa para obter fim ilícito, imoral, ou proibido por lei.

Parágrafo único. No caso deste artigo, o que se deu reverterá em favor de estabelecimento local de beneficência, a critério do juiz.

CAPÍTULO IV
Do Enriquecimento Sem Causa

Art. 884. Aquele que, sem justa causa, se enriquecer à custa de outrem, será obrigado a restituir o indevidamente auferido, feita a atualização dos valores monetários.

Parágrafo único. Se o enriquecimento tiver por objeto coisa determinada, quem a recebeu é obrigado a restituí-la, e, se a coisa não mais subsistir, a restituição se fará pelo valor do bem na época em que foi exigido.

Art. 885. A restituição é devida, não só quando não tenha havido causa que justifique o enriquecimento, mas também se esta deixou de existir.

Art. 886. Não caberá a restituição por enriquecimento, se a lei conferir ao lesado outros meios para se ressarcir do prejuízo sofrido.

TÍTULO VIII
Dos Títulos de Crédito

CAPÍTULO I
Disposições Gerais

Art. 887. O título de crédito, documento necessário ao exercício do direito literal e autônomo nele contido, somente produz efeito quando preencha os requisitos da lei.

Art. 888. A omissão de qualquer requisito legal, que tire ao escrito a sua validade como título de crédito, não implica a invalidade do negócio jurídico que lhe deu origem.

Art. 889. Deve o título de crédito conter a data da emissão, a indicação precisa dos direitos que confere, e a assinatura do emitente.

§ 1º É à vista o título de crédito que não contenha indicação de vencimento.

§ 2º Considera-se lugar de emissão e de pagamento, quando não indicado no título, o domicílio do emitente.

§ 3º O título poderá ser emitido a partir dos caracteres criados em computador ou meio técnico equivalente e que constem da escrituração do emitente, observados os requisitos mínimos previstos neste artigo.

Art. 890. Consideram-se não escritas no título a cláusula de juros, a proibitiva de endosso, a excludente de responsabilidade pelo pagamento ou por despesas, a que dispense a observância de termos e formalidade prescritas, e a que, além dos limites fixados em lei, exclua ou restrinja direitos e obrigações.

Art. 891. O título de crédito, incompleto ao tempo da emissão, deve ser preenchido de conformidade com os ajustes realizados.

Parágrafo único. O descumprimento dos ajustes previstos neste artigo pelos que deles participaram, não constitui motivo de oposição ao terceiro portador, salvo se este, ao adquirir o título, tiver agido de má-fé.

Art. 892. Aquele que, sem ter poderes, ou excedendo os que tem, lança a sua assinatura em título de crédito, como mandatário ou representante de outrem, fica pessoalmente obrigado, e, pagando o título, tem ele os mesmos direitos que teria o suposto mandante ou representado.

Art. 893. A transferência do título de crédito implica a de todos os direitos que lhe são inerentes.

Art. 894. O portador de título representativo de mercadoria tem o direito de transferi-lo, de conformidade com as normas que regulam a sua circulação, ou de receber aquela independentemente de quaisquer formalidades, além da entrega do título devidamente quitado.

Art. 895. Enquanto o título de crédito estiver em circulação, só ele poderá ser dado em garantia, ou ser objeto de medidas judiciais, e não, separadamente, os direitos ou mercadorias que representa.

Art. 896. O título de crédito não pode ser reivindicado do portador que o adquiriu de boa-fé e na conformidade das normas que disciplinam a sua circulação.

Art. 897. O pagamento de título de crédito, que contenha obrigação de pagar soma determinada, pode ser garantido por aval.

Parágrafo único. É vedado o aval parcial.

Art. 898. O aval deve ser dado no verso ou no anverso do próprio título.

§ 1º Para a validade do aval, dado no anverso do título, é suficiente a simples assinatura do avalista.

§ 2º Considera-se não escrito o aval cancelado.

Art. 899. O avalista equipara-se àquele cujo nome indicar; na falta de indicação, ao emitente ou devedor final.

§ 1º Pagando o título, tem o avalista ação de regresso contra o seu avalizado e demais coobrigados anteriores.

§ 2º Subsiste a responsabilidade do avalista, ainda que nula a obrigação daquele a quem se equipara, a menos que a nulidade decorra de vício de forma.

Art. 900. O aval posterior ao vencimento produz os mesmos efeitos do anteriormente dado.

Art. 901. Fica validamente desonerado o devedor que paga título de crédito ao legítimo portador, no vencimento, sem oposição, salvo se agiu de má-fé.

Parágrafo único. Pagando, pode o devedor exigir do credor, além da entrega do título, quitação regular.

Art. 902. Não é o credor obrigado a receber o pagamento antes do vencimento do título, e aquele que o paga, antes do vencimento, fica responsável pela validade do pagamento.

§ 1º No vencimento, não pode o credor recusar pagamento, ainda que parcial.

§ 2º No caso de pagamento parcial, em que se não opera a tradição do título, além da quitação em separado, outra deverá ser firmada no próprio título.

Art. 903. Salvo disposição diversa em lei especial, regem-se os títulos de crédito pelo disposto neste Código.

CAPÍTULO II
Do Título ao Portador

Art. 904. A transferência de título ao portador se faz por simples tradição.

Art. 905. O possuidor de título ao portador tem direito à prestação nele indicada, mediante a sua simples apresentação ao devedor.

Parágrafo único. A prestação é devida ainda que o título tenha entrado em circulação contra a vontade do emitente.

Art. 906. O devedor só poderá opor ao portador exceção fundada em direito pessoal, ou em nulidade de sua obrigação.

Art. 907. É nulo o título ao portador emitido sem autorização de lei especial.

Art. 908. O possuidor de título dilacerado, porém identificável, tem direito a obter do emitente a substituição do anterior, mediante a restituição do primeiro e o pagamento das despesas.

Art. 909. O proprietário, que perder ou extraviar título, ou for injustamente desapossado dele, poderá obter novo título em juízo, bem como impedir sejam pagos a outrem capital e rendimentos.

Parágrafo único. O pagamento, feito antes de ter ciência da ação referida neste artigo, exonera o devedor, salvo se se provar que ele tinha conhecimento do fato.

CAPÍTULO III

Do Título À Ordem

Art. 910. O endosso deve ser lançado pelo endossante no verso ou anverso do próprio título.

§ 1º Pode o endossante designar o endossatário, e para validade do endosso, dado no verso do título, é suficiente a simples assinatura do endossante.

§ 2º A transferência por endosso completa-se com a tradição do título.

§ 3º Considera-se não escrito o endosso cancelado, total ou parcialmente.

Art. 911. Considera-se legítimo possuidor o portador do título à ordem com série regular e ininterrupta de endossos, ainda que o último seja em branco.

Parágrafo único. Aquele que paga o título está obrigado a verificar a regularidade da série de endossos, mas não a autenticidade das assinaturas.

Art. 912. Considera-se não escrita no endosso qualquer condição a que o subordine o endossante.

Parágrafo único. É nulo o endosso parcial.

Art. 913. O endossatário de endosso em branco pode mudá-lo para endosso em preto, completando-o com o seu nome ou de terceiro; pode endossar novamente o título, em branco ou em preto; ou pode transferi-lo sem novo endosso.

Art. 914. Ressalvada cláusula expressa em contrário, constante do endosso, não responde o endossante pelo cumprimento da prestação constante do título.

§ 1º Assumindo responsabilidade pelo pagamento, o endossante se torna devedor solidário.

§ 2º Pagando o título, tem o endossante ação de regresso contra os coobrigados anteriores.

Art. 915. O devedor, além das exceções fundadas nas relações pessoais que tiver com o portador, só poderá opor a este as exceções relativas à forma do título e ao seu conteúdo literal, à falsidade da própria assinatura, a defeito de capacidade ou de representação no momento da subscrição, e à falta de requisito necessário ao exercício da ação.

Art. 916. As exceções, fundadas em relação do devedor com os portadores precedentes, somente poderão ser por ele opostas ao portador, se este, ao adquirir o título, tiver agido de má-fé.

Art. 917. A cláusula constitutiva de mandato, lançada no endosso, confere ao endossatário o exercício dos direitos inerentes ao título, salvo restrição expressamente estatuída.

§ 1º O endossatário de endosso-mandato só pode endossar novamente o título na qualidade de procurador, com os mesmos poderes que recebeu.

§ 2º Com a morte ou a superveniente incapacidade do endossante, não perde eficácia o endosso-mandato.

§ 3º Pode o devedor opor ao endossatário de endosso-mandato somente as exceções que tiver contra o endossante.

Art. 918. A cláusula constitutiva de penhor, lançada no endosso, confere ao endossatário o exercício dos direitos inerentes ao título.

§ 1º O endossatário de endosso-penhor só pode endossar novamente o título na qualidade de procurador.

§ 2º Não pode o devedor opor ao endossatário de endosso-penhor as exceções que tinha contra o endossante, salvo se aquele tiver agido de má-fé.

Art. 919. A aquisição de título à ordem, por meio diverso do endosso, tem efeito de cessão civil.

Art. 920. O endosso posterior ao vencimento produz os mesmos efeitos do anterior.

CAPÍTULO IV

Do Título Nominativo

Art. 921. É título nominativo o emitido em favor de pessoa cujo nome conste no registro do emitente.

Art. 922. Transfere-se o título nominativo mediante termo, em registro do emitente, assinado pelo proprietário e pelo adquirente.

Art. 923. O título nominativo também pode ser transferido por endosso que contenha o nome do endossatário.

§ 1º A transferência mediante endosso só tem eficácia perante o emitente, uma vez feita a competente averbação em seu registro, podendo o emitente exigir do endossatário que comprove a autenticidade da assinatura do endossante.

§ 2º O endossatário, legitimado por série regular e ininterrupta de endossos, tem o direito de obter a averbação no registro do emitente, comprovada a autenticidade das assinaturas de todos os endossantes.

§ 3º Caso o título original contenha o nome do primitivo proprietário, tem direito o adquirente a obter do emitente novo título, em seu nome, devendo a emissão do novo título constar no registro do emitente.

Art. 924. Ressalvada proibição legal, pode o título nominativo ser transformado em à ordem ou ao portador, a pedido do proprietário e à sua custa.

Art. 925. Fica desonerado de responsabilidade o emitente que de boa-fé fizer a transferência pelos modos indicados nos artigos antecedentes.

Art. 926. Qualquer negócio ou medida judicial, que tenha por objeto o título, só produz efeito perante o emitente ou terceiros, uma vez feita a competente averbação no registro do emitente.

TÍTULO IX
Da Responsabilidade Civil

CAPÍTULO I
Da Obrigação de Indenizar

Art. 927. Aquele que, por ato ilícito (arts. 186 e 187), causar dano a outrem, fica obrigado a repará-lo.

Parágrafo único. Haverá obrigação de reparar o dano, independentemente de culpa, nos casos especificados em lei, ou quando a atividade normalmente desenvolvida pelo autor do dano implicar, por sua natureza, risco para os direitos de outrem.

Art. 928. O incapaz responde pelos prejuízos que causar, se as pessoas por ele responsáveis não tiverem obrigação de fazê-lo ou não dispuserem de meios suficientes.

Parágrafo único. A indenização prevista neste artigo, que deverá ser equitativa, não terá lugar se privar do necessário o incapaz ou as pessoas que dele dependem.

Art. 929. Se a pessoa lesada, ou o dono da coisa, no caso do inciso II do art. 188, não forem culpados do perigo, assistir-lhes-á direito à indenização do prejuízo que sofreram.

Art. 930. No caso do inciso II do art. 188, se o perigo ocorrer por culpa de terceiro, contra este terá o autor do dano ação regressiva para haver a importância que tiver ressarcido ao lesado.

Parágrafo único. A mesma ação competirá contra aquele em defesa de quem se causou o dano (art. 188, inciso I).

Art. 931. Ressalvados outros casos previstos em lei especial, os empresários individuais e as empresas respondem independentemente de culpa pelos danos causados pelos produtos postos em circulação.

Art. 932. São também responsáveis pela reparação civil:

I. os pais, pelos filhos menores que estiverem sob sua autoridade e em sua companhia;
II. o tutor e o curador, pelos pupilos e curatelados, que se acharem nas mesmas condições;
III. o empregador ou comitente, por seus empregados, serviçais e prepostos, no exercício do trabalho que lhes competir, ou em razão dele;
IV. os donos de hotéis, hospedarias, casas ou estabelecimentos onde se albergue por dinheiro, mesmo para fins de educação, pelos seus hóspedes, moradores e educandos;
V. os que gratuitamente houverem participado nos produtos do crime, até a concorrente quantia.

Art. 933. As pessoas indicadas nos incisos I a V do artigo antecedente, ainda que não haja culpa de sua parte, responderão pelos atos praticados pelos terceiros ali referidos.

Art. 934. Aquele que ressarcir o dano causado por outrem pode reaver o que houver pago daquele por quem pagou, salvo se o causador do dano for descendente seu, absoluta ou relativamente incapaz.

Art. 935. A responsabilidade civil é independente da criminal, não se podendo questionar mais sobre a existência do fato, ou sobre quem seja o seu autor, quando estas questões se acharem decididas no juízo criminal.

Art. 936. O dono, ou detentor, do animal ressarcirá o dano por este causado, se não provar culpa da vítima ou força maior.

Art. 937. O dono de edifício ou construção responde pelos danos que resultarem de sua ruína, se esta provier de falta de reparos, cuja necessidade fosse manifesta.

Art. 938. Aquele que habitar prédio, ou parte dele, responde pelo dano proveniente das coisas que dele caírem ou forem lançadas em lugar indevido.

Art. 939. O credor que demandar o devedor antes de vencida a dívida, fora dos casos em que a lei o permita, ficará obrigado a esperar o tempo que faltava para o vencimento, a descontar os juros correspondentes, embora estipulados, e a pagar as custas em dobro.

Art. 940. Aquele que demandar por dívida já paga, no todo ou em parte, sem ressalvar as quantias recebidas ou pedir mais do que for devido, ficará obrigado a pagar ao devedor, no primeiro caso, o dobro do que houver cobrado e, no segundo, o equivalente do que dele exigir, salvo se houver prescrição.

Art. 941. As penas previstas nos arts. 939 e 940 não se aplicarão quando o autor desistir da ação antes de contestada a lide, salvo ao réu o direito de haver indenização por algum prejuízo que prove ter sofrido.

Art. 942. Os bens do responsável pela ofensa ou violação do direito de outrem ficam sujeitos à reparação do dano causado; e, se a ofensa tiver mais de um autor, todos responderão solidariamente pela reparação.

Parágrafo único. São solidariamente responsáveis com os autores os coautores e as pessoas designadas no art. 932.

Art. 943. O direito de exigir reparação e a obrigação de prestá-la transmitem-se com a herança.

CAPÍTULO II

Da Indenização

Art. 944. A indenização mede-se pela extensão do dano.

Parágrafo único. Se houver excessiva desproporção entre a gravidade da culpa e o dano, poderá o juiz reduzir, equitativamente, a indenização.

Art. 945. Se a vítima tiver concorrido culposamente para o evento danoso, a sua indenização será fixada tendo-se em conta a gravidade de sua culpa em confronto com a do autor do dano.

Art. 946. Se a obrigação for indeterminada, e não houver na lei ou no contrato disposição fixando a indenização devida pelo inadimplente, apurar-se-á o valor das perdas e danos na forma que a lei processual determinar.

Art. 947. Se o devedor não puder cumprir a prestação na espécie ajustada, substituir-se-á pelo seu valor, em moeda corrente.

Art. 948. No caso de homicídio, a indenização consiste, sem excluir outras reparações:

I. no pagamento das despesas com o tratamento da vítima, seu funeral e o luto da família;

II. na prestação de alimentos às pessoas a quem o morto os devia, levando-se em conta a duração provável da vida da vítima.

Art. 949. No caso de lesão ou outra ofensa à saúde, o ofensor indenizará o ofendido das despesas do tratamento e dos lucros cessantes até ao fim da convalescença, além de algum outro prejuízo que o ofendido prove haver sofrido.

Art. 950. Se da ofensa resultar defeito pelo qual o ofendido não possa exercer o seu ofício ou profissão, ou se lhe diminua a capacidade de trabalho, a indenização, além das despesas do tratamento e lucros cessantes até ao fim da convalescença, incluirá pensão correspondente à importância do trabalho para que se inabilitou, ou da depreciação que ele sofreu.

Parágrafo único. O prejudicado, se preferir, poderá exigir que a indenização seja arbitrada e paga de uma só vez.

Art. 951. O disposto nos arts. 948, 949 e 950 aplica-se ainda no caso de indenização devida por aquele que, no exercício de atividade profissional, por negligência, imprudência ou imperícia, causar a morte do paciente, agravar-lhe o mal, causar-lhe lesão, ou inabilitá-lo para o trabalho.

Art. 952. Havendo usurpação ou esbulho do alheio, além da restituição da coisa, a indenização consistirá em pagar o valor das suas deteriorações e o devido a título de lucros cessantes; faltando a coisa, dever-se-á reembolsar o seu equivalente ao prejudicado.

Parágrafo único. Para se restituir o equivalente, quando não exista a própria coisa, estimar-se-á ela pelo seu preço ordinário e pelo de afeição, contanto que este não se avantaje àquele.

Art. 953. A indenização por injúria, difamação ou calúnia consistirá na reparação do dano que delas resulte ao ofendido.

Parágrafo único. Se o ofendido não puder provar prejuízo material, caberá ao juiz fixar, equitativamente, o valor da indenização, na conformidade das circunstâncias do caso.

Art. 954. A indenização por ofensa à liberdade pessoal consistirá no pagamento das perdas e danos que sobrevierem ao ofendido, e se este não puder provar prejuízo, tem aplicação o disposto no parágrafo único do artigo antecedente.

Parágrafo único. Consideram-se ofensivos da liberdade pessoal:

I. o cárcere privado;

II. a prisão por queixa ou denúncia falsa e de má-fé;

III. a prisão ilegal.

TÍTULO X

Das Preferências e Privilégios Creditórios

Art. 955. Procede-se à declaração de insolvência toda vez que as dívidas excedam à importância dos bens do devedor.

Art. 956. A discussão entre os credores pode versar quer sobre a preferência entre eles disputada, quer sobre a nulidade, simulação, fraude, ou falsidade das dívidas e contratos.

Art. 957. Não havendo título legal à preferência, terão os credores igual direito sobre os bens do devedor comum.

Art. 958. Os títulos legais de preferência são os privilégios e os direitos reais.

Art. 959. Conservam seus respectivos direitos os credores, hipotecários ou privilegiados:

I. sobre o preço do seguro da coisa gravada com hipoteca ou privilégio, ou sobre a indenização devida, havendo responsável pela perda ou danificação da coisa;

II. sobre o valor da indenização, se a coisa obrigada a hipoteca ou privilégio for desapropriada.

Art. 960. Nos casos a que se refere o artigo antecedente, o devedor do seguro, ou da indenização, exonera-se pagando sem oposição dos credores hipotecários ou privilegiados.

Art. 961. O crédito real prefere ao pessoal de qualquer espécie; o crédito pessoal privilegiado, ao simples; e o privilégio especial, ao geral.

Art. 962. Quando concorrerem aos mesmos bens, e por título igual, dois ou mais credores da mesma classe especialmente privilegiados, haverá entre eles rateio proporcional ao valor dos respectivos créditos, se o produto não bastar para o pagamento integral de todos.

Art. 963. O privilégio especial só compreende os bens sujeitos, por expressa disposição de lei, ao pagamento do crédito que ele favorece; e o geral, todos os bens não sujeitos a crédito real nem a privilégio especial.

Art. 964. Têm privilégio especial:

III. sobre a coisa arrecadada e liquidada, o credor de custas e despesas judiciais feitas com a arrecadação e liquidação;

IV. sobre a coisa salvada, o credor por despesas de salvamento;

V. sobre a coisa beneficiada, o credor por benfeitorias necessárias ou úteis;

VI. sobre os prédios rústicos ou urbanos, fábricas, oficinas, ou quaisquer outras construções, o credor de materiais, dinheiro, ou serviços para a sua edificação, reconstrução, ou melhoramento;

VII. sobre os frutos agrícolas, o credor por sementes, instrumentos e serviços à cultura, ou à colheita;

VIII. sobre as alfaias e utensílios de uso doméstico, nos prédios rústicos ou urbanos, o credor de aluguéis, quanto às prestações do ano corrente e do anterior;

IX. sobre os exemplares da obra existente na massa do editor, o autor dela, ou seus legítimos representantes, pelo crédito fundado contra aquele no contrato da edição;

X. sobre o produto da colheita, para a qual houver concorrido com o seu trabalho, e precipuamente a quaisquer outros créditos, ainda que reais, o trabalhador agrícola, quanto à dívida dos seus salários.

XI. sobre os produtos do abate, o credor por animais.

Art. 965. Goza de privilégio geral, na ordem seguinte, sobre os bens do devedor:

I. o crédito por despesa de seu funeral, feito segundo a condição do morto e o costume do lugar;

II. o crédito por custas judiciais, ou por despesas com a arrecadação e liquidação da massa;

III. o crédito por despesas com o luto do cônjuge sobrevivo e dos filhos do devedor falecido, se foram moderadas;

IV. o crédito por despesas com a doença de que faleceu o devedor, no semestre anterior à sua morte;

V. o crédito pelos gastos necessários à mantença do devedor falecido e sua família, no trimestre anterior ao falecimento;

VI. o crédito pelos impostos devidos à Fazenda Pública, no ano corrente e no anterior;

VII. o crédito pelos salários dos empregados do serviço doméstico do devedor, nos seus derradeiros seis meses de vida;

VIII. os demais créditos de privilégio geral.

LIVRO II
Do Direito de Empresa

TÍTULO I
Do Empresário

CAPÍTULO I
Da Caracterização e da Inscrição

Art. 966. Considera-se empresário quem exerce profissionalmente atividade econômica organizada para a produção ou a circulação de bens ou de serviços.

Parágrafo único. Não se considera empresário quem exerce profissão intelectual, de natureza científica, literária ou artística, ainda com o concurso de auxiliares ou colaboradores, salvo se o exercício da profissão constituir elemento de empresa.

Art. 967. É obrigatória a inscrição do empresário no Registro Público de Empresas Mercantis da respectiva sede, antes do início de sua atividade.

Art. 968. A inscrição do empresário far-se-á mediante requerimento que contenha:

I. o seu nome, nacionalidade, domicílio, estado civil e, se casado, o regime de bens;

II. a firma, com a respectiva assinatura autógrafa que poderá ser substituída pela assinatura autenticada com certificação digital ou meio equivalente que comprove a sua autenticidade, ressalvado o disposto no inciso I do § 1º do art. 4º da Lei Complementar nº 123, de 14 de dezembro de 2006;

III. o capital;

IV. o objeto e a sede da empresa.

§ 1º Com as indicações estabelecidas neste artigo, a inscrição será tomada por termo no livro próprio do Registro Público de Empresas Mercantis, e obedecerá a número de ordem contínuo para todos os empresários inscritos.

§ 2º À margem da inscrição, e com as mesmas formalidades, serão averbadas quaisquer modificações nela ocorrentes.

§ 3º Caso venha a admitir sócios, o empresário individual poderá solicitar ao Registro Público de Empresas Mercantis a transformação de seu registro de empresário para registro de sociedade empresária, observado, no que couber, o disposto nos arts. 1.113 a 1.115 deste Código.

§ 4º O processo de abertura, registro, alteração e baixa do microempreendedor individual de que trata o art. 18-A da Lei Complementar nº 123, de 14 de dezembro de 2006, bem como qualquer exigência para o início de seu funcionamento deverão ter trâmite especial e simplificado, preferentemente eletrônico, opcional para o empreendedor, na forma a ser disciplinada pelo Comitê para Gestão da Rede Nacional para a Simplificação do Registro e da Legalização de Empresas e Negócios – CGSIM, de que trata o inciso III do art. 2º da mesma Lei.

§ 5º Para fins do disposto no § 4º, poderão ser dispensados o uso da firma, com a respectiva assinatura autógrafa, o capital, requerimentos, demais assinaturas, informações relativas à nacionalidade, estado civil e regime de bens, bem como remessa de documentos, na forma estabelecida pelo CGSIM.

Art. 969. O empresário que instituir sucursal, filial ou agência, em lugar sujeito à jurisdição de outro Registro Público de Empresas Mercantis, neste deverá também inscrevê-la, com a prova da inscrição originária.

Parágrafo único. Em qualquer caso, a constituição do estabelecimento secundário deverá ser averbada no Registro Público de Empresas Mercantis da respectiva sede.

Art. 970. A lei assegurará tratamento favorecido, diferenciado e simplificado ao empresário rural e ao pequeno empresário, quanto à inscrição e aos efeitos daí decorrentes.

Art. 971. O empresário, cuja atividade rural constitua sua principal profissão, pode, observadas as formalidades de que tratam o art. 968 e seus parágrafos, requerer inscrição no Registro Público de Empresas Mercantis da respectiva sede, caso em que, depois de inscrito, ficará equiparado, para todos os efeitos, ao empresário sujeito a registro.

CAPÍTULO II

Da Capacidade

Art. 972. Podem exercer a atividade de empresário os que estiverem em pleno gozo da capacidade civil e não forem legalmente impedidos.

Art. 973. A pessoa legalmente impedida de exercer atividade própria de empresário, se a exercer, responderá pelas obrigações contraídas.

Art. 974. Poderá o incapaz, por meio de representante ou devidamente assistido, continuar a empresa antes exercida por ele enquanto capaz, por seus pais ou pelo autor de herança.

§ 1º Nos casos deste artigo, precederá autorização judicial, após exame das circunstâncias e dos riscos da empresa, bem como da conveniência em continuá-la, podendo a autorização ser revogada pelo juiz, ouvidos os pais, tutores ou representantes legais do menor ou do interdito, sem prejuízo dos direitos adquiridos por terceiros.

§ 2º Não ficam sujeitos ao resultado da empresa os bens que o incapaz já possuía, ao tempo da sucessão ou da interdição, desde que estranhos ao acervo daquela, devendo tais fatos constar do alvará que conceder a autorização.

§ 3º O Registro Público de Empresas Mercantis a cargo das Juntas Comerciais deverá registrar contratos ou alterações contratuais de sociedade que envolva sócio incapaz, desde que atendidos, de forma conjunta, os seguintes pressupostos:
I. o sócio incapaz não pode exercer a administração da sociedade;
II. o capital social deve ser totalmente integralizado;
III. o sócio relativamente incapaz deve ser assistido e o absolutamente incapaz deve ser representado por seus representantes legais.

Art. 975. Se o representante ou assistente do incapaz for pessoa que, por disposição de lei, não puder exercer atividade de empresário, nomeará, com a aprovação do juiz, um ou mais gerentes.
§ 1º Do mesmo modo será nomeado gerente em todos os casos em que o juiz entender ser conveniente.
§ 2º A aprovação do juiz não exime o representante ou assistente do menor ou do interdito da responsabilidade pelos atos dos gerentes nomeados.

Art. 976. A prova da emancipação e da autorização do incapaz, nos casos do art. 974, e a de eventual revogação desta, serão inscritas ou averbadas no Registro Público de Empresas Mercantis.
Parágrafo único. O uso da nova firma caberá, conforme o caso, ao gerente; ou ao representante do incapaz; ou a este, quando puder ser autorizado.

Art. 977. Faculta-se aos cônjuges contratar sociedade, entre si ou com terceiros, desde que não tenham casado no regime da comunhão universal de bens, ou no da separação obrigatória.

Art. 978. O empresário casado pode, sem necessidade de outorga conjugal, qualquer que seja o regime de bens, alienar os imóveis que integrem o patrimônio da empresa ou gravá-los de ônus real.

Art. 979. Além de no Registro Civil, serão arquivados e averbados, no Registro Público de Empresas Mercantis, os pactos e declarações antenupciais do empresário, o título de doação, herança, ou legado, de bens clausulados de incomunicabilidade ou inalienabilidade.

Art. 980. A sentença que decretar ou homologar a separação judicial do empresário e o ato de reconciliação não podem ser opostos a terceiros, antes de arquivados e averbados no Registro Público de Empresas Mercantis.

TÍTULO I-A
Da Empresa Individual de Responsabilidade Limitada

Art. 980-A. A empresa individual de responsabilidade limitada será constituída por uma única pessoa titular da totalidade do capital social, devidamente integralizado, que não será inferior a 100 (cem) vezes o maior salário-mínimo vigente no País.
§ 1º O nome empresarial deverá ser formado pela inclusão da expressão «EIRELI» após a firma ou a denominação social da empresa individual de responsabilidade limitada.
§ 2º A pessoa natural que constituir empresa individual de responsabilidade limitada somente poderá figurar em uma única empresa dessa modalidade.
§ 3º A empresa individual de responsabilidade limitada também poderá resultar da concentração das quotas de outra modalidade societária num único sócio, independentemente das razões que motivaram tal concentração.
§ 4º (Vetado).
§ 5º Poderá ser atribuída à empresa individual de responsabilidade limitada constituída para a prestação de serviços de qualquer natureza a remuneração decorrente da cessão de direitos patrimoniais de autor ou de imagem, nome, marca ou voz de que seja detentor o titular da pessoa jurídica, vinculados à atividade profissional.
§ 6º Aplicam-se à empresa individual de responsabilidade limitada, no que couber, as regras previstas para as sociedades limitadas.
§ 7º Somente o patrimônio social da empresa responderá pelas dívidas da empresa individual de responsabilidade limitada, hipótese em que não se confundirá, em qualquer situação, com o patrimônio do titular que a constitui, ressalvados os casos de fraude.

TÍTULO II
Da Sociedade

CAPÍTULO ÚNICO
Disposições Gerais

Art. 981. Celebram contrato de sociedade as pessoas que reciprocamente se obrigam a contribuir, com bens ou serviços, para o exercício de atividade econômica e a partilha, entre si, dos resultados.

Parágrafo único. A atividade pode restringir-se à realização de um ou mais negócios determinados.

Art. 982. Salvo as exceções expressas, considera-se empresária a sociedade que tem por objeto o exercício de atividade própria de empresário sujeito a registro (art. 967); e, simples, as demais.

Parágrafo único. Independentemente de seu objeto, considera-se empresária a sociedade por ações; e, simples, a cooperativa.

Art. 983. A sociedade empresária deve constituir-se segundo um dos tipos regulados nos arts. 1.039 a 1.092; a sociedade simples pode constituir-se de conformidade com um desses tipos, e, não o fazendo, subordina-se às normas que lhe são próprias.

Parágrafo único. Ressalvam-se as disposições concernentes à sociedade em conta de participação e à cooperativa, bem como as constantes de leis especiais que, para o exercício de certas atividades, imponham a constituição da sociedade segundo determinado tipo.

Art. 984. A sociedade que tenha por objeto o exercício de atividade própria de empresário rural e seja constituída, ou transformada, de acordo com um dos tipos de sociedade empresária, pode, com as formalidades do art. 968, requerer inscrição no Registro Público de Empresas Mercantis da sua sede, caso em que, depois de inscrita, ficará equiparada, para todos os efeitos, à sociedade empresária.

Parágrafo único. Embora já constituída a sociedade segundo um daqueles tipos, o pedido de inscrição se subordinará, no que for aplicável, às normas que regem a transformação.

Art. 985. A sociedade adquire personalidade jurídica com a inscrição, no registro próprio e na forma da lei, dos seus atos constitutivos (arts. 45 e 1.150).

SUBTÍTULO I
Da Sociedade Não Personificada

CAPÍTULO I
Da Sociedade em Comum

Art. 986. Enquanto não inscritos os atos constitutivos, reger-se-á a sociedade, exceto por ações em organização, pelo disposto neste Capítulo, observadas, subsidiariamente e no que com ele forem compatíveis, as normas da sociedade simples.

Art. 987. Os sócios, nas relações entre si ou com terceiros, somente por escrito podem provar a existência da sociedade, mas os terceiros podem prová-la de qualquer modo.

Art. 988. Os bens e dívidas sociais constituem patrimônio especial, do qual os sócios são titulares em comum.

Art. 989. Os bens sociais respondem pelos atos de gestão praticados por qualquer dos sócios, salvo pacto expresso limitativo de poderes, que somente terá eficácia contra o terceiro que o conheça ou deva conhecer.

Art. 990. Todos os sócios respondem solidária e ilimitadamente pelas obrigações sociais, excluído do benefício de ordem, previsto no art. 1.024, aquele que contratou pela sociedade.

CAPÍTULO II
Da Sociedade em Conta de PArticipação

Art. 991. Na sociedade em conta de participação, a atividade constitutiva do objeto social é exercida unicamente pelo sócio ostensivo, em seu nome individual e sob sua própria e exclusiva responsabilidade, participando os demais dos resultados correspondentes.

Parágrafo único. Obriga-se perante terceiro tão-somente o sócio ostensivo; e, exclusivamente perante este, o sócio participante, nos termos do contrato social.

Art. 992. A constituição da sociedade em conta de participação independe de qualquer formalidade e pode provar-se por todos os meios de direito.

Art. 993. O contrato social produz efeito somente entre os sócios, e a eventual inscrição de seu instrumento em qualquer registro não confere personalidade jurídica à sociedade.

Parágrafo único. Sem prejuízo do direito de fiscalizar a gestão dos negócios sociais, o sócio participante não pode tomar parte nas relações do sócio ostensivo com terceiros, sob pena de responder solidariamente com este pelas obrigações em que intervier.

Art. 994. A contribuição do sócio participante constitui, com a do sócio ostensivo, patrimônio especial, objeto da conta de participação relativa aos negócios sociais.

§ 1º A especialização patrimonial somente produz efeitos em relação aos sócios.
§ 2º A falência do sócio ostensivo acarreta a dissolução da sociedade e a liquidação da respectiva conta, cujo saldo constituirá crédito quirografário.
§ 3º Falindo o sócio participante, o contrato social fica sujeito às normas que regulam os efeitos da falência nos contratos bilaterais do falido.

Art. 995. Salvo estipulação em contrário, o sócio ostensivo não pode admitir novo sócio sem o consentimento expresso dos demais.

Art. 996. Aplica-se à sociedade em conta de participação, subsidiariamente e no que com ela for compatível, o disposto para a sociedade simples, e a sua liquidação rege-se pelas normas relativas à prestação de contas, na forma da lei processual.
Parágrafo único. Havendo mais de um sócio ostensivo, as respectivas contas serão prestadas e julgadas no mesmo processo.

SUBTÍTULO II
Da Sociedade Personificada

CAPÍTULO I
Da Sociedade Simples

SEÇÃO I
Do Contrato Social

Art. 997. A sociedade constitui-se mediante contrato escrito, particular ou público, que, além de cláusulas estipuladas pelas partes, mencionará:
I. nome, nacionalidade, estado civil, profissão e residência dos sócios, se pessoas naturais, e a firma ou a denominação, nacionalidade e sede dos sócios, se jurídicas;
II. denominação, objeto, sede e prazo da sociedade;
III. capital da sociedade, expresso em moeda corrente, podendo compreender qualquer espécie de bens, suscetíveis de avaliação pecuniária;
IV. a quota de cada sócio no capital social, e o modo de realizá-la;
V. as prestações a que se obriga o sócio, cuja contribuição consista em serviços;
VI. as pessoas naturais incumbidas da administração da sociedade, e seus poderes e atribuições;
VII. a participação de cada sócio nos lucros e nas perdas;
VIII. se os sócios respondem, ou não, subsidiariamente, pelas obrigações sociais.
Parágrafo único. É ineficaz em relação a terceiros qualquer pacto separado, contrário ao disposto no instrumento do contrato.

Art. 998. Nos trinta dias subsequentes à sua constituição, a sociedade deverá requerer a inscrição do contrato social no Registro Civil das Pessoas Jurídicas do local de sua sede.
§ 1º O pedido de inscrição será acompanhado do instrumento autenticado do contrato, e, se algum sócio nele houver sido representado por procurador, o da respectiva procuração, bem como, se for o caso, da prova de autorização da autoridade competente.
§ 2º Com todas as indicações enumeradas no artigo antecedente, será a inscrição tomada por termo no livro de registro próprio, e obedecerá a número de ordem contínua para todas as sociedades inscritas.

Art. 999. As modificações do contrato social, que tenham por objeto matéria indicada no art. 997, dependem do consentimento de todos os sócios; as demais podem ser decididas por maioria absoluta de votos, se o contrato não determinar a necessidade de deliberação unânime.
Parágrafo único. Qualquer modificação do contrato social será averbada, cumprindo-se as formalidades previstas no artigo antecedente.

Art. 1.000. A sociedade simples que instituir sucursal, filial ou agência na circunscrição de outro Registro Civil das Pessoas Jurídicas, neste deverá também inscrevê-la, com a prova da inscrição originária.
Parágrafo único. Em qualquer caso, a constituição da sucursal, filial ou agência deverá ser averbada no Registro Civil da respectiva sede.

SEÇÃO II
Dos Direitos e Obrigações dos Sócios

Art. 1.001. As obrigações dos sócios começam imediatamente com o contrato, se este não fixar outra data, e terminam quando, liquidada a sociedade, se extinguirem as responsabilidades sociais.

Art. 1.002. O sócio não pode ser substituído no exercício das suas funções, sem o consentimento dos demais sócios, expresso em modificação do contrato social.

Art. 1.003. A cessão total ou parcial de quota, sem a correspondente modificação do contrato social com o consentimento dos demais sócios, não terá eficácia quanto a estes e à sociedade.

Parágrafo único. Até dois anos depois de averbada a modificação do contrato, responde o cedente solidariamente com o cessionário, perante a sociedade e terceiros, pelas obrigações que tinha como sócio.

Art. 1.004. Os sócios são obrigados, na forma e prazo previstos, às contribuições estabelecidas no contrato social, e aquele que deixar de fazê-lo, nos trinta dias seguintes ao da notificação pela sociedade, responderá perante esta pelo dano emergente da mora.

Parágrafo único. Verificada a mora, poderá a maioria dos demais sócios preferir, à indenização, a exclusão do sócio remisso, ou reduzir-lhe a quota ao montante já realizado, aplicando-se, em ambos os casos, o disposto no § 1º do art. 1.031.

Art. 1.005. O sócio que, a título de quota social, transmitir domínio, posse ou uso, responde pela evicção; e pela solvência do devedor, aquele que transferir crédito.

Art. 1.006. O sócio, cuja contribuição consista em serviços, não pode, salvo convenção em contrário, empregar-se em atividade estranha à sociedade, sob pena de ser privado de seus lucros e dela excluído.

Art. 1.007. Salvo estipulação em contrário, o sócio participa dos lucros e das perdas, na proporção das respectivas quotas, mas aquele, cuja contribuição consiste em serviços, somente participa dos lucros na proporção da média do valor das quotas.

Art. 1.008. É nula a estipulação contratual que exclua qualquer sócio de participar dos lucros e das perdas.

Art. 1.009. A distribuição de lucros ilícitos ou fictícios acarreta responsabilidade solidária dos administradores que a realizarem e dos sócios que os receberem, conhecendo ou devendo conhecer-lhes a ilegitimidade.

SEÇÃO III
Da Administração

Art. 1.010. Quando, por lei ou pelo contrato social, competir aos sócios decidir sobre os negócios da sociedade, as deliberações serão tomadas por maioria de votos, contados segundo o valor das quotas de cada um.

§ 1º Para formação da maioria absoluta são necessários votos correspondentes a mais de metade do capital.

§ 2º Prevalece a decisão sufragada por maior número de sócios no caso de empate, e, se este persistir, decidirá o juiz.

§ 3º Responde por perdas e danos o sócio que, tendo em alguma operação interesse contrário ao da sociedade, participar da deliberação que a aprove graças a seu voto.

Art. 1.011. O administrador da sociedade deverá ter, no exercício de suas funções, o cuidado e a diligência que todo homem ativo e probo costuma empregar na administração de seus próprios negócios.

§ 1º Não podem ser administradores, além das pessoas impedidas por lei especial, os condenados a pena que vede, ainda que temporariamente, o acesso a cargos públicos; ou por crime falimentar, de prevaricação, peita ou suborno, concussão, peculato; ou contra a economia popular, contra o sistema financeiro nacional, contra as normas de defesa da concorrência, contra as relações de consumo, a fé pública ou a propriedade, enquanto perdurarem os efeitos da condenação.

§ 2º Aplicam-se à atividade dos administradores, no que couber, as disposições concernentes ao mandato.

Art. 1.012. O administrador, nomeado por instrumento em separado, deve averbá-lo à margem da inscrição da sociedade, e, pelos atos que praticar, antes de requerer a averbação, responde pessoal e solidariamente com a sociedade.

Art. 1.013. A administração da sociedade, nada dispondo o contrato social, compete separadamente a cada um dos sócios.

§ 1º Se a administração competir separadamente a vários administradores, cada um pode impugnar operação pretendida por outro, cabendo a decisão aos sócios, por maioria de votos.

§ 2º Responde por perdas e danos perante a sociedade o administrador que realizar operações, sabendo ou devendo saber que estava agindo em desacordo com a maioria.

Art. 1.014. Nos atos de competência conjunta de vários administradores, torna-se necessário o concurso de todos, salvo nos casos urgentes, em que a omissão ou retardo das providências possa ocasionar dano irreparável ou grave.

Art. 1.015. No silêncio do contrato, os administradores podem praticar todos os atos pertinentes à gestão da sociedade; não constituindo objeto social, a oneração ou a venda de bens imóveis depende do que a maioria dos sócios decidir.

Parágrafo único. O excesso por parte dos administradores somente pode ser oposto a terceiros se ocorrer pelo menos uma das seguintes hipóteses:
I. se a limitação de poderes estiver inscrita ou averbada no registro próprio da sociedade;
II. provando-se que era conhecida do terceiro;
III. tratando-se de operação evidentemente estranha aos negócios da sociedade.

Art. 1.016. Os administradores respondem solidariamente perante a sociedade e os terceiros prejudicados, por culpa no desempenho de suas funções.

Art. 1.017. O administrador que, sem consentimento escrito dos sócios, aplicar créditos ou bens sociais em proveito próprio ou de terceiros, terá de restituí-los à sociedade, ou pagar o equivalente, com todos os lucros resultantes, e, se houver prejuízo, por ele também responderá.

Parágrafo único. Fica sujeito às sanções o administrador que, tendo em qualquer operação interesse contrário ao da sociedade, tome parte na correspondente deliberação.

Art. 1.018. Ao administrador é vedado fazer-se substituir no exercício de suas funções, sendo-lhe facultado, nos limites de seus poderes, constituir mandatários da sociedade, especificados no instrumento os atos e operações que poderão praticar.

Art. 1.019. São irrevogáveis os poderes do sócio investido na administração por cláusula expressa do contrato social, salvo justa causa, reconhecida judicialmente, a pedido de qualquer dos sócios.

Parágrafo único. São revogáveis, a qualquer tempo, os poderes conferidos a sócio por ato separado, ou a quem não seja sócio.

Art. 1.020. Os administradores são obrigados a prestar aos sócios contas justificadas de sua administração, e apresentar-lhes o inventário anualmente, bem como o balanço patrimonial e o de resultado econômico.

Art. 1.021. Salvo estipulação que determine época própria, o sócio pode, a qualquer tempo, examinar os livros e documentos, e o estado da caixa e da carteira da sociedade.

SEÇÃO IV
Das Relações com Terceiros

Art. 1.022. A sociedade adquire direitos, assume obrigações e procede judicialmente, por meio de administradores com poderes especiais, ou, não os havendo, por intermédio de qualquer administrador.

Art. 1.023. Se os bens da sociedade não lhe cobrirem as dívidas, respondem os sócios pelo saldo, na proporção em que participem das perdas sociais, salvo cláusula de responsabilidade solidária.

Art. 1.024. Os bens particulares dos sócios não podem ser executados por dívidas da sociedade, senão depois de executados os bens sociais.

Art. 1.025. O sócio, admitido em sociedade já constituída, não se exime das dívidas sociais anteriores à admissão.

Art. 1.026. O credor particular de sócio pode, na insuficiência de outros bens do devedor, fazer recair a execução sobre o que a este couber nos lucros da sociedade, ou na parte que lhe tocar em liquidação.

Parágrafo único. Se a sociedade não estiver dissolvida, pode o credor requerer a liquidação da quota do devedor, cujo valor, apurado na forma do art. 1.031, será depositado em dinheiro, no juízo da execução, até noventa dias após aquela liquidação.

Art. 1.027. Os herdeiros do cônjuge de sócio, ou o cônjuge do que se separou judicialmente, não podem exigir desde logo a parte que lhes couber na quota social, mas concorrer à divisão periódica dos lucros, até que se liquide a sociedade.

SEÇÃO V
Da Resolução da Sociedade em Relação a um Sócio

Art. 1.028. No caso de morte de sócio, liquidar-se-á sua quota, salvo:
I. se o contrato dispuser diferentemente;
II. se os sócios remanescentes optarem pela dissolução da sociedade;
III. se, por acordo com os herdeiros, regular-se a substituição do sócio falecido.

Art. 1.029. Além dos casos previstos na lei ou no contrato, qualquer sócio pode retirar-se da sociedade; se de prazo indeterminado, mediante notificação aos demais sócios, com antecedência mínima de sessenta dias; se de prazo determinado, provando judicialmente justa causa.

Parágrafo único. Nos trinta dias subsequentes à notificação, podem os demais sócios optar pela dissolução da sociedade.

Art. 1.030. Ressalvado o disposto no art. 1.004 e seu parágrafo único, pode o sócio ser excluído judicialmente, mediante iniciativa da maioria dos demais sócios, por falta grave no cumprimento de suas obrigações, ou, ainda, por incapacidade superveniente.

Parágrafo único. Será de pleno direito excluído da sociedade o sócio declarado falido, ou aquele cuja quota tenha sido liquidada nos termos do parágrafo único do art. 1.026.

Art. 1.031. Nos casos em que a sociedade se resolver em relação a um sócio, o valor da sua quota, considerada pelo montante efetivamente realizado, liquidar-se-á, salvo disposição contratual em contrário, com base na situação patrimonial da sociedade, à data da resolução, verificada em balanço especialmente levantado.

§ 1º O capital social sofrerá a correspondente redução, salvo se os demais sócios suprirem o valor da quota.

§ 2º A quota liquidada será paga em dinheiro, no prazo de noventa dias, a partir da liquidação, salvo acordo, ou estipulação contratual em contrário.

Art. 1.032. A retirada, exclusão ou morte do sócio, não o exime, ou a seus herdeiros, da responsabilidade pelas obrigações sociais anteriores, até dois anos após averbada a resolução da sociedade; nem nos dois primeiros casos, pelas posteriores e em igual prazo, enquanto não se requerer a averbação.

SEÇÃO VI
Da Dissolução

Art. 1.033. Dissolve-se a sociedade quando ocorrer:

I. o vencimento do prazo de duração, salvo se, vencido este e sem oposição de sócio, não entrar a sociedade em liquidação, caso em que se prorrogará por tempo indeterminado;

II. o consenso unânime dos sócios;

III. a deliberação dos sócios, por maioria absoluta, na sociedade de prazo indeterminado;

IV. a falta de pluralidade de sócios, não reconstituída no prazo de cento e oitenta dias;

V. a extinção, na forma da lei, de autorização para funcionar.

Parágrafo único. Não se aplica o disposto no inciso IV caso o sócio remanescente, inclusive na hipótese de concentração de todas as cotas da sociedade sob sua titularidade, requeira, no Registro Público de Empresas Mercantis, a transformação do registro da sociedade para empresário individual ou para empresa individual de responsabilidade limitada, observado, no que couber, o disposto nos arts. 1.113 a 1.115 deste Código.

Art. 1.034. A sociedade pode ser dissolvida judicialmente, a requerimento de qualquer dos sócios, quando:

I. anulada a sua constituição;

II. exaurido o fim social, ou verificada a sua inexequibilidade.

Art. 1.035. O contrato pode prever outras causas de dissolução, a serem verificadas judicialmente quando contestadas.

Art. 1.036. Ocorrida a dissolução, cumpre aos administradores providenciar imediatamente a investidura do liquidante, e restringir a gestão própria aos negócios inadiáveis, vedadas novas operações, pelas quais responderão solidária e ilimitadamente.

Parágrafo único. Dissolvida de pleno direito a sociedade, pode o sócio requerer, desde logo, a liquidação judicial.

Art. 1.037. Ocorrendo a hipótese prevista no inciso V do art. 1.033, o Ministério Público, tão logo lhe comunique a autoridade competente, promoverá a liquidação judicial da sociedade, se os administradores não o tiverem feito nos trinta dias seguintes à perda da autorização, ou se o sócio não houver exercido a faculdade assegurada no parágrafo único do artigo antecedente.

Parágrafo único. Caso o Ministério Público não promova a liquidação judicial da sociedade nos quinze dias subsequentes ao recebimento da comunicação, a autoridade competente para conceder a autorização nomeará interventor com poderes para requerer a medida e administrar a sociedade até que seja nomeado o liquidante.

Art. 1.038. Se não estiver designado no contrato social, o liquidante será eleito por deliberação dos sócios, podendo a escolha recair em pessoa estranha à sociedade.

§ 1º O liquidante pode ser destituído, a todo tempo:

I. se eleito pela forma prevista neste artigo, mediante deliberação dos sócios;

II. em qualquer caso, por via judicial, a requerimento de um ou mais sócios, ocorrendo justa causa.

§ 2º A liquidação da sociedade se processa de conformidade com o disposto no Capítulo IX, deste Subtítulo.

CAPÍTULO II

Da Sociedade em Nome Coletivo

Art. 1.039. Somente pessoas físicas podem tomar parte na sociedade em nome coletivo, respondendo todos os sócios, solidária e ilimitadamente, pelas obrigações sociais.

Parágrafo único. Sem prejuízo da responsabilidade perante terceiros, podem os sócios, no ato constitutivo, ou por unânime convenção posterior, limitar entre si a responsabilidade de cada um.

Art. 1.040. A sociedade em nome coletivo se rege pelas normas deste Capítulo e, no que seja omisso, pelas do Capítulo antecedente.

Art. 1.041. O contrato deve mencionar, além das indicações referidas no art. 997, a firma social.

Art. 1.042. A administração da sociedade compete exclusivamente a sócios, sendo o uso da firma, nos limites do contrato, privativo dos que tenham os necessários poderes.

Art. 1.043. O credor particular de sócio não pode, antes de dissolver-se a sociedade, pretender a liquidação da quota do devedor.

Parágrafo único. Poderá fazê-lo quando:
I. a sociedade houver sido prorrogada tacitamente;
II. tendo ocorrido prorrogação contratual, for acolhida judicialmente oposição do credor, levantada no prazo de noventa dias, contado da publicação do ato dilatório.

Art. 1.044. A sociedade se dissolve de pleno direito por qualquer das causas enumeradas no art. 1.033 e, se empresária, também pela declaração da falência.

CAPÍTULO III

Da Sociedade em Comandita Simples

Art. 1.045. Na sociedade em comandita simples tomam parte sócios de duas categorias: os comanditados, pessoas físicas, responsáveis solidária e ilimitadamente pelas obrigações sociais; e os comanditários, obrigados somente pelo valor de sua quota.

Parágrafo único. O contrato deve discriminar os comanditados e os comanditários.

Art. 1.046. Aplicam-se à sociedade em comandita simples as normas da sociedade em nome coletivo, no que forem compatíveis com as deste Capítulo.

Parágrafo único. Aos comanditados cabem os mesmos direitos e obrigações dos sócios da sociedade em nome coletivo.

Art. 1.047. Sem prejuízo da faculdade de participar das deliberações da sociedade e de lhe fiscalizar as operações, não pode o comanditário praticar qualquer ato de gestão, nem ter o nome na firma social, sob pena de ficar sujeito às responsabilidades de sócio comanditado.

Parágrafo único. Pode o comanditário ser constituído procurador da sociedade, para negócio determinado e com poderes especiais.

Art. 1.048. Somente após averbada a modificação do contrato, produz efeito, quanto a terceiros, a diminuição da quota do comanditário, em consequência de ter sido reduzido o capital social, sempre sem prejuízo dos credores preexistentes.

Art. 1.049. O sócio comanditário não é obrigado à reposição de lucros recebidos de boa-fé e de acordo com o balanço.

Parágrafo único. Diminuído o capital social por perdas supervenientes, não pode o comanditário receber quaisquer lucros, antes de reintegrado aquele.

Art. 1.050. No caso de morte de sócio comanditário, a sociedade, salvo disposição do contrato, continuará com os seus sucessores, que designarão quem os represente.

Art. 1.051. Dissolve-se de pleno direito a sociedade:
I. por qualquer das causas previstas no art. 1.044;
II. quando por mais de cento e oitenta dias perdurar a falta de uma das categorias de sócio.

Parágrafo único. Na falta de sócio comanditado, os comanditários nomearão administrador provisório para praticar, durante o período referido no inciso II e sem assumir a condição de sócio, os atos de administração.

CAPÍTULO IV

Da Sociedade Limitada

SEÇÃO I
Disposições Preliminares

Art. 1.052. Na sociedade limitada, a responsabilidade de cada sócio é restrita ao valor de suas quotas, mas todos respondem solidariamente pela integralização do capital social.

§ 1º A sociedade limitada pode ser constituída por 1 (uma) ou mais pessoas.

§ 2º Se for unipessoal, aplicar-se-ão ao documento de constituição do sócio único, no que couber, as disposições sobre o contrato social.

Art. 1.053. A sociedade limitada rege-se, nas omissões deste Capítulo, pelas normas da sociedade simples.

Parágrafo único. O contrato social poderá prever a regência supletiva da sociedade limitada pelas normas da sociedade anônima.

Art. 1.054. O contrato mencionará, no que couber, as indicações do art. 997, e, se for o caso, a firma social.

SEÇÃO II
Das Quotas

Art. 1.055. O capital social divide-se em quotas, iguais ou desiguais, cabendo uma ou diversas a cada sócio.

§ 1º Pela exata estimação de bens conferidos ao capital social respondem solidariamente todos os sócios, até o prazo de cinco anos da data do registro da sociedade.

§ 2º É vedada contribuição que consista em prestação de serviços.

Art. 1.056. A quota é indivisível em relação à sociedade, salvo para efeito de transferência, caso em que se observará o disposto no artigo seguinte.

§ 1º No caso de condomínio de quota, os direitos a ela inerentes somente podem ser exercidos pelo condômino representante, ou pelo inventariante do espólio de sócio falecido.

§ 2º Sem prejuízo do disposto no art. 1.052, os condôminos de quota indivisa respondem solidariamente pelas prestações necessárias à sua integralização.

Art. 1.057. Na omissão do contrato, o sócio pode ceder sua quota, total ou parcialmente, a quem seja sócio, independentemente de audiência dos outros, ou a estranho, se não houver oposição de titulares de mais de um quarto do capital social.

Parágrafo único. A cessão terá eficácia quanto à sociedade e terceiros, inclusive para os fins do parágrafo único do art. 1.003, a partir da averbação do respectivo instrumento, subscrito pelos sócios anuentes.

Art. 1.058. Não integralizada a quota de sócio remisso, os outros sócios podem, sem prejuízo do disposto no art. 1.004 e seu parágrafo único, tomá-la para si ou transferi-la a terceiros, excluindo o primitivo titular e devolvendo-lhe o que houver pago, deduzidos os juros da mora, as prestações estabelecidas no contrato mais as despesas.

Art. 1.059. Os sócios serão obrigados à reposição dos lucros e das quantias retiradas, a qualquer título, ainda que autorizados pelo contrato, quando tais lucros ou quantia se distribuírem com prejuízo do capital.

SEÇÃO III
Da Administração

Art. 1.060. A sociedade limitada é administrada por uma ou mais pessoas designadas no contrato social ou em ato separado.

Parágrafo único. A administração atribuída no contrato a todos os sócios não se estende de pleno direito aos que posteriormente adquiram essa qualidade.

Art. 1.061. A designação de administradores não sócios dependerá de aprovação da unanimidade dos sócios, enquanto o capital não estiver integralizado, e de 2/3 (dois terços), no mínimo, após a integralização.

Art. 1.062. O administrador designado em ato separado investir-se-á no cargo mediante termo de posse no livro de atas da administração.

§ 1º Se o termo não for assinado nos trinta dias seguintes à designação, esta se tornará sem efeito.

§ 2º Nos dez dias seguintes ao da investidura, deve o administrador requerer seja averbada sua nomeação no registro competente, mencionando o seu nome, nacionalidade, estado civil, residência, com exibição de documento de identidade, o ato e a data da nomeação e o prazo de gestão.

Art. 1.063. O exercício do cargo de administrador cessa pela destituição, em qualquer tempo, do titular, ou pelo término do prazo se, fixado no contrato ou em ato separado, não houver recondução.

§ 1º Tratando-se de sócio nomeado administrador no contrato, sua destituição somente se opera pela aprovação de titulares de quotas correspondentes a mais da metade do capital social, salvo disposição contratual diversa.

§ 2º A cessação do exercício do cargo de administrador deve ser averbada no registro competente, mediante requerimento apresentado nos dez dias seguintes ao da ocorrência.

§ 3º A renúncia de administrador torna-se eficaz, em relação à sociedade, desde o momento em que esta toma conhecimento da comunicação escrita do renunciante; e, em relação a terceiros, após a averbação e publicação.

Art. 1.064. O uso da firma ou denominação social é privativo dos administradores que tenham os necessários poderes.

Art. 1.065. Ao término de cada exercício social, proceder-se-á à elaboração do inventário, do balanço patrimonial e do balanço de resultado econômico.

SEÇÃO IV
Do Conselho Fiscal

Art. 1.066. Sem prejuízo dos poderes da assembleia dos sócios, pode o contrato instituir conselho fiscal composto de três ou mais membros e respectivos suplentes, sócios ou não, residentes no País, eleitos na assembleia anual prevista no art. 1.078.

§ 1º Não podem fazer parte do conselho fiscal, além dos inelegíveis enumerados no § 1º do art. 1.011, os membros dos demais órgãos da sociedade ou de outra por ela controlada, os empregados de quaisquer delas ou dos respectivos administradores, o cônjuge ou parente destes até o terceiro grau.

§ 2º É assegurado aos sócios minoritários, que representarem pelo menos um quinto do capital social, o direito de eleger, separadamente, um dos membros do conselho fiscal e o respectivo suplente.

Art. 1.067. O membro ou suplente eleito, assinando termo de posse lavrado no livro de atas e pareceres do conselho fiscal, em que se mencione o seu nome, nacionalidade, estado civil, residência e a data da escolha, ficará investido nas suas funções, que exercerá, salvo cessação anterior, até a subsequente assembleia anual.

Parágrafo único. Se o termo não for assinado nos trinta dias seguintes ao da eleição, esta se tornará sem efeito.

Art. 1.068. A remuneração dos membros do conselho fiscal será fixada, anualmente, pela assembleia dos sócios que os eleger.

Art. 1.069. Além de outras atribuições determinadas na lei ou no contrato social, aos membros do conselho fiscal incumbem, individual ou conjuntamente, os deveres seguintes:

I. examinar, pelo menos trimestralmente, os livros e papéis da sociedade e o estado da caixa e da carteira, devendo os administradores ou liquidantes prestar-lhes as informações solicitadas;

II. lavrar no livro de atas e pareceres do conselho fiscal o resultado dos exames referidos no inciso I deste artigo;

III. exarar no mesmo livro e apresentar à assembleia anual dos sócios parecer sobre os negócios e as operações sociais do exercício em que servirem, tomando por base o balanço patrimonial e o de resultado econômico;

IV. denunciar os erros, fraudes ou crimes que descobrirem, sugerindo providências úteis à sociedade;

V. convocar a assembleia dos sócios se a diretoria retardar por mais de trinta dias a sua convocação anual, ou sempre que ocorram motivos graves e urgentes;

VI. praticar, durante o período da liquidação da sociedade, os atos a que se refere este artigo, tendo em vista as disposições especiais reguladoras da liquidação.

Art. 1.070. As atribuições e poderes conferidos pela lei ao conselho fiscal não podem ser outorgados a outro órgão da sociedade, e a responsabilidade de seus membros obedece à regra que define a dos administradores (art. 1.016).

Parágrafo único. O conselho fiscal poderá escolher para assisti-lo no exame dos livros, dos balanços e das contas, contabilista legalmente habilitado, mediante remuneração aprovada pela assembleia dos sócios.

SEÇÃO V
Das Deliberações dos Sócios

Art. 1.071. Dependem da deliberação dos sócios, além de outras matérias indicadas na lei ou no contrato:

I. a aprovação das contas da administração;

II. a designação dos administradores, quando feita em ato separado;

III. a destituição dos administradores;

IV. o modo de sua remuneração, quando não estabelecido no contrato;

V. a modificação do contrato social;

VI. a incorporação, a fusão e a dissolução da sociedade, ou a cessação do estado de liquidação;

VII. a nomeação e destituição dos liquidantes e o julgamento das suas contas;

VIII. o pedido de concordata.

Art. 1.072. As deliberações dos sócios, obedecido o disposto no art. 1.010, serão tomadas em reunião ou em assembleia, conforme previsto no contrato social, devendo ser convocadas pelos administradores nos casos previstos em lei ou no contrato.
§ 1º A deliberação em assembleia será obrigatória se o número dos sócios for superior a dez.
§ 2º Dispensam-se as formalidades de convocação previstas no § 3º do art. 1.152, quando todos os sócios comparecerem ou se declararem, por escrito, cientes do local, data, hora e ordem do dia.
§ 3º A reunião ou a assembleia tornam-se dispensáveis quando todos os sócios decidirem, por escrito, sobre a matéria que seria objeto delas.
§ 4º No caso do inciso VIII do artigo antecedente, os administradores, se houver urgência e com autorização de titulares de mais da metade do capital social, podem requerer concordata preventiva.
§ 5º As deliberações tomadas de conformidade com a lei e o contrato vinculam todos os sócios, ainda que ausentes ou dissidentes.
§ 6º Aplica-se às reuniões dos sócios, nos casos omissos no contrato, o disposto na presente SEÇÃO sobre a assembleia.
Art. 1.073. A reunião ou a assembleia podem também ser convocadas:
I. por sócio, quando os administradores retardarem a convocação, por mais de sessenta dias, nos casos previstos em lei ou no contrato, ou por titulares de mais de um quinto do capital, quando não atendido, no prazo de oito dias, pedido de convocação fundamentado, com indicação das matérias a serem tratadas;
II. pelo conselho fiscal, se houver, nos casos a que se refere o inciso V do art. 1.069.
Art. 1.074. A assembleia dos sócios instala-se com a presença, em primeira convocação, de titulares de no mínimo três quartos do capital social, e, em segunda, com qualquer número.
§ 1º O sócio pode ser representado na assembleia por outro sócio, ou por advogado, mediante outorga de mandato com especificação dos atos autorizados, devendo o instrumento ser levado a registro, juntamente com a ata.
§ 2º Nenhum sócio, por si ou na condição de mandatário, pode votar matéria que lhe diga respeito diretamente.
Art. 1.075. A assembleia será presidida e secretariada por sócios escolhidos entre os presentes.

§ 1º Dos trabalhos e deliberações será lavrada, no livro de atas da assembleia, ata assinada pelos membros da mesa e por sócios participantes da reunião, quantos bastem à validade das deliberações, mas sem prejuízo dos que queiram assiná-la.
§ 2º Cópia da ata autenticada pelos administradores, ou pela mesa, será, nos vinte dias subsequentes à reunião, apresentada ao Registro Público de Empresas Mercantis para arquivamento e averbação.
§ 3º Ao sócio, que a solicitar, será entregue cópia autenticada da ata.
Art. 1.076. Ressalvado o disposto no art. 1.061, as deliberações dos sócios serão tomadas
I. pelos votos correspondentes, no mínimo, a três quartos do capital social, nos casos previstos nos incisos V e VI do art. 1.071;
II. pelos votos correspondentes a mais de metade do capital social, nos casos previstos nos incisos II, III, IV e VIII do art. 1.071;
III. pela maioria de votos dos presentes, nos demais casos previstos na lei ou no contrato, se este não exigir maioria mais elevada.
Art. 1.077. Quando houver modificação do contrato, fusão da sociedade, incorporação de outra, ou dela por outra, terá o sócio que dissentiu o direito de retirar-se da sociedade, nos trinta dias subsequentes à reunião, aplicando-se, no silêncio do contrato social antes vigente, o disposto no art. 1.031.
Art. 1.078. A assembleia dos sócios deve realizar-se ao menos uma vez por ano, nos quatro meses seguintes à ao término do exercício social, com o objetivo de:
I. tomar as contas dos administradores e deliberar sobre o balanço patrimonial e o de resultado econômico;
II. designar administradores, quando for o caso;
III. tratar de qualquer outro assunto constante da ordem do dia.
§ 1º Até trinta dias antes da data marcada para a assembleia, os documentos referidos no inciso I deste artigo devem ser postos, por escrito, e com a prova do respectivo recebimento, à disposição dos sócios que não exerçam a administração.
§ 2º Instalada a assembleia, proceder-se-á à leitura dos documentos referidos no parágrafo antecedente, os quais serão submetidos, pelo presidente, a discussão e votação, nesta não podendo tomar parte os membros da administração e, se houver, os do conselho fiscal.

§ 3º A aprovação, sem reserva, do balanço patrimonial e do de resultado econômico, salvo erro, dolo ou simulação, exonera de responsabilidade os membros da administração e, se houver, os do conselho fiscal.

§ 4º Extingue-se em dois anos o direito de anular a aprovação a que se refere o parágrafo antecedente.

Art. 1.079. Aplica-se às reuniões dos sócios, nos casos omissos no contrato, o estabelecido nesta SEÇÃO sobre a assembleia, obedecido o disposto no § 1º do art. 1.072.

Art. 1.080. As deliberações infringentes do contrato ou da lei tornam ilimitada a responsabilidade dos que expressamente as aprovaram.

Art. 1.080-A. O sócio poderá participar e votar a distância em reunião ou assembleia, nos termos do disposto na regulamentação do Departamento Nacional de Registro Empresarial e Integração da Secretaria Especial de Desburocratização, Gestão e Governo Digital do Ministério da Economia. (Incluído pela Medida Provisória nº 931, de 2020)

SEÇÃO VI
Do Aumento e da Redução do Capital

Art. 1.081. Ressalvado o disposto em lei especial, integralizadas as quotas, pode ser o capital aumentado, com a correspondente modificação do contrato.

§ 1º Até trinta dias após a deliberação, terão os sócios preferência para participar do aumento, na proporção das quotas de que sejam titulares.

§ 2º À cessão do direito de preferência, aplica-se o disposto no caput do art. 1.057.

§ 3º Decorrido o prazo da preferência, e assumida pelos sócios, ou por terceiros, a totalidade do aumento, haverá reunião ou assembleia dos sócios, para que seja aprovada a modificação do contrato.

Art. 1.082. Pode a sociedade reduzir o capital, mediante a correspondente modificação do contrato:

I. depois de integralizado, se houver perdas irreparáveis;

II. se excessivo em relação ao objeto da sociedade.

Art. 1.083. No caso do inciso I do artigo antecedente, a redução do capital será realizada com a diminuição proporcional do valor nominal das quotas, tornando-se efetiva a partir da averbação, no Registro Público de Empresas Mercantis, da ata da assembleia que a tenha aprovado.

Art. 1.084. No caso do inciso II do art. 1.082, a redução do capital será feita restituindo-se parte do valor das quotas aos sócios, ou dispensando-se as prestações ainda devidas, com diminuição proporcional, em ambos os casos, do valor nominal das quotas.

§ 1º No prazo de noventa dias, contado da data da publicação da ata da assembleia que aprovar a redução, o credor quirografário, por título líquido anterior a essa data, poderá opor-se ao deliberado.

§ 2º A redução somente se tornará eficaz se, no prazo estabelecido no parágrafo antecedente, não for impugnada, ou se provado o pagamento da dívida ou o depósito judicial do respectivo valor.

§ 3º Satisfeitas as condições estabelecidas no parágrafo antecedente, proceder-se-á à averbação, no Registro Público de Empresas Mercantis, da ata que tenha aprovado a redução.

SEÇÃO VII
Da Resolução da Sociedade em Relação a Sócios Minoritários

Art. 1.085. Ressalvado o disposto no art. 1.030, quando a maioria dos sócios, representativa de mais da metade do capital social, entender que um ou mais sócios estão pondo em risco a continuidade da empresa, em virtude de atos de inegável gravidade, poderá excluí-los da sociedade, mediante alteração do contrato social, desde que prevista neste a exclusão por justa causa.

Parágrafo único. Ressalvado o caso em que haja apenas dois sócios na sociedade, a exclusão de um sócio somente poderá ser determinada em reunião ou assembleia especialmente convocada para esse fim, ciente o acusado em tempo hábil para permitir seu comparecimento e o exercício do direito de defesa.

Art. 1.086. Efetuado o registro da alteração contratual, aplicar-se-á o disposto nos arts. 1.031 e 1.032.

SEÇÃO VIII
Da Dissolução

Art. 1.087. A sociedade dissolve-se, de pleno direito, por qualquer das causas previstas no art. 1.044.

CAPÍTULO V

Da Sociedade Anônima

SEÇÃO Única
Da Caracterização

Art. 1.088. Na sociedade anônima ou companhia, o capital divide-se em ações, obrigando-se cada sócio ou acionista somente pelo preço de emissão das ações que subscrever ou adquirir.

Art. 1.089. A sociedade anônima rege-se por lei especial, aplicando-se-lhe, nos casos omissos, as disposições deste Código.

CAPÍTULO VI

Da Sociedade em Comandita por Ações

Art. 1.090. A sociedade em comandita por ações tem o capital dividido em ações, regendo-se pelas normas relativas à sociedade anônima, sem prejuízo das modificações constantes deste Capítulo, e opera sob firma ou denominação.

Art. 1.091. Somente o acionista tem qualidade para administrar a sociedade e, como diretor, responde subsidiária e ilimitadamente pelas obrigações da sociedade.

§ 1º Se houver mais de um diretor, serão solidariamente responsáveis, depois de esgotados os bens sociais.

§ 2º Os diretores serão nomeados no ato constitutivo da sociedade, sem limitação de tempo, e somente poderão ser destituídos por deliberação de acionistas que representem no mínimo dois terços do capital social.

§ 3º O diretor destituído ou exonerado continua, durante dois anos, responsável pelas obrigações sociais contraídas sob sua administração.

Art. 1.092. A Assembleia Geral não pode, sem o consentimento dos diretores, mudar o objeto essencial da sociedade, prorrogar-lhe o prazo de duração, aumentar ou diminuir o capital social, criar debêntures, ou partes beneficiárias.

CAPÍTULO VII

Da Sociedade Cooperativa

Art. 1.093. A sociedade cooperativa reger-se-á pelo disposto no presente Capítulo, ressalvada a legislação especial.

Art. 1.094. São características da sociedade cooperativa:

I. variabilidade, ou dispensa do capital social;

II. concurso de sócios em número mínimo necessário a compor a administração da sociedade, sem limitação de número máximo;

III. limitação do valor da soma de quotas do capital social que cada sócio poderá tomar;

IV. intransferibilidade das quotas do capital a terceiros estranhos à sociedade, ainda que por herança;

V. *quorum*, para a Assembleia Geral funcionar e deliberar, fundado no número de sócios presentes à reunião, e não no capital social representado;

VI. direito de cada sócio a um só voto nas deliberações, tenha ou não capital a sociedade, e qualquer que seja o valor de sua participação;

VII. distribuição dos resultados, proporcionalmente ao valor das operações efetuadas pelo sócio com a sociedade, podendo ser atribuído juro fixo ao capital realizado;

VIII. indivisibilidade do fundo de reserva entre os sócios, ainda que em caso de dissolução da sociedade.

Art. 1.095. Na sociedade cooperativa, a responsabilidade dos sócios pode ser limitada ou ilimitada.

§ 1º É limitada a responsabilidade na cooperativa em que o sócio responde somente pelo valor de suas quotas e pelo prejuízo verificado nas operações sociais, guardada a proporção de sua participação nas mesmas operações.

§ 2º É ilimitada a responsabilidade na cooperativa em que o sócio responde solidária e ilimitadamente pelas obrigações sociais.

Art. 1.096. No que a lei for omissa, aplicam-se as disposições referentes à sociedade simples, resguardadas as características estabelecidas no art. 1.094.

CAPÍTULO VIII

Das Sociedades Coligadas

Art. 1.097. Consideram-se coligadas as sociedades que, em suas relações de capital, são controladas, filiadas, ou de simples participação, na forma dos artigos seguintes.

Art. 1.098. É controlada:

I. a sociedade de cujo capital outra sociedade possua a maioria dos votos nas deliberações dos quotistas ou da Assembleia Geral e o poder de eleger a maioria dos administradores;

II. a sociedade cujo controle, referido no inciso antecedente, esteja em poder de outra, mediante ações ou quotas possuídas por sociedades ou sociedades por esta já controladas.

Art. 1.099. Diz-se coligada ou filiada a sociedade de cujo capital outra sociedade participa com dez por cento ou mais, do capital da outra, sem controlá-la.

Art. 1.100. É de simples participação a sociedade de cujo capital outra sociedade possua menos de dez por cento do capital com direito de voto.

Art. 1.101. Salvo disposição especial de lei, a sociedade não pode participar de outra, que seja sua sócia, por montante superior, segundo o balanço, ao das próprias reservas, excluída a reserva legal.

Parágrafo único. Aprovado o balanço em que se verifique ter sido excedido esse limite, a sociedade não poderá exercer o direito de voto correspondente às ações ou quotas em excesso, as quais devem ser alienadas nos cento e oitenta dias seguintes àquela aprovação.

CAPÍTULO IX
Da Liquidação da Sociedade

Art. 1.102. Dissolvida a sociedade e nomeado o liquidante na forma do disposto neste Livro, procede-se à sua liquidação, de conformidade com os preceitos deste Capítulo, ressalvado o disposto no ato constitutivo ou no instrumento da dissolução.

Parágrafo único. O liquidante, que não seja administrador da sociedade, investir-se-á nas funções, averbada a sua nomeação no registro próprio.

Art. 1.103. Constituem deveres do liquidante:

I. averbar e publicar a ata, sentença ou instrumento de dissolução da sociedade;

II. arrecadar os bens, livros e documentos da sociedade, onde quer que estejam;

III. proceder, nos quinze dias seguintes ao da sua investidura e com a assistência, sempre que possível, dos administradores, à elaboração do inventário e do balanço geral do ativo e do passivo;

IV. ultimar os negócios da sociedade, realizar o ativo, pagar o passivo e partilhar o remanescente entre os sócios ou acionistas;

V. exigir dos quotistas, quando insuficiente o ativo à solução do passivo, a integralização de suas quotas e, se for o caso, as quantias necessárias, nos limites da responsabilidade de cada um e proporcionalmente à respectiva participação nas perdas, repartindo-se, entre os sócios solventes e na mesma proporção, o devido pelo insolvente;

VI. convocar assembleia dos quotistas, cada seis meses, para apresentar relatório e balanço do estado da liquidação, prestando conta dos atos praticados durante o semestre, ou sempre que necessário;

VII. confessar a falência da sociedade e pedir concordata, de acordo com as formalidades prescritas para o tipo de sociedade liquidanda;

VIII. finda a liquidação, apresentar aos sócios o relatório da liquidação e as suas contas finais;

IX. averbar a ata da reunião ou da assembleia, ou o instrumento firmado pelos sócios, que considerar encerrada a liquidação.

Parágrafo único. Em todos os atos, documentos ou publicações, o liquidante empregará a firma ou denominação social sempre seguida da cláusula "em liquidação" e de sua assinatura individual, com a declaração de sua qualidade.

Art. 1.104. As obrigações e a responsabilidade do liquidante regem-se pelos preceitos peculiares às dos administradores da sociedade liquidanda.

Art. 1.105. Compete ao liquidante representar a sociedade e praticar todos os atos necessários à sua liquidação, inclusive alienar bens móveis ou imóveis, transigir, receber e dar quitação.

Parágrafo único. Sem estar expressamente autorizado pelo contrato social, ou pelo voto da maioria dos sócios, não pode o liquidante gravar de ônus reais os móveis e imóveis, contrair empréstimos, salvo quando indispensáveis ao pagamento de obrigações inadiáveis, nem prosseguir, embora para facilitar a liquidação, na atividade social.

Art. 1.106. Respeitados os direitos dos credores preferenciais, pagará o liquidante as dívidas sociais proporcionalmente, sem distinção entre vencidas e vincendas, mas, em relação a estas, com desconto.

Parágrafo único. Se o ativo for superior ao passivo, pode o liquidante, sob sua responsabilidade pessoal, pagar integralmente as dívidas vencidas.

Art. 1.107. Os sócios podem resolver, por maioria de votos, antes de ultimada a liquidação, mas depois de pagos os credores, que o liquidante faça rateios por antecipação da partilha, à medida em que se apurem os haveres sociais.

Art. 1.108. Pago o passivo e partilhado o remanescente, convocará o liquidante assembleia dos sócios para a prestação final de contas.

Art. 1.109. Aprovadas as contas, encerra-se a liquidação, e a sociedade se extingue, ao ser averbada no registro próprio a ata da assembleia.

Parágrafo único. O dissidente tem o prazo de trinta dias, a contar da publicação da ata, devidamente averbada, para promover a ação que couber.

Art. 1.110. Encerrada a liquidação, o credor não satisfeito só terá direito a exigir dos sócios, individualmente, o pagamento do seu crédito, até o limite da soma por eles recebida em partilha, e a propor contra o liquidante ação de perdas e danos.

Art. 1.111. No caso de liquidação judicial, será observado o disposto na lei processual.

Art. 1.112. No curso de liquidação judicial, o juiz convocará, se necessário, reunião ou assembleia para deliberar sobre os interesses da liquidação, e as presidirá, resolvendo sumariamente as questões suscitadas.

Parágrafo único. As atas das assembleias serão, em cópia autêntica, apensadas ao processo judicial.

CAPÍTULO X

Da Transformação, da Incorporação, da Fusão e da Cisão das Sociedades

Art. 1.113. O ato de transformação independe de dissolução ou liquidação da sociedade, e obedecerá aos preceitos reguladores da constituição e inscrição próprios do tipo em que vai converter-se.

Art. 1.114. A transformação depende do consentimento de todos os sócios, salvo se prevista no ato constitutivo, caso em que o dissidente poderá retirar-se da sociedade, aplicando-se, no silêncio do estatuto ou do contrato social, o disposto no art. 1.031.

Art. 1.115. A transformação não modificará nem prejudicará, em qualquer caso, os direitos dos credores.

Parágrafo único. A falência da sociedade transformada somente produzirá efeitos em relação aos sócios que, no tipo anterior, a eles estariam sujeitos, se o pedirem os titulares de créditos anteriores à transformação, e somente a estes beneficiará.

Art. 1.116. Na incorporação, uma ou várias sociedades são absorvidas por outra, que lhes sucede em todos os direitos e obrigações, devendo todas aprová-la, na forma estabelecida para os respectivos tipos.

Art. 1.117. A deliberação dos sócios da sociedade incorporada deverá aprovar as bases da operação e o projeto de reforma do ato constitutivo.

§ 1º A sociedade que houver de ser incorporada tomará conhecimento desse ato, e, se o aprovar, autorizará os administradores a praticar o necessário à incorporação, inclusive a subscrição em bens pelo valor da diferença que se verificar entre o ativo e o passivo.

§ 2º A deliberação dos sócios da sociedade incorporadora compreenderá a nomeação dos peritos para a avaliação do patrimônio líquido da sociedade, que tenha de ser incorporada.

Art. 1.118. Aprovados os atos da incorporação, a incorporadora declarará extinta a incorporada, e promoverá a respectiva averbação no registro próprio.

Art. 1.119. A fusão determina a extinção das sociedades que se unem, para formar sociedade nova, que a elas sucederá nos direitos e obrigações.

Art. 1.120. A fusão será decidida, na forma estabelecida para os respectivos tipos, pelas sociedades que pretendam unir-se.

§ 1º Em reunião ou assembleia dos sócios de cada sociedade, deliberada a fusão e aprovado o projeto do ato constitutivo da nova sociedade, bem como o plano de distribuição do capital social, serão nomeados os peritos para a avaliação do patrimônio da sociedade.

§ 2º Apresentados os laudos, os administradores convocarão reunião ou assembleia dos sócios para tomar conhecimento deles, decidindo sobre a constituição definitiva da nova sociedade.

§ 3º É vedado aos sócios votar o laudo de avaliação do patrimônio da sociedade de que façam parte.

Art. 1.121. Constituída a nova sociedade, aos administradores incumbe fazer inscrever, no registro próprio da sede, os atos relativos à fusão.

Art. 1.122. Até noventa dias após publicados os atos relativos à incorporação, fusão ou cisão, o credor anterior, por ela prejudicado, poderá promover judicialmente a anulação deles.

§ 1º A consignação em pagamento prejudicará a anulação pleiteada.

§ 2º Sendo ilíquida a dívida, a sociedade poderá garantir-lhe a execução, suspendendo-se o processo de anulação.

§ 3º Ocorrendo, no prazo deste artigo, a falência da sociedade incorporadora, da sociedade nova ou da cindida, qualquer credor anterior terá direito a pedir a separação dos patrimônios, para o fim de serem os créditos pagos pelos bens das respectivas massas.

CAPÍTULO XI

Da Sociedade Dependente de Autorização

SEÇÃO I
Disposições Gerais

Art. 1.123. A sociedade que dependa de autorização do Poder Executivo para funcionar reger-se-á por este título, sem prejuízo do disposto em lei especial.
Parágrafo único. A competência para a autorização será sempre do Poder Executivo federal.
Art. 1.124. Na falta de prazo estipulado em lei ou em ato do poder público, será considerada caduca a autorização se a sociedade não entrar em funcionamento nos doze meses seguintes à respectiva publicação.
Art. 1.125. Ao Poder Executivo é facultado, a qualquer tempo, cassar a autorização concedida a sociedade nacional ou estrangeira que infringir disposição de ordem pública ou praticar atos contrários aos fins declarados no seu estatuto.

SEÇÃO II
Da Sociedade Nacional

Art. 1.126. É nacional a sociedade organizada de conformidade com a lei brasileira e que tenha no País a sede de sua administração.
Parágrafo único. Quando a lei exigir que todos ou alguns sócios sejam brasileiros, as ações da sociedade anônima revestirão, no silêncio da lei, a forma nominativa. Qualquer que seja o tipo da sociedade, na sua sede ficará arquivada cópia autêntica do documento comprobatório da nacionalidade dos sócios.
Art. 1.127. Não haverá mudança de nacionalidade de sociedade brasileira sem o consentimento unânime dos sócios ou acionistas.
Art. 1.128. O requerimento de autorização de sociedade nacional deve ser acompanhado de cópia do contrato, assinada por todos os sócios, ou, tratando-se de sociedade anônima, de cópia, autenticada pelos fundadores, dos documentos exigidos pela lei especial.
Parágrafo único. Se a sociedade tiver sido constituída por escritura pública, bastará juntar-se ao requerimento a respectiva certidão.
Art. 1.129. Ao Poder Executivo é facultado exigir que se procedam a alterações ou aditamento no contrato ou no estatuto, devendo os sócios, ou, tratando-se de sociedade anônima, os fundadores, cumprir as formalidades legais para revisão dos atos constitutivos, e juntar ao processo prova regular.
Art. 1.130. Ao Poder Executivo é facultado recusar a autorização, se a sociedade não atender às condições econômicas, financeiras ou jurídicas especificadas em lei.
Art. 1.131. Expedido o decreto de autorização, cumprirá à sociedade publicar os atos referidos nos arts. 1.128 e 1.129, em trinta dias, no órgão oficial da União, cujo exemplar representará prova para inscrição, no registro próprio, dos atos constitutivos da sociedade.
Parágrafo único. A sociedade promoverá, também no órgão oficial da União e no prazo de trinta dias, a publicação do termo de inscrição.
Art. 1.132. As sociedades anônimas nacionais, que dependam de autorização do Poder Executivo para funcionar, não se constituirão sem obtê-la, quando seus fundadores pretenderem recorrer a subscrição pública para a formação do capital.
§ 1º Os fundadores deverão juntar ao requerimento cópias autênticas do projeto do estatuto e do prospecto.
§ 2º Obtida a autorização e constituída a sociedade, proceder-se-á à inscrição dos seus atos constitutivos.
Art. 1.133. Dependem de aprovação as modificações do contrato ou do estatuto de sociedade sujeita a autorização do Poder Executivo, salvo se decorrerem de aumento do capital social, em virtude de utilização de reservas ou reavaliação do ativo.

SEÇÃO III
Da Sociedade Estrangeira

Art. 1.134. A sociedade estrangeira, qualquer que seja o seu objeto, não pode, sem autorização do Poder Executivo, funcionar no País, ainda que por estabelecimentos subordinados, podendo, todavia, ressalvados os casos expressos em lei, ser acionista de sociedade anônima brasileira.

§ 1º Ao requerimento de autorização devem juntar-se:

I. prova de se achar a sociedade constituída conforme a lei de seu país;

II. inteiro teor do contrato ou do estatuto;

III. relação dos membros de todos os órgãos da administração da sociedade, com nome, nacionalidade, profissão, domicílio e, salvo quanto a ações ao portador, o valor da participação de cada um no capital da sociedade;

IV. cópia do ato que autorizou o funcionamento no Brasil e fixou o capital destinado às operações no território nacional;

V. prova de nomeação do representante no Brasil, com poderes expressos para aceitar as condições exigidas para a autorização;

VI. último balanço.

§ 2º Os documentos serão autenticados, de conformidade com a lei nacional da sociedade requerente, legalizados no consulado brasileiro da respectiva sede e acompanhados de tradução em vernáculo.

Art. 1.135. É facultado ao Poder Executivo, para conceder a autorização, estabelecer condições convenientes à defesa dos interesses nacionais.

Parágrafo único. Aceitas as condições, expedirá o Poder Executivo decreto de autorização, do qual constará o montante de capital destinado às operações no País, cabendo à sociedade promover a publicação dos atos referidos no art. 1.131 e no § 1º do art. 1.134.

Art. 1.136. A sociedade autorizada não pode iniciar sua atividade antes de inscrita no registro próprio do lugar em que se deva estabelecer.

§ 1º O requerimento de inscrição será instruído com exemplar da publicação exigida no parágrafo único do artigo antecedente, acompanhado de documento do depósito em dinheiro, em estabelecimento bancário oficial, do capital ali mencionado.

§ 2º Arquivados esses documentos, a inscrição será feita por termo em livro especial para as sociedades estrangeiras, com número de ordem contínuo para todas as sociedades inscritas; no termo constarão:

I. nome, objeto, duração e sede da sociedade no estrangeiro;

II. lugar da sucursal, filial ou agência, no País;

III. data e número do decreto de autorização;

IV. capital destinado às operações no País;

V. individuação do seu representante permanente.

§ 3º Inscrita a sociedade, promover-se-á a publicação determinada no parágrafo único do art. 1.131.

Art. 1.137. A sociedade estrangeira autorizada a funcionar ficará sujeita às leis e aos tribunais brasileiros, quanto aos atos ou operações praticados no Brasil.

Parágrafo único. A sociedade estrangeira funcionará no território nacional com o nome que tiver em seu país de origem, podendo acrescentar as palavras "do Brasil" ou "para o Brasil".

Art. 1.138. A sociedade estrangeira autorizada a funcionar é obrigada a ter, permanentemente, representante no Brasil, com poderes para resolver quaisquer questões e receber citação judicial pela sociedade.

Parágrafo único. O representante somente pode agir perante terceiros depois de arquivado e averbado o instrumento de sua nomeação.

Art. 1.139. Qualquer modificação no contrato ou no estatuto dependerá da aprovação do Poder Executivo, para produzir efeitos no território nacional.

Art. 1.140. A sociedade estrangeira deve, sob pena de lhe ser cassada a autorização, reproduzir no órgão oficial da União, e do Estado, se for o caso, as publicações que, segundo a sua lei nacional, seja obrigada a fazer relativamente ao balanço patrimonial e ao de resultado econômico, bem como aos atos de sua administração.

Parágrafo único. Sob pena, também, de lhe ser cassada a autorização, a sociedade estrangeira deverá publicar o balanço patrimonial e o de resultado econômico das sucursais, filiais ou agências existentes no País.

Art. 1.141. Mediante autorização do Poder Executivo, a sociedade estrangeira admitida a funcionar no País pode nacionalizar-se, transferindo sua sede para o Brasil.

§ 1º Para o fim previsto neste artigo, deverá a sociedade, por seus representantes, oferecer, com o requerimento, os documentos exigidos no art. 1.134, e ainda a prova da realização do capital, pela forma declarada no contrato, ou no estatuto, e do ato em que foi deliberada a nacionalização.

§ 2º O Poder Executivo poderá impor as condições que julgar convenientes à defesa dos interesses nacionais.

§ 3º Aceitas as condições pelo representante, proceder-se-á, após a expedição do decreto de autorização, à inscrição da sociedade e publicação do respectivo termo.

TÍTULO III
Do Estabelecimento

CAPÍTULO ÚNICO
Disposições Gerais

Art. 1.142. Considera-se estabelecimento todo complexo de bens organizado, para exercício da empresa, por empresário, ou por sociedade empresária.

Art. 1.143. Pode o estabelecimento ser objeto unitário de direitos e de negócios jurídicos, translativos ou constitutivos, que sejam compatíveis com a sua natureza.

Art. 1.144. O contrato que tenha por objeto a alienação, o usufruto ou arrendamento do estabelecimento, só produzirá efeitos quanto a terceiros depois de averbado à margem da inscrição do empresário, ou da sociedade empresária, no Registro Público de Empresas Mercantis, e de publicado na imprensa oficial.

Art. 1.145. Se ao alienante não restarem bens suficientes para solver o seu passivo, a eficácia da alienação do estabelecimento depende do pagamento de todos os credores, ou do consentimento destes, de modo expresso ou tácito, em trinta dias a partir de sua notificação.

Art. 1.146. O adquirente do estabelecimento responde pelo pagamento dos débitos anteriores à transferência, desde que regularmente contabilizados, continuando o devedor primitivo solidariamente obrigado pelo prazo de um ano, a partir, quanto aos créditos vencidos, da publicação, e, quanto aos outros, da data do vencimento.

Art. 1.147. Não havendo autorização expressa, o alienante do estabelecimento não pode fazer concorrência ao adquirente, nos cinco anos subsequentes à transferência.

Parágrafo único. No caso de arrendamento ou usufruto do estabelecimento, a proibição prevista neste artigo persistirá durante o prazo do contrato.

Art. 1.148. Salvo disposição em contrário, a transferência importa a sub-rogação do adquirente nos contratos estipulados para exploração do estabelecimento, se não tiverem caráter pessoal, podendo os terceiros rescindir o contrato em noventa dias a contar da publicação da transferência, se ocorrer justa causa, ressalvada, neste caso, a responsabilidade do alienante.

Art. 1.149. A cessão dos créditos referentes ao estabelecimento transferido produzirá efeito em relação aos respectivos devedores, desde o momento da publicação da transferência, mas o devedor ficará exonerado se de boa-fé pagar ao cedente.

TÍTULO IV
Dos Institutos Complementares

CAPÍTULO I
Do Registro

Art. 1.150. O empresário e a sociedade empresária vinculam-se ao Registro Público de Empresas Mercantis a cargo das Juntas Comerciais, e a sociedade simples ao Registro Civil das Pessoas Jurídicas, o qual deverá obedecer às normas fixadas para aquele registro, se a sociedade simples adotar um dos tipos de sociedade empresária.

Art. 1.151. O registro dos atos sujeitos à formalidade exigida no artigo antecedente será requerido pela pessoa obrigada em lei, e, no caso de omissão ou demora, pelo sócio ou qualquer interessado.

§ 1º Os documentos necessários ao registro deverão ser apresentados no prazo de trinta dias, contado da lavratura dos atos respectivos.

§ 2º Requerido além do prazo previsto neste artigo, o registro somente produzirá efeito a partir da data de sua concessão.

§ 3º As pessoas obrigadas a requerer o registro responderão por perdas e danos, em caso de omissão ou demora.

Art. 1.152. Cabe ao órgão incumbido do registro verificar a regularidade das publicações determinadas em lei, de acordo com o disposto nos parágrafos deste artigo.

§ 1º Salvo exceção expressa, as publicações ordenadas neste Livro serão feitas no órgão oficial da União ou do Estado, conforme o local da sede do empresário ou da sociedade, e em jornal de grande circulação.

§ 2º As publicações das sociedades estrangeiras serão feitas nos órgãos oficiais da União e do Estado onde tiverem sucursais, filiais ou agências.

§ 3º O anúncio de convocação da assembleia de sócios será publicado por três vezes, ao menos, devendo mediar, entre a data da primeira inserção e a da realização da assembleia, o prazo mínimo de oito dias, para a primeira convocação, e de cinco dias, para as posteriores.

Art. 1.153. Cumpre à autoridade competente, antes de efetivar o registro, verificar a autenticidade e a legitimidade do signatário do requerimento, bem como fiscalizar a observância das prescrições legais concernentes ao ato ou aos documentos apresentados.

Parágrafo único. Das irregularidades encontradas deve ser notificado o requerente, que, se for o caso, poderá saná-las, obedecendo às formalidades da lei.

Art. 1.154. O ato sujeito a registro, ressalvadas disposições especiais da lei, não pode, antes do cumprimento das respectivas formalidades, ser oposto a terceiro, salvo prova de que este o conhecia.

Parágrafo único. O terceiro não pode alegar ignorância, desde que cumpridas as referidas formalidades.

CAPÍTULO II

Do Nome Empresarial

Art. 1.155. Considera-se nome empresarial a firma ou a denominação adotada, de conformidade com este Capítulo, para o exercício de empresa.

Parágrafo único. Equipara-se ao nome empresarial, para os efeitos da proteção da lei, a denominação das sociedades simples, associações e fundações.

Art. 1.156. O empresário opera sob firma constituída por seu nome, completo ou abreviado, aditando-lhe, se quiser, designação mais precisa da sua pessoa ou do gênero de atividade.

Art. 1.157. A sociedade em que houver sócios de responsabilidade ilimitada operará sob firma, na qual somente os nomes daqueles poderão figurar, bastando para formá-la aditar ao nome de um deles a expressão "e companhia" ou sua abreviatura.

Parágrafo único. Ficam solidária e ilimitadamente responsáveis pelas obrigações contraídas sob a firma social aqueles que, por seus nomes, figurarem na firma da sociedade de que trata este artigo.

Art. 1.158. Pode a sociedade limitada adotar firma ou denominação, integradas pela palavra final "limitada" ou a sua abreviatura.

§ 1º A firma será composta com o nome de um ou mais sócios, desde que pessoas físicas, de modo indicativo da relação social.

§ 2º A denominação deve designar o objeto da sociedade, sendo permitido nela figurar o nome de um ou mais sócios.

§ 3º A omissão da palavra "limitada" determina a responsabilidade solidária e ilimitada dos administradores que assim empregarem a firma ou a denominação da sociedade.

Art. 1.159. A sociedade cooperativa funciona sob denominação integrada pelo vocábulo "cooperativa".

Art. 1.160. A sociedade anônima opera sob denominação designativa do objeto social, integrada pelas expressões "sociedade anônima" ou "companhia", por extenso ou abreviadamente.

Parágrafo único. Pode constar da denominação o nome do fundador, acionista, ou pessoa que haja concorrido para o bom êxito da formação da empresa.

Art. 1.161. A sociedade em comandita por ações pode, em lugar de firma, adotar denominação designativa do objeto social, aditada da expressão "comandita por ações".

Art. 1.162. A sociedade em conta de participação não pode ter firma ou denominação.

Art. 1.163. O nome de empresário deve distinguir-se de qualquer outro já inscrito no mesmo registro.

Parágrafo único. Se o empresário tiver nome idêntico ao de outros já inscritos, deverá acrescentar designação que o distinga.

Art. 1.164. O nome empresarial não pode ser objeto de alienação.

Parágrafo único. O adquirente de estabelecimento, por ato entre vivos, pode, se o contrato o permitir, usar o nome do alienante, precedido do seu próprio, com a qualificação de sucessor.

Art. 1.165. O nome de sócio que vier a falecer, for excluído ou se retirar, não pode ser conservado na firma social.

Art. 1.166. A inscrição do empresário, ou dos atos constitutivos das pessoas jurídicas, ou as respectivas averbações, no registro próprio, asseguram o uso exclusivo do nome nos limites do respectivo Estado.

Parágrafo único. O uso previsto neste artigo estender-se-á a todo o território nacional, se registrado na forma da lei especial.

Art. 1.167. Cabe ao prejudicado, a qualquer tempo, ação para anular a inscrição do nome empresarial feita com violação da lei ou do contrato.

Art. 1.168. A inscrição do nome empresarial será cancelada, a requerimento de qualquer interessado, quando cessar o exercício da atividade para que foi adotado, ou quando ultimar-se a liquidação da sociedade que o inscreveu.

CAPÍTULO III
Dos Prepostos

SEÇÃO I
Disposições Gerais

Art. 1.169. O preposto não pode, sem autorização escrita, fazer-se substituir no desempenho da preposição, sob pena de responder pessoalmente pelos atos do substituto e pelas obrigações por ele contraídas.

Art. 1.170. O preposto, salvo autorização expressa, não pode negociar por conta própria ou de terceiro, nem participar, embora indiretamente, de operação do mesmo gênero da que lhe foi cometida, sob pena de responder por perdas e danos e de serem retidos pelo preponente os lucros da operação.

Art. 1.171. Considera-se perfeita a entrega de papéis, bens ou valores ao preposto, encarregado pelo preponente, se os recebeu sem protesto, salvo nos casos em que haja prazo para reclamação.

SEÇÃO II
Do Gerente

Art. 1.172. Considera-se gerente o preposto permanente no exercício da empresa, na sede desta, ou em sucursal, filial ou agência.

Art. 1.173. Quando a lei não exigir poderes especiais, considera-se o gerente autorizado a praticar todos os atos necessários ao exercício dos poderes que lhe foram outorgados.

Parágrafo único. Na falta de estipulação diversa, consideram-se solidários os poderes conferidos a dois ou mais gerentes.

Art. 1.174. As limitações contidas na outorga de poderes, para serem opostas a terceiros, dependem do arquivamento e averbação do instrumento no Registro Público de Empresas Mercantis, salvo se provado serem conhecidas da pessoa que tratou com o gerente.

Parágrafo único. Para o mesmo efeito e com idêntica ressalva, deve a modificação ou revogação do mandato ser arquivada e averbada no Registro Público de Empresas Mercantis.

Art. 1.175. O preponente responde com o gerente pelos atos que este pratique em seu próprio nome, mas à conta daquele.

Art. 1.176. O gerente pode estar em juízo em nome do preponente, pelas obrigações resultantes do exercício da sua função.

SEÇÃO III
Do Contabilista e outros Auxiliares

Art. 1.177. Os assentos lançados nos livros ou fichas do preponente, por qualquer dos prepostos encarregados de sua escrituração, produzem, salvo se houver procedido de má-fé, os mesmos efeitos como se o fossem por aquele.

Parágrafo único. No exercício de suas funções, os prepostos são pessoalmente responsáveis, perante os preponentes, pelos atos culposos; e, perante terceiros, solidariamente com o preponente, pelos atos dolosos.

Art. 1.178. Os preponentes são responsáveis pelos atos de quaisquer prepostos, praticados nos seus estabelecimentos e relativos à atividade da empresa, ainda que não autorizados por escrito.

Parágrafo único. Quando tais atos forem praticados fora do estabelecimento, somente obrigarão o preponente nos limites dos poderes conferidos por escrito, cujo instrumento pode ser suprido pela certidão ou cópia autêntica do seu teor.

CAPÍTULO IV
Da Escrituração

Art. 1.179. O empresário e a sociedade empresária são obrigados a seguir um sistema de contabilidade, mecanizado ou não, com base na escrituração uniforme de seus livros, em correspondência com a documentação respectiva, e a levantar anualmente o balanço patrimonial e o de resultado econômico.

§ 1º Salvo o disposto no art. 1.180, o número e a espécie de livros ficam a critério dos interessados.

§ 2º É dispensado das exigências deste artigo o pequeno empresário a que se refere o art. 970.

Art. 1.180. Além dos demais livros exigidos por lei, é indispensável o Diário, que pode ser substituído por fichas no caso de escrituração mecanizada ou eletrônica.

Parágrafo único. A adoção de fichas não dispensa o uso de livro apropriado para o lançamento do balanço patrimonial e do de resultado econômico.

Art. 1.181. Salvo disposição especial de lei, os livros obrigatórios e, se for o caso, as fichas, antes de postos em uso, devem ser autenticados no Registro Público de Empresas Mercantis.

Parágrafo único. A autenticação não se fará sem que esteja inscrito o empresário, ou a sociedade empresária, que poderá fazer autenticar livros não obrigatórios.

Art. 1.182. Sem prejuízo do disposto no art. 1.174, a escrituração ficará sob a responsabilidade de contabilista legalmente habilitado, salvo se nenhum houver na localidade.

Art. 1.183. A escrituração será feita em idioma e moeda corrente nacionais e em forma contábil, por ordem cronológica de dia, mês e ano, sem intervalos em branco, nem entrelinhas, borrões, rasuras, emendas ou transportes para as margens.

Parágrafo único. É permitido o uso de código de números ou de abreviaturas, que constem de livro próprio, regularmente autenticado.

Art. 1.184. No Diário serão lançadas, com individuação, clareza e caracterização do documento respectivo, dia a dia, por escrita direta ou reprodução, todas as operações relativas ao exercício da empresa.

§ 1º Admite-se a escrituração resumida do Diário, com totais que não excedam o período de trinta dias, relativamente a contas cujas operações sejam numerosas ou realizadas fora da sede do estabelecimento, desde que utilizados livros auxiliares regularmente autenticados, para registro individualizado, e conservados os documentos que permitam a sua perfeita verificação.

§ 2º Serão lançados no Diário o balanço patrimonial e o de resultado econômico, devendo ambos ser assinados por técnico em Ciências Contábeis legalmente habilitado e pelo empresário ou sociedade empresária.

Art. 1.185. O empresário ou sociedade empresária que adotar o sistema de fichas de lançamentos poderá substituir o livro Diário pelo livro Balancetes Diários e Balanços, observadas as mesmas formalidades extrínsecas exigidas para aquele.

Art. 1.186. O livro Balancetes Diários e Balanços será escriturado de modo que registre:

I. a posição diária de cada uma das contas ou títulos contábeis, pelo respectivo saldo, em forma de balancetes diários;

II. o balanço patrimonial e o de resultado econômico, no encerramento do exercício.

Art. 1.187. Na coleta dos elementos para o inventário serão observados os critérios de avaliação a seguir determinados:

I. os bens destinados à exploração da atividade serão avaliados pelo custo de aquisição, devendo, na avaliação dos que se desgastam ou depreciam com o uso, pela ação do tempo ou outros fatores, atender-se à desvalorização respectiva, criando-se fundos de amortização para assegurar-lhes a substituição ou a conservação do valor;

II. os valores mobiliários, matéria-prima, bens destinados à alienação, ou que constituem produtos ou artigos da indústria ou comércio da empresa, podem ser estimados pelo custo de aquisição ou de fabricação, ou pelo preço corrente, sempre que este for inferior ao preço de custo, e quando o preço corrente ou venal estiver acima do valor do custo de aquisição, ou fabricação, e os bens forem avaliados pelo preço corrente, a diferença entre este e o preço de custo não será levada em conta para a distribuição de lucros, nem para as percentagens referentes a fundos de reserva;

III. o valor das ações e dos títulos de renda fixa pode ser determinado com base na respectiva cotação da Bolsa de Valores; os não cotados e as participações não acionárias serão considerados pelo seu valor de aquisição;

IV. os créditos serão considerados de conformidade com o presumível valor de realização, não se levando em conta os prescritos ou de difícil liquidação, salvo se houver, quanto aos últimos, previsão equivalente.

Parágrafo único. Entre os valores do ativo podem figurar, desde que se preceda, anualmente, à sua amortização:

I. as despesas de instalação da sociedade, até o limite correspondente a dez por cento do capital social;

II. os juros pagos aos acionistas da sociedade anônima, no período antecedente ao início das operações sociais, à taxa não superior a doze por cento ao ano, fixada no estatuto;

III. a quantia efetivamente paga a título de aviamento de estabelecimento adquirido pelo empresário ou sociedade.

Art. 1.188. O balanço patrimonial deverá exprimir, com fidelidade e clareza, a situação real da empresa e, atendidas as peculiaridades desta, bem como as disposições das leis especiais, indicará, distintamente, o ativo e o passivo.

Parágrafo único. Lei especial disporá sobre as informações que acompanharão o balanço patrimonial, em caso de sociedades coligadas.

Art. 1.189. O balanço de resultado econômico, ou demonstração da conta de lucros e perdas, acompanhará o balanço patrimonial e dele constarão crédito e débito, na forma da lei especial.

Art. 1.190. Ressalvados os casos previstos em lei, nenhuma autoridade, juiz ou tribunal, sob qualquer pretexto, poderá fazer ou ordenar diligência para verificar se o empresário ou a sociedade empresária observam, ou não, em seus livros e fichas, as formalidades prescritas em lei.

Art. 1.191. O juiz só poderá autorizar a exibição integral dos livros e papéis de escrituração quando necessária para resolver questões relativas a sucessão, comunhão ou sociedade, administração ou gestão à conta de outrem, ou em caso de falência.

§ 1º O juiz ou tribunal que conhecer de medida cautelar ou de ação pode, a requerimento ou de ofício, ordenar que os livros de qualquer das partes, ou de ambas, sejam examinados na presença do empresário ou da sociedade empresária a que pertencerem, ou de pessoas por estes nomeadas, para deles se extrair o que interessar à questão.

§ 2º Achando-se os livros em outra jurisdição, nela se fará o exame, perante o respectivo juiz.

Art. 1.192. Recusada a apresentação dos livros, nos casos do artigo antecedente, serão apreendidos judicialmente e, no do seu § 1º, ter-se-á como verdadeiro o alegado pela parte contrária para se provar pelos livros.

Parágrafo único. A confissão resultante da recusa pode ser elidida por prova documental em contrário.

Art. 1.193. As restrições estabelecidas neste Capítulo ao exame da escrituração, em parte ou por inteiro, não se aplicam às autoridades fazendárias, no exercício da fiscalização do pagamento de impostos, nos termos estritos das respectivas leis especiais.

Art. 1.194. O empresário e a sociedade empresária são obrigados a conservar em boa guarda toda a escrituração, correspondência e mais papéis concernentes à sua atividade, enquanto não ocorrer prescrição ou decadência no tocante aos atos neles consignados.

Art. 1.195. As disposições deste Capítulo aplicam-se às sucursais, filiais ou agências, no Brasil, do empresário ou sociedade com sede em país estrangeiro.

LIVRO III
Do Direito das Coisas

TÍTULO I
Da posse

CAPÍTULO I
Da Posse e sua Classificação

Art. 1.196. Considera-se possuidor todo aquele que tem de fato o exercício, pleno ou não, de algum dos poderes inerentes à propriedade.

Art. 1.197. A posse direta, de pessoa que tem a coisa em seu poder, temporariamente, em virtude de direito pessoal, ou real, não anula a indireta, de quem aquela foi havida, podendo o possuidor direto defender a sua posse contra o indireto.

Art. 1.198. Considera-se detentor aquele que, achando-se em relação de dependência para com outro, conserva a posse em nome deste e em cumprimento de ordens ou instruções suas.

Parágrafo único. Aquele que começou a comportar-se do modo como prescreve este artigo, em relação ao bem e à outra pessoa, presume-se detentor, até que prove o contrário.

Art. 1.199. Se duas ou mais pessoas possuírem coisa indivisa, poderá cada uma exercer sobre ela atos possessórios, contanto que não excluam os dos outros compossuidores.

Art. 1.200. É justa a posse que não for violenta, clandestina ou precária.

Art. 1.201. É de boa-fé a posse, se o possuidor ignora o vício, ou o obstáculo que impede a aquisição da coisa.

Parágrafo único. O possuidor com justo título tem por si a presunção de boa-fé, salvo prova em contrário, ou quando a lei expressamente não admite esta presunção.

Art. 1.202. A posse de boa-fé só perde este caráter no caso e desde o momento em que as circunstâncias façam presumir que o possuidor não ignora que possui indevidamente.

Art. 1.203. Salvo prova em contrário, entende-se manter a posse o mesmo caráter com que foi adquirida.

CAPÍTULO II

Da Aquisição da Posse

Art. 1.204. Adquire-se a posse desde o momento em que se torna possível o exercício, em nome próprio, de qualquer dos poderes inerentes à propriedade.

Art. 1.205. A posse pode ser adquirida:

I. pela própria pessoa que a pretende ou por seu representante;

II. por terceiro sem mandato, dependendo de ratificação.

Art. 1.206. A posse transmite-se aos herdeiros ou legatários do possuidor com os mesmos caracteres.

Art. 1.207. O sucessor universal continua de direito a posse do seu antecessor; e ao sucessor singular é facultado unir sua posse à do antecessor, para os efeitos legais.

Art. 1.208. Não induzem posse os atos de mera permissão ou tolerância assim como não autorizam a sua aquisição os atos violentos, ou clandestinos, senão depois de cessar a violência ou a clandestinidade.

Art. 1.209. A posse do imóvel faz presumir, até prova contrária, a das coisas móveis que nele estiverem.

CAPÍTULO III

Dos Efeitos da Posse

Art. 1.210. O possuidor tem direito a ser mantido na posse em caso de turbação, restituído no de esbulho, e segurado de violência iminente, se tiver justo receio de ser molestado.

§ 1º O possuidor turbado, ou esbulhado, poderá manter-se ou restituir-se por sua própria força, contanto que o faça logo; os atos de defesa, ou de desforço, não podem ir além do indispensável à manutenção, ou restituição da posse.

§ 2º Não obsta à manutenção ou reintegração na posse a alegação de propriedade, ou de outro direito sobre a coisa.

Art. 1.211. Quando mais de uma pessoa se disser possuidora, manter-se-á provisoriamente a que tiver a coisa, se não estiver manifesto que a obteve de alguma das outras por modo vicioso.

Art. 1.212. O possuidor pode intentar a ação de esbulho, ou a de indenização, contra o terceiro, que recebeu a coisa esbulhada sabendo que o era.

Art. 1.213. O disposto nos artigos antecedentes não se aplica às servidões não aparentes, salvo quando os respectivos títulos provierem do possuidor do prédio serviente, ou daqueles de quem este o houve.

Art. 1.214. O possuidor de boa-fé tem direito, enquanto ela durar, aos frutos percebidos.

Parágrafo único. Os frutos pendentes ao tempo em que cessar a boa-fé devem ser restituídos, depois de deduzidas as despesas da produção e custeio; devem ser também restituídos os frutos colhidos com antecipação.

Art. 1.215. Os frutos naturais e industriais reputam-se colhidos e percebidos, logo que são separados; os civis reputam-se percebidos dia por dia.

Art. 1.216. O possuidor de má-fé responde por todos os frutos colhidos e percebidos, bem como pelos que, por culpa sua, deixou de perceber, desde o momento em que se constituiu de má-fé; tem direito às despesas da produção e custeio.

Art. 1.217. O possuidor de boa-fé não responde pela perda ou deterioração da coisa, a que não der causa.

Art. 1.218. O possuidor de má-fé responde pela perda, ou deterioração da coisa, ainda que acidentais, salvo se provar que de igual modo se teriam dado, estando ela na posse do reivindicante.

Art. 1.219. O possuidor de boa-fé tem direito à indenização das benfeitorias necessárias e úteis, bem como, quanto às voluptuárias, se não lhe forem pagas, a levantá-las, quando o puder sem detrimento da coisa, e poderá exercer o direito de retenção pelo valor das benfeitorias necessárias e úteis.

Art. 1.220. Ao possuidor de má-fé serão ressarcidas somente as benfeitorias necessárias; não lhe assiste o direito de retenção pela importância destas, nem o de levantar as voluptuárias.

Art. 1.221. As benfeitorias compensam-se com os danos, e só obrigam ao ressarcimento se ao tempo da evicção ainda existirem.

Art. 1.222. O reivindicante, obrigado a indenizar as benfeitorias ao possuidor de má-fé, tem o direito de optar entre o seu valor atual e o seu custo; ao possuidor de boa-fé indenizará pelo valor atual.

CAPÍTULO IV

Da Perda da Posse

Art. 1.223. Perde-se a posse quando cessa, embora contra a vontade do possuidor, o poder sobre o bem, ao qual se refere o art. 1.196.

Art. 1.224. Só se considera perdida a posse para quem não presenciou o esbulho, quando, tendo notícia dele, se abstém de retornar a coisa, ou, tentando recuperá-la, é violentamente repelido.

TÍTULO II
Dos Direitos Reais

CAPÍTULO ÚNICO
Disposições Gerais

Art. 1.225. São direitos reais:
I. a propriedade;
II. a superfície;
III. as servidões;
IV. o usufruto;
V. o uso;
VI. a habitação;
VII. o direito do promitente comprador do imóvel;
VIII. o penhor;
IX. a hipoteca;
X. a anticrese.
XI. a concessão de uso especial para fins de moradia;
XII. a concessão de direito real de uso; e
XIII. a laje.

Art. 1.226. Os direitos reais sobre coisas móveis, quando constituídos, ou transmitidos por atos entre vivos, só se adquirem com a tradição.

Art. 1.227. Os direitos reais sobre imóveis constituídos, ou transmitidos por atos entre vivos, só se adquirem com o registro no Cartório de Registro de Imóveis dos referidos títulos (arts. 1.245 a 1.247), salvo os casos expressos neste Código.

TÍTULO III
Da Propriedade

CAPÍTULO I
Da Propriedade em Geral

SEÇÃO I
Disposições Preliminares

Art. 1.228. O proprietário tem a faculdade de usar, gozar e dispor da coisa, e o direito de reavê-la do poder de quem quer que injustamente a possua ou detenha.

§ 1º O direito de propriedade deve ser exercido em consonância com as suas finalidades econômicas e sociais e de modo que sejam preservados, de conformidade com o estabelecido em lei especial, a flora, a fauna, as belezas naturais, o equilíbrio ecológico e o patrimônio histórico e artístico, bem como evitada a poluição do ar e das águas.

§ 2º São defesos os atos que não trazem ao proprietário qualquer comodidade, ou utilidade, e sejam animados pela intenção de prejudicar outrem.

§ 3º O proprietário pode ser privado da coisa, nos casos de desapropriação, por necessidade ou utilidade pública ou interesse social, bem como no de requisição, em caso de perigo público iminente.

§ 4º O proprietário também pode ser privado da coisa se o imóvel reivindicado consistir em extensa área, na posse ininterrupta e de boa-fé, por mais de cinco anos, de considerável número de pessoas, e estas nela houverem realizado, em conjunto ou separadamente, obras e serviços considerados pelo juiz de interesse social e econômico relevante.

§ 5º No caso do parágrafo antecedente, o juiz fixará a justa indenização devida ao proprietário; pago o preço, valerá a sentença como título para o registro do imóvel em nome dos possuidores.

Art. 1.229. A propriedade do solo abrange a do espaço aéreo e subsolo correspondentes, em altura e profundidade úteis ao seu exercício, não podendo o proprietário opor-se a atividades que sejam realizadas, por terceiros, a uma altura ou profundidade tais, que não tenha ele interesse legítimo em impedi-las.

Art. 1.230. A propriedade do solo não abrange as jazidas, minas e demais recursos minerais, os potenciais de energia hidráulica, os monumentos arqueológicos e outros bens referidos por leis especiais.

Parágrafo único. O proprietário do solo tem o direito de explorar os recursos minerais de emprego imediato na construção civil, desde que não submetidos a transformação industrial, obedecido o disposto em lei especial.

Art. 1.231. A propriedade presume-se plena e exclusiva, até prova em contrário.

Art. 1.232. Os frutos e mais produtos da coisa pertencem, ainda quando separados, ao seu proprietário, salvo se, por preceito jurídico especial, couberem a outrem.

SEÇÃO II
Da Descoberta

Art. 1.233. Quem quer que ache coisa alheia perdida há de restituí-la ao dono ou legítimo possuidor.

Parágrafo único. Não o conhecendo, o descobridor fará por encontrá-lo, e, se não o encontrar, entregará a coisa achada à autoridade competente.

Art. 1.234. Aquele que restituir a coisa achada, nos termos do artigo antecedente, terá direito a uma recompensa não inferior a cinco por cento do seu valor, e à indenização pelas despesas que houver feito com a conservação e transporte da coisa, se o dono não preferir abandoná-la.

Parágrafo único. Na determinação do montante da recompensa, considerar-se-á o esforço desenvolvido pelo descobridor para encontrar o dono, ou o legítimo possuidor, as possibilidades que teria este de encontrar a coisa e a situação econômica de ambos.

Art. 1.235. O descobridor responde pelos prejuízos causados ao proprietário ou possuidor legítimo, quando tiver procedido com dolo.

Art. 1.236. A autoridade competente dará conhecimento da descoberta através da imprensa e outros meios de informação, somente expedindo editais se o seu valor os comportar.

Art. 1.237. Decorridos sessenta dias da divulgação da notícia pela imprensa, ou do edital, não se apresentando quem comprove a propriedade sobre a coisa, será esta vendida em hasta pública e, deduzidas do preço as despesas, mais a recompensa do descobridor, pertencerá o remanescente ao Município em cuja circunscrição se deparou o objeto perdido.

Parágrafo único. Sendo de diminuto valor, poderá o Município abandonar a coisa em favor de quem a achou.

CAPÍTULO II
Da Aquisição da Propriedade Imóvel

SEÇÃO I
Da Usucapião

Art. 1.238. Aquele que, por quinze anos, sem interrupção, nem oposição, possuir como seu um imóvel, adquire-lhe a propriedade, independentemente de título e boa-fé; podendo requerer ao juiz que assim o declare por sentença, a qual servirá de título para o registro no Cartório de Registro de Imóveis.

Parágrafo único. O prazo estabelecido neste artigo reduzir-se-á a dez anos se o possuidor houver estabelecido no imóvel a sua moradia habitual, ou nele realizado obras ou serviços de caráter produtivo.

Art. 1.239. Aquele que, não sendo proprietário de imóvel rural ou urbano, possua como sua, por cinco anos ininterruptos, sem oposição, área de terra em zona rural não superior a cinquenta hectares, tornando-a produtiva por seu trabalho ou de sua família, tendo nela sua moradia, adquirir-lhe-á a propriedade.

Art. 1.240. Aquele que possuir, como sua, área urbana de até duzentos e cinquenta metros quadrados, por cinco anos ininterruptamente e sem oposição, utilizando-a para sua moradia ou de sua família, adquirir-lhe-á o domínio, desde que não seja proprietário de outro imóvel urbano ou rural.

§ 1º O título de domínio e a concessão de uso serão conferidos ao homem ou à mulher, ou a ambos, independentemente do estado civil.

§ 2º O direito previsto no parágrafo antecedente não será reconhecido ao mesmo possuidor mais de uma vez.

Art. 1.240-A. Aquele que exercer, por 2 (dois) anos ininterruptamente e sem oposição, posse direta, com exclusividade, sobre imóvel urbano de até 250m² (duzentos e cinquenta metros quadrados) cuja propriedade divida com ex-cônjuge ou ex-companheiro que abandonou o lar, utilizando-o para sua moradia ou de sua família, adquirir-lhe-á o domínio integral, desde que não seja proprietário de outro imóvel urbano ou rural.

§ 1º O direito previsto no caput não será reconhecido ao mesmo possuidor mais de uma vez.

§ 2º (Vetado).

Art. 1.241. Poderá o possuidor requerer ao juiz seja declarada adquirida, mediante usucapião, a propriedade imóvel.

Parágrafo único. A declaração obtida na forma deste artigo constituirá título hábil para o registro no Cartório de Registro de Imóveis.

Art. 1.242. Adquire também a propriedade do imóvel aquele que, contínua e incontestadamente, com justo título e boa-fé, o possuir por dez anos.

Parágrafo único. Será de cinco anos o prazo previsto neste artigo se o imóvel houver sido adquirido, onerosamente, com base no registro constante do respectivo cartório, cancelada posteriormente, desde que os possuidores nele tiverem estabelecido a sua moradia, ou realizado investimentos de interesse social e econômico.

Art. 1.243. O possuidor pode, para o fim de contar o tempo exigido pelos artigos antecedentes, acrescentar à sua posse a dos seus antecessores (art. 1.207), contanto que todas sejam contínuas, pacíficas e, nos casos do art. 1.242, com justo título e de boa-fé.

Art. 1.244. Estende-se ao possuidor o disposto quanto ao devedor acerca das causas que obstam, suspendem ou interrompem a prescrição, as quais também se aplicam à usucapião.

SEÇÃO II
Da Aquisição pelo Registro do Título

Art. 1.245. Transfere-se entre vivos a propriedade mediante o registro do título translativo no Registro de Imóveis.

§ 1º Enquanto não se registrar o título translativo, o alienante continua a ser havido como dono do imóvel.

§ 2º Enquanto não se promover, por meio de ação própria, a decretação de invalidade do registro, e o respectivo cancelamento, o adquirente continua a ser havido como dono do imóvel.

Art. 1.246. O registro é eficaz desde o momento em que se apresentar o título ao oficial do registro, e este o prenotar no protocolo.

Art. 1.247. Se o teor do registro não exprimir a verdade, poderá o interessado reclamar que se retifique ou anule.

Parágrafo único. Cancelado o registro, poderá o proprietário reivindicar o imóvel, independentemente da boa-fé ou do título do terceiro adquirente.

SEÇÃO III
Da Aquisição por Acessão

Art. 1.248. A acessão pode dar-se:
I. por formação de ilhas;
II. por aluvião;
III. por avulsão;
IV. por abandono de álveo;
V. por plantações ou construções.

Subseção I
Das Ilhas

Art. 1.249. As ilhas que se formarem em correntes comuns ou particulares pertencem aos proprietários ribeirinhos fronteiros, observadas as regras seguintes:

I. as que se formarem no meio do rio consideram-se acréscimos sobrevindos aos terrenos ribeirinhos fronteiros de ambas as margens, na proporção de suas testadas, até a linha que dividir o álveo em duas partes iguais;
II. as que se formarem entre a referida linha e uma das margens consideram-se acréscimos aos terrenos ribeirinhos fronteiros desse mesmo lado;
III. as que se formarem pelo desdobramento de um novo braço do rio continuam a pertencer aos proprietários dos terrenos à custa dos quais se constituíram.

Subseção II
Da Aluvião

Art. 1.250. Os acréscimos formados, sucessiva e imperceptivelmente, por depósitos e aterros naturais ao longo das margens das correntes, ou pelo desvio das águas destas, pertencem aos donos dos terrenos marginais, sem indenização.

Parágrafo único. O terreno aluvial, que se formar em frente de prédios de proprietários diferentes, dividir-se-á entre eles, na proporção da testada de cada um sobre a antiga margem.

Subseção III
Da Avulsão

Art. 1.251. Quando, por força natural violenta, uma porção de terra se destacar de um prédio e se juntar a outro, o dono deste adquirirá a propriedade do acréscimo, se indenizar o dono do primeiro ou, sem indenização, se, em um ano, ninguém houver reclamado.

Parágrafo único. Recusando-se ao pagamento de indenização, o dono do prédio a que se juntou a porção de terra deverá aquiescer a que se remova a parte acrescida.

Subseção IV
Do Álveo Abandonado

Art. 1.252. O álveo abandonado de corrente pertence aos proprietários ribeirinhos das duas margens, sem que tenham indenização os donos dos terrenos por onde as águas abrirem novo curso, entendendo-se que os prédios marginais se estendem até o meio do álveo.

Subseção V
Das Construções e Plantações

Art. 1.253. Toda construção ou plantação existente em um terreno presume-se feita pelo proprietário e à sua custa, até que se prove o contrário.

Art. 1.254. Aquele que semeia, planta ou edifica em terreno próprio com sementes, plantas ou materiais alheios, adquire a propriedade destes; mas fica obrigado a pagar-lhes o valor, além de responder por perdas e danos, se agiu de má-fé.

Art. 1.255. Aquele que semeia, planta ou edifica em terreno alheio perde, em proveito do proprietário, as sementes, plantas e construções; se procedeu de boa-fé, terá direito a indenização.

Parágrafo único. Se a construção ou a plantação exceder consideravelmente o valor do terreno, aquele que, de boa-fé, plantou ou edificou, adquirirá a propriedade do solo, mediante pagamento da indenização fixada judicialmente, se não houver acordo.

Art. 1.256. Se de ambas as partes houve má-fé, adquirirá o proprietário as sementes, plantas e construções, devendo ressarcir o valor das acessões.

Parágrafo único. Presume-se má-fé no proprietário, quando o trabalho de construção, ou lavoura, se fez em sua presença e sem impugnação sua.

Art. 1.257. O disposto no artigo antecedente aplica-se ao caso de não pertencerem as sementes, plantas ou materiais a quem de boa-fé os empregou em solo alheio.

Parágrafo único. O proprietário das sementes, plantas ou materiais poderá cobrar do proprietário do solo a indenização devida, quando não puder havê-la do plantador ou construtor.

Art. 1.258. Se a construção, feita parcialmente em solo próprio, invade solo alheio em proporção não superior à vigésima parte deste, adquire o construtor de boa-fé a propriedade da parte do solo invadido, se o valor da construção exceder o dessa parte, e responde por indenização que represente, também, o valor da área perdida e a desvalorização da área remanescente.

Parágrafo único. Pagando em décuplo as perdas e danos previstos neste artigo, o construtor de má-fé adquire a propriedade da parte do solo que invadiu, se em proporção à vigésima parte deste e o valor da construção exceder consideravelmente o dessa parte e não se puder demolir a porção invasora sem grave prejuízo para a construção.

Art. 1.259. Se o construtor estiver de boa-fé, e a invasão do solo alheio exceder a vigésima parte deste, adquire a propriedade da parte do solo invadido, e responde por perdas e danos que abranjam o valor que a invasão acrescer à construção, mais o da área perdida e o da desvalorização da área remanescente; se de má-fé, é obrigado a demolir o que nele construiu, pagando as perdas e danos apurados, que serão devidos em dobro.

CAPÍTULO III
Da Aquisição da Propriedade Móvel

SEÇÃO I
Da Usucapião

Art. 1.260. Aquele que possuir coisa móvel como sua, contínua e incontestadamente durante três anos, com justo título e boa-fé, adquirir-lhe-á a propriedade.

Art. 1.261. Se a posse da coisa móvel se prolongar por cinco anos, produzirá usucapião, independentemente de título ou boa-fé.

Art. 1.262. Aplica-se à usucapião das coisas móveis o disposto nos arts. 1.243 e 1.244.

SEÇÃO II
Da Ocupação

Art. 1.263. Quem se assenhorear de coisa sem dono para logo lhe adquire a propriedade, não sendo essa ocupação defesa por lei.

SEÇÃO III
Do Achado do Tesouro

Art. 1.264. O depósito antigo de coisas preciosas, oculto e de cujo dono não haja memória, será dividido por igual entre o proprietário do prédio e o que achar o tesouro casualmente.

Art. 1.265. O tesouro pertencerá por inteiro ao proprietário do prédio, se for achado por ele, ou em pesquisa que ordenou, ou por terceiro não autorizado.

Art. 1.266. Achando-se em terreno aforado, o tesouro será dividido por igual entre o descobridor e o enfiteuta, ou será deste por inteiro quando ele mesmo seja o descobridor.

SEÇÃO IV
Da Tradição

Art. 1.267. A propriedade das coisas não se transfere pelos negócios jurídicos antes da tradição.

Parágrafo único. Subentende-se a tradição quando o transmitente continua a possuir pelo constituto possessório; quando cede ao adquirente o direito à restituição da coisa, que se encontra em poder de terceiro; ou quando o adquirente já está na posse da coisa, por ocasião do negócio jurídico.

Art. 1.268. Feita por quem não seja proprietário, a tradição não aliena a propriedade, exceto se a coisa, oferecida ao público, em leilão ou estabelecimento comercial, for transferida em circunstâncias tais que, ao adquirente de boa-fé, como a qualquer pessoa, o alienante se afigurar dono.

§ 1º Se o adquirente estiver de boa-fé e o alienante adquirir depois a propriedade, considera-se realizada a transferência desde o momento em que ocorreu a tradição.

§ 2º Não transfere a propriedade a tradição, quando tiver por título um negócio jurídico nulo.

SEÇÃO V
Da Especificação

Art. 1.269. Aquele que, trabalhando em matéria-prima em parte alheia, obtiver espécie nova, desta será proprietário, se não se puder restituir à forma anterior.

Art. 1.270. Se toda a matéria for alheia, e não se puder reduzir à forma precedente, será do especificador de boa-fé a espécie nova.

§ 1º Sendo praticável a redução, ou quando impraticável, se a espécie nova se obteve de má-fé, pertencerá ao dono da matéria-prima.

§ 2º Em qualquer caso, inclusive o da pintura em relação à tela, da escultura, escritura e outro qualquer trabalho gráfico em relação à matéria-prima, a espécie nova será do especificador, se o seu valor exceder consideravelmente o da matéria-prima.

Art. 1.271. Aos prejudicados, nas hipóteses dos arts. 1.269 e 1.270, se ressarcirá o dano que sofrerem, menos ao especificador de má-fé, no caso do § 1º do artigo antecedente, quando irredutível a especificação.

SEÇÃO VI
Da Confusão, da Comissão e da Adjunção

Art. 1.272. As coisas pertencentes a diversos donos, confundidas, misturadas ou adjuntadas sem o consentimento deles, continuam a pertencer-lhes, sendo possível separá-las sem deterioração.

§ 1º Não sendo possível a separação das coisas, ou exigindo dispêndio excessivo, subsiste indiviso o todo, cabendo a cada um dos donos quinhão proporcional ao valor da coisa com que entrou para a mistura ou agregado.

§ 2º Se uma das coisas puder considerar-se principal, o dono sê-lo-á do todo, indenizando os outros.

Art. 1.273. Se a confusão, comissão ou adjunção se operou de má-fé, à outra parte caberá escolher entre adquirir a propriedade do todo, pagando o que não for seu, abatida a indenização que lhe for devida, ou renunciar ao que lhe pertencer, caso em que será indenizado.

Art. 1.274. Se da união de matérias de natureza diversa se formar espécie nova, à confusão, comissão ou adjunção aplicam-se as normas dos arts. 1.272 e 1.273.

CAPÍTULO IV
Da Perda da Propriedade

Art. 1.275. Além das causas consideradas neste Código, perde-se a propriedade:

I. por alienação;
II. pela renúncia;
III. por abandono;
IV. por perecimento da coisa;
V. por desapropriação.

Parágrafo único. Nos casos dos incisos I e II, os efeitos da perda da propriedade imóvel serão subordinados ao registro do título transmissivo ou do ato renunciativo no Registro de Imóveis.

Art. 1.276. O imóvel urbano que o proprietário abandonar, com a intenção de não mais o conservar em seu patrimônio, e que se não encontrar na posse de outrem, poderá ser arrecadado, como bem vago, e passar, três anos depois, à propriedade do Município ou à do Distrito Federal, se se achar nas respectivas circunscrições.

§ 1º O imóvel situado na zona rural, abandonado nas mesmas circunstâncias, poderá ser arrecadado, como bem vago, e passar, três anos depois, à propriedade da União, onde quer que ele se localize.

§ 2º Presumir-se-á de modo absoluto a intenção a que se refere este artigo, quando, cessados os atos de posse, deixar o proprietário de satisfazer os ônus fiscais.

CAPÍTULO V
Dos Direitos de Vizinhança

SEÇÃO I
Do Uso Anormal da Propriedade

Art. 1.277. O proprietário ou o possuidor de um prédio tem o direito de fazer cessar as interferências prejudiciais à segurança, ao sossego e à saúde dos que o habitam, provocadas pela utilização de propriedade vizinha.

Parágrafo único. Proíbem-se as interferências considerando-se a natureza da utilização, a localização do prédio, atendidas as normas que distribuem as edificações em zonas, e os limites ordinários de tolerância dos moradores da vizinhança.

Art. 1.278. O direito a que se refere o artigo antecedente não prevalece quando as interferências forem justificadas por interesse público, caso em que o proprietário ou o possuidor, causador delas, pagará ao vizinho indenização cabal.

Art. 1.279. Ainda que por decisão judicial devam ser toleradas as interferências, poderá o vizinho exigir a sua redução, ou eliminação, quando estas se tornarem possíveis.

Art. 1.280. O proprietário ou o possuidor tem direito a exigir do dono do prédio vizinho a demolição, ou a reparação deste, quando ameace ruína, bem como que lhe preste caução pelo dano iminente.

Art. 1.281. O proprietário ou o possuidor de um prédio, em que alguém tenha direito de fazer obras, pode, no caso de dano iminente, exigir do autor delas as necessárias garantias contra o prejuízo eventual.

SEÇÃO II
Das Árvores Limítrofes

Art. 1.282. A árvore, cujo tronco estiver na linha divisória, presume-se pertencer em comum aos donos dos prédios confinantes.

Art. 1.283. As raízes e os ramos de árvore, que ultrapassarem a estrema do prédio, poderão ser cortados, até o plano vertical divisório, pelo proprietário do terreno invadido.

Art. 1.284. Os frutos caídos de árvore do terreno vizinho pertencem ao dono do solo onde caíram, se este for de propriedade particular.

SEÇÃO III
Da Passagem Forçada

Art. 1.285. O dono do prédio que não tiver acesso a via pública, nascente ou porto, pode, mediante pagamento de indenização cabal, constranger o vizinho a lhe dar passagem, cujo rumo será judicialmente fixado, se necessário.

§ 1º Sofrerá o constrangimento o vizinho cujo imóvel mais natural e facilmente se prestar à passagem.

§ 2º Se ocorrer alienação parcial do prédio, de modo que uma das partes perca o acesso a via pública, nascente ou porto, o proprietário da outra deve tolerar a passagem.

§ 3º Aplica-se o disposto no parágrafo antecedente ainda quando, antes da alienação, existia passagem através de imóvel vizinho, não estando o proprietário deste constrangido, depois, a dar uma outra.

SEÇÃO IV
Da Passagem de Cabos e Tubulações

Art. 1.286. Mediante recebimento de indenização que atenda, também, à desvalorização da área remanescente, o proprietário é obrigado a tolerar a passagem, através de seu imóvel, de cabos, tubulações e outros condutos subterrâneos de serviços de utilidade pública, em proveito de proprietários vizinhos, quando de outro modo for impossível ou excessivamente onerosa.

Parágrafo único. O proprietário prejudicado pode exigir que a instalação seja feita de modo menos gravoso ao prédio onerado, bem como, depois, seja removida, à sua custa, para outro local do imóvel.

Art. 1.287. Se as instalações oferecerem grave risco, será facultado ao proprietário do prédio onerado exigir a realização de obras de segurança.

SEÇÃO V
Das Águas

Art. 1.288. O dono ou o possuidor do prédio inferior é obrigado a receber as águas que correm naturalmente do superior, não podendo realizar obras que embaracem o seu fluxo; porém a condição natural e anterior do prédio inferior não pode ser agravada por obras feitas pelo dono ou possuidor do prédio superior.

Art. 1.289. Quando as águas, artificialmente levadas ao prédio superior, ou aí colhidas, correrem dele para o inferior, poderá o dono deste reclamar que se desviem, ou se lhe indenize o prejuízo que sofrer.

Parágrafo único. Da indenização será deduzido o valor do benefício obtido.

Art. 1.290. O proprietário de nascente, ou do solo onde caem águas pluviais, satisfeitas as necessidades de seu consumo, não pode impedir, ou desviar o curso natural das águas remanescentes pelos prédios inferiores.

Art. 1.291. O possuidor do imóvel superior não poderá poluir as águas indispensáveis às primeiras necessidades da vida dos possuidores dos imóveis inferiores; as demais, que poluir, deverá recuperar, ressarcindo os danos que estes sofrerem, se não for possível a recuperação ou o desvio do curso artificial das águas.

Art. 1.292. O proprietário tem direito de construir barragens, açudes, ou outras obras para represamento de água em seu prédio; se as águas represadas invadirem prédio alheio, será o seu proprietário indenizado pelo dano sofrido, deduzido o valor do benefício obtido.

Art. 1.293. É permitido a quem quer que seja, mediante prévia indenização aos proprietários prejudicados, construir canais, através de prédios alheios, para receber as águas a que tenha direito, indispensáveis às primeiras necessidades da vida, e, desde que não cause prejuízo considerável à agricultura e à indústria, bem como para o escoamento de águas supérfluas ou acumuladas, ou a drenagem de terrenos.

§ 1º Ao proprietário prejudicado, em tal caso, também assiste direito a ressarcimento pelos danos que de futuro lhe advenham da infiltração ou irrupção das águas, bem como da deterioração das obras destinadas a canalizá-las.

§ 2º O proprietário prejudicado poderá exigir que seja subterrânea a canalização que atravessa áreas edificadas, pátios, hortas, jardins ou quintais.

§ 3º O aqueduto será construído de maneira que cause o menor prejuízo aos proprietários dos imóveis vizinhos, e a expensas do seu dono, a quem incumbem também as despesas de conservação.

Art. 1.294. Aplica-se ao direito de aqueduto o disposto nos arts. 1.286 e 1.287.

Art. 1.295. O aqueduto não impedirá que os proprietários cerquem os imóveis e construam sobre ele, sem prejuízo para a sua segurança e conservação; os proprietários dos imóveis poderão usar das águas do aqueduto para as primeiras necessidades da vida.

Art. 1.296. Havendo no aqueduto águas supérfluas, outros poderão canalizá-las, para os fins previstos no art. 1.293, mediante pagamento de indenização aos proprietários prejudicados e ao dono do aqueduto, de importância equivalente às despesas que então seriam necessárias para a condução das águas até o ponto de derivação.

Parágrafo único. Têm preferência os proprietários dos imóveis atravessados pelo aqueduto.

SEÇÃO VI
Dos Limites entre Prédios e do Direito de Tapagem

Art. 1.297. O proprietário tem direito a cercar, murar, valar ou tapar de qualquer modo o seu prédio, urbano ou rural, e pode constranger o seu confinante a proceder com ele à demarcação entre os dois prédios, a aviventar rumos apagados e a renovar marcos destruídos ou arruinados, repartindo-se proporcionalmente entre os interessados as respectivas despesas.

§ 1º Os intervalos, muros, cercas e os tapumes divisórios, tais como sebes vivas, cercas de arame ou de madeira, valas ou banquetas, presumem-se, até prova em contrário, pertencer a ambos os proprietários confinantes, sendo estes obrigados, de conformidade com os costumes da localidade, a concorrer, em partes iguais, para as despesas de sua construção e conservação.

§ 2º As sebes vivas, as árvores, ou plantas quaisquer, que servem de marco divisório, só podem ser cortadas, ou arrancadas, de comum acordo entre proprietários.

§ 3º A construção de tapumes especiais para impedir a passagem de animais de pequeno porte, ou para outro fim, pode ser exigida de quem provocou a necessidade deles, pelo proprietário, que não está obrigado a concorrer para as despesas.

Art. 1.298. Sendo confusos, os limites, em falta de outro meio, se determinarão de conformidade com a posse justa; e, não se achando ela provada, o terreno contestado se dividirá por partes iguais entre os prédios, ou, não sendo possível a divisão cômoda, se adjudicará a um deles, mediante indenização ao outro.

SEÇÃO VII
Do Direito de Construir

Art. 1.299. O proprietário pode levantar em seu terreno as construções que lhe aprouver, salvo o direito dos vizinhos e os regulamentos administrativos.

Art. 1.300. O proprietário construirá de maneira que o seu prédio não despeje águas, diretamente, sobre o prédio vizinho.

Art. 1.301. É defeso abrir janelas, ou fazer eirado, terraço ou varanda, a menos de metro e meio do terreno vizinho.

§ 1º As janelas cuja visão não incida sobre a linha divisória, bem como as perpendiculares, não poderão ser abertas a menos de setenta e cinco centímetros.

§ 2º As disposições deste artigo não abrangem as aberturas para luz ou ventilação, não maiores de dez centímetros de largura sobre vinte de comprimento e construídas a mais de dois metros de altura de cada piso.

Art. 1.302. O proprietário pode, no lapso de ano e dia após a conclusão da obra, exigir que se desfaça janela, sacada, terraço ou goteira sobre o seu prédio; escoado o prazo, não poderá, por sua vez, edificar sem atender ao disposto no artigo antecedente, nem impedir, ou dificultar, o escoamento das águas da goteira, com prejuízo para o prédio vizinho.

Parágrafo único. Em se tratando de vãos, ou aberturas para luz, seja qual for a quantidade, altura e disposição, o vizinho poderá, a todo tempo, levantar a sua edificação, ou contramuro, ainda que lhes vede a claridade.

Art. 1.303. Na zona rural, não será permitido levantar edificações a menos de três metros do terreno vizinho.

Art. 1.304. Nas cidades, vilas e povoados cuja edificação estiver adstrita a alinhamento, o dono de um terreno pode nele edificar, madeirando na parede divisória do prédio contíguo, se ela suportar a nova construção; mas terá de embolsar ao vizinho metade do valor da parede e do chão correspondentes.

Art. 1.305. O confinante, que primeiro construir, pode assentar a parede divisória até meia espessura no terreno contíguo, sem perder por isso o direito a haver meio valor dela se o vizinho a travejar, caso em que o primeiro fixará a largura e a profundidade do alicerce.

Parágrafo único. Se a parede divisória pertencer a um dos vizinhos, e não tiver capacidade para ser travejada pelo outro, não poderá este fazer-lhe alicerce ao pé sem prestar caução àquele, pelo risco a que expõe a construção anterior.

Art. 1.306. O condômino da parede-meia pode utilizá-la até ao meio da espessura, não pondo em risco a segurança ou a separação dos dois prédios, e avisando previamente o outro condômino das obras que ali tenciona fazer; não pode sem consentimento do outro, fazer, na parede-meia, armários, ou obras semelhantes, correspondendo a outras, da mesma natureza, já feitas do lado oposto.

Art. 1.307. Qualquer dos confinantes pode altear a parede divisória, se necessário reconstruindo-a, para suportar o alteamento; arcará com todas as despesas, inclusive de conservação, ou com metade, se o vizinho adquirir meação também na parte aumentada.

Art. 1.308. Não é lícito encostar à parede divisória chaminés, fogões, fornos ou quaisquer aparelhos ou depósitos suscetíveis de produzir infiltrações ou interferências prejudiciais ao vizinho.

Parágrafo único. A disposição anterior não abrange as chaminés ordinárias e os fogões de cozinha.

Art. 1.309. São proibidas construções capazes de poluir, ou inutilizar, para uso ordinário, a água do poço, ou nascente alheia, a elas preexistentes.

Art. 1.310. Não é permitido fazer escavações ou quaisquer obras que tirem ao poço ou à nascente de outrem a água indispensável às suas necessidades normais.

Art. 1.311. Não é permitida a execução de qualquer obra ou serviço suscetível de provocar desmoronamento ou deslocação de terra, ou que comprometa a segurança do prédio vizinho, senão após haverem sido feitas as obras acautelatórias.

Parágrafo único. O proprietário do prédio vizinho tem direito a ressarcimento pelos prejuízos que sofrer, não obstante haverem sido realizadas as obras acautelatórias.

Art. 1.312. Todo aquele que violar as proibições estabelecidas nesta SEÇÃO é obrigado a demolir as construções feitas, respondendo por perdas e danos.

Art. 1.313. O proprietário ou ocupante do imóvel é obrigado a tolerar que o vizinho entre no prédio, mediante prévio aviso, para:

I. dele temporariamente usar, quando indispensável à reparação, construção, reconstrução ou limpeza de sua casa ou do muro divisório;

II. apoderar-se de coisas suas, inclusive animais que aí se encontrem casualmente.

§ 1º O disposto neste artigo aplica-se aos casos de limpeza ou reparação de esgotos, goteiras, aparelhos higiênicos, poços e nascentes e ao aparo de cerca viva.

§ 2º Na hipótese do inciso II, uma vez entregues as coisas buscadas pelo vizinho, poderá ser impedida a sua entrada no imóvel.

§ 3º Se do exercício do direito assegurado neste artigo provier dano, terá o prejudicado direito a ressarcimento.

CAPÍTULO VI
Do Condomínio Geral

SEÇÃO I
Do Condomínio Voluntário

Subseção I
Dos Direitos e Deveres dos Condôminos

Art. 1.314. Cada condômino pode usar da coisa conforme sua destinação, sobre ela exercer todos os direitos compatíveis com a indivisão, reivindicá-la de terceiro, defender a sua posse e alhear a respectiva parte ideal, ou gravá-la.

Parágrafo único. Nenhum dos condôminos pode alterar a destinação da coisa comum, nem dar posse, uso ou gozo dela a estranhos, sem o consenso dos outros.

Art. 1.315. O condômino é obrigado, na proporção de sua parte, a concorrer para as despesas de conservação ou divisão da coisa, e a suportar os ônus a que estiver sujeita.

Parágrafo único. Presumem-se iguais as partes ideais dos condôminos.

Art. 1.316. Pode o condômino eximir-se do pagamento das despesas e dívidas, renunciando à parte ideal.

§ 1º Se os demais condôminos assumem as despesas e as dívidas, a renúncia lhes aproveita, adquirindo a parte ideal de quem renunciou, na proporção dos pagamentos que fizerem.

§ 2º Se não há condômino que faça os pagamentos, a coisa comum será dividida.

Art. 1.317. Quando a dívida houver sido contraída por todos os condôminos, sem se discriminar a parte de cada um na obrigação, nem se estipular solidariedade, entende-se que cada qual se obrigou proporcionalmente ao seu quinhão na coisa comum.

Art. 1.318. As dívidas contraídas por um dos condôminos em proveito da comunhão, e durante ela, obrigam o contratante; mas terá este ação regressiva contra os demais.

Art. 1.319. Cada condômino responde aos outros pelos frutos que percebeu da coisa e pelo dano que lhe causou.

Art. 1.320. A todo tempo será lícito ao condômino exigir a divisão da coisa comum, respondendo o quinhão de cada um pela sua parte nas despesas da divisão.

§ 1º Podem os condôminos acordar que fique indivisa a coisa comum por prazo não maior de cinco anos, suscetível de prorrogação ulterior.

§ 2º Não poderá exceder de cinco anos a indivisão estabelecida pelo doador ou pelo testador.

§ 3º A requerimento de qualquer interessado e se graves razões o aconselharem, pode o juiz determinar a divisão da coisa comum antes do prazo.

Art. 1.321. Aplicam-se à divisão do condomínio, no que couber, as regras de partilha de herança (arts. 2.013 a 2.022).

Art. 1.322. Quando a coisa for indivisível, e os consortes não quiserem adjudicá-la a um só, indenizando os outros, será vendida e repartido o apurado, preferindo-se, na venda, em condições iguais de oferta, o condômino ao estranho, e entre os condôminos aquele que tiver na coisa benfeitorias mais valiosas, e, não as havendo, o de quinhão maior.

Parágrafo único. Se nenhum dos condôminos tem benfeitorias na coisa comum e participam todos do condomínio em partes iguais, realizar-se-á licitação entre estranhos e, antes de adjudicada a coisa àquele que ofereceu maior lanço, proceder-se-á à licitação entre os condôminos, a fim de que a coisa seja adjudicada a quem afinal oferecer melhor lanço, preferindo, em condições iguais, o condômino ao estranho.

Subseção II
Da Administração do Condomínio

Art. 1.323. Deliberando a maioria sobre a administração da coisa comum, escolherá o administrador, que poderá ser estranho ao condomínio; resolvendo alugá-la, preferir-se-á, em condições iguais, o condômino ao que não o é.

Art. 1.324. O condômino que administrar sem oposição dos outros presume-se representante comum.

Art. 1.325. A maioria será calculada pelo valor dos quinhões.

§ 1º As deliberações serão obrigatórias, sendo tomadas por maioria absoluta.

§ 2º Não sendo possível alcançar maioria absoluta, decidirá o juiz, a requerimento de qualquer condômino, ouvidos os outros.

§ 3º Havendo dúvida quanto ao valor do quinhão, será este avaliado judicialmente.

Art. 1.326. Os frutos da coisa comum, não havendo em contrário estipulação ou disposição de última vontade, serão partilhados na proporção dos quinhões.

SEÇÃO II
Do Condomínio Necessário

Art. 1.327. O condomínio por meação de paredes, cercas, muros e valas regula-se pelo disposto neste Código (arts. 1.297 e 1.298; 1.304 a 1.307).

Art. 1.328. O proprietário que tiver direito a estremar um imóvel com paredes, cercas, muros, valas ou valados, tê-lo-á igualmente a adquirir meação na parede, muro, valado ou cerca do vizinho, embolsando-lhe metade do que atualmente valer a obra e o terreno por ela ocupado (art. 1.297).

Art. 1.329. Não convindo os dois no preço da obra, será este arbitrado por peritos, a expensas de ambos os confinantes.

Art. 1.330. Qualquer que seja o valor da meação, enquanto aquele que pretender a divisão não o pagar ou depositar, nenhum uso poderá fazer na parede, muro, vala, cerca ou qualquer outra obra divisória.

CAPÍTULO VII
Do Condomínio Edilício

SEÇÃO I
Disposições Gerais

Art. 1.331. Pode haver, em edificações, partes que são propriedade exclusiva, e partes que são propriedade comum dos condôminos.

§ 1º As partes suscetíveis de utilização independente, tais como apartamentos, escritórios, salas, lojas e sobrelojas, com as respectivas frações ideais no solo e nas outras partes comuns, sujeitam-se a propriedade exclusiva, podendo ser alienadas e gravadas livremente por seus proprietários, exceto os abrigos para veículos, que não poderão ser alienados ou alugados a pessoas estranhas ao condomínio, salvo autorização expressa na convenção de condomínio.

§ 2º O solo, a estrutura do prédio, o telhado, a rede geral de distribuição de água, esgoto, gás e eletricidade, a calefação e refrigeração centrais, e as demais partes comuns, inclusive o acesso ao logradouro público, são utilizados em comum pelos condôminos, não podendo ser alienados separadamente, ou divididos.

§ 3º A cada unidade imobiliária caberá, como parte inseparável, uma fração ideal no solo e nas outras partes comuns, que será identificada em forma decimal ou ordinária no instrumento de instituição do condomínio.

§ 4º Nenhuma unidade imobiliária pode ser privada do acesso ao logradouro público.

§ 5º O terraço de cobertura é parte comum, salvo disposição contrária da escritura de constituição do condomínio.

Art. 1.332. Institui-se o condomínio edilício por ato entre vivos ou testamento, registrado no Cartório de Registro de Imóveis, devendo constar daquele ato, além do disposto em lei especial:

I. a discriminação e individualização das unidades de propriedade exclusiva, estremadas uma das outras e das partes comuns;

II. a determinação da fração ideal atribuída a cada unidade, relativamente ao terreno e partes comuns;

III. o fim a que as unidades se destinam.

Art. 1.333. A convenção que constitui o condomínio edilício deve ser subscrita pelos titulares de, no mínimo, dois terços das frações ideais e torna-se, desde logo, obrigatória para os titulares de direito sobre as unidades, ou para quantos sobre elas tenham posse ou detenção.

Parágrafo único. Para ser oponível contra terceiros, a convenção do condomínio deverá ser registrada no Cartório de Registro de Imóveis.

Art. 1.334. Além das cláusulas referidas no art. 1.332 e das que os interessados houverem por bem estipular, a convenção determinará:

I. a quota proporcional e o modo de pagamento das contribuições dos condôminos para atender às despesas ordinárias e extraordinárias do condomínio;

II. sua forma de administração;

III. a competência das assembleias, forma de sua convocação e quorum exigido para as deliberações;

IV. as sanções a que estão sujeitos os condôminos, ou possuidores;

V. o regimento interno.

§ 1º A convenção poderá ser feita por escritura pública ou por instrumento particular.

§ 2º São equiparados aos proprietários, para os fins deste artigo, salvo disposição em contrário, os promitentes compradores e os cessionários de direitos relativos às unidades autônomas.

Art. 1.335. São direitos do condômino:

I. usar, fruir e livremente dispor das suas unidades;

II. usar das partes comuns, conforme a sua destinação, e contanto que não exclua a utilização dos demais compossuidores;

III. votar nas deliberações da assembleia e delas participar, estando quite.

Art. 1.336. São deveres do condômino:

I. contribuir para as despesas do condomínio na proporção das suas frações ideais, salvo disposição em contrário na convenção;

II. não realizar obras que comprometam a segurança da edificação;

III. não alterar a forma e a cor da fachada, das partes e esquadrias externas;

IV. dar às suas partes a mesma destinação que tem a edificação, e não as utilizar de maneira prejudicial ao sossego, salubridade e segurança dos possuidores, ou aos bons costumes.

§ 1º O condômino que não pagar a sua contribuição ficará sujeito aos juros moratórios convencionados ou, não sendo previstos, os de um por cento ao mês e multa de até dois por cento sobre o débito.

§ 2º O condômino, que não cumprir qualquer dos deveres estabelecidos nos incisos II a IV, pagará a multa prevista no ato constitutivo ou na convenção, não podendo ela ser superior a cinco vezes o valor de suas contribuições mensais, independentemente das perdas e danos que se apurarem; não havendo disposição expressa, caberá à Assembleia Geral, por dois terços no mínimo dos condôminos restantes, deliberar sobre a cobrança da multa.

Art. 1337. O condômino, ou possuidor, que não cumpre reiteradamente com os seus deveres perante o condomínio poderá, por deliberação de três quartos dos condôminos restantes, ser constrangido a pagar multa correspondente até ao quíntuplo do valor atribuído à contribuição para as despesas condominiais, conforme a gravidade das faltas e a reiteração, independentemente das perdas e danos que se apurem.

Parágrafo único. O condômino ou possuidor que, por seu reiterado comportamento antissocial, gerar incompatibilidade de convivência com os demais condôminos ou possuidores, poderá ser constrangido a pagar multa correspondente ao décuplo do valor atribuído à contribuição para as despesas condominiais, até ulterior deliberação da assembleia.

Art. 1.338. Resolvendo o condômino alugar área no abrigo para veículos, preferir-se-á, em condições iguais, qualquer dos condôminos a estranhos, e, entre todos, os possuidores.

Art. 1.339. Os direitos de cada condômino às partes comuns são inseparáveis de sua propriedade exclusiva; são também inseparáveis das frações ideais correspondentes as unidades imobiliárias, com as suas partes acessórias.

§ 1º Nos casos deste artigo é proibido alienar ou gravar os bens em separado.

§ 2º É permitido ao condômino alienar parte acessória de sua unidade imobiliária a outro condômino, só podendo fazê-lo a terceiro se essa faculdade constar do ato constitutivo do condomínio, e se a ela não se opuser a respectiva Assembleia Geral.

Art. 1.340. As despesas relativas a partes comuns de uso exclusivo de um condômino, ou de alguns deles, incumbem a quem delas se serve.

Art. 1.341. A realização de obras no condomínio depende:

I. se voluptuárias, de voto de dois terços dos condôminos;

II. se úteis, de voto da maioria dos condôminos.

§ 1º As obras ou reparações necessárias podem ser realizadas, independentemente de autorização, pelo síndico, ou, em caso de omissão ou impedimento deste, por qualquer condômino.

§ 2º Se as obras ou reparos necessários forem urgentes e importarem em despesas excessivas, determinada sua realização, o síndico ou o condômino que tomou a iniciativa delas dará ciência à assembleia, que deverá ser convocada imediatamente.

§ 3º Não sendo urgentes, as obras ou reparos necessários, que importarem em despesas excessivas, somente poderão ser efetuadas após autorização da assembleia, especialmente convocada pelo síndico, ou, em caso de omissão ou impedimento deste, por qualquer dos condôminos.

§ 4º O condômino que realizar obras ou reparos necessários será reembolsado das despesas que efetuar, não tendo direito à restituição das que fizer com obras ou reparos de outra natureza, embora de interesse comum.

Art. 1.342. A realização de obras, em partes comuns, em acréscimo às já existentes, a fim de lhes facilitar ou aumentar a utilização, depende da aprovação de dois terços dos votos dos condôminos, não sendo permitidas construções, nas partes comuns, suscetíveis de prejudicar a utilização, por qualquer dos condôminos, das partes próprias, ou comuns.

Art. 1.343. A construção de outro pavimento, ou, no solo comum, de outro edifício, destinado a conter novas unidades imobiliárias, depende da aprovação da unanimidade dos condôminos.

Art. 1.344. Ao proprietário do terraço de cobertura incumbem as despesas da sua conservação, de modo que não haja danos às unidades imobiliárias inferiores.

Art. 1.345. O adquirente de unidade responde pelos débitos do alienante, em relação ao condomínio, inclusive multas e juros moratórios.

Art. 1.346. É obrigatório o seguro de toda a edificação contra o risco de incêndio ou destruição, total ou parcial.

SEÇÃO II
Da Administração do Condomínio

Art. 1.347. A assembleia escolherá um síndico, que poderá não ser condômino, para administrar o condomínio, por prazo não superior a dois anos, o qual poderá renovar-se.

Art. 1.348. Compete ao síndico:

I. convocar a assembleia dos condôminos;

II. representar, ativa e passivamente, o condomínio, praticando, em juízo ou fora dele, os atos necessários à defesa dos interesses comuns;

III. dar imediato conhecimento à assembleia da existência de procedimento judicial ou administrativo, de interesse do condomínio;

IV. cumprir e fazer cumprir a convenção, o regimento interno e as determinações da assembleia;

V. diligenciar a conservação e a guarda das partes comuns e zelar pela prestação dos serviços que interessem aos possuidores;

VI. elaborar o orçamento da receita e da despesa relativa a cada ano;

VII. cobrar dos condôminos as suas contribuições, bem como impor e cobrar as multas devidas;

VIII. prestar contas à assembleia, anualmente e quando exigidas;

IX. realizar o seguro da edificação.

§ 1º Poderá a assembleia investir outra pessoa, em lugar do síndico, em poderes de representação.

§ 2º O síndico pode transferir a outrem, total ou parcialmente, os poderes de representação ou as funções administrativas, mediante aprovação da assembleia, salvo disposição em contrário da convenção.

Art. 1.349. A assembleia, especialmente convocada para o fim estabelecido no § 2 o do artigo antecedente, poderá, pelo voto da maioria absoluta de seus membros, destituir o síndico que praticar irregularidades, não prestar contas, ou não administrar convenientemente o condomínio.

Art. 1.350. Convocará o síndico, anualmente, reunião da assembleia dos condôminos, na forma prevista na convenção, a fim de aprovar o orçamento das despesas, as contribuições dos condôminos e a prestação de contas, e eventualmente eleger-lhe o substituto e alterar o regimento interno.

§ 1º Se o síndico não convocar a assembleia, um quarto dos condôminos poderá fazê-lo.

§ 2º Se a assembleia não se reunir, o juiz decidirá, a requerimento de qualquer condômino.

Art. 1.351. Depende da aprovação de 2/3 (dois terços) dos votos dos condôminos a alteração da convenção; a mudança da destinação do edifício, ou da unidade imobiliária, depende da aprovação pela unanimidade dos condôminos.

Art. 1.352. Salvo quando exigido quorum especial, as deliberações da assembleia serão tomadas, em primeira convocação, por maioria de votos dos condôminos presentes que representem pelo menos metade das frações ideais.

Parágrafo único. Os votos serão proporcionais às frações ideais no solo e nas outras partes comuns pertencentes a cada condômino, salvo disposição diversa da convenção de constituição do condomínio.

Art. 1.353. Em segunda convocação, a assembleia poderá deliberar por maioria dos votos dos presentes, salvo quando exigido quorum especial.

Art. 1.354. A assembleia não poderá deliberar se todos os condôminos não forem convocados para a reunião.

Art. 1.355. Assembleias extraordinárias poderão ser convocadas pelo síndico ou por um quarto dos condôminos.

Art. 1.356. Poderá haver no condomínio um conselho fiscal, composto de três membros, eleitos pela assembleia, por prazo não superior a dois anos, ao qual compete dar parecer sobre as contas do síndico.

SEÇÃO III
Da Extinção do Condomínio

Art. 1.357. Se a edificação for total ou consideravelmente destruída, ou ameace ruína, os condôminos deliberarão em assembleia sobre a reconstrução, ou venda, por votos que representem metade mais uma das frações ideais.
§ 1º Deliberada a reconstrução, poderá o condômino eximir-se do pagamento das despesas respectivas, alienando os seus direitos a outros condôminos, mediante avaliação judicial.
§ 2º Realizada a venda, em que se preferirá, em condições iguais de oferta, o condômino ao estranho, será repartido o apurado entre os condôminos, proporcionalmente ao valor das suas unidades imobiliárias.
Art. 1.358. Se ocorrer desapropriação, a indenização será repartida na proporção a que se refere o § 2º do artigo antecedente.

SEÇÃO IV
Do Condomínio de Lotes

Art. 1.358-A. Pode haver, em terrenos, partes designadas de lotes que são propriedade exclusiva e partes que são propriedade comum dos condôminos.
§ 1º A fração ideal de cada condômino poderá ser proporcional à área do solo de cada unidade autônoma, ao respectivo potencial construtivo ou a outros critérios indicados no ato de instituição.
§ 2º Aplica-se, no que couber, ao condomínio de lotes o disposto sobre condomínio edilício neste Capítulo, respeitada a legislação urbanística.
§ 3º Para fins de incorporação imobiliária, a implantação de toda a infraestrutura ficará a cargo do empreendedor.

CAPÍTULO VII-A
Do Condomínio Em Multipropriedade

SEÇÃO I

Disposições Gerais

Art. 1.358-B. A multipropriedade reger-se-á pelo disposto neste Capítulo e, de forma supletiva e subsidiária, pelas demais disposições deste Código e pelas disposições das Leis nºs 4.591, de 16 de dezembro de 1964, e 8.078, de 11 de setembro de 1990 (Código de Defesa do Consumidor).
Art. 1.358-C. Multipropriedade é o regime de condomínio em que cada um dos proprietários de um mesmo imóvel é titular de uma fração de tempo, à qual corresponde a faculdade de uso e gozo, com exclusividade, da totalidade do imóvel, a ser exercida pelos proprietários de forma alternada.
Parágrafo único. A multipropriedade não se extinguirá automaticamente se todas as frações de tempo forem do mesmo multiproprietário.
Art. 1.358-D. O imóvel objeto da multipropriedade:
I. é indivisível, não se sujeitando a ação de divisão ou de extinção de condomínio;
II. inclui as instalações, os equipamentos e o mobiliário destinados a seu uso e gozo.
Art. 1.358-E. Cada fração de tempo é indivisível.
§ 1º O período correspondente a cada fração de tempo será de, no mínimo, 7 (sete) dias, seguidos ou intercalados, e poderá ser:
I. fixo e determinado, no mesmo período de cada ano;
II. flutuante, caso em que a determinação do período será realizada de forma periódica, mediante procedimento objetivo que respeite, em relação a todos os multiproprietários, o princípio da isonomia, devendo ser previamente divulgado; ou
III. misto, combinando os sistemas fixo e flutuante.
§ 2º Todos os multiproprietários terão direito a uma mesma quantidade mínima de dias seguidos durante o ano, podendo haver a aquisição de frações maiores que a mínima, com o correspondente direito ao uso por períodos também maiores.

SEÇÃO II
Da Instituição da Multipropriedade

Art. 1.358-F. Institui-se a multipropriedade por ato entre vivos ou testamento, registrado no competente cartório de registro de imóveis, devendo constar daquele ato a duração dos períodos correspondentes a cada fração de tempo.
Art. 1.358-G. Além das cláusulas que os multiproprietários decidirem estipular, a convenção de condomínio em multipropriedade determinará:
I. os poderes e deveres dos multiproprietários, especialmente em matéria de instalações, equipamentos

e mobiliário do imóvel, de manutenção ordinária e extraordinária, de conservação e limpeza e de pagamento da contribuição condominial;

II. o número máximo de pessoas que podem ocupar simultaneamente o imóvel no período correspondente a cada fração de tempo;

III. as regras de acesso do administrador condominial ao imóvel para cumprimento do dever de manutenção, conservação e limpeza;

IV. a criação de fundo de reserva para reposição e manutenção dos equipamentos, instalações e mobiliário;

V. o regime aplicável em caso de perda ou destruição parcial ou total do imóvel, inclusive para efeitos de participação no risco ou no valor do seguro, da indenização ou da parte restante;

VI. as multas aplicáveis ao multiproprietário nas hipóteses de descumprimento de deveres.

Art. 1.358-H. O instrumento de instituição da multipropriedade ou a convenção de condomínio em multipropriedade poderá estabelecer o limite máximo de frações de tempo no mesmo imóvel que poderão ser detidas pela mesma pessoa natural ou jurídica.

Parágrafo único. Em caso de instituição da multipropriedade para posterior venda das frações de tempo a terceiros, o atendimento a eventual limite de frações de tempo por titular estabelecido no instrumento de instituição será obrigatório somente após a venda das frações.

SEÇÃO III
Dos Direitos e das Obrigações do Multiproprietário

Art. 1.358-I. São direitos do multiproprietário, além daqueles previstos no instrumento de instituição e na convenção de condomínio em multipropriedade:

I. usar e gozar, durante o período correspondente à sua fração de tempo, do imóvel e de suas instalações, equipamentos e mobiliário;

II. ceder a fração de tempo em locação ou comodato;

III. alienar a fração de tempo, por ato entre vivos ou por causa de morte, a título oneroso ou gratuito, ou onerá-la, devendo a alienação e a qualificação do sucessor, ou a oneração, ser informadas ao administrador;

IV. participar e votar, pessoalmente ou por intermédio de representante ou procurador, desde que esteja quite com as obrigações condominiais, em:

a) Assembleia Geral do condomínio em multipropriedade, e o voto do multiproprietário corresponderá à quota de sua fração de tempo no imóvel;

b) Assembleia Geral do condomínio edilício, quando for o caso, e o voto do multiproprietário corresponderá à quota de sua fração de tempo em relação à quota de poder político atribuído à unidade autônoma na respectiva convenção de condomínio edilício.

Art. 1.358-J. São obrigações do multiproprietário, além daquelas previstas no instrumento de instituição e na convenção de condomínio em multipropriedade:

I. pagar a contribuição condominial do condomínio em multipropriedade e, quando for o caso, do condomínio edilício, ainda que renuncie ao uso e gozo, total ou parcial, do imóvel, das áreas comuns ou das respectivas instalações, equipamentos e mobiliário;

II. responder por danos causados ao imóvel, às instalações, aos equipamentos e ao mobiliário por si, por qualquer de seus acompanhantes, convidados ou prepostos ou por pessoas por ele autorizadas;

III. comunicar imediatamente ao administrador os defeitos, avarias e vícios no imóvel dos quais tiver ciência durante a utilização;

IV. não modificar, alterar ou substituir o mobiliário, os equipamentos e as instalações do imóvel;

V. manter o imóvel em estado de conservação e limpeza condizente com os fins a que se destina e com a natureza da respectiva construção;

VI. usar o imóvel, bem como suas instalações, equipamentos e mobiliário, conforme seu destino e natureza;

VII. usar o imóvel exclusivamente durante o período correspondente à sua fração de tempo;

VIII. desocupar o imóvel, impreterivelmente, até o dia e hora fixados no instrumento de instituição ou na convenção de condomínio em multipropriedade, sob pena de multa diária, conforme convencionado no instrumento pertinente;

IX. permitir a realização de obras ou reparos urgentes.

§ 1º Conforme previsão que deverá constar da respectiva convenção de condomínio em multipropriedade, o multiproprietário estará sujeito a:

I. multa, no caso de descumprimento de qualquer de seus deveres;

II. multa progressiva e perda temporária do direito de utilização do imóvel no período correspondente à sua fração de tempo, no caso de descumprimento reiterado de deveres.

§ 2º A responsabilidade pelas despesas referentes a reparos no imóvel, bem como suas instalações, equipamentos e mobiliário, será:

I. de todos os multiproprietários, quando decorrentes do uso normal e do desgaste natural do imóvel;

II. exclusivamente do multiproprietário responsável pelo uso anormal, sem prejuízo de multa, quando decorrentes de uso anormal do imóvel.

§ 3º (Vetado).
§ 4º (Vetado).
§ 5º (Vetado).

Art. 1.358-K. Para os efeitos do disposto nesta Seção, são equiparados aos multiproprietários os promitentes compradores e os cessionários de direitos relativos a cada fração de tempo.

SEÇÃO IV
Da Transferência da Multipropriedade

Art. 1.358-L. A transferência do direito de multipropriedade e a sua produção de efeitos perante terceiros dar-se-ão na forma da lei civil e não dependerão da anuência ou cientificação dos demais multiproprietários.

§ 1º Não haverá direito de preferência na alienação de fração de tempo, salvo se estabelecido no instrumento de instituição ou na convenção do condomínio em multipropriedade em favor dos demais multiproprietários ou do instituidor do condomínio em multipropriedade.

§ 2º O adquirente será solidariamente responsável com o alienante pelas obrigações de que trata o § 5º do art. 1.358-J deste Código caso não obtenha a declaração de inexistência de débitos referente à fração de tempo no momento de sua aquisição.

SEÇÃO V
Da Administração da Multipropriedade

Art. 1.358-M. A administração do imóvel e de suas instalações, equipamentos e mobiliário será de responsabilidade da pessoa indicada no instrumento de instituição ou na convenção de condomínio em multipropriedade, ou, na falta de indicação, de pessoa escolhida em Assembleia Geral dos condôminos.

§ 1º O administrador exercerá, além daquelas previstas no instrumento de instituição e na convenção de condomínio em multipropriedade, as seguintes atribuições:

I. coordenação da utilização do imóvel pelos multiproprietários durante o período correspondente a suas respectivas frações de tempo;

II. determinação, no caso dos sistemas flutuante ou misto, dos períodos concretos de uso e gozo exclusivos de cada multiproprietário em cada ano;

III. manutenção, conservação e limpeza do imóvel;

IV. troca ou substituição de instalações, equipamentos ou mobiliário, inclusive:

a) determinar a necessidade da troca ou substituição;

b) providenciar os orçamentos necessários para a troca ou substituição;

c) submeter os orçamentos à aprovação pela maioria simples dos condôminos em assembleia;

V. elaboração do orçamento anual, com previsão das receitas e despesas;

VI. cobrança das quotas de custeio de responsabilidade dos multiproprietários;

VII. pagamento, por conta do condomínio edilício ou voluntário, com os fundos comuns arrecadados, de todas as despesas comuns.

§ 2º A convenção de condomínio em multipropriedade poderá regrar de forma diversa a atribuição prevista no inciso IV do § 1º deste artigo.

Art. 1.358-N. O instrumento de instituição poderá prever fração de tempo destinada à realização, no imóvel e em suas instalações, em seus equipamentos e em seu mobiliário, de reparos indispensáveis ao exercício normal do direito de multipropriedade.

§ 1º A fração de tempo de que trata o caput deste artigo poderá ser atribuída:

I. ao instituidor da multipropriedade; ou

II. aos multiproprietários, proporcionalmente às respectivas frações.

§ 2º Em caso de emergência, os reparos de que trata o caput deste artigo poderão ser feitos durante o período correspondente à fração de tempo de um dos multiproprietários.

SEÇÃO VI
Disposições Específicas Relativas às Unidades Autônomas de Condomínios Edilícios

Art. 1.358-O. O condomínio edilício poderá adotar o regime de multipropriedade em parte ou na totalidade de suas unidades autônomas, mediante:

I. previsão no instrumento de instituição; ou
II. deliberação da maioria absoluta dos condôminos.
Parágrafo único. No caso previsto no inciso I do caput deste artigo, a iniciativa e a responsabilidade para a instituição do regime da multipropriedade serão atribuídas às mesmas pessoas e observarão os mesmos requisitos indicados nas alíneas *a, b* e *c* e no § 1º do art. 31 da Lei nº 4.591, de 16 de dezembro de 1964.
Art. 1.358-P. Na hipótese do art. 1.358-O, a convenção de condomínio edilício deve prever, além das matérias elencadas nos arts. 1.332, 1.334 e, se for o caso, 1.358-G deste Código:
I. a identificação das unidades sujeitas ao regime da multipropriedade, no caso de empreendimentos mistos;
II. a indicação da duração das frações de tempo de cada unidade autônoma sujeita ao regime da multipropriedade;
III. a forma de rateio, entre os multiproprietários de uma mesma unidade autônoma, das contribuições condominiais relativas à unidade, que, salvo se disciplinada de forma diversa no instrumento de instituição ou na convenção de condomínio em multipropriedade, será proporcional à fração de tempo de cada multiproprietário;
IV. a especificação das despesas ordinárias, cujo custeio será obrigatório, independentemente do uso e gozo do imóvel e das áreas comuns;
V. os órgãos de administração da multipropriedade;
VI. a indicação, se for o caso, de que o empreendimento conta com sistema de administração de intercâmbio, na forma prevista no § 2º do art. 23 da Lei nº 11.771, de 17 de setembro de 2008, seja do período de fruição da fração de tempo, seja do local de fruição, caso em que a responsabilidade e as obrigações da companhia de intercâmbio limitam-se ao contido na documentação de sua contratação;
VII. a competência para a imposição de sanções e o respectivo procedimento, especialmente nos casos de mora no cumprimento das obrigações de custeio e nos casos de descumprimento da obrigação de desocupar o imóvel até o dia e hora previstos;
VIII. o quórum exigido para a deliberação de adjudicação da fração de tempo na hipótese de inadimplemento do respectivo multiproprietário;
IX. o quórum exigido para a deliberação de alienação, pelo condomínio edilício, da fração de tempo adjudicada em virtude do inadimplemento do respectivo multiproprietário.
Art. 1.358-Q. Na hipótese do art. 1.358-O deste Código, o regimento interno do condomínio edilício deve prever:
I. os direitos dos multiproprietários sobre as partes comuns do condomínio edilício;
II. os direitos e obrigações do administrador, inclusive quanto ao acesso ao imóvel para cumprimento do dever de manutenção, conservação e limpeza;
III. as condições e regras para uso das áreas comuns;
IV. os procedimentos a serem observados para uso e gozo dos imóveis e das instalações, equipamentos e mobiliário destinados ao regime da multipropriedade;
V. o número máximo de pessoas que podem ocupar simultaneamente o imóvel no período correspondente a cada fração de tempo;
VI. as regras de convivência entre os multiproprietários e os ocupantes de unidades autônomas não sujeitas ao regime da multipropriedade, quando se tratar de empreendimentos mistos;
VII. a forma de contribuição, destinação e gestão do fundo de reserva específico para cada imóvel, para reposição e manutenção dos equipamentos, instalações e mobiliário, sem prejuízo do fundo de reserva do condomínio edilício;
VIII. a possibilidade de realização de assembleias não presenciais, inclusive por meio eletrônico;
IX. os mecanismos de participação e representação dos titulares;
X. o funcionamento do sistema de reserva, os meios de confirmação e os requisitos a serem cumpridos pelo multiproprietário quando não exercer diretamente sua faculdade de uso;
XI. a descrição dos serviços adicionais, se existentes, e as regras para seu uso e custeio.
Parágrafo único. O regimento interno poderá ser instituído por escritura pública ou por instrumento particular.
Art. 1.358-R. O condomínio edilício em que tenha sido instituído o regime de multipropriedade em parte ou na totalidade de suas unidades autônomas terá necessariamente um administrador profissional.
§ 1º O prazo de duração do contrato de administração será livremente convencionado.
§ 2º O administrador do condomínio referido no caput deste artigo será também o administrador de todos os condomínios em multipropriedade de suas unidades autônomas.

§ 3º O administrador será mandatário legal de todos os multiproprietários, exclusivamente para a realização dos atos de gestão ordinária da multipropriedade, incluindo manutenção, conservação e limpeza do imóvel e de suas instalações, equipamentos e mobiliário.

§ 4º O administrador poderá modificar o regimento interno quanto aos aspectos estritamente operacionais da gestão da multipropriedade no condomínio edilício.

§ 5º O administrador pode ser ou não um prestador de serviços de hospedagem.

Art. 1.358-S. Na hipótese de inadimplemento, por parte do multiproprietário, da obrigação de custeio das despesas ordinárias ou extraordinárias, é cabível, na forma da lei processual civil, a adjudicação ao condomínio edilício da fração de tempo correspondente.

Parágrafo único. Na hipótese de o imóvel objeto da multipropriedade ser parte integrante de empreendimento em que haja sistema de locação das frações de tempo no qual os titulares possam ou sejam obrigados a locar suas frações de tempo exclusivamente por meio de uma administração única, repartindo entre si as receitas das locações independentemente da efetiva ocupação de cada unidade autônoma, poderá a convenção do condomínio edilício regrar que em caso de inadimplência:

I. o inadimplente fique proibido de utilizar o imóvel até a integral quitação da dívida;

II. a fração de tempo do inadimplente passe a integrar o pool da administradora;

III. a administradora do sistema de locação fique automaticamente munida de poderes e obrigada a, por conta e ordem do inadimplente, utilizar a integralidade dos valores líquidos a que o inadimplente tiver direito para amortizar suas dívidas condominiais, seja do condomínio edilício, seja do condomínio em multipropriedade, até sua integral quitação, devendo eventual saldo ser imediatamente repassado ao multiproprietário.

Art. 1.358-T. O multiproprietário somente poderá renunciar de forma translativa a seu direito de multipropriedade em favor do condomínio edilício.

Parágrafo único. A renúncia de que trata o caput deste artigo só é admitida se o multiproprietário estiver em dia com as contribuições condominiais, com os tributos imobiliários e, se houver, com o foro ou a taxa de ocupação.

Art. 1.358-U. As convenções dos condomínios edilícios, os memoriais de loteamentos e os instrumentos de venda dos lotes em loteamentos urbanos poderão limitar ou impedir a instituição da multipropriedade nos respectivos imóveis, vedação que somente poderá ser alterada no mínimo pela maioria absoluta dos condôminos.

CAPÍTULO VIII
Da Propriedade Resolúvel

Art. 1.359. Resolvida a propriedade pelo implemento da condição ou pelo advento do termo, entendem-se também resolvidos os direitos reais concedidos na sua pendência, e o proprietário, em cujo favor se opera a resolução, pode reivindicar a coisa do poder de quem a possua ou detenha.

Art. 1.360. Se a propriedade se resolver por outra causa superveniente, o possuidor, que a tiver adquirido por título anterior à sua resolução, será considerado proprietário perfeito, restando à pessoa, em cujo benefício houve a resolução, ação contra aquele cuja propriedade se resolveu para haver a própria coisa ou o seu valor.

CAPÍTULO IX
Da Propriedade Fiduciária

Art. 1.361. Considera-se fiduciária a propriedade resolúvel de coisa móvel infungível que o devedor, com escopo de garantia, transfere ao credor.

§ 1º Constitui-se a propriedade fiduciária com o registro do contrato, celebrado por instrumento público ou particular, que lhe serve de título, no Registro de Títulos e Documentos do domicílio do devedor, ou, em se tratando de veículos, na repartição competente para o licenciamento, fazendo-se a anotação no certificado de registro.

§ 2º Com a constituição da propriedade fiduciária, dá-se o desdobramento da posse, tornando-se o devedor possuidor direto da coisa.

§ 3º A propriedade superveniente, adquirida pelo devedor, torna eficaz, desde o arquivamento, a transferência da propriedade fiduciária.

Art. 1.362. O contrato, que serve de título à propriedade fiduciária, conterá:

I. o total da dívida, ou sua estimativa;

II. o prazo, ou a época do pagamento;

III. a taxa de juros, se houver;

IV. a descrição da coisa objeto da transferência, com os elementos indispensáveis à sua identificação.

Art. 1.363. Antes de vencida a dívida, o devedor, a suas expensas e risco, pode usar a coisa segundo sua destinação, sendo obrigado, como depositário:

I. a empregar na guarda da coisa a diligência exigida por sua natureza;

II. a entregá-la ao credor, se a dívida não for paga no vencimento.

Art. 1.364. Vencida a dívida, e não paga, fica o credor obrigado a vender, judicial ou extrajudicialmente, a coisa a terceiros, a aplicar o preço no pagamento de seu crédito e das despesas de cobrança, e a entregar o saldo, se houver, ao devedor.

Art. 1.365. É nula a cláusula que autoriza o proprietário fiduciário a ficar com a coisa alienada em garantia, se a dívida não for paga no vencimento.

Parágrafo único. O devedor pode, com a anuência do credor, dar seu direito eventual à coisa em pagamento da dívida, após o vencimento desta.

Art. 1.366. Quando, vendida a coisa, o produto não bastar para o pagamento da dívida e das despesas de cobrança, continuará o devedor obrigado pelo restante.

Art. 1.367. A propriedade fiduciária em garantia de bens móveis ou imóveis sujeita-se às disposições do Capítulo I do Título X do Livro III da Parte Especial deste Código e, no que for específico, à legislação especial pertinente, não se equiparando, para quaisquer efeitos, à propriedade plena de que trata o art. 1.231.

Art. 1.368. O terceiro, interessado ou não, que pagar a dívida, se sub-rogará de pleno direito no crédito e na propriedade fiduciária.

Art. 1.368-A. As demais espécies de propriedade fiduciária ou de titularidade fiduciária submetem-se à disciplina específica das respectivas leis especiais, somente se aplicando as disposições deste Código naquilo que não for incompatível com a legislação especial.

Art. 1.368-B. A alienação fiduciária em garantia de bem móvel ou imóvel confere direito real de aquisição ao fiduciante, seu cessionário ou sucessor.

Parágrafo único. O credor fiduciário que se tornar proprietário pleno do bem, por efeito de realização da garantia, mediante consolidação da propriedade, adjudicação, dação ou outra forma pela qual lhe tenha sido transmitida a propriedade plena, passa a responder pelo pagamento dos tributos sobre a propriedade e a posse, taxas, despesas condominiais e quaisquer outros encargos, tributários ou não, incidentes sobre o bem objeto da garantia, a partir da data em que vier a ser imitido na posse direta do bem.

CAPÍTULO X
Do Fundo de Investimento

Art. 1.368-C. O fundo de investimento é uma comunhão de recursos, constituído sob a forma de condomínio de natureza especial, destinado à aplicação em ativos financeiros, bens e direitos de qualquer natureza.

§ 1º Não se aplicam ao fundo de investimento as disposições constantes dos arts. 1.314 ao 1.358-A deste Código.

§ 2º Competirá à Comissão de Valores Mobiliários disciplinar o disposto no caput deste artigo.

§ 3º O registro dos regulamentos dos fundos de investimentos na Comissão de Valores Mobiliários é condição suficiente para garantir a sua publicidade e a oponibilidade de efeitos em relação a terceiros.

Art. 1.368-D. O regulamento do fundo de investimento poderá, observado o disposto na regulamentação a que se refere o § 2º do art. 1.368-C desta Lei, estabelecer:

I. a limitação da responsabilidade de cada investidor ao valor de suas cotas;

II. a limitação da responsabilidade, bem como parâmetros de sua aferição, dos prestadores de serviços do fundo de investimento, perante o condomínio e entre si, ao cumprimento dos deveres particulares de cada um, sem solidariedade; e

III. classes de cotas com direitos e obrigações distintos, com possibilidade de constituir patrimônio segregado para cada classe.

§ 1º A adoção da responsabilidade limitada por fundo de investimento constituído sem a limitação de responsabilidade somente abrangerá fatos ocorridos após a respectiva mudança em seu regulamento.

§ 2º A avaliação de responsabilidade dos prestadores de serviço deverá levar sempre em consideração os riscos inerentes às aplicações nos mercados de atuação do fundo de investimento e a natureza de obrigação de meio de seus serviços.

§ 3º O patrimônio segregado referido no inciso III do caput deste artigo só responderá por obrigações vinculadas à classe respectiva, nos termos do regulamento.

Art. 1.368-E. Os fundos de investimento respondem diretamente pelas obrigações legais e contratuais por eles assumidas, e os prestadores de serviço não respondem por essas obrigações, mas respondem pelos prejuízos que causarem quando procederem com dolo ou má-fé.

§ 1º Se o fundo de investimento com limitação de responsabilidade não possuir patrimônio suficiente para responder por suas dívidas, aplicam-se as regras de insolvência previstas nos arts. 955 a 965 deste Código.

§ 2º A insolvência pode ser requerida judicialmente por credores, por deliberação própria dos cotistas do fundo de investimento, nos termos de seu regulamento, ou pela Comissão de Valores Mobiliários.

Art. 1.368-F. O fundo de investimento constituído por lei específica e regulamentado pela Comissão de Valores Mobiliários deverá, no que couber, seguir as disposições deste Capítulo.

TÍTULO IV
Da Superfície

Art. 1.369. O proprietário pode conceder a outrem o direito de construir ou de plantar em seu terreno, por tempo determinado, mediante escritura pública devidamente registrada no Cartório de Registro de Imóveis.

Parágrafo único. O direito de superfície não autoriza obra no subsolo, salvo se for inerente ao objeto da concessão.

Art. 1.370. A concessão da superfície será gratuita ou onerosa; se onerosa, estipularão as partes se o pagamento será feito de uma só vez, ou parceladamente.

Art. 1.371. O superficiário responderá pelos encargos e tributos que incidirem sobre o imóvel.

Art. 1.372. O direito de superfície pode transferir-se a terceiros e, por morte do superficiário, aos seus herdeiros.

Parágrafo único. Não poderá ser estipulado pelo concedente, a nenhum título, qualquer pagamento pela transferência.

Art. 1.373. Em caso de alienação do imóvel ou do direito de superfície, o superficiário ou o proprietário tem direito de preferência, em igualdade de condições.

Art. 1.374. Antes do termo final, resolver-se-á a concessão se o superficiário der ao terreno destinação diversa daquela para que foi concedida.

Art. 1.375. Extinta a concessão, o proprietário passará a ter a propriedade plena sobre o terreno, construção ou plantação, independentemente de indenização, se as partes não houverem estipulado o contrário.

Art. 1.376. No caso de extinção do direito de superfície em consequência de desapropriação, a indenização cabe ao proprietário e ao superficiário, no valor correspondente ao direito real de cada um.

Art. 1.377. O direito de superfície, constituído por pessoa jurídica de direito público interno, rege-se por este Código, no que não for diversamente disciplinado em lei especial.

TÍTULO V
Das Servidões

CAPÍTULO I
Da Constituição das Servidões

Art. 1.378. A servidão proporciona utilidade para o prédio dominante, e grava o prédio serviente, que pertence a diverso dono, e constitui-se mediante declaração expressa dos proprietários, ou por testamento, e subsequente registro no Cartório de Registro de Imóveis.

Art. 1.379. O exercício incontestado e contínuo de uma servidão aparente, por dez anos, nos termos do art. 1.242, autoriza o interessado a registrá-la em seu nome no Registro de Imóveis, valendo-lhe como título a sentença que julgar consumado a usucapião.

Parágrafo único. Se o possuidor não tiver título, o prazo da usucapião será de vinte anos.

CAPÍTULO II
Do Exercício das Servidões

Art. 1.380. O dono de uma servidão pode fazer todas as obras necessárias à sua conservação e uso, e, se a servidão pertencer a mais de um prédio, serão as despesas rateadas entre os respectivos donos.

Art. 1.381. As obras a que se refere o artigo antecedente devem ser feitas pelo dono do prédio dominante, se o contrário não dispuser expressamente o título.

Art. 1.382. Quando a obrigação incumbir ao dono do prédio serviente, este poderá exonerar-se, abandonando, total ou parcialmente, a propriedade ao dono do dominante.

Parágrafo único. Se o proprietário do prédio dominante se recusar a receber a propriedade do serviente, ou parte dela, caber-lhe-á custear as obras.

Art. 1.383. O dono do prédio serviente não poderá embaraçar de modo algum o exercício legítimo da servidão.

Art. 1.384. A servidão pode ser removida, de um local para outro, pelo dono do prédio serviente e à sua custa, se em nada diminuir as vantagens do prédio dominante, ou pelo dono deste e à sua custa, se houver considerável incremento da utilidade e não prejudicar o prédio serviente.

Art. 1.385. Restringir-se-á o exercício da servidão às necessidades do prédio dominante, evitando-se, quanto possível, agravar o encargo ao prédio serviente.

§ 1º Constituída para certo fim, a servidão não se pode ampliar a outro.

§ 2º Nas servidões de trânsito, a de maior inclui a de menor ônus, e a menor exclui a mais onerosa.

§ 3º Se as necessidades da cultura, ou da indústria, do prédio dominante imposerem à servidão maior largueza, o dono do serviente é obrigado a sofrê-la; mas tem direito a ser indenizado pelo excesso.

Art. 1.386. As servidões prediais são indivisíveis, e subsistem, no caso de divisão dos imóveis, em benefício de cada uma das porções do prédio dominante, e continuam a gravar cada uma das do prédio serviente, salvo se, por natureza, ou destino, só se aplicarem a certa parte de um ou de outro.

CAPÍTULO III

Da Extinção das Servidões

Art. 1.387. Salvo nas desapropriações, a servidão, uma vez registrada, só se extingue, com respeito a terceiros, quando cancelada.

Parágrafo único. Se o prédio dominante estiver hipotecado, e a servidão se mencionar no título hipotecário, será também preciso, para a cancelar, o consentimento do credor.

Art. 1.388. O dono do prédio serviente tem direito, pelos meios judiciais, ao cancelamento do registro, embora o dono do prédio dominante lho impugne:

I. quando o titular houver renunciado a sua servidão;
II. quando tiver cessado, para o prédio dominante, a utilidade ou a comodidade, que determinou a constituição da servidão;
III. quando o dono do prédio serviente resgatar a servidão.

Art. 1.389. Também se extingue a servidão, ficando ao dono do prédio serviente a faculdade de fazê-la cancelar, mediante a prova da extinção:

I. pela reunião dos dois prédios no domínio da mesma pessoa;
II. pela supressão das respectivas obras por efeito de contrato, ou de outro título expresso;
III. pelo não uso, durante dez anos contínuos.

TÍTULO VI

Do Usufruto

CAPÍTULO I

Disposições Gerais

Art. 1.390. O usufruto pode recair em um ou mais bens, móveis ou imóveis, em um patrimônio inteiro, ou parte deste, abrangendo-lhe, no todo ou em parte, os frutos e utilidades.

Art. 1.391. O usufruto de imóveis, quando não resulte de usucapião, constituir-se-á mediante registro no Cartório de Registro de Imóveis.

Art. 1.392. Salvo disposição em contrário, o usufruto estende-se aos acessórios da coisa e seus acrescidos.

§ 1º Se, entre os acessórios e os acrescidos, houver coisas consumíveis, terá o usufrutuário o dever de restituir, findo o usufruto, as que ainda houver e, das outras, o equivalente em gênero, qualidade e quantidade, ou, não sendo possível, o seu valor, estimado ao tempo da restituição.

§ 2º Se há no prédio em que recai o usufruto florestas ou os recursos minerais a que se refere o art. 1.230, devem o dono e o usufrutuário prefixar-lhe a extensão do gozo e a maneira de exploração.

§ 3º Se o usufruto recai sobre universalidade ou quota-parte de bens, o usufrutuário tem direito à parte do tesouro achado por outrem, e ao preço pago pelo vizinho do prédio usufruído, para obter meação em parede, cerca, muro, vala ou valado.

Art. 1.393. Não se pode transferir o usufruto por alienação; mas o seu exercício pode ceder-se por título gratuito ou oneroso.

CAPÍTULO II

Dos Direitos do Usufrutuário

Art. 1.394. O usufrutuário tem direito à posse, uso, administração e percepção dos frutos.

Art. 1.395. Quando o usufruto recai em títulos de crédito, o usufrutuário tem direito a perceber os frutos e a cobrar as respectivas dívidas.

Parágrafo único. Cobradas as dívidas, o usufrutuário aplicará, de imediato, a importância em títulos da mesma natureza, ou em títulos da dívida pública federal, com cláusula de atualização monetária segundo índices oficiais regularmente estabelecidos.

Art. 1.396. Salvo direito adquirido por outrem, o usufrutuário faz seus os frutos naturais, pendentes ao começar o usufruto, sem encargo de pagar as despesas de produção.

Parágrafo único. Os frutos naturais, pendentes ao tempo em que cessa o usufruto, pertencem ao dono, também sem compensação das despesas.

Art. 1.397. As crias dos animais pertencem ao usufrutuário, deduzidas quantas bastem para inteirar as cabeças de gado existentes ao começar o usufruto.

Art. 1.398. Os frutos civis, vencidos na data inicial do usufruto, pertencem ao proprietário, e ao usufrutuário os vencidos na data em que cessa o usufruto.

Art. 1.399. O usufrutuário pode usufruir em pessoa, ou mediante arrendamento, o prédio, mas não mudar-lhe a destinação econômica, sem expressa autorização do proprietário.

CAPÍTULO III

Dos Deveres do Usufrutuário

Art. 1.400. O usufrutuário, antes de assumir o usufruto, inventariará, à sua custa, os bens que receber, determinando o estado em que se acham, e dará caução, fidejussória ou real, se lha exigir o dono, de velar-lhes pela conservação, e entregá-los findo o usufruto.

Parágrafo único. Não é obrigado à caução o doador que se reservar o usufruto da coisa doada.

Art. 1.401. O usufrutuário que não quiser ou não puder dar caução suficiente perderá o direito de administrar o usufruto; e, neste caso, os bens serão administrados pelo proprietário, que ficará obrigado, mediante caução, a entregar ao usufrutuário o rendimento deles, deduzidas as despesas de administração, entre as quais se incluirá a quantia fixada pelo juiz como remuneração do administrador.

Art. 1.402. O usufrutuário não é obrigado a pagar as deteriorações resultantes do exercício regular do usufruto.

Art. 1.403 Incumbem ao usufrutuário:

I. as despesas ordinárias de conservação dos bens no estado em que os recebeu;

II. as prestações e os tributos devidos pela posse ou rendimento da coisa usufruída.

Art. 1.404. Incumbem ao dono as reparações extraordinárias e as que não forem de custo módico; mas o usufrutuário lhe pagará os juros do capital despendido com as que forem necessárias à conservação, ou aumentarem o rendimento da coisa usufruída.

§ 1º Não se consideram módicas as despesas superiores a dois terços do líquido rendimento em um ano.

§ 2º Se o dono não fizer as reparações a que está obrigado, e que são indispensáveis à conservação da coisa, o usufrutuário pode realizá-las, cobrando daquele a importância despendida.

Art. 1.405. Se o usufruto recair num patrimônio, ou parte deste, será o usufrutuário obrigado aos juros da dívida que onerar o patrimônio ou a parte dele.

Art. 1.406. O usufrutuário é obrigado a dar ciência ao dono de qualquer lesão produzida contra a posse da coisa, ou os direitos deste.

Art. 1.407. Se a coisa estiver segurada, incumbe ao usufrutuário pagar, durante o usufruto, as contribuições do seguro.

§ 1º Se o usufrutuário fizer o seguro, ao proprietário caberá o direito dele resultante contra o segurador.

§ 2º Em qualquer hipótese, o direito do usufrutuário fica sub-rogado no valor da indenização do seguro.

Art. 1.408. Se um edifício sujeito a usufruto for destruído sem culpa do proprietário, não será este obrigado a reconstruí-lo, nem o usufruto se restabelecerá, se o proprietário reconstruir à sua custa o prédio; mas se a indenização do seguro for aplicada à reconstrução do prédio, restabelecer-se-á o usufruto.

Art. 1.409. Também fica sub-rogada no ônus do usufruto, em lugar do prédio, a indenização paga, se ele for desapropriado, ou a importância do dano, ressarcido pelo terceiro responsável no caso de danificação ou perda.

CAPÍTULO IV
Da Extinção do Usufruto

Art. 1.410. O usufruto extingue-se, cancelando-se o registro no Cartório de Registro de Imóveis:
I. pela renúncia ou morte do usufrutuário;
II. pelo termo de sua duração;
III. pela extinção da pessoa jurídica, em favor de quem o usufruto foi constituído, ou, se ela perdurar, pelo decurso de trinta anos da data em que começou a exercer;
IV. pela cessação do motivo de que se origina;
V. pela destruição da coisa, guardadas as disposições dos arts. 1.407, 1.408, 2ª parte, e 1.409;
VI. pela consolidação;
VII. por culpa do usufrutuário, quando aliena, deteriora, ou deixa arruinar os bens, não lhes acudindo com os reparos de conservação, ou quando, no usufruto de títulos de crédito, não dá às importâncias recebidas a aplicação prevista no parágrafo único do art. 1.395;
VIII. Pelo não uso, ou não fruição, da coisa em que o usufruto recai (arts. 1.390 e 1.399).

Art. 1.411. Constituído o usufruto em favor de duas ou mais pessoas, extinguir-se-á a parte em relação a cada uma das que falecerem, salvo se, por estipulação expressa, o quinhão desses couber ao sobrevivente.

TÍTULO VII
Do Uso

Art. 1.412. O usuário usará da coisa e perceberá os seus frutos, quanto o exigirem as necessidades suas e de sua família.
§ 1º Avaliar-se-ão as necessidades pessoais do usuário conforme a sua condição social e o lugar onde viver.
§ 2º As necessidades da família do usuário compreendem as de seu cônjuge, dos filhos solteiros e das pessoas de seu serviço doméstico.

Art. 1.413. São aplicáveis ao uso, no que não for contrário à sua natureza, as disposições relativas ao usufruto.

TÍTULO VIII
Da Habitação

Art. 1.414. Quando o uso consistir no direito de habitar gratuitamente casa alheia, o titular deste direito não a pode alugar, nem emprestar, mas simplesmente ocupá-la com sua família.

Art. 1.415. Se o direito real de habitação for conferido a mais de uma pessoa, qualquer delas que sozinha habite a casa não terá de pagar aluguel à outra, ou às outras, mas não as pode inibir de exercerem, querendo, o direito, que também lhes compete, de habitá-la.

Art. 1.416. São aplicáveis à habitação, no que não for contrário à sua natureza, as disposições relativas ao usufruto.

TÍTULO IX
Do Direito do Promitente Comprador

Art. 1.417. Mediante promessa de compra e venda, em que se não pactuou arrependimento, celebrada por instrumento público ou particular, e registrada no Cartório de Registro de Imóveis, adquire o promitente comprador direito real à aquisição do imóvel.

Art. 1.418. O promitente comprador, titular de direito real, pode exigir do promitente vendedor, ou de terceiros, a quem os direitos deste forem cedidos, a outorga da escritura definitiva de compra e venda, conforme o disposto no instrumento preliminar; e, se houver recusa, requerer ao juiz a adjudicação do imóvel.

TÍTULO X
Do Penhor, da Hipoteca e da Anticrese

CAPÍTULO I
Disposições Gerais

Art. 1.419. Nas dívidas garantidas por penhor, anticrese ou hipoteca, o bem dado em garantia fica sujeito, por vínculo real, ao cumprimento da obrigação.

Art. 1.420. Só aquele que pode alienar poderá empenhar, hipotecar ou dar em anticrese; só os bens que se podem alienar poderão ser dados em penhor, anticrese ou hipoteca.

§ 1º A propriedade superveniente torna eficaz, desde o registro, as garantias reais estabelecidas por quem não era dono.

§ 2º A coisa comum a dois ou mais proprietários não pode ser dada em garantia real, na sua totalidade, sem o consentimento de todos; mas cada um pode individualmente dar em garantia real a parte que tiver.

Art. 1.421. O pagamento de uma ou mais prestações da dívida não importa exoneração correspondente da garantia, ainda que esta compreenda vários bens, salvo disposição expressa no título ou na quitação.

Art. 1.422. O credor hipotecário e o pignoratício têm o direito de excutir a coisa hipotecada ou empenhada, e preferir, no pagamento, a outros credores, observada, quanto à hipoteca, a prioridade no registro.

Parágrafo único. Excetuam-se da regra estabelecida neste artigo as dívidas que, em virtude de outras leis, devam ser pagas precipuamente a quaisquer outros créditos.

Art. 1.423. O credor anticrético tem direito a reter em seu poder o bem, enquanto a dívida não for paga; extingue-se esse direito decorridos quinze anos da data de sua constituição.

Art. 1.424. Os contratos de penhor, anticrese ou hipoteca declararão, sob pena de não terem eficácia:

I. o valor do crédito, sua estimação, ou valor máximo;
II. o prazo fixado para pagamento;
III. a taxa dos juros, se houver;
IV. o bem dado em garantia com as suas especificações.

Art. 1.425. A dívida considera-se vencida:

I. se, deteriorando-se, ou depreciando-se o bem dado em segurança, desfalcar a garantia, e o devedor, intimado, não a reforçar ou substituir;
II. se o devedor cair em insolvência ou falir;
III. se as prestações não forem pontualmente pagas, toda vez que deste modo se achar estipulado o pagamento. Neste caso, o recebimento posterior da prestação atrasada importa renúncia do credor ao seu direito de execução imediata;
IV. se perecer o bem dado em garantia, e não for substituído;
V. se se desapropriar o bem dado em garantia, hipótese na qual se depositará a parte do preço que for necessária para o pagamento integral do credor.

§ 1º Nos casos de perecimento da coisa dada em garantia, esta se sub-rogará na indenização do seguro, ou no ressarcimento do dano, em benefício do credor, a quem assistirá sobre ela preferência até seu completo reembolso.

§ 2º Nos casos dos incisos IV e V, só se vencerá a hipoteca antes do prazo estipulado, se o perecimento, ou a desapropriação recair sobre o bem dado em garantia, e esta não abranger outras; subsistindo, no caso contrário, a dívida reduzida, com a respectiva garantia sobre os demais bens, não desapropriados ou destruídos.

Art. 1.426. Nas hipóteses do artigo anterior, de vencimento antecipado da dívida, não se compreendem os juros correspondentes ao tempo ainda não decorrido.

Art. 1.427. Salvo cláusula expressa, o terceiro que presta garantia real por dívida alheia não fica obrigado a substituí-la, ou reforçá-la, quando, sem culpa sua, se perca, deteriore, ou desvalorize.

Art. 1.428. É nula a cláusula que autoriza o credor pignoratício, anticrético ou hipotecário a ficar com o objeto da garantia, se a dívida não for paga no vencimento.

Parágrafo único. Após o vencimento, poderá o devedor dar a coisa em pagamento da dívida.

Art. 1.429. Os sucessores do devedor não podem remir parcialmente o penhor ou a hipoteca na proporção dos seus quinhões; qualquer deles, porém, pode fazê-lo no todo.

Parágrafo único. O herdeiro ou sucessor que fizer a remição fica sub-rogado nos direitos do credor pelas quotas que houver satisfeito.

Art. 1.430. Quando, excutido o penhor, ou executada a hipoteca, o produto não bastar para pagamento da dívida e despesas judiciais, continuará o devedor obrigado pessoalmente pelo restante.

CAPÍTULO II
Do Penhor

SEÇÃO I
Da Constituição do Penhor

Art. 1.431. Constitui-se o penhor pela transferência efetiva da posse que, em garantia do débito ao credor ou a quem o represente, faz o devedor, ou alguém por ele, de uma coisa móvel, suscetível de alienação.

Parágrafo único. No penhor rural, industrial, mercantil e de veículos, as coisas empenhadas continuam em poder do devedor, que as deve guardar e conservar.

Art. 1.432. O instrumento do penhor deverá ser levado a registro, por qualquer dos contratantes; o do penhor comum será registrado no Cartório de Títulos e Documentos.

SEÇÃO II
Dos Direitos do Credor Pignoratício

Art. 1.433. O credor pignoratício tem direito:
I. à posse da coisa empenhada;
II. à retenção dela, até que o indenizem das despesas devidamente justificadas, que tiver feito, não sendo ocasionadas por culpa sua;
III. ao ressarcimento do prejuízo que houver sofrido por vício da coisa empenhada;
IV. a promover a execução judicial, ou a venda amigável, se lhe permitir expressamente o contrato, ou lhe autorizar o devedor mediante procuração;
V. a apropriar-se dos frutos da coisa empenhada que se encontra em seu poder;
VI. a promover a venda antecipada, mediante prévia autorização judicial, sempre que haja receio fundado de que a coisa empenhada se perca ou deteriore, devendo o preço ser depositado. O dono da coisa empenhada pode impedir a venda antecipada, substituindo-a, ou oferecendo outra garantia real idônea.

Art. 1.434. O credor não pode ser constrangido a devolver a coisa empenhada, ou uma parte dela, antes de ser integralmente pago, podendo o juiz, a requerimento do proprietário, determinar que seja vendida apenas uma das coisas, ou parte da coisa empenhada, suficiente para o pagamento do credor.

SEÇÃO III
Das Obrigações do Credor Pignoratício

Art. 1.435. O credor pignoratício é obrigado:
I. à custódia da coisa, como depositário, e a ressarcir ao dono a perda ou deterioração de que for culpado, podendo ser compensada na dívida, até a concorrente quantia, a importância da responsabilidade;
II. à defesa da posse da coisa empenhada e a dar ciência, ao dono dela, das circunstâncias que tornarem necessário o exercício de ação possessória;
III. a imputar o valor dos frutos, de que se apropriar (art. 1.433, inciso V) nas despesas de guarda e conservação, nos juros e no capital da obrigação garantida, sucessivamente;
IV. a restituí-la, com os respectivos frutos e acessões, uma vez paga a dívida;
V. a entregar o que sobeje do preço, quando a dívida for paga, no caso do inciso IV do art. 1.433.

SEÇÃO IV
Da Extinção do Penhor

Art. 1.436. Extingue-se o penhor:
I. extinguindo-se a obrigação;
II. perecendo a coisa;
III. renunciando o credor;
IV. confundindo-se na mesma pessoa as qualidades de credor e de dono da coisa;
V. dando-se a adjudicação judicial, a remissão ou a venda da coisa empenhada, feita pelo credor ou por ele autorizada.
§ 1º Presume-se a renúncia do credor quando consentir na venda particular do penhor sem reserva de preço, quando restituir a sua posse ao devedor, ou quando anuir à sua substituição por outra garantia.
§ 2º Operando-se a confusão tão-somente quanto a parte da dívida pignoratícia, subsistirá inteiro o penhor quanto ao resto.

Art. 1.437. Produz efeitos a extinção do penhor depois de averbado o cancelamento do registro, à vista da respectiva prova.

SEÇÃO V
Do Penhor Rural

Subseção I
Disposições Gerais

Art. 1.438. Constitui-se o penhor rural mediante instrumento público ou particular, registrado no Cartório de Registro de Imóveis da circunscrição em que estiverem situadas as coisas empenhadas.
Parágrafo único. Prometendo pagar em dinheiro a dívida, que garante com penhor rural, o devedor poderá emitir, em favor do credor, cédula rural pignoratícia, na forma determinada em lei especial.

Art. 1.439. O penhor agrícola e o penhor pecuário não podem ser convencionados por prazos superiores aos das obrigações garantidas.
§ 1º Embora vencidos os prazos, permanece a garantia, enquanto subsistirem os bens que a constituem.

§ 2º A prorrogação deve ser averbada à margem do registro respectivo, mediante requerimento do credor e do devedor.

Art. 1.440. Se o prédio estiver hipotecado, o penhor rural poderá constituir-se independentemente da anuência do credor hipotecário, mas não lhe prejudica o direito de preferência, nem restringe a extensão da hipoteca, ao ser executada.

Art. 1.441. Tem o credor direito a verificar o estado das coisas empenhadas, inspecionando-as onde se acharem, por si ou por pessoa que credenciar.

Subseção II
Do Penhor Agrícola

Art. 1.442. Podem ser objeto de penhor:
I. máquinas e instrumentos de agricultura;
II. colheitas pendentes, ou em via de formação;
III. frutos acondicionados ou armazenados;
IV. lenha cortada e carvão vegetal;
V. animais do serviço ordinário de estabelecimento agrícola.

Art. 1.443. O penhor agrícola que recai sobre colheita pendente, ou em via de formação, abrange a imediatamente seguinte, no caso de frustrar-se ou ser insuficiente a que se deu em garantia.

Parágrafo único. Se o credor não financiar a nova safra, poderá o devedor constituir com outrem novo penhor, em quantia máxima equivalente à do primeiro; o segundo penhor terá preferência sobre o primeiro, abrangendo este apenas o excesso apurado na colheita seguinte.

Subseção III
Do Penhor Pecuário

Art. 1.444. Podem ser objeto de penhor os animais que integram a atividade pastoril, agrícola ou de lacticínios.

Art. 1.445. O devedor não poderá alienar os animais empenhados sem prévio consentimento, por escrito, do credor.

Parágrafo único. Quando o devedor pretende alienar o gado empenhado ou, por negligência, ameace prejudicar o credor, poderá este requerer se depositem os animais sob a guarda de terceiro, ou exigir que se lhe pague a dívida de imediato.

Art. 1.446. Os animais da mesma espécie, comprados para substituir os mortos, ficam sub-rogados no penhor.

Parágrafo único. Presume-se a substituição prevista neste artigo, mas não terá eficácia contra terceiros, se não constar de menção adicional ao respectivo contrato, a qual deverá ser averbada.

SEÇÃO VI
Do Penhor Industrial e Mercantil

Art. 1.447. Podem ser objeto de penhor máquinas, aparelhos, materiais, instrumentos, instalados e em funcionamento, com os acessórios ou sem eles; animais, utilizados na indústria; sal e bens destinados à exploração das salinas; produtos de suinocultura, animais destinados à industrialização de carnes e derivados; matérias-primas e produtos industrializados.

Parágrafo único. Regula-se pelas disposições relativas aos armazéns gerais o penhor das mercadorias neles depositadas.

Art. 1.448. Constitui-se o penhor industrial, ou o mercantil, mediante instrumento público ou particular, registrado no Cartório de Registro de Imóveis da circunscrição onde estiverem situadas as coisas empenhadas.

Parágrafo único. Prometendo pagar em dinheiro a dívida, que garante com penhor industrial ou mercantil, o devedor poderá emitir, em favor do credor, cédula do respectivo crédito, na forma e para os fins que a lei especial determinar.

Art. 1.449. O devedor não pode, sem o consentimento por escrito do credor, alterar as coisas empenhadas ou mudar-lhes a situação, nem delas dispor. O devedor que, anuindo o credor, alienar as coisas empenhadas, deverá repor outros bens da mesma natureza, que ficarão sub-rogados no penhor.

Art. 1.450. Tem o credor direito a verificar o estado das coisas empenhadas, inspecionando-as onde se acharem, por si ou por pessoa que credenciar.

SEÇÃO VII
Do Penhor de Direitos e Títulos de Crédito

Art. 1.451. Podem ser objeto de penhor direitos, suscetíveis de cessão, sobre coisas móveis.

Art. 1.452. Constitui-se o penhor de direito mediante instrumento público ou particular, registrado no Registro de Títulos e Documentos.

Parágrafo único. O titular de direito empenhado deverá entregar ao credor pignoratício os documentos comprobatórios desse direito, salvo se tiver interesse legítimo em conservá-los.

Art. 1.453. O penhor de crédito não tem eficácia senão quando notificado ao devedor; por notificado tem-se o devedor que, em instrumento público ou particular, declarar-se ciente da existência do penhor.

Art. 1.454. O credor pignoratício deve praticar os atos necessários à conservação e defesa do direito empenhado e cobrar os juros e mais prestações acessórias compreendidas na garantia.

Art. 1.455. Deverá o credor pignoratício cobrar o crédito empenhado, assim que se torne exigível. Se este consistir numa prestação pecuniária, depositará a importância recebida, de acordo com o devedor pignoratício, ou onde o juiz determinar; se consistir na entrega da coisa, nesta se sub-rogará o penhor.

Parágrafo único. Estando vencido o crédito pignoratício, tem o credor direito a reter, da quantia recebida, o que lhe é devido, restituindo o restante ao devedor; ou a excutir a coisa a ele entregue.

Art. 1.456. Se o mesmo crédito for objeto de vários penhores, só ao credor pignoratício, cujo direito prefira aos demais, o devedor deve pagar; responde por perdas e danos aos demais credores o credor preferente que, notificado por qualquer um deles, não promover oportunamente a cobrança.

Art. 1.457. O titular do crédito empenhado só pode receber o pagamento com a anuência, por escrito, do credor pignoratício, caso em que o penhor se extinguirá.

Art. 1.458. O penhor, que recai sobre título de crédito, constitui-se mediante instrumento público ou particular ou endosso pignoratício, com a tradição do título ao credor, regendo-se pelas Disposições Gerais deste Título e, no que couber, pela presente Seção.

Art. 1.459. Ao credor, em penhor de título de crédito, compete o direito de:

I. conservar a posse do título e recuperá-la de quem quer que o detenha;

II. usar dos meios judiciais convenientes para assegurar os seus direitos, e os do credor do título empenhado;

III. fazer intimar ao devedor do título que não pague ao seu credor, enquanto durar o penhor;

IV. receber a importância consubstanciada no título e os respectivos juros, se exigíveis, restituindo o título ao devedor, quando este solver a obrigação.

Art. 1.460. O devedor do título empenhado que receber a intimação prevista no inciso III do artigo antecedente, ou se der por ciente do penhor, não poderá pagar ao seu credor. Se o fizer, responderá solidariamente por este, por perdas e danos, perante o credor pignoratício.

Parágrafo único. Se o credor der quitação ao devedor do título empenhado, deverá saldar imediatamente a dívida, em cuja garantia se constituiu o penhor.

SEÇÃO VIII
Do Penhor de Veículos

Art. 1.461. Podem ser objeto de penhor os veículos empregados em qualquer espécie de transporte ou condução.

Art. 1.462. Constitui-se o penhor, a que se refere o artigo antecedente, mediante instrumento público ou particular, registrado no Cartório de Títulos e Documentos do domicílio do devedor, e anotado no certificado de propriedade.

Parágrafo único. Prometendo pagar em dinheiro a dívida garantida com o penhor, poderá o devedor emitir cédula de crédito, na forma e para os fins que a lei especial determinar.

Art. 1.463. (Revogado pela Medida Provisória nº 958, de 2020)

Art. 1.464. Tem o credor direito a verificar o estado do veículo empenhado, inspecionando-o onde se achar, por si ou por pessoa que credenciar.

Art. 1.465. A alienação, ou a mudança, do veículo empenhado sem prévia comunicação ao credor importa no vencimento antecipado do crédito pignoratício.

Art. 1.466. O penhor de veículos só se pode convencionar pelo prazo máximo de dois anos, prorrogável até o limite de igual tempo, averbada a prorrogação à margem do registro respectivo.

SEÇÃO IX
Do Penhor Legal

Art. 1.467. São credores pignoratícios, independentemente de convenção:

I. os hospedeiros, ou fornecedores de pousada ou alimento, sobre as bagagens, móveis, joias ou dinheiro que os seus consumidores ou fregueses tiverem consigo nas respectivas casas ou estabelecimentos, pelas despesas ou consumo que aí tiverem feito;

II. o dono do prédio rústico ou urbano, sobre os bens móveis que o rendeiro ou inquilino tiver guarnecendo o mesmo prédio, pelos aluguéis ou rendas.

Art. 1.468. A conta das dívidas enumeradas no inciso I do artigo antecedente será extraída conforme a tabela impressa, prévia e ostensivamente exposta na casa, dos preços de hospedagem, da pensão ou dos gêneros fornecidos, sob pena de nulidade do penhor.

Art. 1.469. Em cada um dos casos do art. 1.467, o credor poderá tomar em garantia um ou mais objetos até o valor da dívida.

Art. 1.470. Os credores, compreendidos no art. 1.467, podem fazer efetivo o penhor, antes de recorrerem à autoridade judiciária, sempre que haja perigo na demora, dando aos devedores comprovante dos bens de que se apossarem.

Art. 1.471. Tomado o penhor, requererá o credor, ato contínuo, a sua homologação judicial.

Art. 1.472. Pode o locatário impedir a constituição do penhor mediante caução idônea.

CAPÍTULO III
Da Hipoteca

SEÇÃO I
Disposições Gerais

Art. 1.473. Podem ser objeto de hipoteca:
I. os imóveis e os acessórios dos imóveis conjuntamente com eles;
II. o domínio direto;
III. o domínio útil;
IV. as estradas de ferro;
V. os recursos naturais a que se refere o art. 1.230, independentemente do solo onde se acham;
VI. os navios;
VII. as aeronaves.
VIII. o direito de uso especial para fins de moradia;
IX. o direito real de uso;
X. a propriedade superficiária.
§ 1º A hipoteca dos navios e das aeronaves reger-se-á pelo disposto em lei especial.
§ 2º Os direitos de garantia instituídos nas hipóteses dos incisos IX e X do caput deste artigo ficam limitados à duração da concessão ou direito de superfície, caso tenham sido transferidos por período determinado.

Art. 1.474. A hipoteca abrange todas as acessões, melhoramentos ou construções do imóvel. Subsistem os ônus reais constituídos e registrados, anteriormente à hipoteca, sobre o mesmo imóvel.

Art. 1.475. É nula a cláusula que proíbe ao proprietário alienar imóvel hipotecado.
Parágrafo único. Pode convencionar-se que vencerá o crédito hipotecário, se o imóvel for alienado.

Art. 1.476. O dono do imóvel hipotecado pode constituir outra hipoteca sobre ele, mediante novo título, em favor do mesmo ou de outro credor.

Art. 1.477. Salvo o caso de insolvência do devedor, o credor da segunda hipoteca, embora vencida, não poderá executar o imóvel antes de vencida a primeira.
Parágrafo único. Não se considera insolvente o devedor por faltar ao pagamento das obrigações garantidas por hipotecas posteriores à primeira.

Art. 1.478. Se o devedor da obrigação garantida pela primeira hipoteca não se oferecer, no vencimento, para pagá-la, o credor da segunda pode promover-lhe a extinção, consignando a importância e citando o primeiro credor para recebê-la e o devedor para pagá-la; se este não pagar, o segundo credor, efetuando o pagamento, se sub-rogará nos direitos da hipoteca anterior, sem prejuízo dos que lhe competirem contra o devedor comum.
Parágrafo único. Se o primeiro credor estiver promovendo a execução da hipoteca, o credor da segunda depositará a importância do débito e as despesas judiciais.

Art. 1.479. O adquirente do imóvel hipotecado, desde que não se tenha obrigado pessoalmente a pagar as dívidas aos credores hipotecários, poderá exonerar-se da hipoteca, abandonando-lhes o imóvel.

Art. 1.480. O adquirente notificará o vendedor e os credores hipotecários, deferindo-lhes, conjuntamente, a posse do imóvel, ou o depositará em juízo.
Parágrafo único. Poderá o adquirente exercer a faculdade de abandonar o imóvel hipotecado, até as vinte e quatro horas subsequentes à citação, com que se inicia o procedimento executivo.

Art. 1.481. Dentro em trinta dias, contados do registro do título aquisitivo, tem o adquirente do imóvel hipotecado o direito de remi-lo, citando os credores hipotecários e propondo importância não inferior ao preço por que o adquiriu.
§ 1º Se o credor impugnar o preço da aquisição ou a importância oferecida, realizar-se-á licitação,

efetuando-se a venda judicial a quem oferecer maior preço, assegurada preferência ao adquirente do imóvel.

§ 2º Não impugnado pelo credor, o preço da aquisição ou o preço proposto pelo adquirente, haver-se-á por definitivamente fixado para a remissão do imóvel, que ficará livre de hipoteca, uma vez pago ou depositado o preço.

§ 3º Se o adquirente deixar de remir o imóvel, sujeitando-o a execução, ficará obrigado a ressarcir os credores hipotecários da desvalorização que, por sua culpa, o mesmo vier a sofrer, além das despesas judiciais da execução.

§ 4º Disporá de ação regressiva contra o vendedor o adquirente que ficar privado do imóvel em consequência de licitação ou penhora, o que pagar a hipoteca, o que, por causa de adjudicação ou licitação, desembolsar com o pagamento da hipoteca importância excedente à da compra e o que suportar custas e despesas judiciais.

Art. 1.482. (Revogado)

Art. 1.483. (Revogado)

Art. 1.484. É lícito aos interessados fazer constar das escrituras o valor entre si ajustado dos imóveis hipotecados, o qual, devidamente atualizado, será a base para as arrematações, adjudicações e remições, dispensada a avaliação.

Art. 1.485. Mediante simples averbação, requerida por ambas as partes, poderá prorrogar-se a hipoteca, até 30 (trinta) anos da data do contrato. Desde que perfaça esse prazo, só poderá subsistir o contrato de hipoteca reconstituindo-se por novo título e novo registro; e, nesse caso, lhe será mantida a precedência, que então lhe competir.

Art. 1.486. Podem o credor e o devedor, no ato constitutivo da hipoteca, autorizar a emissão da correspondente cédula hipotecária, na forma e para os fins previstos em lei especial.

Art. 1.487. A hipoteca pode ser constituída para garantia de dívida futura ou condicionada, desde que determinado o valor máximo do crédito a ser garantido.

§ 1º Nos casos deste artigo, a execução da hipoteca dependerá de prévia e expressa concordância do devedor quanto à verificação da condição, ou ao montante da dívida.

§ 2º Havendo divergência entre o credor e o devedor, caberá àquele fazer prova de seu crédito. Reconhecido este, o devedor responderá, inclusive, por perdas e danos, em razão da superveniente desvalorização do imóvel.

Art. 1.488. Se o imóvel, dado em garantia hipotecária, vier a ser loteado, ou se nele se constituir condomínio edilício, poderá o ônus ser dividido, gravando cada lote ou unidade autônoma, se o requererem ao juiz o credor, o devedor ou os donos, obedecida a proporção entre o valor de cada um deles e o crédito.

§ 1º O credor só poderá se opor ao pedido de desmembramento do ônus, provando que o mesmo importa em diminuição de sua garantia.

§ 2º Salvo convenção em contrário, todas as despesas judiciais ou extrajudiciais necessárias ao desmembramento do ônus correm por conta de quem o requerer.

§ 3º O desmembramento do ônus não exonera o devedor originário da responsabilidade a que se refere o art. 1.430, salvo anuência do credor.

SEÇÃO II
Da Hipoteca Legal

Art. 1.489. A lei confere hipoteca:

I. às pessoas de direito público interno (art. 41) sobre os imóveis pertencentes aos encarregados da cobrança, guarda ou administração dos respectivos fundos e rendas;

II. aos filhos, sobre os imóveis do pai ou da mãe que passar a outras núpcias, antes de fazer o inventário do casal anterior;

III. ao ofendido, ou aos seus herdeiros, sobre os imóveis do delinquente, para satisfação do dano causado pelo delito e pagamento das despesas judiciais;

IV. ao co-herdeiro, para garantia do seu quinhão ou torna da partilha, sobre o imóvel adjudicado ao herdeiro reponente;

V. ao credor sobre o imóvel arrematado, para garantia do pagamento do restante do preço da arrematação.

Art. 1.490. O credor da hipoteca legal, ou quem o represente, poderá, provando a insuficiência dos imóveis especializados, exigir do devedor que seja reforçado com outros.

Art. 1.491. A hipoteca legal pode ser substituída por caução de títulos da dívida pública federal ou estadual, recebidos pelo valor de sua cotação mínima no ano corrente; ou por outra garantia, a critério do juiz, a requerimento do devedor.

SEÇÃO III
Do Registro da Hipoteca

Art. 1.492. As hipotecas serão registradas no cartório do lugar do imóvel, ou no de cada um deles, se o título se referir a mais de um.

Parágrafo único. Compete aos interessados, exibido o título, requerer o registro da hipoteca.

Art. 1.493. Os registros e averbações seguirão a ordem em que forem requeridas, verificando-se ela pela da sua numeração sucessiva no protocolo.

Parágrafo único. O número de ordem determina a prioridade, e esta a preferência entre as hipotecas.

Art. 1.494. Não se registrarão no mesmo dia duas hipotecas, ou uma hipoteca e outro direito real, sobre o mesmo imóvel, em favor de pessoas diversas, salvo se as escrituras, do mesmo dia, indicarem a hora em que foram lavradas.

Art. 1.495. Quando se apresentar ao oficial do registro título de hipoteca que mencione a constituição de anterior, não registrada, sobrestará ele na inscrição da nova, depois de a prenotar, até trinta dias, aguardando que o interessado inscreva a precedente; esgotado o prazo, sem que se requeira a inscrição desta, a hipoteca ulterior será registrada e obterá preferência.

Art. 1.496. Se tiver dúvida sobre a legalidade do registro requerido, o oficial fará, ainda assim, a prenotação do pedido. Se a dúvida, dentro em noventa dias, for julgada improcedente, o registro efetuar-se-á com o mesmo número que teria na data da prenotação; no caso contrário, cancelada esta, receberá o registro o número correspondente à data em que se tornar a requerer.

Art. 1.497. As hipotecas legais, de qualquer natureza, deverão ser registradas e especializadas.

§ 1º O registro e a especialização das hipotecas legais incumbem a quem está obrigado a prestar a garantia, mas os interessados podem promover a inscrição delas, ou solicitar ao Ministério Público que o faça.

§ 2º As pessoas, às quais incumbir o registro e a especialização das hipotecas legais, estão sujeitas a perdas e danos pela omissão.

Art. 1.498. Vale o registro da hipoteca, enquanto a obrigação perdurar; mas a especialização, em completando vinte anos, deve ser renovada.

SEÇÃO IV
Da Extinção da Hipoteca

Art. 1.499. A hipoteca extingue-se:
I. pela extinção da obrigação principal;
II. pelo perecimento da coisa;
III. pela resolução da propriedade;
IV. pela renúncia do credor;
V. pela remição;
VI. pela arrematação ou adjudicação.

Art. 1.500. Extingue-se ainda a hipoteca com a averbação, no Registro de Imóveis, do cancelamento do registro, à vista da respectiva prova.

Art. 1.501. Não extinguirá a hipoteca, devidamente registrada, a arrematação ou adjudicação, sem que tenham sido notificados judicialmente os respectivos credores hipotecários, que não forem de qualquer modo partes na execução.

SEÇÃO IV
Da Hipoteca de Vias Férreas

Art. 1.502. As hipotecas sobre as estradas de ferro serão registradas no Município da estação inicial da respectiva linha.

Art. 1.503. Os credores hipotecários não podem embaraçar a exploração da linha, nem contrariar as modificações, que a administração deliberar, no leito da estrada, em suas dependências, ou no seu material.

Art. 1.504. A hipoteca será circunscrita à linha ou às linhas especificadas na escritura e ao respectivo material de exploração, no estado em que ao tempo da execução estiverem; mas os credores hipotecários poderão opor-se à venda da estrada, à de suas linhas, de seus ramais ou de parte considerável do material de exploração; bem como à fusão com outra empresa, sempre que com isso a garantia do débito enfraquecer.

Art. 1.505. Na execução das hipotecas será intimado o representante da União ou do Estado, para, dentro em quinze dias, remir a estrada de ferro hipotecada, pagando o preço da arrematação ou da adjudicação.

CAPÍTULO IV

Da Anticrese

Art. 1.506. Pode o devedor ou outrem por ele, com a entrega do imóvel ao credor, ceder-lhe o direito de perceber, em compensação da dívida, os frutos e rendimentos.

§ 1º É permitido estipular que os frutos e rendimentos do imóvel sejam percebidos pelo credor à conta de juros, mas se o seu valor ultrapassar a taxa máxima permitida em lei para as operações financeiras, o remanescente será imputado ao capital.

§ 2º Quando a anticrese recair sobre bem imóvel, este poderá ser hipotecado pelo devedor ao credor anticrético, ou a terceiros, assim como o imóvel hipotecado poderá ser dado em anticrese.

Art. 1.507. O credor anticrético pode administrar os bens dados em anticrese e fruir seus frutos e utilidades, mas deverá apresentar anualmente balanço, exato e fiel, de sua administração.

§ 1º Se o devedor anticrético não concordar com o que se contém no balanço, por ser inexato, ou ruinosa a administração, poderá impugná-lo, e, se o quiser, requerer a transformação em arrendamento, fixando o juiz o valor mensal do aluguel, o qual poderá ser corrigido anualmente.

§ 2º O credor anticrético pode, salvo pacto em sentido contrário, arrendar os bens dados em anticrese a terceiro, mantendo, até ser pago, direito de retenção do imóvel, embora o aluguel desse arrendamento não seja vinculativo para o devedor.

Art. 1.508. O credor anticrético responde pelas deteriorações que, por culpa sua, o imóvel vier a sofrer, e pelos frutos e rendimentos que, por sua negligência, deixar de perceber.

Art. 1.509. O credor anticrético pode vindicar os seus direitos contra o adquirente dos bens, os credores quirografários e os hipotecários posteriores ao registro da anticrese.

§ 1º Se executar os bens por falta de pagamento da dívida, ou permitir que outro credor o execute, sem opor o seu direito de retenção ao exequente, não terá preferência sobre o preço.

§ 2º O credor anticrético não terá preferência sobre a indenização do seguro, quando o prédio seja destruído, nem, se forem desapropriados os bens, com relação à desapropriação.

Art. 1.510. O adquirente dos bens dados em anticrese poderá remi-los, antes do vencimento da dívida, pagando a sua totalidade à data do pedido de remição e imitir-se-á, se for o caso, na sua posse.

TÍTULO XI

Da Laje

Art. 1.510-A. O proprietário de uma construção-base poderá ceder a superfície superior ou inferior de sua construção a fim de que o titular da laje mantenha unidade distinta daquela originalmente construída sobre o solo.

§ 1º O direito real de laje contempla o espaço aéreo ou o subsolo de terrenos públicos ou privados, tomados em projeção vertical, como unidade imobiliária autônoma, não contemplando as demais áreas edificadas ou não pertencentes ao proprietário da construção-base.

§ 2º O titular do direito real de laje responderá pelos encargos e tributos que incidirem sobre a sua unidade.

§ 3º Os titulares da laje, unidade imobiliária autônoma constituída em matrícula própria, poderão dela usar, gozar e dispor.

§ 4º A instituição do direito real de laje não implica a atribuição de fração ideal de terreno ao titular da laje ou a participação proporcional em áreas já edificadas.

§ 5º Os Municípios e o Distrito Federal poderão dispor sobre posturas edilícias e urbanísticas associadas ao direito real de laje.

§ 6º O titular da laje poderá ceder a superfície de sua construção para a instituição de um sucessivo direito real de laje, desde que haja autorização expressa dos titulares da construção-base e das demais lajes, respeitadas as posturas edilícias e urbanísticas vigentes.

Art. 1.510-B. É expressamente vedado ao titular da laje prejudicar com obras novas ou com falta de reparação a segurança, a linha arquitetônica ou o arranjo estético do edifício, observadas as posturas previstas em legislação local.

Art. 1.510-C. Sem prejuízo, no que couber, das normas aplicáveis aos condomínios edilícios, para fins do direito real de laje, as despesas necessárias à conservação e fruição das partes que sirvam a todo o edifício e ao pagamento de serviços de interesse comum serão partilhadas entre o proprietário da construção-base e o titular da laje, na proporção que venha a ser estipulada em contrato.

§ 1º São partes que servem a todo o edifício:

I. os alicerces, colunas, pilares, paredes-mestras e todas as partes restantes que constituam a estrutura do prédio;

II. o telhado ou os terraços de cobertura, ainda que destinados ao uso exclusivo do titular da laje;

III. as instalações gerais de água, esgoto, eletricidade, aquecimento, ar condicionado, gás, comunicações e semelhantes que sirvam a todo o edifício; e

IV. em geral, as coisas que sejam afetadas ao uso de todo o edifício.

§ 2º É assegurado, em qualquer caso, o direito de qualquer interessado em promover reparações urgentes na construção na forma do parágrafo único do art. 249 deste Código.

Art. 1.510-D. Em caso de alienação de qualquer das unidades sobrepostas, terão direito de preferência, em igualdade de condições com terceiros, os titulares da construção-base e da laje, nessa ordem, que serão cientificados por escrito para que se manifestem no prazo de trinta dias, salvo se o contrato dispuser de modo diverso.

§ 1º O titular da construção-base ou da laje a quem não se der conhecimento da alienação poderá, mediante depósito do respectivo preço, haver para si a parte alienada a terceiros, se o requerer no prazo decadencial de cento e oitenta dias, contado da data de alienação.

§ 2º Se houver mais de uma laje, terá preferência, sucessivamente, o titular das lajes ascendentes e o titular das lajes descendentes, assegurada a prioridade para a laje mais próxima à unidade sobreposta a ser alienada.

Art. 1.510-E. A ruína da construção-base implica extinção do direito real de laje, salvo:

I. se este tiver sido instituído sobre o subsolo;

II. se a construção-base não for reconstruída no prazo de cinco anos.

Parágrafo único. O disposto neste artigo não afasta o direito a eventual reparação civil contra o culpado pela ruína.

LIVRO IV
Do Direito de Família

TÍTULO I
Do Direito Pessoal

SUBTÍTULO I
Do Casamento

CAPÍTULO I
Disposições Gerais

Art. 1.511. O casamento estabelece comunhão plena de vida, com base na igualdade de direitos e deveres dos cônjuges.

Art. 1.512. O casamento é civil e gratuita a sua celebração.

Parágrafo único. A habilitação para o casamento, o registro e a primeira certidão serão isentos de selos, emolumentos e custas, para as pessoas cuja pobreza for declarada, sob as penas da lei.

Art. 1.513. É defeso a qualquer pessoa, de direito público ou privado, interferir na comunhão de vida instituída pela família.

Art. 1.514. O casamento se realiza no momento em que o homem e a mulher manifestam, perante o juiz, a sua vontade de estabelecer vínculo conjugal, e o juiz os declara casados.

Art. 1.515. O casamento religioso, que atender às exigências da lei para a validade do casamento civil, equipara-se a este, desde que registrado no registro próprio, produzindo efeitos a partir da data de sua celebração.

Art. 1.516. O registro do casamento religioso submete-se aos mesmos requisitos exigidos para o casamento civil.

§ 1º O registro civil do casamento religioso deverá ser promovido dentro de noventa dias de sua realização, mediante comunicação do celebrante ao ofício competente, ou por iniciativa de qualquer interessado, desde que haja sido homologada previamente a habilitação regulada neste Código. Após o referido prazo, o registro dependerá de nova habilitação.

§ 2º O casamento religioso, celebrado sem as formalidades exigidas neste Código, terá efeitos civis se, a requerimento do casal, for registrado, a qualquer tempo, no registro civil, mediante prévia habilitação perante a autoridade competente e observado o prazo do art. 1.532.

§ 3º Será nulo o registro civil do casamento religioso se, antes dele, qualquer dos consorciados houver contraído com outrem casamento civil.

CAPÍTULO II
Da Capacidade Para o Casamento

Art. 1.517. O homem e a mulher com dezesseis anos podem casar, exigindo-se autorização de ambos os pais, ou de seus representantes legais, enquanto não atingida a maioridade civil.

Parágrafo único. Se houver divergência entre os pais, aplica-se o disposto no parágrafo único do art. 1.631.

Art. 1.518. Até a celebração do casamento podem os pais ou tutores revogar a autorização.

Art. 1.519. A denegação do consentimento, quando injusta, pode ser suprida pelo juiz.

Art. 1.520. Não será permitido, em qualquer caso, o casamento de quem não atingiu a idade núbil, observado o disposto no art. 1.517 deste Código.

CAPÍTULO III
Dos Impedimentos

Art. 1.521. Não podem casar:
I. os ascendentes com os descendentes, seja o parentesco natural ou civil;
II. os afins em linha reta;
III. o adotante com quem foi cônjuge do adotado e o adotado com quem o foi do adotante;
IV. os irmãos, unilaterais ou bilaterais, e demais colaterais, até o terceiro grau inclusive;
V. o adotado com o filho do adotante;
VI. as pessoas casadas;
VII. o cônjuge sobrevivente com o condenado por homicídio ou tentativa de homicídio contra o seu consorte.

Art. 1.522. Os impedimentos podem ser opostos, até o momento da celebração do casamento, por qualquer pessoa capaz.

Parágrafo único. Se o juiz, ou o oficial de registro, tiver conhecimento da existência de algum impedimento, será obrigado a declará-lo.

CAPÍTULO IV
Das causas suspensivas

Art. 1.523. Não devem casar:
I. o viúvo ou a viúva que tiver filho do cônjuge falecido, enquanto não fizer inventário dos bens do casal e der partilha aos herdeiros;
II. a viúva, ou a mulher cujo casamento se desfez por ser nulo ou ter sido anulado, até dez meses depois do começo da viuvez, ou da dissolução da sociedade conjugal;
III. o divorciado, enquanto não houver sido homologada ou decidida a partilha dos bens do casal;
IV. o tutor ou o curador e os seus descendentes, ascendentes, irmãos, cunhados ou sobrinhos, com a pessoa tutelada ou curatelada, enquanto não cessar a tutela ou curatela, e não estiverem saldadas as respectivas contas.

Parágrafo único. É permitido aos nubentes solicitar ao juiz que não lhes sejam aplicadas as causas suspensivas previstas nos incisos I, III e IV deste artigo, provando-se a inexistência de prejuízo, respectivamente, para o herdeiro, para o ex-cônjuge e para a pessoa tutelada ou curatelada; no caso do inciso II, a nubente deverá provar nascimento de filho, ou inexistência de gravidez, na fluência do prazo.

Art. 1.524. As causas suspensivas da celebração do casamento podem ser arguidas pelos parentes em linha reta de um dos nubentes, sejam consanguíneos ou afins, e pelos colaterais em segundo grau, sejam também consanguíneos ou afins.

CAPÍTULO V
Do Processo de Habilitação Para o Casamento

Art. 1.525. O requerimento de habilitação para o casamento será firmado por ambos os nubentes, de próprio punho, ou, a seu pedido, por procurador, e deve ser instruído com os seguintes documentos:
I. certidão de nascimento ou documento equivalente;
II. autorização por escrito das pessoas sob cuja dependência legal estiverem, ou ato judicial que a supra;
III. declaração de duas testemunhas maiores, parentes ou não, que atestem conhecê-los e afirmem não existir impedimento que os iniba de casar;
IV. declaração do estado civil, do domicílio e da residência atual dos contraentes e de seus pais, se forem conhecidos;

V. certidão de óbito do cônjuge falecido, de sentença declaratória de nulidade ou de anulação de casamento, transitada em julgado, ou do registro da sentença de divórcio.

Art. 1.526. A habilitação será feita pessoalmente perante o oficial do Registro Civil, com a audiência do Ministério Público.

Parágrafo único. Caso haja impugnação do oficial, do Ministério Público ou de terceiro, a habilitação será submetida ao juiz.

Art. 1.527. Estando em ordem a documentação, o oficial extrairá o edital, que se afixará durante quinze dias nas circunscrições do Registro Civil de ambos os nubentes, e, obrigatoriamente, se publicará na imprensa local, se houver.

Parágrafo único. A autoridade competente, havendo urgência, poderá dispensar a publicação.

Art. 1.528. É dever do oficial do registro esclarecer os nubentes a respeito dos fatos que podem ocasionar a invalidade do casamento, bem como sobre os diversos regimes de bens.

Art. 1.529. Tanto os impedimentos quanto as causas suspensivas serão opostos em declaração escrita e assinada, instruída com as provas do fato alegado, ou com a indicação do lugar onde possam ser obtidas.

Art. 1.530. O oficial do registro dará aos nubentes ou a seus representantes nota da oposição, indicando os fundamentos, as provas e o nome de quem a ofereceu.

Parágrafo único. Podem os nubentes requerer prazo razoável para fazer prova contrária aos fatos alegados, e promover as ações civis e criminais contra o oponente de má-fé.

Art. 1.531. Cumpridas as formalidades dos arts. 1.526 e 1.527 e verificada a inexistência de fato obstativo, o oficial do registro extrairá o certificado de habilitação.

Art. 1.532. A eficácia da habilitação será de noventa dias, a contar da data em que foi extraído o certificado.

CAPÍTULO VI

Da Celebração do Casamento

Art. 1.533. Celebrar-se-á o casamento, no dia, hora e lugar previamente designados pela autoridade que houver de presidir o ato, mediante petição dos contraentes, que se mostrem habilitados com a certidão do art. 1.531.

Art. 1.534. A solenidade realizar-se-á na sede do cartório, com toda publicidade, a portas abertas, presentes pelo menos duas testemunhas, parentes ou não dos contraentes, ou, querendo as partes e consentindo a autoridade celebrante, noutro edifício público ou particular.

§ 1º Quando o casamento for em edifício particular, ficará este de portas abertas durante o ato.

§ 2º Serão quatro as testemunhas na hipótese do parágrafo anterior e se algum dos contraentes não souber ou não puder escrever.

Art. 1.535. Presentes os contraentes, em pessoa ou por procurador especial, juntamente com as testemunhas e o oficial do registro, o presidente do ato, ouvida aos nubentes a afirmação de que pretendem casar por livre e espontânea vontade, declarará efetuado o casamento, nestes termos:"De acordo com a vontade que ambos acabais de afirmar perante mim, de vos receberdes por marido e mulher, eu, em nome da lei, vos declaro casados."

Art. 1.536. Do casamento, logo depois de celebrado, lavrar-se-á o assento no livro de registro. No assento, assinado pelo presidente do ato, pelos cônjuges, as testemunhas, e o oficial do registro, serão exarados:

I. os prenomes, sobrenomes, datas de nascimento, profissão, domicílio e residência atual dos cônjuges;

II. os prenomes, sobrenomes, datas de nascimento ou de morte, domicílio e residência atual dos pais;

III. o prenome e sobrenome do cônjuge precedente e a data da dissolução do casamento anterior;

IV. a data da publicação dos proclamas e da celebração do casamento;

V. a relação dos documentos apresentados ao oficial do registro;

VI. o prenome, sobrenome, profissão, domicílio e residência atual das testemunhas;

VII. o regime do casamento, com a declaração da data e do cartório em cujas notas foi lavrada a escritura antenupcial, quando o regime não for o da comunhão parcial, ou o obrigatoriamente estabelecido.

Art. 1.537. O instrumento da autorização para casar transcrever-se-á integralmente na escritura antenupcial.

Art. 1.538. A celebração do casamento será imediatamente suspensa se algum dos contraentes:

I. recusar a solene afirmação da sua vontade;

II. declarar que esta não é livre e espontânea;

III. manifestar-se arrependido.

Parágrafo único. O nubente que, por algum dos fatos mencionados neste artigo, der causa à suspensão do ato, não será admitido a retratar-se no mesmo dia.

Art. 1.539. No caso de moléstia grave de um dos nubentes, o presidente do ato irá celebrá-lo onde se encontrar o impedido, sendo urgente, ainda que à noite, perante duas testemunhas que saibam ler e escrever.

§ 1º A falta ou impedimento da autoridade competente para presidir o casamento suprir-se-á por qualquer dos seus substitutos legais, e a do oficial do Registro Civil por outro ad hoc, nomeado pelo presidente do ato.

§ 2º O termo avulso, lavrado pelo oficial ad hoc, será registrado no respectivo registro dentro em cinco dias, perante duas testemunhas, ficando arquivado.

Art. 1.540. Quando algum dos contraentes estiver em iminente risco de vida, não obtendo a presença da autoridade à qual incumba presidir o ato, nem a de seu substituto, poderá o casamento ser celebrado na presença de seis testemunhas, que com os nubentes não tenham parentesco em linha reta, ou, na colateral, até segundo grau.

Art. 1.541. Realizado o casamento, devem as testemunhas comparecer perante a autoridade judicial mais próxima, dentro em dez dias, pedindo que lhes tome por termo a declaração de:

I. que foram convocadas por parte do enfermo;

II. que este parecia em perigo de vida, mas em seu juízo;

III. que, em sua presença, declararam os contraentes, livre e espontaneamente, receber-se por marido e mulher.

§ 1º Autuado o pedido e tomadas as declarações, o juiz procederá às diligências necessárias para verificar se os contraentes podiam ter-se habilitado, na forma ordinária, ouvidos os interessados que o requererem, dentro em quinze dias.

§ 2º Verificada a idoneidade dos cônjuges para o casamento, assim o decidirá a autoridade competente, com recurso voluntário às partes.

§ 3º Se da decisão não se tiver recorrido, ou se ela passar em julgado, apesar dos recursos interpostos, o juiz mandará registrá-la no livro do Registro dos Casamentos.

§ 4º O assento assim lavrado retrotrairá os efeitos do casamento, quanto ao estado dos cônjuges, à data da celebração.

§ 5º Serão dispensadas as formalidades deste e do artigo antecedente, se o enfermo convalescer e puder ratificar o casamento na presença da autoridade competente e do oficial do registro.

Art. 1.542. O casamento pode celebrar-se mediante procuração, por instrumento público, com poderes especiais.

§ 1º A revogação do mandato não necessita chegar ao conhecimento do mandatário; mas, celebrado o casamento sem que o mandatário ou o outro contraente tivessem ciência da revogação, responderá o mandante por perdas e danos.

§ 2º O nubente que não estiver em iminente risco de vida poderá fazer-se representar no casamento nuncupativo.

§ 3º A eficácia do mandato não ultrapassará noventa dias.

§ 4º Só por instrumento público se poderá revogar o mandato.

CAPÍTULO VII
Das Provas do Casamento

Art. 1.543. O casamento celebrado no Brasil prova-se pela certidão do registro.

Parágrafo único. Justificada a falta ou perda do registro civil, é admissível qualquer outra espécie de prova.

Art. 1.544. O casamento de brasileiro, celebrado no estrangeiro, perante as respectivas autoridades ou os cônsules brasileiros, deverá ser registrado em cento e oitenta dias, a contar da volta de um ou de ambos os cônjuges ao Brasil, no cartório do respectivo domicílio, ou, em sua falta, no 1º Ofício da Capital do Estado em que passarem a residir.

Art. 1.545. O casamento de pessoas que, na posse do estado de casadas, não possam manifestar vontade, ou tenham falecido, não se pode contestar em prejuízo da prole comum, salvo mediante certidão do Registro Civil que prove que já era casada alguma delas, quando contraiu o casamento impugnado.

Art. 1.546. Quando a prova da celebração legal do casamento resultar de processo judicial, o registro da sentença no livro do Registro Civil produzirá, tanto no que toca aos cônjuges como no que respeita aos filhos, todos os efeitos civis desde a data do casamento.

Art. 1.547. Na dúvida entre as provas favoráveis e contrárias, julgar-se-á pelo casamento, se os cônjuges, cujo casamento se impugna, viverem ou tiverem vivido na posse do estado de casados.

CAPÍTULO VIII
Da Invalidade do Casamento

Art. 1.548. É nulo o casamento contraído:
I. (Revogado);
II. por infringência de impedimento.

Art. 1.549. A decretação de nulidade de casamento, pelos motivos previstos no artigo antecedente, pode ser promovida mediante ação direta, por qualquer interessado, ou pelo Ministério Público.

Art. 1.550. É anulável o casamento:
I. de quem não completou a idade mínima para casar;
II. do menor em idade núbil, quando não autorizado por seu representante legal;
III. por vício da vontade, nos termos dos arts. 1.556 a 1.558;
IV. do incapaz de consentir ou manifestar, de modo inequívoco, o consentimento;
V. realizado pelo mandatário, sem que ele ou o outro contraente soubesse da revogação do mandato, e não sobrevindo coabitação entre os cônjuges;
VI. por incompetência da autoridade celebrante.
§ 1º. Equipara-se à revogação a invalidade do mandato judicialmente decretada.
§ 2º A pessoa com deficiência mental ou intelectual em idade núbia poderá contrair matrimônio, expressando sua vontade diretamente ou por meio de seu responsável ou curador.

Art. 1.551. Não se anulará, por motivo de idade, o casamento de que resultou gravidez.

Art. 1.552. A anulação do casamento dos menores de dezesseis anos será requerida:
I. pelo próprio cônjuge menor;
II. por seus representantes legais;
III. por seus ascendentes.

Art. 1.553. O menor que não atingiu a idade núbil poderá, depois de completá-la, confirmar seu casamento, com a autorização de seus representantes legais, se necessária, ou com suprimento judicial.

Art. 1.554. Subsiste o casamento celebrado por aquele que, sem possuir a competência exigida na lei, exercer publicamente as funções de juiz de casamentos e, nessa qualidade, tiver registrado o ato no Registro Civil.

Art. 1.555. O casamento do menor em idade núbil, quando não autorizado por seu representante legal, só poderá ser anulado se a ação for proposta em cento e oitenta dias, por iniciativa do incapaz, ao deixar de sê-lo, de seus representantes legais ou de seus herdeiros necessários.
§ 1º O prazo estabelecido neste artigo será contado do dia em que cessou a incapacidade, no primeiro caso; a partir do casamento, no segundo; e, no terceiro, da morte do incapaz.
§ 2º Não se anulará o casamento quando à sua celebração houverem assistido os representantes legais do incapaz, ou tiverem, por qualquer modo, manifestado sua aprovação.

Art. 1.556. O casamento pode ser anulado por vício da vontade, se houve por parte de um dos nubentes, ao consentir, erro essencial quanto à pessoa do outro.

Art. 1.557. Considera-se erro essencial sobre a pessoa do outro cônjuge:
I. o que diz respeito à sua identidade, sua honra e boa fama, sendo esse erro tal que o seu conhecimento ulterior torne insuportável a vida em comum ao cônjuge enganado;
II. a ignorância de crime, anterior ao casamento, que, por sua natureza, torne insuportável a vida conjugal;
III. a ignorância, anterior ao casamento, de defeito físico irremediável que não caracterize deficiência ou de moléstia grave e transmissível, por contágio ou por herança, capaz de pôr em risco a saúde do outro cônjuge ou de sua descendência;
IV. (Revogado).

Art. 1.558. É anulável o casamento em virtude de coação, quando o consentimento de um ou de ambos os cônjuges houver sido captado mediante fundado temor de mal considerável e iminente para a vida, a saúde e a honra, sua ou de seus familiares.

Art. 1.559. Somente o cônjuge que incidiu em erro, ou sofreu coação, pode demandar a anulação do casamento; mas a coabitação, havendo ciência do vício, valida o ato, ressalvadas as hipóteses dos incisos III e IV do art. 1.557.

Art. 1.560. O prazo para ser intentada a ação de anulação do casamento, a contar da data da celebração, é de:

I. cento e oitenta dias, no caso do inciso IV do art. 1.550;
II. dois anos, se incompetente a autoridade celebrante;
III. três anos, nos casos dos incisos I a IV do art. 1.557;
IV. quatro anos, se houver coação.

§ 1º Extingue-se, em cento e oitenta dias, o direito de anular o casamento dos menores de dezesseis anos, contado o prazo para o menor do dia em que perfez essa idade; e da data do casamento, para seus representantes legais ou ascendentes.

§ 2º Na hipótese do inciso V do art. 1.550, o prazo para anulação do casamento é de cento e oitenta dias, a partir da data em que o mandante tiver conhecimento da celebração.

Art. 1.561. Embora anulável ou mesmo nulo, se contraído de boa-fé por ambos os cônjuges, o casamento, em relação a estes como aos filhos, produz todos os efeitos até o dia da sentença anulatória.

§ 1º Se um dos cônjuges estava de boa-fé ao celebrar o casamento, os seus efeitos civis só a ele e aos filhos aproveitarão.

§ 2º Se ambos os cônjuges estavam de má-fé ao celebrar o casamento, os seus efeitos civis só aos filhos aproveitarão.

Art. 1.562. Antes de mover a ação de nulidade do casamento, a de anulação, a de separação judicial, a de divórcio direto ou a de dissolução de união estável, poderá requerer a parte, comprovando sua necessidade, a separação de corpos, que será concedida pelo juiz com a possível brevidade.

Art. 1.563. A sentença que decretar a nulidade do casamento retroagirá à data da sua celebração, sem prejudicar a aquisição de direitos, a título oneroso, por terceiros de boa-fé, nem a resultante de sentença transitada em julgado.

Art. 1.564. Quando o casamento for anulado por culpa de um dos cônjuges, este incorrerá:
I. na perda de todas as vantagens havidas do cônjuge inocente;
II. na obrigação de cumprir as promessas que lhe fez no contrato antenupcial.

CAPÍTULO IX

Da Eficácia do Casamento

Art. 1.565. Pelo casamento, homem e mulher assumem mutuamente a condição de consortes, companheiros e responsáveis pelos encargos da família.

§ 1º Qualquer dos nubentes, querendo, poderá acrescer ao seu o sobrenome do outro.

§ 2º O planejamento familiar é de livre decisão do casal, competindo ao Estado propiciar recursos educacionais e financeiros para o exercício desse direito, vedado qualquer tipo de coerção por parte de instituições privadas ou públicas.

Art. 1.566. São deveres de ambos os cônjuges:
I. fidelidade recíproca;
II. vida em comum, no domicílio conjugal;
III. mútua assistência;
IV. sustento, guarda e educação dos filhos;
V. respeito e consideração mútuos.

Art. 1.567. A direção da sociedade conjugal será exercida, em colaboração, pelo marido e pela mulher, sempre no interesse do casal e dos filhos.

Parágrafo único. Havendo divergência, qualquer dos cônjuges poderá recorrer ao juiz, que decidirá tendo em consideração aqueles interesses.

Art. 1.568. Os cônjuges são obrigados a concorrer, na proporção de seus bens e dos rendimentos do trabalho, para o sustento da família e a educação dos filhos, qualquer que seja o regime patrimonial.

Art. 1.569. O domicílio do casal será escolhido por ambos os cônjuges, mas um e outro podem ausentar-se do domicílio conjugal para atender a encargos públicos, ao exercício de sua profissão, ou a interesses particulares relevantes.

Art. 1.570. Se qualquer dos cônjuges estiver em lugar remoto ou não sabido, encarcerado por mais de cento e oitenta dias, interditado judicialmente ou privado, episodicamente, de consciência, em virtude de enfermidade ou de acidente, o outro exercerá com exclusividade a direção da família, cabendo-lhe a administração dos bens.

CAPÍTULO X

Da Dissolução da Sociedade e do vínculo Conjugal

Art. 1.571. A sociedade conjugal termina:
I. pela morte de um dos cônjuges;
II. pela nulidade ou anulação do casamento;
III. pela separação judicial;
IV. pelo divórcio.

§ 1º O casamento válido só se dissolve pela morte de um dos cônjuges ou pelo divórcio, aplicando-se a presunção estabelecida neste Código quanto ao ausente.

§ 2º Dissolvido o casamento pelo divórcio direto ou por conversão, o cônjuge poderá manter o nome de casado; salvo, no segundo caso, dispondo em contrário a sentença de separação judicial.

Art. 1.572. Qualquer dos cônjuges poderá propor a ação de separação judicial, imputando ao outro qualquer ato que importe grave violação dos deveres do casamento e torne insuportável a vida em comum.

§ 1º A separação judicial pode também ser pedida se um dos cônjuges provar ruptura da vida em comum há mais de um ano e a impossibilidade de sua reconstituição.

§ 2º O cônjuge pode ainda pedir a separação judicial quando o outro estiver acometido de doença mental grave, manifestada após o casamento, que torne impossível a continuação da vida em comum, desde que, após uma duração de dois anos, a enfermidade tenha sido reconhecida de cura improvável.

§ 3º No caso do parágrafo 2º reverterão ao cônjuge enfermo, que não houver pedido a separação judicial, os remanescentes dos bens que levou para o casamento, e se o regime dos bens adotado o permitir, a meação dos adquiridos na constância da sociedade conjugal.

Art. 1.573. Podem caracterizar a impossibilidade da comunhão de vida a ocorrência de algum dos seguintes motivos:

I. adultério;
II. tentativa de morte;
III. sevícia ou injúria grave;
IV. abandono voluntário do lar conjugal, durante um ano contínuo;
V. condenação por crime infamante;
VI. conduta desonrosa.

Parágrafo único. O juiz poderá considerar outros fatos que tornem evidente a impossibilidade da vida em comum.

Art. 1.574. Dar-se-á a separação judicial por mútuo consentimento dos cônjuges se forem casados por mais de um ano e o manifestarem perante o juiz, sendo por ele devidamente homologada a convenção.

Parágrafo único. O juiz pode recusar a homologação e não decretar a separação judicial se apurar que a convenção não preserva suficientemente os interesses dos filhos ou de um dos cônjuges.

Art. 1.575. A sentença de separação judicial importa a separação de corpos e a partilha de bens.

Parágrafo único. A partilha de bens poderá ser feita mediante proposta dos cônjuges e homologada pelo juiz ou por este decidida.

Art. 1.576. A separação judicial põe termo aos deveres de coabitação e fidelidade recíproca e ao regime de bens.

Parágrafo único. O procedimento judicial da separação caberá somente aos cônjuges, e, no caso de incapacidade, serão representados pelo curador, pelo ascendente ou pelo irmão.

Art. 1.577. Seja qual for a causa da separação judicial e o modo como esta se faça, é lícito aos cônjuges restabelecer, a todo tempo, a sociedade conjugal, por ato regular em juízo.

Parágrafo único. A reconciliação em nada prejudicará o direito de terceiros, adquirido antes e durante o estado de separado, seja qual for o regime de bens.

Art. 1.578. O cônjuge declarado culpado na ação de separação judicial perde o direito de usar o sobrenome do outro, desde que expressamente requerido pelo cônjuge inocente e se a alteração não acarretar:

I. evidente prejuízo para a sua identificação;
II. manifesta distinção entre o seu nome de família e o dos filhos havidos da união dissolvida;
III. dano grave reconhecido na decisão judicial.

§ 1º O cônjuge inocente na ação de separação judicial poderá renunciar, a qualquer momento, ao direito de usar o sobrenome do outro.

§ 2º Nos demais casos caberá a opção pela conservação do nome de casado.

Art. 1.579. O divórcio não modificará os direitos e deveres dos pais em relação aos filhos.

Parágrafo único. Novo casamento de qualquer dos pais, ou de ambos, não poderá importar restrições aos direitos e deveres previstos neste artigo.

Art. 1.580. Decorrido um ano do trânsito em julgado da sentença que houver decretado a separação judicial, ou da decisão concessiva da medida cautelar de separação de corpos, qualquer das partes poderá requerer sua conversão em divórcio.

§ 1º A conversão em divórcio da separação judicial dos cônjuges será decretada por sentença, da qual não constará referência à causa que a determinou.

§ 2º O divórcio poderá ser requerido, por um ou por ambos os cônjuges, no caso de comprovada separação de fato por mais de dois anos.

Art. 1.581. O divórcio pode ser concedido sem que haja prévia partilha de bens.

Art. 1.582. O pedido de divórcio somente competirá aos cônjuges.

Parágrafo único. Se o cônjuge for incapaz para propor a ação ou defender-se, poderá fazê-lo o curador, o ascendente ou o irmão.

CAPÍTULO XI
Da Proteção da Pessoa dos Filhos

Art. 1.583. A guarda será unilateral ou compartilhada.

§ 1º Compreende-se por guarda unilateral a atribuída a um só dos genitores ou a alguém que o substitua (art. 1.584, § 5º) e, por guarda compartilhada a responsabilização conjunta e o exercício de direitos e deveres do pai e da mãe que não vivam sob o mesmo teto, concernentes ao poder familiar dos filhos comuns.

§ 2º Na guarda compartilhada, o tempo de convívio com os filhos deve ser dividido de forma equilibrada com a mãe e com o pai, sempre tendo em vista as condições fáticas e os interesses dos filhos.

I. (Revogado);
II. (Revogado);
III. (Revogado).

§ 3º Na guarda compartilhada, a cidade considerada base de moradia dos filhos será aquela que melhor atender aos interesses dos filhos.

§ 4º (Vetado).

§ 5º A guarda unilateral obriga o pai ou a mãe que não a detenha a supervisionar os interesses dos filhos, e, para possibilitar tal supervisão, qualquer dos genitores sempre será parte legítima para solicitar informações e/ou prestação de contas, objetivas ou subjetivas, em assuntos ou situações que direta ou indiretamente afetem a saúde física e psicológica e a educação de seus filhos.

Art. 1.584. A guarda, unilateral ou compartilhada, poderá ser:

I. requerida, por consenso, pelo pai e pela mãe, ou por qualquer deles, em ação autônoma de separação, de divórcio, de dissolução de união estável ou em medida cautelar;

II. decretada pelo juiz, em atenção a necessidades específicas do filho, ou em razão da distribuição de tempo necessário ao convívio deste com o pai e com a mãe.

§ 1º Na audiência de conciliação, o juiz informará ao pai e à mãe o significado da guarda compartilhada, a sua importância, a similitude de deveres e direitos atribuídos aos genitores e as sanções pelo descumprimento de suas cláusulas.

§ 2º Quando não houver acordo entre a mãe e o pai quanto à guarda do filho, encontrando-se ambos os genitores aptos a exercer o poder familiar, será aplicada a guarda compartilhada, salvo se um dos genitores declarar ao magistrado que não deseja a guarda do menor.

§ 3º Para estabelecer as atribuições do pai e da mãe e os períodos de convivência sob guarda compartilhada, o juiz, de ofício ou a requerimento do Ministério Público, poderá basear-se em orientação técnico-profissional ou de equipe interdisciplinar, que deverá visar à divisão equilibrada do tempo com o pai e com a mãe.

§ 4º A alteração não autorizada ou o descumprimento imotivado de cláusula de guarda unilateral ou compartilhada poderá implicar a redução de prerrogativas atribuídas ao seu detentor.

§ 5º Se o juiz verificar que o filho não deve permanecer sob a guarda do pai ou da mãe, deferirá a guarda a pessoa que revele compatibilidade com a natureza da medida, considerados, de preferência, o grau de parentesco e as relações de afinidade e afetividade.

§ 6º Qualquer estabelecimento público ou privado é obrigado a prestar informações a qualquer dos genitores sobre os filhos destes, sob pena de multa de R$ 200,00 (duzentos reais) a R$ 500,00 (quinhentos reais) por dia pelo não atendimento da solicitação.

Art. 1.585. Em sede de medida cautelar de separação de corpos, em sede de medida cautelar de guarda ou em outra sede de fixação liminar de guarda, a decisão sobre guarda de filhos, mesmo que provisória, será proferida preferencialmente após a oitiva de ambas as partes perante o juiz, salvo se a proteção aos interesses dos filhos exigir a concessão de liminar sem a oitiva da outra parte, aplicando-se as disposições do art. 1.584.

Art. 1.586. Havendo motivos graves, poderá o juiz, em qualquer caso, a bem dos filhos, regular de maneira diferente da estabelecida nos artigos antecedentes a situação deles para com os pais.

Art. 1.587. No caso de invalidade do casamento, havendo filhos comuns, observar-se-á o disposto nos arts. 1.584 e 1.586.

Art. 1.588. O pai ou a mãe que contrair novas núpcias não perde o direito de ter consigo os filhos, que só lhe poderão ser retirados por mandado judicial, provado que não são tratados convenientemente.

Art. 1.589. O pai ou a mãe, em cuja guarda não estejam os filhos, poderá visitá-los e tê-los em sua companhia, segundo o que acordar com o outro cônjuge, ou for fixado pelo juiz, bem como fiscalizar sua manutenção e educação.

Parágrafo único. O direito de visita estende-se a qualquer dos avós, a critério do juiz, observados os interesses da criança ou do adolescente.

Art. 1.590. As disposições relativas à guarda e prestação de alimentos aos filhos menores estendem-se aos maiores incapazes.

SUBTÍTULO II
Das Relações de Parentesco

CAPÍTULO I
Disposições Gerais

Art. 1.591. São parentes em linha reta as pessoas que estão umas para com as outras na relação de ascendentes e descendentes.

Art. 1.592. São parentes em linha colateral ou transversal, até o quarto grau, as pessoas provenientes de um só tronco, sem descenderem uma da outra.

Art. 1.593. O parentesco é natural ou civil, conforme resulte de consanguinidade ou outra origem.

Art. 1.594. Contam-se, na linha reta, os graus de parentesco pelo número de gerações, e, na colateral, também pelo número delas, subindo de um dos parentes até ao ascendente comum, e descendo até encontrar o outro parente.

Art. 1.595. Cada cônjuge ou companheiro é aliado aos parentes do outro pelo vínculo da afinidade.

§ 1º O parentesco por afinidade limita-se aos ascendentes, aos descendentes e aos irmãos do cônjuge ou companheiro.

§ 2º Na linha reta, a afinidade não se extingue com a dissolução do casamento ou da união estável.

CAPÍTULO II
Da Filiação

Art. 1.596. Os filhos, havidos ou não da relação de casamento, ou por adoção, terão os mesmos direitos e qualificações, proibidas quaisquer designações discriminatórias relativas à filiação.

Art. 1.597. Presumem-se concebidos na constância do casamento os filhos:

I. nascidos cento e oitenta dias, pelo menos, depois de estabelecida a convivência conjugal;

II. nascidos nos trezentos dias subsequentes à dissolução da sociedade conjugal, por morte, separação judicial, nulidade e anulação do casamento;

III. havidos por fecundação artificial homóloga, mesmo que falecido o marido;

IV. havidos, a qualquer tempo, quando se tratar de embriões excedentários, decorrentes de concepção artificial homóloga;

V. havidos por inseminação artificial heteróloga, desde que tenha prévia autorização do marido.

Art. 1.598. Salvo prova em contrário, se, antes de decorrido o prazo previsto no inciso II do art. 1.523, a mulher contrair novas núpcias e lhe nascer algum filho, este se presume do primeiro marido, se nascido dentro dos trezentos dias a contar da data do falecimento deste e, do segundo, se o nascimento ocorrer após esse período e já decorrido o prazo a que se refere o inciso I do art. 1.597.

Art. 1.599. A prova da impotência do cônjuge para gerar, à época da concepção, ilide a presunção da paternidade.

Art. 1.600. Não basta o adultério da mulher, ainda que confessado, para ilidir a presunção legal da paternidade.

Art. 1.601. Cabe ao marido o direito de contestar a paternidade dos filhos nascidos de sua mulher, sendo tal ação imprescritível.

Parágrafo único. Contestada a filiação, os herdeiros do impugnante têm direito de prosseguir na ação.

Art. 1.602. Não basta a confissão materna para excluir a paternidade.

Art. 1.603. A filiação prova-se pela certidão do termo de nascimento registrada no Registro Civil.

Art. 1.604. Ninguém pode vindicar estado contrário ao que resulta do registro de nascimento, salvo provando-se erro ou falsidade do registro.

Art. 1.605. Na falta, ou defeito, do termo de nascimento, poderá provar-se a filiação por qualquer modo admissível em direito:

I. quando houver começo de prova por escrito, proveniente dos pais, conjunta ou separadamente;

II. quando existirem veementes presunções resultantes de fatos já certos.

Art. 1.606. A ação de prova de filiação compete ao filho, enquanto viver, passando aos herdeiros, se ele morrer menor ou incapaz.

Parágrafo único. Se iniciada a ação pelo filho, os herdeiros poderão continuá-la, salvo se julgado extinto o processo.

CAPÍTULO III
Do Reconhecimento dos Filhos

Art. 1.607. O filho havido fora do casamento pode ser reconhecido pelos pais, conjunta ou separadamente.

Art. 1.608. Quando a maternidade constar do termo do nascimento do filho, a mãe só poderá contestá-la, provando a falsidade do termo, ou das declarações nele contidas.

Art. 1.609. O reconhecimento dos filhos havidos fora do casamento é irrevogável e será feito:

I. no registro do nascimento;

II. por escritura pública ou escrito particular, a ser arquivado em cartório;

III. por testamento, ainda que incidentalmente manifestado;

IV. por manifestação direta e expressa perante o juiz, ainda que o reconhecimento não haja sido o objeto único e principal do ato que o contém.

Parágrafo único. O reconhecimento pode preceder o nascimento do filho ou ser posterior ao seu falecimento, se ele deixar descendentes.

Art. 1.610. O reconhecimento não pode ser revogado, nem mesmo quando feito em testamento.

Art. 1.611. O filho havido fora do casamento, reconhecido por um dos cônjuges, não poderá residir no lar conjugal sem o consentimento do outro.

Art. 1.612. O filho reconhecido, enquanto menor, ficará sob a guarda do genitor que o reconheceu, e, se ambos o reconheceram e não houver acordo, sob a de quem melhor atender aos interesses do menor.

Art. 1.613. São ineficazes a condição e o termo apostos ao ato de reconhecimento do filho.

Art. 1.614. O filho maior não pode ser reconhecido sem o seu consentimento, e o menor pode impugnar o reconhecimento, nos quatro anos que se seguirem à maioridade, ou à emancipação.

Art. 1.615. Qualquer pessoa, que justo interesse tenha, pode contestar a ação de investigação de paternidade, ou maternidade.

Art. 1.616. A sentença que julgar procedente a ação de investigação produzirá os mesmos efeitos do reconhecimento; mas poderá ordenar que o filho se crie e eduque fora da companhia dos pais ou daquele que lhe contestou essa qualidade.

Art. 1.617. A filiação materna ou paterna pode resultar de casamento declarado nulo, ainda mesmo sem as condições do putativo.

CAPÍTULO IV
Da Adoção

Art. 1.618. A adoção de crianças e adolescentes será deferida na forma prevista pela Lei nº 8.069, de 13 de julho de 1990 – Estatuto da Criança e do Adolescente.

Art. 1.619. A adoção de maiores de 18 (dezoito) anos dependerá da assistência efetiva do poder público e de sentença constitutiva, aplicando-se, no que couber, as regras gerais da Lei nº 8.069, de 13 de julho de 1990 – Estatuto da Criança e do Adolescente.

Art. 1.620 (Revogado)
Art. 1.621 (Revogado)
Art. 1.622 (Revogado)
Art. 1.623 (Revogado)
Art. 1.624 (Revogado)
Art. 1.625 (Revogado)
Art. 1.626 (Revogado)
Art. 1.627 (Revogado)
Art. 1.628 (Revogado)
Art. 1.629 (Revogado)

CAPÍTULO V
Do Poder Familiar

SEÇÃO I
Disposições Gerais

Art. 1.630. Os filhos estão sujeitos ao poder familiar, enquanto menores.

Art. 1.631. Durante o casamento e a união estável, compete o poder familiar aos pais; na falta ou impedimento de um deles, o outro o exercerá com exclusividade.

Parágrafo único. Divergindo os pais quanto ao exercício do poder familiar, é assegurado a qualquer deles recorrer ao juiz para solução do desacordo.

Art. 1.632. A separação judicial, o divórcio e a dissolução da união estável não alteram as relações entre pais e filhos senão quanto ao direito, que aos primeiros cabe, de terem em sua companhia os segundos.

Art. 1.633. O filho, não reconhecido pelo pai, fica sob poder familiar exclusivo da mãe; se a mãe não for conhecida ou capaz de exercê-lo, dar-se-á tutor ao menor.

SEÇÃO II
Do Exercício do Poder Familiar

Art. 1.634. Compete a ambos os pais, qualquer que seja a sua situação conjugal, o pleno exercício do poder familiar, que consiste em, quanto aos filhos:
I. dirigir-lhes a criação e a educação;
II. exercer a guarda unilateral ou compartilhada nos termos do art. 1.584;
III. conceder-lhes ou negar-lhes consentimento para casarem;
IV. conceder-lhes ou negar-lhes consentimento para viajarem ao exterior;
V. conceder-lhes ou negar-lhes consentimento para mudarem sua residência permanente para outro Município;
VI. nomear-lhes tutor por testamento ou documento autêntico, se o outro dos pais não lhe sobreviver, ou o sobrevivo não puder exercer o poder familiar;
VII. representá-los judicial e extrajudicialmente até os 16 (dezesseis) anos, nos atos da vida civil, e assisti-los, após essa idade, nos atos em que forem partes, suprindo-lhes o consentimento;
VIII. reclamá-los de quem ilegalmente os detenha;
IX. exigir que lhes prestem obediência, respeito e os serviços próprios de sua idade e condição.

SEÇÃO III
Da Suspensão e Extinção do Poder Familiar

Art. 1.635. Extingue-se o poder familiar:
I. pela morte dos pais ou do filho;
II. pela emancipação, nos termos do art. 5º, parágrafo único;
III. pela maioridade;
IV. pela adoção;
V. por decisão judicial, na forma do artigo 1.638.

Art. 1.636. O pai ou a mãe que contrai novas núpcias, ou estabelece união estável, não perde, quanto aos filhos do relacionamento anterior, os direitos ao poder familiar, exercendo-os sem qualquer interferência do novo cônjuge ou companheiro.

Parágrafo único. Igual preceito ao estabelecido neste artigo aplica-se ao pai ou à mãe solteiros que casarem ou estabelecerem união estável.

Art. 1.637. Se o pai, ou a mãe, abusar de sua autoridade, faltando aos deveres a eles inerentes ou arruinando os bens dos filhos, cabe ao juiz, requerendo algum parente, ou o Ministério Público, adotar a medida que lhe pareça reclamada pela segurança do menor e seus haveres, até suspendendo o poder familiar, quando convenha.

Parágrafo único. Suspende-se igualmente o exercício do poder familiar ao pai ou à mãe condenados por sentença irrecorrível, em virtude de crime cuja pena exceda a dois anos de prisão.

Art. 1.638. Perderá por ato judicial o poder familiar o pai ou a mãe que:
I. castigar imoderadamente o filho;
II. deixar o filho em abandono;
III. praticar atos contrários à moral e aos bons costumes;
IV. incidir, reiteradamente, nas faltas previstas no artigo antecedente.
V. entregar de forma irregular o filho a terceiros para fins de adoção.

Parágrafo único. Perderá também por ato judicial o poder familiar aquele que:
I. praticar contra outrem igualmente titular do mesmo poder familiar:
a) homicídio, feminicídio ou lesão corporal de natureza grave ou seguida de morte, quando se tratar de crime doloso envolvendo violência doméstica e familiar ou menosprezo ou discriminação à condição de mulher;
b) estupro ou outro crime contra a dignidade sexual sujeito à pena de reclusão;
II. praticar contra filho, filha ou outro descendente:
a) homicídio, feminicídio ou lesão corporal de natureza grave ou seguida de morte, quando se tratar de crime doloso envolvendo violência doméstica e familiar ou menosprezo ou discriminação à condição de mulher;
b) estupro, estupro de vulnerável ou outro crime contra a dignidade sexual sujeito à pena de reclusão.

TÍTULO II
Do Direito Patrimonial

SUBTÍTULO I
Do Regime de Bens entre os Cônjuges

CAPÍTULO I
Disposições Gerais

Art. 1.639. É lícito aos nubentes, antes de celebrado o casamento, estipular, quanto aos seus bens, o que lhes aprouver.
§ 1º O regime de bens entre os cônjuges começa a vigorar desde a data do casamento.
§ 2º É admissível alteração do regime de bens, mediante autorização judicial em pedido motivado de ambos os cônjuges, apurada a procedência das razões invocadas e ressalvados os direitos de terceiros.

Art. 1.640. Não havendo convenção, ou sendo ela nula ou ineficaz, vigorará, quanto aos bens entre os cônjuges, o regime da comunhão parcial.
Parágrafo único. Poderão os nubentes, no processo de habilitação, optar por qualquer dos regimes que este código regula. Quanto à forma, reduzir-se-á a termo a opção pela comunhão parcial, fazendo-se o pacto antenupcial por escritura pública, nas demais escolhas.

Art. 1.641. É obrigatório o regime da separação de bens no casamento:
I. das pessoas que o contraírem com inobservância das causas suspensivas da celebração do casamento;
II. da pessoa maior de 70 (setenta) anos;
III. de todos os que dependerem, para casar, de suprimento judicial.

Art. 1.642. Qualquer que seja o regime de bens, tanto o marido quanto a mulher podem livremente:
I. praticar todos os atos de disposição e de administração necessários ao desempenho de sua profissão, com as limitações estabelecida no inciso I do art. 1.647;
II. administrar os bens próprios;
III. desobrigar ou reivindicar os imóveis que tenham sido gravados ou alienados sem o seu consentimento ou sem suprimento judicial;
IV. demandar a rescisão dos contratos de fiança e doação, ou a invalidação do aval, realizados pelo outro cônjuge com infração do disposto nos incisos III e IV do art. 1.647;
V. reivindicar os bens comuns, móveis ou imóveis, doados ou transferidos pelo outro cônjuge ao concubino, desde que provado que os bens não foram adquiridos pelo esforço comum destes, se o casal estiver separado de fato por mais de cinco anos;
VI. praticar todos os atos que não lhes forem vedados expressamente.

Art. 1.643. Podem os cônjuges, independentemente de autorização um do outro:
I. comprar, ainda a crédito, as coisas necessárias à economia doméstica;
II. obter, por empréstimo, as quantias que a aquisição dessas coisas possa exigir.

Art. 1.644. As dívidas contraídas para os fins do artigo antecedente obrigam solidariamente ambos os cônjuges.

Art. 1.645. As ações fundadas nos incisos III, IV e V do art. 1.642 competem ao cônjuge prejudicado e a seus herdeiros.

Art. 1.646. No caso dos incisos III e IV do art. 1.642, o terceiro, prejudicado com a sentença favorável ao autor, terá direito regressivo contra o cônjuge, que realizou o negócio jurídico, ou seus herdeiros.

Art. 1.647. Ressalvado o disposto no art. 1.648, nenhum dos cônjuges pode, sem autorização do outro, exceto no regime da separação absoluta:
I. alienar ou gravar de ônus real os bens imóveis;
II. pleitear, como autor ou réu, acerca desses bens ou direitos;
III. prestar fiança ou aval;
IV. fazer doação, não sendo remuneratória, de bens comuns, ou dos que possam integrar futura meação.
Parágrafo único. São válidas as doações nupciais feitas aos filhos quando casarem ou estabelecerem economia separada.

Art. 1.648. Cabe ao juiz, nos casos do artigo antecedente, suprir a outorga, quando um dos cônjuges a denegue sem motivo justo, ou lhe seja impossível concedê-la.

Art. 1.649. A falta de autorização, não suprida pelo juiz, quando necessária (art. 1.647), tornará anulável o ato praticado, podendo o outro cônjuge pleitear-lhe a anulação, até dois anos depois de terminada a sociedade conjugal.
Parágrafo único. A aprovação torna válido o ato, desde que feita por instrumento público, ou particular, autenticado.

Art. 1.650. A decretação de invalidade dos atos praticados sem outorga, sem consentimento, ou sem suprimento do juiz, só poderá ser demandada pelo cônjuge a quem cabia concedê-la, ou por seus herdeiros.

Art. 1.651. Quando um dos cônjuges não puder exercer a administração dos bens que lhe incumbe, segundo o regime de bens, caberá ao outro:
I. gerir os bens comuns e os do consorte;
II. alienar os bens móveis comuns;
III. alienar os imóveis comuns e os móveis ou imóveis do consorte, mediante autorização judicial.

Art. 1.652. O cônjuge, que estiver na posse dos bens particulares do outro, será para com este e seus herdeiros responsável:
I. como usufrutuário, se o rendimento for comum;
II. como procurador, se tiver mandato expresso ou tácito para os administrar;
III. como depositário, se não for usufrutuário, nem administrador.

CAPÍTULO II

Do Pacto Antenupcial

Art. 1.653. É nulo o pacto antenupcial se não for feito por escritura pública, e ineficaz se não lhe seguir o casamento.

Art. 1.654. A eficácia do pacto antenupcial, realizado por menor, fica condicionada à aprovação de seu representante legal, salvo as hipóteses de regime obrigatório de separação de bens.

Art. 1.655. É nula a convenção ou cláusula dela que contravenha disposição absoluta de lei.

Art. 1.656. No pacto antenupcial, que adotar o regime de participação final nos aquestos, poder-se-á convencionar a livre disposição dos bens imóveis, desde que particulares.

Art. 1.657. As convenções antenupciais não terão efeito perante terceiros senão depois de registradas, em livro especial, pelo oficial do Registro de Imóveis do domicílio dos cônjuges.

CAPÍTULO III

Do Regime de Comunhão Parcial

Art. 1.658. No regime de comunhão parcial, comunicam-se os bens que sobrevierem ao casal, na constância do casamento, com as exceções dos artigos seguintes.

Art. 1.659. Excluem-se da comunhão:
I. os bens que cada cônjuge possuir ao casar, e os que lhe sobrevierem, na constância do casamento, por doação ou sucessão, e os sub-rogados em seu lugar;
II. os bens adquiridos com valores exclusivamente pertencentes a um dos cônjuges em sub-rogação dos bens particulares;
III. as obrigações anteriores ao casamento;
IV. as obrigações provenientes de atos ilícitos, salvo reversão em proveito do casal;
V. os bens de uso pessoal, os livros e instrumentos de profissão;
VI. os proventos do trabalho pessoal de cada cônjuge;
VII. as pensões, meios-soldos, montepios e outras rendas semelhantes.

Art. 1.660. Entram na comunhão:
I. os bens adquiridos na constância do casamento por título oneroso, ainda que só em nome de um dos cônjuges;
II. os bens adquiridos por fato eventual, com ou sem o concurso de trabalho ou despesa anterior;
III. os bens adquiridos por doação, herança ou legado, em favor de ambos os cônjuges;
IV. as benfeitorias em bens particulares de cada cônjuge;
V. os frutos dos bens comuns, ou dos particulares de cada cônjuge, percebidos na constância do casamento, ou pendentes ao tempo de cessar a comunhão.

Art. 1.661. São incomunicáveis os bens cuja aquisição tiver por título uma causa anterior ao casamento.

Art. 1.662. No regime da comunhão parcial, presumem-se adquiridos na constância do casamento os bens móveis, quando não se provar que o foram em data anterior.

Art. 1.663. A administração do patrimônio comum compete a qualquer dos cônjuges.
§ 1º As dívidas contraídas no exercício da administração obrigam os bens comuns e particulares do cônjuge que os administra, e os do outro na razão do proveito que houver auferido.
§ 2º A anuência de ambos os cônjuges é necessária para os atos, a título gratuito, que impliquem cessão do uso ou gozo dos bens comuns.
§ 3º Em caso de malversação dos bens, o juiz poderá atribuir a administração a apenas um dos cônjuges.

Art. 1.664. Os bens da comunhão respondem pelas obrigações contraídas pelo marido ou pela mulher para atender aos encargos da família, às despesas de administração e às decorrentes de imposição legal.

Art. 1.665. A administração e a disposição dos bens constitutivos do patrimônio particular competem ao cônjuge proprietário, salvo convenção diversa em pacto antenupcial.

Art. 1.666. As dívidas, contraídas por qualquer dos cônjuges na administração de seus bens particulares e em benefício destes, não obrigam os bens comuns.

CAPÍTULO IV
Do Regime de Comunhão Universal

Art. 1.667. O regime de comunhão universal importa a comunicação de todos os bens presentes e futuros dos cônjuges e suas dívidas passivas, com as exceções do artigo seguinte.

Art. 1.668. São excluídos da comunhão:
I. os bens doados ou herdados com a cláusula de incomunicabilidade e os sub-rogados em seu lugar;
II. os bens gravados de fideicomisso e o direito do herdeiro fideicomissário, antes de realizada a condição suspensiva;
III. as dívidas anteriores ao casamento, salvo se provierem de despesas com seus aprestos, ou reverterem em proveito comum;
IV. as doações antenupciais feitas por um dos cônjuges ao outro com a cláusula de incomunicabilidade;
V. Os bens referidos nos incisos V a VII do art. 1.659.

Art. 1.669. A incomunicabilidade dos bens enumerados no artigo antecedente não se estende aos frutos, quando se percebam ou vençam durante o casamento.

Art. 1.670. Aplica-se ao regime da comunhão universal o disposto no Capítulo antecedente, quanto à administração dos bens.

Art. 1.671. Extinta a comunhão, e efetuada a divisão do ativo e do passivo, cessará a responsabilidade de cada um dos cônjuges para com os credores do outro.

CAPÍTULO V
Do Regime de Participação Final nos Aquestos

Art. 1.672. No regime de participação final nos aquestos, cada cônjuge possui patrimônio próprio, consoante disposto no artigo seguinte, e lhe cabe, à época da dissolução da sociedade conjugal, direito à metade dos bens adquiridos pelo casal, a título oneroso, na constância do casamento.

Art. 1.673. Integram o patrimônio próprio os bens que cada cônjuge possuía ao casar e os por ele adquiridos, a qualquer título, na constância do casamento.
Parágrafo único. A administração desses bens é exclusiva de cada cônjuge, que os poderá livremente alienar, se forem móveis.

Art. 1.674. Sobrevindo a dissolução da sociedade conjugal, apurar-se-á o montante dos aquestos, excluindo-se da soma dos patrimônios próprios:
I. os bens anteriores ao casamento e os que em seu lugar se sub-rogaram;
II. os que sobrevieram a cada cônjuge por sucessão ou liberalidade;
III. as dívidas relativas a esses bens.
Parágrafo único. Salvo prova em contrário, presumem-se adquiridos durante o casamento os bens móveis.

Art. 1.675. Ao determinar-se o montante dos aquestos, computar-se-á o valor das doações feitas por um dos cônjuges, sem a necessária autorização do outro; nesse caso, o bem poderá ser reivindicado pelo cônjuge prejudicado ou por seus herdeiros, ou declarado no monte partilhável, por valor equivalente ao da época da dissolução.

Art. 1.676. Incorpora-se ao monte o valor dos bens alienados em detrimento da meação, se não houver preferência do cônjuge lesado, ou de seus herdeiros, de os reivindicar.

Art. 1.677. Pelas dívidas posteriores ao casamento, contraídas por um dos cônjuges, somente este responderá, salvo prova de terem revertido, parcial ou totalmente, em benefício do outro.

Art. 1.678. Se um dos cônjuges solveu uma dívida do outro com bens do seu patrimônio, o valor do pagamento deve ser atualizado e imputado, na data da dissolução, à meação do outro cônjuge.

Art. 1.679. No caso de bens adquiridos pelo trabalho conjunto, terá cada um dos cônjuges uma quota igual no condomínio ou no crédito por aquele modo estabelecido.

Art. 1.680. As coisas móveis, em face de terceiros, presumem-se do domínio do cônjuge devedor, salvo se o bem for de uso pessoal do outro.

Art. 1.681. Os bens imóveis são de propriedade do cônjuge cujo nome constar no registro.

Parágrafo único. Impugnada a titularidade, caberá ao cônjuge proprietário provar a aquisição regular dos bens.

Art. 1.682. O direito à meação não é renunciável, cessível ou penhorável na vigência do regime matrimonial.

Art. 1.683. Na dissolução do regime de bens por separação judicial ou por divórcio, verificar-se-á o montante dos aquestos à data em que cessou a convivência.

Art. 1.684. Se não for possível nem conveniente a divisão de todos os bens em natureza, calcular-se-á o valor de alguns ou de todos para reposição em dinheiro ao cônjuge não-proprietário.

Parágrafo único. Não se podendo realizar a reposição em dinheiro, serão avaliados e, mediante autorização judicial, alienados tantos bens quantos bastarem.

Art. 1.685. Na dissolução da sociedade conjugal por morte, verificar-se-á a meação do cônjuge sobrevivente de conformidade com os artigos antecedentes, deferindo-se a herança aos herdeiros na forma estabelecida neste Código.

Art. 1.686. As dívidas de um dos cônjuges, quando superiores à sua meação, não obrigam ao outro, ou a seus herdeiros.

CAPÍTULO VI
Do Regime de Separação de Bens

Art. 1.687. Estipulada a separação de bens, estes permanecerão sob a administração exclusiva de cada um dos cônjuges, que os poderá livremente alienar ou gravar de ônus real.

Art. 1.688. Ambos os cônjuges são obrigados a contribuir para as despesas do casal na proporção dos rendimentos de seu trabalho e de seus bens, salvo estipulação em contrário no pacto antenupcial.

SUBTÍTULO II
Do Usufruto e da Administração dos Bens de Filhos Menores

Art. 1.689. O pai e a mãe, enquanto no exercício do poder familiar:
I. são usufrutuários dos bens dos filhos;
II. têm a administração dos bens dos filhos menores sob sua autoridade.

Art. 1.690. Compete aos pais, e na falta de um deles ao outro, com exclusividade, representar os filhos menores de dezesseis anos, bem como assisti-los até completarem a maioridade ou serem emancipados.

Parágrafo único. Os pais devem decidir em comum as questões relativas aos filhos e a seus bens; havendo divergência, poderá qualquer deles recorrer ao juiz para a solução necessária.

Art. 1.691. Não podem os pais alienar, ou gravar de ônus real os imóveis dos filhos, nem contrair, em nome deles, obrigações que ultrapassem os limites da simples administração, salvo por necessidade ou evidente interesse da prole, mediante prévia autorização do juiz.

Parágrafo único. Podem pleitear a declaração de nulidade dos atos previstos neste artigo:
I. os filhos;
II. os herdeiros;
III. o representante legal.

Art. 1.692. Sempre que no exercício do poder familiar colidir o interesse dos pais com o do filho, a requerimento deste ou do Ministério Público o juiz lhe dará curador especial.

Art. 1.693. Excluem-se do usufruto e da administração dos pais:
I. os bens adquiridos pelo filho havido fora do casamento, antes do reconhecimento;
II. os valores auferidos pelo filho maior de dezesseis anos, no exercício de atividade profissional e os bens com tais recursos adquiridos;
III. os bens deixados ou doados ao filho, sob a condição de não serem usufruídos, ou administrados, pelos pais;
IV. os bens que aos filhos couberem na herança, quando os pais forem excluídos da sucessão.

SUBTÍTULO III
Dos Alimentos

Art. 1.694. Podem os parentes, os cônjuges ou companheiros pedir uns aos outros os alimentos de que necessitem para viver de modo compatível com a sua condição social, inclusive para atender às necessidades de sua educação.

§ 1º Os alimentos devem ser fixados na proporção das necessidades do reclamante e dos recursos da pessoa obrigada.

§ 2º Os alimentos serão apenas os indispensáveis à subsistência, quando a situação de necessidade resultar de culpa de quem os pleiteia.

Art. 1.695. São devidos os alimentos quando quem os pretende não tem bens suficientes, nem pode prover, pelo seu trabalho, à própria mantença, e aquele, de quem se reclamam, pode fornecê-los, sem desfalque do necessário ao seu sustento.

Art. 1.696. O direito à prestação de alimentos é recíproco entre pais e filhos, e extensivo a todos os ascendentes, recaindo a obrigação nos mais próximos em grau, uns em falta de outros.

Art. 1.697. Na falta dos ascendentes cabe a obrigação aos descendentes, guardada a ordem de sucessão e, faltando estes, aos irmãos, assim germanos como unilaterais.

Art. 1.698. Se o parente, que deve alimentos em primeiro lugar, não estiver em condições de suportar totalmente o encargo, serão chamados a concorrer os de grau imediato; sendo várias as pessoas obrigadas a prestar alimentos, todas devem concorrer na proporção dos respectivos recursos, e, intentada ação contra uma delas, poderão as demais ser chamadas a integrar a lide.

Art. 1.699. Se, fixados os alimentos, sobrevier mudança na situação financeira de quem os supre, ou na de quem os recebe, poderá o interessado reclamar ao juiz, conforme as circunstâncias, exoneração, redução ou majoração do encargo.

Art. 1.700. A obrigação de prestar alimentos transmite-se aos herdeiros do devedor, na forma do art. 1.694.

Art. 1.701. A pessoa obrigada a suprir alimentos poderá pensionar o alimentando, ou dar-lhe hospedagem e sustento, sem prejuízo do dever de prestar o necessário à sua educação, quando menor.

Parágrafo único. Compete ao juiz, se as circunstâncias o exigirem, fixar a forma do cumprimento da prestação.

Art. 1.702. Na separação judicial litigiosa, sendo um dos cônjuges inocente e desprovido de recursos, prestar-lhe-á o outro a pensão alimentícia que o juiz fixar, obedecidos os critérios estabelecidos no art. 1.694.

Art. 1.703. Para a manutenção dos filhos, os cônjuges separados judicialmente contribuirão na proporção de seus recursos.

Art. 1.704. Se um dos cônjuges separados judicialmente vier a necessitar de alimentos, será o outro obrigado a prestá-los mediante pensão a ser fixada pelo juiz, caso não tenha sido declarado culpado na ação de separação judicial.

Parágrafo único. Se o cônjuge declarado culpado vier a necessitar de alimentos, e não tiver parentes em condições de prestá-los, nem aptidão para o trabalho, o outro cônjuge será obrigado a assegurá-los, fixando o juiz o valor indispensável à sobrevivência.

Art. 1.705. Para obter alimentos, o filho havido fora do casamento pode acionar o genitor, sendo facultado ao juiz determinar, a pedido de qualquer das partes, que a ação se processe em segredo de justiça.

Art. 1.706. Os alimentos provisionais serão fixados pelo juiz, nos termos da lei processual.

Art. 1.707. Pode o credor não exercer, porém lhe é vedado renunciar o direito a alimentos, sendo o respectivo crédito insuscetível de cessão, compensação ou penhora.

Art. 1.708. Com o casamento, a união estável ou o concubinato do credor, cessa o dever de prestar alimentos.

Parágrafo único. Com relação ao credor cessa, também, o direito a alimentos, se tiver procedimento indigno em relação ao devedor.

Art. 1.709. O novo casamento do cônjuge devedor não extingue a obrigação constante da sentença de divórcio.

Art. 1.710. As prestações alimentícias, de qualquer natureza, serão atualizadas segundo índice oficial regularmente estabelecido.

SUBTÍTULO IV
Do Bem de Família

Art. 1.711. Podem os cônjuges, ou a entidade familiar, mediante escritura pública ou testamento, destinar parte de seu patrimônio para instituir bem de família, desde que não ultrapasse um terço do patrimônio líquido existente ao tempo da instituição, mantidas as regras sobre a impenhorabilidade do imóvel residencial estabelecida em lei especial.

Parágrafo único. O terceiro poderá igualmente instituir bem de família por testamento ou doação, dependendo a eficácia do ato da aceitação expressa de ambos os cônjuges beneficiados ou da entidade familiar beneficiada.

Art. 1.712. O bem de família consistirá em prédio residencial urbano ou rural, com suas pertenças e acessórios, destinando-se em ambos os casos a domicílio familiar, e poderá abranger valores mobiliários, cuja renda será aplicada na conservação do imóvel e no sustento da família.

Art. 1.713. Os valores mobiliários, destinados aos fins previstos no artigo antecedente, não poderão exceder o valor do prédio instituído em bem de família, à época de sua instituição.

§ 1º Deverão os valores mobiliários ser devidamente individualizados no instrumento de instituição do bem de família.

§ 2º Se se tratar de títulos nominativos, a sua instituição como bem de família deverá constar dos respectivos livros de registro.

§ 3º O instituidor poderá determinar que a administração dos valores mobiliários seja confiada a instituição financeira, bem como disciplinar a forma de pagamento da respectiva renda aos beneficiários, caso em que a responsabilidade dos administradores obedecerá às regras do contrato de depósito.

Art. 1.714. O bem de família, quer instituído pelos cônjuges ou por terceiro, constitui-se pelo registro de seu título no Registro de Imóveis.

Art. 1.715. O bem de família é isento de execução por dívidas posteriores à sua instituição, salvo as que provierem de tributos relativos ao prédio, ou de despesas de condomínio.

Parágrafo único. No caso de execução pelas dívidas referidas neste artigo, o saldo existente será aplicado em outro prédio, como bem de família, ou em títulos da dívida pública, para sustento familiar, salvo se motivos relevantes aconselharem outra solução, a critério do juiz.

Art. 1.716. A isenção de que trata o artigo antecedente durará enquanto viver um dos cônjuges, ou, na falta destes, até que os filhos completem a maioridade.

Art. 1.717. O prédio e os valores mobiliários, constituídos como bem da família, não podem ter destino diverso do previsto no art. 1.712 ou serem alienados sem o consentimento dos interessados e seus representantes legais, ouvido o Ministério Público.

Art. 1.718. Qualquer forma de liquidação da entidade administradora, a que se refere o § 3º do art. 1.713, não atingirá os valores a ela confiados, ordenando o juiz a sua transferência para outra instituição semelhante, obedecendo-se, no caso de falência, ao disposto sobre pedido de restituição.

Art. 1.719. Comprovada a impossibilidade da manutenção do bem de família nas condições em que foi instituído, poderá o juiz, a requerimento dos interessados, extingui-lo ou autorizar a sub-rogação dos bens que o constituem em outros, ouvidos o instituidor e o Ministério Público.

Art. 1.720. Salvo disposição em contrário do ato de instituição, a administração do bem de família compete a ambos os cônjuges, resolvendo o juiz em caso de divergência.

Parágrafo único. Com o falecimento de ambos os cônjuges, a administração passará ao filho mais velho, se for maior, e, do contrário, a seu tutor.

Art. 1.721. A dissolução da sociedade conjugal não extingue o bem de família.

Parágrafo único. Dissolvida a sociedade conjugal pela morte de um dos cônjuges, o sobrevivente poderá pedir a extinção do bem de família, se for o único bem do casal.

Art. 1.722. Extingue-se, igualmente, o bem de família com a morte de ambos os cônjuges e a maioridade dos filhos, desde que não sujeitos a curatela.

TÍTULO III
Da União Estável

Art. 1.723. É reconhecida como entidade familiar a união estável entre o homem e a mulher, configurada na convivência pública, contínua e duradoura e estabelecida com o objetivo de constituição de família.

§ 1º A união estável não se constituirá se ocorrerem os impedimentos do art. 1.521; não se aplicando a incidência do inciso VI no caso de a pessoa casada se achar separada de fato ou judicialmente.

§ 2º As causas suspensivas do art. 1.523 não impedirão a caracterização da união estável.

Art. 1.724. As relações pessoais entre os companheiros obedecerão aos deveres de lealdade, respeito e assistência, e de guarda, sustento e educação dos filhos.

Art. 1.725. Na união estável, salvo contrato escrito entre os companheiros, aplica-se às relações patrimoniais, no que couber, o regime da comunhão parcial de bens.

Art. 1.726. A união estável poderá converter-se em casamento, mediante pedido dos companheiros ao juiz e assento no Registro Civil.

Art. 1.727. As relações não eventuais entre o homem e a mulher, impedidos de casar, constituem concubinato.

TÍTULO IV
Da Tutela, da Curatela e da Tomada de Decisão Apoiada

CAPÍTULO I
Da Tutela

SEÇÃO I
Dos Tutores

Art. 1.728. Os filhos menores são postos em tutela:
I. com o falecimento dos pais, ou sendo estes julgados ausentes;
II. em caso de os pais decaírem do poder familiar.

Art. 1.729. O direito de nomear tutor compete aos pais, em conjunto.
Parágrafo único. A nomeação deve constar de testamento ou de qualquer outro documento autêntico.

Art. 1.730. É nula a nomeação de tutor pelo pai ou pela mãe que, ao tempo de sua morte, não tinha o poder familiar.

Art. 1.731. Em falta de tutor nomeado pelos pais incumbe a tutela aos parentes consanguíneos do menor, por esta ordem:
I. aos ascendentes, preferindo o de grau mais próximo ao mais remoto;
II. aos colaterais até o terceiro grau, preferindo os mais próximos aos mais remotos, e, no mesmo grau, os mais velhos aos mais moços; em qualquer dos casos, o juiz escolherá entre eles o mais apto a exercer a tutela em benefício do menor.

Art. 1.732. O juiz nomeará tutor idôneo e residente no domicílio do menor:
I. na falta de tutor testamentário ou legítimo;
II. quando estes forem excluídos ou escusados da tutela;
III. quando removidos por não idôneos o tutor legítimo e o testamentário.

Art. 1.733. Aos irmãos órfãos dar-se-á um só tutor.
§ 1º No caso de ser nomeado mais de um tutor por disposição testamentária sem indicação de precedência, entende-se que a tutela foi cometida ao primeiro, e que os outros lhe sucederão pela ordem de nomeação, se ocorrer morte, incapacidade, escusa ou qualquer outro impedimento.
§ 2º Quem institui um menor herdeiro, ou legatário seu, poderá nomear-lhe curador especial para os bens deixados, ainda que o beneficiário se encontre sob o poder familiar, ou tutela.

Art. 1.734. As crianças e os adolescentes cujos pais forem desconhecidos, falecidos ou que tiverem sido suspensos ou destituídos do poder familiar terão tutores nomeados pelo Juiz ou serão incluídos em programa de colocação familiar, na forma prevista pela Lei nº 8.069, de 13 de julho de 1990 – Estatuto da Criança e do Adolescente.

SEÇÃO II
Dos Incapazes de Exercer a Tutela

Art. 1.735. Não podem ser tutores e serão exonerados da tutela, caso a exerçam:
I. aqueles que não tiverem a livre administração de seus bens;
II. aqueles que, no momento de lhes ser deferida a tutela, se acharem constituídos em obrigação para com o menor, ou tiverem que fazer valer direitos contra este, e aqueles cujos pais, filhos ou cônjuges tiverem demanda contra o menor;
III. os inimigos do menor, ou de seus pais, ou que tiverem sido por estes expressamente excluídos da tutela;
IV. os condenados por crime de furto, roubo, estelionato, falsidade, contra a família ou os costumes, tenham ou não cumprido pena;
V. as pessoas de mau procedimento, ou falhas em probidade, e as culpadas de abuso em tutorias anteriores;
VI. aqueles que exercerem função pública incompatível com a boa administração da tutela.

SEÇÃO III
Da Escusa dos Tutores

Art. 1.736. Podem escusar-se da tutela:
I. mulheres casadas;
II. maiores de sessenta anos;
III. aqueles que tiverem sob sua autoridade mais de três filhos;
IV. os impossibilitados por enfermidade;
V. aqueles que habitarem longe do lugar onde se haja de exercer a tutela;
VI. aqueles que já exercerem tutela ou curatela;
VII. militares em serviço.

Art. 1.737. Quem não for parente do menor não poderá ser obrigado a aceitar a tutela, se houver no lugar parente idôneo, consanguíneo ou afim, em condições de exercê-la.

Art. 1.738. A escusa apresentar-se-á nos dez dias subsequentes à designação, sob pena de entender-se renunciado o direito de alegá-la; se o motivo escusatório ocorrer depois de aceita a tutela, os dez dias contar-se-ão do em que ele sobrevier.

Art. 1.739. Se o juiz não admitir a escusa, exercerá o nomeado a tutela, enquanto o recurso interposto não tiver provimento, e responderá desde logo pelas perdas e danos que o menor venha a sofrer.

SEÇÃO IV
Do Exercício da Tutela

Art. 1.740. Incumbe ao tutor, quanto à pessoa do menor:
I. dirigir-lhe a educação, defendê-lo e prestar-lhe alimentos, conforme os seus haveres e condição;
II. reclamar do juiz que providencie, como houver por bem, quando o menor haja mister correção;
III. adimplir os demais deveres que normalmente cabem aos pais, ouvida a opinião do menor, se este já contar doze anos de idade.

Art. 1.741. Incumbe ao tutor, sob a inspeção do juiz, administrar os bens do tutelado, em proveito deste, cumprindo seus deveres com zelo e boa-fé.

Art. 1.742. Para fiscalização dos atos do tutor, pode o juiz nomear um protutor.

Art. 1.743. Se os bens e interesses administrativos exigirem conhecimentos técnicos, forem complexos, ou realizados em lugares distantes do domicílio do tutor, poderá este, mediante aprovação judicial, delegar a outras pessoas físicas ou jurídicas o exercício parcial da tutela.

Art. 1.744. A responsabilidade do juiz será:
I. direta e pessoal, quando não tiver nomeado o tutor, ou não o houver feito oportunamente;
II. subsidiária, quando não tiver exigido garantia legal do tutor, nem o removido, tanto que se tornou suspeito.

Art. 1.745. Os bens do menor serão entregues ao tutor mediante termo especificado deles e seus valores, ainda que os pais o tenham dispensado.
Parágrafo único. Se o patrimônio do menor for de valor considerável, poderá o juiz condicionar o exercício da tutela à prestação de caução bastante, podendo dispensá-la se o tutor for de reconhecida idoneidade.

Art. 1.746. Se o menor possuir bens, será sustentado e educado a expensas deles, arbitrando o juiz para tal fim as quantias que lhe pareçam necessárias, considerado o rendimento da fortuna do pupilo quando o pai ou a mãe não as houver fixado.

Art. 1.747. Compete mais ao tutor:
I. representar o menor, até os dezesseis anos, nos atos da vida civil, e assisti-lo, após essa idade, nos atos em que for parte;
II. receber as rendas e pensões do menor, e as quantias a ele devidas;
III. fazer-lhe as despesas de subsistência e educação, bem como as de administração, conservação e melhoramentos de seus bens;
IV. alienar os bens do menor destinados a venda;
V. promover-lhe, mediante preço conveniente, o arrendamento de bens de raiz.

Art. 1.748. Compete também ao tutor, com autorização do juiz:
I. pagar as dívidas do menor;
II. aceitar por ele heranças, legados ou doações, ainda que com encargos;
III. transigir;
IV. vender-lhe os bens móveis, cuja conservação não convier, e os imóveis nos casos em que for permitido;
V. propor em juízo as ações, ou nelas assistir o menor, e promover todas as diligências a bem deste, assim como defendê-lo nos pleitos contra ele movidos.
Parágrafo único. No caso de falta de autorização, a eficácia de ato do tutor depende da aprovação ulterior do juiz.

Art. 1.749. Ainda com a autorização judicial, não pode o tutor, sob pena de nulidade:
I. adquirir por si, ou por interposta pessoa, mediante contrato particular, bens móveis ou imóveis pertencentes ao menor;
II. dispor dos bens do menor a título gratuito;
III. constituir-se cessionário de crédito ou de direito, contra o menor.

Art. 1.750. Os imóveis pertencentes aos menores sob tutela somente podem ser vendidos quando houver manifesta vantagem, mediante prévia avaliação judicial e aprovação do juiz.

Art. 1.751. Antes de assumir a tutela, o tutor declarará tudo o que o menor lhe deva, sob pena de não lhe poder cobrar, enquanto exerça a tutoria, salvo provando que não conhecia o débito quando a assumiu.

Art. 1.752. O tutor responde pelos prejuízos que, por culpa, ou dolo, causar ao tutelado; mas tem direito a ser pago pelo que realmente despender no exercício da tutela, salvo no caso do art. 1.734, e a perceber remuneração proporcional à importância dos bens administrados.

§ 1º Ao protutor será arbitrada uma gratificação módica pela fiscalização efetuada.

§ 2º São solidariamente responsáveis pelos prejuízos as pessoas às quais competia fiscalizar a atividade do tutor, e as que concorreram para o dano.

SEÇÃO V
Dos Bens do Tutelado

Art. 1.753. Os tutores não podem conservar em seu poder dinheiro dos tutelados, além do necessário para as despesas ordinárias com o seu sustento, a sua educação e a administração de seus bens.

§ 1º Se houver necessidade, os objetos de ouro e prata, pedras preciosas e móveis serão avaliados por pessoa idônea e, após autorização judicial, alienados, e o seu produto convertido em títulos, obrigações e letras de responsabilidade direta ou indireta da União ou dos Estados, atendendo-se preferentemente à rentabilidade, e recolhidos ao estabelecimento bancário oficial ou aplicado na aquisição de imóveis, conforme for determinado pelo juiz.

§ 2º O mesmo destino previsto no parágrafo antecedente terá o dinheiro proveniente de qualquer outra procedência.

§ 3º Os tutores respondem pela demora na aplicação dos valores acima referidos, pagando os juros legais desde o dia em que deveriam dar esse destino, o que não os exime da obrigação, que o juiz fará efetiva, da referida aplicação.

Art. 1.754. Os valores que existirem em estabelecimento bancário oficial, na forma do artigo antecedente, não se poderão retirar, senão mediante ordem do juiz, e somente:

I. para as despesas com o sustento e educação do tutelado, ou a administração de seus bens;

II. para se comprarem bens imóveis e títulos, obrigações ou letras, nas condições previstas no § 1º do artigo antecedente;

III. para se empregarem em conformidade com o disposto por quem os houver doado, ou deixado;

IV. para se entregarem aos órfãos, quando emancipados, ou maiores, ou, mortos eles, aos seus herdeiros.

SEÇÃO VI
Da Prestação de Contas

Art. 1.755. Os tutores, embora o contrário tivessem disposto os pais dos tutelados, são obrigados a prestar contas da sua administração.

Art. 1.756. No fim de cada ano de administração, os tutores submeterão ao juiz o balanço respectivo, que, depois de aprovado, se anexará aos autos do inventário.

Art. 1.757. Os tutores prestarão contas de dois em dois anos, e também quando, por qualquer motivo, deixarem o exercício da tutela ou toda vez que o juiz achar conveniente.

Parágrafo único. As contas serão prestadas em juízo, e julgadas depois da audiência dos interessados, recolhendo o tutor imediatamente a estabelecimento bancário oficial os saldos, ou adquirindo bens imóveis, ou títulos, obrigações ou letras, na forma do § 1º do art. 1.753.

Art. 1.758. Finda a tutela pela emancipação ou maioridade, a quitação do menor não produzirá efeito antes de aprovadas as contas pelo juiz, subsistindo inteira, até então, a responsabilidade do tutor.

Art. 1.759. Nos casos de morte, ausência, ou interdição do tutor, as contas serão prestadas por seus herdeiros ou representantes.

Art. 1.760. Serão levadas a crédito do tutor todas as despesas justificadas e reconhecidamente proveitosas ao menor.

Art. 1.761. As despesas com a prestação das contas serão pagas pelo tutelado.

Art. 1.762. O alcance do tutor, bem como o saldo contra o tutelado, são dívidas de valor e vencem juros desde o julgamento definitivo das contas.

SEÇÃO VII
Da Cessação da Tutela

Art. 1.763. Cessa a condição de tutelado:

I. com a maioridade ou a emancipação do menor;

II. ao cair o menor sob o poder familiar, no caso de reconhecimento ou adoção.

Art. 1.764. Cessam as funções do tutor:
I. ao expirar o termo, em que era obrigado a servir;
II. ao sobrevir escusa legítima;
III. ao ser removido.

Art. 1.765. O tutor é obrigado a servir por espaço de dois anos.

Parágrafo único. Pode o tutor continuar no exercício da tutela, além do prazo previsto neste artigo, se o quiser e o juiz julgar conveniente ao menor.

Art. 1.766. Será destituído o tutor, quando negligente, prevaricador ou incurso em incapacidade.

CAPÍTULO II

Da Curatela

SEÇÃO I
Dos Interditos

Art. 1.767. Estão sujeitos a curatela:
I. aqueles que, por causa transitória ou permanente, não puderem exprimir sua vontade;
II. (Revogado);
III. os ébrios habituais e os viciados em tóxico;
IV. (Revogado);
V. os pródigos.

Art. 1.768. (Revogado)
Art. 1.769. (Revogado)
Art. 1.770. (Revogado)
Art. 1.771. (Revogado)
Art. 1.772. (Revogado)
Art. 1.773. (Revogado)

Art. 1.774. Aplicam-se à curatela as disposições concernentes à tutela, com as modificações dos artigos seguintes.

Art. 1.775. O cônjuge ou companheiro, não separado judicialmente ou de fato, é, de direito, curador do outro, quando interdito.

§1º Na falta do cônjuge ou companheiro, é curador legítimo o pai ou a mãe; na falta destes, o descendente que se demonstrar mais apto.

§ 2º Entre os descendentes, os mais próximos precedem aos mais remotos.

§ 3º Na falta das pessoas mencionadas neste artigo, compete ao juiz a escolha do curador.

Art. 1.775-A. Na nomeação de curador para a pessoa com deficiência, o juiz poderá estabelecer curatela compartilhada a mais de uma pessoa.

Art. 1.776. (Revogado)

Art. 1.777. As pessoas referidas no inciso I do art. 1.767 receberão todo o apoio necessário para ter preservado o direito à convivência familiar e comunitária, sendo evitado o seu recolhimento em estabelecimento que os afaste desse convívio.

Art. 1.778. A autoridade do curador estende-se à pessoa e aos bens dos filhos do curatelado, observado o art. 5º.

SEÇÃO II
Da Curatela do Nascituro e do Enfermo ou Portador de Deficiência Física

Art. 1.779. Dar-se-á curador ao nascituro, se o pai falecer estando grávida a mulher, e não tendo o poder familiar.

Parágrafo único. Se a mulher estiver interdita, seu curador será o do nascituro.

Art. 1.780. (Revogado)

SEÇÃO III
Do Exercício da Curatela

Art. 1.781. As regras a respeito do exercício da tutela aplicam-se ao da curatela, com a restrição do art. 1.772 e as desta Seção.

Art. 1.782. A interdição do pródigo só o privará de, sem curador, emprestar, transigir, dar quitação, alienar, hipotecar, demandar ou ser demandado, e praticar, em geral, os atos que não sejam de mera administração.

Art. 1.783. Quando o curador for o cônjuge e o regime de bens do casamento for de comunhão universal, não será obrigado à prestação de contas, salvo determinação judicial.

CAPÍTULO III

Da Tomada de Decisão Apoiada

Art. 1.783-A. A tomada de decisão apoiada é o processo pelo qual a pessoa com deficiência elege pelo menos 2 (duas) pessoas idôneas, com as quais mantenha vínculos e que gozem de sua confiança, para prestar-lhe apoio na tomada de decisão sobre atos da vida civil, fornecendo-lhes os elementos e informações necessários para que possa exercer sua capacidade.

§ 1º Para formular pedido de tomada de decisão apoiada, a pessoa com deficiência e os apoiadores devem apresentar termo em que constem os limites do apoio a ser oferecido e os compromissos dos apoiadores, inclusive o prazo de vigência do acordo e o respeito à vontade, aos direitos e aos interesses da pessoa que devem apoiar.

§ 2º O pedido de tomada de decisão apoiada será requerido pela pessoa a ser apoiada, com indicação expressa das pessoas aptas a prestarem o apoio previsto no caput deste artigo.

§ 3º Antes de se pronunciar sobre o pedido de tomada de decisão apoiada, o juiz, assistido por equipe multidisciplinar, após oitiva do Ministério Público, ouvirá pessoalmente o requerente e as pessoas que lhe prestarão apoio.

§ 4º A decisão tomada por pessoa apoiada terá validade e efeitos sobre terceiros, sem restrições, desde que esteja inserida nos limites do apoio acordado.

§ 5º Terceiro com quem a pessoa apoiada mantenha relação negocial pode solicitar que os apoiadores contra-assinem o contrato ou acordo, especificando, por escrito, sua função em relação ao apoiado.

§ 6º Em caso de negócio jurídico que possa trazer risco ou prejuízo relevante, havendo divergência de opiniões entre a pessoa apoiada e um dos apoiadores, deverá o juiz, ouvido o Ministério Público, decidir sobre a questão.

§ 7º Se o apoiador agir com negligência, exercer pressão indevida ou não adimplir as obrigações assumidas, poderá a pessoa apoiada ou qualquer pessoa apresentar denúncia ao Ministério Público ou ao juiz.

§ 8º Se procedente a denúncia, o juiz destituirá o apoiador e nomeará, ouvida a pessoa apoiada e se for de seu interesse, outra pessoa para prestação de apoio.

§ 9º A pessoa apoiada pode, a qualquer tempo, solicitar o término de acordo firmado em processo de tomada de decisão apoiada.

§ 10º O apoiador pode solicitar ao juiz a exclusão de sua participação do processo de tomada de decisão apoiada, sendo seu desligamento condicionado à manifestação do juiz sobre a matéria.

§ 11º Aplicam-se à tomada de decisão apoiada, no que couber, as disposições referentes à prestação de contas na curatela.

LIVRO V
Do Direito das Sucessões

TÍTULO I
Da Sucessão Em Geral

CAPÍTULO I
Disposições Gerais

Art. 1.784. Aberta a sucessão, a herança transmite-se, desde logo, aos herdeiros legítimos e testamentários.

Art. 1.785. A sucessão abre-se no lugar do último domicílio do falecido.

Art. 1.786. A sucessão dá-se por lei ou por disposição de última vontade.

Art. 1.787. Regula a sucessão e a legitimação para suceder a lei vigente ao tempo da abertura daquela.

Art. 1.788. Morrendo a pessoa sem testamento, transmite a herança aos herdeiros legítimos; o mesmo ocorrerá quanto aos bens que não forem compreendidos no testamento; e subsiste a sucessão legítima se o testamento caducar, ou for julgado nulo.

Art. 1.789. Havendo herdeiros necessários, o testador só poderá dispor da metade da herança.

Art. 1.790. A companheira ou o companheiro participará da sucessão do outro, quanto aos bens adquiridos onerosamente na vigência da união estável, nas condições seguintes: (Vide Recurso Extraordinário nº 646.721) (Vide Recurso Extraordinário nº 878.694)

I. se concorrer com filhos comuns, terá direito a uma quota equivalente à que por lei for atribuída ao filho;

II. se concorrer com descendentes só do autor da herança, tocar-lhe-á a metade do que couber a cada um daqueles;

III. se concorrer com outros parentes sucessíveis, terá direito a um terço da herança;

IV. não havendo parentes sucessíveis, terá direito à totalidade da herança.

CAPÍTULO II
Da Herança e de sua Administração

Art. 1.791. A herança defere-se como um todo unitário, ainda que vários sejam os herdeiros.

Parágrafo único. Até a partilha, o direito dos co-herdeiros, quanto à propriedade e posse da herança, será indivisível, e regular-se-á pelas normas relativas ao condomínio.

Art. 1.792. O herdeiro não responde por encargos superiores às forças da herança; incumbe-lhe, porém, a prova do excesso, salvo se houver inventário que a escuse, demonstrando o valor dos bens herdados.

Art. 1.793. O direito à sucessão aberta, bem como o quinhão de que disponha o co-herdeiro, pode ser objeto de cessão por escritura pública.

§ 1º Os direitos, conferidos ao herdeiro em consequência de substituição ou de direito de acrescer, presumem-se não abrangidos pela cessão feita anteriormente.

§ 2º É ineficaz a cessão, pelo co-herdeiro, de seu direito hereditário sobre qualquer bem da herança considerado singularmente.

§ 3º Ineficaz é a disposição, sem prévia autorização do juiz da sucessão, por qualquer herdeiro, de bem componente do acervo hereditário, pendente a indivisibilidade.

Art. 1.794. O co-herdeiro não poderá ceder a sua quota hereditária a pessoa estranha à sucessão, se outro co-herdeiro a quiser, tanto por tanto.

Art. 1.795. O co-herdeiro, a quem não se der conhecimento da cessão, poderá, depositado o preço, haver para si a quota cedida a estranho, se o requerer até cento e oitenta dias após a transmissão.

Parágrafo único. Sendo vários os co-herdeiros a exercer a preferência, entre eles se distribuirá o quinhão cedido, na proporção das respectivas quotas hereditárias.

Art. 1.796. No prazo de trinta dias, a contar da abertura da sucessão, instaurar-se-á inventário do patrimônio hereditário, perante o juízo competente no lugar da sucessão, para fins de liquidação e, quando for o caso, de partilha da herança.

Art. 1.797. Até o compromisso do inventariante, a administração da herança caberá, sucessivamente:

I. ao cônjuge ou companheiro, se com o outro convivia ao tempo da abertura da sucessão;

II. ao herdeiro que estiver na posse e administração dos bens, e, se houver mais de um nessas condições, ao mais velho;

III. ao testamenteiro;

IV. a pessoa de confiança do juiz, na falta ou escusa das indicadas nos incisos antecedentes, ou quando tiverem de ser afastadas por motivo grave levado ao conhecimento do juiz.

CAPÍTULO III
Da Vocação Hereditária

Art. 1.798. Legitimam-se a suceder as pessoas nascidas ou já concebidas no momento da abertura da sucessão.

Art. 1.799. Na sucessão testamentária podem ainda ser chamados a suceder:

I. os filhos, ainda não concebidos, de pessoas indicadas pelo testador, desde que vivas estas ao abrir-se a sucessão;

II. as pessoas jurídicas;

III. as pessoas jurídicas, cuja organização for determinada pelo testador sob a forma de fundação.

Art. 1.800. No caso do inciso I do artigo antecedente, os bens da herança serão confiados, após a liquidação ou partilha, a curador nomeado pelo juiz.

§ 1º Salvo disposição testamentária em contrário, a curatela caberá à pessoa cujo filho o testador esperava ter por herdeiro, e, sucessivamente, às pessoas indicadas no art. 1.775.

§ 2º Os poderes, deveres e responsabilidades do curador, assim nomeado, regem-se pelas disposições concernentes à curatela dos incapazes, no que couber.

§ 3º Nascendo com vida o herdeiro esperado, ser-lhe--á deferida a sucessão, com os frutos e rendimentos relativos à deixa, a partir da morte do testador.

§ 4º Se, decorridos dois anos após a abertura da sucessão, não for concebido o herdeiro esperado, os bens reservados, salvo disposição em contrário do testador, caberão aos herdeiros legítimos.

Art. 1.801. Não podem ser nomeados herdeiros nem legatários:

I. a pessoa que, a rogo, escreveu o testamento, nem o seu cônjuge ou companheiro, ou os seus ascendentes e irmãos;

II. as testemunhas do testamento;

III. o concubino do testador casado, salvo se este, sem culpa sua, estiver separado de fato do cônjuge há mais de cinco anos;

IV. o tabelião, civil ou militar, ou o comandante ou escrivão, perante quem se fizer, assim como o que fizer ou aprovar o testamento.

Art. 1.802. São nulas as disposições testamentárias em favor de pessoas não legitimadas a suceder, ainda quando simuladas sob a forma de contrato oneroso, ou feitas mediante interposta pessoa.

Parágrafo único. Presumem-se pessoas interpostas os ascendentes, os descendentes, os irmãos e o cônjuge ou companheiro do não legitimado a suceder.

Art. 1.803. É lícita a deixa ao filho do concubino, quando também o for do testador.

CAPÍTULO IV
Da Aceitação e Renúncia da Herança

Art. 1.804. Aceita a herança, torna-se definitiva a sua transmissão ao herdeiro, desde a abertura da sucessão.

Parágrafo único. A transmissão tem-se por não verificada quando o herdeiro renuncia à herança.

Art. 1.805. A aceitação da herança, quando expressa, faz-se por declaração escrita; quando tácita, há de resultar tão-somente de atos próprios da qualidade de herdeiro.

§ 1º Não exprimem aceitação de herança os atos oficiosos, como o funeral do finado, os meramente conservatórios, ou os de administração e guarda provisória.

§ 2º Não importa igualmente aceitação a cessão gratuita, pura e simples, da herança, aos demais co-herdeiros.

Art. 1.806. A renúncia da herança deve constar expressamente de instrumento público ou termo judicial.

Art. 1.807. O interessado em que o herdeiro declare se aceita, ou não, a herança, poderá, vinte dias após aberta a sucessão, requerer ao juiz prazo razoável, não maior de trinta dias, para, nele, se pronunciar o herdeiro, sob pena de se haver a herança por aceita.

Art. 1.808. Não se pode aceitar ou renunciar a herança em parte, sob condição ou a termo.

§ 1º O herdeiro, a quem se testarem legados, pode aceitá-los, renunciando a herança; ou, aceitando-a, repudiá-los.

§ 2º O herdeiro, chamado, na mesma sucessão, a mais de um quinhão hereditário, sob títulos sucessórios diversos, pode livremente deliberar quanto aos quinhões que aceita e aos que renuncia.

Art. 1.809. Falecendo o herdeiro antes de declarar se aceita a herança, o poder de aceitar passa-lhe aos herdeiros, a menos que se trate de vocação adstrita a uma condição suspensiva, ainda não verificada.

Parágrafo único. Os chamados à sucessão do herdeiro falecido antes da aceitação, desde que concordem em receber a segunda herança, poderão aceitar ou renunciar a primeira.

Art. 1.810. Na sucessão legítima, a parte do renunciante acresce à dos outros herdeiros da mesma classe e, sendo ele o único desta, devolve-se aos da subsequente.

Art. 1.811. Ninguém pode suceder, representando herdeiro renunciante. Se, porém, ele for o único legítimo da sua classe, ou se todos os outros da mesma classe renunciarem a herança, poderão os filhos vir à sucessão, por direito próprio, e por cabeça.

Art. 1.812. São irrevogáveis os atos de aceitação ou de renúncia da herança.

Art. 1.813. Quando o herdeiro prejudicar os seus credores, renunciando à herança, poderão eles, com autorização do juiz, aceitá-la em nome do renunciante.

§ 1º A habilitação dos credores se fará no prazo de trinta dias seguintes ao conhecimento do fato.

§ 2º Pagas as dívidas do renunciante, prevalece a renúncia quanto ao remanescente, que será devolvido aos demais herdeiros.

CAPÍTULO V
Dos Excluídos da Sucessão

Art. 1.814. São excluídos da sucessão os herdeiros ou legatários:

I. que houverem sido autores, coautores ou partícipes de homicídio doloso, ou tentativa deste, contra a pessoa de cuja sucessão se tratar, seu cônjuge, companheiro, ascendente ou descendente;

II. que houverem acusado caluniosamente em juízo o autor da herança ou incorrerem em crime contra a sua honra, ou de seu cônjuge ou companheiro;

III. que, por violência ou meios fraudulentos, inibirem ou obstarem o autor da herança de dispor livremente de seus bens por ato de última vontade.

Art. 1.815. A exclusão do herdeiro ou legatário, em qualquer desses casos de indignidade, será declarada por sentença.

§ 1º O direito de demandar a exclusão do herdeiro ou legatário extingue-se em quatro anos, contados da abertura da sucessão.

§ 2º Na hipótese do inciso I do art. 1.814, o Ministério Público tem legitimidade para demandar a exclusão do herdeiro ou legatário.

Art. 1.816. São pessoais os efeitos da exclusão; os descendentes do herdeiro excluído sucedem, como se ele morto fosse antes da abertura da sucessão.
Parágrafo único. O excluído da sucessão não terá direito ao usufruto ou à administração dos bens que a seus sucessores couberem na herança, nem à sucessão eventual desses bens.
Art. 1.817. São válidas as alienações onerosas de bens hereditários a terceiros de boa-fé, e os atos de administração legalmente praticados pelo herdeiro, antes da sentença de exclusão; mas aos herdeiros subsiste, quando prejudicados, o direito de demandar-lhe perdas e danos.
Parágrafo único. O excluído da sucessão é obrigado a restituir os frutos e rendimentos que dos bens da herança houver percebido, mas tem direito a ser indenizado das despesas com a conservação deles.
Art. 1.818. Aquele que incorreu em atos que determinem a exclusão da herança será admitido a suceder, se o ofendido o tiver expressamente reabilitado em testamento, ou em outro ato autêntico.
Parágrafo único. Não havendo reabilitação expressa, o indigno, contemplado em testamento do ofendido, quando o testador, ao testar, já conhecia a causa da indignidade, pode suceder no limite da disposição testamentária.

CAPÍTULO VI
Da Herança Jacente

Art. 1.819. Falecendo alguém sem deixar testamento nem herdeiro legítimo notoriamente conhecido, os bens da herança, depois de arrecadados, ficarão sob a guarda e administração de um curador, até a sua entrega ao sucessor devidamente habilitado ou à declaração de sua vacância.
Art. 1.820. Praticadas as diligências de arrecadação e ultimado o inventário, serão expedidos editais na forma da lei processual, e, decorrido um ano de sua primeira publicação, sem que haja herdeiro habilitado, ou penda habilitação, será a herança declarada vacante.
Art. 1.821. É assegurado aos credores o direito de pedir o pagamento das dívidas reconhecidas, nos limites das forças da herança.
Art. 1.822. A declaração de vacância da herança não prejudicará os herdeiros que legalmente se habilitarem; mas, decorridos cinco anos da abertura da sucessão, os bens arrecadados passarão ao domínio do Município ou do Distrito Federal, se localizados nas respectivas circunscrições, incorporando-se ao domínio da União quando situados em território federal.
Parágrafo único. Não se habilitando até a declaração de vacância, os colaterais ficarão excluídos da sucessão.
Art. 1.823. Quando todos os chamados a suceder renunciarem à herança, será esta desde logo declarada vacante.

CAPÍTULO VII
Da petição de herança

Art. 1.824. O herdeiro pode, em ação de petição de herança, demandar o reconhecimento de seu direito sucessório, para obter a restituição da herança, ou de parte dela, contra quem, na qualidade de herdeiro, ou mesmo sem título, a possua.
Art. 1.825. A ação de petição de herança, ainda que exercida por um só dos herdeiros, poderá compreender todos os bens hereditários.
Art. 1.826. O possuidor da herança está obrigado à restituição dos bens do acervo, fixando-se-lhe a responsabilidade segundo a sua posse, observado o disposto nos arts. 1.214 a 1.222.
Parágrafo único. A partir da citação, a responsabilidade do possuidor se há de aferir pelas regras concernentes à posse de má-fé e à mora.
Art. 1.827. O herdeiro pode demandar os bens da herança, mesmo em poder de terceiros, sem prejuízo da responsabilidade do possuidor originário pelo valor dos bens alienados.
Parágrafo único. São eficazes as alienações feitas, a título oneroso, pelo herdeiro aparente a terceiro de boa-fé.
Art. 1.828. O herdeiro aparente, que de boa-fé houver pago um legado, não está obrigado a prestar o equivalente ao verdadeiro sucessor, ressalvado a este o direito de proceder contra quem o recebeu.

TÍTULO II

DA SUCESSÃO LEGÍTIMA

CAPÍTULO I

Da Ordem da Vocação Hereditária

Art. 1.829. A sucessão legítima defere-se na ordem seguinte: (Vide Recurso Extraordinário nº 646.721) (Vide Recurso Extraordinário nº 878.694)
I. aos descendentes, em concorrência com o cônjuge sobrevivente, salvo se casado este com o falecido no regime da comunhão universal, ou no da separação obrigatória de bens (art. 1.640, parágrafo único); ou se, no regime da comunhão parcial, o autor da herança não houver deixado bens particulares;
II. aos ascendentes, em concorrência com o cônjuge;
III. ao cônjuge sobrevivente;
IV. aos colaterais.

Art. 1.830. Somente é reconhecido direito sucessório ao cônjuge sobrevivente se, ao tempo da morte do outro, não estavam separados judicialmente, nem separados de fato há mais de dois anos, salvo prova, neste caso, de que essa convivência se tornara impossível sem culpa do sobrevivente.

Art. 1.831. Ao cônjuge sobrevivente, qualquer que seja o regime de bens, será assegurado, sem prejuízo da participação que lhe caiba na herança, o direito real de habitação relativamente ao imóvel destinado à residência da família, desde que seja o único daquela natureza a inventariar.

Art. 1.832. Em concorrência com os descendentes (art. 1.829, inciso I) caberá ao cônjuge quinhão igual ao dos que sucederem por cabeça, não podendo a sua quota ser inferior à quarta parte da herança, se for ascendente dos herdeiros com que concorrer.

Art. 1.833. Entre os descendentes, os em grau mais próximo excluem os mais remotos, salvo o direito de representação.

Art. 1.834. Os descendentes da mesma classe têm os mesmos direitos à sucessão de seus ascendentes.

Art. 1.835. Na linha descendente, os filhos sucedem por cabeça, e os outros descendentes, por cabeça ou por estirpe, conforme se achem ou não no mesmo grau.

Art. 1.836. Na falta de descendentes, são chamados à sucessão os ascendentes, em concorrência com o cônjuge sobrevivente.

§ 1º Na classe dos ascendentes, o grau mais próximo exclui o mais remoto, sem distinção de linhas.
§ 2º Havendo igualdade em grau e diversidade em linha, os ascendentes da linha paterna herdam a metade, cabendo a outra aos da linha materna.

Art. 1.837. Concorrendo com ascendente em primeiro grau, ao cônjuge tocará um terço da herança; caber-lhe-á a metade desta se houver um só ascendente, ou se maior for aquele grau.

Art. 1.838. Em falta de descendentes e ascendentes, será deferida a sucessão por inteiro ao cônjuge sobrevivente.

Art. 1.839. Se não houver cônjuge sobrevivente, nas condições estabelecidas no art. 1.830, serão chamados a suceder os colaterais até o quarto grau.

Art. 1.840. Na classe dos colaterais, os mais próximos excluem os mais remotos, salvo o direito de representação concedido aos filhos de irmãos.

Art. 1.841. Concorrendo à herança do falecido irmãos bilaterais com irmãos unilaterais, cada um destes herdará metade do que cada um daqueles herdar.

Art. 1.842. Não concorrendo à herança irmão bilateral, herdarão, em partes iguais, os unilaterais.

Art. 1.843. Na falta de irmãos, herdarão os filhos destes e, não os havendo, os tios.
§ 1º Se concorrerem à herança somente filhos de irmãos falecidos, herdarão por cabeça.
§ 2º Se concorrem filhos de irmãos bilaterais com filhos de irmãos unilaterais, cada um destes herdará a metade do que herdar cada um daqueles.
§ 3º Se todos forem filhos de irmãos bilaterais, ou todos de irmãos unilaterais, herdarão por igual.

Art. 1.844. Não sobrevivendo cônjuge, ou companheiro, nem parente algum sucessível, ou tendo eles renunciado a herança, esta se devolve ao Município ou ao Distrito Federal, se localizada nas respectivas circunscrições, ou à União, quando situada em território federal.

CAPÍTULO II

Dos Herdeiros Necessários

Art. 1.845. São herdeiros necessários os descendentes, os ascendentes e o cônjuge.

Art. 1.846. Pertence aos herdeiros necessários, de pleno direito, a metade dos bens da herança, constituindo a legítima.

Art. 1.847. Calcula-se a legítima sobre o valor dos bens existentes na abertura da sucessão, abatidas as dívidas e as despesas do funeral, adicionando-se, em seguida, o valor dos bens sujeitos a colação.

Art. 1.848. Salvo se houver justa causa, declarada no testamento, não pode o testador estabelecer cláusula de inalienabilidade, impenhorabilidade, e de incomunicabilidade, sobre os bens da legítima.

§ 1º Não é permitido ao testador estabelecer a conversão dos bens da legítima em outros de espécie diversa.

§ 2º Mediante autorização judicial e havendo justa causa, podem ser alienados os bens gravados, convertendo-se o produto em outros bens, que ficarão sub-rogados nos ônus dos primeiros.

Art. 1.849. O herdeiro necessário, a quem o testador deixar a sua parte disponível, ou algum legado, não perderá o direito à legítima.

Art. 1.850. Para excluir da sucessão os herdeiros colaterais, basta que o testador disponha de seu patrimônio sem os contemplar.

CAPÍTULO III
Do Direito de Representação

Art. 1.851. Dá-se o direito de representação, quando a lei chama certos parentes do falecido a suceder em todos os direitos, em que ele sucederia, se vivo fosse.

Art. 1.852. O direito de representação dá-se na linha reta descendente, mas nunca na ascendente.

Art. 1.853. Na linha transversal, somente se dá o direito de representação em favor dos filhos de irmãos do falecido, quando com irmãos deste concorrerem.

Art. 1.854. Os representantes só podem herdar, como tais, o que herdaria o representado, se vivo fosse.

Art. 1.855. O quinhão do representado partir-se-á por igual entre os representantes.

Art. 1.856. O renunciante à herança de uma pessoa poderá representá-la na sucessão de outra.

TITULO III
Da Sucessão Testamentária

CAPITULO I
Do Testamento Em Geral

Art. 1.857. Toda pessoa capaz pode dispor, por testamento, da totalidade dos seus bens, ou de parte deles, para depois de sua morte.

§ 1º A legítima dos herdeiros necessários não poderá ser incluída no testamento.

§ 2º São válidas as disposições testamentárias de caráter não patrimonial, ainda que o testador somente a elas se tenha limitado.

Art. 1.858. O testamento é ato personalíssimo, podendo ser mudado a qualquer tempo.

Art. 1.859. Extingue-se em cinco anos o direito de impugnar a validade do testamento, contado o prazo da data do seu registro.

CAPÍTULO II
Da Capacidade de Testar

Art. 1.860. Além dos incapazes, não podem testar os que, no ato de fazê-lo, não tiverem pleno discernimento.

Parágrafo único. Podem testar os maiores de dezesseis anos.

Art. 1.861. A incapacidade superveniente do testador não invalida o testamento, nem o testamento do incapaz se valida com a superveniência da capacidade.

CAPÍTULO III
Das formas ordinárias do testamento

SEÇÃO I
Disposições Gerais

Art. 1.862. São testamentos ordinários:
I. o público;
II. o cerrado;
III. o particular.

Art. 1.863. É proibido o testamento conjuntivo, seja simultâneo, recíproco ou correspectivo.

SEÇÃO II
Do Testamento Público

Art. 1.864. São requisitos essenciais do testamento público:
I. ser escrito por tabelião ou por seu substituto legal em seu livro de notas, de acordo com as declarações do testador, podendo este servir-se de minuta, notas ou apontamentos;
II. lavrado o instrumento, ser lido em voz alta pelo tabelião ao testador e a duas testemunhas, a um só

tempo; ou pelo testador, se o quiser, na presença destas e do oficial;

III. ser o instrumento, em seguida à leitura, assinado pelo testador, pelas testemunhas e pelo tabelião.

Parágrafo único. O testamento público pode ser escrito manualmente ou mecanicamente, bem como ser feito pela inserção da declaração de vontade em partes impressas de livro de notas, desde que rubricadas todas as páginas pelo testador, se mais de uma.

Art. 1.865. Se o testador não souber, ou não puder assinar, o tabelião ou seu substituto legal assim o declarará, assinando, neste caso, pelo testador, e, a seu rogo, uma das testemunhas instrumentárias.

Art. 1.866. O indivíduo inteiramente surdo, sabendo ler, lerá o seu testamento, e, se não o souber, designará quem o leia em seu lugar, presentes as testemunhas.

Art. 1.867. Ao cego só se permite o testamento público, que lhe será lido, em voz alta, duas vezes, uma pelo tabelião ou por seu substituto legal, e a outra por uma das testemunhas, designada pelo testador, fazendo-se de tudo circunstanciada menção no testamento.

SEÇÃO III
Do Testamento Cerrado

Art. 1.868. O testamento escrito pelo testador, ou por outra pessoa, a seu rogo, e por aquele assinado, será válido se aprovado pelo tabelião ou seu substituto legal, observadas as seguintes formalidades:

I. que o testador o entregue ao tabelião em presença de duas testemunhas;

II. que o testador declare que aquele é o seu testamento e quer que seja aprovado;

III. que o tabelião lavre, desde logo, o auto de aprovação, na presença de duas testemunhas, e o leia, em seguida, ao testador e testemunhas;

IV. que o auto de aprovação seja assinado pelo tabelião, pelas testemunhas e pelo testador.

Parágrafo único. O testamento cerrado pode ser escrito mecanicamente, desde que seu subscritor numere e autentique, com a sua assinatura, todas as paginas.

Art. 1.869. O tabelião deve começar o auto de aprovação imediatamente depois da última palavra do testador, declarando, sob sua fé, que o testador lhe entregou para ser aprovado na presença das testemunhas; passando a cerrar e coser o instrumento aprovado.

Parágrafo único. Se não houver espaço na última folha do testamento, para início da aprovação, o tabelião aporá nele o seu sinal público, mencionando a circunstância no auto.

Art. 1.870. Se o tabelião tiver escrito o testamento a rogo do testador, poderá, não obstante, aprová-lo.

Art. 1.871. O testamento pode ser escrito em língua nacional ou estrangeira, pelo próprio testador, ou por outrem, a seu rogo.

Art. 1.872. Não pode dispor de seus bens em testamento cerrado quem não saiba ou não possa ler.

Art. 1.873. Pode fazer testamento cerrado o surdo-mudo, contanto que o escreva todo, e o assine de sua mão, e que, ao entregá-lo ao oficial público, ante as duas testemunhas, escreva, na face externa do papel ou do envoltório, que aquele é o seu testamento, cuja aprovação lhe pede.

Art. 1.874. Depois de aprovado e cerrado, será o testamento entregue ao testador, e o tabelião lançará, no seu livro, nota do lugar, dia, mês e ano em que o testamento foi aprovado e entregue.

Art. 1.875. Falecido o testador, o testamento será apresentado ao juiz, que o abrirá e o fará registrar, ordenando seja cumprido, se não achar vício externo que o torne eivado de nulidade ou suspeito de falsidade.

SEÇÃO IV
Do Testamento Particular

Art. 1.876. O testamento particular pode ser escrito de próprio punho ou mediante processo mecânico.

§ 1º Se escrito de próprio punho, são requisitos essenciais à sua validade seja lido e assinado por quem o escreveu, na presença de pelo menos três testemunhas, que o devem subscrever.

§ 2º Se elaborado por processo mecânico, não pode conter rasuras ou espaços em branco, devendo ser assinado pelo testador, depois de o ter lido na presença de pelo menos três testemunhas, que o subscreverão.

Art. 1.877. Morto o testador, publicar-se-á em juízo o testamento, com citação dos herdeiros legítimos.

Art. 1.878. Se as testemunhas forem contestes sobre o fato da disposição, ou, ao menos, sobre a sua leitura perante elas, e se reconhecerem as próprias assinaturas, assim como a do testador, o testamento será confirmado.

Parágrafo único. Se faltarem testemunhas, por morte ou ausência, e se pelo menos uma delas o reconhecer, o testamento poderá ser confirmado, se, a critério do juiz, houver prova suficiente de sua veracidade.

Art. 1.879. Em circunstâncias excepcionais declaradas na cédula, o testamento particular de próprio punho e assinado pelo testador, sem testemunhas, poderá ser confirmado, a critério do juiz.

Art. 1.880. O testamento particular pode ser escrito em língua estrangeira, contanto que as testemunhas a compreendam.

CAPÍTULO IV
Dos Codicilos

Art. 1.881. Toda pessoa capaz de testar poderá, mediante escrito particular seu, datado e assinado, fazer disposições especiais sobre o seu enterro, sobre esmolas de pouca monta a certas e determinadas pessoas, ou, indeterminadamente, aos pobres de certo lugar, assim como legar móveis, roupas ou joias, de pouco valor, de seu uso pessoal.

Art. 1.882. Os atos a que se refere o artigo antecedente, salvo direito de terceiro, valerão como codicilos, deixe ou não testamento o autor.

Art. 1.883. Pelo modo estabelecido no art. 1.881, poder-se-ão nomear ou substituir testamenteiros.

Art. 1.884. Os atos previstos nos artigos antecedentes revogam-se por atos iguais, e consideram-se revogados, se, havendo testamento posterior, de qualquer natureza, este os não confirmar ou modificar.

Art. 1.885. Se estiver fechado o codicilo, abrir-se-á do mesmo modo que o testamento cerrado.

CAPÍTULO V
Dos Testamentos Especiais

SEÇÃO I
Disposições Gerais

Art. 1.886. São testamentos especiais:
I. o marítimo;
II. o aeronáutico;
III. o militar.

Art. 1.887. Não se admitem outros testamentos especiais além dos contemplados neste Código.

SEÇÃO II
Do Testamento Marítimo e do Testamento Aeronáutico

Art. 1.888. Quem estiver em viagem, a bordo de navio nacional, de guerra ou mercante, pode testar perante o comandante, em presença de duas testemunhas, por forma que corresponda ao testamento público ou ao cerrado.

Parágrafo único. O registro do testamento será feito no diário de bordo.

Art. 1.889. Quem estiver em viagem, a bordo de aeronave militar ou comercial, pode testar perante pessoa designada pelo comandante, observado o disposto no artigo antecedente.

Art. 1.890. O testamento marítimo ou aeronáutico ficará sob a guarda do comandante, que o entregará às autoridades administrativas do primeiro porto ou aeroporto nacional, contra recibo averbado no diário de bordo.

Art. 1.891. Caducará o testamento marítimo, ou aeronáutico, se o testador não morrer na viagem, nem nos noventa dias subsequentes ao seu desembarque em terra, onde possa fazer, na forma ordinária, outro testamento.

Art. 1.892. Não valerá o testamento marítimo, ainda que feito no curso de uma viagem, se, ao tempo em que se fez, o navio estava em porto onde o testador pudesse desembarcar e testar na forma ordinária.

SEÇÃO III
Do Testamento Militar

Art. 1.893. O testamento dos militares e demais pessoas a serviço das Forças Armadas em campanha, dentro do País ou fora dele, assim como em praça sitiada, ou que esteja de comunicações interrompidas, poderá fazer-se, não havendo tabelião ou seu substituto legal, ante duas, ou três testemunhas, se o testador não puder, ou não souber assinar, caso em que assinará por ele uma delas.

§ 1º Se o testador pertencer a corpo ou SEÇÃO de corpo destacado, o testamento será escrito pelo respectivo comandante, ainda que de graduação ou posto inferior.

§ 2º Se o testador estiver em tratamento em hospital, o testamento será escrito pelo respectivo oficial de saúde, ou pelo diretor do estabelecimento.

§ 3º Se o testador for o oficial mais graduado, o testamento será escrito por aquele que o substituir.

Art. 1.894. Se o testador souber escrever, poderá fazer o testamento de seu punho, contanto que o date e assine por extenso, e o apresente aberto ou cerrado, na presença de duas testemunhas ao auditor, ou oficial de patente, que lhe faça as vezes neste mister.

Parágrafo único. O auditor, ou o oficial a quem o testamento se apresente notará, em qualquer parte dele, lugar, dia, mês e ano, em que lhe for apresentado, nota esta que será assinada por ele e pelas testemunhas.

Art. 1.895. Caduca o testamento militar, desde que, depois dele, o testador esteja, noventa dias seguidos, em lugar onde possa testar na forma ordinária, salvo se esse testamento apresentar as solenidades prescritas no parágrafo único do artigo antecedente.

Art. 1.896. As pessoas designadas no art. 1.893, estando empenhadas em combate, ou feridas, podem testar oralmente, confiando a sua última vontade a duas testemunhas.

Parágrafo único. Não terá efeito o testamento se o testador não morrer na guerra ou convalescer do ferimento.

CAPÍTULO VI

Das Disposições Testamentárias

Art. 1.897. A nomeação de herdeiro, ou legatário, pode fazer-se pura e simplesmente, sob condição, para certo fim ou modo, ou por certo motivo.

Art. 1.898. A designação do tempo em que deva começar ou cessar o direito do herdeiro, salvo nas disposições fideicomissárias, ter-se-á por não escrita.

Art. 1.899. Quando a cláusula testamentária for suscetível de interpretações diferentes, prevalecerá a que melhor assegure a observância da vontade do testador.

Art. 1.900. É nula a disposição:

I. que institua herdeiro ou legatário sob a condição captatória de que este disponha, também por testamento, em benefício do testador, ou de terceiro;

II. que se refira a pessoa incerta, cuja identidade não se possa averiguar;

III. que favoreça a pessoa incerta, cometendo a determinação de sua identidade a terceiro;

IV. que deixe a arbítrio do herdeiro, ou de outrem, fixar o valor do legado;

V. que favoreça as pessoas a que se referem os arts. 1.801 e 1.802.

Art. 1.901. Valerá a disposição:

I. em favor de pessoa incerta que deva ser determinada por terceiro, dentre duas ou mais pessoas mencionadas pelo testador, ou pertencentes a uma família, ou a um corpo coletivo, ou a um estabelecimento por ele designado;

II. em remuneração de serviços prestados ao testador, por ocasião da moléstia de que faleceu, ainda que fique ao arbítrio do herdeiro ou de outrem determinar o valor do legado.

Art. 1.902. A disposição geral em favor dos pobres, dos estabelecimentos particulares de caridade, ou dos de assistência pública, entender-se-á relativa aos pobres do lugar do domicílio do testador ao tempo de sua morte, ou dos estabelecimentos aí sitos, salvo se manifestamente constar que tinha em mente beneficiar os de outra localidade.

Parágrafo único. Nos casos deste artigo, as instituições particulares preferirão sempre às públicas.

Art. 1.903. O erro na designação da pessoa do herdeiro, do legatário, ou da coisa legada anula a disposição, salvo se, pelo contexto do testamento, por outros documentos, ou por fatos inequívocos, se puder identificar a pessoa ou coisa a que o testador queria referir-se.

Art. 1.904. Se o testamento nomear dois ou mais herdeiros, sem discriminar a parte de cada um, partilhar-se-á por igual, entre todos, a porção disponível do testador.

Art. 1.905. Se o testador nomear certos herdeiros individualmente e outros coletivamente, a herança será dividida em tantas quotas quantos forem os indivíduos e os grupos designados.

Art. 1.906. Se forem determinadas as quotas de cada herdeiro, e não absorverem toda a herança, o remanescente pertencerá aos herdeiros legítimos, segundo a ordem da vocação hereditária.

Art. 1.907. Se forem determinados os quinhões de uns e não os de outros herdeiros, distribuir-se-á por igual a estes últimos o que restar, depois de completas as porções hereditárias dos primeiros.

Art. 1.908. Dispondo o testador que não caiba ao herdeiro instituído certo e determinado objeto, dentre os da herança, tocará ele aos herdeiros legítimos.

Art. 1.909. São anuláveis as disposições testamentárias inquinadas de erro, dolo ou coação.

Parágrafo único. Extingue-se em quatro anos o direito de anular a disposição, contados de quando o interessado tiver conhecimento do vício.

Art. 1.910. A ineficácia de uma disposição testamentária importa a das outras que, sem aquela, não teriam sido determinadas pelo testador.

Art. 1.911. A cláusula de inalienabilidade, imposta aos bens por ato de liberalidade, implica impenhorabilidade e incomunicabilidade.

Parágrafo único. No caso de desapropriação de bens clausulados, ou de sua alienação, por conveniência econômica do donatário ou do herdeiro, mediante autorização judicial, o produto da venda converter-se-á em outros bens, sobre os quais incidirão as restrições apostas aos primeiros.

CAPÍTULO VII
Dos Legados

SEÇÃO I
Disposições Gerais

Art. 1.912. É ineficaz o legado de coisa certa que não pertença ao testador no momento da abertura da sucessão.

Art. 1.913. Se o testador ordenar que o herdeiro ou legatário entregue coisa de sua propriedade a outrem, não o cumprindo ele, entender-se-á que renunciou à herança ou ao legado.

Art. 1.914. Se tão-somente em parte a coisa legada pertencer ao testador, ou, no caso do artigo antecedente, ao herdeiro ou ao legatário, só quanto a essa parte valerá o legado.

Art. 1.915. Se o legado for de coisa que se determine pelo gênero, será o mesmo cumprido, ainda que tal coisa não exista entre os bens deixados pelo testador.

Art. 1.916. Se o testador legar coisa sua, singularizando-a, só terá eficácia o legado se, ao tempo do seu falecimento, ela se achava entre os bens da herança; se a coisa legada existir entre os bens do testador, mas em quantidade inferior à do legado, este será eficaz apenas quanto à existente.

Art. 1.917. O legado de coisa que deva encontrar-se em determinado lugar só terá eficácia se nele for achada, salvo se removida a título transitório.

Art. 1.918. O legado de crédito, ou de quitação de dívida, terá eficácia somente até a importância desta, ou daquele, ao tempo da morte do testador.
§ 1º Cumpre-se o legado, entregando o herdeiro ao legatário o título respectivo.
§ 2º Este legado não compreende as dívidas posteriores à data do testamento.

Art. 1.919. Não o declarando expressamente o testador, não se reputará compensação da sua dívida o legado que ele faça ao credor.
Parágrafo único. Subsistirá integralmente o legado, se a dívida lhe foi posterior, e o testador a solveu antes de morrer.

Art. 1.920. O legado de alimentos abrange o sustento, a cura, o vestuário e a casa, enquanto o legatário viver, além da educação, se ele for menor.

Art. 1.921. O legado de usufruto, sem fixação de tempo, entende-se deixado ao legatário por toda a sua vida.

Art. 1.922. Se aquele que legar um imóvel lhe ajuntar depois novas aquisições, estas, ainda que contíguas, não se compreendem no legado, salvo expressa declaração em contrário do testador.
Parágrafo único. Não se aplica o disposto neste artigo às benfeitorias necessárias, úteis ou voluptuárias feitas no prédio legado.

SEÇÃO II
Dos Efeitos do Legado e do seu Pagamento

Art. 1.923. Desde a abertura da sucessão, pertence ao legatário a coisa certa, existente no acervo, salvo se o legado estiver sob condição suspensiva.
§ 1º Não se defere de imediato a posse da coisa, nem nela pode o legatário entrar por autoridade própria.
§ 2º O legado de coisa certa existente na herança transfere também ao legatário os frutos que produzir, desde a morte do testador, exceto se dependente de condição suspensiva, ou de termo inicial.

Art. 1.924. O direito de pedir o legado não se exercerá, enquanto se litigue sobre a validade do testamento, e, nos legados condicionais, ou a prazo, enquanto esteja pendente a condição ou o prazo não se vença.

Art. 1.925. O legado em dinheiro só vence juros desde o dia em que se constituir em mora a pessoa obrigada a prestá-lo.

Art. 1.926. Se o legado consistir em renda vitalícia ou pensão periódica, esta ou aquela correrá da morte do testador.

Art. 1.927. Se o legado for de quantidades certas, em prestações periódicas, datará da morte do testador o primeiro período, e o legatário terá direito a cada prestação, uma vez encetado cada um dos períodos sucessivos, ainda que venha a falecer antes do termo dele.

Art. 1.928. Sendo periódicas as prestações, só no termo de cada período se poderão exigir.
Parágrafo único. Se as prestações forem deixadas a título de alimentos, pagar-se-ão no começo de cada período, sempre que outra coisa não tenha disposto o testador.

Art. 1.929. Se o legado consiste em coisa determinada pelo gênero, ao herdeiro tocará escolhê-la, guardando o meio-termo entre as congêneres da melhor e pior qualidade.

Art. 1.930. O estabelecido no artigo antecedente será observado, quando a escolha for deixada a arbítrio de terceiro; e, se este não a quiser ou não a puder exercer, ao juiz competirá fazê-la, guardado o disposto na última parte do artigo antecedente.

Art. 1.931. Se a opção foi deixada ao legatário, este poderá escolher, do gênero determinado, a melhor coisa que houver na herança; e, se nesta não existir coisa de tal gênero, dar-lhe-á de outra congênere o herdeiro, observada a disposição na última parte do art. 1.929.

Art. 1.932. No legado alternativo, presume-se deixada ao herdeiro a opção.

Art. 1.933. Se o herdeiro ou legatário a quem couber a opção falecer antes de exercê-la, passará este poder aos seus herdeiros.

Art. 1.934. No silêncio do testamento, o cumprimento dos legados incumbe aos herdeiros e, não os havendo, aos legatários, na proporção do que herdaram.

Parágrafo único. O encargo estabelecido neste artigo, não havendo disposição testamentária em contrário, caberá ao herdeiro ou legatário incumbido pelo testador da execução do legado; quando indicados mais de um, os onerados dividirão entre si o ônus, na proporção do que recebam da herança.

Art. 1.935. Se algum legado consistir em coisa pertencente a herdeiro ou legatário (art. 1.913), só a ele incumbirá cumpri-lo, com regresso contra os co-herdeiros, pela quota de cada um, salvo se o contrário expressamente dispôs o testador.

Art. 1.936. As despesas e os riscos da entrega do legado correm à conta do legatário, se não dispuser diversamente o testador.

Art. 1.937. A coisa legada entregar-se-á, com seus acessórios, no lugar e estado em que se achava ao falecer o testador, passando ao legatário com todos os encargos que a onerarem.

Art. 1.938. Nos legados com encargo, aplica-se ao legatário o disposto neste Código quanto às doações de igual natureza.

SEÇÃO III
Da Caducidade dos Legados

Art. 1.939. Caducará o legado:

I. se, depois do testamento, o testador modificar a coisa legada, ao ponto de já não ter a forma nem lhe caber a denominação que possuía;

II. se o testador, por qualquer título, alienar no todo ou em parte a coisa legada; nesse caso, caducará até onde ela deixou de pertencer ao testador;

III. se a coisa perecer ou for evicta, vivo ou morto o testador, sem culpa do herdeiro ou legatário incumbido do seu cumprimento;

IV. se o legatário for excluído da sucessão, nos termos do art. 1.815;

V. se o legatário falecer antes do testador.

Art. 1.940. Se o legado for de duas ou mais coisas alternativamente, e algumas delas perecerem, subsistirá quanto às restantes; perecendo parte de uma, valerá, quanto ao seu remanescente, o legado.

CAPÍTULO VIII
Do Direito de Acrescer entre Herdeiros e Legatários

Art. 1.941. Quando vários herdeiros, pela mesma disposição testamentária, forem conjuntamente chamados à herança em quinhões não determinados, e qualquer deles não puder ou não quiser aceitá-la, a sua parte acrescerá à dos co-herdeiros, salvo o direito do substituto.

Art. 1.942. O direito de acrescer competirá aos colegatários, quando nomeados conjuntamente a respeito de uma só coisa, determinada e certa, ou quando o objeto do legado não puder ser dividido sem risco de desvalorização.

Art. 1.943. Se um dos co-herdeiros ou colegatários, nas condições do artigo antecedente, morrer antes do testador; se renunciar a herança ou legado, ou destes for excluído, e, se a condição sob a qual foi instituído não se verificar, acrescerá o seu quinhão, salvo o direito do substituto, à parte dos co-herdeiros ou colegatários conjuntos.

Parágrafo único. Os co-herdeiros ou co-legatários, aos quais acresceu o quinhão daquele que não quis ou não pôde suceder, ficam sujeitos às obrigações ou encargos que o oneravam.

Art. 1.944. Quando não se efetua o direito de acrescer, transmite-se aos herdeiros legítimos a quota vaga do nomeado.

Parágrafo único. Não existindo o direito de acrescer entre os colegatários, a quota do que faltar acresce ao herdeiro ou ao legatário incumbido de satisfazer esse legado, ou a todos os herdeiros, na proporção dos seus quinhões, se o legado se deduziu da herança.

Art. 1.945. Não pode o beneficiário do acréscimo repudiá-lo separadamente da herança ou legado que lhe caiba, salvo se o acréscimo comportar encargos especiais impostos pelo testador; nesse caso, uma vez repudiado, reverte o acréscimo para a pessoa a favor de quem os encargos foram instituídos.

Art. 1.946. Legado um só usufruto conjuntamente a duas ou mais pessoas, a parte da que faltar acresce aos colegatários.

Parágrafo único. Se não houver conjunção entre os colegatários, ou se, apesar de conjuntos, só lhes foi legada certa parte do usufruto, consolidar-se-ão na propriedade as quotas dos que faltarem, à medida que eles forem faltando.

CAPÍTULO IX
Das Substituições

SEÇÃO I
Da Substituição Vulgar e da Recíproca

Art. 1.947. O testador pode substituir outra pessoa ao herdeiro ou ao legatário nomeado, para o caso de um ou outro não querer ou não poder aceitar a herança ou o legado, presumindo-se que a substituição foi determinada para as duas alternativas, ainda que o testador só a uma se refira.

Art. 1.948. Também é lícito ao testador substituir muitas pessoas por uma só, ou vice-versa, e ainda substituir com reciprocidade ou sem ela.

Art. 1.949. O substituto fica sujeito à condição ou encargo imposto ao substituído, quando não for diversa a intenção manifestada pelo testador, ou não resultar outra coisa da natureza da condição ou do encargo.

Art. 1.950. Se, entre muitos co-herdeiros ou legatários de partes desiguais, for estabelecida substituição recíproca, a proporção dos quinhões fixada na primeira disposição entender-se-á mantida na segunda; se, com as outras anteriormente nomeadas, for incluída mais alguma pessoa na substituição, o quinhão vago pertencerá em partes iguais aos substitutos.

SEÇÃO II
Da Substituição Fideicomissária

Art. 1.951. Pode o testador instituir herdeiros ou legatários, estabelecendo que, por ocasião de sua morte, a herança ou o legado se transmita ao fiduciário, resolvendo-se o direito deste, por sua morte, a certo tempo ou sob certa condição, em favor de outrem, que se qualifica de fideicomissário.

Art. 1.952. A substituição fideicomissária somente se permite em favor dos não concebidos ao tempo da morte do testador.

Parágrafo único. Se, ao tempo da morte do testador, já houver nascido o fideicomissário, adquirirá este a propriedade dos bens fideicometidos, convertendo-se em usufruto o direito do fiduciário.

Art. 1.953. O fiduciário tem a propriedade da herança ou legado, mas restrita e resolúvel.

Parágrafo único. O fiduciário é obrigado a proceder ao inventário dos bens gravados, e a prestar caução de restituí-los se o exigir o fideicomissário.

Art. 1.954. Salvo disposição em contrário do testador, se o fiduciário renunciar a herança ou o legado, defere-se ao fideicomissário o poder de aceitar.

Art. 1.955. O fideicomissário pode renunciar a herança ou o legado, e, neste caso, o fideicomisso caduca, deixando de ser resolúvel a propriedade do fiduciário, se não houver disposição contrária do testador.

Art. 1.956. Se o fideicomissário aceitar a herança ou o legado, terá direito à parte que, ao fiduciário, em qualquer tempo acrescer.

Art. 1.957. Ao sobrevir a sucessão, o fideicomissário responde pelos encargos da herança que ainda restarem.

Art. 1.958. Caduca o fideicomisso se o fideicomissário morrer antes do fiduciário, ou antes de realizar-se a condição resolutória do direito deste último; nesse caso, a propriedade consolida-se no fiduciário, nos termos do art. 1.955.

Art. 1.959. São nulos os fideicomissos além do segundo grau.

Art. 1.960. A nulidade da substituição ilegal não prejudica a instituição, que valerá sem o encargo resolutório.

CAPÍTULO X
Da Deserdação

Art. 1.961. Os herdeiros necessários podem ser privados de sua legítima, ou deserdados, em todos os casos em que podem ser excluídos da sucessão.

Art. 1.962. Além das causas mencionadas no art. 1.814, autorizam a deserdação dos descendentes por seus ascendentes:

I. ofensa física;
II. injúria grave;
III. relações ilícitas com a madrasta ou com o padrasto;
IV. desamparo do ascendente em alienação mental ou grave enfermidade.

Art. 1.963. Além das causas enumeradas no art. 1.814, autorizam a deserdação dos ascendentes pelos descendentes:
I. ofensa física;
II. injúria grave;
III. relações ilícitas com a mulher ou companheira do filho ou a do neto, ou com o marido ou companheiro da filha ou o da neta;
IV. desamparo do filho ou neto com deficiência mental ou grave enfermidade.

Art. 1.964. Somente com expressa declaração de causa pode a deserdação ser ordenada em testamento.

Art. 1.965. Ao herdeiro instituído, ou àquele a quem aproveite a deserdação, incumbe provar a veracidade da causa alegada pelo testador.

Parágrafo único. O direito de provar a causa da deserdação extingue-se no prazo de quatro anos, a contar da data da abertura do testamento.

CAPÍTULO XI
Da Redução das Disposições Testamentárias

Art. 1.966. O remanescente pertencerá aos herdeiros legítimos, quando o testador só em parte dispuser da quota hereditária disponível.

Art. 1.967. As disposições que excederem a parte disponível reduzir-se-ão aos limites dela, de conformidade com o disposto nos parágrafos seguintes.

§ 1º Em se verificando excederem as disposições testamentárias a porção disponível, serão proporcionalmente reduzidas as quotas do herdeiro ou herdeiros instituídos, até onde baste, e, não bastando, também os legados, na proporção do seu valor.

§ 2º Se o testador, prevenindo o caso, dispuser que se inteirem, de preferência, certos herdeiros e legatários, a redução far-se-á nos outros quinhões ou legados, observando-se a seu respeito a ordem estabelecida no parágrafo antecedente.

Art. 1.968. Quando consistir em prédio divisível o legado sujeito a redução, far-se-á esta dividindo-o proporcionalmente.

§ 1º Se não for possível a divisão, e o excesso do legado montar a mais de um quarto do valor do prédio, o legatário deixará inteiro na herança o imóvel legado, ficando com o direito de pedir aos herdeiros o valor que couber na parte disponível; se o excesso não for de mais de um quarto, aos herdeiros fará tornar em dinheiro o legatário, que ficará com o prédio.

§ 2º Se o legatário for ao mesmo tempo herdeiro necessário, poderá inteirar sua legítima no mesmo imóvel, de preferência aos outros, sempre que ela e a parte subsistente do legado lhe absorverem o valor.

CAPÍTULO XII
Da Revogação do Testamento

Art. 1.969. O testamento pode ser revogado pelo mesmo modo e forma como pode ser feito.

Art. 1.970. A revogação do testamento pode ser total ou parcial.

Parágrafo único. Se parcial, ou se o testamento posterior não contiver cláusula revogatória expressa, o anterior subsiste em tudo que não for contrário ao posterior.

Art. 1.971. A revogação produzirá seus efeitos, ainda quando o testamento, que a encerra, vier a caducar por exclusão, incapacidade ou renúncia do herdeiro nele nomeado; não valerá, se o testamento revogatório for anulado por omissão ou infração de solenidades essenciais ou por vícios intrínsecos.

Art. 1.972. O testamento cerrado que o testador abrir ou dilacerar, ou for aberto ou dilacerado com seu consentimento, haver-se-á como revogado.

CAPÍTULO XIII
Do Rompimento do Testamento

Art. 1.973. Sobrevindo descendente sucessível ao testador, que não o tinha ou não o conhecia quando testou, rompe-se o testamento em todas as suas disposições, se esse descendente sobreviver ao testador.

Art. 1.974. Rompe-se também o testamento feito na ignorância de existirem outros herdeiros necessários.

Art. 1.975. Não se rompe o testamento, se o testador dispuser da sua metade, não contemplando os herdeiros necessários de cuja existência saiba, ou quando os exclua dessa parte.

CAPÍTULO XIV

Do Testamenteiro

Art. 1.976. O testador pode nomear um ou mais testamenteiros, conjuntos ou separados, para lhe darem cumprimento às disposições de última vontade.

Art. 1.977. O testador pode conceder ao testamenteiro a posse e a administração da herança, ou de parte dela, não havendo cônjuge ou herdeiros necessários.

Parágrafo único. Qualquer herdeiro pode requerer partilha imediata, ou devolução da herança, habilitando o testamenteiro com os meios necessários para o cumprimento dos legados, ou dando caução de prestá-los.

Art. 1.978. Tendo o testamenteiro a posse e a administração dos bens, incumbe-lhe requerer inventário e cumprir o testamento.

Art. 1.979. O testamenteiro nomeado, ou qualquer parte interessada, pode requerer, assim como o juiz pode ordenar, de ofício, ao detentor do testamento, que o leve a registro.

Art. 1.980. O testamenteiro é obrigado a cumprir as disposições testamentárias, no prazo marcado pelo testador, e a dar contas do que recebeu e despendeu, subsistindo sua responsabilidade enquanto durar a execução do testamento.

Art. 1.981. Compete ao testamenteiro, com ou sem o concurso do inventariante e dos herdeiros instituídos, defender a validade do testamento.

Art. 1.982. Além das atribuições exaradas nos artigos antecedentes, terá o testamenteiro as que lhe conferir o testador, nos limites da lei.

Art. 1.983. Não concedendo o testador prazo maior, cumprirá o testamenteiro o testamento e prestará contas em cento e oitenta dias, contados da aceitação da testamentaria.

Parágrafo único. Pode esse prazo ser prorrogado se houver motivo suficiente.

Art. 1.984. Na falta de testamenteiro nomeado pelo testador, a execução testamentária compete a um dos cônjuges, e, em falta destes, ao herdeiro nomeado pelo juiz.

Art. 1.985. O encargo da testamentaria não se transmite aos herdeiros do testamenteiro, nem é delegável; mas o testamenteiro pode fazer-se representar em juízo e fora dele, mediante mandatário com poderes especiais.

Art. 1.986. Havendo simultaneamente mais de um testamenteiro, que tenha aceitado o cargo, poderá cada qual exercê-lo, em falta dos outros; mas todos ficam solidariamente obrigados a dar conta dos bens que lhes forem confiados, salvo se cada um tiver, pelo testamento, funções distintas, e a elas se limitar.

Art. 1.987. Salvo disposição testamentária em contrário, o testamenteiro, que não seja herdeiro ou legatário, terá direito a um prêmio, que, se o testador não o houver fixado, será de um a cinco por cento, arbitrado pelo juiz, sobre a herança líquida, conforme a importância dela e maior ou menor dificuldade na execução do testamento.

Parágrafo único. O prêmio arbitrado será pago à conta da parte disponível, quando houver herdeiro necessário.

Art. 1.988. O herdeiro ou o legatário nomeado testamenteiro poderá preferir o prêmio à herança ou ao legado.

Art. 1.989. Reverterá à herança o prêmio que o testamenteiro perder, por ser removido ou por não ter cumprido o testamento.

Art. 1.990. Se o testador tiver distribuído toda a herança em legados, exercerá o testamenteiro as funções de inventariante.

TÍTULO IV

Do Inventário e da Partilha

CAPÍTULO I

Do Inventário

Art. 1.991. Desde a assinatura do compromisso até a homologação da partilha, a administração da herança será exercida pelo inventariante.

CAPÍTULO II

Dos Sonegados

Art.1.992. O herdeiro que sonegar bens da herança, não os descrevendo no inventário quando estejam em seu poder, ou, com o seu conhecimento, no de outrem, ou que os omitir na colação, a que os deva levar, ou que deixar de restituí-los, perderá o direito que sobre eles lhe cabia.

Art. 1.993. Além da pena cominada no artigo antecedente, se o sonegador for o próprio inventariante, remover-se-á, em se provando a sonegação, ou negando ele a existência dos bens, quando indicados.

Art.1.994. A pena de sonegados só se pode requerer e impor em ação movida pelos herdeiros ou pelos credores da herança.

Parágrafo único. A sentença que se proferir na ação de sonegados, movida por qualquer dos herdeiros ou credores, aproveita aos demais interessados.

Art. 1.995. Se não se restituírem os bens sonegados, por já não os ter o sonegador em seu poder, pagará ele a importância dos valores que ocultou, mais as perdas e danos.

Art. 1.996. Só se pode arguir de sonegação o inventariante depois de encerrada a descrição dos bens, com a declaração, por ele feita, de não existirem outros por inventariar e partir, assim como arguir o herdeiro, depois de declarar-se no inventário que não os possui.

CAPÍTULO III
Do Pagamento das Dívidas

Art. 1.997. A herança responde pelo pagamento das dívidas do falecido; mas, feita a partilha, só respondem os herdeiros, cada qual em proporção da parte que na herança lhe coube.

§ 1º Quando, antes da partilha, for requerido no inventário o pagamento de dívidas constantes de documentos, revestidos de formalidades legais, constituindo prova bastante da obrigação, e houver impugnação, que não se funde na alegação de pagamento, acompanhada de prova valiosa, o juiz mandará reservar, em poder do inventariante, bens suficientes para solução do débito, sobre os quais venha a recair oportunamente a execução.

§ 2º No caso previsto no parágrafo antecedente, o credor será obrigado a iniciar a ação de cobrança no prazo de trinta dias, sob pena de se tornar de nenhum efeito a providência indicada.

Art. 1.998. As despesas funerárias, haja ou não herdeiros legítimos, sairão do monte da herança; mas as de sufrágios por alma do falecido só obrigarão a herança quando ordenadas em testamento ou codicilo.

Art. 1.999. Sempre que houver ação regressiva de uns contra outros herdeiros, a parte do co-herdeiro insolvente dividir-se-á em proporção entre os demais.

Art. 2.000. Os legatários e credores da herança podem exigir que do patrimônio do falecido se discrimine o do herdeiro, e, em concurso com os credores deste, ser-lhes-ão preferidos no pagamento.

Art. 2.001. Se o herdeiro for devedor ao espólio, sua dívida será partilhada igualmente entre todos, salvo se a maioria consentir que o débito seja imputado inteiramente no quinhão do devedor.

CAPÍTULO IV
Da Colação

Art. 2.002. Os descendentes que concorrerem à sucessão do ascendente comum são obrigados, para igualar as legítimas, a conferir o valor das doações que dele em vida receberam, sob pena de sonegação.

Parágrafo único. Para cálculo da legítima, o valor dos bens conferidos será computado na parte indisponível, sem aumentar a disponível.

Art. 2.003. A colação tem por fim igualar, na proporção estabelecida neste Código, as legítimas dos descendentes e do cônjuge sobrevivente, obrigando também os donatários que, ao tempo do falecimento do doador, já não possuírem os bens doados.

Parágrafo único. Se, computados os valores das doações feitas em adiantamento de legítima, não houver no acervo bens suficientes para igualar as legítimas dos descendentes e do cônjuge, os bens assim doados serão conferidos em espécie, ou, quando deles já não disponha o donatário, pelo seu valor ao tempo da liberalidade.

Art. 2.004. O valor de colação dos bens doados será aquele, certo ou estimativo, que lhes atribuir o ato de liberalidade.

§ 1º Se do ato de doação não constar valor certo, nem houver estimação feita naquela época, os bens serão conferidos na partilha pelo que então se calcular valessem ao tempo da liberalidade.

§ 2º Só o valor dos bens doados entrará em colação; não assim o das benfeitorias acrescidas, as quais pertencerão ao herdeiro donatário, correndo também à conta deste os rendimentos ou lucros, assim como os danos e perdas que eles sofrerem.

Art. 2.005. São dispensadas da colação as doações que o doador determinar saiam da parte disponível, contanto que não a excedam, computado o seu valor ao tempo da doação.

Parágrafo único. Presume-se imputada na parte disponível a liberalidade feita a descendente que, ao tempo do ato, não seria chamado à sucessão na qualidade de herdeiro necessário.

Art. 2.006. A dispensa da colação pode ser outorgada pelo doador em testamento, ou no próprio título de liberalidade.

Art. 2.007. São sujeitas à redução as doações em que se apurar excesso quanto ao que o doador poderia dispor, no momento da liberalidade.

§ 1º O excesso será apurado com base no valor que os bens doados tinham, no momento da liberalidade.

§ 2º A redução da liberalidade far-se-á pela restituição ao monte do excesso assim apurado; a restituição será em espécie, ou, se não mais existir o bem em poder do donatário, em dinheiro, segundo o seu valor ao tempo da abertura da sucessão, observadas, no que forem aplicáveis, as regras deste Código sobre a redução das disposições testamentárias.

§ 3º Sujeita-se a redução, nos termos do parágrafo antecedente, a parte da doação feita a herdeiros necessários que exceder a legítima e mais a quota disponível.

§ 4º Sendo várias as doações a herdeiros necessários, feitas em diferentes datas, serão elas reduzidas a partir da última, até a eliminação do excesso.

Art. 2.008. Aquele que renunciou a herança ou dela foi excluído, deve, não obstante, conferir as doações recebidas, para o fim de repor o que exceder o disponível.

Art. 2.009. Quando os netos, representando os seus pais, sucederem aos avós, serão obrigados a trazer à colação, ainda que não o hajam herdado, o que os pais teriam de conferir.

Art. 2.010. Não virão à colação os gastos ordinários do ascendente com o descendente, enquanto menor, na sua educação, estudos, sustento, vestuário, tratamento nas enfermidades, enxoval, assim como as despesas de casamento, ou as feitas no interesse de sua defesa em processo-crime.

Art. 2.011. As doações remuneratórias de serviços feitos ao ascendente também não estão sujeitas a colação.

Art. 2.012. Sendo feita a doação por ambos os cônjuges, no inventário de cada um se conferirá por metade.

CAPÍTULO V
Da Partilha

Art. 2.013. O herdeiro pode sempre requerer a partilha, ainda que o testador o proíba, cabendo igual faculdade aos seus cessionários e credores.

Art. 2.014. Pode o testador indicar os bens e valores que devem compor os quinhões hereditários, deliberando ele próprio a partilha, que prevalecerá, salvo se o valor dos bens não corresponder às quotas estabelecidas.

Art. 2.015. Se os herdeiros forem capazes, poderão fazer partilha amigável, por escritura pública, termo nos autos do inventário, ou escrito particular, homologado pelo juiz.

Art. 2.016. Será sempre judicial a partilha, se os herdeiros divergirem, assim como se algum deles for incapaz.

Art. 2.017. No partilhar os bens, observar-se-á, quanto ao seu valor, natureza e qualidade, a maior igualdade possível.

Art. 2.018. É válida a partilha feita por ascendente, por ato entre vivos ou de última vontade, contanto que não prejudique a legítima dos herdeiros necessários.

Art. 2.019. Os bens insuscetíveis de divisão cômoda, que não couberem na meação do cônjuge sobrevivente ou no quinhão de um só herdeiro, serão vendidos judicialmente, partilhando-se o valor apurado, a não ser que haja acordo para serem adjudicados a todos.

§ 1º Não se fará a venda judicial se o cônjuge sobrevivente ou um ou mais herdeiros requererem lhes seja adjudicado o bem, repondo aos outros, em dinheiro, a diferença, após avaliação atualizada.

§ 2º Se a adjudicação for requerida por mais de um herdeiro, observar-se-á o processo da licitação.

Art. 2.020. Os herdeiros em posse dos bens da herança, o cônjuge sobrevivente e o inventariante são obrigados a trazer ao acervo os frutos que perceberam, desde a abertura da sucessão; têm direito ao reembolso das despesas necessárias e úteis que fizeram, e respondem pelo dano a que, por dolo ou culpa, deram causa.

Art. 2.021. Quando parte da herança consistir em bens remotos do lugar do inventário, litigiosos, ou de liquidação morosa ou difícil, poderá proceder-se, no prazo legal, à partilha dos outros, reservando-se aqueles para uma ou mais sobrepartilhas, sob a guarda e a administração do mesmo ou diverso inventariante, e consentimento da maioria dos herdeiros.

Art. 2.022. Ficam sujeitos a sobrepartilha os bens sonegados e quaisquer outros bens da herança de que se tiver ciência após a partilha.

CAPÍTULO VI

Da Garantia dos Quinhões Hereditários

Art. 2.023. Julgada a partilha, fica o direito de cada um dos herdeiros circunscrito aos bens do seu quinhão.

Art. 2.024. Os co-herdeiros são reciprocamente obrigados a indenizar-se no caso de evicção dos bens aquinhoados.

Art. 2.025. Cessa a obrigação mútua estabelecida no artigo antecedente, havendo convenção em contrário, e bem assim dando-se a evicção por culpa do evicto, ou por fato posterior à partilha.

Art. 2.026. O evicto será indenizado pelos co-herdeiros na proporção de suas quotas hereditárias, mas, se algum deles se achar insolvente, responderão os demais na mesma proporção, pela parte desse, menos a quota que corresponderia ao indenizado.

CAPÍTULO VII

Da Anulação da Partilha

Art. 2.027. A partilha é anulável pelos vícios e defeitos que invalidam, em geral, os negócios jurídicos.

Parágrafo único. Extingue-se em um ano o direito de anular a partilha.

LIVRO COMPLEMENTAR

Das Disposições Finais e Transitórias

Art. 2.028. Serão os da lei anterior os prazos, quando reduzidos por este Código, e se, na data de sua entrada em vigor, já houver transcorrido mais da metade do tempo estabelecido na lei revogada.

Art. 2.029. Até dois anos após a entrada em vigor deste Código, os prazos estabelecidos no parágrafo único do art. 1.238 e no parágrafo único do art. 1.242 serão acrescidos de dois anos, qualquer que seja o tempo transcorrido na vigência do anterior.

Art. 2.030. O acréscimo de que trata o artigo antecedente, será feito nos casos a que se refere o § 4º do art. 1.228.

Art. 2.031. As associações, sociedades e fundações, constituídas na forma das leis anteriores, bem como os empresários, deverão se adaptar às disposições deste Código até 11 de janeiro de 2007.

Parágrafo único. O disposto neste artigo não se aplica às organizações religiosas nem aos partidos políticos.

Art. 2.032. As fundações, instituídas segundo a legislação anterior, inclusive as de fins diversos dos previstos no parágrafo único do art. 62, subordinam-se, quanto ao seu funcionamento, ao disposto neste Código.

Art. 2.033. Salvo o disposto em lei especial, as modificações dos atos constitutivos das pessoas jurídicas referidas no art. 44, bem como a sua transformação, incorporação, cisão ou fusão, regem-se desde logo por este Código.

Art. 2.034. A dissolução e a liquidação das pessoas jurídicas referidas no artigo antecedente, quando iniciadas antes da vigência deste Código, obedecerão ao disposto nas leis anteriores.

Art. 2.035. A validade dos negócios e demais atos jurídicos, constituídos antes da entrada em vigor deste Código, obedece ao disposto nas leis anteriores, referidas no art. 2.045, mas os seus efeitos, produzidos após a vigência deste Código, aos preceitos dele se subordinam, salvo se houver sido prevista pelas partes determinada forma de execução.

Parágrafo único. Nenhuma convenção prevalecerá se contrariar preceitos de ordem pública, tais como os estabelecidos por este Código para assegurar a função social da propriedade e dos contratos.

Art. 2.036. A locação de prédio urbano, que esteja sujeita à lei especial, por esta continua a ser regida.

Art. 2.037. Salvo disposição em contrário, aplicam-se aos empresários e sociedades empresárias as disposições de lei não revogadas por este Código, referentes a comerciantes, ou a sociedades comerciais, bem como a atividades mercantis.

Art. 2.038. Fica proibida a constituição de enfiteuses e subenfiteuses, subordinando-se as existentes, até sua extinção, às disposições do Código Civil anterior, Lei nº 3.071, de 1º de janeiro de 1916, e leis posteriores.

§ 1º Nos aforamentos a que se refere este artigo é defeso:

I. cobrar laudêmio ou prestação análoga nas transmissões de bem aforado, sobre o valor das construções ou plantações;

II. constituir subenfiteuse.

§ 2º A enfiteuse dos terrenos de marinha e acrescidos regula-se por lei especial.

Art. 2.039. O regime de bens nos casamentos celebrados na vigência do Código Civil anterior,

Lei nº 3.071, de 1º de janeiro de 1916, é o por ele estabelecido.

Art. 2.040. A hipoteca legal dos bens do tutor ou curador, inscrita em conformidade com o inciso IV do art. 827 do Código Civil anterior, Lei nº 3.071, de 1º de janeiro de 1916, poderá ser cancelada, obedecido o disposto no parágrafo único do art. 1.745 deste Código.

Art. 2.041. As disposições deste Código relativas à ordem da vocação hereditária (arts. 1.829 a 1.844) não se aplicam à sucessão aberta antes de sua vigência, prevalecendo o disposto na lei anterior (Lei nº 3.071, de 1º de janeiro de 1916).

Art. 2.042. Aplica-se o disposto no caput do art. 1.848, quando aberta a sucessão no prazo de um ano após a entrada em vigor deste Código, ainda que o testamento tenha sido feito na vigência do anterior, Lei nº 3.071, de 1º de janeiro de 1916; se, no prazo, o testador não aditar o testamento para declarar a justa causa de cláusula aposta à legítima, não subsistirá a restrição.

Art. 2.043. Até que por outra forma se disciplinem, continuam em vigor as disposições de natureza processual, administrativa ou penal, constantes de leis cujos preceitos de natureza civil hajam sido incorporados a este Código.

Art. 2.044. Este Código entrará em vigor 1 (um) ano após a sua publicação.

Art. 2.045. Revogam-se a Lei nº 3.071, de 1º de janeiro de 1916 – Código Civil e a Parte Primeira do Código Comercial, Lei nº 556, de 25 de junho de 1850.

Art. 2.046. Todas as remissões, em diplomas legislativos, aos Códigos referidos no artigo antecedente, consideram-se feitas às disposições correspondentes deste Código.

Brasília, 10 de janeiro de 2002; 181º da Independência e 114º da República.
FERNANDO HENRIQUE CARDOSO
Aloysio Nunes Ferreira Filho

7

Código de Processo Civil

Lei Nº 13.105, de 16 de Março de 2015

Código de Processo Civil
A PRESIDENTA DA REPÚBLICA Faço saber que o Congresso Nacional decreta e eu sanciono a seguinte Lei:

PARTE GERAL

LIVRO I
Das Normas Processuais Civis

TÍTULO ÚNICO
Das Normas Fundamentais e da Aplicação das Normas Processuais

CAPÍTULO I
Das Normas Fundamentais Do Processo Civil

Art. 1. O processo civil será ordenado, disciplinado e interpretado conforme os valores e as normas fundamentais estabelecidos na Constituição da República Federativa do Brasil, observando-se as disposições deste Código.

Art. 2. O processo começa por iniciativa da parte e se desenvolve por impulso oficial, salvo as exceções previstas em lei.

Art. 3. Não se excluirá da apreciação jurisdicional ameaça ou lesão a direito.
§ 1º É permitida a arbitragem, na forma da lei.
§ 2º O Estado promoverá, sempre que possível, a solução consensual dos conflitos.
§ 3º A conciliação, a mediação e outros métodos de solução consensual de conflitos deverão ser estimulados por juízes, advogados, defensores públicos e membros do Ministério Público, inclusive no curso do processo judicial.

Art. 4. As partes têm o direito de obter em prazo razoável a solução integral do mérito, incluída a atividade satisfativa.

Art. 5. Aquele que de qualquer forma participa do processo deve comportar-se de acordo com a boa-fé.

Art. 6. Todos os sujeitos do processo devem cooperar entre si para que se obtenha, em tempo razoável, decisão de mérito justa e efetiva.

Art. 7. É assegurada às partes paridade de tratamento em relação ao exercício de direitos e faculdades processuais, aos meios de defesa, aos ônus, aos deveres e à aplicação de sanções processuais, competindo ao juiz zelar pelo efetivo contraditório.

Art. 8. Ao aplicar o ordenamento jurídico, o juiz atenderá aos fins sociais e às exigências do bem comum, resguardando e promovendo a dignidade da pessoa humana e observando a proporcionalidade, a razoabilidade, a legalidade, a publicidade e a eficiência.

Art. 9. Não se proferirá decisão contra uma das partes sem que ela seja previamente ouvida.
Parágrafo único. O disposto no caput não se aplica:
I. à tutela provisória de urgência;
II. às hipóteses de tutela da evidência previstas no art. 311, incisos II e III;
III. à decisão prevista no art. 701.

Art. 10. O juiz não pode decidir, em grau algum de jurisdição, com base em fundamento a respeito do qual não se tenha dado às partes oportunidade de se manifestar, ainda que se trate de matéria sobre a qual deva decidir de ofício.

Art. 11. Todos os julgamentos dos órgãos do Poder Judiciário serão públicos, e fundamentadas todas as decisões, sob pena de nulidade.
Parágrafo único. Nos casos de segredo de justiça, pode ser autorizada a presença somente das partes, de seus advogados, de defensores públicos ou do Ministério Público.

Art. 12. Os juízes e os tribunais atenderão, preferencialmente, à ordem cronológica de conclusão para proferir sentença ou acórdão.
§ 1º A lista de processos aptos a julgamento deverá estar permanentemente à disposição para consulta pública em cartório e na rede mundial de computadores.
§ 2º Estão excluídos da regra do caput:
I. as sentenças proferidas em audiência, homologatórias de acordo ou de improcedência liminar do pedido;

II. o julgamento de processos em bloco para aplicação de tese jurídica firmada em julgamento de casos repetitivos;
III. o julgamento de recursos repetitivos ou de incidente de resolução de demandas repetitivas;
IV. as decisões proferidas com base nos arts. 485 e 932;
V. o julgamento de embargos de declaração;
VI. o julgamento de agravo interno;
VII. as preferências legais e as metas estabelecidas pelo Conselho Nacional de Justiça;
VIII. os processos criminais, nos órgãos jurisdicionais que tenham competência penal;
IX. a causa que exija urgência no julgamento, assim reconhecida por decisão fundamentada.

§ 3º Após elaboração de lista própria, respeitar-se-á a ordem cronológica das conclusões entre as preferências legais.

§ 4º Após a inclusão do processo na lista de que trata o § 1º, o requerimento formulado pela parte não altera a ordem cronológica para a decisão, exceto quando implicar a reabertura da instrução ou a conversão do julgamento em diligência.

§ 5º Decidido o requerimento previsto no § 4º, o processo retornará à mesma posição em que anteriormente se encontrava na lista.

§ 6º Ocupará o primeiro lugar na lista prevista no § 1º ou, conforme o caso, no § 3º, o processo que:
I. tiver sua sentença ou acórdão anulado, salvo quando houver necessidade de realização de diligência ou de complementação da instrução;
II. se enquadrar na hipótese do art. 1.040, inciso II.

CAPÍTULO II

Da Aplicação Das Normas Processuais

Art. 13. A jurisdição civil será regida pelas normas processuais brasileiras, ressalvadas as disposições específicas previstas em tratados, convenções ou acordos internacionais de que o Brasil seja parte.

Art. 14. A norma processual não retroagirá e será aplicável imediatamente aos processos em curso, respeitados os atos processuais praticados e as situações jurídicas consolidadas sob a vigência da norma revogada.

Art. 15. Na ausência de normas que regulem processos eleitorais, trabalhistas ou administrativos, as disposições deste Código lhes serão aplicadas supletiva e subsidiariamente.

LIVRO II
Da Função Jurisdicional

TÍTULO I
Da Jurisdição e da Ação

Art. 16. A jurisdição civil é exercida pelos juízes e pelos tribunais em todo o território nacional, conforme as disposições deste Código.

Art. 17. Para postular em juízo é necessário ter interesse e legitimidade.

Art. 18. Ninguém poderá pleitear direito alheio em nome próprio, salvo quando autorizado pelo ordenamento jurídico.

Parágrafo único. Havendo substituição processual, o substituído poderá intervir como assistente litisconsorcial.

Art. 19. O interesse do autor pode limitar-se à declaração:
I. da existência, da inexistência ou do modo de ser de uma relação jurídica;
II. da autenticidade ou da falsidade de documento.

Art. 20. É admissível a ação meramente declaratória, ainda que tenha ocorrido a violação do direito.

TÍTULO II
Dos Limites da Jurisdição Nacional e da Cooperação Internacional

CAPÍTULO I

Dos Limites Da Jurisdição Nacional

Art. 21. Compete à autoridade judiciária brasileira processar e julgar as ações em que:
I. o réu, qualquer que seja a sua nacionalidade, estiver domiciliado no Brasil;
II. no Brasil tiver de ser cumprida a obrigação;
III. o fundamento seja fato ocorrido ou ato praticado no Brasil.

Parágrafo único. Para o fim do disposto no inciso I, considera-se domiciliada no Brasil a pessoa jurídica estrangeira que nele tiver agência, filial ou sucursal.

Art. 22. Compete, ainda, à autoridade judiciária brasileira processar e julgar as ações:
I. de alimentos, quando:

a) o credor tiver domicílio ou residência no Brasil;
b) o réu mantiver vínculos no Brasil, tais como posse ou propriedade de bens, recebimento de renda ou obtenção de benefícios econômicos;
II. decorrentes de relações de consumo, quando o consumidor tiver domicílio ou residência no Brasil;
III. em que as partes, expressa ou tacitamente, se submeterem à jurisdição nacional.

Art. 23. Compete à autoridade judiciária brasileira, com exclusão de qualquer outra:
I. conhecer de ações relativas a imóveis situados no Brasil;
II. em matéria de sucessão hereditária, proceder à confirmação de testamento particular e ao inventário e à partilha de bens situados no Brasil, ainda que o autor da herança seja de nacionalidade estrangeira ou tenha domicílio fora do território nacional;
III. em divórcio, separação judicial ou dissolução de união estável, proceder à partilha de bens situados no Brasil, ainda que o titular seja de nacionalidade estrangeira ou tenha domicílio fora do território nacional.

Art. 24. A ação proposta perante tribunal estrangeiro não induz litispendência e não obsta a que a autoridade judiciária brasileira conheça da mesma causa e das que lhe são conexas, ressalvadas as disposições em contrário de tratados internacionais e acordos bilaterais em vigor no Brasil.
Parágrafo único. A pendência de causa perante a jurisdição brasileira não impede a homologação de sentença judicial estrangeira quando exigida para produzir efeitos no Brasil.

Art. 25. Não compete à autoridade judiciária brasileira o processamento e o julgamento da ação quando houver cláusula de eleição de foro exclusivo estrangeiro em contrato internacional, arguida pelo réu na contestação.
§ 1º Não se aplica o disposto no caput às hipóteses de competência internacional exclusiva previstas neste Capítulo.
§ 2º Aplica-se à hipótese do caput o art. 63, §§ 1º a 4º.

CAPÍTULO II
Da Cooperação Internacional

SEÇÃO I
Disposições Gerais

Art. 26. A cooperação jurídica internacional será regida por tratado de que o Brasil faz parte e observará:
I. o respeito às garantias do devido processo legal no Estado requerente;
II. a igualdade de tratamento entre nacionais e estrangeiros, residentes ou não no Brasil, em relação ao acesso à justiça e à tramitação dos processos, assegurando-se assistência judiciária aos necessitados;
III. a publicidade processual, exceto nas hipóteses de sigilo previstas na legislação brasileira ou na do Estado requerente;
IV. a existência de autoridade central para recepção e transmissão dos pedidos de cooperação;
V. a espontaneidade na transmissão de informações a autoridades estrangeiras.
§ 1º Na ausência de tratado, a cooperação jurídica internacional poderá realizar-se com base em reciprocidade, manifestada por via diplomática.
§ 2º Não se exigirá a reciprocidade referida no § 1º para homologação de sentença estrangeira.
§ 3º Na cooperação jurídica internacional não será admitida a prática de atos que contrariem ou que produzam resultados incompatíveis com as normas fundamentais que regem o Estado brasileiro.
§ 4º O Ministério da Justiça exercerá as funções de autoridade central na ausência de designação específica.

Art. 27. A cooperação jurídica internacional terá por objeto:
I. citação, intimação e notificação judicial e extrajudicial;
II. colheita de provas e obtenção de informações;
III. homologação e cumprimento de decisão;
IV. concessão de medida judicial de urgência;
V. assistência jurídica internacional;
VI. qualquer outra medida judicial ou extrajudicial não proibida pela lei brasileira.

SEÇÃO II
Do Auxílio Direto

Art. 28. Cabe auxílio direto quando a medida não decorrer diretamente de decisão de autoridade jurisdicional estrangeira a ser submetida a juízo de delibação no Brasil.

Art. 29. A solicitação de auxílio direto será encaminhada pelo órgão estrangeiro interessado à autoridade central, cabendo ao Estado requerente assegurar a autenticidade e a clareza do pedido.

Art. 30. Além dos casos previstos em tratados de que o Brasil faz parte, o auxílio direto terá os seguintes objetos:

I. obtenção e prestação de informações sobre o ordenamento jurídico e sobre processos administrativos ou jurisdicionais findos ou em curso;

II. colheita de provas, salvo se a medida for adotada em processo, em curso no estrangeiro, de competência exclusiva de autoridade judiciária brasileira;

III. qualquer outra medida judicial ou extrajudicial não proibida pela lei brasileira.

Art. 31. A autoridade central brasileira comunicar-se-á diretamente com suas congêneres e, se necessário, com outros órgãos estrangeiros responsáveis pela tramitação e pela execução de pedidos de cooperação enviados e recebidos pelo Estado brasileiro, respeitadas disposições específicas constantes de tratado.

Art. 32. No caso de auxílio direto para a prática de atos que, segundo a lei brasileira, não necessitem de prestação jurisdicional, a autoridade central adotará as providências necessárias para seu cumprimento.

Art. 33. Recebido o pedido de auxílio direto passivo, a autoridade central o encaminhará à Advocacia-Geral da União, que requererá em juízo a medida solicitada.

Parágrafo único. O Ministério Público requererá em juízo a medida solicitada quando for autoridade central.

Art. 34. Compete ao juízo federal do lugar em que deva ser executada a medida apreciar pedido de auxílio direto passivo que demande prestação de atividade jurisdicional.

SEÇÃO III
Da CArta Rogatória

Art. 35. (VETADO).

Art. 36. O procedimento da carta rogatória perante o Superior Tribunal de Justiça é de jurisdição contenciosa e deve assegurar às partes as garantias do devido processo legal.

§ 1º A defesa restringir-se-á à discussão quanto ao atendimento dos requisitos para que o pronunciamento judicial estrangeiro produza efeitos no Brasil.

§ 2º Em qualquer hipótese, é vedada a revisão do mérito do pronunciamento judicial estrangeiro pela autoridade judiciária brasileira.

SEÇÃO IV
Disposições Comuns às Seções Anteriores

Art. 37. O pedido de cooperação jurídica internacional oriundo de autoridade brasileira competente será encaminhado à autoridade central para posterior envio ao Estado requerido para lhe dar andamento.

Art. 38. O pedido de cooperação oriundo de autoridade brasileira competente e os documentos anexos que o instruem serão encaminhados à autoridade central, acompanhados de tradução para a língua oficial do Estado requerido.

Art. 39. O pedido passivo de cooperação jurídica internacional será recusado se configurar manifesta ofensa à ordem pública.

Art. 40. A cooperação jurídica internacional para execução de decisão estrangeira dar-se-á por meio de carta rogatória ou de ação de homologação de sentença estrangeira, de acordo com o art. 960.

Art. 41. Considera-se autêntico o documento que instruir pedido de cooperação jurídica internacional, inclusive tradução para a língua portuguesa, quando encaminhado ao Estado brasileiro por meio de autoridade central ou por via diplomática, dispensando-se ajuramentação, autenticação ou qualquer procedimento de legalização.

Parágrafo único. O disposto no caput não impede, quando necessária, a aplicação pelo Estado brasileiro do princípio da reciprocidade de tratamento.

TÍTULO III
Da Competência Interna

CAPÍTULO I
Da Competência

SEÇÃO I
Disposições Gerais

Art. 42. As causas cíveis serão processadas e decididas pelo juiz nos limites de sua competência, ressalvado às partes o direito de instituir juízo arbitral, na forma da lei.

Art. 43. Determina-se a competência no momento do registro ou da distribuição da petição inicial, sendo irrelevantes as modificações do estado de fato ou de direito ocorridas posteriormente, salvo quando suprimirem órgão judiciário ou alterarem a competência absoluta.

Art. 44. Obedecidos os limites estabelecidos pela Constituição Federal, a competência é determinada pelas normas previstas neste Código ou em legislação especial, pelas normas de organização judiciária e, ainda, no que couber, pelas constituições dos Estados.

Art. 45. Tramitando o processo perante outro juízo, os autos serão remetidos ao juízo federal competente se nele intervier a União, suas empresas públicas, entidades autárquicas e fundações, ou conselho de fiscalização de atividade profissional, na qualidade de parte ou de terceiro interveniente, exceto as ações:

I. de recuperação judicial, falência, insolvência civil e acidente de trabalho;

II. sujeitas à justiça eleitoral e à justiça do trabalho.

§ 1º Os autos não serão remetidos se houver pedido cuja apreciação seja de competência do juízo perante o qual foi proposta a ação.

§ 2º Na hipótese do § 1º, o juiz, ao não admitir a cumulação de pedidos em razão da incompetência para apreciar qualquer deles, não examinará o mérito daquele em que exista interesse da União, de suas entidades autárquicas ou de suas empresas públicas.

§ 3º O juízo federal restituirá os autos ao juízo estadual sem suscitar conflito se o ente federal cuja presença ensejou a remessa for excluído do processo.

Art. 46. A ação fundada em direito pessoal ou em direito real sobre bens móveis será proposta, em regra, no foro de domicílio do réu.

§ 1º Tendo mais de um domicílio, o réu será demandado no foro de qualquer deles.

§ 2º Sendo incerto ou desconhecido o domicílio do réu, ele poderá ser demandado onde for encontrado ou no foro de domicílio do autor.

§ 3º Quando o réu não tiver domicílio ou residência no Brasil, a ação será proposta no foro de domicílio do autor, e, se este também residir fora do Brasil, a ação será proposta em qualquer foro.

§ 4º Havendo 2 (dois) ou mais réus com diferentes domicílios, serão demandados no foro de qualquer deles, à escolha do autor.

§ 5º A execução fiscal será proposta no foro de domicílio do réu, no de sua residência ou no do lugar onde for encontrado.

Art. 47. Para as ações fundadas em direito real sobre imóveis é competente o foro de situação da coisa.

§ 1º O autor pode optar pelo foro de domicílio do réu ou pelo foro de eleição se o litígio não recair sobre direito de propriedade, vizinhança, servidão, divisão e demarcação de terras e de nunciação de obra nova.

§ 2º A ação possessória imobiliária será proposta no foro de situação da coisa, cujo juízo tem competência absoluta.

Art. 48. O foro de domicílio do autor da herança, no Brasil, é o competente para o inventário, a partilha, a arrecadação, o cumprimento de disposições de última vontade, a impugnação ou anulação de partilha extrajudicial e para todas as ações em que o espólio for réu, ainda que o óbito tenha ocorrido no estrangeiro.

Parágrafo único. Se o autor da herança não possuía domicílio certo, é competente:

I. o foro de situação dos bens imóveis;

II. havendo bens imóveis em foros diferentes, qualquer destes;

III. qualquer dos bens do espólio.

Art. 49. A ação em que o ausente for réu será proposta no foro de seu último domicílio, também competente para a arrecadação, o inventário, a partilha e o cumprimento de disposições testamentárias.

Art. 50. A ação em que o incapaz for réu será proposta no foro de domicílio de seu representante ou assistente.

Art. 51. É competente o foro de domicílio do réu para as causas em que seja autora a União.
Parágrafo único. Se a União for a demandada, a ação poderá ser proposta no foro de domicílio do autor, no de ocorrência do ato ou fato que originou a demanda, no de situação da coisa ou no Distrito Federal.
Art. 52. É competente o foro de domicílio do réu para as causas em que seja autor Estado ou o Distrito Federal.
Parágrafo único. Se Estado ou o Distrito Federal for o demandado, a ação poderá ser proposta no foro de domicílio do autor, no de ocorrência do ato ou fato que originou a demanda, no de situação da coisa ou na capital do respectivo ente federado.
Art. 53. É competente o foro:
I. para a ação de divórcio, separação, anulação de casamento e reconhecimento ou dissolução de união estável:
a) de domicílio do guardião de filho incapaz;
b) do último domicílio do casal, caso não haja filho incapaz;
c) de domicílio do réu, se nenhuma das partes residir no antigo domicílio do casal;
d) de domicílio da vítima de violência doméstica e familiar, nos termos da Lei nº 11.340, de 7 de agosto de 2006 (Lei Maria da Penha); **(Incluída pela Lei nº 13.894, de 2019)**
II. de domicílio ou residência do alimentando, para a ação em que se pedem alimentos;
III. do lugar:
a) onde está a sede, para a ação em que for ré pessoa jurídica;
b) onde se acha agência ou sucursal, quanto às obrigações que a pessoa jurídica contraiu;
c) onde exerce suas atividades, para a ação em que for ré sociedade ou associação sem personalidade jurídica;
d) onde a obrigação deve ser satisfeita, para a ação em que se lhe exigir o cumprimento;
e) de residência do idoso, para a causa que verse sobre direito previsto no respectivo estatuto;
f) da sede da serventia notarial ou de registro, para a ação de reparação de dano por ato praticado em razão do ofício;
IV. do lugar do ato ou fato para a ação:
a) de reparação de dano;
b) em que for réu administrador ou gestor de negócios alheios;
V. de domicílio do autor ou do local do fato, para a ação de reparação de dano sofrido em razão de delito ou acidente de veículos, inclusive aeronaves.

SEÇÃO II
Da Modificação da Competência

Art. 54. A competência relativa poderá modificar-se pela conexão ou pela continência, observado o disposto nesta Seção.
Art. 55. Reputam-se conexas 2 (duas) ou mais ações quando lhes for comum o pedido ou a causa de pedir.
§ 1º Os processos de ações conexas serão reunidos para decisão conjunta, salvo se um deles já houver sido sentenciado.
§ 2º Aplica-se o disposto no caput:
I. à execução de título extrajudicial e à ação de conhecimento relativa ao mesmo ato jurídico;
II. às execuções fundadas no mesmo título executivo.
§ 3º Serão reunidos para julgamento conjunto os processos que possam gerar risco de prolação de decisões conflitantes ou contraditórias caso decididos separadamente, mesmo sem conexão entre eles.
Art. 56. Dá-se a continência entre 2 (duas) ou mais ações quando houver identidade quanto às partes e à causa de pedir, mas o pedido de uma, por ser mais amplo, abrange o das demais.
Art. 57. Quando houver continência e a ação continente tiver sido proposta anteriormente, no processo relativo à ação contida será proferida sentença sem resolução de mérito, caso contrário, as ações serão necessariamente reunidas.
Art. 58. A reunião das ações propostas em separado far-se-á no juízo prevento, onde serão decididas simultaneamente.
Art. 59. O registro ou a distribuição da petição inicial torna prevento o juízo.
Art. 60. Se o imóvel se achar situado em mais de um Estado, comarca, SEÇÃO ou Subseção judiciária, a competência territorial do juízo prevento estender-se-á sobre a totalidade do imóvel.
Art. 61. A ação acessória será proposta no juízo competente para a ação principal.
Art. 62. A competência determinada em razão da matéria, da pessoa ou da função é inderrogável por convenção das partes.

Art. 63. As partes podem modificar a competência em razão do valor e do território, elegendo foro onde será proposta ação oriunda de direitos e obrigações.

§ 1º A eleição de foro só produz efeito quando constar de instrumento escrito e aludir expressamente a determinado negócio jurídico.

§ 2º O foro contratual obriga os herdeiros e sucessores das partes.

§ 3º Antes da citação, a cláusula de eleição de foro, se abusiva, pode ser reputada ineficaz de ofício pelo juiz, que determinará a remessa dos autos ao juízo do foro de domicílio do réu.

§ 4º Citado, incumbe ao réu alegar a abusividade da cláusula de eleição de foro na contestação, sob pena de preclusão.

SEÇÃO III
Da Incompetência

Art. 64. A incompetência, absoluta ou relativa, será alegada como questão preliminar de contestação.

§ 1º A incompetência absoluta pode ser alegada em qualquer tempo e grau de jurisdição e deve ser declarada de ofício.

§ 2º Após manifestação da parte contrária, o juiz decidirá imediatamente a alegação de incompetência.

§ 3º Caso a alegação de incompetência seja acolhida, os autos serão remetidos ao juízo competente.

§ 4º Salvo decisão judicial em sentido contrário, conservar-se-ão os efeitos de decisão proferida pelo juízo incompetente até que outra seja proferida, se for o caso, pelo juízo competente.

Art. 65. Prorrogar-se-á a competência relativa se o réu não alegar a incompetência em preliminar de contestação.

Parágrafo único. A incompetência relativa pode ser alegada pelo Ministério Público nas causas em que atuar.

Art. 66. Há conflito de competência quando:

I. 2 (dois) ou mais juízes se declaram competentes;

II. 2 (dois) ou mais juízes se consideram incompetentes, atribuindo um ao outro a competência;

III. entre 2 (dois) ou mais juízes surge controvérsia acerca da reunião ou separação de processos.

Parágrafo único. O juiz que não acolher a competência declinada deverá suscitar o conflito, salvo se a atribuir a outro juízo.

CAPÍTULO II
Da Cooperação Nacional

Art. 67. Aos órgãos do Poder Judiciário, estadual ou federal, especializado ou comum, em todas as instâncias e graus de jurisdição, inclusive aos tribunais superiores, incumbe o dever de recíproca cooperação, por meio de seus magistrados e servidores.

Art. 68. Os juízos poderão formular entre si pedido de cooperação para prática de qualquer ato processual.

Art. 69. O pedido de cooperação jurisdicional deve ser prontamente atendido, prescinde de forma específica e pode ser executado como:

I. auxílio direto;

II. reunião ou apensamento de processos;

III. prestação de informações;

IV. atos concertados entre os juízes cooperantes.

§ 1º As cartas de ordem, precatória e arbitral seguirão o regime previsto neste Código.

§ 2º Os atos concertados entre os juízes cooperantes poderão consistir, além de outros, no estabelecimento de procedimento para:

I. a prática de citação, intimação ou notificação de ato;

II. a obtenção e apresentação de provas e a coleta de depoimentos;

III. a efetivação de tutela provisória;

IV. a efetivação de medidas e providências para recuperação e preservação de empresas;

V. a facilitação de habilitação de créditos na falência e na recuperação judicial;

VI. a centralização de processos repetitivos;

VII. a execução de decisão jurisdicional.

§ 3º O pedido de cooperação judiciária pode ser realizado entre órgãos jurisdicionais de diferentes ramos do Poder Judiciário.

LIVRO III

Dos Sujeitos do Processo

TÍTULO I

Das Partes e dos Procuradores

CAPÍTULO I

Da Capacidade Processual

Art. 70. Toda pessoa que se encontre no exercício de seus direitos tem capacidade para estar em juízo.

Art. 71. O incapaz será representado ou assistido por seus pais, por tutor ou por curador, na forma da lei.

Art. 72. O juiz nomeará curador especial ao:

I. incapaz, se não tiver representante legal ou se os interesses deste colidirem com os daquele, enquanto durar a incapacidade;

II. réu preso revel, bem como ao réu revel citado por edital ou com hora certa, enquanto não for constituído advogado.

Parágrafo único. A curatela especial será exercida pela Defensoria Pública, nos termos da lei.

Art. 73. O cônjuge necessitará do consentimento do outro para propor ação que verse sobre direito real imobiliário, salvo quando casados sob o regime de separação absoluta de bens.

§ 1º Ambos os cônjuges serão necessariamente citados para a ação:

I. que verse sobre direito real imobiliário, salvo quando casados sob o regime de separação absoluta de bens;

II. resultante de fato que diga respeito a ambos os cônjuges ou de ato praticado por eles;

III. fundada em dívida contraída por um dos cônjuges a bem da família;

IV. que tenha por objeto o reconhecimento, a constituição ou a extinção de ônus sobre imóvel de um ou de ambos os cônjuges.

§ 2º Nas ações possessórias, a participação do cônjuge do autor ou do réu somente é indispensável nas hipóteses de composse ou de ato por ambos praticado.

§ 3º Aplica-se o disposto neste artigo à união estável comprovada nos autos.

Art. 74. O consentimento previsto no art. 73 pode ser suprido judicialmente quando for negado por um dos cônjuges sem justo motivo, ou quando lhe seja impossível concedê-lo.

Parágrafo único. A falta de consentimento, quando necessário e não suprido pelo juiz, invalida o processo.

Art. 75. Serão representados em juízo, ativa e passivamente:

I. a União, pela Advocacia-Geral da União, diretamente ou mediante órgão vinculado;

II. o Estado e o Distrito Federal, por seus procuradores;

III. o Município, por seu prefeito ou procurador;

IV. a autarquia e a fundação de direito público, por quem a lei do ente federado designar;

V. a massa falida, pelo administrador judicial;

VI. a herança jacente ou vacante, por seu curador;

VII. o espólio, pelo inventariante;

VIII. a pessoa jurídica, por quem os respectivos atos constitutivos designarem ou, não havendo essa designação, por seus diretores;

IX. a sociedade e a associação irregulares e outros entes organizados sem personalidade jurídica, pela pessoa a quem couber a administração de seus bens;

X. a pessoa jurídica estrangeira, pelo gerente, representante ou administrador de sua filial, agência ou sucursal aberta ou instalada no Brasil;

XI. o condomínio, pelo administrador ou síndico.

§ 1º Quando o inventariante for dativo, os sucessores do falecido serão intimados no processo no qual o espólio seja parte.

§ 2º A sociedade ou associação sem personalidade jurídica não poderá opor a irregularidade de sua constituição quando demandada.

§ 3º O gerente de filial ou agência presume-se autorizado pela pessoa jurídica estrangeira a receber citação para qualquer processo.

§ 4º Os Estados e o Distrito Federal poderão ajustar compromisso recíproco para prática de ato processual por seus procuradores em favor de outro ente federado, mediante convênio firmado pelas respectivas procuradorias.

Art. 76. Verificada a incapacidade processual ou a irregularidade da representação da parte, o juiz suspenderá o processo e designará prazo razoável para que seja sanado o vício.

§ 1º Descumprida a determinação, caso o processo esteja na instância originária:

I. o processo será extinto, se a providência couber ao autor;

II. o réu será considerado revel, se a providência lhe couber;
III. o terceiro será considerado revel ou excluído do processo, dependendo do polo em que se encontre.
§ 2º Descumprida a determinação em fase recursal perante tribunal de justiça, tribunal regional federal ou tribunal superior, o relator:
I. não conhecerá do recurso, se a providência couber ao recorrente;
II. determinará o desentranhamento das contrarrazões, se a providência couber ao recorrido.

CAPÍTULO II

Dos Deveres Das Partes e de seus Procuradores

SEÇÃO I
Dos Deveres

Art. 77. Além de outros previstos neste Código, são deveres das partes, de seus procuradores e de todos aqueles que de qualquer forma participem do processo:
I. expor os fatos em juízo conforme a verdade;
II. não formular pretensão ou de apresentar defesa quando cientes de que são destituídas de fundamento;
III. não produzir provas e não praticar atos inúteis ou desnecessários à declaração ou à defesa do direito;
IV. cumprir com exatidão as decisões jurisdicionais, de natureza provisória ou final, e não criar embaraços à sua efetivação;
V. declinar, no primeiro momento que lhes couber falar nos autos, o endereço residencial ou profissional onde receberão intimações, atualizando essa informação sempre que ocorrer qualquer modificação temporária ou definitiva;
VI. não praticar inovação ilegal no estado de fato de bem ou direito litigioso.
§ 1º Nas hipóteses dos incisos IV e VI, o juiz advertirá qualquer das pessoas mencionadas no caput de que sua conduta poderá ser punida como ato atentatório à dignidade da justiça.
§ 2º A violação ao disposto nos incisos IV e VI constitui ato atentatório à dignidade da justiça, devendo o juiz, sem prejuízo das sanções criminais, civis e processuais cabíveis, aplicar ao responsável multa de até vinte por cento do valor da causa, de acordo com a gravidade da conduta.

§ 3º Não sendo paga no prazo a ser fixado pelo juiz, a multa prevista no § 2º será inscrita como dívida ativa da União ou do Estado após o trânsito em julgado da decisão que a fixou, e sua execução observará o procedimento da execução fiscal, revertendo-se aos fundos previstos no art. 97.
§ 4º A multa estabelecida no § 2º poderá ser fixada independentemente da incidência das previstas nos arts. 523, § 1º, e 536, § 1º.
§ 5º Quando o valor da causa for irrisório ou inestimável, a multa prevista no § 2º poderá ser fixada em até 10 (dez) vezes o valor do salário-mínimo.
§ 6º Aos advogados públicos ou privados e aos membros da Defensoria Pública e do Ministério Público não se aplica o disposto nos §§ 2º a 5º, devendo eventual responsabilidade disciplinar ser apurada pelo respectivo órgão de classe ou corregedoria, ao qual o juiz oficiará.
§ 7º Reconhecida violação ao disposto no inciso VI, o juiz determinará o restabelecimento do estado anterior, podendo, ainda, proibir a parte de falar nos autos até a purgação do atentado, sem prejuízo da aplicação do § 2º.
§ 8º O representante judicial da parte não pode ser compelido a cumprir decisão em seu lugar.

Art. 78. É vedado às partes, a seus procuradores, aos juízes, aos membros do Ministério Público e da Defensoria Pública e a qualquer pessoa que participe do processo empregar expressões ofensivas nos escritos apresentados.
§ 1º Quando expressões ou condutas ofensivas forem manifestadas oral ou presencialmente, o juiz advertirá o ofensor de que não as deve usar ou repetir, sob pena de lhe ser cassada a palavra.
§ 2º De ofício ou a requerimento do ofendido, o juiz determinará que as expressões ofensivas sejam riscadas e, a requerimento do ofendido, determinará a expedição de certidão com inteiro teor das expressões ofensivas e a colocará à disposição da parte interessada.

SEÇÃO II
Da Responsabilidade das PArtes por Dano Processual

Art. 79. Responde por perdas e danos aquele que litigar de má-fé como autor, réu ou interveniente.
Art. 80. Considera-se litigante de má-fé aquele que:
I. deduzir pretensão ou defesa contra texto expresso de lei ou fato incontroverso;

II. alterar a verdade dos fatos;
III. usar do processo para conseguir objetivo ilegal;
IV. opuser resistência injustificada ao andamento do processo;
V. proceder de modo temerário em qualquer incidente ou ato do processo;
VI. provocar incidente manifestamente infundado;
VII. interpuser recurso com intuito manifestamente protelatório.

Art. 81. De ofício ou a requerimento, o juiz condenará o litigante de má-fé a pagar multa, que deverá ser superior a um por cento e inferior a dez por cento do valor corrigido da causa, a indenizar a parte contrária pelos prejuízos que esta sofreu e a arcar com os honorários advocatícios e com todas as despesas que efetuou.

§ 1º Quando forem 2 (dois) ou mais os litigantes de má-fé, o juiz condenará cada um na proporção de seu respectivo interesse na causa ou solidariamente aqueles que se coligaram para lesar a parte contrária.

§ 2º Quando o valor da causa for irrisório ou inestimável, a multa poderá ser fixada em até 10 (dez) vezes o valor do salário-mínimo.

§ 3º O valor da indenização será fixado pelo juiz ou, caso não seja possível mensurá-lo, liquidado por arbitramento ou pelo procedimento comum, nos próprios autos.

SEÇÃO III
Das Despesas, dos Honorários Advocatícios e das Multas

Art. 82. Salvo as disposições concernentes à gratuidade da justiça, incumbe às partes prover as despesas dos atos que realizarem ou requererem no processo, antecipando-lhes o pagamento, desde o início até a sentença final ou, na execução, até a plena satisfação do direito reconhecido no título.

§ 1º Incumbe ao autor adiantar as despesas relativas a ato cuja realização o juiz determinar de ofício ou a requerimento do Ministério Público, quando sua intervenção ocorrer como fiscal da ordem jurídica.

§ 2º A sentença condenará o vencido a pagar ao vencedor as despesas que antecipou.

Art. 83. O autor, brasileiro ou estrangeiro, que residir fora do Brasil ou deixar de residir no país ao longo da tramitação de processo prestará caução suficiente ao pagamento das custas e dos honorários de advogado da parte contrária nas ações que propuser, se não tiver no Brasil bens imóveis que lhes assegurem o pagamento.

§ 1º Não se exigirá a caução de que trata o caput:
I. quando houver dispensa prevista em acordo ou tratado internacional de que o Brasil faz parte;
II. na execução fundada em título extrajudicial e no cumprimento de sentença;
III. na reconvenção.

§ 2º Verificando-se no trâmite do processo que se desfalcou a garantia, poderá o interessado exigir reforço da caução, justificando seu pedido com a indicação da depreciação do bem dado em garantia e a importância do reforço que pretende obter.

Art. 84. As despesas abrangem as custas dos atos do processo, a indenização de viagem, a remuneração do assistente técnico e a diária de testemunha.

Art. 85. A sentença condenará o vencido a pagar honorários ao advogado do vencedor.

§ 1º São devidos honorários advocatícios na reconvenção, no cumprimento de sentença, provisório ou definitivo, na execução, resistida ou não, e nos recursos interpostos, cumulativamente.

§ 2º Os honorários serão fixados entre o mínimo de dez e o máximo de vinte por cento sobre o valor da condenação, do proveito econômico obtido ou, não sendo possível mensurá-lo, sobre o valor atualizado da causa, atendidos:
I. o grau de zelo do profissional;
II. o lugar de prestação do serviço;
III. a natureza e a importância da causa;
IV. o trabalho realizado pelo advogado e o tempo exigido para o seu serviço.

§ 3º Nas causas em que a Fazenda Pública for parte, a fixação dos honorários observará os critérios estabelecidos nos incisos I a IV do § 2º e os seguintes percentuais:
I. mínimo de dez e máximo de vinte por cento sobre o valor da condenação ou do proveito econômico obtido até 200 (duzentos) salários-mínimos;
II. mínimo de oito e máximo de dez por cento sobre o valor da condenação ou do proveito econômico obtido acima de 200 (duzentos) salários-mínimos até 2.000 (dois mil) salários-mínimos;
III. mínimo de cinco e máximo de oito por cento sobre o valor da condenação ou do proveito econômico obtido acima de 2.000 (dois mil) salários-mínimos até 20.000 (vinte mil) salários-mínimos;
IV. mínimo de três e máximo de cinco por cento sobre o valor da condenação ou do proveito econômico

obtido acima de 20.000 (vinte mil) salários-mínimos até 100.000 (cem mil) salários-mínimos;

V. mínimo de um e máximo de três por cento sobre o valor da condenação ou do proveito econômico obtido acima de 100.000 (cem mil) salários-mínimos.

§ 4º Em qualquer das hipóteses do § 3º:

I. os percentuais previstos nos incisos I a V devem ser aplicados desde logo, quando for líquida a sentença;

II. não sendo líquida a sentença, a definição do percentual, nos termos previstos nos incisos I a V, somente ocorrerá quando liquidado o julgado;

III. não havendo condenação principal ou não sendo possível mensurar o proveito econômico obtido, a condenação em honorários dar-se-á sobre o valor atualizado da causa;

IV. será considerado o salário-mínimo vigente quando prolatada sentença líquida ou o que estiver em vigor na data da decisão de liquidação.

§ 5º Quando, conforme o caso, a condenação contra a Fazenda Pública ou o benefício econômico obtido pelo vencedor ou o valor da causa for superior ao valor previsto no inciso I do § 3º, a fixação do percentual de honorários deve observar a faixa inicial e, naquilo que a exceder, a faixa subsequente, e assim sucessivamente.

§ 6º Os limites e critérios previstos nos §§ 2º e 3º aplicam-se independentemente de qual seja o conteúdo da decisão, inclusive aos casos de improcedência ou de sentença sem resolução de mérito.

§ 7º Não serão devidos honorários no cumprimento de sentença contra a Fazenda Pública que enseje expedição de precatório, desde que não tenha sido impugnada.

§ 8º Nas causas em que for inestimável ou irrisório o proveito econômico ou, ainda, quando o valor da causa for muito baixo, o juiz fixará o valor dos honorários por apreciação equitativa, observando o disposto nos incisos do § 2º.

§ 9º Na ação de indenização por ato ilícito contra pessoa, o percentual de honorários incidirá sobre a soma das prestações vencidas acrescida de 12 (doze) prestações vincendas.

§ 10º Nos casos de perda do objeto, os honorários serão devidos por quem deu causa ao processo.

§ 11º O tribunal, ao julgar recurso, majorará os honorários fixados anteriormente levando em conta o trabalho adicional realizado em grau recursal, observando, conforme o caso, o disposto nos §§ 2º a 6º, sendo vedado ao tribunal, no cômputo geral da fixação de honorários devidos ao advogado do vencedor, ultrapassar os respectivos limites estabelecidos nos §§ 2º e 3º para a fase de conhecimento.

§ 12º Os honorários referidos no § 11 são cumuláveis com multas e outras sanções processuais, inclusive as previstas no art. 77.

§ 13º As verbas de sucumbência arbitradas em embargos à execução rejeitados ou julgados improcedentes e em fase de cumprimento de sentença serão acrescidas no valor do débito principal, para todos os efeitos legais.

§ 14º Os honorários constituem direito do advogado e têm natureza alimentar, com os mesmos privilégios dos créditos oriundos da legislação do trabalho, sendo vedada a compensação em caso de sucumbência parcial.

§ 15º O advogado pode requerer que o pagamento dos honorários que lhe caibam seja efetuado em favor da sociedade de advogados que integra na qualidade de sócio, aplicando-se à hipótese o disposto no § 14.

§ 16º Quando os honorários forem fixados em quantia certa, os juros moratórios incidirão a partir da data do trânsito em julgado da decisão.

§ 17º Os honorários serão devidos quando o advogado atuar em causa própria.

§ 18º Caso a decisão transitada em julgado seja omissa quanto ao direito aos honorários ou ao seu valor, é cabível ação autônoma para sua definição e cobrança.

§ 19º Os advogados públicos perceberão honorários de sucumbência, nos termos da lei.

Art. 86. Se cada litigante for, em parte, vencedor e vencido, serão proporcionalmente distribuídas entre eles as despesas.

Parágrafo único. Se um litigante sucumbir em parte mínima do pedido, o outro responderá, por inteiro, pelas despesas e pelos honorários.

Art. 87. Concorrendo diversos autores ou diversos réus, os vencidos respondem proporcionalmente pelas despesas e pelos honorários.

§ 1º A sentença deverá distribuir entre os litisconsortes, de forma expressa, a responsabilidade proporcional pelo pagamento das verbas previstas no caput.

§ 2º Se a distribuição de que trata o § 1º não for feita, os vencidos responderão solidariamente pelas despesas e pelos honorários.

Art. 88. Nos procedimentos de jurisdição voluntária, as despesas serão adiantadas pelo requerente e rateadas entre os interessados.

Art. 89. Nos juízos divisórios, não havendo litígio, os interessados pagarão as despesas proporcionalmente a seus quinhões.

Art. 90. Proferida sentença com fundamento em desistência, em renúncia ou em reconhecimento do pedido, as despesas e os honorários serão pagos pela parte que desistiu, renunciou ou reconheceu.

§ 1º Sendo parcial a desistência, a renúncia ou o reconhecimento, a responsabilidade pelas despesas e pelos honorários será proporcional à parcela reconhecida, à qual se renunciou ou da qual se desistiu.

§ 2º Havendo transação e nada tendo as partes disposto quanto às despesas, estas serão divididas igualmente.

§ 3º Se a transação ocorrer antes da sentença, as partes ficam dispensadas do pagamento das custas processuais remanescentes, se houver.

§ 4º Se o réu reconhecer a procedência do pedido e, simultaneamente, cumprir integralmente a prestação reconhecida, os honorários serão reduzidos pela metade.

Art. 91. As despesas dos atos processuais praticados a requerimento da Fazenda Pública, do Ministério Público ou da Defensoria Pública serão pagas ao final pelo vencido.

§ 1º As perícias requeridas pela Fazenda Pública, pelo Ministério Público ou pela Defensoria Pública poderão ser realizadas por entidade pública ou, havendo previsão orçamentária, ter os valores adiantados por aquele que requerer a prova.

§ 2º Não havendo previsão orçamentária no exercício financeiro para adiantamento dos honorários periciais, eles serão pagos no exercício seguinte ou ao final, pelo vencido, caso o processo se encerre antes do adiantamento a ser feito pelo ente público.

Art. 92. Quando, a requerimento do réu, o juiz proferir sentença sem resolver o mérito, o autor não poderá propor novamente a ação sem pagar ou depositar em cartório as despesas e os honorários a que foi condenado.

Art. 93. As despesas de atos adiados ou cuja repetição for necessária ficarão a cargo da parte, do auxiliar da justiça, do órgão do Ministério Público ou da Defensoria Pública ou do juiz que, sem justo motivo, houver dado causa ao adiamento ou à repetição.

Art. 94. Se o assistido for vencido, o assistente será condenado ao pagamento das custas em proporção à atividade que houver exercido no processo.

Art. 95. Cada parte adiantará a remuneração do assistente técnico que houver indicado, sendo a do perito adiantada pela parte que houver requerido a perícia ou rateada quando a perícia for determinada de ofício ou requerida por ambas as partes.

§ 1º O juiz poderá determinar que a parte responsável pelo pagamento dos honorários do perito deposite em juízo o valor correspondente.

§ 2º A quantia recolhida em depósito bancário à ordem do juízo será corrigida monetariamente e paga de acordo com o art. 465, § 4º.

§ 3º Quando o pagamento da perícia for de responsabilidade de beneficiário de gratuidade da justiça, ela poderá ser:

I. custeada com recursos alocados no orçamento do ente público e realizada por servidor do Poder Judiciário ou por órgão público conveniado;

II. paga com recursos alocados no orçamento da União, do Estado ou do Distrito Federal, no caso de ser realizada por particular, hipótese em que o valor será fixado conforme tabela do tribunal respectivo ou, em caso de sua omissão, do Conselho Nacional de Justiça.

§ 4º Na hipótese do § 3º, o juiz, após o trânsito em julgado da decisão final, oficiará a Fazenda Pública para que promova, contra quem tiver sido condenado ao pagamento das despesas processuais, a execução dos valores gastos com a perícia particular ou com a utilização de servidor público ou da estrutura de órgão público, observando-se, caso o responsável pelo pagamento das despesas seja beneficiário de gratuidade da justiça, o disposto no art. 98, § 2º.

§ 5º Para fins de aplicação do § 3º, é vedada a utilização de recursos do fundo de custeio da Defensoria Pública.

Art. 96. O valor das sanções impostas ao litigante de má-fé reverterá em benefício da parte contrária, e o valor das sanções impostas aos serventuários pertencerá ao Estado ou à União.

Art. 97. A União e os Estados podem criar fundos de modernização do Poder Judiciário, aos quais serão revertidos os valores das sanções pecuniárias processuais destinadas à União e aos Estados, e outras verbas previstas em lei.

SEÇÃO IV
Da Gratuidade da Justiça

Art. 98. A pessoa natural ou jurídica, brasileira ou estrangeira, com insuficiência de recursos para pagar as custas, as despesas processuais e os honorários advocatícios tem direito à gratuidade da justiça, na forma da lei.

§ 1º A gratuidade da justiça compreende:

I. as taxas ou as custas judiciais;

II. os selos postais;

III. as despesas com publicação na imprensa oficial, dispensando-se a publicação em outros meios;

IV. a indenização devida à testemunha que, quando empregada, receberá do empregador salário integral, como se em serviço estivesse;

V. as despesas com a realização de exame de código genético DNA e de outros exames considerados essenciais;

VI. os honorários do advogado e do perito e a remuneração do intérprete ou do tradutor nomeado para apresentação de versão em português de documento redigido em língua estrangeira;

VII. o custo com a elaboração de memória de cálculo, quando exigida para instauração da execução;

VIII. os depósitos previstos em lei para interposição de recurso, para propositura de ação e para a prática de outros atos processuais inerentes ao exercício da ampla defesa e do contraditório;

IX. os emolumentos devidos a notários ou registradores em decorrência da prática de registro, averbação ou qualquer outro ato notarial necessário à efetivação de decisão judicial ou à continuidade de processo judicial no qual o benefício tenha sido concedido.

§ 2º A concessão de gratuidade não afasta a responsabilidade do beneficiário pelas despesas processuais e pelos honorários advocatícios decorrentes de sua sucumbência.

§ 3º Vencido o beneficiário, as obrigações decorrentes de sua sucumbência ficarão sob condição suspensiva de exigibilidade e somente poderão ser executadas se, nos 5 (cinco) anos subsequentes ao trânsito em julgado da decisão que as certificou, o credor demonstrar que deixou de existir a situação de insuficiência de recursos que justificou a concessão de gratuidade, extinguindo-se, passado esse prazo, tais obrigações do beneficiário.

§ 4º A concessão de gratuidade não afasta o dever de o beneficiário pagar, ao final, as multas processuais que lhe sejam impostas.

§ 5º A gratuidade poderá ser concedida em relação a algum ou a todos os atos processuais, ou consistir na redução percentual de despesas processuais que o beneficiário tiver de adiantar no curso do procedimento.

§ 6º Conforme o caso, o juiz poderá conceder direito ao parcelamento de despesas processuais que o beneficiário tiver de adiantar no curso do procedimento.

§ 7º Aplica-se o disposto no art. 95, §§ 3º a 5º, ao custeio dos emolumentos previstos no § 1º, inciso IX, do presente artigo, observada a tabela e as condições da lei estadual ou distrital respectiva.

§ 8º Na hipótese do § 1º, inciso IX, havendo dúvida fundada quanto ao preenchimento atual dos pressupostos para a concessão de gratuidade, o notário ou registrador, após praticar o ato, pode requerer, ao juízo competente para decidir questões notariais ou registrais, a revogação total ou parcial do benefício ou a sua substituição pelo parcelamento de que trata o § 6º deste artigo, caso em que o beneficiário será citado para, em 15 (quinze) dias, manifestar-se sobre esse requerimento.

Art. 99. O pedido de gratuidade da justiça pode ser formulado na petição inicial, na contestação, na petição para ingresso de terceiro no processo ou em recurso.

§ 1º Se superveniente à primeira manifestação da parte na instância, o pedido poderá ser formulado por petição simples, nos autos do próprio processo, e não suspenderá seu curso.

§ 2º O juiz somente poderá indeferir o pedido se houver nos autos elementos que evidenciem a falta dos pressupostos legais para a concessão de gratuidade, devendo, antes de indeferir o pedido, determinar à parte a comprovação do preenchimento dos referidos pressupostos.

§ 3º Presume-se verdadeira a alegação de insuficiência deduzida exclusivamente por pessoa natural.

§ 4º A assistência do requerente por advogado particular não impede a concessão de gratuidade da justiça.

§ 5º Na hipótese do § 4º, o recurso que verse exclusivamente sobre valor de honorários de sucumbência fixados em favor do advogado de beneficiário estará sujeito a preparo, salvo se o próprio advogado demonstrar que tem direito à gratuidade.

§ 6º O direito à gratuidade da justiça é pessoal, não se estendendo a litisconsorte ou a sucessor do beneficiário, salvo requerimento e deferimento expressos.

§ 7º Requerida a concessão de gratuidade da justiça em recurso, o recorrente estará dispensado de comprovar o recolhimento do preparo, incumbindo ao relator, neste caso, apreciar o requerimento e, se indeferi-lo, fixar prazo para realização do recolhimento.

Art. 100. Deferido o pedido, a parte contrária poderá oferecer impugnação na contestação, na réplica, nas contrarrazões de recurso ou, nos casos de pedido superveniente ou formulado por terceiro, por meio de petição simples, a ser apresentada no prazo de 15 (quinze) dias, nos autos do próprio processo, sem suspensão de seu curso.

Parágrafo único. Revogado o benefício, a parte arcará com as despesas processuais que tiver deixado de adiantar e pagará, em caso de má-fé, até o décuplo de seu valor a título de multa, que será revertida em benefício da Fazenda Pública estadual ou federal e poderá ser inscrita em dívida ativa.

Art. 101. Contra a decisão que indeferir a gratuidade ou a que acolher pedido de sua revogação caberá agravo de instrumento, exceto quando a questão for resolvida na sentença, contra a qual caberá apelação.

§ 1º O recorrente estará dispensado do recolhimento de custas até decisão do relator sobre a questão, preliminarmente ao julgamento do recurso.

§ 2º Confirmada a denegação ou a revogação da gratuidade, o relator ou o órgão colegiado determinará ao recorrente o recolhimento das custas processuais, no prazo de 5 (cinco) dias, sob pena de não conhecimento do recurso.

Art. 102. Sobrevindo o trânsito em julgado de decisão que revoga a gratuidade, a parte deverá efetuar o recolhimento de todas as despesas de cujo adiantamento foi dispensada, inclusive as relativas ao recurso interposto, se houver, no prazo fixado pelo juiz, sem prejuízo de aplicação das sanções previstas em lei.

Parágrafo único. Não efetuado o recolhimento, o processo será extinto sem resolução de mérito, tratando-se do autor, e, nos demais casos, não poderá ser deferida a realização de nenhum ato ou diligência requerida pela parte enquanto não efetuado o depósito.

CAPÍTULO III

Dos Procuradores

Art. 103. A parte será representada em juízo por advogado regularmente inscrito na Ordem dos Advogados do Brasil.

Parágrafo único. É lícito à parte postular em causa própria quando tiver habilitação legal.

Art. 104. O advogado não será admitido a postular em juízo sem procuração, salvo para evitar preclusão, decadência ou prescrição, ou para praticar ato considerado urgente.

§ 1º Nas hipóteses previstas no caput, o advogado deverá, independentemente de caução, exibir a procuração no prazo de 15 (quinze) dias, prorrogável por igual período por despacho do juiz.

§ 2º O ato não ratificado será considerado ineficaz relativamente àquele em cujo nome foi praticado, respondendo o advogado pelas despesas e por perdas e danos.

Art. 105. A procuração geral para o foro, outorgada por instrumento público ou particular assinado pela parte, habilita o advogado a praticar todos os atos do processo, exceto receber citação, confessar, reconhecer a procedência do pedido, transigir, desistir, renunciar ao direito sobre o qual se funda a ação, receber, dar quitação, firmar compromisso e assinar declaração de hipossuficiência econômica, que devem constar de cláusula específica.

§ 1º A procuração pode ser assinada digitalmente, na forma da lei.

§ 2º A procuração deverá conter o nome do advogado, seu número de inscrição na Ordem dos Advogados do Brasil e endereço completo.

§ 3º Se o outorgado integrar sociedade de advogados, a procuração também deverá conter o nome dessa, seu número de registro na Ordem dos Advogados do Brasil e endereço completo.

§ 4º Salvo disposição expressa em sentido contrário constante do próprio instrumento, a procuração outorgada na fase de conhecimento é eficaz para todas as fases do processo, inclusive para o cumprimento de sentença.

Art. 106. Quando postular em causa própria, incumbe ao advogado:

I. declarar, na petição inicial ou na contestação, o endereço, seu número de inscrição na Ordem dos Advogados do Brasil e o nome da sociedade de advogados da qual participa, para o recebimento de intimações;

II. comunicar ao juízo qualquer mudança de endereço.

§ 1º Se o advogado descumprir o disposto no inciso I, o juiz ordenará que se supra a omissão, no prazo de 5 (cinco) dias, antes de determinar a citação do réu, sob pena de indeferimento da petição.

§ 2º Se o advogado infringir o previsto no inciso II, serão consideradas válidas as intimações enviadas por carta registrada ou meio eletrônico ao endereço constante dos autos.

Art. 107. O advogado tem direito a:

I. examinar, em cartório de fórum e secretaria de tribunal, mesmo sem procuração, autos de qualquer processo, independentemente da fase de tramitação, assegurados a obtenção de cópias e o registro de anotações, salvo na hipótese de segredo de justiça, nas quais apenas o advogado constituído terá acesso aos autos;

II. requerer, como procurador, vista dos autos de qualquer processo, pelo prazo de 5 (cinco) dias;

III. retirar os autos do cartório ou da secretaria, pelo prazo legal, sempre que neles lhe couber falar por determinação do juiz, nos casos previstos em lei.

§ 1º Ao receber os autos, o advogado assinará carga em livro ou documento próprio.

§ 2º Sendo o prazo comum às partes, os procuradores poderão retirar os autos somente em conjunto ou mediante prévio ajuste, por petição nos autos.

§ 3º Na hipótese do § 2º, é lícito ao procurador retirar os autos para obtenção de cópias, pelo prazo de 2 (duas) a 6 (seis) horas, independentemente de ajuste e sem prejuízo da continuidade do prazo.

§ 4º O procurador perderá no mesmo processo o direito a que se refere o § 3º se não devolver os autos tempestivamente, salvo se o prazo for prorrogado pelo juiz.

§ 5º O disposto no inciso I do caput deste artigo aplica-se integralmente a processos eletrônicos. **(Incluído pela Lei nº 13.793, de 2019)**

CAPÍTULO IV

Da Sucessão das Partes e dos Procuradores

Art. 108. No curso do processo, somente é lícita a sucessão voluntária das partes nos casos expressos em lei.

Art. 109. A alienação da coisa ou do direito litigioso por ato entre vivos, a título particular, não altera a legitimidade das partes.

§ 1º O adquirente ou cessionário não poderá ingressar em juízo, sucedendo o alienante ou cedente, sem que o consinta a parte contrária.

§ 2º O adquirente ou cessionário poderá intervir no processo como assistente litisconsorcial do alienante ou cedente.

§ 3º Estendem-se os efeitos da sentença proferida entre as partes originárias ao adquirente ou cessionário.

Art. 110. Ocorrendo a morte de qualquer das partes, dar-se-á a sucessão pelo seu espólio ou pelos seus sucessores, observado o disposto no art. 313, §§ 1º e 2º.

Art. 111. A parte que revogar o mandato outorgado a seu advogado constituirá, no mesmo ato, outro que assuma o patrocínio da causa.

Parágrafo único. Não sendo constituído novo procurador no prazo de 15 (quinze) dias, observar-se-á o disposto no art. 76.

Art. 112. O advogado poderá renunciar ao mandato a qualquer tempo, provando, na forma prevista neste Código, que comunicou a renúncia ao mandante, a fim de que este nomeie sucessor.

§ 1º Durante os 10 (dez) dias seguintes, o advogado continuará a representar o mandante, desde que necessário para lhe evitar prejuízo

§ 2º Dispensa-se a comunicação referida no caput quando a procuração tiver sido outorgada a vários advogados e a parte continuar representada por outro, apesar da renúncia.

TÍTULO II

Do Litisconsórcio

Art. 113. Duas ou mais pessoas podem litigar, no mesmo processo, em conjunto, ativa ou passivamente, quando:

I. entre elas houver comunhão de direitos ou de obrigações relativamente à lide;

II. entre as causas houver conexão pelo pedido ou pela causa de pedir;

III. ocorrer afinidade de questões por ponto comum de fato ou de direito.

§ 1º O juiz poderá limitar o litisconsórcio facultativo quanto ao número de litigantes na fase de conhecimento, na liquidação de sentença ou na execução, quando este comprometer a rápida solução do litígio ou dificultar a defesa ou o cumprimento da sentença.

§ 2º O requerimento de limitação interrompe o prazo para manifestação ou resposta, que recomeçará da intimação da decisão que o solucionar.

Art. 114. O litisconsórcio será necessário por disposição de lei ou quando, pela natureza da relação jurídica controvertida, a eficácia da sentença depender da citação de todos que devam ser litisconsortes.

Art. 115. A sentença de mérito, quando proferida sem a integração do contraditório, será:

I. nula, se a decisão deveria ser uniforme em relação a todos que deveriam ter integrado o processo;
II. ineficaz, nos outros casos, apenas para os que não foram citados.
Parágrafo único. Nos casos de litisconsórcio passivo necessário, o juiz determinará ao autor que requeira a citação de todos que devam ser litisconsortes, dentro do prazo que assinar, sob pena de extinção do processo.
Art. 116. O litisconsórcio será unitário quando, pela natureza da relação jurídica, o juiz tiver de decidir o mérito de modo uniforme para todos os litisconsortes.
Art. 117. Os litisconsortes serão considerados, em suas relações com a parte adversa, como litigantes distintos, exceto no litisconsórcio unitário, caso em que os atos e as omissões de um não prejudicarão os outros, mas os poderão beneficiar.
Art. 118. Cada litisconsorte tem o direito de promover o andamento do processo, e todos devem ser intimados dos respectivos atos.

TÍTULO III
Da Intervenção De Terceiros

CAPÍTULO I
Da Assistência

SEÇÃO I
Disposições Comuns

Art. 119. Pendendo causa entre 2 (duas) ou mais pessoas, o terceiro juridicamente interessado em que a sentença seja favorável a uma delas poderá intervir no processo para assisti-la.
Parágrafo único. A assistência será admitida em qualquer procedimento e em todos os graus de jurisdição, recebendo o assistente o processo no estado em que se encontre.
Art. 120. Não havendo impugnação no prazo de 15 (quinze) dias, o pedido do assistente será deferido, salvo se for caso de rejeição liminar.
Parágrafo único. Se qualquer parte alegar que falta ao requerente interesse jurídico para intervir, o juiz decidirá o incidente, sem suspensão do processo.

SEÇÃO II
Da Assistência Simples

Art. 121. O assistente simples atuará como auxiliar da parte principal, exercerá os mesmos poderes e sujeitar-se-á aos mesmos ônus processuais que o assistido.
Parágrafo único. Sendo revel ou, de qualquer outro modo, omisso o assistido, o assistente será considerado seu substituto processual.
Art. 122. A assistência simples não obsta a que a parte principal reconheça a procedência do pedido, desista da ação, renuncie ao direito sobre o que se funda a ação ou transija sobre direitos controvertidos.
Art. 123. Transitada em julgado a sentença no processo em que interveio o assistente, este não poderá, em processo posterior, discutir a justiça da decisão, salvo se alegar e provar que:
I. pelo estado em que recebeu o processo ou pelas declarações e pelos atos do assistido, foi impedido de produzir provas suscetíveis de influir na sentença;
II. desconhecia a existência de alegações ou de provas das quais o assistido, por dolo ou culpa, não se valeu.

SEÇÃO III
Da Assistência Litisconsorcial

Art. 124. Considera-se litisconsorte da parte principal o assistente sempre que a sentença influir na relação jurídica entre ele e o adversário do assistido.

CAPÍTULO II
Da Denunciação Da Lide

Art. 125. É admissível a denunciação da lide, promovida por qualquer das partes:
I. ao alienante imediato, no processo relativo à coisa cujo domínio foi transferido ao denunciante, a fim de que possa exercer os direitos que da evicção lhe resultam;
II. àquele que estiver obrigado, por lei ou pelo contrato, a indenizar, em ação regressiva, o prejuízo de quem for vencido no processo.
§ 1º O direito regressivo será exercido por ação autônoma quando a denunciação da lide for indeferida, deixar de ser promovida ou não for permitida.
§ 2º Admite-se uma única denunciação sucessiva, promovida pelo denunciado, contra seu antecessor imediato na cadeia dominial ou quem

seja responsável por indenizá-lo, não podendo o denunciado sucessivo promover nova denunciação, hipótese em que eventual direito de regresso será exercido por ação autônoma.

Art. 126. A citação do denunciado será requerida na petição inicial, se o denunciante for autor, ou na contestação, se o denunciante for réu, devendo ser realizada na forma e nos prazos previstos no art. 131.

Art. 127. Feita a denunciação pelo autor, o denunciado poderá assumir a posição de litisconsorte do denunciante e acrescentar novos argumentos à petição inicial, procedendo-se em seguida à citação do réu.

Art. 128. Feita a denunciação pelo réu:
I. se o denunciado contestar o pedido formulado pelo autor, o processo prosseguirá tendo, na ação principal, em litisconsórcio, denunciante e denunciado;
II. se o denunciado for revel, o denunciante pode deixar de prosseguir com sua defesa, eventualmente oferecida, e abster-se de recorrer, restringindo sua atuação à ação regressiva;
III. se o denunciado confessar os fatos alegados pelo autor na ação principal, o denunciante poderá prosseguir com sua defesa ou, aderindo a tal reconhecimento, pedir apenas a procedência da ação de regresso.
Parágrafo único. Procedente o pedido da ação principal, pode o autor, se for o caso, requerer o cumprimento da sentença também contra o denunciado, nos limites da condenação deste na ação regressiva.

Art. 129. Se o denunciante for vencido na ação principal, o juiz passará ao julgamento da denunciação da lide.
Parágrafo único. Se o denunciante for vencedor, a ação de denunciação não terá o seu pedido examinado, sem prejuízo da condenação do denunciante ao pagamento das verbas de sucumbência em favor do denunciado.

CAPÍTULO III
Do Chamamento Ao Processo

Art. 130. É admissível o chamamento ao processo, requerido pelo réu:
I. do afiançado, na ação em que o fiador for réu;
II. dos demais fiadores, na ação proposta contra um ou alguns deles;
III. dos demais devedores solidários, quando o credor exigir de um ou de alguns o pagamento da dívida comum.

Art. 131. A citação daqueles que devam figurar em litisconsórcio passivo será requerida pelo réu na contestação e deve ser promovida no prazo de 30 (trinta) dias, sob pena de ficar sem efeito o chamamento.
Parágrafo único. Se o chamado residir em outra comarca, SEÇÃO ou Subseção judiciárias, ou em lugar incerto, o prazo será de 2 (dois) meses.

Art. 132. A sentença de procedência valerá como título executivo em favor do réu que satisfizer a dívida, a fim de que possa exigi-la, por inteiro, do devedor principal, ou, de cada um dos codevedores, a sua quota, na proporção que lhes tocar.

CAPÍTULO IV
Do Incidente De Desconsideração Da Personalidade Jurídica

Art. 133. O incidente de desconsideração da personalidade jurídica será instaurado a pedido da parte ou do Ministério Público, quando lhe couber intervir no processo.
§ 1º O pedido de desconsideração da personalidade jurídica observará os pressupostos previstos em lei.
§ 2º Aplica-se o disposto neste Capítulo à hipótese de desconsideração inversa da personalidade jurídica.

Art. 134. O incidente de desconsideração é cabível em todas as fases do processo de conhecimento, no cumprimento de sentença e na execução fundada em título executivo extrajudicial.
§ 1º A instauração do incidente será imediatamente comunicada ao distribuidor para as anotações devidas.
§ 2º Dispensa-se a instauração do incidente se a desconsideração da personalidade jurídica for requerida na petição inicial, hipótese em que será citado o sócio ou a pessoa jurídica.
§ 3º A instauração do incidente suspenderá o processo, salvo na hipótese do § 2º.
§ 4º O requerimento deve demonstrar o preenchimento dos pressupostos legais específicos para desconsideração da personalidade jurídica.

Art. 135. Instaurado o incidente, o sócio ou a pessoa jurídica será citado para manifestar-se e requerer as provas cabíveis no prazo de 15 (quinze) dias.

Art. 136. Concluída a instrução, se necessária, o incidente será resolvido por decisão interlocutória.
Parágrafo único. Se a decisão for proferida pelo relator, cabe agravo interno.

Art. 137. Acolhido o pedido de desconsideração, a alienação ou a oneração de bens, havida em fraude de execução, será ineficaz em relação ao requerente.

CAPÍTULO V
Do Amicus Curiae

Art. 138. O juiz ou o relator, considerando a relevância da matéria, a especificidade do tema objeto da demanda ou a repercussão social da controvérsia, poderá, por decisão irrecorrível, de ofício ou a requerimento das partes ou de quem pretenda manifestar-se, solicitar ou admitir a participação de pessoa natural ou jurídica, órgão ou entidade especializada, com representatividade adequada, no prazo de 15 (quinze) dias de sua intimação.

§ 1º A intervenção de que trata o caput não implica alteração de competência nem autoriza a interposição de recursos, ressalvadas a oposição de embargos de declaração e a hipótese do § 3º.

§ 2º Caberá ao juiz ou ao relator, na decisão que solicitar ou admitir a intervenção, definir os poderes do amicus curiae.

§ 3º O amicus curiae pode recorrer da decisão que julgar o incidente de resolução de demandas repetitivas.

TÍTULO IV
Do Juiz e dos Auxiliares da Justiça

CAPÍTULO I
Dos poderes, dos deveres e da responsabilidade do juiz

Art. 139. O juiz dirigirá o processo conforme as disposições deste Código, incumbindo-lhe:
I. assegurar às partes igualdade de tratamento;
II. velar pela duração razoável do processo;
III. prevenir ou reprimir qualquer ato contrário à dignidade da justiça e indeferir postulações meramente protelatórias;
IV. determinar todas as medidas indutivas, coercitivas, mandamentais ou sub-rogatórias necessárias para assegurar o cumprimento de ordem judicial, inclusive nas ações que tenham por objeto prestação pecuniária;
V. promover, a qualquer tempo, a autocomposição, preferencialmente com auxílio de conciliadores e mediadores judiciais;
VI. dilatar os prazos processuais e alterar a ordem de produção dos meios de prova, adequando-os às necessidades do conflito de modo a conferir maior efetividade à tutela do direito;
VII. exercer o poder de polícia, requisitando, quando necessário, força policial, além da segurança interna dos fóruns e tribunais;
VIII. determinar, a qualquer tempo, o comparecimento pessoal das partes, para inquiri-las sobre os fatos da causa, hipótese em que não incidirá a pena de confesso;
IX. determinar o suprimento de pressupostos processuais e o saneamento de outros vícios processuais;
X. quando se deparar com diversas demandas individuais repetitivas, oficiar o Ministério Público, a Defensoria Pública e, na medida do possível, outros legitimados a que se referem o art. 5º da Lei nº 7.347, de 24 de julho de 1985, e o art. 82 da Lei nº 8.078, de 11 de setembro de 1990, para, se for o caso, promover a propositura da ação coletiva respectiva.

Parágrafo único. A dilação de prazos prevista no inciso VI somente pode ser determinada antes de encerrado o prazo regular.

Art. 140. O juiz não se exime de decidir sob a alegação de lacuna ou obscuridade do ordenamento jurídico.

Parágrafo único. O juiz só decidirá por equidade nos casos previstos em lei.

Art. 141. O juiz decidirá o mérito nos limites propostos pelas partes, sendo-lhe vedado conhecer de questões não suscitadas a cujo respeito a lei exige iniciativa da parte.

Art. 142. Convencendo-se, pelas circunstâncias, de que autor e réu se serviram do processo para praticar ato simulado ou conseguir fim vedado por lei, o juiz proferirá decisão que impeça os objetivos das partes, aplicando, de ofício, as penalidades da litigância de má-fé.

Art. 143. O juiz responderá, civil e regressivamente, por perdas e danos quando:
I. no exercício de suas funções, proceder com dolo ou fraude;
II. recusar, omitir ou retardar, sem justo motivo, providência que deva ordenar de ofício ou a requerimento da parte.

Parágrafo único. As hipóteses previstas no inciso II somente serão verificadas depois que a parte requerer ao juiz que determine a providência e o requerimento não for apreciado no prazo de 10 (dez) dias.

CAPÍTULO II

Dos Impedimentos E Da Suspeição

Art. 144. Há impedimento do juiz, sendo-lhe vedado exercer suas funções no processo:
I. em que interveio como mandatário da parte, oficiou como perito, funcionou como membro do Ministério Público ou prestou depoimento como testemunha;
II. de que conheceu em outro grau de jurisdição, tendo proferido decisão;
III. quando nele estiver postulando, como defensor público, advogado ou membro do Ministério Público, seu cônjuge ou companheiro, ou qualquer parente, consanguíneo ou afim, em linha reta ou colateral, até o terceiro grau, inclusive;
IV. quando for parte no processo ele próprio, seu cônjuge ou companheiro, ou parente, consanguíneo ou afim, em linha reta ou colateral, até o terceiro grau, inclusive;
V. quando for sócio ou membro de direção ou de administração de pessoa jurídica parte no processo;
VI. quando for herdeiro presuntivo, donatário ou empregador de qualquer das partes;
VII. em que figure como parte instituição de ensino com a qual tenha relação de emprego ou decorrente de contrato de prestação de serviços;
VIII. em que figure como parte cliente do escritório de advocacia de seu cônjuge, companheiro ou parente, consanguíneo ou afim, em linha reta ou colateral, até o terceiro grau, inclusive, mesmo que patrocinado por advogado de outro escritório;
IX. quando promover ação contra a parte ou seu advogado.
§ 1º Na hipótese do inciso III, o impedimento só se verifica quando o defensor público, o advogado ou o membro do Ministério Público já integrava o processo antes do início da atividade judicante do juiz.
§ 2º É vedada a criação de fato superveniente a fim de caracterizar impedimento do juiz.
§ 3º O impedimento previsto no inciso III também se verifica no caso de mandato conferido a membro de escritório de advocacia que tenha em seus quadros advogado que individualmente ostente a condição nele prevista, mesmo que não intervenha diretamente no processo.
Art. 145. Há suspeição do juiz:
I. amigo íntimo ou inimigo de qualquer das partes ou de seus advogados;
II. que receber presentes de pessoas que tiverem interesse na causa antes ou depois de iniciado o processo, que aconselhar alguma das partes acerca do objeto da causa ou que subministrar meios para atender às despesas do litígio;
III. quando qualquer das partes for sua credora ou devedora, de seu cônjuge ou companheiro ou de parentes destes, em linha reta até o terceiro grau, inclusive;
IV. interessado no julgamento do processo em favor de qualquer das partes.
§ 1º Poderá o juiz declarar-se suspeito por motivo de foro íntimo, sem necessidade de declarar suas razões.
§ 2º Será ilegítima a alegação de suspeição quando:
I. houver sido provocada por quem a alega;
II. a parte que a alega houver praticado ato que signifique manifesta aceitação do arguido.
Art. 146. No prazo de 15 (quinze) dias, a contar do conhecimento do fato, a parte alegará o impedimento ou a suspeição, em petição específica dirigida ao juiz do processo, na qual indicará o fundamento da recusa, podendo instruí-la com documentos em que se fundar a alegação e com rol de testemunhas.
§ 1º Se reconhecer o impedimento ou a suspeição ao receber a petição, o juiz ordenará imediatamente a remessa dos autos a seu substituto legal, caso contrário, determinará a autuação em apartado da petição e, no prazo de 15 (quinze) dias, apresentará suas razões, acompanhadas de documentos e de rol de testemunhas, se houver, ordenando a remessa do incidente ao tribunal.
§ 2º Distribuído o incidente, o relator deverá declarar os seus efeitos, sendo que, se o incidente for recebido:
I. sem efeito suspensivo, o processo voltará a correr;
II. com efeito suspensivo, o processo permanecerá suspenso até o julgamento do incidente.
§ 3º Enquanto não for declarado o efeito em que é recebido o incidente ou quando este for recebido com efeito suspensivo, a tutela de urgência será requerida ao substituto legal.
§ 4º Verificando que a alegação de impedimento ou de suspeição é improcedente, o tribunal rejeitá-la-á.
§ 5º Acolhida a alegação, tratando-se de impedimento ou de manifesta suspeição, o tribunal condenará o juiz nas custas e remeterá os autos ao seu substituto legal, podendo o juiz recorrer da decisão.
§ 6º Reconhecido o impedimento ou a suspeição, o tribunal fixará o momento a partir do qual o juiz não poderia ter atuado.

§ 7º O tribunal decretará a nulidade dos atos do juiz, se praticados quando já presente o motivo de impedimento ou de suspeição.

Art. 147. Quando 2 (dois) ou mais juízes forem parentes, consanguíneos ou afins, em linha reta ou colateral, até o terceiro grau, inclusive, o primeiro que conhecer do processo impede que o outro nele atue, caso em que o segundo se escusará, remetendo os autos ao seu substituto legal.

Art. 148. Aplicam-se os motivos de impedimento e de suspeição:
I. ao membro do Ministério Público;
II. aos auxiliares da justiça;
III. aos demais sujeitos imparciais do processo.
§ 1º A parte interessada deverá arguir o impedimento ou a suspeição, em petição fundamentada e devidamente instruída, na primeira oportunidade em que lhe couber falar nos autos.
§ 2º O juiz mandará processar o incidente em separado e sem suspensão do processo, ouvindo o arguido no prazo de 15 (quinze) dias e facultando a produção de prova, quando necessária.
§ 3º Nos tribunais, a arguição a que se refere o § 1º será disciplinada pelo regimento interno.
§ 4º O disposto nos §§ 1º e 2º não se aplica à arguição de impedimento ou de suspeição de testemunha.

CAPÍTULO III
Dos Auxiliares Da Justiça

Art. 149. São auxiliares da Justiça, além de outros cujas atribuições sejam determinadas pelas normas de organização judiciária, o escrivão, o chefe de secretaria, o oficial de justiça, o perito, o depositário, o administrador, o intérprete, o tradutor, o mediador, o conciliador judicial, o partidor, o distribuidor, o contabilista e o regulador de avarias.

SEÇÃO I
Do Escrivão, do Chefe de Secretaria e do Oficial de Justiça

Art. 150. Em cada juízo haverá um ou mais ofícios de justiça, cujas atribuições serão determinadas pelas normas de organização judiciária.

Art. 151. Em cada comarca, SEÇÃO ou Subseção judiciária haverá, no mínimo, tantos oficiais de justiça quantos sejam os juízos.

Art. 152. Incumbe ao escrivão ou ao chefe de secretaria:
I. redigir, na forma legal, os ofícios, os mandados, as cartas precatórias e os demais atos que pertençam ao seu ofício;
II. efetivar as ordens judiciais, realizar citações e intimações, bem como praticar todos os demais atos que lhe forem atribuídos pelas normas de organização judiciária;
III. comparecer às audiências ou, não podendo fazê-lo, designar servidor para substituí-lo;
IV. manter sob sua guarda e responsabilidade os autos, não permitindo que saiam do cartório, exceto:
a) quando tenham de seguir à conclusão do juiz;
b) com vista a procurador, à Defensoria Pública, ao Ministério Público ou à Fazenda Pública;
c) quando devam ser remetidos ao contabilista ou ao partidor;
d) quando forem remetidos a outro juízo em razão da modificação da competência;
V. fornecer certidão de qualquer ato ou termo do processo, independentemente de despacho, observadas as disposições referentes ao segredo de justiça;
VI. praticar, de ofício, os atos meramente ordinatórios.
§ 1º O juiz titular editará ato a fim de regulamentar a atribuição prevista no inciso VI.
§ 2º No impedimento do escrivão ou chefe de secretaria, o juiz convocará substituto e, não o havendo, nomeará pessoa idônea para o ato.

Art. 153. O escrivão ou o chefe de secretaria atenderá, preferencialmente, à ordem cronológica de recebimento para publicação e efetivação dos pronunciamentos judiciais.
§ 1º A lista de processos recebidos deverá ser disponibilizada, de forma permanente, para consulta pública.
§ 2º Estão excluídos da regra do caput:
I. os atos urgentes, assim reconhecidos pelo juiz no pronunciamento judicial a ser efetivado;
II. as preferências legais.
§ 3º Após elaboração de lista própria, respeitar-se-á a ordem cronológica de recebimento entre os atos urgentes e as preferências legais.
§ 4º A parte que se considerar preterida na ordem cronológica poderá reclamar, nos próprios autos, ao juiz do processo, que requisitará informações ao servidor, a serem prestadas no prazo de 2 (dois) dias.
§ 5º Constatada a preterição, o juiz determinará o imediato cumprimento do ato e a instauração

de processo administrativo disciplinar contra o servidor.

Art. 154. Incumbe ao oficial de justiça:
I. fazer pessoalmente citações, prisões, penhoras, arrestos e demais diligências próprias do seu ofício, sempre que possível na presença de 2 (duas) testemunhas, certificando no mandado o ocorrido, com menção ao lugar, ao dia e à hora;
II. executar as ordens do juiz a que estiver subordinado;
III. entregar o mandado em cartório após seu cumprimento;
IV. auxiliar o juiz na manutenção da ordem;
V. efetuar avaliações, quando for o caso;
VI. certificar, em mandado, proposta de autocomposição apresentada por qualquer das partes, na ocasião de realização de ato de comunicação que lhe couber.

Parágrafo único. Certificada a proposta de autocomposição prevista no inciso VI, o juiz ordenará a intimação da parte contrária para manifestar-se, no prazo de 5 (cinco) dias, sem prejuízo do andamento regular do processo, entendendo-se o silêncio como recusa.

Art. 155. O escrivão, o chefe de secretaria e o oficial de justiça são responsáveis, civil e regressivamente, quando:
I. sem justo motivo, se recusarem a cumprir no prazo os atos impostos pela lei ou pelo juiz a que estão subordinados;
II. praticarem ato nulo com dolo ou culpa.

SEÇÃO II
Do Perito

Art. 156. O juiz será assistido por perito quando a prova do fato depender de conhecimento técnico ou científico.
§ 1º Os peritos serão nomeados entre os profissionais legalmente habilitados e os órgãos técnicos ou científicos devidamente inscritos em cadastro mantido pelo tribunal ao qual o juiz está vinculado.
§ 2º Para formação do cadastro, os tribunais devem realizar consulta pública, por meio de divulgação na rede mundial de computadores ou em jornais de grande circulação, além de consulta direta a universidades, a conselhos de classe, ao Ministério Público, à Defensoria Pública e à Ordem dos Advogados do Brasil, para a indicação de profissionais ou de órgãos técnicos interessados.

§ 3º Os tribunais realizarão avaliações e reavaliações periódicas para manutenção do cadastro, considerando a formação profissional, a atualização do conhecimento e a experiência dos peritos interessados.
§ 4º Para verificação de eventual impedimento ou motivo de suspeição, nos termos dos arts. 148 e 467, o órgão técnico ou científico nomeado para realização da perícia informará ao juiz os nomes e os dados de qualificação dos profissionais que participarão da atividade.
§ 5º Na localidade onde não houver inscrito no cadastro disponibilizado pelo tribunal, a nomeação do perito é de livre escolha pelo juiz e deverá recair sobre profissional ou órgão técnico ou científico comprovadamente detentor do conhecimento necessário à realização da perícia.

Art. 157. O perito tem o dever de cumprir o ofício no prazo que lhe designar o juiz, empregando toda sua diligência, podendo escusar-se do encargo alegando motivo legítimo.
§ 1º A escusa será apresentada no prazo de 15 (quinze) dias, contado da intimação, da suspeição ou do impedimento supervenientes, sob pena de renúncia ao direito a alegá-la.
§ 2º Será organizada lista de peritos na vara ou na secretaria, com disponibilização dos documentos exigidos para habilitação à consulta de interessados, para que a nomeação seja distribuída de modo equitativo, observadas a capacidade técnica e a área de conhecimento.

Art. 158. O perito que, por dolo ou culpa, prestar informações inverídicas responderá pelos prejuízos que causar à parte e ficará inabilitado para atuar em outras perícias no prazo de 2 (dois) a 5 (cinco) anos, independentemente das demais sanções previstas em lei, devendo o juiz comunicar o fato ao respectivo órgão de classe para adoção das medidas que entender cabíveis.

SEÇÃO III
Do Depositário e do Administrador

Art. 159. A guarda e a conservação de bens penhorados, arrestados, sequestrados ou arrecadados serão confiadas a depositário ou a administrador, não dispondo a lei de outro modo.

Art. 160. Por seu trabalho o depositário ou o administrador perceberá remuneração que o juiz fixará levando em conta a situação dos bens, ao tempo do serviço e às dificuldades de sua execução.

Parágrafo único. O juiz poderá nomear um ou mais prepostos por indicação do depositário ou do administrador.

Art. 161. O depositário ou o administrador responde pelos prejuízos que, por dolo ou culpa, causar à parte, perdendo a remuneração que lhe foi arbitrada, mas tem o direito a haver o que legitimamente despendeu no exercício do encargo.

Parágrafo único. O depositário infiel responde civilmente pelos prejuízos causados, sem prejuízo de sua responsabilidade penal e da imposição de sanção por ato atentatório à dignidade da justiça.

SEÇÃO IV
Do Intérprete e do Tradutor

Art. 162. O juiz nomeará intérprete ou tradutor quando necessário para:

I. traduzir documento redigido em língua estrangeira;
II. verter para o português as declarações das partes e das testemunhas que não conhecerem o idioma nacional;
III. realizar a interpretação simultânea dos depoimentos das partes e testemunhas com deficiência auditiva que se comuniquem por meio da Língua Brasileira de Sinais, ou equivalente, quando assim for solicitado.

Art. 163. Não pode ser intérprete ou tradutor quem:
I. não tiver a livre administração de seus bens;
II. for arrolado como testemunha ou atuar como perito no processo;
III. estiver inabilitado para o exercício da profissão por sentença penal condenatória, enquanto durarem seus efeitos.

Art. 164. O intérprete ou tradutor, oficial ou não, é obrigado a desempenhar seu ofício, aplicando-se-lhe o disposto nos arts. 157 e 158.

SEÇÃO V
Dos Conciliadores e Mediadores Judiciais

Art. 165. Os tribunais criarão centros judiciários de solução consensual de conflitos, responsáveis pela realização de sessões e audiências de conciliação e mediação e pelo desenvolvimento de programas destinados a auxiliar, orientar e estimular a autocomposição.

§ 1º A composição e a organização dos centros serão definidas pelo respectivo tribunal, observadas as normas do Conselho Nacional de Justiça.

§ 2º O conciliador, que atuará preferencialmente nos casos em que não houver vínculo anterior entre as partes, poderá sugerir soluções para o litígio, sendo vedada a utilização de qualquer tipo de constrangimento ou intimidação para que as partes conciliem.

§ 3º O mediador, que atuará preferencialmente nos casos em que houver vínculo anterior entre as partes, auxiliará aos interessados a compreender as questões e os interesses em conflito, de modo que eles possam, pelo restabelecimento da comunicação, identificar, por si próprios, soluções consensuais que gerem benefícios mútuos.

Art. 166. A conciliação e a mediação são informadas pelos princípios da independência, da imparcialidade, da autonomia da vontade, da confidencialidade, da oralidade, da informalidade e da decisão informada.

§ 1º A confidencialidade estende-se a todas as informações produzidas no curso do procedimento, cujo teor não poderá ser utilizado para fim diverso daquele previsto por expressa deliberação das partes.

§ 2º Em razão do dever de sigilo, inerente às suas funções, o conciliador e o mediador, assim como os membros de suas equipes, não poderão divulgar ou depor acerca de fatos ou elementos oriundos da conciliação ou da mediação.

§ 3º Admite-se a aplicação de técnicas negociais, com o objetivo de proporcionar ambiente favorável à autocomposição.

§ 4º A mediação e a conciliação serão regidas conforme a livre autonomia dos interessados, inclusive no que diz respeito à definição das regras procedimentais.

Art. 167. Os conciliadores, os mediadores e as câmaras privadas de conciliação e mediação serão inscritos em cadastro nacional e em cadastro de tribunal de justiça ou de tribunal regional federal, que manterá registro de profissionais habilitados, com indicação de sua área profissional.

§ 1º Preenchendo o requisito da capacitação mínima, por meio de curso realizado por entidade credenciada, conforme parâmetro curricular definido pelo Conselho Nacional de Justiça em conjunto com o Ministério da Justiça, o conciliador ou o mediador, com o respectivo certificado, poderá requerer sua inscrição no cadastro nacional e no cadastro de tribunal de justiça ou de tribunal regional federal.

§ 2º Efetivado o registro, que poderá ser precedido de concurso público, o tribunal remeterá ao diretor do foro da comarca, SEÇÃO ou Subseção judiciária onde atuará o conciliador ou o mediador os dados necessários para que seu nome passe a constar da respectiva lista, a ser observada na distribuição alternada e aleatória, respeitado o princípio da igualdade dentro da mesma área de atuação profissional.

§ 3º Do credenciamento das câmaras e do cadastro de conciliadores e mediadores constarão todos os dados relevantes para a sua atuação, tais como o número de processos de que participou, o sucesso ou insucesso da atividade, a matéria sobre a qual versou a controvérsia, bem como outros dados que o tribunal julgar relevantes.

§ 4º Os dados colhidos na forma do § 3º serão classificados sistematicamente pelo tribunal, que os publicará, ao menos anualmente, para conhecimento da população e para fins estatísticos e de avaliação da conciliação, da mediação, das câmaras privadas de conciliação e de mediação, dos conciliadores e dos mediadores.

§ 5º Os conciliadores e mediadores judiciais cadastrados na forma do caput, se advogados, estarão impedidos de exercer a advocacia nos juízos em que desempenhem suas funções.

§ 6º O tribunal poderá optar pela criação de quadro próprio de conciliadores e mediadores, a ser preenchido por concurso público de provas e títulos, observadas as disposições deste Capítulo.

Art. 168. As partes podem escolher, de comum acordo, o conciliador, o mediador ou a câmara privada de conciliação e de mediação.

§ 1º O conciliador ou mediador escolhido pelas partes poderá ou não estar cadastrado no tribunal.

§ 2º Inexistindo acordo quanto à escolha do mediador ou conciliador, haverá distribuição entre aqueles cadastrados no registro do tribunal, observada a respectiva formação.

§ 3º Sempre que recomendável, haverá a designação de mais de um mediador ou conciliador.

Art. 169. Ressalvada a hipótese do art. 167, § 6º, o conciliador e o mediador receberão pelo seu trabalho remuneração prevista em tabela fixada pelo tribunal, conforme parâmetros estabelecidos pelo Conselho Nacional de Justiça.

§ 1º A mediação e a conciliação podem ser realizadas como trabalho voluntário, observada a legislação pertinente e a regulamentação do tribunal.

§ 2º Os tribunais determinarão o percentual de audiências não remuneradas que deverão ser suportadas pelas câmaras privadas de conciliação e mediação, com o fim de atender aos processos em que deferida gratuidade da justiça, como contrapartida de seu credenciamento.

Art. 170. No caso de impedimento, o conciliador ou mediador o comunicará imediatamente, de preferência por meio eletrônico, e devolverá os autos ao juiz do processo ou ao coordenador do centro judiciário de solução de conflitos, devendo este realizar nova distribuição.

Parágrafo único. Se a causa de impedimento for apurada quando já iniciado o procedimento, a atividade será interrompida, lavrando-se ata com relatório do ocorrido e solicitação de distribuição para novo conciliador ou mediador.

Art. 171. No caso de impossibilidade temporária do exercício da função, o conciliador ou mediador informará o fato ao centro, preferencialmente por meio eletrônico, para que, durante o período em que perdurar a impossibilidade, não haja novas distribuições

Art. 172. O conciliador e o mediador ficam impedidos, pelo prazo de 1 (um) ano, contado do término da última audiência em que atuaram, de assessorar, representar ou patrocinar qualquer das partes.

Art. 173. Será excluído do cadastro de conciliadores e mediadores aquele que:

I. agir com dolo ou culpa na condução da conciliação ou da mediação sob sua responsabilidade ou violar qualquer dos deveres decorrentes do art. 166, §§ 1º e 2º;

II. atuar em procedimento de mediação ou conciliação, apesar de impedido ou suspeito.

§ 1º Os casos previstos neste artigo serão apurados em processo administrativo.

§ 2º O juiz do processo ou o juiz coordenador do centro de conciliação e mediação, se houver, verificando atuação inadequada do mediador ou conciliador, poderá afastá-lo de suas atividades por até 180 (cento e oitenta) dias, por decisão fundamentada, informando o fato imediatamente ao tribunal para instauração do respectivo processo administrativo.

Art. 174. A União, os Estados, o Distrito Federal e os Municípios criarão câmaras de mediação e conciliação, com atribuições relacionadas à solução

consensual de conflitos no âmbito administrativo, tais como:
I. dirimir conflitos envolvendo órgãos e entidades da administração pública;
II. avaliar a admissibilidade dos pedidos de resolução de conflitos, por meio de conciliação, no âmbito da administração pública;
III. promover, quando couber, a celebração de termo de ajustamento de conduta.
Art. 175. As disposições desta SEÇÃO não excluem outras formas de conciliação e mediação extrajudiciais vinculadas a órgãos institucionais ou realizadas por intermédio de profissionais independentes, que poderão ser regulamentadas por lei específica.
Parágrafo único. Os dispositivos desta SEÇÃO aplicam-se, no que couber, às câmaras privadas de conciliação e mediação.

TÍTULO V
Do Ministério Público

Art. 176. O Ministério Público atuará na defesa da ordem jurídica, do regime democrático e dos interesses e direitos sociais e individuais indisponíveis.
Art. 177. O Ministério Público exercerá o direito de ação em conformidade com suas atribuições constitucionais.
Art. 178. O Ministério Público será intimado para, no prazo de 30 (trinta) dias, intervir como fiscal da ordem jurídica nas hipóteses previstas em lei ou na Constituição Federal e nos processos que envolvam:
I. interesse público ou social;
II. interesse de incapaz;
III. litígios coletivos pela posse de terra rural ou urbana.
Parágrafo único. A participação da Fazenda Pública não configura, por si só, hipótese de intervenção do Ministério Público.
Art. 179. Nos casos de intervenção como fiscal da ordem jurídica, o Ministério Público:
I. terá vista dos autos depois das partes, sendo intimado de todos os atos do processo;
II. poderá produzir provas, requerer as medidas processuais pertinentes e recorrer.
Art. 180. O Ministério Público gozará de prazo em dobro para manifestar-se nos autos, que terá início a partir de sua intimação pessoal, nos termos do art. 183, § 1º.
§ 1º Findo o prazo para manifestação do Ministério Público sem o oferecimento de parecer, o juiz requisitará os autos e dará andamento ao processo.
§ 2º Não se aplica o benefício da contagem em dobro quando a lei estabelecer, de forma expressa, prazo próprio para o Ministério Público.
Art. 181. O membro do Ministério Público será civil e regressivamente responsável quando agir com dolo ou fraude no exercício de suas funções.

TÍTULO VI
Da Advocacia Pública

Art. 182. Incumbe à Advocacia Pública, na forma da lei, defender e promover os interesses públicos da União, dos Estados, do Distrito Federal e dos Municípios, por meio da representação judicial, em todos os âmbitos federativos, das pessoas jurídicas de direito público que integram a administração direta e indireta.
Art. 183. A União, os Estados, o Distrito Federal, os Municípios e suas respectivas autarquias e fundações de direito público gozarão de prazo em dobro para todas as suas manifestações processuais, cuja contagem terá início a partir da intimação pessoal.
§ 1º A intimação pessoal far-se-á por carga, remessa ou meio eletrônico.
§ 2º Não se aplica o benefício da contagem em dobro quando a lei estabelecer, de forma expressa, prazo próprio para o ente público.
Art. 184. O membro da Advocacia Pública será civil e regressivamente responsável quando agir com dolo ou fraude no exercício de suas funções.

TÍTULO VII
Da Defensoria Pública

Art. 185. A Defensoria Pública exercerá a orientação jurídica, a promoção dos direitos humanos e a defesa dos direitos individuais e coletivos dos necessitados, em todos os graus, de forma integral e gratuita.
Art. 186. A Defensoria Pública gozará de prazo em dobro para todas as suas manifestações processuais.
§ 1º O prazo tem início com a intimação pessoal do defensor público, nos termos do art. 183, § 1º.

§ 2º A requerimento da Defensoria Pública, o juiz determinará a intimação pessoal da parte patrocinada quando o ato processual depender de providência ou informação que somente por ela possa ser realizada ou prestada.

§ 3º O disposto no caput aplica-se aos escritórios de prática jurídica das faculdades de Direito reconhecidas na forma da lei e às entidades que prestam assistência jurídica gratuita em razão de convênios firmados com a Defensoria Pública.

§ 4º Não se aplica o benefício da contagem em dobro quando a lei estabelecer, de forma expressa, prazo próprio para a Defensoria Pública.

Art. 187. O membro da Defensoria Pública será civil e regressivamente responsável quando agir com dolo ou fraude no exercício de suas funções.

LIVRO IV
Dos Atos Processuais

TÍTULO I
Da Forma, do Tempo e do Lugar dos Atos Processuais

CAPÍTULO I
Da Forma Dos Atos Processuais

SEÇÃO I
Dos Atos em Geral

Art. 188. Os atos e os termos processuais independem de forma determinada, salvo quando a lei expressamente a exigir, considerando-se válidos os que, realizados de outro modo, lhe preencham a finalidade essencial.

Art. 189. Os atos processuais são públicos, todavia tramitam em segredo de justiça os processos:
I. em que o exija o interesse público ou social;
II. que versem sobre casamento, separação de corpos, divórcio, separação, união estável, filiação, alimentos e guarda de crianças e adolescentes;
III. em que constem dados protegidos pelo direito constitucional à intimidade;
IV. que versem sobre arbitragem, inclusive sobre cumprimento de carta arbitral, desde que a confidencialidade estipulada na arbitragem seja comprovada perante o juízo.

§ 1º O direito de consultar os autos de processo que tramite em segredo de justiça e de pedir certidões de seus atos é restrito às partes e aos seus procuradores.

§ 2º O terceiro que demonstrar interesse jurídico pode requerer ao juiz certidão do dispositivo da sentença, bem como de inventário e de partilha resultantes de divórcio ou separação.

Art. 190. Versando o processo sobre direitos que admitam autocomposição, é lícito às partes plenamente capazes estipular mudanças no procedimento para ajustá-lo às especificidades da causa e convencionar sobre os seus ônus, poderes, faculdades e deveres processuais, antes ou durante o processo.

Parágrafo único. De ofício ou a requerimento, o juiz controlará a validade das convenções previstas neste artigo, recusando-lhes aplicação somente nos casos de nulidade ou de inserção abusiva em contrato de adesão ou em que alguma parte se encontre em manifesta situação de vulnerabilidade.

Art. 191. De comum acordo, o juiz e as partes podem fixar calendário para a prática dos atos processuais, quando for o caso.

§ 1º O calendário vincula as partes e o juiz, e os prazos nele previstos somente serão modificados em casos excepcionais, devidamente justificados.

§ 2º Dispensa-se a intimação das partes para a prática de ato processual ou a realização de audiência cujas datas tiverem sido designadas no calendário.

Art. 192. Em todos os atos e termos do processo é obrigatório o uso da língua portuguesa.

Parágrafo único. O documento redigido em língua estrangeira somente poderá ser juntado aos autos quando acompanhado de versão para a língua portuguesa tramitada por via diplomática ou pela autoridade central, ou firmada por tradutor juramentado.

SEÇÃO II
Da Prática Eletrônica de Atos Processuais

Art. 193. Os atos processuais podem ser total ou parcialmente digitais, de forma a permitir que sejam produzidos, comunicados, armazenados e validados por meio eletrônico, na forma da lei.

Parágrafo único. O disposto nesta SEÇÃO aplica-se, no que for cabível, à prática de atos notariais e de registro.

Art. 194. Os sistemas de automação processual respeitarão a publicidade dos atos, o acesso e a participação das partes e de seus procuradores, inclusive nas audiências e sessões de julgamento, observadas as garantias da disponibilidade, independência da plataforma computacional, acessibilidade e interoperabilidade dos sistemas, serviços, dados e informações que o Poder Judiciário administre no exercício de suas funções.

Art. 195. O registro de ato processual eletrônico deverá ser feito em padrões abertos, que atenderão aos requisitos de autenticidade, integridade, temporalidade, não repúdio, conservação e, nos casos que tramitem em segredo de justiça, confidencialidade, observada a infraestrutura de chaves públicas unificada nacionalmente, nos termos da lei.

Art. 196. Compete ao Conselho Nacional de Justiça e, supletivamente, aos tribunais, regulamentar a prática e a comunicação oficial de atos processuais por meio eletrônico e velar pela compatibilidade dos sistemas, disciplinando a incorporação progressiva de novos avanços tecnológicos e editando, para esse fim, os atos que forem necessários, respeitadas as normas fundamentais deste Código.

Art. 197. Os tribunais divulgarão as informações constantes de seu sistema de automação em página própria na rede mundial de computadores, gozando a divulgação de presunção de veracidade e confiabilidade.

Parágrafo único. Nos casos de problema técnico do sistema e de erro ou omissão do auxiliar da justiça responsável pelo registro dos andamentos, poderá ser configurada a justa causa prevista no art. 223, caput e § 1º.

Art. 198. As unidades do Poder Judiciário deverão manter gratuitamente, à disposição dos interessados, equipamentos necessários à prática de atos processuais e à consulta e ao acesso ao sistema e aos documentos dele constantes.

Parágrafo único. Será admitida a prática de atos por meio não eletrônico no local onde não estiverem disponibilizados os equipamentos previstos no caput.

Art. 199. As unidades do Poder Judiciário assegurarão às pessoas com deficiência acessibilidade aos seus sítios na rede mundial de computadores, ao meio eletrônico de prática de atos judiciais, à comunicação eletrônica dos atos processuais e à assinatura eletrônica.

SEÇÃO III
Dos Atos das PArtes

Art. 200. Os atos das partes consistentes em declarações unilaterais ou bilaterais de vontade produzem imediatamente a constituição, modificação ou extinção de direitos processuais.

Parágrafo único. A desistência da ação só produzirá efeitos após homologação judicial.

Art. 201. As partes poderão exigir recibo de petições, arrazoados, papéis e documentos que entregarem em cartório.

Art. 202. É vedado lançar nos autos cotas marginais ou interlineares, as quais o juiz mandará riscar, impondo a quem as escrever multa correspondente à metade do salário-mínimo.

SEÇÃO IV
Dos Pronunciamentos do Juiz

Art. 203. Os pronunciamentos do juiz consistirão em sentenças, decisões interlocutórias e despachos.

§ 1º Ressalvadas as disposições expressas dos procedimentos especiais, sentença é o pronunciamento por meio do qual o juiz, com fundamento nos arts. 485 e 487, põe fim à fase cognitiva do procedimento comum, bem como extingue a execução.

§ 2º Decisão interlocutória é todo pronunciamento judicial de natureza decisória que não se enquadre no § 1º.

§ 3º São despachos todos os demais pronunciamentos do juiz praticados no processo, de ofício ou a requerimento da parte.

§ 4º Os atos meramente ordinatórios, como a juntada e a vista obrigatória, independem de despacho, devendo ser praticados de ofício pelo servidor e revistos pelo juiz quando necessário.

Art. 204. Acórdão é o julgamento colegiado proferido pelos tribunais.

Art. 205. Os despachos, as decisões, as sentenças e os acórdãos serão redigidos, datados e assinados pelos juízes.

§ 1º Quando os pronunciamentos previstos no caput forem proferidos oralmente, o servidor os documentará, submetendo-os aos juízes para revisão e assinatura.

§ 2º A assinatura dos juízes, em todos os graus de jurisdição, pode ser feita eletronicamente, na forma da lei.

§ 3º Os despachos, as decisões interlocutórias, o dispositivo das sentenças e a ementa dos acórdãos serão publicados no Diário de Justiça Eletrônico.

SEÇÃO V
Dos Atos do Escrivão ou do Chefe de Secretaria

Art. 206. Ao receber a petição inicial de processo, o escrivão ou o chefe de secretaria a autuará, mencionando o juízo, a natureza do processo, o número de seu registro, os nomes das partes e a data de seu início, e procederá do mesmo modo em relação aos volumes em formação.

Art. 207. O escrivão ou o chefe de secretaria numerará e rubricará todas as folhas dos autos.

Parágrafo único. À parte, ao procurador, ao membro do Ministério Público, ao defensor público e aos auxiliares da justiça é facultado rubricar as folhas correspondentes aos atos em que intervierem.

Art. 208. Os termos de juntada, vista, conclusão e outros semelhantes constarão de notas datadas e rubricadas pelo escrivão ou pelo chefe de secretaria.

Art. 209. Os atos e os termos do processo serão assinados pelas pessoas que neles intervierem, todavia, quando essas não puderem ou não quiserem firmá-los, o escrivão ou o chefe de secretaria certificará a ocorrência.

§ 1º Quando se tratar de processo total ou parcialmente documentado em autos eletrônicos, os atos processuais praticados na presença do juiz poderão ser produzidos e armazenados de modo integralmente digital em arquivo eletrônico inviolável, na forma da lei, mediante registro em termo, que será assinado digitalmente pelo juiz e pelo escrivão ou chefe de secretaria, bem como pelos advogados das partes.

§ 2º Na hipótese do § 1º, eventuais contradições na transcrição deverão ser suscitadas oralmente no momento de realização do ato, sob pena de preclusão, devendo o juiz decidir de plano e ordenar o registro, no termo, da alegação e da decisão.

Art. 210. É lícito o uso da taquigrafia, da estenotipia ou de outro método idôneo em qualquer juízo ou tribunal.

Art. 211. Não se admitem nos atos e termos processuais espaços em branco, salvo os que forem inutilizados, assim como entrelinhas, emendas ou rasuras, exceto quando expressamente ressalvadas.

CAPÍTULO II
Do Tempo e do Lugar dos Atos Processuais

SEÇÃO I
Do Tempo

Art. 212. Os atos processuais serão realizados em dias úteis, das 6 (seis) às 20 (vinte) horas.

§ 1º Serão concluídos após as 20 (vinte) horas os atos iniciados antes, quando o adiamento prejudicar a diligência ou causar grave dano.

§ 2º Independentemente de autorização judicial, as citações, intimações e penhoras poderão realizar-se no período de férias forenses, onde as houver, e nos feriados ou dias úteis fora do horário estabelecido neste artigo, observado o disposto no art. 5º, inciso XI, da Constituição Federal.

§ 3º Quando o ato tiver de ser praticado por meio de petição em autos não eletrônicos, essa deverá ser protocolada no horário de funcionamento do fórum ou tribunal, conforme o disposto na lei de organização judiciária local.

Art. 213. A prática eletrônica de ato processual pode ocorrer em qualquer horário até as 24 (vinte e quatro) horas do último dia do prazo.

Parágrafo único. O horário vigente no juízo perante o qual o ato deve ser praticado será considerado para fins de atendimento do prazo.

Art. 214. Durante as férias forenses e nos feriados, não se praticarão atos processuais, excetuando-se:

I. os atos previstos no art. 212, § 2º;

II. a tutela de urgência.

Art. 215. Processam-se durante as férias forenses, onde as houver, e não se suspendem pela superveniência delas:

I. os procedimentos de jurisdição voluntária e os necessários à conservação de direitos, quando puderem ser prejudicados pelo adiamento;

II. a ação de alimentos e os processos de nomeação ou remoção de tutor e curador;

III. os processos que a lei determinar.

Art. 216. Além dos declarados em lei, são feriados, para efeito forense, os sábados, os domingos e os dias em que não haja expediente forense.

SEÇÃO II
Do Lugar

Art. 217. Os atos processuais realizar-se-ão ordinariamente na sede do juízo, ou, excepcionalmente, em outro lugar em razão de deferência, de interesse da justiça, da natureza do ato ou de obstáculo arguido pelo interessado e acolhido pelo juiz.

CAPÍTULO III
Dos Prazos

SEÇÃO I
Disposições Gerais

Art. 218. Os atos processuais serão realizados nos prazos prescritos em lei.

§ 1º Quando a lei for omissa, o juiz determinará os prazos em consideração à complexidade do ato.

§ 2º Quando a lei ou o juiz não determinar prazo, as intimações somente obrigarão a comparecimento após decorridas 48 (quarenta e oito) horas.

§ 3º Inexistindo preceito legal ou prazo determinado pelo juiz, será de 5 (cinco) dias o prazo para a prática de ato processual a cargo da parte.

§ 4º Será considerado tempestivo o ato praticado antes do termo inicial do prazo.

Art. 219. Na contagem de prazo em dias, estabelecido por lei ou pelo juiz, computar-se-ão somente os dias úteis.

Parágrafo único. O disposto neste artigo aplica-se somente aos prazos processuais.

Art. 220. Suspende-se o curso do prazo processual nos dias compreendidos entre 20 de dezembro e 20 de janeiro, inclusive.

§ 1º Ressalvadas as férias individuais e os feriados instituídos por lei, os juízes, os membros do Ministério Público, da Defensoria Pública e da Advocacia Pública e os auxiliares da Justiça exercerão suas atribuições durante o período previsto no caput.

§ 2º Durante a suspensão do prazo, não se realizarão audiências nem sessões de julgamento.

Art. 221. Suspende-se o curso do prazo por obstáculo criado em detrimento da parte ou ocorrendo qualquer das hipóteses do art. 313, devendo o prazo ser restituído por tempo igual ao que faltava para sua complementação.

Parágrafo único. Suspendem-se os prazos durante a execução de programa instituído pelo Poder Judiciário para promover a autocomposição, incumbindo aos tribunais especificar, com antecedência, a duração dos trabalhos.

Art. 222. Na comarca, SEÇÃO ou Subseção judiciária onde for difícil o transporte, o juiz poderá prorrogar os prazos por até 2 (dois) meses.

§ 1º Ao juiz é vedado reduzir prazos peremptórios sem anuência das partes.

§ 2º Havendo calamidade pública, o limite previsto no caput para prorrogação de prazos poderá ser excedido.

Art. 223. Decorrido o prazo, extingue-se o direito de praticar ou de emendar o ato processual, independentemente de declaração judicial, ficando assegurado, porém, à parte provar que não o realizou por justa causa.

§ 1º Considera-se justa causa o evento alheio à vontade da parte e que a impediu de praticar o ato por si ou por mandatário.

§ 2º Verificada a justa causa, o juiz permitirá à parte a prática do ato no prazo que lhe assinar.

Art. 224. Salvo disposição em contrário, os prazos serão contados excluindo o dia do começo e incluindo o dia do vencimento.

§ 1º Os dias do começo e do vencimento do prazo serão protraídos para o primeiro dia útil seguinte, se coincidirem com dia em que o expediente forense for encerrado antes ou iniciado depois da hora normal ou houver indisponibilidade da comunicação eletrônica.

§ 2º Considera-se como data de publicação o primeiro dia útil seguinte ao da disponibilização da informação no Diário da Justiça eletrônico.

§ 3º A contagem do prazo terá início no primeiro dia útil que seguir ao da publicação.

Art. 225. A parte poderá renunciar ao prazo estabelecido exclusivamente em seu favor, desde que o faça de maneira expressa.

Art. 226. O juiz proferirá:

I. os despachos no prazo de 5 (cinco) dias;

II. as decisões interlocutórias no prazo de 10 (dez) dias;

III. as sentenças no prazo de 30 (trinta) dias.

Art. 227. Em qualquer grau de jurisdição, havendo motivo justificado, pode o juiz exceder, por igual tempo, os prazos a que está submetido.

Art. 228. Incumbirá ao serventuário remeter os autos conclusos no prazo de 1 (um) dia e executar

os atos processuais no prazo de 5 (cinco) dias, contado da data em que:
I. houver concluído o ato processual anterior, se lhe foi imposto pela lei;
II. tiver ciência da ordem, quando determinada pelo juiz.
§ 1º Ao receber os autos, o serventuário certificará o dia e a hora em que teve ciência da ordem referida no inciso II.
§ 2º Nos processos em autos eletrônicos, a juntada de petições ou de manifestações em geral ocorrerá de forma automática, independentemente de ato de serventuário da justiça.

Art. 229. Os litisconsortes que tiverem diferentes procuradores, de escritórios de advocacia distintos, terão prazos contados em dobro para todas as suas manifestações, em qualquer juízo ou tribunal, independentemente de requerimento.
§ 1º Cessa a contagem do prazo em dobro se, havendo apenas 2 (dois) réus, é oferecida defesa por apenas um deles.
§ 2º Não se aplica o disposto no caput aos processos em autos eletrônicos.

Art. 230. O prazo para a parte, o procurador, a Advocacia Pública, a Defensoria Pública e o Ministério Público será contado da citação, da intimação ou da notificação.

Art. 231. Salvo disposição em sentido diverso, considera-se dia do começo do prazo:
I. a data de juntada aos autos do aviso de recebimento, quando a citação ou a intimação for pelo correio;
II. a data de juntada aos autos do mandado cumprido, quando a citação ou a intimação for por oficial de justiça;
III. a data de ocorrência da citação ou da intimação, quando ela se der por ato do escrivão ou do chefe de secretaria;
IV. o dia útil seguinte ao fim da dilação assinada pelo juiz, quando a citação ou a intimação for por edital;
V. o dia útil seguinte à consulta ao teor da citação ou da intimação ou ao término do prazo para que a consulta se dê, quando a citação ou a intimação for eletrônica;
VI. a data de juntada do comunicado de que trata o art. 232 ou, não havendo esse, a data de juntada da carta aos autos de origem devidamente cumprida, quando a citação ou a intimação se realizar em cumprimento de carta;
VII. a data de publicação, quando a intimação se der pelo Diário da Justiça impresso ou eletrônico;
VIII. o dia da carga, quando a intimação se der por meio da retirada dos autos, em carga, do cartório ou da secretaria.
§ 1º Quando houver mais de um réu, o dia do começo do prazo para contestar corresponderá à última das datas a que se referem os incisos I a VI do caput.
§ 2º Havendo mais de um intimado, o prazo para cada um é contado individualmente.
§ 3º Quando o ato tiver de ser praticado diretamente pela parte ou por quem, de qualquer forma, participe do processo, sem a intermediação de representante judicial, o dia do começo do prazo para cumprimento da determinação judicial corresponderá à data em que se der a comunicação.
§ 4º Aplica-se o disposto no inciso II do caput à citação com hora certa.

Art. 232. Nos atos de comunicação por carta precatória, rogatória ou de ordem, a realização da citação ou da intimação será imediatamente informada, por meio eletrônico, pelo juiz deprecado ao juiz deprecante.

SEÇÃO II
Da Verificação dos Prazos e das Penalidades

Art. 233. Incumbe ao juiz verificar se o serventuário excedeu, sem motivo legítimo, os prazos estabelecidos em lei.
§ 1º Constatada a falta, o juiz ordenará a instauração de processo administrativo, na forma da lei.
§ 2º Qualquer das partes, o Ministério Público ou a Defensoria Pública poderá representar ao juiz contra o serventuário que injustificadamente exceder os prazos previstos em lei.

Art. 234. Os advogados públicos ou privados, o defensor público e o membro do Ministério Público devem restituir os autos no prazo do ato a ser praticado.
§ 1º É lícito a qualquer interessado exigir os autos do advogado que exceder prazo legal.
§ 2º Se, intimado, o advogado não devolver os autos no prazo de 3 (três) dias, perderá o direito à vista fora de cartório e incorrerá em multa correspondente à metade do salário-mínimo.
§ 3º Verificada a falta, o juiz comunicará o fato à SEÇÃO local da Ordem dos Advogados do Brasil para procedimento disciplinar e imposição de multa.

§ 4º Se a situação envolver membro do Ministério Público, da Defensoria Pública ou da Advocacia Pública, a multa, se for o caso, será aplicada ao agente público responsável pelo ato.

§ 5º Verificada a falta, o juiz comunicará o fato ao órgão competente responsável pela instauração de procedimento disciplinar contra o membro que atuou no feito.

Art. 235. Qualquer parte, o Ministério Público ou a Defensoria Pública poderá representar ao corregedor do tribunal ou ao Conselho Nacional de Justiça contra juiz ou relator que injustificadamente exceder os prazos previstos em lei, regulamento ou regimento interno.

§ 1º Distribuída a representação ao órgão competente e ouvido previamente o juiz, não sendo caso de arquivamento liminar, será instaurado procedimento para apuração da responsabilidade, com intimação do representado por meio eletrônico para, querendo, apresentar justificativa no prazo de 15 (quinze) dias.

§ 2º Sem prejuízo das sanções administrativas cabíveis, em até 48 (quarenta e oito) horas após a apresentação ou não da justificativa de que trata o § 1º, se for o caso, o corregedor do tribunal ou o relator no Conselho Nacional de Justiça determinará a intimação do representado por meio eletrônico para que, em 10 (dez) dias, pratique o ato.

§ 3º Mantida a inércia, os autos serão remetidos ao substituto legal do juiz ou do relator contra o qual se representou para decisão em 10 (dez) dias.

TÍTULO II
Da Comunicação dos Atos Processuais

CAPÍTULO I
Disposições Gerais

Art. 236. Os atos processuais serão cumpridos por ordem judicial.

§ 1º Será expedida carta para a prática de atos fora dos limites territoriais do tribunal, da comarca, da SEÇÃO ou da Subseção judiciárias, ressalvadas as hipóteses previstas em lei.

§ 2º O tribunal poderá expedir carta para juízo a ele vinculado, se o ato houver de se realizar fora dos limites territoriais do local de sua sede.

§ 3º Admite-se a prática de atos processuais por meio de videoconferência ou outro recurso tecnológico de transmissão de sons e imagens em tempo real.

Art. 237. Será expedida carta:

I. de ordem, pelo tribunal, na hipótese do § 2º do art. 236;

II. rogatória, para que órgão jurisdicional estrangeiro pratique ato de cooperação jurídica internacional, relativo a processo em curso perante órgão jurisdicional brasileiro;

III. precatória, para que órgão jurisdicional brasileiro pratique ou determine o cumprimento, na área de sua competência territorial, de ato relativo a pedido de cooperação judiciária formulado por órgão jurisdicional de competência territorial diversa;

IV. arbitral, para que órgão do Poder Judiciário pratique ou determine o cumprimento, na área de sua competência territorial, de ato objeto de pedido de cooperação judiciária formulado por juízo arbitral, inclusive os que importem efetivação de tutela provisória.

Parágrafo único. Se o ato relativo a processo em curso na justiça federal ou em tribunal superior houver de ser praticado em local onde não haja vara federal, a carta poderá ser dirigida ao juízo estadual da respectiva comarca.

CAPÍTULO II
Da Citação

Art. 238. Citação é o ato pelo qual são convocados o réu, o executado ou o interessado para integrar a relação processual.

Art. 239. Para a validade do processo é indispensável a citação do réu ou do executado, ressalvadas as hipóteses de indeferimento da petição inicial ou de improcedência liminar do pedido.

§ 1º O comparecimento espontâneo do réu ou do executado supre a falta ou a nulidade da citação, fluindo a partir desta data o prazo para apresentação de contestação ou de embargos à execução.

§ 2º Rejeitada a alegação de nulidade, tratando-se de processo de:

I. conhecimento, o réu será considerado revel;

II. execução, o feito terá seguimento.

Art. 240. A citação válida, ainda quando ordenada por juízo incompetente, induz litispendência, torna litigiosa a coisa e constitui em mora o devedor, ressalvado o disposto nos arts. 397 e 398 da Lei nº 10.406, de 10 de janeiro de 2002 (Código Civil).

§ 1º A interrupção da prescrição, operada pelo despacho que ordena a citação, ainda que proferido por juízo incompetente, retroagirá à data de propositura da ação.

§ 2º Incumbe ao autor adotar, no prazo de 10 (dez) dias, as providências necessárias para viabilizar a citação, sob pena de não se aplicar o disposto no § 1º.

§ 3º A parte não será prejudicada pela demora imputável exclusivamente ao serviço judiciário.

§ 4º O efeito retroativo a que se refere o § 1º aplica-se à decadência e aos demais prazos extintivos previstos em lei.

Art. 241. Transitada em julgado a sentença de mérito proferida em favor do réu antes da citação, incumbe ao escrivão ou ao chefe de secretaria comunicar-lhe o resultado do julgamento.

Art. 242. A citação será pessoal, podendo, no entanto, ser feita na pessoa do representante legal ou do procurador do réu, do executado ou do interessado.

§ 1º Na ausência do citando, a citação será feita na pessoa de seu mandatário, administrador, preposto ou gerente, quando a ação se originar de atos por eles praticados.

§ 2º O locador que se ausentar do Brasil sem cientificar o locatário de que deixou, na localidade onde estiver situado o imóvel, procurador com poderes para receber citação será citado na pessoa do administrador do imóvel encarregado do recebimento dos aluguéis, que será considerado habilitado para representar o locador em juízo.

§ 3º A citação da União, dos Estados, do Distrito Federal, dos Municípios e de suas respectivas autarquias e fundações de direito público será realizada perante o órgão de Advocacia Pública responsável por sua representação judicial.

Art. 243. A citação poderá ser feita em qualquer lugar em que se encontre o réu, o executado ou o interessado.

Parágrafo único. O militar em serviço ativo será citado na unidade em que estiver servindo, se não for conhecida sua residência ou nela não for encontrado.

Art. 244. Não se fará a citação, salvo para evitar o perecimento do direito:

I. de quem estiver participando de ato de culto religioso;

II. de cônjuge, de companheiro ou de qualquer parente do morto, consanguíneo ou afim, em linha reta ou na linha colateral em segundo grau, no dia do falecimento e nos 7 (sete) dias seguintes;

III. de noivos, nos 3 (três) primeiros dias seguintes ao casamento;

IV. de doente, enquanto grave o seu estado.

Art. 245. Não se fará citação quando se verificar que o citando é mentalmente incapaz ou está impossibilitado de recebê-la.

§ 1º O oficial de justiça descreverá e certificará minuciosamente a ocorrência.

§ 2º Para examinar o citando, o juiz nomeará médico, que apresentará laudo no prazo de 5 (cinco) dias.

§ 3º Dispensa-se a nomeação de que trata o § 2º se pessoa da família apresentar declaração do médico do citando que ateste a incapacidade deste.

§ 4º Reconhecida a impossibilidade, o juiz nomeará curador ao citando, observando, quanto à sua escolha, a preferência estabelecida em lei e restringindo a nomeação à causa.

§ 5º A citação será feita na pessoa do curador, a quem incumbirá a defesa dos interesses do citando.

Art. 246. A citação será feita:

I. pelo correio;

II. por oficial de justiça;

III. pelo escrivão ou chefe de secretaria, se o citando comparecer em cartório;

IV. por edital;

V. por meio eletrônico, conforme regulado em lei.

§ 1º Com exceção das microempresas e das empresas de pequeno porte, as empresas públicas e privadas são obrigadas a manter cadastro nos sistemas de processo em autos eletrônicos, para efeito de recebimento de citações e intimações, as quais serão efetuadas preferencialmente por esse meio.

§ 2º O disposto no § 1º aplica-se à União, aos Estados, ao Distrito Federal, aos Municípios e às entidades da administração indireta.

§ 3º Na ação de usucapião de imóvel, os confinantes serão citados pessoalmente, exceto quando tiver por objeto unidade autônoma de prédio em condomínio, caso em que tal citação é dispensada.

Art. 247. A citação será feita pelo correio para qualquer comarca do país, exceto:

I. nas ações de estado, observado o disposto no art. 695, § 3º;

II. quando o citando for incapaz;
III. quando o citando for pessoa de direito público;
IV. quando o citando residir em local não atendido pela entrega domiciliar de correspondência;
V. quando o autor, justificadamente, a requerer de outra forma.

Art. 248. Deferida a citação pelo correio, o escrivão ou o chefe de secretaria remeterá ao citando cópias da petição inicial e do despacho do juiz e comunicará o prazo para resposta, o endereço do juízo e o respectivo cartório.

§ 1º A carta será registrada para entrega ao citando, exigindo-lhe o carteiro, ao fazer a entrega, que assine o recibo.

§ 2º Sendo o citando pessoa jurídica, será válida a entrega do mandado a pessoa com poderes de gerência geral ou de administração ou, ainda, a funcionário responsável pelo recebimento de correspondências.

§ 3º Da carta de citação no processo de conhecimento constarão os requisitos do art. 250.

§ 4º Nos condomínios edilícios ou nos loteamentos com controle de acesso, será válida a entrega do mandado a funcionário da portaria responsável pelo recebimento de correspondência, que, entretanto, poderá recusar o recebimento, se declarar, por escrito, sob as penas da lei, que o destinatário da correspondência está ausente.

Art. 249. A citação será feita por meio de oficial de justiça nas hipóteses previstas neste Código ou em lei, ou quando frustrada a citação pelo correio.

Art. 250. O mandado que o oficial de justiça tiver de cumprir conterá:
I. os nomes do autor e do citando e seus respectivos domicílios ou residências;
II. a finalidade da citação, com todas as especificações constantes da petição inicial, bem como a menção do prazo para contestar, sob pena de revelia, ou para embargar a execução;
III. a aplicação de sanção para o caso de descumprimento da ordem, se houver;
IV. se for o caso, a intimação do citando para comparecer, acompanhado de advogado ou de defensor público, à audiência de conciliação ou de mediação, com a menção do dia, da hora e do lugar do comparecimento;
V. a cópia da petição inicial, do despacho ou da decisão que deferir tutela provisória;
VI. a assinatura do escrivão ou do chefe de secretaria e a declaração de que o subscreve por ordem do juiz.

Art. 251. Incumbe ao oficial de justiça procurar o citando e, onde o encontrar, citá-lo:
I. lendo-lhe o mandado e entregando-lhe a contrafé;
II. portando por fé se recebeu ou recusou a contrafé;
III. obtendo a nota de ciente ou certificando que o citando não a após no mandado.

Art. 252. Quando, por 2 (duas) vezes, o oficial de justiça houver procurado o citando em seu domicílio ou residência sem o encontrar, deverá, havendo suspeita de ocultação, intimar qualquer pessoa da família ou, em sua falta, qualquer vizinho de que, no dia útil imediato, voltará a fim de efetuar a citação, na hora que designar.

Parágrafo único. Nos condomínios edilícios ou nos loteamentos com controle de acesso, será válida a intimação a que se refere o caput feita a funcionário da portaria responsável pelo recebimento de correspondência.

Art. 253. No dia e na hora designados, o oficial de justiça, independentemente de novo despacho, comparecerá ao domicílio ou à residência do citando a fim de realizar a diligência.

§ 1º Se o citando não estiver presente, o oficial de justiça procurará informar-se das razões da ausência, dando por feita a citação, ainda que o citando se tenha ocultado em outra comarca, SEÇÃO ou Subseção judiciárias.

§ 2º A citação com hora certa será efetivada mesmo que a pessoa da família ou o vizinho que houver sido intimado esteja ausente, ou se, embora presente, a pessoa da família ou o vizinho se recusar a receber o mandado.

§ 3º Da certidão da ocorrência, o oficial de justiça deixará contrafé com qualquer pessoa da família ou vizinho, conforme o caso, declarando-lhe o nome.

§ 4º O oficial de justiça fará constar do mandado a advertência de que será nomeado curador especial se houver revelia.

Art. 254. Feita a citação com hora certa, o escrivão ou chefe de secretaria enviará ao réu, executado ou interessado, no prazo de 10 (dez) dias, contado da data da juntada do mandado aos autos, carta, telegrama ou correspondência eletrônica, dando-lhe de tudo ciência.

Art. 255. Nas comarcas contíguas de fácil comunicação e nas que se situem na mesma região metropolitana, o oficial de justiça poderá efetuar, em qualquer delas, citações, intimações, notificações, penhoras e quaisquer outros atos executivos.

Art. 256. A citação por edital será feita:
I. quando desconhecido ou incerto o citando;
II. quando ignorado, incerto ou inacessível o lugar em que se encontrar o citando;
III. nos casos expressos em lei.
§ 1º Considera-se inacessível, para efeito de citação por edital, o país que recusar o cumprimento de carta rogatória.
§ 2º No caso de ser inacessível o lugar em que se encontrar o réu, a notícia de sua citação será divulgada também pelo rádio, se na comarca houver emissora de radiodifusão.
§ 3º O réu será considerado em local ignorado ou incerto se infrutíferas as tentativas de sua localização, inclusive mediante requisição pelo juízo de informações sobre seu endereço nos cadastros de órgãos públicos ou de concessionárias de serviços públicos.

Art. 257. São requisitos da citação por edital:
I. a afirmação do autor ou a certidão do oficial informando a presença das circunstâncias autorizadoras;
II. a publicação do edital na rede mundial de computadores, no sítio do respectivo tribunal e na plataforma de editais do Conselho Nacional de Justiça, que deve ser certificada nos autos;
III. a determinação, pelo juiz, do prazo, que variará entre 20 (vinte) e 60 (sessenta) dias, fluindo da data da publicação única ou, havendo mais de uma, da primeira;
IV. a advertência de que será nomeado curador especial em caso de revelia.
Parágrafo único. O juiz poderá determinar que a publicação do edital seja feita também em jornal local de ampla circulação ou por outros meios, considerando as peculiaridades da comarca, da SEÇÃO ou da Subseção judiciárias.

Art. 258. A parte que requerer a citação por edital, alegando dolosamente a ocorrência das circunstâncias autorizadoras para sua realização, incorrerá em multa de 5 (cinco) vezes o salário-mínimo.
Parágrafo único. A multa reverterá em benefício do citando.

Art. 259. Serão publicados editais:
I. na ação de usucapião de imóvel;
II. na ação de recuperação ou substituição de título ao portador;
III. em qualquer ação em que seja necessária, por determinação legal, a provocação, para participação no processo, de interessados incertos ou desconhecidos.

CAPÍTULO III
Das Cartas

Art. 260. São requisitos das cartas de ordem, precatória e rogatória:
I. a indicação dos juízes de origem e de cumprimento do ato;
II. o inteiro teor da petição, do despacho judicial e do instrumento do mandato conferido ao advogado;
III. a menção do ato processual que lhe constitui o objeto;
IV. o encerramento com a assinatura do juiz.
§ 1º O juiz mandará trasladar para a carta quaisquer outras peças, bem como instruí-la com mapa, desenho ou gráfico, sempre que esses documentos devam ser examinados, na diligência, pelas partes, pelos peritos ou pelas testemunhas.
§ 2º Quando o objeto da carta for exame pericial sobre documento, este será remetido em original, ficando nos autos reprodução fotográfica.
§ 3º A carta arbitral atenderá, no que couber, aos requisitos a que se refere o caput e será instruída com a convenção de arbitragem e com as provas da nomeação do árbitro e de sua aceitação da função.

Art. 261. Em todas as cartas o juiz fixará o prazo para cumprimento, atendendo à facilidade das comunicações e à natureza da diligência.
§ 1º As partes deverão ser intimadas pelo juiz do ato de expedição da carta.
§ 2º Expedida a carta, as partes acompanharão o cumprimento da diligência perante o juízo destinatário, ao qual compete a prática dos atos de comunicação.
§ 3º A parte a quem interessar o cumprimento da diligência cooperará para que o prazo a que se refere o caput seja cumprido.

Art. 262. A carta tem caráter itinerante, podendo, antes ou depois de lhe ser ordenado o cumprimento, ser encaminhada a juízo diverso do que dela consta, a fim de se praticar o ato.
Parágrafo único. O encaminhamento da carta a outro juízo será imediatamente comunicado ao órgão expedidor, que intimará as partes.

Art. 263. As cartas deverão, preferencialmente, ser expedidas por meio eletrônico, caso em que a assinatura do juiz deverá ser eletrônica, na forma da lei.

Art. 264. A carta de ordem e a carta precatória por meio eletrônico, por telefone ou por telegrama conterão, em resumo substancial, os requisitos mencionados no art. 250, especialmente no que se refere à aferição da autenticidade.

Art. 265. O secretário do tribunal, o escrivão ou o chefe de secretaria do juízo deprecante transmitirá, por telefone, a carta de ordem ou a carta precatória ao juízo em que houver de se cumprir o ato, por intermédio do escrivão do primeiro ofício da primeira vara, se houver na comarca mais de um ofício ou de uma vara, observando-se, quanto aos requisitos, o disposto no art. 264.

§ 1º O escrivão ou o chefe de secretaria, no mesmo dia ou no dia útil imediato, telefonará ou enviará mensagem eletrônica ao secretário do tribunal, ao escrivão ou ao chefe de secretaria do juízo deprecante, lendo-lhe os termos da carta e solicitando-lhe que os confirme.

§ 2º Sendo confirmada, o escrivão ou o chefe de secretaria submeterá a carta a despacho.

Art. 266. Serão praticados de ofício os atos requisitados por meio eletrônico e de telegrama, devendo a parte depositar, contudo, na secretaria do tribunal ou no cartório do juízo deprecante, a importância correspondente às despesas que serão feitas no juízo em que houver de praticar-se o ato.

Art. 267. O juiz recusará cumprimento a carta precatória ou arbitral, devolvendo-a com decisão motivada quando:

I. a carta não estiver revestida dos requisitos legais;
II. faltar ao juiz competência em razão da matéria ou da hierarquia;
III. o juiz tiver dúvida acerca de sua autenticidade.

Parágrafo único. No caso de incompetência em razão da matéria ou da hierarquia, o juiz deprecado, conforme o ato a ser praticado, poderá remeter a carta ao juiz ou ao tribunal competente.

Art. 268. Cumprida a carta, será devolvida ao juízo de origem no prazo de 10 (dez) dias, independentemente de traslado, pagas as custas pela parte.

CAPÍTULO IV
Das intimações

Art. 269. Intimação é o ato pelo qual se dá ciência a alguém dos atos e dos termos do processo.

§ 1º É facultado aos advogados promover a intimação do advogado da outra parte por meio do correio, juntando aos autos, a seguir, cópia do ofício de intimação e do aviso de recebimento.

§ 2º O ofício de intimação deverá ser instruído com cópia do despacho, da decisão ou da sentença.

§ 3º A intimação da União, dos Estados, do Distrito Federal, dos Municípios e de suas respectivas autarquias e fundações de direito público será realizada perante o órgão de Advocacia Pública responsável por sua representação judicial.

Art. 270. As intimações realizam-se, sempre que possível, por meio eletrônico, na forma da lei.

Parágrafo único. Aplica-se ao Ministério Público, à Defensoria Pública e à Advocacia Pública o disposto no § 1º do art. 246.

Art. 271. O juiz determinará de ofício as intimações em processos pendentes, salvo disposição em contrário.

Art. 272. Quando não realizadas por meio eletrônico, consideram-se feitas as intimações pela publicação dos atos no órgão oficial.

§ 1º Os advogados poderão requerer que, na intimação a eles dirigida, figure apenas o nome da sociedade a que pertençam, desde que devidamente registrada na Ordem dos Advogados do Brasil.

§ 2º Sob pena de nulidade, é indispensável que da publicação constem os nomes das partes e de seus advogados, com o respectivo número de inscrição na Ordem dos Advogados do Brasil, ou, se assim requerido, da sociedade de advogados.

§ 3º A grafia dos nomes das partes não deve conter abreviaturas.

§ 4º A grafia dos nomes dos advogados deve corresponder ao nome completo e ser a mesma que constar da procuração ou que estiver registrada na Ordem dos Advogados do Brasil.

§ 5º Constando dos autos pedido expresso para que as comunicações dos atos processuais sejam feitas em nome dos advogados indicados, o seu desatendimento implicará nulidade.

§ 6º A retirada dos autos do cartório ou da secretaria em carga pelo advogado, por pessoa credenciada a pedido do advogado ou da sociedade de advogados, pela Advocacia Pública, pela Defensoria Pública ou pelo Ministério Público implicará intimação de qualquer decisão contida no processo retirado, ainda que pendente de publicação.

§ 7º O advogado e a sociedade de advogados deverão requerer o respectivo credenciamento para a retirada de autos por preposto.

§ 8º A parte arguirá a nulidade da intimação em capítulo preliminar do próprio ato que lhe caiba praticar, o qual será tido por tempestivo se o vício for reconhecido.

§ 9º Não sendo possível a prática imediata do ato diante da necessidade de acesso prévio aos autos, a parte limitar-se-á a arguir a nulidade da intimação, caso em que o prazo será contado da intimação da decisão que a reconheça.

Art. 273. Se inviável a intimação por meio eletrônico e não houver na localidade publicação em órgão oficial, incumbirá ao escrivão ou chefe de secretaria intimar de todos os atos do processo os advogados das partes:

I. pessoalmente, se tiverem domicílio na sede do juízo;

II. por carta registrada, com aviso de recebimento, quando forem domiciliados fora do juízo.

Art. 274. Não dispondo a lei de outro modo, as intimações serão feitas às partes, aos seus representantes legais, aos advogados e aos demais sujeitos do processo pelo correio ou, se presentes em cartório, diretamente pelo escrivão ou chefe de secretaria.

Parágrafo único. Presumem-se válidas as intimações dirigidas ao endereço constante dos autos, ainda que não recebidas pessoalmente pelo interessado, se a modificação temporária ou definitiva não tiver sido devidamente comunicada ao juízo, fluindo os prazos a partir da juntada aos autos do comprovante de entrega da correspondência no primitivo endereço.

Art. 275. A intimação será feita por oficial de justiça quando frustrada a realização por meio eletrônico ou pelo correio.

§ 1º A certidão de intimação deve conter:

I. a indicação do lugar e a descrição da pessoa intimada, mencionando, quando possível, o número de seu documento de identidade e o órgão que o expediu;

II. a declaração de entrega da contrafé;

III. a nota de ciente ou a certidão de que o interessado não a apôs no mandado.

§ 2º Caso necessário, a intimação poderá ser efetuada com hora certa ou por edital.

TÍTULO III
Das nulidades

Art. 276. Quando a lei prescrever determinada forma sob pena de nulidade, a decretação desta não pode ser requerida pela parte que lhe deu causa.

Art. 277. Quando a lei prescrever determinada forma, o juiz considerará válido o ato se, realizado de outro modo, lhe alcançar a finalidade.

Art. 278. A nulidade dos atos deve ser alegada na primeira oportunidade em que couber à parte falar nos autos, sob pena de preclusão.

Parágrafo único. Não se aplica o disposto no caput às nulidades que o juiz deva decretar de ofício, nem prevalece a preclusão provando a parte legítimo impedimento.

Art. 279. É nulo o processo quando o membro do Ministério Público não for intimado a acompanhar o feito em que deva intervir.

§ 1º Se o processo tiver tramitado sem conhecimento do membro do Ministério Público, o juiz invalidará os atos praticados a partir do momento em que ele deveria ter sido intimado.

§ 2º A nulidade só pode ser decretada após a intimação do Ministério Público, que se manifestará sobre a existência ou a inexistência de prejuízo.

Art. 280. As citações e as intimações serão nulas quando feitas sem observância das prescrições legais.

Art. 281. Anulado o ato, consideram-se de nenhum efeito todos os subsequentes que dele dependam, todavia, a nulidade de uma parte do ato não prejudicará as outras que dela sejam independentes.

Art. 282. Ao pronunciar a nulidade, o juiz declarará que atos são atingidos e ordenará as providências necessárias a fim de que sejam repetidos ou retificados.

§ 1º O ato não será repetido nem sua falta será suprida quando não prejudicar a parte.

§ 2º Quando puder decidir o mérito a favor da parte a quem aproveite a decretação da nulidade, o juiz não a pronunciará nem mandará repetir o ato ou suprir-lhe a falta.

Art. 283. O erro de forma do processo acarreta unicamente a anulação dos atos que não possam ser aproveitados, devendo ser praticados os que forem necessários a fim de se observarem as prescrições legais.

Parágrafo único. Dar-se-á o aproveitamento dos atos praticados desde que não resulte prejuízo à defesa de qualquer parte.

TÍTULO IV
Da Distribuição e do Registro

Art. 284. Todos os processos estão sujeitos a registro, devendo ser distribuídos onde houver mais de um juiz.

Art. 285. A distribuição, que poderá ser eletrônica, será alternada e aleatória, obedecendo-se rigorosa igualdade.

Parágrafo único. A lista de distribuição deverá ser publicada no Diário de Justiça.

Art. 286. Serão distribuídas por dependência as causas de qualquer natureza:

I. quando se relacionarem, por conexão ou continência, com outra já ajuizada;

II. quando, tendo sido extinto o processo sem resolução de mérito, for reiterado o pedido, ainda que em litisconsórcio com outros autores ou que sejam parcialmente alterados os réus da demanda;

III. quando houver ajuizamento de ações nos termos do art. 55, § 3º, ao juízo prevento.

Parágrafo único. Havendo intervenção de terceiro, reconvenção ou outra hipótese de ampliação objetiva do processo, o juiz, de ofício, mandará proceder à respectiva anotação pelo distribuidor.

Art. 287. A petição inicial deve vir acompanhada de procuração, que conterá os endereços do advogado, eletrônico e não eletrônico.

Parágrafo único. Dispensa-se a juntada da procuração:

I. no caso previsto no art. 104;

II. se a parte estiver representada pela Defensoria Pública;

III. se a representação decorrer diretamente de norma prevista na Constituição Federal ou em lei.

Art. 288. O juiz, de ofício ou a requerimento do interessado, corrigirá o erro ou compensará a falta de distribuição.

Art. 289. A distribuição poderá ser fiscalizada pela parte, por seu procurador, pelo Ministério Público e pela Defensoria Pública.

Art. 290. Será cancelada a distribuição do feito se a parte, intimada na pessoa de seu advogado, não realizar o pagamento das custas e despesas de ingresso em 15 (quinze) dias.

TÍTULO V
Do Valor da Causa

Art. 291. A toda causa será atribuído valor certo, ainda que não tenha conteúdo econômico imediatamente aferível.

Art. 292. O valor da causa constará da petição inicial ou da reconvenção e será:

I. na ação de cobrança de dívida, a soma monetariamente corrigida do principal, dos juros de mora vencidos e de outras penalidades, se houver, até a data de propositura da ação;

II. na ação que tiver por objeto a existência, a validade, o cumprimento, a modificação, a resolução, a resilição ou a rescisão de ato jurídico, o valor do ato ou o de sua parte controvertida;

III. na ação de alimentos, a soma de 12 (doze) prestações mensais pedidas pelo autor;

IV. na ação de divisão, de demarcação e de reivindicação, o valor de avaliação da área ou do bem objeto do pedido;

V. na ação indenizatória, inclusive a fundada em dano moral, o valor pretendido;

VI. na ação em que há cumulação de pedidos, a quantia correspondente à soma dos valores de todos eles;

VII. na ação em que os pedidos são alternativos, o de maior valor;

VIII. na ação em que houver pedido subsidiário, o valor do pedido principal.

§ 1º Quando se pedirem prestações vencidas e vincendas, considerar-se-á o valor de umas e outras.

§ 2º O valor das prestações vincendas será igual a uma prestação anual, se a obrigação for por tempo indeterminado ou por tempo superior a 1 (um) ano, e, se por tempo inferior, será igual à soma das prestações.

§ 3º O juiz corrigirá, de ofício e por arbitramento, o valor da causa quando verificar que não corresponde ao conteúdo patrimonial em discussão ou ao proveito econômico perseguido pelo autor, caso em que se procederá ao recolhimento das custas correspondentes.

Art. 293. O réu poderá impugnar, em preliminar da contestação, o valor atribuído à causa pelo autor, sob pena de preclusão, e o juiz decidirá a respeito, impondo, se for o caso, a complementação das custas.

LIVRO V
Da Tutela Provisória

TÍTULO I
Disposições Gerais

Art. 294. A tutela provisória pode fundamentar-se em urgência ou evidência.

Parágrafo único. A tutela provisória de urgência, cautelar ou antecipada, pode ser concedida em caráter antecedente ou incidental.

Art. 295. A tutela provisória requerida em caráter incidental independe do pagamento de custas.

Art. 296. A tutela provisória conserva sua eficácia na pendência do processo, mas pode, a qualquer tempo, ser revogada ou modificada.

Parágrafo único. Salvo decisão judicial em contrário, a tutela provisória conservará a eficácia durante o período de suspensão do processo.

Art. 297. O juiz poderá determinar as medidas que considerar adequadas para efetivação da tutela provisória.

Parágrafo único. A efetivação da tutela provisória observará as normas referentes ao cumprimento provisório da sentença, no que couber.

Art. 298. Na decisão que conceder, negar, modificar ou revogar a tutela provisória, o juiz motivará seu convencimento de modo claro e preciso.

Art. 299. A tutela provisória será requerida ao juízo da causa e, quando antecedente, ao juízo competente para conhecer do pedido principal.

Parágrafo único. Ressalvada disposição especial, na ação de competência originária de tribunal e nos recursos a tutela provisória será requerida ao órgão jurisdicional competente para apreciar o mérito.

TÍTULO II
DA TUTELA DE URGÊNCIA

CAPÍTULO I
Disposições Gerais

Art. 300. A tutela de urgência será concedida quando houver elementos que evidenciem a probabilidade do direito e o perigo de dano ou o risco ao resultado útil do processo.

§ 1º Para a concessão da tutela de urgência, o juiz pode, conforme o caso, exigir caução real ou fidejussória idônea para ressarcir os danos que a outra parte possa vir a sofrer, podendo a caução ser dispensada se a parte economicamente hipossuficiente não puder oferecê-la.

§ 2º A tutela de urgência pode ser concedida liminarmente ou após justificação prévia.

§ 3º A tutela de urgência de natureza antecipada não será concedida quando houver perigo de irreversibilidade dos efeitos da decisão.

Art. 301. A tutela de urgência de natureza cautelar pode ser efetivada mediante arresto, sequestro, arrolamento de bens, registro de protesto contra alienação de bem e qualquer outra medida idônea para asseguração do direito.

Art. 302. Independentemente da reparação por dano processual, a parte responde pelo prejuízo que a efetivação da tutela de urgência causar à parte adversa, se:

I. a sentença lhe for desfavorável;

II. obtida liminarmente a tutela em caráter antecedente, não fornecer os meios necessários para a citação do requerido no prazo de 5 (cinco) dias;

III. ocorrer a cessação da eficácia da medida em qualquer hipótese legal;

IV. o juiz acolher a alegação de decadência ou prescrição da pretensão do autor.

Parágrafo único. A indenização será liquidada nos autos em que a medida tiver sido concedida, sempre que possível.

CAPÍTULO II
Do Procedimento Da Tutela Antecipada Requerida Em Caráter Antecedente

Art. 303. Nos casos em que a urgência for contemporânea à propositura da ação, a petição inicial pode limitar-se ao requerimento da tutela antecipada e à indicação do pedido de tutela final, com a exposição da lide, do direito que se busca realizar e do perigo de dano ou do risco ao resultado útil do processo.

§ 1º Concedida a tutela antecipada a que se refere o caput deste artigo:

I. o autor deverá aditar a petição inicial, com a complementação de sua argumentação, a juntada de novos documentos e a confirmação do pedido de tutela final, em 15 (quinze) dias ou em outro prazo maior que o juiz fixar;

II. o réu será citado e intimado para a audiência de conciliação ou de mediação na forma do art. 334;

III. não havendo autocomposição, o prazo para contestação será contado na forma do art. 335.

§ 2º Não realizado o aditamento a que se refere o inciso I do § 1º deste artigo, o processo será extinto sem resolução do mérito.

§ 3º O aditamento a que se refere o inciso I do § 1º deste artigo dar-se-á nos mesmos autos, sem incidência de novas custas processuais.

§ 4º Na petição inicial a que se refere o caput deste artigo, o autor terá de indicar o valor da causa, que deve levar em consideração o pedido de tutela final.

§ 5º O autor indicará na petição inicial, ainda, que pretende valer-se do benefício previsto no caput deste artigo.

§ 6º Caso entenda que não há elementos para a concessão de tutela antecipada, o órgão jurisdicional determinará a emenda da petição inicial em até 5 (cinco) dias, sob pena de ser indeferida e de o processo ser extinto sem resolução de mérito.

Art. 304. A tutela antecipada, concedida nos termos do art. 303, torna-se estável se da decisão que a conceder não for interposto o respectivo recurso.

§ 1º No caso previsto no caput, o processo será extinto.

§ 2º Qualquer das partes poderá demandar a outra com o intuito de rever, reformar ou invalidar a tutela antecipada estabilizada nos termos do caput.

§ 3º A tutela antecipada conservará seus efeitos enquanto não revista, reformada ou invalidada por decisão de mérito proferida na ação de que trata o § 2º.

§ 4º Qualquer das partes poderá requerer o desarquivamento dos autos em que foi concedida a medida, para instruir a petição inicial da ação a que se refere o § 2º, prevento o juízo em que a tutela antecipada foi concedida.

§ 5º O direito de rever, reformar ou invalidar a tutela antecipada, previsto no § 2º deste artigo, extingue-se após 2 (dois) anos, contados da ciência da decisão que extinguiu o processo, nos termos do § 1º.

§ 6º A decisão que concede a tutela não fará coisa julgada, mas a estabilidade dos respectivos efeitos só será afastada por decisão que a revir, reformar ou invalidar, proferida em ação ajuizada por uma das partes, nos termos do § 2º deste artigo.

CAPÍTULO III

Do Procedimento Da Tutela Cautelar Requerida Em Caráter Antecedente

Art. 305. A petição inicial da ação que visa à prestação de tutela cautelar em caráter antecedente indicará a lide e seu fundamento, a exposição sumária do direito que se objetiva assegurar e o perigo de dano ou o risco ao resultado útil do processo.

Parágrafo único. Caso entenda que o pedido a que se refere o caput tem natureza antecipada, o juiz observará o disposto no art. 303.

Art. 306. O réu será citado para, no prazo de 5 (cinco) dias, contestar o pedido e indicar as provas que pretende produzir.

Art. 307. Não sendo contestado o pedido, os fatos alegados pelo autor presumir-se-ão aceitos pelo réu como ocorridos, caso em que o juiz decidirá dentro de 5 (cinco) dias.

Parágrafo único. Contestado o pedido no prazo legal, observar-se-á o procedimento comum.

Art. 308. Efetivada a tutela cautelar, o pedido principal terá de ser formulado pelo autor no prazo de 30 (trinta) dias, caso em que será apresentado nos mesmos autos em que deduzido o pedido de tutela cautelar, não dependendo do adiantamento de novas custas processuais.

§ 1º O pedido principal pode ser formulado conjuntamente com o pedido de tutela cautelar.

§ 2º A causa de pedir poderá ser aditada no momento de formulação do pedido principal.

§ 3º Apresentado o pedido principal, as partes serão intimadas para a audiência de conciliação ou de mediação, na forma do art. 334, por seus advogados ou pessoalmente, sem necessidade de nova citação do réu.

§ 4º Não havendo autocomposição, o prazo para contestação será contado na forma do art. 335.

Art. 309. Cessa a eficácia da tutela concedida em caráter antecedente, se:

I. o autor não deduzir o pedido principal no prazo legal;

II. não for efetivada dentro de 30 (trinta) dias;

III. o juiz julgar improcedente o pedido principal formulado pelo autor ou extinguir o processo sem resolução de mérito.

Parágrafo único. Se por qualquer motivo cessar a eficácia da tutela cautelar, é vedado à parte renovar o pedido, salvo sob novo fundamento.

Art. 310. O indeferimento da tutela cautelar não obsta a que a parte formule o pedido principal, nem influi no julgamento desse, salvo se o motivo do indeferimento for o reconhecimento de decadência ou de prescrição.

TÍTULO III
Da Tutela da Evidência

Art. 311. A tutela da evidência será concedida, independentemente da demonstração de perigo de dano ou de risco ao resultado útil do processo, quando:
I. ficar caracterizado o abuso do direito de defesa ou o manifesto propósito protelatório da parte;
II. as alegações de fato puderem ser comprovadas apenas documentalmente e houver tese firmada em julgamento de casos repetitivos ou em súmula vinculante;
III. se tratar de pedido reipersecutório fundado em prova documental adequada do contrato de depósito, caso em que será decretada a ordem de entrega do objeto custodiado, sob cominação de multa;
IV. a petição inicial for instruída com prova documental suficiente dos fatos constitutivos do direito do autor, a que o réu não oponha prova capaz de gerar dúvida razoável.
Parágrafo único. Nas hipóteses dos incisos II e III, o juiz poderá decidir liminarmente.

LIVRO VI
Da Formação, da Suspensão e da Extinção do Processo

TÍTULO I
Da Formação do Processo

Art. 312. Considera-se proposta a ação quando a petição inicial for protocolada, todavia, a propositura da ação só produz quanto ao réu os efeitos mencionados no <u>art. 240</u> depois que for validamente citado.

TÍTULO II
Da Suspensão do Processo

Art. 313. Suspende-se o processo:
I. pela morte ou pela perda da capacidade processual de qualquer das partes, de seu representante legal ou de seu procurador;
II. pela convenção das partes;
III. pela arguição de impedimento ou de suspeição;
IV. pela admissão de incidente de resolução de demandas repetitivas;
V. quando a sentença de mérito:
a) depender do julgamento de outra causa ou da declaração de existência ou de inexistência de relação jurídica que constitua o objeto principal de outro processo pendente;
b) tiver de ser proferida somente após a verificação de determinado fato ou a produção de certa prova, requisitada a outro juízo;
VI. por motivo de força maior;
VII. quando se discutir em juízo questão decorrente de acidentes e fatos da navegação de competência do Tribunal Marítimo;
VIII. nos demais casos que este Código regula.
IX. pelo parto ou pela concessão de adoção, quando a advogada responsável pelo processo constituir a única patrona da causa;
X. quando o advogado responsável pelo processo constituir o único patrono da causa e tornar-se pai.
§ 1º Na hipótese do inciso I, o juiz suspenderá o processo, nos termos do art. 689.
§ 2º Não ajuizada ação de habilitação, ao tomar conhecimento da morte, o juiz determinará a suspensão do processo e observará o seguinte:
I. falecido o réu, ordenará a intimação do autor para que promova a citação do respectivo espólio, de quem for o sucessor ou, se for o caso, dos herdeiros, no prazo que designar, de no mínimo 2 (dois) e no máximo 6 (seis) meses;
II. falecido o autor e sendo transmissível o direito em litígio, determinará a intimação de seu espólio, de quem for o sucessor ou, se for o caso, dos herdeiros, pelos meios de divulgação que reputar mais adequados, para que manifestem interesse na sucessão processual e promovam a respectiva habilitação no prazo designado, sob pena de extinção do processo sem resolução de mérito.

§ 3º No caso de morte do procurador de qualquer das partes, ainda que iniciada a audiência de instrução e julgamento, o juiz determinará que a parte constitua novo mandatário, no prazo de 15 (quinze) dias, ao final do qual extinguirá o processo sem resolução de mérito, se o autor não nomear novo mandatário, ou ordenará o prosseguimento do processo à revelia do réu, se falecido o procurador deste.

§ 4º O prazo de suspensão do processo nunca poderá exceder 1 (um) ano nas hipóteses do inciso V e 6 (seis) meses naquela prevista no inciso II.

§ 5º O juiz determinará o prosseguimento do processo assim que esgotados os prazos previstos no § 4º.

§ 6º No caso do inciso IX, o período de suspensão será de 30 (trinta) dias, contado a partir da data do parto ou da concessão da adoção, mediante apresentação de certidão de nascimento ou documento similar que comprove a realização do parto, ou de termo judicial que tenha concedido a adoção, desde que haja notificação ao cliente.

§ 7º No caso do inciso X, o período de suspensão será de 8 (oito) dias, contado a partir da data do parto ou da concessão da adoção, mediante apresentação de certidão de nascimento ou documento similar que comprove a realização do parto, ou de termo judicial que tenha concedido a adoção, desde que haja notificação ao cliente.

Art. 314. Durante a suspensão é vedado praticar qualquer ato processual, podendo o juiz, todavia, determinar a realização de atos urgentes a fim de evitar dano irreparável, salvo no caso de arguição de impedimento e de suspeição.

Art. 315. Se o conhecimento do mérito depender de verificação da existência de fato delituoso, o juiz pode determinar a suspensão do processo até que se pronuncie a justiça criminal.

§ 1º Se a ação penal não for proposta no prazo de 3 (três) meses, contado da intimação do ato de suspensão, cessará o efeito desse, incumbindo ao juiz cível examinar incidentemente a questão prévia.

§ 2º Proposta a ação penal, o processo ficará suspenso pelo prazo máximo de 1 (um) ano, ao final do qual aplicar-se-á o disposto na parte final do § 1º.

TÍTULO III
Da Extinção do Processo

Art. 316. A extinção do processo dar-se-á por sentença.

Art. 317. Antes de proferir decisão sem resolução de mérito, o juiz deverá conceder à parte oportunidade para, se possível, corrigir o vício.

PARTE ESPECIAL

LIVRO I
Do Processo de Conhecimento e do Cumprimento de Sentença

TÍTULO I
Do Procedimento Comum

CAPÍTULO I
Disposições Gerais

Art. 318. Aplica-se a todas as causas o procedimento comum, salvo disposição em contrário deste Código ou de lei.

Parágrafo único. O procedimento comum aplica-se subsidiariamente aos demais procedimentos especiais e ao processo de execução.

CAPÍTULO II
Da Petição Inicial

SEÇÃO I
Dos Requisitos da Petição Inicial

Art. 319. A petição inicial indicará:
I. o juízo a que é dirigida;
II. os nomes, os prenomes, o estado civil, a existência de união estável, a profissão, o número de inscrição no Cadastro de Pessoas Físicas ou no Cadastro Nacional da Pessoa Jurídica, o endereço eletrônico, o domicílio e a residência do autor e do réu;
III. o fato e os fundamentos jurídicos do pedido;
IV. o pedido com as suas especificações;

V. o valor da causa;
VI. as provas com que o autor pretende demonstrar a verdade dos fatos alegados;
VII. a opção do autor pela realização ou não de audiência de conciliação ou de mediação.
§ 1º Caso não disponha das informações previstas no inciso II, poderá o autor, na petição inicial, requerer ao juiz diligências necessárias a sua obtenção.
§ 2º A petição inicial não será indeferida se, a despeito da falta de informações a que se refere o inciso II, for possível a citação do réu.
§ 3º A petição inicial não será indeferida pelo não atendimento ao disposto no inciso II deste artigo se a obtenção de tais informações tornar impossível ou excessivamente oneroso o acesso à justiça.
Art. 320. A petição inicial será instruída com os documentos indispensáveis à propositura da ação.
Art. 321. O juiz, ao verificar que a petição inicial não preenche os requisitos dos arts. 319 e 320 ou que apresenta defeitos e irregularidades capazes de dificultar o julgamento de mérito, determinará que o autor, no prazo de 15 (quinze) dias, a emende ou a complete, indicando com precisão o que deve ser corrigido ou completado.
Parágrafo único. Se o autor não cumprir a diligência, o juiz indeferirá a petição inicial.

SEÇÃO II
Do Pedido

Art. 322. O pedido deve ser certo.
§ 1º Compreendem-se no principal os juros legais, a correção monetária e as verbas de sucumbência, inclusive os honorários advocatícios.
§ 2º A interpretação do pedido considerará o conjunto da postulação e observará o princípio da boa-fé.
Art. 323. Na ação que tiver por objeto cumprimento de obrigação em prestações sucessivas, essas serão consideradas incluídas no pedido, independentemente de declaração expressa do autor, e serão incluídas na condenação, enquanto durar a obrigação, se o devedor, no curso do processo, deixar de pagá-las ou de consigná-las.
Art. 324. O pedido deve ser determinado.
§ 1º É lícito, porém, formular pedido genérico:
I. nas ações universais, se o autor não puder individuar os bens demandados;
II. quando não for possível determinar, desde logo, as consequências do ato ou do fato;
III. quando a determinação do objeto ou do valor da condenação depender de ato que deva ser praticado pelo réu.
§ 2º O disposto neste artigo aplica-se à reconvenção.
Art. 325. O pedido será alternativo quando, pela natureza da obrigação, o devedor puder cumprir a prestação de mais de um modo.
Parágrafo único. Quando, pela lei ou pelo contrato, a escolha couber ao devedor, o juiz lhe assegurará o direito de cumprir a prestação de um ou de outro modo, ainda que o autor não tenha formulado pedido alternativo.
Art. 326. É lícito formular mais de um pedido em ordem subsidiária, a fim de que o juiz conheça do posterior, quando não acolher o anterior.
Parágrafo único. É lícito formular mais de um pedido, alternativamente, para que o juiz acolha um deles.
Art. 327. É lícita a cumulação, em um único processo, contra o mesmo réu, de vários pedidos, ainda que entre eles não haja conexão.
§ 1º São requisitos de admissibilidade da cumulação que:
I. os pedidos sejam compatíveis entre si;
II. seja competente para conhecer deles o mesmo juízo;
III. seja adequado para todos os pedidos o tipo de procedimento.
§ 2º Quando, para cada pedido, corresponder tipo diverso de procedimento, será admitida a cumulação se o autor empregar o procedimento comum, sem prejuízo do emprego das técnicas processuais diferenciadas previstas nos procedimentos especiais a que se sujeitam um ou mais pedidos cumulados, que não forem incompatíveis com as disposições sobre o procedimento comum.
§ 3º O inciso I do § 1º não se aplica às cumulações de pedidos de que trata o art. 326.
Art. 328. Na obrigação indivisível com pluralidade de credores, aquele que não participou do processo receberá sua parte, deduzidas as despesas na proporção de seu crédito.
Art. 329. O autor poderá:
I. até a citação, aditar ou alterar o pedido ou a causa de pedir, independentemente de consentimento do réu;
II. até o saneamento do processo, aditar ou alterar o pedido e a causa de pedir, com consentimento do réu, assegurado o contraditório mediante a possibilidade

de manifestação deste no prazo mínimo de 15 (quinze) dias, facultado o requerimento de prova suplementar.
Parágrafo único. Aplica-se o disposto neste artigo à reconvenção e à respectiva causa de pedir.

SEÇÃO III
Do Indeferimento da Petição Inicial

Art. 330. A petição inicial será indeferida quando:
I. for inepta;
II. a parte for manifestamente ilegítima;
III. o autor carecer de interesse processual;
IV. não atendidas as prescrições dos arts. 106 e 321.
§ 1º Considera-se inepta a petição inicial quando:
I. lhe faltar pedido ou causa de pedir;
II. o pedido for indeterminado, ressalvadas as hipóteses legais em que se permite o pedido genérico;
III. da narração dos fatos não decorrer logicamente a conclusão;
IV. contiver pedidos incompatíveis entre si.
§ 2º Nas ações que tenham por objeto a revisão de obrigação decorrente de empréstimo, de financiamento ou de alienação de bens, o autor terá de, sob pena de inépcia, discriminar na petição inicial, dentre as obrigações contratuais, aquelas que pretende controverter, além de quantificar o valor incontroverso do débito.
§ 3º Na hipótese do § 2º, o valor incontroverso deverá continuar a ser pago no tempo e modo contratados.

Art. 331. Indeferida a petição inicial, o autor poderá apelar, facultado ao juiz, no prazo de 5 (cinco) dias, retratar-se.
§ 1º Se não houver retratação, o juiz mandará citar o réu para responder ao recurso.
§ 2º Sendo a sentença reformada pelo tribunal, o prazo para a contestação começará a correr da intimação do retorno dos autos, observado o disposto no art. 334.
§ 3º Não interposta a apelação, o réu será intimado do trânsito em julgado da sentença.

CAPÍTULO III
Da Improcedência Liminar do Pedido

Art. 332. Nas causas que dispensem a fase instrutória, o juiz, independentemente da citação do réu, julgará liminarmente improcedente o pedido que contrariar:
I. enunciado de súmula do Supremo Tribunal Federal ou do Superior Tribunal de Justiça;
II. acórdão proferido pelo Supremo Tribunal Federal ou pelo Superior Tribunal de Justiça em julgamento de recursos repetitivos;
III. entendimento firmado em incidente de resolução de demandas repetitivas ou de assunção de competência;
IV. enunciado de súmula de tribunal de justiça sobre direito local.
§ 1º O juiz também poderá julgar liminarmente improcedente o pedido se verificar, desde logo, a ocorrência de decadência ou de prescrição.
§ 2º Não interposta a apelação, o réu será intimado do trânsito em julgado da sentença, nos termos do art. 241.
§ 3º Interposta a apelação, o juiz poderá retratar-se em 5 (cinco) dias.
§ 4º Se houver retratação, o juiz determinará o prosseguimento do processo, com a citação do réu, e, se não houver retratação, determinará a citação do réu para apresentar contrarrazões, no prazo de 15 (quinze) dias.

CAPÍTULO IV
Da Conversão da Ação Individual em Ação Coletiva

Art. 333. (VETADO).

CAPÍTULO V
Da Audiência de Conciliação ou de Mediação

Art. 334. Se a petição inicial preencher os requisitos essenciais e não for o caso de improcedência liminar do pedido, o juiz designará audiência de conciliação ou de mediação com antecedência mínima de 30 (trinta) dias, devendo ser citado o réu com pelo menos 20 (vinte) dias de antecedência.
§ 1º O conciliador ou mediador, onde houver, atuará necessariamente na audiência de conciliação ou de mediação, observando o disposto neste Código, bem como as disposições da lei de organização judiciária.
§ 2º Poderá haver mais de uma sessão destinada à conciliação e à mediação, não podendo exceder a 2 (dois) meses da data de realização da primeira sessão, desde que necessárias à composição das partes.
§ 3º A intimação do autor para a audiência será feita na pessoa de seu advogado.

§ 4º A audiência não será realizada:
I. se ambas as partes manifestarem, expressamente, desinteresse na composição consensual;
II. quando não se admitir a autocomposição.
§ 5º O autor deverá indicar, na petição inicial, seu desinteresse na autocomposição, e o réu deverá fazê-lo, por petição, apresentada com 10 (dez) dias de antecedência, contados da data da audiência.
§ 6º Havendo litisconsórcio, o desinteresse na realização da audiência deve ser manifestado por todos os litisconsortes.
§ 7º A audiência de conciliação ou de mediação pode realizar-se por meio eletrônico, nos termos da lei.
§ 8º O não comparecimento injustificado do autor ou do réu à audiência de conciliação é considerado ato atentatório à dignidade da justiça e será sancionado com multa de até dois por cento da vantagem econômica pretendida ou do valor da causa, revertida em favor da União ou do Estado.
§ 9º As partes devem estar acompanhadas por seus advogados ou defensores públicos.
§ 10º A parte poderá constituir representante, por meio de procuração específica, com poderes para negociar e transigir.
§ 11º A autocomposição obtida será reduzida a termo e homologada por sentença.
§ 12º A pauta das audiências de conciliação ou de mediação será organizada de modo a respeitar o intervalo mínimo de 20 (vinte) minutos entre o início de uma e o início da seguinte.

CAPÍTULO VI
Da Contestação

Art. 335. O réu poderá oferecer contestação, por petição, no prazo de 15 (quinze) dias, cujo termo inicial será a data:
I. da audiência de conciliação ou de mediação, ou da última sessão de conciliação, quando qualquer parte não comparecer ou, comparecendo, não houver autocomposição;
II. do protocolo do pedido de cancelamento da audiência de conciliação ou de mediação apresentado pelo réu, quando ocorrer a hipótese do art. 334, § 4º, inciso I;
III. prevista no art. 231, de acordo com o modo como foi feita a citação, nos demais casos.
§ 1º No caso de litisconsórcio passivo, ocorrendo a hipótese do art. 334, § 6º, o termo inicial previsto no inciso II será, para cada um dos réus, a data de apresentação de seu respectivo pedido de cancelamento da audiência.
§ 2º Quando ocorrer a hipótese do art. 334, § 4º, inciso II, havendo litisconsórcio passivo e o autor desistir da ação em relação a réu ainda não citado, o prazo para resposta correrá da data de intimação da decisão que homologar a desistência.

Art. 336. Incumbe ao réu alegar, na contestação, toda a matéria de defesa, expondo as razões de fato e de direito com que impugna o pedido do autor e especificando as provas que pretende produzir.

Art. 337. Incumbe ao réu, antes de discutir o mérito, alegar:
I. inexistência ou nulidade da citação;
II. incompetência absoluta e relativa;
III. incorreção do valor da causa;
IV. inépcia da petição inicial;
V. perempção;
VI. litispendência;
VII. coisa julgada;
VIII. conexão;
IX. incapacidade da parte, defeito de representação ou falta de autorização;
X. convenção de arbitragem;
XI. ausência de legitimidade ou de interesse processual;
XII. falta de caução ou de outra prestação que a lei exige como preliminar;
XIII. indevida concessão do benefício de gratuidade de justiça.
§ 1º Verifica-se a litispendência ou a coisa julgada quando se reproduz ação anteriormente ajuizada.
§ 2º Uma ação é idêntica a outra quando possui as mesmas partes, a mesma causa de pedir e o mesmo pedido.
§ 3º Há litispendência quando se repete ação que está em curso.
§ 4º Há coisa julgada quando se repete ação que já foi decidida por decisão transitada em julgado.
§ 5º Excetuadas a convenção de arbitragem e a incompetência relativa, o juiz conhecerá de ofício das matérias enumeradas neste artigo.
§ 6º A ausência de alegação da existência de convenção de arbitragem, na forma prevista neste Capítulo, implica aceitação da jurisdição estatal e renúncia ao juízo arbitral.

Art. 338. Alegando o réu, na contestação, ser parte ilegítima ou não ser o responsável pelo prejuízo invocado, o juiz facultará ao autor, em 15 (quinze) dias, a alteração da petição inicial para substituição do réu.

Parágrafo único. Realizada a substituição, o autor reembolsará as despesas e pagará os honorários ao procurador do réu excluído, que serão fixados entre três e cinco por cento do valor da causa ou, sendo este irrisório, nos termos do art. 85, § 8º.

Art. 339. Quando alegar sua ilegitimidade, incumbe ao réu indicar o sujeito passivo da relação jurídica discutida sempre que tiver conhecimento, sob pena de arcar com as despesas processuais e de indenizar o autor pelos prejuízos decorrentes da falta de indicação.

§ 1º O autor, ao aceitar a indicação, procederá, no prazo de 15 (quinze) dias, à alteração da petição inicial para a substituição do réu, observando-se, ainda, o parágrafo único do art. 338.

§ 2º No prazo de 15 (quinze) dias, o autor pode optar por alterar a petição inicial para incluir, como litisconsorte passivo, o sujeito indicado pelo réu.

Art. 340. Havendo alegação de incompetência relativa ou absoluta, a contestação poderá ser protocolada no foro de domicílio do réu, fato que será imediatamente comunicado ao juiz da causa, preferencialmente por meio eletrônico.

§ 1º A contestação será submetida a livre distribuição ou, se o réu houver sido citado por meio de carta precatória, juntada aos autos dessa carta, seguindo-se a sua imediata remessa para o juízo da causa.

§ 2º Reconhecida a competência do foro indicado pelo réu, o juízo para o qual for distribuída a contestação ou a carta precatória será considerado prevento.

§ 3º Alegada a incompetência nos termos do caput, será suspensa a realização da audiência de conciliação ou de mediação, se tiver sido designada.

§ 4º Definida a competência, o juízo competente designará nova data para a audiência de conciliação ou de mediação.

Art. 341. Incumbe também ao réu manifestar-se precisamente sobre as alegações de fato constantes da petição inicial, presumindo-se verdadeiras as não impugnadas, salvo se:

I. não for admissível, a seu respeito, a confissão;

II. a petição inicial não estiver acompanhada de instrumento que a lei considerar da substância do ato;

III. estiverem em contradição com a defesa, considerada em seu conjunto.

Parágrafo único. O ônus da impugnação especificada dos fatos não se aplica ao defensor público, ao advogado dativo e ao curador especial.

Art. 342. Depois da contestação, só é lícito ao réu deduzir novas alegações quando:

I. relativas a direito ou a fato superveniente;

II. competir ao juiz conhecer delas de ofício;

III. por expressa autorização legal, puderem ser formuladas em qualquer tempo e grau de jurisdição.

CAPÍTULO VII

Da Reconvenção

Art. 343. Na contestação, é lícito ao réu propor reconvenção para manifestar pretensão própria, conexa com a ação principal ou com o fundamento da defesa.

§ 1º Proposta a reconvenção, o autor será intimado, na pessoa de seu advogado, para apresentar resposta no prazo de 15 (quinze) dias.

§ 2º A desistência da ação ou a ocorrência de causa extintiva que impeça o exame de seu mérito não obsta ao prosseguimento do processo quanto à reconvenção.

§ 3º A reconvenção pode ser proposta contra o autor e terceiro.

§ 4º A reconvenção pode ser proposta pelo réu em litisconsórcio com terceiro.

§ 5º Se o autor for substituto processual, o reconvinte deverá afirmar ser titular de direito em face do substituído, e a reconvenção deverá ser proposta em face do autor, também na qualidade de substituto processual.

§ 6º O réu pode propor reconvenção independentemente de oferecer contestação.

CAPÍTULO VIII

Da revelia

Art. 344. Se o réu não contestar a ação, será considerado revel e presumir-se-ão verdadeiras as alegações de fato formuladas pelo autor.

Art. 345. A revelia não produz o efeito mencionado no art. 344 se:

I. havendo pluralidade de réus, algum deles contestar a ação;

II. o litígio versar sobre direitos indisponíveis;

III. a petição inicial não estiver acompanhada de instrumento que a lei considere indispensável à prova do ato;

IV. as alegações de fato formuladas pelo autor forem inverossímeis ou estiverem em contradição com prova constante dos autos.

Art. 346. Os prazos contra o revel que não tenha patrono nos autos fluirão da data de publicação do ato decisório no órgão oficial.

Parágrafo único. O revel poderá intervir no processo em qualquer fase, recebendo-o no estado em que se encontrar.

CAPÍTULO IX

Das Providências Preliminares e do Saneamento

Art. 347. Findo o prazo para a contestação, o juiz tomará, conforme o caso, as providências preliminares constantes das seções deste Capítulo.

SEÇÃO I
Da Não Incidência dos Efeitos da Revelia

Art. 348. Se o réu não contestar a ação, o juiz, verificando a inocorrência do efeito da revelia previsto no art. 344, ordenará que o autor especifique as provas que pretenda produzir, se ainda não as tiver indicado.

Art. 349. Ao réu revel será lícita a produção de provas, contrapostas às alegações do autor, desde que se faça representar nos autos a tempo de praticar os atos processuais indispensáveis a essa produção.

SEÇÃO II
Do Fato Impeditivo, Modificativo ou Extintivo do Direito do Autor

Art. 350. Se o réu alegar fato impeditivo, modificativo ou extintivo do direito do autor, este será ouvido no prazo de 15 (quinze) dias, permitindo-lhe o juiz a produção de prova.

SEÇÃO III
Das Alegações do Réu

Art. 351. Se o réu alegar qualquer das matérias enumeradas no art. 337, o juiz determinará a oitiva do autor no prazo de 15 (quinze) dias, permitindo-lhe a produção de prova.

Art. 352. Verificando a existência de irregularidades ou de vícios sanáveis, o juiz determinará sua correção em prazo nunca superior a 30 (trinta) dias.

Art. 353. Cumpridas as providências preliminares ou não havendo necessidade delas, o juiz proferirá julgamento conforme o estado do processo, observando o que dispõe o Capítulo X.

CAPÍTULO X

Do Julgamento Conforme o Estado do Processo

SEÇÃO I
Da Extinção do Processo

Art. 354. Ocorrendo qualquer das hipóteses previstas nos arts. 485 e 487, incisos II e III, o juiz proferirá sentença.

Parágrafo único. A decisão a que se refere o caput pode dizer respeito a apenas parcela do processo, caso em que será impugnável por agravo de instrumento.

SEÇÃO II
Do Julgamento Antecipado do Mérito

Art. 355. O juiz julgará antecipadamente o pedido, proferindo sentença com resolução de mérito, quando:

I. não houver necessidade de produção de outras provas;

II. o réu for revel, ocorrer o efeito previsto no art. 344 e não houver requerimento de prova, na forma do art. 349.

SEÇÃO III
Do Julgamento Antecipado Parcial do Mérito

Art. 356. O juiz decidirá parcialmente o mérito quando um ou mais dos pedidos formulados ou parcela deles:

I. mostrar-se incontroverso;

II. stiver em condições de imediato julgamento, nos termos do art. 355.

§ 1º A decisão que julgar parcialmente o mérito poderá reconhecer a existência de obrigação líquida ou ilíquida.

§ 2º A parte poderá liquidar ou executar, desde logo, a obrigação reconhecida na decisão que julgar parcialmente o mérito, independentemente de caução, ainda que haja recurso contra essa interposto.

§ 3º Na hipótese do § 2º, se houver trânsito em julgado da decisão, a execução será definitiva.

§ 4º A liquidação e o cumprimento da decisão que julgar parcialmente o mérito poderão ser processados em autos suplementares, a requerimento da parte ou a critério do juiz.

§ 5º A decisão proferida com base neste artigo é impugnável por agravo de instrumento.

SEÇÃO IV
Do Saneamento e da Organização do Processo

Art. 357. Não ocorrendo nenhuma das hipóteses deste Capítulo, deverá o juiz, em decisão de saneamento e de organização do processo:

I. resolver as questões processuais pendentes, se houver;

II. delimitar as questões de fato sobre as quais recairá a atividade probatória, especificando os meios de prova admitidos;

III. definir a distribuição do ônus da prova, observado o art. 373;

IV. delimitar as questões de direito relevantes para a decisão do mérito;

V. designar, se necessário, audiência de instrução e julgamento.

§ 1º Realizado o saneamento, as partes têm o direito de pedir esclarecimentos ou solicitar ajustes, no prazo comum de 5 (cinco) dias, findo o qual a decisão se torna estável.

§ 2º As partes podem apresentar ao juiz, para homologação, delimitação consensual das questões de fato e de direito a que se referem os incisos II e IV, a qual, se homologada, vincula as partes e o juiz.

§ 3º Se a causa apresentar complexidade em matéria de fato ou de direito, deverá o juiz designar audiência para que o saneamento seja feito em cooperação com as partes, oportunidade em que o juiz, se for o caso, convidará as partes a integrar ou esclarecer suas alegações.

§ 4º Caso tenha sido determinada a produção de prova testemunhal, o juiz fixará prazo comum não superior a 15 (quinze) dias para que as partes apresentem rol de testemunhas.

§ 5º Na hipótese do § 3º, as partes devem levar, para a audiência prevista, o respectivo rol de testemunhas.

§ 6º O número de testemunhas arroladas não pode ser superior a 10 (dez), sendo 3 (três), no máximo, para a prova de cada fato.

§ 7º O juiz poderá limitar o número de testemunhas levando em conta a complexidade da causa e dos fatos individualmente considerados.

§ 8º Caso tenha sido determinada a produção de prova pericial, o juiz deve observar o disposto no art. 465 e, se possível, estabelecer, desde logo, calendário para sua realização.

§ 9º As pautas deverão ser preparadas com intervalo mínimo de 1 (uma) hora entre as audiências.

CAPÍTULO XI
Da Audiência de Instrução e Julgamento

Art. 358. No dia e na hora designados, o juiz declarará aberta a audiência de instrução e julgamento e mandará apregoar as partes e os respectivos advogados, bem como outras pessoas que dela devam participar.

Art. 359. Instalada a audiência, o juiz tentará conciliar as partes, independentemente do emprego anterior de outros métodos de solução consensual de conflitos, como a mediação e a arbitragem.

Art. 360. O juiz exerce o poder de polícia, incumbindo-lhe:

I. manter a ordem e o decoro na audiência;

II. ordenar que se retirem da sala de audiência os que se comportarem inconvenientemente;

III. requisitar, quando necessário, força policial;

IV. tratar com urbanidade as partes, os advogados, os membros do Ministério Público e da Defensoria Pública e qualquer pessoa que participe do processo;

V. registrar em ata, com exatidão, todos os requerimentos apresentados em audiência.

Art. 361. As provas orais serão produzidas em audiência, ouvindo-se nesta ordem, preferencialmente:

I. o perito e os assistentes técnicos, que responderão aos quesitos de esclarecimentos requeridos no prazo e na forma do art. 477, caso não respondidos anteriormente por escrito;

II. o autor e, em seguida, o réu, que prestarão depoimentos pessoais;

III. as testemunhas arroladas pelo autor e pelo réu, que serão inquiridas.

Parágrafo único. Enquanto depuserem o perito, os assistentes técnicos, as partes e as testemunhas, não poderão os advogados e o Ministério Público intervir ou apartear, sem licença do juiz.

Art. 362. A audiência poderá ser adiada:

I. por convenção das partes;

II. se não puder comparecer, por motivo justificado, qualquer pessoa que dela deva necessariamente participar;

III. por atraso injustificado de seu início em tempo superior a 30 (trinta) minutos do horário marcado.

§ 1º O impedimento deverá ser comprovado até a abertura da audiência, e, não o sendo, o juiz procederá à instrução.

§ 2º O juiz poderá dispensar a produção das provas requeridas pela parte cujo advogado ou defensor público não tenha comparecido à audiência, aplicando-se a mesma regra ao Ministério Público.

§ 3º Quem der causa ao adiamento responderá pelas despesas acrescidas.

Art. 363. Havendo antecipação ou adiamento da audiência, o juiz, de ofício ou a requerimento da parte, determinará a intimação dos advogados ou da sociedade de advogados para ciência da nova designação.

Art. 364. Finda a instrução, o juiz dará a palavra ao advogado do autor e do réu, bem como ao membro do Ministério Público, se for o caso de sua intervenção, sucessivamente, pelo prazo de 20 (vinte) minutos para cada um, prorrogável por 10 (dez) minutos, a critério do juiz.

§ 1º Havendo litisconsorte ou terceiro interveniente, o prazo, que formará com o da prorrogação um só todo, dividir-se-á entre os do mesmo grupo, se não convencionarem de modo diverso.

§ 2º Quando a causa apresentar questões complexas de fato ou de direito, o debate oral poderá ser substituído por razões finais escritas, que serão apresentadas pelo autor e pelo réu, bem como pelo Ministério Público, se for o caso de sua intervenção, em prazos sucessivos de 15 (quinze) dias, assegurada vista dos autos.

Art. 365. A audiência é una e contínua, podendo ser excepcional e justificadamente cindida na ausência de perito ou de testemunha, desde que haja concordância das partes.

Parágrafo único. Diante da impossibilidade de realização da instrução, do debate e do julgamento no mesmo dia, o juiz marcará seu prosseguimento para a data mais próxima possível, em pauta preferencial.

Art. 366. Encerrado o debate ou oferecidas as razões finais, o juiz proferirá sentença em audiência ou no prazo de 30 (trinta) dias.

Art. 367. O servidor lavrará, sob ditado do juiz, termo que conterá, em resumo, o ocorrido na audiência, bem como, por extenso, os despachos, as decisões e a sentença, se proferida no ato.

§ 1º Quando o termo não for registrado em meio eletrônico, o juiz rubricar-lhe-á as folhas, que serão encadernadas em volume próprio.

§ 2º Subscreverão o termo o juiz, os advogados, o membro do Ministério Público e o escrivão ou chefe de secretaria, dispensadas as partes, exceto quando houver ato de disposição para cuja prática os advogados não tenham poderes.

§ 3º O escrivão ou chefe de secretaria trasladará para os autos cópia autêntica do termo de audiência.

§ 4º Tratando-se de autos eletrônicos, observar-se-á o disposto neste Código, em legislação específica e nas normas internas dos tribunais.

§ 5º A audiência poderá ser integralmente gravada em imagem e em áudio, em meio digital ou analógico, desde que assegure o rápido acesso das partes e dos órgãos julgadores, observada a legislação específica.

§ 6º A gravação a que se refere o § 5º também pode ser realizada diretamente por qualquer das partes, independentemente de autorização judicial.

Art. 368. A audiência será pública, ressalvadas as exceções legais.

CAPÍTULO XII
Das Provas

SEÇÃO I
Disposições Gerais

Art. 369. As partes têm o direito de empregar todos os meios legais, bem como os moralmente legítimos, ainda que não especificados neste Código, para provar a verdade dos fatos em que se funda o pedido ou a defesa e influir eficazmente na convicção do juiz.

Art. 370. Caberá ao juiz, de ofício ou a requerimento da parte, determinar as provas necessárias ao julgamento do mérito.

Parágrafo único. O juiz indeferirá, em decisão fundamentada, as diligências inúteis ou meramente protelatórias.

Art. 371. O juiz apreciará a prova constante dos autos, independentemente do sujeito que a tiver promovido, e indicará na decisão as razões da formação de seu convencimento.

Art. 372. O juiz poderá admitir a utilização de prova produzida em outro processo, atribuindo-lhe o valor que considerar adequado, observado o contraditório.

Art. 373. O ônus da prova incumbe:

I. ao autor, quanto ao fato constitutivo de seu direito;

II. ao réu, quanto à existência de fato impeditivo, modificativo ou extintivo do direito do autor.

§ 1º Nos casos previstos em lei ou diante de peculiaridades da causa relacionadas à impossibilidade ou à excessiva dificuldade de cumprir o encargo nos termos do caput ou à maior facilidade de obtenção da prova do fato contrário, poderá o juiz atribuir o ônus da prova de modo diverso, desde que o faça por decisão fundamentada, caso em que deverá dar à parte a oportunidade de se desincumbir do ônus que lhe foi atribuído.

§ 2º A decisão prevista no § 1º deste artigo não pode gerar situação em que a desincumbência do encargo pela parte seja impossível ou excessivamente difícil.

§ 3º A distribuição diversa do ônus da prova também pode ocorrer por convenção das partes, salvo quando:

I. recair sobre direito indisponível da parte;

II. tornar excessivamente difícil a uma parte o exercício do direito.

§ 4º A convenção de que trata o § 3º pode ser celebrada antes ou durante o processo.

Art. 374. Não dependem de prova os fatos:

I. notórios;

II. afirmados por uma parte e confessados pela parte contrária;

III. admitidos no processo como incontroversos;

IV. em cujo favor milita presunção legal de existência ou de veracidade.

Art. 375. O juiz aplicará as regras de experiência comum subministradas pela observação do que ordinariamente acontece e, ainda, as regras de experiência técnica, ressalvado, quanto a estas, o exame pericial.

Art. 376. A parte que alegar direito municipal, estadual, estrangeiro ou consuetudinário provar-lhe-á o teor e a vigência, se assim o juiz determinar.

Art. 377. A carta precatória, a carta rogatória e o auxílio direto suspenderão o julgamento da causa no caso previsto no art. 313, inciso V, alínea "b", quando, tendo sido requeridos antes da decisão de saneamento, a prova neles solicitada for imprescindível.

Parágrafo único. A carta precatória e a carta rogatória não devolvidas no prazo ou concedidas sem efeito suspensivo poderão ser juntadas aos autos a qualquer momento.

Art. 378. Ninguém se exime do dever de colaborar com o Poder Judiciário para o descobrimento da verdade.

Art. 379. Preservado o direito de não produzir prova contra si própria, incumbe à parte:

I. comparecer em juízo, respondendo ao que lhe for interrogado;

II. colaborar com o juízo na realização de inspeção judicial que for considerada necessária;

III. praticar o ato que lhe for determinado.

Art. 380. Incumbe ao terceiro, em relação a qualquer causa:

I. informar ao juiz os fatos e as circunstâncias de que tenha conhecimento;

II. exibir coisa ou documento que esteja em seu poder.

Parágrafo único. Poderá o juiz, em caso de descumprimento, determinar, além da imposição de multa, outras medidas indutivas, coercitivas, mandamentais ou sub-rogatórias.

SEÇÃO II
Da Produção Antecipada da Prova

Art. 381. A produção antecipada da prova será admitida nos casos em que:

I. haja fundado receio de que venha a tornar-se impossível ou muito difícil a verificação de certos fatos na pendência da ação;

II. a prova a ser produzida seja suscetível de viabilizar a autocomposição ou outro meio adequado de solução de conflito;

III. o prévio conhecimento dos fatos possa justificar ou evitar o ajuizamento de ação.

§ 1º O arrolamento de bens observará o disposto nesta SEÇÃO quando tiver por finalidade apenas a realização de documentação e não a prática de atos de apreensão.

§ 2º A produção antecipada da prova é da competência do juízo do foro onde esta deva ser produzida ou do foro de domicílio do réu.

§ 3º A produção antecipada da prova não previne a competência do juízo para a ação que venha a ser proposta.

§ 4º O juízo estadual tem competência para produção antecipada de prova requerida em face da União, de entidade autárquica ou de empresa pública federal se, na localidade, não houver vara federal.

§ 5º Aplica-se o disposto nesta SEÇÃO àquele que pretender justificar a existência de algum fato ou relação jurídica para simples documento e sem caráter contencioso, que exporá, em petição circunstanciada, a sua intenção.

Art. 382. Na petição, o requerente apresentará as razões que justificam a necessidade de antecipação da prova e mencionará com precisão os fatos sobre os quais a prova há de recair.

§ 1º O juiz determinará, de ofício ou a requerimento da parte, a citação de interessados na produção da prova ou no fato a ser provado, salvo se inexistente caráter contencioso.

§ 2º O juiz não se pronunciará sobre a ocorrência ou a inocorrência do fato, nem sobre as respectivas consequências jurídicas.

§ 3º Os interessados poderão requerer a produção de qualquer prova no mesmo procedimento, desde que relacionada ao mesmo fato, salvo se a sua produção conjunta acarretar excessiva demora.

§ 4º Neste procedimento, não se admitirá defesa ou recurso, salvo contra decisão que indeferir totalmente a produção da prova pleiteada pelo requerente originário.

Art. 383. Os autos permanecerão em cartório durante 1 (um) mês para extração de cópias e certidões pelos interessados.

Parágrafo único. Findo o prazo, os autos serão entregues ao promovente da medida.

SEÇÃO III
Da Ata Notarial

Art. 384. A existência e o modo de existir de algum fato podem ser atestados ou documentados, a requerimento do interessado, mediante ata lavrada por tabelião.

Parágrafo único. Dados representados por imagem ou som gravados em arquivos eletrônicos poderão constar da ata notarial.

SEÇÃO IV
Do Depoimento Pessoal

Art. 385. Cabe à parte requerer o depoimento pessoal da outra parte, a fim de que esta seja interrogada na audiência de instrução e julgamento, sem prejuízo do poder do juiz de ordená-lo de ofício.

§ 1º Se a parte, pessoalmente intimada para prestar depoimento pessoal e advertida da pena de confesso, não comparecer ou, comparecendo, se recusar a depor, o juiz aplicar-lhe-á a pena.

§ 2º É vedado a quem ainda não depôs assistir ao interrogatório da outra parte.

§ 3º O depoimento pessoal da parte que residir em comarca, SEÇÃO ou Subseção judiciária diversa daquela onde tramita o processo poderá ser colhido por meio de videoconferência ou outro recurso tecnológico de transmissão de sons e imagens em tempo real, o que poderá ocorrer, inclusive, durante a realização da audiência de instrução e julgamento.

Art. 386. Quando a parte, sem motivo justificado, deixar de responder ao que lhe for perguntado ou empregar evasivas, o juiz, apreciando as demais circunstâncias e os elementos de prova, declarará, na sentença, se houve recusa de depor.

Art. 387. A parte responderá pessoalmente sobre os fatos articulados, não podendo servir-se de escritos anteriormente preparados, permitindo-lhe o juiz, todavia, a consulta a notas breves, desde que objetivem completar esclarecimentos.

Art. 388. A parte não é obrigada a depor sobre fatos:
I. criminosos ou torpes que lhe forem imputados;
II. a cujo respeito, por estado ou profissão, deva guardar sigilo;
III. acerca dos quais não possa responder sem desonra própria, de seu cônjuge, de seu companheiro ou de parente em grau sucessível;
IV. que coloquem em perigo a vida do depoente ou das pessoas referidas no inciso III.

Parágrafo único. Esta disposição não se aplica às ações de estado e de família.

SEÇÃO V
Da Confissão

Art. 389. Há confissão, judicial ou extrajudicial, quando a parte admite a verdade de fato contrário ao seu interesse e favorável ao do adversário.

Art. 390. A confissão judicial pode ser espontânea ou provocada.

§ 1º A confissão espontânea pode ser feita pela própria parte ou por representante com poder especial.

§ 2º A confissão provocada constará do termo de depoimento pessoal.

Art. 391. A confissão judicial faz prova contra o confitente, não prejudicando, todavia, os litisconsortes.

Parágrafo único. Nas ações que versarem sobre bens imóveis ou direitos reais sobre imóveis alheios, a confissão de um cônjuge ou companheiro não valerá sem a do outro, salvo se o regime de casamento for o de separação absoluta de bens.

Art. 392. Não vale como confissão a admissão, em juízo, de fatos relativos a direitos indisponíveis.

§ 1º A confissão será ineficaz se feita por quem não for capaz de dispor do direito a que se referem os fatos confessados.

§ 2º A confissão feita por um representante somente é eficaz nos limites em que este pode vincular o representado.

Art. 393. A confissão é irrevogável, mas pode ser anulada se decorreu de erro de fato ou de coação.

Parágrafo único. A legitimidade para a ação prevista no caput é exclusiva do confitente e pode ser transferida a seus herdeiros se ele falecer após a propositura.

Art. 394. A confissão extrajudicial, quando feita oralmente, só terá eficácia nos casos em que a lei não exija prova literal.

Art. 395. A confissão é, em regra, indivisível, não podendo a parte que a quiser invocar como prova aceitá-la no tópico que a beneficiar e rejeitá-la no que lhe for desfavorável, porém cindir-se-á quando o confitente a ela aduzir fatos novos, capazes de constituir fundamento de defesa de direito material ou de reconvenção.

SEÇÃO VI
Da Exibição de Documento ou Coisa

Art. 396. O juiz pode ordenar que a parte exiba documento ou coisa que se encontre em seu poder.

Art. 397. O pedido formulado pela parte conterá:

I. a individuação, tão completa quanto possível, do documento ou da coisa;

II. a finalidade da prova, indicando os fatos que se relacionam com o documento ou com a coisa;

III. as circunstâncias em que se funda o requerente para afirmar que o documento ou a coisa existe e se acha em poder da parte contrária.

Art. 398. O requerido dará sua resposta nos 5 (cinco) dias subsequentes à sua intimação.

Parágrafo único. Se o requerido afirmar que não possui o documento ou a coisa, o juiz permitirá que o requerente prove, por qualquer meio, que a declaração não corresponde à verdade.

Art. 399. O juiz não admitirá a recusa se:

I. o requerido tiver obrigação legal de exibir;

II. o requerido tiver aludido ao documento ou à coisa, no processo, com o intuito de constituir prova;

III. o documento, por seu conteúdo, for comum às partes.

Art. 400. Ao decidir o pedido, o juiz admitirá como verdadeiros os fatos que, por meio do documento ou da coisa, a parte pretendia provar se:

I. o requerido não efetuar a exibição nem fizer nenhuma declaração no prazo do art. 398;

II. a recusa for havida por ilegítima.

Parágrafo único. Sendo necessário, o juiz pode adotar medidas indutivas, coercitivas, mandamentais ou sub-rogatórias para que o documento seja exibido.

Art. 401. Quando o documento ou a coisa estiver em poder de terceiro, o juiz ordenará sua citação para responder no prazo de 15 (quinze) dias.

Art. 402. Se o terceiro negar a obrigação de exibir ou a posse do documento ou da coisa, o juiz designará audiência especial, tomando-lhe o depoimento, bem como o das partes e, se necessário, o de testemunhas, e em seguida proferirá decisão.

Art. 403. Se o terceiro, sem justo motivo, se recusar a efetuar a exibição, o juiz ordenar-lhe-á que proceda ao respectivo depósito em cartório ou em outro lugar designado, no prazo de 5 (cinco) dias, impondo ao requerente que o ressarça pelas despesas que tiver.

Parágrafo único. Se o terceiro descumprir a ordem, o juiz expedirá mandado de apreensão, requisitando, se necessário, força policial, sem prejuízo da responsabilidade por crime de desobediência, pagamento de multa e outras medidas indutivas, coercitivas, mandamentais ou sub-rogatórias necessárias para assegurar a efetivação da decisão.

Art. 404. A parte e o terceiro se escusam de exibir, em juízo, o documento ou a coisa se:

I. concernente a negócios da própria vida da família;

II. sua apresentação puder violar dever de honra;
III. sua publicidade redundar em desonra à parte ou ao terceiro, bem como a seus parentes consanguíneos ou afins até o terceiro grau, ou lhes representar perigo de ação penal;
IV. sua exibição acarretar a divulgação de fatos a cujo respeito, por estado ou profissão, devam guardar segredo;
V. subsistirem outros motivos graves que, segundo o prudente arbítrio do juiz, justifiquem a recusa da exibição;
VI. houver disposição legal que justifique a recusa da exibição.
Parágrafo único. Se os motivos de que tratam os incisos I a VI do caput disserem respeito a apenas uma parcela do documento, a parte ou o terceiro exibirá a outra em cartório, para dela ser extraída cópia reprográfica, de tudo sendo lavrado auto circunstanciado.

SEÇÃO VII
Da Prova Documental

Subseção I
Da Força Probante dos Documentos

Art. 405. O documento público faz prova não só da sua formação, mas também dos fatos que o escrivão, o chefe de secretaria, o tabelião ou o servidor declarar que ocorreram em sua presença.

Art. 406. Quando a lei exigir instrumento público como da substância do ato, nenhuma outra prova, por mais especial que seja, pode suprir-lhe a falta.

Art. 407. O documento feito por oficial público incompetente ou sem a observância das formalidades legais, sendo subscrito pelas partes, tem a mesma eficácia probatória do documento particular.

Art. 408. As declarações constantes do documento particular escrito e assinado ou somente assinado presumem-se verdadeiras em relação ao signatário.
Parágrafo único. Quando, todavia, contiver declaração de ciência de determinado fato, o documento particular prova a ciência, mas não o fato em si, incumbindo o ônus de prová-lo ao interessado em sua veracidade.

Art. 409. A data do documento particular, quando a seu respeito surgir dúvida ou impugnação entre os litigantes, provar-se-á por todos os meios de direito.

Parágrafo único. Em relação a terceiros, considerar-se-á datado o documento particular:
I. no dia em que foi registrado;
II. desde a morte de algum dos signatários;
III. a partir da impossibilidade física que sobreveio a qualquer dos signatários;
IV. da sua apresentação em repartição pública ou em juízo;
V. do ato ou do fato que estabeleça, de modo certo, a anterioridade da formação do documento.

Art. 410. Considera-se autor do documento particular:
I. aquele que o fez e o assinou;
II. aquele por conta de quem ele foi feito, estando assinado;
III. aquele que, mandando compô-lo, não o firmou porque, conforme a experiência comum, não se costuma assinar, como livros empresariais e assentos domésticos.

Art. 411. Considera-se autêntico o documento quando:
I. o tabelião reconhecer a firma do signatário;
II. a autoria estiver identificada por qualquer outro meio legal de certificação, inclusive eletrônico, nos termos da lei;
III. não houver impugnação da parte contra quem foi produzido o documento.

Art. 412. O documento particular de cuja autenticidade não se duvida prova que o seu autor fez a declaração que lhe é atribuída.
Parágrafo único. O documento particular admitido expressa ou tacitamente é indivisível, sendo vedado à parte que pretende utilizar-se dele aceitar os fatos que lhe são favoráveis e recusar os que são contrários ao seu interesse, salvo se provar que estes não ocorreram.

Art. 413. O telegrama, o radiograma ou qualquer outro meio de transmissão tem a mesma força probatória do documento particular se o original constante da estação expedidora tiver sido assinado pelo remetente.
Parágrafo único. A firma do remetente poderá ser reconhecida pelo tabelião, declarando-se essa circunstância no original depositado na estação expedidora.

Art. 414. O telegrama ou o radiograma presume-se conforme com o original, provando as datas de sua expedição e de seu recebimento pelo destinatário.

Art. 415. As cartas e os registros domésticos provam contra quem os escreveu quando:
I. enunciam o recebimento de um crédito;

II. contêm anotação que visa a suprir a falta de título em favor de quem é apontado como credor;
III. expressam conhecimento de fatos para os quais não se exija determinada prova.

Art. 416. A nota escrita pelo credor em qualquer parte de documento representativo de obrigação, ainda que não assinada, faz prova em benefício do devedor.

Parágrafo único. Aplica-se essa regra tanto para o documento que o credor conservar em seu poder quanto para aquele que se achar em poder do devedor ou de terceiro.

Art. 417. Os livros empresariais provam contra seu autor, sendo lícito ao empresário, todavia, demonstrar, por todos os meios permitidos em direito, que os lançamentos não correspondem à verdade dos fatos.

Art. 418. Os livros empresariais que preencham os requisitos exigidos por lei provam a favor de seu autor no litígio entre empresários.

Art. 419. A escrituração contábil é indivisível, e, se dos fatos que resultam dos lançamentos, uns são favoráveis ao interesse de seu autor e outros lhe são contrários, ambos serão considerados em conjunto, como unidade.

Art. 420. O juiz pode ordenar, a requerimento da parte, a exibição integral dos livros empresariais e dos documentos do arquivo:
I. na liquidação de sociedade;
II. na sucessão por morte de sócio;
III. quando e como determinar a lei.

Art. 421. O juiz pode, de ofício, ordenar à parte a exibição parcial dos livros e dos documentos, extraindo-se deles a suma que interessar ao litígio, bem como reproduções autenticadas.

Art. 422. Qualquer reprodução mecânica, como a fotográfica, a cinematográfica, a fonográfica ou de outra espécie, tem aptidão para fazer prova dos fatos ou das coisas representadas, se a sua conformidade com o documento original não for impugnada por aquele contra quem foi produzida.

§ 1º As fotografias digitais e as extraídas da rede mundial de computadores fazem prova das imagens que reproduzem, devendo, se impugnadas, ser apresentada a respectiva autenticação eletrônica ou, não sendo possível, realizada perícia.

§ 2º Se se tratar de fotografia publicada em jornal ou revista, será exigido um exemplar original do periódico, caso impugnada a veracidade pela outra parte.

§ 3º Aplica-se o disposto neste artigo à forma impressa de mensagem eletrônica.

Art. 423. As reproduções dos documentos particulares, fotográficas ou obtidas por outros processos de repetição, valem como certidões sempre que o escrivão ou o chefe de secretaria certificar sua conformidade com o original.

Art. 424. A cópia de documento particular tem o mesmo valor probante que o original, cabendo ao escrivão, intimadas as partes, proceder à conferência e certificar a conformidade entre a cópia e o original.

Art. 425. Fazem a mesma prova que os originais:
I. as certidões textuais de qualquer peça dos autos, do protocolo das audiências ou de outro livro a cargo do escrivão ou do chefe de secretaria, se extraídas por ele ou sob sua vigilância e por ele subscritas;
II. os traslados e as certidões extraídas por oficial público de instrumentos ou documentos lançados em suas notas;
III. as reproduções dos documentos públicos, desde que autenticadas por oficial público ou conferidas em cartório com os respectivos originais;
IV. as cópias reprográficas de peças do próprio processo judicial declaradas autênticas pelo advogado, sob sua responsabilidade pessoal, se não lhes for impugnada a autenticidade;
V. os extratos digitais de bancos de dados públicos e privados, desde que atestado pelo seu emitente, sob as penas da lei, que as informações conferem com o que consta na origem;
VI. as reproduções digitalizadas de qualquer documento público ou particular, quando juntadas aos autos pelos órgãos da justiça e seus auxiliares, pelo Ministério Público e seus auxiliares, pela Defensoria Pública e seus auxiliares, pelas procuradorias, pelas repartições públicas em geral e por advogados, ressalvada a alegação motivada e fundamentada de adulteração.

§ 1º Os originais dos documentos digitalizados mencionados no inciso VI deverão ser preservados pelo seu detentor até o final do prazo para propositura de ação rescisória.

§ 2º Tratando-se de cópia digital de título executivo extrajudicial ou de documento relevante à instrução do processo, o juiz poderá determinar seu depósito em cartório ou secretaria.

Art. 426. O juiz apreciará fundamentadamente a fé que deva merecer o documento, quando em ponto substancial e sem ressalva contiver entrelinha, emenda, borrão ou cancelamento.

Art. 427. Cessa a fé do documento público ou particular sendo-lhe declarada judicialmente a falsidade.

Parágrafo único. A falsidade consiste em:
I. formar documento não verdadeiro;
II. alterar documento verdadeiro.

Art. 428. Cessa a fé do documento particular quando:
I. for impugnada sua autenticidade e enquanto não se comprovar sua veracidade;
II. assinado em branco, for impugnado seu conteúdo, por preenchimento abusivo.

Parágrafo único. Dar-se-á abuso quando aquele que recebeu documento assinado com texto não escrito no todo ou em parte formá-lo ou completá-lo por si ou por meio de outrem, violando o pacto feito com o signatário.

Art. 429. Incumbe o ônus da prova quando:
I. se tratar de falsidade de documento ou de preenchimento abusivo, à parte que a arguir;
II. se tratar de impugnação da autenticidade, à parte que produziu o documento.

Subseção II
Da Arguição de Falsidade

Art. 430. A falsidade deve ser suscitada na contestação, na réplica ou no prazo de 15 (quinze) dias, contado a partir da intimação da juntada do documento aos autos.

Parágrafo único. Uma vez arguida, a falsidade será resolvida como questão incidental, salvo se a parte requerer que o juiz a decida como questão principal, nos termos do inciso II do art. 19.

Art. 431. A parte arguirá a falsidade expondo os motivos em que funda a sua pretensão e os meios com que provará o alegado.

Art. 432. Depois de ouvida a outra parte no prazo de 15 (quinze) dias, será realizado o exame pericial.

Parágrafo único. Não se procederá ao exame pericial se a parte que produziu o documento concordar em retirá-lo.

Art. 433. A declaração sobre a falsidade do documento, quando suscitada como questão principal, constará da parte dispositiva da sentença e sobre ela incidirá também a autoridade da coisa julgada.

Subseção III
Da Produção da Prova Documental

Art. 434. Incumbe à parte instruir a petição inicial ou a contestação com os documentos destinados a provar suas alegações.

Parágrafo único. Quando o documento consistir em reprodução cinematográfica ou fonográfica, a parte deverá trazê-lo nos termos do caput, mas sua exposição será realizada em audiência, intimando-se previamente as partes.

Art. 435. É lícito às partes, em qualquer tempo, juntar aos autos documentos novos, quando destinados a fazer prova de fatos ocorridos depois dos articulados ou para contrapô-los aos que foram produzidos nos autos.

Parágrafo único. Admite-se também a juntada posterior de documentos formados após a petição inicial ou a contestação, bem como dos que se tornaram conhecidos, acessíveis ou disponíveis após esses atos, cabendo à parte que os produzir comprovar o motivo que a impediu de juntá-los anteriormente e incumbindo ao juiz, em qualquer caso, avaliar a conduta da parte de acordo com o art. 5º.

Art. 436. A parte, intimada a falar sobre documento constante dos autos, poderá:
I. impugnar a admissibilidade da prova documental;
II. impugnar sua autenticidade;
III. suscitar sua falsidade, com ou sem deflagração do incidente de arguição de falsidade;
IV. manifestar-se sobre seu conteúdo.

Parágrafo único. Nas hipóteses dos incisos II e III, a impugnação deverá basear-se em argumentação específica, não se admitindo alegação genérica de falsidade.

Art. 437. O réu manifestar-se-á na contestação sobre os documentos anexados à inicial, e o autor manifestar-se-á na réplica sobre os documentos anexados à contestação.

§ 1º Sempre que uma das partes requerer a juntada de documento aos autos, o juiz ouvirá, a seu respeito, a outra parte, que disporá do prazo de 15 (quinze) dias para adotar qualquer das posturas indicadas no art. 436.

§ 2º Poderá o juiz, a requerimento da parte, dilatar o prazo para manifestação sobre a prova documental produzida, levando em consideração a quantidade e a complexidade da documentação.

Art. 438. O juiz requisitará às repartições públicas, em qualquer tempo ou grau de jurisdição:
I. as certidões necessárias à prova das alegações das partes;
II. os procedimentos administrativos nas causas em que forem interessados a União, os Estados, o Distrito Federal, os Municípios ou entidades da administração indireta.
§ 1º Recebidos os autos, o juiz mandará extrair, no prazo máximo e improrrogável de 1 (um) mês, certidões ou reproduções fotográficas das peças que indicar e das que forem indicadas pelas partes, e, em seguida, devolverá os autos à repartição de origem.
§ 2º As repartições públicas poderão fornecer todos os documentos em meio eletrônico, conforme disposto em lei, certificando, pelo mesmo meio, que se trata de extrato fiel do que consta em seu banco de dados ou no documento digitalizado.

SEÇÃO VIII
Dos Documentos Eletrônicos

Art. 439. A utilização de documentos eletrônicos no processo convencional dependerá de sua conversão à forma impressa e da verificação de sua autenticidade, na forma da lei.
Art. 440. O juiz apreciará o valor probante do documento eletrônico não convertido, assegurado às partes o acesso ao seu teor.
Art. 441. Serão admitidos documentos eletrônicos produzidos e conservados com a observância da legislação específica.

SEÇÃO IX
Da Prova Testemunhal

Subseção I
Da Admissibilidade e do Valor da Prova Testemunhal

Art. 442. A prova testemunhal é sempre admissível, não dispondo a lei de modo diverso.
Art. 443. O juiz indeferirá a inquirição de testemunhas sobre fatos:
I. já provados por documento ou confissão da parte;
II. que só por documento ou por exame pericial puderem ser provados.
Art. 444. Nos casos em que a lei exigir prova escrita da obrigação, é admissível a prova testemunhal quando houver começo de prova por escrito, emanado da parte contra a qual se pretende produzir a prova.
Art. 445. Também se admite a prova testemunhal quando o credor não pode ou não podia, moral ou materialmente, obter a prova escrita da obrigação, em casos como o de parentesco, de depósito necessário ou de hospedagem em hotel ou em razão das práticas comerciais do local onde contraída a obrigação.
Art. 446. É lícito à parte provar com testemunhas:
I. nos contratos simulados, a divergência entre a vontade real e a vontade declarada;
II. nos contratos em geral, os vícios de consentimento.
Art. 447. Podem depor como testemunhas todas as pessoas, exceto as incapazes, impedidas ou suspeitas.
§ 1º São incapazes:
I. o interdito por enfermidade ou deficiência mental;
II. o que, acometido por enfermidade ou retardamento mental, ao tempo em que ocorreram os fatos, não podia discerni-los, ou, ao tempo em que deve depor, não está habilitado a transmitir as percepções;
III. o que tiver menos de 16 (dezesseis) anos;
IV. o cego e o surdo, quando a ciência do fato depender dos sentidos que lhes faltam.
§ 2º São impedidos:
I. o cônjuge, o companheiro, o ascendente e o descendente em qualquer grau e o colateral, até o terceiro grau, de alguma das partes, por consanguinidade ou afinidade, salvo se o exigir o interesse público ou, tratando-se de causa relativa ao estado da pessoa, não se puder obter de outro modo a prova que o juiz repute necessária ao julgamento do mérito;
II. o que é parte na causa;
III. o que intervém em nome de uma parte, como o tutor, o representante legal da pessoa jurídica, o juiz, o advogado e outros que assistam ou tenham assistido as partes.
§ 3º São suspeitos:
I. o inimigo da parte ou o seu amigo íntimo;
II. o que tiver interesse no litígio.
§ 4º Sendo necessário, pode o juiz admitir o depoimento das testemunhas menores, impedidas ou suspeitas.
§ 5º Os depoimentos referidos no § 4º serão prestados independentemente de compromisso, e o juiz lhes atribuirá o valor que possam merecer.
Art. 448. A testemunha não é obrigada a depor sobre fatos:

I. que lhe acarretem grave dano, bem como ao seu cônjuge ou companheiro e aos seus parentes consanguíneos ou afins, em linha reta ou colateral, até o terceiro grau;

II. a cujo respeito, por estado ou profissão, deva guardar sigilo.

Art. 449. Salvo disposição especial em contrário, as testemunhas devem ser ouvidas na sede do juízo.

Parágrafo único. Quando a parte ou a testemunha, por enfermidade ou por outro motivo relevante, estiver impossibilitada de comparecer, mas não de prestar depoimento, o juiz designará, conforme as circunstâncias, dia, hora e lugar para inquiri-la.

Subseção II
Da Produção da Prova Testemunhal

Art. 450. O rol de testemunhas conterá, sempre que possível, o nome, a profissão, o estado civil, a idade, o número de inscrição no Cadastro de Pessoas Físicas, o número de registro de identidade e o endereço completo da residência e do local de trabalho.

Art. 451. Depois de apresentado o rol de que tratam os §§ 4º e 5º do art. 357, a parte só pode substituir a testemunha:

I. que falecer;

II. que, por enfermidade, não estiver em condições de depor;

III. que, tendo mudado de residência ou de local de trabalho, não for encontrada.

Art. 452. Quando for arrolado como testemunha, o juiz da causa:

I. declarar-se-á impedido, se tiver conhecimento de fatos que possam influir na decisão, caso em que será vedado à parte que o incluiu no rol desistir de seu depoimento;

II. se nada souber, mandará excluir o seu nome.

Art. 453. As testemunhas depõem, na audiência de instrução e julgamento, perante o juiz da causa, exceto:

I. as que prestam depoimento antecipadamente;

II. as que são inquiridas por carta.

§ 1º A oitiva de testemunha que residir em comarca, SEÇÃO ou Subseção judiciária diversa daquela onde tramita o processo poderá ser realizada por meio de videoconferência ou outro recurso tecnológico de transmissão e recepção de sons e imagens em tempo real, o que poderá ocorrer, inclusive, durante a audiência de instrução e julgamento.

§ 2º Os juízos deverão manter equipamento para a transmissão e recepção de sons e imagens a que se refere o § 1º.

Art. 454. São inquiridos em sua residência ou onde exercem sua função:

I. o presidente e o vice-presidente da República;

II. os ministros de Estado;

III. os ministros do Supremo Tribunal Federal, os conselheiros do Conselho Nacional de Justiça e os ministros do Superior Tribunal de Justiça, do Superior Tribunal Militar, do Tribunal Superior Eleitoral, do Tribunal Superior do Trabalho e do Tribunal de Contas da União;

IV. o procurador-geral da República e os conselheiros do Conselho Nacional do Ministério Público;

V. o advogado-geral da União, o procurador-geral do Estado, o procurador-geral do Município, o defensor público-geral federal e o defensor público-geral do Estado;

VI. os senadores e os deputados federais;

VII. os governadores dos Estados e do Distrito Federal;

VIII. o prefeito;

IX. os deputados estaduais e distritais;

X. os desembargadores dos Tribunais de Justiça, dos Tribunais Regionais Federais, dos Tribunais Regionais do Trabalho e dos Tribunais Regionais Eleitorais e os conselheiros dos Tribunais de Contas dos Estados e do Distrito Federal;

XI. o procurador-geral de justiça;

XII. o embaixador de país que, por lei ou tratado, concede idêntica prerrogativa a agente diplomático do Brasil.

§ 1º O juiz solicitará à autoridade que indique dia, hora e local a fim de ser inquirida, remetendo-lhe cópia da petição inicial ou da defesa oferecida pela parte que a arrolou como testemunha.

§ 2º Passado 1 (um) mês sem manifestação da autoridade, o juiz designará dia, hora e local para o depoimento, preferencialmente na sede do juízo.

§ 3º O juiz também designará dia, hora e local para o depoimento, quando a autoridade não comparecer, injustificadamente, à sessão agendada para a colheita de seu testemunho no dia, hora e local por ela mesma indicados.

Art. 455. Cabe ao advogado da parte informar ou intimar a testemunha por ele arrolada do dia, da hora e do local da audiência designada, dispensando-se a intimação do juízo.

§ 1º A intimação deverá ser realizada por carta com aviso de recebimento, cumprindo ao advogado juntar aos autos, com antecedência de pelo menos 3 (três) dias da data da audiência, cópia da correspondência de intimação e do comprovante de recebimento.

§ 2º A parte pode comprometer-se a levar a testemunha à audiência, independentemente da intimação de que trata o § 1º, presumindo-se, caso a testemunha não compareça, que a parte desistiu de sua inquirição.

§ 3º A inércia na realização da intimação a que se refere o § 1º importa desistência da inquirição da testemunha.

§ 4º A intimação será feita pela via judicial quando:
I. for frustrada a intimação prevista no § 1º deste artigo;
II. sua necessidade for devidamente demonstrada pela parte ao juiz;
III. figurar no rol de testemunhas servidor público ou militar, hipótese em que o juiz o requisitará ao chefe da repartição ou ao comando do corpo em que servir;
IV. a testemunha houver sido arrolada pelo Ministério Público ou pela Defensoria Pública;
V. a testemunha for uma daquelas previstas no art. 454.

§ 5º A testemunha que, intimada na forma do § 1º ou do § 4º, deixar de comparecer sem motivo justificado será conduzida e responderá pelas despesas do adiamento.

Art. 456. O juiz inquirirá as testemunhas separada e sucessivamente, primeiro as do autor e depois as do réu, e providenciará para que uma não ouça o depoimento das outras.

Parágrafo único. O juiz poderá alterar a ordem estabelecida no caput se as partes concordarem.

Art. 457. Antes de depor, a testemunha será qualificada, declarará ou confirmará seus dados e informará se tem relações de parentesco com a parte ou interesse no objeto do processo.

§ 1º É lícito à parte contraditar a testemunha, arguindo-lhe a incapacidade, o impedimento ou a suspeição, bem como, caso a testemunha negue os fatos que lhe são imputados, provar a contradita com documentos ou com testemunhas, até 3 (três), apresentadas no ato e inquiridas em separado.

§ 2º Sendo provados ou confessados os fatos a que se refere o § 1º, o juiz dispensará a testemunha ou lhe tomará o depoimento como informante.

§ 3º A testemunha pode requerer ao juiz que a escuse de depor, alegando os motivos previstos neste Código, decidindo o juiz de plano após ouvidas as partes.

Art. 458. Ao início da inquirição, a testemunha prestará o compromisso de dizer a verdade do que souber e lhe for perguntado.

Parágrafo único. O juiz advertirá à testemunha que incorre em sanção penal quem faz afirmação falsa, cala ou oculta a verdade.

Art. 459. As perguntas serão formuladas pelas partes diretamente à testemunha, começando pela que a arrolou, não admitindo o juiz aquelas que puderem induzir a resposta, não tiverem relação com as questões de fato objeto da atividade probatória ou importarem repetição de outra já respondida.

§ 1º O juiz poderá inquirir a testemunha tanto antes quanto depois da inquirição feita pelas partes.

§ 2º As testemunhas devem ser tratadas com urbanidade, não se lhes fazendo perguntas ou considerações impertinentes, capciosas ou vexatórias.

§ 3º As perguntas que o juiz indeferir serão transcritas no termo, se a parte o requerer.

Art. 460. O depoimento poderá ser documentado por meio de gravação.

§ 1º Quando digitado ou registrado por taquigrafia, estenotipia ou outro método idôneo de documentação, o depoimento será assinado pelo juiz, pelo depoente e pelos procuradores.

§ 2º Se houver recurso em processo em autos não eletrônicos, o depoimento somente será digitado quando for impossível o envio de sua documentação eletrônica.

§ 3º Tratando-se de autos eletrônicos, observar-se-á o disposto neste Código e na legislação específica sobre a prática eletrônica de atos processuais.

Art. 461. O juiz pode ordenar, de ofício ou a requerimento da parte:
I. a inquirição de testemunhas referidas nas declarações da parte ou das testemunhas;
II. a acareação de 2 (duas) ou mais testemunhas ou de alguma delas com a parte, quando, sobre fato determinado que possa influir na decisão da causa, divergirem as suas declarações.

§ 1º Os acareados serão reperguntados para que expliquem os pontos de divergência, reduzindo-se a termo o ato de acareação.

§ 2º A acareação pode ser realizada por videoconferência ou por outro recurso tecnológico de transmissão de sons e imagens em tempo real.

Art. 462. A testemunha pode requerer ao juiz o pagamento da despesa que efetuou para comparecimento à audiência, devendo a parte pagá-la logo que arbitrada ou depositá-la em cartório dentro de 3 (três) dias.

Art. 463. O depoimento prestado em juízo é considerado serviço público.

Parágrafo único. A testemunha, quando sujeita ao regime da legislação trabalhista, não sofre, por comparecer à audiência, perda de salário nem desconto no tempo de serviço.

SEÇÃO X
Da Prova Pericial

Art. 464. A prova pericial consiste em exame, vistoria ou avaliação.

§ 1º O juiz indeferirá a perícia quando:
I. a prova do fato não depender de conhecimento especial de técnico;
II. for desnecessária em vista de outras provas produzidas;
III. a verificação for impraticável.

§ 2º De ofício ou a requerimento das partes, o juiz poderá, em substituição à perícia, determinar a produção de prova técnica simplificada, quando o ponto controvertido for de menor complexidade.

§ 3º A prova técnica simplificada consistirá apenas na inquirição de especialista, pelo juiz, sobre ponto controvertido da causa que demande especial conhecimento científico ou técnico.

§ 4º Durante a arguição, o especialista, que deverá ter formação acadêmica específica na área objeto de seu depoimento, poderá valer-se de qualquer recurso tecnológico de transmissão de sons e imagens com o fim de esclarecer os pontos controvertidos da causa.

Art. 465. O juiz nomeará perito especializado no objeto da perícia e fixará de imediato o prazo para a entrega do laudo.

§ 1º Incumbe às partes, dentro de 15 (quinze) dias contados da intimação do despacho de nomeação do perito:
I. arguir o impedimento ou a suspeição do perito, se for o caso;
II. indicar assistente técnico;
III. apresentar quesitos.

§ 2º Ciente da nomeação, o perito apresentará em 5 (cinco) dias:
I. proposta de honorários;
II. currículo, com comprovação de especialização;
III. contatos profissionais, em especial o endereço eletrônico, para onde serão dirigidas as intimações pessoais.

§ 3º As partes serão intimadas da proposta de honorários para, querendo, manifestar-se no prazo comum de 5 (cinco) dias, após o que o juiz arbitrará o valor, intimando-se as partes para os fins do art. 95.

§ 4º O juiz poderá autorizar o pagamento de até cinquenta por cento dos honorários arbitrados a favor do perito no início dos trabalhos, devendo o remanescente ser pago apenas ao final, depois de entregue o laudo e prestados todos os esclarecimentos necessários.

§ 5º Quando a perícia for inconclusiva ou deficiente, o juiz poderá reduzir a remuneração inicialmente arbitrada para o trabalho.

§ 6º Quando tiver de realizar-se por carta, poder-se-á proceder à nomeação de perito e à indicação de assistentes técnicos no juízo ao qual se requisitar a perícia.

Art. 466. O perito cumprirá escrupulosamente o encargo que lhe foi cometido, independentemente de termo de compromisso.

§ 1º Os assistentes técnicos são de confiança da parte e não estão sujeitos a impedimento ou suspeição.

§ 2º O perito deve assegurar aos assistentes das partes o acesso e o acompanhamento das diligências e dos exames que realizar, com prévia comunicação, comprovada nos autos, com antecedência mínima de 5 (cinco) dias.

Art. 467. O perito pode escusar-se ou ser recusado por impedimento ou suspeição.

Parágrafo único. O juiz, ao aceitar a escusa ou ao julgar procedente a impugnação, nomeará novo perito.

Art. 468. O perito pode ser substituído quando:
I. faltar-lhe conhecimento técnico ou científico;
II. sem motivo legítimo, deixar de cumprir o encargo no prazo que lhe foi assinado.

§ 1º No caso previsto no inciso II, o juiz comunicará a ocorrência à corporação profissional respectiva, podendo, ainda, impor multa ao perito, fixada tendo em vista o valor da causa e o possível prejuízo decorrente do atraso no processo.

§ 2º O perito substituído restituirá, no prazo de 15 (quinze) dias, os valores recebidos pelo trabalho não realizado, sob pena de ficar impedido de atuar como perito judicial pelo prazo de 5 (cinco) anos.

§ 3º Não ocorrendo a restituição voluntária de que trata o § 2º, a parte que tiver realizado o adiantamento dos honorários poderá promover execução contra o perito, na forma dos arts. 513 e seguintes deste Código, com fundamento na decisão que determinar a devolução do numerário.

Art. 469. As partes poderão apresentar quesitos suplementares durante a diligência, que poderão ser respondidos pelo perito previamente ou na audiência de instrução e julgamento.

Parágrafo único. O escrivão dará à parte contrária ciência da juntada dos quesitos aos autos.

Art. 470. Incumbe ao juiz:
I. indeferir quesitos impertinentes;
II. formular os quesitos que entender necessários ao esclarecimento da causa.

Art. 471. As partes podem, de comum acordo, escolher o perito, indicando-o mediante requerimento, desde que:
I. sejam plenamente capazes;
II. a causa possa ser resolvida por autocomposição.

§ 1º As partes, ao escolher o perito, já devem indicar os respectivos assistentes técnicos para acompanhar a realização da perícia, que se realizará em data e local previamente anunciados.

§ 2º O perito e os assistentes técnicos devem entregar, respectivamente, laudo e pareceres em prazo fixado pelo juiz.

§ 3º A perícia consensual substitui, para todos os efeitos, a que seria realizada por perito nomeado pelo juiz.

Art. 472. O juiz poderá dispensar prova pericial quando as partes, na inicial e na contestação, apresentarem, sobre as questões de fato, pareceres técnicos ou documentos elucidativos que considerar suficientes.

Art. 473. O laudo pericial deverá conter:
I. a exposição do objeto da perícia;
II. a análise técnica ou científica realizada pelo perito;
III. a indicação do método utilizado, esclarecendo-o e demonstrando ser predominantemente aceito pelos especialistas da área do conhecimento da qual se originou;
IV. resposta conclusiva a todos os quesitos apresentados pelo juiz, pelas partes e pelo órgão do Ministério Público.

§ 1º No laudo, o perito deve apresentar sua fundamentação em linguagem simples e com coerência lógica, indicando como alcançou suas conclusões.

§ 2º É vedado ao perito ultrapassar os limites de sua designação, bem como emitir opiniões pessoais que excedam o exame técnico ou científico do objeto da perícia.

§ 3º Para o desempenho de sua função, o perito e os assistentes técnicos podem valer-se de todos os meios necessários, ouvindo testemunhas, obtendo informações, solicitando documentos que estejam em poder da parte, de terceiros ou em repartições públicas, bem como instruir o laudo com planilhas, mapas, plantas, desenhos, fotografias ou outros elementos necessários ao esclarecimento do objeto da perícia.

Art. 474. As partes terão ciência da data e do local designados pelo juiz ou indicados pelo perito para ter início a produção da prova.

Art. 475. Tratando-se de perícia complexa que abranja mais de uma área de conhecimento especializado, o juiz poderá nomear mais de um perito, e a parte, indicar mais de um assistente técnico.

Art. 476. Se o perito, por motivo justificado, não puder apresentar o laudo dentro do prazo, o juiz poderá conceder-lhe, por uma vez, prorrogação pela metade do prazo originalmente fixado.

Art. 477. O perito protocolará o laudo em juízo, no prazo fixado pelo juiz, pelo menos 20 (vinte) dias antes da audiência de instrução e julgamento.

§ 1º As partes serão intimadas para, querendo, manifestar-se sobre o laudo do perito do juízo no prazo comum de 15 (quinze) dias, podendo o assistente técnico de cada uma das partes, em igual prazo, apresentar seu respectivo parecer.

§ 2º O perito do juízo tem o dever de, no prazo de 15 (quinze) dias, esclarecer ponto:
I. sobre o qual exista divergência ou dúvida de qualquer das partes, do juiz ou do órgão do Ministério Público;
II. divergente apresentado no parecer do assistente técnico da parte.

§ 3º Se ainda houver necessidade de esclarecimentos, a parte requererá ao juiz que mande intimar o perito ou o assistente técnico a comparecer à audiência de instrução e julgamento, formulando, desde logo, as perguntas, sob forma de quesitos.

§ 4º O perito ou o assistente técnico será intimado por meio eletrônico, com pelo menos 10 (dez) dias de antecedência da audiência.

Art. 478. Quando o exame tiver por objeto a autenticidade ou a falsidade de documento ou for de natureza médico-legal, o perito será escolhido, de preferência, entre os técnicos dos estabelecimentos oficiais especializados, a cujos diretores o juiz autorizará a remessa dos autos, bem como do material sujeito a exame.

§ 1º Nas hipóteses de gratuidade de justiça, os órgãos e as repartições oficiais deverão cumprir a determinação judicial com preferência, no prazo estabelecido.

§ 2º A prorrogação do prazo referido no § 1º pode ser requerida motivadamente.

§ 3º Quando o exame tiver por objeto a autenticidade da letra e da firma, o perito poderá requisitar, para efeito de comparação, documentos existentes em repartições públicas e, na falta destes, poderá requerer ao juiz que a pessoa a quem se atribuir a autoria do documento lance em folha de papel, por cópia ou sob ditado, dizeres diferentes, para fins de comparação.

Art. 479. O juiz apreciará a prova pericial de acordo com o disposto no art. 371, indicando na sentença os motivos que o levaram a considerar ou a deixar de considerar as conclusões do laudo, levando em conta o método utilizado pelo perito.

Art. 480. O juiz determinará, de ofício ou a requerimento da parte, a realização de nova perícia quando a matéria não estiver suficientemente esclarecida.

§ 1º A segunda perícia tem por objeto os mesmos fatos sobre os quais recaiu a primeira e destina-se a corrigir eventual omissão ou inexatidão dos resultados a que esta conduziu.

§ 2º A segunda perícia rege-se pelas disposições estabelecidas para a primeira.

§ 3º A segunda perícia não substitui a primeira, cabendo ao juiz apreciar o valor de uma e de outra.

SEÇÃO XI
Da Inspeção Judicial

Art. 481. O juiz, de ofício ou a requerimento da parte, pode, em qualquer fase do processo, inspecionar pessoas ou coisas, a fim de se esclarecer sobre fato que interesse à decisão da causa.

Art. 482. Ao realizar a inspeção, o juiz poderá ser assistido por um ou mais peritos.

Art. 483. O juiz irá ao local onde se encontre a pessoa ou a coisa quando:
I. julgar necessário para a melhor verificação ou interpretação dos fatos que deva observar;
II. a coisa não puder ser apresentada em juízo sem consideráveis despesas ou graves dificuldades;
III. determinar a reconstituição dos fatos.

Parágrafo único. As partes têm sempre direito a assistir à inspeção, prestando esclarecimentos e fazendo observações que considerem de interesse para a causa.

Art. 484. Concluída a diligência, o juiz mandará lavrar auto circunstanciado, mencionando nele tudo quanto for útil ao julgamento da causa.

Parágrafo único. O auto poderá ser instruído com desenho, gráfico ou fotografia.

CAPÍTULO XIII
Da Sentença e da Coisa Julgada

SEÇÃO I
Disposições Gerais

Art. 485. O juiz não resolverá o mérito quando:
I. indeferir a petição inicial;
II. o processo ficar parado durante mais de 1 (um) ano por negligência das partes;
III. por não promover os atos e as diligências que lhe incumbir, o autor abandonar a causa por mais de 30 (trinta) dias;
IV. verificar a ausência de pressupostos de constituição e de desenvolvimento válido e regular do processo;
V. reconhecer a existência de perempção, de litispendência ou de coisa julgada;
VI. verificar ausência de legitimidade ou de interesse processual;
VII. acolher a alegação de existência de convenção de arbitragem ou quando o juízo arbitral reconhecer sua competência;
VIII. homologar a desistência da ação;
IX. em caso de morte da parte, a ação for considerada intransmissível por disposição legal; e
X. nos demais casos prescritos neste Código.

§ 1º Nas hipóteses descritas nos incisos II e III, a parte será intimada pessoalmente para suprir a falta no prazo de 5 (cinco) dias.

§ 2º No caso do § 1º, quanto ao inciso II, as partes pagarão proporcionalmente as custas, e, quanto ao inciso III, o autor será condenado ao pagamento das despesas e dos honorários de advogado.

§ 3º O juiz conhecerá de ofício da matéria constante dos incisos IV, V, VI e IX, em qualquer tempo e grau de jurisdição, enquanto não ocorrer o trânsito em julgado.

§ 4º Oferecida a contestação, o autor não poderá, sem o consentimento do réu, desistir da ação.

§ 5º A desistência da ação pode ser apresentada até a sentença.

§ 6º Oferecida a contestação, a extinção do processo por abandono da causa pelo autor depende de requerimento do réu.

§ 7º Interposta a apelação em qualquer dos casos de que tratam os incisos deste artigo, o juiz terá 5 (cinco) dias para retratar-se.

Art. 486. O pronunciamento judicial que não resolve o mérito não obsta a que a parte proponha de novo a ação.

§ 1º No caso de extinção em razão de litispendência e nos casos dos incisos I, IV, VI e VII do art. 485, a propositura da nova ação depende da correção do vício que levou à sentença sem resolução do mérito.

§ 2º A petição inicial, todavia, não será despachada sem a prova do pagamento ou do depósito das custas e dos honorários de advogado.

§ 3º Se o autor der causa, por 3 (três) vezes, a sentença fundada em abandono da causa, não poderá propor nova ação contra o réu com o mesmo objeto, ficando-lhe ressalvada, entretanto, a possibilidade de alegar em defesa o seu direito.

Art. 487. Haverá resolução de mérito quando o juiz:
I. acolher ou rejeitar o pedido formulado na ação ou na reconvenção;
II. decidir, de ofício ou a requerimento, sobre a ocorrência de decadência ou prescrição;
III. homologar:
a) o reconhecimento da procedência do pedido formulado na ação ou na reconvenção;
b) a transação;
c) a renúncia à pretensão formulada na ação ou na reconvenção.

Parágrafo único. Ressalvada a hipótese do § 1º do art. 332, a prescrição e a decadência não serão reconhecidas sem que antes seja dada às partes oportunidade de manifestar-se.

Art. 488. Desde que possível, o juiz resolverá o mérito sempre que a decisão for favorável à parte a quem aproveitaria eventual pronunciamento nos termos do art. 485.

SEÇÃO II
Dos Elementos e dos Efeitos da Sentença

Art. 489. São elementos essenciais da sentença:
I. o relatório, que conterá os nomes das partes, a identificação do caso, com a suma do pedido e da contestação, e o registro das principais ocorrências havidas no andamento do processo;
II. os fundamentos, em que o juiz analisará as questões de fato e de direito;
III. o dispositivo, em que o juiz resolverá as questões principais que as partes lhe submeterem.

§ 1º Não se considera fundamentada qualquer decisão judicial, seja ela interlocutória, sentença ou acórdão, que:
I. se limitar à indicação, à reprodução ou à paráfrase de ato normativo, sem explicar sua relação com a causa ou a questão decidida;
II. empregar conceitos jurídicos indeterminados, sem explicar o motivo concreto de sua incidência no caso;
III. invocar motivos que se prestariam a justificar qualquer outra decisão;
IV. não enfrentar todos os argumentos deduzidos no processo capazes de, em tese, infirmar a conclusão adotada pelo julgador;
V. se limitar a invocar precedente ou enunciado de súmula, sem identificar seus fundamentos determinantes nem demonstrar que o caso sob julgamento se ajusta àqueles fundamentos;
VI. deixar de seguir enunciado de súmula, jurisprudência ou precedente invocado pela parte, sem demonstrar a existência de distinção no caso em julgamento ou a superação do entendimento.

§ 2º No caso de colisão entre normas, o juiz deve justificar o objeto e os critérios gerais da ponderação efetuada, enunciando as razões que autorizam a interferência na norma afastada e as premissas fáticas que fundamentam a conclusão.

§ 3º A decisão judicial deve ser interpretada a partir da conjugação de todos os seus elementos e em conformidade com o princípio da boa-fé.

Art. 490. O juiz resolverá o mérito acolhendo ou rejeitando, no todo ou em parte, os pedidos formulados pelas partes.

Art. 491. Na ação relativa à obrigação de pagar quantia, ainda que formulado pedido genérico, a decisão definirá desde logo a extensão da obrigação, o índice de correção monetária, a taxa de juros, o termo inicial de ambos e a periodicidade da capitalização dos juros, se for o caso, salvo quando:

I. não for possível determinar, de modo definitivo, o montante devido;

II. a apuração do valor devido depender da produção de prova de realização demorada ou excessivamente dispendiosa, assim reconhecida na sentença.

§ 1º Nos casos previstos neste artigo, seguir-se-á a apuração do valor devido por liquidação.

§ 2º O disposto no caput também se aplica quando o acórdão alterar a sentença.

Art. 492. É vedado ao juiz proferir decisão de natureza diversa da pedida, bem como condenar a parte em quantidade superior ou em objeto diverso do que lhe foi demandado.

Parágrafo único. A decisão deve ser certa, ainda que resolva relação jurídica condicional.

Art. 493. Se, depois da propositura da ação, algum fato constitutivo, modificativo ou extintivo do direito influir no julgamento do mérito, caberá ao juiz tomá-lo em consideração, de ofício ou a requerimento da parte, no momento de proferir a decisão.

Parágrafo único. Se constatar de ofício o fato novo, o juiz ouvirá as partes sobre ele antes de decidir.

Art. 494. Publicada a sentença, o juiz só poderá alterá-la:

I. para corrigir-lhe, de ofício ou a requerimento da parte, inexatidões materiais ou erros de cálculo;

II. por meio de embargos de declaração.

Art. 495. A decisão que condenar o réu ao pagamento de prestação consistente em dinheiro e a que determinar a conversão de prestação de fazer, de não fazer ou de dar coisa em prestação pecuniária valerão como título constitutivo de hipoteca judiciária.

§ 1º A decisão produz a hipoteca judiciária:

I. embora a condenação seja genérica;

II. ainda que o credor possa promover o cumprimento provisório da sentença ou esteja pendente arresto sobre bem do devedor;

III. mesmo que impugnada por recurso dotado de efeito suspensivo.

§ 2º A hipoteca judiciária poderá ser realizada mediante apresentação de cópia da sentença perante o cartório de registro imobiliário, independentemente de ordem judicial, de declaração expressa do juiz ou de demonstração de urgência.

§ 3º No prazo de até 15 (quinze) dias da data de realização da hipoteca, a parte informá-la-á ao juízo da causa, que determinará a intimação da outra parte para que tome ciência do ato.

§ 4º A hipoteca judiciária, uma vez constituída, implicará, para o credor hipotecário, o direito de preferência, quanto ao pagamento, em relação a outros credores, observada a prioridade no registro.

§ 5º Sobrevindo a reforma ou a invalidação da decisão que impôs o pagamento de quantia, a parte responderá, independentemente de culpa, pelos danos que a outra parte tiver sofrido em razão da constituição da garantia, devendo o valor da indenização ser liquidado e executado nos próprios autos.

SEÇÃO III
Da Remessa Necessária

Art. 496. Está sujeita ao duplo grau de jurisdição, não produzindo efeito senão depois de confirmada pelo tribunal, a sentença:

I. proferida contra a União, os Estados, o Distrito Federal, os Municípios e suas respectivas autarquias e fundações de direito público;

II. que julgar procedentes, no todo ou em parte, os embargos à execução fiscal.

§ 1º Nos casos previstos neste artigo, não interposta a apelação no prazo legal, o juiz ordenará a remessa dos autos ao tribunal, e, se não o fizer, o presidente do respectivo tribunal avocá-los-á.

§ 2º Em qualquer dos casos referidos no § 1º, o tribunal julgará a remessa necessária.

§ 3º Não se aplica o disposto neste artigo quando a condenação ou o proveito econômico obtido na causa for de valor certo e líquido inferior a:

I. 1.000 (mil) salários-mínimos para a União e as respectivas autarquias e fundações de direito público;

II. 500 (quinhentos) salários-mínimos para os Estados, o Distrito Federal, as respectivas autarquias e fundações de direito público e os Municípios que constituam capitais dos Estados;

III. 100 (cem) salários-mínimos para todos os demais Municípios e respectivas autarquias e fundações de direito público.

§ 4º Também não se aplica o disposto neste artigo quando a sentença estiver fundada em:

I. súmula de tribunal superior;

II. acórdão proferido pelo Supremo Tribunal Federal ou pelo Superior Tribunal de Justiça em julgamento de recursos repetitivos;

III. entendimento firmado em incidente de resolução de demandas repetitivas ou de assunção de competência;

IV. entendimento coincidente com orientação vinculante firmada no âmbito administrativo do próprio ente público, consolidada em manifestação, parecer ou súmula administrativa.

SEÇÃO IV
Do Julgamento das Ações Relativas às Prestações de Fazer, de Não Fazer e de Entregar Coisa

Art. 497. Na ação que tenha por objeto a prestação de fazer ou de não fazer, o juiz, se procedente o pedido, concederá a tutela específica ou determinará providências que assegurem a obtenção de tutela pelo resultado prático equivalente.

Parágrafo único. Para a concessão da tutela específica destinada a inibir a prática, a reiteração ou a continuação de um ilícito, ou a sua remoção, é irrelevante a demonstração da ocorrência de dano ou da existência de culpa ou dolo.

Art. 498. Na ação que tenha por objeto a entrega de coisa, o juiz, ao conceder a tutela específica, fixará o prazo para o cumprimento da obrigação.

Parágrafo único. Tratando-se de entrega de coisa determinada pelo gênero e pela quantidade, o autor individualizá-la-á na petição inicial, se lhe couber a escolha, ou, se a escolha couber ao réu, este entregará individualizada, no prazo fixado pelo juiz.

Art. 499. A obrigação somente será convertida em perdas e danos se o autor o requerer ou se impossível a tutela específica ou a obtenção de tutela pelo resultado prático equivalente.

Art. 500. A indenização por perdas e danos dar-se-á sem prejuízo da multa fixada periodicamente para compelir o réu ao cumprimento específico da obrigação.

Art. 501. Na ação que tenha por objeto a emissão de declaração de vontade, a sentença que julgar procedente o pedido, uma vez transitada em julgado, produzirá todos os efeitos da declaração não emitida.

SEÇÃO V
Da Coisa Julgada

Art. 502. Denomina-se coisa julgada material a autoridade que torna imutável e indiscutível a decisão de mérito não mais sujeita a recurso.

Art. 503. A decisão que julgar total ou parcialmente o mérito tem força de lei nos limites da questão principal expressamente decidida.

§ 1º O disposto no caput aplica-se à resolução de questão prejudicial, decidida expressa e incidentemente no processo, se:

I. dessa resolução depender o julgamento do mérito;

II. a seu respeito tiver havido contraditório prévio e efetivo, não se aplicando no caso de revelia;

III. o juízo tiver competência em razão da matéria e da pessoa para resolvê-la como questão principal.

§ 2º A hipótese do § 1º não se aplica se no processo houver restrições probatórias ou limitações à cognição que impeçam o aprofundamento da análise da questão prejudicial.

Art. 504. Não fazem coisa julgada:

I. os motivos, ainda que importantes para determinar o alcance da parte dispositiva da sentença;

II. a verdade dos fatos, estabelecida como fundamento da sentença.

Art. 505. Nenhum juiz decidirá novamente as questões já decididas relativas à mesma lide, salvo:

I. se, tratando-se de relação jurídica de trato continuado, sobreveio modificação no estado de fato ou de direito, caso em que poderá a parte pedir a revisão do que foi estatuído na sentença;

II. nos demais casos prescritos em lei.

Art. 506. A sentença faz coisa julgada às partes entre as quais é dada, não prejudicando terceiros.

Art. 507. É vedado à parte discutir no curso do processo as questões já decididas a cujo respeito se operou a preclusão.

Art. 508. Transitada em julgado a decisão de mérito, considerar-se-ão deduzidas e repelidas todas as alegações e as defesas que a parte poderia opor tanto ao acolhimento quanto à rejeição do pedido.

CAPÍTULO XIV
Da Liquidação de Sentença

Art. 509. Quando a sentença condenar ao pagamento de quantia ilíquida, proceder-se-á à sua liquidação, a requerimento do credor ou do devedor:

I. por arbitramento, quando determinado pela sentença, convencionado pelas partes ou exigido pela natureza do objeto da liquidação;
II. pelo procedimento comum, quando houver necessidade de alegar e provar fato novo.
§ 1º Quando na sentença houver uma parte líquida e outra ilíquida, ao credor é lícito promover simultaneamente a execução daquela e, em autos apartados, a liquidação desta.
§ 2º Quando a apuração do valor depender apenas de cálculo aritmético, o credor poderá promover, desde logo, o cumprimento da sentença.
§ 3º O Conselho Nacional de Justiça desenvolverá e colocará à disposição dos interessados programa de atualização financeira.
§ 4º Na liquidação é vedado discutir de novo a lide ou modificar a sentença que a julgou.

Art. 510. Na liquidação por arbitramento, o juiz intimará as partes para a apresentação de pareceres ou documentos elucidativos, no prazo que fixar, e, caso não possa decidir de plano, nomeará perito, observando-se, no que couber, o procedimento da prova pericial.

Art. 511. Na liquidação pelo procedimento comum, o juiz determinará a intimação do requerido, na pessoa de seu advogado ou da sociedade de advogados a que estiver vinculado, para, querendo, apresentar contestação no prazo de 15 (quinze) dias, observando-se, a seguir, no que couber, o disposto no Livro I da Parte Especial deste Código.

Art. 512. A liquidação poderá ser realizada na pendência de recurso, processando-se em autos apartados no juízo de origem, cumprindo ao liquidante instruir o pedido com cópias das peças processuais pertinentes.

TÍTULO II
Do Cumprimento da Sentença

CAPÍTULO I
Disposições Gerais

Art. 513. O cumprimento da sentença será feito segundo as regras deste Título, observando-se, no que couber e conforme a natureza da obrigação, o disposto no Livro II da Parte Especial deste Código.

§ 1º O cumprimento da sentença que reconhece o dever de pagar quantia, provisório ou definitivo, far-se-á a requerimento do exequente.
§ 2º O devedor será intimado para cumprir a sentença:
I. pelo Diário da Justiça, na pessoa de seu advogado constituído nos autos;
II. por carta com aviso de recebimento, quando representado pela Defensoria Pública ou quando não tiver procurador constituído nos autos, ressalvada a hipótese do inciso IV;
III. por meio eletrônico, quando, no caso do § 1º do art. 246, não tiver procurador constituído nos autos
IV. por edital, quando, citado na forma do art. 256, tiver sido revel na fase de conhecimento.
§ 3º Na hipótese do § 2º, incisos II e III, considera-se realizada a intimação quando o devedor houver mudado de endereço sem prévia comunicação ao juízo, observado o disposto no parágrafo único do art. 274.
§ 4º Se o requerimento a que alude o § 1º for formulado após 1 (um) ano do trânsito em julgado da sentença, a intimação será feita na pessoa do devedor, por meio de carta com aviso de recebimento encaminhada ao endereço constante dos autos, observado o disposto no parágrafo único do art. 274 e no § 3º deste artigo.
§ 5º O cumprimento da sentença não poderá ser promovido em face do fiador, do coobrigado ou do corresponsável que não tiver participado da fase de conhecimento.

Art. 514. Quando o juiz decidir relação jurídica sujeita a condição ou termo, o cumprimento da sentença dependerá de demonstração de que se realizou a condição ou de que ocorreu o termo.

Art. 515. São títulos executivos judiciais, cujo cumprimento dar-se-á de acordo com os artigos previstos neste Título:
I. as decisões proferidas no processo civil que reconheçam a exigibilidade de obrigação de pagar quantia, de fazer, de não fazer ou de entregar coisa;
II. a decisão homologatória de autocomposição judicial;
III. a decisão homologatória de autocomposição extrajudicial de qualquer natureza;
IV. o formal e a certidão de partilha, exclusivamente em relação ao inventariante, aos herdeiros e aos sucessores a título singular ou universal;
V. o crédito de auxiliar da justiça, quando as custas, emolumentos ou honorários tiverem sido aprovados por decisão judicial;

VI. a sentença penal condenatória transitada em julgado;
VII. a sentença arbitral;
VIII. a sentença estrangeira homologada pelo Superior Tribunal de Justiça;
IX. a decisão interlocutória estrangeira, após a concessão do exequatur à carta rogatória pelo Superior Tribunal de Justiça;
X. (VETADO).
§ 1º Nos casos dos incisos VI a IX, o devedor será citado no juízo cível para o cumprimento da sentença ou para a liquidação no prazo de 15 (quinze) dias.
§ 2º A autocomposição judicial pode envolver sujeito estranho ao processo e versar sobre relação jurídica que não tenha sido deduzida em juízo.
Art. 516. O cumprimento da sentença efetuar-se-á perante:
I. os tribunais, nas causas de sua competência originária;
II. o juízo que decidiu a causa no primeiro grau de jurisdição;
III. o juízo cível competente, quando se tratar de sentença penal condenatória, de sentença arbitral, de sentença estrangeira ou de acórdão proferido pelo Tribunal Marítimo.
Parágrafo único. Nas hipóteses dos incisos II e III, o exequente poderá optar pelo juízo do atual domicílio do executado, pelo juízo do local onde se encontrem os bens sujeitos à execução ou pelo juízo do local onde deva ser executada a obrigação de fazer ou de não fazer, casos em que a remessa dos autos do processo será solicitada ao juízo de origem.
Art. 517. A decisão judicial transitada em julgado poderá ser levada a protesto, nos termos da lei, depois de transcorrido o prazo para pagamento voluntário previsto no art. 523.
§ 1º Para efetivar o protesto, incumbe ao exequente apresentar certidão de teor da decisão.
§ 2º A certidão de teor da decisão deverá ser fornecida no prazo de 3 (três) dias e indicará o nome e a qualificação do exequente e do executado, o número do processo, o valor da dívida e a data de decurso do prazo para pagamento voluntário.
§ 3º O executado que tiver proposto ação rescisória para impugnar a decisão exequenda pode requerer, a suas expensas e sob sua responsabilidade, a anotação da propositura da ação à margem do título protestado.
§ 4º A requerimento do executado, o protesto será cancelado por determinação do juiz, mediante ofício a ser expedido ao cartório, no prazo de 3 (três) dias, contado da data de protocolo do requerimento, desde que comprovada a satisfação integral da obrigação.
Art. 518. Todas as questões relativas à validade do procedimento de cumprimento da sentença e dos atos executivos subsequentes poderão ser arguidas pelo executado nos próprios autos e nestes serão decididas pelo juiz.
Art. 519. Aplicam-se as disposições relativas ao cumprimento da sentença, provisório ou definitivo, e à liquidação, no que couber, às decisões que concederem tutela provisória.

CAPÍTULO II

Do Cumprimento Provisório da Sentença que Reconhece a Exigibilidade de Obrigação de Pagar Quantia Certa

Art. 520. O cumprimento provisório da sentença impugnada por recurso desprovido de efeito suspensivo será realizado da mesma forma que o cumprimento definitivo, sujeitando-se ao seguinte regime:
I. corre por iniciativa e responsabilidade do exequente, que se obriga, se a sentença for reformada, a reparar os danos que o executado haja sofrido;
II. fica sem efeito, sobrevindo decisão que modifique ou anule a sentença objeto da execução, restituindo-se as partes ao estado anterior e liquidando-se eventuais prejuízos nos mesmos autos;
III. se a sentença objeto de cumprimento provisório for modificada ou anulada apenas em parte, somente nesta ficará sem efeito a execução;
IV. o levantamento de depósito em dinheiro e a prática de atos que importem transferência de posse ou alienação de propriedade ou de outro direito real, ou dos quais possa resultar grave dano ao executado, dependem de caução suficiente e idônea, arbitrada de plano pelo juiz e prestada nos próprios autos.
§ 1º No cumprimento provisório da sentença, o executado poderá apresentar impugnação, se quiser, nos termos do art. 525.
§ 2º A multa e os honorários a que se refere o § 1º do art. 523 são devidos no cumprimento provisório de sentença condenatória ao pagamento de quantia certa.
§ 3º Se o executado comparecer tempestivamente e depositar o valor, com a finalidade de isentar-se da multa, o ato não será havido como incompatível com o recurso por ele interposto.

§ 4º A restituição ao estado anterior a que se refere o inciso II não implica o desfazimento da transferência de posse ou da alienação de propriedade ou de outro direito real eventualmente já realizada, ressalvado, sempre, o direito à reparação dos prejuízos causados ao executado.

§ 5º Ao cumprimento provisório de sentença que reconheça obrigação de fazer, de não fazer ou de dar coisa aplica-se, no que couber, o disposto neste Capítulo.

Art. 521. A caução prevista no inciso IV do art. 520 poderá ser dispensada nos casos em que:

I. o crédito for de natureza alimentar, independentemente de sua origem;

II. o credor demonstrar situação de necessidade;

III. pender o agravo do art. 1.042;

IV. a sentença a ser provisoriamente cumprida estiver em consonância com súmula da jurisprudência do Supremo Tribunal Federal ou do Superior Tribunal de Justiça ou em conformidade com acórdão proferido no julgamento de casos repetitivos.

Parágrafo único. A exigência de caução será mantida quando da dispensa possa resultar manifesto risco de grave dano de difícil ou incerta reparação.

Art. 522. O cumprimento provisório da sentença será requerido por petição dirigida ao juízo competente.

Parágrafo único. Não sendo eletrônicos os autos, a petição será acompanhada de cópias das seguintes peças do processo, cuja autenticidade poderá ser certificada pelo próprio advogado, sob sua responsabilidade pessoal:

I. decisão exequenda;

II. certidão de interposição do recurso não dotado de efeito suspensivo;

III. procurações outorgadas pelas partes;

IV. decisão de habilitação, se for o caso;

V. facultativamente, outras peças processuais consideradas necessárias para demonstrar a existência do crédito.

CAPÍTULO III

Do Cumprimento Definitivo da Sentença Que Reconhece a Exigibilidade de Obrigação de Pagar Quantia Certa

Art. 523. No caso de condenação em quantia certa, ou já fixada em liquidação, e no caso de decisão sobre parcela incontroversa, o cumprimento definitivo da sentença far-se-á a requerimento do exequente, sendo o executado intimado para pagar o débito, no prazo de 15 (quinze) dias, acrescido de custas, se houver.

§ 1º Não ocorrendo pagamento voluntário no prazo do caput, o débito será acrescido de multa de dez por cento e, também, de honorários de advogado de dez por cento.

§ 2º Efetuado o pagamento parcial no prazo previsto no caput, a multa e os honorários previstos no § 1º incidirão sobre o restante.

§ 3º Não efetuado tempestivamente o pagamento voluntário, será expedido, desde logo, mandado de penhora e avaliação, seguindo-se os atos de expropriação.

Art. 524. O requerimento previsto no art. 523 será instruído com demonstrativo discriminado e atualizado do crédito, devendo a petição conter:

I. o nome completo, o número de inscrição no Cadastro de Pessoas Físicas ou no Cadastro Nacional da Pessoa Jurídica do exequente e do executado, observado o disposto no art. 319, §§ 1º a 3º;

II. o índice de correção monetária adotado;

III. os juros aplicados e as respectivas taxas;

IV. o termo inicial e o termo final dos juros e da correção monetária utilizados;

V. a periodicidade da capitalização dos juros, se for o caso;

VI. especificação dos eventuais descontos obrigatórios realizados;

VII. indicação dos bens passíveis de penhora, sempre que possível.

§ 1º Quando o valor apontado no demonstrativo aparentemente exceder os limites da condenação, a execução será iniciada pelo valor pretendido, mas a penhora terá por base a importância que o juiz entender adequada.

§ 2º Para a verificação dos cálculos, o juiz poderá valer-se de contabilista do juízo, que terá o prazo máximo de 30 (trinta) dias para efetuá-la, exceto se outro lhe for determinado.

§ 3º Quando a elaboração do demonstrativo depender de dados em poder de terceiros ou do executado, o juiz poderá requisitá-los, sob cominação do crime de desobediência.

§ 4º Quando a complementação do demonstrativo depender de dados adicionais em poder do executado, o juiz poderá, a requerimento do exequente, requisitá-los, fixando prazo de até 30 (trinta) dias para o cumprimento da diligência.

§ 5º Se os dados adicionais a que se refere o § 4º não forem apresentados pelo executado, sem justificativa, no prazo designado, reputar-se-ão corretos os cálculos apresentados pelo exequente apenas com base nos dados de que dispõe.

Art. 525. Transcorrido o prazo previsto no art. 523 sem o pagamento voluntário, inicia-se o prazo de 15 (quinze) dias para que o executado, independentemente de penhora ou nova intimação, apresente, nos próprios autos, sua impugnação.

§ 1º Na impugnação, o executado poderá alegar:

I. falta ou nulidade da citação se, na fase de conhecimento, o processo correu à revelia;
II. ilegitimidade de parte;
III. inexequibilidade do título ou inexigibilidade da obrigação;
IV. penhora incorreta ou avaliação errônea;
V. excesso de execução ou cumulação indevida de execuções;
VI. incompetência absoluta ou relativa do juízo da execução;
VII. qualquer causa modificativa ou extintiva da obrigação, como pagamento, novação, compensação, transação ou prescrição, desde que supervenientes à sentença.

§ 2º A alegação de impedimento ou suspeição observará o disposto nos arts. 146 e 148.

§ 3º Aplica-se à impugnação o disposto no art. 229.

§ 4º Quando o executado alegar que o exequente, em excesso de execução, pleiteia quantia superior à resultante da sentença, cumprir-lhe-á declarar de imediato o valor que entende correto, apresentando demonstrativo discriminado e atualizado de seu cálculo.

§ 5º Na hipótese do § 4º, não apontado o valor correto ou não apresentado o demonstrativo, a impugnação será liminarmente rejeitada, se o excesso de execução for o seu único fundamento, ou, se houver outro, a impugnação será processada, mas o juiz não examinará a alegação de excesso de execução.

§ 6º A apresentação de impugnação não impede a prática dos atos executivos, inclusive os de expropriação, podendo o juiz, a requerimento do executado e desde que garantido o juízo com penhora, caução ou depósito suficientes, atribuir-lhe efeito suspensivo, se seus fundamentos forem relevantes e se o prosseguimento da execução for manifestamente suscetível de causar ao executado grave dano de difícil ou incerta reparação.

§ 7º A concessão de efeito suspensivo a que se refere o § 6º não impedirá a efetivação dos atos de substituição, de reforço ou de redução da penhora e de avaliação dos bens

§ 8º Quando o efeito suspensivo atribuído à impugnação disser respeito apenas a parte do objeto da execução, esta prosseguirá quanto à parte restante.

§ 9º A concessão de efeito suspensivo à impugnação deduzida por um dos executados não suspenderá a execução contra os que não impugnaram, quando o respectivo fundamento disser respeito exclusivamente ao impugnante.

§ 10º Ainda que atribuído efeito suspensivo à impugnação, é lícito ao exequente requerer o prosseguimento da execução, oferecendo e prestando, nos próprios autos, caução suficiente e idônea a ser arbitrada pelo juiz.

§ 11º As questões relativas a fato superveniente ao término do prazo para apresentação da impugnação, assim como aquelas relativas à validade e à adequação da penhora, da avaliação e dos atos executivos subsequentes, podem ser arguidas por simples petição, tendo o executado, em qualquer dos casos, o prazo de 15 (quinze) dias para formular esta arguição, contado da comprovada ciência do fato ou da intimação do ato.

§ 12º Para efeito do disposto no inciso III do § 1º deste artigo, considera-se também inexigível a obrigação reconhecida em título executivo judicial fundado em lei ou ato normativo considerado inconstitucional pelo Supremo Tribunal Federal, ou fundado em aplicação ou interpretação da lei ou do ato normativo tido pelo Supremo Tribunal Federal como incompatível com a Constituição Federal, em controle de constitucionalidade concentrado ou difuso.

§ 13º No caso do § 12, os efeitos da decisão do Supremo Tribunal Federal poderão ser modulados no tempo, em atenção à segurança jurídica.

§ 14º A decisão do Supremo Tribunal Federal referida no § 12 deve ser anterior ao trânsito em julgado da decisão exequenda.

§ 15º Se a decisão referida no § 12 for proferida após o trânsito em julgado da decisão exequenda, caberá ação rescisória, cujo prazo será contado do trânsito em julgado da decisão proferida pelo Supremo Tribunal Federal.

Art. 526. É lícito ao réu, antes de ser intimado para o cumprimento da sentença, comparecer em juízo e oferecer em pagamento o valor que entender devido, apresentando memória discriminada do cálculo.

§ 1º O autor será ouvido no prazo de 5 (cinco) dias, podendo impugnar o valor depositado, sem prejuízo do levantamento do depósito a título de parcela incontroversa.

§ 2º Concluindo o juiz pela insuficiência do depósito, sobre a diferença incidirão multa de dez por cento e honorários advocatícios, também fixados em dez por cento, seguindo-se a execução com penhora e atos subsequentes.

§ 3º Se o autor não se opuser, o juiz declarará satisfeita a obrigação e extinguirá o processo.

Art. 527. Aplicam-se as disposições deste Capítulo ao cumprimento provisório da sentença, no que couber.

CAPÍTULO IV
Do Cumprimento de Sentença que Reconheça a Exigibilidade de Obrigação de Prestar Alimentos

Art. 528. No cumprimento de sentença que condene ao pagamento de prestação alimentícia ou de decisão interlocutória que fixe alimentos, o juiz, a requerimento do exequente, mandará intimar o executado pessoalmente para, em 3 (três) dias, pagar o débito, provar que o fez ou justificar a impossibilidade de efetuá-lo.

§ 1º Caso o executado, no prazo referido no caput, não efetue o pagamento, não prove que o efetuou ou não apresente justificativa da impossibilidade de efetuá-lo, o juiz mandará protestar o pronunciamento judicial, aplicando-se, no que couber, o disposto no art. 517.

§ 2º Somente a comprovação de fato que gere a impossibilidade absoluta de pagar justificará o inadimplemento.

§ 3º Se o executado não pagar ou se a justificativa apresentada não for aceita, o juiz, além de mandar protestar o pronunciamento judicial na forma do § 1º, decretar-lhe-á a prisão pelo prazo de 1 (um) a 3 (três) meses.

§ 4º A prisão será cumprida em regime fechado, devendo o preso ficar separado dos presos comuns.

§ 5º O cumprimento da pena não exime o executado do pagamento das prestações vencidas e vincendas.

§ 6º Paga a prestação alimentícia, o juiz suspenderá o cumprimento da ordem de prisão.

§ 7º O débito alimentar que autoriza a prisão civil do alimentante é o que compreende até as 3 (três) prestações anteriores ao ajuizamento da execução e as que se vencerem no curso do processo.

§ 8º O exequente pode optar por promover o cumprimento da sentença ou decisão desde logo, nos termos do disposto neste Livro, Título II, Capítulo III, caso em que não será admissível a prisão do executado, e, recaindo a penhora em dinheiro, a concessão de efeito suspensivo à impugnação não obsta a que o exequente levante mensalmente a importância da prestação.

§ 9º Além das opções previstas no art. 516, parágrafo único, o exequente pode promover o cumprimento da sentença ou decisão que condena ao pagamento de prestação alimentícia no juízo de seu domicílio.

Art. 529. Quando o executado for funcionário público, militar, diretor ou gerente de empresa ou empregado sujeito à legislação do trabalho, o exequente poderá requerer o desconto em folha de pagamento da importância da prestação alimentícia.

§ 1º Ao proferir a decisão, o juiz oficiará à autoridade, à empresa ou ao empregador, determinando, sob pena de crime de desobediência, o desconto a partir da primeira remuneração posterior do executado, a contar do protocolo do ofício.

§ 2º O ofício conterá o nome e o número de inscrição no Cadastro de Pessoas Físicas do exequente e do executado, a importância a ser descontada mensalmente, o tempo de sua duração e a conta na qual deve ser feito o depósito.

§ 3º Sem prejuízo do pagamento dos alimentos vincendos, o débito objeto de execução pode ser descontado dos rendimentos ou rendas do executado, de forma parcelada, nos termos do caput deste artigo, contanto que, somado à parcela devida, não ultrapasse cinquenta por cento de seus ganhos líquidos.

Art. 530. Não cumprida a obrigação, observar-se-á o disposto nos arts. 831 e seguintes.

Art. 531. O disposto neste Capítulo aplica-se aos alimentos definitivos ou provisórios.

§ 1º A execução dos alimentos provisórios, bem como a dos alimentos fixados em sentença ainda não transitada em julgado, se processa em autos apartados.

§ 2º O cumprimento definitivo da obrigação de prestar alimentos será processado nos mesmos autos em que tenha sido proferida a sentença.

Art. 532. Verificada a conduta procrastinatória do executado, o juiz deverá, se for o caso, dar ciência ao Ministério Público dos indícios da prática do crime de abandono material.

Art. 533. Quando a indenização por ato ilícito incluir prestação de alimentos, caberá ao executado, a requerimento do exequente, constituir capital cuja renda assegure o pagamento do valor mensal da pensão.

§ 1º O capital a que se refere o caput, representado por imóveis ou por direitos reais sobre imóveis suscetíveis de alienação, títulos da dívida pública ou aplicações financeiras em banco oficial, será inalienável e impenhorável enquanto durar a obrigação do executado, além de constituir-se em patrimônio de afetação.

§ 2º O juiz poderá substituir a constituição do capital pela inclusão do exequente em folha de pagamento de pessoa jurídica de notória capacidade econômica ou, a requerimento do executado, por fiança bancária ou garantia real, em valor a ser arbitrado de imediato pelo juiz.

§ 3º Se sobrevier modificação nas condições econômicas, poderá a parte requerer, conforme as circunstâncias, redução ou aumento da prestação.

§ 4º A prestação alimentícia poderá ser fixada tomando por base o salário-mínimo.

§ 5º Finda a obrigação de prestar alimentos, o juiz mandará liberar o capital, cessar o desconto em folha ou cancelar as garantias prestadas.

CAPÍTULO V

Do Cumprimento de Sentença Que Reconheça a Exigibilidade de Obrigação de Pagar Quantia Certa Pela Fazenda Pública

Art. 534. No cumprimento de sentença que impuser à Fazenda Pública o dever de pagar quantia certa, o exequente apresentará demonstrativo discriminado e atualizado do crédito contendo:

I. o nome completo e o número de inscrição no Cadastro de Pessoas Físicas ou no Cadastro Nacional da Pessoa Jurídica do exequente;

II. o índice de correção monetária adotado;

III. os juros aplicados e as respectivas taxas;

IV. o termo inicial e o termo final dos juros e da correção monetária utilizados;

V. a periodicidade da capitalização dos juros, se for o caso;

VI. a especificação dos eventuais descontos obrigatórios realizados.

§ 1º Havendo pluralidade de exequentes, cada um deverá apresentar o seu próprio demonstrativo, aplicando-se à hipótese, se for o caso, o disposto nos §§ 1º e 2º do art. 113.

§ 2º A multa prevista no § 1º do art. 523 não se aplica à Fazenda Pública.

Art. 535. A Fazenda Pública será intimada na pessoa de seu representante judicial, por carga, remessa ou meio eletrônico, para, querendo, no prazo de 30 (trinta) dias e nos próprios autos, impugnar a execução, podendo arguir:

I. falta ou nulidade da citação se, na fase de conhecimento, o processo correu à revelia;

II. ilegitimidade de parte;

III. inexequibilidade do título ou inexigibilidade da obrigação;

IV. excesso de execução ou cumulação indevida de execuções;

V. incompetência absoluta ou relativa do juízo da execução;

VI. qualquer causa modificativa ou extintiva da obrigação, como pagamento, novação, compensação, transação ou prescrição, desde que supervenientes ao trânsito em julgado da sentença.

§ 1º A alegação de impedimento ou suspeição observará o disposto nos arts. 146 e 148.

§ 2º Quando se alegar que o exequente, em excesso de execução, pleiteia quantia superior à resultante do título, cumprirá à executada declarar de imediato o valor que entende correto, sob pena de não conhecimento da arguição.

§ 3º Não impugnada a execução ou rejeitadas as arguições da executada:

I. expedir-se-á, por intermédio do presidente do tribunal competente, precatório em favor do exequente, observando-se o disposto na Constituição Federal;

II. por ordem do juiz, dirigida à autoridade na pessoa de quem o ente público foi citado para o processo, o pagamento de obrigação de pequeno valor será realizado no prazo de 2 (dois) meses contado da entrega da requisição, mediante depósito na agência de banco oficial mais próxima da residência do exequente.

§ 4º Tratando-se de impugnação parcial, a parte não questionada pela executada será, desde logo, objeto de cumprimento.

§ 5º Para efeito do disposto no inciso III do caput deste artigo, considera-se também inexigível a obrigação reconhecida em título executivo judicial fundado em lei ou ato normativo considerado inconstitucional pelo Supremo Tribunal Federal, ou fundado em aplicação ou interpretação da lei ou do ato normativo tido pelo Supremo Tribunal Federal como incompatível com a Constituição Federal, em controle de constitucionalidade concentrado ou difuso.

§ 6º No caso do § 5º, os efeitos da decisão do Supremo Tribunal Federal poderão ser modulados no tempo, de modo a favorecer a segurança jurídica.

§ 7º A decisão do Supremo Tribunal Federal referida no § 5º deve ter sido proferida antes do trânsito em julgado da decisão exequenda.

§ 8º Se a decisão referida no § 5º for proferida após o trânsito em julgado da decisão exequenda, caberá ação rescisória, cujo prazo será contado do trânsito em julgado da decisão proferida pelo Supremo Tribunal Federal.

CAPÍTULO VI

Do Cumprimento de Sentença que Reconheça a Exigibilidade de Obrigação de Fazer, de Não Fazer ou de Entregar Coisa

SEÇÃO I

Do Cumprimento de Sentença que Reconheça a Exigibilidade de Obrigação de Fazer ou de Não Fazer

Art. 536. No cumprimento de sentença que reconheça a exigibilidade de obrigação de fazer ou de não fazer, o juiz poderá, de ofício ou a requerimento, para a efetivação da tutela específica ou a obtenção de tutela pelo resultado prático equivalente, determinar as medidas necessárias à satisfação do exequente.

§ 1º Para atender ao disposto no caput, o juiz poderá determinar, entre outras medidas, a imposição de multa, a busca e apreensão, a remoção de pessoas e coisas, o desfazimento de obras e o impedimento de atividade nociva, podendo, caso necessário, requisitar o auxílio de força policial.

§ 2º O mandado de busca e apreensão de pessoas e coisas será cumprido por 2 (dois) oficiais de justiça, observando-se o disposto no art. 846, §§ 1º a 4º, se houver necessidade de arrombamento.

§ 3º O executado incidirá nas penas de litigância de má-fé quando injustificadamente descumprir a ordem judicial, sem prejuízo de sua responsabilização por crime de desobediência.

§ 4º No cumprimento de sentença que reconheça a exigibilidade de obrigação de fazer ou de não fazer, aplica-se o art. 525, no que couber.

§ 5º O disposto neste artigo aplica-se, no que couber, ao cumprimento de sentença que reconheça deveres de fazer e de não fazer de natureza não obrigacional.

Art. 537. A multa independe de requerimento da parte e poderá ser aplicada na fase de conhecimento, em tutela provisória ou na sentença, ou na fase de execução, desde que seja suficiente e compatível com a obrigação e que se determine prazo razoável para cumprimento do preceito.

§ 1º O juiz poderá, de ofício ou a requerimento, modificar o valor ou a periodicidade da multa vincenda ou excluí-la, caso verifique que:

I. se tornou insuficiente ou excessiva;

II. o obrigado demonstrou cumprimento parcial superveniente da obrigação ou justa causa para o descumprimento.

§ 2º O valor da multa será devido ao exequente.

§ 3º A decisão que fixa a multa é passível de cumprimento provisório, devendo ser depositada em juízo, permitido o levantamento do valor após o trânsito em julgado da sentença favorável à parte.

§ 4º A multa será devida desde o dia em que se configurar o descumprimento da decisão e incidirá enquanto não for cumprida a decisão que a tiver cominado.

§ 5º O disposto neste artigo aplica-se, no que couber, ao cumprimento de sentença que reconheça deveres de fazer e de não fazer de natureza não obrigacional.

SEÇÃO II

Do Cumprimento de Sentença que Reconheça a Exigibilidade de Obrigação de Entregar Coisa

Art. 538. Não cumprida a obrigação de entregar coisa no prazo estabelecido na sentença, será expedido mandado de busca e apreensão ou de imissão na posse em favor do credor, conforme se tratar de coisa móvel ou imóvel.

§ 1º A existência de benfeitorias deve ser alegada na fase de conhecimento, em contestação, de forma discriminada e com atribuição, sempre que possível e justificadamente, do respectivo valor.

§ 2º O direito de retenção por benfeitorias deve ser exercido na contestação, na fase de conhecimento.

§ 3º Aplicam-se ao procedimento previsto neste artigo, no que couber, as disposições sobre o cumprimento de obrigação de fazer ou de não fazer.

TÍTULO III
Dos Procedimentos Especiais

CAPÍTULO I
Da Ação de Consignação em Pagamento

Art. 539. Nos casos previstos em lei, poderá o devedor ou terceiro requerer, com efeito de pagamento, a consignação da quantia ou da coisa devida.

§ 1º Tratando-se de obrigação em dinheiro, poderá o valor ser depositado em estabelecimento bancário, oficial onde houver, situado no lugar do pagamento, cientificando-se o credor por carta com aviso de recebimento, assinado o prazo de 10 (dez) dias para a manifestação de recusa.

§ 2º Decorrido o prazo do § 1º, contado do retorno do aviso de recebimento, sem a manifestação de recusa, considerar-se-á o devedor liberado da obrigação, ficando à disposição do credor a quantia depositada.

§ 3º Ocorrendo a recusa, manifestada por escrito ao estabelecimento bancário, poderá ser proposta, dentro de 1 (um) mês, a ação de consignação, instruindo-se a inicial com a prova do depósito e da recusa.

§ 4º Não proposta a ação no prazo do § 3º, ficará sem efeito o depósito, podendo levantá-lo o depositante.

Art. 540. Requerer-se-á a consignação no lugar do pagamento, cessando para o devedor, à data do depósito, os juros e os riscos, salvo se a demanda for julgada improcedente.

Art. 541. Tratando-se de prestações sucessivas, consignada uma delas, pode o devedor continuar a depositar, no mesmo processo e sem mais formalidades, as que se forem vencendo, desde que o faça em até 5 (cinco) dias contados da data do respectivo vencimento.

Art. 542. Na petição inicial, o autor requererá:
I. o depósito da quantia ou da coisa devida, a ser efetivado no prazo de 5 (cinco) dias contados do deferimento, ressalvada a hipótese do art. 539, § 3º;
II. a citação do réu para levantar o depósito ou oferecer contestação.

Parágrafo único. Não realizado o depósito no prazo do inciso I, o processo será extinto sem resolução do mérito.

Art. 543. Se o objeto da prestação for coisa indeterminada e a escolha couber ao credor, será este citado para exercer o direito dentro de 5 (cinco) dias, se outro prazo não constar de lei ou do contrato, ou para aceitar que o devedor a faça, devendo o juiz, ao despachar a petição inicial, fixar lugar, dia e hora em que se fará a entrega, sob pena de depósito.

Art. 544. Na contestação, o réu poderá alegar que:
I. não houve recusa ou mora em receber a quantia ou a coisa devida;
II. foi justa a recusa;
III. o depósito não se efetuou no prazo ou no lugar do pagamento;
IV. o depósito não é integral.

Parágrafo único. No caso do inciso IV, a alegação somente será admissível se o réu indicar o montante que entende devido.

Art. 545. Alegada a insuficiência do depósito, é lícito ao autor completá-lo, em 10 (dez) dias, salvo se corresponder a prestação cujo inadimplemento acarrete a rescisão do contrato.

§ 1º No caso do caput, poderá o réu levantar, desde logo, a quantia ou a coisa depositada, com a consequente liberação parcial do autor, prosseguindo o processo quanto à parcela controvertida.

§ 2º A sentença que concluir pela insuficiência do depósito determinará, sempre que possível, o montante devido e valerá como título executivo, facultado ao credor promover-lhe o cumprimento nos mesmos autos, após liquidação, se necessária.

Art. 546. Julgado procedente o pedido, o juiz declarará extinta a obrigação e condenará o réu ao pagamento de custas e honorários advocatícios.

Parágrafo único. Proceder-se-á do mesmo modo se o credor receber e der quitação.

Art. 547. Se ocorrer dúvida sobre quem deva legitimamente receber o pagamento, o autor requererá o depósito e a citação dos possíveis titulares do crédito para provarem o seu direito.

Art. 548. No caso do art. 547:
I. não comparecendo pretendente algum, converter-se-á o depósito em arrecadação de coisas vagas;
II. comparecendo apenas um, o juiz decidirá de plano;
III. comparecendo mais de um, o juiz declarará efetuado o depósito e extinta a obrigação, continuando o processo a correr unicamente entre os presuntivos credores, observado o procedimento comum.

Art. 549. Aplica-se o procedimento estabelecido neste Capítulo, no que couber, ao resgate do aforamento.

CAPÍTULO II

Da Ação de Exigir Contas

Art. 550. Aquele que afirmar ser titular do direito de exigir contas requererá a citação do réu para que as preste ou ofereça contestação no prazo de 15 (quinze) dias.

§ 1º Na petição inicial, o autor especificará, detalhadamente, as razões pelas quais exige as contas, instruindo-a com documentos comprobatórios dessa necessidade, se existirem.

§ 2º Prestadas as contas, o autor terá 15 (quinze) dias para se manifestar, prosseguindo-se o processo na forma do Capítulo X do Título I deste Livro.

§ 3º A impugnação das contas apresentadas pelo réu deverá ser fundamentada e específica, com referência expressa ao lançamento questionado.

§ 4º Se o réu não contestar o pedido, observar-se-á o disposto no art. 355.

§ 5º A decisão que julgar procedente o pedido condenará o réu a prestar as contas no prazo de 15 (quinze) dias, sob pena de não lhe ser lícito impugnar as que o autor apresentar.

§ 6º Se o réu apresentar as contas no prazo previsto no § 5º, seguir-se-á o procedimento do § 2º, caso contrário, o autor apresentá-las-á no prazo de 15 (quinze) dias, podendo o juiz determinar a realização de exame pericial, se necessário.

Art. 551. As contas do réu serão apresentadas na forma adequada, especificando-se as receitas, a aplicação das despesas e os investimentos, se houver.

§ 1º Havendo impugnação específica e fundamentada pelo autor, o juiz estabelecerá prazo razoável para que o réu apresente os documentos justificativos dos lançamentos individualmente impugnados.

§ 2º As contas do autor, para os fins do art. 550, § 5º, serão apresentadas na forma adequada, já instruídas com os documentos justificativos, especificando-se as receitas, a aplicação das despesas e os investimentos, se houver, bem como o respectivo saldo.

Art. 552. A sentença apurará o saldo e constituirá título executivo judicial.

Art. 553. As contas do inventariante, do tutor, do curador, do depositário e de qualquer outro administrador serão prestadas em apenso aos autos do processo em que tiver sido nomeado.

Parágrafo único. Se qualquer dos referidos no caput for condenado a pagar o saldo e não o fizer no prazo legal, o juiz poderá destituí-lo, sequestrar os bens sob sua guarda, glosar o prêmio ou a gratificação a que teria direito e determinar as medidas executivas necessárias à recomposição do prejuízo.

CAPÍTULO III

Das Ações Possessórias

SEÇÃO I
Disposições Gerais

Art. 554. A propositura de uma ação possessória em vez de outra não obstará a que o juiz conheça do pedido e outorgue a proteção legal correspondente àquela cujos pressupostos estejam provados.

§ 1º No caso de ação possessória em que figure no polo passivo grande número de pessoas, serão feitas a citação pessoal dos ocupantes que forem encontrados no local e a citação por edital dos demais, determinando-se, ainda, a intimação do Ministério Público e, se envolver pessoas em situação de hipossuficiência econômica, da Defensoria Pública.

§ 2º Para fim da citação pessoal prevista no § 1º, o oficial de justiça procurará os ocupantes no local por uma vez, citando-se por edital os que não forem encontrados.

§ 3º O juiz deverá determinar que se dê ampla publicidade da existência da ação prevista no § 1º e dos respectivos prazos processuais, podendo, para tanto, valer-se de anúncios em jornal ou rádio locais, da publicação de cartazes na região do conflito e de outros meios.

Art. 555. É lícito ao autor cumular ao pedido possessório o de:
I. condenação em perdas e danos;
II. indenização dos frutos.
Parágrafo único. Pode o autor requerer, ainda, imposição de medida necessária e adequada para:
I. evitar nova turbação ou esbulho;
II. cumprir-se a tutela provisória ou final.

Art. 556. É lícito ao réu, na contestação, alegando que foi o ofendido em sua posse, demandar a proteção possessória e a indenização pelos prejuízos resultantes da turbação ou do esbulho cometido pelo autor.

Art. 557. Na pendência de ação possessória é vedado, tanto ao autor quanto ao réu, propor ação de reconhecimento do domínio, exceto se a pretensão for deduzida em face de terceira pessoa.
Parágrafo único. Não obsta à manutenção ou à reintegração de posse a alegação de propriedade ou de outro direito sobre a coisa.

Art. 558. Regem o procedimento de manutenção e de reintegração de posse as normas da SEÇÃO II deste Capítulo quando a ação for proposta dentro de ano e dia da turbação ou do esbulho afirmado na petição inicial.
Parágrafo único. Passado o prazo referido no caput, será comum o procedimento, não perdendo, contudo, o caráter possessório.

Art. 559. Se o réu provar, em qualquer tempo, que o autor provisoriamente mantido ou reintegrado na posse carece de idoneidade financeira para, no caso de sucumbência, responder por perdas e danos, o juiz designar-lhe-á o prazo de 5 (cinco) dias para requerer caução, real ou fidejussória, sob pena de ser depositada a coisa litigiosa, ressalvada a impossibilidade da parte economicamente hipossuficiente.

SEÇÃO II
Da Manutenção e da Reintegração de Posse

Art. 560. O possuidor tem direito a ser mantido na posse em caso de turbação e reintegrado em caso de esbulho.

Art. 561. Incumbe ao autor provar:
I. a sua posse;
II. a turbação ou o esbulho praticado pelo réu;
III. a data da turbação ou do esbulho;
IV. a continuação da posse, embora turbada, na ação de manutenção, ou a perda da posse, na ação de reintegração.

Art. 562. Estando a petição inicial devidamente instruída, o juiz deferirá, sem ouvir o réu, a expedição do mandado liminar de manutenção ou de reintegração, caso contrário, determinará que o autor justifique previamente o alegado, citando-se o réu para comparecer à audiência que for designada.
Parágrafo único. Contra as pessoas jurídicas de direito público não será deferida a manutenção ou a reintegração liminar sem prévia audiência dos respectivos representantes judiciais.

Art. 563. Considerada suficiente a justificação, o juiz fará logo expedir mandado de manutenção ou de reintegração.

Art. 564. Concedido ou não o mandado liminar de manutenção ou de reintegração, o autor promoverá, nos 5 (cinco) dias subsequentes, a citação do réu para, querendo, contestar a ação no prazo de 15 (quinze) dias.
Parágrafo único. Quando for ordenada a justificação prévia, o prazo para contestar será contado da intimação da decisão que deferir ou não a medida liminar.

Art. 565. No litígio coletivo pela posse de imóvel, quando o esbulho ou a turbação afirmado na petição inicial houver ocorrido há mais de ano e dia, o juiz, antes de apreciar o pedido de concessão da medida liminar, deverá designar audiência de mediação, a realizar-se em até 30 (trinta) dias, que observará o disposto nos §§ 2º e 4º.
§ 1º Concedida a liminar, se essa não for executada no prazo de 1 (um) ano, a contar da data de distribuição, caberá ao juiz designar audiência de mediação, nos termos dos §§ 2º a 4º deste artigo.
§ 2º O Ministério Público será intimado para comparecer à audiência, e a Defensoria Pública será intimada sempre que houver parte beneficiária de gratuidade da justiça.
§ 3º O juiz poderá comparecer à área objeto do litígio quando sua presença se fizer necessária à efetivação da tutela jurisdicional.
§ 4º Os órgãos responsáveis pela política agrária e pela política urbana da União, de Estado ou do Distrito Federal e de Município onde se situe a área objeto do litígio poderão ser intimados para a audiência, a fim de se manifestarem sobre seu

interesse no processo e sobre a existência de possibilidade de solução para o conflito possessório.

§ 5º Aplica-se o disposto neste artigo ao litígio sobre propriedade de imóvel.

Art. 566. Aplica-se, quanto ao mais, o procedimento comum.

SEÇÃO III
Do Interdito Proibitório

Art. 567. O possuidor direto ou indireto que tenha justo receio de ser molestado na posse poderá requerer ao juiz que o segure da turbação ou esbulho iminente, mediante mandado proibitório em que se comine ao réu determinada pena pecuniária caso transgrida o preceito.

Art. 568. Aplica-se ao interdito proibitório o disposto na SEÇÃO II deste Capítulo.

CAPÍTULO IV
Da Ação de Divisão e da Demarcação de Terras PArticulares

SEÇÃO I
Disposições Gerais

Art. 569. Cabe:

I. ao proprietário a ação de demarcação, para obrigar o seu confinante a estremar os respectivos prédios, fixando-se novos limites entre eles ou aviventando-se os já apagados;

II. ao condômino a ação de divisão, para obrigar os demais consortes a estremar os quinhões.

Art. 570. É lícita a cumulação dessas ações, caso em que deverá processar-se primeiramente a demarcação total ou parcial da coisa comum, citando-se os confinantes e os condôminos.

Art. 571. A demarcação e a divisão poderão ser realizadas por escritura pública, desde que maiores, capazes e concordes todos os interessados, observando-se, no que couber, os dispositivos deste Capítulo.

Art. 572. Fixados os marcos da linha de demarcação, os confinantes considerar-se-ão terceiros quanto ao processo divisório, ficando-lhes, porém, ressalvado o direito de vindicar os terrenos de que se julguem despojados por invasão das linhas limítrofes constitutivas do perímetro ou de reclamar indenização correspondente ao seu valor.

§ 1º No caso do caput, serão citados para a ação todos os condôminos, se a sentença homologatória da divisão ainda não houver transitado em julgado, e todos os quinhoeiros dos terrenos vindicados, se a ação for proposta posteriormente.

§ 2º Neste último caso, a sentença que julga procedente a ação, condenando a restituir os terrenos ou a pagar a indenização, valerá como título executivo em favor dos quinhoeiros para haverem dos outros condôminos que forem parte na divisão ou de seus sucessores a título universal, na proporção que lhes tocar, a composição pecuniária do desfalque sofrido.

Art. 573. Tratando-se de imóvel georreferenciado, com averbação no registro de imóveis, pode o juiz dispensar a realização de prova pericial.

SEÇÃO II
Da Demarcação

Art. 574. Na petição inicial, instruída com os títulos da propriedade, designar-se-á o imóvel pela situação e pela denominação, descrever-se-ão os limites por constituir, aviventar ou renovar e nomear-se-ão todos os confinantes da linha demarcanda.

Art. 575. Qualquer condômino é parte legítima para promover a demarcação do imóvel comum, requerendo a intimação dos demais para, querendo, intervir no processo.

Art. 576. A citação dos réus será feita por correio, observado o disposto no art. 247.

Parágrafo único. Será publicado edital, nos termos do inciso III do art. 259.

Art. 577. Feitas as citações, terão os réus o prazo comum de 15 (quinze) dias para contestar.

Art. 578. Após o prazo de resposta do réu, observar-se-á o procedimento comum.

Art. 579. Antes de proferir a sentença, o juiz nomeará um ou mais peritos para levantar o traçado da linha demarcanda.

Art. 580. Concluídos os estudos, os peritos apresentarão minucioso laudo sobre o traçado da linha demarcanda, considerando os títulos, os marcos, os rumos, a fama da vizinhança, as informações de antigos moradores do lugar e outros elementos que coligirem.

Art. 581. A sentença que julgar procedente o pedido determinará o traçado da linha demarcanda.

Parágrafo único. A sentença proferida na ação demarcatória determinará a restituição da área invadida, se houver, declarando o domínio ou a posse do prejudicado, ou ambos.

Art. 582. Transitada em julgado a sentença, o perito efetuará a demarcação e colocará os marcos necessários.

Parágrafo único. Todas as operações serão consignadas em planta e memorial descritivo com as referências convenientes para a identificação, em qualquer tempo, dos pontos assinalados, observada a legislação especial que dispõe sobre a identificação do imóvel rural.

Art. 583. As plantas serão acompanhadas das cadernetas de operações de campo e do memorial descritivo, que conterá:
I. o ponto de partida, os rumos seguidos e a aviventação dos antigos com os respectivos cálculos;
II. os acidentes encontrados, as cercas, os valos, os marcos antigos, os córregos, os rios, as lagoas e outros;
III. a indicação minuciosa dos novos marcos cravados, dos antigos aproveitados, das culturas existentes e da sua produção anual;
IV. a composição geológica dos terrenos, bem como a qualidade e a extensão dos campos, das matas e das capoeiras;
V. as vias de comunicação;
VI. as distâncias a pontos de referência, tais como rodovias federais e estaduais, ferrovias, portos, aglomerações urbanas e polos comerciais;
VII. a indicação de tudo o mais que for útil para o levantamento da linha ou para a identificação da linha já levantada.

Art. 584. É obrigatória a colocação de marcos tanto na estação inicial, dita marco primordial, quanto nos vértices dos ângulos, salvo se algum desses últimos pontos for assinalado por acidentes naturais de difícil remoção ou destruição.

Art. 585. A linha será percorrida pelos peritos, que examinarão os marcos e os rumos, consignando em relatório escrito a exatidão do memorial e da planta apresentados pelo agrimensor ou as divergências porventura encontradas.

Art. 586. Juntado aos autos o relatório dos peritos, o juiz determinará que as partes se manifestem sobre ele no prazo comum de 15 (quinze) dias.

Parágrafo único. Executadas as correções e as retificações que o juiz determinar, lavrar-se-á, em seguida, o auto de demarcação em que os limites demarcandos serão minuciosamente descritos de acordo com o memorial e a planta.

Art. 587. Assinado o auto pelo juiz e pelos peritos, será proferida a sentença homologatória da demarcação.

SEÇÃO III
Da Divisão

Art. 588. A petição inicial será instruída com os títulos de domínio do promovente e conterá:
I. a indicação da origem da comunhão e a denominação, a situação, os limites e as características do imóvel;
II. o nome, o estado civil, a profissão e a residência de todos os condôminos, especificando-se os estabelecidos no imóvel com benfeitorias e culturas;
III. as benfeitorias comuns.

Art. 589. Feitas as citações como preceitua o art. 576, prosseguir-se-á na forma dos arts. 577 e 578.

Art. 590. O juiz nomeará um ou mais peritos para promover a medição do imóvel e as operações de divisão, observada a legislação especial que dispõe sobre a identificação do imóvel rural.

Parágrafo único. O perito deverá indicar as vias de comunicação existentes, as construções e as benfeitorias, com a indicação dos seus valores e dos respectivos proprietários e ocupantes, as águas principais que banham o imóvel e quaisquer outras informações que possam concorrer para facilitar a partilha.

Art. 591. Todos os condôminos serão intimados a apresentar, dentro de 10 (dez) dias, os seus títulos, se ainda não o tiverem feito, e a formular os seus pedidos sobre a constituição dos quinhões.

Art. 592. O juiz ouvirá as partes no prazo comum de 15 (quinze) dias.

§ 1º Não havendo impugnação, o juiz determinará a divisão geodésica do imóvel.

§ 2º Havendo impugnação, o juiz proferirá, no prazo de 10 (dez) dias, decisão sobre os pedidos e os títulos que devam ser atendidos na formação dos quinhões.

Art. 593. Se qualquer linha do perímetro atingir benfeitorias permanentes dos confinantes feitas há mais de 1 (um) ano, serão elas respeitadas, bem como os terrenos onde estiverem, os quais não se computarão na área dividenda.

Art. 594. Os confinantes do imóvel dividendo podem demandar a restituição dos terrenos que lhes tenham sido usurpados.

§ 1º Serão citados para a ação todos os condôminos, se a sentença homologatória da divisão ainda não houver transitado em julgado, e todos os quinhoeiros dos terrenos vindicados, se a ação for proposta posteriormente.

§ 2º Nesse último caso terão os quinhoeiros o direito, pela mesma sentença que os obrigar à restituição, a haver dos outros condôminos do processo divisório ou de seus sucessores a título universal a composição pecuniária proporcional ao desfalque sofrido.

Art. 595. Os peritos proporão, em laudo fundamentado, a forma da divisão, devendo consultar, quanto possível, a comodidade das partes, respeitar, para adjudicação a cada condômino, a preferência dos terrenos contíguos às suas residências e benfeitorias e evitar o retalhamento dos quinhões em glebas separadas.

Art. 596. Ouvidas as partes, no prazo comum de 15 (quinze) dias, sobre o cálculo e o plano da divisão, o juiz deliberará a partilha.

Parágrafo único. Em cumprimento dessa decisão, o perito procederá à demarcação dos quinhões, observando, além do disposto nos arts. 584 e 585, as seguintes regras:

I. as benfeitorias comuns que não comportarem divisão cômoda serão adjudicadas a um dos condôminos mediante compensação;

II. instituir-se-ão as servidões que forem indispensáveis em favor de uns quinhões sobre os outros, incluindo o respectivo valor no orçamento para que, não se tratando de servidões naturais, seja compensado o condômino aquinhoado com o prédio serviente;

III. as benfeitorias particulares dos condôminos que excederem à área a que têm direito serão adjudicadas ao quinhoeiro vizinho mediante reposição;

IV. se outra coisa não acordarem as partes, as compensações e as reposições serão feitas em dinheiro.

Art. 597. Terminados os trabalhos e desenhados na planta os quinhões e as servidões aparentes, o perito organizará o memorial descritivo.

§ 1º Cumprido o disposto no art. 586, o escrivão, em seguida, lavrará o auto de divisão, acompanhado de uma folha de pagamento para cada condômino.

§ 2º Assinado o auto pelo juiz e pelo perito, será proferida sentença homologatória da divisão.

§ 3º O auto conterá:

I. a confinação e a extensão superficial do imóvel;

II. a classificação das terras com o cálculo das áreas de cada consorte e com a respectiva avaliação ou, quando a homogeneidade das terras não determinar diversidade de valores, a avaliação do imóvel na sua integridade;

III. o valor e a quantidade geométrica que couber a cada condômino, declarando-se as reduções e as compensações resultantes da diversidade de valores das glebas componentes de cada quinhão.

§ 4º Cada folha de pagamento conterá:

I. a descrição das linhas divisórias do quinhão, mencionadas as confinantes;

II. a relação das benfeitorias e das culturas do próprio quinhoeiro e das que lhe foram adjudicadas por serem comuns ou mediante compensação;

III. a declaração das servidões instituídas, especificados os lugares, a extensão e o modo de exercício.

Art. 598. Aplica-se às divisões o disposto nos arts. 575 a 578.

CAPÍTULO V
Da Ação de Dissolução Parcial de Sociedade

Art. 599. A ação de dissolução parcial de sociedade pode ter por objeto:

I. a resolução da sociedade empresária contratual ou simples em relação ao sócio falecido, excluído ou que exerceu o direito de retirada ou recesso; e

II. a apuração dos haveres do sócio falecido, excluído ou que exerceu o direito de retirada ou recesso; ou

III. somente a resolução ou a apuração de haveres.

§ 1º A petição inicial será necessariamente instruída com o contrato social consolidado.

§ 2º A ação de dissolução parcial de sociedade pode ter também por objeto a sociedade anônima de capital fechado quando demonstrado, por acionista ou acionistas que representem cinco por cento ou mais do capital social, que não pode preencher o seu fim.

Art. 600. A ação pode ser proposta:

I. pelo espólio do sócio falecido, quando a totalidade dos sucessores não ingressar na sociedade;

II. pelos sucessores, após concluída a partilha do sócio falecido;

III. pela sociedade, se os sócios sobreviventes não admitirem o ingresso do espólio ou dos sucessores do falecido na sociedade, quando esse direito decorrer do contrato social;

IV. pelo sócio que exerceu o direito de retirada ou recesso, se não tiver sido providenciada, pelos demais sócios, a alteração contratual consensual formalizando o desligamento, depois de transcorridos 10 (dez) dias do exercício do direito;

V. pela sociedade, nos casos em que a lei não autoriza a exclusão extrajudicial; ou

VI. pelo sócio excluído.

Parágrafo único. O cônjuge ou companheiro do sócio cujo casamento, união estável ou convivência terminou poderá requerer a apuração de seus haveres na sociedade, que serão pagos à conta da quota social titulada por este sócio.

Art. 601. Os sócios e a sociedade serão citados para, no prazo de 15 (quinze) dias, concordar com o pedido ou apresentar contestação.

Parágrafo único. A sociedade não será citada se todos os seus sócios o forem, mas ficará sujeita aos efeitos da decisão e à coisa julgada.

Art. 602. A sociedade poderá formular pedido de indenização compensável com o valor dos haveres a apurar.

Art. 603. Havendo manifestação expressa e unânime pela concordância da dissolução, o juiz a decretará, passando-se imediatamente à fase de liquidação.

§ 1º Na hipótese prevista no caput, não haverá condenação em honorários advocatícios de nenhuma das partes, e as custas serão rateadas segundo a participação das partes no capital social.

§ 2º Havendo contestação, observar-se-á o procedimento comum, mas a liquidação da sentença seguirá o disposto neste Capítulo.

Art. 604. Para apuração dos haveres, o juiz:
I. fixará a data da resolução da sociedade;
II. definirá o critério de apuração dos haveres à vista do disposto no contrato social; e
III. nomeará o perito.

§ 1º O juiz determinará à sociedade ou aos sócios que nela permanecerem que depositem em juízo a parte incontroversa dos haveres devidos.

§ 2º O depósito poderá ser, desde logo, levantado pelo ex-sócio, pelo espólio ou pelos sucessores.

§ 3º Se o contrato social estabelecer o pagamento dos haveres, será observado o que nele se dispôs no depósito judicial da parte incontroversa.

Art. 605. A data da resolução da sociedade será:
I. no caso de falecimento do sócio, a do óbito;
II. na retirada imotivada, o sexagésimo dia seguinte ao do recebimento, pela sociedade, da notificação do sócio retirante;
III. no recesso, o dia do recebimento, pela sociedade, da notificação do sócio dissidente;
IV. na retirada por justa causa de sociedade por prazo determinado e na exclusão judicial de sócio, a do trânsito em julgado da decisão que dissolver a sociedade; e
V. na exclusão extrajudicial, a data da assembleia ou da reunião de sócios que a tiver deliberado.

Art. 606. Em caso de omissão do contrato social, o juiz definirá, como critério de apuração de haveres, o valor patrimonial apurado em balanço de determinação, tomando-se por referência a data da resolução e avaliando-se bens e direitos do ativo, tangíveis e intangíveis, a preço de saída, além do passivo também a ser apurado de igual forma.

Parágrafo único. Em todos os casos em que seja necessária a realização de perícia, a nomeação do perito recairá preferencialmente sobre especialista em avaliação de sociedades.

Art. 607. A data da resolução e o critério de apuração de haveres podem ser revistos pelo juiz, a pedido da parte, a qualquer tempo antes do início da perícia.

Art. 608. Até a data da resolução, integram o valor devido ao ex-sócio, ao espólio ou aos sucessores a participação nos lucros ou os juros sobre o capital próprio declarados pela sociedade e, se for o caso, a remuneração como administrador.

Parágrafo único. Após a data da resolução, o ex-sócio, o espólio ou os sucessores terão direito apenas à correção monetária dos valores apurados e aos juros contratuais ou legais.

Art. 609. Uma vez apurados, os haveres do sócio retirante serão pagos conforme disciplinar o contrato social e, no silêncio deste, nos termos do § 2º do art. 1.031 da Lei nº 10.406, de 10 de janeiro de 2002 (Código Civil).

CAPÍTULO VI

Do Inventário e da PArtilha

SEÇÃO I
Disposições Gerais

Art. 610. Havendo testamento ou interessado incapaz, proceder-se-á ao inventário judicial.

§ 1º Se todos forem capazes e concordes, o inventário e a partilha poderão ser feitos por escritura pública, a qual constituirá documento hábil para qualquer ato de registro, bem como para levantamento de importância depositada em instituições financeiras.

§ 2º O tabelião somente lavrará a escritura pública se todas as partes interessadas estiverem assistidas por advogado ou por defensor público, cuja qualificação e assinatura constarão do ato notarial.

Art. 611. O processo de inventário e de partilha deve ser instaurado dentro de 2 (dois) meses, a contar da abertura da sucessão, ultimando-se nos 12 (doze) meses subsequentes, podendo o juiz prorrogar esses prazos, de ofício ou a requerimento de parte.

Art. 612. O juiz decidirá todas as questões de direito desde que os fatos relevantes estejam provados por documento, só remetendo para as vias ordinárias as questões que dependerem de outras provas.

Art. 613. Até que o inventariante preste o compromisso, continuará o espólio na posse do administrador provisório.

Art. 614. O administrador provisório representa ativa e passivamente o espólio, é obrigado a trazer ao acervo os frutos que desde a abertura da sucessão percebeu, tem direito ao reembolso das despesas necessárias e úteis que fez e responde pelo dano a que, por dolo ou culpa, der causa.

SEÇÃO II
Da Legitimidade para Requerer o Inventário

Art. 615. O requerimento de inventário e de partilha incumbe a quem estiver na posse e na administração do espólio, no prazo estabelecido no art. 611.

Parágrafo único. O requerimento será instruído com a certidão de óbito do autor da herança.

Art. 616. Têm, contudo, legitimidade concorrente:
I. o cônjuge ou companheiro supérstite;
II. o herdeiro;
III. o legatário;
IV. o testamenteiro;
V. o cessionário do herdeiro ou do legatário;
VI. o credor do herdeiro, do legatário ou do autor da herança;
VII. o Ministério Público, havendo herdeiros incapazes;
VIII. a Fazenda Pública, quando tiver interesse;
IX. o administrador judicial da falência do herdeiro, do legatário, do autor da herança ou do cônjuge ou companheiro supérstite.

SEÇÃO III
Do Inventariante e das Primeiras Declarações

Art. 617. O juiz nomeará inventariante na seguinte ordem:
I. o cônjuge ou companheiro sobrevivente, desde que estivesse convivendo com o outro ao tempo da morte deste;
II. o herdeiro que se achar na posse e na administração do espólio, se não houver cônjuge ou companheiro sobrevivente ou se estes não puderem ser nomeados;
III. qualquer herdeiro, quando nenhum deles estiver na posse e na administração do espólio;
IV. o herdeiro menor, por seu representante legal;
V. o testamenteiro, se lhe tiver sido confiada a administração do espólio ou se toda a herança estiver distribuída em legados;
VI. o cessionário do herdeiro ou do legatário;
VII. o inventariante judicial, se houver;
VIII. pessoa estranha idônea, quando não houver inventariante judicial.

Parágrafo único. O inventariante, intimado da nomeação, prestará, dentro de 5 (cinco) dias, o compromisso de bem e fielmente desempenhar a função.

Art. 618. Incumbe ao inventariante:
I. representar o espólio ativa e passivamente, em juízo ou fora dele, observando-se, quanto ao dativo, o disposto no art. 75, § 1º;
II. administrar o espólio, velando-lhe os bens com a mesma diligência que teria se seus fossem;
III. prestar as primeiras e as últimas declarações pessoalmente ou por procurador com poderes especiais;
IV. exibir em cartório, a qualquer tempo, para exame das partes, os documentos relativos ao espólio;
V. juntar aos autos certidão do testamento, se houver;
VI. trazer à colação os bens recebidos pelo herdeiro ausente, renunciante ou excluído;
VII. prestar contas de sua gestão ao deixar o cargo ou sempre que o juiz lhe determinar;
VIII. requerer a declaração de insolvência.

Art. 619. Incumbe ainda ao inventariante, ouvidos os interessados e com autorização do juiz:

I. alienar bens de qualquer espécie;
II. transigir em juízo ou fora dele;
III. pagar dívidas do espólio;
IV. fazer as despesas necessárias para a conservação e o melhoramento dos bens do espólio.

Art. 620. Dentro de 20 (vinte) dias contados da data em que prestou o compromisso, o inventariante fará as primeiras declarações, das quais se lavrará termo circunstanciado, assinado pelo juiz, pelo escrivão e pelo inventariante, no qual serão exarados:
I. o nome, o estado, a idade e o domicílio do autor da herança, o dia e o lugar em que faleceu e se deixou testamento;
II. o nome, o estado, a idade, o endereço eletrônico e a residência dos herdeiros e, havendo cônjuge ou companheiro supérstite, além dos respectivos dados pessoais, o regime de bens do casamento ou da união estável;
III. a qualidade dos herdeiros e o grau de parentesco com o inventariado;
IV. a relação completa e individualizada de todos os bens do espólio, inclusive aqueles que devem ser conferidos à colação, e dos bens alheios que nele forem encontrados, descrevendo-se:
a) os imóveis, com as suas especificações, nomeadamente local em que se encontram, extensão da área, limites, confrontações, benfeitorias, origem dos títulos, números das matrículas e ônus que os gravam;
b) os móveis, com os sinais característicos;
c) os semoventes, seu número, suas espécies, suas marcas e seus sinais distintivos;
d) o dinheiro, as joias, os objetos de ouro e prata e as pedras preciosas, declarando-se-lhes especificadamente a qualidade, o peso e a importância;
e) os títulos da dívida pública, bem como as ações, as quotas e os títulos de sociedade, mencionando-se-lhes o número, o valor e a data;
f) as dívidas ativas e passivas, indicando-se-lhes as datas, os títulos, a origem da obrigação e os nomes dos credores e dos devedores;
g) direitos e ações;
h) o valor corrente de cada um dos bens do espólio.

§ 1º O juiz determinará que se proceda:
I. ao balanço do estabelecimento, se o autor da herança era empresário individual;
II. à apuração de haveres, se o autor da herança era sócio de sociedade que não anônima.

§ 2º As declarações podem ser prestadas mediante petição, firmada por procurador com poderes especiais, à qual o termo se reportará.

Art. 621. Só se pode arguir sonegação ao inventariante depois de encerrada a descrição dos bens, com a declaração, por ele feita, de não existirem outros por inventariar.

Art. 622. O inventariante será removido de ofício ou a requerimento:
I. se não prestar, no prazo legal, as primeiras ou as últimas declarações;
II. se não der ao inventário andamento regular, se suscitar dúvidas infundadas ou se praticar atos meramente protelatórios;
III. se, por culpa sua, bens do espólio se deteriorarem, forem dilapidados ou sofrerem dano;
IV. se não defender o espólio nas ações em que for citado, se deixar de cobrar dívidas ativas ou se não promover as medidas necessárias para evitar o perecimento de direitos;
V. se não prestar contas ou se as que prestar não forem julgadas boas;
VI. se sonegar, ocultar ou desviar bens do espólio.

Art. 623. Requerida a remoção com fundamento em qualquer dos incisos do art. 622, será intimado o inventariante para, no prazo de 15 (quinze) dias, defender-se e produzir provas.

Parágrafo único. O incidente da remoção correrá em apenso aos autos do inventário.

Art. 624. Decorrido o prazo, com a defesa do inventariante ou sem ela, o juiz decidirá.

Parágrafo único. Se remover o inventariante, o juiz nomeará outro, observada a ordem estabelecida no art. 617.

Art. 625. O inventariante removido entregará imediatamente ao substituto os bens do espólio e, caso deixe de fazê-lo, será compelido mediante mandado de busca e apreensão ou de imissão na posse, conforme se tratar de bem móvel ou imóvel, sem prejuízo da multa a ser fixada pelo juiz em montante não superior a três por cento do valor dos bens inventariados.

SEÇÃO IV
Das Citações e das Impugnações

Art. 626. Feitas as primeiras declarações, o juiz mandará citar, para os termos do inventário e da partilha, o cônjuge, o companheiro, os herdeiros e os legatários e intimar a Fazenda Pública, o Ministério Público, se houver herdeiro incapaz ou ausente, e o testamenteiro, se houver testamento.

§ 1º O cônjuge ou o companheiro, os herdeiros e os legatários serão citados pelo correio, observado o disposto no art. 247, sendo, ainda, publicado edital, nos termos do inciso III do art. 259.

§ 2º Das primeiras declarações extrair-se-ão tantas cópias quantas forem as partes.

§ 3º A citação será acompanhada de cópia das primeiras declarações.

§ 4º Incumbe ao escrivão remeter cópias à Fazenda Pública, ao Ministério Público, ao testamenteiro, se houver, e ao advogado, se a parte já estiver representada nos autos.

Art. 627. Concluídas as citações, abrir-se-á vista às partes, em cartório e pelo prazo comum de 15 (quinze) dias, para que se manifestem sobre as primeiras declarações, incumbindo às partes:

I. arguir erros, omissões e sonegação de bens;
II. reclamar contra a nomeação de inventariante
III. contestar a qualidade de quem foi incluído no título de herdeiro.

§ 1º Julgando procedente a impugnação referida no inciso I, o juiz mandará retificar as primeiras declarações.

§ 2º Se acolher o pedido de que trata o inciso II, o juiz nomeará outro inventariante, observada a preferência legal.

§ 3º Verificando que a disputa sobre a qualidade de herdeiro a que alude o inciso III demanda produção de provas que não a documental, o juiz remeterá a parte às vias ordinárias e sobrestará, até o julgamento da ação, a entrega do quinhão que na partilha couber ao herdeiro admitido.

Art. 628. Aquele que se julgar preterido poderá demandar sua admissão no inventário, requerendo-a antes da partilha.

§ 1º Ouvidas as partes no prazo de 15 (quinze) dias, o juiz decidirá.

§ 2º Se para solução da questão for necessária a produção de provas que não a documental, o juiz remeterá o requerente às vias ordinárias, mandando reservar, em poder do inventariante, o quinhão do herdeiro excluído até que se decida o litígio.

Art. 629. A Fazenda Pública, no prazo de 15 (quinze) dias, após a vista de que trata o art. 627, informará ao juízo, de acordo com os dados que constam de seu cadastro imobiliário, o valor dos bens de raiz descritos nas primeiras declarações.

SEÇÃO V
Da Avaliação e do Cálculo do Imposto

Art. 630. Findo o prazo previsto no art. 627 sem impugnação ou decidida a impugnação que houver sido oposta, o juiz nomeará, se for o caso, perito para avaliar os bens do espólio, se não houver na comarca avaliador judicial.

Parágrafo único. Na hipótese prevista no art. 620, § 1º, o juiz nomeará perito para avaliação das quotas sociais ou apuração dos haveres.

Art. 631. Ao avaliar os bens do espólio, o perito observará, no que for aplicável, o disposto nos arts. 872 e 873.

Art. 632. Não se expedirá carta precatória para a avaliação de bens situados fora da comarca onde corre o inventário se eles forem de pequeno valor ou perfeitamente conhecidos do perito nomeado.

Art. 633. Sendo capazes todas as partes, não se procederá à avaliação se a Fazenda Pública, intimada pessoalmente, concordar de forma expressa com o valor atribuído, nas primeiras declarações, aos bens do espólio.

Art. 634. Se os herdeiros concordarem com o valor dos bens declarados pela Fazenda Pública, a avaliação cingir-se-á aos demais.

Art. 635. Entregue o laudo de avaliação, o juiz mandará que as partes se manifestem no prazo de 15 (quinze) dias, que correrá em cartório.

§ 1º Versando a impugnação sobre o valor dado pelo perito, o juiz a decidirá de plano, à vista do que constar dos autos.

§ 2º Julgando procedente a impugnação, o juiz determinará que o perito retifique a avaliação, observando os fundamentos da decisão.

Art. 636. Aceito o laudo ou resolvidas as impugnações suscitadas a seu respeito, lavrar-se-á em seguida o termo de últimas declarações, no qual o inventariante poderá emendar, aditar ou completar as primeiras.

Art. 637. Ouvidas as partes sobre as últimas declarações no prazo comum de 15 (quinze) dias, proceder-se-á ao cálculo do tributo.

Art. 638. Feito o cálculo, sobre ele serão ouvidas todas as partes no prazo comum de 5 (cinco) dias, que correrá em cartório, e, em seguida, a Fazenda Pública.

§ 1º Se acolher eventual impugnação, o juiz ordenará nova remessa dos autos ao contabilista, determinando as alterações que devam ser feitas no cálculo.
§ 2º Cumprido o despacho, o juiz julgará o cálculo do tributo.

SEÇÃO VI
Das Colações

Art. 639. No prazo estabelecido no art. 627, o herdeiro obrigado à colação conferirá por termo nos autos ou por petição à qual o termo se reportará os bens que recebeu ou, se já não os possuir, trar-lhes-á o valor.
Parágrafo único. Os bens a serem conferidos na partilha, assim como as acessões e as benfeitorias que o donatário fez, calcular-se-ão pelo valor que tiverem ao tempo da abertura da sucessão.
Art. 640. O herdeiro que renunciou à herança ou o que dela foi excluído não se exime, pelo fato da renúncia ou da exclusão, de conferir, para o efeito de repor a parte inoficiosa, as liberalidades que obteve do doador.
§ 1º É lícito ao donatário escolher, dentre os bens doados, tantos quantos bastem para perfazer a legítima e a metade disponível, entrando na partilha o excedente para ser dividido entre os demais herdeiros.
§ 2º Se a parte inoficiosa da doação recair sobre bem imóvel que não comporte divisão cômoda, o juiz determinará que sobre ela se proceda a licitação entre os herdeiros.
§ 3º O donatário poderá concorrer na licitação referida no § 2º e, em igualdade de condições, terá preferência sobre os herdeiros.
Art. 641. Se o herdeiro negar o recebimento dos bens ou a obrigação de os conferir, o juiz, ouvidas as partes no prazo comum de 15 (quinze) dias, decidirá à vista das alegações e das provas produzidas.
§ 1º Declarada improcedente a oposição, se o herdeiro, no prazo improrrogável de 15 (quinze) dias, não proceder à conferência, o juiz mandará sequestrar-lhe, para serem inventariados e partilhados, os bens sujeitos à colação ou imputar ao seu quinhão hereditário o valor deles, se já não os possuir.
§ 2º Se a matéria exigir dilação probatória diversa da documental, o juiz remeterá as partes às vias ordinárias, não podendo o herdeiro receber o seu quinhão hereditário, enquanto pender a demanda, sem prestar caução correspondente ao valor dos bens sobre os quais versar a conferência.

SEÇÃO VII
Do Pagamento das Dívidas

Art. 642. Antes da partilha, poderão os credores do espólio requerer ao juízo do inventário o pagamento das dívidas vencidas e exigíveis.
§ 1º A petição, acompanhada de prova literal da dívida, será distribuída por dependência e autuada em apenso aos autos do processo de inventário.
§ 2º Concordando as partes com o pedido, o juiz, ao declarar habilitado o credor, mandará que se faça a separação de dinheiro ou, em sua falta, de bens suficientes para o pagamento.
§ 3º Separados os bens, tantos quantos forem necessários para o pagamento dos credores habilitados, o juiz mandará aliená-los, observando-se as disposições deste Código relativas à expropriação.
§ 4º Se o credor requerer que, em vez de dinheiro, lhe sejam adjudicados, para o seu pagamento, os bens já reservados, o juiz deferir-lhe-á o pedido, concordando todas as partes.
§ 5º Os donatários serão chamados a pronunciar-se sobre a aprovação das dívidas, sempre que haja possibilidade de resultar delas a redução das liberalidades.
Art. 643. Não havendo concordância de todas as partes sobre o pedido de pagamento feito pelo credor, será o pedido remetido às vias ordinárias.
Parágrafo único. O juiz mandará, porém, reservar, em poder do inventariante, bens suficientes para pagar o credor quando a dívida constar de documento que comprove suficientemente a obrigação e a impugnação não se fundar em quitação.
Art. 644. O credor de dívida líquida e certa, ainda não vencida, pode requerer habilitação no inventário.
Parágrafo único. Concordando as partes com o pedido referido no caput, o juiz, ao julgar habilitado o crédito, mandará que se faça separação de bens para o futuro pagamento.
Art. 645. O legatário é parte legítima para manifestar-se sobre as dívidas do espólio:
I. quando toda a herança for dividida em legados;
II. quando o reconhecimento das dívidas importar redução dos legados.
Art. 646. Sem prejuízo do disposto no art. 860, é lícito aos herdeiros, ao separarem bens para o pagamento de dívidas, autorizar que o inventariante

os indique à penhora no processo em que o espólio for executado.

SEÇÃO VIII
Da Partilha

Art. 647. Cumprido o disposto no art. 642, § 3º, o juiz facultará às partes que, no prazo comum de 15 (quinze) dias, formulem o pedido de quinhão e, em seguida, proferirá a decisão de deliberação da partilha, resolvendo os pedidos das partes e designando os bens que devam constituir quinhão de cada herdeiro e legatário.

Parágrafo único. O juiz poderá, em decisão fundamentada, deferir antecipadamente a qualquer dos herdeiros o exercício dos direitos de usar e de fruir de determinado bem, com a condição de que, ao término do inventário, tal bem integre a cota desse herdeiro, cabendo a este, desde o deferimento, todos os ônus e bônus decorrentes do exercício daqueles direitos.

Art. 648. Na partilha, serão observadas as seguintes regras:
I. a máxima igualdade possível quanto ao valor, à natureza e à qualidade dos bens;
II. a prevenção de litígios futuros;
III. a máxima comodidade dos coerdeiros, do cônjuge ou do companheiro, se for o caso.

Art. 649. Os bens insuscetíveis de divisão cômoda que não couberem na parte do cônjuge ou companheiro supérstite ou no quinhão de um só herdeiro serão licitados entre os interessados ou vendidos judicialmente, partilhando-se o valor apurado, salvo se houver acordo para que sejam adjudicados a todos.

Art. 650. Se um dos interessados for nascituro, o quinhão que lhe caberá será reservado em poder do inventariante até o seu nascimento.

Art. 651. O partidor organizará o esboço da partilha de acordo com a decisão judicial, observando nos pagamentos a seguinte ordem:
I. dívidas atendidas;
II. meação do cônjuge;
III. meação disponível;
IV. quinhões hereditários, a começar pelo coerdeiro mais velho.

Art. 652. Feito o esboço, as partes manifestar-se-ão sobre esse no prazo comum de 15 (quinze) dias, e, resolvidas as reclamações, a partilha será lançada nos autos.

Art. 653. A partilha constará:
I. de auto de orçamento, que mencionará:
a) os nomes do autor da herança, do inventariante, do cônjuge ou companheiro supérstite, dos herdeiros, dos legatários e dos credores admitidos;
b) o ativo, o passivo e o líquido partível, com as necessárias especificações;
c) o valor de cada quinhão;
II. de folha de pagamento para cada parte, declarando a quota a pagar-lhe, a razão do pagamento e a relação dos bens que lhe compõem o quinhão, as características que os individualizam e os ônus que os gravam.

Parágrafo único. O auto e cada uma das folhas serão assinados pelo juiz e pelo escrivão.

Art. 654. Pago o imposto de transmissão a título de morte e juntada aos autos certidão ou informação negativa de dívida para com a Fazenda Pública, o juiz julgará por sentença a partilha.

Parágrafo único. A existência de dívida para com a Fazenda Pública não impedirá o julgamento da partilha, desde que o seu pagamento esteja devidamente garantido.

Art. 655. Transitada em julgado a sentença mencionada no art. 654, receberá o herdeiro os bens que lhe tocarem e um formal de partilha, do qual constarão as seguintes peças:
I. termo de inventariante e título de herdeiros;
II. avaliação dos bens que constituíram o quinhão do herdeiro;
III. pagamento do quinhão hereditário;
IV. quitação dos impostos;
V. sentença.

Parágrafo único. O formal de partilha poderá ser substituído por certidão de pagamento do quinhão hereditário quando esse não exceder a 5 (cinco) vezes o salário-mínimo, caso em que se transcreverá nela a sentença de partilha transitada em julgado.

Art. 656. A partilha, mesmo depois de transitada em julgado a sentença, pode ser emendada nos mesmos autos do inventário, convindo todas as partes, quando tenha havido erro de fato na descrição dos bens, podendo o juiz, de ofício ou a requerimento da parte, a qualquer tempo, corrigir-lhe as inexatidões materiais.

Art. 657. A partilha amigável, lavrada em instrumento público, reduzida a termo nos autos do inventário ou constante de escrito particular homologado pelo juiz, pode ser anulada por dolo, coação, erro essencial ou intervenção de incapaz, observado o disposto no § 4º do art. 966.

Parágrafo único. O direito à anulação de partilha amigável extingue-se em 1 (um) ano, contado esse prazo:

I. no caso de coação, do dia em que ela cessou;

II. no caso de erro ou dolo, do dia em que se realizou o ato;

III. quanto ao incapaz, do dia em que cessar a incapacidade.

Art. 658. É rescindível a partilha julgada por sentença:

I. nos casos mencionados no art. 657;

II. se feita com preterição de formalidades legais;

III. se preteriu herdeiro ou incluiu quem não o seja.

SEÇÃO IX
Do Arrolamento

Art. 659. A partilha amigável, celebrada entre partes capazes, nos termos da lei, será homologada de plano pelo juiz, com observância dos arts. 660 a 663.

§ 1º O disposto neste artigo aplica-se, também, ao pedido de adjudicação, quando houver herdeiro único.

§ 2º Transitada em julgado a sentença de homologação de partilha ou de adjudicação, será lavrado o formal de partilha ou elaborada a carta de adjudicação e, em seguida, serão expedidos os alvarás referentes aos bens e às rendas por ele abrangidos, intimando-se o fisco para lançamento administrativo do imposto de transmissão e de outros tributos porventura incidentes, conforme dispuser a legislação tributária, nos termos do § 2º do art. 662.

Art. 660. Na petição de inventário, que se processará na forma de arrolamento sumário, independentemente da lavratura de termos de qualquer espécie, os herdeiros:

I. requererão ao juiz a nomeação do inventariante que designarem;

II. declararão os títulos dos herdeiros e os bens do espólio, observado o disposto no art. 630;

III. atribuirão valor aos bens do espólio, para fins de partilha.

Art. 661. Ressalvada a hipótese prevista no parágrafo único do art. 663, não se procederá à avaliação dos bens do espólio para nenhuma finalidade.

Art. 662. No arrolamento, não serão conhecidas ou apreciadas questões relativas ao lançamento, ao pagamento ou à quitação de taxas judiciárias e de tributos incidentes sobre a transmissão da propriedade dos bens do espólio.

§ 1º A taxa judiciária, se devida, será calculada com base no valor atribuído pelos herdeiros, cabendo ao fisco, se apurar em processo administrativo valor diverso do estimado, exigir a eventual diferença pelos meios adequados ao lançamento de créditos tributários em geral.

§ 2º O imposto de transmissão será objeto de lançamento administrativo, conforme dispuser a legislação tributária, não ficando as autoridades fazendárias adstritas aos valores dos bens do espólio atribuídos pelos herdeiros.

Art. 663. A existência de credores do espólio não impedirá a homologação da partilha ou da adjudicação, se forem reservados bens suficientes para o pagamento da dívida.

Parágrafo único. A reserva de bens será realizada pelo valor estimado pelas partes, salvo se o credor, regularmente notificado, impugnar a estimativa, caso em que se promoverá a avaliação dos bens a serem reservados.

Art. 664. Quando o valor dos bens do espólio for igual ou inferior a 1.000 (mil) salários-mínimos, o inventário processar-se-á na forma de arrolamento, cabendo ao inventariante nomeado, independentemente de assinatura de termo de compromisso, apresentar, com suas declarações, a atribuição de valor aos bens do espólio e o plano da partilha.

§ 1º Se qualquer das partes ou o Ministério Público impugnar a estimativa, o juiz nomeará avaliador, que oferecerá laudo em 10 (dez) dias.

§ 2º Apresentado o laudo, o juiz, em audiência que designar, deliberará sobre a partilha, decidindo de plano todas as reclamações e mandando pagar as dívidas não impugnadas.

§ 3º Lavrar-se-á de tudo um só termo, assinado pelo juiz, pelo inventariante e pelas partes presentes ou por seus advogados.

§ 4º Aplicam-se a essa espécie de arrolamento, no que couber, as disposições do art. 672, relativamente ao lançamento, ao pagamento e à quitação da taxa judiciária e do imposto sobre a transmissão da propriedade dos bens do espólio.

§ 5º Provada a quitação dos tributos relativos aos bens do espólio e às suas rendas, o juiz julgará a partilha.

Art. 665. O inventário processar-se-á também na forma do art. 664, ainda que haja interessado incapaz, desde que concordem todas as partes e o Ministério Público.

Art. 666. Independerá de inventário ou de arrolamento o pagamento dos valores previstos na Lei nº 6.858, de 24 de novembro de 1980.

Art. 667. Aplicam-se subsidiariamente a esta SEÇÃO as disposições das Seções VII e VIII deste Capítulo.

SEÇÃO X
Disposições Comuns a Todas as Seções

Art. 668. Cessa a eficácia da tutela provisória prevista nas Seções deste Capítulo:

I. se a ação não for proposta em 30 (trinta) dias contados da data em que da decisão foi intimado o impugnante, o herdeiro excluído ou o credor não admitido;

II. se o juiz extinguir o processo de inventário com ou sem resolução de mérito.

Art. 669. São sujeitos à sobrepartilha os bens:

I. sonegados;
II. da herança descobertos após a partilha;
III. litigiosos, assim como os de liquidação difícil ou morosa;
IV. situados em lugar remoto da sede do juízo onde se processa o inventário.

Parágrafo único. Os bens mencionados nos incisos III e IV serão reservados à sobrepartilha sob a guarda e a administração do mesmo ou de diverso inventariante, a consentimento da maioria dos herdeiros.

Art. 670. Na sobrepartilha dos bens, observar-se-á o processo de inventário e de partilha.

Parágrafo único. A sobrepartilha correrá nos autos do inventário do autor da herança.

Art. 671. O juiz nomeará curador especial:

I. ao ausente, se não o tiver;
II. ao incapaz, se concorrer na partilha com o seu representante, desde que exista colisão de interesses.

Art. 672. É lícita a cumulação de inventários para a partilha de heranças de pessoas diversas quando houver:

I. identidade de pessoas entre as quais devam ser repartidos os bens;

II. heranças deixadas pelos dois cônjuges ou companheiros;
III. dependência de uma das partilhas em relação à outra.

Parágrafo único. No caso previsto no inciso III, se a dependência for parcial, por haver outros bens, o juiz pode ordenar a tramitação separada, se melhor convier ao interesse das partes ou à celeridade processual.

Art. 673. No caso previsto no art. 672, inciso II, prevalecerão as primeiras declarações, assim como o laudo de avaliação, salvo se alterado o valor dos bens.

CAPÍTULO VII
Dos Embargos de Terceiro

Art. 674. Quem, não sendo parte no processo, sofrer constrição ou ameaça de constrição sobre bens que possua ou sobre os quais tenha direito incompatível com o ato constritivo, poderá requerer seu desfazimento ou sua inibição por meio de embargos de terceiro.

§ 1º Os embargos podem ser de terceiro proprietário, inclusive fiduciário, ou possuidor.

§ 2º Considera-se terceiro, para ajuizamento dos embargos:

I. o cônjuge ou companheiro, quando defende a posse de bens próprios ou de sua meação, ressalvado o disposto no art. 843;

II. o adquirente de bens cuja constrição decorreu de decisão que declara a ineficácia da alienação realizada em fraude à execução;

III. quem sofre constrição judicial de seus bens por força de desconsideração da personalidade jurídica, de cujo incidente não fez parte;

IV. o credor com garantia real para obstar expropriação judicial do objeto de direito real de garantia, caso não tenha sido intimado, nos termos legais dos atos expropriatórios respectivos.

Art. 675. Os embargos podem ser opostos a qualquer tempo no processo de conhecimento enquanto não transitada em julgado a sentença e, no cumprimento de sentença ou no processo de execução, até 5 (cinco) dias depois da adjudicação, da alienação por iniciativa particular ou da arrematação, mas sempre antes da assinatura da respectiva carta.

Parágrafo único. Caso identifique a existência de terceiro titular de interesse em embargar o ato, o juiz mandará intimá-lo pessoalmente.

Art. 676. Os embargos serão distribuídos por dependência ao juízo que ordenou a constrição e autuados em apartado.

Parágrafo único. Nos casos de ato de constrição realizado por carta, os embargos serão oferecidos no juízo deprecado, salvo se indicado pelo juízo deprecante o bem constrito ou se já devolvida a carta.

Art. 677. Na petição inicial, o embargante fará a prova sumária de sua posse ou de seu domínio e da qualidade de terceiro, oferecendo documentos e rol de testemunhas.

§ 1º É facultada a prova da posse em audiência preliminar designada pelo juiz.

§ 2º O possuidor direto pode alegar, além da sua posse, o domínio alheio.

§ 3º A citação será pessoal, se o embargado não tiver procurador constituído nos autos da ação principal.

§ 4º Será legitimado passivo o sujeito a quem o ato de constrição aproveita, assim como o será seu adversário no processo principal quando for sua a indicação do bem para a constrição judicial.

Art. 678. A decisão que reconhecer suficientemente provado o domínio ou a posse determinará a suspensão das medidas constritivas sobre os bens litigiosos objeto dos embargos, bem como a manutenção ou a reintegração provisória da posse, se o embargante a houver requerido.

Parágrafo único. O juiz poderá condicionar a ordem de manutenção ou de reintegração provisória de posse à prestação de caução pelo requerente, ressalvada a impossibilidade da parte economicamente hipossuficiente.

Art. 679. Os embargos poderão ser contestados no prazo de 15 (quinze) dias, findo o qual se seguirá o procedimento comum.

Art. 680. Contra os embargos do credor com garantia real, o embargado somente poderá alegar que:

I. o devedor comum é insolvente;
II. o título é nulo ou não obriga a terceiro;
III. outra é a coisa dada em garantia.

Art. 681. Acolhido o pedido inicial, o ato de constrição judicial indevida será cancelado, com o reconhecimento do domínio, da manutenção da posse ou da reintegração definitiva do bem ou do direito ao embargante.

CAPÍTULO VIII
Da Oposição

Art. 682. Quem pretender, no todo ou em parte, a coisa ou o direito sobre que controvertem autor e réu poderá, até ser proferida a sentença, oferecer oposição contra ambos.

Art. 683. O opoente deduzirá o pedido em observação aos requisitos exigidos para propositura da ação.

Parágrafo único. Distribuída a oposição por dependência, serão os opostos citados, na pessoa de seus respectivos advogados, para contestar o pedido no prazo comum de 15 (quinze) dias.

Art. 684. Se um dos opostos reconhecer a procedência do pedido, contra o outro prosseguirá o opoente.

Art. 685. Admitido o processamento, a oposição será apensada aos autos e tramitará simultaneamente à ação originária, sendo ambas julgadas pela mesma sentença.

Parágrafo único. Se a oposição for proposta após o início da audiência de instrução, o juiz suspenderá o curso do processo ao fim da produção das provas, salvo se concluir que a unidade da instrução atende melhor ao princípio da duração razoável do processo.

Art. 686. Cabendo ao juiz decidir simultaneamente a ação originária e a oposição, desta conhecerá em primeiro lugar.

CAPÍTULO IX
Da Habilitação

Art. 687. A habilitação ocorre quando, por falecimento de qualquer das partes, os interessados houverem de suceder-lhe no processo.

Art. 688. A habilitação pode ser requerida:

I. pela parte, em relação aos sucessores do falecido;
II. pelos sucessores do falecido, em relação à parte.

Art. 689. Proceder-se-á à habilitação nos autos do processo principal, na instância em que estiver, suspendendo-se, a partir de então, o processo.

Art. 690. Recebida a petição, o juiz ordenará a citação dos requeridos para se pronunciarem no prazo de 5 (cinco) dias.

Parágrafo único. A citação será pessoal, se a parte não tiver procurador constituído nos autos.

Art. 691. O juiz decidirá o pedido de habilitação imediatamente, salvo se este for impugnado e houver necessidade de dilação probatória diversa da documental, caso em que determinará que o pedido seja autuado em apartado e disporá sobre a instrução.

Art. 692. Transitada em julgado a sentença de habilitação, o processo principal retomará o seu curso, e cópia da sentença será juntada aos autos respectivos.

CAPÍTULO X
Das Ações de Família

Art. 693. As normas deste Capítulo aplicam-se aos processos contenciosos de divórcio, separação, reconhecimento e extinção de união estável, guarda, visitação e filiação.

Parágrafo único. A ação de alimentos e a que versar sobre interesse de criança ou de adolescente observarão o procedimento previsto em legislação específica, aplicando-se, no que couber, as disposições deste Capítulo.

Art. 694. Nas ações de família, todos os esforços serão empreendidos para a solução consensual da controvérsia, devendo o juiz dispor do auxílio de profissionais de outras áreas de conhecimento para a mediação e conciliação.

Parágrafo único. A requerimento das partes, o juiz pode determinar a suspensão do processo enquanto os litigantes se submetem a mediação extrajudicial ou a atendimento multidisciplinar.

Art. 695. Recebida a petição inicial e, se for o caso, tomadas as providências referentes à tutela provisória, o juiz ordenará a citação do réu para comparecer à audiência de mediação e conciliação, observado o disposto no art. 694.

§ 1º O mandado de citação conterá apenas os dados necessários à audiência e deverá estar desacompanhado de cópia da petição inicial, assegurado ao réu o direito de examinar seu conteúdo a qualquer tempo.

§ 2º A citação ocorrerá com antecedência mínima de 15 (quinze) dias da data designada para a audiência.

§ 3º A citação será feita na pessoa do réu.

§ 4º Na audiência, as partes deverão estar acompanhadas de seus advogados ou de defensores públicos.

Art. 696. A audiência de mediação e conciliação poderá dividir-se em tantas sessões quantas sejam necessárias para viabilizar a solução consensual, sem prejuízo de providências jurisdicionais para evitar o perecimento do direito.

Art. 697. Não realizado o acordo, passarão a incidir, a partir de então, as normas do procedimento comum, observado o art. 335.

Art. 698. Nas ações de família, o Ministério Público somente intervirá quando houver interesse de incapaz e deverá ser ouvido previamente à homologação de acordo.

Parágrafo único. O Ministério Público intervirá, quando não for parte, nas ações de família em que figure como parte vítima de violência doméstica e familiar, nos termos da Lei nº 11.340, de 7 de agosto de 2006 (Lei Maria da Penha). **(Incluído pela Lei nº 13.894, de 2019)**

Art. 699. Quando o processo envolver discussão sobre fato relacionado a abuso ou a alienação parental, o juiz, ao tomar o depoimento do incapaz, deverá estar acompanhado por especialista.

CAPÍTULO XI
Da Ação Monitória

Art. 700. A ação monitória pode ser proposta por aquele que afirmar, com base em prova escrita sem eficácia de título executivo, ter direito de exigir do devedor capaz:

I. o pagamento de quantia em dinheiro;

II. a entrega de coisa fungível ou infungível ou de bem móvel ou imóvel;

III. o adimplemento de obrigação de fazer ou de não fazer.

§ 1º A prova escrita pode consistir em prova oral documentada, produzida antecipadamente nos termos do art. 381.

§ 2º Na petição inicial, incumbe ao autor explicitar, conforme o caso:

I. a importância devida, instruindo-a com memória de cálculo;

II. o valor atual da coisa reclamada;

III. o conteúdo patrimonial em discussão ou o proveito econômico perseguido.

§ 3º O valor da causa deverá corresponder à importância prevista no § 2º, incisos I a III.

§ 4º Além das hipóteses do art. 330, a petição inicial será indeferida quando não atendido o disposto no § 2º deste artigo.

§ 5º Havendo dúvida quanto à idoneidade de prova documental apresentada pelo autor, o juiz intimá-lo-á para, querendo, emendar a petição inicial, adaptando-a ao procedimento comum.

§ 6º É admissível ação monitória em face da Fazenda Pública.

§ 7º Na ação monitória, admite-se citação por qualquer dos meios permitidos para o procedimento comum.

Art. 701. Sendo evidente o direito do autor, o juiz deferirá a expedição de mandado de pagamento, de entrega de coisa ou para execução de obrigação de fazer ou de não fazer, concedendo ao réu prazo de 15 (quinze) dias para o cumprimento e o pagamento de honorários advocatícios de cinco por cento do valor atribuído à causa.

§ 1º O réu será isento do pagamento de custas processuais se cumprir o mandado no prazo.

§ 2º Constituir-se-á de pleno direito o título executivo judicial, independentemente de qualquer formalidade, se não realizado o pagamento e não apresentados os embargos previstos no art. 702, observando-se, no que couber, o Título II do Livro I da Parte Especial.

§ 3º É cabível ação rescisória da decisão prevista no caput quando ocorrer a hipótese do § 2º.

§ 4º Sendo a ré Fazenda Pública, não apresentados os embargos previstos no art. 702, aplicar-se-á o disposto no art. 496, observando-se, a seguir, no que couber, o Título II do Livro I da Parte Especial.

§ 5º Aplica-se à ação monitória, no que couber, o art. 916.

Art. 702. Independentemente de prévia segurança do juízo, o réu poderá opor, nos próprios autos, no prazo previsto no art. 701, embargos à ação monitória.

§ 1º Os embargos podem se fundar em matéria passível de alegação como defesa no procedimento comum.

§ 2º Quando o réu alegar que o autor pleiteia quantia superior à devida, cumprir-lhe-á declarar de imediato o valor que entende correto, apresentando demonstrativo discriminado e atualizado da dívida.

§ 3º Não apontado o valor correto ou não apresentado o demonstrativo, os embargos serão liminarmente rejeitados, se esse for o seu único fundamento, e, se houver outro fundamento, os embargos serão processados, mas o juiz deixará de examinar a alegação de excesso.

§ 4º A oposição dos embargos suspende a eficácia da decisão referida no caput do art. 701 até o julgamento em primeiro grau.

§ 5º O autor será intimado para responder aos embargos no prazo de 15 (quinze) dias.

§ 6º Na ação monitória admite-se a reconvenção, sendo vedado o oferecimento de reconvenção à reconvenção.

§ 7º A critério do juiz, os embargos serão autuados em apartado, se parciais, constituindo-se de pleno direito o título executivo judicial em relação à parcela incontroversa.

§ 8º Rejeitados os embargos, constituir-se-á de pleno direito o título executivo judicial, prosseguindo-se o processo em observância ao disposto no Título II do Livro I da Parte Especial, no que for cabível.

§ 9º Cabe apelação contra a sentença que acolhe ou rejeita os embargos.

§ 10º O juiz condenará o autor de ação monitória proposta indevidamente e de má-fé ao pagamento, em favor do réu, de multa de até dez por cento sobre o valor da causa.

§ 11º O juiz condenará o réu que de má-fé opuser embargos à ação monitória ao pagamento de multa de até dez por cento sobre o valor atribuído à causa, em favor do autor.

CAPÍTULO XII
Da Homologação do Penhor Legal

Art. 703. Tomado o penhor legal nos casos previstos em lei, requererá o credor, ato contínuo, a homologação.

§ 1º Na petição inicial, instruída com o contrato de locação ou a conta pormenorizada das despesas, a tabela dos preços e a relação dos objetos retidos, o credor pedirá a citação do devedor para pagar ou contestar na audiência preliminar que for designada.

§ 2º A homologação do penhor legal poderá ser promovida pela via extrajudicial mediante requerimento, que conterá os requisitos previstos no § 1º deste artigo, do credor a notário de sua livre escolha.

§ 3º Recebido o requerimento, o notário promoverá a notificação extrajudicial do devedor para, no prazo de 5 (cinco) dias, pagar o débito ou impugnar sua cobrança, alegando por escrito uma das causas previstas no art. 704, hipótese em que o procedimento será encaminhado ao juízo competente para decisão.

§ 4º Transcorrido o prazo sem manifestação do devedor, o notário formalizará a homologação do penhor legal por escritura pública.

Art. 704. A defesa só pode consistir em:

I. nulidade do processo;

II. extinção da obrigação;

III. não estar a dívida compreendida entre as previstas em lei ou não estarem os bens sujeitos a penhor legal;

IV. alegação de haver sido ofertada caução idônea, rejeitada pelo credor.

Art. 705. A partir da audiência preliminar, observar-se-á o procedimento comum.

Art. 706. Homologado judicialmente o penhor legal, consolidar-se-á a posse do autor sobre o objeto.

§ 1º Negada a homologação, o objeto será entregue ao réu, ressalvado ao autor o direito de cobrar a dívida pelo procedimento comum, salvo se acolhida a alegação de extinção da obrigação.

§ 2º Contra a sentença caberá apelação, e, na pendência de recurso, poderá o relator ordenar que a coisa permaneça depositada ou em poder do autor.

CAPÍTULO XIII
Da Regulação de Avaria Grossa

Art. 707. Quando inexistir consenso acerca da nomeação de um regulador de avarias, o juiz de direito da comarca do primeiro porto onde o navio houver chegado, provocado por qualquer parte interessada, nomeará um de notório conhecimento.

Art. 708. O regulador declarará justificadamente se os danos são passíveis de rateio na forma de avaria grossa e exigirá das partes envolvidas a apresentação de garantias idôneas para que possam ser liberadas as cargas aos consignatários.

§ 1º A parte que não concordar com o regulador quanto à declaração de abertura da avaria grossa deverá justificar suas razões ao juiz, que decidirá no prazo de 10 (dez) dias.

§ 2º Se o consignatário não apresentar garantia idônea a critério do regulador, este fixará o valor da contribuição provisória com base nos fatos narrados e nos documentos que instruírem a petição inicial, que deverá ser caucionado sob a forma de depósito judicial ou de garantia bancária.

§ 3º Recusando-se o consignatário a prestar caução, o regulador requererá ao juiz a alienação judicial de sua carga na forma dos arts. 879 a 903.

§ 4º É permitido o levantamento, por alvará, das quantias necessárias ao pagamento das despesas da alienação a serem arcadas pelo consignatário, mantendo-se o saldo remanescente em depósito judicial até o encerramento da regulação.

Art. 709. As partes deverão apresentar nos autos os documentos necessários à regulação da avaria grossa em prazo razoável a ser fixado pelo regulador.

Art. 710. O regulador apresentará o regulamento da avaria grossa no prazo de até 12 (doze) meses, contado da data da entrega dos documentos nos autos pelas partes, podendo o prazo ser estendido a critério do juiz.

§ 1º Oferecido o regulamento da avaria grossa, dele terão vista as partes pelo prazo comum de 15 (quinze) dias, e, não havendo impugnação, o regulamento será homologado por sentença.

§ 2º Havendo impugnação ao regulamento, o juiz decidirá no prazo de 10 (dez) dias, após a oitiva do regulador.

Art. 711. Aplicam-se ao regulador de avarias os arts. 156 a 158, no que couber.

CAPÍTULO XIV
Da Restauração de Autos

Art. 712. Verificado o desaparecimento dos autos, eletrônicos ou não, pode o juiz, de ofício, qualquer das partes ou o Ministério Público, se for o caso, promover-lhes a restauração.

Parágrafo único. Havendo autos suplementares, nesses prosseguirá o processo.

Art. 713. Na petição inicial, declarará a parte o estado do processo ao tempo do desaparecimento dos autos, oferecendo:

I. certidões dos atos constantes do protocolo de audiências do cartório por onde haja corrido o processo;

II. cópia das peças que tenha em seu poder;

III. qualquer outro documento que facilite a restauração.

Art. 714. A parte contrária será citada para contestar o pedido no prazo de 5 (cinco) dias, cabendo-lhe exibir as cópias, as contrafés e as reproduções dos atos e dos documentos que estiverem em seu poder.

§ 1º Se a parte concordar com a restauração, lavrar-se-á o auto que, assinado pelas partes e homologado pelo juiz, suprirá o processo desaparecido.

§ 2º Se a parte não contestar ou se a concordância for parcial, observar-se-á o procedimento comum.

Art. 715. Se a perda dos autos tiver ocorrido depois da produção das provas em audiência, o juiz, se necessário, mandará repeti-las.

§ 1º Serão reinquiridas as mesmas testemunhas, que, em caso de impossibilidade, poderão ser substituídas de ofício ou a requerimento.

§ 2º Não havendo certidão ou cópia do laudo, far-se-á nova perícia, sempre que possível pelo mesmo perito.

§ 3º Não havendo certidão de documentos, esses serão reconstituídos mediante cópias ou, na falta dessas, pelos meios ordinários de prova.

§ 4º Os serventuários e os auxiliares da justiça não podem eximir-se de depor como testemunhas a respeito de atos que tenham praticado ou assistido.

§ 5º Se o juiz houver proferido sentença da qual ele próprio ou o escrivão possua cópia, esta será juntada aos autos e terá a mesma autoridade da original.

Art. 716. Julgada a restauração, seguirá o processo os seus termos.

Parágrafo único. Aparecendo os autos originais, neles se prosseguirá, sendo-lhes apensados os autos da restauração.

Art. 717. Se o desaparecimento dos autos tiver ocorrido no tribunal, o processo de restauração será distribuído, sempre que possível, ao relator do processo.

§ 1º A restauração far-se-á no juízo de origem quanto aos atos nele realizados.

§ 2º Remetidos os autos ao tribunal, nele completar-se-á a restauração e proceder-se-á ao julgamento.

Art. 718. Quem houver dado causa ao desaparecimento dos autos responderá pelas custas da restauração e pelos honorários de advogado, sem prejuízo da responsabilidade civil ou penal em que incorrer.

CAPÍTULO XV

Dos Procedimentos de Jurisdição Voluntária

SEÇÃO I
Disposições Gerais

Art. 719. Quando este Código não estabelecer procedimento especial, regem os procedimentos de jurisdição voluntária as disposições constantes desta Seção.

Art. 720. O procedimento terá início por provocação do interessado, do Ministério Público ou da Defensoria Pública, cabendo-lhes formular o pedido devidamente instruído com os documentos necessários e com a indicação da providência judicial.

Art. 721. Serão citados todos os interessados, bem como intimado o Ministério Público, nos casos do art. 178, para que se manifestem, querendo, no prazo de 15 (quinze) dias.

Art. 722. A Fazenda Pública será sempre ouvida nos casos em que tiver interesse.

Art. 723. O juiz decidirá o pedido no prazo de 10 (dez) dias.

Parágrafo único. O juiz não é obrigado a observar critério de legalidade estrita, podendo adotar em cada caso a solução que considerar mais conveniente ou oportuna.

Art. 724. Da sentença caberá apelação.

Art. 725. Processar-se-á na forma estabelecida nesta SEÇÃO o pedido de:

I. emancipação;

II. sub-rogação;

III. alienação, arrendamento ou oneração de bens de crianças ou adolescentes, de órfãos e de interditos;

IV. alienação, locação e administração da coisa comum;

V. alienação de quinhão em coisa comum;

VI. extinção de usufruto, quando não decorrer da morte do usufrutuário, do termo da sua duração ou da consolidação, e de fideicomisso, quando decorrer de renúncia ou quando ocorrer antes do evento que caracterizar a condição resolutória;

VII. expedição de alvará judicial;

VIII. homologação de autocomposição extrajudicial, de qualquer natureza ou valor.

Parágrafo único. As normas desta SEÇÃO aplicam-se, no que couber, aos procedimentos regulados nas seções seguintes.

SEÇÃO II
Da Notificação e da Interpelação

Art. 726. Quem tiver interesse em manifestar formalmente sua vontade a outrem sobre assunto juridicamente relevante poderá notificar pessoas participantes da mesma relação jurídica para dar-lhes ciência de seu propósito.

§ 1º Se a pretensão for a de dar conhecimento geral ao público, mediante edital, o juiz só a deferirá se a tiver por fundada e necessária ao resguardo de direito.

§ 2º Aplica-se o disposto nesta Seção, no que couber, ao protesto judicial.

Art. 727. Também poderá o interessado interpelar o requerido, no caso do art. 726, para que faça ou deixe de fazer o que o requerente entenda ser de seu direito.

Art. 728. O requerido será previamente ouvido antes do deferimento da notificação ou do respectivo edital:

I. se houver suspeita de que o requerente, por meio da notificação ou do edital, pretende alcançar fim ilícito;

II. se tiver sido requerida a averbação da notificação em registro público.

Art. 729. Deferida e realizada a notificação ou interpelação, os autos serão entregues ao requerente.

SEÇÃO III
Da Alienação Judicial

Art. 730. Nos casos expressos em lei, não havendo acordo entre os interessados sobre o modo como se deve realizar a alienação do bem, o juiz, de ofício ou a requerimento dos interessados ou do depositário, mandará aliená-lo em leilão, observando-se o disposto na SEÇÃO I deste Capítulo e, no que couber, o disposto nos arts. 879 a 903.

SEÇÃO IV
Do Divórcio e da Separação Consensuais, da Extinção Consensual de União Estável e da Alteração do Regime de Bens do Matrimônio

Art. 731. A homologação do divórcio ou da separação consensuais, observados os requisitos legais, poderá ser requerida em petição assinada por ambos os cônjuges, da qual constarão:

I. as disposições relativas à descrição e à partilha dos bens comuns;

II. as disposições relativas à pensão alimentícia entre os cônjuges;

III. o acordo relativo à guarda dos filhos incapazes e ao regime de visitas; e

IV. o valor da contribuição para criar e educar os filhos.

Parágrafo único. Se os cônjuges não acordarem sobre a partilha dos bens, far-se-á esta depois de homologado o divórcio, na forma estabelecida nos arts. 647 a 658.

Art. 732. As disposições relativas ao processo de homologação judicial de divórcio ou de separação consensuais aplicam-se, no que couber, ao processo de homologação da extinção consensual de união estável.

Art. 733. O divórcio consensual, a separação consensual e a extinção consensual de união estável, não havendo nascituro ou filhos incapazes e observados os requisitos legais, poderão ser realizados por escritura pública, da qual constarão as disposições de que trata o art. 731.

§ 1º A escritura não depende de homologação judicial e constitui título hábil para qualquer ato de registro, bem como para levantamento de importância depositada em instituições financeiras.

§ 2º O tabelião somente lavrará a escritura se os interessados estiverem assistidos por advogado ou por defensor público, cuja qualificação e assinatura constarão do ato notarial.

Art. 734. A alteração do regime de bens do casamento, observados os requisitos legais, poderá ser requerida, motivadamente, em petição assinada por ambos os cônjuges, na qual serão expostas as razões que justificam a alteração, ressalvados os direitos de terceiros.

§ 1º Ao receber a petição inicial, o juiz determinará a intimação do Ministério Público e a publicação de edital que divulgue a pretendida alteração de bens, somente podendo decidir depois de decorrido o prazo de 30 (trinta) dias da publicação do edital.

§ 2º Os cônjuges, na petição inicial ou em petição avulsa, podem propor ao juiz meio alternativo de divulgação da alteração do regime de bens, a fim de resguardar direitos de terceiros.

§ 3º Após o trânsito em julgado da sentença, serão expedidos mandados de averbação aos cartórios de registro civil e de imóveis e, caso qualquer dos cônjuges seja empresário, ao Registro Público de Empresas Mercantis e Atividades Afins.

SEÇÃO V
Dos Testamentos e dos Codicilos

Art. 735. Recebendo testamento cerrado, o juiz, se não achar vício externo que o torne suspeito de nulidade ou falsidade, o abrirá e mandará que o escrivão o leia em presença do apresentante.

§ 1º Do termo de abertura constarão o nome do apresentante e como ele obteve o testamento, a data e o lugar do falecimento do testador, com as respectivas provas, e qualquer circunstância digna de nota.

§ 2º Depois de ouvido o Ministério Público, não havendo dúvidas a serem esclarecidas, o juiz mandará registrar, arquivar e cumprir o testamento.

§ 3º Feito o registro, será intimado o testamenteiro para assinar o termo da testamentária.

§ 4º Se não houver testamenteiro nomeado ou se ele estiver ausente ou não aceitar o encargo, o juiz nomeará testamenteiro dativo, observando-se a preferência legal.

§ 5º O testamenteiro deverá cumprir as disposições testamentárias e prestar contas em juízo do que recebeu e despendeu, observando-se o disposto em lei.

Art. 736. Qualquer interessado, exibindo o traslado ou a certidão de testamento público, poderá requerer ao juiz que ordene o seu cumprimento, observando-se, no que couber, o disposto nos parágrafos do art. 735.

Art. 737. A publicação do testamento particular poderá ser requerida, depois da morte do testador, pelo herdeiro, pelo legatário ou pelo testamenteiro, bem como pelo terceiro detentor do testamento, se impossibilitado de entregá-lo a algum dos outros legitimados para requerê-la.

§ 1º Serão intimados os herdeiros que não tiverem requerido a publicação do testamento.

§ 2º Verificando a presença dos requisitos da lei, ouvido o Ministério Público, o juiz confirmará o testamento.

§ 3º Aplica-se o disposto neste artigo ao codicilo e aos testamentos marítimo, aeronáutico, militar e nuncupativo.

§ 4º Observar-se-á, no cumprimento do testamento, o disposto nos parágrafos do art. 735.

SEÇÃO VI
Da Herança Jacente

Art. 738. Nos casos em que a lei considere jacente a herança, o juiz em cuja comarca tiver domicílio o falecido procederá imediatamente à arrecadação dos respectivos bens.

Art. 739. A herança jacente ficará sob a guarda, a conservação e a administração de um curador até a respectiva entrega ao sucessor legalmente habilitado ou até a declaração de vacância.

§ 1º Incumbe ao curador:

I. representar a herança em juízo ou fora dele, com intervenção do Ministério Público;

II. ter em boa guarda e conservação os bens arrecadados e promover a arrecadação de outros porventura existentes;

III. executar as medidas conservatórias dos direitos da herança;

IV. apresentar mensalmente ao juiz balancete da receita e da despesa;

V. prestar contas ao final de sua gestão.

§ 2º Aplica-se ao curador o disposto nos arts. 159 a 161.

Art. 740. O juiz ordenará que o oficial de justiça, acompanhado do escrivão ou do chefe de secretaria e do curador, arrole os bens e descreva-os em auto circunstanciado.

§ 1º Não podendo comparecer ao local, o juiz requisitará à autoridade policial que proceda à arrecadação e ao arrolamento dos bens, com 2 (duas) testemunhas, que assistirão às diligências.

§ 2º Não estando ainda nomeado o curador, o juiz designará depositário e lhe entregará os bens, mediante simples termo nos autos, depois de compromissado.

§ 3º Durante a arrecadação, o juiz ou a autoridade policial inquirirá os moradores da casa e da vizinhança sobre a qualificação do falecido, o paradeiro de seus sucessores e a existência de outros bens, lavrando-se de tudo auto de inquirição e informação.

§ 4º O juiz examinará reservadamente os papéis, as cartas missivas e os livros domésticos e, verificando que não apresentam interesse, mandará empacotá-los e lacrá-los para serem assim entregues aos sucessores do falecido ou queimados quando os bens forem declarados vacantes.

§ 5º Se constar ao juiz a existência de bens em outra comarca, mandará expedir carta precatória a fim de serem arrecadados.

§ 6º Não se fará a arrecadação, ou essa será suspensa, quando, iniciada, apresentarem-se para reclamar os bens o cônjuge ou companheiro, o herdeiro ou o testamenteiro notoriamente reconhecido e não houver oposição motivada do curador, de qualquer interessado, do Ministério Público ou do representante da Fazenda Pública.

Art. 741. Ultimada a arrecadação, o juiz mandará expedir edital, que será publicado na rede mundial de computadores, no sítio do tribunal a que estiver vinculado o juízo e na plataforma de editais do Conselho Nacional de Justiça, onde permanecerá por 3 (três) meses, ou, não havendo sítio, no órgão oficial e na imprensa da comarca, por 3 (três) vezes com intervalos de 1 (um) mês, para que os sucessores do falecido venham a habilitar-se no prazo de 6 (seis) meses contado da primeira publicação.

§ 1º Verificada a existência de sucessor ou de testamenteiro em lugar certo, far-se-á a sua citação, sem prejuízo do edital.

§ 2º Quando o falecido for estrangeiro, será também comunicado o fato à autoridade consular.

§ 3º Julgada a habilitação do herdeiro, reconhecida a qualidade do testamenteiro ou provada a identidade do cônjuge ou companheiro, a arrecadação converter-se-á em inventário.

§ 4º Os credores da herança poderão habilitar-se como nos inventários ou propor a ação de cobrança.

Art. 742. O juiz poderá autorizar a alienação:

I. de bens móveis, se forem de conservação difícil ou dispendiosa;

II. de semoventes, quando não empregados na exploração de alguma indústria;

III. de títulos e papéis de crédito, havendo fundado receio de depreciação;

IV. de ações de sociedade quando, reclamada a integralização, não dispuser a herança de dinheiro para o pagamento;

V. de bens imóveis:

a) se ameaçarem ruína, não convindo a reparação;

b) se estiverem hipotecados e vencer-se a dívida, não havendo dinheiro para o pagamento.

§ 1º Não se procederá, entretanto, à venda se a Fazenda Pública ou o habilitando adiantar a importância para as despesas.

§ 2º Os bens com valor de afeição, como retratos, objetos de uso pessoal, livros e obras de arte, só serão alienados depois de declarada a vacância da herança.

Art. 743. Passado 1 (um) ano da primeira publicação do edital e não havendo herdeiro habilitado nem habilitação pendente, será a herança declarada vacante.

§ 1º Pendendo habilitação, a vacância será declarada pela mesma sentença que a julgar improcedente, aguardando-se, no caso de serem diversas as habilitações, o julgamento da última.

§ 2º Transitada em julgado a sentença que declarou a vacância, o cônjuge, o companheiro, os herdeiros e os credores só poderão reclamar o seu direito por ação direta.

SEÇÃO VII
Dos Bens dos Ausentes

Art. 744. Declarada a ausência nos casos previstos em lei, o juiz mandará arrecadar os bens do ausente e nomear-lhes-á curador na forma estabelecida na SEÇÃO VI, observando-se o disposto em lei.

Art. 745. Feita a arrecadação, o juiz mandará publicar editais na rede mundial de computadores, no sítio do tribunal a que estiver vinculado e na plataforma de editais do Conselho Nacional de Justiça, onde permanecerá por 1 (um) ano, ou, não havendo sítio, no órgão oficial e na imprensa da comarca, durante 1 (um) ano, reproduzida de 2 (dois) em 2 (dois) meses, anunciando a arrecadação e chamando o ausente a entrar na posse de seus bens.

§ 1º Findo o prazo previsto no edital, poderão os interessados requerer a abertura da sucessão provisória, observando-se o disposto em lei.

§ 2º O interessado, ao requerer a abertura da sucessão provisória, pedirá a citação pessoal dos herdeiros presentes e do curador e, por editais, a dos ausentes para requererem habilitação, na forma dos arts. 689 a 692.

§ 3º Presentes os requisitos legais, poderá ser requerida a conversão da sucessão provisória em definitiva.

§ 4º Regressando o ausente ou algum de seus descendentes ou ascendentes para requerer ao juiz a entrega de bens, serão citados para contestar o pedido os sucessores provisórios ou definitivos, o Ministério Público e o representante da Fazenda Pública, seguindo-se o procedimento comum.

SEÇÃO VIII
Das Coisas Vagas

Art. 746. Recebendo do descobridor coisa alheia perdida, o juiz mandará lavrar o respectivo auto, do qual constará a descrição do bem e as declarações do descobridor.

§ 1º Recebida a coisa por autoridade policial, esta a remeterá em seguida ao juízo competente.

§ 2º Depositada a coisa, o juiz mandará publicar edital na rede mundial de computadores, no sítio do tribunal a que estiver vinculado e na plataforma de editais do Conselho Nacional de Justiça ou, não havendo sítio, no órgão oficial e na imprensa da comarca, para que o dono ou o legítimo possuidor a reclame, salvo se tratar de coisa de pequeno valor e não for possível a publicação no sítio do tribunal, caso em que o edital será apenas afixado no átrio do edifício do fórum.

§ 3º Observar-se-á, quanto ao mais, o disposto em lei.

SEÇÃO IX
Da Interdição

Art. 747. A interdição pode ser promovida:

I. pelo cônjuge ou companheiro;

II. pelos parentes ou tutores;
III. pelo representante da entidade em que se encontra abrigado o interditando;
IV. pelo Ministério Público.

Parágrafo único. A legitimidade deverá ser comprovada por documentação que acompanhe a petição inicial.

Art. 748. O Ministério Público só promoverá interdição em caso de doença mental grave:
I. se as pessoas designadas nos incisos I, II e III do art. 747 não existirem ou não promoverem a interdição;
II. se, existindo, forem incapazes as pessoas mencionadas nos incisos I e II do art. 747.

Art. 749. Incumbe ao autor, na petição inicial, especificar os fatos que demonstram a incapacidade do interditando para administrar seus bens e, se for o caso, para praticar atos da vida civil, bem como o momento em que a incapacidade se revelou.

Parágrafo único. Justificada a urgência, o juiz pode nomear curador provisório ao interditando para a prática de determinados atos.

Art. 750. O requerente deverá juntar laudo médico para fazer prova de suas alegações ou informar a impossibilidade de fazê-lo.

Art. 751. O interditando será citado para, em dia designado, comparecer perante o juiz, que o entrevistará minuciosamente acerca de sua vida, negócios, bens, vontades, preferências e laços familiares e afetivos e sobre o que mais lhe parecer necessário para convencimento quanto à sua capacidade para praticar atos da vida civil, devendo ser reduzidas a termo as perguntas e respostas.

§ 1º Não podendo o interditando deslocar-se, o juiz o ouvirá no local onde estiver.

§ 2º A entrevista poderá ser acompanhada por especialista.

§ 3º Durante a entrevista, é assegurado o emprego de recursos tecnológicos capazes de permitir ou de auxiliar o interditando a expressar suas vontades e preferências e a responder às perguntas formuladas.

§ 4º A critério do juiz, poderá ser requisitada a oitiva de parentes e de pessoas próximas.

Art. 752. Dentro do prazo de 15 (quinze) dias contado da entrevista, o interditando poderá impugnar o pedido.

§ 1º O Ministério Público intervirá como fiscal da ordem jurídica.

§ 2º O interditando poderá constituir advogado, e, caso não o faça, deverá ser nomeado curador especial.

§ 3º Caso o interditando não constitua advogado, o seu cônjuge, companheiro ou qualquer parente sucessível poderá intervir como assistente.

Art. 753. Decorrido o prazo previsto no art. 752, o juiz determinará a produção de prova pericial para avaliação da capacidade do interditando para praticar atos da vida civil.

§ 1º A perícia pode ser realizada por equipe composta por expertos com formação multidisciplinar.

§ 2º O laudo pericial indicará especificadamente, se for o caso, os atos para os quais haverá necessidade de curatela.

Art. 754. Apresentado o laudo, produzidas as demais provas e ouvidos os interessados, o juiz proferirá sentença.

Art. 755. Na sentença que decretar a interdição, o juiz:
I. nomeará curador, que poderá ser o requerente da interdição, e fixará os limites da curatela, segundo o estado e o desenvolvimento mental do interdito;
II. considerará as características pessoais do interdito, observando suas potencialidades, habilidades, vontades e preferências.

§ 1º A curatela deve ser atribuída a quem melhor possa atender aos interesses do curatelado.

§ 2º Havendo, ao tempo da interdição, pessoa incapaz sob a guarda e a responsabilidade do interdito, o juiz atribuirá a curatela a quem melhor puder atender aos interesses do interdito e do incapaz.

§ 3º A sentença de interdição será inscrita no registro de pessoas naturais e imediatamente publicada na rede mundial de computadores, no sítio do tribunal a que estiver vinculado o juízo e na plataforma de editais do Conselho Nacional de Justiça, onde permanecerá por 6 (seis) meses, na imprensa local, 1 (uma) vez, e no órgão oficial, por 3 (três) vezes, com intervalo de 10 (dez) dias, constando do edital os nomes do interdito e do curador, a causa da interdição, os limites da curatela e, não sendo total a interdição, os atos que o interdito poderá praticar autonomamente.

Art. 756. Levantar-se-á a curatela quando cessar a causa que a determinou.

§ 1º O pedido de levantamento da curatela poderá ser feito pelo interdito, pelo curador ou pelo Ministério Público e será apensado aos autos da interdição.

§ 2º O juiz nomeará perito ou equipe multidisciplinar para proceder ao exame do interdito e designará audiência de instrução e julgamento após a apresentação do laudo.

§ 3º Acolhido o pedido, o juiz decretará o levantamento da interdição e determinará a publicação da sentença, após o trânsito em julgado, na forma do art. 755, § 3º, ou, não sendo possível, na imprensa local e no órgão oficial, por 3 (três) vezes, com intervalo de 10 (dez) dias, seguindo-se a averbação no registro de pessoas naturais.

§ 4º A interdição poderá ser levantada parcialmente quando demonstrada a capacidade do interdito para praticar alguns atos da vida civil.

Art. 757. A autoridade do curador estende-se à pessoa e aos bens do incapaz que se encontrar sob a guarda e a responsabilidade do curatelado ao tempo da interdição, salvo se o juiz considerar outra solução como mais conveniente aos interesses do incapaz.

Art. 758. O curador deverá buscar tratamento e apoio apropriados à conquista da autonomia pelo interdito.

SEÇÃO X
Disposições Comuns à Tutela e à Curatela

Art. 759. O tutor ou o curador será intimado a prestar compromisso no prazo de 5 (cinco) dias contado da:

I. nomeação feita em conformidade com a lei;

II. intimação do despacho que mandar cumprir o testamento ou o instrumento público que o houver instituído.

§ 1º O tutor ou o curador prestará o compromisso por termo em livro rubricado pelo juiz.

§ 2º Prestado o compromisso, o tutor ou o curador assume a administração dos bens do tutelado ou do interditado.

Art. 760. O tutor ou o curador poderá eximir-se do encargo apresentando escusa ao juiz no prazo de 5 (cinco) dias contado:

I. antes de aceitar o encargo, da intimação para prestar compromisso;

II. depois de entrar em exercício, do dia em que sobrevier o motivo da escusa.

§ 1º Não sendo requerida a escusa no prazo estabelecido neste artigo, considerar-se-á renunciado o direito de alegá-la.

§ 2º O juiz decidirá de plano o pedido de escusa, e, não o admitindo, exercerá o nomeado a tutela ou a curatela enquanto não for dispensado por sentença transitada em julgado.

Art. 761. Incumbe ao Ministério Público ou a quem tenha legítimo interesse requerer, nos casos previstos em lei, a remoção do tutor ou do curador.

Parágrafo único. O tutor ou o curador será citado para contestar a arguição no prazo de 5 (cinco) dias, findo o qual observar-se-á o procedimento comum.

Art. 762. Em caso de extrema gravidade, o juiz poderá suspender o tutor ou o curador do exercício de suas funções, nomeando substituto interino.

Art. 763. Cessando as funções do tutor ou do curador pelo decurso do prazo em que era obrigado a servir, ser-lhe-á lícito requerer a exoneração do encargo.

§ 1º Caso o tutor ou o curador não requeira a exoneração do encargo dentro dos 10 (dez) dias seguintes à expiração do termo, entender-se-á reconduzido, salvo se o juiz o dispensar.

§ 2º Cessada a tutela ou a curatela, é indispensável a prestação de contas pelo tutor ou pelo curador, na forma da lei civil.

SEÇÃO XI
Da Organização e da Fiscalização das Fundações

Art. 764. O juiz decidirá sobre a aprovação do estatuto das fundações e de suas alterações sempre que o requeira o interessado, quando:

I. ela for negada previamente pelo Ministério Público ou por este forem exigidas modificações com as quais o interessado não concorde;

II. o interessado discordar do estatuto elaborado pelo Ministério Público.

§ 1º O estatuto das fundações deve observar o disposto na Lei nº 10.406, de 10 de janeiro de 2002 (Código Civil).

§ 2º Antes de suprir a aprovação, o juiz poderá mandar fazer no estatuto modificações a fim de adaptá-lo ao objetivo do instituidor.

Art. 765. Qualquer interessado ou o Ministério Público promoverá em juízo a extinção da fundação quando:

I. se tornar ilícito o seu objeto;

II. for impossível a sua manutenção;

III. vencer o prazo de sua existência.

SEÇÃO XII
Da Ratificação dos Protestos Marítimos e dos Processos Testemunháveis Formados a Bordo

Art. 766. Todos os protestos e os processos testemunháveis formados a bordo e lançados no livro Diário da Navegação deverão ser apresentados pelo comandante ao juiz de direito do primeiro porto, nas primeiras 24 (vinte e quatro) horas de chegada da embarcação, para sua ratificação judicial.

Art. 767. A petição inicial conterá a transcrição dos termos lançados no livro Diário da Navegação e deverá ser instruída com cópias das páginas que contenham os termos que serão ratificados, dos documentos de identificação do comandante e das testemunhas arroladas, do rol de tripulantes, do documento de registro da embarcação e, quando for o caso, do manifesto das cargas sinistradas e a qualificação de seus consignatários, traduzidos, quando for o caso, de forma livre para o português.

Art. 768. A petição inicial deverá ser distribuída com urgência e encaminhada ao juiz, que ouvirá, sob compromisso a ser prestado no mesmo dia, o comandante e as testemunhas em número mínimo de 2 (duas) e máximo de 4 (quatro), que deverão comparecer ao ato independentemente de intimação.

§ 1º Tratando-se de estrangeiros que não dominem a língua portuguesa, o autor deverá fazer-se acompanhar por tradutor, que prestará compromisso em audiência.

§ 2º Caso o autor não se faça acompanhar por tradutor, o juiz deverá nomear outro que preste compromisso em audiência.

Art. 769. Aberta a audiência, o juiz mandará apregoar os consignatários das cargas indicados na petição inicial e outros eventuais interessados, nomeando para os ausentes curador para o ato.

Art. 770. Inquiridos o comandante e as testemunhas, o juiz, convencido da veracidade dos termos lançados no Diário da Navegação, em audiência, ratificará por sentença o protesto ou o processo testemunhável lavrado a bordo, dispensado o relatório.

Parágrafo único. Independentemente do trânsito em julgado, o juiz determinará a entrega dos autos ao autor ou ao seu advogado, mediante a apresentação de traslado.

LIVRO II
Do Processo de Execução

TÍTULO I
Da Execução em Geral

CAPÍTULO I
Disposições Gerais

Art. 771. Este Livro regula o procedimento da execução fundada em título extrajudicial, e suas disposições aplicam-se, também, no que couber, aos procedimentos especiais de execução, aos atos executivos realizados no procedimento de cumprimento de sentença, bem como aos efeitos de atos ou fatos processuais a que a lei atribuir força executiva.

Parágrafo único. Aplicam-se subsidiariamente à execução as disposições do Livro I da Parte Especial.

Art. 772. O juiz pode, em qualquer momento do processo:
I. ordenar o comparecimento das partes;
II. advertir o executado de que seu procedimento constitui ato atentatório à dignidade da justiça;
III. determinar que sujeitos indicados pelo exequente forneçam informações em geral relacionadas ao objeto da execução, tais como documentos e dados que tenham em seu poder, assinando-lhes prazo razoável.

Art. 773. O juiz poderá, de ofício ou a requerimento, determinar as medidas necessárias ao cumprimento da ordem de entrega de documentos e dados.

Parágrafo único. Quando, em decorrência do disposto neste artigo, o juízo receber dados sigilosos para os fins da execução, o juiz adotará as medidas necessárias para assegurar a confidencialidade.

Art. 774. Considera-se atentatória à dignidade da justiça a conduta comissiva ou omissiva do executado que:
I. frauda a execução;
II. se opõe maliciosamente à execução, empregando ardis e meios artificiosos;
III. dificulta ou embaraça a realização da penhora;
IV. resiste injustificadamente às ordens judiciais;
V. intimado, não indica ao juiz quais são e onde estão os bens sujeitos à penhora e os respectivos

valores, nem exibe prova de sua propriedade e, se for o caso, certidão negativa de ônus.

Parágrafo único. Nos casos previstos neste artigo, o juiz fixará multa em montante não superior a vinte por cento do valor atualizado do débito em execução, a qual será revertida em proveito do exequente, exigível nos próprios autos do processo, sem prejuízo de outras sanções de natureza processual ou material.

Art. 775. O exequente tem o direito de desistir de toda a execução ou de apenas alguma medida executiva.

Parágrafo único. Na desistência da execução, observar-se-á o seguinte:

I. serão extintos a impugnação e os embargos que versarem apenas sobre questões processuais, pagando o exequente as custas processuais e os honorários advocatícios;

II. nos demais casos, a extinção dependerá da concordância do impugnante ou do embargante.

Art. 776. O exequente ressarcirá ao executado os danos que este sofreu, quando a sentença, transitada em julgado, declarar inexistente, no todo ou em parte, a obrigação que ensejou a execução.

Art. 777. A cobrança de multas ou de indenizações decorrentes de litigância de má-fé ou de prática de ato atentatório à dignidade da justiça será promovida nos próprios autos do processo.

CAPÍTULO II
Das Partes

Art. 778. Pode promover a execução forçada o credor a quem a lei confere título executivo.

§ 1º Podem promover a execução forçada ou nela prosseguir, em sucessão ao exequente originário:

I. o Ministério Público, nos casos previstos em lei;
II. o espólio, os herdeiros ou os sucessores do credor, sempre que, por morte deste, lhes for transmitido o direito resultante do título executivo;
III. o cessionário, quando o direito resultante do título executivo lhe for transferido por ato entre vivos;
IV. o sub-rogado, nos casos de sub-rogação legal ou convencional.

§ 2º A sucessão prevista no § 1º independe de consentimento do executado.

Art. 779. A execução pode ser promovida contra:

I. o devedor, reconhecido como tal no título executivo;
II. o espólio, os herdeiros ou os sucessores do devedor;
III. o novo devedor que assumiu, com o consentimento do credor, a obrigação resultante do título executivo;
IV. o fiador do débito constante em título extrajudicial;
V. o responsável titular do bem vinculado por garantia real ao pagamento do débito;
VI. o responsável tributário, assim definido em lei.

Art. 780. O exequente pode cumular várias execuções, ainda que fundadas em títulos diferentes, quando o executado for o mesmo e desde que para todas elas seja competente o mesmo juízo e idêntico o procedimento.

CAPÍTULO III
Da Competência

Art. 781. A execução fundada em título extrajudicial será processada perante o juízo competente, observando-se o seguinte:

I. a execução poderá ser proposta no foro de domicílio do executado, de eleição constante do título ou, ainda, de situação dos bens a ela sujeitos;
II. tendo mais de um domicílio, o executado poderá ser demandado no foro de qualquer deles;
III. sendo incerto ou desconhecido o domicílio do executado, a execução poderá ser proposta no lugar onde for encontrado ou no foro de domicílio do exequente;
IV. havendo mais de um devedor, com diferentes domicílios, a execução será proposta no foro de qualquer deles, à escolha do exequente;
V. a execução poderá ser proposta no foro do lugar em que se praticou o ato ou em que ocorreu o fato que deu origem ao título, mesmo que nele não mais resida o executado.

Art. 782. Não dispondo a lei de modo diverso, o juiz determinará os atos executivos, e o oficial de justiça os cumprirá.

§ 1º O oficial de justiça poderá cumprir os atos executivos determinados pelo juiz também nas comarcas contíguas, de fácil comunicação, e nas que se situem na mesma região metropolitana.

§ 2º Sempre que, para efetivar a execução, for necessário o emprego de força policial, o juiz a requisitará.

§ 3º A requerimento da parte, o juiz pode determinar a inclusão do nome do executado em cadastros de inadimplentes.

§ 4º A inscrição será cancelada imediatamente se for efetuado o pagamento, se for garantida a execução ou se a execução for extinta por qualquer outro motivo.
§ 5º O disposto nos §§ 3º e 4º aplica-se à execução definitiva de título judicial.

CAPÍTULO IV

Dos Requisitos Necessários Para Realizar Qualquer Execução

SEÇÃO I
Do Título Executivo

Art. 783. A execução para cobrança de crédito fundar-se-á sempre em título de obrigação certa, líquida e exigível.

Art. 784. São títulos executivos extrajudiciais:
I. a letra de câmbio, a nota promissória, a duplicata, a debênture e o cheque;
II. a escritura pública ou outro documento público assinado pelo devedor;
III. o documento particular assinado pelo devedor e por 2 (duas) testemunhas;
IV. o instrumento de transação referendado pelo Ministério Público, pela Defensoria Pública, pela Advocacia Pública, pelos advogados dos transatores ou por conciliador ou mediador credenciado por tribunal;
V. o contrato garantido por hipoteca, penhor, anticrese ou outro direito real de garantia e aquele garantido por caução;
VI. o contrato de seguro de vida em caso de morte;
VII. o crédito decorrente de foro e laudêmio;
VIII. o crédito, documentalmente comprovado, decorrente de aluguel de imóvel, bem como de encargos acessórios, tais como taxas e despesas de condomínio;
IX. a certidão de dívida ativa da Fazenda Pública da União, dos Estados, do Distrito Federal e dos Municípios, correspondente aos créditos inscritos na forma da lei;
X. o crédito referente às contribuições ordinárias ou extraordinárias de condomínio edilício, previstas na respectiva convenção ou aprovadas em Assembleia Geral, desde que documentalmente comprovadas;
XI. a certidão expedida por serventia notarial ou de registro relativa a valores de emolumentos e demais despesas devidas pelos atos por ela praticados, fixados nas tabelas estabelecidas em lei;
XII. todos os demais títulos aos quais, por disposição expressa, a lei atribuir força executiva.

§ 1º A propositura de qualquer ação relativa a débito constante de título executivo não inibe o credor de promover-lhe a execução.
§ 2º Os títulos executivos extrajudiciais oriundos de país estrangeiro não dependem de homologação para serem executados.
§ 3º O título estrangeiro só terá eficácia executiva quando satisfeitos os requisitos de formação exigidos pela lei do lugar de sua celebração e quando o Brasil for indicado como o lugar de cumprimento da obrigação.

Art. 785. A existência de título executivo extrajudicial não impede a parte de optar pelo processo de conhecimento, a fim de obter título executivo judicial.

SEÇÃO II
Da Exigibilidade da Obrigação

Art. 786. A execução pode ser instaurada caso o devedor não satisfaça a obrigação certa, líquida e exigível consubstanciada em título executivo.
Parágrafo único. A necessidade de simples operações aritméticas para apurar o crédito exequendo não retira a liquidez da obrigação constante do título.

Art. 787. Se o devedor não for obrigado a satisfazer sua prestação senão mediante a contraprestação do credor, este deverá provar que a adimpliu ao requerer a execução, sob pena de extinção do processo.
Parágrafo único. O executado poderá eximir-se da obrigação, depositando em juízo a prestação ou a coisa, caso em que o juiz não permitirá que o credor a receba sem cumprir a contraprestação que lhe tocar.

Art. 788. O credor não poderá iniciar a execução ou nela prosseguir se o devedor cumprir a obrigação, mas poderá recusar o recebimento da prestação se ela não corresponder ao direito ou à obrigação estabelecidos no título executivo, caso em que poderá requerer a execução forçada, ressalvado ao devedor o direito de embargá-la.

CAPÍTULO V

Da Responsabilidade Patrimonial

Art. 789. O devedor responde com todos os seus bens presentes e futuros para o cumprimento de suas obrigações, salvo as restrições estabelecidas em lei.

Art. 790. São sujeitos à execução os bens:

I. do sucessor a título singular, tratando-se de execução fundada em direito real ou obrigação reipersecutória;

II. do sócio, nos termos da lei;

III. do devedor, ainda que em poder de terceiros;

IV. do cônjuge ou companheiro, nos casos em que seus bens próprios ou de sua meação respondem pela dívida;

V. alienados ou gravados com ônus real em fraude à execução;

VI. cuja alienação ou gravação com ônus real tenha sido anulada em razão do reconhecimento, em ação autônoma, de fraude contra credores;

VII. do responsável, nos casos de desconsideração da personalidade jurídica.

Art. 791. Se a execução tiver por objeto obrigação de que seja sujeito passivo o proprietário de terreno submetido ao regime do direito de superfície, ou o superficiário, responderá pela dívida, exclusivamente, o direito real do qual é titular o executado, recaindo a penhora ou outros atos de constrição exclusivamente sobre o terreno, no primeiro caso, ou sobre a construção ou a plantação, no segundo caso.

§ 1º Os atos de constrição a que se refere o caput serão averbados separadamente na matrícula do imóvel, com a identificação do executado, do valor do crédito e do objeto sobre o qual recai o gravame, devendo o oficial destacar o bem que responde pela dívida, se o terreno, a construção ou a plantação, de modo a assegurar a publicidade da responsabilidade patrimonial de cada um deles pelas dívidas e pelas obrigações que a eles estão vinculadas.

§ 2º Aplica-se, no que couber, o disposto neste artigo à enfiteuse, à concessão de uso especial para fins de moradia e à concessão de direito real de uso.

Art. 792. A alienação ou a oneração de bem é considerada fraude à execução:

I. quando sobre o bem pender ação fundada em direito real ou com pretensão reipersecutória, desde que a pendência do processo tenha sido averbada no respectivo registro público, se houver;

II. quando tiver sido averbada, no registro do bem, a pendência do processo de execução, na forma do art. 828;

III. quando tiver sido averbado, no registro do bem, hipoteca judiciária ou outro ato de constrição judicial originário do processo onde foi arguida a fraude;

IV. quando, ao tempo da alienação ou da oneração, tramitava contra o devedor ação capaz de reduzi-lo à insolvência;

V. nos demais casos expressos em lei.

§ 1º A alienação em fraude à execução é ineficaz em relação ao exequente.

§ 2º No caso de aquisição de bem não sujeito a registro, o terceiro adquirente tem o ônus de provar que adotou as cautelas necessárias para a aquisição, mediante a exibição das certidões pertinentes, obtidas no domicílio do vendedor e no local onde se encontra o bem.

§ 3º Nos casos de desconsideração da personalidade jurídica, a fraude à execução verifica-se a partir da citação da parte cuja personalidade se pretende desconsiderar.

§ 4º Antes de declarar a fraude à execução, o juiz deverá intimar o terceiro adquirente, que, se quiser, poderá opor embargos de terceiro, no prazo de 15 (quinze) dias.

Art. 793. O exequente que estiver, por direito de retenção, na posse de coisa pertencente ao devedor não poderá promover a execução sobre outros bens senão depois de excutida a coisa que se achar em seu poder.

Art. 794. O fiador, quando executado, tem o direito de exigir que primeiro sejam executados os bens do devedor situados na mesma comarca, livres e desembargados, indicando-os pormenorizadamente à penhora.

§ 1º Os bens do fiador ficarão sujeitos à execução se os do devedor, situados na mesma comarca que os seus, forem insuficientes à satisfação do direito do credor.

§ 2º O fiador que pagar a dívida poderá executar o afiançado nos autos do mesmo processo.

§ 3º O disposto no caput não se aplica se o fiador houver renunciado ao benefício de ordem.

Art. 795. Os bens particulares dos sócios não respondem pelas dívidas da sociedade, senão nos casos previstos em lei.

§ 1º O sócio réu, quando responsável pelo pagamento da dívida da sociedade, tem o direito de exigir que primeiro sejam excutidos os bens da sociedade.

§ 2º Incumbe ao sócio que alegar o benefício do § 1º nomear quantos bens da sociedade situados na mesma comarca, livres e desembargados, bastem para pagar o débito.

§ 3º O sócio que pagar a dívida poderá executar a sociedade nos autos do mesmo processo.

§ 4º Para a desconsideração da personalidade jurídica é obrigatória a observância do incidente previsto neste Código.

Art. 796. O espólio responde pelas dívidas do falecido, mas, feita a partilha, cada herdeiro responde por elas dentro das forças da herança e na proporção da parte que lhe coube.

TÍTULO II
Das Diversas Espécies de Execução

CAPÍTULO I
Disposições Gerais

Art. 797. Ressalvado o caso de insolvência do devedor, em que tem lugar o concurso universal, realiza-se a execução no interesse do exequente que adquire, pela penhora, o direito de preferência sobre os bens penhorados.

Parágrafo único. Recaindo mais de uma penhora sobre o mesmo bem, cada exequente conservará o seu título de preferência.

Art. 798. Ao propor a execução, incumbe ao exequente:
I. instruir a petição inicial com:
a) o título executivo extrajudicial;
b) o demonstrativo do débito atualizado até a data de propositura da ação, quando se tratar de execução por quantia certa;
c) a prova de que se verificou a condição ou ocorreu o termo, se for o caso;
d) a prova, se for o caso, de que adimpliu a contraprestação que lhe corresponde ou que lhe assegura o cumprimento, se o executado não for obrigado a satisfazer a sua prestação senão mediante a contraprestação do exequente;
II. indicar:
a) a espécie de execução de sua preferência, quando por mais de um modo puder ser realizada;
b) os nomes completos do exequente e do executado e seus números de inscrição no Cadastro de Pessoas Físicas ou no Cadastro Nacional da Pessoa Jurídica;
c) os bens suscetíveis de penhora, sempre que possível.

Parágrafo único. O demonstrativo do débito deverá conter:
I. o índice de correção monetária adotado;
II. a taxa de juros aplicada;
III. os termos inicial e final de incidência do índice de correção monetária e da taxa de juros utilizados;
IV. a periodicidade da capitalização dos juros, se for o caso;
V. a especificação de desconto obrigatório realizado.

Art. 799. Incumbe ainda ao exequente:
I. requerer a intimação do credor pignoratício, hipotecário, anticrético ou fiduciário, quando a penhora recair sobre bens gravados por penhor, hipoteca, anticrese ou alienação fiduciária;
II. requerer a intimação do titular de usufruto, uso ou habitação, quando a penhora recair sobre bem gravado por usufruto, uso ou habitação;
III. requerer a intimação do promitente comprador, quando a penhora recair sobre bem em relação ao qual haja promessa de compra e venda registrada;
IV. requerer a intimação do promitente vendedor, quando a penhora recair sobre direito aquisitivo derivado de promessa de compra e venda registrada;
V. requerer a intimação do superficiário, enfiteuta ou concessionário, em caso de direito de superfície, enfiteuse, concessão de uso especial para fins de moradia ou concessão de direito real de uso, quando a penhora recair sobre imóvel submetido ao regime do direito de superfície, enfiteuse ou concessão;
VI. requerer a intimação do proprietário de terreno com regime de direito de superfície, enfiteuse, concessão de uso especial para fins de moradia ou concessão de direito real de uso, quando a penhora recair sobre direitos do superficiário, do enfiteuta ou do concessionário;
VII. requerer a intimação da sociedade, no caso de penhora de quota social ou de ação de sociedade anônima fechada, para o fim previsto no art. 876, § 7º;
VIII. pleitear, se for o caso, medidas urgentes;
IX. proceder à averbação em registro público do ato de propositura da execução e dos atos de constrição realizados, para conhecimento de terceiros.
X. requerer a intimação do titular da construção-base, bem como, se for o caso, do titular de lajes anteriores, quando a penhora recair sobre o direito real de laje;
XI. requerer a intimação do titular das lajes, quando a penhora recair sobre a construção-base.

Art. 800. Nas obrigações alternativas, quando a escolha couber ao devedor, esse será citado para exercer a opção e realizar a prestação dentro de 10 (dez) dias, se outro prazo não lhe foi determinado em lei ou em contrato.

§ 1º Devolver-se-á ao credor a opção, se o devedor não a exercer no prazo determinado.

§ 2º A escolha será indicada na petição inicial da execução quando couber ao credor exercê-la.

Art. 801. Verificando que a petição inicial está incompleta ou que não está acompanhada dos documentos indispensáveis à propositura da execução, o juiz determinará que o exequente a corrija, no prazo de 15 (quinze) dias, sob pena de indeferimento.

Art. 802. Na execução, o despacho que ordena a citação, desde que realizada em observância ao disposto no § 2º do art. 240, interrompe a prescrição, ainda que proferido por juízo incompetente.

Parágrafo único. A interrupção da prescrição retroagirá à data de propositura da ação.

Art. 803. É nula a execução se:

I. o título executivo extrajudicial não corresponder a obrigação certa, líquida e exigível;

II. o executado não for regularmente citado;

III. for instaurada antes de se verificar a condição ou de ocorrer o termo.

Parágrafo único. A nulidade de que cuida este artigo será pronunciada pelo juiz, de ofício ou a requerimento da parte, independentemente de embargos à execução.

Art. 804. A alienação de bem gravado por penhor, hipoteca ou anticrese será ineficaz em relação ao credor pignoratício, hipotecário ou anticrético não intimado.

§ 1º A alienação de bem objeto de promessa de compra e venda ou de cessão registrada será ineficaz em relação ao promitente comprador ou ao cessionário não intimado.

§ 2º A alienação de bem sobre o qual tenha sido instituído direito de superfície, seja do solo, da plantação ou da construção, será ineficaz em relação ao concedente ou ao concessionário não intimado.

§ 3º A alienação de direito aquisitivo de bem objeto de promessa de venda, de promessa de cessão ou de alienação fiduciária será ineficaz em relação ao promitente vendedor, ao promitente cedente ou ao proprietário fiduciário não intimado.

§ 4º A alienação de imóvel sobre o qual tenha sido instituída enfiteuse, concessão de uso especial para fins de moradia ou concessão de direito real de uso será ineficaz em relação ao enfiteuta ou ao concessionário não intimado.

§ 5º A alienação de direitos do enfiteuta, do concessionário de direito real de uso ou do concessionário de uso especial para fins de moradia será ineficaz em relação ao proprietário do respectivo imóvel não intimado.

§ 6º A alienação de bem sobre o qual tenha sido instituído usufruto, uso ou habitação será ineficaz em relação ao titular desses direitos reais não intimado.

Art. 805. Quando por vários meios o exequente puder promover a execução, o juiz mandará que se faça pelo modo menos gravoso para o executado.

Parágrafo único. Ao executado que alegar ser a medida executiva mais gravosa incumbe indicar outros meios mais eficazes e menos onerosos, sob pena de manutenção dos atos executivos já determinados.

CAPÍTULO II

Da Execução Para a Entrega de Coisa

SEÇÃO I
Da Entrega de Coisa Certa

Art. 806. O devedor de obrigação de entrega de coisa certa, constante de título executivo extrajudicial, será citado para, em 15 (quinze) dias, satisfazer a obrigação.

§ 1º Ao despachar a inicial, o juiz poderá fixar multa por dia de atraso no cumprimento da obrigação, ficando o respectivo valor sujeito a alteração, caso se revele insuficiente ou excessivo.

§ 2º Do mandado de citação constará ordem para imissão na posse ou busca e apreensão, conforme se tratar de bem imóvel ou móvel, cujo cumprimento se dará de imediato, se o executado não satisfizer a obrigação no prazo que lhe foi designado.

Art. 807. Se o executado entregar a coisa, será lavrado o termo respectivo e considerada satisfeita a obrigação, prosseguindo-se a execução para o pagamento de frutos ou o ressarcimento de prejuízos, se houver.

Art. 808. Alienada a coisa quando já litigiosa, será expedido mandado contra o terceiro adquirente, que somente será ouvido após depositá-la.

Art. 809. O exequente tem direito a receber, além de perdas e danos, o valor da coisa, quando essa se deteriorar, não lhe for entregue, não for encontrada ou não for reclamada do poder de terceiro adquirente.

§ 1º Não constando do título o valor da coisa e sendo impossível sua avaliação, o exequente apresentará estimativa, sujeitando-a ao arbitramento judicial.

§ 2º Serão apurados em liquidação o valor da coisa e os prejuízos.

Art. 810. Havendo benfeitorias indenizáveis feitas na coisa pelo executado ou por terceiros de cujo poder ela houver sido tirada, a liquidação prévia é obrigatória.

Parágrafo único. Havendo saldo:

I. em favor do executado ou de terceiros, o exequente o depositará ao requerer a entrega da coisa;

II. em favor do exequente, esse poderá cobrá-lo nos autos do mesmo processo.

SEÇÃO II
Da Entrega de Coisa Incerta

Art. 811. Quando a execução recair sobre coisa determinada pelo gênero e pela quantidade, o executado será citado para entregá-la individualizada, se lhe couber a escolha.

Parágrafo único. Se a escolha couber ao exequente, esse deverá indicá-la na petição inicial.

Art. 812. Qualquer das partes poderá, no prazo de 15 (quinze) dias, impugnar a escolha feita pela outra, e o juiz decidirá de plano ou, se necessário, ouvindo perito de sua nomeação.

Art. 813. Aplicar-se-ão à execução para entrega de coisa incerta, no que couber, as disposições da SEÇÃO I deste Capítulo.

CAPÍTULO III
Da Execução das Obrigações de Fazer ou de Não Fazer

SEÇÃO I
Disposições Comuns

Art. 814. Na execução de obrigação de fazer ou de não fazer fundada em título extrajudicial, ao despachar a inicial, o juiz fixará multa por período de atraso no cumprimento da obrigação e a data a partir da qual será devida.

Parágrafo único. Se o valor da multa estiver previsto no título e for excessivo, o juiz poderá reduzi-lo.

SEÇÃO II
Da Obrigação de Fazer

Art. 815. Quando o objeto da execução for obrigação de fazer, o executado será citado para satisfazê-la no prazo que o juiz lhe designar, se outro não estiver determinado no título executivo.

Art. 816. Se o executado não satisfizer a obrigação no prazo designado, é lícito ao exequente, nos próprios autos do processo, requerer a satisfação da obrigação à custa do executado ou perdas e danos, hipótese em que se converterá em indenização.

Parágrafo único. O valor das perdas e danos será apurado em liquidação, seguindo-se a execução para cobrança de quantia certa.

Art. 817. Se a obrigação puder ser satisfeita por terceiro, é lícito ao juiz autorizar, a requerimento do exequente, que aquele a satisfaça à custa do executado.

Parágrafo único. O exequente adiantará as quantias previstas na proposta que, ouvidas as partes, o juiz houver aprovado.

Art. 818. Realizada a prestação, o juiz ouvirá as partes no prazo de 10 (dez) dias e, não havendo impugnação, considerará satisfeita a obrigação.

Parágrafo único. Caso haja impugnação, o juiz a decidirá.

Art. 819. Se o terceiro contratado não realizar a prestação no prazo ou se o fizer de modo incompleto ou defeituoso, poderá o exequente requerer ao juiz, no prazo de 15 (quinze) dias, que o autorize a concluí-la ou a repará-la à custa do contratante.

Parágrafo único. Ouvido o contratante no prazo de 15 (quinze) dias, o juiz mandará avaliar o custo das despesas necessárias e o condenará a pagá-lo.

Art. 820. Se o exequente quiser executar ou mandar executar, sob sua direção e vigilância, as obras e os trabalhos necessários à realização da prestação, terá preferência, em igualdade de condições de oferta, em relação ao terceiro.

Parágrafo único. O direito de preferência deverá ser exercido no prazo de 5 (cinco) dias, após aprovada a proposta do terceiro.

Art. 821. Na obrigação de fazer, quando se convencionar que o executado a satisfaça pessoalmente, o exequente poderá requerer ao juiz que lhe assine prazo para cumpri-la.

Parágrafo único. Havendo recusa ou mora do executado, sua obrigação pessoal será convertida em perdas e danos, caso em que se observará o procedimento de execução por quantia certa.

SEÇÃO III
Da Obrigação de Não Fazer

Art. 822. Se o executado praticou ato a cuja abstenção estava obrigado por lei ou por contrato, o exequente requererá ao juiz que assine prazo ao executado para desfazê-lo.

Art. 823. Havendo recusa ou mora do executado, o exequente requererá ao juiz que mande desfazer o ato à custa daquele, que responderá por perdas e danos.

Parágrafo único. Não sendo possível desfazer-se o ato, a obrigação resolve-se em perdas e danos, caso em que, após a liquidação, se observará o procedimento de execução por quantia certa.

CAPÍTULO IV
Da Execução por Quantia Certa

SEÇÃO I
Disposições Gerais

Art. 824. A execução por quantia certa realiza-se pela expropriação de bens do executado, ressalvadas as execuções especiais.

Art. 825. A expropriação consiste em:
I. adjudicação;
II. alienação;
III. apropriação de frutos e rendimentos de empresa ou de estabelecimentos e de outros bens.

Art. 826. Antes de adjudicados ou alienados os bens, o executado pode, a todo tempo, remir a execução, pagando ou consignando a importância atualizada da dívida, acrescida de juros, custas e honorários advocatícios.

SEÇÃO II
Da Citação do Devedor e do Arresto

Art. 827. Ao despachar a inicial, o juiz fixará, de plano, os honorários advocatícios de dez por cento, a serem pagos pelo executado.

§ 1º No caso de integral pagamento no prazo de 3 (três) dias, o valor dos honorários advocatícios será reduzido pela metade.

§ 2º O valor dos honorários poderá ser elevado até vinte por cento, quando rejeitados os embargos à execução, podendo a majoração, caso não opostos os embargos, ocorrer ao final do procedimento executivo, levando-se em conta o trabalho realizado pelo advogado do exequente.

Art. 828. O exequente poderá obter certidão de que a execução foi admitida pelo juiz, com identificação das partes e do valor da causa, para fins de averbação no registro de imóveis, de veículos ou de outros bens sujeitos a penhora, arresto ou indisponibilidade.

§ 1º No prazo de 10 (dez) dias de sua concretização, o exequente deverá comunicar ao juízo as averbações efetivadas.

§ 2º Formalizada penhora sobre bens suficientes para cobrir o valor da dívida, o exequente providenciará, no prazo de 10 (dez) dias, o cancelamento das averbações relativas àqueles não penhorados.

§ 3º O juiz determinará o cancelamento das averbações, de ofício ou a requerimento, caso o exequente não o faça no prazo.

§ 4º Presume-se em fraude à execução a alienação ou a oneração de bens efetuada após a averbação.

§ 5º O exequente que promover averbação manifestamente indevida ou não cancelar as averbações nos termos do § 2º indenizará a parte contrária, processando-se o incidente em autos apartados.

Art. 829. O executado será citado para pagar a dívida no prazo de 3 (três) dias, contado da citação.

§ 1º Do mandado de citação constarão, também, a ordem de penhora e a avaliação a serem cumpridas pelo oficial de justiça tão logo verificado o não pagamento no prazo assinalado, de tudo lavrando-se auto, com intimação do executado.

§ 2º A penhora recairá sobre os bens indicados pelo exequente, salvo se outros forem indicados pelo executado e aceitos pelo juiz, mediante demonstração de que a constrição proposta lhe será menos onerosa e não trará prejuízo ao exequente.

Art. 830. Se o oficial de justiça não encontrar o executado, arrestar-lhe-á tantos bens quantos bastem para garantir a execução.

§ 1º Nos 10 (dez) dias seguintes à efetivação do arresto, o oficial de justiça procurará o executado 2 (duas) vezes em dias distintos e, havendo suspeita de ocultação, realizará a citação com hora certa, certificando pormenorizadamente o ocorrido.

§ 2º Incumbe ao exequente requerer a citação por edital, uma vez frustradas a pessoal e a com hora certa.

§ 3º Aperfeiçoada a citação e transcorrido o prazo de pagamento, o arresto converter-se-á em penhora, independentemente de termo.

SEÇÃO III
Da Penhora, do Depósito e da Avaliação

Subseção I
Do Objeto da Penhora

Art. 831. A penhora deverá recair sobre tantos bens quantos bastem para o pagamento do principal atualizado, dos juros, das custas e dos honorários advocatícios.

Art. 832. Não estão sujeitos à execução os bens que a lei considera impenhoráveis ou inalienáveis.

Art. 833. São impenhoráveis:

I. os bens inalienáveis e os declarados, por ato voluntário, não sujeitos à execução;

II. os móveis, os pertences e as utilidades domésticas que guarnecem a residência do executado, salvo os de elevado valor ou os que ultrapassem as necessidades comuns correspondentes a um médio padrão de vida;

III. os vestuários, bem como os pertences de uso pessoal do executado, salvo se de elevado valor;

IV. os vencimentos, os subsídios, os soldos, os salários, as remunerações, os proventos de aposentadoria, as pensões, os pecúlios e os montepios, bem como as quantias recebidas por liberalidade de terceiro e destinadas ao sustento do devedor e de sua família, os ganhos de trabalhador autônomo e os honorários de profissional liberal, ressalvado o § 2º;

V. os livros, as máquinas, as ferramentas, os utensílios, os instrumentos ou outros bens móveis necessários ou úteis ao exercício da profissão do executado;

VI. o seguro de vida;

VII. os materiais necessários para obras em andamento, salvo se essas forem penhoradas;

VIII. a pequena propriedade rural, assim definida em lei, desde que trabalhada pela família;

IX. os recursos públicos recebidos por instituições privadas para aplicação compulsória em educação, saúde ou assistência social;

X. a quantia depositada em caderneta de poupança, até o limite de 40 (quarenta) salários-mínimos;

XI. os recursos públicos do fundo partidário recebidos por partido político, nos termos da lei;

XII. os créditos oriundos de alienação de unidades imobiliárias, sob regime de incorporação imobiliária, vinculados à execução da obra.

§ 1º A impenhorabilidade não é oponível à execução de dívida relativa ao próprio bem, inclusive àquela contraída para sua aquisição.

§ 2º O disposto nos incisos IV e X do caput não se aplica à hipótese de penhora para pagamento de prestação alimentícia, independentemente de sua origem, bem como às importâncias excedentes a 50 (cinquenta) salários-mínimos mensais, devendo a constrição observar o disposto no art. 528, § 8º, e no art. 529, § 3º.

§ 3º Incluem-se na impenhorabilidade prevista no inciso V do caput os equipamentos, os implementos e as máquinas agrícolas pertencentes a pessoa física ou a empresa individual produtora rural, exceto quando tais bens tenham sido objeto de financiamento e estejam vinculados em garantia a negócio jurídico ou quando respondam por dívida de natureza alimentar, trabalhista ou previdenciária.

Art. 834. Podem ser penhorados, à falta de outros bens, os frutos e os rendimentos dos bens inalienáveis.

Art. 835. A penhora observará, preferencialmente, a seguinte ordem:

I. dinheiro, em espécie ou em depósito ou aplicação em instituição financeira;

II. títulos da dívida pública da União, dos Estados e do Distrito Federal com cotação em mercado;

III. títulos e valores mobiliários com cotação em mercado;

IV. veículos de via terrestre;

V. bens imóveis;

VI. bens móveis em geral;

VII. semoventes;

VIII. navios e aeronaves;

IX. ações e quotas de sociedades simples e empresárias;

X. percentual do faturamento de empresa devedora;

XI. pedras e metais preciosos;

XII. direitos aquisitivos derivados de promessa de compra e venda e de alienação fiduciária em garantia;

XIII. outros direitos.

§ 1º É prioritária a penhora em dinheiro, podendo o juiz, nas demais hipóteses, alterar a ordem prevista no caput de acordo com as circunstâncias do caso concreto.

§ 2º Para fins de substituição da penhora, equiparam-se a dinheiro a fiança bancária e o seguro garantia judicial, desde que em valor não inferior ao do débito constante da inicial, acrescido de trinta por cento.

§ 3º Na execução de crédito com garantia real, a penhora recairá sobre a coisa dada em garantia, e, se a coisa pertencer a terceiro garantidor, este também será intimado da penhora.

Art. 836. Não se levará a efeito a penhora quando ficar evidente que o produto da execução dos bens encontrados será totalmente absorvido pelo pagamento das custas da execução.

§ 1º Quando não encontrar bens penhoráveis, independentemente de determinação judicial expressa, o oficial de justiça descreverá na certidão os bens que guarneçam a residência ou o estabelecimento do executado, quando este for pessoa jurídica.

§ 2º Elaborada a lista, o executado ou seu representante legal será nomeado depositário provisório de tais bens até ulterior determinação do juiz.

Subseção II
Da Documentação da Penhora, de seu Registro e do Depósito

Art. 837. Obedecidas as normas de segurança instituídas sob critérios uniformes pelo Conselho Nacional de Justiça, a penhora de dinheiro e as averbações de penhoras de bens imóveis e móveis podem ser realizadas por meio eletrônico.

Art. 838. A penhora será realizada mediante auto ou termo, que conterá:

I. a indicação do dia, do mês, do ano e do lugar em que foi feita;

II. os nomes do exequente e do executado;

III. a descrição dos bens penhorados, com as suas características;

IV. a nomeação do depositário dos bens.

Art. 839. Considerar-se-á feita a penhora mediante a apreensão e o depósito dos bens, lavrando-se um só auto se as diligências forem concluídas no mesmo dia.

Parágrafo único. Havendo mais de uma penhora, serão lavrados autos individuais.

Art. 840. Serão preferencialmente depositados:

I. as quantias em dinheiro, os papéis de crédito e as pedras e os metais preciosos, no Banco do Brasil, na Caixa Econômica Federal ou em banco do qual o Estado ou o Distrito Federal possua mais da metade do capital social integralizado, ou, na falta desses estabelecimentos, em qualquer instituição de crédito designada pelo juiz;

II. os móveis, os semoventes, os imóveis urbanos e os direitos aquisitivos sobre imóveis urbanos, em poder do depositário judicial;

III. os imóveis rurais, os direitos aquisitivos sobre imóveis rurais, as máquinas, os utensílios e os instrumentos necessários ou úteis à atividade agrícola, mediante caução idônea, em poder do executado.

§ 1º No caso do inciso II do caput, se não houver depositário judicial, os bens ficarão em poder do exequente.

§ 2º Os bens poderão ser depositados em poder do executado nos casos de difícil remoção ou quando anuir o exequente.

§ 3º As joias, as pedras e os objetos preciosos deverão ser depositados com registro do valor estimado de resgate.

Art. 841. Formalizada a penhora por qualquer dos meios legais, dela será imediatamente intimado o executado.

§ 1º A intimação da penhora será feita ao advogado do executado ou à sociedade de advogados a que aquele pertença.

§ 2º Se não houver constituído advogado nos autos, o executado será intimado pessoalmente, de preferência por via postal.

§ 3º O disposto no § 1º não se aplica aos casos de penhora realizada na presença do executado, que se reputa intimado.

§ 4º Considera-se realizada a intimação a que se refere o § 2º quando o executado houver mudado de endereço sem prévia comunicação ao juízo, observado o disposto no parágrafo único do art. 274.

Art. 842. Recaindo a penhora sobre bem imóvel ou direito real sobre imóvel, será intimado também o cônjuge do executado, salvo se forem casados em regime de separação absoluta de bens.

Art. 843. Tratando-se de penhora de bem indivisível, o equivalente à quota-parte do coproprietário ou do cônjuge alheio à execução recairá sobre o produto da alienação do bem.

§ 1º É reservada ao coproprietário ou ao cônjuge não executado a preferência na arrematação do bem em igualdade de condições.

§ 2º Não será levada a efeito expropriação por preço inferior ao da avaliação na qual o valor auferido seja incapaz de garantir, ao coproprietário ou ao cônjuge alheio à execução, o correspondente à sua quota-parte calculado sobre o valor da avaliação.

Art. 844. Para presunção absoluta de conhecimento por terceiros, cabe ao exequente providenciar a averbação do arresto ou da penhora no registro competente, mediante apresentação de cópia do auto ou do termo, independentemente de mandado judicial.

Subseção III
Do Lugar de Realização da Penhora

Art. 845. Efetuar-se-á a penhora onde se encontrem os bens, ainda que sob a posse, a detenção ou a guarda de terceiros.

§ 1º A penhora de imóveis, independentemente de onde se localizem, quando apresentada certidão da respectiva matrícula, e a penhora de veículos automotores, quando apresentada certidão que ateste a sua existência, serão realizadas por termo nos autos.

§ 2º Se o executado não tiver bens no foro do processo, não sendo possível a realização da penhora nos termos do § 1º, a execução será feita por carta, penhorando-se, avaliando-se e alienando-se os bens no foro da situação.

Art. 846. Se o executado fechar as portas da casa a fim de obstar a penhora dos bens, o oficial de justiça comunicará o fato ao juiz, solicitando-lhe ordem de arrombamento.

§ 1º Deferido o pedido, 2 (dois) oficiais de justiça cumprirão o mandado, arrombando cômodos e móveis em que se presuma estarem os bens, e lavrarão de tudo auto circunstanciado, que será assinado por 2 (duas) testemunhas presentes à diligência.

§ 2º Sempre que necessário, o juiz requisitará força policial, a fim de auxiliar os oficiais de justiça na penhora dos bens.

§ 3º Os oficiais de justiça lavrarão em duplicata o auto da ocorrência, entregando uma via ao escrivão ou ao chefe de secretaria, para ser juntada aos autos, e a outra à autoridade policial a quem couber a apuração criminal dos eventuais delitos de desobediência ou de resistência.

§ 4º Do auto da ocorrência constará o rol de testemunhas, com a respectiva qualificação.

Subseção IV
Das Modificações da Penhora

Art. 847. O executado pode, no prazo de 10 (dez) dias contado da intimação da penhora, requerer a substituição do bem penhorado, desde que comprove que lhe será menos onerosa e não trará prejuízo ao exequente.

§ 1º O juiz só autorizará a substituição se o executado:

I. comprovar as respectivas matrículas e os registros por certidão do correspondente ofício, quanto aos bens imóveis;

II. descrever os bens móveis, com todas as suas propriedades e características, bem como o estado deles e o lugar onde se encontram;

III. descrever os semoventes, com indicação de espécie, de número, de marca ou sinal e do local onde se encontram;

IV. identificar os créditos, indicando quem seja o devedor, qual a origem da dívida, o título que a representa e a data do vencimento; e

V. atribuir, em qualquer caso, valor aos bens indicados à penhora, além de especificar os ônus e os encargos a que estejam sujeitos.

§ 2º Requerida a substituição do bem penhorado, o executado deve indicar onde se encontram os bens sujeitos à execução, exibir a prova de sua propriedade e a certidão negativa ou positiva de ônus, bem como abster-se de qualquer atitude que dificulte ou embarace a realização da penhora.

§ 3º O executado somente poderá oferecer bem imóvel em substituição caso o requeira com a expressa anuência do cônjuge, salvo se o regime for o de separação absoluta de bens.

§ 4º O juiz intimará o exequente para manifestar-se sobre o requerimento de substituição do bem penhorado.

Art. 848. As partes poderão requerer a substituição da penhora se:

I. ela não obedecer à ordem legal;

II. ela não incidir sobre os bens designados em lei, contrato ou ato judicial para o pagamento;

III. havendo bens no foro da execução, outros tiverem sido penhorados;

IV. havendo bens livres, ela tiver recaído sobre bens já penhorados ou objeto de gravame;

V. ela incidir sobre bens de baixa liquidez;

VI. fracassar a tentativa de alienação judicial do bem; ou

VII. o executado não indicar o valor dos bens ou omitir qualquer das indicações previstas em lei.

Parágrafo único. A penhora pode ser substituída por fiança bancária ou por seguro garantia judicial, em valor não inferior ao do débito constante da inicial, acrescido de trinta por cento.

Art. 849. Sempre que ocorrer a substituição dos bens inicialmente penhorados, será lavrado novo termo.

Art. 850. Será admitida a redução ou a ampliação da penhora, bem como sua transferência para outros bens, se, no curso do processo, o valor de mercado dos bens penhorados sofrer alteração significativa.

Art. 851. Não se procede à segunda penhora, salvo se:
I. a primeira for anulada;
II. executados os bens, o produto da alienação não bastar para o pagamento do exequente;
III. o exequente desistir da primeira penhora, por serem litigiosos os bens ou por estarem submetidos a constrição judicial.

Art. 852. O juiz determinará a alienação antecipada dos bens penhorados quando:
I. se tratar de veículos automotores, de pedras e metais preciosos e de outros bens móveis sujeitos à depreciação ou à deterioração;
II. houver manifesta vantagem.

Art. 853. Quando uma das partes requerer alguma das medidas previstas nesta Subseção, o juiz ouvirá sempre a outra, no prazo de 3 (três) dias, antes de decidir.
Parágrafo único. O juiz decidirá de plano qualquer questão suscitada.

Subseção V
Da Penhora de Dinheiro em Depósito ou em Aplicação Financeira

Art. 854. Para possibilitar a penhora de dinheiro em depósito ou em aplicação financeira, o juiz, a requerimento do exequente, sem dar ciência prévia do ato ao executado, determinará às instituições financeiras, por meio de sistema eletrônico gerido pela autoridade supervisora do sistema financeiro nacional, que torne indisponíveis ativos financeiros existentes em nome do executado, limitando-se a indisponibilidade ao valor indicado na execução.
§ 1º No prazo de 24 (vinte e quatro) horas a contar da resposta, de ofício, o juiz determinará o cancelamento de eventual indisponibilidade excessiva, o que deverá ser cumprido pela instituição financeira em igual prazo.
§ 2º Tornados indisponíveis os ativos financeiros do executado, este será intimado na pessoa de seu advogado ou, não o tendo, pessoalmente.
§ 3º Incumbe ao executado, no prazo de 5 (cinco) dias, comprovar que:
I. as quantias tornadas indisponíveis são impenhoráveis;
II. ainda remanesce indisponibilidade excessiva de ativos financeiros.
§ 4º Acolhida qualquer das arguições dos incisos I e II do § 3º, o juiz determinará o cancelamento de eventual indisponibilidade irregular ou excessiva, a ser cumprido pela instituição financeira em 24 (vinte e quatro) horas.
§ 5º Rejeitada ou não apresentada a manifestação do executado, converter-se-á a indisponibilidade em penhora, sem necessidade de lavratura de termo, devendo o juiz da execução determinar à instituição financeira depositária que, no prazo de 24 (vinte e quatro) horas, transfira o montante indisponível para conta vinculada ao juízo da execução.
§ 6º Realizado o pagamento da dívida por outro meio, o juiz determinará, imediatamente, por sistema eletrônico gerido pela autoridade supervisora do sistema financeiro nacional, a notificação da instituição financeira para que, em até 24 (vinte e quatro) horas, cancele a indisponibilidade.
§ 7º As transmissões das ordens de indisponibilidade, de seu cancelamento e de determinação de penhora previstas neste artigo far-se-ão por meio de sistema eletrônico gerido pela autoridade supervisora do sistema financeiro nacional.
§ 8º A instituição financeira será responsável pelos prejuízos causados ao executado em decorrência da indisponibilidade de ativos financeiros em valor superior ao indicado na execução ou pelo juiz, bem como na hipótese de não cancelamento da indisponibilidade no prazo de 24 (vinte e quatro) horas, quando assim determinar o juiz.
§ 9º Quando se tratar de execução contra partido político, o juiz, a requerimento do exequente, determinará às instituições financeiras, por meio de sistema eletrônico gerido por autoridade supervisora do sistema bancário, que tornem indisponíveis ativos financeiros somente em nome do órgão partidário que tenha contraído a dívida executada

ou que tenha dado causa à violação de direito ou ao dano, ao qual cabe exclusivamente a responsabilidade pelos atos praticados, na forma da lei.

Subseção VI
Da Penhora de Créditos

Art. 855. Quando recair em crédito do executado, enquanto não ocorrer a hipótese prevista no art. 856, considerar-se-á feita a penhora pela intimação:
I. ao terceiro devedor para que não pague ao executado, seu credor;
II. ao executado, credor do terceiro, para que não pratique ato de disposição do crédito.

Art. 856. A penhora de crédito representado por letra de câmbio, nota promissória, duplicata, cheque ou outros títulos far-se-á pela apreensão do documento, esteja ou não este em poder do executado.
§ 1º Se o título não for apreendido, mas o terceiro confessar a dívida, será este tido como depositário da importância.
§ 2º O terceiro só se exonerará da obrigação depositando em juízo a importância da dívida.
§ 3º Se o terceiro negar o débito em conluio com o executado, a quitação que este lhe der caracterizará fraude à execução.
§ 4º A requerimento do exequente, o juiz determinará o comparecimento, em audiência especialmente designada, do executado e do terceiro, a fim de lhes tomar os depoimentos.

Art. 857. Feita a penhora em direito e ação do executado, e não tendo ele oferecido embargos ou sendo estes rejeitados, o exequente ficará sub-rogado nos direitos do executado até a concorrência de seu crédito.
§ 1º O exequente pode preferir, em vez da sub-rogação, a alienação judicial do direito penhorado, caso em que declarará sua vontade no prazo de 10 (dez) dias contado da realização da penhora.
§ 2º A sub-rogação não impede o sub-rogado, se não receber o crédito do executado, de prosseguir na execução, nos mesmos autos, penhorando outros bens.

Art. 858. Quando a penhora recair sobre dívidas de dinheiro a juros, de direito a rendas ou de prestações periódicas, o exequente poderá levantar os juros, os rendimentos ou as prestações à medida que forem sendo depositados, abatendo-se do crédito as importâncias recebidas, conforme as regras de imputação do pagamento.

Art. 859. Recaindo a penhora sobre direito a prestação ou a restituição de coisa determinada, o executado será intimado para, no vencimento, depositá-la, correndo sobre ela a execução.

Art. 860. Quando o direito estiver sendo pleiteado em juízo, a penhora que recair sobre ele será averbada, com destaque, nos autos pertinentes ao direito e na ação correspondente à penhora, a fim de que esta seja efetivada nos bens que forem adjudicados ou que vierem a caber ao executado.

Subseção VII
Da Penhora das Quotas ou das Ações de Sociedades Personificadas

Art. 861. Penhoradas as quotas ou as ações de sócio em sociedade simples ou empresária, o juiz assinará prazo razoável, não superior a 3 (três) meses, para que a sociedade:
I. apresente balanço especial, na forma da lei;
II. ofereça as quotas ou as ações aos demais sócios, observado o direito de preferência legal ou contratual;
III. não havendo interesse dos sócios na aquisição das ações, proceda à liquidação das quotas ou das ações, depositando em juízo o valor apurado, em dinheiro.
§ 1º Para evitar a liquidação das quotas ou das ações, a sociedade poderá adquiri-las sem redução do capital social e com utilização de reservas, para manutenção em tesouraria.
§ 2º O disposto no caput e no § 1º não se aplica à sociedade anônima de capital aberto, cujas ações serão adjudicadas ao exequente ou alienadas em bolsa de valores, conforme o caso.
§ 3º Para os fins da liquidação de que trata o inciso III do caput, o juiz poderá, a requerimento do exequente ou da sociedade, nomear administrador, que deverá submeter à aprovação judicial a forma de liquidação.
§ 4º O prazo previsto no caput poderá ser ampliado pelo juiz, se o pagamento das quotas ou das ações liquidadas:
I. uperar o valor do saldo de lucros ou reservas, exceto a legal, e sem diminuição do capital social, ou por doação; ou
II. colocar em risco a estabilidade financeira da sociedade simples ou empresária.
§ 5º Caso não haja interesse dos demais sócios no exercício de direito de preferência, não ocorra a

aquisição das quotas ou das ações pela sociedade e a liquidação do inciso III do caput seja excessivamente onerosa para a sociedade, o juiz poderá determinar o leilão judicial das quotas ou das ações.

Subseção VIII
Da Penhora de Empresa, de Outros Estabelecimentos e de Semoventes

Art. 862. Quando a penhora recair em estabelecimento comercial, industrial ou agrícola, bem como em semoventes, plantações ou edifícios em construção, o juiz nomeará administrador-depositário, determinando-lhe que apresente em 10 (dez) dias o plano de administração.

§ 1º Ouvidas as partes, o juiz decidirá.

§ 2º É lícito às partes ajustar a forma de administração e escolher o depositário, hipótese em que o juiz homologará por despacho a indicação.

§ 3º Em relação aos edifícios em construção sob regime de incorporação imobiliária, a penhora somente poderá recair sobre as unidades imobiliárias ainda não comercializadas pelo incorporador.

§ 4º Sendo necessário afastar o incorporador da administração da incorporação, será ela exercida pela comissão de representantes dos adquirentes ou, se se tratar de construção financiada, por empresa ou profissional indicado pela instituição fornecedora dos recursos para a obra, devendo ser ouvida, neste último caso, a comissão de representantes dos adquirentes.

Art. 863. A penhora de empresa que funcione mediante concessão ou autorização far-se-á, conforme o valor do crédito, sobre a renda, sobre determinados bens ou sobre todo o patrimônio, e o juiz nomeará como depositário, de preferência, um de seus diretores.

§ 1º Quando a penhora recair sobre a renda ou sobre determinados bens, o administrador-depositário apresentará a forma de administração e o esquema de pagamento, observando-se, quanto ao mais, o disposto em relação ao regime de penhora de frutos e rendimentos de coisa móvel e imóvel.

§ 2º Recaindo a penhora sobre todo o patrimônio, prosseguirá a execução em seus ulteriores termos, ouvindo-se, antes da arrematação ou da adjudicação, o ente público que houver outorgado a concessão.

Art. 864. A penhora de navio ou de aeronave não obsta que continuem navegando ou operando até a alienação, mas o juiz, ao conceder a autorização para tanto, não permitirá que saiam do porto ou do aeroporto antes que o executado faça o seguro usual contra riscos.

Art. 865. A penhora de que trata esta Subseção somente será determinada se não houver outro meio eficaz para a efetivação do crédito.

Subseção IX
Da Penhora de Percentual de Faturamento de Empresa

Art. 866. Se o executado não tiver outros bens penhoráveis ou se, tendo-os, esses forem de difícil alienação ou insuficientes para saldar o crédito executado, o juiz poderá ordenar a penhora de percentual de faturamento de empresa.

§ 1º O juiz fixará percentual que propicie a satisfação do crédito exequendo em tempo razoável, mas que não torne inviável o exercício da atividade empresarial.

§ 2º O juiz nomeará administrador-depositário, o qual submeterá à aprovação judicial a forma de sua atuação e prestará contas mensalmente, entregando em juízo as quantias recebidas, com os respectivos balancetes mensais, a fim de serem imputadas no pagamento da dívida.

§ 3º Na penhora de percentual de faturamento de empresa, observar-se-á, no que couber, o disposto quanto ao regime de penhora de frutos e rendimentos de coisa móvel e imóvel.

Subseção X
Da Penhora de Frutos e Rendimentos de Coisa Móvel ou Imóvel

Art. 867. O juiz pode ordenar a penhora de frutos e rendimentos de coisa móvel ou imóvel quando a considerar mais eficiente para o recebimento do crédito e menos gravosa ao executado.

Art. 868. Ordenada a penhora de frutos e rendimentos, o juiz nomeará administrador-depositário, que será investido de todos os poderes que concernem à administração do bem e à fruição de seus frutos e utilidades, perdendo o executado o direito de gozo do bem, até que o exequente seja pago do principal, dos juros, das custas e dos honorários advocatícios.

§ 1º A medida terá eficácia em relação a terceiros a partir da publicação da decisão que a conceda ou de sua averbação no ofício imobiliário, em caso de imóveis.

§ 2º O exequente providenciará a averbação no ofício imobiliário mediante a apresentação de certidão de inteiro teor do ato, independentemente de mandado judicial.

Art. 869. O juiz poderá nomear administrador-depositário o exequente ou o executado, ouvida a parte contrária, e, não havendo acordo, nomeará profissional qualificado para o desempenho da função.

§ 1º O administrador submeterá à aprovação judicial a forma de administração e a de prestar contas periodicamente.

§ 2º Havendo discordância entre as partes ou entre essas e o administrador, o juiz decidirá a melhor forma de administração do bem.

§ 3º Se o imóvel estiver arrendado, o inquilino pagará o aluguel diretamente ao exequente, salvo se houver administrador.

§ 4º O exequente ou o administrador poderá celebrar locação do móvel ou do imóvel, ouvido o executado.

§ 5º As quantias recebidas pelo administrador serão entregues ao exequente, a fim de serem imputadas ao pagamento da dívida.

§ 6º O exequente dará ao executado, por termo nos autos, quitação das quantias recebidas.

Subseção XI
Da Avaliação

Art. 870. A avaliação será feita pelo oficial de justiça.

Parágrafo único. Se forem necessários conhecimentos especializados e o valor da execução o comportar, o juiz nomeará avaliador, fixando-lhe prazo não superior a 10 (dez) dias para entrega do laudo.

Art. 871. Não se procederá à avaliação quando:

I. uma das partes aceitar a estimativa feita pela outra;

II. se tratar de títulos ou de mercadorias que tenham cotação em bolsa, comprovada por certidão ou publicação no órgão oficial;

III. se tratar de títulos da dívida pública, de ações de sociedades e de títulos de crédito negociáveis em bolsa, cujo valor será o da cotação oficial do dia, comprovada por certidão ou publicação no órgão oficial;

IV. se tratar de veículos automotores ou de outros bens cujo preço médio de mercado possa ser conhecido por meio de pesquisas realizadas por órgãos oficiais ou de anúncios de venda divulgados em meios de comunicação, caso em que caberá a quem fizer a nomeação o encargo de comprovar a cotação de mercado.

Parágrafo único. Ocorrendo a hipótese do inciso I deste artigo, a avaliação poderá ser realizada quando houver fundada dúvida do juiz quanto ao real valor do bem.

Art. 872. A avaliação realizada pelo oficial de justiça constará de vistoria e de laudo anexados ao auto de penhora ou, em caso de perícia realizada por avaliador, de laudo apresentado no prazo fixado pelo juiz, devendo-se, em qualquer hipótese, especificar:

I. os bens, com as suas características, e o estado em que se encontram;

II. o valor dos bens.

§ 1º Quando o imóvel for suscetível de cômoda divisão, a avaliação, tendo em conta o crédito reclamado, será realizada em partes, sugerindo-se, com a apresentação de memorial descritivo, os possíveis desmembramentos para alienação.

§ 2º Realizada a avaliação e, sendo o caso, apresentada a proposta de desmembramento, as partes serão ouvidas no prazo de 5 (cinco) dias.

Art. 873. É admitida nova avaliação quando:

I. qualquer das partes arguir, fundamentadamente, a ocorrência de erro na avaliação ou dolo do avaliador;

II. se verificar, posteriormente à avaliação, que houve majoração ou diminuição no valor do bem;

III. o juiz tiver fundada dúvida sobre o valor atribuído ao bem na primeira avaliação.

Parágrafo único. Aplica-se o art. 480 à nova avaliação prevista no inciso III do caput deste artigo.

Art. 874. Após a avaliação, o juiz poderá, a requerimento do interessado e ouvida a parte contrária, mandar:

I. reduzir a penhora aos bens suficientes ou transferi-la para outros, se o valor dos bens penhorados for consideravelmente superior ao crédito do exequente e dos acessórios;

II. ampliar a penhora ou transferi-la para outros bens mais valiosos, se o valor dos bens penhorados for inferior ao crédito do exequente.

Art. 875. Realizadas a penhora e a avaliação, o juiz dará início aos atos de expropriação do bem.

SEÇÃO IV
Da Expropriação de Bens

Subseção I
Da Adjudicação

Art. 876. É lícito ao exequente, oferecendo preço não inferior ao da avaliação, requerer que lhe sejam adjudicados os bens penhorados.

§ 1º Requerida a adjudicação, o executado será intimado do pedido:
I. pelo Diário da Justiça, na pessoa de seu advogado constituído nos autos;
II. por carta com aviso de recebimento, quando representado pela Defensoria Pública ou quando não tiver procurador constituído nos autos;
III. por meio eletrônico, quando, sendo o caso do § 1º do art. 246, não tiver procurador constituído nos autos.
§ 2º Considera-se realizada a intimação quando o executado houver mudado de endereço sem prévia comunicação ao juízo, observado o disposto no art. 274, parágrafo único.
§ 3º Se o executado, citado por edital, não tiver procurador constituído nos autos, é dispensável a intimação prevista no § 1º.
§ 4º Se o valor do crédito for:
I. inferior ao dos bens, o requerente da adjudicação depositará de imediato a diferença, que ficará à disposição do executado;
II. superior ao dos bens, a execução prosseguirá pelo saldo remanescente.
§ 5º Idêntico direito pode ser exercido por aqueles indicados no art. 889, incisos II a VIII, pelos credores concorrentes que hajam penhorado o mesmo bem, pelo cônjuge, pelo companheiro, pelos descendentes ou pelos ascendentes do executado.
§ 6º Se houver mais de um pretendente, proceder-se-á a licitação entre eles, tendo preferência, em caso de igualdade de oferta, o cônjuge, o companheiro, o descendente ou o ascendente, nessa ordem.
§ 7º No caso de penhora de quota social ou de ação de sociedade anônima fechada realizada em favor de exequente alheio à sociedade, esta será intimada, ficando responsável por informar aos sócios a ocorrência da penhora, assegurando-se a estes a preferência.
Art. 877. Transcorrido o prazo de 5 (cinco) dias, contado da última intimação, e decididas eventuais questões, o juiz ordenará a lavratura do auto de adjudicação.
§ 1º Considera-se perfeita e acabada a adjudicação com a lavratura e a assinatura do auto pelo juiz, pelo adjudicatário, pelo escrivão ou chefe de secretaria, e, se estiver presente, pelo executado, expedindo-se:
I. a carta de adjudicação e o mandado de imissão na posse, quando se tratar de bem imóvel;
II. a ordem de entrega ao adjudicatário, quando se tratar de bem móvel.

§ 2º A carta de adjudicação conterá a descrição do imóvel, com remissão à sua matrícula e aos seus registros, a cópia do auto de adjudicação e a prova de quitação do imposto de transmissão.
§ 3º No caso de penhora de bem hipotecado, o executado poderá remi-lo até a assinatura do auto de adjudicação, oferecendo preço igual ao da avaliação, se não tiver havido licitantes, ou ao do maior lance oferecido.
§ 4º Na hipótese de falência ou de insolvência do devedor hipotecário, o direito de remição previsto no § 3º será deferido à massa ou aos credores em concurso, não podendo o exequente recusar o preço da avaliação do imóvel.
Art. 878. Frustradas as tentativas de alienação do bem, será reaberta oportunidade para requerimento de adjudicação, caso em que também se poderá pleitear a realização de nova avaliação.

Subseção II
Da Alienação

Art. 879. A alienação far-se-á:
I. por iniciativa particular;
II. em leilão judicial eletrônico ou presencial.
Art. 880. Não efetivada a adjudicação, o exequente poderá requerer a alienação por sua própria iniciativa ou por intermédio de corretor ou leiloeiro público credenciado perante o órgão judiciário.
§ 1º O juiz fixará o prazo em que a alienação deve ser efetivada, a forma de publicidade, o preço mínimo, as condições de pagamento, as garantias e, se for o caso, a comissão de corretagem.
§ 2º A alienação será formalizada por termo nos autos, com a assinatura do juiz, do exequente, do adquirente e, se estiver presente, do executado, expedindo-se:
I. a carta de alienação e o mandado de imissão na posse, quando se tratar de bem imóvel;
II. a ordem de entrega ao adquirente, quando se tratar de bem móvel.
§ 3º Os tribunais poderão editar disposições complementares sobre o procedimento da alienação prevista neste artigo, admitindo, quando for o caso, o concurso de meios eletrônicos, e dispor sobre o credenciamento dos corretores e leiloeiros públicos, os quais deverão estar em exercício profissional por não menos que 3 (três) anos.
§ 4º Nas localidades em que não houver corretor ou leiloeiro público credenciado nos termos do § 3º, a indicação será de livre escolha do exequente.

Art. 881. A alienação far-se-á em leilão judicial se não efetivada a adjudicação ou a alienação por iniciativa particular.

§ 1º O leilão do bem penhorado será realizado por leiloeiro público.

§ 2º Ressalvados os casos de alienação a cargo de corretores de bolsa de valores, todos os demais bens serão alienados em leilão público.

Art. 882. Não sendo possível a sua realização por meio eletrônico, o leilão será presencial.

§ 1º A alienação judicial por meio eletrônico será realizada, observando-se as garantias processuais das partes, de acordo com regulamentação específica do Conselho Nacional de Justiça.

§ 2º A alienação judicial por meio eletrônico deverá atender aos requisitos de ampla publicidade, autenticidade e segurança, com observância das regras estabelecidas na legislação sobre certificação digital.

§ 3º O leilão presencial será realizado no local designado pelo juiz.

Art. 883. Caberá ao juiz a designação do leiloeiro público, que poderá ser indicado pelo exequente.

Art. 884. Incumbe ao leiloeiro público:

I. publicar o edital, anunciando a alienação;

II. realizar o leilão onde se encontrem os bens ou no lugar designado pelo juiz;

III. expor aos pretendentes os bens ou as amostras das mercadorias;

IV. receber e depositar, dentro de 1 (um) dia, à ordem do juiz, o produto da alienação;

V. prestar contas nos 2 (dois) dias subsequentes ao depósito.

Parágrafo único. O leiloeiro tem o direito de receber do arrematante a comissão estabelecida em lei ou arbitrada pelo juiz.

Art. 885. O juiz da execução estabelecerá o preço mínimo, as condições de pagamento e as garantias que poderão ser prestadas pelo arrematante.

Art. 886. O leilão será precedido de publicação de edital, que conterá:

I. a descrição do bem penhorado, com suas características, e, tratando-se de imóvel, sua situação e suas divisas, com remissão à matrícula e aos registros;

II. o valor pelo qual o bem foi avaliado, o preço mínimo pelo qual poderá ser alienado, as condições de pagamento e, se for o caso, a comissão do leiloeiro designado;

III. o lugar onde estiverem os móveis, os veículos e os semoventes e, tratando-se de créditos ou direitos, a identificação dos autos do processo em que foram penhorados;

IV. o sítio, na rede mundial de computadores, e o período em que se realizará o leilão, salvo se este se der de modo presencial, hipótese em que serão indicados o local, o dia e a hora de sua realização;

V. a indicação de local, dia e hora de segundo leilão presencial, para a hipótese de não haver interessado no primeiro;

VI. menção da existência de ônus, recurso ou processo pendente sobre os bens a serem leiloados.

Parágrafo único. No caso de títulos da dívida pública e de títulos negociados em bolsa, constará do edital o valor da última cotação.

Art. 887. O leiloeiro público designado adotará providências para a ampla divulgação da alienação.

§ 1º A publicação do edital deverá ocorrer pelo menos 5 (cinco) dias antes da data marcada para o leilão.

§ 2º O edital será publicado na rede mundial de computadores, em sítio designado pelo juízo da execução, e conterá descrição detalhada e, sempre que possível, ilustrada dos bens, informando expressamente se o leilão se realizará de forma eletrônica ou presencial.

§ 3º Não sendo possível a publicação na rede mundial de computadores ou considerando o juiz, em atenção às condições da sede do juízo, que esse modo de divulgação é insuficiente ou inadequado, o edital será afixado em local de costume e publicado, em resumo, pelo menos uma vez em jornal de ampla circulação local.

§ 4º Atendendo ao valor dos bens e às condições da sede do juízo, o juiz poderá alterar a forma e a frequência da publicidade na imprensa, mandar publicar o edital em local de ampla circulação de pessoas e divulgar avisos em emissora de rádio ou televisão local, bem como em sítios distintos do indicado no § 2º.

§ 5º Os editais de leilão de imóveis e de veículos automotores serão publicados pela imprensa ou por outros meios de divulgação, preferencialmente na SEÇÃO ou no local reservados à publicidade dos respectivos negócios.

§ 6º O juiz poderá determinar a reunião de publicações em listas referentes a mais de uma execução.

Art. 888. Não se realizando o leilão por qualquer motivo, o juiz mandará publicar a transferência, observando-se o disposto no art. 887.

Parágrafo único. O escrivão, o chefe de secretaria ou o leiloeiro que culposamente der causa à transferência responde pelas despesas da nova publicação, podendo o juiz aplicar-lhe a pena de suspensão por 5 (cinco) dias a 3 (três) meses, em procedimento administrativo regular.

Art. 889. Serão cientificados da alienação judicial, com pelo menos 5 (cinco) dias de antecedência:
I. o executado, por meio de seu advogado ou, se não tiver procurador constituído nos autos, por carta registrada, mandado, edital ou outro meio idôneo;
II. o coproprietário de bem indivisível do qual tenha sido penhorada fração ideal;
III. o titular de usufruto, uso, habitação, enfiteuse, direito de superfície, concessão de uso especial para fins de moradia ou concessão de direito real de uso, quando a penhora recair sobre bem gravado com tais direitos reais;
IV. o proprietário do terreno submetido ao regime de direito de superfície, enfiteuse, concessão de uso especial para fins de moradia ou concessão de direito real de uso, quando a penhora recair sobre tais direitos reais;
V. o credor pignoratício, hipotecário, anticrético, fiduciário ou com penhora anteriormente averbada, quando a penhora recair sobre bens com tais gravames, caso não seja o credor, de qualquer modo, parte na execução;
VI. o promitente comprador, quando a penhora recair sobre bem em relação ao qual haja promessa de compra e venda registrada;
VII. o promitente vendedor, quando a penhora recair sobre direito aquisitivo derivado de promessa de compra e venda registrada;
VIII. a União, o Estado e o Município, no caso de alienação de bem tombado.

Parágrafo único. Se o executado for revel e não tiver advogado constituído, não constando dos autos seu endereço atual ou, ainda, não sendo ele encontrado no endereço constante do processo, a intimação considerar-se-á feita por meio do próprio edital de leilão.

Art. 890. Pode oferecer lance quem estiver na livre administração de seus bens, com exceção:
I. dos tutores, dos curadores, dos testamenteiros, dos administradores ou dos liquidantes, quanto aos bens confiados à sua guarda e à sua responsabilidade;
II. dos mandatários, quanto aos bens de cuja administração ou alienação estejam encarregados;
III. do juiz, do membro do Ministério Público e da Defensoria Pública, do escrivão, do chefe de secretaria e dos demais servidores e auxiliares da justiça, em relação aos bens e direitos objeto de alienação na localidade onde servirem ou a que se estender a sua autoridade;
IV. dos servidores públicos em geral, quanto aos bens ou aos direitos da pessoa jurídica a que servirem ou que estejam sob sua administração direta ou indireta;
V. dos leiloeiros e seus prepostos, quanto aos bens de cuja venda estejam encarregados;
VI. dos advogados de qualquer das partes.

Art. 891. Não será aceito lance que ofereça preço vil.
Parágrafo único. Considera-se vil o preço inferior ao mínimo estipulado pelo juiz e constante do edital, e, não tendo sido fixado preço mínimo, considera-se vil o preço inferior a cinquenta por cento do valor da avaliação.

Art. 892. Salvo pronunciamento judicial em sentido diverso, o pagamento deverá ser realizado de imediato pelo arrematante, por depósito judicial ou por meio eletrônico.
§ 1º Se o exequente arrematar os bens e for o único credor, não estará obrigado a exibir o preço, mas, se o valor dos bens exceder ao seu crédito, depositará, dentro de 3 (três) dias, a diferença, sob pena de tornar-se sem efeito a arrematação, e, nesse caso, realizar-se-á novo leilão, à custa do exequente.
§ 2º Se houver mais de um pretendente, proceder-se-á entre eles à licitação, e, no caso de igualdade de oferta, terá preferência o cônjuge, o companheiro, o descendente ou o ascendente do executado, nessa ordem.
§ 3º No caso de leilão de bem tombado, a União, os Estados e os Municípios terão, nessa ordem, o direito de preferência na arrematação, em igualdade de oferta.

Art. 893. Se o leilão for de diversos bens e houver mais de um lançador, terá preferência aquele que se propuser a arrematá-los todos, em conjunto, oferecendo, para os bens que não tiverem lance, preço igual ao da avaliação e, para os demais, preço igual ao do maior lance que, na tentativa de arrematação individualizada, tenha sido oferecido para eles.

Art. 894. Quando o imóvel admitir cômoda divisão, o juiz, a requerimento do executado, ordenará a alienação judicial de parte dele, desde que suficiente para o pagamento do exequente e para a satisfação das despesas da execução.

§ 1º Não havendo lançador, far-se-á a alienação do imóvel em sua integridade.

§ 2º A alienação por partes deverá ser requerida a tempo de permitir a avaliação das glebas destacadas e sua inclusão no edital, e, nesse caso, caberá ao executado instruir o requerimento com planta e memorial descritivo subscritos por profissional habilitado.

Art. 895. O interessado em adquirir o bem penhorado em prestações poderá apresentar, por escrito:

I. até o início do primeiro leilão, proposta de aquisição do bem por valor não inferior ao da avaliação;

II. até o início do segundo leilão, proposta de aquisição do bem por valor que não seja considerado vil.

§ 1º A proposta conterá, em qualquer hipótese, oferta de pagamento de pelo menos vinte e cinco por cento do valor do lance à vista e o restante parcelado em até 30 (trinta) meses, garantido por caução idônea, quando se tratar de móveis, e por hipoteca do próprio bem, quando se tratar de imóveis.

§ 2º As propostas para aquisição em prestações indicarão o prazo, a modalidade, o indexador de correção monetária e as condições de pagamento do saldo.

§ 3º (VETADO).

§ 4º No caso de atraso no pagamento de qualquer das prestações, incidirá multa de dez por cento sobre a soma da parcela inadimplida com as parcelas vincendas.

§ 5º O inadimplemento autoriza o exequente a pedir a resolução da arrematação ou promover, em face do arrematante, a execução do valor devido, devendo ambos os pedidos ser formulados nos autos da execução em que se deu a arrematação.

§ 6º A apresentação da proposta prevista neste artigo não suspende o leilão.

§ 7º A proposta de pagamento do lance à vista sempre prevalecerá sobre as propostas de pagamento parcelado.

§ 8º Havendo mais de uma proposta de pagamento parcelado:

I. em diferentes condições, o juiz decidirá pela mais vantajosa, assim compreendida, sempre, a de maior valor;

II. em iguais condições, o juiz decidirá pela formulada em primeiro lugar.

§ 9º No caso de arrematação a prazo, os pagamentos feitos pelo arrematante pertencerão ao exequente até o limite de seu crédito, e os subsequentes, ao executado.

Art. 896. Quando o imóvel de incapaz não alcançar em leilão pelo menos oitenta por cento do valor da avaliação, o juiz o confiará à guarda e à administração de depositário idôneo, adiando a alienação por prazo não superior a 1 (um) ano.

§ 1º Se, durante o adiamento, algum pretendente assegurar, mediante caução idônea, o preço da avaliação, o juiz ordenará a alienação em leilão.

§ 2º Se o pretendente à arrematação se arrepender, o juiz impor-lhe-á multa de vinte por cento sobre o valor da avaliação, em benefício do incapaz, valendo a decisão como título executivo.

§ 3º Sem prejuízo do disposto nos §§ 1º e 2º, o juiz poderá autorizar a locação do imóvel no prazo do adiamento.

§ 4º Findo o prazo do adiamento, o imóvel será submetido a novo leilão.

Art. 897. Se o arrematante ou seu fiador não pagar o preço no prazo estabelecido, o juiz impor-lhe-á, em favor do exequente, a perda da caução, voltando os bens a novo leilão, do qual não serão admitidos a participar o arrematante e o fiador remissos.

Art. 898. O fiador do arrematante que pagar o valor do lance e a multa poderá requerer que a arrematação lhe seja transferida.

Art. 899. Será suspensa a arrematação logo que o produto da alienação dos bens for suficiente para o pagamento do credor e para a satisfação das despesas da execução.

Art. 900. O leilão prosseguirá no dia útil imediato, à mesma hora em que teve início, independentemente de novo edital, se for ultrapassado o horário de expediente forense.

Art. 901. A arrematação constará de auto que será lavrado de imediato e poderá abranger bens penhorados em mais de uma execução, nele mencionadas as condições nas quais foi alienado o bem.

§ 1º A ordem de entrega do bem móvel ou a carta de arrematação do bem imóvel, com o respectivo mandado de imissão na posse, será expedida depois de efetuado o depósito ou prestadas as garantias pelo arrematante, bem como realizado o pagamento da comissão do leiloeiro e das demais despesas da execução.

§ 2º A carta de arrematação conterá a descrição do imóvel, com remissão à sua matrícula ou individuação e aos seus registros, a cópia do auto de arrematação e a prova de pagamento do imposto de transmissão, além da indicação da existência de eventual ônus real ou gravame.

Art. 902. No caso de leilão de bem hipotecado, o executado poderá remi-lo até a assinatura do auto de arrematação, oferecendo preço igual ao do maior lance oferecido.

Parágrafo único. No caso de falência ou insolvência do devedor hipotecário, o direito de remição previsto no caput defere-se à massa ou aos credores em concurso, não podendo o exequente recusar o preço da avaliação do imóvel.

Art. 903. Qualquer que seja a modalidade de leilão, assinado o auto pelo juiz, pelo arrematante e pelo leiloeiro, a arrematação será considerada perfeita, acabada e irretratável, ainda que venham a ser julgados procedentes os embargos do executado ou a ação autônoma de que trata o § 4º deste artigo, assegurada a possibilidade de reparação pelos prejuízos sofridos.

§ 1º Ressalvadas outras situações previstas neste Código, a arrematação poderá, no entanto, ser:

I. invalidada, quando realizada por preço vil ou com outro vício;

II. considerada ineficaz, se não observado o disposto no art. 804;

III. resolvida, se não for pago o preço ou se não for prestada a caução.

§ 2º O juiz decidirá acerca das situações referidas no § 1º, se for provocado em até 10 (dez) dias após o aperfeiçoamento da arrematação.

§ 3º Passado o prazo previsto no § 2º sem que tenha havido alegação de qualquer das situações previstas no § 1º, será expedida a carta de arrematação e, conforme o caso, a ordem de entrega ou mandado de imissão na posse.

§ 4º Após a expedição da carta de arrematação ou da ordem de entrega, a invalidação da arrematação poderá ser pleiteada por ação autônoma, em cujo processo o arrematante figurará como litisconsorte necessário.

§ 5º O arrematante poderá desistir da arrematação, sendo-lhe imediatamente devolvido o depósito que tiver feito:

I. se provar, nos 10 (dez) dias seguintes, a existência de ônus real ou gravame não mencionado no edital;

II. se, antes de expedida a carta de arrematação ou a ordem de entrega, o executado alegar alguma das situações previstas no § 1º;

III. uma vez citado para responder a ação autônoma de que trata o § 4º deste artigo, desde que apresente a desistência no prazo de que dispõe para responder a essa ação.

§ 6º Considera-se ato atentatório à dignidade da justiça a suscitação infundada de vício com o objetivo de ensejar a desistência do arrematante, devendo o suscitante ser condenado, sem prejuízo da responsabilidade por perdas e danos, ao pagamento de multa, a ser fixada pelo juiz e devida ao exequente, em montante não superior a vinte por cento do valor atualizado do bem.

SEÇÃO V
Da Satisfação do Crédito

Art. 904. A satisfação do crédito exequendo far-se-á:

I. pela entrega do dinheiro;

II. pela adjudicação dos bens penhorados.

Art. 905. O juiz autorizará que o exequente levante, até a satisfação integral de seu crédito, o dinheiro depositado para segurar o juízo ou o produto dos bens alienados, bem como do faturamento de empresa ou de outros frutos e rendimentos de coisas ou empresas penhoradas, quando:

I. a execução for movida só a benefício do exequente singular, a quem, por força da penhora, cabe o direito de preferência sobre os bens penhorados e alienados;

II. não houver sobre os bens alienados outros privilégios ou preferências instituídos anteriormente à penhora.

Parágrafo único. Durante o plantão judiciário, veda-se a concessão de pedidos de levantamento de importância em dinheiro ou valores ou de liberação de bens apreendidos.

Art. 906. Ao receber o mandado de levantamento, o exequente dará ao executado, por termo nos autos, quitação da quantia paga.

Parágrafo único. A expedição de mandado de levantamento poderá ser substituída pela transferência eletrônica do valor depositado em conta vinculada ao juízo para outra indicada pelo exequente.

Art. 907. Pago ao exequente o principal, os juros, as custas e os honorários, a importância que sobrar será restituída ao executado.

Art. 908. Havendo pluralidade de credores ou exequentes, o dinheiro lhes será distribuído e entregue consoante a ordem das respectivas preferências.

§ 1º No caso de adjudicação ou alienação, os créditos que recaem sobre o bem, inclusive os de natureza propter rem, sub-rogam-se sobre o respectivo preço, observada a ordem de preferência.

§ 2º Não havendo título legal à preferência, o dinheiro será distribuído entre os concorrentes, observando-se a anterioridade de cada penhora.

Art. 909. Os exequentes formularão as suas pretensões, que versarão unicamente sobre o direito de preferência e a anterioridade da penhora, e, apresentadas as razões, o juiz decidirá.

CAPÍTULO V
Da Execução Contra a Fazenda Pública

Art. 910. Na execução fundada em título extrajudicial, a Fazenda Pública será citada para opor embargos em 30 (trinta) dias.

§ 1º Não opostos embargos ou transitada em julgado a decisão que os rejeitar, expedir-se-á precatório ou requisição de pequeno valor em favor do exequente, observando-se o disposto no art. 100 da Constituição Federal.

§ 2º Nos embargos, a Fazenda Pública poderá alegar qualquer matéria que lhe seria lícito deduzir como defesa no processo de conhecimento.

§ 3º Aplica-se a este Capítulo, no que couber, o disposto nos artigos 534 e 535.

CAPÍTULO VI
Da Execução de Alimentos

Art. 911. Na execução fundada em título executivo extrajudicial que contenha obrigação alimentar, o juiz mandará citar o executado para, em 3 (três) dias, efetuar o pagamento das parcelas anteriores ao início da execução e das que se vencerem no seu curso, provar que o fez ou justificar a impossibilidade de fazê-lo.

Parágrafo único. Aplicam-se, no que couber, os §§ 2º a 7º do art. 528.

Art. 912. Quando o executado for funcionário público, militar, diretor ou gerente de empresa, bem como empregado sujeito à legislação do trabalho, o exequente poderá requerer o desconto em folha de pagamento de pessoal da importância da prestação alimentícia.

§ 1º Ao despachar a inicial, o juiz oficiará à autoridade, à empresa ou ao empregador, determinando, sob pena de crime de desobediência, o desconto a partir da primeira remuneração posterior do executado, a contar do protocolo do ofício.

§ 2º O ofício conterá os nomes e o número de inscrição no Cadastro de Pessoas Físicas do exequente e do executado, a importância a ser descontada mensalmente, a conta na qual deve ser feito o depósito e, se for o caso, o tempo de sua duração.

Art. 913. Não requerida a execução nos termos deste Capítulo, observar-se-á o disposto no art. 824 e seguintes, com a ressalva de que, recaindo a penhora em dinheiro, a concessão de efeito suspensivo aos embargos à execução não obsta a que o exequente levante mensalmente a importância da prestação.

TÍTULO III
Dos Embargos à Execução

Art. 914. O executado, independentemente de penhora, depósito ou caução, poderá se opor à execução por meio de embargos.

§ 1º Os embargos à execução serão distribuídos por dependência, autuados em apartado e instruídos com cópias das peças processuais relevantes, que poderão ser declaradas autênticas pelo próprio advogado, sob sua responsabilidade pessoal.

§ 2º Na execução por carta, os embargos serão oferecidos no juízo deprecante ou no juízo deprecado, mas a competência para julgá-los é do juízo deprecante, salvo se versarem unicamente sobre vícios ou defeitos da penhora, da avaliação ou da alienação dos bens efetuadas no juízo deprecado.

Art. 915. Os embargos serão oferecidos no prazo de 15 (quinze) dias, contado, conforme o caso, na forma do art. 231.

§ 1ºQuando houver mais de um executado, o prazo para cada um deles embargar conta-se a partir da juntada do respectivo comprovante da citação, salvo no caso de cônjuges ou de companheiros, quando será contado a partir da juntada do último.

§ 2º Nas execuções por carta, o prazo para embargos será contado:

I. da juntada, na carta, da certificação da citação, quando versarem unicamente sobre vícios ou defeitos da penhora, da avaliação ou da alienação dos bens;

II. da juntada, nos autos de origem, do comunicado de que trata o § 4º deste artigo ou, não havendo este, da juntada da carta devidamente cumprida, quando versarem sobre questões diversas da prevista no inciso I deste parágrafo.

§ 3º Em relação ao prazo para oferecimento dos embargos à execução, não se aplica o disposto no art. 229.
§ 4º Nos atos de comunicação por carta precatória, rogatória ou de ordem, a realização da citação será imediatamente informada, por meio eletrônico, pelo juiz deprecado ao juiz deprecante.

Art. 916. No prazo para embargos, reconhecendo o crédito do exequente e comprovando o depósito de trinta por cento do valor em execução, acrescido de custas e de honorários de advogado, o executado poderá requerer que lhe seja permitido pagar o restante em até 6 (seis) parcelas mensais, acrescidas de correção monetária e de juros de um por cento ao mês.
§ 1º O exequente será intimado para manifestar-se sobre o preenchimento dos pressupostos do caput, e o juiz decidirá o requerimento em 5 (cinco) dias.
§ 2º Enquanto não apreciado o requerimento, o executado terá de depositar as parcelas vincendas, facultado ao exequente seu levantamento.
§ 3º Deferida a proposta, o exequente levantará a quantia depositada, e serão suspensos os atos executivos.
§ 4º Indeferida a proposta, seguir-se-ão os atos executivos, mantido o depósito, que será convertido em penhora.
§ 5º O não pagamento de qualquer das prestações acarretará cumulativamente:
I. o vencimento das prestações subsequentes e o prosseguimento do processo, com o imediato reinício dos atos executivos;
II. a imposição ao executado de multa de dez por cento sobre o valor das prestações não pagas.
§ 6º A opção pelo parcelamento de que trata este artigo importa renúncia ao direito de opor embargos
§ 7º O disposto neste artigo não se aplica ao cumprimento da sentença.

Art. 917. Nos embargos à execução, o executado poderá alegar:
I. inexequibilidade do título ou inexigibilidade da obrigação;
II. penhora incorreta ou avaliação errônea;
III. excesso de execução ou cumulação indevida de execuções;
IV. retenção por benfeitorias necessárias ou úteis, nos casos de execução para entrega de coisa certa;
V. incompetência absoluta ou relativa do juízo da execução;
VI. qualquer matéria que lhe seria lícito deduzir como defesa em processo de conhecimento.

§ 1º A incorreção da penhora ou da avaliação poderá ser impugnada por simples petição, no prazo de 15 (quinze) dias, contado da ciência do ato.
§ 2º Há excesso de execução quando:
I. o exequente pleiteia quantia superior à do título;
II. ela recai sobre coisa diversa daquela declarada no título;
III. ela se processa de modo diferente do que foi determinado no título;
IV. o exequente, sem cumprir a prestação que lhe corresponde, exige o adimplemento da prestação do executado;
V. o exequente não prova que a condição se realizou.
§ 3º Quando alegar que o exequente, em excesso de execução, pleiteia quantia superior à do título, o embargante declarará na petição inicial o valor que entende correto, apresentando demonstrativo discriminado e atualizado de seu cálculo.
§ 4º Não apontado o valor correto ou não apresentado o demonstrativo, os embargos à execução:
I. serão liminarmente rejeitados, sem resolução de mérito, se o excesso de execução for o seu único fundamento;
II. serão processados, se houver outro fundamento, mas o juiz não examinará a alegação de excesso de execução.
§ 5º Nos embargos de retenção por benfeitorias, o exequente poderá requerer a compensação de seu valor com o dos frutos ou dos danos considerados devidos pelo executado, cumprindo ao juiz, para a apuração dos respectivos valores, nomear perito, observando-se, então, o art. 464.
§ 6º O exequente poderá a qualquer tempo ser imitido na posse da coisa, prestando caução ou depositando o valor devido pelas benfeitorias ou resultante da compensação.
§ 7º A arguição de impedimento e suspeição observará o disposto nos arts. 146 e 148.

Art. 918. O juiz rejeitará liminarmente os embargos:
I. quando intempestivos;
II. nos casos de indeferimento da petição inicial e de improcedência liminar do pedido;
III. manifestamente protelatórios.
Parágrafo único. Considera-se conduta atentatória à dignidade da justiça o oferecimento de embargos manifestamente protelatórios.

Art. 919. Os embargos à execução não terão efeito suspensivo.

§ 1º O juiz poderá, a requerimento do embargante, atribuir efeito suspensivo aos embargos quando verificados os requisitos para a concessão da tutela provisória e desde que a execução já esteja garantida por penhora, depósito ou caução suficientes.

§ 2º Cessando as circunstâncias que a motivaram, a decisão relativa aos efeitos dos embargos poderá, a requerimento da parte, ser modificada ou revogada a qualquer tempo, em decisão fundamentada.

§ 3º Quando o efeito suspensivo atribuído aos embargos disser respeito apenas a parte do objeto da execução, esta prosseguirá quanto à parte restante.

§ 4º A concessão de efeito suspensivo aos embargos oferecidos por um dos executados não suspenderá a execução contra os que não embargaram quando o respectivo fundamento disser respeito exclusivamente ao embargante.

§ 5º A concessão de efeito suspensivo não impedirá a efetivação dos atos de substituição, de reforço ou de redução da penhora e de avaliação dos bens.

Art. 920. Recebidos os embargos:

I. o exequente será ouvido no prazo de 15 (quinze) dias;

II. a seguir, o juiz julgará imediatamente o pedido ou designará audiência;

III. encerrada a instrução, o juiz proferirá sentença.

TÍTULO IV

Da Suspensão e da Extinção do Processo de Execução

CAPÍTULO I

Da Suspensão do Processo de Execução

Art. 921. Suspende-se a execução:

I. nas hipóteses dos arts. 313 e 315, no que couber;

II. no todo ou em parte, quando recebidos com efeito suspensivo os embargos à execução;

III. quando o executado não possuir bens penhoráveis;

IV. se a alienação dos bens penhorados não se realizar por falta de licitantes e o exequente, em 15 (quinze) dias, não requerer a adjudicação nem indicar outros bens penhoráveis;

V. quando concedido o parcelamento de que trata o art. 916.

§ 1º Na hipótese do inciso III, o juiz suspenderá a execução pelo prazo de 1 (um) ano, durante o qual se suspenderá a prescrição.

§ 2º Decorrido o prazo máximo de 1 (um) ano sem que seja localizado o executado ou que sejam encontrados bens penhoráveis, o juiz ordenará o arquivamento dos autos.

§ 3º Os autos serão desarquivados para prosseguimento da execução se a qualquer tempo forem encontrados bens penhoráveis.

§ 4º Decorrido o prazo de que trata o § 1º sem manifestação do exequente, começa a correr o prazo de prescrição intercorrente.

§ 5º O juiz, depois de ouvidas as partes, no prazo de 15 (quinze) dias, poderá, de ofício, reconhecer a prescrição de que trata o § 4º e extinguir o processo.

Art. 922. Convindo as partes, o juiz declarará suspensa a execução durante o prazo concedido pelo exequente para que o executado cumpra voluntariamente a obrigação.

Parágrafo único. Findo o prazo sem cumprimento da obrigação, o processo retomará o seu curso.

Art. 923. Suspensa a execução, não serão praticados atos processuais, podendo o juiz, entretanto, salvo no caso de arguição de impedimento ou de suspeição, ordenar providências urgentes.

CAPÍTULO II

Da Extinção do Processo de Execução

Art. 924. Extingue-se a execução quando:

I. a petição inicial for indeferida;

II. a obrigação for satisfeita;

III. o executado obtiver, por qualquer outro meio, a extinção total da dívida;

IV. o exequente renunciar ao crédito;

V. ocorrer a prescrição intercorrente.

Art. 925. A extinção só produz efeito quando declarada por sentença.

LIVRO III

Dos Processos nos Tribunais e dos Meios de Impugnação das Decisões Judiciais

TÍTULO I

Da Ordem dos Processos e dos Processos de Competência Originária dos Tribunais

CAPÍTULO I
Disposições Gerais

Art. 926. Os tribunais devem uniformizar sua jurisprudência e mantê-la estável, íntegra e coerente.
§ 1º Na forma estabelecida e segundo os pressupostos fixados no regimento interno, os tribunais editarão enunciados de súmula correspondentes a sua jurisprudência dominante.
§ 2º Ao editar enunciados de súmula, os tribunais devem ater-se às circunstâncias fáticas dos precedentes que motivaram sua criação.
Art. 927. Os juízes e os tribunais observarão:
I. as decisões do Supremo Tribunal Federal em controle concentrado de constitucionalidade;
II. os enunciados de súmula vinculante;
III. os acórdãos em incidente de assunção de competência ou de resolução de demandas repetitivas e em julgamento de recursos extraordinário e especial repetitivos;
IV. os enunciados das súmulas do Supremo Tribunal Federal em matéria constitucional e do Superior Tribunal de Justiça em matéria infraconstitucional;
V. a orientação do plenário ou do órgão especial aos quais estiverem vinculados.
§ 1º Os juízes e os tribunais observarão o disposto no art. 10 e no art. 489, § 1º, quando decidirem com fundamento neste artigo.
§ 2º A alteração de tese jurídica adotada em enunciado de súmula ou em julgamento de casos repetitivos poderá ser precedida de audiências públicas e da participação de pessoas, órgãos ou entidades que possam contribuir para a rediscussão da tese.
§ 3º Na hipótese de alteração de jurisprudência dominante do Supremo Tribunal Federal e dos tribunais superiores ou daquela oriunda de julgamento de casos repetitivos, pode haver modulação dos efeitos da alteração no interesse social e no da segurança jurídica.
§ 4º A modificação de enunciado de súmula, de jurisprudência pacificada ou de tese adotada em julgamento de casos repetitivos observará a necessidade de fundamentação adequada e específica, considerando os princípios da segurança jurídica, da proteção da confiança e da isonomia.
§ 5º Os tribunais darão publicidade a seus precedentes, organizando-os por questão jurídica decidida e divulgando-os, preferencialmente, na rede mundial de computadores.
Art. 928. Para os fins deste Código, considera-se julgamento de casos repetitivos a decisão proferida em:
I. incidente de resolução de demandas repetitivas;
II. recursos especial e extraordinário repetitivos.
Parágrafo único. O julgamento de casos repetitivos tem por objeto questão de direito material ou processual.

CAPÍTULO II
Da Ordem dos Processos no Tribunal

Art. 929. Os autos serão registrados no protocolo do tribunal no dia de sua entrada, cabendo à secretaria ordená-los, com imediata distribuição.
Parágrafo único. A critério do tribunal, os serviços de protocolo poderão ser descentralizados, mediante delegação a ofícios de justiça de primeiro grau.
Art. 930. Far-se-á a distribuição de acordo com o regimento interno do tribunal, observando-se a alternatividade, o sorteio eletrônico e a publicidade.
Parágrafo único. O primeiro recurso protocolado no tribunal tornará prevento o relator para eventual recurso subsequente interposto no mesmo processo ou em processo conexo.
Art. 931. Distribuídos, os autos serão imediatamente conclusos ao relator, que, em 30 (trinta) dias, depois de elaborar o voto, restituí-los-á, com relatório, à secretaria.
Art. 932. Incumbe ao relator:
I. dirigir e ordenar o processo no tribunal, inclusive em relação à produção de prova, bem como, quando for o caso, homologar autocomposição das partes;
II. apreciar o pedido de tutela provisória nos recursos e nos processos de competência originária do tribunal;

III. não conhecer de recurso inadmissível, prejudicado ou que não tenha impugnado especificamente os fundamentos da decisão recorrida;

IV. negar provimento a recurso que for contrário a:
a) súmula do Supremo Tribunal Federal, do Superior Tribunal de Justiça ou do próprio tribunal;
b) acórdão proferido pelo Supremo Tribunal Federal ou pelo Superior Tribunal de Justiça em julgamento de recursos repetitivos;
c) entendimento firmado em incidente de resolução de demandas repetitivas ou de assunção de competência;

V. depois de facultada a apresentação de contrarrazões, dar provimento ao recurso se a decisão recorrida for contrária a:
a) súmula do Supremo Tribunal Federal, do Superior Tribunal de Justiça ou do próprio tribunal;
b) acórdão proferido pelo Supremo Tribunal Federal ou pelo Superior Tribunal de Justiça em julgamento de recursos repetitivos;
c) entendimento firmado em incidente de resolução de demandas repetitivas ou de assunção de competência;

VI. decidir o incidente de desconsideração da personalidade jurídica, quando este for instaurado originariamente perante o tribunal;

VII. determinar a intimação do Ministério Público, quando for o caso;

VIII. exercer outras atribuições estabelecidas no regimento interno do tribunal.

Parágrafo único. Antes de considerar inadmissível o recurso, o relator concederá o prazo de 5 (cinco) dias ao recorrente para que seja sanado vício ou complementada a documentação exigível.

Art. 933. Se o relator constatar a ocorrência de fato superveniente à decisão recorrida ou a existência de questão apreciável de ofício ainda não examinada que devam ser considerados no julgamento do recurso, intimará as partes para que se manifestem no prazo de 5 (cinco) dias.

§ 1º Se a constatação ocorrer durante a sessão de julgamento, esse será imediatamente suspenso a fim de que as partes se manifestem especificamente.

§ 2º Se a constatação se der em vista dos autos, deverá o juiz que a solicitou encaminhá-los ao relator, que tomará as providências previstas no caput e, em seguida, solicitará a inclusão do feito em pauta para prosseguimento do julgamento, com submissão integral da nova questão aos julgadores.

Art. 934. Em seguida, os autos serão apresentados ao presidente, que designará dia para julgamento, ordenando, em todas as hipóteses previstas neste Livro, a publicação da pauta no órgão oficial.

Art. 935. Entre a data de publicação da pauta e a da sessão de julgamento decorrerá, pelo menos, o prazo de 5 (cinco) dias, incluindo-se em nova pauta os processos que não tenham sido julgados, salvo aqueles cujo julgamento tiver sido expressamente adiado para a primeira sessão seguinte.

§ 1º Às partes será permitida vista dos autos em cartório após a publicação da pauta de julgamento.

§ 2º Afixar-se-á a pauta na entrada da sala em que se realizar a sessão de julgamento.

Art. 936. Ressalvadas as preferências legais e regimentais, os recursos, a remessa necessária e os processos de competência originária serão julgados na seguinte ordem:

I. aqueles nos quais houver sustentação oral, observada a ordem dos requerimentos;

II. os requerimentos de preferência apresentados até o início da sessão de julgamento;

III. aqueles cujo julgamento tenha iniciado em sessão anterior; e

IV. os demais casos.

Art. 937. Na sessão de julgamento, depois da exposição da causa pelo relator, o presidente dará a palavra, sucessivamente, ao recorrente, ao recorrido e, nos casos de sua intervenção, ao membro do Ministério Público, pelo prazo improrrogável de 15 (quinze) minutos para cada um, a fim de sustentarem suas razões, nas seguintes hipóteses, nos termos da parte final do caput do art. 1.021:

I. no recurso de apelação;

II. no recurso ordinário;

III. no recurso especial;

IV. no recurso extraordinário;

V. nos embargos de divergência;

VI. na ação rescisória, no mandado de segurança e na reclamação;

VII. (VETADO);

VIII. no agravo de instrumento interposto contra decisões interlocutórias que versem sobre tutelas provisórias de urgência ou da evidência;

IX. em outras hipóteses previstas em lei ou no regimento interno do tribunal.

§ 1º A sustentação oral no incidente de resolução de demandas repetitivas observará o disposto no art. 984, no que couber.

§ 2º O procurador que desejar proferir sustentação oral poderá requerer, até o início da sessão, que o processo seja julgado em primeiro lugar, sem prejuízo das preferências legais.

§ 3º Nos processos de competência originária previstos no inciso VI, caberá sustentação oral no agravo interno interposto contra decisão de relator que o extinga.

§ 4º É permitido ao advogado com domicílio profissional em cidade diversa daquela onde está sediado o tribunal realizar sustentação oral por meio de videoconferência ou outro recurso tecnológico de transmissão de sons e imagens em tempo real, desde que o requeira até o dia anterior ao da sessão.

Art. 938. A questão preliminar suscitada no julgamento será decidida antes do mérito, deste não se conhecendo caso seja incompatível com a decisão.

§ 1º Constatada a ocorrência de vício sanável, inclusive aquele que possa ser conhecido de ofício, o relator determinará a realização ou a renovação do ato processual, no próprio tribunal ou em primeiro grau de jurisdição, intimadas as partes.

§ 2º Cumprida a diligência de que trata o § 1º, o relator, sempre que possível, prosseguirá no julgamento do recurso.

§ 3º Reconhecida a necessidade de produção de prova, o relator converterá o julgamento em diligência, que se realizará no tribunal ou em primeiro grau de jurisdição, decidindo-se o recurso após a conclusão da instrução.

§ 4º Quando não determinadas pelo relator, as providências indicadas nos §§ 1º e 3º poderão ser determinadas pelo órgão competente para julgamento do recurso.

Art. 939. Se a preliminar for rejeitada ou se a apreciação do mérito for com ela compatível, seguir-se-ão a discussão e o julgamento da matéria principal, sobre a qual deverão se pronunciar os juízes vencidos na preliminar.

Art. 940. O relator ou outro juiz que não se considerar habilitado a proferir imediatamente seu voto poderá solicitar vista pelo prazo máximo de 10 (dez) dias, após o qual o recurso será reincluído em pauta para julgamento na sessão seguinte à data da devolução.

§ 1º Se os autos não forem devolvidos tempestivamente ou se não for solicitada pelo juiz prorrogação de prazo de no máximo mais 10 (dez) dias, o presidente do órgão fracionário os requisitará para julgamento do recurso na sessão ordinária subsequente, com publicação da pauta em que for incluído.

§ 2º Quando requisitar os autos na forma do § 1º, se aquele que fez o pedido de vista ainda não se sentir habilitado a votar, o presidente convocará substituto para proferir voto, na forma estabelecida no regimento interno do tribunal.

Art. 941. Proferidos os votos, o presidente anunciará o resultado do julgamento, designando para redigir o acórdão o relator ou, se vencido este, o autor do primeiro voto vencedor.

§ 1º O voto poderá ser alterado até o momento da proclamação do resultado pelo presidente, salvo aquele já proferido por juiz afastado ou substituído.

§ 2º No julgamento de apelação ou de agravo de instrumento, a decisão será tomada, no órgão colegiado, pelo voto de 3 (três) juízes.

§ 3º O voto vencido será necessariamente declarado e considerado parte integrante do acórdão para todos os fins legais, inclusive de pré-questionamento.

Art. 942. Quando o resultado da apelação for não unânime, o julgamento terá prosseguimento em sessão a ser designada com a presença de outros julgadores, que serão convocados nos termos previamente definidos no regimento interno, em número suficiente para garantir a possibilidade de inversão do resultado inicial, assegurado às partes e a eventuais terceiros o direito de sustentar oralmente suas razões perante os novos julgadores.

§ 1º Sendo possível, o prosseguimento do julgamento dar-se-á na mesma sessão, colhendo-se os votos de outros julgadores que porventura componham o órgão colegiado.

§ 2º Os julgadores que já tiverem votado poderão rever seus votos por ocasião do prosseguimento do julgamento.

§ 3º A técnica de julgamento prevista neste artigo aplica-se, igualmente, ao julgamento não unânime proferido em:

I. ação rescisória, quando o resultado for a rescisão da sentença, devendo, nesse caso, seu prosseguimento ocorrer em órgão de maior composição previsto no regimento interno;

II. agravo de instrumento, quando houver reforma da decisão que julgar parcialmente o mérito.

§ 4º Não se aplica o disposto neste artigo ao julgamento:

I. do incidente de assunção de competência e ao de resolução de demandas repetitivas;
II. da remessa necessária;
III. não unânime proferido, nos tribunais, pelo plenário ou pela corte especial.

Art. 943. Os votos, os acórdãos e os demais atos processuais podem ser registrados em documento eletrônico inviolável e assinados eletronicamente, na forma da lei, devendo ser impressos para juntada aos autos do processo quando este não for eletrônico.
§ 1º Todo acórdão conterá ementa.
§ 2º Lavrado o acórdão, sua ementa será publicada no órgão oficial no prazo de 10 (dez) dias.

Art. 944. Não publicado o acórdão no prazo de 30 (trinta) dias, contado da data da sessão de julgamento, as notas taquigráficas o substituirão, para todos os fins legais, independentemente de revisão.
Parágrafo único. No caso do caput, o presidente do tribunal lavrará, de imediato, as conclusões e a ementa e mandará publicar o acórdão.

Art. 945. (Revogado pela Lei nº 13.256, de 2016)

Art. 946. O agravo de instrumento será julgado antes da apelação interposta no mesmo processo.
Parágrafo único. Se ambos os recursos de que trata o caput houverem de ser julgados na mesma sessão, terá precedência o agravo de instrumento.

CAPÍTULO III
Do Incidente de Assunção de Competência

Art. 947. É admissível a assunção de competência quando o julgamento de recurso, de remessa necessária ou de processo de competência originária envolver relevante questão de direito, com grande repercussão social, sem repetição em múltiplos processos.
§ 1º Ocorrendo a hipótese de assunção de competência, o relator proporá, de ofício ou a requerimento da parte, do Ministério Público ou da Defensoria Pública, que seja o recurso, a remessa necessária ou o processo de competência originária julgado pelo órgão colegiado que o regimento indicar.
§ 2º O órgão colegiado julgará o recurso, a remessa necessária ou o processo de competência originária se reconhecer interesse público na assunção de competência.
§ 3º O acórdão proferido em assunção de competência vinculará todos os juízes e órgãos fracionários, exceto se houver revisão de tese.

§ 4º Aplica-se o disposto neste artigo quando ocorrer relevante questão de direito a respeito da qual seja conveniente a prevenção ou a composição de divergência entre câmaras ou turmas do tribunal.

CAPÍTULO IV
Do Incidente de Arguição de Inconstitucionalidade

Art. 948. Arguida, em controle difuso, a inconstitucionalidade de lei ou de ato normativo do poder público, o relator, após ouvir o Ministério Público e as partes, submeterá a questão à turma ou à câmara à qual competir o conhecimento do processo.

Art. 949. Se a arguição for:
I. rejeitada, prosseguirá o julgamento;
II. acolhida, a questão será submetida ao plenário do tribunal ou ao seu órgão especial, onde houver.
Parágrafo único. Os órgãos fracionários dos tribunais não submeterão ao plenário ou ao órgão especial a arguição de inconstitucionalidade quando já houver pronunciamento destes ou do plenário do Supremo Tribunal Federal sobre a questão.

Art. 950. Remetida cópia do acórdão a todos os juízes, o presidente do tribunal designará a sessão de julgamento.
§ 1º As pessoas jurídicas de direito público responsáveis pela edição do ato questionado poderão manifestar-se no incidente de inconstitucionalidade se assim o requererem, observados os prazos e as condições previstos no regimento interno do tribunal.
§ 2º A parte legitimada à propositura das ações previstas no art. 103 da Constituição Federal poderá manifestar-se, por escrito, sobre a questão constitucional objeto de apreciação, no prazo previsto pelo regimento interno, sendo-lhe assegurado o direito de apresentar memoriais ou de requerer a juntada de documentos.
§ 3º Considerando a relevância da matéria e a representatividade dos postulantes, o relator poderá admitir, por despacho irrecorrível, a manifestação de outros órgãos ou entidades.

CAPÍTULO V
Do Conflito de Competência

Art. 951. O conflito de competência pode ser suscitado por qualquer das partes, pelo Ministério Público ou pelo juiz.

Parágrafo único. O Ministério Público somente será ouvido nos conflitos de competência relativos aos processos previstos no art. 178, mas terá qualidade de parte nos conflitos que suscitar.

Art. 952. Não pode suscitar conflito a parte que, no processo, arguiu incompetência relativa.

Parágrafo único. O conflito de competência não obsta, porém, a que a parte que não o arguiu suscite a incompetência.

Art. 953. O conflito será suscitado ao tribunal:
I. pelo juiz, por ofício;
II. pela parte e pelo Ministério Público, por petição.

Parágrafo único. O ofício e a petição serão instruídos com os documentos necessários à prova do conflito.

Art. 954. Após a distribuição, o relator determinará a oitiva dos juízes em conflito ou, se um deles for suscitante, apenas do suscitado.

Parágrafo único. No prazo designado pelo relator, incumbirá ao juiz ou aos juízes prestar as informações.

Art. 955. O relator poderá, de ofício ou a requerimento de qualquer das partes, determinar, quando o conflito for positivo, o sobrestamento do processo e, nesse caso, bem como no de conflito negativo, designará um dos juízes para resolver, em caráter provisório, as medidas urgentes.

Parágrafo único. O relator poderá julgar de plano o conflito de competência quando sua decisão se fundar em:
I. súmula do Supremo Tribunal Federal, do Superior Tribunal de Justiça ou do próprio tribunal;
II. tese firmada em julgamento de casos repetitivos ou em incidente de assunção de competência.

Art. 956. Decorrido o prazo designado pelo relator, será ouvido o Ministério Público, no prazo de 5 (cinco) dias, ainda que as informações não tenham sido prestadas, e, em seguida, o conflito irá a julgamento.

Art. 957. Ao decidir o conflito, o tribunal declarará qual o juízo competente, pronunciando-se também sobre a validade dos atos do juízo incompetente.

Parágrafo único. Os autos do processo em que se manifestou o conflito serão remetidos ao juiz declarado competente.

Art. 958. No conflito que envolva órgãos fracionários dos tribunais, desembargadores e juízes em exercício no tribunal, observar-se-á o que dispuser o regimento interno do tribunal.

Art. 959. O regimento interno do tribunal regulará o processo e o julgamento do conflito de atribuições entre autoridade judiciária e autoridade administrativa.

CAPÍTULO VI

Da Homologação de Decisão Estrangeira e da Concessão do Exequatur à CArta Rogatória

Art. 960. A homologação de decisão estrangeira será requerida por ação de homologação de decisão estrangeira, salvo disposição especial em sentido contrário prevista em tratado.

§ 1º A decisão interlocutória estrangeira poderá ser executada no Brasil por meio de carta rogatória.

§ 2º A homologação obedecerá ao que dispuserem os tratados em vigor no Brasil e o Regimento Interno do Superior Tribunal de Justiça.

§ 3º A homologação de decisão arbitral estrangeira obedecerá ao disposto em tratado e em lei, aplicando-se, subsidiariamente, as disposições deste Capítulo.

Art. 961. A decisão estrangeira somente terá eficácia no Brasil após a homologação de sentença estrangeira ou a concessão do exequatur às cartas rogatórias, salvo disposição em sentido contrário de lei ou tratado.

§ 1º É passível de homologação a decisão judicial definitiva, bem como a decisão não judicial que, pela lei brasileira, teria natureza jurisdicional.

§ 2º A decisão estrangeira poderá ser homologada parcialmente.

§ 3º A autoridade judiciária brasileira poderá deferir pedidos de urgência e realizar atos de execução provisória no processo de homologação de decisão estrangeira.

§ 4º Haverá homologação de decisão estrangeira para fins de execução fiscal quando prevista em tratado ou em promessa de reciprocidade apresentada à autoridade brasileira.

§ 5º A sentença estrangeira de divórcio consensual produz efeitos no Brasil, independentemente de homologação pelo Superior Tribunal de Justiça.

§ 6º Na hipótese do § 5º, competirá a qualquer juiz examinar a validade da decisão, em caráter principal ou incidental, quando essa questão for suscitada em processo de sua competência.

Art. 962. É passível de execução a decisão estrangeira concessiva de medida de urgência.

§ 1º A execução no Brasil de decisão interlocutória estrangeira concessiva de medida de urgência dar-se-á por carta rogatória.

§ 2º A medida de urgência concedida sem audiência do réu poderá ser executada, desde que garantido o contraditório em momento posterior.

§ 3º O juízo sobre a urgência da medida compete exclusivamente à autoridade jurisdicional prolatora da decisão estrangeira.

§ 4º Quando dispensada a homologação para que a sentença estrangeira produza efeitos no Brasil, a decisão concessiva de medida de urgência dependerá, para produzir efeitos, de ter sua validade expressamente reconhecida pelo juiz competente para dar-lhe cumprimento, dispensada a homologação pelo Superior Tribunal de Justiça.

Art. 963. Constituem requisitos indispensáveis à homologação da decisão:

I. ser proferida por autoridade competente;
II. ser precedida de citação regular, ainda que verificada a revelia;
III. ser eficaz no país em que foi proferida;
IV. não ofender a coisa julgada brasileira;
V. estar acompanhada de tradução oficial, salvo disposição que a dispense prevista em tratado;
VI. não conter manifesta ofensa à ordem pública.

Parágrafo único. Para a concessão do exequatur às cartas rogatórias, observar-se-ão os pressupostos previstos no caput deste artigo e no art. 962, § 2º.

Art. 964. Não será homologada a decisão estrangeira na hipótese de competência exclusiva da autoridade judiciária brasileira.

Parágrafo único. O dispositivo também se aplica à concessão do exequatur à carta rogatória.

Art. 965. O cumprimento de decisão estrangeira far-se-á perante o juízo federal competente, a requerimento da parte, conforme as normas estabelecidas para o cumprimento de decisão nacional.

Parágrafo único. O pedido de execução deverá ser instruído com cópia autenticada da decisão homologatória ou do exequatur, conforme o caso.

CAPÍTULO VII

Da Ação Rescisória

Art. 966. A decisão de mérito, transitada em julgado, pode ser rescindida quando:

I. se verificar que foi proferida por força de prevaricação, concussão ou corrupção do juiz;
II. for proferida por juiz impedido ou por juízo absolutamente incompetente;
III. resultar de dolo ou coação da parte vencedora em detrimento da parte vencida ou, ainda, de simulação ou colusão entre as partes, a fim de fraudar a lei;
IV. ofender a coisa julgada;
V. violar manifestamente norma jurídica;
VI. for fundada em prova cuja falsidade tenha sido apurada em processo criminal ou venha a ser demonstrada na própria ação rescisória;
VII. obtiver o autor, posteriormente ao trânsito em julgado, prova nova cuja existência ignorava ou de que não pôde fazer uso, capaz, por si só, de lhe assegurar pronunciamento favorável;
VIII. for fundada em erro de fato verificável do exame dos autos.

§ 1º Há erro de fato quando a decisão rescindenda admitir fato inexistente ou quando considerar inexistente fato efetivamente ocorrido, sendo indispensável, em ambos os casos, que o fato não represente ponto controvertido sobre o qual o juiz deveria ter se pronunciado.

§ 2º Nas hipóteses previstas nos incisos do caput, será rescindível a decisão transitada em julgado que, embora não seja de mérito, impeça:

I. nova propositura da demanda; ou
II. admissibilidade do recurso correspondente.

§ 3º A ação rescisória pode ter por objeto apenas 1 (um) capítulo da decisão.

§ 4º Os atos de disposição de direitos, praticados pelas partes ou por outros participantes do processo e homologados pelo juízo, bem como os atos homologatórios praticados no curso da execução, estão sujeitos à anulação, nos termos da lei.

§ 5º Cabe ação rescisória, com fundamento no inciso V do caput deste artigo, contra decisão baseada em enunciado de súmula ou acórdão proferido em julgamento de casos repetitivos que não tenha considerado a existência de distinção entre a questão discutida no processo e o padrão decisório que lhe deu fundamento.

§ 6º Quando a ação rescisória fundar-se na hipótese do § 5º deste artigo, caberá ao autor, sob pena de inépcia, demonstrar, fundamentadamente, tratar-se de situação particularizada por hipótese fática distinta ou de questão jurídica não examinada, a impor outra solução jurídica.

Art. 967. Têm legitimidade para propor a ação rescisória:

I. quem foi parte no processo ou o seu sucessor a título universal ou singular;
II. o terceiro juridicamente interessado;
III. o Ministério Público:
a) se não foi ouvido no processo em que lhe era obrigatória a intervenção;
b) quando a decisão rescindenda é o efeito de simulação ou de colusão das partes, a fim de fraudar a lei;
c) em outros casos em que se imponha sua atuação;
IV. aquele que não foi ouvido no processo em que lhe era obrigatória a intervenção.
Parágrafo único. Nas hipóteses do art. 178, o Ministério Público será intimado para intervir como fiscal da ordem jurídica quando não for parte.
Art. 968. A petição inicial será elaborada com observância dos requisitos essenciais do art. 319, devendo o autor:
I. cumular ao pedido de rescisão, se for o caso, o de novo julgamento do processo;
II. depositar a importância de cinco por cento sobre o valor da causa, que se converterá em multa caso a ação seja, por unanimidade de votos, declarada inadmissível ou improcedente.
§ 1º Não se aplica o disposto no inciso II à União, aos Estados, ao Distrito Federal, aos Municípios, às suas respectivas autarquias e fundações de direito público, ao Ministério Público, à Defensoria Pública e aos que tenham obtido o benefício de gratuidade da justiça.
§ 2º O depósito previsto no inciso II do caput deste artigo não será superior a 1.000 (mil) salários-mínimos.
§ 3º Além dos casos previstos no art. 330, a petição inicial será indeferida quando não efetuado o depósito exigido pelo inciso II do caput deste artigo.
§ 4º Aplica-se à ação rescisória o disposto no art. 332.
§ 5º Reconhecida a incompetência do tribunal para julgar a ação rescisória, o autor será intimado para emendar a petição inicial, a fim de adequar o objeto da ação rescisória, quando a decisão apontada como rescindenda:
I. não tiver apreciado o mérito e não se enquadrar na situação prevista no § 2º do art. 966;
II. tiver sido substituída por decisão posterior.
§ 6º Na hipótese do § 5º, após a emenda da petição inicial, será permitido ao réu complementar os fundamentos de defesa, e, em seguida, os autos serão remetidos ao tribunal competente.

Art. 969. A propositura da ação rescisória não impede o cumprimento da decisão rescindenda, ressalvada a concessão de tutela provisória.
Art. 970. O relator ordenará a citação do réu, designando-lhe prazo nunca inferior a 15 (quinze) dias nem superior a 30 (trinta) dias para, querendo, apresentar resposta, ao fim do qual, com ou sem contestação, observar-se-á, no que couber, o procedimento comum.
Art. 971. Na ação rescisória, devolvidos os autos pelo relator, a secretaria do tribunal expedirá cópias do relatório e as distribuirá entre os juízes que compuserem o órgão competente para o julgamento.
Parágrafo único. A escolha de relator recairá, sempre que possível, em juiz que não haja participado do julgamento rescindendo.
Art. 972. Se os fatos alegados pelas partes dependerem de prova, o relator poderá delegar a competência ao órgão que proferiu a decisão rescindenda, fixando prazo de 1 (um) a 3 (três) meses para a devolução dos autos.
Art. 973. Concluída a instrução, será aberta vista ao autor e ao réu para razões finais, sucessivamente, pelo prazo de 10 (dez) dias.
Parágrafo único. Em seguida, os autos serão conclusos ao relator, procedendo-se ao julgamento pelo órgão competente.
Art. 974. Julgando procedente o pedido, o tribunal rescindirá a decisão, proferirá, se for o caso, novo julgamento e determinará a restituição do depósito a que se refere o inciso II do art. 968.
Parágrafo único. Considerando, por unanimidade, inadmissível ou improcedente o pedido, o tribunal determinará a reversão, em favor do réu, da importância do depósito, sem prejuízo do disposto no § 2º do art. 82.
Art. 975. O direito à rescisão se extingue em 2 (dois) anos contados do trânsito em julgado da última decisão proferida no processo.
§ 1º Prorroga-se até o primeiro dia útil imediatamente subsequente o prazo a que se refere o caput, quando expirar durante férias forenses, recesso, feriados ou em dia em que não houver expediente forense.
§ 2º Se fundada a ação no inciso VII do art. 966, o termo inicial do prazo será a data de descoberta da prova nova, observado o prazo máximo de 5 (cinco) anos, contado do trânsito em julgado da última decisão proferida no processo.

§ 3º Nas hipóteses de simulação ou de colusão das partes, o prazo começa a contar, para o terceiro prejudicado e para o Ministério Público, que não interveio no processo, a partir do momento em que têm ciência da simulação ou da colusão.

CAPÍTULO VIII
Do Incidente de Resolução de Demandas Repetitivas

Art. 976. É cabível a instauração do incidente de resolução de demandas repetitivas quando houver, simultaneamente:
I. efetiva repetição de processos que contenham controvérsia sobre a mesma questão unicamente de direito;
II. risco de ofensa à isonomia e à segurança jurídica.
§ 1º A desistência ou o abandono do processo não impede o exame de mérito do incidente.
§ 2º Se não for o requerente, o Ministério Público intervirá obrigatoriamente no incidente e deverá assumir sua titularidade em caso de desistência ou de abandono.
§ 3º A inadmissão do incidente de resolução de demandas repetitivas por ausência de qualquer de seus pressupostos de admissibilidade não impede que, uma vez satisfeito o requisito, seja o incidente novamente suscitado.
§ 4º É incabível o incidente de resolução de demandas repetitivas quando um dos tribunais superiores, no âmbito de sua respectiva competência, já tiver afetado recurso para definição de tese sobre questão de direito material ou processual repetitiva.
§ 5º Não serão exigidas custas processuais no incidente de resolução de demandas repetitivas.

Art. 977. O pedido de instauração do incidente será dirigido ao presidente do tribunal:
I. pelo juiz ou relator, por ofício;
II. pelas partes, por petição;
III. pelo Ministério Público ou pela Defensoria Pública, por petição.
Parágrafo único. O ofício ou a petição será instruído com os documentos necessários à demonstração do preenchimento dos pressupostos para a instauração do incidente.

Art. 978. O julgamento do incidente caberá ao órgão indicado pelo regimento interno dentre aqueles responsáveis pela uniformização de jurisprudência do tribunal.

Parágrafo único. O órgão colegiado incumbido de julgar o incidente e de fixar a tese jurídica julgará igualmente o recurso, a remessa necessária ou o processo de competência originária de onde se originou o incidente.

Art. 979. A instauração e o julgamento do incidente serão sucedidos da mais ampla e específica divulgação e publicidade, por meio de registro eletrônico no Conselho Nacional de Justiça.
§ 1º Os tribunais manterão banco eletrônico de dados atualizados com informações específicas sobre questões de direito submetidas ao incidente, comunicando-o imediatamente ao Conselho Nacional de Justiça para inclusão no cadastro.
§ 2º Para possibilitar a identificação dos processos abrangidos pela decisão do incidente, o registro eletrônico das teses jurídicas constantes do cadastro conterá, no mínimo, os fundamentos determinantes da decisão e os dispositivos normativos a ela relacionados.
§ 3º Aplica-se o disposto neste artigo ao julgamento de recursos repetitivos e da repercussão geral em recurso extraordinário.

Art. 980. O incidente será julgado no prazo de 1 (um) ano e terá preferência sobre os demais feitos, ressalvados os que envolvam réu preso e os pedidos de habeas corpus.
Parágrafo único. Superado o prazo previsto no caput, cessa a suspensão dos processos prevista no art. 982, salvo decisão fundamentada do relator em sentido contrário.

Art. 981. Após a distribuição, o órgão colegiado competente para julgar o incidente procederá ao seu juízo de admissibilidade, considerando a presença dos pressupostos do art. 976.

Art. 982. Admitido o incidente, o relator:
I. suspenderá os processos pendentes, individuais ou coletivos, que tramitam no Estado ou na região, conforme o caso;
II. poderá requisitar informações a órgãos em cujo juízo tramita processo no qual se discute o objeto do incidente, que as prestarão no prazo de 15 (quinze) dias;
III. intimará o Ministério Público para, querendo, manifestar-se no prazo de 15 (quinze) dias.
§ 1º A suspensão será comunicada aos órgãos jurisdicionais competentes.

§ 2º Durante a suspensão, o pedido de tutela de urgência deverá ser dirigido ao juízo onde tramita o processo suspenso.

§ 3º Visando à garantia da segurança jurídica, qualquer legitimado mencionado no art. 977, incisos II e III, poderá requerer, ao tribunal competente para conhecer do recurso extraordinário ou especial, a suspensão de todos os processos individuais ou coletivos em curso no território nacional que versem sobre a questão objeto do incidente já instaurado.

§ 4º Independentemente dos limites da competência territorial, a parte no processo em curso no qual se discuta a mesma questão objeto do incidente é legitimada para requerer a providência prevista no § 3º deste artigo.

§ 5º Cessa a suspensão a que se refere o inciso I do caput deste artigo se não for interposto recurso especial ou recurso extraordinário contra a decisão proferida no incidente.

Art. 983. O relator ouvirá as partes e os demais interessados, inclusive pessoas, órgãos e entidades com interesse na controvérsia, que, no prazo comum de 15 (quinze) dias, poderão requerer a juntada de documentos, bem como as diligências necessárias para a elucidação da questão de direito controvertida, e, em seguida, manifestar-se-á o Ministério Público, no mesmo prazo.

§ 1º Para instruir o incidente, o relator poderá designar data para, em audiência pública, ouvir depoimentos de pessoas com experiência e conhecimento na matéria.

§ 2º Concluídas as diligências, o relator solicitará dia para o julgamento do incidente.

Art. 984. No julgamento do incidente, observar-se-á a seguinte ordem:

I. o relator fará a exposição do objeto do incidente;
II. poderão sustentar suas razões, sucessivamente:
a) o autor e o réu do processo originário e o Ministério Público, pelo prazo de 30 (trinta) minutos;
b) os demais interessados, no prazo de 30 (trinta) minutos, divididos entre todos, sendo exigida inscrição com 2 (dois) dias de antecedência.

§ 1º Considerando o número de inscritos, o prazo poderá ser ampliado.

§ 2º O conteúdo do acórdão abrangerá a análise de todos os fundamentos suscitados concernentes à tese jurídica discutida, sejam favoráveis ou contrários.

Art. 985. Julgado o incidente, a tese jurídica será aplicada:

I. a todos os processos individuais ou coletivos que versem sobre idêntica questão de direito e que tramitem na área de jurisdição do respectivo tribunal, inclusive àqueles que tramitem nos juizados especiais do respectivo Estado ou região;
II. aos casos futuros que versem idêntica questão de direito e que venham a tramitar no território de competência do tribunal, salvo revisão na forma do art. 986.

§ 1º Não observada a tese adotada no incidente, caberá reclamação.

§ 2º Se o incidente tiver por objeto questão relativa a prestação de serviço concedido, permitido ou autorizado, o resultado do julgamento será comunicado ao órgão, ao ente ou à agência reguladora competente para fiscalização da efetiva aplicação, por parte dos entes sujeitos a regulação, da tese adotada.

Art. 986. A revisão da tese jurídica firmada no incidente far-se-á pelo mesmo tribunal, de ofício ou mediante requerimento dos legitimados mencionados no art. 977, inciso III.

Art. 987. Do julgamento do mérito do incidente caberá recurso extraordinário ou especial, conforme o caso.

§ 1º O recurso tem efeito suspensivo, presumindo-se a repercussão geral de questão constitucional eventualmente discutida.

§ 2º Apreciado o mérito do recurso, a tese jurídica adotada pelo Supremo Tribunal Federal ou pelo Superior Tribunal de Justiça será aplicada no território nacional a todos os processos individuais ou coletivos que versem sobre idêntica questão de direito.

CAPÍTULO IX

Da Reclamação

Art. 988. Caberá reclamação da parte interessada ou do Ministério Público para:

I. preservar a competência do tribunal;
II. garantir a autoridade das decisões do tribunal;
III. garantir a observância de enunciado de súmula vinculante e de decisão do Supremo Tribunal Federal em controle concentrado de constitucionalidade;
IV. garantir a observância de acórdão proferido em julgamento de incidente de resolução de

demandas repetitivas ou de incidente de assunção de competência;

§ 1º A reclamação pode ser proposta perante qualquer tribunal, e seu julgamento compete ao órgão jurisdicional cuja competência se busca preservar ou cuja autoridade se pretenda garantir.

§ 2º A reclamação deverá ser instruída com prova documental e dirigida ao presidente do tribunal.

§ 3º Assim que recebida, a reclamação será autuada e distribuída ao relator do processo principal, sempre que possível.

§ 4º As hipóteses dos incisos III e IV compreendem a aplicação indevida da tese jurídica e sua não aplicação aos casos que a ela correspondam.

§ 5º É inadmissível a reclamação:

I. proposta após o trânsito em julgado da decisão reclamada;

II. proposta para garantir observância de acórdão de recurso extraordinário com repercussão geral reconhecida ou de acórdão proferido em julgamento de recursos extraordinário ou especial repetitivos, quando não esgotadas as instâncias ordinárias.

§ 6º A inadmissibilidade ou o julgamento do recurso interposto contra a decisão proferida pelo órgão reclamado não prejudica a reclamação.

Art. 989. Ao despachar a reclamação, o relator:

I. requisitará informações da autoridade a quem for imputada a prática do ato impugnado, que as prestará no prazo de 10 (dez) dias;

II. se necessário, ordenará a suspensão do processo ou do ato impugnado para evitar dano irreparável;

III. determinará a citação do beneficiário da decisão impugnada, que terá prazo de 15 (quinze) dias para apresentar a sua contestação.

Art. 990. Qualquer interessado poderá impugnar o pedido do reclamante.

Art. 991. Na reclamação que não houver formulado, o Ministério Público terá vista do processo por 5 (cinco) dias, após o decurso do prazo para informações e para o oferecimento da contestação pelo beneficiário do ato impugnado.

Art. 992. Julgando procedente a reclamação, o tribunal cassará a decisão exorbitante de seu julgado ou determinará medida adequada à solução da controvérsia.

Art. 993. O presidente do tribunal determinará o imediato cumprimento da decisão, lavrando-se o acórdão posteriormente.

TÍTULO II
Dos Recursos

CAPÍTULO I
Disposições Gerais

Art. 994. São cabíveis os seguintes recursos:

I. apelação;
II. agravo de instrumento;
III. agravo interno;
IV. embargos de declaração;
V. recurso ordinário;
VI. recurso especial;
VII. recurso extraordinário;
VIII. agravo em recurso especial ou extraordinário;
IX. embargos de divergência.

Art. 995. Os recursos não impedem a eficácia da decisão, salvo disposição legal ou decisão judicial em sentido diverso.

Parágrafo único. A eficácia da decisão recorrida poderá ser suspensa por decisão do relator, se da imediata produção de seus efeitos houver risco de dano grave, de difícil ou impossível reparação, e ficar demonstrada a probabilidade de provimento do recurso.

Art. 996. O recurso pode ser interposto pela parte vencida, pelo terceiro prejudicado e pelo Ministério Público, como parte ou como fiscal da ordem jurídica.

Parágrafo único. Cumpre ao terceiro demonstrar a possibilidade de a decisão sobre a relação jurídica submetida à apreciação judicial atingir direito de que se afirme titular ou que possa discutir em juízo como substituto processual.

Art. 997. Cada parte interporá o recurso independentemente, no prazo e com observância das exigências legais.

§ 1º Sendo vencidos autor e réu, ao recurso interposto por qualquer deles poderá aderir o outro.

§ 2º O recurso adesivo fica subordinado ao recurso independente, sendo-lhe aplicáveis as mesmas regras deste quanto aos requisitos de admissibilidade e julgamento no tribunal, salvo disposição legal diversa, observado, ainda, o seguinte:

I. será dirigido ao órgão perante o qual o recurso independente fora interposto, no prazo de que a parte dispõe para responder;

II. será admissível na apelação, no recurso extraordinário e no recurso especial;
III. não será conhecido, se houver desistência do recurso principal ou se for ele considerado inadmissível.

Art. 998. O recorrente poderá, a qualquer tempo, sem a anuência do recorrido ou dos litisconsortes, desistir do recurso.

Parágrafo único. A desistência do recurso não impede a análise de questão cuja repercussão geral já tenha sido reconhecida e daquela objeto de julgamento de recursos extraordinários ou especiais repetitivos.

Art. 999. A renúncia ao direito de recorrer independe da aceitação da outra parte.

Art. 1.000. A parte que aceitar expressa ou tacitamente a decisão não poderá recorrer.

Parágrafo único. Considera-se aceitação tácita a prática, sem nenhuma reserva, de ato incompatível com a vontade de recorrer.

Art. 1.001. Dos despachos não cabe recurso.

Art. 1.002. A decisão pode ser impugnada no todo ou em parte.

Art. 1.003. O prazo para interposição de recurso conta-se da data em que os advogados, a sociedade de advogados, a Advocacia Pública, a Defensoria Pública ou o Ministério Público são intimados da decisão.

§ 1º Os sujeitos previstos no caput considerar-se-ão intimados em audiência quando nesta for proferida a decisão.

§ 2º Aplica-se o disposto no art. 231, incisos I a VI, ao prazo de interposição de recurso pelo réu contra decisão proferida anteriormente à citação.

§ 3º No prazo para interposição de recurso, a petição será protocolada em cartório ou conforme as normas de organização judiciária, ressalvado o disposto em regra especial.

§ 4º Para aferição da tempestividade do recurso remetido pelo correio, será considerada como data de interposição a data de postagem.

§ 5º Excetuados os embargos de declaração, o prazo para interpor os recursos e para responder-lhes é de 15 (quinze) dias.

§ 6º O recorrente comprovará a ocorrência de feriado local no ato de interposição do recurso.

Art. 1.004. Se, durante o prazo para a interposição do recurso, sobrevier o falecimento da parte ou de seu advogado ou ocorrer motivo de força maior que suspenda o curso do processo, será tal prazo restituído em proveito da parte, do herdeiro ou do sucessor, contra quem começará a correr novamente depois da intimação.

Art. 1.005. O recurso interposto por um dos litisconsortes a todos aproveita, salvo se distintos ou opostos os seus interesses.

Parágrafo único. Havendo solidariedade passiva, o recurso interposto por um devedor aproveitará aos outros quando as defesas opostas ao credor lhes forem comuns.

Art. 1.006. Certificado o trânsito em julgado, com menção expressa da data de sua ocorrência, o escrivão ou o chefe de secretaria, independentemente de despacho, providenciará a baixa dos autos ao juízo de origem, no prazo de 5 (cinco) dias.

Art. 1.007. No ato de interposição do recurso, o recorrente comprovará, quando exigido pela legislação pertinente, o respectivo preparo, inclusive porte de remessa e de retorno, sob pena de deserção.

§ 1º São dispensados de preparo, inclusive porte de remessa e de retorno, os recursos interpostos pelo Ministério Público, pela União, pelo Distrito Federal, pelos Estados, pelos Municípios, e respectivas autarquias, e pelos que gozam de isenção legal.

§ 2º A insuficiência no valor do preparo, inclusive porte de remessa e de retorno, implicará deserção se o recorrente, intimado na pessoa de seu advogado, não vier a supri-lo no prazo de 5 (cinco) dias.

§ 3º É dispensado o recolhimento do porte de remessa e de retorno no processo em autos eletrônicos.

§ 4º O recorrente que não comprovar, no ato de interposição do recurso, o recolhimento do preparo, inclusive porte de remessa e de retorno, será intimado, na pessoa de seu advogado, para realizar o recolhimento em dobro, sob pena de deserção.

§ 5º É vedada a complementação se houver insuficiência parcial do preparo, inclusive porte de remessa e de retorno, no recolhimento realizado na forma do § 4º.

§ 6º Provando o recorrente justo impedimento, o relator relevará a pena de deserção, por decisão irrecorrível, fixando-lhe prazo de 5 (cinco) dias para efetuar o preparo.

§ 7º O equívoco no preenchimento da guia de custas não implicará a aplicação da pena de deserção, cabendo ao relator, na hipótese de dúvida quanto ao recolhimento, intimar o recorrente para sanar o vício no prazo de 5 (cinco) dias.

Art. 1.008. O julgamento proferido pelo tribunal substituirá a decisão impugnada no que tiver sido objeto de recurso.

CAPÍTULO II
Da Apelação

Art. 1.009. Da sentença cabe apelação.

§ 1º As questões resolvidas na fase de conhecimento, se a decisão a seu respeito não comportar agravo de instrumento, não são cobertas pela preclusão e devem ser suscitadas em preliminar de apelação, eventualmente interposta contra a decisão final, ou nas contrarrazões.

§ 2º Se as questões referidas no § 1º forem suscitadas em contrarrazões, o recorrente será intimado para, em 15 (quinze) dias, manifestar-se a respeito delas.

§ 3º O disposto no caput deste artigo aplica-se mesmo quando as questões mencionadas no art. 1.015 integrarem capítulo da sentença.

Art. 1.010. A apelação, interposta por petição dirigida ao juízo de primeiro grau, conterá:
I. os nomes e a qualificação das partes;
II. a exposição do fato e do direito;
III. as razões do pedido de reforma ou de decretação de nulidade;
IV. o pedido de nova decisão.

§ 1º O apelado será intimado para apresentar contrarrazões no prazo de 15 (quinze) dias.

§ 2º Se o apelado interpuser apelação adesiva, o juiz intimará o apelante para apresentar contrarrazões.

§ 3º Após as formalidades previstas nos §§ 1º e 2º, os autos serão remetidos ao tribunal pelo juiz, independentemente de juízo de admissibilidade.

Art. 1.011. Recebido o recurso de apelação no tribunal e distribuído imediatamente, o relator:
I. decidi-lo-á monocraticamente apenas nas hipóteses do art. 932, incisos III a V;
II. se não for o caso de decisão monocrática, elaborará seu voto para julgamento do recurso pelo órgão colegiado.

Art. 1.012. A apelação terá efeito suspensivo.

§ 1º Além de outras hipóteses previstas em lei, começa a produzir efeitos imediatamente após a sua publicação a sentença que:
I. homologa divisão ou demarcação de terras;
II. condena a pagar alimentos;
III. extingue sem resolução do mérito ou julga improcedentes os embargos do executado;
IV. julga procedente o pedido de instituição de arbitragem;
V. confirma, concede ou revoga tutela provisória;
VI. decreta a interdição.

§ 2º Nos casos do § 1º, o apelado poderá promover o pedido de cumprimento provisório depois de publicada a sentença.

§ 3º O pedido de concessão de efeito suspensivo nas hipóteses do § 1º poderá ser formulado por requerimento dirigido ao:
I. tribunal, no período compreendido entre a interposição da apelação e sua distribuição, ficando o relator designado para seu exame prevento para julgá-la;
II. relator, se já distribuída a apelação.

§ 4º Nas hipóteses do § 1º, a eficácia da sentença poderá ser suspensa pelo relator se o apelante demonstrar a probabilidade de provimento do recurso ou se, sendo relevante a fundamentação, houver risco de dano grave ou de difícil reparação.

Art. 1.013. A apelação devolverá ao tribunal o conhecimento da matéria impugnada.

§ 1º Serão, porém, objeto de apreciação e julgamento pelo tribunal todas as questões suscitadas e discutidas no processo, ainda que não tenham sido solucionadas, desde que relativas ao capítulo impugnado.

§ 2º Quando o pedido ou a defesa tiver mais de um fundamento e o juiz acolher apenas um deles, a apelação devolverá ao tribunal o conhecimento dos demais.

§ 3º Se o processo estiver em condições de imediato julgamento, o tribunal deve decidir desde logo o mérito quando:
I. reformar sentença fundada no art. 485;
II. decretar a nulidade da sentença por não ser ela congruente com os limites do pedido ou da causa de pedir;
III. constatar a omissão no exame de um dos pedidos, hipótese em que poderá julgá-lo;
IV. decretar a nulidade de sentença por falta de fundamentação.

§ 4º Quando reformar sentença que reconheça a decadência ou a prescrição, o tribunal, se possível, julgará o mérito, examinando as demais questões, sem determinar o retorno do processo ao juízo de primeiro grau.

§ 5º O capítulo da sentença que confirma, concede ou revoga a tutela provisória é impugnável na apelação.

Art. 1.014. As questões de fato não propostas no juízo inferior poderão ser suscitadas na apelação, se a parte provar que deixou de fazê-lo por motivo de força maior.

CAPÍTULO III
Do Agravo de Instrumento

Art. 1.015. Cabe agravo de instrumento contra as decisões interlocutórias que versarem sobre:
I. tutelas provisórias;
II. mérito do processo;
III. rejeição da alegação de convenção de arbitragem;
IV. incidente de desconsideração da personalidade jurídica;
V. rejeição do pedido de gratuidade da justiça ou acolhimento do pedido de sua revogação;
VI. exibição ou posse de documento ou coisa;
VII. exclusão de litisconsorte;
VIII. rejeição do pedido de limitação do litisconsórcio;
IX. admissão ou inadmissão de intervenção de terceiros;
X. concessão, modificação ou revogação do efeito suspensivo aos embargos à execução;
XI. redistribuição do ônus da prova nos termos do art. 373, § 1º;
XII. (VETADO);
XIII. outros casos expressamente referidos em lei.
Parágrafo único. Também caberá agravo de instrumento contra decisões interlocutórias proferidas na fase de liquidação de sentença ou de cumprimento de sentença, no processo de execução e no processo de inventário.

Art. 1.016. O agravo de instrumento será dirigido diretamente ao tribunal competente, por meio de petição com os seguintes requisitos:
I. os nomes das partes;
II. a exposição do fato e do direito;
III. as razões do pedido de reforma ou de invalidação da decisão e o próprio pedido;
IV. o nome e o endereço completo dos advogados constantes do processo.

Art. 1.017. A petição de agravo de instrumento será instruída:
I. obrigatoriamente, com cópias da petição inicial, da contestação, da petição que ensejou a decisão agravada, da própria decisão agravada, da certidão da respectiva intimação ou outro documento oficial que comprove a tempestividade e das procurações outorgadas aos advogados do agravante e do agravado;
II. com declaração de inexistência de qualquer dos documentos referidos no inciso I, feita pelo advogado do agravante, sob pena de sua responsabilidade pessoal;
III. facultativamente, com outras peças que o agravante reputar úteis.
§ 1º Acompanhará a petição o comprovante do pagamento das respectivas custas e do porte de retorno, quando devidos, conforme tabela publicada pelos tribunais.
§ 2º No prazo do recurso, o agravo será interposto por:
I. protocolo realizado diretamente no tribunal competente para julgá-lo;
II. protocolo realizado na própria comarca, SEÇÃO ou Subseção judiciárias;
III. postagem, sob registro, com aviso de recebimento;
IV. transmissão de dados tipo fac-símile, nos termos da lei;
V. outra forma prevista em lei.
§ 3º Na falta da cópia de qualquer peça ou no caso de algum outro vício que comprometa a admissibilidade do agravo de instrumento, deve o relator aplicar o disposto no art. 932, parágrafo único.
§ 4º Se o recurso for interposto por sistema de transmissão de dados tipo fac-símile ou similar, as peças devem ser juntadas no momento de protocolo da petição original.
§ 5º Sendo eletrônicos os autos do processo, dispensam-se as peças referidas nos incisos I e II do caput, facultando-se ao agravante anexar outros documentos que entender úteis para a compreensão da controvérsia.

Art. 1.018. O agravante poderá requerer a juntada, aos autos do processo, de cópia da petição do agravo de instrumento, do comprovante de sua interposição e da relação dos documentos que instruíram o recurso.
§ 1º Se o juiz comunicar que reformou inteiramente a decisão, o relator considerará prejudicado o agravo de instrumento.
§ 2º Não sendo eletrônicos os autos, o agravante tomará a providência prevista no caput, no prazo de 3 (três) dias a contar da interposição do agravo de instrumento.
§ 3º O descumprimento da exigência de que trata o § 2º, desde que arguido e provado pelo agravado, importa inadmissibilidade do agravo de instrumento.

Art. 1.019. Recebido o agravo de instrumento no tribunal e distribuído imediatamente, se não for o caso de aplicação do art. 932, incisos III e IV, o relator, no prazo de 5 (cinco) dias:
I. poderá atribuir efeito suspensivo ao recurso ou deferir, em antecipação de tutela, total ou parcialmente, a pretensão recursal, comunicando ao juiz sua decisão;
II. ordenará a intimação do agravado pessoalmente, por carta com aviso de recebimento, quando não tiver procurador constituído, ou pelo Diário da Justiça ou por carta com aviso de recebimento dirigida ao seu advogado, para que responda no prazo de 15 (quinze) dias, facultando-lhe juntar a documentação que entender necessária ao julgamento do recurso;
III. determinará a intimação do Ministério Público, preferencialmente por meio eletrônico, quando for o caso de sua intervenção, para que se manifeste no prazo de 15 (quinze) dias.
Art. 1.020. O relator solicitará dia para julgamento em prazo não superior a 1 (um) mês da intimação do agravado.

CAPÍTULO IV
Do Agravo Interno

Art. 1.021. Contra decisão proferida pelo relator caberá agravo interno para o respectivo órgão colegiado, observadas, quanto ao processamento, as regras do regimento interno do tribunal.
§ 1º Na petição de agravo interno, o recorrente impugnará especificadamente os fundamentos da decisão agravada.
§ 2º O agravo será dirigido ao relator, que intimará o agravado para manifestar-se sobre o recurso no prazo de 15 (quinze) dias, ao final do qual, não havendo retratação, o relator levá-lo-á a julgamento pelo órgão colegiado, com inclusão em pauta.
§ 3º É vedado ao relator limitar-se à reprodução dos fundamentos da decisão agravada para julgar improcedente o agravo interno.
§ 4º Quando o agravo interno for declarado manifestamente inadmissível ou improcedente em votação unânime, o órgão colegiado, em decisão fundamentada, condenará o agravante a pagar ao agravado multa fixada entre um e cinco por cento do valor atualizado da causa.
§ 5º A interposição de qualquer outro recurso está condicionada ao depósito prévio do valor da multa prevista no § 4º, à exceção da Fazenda Pública e do beneficiário de gratuidade da justiça, que farão o pagamento ao final.

CAPÍTULO V
Dos Embargos de Declaração

Art. 1.022. Cabem embargos de declaração contra qualquer decisão judicial para:
I. esclarecer obscuridade ou eliminar contradição;
II. suprir omissão de ponto ou questão sobre o qual devia se pronunciar o juiz de ofício ou a requerimento;
III. corrigir erro material.
Parágrafo único. Considera-se omissa a decisão que:
I. deixe de se manifestar sobre tese firmada em julgamento de casos repetitivos ou em incidente de assunção de competência aplicável ao caso sob julgamento;
II. incorra em qualquer das condutas descritas no art. 489, § 1º.
Art. 1.023. Os embargos serão opostos, no prazo de 5 (cinco) dias, em petição dirigida ao juiz, com indicação do erro, obscuridade, contradição ou omissão, e não se sujeitam a preparo.
§ 1º Aplica-se aos embargos de declaração o art. 229.
§ 2º O juiz intimará o embargado para, querendo, manifestar-se, no prazo de 5 (cinco) dias, sobre os embargos opostos, caso seu eventual acolhimento implique a modificação da decisão embargada.
Art. 1.024. O juiz julgará os embargos em 5 (cinco) dias.
§ 1º Nos tribunais, o relator apresentará os embargos em mesa na sessão subsequente, proferindo voto, e, não havendo julgamento nessa sessão, será o recurso incluído em pauta automaticamente.
§ 2º Quando os embargos de declaração forem opostos contra decisão de relator ou outra decisão unipessoal proferida em tribunal, o órgão prolator da decisão embargada decidi-los-á monocraticamente.
§ 3º O órgão julgador conhecerá dos embargos de declaração como agravo interno se entender ser este o recurso cabível, desde que determine previamente a intimação do recorrente para, no prazo de 5 (cinco) dias, complementar as razões recursais, de modo a ajustá-las às exigências do art. 1.021, § 1º.
§ 4º Caso o acolhimento dos embargos de declaração implique modificação da decisão embargada, o embargado que já tiver interposto outro recurso contra a decisão originária tem o direito de complementar

ou alterar suas razões, nos exatos limites da modificação, no prazo de 15 (quinze) dias, contado da intimação da decisão dos embargos de declaração.

§ 5º Se os embargos de declaração forem rejeitados ou não alterarem a conclusão do julgamento anterior, o recurso interposto pela outra parte antes da publicação do julgamento dos embargos de declaração será processado e julgado independentemente de ratificação.

Art. 1.025. Consideram-se incluídos no acórdão os elementos que o embargante suscitou, para fins de pré-questionamento, ainda que os embargos de declaração sejam inadmitidos ou rejeitados, caso o tribunal superior considere existentes erro, omissão, contradição ou obscuridade.

Art. 1.026. Os embargos de declaração não possuem efeito suspensivo e interrompem o prazo para a interposição de recurso.

§ 1º A eficácia da decisão monocrática ou colegiada poderá ser suspensa pelo respectivo juiz ou relator se demonstrada a probabilidade de provimento do recurso ou, sendo relevante a fundamentação, se houver risco de dano grave ou de difícil reparação.

§ 2º Quando manifestamente protelatórios os embargos de declaração, o juiz ou o tribunal, em decisão fundamentada, condenará o embargante a pagar ao embargado multa não excedente a dois por cento sobre o valor atualizado da causa.

§ 3º Na reiteração de embargos de declaração manifestamente protelatórios, a multa será elevada a até dez por cento sobre o valor atualizado da causa, e a interposição de qualquer recurso ficará condicionada ao depósito prévio do valor da multa, à exceção da Fazenda Pública e do beneficiário de gratuidade da justiça, que a recolherão ao final.

§ 4º Não serão admitidos novos embargos de declaração se os 2 (dois) anteriores houverem sido considerados protelatórios.

CAPÍTULO VI
Dos Recursos Para o Supremo Tribunal Federal e Para o Superior Tribunal de Justiça

SEÇÃO I
Do Recurso Ordinário

Art. 1.027. Serão julgados em recurso ordinário:
I. pelo Supremo Tribunal Federal, os mandados de segurança, os habeas data e os mandados de injunção decididos em única instância pelos tribunais superiores, quando denegatória a decisão;
II. pelo Superior Tribunal de Justiça:
a) os mandados de segurança decididos em única instância pelos tribunais regionais federais ou pelos tribunais de justiça dos Estados e do Distrito Federal e Territórios, quando denegatória a decisão;
b) os processos em que forem partes, de um lado, Estado estrangeiro ou organismo internacional e, de outro, Município ou pessoa residente ou domiciliada no País.

§ 1º Nos processos referidos no inciso II, alínea "b", contra as decisões interlocutórias caberá agravo de instrumento dirigido ao Superior Tribunal de Justiça, nas hipóteses do art. 1.015.

§ 2º Aplica-se ao recurso ordinário o disposto nos arts. 1.013, § 3º, e 1.029, § 5º.

Art. 1.028. Ao recurso mencionado no art. 1.027, inciso II, alínea "b", aplicam-se, quanto aos requisitos de admissibilidade e ao procedimento, as disposições relativas à apelação e o Regimento Interno do Superior Tribunal de Justiça.

§ 1º Na hipótese do art. 1.027, § 1º, aplicam-se as disposições relativas ao agravo de instrumento e o Regimento Interno do Superior Tribunal de Justiça.

§ 2º O recurso previsto no art. 1.027, incisos I e II, alínea "a", deve ser interposto perante o tribunal de origem, cabendo ao seu presidente ou vice-presidente determinar a intimação do recorrido para, em 15 (quinze) dias, apresentar as contrarrazões.

§ 3º Findo o prazo referido no § 2º, os autos serão remetidos ao respectivo tribunal superior, independentemente de juízo de admissibilidade.

SEÇÃO II
Do Recurso Extraordinário e do Recurso Especial

Subseção I
Disposições Gerais

Art. 1.029. O recurso extraordinário e o recurso especial, nos casos previstos na Constituição Federal, serão interpostos perante o presidente ou o vice-presidente do tribunal recorrido, em petições distintas que conterão:
I. a exposição do fato e do direito;
II. a demonstração do cabimento do recurso interposto;

III. as razões do pedido de reforma ou de invalidação da decisão recorrida.

§ 1º Quando o recurso fundar-se em dissídio jurisprudencial, o recorrente fará a prova da divergência com a certidão, cópia ou citação do repositório de jurisprudência, oficial ou credenciado, inclusive em mídia eletrônica, em que houver sido publicado o acórdão divergente, ou ainda com a reprodução de julgado disponível na rede mundial de computadores, com indicação da respectiva fonte, devendo-se, em qualquer caso, mencionar as circunstâncias que identifiquem ou assemelhem os casos confrontados.

§ 2º (Revogado). (Redação dada pela Lei nº 13.256, de 2016)

§ 3º O Supremo Tribunal Federal ou o Superior Tribunal de Justiça poderá desconsiderar vício formal de recurso tempestivo ou determinar sua correção, desde que não o repute grave.

§ 4º Quando, por ocasião do processamento do incidente de resolução de demandas repetitivas, o presidente do Supremo Tribunal Federal ou do Superior Tribunal de Justiça receber requerimento de suspensão de processos em que se discuta questão federal constitucional ou infraconstitucional, poderá, considerando razões de segurança jurídica ou de excepcional interesse social, estender a suspensão a todo o território nacional, até ulterior decisão do recurso extraordinário ou do recurso especial a ser interposto.

§ 5º O pedido de concessão de efeito suspensivo a recurso extraordinário ou a recurso especial poderá ser formulado por requerimento dirigido:

I. ao tribunal superior respectivo, no período compreendido entre a publicação da decisão de admissão do recurso e sua distribuição, ficando o relator designado para seu exame prevento para julgá-lo;

II. ao relator, se já distribuído o recurso;

III. ao presidente ou ao vice-presidente do tribunal recorrido, no período compreendido entre a interposição do recurso e a publicação da decisão de admissão do recurso, assim como no caso de o recurso ter sido sobrestado, nos termos do art. 1.037.

Art. 1.030. Recebida a petição do recurso pela secretaria do tribunal, o recorrido será intimado para apresentar contrarrazões no prazo de 15 (quinze) dias, findo o qual os autos serão conclusos ao presidente ou ao vice-presidente do tribunal recorrido, que deverá:

I. negar seguimento:

a) a recurso extraordinário que discuta questão constitucional à qual o Supremo Tribunal Federal não tenha reconhecido a existência de repercussão geral ou a recurso extraordinário interposto contra acórdão que esteja em conformidade com entendimento do Supremo Tribunal Federal exarado no regime de repercussão geral;

b) a recurso extraordinário ou a recurso especial interposto contra acórdão que esteja em conformidade com entendimento do Supremo Tribunal Federal ou do Superior Tribunal de Justiça, respectivamente, exarado no regime de julgamento de recursos repetitivos;

II. encaminhar o processo ao órgão julgador para realização do juízo de retratação, se o acórdão recorrido divergir do entendimento do Supremo Tribunal Federal ou do Superior Tribunal de Justiça exarado, conforme o caso, nos regimes de repercussão geral ou de recursos repetitivos;

III. sobrestar o recurso que versar sobre controvérsia de caráter repetitivo ainda não decidida pelo Supremo Tribunal Federal ou pelo Superior Tribunal de Justiça, conforme se trate de matéria constitucional ou infraconstitucional;

IV. selecionar o recurso como representativo de controvérsia constitucional ou infraconstitucional, nos termos do § 6º do art. 1.036;

V. realizar o juízo de admissibilidade e, se positivo, remeter o feito ao Supremo Tribunal Federal ou ao Superior Tribunal de Justiça, desde que:

a) o recurso ainda não tenha sido submetido ao regime de repercussão geral ou de julgamento de recursos repetitivos;

b) o recurso tenha sido selecionado como representativo da controvérsia; ou

c) o tribunal recorrido tenha refutado o juízo de retratação.

§ 1º Da decisão de inadmissibilidade proferida com fundamento no inciso V caberá agravo ao tribunal superior, nos termos do art. 1.042

§ 2º Da decisão proferida com fundamento nos incisos I e III caberá agravo interno, nos termos do art. 1.021

Art. 1.031. Na hipótese de interposição conjunta de recurso extraordinário e recurso especial, os autos serão remetidos ao Superior Tribunal de Justiça.

§ 1º Concluído o julgamento do recurso especial, os autos serão remetidos ao Supremo Tribunal Federal para apreciação do recurso extraordinário, se este não estiver prejudicado.

§ 2º Se o relator do recurso especial considerar prejudicial o recurso extraordinário, em decisão irrecorrível, sobrestará o julgamento e remeterá os autos ao Supremo Tribunal Federal.

§ 3º Na hipótese do § 2º, se o relator do recurso extraordinário, em decisão irrecorrível, rejeitar a prejudicialidade, devolverá os autos ao Superior Tribunal de Justiça para o julgamento do recurso especial.

Art. 1.032. Se o relator, no Superior Tribunal de Justiça, entender que o recurso especial versa sobre questão constitucional, deverá conceder prazo de 15 (quinze) dias para que o recorrente demonstre a existência de repercussão geral e se manifeste sobre a questão constitucional.

Parágrafo único. Cumprida a diligência de que trata o caput, o relator remeterá o recurso ao Supremo Tribunal Federal, que, em juízo de admissibilidade, poderá devolvê-lo ao Superior Tribunal de Justiça.

Art. 1.033. Se o Supremo Tribunal Federal considerar como reflexa a ofensa à Constituição afirmada no recurso extraordinário, por pressupor a revisão da interpretação de lei federal ou de tratado, remetê-lo-á ao Superior Tribunal de Justiça para julgamento como recurso especial.

Art. 1.034. Admitido o recurso extraordinário ou o recurso especial, o Supremo Tribunal Federal ou o Superior Tribunal de Justiça julgará o processo, aplicando o direito.

Parágrafo único. Admitido o recurso extraordinário ou o recurso especial por um fundamento, devolve-se ao tribunal superior o conhecimento dos demais fundamentos para a solução do capítulo impugnado.

Art. 1.035. O Supremo Tribunal Federal, em decisão irrecorrível, não conhecerá do recurso extraordinário quando a questão constitucional nele versada não tiver repercussão geral, nos termos deste artigo.

§ 1º Para efeito de repercussão geral, será considerada a existência ou não de questões relevantes do ponto de vista econômico, político, social ou jurídico que ultrapassem os interesses subjetivos do processo.

§ 2º O recorrente deverá demonstrar a existência de repercussão geral para apreciação exclusiva pelo Supremo Tribunal Federal.

§ 3º Haverá repercussão geral sempre que o recurso impugnar acórdão que:

I. contrarie súmula ou jurisprudência dominante do Supremo Tribunal Federal;

II. (Revogado); (Redação dada pela Lei nº 13.256, de 2016)

III. tenha reconhecido a inconstitucionalidade de tratado ou de lei federal, nos termos do art. 97 da Constituição Federal.

§ 4º O relator poderá admitir, na análise da repercussão geral, a manifestação de terceiros, subscrita por procurador habilitado, nos termos do Regimento Interno do Supremo Tribunal Federal.

§ 5º Reconhecida a repercussão geral, o relator no Supremo Tribunal Federal determinará a suspensão do processamento de todos os processos pendentes, individuais ou coletivos, que versem sobre a questão e tramitem no território nacional.

§ 6º O interessado pode requerer, ao presidente ou ao vice-presidente do tribunal de origem, que exclua da decisão de sobrestamento e inadmita o recurso extraordinário que tenha sido interposto intempestivamente, tendo o recorrente o prazo de 5 (cinco) dias para manifestar-se sobre esse requerimento.

§ 7º Da decisão que indeferir o requerimento referido no § 6º ou que aplicar entendimento firmado em regime de repercussão geral ou em julgamento de recursos repetitivos caberá agravo interno.

§ 8º Negada a repercussão geral, o presidente ou o vice-presidente do tribunal de origem negará seguimento aos recursos extraordinários sobrestados na origem que versem sobre matéria idêntica.

§ 9º O recurso que tiver a repercussão geral reconhecida deverá ser julgado no prazo de 1 (um) ano e terá preferência sobre os demais feitos, ressalvados os que envolvam réu preso e os pedidos de habeas corpus.

§ 10º (Revogado). (Redação dada pela Lei nº 13.256, de 2016)

§ 11º A súmula da decisão sobre a repercussão geral constará de ata, que será publicada no diário oficial e valerá como acórdão.

Subseção II
Do Julgamento dos Recursos Extraordinário e Especial Repetitivos

Art. 1.036. Sempre que houver multiplicidade de recursos extraordinários ou especiais com fundamento em idêntica questão de direito, haverá afetação para julgamento de acordo com as disposições desta Subseção, observado o disposto no Regimento Interno do Supremo Tribunal Federal e no do Superior Tribunal de Justiça.

§ 1º O presidente ou o vice-presidente de tribunal de justiça ou de tribunal regional federal selecionará 2 (dois) ou mais recursos representativos da controvérsia, que serão encaminhados ao Supremo Tribunal Federal ou ao Superior Tribunal de Justiça para fins de afetação, determinando a suspensão do trâmite de todos os processos pendentes, individuais ou coletivos, que tramitem no Estado ou na região, conforme o caso.

§ 2º O interessado pode requerer, ao presidente ou ao vice-presidente, que exclua da decisão de sobrestamento e inadmita o recurso especial ou o recurso extraordinário que tenha sido interposto intempestivamente, tendo o recorrente o prazo de 5 (cinco) dias para manifestar-se sobre esse requerimento.

§ 3º Da decisão que indeferir o requerimento referido no § 2º caberá apenas agravo interno.

§ 4º A escolha feita pelo presidente ou vice-presidente do tribunal de justiça ou do tribunal regional federal não vinculará o relator no tribunal superior, que poderá selecionar outros recursos representativos da controvérsia.

§ 5º O relator em tribunal superior também poderá selecionar 2 (dois) ou mais recursos representativos da controvérsia para julgamento da questão de direito independentemente da iniciativa do presidente ou do vice-presidente do tribunal de origem.

§ 6º Somente podem ser selecionados recursos admissíveis que contenham abrangente argumentação e discussão a respeito da questão a ser decidida.

Art. 1.037. Selecionados os recursos, o relator, no tribunal superior, constatando a presença do pressuposto do caput do art. 1.036, proferirá decisão de afetação, na qual:

I. identificará com precisão a questão a ser submetida a julgamento;

II. determinará a suspensão do processamento de todos os processos pendentes, individuais ou coletivos, que versem sobre a questão e tramitem no território nacional;

III. poderá requisitar aos presidentes ou aos vice-presidentes dos tribunais de justiça ou dos tribunais regionais federais a remessa de um recurso representativo da controvérsia.

§ 1º Se, após receber os recursos selecionados pelo presidente ou pelo vice-presidente de tribunal de justiça ou de tribunal regional federal, não se proceder à afetação, o relator, no tribunal superior, comunicará o fato ao presidente ou ao vice-presidente que os houver enviado, para que seja revogada a decisão de suspensão referida no art. 1.036, § 1º.

§ 2º (Revogado pela Lei nº 13.256, de 2016)

§ 3º Havendo mais de uma afetação, será prevento o relator que primeiro tiver proferido a decisão a que se refere o inciso I do caput.

§ 4º Os recursos afetados deverão ser julgados no prazo de 1 (um) ano e terão preferência sobre os demais feitos, ressalvados os que envolvam réu preso e os pedidos de habeas corpus.

§ 5º (Revogado pela Lei nº 13.256, de 2016)

§ 6º Ocorrendo a hipótese do § 5º, é permitido a outro relator do respectivo tribunal superior afetar 2 (dois) ou mais recursos representativos da controvérsia na forma do art. 1.036.

§ 7º Quando os recursos requisitados na forma do inciso III do caput contiverem outras questões além daquela que é objeto da afetação, caberá ao tribunal decidir esta em primeiro lugar e depois as demais, em acórdão específico para cada processo.

§ 8º As partes deverão ser intimadas da decisão de suspensão de seu processo, a ser proferida pelo respectivo juiz ou relator quando informado da decisão a que se refere o inciso II do caput.

§ 9º Demonstrando distinção entre a questão a ser decidida no processo e aquela a ser julgada no recurso especial ou extraordinário afetado, a parte poderá requerer o prosseguimento do seu processo.

§ 10º O requerimento a que se refere o § 9º será dirigido:

I. ao juiz, se o processo sobrestado estiver em primeiro grau;

II. ao relator, se o processo sobrestado estiver no tribunal de origem;

III. ao relator do acórdão recorrido, se for sobrestado recurso especial ou recurso extraordinário no tribunal de origem;

IV. ao relator, no tribunal superior, de recurso especial ou de recurso extraordinário cujo processamento houver sido sobrestado.

§ 11º A outra parte deverá ser ouvida sobre o requerimento a que se refere o § 9º, no prazo de 5 (cinco) dias.

§ 12º Reconhecida a distinção no caso:

I. dos incisos I, II e IV do § 10, o próprio juiz ou relator dará prosseguimento ao processo;

II. do inciso III do § 1º, o relator comunicará a decisão ao presidente ou ao vice-presidente que houver determinado o sobrestamento, para que o recurso especial ou o recurso extraordinário seja encaminhado ao respectivo tribunal superior, na forma do art. 1.030, parágrafo único.

§ 13º Da decisão que resolver o requerimento a que se refere o § 9º caberá:

I. agravo de instrumento, se o processo estiver em primeiro grau;

II. agravo interno, se a decisão for de relator.

Art. 1.038. O relator poderá:

I. solicitar ou admitir manifestação de pessoas, órgãos ou entidades com interesse na controvérsia, considerando a relevância da matéria e consoante dispuser o regimento interno;

II. fixar data para, em audiência pública, ouvir depoimentos de pessoas com experiência e conhecimento na matéria, com a finalidade de instruir o procedimento;

III. requisitar informações aos tribunais inferiores a respeito da controvérsia e, cumprida a diligência, intimará o Ministério Público para manifestar-se.

§ 1º No caso do inciso III, os prazos respectivos são de 15 (quinze) dias, e os atos serão praticados, sempre que possível, por meio eletrônico.

§ 2º Transcorrido o prazo para o Ministério Público e remetida cópia do relatório aos demais ministros, haverá inclusão em pauta, devendo ocorrer o julgamento com preferência sobre os demais feitos, ressalvados os que envolvam réu preso e os pedidos de habeas corpus.

§ 3º O conteúdo do acórdão abrangerá a análise dos fundamentos relevantes da tese jurídica discutida.

Art. 1.039. Decididos os recursos afetados, os órgãos colegiados declararão prejudicados os demais recursos versando sobre idêntica controvérsia ou os decidirão aplicando a tese firmada.

Parágrafo único. Negada a existência de repercussão geral no recurso extraordinário afetado, serão considerados automaticamente inadmitidos os recursos extraordinários cujo processamento tenha sido sobrestado.

Art. 1.040. Publicado o acórdão paradigma:

I. o presidente ou o vice-presidente do tribunal de origem negará seguimento aos recursos especiais ou extraordinários sobrestados na origem, se o acórdão recorrido coincidir com a orientação do tribunal superior;

II. o órgão que proferiu o acórdão recorrido, na origem, reexaminará o processo de competência originária, a remessa necessária ou o recurso anteriormente julgado, se o acórdão recorrido contrariar a orientação do tribunal superior;

III. os processos suspensos em primeiro e segundo graus de jurisdição retomarão o curso para julgamento e aplicação da tese firmada pelo tribunal superior;

IV. se os recursos versarem sobre questão relativa a prestação de serviço público objeto de concessão, permissão ou autorização, o resultado do julgamento será comunicado ao órgão, ao ente ou à agência reguladora competente para fiscalização da efetiva aplicação, por parte dos entes sujeitos a regulação, da tese adotada.

§ 1º A parte poderá desistir da ação em curso no primeiro grau de jurisdição, antes de proferida a sentença, se a questão nela discutida for idêntica à resolvida pelo recurso representativo da controvérsia.

§ 2º Se a desistência ocorrer antes de oferecida contestação, a parte ficará isenta do pagamento de custas e de honorários de sucumbência.

§ 3º A desistência apresentada nos termos do § 1º independe de consentimento do réu, ainda que apresentada contestação.

Art. 1.041. Mantido o acórdão divergente pelo tribunal de origem, o recurso especial ou extraordinário será remetido ao respectivo tribunal superior, na forma do art. 1.036, § 1º.

§ 1º Realizado o juízo de retratação, com alteração do acórdão divergente, o tribunal de origem, se for o caso, decidirá as demais questões ainda não decididas cujo enfrentamento se tornou necessário em decorrência da alteração.

§ 2º Quando ocorrer a hipótese do inciso II do caput do art. 1.040 e o recurso versar sobre outras questões, caberá ao presidente ou ao vice-presidente do tribunal recorrido, depois do reexame pelo órgão de origem e independentemente de ratificação do recurso, sendo positivo o juízo de admissibilidade, determinar a remessa do recurso ao tribunal superior para julgamento das demais questões. (Redação dada pela Lei nº 13.256, de 2016)

SEÇÃO III
Do Agravo em Recurso Especial e em Recurso Extraordinário

Art. 1.042. Cabe agravo contra decisão do presidente ou do vice-presidente do tribunal recorrido que inadmitir recurso extraordinário ou recurso especial, salvo quando fundada na aplicação de entendimento firmado em regime de repercussão geral ou em julgamento de recursos repetitivos.

I. (Revogado); (Redação dada pela Lei nº 13.256, de 2016)

II. (Revogado); (Redação dada pela Lei nº 13.256, de 2016)

III. (Revogado). (Redação dada pela Lei nº 13.256, de 2016)

§ 1º (Revogado): (Redação dada pela Lei nº 13.256, de 2016)

I. (Revogado); (Redação dada pela Lei nº 13.256, de 2016)

II. (Revogado): (Redação dada pela Lei nº 13.256, de 2016)

a) (Revogada); (Redação dada pela Lei nº 13.256, de 2016)

b) (Revogada). (Redação dada pela Lei nº 13.256, de 2016)

§ 2º A petição de agravo será dirigida ao presidente ou ao vice-presidente do tribunal de origem e independe do pagamento de custas e despesas postais, aplicando-se a ela o regime de repercussão geral e de recursos repetitivos, inclusive quanto à possibilidade de sobrestamento e do juízo de retratação.

§ 3º O agravado será intimado, de imediato, para oferecer resposta no prazo de 15 (quinze) dias.

§ 4º Após o prazo de resposta, não havendo retratação, o agravo será remetido ao tribunal superior competente.

§ 5º O agravo poderá ser julgado, conforme o caso, conjuntamente com o recurso especial ou extraordinário, assegurada, neste caso, sustentação oral, observando-se, ainda, o disposto no regimento interno do tribunal respectivo.

§ 6º Na hipótese de interposição conjunta de recursos extraordinário e especial, o agravante deverá interpor um agravo para cada recurso não admitido.

§ 7º Havendo apenas um agravo, o recurso será remetido ao tribunal competente, e, havendo interposição conjunta, os autos serão remetidos ao Superior Tribunal de Justiça.

§ 8º Concluído o julgamento do agravo pelo Superior Tribunal de Justiça e, se for o caso, do recurso especial, independentemente de pedido, os autos serão remetidos ao Supremo Tribunal Federal para apreciação do agravo a ele dirigido, salvo se estiver prejudicado.

SEÇÃO IV
Dos Embargos de Divergência

Art. 1.043. É embargável o acórdão de órgão fracionário que:

I. em recurso extraordinário ou em recurso especial, divergir do julgamento de qualquer outro órgão do mesmo tribunal, sendo os acórdãos, embargado e paradigma, de mérito;

II. (Revogado pela Lei nº 13.256, de 2016)

III. em recurso extraordinário ou em recurso especial, divergir do julgamento de qualquer outro órgão do mesmo tribunal, sendo um acórdão de mérito e outro que não tenha conhecido do recurso, embora tenha apreciado a controvérsia;

IV. (Revogado pela Lei nº 13.256, de 2016)

§ 1º Poderão ser confrontadas teses jurídicas contidas em julgamentos de recursos e de ações de competência originária.

§ 2º A divergência que autoriza a interposição de embargos de divergência pode verificar-se na aplicação do direito material ou do direito processual.

§ 3º Cabem embargos de divergência quando o acórdão paradigma for da mesma turma que proferiu a decisão embargada, desde que sua composição tenha sofrido alteração em mais da metade de seus membros.

§ 4º O recorrente provará a divergência com certidão, cópia ou citação de repositório oficial ou credenciado de jurisprudência, inclusive em mídia eletrônica, onde foi publicado o acórdão divergente, ou com a reprodução de julgado disponível na rede mundial de computadores, indicando a respectiva fonte, e mencionará as circunstâncias que identificam ou assemelham os casos confrontados.

§ 5º (Revogado pela Lei nº 13.256, de 2016)

Art. 1.044. No recurso de embargos de divergência, será observado o procedimento estabelecido no regimento interno do respectivo tribunal superior.

§ 1º A interposição de embargos de divergência no Superior Tribunal de Justiça interrompe o prazo para interposição de recurso extraordinário por qualquer das partes.

§ 2º Se os embargos de divergência forem desprovidos ou não alterarem a conclusão do julgamento anterior, o recurso extraordinário interposto pela outra parte antes da publicação do julgamento dos embargos de divergência será processado e julgado independentemente de ratificação.

LIVRO COMPLEMENTAR

Disposições Finais e Transitórias

Art. 1.045. Este Código entra em vigor após decorrido 1 (um) ano da data de sua publicação oficial.

Art. 1.046. Ao entrar em vigor este Código, suas disposições se aplicarão desde logo aos processos pendentes, ficando revogada a Lei nº 5.869, de 11 de janeiro de 1973.

§ 1º As disposições da Lei nº 5.869, de 11 de janeiro de 1973, relativas ao procedimento sumário e aos procedimentos especiais que forem revogadas aplicar-se-ão às ações propostas e não sentenciadas até o início da vigência deste Código.

§ 2º Permanecem em vigor as disposições especiais dos procedimentos regulados em outras leis, aos quais se aplicará supletivamente este Código.

§ 3º Os processos mencionados no art. 1.218 da Lei nº 5.869, de 11 de janeiro de 1973, cujo procedimento ainda não tenha sido incorporado por lei submetem-se ao procedimento comum previsto neste Código.

§ 4º As remissões a disposições do Código de Processo Civil revogado, existentes em outras leis, passam a referir-se às que lhes são correspondentes neste Código.

§ 5º A primeira lista de processos para julgamento em ordem cronológica observará a antiguidade da distribuição entre os já conclusos na data da entrada em vigor deste Código.

Art. 1.047. As disposições de direito probatório adotadas neste Código aplicam-se apenas às provas requeridas ou determinadas de ofício a partir da data de início de sua vigência.

Art. 1.048. Terão prioridade de tramitação, em qualquer juízo ou tribunal, os procedimentos judiciais:

I. em que figure como parte ou interessado pessoa com idade igual ou superior a 60 (sessenta) anos ou portadora de doença grave, assim compreendida qualquer das enumeradas no art. 6º, inciso XIV, da Lei nº 7.713, de 22 de dezembro de 1988;

II. regulados pela Lei nº 8.069, de 13 de julho de 1990 (Estatuto da Criança e do Adolescente).

III. em que figure como parte a vítima de violência doméstica e familiar, nos termos da Lei nº 11.340, de 7 de agosto de 2006 (Lei Maria da Penha). **(Incluído pela Lei nº 13.894, de 2019)**

IV. em que se discuta a aplicação do disposto nas normas gerais de licitação e contratação a que se refere o inciso XXVII do caput do art. 22 da Constituição Federal. **(Incluído pela Lei nº 14.133, de 2021)**

§ 1º A pessoa interessada na obtenção do benefício, juntando prova de sua condição, deverá requerê-lo à autoridade judiciária competente para decidir o feito, que determinará ao cartório do juízo as providências a serem cumpridas.

§ 2º Deferida a prioridade, os autos receberão identificação própria que evidencie o regime de tramitação prioritária.

§ 3º Concedida a prioridade, essa não cessará com a morte do beneficiado, estendendo-se em favor do cônjuge supérstite ou do companheiro em união estável.

§ 4º A tramitação prioritária independe de deferimento pelo órgão jurisdicional e deverá ser imediatamente concedida diante da prova da condição de beneficiário.

Art. 1.049. Sempre que a lei remeter a procedimento previsto na lei processual sem especificá-lo, será observado o procedimento comum previsto neste Código.

Parágrafo único. Na hipótese de a lei remeter ao procedimento sumário, será observado o procedimento comum previsto neste Código, com as modificações previstas na própria lei especial, se houver.

Art. 1.050. A União, os Estados, o Distrito Federal, os Municípios, suas respectivas entidades da administração indireta, o Ministério Público, a Defensoria Pública e a Advocacia Pública, no prazo de 30 (trinta) dias a contar da data da entrada em vigor deste Código, deverão se cadastrar perante a administração do tribunal no qual atuem para cumprimento do disposto nos arts. 246, § 2º, e 270, parágrafo único.

Art. 1.051. As empresas públicas e privadas devem cumprir o disposto no art. 246, § 1º, no prazo de 30 (trinta) dias, a contar da data de inscrição do ato constitutivo da pessoa jurídica, perante o juízo onde tenham sede ou filial.

Parágrafo único. O disposto no caput não se aplica às microempresas e às empresas de pequeno porte.

Art. 1.052. Até a edição de lei específica, as execuções contra devedor insolvente, em curso ou que venham a ser propostas, permanecem reguladas pelo Livro II, Título IV, da Lei nº 5.869, de 11 de janeiro de 1973.

Art. 1.053. Os atos processuais praticados por meio eletrônico até a transição definitiva para certificação digital ficam convalidados, ainda que não tenham observado os requisitos mínimos estabelecidos por este Código, desde que tenham atingido sua finalidade e não tenha havido prejuízo à defesa de qualquer das partes.

Art. 1.054. O disposto no art. 503, § 1º, somente se aplica aos processos iniciados após a vigência deste Código, aplicando-se aos anteriores o disposto nos arts. 5º, 325 e 470 da Lei nº 5.869, de 11 de janeiro de 1973.

Art. 1.055. (VETADO).

Art. 1.056. Considerar-se-á como termo inicial do prazo da prescrição prevista no art. 924, inciso V, inclusive para as execuções em curso, a data de vigência deste Código.

Art. 1.057. O disposto no art. 525, §§ 14 e 15, e no art. 535, §§ 7º e 8º, aplica-se às decisões transitadas em julgado após a entrada em vigor deste Código, e, às decisões transitadas em julgado anteriormente, aplica-se o disposto no art. 475-L, § 1º, e no art. 741, parágrafo único, da Lei nº 5.869, de 11 de janeiro de 1973.

Art. 1.058. Em todos os casos em que houver recolhimento de importância em dinheiro, esta será depositada em nome da parte ou do interessado, em conta especial movimentada por ordem do juiz, nos termos do art. 840, inciso I.

Art. 1.059. À tutela provisória requerida contra a Fazenda Pública aplica-se o disposto nos arts. 1º a 4º da Lei nº 8.437, de 30 de junho de 1992, e no art. 7º, § 2º, da Lei nº 12.016, de 7 de agosto de 2009.

Art. 1.060. O inciso II do art. 14 da Lei nº 9.289, de 4 de julho de 1996, passa a vigorar com a seguinte redação:
"Art. 14..
II. aquele que recorrer da sentença adiantará a outra metade das custas, comprovando o adiantamento no ato de interposição do recurso, sob pena de deserção, observado o disposto nos §§ 1º a 7º do art. 1.007 do Código de Processo Civil;
....(NR)

Art. 1.061. O § 3º do art. 33 da Lei nº 9.307, de 23 de setembro de 1996 (Lei de Arbitragem), passa a vigorar com a seguinte redação: (Vigência)
"Art. 33..

§ 3º A decretação da nulidade da sentença arbitral também poderá ser requerida na impugnação ao cumprimento da sentença, nos termos dos arts. 525 e seguintes do Código de Processo Civil, se houver execução judicial." (NR)

Art. 1.062. O incidente de desconsideração da personalidade jurídica aplica-se ao processo de competência dos juizados especiais.

Art. 1.063. Até a edição de lei específica, os juizados especiais cíveis previstos na Lei nº 9.099, de 26 de setembro de 1995, continuam competentes para o processamento e julgamento das causas previstas no art. 275, inciso II, da Lei nº 5.869, de 11 de janeiro de 1973.

Art. 1.064. O caput do art. 48 da Lei nº 9.099, de 26 de setembro de 1995, passa a vigorar com a seguinte redação:
"Art. 48. Caberão embargos de declaração contra sentença ou acórdão nos casos previstos no Código de Processo Civil.
...." (NR)

Art. 1.065. O art. 50 da Lei nº 9.099, de 26 de setembro de 1995, passa a vigorar com a seguinte redação:
"Art. 50. Os embargos de declaração interrompem o prazo para a interposição de recurso." (NR)

Art. 1.066. O art. 83 da Lei nº 9.099, de 26 de setembro de 1995, passam a vigorar com a seguinte redação:
"Art. 83. Cabem embargos de declaração quando, em sentença ou acórdão, houver obscuridade, contradição ou omissão.
....
§ 2º Os embargos de declaração interrompem o prazo para a interposição de recurso.
...." (NR)

Art. 1.067. O art. 275 da Lei nº 4.737, de 15 de julho de 1965 (Código Eleitoral), passa a vigorar com a seguinte redação:
"Art. 275. São admissíveis embargos de declaração nas hipóteses previstas no Código de Processo Civil.
§ 1º Os embargos de declaração serão opostos no prazo de 3 (três) dias, contado da data de publicação da decisão embargada, em petição dirigida ao juiz ou relator, com a indicação do ponto que lhes deu causa.
§ 2º Os embargos de declaração não estão sujeitos a preparo.
§ 3º O juiz julgará os embargos em 5 (cinco) dias.
§ 4º Nos tribunais:
I. o relator apresentará os embargos em mesa na sessão subsequente, proferindo voto;

II. não havendo julgamento na sessão referida no inciso I, será o recurso incluído em pauta;
III. vencido o relator, outro será designado para lavrar o acórdão.
§ 5º Os embargos de declaração interrompem o prazo para a interposição de recurso.
§ 6º Quando manifestamente protelatórios os embargos de declaração, o juiz ou o tribunal, em decisão fundamentada, condenará o embargante a pagar ao embargado multa não excedente a 2 (dois) salários-mínimos.
§ 7º Na reiteração de embargos de declaração manifestamente protelatórios, a multa será elevada a até 10 (dez) salários-mínimos." (NR)
Art. 1.068. O art. 274 e o caput do art. 2.027 da Lei nº 10.406, de 10 de janeiro de 2002 (Código Civil), passam a vigorar com a seguinte redação:
"Art. 274. O julgamento contrário a um dos credores solidários não atinge os demais, mas o julgamento favorável aproveita-lhes, sem prejuízo de exceção pessoal que o devedor tenha direito de invocar em relação a qualquer deles." (NR)
"Art. 2.027. A partilha é anulável pelos vícios e defeitos que invalidam, em geral, os negócios jurídicos.
...." (NR)
Art. 1.069. O Conselho Nacional de Justiça promoverá, periodicamente, pesquisas estatísticas para avaliação da efetividade das normas previstas neste Código.
Art. 1.070. É de 15 (quinze) dias o prazo para a interposição de qualquer agravo, previsto em lei ou em regimento interno de tribunal, contra decisão de relator ou outra decisão unipessoal proferida em tribunal.
Art. 1.071. O Capítulo III do Título V da Lei nº 6.015, de 31 de dezembro de 1973 (Lei de Registros Públicos), passa a vigorar acrescida do seguinte art. 216-A:
"Art. 216-A. Sem prejuízo da via jurisdicional, é admitido o pedido de reconhecimento extrajudicial de usucapião, que será processado diretamente perante o cartório do registro de imóveis da comarca em que estiver situado o imóvel usucapiendo, a requerimento do interessado, representado por advogado, instruído com:
I. ata notarial lavrada pelo tabelião, atestando o tempo de posse do requerente e seus antecessores, conforme o caso e suas circunstâncias;
II. planta e memorial descritivo assinado por profissional legalmente habilitado, com prova de anotação de responsabilidade técnica no respectivo conselho de fiscalização profissional, e pelos titulares de direitos reais e de outros direitos registrados ou averbados na matrícula do imóvel usucapiendo e na matrícula dos imóveis confinantes;
III. certidões negativas dos distribuidores da comarca da situação do imóvel e do domicílio do requerente;
IV. justo título ou quaisquer outros documentos que demonstrem a origem, a continuidade, a natureza e o tempo da posse, tais como o pagamento dos impostos e das taxas que incidirem sobre o imóvel.
§ 1º O pedido será autuado pelo registrador, prorrogando-se o prazo da prenotação até o acolhimento ou a rejeição do pedido.
§ 2º Se a planta não contiver a assinatura de qualquer um dos titulares de direitos reais e de outros direitos registrados ou averbados na matrícula do imóvel usucapiendo e na matrícula dos imóveis confinantes, esse será notificado pelo registrador competente, pessoalmente ou pelo correio com aviso de recebimento, para manifestar seu consentimento expresso em 15 (quinze) dias, interpretado o seu silêncio como discordância.
§ 3º O oficial de registro de imóveis dará ciência à União, ao Estado, ao Distrito Federal e ao Município, pessoalmente, por intermédio do oficial de registro de títulos e documentos, ou pelo correio com aviso de recebimento, para que se manifestem, em 15 (quinze) dias, sobre o pedido.
§ 4º O oficial de registro de imóveis promoverá a publicação de edital em jornal de grande circulação, onde houver, para a ciência de terceiros eventualmente interessados, que poderão se manifestar em 15 (quinze) dias.
§ 5º Para a elucidação de qualquer ponto de dúvida, poderão ser solicitadas ou realizadas diligências pelo oficial de registro de imóveis.
§ 6º Transcorrido o prazo de que trata o § 4º deste artigo, sem pendência de diligências na forma do § 5º deste artigo e achando-se em ordem a documentação, com inclusão da concordância expressa dos titulares de direitos reais e de outros direitos registrados ou averbados na matrícula do imóvel usucapiendo e na matrícula dos imóveis confinantes, o oficial de registro de imóveis registrará a aquisição

do imóvel com as descrições apresentadas, sendo permitida a abertura de matrícula, se for o caso.

§ 7º Em qualquer caso, é lícito ao interessado suscitar o procedimento de dúvida, nos termos desta Lei.

§ 8º Ao final das diligências, se a documentação não estiver em ordem, o oficial de registro de imóveis rejeitará o pedido.

§ 9º A rejeição do pedido extrajudicial não impede o ajuizamento de ação de usucapião.

§ 10º Em caso de impugnação do pedido de reconhecimento extrajudicial de usucapião, apresentada por qualquer um dos titulares de direito reais e de outros direitos registrados ou averbados na matrícula do imóvel usucapiendo e na matrícula dos imóveis confinantes, por algum dos entes públicos ou por algum terceiro interessado, o oficial de registro de imóveis remeterá os autos ao juízo competente da comarca da situação do imóvel, cabendo ao requerente emendar a petição inicial para adequá-la ao procedimento comum."

Art. 1.072. Revogam-se:

I. o art. 22 do Decreto-Lei nº 25, de 30 de novembro de 1937;

II. os arts. 227, caput, 229, 230, 456, 1.482, 1.483 e 1.768 a 1.773 da Lei nº 10.406, de 10 de janeiro de 2002 (Código Civil);

III. os arts. 2º, 3º, 4º, 6º, 7º, 11, 12 e 17 da Lei nº 1.060, de 5 de fevereiro de 1950;

IV. os arts. 13 a 18, 26 a 29 e 38 da Lei nº 8.038, de 28 de maio de 1990;

V. os arts. 16 a 18 da Lei nº 5.478, de 25 de julho de 1968; e

VI. o art. 98, § 4º, da Lei nº 12.529, de 30 de novembro de 2011.

Brasília, 16 de março de 2015; 194º da Independência e 127º da República.
DILMA ROUSSEFF
José Eduardo Cardozo
Jaques Wagner
Joaquim Vieira Ferreira Levy
Luís Inácio Lucena Adams

Este texto não substitui o publicado no DOU de 17.3.2015

8

Código Penal (CP)

Decreto – Lei Nº 2.848, de 7 de Dezembro de 1940

CÓDIGO PENAL

O PRESIDENTE DA REPÚBLICA, usando da atribuição que lhe confere o art. 180 da Constituição, decreta a seguinte Lei:

PARTE GERAL

TÍTULO I
Da Aplicação da Lei Penal

Anterioridade da Lei
Art. 1. Não há crime sem lei anterior que o defina. Não há pena sem prévia cominação legal.

Lei penal no tempo
Art. 2. Ninguém pode ser punido por fato que lei posterior deixa de considerar crime, cessando em virtude dela a execução e os efeitos penais da sentença condenatória.
Parágrafo único. A lei posterior, que de qualquer modo favorecer o agente, aplica-se aos fatos anteriores, ainda que decididos por sentença condenatória transitada em julgado.

Lei excepcional ou temporária
Art. 3. A lei excepcional ou temporária, embora decorrido o período de sua duração ou cessadas as circunstâncias que a determinaram, aplica-se ao fato praticado durante sua vigência.

Tempo do crime
Art. 4. Considera-se praticado o crime no momento da ação ou omissão, ainda que outro seja o momento do resultado.

Territorialidade
Art. 5. Aplica-se a lei brasileira, sem prejuízo de convenções, tratados e regras de direito internacional, ao crime cometido no território nacional.
§ 1º Para os efeitos penais, consideram-se como extensão do território nacional as embarcações e aeronaves brasileiras, de natureza pública ou a serviço do governo brasileiro onde quer que se encontrem, bem como as aeronaves e as embarcações brasileiras, mercantes ou de propriedade privada, que se achem, respectivamente, no espaço aéreo correspondente ou em alto-mar.
§ 2º É também aplicável a lei brasileira aos crimes praticados a bordo de aeronaves ou embarcações estrangeiras de propriedade privada, achando-se aquelas em pouso no território nacional ou em voo no espaço aéreo correspondente, e estas em porto ou mar territorial do Brasil.

Lugar do crime
Art. 6. Considera-se praticado o crime no lugar em que ocorreu a ação ou omissão, no todo ou em parte, bem como onde se produziu ou deveria produzir-se o resultado.

Extraterritorialidade
Art. 7. Ficam sujeitos à lei brasileira, embora cometidos no estrangeiro:
I. os crimes:
a) contra a vida ou a liberdade do Presidente da República;
b) contra o patrimônio ou a fé pública da União, do Distrito Federal, de Estado, de Território, de Município, de empresa pública, sociedade de economia mista, autarquia ou fundação instituída pelo Poder Público;
c) contra a administração pública, por quem está a seu serviço;
d) de genocídio, quando o agente for brasileiro ou domiciliado no Brasil;
II. os crimes:
a) que, por tratado ou convenção, o Brasil se obrigou a reprimir;
b) praticados por brasileiro;
c) praticados em aeronaves ou embarcações brasileiras, mercantes ou de propriedade privada, quando em território estrangeiro e aí não sejam julgados.
§ 1º Nos casos do inciso I, o agente é punido segundo a lei brasileira, ainda que absolvido ou condenado no estrangeiro.
§ 2º Nos casos do inciso II, a aplicação da lei brasileira depende do concurso das seguintes condições:
a) entrar o agente no território nacional;
b) ser o fato punível também no país em que foi praticado;

c) estar o crime incluído entre aqueles pelos quais a lei brasileira autoriza a extradição;
d) não ter sido o agente absolvido no estrangeiro ou não ter aí cumprido a pena;
e) não ter sido o agente perdoado no estrangeiro ou, por outro motivo, não estar extinta a punibilidade, segundo a lei mais favorável.
§ 3º A lei brasileira aplica-se também ao crime cometido por estrangeiro contra brasileiro fora do Brasil, se, reunidas as condições previstas no parágrafo anterior:
a) não foi pedida ou foi negada a extradição;
b) houve requisição do Ministro da Justiça.

Pena cumprida no estrangeiro
Art. 8. A pena cumprida no estrangeiro atenua a pena imposta no Brasil pelo mesmo crime, quando diversas, ou nela é computada, quando idênticas.

Eficácia de sentença estrangeira
Art. 9. A sentença estrangeira, quando a aplicação da lei brasileira produz na espécie as mesmas consequências, pode ser homologada no Brasil para:
I. obrigar o condenado à reparação do dano, a restituições e a outros efeitos civis;
II. sujeitá-lo a medida de segurança.
Parágrafo único. A homologação depende:
a) para os efeitos previstos no inciso I, de pedido da parte interessada;
b) para os outros efeitos, da existência de tratado de extradição com o país de cuja autoridade judiciária emanou a sentença, ou, na falta de tratado, de requisição do Ministro da Justiça.

Contagem de prazo
Art. 10. O dia do começo inclui-se no cômputo do prazo. Contam-se os dias, os meses e os anos pelo calendário comum.

Frações não computáveis da pena
Art. 11. Desprezam-se, nas penas privativas de liberdade e nas restritivas de direitos, as frações de dia, e, na pena de multa, as frações de cruzeiro.

Legislação especial
Art. 12. As regras gerais deste Código aplicam-se aos fatos incriminados por lei especial, se esta não dispuser de modo diverso.

TÍTULO II
Do Crime
Relação de causalidade
Art. 13. O resultado, de que depende a existência do crime, somente é imputável a quem lhe deu causa. Considera-se causa a ação ou omissão sem a qual o resultado não teria ocorrido.

Superveniência de causa independente
§ 1º A superveniência de causa relativamente independente exclui a imputação quando, por si só, produziu o resultado; os fatos anteriores, entretanto, imputam-se a quem os praticou.

Relevância da omissão
§ 2º A omissão é penalmente relevante quando o omitente devia e podia agir para evitar o resultado. O dever de agir incumbe a quem:
a) tenha por lei obrigação de cuidado, proteção ou vigilância;
b) de outra forma, assumiu a responsabilidade de impedir o resultado;
c) com seu comportamento anterior, criou o risco da ocorrência do resultado.

Art. 14. Diz-se o crime:
Crime consumado
I. consumado, quando nele se reúnem todos os elementos de sua definição legal;
Tentativa
II. tentado, quando, iniciada a execução, não se consuma por circunstâncias alheias à vontade do agente.
Pena de tentativa
Parágrafo único. Salvo disposição em contrário, pune-se a tentativa com a pena correspondente ao crime consumado, diminuída de um a dois terços.

Desistência voluntária e arrependimento eficaz
Art. 15. O agente que, voluntariamente, desiste de prosseguir na execução ou impede que o resultado se produza, só responde pelos atos já praticados.

Arrependimento posterior
Art. 16. Nos crimes cometidos sem violência ou grave ameaça à pessoa, reparado o dano ou restituída a coisa, até o recebimento da denúncia ou da queixa, por ato voluntário do agente, a pena será reduzida de um a dois terços.

Crime impossível
Art. 17. Não se pune a tentativa quando, por ineficácia absoluta do meio ou por absoluta impropriedade do objeto, é impossível consumar-se o crime.

Art. 18. Diz-se o crime:

Crime doloso
I. doloso, quando o agente quis o resultado ou assumiu o risco de produzi-lo;

Crime culposo
II. culposo, quando o agente deu causa ao resultado por imprudência, negligência ou imperícia.

Parágrafo único. Salvo os casos expressos em lei, ninguém pode ser punido por fato previsto como crime, senão quando o pratica dolosamente.

Agravação pelo resultado
Art. 19. Pelo resultado que agrava especialmente a pena, só responde o agente que o houver causado ao menos culposamente.

Erro sobre elementos do tipo
Art. 20. O erro sobre elemento constitutivo do tipo legal de crime exclui o dolo, mas permite a punição por crime culposo, se previsto em lei.

Descriminantes putativas
§ 1º É isento de pena quem, por erro plenamente justificado pelas circunstâncias, supõe situação de fato que, se existisse, tornaria a ação legítima. Não há isenção de pena quando o erro deriva de culpa e o fato é punível como crime culposo.

Erro determinado por terceiro
§ 2º Responde pelo crime o terceiro que determina o erro.

Erro sobre a pessoa
§ 3º O erro quanto à pessoa contra a qual o crime é praticado não isenta de pena. Não se consideram, neste caso, as condições ou qualidades da vítima, senão as da pessoa contra quem o agente queria praticar o crime.

Erro sobre a ilicitude do fato
Art. 21. O desconhecimento da lei é inescusável. O erro sobre a ilicitude do fato, se inevitável, isenta de pena; se evitável, poderá diminuí-la de um sexto a um terço.

Parágrafo único. Considera-se evitável o erro se o agente atua ou se omite sem a consciência da ilicitude do fato, quando lhe era possível, nas circunstâncias, ter ou atingir essa consciência.

Coação irresistível e obediência hierárquica
Art. 22. Se o fato é cometido sob coação irresistível ou em estrita obediência a ordem, não manifestamente ilegal, de superior hierárquico, só é punível o autor da coação ou da ordem.

Exclusão de ilicitude
Art. 23. Não há crime quando o agente pratica o fato:

I. em estado de necessidade;
II. em legítima defesa;
III. em estrito cumprimento de dever legal ou no exercício regular de direito.

Excesso punível
Parágrafo único. O agente, em qualquer das hipóteses deste artigo, responderá pelo excesso doloso ou culposo.

Estado de necessidade
Art. 24. Considera-se em estado de necessidade quem pratica o fato para salvar de perigo atual, que não provocou por sua vontade, nem podia de outro modo evitar, direito próprio ou alheio, cujo sacrifício, nas circunstâncias, não era razoável exigir-se.

§ 1º Não pode alegar estado de necessidade quem tinha o dever legal de enfrentar o perigo.

§ 2º Embora seja razoável exigir-se o sacrifício do direito ameaçado, a pena poderá ser reduzida de um a dois terços.

Legítima defesa
Art. 25. Entende-se em legítima defesa quem, usando moderadamente dos meios necessários, repele injusta agressão, atual ou iminente, a direito seu ou de outrem.

Parágrafo único. Observados os requisitos previstos no caput deste artigo, considera-se também em legítima defesa o agente de segurança pública que repele agressão ou risco de agressão a vítima mantida refém durante a prática de crimes. **(Incluído pela Lei nº 13.964, de 2019)**

TÍTULO III
Da Imputabilidade Penal

Inimputáveis
Art. 26. É isento de pena o agente que, por doença mental ou desenvolvimento mental incompleto ou

retardado, era, ao tempo da ação ou da omissão, inteiramente incapaz de entender o caráter ilícito do fato ou de determinar-se de acordo com esse entendimento.

Redução de pena

Parágrafo único. A pena pode ser reduzida de um a dois terços, se o agente, em virtude de perturbação de saúde mental ou por desenvolvimento mental incompleto ou retardado não era inteiramente capaz de entender o caráter ilícito do fato ou de determinar-se de acordo com esse entendimento.

Menores de dezoito anos

Art. 27. Os menores de 18 (dezoito) anos são penalmente inimputáveis, ficando sujeitos às normas estabelecidas na legislação especial.

Emoção e paixão

Art. 28. Não excluem a imputabilidade penal:
I. a emoção ou a paixão;

Embriaguez

II. a embriaguez, voluntária ou culposa, pelo álcool ou substância de efeitos análogos.
§ 1º É isento de pena o agente que, por embriaguez completa, proveniente de caso fortuito ou força maior, era, ao tempo da ação ou da omissão, inteiramente incapaz de entender o caráter ilícito do fato ou de determinar-se de acordo com esse entendimento.
§ 2º A pena pode ser reduzida de um a dois terços, se o agente, por embriaguez, proveniente de caso fortuito ou força maior, não possuía, ao tempo da ação ou da omissão, a plena capacidade de entender o caráter ilícito do fato ou de determinar-se de acordo com esse entendimento.

TÍTULO IV
Do Concurso de Pessoas

Art. 29. Quem, de qualquer modo, concorre para o crime incide nas penas a este cominadas, na medida de sua culpabilidade.
§ 1º Se a participação for de menor importância, a pena pode ser diminuída de um sexto a um terço.
§ 2º Se algum dos concorrentes quis participar de crime menos grave, ser-lhe-á aplicada a pena deste; essa pena será aumentada até metade, na hipótese de ter sido previsível o resultado mais grave.

Circunstâncias incomunicáveis

Art. 30. Não se comunicam as circunstâncias e as condições de caráter pessoal, salvo quando elementares do crime.

Casos de impunibilidade

Art. 31. O ajuste, a determinação ou instigação e o auxílio, salvo disposição expressa em contrário, não são puníveis, se o crime não chega, pelo menos, a ser tentado.

TÍTULO V
Das Penas

CAPÍTULO I
Das Espécies de Pena

Art. 32. As penas são:
I. privativas de liberdade;
II. restritivas de direitos;
III. de multa.

SEÇÃO I
Das Penas Privativas De Liberdade
Reclusão e detenção

Art. 33. A pena de reclusão deve ser cumprida em regime fechado, semiaberto ou aberto. A de detenção, em regime semiaberto, ou aberto, salvo necessidade de transferência a regime fechado.
§ 1º Considera-se:
a) regime fechado a execução da pena em estabelecimento de segurança máxima ou média;
b) regime semiaberto a execução da pena em colônia agrícola, industrial ou estabelecimento similar;
c) regime aberto a execução da pena em casa de albergado ou estabelecimento adequado.
§ 2º As penas privativas de liberdade deverão ser executadas em forma progressiva, segundo o mérito do condenado, observados os seguintes critérios e ressalvadas as hipóteses de transferência a regime mais rigoroso:
a) o condenado a pena superior a 8 (oito) anos deverá começar a cumpri-la em regime fechado;
b) o condenado não reincidente, cuja pena seja superior a 4 (quatro) anos e não exceda a 8 (oito), poderá, desde o princípio, cumpri-la em regime semiaberto;

c) o condenado não reincidente, cuja pena seja igual ou inferior a 4 (quatro) anos, poderá, desde o início, cumpri-la em regime aberto.

§ 3º A determinação do regime inicial de cumprimento da pena far-se-á com observância dos critérios previstos no art. 59 deste Código.

§ 4º O condenado por crime contra a administração pública terá a progressão de regime do cumprimento da pena condicionada à reparação do dano que causou, ou à devolução do produto do ilícito praticado, com os acréscimos legais.

Regras do regime fechado

Art. 34. O condenado será submetido, no início do cumprimento da pena, a exame criminológico de classificação para individualização da execução.

§ 1º O condenado fica sujeito a trabalho no período diurno e a isolamento durante o repouso noturno.

§ 2º O trabalho será em comum dentro do estabelecimento, na conformidade das aptidões ou ocupações anteriores do condenado, desde que compatíveis com a execução da pena.

§ 3º O trabalho externo é admissível, no regime fechado, em serviços ou obras públicas.

Regras do regime semiaberto

Art. 35. Aplica-se a norma do art. 34 deste Código, caput, ao condenado que inicie o cumprimento da pena em regime semiaberto.

§ 1º O condenado fica sujeito a trabalho em comum durante o período diurno, em colônia agrícola, industrial ou estabelecimento similar.

§ 2º O trabalho externo é admissível, bem como a frequência a cursos supletivos profissionalizantes, de instrução de segundo grau ou superior.

Regras do regime aberto

Art. 36. O regime aberto baseia-se na autodisciplina e senso de responsabilidade do condenado.

§ 1º O condenado deverá, fora do estabelecimento e sem vigilância, trabalhar, frequentar curso ou exercer outra atividade autorizada, permanecendo recolhido durante o período noturno e nos dias de folga.

§ 2º O condenado será transferido do regime aberto, se praticar fato definido como crime doloso, se frustrar os fins da execução ou se, podendo não pagar a multa cumulativamente aplicada.

Regime especial

Art. 37. As mulheres cumprem pena em estabelecimento próprio, observando-se os deveres e direitos inerentes à sua condição pessoal, bem como, no que couber, o disposto neste Capítulo.

Direitos do preso

Art. 38. O preso conserva todos os direitos não atingidos pela perda da liberdade, impondo-se a todas as autoridades o respeito à sua integridade física e moral.

Trabalho do preso

Art. 39. O trabalho do preso será sempre remunerado, sendo-lhe garantidos os benefícios da Previdência Social.

Legislação especial

Art. 40. A legislação especial regulará a matéria prevista nos arts. 38 e 39 deste Código, bem como especificará os deveres e direitos do preso, os critérios para revogação e transferência dos regimes e estabelecerá as infrações disciplinares e correspondentes sanções.

Superveniência de doença mental

Art. 41. O condenado a quem sobrevém doença mental deve ser recolhido a hospital de custódia e tratamento psiquiátrico ou, à falta, a outro estabelecimento adequado.

Detração

Art. 42. Computam-se, na pena privativa de liberdade e na medida de segurança, o tempo de prisão provisória, no Brasil ou no estrangeiro, o de prisão administrativa e o de internação em qualquer dos estabelecimentos referidos no artigo anterior.

SEÇÃO II
Das Penas Restritivas de Direitos

Penas restritivas de direitos

Art. 43. As penas restritivas de direitos são:

I. prestação pecuniária;

II. perda de bens e valores;

III. limitação de fim de semana.

IV. prestação de serviço à comunidade ou a entidades públicas;

V. interdição temporária de direitos;

VI. limitação de fim de semana.

Art. 44. As penas restritivas de direitos são autônomas e substituem as privativas de liberdade, quando:

I. aplicada pena privativa de liberdade não superior a quatro anos e o crime não for cometido com

violência ou grave ameaça à pessoa ou, qualquer que seja a pena aplicada, se o crime for culposo;
II. o réu não for reincidente em crime doloso;
III. a culpabilidade, os antecedentes, a conduta social e a personalidade do condenado, bem como os motivos e as circunstâncias indicarem que essa substituição seja suficiente.
§ 1º (VETADO)
§ 2º Na condenação igual ou inferior a um ano, a substituição pode ser feita por multa ou por uma pena restritiva de direitos; se superior a um ano, a pena privativa de liberdade pode ser substituída por uma pena restritiva de direitos e multa ou por duas restritivas de direitos.
§ 3º Se o condenado for reincidente, o juiz poderá aplicar a substituição, desde que, em face de condenação anterior, a medida seja socialmente recomendável e a reincidência não se tenha operado em virtude da prática do mesmo crime.
§ 4º A pena restritiva de direitos converte-se em privativa de liberdade quando ocorrer o descumprimento injustificado da restrição imposta. No cálculo da pena privativa de liberdade a executar será deduzido o tempo cumprido da pena restritiva de direitos, respeitado o saldo mínimo de trinta dias de detenção ou reclusão.
§ 5º Sobrevindo condenação a pena privativa de liberdade, por outro crime, o juiz da execução penal decidirá sobre a conversão, podendo deixar de aplicá-la se for possível ao condenado cumprir a pena substitutiva anterior.

Conversão das penas restritivas de direitos
Art. 45. Na aplicação da substituição prevista no artigo anterior, proceder-se-á na forma deste e dos arts. 46, 47 e 48.
§ 1º A prestação pecuniária consiste no pagamento em dinheiro à vítima, a seus dependentes ou a entidade pública ou privada com destinação social, de importância fixada pelo juiz, não inferior a 1 (um) salário mínimo nem superior a 360 (trezentos e sessenta) salários mínimos. O valor pago será deduzido do montante de eventual condenação em ação de reparação civil, se coincidentes os beneficiários.
§ 2º No caso do parágrafo anterior, se houver aceitação do beneficiário, a prestação pecuniária pode consistir em prestação de outra natureza.
§ 3º A perda de bens e valores pertencentes aos condenados dar-se-á, ressalvada a legislação especial, em favor do Fundo Penitenciário Nacional, e seu valor terá como teto o que for maior – o montante do prejuízo causado ou do provento obtido pelo agente ou por terceiro, em consequência da prática do crime.
§ 4º (VETADO)

Prestação de serviços à comunidade ou a entidades públicas
Art. 46. A prestação de serviços à comunidade ou a entidades públicas é aplicável às condenações superiores a seis meses de privação da liberdade.
§ 1º A prestação de serviços à comunidade ou a entidades públicas consiste na atribuição de tarefas gratuitas ao condenado.
§ 2º A prestação de serviço à comunidade dar-se-á em entidades assistenciais, hospitais, escolas, orfanatos e outros estabelecimentos congêneres, em programas comunitários ou estatais.
§ 3º As tarefas a que se refere o § 1º serão atribuídas conforme as aptidões do condenado, devendo ser cumpridas à razão de uma hora de tarefa por dia de condenação, fixadas de modo a não prejudicar a jornada normal de trabalho.
§ 4º Se a pena substituída for superior a um ano, é facultado ao condenado cumprir a pena substitutiva em menor tempo (art. 55), nunca inferior à metade da pena privativa de liberdade fixada.

Interdição temporária de direitos
Art. 47. As penas de interdição temporária de direitos são:
I. proibição do exercício de cargo, função ou atividade pública, bem como de mandato eletivo;
II. proibição do exercício de profissão, atividade ou ofício que dependam de habilitação especial, de licença ou autorização do poder público;
III. suspensão de autorização ou de habilitação para dirigir veículo.
IV. proibição de frequentar determinados lugares.
V. proibição de inscrever-se em concurso, avaliação ou exame públicos.

Limitação de fim de semana
Art. 48. A limitação de fim de semana consiste na obrigação de permanecer, aos sábados e domingos, por 5 (cinco) horas diárias, em casa de albergado ou outro estabelecimento adequado.
Parágrafo único. Durante a permanência poderão ser ministrados ao condenado cursos e palestras ou atribuídas atividades educativas.

SEÇÃO III
Da pena de multa

multa
Art. 49. A pena de multa consiste no pagamento ao fundo penitenciário da quantia fixada na sentença e calculada em dias-multa. Será, no mínimo, de 10 (dez) e, no máximo, de 360 (trezentos e sessenta) dias-multa.
§ 1º O valor do dia-multa será fixado pelo juiz não podendo ser inferior a um trigésimo do maior salário mínimo mensal vigente ao tempo do fato, nem superior a 5 (cinco) vezes esse salário.
§ 2º O valor da multa será atualizado, quando da execução, pelos índices de correção monetária.

Pagamento da multa
Art. 50. A multa deve ser paga dentro de 10 (dez) dias depois de transitada em julgado a sentença. A requerimento do condenado e conforme as circunstâncias, o juiz pode permitir que o pagamento se realize em parcelas mensais.
§ 1º A cobrança da multa pode efetuar-se mediante desconto no vencimento ou salário do condenado quando:
a) aplicada isoladamente;
b) aplicada cumulativamente com pena restritiva de direitos;
c) concedida a suspensão condicional da pena.
§ 2º O desconto não deve incidir sobre os recursos indispensáveis ao sustento do condenado e de sua família.

Conversão da Multa e revogação
Art. 51. Transitada em julgado a sentença condenatória, a multa será executada perante o juiz da execução penal e será considerada dívida de valor, aplicáveis as normas relativas à dívida ativa da Fazenda Pública, inclusive no que concerne às causas interruptivas e suspensivas da prescrição. **(Redação dada pela Lei nº 13.964, de 2019)**
§ 1º (Revogado pela Lei nº 9.268, de 1º.4.1996)
§ 2º (Revogado pela Lei nº 9.268, de 1º.4.1996)

Suspensão da execução da multa
Art. 52. É suspensa a execução da pena de multa, se sobrevém ao condenado doença mental.

CAPÍTULO II
Da Cominação das Penas

Penas privativas de liberdade
Art. 53. As penas privativas de liberdade têm seus limites estabelecidos na sanção correspondente a cada tipo legal de crime.

Penas restritivas de direitos
Art. 54. As penas restritivas de direitos são aplicáveis, independentemente de cominação na parte especial, em substituição à pena privativa de liberdade, fixada em quantidade inferior a 1 (um) ano, ou nos crimes culposos.
Art. 55. As penas restritivas de direitos referidas nos incisos III, IV, V e VI do art. 43 terão a mesma duração da pena privativa de liberdade substituída, ressalvado o disposto no § 4º do art. 46.
Art. 56. As penas de interdição, previstas nos incisos I e II do art. 47 deste Código, aplicam-se para todo o crime cometido no exercício de profissão, atividade, ofício, cargo ou função, sempre que houver violação dos deveres que lhes são inerentes.
Art. 57. A pena de interdição, prevista no inciso III do art. 47 deste Código, aplica-se aos crimes culposos de trânsito.

Pena de multa
Art. 58. A multa, prevista em cada tipo legal de crime, tem os limites fixados no art. 49 e seus parágrafos deste Código.
Parágrafo único. A multa prevista no parágrafo único do art. 44 e no § 2º do art. 60 deste Código aplica-se independentemente de cominação na parte especial.

CAPÍTULO III
Da Aplicação da Pena

Fixação da pena
Art. 59. O juiz, atendendo à culpabilidade, aos antecedentes, à conduta social, à personalidade do agente, aos motivos, às circunstâncias e consequências do crime, bem como ao comportamento da vítima, estabelecerá, conforme seja necessário e suficiente para reprovação e prevenção do crime:
I. as penas aplicáveis dentre as cominadas;
II. a quantidade de pena aplicável, dentro dos limites previstos;

III. o regime inicial de cumprimento da pena privativa de liberdade;
IV. a substituição da pena privativa da liberdade aplicada, por outra espécie de pena, se cabível.

Critérios especiais da pena de multa
Art. 60. Na fixação da pena de multa o juiz deve atender, principalmente, à situação econômica do réu.
§ 1º A multa pode ser aumentada até o triplo, se o juiz considerar que, em virtude da situação econômica do réu, é ineficaz, embora aplicada no máximo.

Multa substitutiva
§ 2º A pena privativa de liberdade aplicada, não superior a 6 (seis) meses, pode ser substituída pela de multa, observados os critérios dos incisos II e III do art. 44 deste Código.

Circunstâncias agravantes
Art. 61. São circunstâncias que sempre agravam a pena, quando não constituem ou qualificam o crime:
I. a reincidência;
II. ter o agente cometido o crime:
a) por motivo fútil ou torpe;
b) para facilitar ou assegurar a execução, a ocultação, a impunidade ou vantagem de outro crime;
c) à traição, de emboscada, ou mediante dissimulação, ou outro recurso que dificultou ou tornou impossível a defesa do ofendido;
d) com emprego de veneno, fogo, explosivo, tortura ou outro meio insidioso ou cruel, ou de que podia resultar perigo comum;
e) contra ascendente, descendente, irmão ou cônjuge;
f) com abuso de autoridade ou prevalecendo-se de relações domésticas, de coabitação ou de hospitalidade, ou com violência contra a mulher na forma da lei específica;
g) com abuso de poder ou violação de dever inerente a cargo, ofício, ministério ou profissão;
h) contra criança, maior de 60 (sessenta) anos, enfermo ou mulher grávida;
i) quando o ofendido estava sob a imediata proteção da autoridade;
j) em ocasião de incêndio, naufrágio, inundação ou qualquer calamidade pública, ou de desgraça particular do ofendido;
l) em estado de embriaguez preordenada.

Agravantes no caso de concurso de pessoas
Art. 62. A pena será ainda agravada em relação ao agente que:
I. promove, ou organiza a cooperação no crime ou dirige a atividade dos demais agentes;
II. coage ou induz outrem à execução material do crime;
III. instiga ou determina a cometer o crime alguém sujeito à sua autoridade ou não-punível em virtude de condição ou qualidade pessoal;
IV. executa o crime, ou nele participa, mediante paga ou promessa de recompensa.

Reincidência
Art. 63. Verifica-se a reincidência quando o agente comete novo crime, depois de transitar em julgado a sentença que, no País ou no estrangeiro, o tenha condenado por crime anterior.
Art. 64. Para efeito de reincidência:
I. não prevalece a condenação anterior, se entre a data do cumprimento ou extinção da pena e a infração posterior tiver decorrido período de tempo superior a 5 (cinco) anos, computado o período de prova da suspensão ou do livramento condicional, se não ocorrer revogação;
II. não se consideram os crimes militares próprios e políticos.

Circunstâncias atenuantes
Art. 65. São circunstâncias que sempre atenuam a pena:
I. ser o agente menor de 21 (vinte e um), na data do fato, ou maior de 70 (setenta) anos, na data da sentença;
II. o desconhecimento da lei;
III. ter o agente:
a) cometido o crime por motivo de relevante valor social ou moral;
b) procurado, por sua espontânea vontade e com eficiência, logo após o crime, evitar-lhe ou minorar-lhe as consequências, ou ter, antes do julgamento, reparado o dano;
c) cometido o crime sob coação a que podia resistir, ou em cumprimento de ordem de autoridade superior, ou sob a influência de violenta emoção, provocada por ato injusto da vítima;
d) confessado espontaneamente, perante a autoridade, a autoria do crime;
e) cometido o crime sob a influência de multidão em tumulto, se não o provocou.
Art. 66. A pena poderá ser ainda atenuada em razão de circunstância relevante, anterior ou

posterior ao crime, embora não prevista expressamente em lei.

Concurso de circunstâncias agravantes e atenuantes

Art. 67. No concurso de agravantes e atenuantes, a pena deve aproximar-se do limite indicado pelas circunstâncias preponderantes, entendendo-se como tais as que resultam dos motivos determinantes do crime, da personalidade do agente e da reincidência.

Cálculo da pena

Art. 68. A pena-base será fixada atendendo-se ao critério do art. 59 deste Código; em seguida serão consideradas as circunstâncias atenuantes e agravantes; por último, as causas de diminuição e de aumento.
Parágrafo único. No concurso de causas de aumento ou de diminuição previstas na parte especial, pode o juiz limitar-se a um só aumento ou a uma só diminuição, prevalecendo, todavia, a causa que mais aumente ou diminua.

Concurso material

Art. 69. Quando o agente, mediante mais de uma ação ou omissão, pratica dois ou mais crimes, idênticos ou não, aplicam-se cumulativamente as penas privativas de liberdade em que haja incorrido. No caso de aplicação cumulativa de penas de reclusão e de detenção, executa-se primeiro aquela.
§ 1º Na hipótese deste artigo, quando ao agente tiver sido aplicada pena privativa de liberdade, não suspensa, por um dos crimes, para os demais será incabível a substituição de que trata o art. 44 deste Código.
§ 2º Quando forem aplicadas penas restritivas de direitos, o condenado cumprirá simultaneamente as que forem compatíveis entre si e sucessivamente as demais.

Concurso formal

Art. 70. Quando o agente, mediante uma só ação ou omissão, pratica dois ou mais crimes, idênticos ou não, aplica-se-lhe a mais grave das penas cabíveis ou, se iguais, somente uma delas, mas aumentada, em qualquer caso, de um sexto até metade. As penas aplicam-se, entretanto, cumulativamente, se a ação ou omissão é dolosa e os crimes concorrentes resultam de desígnios autônomos, consoante o disposto no artigo anterior.
Parágrafo único. Não poderá a pena exceder a que seria cabível pela regra do art. 69 deste Código.

Crime continuado

Art. 71. Quando o agente, mediante mais de uma ação ou omissão, pratica dois ou mais crimes da mesma espécie e, pelas condições de tempo, lugar, maneira de execução e outras semelhantes, devem os subsequentes ser havidos como continuação do primeiro, aplica-se-lhe a pena de um só dos crimes, se idênticas, ou a mais grave, se diversas, aumentada, em qualquer caso, de um sexto a dois terços.
Parágrafo único. Nos crimes dolosos, contra vítimas diferentes, cometidos com violência ou grave ameaça à pessoa, poderá o juiz, considerando a culpabilidade, os antecedentes, a conduta social e a personalidade do agente, bem como os motivos e as circunstâncias, aumentar a pena de um só dos crimes, se idênticas, ou a mais grave, se diversas, até o triplo, observadas as regras do parágrafo único do art. 70 e do art. 75 deste Código.

Multas no concurso de crimes

Art. 72. No concurso de crimes, as penas de multa são aplicadas distinta e integralmente.

Erro na execução

Art. 73. Quando, por acidente ou erro no uso dos meios de execução, o agente, ao invés de atingir a pessoa que pretendia ofender, atinge pessoa diversa, responde como se tivesse praticado o crime contra aquela, atendendo-se ao disposto no § 3º do art. 20 deste Código. No caso de ser também atingida a pessoa que o agente pretendia ofender, aplica-se a regra do art. 70 deste Código.

Resultado diverso do pretendido

Art. 74. Fora dos casos do artigo anterior, quando, por acidente ou erro na execução do crime, sobrevém resultado diverso do pretendido, o agente responde por culpa, se o fato é previsto como crime culposo; se ocorre também o resultado pretendido, aplica-se a regra do art. 70 deste Código.

Limite das penas

Art. 75. O tempo de cumprimento das penas privativas de liberdade não pode ser superior a 40 (quarenta) anos.
§ 1º Quando o agente for condenado a penas privativas de liberdade cuja soma seja superior a 40 (quarenta) anos, devem elas ser unificadas para atender ao limite máximo deste artigo.
§ 2º Sobrevindo condenação por fato posterior ao início do cumprimento da pena, far-se-á nova

unificação, desprezando-se, para esse fim, o período de pena já cumprido.

Concurso de infrações
Art. 76. No concurso de infrações, executar-se-á primeiramente a pena mais grave.

CAPÍTULO IV
Da Suspensão Condicional da Pena

Requisitos da suspensão da pena
Art. 77. A execução da pena privativa de liberdade, não superior a 2 (dois) anos, poderá ser suspensa, por 2 (dois) a 4 (quatro) anos, desde que:
I. o condenado não seja reincidente em crime doloso;
II. a culpabilidade, os antecedentes, a conduta social e personalidade do agente, bem como os motivos e as circunstâncias autorizem a concessão do benefício;
III. Não seja indicada ou cabível a substituição prevista no art. 44 deste Código.
§ 1º A condenação anterior a pena de multa não impede a concessão do benefício.
§ 2º A execução da pena privativa de liberdade, não superior a quatro anos, poderá ser suspensa, por quatro a seis anos, desde que o condenado seja maior de setenta anos de idade, ou razões de saúde justifiquem a suspensão.
Art. 78. Durante o prazo da suspensão, o condenado ficará sujeito à observação e ao cumprimento das condições estabelecidas pelo juiz.
§ 1º No primeiro ano do prazo, deverá o condenado prestar serviços à comunidade (art. 46) ou submeter-se à limitação de fim de semana (art. 48).
§ 2º Se o condenado houver reparado o dano, salvo impossibilidade de fazê-lo, e se as circunstâncias do art. 59 deste Código lhe forem inteiramente favoráveis, o juiz poderá substituir a exigência do parágrafo anterior pelas seguintes condições, aplicadas cumulativamente:
a) proibição de frequentar determinados lugares;
b) proibição de ausentar-se da comarca onde reside, sem autorização do juiz;
c) comparecimento pessoal e obrigatório a juízo, mensalmente, para informar e justificar suas atividades.
Art. 79. A sentença poderá especificar outras condições a que fica subordinada a suspensão, desde que adequadas ao fato e à situação pessoal do condenado.

Art. 80. A suspensão não se estende às penas restritivas de direitos nem à multa.

Revogação obrigatória
Art. 81. A suspensão será revogada se, no curso do prazo, o beneficiário:
I. é condenado, em sentença irrecorrível, por crime doloso;
II. frustra, embora solvente, a execução de pena de multa ou não efetua, sem motivo justificado, a reparação do dano;
III. descumpre a condição do § 1º do art. 78 deste Código.

Revogação facultativa
§ 1º A suspensão poderá ser revogada se o condenado descumpre qualquer outra condição imposta ou é irrecorrivelmente condenado, por crime culposo ou por contravenção, a pena privativa de liberdade ou restritiva de direitos.

Prorrogação do período de prova
§ 2º Se o beneficiário está sendo processado por outro crime ou contravenção, considera-se prorrogado o prazo da suspensão até o julgamento definitivo.
§ 3º Quando facultativa a revogação, o juiz pode, ao invés de decretá-la, prorrogar o período de prova até o máximo, se este não foi o fixado.

Cumprimento das condições
Art. 82. Expirado o prazo sem que tenha havido revogação, considera-se extinta a pena privativa de liberdade.

CAPÍTULO V
Do Livramento Condicional

Requisitos do livramento condicional
Art. 83. O juiz poderá conceder livramento condicional ao condenado a pena privativa de liberdade igual ou superior a 2 (dois) anos, desde que:
I. cumprida mais de um terço da pena se o condenado não for reincidente em crime doloso e tiver bons antecedentes;
II. cumprida mais da metade se o condenado for reincidente em crime doloso;
III. comprovado: **(Redação dada pela Lei nº 13.964, de 2019)**
a) bom comportamento durante a execução da pena; **(Incluído pela Lei nº 13.964, de 2019)**

b) não cometimento de falta grave nos últimos 12 (doze) meses; **(Incluído pela Lei nº 13.964, de 2019)**
c) bom desempenho no trabalho que lhe foi atribuído; e **(Incluído pela Lei nº 13.964, de 2019)**
d) aptidão para prover a própria subsistência mediante trabalho honesto; **(Incluído pela Lei nº 13.964, de 2019)**
IV. tenha reparado, salvo efetiva impossibilidade de fazê-lo, o dano causado pela infração;
V. cumpridos mais de dois terços da pena, nos casos de condenação por crime hediondo, prática de tortura, tráfico ilícito de entorpecentes e drogas afins, tráfico de pessoas e terrorismo, se o apenado não for reincidente específico em crimes dessa natureza.
Parágrafo único. Para o condenado por crime doloso, cometido com violência ou grave ameaça à pessoa, a concessão do livramento ficará também subordinada à constatação de condições pessoais que façam presumir que o liberado não voltará a delinquir.

Soma de penas
Art. 84. As penas que correspondem a infrações diversas devem somar-se para efeito do livramento.

Especificações das condições
Art. 85. A sentença especificará as condições a que fica subordinado o livramento.

Revogação do livramento
Art. 86. Revoga-se o livramento, se o liberado vem a ser condenado a pena privativa de liberdade, em sentença irrecorrível:
I. por crime cometido durante a vigência do benefício;
II. por crime anterior, observado o disposto no art. 84 deste Código.

Revogação facultativa
Art. 87. O juiz poderá, também, revogar o livramento, se o liberado deixar de cumprir qualquer das obrigações constantes da sentença, ou for irrecorrivelmente condenado, por crime ou contravenção, a pena que não seja privativa de liberdade.

Efeitos da revogação
Art. 88. Revogado o livramento, não poderá ser novamente concedido, e, salvo quando a revogação resulta de condenação por outro crime anterior àquele benefício, não se desconta na pena o tempo em que esteve solto o condenado.

Extinção
Art. 89. O juiz não poderá declarar extinta a pena, enquanto não passar em julgado a sentença em processo a que responde o liberado, por crime cometido na vigência do livramento.
Art. 90. Se até o seu término o livramento não é revogado, considera-se extinta a pena privativa de liberdade.

CAPÍTULO VI
Dos Efeitos da Condenação

Efeitos genéricos e específicos
Art. 91. São efeitos da condenação:
I. tornar certa a obrigação de indenizar o dano causado pelo crime;
II. a perda em favor da União, ressalvado o direito do lesado ou de terceiro de boa-fé:
a) dos instrumentos do crime, desde que consistam em coisas cujo fabrico, alienação, uso, porte ou detenção constitua fato ilícito;
b) do produto do crime ou de qualquer bem ou valor que constitua proveito auferido pelo agente com a prática do fato criminoso.
§ 1º Poderá ser decretada a perda de bens ou valores equivalentes ao produto ou proveito do crime quando estes não forem encontrados ou quando se localizarem no exterior.
§ 2º Na hipótese do § 1º, as medidas assecuratórias previstas na legislação processual poderão abranger bens ou valores equivalentes do investigado ou acusado para posterior decretação de perda.
Art. 91-A. Na hipótese de condenação por infrações às quais a lei comine pena máxima superior a 6 (seis) anos de reclusão, poderá ser decretada a perda, como produto ou proveito do crime, dos bens correspondentes à diferença entre o valor do patrimônio do condenado e aquele que seja compatível com o seu rendimento lícito. **(Incluído pela Lei nº 13.964, de 2019)**
§ 1º Para efeito da perda prevista no caput deste artigo, entende-se por patrimônio do condenado todos os bens: **(Incluído pela Lei nº 13.964, de 2019)**
I. de sua titularidade, ou em relação aos quais ele tenha o domínio e o benefício direto ou indireto, na data da infração penal ou recebidos posteriormente; e **(Incluído pela Lei nº 13.964, de 2019)**

II. transferidos a terceiros a título gratuito ou mediante contraprestação irrisória, a partir do início da atividade criminal. **(Incluído pela Lei nº 13.964, de 2019)**

§ 2º O condenado poderá demonstrar a inexistência da incompatibilidade ou a procedência lícita do patrimônio. **(Incluído pela Lei nº 13.964, de 2019)**

§ 3º A perda prevista neste artigo deverá ser requerida expressamente pelo Ministério Público, por ocasião do oferecimento da denúncia, com indicação da diferença apurada. **(Incluído pela Lei nº 13.964, de 2019)**

§ 4º Na sentença condenatória, o juiz deve declarar o valor da diferença apurada e especificar os bens cuja perda for decretada. **(Incluído pela Lei nº 13.964, de 2019)**

§ 5º Os instrumentos utilizados para a prática de crimes por organizações criminosas e milícias deverão ser declarados perdidos em favor da União ou do Estado, dependendo da Justiça onde tramita a ação penal, ainda que não ponham em perigo a segurança das pessoas, a moral ou a ordem pública, nem ofereçam sério risco de ser utilizados para o cometimento de novos crimes. **(Incluído pela Lei nº 13.964, de 2019)**

Art. 92. São também efeitos da condenação:

I. a perda de cargo, função pública ou mandato eletivo:

a) quando aplicada pena privativa de liberdade por tempo igual ou superior a um ano, nos crimes praticados com abuso de poder ou violação de dever para com a Administração Pública;

b) quando for aplicada pena privativa de liberdade por tempo superior a 4 (quatro) anos nos demais casos.

II. a incapacidade para o exercício do poder familiar, da tutela ou da curatela nos crimes dolosos sujeitos à pena de reclusão cometidos contra outrem igualmente titular do mesmo poder familiar, contra filho, filha ou outro descendente ou contra tutelado ou curatelado; **(Redação dada pela Lei nº 13.715, de 2018)**

III. a inabilitação para dirigir veículo, quando utilizado como meio para a prática de crime doloso.

Parágrafo único. Os efeitos de que trata este artigo não são automáticos, devendo ser motivadamente declarados na sentença.

CAPÍTULO VII
Da Reabilitação

Reabilitação

Art. 93. A reabilitação alcança quaisquer penas aplicadas em sentença definitiva, assegurando ao condenado o sigilo dos registros sobre o seu processo e condenação.

Parágrafo único. A reabilitação poderá, também, atingir os efeitos da condenação, previstos no art. 92 deste Código, vedada reintegração na situação anterior, nos casos dos incisos I e II do mesmo artigo.

Art. 94. A reabilitação poderá ser requerida, decorridos 2 (dois) anos do dia em que for extinta, de qualquer modo, a pena ou terminar sua execução, computando-se o período de prova da suspensão e o do livramento condicional, se não sobrevier revogação, desde que o condenado:

I. tenha tido domicílio no País no prazo acima referido;

II. tenha dado, durante esse tempo, demonstração efetiva e constante de bom comportamento público e privado;

III. tenha ressarcido o dano causado pelo crime ou demonstre a absoluta impossibilidade de o fazer, até o dia do pedido, ou exiba documento que comprove a renúncia da vítima ou novação da dívida.

Parágrafo único. Negada a reabilitação, poderá ser requerida, a qualquer tempo, desde que o pedido seja instruído com novos elementos comprobatórios dos requisitos necessários.

Art. 95. A reabilitação será revogada, de ofício ou a requerimento do Ministério Público, se o reabilitado for condenado, como reincidente, por decisão definitiva, a pena que não seja de multa.

TÍTULO VI
Das Medidas de Segurança

Espécies de medidas de segurança

Art. 96. As medidas de segurança são:

I. Internação em hospital de custódia e tratamento psiquiátrico ou, à falta, em outro estabelecimento adequado;

II. sujeição a tratamento ambulatorial.

Parágrafo único. Extinta a punibilidade, não se impõe medida de segurança nem subsiste a que tenha sido imposta.

Imposição da medida de segurança para inimputável

Art. 97. Se o agente for inimputável, o juiz determinará sua internação (art. 26). Se, todavia, o fato previsto como crime for punível com detenção, poderá o juiz submetê-lo a tratamento ambulatorial.

Prazo

§ 1º A internação, ou tratamento ambulatorial, será por tempo indeterminado, perdurando enquanto não for averiguada, mediante perícia médica, a cessação de periculosidade. O prazo mínimo deverá ser de 1 (um) a 3 (três) anos.

Perícia médica

§ 2º A perícia médica realizar-se-á ao termo do prazo mínimo fixado e deverá ser repetida de ano em ano, ou a qualquer tempo, se o determinar o juiz da execução.

Desinternação ou liberação condicional

§ 3º A desinternação, ou a liberação, será sempre condicional devendo ser restabelecida a situação anterior se o agente, antes do decurso de 1 (um) ano, pratica fato indicativo de persistência de sua periculosidade.
§ 4º Em qualquer fase do tratamento ambulatorial, poderá o juiz determinar a internação do agente, se essa providência for necessária para fins curativos

Substituição da pena por medida de segurança para o semi-imputável

Art. 98. Na hipótese do parágrafo único do art. 26 deste Código e necessitando o condenado de especial tratamento curativo, a pena privativa de liberdade pode ser substituída pela internação, ou tratamento ambulatorial, pelo prazo mínimo de 1 (um) a 3 (três) anos, nos termos do artigo anterior e respectivos §§ 1º a 4º.

Direitos do internado

Art. 99. O internado será recolhido a estabelecimento dotado de características hospitalares e será submetido a tratamento.

TÍTULO VII
Da Ação Penal

Ação pública e de iniciativa privada

Art. 100. A ação penal é pública, salvo quando a lei expressamente a declara privativa do ofendido.
§ 1º A ação pública é promovida pelo Ministério Público, dependendo, quando a lei o exige, de representação do ofendido ou de requisição do Ministro da Justiça.
§ 2º A ação de iniciativa privada é promovida mediante queixa do ofendido ou de quem tenha qualidade para representá-lo.
§ 3º A ação de iniciativa privada pode intentar-se nos crimes de ação pública, se o Ministério Público não oferece denúncia no prazo legal.
§ 4º No caso de morte do ofendido ou de ter sido declarado ausente por decisão judicial, o direito de oferecer queixa ou de prosseguir na ação passa ao cônjuge, ascendente, descendente ou irmão.

A ação penal no crime complexo

Art. 101. Quando a lei considera como elemento ou circunstâncias do tipo legal fatos que, por si mesmos, constituem crimes, cabe ação pública em relação àquele, desde que, em relação a qualquer destes, se deva proceder por iniciativa do Ministério Público.

Irretratabilidade da representação

Art. 102. A representação será irretratável depois de oferecida a denúncia.

Decadência do direito de queixa ou de representação

Art. 103. Salvo disposição expressa em contrário, o ofendido decai do direito de queixa ou de representação se não o exerce dentro do prazo de 6 (seis) meses, contado do dia em que veio a saber quem é o autor do crime, ou, no caso do § 3º do art. 100 deste Código, do dia em que se esgota o prazo para oferecimento da denúncia.

Renúncia expressa ou tácita do direito de queixa

Art. 104. O direito de queixa não pode ser exercido quando renunciado expressa ou tacitamente.
Parágrafo único. Importa renúncia tácita ao direito de queixa a prática de ato incompatível com a vontade de exercê-lo; não a implica, todavia, o fato de receber o ofendido a indenização do dano causado pelo crime.

Perdão do ofendido
Art. 105. O perdão do ofendido, nos crimes em que somente se procede mediante queixa, obsta ao prosseguimento da ação.

Art. 106. O perdão, no processo ou fora dele, expresso ou tácito:
I. se concedido a qualquer dos querelados, a todos aproveita;
II. se concedido por um dos ofendidos, não prejudica o direito dos outros;
III. se o querelado o recusa, não produz efeito.
§ 1º Perdão tácito é o que resulta da prática de ato incompatível com a vontade de prosseguir na ação.
§ 2º Não é admissível o perdão depois que passa em julgado a sentença condenatória.

TÍTULO VIII
Da Extinção da Punibilidade

Extinção da punibilidade
Art. 107. Extingue-se a punibilidade:
I. pela morte do agente;
II. pela anistia, graça ou indulto;
III. pela retroatividade de lei que não mais considera o fato como criminoso;
IV. pela prescrição, decadência ou perempção;
V. pela renúncia do direito de queixa ou pelo perdão aceito, nos crimes de ação privada;
VI. pela retratação do agente, nos casos em que a lei a admite;
VII. (Revogado pela Lei nº 11.106, de 2005)
VIII. (Revogado pela Lei nº 11.106, de 2005)
IX. pelo perdão judicial, nos casos previstos em lei.

Art. 108. A extinção da punibilidade de crime que é pressuposto, elemento constitutivo ou circunstância agravante de outro não se estende a este. Nos crimes conexos, a extinção da punibilidade de um deles não impede, quanto aos outros, a agravação da pena resultante da conexão.

Prescrição antes de transitar em julgado a sentença
Art. 109. A prescrição, antes de transitar em julgado a sentença final, salvo o disposto no § 1º do art. 110 deste Código, regula-se pelo máximo da pena privativa de liberdade cominada ao crime, verificando-se:
I. em vinte anos, se o máximo da pena é superior a doze;
II. em dezesseis anos, se o máximo da pena é superior a oito anos e não excede a doze;
III. em doze anos, se o máximo da pena é superior a quatro anos e não excede a oito;
IV. em oito anos, se o máximo da pena é superior a dois anos e não excede a quatro;
V. em quatro anos, se o máximo da pena é igual a um ano ou, sendo superior, não excede a dois;
VI. em 3 (três) anos, se o máximo da pena é inferior a 1 (um) ano.

Prescrição das penas restritivas de direito
Parágrafo único. Aplicam-se às penas restritivas de direito os mesmos prazos previstos para as privativas de liberdade.

Prescrição depois de transitar em julgado sentença final condenatória
Art. 110. A prescrição depois de transitar em julgado a sentença condenatória regula-se pela pena aplicada e verifica-se nos prazos fixados no artigo anterior, os quais se aumentam de um terço, se o condenado é reincidente.
§ 1º A prescrição, depois da sentença condenatória com trânsito em julgado para a acusação ou depois de improvido seu recurso, regula-se pela pena aplicada, não podendo, em nenhuma hipótese, ter por termo inicial data anterior à da denúncia ou queixa.
§ 2º (Revogado pela Lei nº 12.234, de 2010).

Termo inicial da prescrição antes de transitar em julgado a sentença final
Art. 111. A prescrição, antes de transitar em julgado a sentença final, começa a correr:
I. do dia em que o crime se consumou;
II. no caso de tentativa, do dia em que cessou a atividade criminosa;
III. nos crimes permanentes, do dia em que cessou a permanência;
IV. nos de bigamia e nos de falsificação ou alteração de assentamento do registro civil, da data em que o fato se tornou conhecido.
V. nos crimes contra a dignidade sexual de crianças e adolescentes, previstos neste Código ou em legislação especial, da data em que a vítima completar 18 (dezoito) anos, salvo se a esse tempo já houver sido proposta a ação penal.

Termo inicial da prescrição após a sentença condenatória irrecorrível

Art. 112. No caso do art. 110 deste Código, a prescrição começa a correr:
I. do dia em que transita em julgado a sentença condenatória, para a acusação, ou a que revoga a suspensão condicional da pena ou o livramento condicional;
II. do dia em que se interrompe a execução, salvo quando o tempo da interrupção deva computar-se na pena.

Prescrição no caso de evasão do condenado ou de revogação do livramento condicional

Art. 113. No caso de evadir-se o condenado ou de revogar-se o livramento condicional, a prescrição é regulada pelo tempo que resta da pena.

Prescrição da multa

Art. 114. A prescrição da pena de multa ocorrerá:
I. em 2 (dois) anos, quando a multa for a única cominada ou aplicada;
II. no mesmo prazo estabelecido para prescrição da pena privativa de liberdade, quando a multa for alternativa ou cumulativamente cominada ou cumulativamente aplicada.

Redução dos prazos de prescrição

Art. 115. São reduzidos de metade os prazos de prescrição quando o criminoso era, ao tempo do crime, menor de 21 (vinte e um) anos, ou, na data da sentença, maior de 70 (setenta) anos.

Causas impeditivas da prescrição

Art. 116. Antes de passar em julgado a sentença final, a prescrição não corre:
I. enquanto não resolvida, em outro processo, questão de que dependa o reconhecimento da existência do crime;
II. enquanto o agente cumpre pena no exterior; **(Redação dada pela Lei nº 13.964, de 2019)**
III. na pendência de embargos de declaração ou de recursos aos Tribunais Superiores, quando inadmissíveis; e **(Incluído pela Lei nº 13.964, de 2019)**
IV. enquanto não cumprido ou não rescindido o acordo de não persecução penal. **(Incluído pela Lei nº 13.964, de 2019)**
Parágrafo único. Depois de passada em julgado a sentença condenatória, a prescrição não corre durante o tempo em que o condenado está preso por outro motivo.

Causas interruptivas da prescrição

Art. 117. O curso da prescrição interrompe-se:
I. pelo recebimento da denúncia ou da queixa;
II. pela pronúncia;
III. pela decisão confirmatória da pronúncia;
IV. pela publicação da sentença ou acórdão condenatórios recorríveis;
V. pelo início ou continuação do cumprimento da pena;
VI. pela reincidência.
§ 1º Excetuados os casos dos incisos V e VI deste artigo, a interrupção da prescrição produz efeitos relativamente a todos os autores do crime. Nos crimes conexos, que sejam objeto do mesmo processo, estende-se aos demais a interrupção relativa a qualquer deles.
§ 2º Interrompida a prescrição, salvo a hipótese do inciso V deste artigo, todo o prazo começa a correr, novamente, do dia da interrupção.

Art. 118. As penas mais leves prescrevem com as mais graves.

Art. 119. No caso de concurso de crimes, a extinção da punibilidade incidirá sobre a pena de cada um, isoladamente.

Perdão judicial

Art. 120. A sentença que conceder perdão judicial não será considerada para efeitos de reincidência.

PARTE ESPECIAL

TÍTULO I
Dos Crimes Contra a Pessoa

CAPÍTULO I
Dos Crimes Contra a Vida

Homicídio simples

Art. 121. Matar alguém:
Pena – reclusão, de seis a vinte anos.

Caso de diminuição de pena

§ 1º Se o agente comete o crime impelido por motivo de relevante valor social ou moral, ou sob o domínio de violenta emoção, logo em seguida a injusta provocação da vítima, o juiz pode reduzir a pena de um sexto a um terço.

Homicídio qualificado

§ 2º Se o homicídio é cometido:
I. mediante paga ou promessa de recompensa, ou por outro motivo torpe;
II. por motivo fútil;
III. com emprego de veneno, fogo, explosivo, asfixia, tortura ou outro meio insidioso ou cruel, ou de que possa resultar perigo comum;
IV. à traição, de emboscada, ou mediante dissimulação ou outro recurso que dificulte ou torne impossível a defesa do ofendido;
V. para assegurar a execução, a ocultação, a impunidade ou vantagem de outro crime:
Pena – reclusão, de doze a trinta anos.

Feminicídio

VI. contra a mulher por razões da condição de sexo feminino:
VII. contra autoridade ou agente descrito nos arts. 142 e 144 da Constituição Federal, integrantes do sistema prisional e da Força Nacional de Segurança Pública, no exercício da função ou em decorrência dela, ou contra seu cônjuge, companheiro ou parente consanguíneo até terceiro grau, em razão dessa condição:
VIII. com emprego de arma de fogo de uso restrito ou proibido **(Incluído pela Lei nº 13.964, de 2019)**
Pena – reclusão, de doze a trinta anos.
§ 2ºA Considera-se que há razões de condição de sexo feminino quando o crime envolve:
I. violência doméstica e familiar;
II. menosprezo ou discriminação à condição de mulher.

Homicídio culposo

§ 3º Se o homicídio é culposo:
Pena – detenção, de um a três anos.

Aumento de pena

§ 4º No homicídio culposo, a pena é aumentada de 1/3 (um terço), se o crime resulta de inobservância de regra técnica de profissão, arte ou ofício, ou se o agente deixa de prestar imediato socorro à vítima, não procura diminuir as consequências do seu ato, ou foge para evitar prisão em flagrante. Sendo doloso o homicídio, a pena é aumentada de 1/3 (um terço) se o crime é praticado contra pessoa menor de 14 (quatorze) ou maior de 60 (sessenta) anos.

§ 5º Na hipótese de homicídio culposo, o juiz poderá deixar de aplicar a pena, se as consequências da infração atingirem o próprio agente de forma tão grave que a sanção penal se torne desnecessária.

§ 6º A pena é aumentada de 1/3 (um terço) até a metade se o crime for praticado por milícia privada, sob o pretexto de prestação de serviço de segurança, ou por grupo de extermínio.

§ 7º A pena do feminicídio é aumentada de 1/3 (um terço) até a metade se o crime for praticado:
I. durante a gestação ou nos 3 (três) meses posteriores ao parto;
II. contra pessoa menor de 14 (catorze) anos, maior de 60 (sessenta) anos, com deficiência ou portadora de doenças degenerativas que acarretem condição limitante ou de vulnerabilidade física ou mental; **(Redação dada pela Lei nº 13.771, de 2018)**
III. na presença física ou virtual de descendente ou de ascendente da vítima; **(Redação dada pela Lei nº 13.771, de 2018)**
IV. em descumprimento das medidas protetivas de urgência previstas nos incisos I, II e III do caput do art. 22 da Lei nº 11.340, de 7 de agosto de 2006. **(Incluído pela Lei nº 13.771, de 2018)**

Induzimento, instigação ou auxílio a suicídio ou a automutilação

Art. 122. Induzir ou instigar alguém a suicidar-se ou a praticar automutilação ou prestar-lhe auxílio material para que o faça: **(Redação dada pela Lei nº 13.968, de 2019)**
Pena – reclusão, de 6 (seis) meses a 2 (dois) anos. **(Redação dada pela Lei nº 13.968, de 2019)**
§ 1º Se da automutilação ou da tentativa de suicídio resulta lesão corporal de natureza grave ou gravíssima, nos termos dos §§ 1º e 2º do art. 129 deste Código: **(Incluído pela Lei nº 13.968, de 2019)**
Pena – reclusão, de 1 (um) a 3 (três) anos. **(Incluído pela Lei nº 13.968, de 2019)**
§ 2º Se o suicídio se consuma ou se da automutilação resulta morte: **(Incluído pela Lei nº 13.968, de 2019)**
Pena – reclusão, de 2 (dois) a 6 (seis) anos. **(Incluído pela Lei nº 13.968, de 2019)**
§ 3º A pena é duplicada: **(Incluído pela Lei nº 13.968, de 2019)**
I. se o crime é praticado por motivo egoísta, torpe ou fútil; **(Incluído pela Lei nº 13.968, de 2019)**

II. se a vítima é menor ou tem diminuída, por qualquer causa, a capacidade de resistência. **(Incluído pela Lei nº 13.968, de 2019)**
§ 4º A pena é aumentada até o dobro se a conduta é realizada por meio da rede de computadores, de rede social ou transmitida em tempo real. **(Incluído pela Lei nº 13.968, de 2019)**
§ 5º Aumenta-se a pena em metade se o agente é líder ou coordenador de grupo ou de rede virtual. **(Incluído pela Lei nº 13.968, de 2019)**
§ 6º Se o crime de que trata o § 1º deste artigo resulta em lesão corporal de natureza gravíssima e é cometido contra menor de 14 (quatorze) anos ou contra quem, por enfermidade ou deficiência mental, não tem o necessário discernimento para a prática do ato, ou que, por qualquer outra causa, não pode oferecer resistência, responde o agente pelo crime descrito no § 2º do art. 129 deste Código. **(Incluído pela Lei nº 13.968, de 2019)**
§ 7º Se o crime de que trata o § 2º deste artigo é cometido contra menor de 14 (quatorze) anos ou contra quem não tem o necessário discernimento para a prática do ato, ou que, por qualquer outra causa, não pode oferecer resistência, responde o agente pelo crime de homicídio, nos termos do art. 121 deste Código. **(Incluído pela Lei nº 13.968, de 2019)**

Infanticídio
Art. 123. Matar, sob a influência do estado puerperal, o próprio filho, durante o parto ou logo após:
Pena – detenção, de dois a seis anos.

Aborto provocado pela gestante ou com seu consentimento
Art. 124. Provocar aborto em si mesma ou consentir que outrem lho provoque: (Vide ADPF 54)
Pena – detenção, de um a três anos.

Aborto provocado por terceiro
Art. 125. Provocar aborto, sem o consentimento da gestante:
Pena – reclusão, de três a dez anos.
Art. 126. Provocar aborto com o consentimento da gestante: (Vide ADPF 54)
Pena – reclusão, de um a quatro anos.
Parágrafo único. Aplica-se a pena do artigo anterior, se a gestante não é maior de quatorze anos, ou é alienada ou débil mental, ou se o consentimento é obtido mediante fraude, grave ameaça ou violência

Forma qualificada
Art. 127. As penas cominadas nos dois artigos anteriores são aumentadas de um terço, se, em consequência do aborto ou dos meios empregados para provocá-lo, a gestante sofre lesão corporal de natureza grave; e são duplicadas, se, por qualquer dessas causas, lhe sobrevém a morte.
Art. 128. Não se pune o aborto praticado por médico: (Vide ADPF 54)

Aborto necessário
I. se não há outro meio de salvar a vida da gestante;

Aborto no caso de gravidez resultante de estupro
II. se a gravidez resulta de estupro e o aborto é precedido de consentimento da gestante ou, quando incapaz, de seu representante legal.

CAPÍTULO II
Das Lesões Corporais

Lesão corporal
Art. 129. Ofender a integridade corporal ou a saúde de outrem:
Pena – detenção, de três meses a um ano.

Lesão corporal de natureza grave
§ 1º Se resulta:
I. Incapacidade para as ocupações habituais, por mais de trinta dias;
II. perigo de vida;
III. debilidade permanente de membro, sentido ou função;
IV. aceleração de parto:
Pena – reclusão, de um a cinco anos.
§ 2º Se resulta:
I. Incapacidade permanente para o trabalho;
II. enfermidade incurável;
III. perda ou inutilização do membro, sentido ou função;
IV. deformidade permanente;
V. aborto:
Pena – reclusão, de dois a oito anos.

Lesão corporal seguida de morte
§ 3º Se resulta morte e as circunstâncias evidenciam que o agente não quis o resultado, nem assumiu o risco de produzi-lo:
Pena – reclusão, de quatro a doze anos.

Diminuição de pena
§ 4° Se o agente comete o crime impelido por motivo de relevante valor social ou moral ou sob o domínio de violenta emoção, logo em seguida a injusta provocação da vítima, o juiz pode reduzir a pena de um sexto a um terço.

Substituição da pena
§ 5° O juiz, não sendo graves as lesões, pode ainda substituir a pena de detenção pela de multa, de duzentos mil réis a dois contos de réis:
I. se ocorre qualquer das hipóteses do parágrafo anterior;
II. se as lesões são recíprocas.

Lesão corporal culposa
§ 6° Se a lesão é culposa:
Pena – detenção, de dois meses a um ano.

Aumento de pena
§ 7° Aumenta-se a pena de 1/3 (um terço) se ocorrer qualquer das hipóteses dos §§ 4° e 6° do art. 121 deste Código.
§ 8° Aplica-se à lesão culposa o disposto no § 5° do art. 121°

Violência Doméstica
§ 9° Se a lesão for praticada contra ascendente, descendente, irmão, cônjuge ou companheiro, ou com quem conviva ou tenha convivido, ou, ainda, prevalecendo-se o agente das relações domésticas, de coabitação ou de hospitalidade:
Pena – detenção, de 3 (três) meses a 3 (três) anos.
§ 10° Nos casos previstos nos §§ 1° a 3° deste artigo, se as circunstâncias são as indicadas no § 9° deste artigo, aumenta-se a pena em 1/3 (um terço).
§ 11° Na hipótese do § 9° deste artigo, a pena será aumentada de um terço se o crime for cometido contra pessoa portadora de deficiência.
§ 12° Se a lesão for praticada contra autoridade ou agente descrito nos arts. 142 e 144 da Constituição Federal, integrantes do sistema prisional e da Força Nacional de Segurança Pública, no exercício da função ou em decorrência dela, ou contra seu cônjuge, companheiro ou parente consanguíneo até terceiro grau, em razão dessa condição, a pena é aumentada de um a dois terços.
§ 13° Se a lesão for praticada contra a mulher, por razões da condição do sexo feminino, nos termos do § 2°-A do art. 121 deste Código: (Incluído pela Lei n° 14.188, de 2021)

Pena – reclusão de 1 (um) a 4 (quatro anos). (Incluído pela Lei n° 14.188, de 2021)

CAPÍTULO III
Da Periclitação da Vida e da Saúde

Perigo de contágio venéreo
Art. 130. Expor alguém, por meio de relações sexuais ou qualquer ato libidinoso, a contágio de moléstia venérea, de que sabe ou deve saber que está contaminado:
Pena – detenção, de três meses a um ano, ou multa.
§ 1° Se é intenção do agente transmitir a moléstia:
Pena – reclusão, de um a quatro anos, e multa.
§ 2° Somente se procede mediante representação.

Perigo de contágio de moléstia grave
Art. 131. Praticar, com o fim de transmitir a outrem moléstia grave de que está contaminado, ato capaz de produzir o contágio:
Pena – reclusão, de um a quatro anos, e multa.

Perigo para a vida ou saúde de outrem
Art. 132. Expor a vida ou a saúde de outrem a perigo direto e iminente:
Pena – detenção, de três meses a um ano, se o fato não constitui crime mais grave.
Parágrafo único. A pena é aumentada de um sexto a um terço se a exposição da vida ou da saúde de outrem a perigo decorre do transporte de pessoas para a prestação de serviços em estabelecimentos de qualquer natureza, em desacordo com as normas legais.

Abandono de incapaz
Art. 133. Abandonar pessoa que está sob seu cuidado, guarda, vigilância ou autoridade, e, por qualquer motivo, incapaz de defender-se dos riscos resultantes do abandono:
Pena – detenção, de seis meses a três anos.
§ 1° Se do abandono resulta lesão corporal de natureza grave:
Pena – reclusão, de um a cinco anos.
§ 2° Se resulta a morte:
Pena – reclusão, de quatro a doze anos.

Aumento de pena
§ 3° As penas cominadas neste artigo aumentam-se de um terço:
I. se o abandono ocorre em lugar ermo;

II. se o agente é ascendente ou descendente, cônjuge, irmão, tutor ou curador da vítima.
III. se a vítima é maior de 60 (sessenta) anos

Exposição ou abandono de recém-nascido
Art. 134. Expor ou abandonar recém-nascido, para ocultar desonra própria:
Pena – detenção, de seis meses a dois anos.
§ 1º Se do fato resulta lesão corporal de natureza grave:
Pena – detenção, de um a três anos.
§ 2º Se resulta a morte:
Pena – detenção, de dois a seis anos.

Omissão de socorro
Art. 135. Deixar de prestar assistência, quando possível fazê-lo sem risco pessoal, à criança abandonada ou extraviada, ou à pessoa inválida ou ferida, ao desamparo ou em grave e iminente perigo; ou não pedir, nesses casos, o socorro da autoridade pública:
Pena – detenção, de um a seis meses, ou multa.
Parágrafo único. A pena é aumentada de metade, se da omissão resulta lesão corporal de natureza grave, e triplicada, se resulta a morte.

Condicionamento de atendimento médico-hospitalar emergencial
Art. 135-A. Exigir cheque-caução, nota promissória ou qualquer garantia, bem como o preenchimento prévio de formulários administrativos, como condição para o atendimento médico-hospitalar emergencial:
Pena – detenção, de 3 (três) meses a 1 (um) ano, e multa.
Parágrafo único. A pena é aumentada até o dobro se da negativa de atendimento resulta lesão corporal de natureza grave, e até o triplo se resulta a morte.

Maus-tratos
Art. 136. Expor a perigo a vida ou a saúde de pessoa sob sua autoridade, guarda ou vigilância, para fim de educação, ensino, tratamento ou custódia, quer privando-a de alimentação ou cuidados indispensáveis, quer sujeitando-a a trabalho excessivo ou inadequado, quer abusando de meios de correção ou disciplina:
Pena – detenção, de dois meses a um ano, ou multa.
§ 1º Se do fato resulta lesão corporal de natureza grave:
Pena – reclusão, de um a quatro anos.
§ 2º Se resulta a morte:
Pena – reclusão, de quatro a doze anos.
§ 3º Aumenta-se a pena de um terço, se o crime é praticado contra pessoa menor de 14 (catorze) anos.

CAPÍTULO IV
Da Rixa

Rixa
Art. 137. Participar de rixa, salvo para separar os contendores:
Pena – detenção, de quinze dias a dois meses, ou multa.
Parágrafo único. Se ocorre morte ou lesão corporal de natureza grave, aplica-se, pelo fato da participação na rixa, a pena de detenção, de seis meses a dois anos.

CAPÍTULO V
Dos Crimes Contra a Honra

Calúnia
Art. 138. Caluniar alguém, imputando-lhe falsamente fato definido como crime:
Pena – detenção, de seis meses a dois anos, e multa.
§ 1º Na mesma pena incorre quem, sabendo falsa a imputação, a propala ou divulga.
§ 2º É punível a calúnia contra os mortos.

Exceção da verdade
§ 3º Admite-se a prova da verdade, salvo:
I. se, constituindo o fato imputado crime de ação privada, o ofendido não foi condenado por sentença irrecorrível;
II. se o fato é imputado a qualquer das pessoas indicadas no nº I do art. 141;
III. se do crime imputado, embora de ação pública, o ofendido foi absolvido por sentença irrecorrível.

Difamação
Art. 139. Difamar alguém, imputando-lhe fato ofensivo à sua reputação:
Pena – detenção, de três meses a um ano, e multa.

Exceção da verdade
Parágrafo único. A exceção da verdade somente se admite se o ofendido é funcionário público e a ofensa é relativa ao exercício de suas funções.

Injúria

Art. 140. Injuriar alguém, ofendendo-lhe a dignidade ou o decoro:

Pena – detenção, de um a seis meses, ou multa.

§ 1º O juiz pode deixar de aplicar a pena:

I. quando o ofendido, de forma reprovável, provocou diretamente a injúria;

II. no caso de retorsão imediata, que consista em outra injúria.

§ 2º Se a injúria consiste em violência ou vias de fato, que, por sua natureza ou pelo meio empregado, se considerem aviltantes:

Pena – detenção, de três meses a um ano, e multa, além da pena correspondente à violência.

§ 3º Se a injúria consiste na utilização de elementos referentes a raça, cor, etnia, religião, origem ou a condição de pessoa idosa ou portadora de deficiência:

Pena – reclusão de um a três anos e multa.

Disposições comuns

Art. 141. As penas cominadas neste Capítulo aumentam-se de um terço, se qualquer dos crimes é cometido:

I. contra o Presidente da República, ou contra chefe de governo estrangeiro;

II. contra funcionário público, em razão de suas funções;

II. contra funcionário público, em razão de suas funções, ou contra os Presidentes do Senado Federal, da Câmara dos Deputados ou do Supremo Tribunal Federal; Vide Lei nº 14.197, de 1º de setembro de 2021.

III. na presença de várias pessoas, ou por meio que facilite a divulgação da calúnia, da difamação ou da injúria.

IV. contra pessoa maior de 60 (sessenta) anos ou portadora de deficiência, exceto no caso de injúria.

§ 1º Se o crime é cometido mediante paga ou promessa de recompensa, aplica-se a pena em dobro. **(Redação dada pela Lei nº 13.964, de 2019)**

§ 2º Se o crime é cometido ou divulgado em quaisquer modalidades das redes sociais da rede mundial de computadores, aplica-se em triplo a pena. **(Incluído pela Lei nº 13.964, de 2019).**

Exclusão do crime

Art. 142. Não constituem injúria ou difamação punível:

I. a ofensa irrogada em juízo, na discussão da causa, pela parte ou por seu procurador;

II. a opinião desfavorável da crítica literária, artística ou científica, salvo quando inequívoca a intenção de injuriar ou difamar;

III. o conceito desfavorável emitido por funcionário público, em apreciação ou informação que preste no cumprimento de dever do ofício.

Parágrafo único. Nos casos dos ns. I e III, responde pela injúria ou pela difamação quem lhe dá publicidade.

Retratação

Art. 143. O querelado que, antes da sentença, se retrata cabalmente da calúnia ou da difamação, fica isento de pena.

Parágrafo único. Nos casos em que o querelado tenha praticado a calúnia ou a difamação utilizando-se de meios de comunicação, a retratação dar-se-á, se assim desejar o ofendido, pelos mesmos meios em que se praticou a ofensa.

Art. 144. Se, de referências, alusões ou frases, se infere calúnia, difamação ou injúria, quem se julga ofendido pode pedir explicações em juízo. Aquele que se recusa a dá-las ou, a critério do juiz, não as dá satisfatórias, responde pela ofensa.

Art. 145. Nos crimes previstos neste Capítulo somente se procede mediante queixa, salvo quando, no caso do art. 140, § 2º, da violência resulta lesão corporal.

Parágrafo único. Procede-se mediante requisição do Ministro da Justiça, no caso do inciso I do caput do art. 141 deste Código, e mediante representação do ofendido, no caso do inciso II do mesmo artigo, bem como no caso do § 3º do art. 140 deste Código.

CAPÍTULO VI
Dos Crimes Contra a Liberdade Individual

SEÇÃO I
Dos crimes contra a liberdade pessoal

constrangimento ilegal

Art. 146. Constranger alguém, mediante violência ou grave ameaça, ou depois de lhe haver reduzido, por qualquer outro meio, a capacidade de resistência, a não fazer o que a lei permite, ou a fazer o que ela não manda:

Pena – detenção, de três meses a um ano, ou multa.

Aumento de pena

§ 1º As penas aplicam-se cumulativamente e em dobro, quando, para a execução do crime, se reúnem mais de três pessoas, ou há emprego de armas.

§ 2º Além das penas cominadas, aplicam-se as correspondentes à violência.

§ 3º Não se compreendem na disposição deste artigo:

I. a intervenção médica ou cirúrgica, sem o consentimento do paciente ou de seu representante legal, se justificada por iminente perigo de vida;

II. a coação exercida para impedir suicídio.

Ameaça

Art. 147. Ameaçar alguém, por palavra, escrito ou gesto, ou qualquer outro meio simbólico, de causar-lhe mal injusto e grave:

Pena – detenção, de um a seis meses, ou multa.

Parágrafo único. Somente se procede mediante representação.

Perseguição

Art. 147-A. Perseguir alguém, reiteradamente e por qualquer meio, ameaçando-lhe a integridade física ou psicológica, restringindo-lhe a capacidade de locomoção ou, de qualquer forma, invadindo ou perturbando sua esfera de liberdade ou privacidade. **(Incluído pela Lei nº 14.132, de 2021)**

Pena – reclusão, de 6 (seis) meses a 2 (dois) anos, e multa. **(Incluído pela Lei nº 14.132, de 2021)**

§ 1º A pena é aumentada de metade se o crime é cometido: **(Incluído pela Lei nº 14.132, de 2021)**

I. contra criança, adolescente ou idoso; **(Incluído pela Lei nº 14.132, de 2021)**

II. contra mulher por razões da condição de sexo feminino, nos termos do § 2º-A do art. 121 deste Código; **(Incluído pela Lei nº 14.132, de 2021)**

III. mediante concurso de 2 (duas) ou mais pessoas ou com o emprego de arma. **(Incluído pela Lei nº 14.132, de 2021)**

§ 2º As penas deste artigo são aplicáveis sem prejuízo das correspondentes à violência. **(Incluída pela Lei nº 14.132, de 2021)**

§ 3º Somente se procede mediante representação. **(Incluído pela Lei nº 14.132, de 2021)**

Violência psicológica contra a mulher
(Incluído pela Lei nº 14.188, de 2021)

Art. 147-B. Causar dano emocional à mulher que a prejudique e perturbe seu pleno desenvolvimento ou que vise a degradar ou a controlar suas ações, comportamentos, crenças e decisões, mediante ameaça, constrangimento, humilhação, manipulação, isolamento, chantagem, ridicularização, limitação do direito de ir e vir ou qualquer outro meio que cause prejuízo à sua saúde psicológica e autodeterminação: (Incluído pela Lei nº 14.188, de 2021)

Pena – reclusão de 6 (seis) meses a 2 (dois) anos, e multa se a conduta não constitui crime mais grave. (Incluído pela Lei nº 14.188, de 2021)

Sequestro e cárcere privado

Art. 148. Privar alguém de sua liberdade, mediante sequestro ou cárcere privado:

Pena – reclusão, de um a três anos.

§ 1º A pena é de reclusão, de dois a cinco anos:

I. se a vítima é ascendente, descendente, cônjuge ou companheiro do agente ou maior de 60 (sessenta) anos;

II. se o crime é praticado mediante internação da vítima em casa de saúde ou hospital;

III. se a privação da liberdade dura mais de quinze dias.

IV. se o crime é praticado contra menor de 18 (dezoito) anos;

V. se o crime é praticado com fins libidinosos.

§ 2º Se resulta à vítima, em razão de maus-tratos ou da natureza da detenção, grave sofrimento físico ou moral:

Pena – reclusão, de dois a oito anos.

Redução a condição análoga à de escravo

Art. 149. Reduzir alguém a condição análoga à de escravo, quer submetendo-o a trabalhos forçados ou a jornada exaustiva, quer sujeitando-o a condições degradantes de trabalho, quer restringindo, por qualquer meio, sua locomoção em razão de dívida contraída com o empregador ou preposto:

Pena – reclusão, de dois a oito anos, e multa, além da pena correspondente à violência.

§ 1º Nas mesmas penas incorre quem:

I. cerceia o uso de qualquer meio de transporte por parte do trabalhador, com o fim de retê-lo no local de trabalho;

II. mantém vigilância ostensiva no local de trabalho ou se apodera de documentos ou objetos pessoais do trabalhador, com o fim de retê-lo no local de trabalho.

§ 2º A pena é aumentada de metade, se o crime é cometido:

I. contra criança ou adolescente;

II. por motivo de preconceito de raça, cor, etnia, religião ou origem.

Tráfico de Pessoas
Art. 149-A. Agenciar, aliciar, recrutar, transportar, transferir, comprar, alojar ou acolher pessoa, mediante grave ameaça, violência, coação, fraude ou abuso, com a finalidade de:
I. remover-lhe órgãos, tecidos ou partes do corpo;
II. submetê-la a trabalho em condições análogas à de escravo;
III. submetê-la a qualquer tipo de servidão;
IV. adoção ilegal; ou
V. exploração sexual.
Pena – reclusão, de 4 (quatro) a 8 (oito) anos, e multa.
§ 1º A pena é aumentada de um terço até a metade se:
I. o crime for cometido por funcionário público no exercício de suas funções ou a pretexto de exercê-las;
II. o crime for cometido contra criança, adolescente ou pessoa idosa ou com deficiência;
III. o agente se prevalecer de relações de parentesco, domésticas, de coabitação, de hospitalidade, de dependência econômica, de autoridade ou de superioridade hierárquica inerente ao exercício de emprego, cargo ou função; ou
IV. a vítima do tráfico de pessoas for retirada do território nacional.
§ 2º A pena é reduzida de um a dois terços se o agente for primário e não integrar organização criminosa.

SEÇÃO II
Dos crimes contra a inviolabilidade do domicílio

violação de domicílio
Art. 150. Entrar ou permanecer, clandestina ou astuciosamente, ou contra a vontade expressa ou tácita de quem de direito, em casa alheia ou em suas dependências:
Pena – detenção, de um a três meses, ou multa.
§ 1º Se o crime é cometido durante a noite, ou em lugar ermo, ou com o emprego de violência ou de arma, ou por duas ou mais pessoas:
Pena – detenção, de seis meses a dois anos, além da pena correspondente à violência.
§ 2º (Revogado pela Lei nº 13.869, de 2019)
§ 3º Não constitui crime a entrada ou permanência em casa alheia ou em suas dependências:

I. durante o dia, com observância das formalidades legais, para efetuar prisão ou outra diligência;
II. a qualquer hora do dia ou da noite, quando algum crime está sendo ali praticado ou na iminência de o ser.
§ 4º A expressão "casa" compreende:
I. qualquer compartimento habitado;
II. aposento ocupado de habitação coletiva;
III. compartimento não aberto ao público, onde alguém exerce profissão ou atividade.
§ 5º Não se compreendem na expressão «casa»:
I. hospedaria, estalagem ou qualquer outra habitação coletiva, enquanto aberta, salvo a restrição do n.º II do parágrafo anterior;
II. taverna, casa de jogo e outras do mesmo gênero.

SEÇÃO III
Dos crimes contra a inviolabilidade de correspondência

Violação de correspondência
Art. 151. Devassar indevidamente o conteúdo de correspondência fechada, dirigida a outrem:
Pena – detenção, de um a seis meses, ou multa.

Sonegação ou destruição de correspondência
§ 1º Na mesma pena incorre:
I. quem se apossa indevidamente de correspondência alheia, embora não fechada e, no todo ou em parte, a sonega ou destrói;

Violação de comunicação telegráfica, radioelétrica ou telefônica
II. quem indevidamente divulga, transmite a outrem ou utiliza abusivamente comunicação telegráfica ou radioelétrica dirigida a terceiro, ou conversação telefônica entre outras pessoas;
III. quem impede a comunicação ou a conversação referidas no número anterior;
IV. quem instala ou utiliza estação ou aparelho radioelétrico, sem observância de disposição legal.
§ 2º As penas aumentam-se de metade, se há dano para outrem.
§ 3º Se o agente comete o crime, com abuso de função em serviço postal, telegráfico, radioelétrico ou telefônico:
Pena – detenção, de um a três anos.
§ 4º Somente se procede mediante representação, salvo nos casos do § 1º, IV, e do § 3º.

Correspondência comercial
Art. 152. Abusar da condição de sócio ou empregado de estabelecimento comercial ou industrial para, no todo ou em parte, desviar, sonegar, subtrair ou suprimir correspondência, ou revelar a estranho seu conteúdo:
Pena – detenção, de três meses a dois anos.
Parágrafo único. Somente se procede mediante representação.

SEÇÃO IV
Dos crimes contra a inviolabilidade dos segredos

Divulgação de segredo
Art. 153. Divulgar alguém, sem justa causa, conteúdo de documento particular ou de correspondência confidencial, de que é destinatário ou detentor, e cuja divulgação possa produzir dano a outrem:
Pena – detenção, de um a seis meses, ou multa, de trezentos mil réis a dois contos de réis.
§ 1º Somente se procede mediante representação.
§ 1º-A. Divulgar, sem justa causa, informações sigilosas ou reservadas, assim definidas em lei, contidas ou não nos sistemas de informações ou banco de dados da Administração Pública:
Pena – detenção, de 1 (um) a 4 (quatro) anos, e multa.
§ 2º Quando resultar prejuízo para a Administração Pública, a ação penal será incondicionada.

Violação do segredo profissional
Art. 154. Revelar alguém, sem justa causa, segredo, de que tem ciência em razão de função, ministério, ofício ou profissão, e cuja revelação possa produzir dano a outrem:
Pena – detenção, de três meses a um ano, ou multa de um conto a dez contos de réis.
Parágrafo único. Somente se procede mediante representação.

Invasão de dispositivo informático
Art. 154-A. Invadir dispositivo informático alheio, conectado ou não à rede de computadores, mediante violação indevida de mecanismo de segurança e com o fim de obter, adulterar ou destruir dados ou informações sem autorização expressa ou tácita do titular do dispositivo ou instalar vulnerabilidades para obter vantagem ilícita: **(Redação dada pela Lei nº 14.155, de 2021)**
Pena – detenção, de 3 (três) meses a 1 (um) ano, e multa. **(Redação dada pela Lei nº 14.155, de 2021)**

§ 1º Na mesma pena incorre quem produz, oferece, distribui, vende ou difunde dispositivo ou programa de computador com o intuito de permitir a prática da conduta definida no caput.
§ 2º Aumenta-se a pena de um sexto a um terço se da invasão resulta prejuízo econômico. **(Redação dada pela Lei nº 14.155, de 2021)**
§ 3º Se da invasão resultar a obtenção de conteúdo de comunicações eletrônicas privadas, segredos comerciais ou industriais, informações sigilosas, assim definidas em lei, ou o controle remoto não autorizado do dispositivo invadido:
Pena – reclusão, de 6 (seis) meses a 2 (dois) anos, e multa, se a conduta não constitui crime mais grave. **(Redação dada pela Lei nº 14.155, de 2021)**
§ 4º Na hipótese do § 3º, aumenta-se a pena de um a dois terços se houver divulgação, comercialização ou transmissão a terceiro, a qualquer título, dos dados ou informações obtidos.
§ 5º Aumenta-se a pena de um terço à metade se o crime for praticado contra:
I. Presidente da República, governadores e prefeitos;
II. Presidente do Supremo Tribunal Federal;
III. Presidente da Câmara dos Deputados, do Senado Federal, de Assembleia Legislativa de Estado, da Câmara Legislativa do Distrito Federal ou de Câmara Municipal; ou
IV. Dirigente máximo da administração direta e indireta federal, estadual, municipal ou do Distrito Federal.

Ação penal
Art. 154-B. Nos crimes definidos no art. 154-A, somente se procede mediante representação, salvo se o crime é cometido contra a administração pública direta ou indireta de qualquer dos Poderes da União, Estados, Distrito Federal ou Municípios ou contra empresas concessionárias de serviços públicos.

TÍTULO II
Dos Crimes Contra o Patrimônio

CAPÍTULO I
Do Furto

Furto
Art. 155. Subtrair, para si ou para outrem, coisa alheia móvel:

Pena – reclusão, de um a quatro anos, e multa.
§ 1º A pena aumenta-se de um terço, se o crime é praticado durante o repouso noturno.
§ 2º Se o criminoso é primário, e é de pequeno valor a coisa furtada, o juiz pode substituir a pena de reclusão pela de detenção, diminuí-la de um a dois terços, ou aplicar somente a pena de multa.
§ 3º Equipara-se à coisa móvel a energia elétrica ou qualquer outra que tenha valor econômico.

Furto qualificado
§ 4º A pena é de reclusão de dois a oito anos, e multa, se o crime é cometido:
I. com destruição ou rompimento de obstáculo à subtração da coisa;
II. com abuso de confiança, ou mediante fraude, escalada ou destreza;
III. com emprego de chave falsa;
IV. mediante concurso de duas ou mais pessoas.
§ 4º-A A pena é de reclusão de 4 (quatro) a 10 (dez) anos e multa, se houver emprego de explosivo ou de artefato análogo que cause perigo comum. **(Incluído pela Lei nº 13.654, de 2018)**
§ 4º-B. A pena é de reclusão, de 4 (quatro) a 8 (oito) anos, e multa, se o furto mediante fraude é cometido por meio de dispositivo eletrônico ou informático, conectado ou não à rede de computadores, com ou sem a violação de mecanismo de segurança ou a utilização de programa malicioso, ou por qualquer outro meio fraudulento análogo. **(Incluído pela Lei nº 14.155, de 2021)**
§ 4º-C. A pena prevista no § 4º-B deste artigo, considerada a relevância do resultado gravoso: **(Incluído pela Lei nº 14.155, de 2021)**
I. aumenta-se de 1/3 (um terço) a 2/3 (dois terços), se o crime é praticado mediante a utilização de servidor mantido fora do território nacional; **(Incluído pela Lei nº 14.155, de 2021)**
II. aumenta-se de 1/3 (um terço) ao dobro, se o crime é praticado contra idoso ou vulnerável. **(Incluído pela Lei nº 14.155, de 2021)**
§ 5º A pena é de reclusão de três a oito anos, se a subtração for de veículo automotor que venha a ser transportado para outro Estado ou para o exterior.
§ 6º A pena é de reclusão de 2 (dois) a 5 (cinco) anos se a subtração for de semovente domesticável de produção, ainda que abatido ou dividido em partes no local da subtração.
§ 7º A pena é de reclusão de 4 (quatro) a 10 (dez) anos e multa, se a subtração for de substâncias explosivas ou de acessórios que, conjunta ou isoladamente, possibilitem sua fabricação, montagem ou emprego. **(Incluído pela Lei nº 13.654, de 2018)**

Furto de coisa comum
Art. 156. Subtrair o condômino, coerdeiro ou sócio, para si ou para outrem, a quem legitimamente a detém, a coisa comum:
Pena – detenção, de seis meses a dois anos, ou multa.
§ 1º Somente se procede mediante representação.
§ 2º Não é punível a subtração de coisa comum fungível, cujo valor não excede a quota a que tem direito o agente.

CAPÍTULO II
Do Roubo e da Extorsão

Roubo
Art. 157. Subtrair coisa móvel alheia, para si ou para outrem, mediante grave ameaça ou violência a pessoa, ou depois de havê-la, por qualquer meio, reduzido à impossibilidade de resistência:
Pena – reclusão, de quatro a dez anos, e multa.
§ 1º Na mesma pena incorre quem, logo depois de subtraída a coisa, emprega violência contra pessoa ou grave ameaça, a fim de assegurar a impunidade do crime ou a detenção da coisa para si ou para terceiro.
§ 2º A pena aumenta-se de 1/3 (um terço) até metade: **(Redação dada pela Lei nº 13.654, de 2018)**
I. (revogado); **(Redação dada pela Lei nº 13.654, de 2018)**
II. se há o concurso de duas ou mais pessoas;
III. se a vítima está em serviço de transporte de valores e o agente conhece tal circunstância.
IV. se a subtração for de veículo automotor que venha a ser transportado para outro Estado ou para o exterior;
V. se o agente mantém a vítima em seu poder, restringindo sua liberdade.
VI. se a subtração for de substâncias explosivas ou de acessórios que, conjunta ou isoladamente, possibilitem sua fabricação, montagem ou emprego.
VII. se a violência ou grave ameaça é exercida com emprego de arma branca; **(Incluído pela Lei nº 13.964, de 2019)**
§ 2º-A A pena aumenta-se de 2/3 (dois terços): **(Incluído pela Lei nº 13.654, de 2018)**
I. se a violência ou ameaça é exercida com emprego de arma de fogo; **(Incluído pela Lei nº 13.654, de 2018)**

II. se há destruição ou rompimento de obstáculo mediante o emprego de explosivo ou de artefato análogo que cause perigo comum. (**Incluído pela Lei nº 13.654, de 2018**)

§ 2º-B. Se a violência ou grave ameaça é exercida com emprego de arma de fogo de uso restrito ou proibido, aplica-se em dobro a pena prevista no caput deste artigo. (**Incluído pela Lei nº 13.964, de 2019**)

§ 3º Se da violência resulta: (**Redação dada pela Lei nº 13.654, de 2018**)

I. lesão corporal grave, a pena é de reclusão de 7 (sete) a 18 (dezoito) anos, e multa; (**Incluído pela Lei nº 13.654, de 2018**)

II. morte, a pena é de reclusão de 20 (vinte) a 30 (trinta) anos, e multa. (**Incluído pela Lei nº 13.654, de 2018**)

Extorsão
Art. 158. Constranger alguém, mediante violência ou grave ameaça, e com o intuito de obter para si ou para outrem indevida vantagem econômica, a fazer, tolerar que se faça ou deixar de fazer alguma coisa:
Pena – reclusão, de quatro a dez anos, e multa.

§ 1º Se o crime é cometido por duas ou mais pessoas, ou com emprego de arma, aumenta-se a pena de um terço até metade.

§ 2º Aplica-se à extorsão praticada mediante violência o disposto no § 3º do artigo anterior.

§ 3º Se o crime é cometido mediante a restrição da liberdade da vítima, e essa condição é necessária para a obtenção da vantagem econômica, a pena é de reclusão, de 6 (seis) a 12 (doze) anos, além da multa; se resulta lesão corporal grave ou morte, aplicam-se as penas previstas no art. 159, §§ 2º e 3º, respectivamente.

Extorsão mediante sequestro
Art. 159. Sequestrar pessoa com o fim de obter, para si ou para outrem, qualquer vantagem, como condição ou preço do resgate:
Pena – reclusão, de oito a quinze anos.

§ 1º Se o sequestro dura mais de 24 (vinte e quatro) horas, se o sequestrado é menor de 18 (dezoito) ou maior de 60 (sessenta) anos, ou se o crime é cometido por bando ou quadrilha.
Pena – reclusão, de doze a vinte anos.

§ 2º Se do fato resulta lesão corporal de natureza grave:
Pena – reclusão, de dezesseis a vinte e quatro anos.

§ 3º Se resulta a morte:
Pena – reclusão, de vinte e quatro a trinta anos.

§ 4º Se o crime é cometido em concurso, o concorrente que o denunciar à autoridade, facilitando a libertação do sequestrado, terá sua pena reduzida de um a dois terços.

Extorsão indireta
Art. 160. Exigir ou receber, como garantia de dívida, abusando da situação de alguém, documento que pode dar causa a procedimento criminal contra a vítima ou contra terceiro:
Pena – reclusão, de um a três anos, e multa.

CAPÍTULO III
Da Usurpação

Alteração de limites
Art. 161. Suprimir ou deslocar tapume, marco, ou qualquer outro sinal indicativo de linha divisória, para apropriar-se, no todo ou em parte, de coisa imóvel alheia:
Pena – detenção, de um a seis meses, e multa.

§ 1º Na mesma pena incorre quem:

Usurpação de águas
I. desvia ou represa, em proveito próprio ou de outrem, águas alheias;

Esbulho possessório
II. invade, com violência a pessoa ou grave ameaça, ou mediante concurso de mais de duas pessoas, terreno ou edifício alheio, para o fim de esbulho possessório.

§ 2º Se o agente usa de violência, incorre também na pena a esta cominada.

§ 3º Se a propriedade é particular, e não há emprego de violência, somente se procede mediante queixa.

Supressão ou alteração de marca em animais
Art. 162. Suprimir ou alterar, indevidamente, em gado ou rebanho alheio, marca ou sinal indicativo de propriedade:
Pena – detenção, de seis meses a três anos, e multa.

CAPÍTULO IV
Do dano

Dano
Art. 163. Destruir, inutilizar ou deteriorar coisa alheia:
Pena – detenção, de um a seis meses, ou multa.

Dano qualificado
Parágrafo único. Se o crime é cometido:
I. com violência à pessoa ou grave ameaça;
II. com emprego de substância inflamável ou explosiva, se o fato não constitui crime mais grave
III. contra o patrimônio da União, de Estado, do Distrito Federal, de Município ou de autarquia, fundação pública, empresa pública, sociedade de economia mista ou empresa concessionária de serviços públicos;
IV. por motivo egoístico ou com prejuízo considerável para a vítima:
Pena – detenção, de seis meses a três anos, e multa, além da pena correspondente à violência.

Introdução ou abandono de animais em propriedade alheia
Art. 164. Introduzir ou deixar animais em propriedade alheia, sem consentimento de quem de direito, desde que o fato resulte prejuízo:
Pena – detenção, de quinze dias a seis meses, ou multa.

Dano em coisa de valor artístico, arqueológico ou histórico
Art. 165. Destruir, inutilizar ou deteriorar coisa tombada pela autoridade competente em virtude de valor artístico, arqueológico ou histórico:
Pena – detenção, de seis meses a dois anos, e multa.

Alteração de local especialmente protegido
Art. 166. Alterar, sem licença da autoridade competente, o aspecto de local especialmente protegido por lei:
Pena – detenção, de um mês a um ano, ou multa.

Ação penal
Art. 167. Nos casos do art. 163, do inciso IV do seu parágrafo e do art. 164, somente se procede mediante queixa.

CAPÍTULO V
Da Apropriação Indébita

Apropriação indébita
Art. 168. Apropriar-se de coisa alheia móvel, de que tem a posse ou a detenção:
Pena – reclusão, de um a quatro anos, e multa.

Aumento de pena
§ 1º A pena é aumentada de um terço, quando o agente recebeu a coisa:
I. em depósito necessário;
II. na qualidade de tutor, curador, síndico, liquidatário, inventariante, testamenteiro ou depositário judicial;
III. em razão de ofício, emprego ou profissão.

Apropriação indébita previdenciária
Art. 168-A. Deixar de repassar à previdência social as contribuições recolhidas dos contribuintes, no prazo e forma legal ou convencional:
Pena – reclusão, de 2 (dois) a 5 (cinco) anos, e multa.
§ 1º Nas mesmas penas incorre quem deixar de:
I. recolher, no prazo legal, contribuição ou outra importância destinada à previdência social que tenha sido descontada de pagamento efetuado a segurados, a terceiros ou arrecadada do público;
II. recolher contribuições devidas à previdência social que tenham integrado despesas contábeis ou custos relativos à venda de produtos ou à prestação de serviços;
III. pagar benefício devido a segurado, quando as respectivas cotas ou valores já tiverem sido reembolsados à empresa pela previdência social.
§ 2º É extinta a punibilidade se o agente, espontaneamente, declara, confessa e efetua o pagamento das contribuições, importâncias ou valores e presta as informações devidas à previdência social, na forma definida em lei ou regulamento, antes do início da ação fiscal.
§ 3º É facultado ao juiz deixar de aplicar a pena ou aplicar somente a de multa se o agente for primário e de bons antecedentes, desde que:
I. tenha promovido, após o início da ação fiscal e antes de oferecida a denúncia, o pagamento da contribuição social previdenciária, inclusive acessórios; ou
II. o valor das contribuições devidas, inclusive acessórios, seja igual ou inferior àquele estabelecido pela previdência social, administrativamente, como sendo o mínimo para o ajuizamento de suas execuções fiscais.
§ 4º A faculdade prevista no § 3º deste artigo não se aplica aos casos de parcelamento de contribuições cujo valor, inclusive dos acessórios, seja superior àquele estabelecido, administrativamente, como sendo o mínimo para o ajuizamento de suas execuções fiscais. **(Incluído pela Lei nº 13.606, de 2018)**

Apropriação de coisa havida por erro, caso fortuito ou força da natureza
Art. 169. Apropriar-se alguém de coisa alheia vinda ao seu poder por erro, caso fortuito ou força da natureza:
Pena – detenção, de um mês a um ano, ou multa.
Parágrafo único. Na mesma pena incorre:

Apropriação de tesouro
I. quem acha tesouro em prédio alheio e se apropria, no todo ou em parte, da quota a que tem direito o proprietário do prédio;

Apropriação de coisa achada
II. quem acha coisa alheia perdida e dela se apropria, total ou parcialmente, deixando de restituí-la ao dono ou legítimo possuidor ou de entregá-la à autoridade competente, dentro no prazo de quinze dias.

Art. 170. Nos crimes previstos neste Capítulo, aplica-se o disposto no art. 155, § 2º.

CAPÍTULO VI
Do Estelionato E Outras Fraudes

Estelionato
Art. 171. Obter, para si ou para outrem, vantagem ilícita, em prejuízo alheio, induzindo ou mantendo alguém em erro, mediante artifício, ardil, ou qualquer outro meio fraudulento:
Pena – reclusão, de um a cinco anos, e multa, de quinhentos mil réis a dez contos de réis.
§ 1º Se o criminoso é primário, e é de pequeno valor o prejuízo, o juiz pode aplicar a pena conforme o disposto no art. 155, § 2º.
§ 2º Nas mesmas penas incorre quem:

Disposição de coisa alheia como própria
I. vende, permuta, dá em pagamento, em locação ou em garantia coisa alheia como própria;

Alienação ou oneração fraudulenta de coisa própria
II. vende, permuta, dá em pagamento ou em garantia coisa própria inalienável, gravada de ônus ou litigiosa, ou imóvel que prometeu vender a terceiro, mediante pagamento em prestações, silenciando sobre qualquer dessas circunstâncias;

Defraudação de penhor
III. defrauda, mediante alienação não consentida pelo credor ou por outro modo, a garantia pignoratícia, quando tem a posse do objeto empenhado;

Fraude na entrega de coisa
IV. defrauda substância, qualidade ou quantidade de coisa que deve entregar a alguém;

Fraude para recebimento de indenização ou valor de seguro
V. destrói, total ou parcialmente, ou oculta coisa própria, ou lesa o próprio corpo ou a saúde, ou agrava as consequências da lesão ou doença, com o intuito de haver indenização ou valor de seguro;

Fraude no pagamento por meio de cheque
VI. emite cheque, sem suficiente provisão de fundos em poder do sacado, ou lhe frustra o pagamento.

Fraude eletrônica
§ 2º-A. A pena é de reclusão, de 4 (quatro) a 8 (oito) anos, e multa, se a fraude é cometida com a utilização de informações fornecidas pela vítima ou por terceiro induzido a erro por meio de redes sociais, contatos telefônicos ou envio de correio eletrônico fraudulento, ou por qualquer outro meio fraudulento análogo. **(Incluído pela Lei nº 14.155, de 2021)**

§ 2º-B. A pena prevista no § 2º-A deste artigo, considerada a relevância do resultado gravoso, aumenta-se de 1/3 (um terço) a 2/3 (dois terços), se o crime é praticado mediante a utilização de servidor mantido fora do território nacional. **(Incluído pela Lei nº 14.155, de 2021)**

§ 3º A pena aumenta-se de um terço, se o crime é cometido em detrimento de entidade de direito público ou de instituto de economia popular, assistência social ou beneficência.

Estelionato contra idoso ou vulnerável (Redação dada pela Lei nº 14.155, de 2021)
§ 4º A pena aumenta-se de 1/3 (um terço) ao dobro, se o crime é cometido contra idoso ou vulnerável, considerada a relevância do resultado gravoso. **(Redação dada pela Lei nº 14.155, de 2021)**

§ 5º Somente se procede mediante representação, salvo se a vítima for:
I. a Administração Pública, direta ou indireta;
II. criança ou adolescente; **(Incluído pela Lei nº 13.964, de 2019)**
III. pessoa com deficiência mental; ou **(Incluído pela Lei nº 13.964, de 2019)**
IV. maior de 70 (setenta) anos de idade ou incapaz. **(Incluído pela Lei nº 13.964, de 2019)**

Duplicata simulada
Art. 172. Emitir fatura, duplicata ou nota de venda que não corresponda à mercadoria vendida, em quantidade ou qualidade, ou ao serviço prestado.
Pena – detenção, de 2 (dois) a 4 (quatro) anos, e multa.
Parágrafo único. Nas mesmas penas incorrerá aquêle que falsificar ou adulterar a escrituração do Livro de Registro de Duplicatas.

Abuso de incapazes
Art. 173. Abusar, em proveito próprio ou alheio, de necessidade, paixão ou inexperiência de menor, ou da alienação ou debilidade mental de outrem, induzindo qualquer deles à prática de ato suscetível de produzir efeito jurídico, em prejuízo próprio ou de terceiro:
Pena – reclusão, de dois a seis anos, e multa.

Induzimento à especulação
Art. 174. Abusar, em proveito próprio ou alheio, da inexperiência ou da simplicidade ou inferioridade mental de outrem, induzindo-o à prática de jogo ou aposta, ou à especulação com títulos ou mercadorias, sabendo ou devendo saber que a operação é ruinosa:
Pena – reclusão, de um a três anos, e multa.

Fraude no comércio
Art. 175. Enganar, no exercício de atividade comercial, o adquirente ou consumidor:
I. vendendo, como verdadeira ou perfeita, mercadoria falsificada ou deteriorada;
II. entregando uma mercadoria por outra:
Pena – detenção, de seis meses a dois anos, ou multa.
§ 1º Alterar em obra que lhe é encomendada a qualidade ou o peso de metal ou substituir, no mesmo caso, pedra verdadeira por falsa ou por outra de menor valor; vender pedra falsa por verdadeira; vender, como precioso, metal de ou outra qualidade:
Pena – reclusão, de um a cinco anos, e multa.
§ 2º É aplicável o disposto no art. 155, § 2º.

Outras fraudes
Art. 176. Tomar refeição em restaurante, alojar-se em hotel ou utilizar-se de meio de transporte sem dispor de recursos para efetuar o pagamento:
Pena – detenção, de quinze dias a dois meses, ou multa.
Parágrafo único. Somente se procede mediante representação, e o juiz pode, conforme as circunstâncias, deixar de aplicar a pena.

Fraudes e abusos na fundação ou administração de sociedade por ações
Art. 177. Promover a fundação de sociedade por ações, fazendo, em prospecto ou em comunicação ao público ou à assembléia, afirmação falsa sobre a constituição da sociedade, ou ocultando fraudulentamente fato a ela relativo:
Pena – reclusão, de um a quatro anos, e multa, se o fato não constitui crime contra a economia popular.
§ 1º Incorrem na mesma pena, se o fato não constitui crime contra a economia popular:
I. o diretor, o gerente ou o fiscal de sociedade por ações, que, em prospecto, relatório, parecer, balanço ou comunicação ao público ou à assembleia, faz afirmação falsa sobre as condições econômicas da sociedade, ou oculta fraudulentamente, no todo ou em parte, fato a elas relativo;
II. o diretor, o gerente ou o fiscal que promove, por qualquer artifício, falsa cotação das ações ou de outros títulos da sociedade;
III. o diretor ou o gerente que toma empréstimo à sociedade ou usa, em proveito próprio ou de terceiro, dos bens ou haveres sociais, sem prévia autorização da Assembleia Geral;
IV. o diretor ou o gerente que compra ou vende, por conta da sociedade, ações por ela emitidas, salvo quando a lei o permite;
V. o diretor ou o gerente que, como garantia de crédito social, aceita em penhor ou em caução ações da própria sociedade;
VI. o diretor ou o gerente que, na falta de balanço, em desacordo com este, ou mediante balanço falso, distribui lucros ou dividendos fictícios;
VII. o diretor, o gerente ou o fiscal que, por interposta pessoa, ou conluiado com acionista, consegue a aprovação de conta ou parecer;
VIII. o liquidante, nos casos dos ns. I, II, III, IV, V e VII;
IX. o representante da sociedade anônima estrangeira, autorizada a funcionar no País, que pratica os atos mencionados nos ns. I e II, ou dá falsa informação ao Governo.
§ 2º Incorre na pena de detenção, de seis meses a dois anos, e multa, o acionista que, a fim de obter vantagem para si ou para outrem, negocia o voto nas deliberações de Assembleia Geral.

Emissão irregular de conhecimento de depósito ou "warrant"
Art. 178. Emitir conhecimento de depósito ou warrant, em desacordo com disposição legal:
Pena – reclusão, de um a quatro anos, e multa.

Fraude à execução
Art. 179. Fraudar execução, alienando, desviando, destruindo ou danificando bens, ou simulando dívidas:
Pena – detenção, de seis meses a dois anos, ou multa.
Parágrafo único. Somente se procede mediante queixa.

CAPÍTULO VII
Da Receptação

Receptação
Art. 180. Adquirir, receber, transportar, conduzir ou ocultar, em proveito próprio ou alheio, coisa que sabe ser produto de crime, ou influir para que terceiro, de boa-fé, a adquira, receba ou oculte:
Pena – reclusão, de um a quatro anos, e multa.

Receptação qualificada
§ 1º Adquirir, receber, transportar, conduzir, ocultar, ter em depósito, desmontar, montar, remontar, vender, expor à venda, ou de qualquer forma utilizar, em proveito próprio ou alheio, no exercício de atividade comercial ou industrial, coisa que deve saber ser produto de crime:
Pena – reclusão, de três a oito anos, e multa.
§ 2º Equipara-se à atividade comercial, para efeito do parágrafo anterior, qualquer forma de comércio irregular ou clandestino, inclusive o exercício em residência.
§ 3º Adquirir ou receber coisa que, por sua natureza ou pela desproporção entre o valor e o preço, ou pela condição de quem a oferece, deve presumir-se obtida por meio criminoso:
Pena – detenção, de um mês a um ano, ou multa, ou ambas as penas.
§ 4º A receptação é punível, ainda que desconhecido ou isento de pena o autor do crime de que proveio a coisa.
§ 5º Na hipótese do § 3º, se o criminoso é primário, pode o juiz, tendo em consideração as circunstâncias, deixar de aplicar a pena. Na receptação dolosa aplica-se o disposto no § 2º do art. 155º
§ 6º Tratando-se de bens do patrimônio da União, de Estado, do Distrito Federal, de Município ou de autarquia, fundação pública, empresa pública, sociedade de economia mista ou empresa concessionária de serviços públicos, aplica-se em dobro a pena prevista no caput deste artigo.

Receptação de animal
Art. 180-A. Adquirir, receber, transportar, conduzir, ocultar, ter em depósito ou vender, com a finalidade de produção ou de comercialização, semovente domesticável de produção, ainda que abatido ou dividido em partes, que deve saber ser produto de crime:
Pena – reclusão, de 2 (dois) a 5 (cinco) anos, e multa.

CAPÍTULO VIII
Disposições Gerais

Art. 181. É isento de pena quem comete qualquer dos crimes previstos neste título, em prejuízo:
I. do cônjuge, na constância da sociedade conjugal;
II. de ascendente ou descendente, seja o parentesco legítimo ou ilegítimo, seja civil ou natural.
Art. 182. Somente se procede mediante representação, se o crime previsto neste título é cometido em prejuízo:
I. do cônjuge desquitado ou judicialmente separado;
II. de irmão, legítimo ou ilegítimo;
III. de tio ou sobrinho, com quem o agente coabita.
Art. 183. Não se aplica o disposto nos dois artigos anteriores:
I. se o crime é de roubo ou de extorsão, ou, em geral, quando haja emprego de grave ameaça ou violência à pessoa;
II. ao estranho que participa do crime.
III. se o crime é praticado contra pessoa com idade igual ou superior a 60 (sessenta) anos.

TÍTULO III
Dos Crimes Contra a Propriedade Imaterial

CAPÍTULO I
Dos Crimes Contra A Propriedade Intelectual

Violação de direito autoral
Art. 184. Violar direitos de autor e os que lhe são conexos:

Pena – detenção, de 3 (três) meses a 1 (um) ano, ou multa.

§ 1º Se a violação consistir em reprodução total ou parcial, com intuito de lucro direto ou indireto, por qualquer meio ou processo, de obra intelectual, interpretação, execução ou fonograma, sem autorização expressa do autor, do artista intérprete ou executante, do produtor, conforme o caso, ou de quem os represente:
Pena – reclusão, de 2 (dois) a 4 (quatro) anos, e multa.
§ 2º Na mesma pena do § 1º incorre quem, com o intuito de lucro direto ou indireto, distribui, vende, expõe à venda, aluga, introduz no País, adquire, oculta, tem em depósito, original ou cópia de obra intelectual ou fonograma reproduzido com violação do direito de autor, do direito de artista intérprete ou executante ou do direito do produtor de fonograma, ou, ainda, aluga original ou cópia de obra intelectual ou fonograma, sem a expressa autorização dos titulares dos direitos ou de quem os represente.
§ 3º Se a violação consistir no oferecimento ao público, mediante cabo, fibra ótica, satélite, ondas ou qualquer outro sistema que permita ao usuário realizar a seleção da obra ou produção para recebê-la em um tempo e lugar previamente determinados por quem formula a demanda, com intuito de lucro, direto ou indireto, sem autorização expressa, conforme o caso, do autor, do artista intérprete ou executante, do produtor de fonograma, ou de quem os represente:
Pena – reclusão, de 2 (dois) a 4 (quatro) anos, e multa.
§ 4º O disposto nos §§ 1º, 2º e 3º não se aplica quando se tratar de exceção ou limitação ao direito de autor ou os que lhe são conexos, em conformidade com o previsto na Lei nº 9.610, de 19 de fevereiro de 1998, nem a cópia de obra intelectual ou fonograma, em um só exemplar, para uso privado do copista, sem intuito de lucro direto ou indireto.

Usurpação de nome ou pseudônimo alheio
Art. 185. (Revogado pela Lei nº 10.695, de 1º.7.2003)
Art. 186. Procede-se mediante:
I. queixa, nos crimes previstos no caput do art. 184;
II. ação penal pública incondicionada, nos crimes previstos nos §§ 1º e 2º do art. 184;
III. ação penal pública incondicionada, nos crimes cometidos em desfavor de entidades de direito público, autarquia, empresa pública, sociedade de economia mista ou fundação instituída pelo Poder Público;

IV. ação penal pública condicionada à representação, nos crimes previstos no § 3º do art. 184.

CAPÍTULO II
Dos Crimes Contra o Privilégio de Invenção

Violação de privilégio de invenção
Art 187. (Revogado pela Lei nº 9.279, de 14.5.1996)

Falsa atribuição de privilégio
Art 188. (Revogado pela Lei nº 9.279, de 14.5.1996)

Usurpação ou indevida exploração de modelo ou desenho privilegiado
Art. 189. (Revogado pela Lei nº 9.279, de 14.5.1996)

Falsa declaração de depósito em modelo ou desenho
Art. 190. (Revogado pela Lei nº 9.279, de 14.5.1996)
Art. 191. (Revogado pela Lei nº 9.279, de 14.5.1996)

CAPÍTULO III
Dos Crimes Contra as Marcas de Indústria e Comércio

Violação do direito de marca
Art. 192. (Revogado pela Lei nº 9.279, de 14.5.1996)

Uso indevido de armas, brasões e distintivos públicos
Art. 193. (Revogado pela Lei nº 9.279, de 14.5.1996)

Marca com falsa indicação de procedência
Art. 194. (Revogado pela Lei nº 9.279, de 14.5.1996)
Art. 195. (Revogado pela Lei nº 9.279, de 14.5.1996)

CAPÍTULO IV
Dos Crimes de Concorrência Desleal

Concorrência desleal
Art. 196. (Revogado pela Lei nº 9.279, de 14.5.1996)

TÍTULO IV
Dos Crimes Contra a Organização do Trabalho

Atentado contra a liberdade de trabalho
Art. 197. Constranger alguém, mediante violência ou grave ameaça:
I. a exercer ou não exercer arte, ofício, profissão ou indústria, ou a trabalhar ou não trabalhar durante certo período ou em determinados dias:
Pena – detenção, de um mês a um ano, e multa, além da pena correspondente à violência;
II. a abrir ou fechar o seu estabelecimento de trabalho, ou a participar de parede ou paralisação de atividade econômica:
Pena – detenção, de três meses a um ano, e multa, além da pena correspondente à violência.

Atentado contra a liberdade de contrato de trabalho e boicotagem violenta
Art. 198. Constranger alguém, mediante violência ou grave ameaça, a celebrar contrato de trabalho, ou a não fornecer a outrem ou não adquirir de outrem matéria-prima ou produto industrial ou agrícola:
Pena – detenção, de um mês a um ano, e multa, além da pena correspondente à violência.

Atentado contra a liberdade de associação
Art. 199. Constranger alguém, mediante violência ou grave ameaça, a participar ou deixar de participar de determinado sindicato ou associação profissional:
Pena – detenção, de um mês a um ano, e multa, além da pena correspondente à violência.

Paralisação de trabalho, seguida de violência ou perturbação da ordem
Art. 200. Participar de suspensão ou abandono coletivo de trabalho, praticando violência contra pessoa ou contra coisa:
Pena – detenção, de um mês a um ano, e multa, além da pena correspondente à violência.
Parágrafo único. Para que se considere coletivo o abandono de trabalho é indispensável o concurso de, pelo menos, três empregados.

Paralisação de trabalho de interesse coletivo
Art. 201. Participar de suspensão ou abandono coletivo de trabalho, provocando a interrupção de obra pública ou serviço de interesse coletivo:
Pena – detenção, de seis meses a dois anos, e multa.

Invasão de estabelecimento industrial, comercial ou agrícola. Sabotagem
Art. 202. Invadir ou ocupar estabelecimento industrial, comercial ou agrícola, com o intuito de impedir ou embaraçar o curso normal do trabalho, ou com o mesmo fim danificar o estabelecimento ou as coisas nele existentes ou delas dispor:
Pena – reclusão, de um a três anos, e multa.

Frustração de direito assegurado por lei trabalhista
Art. 203. Frustrar, mediante fraude ou violência, direito assegurado pela legislação do trabalho:
Pena – detenção de um ano a dois anos, e multa, além da pena correspondente à violência.
§ 1º Na mesma pena incorre quem:
I. obriga ou coage alguém a usar mercadorias de determinado estabelecimento, para impossibilitar o desligamento do serviço em virtude de dívida;
II. impede alguém de se desligar de serviços de qualquer natureza, mediante coação ou por meio da retenção de seus documentos pessoais ou contratuais.
§ 2º A pena é aumentada de um sexto a um terço se a vítima é menor de dezoito anos, idosa, gestante, indígena ou portadora de deficiência física ou mental.

Frustração de lei sobre a nacionalização do trabalho
Art. 204. Frustrar, mediante fraude ou violência, obrigação legal relativa à nacionalização do trabalho:
Pena – detenção de um mês a um ano, e multa, além da pena correspondente à violência.

Exercício de atividade com infração de decisão administrativa
Art. 205. Exercer atividade, de que está impedido por decisão administrativa:
Pena – detenção, de três meses a dois anos, ou multa.

Aliciamento para o fim de emigração
Art. 206. Recrutar trabalhadores, mediante fraude, com o fim de levá-los para território estrangeiro.
Pena – detenção, de 1 (um) a 3 (três) anos e multa.

Aliciamento de trabalhadores de um local para outro do território nacional
Art. 207. Aliciar trabalhadores, com o fim de levá-los de uma para outra localidade do território nacional:
Pena – detenção de um a três anos, e multa.

§ 1º Incorre na mesma pena quem recrutar trabalhadores fora da localidade de execução do trabalho, dentro do território nacional, mediante fraude ou cobrança de qualquer quantia do trabalhador, ou, ainda, não assegurar condições do seu retorno ao local de origem.

§ 2º A pena é aumentada de um sexto a um terço se a vítima é menor de dezoito anos, idosa, gestante, indígena ou portadora de deficiência física ou mental.

TÍTULO V
Dos Crimes Contra o Sentimento Religioso e Contra o Respeito aos Mortos

CAPÍTULO I
Dos Crimes Contra o Sentimento Religioso

Ultraje a culto e impedimento ou perturbação de ato a ele relativo
Art. 208. Escarnecer de alguém publicamente, por motivo de crença ou função religiosa; impedir ou perturbar cerimônia ou prática de culto religioso; vilipendiar publicamente ato ou objeto de culto religioso:
Pena – detenção, de um mês a um ano, ou multa.
Parágrafo único. Se há emprego de violência, a pena é aumentada de um terço, sem prejuízo da correspondente à violência.

CAPÍTULO II
Dos Crimes Contra o Respeito aos Mortos

Impedimento ou perturbação de cerimônia funerária
Art. 209. Impedir ou perturbar enterro ou cerimônia funerária:
Pena – detenção, de um mês a um ano, ou multa.
Parágrafo único. Se há emprego de violência, a pena é aumentada de um terço, sem prejuízo da correspondente à violência.

Violação de sepultura
Art. 210. Violar ou profanar sepultura ou urna funerária:
Pena – reclusão, de um a três anos, e multa.

Destruição, subtração ou ocultação de cadáver
Art. 211. Destruir, subtrair ou ocultar cadáver ou parte dele:
Pena – reclusão, de um a três anos, e multa.

Vilipêndio a cadáver
Art. 212. Vilipendiar cadáver ou suas cinzas:
Pena – detenção, de um a três anos, e multa.

TÍTULO VI
Dos crimes contra a dignidade sexual

CAPÍTULO I
Dos Crimes Contra a Liberdade Sexual

Estupro
Art. 213. Constranger alguém, mediante violência ou grave ameaça, a ter conjunção carnal ou a praticar ou permitir que com ele se pratique outro ato libidinoso:
Pena – reclusão, de 6 (seis) a 10 (dez) anos.
§ 1º Se da conduta resulta lesão corporal de natureza grave ou se a vítima é menor de 18 (dezoito) ou maior de 14 (catorze) anos:
Pena – reclusão, de 8 (oito) a 12 (doze) anos.
§ 2º Se da conduta resulta morte:
Pena – reclusão, de 12 (doze) a 30 (trinta) anos
Art. 214. (Revogado pela Lei nº 12.015, de 2009).

Violação sexual mediante fraude
Art. 215. Ter conjunção carnal ou praticar outro ato libidinoso com alguém, mediante fraude ou outro meio que impeça ou dificulte a livre manifestação de vontade da vítima:
Pena – reclusão, de 2 (dois) a 6 (seis) anos.
Parágrafo único. Se o crime é cometido com o fim de obter vantagem econômica, aplica-se também multa.

Importunação sexual
Art. 215-A. Praticar contra alguém e sem a sua anuência ato libidinoso com o objetivo de satisfazer a própria lascívia ou a de terceiro: **(Incluído pela Lei nº 13.718, de 2018)**
Pena – reclusão, de 1 (um) a 5 (cinco) anos, se o ato não constitui crime mais grave. **(Incluído pela Lei nº 13.718, de 2018)**

Art. 216. (Revogado pela Lei nº 12.015, de 2009).

Assédio sexual

Art. 216-A. Constranger alguém com o intuito de obter vantagem ou favorecimento sexual, prevalecendo-se o agente da sua condição de superior hierárquico ou ascendência inerentes ao exercício de emprego, cargo ou função.
Pena – detenção, de 1 (um) a 2 (dois) anos.
Parágrafo único. (VETADO)
§ 2º A pena é aumentada em até um terço se a vítima é menor de 18 (dezoito) anos.

CAPÍTULO I-A

(Incluído pela Lei nº 13.772, de 2018)
Da Exposição da Intimidade Sexual

Registro não autorizado da intimidade sexual
Art. 216-B. Produzir, fotografar, filmar ou registrar, por qualquer meio, conteúdo com cena de nudez ou ato sexual ou libidinoso de caráter íntimo e privado sem autorização dos participantes: **(Incluído pela Lei nº 13.772, de 2018)**
Pena – detenção, de 6 (seis) meses a 1 (um) ano, e multa.
Parágrafo único. Na mesma pena incorre quem realiza montagem em fotografia, vídeo, áudio ou qualquer outro registro com o fim de incluir pessoa em cena de nudez ou ato sexual ou libidinoso de caráter íntimo. **(Incluído pela Lei nº 13.772, de 2018)**

CAPÍTULO II

Dos Crimes Sexuais Contra Vulnerável

Sedução
Art. 217. (Revogado pela Lei nº 11.106, de 2005)

Estupro de vulnerável
Art. 217-A. Ter conjunção carnal ou praticar outro ato libidinoso com menor de 14 (catorze) anos:
Pena – reclusão, de 8 (oito) a 15 (quinze) anos.
§ 1º Incorre na mesma pena quem pratica as ações descritas no caput com alguém que, por enfermidade ou deficiência mental, não tem o necessário discernimento para a prática do ato, ou que, por qualquer outra causa, não pode oferecer resistência.
§ 2º (VETADO)
§ 3º Se da conduta resulta lesão corporal de natureza grave:
Pena – reclusão, de 10 (dez) a 20 (vinte) anos.
§ 4º Se da conduta resulta morte:
Pena – reclusão, de 12 (doze) a 30 (trinta) anos.
§ 5º As penas previstas no caput e nos §§ 1º, 3º e 4º deste artigo aplicam-se independentemente do consentimento da vítima ou do fato de ela ter mantido relações sexuais anteriormente ao crime. **(Incluído pela Lei nº 13.718, de 2018)**

Corrupção de menores
Art. 218. Induzir alguém menor de 14 (catorze) anos a satisfazer a lascívia de outrem:
Pena – reclusão, de 2 (dois) a 5 (cinco) anos.
Parágrafo único. (VETADO).

Satisfação de lascívia mediante presença de criança ou adolescente
Art. 218-A. Praticar, na presença de alguém menor de 14 (catorze) anos, ou induzi-lo a presenciar, conjunção carnal ou outro ato libidinoso, a fim de satisfazer lascívia própria ou de outrem:
Pena – reclusão, de 2 (dois) a 4 (quatro) anos.

Favorecimento da prostituição ou de outra forma de exploração sexual de criança ou adolescente ou de vulnerável.
Art. 218-B. Submeter, induzir ou atrair à prostituição ou outra forma de exploração sexual alguém menor de 18 (dezoito) anos ou que, por enfermidade ou deficiência mental, não tem o necessário discernimento para a prática do ato, facilitá-la, impedir ou dificultar que a abandone:
Pena – reclusão, de 4 (quatro) a 10 (dez) anos.
§ 1º Se o crime é praticado com o fim de obter vantagem econômica, aplica-se também multa.
§ 2º Incorre nas mesmas penas:
I. quem pratica conjunção carnal ou outro ato libidinoso com alguém menor de 18 (dezoito) e maior de 14 (catorze) anos na situação descrita no caput deste artigo;
II. o proprietário, o gerente ou o responsável pelo local em que se verifiquem as práticas referidas no caput deste artigo.
§ 3º Na hipótese do inciso II do § 2º, constitui efeito obrigatório da condenação a cassação da licença de localização e de funcionamento do estabelecimento.

Divulgação de cena de estupro ou de cena de estupro de vulnerável, de cena de sexo ou de pornografia

Art. 218-C. Oferecer, trocar, disponibilizar, transmitir, vender ou expor à venda, distribuir, publicar ou divulgar, por qualquer meio inclusive por meio de comunicação de massa ou sistema de informática ou telemática –, fotografia, vídeo ou outro registro audiovisual que contenha cena de estupro ou de estupro de vulnerável ou que faça apologia ou induza a sua prática, ou, sem o consentimento da vítima, cena de sexo, nudez ou pornografia: **(Incluído pela Lei nº 13.718, de 2018)**
Pena – reclusão, de 1 (um) a 5 (cinco) anos, se o fato não constitui crime mais grave. **(Incluído pela Lei nº 13.718, de 2018)**

Aumento de pena
(Incluído pela Lei nº 13.718, de 2018)
§ 1º A pena é aumentada de 1/3 (um terço) a 2/3 (dois terços) se o crime é praticado por agente que mantém ou tenha mantido relação íntima de afeto com a vítima ou com o fim de vingança ou humilhação. **(Incluído pela Lei nº 13.718, de 2018)**

Exclusão de ilicitude
(Incluído pela Lei nº 13.718, de 2018)
§ 2º Não há crime quando o agente pratica as condutas descritas no caput deste artigo em publicação de natureza jornalística, científica, cultural ou acadêmica com a adoção de recurso que impossibilite a identificação da vítima, ressalvada sua prévia autorização, caso seja maior de 18 (dezoito) anos. **(Incluído pela Lei nº 13.718, de 2018)**

CAPÍTULO III
Do Rapto

Rapto violento ou mediante fraude
Art. 219. (Revogado pela Lei nº 11.106, de 2005)
Rapto consensual
Art. 220. (Revogado pela Lei nº 11.106, de 2005)

Diminuição de pena
Art. 221. (Revogado pela Lei nº 11.106, de 2005)

Concurso de rapto e outro crime
Art. 222. (Revogado pela Lei nº 11.106, de 2005)

CAPÍTULO IV
Disposições Gerais

Art. 223. (Revogado pela Lei nº 12.015, de 2009)
Art. 224. (Revogado pela Lei nº 12.015, de 2009)

Ação penal
Art. 225. Nos crimes definidos nos Capítulos I e II deste Título, procede-se mediante ação penal pública incondicionada. **(Redação dada pela Lei nº 13.718, de 2018)**
Parágrafo único. (Revogado). **(Redação dada pela Lei nº 13.718, de 2018)**

Aumento de pena
Art. 226. A pena é aumentada:
I. de quarta parte, se o crime é cometido com o concurso de 2 (duas) ou mais pessoas;
II. de metade, se o agente é ascendente, padrasto ou madrasta, tio, irmão, cônjuge, companheiro, tutor, curador, preceptor ou empregador da vítima ou por qualquer outro título tiver autoridade sobre ela; **(Redação dada pela Lei nº 13.718, de 2018)**
III. (Revogado pela Lei nº 11.106, de 2005)
IV. de 1/3 (um terço) a 2/3 (dois terços), se o crime é praticado: **(Incluído pela Lei nº 13.718, de 2018)**

Estupro coletivo
(Incluído pela Lei nº 13.718, de 2018)
a) mediante concurso de 2 (dois) ou mais agentes; **(Incluído pela Lei nº 13.718, de 2018)**

Estupro corretivo
(Incluído pela Lei nº 13.718, de 2018)
b) para controlar o comportamento social ou sexual da vítima. **(Incluído pela Lei nº 13.718, de 2018)**

CAPÍTULO V
Do Lenocínio e do Tráfico de Pessoa Para Fim de Prostituição ou Outra Forma de Exploração Sexual

Mediação para servir a lascívia de outrem
Art. 227. Induzir alguém a satisfazer a lascívia de outrem:
Pena – reclusão, de um a três anos.
§ 1º Se a vítima é maior de 14 (catorze) e menor de 18 (dezoito) anos, ou se o agente é seu ascendente, descendente, cônjuge ou companheiro, irmão, tutor ou curador ou pessoa a quem esteja confiada para fins de educação, de tratamento ou de guarda:

Pena – reclusão, de dois a cinco anos.

§ 2º Se o crime é cometido com emprego de violência, grave ameaça ou fraude:
Pena – reclusão, de dois a oito anos, além da pena correspondente à violência.

§ 3º Se o crime é cometido com o fim de lucro, aplica-se também multa.

Favorecimento da prostituição ou outra forma de exploração sexual

Art. 228. Induzir ou atrair alguém à prostituição ou outra forma de exploração sexual, facilitá-la, impedir ou dificultar que alguém a abandone:
Pena – reclusão, de 2 (dois) a 5 (cinco) anos, e multa.

§ 1º Se o agente é ascendente, padrasto, madrasta, irmão, enteado, cônjuge, companheiro, tutor ou curador, preceptor ou empregador da vítima, ou se assumiu, por lei ou outra forma, obrigação de cuidado, proteção ou vigilância:
Pena – reclusão, de 3 (três) a 8 (oito) anos.

§ 2º Se o crime, é cometido com emprego de violência, grave ameaça ou fraude:
Pena – reclusão, de quatro a dez anos, além da pena correspondente à violência.

§ 3º Se o crime é cometido com o fim de lucro, aplica-se também multa.

Casa de prostituição

Art. 229. Manter, por conta própria ou de terceiro, estabelecimento em que ocorra exploração sexual, haja, ou não, intuito de lucro ou mediação direta do proprietário ou gerente:
Pena – reclusão, de dois a cinco anos, e multa.

Rufianismo

Art. 230. Tirar proveito da prostituição alheia, participando diretamente de seus lucros ou fazendo-se sustentar, no todo ou em parte, por quem a exerça:
Pena – reclusão, de um a quatro anos, e multa.

§ 1º Se a vítima é menor de 18 (dezoito) e maior de 14 (catorze) anos ou se o crime é cometido por ascendente, padrasto, madrasta, irmão, enteado, cônjuge, companheiro, tutor ou curador, preceptor ou empregador da vítima, ou por quem assumiu, por lei ou outra forma, obrigação de cuidado, proteção ou vigilância:
Pena – reclusão, de 3 (três) a 6 (seis) anos, e multa.

§ 2º Se o crime é cometido mediante violência, grave ameaça, fraude ou outro meio que impeça ou dificulte a livre manifestação da vontade da vítima:
Pena – reclusão, de 2 (dois) a 8 (oito) anos, sem prejuízo da pena correspondente à violência.

Tráfico internacional de pessoa para fim de exploração sexual

Art. 231. (Revogado pela Lei nº 13.344, de 2016)

Art. 231-A. (Revogado pela Lei nº 13.344, de 2016)

Art. 232 – (Revogado pela Lei nº 12.015, de 2009)

Promoção de migração ilegal

Art. 232-A. Promover, por qualquer meio, com o fim de obter vantagem econômica, a entrada ilegal de estrangeiro em território nacional ou de brasileiro em país estrangeiro:
Pena – reclusão, de 2 (dois) a 5 (cinco) anos, e multa.

§ 1º Na mesma pena incorre quem promover, por qualquer meio, com o fim de obter vantagem econômica, a saída de estrangeiro do território nacional para ingressar ilegalmente em país estrangeiro.

§ 2º A pena é aumentada de 1/6 (um sexto) a 1/3 (um terço) se:
I. o crime é cometido com violência; ou
II. a vítima é submetida a condição desumana ou degradante.

§ 3º A pena prevista para o crime será aplicada sem prejuízo das correspondentes às infrações conexas.

CAPÍTULO VI
Do Ultraje Público ao Pudor

Ato obsceno

Art. 233. Praticar ato obsceno em lugar público, ou aberto ou exposto ao público:
Pena – detenção, de três meses a um ano, ou multa.

Escrito ou objeto obsceno

Art. 234. Fazer, importar, exportar, adquirir ou ter sob sua guarda, para fim de comércio, de distribuição ou de exposição pública, escrito, desenho, pintura, estampa ou qualquer objeto obsceno:
Pena – detenção, de seis meses a dois anos, ou multa.

Parágrafo único. Incorre na mesma pena quem:
I. vende, distribui ou expõe à venda ou ao público qualquer dos objetos referidos neste artigo;
II. realiza, em lugar público ou acessível ao público, representação teatral, ou exibição cinematográfica de caráter obsceno, ou qualquer outro espetáculo, que tenha o mesmo caráter;

III. realiza, em lugar público ou acessível ao público, ou pelo rádio, audição ou recitação de caráter obsceno.

CAPÍTULO VII
Disposições Gerais

Aumento de pena
Art. 234-A. Nos crimes previstos neste Título a pena é aumentada:
I. (VETADO);
II. (VETADO);
III. de metade a 2/3 (dois terços), se do crime resulta gravidez; **(Redação dada pela Lei nº 13.718, de 2018)**
IV. de 1/3 (um terço) a 2/3 (dois terços), se o agente transmite à vítima doença sexualmente transmissível de que sabe ou deveria saber ser portador, ou se a vítima é idosa ou pessoa com deficiência. **(Redação dada pela Lei nº 13.718, de 2018)**
Art. 234-B. Os processos em que se apuram crimes definidos neste Título correrão em segredo de justiça.
Art. 234-C. (VETADO).

TÍTULO VII
Dos Crimes Contra a Família

CAPÍTULO I
Dos Crimes Contra o Casamento

Bigamia
Art. 235. Contrair alguém, sendo casado, novo casamento:
Pena – reclusão, de dois a seis anos.
§ 1º Aquele que, não sendo casado, contrai casamento com pessoa casada, conhecendo essa circunstância, é punido com reclusão ou detenção, de um a três anos.
§ 2º Anulado por qualquer motivo o primeiro casamento, ou o outro por motivo que não a bigamia, considera-se inexistente o crime.

Induzimento a erro essencial e ocultação de impedimento
Art. 236. Contrair casamento, induzindo em erro essencial o outro contraente, ou ocultando-lhe impedimento que não seja casamento anterior:
Pena – detenção, de seis meses a dois anos.

Parágrafo único. A ação penal depende de queixa do contraente enganado e não pode ser intentada senão depois de transitar em julgado a sentença que, por motivo de erro ou impedimento, anule o casamento.

Conhecimento prévio de impedimento
Art. 237. Contrair casamento, conhecendo a existência de impedimento que lhe cause a nulidade absoluta:
Pena – detenção, de três meses a um ano.

Simulação de autoridade para celebração de casamento
Art. 238. Atribuir-se falsamente autoridade para celebração de casamento:
Pena – detenção, de um a três anos, se o fato não constitui crime mais grave.

Simulação de casamento
Art. 239. Simular casamento mediante engano de outra pessoa:
Pena – detenção, de um a três anos, se o fato não constitui elemento de crime mais grave.

Adultério
Art. 240. (Revogado pela Lei nº 11.106, de 2005)

CAPÍTULO II
Dos Crimes Contra o Estado de Filiação

Registro de nascimento inexistente
Art. 241. Promover no registro civil a inscrição de nascimento inexistente:
Pena – reclusão, de dois a seis anos.

Parto suposto. Supressão ou alteração de direito inerente ao estado civil de recém-nascido
Art. 242. Dar parto alheio como próprio; registrar como seu o filho de outrem; ocultar recém-nascido ou substituí-lo, suprimindo ou alterando direito inerente ao estado civil:
Pena – reclusão, de dois a seis anos.
Parágrafo único. Se o crime é praticado por motivo de reconhecida nobreza:
Pena – detenção, de um a dois anos, podendo o juiz deixar de aplicar a pena.

Sonegação de estado de filiação
Art. 243. Deixar em asilo de expostos ou outra instituição de assistência filho próprio ou alheio,

ocultando-lhe a filiação ou atribuindo-lhe outra, com o fim de prejudicar direito inerente ao estado civil:
Pena – reclusão, de um a cinco anos, e multa.

CAPÍTULO III

Dos Crimes Contra a Assistência Familiar

Abandono material

Art. 244. Deixar, sem justa causa, de prover a subsistência do cônjuge, ou de filho menor de 18 (dezoito) anos ou inapto para o trabalho, ou de ascendente inválido ou maior de 60 (sessenta) anos, não lhes proporcionando os recursos necessários ou faltando ao pagamento de pensão alimentícia judicialmente acordada, fixada ou majorada; deixar, sem justa causa, de socorrer descendente ou ascendente, gravemente enfermo:
Pena – detenção, de 1 (um) a 4 (quatro) anos e multa, de uma a dez vezes o maior salário mínimo vigente no País.
Parágrafo único. Nas mesmas penas incide quem, sendo solvente, frustra ou ilide, de qualquer modo, inclusive por abandono injustificado de emprego ou função, o pagamento de pensão alimentícia judicialmente acordada, fixada ou majorada.

Entrega de filho menor a pessoa inidônea

Art. 245. Entregar filho menor de 18 (dezoito) anos a pessoa em cuja companhia saiba ou deva saber que o menor fica moral ou materialmente em perigo:
Pena – detenção, de 1 (um) a 2 (dois) anos.
§ 1º A pena é de 1 (um) a 4 (quatro) anos de reclusão, se o agente pratica delito para obter lucro, ou se o menor é enviado para o exterior.
§ 2º Incorre, também, na pena do parágrafo anterior quem, embora excluído o perigo moral ou material, auxilia a efetivação de ato destinado ao envio de menor para o exterior, com o fito de obter lucro.

Abandono intelectual

Art. 246. Deixar, sem justa causa, de prover à instrução primária de filho em idade escolar:
Pena – detenção, de quinze dias a um mês, ou multa.
Art. 247. Permitir alguém que menor de dezoito anos, sujeito a seu poder ou confiado à sua guarda ou vigilância:
I. frequente casa de jogo ou mal afamada, ou conviva com pessoa viciosa ou de má vida;
II. frequente espetáculo capaz de pervertê-lo ou de ofender-lhe o pudor, ou participe de representação de igual natureza;
III. resida ou trabalhe em casa de prostituição;
IV. mendigue ou sirva a mendigo para excitar a comiseração pública:
Pena – detenção, de um a três meses, ou multa.

CAPÍTULO IV

Dos Crimes Contra o Pátrio Poder, Tutela Curatela

Induzimento a fuga, entrega arbitrária ou sonegação de incapazes

Art. 248. Induzir menor de dezoito anos, ou interdito, a fugir do lugar em que se acha por determinação de quem sobre ele exerce autoridade, em virtude de lei ou de ordem judicial; confiar a outrem sem ordem do pai, do tutor ou do curador algum menor de dezoito anos ou interdito, ou deixar, sem justa causa, de entregá-lo a quem legitimamente o reclame:
Pena – detenção, de um mês a um ano, ou multa.

Subtração de incapazes

Art. 249. Subtrair menor de dezoito anos ou interdito ao poder de quem o tem sob sua guarda em virtude de lei ou de ordem judicial:
Pena – detenção, de dois meses a dois anos, se o fato não constitui elemento de outro crime.
§ 1º O fato de ser o agente pai ou tutor do menor ou curador do interdito não o exime de pena, se destituído ou temporariamente privado do pátrio poder, tutela, curatela ou guarda.
§ 2º No caso de restituição do menor ou do interdito, se este não sofreu maus-tratos ou privações, o juiz pode deixar de aplicar pena.

TÍTULO VIII

Dos Crimes Contra a Incolumidade Pública

CAPÍTULO I

Dos crimes de perigo comum

incêndio

Art. 250. Causar incêndio, expondo a perigo a vida, a integridade física ou o patrimônio de outrem:

Pena – reclusão, de três a seis anos, e multa.

Aumento de pena
§ 1º As penas aumentam-se de um terço:
I. se o crime é cometido com intuito de obter vantagem pecuniária em proveito próprio ou alheio;
II. se o incêndio é:
a) em casa habitada ou destinada a habitação;
b) em edifício público ou destinado a uso público ou a obra de assistência social ou de cultura;
c) em embarcação, aeronave, comboio ou veículo de transporte coletivo;
d) em estação ferroviária ou aeródromo;
e) em estaleiro, fábrica ou oficina;
f) em depósito de explosivo, combustível ou inflamável;
g) em poço petrolífero ou galeria de mineração;
h) em lavoura, pastagem, mata ou floresta.

Incêndio culposo
§ 2º Se culposo o incêndio, é pena de detenção, de seis meses a dois anos.

Explosão
Art. 251. Expor a perigo a vida, a integridade física ou o patrimônio de outrem, mediante explosão, arremesso ou simples colocação de engenho de dinamite ou de substância de efeitos análogos:
Pena – reclusão, de três a seis anos, e multa.
§ 1º Se a substância utilizada não é dinamite ou explosivo de efeitos análogos:
Pena – reclusão, de um a quatro anos, e multa.

Aumento de pena
§ 2º As penas aumentam-se de um terço, se ocorre qualquer das hipóteses previstas no § 1º, I, do artigo anterior, ou é visada ou atingida qualquer das coisas enumeradas no nº II do mesmo parágrafo.

Modalidade culposa
§ 3º No caso de culpa, se a explosão é de dinamite ou substância de efeitos análogos, a pena é de detenção, de seis meses a dois anos; nos demais casos, é de detenção, de três meses a um ano.

Uso de gás tóxico ou asfixiante
Art. 252. Expor a perigo a vida, a integridade física ou o patrimônio de outrem, usando de gás tóxico ou asfixiante:
Pena – reclusão, de um a quatro anos, e multa.

Modalidade Culposa
Parágrafo único. Se o crime é culposo:
Pena – detenção, de três meses a um ano.

Fabrico, fornecimento, aquisição posse ou transporte de explosivos ou gás tóxico, ou asfixiante
Art. 253. Fabricar, fornecer, adquirir, possuir ou transportar, sem licença da autoridade, substância ou engenho explosivo, gás tóxico ou asfixiante, ou material destinado à sua fabricação:
Pena – detenção, de seis meses a dois anos, e multa.

Inundação
Art. 254. Causar inundação, expondo a perigo a vida, a integridade física ou o patrimônio de outrem:
Pena – reclusão, de três a seis anos, e multa, no caso de dolo, ou detenção, de seis meses a dois anos, no caso de culpa.

Perigo de inundação
Art. 255. Remover, destruir ou inutilizar, em prédio próprio ou alheio, expondo a perigo a vida, a integridade física ou o patrimônio de outrem, obstáculo natural ou obra destinada a impedir inundação:
Pena – reclusão, de um a três anos, e multa.

Desabamento ou desmoronamento
Art. 256. Causar desabamento ou desmoronamento, expondo a perigo a vida, a integridade física ou o patrimônio de outrem:
Pena – reclusão, de um a quatro anos, e multa.

Modalidade culposa
Parágrafo único. Se o crime é culposo:
Pena – detenção, de seis meses a um ano.

Subtração, ocultação ou inutilização de material de salvamento
Art. 257. Subtrair, ocultar ou inutilizar, por ocasião de incêndio, inundação, naufrágio, ou outro desastre ou calamidade, aparelho, material ou qualquer meio destinado a serviço de combate ao perigo, de socorro ou salvamento; ou impedir ou dificultar serviço de tal natureza:
Pena – reclusão, de dois a cinco anos, e multa.

Formas qualificadas de crime de perigo comum
Art. 258. Se do crime doloso de perigo comum resulta lesão corporal de natureza grave, a pena privativa de liberdade é aumentada de metade; se

resulta morte, é aplicada em dobro. No caso de culpa, se do fato resulta lesão corporal, a pena aumenta-se de metade; se resulta morte, aplica-se a pena cominada ao homicídio culposo, aumentada de um terço.

Difusão de doença ou praga
Art. 259. Difundir doença ou praga que possa causar dano a floresta, plantação ou animais de utilidade econômica:
Pena – reclusão, de dois a cinco anos, e multa.

Modalidade culposa
Parágrafo único. No caso de culpa, a pena é de detenção, de um a seis meses, ou multa.

CAPÍTULO II
Dos Crimes Contra a Segurança dos Meios de Comunicação e Transporte e Outros Serviços Públicos

Perigo de desastre ferroviário
Art. 260. Impedir ou perturbar serviço de estrada de ferro:
I. destruindo, danificando ou desarranjando, total ou parcialmente, linha férrea, material rodante ou de tração, obra de arte ou instalação;
II. colocando obstáculo na linha;
III. transmitindo falso aviso acerca do movimento dos veículos ou interrompendo ou embaraçando o funcionamento de telégrafo, telefone ou radiotelegrafia;
IV. praticando outro ato de que possa resultar desastre:
Pena – reclusão, de dois a cinco anos, e multa.

Desastre ferroviário
§ 1º Se do fato resulta desastre:
Pena – reclusão, de quatro a doze anos e multa.
§ 2º No caso de culpa, ocorrendo desastre:
Pena – detenção, de seis meses a dois anos.
§ 3º Para os efeitos deste artigo, entende-se por estrada de ferro qualquer via de comunicação em que circulem veículos de tração mecânica, em trilhos ou por meio de cabo aéreo.

Atentado contra a segurança de transporte marítimo, fluvial ou aéreo
Art. 261. Expor a perigo embarcação ou aeronave, própria ou alheia, ou praticar qualquer ato tendente a impedir ou dificultar navegação marítima, fluvial ou aérea:
Pena – reclusão, de dois a cinco anos.

Sinistro em transporte marítimo, fluvial ou aéreo
§ 1º Se do fato resulta naufrágio, submersão ou encalhe de embarcação ou a queda ou destruição de aeronave:
Pena – reclusão, de quatro a doze anos.

Prática do crime com o fim de lucro
§ 2º Aplica-se, também, a pena de multa, se o agente pratica o crime com intuito de obter vantagem econômica, para si ou para outrem.

Modalidade culposa
§ 3º No caso de culpa, se ocorre o sinistro:
Pena – detenção, de seis meses a dois anos.

Atentado contra a segurança de outro meio de transporte
Art. 262. Expor a perigo outro meio de transporte público, impedir-lhe ou dificultar-lhe o funcionamento:
Pena – detenção, de um a dois anos.
§ 1º Se do fato resulta desastre, a pena é de reclusão, de dois a cinco anos.
§ 2º No caso de culpa, se ocorre desastre:
Pena – detenção, de três meses a um ano.

Forma qualificada
Art. 263. Se de qualquer dos crimes previstos nos arts. 260 a 262, no caso de desastre ou sinistro, resulta lesão corporal ou morte, aplica-se o disposto no art. 258.

Arremesso de projétil
Art. 264. Arremessar projétil contra veículo, em movimento, destinado ao transporte público por terra, por água ou pelo ar:
Pena – detenção, de um a seis meses.
Parágrafo único. Se do fato resulta lesão corporal, a pena é de detenção, de seis meses a dois anos; se resulta morte, a pena é a do art. 121, § 3º, aumentada de um terço.

Atentado contra a segurança de serviço de utilidade pública
Art. 265. Atentar contra a segurança ou o funcionamento de serviço de água, luz, força ou calor, ou qualquer outro de utilidade pública:
Pena – reclusão, de um a cinco anos, e multa.
Parágrafo único. Aumentar-se-á a pena de 1/3 (um terço) até a metade, se o dano ocorrer

em virtude de subtração de material essencial ao funcionamento dos serviços.

Interrupção ou perturbação de serviço telegráfico, telefônico, informático, telemático ou de informação de utilidade pública
Art. 266. Interromper ou perturbar serviço telegráfico, radiotelegráfico ou telefônico, impedir ou dificultar-lhe o restabelecimento:
Pena – detenção, de um a três anos, e multa.
§ 1º Incorre na mesma pena quem interrompe serviço telemático ou de informação de utilidade pública, ou impede ou dificulta-lhe o restabelecimento.
§ 2º Aplicam-se as penas em dobro se o crime é cometido por ocasião de calamidade pública.

CAPÍTULO III
Dos Crimes Contra a Saúde Pública

Epidemia
Art. 267. Causar epidemia, mediante a propagação de germes patogênicos:
Pena – reclusão, de dez a quinze anos.
§ 1º Se do fato resulta morte, a pena é aplicada em dobro.
§ 2º No caso de culpa, a pena é de detenção, de um a dois anos, ou, se resulta morte, de dois a quatro anos.

Infração de medida sanitária preventiva
Art. 268. Infringir determinação do poder público, destinada a impedir introdução ou propagação de doença contagiosa:
Pena – detenção, de um mês a um ano, e multa.
Parágrafo único. A pena é aumentada de um terço, se o agente é funcionário da saúde pública ou exerce a profissão de médico, farmacêutico, dentista ou enfermeiro.

Omissão de notificação de doença
Art. 269. Deixar o médico de denunciar à autoridade pública doença cuja notificação é compulsória:
Pena – detenção, de seis meses a dois anos, e multa.

Envenenamento de água potável ou de substância alimentícia ou medicinal
Art. 270. Envenenar água potável, de uso comum ou particular, ou substância alimentícia ou medicinal destinada a consumo:
Pena – reclusão, de dez a quinze anos.

§ 1º Está sujeito à mesma pena quem entrega a consumo ou tem em depósito, para o fim de ser distribuída, a água ou a substância envenenada.

Modalidade culposa
§ 2º Se o crime é culposo:
Pena – detenção, de seis meses a dois anos.

Corrupção ou poluição de água potável
Art. 271. Corromper ou poluir água potável, de uso comum ou particular, tornando-a imprópria para consumo ou nociva à saúde:
Pena – reclusão, de dois a cinco anos.

Modalidade culposa
Parágrafo único. Se o crime é culposo:
Pena – detenção, de dois meses a um ano.

Falsificação, corrupção, adulteração ou alteração de substância ou produtos alimentícios
Art. 272. Corromper, adulterar, falsificar ou alterar substância ou produto alimentício destinado a consumo, tornando-o nociva à saúde ou reduzindo-lhe o valor nutritivo:
Pena – reclusão, de 4 (quatro) a 8 (oito) anos, e multa.
§ 1º-A Incorre nas penas deste artigo quem fabrica, vende, expõe à venda, importa, tem em depósito para vender ou, de qualquer forma, distribui ou entrega a consumo a substância alimentícia ou o produto falsificado, corrompido ou adulterado.
§ 1º Está sujeito às mesmas penas quem pratica as ações previstas neste artigo em relação a bebidas, com ou sem teor alcoólico.

Modalidade culposa
§ 2º Se o crime é culposo:
Pena – detenção, de 1 (um) a 2 (dois) anos, e multa.

Falsificação, corrupção, adulteração ou alteração de produto destinado a fins terapêuticos ou medicinais
Art. 273. Falsificar, corromper, adulterar ou alterar produto destinado a fins terapêuticos ou medicinais:
Pena – reclusão, de 10 (dez) a 15 (quinze) anos, e multa.
§ 1º Nas mesmas penas incorre quem importa, vende, expõe à venda, tem em depósito para vender ou, de qualquer forma, distribui ou entrega a consumo o produto falsificado, corrompido, adulterado ou alterado.
§ 1º-A Incluem-se entre os produtos a que se refere este artigo os medicamentos, as matérias-primas, os

insumos farmacêuticos, os cosméticos, os saneantes e os de uso em diagnóstico.

§ 1º-B Está sujeito às penas deste artigo quem pratica as ações previstas no § 1º em relação a produtos em qualquer das seguintes condições:

I. sem registro, quando exigível, no órgão de vigilância sanitária competente;

II. em desacordo com a fórmula constante do registro previsto no inciso anterior;

III. sem as características de identidade e qualidade admitidas para a sua comercialização;

IV. com redução de seu valor terapêutico ou de sua atividade;

V. de procedência ignorada;

VI. adquiridos de estabelecimento sem licença da autoridade sanitária competente.

Modalidade culposa

§ 2º Se o crime é culposo:
Pena – detenção, de 1 (um) a 3 (três) anos, e multa.

Emprego de processo proibido ou de substância não permitida

Art. 274. Empregar, no fabrico de produto destinado a consumo, revestimento, gaseificação artificial, matéria corante, substância aromática, antisséptica, conservadora ou qualquer outra não expressamente permitida pela legislação sanitária:
Pena – reclusão, de 1 (um) a 5 (cinco) anos, e multa.

Invólucro ou recipiente com falsa indicação

Art. 275. Inculcar, em invólucro ou recipiente de produtos alimentícios, terapêuticos ou medicinais, a existência de substância que não se encontra em seu conteúdo ou que nele existe em quantidade menor que a mencionada:
Pena – reclusão, de 1 (um) a 5 (cinco) anos, e multa.

Produto ou substância nas condições dos dois artigos anteriores

Art. 276. Vender, expor à venda, ter em depósito para vender ou, de qualquer forma, entregar a consumo produto nas condições dos arts. 274 e 275.
Pena – reclusão, de 1 (um) a 5 (cinco) anos, e multa.

Substância destinada à falsificação

Art. 277. Vender, expor à venda, ter em depósito ou ceder substância destinada à falsificação de produtos alimentícios, terapêuticos ou medicinais:
Pena – reclusão, de 1 (um) a 5 (cinco) anos, e multa.

Outras substâncias nocivas à saúde pública

Art. 278. Fabricar, vender, expor à venda, ter em depósito para vender ou, de qualquer forma, entregar a consumo coisa ou substância nociva à saúde, ainda que não destinada à alimentação ou a fim medicinal:
Pena – detenção, de um a três anos, e multa.

Modalidade culposa

Parágrafo único. Se o crime é culposo:
Pena – detenção, de dois meses a um ano.

Substância avariada

Art. 279. (Revogado pela Lei nº 8.137, de 27.12.1990)

Medicamento em desacordo com receita médica

Art. 280. Fornecer substância medicinal em desacordo com receita médica:
Pena – detenção, de um a três anos, ou multa.

Modalidade culposa

Parágrafo único. Se o crime é culposo:
Pena – detenção, de dois meses a um ano.

Comércio, Posse ou Uso de Entorpecente ou Substância que Determine Dependência Física ou Psíquica.

Art. 281. (Revogado pela Lei nº 6.368, 1976)

Exercício ilegal da medicina, arte dentária ou farmacêutica

Art. 282. Exercer, ainda que a título gratuito, a profissão de médico, dentista ou farmacêutico, sem autorização legal ou excedendo-lhe os limites:
Pena – detenção, de seis meses a dois anos.
Parágrafo único. Se o crime é praticado com o fim de lucro, aplica-se também multa.

Charlatanismo

Art. 283. Inculcar ou anunciar cura por meio secreto ou infalível:
Pena – detenção, de três meses a um ano, e multa.

Curandeirismo

Art. 284. Exercer o curandeirismo:
I. prescrevendo, ministrando ou aplicando, habitualmente, qualquer substância;
II. usando gestos, palavras ou qualquer outro meio;
III. fazendo diagnósticos:
Pena – detenção, de seis meses a dois anos.
Parágrafo único. Se o crime é praticado mediante remuneração, o agente fica também sujeito à multa.

Forma qualificada
Art. 285. Aplica-se o disposto no art. 258 aos crimes previstos neste Capítulo, salvo quanto ao definido no art. 267.

TÍTULO IX
Dos Crimes Contra a Paz Pública

Incitação ao crime
Art. 286. Incitar, publicamente, a prática de crime:
Pena – detenção, de três a seis meses, ou multa.
Parágrafo único. Incorre na mesma pena quem incita, publicamente, animosidade entre as Forças Armadas, ou delas contra os poderes constitucionais, as instituições civis ou a sociedade." (NR) Vide Lei nº 14.197, de 1º de setembro de 2021.

Apologia de crime ou criminoso
Art. 287. Fazer, publicamente, apologia de fato criminoso ou de autor de crime:
Pena – detenção, de três a seis meses, ou multa.

Associação Criminosa
Art. 288. Associarem-se 3 (três) ou mais pessoas, para o fim específico de cometer crimes:
Pena – reclusão, de 1 (um) a 3 (três) anos.
Parágrafo único. A pena aumenta-se até a metade se a associação é armada ou se houver a participação de criança ou adolescente.

Constituição de milícia privada
Art. 288-A. Constituir, organizar, integrar, manter ou custear organização paramilitar, milícia particular, grupo ou esquadrão com a finalidade de praticar qualquer dos crimes previstos neste Código:
Pena – reclusão, de 4 (quatro) a 8 (oito) anos.

TÍTULO X
Dos Crimes Contra a Fé Pública

CAPÍTULO I
Da Moeda Falsa

Moeda Falsa
Art. 289. Falsificar, fabricando-a ou alterando-a, moeda metálica ou papel-moeda de curso legal no país ou no estrangeiro:
Pena – reclusão, de três a doze anos, e multa.
§ 1º Nas mesmas penas incorre quem, por conta própria ou alheia, importa ou exporta, adquire, vende, troca, cede, empresta, guarda ou introduz na circulação moeda falsa.
§ 2º Quem, tendo recebido de boa-fé, como verdadeira, moeda falsa ou alterada, a restitui à circulação, depois de conhecer a falsidade, é punido com detenção, de seis meses a dois anos, e multa.
§ 3º É punido com reclusão, de três a quinze anos, e multa, o funcionário público ou diretor, gerente, ou fiscal de banco de emissão que fabrica, emite ou autoriza a fabricação ou emissão:
I. de moeda com título ou peso inferior ao determinado em lei;
II. de papel-moeda em quantidade superior à autorizada.
§ 4º Nas mesmas penas incorre quem desvia e faz circular moeda, cuja circulação não estava ainda autorizada.

Crimes assimilados ao de moeda falsa
Art. 290. Formar cédula, nota ou bilhete representativo de moeda com fragmentos de cédulas, notas ou bilhetes verdadeiros; suprimir, em nota, cédula ou bilhete recolhidos, para o fim de restituí-los à circulação, sinal indicativo de sua inutilização; restituir à circulação cédula, nota ou bilhete em tais condições, ou já recolhidos para o fim de inutilização:
Pena – reclusão, de dois a oito anos, e multa.
Parágrafo único. O máximo da reclusão é elevado a doze anos e multa, se o crime é cometido por funcionário que trabalha na repartição onde o dinheiro se achava recolhido, ou nela tem fácil ingresso, em razão do cargo.

Petrechos para falsificação de moeda
Art. 291. Fabricar, adquirir, fornecer, a título oneroso ou gratuito, possuir ou guardar maquinismo, aparelho, instrumento ou qualquer objeto especialmente destinado à falsificação de moeda:
Pena – reclusão, de dois a seis anos, e multa.

Emissão de título ao portador sem permissão legal
Art. 292. Emitir, sem permissão legal, nota, bilhete, ficha, vale ou título que contenha promessa de pagamento em dinheiro ao portador ou a que falte indicação do nome da pessoa a quem deva ser pago:
Pena – detenção, de um a seis meses, ou multa.
Parágrafo único. Quem recebe ou utiliza como dinheiro qualquer dos documentos referidos neste

artigo incorre na pena de detenção, de quinze dias a três meses, ou multa.

CAPÍTULO II
Da Falsidade de Títulos e Outros Papéis Públicos

Falsificação de papéis públicos
Art. 293. Falsificar, fabricando-os ou alterando-os:
I. selo destinado a controle tributário, papel selado ou qualquer papel de emissão legal destinado à arrecadação de tributo;
II. papel de crédito público que não seja moeda de curso legal;
III. vale postal;
IV. cautela de penhor, caderneta de depósito de caixa econômica ou de outro estabelecimento mantido por entidade de direito público;
V. talão, recibo, guia, alvará ou qualquer outro documento relativo a arrecadação de rendas públicas ou a depósito ou caução por que o poder público seja responsável;
VI. bilhete, passe ou conhecimento de empresa de transporte administrada pela União, por Estado ou por Município:
Pena – reclusão, de dois a oito anos, e multa.
§ 1º Incorre na mesma pena quem:
I. usa, guarda, possui ou detém qualquer dos papéis falsificados a que se refere este artigo;
II. importa, exporta, adquire, vende, troca, cede, empresta, guarda, fornece ou restitui à circulação selo falsificado destinado a controle tributário;
III. importa, exporta, adquire, vende, expõe à venda, mantém em depósito, guarda, troca, cede, empresta, fornece, porta ou, de qualquer forma, utiliza em proveito próprio ou alheio, no exercício de atividade comercial ou industrial, produto ou mercadoria:
a) em que tenha sido aplicado selo que se destine a controle tributário, falsificado;
b) sem selo oficial, nos casos em que a legislação tributária determina a obrigatoriedade de sua aplicação.
§ 2º Suprimir, em qualquer desses papéis, quando legítimos, com o fim de torná-los novamente utilizáveis, carimbo ou sinal indicativo de sua inutilização:
Pena – reclusão, de um a quatro anos, e multa.
§ 3º Incorre na mesma pena quem usa, depois de alterado, qualquer dos papéis a que se refere o parágrafo anterior.

§ 4º Quem usa ou restitui à circulação, embora recibo de boa-fé, qualquer dos papéis falsificados ou alterados, a que se referem este artigo e o seu § 2º, depois de conhecer a falsidade ou alteração, incorre na pena de detenção, de seis meses a dois anos, ou multa.
§ 5º Equipara-se a atividade comercial, para os fins do inciso III do § 1º, qualquer forma de comércio irregular ou clandestino, inclusive o exercido em vias, praças ou outros logradouros públicos e em residências.

Petrechos de falsificação
Art. 294. Fabricar, adquirir, fornecer, possuir ou guardar objeto especialmente destinado à falsificação de qualquer dos papéis referidos no artigo anterior:
Pena – reclusão, de um a três anos, e multa.
Art. 295. Se o agente é funcionário público, e comete o crime prevalecendo-se do cargo, aumenta-se a pena de sexta parte.

CAPÍTULO III
Da Falsidade Documental

Falsificação do selo ou sinal público
Art. 296. Falsificar, fabricando-os ou alterando-os:
I. selo público destinado a autenticar atos oficiais da União, de Estado ou de Município;
II. selo ou sinal atribuído por lei a entidade de direito público, ou a autoridade, ou sinal público de tabelião:
Pena – reclusão, de dois a seis anos, e multa.
§ 1º Incorre nas mesmas penas:
I. quem faz uso do selo ou sinal falsificado;
II. quem utiliza indevidamente o selo ou sinal verdadeiro em prejuízo de outrem ou em proveito próprio ou alheio.
III. quem altera, falsifica ou faz uso indevido de marcas, logotipos, siglas ou quaisquer outros símbolos utilizados ou identificadores de órgãos ou entidades da Administração Pública.
§ 2º Se o agente é funcionário público, e comete o crime prevalecendo-se do cargo, aumenta-se a pena de sexta parte.

Falsificação de documento público
Art. 297. Falsificar, no todo ou em parte, documento público, ou alterar documento público verdadeiro:
Pena – reclusão, de dois a seis anos, e multa.

§ 1º Se o agente é funcionário público, e comete o crime prevalecendo-se do cargo, aumenta-se a pena de sexta parte.

§ 2º Para os efeitos penais, equiparam-se a documento público o emanado de entidade paraestatal, o título ao portador ou transmissível por endosso, as ações de sociedade comercial, os livros mercantis e o testamento particular.

§ 3º Nas mesmas penas incorre quem insere ou faz inserir:

IV. na folha de pagamento ou em documento de informações que seja destinado a fazer prova perante a previdência social, pessoa que não possua a qualidade de segurado obrigatório;

V. na Carteira de Trabalho e Previdência Social do empregado ou em documento que deva produzir efeito perante a previdência social, declaração falsa ou diversa da que deveria ter sido escrita;

VI. em documento contábil ou em qualquer outro documento relacionado com as obrigações da empresa perante a previdência social, declaração falsa ou diversa da que deveria ter constado.

§ 4º Nas mesmas penas incorre quem omite, nos documentos mencionados no § 3º, nome do segurado e seus dados pessoais, a remuneração, a vigência do contrato de trabalho ou de prestação de serviços.

Falsificação de documento particular
Art. 298. Falsificar, no todo ou em parte, documento particular ou alterar documento particular verdadeiro:
Pena – reclusão, de um a cinco anos, e multa.

Falsificação de cartão
Parágrafo único. Para fins do disposto no caput, equipara-se a documento particular o cartão de crédito ou débito.

Falsidade ideológica
Art. 299. Omitir, em documento público ou particular, declaração que dele devia constar, ou nele inserir ou fazer inserir declaração falsa ou diversa da que devia ser escrita, com o fim de prejudicar direito, criar obrigação ou alterar a verdade sobre fato juridicamente relevante:
Pena – reclusão, de um a cinco anos, e multa, se o documento é público, e reclusão de um a três anos, e multa, de quinhentos mil réis a cinco contos de réis, se o documento é particular.
Parágrafo único. Se o agente é funcionário público, e comete o crime prevalecendo-se do cargo, ou se a falsificação ou alteração é de assentamento de registro civil, aumenta-se a pena de sexta parte.

Falso reconhecimento de firma ou letra
Art. 300. Reconhecer, como verdadeira, no exercício de função pública, firma ou letra que o não seja:
Pena – reclusão, de um a cinco anos, e multa, se o documento é público; e de um a três anos, e multa, se o documento é particular.

Certidão ou atestado ideologicamente falso
Art. 301. Atestar ou certificar falsamente, em razão de função pública, fato ou circunstância que habilite alguém a obter cargo público, isenção de ônus ou de serviço de caráter público, ou qualquer outra vantagem:
Pena – detenção, de dois meses a um ano.

Falsidade material de atestado ou certidão
§ 1º Falsificar, no todo ou em parte, atestado ou certidão, ou alterar o teor de certidão ou de atestado verdadeiro, para prova de fato ou circunstância que habilite alguém a obter cargo público, isenção de ônus ou de serviço de caráter público, ou qualquer outra vantagem:
Pena – detenção, de três meses a dois anos.
§ 2º Se o crime é praticado com o fim de lucro, aplica-se, além da pena privativa de liberdade, a de multa.

Falsidade de atestado médico
Art. 302. Dar o médico, no exercício da sua profissão, atestado falso:
Pena – detenção, de um mês a um ano.
Parágrafo único. Se o crime é cometido com o fim de lucro, aplica-se também multa.

Reprodução ou adulteração de selo ou peça filatélica
Art. 303. Reproduzir ou alterar selo ou peça filatélica que tenha valor para coleção, salvo quando a reprodução ou a alteração está visivelmente anotada na face ou no verso do selo ou peça:
Pena – detenção, de um a três anos, e multa.
Parágrafo único. Na mesma pena incorre quem, para fins de comércio, faz uso do selo ou peça filatélica.

Uso de documento falso
Art. 304. Fazer uso de qualquer dos papéis falsificados ou alterados, a que se referem os arts. 297 a 302:
Pena – a cominada à falsificação ou à alteração.

Supressão de documento
Art. 305. Destruir, suprimir ou ocultar, em benefício próprio ou de outrem, ou em prejuízo alheio, documento público ou particular verdadeiro, de que não podia dispor:
Pena – reclusão, de dois a seis anos, e multa, se o documento é público, e reclusão, de um a cinco anos, e multa, se o documento é particular.

CAPÍTULO IV
De Outras Falsidades

Falsificação do sinal empregado no contraste de metal precioso ou na fiscalização alfandegária, ou para outros fins
Art. 306. Falsificar, fabricando-o ou alterando-o, marca ou sinal empregado pelo poder público no contraste de metal precioso ou na fiscalização alfandegária, ou usar marca ou sinal dessa natureza, falsificado por outrem:
Pena – reclusão, de dois a seis anos, e multa.
Parágrafo único. Se a marca ou sinal falsificado é o que usa a autoridade pública para o fim de fiscalização sanitária, ou para autenticar ou encerrar determinados objetos, ou comprovar o cumprimento de formalidade legal:
Pena – reclusão ou detenção, de um a três anos, e multa.

Falsa identidade
Art. 307. Atribuir-se ou atribuir a terceiro falsa identidade para obter vantagem, em proveito próprio ou alheio, ou para causar dano a outrem:
Pena – detenção, de três meses a um ano, ou multa, se o fato não constitui elemento de crime mais grave.
Art. 308. Usar, como próprio, passaporte, título de eleitor, caderneta de reservista ou qualquer documento de identidade alheia ou ceder a outrem, para que dele se utilize, documento dessa natureza, próprio ou de terceiro:
Pena – detenção, de quatro meses a dois anos, e multa, se o fato não constitui elemento de crime mais grave.

Fraude de lei sobre estrangeiro
Art. 309. Usar o estrangeiro, para entrar ou permanecer no território nacional, nome que não é o seu:
Pena – detenção, de um a três anos, e multa.

Parágrafo único. Atribuir a estrangeiro falsa qualidade para promover-lhe a entrada em território nacional:
Pena – reclusão, de um a quatro anos, e multa.
Art. 310. Prestar-se a figurar como proprietário ou possuidor de ação, título ou valor pertencente a estrangeiro, nos casos em que a este é vedada por lei a propriedade ou a posse de tais bens:
Pena – detenção, de seis meses a três anos, e multa.

Adulteração de sinal identificador de veículo automotor
Art. 311. Adulterar ou remarcar número de chassi ou qualquer sinal identificador de veículo automotor, de seu componente ou equipamento:
Pena – reclusão, de três a seis anos, e multa.
§ 1º Se o agente comete o crime no exercício da função pública ou em razão dela, a pena é aumentada de um terço.
§ 2º Incorre nas mesmas penas o funcionário público que contribui para o licenciamento ou registro do veículo remarcado ou adulterado, fornecendo indevidamente material ou informação oficial.

CAPÍTULO V
Das Fraudes em Certames de Interesse Público

Fraudes em certames de interesse público
Art. 311-A. Utilizar ou divulgar, indevidamente, com o fim de beneficiar a si ou a outrem, ou de comprometer a credibilidade do certame, conteúdo sigiloso de:
I. concurso público;
II. avaliação ou exame públicos;
III. processo seletivo para ingresso no ensino superior; ou
IV. exame ou processo seletivo previstos em lei:
Pena – reclusão, de 1 (um) a 4 (quatro) anos, e multa.
§ 1º Nas mesmas penas incorre quem permite ou facilita, por qualquer meio, o acesso de pessoas não autorizadas às informações mencionadas no caput.
§ 2º Se da ação ou omissão resulta dano à administração pública:
Pena – reclusão, de 2 (dois) a 6 (seis) anos, e multa.
§ 3º Aumenta-se a pena de 1/3 (um terço) se o fato é cometido por funcionário público.

TÍTULO XI
Dos Crimes Contra a Administração Pública

CAPÍTULO I
Dos Crimes Praticados por Funcionário Público Contra a Administração em Geral

Peculato
Art. 312. Apropriar-se o funcionário público de dinheiro, valor ou qualquer outro bem móvel, público ou particular, de que tem a posse em razão do cargo, ou desviá-lo, em proveito próprio ou alheio:
Pena – reclusão, de dois a doze anos, e multa.
§ 1º Aplica-se a mesma pena, se o funcionário público, embora não tendo a posse do dinheiro, valor ou bem, o subtrai, ou concorre para que seja subtraído, em proveito próprio ou alheio, valendo-se de facilidade que lhe proporciona a qualidade de funcionário.

Peculato culposo
§ 2º Se o funcionário concorre culposamente para o crime de outrem:
Pena – detenção, de três meses a um ano.
§ 3º No caso do parágrafo anterior, a reparação do dano, se precede à sentença irrecorrível, extingue a punibilidade; se lhe é posterior, reduz de metade a pena imposta.

Peculato mediante erro de outrem
Art. 313. Apropriar-se de dinheiro ou qualquer utilidade que, no exercício do cargo, recebeu por erro de outrem:
Pena – reclusão, de um a quatro anos, e multa.

Inserção de dados falsos em sistema de informações
Art. 313-A. Inserir ou facilitar, o funcionário autorizado, a inserção de dados falsos, alterar ou excluir indevidamente dados corretos nos sistemas informatizados ou bancos de dados da Administração Pública com o fim de obter vantagem indevida para si ou para outrem ou para causar dano:
Pena – reclusão, de 2 (dois) a 12 (doze) anos, e multa.

Modificação ou alteração não autorizada de sistema de informações

Art. 313-B. Modificar ou alterar, o funcionário, sistema de informações ou programa de informática sem autorização ou solicitação de autoridade competente:
Pena – detenção, de 3 (três) meses a 2 (dois) anos, e multa.
Parágrafo único. As penas são aumentadas de um terço até a metade se da modificação ou alteração resulta dano para a Administração Pública ou para o administrado.

Extravio, sonegação ou inutilização de livro ou documento
Art. 314. Extraviar livro oficial ou qualquer documento, de que tem a guarda em razão do cargo; sonegá-lo ou inutilizá-lo, total ou parcialmente:
Pena – reclusão, de um a quatro anos, se o fato não constitui crime mais grave.

Emprego irregular de verbas ou rendas públicas
Art. 315. Dar às verbas ou rendas públicas aplicação diversa da estabelecida em lei:
Pena – detenção, de um a três meses, ou multa.

Concussão
Art. 316. Exigir, para si ou para outrem, direta ou indiretamente, ainda que fora da função ou antes de assumi-la, mas em razão dela, vantagem indevida:
Pena – reclusão, de 2 (dois) a 12 (doze) anos, e multa. **(Redação dada pela Lei nº 13.964, de 2019)**

Excesso de exação
§ 1º Se o funcionário exige tributo ou contribuição social que sabe ou deveria saber indevido, ou, quando devido, emprega na cobrança meio vexatório ou gravoso, que a lei não autoriza:
Pena – reclusão, de 3 (três) a 8 (oito) anos, e multa.
§ 2º Se o funcionário desvia, em proveito próprio ou de outrem, o que recebeu indevidamente para recolher aos cofres públicos:
Pena – reclusão, de dois a doze anos, e multa.

Corrupção passiva
Art. 317. Solicitar ou receber, para si ou para outrem, direta ou indiretamente, ainda que fora da função ou antes de assumi-la, mas em razão dela, vantagem indevida, ou aceitar promessa de tal vantagem:
Pena – reclusão, de 2 (dois) a 12 (doze) anos, e multa.

§ 1º A pena é aumentada de um terço, se, em consequência da vantagem ou promessa, o funcionário retarda ou deixa de praticar qualquer ato de ofício ou o pratica infringindo dever funcional.

§ 2º Se o funcionário pratica, deixa de praticar ou retarda ato de ofício, com infração de dever funcional, cedendo a pedido ou influência de outrem:
Pena – detenção, de três meses a um ano, ou multa.

Facilitação de contrabando ou descaminho
Art. 318. Facilitar, com infração de dever funcional, a prática de contrabando ou descaminho (art. 334):
Pena – reclusão, de 3 (três) a 8 (oito) anos, e multa.

Prevaricação
Art. 319. Retardar ou deixar de praticar, indevidamente, ato de ofício, ou praticá-lo contra disposição expressa de lei, para satisfazer interesse ou sentimento pessoal:
Pena – detenção, de três meses a um ano, e multa.

Art. 319-A. Deixar o Diretor de Penitenciária e/ou agente público, de cumprir seu dever de vedar ao preso o acesso a aparelho telefônico, de rádio ou similar, que permita a comunicação com outros presos ou com o ambiente externo:
Pena: detenção, de 3 (três) meses a 1 (um) ano.

Condescendência criminosa
Art. 320. Deixar o funcionário, por indulgência, de responsabilizar subordinado que cometeu infração no exercício do cargo ou, quando lhe falte competência, não levar o fato ao conhecimento da autoridade competente:
Pena – detenção, de quinze dias a um mês, ou multa.

Advocacia administrativa
Art. 321. Patrocinar, direta ou indiretamente, interesse privado perante a administração pública, valendo-se da qualidade de funcionário:
Pena – detenção, de um a três meses, ou multa.
Parágrafo único. Se o interesse é ilegítimo:
Pena – detenção, de três meses a um ano, além da multa.

Violência arbitrária
Art. 322. Praticar violência, no exercício de função ou a pretexto de exercê-la:
Pena – detenção, de seis meses a três anos, além da pena correspondente à violência.

Abandono de função
Art. 323. Abandonar cargo público, fora dos casos permitidos em lei:
Pena – detenção, de quinze dias a um mês, ou multa.
§ 1º Se do fato resulta prejuízo público:
Pena – detenção, de três meses a um ano, e multa.
§ 2º Se o fato ocorre em lugar compreendido na faixa de fronteira:
Pena – detenção, de um a três anos, e multa.

Exercício funcional ilegalmente antecipado ou prolongado
Art. 324. Entrar no exercício de função pública antes de satisfeitas as exigências legais, ou continuar a exercê-la, sem autorização, depois de saber oficialmente que foi exonerado, removido, substituído ou suspenso:
Pena – detenção, de quinze dias a um mês, ou multa.

Violação de sigilo funcional
Art. 325. Revelar fato de que tem ciência em razão do cargo e que deva permanecer em segredo, ou facilitar-lhe a revelação:
Pena – detenção, de seis meses a dois anos, ou multa, se o fato não constitui crime mais grave.
§ 1º Nas mesmas penas deste artigo incorre quem:
I. permite ou facilita, mediante atribuição, fornecimento e empréstimo de senha ou qualquer outra forma, o acesso de pessoas não autorizadas a sistemas de informações ou banco de dados da Administração Pública;
II. se utiliza, indevidamente, do acesso restrito.
§ 2º Se da ação ou omissão resulta dano à Administração Pública ou a outrem:
Pena – reclusão, de 2 (dois) a 6 (seis) anos, e multa.

Violação do sigilo de proposta de concorrência
Art. 326. Devassar o sigilo de proposta de concorrência pública, ou proporcionar a terceiro o ensejo de devassá-lo:
Pena – Detenção, de três meses a um ano, e multa.

Funcionário público
Art. 327. Considera-se funcionário público, para os efeitos penais, quem, embora transitoriamente ou sem remuneração, exerce cargo, emprego ou função pública.
§ 1º Equipara-se a funcionário público quem exerce cargo, emprego ou função em entidade paraestatal, e quem trabalha para empresa prestadora de

serviço contratada ou conveniada para a execução de atividade típica da Administração Pública.

§ 2º A pena será aumentada da terça parte quando os autores dos crimes previstos neste Capítulo forem ocupantes de cargos em comissão ou de função de direção ou assessoramento de órgão da administração direta, sociedade de economia mista, empresa pública ou fundação instituída pelo poder público.

CAPÍTULO II

Dos Crimes Praticados por Particular Contra a Administração em Geral

Usurpação de função pública

Art. 328. Usurpar o exercício de função pública:
Pena – detenção, de três meses a dois anos, e multa.
Parágrafo único. Se do fato o agente aufere vantagem:
Pena – reclusão, de dois a cinco anos, e multa.

Resistência

Art. 329. Opor-se à execução de ato legal, mediante violência ou ameaça a funcionário competente para executá-lo ou a quem lhe esteja prestando auxílio:
Pena – detenção, de dois meses a dois anos.
§ 1º Se o ato, em razão da resistência, não se executa:
Pena – reclusão, de um a três anos.
§ 2º As penas deste artigo são aplicáveis sem prejuízo das correspondentes à violência.

Desobediência

Art. 330. Desobedecer a ordem legal de funcionário público:
Pena – detenção, de quinze dias a seis meses, e multa.

Desacato

Art. 331. Desacatar funcionário público no exercício da função ou em razão dela:
Pena – detenção, de seis meses a dois anos, ou multa.

Tráfico de Influência

Art. 332. Solicitar, exigir, cobrar ou obter, para si ou para outrem, vantagem ou promessa de vantagem, a pretexto de influir em ato praticado por funcionário público no exercício da função:
Pena – reclusão, de 2 (dois) a 5 (cinco) anos, e multa.
Parágrafo único. A pena é aumentada da metade, se o agente alega ou insinua que a vantagem é também destinada ao funcionário.

Corrupção ativa

Art. 333. Oferecer ou prometer vantagem indevida a funcionário público, para determiná-lo a praticar, omitir ou retardar ato de ofício:
Pena – reclusão, de 2 (dois) a 12 (doze) anos, e multa.
Parágrafo único. A pena é aumentada de um terço, se, em razão da vantagem ou promessa, o funcionário retarda ou omite ato de ofício, ou o pratica infringindo dever funcional.

Descaminho

Art. 334. Iludir, no todo ou em parte, o pagamento de direito ou imposto devido pela entrada, pela saída ou pelo consumo de mercadoria
Pena – reclusão, de 1 (um) a 4 (quatro) anos.
§ 1º Incorre na mesma pena quem:
I. pratica navegação de cabotagem, fora dos casos permitidos em lei;
II. pratica fato assimilado, em lei especial, a descaminho;
III. vende, expõe à venda, mantém em depósito ou, de qualquer forma, utiliza em proveito próprio ou alheio, no exercício de atividade comercial ou industrial, mercadoria de procedência estrangeira que introduziu clandestinamente no País ou importou fraudulentamente ou que sabe ser produto de introdução clandestina no território nacional ou de importação fraudulenta por parte de outrem;
IV. adquire, recebe ou oculta, em proveito próprio ou alheio, no exercício de atividade comercial ou industrial, mercadoria de procedência estrangeira, desacompanhada de documentação legal ou acompanhada de documentos que sabe serem falsos.
§ 2º Equipara-se às atividades comerciais, para os efeitos deste artigo, qualquer forma de comércio irregular ou clandestino de mercadorias estrangeiras, inclusive o exercido em residências.
§ 3º A pena aplica-se em dobro se o crime de descaminho é praticado em transporte aéreo, marítimo ou fluvial.

Contrabando

Art. 334-A. Importar ou exportar mercadoria proibida:
Pena – reclusão, de 2 (dois) a 5 (cinco) anos.
§ 1º Incorre na mesma pena quem:
I. pratica fato assimilado, em lei especial, a contrabando;
II. importa ou exporta clandestinamente mercadoria que dependa de registro, análise ou autorização de órgão público competente;

III. reinsere no território nacional mercadoria brasileira destinada à exportação;
IV. vende, expõe à venda, mantém em depósito ou, de qualquer forma, utiliza em proveito próprio ou alheio, no exercício de atividade comercial ou industrial, mercadoria proibida pela lei brasileira;
V. adquire, recebe ou oculta, em proveito próprio ou alheio, no exercício de atividade comercial ou industrial, mercadoria proibida pela lei brasileira.
§ 2º Equipara-se às atividades comerciais, para os efeitos deste artigo, qualquer forma de comércio irregular ou clandestino de mercadorias estrangeiras, inclusive o exercido em residências.
§ 3º A pena aplica-se em dobro se o crime de contrabando é praticado em transporte aéreo, marítimo ou fluvial.

Impedimento, perturbação ou fraude de concorrência
Art. 335. Impedir, perturbar ou fraudar concorrência pública ou venda em hasta pública, promovida pela administração federal, estadual ou municipal, ou por entidade paraestatal; afastar ou procurar afastar concorrente ou licitante, por meio de violência, grave ameaça, fraude ou oferecimento de vantagem:
Pena – detenção, de seis meses a dois anos, ou multa, além da pena correspondente à violência.
Parágrafo único. Incorre na mesma pena quem se abstém de concorrer ou licitar, em razão da vantagem oferecida.

Inutilização de edital ou de sinal
Art. 336. Rasgar ou, de qualquer forma, inutilizar ou conspurcar edital afixado por ordem de funcionário público; violar ou inutilizar selo ou sinal empregado, por determinação legal ou por ordem de funcionário público, para identificar ou cerrar qualquer objeto:
Pena – detenção, de um mês a um ano, ou multa.

Subtração ou inutilização de livro ou documento
Art. 337. Subtrair, ou inutilizar, total ou parcialmente, livro oficial, processo ou documento confiado à custódia de funcionário, em razão de ofício, ou de particular em serviço público:
Pena – reclusão, de dois a cinco anos, se o fato não constitui crime mais grave.

Sonegação de contribuição previdenciária
Art. 337-A. Suprimir ou reduzir contribuição social previdenciária e qualquer acessório, mediante as seguintes condutas:
I. omitir de folha de pagamento da empresa ou de documento de informações previsto pela legislação previdenciária segurados empregado, empresário, trabalhador avulso ou trabalhador autônomo ou a este equiparado que lhe prestem serviços;
II. deixar de lançar mensalmente nos títulos próprios da contabilidade da empresa as quantias descontadas dos segurados ou as devidas pelo empregador ou pelo tomador de serviços;
III. omitir, total ou parcialmente, receitas ou lucros auferidos, remunerações pagas ou creditadas e demais fatos geradores de contribuições sociais previdenciárias:
Pena – reclusão, de 2 (dois) a 5 (cinco) anos, e multa.
§ 1º É extinta a punibilidade se o agente, espontaneamente, declara e confessa as contribuições, importâncias ou valores e presta as informações devidas à previdência social, na forma definida em lei ou regulamento, antes do início da ação fiscal.
§ 2º É facultado ao juiz deixar de aplicar a pena ou aplicar somente a de multa se o agente for primário e de bons antecedentes, desde que:
I. (VETADO) (Incluído pela Lei nº 9.983, de 2000)
II. o valor das contribuições devidas, inclusive acessórios, seja igual ou inferior àquele estabelecido pela previdência social, administrativamente, como sendo o mínimo para o ajuizamento de suas execuções fiscais.
§ 3º Se o empregador não é pessoa jurídica e sua folha de pagamento mensal não ultrapassa R$ 1.510,00 (um mil, quinhentos e dez reais), o juiz poderá reduzir a pena de um terço até a metade ou aplicar apenas a de multa.
§ 4º O valor a que se refere o parágrafo anterior será reajustado nas mesmas datas e nos mesmos índices do reajuste dos benefícios da previdência social.

CAPÍTULO II-A
Dos Crimes Praticados por PArticular Contra a Administração Pública Estrangeira

Corrupção ativa em transação comercial internacional
Art. 337-B. Prometer, oferecer ou dar, direta ou indiretamente, vantagem indevida a funcionário público estrangeiro, ou a terceira pessoa,

para determiná-lo a praticar, omitir ou retardar ato de ofício relacionado à transação comercial internacional:
Pena – reclusão, de 1 (um) a 8 (oito) anos, e multa.
Parágrafo único. A pena é aumentada de 1/3 (um terço), se, em razão da vantagem ou promessa, o funcionário público estrangeiro retarda ou omite o ato de ofício, ou o pratica infringindo dever funcional.

Tráfico de influência em transação comercial internacional
Art. 337-C. Solicitar, exigir, cobrar ou obter, para si ou para outrem, direta ou indiretamente, vantagem ou promessa de vantagem a pretexto de influir em ato praticado por funcionário público estrangeiro no exercício de suas funções, relacionado a transação comercial internacional:
Pena – reclusão, de 2 (dois) a 5 (cinco) anos, e multa.
Parágrafo único. A pena é aumentada da metade, se o agente alega ou insinua que a vantagem é também destinada a funcionário estrangeiro.

FUNCIONÁRIO PÚBLICO ESTRANGEIRO

Art. 337-D. Considera-se funcionário público estrangeiro, para os efeitos penais, quem, ainda que transitoriamente ou sem remuneração, exerce cargo, emprego ou função pública em entidades estatais ou em representações diplomáticas de país estrangeiro.
Parágrafo único. Equipara-se a funcionário público estrangeiro quem exerce cargo, emprego ou função em empresas controladas, diretamente ou indiretamente, pelo Poder Público de país estrangeiro ou em organizações públicas internacionais.

CAPÍTULO II-B
Dos Crimes em Licitações e Contratos Administrativos

(Incluído pela Lei nº 14.133, de 2021)
Contratação direta ilegal (Incluído pela Lei nº 14.133, de 2021)
Art. 337-E. Admitir, possibilitar ou dar causa à contratação direta fora das hipóteses previstas em lei: **(Incluído pela Lei nº 14.133, de 2021)**
Pena – reclusão, de 4 (quatro) a 8 (oito) anos, e multa. **(Incluído pela Lei nº 14.133, de 2021)**

Frustração do caráter competitivo de licitação (Incluído pela Lei nº 14.133, de 2021)
Art. 337-F. Frustrar ou fraudar, com o intuito de obter para si ou para outrem vantagem decorrente da adjudicação do objeto da licitação, o caráter competitivo do processo licitatório: **(Incluído pela Lei nº 14.133, de 2021)**
Pena – reclusão, de 4 (quatro) anos a 8 (oito) anos, e multa. **(Incluído pela Lei nº 14.133, de 2021)**

Patrocínio de contratação indevida (Incluído pela Lei nº 14.133, de 2021)
Art. 337-G. Patrocinar, direta ou indiretamente, interesse privado perante a Administração Pública, dando causa à instauração de licitação ou à celebração de contrato cuja invalidação vier a ser decretada pelo Poder Judiciário: **(Incluído pela Lei nº 14.133, de 2021)**
Pena – reclusão, de 6 (seis) meses a 3 (três) anos, e multa. **(Incluído pela Lei nº 14.133, de 2021)**

Modificação ou pagamento irregular em contrato administrativo (Incluído pela Lei nº 14.133, de 2021)
Art. 337-H. Admitir, possibilitar ou dar causa a qualquer modificação ou vantagem, inclusive prorrogação contratual, em favor do contratado, durante a execução dos contratos celebrados com a Administração Pública, sem autorização em lei, no edital da licitação ou nos respectivos instrumentos contratuais, ou, ainda, pagar fatura com preterição da ordem cronológica de sua exigibilidade: **(Incluído pela Lei nº 14.133, de 2021)**
Pena – reclusão, de 4 (quatro) anos a 8 (oito) anos, e multa. **(Incluído pela Lei nº 14.133, de 2021)**

Perturbação de processo licitatório (Incluído pela Lei nº 14.133, de 2021)
Art. 337-I. Impedir, perturbar ou fraudar a realização de qualquer ato de processo licitatório: **(Incluído pela Lei nº 14.133, de 2021)**
Pena – detenção, de 6 (seis) meses a 3 (três) anos, e multa. **(Incluído pela Lei nº 14.133, de 2021)**

Violação de sigilo em licitação (Incluído pela Lei nº 14.133, de 2021)
Art. 337-J. Devassar o sigilo de proposta apresentada em processo licitatório ou proporcionar a terceiro o ensejo de devassá-lo: **(Incluído pela Lei nº 14.133, de 2021)**
Pena – detenção, de 2 (dois) anos a 3 (três) anos, e multa. **(Incluído pela Lei nº 14.133, de 2021)**

Afastamento de licitante (Incluído pela Lei nº 14.133, de 2021)

Art. 337-K. Afastar ou tentar afastar licitante por meio de violência, grave ameaça, fraude ou oferecimento de vantagem de qualquer tipo: **(Incluído pela Lei nº 14.133, de 2021)**
Pena – reclusão, de 3 (três) anos a 5 (cinco) anos, e multa, além da pena correspondente à violência. **(Incluído pela Lei nº 14.133, de 2021)**
Parágrafo único. Incorre na mesma pena quem se abstém ou desiste de licitar em razão de vantagem oferecida. **(Incluído pela Lei nº 14.133, de 2021)**

Fraude em licitação ou contrato (Incluído pela Lei nº 14.133, de 2021)
Art. 337-L. Fraudar, em prejuízo da Administração Pública, licitação ou contrato dela decorrente, mediante: **(Incluído pela Lei nº 14.133, de 2021)**
I. entrega de mercadoria ou prestação de serviços com qualidade ou em quantidade diversas das previstas no edital ou nos instrumentos contratuais; **(Incluído pela Lei nº 14.133, de 2021)**
II. fornecimento, como verdadeira ou perfeita, de mercadoria falsificada, deteriorada, inservível para consumo ou com prazo de validade vencido; **(Incluído pela Lei nº 14.133, de 2021)**
III. entrega de uma mercadoria por outra; **(Incluído pela Lei nº 14.133, de 2021)**
IV. alteração da substância, qualidade ou quantidade da mercadoria ou do serviço fornecido; **(Incluído pela Lei nº 14.133, de 2021)**
V. qualquer meio fraudulento que torne injustamente mais onerosa para a Administração Pública a proposta ou a execução do contrato: **(Incluído pela Lei nº 14.133, de 2021)**
Pena – reclusão, de 4 (quatro) anos a 8 (oito) anos, e multa. **(Incluído pela Lei nº 14.133, de 2021)**

Contratação inidônea (Incluído pela Lei nº 14.133, de 2021)
Art. 337-M. Admitir à licitação empresa ou profissional declarado inidôneo: **(Incluído pela Lei nº 14.133, de 2021)**
Pena – reclusão, de 1 (um) ano a 3 (três) anos, e multa. **(Incluído pela Lei nº 14.133, de 2021)**
§ 1º Celebrar contrato com empresa ou profissional declarado inidôneo: **(Incluído pela Lei nº 14.133, de 2021)**
Pena – reclusão, de 3 (três) anos a 6 (seis) anos, e multa. **(Incluído pela Lei nº 14.133, de 2021)**
§ 2º Incide na mesma pena do caput deste artigo aquele que, declarado inidôneo, venha a participar de licitação e, na mesma pena do § 1º deste artigo, aquele que, declarado inidôneo, venha a contratar com a Administração Pública. **(Incluído pela Lei nº 14.133, de 2021)**

Impedimento indevido (Incluído pela Lei nº 14.133, de 2021)
Art. 337-N. Obstar, impedir ou dificultar injustamente a inscrição de qualquer interessado nos registros cadastrais ou promover indevidamente a alteração, a suspensão ou o cancelamento de registro do inscrito: **(Incluído pela Lei nº 14.133, de 2021)**
Pena – reclusão, de 6 (seis) meses a 2 (dois) anos, e multa. **(Incluído pela Lei nº 14.133, de 2021)**

Omissão grave de dado ou de informação por projetista (Incluído pela Lei nº 14.133, de 2021)
Art. 337-O. Omitir, modificar ou entregar à Administração Pública levantamento cadastral ou condição de contorno em relevante dissonância com a realidade, em frustração ao caráter competitivo da licitação ou em detrimento da seleção da proposta mais vantajosa para a Administração Pública, em contratação para a elaboração de projeto básico, projeto executivo ou anteprojeto, em diálogo competitivo ou em procedimento de manifestação de interesse: **(Incluído pela Lei nº 14.133, de 2021)**
Pena – reclusão, de 6 (seis) meses a 3 (três) anos, e multa. **(Incluído pela Lei nº 14.133, de 2021)**
§ 1º Consideram-se condição de contorno as informações e os levantamentos suficientes e necessários para a definição da solução de projeto e dos respectivos preços pelo licitante, incluídos sondagens, topografia, estudos de demanda, condições ambientais e demais elementos ambientais impactantes, considerados requisitos mínimos ou obrigatórios em normas técnicas que orientam a elaboração de projetos. **(Incluído pela Lei nº 14.133, de 2021)**
§ 2º Se o crime é praticado com o fim de obter benefício, direto ou indireto, próprio ou de outrem, aplica-se em dobro a pena prevista no caput deste artigo. **(Incluído pela Lei nº 14.133, de 2021)**
Art. 337-P. A pena de multa cominada aos crimes previstos neste Capítulo seguirá a metodologia de cálculo prevista neste Código e não poderá ser inferior a 2% (dois por cento) do valor do contrato licitado ou celebrado com contratação direta. **(Incluído pela Lei nº 14.133, de 2021)**

CAPÍTULO III

Dos Crimes Contra a Administração da Justiça

Reingresso de estrangeiro expulso
Art. 338. Reingressar no território nacional o estrangeiro que dele foi expulso:
Pena – reclusão, de um a quatro anos, sem prejuízo de nova expulsão após o cumprimento da pena.

Denunciação caluniosa
Art. 339. Dar causa à instauração de investigação policial, de processo judicial, instauração de investigação administrativa, inquérito civil ou ação de improbidade administrativa contra alguém, imputando-lhe crime de que o sabe inocente:
Pena – reclusão, de dois a oito anos, e multa.
§ 1º A pena é aumentada de sexta parte, se o agente se serve de anonimato ou de nome suposto.
§ 2º A pena é diminuída de metade, se a imputação é de prática de contravenção.

Comunicação falsa de crime ou de contravenção
Art. 340. Provocar a ação de autoridade, comunicando-lhe a ocorrência de crime ou de contravenção que sabe não se ter verificado:
Pena – detenção, de um a seis meses, ou multa.

Autoacusação falsa
Art. 341. Acusar-se, perante a autoridade, de crime inexistente ou praticado por outrem:
Pena – detenção, de três meses a dois anos, ou multa.

Falso testemunho ou falsa perícia
Art. 342. Fazer afirmação falsa, ou negar ou calar a verdade como testemunha, perito, contador, tradutor ou intérprete em processo judicial, ou administrativo, inquérito policial, ou em juízo arbitral:
Pena – reclusão, de 2 (dois) a 4 (quatro) anos, e multa.
§ 1º As penas aumentam-se de um sexto a um terço, se o crime é praticado mediante suborno ou se cometido com o fim de obter prova destinada a produzir efeito em processo penal, ou em processo civil em que for parte entidade da administração pública direta ou indireta.
§ 2º O fato deixa de ser punível se, antes da sentença no processo em que ocorreu o ilícito, o agente se retrata ou declara a verdade.
Art. 343. Dar, oferecer ou prometer dinheiro ou qualquer outra vantagem a testemunha, perito, contador, tradutor ou intérprete, para fazer afirmação falsa, negar ou calar a verdade em depoimento, perícia, cálculos, tradução ou interpretação:
Pena – reclusão, de três a quatro anos, e multa.
Parágrafo único. As penas aumentam-se de um sexto a um terço, se o crime é cometido com o fim de obter prova destinada a produzir efeito em processo penal ou em processo civil em que for parte entidade da administração pública direta ou indireta.

Coação no curso do processo
Art. 344. Usar de violência ou grave ameaça, com o fim de favorecer interesse próprio ou alheio, contra autoridade, parte, ou qualquer outra pessoa que funciona ou é chamada a intervir em processo judicial, policial ou administrativo, ou em juízo arbitral:
Pena – reclusão, de um a quatro anos, e multa, além da pena correspondente à violência.

Exercício arbitrário das próprias razões
Art. 345. Fazer justiça pelas próprias mãos, para satisfazer pretensão, embora legítima, salvo quando a lei o permite:
Pena – detenção, de quinze dias a um mês, ou multa, além da pena correspondente à violência.
Parágrafo único. Se não há emprego de violência, somente se procede mediante queixa.
Art. 346. Tirar, suprimir, destruir ou danificar coisa própria, que se acha em poder de terceiro por determinação judicial ou convenção:
Pena – detenção, de seis meses a dois anos, e multa.

Fraude processual
Art. 347. Inovar artificiosamente, na pendência de processo civil ou administrativo, o estado de lugar, de coisa ou de pessoa, com o fim de induzir a erro o juiz ou o perito:
Pena – detenção, de três meses a dois anos, e multa.
Parágrafo único. Se a inovação se destina a produzir efeito em processo penal, ainda que não iniciado, as penas aplicam-se em dobro.

Favorecimento pessoal
Art. 348. Auxiliar a subtrair-se à ação de autoridade pública autor de crime a que é cominada pena de reclusão:
Pena – detenção, de um a seis meses, e multa.
§ 1º Se ao crime não é cominada pena de reclusão:
Pena – detenção, de quinze dias a três meses, e multa.
§ 2º Se quem presta o auxílio é ascendente, descendente, cônjuge ou irmão do criminoso, fica isento de pena.

Favorecimento real
Art. 349. Prestar a criminoso, fora dos casos de coautoria ou de receptação, auxílio destinado a tornar seguro o proveito do crime:
Pena – detenção, de um a seis meses, e multa.

Art. 349-A. Ingressar, promover, intermediar, auxiliar ou facilitar a entrada de aparelho telefônico de comunicação móvel, de rádio ou similar, sem autorização legal, em estabelecimento prisional.
Pena: detenção, de 3 (três) meses a 1 (um) ano.

Exercício arbitrário ou abuso de poder
Art. 350. (Revogado pela Lei nº 13.869, de 2019)

Fuga de pessoa presa ou submetida a medida de segurança
Art. 351. Promover ou facilitar a fuga de pessoa legalmente presa ou submetida a medida de segurança detentiva:
Pena – detenção, de seis meses a dois anos.
§ 1º Se o crime é praticado a mão armada, ou por mais de uma pessoa, ou mediante arrombamento, a pena é de reclusão, de dois a seis anos.
§ 2º Se há emprego de violência contra pessoa, aplica-se também a pena correspondente à violência.
§ 3º A pena é de reclusão, de um a quatro anos, se o crime é praticado por pessoa sob cuja custódia ou guarda está o preso ou o internado.
§ 4º No caso de culpa do funcionário incumbido da custódia ou guarda, aplica-se a pena de detenção, de três meses a um ano, ou multa.

Evasão mediante violência contra a pessoa
Art. 352. Evadir-se ou tentar evadir-se o preso ou o indivíduo submetido a medida de segurança detentiva, usando de violência contra a pessoa:
Pena – detenção, de três meses a um ano, além da pena correspondente à violência.

Arrebatamento de preso
Art. 353. Arrebatar preso, a fim de maltratá-lo, do poder de quem o tenha sob custódia ou guarda:
Pena – reclusão, de um a quatro anos, além da pena correspondente à violência.

Motim de presos
Art. 354. Amotinarem-se presos, perturbando a ordem ou disciplina da prisão:
Pena – detenção, de seis meses a dois anos, além da pena correspondente à violência.

Patrocínio infiel
Art. 355. Trair, na qualidade de advogado ou procurador, o dever profissional, prejudicando interesse, cujo patrocínio, em juízo, lhe é confiado:
Pena – detenção, de seis meses a três anos, e multa.

Patrocínio simultâneo ou tergiversação
Parágrafo único. Incorre na pena deste artigo o advogado ou procurador judicial que defende na mesma causa, simultânea ou sucessivamente, partes contrárias.

Sonegação de papel ou objeto de valor probatório
Art. 356. Inutilizar, total ou parcialmente, ou deixar de restituir autos, documento ou objeto de valor probatório, que recebeu na qualidade de advogado ou procurador:
Pena – detenção, de seis meses a três anos, e multa.

Exploração de prestígio
Art. 357. Solicitar ou receber dinheiro ou qualquer outra utilidade, a pretexto de influir em juiz, jurado, órgão do Ministério Público, funcionário de justiça, perito, tradutor, intérprete ou testemunha:
Pena – reclusão, de um a cinco anos, e multa.
Parágrafo único. As penas aumentam-se de um terço, se o agente alega ou insinua que o dinheiro ou utilidade também se destina a qualquer das pessoas referidas neste artigo.

Violência ou fraude em arrematação judicial
Art. 358. Impedir, perturbar ou fraudar arrematação judicial; afastar ou procurar afastar concorrente ou licitante, por meio de violência, grave ameaça, fraude ou oferecimento de vantagem:
Pena – detenção, de dois meses a um ano, ou multa, além da pena correspondente à violência.

Desobediência a decisão judicial sobre perda ou suspensão de direito
Art. 359. Exercer função, atividade, direito, autoridade ou múnus, de que foi suspenso ou privado por decisão judicial:
Pena – detenção, de três meses a dois anos, ou multa.

CAPÍTULO IV

Dos Crimes Contra as Finanças Públicas

Contratação de operação de crédito
Art. 359-A. Ordenar, autorizar ou realizar operação de crédito, interno ou externo, sem prévia autorização legislativa:
Pena – reclusão, de 1 (um) a 2 (dois) anos.
Parágrafo único. Incide na mesma pena quem ordena, autoriza ou realiza operação de crédito, interno ou externo:
I. com inobservância de limite, condição ou montante estabelecido em lei ou em resolução do Senado Federal;
II. quando o montante da dívida consolidada ultrapassa o limite máximo autorizado por lei.

Inscrição de despesas não empenhadas em restos a pagar
Art. 359-B. Ordenar ou autorizar a inscrição em restos a pagar, de despesa que não tenha sido previamente empenhada ou que exceda limite estabelecido em lei:
Pena – detenção, de 6 (seis) meses a 2 (dois) anos.

Assunção de obrigação no último ano do mandato ou legislatura
Art. 359-C. Ordenar ou autorizar a assunção de obrigação, nos dois últimos quadrimestres do último ano do mandato ou legislatura, cuja despesa não possa ser paga no mesmo exercício financeiro ou, caso reste parcela a ser paga no exercício seguinte, que não tenha contrapartida suficiente de disponibilidade de caixa:
Pena – reclusão, de 1 (um) a 4 (quatro) anos.

Ordenação de despesa não autorizada
Art. 359-D. Ordenar despesa não autorizada por lei:
Pena – reclusão, de 1 (um) a 4 (quatro) anos.

Prestação de garantia graciosa
Art. 359-E. Prestar garantia em operação de crédito sem que tenha sido constituída contragarantia em valor igual ou superior ao valor da garantia prestada, na forma da lei:
Pena – detenção, de 3 (três) meses a 1 (um) ano.

Não cancelamento de restos a pagar
Art. 359-F. Deixar de ordenar, de autorizar ou de promover o cancelamento do montante de restos a pagar inscrito em valor superior ao permitido em lei:
Pena – detenção, de 6 (seis) meses a 2 (dois) anos.

Aumento de despesa total com pessoal no último ano do mandato ou legislatura
Art. 359-G. Ordenar, autorizar ou executar ato que acarrete aumento de despesa total com pessoal, nos cento e oitenta dias anteriores ao final do mandato ou da legislatura:)
Pena – reclusão, de 1 (um) a 4 (quatro) anos.

Oferta pública ou colocação de títulos no mercado
Art. 359-H. Ordenar, autorizar ou promover a oferta pública ou a colocação no mercado financeiro de títulos da dívida pública sem que tenham sido criados por lei ou sem que estejam registrados em sistema centralizado de liquidação e de custódia:
Pena – reclusão, de 1 (um) a 4 (quatro) anos.

TÍTULO XII
Dos Crimes Contra o Estado Democrático de Direito

Vide Lei nº 14.197, de 1º de setembro de 2021

CAPÍTULO I

Dos crimes contra a soberania nacional

Atentado à soberania
Art. 359-I. Negociar com governo ou grupo estrangeiro, ou seus agentes, com o fim de provocar atos típicos de guerra contra o País ou invadi-lo:
Pena - reclusão, de 3 (três) a 8 (oito) anos.
§ 1º Aumenta-se a pena de metade até o dobro, se declarada guerra em decorrência das condutas previstas no caput deste artigo.
§ 2º Se o agente participa de operação bélica com o fim de submeter o território nacional, ou parte dele, ao domínio ou à soberania de outro país:
Pena - reclusão, de 4 (quatro) a 12 (doze) anos.

Atentado à integridade nacional
Art. 359-J. Praticar violência ou grave ameaça com a finalidade de desmembrar parte do território nacional para constituir país independente:
Pena - reclusão, de 2 (dois) a 6 (seis) anos, além da pena correspondente à violência.

Espionagem

Art. 359-K. Entregar a governo estrangeiro, a seus agentes, ou a organização criminosa estrangeira, em desacordo com determinação legal ou regulamentar, documento ou informação classificados como secretos ou ultrassecretos nos termos da lei, cuja revelação possa colocar em perigo a preservação da ordem constitucional ou a soberania nacional:
Pena – reclusão, de 3 (três) a 12 (doze) anos.
§ 1º Incorre na mesma pena quem presta auxílio a espião, conhecendo essa circunstância, para subtraí-lo à ação da autoridade pública.
§ 2º Se o documento, dado ou informação é transmitido ou revelado com violação do dever de sigilo:
Pena – reclusão, de 6 (seis) a 15 (quinze) anos.
§ 3º Facilitar a prática de qualquer dos crimes previstos neste artigo mediante atribuição, fornecimento ou empréstimo de senha, ou de qualquer outra forma de acesso de pessoas não autorizadas a sistemas de informações:
Pena – detenção, de 1 (um) a 4 (quatro) anos.
§ 4º Não constitui crime a comunicação, a entrega ou a publicação de informações ou de documentos com o fim de expor a prática de crime ou a violação de direitos humanos.

CAPÍTULO II

Dos Crimes Contra as Instituições Democráticas

Abolição violenta do Estado Democrático de Direito
Art. 359-L. Tentar, com emprego de violência ou grave ameaça, abolir o Estado Democrático de Direito, impedindo ou restringindo o exercício dos poderes constitucionais:
Pena - reclusão, de 4 (quatro) a 8 (oito) anos, além da pena correspondente à violência.

Golpe de Estado
Art. 359-M. Tentar depor, por meio de violência ou grave ameaça, o governo legitimamente constituído:
Pena – reclusão, de 4 (quatro) a 12 (doze) anos, além da pena correspondente à violência.

CAPÍTULO III

Dos Crimes Contra o Funcionamento das Instituições Democráticas no Processo Eleitoral

Interrupção do processo eleitoral
Art. 359-N. Impedir ou perturbar a eleição ou a aferição de seu resultado, mediante violação indevida de mecanismos de segurança do sistema eletrônico de votação estabelecido pela Justiça Eleitoral:
Pena – reclusão, de 3 (três) a 6 (seis) anos, e multa. (VETADO)
Art. 359-O. (VETADO).

Violência política
Art. 359-P. Restringir, impedir ou dificultar, com emprego de violência física, sexual ou psicológica, o exercício de direitos políticos a qualquer pessoa em razão de seu sexo, raça, cor, etnia, religião ou procedência nacional:
Pena - reclusão, de 3 (três) a 6 (seis) anos, e multa, além da pena correspondente à violência.
(VETADO)
Art. 359-Q. (VETADO).

CAPÍTULO IV

Dos Crimes Contra o Funcionamento dos Serviços Essenciais

Sabotagem
Art. 359-R. Destruir ou inutilizar meios de comunicação ao público, estabelecimentos, instalações ou serviços destinados à defesa nacional, com o fim de abolir o Estado Democrático de Direito:
Pena – reclusão, de 2 (dois) a 8 (oito) anos.

CAPÍTULO V

(VETADO)

CAPÍTULO VI

Disposições Comuns

Art. 359-T. Não constitui crime previsto neste Título a manifestação crítica aos poderes constitucionais nem a atividade jornalística ou a reivindicação de direitos e garantias constitucionais por meio de

passeatas, de reuniões, de greves, de aglomerações ou de qualquer outra forma de manifestação política com propósitos sociais.
Art. 359-U. (VETADO).

DISPOSIÇÕES FINAIS

Art. 360. Ressalvada a legislação especial sobre os crimes contra a existência, a segurança e a integridade do Estado e contra a guarda e o emprego da economia popular, os crimes de imprensa e os de falência, os de responsabilidade do Presidente da República e dos Governadores ou Interventores, e os crimes militares, revogam-se as disposições em contrário.
Art. 361. Este Código entrará em vigor no dia 1º de janeiro de 1942.

Rio de Janeiro, 7 de dezembro de 1940; 119º da Independência e 52º da República.
GETÚLIO VARGAS
Francisco Campos

Este texto não substitui o publicado no DOU de 31.12.1940

9

Código de Processo Penal (CPP)

Decreto-Lei Nº 3.689, de 3 de Outubro de 1941

CÓDIGO DE PROCESSO PENAL

O **PRESIDENTE DA REPÚBLICA**, usando da atribuição que lhe confere o art. 180 da Constituição, decreta a seguinte Lei:

LIVRO I
Do Processo Em Geral

TÍTULO I
Disposições Preliminares

Art. 1. O processo penal reger-se-á, em todo o território brasileiro, por este Código, ressalvados:
I. os tratados, as convenções e regras de direito internacional;
II. as prerrogativas constitucionais do Presidente da República, dos ministros de Estado, nos crimes conexos com os do Presidente da República, e dos ministros do Supremo Tribunal Federal, nos crimes de responsabilidade (Constituição, arts. 86, 89, § 2º, e 100);
III. os processos da competência da Justiça Militar;
IV. os processos da competência do tribunal especial (Constituição, art. 122, nº 17);
V. os processos por crimes de imprensa.
Parágrafo único. Aplicar-se-á, entretanto, este Código aos processos referidos nos nºs. IV e V, quando as leis especiais que os regulam não dispuserem de modo diverso.
Art. 2. A lei processual penal aplicar-se-á desde logo, sem prejuízo da validade dos atos realizados sob a vigência da lei anterior.
Art. 3. A lei processual penal admitirá interpretação extensiva e aplicação analógica, bem como o suplemento dos princípios gerais de direito.

Juiz das Garantias
(Incluído pela Lei nº 13.964, de 2019)

Vide ADIs 6.298, 6.299, 6.300 e 6305 (art. 3º-A ao 3º-F)
Art. 3-A. O processo penal terá estrutura acusatória, vedadas a iniciativa do juiz na fase de investigação e a substituição da atuação probatória do órgão de acusação.
Art. 3-B. O juiz das garantias é responsável pelo controle da legalidade da investigação criminal e pela salvaguarda dos direitos individuais cuja franquia tenha sido reservada à autorização prévia do Poder Judiciário, competindo-lhe especialmente:
I. receber a comunicação imediata da prisão, nos termos do inciso LXII do caput do art. 5º da Constituição Federal;
II. receber o auto da prisão em flagrante para o controle da legalidade da prisão, observado o disposto no art. 310 deste Código;
III. zelar pela observância dos direitos do preso, podendo determinar que este seja conduzido à sua presença, a qualquer tempo;
IV. ser informado sobre a instauração de qualquer investigação criminal;
V. decidir sobre o requerimento de prisão provisória ou outra medida cautelar, observado o disposto no § 1º deste artigo;
VI. prorrogar a prisão provisória ou outra medida cautelar, bem como substituí-las ou revogá-las, assegurado, no primeiro caso, o exercício do contraditório em audiência pública e oral, na forma do disposto neste Código ou em legislação especial pertinente;
VII. decidir sobre o requerimento de produção antecipada de provas consideradas urgentes e não repetíveis, assegurados o contraditório e a ampla defesa em audiência pública e oral;
VIII. prorrogar o prazo de duração do inquérito, estando o investigado preso, em vista das razões apresentadas pela autoridade policial e observado o disposto no § 2º deste artigo;
IX. determinar o trancamento do inquérito policial quando não houver fundamento razoável para sua instauração ou prosseguimento;
X. requisitar documentos, laudos e informações ao delegado de polícia sobre o andamento da investigação;
XI. decidir sobre os requerimentos de:
a) interceptação telefônica, do fluxo de comunicações em sistemas de informática e telemática ou de outras formas de comunicação;

b) afastamento dos sigilos fiscal, bancário, de dados e telefônico;
c) busca e apreensão domiciliar;
d) acesso a informações sigilosas;
e) outros meios de obtenção da prova que restrinjam direitos fundamentais do investigado;
XII. julgar o habeas corpus impetrado antes do oferecimento da denúncia;
XIII. determinar a instauração de incidente de insanidade mental;
XIV. decidir sobre o recebimento da denúncia ou queixa, nos termos do art. 399 deste Código;
XV. assegurar prontamente, quando se fizer necessário, o direito outorgado ao investigado e ao seu defensor de acesso a todos os elementos informativos e provas produzidos no âmbito da investigação criminal, salvo no que concerne, estritamente, às diligências em andamento;
XVI. deferir pedido de admissão de assistente técnico para acompanhar a produção da perícia;
XVII. decidir sobre a homologação de acordo de não persecução penal ou os de colaboração premiada, quando formalizados durante a investigação;
XVIII. outras matérias inerentes às atribuições definidas no caput deste artigo.
§ 1º (VETADO). O preso em flagrante ou por força de mandado de prisão provisória será encaminhado à presença do juiz de garantias no prazo de 24 (vinte e quatro) horas, momento em que se realizará audiência com a presença do Ministério Público e da Defensoria Pública ou de advogado constituído, vedado o emprego de videoconferência. **(Incluído pela Lei nº 13.964, de 2019)**
§ 2º Se o investigado estiver preso, o juiz das garantias poderá, mediante representação da autoridade policial e ouvido o Ministério Público, prorrogar, uma única vez, a duração do inquérito por até 15 (quinze) dias, após o que, se ainda assim a investigação não for concluída, a prisão será imediatamente relaxada.
Art. 3-C. A competência do juiz das garantias abrange todas as infrações penais, exceto as de menor potencial ofensivo, e cessa com o recebimento da denúncia ou queixa na forma do art. 399 deste Código.
§ 1º Recebida a denúncia ou queixa, as questões pendentes serão decididas pelo juiz da instrução e julgamento.
§ 2º As decisões proferidas pelo juiz das garantias não vinculam o juiz da instrução e julgamento, que, após o recebimento da denúncia ou queixa, deverá reexaminar a necessidade das medidas cautelares em curso, no prazo máximo de 10 (dez) dias.
§ 3º Os autos que compõem as matérias de competência do juiz das garantias ficarão acautelados na secretaria desse juízo, à disposição do Ministério Público e da defesa, e não serão apensados aos autos do processo enviados ao juiz da instrução e julgamento, ressalvados os documentos relativos às provas irrepetíveis, medidas de obtenção de provas ou de antecipação de provas, que deverão ser remetidos para apensamento em apartado.
§ 4º Fica assegurado às partes o amplo acesso aos autos acautelados na secretaria do juízo das garantias.
Art. 3-D. O juiz que, na fase de investigação, praticar qualquer ato incluído nas competências dos arts. 4º e 5º deste Código ficará impedido de funcionar no processo.
Parágrafo único. Nas comarcas em que funcionar apenas um juiz, os tribunais criarão um sistema de rodízio de magistrados, a fim de atender às disposições deste Capítulo.
Art. 3-E. O juiz das garantias será designado conforme as normas de organização judiciária da União, dos Estados e do Distrito Federal, observando critérios objetivos a serem periodicamente divulgados pelo respectivo tribunal.
Art. 3-F. O juiz das garantias deverá assegurar o cumprimento das regras para o tratamento dos presos, impedindo o acordo ou ajuste de qualquer autoridade com órgãos da imprensa para explorar a imagem da pessoa submetida à prisão, sob pena de responsabilidade civil, administrativa e penal.
Parágrafo único. Por meio de regulamento, as autoridades deverão disciplinar, em 180 (cento e oitenta) dias, o modo pelo qual as informações sobre a realização da prisão e a identidade do preso serão, de modo padronizado e respeitada a programação normativa aludida no caput deste artigo, transmitidas à imprensa, assegurados a efetividade da persecução penal, o direito à informação e a dignidade da pessoa submetida à prisão.

TÍTULO II
Do Inquérito Policial

Art. 4. A polícia judiciária será exercida pelas autoridades policiais no território de suas respectivas circunscrições e terá por fim a apuração das infrações penais e da sua autoria.

Parágrafo único. A competência definida neste artigo não excluirá a de autoridades administrativas, a quem por lei seja cometida a mesma função.

Art. 5. Nos crimes de ação pública o inquérito policial será iniciado:

I. de ofício;

II. mediante requisição da autoridade judiciária ou do Ministério Público, ou a requerimento do ofendido ou de quem tiver qualidade para representá-lo.

§ 1º O requerimento a que se refere o nº II conterá sempre que possível:

a) a narração do fato, com todas as circunstâncias;
b) a individualização do indiciado ou seus sinais característicos e as razões de convicção ou de presunção de ser ele o autor da infração, ou os motivos de impossibilidade de o fazer;
c) a nomeação das testemunhas, com indicação de sua profissão e residência.

§ 2º Do despacho que indeferir o requerimento de abertura de inquérito caberá recurso para o chefe de Polícia.

§ 3º Qualquer pessoa do povo que tiver conhecimento da existência de infração penal em que caiba ação pública poderá, verbalmente ou por escrito, comunicá-la à autoridade policial, e esta, verificada a procedência das informações, mandará instaurar inquérito.

§ 4º O inquérito, nos crimes em que a ação pública depender de representação, não poderá sem ela ser iniciado.

§ 5º Nos crimes de ação privada, a autoridade policial somente poderá proceder a inquérito a requerimento de quem tenha qualidade para intentá-la.

Art. 6. Logo que tiver conhecimento da prática da infração penal, a autoridade policial deverá:

I. dirigir-se ao local, providenciando para que não se alterem o estado e conservação das coisas, até a chegada dos peritos criminais;

II. apreender os objetos que tiverem relação com o fato, após liberados pelos peritos criminais;

III. colher todas as provas que servirem para o esclarecimento do fato e suas circunstâncias;

IV. ouvir o ofendido;

V. ouvir o indiciado, com observância, no que for aplicável, do disposto no Capítulo III do Título Vll, deste Livro, devendo o respectivo termo ser assinado por duas testemunhas que lhe tenham ouvido a leitura;

VI. proceder a reconhecimento de pessoas e coisas e a acareações;

VII. determinar, se for caso, que se proceda a exame de corpo de delito e a quaisquer outras perícias;

VIII. ordenar a identificação do indiciado pelo processo datiloscópico, se possível, e fazer juntar aos autos sua folha de antecedentes;

IX. averiguar a vida pregressa do indiciado, sob o ponto de vista individual, familiar e social, sua condição econômica, sua atitude e estado de ânimo antes e depois do crime e durante ele, e quaisquer outros elementos que contribuírem para a apreciação do seu temperamento e caráter.

X. colher informações sobre a existência de filhos, respectivas idades e se possuem alguma deficiência e o nome e o contato de eventual responsável pelos cuidados dos filhos, indicado pela pessoa presa.

Art. 7. Para verificar a possibilidade de haver a infração sido praticada de determinado modo, a autoridade policial poderá proceder à reprodução simulada dos fatos, desde que esta não contrarie a moralidade ou a ordem pública.

Art. 8. Havendo prisão em flagrante, será observado o disposto no Capítulo II do Título IX deste Livro.

Art. 9. Todas as peças do inquérito policial serão, num só processado, reduzidas a escrito ou datilografadas e, neste caso, rubricadas pela autoridade.

Art. 10. O inquérito deverá terminar no prazo de 10 dias, se o indiciado tiver sido preso em flagrante, ou estiver preso preventivamente, contado o prazo, nesta hipótese, a partir do dia em que se executar a ordem de prisão, ou no prazo de 30 dias, quando estiver solto, mediante fiança ou sem ela.

§ 1º A autoridade fará minucioso relatório do que tiver sido apurado e enviará autos ao juiz competente.

§ 2º No relatório poderá a autoridade indicar testemunhas que não tiverem sido inquiridas, mencionando o lugar onde possam ser encontradas.

§ 3º Quando o fato for de difícil elucidação, e o indiciado estiver solto, a autoridade poderá requerer ao juiz a devolução dos autos, para ulteriores diligências, que serão realizadas no prazo marcado pelo juiz.

Art. 11. Os instrumentos do crime, bem como os objetos que interessarem à prova, acompanharão os autos do inquérito.

Art. 12. O inquérito policial acompanhará a denúncia ou queixa, sempre que servir de base a uma ou outra.

Art. 13. Incumbirá ainda à autoridade policial:
I. fornecer às autoridades judiciárias as informações necessárias à instrução e julgamento dos processos;
II. realizar as diligências requisitadas pelo juiz ou pelo Ministério Público;
III. cumprir os mandados de prisão expedidos pelas autoridades judiciárias;
IV. representar acerca da prisão preventiva.

Art. 13-A. Nos crimes previstos nos arts. 148, 149 e 149-A, no § 3º do art. 158 e no art. 159 do Decreto-Lei no 2.848, de 7 de dezembro de 1940 (Código Penal), e no art. 239 da Lei nº 8.069, de 13 de julho de 1990 (Estatuto da Criança e do Adolescente), o membro do Ministério Público ou o delegado de polícia poderá requisitar, de quaisquer órgãos do poder público ou de empresas da iniciativa privada, dados e informações cadastrais da vítima ou de suspeitos.

Parágrafo único. A requisição, que será atendida no prazo de 24 (vinte e quatro) horas, conterá:
I. o nome da autoridade requisitante;
II. o número do inquérito policial; e
III. a identificação da unidade de polícia judiciária responsável pela investigação.

Art. 13-B. Se necessário à prevenção e à repressão dos crimes relacionados ao tráfico de pessoas, o membro do Ministério Público ou o delegado de polícia poderão requisitar, mediante autorização judicial, às empresas prestadoras de serviço de telecomunicações e/ou telemática que disponibilizem imediatamente os meios técnicos adequados – como sinais, informações e outros – que permitam a localização da vítima ou dos suspeitos do delito em curso.
§ 1º Para os efeitos deste artigo, sinal significa posicionamento da estação de cobertura, setorização e intensidade de radiofrequência.
§ 2º Na hipótese de que trata o caput, o sinal:
I. não permitirá acesso ao conteúdo da comunicação de qualquer natureza, que dependerá de autorização judicial, conforme disposto em lei;
II. deverá ser fornecido pela prestadora de telefonia móvel celular por período não superior a 30 (trinta) dias, renovável por uma única vez, por igual período;
III. para períodos superiores àquele de que trata o inciso II, será necessária a apresentação de ordem judicial.
§ 3º Na hipótese prevista neste artigo, o inquérito policial deverá ser instaurado no prazo máximo de 72 (setenta e duas) horas, contado do registro da respectiva ocorrência policial.

§ 4º Não havendo manifestação judicial no prazo de 12 (doze) horas, a autoridade competente requisitará às empresas prestadoras de serviço de telecomunicações e/ou telemática que disponibilizem imediatamente os meios técnicos adequados – como sinais, informações e outros – que permitam a localização da vítima ou dos suspeitos do delito em curso, com imediata comunicação ao juiz.

Art. 14. O ofendido, ou seu representante legal, e o indiciado poderão requerer qualquer diligência, que será realizada, ou não, a juízo da autoridade.

Art. 14-A. Nos casos em que servidores vinculados às instituições dispostas no art. 144 da Constituição Federal figurarem como investigados em inquéritos policiais, inquéritos policiais militares e demais procedimentos extrajudiciais, cujo objeto for a investigação de fatos relacionados ao uso da força letal praticados no exercício profissional, de forma consumada ou tentada, incluindo as situações dispostas no art. 23 do Decreto-Lei nº 2.848, de 7 de dezembro de 1940 (Código Penal), o indiciado poderá constituir defensor. **(Incluído pela Lei nº 13.964, de 2019)**
§ 1º Para os casos previstos no caput deste artigo, o investigado deverá ser citado da instauração do procedimento investigatório, podendo constituir defensor no prazo de até 48 (quarenta e oito) horas a contar do recebimento da citação. **(Incluído pela Lei nº 13.964, de 2019)**
§ 2º Esgotado o prazo disposto no § 1º deste artigo com ausência de nomeação de defensor pelo investigado, a autoridade responsável pela investigação deverá intimar a instituição a que estava vinculado o investigado à época da ocorrência dos fatos, para que essa, no prazo de 48 (quarenta e oito) horas, indique defensor para a representação do investigado. **(Incluído pela Lei nº 13.964, de 2019)**
§ 3º Havendo necessidade de indicação de defensor nos termos do § 2º deste artigo, a defesa caberá preferencialmente à Defensoria Pública, e, nos locais em que ela não estiver instalada, a União ou a Unidade da Federação correspondente à respectiva competência territorial do procedimento instaurado deverá disponibilizar profissional para acompanhamento e realização de todos os atos relacionados à defesa administrativa do investigado. **(Incluído pela Lei nº 13.964, de 2019)**
§ 4º do art. 14-A do Decreto-Lei nº 3.689, de 3 de outubro de 1941: A indicação do profissional a que se refere o § 3º deste artigo deverá ser precedida de

manifestação de que não existe defensor público lotado na área territorial onde tramita o inquérito e com atribuição para nele atuar, hipótese em que poderá ser indicado profissional que não integre os quadros próprios da Administração. **(Incluído pela Lei nº 13.964, de 2019)**

§ 5º do art. 14-A do Decreto-Lei nº 3.689, de 3 de outubro de 1941: Na hipótese de não atuação da Defensoria Pública, os custos com o patrocínio dos interesses dos investigados nos procedimentos de que trata este artigo correrão por conta do orçamento próprio da instituição a que este esteja vinculado à época da ocorrência dos fatos investigados. **(Incluído pela Lei nº 13.964, de 2019)**

§ 6º As disposições constantes deste artigo se aplicam aos servidores militares vinculados às instituições dispostas no art. 142 da Constituição Federal, desde que os fatos investigados digam respeito a missões para a Garantia da Lei e da Ordem. **(Incluído pela Lei nº 13.964, de 2019)**

Art. 15. Se o indiciado for menor, ser-lhe-á nomeado curador pela autoridade policial.

Art. 16. O Ministério Público não poderá requerer a devolução do inquérito à autoridade policial, senão para novas diligências, imprescindíveis ao oferecimento da denúncia.

Art. 17. A autoridade policial não poderá mandar arquivar autos de inquérito.

Art. 18. Depois de ordenado o arquivamento do inquérito pela autoridade judiciária, por falta de base para a denúncia, a autoridade policial poderá proceder a novas pesquisas, se de outras provas tiver notícia.

Art. 19. Nos crimes em que não couber ação pública, os autos do inquérito serão remetidos ao juízo competente, onde aguardarão a iniciativa do ofendido ou de seu representante legal, ou serão entregues ao requerente, se o pedir, mediante traslado.

Art. 20. A autoridade assegurará no inquérito o sigilo necessário à elucidação do fato ou exigido pelo interesse da sociedade.

Parágrafo único. Nos atestados de antecedentes que lhe forem solicitados, a autoridade policial não poderá mencionar quaisquer anotações referentes a instauração de inquérito contra os requerentes.

Art. 21. A incomunicabilidade do indiciado dependerá sempre de despacho nos autos e somente será permitida quando o interesse da sociedade ou a conveniência da investigação o exigir.

Parágrafo único. A incomunicabilidade, que não excederá de três dias, será decretada por despacho fundamentado do Juiz, a requerimento da autoridade policial, ou do órgão do Ministério Público, respeitado, em qualquer hipótese, o disposto no artigo 89, inciso III, do Estatuto da Ordem dos Advogados do Brasil (Lei n. 4.215, de 27 de abril de 1963)

Art. 22. No Distrito Federal e nas comarcas em que houver mais de uma circunscrição policial, a autoridade com exercício em uma delas poderá, nos inquéritos a que esteja procedendo, ordenar diligências em circunscrição de outra, independentemente de precatórias ou requisições, e bem assim providenciará, até que compareça a autoridade competente, sobre qualquer fato que ocorra em sua presença, noutra circunscrição.

Art. 23. Ao fazer a remessa dos autos do inquérito ao juiz competente, a autoridade policial oficiará ao Instituto de Identificação e Estatística, ou repartição congênere, mencionando o juízo a que tiverem sido distribuídos, e os dados relativos à infração penal e à pessoa do indiciado.

TÍTULO III
Da Ação Penal

Art. 24. Nos crimes de ação pública, esta será promovida por denúncia do Ministério Público, mas dependerá, quando a lei o exigir, de requisição do Ministro da Justiça, ou de representação do ofendido ou de quem tiver qualidade para representá-lo.

§ 1º No caso de morte do ofendido ou quando declarado ausente por decisão judicial, o direito de representação passará ao cônjuge, ascendente, descendente ou irmão.

§ 2º Seja qual for o crime, quando praticado em detrimento do patrimônio ou interesse da União, Estado e Município, a ação penal será pública.

Art. 25. A representação será irretratável, depois de oferecida a denúncia.

Art. 26. A ação penal, nas contravenções, será iniciada com o auto de prisão em flagrante ou por meio de portaria expedida pela autoridade judiciária ou policial.

Art. 27. Qualquer pessoa do povo poderá provocar a iniciativa do Ministério Público, nos casos em que caiba a ação pública, fornecendo-lhe, por escrito, informações sobre o fato e a autoria e indicando o tempo, o lugar e os elementos de convicção.

Art. 28. Ordenado o arquivamento do inquérito policial ou de quaisquer elementos informativos da mesma natureza, o órgão do Ministério Público comunicará à vítima, ao investigado e à autoridade policial e encaminhará os autos para a instância de revisão ministerial para fins de homologação, na forma da lei. **(Redação dada pela Lei nº 13.964, de 2019) Vide ADI 6305/DF.**

§ 1º Se a vítima, ou seu representante legal, não concordar com o arquivamento do inquérito policial, poderá, no prazo de 30 (trinta) dias do recebimento da comunicação, submeter a matéria à revisão da instância competente do órgão ministerial, conforme dispuser a respectiva lei orgânica. **(Incluído pela Lei nº 13.964, de 2019)**

§ 2º Nas ações penais relativas a crimes praticados em detrimento da União, Estados e Municípios, a revisão do arquivamento do inquérito policial poderá ser provocada pela chefia do órgão a quem couber a sua representação judicial. **(Incluído pela Lei nº 13.964, de 2019)**

Art. 28-A. Não sendo caso de arquivamento e tendo o investigado confessado formal e circunstancialmente a prática de infração penal sem violência ou grave ameaça e com pena mínima inferior a 4 (quatro) anos, o Ministério Público poderá propor acordo de não persecução penal, desde que necessário e suficiente para reprovação e prevenção do crime, mediante as seguintes condições ajustadas cumulativa e alternativamente: **(Incluído pela Lei nº 13.964, de 2019)**

I. reparar o dano ou restituir a coisa à vítima, exceto na impossibilidade de fazê-lo;

II. renunciar voluntariamente a bens e direitos indicados pelo Ministério Público como instrumentos, produto ou proveito do crime;

III. prestar serviço à comunidade ou a entidades públicas por período correspondente à pena mínima cominada ao delito diminuída de um a dois terços, em local a ser indicado pelo juízo da execução, na forma do art. 46 do Decreto-Lei nº 2.848, de 7 de dezembro de 1940 (Código Penal);

IV. pagar prestação pecuniária, a ser estipulada nos termos do art. 45 do Decreto-Lei nº 2.848, de 7 de dezembro de 1940 (Código Penal), a entidade pública ou de interesse social, a ser indicada pelo juízo da execução, que tenha, preferencialmente, como função proteger bens jurídicos iguais ou semelhantes aos aparentemente lesados pelo delito; ou

V. cumprir, por prazo determinado, outra condição indicada pelo Ministério Público, desde que proporcional e compatível com a infração penal imputada.

§ 1º Para aferição da pena mínima cominada ao delito a que se refere o caput deste artigo, serão consideradas as causas de aumento e diminuição aplicáveis ao caso concreto.

§ 2º O disposto no caput deste artigo não se aplica nas seguintes hipóteses:

I. se for cabível transação penal de competência dos Juizados Especiais Criminais, nos termos da lei;

II. se o investigado for reincidente ou se houver elementos probatórios que indiquem conduta criminal habitual, reiterada ou profissional, exceto se insignificantes as infrações penais pretéritas;

III. ter sido o agente beneficiado nos 5 (cinco) anos anteriores ao cometimento da infração, em acordo de não persecução penal, transação penal ou suspensão condicional do processo; e

IV. nos crimes praticados no âmbito de violência doméstica ou familiar, ou praticados contra a mulher por razões da condição de sexo feminino, em favor do agressor.

§ 3º O acordo de não persecução penal será formalizado por escrito e será firmado pelo membro do Ministério Público, pelo investigado e por seu defensor.

§ 4º Para a homologação do acordo de não persecução penal, será realizada audiência na qual o juiz deverá verificar a sua voluntariedade, por meio da oitiva do investigado na presença do seu defensor, e sua legalidade.

§ 5º Se o juiz considerar inadequadas, insuficientes ou abusivas as condições dispostas no acordo de não persecução penal, devolverá os autos ao Ministério Público para que seja reformulada a proposta de acordo, com concordância do investigado e seu defensor.

§ 6º Homologado judicialmente o acordo de não persecução penal, o juiz devolverá os autos ao Ministério Público para que inicie sua execução perante o juízo de execução penal.

§ 7º O juiz poderá recusar homologação à proposta que não atender aos requisitos legais ou quando não for realizada a adequação a que se refere o § 5º deste artigo.

§ 8º Recusada a homologação, o juiz devolverá os autos ao Ministério Público para a análise da necessidade de complementação das investigações ou o oferecimento da denúncia.

§ 9º A vítima será intimada da homologação do acordo de não persecução penal e de seu descumprimento.

§ 10º Descumpridas quaisquer das condições estipuladas no acordo de não persecução penal, o Ministério Público deverá comunicar ao juízo, para fins de sua rescisão e posterior oferecimento de denúncia.

§ 11º O descumprimento do acordo de não persecução penal pelo investigado também poderá ser utilizado pelo Ministério Público como justificativa para o eventual não oferecimento de suspensão condicional do processo.

§ 12º A celebração e o cumprimento do acordo de não persecução penal não constarão de certidão de antecedentes criminais, exceto para os fins previstos no inciso III do § 2º deste artigo.

§ 13º Cumprido integralmente o acordo de não persecução penal, o juízo competente decretará a extinção de punibilidade.

§ 14º No caso de recusa, por parte do Ministério Público, em propor o acordo de não persecução penal, o investigado poderá requerer a remessa dos autos a órgão superior, na forma do art. 28 deste Código. **(Incluído pela Lei nº 13.964, de 2019)**

Art. 29. Será admitida ação privada nos crimes de ação pública, se esta não for intentada no prazo legal, cabendo ao Ministério Público aditar a queixa, repudiá-la e oferecer denúncia substitutiva, intervir em todos os termos do processo, fornecer elementos de prova, interpor recurso e, a todo tempo, no caso de negligência do querelante, retomar a ação como parte principal.

Art. 30. Ao ofendido ou a quem tenha qualidade para representá-lo caberá intentar a ação privada.

Art. 31. No caso de morte do ofendido ou quando declarado ausente por decisão judicial, o direito de oferecer queixa ou prosseguir na ação passará ao cônjuge, ascendente, descendente ou irmão.

Art. 32. Nos crimes de ação privada, o juiz, a requerimento da parte que comprovar a sua pobreza, nomeará advogado para promover a ação penal.

§ 1º Considerar-se-á pobre a pessoa que não puder prover às despesas do processo, sem privar-se dos recursos indispensáveis ao próprio sustento ou da família.

§ 2º Será prova suficiente de pobreza o atestado da autoridade policial em cuja circunscrição residir o ofendido.

Art. 33. Se o ofendido for menor de 18 anos, ou mentalmente enfermo, ou retardado mental, e não tiver representante legal, ou colidirem os interesses deste com os daquele, o direito de queixa poderá ser exercido por curador especial, nomeado, de ofício ou a requerimento do Ministério Público, pelo juiz competente para o processo penal.

Art. 34. Se o ofendido for menor de 21 e maior de 18 anos, o direito de queixa poderá ser exercido por ele ou por seu representante legal.

Art. 35. (Revogado pela Lei nº 9.520, de 27.11.1997)

Art. 36. Se comparecer mais de uma pessoa com direito de queixa, terá preferência o cônjuge, e, em seguida, o parente mais próximo na ordem de enumeração constante do art. 31, podendo, entretanto, qualquer delas prosseguir na ação, caso o querelante desista da instância ou a abandone.

Art. 37. As fundações, associações ou sociedades legalmente constituídas poderão exercer a ação penal, devendo ser representadas por quem os respectivos contratos ou estatutos designarem ou, no silêncio destes, pelos seus diretores ou sócios-gerentes.

Art. 38. Salvo disposição em contrário, o ofendido, ou seu representante legal, decairá no direito de queixa ou de representação, se não o exercer dentro do prazo de seis meses, contado do dia em que vier a saber quem é o autor do crime, ou, no caso do art. 29, do dia em que se esgotar o prazo para o oferecimento da denúncia.

Parágrafo único. Verificar-se-á a decadência do direito de queixa ou representação, dentro do mesmo prazo, nos casos dos arts. 24, parágrafo único, e 31.

Art. 39. O direito de representação poderá ser exercido, pessoalmente ou por procurador com poderes especiais, mediante declaração, escrita ou oral, feita ao juiz, ao órgão do Ministério Público, ou à autoridade policial.

§ 1º A representação feita oralmente ou por escrito, sem assinatura devidamente autenticada do ofendido, de seu representante legal ou procurador, será reduzida a termo, perante o juiz ou autoridade policial, presente o órgão do Ministério Público, quando a este houver sido dirigida.

§ 2º A representação conterá todas as informações que possam servir à apuração do fato e da autoria.

§ 3º Oferecida ou reduzida a termo a representação, a autoridade policial procederá a inquérito, ou, não sendo competente, remetê-lo-á à autoridade que o for.

§ 4º A representação, quando feita ao juiz ou perante este reduzida a termo, será remetida à autoridade policial para que esta proceda a inquérito.

§ 5º O órgão do Ministério Público dispensará o inquérito, se com a representação forem oferecidos elementos que o habilitem a promover a ação penal, e, neste caso, oferecerá a denúncia no prazo de quinze dias.

Art. 40. Quando, em autos ou papéis de que conhecerem, os juízes ou tribunais verificarem a existência de crime de ação pública, remeterão ao Ministério Público as cópias e os documentos necessários ao oferecimento da denúncia.

Art. 41. A denúncia ou queixa conterá a exposição do fato criminoso, com todas as suas circunstâncias, a qualificação do acusado ou esclarecimentos pelos quais se possa identificá-lo, a classificação do crime e, quando necessário, o rol das testemunhas.

Art. 42. O Ministério Público não poderá desistir da ação penal.

Art. 43. (Revogado pela Lei nº 11.719, de 2008).

Art. 44. A queixa poderá ser dada por procurador com poderes especiais, devendo constar do instrumento do mandato o nome do querelante e a menção do fato criminoso, salvo quando tais esclarecimentos dependerem de diligências que devem ser previamente requeridas no juízo criminal.

Art. 45. A queixa, ainda quando a ação penal for privativa do ofendido, poderá ser aditada pelo Ministério Público, a quem caberá intervir em todos os termos subsequentes do processo.

Art. 46. O prazo para oferecimento da denúncia, estando o réu preso, será de 5 dias, contado da data em que o órgão do Ministério Público receber os autos do inquérito policial, e de 15 dias, se o réu estiver solto ou afiançado. No último caso, se houver devolução do inquérito à autoridade policial (art. 16), contar-se-á o prazo da data em que o órgão do Ministério Público receber novamente os autos.

§ 1º Quando o Ministério Público dispensar o inquérito policial, o prazo para o oferecimento da denúncia contar-se-á da data em que tiver recebido as peças de informações ou a representação

§ 2º O prazo para o aditamento da queixa será de 3 dias, contado da data em que o órgão do Ministério Público receber os autos, e, se este não se pronunciar dentro do tríduo, entender-se-á que não tem o que aditar, prosseguindo-se nos demais termos do processo.

Art. 47. Se o Ministério Público julgar necessários maiores esclarecimentos e documentos complementares ou novos elementos de convicção, deverá requisitá-los, diretamente, de quaisquer autoridades ou funcionários que devam ou possam fornecê-los.

Art. 48. A queixa contra qualquer dos autores do crime obrigará ao processo de todos, e o Ministério Público velará pela sua indivisibilidade.

Art. 49. A renúncia ao exercício do direito de queixa, em relação a um dos autores do crime, a todos se estenderá.

Art. 50. A renúncia expressa constará de declaração assinada pelo ofendido, por seu representante legal ou procurador com poderes especiais.

Parágrafo único. A renúncia do representante legal do menor que houver completado 18 (dezoito) anos não privará este do direito de queixa, nem a renúncia do último excluirá o direito do primeiro.

Art. 51. O perdão concedido a um dos querelados aproveitará a todos, sem que produza, todavia, efeito em relação ao que o recusar.

Art. 52. Se o querelante for menor de 21 e maior de 18 anos, o direito de perdão poderá ser exercido por ele ou por seu representante legal, mas o perdão concedido por um, havendo oposição do outro, não produzirá efeito.

Art. 53. Se o querelado for mentalmente enfermo ou retardado mental e não tiver representante legal, ou colidirem os interesses deste com os do querelado, a aceitação do perdão caberá ao curador que o juiz lhe nomear.

Art. 54. Se o querelado for menor de 21 anos, observar-se-á, quanto à aceitação do perdão, o disposto no art. 52.

Art. 55. O perdão poderá ser aceito por procurador com poderes especiais.

Art. 56. Aplicar-se-á ao perdão extraprocessual expresso o disposto no art. 50.

Art. 57. A renúncia tácita e o perdão tácito admitirão todos os meios de prova.

Art. 58. Concedido o perdão, mediante declaração expressa nos autos, o querelado será intimado a dizer, dentro de três dias, se o aceita, devendo, ao mesmo tempo, ser cientificado de que o seu silêncio importará aceitação.

Parágrafo único. Aceito o perdão, o juiz julgará extinta a punibilidade.

Art. 59. A aceitação do perdão fora do processo constará de declaração assinada pelo querelado, por seu representante legal ou procurador com poderes especiais.

Art. 60. Nos casos em que somente se procede mediante queixa, considerar-se-á perempta a ação penal:

I. quando, iniciada esta, o querelante deixar de promover o andamento do processo durante 30 dias seguidos;

II. quando, falecendo o querelante, ou sobrevindo sua incapacidade, não comparecer em juízo, para prosseguir no processo, dentro do prazo de 60 (sessenta) dias, qualquer das pessoas a quem couber fazê-lo, ressalvado o disposto no art. 36;

III. quando o querelante deixar de comparecer, sem motivo justificado, a qualquer ato do processo a que deva estar presente, ou deixar de formular o pedido de condenação nas alegações finais;

IV. quando, sendo o querelante pessoa jurídica, esta se extinguir sem deixar sucessor.

Art. 61. Em qualquer fase do processo, o juiz, se reconhecer extinta a punibilidade, deverá declará-lo de ofício.

Parágrafo único. No caso de requerimento do Ministério Público, do querelante ou do réu, o juiz mandará autuá-lo em apartado, ouvirá a parte contrária e, se o julgar conveniente, concederá o prazo de cinco dias para a prova, proferindo a decisão dentro de cinco dias ou reservando-se para apreciar a matéria na sentença final.

Art. 62. No caso de morte do acusado, o juiz somente à vista da certidão de óbito, e depois de ouvido o Ministério Público, declarará extinta a punibilidade.

TÍTULO IV
Da Ação Civil

Art. 63. Transitada em julgado a sentença condenatória, poderão promover-lhe a execução, no juízo cível, para o efeito da reparação do dano, o ofendido, seu representante legal ou seus herdeiros.

Parágrafo único. Transitada em julgado a sentença condenatória, a execução poderá ser efetuada pelo valor fixado nos termos do inciso iv do caput do art. 387 deste Código sem prejuízo da liquidação para a apuração do dano efetivamente sofrido.

Art. 64. Sem prejuízo do disposto no artigo anterior, a ação para ressarcimento do dano poderá ser proposta no juízo cível, contra o autor do crime e, se for caso, contra o responsável civil.

Parágrafo único. Intentada a ação penal, o juiz da ação civil poderá suspender o curso desta, até o julgamento definitivo daquela.

Art. 65. Faz coisa julgada no cível a sentença penal que reconhecer ter sido o ato praticado em estado de necessidade, em legítima defesa, em estrito cumprimento de dever legal ou no exercício regular de direito.

Art. 66. Não obstante a sentença absolutória no juízo criminal, a ação civil poderá ser proposta quando não tiver sido, categoricamente, reconhecida a inexistência material do fato.

Art. 67. Não impedirão igualmente a propositura da ação civil:

I. o despacho de arquivamento do inquérito ou das peças de informação;

II. a decisão que julgar extinta a punibilidade;

III. a sentença absolutória que decidir que o fato imputado não constitui crime.

Art. 68. Quando o titular do direito à reparação do dano for pobre (art. 32, §§ 1º e 2º), a execução da sentença condenatória (art. 63) ou a ação civil (art. 64) será promovida, a seu requerimento, pelo Ministério Público.

TÍTULO V
Da Competência

Art. 69. Determinará a competência jurisdicional:

I. o lugar da infração:

II. o domicílio ou residência do réu;

III. a natureza da infração;

IV. a distribuição;

V. a conexão ou continência;

VI. a prevenção;

VII. a prerrogativa de função.

CAPÍTULO I
Da Competência Pelo Lugar da Infração

Art. 70. A competência será, de regra, determinada pelo lugar em que se consumar a infração, ou, no caso de tentativa, pelo lugar em que for praticado o último ato de execução.

§ 1º Se, iniciada a execução no território nacional, a infração se consumar fora dele, a competência será determinada pelo lugar em que tiver sido praticado, no Brasil, o último ato de execução.

§ 2º Quando o último ato de execução for praticado fora do território nacional, será competente o juiz do lugar em que o crime, embora parcialmente, tenha produzido ou devia produzir seu resultado.

§ 3º Quando incerto o limite territorial entre duas ou mais jurisdições, ou quando incerta a jurisdição por ter sido a infração consumada ou tentada nas divisas de duas ou mais jurisdições, a competência firmar-se-á pela prevenção.

§ 4º Nos crimes previstos no art. 171 do Decreto-Lei nº 2.848, de 7 de dezembro de 1940 (Código Penal), quando praticados mediante depósito, mediante emissão de cheques sem suficiente provisão de fundos em poder do sacado ou com o pagamento frustrado ou mediante transferência de valores, a competência será definida pelo local do domicílio da vítima, e, em caso de pluralidade de vítimas, a competência firmar-se-á pela prevenção. **(Incluído pela Lei nº 14.155, de 2021)**

Art. 71. Tratando-se de infração continuada ou permanente, praticada em território de duas ou mais jurisdições, a competência firmar-se-á pela prevenção.

CAPÍTULO II
Da Competência Pelo Domicílio ou Residência do Réu

Art. 72. Não sendo conhecido o lugar da infração, a competência regular-se-á pelo domicílio ou residência do réu.

§ 1º Se o réu tiver mais de uma residência, a competência firmar-se-á pela prevenção.

§ 2º Se o réu não tiver residência certa ou for ignorado o seu paradeiro, será competente o juiz que primeiro tomar conhecimento do fato.

Art. 73. Nos casos de exclusiva ação privada, o querelante poderá preferir o foro de domicílio ou da residência do réu, ainda quando conhecido o lugar da infração.

CAPÍTULO III
Da Competência Pela Natureza da Infração

Art. 74. A competência pela natureza da infração será regulada pelas leis de organização judiciária, salvo a competência privativa do Tribunal do Júri.

§ 1º Compete ao Tribunal do Júri o julgamento dos crimes previstos nos arts. 121, §§ 1º e 2º, 122, parágrafo único, 123, 124, 125, 126 e 127 do Código Penal, consumados ou tentados.

§ 2º Se, iniciado o processo perante um juiz, houver desclassificação para infração da competência de outro, a este será remetido o processo, salvo se mais graduada for a jurisdição do primeiro, que, em tal caso, terá sua competência prorrogada.

§ 3º Se o juiz da pronúncia desclassificar a infração para outra atribuída à competência de juiz singular, observar-se-á o disposto no art. 410; mas, se a desclassificação for feita pelo próprio Tribunal do Júri, a seu presidente caberá proferir a sentença (art. 492, § 2º).

CAPÍTULO IV
Da competência por distribuição

Art. 75. A precedência da distribuição fixará a competência quando, na mesma circunscrição judiciária, houver mais de um juiz igualmente competente.

Parágrafo único. A distribuição realizada para o efeito da concessão de fiança ou da decretação de prisão preventiva ou de qualquer diligência anterior à denúncia ou queixa prevenirá a da ação penal.

CAPÍTULO V
Da Competência por Conexão ou Continência

Art. 76. A competência será determinada pela conexão:

I. se, ocorrendo duas ou mais infrações, houverem sido praticadas, ao mesmo tempo, por várias pessoas reunidas, ou por várias pessoas em concurso, embora diverso o tempo e o lugar, ou por várias pessoas, umas contra as outras;

II. se, no mesmo caso, houverem sido umas praticadas para facilitar ou ocultar as outras, ou para conseguir impunidade ou vantagem em relação a qualquer delas;

III. quando a prova de uma infração ou de qualquer de suas circunstâncias elementares influir na prova de outra infração.

Art. 77. A competência será determinada pela continência quando:

I. duas ou mais pessoas forem acusadas pela mesma infração;

II. no caso de infração cometida nas condições previstas nos arts. 51, § 1º, 53, segunda parte, e 54 do Código Penal.

Art. 78. Na determinação da competência por conexão ou continência, serão observadas as seguintes regras:
I. no concurso entre a competência do júri e a de outro órgão da jurisdição comum, prevalecerá a competência do júri;
II. no concurso de jurisdições da mesma categoria:
a) preponderará a do lugar da infração, à qual for cominada a pena mais grave;
b) prevalecerá a do lugar em que houver ocorrido o maior número de infrações, se as respectivas penas forem de igual gravidade;
c) firmar-se-á a competência pela prevenção, nos outros casos;
III. no concurso de jurisdições de diversas categorias, predominará a de maior graduação;
IV. no concurso entre a jurisdição comum e a especial, prevalecerá esta.
Art. 79. A conexão e a continência importarão unidade de processo e julgamento, salvo:
I. no concurso entre a jurisdição comum e a militar;
II. no concurso entre a jurisdição comum e a do juízo de menores.
§ 1º Cessará, em qualquer caso, a unidade do processo, se, em relação a algum corréu, sobrevier o caso previsto no art. 152.
§ 2º A unidade do processo não importará a do julgamento, se houver corréu foragido que não possa ser julgado à revelia, ou ocorrer a hipótese do art. 461.
Art. 80. Será facultativa a separação dos processos quando as infrações tiverem sido praticadas em circunstâncias de tempo ou de lugar diferentes, ou, quando pelo excessivo número de acusados e para não lhes prolongar a prisão provisória, ou por outro motivo relevante, o juiz reputar conveniente a separação.
Art. 81. Verificada a reunião dos processos por conexão ou continência, ainda que no processo da sua competência própria venha o juiz ou tribunal a proferir sentença absolutória ou que desclassifique a infração para outra que não se inclua na sua competência, continuará competente em relação aos demais processos.
Parágrafo único. Reconhecida inicialmente ao júri a competência por conexão ou continência, o juiz, se vier a desclassificar a infração ou impronunciar ou absolver o acusado, de maneira que exclua a competência do júri, remeterá o processo ao juízo competente.
Art. 82. Se, não obstante a conexão ou continência, forem instaurados processos diferentes, a autoridade de jurisdição prevalente deverá avocar os processos que corram perante os outros juízes, salvo se já estiverem com sentença definitiva. Neste caso, a unidade dos processos só se dará, ulteriormente, para o efeito de soma ou de unificação das penas.

CAPÍTULO VI

Da Competência Por Prevenção

Art. 83. Verificar-se-á a competência por prevenção toda vez que, concorrendo dois ou mais juízes igualmente competentes ou com jurisdição cumulativa, um deles tiver antecedido aos outros na prática de algum ato do processo ou de medida a este relativa, ainda que anterior ao oferecimento da denúncia ou da queixa (arts. 70, § 3º, 71, 72, § 2º, e 78, II, c).

CAPÍTULO VII

Da competência pela prerrogativa de função

Art. 84. A competência pela prerrogativa de função é do Supremo Tribunal Federal, do Superior Tribunal de Justiça, dos Tribunais Regionais Federais e Tribunais de Justiça dos Estados e do Distrito Federal, relativamente às pessoas que devam responder perante eles por crimes comuns e de responsabilidade.
§ 1º A competência especial por prerrogativa de função, relativa a atos administrativos do agente, prevalece ainda que o inquérito ou a ação judicial sejam iniciados após a cessação do exercício da função pública. (Vide ADIN nº 2797)
§ 2º A ação de improbidade, de que trata a Lei no 8.429, de 2 de junho de 1992, será proposta perante o tribunal competente para processar e julgar criminalmente o funcionário ou autoridade na hipótese de prerrogativa de foro em razão do exercício de função pública, observado o disposto no § 1º. (Vide ADIN nº 2797)
Art. 85. Nos processos por crime contra a honra, em que forem querelantes as pessoas que a Constituição sujeita à jurisdição do Supremo Tribunal Federal e dos Tribunais de Apelação, àquele ou a estes caberá o julgamento, quando oposta e admitida a exceção da verdade.
Art. 86. Ao Supremo Tribunal Federal competirá, privativamente, processar e julgar:
I. os seus ministros, nos crimes comuns;
II. os ministros de Estado, salvo nos crimes conexos com os do Presidente da República;

III. o procurador-geral da República, os desembargadores dos Tribunais de Apelação, os ministros do Tribunal de Contas e os embaixadores e ministros diplomáticos, nos crimes comuns e de responsabilidade.

Art. 87. Competirá, originariamente, aos Tribunais de Apelação o julgamento dos governadores ou interventores nos Estados ou Territórios, e prefeito do Distrito Federal, seus respectivos secretários e chefes de Polícia, juízes de instância inferior e órgãos do Ministério Público.

CAPÍTULO VIII

Disposições Especiais

Art. 88. No processo por crimes praticados fora do território brasileiro, será competente o juízo da Capital do Estado onde houver por último residido o acusado. Se este nunca tiver residido no Brasil, será competente o juízo da Capital da República.

Art. 89. Os crimes cometidos em qualquer embarcação nas águas territoriais da República, ou nos rios e lagos fronteiriços, bem como a bordo de embarcações nacionais, em alto-mar, serão processados e julgados pela justiça do primeiro porto brasileiro em que tocar a embarcação, após o crime, ou, quando se afastar do País, pela do último em que houver tocado.

Art. 90. Os crimes praticados a bordo de aeronave nacional, dentro do espaço aéreo correspondente ao território brasileiro, ou ao alto-mar, ou a bordo de aeronave estrangeira, dentro do espaço aéreo correspondente ao território nacional, serão processados e julgados pela justiça da comarca em cujo território se verificar o pouso após o crime, ou pela da comarca de onde houver partido a aeronave.

Art. 91. Quando incerta e não se determinar de acordo com as normas estabelecidas nos arts. 89 e 90, a competência se firmará pela prevenção.

TÍTULO VI

Das Questões e Processos Incidentes

CAPÍTULO I

Das Questões Prejudiciais

Art. 92. Se a decisão sobre a existência da infração depender da solução de controvérsia, que o juiz repute séria e fundada, sobre o estado civil das pessoas, o curso da ação penal ficará suspenso até que no juízo cível seja a controvérsia dirimida por sentença passada em julgado, sem prejuízo, entretanto, da inquirição das testemunhas e de outras provas de natureza urgente.

Parágrafo único. Se for o crime de ação pública, o Ministério Público, quando necessário, promoverá a ação civil ou prosseguirá na que tiver sido iniciada, com a citação dos interessados.

Art. 93. Se o reconhecimento da existência da infração penal depender de decisão sobre questão diversa da prevista no artigo anterior, da competência do juízo cível, e se neste houver sido proposta ação para resolvê-la, o juiz criminal poderá, desde que essa questão seja de difícil solução e não verse sobre direito cuja prova a lei civil limite, suspender o curso do processo, após a inquirição das testemunhas e realização das outras provas de natureza urgente.

§ 1º O juiz marcará o prazo da suspensão, que poderá ser razoavelmente prorrogado, se a demora não for imputável à parte. Expirado o prazo, sem que o juiz cível tenha proferido decisão, o juiz criminal fará prosseguir o processo, retomando sua competência para resolver, de fato e de direito, toda a matéria da acusação ou da defesa.

§ 2º Do despacho que denegar a suspensão não caberá recurso.

§ 3º Suspenso o processo, e tratando-se de crime de ação pública, incumbirá ao Ministério Público intervir imediatamente na causa cível, para o fim de promover-lhe o rápido andamento.

Art. 94. A suspensão do curso da ação penal, nos casos dos artigos anteriores, será decretada pelo juiz, de ofício ou a requerimento das partes.

CAPÍTULO II

Das Exceções

Art. 95. Poderão ser opostas as exceções de:
I. suspeição;
II. incompetência de juízo;
III. litispendência;
IV. ilegitimidade de parte;
V. coisa julgada.

Art. 96. A arguição de suspeição precederá a qualquer outra, salvo quando fundada em motivo superveniente.

Art. 97. O juiz que espontaneamente afirmar suspeição deverá fazê-lo por escrito, declarando o motivo legal, e remeterá imediatamente o processo ao seu substituto, intimadas as partes.

Art. 98. Quando qualquer das partes pretender recusar o juiz, deverá fazê-lo em petição assinada por ela própria ou por procurador com poderes especiais, aduzindo as suas razões acompanhadas de prova documental ou do rol de testemunhas.

Art. 99. Se reconhecer a suspeição, o juiz sustará a marcha do processo, mandará juntar aos autos a petição do recusante com os documentos que a instruam, e por despacho se declarará suspeito, ordenando a remessa dos autos ao substituto.

Art. 100. Não aceitando a suspeição, o juiz mandará autuar em apartado a petição, dará sua resposta dentro em três dias, podendo instruí-la e oferecer testemunhas, e, em seguida, determinará sejam os autos da exceção remetidos, dentro em 24 vinte e quatro horas, ao juiz ou tribunal a quem competir o julgamento.

§ 1º Reconhecida, preliminarmente, a relevância da arguição, o juiz ou tribunal, com citação das partes, marcará dia e hora para a inquirição das testemunhas, seguindo-se o julgamento, independentemente de mais alegações.

§ 2º Se a suspeição for de manifesta improcedência, o juiz ou relator a rejeitará liminarmente.

Art. 101. Julgada procedente a suspeição, ficarão nulos os atos do processo principal, pagando o juiz as custas, no caso de erro inescusável; rejeitada, evidenciando-se a malícia do excipiente, a este será imposta a multa de duzentos mil-réis a dois contos de réis.

Art. 102. Quando a parte contrária reconhecer a procedência da arguição, poderá ser sustado, a seu requerimento, o processo principal, até que se julgue o incidente da suspeição.

Art. 103. No Supremo Tribunal Federal e nos Tribunais de Apelação, o juiz que se julgar suspeito deverá declará-lo nos autos e, se for revisor, passar o feito ao seu substituto na ordem da precedência, ou, se for relator, apresentar os autos em mesa para nova distribuição.

§ 1º Se não for relator nem revisor, o juiz que houver de dar-se por suspeito, deverá fazê-lo verbalmente, na sessão de julgamento, registrando-se na ata a declaração.

§ 2º Se o presidente do tribunal se der por suspeito, competirá ao seu substituto designar dia para o julgamento e presidi-lo.

§ 3º Observar-se-á, quanto à arguição de suspeição pela parte, o disposto nos arts. 98 a 101, no que lhe for aplicável, atendido, se o juiz a reconhecer, o que estabelece este artigo.

§ 4º A suspeição, não sendo reconhecida, será julgada pelo tribunal pleno, funcionando como relator o presidente.

§ 5º Se o recusado for o presidente do tribunal, o relator será o vice-presidente.

Art. 104. Se for arguida a suspeição do órgão do Ministério Público, o juiz, depois de ouvi-lo, decidirá, sem recurso, podendo antes admitir a produção de provas no prazo de três dias.

Art. 105. As partes poderão também arguir de suspeitos os peritos, os intérpretes e os serventuários ou funcionários de justiça, decidindo o juiz de plano e sem recurso, à vista da matéria alegada e prova imediata.

Art. 106. A suspeição dos jurados deverá ser arguida oralmente, decidindo de plano do presidente do Tribunal do Júri, que a rejeitará se, negada pelo recusado, não for imediatamente comprovada, o que tudo constará da ata.

Art. 107. Não se poderá opor suspeição às autoridades policiais nos atos do inquérito, mas deverão elas declarar-se suspeitas, quando ocorrer motivo legal.

Art. 108. A exceção de incompetência do juízo poderá ser oposta, verbalmente ou por escrito, no prazo de defesa.

§ 1º Se, ouvido o Ministério Público, for aceita a declinatória, o feito será remetido ao juízo competente, onde, ratificados os atos anteriores, o processo prosseguirá.

§ 2º Recusada a incompetência, o juiz continuará no feito, fazendo tomar por termo a declinatória, se formulada verbalmente.

Art. 109. Se em qualquer fase do processo o juiz reconhecer motivo que o torne incompetente, declará-lo-á nos autos, haja ou não alegação da parte, prosseguindo-se na forma do artigo anterior.

Art. 110. Nas exceções de litispendência, ilegitimidade de parte e coisa julgada, será observado, no que lhes for aplicável, o disposto sobre a exceção de incompetência do juízo.

§ 1º Se a parte houver de opor mais de uma dessas exceções, deverá fazê-lo numa só petição ou articulado.

§ 2º A exceção de coisa julgada somente poderá ser oposta em relação ao fato principal, que tiver sido objeto da sentença.

Art. 111. As exceções serão processadas em autos apartados e não suspenderão, em regra, o andamento da ação penal.

CAPÍTULO III
Das incompatibilidades e impedimentos

Art. 112. O juiz, o órgão do Ministério Público, os serventuários ou funcionários de justiça e os peritos ou intérpretes abster-se-ão de servir no processo, quando houver incompatibilidade ou impedimento legal, que declararão nos autos. Se não se der a abstenção, a incompatibilidade ou impedimento poderá ser arguido pelas partes, seguindo-se o processo estabelecido para a exceção de suspeição.

CAPÍTULO IV
Do conflito de jurisdição

Art. 113. As questões atinentes à competência resolver-se-ão não só pela exceção própria, como também pelo conflito positivo ou negativo de jurisdição.

Art. 114. Haverá conflito de jurisdição:
I. quando duas ou mais autoridades judiciárias se considerarem competentes, ou incompetentes, para conhecer do mesmo fato criminoso;
II. quando entre elas surgir controvérsia sobre unidade de juízo, junção ou separação de processos.

Art. 115. O conflito poderá ser suscitado:
I. pela parte interessada;
II. pelos órgãos do Ministério Público junto a qualquer dos juízos em dissídio;
III. por qualquer dos juízes ou tribunais em causa.

Art. 116. Os juízes e tribunais, sob a forma de representação, e a parte interessada, sob a de requerimento, darão parte escrita e circunstanciada do conflito, perante o tribunal competente, expondo os fundamentos e juntando os documentos comprobatórios.
§ 1º Quando negativo o conflito, os juízes e tribunais poderão suscitá-lo nos próprios autos do processo.
§ 2º Distribuído o feito, se o conflito for positivo, o relator poderá determinar imediatamente que se suspenda o andamento do processo.
§ 3º Expedida ou não a ordem de suspensão, o relator requisitará informações às autoridades em conflito, remetendo-lhes cópia do requerimento ou representação.
§ 4º As informações serão prestadas no prazo marcado pelo relator.
§ 5º Recebidas as informações, e depois de ouvido o procurador-geral, o conflito será decidido na primeira sessão, salvo se a instrução do feito depender de diligência.
§ 6º Proferida a decisão, as cópias necessárias serão remetidas, para a sua execução, às autoridades contra as quais tiver sido levantado o conflito ou que o houverem suscitado.

Art. 117. O Supremo Tribunal Federal, mediante avocatória, restabelecerá a sua jurisdição, sempre que exercida por qualquer dos juízes ou tribunais inferiores.

CAPÍTULO V
Da Restituição das Coisas Apreendidas

Art. 118. Antes de transitar em julgado a sentença final, as coisas apreendidas não poderão ser restituídas enquanto interessarem ao processo.

Art. 119. As coisas a que se referem os arts. 74 e 100 do Código Penal não poderão ser restituídas, mesmo depois de transitar em julgado a sentença final, salvo se pertencerem ao lesado ou a terceiro de boa-fé.

Art. 120. A restituição, quando cabível, poderá ser ordenada pela autoridade policial ou juiz, mediante termo nos autos, desde que não exista dúvida quanto ao direito do reclamante.
§ 1º Se duvidoso esse direito, o pedido de restituição autuar-se-á em apartado, assinando-se ao requerente o prazo de 5 (cinco) dias para a prova. Em tal caso, só o juiz criminal poderá decidir o incidente.
§ 2º O incidente autuar-se-á também em apartado e só a autoridade judicial o resolverá, se as coisas forem apreendidas em poder de terceiro de boa-fé, que será intimado para alegar e provar o seu direito, em prazo igual e sucessivo ao do reclamante, tendo um e outro dois dias para arrazoar.
§ 3º Sobre o pedido de restituição será sempre ouvido o Ministério Público.
§ 4º Em caso de dúvida sobre quem seja o verdadeiro dono, o juiz remeterá as partes para o juízo cível, ordenando o depósito das coisas em mãos de depositário ou do próprio terceiro que as detinha, se for pessoa idônea.

§ 5º Tratando-se de coisas facilmente deterioráveis, serão avaliadas e levadas a leilão público, depositando-se o dinheiro apurado, ou entregues ao terceiro que as detinha, se este for pessoa idônea e assinar termo de responsabilidade.

Art. 121. No caso de apreensão de coisa adquirida com os proventos da infração, aplica-se o disposto no art. 133 e seu parágrafo.

Art. 122. Sem prejuízo do disposto no art. 120, as coisas apreendidas serão alienadas nos termos do disposto no art. 133 deste Código. (**Redação dada pela Lei nº 13.964, de 2019**)

Parágrafo único. (Revogado). (**Redação dada pela Lei nº 13.964, de 2019**)

Art. 123. Fora dos casos previstos nos artigos anteriores, se dentro no prazo de 90 dias, a contar da data em que transitar em julgado a sentença final, condenatória ou absolutória, os objetos apreendidos não forem reclamados ou não pertencerem ao réu, serão vendidos em leilão, depositando-se o saldo à disposição do juízo de ausentes.

Art. 124. Os instrumentos do crime, cuja perda em favor da União for decretada, e as coisas confiscadas, de acordo com o disposto no art. 100 do Código Penal, serão inutilizados ou recolhidos a museu criminal, se houver interesse na sua conservação.

Art. 124-A. Na hipótese de decretação de perdimento de obras de arte ou de outros bens de relevante valor cultural ou artístico, se o crime não tiver vítima determinada, poderá haver destinação dos bens a museus públicos. (**Incluído pela Lei nº 13.964, de 2019**)

CAPÍTULO VI
Das Medidas Assecuratórias

Art. 125. Caberá o sequestro dos bens imóveis, adquiridos pelo indiciado com os proventos da infração, ainda que já tenham sido transferidos a terceiro.

Art. 126. Para a decretação do sequestro, bastará a existência de indícios veementes da proveniência ilícita dos bens.

Art. 127. O juiz, de ofício, a requerimento do Ministério Público ou do ofendido, ou mediante representação da autoridade policial, poderá ordenar o sequestro, em qualquer fase do processo ou ainda antes de oferecida a denúncia ou queixa.

Art. 128. Realizado o sequestro, o juiz ordenará a sua inscrição no Registro de Imóveis.

Art. 129. O sequestro autuar-se-á em apartado e admitirá embargos de terceiro.

Art. 130. O sequestro poderá ainda ser embargado:
I. pelo acusado, sob o fundamento de não terem os bens sido adquiridos com os proventos da infração;
II. pelo terceiro, a quem houverem os bens sido transferidos a título oneroso, sob o fundamento de tê-los adquirido de boa-fé.

Parágrafo único. Não poderá ser pronunciada decisão nesses embargos antes de passar em julgado a sentença condenatória.

Art. 131. O sequestro será levantado:
I. se a ação penal não for intentada no prazo de sessenta dias, contado da data em que ficar concluída a diligência;
II. se o terceiro, a quem tiverem sido transferidos os bens, prestar caução que assegure a aplicação do disposto no art. 74, II, b, segunda parte, do Código Penal;
III. se for julgada extinta a punibilidade ou absolvido o réu, por sentença transitada em julgado.

Art. 132. Proceder-se-á ao sequestro dos bens móveis se, verificadas as condições previstas no art. 126, não for cabível a medida regulada no Capítulo Xl do Título Vll deste Livro.

Art. 133. Transitada em julgado a sentença condenatória, o juiz, de ofício ou a requerimento do interessado ou do Ministério Público, determinará a avaliação e a venda dos bens em leilão público cujo perdimento tenha sido decretado. (**Redação dada pela Lei nº 13.964, de 2019**)

§ 1º Do dinheiro apurado, será recolhido aos cofres públicos o que não couber ao lesado ou a terceiro de boa-fé. (**Incluído pela Lei nº 13.964, de 2019**)

§ 2º O valor apurado deverá ser recolhido ao Fundo Penitenciário Nacional, exceto se houver previsão diversa em lei especial. (**Incluído pela Lei nº 13.964, de 2019**)

Art. 133-A. O juiz poderá autorizar, constatado o interesse público, a utilização de bem sequestrado, apreendido ou sujeito a qualquer medida assecuratória pelos órgãos de segurança pública previstos no art. 144 da Constituição Federal, do sistema prisional, do sistema socioeducativo, da Força Nacional de Segurança Pública e do Instituto Geral de Perícia, para o desempenho de suas atividades. (**Incluído pela Lei nº 13.964, de 2019**)

§ 1º O órgão de segurança pública participante das ações de investigação ou repressão da infração penal que ensejou a constrição do bem terá prioridade na sua utilização. (**Incluído pela Lei nº 13.964, de 2019**)

§ 2º Fora das hipóteses anteriores, demonstrado o interesse público, o juiz poderá autorizar o uso do bem pelos demais órgãos públicos. (**Incluído pela Lei nº 13.964, de 2019**)

§ 3º Se o bem a que se refere o caput deste artigo for veículo, embarcação ou aeronave, o juiz ordenará à autoridade de trânsito ou ao órgão de registro e controle a expedição de certificado provisório de registro e licenciamento em favor do órgão público beneficiário, o qual estará isento do pagamento de multas, encargos e tributos anteriores à disponibilização do bem para a sua utilização, que deverão ser cobrados de seu responsável. (**Incluído pela Lei nº 13.964, de 2019**)

§ 4º Transitada em julgado a sentença penal condenatória com a decretação de perdimento dos bens, ressalvado o direito do lesado ou terceiro de boa-fé, o juiz poderá determinar a transferência definitiva da propriedade ao órgão público beneficiário ao qual foi custodiado o bem. (**Incluído pela Lei nº 13.964, de 2019**)

Art. 134. A hipoteca legal sobre os imóveis do indiciado poderá ser requerida pelo ofendido em qualquer fase do processo, desde que haja certeza da infração e indícios suficientes da autoria.

Art. 135. Pedida a especialização mediante requerimento, em que a parte estimará o valor da responsabilidade civil, e designará e estimará o imóvel ou imóveis que terão de ficar especialmente hipotecados, o juiz mandará logo proceder ao arbitramento do valor da responsabilidade e à avaliação do imóvel ou imóveis.

§ 1º A petição será instruída com as provas ou indicação das provas em que se fundar a estimação da responsabilidade, com a relação dos imóveis que o responsável possuir, se outros tiver, além dos indicados no requerimento, e com os documentos comprobatórios do domínio.

§ 2º O arbitramento do valor da responsabilidade e a avaliação dos imóveis designados far-se-ão por perito nomeado pelo juiz, onde não houver avaliador judicial, sendo-lhe facultada a consulta dos autos do processo respectivo.

§ 3º O juiz, ouvidas as partes no prazo de dois dias, que correrá em cartório, poderá corrigir o arbitramento do valor da responsabilidade, se lhe parecer excessivo ou deficiente.

§ 4º O juiz autorizará somente a inscrição da hipoteca do imóvel ou imóveis necessários à garantia da responsabilidade.

§ 5º O valor da responsabilidade será liquidado definitivamente após a condenação, podendo ser requerido novo arbitramento se qualquer das partes não se conformar com o arbitramento anterior à sentença condenatória.

§ 6º Se o réu oferecer caução suficiente, em dinheiro ou em títulos de dívida pública, pelo valor de sua cotação em Bolsa, o juiz poderá deixar de mandar proceder à inscrição da hipoteca legal.

Art. 136. O arresto do imóvel poderá ser decretado de início, revogando-se, porém, se no prazo de 15 (quinze) dias não for promovido o processo de inscrição da hipoteca legal.

Art. 137. Se o responsável não possuir bens imóveis ou os possuir de valor insuficiente, poderão ser arrestados bens móveis suscetíveis de penhora, nos termos em que é facultada a hipoteca legal dos imóveis.

§ 1º Se esses bens forem coisas fungíveis e facilmente deterioráveis, proceder-se-á na forma do § 5º do art. 120.

§ 2º Das rendas dos bens móveis poderão ser fornecidos recursos arbitrados pelo juiz, para a manutenção do indiciado e de sua família.

Art. 138. O processo de especialização da hipoteca e do arresto correrão em auto apartado.

Art. 139. O depósito e a administração dos bens arrestados ficarão sujeitos ao regime do processo civil.

Art. 140. As garantias do ressarcimento do dano alcançarão também as despesas processuais e as penas pecuniárias, tendo preferência sobre estas a reparação do dano ao ofendido.

Art. 141. O arresto será levantado ou cancelada a hipoteca, se, por sentença irrecorrível, o réu for absolvido ou julgada extinta a punibilidade.

Art. 142. Caberá ao Ministério Público promover as medidas estabelecidas nos arts. 134 e 137, se houver interesse da Fazenda Pública, ou se o ofendido for pobre e o requerer.

Art. 143. Passando em julgado a sentença condenatória, serão os autos de hipoteca ou arresto remetidos ao juiz do cível (art. 63).

Art. 144. Os interessados ou, nos casos do art. 142, o Ministério Público poderão requerer no juízo cível, contra o responsável civil, as medidas previstas nos arts. 134, 136 e 137.

Art. 144-A. O juiz determinará a alienação antecipada para preservação do valor dos bens sempre que estiverem sujeitos a qualquer grau de deterioração ou depreciação, ou quando houver dificuldade para sua manutenção.

§ 1º O leilão far-se-á preferencialmente por meio eletrônico.

§ 2º Os bens deverão ser vendidos pelo valor fixado na avaliação judicial ou por valor maior. Não alcançado o valor estipulado pela administração judicial, será realizado novo leilão, em até 10 (dez) dias contados da realização do primeiro, podendo os bens ser alienados por valor não inferior a 80% (oitenta por cento) do estipulado na avaliação judicial.

§ 3º O produto da alienação ficará depositado em conta vinculada ao juízo até a decisão final do processo, procedendo-se à sua conversão em renda para a União, Estado ou Distrito Federal, no caso de condenação, ou, no caso de absolvição, à sua devolução ao acusado.

§ 4º Quando a indisponibilidade recair sobre dinheiro, inclusive moeda estrangeira, títulos, valores mobiliários ou cheques emitidos como ordem de pagamento, o juízo determinará a conversão do numerário apreendido em moeda nacional corrente e o depósito das correspondentes quantias em conta judicial.

§ 5º No caso da alienação de veículos, embarcações ou aeronaves, o juiz ordenará à autoridade de trânsito ou ao equivalente órgão de registro e controle a expedição de certificado de registro e licenciamento em favor do arrematante, ficando este livre do pagamento de multas, encargos e tributos anteriores, sem prejuízo de execução fiscal em relação ao antigo proprietário.

§ 6º O valor dos títulos da dívida pública, das ações das sociedades e dos títulos de crédito negociáveis em bolsa será o da cotação oficial do dia, provada por certidão ou publicação no órgão oficial.

§ 7º (VETADO). (Incluído pela Lei nº 12.694, de 2012)

CAPÍTULO VII
Do Incidente de Falsidade

Art. 145. Arguida, por escrito, a falsidade de documento constante dos autos, o juiz observará o seguinte processo:

I. mandará autuar em apartado a impugnação, e em seguida ouvirá a parte contrária, que, no prazo de 48 horas, oferecerá resposta;

II. assinará o prazo de três dias, sucessivamente, a cada uma das partes, para prova de suas alegações;

III. conclusos os autos, poderá ordenar as diligências que entender necessárias;

IV. se reconhecida a falsidade por decisão irrecorrível, mandará desentranhar o documento e remetê-lo, com os autos do processo incidente, ao Ministério Público.

Art. 146. A arguição de falsidade, feita por procurador, exige poderes especiais.

Art. 147. O juiz poderá, de ofício, proceder à verificação da falsidade.

Art. 148. Qualquer que seja a decisão, não fará coisa julgada em prejuízo de ulterior processo penal ou civil.

CAPÍTULO VIII
Da Insanidade Mental do Acusado

Art. 149. Quando houver dúvida sobre a integridade mental do acusado, o juiz ordenará, de ofício ou a requerimento do Ministério Público, do defensor, do curador, do ascendente, descendente, irmão ou cônjuge do acusado, seja este submetido a exame médico-legal.

§ 1º O exame poderá ser ordenado ainda na fase do inquérito, mediante representação da autoridade policial ao juiz competente.

§ 2º O juiz nomeará curador ao acusado, quando determinar o exame, ficando suspenso o processo, se já iniciada a ação penal, salvo quanto às diligências que possam ser prejudicadas pelo adiamento.

Art. 150. Para o efeito do exame, o acusado, se estiver preso, será internado em manicômio judiciário, onde houver, ou, se estiver solto, e o requererem os peritos, em estabelecimento adequado que o juiz designar.

§ 1º O exame não durará mais de quarenta e cinco dias, salvo se os peritos demonstrarem a necessidade de maior prazo.

§ 2º Se não houver prejuízo para a marcha do processo, o juiz poderá autorizar sejam os autos entregues aos peritos, para facilitar o exame.

Art. 151. Se os peritos concluírem que o acusado era, ao tempo da infração, irresponsável nos termos do art. 22 do Código Penal, o processo prosseguirá, com a presença do curador.

Art. 152. Se se verificar que a doença mental sobreveio à infração o processo continuará suspenso até que o acusado se restabeleça, observado o § 2º do art. 149.

§ 1º O juiz poderá, nesse caso, ordenar a internação do acusado em manicômio judiciário ou em outro estabelecimento adequado.

§ 2º O processo retomará o seu curso, desde que se restabeleça o acusado, ficando-lhe assegurada a faculdade de reinquirir as testemunhas que houverem prestado depoimento sem a sua presença.

Art. 153. O incidente da insanidade mental processar-se-á em auto apartado, que só depois da apresentação do laudo, será apenso ao processo principal.

Art. 154. Se a insanidade mental sobrevier no curso da execução da pena, observar-se-á o disposto no art. 682.

TÍTULO VII
Da Prova

CAPÍTULO I
Disposições Gerais

Art. 155. O juiz formará sua convicção pela livre apreciação da prova produzida em contraditório judicial, não podendo fundamentar sua decisão exclusivamente nos elementos informativos colhidos na investigação, ressalvadas as provas cautelares, não repetíveis e antecipadas.

Parágrafo único. Somente quanto ao estado das pessoas serão observadas as restrições estabelecidas na lei civil.

Art. 156. A prova da alegação incumbirá a quem a fizer, sendo, porém, facultado ao juiz de ofício:

I. ordenar, mesmo antes de iniciada a ação penal, a produção antecipada de provas consideradas urgentes e relevantes, observando a necessidade, adequação e proporcionalidade da medida;

II. determinar, no curso da instrução, ou antes de proferir sentença, a realização de diligências para dirimir dúvida sobre ponto relevante.

Art. 157. São inadmissíveis, devendo ser desentranhadas do processo, as provas ilícitas, assim entendidas as obtidas em violação a normas constitucionais ou legais.

§ 1º São também inadmissíveis as provas derivadas das ilícitas, salvo quando não evidenciado o nexo de causalidade entre umas e outras, ou quando as derivadas puderem ser obtidas por uma fonte independente das primeiras.

§ 2º Considera-se fonte independente aquela que por si só, seguindo os trâmites típicos e de praxe, próprios da investigação ou instrução criminal, seria capaz de conduzir ao fato objeto da prova.

§ 3º Preclusa a decisão de desentranhamento da prova declarada inadmissível, esta será inutilizada por decisão judicial, facultado às partes acompanhar o incidente.

§ 4º (VETADO) (Incluído pela Lei nº 11.690, de 2008)

§ 5º O juiz que conhecer do conteúdo da prova declarada inadmissível não poderá proferir a sentença ou acórdão. **(Incluído pela Lei nº 13.964, de 2019)**

CAPÍTULO II
Do Exame de Corpo De Delito, da Cadeia de Custódia e das Perícias em Geral
(Redação dada pela Lei nº 13.964, de 2019)

Art. 158. Quando a infração deixar vestígios, será indispensável o exame de corpo de delito, direto ou indireto, não podendo supri-lo a confissão do acusado.

Parágrafo único. Dar-se-á prioridade à realização do exame de corpo de delito quando se tratar de crime que envolva: **(Incluído dada pela Lei nº 13.721, de 2018)**

I. violência doméstica e familiar contra mulher; **(Incluído dada pela Lei nº 13.721, de 2018)**

II. violência contra criança, adolescente, idoso ou pessoa com deficiência. **(Incluído dada pela Lei nº 13.721, de 2018)**

Art. 158-A. Considera-se cadeia de custódia o conjunto de todos os procedimentos utilizados para manter e documentar a história cronológica do vestígio coletado em locais ou em vítimas de crimes, para rastrear sua posse e manuseio a partir de seu reconhecimento até o descarte. **(Incluído pela Lei nº 13.964, de 2019)**

§ 1º O início da cadeia de custódia dá-se com a preservação do local de crime ou com procedimentos policiais ou periciais nos quais seja detectada a existência de vestígio. **(Incluído pela Lei nº 13.964, de 2019)**

§ 2º O agente público que reconhecer um elemento como de potencial interesse para a produção da prova pericial fica responsável por sua preservação. **(Incluído pela Lei nº 13.964, de 2019)**

§ 3º Vestígio é todo objeto ou material bruto, visível ou latente, constatado ou recolhido, que se relaciona à infração penal. **(Incluído pela Lei nº 13.964, de 2019)**

Art. 158-B. A cadeia de custódia compreende o rastreamento do vestígio nas seguintes etapas: **(Incluído pela Lei nº 13.964, de 2019)**

I. reconhecimento: ato de distinguir um elemento como de potencial interesse para a produção da prova pericial; **(Incluído pela Lei nº 13.964, de 2019)**

II. isolamento: ato de evitar que se altere o estado das coisas, devendo isolar e preservar o ambiente imediato, mediato e relacionado aos vestígios e local de crime; **(Incluído pela Lei nº 13.964, de 2019)**

III. fixação: descrição detalhada do vestígio conforme se encontra no local de crime ou no corpo de delito, e a sua posição na área de exames, podendo ser ilustrada por fotografias, filmagens ou croqui, sendo indispensável a sua descrição no laudo pericial produzido pelo perito responsável pelo atendimento; **(Incluído pela Lei nº 13.964, de 2019)**

IV. coleta: ato de recolher o vestígio que será submetido à análise pericial, respeitando suas características e natureza; **(Incluído pela Lei nº 13.964, de 2019)**

V. acondicionamento: procedimento por meio do qual cada vestígio coletado é embalado de forma individualizada, de acordo com suas características físicas, químicas e biológicas, para posterior análise, com anotação da data, hora e nome de quem realizou a coleta e o acondicionamento; **(Incluído pela Lei nº 13.964, de 2019)**

VI. transporte: ato de transferir o vestígio de um local para o outro, utilizando as condições adequadas (embalagens, veículos, temperatura, entre outras), de modo a garantir a manutenção de suas características originais, bem como o controle de sua posse; **(Incluído pela Lei nº 13.964, de 2019)**

VII. recebimento: ato formal de transferência da posse do vestígio, que deve ser documentado com, no mínimo, informações referentes ao número de procedimento e unidade de polícia judiciária relacionada, local de origem, nome de quem transportou o vestígio, código de rastreamento, natureza do exame, tipo do vestígio, protocolo, assinatura e identificação de quem o recebeu; **(Incluído pela Lei nº 13.964, de 2019)**

VIII. processamento: exame pericial em si, manipulação do vestígio de acordo com a metodologia adequada às suas características biológicas, físicas e químicas, a fim de se obter o resultado desejado, que deverá ser formalizado em laudo produzido por perito; **(Incluído pela Lei nº 13.964, de 2019)**

IX. armazenamento: procedimento referente à guarda, em condições adequadas, do material a ser processado, guardado para realização de contraperícia, descartado ou transportado, com vinculação ao número do laudo correspondente; **(Incluído pela Lei nº 13.964, de 2019)**

X. descarte: procedimento referente à liberação do vestígio, respeitando a legislação vigente e, quando pertinente, mediante autorização judicial. **(Incluído pela Lei nº 13.964, de 2019)**

Art. 158-C. A coleta dos vestígios deverá ser realizada preferencialmente por perito oficial, que dará o encaminhamento necessário para a central de custódia, mesmo quando for necessária a realização de exames complementares. **(Incluído pela Lei nº 13.964, de 2019)**

§ 1º Todos vestígios coletados no decurso do inquérito ou processo devem ser tratados como descrito nesta Lei, ficando órgão central de perícia oficial de natureza criminal responsável por detalhar a forma do seu cumprimento. **(Incluído pela Lei nº 13.964, de 2019)**

§ 2º É proibida a entrada em locais isolados bem como a remoção de quaisquer vestígios de locais de crime antes da liberação por parte do perito responsável, sendo tipificada como fraude processual a sua realização. **(Incluído pela Lei nº 13.964, de 2019)**

Art. 158-D. O recipiente para acondicionamento do vestígio será determinado pela natureza do material. **(Incluído pela Lei nº 13.964, de 2019)**

§ 1º Todos os recipientes deverão ser selados com lacres, com numeração individualizada, de forma a garantir a inviolabilidade e a idoneidade do vestígio durante o transporte. **(Incluído pela Lei nº 13.964, de 2019)**

§ 2º O recipiente deverá individualizar o vestígio, preservar suas características, impedir contaminação e vazamento, ter grau de resistência adequado e espaço para registro de informações sobre seu conteúdo. **(Incluído pela Lei nº 13.964, de 2019)**

§ 3º O recipiente só poderá ser aberto pelo perito que vai proceder à análise e, motivadamente, por pessoa autorizada. **(Incluído pela Lei nº 13.964, de 2019)**

§ 4º Após cada rompimento de lacre, deve se fazer constar na ficha de acompanhamento de vestígio o nome e a matrícula do responsável, a data, o local, a finalidade, bem como as informações referentes ao novo lacre utilizado. **(Incluído pela Lei nº 13.964, de 2019)**

§ 5º O lacre rompido deverá ser acondicionado no interior do novo recipiente. **(Incluído pela Lei nº 13.964, de 2019)**

Art. 158-E. Todos os Institutos de Criminalística deverão ter uma central de custódia destinada à guarda e controle dos vestígios, e sua gestão deve ser vinculada diretamente ao órgão central de perícia oficial de natureza criminal. **(Incluído pela Lei nº 13.964, de 2019)**

§ 1º Toda central de custódia deve possuir os serviços de protocolo, com local para conferência, recepção, devolução de materiais e documentos, possibilitando a seleção, a classificação e a distribuição de materiais, devendo ser um espaço seguro e apresentar condições ambientais que não interfiram nas características do vestígio. **(Incluído pela Lei nº 13.964, de 2019)**

§ 2º Na central de custódia, a entrada e a saída de vestígio deverão ser protocoladas, consignando-se informações sobre a ocorrência no inquérito que a eles se relacionam. **(Incluído pela Lei nº 13.964, de 2019)**

§ 3º Todas as pessoas que tiverem acesso ao vestígio armazenado deverão ser identificadas e deverão ser registradas a data e a hora do acesso. **(Incluído pela Lei nº 13.964, de 2019)**

§ 4º Por ocasião da tramitação do vestígio armazenado, todas as ações deverão ser registradas, consignando-se a identificação do responsável pela tramitação, a destinação, a data e horário da ação. **(Incluído pela Lei nº 13.964, de 2019)**

Art. 158-F. Após a realização da perícia, o material deverá ser devolvido à central de custódia, devendo nela permanecer. **(Incluído pela Lei nº 13.964, de 2019)**

Parágrafo único. Caso a central de custódia não possua espaço ou condições de armazenar determinado material, deverá a autoridade policial ou judiciária determinar as condições de depósito do referido material em local diverso, mediante requerimento do diretor do órgão central de perícia oficial de natureza criminal. **(Incluído pela Lei nº 13.964, de 2019)**

Art. 159. O exame de corpo de delito e outras perícias serão realizados por perito oficial, portador de diploma de curso superior.

§ 1º Na falta de perito oficial, o exame será realizado por 2 (duas) pessoas idôneas, portadoras de diploma de curso superior preferencialmente na área específica, dentre as que tiverem habilitação técnica relacionada com a natureza do exame.

§ 2º Os peritos não oficiais prestarão o compromisso de bem e fielmente desempenhar o encargo.

§ 3º Serão facultadas ao Ministério Público, ao assistente de acusação, ao ofendido, ao querelante e ao acusado a formulação de quesitos e indicação de assistente técnico.

§ 4º O assistente técnico atuará a partir de sua admissão pelo juiz e após a conclusão dos exames e elaboração do laudo pelos peritos oficiais, sendo as partes intimadas desta decisão.

§ 5º Durante o curso do processo judicial, é permitido às partes, quanto à perícia:

I. requerer a oitiva dos peritos para esclarecerem a prova ou para responderem a quesitos, desde que o mandado de intimação e os quesitos ou questões a serem esclarecidas sejam encaminhados com antecedência mínima de 10 (dez) dias, podendo apresentar as respostas em laudo complementar;

II. indicar assistentes técnicos que poderão apresentar pareceres em prazo a ser fixado pelo juiz ou ser inquiridos em audiência.

§ 6º Havendo requerimento das partes, o material probatório que serviu de base à perícia será disponibilizado no ambiente do órgão oficial, que manterá sempre sua guarda, e na presença de perito oficial, para exame pelos assistentes, salvo se for impossível a sua conservação.

§ 7º Tratando-se de perícia complexa que abranja mais de uma área de conhecimento especializado, poder-se-á designar a atuação de mais de um perito oficial, e a parte indicar mais de um assistente técnico.

Art. 160. Os peritos elaborarão o laudo pericial, onde descreverão minuciosamente o que examinarem, e responderão aos quesitos formulados.

Parágrafo único. O laudo pericial será elaborado no prazo máximo de 10 dias, podendo este prazo ser prorrogado, em casos excepcionais, a requerimento dos peritos.

Art. 161. O exame de corpo de delito poderá ser feito em qualquer dia e a qualquer hora.

Art. 162. A autópsia será feita pelo menos seis horas depois do óbito, salvo se os peritos, pela evidência dos sinais de morte, julgarem que possa ser feita antes daquele prazo, o que declararão no auto.

Parágrafo único. Nos casos de morte violenta, bastará o simples exame externo do cadáver, quando não houver infração penal que apurar, ou quando as lesões externas permitirem precisar a causa da morte e não houver necessidade de exame interno para a verificação de alguma circunstância relevante.

Art. 163. Em caso de exumação para exame cadavérico, a autoridade providenciará para que, em dia e hora previamente marcados, se realize a diligência, da qual se lavrará auto circunstanciado.

Parágrafo único. O administrador de cemitério público ou particular indicará o lugar da sepultura, sob pena de desobediência. No caso de recusa ou de falta de quem indique a sepultura, ou de encontrar-se o cadáver em lugar não destinado a inumações, a autoridade procederá às pesquisas necessárias, o que tudo constará do auto.

Art. 164. Os cadáveres serão, sempre que possível, fotografados na posição em que forem encontrados.

Art. 164. Os cadáveres serão sempre fotografados na posição em que forem encontrados, bem como, na medida do possível, todas as lesões externas e vestígios deixados no local do crime.

Art. 165. Para representar as lesões encontradas no cadáver, os peritos, quando possível, juntarão ao laudo do exame provas fotográficas, esquemas ou desenhos, devidamente rubricados.

Art. 166. Havendo dúvida sobre a identidade do cadáver exumado, proceder-se-á ao reconhecimento pelo Instituto de Identificação e Estatística ou repartição congênere ou pela inquirição de testemunhas, lavrando-se auto de reconhecimento e de identidade, no qual se descreverá o cadáver, com todos os sinais e indicações.

Parágrafo único. Em qualquer caso, serão arrecadados e autenticados todos os objetos encontrados, que possam ser úteis para a identificação do cadáver.

Art. 167. Não sendo possível o exame de corpo de delito, por haverem desaparecido os vestígios, a prova testemunhal poderá suprir-lhe a falta.

Art. 168. Em caso de lesões corporais, se o primeiro exame pericial tiver sido incompleto, proceder-se-á a exame complementar por determinação da autoridade policial ou judiciária, de ofício, ou a requerimento do Ministério Público, do ofendido ou do acusado, ou de seu defensor.

§ 1º No exame complementar, os peritos terão presente o auto de corpo de delito, a fim de suprir-lhe a deficiência ou retificá-lo.

§ 2º Se o exame tiver por fim precisar a classificação do delito no art. 129, § 1º, I, do Código Penal, deverá ser feito logo que decorra o prazo de 30 dias, contado da data do crime.

§ 3º A falta de exame complementar poderá ser suprida pela prova testemunhal.

Art. 169. Para o efeito de exame do local onde houver sido praticada a infração, a autoridade providenciará imediatamente para que não se altere o estado das coisas até a chegada dos peritos, que poderão instruir seus laudos com fotografias, desenhos ou esquemas elucidativos.

Parágrafo único. Os peritos registrarão, no laudo, as alterações do estado das coisas e discutirão, no relatório, as consequências dessas alterações na dinâmica dos fatos.

Art. 170. Nas perícias de laboratório, os peritos guardarão material suficiente para a eventualidade de nova perícia. Sempre que conveniente, os laudos serão ilustrados com provas fotográficas, ou microfotográficas, desenhos ou esquemas.

Art. 171. Nos crimes cometidos com destruição ou rompimento de obstáculo a subtração da coisa, ou por meio de escalada, os peritos, além de descrever os vestígios, indicarão com que instrumentos, por que meios e em que época presumem ter sido o fato praticado.

Art. 172. Proceder-se-á, quando necessário, à avaliação de coisas destruídas, deterioradas ou que constituam produto do crime.

Parágrafo único. Se impossível a avaliação direta, os peritos procederão à avaliação por meio dos elementos existentes nos autos e dos que resultarem de diligências.

Art. 173. No caso de incêndio, os peritos verificarão a causa e o lugar em que houver começado, o perigo que dele tiver resultado para a vida ou para o patrimônio alheio, a extensão do dano e o seu valor e as demais circunstâncias que interessarem à elucidação do fato.

Art. 174. No exame para o reconhecimento de escritos, por comparação de letra, observar-se-á o seguinte:

I. a pessoa a quem se atribua ou se possa atribuir o escrito será intimada para o ato, se for encontrada;

II. para a comparação, poderão servir quaisquer documentos que a dita pessoa reconhecer ou já tiverem sido judicialmente reconhecidos como de seu punho, ou sobre cuja autenticidade não houver dúvida;

III. a autoridade, quando necessário, requisitará, para o exame, os documentos que existirem em arquivos ou estabelecimentos públicos, ou nestes realizará a diligência, se daí não puderem ser retirados;

IV. quando não houver escritos para a comparação ou forem insuficientes os exibidos, a autoridade mandará que a pessoa escreva o que lhe for ditado. Se estiver ausente a pessoa, mas em lugar certo, esta última diligência poderá ser feita por precatória, em que se consignarão as palavras que a pessoa será intimada a escrever.

Art. 175. Serão sujeitos a exame os instrumentos empregados para a prática da infração, a fim de se lhes verificar a natureza e a eficiência.

Art. 176. A autoridade e as partes poderão formular quesitos até o ato da diligência.

Art. 177. No exame por precatória, a nomeação dos peritos far-se-á no juízo deprecado. Havendo, porém, no caso de ação privada, acordo das partes, essa nomeação poderá ser feita pelo juiz deprecante.

Parágrafo único. Os quesitos do juiz e das partes serão transcritos na precatória.

Art. 178. No caso do art. 159, o exame será requisitado pela autoridade ao diretor da repartição, juntando-se ao processo o laudo assinado pelos peritos.

Art. 179. No caso do § 1º do art. 159, o escrivão lavrará o auto respectivo, que será assinado pelos peritos e, se presente ao exame, também pela autoridade.

Parágrafo único. No caso do art. 160, parágrafo único, o laudo, que poderá ser datilografado, será subscrito e rubricado em suas folhas por todos os peritos.

Art. 180. Se houver divergência entre os peritos, serão consignadas no auto do exame as declarações e respostas de um e de outro, ou cada um redigirá separadamente o seu laudo, e a autoridade nomeará um terceiro; se este divergir de ambos, a autoridade poderá mandar proceder a novo exame por outros peritos.

Art. 181. No caso de inobservância de formalidades, ou no caso de omissões, obscuridades ou contradições, a autoridade judiciária mandará suprir a formalidade, complementar ou esclarecer o laudo.

Parágrafo único. A autoridade poderá também ordenar que se proceda a novo exame, por outros peritos, se julgar conveniente.

Art. 182. O juiz não ficará adstrito ao laudo, podendo aceitá-lo ou rejeitá-lo, no todo ou em parte.

Art. 183. Nos crimes em que não couber ação pública, observar-se-á o disposto no art. 19.

Art. 184. Salvo o caso de exame de corpo de delito, o juiz ou a autoridade policial negará a perícia requerida pelas partes, quando não for necessária ao esclarecimento da verdade.

CAPÍTULO III
Do Interrogatório do Acusado

Art. 185. O acusado que comparecer perante a autoridade judiciária, no curso do processo penal, será qualificado e interrogado na presença de seu defensor, constituído ou nomeado.

§ 1º O interrogatório do réu preso será realizado, em sala própria, no estabelecimento em que estiver recolhido, desde que estejam garantidas a segurança do juiz, do membro do Ministério Público e dos auxiliares bem como a presença do defensor e a publicidade do ato.

§ 2º Excepcionalmente, o juiz, por decisão fundamentada, de ofício ou a requerimento das partes, poderá realizar o interrogatório do réu preso por sistema de videoconferência ou outro recurso tecnológico de transmissão de sons e imagens em tempo real, desde que a medida seja necessária para atender a uma das seguintes finalidades:

I. prevenir risco à segurança pública, quando exista fundada suspeita de que o preso integre organização criminosa ou de que, por outra razão, possa fugir durante o deslocamento;

II. viabilizar a participação do réu no referido ato processual, quando haja relevante dificuldade para seu comparecimento em juízo, por enfermidade ou outra circunstância pessoal;

III. impedir a influência do réu no ânimo de testemunha ou da vítima, desde que não seja possível colher o depoimento destas por videoconferência, nos termos do art. 217 deste Código;

IV. responder à gravíssima questão de ordem pública.

§ 3º Da decisão que determinar a realização de interrogatório por videoconferência, as partes serão intimadas com 10 (dez) dias de antecedência.

§ 4º Antes do interrogatório por videoconferência, o preso poderá acompanhar, pelo mesmo sistema tecnológico, a realização de todos os atos da audiência única de instrução e julgamento de que tratam os arts. 400, 411 e 531 deste Código.

§ 5º Em qualquer modalidade de interrogatório, o juiz garantirá ao réu o direito de entrevista prévia e reservada com o seu defensor; se realizado por videoconferência, fica também garantido o acesso a canais telefônicos reservados para comunicação entre o defensor que esteja no presídio e o advogado presente na sala de audiência do Fórum, e entre este e o preso.

§ 6º A sala reservada no estabelecimento prisional para a realização de atos processuais por sistema de videoconferência será fiscalizada pelos corregedores e pelo juiz de cada causa, como também pelo Ministério Público e pela Ordem dos Advogados do Brasil.

§ 7º Será requisitada a apresentação do réu preso em juízo nas hipóteses em que o interrogatório não se realizar na forma prevista nos §§ 1º e 2º deste artigo.

§ 8º Aplica-se o disposto nos §§ 2º, 3º, 4º e 5º deste artigo, no que couber, à realização de outros atos processuais que dependam da participação de pessoa que esteja presa, como acareação, reconhecimento de pessoas e coisas, e inquirição de testemunha ou tomada de declarações do ofendido.

§ 9º Na hipótese do § 8º deste artigo, fica garantido o acompanhamento do ato processual pelo acusado e seu defensor.

§ 10º Do interrogatório deverá constar a informação sobre a existência de filhos, respectivas idades e se possuem alguma deficiência e o nome e o contato de eventual responsável pelos cuidados dos filhos, indicado pela pessoa presa

Art. 186. Depois de devidamente qualificado e cientificado do inteiro teor da acusação, o acusado será informado pelo juiz, antes de iniciar o interrogatório, do seu direito de permanecer calado e de não responder perguntas que lhe forem formuladas.

Parágrafo único. O silêncio, que não importará em confissão, não poderá ser interpretado em prejuízo da defesa.

Art. 187. O interrogatório será constituído de duas partes: sobre a pessoa do acusado e sobre os fatos.

§ 1º Na primeira parte o interrogando será perguntado sobre a residência, meios de vida ou profissão, oportunidades sociais, lugar onde exerce a sua atividade, vida pregressa, notadamente se foi preso ou processado alguma vez e, em caso afirmativo, qual o juízo do processo, se houve suspensão condicional ou condenação, qual a pena imposta, se a cumpriu e outros dados familiares e sociais.

§ 2º Na segunda parte será perguntado sobre:
I. ser verdadeira a acusação que lhe é feita;
II. não sendo verdadeira a acusação, se tem algum motivo particular a que atribuí-la, se conhece a pessoa ou pessoas a quem deva ser imputada a prática do crime, e quais sejam, e se com elas esteve antes da prática da infração ou depois dela;
III. onde estava ao tempo em que foi cometida a infração e se teve notícia desta;
IV. as provas já apuradas;
V. se conhece as vítimas e testemunhas já inquiridas ou por inquirir, e desde quando, e se tem o que alegar contra elas;
VI. se conhece o instrumento com que foi praticada a infração, ou qualquer objeto que com esta se relacione e tenha sido apreendido;
VII. todos os demais fatos e pormenores que conduzam à elucidação dos antecedentes e circunstâncias da infração;
VIII. se tem algo mais a alegar em sua defesa.

Art. 188. Após proceder ao interrogatório, o juiz indagará das partes se restou algum fato para ser esclarecido, formulando as perguntas correspondentes se o entender pertinente e relevante.

Art. 189. Se o interrogando negar a acusação, no todo ou em parte, poderá prestar esclarecimentos e indicar provas.

Art. 190. Se confessar a autoria, será perguntado sobre os motivos e circunstâncias do fato e se outras pessoas concorreram para a infração, e quais sejam.

Art. 191. Havendo mais de um acusado, serão interrogados separadamente.

Art. 192. O interrogatório do mudo, do surdo ou do surdo-mudo será feito pela forma seguinte:
I. ao surdo serão apresentadas por escrito as perguntas, que ele responderá oralmente;
II. ao mudo as perguntas serão feitas oralmente, respondendo-as por escrito;
III. ao surdo-mudo as perguntas serão formuladas por escrito e do mesmo modo dará as respostas.

Parágrafo único. Caso o interrogando não saiba ler ou escrever, intervirá no ato, como intérprete e sob compromisso, pessoa habilitada a entendê-lo.

Art. 193. Quando o interrogando não falar a língua nacional, o interrogatório será feito por meio de intérprete.

Art. 194. (Revogado pela Lei nº 10.792, de 1º.12.2003)

Art. 195. Se o interrogado não souber escrever, não puder ou não quiser assinar, tal fato será consignado no termo.

Art. 196. A todo tempo o juiz poderá proceder a novo interrogatório de ofício ou a pedido fundamentado de qualquer das partes.

CAPÍTULO IV
Da Confissão

Art. 197. O valor da confissão se aferirá pelos critérios adotados para os outros elementos de prova, e para a sua apreciação o juiz deverá confrontá-la com as demais provas do processo, verificando se entre ela e estas existe compatibilidade ou concordância.

Art. 198. O silêncio do acusado não importará confissão, mas poderá constituir elemento para a formação do convencimento do juiz.

Art. 199. A confissão, quando feita fora do interrogatório, será tomada por termo nos autos, observado o disposto no art. 195.

Art. 200. A confissão será divisível e retratável, sem prejuízo do livre convencimento do juiz, fundado no exame das provas em conjunto.

CAPÍTULO V
Do Ofendido

Art. 201. Sempre que possível, o ofendido será qualificado e perguntado sobre as circunstâncias da infração, quem seja ou presuma ser o seu autor, as provas que possa indicar, tomando-se por termo as suas declarações.

§ 1º Se, intimado para esse fim, deixar de comparecer sem motivo justo, o ofendido poderá ser conduzido à presença da autoridade.

§ 2º O ofendido será comunicado dos atos processuais relativos ao ingresso e à saída do acusado da prisão, à designação de data para audiência e à sentença e respectivos acórdãos que a mantenham ou modifiquem.

§ 3º As comunicações ao ofendido deverão ser feitas no endereço por ele indicado, admitindo-se, por opção do ofendido, o uso de meio eletrônico.

§ 4º Antes do início da audiência e durante a sua realização, será reservado espaço separado para o ofendido.

§ 5º Se o juiz entender necessário, poderá encaminhar o ofendido para atendimento multidisciplinar, especialmente nas áreas psicossocial, de assistência jurídica e de saúde, a expensas do ofensor ou do Estado.

§ 6º O juiz tomará as providências necessárias à preservação da intimidade, vida privada, honra e imagem do ofendido, podendo, inclusive, determinar o segredo de justiça em relação aos dados, depoimentos e outras informações constantes dos autos a seu respeito para evitar sua exposição aos meios de comunicação.

CAPÍTULO VI
Das Testemunhas

Art. 202. Toda pessoa poderá ser testemunha.

Art. 203. A testemunha fará, sob palavra de honra, a promessa de dizer a verdade do que souber e lhe for perguntado, devendo declarar seu nome, sua idade, seu estado e sua residência, sua profissão, lugar onde exerce sua atividade, se é parente, e em que grau, de alguma das partes, ou quais suas relações com qualquer delas, e relatar o que souber, explicando sempre as razões de sua ciência ou as circunstâncias pelas quais possa avaliar-se de sua credibilidade.

Art. 204. O depoimento será prestado oralmente, não sendo permitido à testemunha trazê-lo por escrito.

Parágrafo único. Não será vedada à testemunha, entretanto, breve consulta a apontamentos.

Art. 205. Se ocorrer dúvida sobre a identidade da testemunha, o juiz procederá à verificação pelos meios ao seu alcance, podendo, entretanto, tomar-lhe o depoimento desde logo.

Art. 206. A testemunha não poderá eximir-se da obrigação de depor. Poderão, entretanto, recusar-se a fazê-lo o ascendente ou descendente, o afim em linha reta, o cônjuge, ainda que desquitado, o irmão e o pai, a mãe, ou o filho adotivo do acusado, salvo quando não for possível, por outro modo, obter-se ou integrar-se a prova do fato e de suas circunstâncias.

Art. 207. São proibidas de depor as pessoas que, em razão de função, ministério, ofício ou profissão, devam guardar segredo, salvo se, desobrigadas pela parte interessada, quiserem dar o seu testemunho.

Art. 208. Não se deferirá o compromisso a que alude o art. 203 aos doentes e deficientes mentais e aos menores de 14 (quatorze) anos, nem às pessoas a que se refere o art. 206.

Art. 209. O juiz, quando julgar necessário, poderá ouvir outras testemunhas, além das indicadas pelas partes.

§ 1º Se ao juiz parecer conveniente, serão ouvidas as pessoas a que as testemunhas se referirem.

§ 2º Não será computada como testemunha a pessoa que nada souber que interesse à decisão da causa.

Art. 210. As testemunhas serão inquiridas cada uma de per si, de modo que umas não saibam nem ouçam os depoimentos das outras, devendo o juiz adverti-las das penas cominadas ao falso testemunho.

Art. 210. As testemunhas serão inquiridas cada uma de per si, de modo que umas não saibam nem ouçam os depoimentos das outras, devendo o juiz adverti-las das penas cominadas ao falso testemunho.

Parágrafo único. Antes do início da audiência e durante a sua realização, serão reservados espaços separados para a garantia da incomunicabilidade das testemunhas.

Art. 211. Se o juiz, ao pronunciar sentença final, reconhecer que alguma testemunha fez afirmação falsa, calou ou negou a verdade, remeterá cópia do depoimento à autoridade policial para a instauração de inquérito.

Parágrafo único. Tendo o depoimento sido prestado em plenário de julgamento, o juiz, no caso de proferir decisão na audiência (art. 538, § 2º), o tribunal (art. 561), ou o conselho de sentença, após a votação dos quesitos, poderão fazer apresentar imediatamente a testemunha à autoridade policial.

Art. 212. As perguntas serão formuladas pelas partes diretamente à testemunha, não admitindo o juiz aquelas que puderem induzir a resposta, não tiverem relação com a causa ou importarem na repetição de outra já respondida.

Parágrafo único. Sobre os pontos não esclarecidos, o juiz poderá complementar a inquirição.

Art. 213. O juiz não permitirá que a testemunha manifeste suas apreciações pessoais, salvo quando inseparáveis da narrativa do fato.

Art. 214. Antes de iniciado o depoimento, as partes poderão contraditar a testemunha ou arguir circunstâncias ou defeitos, que a tornem suspeita de parcialidade, ou indigna de fé. O juiz fará consignar a contradita ou arguição e a resposta da testemunha, mas só excluirá a testemunha ou não lhe deferirá compromisso nos casos previstos nos arts. 207 e 208.

Art. 215. Na redação do depoimento, o juiz deverá cingir-se, tanto quanto possível, às expressões usadas pelas testemunhas, reproduzindo fielmente as suas frases.

Art. 216. O depoimento da testemunha será reduzido a termo, assinado por ela, pelo juiz e pelas partes. Se a testemunha não souber assinar, ou não puder fazê-lo, pedirá a alguém que o faça por ela, depois de lido na presença de ambos.

Art. 217. Se o juiz verificar que a presença do réu poderá causar humilhação, temor, ou sério constrangimento à testemunha ou ao ofendido, de modo que prejudique a verdade do depoimento, fará a inquirição por videoconferência e, somente na impossibilidade dessa forma, determinará a retirada do réu, prosseguindo na inquirição, com a presença do seu defensor.

Parágrafo único. A adoção de qualquer das medidas previstas no caput deste artigo deverá constar do termo, assim como os motivos que a determinaram.

Art. 218. Se, regularmente intimada, a testemunha deixar de comparecer sem motivo justificado, o juiz poderá requisitar à autoridade policial a sua apresentação ou determinar seja conduzida por oficial de justiça, que poderá solicitar o auxílio da força pública.

Art. 219. O juiz poderá aplicar à testemunha faltosa a multa prevista no art. 453, sem prejuízo do processo penal por crime de desobediência, e condená-la ao pagamento das custas da diligência.

Art. 220. As pessoas impossibilitadas, por enfermidade ou por velhice, de comparecer para depor, serão inquiridas onde estiverem.

Art. 221. O Presidente e o Vice-Presidente da República, os senadores e deputados federais, os ministros de Estado, os governadores de Estados e Territórios, os secretários de Estado, os prefeitos do Distrito Federal e dos Municípios, os deputados às Assembléias Legislativas Estaduais, os membros do Poder Judiciário, os ministros e juízes dos Tribunais de Contas da União, dos Estados, do Distrito Federal, bem como os do Tribunal Marítimo serão inquiridos em local, dia e hora previamente ajustados entre eles e o juiz.

§ 1º O Presidente e o Vice-Presidente da República, os presidentes do Senado Federal, da Câmara dos Deputados e do Supremo Tribunal Federal poderão optar pela prestação de depoimento por escrito, caso em que as perguntas, formuladas pelas partes e deferidas pelo juiz, lhes serão transmitidas por ofício.

§ 2º Os militares deverão ser requisitados à autoridade superior.

§ 3º Aos funcionários públicos aplicar-se-á o disposto no art. 218, devendo, porém, a expedição do mandado ser imediatamente comunicada ao chefe da repartição em que servirem, com indicação do dia e da hora marcados.

Art. 222. A testemunha que morar fora da jurisdição do juiz será inquirida pelo juiz do lugar de sua residência, expedindo-se, para esse fim, carta precatória, com prazo razoável, intimadas as partes.

§ 1º A expedição da precatória não suspenderá a instrução criminal.

§ 2º Findo o prazo marcado, poderá realizar-se o julgamento, mas, a todo tempo, a precatória, uma vez devolvida, será junta aos autos.

§ 3º Na hipótese prevista no caput deste artigo, a oitiva de testemunha poderá ser realizada por meio de videoconferência ou outro recurso tecnológico de transmissão de sons e imagens em tempo real, permitida a presença do defensor e podendo ser realizada, inclusive, durante a realização da audiência de instrução e julgamento.

Art. 222-A. As cartas rogatórias só serão expedidas se demonstrada previamente a sua imprescindibilidade, arcando a parte requerente com os custos de envio.

Parágrafo único. Aplica-se às cartas rogatórias o disposto nos §§ 1º e 2º do art. 222 deste Código.

Art. 223. Quando a testemunha não conhecer a língua nacional, será nomeado intérprete para traduzir as perguntas e respostas.

Parágrafo único. Tratando-se de mudo, surdo ou surdo-mudo, proceder-se-á na conformidade do art. 192.

Art. 224. As testemunhas comunicarão ao juiz, dentro de um ano, qualquer mudança de residência, sujeitando-se, pela simples omissão, às penas do não comparecimento.

Art. 225. Se qualquer testemunha houver de ausentar-se, ou, por enfermidade ou por velhice, inspirar receio de que ao tempo da instrução criminal já não exista, o juiz poderá, de ofício ou a requerimento de qualquer das partes, tomar-lhe antecipadamente o depoimento.

CAPÍTULO VII
Do Reconhecimento de Pessoas e Coisas

Art. 226. Quando houver necessidade de fazer-se o reconhecimento de pessoa, proceder-se-á pela seguinte forma:

I. a pessoa que tiver de fazer o reconhecimento será convidada a descrever a pessoa que deva ser reconhecida;

II. a pessoa, cujo reconhecimento se pretender, será colocada, se possível, ao lado de outras que com ela tiverem qualquer semelhança, convidando-se quem tiver de fazer o reconhecimento a apontá-la;

III. se houver razão para recear que a pessoa chamada para o reconhecimento, por efeito de intimidação ou outra influência, não diga a verdade em face da pessoa que deve ser reconhecida, a autoridade providenciará para que esta não veja aquela;

IV. do ato de reconhecimento lavrar-se-á auto pormenorizado, subscrito pela autoridade, pela pessoa chamada para proceder ao reconhecimento e por duas testemunhas presenciais.

Parágrafo único. O disposto no nº III deste artigo não terá aplicação na fase da instrução criminal ou em plenário de julgamento.

Art. 227. No reconhecimento de objeto, proceder-se-á com as cautelas estabelecidas no artigo anterior, no que for aplicável.

Art. 228. Se várias forem as pessoas chamadas a efetuar o reconhecimento de pessoa ou de objeto, cada uma fará a prova em separado, evitando-se qualquer comunicação entre elas.

CAPÍTULO VIII
Da Acareação

Art. 229. A acareação será admitida entre acusados, entre acusado e testemunha, entre testemunhas, entre acusado ou testemunha e a pessoa ofendida, e entre as pessoas ofendidas, sempre que divergirem, em suas declarações, sobre fatos ou circunstâncias relevantes.

Parágrafo único. Os acareados serão reperguntados, para que expliquem os pontos de divergências, reduzindo-se a termo o ato de acareação.

Art. 230. Se ausente alguma testemunha, cujas declarações divirjam das de outra, que esteja presente, a esta se darão a conhecer os pontos da divergência, consignando-se no auto o que explicar ou observar. Se subsistir a discordância, expedir-se-á precatória à autoridade do lugar onde resida a testemunha ausente, transcrevendo-se as declarações desta e as da testemunha presente, nos pontos em que divergirem, bem como o texto do referido auto, a fim de que se complete a diligência, ouvindo-se a testemunha ausente, pela mesma forma estabelecida para a testemunha presente. Esta diligência só se realizará quando não importe demora prejudicial ao processo e o juiz a entenda conveniente.

CAPÍTULO IX
Dos Documentos

Art. 231. Salvo os casos expressos em lei, as partes poderão apresentar documentos em qualquer fase do processo.

Art. 232. Consideram-se documentos quaisquer escritos, instrumentos ou papéis, públicos ou particulares.

Parágrafo único. À fotografia do documento, devidamente autenticada, se dará o mesmo valor do original.

Art. 233. As cartas particulares, interceptadas ou obtidas por meios criminosos, não serão admitidas em juízo.

Parágrafo único. As cartas poderão ser exibidas em juízo pelo respectivo destinatário, para a defesa de seu direito, ainda que não haja consentimento do signatário.

Art. 234. Se o juiz tiver notícia da existência de documento relativo a ponto relevante da acusação ou da defesa, providenciará, independentemente de requerimento de qualquer das partes, para sua juntada aos autos, se possível.

Art. 235. A letra e firma dos documentos particulares serão submetidas a exame pericial, quando contestada a sua autenticidade.

Art. 236. Os documentos em língua estrangeira, sem prejuízo de sua juntada imediata, serão, se necessário, traduzidos por tradutor público, ou, na falta, por pessoa idônea nomeada pela autoridade.

Art. 237. As públicas-formas só terão valor quando conferidas com o original, em presença da autoridade.

Art. 238. Os documentos originais, juntos a processo findo, quando não exista motivo relevante que justifique a sua conservação nos autos, poderão, mediante requerimento, e ouvido o Ministério Público, ser entregues à parte que os produziu, ficando traslado nos autos.

CAPÍTULO X
Dos Indícios

Art. 239. Considera-se indício a circunstância conhecida e provada, que, tendo relação com o fato, autorize, por indução, concluir-se a existência de outra ou outras circunstâncias.

CAPÍTULO XI
Da Busca e da Apreensão

Art. 240. A busca será domiciliar ou pessoal.

§ 1º Proceder-se-á à busca domiciliar, quando fundadas razões a autorizarem, para:
a) prender criminosos;
b) apreender coisas achadas ou obtidas por meios criminosos;
c) apreender instrumentos de falsificação ou de contrafação e objetos falsificados ou contrafeitos;
d) apreender armas e munições, instrumentos utilizados na prática de crime ou destinados a fim delituoso;
e) descobrir objetos necessários à prova de infração ou à defesa do réu;
f) apreender cartas, abertas ou não, destinadas ao acusado ou em seu poder, quando haja suspeita de que o conhecimento do seu conteúdo possa ser útil à elucidação do fato;
g) apreender pessoas vítimas de crimes;
h) colher qualquer elemento de convicção.

§ 2º Proceder-se-á à busca pessoal quando houver fundada suspeita de que alguém oculte consigo arma proibida ou objetos mencionados nas letras *b* a *f* e letra *h* do parágrafo anterior.

Art. 241. Quando a própria autoridade policial ou judiciária não a realizar pessoalmente, a busca domiciliar deverá ser precedida da expedição de mandado.

Art. 242. A busca poderá ser determinada de ofício ou a requerimento de qualquer das partes.

Art. 243. O mandado de busca deverá:
I. indicar, o mais precisamente possível, a casa em que será realizada a diligência e o nome do respectivo proprietário ou morador; ou, no caso de busca pessoal, o nome da pessoa que terá de sofrê-la ou os sinais que a identifiquem;
II. mencionar o motivo e os fins da diligência;
III. ser subscrito pelo escrivão e assinado pela autoridade que o fizer expedir.

§ 1º Se houver ordem de prisão, constará do próprio texto do mandado de busca.

§ 2º Não será permitida a apreensão de documento em poder do defensor do acusado, salvo quando constituir elemento do corpo de delito.

Art. 244. A busca pessoal independerá de mandado, no caso de prisão ou quando houver fundada suspeita de que a pessoa esteja na posse de arma proibida ou de objetos ou papéis que constituam corpo de delito, ou quando a medida for determinada no curso de busca domiciliar.

Art. 245. As buscas domiciliares serão executadas de dia, salvo se o morador consentir que se realizem à noite, e, antes de penetrarem na casa, os executores mostrarão e lerão o mandado ao morador, ou a quem o represente, intimando-o, em seguida, a abrir a porta.

§ 1º Se a própria autoridade der a busca, declarará previamente sua qualidade e o objeto da diligência.

§ 2º Em caso de desobediência, será arrombada a porta e forçada a entrada.

§ 3º Recalcitrando o morador, será permitido o emprego de força contra coisas existentes no interior da casa, para o descobrimento do que se procura.

§ 4º Observar-se-á o disposto nos §§ 2º e 3º, quando ausentes os moradores, devendo, neste caso, ser intimado a assistir à diligência qualquer vizinho, se houver e estiver presente.

§ 5º Se é determinada a pessoa ou coisa que se vai procurar, o morador será intimado a mostrá-la.

§ 6º Descoberta a pessoa ou coisa que se procura, será imediatamente apreendida e posta sob custódia da autoridade ou de seus agentes.

§ 7º Finda a diligência, os executores lavrarão auto circunstanciado, assinando-o com duas testemunhas presenciais, sem prejuízo do disposto no § 4º.

Art. 246. Aplicar-se-á também o disposto no artigo anterior, quando se tiver de proceder a busca em compartimento habitado ou em aposento ocupado de habitação coletiva ou em compartimento não aberto ao público, onde alguém exercer profissão ou atividade.

Art. 247. Não sendo encontrada a pessoa ou coisa procurada, os motivos da diligência serão comunicados a quem tiver sofrido a busca, se o requerer.

Art. 248. Em casa habitada, a busca será feita de modo que não moleste os moradores mais do que o indispensável para o êxito da diligência.

Art. 249. A busca em mulher será feita por outra mulher, se não importar retardamento ou prejuízo da diligência.

Art. 250. A autoridade ou seus agentes poderão penetrar no território de jurisdição alheia, ainda que de outro Estado, quando, para o fim de apreensão, forem no seguimento de pessoa ou coisa, devendo apresentar-se à competente autoridade local, antes da diligência ou após, conforme a urgência desta.

§ 1º Entender-se-á que a autoridade ou seus agentes vão em seguimento da pessoa ou coisa, quando:

a) tendo conhecimento direto de sua remoção ou transporte, a seguirem sem interrupção, embora depois a percam de vista;

b) ainda que não a tenham avistado, mas sabendo, por informações fidedignas ou circunstâncias indiciárias, que está sendo removida ou transportada em determinada direção, forem ao seu encalço.

§ 2º Se as autoridades locais tiverem fundadas razões para duvidar da legitimidade das pessoas que, nas referidas diligências, entrarem pelos seus distritos, ou da legalidade dos mandados que apresentarem, poderão exigir as provas dessa legitimidade, mas de modo que não se frustre a diligência.

TÍTULO VIII
Do Juiz, do Ministério Público, do Acusado e Defensor, dos Assistentes e Auxiliares da Justiça

CAPÍTULO I
Do Juiz

Art. 251. Ao juiz incumbirá prover à regularidade do processo e manter a ordem no curso dos respectivos atos, podendo, para tal fim, requisitar a força pública.

Art. 252. O juiz não poderá exercer jurisdição no processo em que:

I. tiver funcionado seu cônjuge ou parente, consanguíneo ou afim, em linha reta ou colateral até o terceiro grau, inclusive, como defensor ou advogado, órgão do Ministério Público, autoridade policial, auxiliar da justiça ou perito;

II. ele próprio houver desempenhado qualquer dessas funções ou servido como testemunha;

III. tiver funcionado como juiz de outra instância, pronunciando-se, de fato ou de direito, sobre a questão;

IV. ele próprio ou seu cônjuge ou parente, consanguíneo ou afim em linha reta ou colateral até o terceiro grau, inclusive, for parte ou diretamente interessado no feito.

Art. 253. Nos juízos coletivos, não poderão servir no mesmo processo os juízes que forem entre si parentes, consanguíneos ou afins, em linha reta ou colateral até o terceiro grau, inclusive.

Art. 254. O juiz dar-se-á por suspeito, e, se não o fizer, poderá ser recusado por qualquer das partes:
I. se for amigo íntimo ou inimigo capital de qualquer deles;
II. se ele, seu cônjuge, ascendente ou descendente, estiver respondendo a processo por fato análogo, sobre cujo caráter criminoso haja controvérsia;
III. se ele, seu cônjuge, ou parente, consanguíneo ou afim, até o terceiro grau, inclusive, sustentar demanda ou responder a processo que tenha de ser julgado por qualquer das partes;
IV. se tiver aconselhado qualquer das partes;
V. se for credor ou devedor, tutor ou curador, de qualquer das partes;
VI. se for sócio, acionista ou administrador de sociedade interessada no processo.

Art. 255. O impedimento ou suspeição decorrente de parentesco por afinidade cessará pela dissolução do casamento que Ihe tiver dado causa, salvo sobrevindo descendentes; mas, ainda que dissolvido o casamento sem descendentes, não funcionará como juiz o sogro, o padrasto, o cunhado, o genro ou enteado de quem for parte no processo.

Art. 256. A suspeição não poderá ser declarada nem reconhecida, quando a parte injuriar o juiz ou de propósito der motivo para criá-la.

CAPÍTULO II
Do Ministério Público

Art. 257. Ao Ministério Público cabe:
I. promover, privativamente, a ação penal pública, na forma estabelecida neste Código; e
II. fiscalizar a execução da lei.

Art. 258. Os órgãos do Ministério Público não funcionarão nos processos em que o juiz ou qualquer das partes for seu cônjuge, ou parente, consanguíneo ou afim, em linha reta ou colateral, até o terceiro grau, inclusive, e a eles se estendem, no que Ihes for aplicável, as prescrições relativas à suspeição e aos impedimentos dos juízes.

CAPÍTULO III
Do Acusado e seu Defensor

Art. 259. A impossibilidade de identificação do acusado com o seu verdadeiro nome ou outros qualificativos não retardará a ação penal, quando certa a identidade física. A qualquer tempo, no curso do processo, do julgamento ou da execução da sentença, se for descoberta a sua qualificação, far-se-á a retificação, por termo, nos autos, sem prejuízo da validade dos atos precedentes.

Art. 260. Se o acusado não atender à intimação para o interrogatório, reconhecimento ou qualquer outro ato que, sem ele, não possa ser realizado, a autoridade poderá mandar conduzi-lo à sua presença. (Vide ADPF 395)(Vide ADPF 444)

Parágrafo único. O mandado conterá, além da ordem de condução, os requisitos mencionados no art. 352, no que Ihe for aplicável.

Art. 261. Nenhum acusado, ainda que ausente ou foragido, será processado ou julgado sem defensor.

Parágrafo único. A defesa técnica, quando realizada por defensor público ou dativo, será sempre exercida através de manifestação fundamentada.

Art. 262. Ao acusado menor dar-se-á curador.

Art. 263. Se o acusado não o tiver, ser-lhe-á nomeado defensor pelo juiz, ressalvado o seu direito de, a todo tempo, nomear outro de sua confiança, ou a si mesmo defender-se, caso tenha habilitação.

Parágrafo único. O acusado, que não for pobre, será obrigado a pagar os honorários do defensor dativo, arbitrados pelo juiz.

Art. 264. Salvo motivo relevante, os advogados e solicitadores serão obrigados, sob pena de multa de cem a quinhentos mil-réis, a prestar seu patrocínio aos acusados, quando nomeados pelo Juiz.

Art. 265. O defensor não poderá abandonar o processo senão por motivo imperioso, comunicado previamente o juiz, sob pena de multa de 10 (dez) a 100 (cem) salários mínimos, sem prejuízo das demais sanções cabíveis.

§ 1º A audiência poderá ser adiada se, por motivo justificado, o defensor não puder comparecer.

§ 2º Incumbe ao defensor provar o impedimento até a abertura da audiência. Não o fazendo, o juiz não determinará o adiamento de ato algum do processo, devendo nomear defensor substituto, ainda que provisoriamente ou só para o efeito do ato.

Art. 266. A constituição de defensor independerá de instrumento de mandato, se o acusado o indicar por ocasião do interrogatório.

Art. 267. Nos termos do art. 252, não funcionarão como defensores os parentes do juiz.

CAPÍTULO IV
Dos Assistentes

Art. 268. Em todos os termos da ação pública, poderá intervir, como assistente do Ministério Público, o ofendido ou seu representante legal, ou, na falta, qualquer das pessoas mencionadas no Art. 31.

Art. 269. O assistente será admitido enquanto não passar em julgado a sentença e receberá a causa no estado em que se achar.

Art. 270. O corréu no mesmo processo não poderá intervir como assistente do Ministério Público.

Art. 271. Ao assistente será permitido propor meios de prova, requerer perguntas às testemunhas, aditar o libelo e os articulados, participar do debate oral e arrazoar os recursos interpostos pelo Ministério Público, ou por ele próprio, nos casos dos arts. 584, § 1º, e 598.

§ 1º O juiz, ouvido o Ministério Público, decidirá acerca da realização das provas propostas pelo assistente.

§ 2º O processo prosseguirá independentemente de nova intimação do assistente, quando este, intimado, deixar de comparecer a qualquer dos atos da instrução ou do julgamento, sem motivo de força maior devidamente comprovado.

Art. 272. O Ministério Público será ouvido previamente sobre a admissão do assistente.

Art. 273. Do despacho que admitir, ou não, o assistente, não caberá recurso, devendo, entretanto, constar dos autos o pedido e a decisão.

CAPÍTULO V
Dos Funcionários da Justiça

Art. 274. As prescrições sobre suspeição dos juízes estendem-se aos serventuários e funcionários da justiça, no que Ihes for aplicável.

CAPÍTULO VI
Dos Peritos e Intérpretes

Art. 275. O perito, ainda quando não oficial, estará sujeito à disciplina judiciária.

Art. 276. As partes não intervirão na nomeação do perito.

Art. 277. O perito nomeado pela autoridade será obrigado a aceitar o encargo, sob pena de multa de cem a quinhentos mil-réis, salvo escusa atendível.

Parágrafo único. Incorrerá na mesma multa o perito que, sem justa causa, provada imediatamente:

a) deixar de acudir à intimação ou ao chamado da autoridade;

b) não comparecer no dia e local designados para o exame;

c) não der o laudo, ou concorrer para que a perícia não seja feita, nos prazos estabelecidos.

Art. 278. No caso de não comparecimento do perito, sem justa causa, a autoridade poderá determinar a sua condução.

Art. 279. Não poderão ser peritos:

I. os que estiverem sujeitos à interdição de direito mencionada nos ns. I e IV do art. 69 do Código Penal;

II. os que tiverem prestado depoimento no processo ou opinado anteriormente sobre o objeto da perícia;

III. os analfabetos e os menores de 21 anos.

Art. 280. É extensivo aos peritos, no que Ihes for aplicável, o disposto sobre suspeição dos juízes.

Art. 281. Os intérpretes são, para todos os efeitos, equiparados aos peritos.

TÍTULO IX
Da Prisão, das Medidas Cautelares e da Liberdade Provisória

CAPÍTULO I
Disposições Gerais

Art. 282. As medidas cautelares previstas neste Título deverão ser aplicadas observando-se a:

I. necessidade para aplicação da lei penal, para a investigação ou a instrução criminal e, nos casos expressamente previstos, para evitar a prática de infrações penais;

II. adequação da medida à gravidade do crime, circunstâncias do fato e condições pessoais do indiciado ou acusado.

§ 1º As medidas cautelares poderão ser aplicadas isolada ou cumulativamente.

§ 2º As medidas cautelares serão decretadas pelo juiz a requerimento das partes ou, quando no curso da investigação criminal, por representação da autoridade policial ou mediante requerimento do Ministério Público. **(Redação dada pela Lei nº 13.964, de 2019)**
§ 3º Ressalvados os casos de urgência ou de perigo de ineficácia da medida, o juiz, ao receber o pedido de medida cautelar, determinará a intimação da parte contrária, para se manifestar no prazo de 5 (cinco) dias, acompanhada de cópia do requerimento e das peças necessárias, permanecendo os autos em juízo, e os casos de urgência ou de perigo deverão ser justificados e fundamentados em decisão que contenha elementos do caso concreto que justifiquem essa medida excepcional. **(Redação dada pela Lei nº 13.964, de 2019)**
§ 4º No caso de descumprimento de qualquer das obrigações impostas, o juiz, mediante requerimento do Ministério Público, de seu assistente ou do querelante, poderá substituir a medida, impor outra em cumulação, ou, em último caso, decretar a prisão preventiva, nos termos do parágrafo único do art. 312 deste Código. **(Redação dada pela Lei nº 13.964, de 2019)**
§ 5º O juiz poderá, de ofício ou a pedido das partes, revogar a medida cautelar ou substituí-la quando verificar a falta de motivo para que subsista, bem como voltar a decretá-la, se sobrevierem razões que a justifiquem. **(Redação dada pela Lei nº 13.964, de 2019)**
§ 6º A prisão preventiva somente será determinada quando não for cabível a sua substituição por outra medida cautelar, observado o art. 319 deste Código, e o não cabimento da substituição por outra medida cautelar deverá ser justificado de forma fundamentada nos elementos presentes do caso concreto, de forma individualizada. **(Redação dada pela Lei nº 13.964, de 2019)**
Art. 283. Ninguém poderá ser preso senão em flagrante delito ou por ordem escrita e fundamentada da autoridade judiciária competente, em decorrência de prisão cautelar ou em virtude de condenação criminal transitada em julgado. **(Redação dada pela Lei nº 13.964, de 2019)**
§ 1º As medidas cautelares previstas neste Título não se aplicam à infração a que não for isolada, cumulativa ou alternativamente cominada pena privativa de liberdade.
§ 2º A prisão poderá ser efetuada em qualquer dia e a qualquer hora, respeitadas as restrições relativas à inviolabilidade do domicílio.
Art. 284. Não será permitido o emprego de força, salvo a indispensável no caso de resistência ou de tentativa de fuga do preso.
Art. 285. A autoridade que ordenar a prisão fará expedir o respectivo mandado.
Parágrafo único. O mandado de prisão:
a) será lavrado pelo escrivão e assinado pela autoridade;
b) designará a pessoa, que tiver de ser presa, por seu nome, alcunha ou sinais característicos;
c) mencionará a infração penal que motivar a prisão;
d) declarará o valor da fiança arbitrada, quando afiançável a infração;
e) será dirigido a quem tiver qualidade para dar-lhe execução.
Art. 286. O mandado será passado em duplicata, e o executor entregará ao preso, logo depois da prisão, um dos exemplares com declaração do dia, hora e lugar da diligência. Da entrega deverá o preso passar recibo no outro exemplar; se recusar, não souber ou não puder escrever, o fato será mencionado em declaração, assinada por duas testemunhas.
Art. 287. Se a infração for inafiançável, a falta de exibição do mandado não obstará a prisão, e o preso, em tal caso, será imediatamente apresentado ao juiz que tiver expedido o mandado, para a realização de audiência de custódia. **(Redação dada pela Lei nº 13.964, de 2019)**
Art. 288. Ninguém será recolhido à prisão, sem que seja exibido o mandado ao respectivo diretor ou carcereiro, a quem será entregue cópia assinada pelo executor ou apresentada a guia expedida pela autoridade competente, devendo ser passado recibo da entrega do preso, com declaração de dia e hora.
Parágrafo único. O recibo poderá ser passado no próprio exemplar do mandado, se este for o documento exibido.
Art. 289. Quando o acusado estiver no território nacional, fora da jurisdição do juiz processante, será deprecada a sua prisão, devendo constar da precatória o inteiro teor do mandado.
§ 1º Havendo urgência, o juiz poderá requisitar a prisão por qualquer meio de comunicação, do qual

deverá constar o motivo da prisão, bem como o valor da fiança se arbitrada.

§ 2º A autoridade a quem se fizer a requisição tomará as precauções necessárias para averiguar a autenticidade da comunicação.

§ 3º O juiz processante deverá providenciar a remoção do preso no prazo máximo de 30 (trinta) dias, contados da efetivação da medida.

Art. 289-A. O juiz competente providenciará o imediato registro do mandado de prisão em banco de dados mantido pelo Conselho Nacional de Justiça para essa finalidade.

§ 1º Qualquer agente policial poderá efetuar a prisão determinada no mandado de prisão registrado no Conselho Nacional de Justiça, ainda que fora da competência territorial do juiz que o expediu.

§ 2º Qualquer agente policial poderá efetuar a prisão decretada, ainda que sem registro no Conselho Nacional de Justiça, adotando as precauções necessárias para averiguar a autenticidade do mandado e comunicando ao juiz que a decretou, devendo este providenciar, em seguida, o registro do mandado na forma do caput deste artigo.

§ 3º A prisão será imediatamente comunicada ao juiz do local de cumprimento da medida o qual providenciará a certidão extraída do registro do Conselho Nacional de Justiça e informará ao juízo que a decretou.

§ 4º O preso será informado de seus direitos, nos termos do inciso LXIII do art. 5º da Constituição Federal e, caso o autuado não informe o nome de seu advogado, será comunicado à Defensoria Pública.

§ 5º Havendo dúvidas das autoridades locais sobre a legitimidade da pessoa do executor ou sobre a identidade do preso, aplica-se o disposto no § 2º do art. 290 deste Código.

§ 6º O Conselho Nacional de Justiça regulamentará o registro do mandado de prisão a que se refere o caput deste artigo.

Art. 290. Se o réu, sendo perseguido, passar ao território de outro município ou comarca, o executor poderá efetuar-lhe a prisão no lugar onde o alcançar, apresentando-o imediatamente à autoridade local, que, depois de lavrado, se for o caso, o auto de flagrante, providenciará para a remoção do preso.

§ 1º Entender-se-á que o executor vai em perseguição do réu, quando:

a) tendo-o avistado, for perseguindo-o sem interrupção, embora depois o tenha perdido de vista;

b) sabendo, por indícios ou informações fidedignas, que o réu tenha passado, há pouco tempo, em tal ou qual direção, pelo lugar em que o procure, for no seu encalço.

§ 2º Quando as autoridades locais tiverem fundadas razões para duvidar da legitimidade da pessoa do executor ou da legalidade do mandado que apresentar, poderão pôr em custódia o réu, até que fique esclarecida a dúvida.

Art. 291. A prisão em virtude de mandado entender-se-á feita desde que o executor, fazendo-se conhecer do réu, lhe apresente o mandado e o intime a acompanhá-lo.

Art. 292. Se houver, ainda que por parte de terceiros, resistência à prisão em flagrante ou à determinada por autoridade competente, o executor e as pessoas que o auxiliarem poderão usar dos meios necessários para defender-se ou para vencer a resistência, do que tudo se lavrará auto subscrito também por duas testemunhas.

Parágrafo único. É vedado o uso de algemas em mulheres grávidas durante os atos médico-hospitalares preparatórios para a realização do parto e durante o trabalho de parto, bem como em mulheres durante o período de puerpério imediato.

Art. 293. Se o executor do mandado verificar, com segurança, que o réu entrou ou se encontra em alguma casa, o morador será intimado a entregá-lo, à vista da ordem de prisão. Se não for obedecido imediatamente, o executor convocará duas testemunhas e, sendo dia, entrará à força na casa, arrombando as portas, se preciso; sendo noite, o executor, depois da intimação ao morador, se não for atendido, fará guardar todas as saídas, tornando a casa incomunicável, e, logo que amanheça, arrombará as portas e efetuará a prisão.

Parágrafo único. O morador que se recusar a entregar o réu oculto em sua casa será levado à presença da autoridade, para que se proceda contra ele como for de direito.

Art. 294. No caso de prisão em flagrante, observar-se-á o disposto no artigo anterior, no que for aplicável.

Art. 295. Serão recolhidos a quartéis ou à prisão especial, à disposição da autoridade competente, quando sujeitos a prisão antes de condenação definitiva:

I. os ministros de Estado;

II. os governadores ou interventores de Estados ou Territórios, o prefeito do Distrito Federal, seus respectivos secretários, os prefeitos municipais, os vereadores e os chefes de Polícia;

III. os membros do Parlamento Nacional, do Conselho de Economia Nacional e das Assembléias Legislativas dos Estados;

IV. os cidadãos inscritos no "Livro de Mérito";

V. os oficiais das Forças Armadas e os militares dos Estados, do Distrito Federal e dos Territórios;

VI. os magistrados;

VII. os diplomados por qualquer das faculdades superiores da República;

VIII. os ministros de confissão religiosa;

IX. os ministros do Tribunal de Contas;

X. os cidadãos que já tiverem exercido efetivamente a função de jurado, salvo quando excluídos da lista por motivo de incapacidade para o exercício daquela função;

XI. os delegados de polícia e os guardas-civis dos Estados e Territórios, ativos e inativos.

§ 1º A prisão especial, prevista neste Código ou em outras leis, consiste exclusivamente no recolhimento em local distinto da prisão comum.

§ 2º Não havendo estabelecimento específico para o preso especial, este será recolhido em cela distinta do mesmo estabelecimento.

§ 3º A cela especial poderá consistir em alojamento coletivo, atendidos os requisitos de salubridade do ambiente, pela concorrência dos fatores de aeração, insolação e condicionamento térmico adequados à existência humana.

§ 4º O preso especial não será transportado juntamente com o preso comum.

§ 5º Os demais direitos e deveres do preso especial serão os mesmos do preso comum.

Art. 296. Os inferiores e praças de pré, onde for possível, serão recolhidos à prisão, em estabelecimentos militares, de acordo com os respectivos regulamentos.

Art. 297. Para o cumprimento de mandado expedido pela autoridade judiciária, a autoridade policial poderá expedir tantos outros quantos necessários às diligências, devendo neles ser fielmente reproduzido o teor do mandado original.

Art. 298. (Revogado pela Lei nº 12.403, de 2011).

Art. 299. A captura poderá ser requisitada, à vista de mandado judicial, por qualquer meio de comunicação, tomadas pela autoridade, a quem se fizer a requisição, as precauções necessárias para averiguar a autenticidade desta.

Art. 300. As pessoas presas provisoriamente ficarão separadas das que já estiverem definitivamente condenadas, nos termos da lei de execução penal.

Parágrafo único. O militar preso em flagrante delito, após a lavratura dos procedimentos legais, será recolhido a quartel da instituição a que pertencer, onde ficará preso à disposição das autoridades competentes.

CAPÍTULO II
Da Prisão em Flagrante

Art. 301. Qualquer do povo poderá e as autoridades policiais e seus agentes deverão prender quem quer que seja encontrado em flagrante delito.

Art. 302. Considera-se em flagrante delito quem:

I. está cometendo a infração penal;

II. acaba de cometê-la;

III. é perseguido, logo após, pela autoridade, pelo ofendido ou por qualquer pessoa, em situação que faça presumir ser autor da infração;

IV. é encontrado, logo depois, com instrumentos, armas, objetos ou papéis que façam presumir ser ele autor da infração.

Art. 303. Nas infrações permanentes, entende-se o agente em flagrante delito enquanto não cessar a permanência.

Art. 304. Apresentado o preso à autoridade competente, ouvirá esta o condutor e colherá, desde logo, sua assinatura, entregando a este cópia do termo e recibo de entrega do preso. Em seguida, procederá à oitiva das testemunhas que o acompanharem e ao interrogatório do acusado sobre a imputação que lhe é feita, colhendo, após cada oitiva suas respectivas assinaturas, lavrando, a autoridade, afinal, o auto.

§ 1º Resultando das respostas fundada a suspeita contra o conduzido, a autoridade mandará recolhê-lo à prisão, exceto no caso de livrar-se solto ou de prestar fiança, e prosseguirá nos atos do inquérito ou processo, se para isso for competente; se não o for, enviará os autos à autoridade que o seja.

§ 2º A falta de testemunhas da infração não impedirá o auto de prisão em flagrante; mas, nesse caso, com o condutor, deverão assiná-lo pelo menos duas pessoas que hajam testemunhado a apresentação do preso à autoridade.

§ 3º Quando o acusado se recusar a assinar, não souber ou não puder fazê-lo, o auto de prisão em flagrante será assinado por duas testemunhas, que tenham ouvido sua leitura na presença deste.

§ 4º Da lavratura do auto de prisão em flagrante deverá constar a informação sobre a existência de filhos, respectivas idades e se possuem alguma deficiência e o nome e o contato de eventual responsável pelos cuidados dos filhos, indicado pela pessoa presa.

Art. 305. Na falta ou no impedimento do escrivão, qualquer pessoa designada pela autoridade lavrará o auto, depois de prestado o compromisso legal.

Art. 306. A prisão de qualquer pessoa e o local onde se encontre serão comunicados imediatamente ao juiz competente, ao Ministério Público e à família do preso ou à pessoa por ele indicada.

§ 1º Em até 24 (vinte e quatro) horas após a realização da prisão, será encaminhado ao juiz competente o auto de prisão em flagrante e, caso o autuado não informe o nome de seu advogado, cópia integral para a Defensoria Pública.

§ 2º No mesmo prazo, será entregue ao preso, mediante recibo, a nota de culpa, assinada pela autoridade, com o motivo da prisão, o nome do condutor e os das testemunhas.

Art. 307. Quando o fato for praticado em presença da autoridade, ou contra esta, no exercício de suas funções, constarão do auto a narração deste fato, a voz de prisão, as declarações que fizer o preso e os depoimentos das testemunhas, sendo tudo assinado pela autoridade, pelo preso e pelas testemunhas e remetido imediatamente ao juiz a quem couber tomar conhecimento do fato delituoso, se não o for a autoridade que houver presidido o auto.

Art. 308. Não havendo autoridade no lugar em que se tiver efetuado a prisão, o preso será logo apresentado à do lugar mais próximo.

Art. 309. Se o réu se livrar solto, deverá ser posto em liberdade, depois de lavrado o auto de prisão em flagrante.

Art. 310. Após receber o auto de prisão em flagrante, no prazo máximo de até 24 (vinte e quatro) horas após a realização da prisão, o juiz deverá promover audiência de custódia com a presença do acusado, seu advogado constituído ou membro da Defensoria Pública e o membro do Ministério Público, e, nessa audiência, o juiz deverá, fundamentadamente: **(Redação dada pela Lei nº 13.964, de 2019)**

I. relaxar a prisão ilegal; ou

II. converter a prisão em flagrante em preventiva, quando presentes os requisitos constantes do art. 312 deste Código, e se revelarem inadequadas ou insuficientes as medidas cautelares diversas da prisão; ou

III. conceder liberdade provisória, com ou sem fiança.

§ 1º Se o juiz verificar, pelo auto de prisão em flagrante, que o agente praticou o fato em qualquer das condições constantes dos incisos I, II ou III do caput do art. 23 do Decreto-Lei nº 2.848, de 7 de dezembro de 1940 (Código Penal), poderá, fundamentadamente, conceder ao acusado liberdade provisória, mediante termo de comparecimento obrigatório a todos os atos processuais, sob pena de revogação. **(Renumerado do parágrafo único pela Lei nº 13.964, de 2019)**

§ 2º Se o juiz verificar que o agente é reincidente ou que integra organização criminosa armada ou milícia, ou que porta arma de fogo de uso restrito, deverá denegar a liberdade provisória, com ou sem medidas cautelares. **(Incluído pela Lei nº 13.964, de 2019)**

§ 3º A autoridade que deu causa, sem motivação idônea, à não realização da audiência de custódia no prazo estabelecido no caput deste artigo responderá administrativa, civil e penalmente pela omissão. **(Incluído pela Lei nº 13.964, de 2019)**

§ 4º Transcorridas 24 (vinte e quatro) horas após o decurso do prazo estabelecido no caput deste artigo, a não realização de audiência de custódia sem motivação idônea ensejará também a ilegalidade da prisão, a ser relaxada pela autoridade competente, sem prejuízo da possibilidade de imediata decretação de prisão preventiva. **(Incluído pela Lei nº 13.964, de 2019)**

CAPÍTULO III

Da Prisão Preventiva

Art. 311. Em qualquer fase da investigação policial ou do processo penal, caberá a prisão preventiva decretada pelo juiz, a requerimento do Ministério Público, do querelante ou do assistente, ou por representação da autoridade policial. **(Redação dada pela Lei nº 13.964, de 2019)**

Art. 312. A prisão preventiva poderá ser decretada como garantia da ordem pública, da ordem

econômica, por conveniência da instrução criminal ou para assegurar a aplicação da lei penal, quando houver prova da existência do crime e indício suficiente de autoria e de perigo gerado pelo estado de liberdade do imputado. **(Redação dada pela Lei nº 13.964, de 2019)**
§ 1º A prisão preventiva também poderá ser decretada em caso de descumprimento de qualquer das obrigações impostas por força de outras medidas cautelares (art. 282, § 4º). **(Redação dada pela Lei nº 13.964, de 2019)**
§ 2º A decisão que decretar a prisão preventiva deve ser motivada e fundamentada em receio de perigo e existência concreta de fatos novos ou contemporâneos que justifiquem a aplicação da medida adotada. **(Incluído pela Lei nº 13.964, de 2019)**
Art. 313. Nos termos do art. 312 deste Código, será admitida a decretação da prisão preventiva:
I. nos crimes dolosos punidos com pena privativa de liberdade máxima superior a 4 (quatro) anos;
II. se tiver sido condenado por outro crime doloso, em sentença transitada em julgado, ressalvado o disposto no inciso I do caput do art. 64 do Decreto-Lei nº 2.848, de 7 de dezembro de 1940 – Código Penal;
III. se o crime envolver violência doméstica e familiar contra a mulher, criança, adolescente, idoso, enfermo ou pessoa com deficiência, para garantir a execução das medidas protetivas de urgência;
IV (Revogado pela Lei nº 12.403, de 2011).
§ 1º Também será admitida a prisão preventiva quando houver dúvida sobre a identidade civil da pessoa ou quando esta não fornecer elementos suficientes para esclarecê-la, devendo o preso ser colocado imediatamente em liberdade após a identificação, salvo se outra hipótese recomendar a manutenção da medida.**(Redação dada pela Lei nº 13.964, de 2019)**
§ 2º Não será admitida a decretação da prisão preventiva com a finalidade de antecipação de cumprimento de pena ou como decorrência imediata de investigação criminal ou da apresentação ou recebimento de denúncia. **(Incluído pela Lei nº 13.964, de 2019)**
Art. 314. A prisão preventiva em nenhum caso será decretada se o juiz verificar pelas provas constantes dos autos ter o agente praticado o fato nas condições previstas nos incisos I, II e III do caput do art. 23 do Decreto-Lei nº 2.848, de 7 de dezembro de 1940 – Código Penal.

Art. 315. A decisão que decretar, substituir ou denegar a prisão preventiva será sempre motivada e fundamentada. **(Redação dada pela Lei nº 13.964, de 2019)**
§ 1º Na motivação da decretação da prisão preventiva ou de qualquer outra cautelar, o juiz deverá indicar concretamente a existência de fatos novos ou contemporâneos que justifiquem a aplicação da medida adotada. **(Incluído pela Lei nº 13.964, de 2019)**
§ 2º Não se considera fundamentada qualquer decisão judicial, seja ela interlocutória, sentença ou acórdão, que: **(Incluído pela Lei nº 13.964, de 2019)**
I. limitar-se à indicação, à reprodução ou à paráfrase de ato normativo, sem explicar sua relação com a causa ou a questão decidida; **(Incluído pela Lei nº 13.964, de 2019)**
II. empregar conceitos jurídicos indeterminados, sem explicar o motivo concreto de sua incidência no caso; **(Incluído pela Lei nº 13.964, de 2019)**
III. invocar motivos que se prestariam a justificar qualquer outra decisão; **(Incluído pela Lei nº 13.964, de 2019)**
IV. não enfrentar todos os argumentos deduzidos no processo capazes de, em tese, infirmar a conclusão adotada pelo julgador; **(Incluído pela Lei nº 13.964, de 2019)**
V. limitar-se a invocar precedente ou enunciado de súmula, sem identificar seus fundamentos determinantes nem demonstrar que o caso sob julgamento se ajusta àqueles fundamentos; **(Incluído pela Lei nº 13.964, de 2019)**
VI. deixar de seguir enunciado de súmula, jurisprudência ou precedente invocado pela parte, sem demonstrar a existência de distinção no caso em julgamento ou a superação do entendimento. **(Incluído pela Lei nº 13.964, de 2019)**
Art. 316. O juiz poderá, de ofício ou a pedido das partes, revogar a prisão preventiva se, no correr da investigação ou do processo, verificar a falta de motivo para que ela subsista, bem como novamente decretá-la, se sobrevierem razões que a justifiquem. **(Redação dada pela Lei nº 13.964, de 2019)**
Parágrafo único. Decretada a prisão preventiva, deverá o órgão emissor da decisão revisar a necessidade de sua manutenção a cada 90 (noventa) dias, mediante decisão fundamentada, de ofício, sob pena de tornar a prisão ilegal. **(Incluído pela Lei nº 13.964, de 2019)**

CAPÍTULO IV
Da Prisão Domiciliar

Art. 317. A prisão domiciliar consiste no recolhimento do indiciado ou acusado em sua residência, só podendo dela ausentar-se com autorização judicial.

Art. 318. Poderá o juiz substituir a prisão preventiva pela domiciliar quando o agente for:
I. maior de 80 (oitenta) anos;
II. extremamente debilitado por motivo de doença grave;
III. imprescindível aos cuidados especiais de pessoa menor de 6 (seis) anos de idade ou com deficiência;
IV. gestante;
V. mulher com filho de até 12 (doze) anos de idade incompletos;
VI. homem, caso seja o único responsável pelos cuidados do filho de até 12 (doze) anos de idade incompletos.
Parágrafo único. Para a substituição, o juiz exigirá prova idônea dos requisitos estabelecidos neste artigo.

Art. 318-A. A prisão preventiva imposta à mulher gestante ou que for mãe ou responsável por crianças ou pessoas com deficiência será substituída por prisão domiciliar, desde que: **(Incluído pela Lei nº 13.769, de 2018)**.
VII. não tenha cometido crime com violência ou grave ameaça a pessoa; **(Incluído pela Lei nº 13.769, de 2018)**.
VIII. não tenha cometido o crime contra seu filho ou dependente. **(Incluído pela Lei nº 13.769, de 2018)**.

Art. 318-B. A substituição de que tratam os arts. 318 e 318-A poderá ser efetuada sem prejuízo da aplicação concomitante das medidas alternativas previstas no art. 319 deste Código. **(Incluído pela Lei nº 13.769, de 2018)**.

CAPÍTULO V
Das Outras Medidas Cautelares

Art. 319. São medidas cautelares diversas da prisão:
I. comparecimento periódico em juízo, no prazo e nas condições fixadas pelo juiz, para informar e justificar atividades;
II. proibição de acesso ou frequência a determinados lugares quando, por circunstâncias relacionadas ao fato, deva o indiciado ou acusado permanecer distante desses locais para evitar o risco de novas infrações;
III. proibição de manter contato com pessoa determinada quando, por circunstâncias relacionadas ao fato, deva o indiciado ou acusado dela permanecer distante;
IV. proibição de ausentar-se da Comarca quando a permanência seja conveniente ou necessária para a investigação ou instrução;
V. recolhimento domiciliar no período noturno e nos dias de folga quando o investigado ou acusado tenha residência e trabalho fixos;
VI. suspensão do exercício de função pública ou de atividade de natureza econômica ou financeira quando houver justo receio de sua utilização para a prática de infrações penais;
VII. internação provisória do acusado nas hipóteses de crimes praticados com violência ou grave ameaça, quando os peritos concluírem ser inimputável ou semi-imputável (art. 26 do Código Penal) e houver risco de reiteração;
VIII. fiança, nas infrações que a admitem, para assegurar o comparecimento a atos do processo, evitar a obstrução do seu andamento ou em caso de resistência injustificada à ordem judicial;
IX. monitoração eletrônica.
§ 4º A fiança será aplicada de acordo com as disposições do Capítulo VI deste Título, podendo ser cumulada com outras medidas cautelares.

Art. 320. A proibição de ausentar-se do País será comunicada pelo juiz às autoridades encarregadas de fiscalizar as saídas do território nacional, intimando-se o indiciado ou acusado para entregar o passaporte, no prazo de 24 (vinte e quatro) horas.

CAPÍTULO VI
Da Liberdade Provisória, com ou sem Fiança

Art. 321. Ausentes os requisitos que autorizam a decretação da prisão preventiva, o juiz deverá conceder liberdade provisória, impondo, se for o caso, as medidas cautelares previstas no art. 319 deste Código e observados os critérios constantes do art. 282 deste Código.

Art. 322. A autoridade policial somente poderá conceder fiança nos casos de infração cuja pena

privativa de liberdade máxima não seja superior a 4 (quatro) anos.
Parágrafo único. Nos demais casos, a fiança será requerida ao juiz, que decidirá em 48 (quarenta e oito) horas.
Art. 323. Não será concedida fiança:
I. nos crimes de racismo;
II. nos crimes de tortura, tráfico ilícito de entorpecentes e drogas afins, terrorismo e nos definidos como crimes hediondos;
III. nos crimes cometidos por grupos armados, civis ou militares, contra a ordem constitucional e o Estado Democrático;
IV. (revogado)
V. (revogado)
Art. 324. Não será, igualmente, concedida fiança:
I. aos que, no mesmo processo, tiverem quebrado fiança anteriormente concedida ou infringido, sem motivo justo, qualquer das obrigações a que se referem os arts. 327 e 328 deste Código;
II. em caso de prisão civil ou militar;
III. (revogado) (Revogado pela Lei nº 12.403, de 2011).
IV. quando presentes os motivos que autorizam a decretação da prisão preventiva (art. 312).
Art. 325. O valor da fiança será fixado pela autoridade que a conceder nos seguintes limites:
a) (revogada); (Redação dada pela Lei nº 12.403, de 2011).
b) (revogada); (Redação dada pela Lei nº 12.403, de 2011).
c) (revogada). (Redação dada pela Lei nº 12.403, de 2011).
I. de 1 (um) a 100 (cem) salários mínimos, quando se tratar de infração cuja pena privativa de liberdade, no grau máximo, não for superior a 4 (quatro) anos;
II. de 10 (dez) a 200 (duzentos) salários mínimos, quando o máximo da pena privativa de liberdade cominada for superior a 4 (quatro) anos.
§ 1º Se assim recomendar a situação econômica do preso, a fiança poderá ser:
I. dispensada, na forma do art. 350 deste Código;
II. reduzida até o máximo de 2/3 (dois terços); ou
III. aumentada em até 1.000 (mil) vezes.
§ 2º (revogado)
Art. 326. Para determinar o valor da fiança, a autoridade terá em consideração a natureza da infração, as condições pessoais de fortuna e vida pregressa do acusado, as circunstâncias indicativas de sua periculosidade, bem como a importância provável das custas do processo, até final julgamento.
Art. 327. A fiança tomada por termo obrigará o afiançado a comparecer perante a autoridade, todas as vezes que for intimado para atos do inquérito e da instrução criminal e para o julgamento. Quando o réu não comparecer, a fiança será havida como quebrada.
Art. 328. O réu afiançado não poderá, sob pena de quebramento da fiança, mudar de residência, sem prévia permissão da autoridade processante, ou ausentar-se por mais de 8 (oito) dias de sua residência, sem comunicar àquela autoridade o lugar onde será encontrado.
Art. 329. Nos juízos criminais e delegacias de polícia, haverá um livro especial, com termos de abertura e de encerramento, numerado e rubricado em todas as suas folhas pela autoridade, destinado especialmente aos termos de fiança. O termo será lavrado pelo escrivão e assinado pela autoridade e por quem prestar a fiança, e dele extrair-se-á certidão para juntar-se aos autos.
Parágrafo único. O réu e quem prestar a fiança serão pelo escrivão notificados das obrigações e da sanção previstas nos arts. 327 e 328, o que constará dos autos.
Art. 330. A fiança, que será sempre definitiva, consistirá em depósito de dinheiro, pedras, objetos ou metais preciosos, títulos da dívida pública, federal, estadual ou municipal, ou em hipoteca inscrita em primeiro lugar.
§ 1º A avaliação de imóvel, ou de pedras, objetos ou metais preciosos será feita imediatamente por perito nomeado pela autoridade.
§ 2º Quando a fiança consistir em caução de títulos da dívida pública, o valor será determinado pela sua cotação em Bolsa, e, sendo nominativos, exigir-se-á prova de que se acham livres de ônus.
Art. 331. O valor em que consistir a fiança será recolhido à repartição arrecadadora federal ou estadual, ou entregue ao depositário público, juntando-se aos autos os respectivos conhecimentos.
Parágrafo único. Nos lugares em que o depósito não se puder fazer de pronto, o valor será entregue ao escrivão ou pessoa abonada, a critério da autoridade, e dentro de três dias dar-se-á ao valor o destino que lhe assina este artigo, o que tudo constará do termo de fiança.
Art. 332. Em caso de prisão em flagrante, será competente para conceder a fiança a autoridade

que presidir ao respectivo auto, e, em caso de prisão por mandado, o juiz que o houver expedido, ou a autoridade judiciária ou policial a quem tiver sido requisitada a prisão.

Art. 333. Depois de prestada a fiança, que será concedida independentemente de audiência do Ministério Público, este terá vista do processo a fim de requerer o que julgar conveniente.

Art. 334. A fiança poderá ser prestada enquanto não transitar em julgado a sentença condenatória.

Art. 335. Recusando ou retardando a autoridade policial a concessão da fiança, o preso, ou alguém por ele, poderá prestá-la, mediante simples petição, perante o juiz competente, que decidirá em 48 (quarenta e oito) horas.

Art. 336. O dinheiro ou objetos dados como fiança servirão ao pagamento das custas, da indenização do dano, da prestação pecuniária e da multa, se o réu for condenado.

Parágrafo único. Este dispositivo terá aplicação ainda no caso da prescrição depois da sentença condenatória.

Art. 337. Se a fiança for declarada sem efeito ou passar em julgado sentença que houver absolvido o acusado ou declarada extinta a ação penal, o valor que a constituir, atualizado, será restituído sem desconto, salvo o disposto no parágrafo único do art. 336 deste Código.

Art. 338. A fiança que se reconheça não ser cabível na espécie será cassada em qualquer fase do processo.

Art. 339. Será também cassada a fiança quando reconhecida a existência de delito inafiançável, no caso de inovação na classificação do delito.

Art. 340. Será exigido o reforço da fiança:
I. quando a autoridade tomar, por engano, fiança insuficiente;
II. quando houver depreciação material ou perecimento dos bens hipotecados ou caucionados, ou depreciação dos metais ou pedras preciosas;
III. quando for inovada a classificação do delito.
Parágrafo único. A fiança ficará sem efeito e o réu será recolhido à prisão, quando, na conformidade deste artigo, não for reforçada.

Art. 341. Julgar-se-á quebrada a fiança quando o acusado:
I. regularmente intimado para ato do processo, deixar de comparecer, sem motivo justo;
II. deliberadamente praticar ato de obstrução ao andamento do processo;
III. descumprir medida cautelar imposta cumulativamente com a fiança;
IV. resistir injustificadamente a ordem judicial;
V. praticar nova infração penal dolosa.

Art. 342. Se vier a ser reformado o julgamento em que se declarou quebrada a fiança, esta subsistirá em todos os seus efeitos

Art. 343. O quebramento injustificado da fiança importará na perda de metade do seu valor, cabendo ao juiz decidir sobre a imposição de outras medidas cautelares ou, se for o caso, a decretação da prisão preventiva.

Art. 344. Entender-se-á perdido, na totalidade, o valor da fiança, se, condenado, o acusado não se apresentar para o início do cumprimento da pena definitivamente imposta.

Art. 345. No caso de perda da fiança, o seu valor, deduzidas as custas e mais encargos a que o acusado estiver obrigado, será recolhido ao fundo penitenciário, na forma da lei.

Art. 346. No caso de quebramento de fiança, feitas as deduções previstas no art. 345 deste Código, o valor restante será recolhido ao fundo penitenciário, na forma da lei.

Art. 347. Não ocorrendo a hipótese do art. 345, o saldo será entregue a quem houver prestado a fiança, depois de deduzidos os encargos a que o réu estiver obrigado.

Art. 348. Nos casos em que a fiança tiver sido prestada por meio de hipoteca, a execução será promovida no juízo cível pelo órgão do Ministério Público.

Art. 349. Se a fiança consistir em pedras, objetos ou metais preciosos, o juiz determinará a venda por leiloeiro ou corretor.

Art. 350. Nos casos em que couber fiança, o juiz, verificando a situação econômica do preso, poderá conceder-lhe liberdade provisória, sujeitando-o às obrigações constantes dos arts. 327 e 328 deste Código e a outras medidas cautelares, se for o caso.

Parágrafo único. Se o beneficiado descumprir, sem motivo justo, qualquer das obrigações ou medidas impostas, aplicar-se-á o disposto no § 4º do art. 282 deste Código.

TÍTULO X
Das Citações e Intimações

CAPÍTULO I
Das Citações

Art. 351. A citação inicial far-se-á por mandado, quando o réu estiver no território sujeito à jurisdição do juiz que a houver ordenado.

Art. 352. O mandado de citação indicará:
I. o nome do juiz;
II. o nome do querelante nas ações iniciadas por queixa;
III. o nome do réu, ou, se for desconhecido, os seus sinais característicos;
IV. a residência do réu, se for conhecida;
V. o fim para que é feita a citação;
VI. o juízo e o lugar, o dia e a hora em que o réu deverá comparecer;
VII. a subscrição do escrivão e a rubrica do juiz.

Art. 353. Quando o réu estiver fora do território da jurisdição do juiz processante, será citado mediante precatória.

Art. 354. A precatória indicará:
I. o juiz deprecado e o juiz deprecante;
II. a sede da jurisdição de um e de outro;
III. o fim para que é feita a citação, com todas as especificações;
IV. o juízo do lugar, o dia e a hora em que o réu deverá comparecer.

Art. 355. A precatória será devolvida ao juiz deprecante, independentemente de traslado, depois de lançado o «cumpra-se» e de feita a citação por mandado do juiz deprecado.
§ 1º Verificado que o réu se encontra em território sujeito à jurisdição de outro juiz, a este remeterá o juiz deprecado os autos para efetivação da diligência, desde que haja tempo para fazer-se a citação.
§ 2º Certificado pelo oficial de justiça que o réu se oculta para não ser citado, a precatória será imediatamente devolvida, para o fim previsto no art. 362.

Art. 356. Se houver urgência, a precatória, que conterá em resumo os requisitos enumerados no art. 354, poderá ser expedida por via telegráfica, depois de reconhecida a firma do juiz, o que a estação expedidora mencionará.

Art. 357. São requisitos da citação por mandado:
I. leitura do mandado ao citando pelo oficial e entrega da contrafé, na qual se mencionarão dia e hora da citação;
II. declaração do oficial, na certidão, da entrega da contrafé, e sua aceitação ou recusa.

Art. 358. A citação do militar far-se-á por intermédio do chefe do respectivo serviço.

Art. 359. O dia designado para funcionário público comparecer em juízo, como acusado, será notificado assim a ele como ao chefe de sua repartição.

Art. 360. Se o réu estiver preso, será pessoalmente citado.

Art. 361. Se o réu não for encontrado, será citado por edital, com o prazo de 15 (quinze) dias.

Art. 362. Verificando que o réu se oculta para não ser citado, o oficial de justiça certificará a ocorrência e procederá à citação com hora certa, na forma estabelecida nos arts. 227 a 229 da Lei nº 5.869, de 11 de janeiro de 1973 – Código de Processo Civil.
Parágrafo único. Completada a citação com hora certa, se o acusado não comparecer, ser-lhe-á nomeado defensor dativo.

Art. 363. O processo terá completada a sua formação quando realizada a citação do acusado. (Redação dada pela Lei nº 11.719, de 2008).
I. (revogado); (Redação dada pela Lei nº 11.719, de 2008).
II. (revogado). (Redação dada pela Lei nº 11.719, de 2008).
§ 1º Não sendo encontrado o acusado, será procedida a citação por edital.
§ 2º (VETADO) (Incluído pela Lei nº 11.719, de 2008).
§ 3º (VETADO) (Incluído pela Lei nº 11.719, de 2008).
§ 4º Comparecendo o acusado citado por edital, em qualquer tempo, o processo observará o disposto nos arts. 394 e seguintes deste Código.

Art. 364. No caso do artigo anterior, nº I, o prazo será fixado pelo juiz entre 15 (quinze) e 90 (noventa) dias, de acordo com as circunstâncias, e, no caso de nº II, o prazo será de trinta dias.

Art. 365. O edital de citação indicará:
I. o nome do juiz que a determinar;
II. o nome do réu, ou, se não for conhecido, os seus sinais característicos, bem como sua residência e profissão, se constarem do processo;
III. o fim para que é feita a citação;

IV. o juízo e o dia, a hora e o lugar em que o réu deverá comparecer;
V. o prazo, que será contado do dia da publicação do edital na imprensa, se houver, ou da sua afixação.
Parágrafo único. O edital será afixado à porta do edifício onde funcionar o juízo e será publicado pela imprensa, onde houver, devendo a afixação ser certificada pelo oficial que a tiver feito e a publicação provada por exemplar do jornal ou certidão do escrivão, da qual conste a página do jornal com a data da publicação.

Art. 366. Se o acusado, citado por edital, não comparecer, nem constituir advogado, ficarão suspensos o processo e o curso do prazo prescricional, podendo o juiz determinar a produção antecipada das provas consideradas urgentes e, se for o caso, decretar prisão preventiva, nos termos do disposto no art. 312.
§ 1º (Revogado pela Lei nº 11.719, de 2008).
§ 2º (Revogado pela Lei nº 11.719, de 2008).

Art. 367. O processo seguirá sem a presença do acusado que, citado ou intimado pessoalmente para qualquer ato, deixar de comparecer sem motivo justificado, ou, no caso de mudança de residência, não comunicar o novo endereço ao juízo.

Art. 368. Estando o acusado no estrangeiro, em lugar sabido, será citado mediante carta rogatória, suspendendo-se o curso do prazo de prescrição até o seu cumprimento.

Art. 369. As citações que houverem de ser feitas em legações estrangeiras serão efetuadas mediante carta rogatória.

CAPÍTULO II
Das Intimações

Art. 370. Nas intimações dos acusados, das testemunhas e demais pessoas que devam tomar conhecimento de qualquer ato, será observado, no que for aplicável, o disposto no Capítulo anterior.
§ 1º A intimação do defensor constituído, do advogado do querelante e do assistente far-se-á por publicação no órgão incumbido da publicidade dos atos judiciais da comarca, incluindo, sob pena de nulidade, o nome do acusado.
§ 2º Caso não haja órgão de publicação dos atos judiciais na comarca, a intimação far-se-á diretamente pelo escrivão, por mandado, ou via postal com comprovante de recebimento, ou por qualquer outro meio idôneo.
§ 3º A intimação pessoal, feita pelo escrivão, dispensará a aplicação a que alude o § 1º.
§ 4º A intimação do Ministério Público e do defensor nomeado será pessoal.

Art. 371. Será admissível a intimação por despacho na petição em que for requerida, observado o disposto no art. 357.

Art. 372. Adiada, por qualquer motivo, a instrução criminal, o juiz marcará desde logo, na presença das partes e testemunhas, dia e hora para seu prosseguimento, do que se lavrará termo nos autos.

TÍTULO XI
Da Aplicação Provisória de Interdições de Direitos e Medidas de Segurança

Art. 373. A aplicação provisória de interdições de direitos poderá ser determinada pelo juiz, de ofício, ou a requerimento do Ministério Público, do querelante, do assistente, do ofendido, ou de seu representante legal, ainda que este não se tenha constituído como assistente:
I. durante a instrução criminal após a apresentação da defesa ou do prazo concedido para esse fim;
II. na sentença de pronúncia;
III. na decisão confirmatória da pronúncia ou na que, em grau de recurso, pronunciar o réu;
IV. na sentença condenatória recorrível.
§ 1º No caso do nº I, havendo requerimento de aplicação da medida, o réu ou seu defensor será ouvido no prazo de 2 (dois) dias.
§ 2º Decretada a medida, serão feitas as comunicações necessárias para a sua execução, na forma do disposto no Capítulo III do Título II do Livro IV.

Art. 374. Não caberá recurso do despacho ou da parte da sentença que decretar ou denegar a aplicação provisória de interdições de direitos, mas estas poderão ser substituídas ou revogadas:
I. se aplicadas no curso da instrução criminal, durante esta ou pelas sentenças a que se referem os ns. II, III e IV do artigo anterior;
II. se aplicadas na sentença de pronúncia, pela decisão que, em grau de recurso, a confirmar, total ou parcialmente, ou pela sentença condenatória recorrível;
III. se aplicadas na decisão a que se refere o nº III do artigo anterior, pela sentença condenatória recorrível.

Art. 375. O despacho que aplicar, provisoriamente, substituir ou revogar interdição de direito, será fundamentado.

Art. 376. A decisão que impronunciar ou absolver o réu fará cessar a aplicação provisória da interdição anteriormente determinada.

Art. 377. Transitando em julgado a sentença condenatória, serão executadas somente as interdições nela aplicadas ou que derivarem da imposição da pena principal.

Art. 378. A aplicação provisória de medida de segurança obedecerá ao disposto nos artigos anteriores, com as modificações seguintes:

I. o juiz poderá aplicar, provisoriamente, a medida de segurança, de ofício, ou a requerimento do Ministério Público;

II. a aplicação poderá ser determinada ainda no curso do inquérito, mediante representação da autoridade policial;

III. a aplicação provisória de medida de segurança, a substituição ou a revogação da anteriormente aplicada poderão ser determinadas, também, na sentença absolutória;

IV. decretada a medida, atender-se-á ao disposto no Título V do Livro IV, no que for aplicável.

Art. 379. Transitando em julgado a sentença, observar-se-á, quanto à execução das medidas de segurança definitivamente aplicadas, o disposto no Título V do Livro IV.

Art. 380. A aplicação provisória de medida de segurança obstará a concessão de fiança, e tornará sem efeito a anteriormente concedida.

TÍTULO XII
Da Sentença

Art. 381. A sentença conterá:
I. os nomes das partes ou, quando não possível, as indicações necessárias para identificá-las;
II. a exposição sucinta da acusação e da defesa;
III. a indicação dos motivos de fato e de direito em que se fundar a decisão;
IV. a indicação dos artigos de lei aplicados;
V. o dispositivo;
VI. a data e a assinatura do juiz.

Art. 382. Qualquer das partes poderá, no prazo de 2 (dois) dias, pedir ao juiz que declare a sentença, sempre que nela houver obscuridade, ambiguidade, contradição ou omissão.

Art. 383. O juiz, sem modificar a descrição do fato contida na denúncia ou queixa, poderá atribuir-lhe definição jurídica diversa, ainda que, em consequência, tenha de aplicar pena mais grave.

§ 1º Se, em consequência de definição jurídica diversa, houver possibilidade de proposta de suspensão condicional do processo, o juiz procederá de acordo com o disposto na lei.

§ 2º Tratando-se de infração da competência de outro juízo, a este serão encaminhados os autos.

Art. 384. Encerrada a instrução probatória, se entender cabível nova definição jurídica do fato, em consequência de prova existente nos autos de elemento ou circunstância da infração penal não contida na acusação, o Ministério Público deverá aditar a denúncia ou queixa, no prazo de 5 (cinco) dias, se em virtude desta houver sido instaurado o processo em crime de ação pública, reduzindo-se a termo o aditamento, quando feito oralmente.

§ 1º Não procedendo o órgão do Ministério Público ao aditamento, aplica-se o art. 28 deste Código.

§ 2º Ouvido o defensor do acusado no prazo de 5 (cinco) dias e admitido o aditamento, o juiz, a requerimento de qualquer das partes, designará dia e hora para continuação da audiência, com inquirição de testemunhas, novo interrogatório do acusado, realização de debates e julgamento.

§ 3º Aplicam-se as disposições dos §§ 1º e 2º do art. 383 ao caput deste artigo.

§ 4º Havendo aditamento, cada parte poderá arrolar até 3 (três) testemunhas, no prazo de 5 (cinco) dias, ficando o juiz, na sentença, adstrito aos termos do aditamento.

§ 5º Não recebido o aditamento, o processo prosseguirá.

Art. 385. Nos crimes de ação pública, o juiz poderá proferir sentença condenatória, ainda que o Ministério Público tenha opinado pela absolvição, bem como reconhecer agravantes, embora nenhuma tenha sido alegada.

Art. 386. O juiz absolverá o réu, mencionando a causa na parte dispositiva, desde que reconheça:
I. estar provada a inexistência do fato;
II. não haver prova da existência do fato;
III. não constituir o fato infração penal;
IV. estar provado que o réu não concorreu para a infração penal;

V. não existir prova de ter o réu concorrido para a infração penal;
VI. existirem circunstâncias que excluam o crime ou isentem o réu de pena (arts. 20, 21, 22, 23, 26 e § 1º do art. 28, todos do Código Penal), ou mesmo se houver fundada dúvida sobre sua existência;
VII. não existir prova suficiente para a condenação.
Parágrafo único. Na sentença absolutória, o juiz:
I. mandará, se for o caso, pôr o réu em liberdade;
II. ordenará a cessação das medidas cautelares e provisoriamente aplicadas;
III. aplicará medida de segurança, se cabível.
Art. 387. O juiz, ao proferir sentença condenatória:
I. mencionará as circunstâncias agravantes ou atenuantes definidas no Código Penal, e cuja existência reconhecer;
II. mencionará as outras circunstâncias apuradas e tudo o mais que deva ser levado em conta na aplicação da pena, de acordo com o disposto nos arts. 59 e 60 do Decreto-Lei nº 2.848, de 7 de dezembro de 1940 – Código Penal;
III. aplicará as penas de acordo com essas conclusões;
IV. fixará valor mínimo para reparação dos danos causados pela infração, considerando os prejuízos sofridos pelo ofendido;
V. atenderá, quanto à aplicação provisória de interdições de direitos e medidas de segurança, ao disposto no Título XI deste Livro;
VI. determinará se a sentença deverá ser publicada na íntegra ou em resumo e designará o jornal em que será feita a publicação (art. 73, § 1º, do Código Penal).
§ 1º O juiz decidirá, fundamentadamente, sobre a manutenção ou, se for o caso, a imposição de prisão preventiva ou de outra medida cautelar, sem prejuízo do conhecimento de apelação que vier a ser interposta.
§ 2º O tempo de prisão provisória, de prisão administrativa ou de internação, no Brasil ou no estrangeiro, será computado para fins de determinação do regime inicial de pena privativa de liberdade.
Art. 388. A sentença poderá ser datilografada e neste caso o juiz a rubricará em todas as folhas.
Art. 389. A sentença será publicada em mão do escrivão, que lavrará nos autos o respectivo termo, registrando-a em livro especialmente destinado a esse fim.
Art. 390. O escrivão, dentro de três dias após a publicação, e sob pena de suspensão de cinco dias, dará conhecimento da sentença ao órgão do Ministério Público.

Art. 391. O querelante ou o assistente será intimado da sentença, pessoalmente ou na pessoa de seu advogado. Se nenhum deles for encontrado no lugar da sede do juízo, a intimação será feita mediante edital com o prazo de 10 dias, afixado no lugar de costume.
Art. 392. A intimação da sentença será feita:
I. ao réu, pessoalmente, se estiver preso;
II. ao réu, pessoalmente, ou ao defensor por ele constituído, quando se livrar solto, ou, sendo afiançável a infração, tiver prestado fiança;
III. ao defensor constituído pelo réu, se este, afiançável, ou não, a infração, expedido o mandado de prisão, não tiver sido encontrado, e assim o certificar o oficial de justiça;
IV. mediante edital, nos casos do nº II, se o réu e o defensor que houver constituído não forem encontrados, e assim o certificar o oficial de justiça;
V. mediante edital, nos casos do nº III, se o defensor que o réu houver constituído também não for encontrado, e assim o certificar o oficial de justiça;
VI. mediante edital, se o réu, não tendo constituído defensor, não for encontrado, e assim o certificar o oficial de justiça.
§ 1º O prazo do edital será de 90 dias, se tiver sido imposta pena privativa de liberdade por tempo igual ou superior a um ano, e de 60 dias, nos outros casos.
§ 2º O prazo para apelação correrá após o término do fixado no edital, salvo se, no curso deste, for feita a intimação por qualquer das outras formas estabelecidas neste artigo.
Art. 393. (Revogado pela Lei nº 12.403, de 2011).

LIVRO II
Dos Processos Em Espécie

TÍTULO I
Do Processo Comum

CAPÍTULO I
Da Instrução Criminal

Art. 394. O procedimento será comum ou especial.
§ 1º O procedimento comum será ordinário, sumário ou sumaríssimo:

I. ordinário, quando tiver por objeto crime cuja sanção máxima cominada for igual ou superior a 4 (quatro) anos de pena privativa de liberdade;
II. sumário, quando tiver por objeto crime cuja sanção máxima cominada seja inferior a 4 (quatro) anos de pena privativa de liberdade;
III. sumaríssimo, para as infrações penais de menor potencial ofensivo, na forma da lei.
§ 2º Aplica-se a todos os processos o procedimento comum, salvo disposições em contrário deste Código ou de lei especial.
§ 3º Nos processos de competência do Tribunal do Júri, o procedimento observará as disposições estabelecidas nos arts. 406 a 497 deste Código.
§ 4º As disposições dos arts. 395 a 398 deste Código aplicam-se a todos os procedimentos penais de primeiro grau, ainda que não regulados neste Código.
§ 5º Aplicam-se subsidiariamente aos procedimentos especial, sumário e sumaríssimo as disposições do procedimento ordinário.
Art. 394-A. Os processos que apurem a prática de crime hediondo terão prioridade de tramitação em todas as instâncias.
Art. 395. A denúncia ou queixa será rejeitada quando:
I. for manifestamente inepta;
II. faltar pressuposto processual ou condição para o exercício da ação penal; ou
III. faltar justa causa para o exercício da ação penal.
Parágrafo único. (Revogado). (Incluído pela Lei nº 11.719, de 2008).
Art. 396. Nos procedimentos ordinário e sumário, oferecida a denúncia ou queixa, o juiz, se não a rejeitar liminarmente, recebê-la-á e ordenará a citação do acusado para responder à acusação, por escrito, no prazo de 10 (dez) dias.
Parágrafo único. No caso de citação por edital, o prazo para a defesa começará a fluir a partir do comparecimento pessoal do acusado ou do defensor constituído.
Art. 396-A. Na resposta, o acusado poderá arguir preliminares e alegar tudo o que interesse à sua defesa, oferecer documentos e justificações, especificar as provas pretendidas e arrolar testemunhas, qualificando-as e requerendo sua intimação, quando necessário.
§ 1º A exceção será processada em apartado, nos termos dos arts. 95 a 112 deste Código.
§ 2º Não apresentada a resposta no prazo legal, ou se o acusado, citado, não constituir defensor, o juiz nomeará defensor para oferecê-la, concedendo-lhe vista dos autos por 10 (dez) dias.
Art. 397. Após o cumprimento do disposto no art. 396-A, e parágrafos, deste Código, o juiz deverá absolver sumariamente o acusado quando verificar:
I. a existência manifesta de causa excludente da ilicitude do fato;
II. a existência manifesta de causa excludente da culpabilidade do agente, salvo inimputabilidade;
III. que o fato narrado evidentemente não constitui crime; ou
IV. extinta a punibilidade do agente.
Art. 398. (Revogado pela Lei nº 11.719, de 2008).
Art. 399. Recebida a denúncia ou queixa, o juiz designará dia e hora para a audiência, ordenando a intimação do acusado, de seu defensor, do Ministério Público e, se for o caso, do querelante e do assistente.
§ 1º O acusado preso será requisitado para comparecer ao interrogatório, devendo o poder público providenciar sua apresentação.
§ 2º O juiz que presidiu a instrução deverá proferir a sentença.
Art. 400. Na audiência de instrução e julgamento, a ser realizada no prazo máximo de 60 (sessenta) dias, proceder-se-á à tomada de declarações do ofendido, à inquirição das testemunhas arroladas pela acusação e pela defesa, nesta ordem, ressalvado o disposto no art. 222 deste Código, bem como aos esclarecimentos dos peritos, às acareações e ao reconhecimento de pessoas e coisas, interrogando-se, em seguida, o acusado.
§ 1º As provas serão produzidas numa só audiência, podendo o juiz indeferir as consideradas irrelevantes, impertinentes ou protelatórias.
§ 2º Os esclarecimentos dos peritos dependerão de prévio requerimento das partes.
Art. 401. Na instrução poderão ser inquiridas até 8 (oito) testemunhas arroladas pela acusação e 8 (oito) pela defesa.
§ 1º Nesse número não se compreendem as que não prestem compromisso e as referidas.
§ 2º A parte poderá desistir da inquirição de qualquer das testemunhas arroladas, ressalvado o disposto no art. 209 deste Código.
Art. 402. Produzidas as provas, ao final da audiência, o Ministério Público, o querelante e o assistente e, a seguir, o acusado poderão requerer diligências cuja necessidade se origine de circunstâncias ou fatos apurados na instrução.

Art. 403. Não havendo requerimento de diligências, ou sendo indeferido, serão oferecidas alegações finais orais por 20 (vinte) minutos, respectivamente, pela acusação e pela defesa, prorrogáveis por mais 10 (dez), proferindo o juiz, a seguir, sentença.
§ 1º Havendo mais de um acusado, o tempo previsto para a defesa de cada um será individual.
§ 2º Ao assistente do Ministério Público, após a manifestação desse, serão concedidos 10 (dez) minutos, prorrogando-se por igual período o tempo de manifestação da defesa.
§ 3º O juiz poderá, considerada a complexidade do caso ou o número de acusados, conceder às partes o prazo de 5 (cinco) dias sucessivamente para a apresentação de memoriais. Nesse caso, terá o prazo de 10 (dez) dias para proferir a sentença.
Art. 404. Ordenado diligência considerada imprescindível, de ofício ou a requerimento da parte, a audiência será concluída sem as alegações finais.
Parágrafo único. Realizada, em seguida, a diligência determinada, as partes apresentarão, no prazo sucessivo de 5 (cinco) dias, suas alegações finais, por memorial, e, no prazo de 10 (dez) dias, o juiz proferirá a sentença.
Art. 405. Do ocorrido em audiência será lavrado termo em livro próprio, assinado pelo juiz e pelas partes, contendo breve resumo dos fatos relevantes nela ocorridos.
§ 1º Sempre que possível, o registro dos depoimentos do investigado, indiciado, ofendido e testemunhas será feito pelos meios ou recursos de gravação magnética, estenotipia, digital ou técnica similar, inclusive audiovisual, destinada a obter maior fidelidade das informações.
§ 2º No caso de registro por meio audiovisual, será encaminhado às partes cópia do registro original, sem necessidade de transcrição.

CAPÍTULO II

Do Procedimento Relativo aos Processos da Competência do Tribunal do Júri

SEÇÃO I
Da Acusação e da Instrução Preliminar

Art. 406. O juiz, ao receber a denúncia ou a queixa, ordenará a citação do acusado para responder a acusação, por escrito, no prazo de 10 (dez) dias.

§ 1º O prazo previsto no caput deste artigo será contado a partir do efetivo cumprimento do mandado ou do comparecimento, em juízo, do acusado ou de defensor constituído, no caso de citação inválida ou por edital.
§ 2º A acusação deverá arrolar testemunhas, até o máximo de 8 (oito), na denúncia ou na queixa.
§ 3º Na resposta, o acusado poderá arguir preliminares e alegar tudo que interesse a sua defesa, oferecer documentos e justificações, especificar as provas pretendidas e arrolar testemunhas, até o máximo de 8 (oito), qualificando-as e requerendo sua intimação, quando necessário.
Art. 407. As exceções serão processadas em apartado, nos termos dos arts. 95 a 112 deste Código.
Art. 408. Não apresentada a resposta no prazo legal, o juiz nomeará defensor para oferecê-la em até 10 (dez) dias, concedendo-lhe vista dos autos.
Art. 409. Apresentada a defesa, o juiz ouvirá o Ministério Público ou o querelante sobre preliminares e documentos, em 5 (cinco) dias.
Art. 410. O juiz determinará a inquirição das testemunhas e a realização das diligências requeridas pelas partes, no prazo máximo de 10 (dez) dias.
Art. 411. Na audiência de instrução, proceder-se-á à tomada de declarações do ofendido, se possível, à inquirição das testemunhas arroladas pela acusação e pela defesa, nesta ordem, bem como aos esclarecimentos dos peritos, às acareações e ao reconhecimento de pessoas e coisas, interrogando-se, em seguida, o acusado e procedendo-se o debate.
§ 1º Os esclarecimentos dos peritos dependerão de prévio requerimento e de deferimento pelo juiz.
§ 2º As provas serão produzidas em uma só audiência, podendo o juiz indeferir as consideradas irrelevantes, impertinentes ou protelatórias.
§ 3º Encerrada a instrução probatória, observar-se-á, se for o caso, o disposto no art. 384 deste Código.
§ 4º As alegações serão orais, concedendo-se a palavra, respectivamente, à acusação e à defesa, pelo prazo de 20 (vinte) minutos, prorrogáveis por mais 10 (dez).
§ 5º Havendo mais de 1 (um) acusado, o tempo previsto para a acusação e a defesa de cada um deles será individual.
§ 6º Ao assistente do Ministério Público, após a manifestação deste, serão concedidos 10 (dez) minutos, prorrogando-se por igual período o tempo de manifestação da defesa.

§ 7º Nenhum ato será adiado, salvo quando imprescindível à prova faltante, determinando o juiz a condução coercitiva de quem deva comparecer.

§ 8º A testemunha que comparecer será inquirida, independentemente da suspensão da audiência, observada em qualquer caso a ordem estabelecida no caput deste artigo.

§ 9º Encerrados os debates, o juiz proferirá a sua decisão, ou o fará em 10 (dez) dias, ordenando que os autos para isso lhe sejam conclusos.

Art. 412. O procedimento será concluído no prazo máximo de 90 (noventa) dias.

SEÇÃO II
Da Pronúncia, da Impronúncia e da Absolvição Sumária

Art. 413. O juiz, fundamentadamente, pronunciará o acusado, se convencido da materialidade do fato e da existência de indícios suficientes de autoria ou de participação.

§ 1º A fundamentação da pronúncia limitar-se-á à indicação da materialidade do fato e da existência de indícios suficientes de autoria ou de participação, devendo o juiz declarar o dispositivo legal em que julgar incurso o acusado e especificar as circunstâncias qualificadoras e as causas de aumento de pena.

§ 2º Se o crime for afiançável, o juiz arbitrará o valor da fiança para a concessão ou manutenção da liberdade provisória.

§ 3º O juiz decidirá, motivadamente, no caso de manutenção, revogação ou substituição da prisão ou medida restritiva de liberdade anteriormente decretada e, tratando-se de acusado solto, sobre a necessidade da decretação da prisão ou imposição de quaisquer das medidas previstas no Título IX do Livro I deste Código.

Art. 414. Não se convencendo da materialidade do fato ou da existência de indícios suficientes de autoria ou de participação, o juiz, fundamentadamente, impronunciará o acusado.

Parágrafo único. Enquanto não ocorrer a extinção da punibilidade, poderá ser formulada nova denúncia ou queixa se houver prova nova.

Art. 415. O juiz, fundamentadamente, absolverá desde logo o acusado, quando:

I. provada a inexistência do fato;

II. provado não ser ele autor ou partícipe do fato;

III. o fato não constituir infração penal;

IV. demonstrada causa de isenção de pena ou de exclusão do crime.

Parágrafo único. Não se aplica o disposto no inciso IV do caput deste artigo ao caso de inimputabilidade prevista no caput do art. 26 do Decreto-Lei nº 2.848, de 7 de dezembro de 1940 – Código Penal, salvo quando esta for a única tese defensiva.

Art. 416. Contra a sentença de impronúncia ou de absolvição sumária caberá apelação.

Art. 417. Se houver indícios de autoria ou de participação de outras pessoas não incluídas na acusação, o juiz, ao pronunciar ou impronunciar o acusado, determinará o retorno dos autos ao Ministério Público, por 15 (quinze) dias, aplicável, no que couber, o art. 80 deste Código.

Art. 418. O juiz poderá dar ao fato definição jurídica diversa da constante da acusação, embora o acusado fique sujeito a pena mais grave.

Art. 419. Quando o juiz se convencer, em discordância com a acusação, da existência de crime diverso dos referidos no § 1º do art. 74 deste Código e não for competente para o julgamento, remeterá os autos ao juiz que o seja.

Parágrafo único. Remetidos os autos do processo a outro juiz, à disposição deste ficará o acusado preso.

Art. 420. A intimação da decisão de pronúncia será feita:

I. pessoalmente ao acusado, ao defensor nomeado e ao Ministério Público;

II. ao defensor constituído, ao querelante e ao assistente do Ministério Público, na forma do disposto no § 1º do art. 370 deste Código.

Parágrafo único. Será intimado por edital o acusado solto que não for encontrado.

Art. 421. Preclusa a decisão de pronúncia, os autos serão encaminhados ao juiz presidente do Tribunal do Júri.

§ 1º Ainda que preclusa a decisão de pronúncia, havendo circunstância superveniente que altere a classificação do crime, o juiz ordenará a remessa dos autos ao Ministério Público.

§ 2º Em seguida, os autos serão conclusos ao juiz para decisão.

SEÇÃO III
Da Preparação do Processo para Julgamento em Plenário

Art. 422. Ao receber os autos, o presidente do Tribunal do Júri determinará a intimação do órgão do Ministério Público ou do querelante, no caso de queixa, e do defensor, para, no prazo de 5 (cinco) dias, apresentarem rol de testemunhas que irão depor em plenário, até o máximo de 5 (cinco), oportunidade em que poderão juntar documentos e requerer diligência.

Art. 423. Deliberando sobre os requerimentos de provas a serem produzidas ou exibidas no plenário do júri, e adotadas as providências devidas, o juiz presidente:

I. ordenará as diligências necessárias para sanar qualquer nulidade ou esclarecer fato que interesse ao julgamento da causa;

II. fará relatório sucinto do processo, determinando sua inclusão em pauta da reunião do Tribunal do Júri.

Art. 424. Quando a lei local de organização judiciária não atribuir ao presidente do Tribunal do Júri o preparo para julgamento, o juiz competente remeter-lhe-á os autos do processo preparado até 5 (cinco) dias antes do sorteio a que se refere o art. 433 deste Código.

Parágrafo único. Deverão ser remetidos, também, os processos preparados até o encerramento da reunião, para a realização de julgamento.

SEÇÃO IV
Do Alistamento dos Jurados

Art. 425. Anualmente, serão alistados pelo presidente do Tribunal do Júri de 800 (oitocentos) a 1.500 (um mil e quinhentos) jurados nas comarcas de mais de 1.000.000 (um milhão) de habitantes, de 300 (trezentos) a 700 (setecentos) nas comarcas de mais de 100.000 (cem mil) habitantes e de 80 (oitenta) a 400 (quatrocentos) nas comarcas de menor população.

§ 1º Nas comarcas onde for necessário, poderá ser aumentado o número de jurados e, ainda, organizada lista de suplentes, depositadas as cédulas em urna especial, com as cautelas mencionadas na parte final do § 3º do art. 426 deste Código.

§ 2º O juiz presidente requisitará às autoridades locais, associações de classe e de bairro, entidades associativas e culturais, instituições de ensino em geral, universidades, sindicatos, repartições públicas e outros núcleos comunitários a indicação de pessoas que reúnam as condições para exercer a função de jurado.

Art. 426. A lista geral dos jurados, com indicação das respectivas profissões, será publicada pela imprensa até o dia 10 de outubro de cada ano e divulgada em editais afixados à porta do Tribunal do Júri.

§ 1º A lista poderá ser alterada, de ofício ou mediante reclamação de qualquer do povo ao juiz presidente até o dia 10 de novembro, data de sua publicação definitiva.

§ 2º Juntamente com a lista, serão transcritos os arts. 436 a 446 deste Código.

§ 3º Os nomes e endereços dos alistados, em cartões iguais, após serem verificados na presença do Ministério Público, de advogado indicado pela SEÇÃO local da Ordem dos Advogados do Brasil e de defensor indicado pelas Defensorias Públicas competentes, permanecerão guardados em urna fechada a chave, sob a responsabilidade do juiz presidente.

§ 4º O jurado que tiver integrado o Conselho de Sentença nos 12 (doze) meses que antecederem à publicação da lista geral fica dela excluído.

§ 5º Anualmente, a lista geral de jurados será, obrigatoriamente, completada.

SEÇÃO V
Do Desaforamento

Art. 427. Se o interesse da ordem pública o reclamar ou houver dúvida sobre a imparcialidade do júri ou a segurança pessoal do acusado, o Tribunal, a requerimento do Ministério Público, do assistente, do querelante ou do acusado ou mediante representação do juiz competente, poderá determinar o desaforamento do julgamento para outra comarca da mesma região, onde não existam aqueles motivos, preferindo-se as mais próximas.

§ 1º O pedido de desaforamento será distribuído imediatamente e terá preferência de julgamento na Câmara ou Turma competente.

§ 2º Sendo relevantes os motivos alegados, o relator poderá determinar, fundamentadamente, a suspensão do julgamento pelo júri.

§ 3º Será ouvido o juiz presidente, quando a medida não tiver sido por ele solicitada.

§ 4º Na pendência de recurso contra a decisão de pronúncia ou quando efetivado o julgamento, não se admitirá o pedido de desaforamento, salvo, nesta última hipótese, quanto a fato ocorrido durante ou após a realização de julgamento anulado.

Art. 428. O desaforamento também poderá ser determinado, em razão do comprovado excesso de serviço, ouvidos o juiz presidente e a parte contrária, se o julgamento não puder ser realizado no prazo de 6 (seis) meses, contado do trânsito em julgado da decisão de pronúncia.

§ 1º Para a contagem do prazo referido neste artigo, não se computará o tempo de adiamentos, diligências ou incidentes de interesse da defesa.

§ 2º Não havendo excesso de serviço ou existência de processos aguardando julgamento em quantidade que ultrapasse a possibilidade de apreciação pelo Tribunal do Júri, nas reuniões periódicas previstas para o exercício, o acusado poderá requerer ao Tribunal que determine a imediata realização do julgamento.

SEÇÃO VI
Da Organização da Pauta

Art. 429. Salvo motivo relevante que autorize alteração na ordem dos julgamentos, terão preferência:
I. os acusados presos;
II. dentre os acusados presos, aqueles que estiverem há mais tempo na prisão;
III. em igualdade de condições, os precedentemente pronunciados.

§ 1º Antes do dia designado para o primeiro julgamento da reunião periódica, será afixada na porta do edifício do Tribunal do Júri a lista dos processos a serem julgados, obedecida a ordem prevista no caput deste artigo.

§ 2º O juiz presidente reservará datas na mesma reunião periódica para a inclusão de processo que tiver o julgamento adiado.

Art. 430. O assistente somente será admitido se tiver requerido sua habilitação até 5 (cinco) dias antes da data da sessão na qual pretenda atuar.

Art. 431. Estando o processo em ordem, o juiz presidente mandará intimar as partes, o ofendido, se for possível, as testemunhas e os peritos, quando houver requerimento, para a sessão de instrução e julgamento, observando, no que couber, o disposto no art. 420 deste Código.

SEÇÃO VII
Do Sorteio e da Convocação dos Jurados

Art. 432. Em seguida à organização da pauta, o juiz presidente determinará a intimação do Ministério Público, da Ordem dos Advogados do Brasil e da Defensoria Pública para acompanharem, em dia e hora designados, o sorteio dos jurados que atuarão na reunião periódica.

Art. 433. O sorteio, presidido pelo juiz, far-se-á a portas abertas, cabendo-lhe retirar as cédulas até completar o número de 25 (vinte e cinco) jurados, para a reunião periódica ou extraordinária.

§ 1º O sorteio será realizado entre o 15º (décimo quinto) e o 10º (décimo) dia útil antecedente à instalação da reunião.

§ 2º A audiência de sorteio não será adiada pelo não comparecimento das partes.

§ 3º O jurado não sorteado poderá ter o seu nome novamente incluído para as reuniões futuras.

Art. 434. Os jurados sorteados serão convocados pelo correio ou por qualquer outro meio hábil para comparecer no dia e hora designados para a reunião, sob as penas da lei.

Parágrafo único. No mesmo expediente de convocação serão transcritos os arts. 436 a 446 deste Código.

Art. 435. Serão afixados na porta do edifício do Tribunal do Júri a relação dos jurados convocados, os nomes do acusado e dos procuradores das partes, além do dia, hora e local das sessões de instrução e julgamento.

SEÇÃO VIII
Da Função do Jurado

Art. 436. O serviço do júri é obrigatório. O alistamento compreenderá os cidadãos maiores de 18 (dezoito) anos de notória idoneidade.

§ 1º Nenhum cidadão poderá ser excluído dos trabalhos do júri ou deixar de ser alistado em razão de cor ou etnia, raça, credo, sexo, profissão, classe social ou econômica, origem ou grau de instrução.

§ 2º A recusa injustificada ao serviço do júri acarretará multa no valor de 1 (um) a 10 (dez) salários mínimos, a critério do juiz, de acordo com a condição econômica do jurado.

Art. 437. Estão isentos do serviço do júri:
I. o Presidente da República e os Ministros de Estado;
II. os Governadores e seus respectivos Secretários;
III. os membros do Congresso Nacional, das Assembléias Legislativas e das Câmaras Distrital e Municipais;
IV. os Prefeitos Municipais;
V. os Magistrados e membros do Ministério Público e da Defensoria Pública;

VI. os servidores do Poder Judiciário, do Ministério Público e da Defensoria Pública;
VII. as autoridades e os servidores da polícia e da segurança pública;
VIII. os militares em serviço ativo;
IX. os cidadãos maiores de 70 (setenta) anos que requeiram sua dispensa;
X. aqueles que o requererem, demonstrando justo impedimento.

Art. 438. A recusa ao serviço do júri fundada em convicção religiosa, filosófica ou política importará no dever de prestar serviço alternativo, sob pena de suspensão dos direitos políticos, enquanto não prestar o serviço imposto.

§ 1º Entende-se por serviço alternativo o exercício de atividades de caráter administrativo, assistencial, filantrópico ou mesmo produtivo, no Poder Judiciário, na Defensoria Pública, no Ministério Público ou em entidade conveniada para esses fins.

§ 2º O juiz fixará o serviço alternativo atendendo aos princípios da proporcionalidade e da razoabilidade.

Art. 439. O exercício efetivo da função de jurado constituirá serviço público relevante e estabelecerá presunção de idoneidade moral.

Art. 440. Constitui também direito do jurado, na condição do art. 439 deste Código, preferência, em igualdade de condições, nas licitações públicas e no provimento, mediante concurso, de cargo ou função pública, bem como nos casos de promoção funcional ou remoção voluntária.

Art. 441. Nenhum desconto será feito nos vencimentos ou salário do jurado sorteado que comparecer à sessão do júri.

Art. 442. Ao jurado que, sem causa legítima, deixar de comparecer no dia marcado para a sessão ou retirar-se antes de ser dispensado pelo presidente será aplicada multa de 1 (um) a 10 (dez) salários mínimos, a critério do juiz, de acordo com a sua condição econômica.

Art. 443. Somente será aceita escusa fundada em motivo relevante devidamente comprovado e apresentada, ressalvadas as hipóteses de força maior, até o momento da chamada dos jurados.

Art. 444. O jurado somente será dispensado por decisão motivada do juiz presidente, consignada na ata dos trabalhos.

Art. 445. O jurado, no exercício da função ou a pretexto de exercê-la, será responsável criminalmente nos mesmos termos em que o são os juízes togados.

Art. 446. Aos suplentes, quando convocados, serão aplicáveis os dispositivos referentes às dispensas, faltas e escusas e à equiparação de responsabilidade penal prevista no art. 445 deste Código.

SEÇÃO IX
Da Composição do Tribunal do Júri e da Formação do Conselho de Sentença

Art. 447. O Tribunal do Júri é composto por 1 (um) juiz togado, seu presidente e por 25 (vinte e cinco) jurados que serão sorteados dentre os alistados, 7 (sete) dos quais constituirão o Conselho de Sentença em cada sessão de julgamento. (Redação dada pela Lei nº 11.689, de 2008)

Art. 448. São impedidos de servir no mesmo Conselho:
I. marido e mulher;
II. ascendente e descendente;
III. sogro e genro ou nora;
IV. irmãos e cunhados, durante o cunhadio;
V. tio e sobrinho;
VI. padrasto, madrasta ou enteado.

§ 1º O mesmo impedimento ocorrerá em relação às pessoas que mantenham união estável reconhecida como entidade familiar.

§ 2º Aplicar-se-á aos jurados o disposto sobre os impedimentos, a suspeição e as incompatibilidades dos juízes togados.

Art. 449. Não poderá servir o jurado que:
I. tiver funcionado em julgamento anterior do mesmo processo, independentemente da causa determinante do julgamento posterior;
II. no caso do concurso de pessoas, houver integrado o Conselho de Sentença que julgou o outro acusado;
III. tiver manifestado prévia disposição para condenar ou absolver o acusado.

Art. 450. Dos impedidos entre si por parentesco ou relação de convivência, servirá o que houver sido sorteado em primeiro lugar.

Art. 451. Os jurados excluídos por impedimento, suspeição ou incompatibilidade serão considerados para a constituição do número legal exigível para a realização da sessão.

Art. 452. O mesmo Conselho de Sentença poderá conhecer de mais de um processo, no mesmo dia, se as partes o aceitarem, hipótese em que seus integrantes deverão prestar novo compromisso.

SEÇÃO X
Da reunião e das sessões do Tribunal do Júri

Art. 453. O Tribunal do Júri reunir-se-á para as sessões de instrução e julgamento nos períodos e na forma estabelecida pela lei local de organização judiciária.

Art. 454. Até o momento de abertura dos trabalhos da sessão, o juiz presidente decidirá os casos de isenção e dispensa de jurados e o pedido de adiamento de julgamento, mandando consignar em ata as deliberações.

Art. 455. Se o Ministério Público não comparecer, o juiz presidente adiará o julgamento para o primeiro dia desimpedido da mesma reunião, cientificadas as partes e as testemunhas.

Parágrafo único. Se a ausência não for justificada, o fato será imediatamente comunicado ao Procurador-Geral de Justiça com a data designada para a nova sessão.

Art. 456. Se a falta, sem escusa legítima, for do advogado do acusado, e se outro não for por este constituído, o fato será imediatamente comunicado ao presidente da seccional da Ordem dos Advogados do Brasil, com a data designada para a nova sessão.

§ 1º Não havendo escusa legítima, o julgamento será adiado somente uma vez, devendo o acusado ser julgado quando chamado novamente.

§ 2º Na hipótese do § 1º deste artigo, o juiz intimará a Defensoria Pública para o novo julgamento, que será adiado para o primeiro dia desimpedido, observado o prazo mínimo de 10 (dez) dias.

Art. 457. O julgamento não será adiado pelo não comparecimento do acusado solto, do assistente ou do advogado do querelante, que tiver sido regularmente intimado.

§ 1º Os pedidos de adiamento e as justificações de não comparecimento deverão ser, salvo comprovado motivo de força maior, previamente submetidos à apreciação do juiz presidente do Tribunal do Júri.

§ 2º Se o acusado preso não for conduzido, o julgamento será adiado para o primeiro dia desimpedido da mesma reunião, salvo se houver pedido de dispensa de comparecimento subscrito por ele e seu defensor.

Art. 458. Se a testemunha, sem justa causa, deixar de comparecer, o juiz presidente, sem prejuízo da ação penal pela desobediência, aplicar-lhe-á a multa prevista no § 2º do art. 436 deste Código.

Art. 459. Aplicar-se-á às testemunhas a serviço do Tribunal do Júri o disposto no art. 441 deste Código. (Redação dada pela Lei nº 11.689, de 2008)

Art. 460. Antes de constituído o Conselho de Sentença, as testemunhas serão recolhidas a lugar onde umas não possam ouvir os depoimentos das outras.

Art. 461. O julgamento não será adiado se a testemunha deixar de comparecer, salvo se uma das partes tiver requerido a sua intimação por mandado, na oportunidade de que trata o art. 422 deste Código, declarando não prescindir do depoimento e indicando a sua localização.

§ 1º Se, intimada, a testemunha não comparecer, o juiz presidente suspenderá os trabalhos e mandará conduzi-la ou adiará o julgamento para o primeiro dia desimpedido, ordenando a sua condução.

§ 2º O julgamento será realizado mesmo na hipótese de a testemunha não ser encontrada no local indicado, se assim for certificado por oficial de justiça.

Art. 462. Realizadas as diligências referidas nos arts. 454 a 461 deste Código, o juiz presidente verificará se a urna contém as cédulas dos 25 (vinte e cinco) jurados sorteados, mandando que o escrivão proceda à chamada deles.

Art. 463. Comparecendo, pelo menos, 15 (quinze) jurados, o juiz presidente declarará instalados os trabalhos, anunciando o processo que será submetido a julgamento.

§ 1º O oficial de justiça fará o pregão, certificando a diligência nos autos.

§ 2º Os jurados excluídos por impedimento ou suspeição serão computados para a constituição do número legal.

Art. 464. Não havendo o número referido no art. 463 deste Código, proceder-se-á ao sorteio de tantos suplentes quantos necessários, e designar-se-á nova data para a sessão do júri.

Art. 465. Os nomes dos suplentes serão consignados em ata, remetendo-se o expediente de convocação, com observância do disposto nos arts. 434 e 435 deste Código.

Art. 466. Antes do sorteio dos membros do Conselho de Sentença, o juiz presidente esclarecerá sobre os impedimentos, a suspeição e as incompatibilidades constantes dos arts. 448 e 449 deste Código.

§ 1º O juiz presidente também advertirá os jurados de que, uma vez sorteados, não poderão comunicar-se entre si e com outrem, nem manifestar sua opinião sobre o processo, sob pena de exclusão do Conselho e multa, na forma do § 2º do art. 436 deste Código.

§ 2º A incomunicabilidade será certificada nos autos pelo oficial de justiça.

Art. 467. Verificando que se encontram na urna as cédulas relativas aos jurados presentes, o juiz presidente sorteará 7 (sete) dentre eles para a formação do Conselho de Sentença.

Art. 468. À medida que as cédulas forem sendo retiradas da urna, o juiz presidente as lerá, e a defesa e, depois dela, o Ministério Público poderão recusar os jurados sorteados, até 3 (três) cada parte, sem motivar a recusa.

Parágrafo único. O jurado recusado imotivadamente por qualquer das partes será excluído daquela sessão de instrução e julgamento, prosseguindo-se o sorteio para a composição do Conselho de Sentença com os jurados remanescentes.

Art. 469. Se forem 2 (dois) ou mais os acusados, as recusas poderão ser feitas por um só defensor.

§ 1º A separação dos julgamentos somente ocorrerá se, em razão das recusas, não for obtido o número mínimo de 7 (sete) jurados para compor o Conselho de Sentença.

§ 2º Determinada a separação dos julgamentos, será julgado em primeiro lugar o acusado a quem foi atribuída a autoria do fato ou, em caso de coautoria, aplicar-se-á o critério de preferência disposto no art. 429 deste Código.

Art. 470. Desacolhida a arguição de impedimento, de suspeição ou de incompatibilidade contra o juiz presidente do Tribunal do Júri, órgão do Ministério Público, jurado ou qualquer funcionário, o julgamento não será suspenso, devendo, entretanto, constar da ata o seu fundamento e a decisão.

Art. 471. Se, em consequência do impedimento, suspeição, incompatibilidade, dispensa ou recusa, não houver número para a formação do Conselho, o julgamento será adiado para o primeiro dia desimpedido, após sorteados os suplentes, com observância do disposto no art. 464 deste Código.

Art. 472. Formado o Conselho de Sentença, o presidente, levantando-se, e, com ele, todos os presentes, fará aos jurados a seguinte exortação:

Em nome da lei, concito-vos a examinar esta causa com imparcialidade e a proferir a vossa decisão de acordo com a vossa consciência e os ditames da justiça.

Os jurados, nominalmente chamados pelo presidente, responderão:

Assim o prometo.

Parágrafo único. O jurado, em seguida, receberá cópias da pronúncia ou, se for o caso, das decisões posteriores que julgaram admissível a acusação e do relatório do processo.

SEÇÃO XI
Da Instrução em Plenário

Art. 473. Prestado o compromisso pelos jurados, será iniciada a instrução plenária quando o juiz presidente, o Ministério Público, o assistente, o querelante e o defensor do acusado tomarão, sucessiva e diretamente, as declarações do ofendido, se possível, e inquirirão as testemunhas arroladas pela acusação.

§ 1º Para a inquirição das testemunhas arroladas pela defesa, o defensor do acusado formulará as perguntas antes do Ministério Público e do assistente, mantidos no mais a ordem e os critérios estabelecidos neste artigo.

§ 2º Os jurados poderão formular perguntas ao ofendido e às testemunhas, por intermédio do juiz presidente.

§ 3º As partes e os jurados poderão requerer acareações, reconhecimento de pessoas e coisas e esclarecimento dos peritos, bem como a leitura de peças que se refiram, exclusivamente, às provas colhidas por carta precatória e às provas cautelares, antecipadas ou não repetíveis.

Art. 474. A seguir será o acusado interrogado, se estiver presente, na forma estabelecida no Capítulo III do Título VII do Livro I deste Código, com as alterações introduzidas nesta Seção.

§ 1º O Ministério Público, o assistente, o querelante e o defensor, nessa ordem, poderão formular, diretamente, perguntas ao acusado.

§ 2º Os jurados formularão perguntas por intermédio do juiz presidente.

§ 3º Não se permitirá o uso de algemas no acusado durante o período em que permanecer no plenário do júri, salvo se absolutamente necessário à ordem dos trabalhos, à segurança das testemunhas ou à garantia da integridade física dos presentes.

Art. 475. O registro dos depoimentos e do interrogatório será feito pelos meios ou recursos de gravação magnética, eletrônica, estenotipia ou técnica similar, destinada a obter maior fidelidade e celeridade na colheita da prova.

Parágrafo único. A transcrição do registro, após feita a degravação, constará dos autos.

SEÇÃO XII
Dos Debates

Art. 476. Encerrada a instrução, será concedida a palavra ao Ministério Público, que fará a acusação, nos limites da pronúncia ou das decisões posteriores que julgaram admissível a acusação, sustentando, se for o caso, a existência de circunstância agravante.
§ 1º O assistente falará depois do Ministério Público.
§ 2º Tratando-se de ação penal de iniciativa privada, falará em primeiro lugar o querelante e, em seguida, o Ministério Público, salvo se este houver retomado a titularidade da ação, na forma do art. 29 deste Código.
§ 3º Finda a acusação, terá a palavra a defesa.
§ 4º A acusação poderá replicar e a defesa treplicar, sendo admitida a reinquirição de testemunha já ouvida em plenário.

Art. 477. O tempo destinado à acusação e à defesa será de uma hora e meia para cada, e de uma hora para a réplica e outro tanto para a tréplica.
§ 1º Havendo mais de um acusador ou mais de um defensor, combinarão entre si a distribuição do tempo, que, na falta de acordo, será dividido pelo juiz presidente, de forma a não exceder o determinado neste artigo.
§ 2º Havendo mais de 1 (um) acusado, o tempo para a acusação e a defesa será acrescido de 1 (uma) hora e elevado ao dobro o da réplica e da tréplica, observado o disposto no § 1º deste artigo.

Art. 478. Durante os debates as partes não poderão, sob pena de nulidade, fazer referências:
I. à decisão de pronúncia, às decisões posteriores que julgaram admissível a acusação ou à determinação do uso de algemas como argumento de autoridade que beneficiem ou prejudiquem o acusado;
II. ao silêncio do acusado ou à ausência de interrogatório por falta de requerimento, em seu prejuízo.

Art. 479. Durante o julgamento não será permitida a leitura de documento ou a exibição de objeto que não tiver sido juntado aos autos com a antecedência mínima de 3 (três) dias úteis, dando-se ciência à outra parte.

Parágrafo único. Compreende-se na proibição deste artigo a leitura de jornais ou qualquer outro escrito, bem como a exibição de vídeos, gravações, fotografias, laudos, quadros, croqui ou qualquer outro meio assemelhado, cujo conteúdo versar sobre a matéria de fato submetida à apreciação e julgamento dos jurados.

Art. 480. A acusação, a defesa e os jurados poderão, a qualquer momento e por intermédio do juiz presidente, pedir ao orador que indique a folha dos autos onde se encontra a peça por ele lida ou citada, facultando-se, ainda, aos jurados solicitar-lhe, pelo mesmo meio, o esclarecimento de fato por ele alegado.
§ 1º Concluídos os debates, o presidente indagará dos jurados se estão habilitados a julgar ou se necessitam de outros esclarecimentos.
§ 2º Se houver dúvida sobre questão de fato, o presidente prestará esclarecimentos à vista dos autos.
§ 3º Os jurados, nesta fase do procedimento, terão acesso aos autos e aos instrumentos do crime se solicitarem ao juiz presidente.

Art. 481. Se a verificação de qualquer fato, reconhecida como essencial para o julgamento da causa, não puder ser realizada imediatamente, o juiz presidente dissolverá o Conselho, ordenando a realização das diligências entendidas necessárias.

Parágrafo único. Se a diligência consistir na produção de prova pericial, o juiz presidente, desde logo, nomeará perito e formulará quesitos, facultando às partes também formulá-los e indicar assistentes técnicos, no prazo de 5 (cinco) dias.

SEÇÃO XIII
Do Questionário e sua Votação

Art. 482. O Conselho de Sentença será questionado sobre matéria de fato e se o acusado deve ser absolvido.

Parágrafo único. Os quesitos serão redigidos em proposições afirmativas, simples e distintas, de modo que cada um deles possa ser respondido com suficiente clareza e necessária precisão. Na sua elaboração, o presidente levará em conta os termos da pronúncia ou das decisões posteriores que julgaram admissível a acusação, do interrogatório e das alegações das partes.

Art. 483. Os quesitos serão formulados na seguinte ordem, indagando sobre:
I. a materialidade do fato;
II. a autoria ou participação;
III. se o acusado deve ser absolvido;
IV. se existe causa de diminuição de pena alegada pela defesa;

V. se existe circunstância qualificadora ou causa de aumento de pena reconhecidas na pronúncia ou em decisões posteriores que julgaram admissível a acusação.

§ 1º A resposta negativa, de mais de 3 (três) jurados, a qualquer dos quesitos referidos nos incisos I e II do caput deste artigo encerra a votação e implica a absolvição do acusado.

§ 2º Respondidos afirmativamente por mais de 3 (três) jurados os quesitos relativos aos incisos I e II do caput deste artigo será formulado quesito com a seguinte redação:
O jurado absolve o acusado?

§ 3º Decidindo os jurados pela condenação, o julgamento prossegue, devendo ser formulados quesitos sobre:
I. causa de diminuição de pena alegada pela defesa;
II. circunstância qualificadora ou causa de aumento de pena, reconhecidas na pronúncia ou em decisões posteriores que julgaram admissível a acusação.

§ 4º Sustentada a desclassificação da infração para outra de competência do juiz singular, será formulado quesito a respeito, para ser respondido após o 2º (segundo) ou 3º (terceiro) quesito, conforme o caso.

§ 5º Sustentada a tese de ocorrência do crime na sua forma tentada ou havendo divergência sobre a tipificação do delito, sendo este da competência do Tribunal do Júri, o juiz formulará quesito acerca destas questões, para ser respondido após o segundo quesito.

§ 6º Havendo mais de um crime ou mais de um acusado, os quesitos serão formulados em séries distintas.

Art. 484. A seguir, o presidente lerá os quesitos e indagará das partes se têm requerimento ou reclamação a fazer, devendo qualquer deles, bem como a decisão, constar da ata.

Parágrafo único. Ainda em plenário, o juiz presidente explicará aos jurados o significado de cada quesito.

Art. 485. Não havendo dúvida a ser esclarecida, o juiz presidente, os jurados, o Ministério Público, o assistente, o querelante, o defensor do acusado, o escrivão e o oficial de justiça dirigir-se-ão à sala especial a fim de ser procedida a votação.

§ 1º Na falta de sala especial, o juiz presidente determinará que o público se retire, permanecendo somente as pessoas mencionadas no caput deste artigo.

§ 2º O juiz presidente advertirá as partes de que não será permitida qualquer intervenção que possa perturbar a livre manifestação do Conselho e fará retirar da sala quem se portar inconvenientemente.

Art. 486. Antes de proceder-se à votação de cada quesito, o juiz presidente mandará distribuir aos jurados pequenas cédulas, feitas de papel opaco e facilmente dobráveis, contendo 7 (sete) delas a palavra *sim*, 7 (sete) a palavra *não*.

Art. 487. Para assegurar o sigilo do voto, o oficial de justiça recolherá em urnas separadas as cédulas correspondentes aos votos e as não utilizadas.

Art. 488. Após a resposta, verificados os votos e as cédulas não utilizadas, o presidente determinará que o escrivão registre no termo a votação de cada quesito, bem como o resultado do julgamento.

Parágrafo único. Do termo também constará a conferência das cédulas não utilizadas.

Art. 489. As decisões do Tribunal do Júri serão tomadas por maioria de votos.

Art. 490. Se a resposta a qualquer dos quesitos estiver em contradição com outra ou outras já dadas, o presidente, explicando aos jurados em que consiste a contradição, submeterá novamente à votação os quesitos a que se referirem tais respostas.

Parágrafo único. Se, pela resposta dada a um dos quesitos, o presidente verificar que ficam prejudicados os seguintes, assim o declarará, dando por finda a votação.

Art. 491. Encerrada a votação, será o termo a que se refere o art. 488 deste Código assinado pelo presidente, pelos jurados e pelas partes.

SEÇÃO XIV
Da sentença

Art. 492. Em seguida, o presidente proferirá sentença que:
I. no caso de condenação:
a) fixará a pena-base;
b) considerará as circunstâncias agravantes ou atenuantes alegadas nos debates;
c) imporá os aumentos ou diminuições da pena, em atenção às causas admitidas pelo júri;
d) observará as demais disposições do art. 387 deste Código;
e) mandará o acusado recolher-se ou recomendá-lo-á à prisão em que se encontra, se presentes os requisitos da prisão preventiva, ou, no caso de condenação a uma pena igual ou superior a 15 (quinze) anos de reclusão, determinará a execução provisória das penas, com expedição do mandado

de prisão, se for o caso, sem prejuízo do conhecimento de recursos que vierem a ser interpostos; **(Redação dada pela Lei nº 13.964, de 2019)**
f) estabelecerá os efeitos genéricos e específicos da condenação;
II. no caso de absolvição:
a) mandará colocar em liberdade o acusado se por outro motivo não estiver preso;
b) revogará as medidas restritivas provisoriamente decretadas;
c) imporá, se for o caso, a medida de segurança cabível.
§ 1º Se houver desclassificação da infração para outra, de competência do juiz singular, ao presidente do Tribunal do Júri caberá proferir sentença em seguida, aplicando-se, quando o delito resultante da nova tipificação for considerado pela lei como infração penal de menor potencial ofensivo, o disposto nos arts. 69 e seguintes da Lei nº 9.099, de 26 de setembro de 1995º
§ 2º Em caso de desclassificação, o crime conexo que não seja doloso contra a vida será julgado pelo juiz presidente do Tribunal do Júri, aplicando-se, no que couber, o disposto no § 1º deste artigo.
§ 3º O presidente poderá, excepcionalmente, deixar de autorizar a execução provisória das penas de que trata a alínea e do inciso I do caput deste artigo, se houver questão substancial cuja resolução pelo tribunal ao qual competir o julgamento possa plausivelmente levar à revisão da condenação. **(Incluído pela Lei nº 13.964, de 2019)**
§ 4º A apelação interposta contra decisão condenatória do Tribunal do Júri a uma pena igual ou superior a 15 (quinze) anos de reclusão não terá efeito suspensivo. **(Incluído pela Lei nº 13.964, de 2019)**
§ 5º Excepcionalmente, poderá o tribunal atribuir efeito suspensivo à apelação de que trata o § 4º deste artigo, quando verificado cumulativamente que o recurso: **(Incluído pela Lei nº 13.964, de 2019)**
I. não tem propósito meramente protelatório; e **(Incluído pela Lei nº 13.964, de 2019)**
II. levanta questão substancial e que pode resultar em absolvição, anulação da sentença, novo julgamento ou redução da pena para patamar inferior a 15 (quinze) anos de reclusão.
§ 6º O pedido de concessão de efeito suspensivo poderá ser feito incidentemente na apelação ou por meio de petição em separado dirigida diretamente ao relator, instruída com cópias da sentença condenatória, das razões da apelação e de prova da tempestividade, das contrarrazões e das demais peças necessárias à compreensão da controvérsia. **(Incluído pela Lei nº 13.964, de 2019)**

Art. 493. A sentença será lida em plenário pelo presidente antes de encerrada a sessão de instrução e julgamento.

SEÇÃO XV
Da Ata dos Trabalhos

Art. 494. De cada sessão de julgamento o escrivão lavrará ata, assinada pelo presidente e pelas partes.

Art. 495. A ata descreverá fielmente todas as ocorrências, mencionando obrigatoriamente:
I. a data e a hora da instalação dos trabalhos;
II. o magistrado que presidiu a sessão e os jurados presentes;
III. os jurados que deixaram de comparecer, com escusa ou sem ela, e as sanções aplicadas;
IV. o ofício ou requerimento de isenção ou dispensa;
V. o sorteio dos jurados suplentes;
VI. o adiamento da sessão, se houver ocorrido, com a indicação do motivo;
VII. a abertura da sessão e a presença do Ministério Público, do querelante e do assistente, se houver, e a do defensor do acusado;
VIII. o pregão e a sanção imposta, no caso de não comparecimento;
IX. as testemunhas dispensadas de depor;
X. o recolhimento das testemunhas a lugar de onde umas não pudessem ouvir o depoimento das outras;
XI. a verificação das cédulas pelo juiz presidente;
XII. a formação do Conselho de Sentença, com o registro dos nomes dos jurados sorteados e recusas;
XIII. o compromisso e o interrogatório, com simples referência ao termo;
XIV. os debates e as alegações das partes com os respectivos fundamentos;
XV. os incidentes;
XVI. o julgamento da causa;
XVII. a publicidade dos atos da instrução plenária, das diligências e da sentença.

Art. 496. A falta da ata sujeitará o responsável a sanções administrativa e penal.

SEÇÃO XVI
Das Atribuições do Presidente do Tribunal do Júri

Art. 497. São atribuições do juiz presidente do Tribunal do Júri, além de outras expressamente referidas neste Código:

I. regular a polícia das sessões e prender os desobedientes;
II. requisitar o auxílio da força pública, que ficará sob sua exclusiva autoridade;
III. dirigir os debates, intervindo em caso de abuso, excesso de linguagem ou mediante requerimento de uma das partes;
IV. resolver as questões incidentes que não dependam de pronunciamento do júri;
V. nomear defensor ao acusado, quando considerá-lo indefeso, podendo, neste caso, dissolver o Conselho e designar novo dia para o julgamento, com a nomeação ou a constituição de novo defensor;
VI. mandar retirar da sala o acusado que dificultar a realização do julgamento, o qual prosseguirá sem a sua presença;
VII. suspender a sessão pelo tempo indispensável à realização das diligências requeridas ou entendidas necessárias, mantida a incomunicabilidade dos jurados;
VIII. interromper a sessão por tempo razoável, para proferir sentença e para repouso ou refeição dos jurados;
IX. decidir, de ofício, ouvidos o Ministério Público e a defesa, ou a requerimento de qualquer destes, a arguição de extinção de punibilidade;
X. resolver as questões de direito suscitadas no curso do julgamento;
XI. determinar, de ofício ou a requerimento das partes ou de qualquer jurado, as diligências destinadas a sanar nulidade ou a suprir falta que prejudique o esclarecimento da verdade;
XII. regulamentar, durante os debates, a intervenção de uma das partes, quando a outra estiver com a palavra, podendo conceder até 3 (três) minutos para cada aparte requerido, que serão acrescidos ao tempo desta última.

CAPÍTULO III

Do Processo e do Julgamento dos Crimes da Competência do Juiz Singular

(Revogado pela Lei nº 11.719, de 2008).

TÍTULO II

Dos Processos Especiais

CAPÍTULO I

Do Processo e do Julgamento dos Crimes de Falência

(Revogado pela Lei nº 11.101, de 2005)

CAPÍTULO II

Do Processo E Do Julgamento Dos Crimes De Responsabilidade Dos Funcionários Públicos

Art. 513. Os crimes de responsabilidade dos funcionários públicos, cujo processo e julgamento competirão aos juízes de direito, a queixa ou a denúncia será instruída com documentos ou justificação que façam presumir a existência do delito ou com declaração fundamentada da impossibilidade de apresentação de qualquer dessas provas.

Art. 514. Nos crimes afiançáveis, estando a denúncia ou queixa em devida forma, o juiz mandará autuá-la e ordenará a notificação do acusado, para responder por escrito, dentro do prazo de quinze dias.

Parágrafo único. Se não for conhecida a residência do acusado, ou este se achar fora da jurisdição do juiz, ser-lhe-á nomeado defensor, a quem caberá apresentar a resposta preliminar.

Art. 515. No caso previsto no artigo anterior, durante o prazo concedido para a resposta, os autos permanecerão em cartório, onde poderão ser examinados pelo acusado ou por seu defensor.

Parágrafo único. A resposta poderá ser instruída com documentos e justificações.

Art. 516. O juiz rejeitará a queixa ou denúncia, em despacho fundamentado, se convencido, pela resposta do acusado ou do seu defensor, da inexistência do crime ou da improcedência da ação.

Art. 517. Recebida a denúncia ou a queixa, será o acusado citado, na forma estabelecida no Capítulo I do Título X do Livro I.

Art. 518. Na instrução criminal e nos demais termos do processo, observar-se-á o disposto nos Capítulos I e III, Título I, deste Livro.

CAPÍTULO III

Do Processo e do Julgamento dos Crimes de Calúnia e Injúria, de Competência do Juiz Singular

Art. 519. No processo por crime de calúnia ou injúria, para o qual não haja outra forma estabelecida em lei especial, observar-se-á o disposto nos Capítulos I e III, Titulo I, deste Livro, com as modificações constantes dos artigos seguintes.

Art. 520. Antes de receber a queixa, o juiz oferecerá às partes oportunidade para se reconciliarem, fazendo-as comparecer em juízo e ouvindo-as, separadamente, sem a presença dos seus advogados, não se lavrando termo.

Art. 521. Se depois de ouvir o querelante e o querelado, o juiz achar provável a reconciliação, promoverá entendimento entre eles, na sua presença.

Art. 522. No caso de reconciliação, depois de assinado pelo querelante o termo da desistência, a queixa será arquivada.

Art. 523. Quando for oferecida a exceção da verdade ou da notoriedade do fato imputado, o querelante poderá contestar a exceção no prazo de dois dias, podendo ser inquiridas as testemunhas arroladas na queixa, ou outras indicadas naquele prazo, em substituição às primeiras, ou para completar o máximo legal.

CAPÍTULO IV

Do Processo e do Julgamento dos Crimes Contra a Propriedade Imaterial

Art. 524. No processo e julgamento dos crimes contra a propriedade imaterial, observar-se-á o disposto nos Capítulos I e III do Título I deste Livro, com as modificações constantes dos artigos seguintes.

Art. 525. No caso de haver o crime deixado vestígio, a queixa ou a denúncia não será recebida se não for instruída com o exame pericial dos objetos que constituam o corpo de delito.

Art. 526. Sem a prova de direito à ação, não será recebida a queixa, nem ordenada qualquer diligência preliminarmente requerida pelo ofendido.

Art. 527. A diligência de busca ou de apreensão será realizada por dois peritos nomeados pelo juiz, que verificarão a existência de fundamento para a apreensão, e quer esta se realize, quer não, o laudo pericial será apresentado dentro de 3 (três) dias após o encerramento da diligência.

Parágrafo único. O requerente da diligência poderá impugnar o laudo contrário à apreensão, e o juiz ordenará que esta se efetue, se reconhecer a improcedência das razões aduzidas pelos peritos.

Art. 528. Encerradas as diligências, os autos serão conclusos ao juiz para homologação do laudo.

Art. 529. Nos crimes de ação privativa do ofendido, não será admitida queixa com fundamento em apreensão e em perícia, se decorrido o prazo de 30 dias, após a homologação do laudo.

Parágrafo único. Será dada vista ao Ministério Público dos autos de busca e apreensão requeridas pelo ofendido, se o crime for de ação pública e não tiver sido oferecida queixa no prazo fixado neste artigo.

Art. 530. Se ocorrer prisão em flagrante e o réu não for posto em liberdade, o prazo a que se refere o artigo anterior será de 8 (oito) dias.

Art. 530-A. O disposto nos arts. 524 a 530 será aplicável aos crimes em que se proceda mediante queixa.

Art. 530-B. Nos casos das infrações previstas nos §§ 1º, 2º e 3º do art. 184 do Código Penal, a autoridade policial procederá à apreensão dos bens ilicitamente produzidos ou reproduzidos, em sua totalidade, juntamente com os equipamentos, suportes e materiais que possibilitaram a sua existência, desde que estes se destinem precipuamente à prática do ilícito.

Art. 530-C. Na ocasião da apreensão será lavrado termo, assinado por 2 (duas) ou mais testemunhas, com a descrição de todos os bens apreendidos e informações sobre suas origens, o qual deverá integrar o inquérito policial ou o processo.

Art. 530-D. Subsequente à apreensão, será realizada, por perito oficial, ou, na falta deste, por pessoa tecnicamente habilitada, perícia sobre todos os bens apreendidos e elaborado o laudo que deverá integrar o inquérito policial ou o processo.

Art. 530-E. Os titulares de direito de autor e os que lhe são conexos serão os fiéis depositários de todos os bens apreendidos, devendo colocá-los à disposição do juiz quando do ajuizamento da ação.

Art. 530-F. Ressalvada a possibilidade de se preservar o corpo de delito, o juiz poderá determinar, a requerimento da vítima, a destruição da produção ou reprodução apreendida quando não houver impugnação quanto à sua ilicitude ou quando a ação penal não puder ser iniciada por falta de determinação de quem seja o autor do ilícito.

Art. 530-G. O juiz, ao prolatar a sentença condenatória, poderá determinar a destruição dos bens ilicitamente produzidos ou reproduzidos e o perdimento dos equipamentos apreendidos, desde que precipuamente destinados à produção e reprodução dos bens, em favor da Fazenda Nacional, que deverá destruí-los ou doá-los aos Estados, Municípios e Distrito Federal, a instituições públicas de ensino e pesquisa ou de assistência social, bem como incorporá-los, por economia ou interesse público, ao patrimônio da União, que não poderão retorná-los aos canais de comércio.

Art. 530-H. As associações de titulares de direitos de autor e os que lhes são conexos poderão, em seu próprio nome, funcionar como assistente da acusação nos crimes previstos no art. 184 do Código Penal, quando praticado em detrimento de qualquer de seus associados.

Art. 530-I. Nos crimes em que caiba ação penal pública incondicionada ou condicionada, observar-se-ão as normas constantes dos arts. 530-B, 530-C, 530-D, 530-E, 530-F, 530-G e 530-H.

CAPÍTULO V
Do Processo Sumário

Art. 531. Na audiência de instrução e julgamento, a ser realizada no prazo máximo de 30 (trinta) dias, proceder-se-á à tomada de declarações do ofendido, se possível, à inquirição das testemunhas arroladas pela acusação e pela defesa, nesta ordem, ressalvado o disposto no art. 222 deste Código, bem como aos esclarecimentos dos peritos, às acareações e ao reconhecimento de pessoas e coisas, interrogando-se, em seguida, o acusado e procedendo-se, finalmente, ao debate.

Art. 532. Na instrução, poderão ser inquiridas até 5 (cinco) testemunhas arroladas pela acusação e 5 (cinco) pela defesa.

Art. 533. Aplica-se ao procedimento sumário o disposto nos parágrafos do art. 400 deste Código.

§ 1º ao § 4º (Revogado pela Lei nº 11.719, de 2008).

Art. 534. As alegações finais serão orais, concedendo-se a palavra, respectivamente, à acusação e à defesa, pelo prazo de 20 (vinte) minutos, prorrogáveis por mais 10 (dez), proferindo o juiz, a seguir, sentença.

§ 1º Havendo mais de um acusado, o tempo previsto para a defesa de cada um será individual.

§ 2º Ao assistente do Ministério Público, após a manifestação deste, serão concedidos 10 (dez) minutos, prorrogando-se por igual período o tempo de manifestação da defesa.

Art. 535. Nenhum ato será adiado, salvo quando imprescindível a prova faltante, determinando o juiz a condução coercitiva de quem deva comparecer.

§ 1º (Revogado pela Lei nº 11.719, de 2008).
§ 2º (Revogado pela Lei nº 11.719, de 2008).

Art. 536. A testemunha que comparecer será inquirida, independentemente da suspensão da audiência, observada em qualquer caso a ordem estabelecida no art. 531 deste Código.

Art. 537. (Revogado pela Lei nº 11.719, de 2008).

Art. 538. Nas infrações penais de menor potencial ofensivo, quando o juizado especial criminal encaminhar ao juízo comum as peças existentes para a adoção de outro procedimento, observar-se-á o procedimento sumário previsto neste Capítulo.

§ 1º ao § 4º (Revogado pela Lei nº 11.719, de 2008).

Art. 539. (Revogado pela Lei nº 11.719, de 2008).

Art. 540. (Revogado pela Lei nº 11.719, de 2008).

CAPÍTULO VI
Do Processo de Restauração de Autos Extraviados ou Destruídos

Art. 541. Os autos originais de processo penal extraviados ou destruídos, em primeira ou segunda instância, serão restaurados.

§ 1º Se existir e for exibida cópia autêntica ou certidão do processo, será uma ou outra considerada como original.

§ 2º Na falta de cópia autêntica ou certidão do processo, o juiz mandará, de ofício, ou a requerimento de qualquer das partes, que:

a) o escrivão certifique o estado do processo, segundo a sua lembrança, e reproduza o que houver a respeito em seus protocolos e registros;

b) sejam requisitadas cópias do que constar a respeito no Instituto Médico-Legal, no Instituto de

Identificação e Estatística ou em estabelecimentos congêneres, repartições públicas, penitenciárias ou cadeias;

c) as partes sejam citadas pessoalmente, ou, se não forem encontradas, por edital, com o prazo de dez dias, para o processo de restauração dos autos.

§ 3º Proceder-se-á à restauração na primeira instância, ainda que os autos se tenham extraviado na segunda.

Art. 542. No dia designado, as partes serão ouvidas, mencionando-se em termo circunstanciado os pontos em que estiverem acordes e a exibição e a conferência das certidões e mais reproduções do processo apresentadas e conferidas.

Art. 543. O juiz determinará as diligências necessárias para a restauração, observando-se o seguinte:

I. caso ainda não tenha sido proferida a sentença, reinquirir-se-ão as testemunhas podendo ser substituídas as que tiverem falecido ou se encontrarem em lugar não sabido;

II. os exames periciais, quando possível, serão repetidos, e de preferência pelos mesmos peritos;

III. a prova documental será reproduzida por meio de cópia autêntica ou, quando impossível, por meio de testemunhas;

IV. poderão também ser inquiridas sobre os atos do processo, que deverá ser restaurado, as autoridades, os serventuários, os peritos e mais pessoas que tenham nele funcionado;

V. o Ministério Público e as partes poderão oferecer testemunhas e produzir documentos, para provar o teor do processo extraviado ou destruído.

Art. 544. Realizadas as diligências que, salvo motivo de força maior, deverão concluir-se dentro de vinte dias, serão os autos conclusos para julgamento.

Parágrafo único. No curso do processo, e depois de subirem os autos conclusos para sentença, o juiz poderá, dentro em cinco dias, requisitar de autoridades ou de repartições todos os esclarecimentos para a restauração.

Art. 545. Os selos e as taxas judiciárias, já pagos nos autos originais, não serão novamente cobrados.

Art. 546. Os causadores de extravio de autos responderão pelas custas, em dobro, sem prejuízo da responsabilidade criminal.

Art. 547. Julgada a restauração, os autos respectivos valerão pelos originais.

Parágrafo único. Se no curso da restauração aparecerem os autos originais, nestes continuará o processo, apensos a eles os autos da restauração.

Art. 548. Até à decisão que julgue restaurados os autos, a sentença condenatória em execução continuará a produzir efeito, desde que conste da respectiva guia arquivada na cadeia ou na penitenciária, onde o réu estiver cumprindo a pena, ou de registro que torne a sua existência inequívoca.

CAPÍTULO VII
Do Processo de Aplicação de Medida de Segurança por Fato não Criminoso

Art. 549. Se a autoridade policial tiver conhecimento de fato que, embora não constituindo infração penal, possa determinar a aplicação de medida de segurança (Código Penal, arts. 14 e 27), deverá proceder a inquérito, a fim de apurá-lo e averiguar todos os elementos que possam interessar à verificação da periculosidade do agente.

Art. 550. O processo será promovido pelo Ministério Público, mediante requerimento que conterá a exposição sucinta do fato, as suas circunstâncias e todos os elementos em que se fundar o pedido.

Art. 551. O juiz, ao deferir o requerimento, ordenará a intimação do interessado para comparecer em juízo, a fim de ser interrogado.

Art. 552. Após o interrogatório ou dentro do prazo de dois dias, o interessado ou seu defensor poderá oferecer alegações.

Parágrafo único. O juiz nomeará defensor ao interessado que não o tiver.

Art. 553. O Ministério Público, ao fazer o requerimento inicial, e a defesa, no prazo estabelecido no artigo anterior, poderão requerer exames, diligências e arrolar até três testemunhas.

Art. 554. Após o prazo de defesa ou a realização dos exames e diligências ordenados pelo juiz, de ofício ou a requerimento das partes, será marcada audiência, em que, inquiridas as testemunhas e produzidas alegações orais pelo órgão do Ministério Público e pelo defensor, dentro de dez minutos para cada um, o juiz proferirá sentença.

Parágrafo único. Se o juiz não se julgar habilitado a proferir a decisão, designará, desde logo, outra audiência, que se realizará dentro de cinco dias, para publicar a sentença.

Art. 555. Quando, instaurado processo por infração penal, o juiz, absolvendo ou impronunciando o réu, reconhecer a existência de qualquer dos fatos previstos no art. 14 ou no art. 27 do Código Penal, aplicar-lhe-á, se for caso, medida de segurança.

TÍTULO III
Dos Processos de Competência do Supremo Tribunal Federal e dos Tribunais de Apelação

CAPÍTULO I
Da Instrução
(Revogado pela Lei nº 8.658, de 26.5.1993)

LIVRO III
Das Nulidades e dos Recursos em Geral

TÍTULO I
Das Nulidades

Art. 563. Nenhum ato será declarado nulo, se da nulidade não resultar prejuízo para a acusação ou para a defesa.

Art. 564. A nulidade ocorrerá nos seguintes casos:
I. por incompetência, suspeição ou suborno do juiz;
II. por ilegitimidade de parte;
III. por falta das fórmulas ou dos termos seguintes:
a) a denúncia ou a queixa e a representação e, nos processos de contravenções penais, a portaria ou o auto de prisão em flagrante;
b) o exame do corpo de delito nos crimes que deixam vestígios, ressalvado o disposto no Art. 167;
c) a nomeação de defensor ao réu presente, que o não tiver, ou ao ausente, e de curador ao menor de 21 anos;
d) a intervenção do Ministério Público em todos os termos da ação por ele intentada e nos da intentada pela parte ofendida, quando se tratar de crime de ação pública;
e) a citação do réu para ver-se processar, o seu interrogatório, quando presente, e os prazos concedidos à acusação e à defesa;
f) a sentença de pronúncia, o libelo e a entrega da respectiva cópia, com o rol de testemunhas, nos processos perante o Tribunal do Júri;
g) a intimação do réu para a sessão de julgamento, pelo Tribunal do Júri, quando a lei não permitir o julgamento à revelia;
h) a intimação das testemunhas arroladas no libelo e na contrariedade, nos termos estabelecidos pela lei;
i) a presença pelo menos de 15 jurados para a constituição do júri;
j) o sorteio dos jurados do conselho de sentença em número legal e sua incomunicabilidade;
k) os quesitos e as respectivas respostas;
l) a acusação e a defesa, na sessão de julgamento;
m) a sentença;
n) o recurso de ofício, nos casos em que a lei o tenha estabelecido;
o) a intimação, nas condições estabelecidas pela lei, para ciência de sentenças e despachos de que caiba recurso;
p) no Supremo Tribunal Federal e nos Tribunais de Apelação, o *quorum* legal para o julgamento;
IV. por omissão de formalidade que constitua elemento essencial do ato.
V. em decorrência de decisão carente de fundamentação. (Incluído pela Lei nº 13.964, de 2019) (Vigência)
Parágrafo único. Ocorrerá ainda a nulidade, por deficiência dos quesitos ou das suas respostas, e contradição entre estas. (Incluído pela Lei nº 263, de 23.2.1948)

Art. 565. Nenhuma das partes poderá arguir nulidade a que haja dado causa, ou para que tenha concorrido, ou referente a formalidade cuja observância só à parte contrária interesse.

Art. 566. Não será declarada a nulidade de ato processual que não houver influído na apuração da verdade substancial ou na decisão da causa.

Art. 567. A incompetência do juízo anula somente os atos decisórios, devendo o processo, quando for declarada a nulidade, ser remetido ao juiz competente.

Art. 568. A nulidade por ilegitimidade do representante da parte poderá ser a todo tempo sanada, mediante ratificação dos atos processuais.

Art. 569. As omissões da denúncia ou da queixa, da representação, ou, nos processos das contravenções penais, da portaria ou do auto de prisão em flagrante, poderão ser supridas a todo o tempo, antes da sentença final.

Art. 570. A falta ou a nulidade da citação, da intimação ou notificação estará sanada, desde que o interessado compareça, antes de o ato consumar-se, embora declare que o faz para o único fim de argui-la. O juiz ordenará, todavia, a suspensão ou o adiamento do ato, quando reconhecer que a irregularidade poderá prejudicar direito da parte.

Art. 571. As nulidades deverão ser arguidas:
I. as da instrução criminal dos processos da competência do júri, nos prazos a que se refere o art. 406;
II. as da instrução criminal dos processos de competência do juiz singular e dos processos especiais, salvo os dos Capítulos V e VII do Título II do Livro II, nos prazos a que se refere o art. 500;
III. as do processo sumário, no prazo a que se refere o art. 537, ou, se verificadas depois desse prazo, logo depois de aberta a audiência e apregoadas as partes;
IV. as do processo regulado no Capítulo VII do Título II do Livro II, logo depois de aberta a audiência;
V. as ocorridas posteriormente à pronúncia, logo depois de anunciado o julgamento e apregoadas as partes (art. 447);
VI. as de instrução criminal dos processos de competência do Supremo Tribunal Federal e dos Tribunais de Apelação, nos prazos a que se refere o art. 500;
VII. se verificadas após a decisão da primeira instância, nas razões de recurso ou logo depois de anunciado o julgamento do recurso e apregoadas as partes;
VIII. as do julgamento em plenário, em audiência ou em sessão do tribunal, logo depois de ocorrerem.

Art. 572. As nulidades previstas no art. 564, III, *d* e *e*, segunda parte, *g* e *h*, e IV, considerar-se-ão sanadas:
I. se não forem arguidas, em tempo oportuno, de acordo com o disposto no artigo anterior;
II. se, praticado por outra forma, o ato tiver atingido o seu fim;
III. se a parte, ainda que tacitamente, tiver aceito os seus efeitos.

Art. 573. Os atos, cuja nulidade não tiver sido sanada, na forma dos artigos anteriores, serão renovados ou retificados.
§ 1º A nulidade de um ato, uma vez declarada, causará a dos atos que dele diretamente dependam ou sejam consequência.
§ 2º O juiz que pronunciar a nulidade declarará os atos a que ela se estende.

TÍTULO II
Dos Recursos Em Geral

CAPÍTULO I
Disposições Gerais

Art. 574. Os recursos serão voluntários, excetuando-se os seguintes casos, em que deverão ser interpostos, de ofício, pelo juiz:
I. da sentença que conceder habeas corpus;
II. da que absolver desde logo o réu com fundamento na existência de circunstância que exclua o crime ou isente o réu de pena, nos termos do art. 411.

Art. 575. Não serão prejudicados os recursos que, por erro, falta ou omissão dos funcionários, não tiverem seguimento ou não forem apresentados dentro do prazo.

Art. 576. O Ministério Público não poderá desistir de recurso que haja interposto.

Art. 577. O recurso poderá ser interposto pelo Ministério Público, ou pelo querelante, ou pelo réu, seu procurador ou seu defensor.
Parágrafo único. Não se admitirá, entretanto, recurso da parte que não tiver interesse na reforma ou modificação da decisão.

Art. 578. O recurso será interposto por petição ou por termo nos autos, assinado pelo recorrente ou por seu representante.
§ 1º Não sabendo ou não podendo o réu assinar o nome, o termo será assinado por alguém, a seu rogo, na presença de duas testemunhas.
§ 2º A petição de interposição de recurso, com o despacho do juiz, será, até o dia seguinte ao último do prazo, entregue ao escrivão, que certificará no termo da juntada a data da entrega.
§ 3º Interposto por termo o recurso, o escrivão, sob pena de suspensão por dez a trinta dias, fará conclusos os autos ao juiz, até o dia seguinte ao último do prazo.

Art. 579. Salvo a hipótese de má-fé, a parte não será prejudicada pela interposição de um recurso por outro.
Parágrafo único. Se o juiz, desde logo, reconhecer a impropriedade do recurso interposto pela parte, mandará processá-lo de acordo com o rito do recurso cabível.

Art. 580. No caso de concurso de agentes (Código Penal, art. 25), a decisão do recurso interposto por um dos réus, se fundado em motivos que não sejam de caráter exclusivamente pessoal, aproveitará aos outros.

CAPÍTULO II
Do Recurso Em Sentido Estrito

Art. 581. Caberá recurso, no sentido estrito, da decisão, despacho ou sentença:
I. que não receber a denúncia ou a queixa;
II. que concluir pela incompetência do juízo;
III. que julgar procedentes as exceções, salvo a de suspeição;
IV. que pronunciar o réu;
V. que conceder, negar, arbitrar, cassar ou julgar inidônea a fiança, indeferir requerimento de prisão preventiva ou revogá-la, conceder liberdade provisória ou relaxar a prisão em flagrante;
VI. (Revogado pela Lei nº 11.689, de 2008)
VII. que julgar quebrada a fiança ou perdido o seu valor;
VIII. que decretar a prescrição ou julgar, por outro modo, extinta a punibilidade;
IX. que indeferir o pedido de reconhecimento da prescrição ou de outra causa extintiva da punibilidade;
X. que conceder ou negar a ordem de habeas corpus;
XI. que conceder, negar ou revogar a suspensão condicional da pena;
XII. que conceder, negar ou revogar livramento condicional;
XIII. que anular o processo da instrução criminal, no todo ou em parte;
XIV. que incluir jurado na lista geral ou desta o excluir;
XV. que denegar a apelação ou a julgar deserta;
XVI. que ordenar a suspensão do processo, em virtude de questão prejudicial;
XVII. que decidir sobre a unificação de penas;
XVIII. que decidir o incidente de falsidade;
XIX. que decretar medida de segurança, depois de transitar a sentença em julgado;
XX. que impuser medida de segurança por transgressão de outra;
XXI. que mantiver ou substituir a medida de segurança, nos casos do art. 774;
XXII. que revogar a medida de segurança;
XXIII. que deixar de revogar a medida de segurança, nos casos em que a lei admita a revogação;
XXIV. que converter a multa em detenção ou em prisão simples.
XXV. que recusar homologação à proposta de acordo de não persecução penal, previsto no art. 28-A desta Lei. **(Incluído pela Lei nº 13.964, de 2019)**

Art. 582. Os recursos serão sempre para o Tribunal de Apelação, salvo nos casos dos ns. V, X e XIV.
Parágrafo único. O recurso, no caso do nº XIV, será para o presidente do Tribunal de Apelação.

Art. 583. Subirão nos próprios autos os recursos:
I. quando interpostos de ofício;
II. nos casos do art. 581, I, III, IV, VI, VIII e X;
III. quando o recurso não prejudicar o andamento do processo.
Parágrafo único. O recurso da pronúncia subirá em traslado, quando, havendo dois ou mais réus, qualquer deles se conformar com a decisão ou todos não tiverem sido ainda intimados da pronúncia.

Art. 584. Os recursos terão efeito suspensivo nos casos de perda da fiança, de concessão de livramento condicional e dos ns. XV, XVII e XXIV do art. 581.
§ 1º Ao recurso interposto de sentença de impronúncia ou no caso do no VIII do art. 581, aplicar-se-á o disposto nos arts. 596 e 598.
§ 2º O recurso da pronúncia suspenderá tão-somente o julgamento.
§ 3º O recurso do despacho que julgar quebrada a fiança suspenderá unicamente o efeito de perda da metade do seu valor.

Art. 585. O réu não poderá recorrer da pronúncia senão depois de preso, salvo se prestar fiança, nos casos em que a lei a admitir.

Art. 586. O recurso voluntário poderá ser interposto no prazo de cinco dias.
Parágrafo único. No caso do art. 581, XIV, o prazo será de vinte dias, contado da data da publicação definitiva da lista de jurados.

Art. 587. Quando o recurso houver de subir por instrumento, a parte indicará, no respectivo termo, ou em requerimento avulso, as peças dos autos de que pretenda traslado.
Parágrafo único. O traslado será extraído, conferido e concertado no prazo de cinco dias, e dele constarão sempre a decisão recorrida, a certidão de sua intimação, se por outra forma não for possível verificar-se a oportunidade do recurso, e o termo de interposição.

Art. 588. Dentro de dois dias, contados da interposição do recurso, ou do dia em que o escrivão, extraído o traslado, o fizer com vista ao recorrente, este oferecerá as razões e, em seguida, será aberta vista ao recorrido por igual prazo.

Parágrafo único. Se o recorrido for o réu, será intimado do prazo na pessoa do defensor.

Art. 589. Com a resposta do recorrido ou sem ela, será o recurso concluso ao juiz, que, dentro de dois dias, reformará ou sustentará o seu despacho, mandando instruir o recurso com os traslados que lhe parecerem necessários.

Parágrafo único. Se o juiz reformar o despacho recorrido, a parte contrária, por simples petição, poderá recorrer da nova decisão, se couber recurso, não sendo mais lícito ao juiz modificá-la. Neste caso, independentemente de novos arrazoados, subirá o recurso nos próprios autos ou em traslado.

Art. 590. Quando for impossível ao escrivão extrair o traslado no prazo da lei, poderá o juiz prorrogá-lo até o dobro.

Art. 591. Os recursos serão apresentados ao juiz ou tribunal *ad quem*, dentro de cinco dias da publicação da resposta do juiz *a quo*, ou entregues ao Correio dentro do mesmo prazo.

Art. 592. Publicada a decisão do juiz ou do tribunal *ad quem*, deverão os autos ser devolvidos, dentro de cinco dias, ao juiz *a quo*.

CAPÍTULO III
Da Apelação

Art. 593. Caberá apelação no prazo de 5 (cinco) dias:

I. das sentenças definitivas de condenação ou absolvição proferidas por juiz singular;

II. das decisões definitivas, ou com força de definitivas, proferidas por juiz singular nos casos não previstos no Capítulo anterior;

III. das decisões do Tribunal do Júri, quando:

a) ocorrer nulidade posterior à pronúncia;

b) for a sentença do juiz-presidente contrária à lei expressa ou à decisão dos jurados;

c) houver erro ou injustiça no tocante à aplicação da pena ou da medida de segurança;

d) for a decisão dos jurados manifestamente contrária à prova dos autos.

§ 1º Se a sentença do juiz-presidente for contrária à lei expressa ou divergir das respostas dos jurados aos quesitos, o tribunal *ad quem* fará a devida retificação.

§ 2º Interposta a apelação com fundamento no nº III, *c*, deste artigo, o tribunal *ad quem*, se lhe der provimento, retificará a aplicação da pena ou da medida de segurança.

§ 3º Se a apelação se fundar no nº III, *d*, deste artigo, e o tribunal *ad quem* se convencer de que a decisão dos jurados é manifestamente contrária à prova dos autos, dar-lhe-á provimento para sujeitar o réu a novo julgamento; não se admite, porém, pelo mesmo motivo, segunda apelação.

§ 4º Quando cabível a apelação, não poderá ser usado o recurso em sentido estrito, ainda que somente de parte da decisão se recorra.

Art. 594. (Revogado pela Lei nº 11.719, de 2008).

Art. 595. (Revogado pela Lei nº 12.403, de 2011).

Art. 596. A apelação da sentença absolutória não impedirá que o réu seja posto imediatamente em liberdade.

Parágrafo único. A apelação não suspenderá a execução da medida de segurança aplicada provisoriamente.

Art. 597. A apelação de sentença condenatória terá efeito suspensivo, salvo o disposto no art. 393, a aplicação provisória de interdições de direitos e de medidas de segurança (arts. 374 e 378), e o caso de suspensão condicional de pena.

Art. 598. Nos crimes de competência do Tribunal do Júri, ou do juiz singular, se da sentença não for interposta apelação pelo Ministério Público no prazo legal, o ofendido ou qualquer das pessoas enumeradas no art. 31, ainda que não se tenha habilitado como assistente, poderá interpor apelação, que não terá, porém, efeito suspensivo.

Parágrafo único. O prazo para interposição desse recurso será de quinze dias e correrá do dia em que terminar o do Ministério Público.

Art. 599. As apelações poderão ser interpostas quer em relação a todo o julgado, quer em relação a parte dele.

Art. 600. Assinado o termo de apelação, o apelante e, depois dele, o apelado terão o prazo de oito dias cada um para oferecer razões, salvo nos processos de contravenção, em que o prazo será de três dias.

§ 1º Se houver assistente, este arrazoará, no prazo de três dias, após o Ministério Público.

§ 2º Se a ação penal for movida pela parte ofendida, o Ministério Público terá vista dos autos, no prazo do parágrafo anterior.

§ 3º Quando forem dois ou mais os apelantes ou apelados, os prazos serão comuns.

§ 4º Se o apelante declarar, na petição ou no termo, ao interpor a apelação, que deseja arrazoar na superior instância serão os autos remetidos ao tribunal ad quem onde será aberta vista às partes, observados os prazos legais, notificadas as partes pela publicação oficial.

Art. 601. Findos os prazos para razões, os autos serão remetidos à instância superior, com as razões ou sem elas, no prazo de 5 (cinco) dias, salvo no caso do art. 603, segunda parte, em que o prazo será de trinta dias.

§ 1º Se houver mais de um réu, e não houverem todos sido julgados, ou não tiverem todos apelado, caberá ao apelante promover extração do traslado dos autos, o qual deverá ser remetido à instância superior no prazo de trinta dias, contado da data da entrega das últimas razões de apelação, ou do vencimento do prazo para a apresentação das do apelado.

§ 2º As despesas do traslado correrão por conta de quem o solicitar, salvo se o pedido for de réu pobre ou do Ministério Público.

Art. 602. Os autos serão, dentro dos prazos do artigo anterior, apresentados ao tribunal *ad quem* ou entregues ao Correio, sob registro.

Art. 603. A apelação subirá nos autos originais e, a não ser no Distrito Federal e nas comarcas que forem sede de Tribunal de Apelação, ficará em cartório traslado dos termos essenciais do processo referidos no art. 564, n. III.

Art. 604. (Revogado pela Lei nº 263, de 23.2.1948)
Art. 605. (Revogado pela Lei nº 263, de 23.2.1948)
Art. 606. (Revogado pela Lei nº 263, de 23.2.1948)

CAPÍTULO IV
Do Protesto Por Novo Júri

Art. 607. (Revogado pela Lei nº 11.689, de 2008)
Art. 608. (Revogado pela Lei nº 11.689, de 2008)

CAPÍTULO V
Do Processo e do Julgamento dos Recursos Em Sentido Estrito e das Apelações, Nos Tribunais de Apelação

Art. 609. Os recursos, apelações e embargos serão julgados pelos Tribunais de Justiça, câmaras ou turmas criminais, de acordo com a competência estabelecida nas leis de organização judiciária.

Parágrafo único. Quando não for unânime a decisão de segunda instância, desfavorável ao réu, admitem-se embargos infringentes e de nulidade, que poderão ser opostos dentro de 10 (dez) dias, a contar da publicação de acórdão, na forma do art. 613. Se o desacordo for parcial, os embargos serão restritos à matéria objeto de divergência.

Art. 610. Nos recursos em sentido estrito, com exceção do de habeas corpus, e nas apelações interpostas das sentenças em processo de contravenção ou de crime a que a lei comine pena de detenção, os autos irão imediatamente com vista ao procurador-geral pelo prazo de cinco dias, e, em seguida, passarão, por igual prazo, ao relator, que pedirá designação de dia para o julgamento.

Parágrafo único. Anunciado o julgamento pelo presidente, e apregoadas as partes, com a presença destas ou à sua revelia, o relator fará a exposição do feito e, em seguida, o presidente concederá, pelo prazo de 10 (dez) minutos, a palavra aos advogados ou às partes que a solicitarem e ao procurador-geral, quando o requerer, por igual prazo.

Art. 611. (Revogado pelo Decreto-Lei nº 552, de 25.4.1969)

Art. 612. Os recursos de habeas corpus, designado o relator, serão julgados na primeira sessão.

Art. 613. As apelações interpostas das sentenças proferidas em processos por crime a que a lei comine pena de reclusão, deverão ser processadas e julgadas pela forma estabelecida no Art. 610, com as seguintes modificações:

I. exarado o relatório nos autos, passarão estes ao revisor, que terá igual prazo para o exame do processo e pedirá designação de dia para o julgamento;
II. os prazos serão ampliados ao dobro;
III. o tempo para os debates será de um quarto de hora.

Art. 614. No caso de impossibilidade de observância de qualquer dos prazos marcados nos arts. 610 e 613, os motivos da demora serão declarados nos autos.

Art. 615. O tribunal decidirá por maioria de votos.

§ 1º Havendo empate de votos no julgamento de recursos, se o presidente do tribunal, câmara ou turma, não tiver tomado parte na votação, proferirá o voto de desempate; no caso contrário, prevalecerá a decisão mais favorável ao réu.

§ 2º O acórdão será apresentado à conferência na primeira sessão seguinte à do julgamento, ou no prazo de duas sessões, pelo juiz incumbido de lavrá-lo.

Art. 616. No julgamento das apelações poderá o tribunal, câmara ou turma proceder a novo interrogatório do acusado, reinquirir testemunhas ou determinar outras diligências.

Art. 617. O tribunal, câmara ou turma atenderá nas suas decisões ao disposto nos arts. 383, 386 e 387, no que for aplicável, não podendo, porém, ser agravada a pena, quando somente o réu houver apelado da sentença.

Art. 618. Os regimentos dos Tribunais de Apelação estabelecerão as normas complementares para o processo e julgamento dos recursos e apelações.

CAPÍTULO VI

Dos Embargos

Art. 619. Aos acórdãos proferidos pelos Tribunais de Apelação, câmaras ou turmas, poderão ser opostos embargos de declaração, no prazo de dois dias contados da sua publicação, quando houver na sentença ambiguidade, obscuridade, contradição ou omissão.

Art. 620. Os embargos de declaração serão deduzidos em requerimento de que constem os pontos em que o acórdão é ambíguo, obscuro, contraditório ou omisso.

§ 1º O requerimento será apresentado pelo relator e julgado, independentemente de revisão, na primeira sessão.

§ 2º Se não preenchidas as condições enumeradas neste artigo, o relator indeferirá desde logo o requerimento.

CAPÍTULO VII

Da Revisão

Art. 621. A revisão dos processos findos será admitida:

I. quando a sentença condenatória for contrária ao texto expresso da lei penal ou à evidência dos autos;

II. quando a sentença condenatória se fundar em depoimentos, exames ou documentos comprovadamente falsos;

III. quando, após a sentença, se descobrirem novas provas de inocência do condenado ou de circunstância que determine ou autorize diminuição especial da pena.

Art. 622. A revisão poderá ser requerida em qualquer tempo, antes da extinção da pena ou após.

Parágrafo único. Não será admissível a reiteração do pedido, salvo se fundado em novas provas.

Art. 623. A revisão poderá ser pedida pelo próprio réu ou por procurador legalmente habilitado ou, no caso de morte do réu, pelo cônjuge, ascendente, descendente ou irmão.

Art. 624. As revisões criminais serão processadas e julgadas:

I. pelo Supremo Tribunal Federal, quanto às condenações por ele proferidas;

II. pelo Tribunal Federal de Recursos, Tribunais de Justiça ou de Alçada, nos demais casos.

§ 1º No Supremo Tribunal Federal e no Tribunal Federal de Recursos o processo e julgamento obedecerão ao que for estabelecido no respectivo regimento interno.

§ 2º Nos Tribunais de Justiça ou de Alçada, o julgamento será efetuado pelas câmaras ou turmas criminais, reunidas em sessão conjunta, quando houver mais de uma, e, no caso contrário, pelo tribunal pleno.

§ 3º Nos tribunais onde houver quatro ou mais câmaras ou turmas criminais, poderão ser constituídos dois ou mais grupos de câmaras ou turmas para o julgamento de revisão, obedecido o que for estabelecido no respectivo regimento interno.

Art. 625. O requerimento será distribuído a um relator e a um revisor, devendo funcionar como relator um desembargador que não tenha pronunciado decisão em qualquer fase do processo.

§ 1º O requerimento será instruído com a certidão de haver passado em julgado a sentença condenatória e com as peças necessárias à comprovação dos fatos arguidos.

§ 2º O relator poderá determinar que se apensem os autos originais, se daí não advier dificuldade à execução normal da sentença.

§ 3º Se o relator julgar insuficientemente instruído o pedido e inconveniente ao interesse da justiça que se apensem os autos originais, indeferi-lo-á *in limine*, dando recurso para as câmaras reunidas ou para o tribunal, conforme o caso (art. 624, parágrafo único).

§ 4º Interposto o recurso por petição e independentemente de termo, o relator apresentará o processo em mesa para o julgamento e o relatará, sem tomar parte na discussão.

§ 5º Se o requerimento não for indeferido *in limine*, abrir-se-á vista dos autos ao procurador-geral, que dará parecer no prazo de dez dias. Em seguida, examinados os autos, sucessivamente, em igual prazo, pelo relator e revisor, julgar-se-á o pedido na sessão que o presidente designar.

Art. 626. Julgando procedente a revisão, o tribunal poderá alterar a classificação da infração, absolver o réu, modificar a pena ou anular o processo.

Parágrafo único. De qualquer maneira, não poderá ser agravada a pena imposta pela decisão revista.

Art. 627. A absolvição implicará o restabelecimento de todos os direitos perdidos em virtude da condenação, devendo o tribunal, se for caso, impor a medida de segurança cabível.

Art. 628. Os regimentos internos dos Tribunais de Apelação estabelecerão as normas complementares para o processo e julgamento das revisões criminais.

Art. 629. À vista da certidão do acórdão que cassar a sentença condenatória, o juiz mandará juntá-la imediatamente aos autos, para inteiro cumprimento da decisão.

Art. 630. O tribunal, se o interessado o requerer, poderá reconhecer o direito a uma justa indenização pelos prejuízos sofridos.

§ 1º Por essa indenização, que será liquidada no juízo cível, responderá a União, se a condenação tiver sido proferida pela justiça do Distrito Federal ou de Território, ou o Estado, se o tiver sido pela respectiva justiça.

§ 2º A indenização não será devida:

a) se o erro ou a injustiça da condenação proceder de ato ou falta imputável ao próprio impetrante, como a confissão ou a ocultação de prova em seu poder;

b) se a acusação houver sido meramente privada.

Art. 631. Quando, no curso da revisão, falecer a pessoa, cuja condenação tiver de ser revista, o presidente do tribunal nomeará curador para a defesa.

CAPÍTULO VIII
Do Recurso Extraordinário

Art. 632. Revogado pela Lei nº 3.396, de 2.6.1958:
Art. 633. Revogado pela Lei nº 3.396, de 2.6.1958:
Art. 634. Revogado pela Lei nº 3.396, de 2.6.1958:
Art. 635. Revogado pela Lei nº 3.396, de 2.6.1958:
Art. 636. Revogado pela Lei nº 3.396, de 2.6.1958:
Art. 637. O recurso extraordinário não tem efeito suspensivo, e uma vez arrazoados pelo recorrido os autos do traslado, os originais baixarão à primeira instância, para a execução da sentença.

Art. 638. O recurso extraordinário e o recurso especial serão processados e julgados no Supremo Tribunal Federal e no Superior Tribunal de Justiça na forma estabelecida por leis especiais, pela lei processual civil e pelos respectivos regimentos internos. **(Redação dada pela Lei nº 13.964, de 2019)**

CAPÍTULO IX
Da CArta Testemunhável

Art. 639. Dar-se-á carta testemunhável:
I. da decisão que denegar o recurso;
II. da que, admitindo embora o recurso, obstar à sua expedição e seguimento para o juízo *ad quem*.

Art. 640. A carta testemunhável será requerida ao escrivão, ou ao secretário do tribunal, conforme o caso, nas quarenta e oito horas seguintes ao despacho que denegar o recurso, indicando o requerente as peças do processo que deverão ser trasladadas.

Art. 641. O escrivão, ou o secretário do tribunal, dará recibo da petição à parte e, no prazo máximo de cinco dias, no caso de recurso no sentido estrito, ou de sessenta dias, no caso de recurso extraordinário, fará entrega da carta, devidamente conferida e concertada.

Art. 642. O escrivão, ou o secretário do tribunal, que se negar a dar o recibo, ou deixar de entregar, sob qualquer pretexto, o instrumento, será suspenso por trinta dias. O juiz, ou o presidente do Tribunal de Apelação, em face de representação do testemunhante, imporá a pena e mandará que seja extraído o instrumento, sob a mesma sanção, pelo substituto do escrivão ou do secretário do tribunal. Se o testemunhante não for atendido, poderá reclamar ao presidente do tribunal *ad quem*, que avocará os autos, para o efeito do julgamento do recurso e imposição da pena.

Art. 643. Extraído e autuado o instrumento, observar-se-á o disposto nos arts. 588 a 592, no caso de recurso em sentido estrito, ou o processo estabelecido para o recurso extraordinário, se deste se tratar.

Art. 644. O tribunal, câmara ou turma a que competir o julgamento da carta, se desta tomar conhecimento, mandará processar o recurso, ou, se estiver suficientemente instruída, decidirá logo, *de meritis*.

Art. 645. O processo da carta testemunhável na instância superior seguirá o processo do recurso denegado.

Art. 646. A carta testemunhável não terá efeito suspensivo.

CAPÍTULO X
Do Habeas Corpus e Seu Processo

Art. 647. Dar-se-á habeas corpus sempre que alguém sofrer ou se achar na iminência de sofrer violência ou coação ilegal na sua liberdade de ir e vir, salvo nos casos de punição disciplinar.

Art. 648. A coação considerar-se-á ilegal:
I. quando não houver justa causa;
II. quando alguém estiver preso por mais tempo do que determina a lei;
III. quando quem ordenar a coação não tiver competência para fazê-lo;
IV. quando houver cessado o motivo que autorizou a coação;
V. quando não for alguém admitido a prestar fiança, nos casos em que a lei a autoriza;
VI. quando o processo for manifestamente nulo;
VII. quando extinta a punibilidade.

Art. 649. O juiz ou o tribunal, dentro dos limites da sua jurisdição, fará passar imediatamente a ordem impetrada, nos casos em que tenha cabimento, seja qual for a autoridade coatora.

Art. 650. Competirá conhecer, originariamente, do pedido de habeas corpus:
I. ao Supremo Tribunal Federal, nos casos previstos no Art. 101, I, *g*, da Constituição;
II. aos Tribunais de Apelação, sempre que os atos de violência ou coação forem atribuídos aos governadores ou interventores dos Estados ou Territórios e ao prefeito do Distrito Federal, ou a seus secretários, ou aos chefes de Polícia.
§ 1º A competência do juiz cessará sempre que a violência ou coação provier de autoridade judiciária de igual ou superior jurisdição.
§ 2º Não cabe o habeas corpus contra a prisão administrativa, atual ou iminente, dos responsáveis por dinheiro ou valor pertencente à Fazenda Pública, alcançados ou omissos em fazer o seu recolhimento nos prazos legais, salvo se o pedido for acompanhado de prova de quitação ou de depósito do alcance verificado, ou se a prisão exceder o prazo legal.

Art. 651. A concessão do habeas corpus não obstará, nem porá termo ao processo, desde que este não esteja em conflito com os fundamentos daquela.

Art. 652. Se o habeas corpus for concedido em virtude de nulidade do processo, este será renovado.

Art. 653. Ordenada a soltura do paciente em virtude de habeas corpus, será condenada nas custas a autoridade que, por má-fé ou evidente abuso de poder, tiver determinado a coação.

Parágrafo único. Neste caso, será remetida ao Ministério Público cópia das peças necessárias para ser promovida a responsabilidade da autoridade.

Art. 654. O habeas corpus poderá ser impetrado por qualquer pessoa, em seu favor ou de outrem, bem como pelo Ministério Público.
§ 1º A petição de habeas corpus conterá:
a) o nome da pessoa que sofre ou está ameaçada de sofrer violência ou coação e o de quem exercer a violência, coação ou ameaça;
b) a declaração da espécie de constrangimento ou, em caso de simples ameaça de coação, as razões em que funda o seu temor;
c) a assinatura do impetrante, ou de alguém a seu rogo, quando não souber ou não puder escrever, e a designação das respectivas residências.
§ 2º Os juízes e os tribunais têm competência para expedir de ofício ordem de habeas corpus, quando no curso de processo verificarem que alguém sofre ou está na iminência de sofrer coação ilegal.

Art. 655. O carcereiro ou o diretor da prisão, o escrivão, o oficial de justiça ou a autoridade judiciária ou policial que embaraçar ou procrastinar a expedição de ordem de habeas corpus, as informações sobre a causa da prisão, a condução e apresentação do paciente, ou a sua soltura, será multado na quantia de duzentos mil-réis a um conto de réis, sem prejuízo das penas em que incorrer. As multas serão impostas pelo juiz do tribunal que julgar o habeas corpus, salvo quando se tratar de autoridade judiciária, caso em que caberá ao Supremo Tribunal Federal ou ao Tribunal de Apelação impor as multas.

Art. 656. Recebida a petição de habeas corpus, o juiz, se julgar necessário, e estiver preso o paciente, mandará que este lhe seja imediatamente apresentado em dia e hora que designar.

Parágrafo único. Em caso de desobediência, será expedido mandado de prisão contra o detentor, que será processado na forma da lei, e o juiz providenciará para que o paciente seja tirado da prisão e apresentado em juízo.

Art. 657. Se o paciente estiver preso, nenhum motivo escusará a sua apresentação, salvo:
I. grave enfermidade do paciente;
II. não estar ele sob a guarda da pessoa a quem se atribui a detenção;
III. se o comparecimento não tiver sido determinado pelo juiz ou pelo tribunal.

Parágrafo único. O juiz poderá ir ao local em que o paciente se encontrar, se este não puder ser apresentado por motivo de doença.

Art. 658. O detentor declarará à ordem de quem o paciente estiver preso.

Art. 659. Se o juiz ou o tribunal verificar que já cessou a violência ou coação ilegal, julgará prejudicado o pedido.

Art. 660. Efetuadas as diligências, e interrogado o paciente, o juiz decidirá, fundamentadamente, dentro de 24 (vinte e quatro) horas.

§ 1º Se a decisão for favorável ao paciente, será logo posto em liberdade, salvo se por outro motivo dever ser mantido na prisão.

§ 2º Se os documentos que instruírem a petição evidenciarem a ilegalidade da coação, o juiz ou o tribunal ordenará que cesse imediatamente o constrangimento.

§ 3º Se a ilegalidade decorrer do fato de não ter sido o paciente admitido a prestar fiança, o juiz arbitrará o valor desta, que poderá ser prestada perante ele, remetendo, neste caso, à autoridade os respectivos autos, para serem anexados aos do inquérito policial ou aos do processo judicial.

§ 4º Se a ordem de habeas corpus for concedida para evitar ameaça de violência ou coação ilegal, dar-se-á ao paciente salvo-conduto assinado pelo juiz.

§ 5º Será incontinenti enviada cópia da decisão à autoridade que tiver ordenado a prisão ou tiver o paciente à sua disposição, a fim de juntar-se aos autos do processo.

§ 6º Quando o paciente estiver preso em lugar que não seja o da sede do juízo ou do tribunal que conceder a ordem, o alvará de soltura será expedido pelo telégrafo, se houver, observadas as formalidades estabelecidas no art. 289, parágrafo único, *in fine*, ou por via postal.

Art. 661. Em caso de competência originária do Tribunal de Apelação, a petição de habeas corpus será apresentada ao secretário, que a enviará imediatamente ao presidente do tribunal, ou da câmara criminal, ou da turma, que estiver reunida, ou primeiro tiver de reunir-se.

Art. 662. Se a petição contiver os requisitos do art. 654, § 1º, o presidente, se necessário, requisitará da autoridade indicada como coatora informações por escrito. Faltando, porém, qualquer daqueles requisitos, o presidente mandará preenchê-lo, logo que lhe for apresentada a petição.

Art. 663. As diligências do artigo anterior não serão ordenadas, se o presidente entender que o habeas corpus deva ser indeferido *in limine*. Nesse caso, levará a petição ao tribunal, câmara ou turma, para que delibere a respeito.

Art. 664. Recebidas as informações, ou dispensadas, o habeas corpus será julgado na primeira sessão, podendo, entretanto, adiar-se o julgamento para a sessão seguinte.

Parágrafo único. A decisão será tomada por maioria de votos. Havendo empate, se o presidente não tiver tomado parte na votação, proferirá voto de desempate; no caso contrário, prevalecerá a decisão mais favorável ao paciente.

Art. 665. O secretário do tribunal lavrará a ordem que, assinada pelo presidente do tribunal, câmara ou turma, será dirigida, por ofício ou telegrama, ao detentor, ao carcereiro ou autoridade que exercer ou ameaçar exercer o constrangimento.

Parágrafo único. A ordem transmitida por telegrama obedecerá ao disposto no art. 289, parágrafo único, *in fine*.

Art. 666. Os regimentos dos Tribunais de Apelação estabelecerão as normas complementares para o processo e julgamento do pedido de habeas corpus de sua competência originária.

Art. 667. No processo e julgamento do habeas corpus de competência originária do Supremo Tribunal Federal, bem como nos de recurso das decisões de última ou única instância, denegatórias de habeas corpus, observar-se-á, no que lhes for aplicável, o disposto nos artigos anteriores, devendo o regimento interno do tribunal estabelecer as regras complementares.

LIVRO IV
Da Execução

TÍTULO I
Disposições Gerais

Art. 668. A execução, onde não houver juiz especial, incumbirá ao juiz da sentença, ou, se a decisão for do Tribunal do Júri, ao seu presidente.
Parágrafo único. Se a decisão for de tribunal superior, nos casos de sua competência originária, caberá ao respectivo presidente prover-lhe a execução.
Art. 669. Só depois de passar em julgado, será exequível a sentença, salvo:
I. quando condenatória, para o efeito de sujeitar o réu a prisão, ainda no caso de crime afiançável, enquanto não for prestada a fiança;
II. quando absolutória, para o fim de imediata soltura do réu, desde que não proferida em processo por crime a que a lei comine pena de reclusão, no máximo, por tempo igual ou superior a oito anos.
Art. 670. No caso de decisão absolutória confirmada ou proferida em grau de apelação, incumbirá ao relator fazer expedir o alvará de soltura, de que dará imediatamente conhecimento ao juiz de primeira instância.
Art. 671. Os incidentes da execução serão resolvidos pelo respectivo juiz.
Art. 672. Computar-se-á na pena privativa da liberdade o tempo:
I. de prisão preventiva no Brasil ou no estrangeiro;
II. de prisão provisória no Brasil ou no estrangeiro;
III. de internação em hospital ou manicômio.
Art. 673. Verificado que o réu, pendente a apelação por ele interposta, já sofreu prisão por tempo igual ao da pena a que foi condenado, o relator do feito mandará pô-lo imediatamente em liberdade, sem prejuízo do julgamento do recurso, salvo se, no caso de crime a que a lei comine pena de reclusão, no máximo, por tempo igual ou superior a 8 anos, o querelante ou o Ministério Público também houver apelado da sentença condenatória.

TÍTULO II
Da Execução das Penas em Espécie

CAPÍTULO I
Das Penas Privativas de Liberdade

Art. 674. Transitando em julgado a sentença que impuser pena privativa de liberdade, se o réu já estiver preso, ou vier a ser preso, o juiz ordenará a expedição de carta de guia para o cumprimento da pena.
Parágrafo único. Na hipótese do art. 82, última parte, a expedição da carta de guia será ordenada pelo juiz competente para a soma ou unificação das penas.
Art. 675. No caso de ainda não ter sido expedido mandado de prisão, por tratar-se de infração penal em que o réu se livra solto ou por estar afiançado, o juiz, ou o presidente da câmara ou tribunal, se tiver havido recurso, fará expedir o mandado de prisão, logo que transite em julgado a sentença condenatória.
§ 1º No caso de reformada pela superior instância, em grau de recurso, a sentença absolutória, estando o réu solto, o presidente da câmara ou do tribunal fará, logo após a sessão de julgamento, remeter ao chefe de Polícia o mandado de prisão do condenado.
§ 2º Se o réu estiver em prisão especial, deverá, ressalvado o disposto na legislação relativa aos militares, ser expedida ordem para sua imediata remoção para prisão comum, até que se verifique a expedição de carta de guia para o cumprimento da pena.
Art. 676. A carta de guia, extraída pelo escrivão e assinada pelo juiz, que a rubricará em todas as folhas, será remetida ao diretor do estabelecimento em que tenha de ser cumprida a sentença condenatória, e conterá:
I. nome do réu e a alcunha por que for conhecido;
II. a sua qualificação civil (naturalidade, filiação, idade, estado, profissão), instrução e, se constar, número do registro geral do Instituto de Identificação e Estatística ou de repartição congênere;
III. o teor integral da sentença condenatória e a data da terminação da pena.
Parágrafo único. Expedida carta de guia para cumprimento de uma pena, se o réu estiver cumprindo outra, só depois de terminada a execução desta será aquela executada. Retificar-se-á a carta de guia sempre que sobrevenha modificação quanto ao início da execução ou ao tempo de duração da pena.

Art. 677. Da carta de guia e seus aditamentos se remeterá cópia ao Conselho Penitenciário.

Art. 678. O diretor do estabelecimento, em que o réu tiver de cumprir a pena, passará recibo da carta de guia para juntar-se aos autos do processo.

Art. 679. As cartas de guia serão registradas em livro especial, segundo a ordem cronológica do recebimento, fazendo-se no curso da execução as anotações necessárias.

Art. 680. Computar-se-á no tempo da pena o período em que o condenado, por sentença irrecorrível, permanecer preso em estabelecimento diverso do destinado ao cumprimento dela.

Art. 681. Se impostas cumulativamente penas privativas da liberdade, será executada primeiro a de reclusão, depois a de detenção e por último a de prisão simples.

Art. 682. O sentenciado a que sobrevier doença mental, verificada por perícia médica, será internado em manicômio judiciário, ou, à falta, em outro estabelecimento adequado, onde lhe seja assegurada a custódia.

§ 1º Em caso de urgência, o diretor do estabelecimento penal poderá determinar a remoção do sentenciado, comunicando imediatamente a providência ao juiz, que, em face da perícia médica, ratificará ou revogará a medida.

§ 2º Se a internação se prolongar até o término do prazo restante da pena e não houver sido imposta medida de segurança detentiva, o indivíduo terá o destino aconselhado pela sua enfermidade, feita a devida comunicação ao juiz de incapazes.

Art. 683. O diretor da prisão a que o réu tiver sido recolhido provisoriamente ou em cumprimento de pena comunicará imediatamente ao juiz o óbito, a fuga ou a soltura do detido ou sentenciado para que fique constando dos autos.

Parágrafo único. A certidão de óbito acompanhará a comunicação.

Art. 684. A recaptura do réu evadido não depende de prévia ordem judicial e poderá ser efetuada por qualquer pessoa.

Art. 685. Cumprida ou extinta a pena, o condenado será posto, imediatamente, em liberdade, mediante alvará do juiz, no qual se ressalvará a hipótese de dever o condenado continuar na prisão por outro motivo legal.

Parágrafo único. Se tiver sido imposta medida de segurança detentiva, o condenado será removido para estabelecimento adequado (art. 762).

CAPÍTULO II
Das Penas Pecuniárias

Art. 686. A pena de multa será paga dentro em 10 dias após haver transitado em julgado a sentença que a impuser.

Parágrafo único. Se interposto recurso da sentença, esse prazo será contado do dia em que o juiz ordenar o cumprimento da decisão da superior instância.

Art. 687. O juiz poderá, desde que o condenado o requeira:

I. prorrogar o prazo do pagamento da multa até três meses, se as circunstâncias justificarem essa prorrogação;

II. permitir, nas mesmas circunstâncias, que o pagamento se faça em parcelas mensais, no prazo que fixar, mediante caução real ou fidejussória, quando necessário.

§ 1º O requerimento, tanto no caso do nº I, como no do nº II, será feito dentro do decêndio concedido para o pagamento da multa.

§ 2º A permissão para o pagamento em parcelas será revogada, se o juiz verificar que o condenado dela se vale para fraudar a execução da pena. Nesse caso, a caução resolver-se-á em valor monetário, devolvendo-se ao condenado o que exceder à satisfação da multa e das custas processuais.

Art. 688. Findo o decêndio ou a prorrogação sem que o condenado efetue o pagamento, ou ocorrendo a hipótese prevista no § 2º do artigo anterior, observar-se-á o seguinte:

I. possuindo o condenado bens sobre os quais possa recair a execução, será extraída certidão da sentença condenatória, a fim de que o Ministério Público proceda à cobrança judicial;

II. sendo o condenado insolvente, far-se-á a cobrança:

a) mediante desconto de quarta parte de sua remuneração (arts. 29, § 1º, e 37 do Código Penal), quando cumprir pena privativa da liberdade, cumulativamente imposta com a de multa;

b) mediante desconto em seu vencimento ou salário, se, cumprida a pena privativa da liberdade, ou concedido o livramento condicional, a multa não houver sido resgatada;

c) mediante esse desconto, se a multa for a única pena imposta ou no caso de suspensão condicional da pena.

§ 1º O desconto, nos casos das letras *b* e *c*, será feito mediante ordem ao empregador, à repartição competente ou à administração da entidade paraestatal, e, antes de fixá-lo, o juiz requisitará informações e ordenará diligências, inclusive arbitramento, quando necessário, para observância do art. 37, § 3º, do Código Penal.

§ 2º Sob pena de desobediência e sem prejuízo da execução a que ficará sujeito, o empregador será intimado a recolher mensalmente, até o dia fixado pelo juiz, a importância correspondente ao desconto, em selo penitenciário, que será inutilizado nos autos pelo juiz.

§ 3º Se o condenado for funcionário estadual ou municipal ou empregado de entidade paraestatal, a importância do desconto será, semestralmente, recolhida ao Tesouro Nacional, delegacia fiscal ou coletoria federal, como receita do selo penitenciário.

§ 4º As quantias descontadas em folha de pagamento de funcionário federal constituirão renda do selo penitenciário.

Art. 689. A multa será convertida, à razão de dez mil-réis por dia, em detenção ou prisão simples, no caso de crime ou de contravenção:

I. se o condenado solvente frustrar o pagamento da multa;

II. se não forem pagas pelo condenado solvente as parcelas mensais autorizadas sem garantia.

§ 1º Se o juiz reconhecer desde logo a existência de causa para a conversão, a ela procederá de ofício ou a requerimento do Ministério Público, independentemente de audiência do condenado; caso contrário, depois de ouvir o condenado, se encontrado no lugar da sede do juízo, poderá admitir a apresentação de prova pelas partes, inclusive testemunhal, no prazo de três dias.

§ 2º O juiz, desde que transite em julgado a decisão, ordenará a expedição de mandado de prisão ou aditamento à carta de guia, conforme esteja o condenado solto ou em cumprimento de pena privativa da liberdade.

§ 3º Na hipótese do inciso II deste artigo, a conversão será feita pelo valor das parcelas não pagas.

Art. 690. O juiz tornará sem efeito a conversão, expedindo alvará de soltura ou cassando a ordem de prisão, se o condenado, em qualquer tempo:

I. pagar a multa;

II. prestar caução real ou fidejussória que lhe assegure o pagamento.

Parágrafo único. No caso do nº II, antes de homologada a caução, será ouvido o Ministério Público dentro do prazo de dois dias.

CAPÍTULO III
Das Penas Acessórias

Art. 691. O juiz dará à autoridade administrativa competente conhecimento da sentença transitada em julgado, que impuser ou de que resultar a perda da função pública ou a incapacidade temporária para investidura em função pública ou para exercício de profissão ou atividade.

Art. 692. No caso de incapacidade temporária ou permanente para o exercício do pátrio poder, da tutela ou da curatela, o juiz providenciará para que sejam acautelados, no juízo competente, a pessoa e os bens do menor ou do interdito.

Art. 693. A incapacidade permanente ou temporária para o exercício da autoridade marital ou do pátrio poder será averbada no registro civil.

Art. 694. As penas acessórias consistentes em interdições de direitos serão comunicadas ao Instituto de Identificação e Estatística ou estabelecimento congênere, figurarão na folha de antecedentes do condenado e serão mencionadas no rol de culpados.

Art. 695. Iniciada a execução das interdições temporárias (art. 72, *a* e *b*, do Código Penal), o juiz, de ofício, a requerimento do Ministério Público ou do condenado, fixará o seu termo final, completando as providências determinadas nos artigos anteriores.

TÍTULO III
Dos Incidentes da Execução

CAPÍTULO I
Da Suspensão Condicional da Pena

Art. 696. O juiz poderá suspender, por tempo não inferior a 2 (dois) nem superior a 6 (seis) anos, a execução das penas de reclusão e de detenção que não

excedam a 2 (dois) anos, ou, por tempo não inferior a 1 (um) nem superior a 3 (três) anos, a execução da pena de prisão simples, desde que o sentenciado:
I. não haja sofrido, no País ou no estrangeiro, condenação irrecorrível por outro crime a pena privativa da liberdade, salvo o disposto no parágrafo único do art. 46 do Código Penal;
II. os antecedentes e a personalidade do sentenciado, os motivos e as circunstâncias do crime autorizem a presunção de que não tornará a delinquir.
Parágrafo único. Processado o beneficiário por outro crime ou contravenção, considerar-se-á prorrogado o prazo da suspensão da pena até o julgamento definitivo.
Art. 697. O juiz ou tribunal, na decisão que aplicar pena privativa da liberdade não superior a 2 (dois) anos, deverá pronunciar-se, motivadamente, sobre a suspensão condicional, quer a conceda quer a denegue.
Art. 698. Concedida a suspensão, o juiz especificará as condições a que fica sujeito o condenado, pelo prazo previsto, começando este a correr da audiência em que se der conhecimento da sentença ao beneficiário e lhe for entregue documento similar ao descrito no art. 724.
§ 1º As condições serão adequadas ao delito e à personalidade do condenado.
§ 2º Poderão ser impostas, além das estabelecidas no art. 767, como normas de conduta e obrigações, as seguintes condições:
I. frequentar curso de habilitação profissional ou de instrução escolar;
II. prestar serviços em favor da comunidade;
III. atender aos encargos de família;
IV. submeter-se a tratamento de desintoxicação.
§ 3º O juiz poderá fixar, a qualquer tempo, de ofício ou a requerimento do Ministério Público, outras condições além das especificadas na sentença e das referidas no parágrafo anterior, desde que as circunstâncias o aconselhem.
§ 4º A fiscalização do cumprimento das condições deverá ser regulada, nos Estados, Territórios e Distrito Federal, por normas supletivas e atribuída a serviço social penitenciário, patronato, conselho de comunidade ou entidades similares, inspecionadas pelo Conselho Penitenciário, pelo Ministério Público ou ambos, devendo o juiz da execução na comarca suprir, por ato, a falta das normas supletivas.

§ 5º O beneficiário deverá comparecer periodicamente à entidade fiscalizadora, para comprovar a observância das condições a que está sujeito, comunicando, também, a sua ocupação, os salários ou proventos de que vive, as economias que conseguiu realizar e as dificuldades materiais ou sociais que enfrenta.
§ 6º A entidade fiscalizadora deverá comunicar imediatamente ao órgão de inspeção, para os fins legais (arts. 730 e 731), qualquer fato capaz de acarretar a revogação do benefício, a prorrogação do prazo ou a modificação das condições.
§ 7º Se for permitido ao beneficiário mudar-se, será feita comunicação ao juiz e à entidade fiscalizadora do local da nova residência, aos quais deverá apresentar-se imediatamente.
Art. 699. No caso de condenação pelo Tribunal do Júri, a suspensão condicional da pena competirá ao seu presidente.
Art. 700. A suspensão não compreende a multa, as penas acessórias, os efeitos da condenação nem as custas.
Art. 701. O juiz, ao conceder a suspensão, fixará, tendo em conta as condições econômicas ou profissionais do réu, o prazo para o pagamento, integral ou em prestações, das custas do processo e taxa penitenciária.
Art. 702. Em caso de coautoria, a suspensão poderá ser concedida a uns e negada a outros réus.
Art. 703. O juiz que conceder a suspensão lerá ao réu, em audiência, a sentença respectiva, e o advertirá das consequências de nova infração penal e da transgressão das obrigações impostas.
Art. 704. Quando for concedida a suspensão pela superior instância, a esta caberá estabelecer-lhe as condições, podendo a audiência ser presidida por qualquer membro do tribunal ou câmara, pelo juiz do processo ou por outro designado pelo presidente do tribunal ou câmara.
Art. 705. Se, intimado pessoalmente ou por edital com prazo de 20 dias, o réu não comparecer à audiência a que se refere o art. 703, a suspensão ficará sem efeito e será executada imediatamente a pena, salvo prova de justo impedimento, caso em que será marcada nova audiência.
Art. 706. A suspensão também ficará sem efeito se, em virtude de recurso, for aumentada a pena de modo que exclua a concessão do benefício.
Art. 707. A suspensão será revogada se o beneficiário:
I. é condenado, por sentença irrecorrível, a pena privativa da liberdade;

II. frustra, embora solvente, o pagamento da multa, ou não efetua, sem motivo justificado, a reparação do dano.

Parágrafo único. O juiz poderá revogar a suspensão, se o beneficiário deixa de cumprir qualquer das obrigações constantes da sentença, de observar proibições inerentes à pena acessória, ou é irrecorrivelmente condenado a pena que não seja privativa da liberdade; se não a revogar, deverá advertir o beneficiário, ou exacerbar as condições ou, ainda, prorrogar o período da suspensão até o máximo, se esse limite não foi o fixado.

Art. 708. Expirado o prazo de suspensão ou a prorrogação, sem que tenha ocorrido motivo de revogação, a pena privativa de liberdade será declarada extinta.

Parágrafo único. O juiz, quando julgar necessário, requisitará, antes do julgamento, nova folha de antecedentes do beneficiário.

Art. 709. A condenação será inscrita, com a nota de suspensão, em livros especiais do Instituto de Identificação e Estatística, ou repartição congênere, averbando-se, mediante comunicação do juiz ou do tribunal, a revogação da suspensão ou a extinção da pena. Em caso de revogação, será feita a averbação definitiva no registro geral.

§ 1º Nos lugares onde não houver Instituto de Identificação e Estatística ou repartição congênere, o registro e a averbação serão feitos em livro próprio no juízo ou no tribunal.

§ 2º O registro será secreto, salvo para efeito de informações requisitadas por autoridade judiciária, no caso de novo processo.

§ 3º Não se aplicará o disposto no § 2º, quando houver sido imposta ou resultar de condenação pena acessória consistente em interdição de direitos.

CAPÍTULO II
Do Livramento Condicional

Art. 710. O livramento condicional poderá ser concedido ao condenado a pena privativa da liberdade igual ou superior a 2 (dois) anos, desde que se verifiquem as condições seguintes:

I. cumprimento de mais da metade da pena, ou mais de três quartos, se reincidente o sentenciado;

II. ausência ou cessação de periculosidade;

III. bom comportamento durante a vida carcerária;

IV. aptidão para prover à própria subsistência mediante trabalho honesto;

V. reparação do dano causado pela infração, salvo impossibilidade de fazê-lo.

Art. 711. As penas que correspondem a infrações diversas podem somar-se, para efeito do livramento.

Art. 712. O livramento condicional poderá ser concedido mediante requerimento do sentenciado, de seu cônjuge ou de parente em linha reta, ou por proposta do diretor do estabelecimento penal, ou por iniciativa do Conselho Penitenciário.

Art. 713. As condições de admissibilidade, conveniência e oportunidade da concessão do livramento serão verificadas pelo Conselho Penitenciário, a cujo parecer não ficará, entretanto, adstrito o juiz.

Art. 714. O diretor do estabelecimento penal remeterá ao Conselho Penitenciário minucioso relatório sobre:

I. o caráter do sentenciado, revelado pelos seus antecedentes e conduta na prisão;

II. o procedimento do liberando na prisão, sua aplicação ao trabalho e seu trato com os companheiros e funcionários do estabelecimento;

III. suas relações, quer com a família, quer com estranhos;

IV. seu grau de instrução e aptidão profissional, com a indicação dos serviços em que haja sido empregado e da especialização anterior ou adquirida na prisão;

V. sua situação financeira, e seus propósitos quanto ao seu futuro meio de vida, juntando o diretor, quando dada por pessoa idônea, promessa escrita de colocação do liberando, com indicação do serviço e do salário.

Parágrafo único. O relatório será, dentro do prazo de quinze dias, remetido ao Conselho, com o prontuário do sentenciado, e, na falta, o Conselho opinará livremente, comunicando à autoridade competente a omissão do diretor da prisão.

Art. 715. Se tiver sido imposta medida de segurança detentiva, o livramento não poderá ser concedido sem que se verifique, mediante exame das condições do sentenciado, a cessação da periculosidade.

Parágrafo único. Consistindo a medida de segurança em internação em casa de custódia e tratamento, proceder-se-á a exame mental do sentenciado.

Art. 716. A petição ou a proposta de livramento será remetida ao juiz ou ao tribunal por ofício do presidente do Conselho Penitenciário, com a cópia do respectivo parecer e do relatório do diretor da prisão.
§ 1º Para emitir parecer, o Conselho poderá determinar diligências e requisitar os autos do processo.
§ 2º O juiz ou o tribunal mandará juntar a petição ou a proposta, com o ofício ou documento que a acompanhar, aos autos do processo, e proferirá sua decisão, previamente ouvido o Ministério Público.

Art. 717. Na ausência da condição prevista no art. 710, I, o requerimento será liminarmente indeferido.

Art. 718. Deferido o pedido, o juiz, ao especificar as condições a que ficará subordinado o livramento, atenderá ao disposto no art. 698, §§ 1º, 2º e 5º.
§ 1º Se for permitido ao liberado residir fora da jurisdição do juiz da execução, remeter-se-á cópia da sentença do livramento à autoridade judiciária do lugar para onde ele se houver transferido, e à entidade de observação cautelar e proteção.
§ 2º O liberado será advertido da obrigação de apresentar-se imediatamente à autoridade judiciária e à entidade de observação cautelar e proteção.

Art. 719. O livramento ficará também subordinado à obrigação de pagamento das custas do processo e da taxa penitenciária, salvo caso de insolvência comprovada.
Parágrafo único. O juiz poderá fixar o prazo para o pagamento integral ou em prestações, tendo em consideração as condições econômicas ou profissionais do liberado.

Art. 720. A forma de pagamento da multa, ainda não paga pelo liberando, será determinada de acordo com o disposto no art. 688.

Art. 721. Reformada a sentença denegatória do livramento, os autos baixarão ao juiz da primeira instância, a fim de que determine as condições que devam ser impostas ao liberando.

Art. 722. Concedido o livramento, será expedida carta de guia, com a cópia integral da sentença em duas vias, remetendo-se uma ao diretor do estabelecimento penal e outra ao presidente do Conselho Penitenciário.

Art. 723. A cerimônia do livramento condicional será realizada solenemente, em dia marcado pela autoridade que deva presidi-la, observando-se o seguinte:

I. a sentença será lida ao liberando, na presença dos demais presos, salvo motivo relevante, pelo presidente do Conselho Penitenciário, ou pelo seu representante junto ao estabelecimento penal, ou, na falta, pela autoridade judiciária local;
II. o diretor do estabelecimento penal chamará a atenção do liberando para as condições impostas na sentença de livramento;
III. o preso declarará se aceita as condições.
§ 1º De tudo, em livro próprio, se lavrará termo, subscrito por quem presidir a cerimônia, e pelo liberando, ou alguém a seu rogo, se não souber ou não puder escrever.
§ 2º Desse termo, se remeterá cópia ao juiz do processo.

Art. 724. Ao sair da prisão o liberado, ser-lhe-á entregue, além do saldo do seu pecúlio e do que lhe pertencer, uma caderneta que exibirá à autoridade judiciária ou administrativa sempre que lhe for exigido. Essa caderneta conterá:
I. a reprodução da ficha de identidade, ou o retrato do liberado, sua qualificação e sinais característicos;
II. o texto impresso dos artigos do presente capítulo;
III. as condições impostas ao liberado;
IV. a pena acessória a que esteja sujeito.
§ 1º Na falta de caderneta, será entregue ao liberado um salvo-conduto, em que constem as condições do livramento e a pena acessória, podendo substituir-se a ficha de identidade ou o retrato do liberado pela descrição dos sinais que possam identificá-lo.
§ 2º Na caderneta e no salvo-conduto deve haver espaço para consignar o cumprimento das condições referidas no art. 718º

Art. 725. A observação cautelar e proteção realizadas por serviço social penitenciário, patronato, conselho de comunidade ou entidades similares, terá a finalidade de:
I. fazer observar o cumprimento da pena acessória, bem como das condições especificadas na sentença concessiva do benefício;
II. proteger o beneficiário, orientando-o na execução de suas obrigações e auxiliando-o na obtenção de atividade laborativa.
Parágrafo único. As entidades encarregadas de observação cautelar e proteção do liberado apresentarão relatório ao Conselho Penitenciário, para efeito da representação prevista nos arts. 730 e 731.

Art. 726. Revogar-se-á o livramento condicional, se o liberado vier, por crime ou contravenção, a ser condenado por sentença irrecorrível a pena privativa de liberdade.

Art. 727. O juiz pode, também, revogar o livramento, se o liberado deixar de cumprir qualquer das obrigações constantes da sentença, de observar proibições inerentes à pena acessória ou for irrecorrivelmente condenado, por crime, à pena que não seja privativa da liberdade.

Parágrafo único. Se o juiz não revogar o livramento, deverá advertir o liberado ou exacerbar as condições.

Art. 728. Se a revogação for motivada por infração penal anterior à vigência do livramento, computar-se-á no tempo da pena o período em que esteve solto o liberado, sendo permitida, para a concessão de novo livramento, a soma do tempo das duas penas.

Art. 729. No caso de revogação por outro motivo, não se computará na pena o tempo em que esteve solto o liberado, e tampouco se concederá, em relação à mesma pena, novo livramento.

Art. 730. A revogação do livramento será decretada mediante representação do Conselho Penitenciário, ou a requerimento do Ministério Público, ou de ofício, pelo juiz, que, antes, ouvirá o liberado, podendo ordenar diligências e permitir a produção de prova, no prazo de cinco dias.

Art. 731. O juiz, de ofício, a requerimento do Ministério Público, ou mediante representação do Conselho Penitenciário, poderá modificar as condições ou normas de conduta especificadas na sentença, devendo a respectiva decisão ser lida ao liberado por uma das autoridades ou por um dos funcionários indicados no inciso I do art. 723, observado o disposto nos incisos II e III, e §§ 1º e 2º do mesmo artigo.

Art. 732. Praticada pelo liberado nova infração, o juiz ou o tribunal poderá ordenar a sua prisão, ouvido o Conselho Penitenciário, suspendendo o curso do livramento condicional, cuja revogação ficará, entretanto, dependendo da decisão final no novo processo.

Art. 733. O juiz, de ofício, ou a requerimento do interessado, do Ministério Público, ou do Conselho Penitenciário, julgará extinta a pena privativa de liberdade, se expirar o prazo do livramento sem revogação, ou na hipótese do artigo anterior, for o liberado absolvido por sentença irrecorrível.

TÍTULO IV
Da Graça, do Indulto, da Anistia e da Rehabilitação

CAPÍTULO I
Da Graça, do Indulto e da Anistia

Art. 734. A graça poderá ser provocada por petição do condenado, de qualquer pessoa do povo, do Conselho Penitenciário, ou do Ministério Público, ressalvada, entretanto, ao Presidente da República, a faculdade de concedê-la espontaneamente.

Art. 735. A petição de graça, acompanhada dos documentos com que o impetrante a instruir, será remetida ao ministro da Justiça por intermédio do Conselho Penitenciário.

Art. 736. O Conselho Penitenciário, à vista dos autos do processo, e depois de ouvir o diretor do estabelecimento penal a que estiver recolhido o condenado, fará, em relatório, a narração do fato criminoso, examinará as provas, mencionará qualquer formalidade ou circunstância omitida na petição e exporá os antecedentes do condenado e seu procedimento depois de preso, opinando sobre o mérito do pedido.

Art. 737. Processada no Ministério da Justiça, com os documentos e o relatório do Conselho Penitenciário, a petição subirá a despacho do Presidente da República, a quem serão presentes os autos do processo ou a certidão de qualquer de suas peças, se ele o determinar.

Art. 738. Concedida a graça e junta aos autos cópia do decreto, o juiz declarará extinta a pena ou penas, ou ajustará a execução aos termos do decreto, no caso de redução ou comutação de pena.

Art. 739. O condenado poderá recusar a comutação da pena.

Art. 740. Os autos da petição de graça serão arquivados no Ministério da Justiça.

Art. 741. Se o réu for beneficiado por indulto, o juiz, de ofício ou a requerimento do interessado, do Ministério Público ou por iniciativa do Conselho Penitenciário, providenciará de acordo com o disposto no art. 738.

Art. 742. Concedida a anistia após transitar em julgado a sentença condenatória, o juiz, de ofício ou a requerimento do interessado, do Ministério Público ou por iniciativa do Conselho Penitenciário, declarará extinta a pena.

CAPÍTULO II
Da Reabilitação

Art. 743. A reabilitação será requerida ao juiz da condenação, após o decurso de quatro ou oito anos, pelo menos, conforme se trate de condenado ou reincidente, contados do dia em que houver terminado a execução da pena principal ou da medida de segurança detentiva, devendo o requerente indicar as comarcas em que haja residido durante aquele tempo.

Art. 744. O requerimento será instruído com:
I. certidões comprobatórias de não ter o requerente respondido, nem estar respondendo a processo penal, em qualquer das comarcas em que houver residido durante o prazo a que se refere o artigo anterior;
II. atestados de autoridades policiais ou outros documentos que comprovem ter residido nas comarcas indicadas e mantido, efetivamente, bom comportamento;
III. atestados de bom comportamento fornecidos por pessoas a cujo serviço tenha estado;
IV. quaisquer outros documentos que sirvam como prova de sua regeneração;
V. prova de haver ressarcido o dano causado pelo crime ou persistir a impossibilidade de fazê-lo.

Art. 745. O juiz poderá ordenar as diligências necessárias para apreciação do pedido, cercando-as do sigilo possível e, antes da decisão final, ouvirá o Ministério Público.

Art. 746. Da decisão que conceder a reabilitação haverá recurso de ofício.

Art. 747. A reabilitação, depois de sentença irrecorrível, será comunicada ao Instituto de Identificação e Estatística ou repartição congênere.

Art. 748. A condenação ou condenações anteriores não serão mencionadas na folha de antecedentes do reabilitado, nem em certidão extraída dos livros do juízo, salvo quando requisitadas por juiz criminal.

Art. 749. Indeferida a reabilitação, o condenado não poderá renovar o pedido senão após o decurso de dois anos, salvo se o indeferimento tiver resultado de falta ou insuficiência de documentos.

Art. 750. A revogação de reabilitação (Código Penal, art. 120) será decretada pelo juiz, de ofício ou a requerimento do Ministério Público.

TÍTULO V
Da Execução das Medidas de Segurança

Art. 751. Durante a execução da pena ou durante o tempo em que a ela se furtar o condenado, poderá ser imposta medida de segurança, se:
I. o juiz ou o tribunal, na sentença:
a) omitir sua decretação, nos casos de periculosidade presumida;
b) deixar de aplicá-la ou de excluí-la expressamente;
c) declarar os elementos constantes do processo insuficientes para a imposição ou exclusão da medida e ordenar indagações para a verificação da periculosidade do condenado;
II. tendo sido, expressamente, excluída na sentença a periculosidade do condenado, novos fatos demonstrarem ser ele perigoso.

Art. 752. Poderá ser imposta medida de segurança, depois de transitar em julgado a sentença, ainda quando não iniciada a execução da pena, por motivo diverso de fuga ou ocultação do condenado:
I. no caso da letra *a* do nº I do artigo anterior, bem como no da letra *b*, se tiver sido alegada a periculosidade;
II. no caso da letra *c* do nº I do mesmo artigo.

Art. 753. Ainda depois de transitar em julgado a sentença absolutória, poderá ser imposta a medida de segurança, enquanto não decorrido tempo equivalente ao da sua duração mínima, a indivíduo que a lei presuma perigoso.

Art. 754. A aplicação da medida de segurança, nos casos previstos nos arts. 751 e 752, competirá ao juiz da execução da pena, e, no caso do art. 753, ao juiz da sentença.

Art. 755. A imposição da medida de segurança, nos casos dos arts. 751 a 753, poderá ser decretada de ofício ou a requerimento do Ministério Público.
Parágrafo único. O diretor do estabelecimento penal, que tiver conhecimento de fatos indicativos da periculosidade do condenado a quem não tenha sido imposta medida de segurança, deverá logo comunicá-los ao juiz.

Art. 756. Nos casos do no I, a e b, do art. 751, e nº I do art. 752, poderá ser dispensada nova audiência do condenado.

Art. 757. Nos casos do no I, c, e no II do art. 751 e no II do art. 752, o juiz, depois de proceder às diligências que julgar convenientes, ouvirá o Ministério Público e concederá ao condenado o prazo de três dias para alegações, devendo a prova requerida ou reputada necessária pelo juiz ser produzida dentro em dez dias.

§ 1º O juiz nomeará defensor ao condenado que o requerer.

§ 2º Se o réu estiver foragido, o juiz procederá às diligências que julgar convenientes, concedendo o prazo de provas, quando requerido pelo Ministério Público.

§ 3º Findo o prazo de provas, o juiz proferirá a sentença dentro de três dias.

Art. 758. A execução da medida de segurança incumbirá ao juiz da execução da sentença.

Art. 759. No caso do art. 753, o juiz ouvirá o curador já nomeado ou que então nomear, podendo mandar submeter o condenado a exame mental, internando-o, desde logo, em estabelecimento adequado.

Art. 760. Para a verificação da periculosidade, no caso do § 3º do art. 78 do Código Penal, observar-se-á o disposto no art. 757, no que for aplicável.

Art. 761. Para a providência determinada no art. 84, § 2º, do Código Penal, se as sentenças forem proferidas por juízes diferentes, será competente o juiz que tiver sentenciado por último ou a autoridade de jurisdição prevalente no caso do art. 82.

Art. 762. A ordem de internação, expedida para executar-se medida de segurança detentiva, conterá:
I. a qualificação do internando;
II. o teor da decisão que tiver imposto a medida de segurança;
III. a data em que terminará o prazo mínimo da internação.

Art. 763. Se estiver solto o internando, expedir-se-á mandado de captura, que será cumprido por oficial de justiça ou por autoridade policial.

Art. 764. O trabalho nos estabelecimentos referidos no art. 88, § 1º, III, do Código Penal, será educativo e remunerado, de modo que assegure ao internado meios de subsistência, quando cessar a internação.

§ 1º O trabalho poderá ser praticado ao ar livre.

§ 2º Nos outros estabelecimentos, o trabalho dependerá das condições pessoais do internado.

Art. 765. A quarta parte do salário caberá ao Estado ou, no Distrito Federal e nos Territórios, à União, e o restante será depositado em nome do internado ou, se este preferir, entregue à sua família.

Art. 766. A internação das mulheres será feita em estabelecimento próprio ou em SEÇÃO especial.

Art. 767. O juiz fixará as normas de conduta que serão observadas durante a liberdade vigiada.

§ 1º Serão normas obrigatórias, impostas ao indivíduo sujeito à liberdade vigiada:
a) tomar ocupação, dentro de prazo razoável, se for apto para o trabalho;
b) não mudar do território da jurisdição do juiz, sem prévia autorização deste.

§ 2º Poderão ser impostas ao indivíduo sujeito à liberdade vigiada, entre outras obrigações, as seguintes:
a) não mudar de habitação sem aviso prévio ao juiz, ou à autoridade incumbida da vigilância;
b) recolher-se cedo à habitação;
c) não trazer consigo armas ofensivas ou instrumentos capazes de ofender;
d) não frequentar casas de bebidas ou de tavolagem, nem certas reuniões, espetáculos ou diversões públicas.

§ 3º Será entregue ao indivíduo sujeito à liberdade vigiada uma caderneta, de que constarão as obrigações impostas.

Art. 768. As obrigações estabelecidas na sentença serão comunicadas à autoridade policial.

Art. 769. A vigilância será exercida discretamente, de modo que não prejudique o indivíduo a ela sujeito.

Art. 770. Mediante representação da autoridade incumbida da vigilância, a requerimento do Ministério Público ou de ofício, poderá o juiz modificar as normas fixadas ou estabelecer outras.

Art. 771. Para execução do exílio local, o juiz comunicará sua decisão à autoridade policial do lugar ou dos lugares onde o exilado está proibido de permanecer ou de residir.

§ 1º O infrator da medida será conduzido à presença do juiz que poderá mantê-lo detido até proferir decisão.

§ 2º Se for reconhecida a transgressão e imposta, consequentemente, a liberdade vigiada, determinará o juiz que a autoridade policial providencie a fim de que o infrator siga imediatamente para o lugar de residência por ele escolhido, e oficiará à autoridade policial desse lugar, observando-se o disposto no art. 768.

Art. 772. A proibição de frequentar determinados lugares será comunicada pelo juiz à autoridade policial, que lhe dará conhecimento de qualquer transgressão.

Art. 773. A medida de fechamento de estabelecimento ou de interdição de associação será comunicada pelo juiz à autoridade policial, para que a execute.

Art. 774. Nos casos do parágrafo único do art. 83 do Código Penal, ou quando a transgressão de uma medida de segurança importar a imposição de outra, observar-se-á o disposto no art. 757, no que for aplicável.

Art. 775. A cessação ou não da periculosidade se verificará ao fim do prazo mínimo de duração da medida de segurança pelo exame das condições da pessoa a que tiver sido imposta, observando-se o seguinte:

I. o diretor do estabelecimento de internação ou a autoridade policial incumbida da vigilância, até um mês antes de expirado o prazo de duração mínima da medida, se não for inferior a um ano, ou até quinze dias nos outros casos, remeterá ao juiz da execução minucioso relatório, que o habilite a resolver sobre a cessação ou permanência da medida;

II. se o indivíduo estiver internado em manicômio judiciário ou em casa de custódia e tratamento, o relatório será acompanhado do laudo de exame pericial feito por dois médicos designados pelo diretor do estabelecimento;

III. o diretor do estabelecimento de internação ou a autoridade policial deverá, no relatório, concluir pela conveniência da revogação, ou não, da medida de segurança;

IV. se a medida de segurança for o exílio local ou a proibição de frequentar determinados lugares, o juiz, até um mês ou quinze dias antes de expirado o prazo mínimo de duração, ordenará as diligências necessárias, para verificar se desapareceram as causas da aplicação da medida;

V. junto aos autos o relatório, ou realizadas as diligências, serão ouvidos sucessivamente o Ministério Público e o curador ou o defensor, no prazo de três dias para cada um;

VI. o juiz nomeará curador ou defensor ao interessado que o não tiver;

VII. o juiz, de ofício, ou a requerimento de qualquer das partes, poderá determinar novas diligências, ainda que já expirado o prazo de duração mínima da medida de segurança;

VIII. ouvidas as partes ou realizadas as diligências a que se refere o número anterior o juiz proferirá a sua decisão, no prazo de três dias.

Art. 776. Nos exames sucessivos a que se referem o § 1º, II, e § 2º do art. 81 do Código Penal, observar-se-á, no que lhes for aplicável, o disposto no artigo anterior.

Art. 777. Em qualquer tempo, ainda durante o prazo mínimo de duração da medida de segurança, poderá o tribunal, câmara ou turma, a requerimento do Ministério Público ou do interessado, seu defensor ou curador, ordenar o exame, para a verificação da cessação da periculosidade.

§ 1º Designado o relator e ouvido o procurador-geral, se a medida não tiver sido por ele requerida, o pedido será julgado na primeira sessão.

§ 2º Deferido o pedido, a decisão será imediatamente comunicada ao juiz, que requisitará, marcando prazo, o relatório e o exame a que se referem os ns. I e II do art. 775 ou ordenará as diligências mencionadas no no IV do mesmo artigo, prosseguindo de acordo com o disposto nos outros incisos do citado artigo.

Art. 778. Transitando em julgado a sentença de revogação, o juiz expedirá ordem para a desinternação, quando se tratar de medida detentiva, ou para que cesse a vigilância ou a proibição, nos outros casos.

Art. 779. O confisco dos instrumentos e produtos do crime, no caso previsto no art. 100 do Código Penal, será decretado no despacho de arquivamento do inquérito, na sentença de impronúncia ou na sentença absolutória.

LIVRO V

Das Relações Jurisdicionais com Autoridade Estrangeira

TÍTULO ÚNICO

CAPÍTULO I

Disposições Gerais

Art. 780. Sem prejuízo de convenções ou tratados, aplicar-se-á o disposto neste Título à homologação de sentenças penais estrangeiras e à expedição e ao cumprimento de cartas rogatórias para citações, inquirições e outras diligências necessárias à instrução de processo penal.

Art. 781. As sentenças estrangeiras não serão homologadas, nem as cartas rogatórias cumpridas, se contrárias à ordem pública e aos bons costumes.

Art. 782. O trânsito, por via diplomática, dos documentos apresentados constituirá prova bastante de sua autenticidade.

CAPÍTULO II

Das CArtas Rogatórias

Art. 783. As cartas rogatórias serão, pelo respectivo juiz, remetidas ao Ministro da Justiça, a fim de ser pedido o seu cumprimento, por via diplomática, às autoridades estrangeiras competentes.

Art. 784. As cartas rogatórias emanadas de autoridades estrangeiras competentes não dependem de homologação e serão atendidas se encaminhadas por via diplomática e desde que o crime, segundo a lei brasileira, não exclua a extradição.

§ 1º As rogatórias, acompanhadas de tradução em língua nacional, feita por tradutor oficial ou juramentado, serão, após *exequatur* do presidente do Supremo Tribunal Federal, cumpridas pelo juiz criminal do lugar onde as diligências tenham de efetuar-se, observadas as formalidades prescritas neste Código.

§ 2º A carta rogatória será pelo presidente do Supremo Tribunal Federal remetida ao presidente do Tribunal de Apelação do Estado, do Distrito Federal, ou do Território, a fim de ser encaminhada ao juiz competente.

§ 3º Versando sobre crime de ação privada, segundo a lei brasileira, o andamento, após o *exequatur*, dependerá do interessado, a quem incumbirá o pagamento das despesas.

§ 4º Ficará sempre na secretaria do Supremo Tribunal Federal cópia da carta rogatória.

Art. 785. Concluídas as diligências, a carta rogatória será devolvida ao presidente do Supremo Tribunal Federal, por intermédio do presidente do Tribunal de Apelação, o qual, antes de devolvê-la, mandará completar qualquer diligência ou sanar qualquer nulidade.

Art. 786. O despacho que conceder o *exequatur* marcará, para o cumprimento da diligência, prazo razoável, que poderá ser excedido, havendo justa causa, ficando esta consignada em ofício dirigido ao presidente do Supremo Tribunal Federal, juntamente com a carta rogatória.

CAPÍTULO III

Da Homologação das Sentenças Estrangeiras

Art. 787. As sentenças estrangeiras deverão ser previamente homologadas pelo Supremo Tribunal Federal para que produzam os efeitos do art. 7º do Código Penal.

Art. 788. A sentença penal estrangeira será homologada, quando a aplicação da lei brasileira produzir na espécie as mesmas consequências e concorrem os seguintes requisitos:

I. estar revestida das formalidades externas necessárias, segundo a legislação do país de origem;

II. haver sido proferida por juiz competente, mediante citação regular, segundo a mesma legislação;

III. ter passado em julgado;

IV. estar devidamente autenticada por cônsul brasileiro;

V. estar acompanhada de tradução, feita por tradutor público.

Art. 789. O procurador-geral da República, sempre que tiver conhecimento da existência de sentença penal estrangeira, emanada de Estado que tenha com o Brasil tratado de extradição e que haja imposto medida de segurança pessoal ou pena acessória que deva ser cumprida no Brasil, pedirá ao Ministro da Justiça providências para obtenção de elementos que o habilitem a requerer a homologação da sentença.

§ 1º A homologação de sentença emanada de autoridade judiciária de Estado, que não tiver tratado de extradição com o Brasil, dependerá de requisição do Ministro da Justiça.

§ 2º Distribuído o requerimento de homologação, o relator mandará citar o interessado para deduzir embargos, dentro de dez dias, se residir no Distrito Federal, de trinta dias, no caso contrário.

§ 3º Se nesse prazo o interessado não deduzir os embargos, ser-lhe-á pelo relator nomeado defensor, o qual dentro de dez dias produzirá a defesa.

§ 4º Os embargos somente poderão fundar-se em dúvida sobre a autenticidade do documento, sobre a inteligência da sentença, ou sobre a falta de qualquer dos requisitos enumerados nos arts. 781 e 788.

§ 5º Contestados os embargos dentro de dez dias, pelo procurador-geral, irá o processo ao relator e ao revisor, observando-se no seu julgamento o Regimento Interno do Supremo Tribunal Federal.

§ 6º Homologada a sentença, a respectiva carta será remetida ao presidente do Tribunal de Apelação do Distrito Federal, do Estado, ou do Território.

§ 7º Recebida a carta de sentença, o presidente do Tribunal de Apelação a remeterá ao juiz do lugar de residência do condenado, para a aplicação da medida de segurança ou da pena acessória, observadas as disposições do Título II, Capítulo III, e Título V do Livro IV deste Código.

Art. 790. O interessado na execução de sentença penal estrangeira, para a reparação do dano, restituição e outros efeitos civis, poderá requerer ao Supremo Tribunal Federal a sua homologação, observando-se o que a respeito prescreve o Código de Processo Civil.

LIVRO VI
Disposições Gerais

Art. 791. Em todos os juízos e tribunais do crime, além das audiências e sessões ordinárias, haverá as extraordinárias, de acordo com as necessidades do rápido andamento dos feitos.

Art. 792. As audiências, sessões e os atos processuais serão, em regra, públicos e se realizarão nas sedes dos juízos e tribunais, com assistência dos escrivães, do secretário, do oficial de justiça que servir de porteiro, em dia e hora certos, ou previamente designados.

§ 1º Se da publicidade da audiência, da sessão ou do ato processual, puder resultar escândalo, inconveniente grave ou perigo de perturbação da ordem, o juiz, ou o tribunal, câmara, ou turma, poderá, de ofício ou a requerimento da parte ou do Ministério Público, determinar que o ato seja realizado a portas fechadas, limitando o número de pessoas que possam estar presentes.

§ 2º As audiências, as sessões e os atos processuais, em caso de necessidade, poderão realizar-se na residência do juiz, ou em outra casa por ele especialmente designada.

Art. 793. Nas audiências e nas sessões, os advogados, as partes, os escrivães e os espectadores poderão estar sentados. Todos, porém, se levantarão quando se dirigirem aos juízes ou quando estes se levantarem para qualquer ato do processo.

Parágrafo único. Nos atos da instrução criminal, perante os juízes singulares, os advogados poderão requerer sentados.

Art. 794. A polícia das audiências e das sessões compete aos respectivos juízes ou ao presidente do tribunal, câmara, ou turma, que poderão determinar o que for conveniente à manutenção da ordem. Para tal fim, requisitarão força pública, que ficará exclusivamente à sua disposição.

Art. 795. Os espectadores das audiências ou das sessões não poderão manifestar-se.

Parágrafo único. O juiz ou o presidente fará retirar da sala os desobedientes, que, em caso de resistência, serão presos e autuados.

Art. 796. Os atos de instrução ou julgamento prosseguirão com a assistência do defensor, se o réu se portar inconvenientemente.

Art. 797. Excetuadas as sessões de julgamento, que não serão marcadas para domingo ou dia feriado, os demais atos do processo poderão ser praticados em período de férias, em domingos e dias feriados. Todavia, os julgamentos iniciados em dia útil não se interromperão pela superveniência de feriado ou domingo.

Art. 798. Todos os prazos correrão em cartório e serão contínuos e peremptórios, não se interrompendo por férias, domingo ou dia feriado.

§ 1º Não se computará no prazo o dia do começo, incluindo-se, porém, o do vencimento.

§ 2º A terminação dos prazos será certificada nos autos pelo escrivão; será, porém, considerado findo o prazo, ainda que omitida aquela formalidade, se feita a prova do dia em que começou a correr.

§ 3º O prazo que terminar em domingo ou dia feriado considerar-se-á prorrogado até o dia útil imediato.

§ 4º Não correrão os prazos, se houver impedimento do juiz, força maior, ou obstáculo judicial oposto pela parte contrária.

§ 5º Salvo os casos expressos, os prazos correrão:
a) da intimação;
b) da audiência ou sessão em que for proferida a decisão, se a ela estiver presente a parte;
c) do dia em que a parte manifestar nos autos ciência inequívoca da sentença ou despacho.

Art. 799. O escrivão, sob pena de multa de cinquenta a quinhentos mil-réis e, na reincidência, suspensão até 30 (trinta) dias, executará dentro do prazo de dois dias os atos determinados em lei ou ordenados pelo juiz.

Art. 800. Os juízes singulares darão seus despachos e decisões dentro dos prazos seguintes, quando outros não estiverem estabelecidos:

I. de dez dias, se a decisão for definitiva, ou interlocutória mista;
II. de cinco dias, se for interlocutória simples;
III. de um dia, se se tratar de despacho de expediente.

§ 1º Os prazos para o juiz contar-se-ão do termo de conclusão.

§ 2º Os prazos do Ministério Público contar-se-ão do termo de vista, salvo para a interposição do recurso (art. 798, § 5º).

§ 3º Em qualquer instância, declarando motivo justo, poderá o juiz exceder por igual tempo os prazos a ele fixados neste Código.

§ 4º O escrivão que não enviar os autos ao juiz ou ao órgão do Ministério Público no dia em que assinar termo de conclusão ou de vista estará sujeito à sanção estabelecida no art. 799.

Art. 801. Findos os respectivos prazos, os juízes e os órgãos do Ministério Público, responsáveis pelo retardamento, perderão tantos dias de vencimentos quantos forem os excedidos. Na contagem do tempo de serviço, para o efeito de promoção e aposentadoria, a perda será do dobro dos dias excedidos.

Art. 802. O desconto referido no artigo antecedente far-se-á à vista da certidão do escrivão do processo ou do secretário do tribunal, que deverão, de ofício, ou a requerimento de qualquer interessado, remetê-la às repartições encarregadas do pagamento e da contagem do tempo de serviço, sob pena de incorrerem, de pleno direito, na multa de quinhentos mil-réis, imposta por autoridade fiscal.

Art. 803. Salvo nos casos expressos em lei, é proibida a retirada de autos do cartório, ainda que em confiança, sob pena de responsabilidade do escrivão.

Art. 804. A sentença ou o acórdão, que julgar a ação, qualquer incidente ou recurso, condenará nas custas o vencido.

Art. 805. As custas serão contadas e cobradas de acordo com os regulamentos expedidos pela União e pelos Estados.

Art. 806. Salvo o caso do art. 32, nas ações intentadas mediante queixa, nenhum ato ou diligência se realizará, sem que seja depositada em cartório a importância das custas.

§ 1º Igualmente, nenhum ato requerido no interesse da defesa será realizado, sem o prévio pagamento das custas, salvo se o acusado for pobre.

§ 2º A falta do pagamento das custas, nos prazos fixados em lei, ou marcados pelo juiz, importará renúncia à diligência requerida ou deserção do recurso interposto.

§ 3º A falta de qualquer prova ou diligência que deixe de realizar-se em virtude do não pagamento de custas não implicará a nulidade do processo, se a prova de pobreza do acusado só posteriormente foi feita.

Art. 807. O disposto no artigo anterior não obstará à faculdade atribuída ao juiz de determinar de ofício inquirição de testemunhas ou outras diligências.

Art. 808. Na falta ou impedimento do escrivão e seu substituto, servirá pessoa idônea, nomeada pela autoridade, perante quem prestará compromisso, lavrando o respectivo termo.

Art. 809. A estatística judiciária criminal, a cargo do Instituto de Identificação e Estatística ou repartições congêneres, terá por base o *boletim individual*, que é parte integrante dos processos e versará sobre:

I. os crimes e as contravenções praticados durante o trimestre, com especificação da natureza de cada um, meios utilizados e circunstâncias de tempo e lugar;
II. as armas proibidas que tenham sido apreendidas;
III. o número de delinquentes, mencionadas as infrações que praticaram, sua nacionalidade, sexo, idade, filiação, estado civil, prole, residência, meios

de vida e condições econômicas, grau de instrução, religião, e condições de saúde física e psíquica;

IV. o número dos casos de codelinquência;
V. a reincidência e os antecedentes judiciários;
VI. as sentenças condenatórias ou absolutórias, bem como as de pronúncia ou de impronúncia;
VII. a natureza das penas impostas;
VIII. a natureza das medidas de segurança aplicadas;
IX. a suspensão condicional da execução da pena, quando concedida;
X. as concessões ou denegações de habeas corpus.

§ 1º Os dados acima enumerados constituem o mínimo exigível, podendo ser acrescidos de outros elementos úteis ao serviço da estatística criminal.

§ 2º Esses dados serão lançados semestralmente em mapa e remetidos ao Serviço de Estatística Demográfica Moral e Política do Ministério da Justiça.

§ 3º O *boletim individual* a que se refere este artigo é dividido em três partes destacáveis, conforme modelo anexo a este Código, e será adotado nos Estados, no Distrito Federal e nos Territórios. A primeira parte ficará arquivada no cartório policial; a segunda será remetida ao Instituto de Identificação e Estatística, ou repartição congênere; e a terceira acompanhará o processo, e, depois de passar em julgado a sentença definitiva, lançados os dados finais, será enviada ao referido Instituto ou repartição congênere.

Art. 810. Este Código entrará em vigor no dia 1º de janeiro de 1942.

Art. 811. Revogam-se as disposições em contrário.

Rio de Janeiro, em 3 de outubro de 1941; 120º da Independência e 53º da República.

GETÚLIO VARGAS
Francisco Campos

Este texto não substitui o publicado no DOU de 13.10.1941 e retificado em 24.10.1941

10

Código Tributário Nacional (CTN)

Lei Nº 5.172, de 25 de Outubro de 1966

Dispõe sobre o Sistema Tributário Nacional e institui normas gerais de direito tributário aplicáveis à União, Estados e Municípios.

O PRESIDENTE DA REPÚBLICA Faço saber que o Congresso Nacional decreta e eu sanciono a seguinte lei:

DISPOSIÇÃO PRELIMINAR

Art. 1. Esta Lei regula, com fundamento na Emenda Constitucional nº 18, de 1º de dezembro de 1965, o sistema tributário nacional e estabelece, com fundamento no artigo 5º, inciso XV, alínea *b*, da Constituição Federal, as normas gerais de direito tributário aplicáveis à União, aos Estados, ao Distrito Federal e aos Municípios, sem prejuízo da respectiva legislação complementar, supletiva ou regulamentar.

LIVRO PRIMEIRO
Sistema Tributário Nacional

TÍTULO I
Disposições Gerais

Art. 2. O sistema tributário nacional é regido pelo disposto na Emenda Constitucional nº 18, de 1º de dezembro de 1965, em leis complementares, em resoluções do Senado Federal e, nos limites das respectivas competências, em leis federais, nas Constituições e em leis estaduais, e em leis municipais.

Art. 3. Tributo é toda prestação pecuniária compulsória, em moeda ou cujo valor nela se possa exprimir, que não constitua sanção de ato ilícito, instituída em lei e cobrada mediante atividade administrativa plenamente vinculada.

Art. 4. A natureza jurídica específica do tributo é determinada pelo fato gerador da respectiva obrigação, sendo irrelevantes para qualificá-la:

I. a denominação e demais características formais adotadas pela lei;

II. a destinação legal do produto da sua arrecadação.

Art. 5. Os tributos são impostos, taxas e contribuições de melhoria.

TÍTULO II
Competência Tributária

CAPÍTULO I
Disposições Gerais

Art. 6. A atribuição constitucional de competência tributária compreende a competência legislativa plena, ressalvadas as limitações contidas na Constituição Federal, nas Constituições dos Estados e nas Leis Orgânicas do Distrito Federal e dos Municípios, e observado o disposto nesta Lei.

Parágrafo único. Os tributos cuja receita seja distribuída, no todo ou em parte, a outras pessoas jurídicas de direito público pertencerá à competência legislativa daquela a que tenham sido atribuídos.

Art. 7. A competência tributária é indelegável, salvo atribuição das funções de arrecadar ou fiscalizar tributos, ou de executar leis, serviços, atos ou decisões administrativas em matéria tributária, conferida por uma pessoa jurídica de direito público a outra, nos termos do § 3º do artigo 18 da Constituição.

§ 1º A atribuição compreende as garantias e os privilégios processuais que competem à pessoa jurídica de direito público que a conferir.

§ 2º A atribuição pode ser revogada, a qualquer tempo, por ato unilateral da pessoa jurídica de direito público que a tenha conferido.

§ 3º Não constitui delegação de competência o cometimento, a pessoas de direito privado, do encargo ou da função de arrecadar tributos.

Art. 8. O não exercício da competência tributária não a defere a pessoa jurídica de direito público diversa daquela a que a Constituição a tenha atribuído.

CAPÍTULO II
Limitações da Competência Tributária

SEÇÃO I
Disposições Gerais

Art. 9. É vedado à União, aos Estados, ao Distrito Federal e aos Municípios:

I. instituir ou majorar tributos sem que a lei o estabeleça, ressalvado, quanto à majoração, o disposto nos artigos 21, 26 e 65;
II. cobrar imposto sobre o patrimônio e a renda com base em lei posterior à data inicial do exercício financeiro a que corresponda;
III. estabelecer limitações ao tráfego, no território nacional, de pessoas ou mercadorias, por meio de tributos interestaduais ou intermunicipais;
IV. cobrar imposto sobre:
a) o patrimônio, a renda ou os serviços uns dos outros;
b) templos de qualquer culto;
c) o patrimônio, a renda ou serviços dos partidos políticos, inclusive suas fundações, das entidades sindicais dos trabalhadores, das instituições de educação e de assistência social, sem fins lucrativos, observados os requisitos fixados na SEÇÃO II deste Capítulo;
d) papel destinado exclusivamente à impressão de jornais, periódicos e livros.
§ 1º O disposto no inciso IV não exclui a atribuição, por lei, às entidades nele referidas, da condição de responsáveis pelos tributos que lhes caiba reter na fonte, e não as dispensa da prática de atos, previstos em lei, assecuratórios do cumprimento de obrigações tributárias por terceiros.
§ 2º O disposto na alínea a do inciso IV aplica-se, exclusivamente, aos serviços próprios das pessoas jurídicas de direito público a que se refere este artigo, e inerentes aos seus objetivos.
Art. 10. É vedado à União instituir tributo que não seja uniforme em todo o território nacional, ou que importe distinção ou preferência em favor de determinado Estado ou Município.
Art. 11. É vedado aos Estados, ao Distrito Federal e aos Municípios estabelecer diferença tributária entre bens de qualquer natureza, em razão da sua procedência ou do seu destino.

SEÇÃO II
Disposições Especiais

Art. 12. O disposto na alínea a do inciso IV do artigo 9º, observado o disposto nos seus §§ 1º e 2º, é extensivo às autarquias criadas pela União, pelos Estados, pelo Distrito Federal ou pelos Municípios, tão-somente no que se refere ao patrimônio, à renda ou aos serviços vinculados às suas finalidades essenciais, ou delas decorrentes.
Art. 13. O disposto na alínea a do inciso IV do artigo 9º não se aplica aos serviços públicos concedidos, cujo tratamento tributário é estabelecido pelo poder concedente, no que se refere aos tributos de sua competência, ressalvado o que dispõe o parágrafo único.
Parágrafo único. Mediante lei especial e tendo em vista o interesse comum, a União pode instituir isenção de tributos federais, estaduais e municipais para os serviços públicos que conceder, observado o disposto no § 1º do artigo 9º.
Art. 14. O disposto na alínea c do inciso IV do artigo 9º é subordinado à observância dos seguintes requisitos pelas entidades nele referidas:
I. não distribuírem qualquer parcela de seu patrimônio ou de suas rendas, a qualquer título;
II. aplicarem integralmente, no País, os seus recursos na manutenção dos seus objetivos institucionais;
III. manterem escrituração de suas receitas e despesas em livros revestidos de formalidades capazes de assegurar sua exatidão.
§ 1º Na falta de cumprimento do disposto neste artigo, ou no § 1º do artigo 9º, a autoridade competente pode suspender a aplicação do benefício.
§ 2º Os serviços a que se refere a alínea c do inciso IV do artigo 9º são exclusivamente, os diretamente relacionados com os objetivos institucionais das entidades de que trata este artigo, previstos nos respectivos estatutos ou atos constitutivos.
Art. 15. Somente a União, nos seguintes casos excepcionais, pode instituir empréstimos compulsórios:
I. guerra externa, ou sua iminência;
II. calamidade pública que exija auxílio federal impossível de atender com os recursos orçamentários disponíveis;
III. conjuntura que exija a absorção temporária de poder aquisitivo.
Parágrafo único. A lei fixará obrigatoriamente o prazo do empréstimo e as condições de seu resgate, observando, no que for aplicável, o disposto nesta Lei.

TÍTULO III
Impostos

CAPÍTULO I
Disposições Gerais

Art. 16. Imposto é o tributo cuja obrigação tem por fato gerador uma situação independente de qualquer atividade estatal específica, relativa ao contribuinte.

Art. 17. Os impostos componentes do sistema tributário nacional são exclusivamente os que constam deste Título, com as competências e limitações nele previstas.

Art. 18. Compete:

I. à União, instituir, nos Territórios Federais, os impostos atribuídos aos Estados e, se aqueles não forem divididos em Municípios, cumulativamente, os atribuídos a estes;

II. ao Distrito Federal e aos Estados não divididos em Municípios, instituir, cumulativamente, os impostos atribuídos aos Estados e aos Municípios.

CAPÍTULO II
Impostos sobre o Comércio Exterior

SEÇÃO I
Impostos sobre a Importação

Art. 19. O imposto, de competência da União, sobre a importação de produtos estrangeiros tem como fato gerador a entrada destes no território nacional.

Art. 20. A base de cálculo do imposto é:

I. quando a alíquota seja específica, a unidade de medida adotada pela lei tributária;

II. quando a alíquota seja ad valorem, o preço normal que o produto, ou seu similar, alcançaria, ao tempo da importação, em uma venda em condições de livre concorrência, para entrega no porto ou lugar de entrada do produto no País;

III. quando se trate de produto apreendido ou abandonado, levado a leilão, o preço da arrematação.

Art. 21. O Poder Executivo pode, nas condições e nos limites estabelecidos em lei, alterar as alíquotas ou as bases de cálculo do imposto, a fim de ajustá-lo aos objetivos da política cambial e do comércio exterior.

Art. 22. Contribuinte do imposto é:

I. o importador ou quem a lei a ele equiparar;

II. o arrematante de produtos apreendidos ou abandonados.

SEÇÃO II
Imposto sobre a Exportação

Art. 23. O imposto, de competência da União, sobre a exportação, para o estrangeiro, de produtos nacionais ou nacionalizados tem como fato gerador a saída destes do território nacional.

Art. 24. A base de cálculo do imposto é:

I. quando a alíquota seja específica, a unidade de medida adotada pela lei tributária;

II. quando a alíquota seja ad valorem, o preço normal que o produto, ou seu similar, alcançaria, ao tempo da exportação, em uma venda em condições de livre concorrência.

Parágrafo único. Para os efeitos do inciso II, considera-se a entrega como efetuada no porto ou lugar da saída do produto, deduzidos os tributos diretamente incidentes sobre a operação de exportação e, nas vendas efetuadas a prazo superior aos correntes no mercado internacional o custo do financiamento.

Art. 25. A lei pode adotar como base de cálculo a parcela do valor ou do preço, referidos no artigo anterior, excedente de valor básico, fixado de acordo com os critérios e dentro dos limites por ela estabelecidos.

Art. 26. O Poder Executivo pode, nas condições e nos limites estabelecidos em lei, alterar as alíquotas ou as bases de cálculo do imposto, a fim de ajustá-los aos objetivos da política cambial e do comércio exterior.

Art. 27. Contribuinte do imposto é o exportador ou quem a lei a ele equiparar.

Art. 28. A receita líquida do imposto destina-se à formação de reservas monetárias, na forma da lei.

CAPÍTULO III
Impostos sobre o Patrimônio e a Renda

SEÇÃO I
Imposto sobre a Propriedade Territorial Rural

Art. 29. O imposto, de competência da União, sobre a propriedade territorial rural tem como fato gerador a propriedade, o domínio útil ou a posse de imóvel por natureza, como definido na lei civil, localização fora da zona urbana do Município.

Art. 30. A base do cálculo do imposto é o valor fundiário.

Art. 31. Contribuinte do imposto é o proprietário do imóvel, o titular de seu domínio útil, ou o seu possuidor a qualquer título.

SEÇÃO II
Imposto sobre a Propriedade Predial e Territorial Urbana

Art. 32. O imposto, de competência dos Municípios, sobre a propriedade predial e territorial urbana tem como fato gerador a propriedade, o domínio útil ou a posse de bem imóvel por natureza ou por acessão física, como definido na lei civil, localizado na zona urbana do Município.

§ 1º Para os efeitos deste imposto, entende-se como zona urbana a definida em lei municipal; observado o requisito mínimo da existência de melhoramentos indicados em pelo menos 2 (dois) dos incisos seguintes, construídos ou mantidos pelo Poder Público:

I. meio-fio ou calçamento, com canalização de águas pluviais;
II. abastecimento de água;
III. sistema de esgotos sanitários;
IV. rede de iluminação pública, com ou sem posteamento para distribuição domiciliar;
V. escola primária ou posto de saúde a uma distância máxima de 3 (três) quilômetros do imóvel considerado.

§ 2º A lei municipal pode considerar urbanas as áreas urbanizáveis, ou de expansão urbana, constantes de loteamentos aprovados pelos órgãos competentes, destinados à habitação, à indústria ou ao comércio, mesmo que localizados fora das zonas definidas nos termos do parágrafo anterior.

Art. 33. A base do cálculo do imposto é o valor venal do imóvel.

Parágrafo único. Na determinação da base de cálculo, não se considera o valor dos bens móveis mantidos, em caráter permanente ou temporário, no imóvel, para efeito de sua utilização, exploração, aformoseamento ou comodidade.

Art. 34. Contribuinte do imposto é o proprietário do imóvel, o titular do seu domínio útil, ou o seu possuidor a qualquer título.

SEÇÃO III
Imposto sobre a Transmissão de Bens Imóveis e de Direitos a eles Relativos

Art. 35. O imposto, de competência dos Estados, sobre a transmissão de bens imóveis e de direitos a eles relativos tem como fato gerador:

I. a transmissão, a qualquer título, da propriedade ou do domínio útil de bens imóveis por natureza ou por acessão física, como definidos na lei civil;
II. a transmissão, a qualquer título, de direitos reais sobre imóveis, exceto os direitos reais de garantia;
III. a cessão de direitos relativos às transmissões referidas nos incisos I e II.

Parágrafo único. Nas transmissões causa mortis, ocorrem tantos fatos geradores distintos quantos sejam os herdeiros ou legatários.

Art. 36. Ressalvado o disposto no artigo seguinte, o imposto não incide sobre a transmissão dos bens ou direitos referidos no artigo anterior:

I. quando efetuada para sua incorporação ao patrimônio de pessoa jurídica em pagamento de capital nela subscrito;
II. quando decorrente da incorporação ou da fusão de uma pessoa jurídica por outra ou com outra.

Parágrafo único. O imposto não incide sobre a transmissão aos mesmos alienantes, dos bens e direitos adquiridos na forma do inciso I deste artigo, em decorrência da sua desincorporação do patrimônio da pessoa jurídica a que foram conferidos.

Art. 37. O disposto no artigo anterior não se aplica quando a pessoa jurídica adquirente tenha como atividade preponderante a venda ou locação de propriedade imobiliária ou a cessão de direitos relativos à sua aquisição.

§ 1º Considera-se caracterizada a atividade preponderante referida neste artigo quando mais de 50% (cinquenta por cento) da receita operacional da pessoa jurídica adquirente, nos 2 (dois) anos anteriores e nos 2 (dois) anos subsequentes à aquisição, decorrer de transações mencionadas neste artigo.

§ 2º Se a pessoa jurídica adquirente iniciar suas atividades após a aquisição, ou menos de 2 (dois) anos antes dela, apurar-se-á a preponderância referida no parágrafo anterior levando em conta os 3 (três) primeiros anos seguintes à data da aquisição.

§ 3º Verificada a preponderância referida neste artigo, tornar-se-á devido o imposto, nos termos da lei vigente à data da aquisição, sobre o valor do bem ou direito nessa data.

§ 4º O disposto neste artigo não se aplica à transmissão de bens ou direitos, quando realizada em conjunto com a da totalidade do patrimônio da pessoa jurídica alienante.

Art. 38. A base de cálculo do imposto é o valor venal dos bens ou direitos transmitidos.

Art. 39. A alíquota do imposto não excederá os limites fixados em resolução do Senado Federal, que distinguirá, para efeito de aplicação de alíquota mais baixa, as transmissões que atendam à política nacional de habitação.

Art. 40. O montante do imposto é dedutível do devido à União, a título do imposto de que trata o artigo 43, sobre o provento decorrente da mesma transmissão.

Art. 41. O imposto compete ao Estado da situação do imóvel transmitido, ou sobre que versarem os direitos cedidos, mesmo que a mutação patrimonial decorra de sucessão aberta no estrangeiro.

Art. 42. Contribuinte do imposto é qualquer das partes na operação tributada, como dispuser a lei.

SEÇÃO IV
Imposto sobre a Renda e Proventos de Qualquer Natureza

Art. 43. O imposto, de competência da União, sobre a renda e proventos de qualquer natureza tem como fato gerador a aquisição da disponibilidade econômica ou jurídica:

I. de renda, assim entendido o produto do capital, do trabalho ou da combinação de ambos;

II. de proventos de qualquer natureza, assim entendidos os acréscimos patrimoniais não compreendidos no inciso anterior.

§ 1º A incidência do imposto independe da denominação da receita ou do rendimento, da localização, condição jurídica ou nacionalidade da fonte, da origem e da forma de percepção.

§ 2º Na hipótese de receita ou de rendimento oriundos do exterior, a lei estabelecerá as condições e o momento em que se dará sua disponibilidade, para fins de incidência do imposto referido neste artigo.

Art. 44. A base de cálculo do imposto é o montante, real, arbitrado ou presumido, da renda ou dos proventos tributáveis.

Art. 45. Contribuinte do imposto é o titular da disponibilidade a que se refere o artigo 43, sem prejuízo de atribuir a lei essa condição ao possuidor, a qualquer título, dos bens produtores de renda ou dos proventos tributáveis.

Parágrafo único. A lei pode atribuir à fonte pagadora da renda ou dos proventos tributáveis a condição de responsável pelo imposto cuja retenção e recolhimento lhe caibam.

CAPÍTULO IV
Impostos sobre a Produção e a Circulação

SEÇÃO I
Imposto sobre Produtos Industrializados

Art. 46. O imposto, de competência da União, sobre produtos industrializados tem como fato gerador:

I. o seu desembaraço aduaneiro, quando de procedência estrangeira;

II. a sua saída dos estabelecimentos a que se refere o parágrafo único do artigo 51;

III. a sua arrematação, quando apreendido ou abandonado e levado a leilão.

Parágrafo único. Para os efeitos deste imposto, considera-se industrializado o produto que tenha sido submetido a qualquer operação que lhe modifique a natureza ou a finalidade, ou o aperfeiçoe para o consumo.

Art. 47. A base de cálculo do imposto é:

I. no caso do inciso I do artigo anterior, o preço normal, como definido no inciso II do artigo 20, acrescido do montante:

a) do imposto sobre a importação;
b) das taxas exigidas para entrada do produto no País;
c) dos encargos cambiais efetivamente pagos pelo importador ou dele exigíveis;

II. no caso do inciso II do artigo anterior:

a) o valor da operação de que decorrer a saída da mercadoria;
b) na falta do valor a que se refere a alínea anterior, o preço corrente da mercadoria, ou sua similar, no mercado atacadista da praça do remetente;

III. no caso do inciso III do artigo anterior, o preço da arrematação.

Art. 48. O imposto é seletivo em função da essencialidade dos produtos.

Art. 49. O imposto é não-cumulativo, dispondo a lei de forma que o montante devido resulte da diferença a maior, em determinado período, entre o imposto referente aos produtos saídos do estabelecimento e o pago relativamente aos produtos nele entrados.

Parágrafo único. O saldo verificado, em determinado período, em favor do contribuinte transfere-se para o período ou períodos seguintes.

Art. 50. Os produtos sujeitos ao imposto, quando remetidos de um para outro Estado, ou do ou para o Distrito Federal, serão acompanhados de nota fiscal de modelo especial, emitida em séries próprias e contendo, além dos elementos necessários ao controle fiscal, os dados indispensáveis à elaboração da estatística do comércio por cabotagem e demais vias internas.

Art. 51. Contribuinte do imposto é:

I. o importador ou quem a lei a ele equiparar;
II. o industrial ou quem a lei a ele equiparar;
III. o comerciante de produtos sujeitos ao imposto, que os forneça aos contribuintes definidos no inciso anterior;
IV. o arrematante de produtos apreendidos ou abandonados, levados a leilão.

Parágrafo único. Para os efeitos deste imposto, considera-se contribuinte autônomo qualquer estabelecimento de importador, industrial, comerciante ou arrematante.

SEÇÃO II
Imposto Estadual sobre Operações Relativas à Circulação de Mercadorias

(Revogado pelo Decreto-lei nº 406, de 1968).

SEÇÃO III
Imposto Municipal sobre Operações Relativas à Circulação de Mercadorias

(Revogado pelo Ato Complementar nº 31, de 1966)

SEÇÃO IV
Imposto sobre Operações de Crédito, Câmbio e Seguro, e sobre Operações Relativas a Títulos e Valores Mobiliários

Art. 63. O imposto, de competência da União, sobre operações de crédito, câmbio e seguro, e sobre operações relativas a títulos e valores mobiliários tem como fato gerador:

I. quanto às operações de crédito, a sua efetivação pela entrega total ou parcial do montante ou do valor que constitua o objeto da obrigação, ou sua colocação à disposição do interessado;
II. quanto às operações de câmbio, a sua efetivação pela entrega de moeda nacional ou estrangeira, ou de documento que a represente, ou sua colocação à disposição do interessado em montante equivalente à moeda estrangeira ou nacional entregue ou posta à disposição por este;
III. quanto às operações de seguro, a sua efetivação pela emissão da apólice ou do documento equivalente, ou recebimento do prêmio, na forma da lei aplicável;
IV. quanto às operações relativas a títulos e valores mobiliários, a emissão, transmissão, pagamento ou resgate destes, na forma da lei aplicável.

Parágrafo único. A incidência definida no inciso I exclui a definida no inciso IV, e reciprocamente, quanto à emissão, ao pagamento ou resgate do título representativo de uma mesma operação de crédito.

Art. 64. A base de cálculo do imposto é:

I. quanto às operações de crédito, o montante da obrigação, compreendendo o principal e os juros;
II. quanto às operações de câmbio, o respectivo montante em moeda nacional, recebido, entregue ou posto à disposição;
III. quanto às operações de seguro, o montante do prêmio;
IV. quanto às operações relativas a títulos e valores mobiliários:
a) na emissão, o valor nominal mais o ágio, se houver;
b) na transmissão, o preço ou o valor nominal, ou o valor da cotação em Bolsa, como determinar a lei;
c) no pagamento ou resgate, o preço.

Art. 65. O Poder Executivo pode, nas condições e nos limites estabelecidos em lei, alterar as alíquotas ou as bases de cálculo do imposto, a fim de ajustá-lo aos objetivos da política monetária.

Art. 66. Contribuinte do imposto é qualquer das partes na operação tributada, como dispuser a lei.

Art. 67. A receita líquida do imposto destina-se a formação de reservas monetárias, na forma da lei.

SEÇÃO V
Imposto sobre Serviços de Transportes e Comunicações

Art. 68. O imposto, de competência da União, sobre serviços de transportes e comunicações tem como fato gerador:

I. a prestação do serviço de transporte, por qualquer via, de pessoas, bens, mercadorias ou valores, salvo quando o trajeto se contenha inteiramente no território de um mesmo Município;
II. a prestação do serviço de comunicações, assim se entendendo a transmissão e o recebimento, por qualquer processo, de mensagens escritas, faladas

ou visuais, salvo quando os pontos de transmissão e de recebimento se situem no território de um mesmo Município e a mensagem em curso não possa ser captada fora desse território.

Art. 69. A base de cálculo do imposto é o preço do serviço.

Art. 70. Contribuinte do imposto é o prestador do serviço.

SEÇÃO VI
Imposto sobre Serviços de Qualquer Natureza
(Revogado pelo Decreto-lei nº 406, de 1968).

CAPÍTULO V
Impostos Especiais

SEÇÃO I
Imposto sobre Operações Relativas a Combustíveis, Lubrificantes, Energia Elétrica e Minerais do País

Art. 74. O imposto, de competência da União, sobre operações relativas a combustíveis, lubrificantes, energia elétrica e minerais do País tem como fato gerador:

I. a produção, como definida no artigo 46 e seu parágrafo único;
II. a importação, como definida no artigo 19;
III. a circulação, como definida no artigo 52;
IV. a distribuição, assim entendida a colocação do produto no estabelecimento consumidor ou em local de venda ao público;
V. o consumo, assim entendida a venda do produto ao público.

§ 1º Para os efeitos deste imposto a energia elétrica considera-se produto industrializado.

§ 2º O imposto incide, uma só vez sobre uma das operações previstas em cada inciso deste artigo, como dispuser a lei, e exclui quaisquer outros tributos, sejam quais forem sua natureza ou competência, incidentes sobre aquelas operações.

Art. 75. A lei observará o disposto neste Título relativamente:

I. ao imposto sobre produtos industrializados, quando a incidência seja sobre a produção ou sobre o consumo;

II. ao imposto sobre a importação, quando a incidência seja sobre essa operação;
III. ao imposto sobre operações relativas à circulação de mercadorias, quando a incidência seja sobre a distribuição.

SEÇÃO II
Impostos Extraordinários

Art. 76. Na iminência ou no caso de guerra externa, a União pode instituir, temporariamente, impostos extraordinários compreendidos ou não entre os referidos nesta Lei, suprimidos, gradativamente, no prazo máximo de cinco anos, contados da celebração da paz.

TÍTULO IV
Taxas

Art. 77. As taxas cobradas pela União, pelos Estados, pelo Distrito Federal ou pelos Municípios, no âmbito de suas respectivas atribuições, têm como fato gerador o exercício regular do poder de polícia, ou a utilização, efetiva ou potencial, de serviço público específico e divisível, prestado ao contribuinte ou posto à sua disposição.

Parágrafo único. A taxa não pode ter base de cálculo ou fato gerador idênticos aos que correspondam a imposto nem ser calculada em função do capital das empresas.

Art. 78. Considera-se poder de polícia atividade da administração pública que, limitando ou disciplinando direito, interesse ou liberdade, regula a prática de ato ou abstenção de fato, em razão de interesse público concernente à segurança, à higiene, à ordem, aos costumes, à disciplina da produção e do mercado, ao exercício de atividades econômicas dependentes de concessão ou autorização do Poder Público, à tranquilidade pública ou ao respeito à propriedade e aos direitos individuais ou coletivos.

Parágrafo único. Considera-se regular o exercício do poder de polícia quando desempenhado pelo órgão competente nos limites da lei aplicável, com observância do processo legal e, tratando-se de atividade que a lei tenha como discricionária, sem abuso ou desvio de poder.

Art. 79. Os serviços públicos a que se refere o artigo 77 consideram-se:

I. utilizados pelo contribuinte:

a) efetivamente, quando por ele usufruídos a qualquer título;
b) potencialmente, quando, sendo de utilização compulsória, sejam postos à sua disposição mediante atividade administrativa em efetivo funcionamento;

II. específicos, quando possam ser destacados em unidades autônomas de intervenção, de utilidade, ou de necessidades públicas;

III. divisíveis, quando suscetíveis de utilização, separadamente, por parte de cada um dos seus usuários.

Art. 80. Para efeito de instituição e cobrança de taxas, consideram-se compreendidas no âmbito das atribuições da União, dos Estados, do Distrito Federal ou dos Municípios, aquelas que, segundo a Constituição Federal, as Constituições dos Estados, as Leis Orgânicas do Distrito Federal e dos Municípios e a legislação com elas compatível, competem a cada uma dessas pessoas de direito público.

TÍTULO V
Contribuição de Melhoria

Art. 81. A contribuição de melhoria cobrada pela União, pelos Estados, pelo Distrito Federal ou pelos Municípios, no âmbito de suas respectivas atribuições, é instituída para fazer face ao custo de obras públicas de que decorra valorização imobiliária, tendo como limite total a despesa realizada e como limite individual o acréscimo de valor que da obra resultar para cada imóvel beneficiado.

Art. 82. A lei relativa à contribuição de melhoria observará os seguintes requisitos mínimos:

I. Publicação prévia dos seguintes elementos:
a) memorial descritivo do projeto;
b) orçamento do custo da obra;
c) determinação da parcela do custo da obra a ser financiada pela contribuição;
d) delimitação da zona beneficiada;
e) determinação do fator de absorção do benefício da valorização para toda a zona ou para cada uma das áreas diferenciadas, nela contidas;

II. fixação de prazo não inferior a 30 (trinta) dias, para impugnação pelos interessados, de qualquer dos elementos referidos no inciso anterior;

III. regulamentação do processo administrativo de instrução e julgamento da impugnação a que se refere o inciso anterior, sem prejuízo da sua apreciação judicial.

§ 1º A contribuição relativa a cada imóvel será determinada pelo rateio da parcela do custo da obra a que se refere a alínea c, do inciso I, pelos imóveis situados na zona beneficiada em função dos respectivos fatores individuais de valorização.

§ 2º Por ocasião do respectivo lançamento, cada contribuinte deverá ser notificado do montante da contribuição, da forma e dos prazos de seu pagamento e dos elementos que integram o respectivo cálculo.

TÍTULO VI
Distribuições de Receitas Tributárias

CAPÍTULO I
Disposições Gerais

Art. 83. Sem prejuízo das demais disposições deste Título, os Estados e Municípios que celebrem com a União convênios destinados a assegurar ampla e eficiente coordenação dos respectivos programas de investimentos e serviços públicos, especialmente no campo da política tributária, poderão participar de até 10% (dez por cento) da arrecadação efetuada, nos respectivos territórios, proveniente do imposto referido no artigo 43, incidente sobre o rendimento das pessoas físicas, e no artigo 46, excluído o incidente sobre o fumo e bebidas alcoólicas.

Parágrafo único. O processo das distribuições previstas neste artigo será regulado nos convênios nele referidos.

Art. 84. A lei federal pode cometer aos Estados, ao Distrito Federal ou aos Municípios o encargo de arrecadar os impostos de competência da União cujo produto lhes seja distribuído no todo ou em parte.

Parágrafo único. O disposto neste artigo, aplica-se à arrecadação dos impostos de competência dos Estados, cujo produto estes venham a distribuir, no todo ou em parte, aos respectivos Municípios.

CAPÍTULO II
Imposto sobre a Propriedade Territorial Rural e sobre a Renda e Proventos de qualquer natureza

Art. 85. Serão distribuídos pela União:

I. aos Municípios da localização dos imóveis, o produto da arrecadação do imposto a que se refere o artigo 29;
II. aos Estados, ao Distrito Federal e aos Municípios, o produto da arrecadação, na fonte, do imposto a que se refere o artigo 43, incidente sobre a renda das obrigações de sua dívida pública e sobre os proventos dos seus servidores e dos de suas autarquias.

§ 1º Independentemente de ordem das autoridades superiores e sob pena de demissão, as autoridades arrecadadoras dos impostos a que se refere este artigo farão entrega, aos Estados, ao Distrito Federal e aos Municípios, das importâncias recebidas, à medida que forem sendo arrecadadas, em prazo não superior a 30 (trinta) dias, a contar da data de cada recolhimento.

§ 2º A lei poderá autorizar os Estados, o Distrito Federal e os Municípios a incorporar definitivamente à sua receita o produto da arrecadação do imposto a que se refere o inciso II, estipulando as obrigações acessórias a serem cumpridas por aqueles no interesse da arrecadação, pela União, do imposto a ela devido pelos titulares da renda ou dos proventos tributados.

Inverso do índice relativo à renda per capita da entidade participante:	Fator
Até 0,0045	0,4
Acima de 0,0045 até 0,0055	0,5
Acima de 0,0055 até 0,0065	0,6
Acima de 0,0065 até 0,0075	0,7
Acima de 0,0075 até 0,0085	0,8
Acima de 0,0085 até 0,0095	0,9
Acima de 0,0095 até 0,0110	1,0
Acima de 0,0110 até 0,0130	1,2
Acima de 0,0130 até 0,0150	1,4
Acima de 0,0150 até 0,0170	1,6
Acima de 0,0170 até 0,0190	1,8
Acima de 0,0190 até 0,0220	2,0
Acima de 0,220	2,5

Parágrafo único. Para os efeitos deste artigo, determina-se o índice relativo à renda per capita de cada entidade participante, tomando-se como 100 (cem) a renda per capita média do País.

CAPÍTULO III

Fundos de PArticipação dos Estados e dos Municípios

SEÇÃO I
Constituição dos Fundos

Art. 86. (Revogado pela Lei Complementar nº 143, de 2013)

Art. 87. (Revogado pela Lei Complementar nº 143, de 2013)

Art. 88. (Revogado pela Lei Complementar nº 143, de 2013)

Art. 89. (Revogado pela Lei Complementar nº 143, de 2013)

Art. 90. O fator representativo do inverso da renda per capita, a que se refere o inciso II do artigo 88, será estabelecido da seguinte forma:

SEÇÃO III
Critério de Distribuição do Fundo de PArticipação dos Municípios

Art. 91. Do Fundo de Participação dos Municípios a que se refere o art. 86, serão atribuídos:
I. 10% (dez por cento) aos Municípios das Capitais dos Estados;
II. 90% (noventa por cento) aos demais Municípios do País.

§ 1º A parcela de que trata o inciso I será distribuída proporcionalmente a um coeficiente individual de participação, resultante do produto dos seguintes fatôres:
a) fator representativo da população, assim estabelecido:
Percentual da População de cada Município em relação à do conjunto das Capitais:
Fator: Até 2%..2
Mais de 2% até 5%:
Pelos primeiros 2%..2
Cada 0,5% ou fração excedente, mais.........0,5
Mais de 5%..5

b) Fator representativo do inverso da renda *per capita* do respectivo Estado, de conformidade com o disposto no art. 90.

§ 2º A distribuição da parcela a que se refere o item II deste artigo, deduzido o percentual referido no artigo 3º do Decreto-lei que estabelece a redação deste parágrafo, far-se-á atribuindo-se a cada Município um coeficiente individual de participação determinado na forma seguinte:

Categoria do Município, segundo seu número de habitantes	Coeficiente
a) Até 16.980	
Pelos primeiros 10.188	0,6
Para cada 3.396, ou fração excedente, mais	0,2
b) Acima de 16.980 até 50.940	
Pelos primeiros 16.980	1,0
Para cada 6.792 ou fração excedente, mais	0,2
c) Acima de 50.940 até 101,880	
Pelos primeiros 50.940	2,0
Para cada 10.188 ou fração excedente, mais	0,2
d) Acima de 101.880 até 156.216	
Pelos primeiros 101.880	3,0
Para cada 13.584 ou fração excedente, mais	0,2
e) Acima de 156.216	4,0

§ 3º Para os efeitos deste artigo, consideram-se os municípios regularmente instalados, fazendo-se a revisão das quotas anualmente, a partir de 1989, com base em dados oficiais de população produzidos pela Fundação Instituto Brasileiro de Geografia e Estatística – IBGE.

SEÇÃO IV
Cálculo e Pagamento das Quotas Estaduais e Municipais

Art. 92. O Tribunal de Contas da União comunicará ao Banco do Brasil S.A., conforme os prazos a seguir especificados, os coeficientes individuais de participação nos fundos previstos no art. 159, inciso I, alíneas "a", "b" e "d", da Constituição Federal que prevalecerão no exercício subsequente:

I. até o último dia útil do mês de março de cada exercício financeiro, para cada Estado e para o Distrito Federal;

II. até o último dia útil de cada exercício financeiro, para cada Município.

Parágrafo único. Far-se-á nova comunicação sempre que houver, transcorrido o prazo fixado no inciso I do caput, a criação de novo Estado a ser implantado no exercício subsequente.

Art. 93. (Revogado pela Lei Complementar nº 143, de 2013)

Art. 94. (Revogado pela Lei Complementar nº 143, de 2013)

CAPÍTULO IV
Imposto sobre Operações Relativas a Combustíveis, Lubrificantes, Energia Elétrica e Minerais do País

Art. 95. (Revogado pelo Ato Complementar nº 35, de 1967)

LIVRO SEGUNDO
Normas Gerais de Direito Tributário

TÍTULO I
Legislação Tributária

CAPÍTULO I
Disposições Gerais

SEÇÃO I
Disposição Preliminar

Art. 96. A expressão «legislação tributária» compreende as leis, os tratados e as convenções internacionais, os decretos e as normas complementares que versem, no todo ou em parte, sobre tributos e relações jurídicas a eles pertinentes.

SEÇÃO II
Leis, Tratados e Convenções Internacionais e Decretos

Art. 97. Somente a lei pode estabelecer:
I. a instituição de tributos, ou a sua extinção;
II. a majoração de tributos, ou sua redução, ressalvado o disposto nos artigos 21, 26, 39, 57 e 65;
III. a definição do fato gerador da obrigação tributária principal, ressalvado o disposto no inciso I do § 3º do artigo 52, e do seu sujeito passivo;
IV. a fixação de alíquota do tributo e da sua base de cálculo, ressalvado o disposto nos artigos 21, 26, 39, 57 e 65;
V. a cominação de penalidades para as ações ou omissões contrárias a seus dispositivos, ou para outras infrações nela definidas;
VI. as hipóteses de exclusão, suspensão e extinção de créditos tributários, ou de dispensa ou redução de penalidades.
§ 1º Equipara-se à majoração do tributo a modificação da sua base de cálculo, que importe em torná-lo mais oneroso.
§ 2º Não constitui majoração de tributo, para os fins do disposto no inciso II deste artigo, a atualização do valor monetário da respectiva base de cálculo.

Art. 98. Os tratados e as convenções internacionais revogam ou modificam a legislação tributária interna, e serão observados pela que lhes sobrevenha.

Art. 99. O conteúdo e o alcance dos decretos restringem-se aos das leis em função das quais sejam expedidos, determinados com observância das regras de interpretação estabelecidas nesta Lei.

SEÇÃO III
Normas Complementares

Art. 100. São normas complementares das leis, dos tratados e das convenções internacionais e dos decretos:
I. os atos normativos expedidos pelas autoridades administrativas;
II. as decisões dos órgãos singulares ou coletivos de jurisdição administrativa, a que a lei atribua eficácia normativa;
III. as práticas reiteradamente observadas pelas autoridades administrativas;
IV. os convênios que entre si celebrem a União, os Estados, o Distrito Federal e os Municípios.
Parágrafo único. A observância das normas referidas neste artigo exclui a imposição de penalidades, a cobrança de juros de mora e a atualização do valor monetário da base de cálculo do tributo.

CAPÍTULO II
Vigência da Legislação Tributária

Art. 101. A vigência, no espaço e no tempo, da legislação tributária rege-se pelas disposições legais aplicáveis às normas jurídicas em geral, ressalvado o previsto neste Capítulo.

Art. 102. A legislação tributária dos Estados, do Distrito Federal e dos Municípios vigora, no País, fora dos respectivos territórios, nos limites em que lhe reconheçam extraterritorialidade os convênios de que participem, ou do que disponham esta ou outras leis de normas gerais expedidas pela União.

Art. 103. Salvo disposição em contrário, entram em vigor:
I. os atos administrativos a que se refere o inciso I do artigo 100, na data da sua publicação;
II. as decisões a que se refere o inciso II do artigo 100, quanto a seus efeitos normativos, 30 (trinta) dias após a data da sua publicação;
III. os convênios a que se refere o inciso IV do artigo 100, na data neles prevista.

Art. 104. Entram em vigor no primeiro dia do exercício seguinte àquele em que ocorra a sua

publicação os dispositivos de lei, referentes a impostos sobre o patrimônio ou a renda:
I. que instituem ou majoram tais impostos;
II. que definem novas hipóteses de incidência;
III. que extinguem ou reduzem isenções, salvo se a lei dispuser de maneira mais favorável ao contribuinte, e observado o disposto no artigo 178.

CAPÍTULO III
Aplicação da Legislação Tributária

Art. 105. A legislação tributária aplica-se imediatamente aos fatos geradores futuros e aos pendentes, assim entendidos aqueles cuja ocorrência tenha tido início mas não esteja completa nos termos do artigo 116.

Art. 106. A lei aplica-se a ato ou fato pretérito:
I. em qualquer caso, quando seja expressamente interpretativa, excluída a aplicação de penalidade à infração dos dispositivos interpretados;
II. tratando-se de ato não definitivamente julgado:
a) quando deixe de defini-lo como infração;
b) quando deixe de tratá-lo como contrário a qualquer exigência de ação ou omissão, desde que não tenha sido fraudulento e não tenha implicado em falta de pagamento de tributo;
c) quando lhe comine penalidade menos severa que a prevista na lei vigente ao tempo da sua prática.

CAPÍTULO IV
Interpretação e Integração da Legislação Tributária

Art. 107. A legislação tributária será interpretada conforme o disposto neste Capítulo.

Art. 108. Na ausência de disposição expressa, a autoridade competente para aplicar a legislação tributária utilizará sucessivamente, na ordem indicada:
I. a analogia;
II. os princípios gerais de direito tributário;
III. os princípios gerais de direito público;
IV. a equidade.
§ 1º O emprego da analogia não poderá resultar na exigência de tributo não previsto em lei.
§ 2º O emprego da equidade não poderá resultar na dispensa do pagamento de tributo devido.

Art. 109. Os princípios gerais de direito privado utilizam-se para pesquisa da definição, do conteúdo e do alcance de seus institutos, conceitos e formas, mas não para definição dos respectivos efeitos tributários.

Art. 110. A lei tributária não pode alterar a definição, o conteúdo e o alcance de institutos, conceitos e formas de direito privado, utilizados, expressa ou implicitamente, pela Constituição Federal, pelas Constituições dos Estados, ou pelas Leis Orgânicas do Distrito Federal ou dos Municípios, para definir ou limitar competências tributárias.

Art. 111. Interpreta-se literalmente a legislação tributária que disponha sobre:
I. suspensão ou exclusão do crédito tributário;
II. outorga de isenção;
III. dispensa do cumprimento de obrigações tributárias acessórias.

Art. 112. A lei tributária que define infrações, ou lhe comina penalidades, interpreta-se da maneira mais favorável ao acusado, em caso de dúvida quanto:
I. à capitulação legal do fato;
II. à natureza ou às circunstâncias materiais do fato, ou à natureza ou extensão dos seus efeitos;
III. à autoria, imputabilidade, ou punibilidade;
IV. à natureza da penalidade aplicável, ou à sua graduação.

TÍTULO II
Obrigação Tributária

CAPÍTULO I
Disposições Gerais

Art. 113. A obrigação tributária é principal ou acessória.
§ 1º A obrigação principal surge com a ocorrência do fato gerador, tem por objeto o pagamento de tributo ou penalidade pecuniária e extingue-se juntamente com o crédito dela decorrente.
§ 2º A obrigação acessória decorre da legislação tributária e tem por objeto as prestações, positivas ou negativas, nela previstas no interesse da arrecadação ou da fiscalização dos tributos.
§ 3º A obrigação acessória, pelo simples fato da sua inobservância, converte-se em obrigação principal relativamente à penalidade pecuniária.

CAPÍTULO II

Fato Gerador

Art. 114. Fato gerador da obrigação principal é a situação definida em lei como necessária e suficiente à sua ocorrência.

Art. 115. Fato gerador da obrigação acessória é qualquer situação que, na forma da legislação aplicável, impõe a prática ou a abstenção de ato que não configure obrigação principal.

Art. 116. Salvo disposição de lei em contrário, considera-se ocorrido o fato gerador e existentes os seus efeitos:

I. tratando-se de situação de fato, desde o momento em que o se verifiquem as circunstâncias materiais necessárias a que produza os efeitos que normalmente lhe são próprios;

II. tratando-se de situação jurídica, desde o momento em que esteja definitivamente constituída, nos termos de direito aplicável.

Parágrafo único. A autoridade administrativa poderá desconsiderar atos ou negócios jurídicos praticados com a finalidade de dissimular a ocorrência do fato gerador do tributo ou a natureza dos elementos constitutivos da obrigação tributária, observados os procedimentos a serem estabelecidos em lei ordinária.

Art. 117. Para os efeitos do inciso II do artigo anterior e salvo disposição de lei em contrário, os atos ou negócios jurídicos condicionais reputam-se perfeitos e acabados:

I. sendo suspensiva a condição, desde o momento de seu implemento;

II. sendo resolutória a condição, desde o momento da prática do ato ou da celebração do negócio.

Art. 118. A definição legal do fato gerador é interpretada abstraindo-se:

I. da validade jurídica dos atos efetivamente praticados pelos contribuintes, responsáveis, ou terceiros, bem como da natureza do seu objeto ou dos seus efeitos;

II. dos efeitos dos fatos efetivamente ocorridos.

CAPÍTULO III

Sujeito Ativo

Art. 119. Sujeito ativo da obrigação é a pessoa jurídica de direito público, titular da competência para exigir o seu cumprimento.

Art. 120. Salvo disposição de lei em contrário, a pessoa jurídica de direito público, que se constituir pelo desmembramento territorial de outra, sub-roga-se nos direitos desta, cuja legislação tributária aplicará até que entre em vigor a sua própria.

CAPÍTULO IV

Sujeito Passivo

SEÇÃO I
Disposições Gerais

Art. 121. Sujeito passivo da obrigação principal é a pessoa obrigada ao pagamento de tributo ou penalidade pecuniária.

Parágrafo único. O sujeito passivo da obrigação principal diz-se:

I. contribuinte, quando tenha relação pessoal e direta com a situação que constitua o respectivo fato gerador;

II. responsável, quando, sem revestir a condição de contribuinte, sua obrigação decorra de disposição expressa de lei.

Art. 122. Sujeito passivo da obrigação acessória é a pessoa obrigada às prestações que constituam o seu objeto.

Art. 123. Salvo disposições de lei em contrário, as convenções particulares, relativas à responsabilidade pelo pagamento de tributos, não podem ser opostas à Fazenda Pública, para modificar a definição legal do sujeito passivo das obrigações tributárias correspondentes.

SEÇÃO II
Solidariedade

Art. 124. São solidariamente obrigadas:

I. as pessoas que tenham interesse comum na situação que constitua o fato gerador da obrigação principal;

II. as pessoas expressamente designadas por lei.

Parágrafo único. A solidariedade referida neste artigo não comporta benefício de ordem.

Art. 125. Salvo disposição de lei em contrário, são os seguintes os efeitos da solidariedade:

III. o pagamento efetuado por um dos obrigados aproveita aos demais;

IV. a isenção ou remissão de crédito exonera todos os obrigados, salvo se outorgada pessoalmente a um deles, subsistindo, nesse caso, a solidariedade quanto aos demais pelo saldo;

V. a interrupção da prescrição, em favor ou contra um dos obrigados, favorece ou prejudica aos demais.

SEÇÃO III
Capacidade Tributária

Art. 126. A capacidade tributária passiva independe:
I. da capacidade civil das pessoas naturais;
II. de achar-se a pessoa natural sujeita a medidas que importem privação ou limitação do exercício de atividades civis, comerciais ou profissionais, ou da administração direta de seus bens ou negócios;
III. de estar a pessoa jurídica regularmente constituída, bastando que configure uma unidade econômica ou profissional.

SEÇÃO IV
Domicílio Tributário

Art. 127. Na falta de eleição, pelo contribuinte ou responsável, de domicílio tributário, na forma da legislação aplicável, considera-se como tal:
I. quanto às pessoas naturais, a sua residência habitual, ou, sendo esta incerta ou desconhecida, o centro habitual de sua atividade;
II. quanto às pessoas jurídicas de direito privado ou às firmas individuais, o lugar da sua sede, ou, em relação aos atos ou fatos que derem origem à obrigação, o de cada estabelecimento;
III. quanto às pessoas jurídicas de direito público, qualquer de suas repartições no território da entidade tributante.
§ 1º Quando não couber a aplicação das regras fixadas em qualquer dos incisos deste artigo, considerar-se-á como domicílio tributário do contribuinte ou responsável o lugar da situação dos bens ou da ocorrência dos atos ou fatos que deram origem à obrigação.
§ 2º A autoridade administrativa pode recusar o domicílio eleito, quando impossibilite ou dificulte a arrecadação ou a fiscalização do tributo, aplicando-se então a regra do parágrafo anterior.

CAPÍTULO V
Responsabilidade Tributária

SEÇÃO I
Disposição Geral

Art. 128. Sem prejuízo do disposto neste capítulo, a lei pode atribuir de modo expresso a responsabilidade pelo crédito tributário a terceira pessoa, vinculada ao fato gerador da respectiva obrigação, excluindo a responsabilidade do contribuinte ou atribuindo-a a este em caráter supletivo do cumprimento total ou parcial da referida obrigação.

SEÇÃO II
Responsabilidade dos Sucessores

Art. 129. O disposto nesta SEÇÃO aplica-se por igual aos créditos tributários definitivamente constituídos ou em curso de constituição à data dos atos nela referidos, e aos constituídos posteriormente aos mesmos atos, desde que relativos a obrigações tributárias surgidas até a referida data.

Art. 130. Os créditos tributários relativos a impostos cujo fato gerador seja a propriedade, o domínio útil ou a posse de bens imóveis, e bem assim os relativos a taxas pela prestação de serviços referentes a tais bens, ou a contribuições de melhoria, subrogam-se na pessoa dos respectivos adquirentes, salvo quando conste do título a prova de sua quitação.
Parágrafo único. No caso de arrematação em hasta pública, a sub-rogação ocorre sobre o respectivo preço.

Art. 131. São pessoalmente responsáveis:
I. o adquirente ou remitente, pelos tributos relativos aos bens adquiridos ou remidos;
II. o sucessor a qualquer título e o cônjuge meeiro, pelos tributos devidos pelo de cujus até a data da partilha ou adjudicação, limitada esta responsabilidade ao montante do quinhão do legado ou da meação;
III. o espólio, pelos tributos devidos pelo de cujus até a data da abertura da sucessão.

Art. 132. A pessoa jurídica de direito privado que resultar de fusão, transformação ou incorporação de outra ou em outra é responsável pelos tributos devidos até à data do ato pelas pessoas jurídicas de direito privado fusionadas, transformadas ou incorporadas.
Parágrafo único. O disposto neste artigo aplica-se aos casos de extinção de pessoas jurídicas de direito privado, quando a exploração da respectiva atividade seja continuada por qualquer sócio remanescente, ou seu espólio, sob a mesma ou outra razão social, ou sob firma individual.

Art. 133. A pessoa natural ou jurídica de direito privado que adquirir de outra, por qualquer título, fundo de comércio ou estabelecimento comercial, industrial ou profissional, e continuar a respectiva exploração, sob a mesma ou outra razão social ou sob firma ou nome individual, responde pelos tributos, relativos ao fundo ou estabelecimento adquirido, devidos até à data do ato:

I. integralmente, se o alienante cessar a exploração do comércio, indústria ou atividade;

II. subsidiariamente com o alienante, se este prosseguir na exploração ou iniciar dentro de seis meses a contar da data da alienação, nova atividade no mesmo ou em outro ramo de comércio, indústria ou profissão.

§ 1º O disposto no caput deste artigo não se aplica na hipótese de alienação judicial:

I. em processo de falência;

II. de filial ou unidade produtiva isolada, em processo de recuperação judicial.

§ 2º Não se aplica o disposto no § 1º deste artigo quando o adquirente for:

I. sócio da sociedade falida ou em recuperação judicial, ou sociedade controlada pelo devedor falido ou em recuperação judicial;

II. parente, em linha reta ou colateral até o 4º (quarto) grau, consanguíneo ou afim, do devedor falido ou em recuperação judicial ou de qualquer de seus sócios; ou

III. identificado como agente do falido ou do devedor em recuperação judicial com o objetivo de fraudar a sucessão tributária.

§ 3º Em processo da falência, o produto da alienação judicial de empresa, filial ou unidade produtiva isolada permanecerá em conta de depósito à disposição do juízo de falência pelo prazo de 1 (um) ano, contado da data de alienação, somente podendo ser utilizado para o pagamento de créditos extraconcursais ou de créditos que preferem ao tributário.

SEÇÃO III
Responsabilidade de Terceiros

Art. 134. Nos casos de impossibilidade de exigência do cumprimento da obrigação principal pelo contribuinte, respondem solidariamente com este nos atos em que intervierem ou pelas omissões de que forem responsáveis:

I. os pais, pelos tributos devidos por seus filhos menores;

II. os tutores e curadores, pelos tributos devidos por seus tutelados ou curatelados;

III. os administradores de bens de terceiros, pelos tributos devidos por estes;

IV. o inventariante, pelos tributos devidos pelo espólio;

V. o síndico e o comissário, pelos tributos devidos pela massa falida ou pelo concordatário;

VI. os tabeliães, escrivães e demais serventuários de ofício, pelos tributos devidos sobre os atos praticados por eles, ou perante eles, em razão do seu ofício;

VII. os sócios, no caso de liquidação de sociedade de pessoas.

Parágrafo único. O disposto neste artigo só se aplica, em matéria de penalidades, às de caráter moratório.

Art. 135. São pessoalmente responsáveis pelos créditos correspondentes a obrigações tributárias resultantes de atos praticados com excesso de poderes ou infração de lei, contrato social ou estatutos:

I. as pessoas referidas no artigo anterior;

II. os mandatários, prepostos e empregados;

III. os diretores, gerentes ou representantes de pessoas jurídicas de direito privado.

SEÇÃO IV
Responsabilidade por Infrações

Art. 136. Salvo disposição de lei em contrário, a responsabilidade por infrações da legislação tributária independe da intenção do agente ou do responsável e da efetividade, natureza e extensão dos efeitos do ato.

Art. 137. A responsabilidade é pessoal ao agente:

I. quanto às infrações conceituadas por lei como crimes ou contravenções, salvo quando praticadas no exercício regular de administração, mandato, função, cargo ou emprego, ou no cumprimento de ordem expressa emitida por quem de direito;

II. quanto às infrações em cuja definição o dolo específico do agente seja elementar;

III. quanto às infrações que decorram direta e exclusivamente de dolo específico:

a) das pessoas referidas no artigo 134, contra aquelas por quem respondem;

b) dos mandatários, prepostos ou empregados, contra seus mandantes, preponentes ou empregadores;

c) dos diretores, gerentes ou representantes de pessoas jurídicas de direito privado, contra estas.

Art. 138. A responsabilidade é excluída pela denúncia espontânea da infração, acompanhada, se for o caso, do pagamento do tributo devido e

dos juros de mora, ou do depósito da importância arbitrada pela autoridade administrativa, quando o montante do tributo dependa de apuração.
Parágrafo único. Não se considera espontânea a denúncia apresentada após o início de qualquer procedimento administrativo ou medida de fiscalização, relacionados com a infração.

TÍTULO III
Crédito Tributário

CAPÍTULO I
Disposições Gerais

Art. 139. O crédito tributário decorre da obrigação principal e tem a mesma natureza desta.

Art. 140. As circunstâncias que modificam o crédito tributário, sua extensão ou seus efeitos, ou as garantias ou os privilégios a ele atribuídos, ou que excluem sua exigibilidade não afetam a obrigação tributária que lhe deu origem.

Art. 141. O crédito tributário regularmente constituído somente se modifica ou extingue, ou tem sua exigibilidade suspensa ou excluída, nos casos previstos nesta Lei, fora dos quais não podem ser dispensadas, sob pena de responsabilidade funcional na forma da lei, a sua efetivação ou as respectivas garantias.

CAPÍTULO II
Constituição de Crédito Tributário

SEÇÃO I
Lançamento

Art. 142. Compete privativamente à autoridade administrativa constituir o crédito tributário pelo lançamento, assim entendido o procedimento administrativo tendente a verificar a ocorrência do fato gerador da obrigação correspondente, determinar a matéria tributável, calcular o montante do tributo devido, identificar o sujeito passivo e, sendo caso, propor a aplicação da penalidade cabível.
Parágrafo único. A atividade administrativa de lançamento é vinculada e obrigatória, sob pena de responsabilidade funcional.

Art. 143. Salvo disposição de lei em contrário, quando o valor tributário esteja expresso em moeda estrangeira, no lançamento far-se-á sua conversão em moeda nacional ao câmbio do dia da ocorrência do fato gerador da obrigação.

Art. 144. O lançamento reporta-se à data da ocorrência do fato gerador da obrigação e rege-se pela lei então vigente, ainda que posteriormente modificada ou revogada.
§ 1º Aplica-se ao lançamento a legislação que, posteriormente à ocorrência do fato gerador da obrigação, tenha instituído novos critérios de apuração ou processos de fiscalização, ampliado os poderes de investigação das autoridades administrativas, ou outorgado ao crédito maiores garantias ou privilégios, exceto, neste último caso, para o efeito de atribuir responsabilidade tributária a terceiros.
§ 2º O disposto neste artigo não se aplica aos impostos lançados por períodos certos de tempo, desde que a respectiva lei fixe expressamente a data em que o fato gerador se considera ocorrido.

Art. 145. O lançamento regularmente notificado ao sujeito passivo só pode ser alterado em virtude de:
I. impugnação do sujeito passivo;
II. recurso de ofício;
III. iniciativa de ofício da autoridade administrativa, nos casos previstos no artigo 149.

Art. 146. A modificação introduzida, de ofício ou em consequência de decisão administrativa ou judicial, nos critérios jurídicos adotados pela autoridade administrativa no exercício do lançamento somente pode ser efetivada, em relação a um mesmo sujeito passivo, quanto a fato gerador ocorrido posteriormente à sua introdução.

SEÇÃO II
Modalidades de Lançamento

Art. 147. O lançamento é efetuado com base na declaração do sujeito passivo ou de terceiro, quando um ou outro, na forma da legislação tributária, presta à autoridade administrativa informações sobre matéria de fato, indispensáveis à sua efetivação.
§ 1º A retificação da declaração por iniciativa do próprio declarante, quando vise a reduzir ou a excluir tributo, só é admissível mediante comprovação do erro em que se funde, e antes de notificado o lançamento.
§ 2º Os erros contidos na declaração e apuráveis pelo seu exame serão retificados de ofício pela autoridade administrativa a que competir a revisão daquela.

Art. 148. Quando o cálculo do tributo tenha por base, ou tome em consideração, o valor ou o preço de bens, direitos, serviços ou atos jurídicos, a autoridade lançadora, mediante processo regular, arbitrará aquele valor ou preço, sempre que sejam omissos ou não mereçam fé as declarações ou os esclarecimentos prestados, ou os documentos expedidos pelo sujeito passivo ou pelo terceiro legalmente obrigado, ressalvada, em caso de contestação, avaliação contraditória, administrativa ou judicial.

Art. 149. O lançamento é efetuado e revisto de ofício pela autoridade administrativa nos seguintes casos:
I. quando a lei assim o determine;
II. quando a declaração não seja prestada, por quem de direito, no prazo e na forma da legislação tributária;
III. quando a pessoa legalmente obrigada, embora tenha prestado declaração nos termos do inciso anterior, deixe de atender, no prazo e na forma da legislação tributária, a pedido de esclarecimento formulado pela autoridade administrativa, recuse-se a prestá-lo ou não o preste satisfatoriamente, a juízo daquela autoridade;
IV. quando se comprove falsidade, erro ou omissão quanto a qualquer elemento definido na legislação tributária como sendo de declaração obrigatória;
V. quando se comprove omissão ou inexatidão, por parte da pessoa legalmente obrigada, no exercício da atividade a que se refere o artigo seguinte;
VI. quando se comprove ação ou omissão do sujeito passivo, ou de terceiro legalmente obrigado, que dê lugar à aplicação de penalidade pecuniária;
VII. quando se comprove que o sujeito passivo, ou terceiro em benefício daquele, agiu com dolo, fraude ou simulação;
VIII. quando deva ser apreciado fato não conhecido ou não provado por ocasião do lançamento anterior;
IX. quando se comprove que, no lançamento anterior, ocorreu fraude ou falta funcional da autoridade que o efetuou, ou omissão, pela mesma autoridade, de ato ou formalidade especial.
Parágrafo único. A revisão do lançamento só pode ser iniciada enquanto não extinto o direito da Fazenda Pública.

Art. 150. O lançamento por homologação, que ocorre quanto aos tributos cuja legislação atribua ao sujeito passivo o dever de antecipar o pagamento sem prévio exame da autoridade administrativa, opera-se pelo ato em que a referida autoridade, tomando conhecimento da atividade assim exercida pelo obrigado, expressamente a homologa.
§ 1º O pagamento antecipado pelo obrigado nos termos deste artigo extingue o crédito, sob condição resolutória da ulterior homologação ao lançamento.
§ 2º Não influem sobre a obrigação tributária quaisquer atos anteriores à homologação, praticados pelo sujeito passivo ou por terceiro, visando à extinção total ou parcial do crédito.
§ 3º Os atos a que se refere o parágrafo anterior serão, porém, considerados na apuração do saldo porventura devido e, sendo o caso, na imposição de penalidade, ou sua graduação.
§ 4º Se a lei não fixar prazo a homologação, será ele de cinco anos, a contar da ocorrência do fato gerador; expirado esse prazo sem que a Fazenda Pública se tenha pronunciado, considera-se homologado o lançamento e definitivamente extinto o crédito, salvo se comprovada a ocorrência de dolo, fraude ou simulação.

CAPÍTULO III
Suspensão do Crédito Tributário

SEÇÃO I
Disposições Gerais

Art. 151. Suspendem a exigibilidade do crédito tributário:
I. moratória;
II. o depósito do seu montante integral;
III. as reclamações e os recursos, nos termos das leis reguladoras do processo tributário administrativo;
IV. a concessão de medida liminar em mandado de segurança.
V. a concessão de medida liminar ou de tutela antecipada, em outras espécies de ação judicial;
VI. o parcelamento.
Parágrafo único. O disposto neste artigo não dispensa o cumprimento das obrigações assessórios dependentes da obrigação principal cujo crédito seja suspenso, ou dela consequentes.

SEÇÃO II
Moratória

Art. 152. A moratória somente pode ser concedida:
I. em caráter geral:
a) pela pessoa jurídica de direito público competente para instituir o tributo a que se refira;

b) pela União, quanto a tributos de competência dos Estados, do Distrito Federal ou dos Municípios, quando simultaneamente concedida quanto aos tributos de competência federal e às obrigações de direito privado;
II. em caráter individual, por despacho da autoridade administrativa, desde que autorizada por lei nas condições do inciso anterior.
Parágrafo único. A lei concessiva de moratória pode circunscrever expressamente a sua aplicabilidade à determinada região do território da pessoa jurídica de direito público que a expedir, ou a determinada classe ou categoria de sujeitos passivos.
Art. 153. A lei que conceda moratória em caráter geral ou autorize sua concessão em caráter individual especificará, sem prejuízo de outros requisitos:
I. o prazo de duração do favor;
II. as condições da concessão do favor em caráter individual;
III. sendo caso:
a) os tributos a que se aplica;
b) o número de prestações e seus vencimentos, dentro do prazo a que se refere o inciso I, podendo atribuir a fixação de uns e de outros à autoridade administrativa, para cada caso de concessão em caráter individual;
c) as garantias que devem ser fornecidas pelo beneficiado no caso de concessão em caráter individual.
Art. 154. Salvo disposição de lei em contrário, a moratória somente abrange os créditos definitivamente constituídos à data da lei ou do despacho que a conceder, ou cujo lançamento já tenha sido iniciado àquela data por ato regularmente notificado ao sujeito passivo.
Parágrafo único. A moratória não aproveita aos casos de dolo, fraude ou simulação do sujeito passivo ou do terceiro em benefício daquele.
Art. 155. A concessão da moratória em caráter individual não gera direito adquirido e será revogado de ofício, sempre que se apure que o beneficiado não satisfazia ou deixou de satisfazer as condições ou não cumprira ou deixou de cumprir os requisitos para a concessão do favor, cobrando-se o crédito acrescido de juros de mora:
I. com imposição da penalidade cabível, nos casos de dolo ou simulação do beneficiado, ou de terceiro em benefício daquele;
II. sem imposição de penalidade, nos demais casos.
Parágrafo único. No caso do inciso I deste artigo, o tempo decorrido entre a concessão da moratória e sua revogação não se computa para efeito da prescrição do direito à cobrança do crédito; no caso do inciso II deste artigo, a revogação só pode ocorrer antes de prescrito o referido direito.
Art. 155-A. O parcelamento será concedido na forma e condição estabelecidas em lei específica.
§ 1º Salvo disposição de lei em contrário, o parcelamento do crédito tributário não exclui a incidência de juros e multas.
§ 2º Aplicam-se, subsidiariamente, ao parcelamento as disposições desta Lei, relativas à moratória.
§ 3º Lei específica disporá sobre as condições de parcelamento dos créditos tributários do devedor em recuperação judicial.
§ 4º A inexistência da lei específica a que se refere o § 3º deste artigo importa na aplicação das leis gerais de parcelamento do ente da Federação ao devedor em recuperação judicial, não podendo, neste caso, ser o prazo de parcelamento inferior ao concedido pela lei federal específica.

CAPÍTULO IV
Extinção do Crédito Tributário

SEÇÃO I
Modalidades de Extinção

Art. 156. Extinguem o crédito tributário:
I. o pagamento;
II. a compensação;
III. a transação;
IV. remissão;
V. a prescrição e a decadência;
VI. a conversão de depósito em renda;
VII. o pagamento antecipado e a homologação do lançamento nos termos do disposto no artigo 150 e seus §§ 1º e 4º;
VIII. a consignação em pagamento, nos termos do disposto no § 2º do artigo 164;
IX. a decisão administrativa irreformável, assim entendida a definitiva na órbita administrativa, que não mais possa ser objeto de ação anulatória;
X. a decisão judicial passada em julgado.
XI. a dação em pagamento em bens imóveis, na forma e condições estabelecidas em lei.
Parágrafo único. A lei disporá quanto aos efeitos da extinção total ou parcial do crédito sobre a ulterior verificação da irregularidade da sua constituição, observado o disposto nos artigos 144 e 149.

SEÇÃO II
Pagamento

Art. 157. A imposição de penalidade não ilide o pagamento integral do crédito tributário.

Art. 158. O pagamento de um crédito não importa em presunção de pagamento:
I. quando parcial, das prestações em que se decomponha;
II. quando total, de outros créditos referentes ao mesmo ou a outros tributos.

Art. 159. Quando a legislação tributária não dispuser a respeito, o pagamento é efetuado na repartição competente do domicílio do sujeito passivo.

Art. 160. Quando a legislação tributária não fixar o tempo do pagamento, o vencimento do crédito ocorre trinta dias depois da data em que se considera o sujeito passivo notificado do lançamento.

Parágrafo único. A legislação tributária pode conceder desconto pela antecipação do pagamento, nas condições que estabeleça.

Art. 161. O crédito não integralmente pago no vencimento é acrescido de juros de mora, seja qual for o motivo determinante da falta, sem prejuízo da imposição das penalidades cabíveis e da aplicação de quaisquer medidas de garantia previstas nesta Lei ou em lei tributária.

§ 1º Se a lei não dispuser de modo diverso, os juros de mora são calculados à taxa de um por cento ao mês.

§ 2º O disposto neste artigo não se aplica na pendência de consulta formulada pelo devedor dentro do prazo legal para pagamento do crédito.

Art. 162. O pagamento é efetuado:
I. em moeda corrente, cheque ou vale postal;
II. nos casos previstos em lei, em estampilha, em papel selado, ou por processo mecânico.

§ 1º A legislação tributária pode determinar as garantias exigidas para o pagamento por cheque ou vale postal, desde que não o torne impossível ou mais oneroso que o pagamento em moeda corrente.

§ 2º O crédito pago por cheque somente se considera extinto com o resgate deste pelo sacado.

§ 3º O crédito pagável em estampilha considera-se extinto com a inutilização regular daquela, ressalvado o disposto no artigo 150.

§ 4º A perda ou destruição da estampilha, ou o erro no pagamento por esta modalidade, não dão direito a restituição, salvo nos casos expressamente previstos na legislação tributária, ou naquelas em que o erro seja imputável à autoridade administrativa.

§ 5º O pagamento em papel selado ou por processo mecânico equipara-se ao pagamento em estampilha.

Art. 163. Existindo simultaneamente dois ou mais débitos vencidos do mesmo sujeito passivo para com a mesma pessoa jurídica de direito público, relativos ao mesmo ou a diferentes tributos ou provenientes de penalidade pecuniária ou juros de mora, a autoridade administrativa competente para receber o pagamento determinará a respectiva imputação, obedecidas as seguintes regras, na ordem em que enumeradas:
I. em primeiro lugar, aos débitos por obrigação própria, e em segundo lugar aos decorrentes de responsabilidade tributária;
II. primeiramente, às contribuições de melhoria, depois às taxas e por fim aos impostos;
III. na ordem crescente dos prazos de prescrição;
IV. na ordem decrescente dos montantes.

Art. 164. A importância de crédito tributário pode ser consignada judicialmente pelo sujeito passivo, nos casos:
I. de recusa de recebimento, ou subordinação deste ao pagamento de outro tributo ou de penalidade, ou ao cumprimento de obrigação acessória;
II. de subordinação do recebimento ao cumprimento de exigências administrativas sem fundamento legal;
III. de exigência, por mais de uma pessoa jurídica de direito público, de tributo idêntico sobre um mesmo fato gerador.

§ 1º A consignação só pode versar sobre o crédito que o consignante se propõe pagar.

§ 2º Julgada procedente a consignação, o pagamento se reputa efetuado e a importância consignada é convertida em renda; julgada improcedente a consignação no todo ou em parte, cobra-se o crédito acrescido de juros de mora, sem prejuízo das penalidades cabíveis.

SEÇÃO III
Pagamento Indevido

Art. 165. O sujeito passivo tem direito, independentemente de prévio protesto, à restituição total ou parcial do tributo, seja qual for a modalidade do seu pagamento, ressalvado o disposto no § 4º do artigo 162, nos seguintes casos:
I. cobrança ou pagamento espontâneo de tributo indevido ou maior que o devido em face da legislação tributária aplicável, ou da natureza ou circunstâncias materiais do fato gerador efetivamente ocorrido;

II. erro na edificação do sujeito passivo, na determinação da alíquota aplicável, no cálculo do montante do débito ou na elaboração ou conferência de qualquer documento relativo ao pagamento;

III. reforma, anulação, revogação ou rescisão de decisão condenatória.

Art. 166. A restituição de tributos que comportem, por sua natureza, transferência do respectivo encargo financeiro somente será feita a quem prove haver assumido o referido encargo, ou, no caso de tê-lo transferido a terceiro, estar por este expressamente autorizado a recebê-la.

Art. 167. A restituição total ou parcial do tributo dá lugar à restituição, na mesma proporção, dos juros de mora e das penalidades pecuniárias, salvo as referentes a infrações de caráter formal não prejudicadas pela causa da restituição.

Parágrafo único. A restituição vence juros não capitalizáveis, a partir do trânsito em julgado da decisão definitiva que a determinar.

Art. 168. O direito de pleitear a restituição extingue-se com o decurso do prazo de 5 (cinco) anos, contados:

I. nas hipótese dos incisos I e II do artigo 165, da data da extinção do crédito tributário;

II. na hipótese do inciso III do artigo 165, da data em que se tornar definitiva a decisão administrativa ou passar em julgado a decisão judicial que tenha reformado, anulado, revogado ou rescindido a decisão condenatória.

Art. 169. Prescreve em dois anos a ação anulatória da decisão administrativa que denegar a restituição.

Parágrafo único. O prazo de prescrição é interrompido pelo início da ação judicial, recomeçando o seu curso, por metade, a partir da data da intimação validamente feita ao representante judicial da Fazenda Pública interessada.

SEÇÃO IV
Demais Modalidades de Extinção

Art. 170. A lei pode, nas condições e sob as garantias que estipular, ou cuja estipulação em cada caso atribuir à autoridade administrativa, autorizar a compensação de créditos tributários com créditos líquidos e certos, vencidos ou vincendos, do sujeito passivo contra a Fazenda pública.

Parágrafo único. Sendo vincendo o crédito do sujeito passivo, a lei determinará, para os efeitos deste artigo, a apuração do seu montante, não podendo, porém, cominar redução maior que a correspondente ao juro de 1% (um por cento) ao mês pelo tempo a decorrer entre a data da compensação e a do vencimento.

Art. 170-A. É vedada a compensação mediante o aproveitamento de tributo, objeto de contestação judicial pelo sujeito passivo, antes do trânsito em julgado da respectiva decisão judicial.

Art. 171. A lei pode facultar, nas condições que estabeleça, aos sujeitos ativo e passivo da obrigação tributária celebrar transação que, mediante concessões mútuas, importe em determinação de litígio e consequente extinção de crédito tributário.

Parágrafo único. A lei indicará a autoridade competente para autorizar a transação em cada caso.

Art. 172. A lei pode autorizar a autoridade administrativa a conceder, por despacho fundamentado, remissão total ou parcial do crédito tributário, atendendo:

I. à situação econômica do sujeito passivo;

II. ao erro ou ignorância excusáveis do sujeito passivo, quanto a matéria de fato;

III. à diminuta importância do crédito tributário;

IV. a considerações de equidade, em relação com as características pessoais ou materiais do caso;

V. a condições peculiares a determinada região do território da entidade tributante.

Parágrafo único. O despacho referido neste artigo não gera direito adquirido, aplicando-se, quando cabível, o disposto no artigo 155.

Art. 173. O direito de a Fazenda Pública constituir o crédito tributário extingue-se após 5 (cinco) anos, contados:

I. do primeiro dia do exercício seguinte àquele em que o lançamento poderia ter sido efetuado;

II. da data em que se tornar definitiva a decisão que houver anulado, por vício formal, o lançamento anteriormente efetuado.

Parágrafo único. O direito a que se refere este artigo extingue-se definitivamente com o decurso do prazo nele previsto, contado da data em que tenha sido iniciada a constituição do crédito tributário pela notificação, ao sujeito passivo, de qualquer medida preparatória indispensável ao lançamento.

Art. 174. A ação para a cobrança do crédito tributário prescreve em cinco anos, contados da data da sua constituição definitiva.

Parágrafo único. A prescrição se interrompe:

I. pelo despacho do juiz que ordenar a citação em execução fiscal;

II. pelo protesto judicial;

III. por qualquer ato judicial que constitua em mora o devedor;

IV. por qualquer ato inequívoco ainda que extrajudicial, que importe em reconhecimento do débito pelo devedor.

CAPÍTULO V
Exclusão de Crédito Tributário

SEÇÃO I
Disposições Gerais

Art. 175. Excluem o crédito tributário:
I. a isenção;
II. a anistia.
Parágrafo único. A exclusão do crédito tributário não dispensa o cumprimento das obrigações acessórias dependentes da obrigação principal cujo crédito seja excluído, ou dela consequente.

SEÇÃO II
Isenção

Art. 176. A isenção, ainda quando prevista em contrato, é sempre decorrente de lei que especifique as condições e requisitos exigidos para a sua concessão, os tributos a que se aplica e, sendo caso, o prazo de sua duração.
Parágrafo único. A isenção pode ser restrita a determinada região do território da entidade tributante, em função de condições a ela peculiares.
Art. 177. Salvo disposição de lei em contrário, a isenção não é extensiva:
I. às taxas e às contribuições de melhoria;
II. aos tributos instituídos posteriormente à sua concessão.
Art. 178. A isenção, salvo se concedida por prazo certo e em função de determinadas condições, pode ser revogada ou modificada por lei, a qualquer tempo, observado o disposto no inciso III do art. 104.
Art. 179. A isenção, quando não concedida em caráter geral, é efetivada, em cada caso, por despacho da autoridade administrativa, em requerimento com o qual o interessado faça prova do preenchimento das condições e do cumprimento dos requisitos previstos em lei ou contrato para sua concessão.
§ 1º Tratando-se de tributo lançado por período certo de tempo, o despacho referido neste artigo será renovado antes da expiração de cada período, cessando automaticamente os seus efeitos a partir do primeiro dia do período para o qual o interessado deixar de promover a continuidade do reconhecimento da isenção.

§ 2º O despacho referido neste artigo não gera direito adquirido, aplicando-se, quando cabível, o disposto no artigo 155.

SEÇÃO III
Anistia

Art. 180. A anistia abrange exclusivamente as infrações cometidas anteriormente à vigência da lei que a concede, não se aplicando:
I. aos atos qualificados em lei como crimes ou contravenções e aos que, mesmo sem essa qualificação, sejam praticados com dolo, fraude ou simulação pelo sujeito passivo ou por terceiro em benefício daquele;
II. salvo disposição em contrário, às infrações resultantes de conluio entre duas ou mais pessoas naturais ou jurídicas.
Art. 181. A anistia pode ser concedida:
I. em caráter geral;
II. limitadamente:
a) às infrações da legislação relativa a determinado tributo;
b) às infrações punidas com penalidades pecuniárias até determinado montante, conjugadas ou não com penalidades de outra natureza;
c) a determinada região do território da entidade tributante, em função de condições a ela peculiares;
d) sob condição do pagamento de tributo no prazo fixado pela lei que a conceder, ou cuja fixação seja atribuída pela mesma lei à autoridade administrativa.
Art. 182. A anistia, quando não concedida em caráter geral, é efetivada, em cada caso, por despacho da autoridade administrativa, em requerimento com a qual o interessado faça prova do preenchimento das condições e do cumprimento dos requisitos previstos em lei para sua concessão.
Parágrafo único. O despacho referido neste artigo não gera direito adquirido, aplicando-se, quando cabível, o disposto no artigo 155.

CAPÍTULO VI
Garantias e Privilégios do Crédito Tributário

SEÇÃO I
Disposições Gerais

Art. 183. A enumeração das garantias atribuídas neste Capítulo ao crédito tributário não exclui outras que sejam expressamente previstas em lei, em função da natureza ou das características do tributo a que se refiram.

Parágrafo único. A natureza das garantias atribuídas ao crédito tributário não altera a natureza deste nem a da obrigação tributária a que corresponda.

Art. 184. Sem prejuízo dos privilégios especiais sobre determinados bens, que sejam previstos em lei, responde pelo pagamento do crédito tributário a totalidade dos bens e das rendas, de qualquer origem ou natureza, do sujeito passivo, seu espólio ou sua massa falida, inclusive os gravados por ônus real ou cláusula de inalienabilidade ou impenhorabilidade, seja qual for a data da constituição do ônus ou da cláusula, excetuados unicamente os bens e rendas que a lei declare absolutamente impenhoráveis.

Art. 185. Presume-se fraudulenta a alienação ou oneração de bens ou rendas, ou seu começo, por sujeito passivo em débito para com a Fazenda Pública, por crédito tributário regularmente inscrito como dívida ativa.

Parágrafo único. O disposto neste artigo não se aplica na hipótese de terem sido reservados, pelo devedor, bens ou rendas suficientes ao total pagamento da dívida inscrita.

Art. 185-A. Na hipótese de o devedor tributário, devidamente citado, não pagar nem apresentar bens à penhora no prazo legal e não forem encontrados bens penhoráveis, o juiz determinará a indisponibilidade de seus bens e direitos, comunicando a decisão, preferencialmente por meio eletrônico, aos órgãos e entidades que promovem registros de transferência de bens, especialmente ao registro público de imóveis e às autoridades supervisoras do mercado bancário e do mercado de capitais, a fim de que, no âmbito de suas atribuições, façam cumprir a ordem judicial.

§ 1º A indisponibilidade de que trata o caput deste artigo limitar-se-á ao valor total exigível, devendo o juiz determinar o imediato levantamento da indisponibilidade dos bens ou valores que excederem esse limite.

§ 2º Os órgãos e entidades aos quais se fizer a comunicação de que trata o caput deste artigo enviarão imediatamente ao juízo a relação discriminada dos bens e direitos cuja indisponibilidade houverem promovido.

SEÇÃO II
Preferências

Art. 186. O crédito tributário prefere a qualquer outro, seja qual for sua natureza ou o tempo de sua constituição, ressalvados os créditos decorrentes da legislação do trabalho ou do acidente de trabalho.

Parágrafo único. Na falência:

I. o crédito tributário não prefere aos créditos extraconcursais ou às importâncias passíveis de restituição, nos termos da lei falimentar, nem aos créditos com garantia real, no limite do valor do bem gravado;

II. a lei poderá estabelecer limites e condições para a preferência dos créditos decorrentes da legislação do trabalho; e

III. a multa tributária prefere apenas aos créditos subordinados.

Art. 187. A cobrança judicial do crédito tributário não é sujeita a concurso de credores ou habilitação em falência, recuperação judicial, concordata, inventário ou arrolamento.

Parágrafo único. O concurso de preferência somente se verifica entre pessoas jurídicas de direito público, na seguinte ordem:

I. União;

II. Estados, Distrito Federal e Territórios, conjuntamente e pró rata;

III. Municípios, conjuntamente e pró rata.

Art. 188. São extraconcursais os créditos tributários decorrentes de fatos geradores ocorridos no curso do processo de falência.

§ 1º Contestado o crédito tributário, o juiz remeterá as partes ao processo competente, mandando reservar bens suficientes à extinção total do crédito e seus acrescidos, se a massa não puder efetuar a garantia da instância por outra forma, ouvido, quanto à natureza e valor dos bens reservados, o representante da Fazenda Pública interessada.

§ 2º O disposto neste artigo aplica-se aos processos de concordata.

Art. 189. São pagos preferencialmente a quaisquer créditos habilitados em inventário ou arrolamento, ou a outros encargos do monte, os créditos tributários vencidos ou vincendos, a cargo do de cujus ou de seu espólio, exigíveis no decurso do processo de inventário ou arrolamento.

Parágrafo único. Contestado o crédito tributário, proceder-se-á na forma do disposto no § 1º do artigo anterior.

Art. 190. São pagos preferencialmente a quaisquer outros os créditos tributários vencidos ou vincendos, a cargo de pessoas jurídicas de direito privado em liquidação judicial ou voluntária, exigíveis no decurso da liquidação.

Art. 191. A extinção das obrigações do falido requer prova de quitação de todos os tributos.

Art. 191-A. A concessão de recuperação judicial depende da apresentação da prova de quitação de todos os tributos, observado o disposto nos arts. 151, 205 e 206 desta Lei.

Art. 192. Nenhuma sentença de julgamento de partilha ou adjudicação será proferida sem prova da quitação de todos os tributos relativos aos bens do espólio, ou às suas rendas.

Art. 193. Salvo quando expressamente autorizado por lei, nenhum departamento da administração pública da União, dos Estados, do Distrito Federal, ou dos Municípios, ou sua autarquia, celebrará contrato ou aceitará proposta em concorrência pública sem que o contratante ou proponente faça prova da quitação de todos os tributos devidos à Fazenda Pública interessada, relativos à atividade em cujo exercício contrata ou concorre.

TÍTULO IV
Administração Tributária

CAPÍTULO I
Fiscalização

Art. 194. A legislação tributária, observado o disposto nesta Lei, regulará, em caráter geral, ou especificamente em função da natureza do tributo de que se tratar, a competência e os poderes das autoridades administrativas em matéria de fiscalização da sua aplicação.

Parágrafo único. A legislação a que se refere este artigo aplica-se às pessoas naturais ou jurídicas, contribuintes ou não, inclusive às que gozem de imunidade tributária ou de isenção de caráter pessoal.

Art. 195. Para os efeitos da legislação tributária, não têm aplicação quaisquer disposições legais excludentes ou limitativas do direito de examinar mercadorias, livros, arquivos, documentos, papéis e efeitos comerciais ou fiscais, dos comerciantes industriais ou produtores, ou da obrigação destes de exibi-los.

Parágrafo único. Os livros obrigatórios de escrituração comercial e fiscal e os comprovantes dos lançamentos neles efetuados serão conservados até que ocorra a prescrição dos créditos tributários decorrentes das operações a que se refiram.

Art. 196. A autoridade administrativa que proceder ou presidir a quaisquer diligências de fiscalização lavrará os termos necessários para que se documente o início do procedimento, na forma da legislação aplicável, que fixará prazo máximo para a conclusão daquelas.

Parágrafo único. Os termos a que se refere este artigo serão lavrados, sempre que possível, em um dos livros fiscais exibidos; quando lavrados em separado deles se entregará, à pessoa sujeita à fiscalização, cópia autenticada pela autoridade a que se refere este artigo.

Art. 197. Mediante intimação escrita, são obrigados a prestar à autoridade administrativa todas as informações de que disponham com relação aos bens, negócios ou atividades de terceiros:

I. os tabeliães, escrivães e demais serventuários de ofício;

II. os bancos, casas bancárias, Caixas Econômicas e demais instituições financeiras;

III. as empresas de administração de bens;

IV. os corretores, leiloeiros e despachantes oficiais;

V. os inventariantes;

VI. os síndicos, comissários e liquidatários;

VII. quaisquer outras entidades ou pessoas que a lei designe, em razão de seu cargo, ofício, função, ministério, atividade ou profissão.

Parágrafo único. A obrigação prevista neste artigo não abrange a prestação de informações quanto a fatos sobre os quais o informante esteja legalmente obrigado a observar segredo em razão de cargo, ofício, função, ministério, atividade ou profissão.

Art. 198. Sem prejuízo do disposto na legislação criminal, é vedada a divulgação, por parte da Fazenda Pública ou de seus servidores, de informação obtida em razão do ofício sobre a situação econômica ou financeira do sujeito passivo ou de terceiros e sobre a natureza e o estado de seus negócios ou atividades.

§ 1º Excetuam-se do disposto neste artigo, além dos casos previstos no art. 199, os seguintes:

VIII. requisição de autoridade judiciária no interesse da justiça;

IX. solicitações de autoridade administrativa no interesse da Administração Pública, desde que seja comprovada a instauração regular de processo administrativo, no órgão ou na entidade respectiva, com o objetivo de investigar o sujeito passivo a que se refere a informação, por prática de infração administrativa.

§ 2º O intercâmbio de informação sigilosa, no âmbito da Administração Pública, será realizado mediante processo regularmente instaurado, e a entrega será feita pessoalmente à autoridade solicitante, mediante recibo, que formalize a transferência e assegure a preservação do sigilo.

§ 3º Não é vedada a divulgação de informações relativas a:

I. representações fiscais para fins penais;
II. inscrições na Dívida Ativa da Fazenda Pública;
III. parcelamento ou moratória.

Art. 199. A Fazenda Pública da União e as dos Estados, do Distrito Federal e dos Municípios prestar-se-ão mutuamente assistência para a fiscalização dos tributos respectivos e permuta de informações, na forma estabelecida, em caráter geral ou específico, por lei ou convênio.

Parágrafo único. A Fazenda Pública da União, na forma estabelecida em tratados, acordos ou convênios, poderá permutar informações com Estados estrangeiros no interesse da arrecadação e da fiscalização de tributos.

Art. 200. As autoridades administrativas federais poderão requisitar o auxílio da força pública federal, estadual ou municipal, e reciprocamente, quando vítimas de embaraço ou desacato no exercício de suas funções, ou quando necessário à efetivação dê medida prevista na legislação tributária, ainda que não se configure fato definido em lei como crime ou contravenção.

CAPÍTULO II
Dívida Ativa

Art. 201. Constitui dívida ativa tributária a proveniente de crédito dessa natureza, regularmente inscrita na repartição administrativa competente, depois de esgotado o prazo fixado, para pagamento, pela lei ou por decisão final proferida em processo regular.

Parágrafo único. A fluência de juros de mora não exclui, para os efeitos deste artigo, a liquidez do crédito.

Art. 202. O termo de inscrição da dívida ativa, autenticado pela autoridade competente, indicará obrigatoriamente:

I. o nome do devedor e, sendo caso, o dos corresponsáveis, bem como, sempre que possível, o domicílio ou a residência de um e de outros;
II. a quantia devida e a maneira de calcular os juros de mora acrescidos;
III. a origem e natureza do crédito, mencionada especificamente a disposição da lei em que seja fundado;
IV. a data em que foi inscrita;

V. sendo caso, o número do processo administrativo de que se originar o crédito.

Parágrafo único. A certidão conterá, além dos requisitos deste artigo, a indicação do livro e da folha da inscrição.

Art. 203. A omissão de quaisquer dos requisitos previstos no artigo anterior, ou o erro a eles relativo, são causas de nulidade da inscrição e do processo de cobrança dela decorrente, mas a nulidade poderá ser sanada até a decisão de primeira instância, mediante substituição da certidão nula, devolvido ao sujeito passivo, acusado ou interessado o prazo para defesa, que somente poderá versar sobre a parte modificada.

Art. 204. A dívida regularmente inscrita goza da presunção de certeza e liquidez e tem o efeito de prova pré-constituída.

Parágrafo único. A presunção a que se refere este artigo é relativa e pode ser ilidida por prova inequívoca, a cargo do sujeito passivo ou do terceiro a que aproveite.

CAPÍTULO III
Certidões Negativas

Art. 205. A lei poderá exigir que a prova da quitação de determinado tributo, quando exigível, seja feita por certidão negativa, expedida à vista de requerimento do interessado, que contenha todas as informações necessárias à identificação de sua pessoa, domicílio fiscal e ramo de negócio ou atividade e indique o período a que se refere o pedido.

Parágrafo único. A certidão negativa será sempre expedida nos termos em que tenha sido requerida e será fornecida dentro de 10 (dez) dias da data da entrada do requerimento na repartição.

Art. 206. Tem os mesmos efeitos previstos no artigo anterior a certidão de que conste a existência de créditos não vencidos, em curso de cobrança executiva em que tenha sido efetivada a penhora, ou cuja exigibilidade esteja suspensa.

Art. 207. Independentemente de disposição legal permissiva, será dispensada a prova de quitação de tributos, ou o seu suprimento, quando se tratar de prática de ato indispensável para evitar a caducidade de direito, respondendo, porém, todos os participantes no ato pelo tributo porventura devido, juros de mora e penalidades cabíveis, exceto as relativas a infrações cuja responsabilidade seja pessoal ao infrator.

Art. 208. A certidão negativa expedida com dolo ou fraude, que contenha erro contra a Fazenda Pública, responsabiliza pessoalmente o funcionário que a expedir, pelo crédito tributário e juros de mora acrescidos.

Parágrafo único. O disposto neste artigo não exclui a responsabilidade criminal e funcional que no caso couber.

DISPOSIÇÕES FINAIS E TRANSITÓRIAS

Art. 209. A expressão «Fazenda Pública», quando empregada nesta Lei sem qualificação, abrange a Fazenda Pública da União, dos Estados, do Distrito Federal e dos Municípios.

Art. 210. Os prazos fixados nesta Lei ou legislação tributária serão contínuos, excluindo-se na sua contagem o dia de início e incluindo-se o de vencimento.

Parágrafo único. Os prazos só se iniciam ou vencem em dia de expediente normal na repartição em que corra o processo ou deva ser praticado o ato.

Art. 211. Incumbe ao Conselho Técnico de Economia e Finanças, do Ministério da Fazenda, prestar assistência técnica aos governos estaduais e municipais, com o objetivo de assegurar a uniforme aplicação da presente Lei.

Art. 212. Os Poderes Executivos federal, estaduais e municipais expedirão, por decreto, dentro de 90 (noventa) dias da entrada em vigor desta Lei, a consolidação, em texto único, da legislação vigente, relativa a cada um dos tributos, repetindo-se esta providência até o dia 31 de janeiro de cada ano.

Art. 213. Os Estados pertencentes a uma mesma região geoeconômica celebrarão entre si convênios para o estabelecimento de alíquota uniforme para o imposto a que se refere o artigo 52.

Parágrafo único. Os Municípios de um mesmo Estado procederão igualmente, no que se refere à fixação da alíquota de que trata o artigo 60.

Art. 214. O Poder Executivo promoverá a realização de convênios com os Estados, para excluir ou limitar a incidência do imposto sobre operações relativas à circulação de mercadorias, no caso de exportação para o exterior.

Art. 215. A lei estadual pode autorizar o Poder Executivo a reajustar, no exercício de 1967, a alíquota de imposto a que se refere o artigo 52, dentro de limites e segundo critérios por ela estabelecidos.

Art. 216. O Poder Executivo proporá as medidas legislativas adequadas a possibilitar, sem compressão dos investimentos previstos na proposta orçamentária de 1967, o cumprimento do disposto no artigo 21 da Emenda Constitucional nº 18, de 1965.

Art. 217. As disposições desta Lei, notadamente as dos arts 17, 74, § 2º e 77, parágrafo único, bem como a do art. 54 da Lei 5.025, de 10 de junho de 1966, não excluem a incidência e a exigibilidade:

I. da "contribuição sindical", denominação que passa a ter o imposto sindical de que tratam os arts 578 e seguintes, da Consolidação das Leis do Trabalho, sem prejuízo do disposto no art. 16 da Lei 4.589, de 11 de dezembro de 1964;

II. das denominadas "quotas de previdência" a que aludem os arts 71 e 74 da Lei 3.807, de 26 de agosto de 1960 com as alterações determinadas pelo art. 34 da Lei 4.863, de 29 de novembro de 1965, que integram a contribuição da União para a previdência social, de que trata o art. 157, item XVI, da Constituição Federal;

III. da contribuição destinada a constituir o "Fundo de Assistência" e "Previdência do Trabalhador Rural", de que trata o art. 158 da Lei 4.214, de 2 de março de 1963;

IV. da contribuição destinada ao Fundo de Garantia do Tempo de Serviço, criada pelo art. 2º da Lei 5.107, de 13 de setembro de 1966;

V. das contribuições enumeradas no § 2º do art. 34 da Lei 4.863, de 29 de novembro de 1965, com as alterações decorrentes do disposto nos arts 22 e 23 da Lei 5.107, de 13 de setembro de 1966, e outras de fins sociais criadas por lei.

Art. 218. Esta Lei entrará em vigor, em todo o território nacional, no dia 1º de janeiro de 1967, revogadas as disposições em contrário, especialmente a Lei nº 854, de 10 de outubro de 1949.

Brasília, 25 de outubro de 1966; 145º da Independência e 78º da República.

H. CASTELLO BRANCO
Octavio Bulhões
Carlos Medeiros Silva

Este texto não substitui o publicado no DOU de 27.10.1966, e retificado em 31.10.1966

11

Código de Trânsito Brasileiro (CTB)

Lei Nº 9.503, de 23 de Setembro de 1997

Institui o Código de Trânsito Brasileiro.
O PRESIDENTE DA REPÚBLICA Faço saber que o Congresso Nacional decreta e eu sanciono a seguinte Lei:

CAPÍTULO I
Disposições Preliminares

Art. 1. O trânsito de qualquer natureza nas vias terrestres do território nacional, abertas à circulação, rege-se por este Código.

§ 1º Considera-se trânsito a utilização das vias por pessoas, veículos e animais, isolados ou em grupos, conduzidos ou não, para fins de circulação, parada, estacionamento e operação de carga ou descarga.

§ 2º O trânsito, em condições seguras, é um direito de todos e dever dos órgãos e entidades componentes do Sistema Nacional de Trânsito, a estes cabendo, no âmbito das respectivas competências, adotar as medidas destinadas a assegurar esse direito.

§ 3º Os órgãos e entidades componentes do Sistema Nacional de Trânsito respondem, no âmbito das respectivas competências, objetivamente, por danos causados aos cidadãos em virtude de ação, omissão ou erro na execução e manutenção de programas, projetos e serviços que garantam o exercício do direito do trânsito seguro.

§ 4º (VETADO)

§ 5º Os órgãos e entidades de trânsito pertencentes ao Sistema Nacional de Trânsito darão prioridade em suas ações à defesa da vida, nela incluída a preservação da saúde e do meio ambiente.

Art. 2. São vias terrestres urbanas e rurais as ruas, as avenidas, os logradouros, os caminhos, as passagens, as estradas e as rodovias, que terão seu uso regulamentado pelo órgão ou entidade com circunscrição sobre elas, de acordo com as peculiaridades locais e as circunstâncias especiais.

Parágrafo único. Para os efeitos deste Código, são consideradas vias terrestres as praias abertas à circulação pública, as vias internas pertencentes aos condomínios constituídos por unidades autônomas e as vias e áreas de estacionamento de estabelecimentos privados de uso coletivo.

Art. 3. As disposições deste Código são aplicáveis a qualquer veículo, bem como aos proprietários, condutores dos veículos nacionais ou estrangeiros e às pessoas nele expressamente mencionadas.

Art. 4. Os conceitos e definições estabelecidos para os efeitos deste Código são os constantes do Anexo I.

CAPÍTULO II
Do Sistema Nacional de Trânsito

SEÇÃO I
Disposições Gerais

Art. 5. O Sistema Nacional de Trânsito é o conjunto de órgãos e entidades da União, dos Estados, do Distrito Federal e dos Municípios que tem por finalidade o exercício das atividades de planejamento, administração, normatização, pesquisa, registro e licenciamento de veículos, formação, habilitação e reciclagem de condutores, educação, engenharia, operação do sistema viário, policiamento, fiscalização, julgamento de infrações e de recursos e aplicação de penalidades.

Art. 6. São objetivos básicos do Sistema Nacional de Trânsito:

I. estabelecer diretrizes da Política Nacional de Trânsito, com vistas à segurança, à fluidez, ao conforto, à defesa ambiental e à educação para o trânsito, e fiscalizar seu cumprimento;

II. fixar, mediante normas e procedimentos, a padronização de critérios técnicos, financeiros e administrativos para a execução das atividades de trânsito;

III. estabelecer a sistemática de fluxos permanentes de informações entre os seus diversos órgãos e entidades, a fim de facilitar o processo decisório e a integração do Sistema.

SEÇÃO II
Da Composição e da Competência do Sistema Nacional de Trânsito

Art. 7. Compõem o Sistema Nacional de Trânsito os seguintes órgãos e entidades:

I. o Conselho Nacional de Trânsito – Contran, coordenador do Sistema e órgão máximo normativo e consultivo;

II. os Conselhos Estaduais de Trânsito – Cetran e o Conselho de Trânsito do Distrito Federal – Contrandife, órgãos normativos, consultivos e coordenadores;
III. os órgãos e entidades executivos de trânsito da União, dos Estados, do Distrito Federal e dos Municípios;
IV. os órgãos e entidades executivos rodoviários da União, dos Estados, do Distrito Federal e dos Municípios;
V. a Polícia Rodoviária Federal;
VI. as Polícias Militares dos Estados e do Distrito Federal; e
VII. as Juntas Administrativas de Recursos de Infrações – Jari.
Art. 7-A. A autoridade portuária ou a entidade concessionária de porto organizado poderá celebrar convênios com os órgãos previstos no art. 7º, com a interveniência dos Municípios e Estados, juridicamente interessados, para o fim específico de facilitar a autuação por descumprimento da legislação de trânsito.
§ 1º O convênio valerá para toda a área física do porto organizado, inclusive, nas áreas dos terminais alfandegados, nas estações de transbordo, nas instalações portuárias públicas de pequeno porte e nos respectivos estacionamentos ou vias de trânsito internas.
§ 2º (VETADO) (Incluído pela Lei nº 12.058, de 2009)
§ 3º (VETADO) (Incluído pela Lei nº 12.058, de 2009)
Art. 8. Os Estados, o Distrito Federal e os Municípios organizarão os respectivos órgãos e entidades executivos de trânsito e executivos rodoviários, estabelecendo os limites circunscricionais de suas atuações.
Art. 9. O Presidente da República designará o ministério ou órgão da Presidência responsável pela coordenação máxima do Sistema Nacional de Trânsito, ao qual estará vinculado o Contran e subordinado o órgão máximo executivo de trânsito da União.
Art. 10. O Conselho Nacional de Trânsito (Contran), com sede no Distrito Federal e presidido pelo dirigente do órgão máximo executivo de trânsito da União, tem a seguinte composição:
I. (VETADO)
II. (VETADO)
III. um representante do Ministério da Ciência e Tecnologia;
IV. um representante do Ministério da Educação e do Desporto;
V. um representante do Ministério do Exército;
VI. um representante do Ministério do Meio Ambiente e da Amazônia Legal;
VII. um representante do Ministério dos Transportes;
VIII. (VETADO)
IX. (VETADO)
X. (VETADO)
XI. (VETADO)
XII. (VETADO)
XIII. (VETADO)
XIV. (VETADO)
XV. (VETADO)
XVI. (VETADO)
XVII. (VETADO)
XVIII. (VETADO)
XIX. (VETADO)
XX. um representante do ministério ou órgão coordenador máximo do Sistema Nacional de Trânsito;
XXI. (VETADO)
XXII. um representante do Ministério da Saúde.
XXIII. 1 (um) representante do Ministério da Justiça.
XXIV. 1 (um) representante do Ministério do Desenvolvimento, Indústria e Comércio Exterior;
XXV. 1 (um) representante da Agência Nacional de Transportes Terrestres (ANTT).
§ 1º (VETADO)
§ 2º (VETADO)
§ 3º (VETADO)
Art. 11. (VETADO)
Art. 12. Compete ao Contran:
I. estabelecer as normas regulamentares referidas neste Código e as diretrizes da Política Nacional de Trânsito;
II. coordenar os órgãos do Sistema Nacional de Trânsito, objetivando a integração de suas atividades;
III. (VETADO)
IV. criar Câmaras Temáticas;
V. estabelecer seu regimento interno e as diretrizes para o funcionamento dos Cetran e Contrandife;
VI. estabelecer as diretrizes do regimento das Jari;
VII. zelar pela uniformidade e cumprimento das normas contidas neste Código e nas resoluções complementares;

VIII. estabelecer e normatizar os procedimentos para a aplicação das multas por infrações, a arrecadação e o repasse dos valores arrecadados;

IX. responder às consultas que lhe forem formuladas, relativas à aplicação da legislação de trânsito;

X. normatizar os procedimentos sobre a aprendizagem, habilitação, expedição de documentos de condutores, e registro e licenciamento de veículos;

XI. aprovar, complementar ou alterar os dispositivos de sinalização e os dispositivos e equipamentos de trânsito;

XII. apreciar os recursos interpostos contra as decisões das instâncias inferiores, na forma deste Código;

XIII. avocar, para análise e soluções, processos sobre conflitos de competência ou circunscrição, ou, quando necessário, unificar as decisões administrativas; e

XIV. dirimir conflitos sobre circunscrição e competência de trânsito no âmbito da União, dos Estados e do Distrito Federal.

XV. normatizar o processo de formação do candidato à obtenção da Carteira Nacional de Habilitação, estabelecendo seu conteúdo didático-pedagógico, carga horária, avaliações, exames, execução e fiscalização.

Art. 13. As Câmaras Temáticas, órgãos técnicos vinculados ao Contran, são integradas por especialistas e têm como objetivo estudar e oferecer sugestões e embasamento técnico sobre assuntos específicos para decisões daquele colegiado.

§ 1º Cada Câmara é constituída por especialistas representantes de órgãos e entidades executivos da União, dos Estados, ou do Distrito Federal e dos Municípios, em igual número, pertencentes ao Sistema Nacional de Trânsito, além de especialistas representantes dos diversos segmentos da sociedade relacionados com o trânsito, todos indicados segundo regimento específico definido pelo Contran e designados pelo ministro ou dirigente coordenador máximo do Sistema Nacional de Trânsito.

§ 2º Os segmentos da sociedade, relacionados no parágrafo anterior, serão representados por pessoa jurídica e devem atender aos requisitos estabelecidos pelo Contran.

§ 3º Os coordenadores das Câmaras Temáticas serão eleitos pelos respectivos membros.

§ 4º (VETADO)

I. (VETADO)

II. (VETADO)

III. (VETADO)

IV. (VETADO)

Art. 14. Compete aos Conselhos Estaduais de Trânsito – Cetran e ao Conselho de Trânsito do Distrito Federal – Contrandife:

I. cumprir e fazer cumprir a legislação e as normas de trânsito, no âmbito das respectivas atribuições;

II. elaborar normas no âmbito das respectivas competências;

III. responder a consultas relativas à aplicação da legislação e dos procedimentos normativos de trânsito;

IV. estimular e orientar a execução de campanhas educativas de trânsito;

V. julgar os recursos interpostos contra decisões:
a) das Jari;
b) dos órgãos e entidades executivos estaduais, nos casos de inaptidão permanente constatados nos exames de aptidão física, mental ou psicológica;

VI. indicar um representante para compor a comissão examinadora de candidatos portadores de deficiência física à habilitação para conduzir veículos automotores;

VII. (VETADO)

VIII. acompanhar e coordenar as atividades de administração, educação, engenharia, fiscalização, policiamento ostensivo de trânsito, formação de condutores, registro e licenciamento de veículos, articulando os órgãos do Sistema no Estado, reportando-se ao Contran;

IX. dirimir conflitos sobre circunscrição e competência de trânsito no âmbito dos Municípios; e

X. informar o Contran sobre o cumprimento das exigências definidas nos §§ 1º e 2º do art. 333.

XI. designar, em caso de recursos deferidos e na hipótese de reavaliação dos exames, junta especial de saúde para examinar os candidatos à habilitação para conduzir veículos automotores.

Parágrafo único. Dos casos previstos no inciso V, julgados pelo órgão, não cabe recurso na esfera administrativa.

Art. 15. Os presidentes dos Cetran e do Contrandife são nomeados pelos Governadores dos Estados e do Distrito Federal, respectivamente, e deverão ter reconhecida experiência em matéria de trânsito.

§ 1º Os membros dos Cetran e do Contrandife são nomeados pelos Governadores dos Estados e do Distrito Federal, respectivamente.

§ 2º Os membros do Cetran e do Contrandife deverão ser pessoas de reconhecida experiência em trânsito.

§ 3º O mandato dos membros do Cetran e do Contrandife é de dois anos, admitida a recondução.

Art. 16. Junto a cada órgão ou entidade executivos de trânsito ou rodoviário funcionarão Juntas Administrativas de Recursos de Infrações – Jari, órgãos colegiados responsáveis pelo julgamento dos recursos interpostos contra penalidades por eles impostas.

Parágrafo único. As Jari têm regimento próprio, observado o disposto no inciso VI do art. 12, e apoio administrativo e financeiro do órgão ou entidade junto ao qual funcionem.

Art. 17. Compete às Jari:

I. julgar os recursos interpostos pelos infratores;

II. solicitar aos órgãos e entidades executivos de trânsito e executivos rodoviários informações complementares relativas aos recursos, objetivando uma melhor análise da situação recorrida;

III. encaminhar aos órgãos e entidades executivos de trânsito e executivos rodoviários informações sobre problemas observados nas autuações e apontados em recursos, e que se repitam sistematicamente.

Art. 18. (VETADO)

Art. 19. Compete ao órgão máximo executivo de trânsito da União:

I. cumprir e fazer cumprir a legislação de trânsito e a execução das normas e diretrizes estabelecidas pelo Contran, no âmbito de suas atribuições;

II. proceder à supervisão, à coordenação, à correição dos órgãos delegados, ao controle e à fiscalização da execução da Política Nacional de Trânsito e do Programa Nacional de Trânsito;

III. articular-se com os órgãos dos Sistemas Nacionais de Trânsito, de Transporte e de Segurança Pública, objetivando o combate à violência no trânsito, promovendo, coordenando e executando o controle de ações para a preservação do ordenamento e da segurança do trânsito;

IV. apurar, prevenir e reprimir a prática de atos de improbidade contra a fé pública, o patrimônio, ou a administração pública ou privada, referentes à segurança do trânsito;

V. supervisionar a implantação de projetos e programas relacionados com a engenharia, educação, administração, policiamento e fiscalização do trânsito e outros, visando à uniformidade de procedimento;

VI. estabelecer procedimentos sobre a aprendizagem e habilitação de condutores de veículos, a expedição de documentos de condutores, de registro e licenciamento de veículos;

VII. expedir a Permissão para Dirigir, a Carteira Nacional de Habilitação, os Certificados de Registro e o de Licenciamento Anual mediante delegação aos órgãos executivos dos Estados e do Distrito Federal;

VIII. organizar e manter o Registro Nacional de Carteiras de Habilitação RENACH;

IX. organizar e manter o Registro Nacional de Veículos Automotores – Renavam;

X. organizar a estatística geral de trânsito no território nacional, definindo os dados a serem fornecidos pelos demais órgãos e promover sua divulgação;

XI. estabelecer modelo padrão de coleta de informações sobre as ocorrências de acidentes de trânsito e as estatísticas do trânsito;

XII. administrar fundo de âmbito nacional destinado à segurança e à educação de trânsito;

XIII. coordenar a administração do registro das infrações de trânsito, da pontuação e das penalidades aplicadas no prontuário do infrator, da arrecadação de multas e do repasse de que trata o § 1º do art. 320;

XIV. fornecer aos órgãos e entidades do Sistema Nacional de Trânsito informações sobre registros de veículos e de condutores, mantendo o fluxo permanente de informações com os demais órgãos do Sistema;

XV. promover, em conjunto com os órgãos competentes do Ministério da Educação e do Desporto, de acordo com as diretrizes do Contran, a elaboração e a implementação de programas de educação de trânsito nos estabelecimentos de ensino;

XVI. elaborar e distribuir conteúdos programáticos para a educação de trânsito;

XVII. promover a divulgação de trabalhos técnicos sobre o trânsito;

XVIII. elaborar, juntamente com os demais órgãos e entidades do Sistema Nacional de Trânsito, e submeter à aprovação do Contran, a complementação ou alteração da sinalização e dos dispositivos e equipamentos de trânsito;

XIX. organizar, elaborar, complementar e alterar os manuais e normas de projetos de implementação da sinalização, dos dispositivos e equipamentos de trânsito aprovados pelo Contran;

XX. expedir a permissão internacional para conduzir veículo e o certificado de passagem nas

alfândegas mediante delegação aos órgãos executivos dos Estados e do Distrito Federal ou a entidade habilitada para esse fim pelo poder público federal;
XXI. promover a realização periódica de reuniões regionais e congressos nacionais de trânsito, bem como propor a representação do Brasil em congressos ou reuniões internacionais;
XXII. propor acordos de cooperação com organismos internacionais, com vistas ao aperfeiçoamento das ações inerentes à segurança e educação de trânsito;
XXIII. elaborar projetos e programas de formação, treinamento e especialização do pessoal encarregado da execução das atividades de engenharia, educação, policiamento ostensivo, fiscalização, operação e administração de trânsito, propondo medidas que estimulem a pesquisa científica e o ensino técnico-profissional de interesse do trânsito, e promovendo a sua realização;
XXIV. opinar sobre assuntos relacionados ao trânsito interestadual e internacional;
XXV. elaborar e submeter à aprovação do Contran as normas e requisitos de segurança veicular para fabricação e montagem de veículos, consoante sua destinação;
XXVI. estabelecer procedimentos para a concessão do código marca-modelo dos veículos para efeito de registro, emplacamento e licenciamento;
XXVII. instruir os recursos interpostos das decisões do Contran, ao ministro ou dirigente coordenador máximo do Sistema Nacional de Trânsito;
XXVIII. estudar os casos omissos na legislação de trânsito e submetê-los, com proposta de solução, ao Ministério ou órgão coordenador máximo do Sistema Nacional de Trânsito;
XXIX. prestar suporte técnico, jurídico, administrativo e financeiro ao Contran.
XXX. organizar e manter o Registro Nacional de Infrações de Trânsito (Renainf).
§ 1º Comprovada, por meio de sindicância, a deficiência técnica ou administrativa ou a prática constante de atos de improbidade contra a fé pública, contra o patrimônio ou contra a administração pública, o órgão executivo de trânsito da União, mediante aprovação do Contran, assumirá diretamente ou por delegação, a execução total ou parcial das atividades do órgão executivo de trânsito estadual que tenha motivado a investigação, até que as irregularidades sejam sanadas.

§ 2º O regimento interno do órgão executivo de trânsito da União disporá sobre sua estrutura organizacional e seu funcionamento.
§ 3º Os órgãos e entidades executivos de trânsito e executivos rodoviários da União, dos Estados, do Distrito Federal e dos Municípios fornecerão, obrigatoriamente, mês a mês, os dados estatísticos para os fins previstos no inciso X.
§ 4º (VETADO). (Incluído pela Lei nº 13.281, de 2016)
Art. 20. Compete à Polícia Rodoviária Federal, no âmbito das rodovias e estradas federais:
I. cumprir e fazer cumprir a legislação e as normas de trânsito, no âmbito de suas atribuições;
II. realizar o patrulhamento ostensivo, executando operações relacionadas com a segurança pública, com o objetivo de preservar a ordem, incolumidade das pessoas, o patrimônio da União e o de terceiros;
III. aplicar e arrecadar as multas impostas por infrações de trânsito, as medidas administrativas decorrentes e os valores provenientes de estada e remoção de veículos, objetos, animais e escolta de veículos de cargas superdimensionadas ou perigosas;
IV. efetuar levantamento dos locais de acidentes de trânsito e dos serviços de atendimento, socorro e salvamento de vítimas;
V. credenciar os serviços de escolta, fiscalizar e adotar medidas de segurança relativas aos serviços de remoção de veículos, escolta e transporte de carga indivisível;
VI. assegurar a livre circulação nas rodovias federais, podendo solicitar ao órgão rodoviário a adoção de medidas emergenciais, e zelar pelo cumprimento das normas legais relativas ao direito de vizinhança, promovendo a interdição de construções e instalações não autorizadas;
VII. coletar dados estatísticos e elaborar estudos sobre acidentes de trânsito e suas causas, adotando ou indicando medidas operacionais preventivas e encaminhando-os ao órgão rodoviário federal;
VIII. implementar as medidas da Política Nacional de Segurança e Educação de Trânsito;
IX. promover e participar de projetos e programas de educação e segurança, de acordo com as diretrizes estabelecidas pelo Contran;
X. integrar-se a outros órgãos e entidades do Sistema Nacional de Trânsito para fins de arrecadação e compensação de multas impostas na área de sua competência, com vistas à unificação do

licenciamento, à simplificação e à celeridade das transferências de veículos e de prontuários de condutores de uma para outra unidade da Federação;

XI. fiscalizar o nível de emissão de poluentes e ruído produzidos pelos veículos automotores ou pela sua carga, de acordo com o estabelecido no art. 66, além de dar apoio, quando solicitado, às ações específicas dos órgãos ambientais.

Art. 21. Compete aos órgãos e entidades executivos rodoviários da União, dos Estados, do Distrito Federal e dos Municípios, no âmbito de sua circunscrição:

I. cumprir e fazer cumprir a legislação e as normas de trânsito, no âmbito de suas atribuições;

II. planejar, projetar, regulamentar e operar o trânsito de veículos, de pedestres e de animais, e promover o desenvolvimento da circulação e da segurança de ciclistas;

III. implantar, manter e operar o sistema de sinalização, os dispositivos e os equipamentos de controle viário;

IV. coletar dados e elaborar estudos sobre os acidentes de trânsito e suas causas;

V. estabelecer, em conjunto com os órgãos de policiamento ostensivo de trânsito, as respectivas diretrizes para o policiamento ostensivo de trânsito;

VI. executar a fiscalização de trânsito, autuar, aplicar as penalidades de advertência, por escrito, e ainda as multas e medidas administrativas cabíveis, notificando os infratores e arrecadando as multas que aplicar;

VII. arrecadar valores provenientes de estada e remoção de veículos e objetos, e escolta de veículos de cargas superdimensionadas ou perigosas;

VIII. fiscalizar, autuar, aplicar as penalidades e medidas administrativas cabíveis, relativas a infrações por excesso de peso, dimensões e lotação dos veículos, bem como notificar e arrecadar as multas que aplicar;

IX. fiscalizar o cumprimento da norma contida no art. 95, aplicando as penalidades e arrecadando as multas nele previstas;

X. implementar as medidas da Política Nacional de Trânsito e do Programa Nacional de Trânsito;

XI. promover e participar de projetos e programas de educação e segurança, de acordo com as diretrizes estabelecidas pelo Contran;

XII. integrar-se a outros órgãos e entidades do Sistema Nacional de Trânsito para fins de arrecadação e compensação de multas impostas na área de sua competência, com vistas à unificação do licenciamento, à simplificação e à celeridade das transferências de veículos e de prontuários de condutores de uma para outra unidade da Federação;

XIII. fiscalizar o nível de emissão de poluentes e ruído produzidos pelos veículos automotores ou pela sua carga, de acordo com o estabelecido no art. 66, além de dar apoio às ações específicas dos órgãos ambientais locais, quando solicitado;

XIV. vistoriar veículos que necessitem de autorização especial para transitar e estabelecer os requisitos técnicos a serem observados para a circulação desses veículos.

Parágrafo único. (VETADO)

Art. 22. Compete aos órgãos ou entidades executivos de trânsito dos Estados e do Distrito Federal, no âmbito de sua circunscrição:

I. cumprir e fazer cumprir a legislação e as normas de trânsito, no âmbito das respectivas atribuições;

II. realizar, fiscalizar e controlar o processo de formação, aperfeiçoamento, reciclagem e suspensão de condutores, expedir e cassar Licença de Aprendizagem, Permissão para Dirigir e Carteira Nacional de Habilitação, mediante delegação do órgão federal competente;

III. vistoriar, inspecionar quanto às condições de segurança veicular, registrar, emplacar, selar a placa, e licenciar veículos, expedindo o Certificado de Registro e o Licenciamento Anual, mediante delegação do órgão federal competente;

IV. estabelecer, em conjunto com as Polícias Militares, as diretrizes para o policiamento ostensivo de trânsito;

V. executar a fiscalização de trânsito, autuar e aplicar as medidas administrativas cabíveis pelas infrações previstas neste Código, excetuadas aquelas relacionadas nos incisos VI e VIII do art. 24, no exercício regular do Poder de Polícia de Trânsito;

VI. aplicar as penalidades por infrações previstas neste Código, com exceção daquelas relacionadas nos incisos VII e VIII do art. 24, notificando os infratores e arrecadando as multas que aplicar;

VII. arrecadar valores provenientes de estada e remoção de veículos e objetos;

VIII. comunicar ao órgão executivo de trânsito da União a suspensão e a cassação do direito de dirigir e o recolhimento da Carteira Nacional de Habilitação;

IX. coletar dados estatísticos e elaborar estudos sobre acidentes de trânsito e suas causas;

X. credenciar órgãos ou entidades para a execução de atividades previstas na legislação de trânsito, na forma estabelecida em norma do Contran;
XI. implementar as medidas da Política Nacional de Trânsito e do Programa Nacional de Trânsito;
XII. promover e participar de projetos e programas de educação e segurança de trânsito de acordo com as diretrizes estabelecidas pelo Contran;
XIII. integrar-se a outros órgãos e entidades do Sistema Nacional de Trânsito para fins de arrecadação e compensação de multas impostas na área de sua competência, com vistas à unificação do licenciamento, à simplificação e à celeridade das transferências de veículos e de prontuários de condutores de uma para outra unidade da Federação;
XIV. fornecer, aos órgãos e entidades executivos de trânsito e executivos rodoviários municipais, os dados cadastrais dos veículos registrados e dos condutores habilitados, para fins de imposição e notificação de penalidades e de arrecadação de multas nas áreas de suas competências;
XV. fiscalizar o nível de emissão de poluentes e ruído produzidos pelos veículos automotores ou pela sua carga, de acordo com o estabelecido no art. 66, além de dar apoio, quando solicitado, às ações específicas dos órgãos ambientais locais;
XVI. articular-se com os demais órgãos do Sistema Nacional de Trânsito no Estado, sob coordenação do respectivo Cetran.
Art. 23. Compete às Polícias Militares dos Estados e do Distrito Federal:
I. (VETADO)
II. (VETADO)
III. executar a fiscalização de trânsito, quando e conforme convênio firmado, como agente do órgão ou entidade executivos de trânsito ou executivos rodoviários, concomitantemente com os demais agentes credenciados;
IV. (VETADO)
V. (VETADO)
VI. (VETADO)
VII. (VETADO)
Parágrafo único. (VETADO)
Art. 24. Compete aos órgãos e entidades executivos de trânsito dos Municípios, no âmbito de sua circunscrição:
I. cumprir e fazer cumprir a legislação e as normas de trânsito, no âmbito de suas atribuições;
II. planejar, projetar, regulamentar e operar o trânsito de veículos, de pedestres e de animais, e promover o desenvolvimento da circulação e da segurança de ciclistas;
III. implantar, manter e operar o sistema de sinalização, os dispositivos e os equipamentos de controle viário;
IV. coletar dados estatísticos e elaborar estudos sobre os acidentes de trânsito e suas causas;
V. estabelecer, em conjunto com os órgãos de polícia ostensiva de trânsito, as diretrizes para o policiamento ostensivo de trânsito;
VI. executar a fiscalização de trânsito em vias terrestres, edificações de uso público e edificações privadas de uso coletivo, autuar e aplicar as medidas administrativas cabíveis e as penalidades de advertência por escrito e multa, por infrações de circulação, estacionamento e parada previstas neste Código, no exercício regular do poder de polícia de trânsito, notificando os infratores e arrecadando as multas que aplicar, exercendo iguais atribuições no âmbito de edificações privadas de uso coletivo, somente para infrações de uso de vagas reservadas em estacionamentos;
VII. aplicar as penalidades de advertência por escrito e multa, por infrações de circulação, estacionamento e parada previstas neste Código, notificando os infratores e arrecadando as multas que aplicar;
VIII. fiscalizar, autuar e aplicar as penalidades e medidas administrativas cabíveis relativas a infrações por excesso de peso, dimensões e lotação dos veículos, bem como notificar e arrecadar as multas que aplicar;
IX. fiscalizar o cumprimento da norma contida no art. 95, aplicando as penalidades e arrecadando as multas nele previstas;
X. implantar, manter e operar sistema de estacionamento rotativo pago nas vias;
XI. arrecadar valores provenientes de estada e remoção de veículos e objetos, e escolta de veículos de cargas superdimensionadas ou perigosas;
XII. credenciar os serviços de escolta, fiscalizar e adotar medidas de segurança relativas aos serviços de remoção de veículos, escolta e transporte de carga indivisível;
XIII. integrar-se a outros órgãos e entidades do Sistema Nacional de Trânsito para fins de arrecadação e compensação de multas impostas na área de sua competência, com vistas à unificação do licenciamento, à simplificação e à celeridade das

transferências de veículos e de prontuários dos condutores de uma para outra unidade da Federação;

XIV. implantar as medidas da Política Nacional de Trânsito e do Programa Nacional de Trânsito;

XV. promover e participar de projetos e programas de educação e segurança de trânsito de acordo com as diretrizes estabelecidas pelo Contran;

XVI. planejar e implantar medidas para redução da circulação de veículos e reorientação do tráfego, com o objetivo de diminuir a emissão global de poluentes;

XVII. registrar e licenciar, na forma da legislação, veículos de tração e propulsão humana e de tração animal, fiscalizando, autuando, aplicando penalidades e arrecadando multas decorrentes de infrações;

XVIII. conceder autorização para conduzir veículos de propulsão humana e de tração animal;

XIX. articular-se com os demais órgãos do Sistema Nacional de Trânsito no Estado, sob coordenação do respectivo Cetran;

XX. fiscalizar o nível de emissão de poluentes e ruído produzidos pelos veículos automotores ou pela sua carga, de acordo com o estabelecido no art. 66, além de dar apoio às ações específicas de órgão ambiental local, quando solicitado;

XXI. vistoriar veículos que necessitem de autorização especial para transitar e estabelecer os requisitos técnicos a serem observados para a circulação desses veículos.

§ 1º As competências relativas a órgão ou entidade municipal serão exercidas no Distrito Federal por seu órgão ou entidade executivos de trânsito.

§ 2º Para exercer as competências estabelecidas neste artigo, os Municípios deverão integrar-se ao Sistema Nacional de Trânsito, conforme previsto no art. 333 deste Código.

Art. 25. Os órgãos e entidades executivos do Sistema Nacional de Trânsito poderão celebrar convênio delegando as atividades previstas neste Código, com vistas à maior eficiência e à segurança para os usuários da via.

Parágrafo único. Os órgãos e entidades de trânsito poderão prestar serviços de capacitação técnica, assessoria e monitoramento das atividades relativas ao trânsito durante prazo a ser estabelecido entre as partes, com ressarcimento dos custos apropriados.

CAPÍTULO III

Das Normas Gerais de Circulação e Conduta

Art. 26. Os usuários das vias terrestres devem:

I. abster-se de todo ato que possa constituir perigo ou obstáculo para o trânsito de veículos, de pessoas ou de animais, ou ainda causar danos a propriedades públicas ou privadas;

II. abster-se de obstruir o trânsito ou torná-lo perigoso, atirando, depositando ou abandonando na via objetos ou substâncias, ou nela criando qualquer outro obstáculo.

Art. 27. Antes de colocar o veículo em circulação nas vias públicas, o condutor deverá verificar a existência e as boas condições de funcionamento dos equipamentos de uso obrigatório, bem como assegurar-se da existência de combustível suficiente para chegar ao local de destino.

Art. 28. O condutor deverá, a todo momento, ter domínio de seu veículo, dirigindo-o com atenção e cuidados indispensáveis à segurança do trânsito.

Art. 29. O trânsito de veículos nas vias terrestres abertas à circulação obedecerá às seguintes normas:

I. a circulação far-se-á pelo lado direito da via, admitindo-se as exceções devidamente sinalizadas;

II. o condutor deverá guardar distância de segurança lateral e frontal entre o seu e os demais veículos, bem como em relação ao bordo da pista, considerando-se, no momento, a velocidade e as condições do local, da circulação, do veículo e as condições climáticas;

III. quando veículos, transitando por fluxos que se cruzem, se aproximarem de local não sinalizado, terá preferência de passagem:

a) no caso de apenas um fluxo ser proveniente de rodovia, aquele que estiver circulando por ela;

b) no caso de rotatória, aquele que estiver circulando por ela;

c) nos demais casos, o que vier pela direita do condutor;

IV. quando uma pista de rolamento comportar várias faixas de circulação no mesmo sentido, são as da direita destinadas ao deslocamento dos veículos mais lentos e de maior porte, quando não houver faixa especial a eles destinada, e as da esquerda, destinadas à ultrapassagem e ao deslocamento dos veículos de maior velocidade;

V. o trânsito de veículos sobre passeios, calçadas e nos acostamentos, só poderá ocorrer para que se adentre ou se saia dos imóveis ou áreas especiais de estacionamento;

VI. os veículos precedidos de batedores terão prioridade de passagem, respeitadas as demais normas de circulação;

VII. os veículos destinados a socorro de incêndio e salvamento, os de polícia, os de fiscalização e operação de trânsito e as ambulâncias, além de prioridade de trânsito, gozam de livre circulação, estacionamento e parada, quando em serviço de urgência e devidamente identificados por dispositivos regulamentares de alarme sonoro e iluminação vermelha intermitente, observadas as seguintes disposições:

a) quando os dispositivos estiverem acionados, indicando a proximidade dos veículos, todos os condutores deverão deixar livre a passagem pela faixa da esquerda, indo para a direita da via e parando, se necessário;

b) os pedestres, ao ouvir o alarme sonoro, deverão aguardar no passeio, só atravessando a via quando o veículo já tiver passado pelo local;

c) o uso de dispositivos de alarme sonoro e de iluminação vermelha intermitente só poderá ocorrer quando da efetiva prestação de serviço de urgência;

d) a prioridade de passagem na via e no cruzamento deverá se dar com velocidade reduzida e com os devidos cuidados de segurança, obedecidas as demais normas deste Código;

VIII. os veículos prestadores de serviços de utilidade pública, quando em atendimento na via, gozam de livre parada e estacionamento no local da prestação de serviço, desde que devidamente sinalizados, devendo estar identificados na forma estabelecida pelo Contran;

IX. a ultrapassagem de outro veículo em movimento deverá ser feita pela esquerda, obedecida a sinalização regulamentar e as demais normas estabelecidas neste Código, exceto quando o veículo a ser ultrapassado estiver sinalizando o propósito de entrar à esquerda;

X. todo condutor deverá, antes de efetuar uma ultrapassagem, certificar-se de que:

a) nenhum condutor que venha atrás haja começado uma manobra para ultrapassá-lo;

b) quem o precede na mesma faixa de trânsito não haja indicado o propósito de ultrapassar um terceiro;

c) a faixa de trânsito que vai tomar esteja livre numa extensão suficiente para que sua manobra não ponha em perigo ou obstrua o trânsito que venha em sentido contrário;

XI. todo condutor ao efetuar a ultrapassagem deverá:

a) indicar com antecedência a manobra pretendida, acionando a luz indicadora de direção do veículo ou por meio de gesto convencional de braço;

b) afastar-se do usuário ou usuários aos quais ultrapassa, de tal forma que deixe livre uma distância lateral de segurança;

c) retomar, após a efetivação da manobra, a faixa de trânsito de origem, acionando a luz indicadora de direção do veículo ou fazendo gesto convencional de braço, adotando os cuidados necessários para não pôr em perigo ou obstruir o trânsito dos veículos que ultrapassou;

XII. os veículos que se deslocam sobre trilhos terão preferência de passagem sobre os demais, respeitadas as normas de circulação.

XIII. (VETADO). (Incluído pela Lei nº 13.281, de 2016)

§ 1º As normas de ultrapassagem previstas nas alíneas *a* e *b* do inciso X e *a* e *b* do inciso XI aplicam-se à transposição de faixas, que pode ser realizada tanto pela faixa da esquerda como pela da direita.

§ 2º Respeitadas as normas de circulação e conduta estabelecidas neste artigo, em ordem decrescente, os veículos de maior porte serão sempre responsáveis pela segurança dos menores, os motorizados pelos não motorizados e, juntos, pela incolumidade dos pedestres.

Art. 30. Todo condutor, ao perceber que outro que o segue tem o propósito de ultrapassá-lo, deverá:

I. se estiver circulando pela faixa da esquerda, deslocar-se para a faixa da direita, sem acelerar a marcha;

II. se estiver circulando pelas demais faixas, manter-se naquela na qual está circulando, sem acelerar a marcha.

Parágrafo único. Os veículos mais lentos, quando em fila, deverão manter distância suficiente entre si para permitir que veículos que os ultrapassem possam se intercalar na fila com segurança.

Art. 31. O condutor que tenha o propósito de ultrapassar um veículo de transporte coletivo que esteja parado, efetuando embarque ou desembarque de passageiros, deverá reduzir a velocidade, dirigindo com atenção redobrada ou parar o veículo com vistas à segurança dos pedestres.

Art. 32. O condutor não poderá ultrapassar veículos em vias com duplo sentido de direção e pista única, nos trechos em curvas e em aclives sem visibilidade suficiente, nas passagens de nível, nas pontes e viadutos e nas travessias de pedestres, exceto quando houver sinalização permitindo a ultrapassagem.

Art. 33. Nas interseções e suas proximidades, o condutor não poderá efetuar ultrapassagem.

Art. 34. O condutor que queira executar uma manobra deverá certificar-se de que pode executá-la sem perigo para os demais usuários da via que o seguem, precedem ou vão cruzar com ele, considerando sua posição, sua direção e sua velocidade.

Art. 35. Antes de iniciar qualquer manobra que implique um deslocamento lateral, o condutor deverá indicar seu propósito de forma clara e com a devida antecedência, por meio da luz indicadora de direção de seu veículo, ou fazendo gesto convencional de braço.

Parágrafo único. Entende-se por deslocamento lateral a transposição de faixas, movimentos de conversão à direita, à esquerda e retornos.

Art. 36. O condutor que for ingressar numa via, procedente de um lote lindeiro a essa via, deverá dar preferência aos veículos e pedestres que por ela estejam transitando.

Art. 37. Nas vias providas de acostamento, a conversão à esquerda e a operação de retorno deverão ser feitas nos locais apropriados e, onde estes não existirem, o condutor deverá aguardar no acostamento, à direita, para cruzar a pista com segurança.

Art. 38. Antes de entrar à direita ou à esquerda, em outra via ou em lotes lindeiros, o condutor deverá:

I. ao sair da via pelo lado direito, aproximar-se o máximo possível do bordo direito da pista e executar sua manobra no menor espaço possível;

II. ao sair da via pelo lado esquerdo, aproximar-se o máximo possível de seu eixo ou da linha divisória da pista, quando houver, caso se trate de uma pista com circulação nos dois sentidos, ou do bordo esquerdo, tratando-se de uma pista de um só sentido.

Parágrafo único. Durante a manobra de mudança de direção, o condutor deverá ceder passagem aos pedestres e ciclistas, aos veículos que transitem em sentido contrário pela pista da via da qual vai sair, respeitadas as normas de preferência de passagem.

Art. 39. Nas vias urbanas, a operação de retorno deverá ser feita nos locais para isto determinados, quer por meio de sinalização, quer pela existência de locais apropriados, ou, ainda, em outros locais que ofereçam condições de segurança e fluidez, observadas as características da via, do veículo, das condições meteorológicas e da movimentação de pedestres e ciclistas.

Art. 40. O uso de luzes em veículo obedecerá às seguintes determinações:

I. o condutor manterá acesos os faróis do veículo, utilizando luz baixa, durante a noite e durante o dia nos túneis providos de iluminação pública e nas rodovias;

II. nas vias não iluminadas o condutor deve usar luz alta, exceto ao cruzar com outro veículo ou ao segui-lo;

III. a troca de luz baixa e alta, de forma intermitente e por curto período de tempo, com o objetivo de advertir outros motoristas, só poderá ser utilizada para indicar a intenção de ultrapassar o veículo que segue à frente ou para indicar a existência de risco à segurança para os veículos que circulam no sentido contrário;

IV. o condutor manterá acesas pelo menos as luzes de posição do veículo quando sob chuva forte, neblina ou cerração;

V. O condutor utilizará o pisca-alerta nas seguintes situações:

a) em imobilizações ou situações de emergência;
b) quando a regulamentação da via assim o determinar;

VI. durante a noite, em circulação, o condutor manterá acesa a luz de placa;

VII. o condutor manterá acesas, à noite, as luzes de posição quando o veículo estiver parado para fins de embarque ou desembarque de passageiros e carga ou descarga de mercadorias.

Parágrafo único. Os veículos de transporte coletivo regular de passageiros, quando circularem em faixas próprias a eles destinadas, e os ciclos motorizados deverão utilizar-se de farol de luz baixa durante o dia e a noite.

Art. 41. O condutor de veículo só poderá fazer uso de buzina, desde que em toque breve, nas seguintes situações:

I. para fazer as advertências necessárias a fim de evitar acidentes;

II. fora das áreas urbanas, quando for conveniente advertir a um condutor que se tem o propósito de ultrapassá-lo.

Art. 42. Nenhum condutor deverá frear bruscamente seu veículo, salvo por razões de segurança.

Art. 43. Ao regular a velocidade, o condutor deverá observar constantemente as condições físicas da via, do veículo e da carga, as condições meteorológicas e a intensidade do trânsito, obedecendo aos limites máximos de velocidade estabelecidos para a via, além de:

I. não obstruir a marcha normal dos demais veículos em circulação sem causa justificada, transitando a uma velocidade anormalmente reduzida;

II. sempre que quiser diminuir a velocidade de seu veículo deverá antes certificar-se de que pode fazê-lo sem risco nem inconvenientes para os outros condutores, a não ser que haja perigo iminente;

III. indicar, de forma clara, com a antecedência necessária e a sinalização devida, a manobra de redução de velocidade.

Art. 44. Ao aproximar-se de qualquer tipo de cruzamento, o condutor do veículo deve demonstrar prudência especial, transitando em velocidade moderada, de forma que possa deter seu veículo com segurança para dar passagem a pedestre e a veículos que tenham o direito de preferência.

Art. 45. Mesmo que a indicação luminosa do semáforo lhe seja favorável, nenhum condutor pode entrar em uma interSEÇÃO se houver possibilidade de ser obrigado a imobilizar o veículo na área do cruzamento, obstruindo ou impedindo a passagem do trânsito transversal.

Art. 46. Sempre que for necessária a imobilização temporária de um veículo no leito viário, em situação de emergência, deverá ser providenciada a imediata sinalização de advertência, na forma estabelecida pelo Contran.

Art. 47. Quando proibido o estacionamento na via, a parada deverá restringir-se ao tempo indispensável para embarque ou desembarque de passageiros, desde que não interrompa ou perturbe o fluxo de veículos ou a locomoção de pedestres.

Parágrafo único. A operação de carga ou descarga será regulamentada pelo órgão ou entidade com circunscrição sobre a via e é considerada estacionamento.

Art. 48. Nas paradas, operações de carga ou descarga e nos estacionamentos, o veículo deverá ser posicionado no sentido do fluxo, paralelo ao bordo da pista de rolamento e junto à guia da calçada (meio-fio), admitidas as exceções devidamente sinalizadas.

§ 1º Nas vias providas de acostamento, os veículos parados, estacionados ou em operação de carga ou descarga deverão estar situados fora da pista de rolamento.

§ 2º O estacionamento dos veículos motorizados de duas rodas será feito em posição perpendicular à guia da calçada (meio-fio) e junto a ela, salvo quando houver sinalização que determine outra condição.

§ 3º O estacionamento dos veículos sem abandono do condutor poderá ser feito somente nos locais previstos neste Código ou naqueles regulamentados por sinalização específica.

Art. 49. O condutor e os passageiros não deverão abrir a porta do veículo, deixá-la aberta ou descer do veículo sem antes se certificarem de que isso não constitui perigo para eles e para outros usuários da via.

Parágrafo único. O embarque e o desembarque devem ocorrer sempre do lado da calçada, exceto para o condutor.

Art. 50. O uso de faixas laterais de domínio e das áreas adjacentes às estradas e rodovias obedecerá às condições de segurança do trânsito estabelecidas pelo órgão ou entidade com circunscrição sobre a via.

Art. 51. Nas vias internas pertencentes a condomínios constituídos por unidades autônomas, a sinalização de regulamentação da via será implantada e mantida às expensas do condomínio, após aprovação dos projetos pelo órgão ou entidade com circunscrição sobre a via.

Art. 52. Os veículos de tração animal serão conduzidos pela direita da pista, junto à guia da calçada (meio-fio) ou acostamento, sempre que não houver faixa especial a eles destinada, devendo seus condutores obedecer, no que couber, às normas de circulação previstas neste Código e às que vierem a ser fixadas pelo órgão ou entidade com circunscrição sobre a via.

Art. 53. Os animais isolados ou em grupos só podem circular nas vias quando conduzidos por um guia, observado o seguinte:

I. para facilitar os deslocamentos, os rebanhos deverão ser divididos em grupos de tamanho moderado e separados uns dos outros por espaços suficientes para não obstruir o trânsito;

II. os animais que circularem pela pista de rolamento deverão ser mantidos junto ao bordo da pista.

Art. 54. Os condutores de motocicletas, motonetas e ciclomotores só poderão circular nas vias:

I. utilizando capacete de segurança, com viseira ou óculos protetores;

II. segurando o guidom com as duas mãos;

III. usando vestuário de proteção, de acordo com as especificações do Contran.

Art. 55. Os passageiros de motocicletas, motonetas e ciclomotores só poderão ser transportados:
I. utilizando capacete de segurança;
II. em carro lateral acoplado aos veículos ou em assento suplementar atrás do condutor;
III. usando vestuário de proteção, de acordo com as especificações do Contran.
Art. 56. (VETADO)
Art. 57. Os ciclomotores devem ser conduzidos pela direita da pista de rolamento, preferencialmente no centro da faixa mais à direita ou no bordo direito da pista sempre que não houver acostamento ou faixa própria a eles destinada, proibida a sua circulação nas vias de trânsito rápido e sobre as calçadas das vias urbanas.
Parágrafo único. Quando uma via comportar duas ou mais faixas de trânsito e a da direita for destinada ao uso exclusivo de outro tipo de veículo, os ciclomotores deverão circular pela faixa adjacente à da direita.
Art. 58. Nas vias urbanas e nas rurais de pista dupla, a circulação de bicicletas deverá ocorrer, quando não houver ciclovia, ciclofaixa, ou acostamento, ou quando não for possível a utilização destes, nos bordos da pista de rolamento, no mesmo sentido de circulação regulamentado para a via, com preferência sobre os veículos automotores.
Parágrafo único. A autoridade de trânsito com circunscrição sobre a via poderá autorizar a circulação de bicicletas no sentido contrário ao fluxo dos veículos automotores, desde que dotado o trecho com ciclofaixa.
Art. 59. Desde que autorizado e devidamente sinalizado pelo órgão ou entidade com circunscrição sobre a via, será permitida a circulação de bicicletas nos passeios.
Art. 60. As vias abertas à circulação, de acordo com sua utilização, classificam-se em:
I. vias urbanas:
a) via de trânsito rápido;
b) via arterial;
c) via coletora;
d) via local;
II. vias rurais:
a) rodovias;
b) estradas.
Art. 61. A velocidade máxima permitida para a via será indicada por meio de sinalização, obedecidas suas características técnicas e as condições de trânsito.

§ 1º Onde não existir sinalização regulamentadora, a velocidade máxima será de:
I. nas vias urbanas:
a) oitenta quilômetros por hora, nas vias de trânsito rápido:
b) sessenta quilômetros por hora, nas vias arteriais;
c) quarenta quilômetros por hora, nas vias coletoras;
d) trinta quilômetros por hora, nas vias locais;
II. nas vias rurais:
a) nas rodovias de pista dupla:
1. 110 km/h (cento e dez quilômetros por hora) para automóveis, camionetas e motocicletas;
2. 90 km/h (noventa quilômetros por hora) para os demais veículos;
3. (revogado);
b) nas rodovias de pista simples:
1. 100 km/h (cem quilômetros por hora) para automóveis, camionetas e motocicletas;
2. 90 km/h (noventa quilômetros por hora) para os demais veículos;
c) nas estradas: 60 km/h (sessenta quilômetros por hora).
§ 2º O órgão ou entidade de trânsito ou rodoviário com circunscrição sobre a via poderá regulamentar, por meio de sinalização, velocidades superiores ou inferiores àquelas estabelecidas no parágrafo anterior.
Art. 62. A velocidade mínima não poderá ser inferior à metade da velocidade máxima estabelecida, respeitadas as condições operacionais de trânsito e da via.
Art. 63. (VETADO)
Art. 64. As crianças com idade inferior a dez anos devem ser transportadas nos bancos traseiros, salvo exceções regulamentadas pelo Contran.
Art. 65. É obrigatório o uso do cinto de segurança para condutor e passageiros em todas as vias do território nacional, salvo em situações regulamentadas pelo Contran.
Art. 66. (VETADO)
Art. 67. As provas ou competições desportivas, inclusive seus ensaios, em via aberta à circulação, só poderão ser realizadas mediante prévia permissão da autoridade de trânsito com circunscrição sobre a via e dependerão de:
I. autorização expressa da respectiva confederação desportiva ou de entidades estaduais a ela filiadas;
II. caução ou fiança para cobrir possíveis danos materiais à via;

III. contrato de seguro contra riscos e acidentes em favor de terceiros;

IV. prévio recolhimento do valor correspondente aos custos operacionais em que o órgão ou entidade permissionária incorrerá.

Parágrafo único. A autoridade com circunscrição sobre a via arbitrará os valores mínimos da caução ou fiança e do contrato de seguro.

CAPÍTULO III-A

Da Condução de Veículos por Motoristas Profissionais

Art. 67-A. O disposto neste Capítulo aplica-se aos motoristas profissionais:
I. de transporte rodoviário coletivo de passageiros;
II. de transporte rodoviário de cargas.

Art 67-B. VETADO.

Art. 67-C. É vedado ao motorista profissional dirigir por mais de 5 (cinco) horas e meia ininterruptas veículos de transporte rodoviário coletivo de passageiros ou de transporte rodoviário de cargas.

§ 1º Serão observados 30 (trinta) minutos para descanso dentro de cada 6 (seis) horas na condução de veículo de transporte de carga, sendo facultado o seu fracionamento e o do tempo de direção desde que não ultrapassadas 5 (cinco) horas e meia contínuas no exercício da condução.

§ 1º-A. Serão observados 30 (trinta) minutos para descanso a cada 4 (quatro) horas na condução de veículo rodoviário de passageiros, sendo facultado o seu fracionamento e o do tempo de direção.

§ 2º Em situações excepcionais de inobservância justificada do tempo de direção, devidamente registradas, o tempo de direção poderá ser elevado pelo período necessário para que o condutor, o veículo e a carga cheguem a um lugar que ofereça a segurança e o atendimento demandados, desde que não haja comprometimento da segurança rodoviária.

§ 3º O condutor é obrigado, dentro do período de 24 (vinte e quatro) horas, a observar o mínimo de 11 (onze) horas de descanso, que podem ser fracionadas, usufruídas no veículo e coincidir com os intervalos mencionados no § 1º, observadas no primeiro período 8 (oito) horas ininterruptas de descanso.

§ 4º Entende-se como tempo de direção ou de condução apenas o período em que o condutor estiver efetivamente ao volante, em curso entre a origem e o destino.

§ 5º Entende-se como início de viagem a partida do veículo na ida ou no retorno, com ou sem carga, considerando-se como sua continuação as partidas nos dias subsequentes até o destino.

§ 6º O condutor somente iniciará uma viagem após o cumprimento integral do intervalo de descanso previsto no § 3º deste artigo.

§ 7º Nenhum transportador de cargas ou coletivo de passageiros, embarcador, consignatário de cargas, operador de terminais de carga, operador de transporte multimodal de cargas ou agente de cargas ordenará a qualquer motorista a seu serviço, ainda que subcontratado, que conduza veículo referido no caput sem a observância do disposto no § 6º.

Art. 67-D. (VETADO). (Incluído Lei nº 12.619, de 2012)

Art. 67-E. O motorista profissional é responsável por controlar e registrar o tempo de condução estipulado no art. 67-C, com vistas à sua estrita observância.

§ 1º A não observância dos períodos de descanso estabelecidos no art. 67-C sujeitará o motorista profissional às penalidades daí decorrentes, previstas neste Código.

§ 2º O tempo de direção será controlado mediante registrador instantâneo inalterável de velocidade e tempo e, ou por meio de anotação em diário de bordo, ou papeleta ou ficha de trabalho externo, ou por meios eletrônicos instalados no veículo, conforme norma do Contran.

§ 3º O equipamento eletrônico ou registrador deverá funcionar de forma independente de qualquer interferência do condutor, quanto aos dados registrados.

§ 4º A guarda, a preservação e a exatidão das informações contidas no equipamento registrador instantâneo inalterável de velocidade e de tempo são de responsabilidade do condutor.

CAPÍTULO IV

Dos Pedestres e Condutores de Veículos Não Motorizados

Art. 68. É assegurada ao pedestre a utilização dos passeios ou passagens apropriadas das vias urbanas e dos acostamentos das vias rurais para circulação, podendo a autoridade competente permitir a utilização de parte da calçada para outros fins, desde que não seja prejudicial ao fluxo de pedestres.

§ 1º O ciclista desmontado empurrando a bicicleta equipara-se ao pedestre em direitos e deveres.

§ 2º Nas áreas urbanas, quando não houver passeios ou quando não for possível a utilização destes, a circulação de pedestres na pista de rolamento será feita com prioridade sobre os veículos, pelos bordos da pista, em fila única, exceto em locais proibidos pela sinalização e nas situações em que a segurança ficar comprometida.

§ 3º Nas vias rurais, quando não houver acostamento ou quando não for possível a utilização dele, a circulação de pedestres, na pista de rolamento, será feita com prioridade sobre os veículos, pelos bordos da pista, em fila única, em sentido contrário ao deslocamento de veículos, exceto em locais proibidos pela sinalização e nas situações em que a segurança ficar comprometida.

§ 4º (VETADO)

§ 5º Nos trechos urbanos de vias rurais e nas obras de arte a serem construídas, deverá ser previsto passeio destinado à circulação dos pedestres, que não deverão, nessas condições, usar o acostamento.

§ 6º Onde houver obstrução da calçada ou da passagem para pedestres, o órgão ou entidade com circunscrição sobre a via deverá assegurar a devida sinalização e proteção para circulação de pedestres.

Art. 69. Para cruzar a pista de rolamento o pedestre tomará precauções de segurança, levando em conta, principalmente, a visibilidade, a distância e a velocidade dos veículos, utilizando sempre as faixas ou passagens a ele destinadas sempre que estas existirem numa distância de até cinquenta metros dele, observadas as seguintes disposições:

I. onde não houver faixa ou passagem, o cruzamento da via deverá ser feito em sentido perpendicular ao de seu eixo;

II. para atravessar uma passagem sinalizada para pedestres ou delimitada por marcas sobre a pista:

a) onde houver foco de pedestres, obedecer às indicações das luzes;

b) onde não houver foco de pedestres, aguardar que o semáforo ou o agente de trânsito interrompa o fluxo de veículos;

III. nas interseções e em suas proximidades, onde não existam faixas de travessia, os pedestres devem atravessar a via na continuação da calçada, observadas as seguintes normas:

a) não deverão adentrar na pista sem antes se certificar de que podem fazê-lo sem obstruir o trânsito de veículos;

b) uma vez iniciada a travessia de uma pista, os pedestres não deverão aumentar o seu percurso, demorar-se ou parar sobre ela sem necessidade.

Art. 70. Os pedestres que estiverem atravessando a via sobre as faixas delimitadas para esse fim terão prioridade de passagem, exceto nos locais com sinalização semafórica, onde deverão ser respeitadas as disposições deste Código.

Parágrafo único. Nos locais em que houver sinalização semafórica de controle de passagem será dada preferência aos pedestres que não tenham concluído a travessia, mesmo em caso de mudança do semáforo liberando a passagem dos veículos.

Art. 71. O órgão ou entidade com circunscrição sobre a via manterá, obrigatoriamente, as faixas e passagens de pedestres em boas condições de visibilidade, higiene, segurança e sinalização.

CAPÍTULO V
Do Cidadão

Art. 72. Todo cidadão ou entidade civil tem o direito de solicitar, por escrito, aos órgãos ou entidades do Sistema Nacional de Trânsito, sinalização, fiscalização e implantação de equipamentos de segurança, bem como sugerir alterações em normas, legislação e outros assuntos pertinentes a este Código.

Art. 73. Os órgãos ou entidades pertencentes ao Sistema Nacional de Trânsito têm o dever de analisar as solicitações e responder, por escrito, dentro de prazos mínimos, sobre a possibilidade ou não de atendimento, esclarecendo ou justificando a análise efetuada, e, se pertinente, informando ao solicitante quando tal evento ocorrerá.

Parágrafo único. As campanhas de trânsito devem esclarecer quais as atribuições dos órgãos e entidades pertencentes ao Sistema Nacional de Trânsito e como proceder a tais solicitações.

CAPÍTULO VI
Da Educação Para o Trânsito

Art. 74. A educação para o trânsito é direito de todos e constitui dever prioritário para os componentes do Sistema Nacional de Trânsito.

§ 1º É obrigatória a existência de coordenação educacional em cada órgão ou entidade componente do Sistema Nacional de Trânsito.

§ 2º Os órgãos ou entidades executivos de trânsito deverão promover, dentro de sua estrutura organizacional ou mediante convênio, o funcionamento de Escolas Públicas de Trânsito, nos moldes e padrões estabelecidos pelo Contran.

Art. 75. O Contran estabelecerá, anualmente, os temas e os cronogramas das campanhas de âmbito nacional que deverão ser promovidas por todos os órgãos ou entidades do Sistema Nacional de Trânsito, em especial nos períodos referentes às férias escolares, feriados prolongados e à Semana Nacional de Trânsito.

§ 1º Os órgãos ou entidades do Sistema Nacional de Trânsito deverão promover outras campanhas no âmbito de sua circunscrição e de acordo com as peculiaridades locais.

§ 2º As campanhas de que trata este artigo são de caráter permanente, e os serviços de rádio e difusão sonora de sons e imagens explorados pelo poder público são obrigados a difundi-las gratuitamente, com a frequência recomendada pelos órgãos competentes do Sistema Nacional de Trânsito.

Art. 76. A educação para o trânsito será promovida na pré-escola e nas escolas de 1º, 2º e 3º graus, por meio de planejamento e ações coordenadas entre os órgãos e entidades do Sistema Nacional de Trânsito e de Educação, da União, dos Estados, do Distrito Federal e dos Municípios, nas respectivas áreas de atuação.

Parágrafo único. Para a finalidade prevista neste artigo, o Ministério da Educação e do Desporto, mediante proposta do Contran e do Conselho de Reitores das Universidades Brasileiras, diretamente ou mediante convênio, promoverá:

I. a adoção, em todos os níveis de ensino, de um currículo interdisciplinar com conteúdo programático sobre segurança de trânsito;

II. a adoção de conteúdos relativos à educação para o trânsito nas escolas de formação para o magistério e o treinamento de professores e multiplicadores;

III. a criação de corpos técnicos interprofissionais para levantamento e análise de dados estatísticos relativos ao trânsito;

IV. a elaboração de planos de redução de acidentes de trânsito junto aos núcleos interdisciplinares universitários de trânsito, com vistas à integração universidades-sociedade na área de trânsito.

Art. 77. No âmbito da educação para o trânsito caberá ao Ministério da Saúde, mediante proposta do Contran, estabelecer campanha nacional esclarecendo condutas a serem seguidas nos primeiros socorros em caso de acidente de trânsito.

Parágrafo único. As campanhas terão caráter permanente por intermédio do Sistema Único de Saúde – SUS, sendo intensificadas nos períodos e na forma estabelecidos no art. 76.

Art. 77-A. São assegurados aos órgãos ou entidades componentes do Sistema Nacional de Trânsito os mecanismos instituídos nos arts. 77-B a 77-E para a veiculação de mensagens educativas de trânsito em todo o território nacional, em caráter suplementar às campanhas previstas nos arts. 75 e 77.

Art. 77-B. Toda peça publicitária destinada à divulgação ou promoção, nos meios de comunicação social, de produto oriundo da indústria automobilística ou afim, incluirá, obrigatoriamente, mensagem educativa de trânsito a ser conjuntamente veiculada.

§ 1º Para os efeitos dos arts. 77-A a 77-E, consideram-se produtos oriundos da indústria automobilística ou afins:

I. os veículos rodoviários automotores de qualquer espécie, incluídos os de passageiros e os de carga;

II. os componentes, as peças e os acessórios utilizados nos veículos mencionados no inciso I.

§ 2º O disposto no caput deste artigo aplica-se à propaganda de natureza comercial, veiculada por iniciativa do fabricante do produto, em qualquer das seguintes modalidades:

I. rádio;
II. televisão;
III. jornal;
IV. revista;
V. outdoor.

§ 3º Para efeito do disposto no § 2º, equiparam-se ao fabricante o montador, o encarroçador, o importador e o revendedor autorizado dos veículos e demais produtos discriminados no § 1º deste artigo.

Art. 77-C. Quando se tratar de publicidade veiculada em outdoor instalado à margem de rodovia, dentro ou fora da respectiva faixa de domínio, a obrigação prevista no art. 77-B estende-se à propaganda de qualquer tipo de produto e anunciante, inclusive àquela de caráter institucional ou eleitoral.

Art. 77-D. O Conselho Nacional de Trânsito (Contran) especificará o conteúdo e o padrão de apresentação das mensagens, bem como os procedimentos envolvidos na respectiva veiculação, em conformidade com as diretrizes fixadas para as campanhas educativas de trânsito a que se refere o art. 75.

Art. 77-E. A veiculação de publicidade feita em desacordo com as condições fixadas nos arts. 77-A a 77-D constitui infração punível com as seguintes sanções:

I. advertência por escrito;

II. suspensão, nos veículos de divulgação da publicidade, de qualquer outra propaganda do produto, pelo prazo de até 60 (sessenta) dias;

III. multa de R$ 1.627,00 (mil, seiscentos e vinte e sete reais) a R$ 8.135,00 (oito mil, cento e trinta e cinco reais), cobrada do dobro até o quíntuplo em caso de reincidência.

§ 1º As sanções serão aplicadas isolada ou cumulativamente, conforme dispuser o regulamento.

§ 2º Sem prejuízo do disposto no caput deste artigo, qualquer infração acarretará a imediata suspensão da veiculação da peça publicitária até que sejam cumpridas as exigências fixadas nos arts. 77-A a 77-D.

Art. 78. Os Ministérios da Saúde, da Educação e do Desporto, do Trabalho, dos Transportes e da Justiça, por intermédio do Contran, desenvolverão e implementarão programas destinados à prevenção de acidentes.

Parágrafo único. O percentual de dez por cento do total dos valores arrecadados destinados à Previdência Social, do Prêmio do Seguro Obrigatório de Danos Pessoais causados por Veículos Automotores de Via Terrestre – DPVAT, de que trata a Lei nº 6.194, de 19 de dezembro de 1974, serão repassados mensalmente ao Coordenador do Sistema Nacional de Trânsito para aplicação exclusiva em programas de que trata este artigo.

Art. 79. Os órgãos e entidades executivos de trânsito poderão firmar convênio com os órgãos de educação da União, dos Estados, do Distrito Federal e dos Municípios, objetivando o cumprimento das obrigações estabelecidas neste capítulo.

CAPÍTULO VII

Da Sinalização de Trânsito

Art. 80. Sempre que necessário, será colocada ao longo da via, sinalização prevista neste Código e em legislação complementar, destinada a condutores e pedestres, vedada a utilização de qualquer outra.

§ 1º A sinalização será colocada em posição e condições que a tornem perfeitamente visível e legível durante o dia e a noite, em distância compatível com a segurança do trânsito, conforme normas e especificações do Contran.

§ 2º O Contran poderá autorizar, em caráter experimental e por período prefixado, a utilização de sinalização não prevista neste Código.

§ 3º A responsabilidade pela instalação da sinalização nas vias internas pertencentes aos condomínios constituídos por unidades autônomas e nas vias e áreas de estacionamento de estabelecimentos privados de uso coletivo é de seu proprietário.

Art. 81. Nas vias públicas e nos imóveis é proibido colocar luzes, publicidade, inscrições, vegetação e mobiliário que possam gerar confusão, interferir na visibilidade da sinalização e comprometer a segurança do trânsito.

Art. 82. É proibido afixar sobre a sinalização de trânsito e respectivos suportes, ou junto a ambos, qualquer tipo de publicidade, inscrições, legendas e símbolos que não se relacionem com a mensagem da sinalização.

Art. 83. A afixação de publicidade ou de quaisquer legendas ou símbolos ao longo das vias condiciona-se à prévia aprovação do órgão ou entidade com circunscrição sobre a via.

Art. 84. O órgão ou entidade de trânsito com circunscrição sobre a via poderá retirar ou determinar a imediata retirada de qualquer elemento que prejudique a visibilidade da sinalização viária e a segurança do trânsito, com ônus para quem o tenha colocado.

Art. 85. Os locais destinados pelo órgão ou entidade de trânsito com circunscrição sobre a via à travessia de pedestres deverão ser sinalizados com faixas pintadas ou demarcadas no leito da via.

Art. 86. Os locais destinados a postos de gasolina, oficinas, estacionamentos ou garagens de uso coletivo deverão ter suas entradas e saídas devidamente identificadas, na forma regulamentada pelo Contran.

Art. 86-A. As vagas de estacionamento regulamentado de que trata o inciso XVII do art. 181 desta Lei deverão ser sinalizadas com as respectivas placas indicativas de destinação e com placas informando os dados sobre a infração por estacionamento indevido.

Art. 87. Os sinais de trânsito classificam-se em:

I. verticais;

II. horizontais;

III. dispositivos de sinalização auxiliar;

IV. luminosos;
V. sonoros;
VI. gestos do agente de trânsito e do condutor.

Art. 88. Nenhuma via pavimentada poderá ser entregue após sua construção, ou reaberta ao trânsito após a realização de obras ou de manutenção, enquanto não estiver devidamente sinalizada, vertical e horizontalmente, de forma a garantir as condições adequadas de segurança na circulação.

Parágrafo único. Nas vias ou trechos de vias em obras deverá ser afixada sinalização específica e adequada.

Art. 89. A sinalização terá a seguinte ordem de prevalência:
I. as ordens do agente de trânsito sobre as normas de circulação e outros sinais;
II. as indicações do semáforo sobre os demais sinais;
III. as indicações dos sinais sobre as demais normas de trânsito.

Art. 90. Não serão aplicadas as sanções previstas neste Código por inobservância à sinalização quando esta for insuficiente ou incorreta.
§ 1º O órgão ou entidade de trânsito com circunscrição sobre a via é responsável pela implantação da sinalização, respondendo pela sua falta, insuficiência ou incorreta colocação.
§ 2º O Contran editará normas complementares no que se refere à interpretação, colocação e uso da sinalização.

CAPÍTULO VIII

Da Engenharia de Tráfego, da Operação, da Fiscalização e do Policiamento Ostensivo de Trânsito

Art. 91. O Contran estabelecerá as normas e regulamentos a serem adotados em todo o território nacional quando da implementação das soluções adotadas pela Engenharia de Tráfego, assim como padrões a serem praticados por todos os órgãos e entidades do Sistema Nacional de Trânsito.

Art. 92. (VETADO)

Art. 93. Nenhum projeto de edificação que possa transformar-se em pólo atrativo de trânsito poderá ser aprovado sem prévia anuência do órgão ou entidade com circunscrição sobre a via e sem que do projeto conste área para estacionamento e indicação das vias de acesso adequadas.

Art. 94. Qualquer obstáculo à livre circulação e à segurança de veículos e pedestres, tanto na via quanto na calçada, caso não possa ser retirado, deve ser devida e imediatamente sinalizado.

Parágrafo único. É proibida a utilização das ondulações transversais e de sonorizadores como redutores de velocidade, salvo em casos especiais definidos pelo órgão ou entidade competente, nos padrões e critérios estabelecidos pelo Contran.

Art. 95. Nenhuma obra ou evento que possa perturbar ou interromper a livre circulação de veículos e pedestres, ou colocar em risco sua segurança, será iniciada sem permissão prévia do órgão ou entidade de trânsito com circunscrição sobre a via.
§ 1º A obrigação de sinalizar é do responsável pela execução ou manutenção da obra ou do evento.
§ 2º Salvo em casos de emergência, a autoridade de trânsito com circunscrição sobre a via avisará a comunidade, por intermédio dos meios de comunicação social, com quarenta e oito horas de antecedência, de qualquer interdição da via, indicando-se os caminhos alternativos a serem utilizados.
§ 3º O descumprimento do disposto neste artigo será punido com multa de R$ 81,35 (oitenta e um reais e trinta e cinco centavos) a R$ 488,10 (quatrocentos e oitenta e oito reais e dez centavos), independentemente das cominações cíveis e penais cabíveis, além de multa diária no mesmo valor até a regularização da situação, a partir do prazo final concedido pela autoridade de trânsito, levando-se em consideração a dimensão da obra ou do evento e o prejuízo causado ao trânsito.
§ 4º Ao servidor público responsável pela inobservância de qualquer das normas previstas neste e nos arts. 93 e 94, a autoridade de trânsito aplicará multa diária na base de cinquenta por cento do dia de vencimento ou remuneração devida enquanto permanecer a irregularidade.

CAPÍTULO IX

Dos Veículos

SEÇÃO I
Disposições Gerais

Art. 96. Os veículos classificam-se em:
I. quanto à tração:
a) automotor;

b) elétrico;
c) de propulsão humana;
d) de tração animal;
e) reboque ou semi-reboque;
II. quanto à espécie:
a) de passageiros:
1. bicicleta;
2. ciclomotor;
3. motoneta;
4. motocicleta;
5. triciclo;
6. quadriciclo;
7. automóvel;
8. microônibus;
9. ônibus;
10. bonde;
11. reboque ou semi-reboque;
12. charrete;
b) de carga:
1. motoneta;
2. motocicleta;
3. triciclo;
4. quadriciclo;
5. caminhonete;
6. caminhão;
7. reboque ou semi-reboque;
8. carroça;
9. carro de mão;
c) misto:
1. camioneta;
2. utilitário;
3. outros;
d) de competição;
e) de tração:
1. caminhão-trator;
2. trator de rodas;
3. trator de esteiras;
4. trator misto;
f) especial;
g) de coleção;
III. quanto à categoria:
a) oficial;
b) de representação diplomática, de repartições consulares de carreira ou organismos internacionais acreditados junto ao Governo brasileiro;
c) particular;
d) de aluguel;
e) de aprendizagem.

Art. 97. As características dos veículos, suas especificações básicas, configuração e condições essenciais para registro, licenciamento e circulação serão estabelecidas pelo Contran, em função de suas aplicações.

Art. 98. Nenhum proprietário ou responsável poderá, sem prévia autorização da autoridade competente, fazer ou ordenar que sejam feitas no veículo modificações de suas características de fábrica.

Parágrafo único. Os veículos e motores novos ou usados que sofrerem alterações ou conversões são obrigados a atender aos mesmos limites e exigências de emissão de poluentes e ruído previstos pelos órgãos ambientais competentes e pelo Contran, cabendo à entidade executora das modificações e ao proprietário do veículo a responsabilidade pelo cumprimento das exigências.

Art. 99. Somente poderá transitar pelas vias terrestres o veículo cujo peso e dimensões atenderem aos limites estabelecidos pelo Contran.

§ 1º O excesso de peso será aferido por equipamento de pesagem ou pela verificação de documento fiscal, na forma estabelecida pelo Contran.

§ 2º Será tolerado um percentual sobre os limites de peso bruto total e peso bruto transmitido por eixo de veículos à superfície das vias, quando aferido por equipamento, na forma estabelecida pelo Contran.

§ 3º Os equipamentos fixos ou móveis utilizados na pesagem de veículos serão aferidos de acordo com a metodologia e na periodicidade estabelecidas pelo Contran, ouvido o órgão ou entidade de metrologia legal.

Art. 100. Nenhum veículo ou combinação de veículos poderá transitar com lotação de passageiros, com peso bruto total, ou com peso bruto total combinado com peso por eixo, superior ao fixado pelo fabricante, nem ultrapassar a capacidade máxima de tração da unidade tratora.

§ 1º Os veículos de transporte coletivo de passageiros poderão ser dotados de pneus extralargos.

§ 2º O Contran regulamentará o uso de pneus extralargos para os demais veículos.

§ 3º É permitida a fabricação de veículos de transporte de passageiros de até 15 m (quinze metros) de comprimento na configuração de chassi 8x2º

Art. 101. Ao veículo ou combinação de veículos utilizado no transporte de carga indivisível, que não se enquadre nos limites de peso e dimensões estabelecidos pelo Contran, poderá ser concedida, pela autoridade com circunscrição sobre a via, autorização especial de trânsito, com prazo certo, válida para cada viagem, atendidas as medidas de segurança consideradas necessárias.

§ 1º A autorização será concedida mediante requerimento que especificará as características do veículo ou combinação de veículos e de carga, o percurso, a data e o horário do deslocamento inicial.

§ 2º A autorização não exime o beneficiário da responsabilidade por eventuais danos que o veículo ou a combinação de veículos causar à via ou a terceiros.

§ 3º Aos guindastes autopropelidos ou sobre caminhões poderá ser concedida, pela autoridade com circunscrição sobre a via, autorização especial de trânsito, com prazo de seis meses, atendidas as medidas de segurança consideradas necessárias.

Art. 102. O veículo de carga deverá estar devidamente equipado quando transitar, de modo a evitar o derramamento da carga sobre a via.

Parágrafo único. O Contran fixará os requisitos mínimos e a forma de proteção das cargas de que trata este artigo, de acordo com a sua natureza.

SEÇÃO II
Da Segurança dos Veículos

Art. 103. O veículo só poderá transitar pela via quando atendidos os requisitos e condições de segurança estabelecidos neste Código e em normas do Contran.

§ 1º Os fabricantes, os importadores, os montadores e os encarroçadores de veículos deverão emitir certificado de segurança, indispensável ao cadastramento no Renavam, nas condições estabelecidas pelo Contran.

§ 2º O Contran deverá especificar os procedimentos e a periodicidade para que os fabricantes, os importadores, os montadores e os encarroçadores comprovem o atendimento aos requisitos de segurança veicular, devendo, para isso, manter disponíveis a qualquer tempo os resultados dos testes e ensaios dos sistemas e componentes abrangidos pela legislação de segurança veicular.

Art. 104. Os veículos em circulação terão suas condições de segurança, de controle de emissão de gases poluentes e de ruído avaliadas mediante inspeção, que será obrigatória, na forma e periodicidade estabelecidas pelo Contran para os itens de segurança e pelo Conama para emissão de gases poluentes e ruído.

§ 1º (VETADO)
§ 2º (VETADO)
§ 3º (VETADO)
§ 4º (VETADO)

§ 5º Será aplicada a medida administrativa de retenção aos veículos reprovados na inspeção de segurança e na de emissão de gases poluentes e ruído.

§ 6º Estarão isentos da inspeção de que trata o caput, durante 3 (três) anos a partir do primeiro licenciamento, os veículos novos classificados na categoria particular, com capacidade para até 7 (sete) passageiros, desde que mantenham suas características originais de fábrica e não se envolvam em acidente de trânsito com danos de média ou grande monta.

§ 7º Para os demais veículos novos, o período de que trata o § 6º será de 2 (dois) anos, desde que mantenham suas características originais de fábrica e não se envolvam em acidente de trânsito com danos de média ou grande monta.

Art. 105. São equipamentos obrigatórios dos veículos, entre outros a serem estabelecidos pelo Contran:

I. cinto de segurança, conforme regulamentação específica do Contran, com exceção dos veículos destinados ao transporte de passageiros em percursos em que seja permitido viajar em pé;

II. para os veículos de transporte e de condução escolar, os de transporte de passageiros com mais de dez lugares e os de carga com peso bruto total superior a quatro mil, quinhentos e trinta e seis quilogramas, equipamento registrador instantâneo inalterável de velocidade e tempo;

III. encosto de cabeça, para todos os tipos de veículos automotores, segundo normas estabelecidas pelo Contran;

IV. (VETADO)

V. dispositivo destinado ao controle de emissão de gases poluentes e de ruído, segundo normas estabelecidas pelo Contran.

VI. para as bicicletas, a campainha, sinalização noturna dianteira, traseira, lateral e nos pedais, e espelho retrovisor do lado esquerdo.

VII. equipamento suplementar de retenção air bag frontal para o condutor e o passageiro do banco dianteiro.

§ 1º O Contran disciplinará o uso dos equipamentos obrigatórios dos veículos e determinará suas especificações técnicas.

§ 2º Nenhum veículo poderá transitar com equipamento ou acessório proibido, sendo o infrator sujeito às penalidades e medidas administrativas previstas neste Código.

§ 3º Os fabricantes, os importadores, os montadores, os encarroçadores de veículos e os revendedores devem comercializar os seus veículos com os equipamentos obrigatórios definidos neste artigo, e com os demais estabelecidos pelo Contran.

§ 4º O Contran estabelecerá o prazo para o atendimento do disposto neste artigo.

§ 5º A exigência estabelecida no inciso VII do caput deste artigo será progressivamente incorporada aos novos projetos de automóveis e dos veículos deles derivados, fabricados, importados, montados ou encarroçados, a partir do 1º (primeiro) ano após a definição pelo Contran das especificações técnicas pertinentes e do respectivo cronograma de implantação e a partir do 5º (quinto) ano, após esta definição, para os demais automóveis zero quilômetro de modelos ou projetos já existentes e veículos deles derivados.

§ 6º A exigência estabelecida no inciso VII do caput deste artigo não se aplica aos veículos destinados à exportação.

Art. 106. No caso de fabricação artesanal ou de modificação de veículo ou, ainda, quando ocorrer substituição de equipamento de segurança especificado pelo fabricante, será exigido, para licenciamento e registro, certificado de segurança expedido por instituição técnica credenciada por órgão ou entidade de metrologia legal, conforme norma elaborada pelo Contran.

Art. 107. Os veículos de aluguel, destinados ao transporte individual ou coletivo de passageiros, deverão satisfazer, além das exigências previstas neste Código, às condições técnicas e aos requisitos de segurança, higiene e conforto estabelecidos pelo poder competente para autorizar, permitir ou conceder a exploração dessa atividade.

Art. 108. Onde não houver linha regular de ônibus, a autoridade com circunscrição sobre a via poderá autorizar, a título precário, o transporte de passageiros em veículo de carga ou misto, desde que obedecidas as condições de segurança estabelecidas neste Código e pelo Contran.

Parágrafo único. A autorização citada no caput não poderá exceder a doze meses, prazo a partir do qual a autoridade pública responsável deverá implantar o serviço regular de transporte coletivo de passageiros, em conformidade com a legislação pertinente e com os dispositivos deste Código.

Art. 109. O transporte de carga em veículos destinados ao transporte de passageiros só pode ser realizado de acordo com as normas estabelecidas pelo Contran.

Art. 110. O veículo que tiver alterada qualquer de suas características para competição ou finalidade análoga só poderá circular nas vias públicas com licença especial da autoridade de trânsito, em itinerário e horário fixados.

Art. 111. É vedado, nas áreas envidraçadas do veículo:

I. (VETADO)

II. o uso de cortinas, persianas fechadas ou similares nos veículos em movimento, salvo nos que possuam espelhos retrovisores em ambos os lados.

III. aposição de inscrições, películas refletivas ou não, painéis decorativos ou pinturas, quando comprometer a segurança do veículo, na forma de regulamentação do Contran.

Parágrafo único. É proibido o uso de inscrição de caráter publicitário ou qualquer outra que possa desviar a atenção dos condutores em toda a extensão do pára-brisa e da traseira dos veículos, salvo se não colocar em risco a segurança do trânsito.

Art. 112. (Revogado pela Lei nº 9.792, de 1999)

Art. 113. Os importadores, as montadoras, as encarroçadoras e fabricantes de veículos e autopeças são responsáveis civil e criminalmente por danos causados aos usuários, a terceiros, e ao meio ambiente, decorrentes de falhas oriundas de projetos e da qualidade dos materiais e equipamentos utilizados na sua fabricação.

SEÇÃO III
Da Identificação do Veículo

Art. 114. O veículo será identificado obrigatoriamente por caracteres gravados no chassi ou no monobloco, reproduzidos em outras partes, conforme dispuser o Contran.

§ 1º A gravação será realizada pelo fabricante ou montador, de modo a identificar o veículo, seu fabricante e as suas características, além do ano de fabricação, que não poderá ser alterado.

§ 2º As regravações, quando necessárias, dependerão de prévia autorização da autoridade executiva de trânsito e somente serão processadas por estabelecimento por ela credenciado, mediante a comprovação de propriedade do veículo, mantida a mesma identificação anterior, inclusive o ano de fabricação.

§ 3º Nenhum proprietário poderá, sem prévia permissão da autoridade executiva de trânsito, fazer, ou ordenar que se faça, modificações da identificação de seu veículo.

Art. 115. O veículo será identificado externamente por meio de placas dianteira e traseira, sendo esta lacrada em sua estrutura, obedecidas as especificações e modelos estabelecidos pelo Contran.

§ 1º Os caracteres das placas serão individualizados para cada veículo e o acompanharão até a baixa do registro, sendo vedado seu reaproveitamento.

§ 2º As placas com as cores verde e amarela da Bandeira Nacional serão usadas somente pelos veículos de representação pessoal do Presidente e do Vice-Presidente da República, dos Presidentes do Senado Federal e da Câmara dos Deputados, do Presidente e dos Ministros do Supremo Tribunal Federal, dos Ministros de Estado, do Advogado-Geral da União e do Procurador-Geral da República.

§ 3º Os veículos de representação dos Presidentes dos Tribunais Federais, dos Governadores, Prefeitos, Secretários Estaduais e Municipais, dos Presidentes das Assembléias Legislativas, das Câmaras Municipais, dos Presidentes dos Tribunais Estaduais e do Distrito Federal, e do respectivo chefe do Ministério Público e ainda dos Oficiais Generais das Forças Armadas terão placas especiais, de acordo com os modelos estabelecidos pelo Contran.

§ 4º Os aparelhos automotores destinados a puxar ou a arrastar maquinaria de qualquer natureza ou a executar trabalhos de construção ou de pavimentação são sujeitos ao registro na repartição competente, se transitarem em via pública, dispensados o licenciamento e o emplacamento.

§ 4º-A. Os tratores e demais aparelhos automotores destinados a puxar ou a arrastar maquinaria agrícola ou a executar trabalhos agrícolas, desde que facultados a transitar em via pública, são sujeitos ao registro único, sem ônus, em cadastro específico do Ministério da Agricultura, Pecuária e Abastecimento, acessível aos componentes do Sistema Nacional de Trânsito.

§ 5º O disposto neste artigo não se aplica aos veículos de uso bélico.

§ 6º Os veículos de duas ou três rodas são dispensados da placa dianteira.

§ 7º Excepcionalmente, mediante autorização específica e fundamentada das respectivas corregedorias e com a devida comunicação aos órgãos de trânsito competentes, os veículos utilizados por membros do Poder Judiciário e do Ministério Público que exerçam competência ou atribuição criminal poderão temporariamente ter placas especiais, de forma a impedir a identificação de seus usuários específicos, na forma de regulamento a ser emitido, conjuntamente, pelo Conselho Nacional de Justiça – CNJ, pelo Conselho Nacional do Ministério Público CNMP e pelo Conselho Nacional de Trânsito Contran.

§ 8º Os veículos artesanais utilizados para trabalho agrícola (jericos), para efeito do registro de que trata o § 4º-A, ficam dispensados da exigência prevista no art. 106º.

§ 9º As placas que possuírem tecnologia que permita a identificação do veículo ao qual estão atreladas são dispensadas da utilização do lacre previsto no caput, na forma a ser regulamentada pelo Contran.

§ 10º O Contran estabelecerá os meios técnicos, de uso obrigatório, para garantir a identificação dos veículos que transitarem por rodovias e vias urbanas com cobrança de uso pelo sistema de livre passagem (Incluído pela Lei nº 14.157, de 2021).

Art. 116. Os veículos de propriedade da União, dos Estados e do Distrito Federal, devidamente registrados e licenciados, somente quando estritamente usados em serviço reservado de caráter policial, poderão usar placas particulares, obedecidos os critérios e limites estabelecidos pela legislação que regulamenta o uso de veículo oficial.

Art. 117. Os veículos de transporte de carga e os coletivos de passageiros deverão conter, em local facilmente visível, a inscrição indicativa de sua tara, do peso bruto total (PBT), do peso bruto total combinado (PBTC) ou capacidade máxima de tração (CMT) e de sua lotação, vedado o uso em desacordo com sua classificação.

CAPÍTULO X

Dos Veículos Em Circulação Internacional

Art. 118. A circulação de veículo no território nacional, independentemente de sua origem, em trânsito entre o Brasil e os países com os quais exista acordo ou tratado internacional, reger-se-á pelas disposições deste Código, pelas convenções e acordos internacionais ratificados.

Art. 119. As repartições aduaneiras e os órgãos de controle de fronteira comunicarão diretamente ao Renavam a entrada e saída temporária ou definitiva de veículos.

§ 1º Os veículos licenciados no exterior não poderão sair do território nacional sem o prévio pagamento ou o depósito, judicial ou administrativo, dos valores correspondentes às infrações de trânsito cometidas e ao ressarcimento de danos que tiverem causado ao patrimônio público ou de particulares, independentemente da fase do processo administrativo ou judicial envolvendo a questão.

§ 2º Os veículos que saírem do território nacional sem o cumprimento do disposto no § 1º e que posteriormente forem flagrados tentando ingressar ou já em circulação no território nacional serão retidos até a regularização da situação.

CAPÍTULO XI
Do Registro de Veículos

Art. 120. Todo veículo automotor, elétrico, articulado, reboque ou semi-reboque, deve ser registrado perante o órgão executivo de trânsito do Estado ou do Distrito Federal, no Município de domicílio ou residência de seu proprietário, na forma da lei.

§ 1º Os órgãos executivos de trânsito dos Estados e do Distrito Federal somente registrarão veículos oficiais de propriedade da administração direta, da União, dos Estados, do Distrito Federal e dos Municípios, de qualquer um dos poderes, com indicação expressa, por pintura nas portas, do nome, sigla ou logotipo do órgão ou entidade em cujo nome o veículo será registrado, excetuando-se os veículos de representação e os previstos no art. 116.

§ 2º O disposto neste artigo não se aplica ao veículo de uso bélico.

Art. 121. Registrado o veículo, expedir-se-á o Certificado de Registro de Veículo CRV de acordo com os modelos e especificações estabelecidos pelo Contran, contendo as características e condições de invulnerabilidade à falsificação e à adulteração.

Art. 122. Para a expedição do Certificado de Registro de Veículo o órgão executivo de trânsito consultará o cadastro do Renavam e exigirá do proprietário os seguintes documentos:

I. nota fiscal fornecida pelo fabricante ou revendedor, ou documento equivalente expedido por autoridade competente;

II. documento fornecido pelo Ministério das Relações Exteriores, quando se tratar de veículo importado por membro de missões diplomáticas, de repartições consulares de carreira, de representações de organismos internacionais e de seus integrantes.

Art. 123. Será obrigatória a expedição de novo Certificado de Registro de Veículo quando:

I. for transferida a propriedade;

II. o proprietário mudar o Município de domicílio ou residência;

III. for alterada qualquer característica do veículo;

IV. houver mudança de categoria.

§ 1º No caso de transferência de propriedade, o prazo para o proprietário adotar as providências necessárias à efetivação da expedição do novo Certificado de Registro de Veículo é de trinta dias, sendo que nos demais casos as providências deverão ser imediatas.

§ 2º No caso de transferência de domicílio ou residência no mesmo Município, o proprietário comunicará o novo endereço num prazo de trinta dias e aguardará o novo licenciamento para alterar o Certificado de Licenciamento Anual.

§ 3º A expedição do novo certificado será comunicada ao órgão executivo de trânsito que expediu o anterior e ao Renavam.

Art. 124. Para a expedição do novo Certificado de Registro de Veículo serão exigidos os seguintes documentos:

I. Certificado de Registro de Veículo anterior;

II. Certificado de Licenciamento Anual;

III. comprovante de transferência de propriedade, quando for o caso, conforme modelo e normas estabelecidas pelo Contran;

IV. Certificado de Segurança Veicular e de emissão de poluentes e ruído, quando houver adaptação ou alteração de características do veículo;

V. comprovante de procedência e justificativa da propriedade dos componentes e agregados adaptados ou montados no veículo, quando houver alteração das características originais de fábrica;

VI. autorização do Ministério das Relações Exteriores, no caso de veículo da categoria de missões diplomáticas, de repartições consulares de carreira, de representações de organismos internacionais e de seus integrantes;

VII. certidão negativa de roubo ou furto de veículo, expedida no Município do registro anterior, que poderá ser substituída por informação do Renavam;
VIII. comprovante de quitação de débitos relativos a tributos, encargos e multas de trânsito vinculados ao veículo, independentemente da responsabilidade pelas infrações cometidas; (Vide ADIN 2998)
IX. (Revogado pela Lei nº 9.602, de 1998)
X. comprovante relativo ao cumprimento do disposto no art. 98, quando houver alteração nas características originais do veículo que afetem a emissão de poluentes e ruído;
XI. comprovante de aprovação de inspeção veicular e de poluentes e ruído, quando for o caso, conforme regulamentações do Contran e do Conama.
Parágrafo único. O disposto no inciso VIII do caput deste artigo não se aplica à regularização de bens apreendidos ou confiscados na forma da Lei nº 11.343, de 23 de agosto de 2006. (Incluído pela Lei nº 13.886, de 2019)
Art. 125. As informações sobre o chassi, o monobloco, os agregados e as características originais do veículo deverão ser prestadas ao Renavam:
I. pelo fabricante ou montadora, antes da comercialização, no caso de veículo nacional;
II. pelo órgão alfandegário, no caso de veículo importado por pessoa física;
III. pelo importador, no caso de veículo importado por pessoa jurídica.
Parágrafo único. As informações recebidas pelo Renavam serão repassadas ao órgão executivo de trânsito responsável pelo registro, devendo este comunicar ao Renavam, tão logo seja o veículo registrado.
Art. 126. O proprietário de veículo irrecuperável, ou destinado à desmontagem, deverá requerer a baixa do registro, no prazo e forma estabelecidos pelo Contran, vedada a remontagem do veículo sobre o mesmo chassi de forma a manter o registro anterior.
Parágrafo único. A obrigação de que trata este artigo é da companhia seguradora ou do adquirente do veículo destinado à desmontagem, quando estes sucederem ao proprietário.
Art. 127. O órgão executivo de trânsito competente só efetuará a baixa do registro após prévia consulta ao cadastro do Renavam.
Parágrafo único. Efetuada a baixa do registro, deverá ser esta comunicada, de imediato, ao Renavam.

Art. 128. Não será expedido novo Certificado de Registro de Veículo enquanto houver débitos fiscais e de multas de trânsito e ambientais, vinculadas ao veículo, independentemente da responsabilidade pelas infrações cometidas. (Vide ADIN 2998)
Art. 129. O registro e o licenciamento dos veículos de propulsão humana e dos veículos de tração animal obedecerão à regulamentação estabelecida em legislação municipal do domicílio ou residência de seus proprietários.
Art. 129-A. O registro dos tratores e demais aparelhos automotores destinados a puxar ou a arrastar maquinaria agrícola ou a executar trabalhos agrícolas será efetuado, sem ônus, pelo Ministério da Agricultura, Pecuária e Abastecimento, diretamente ou mediante convênio.

CAPÍTULO XII
Do Licenciamento

Art. 130. Todo veículo automotor, elétrico, articulado, reboque ou semi-reboque, para transitar na via, deverá ser licenciado anualmente pelo órgão executivo de trânsito do Estado, ou do Distrito Federal, onde estiver registrado o veículo.
§ 1º O disposto neste artigo não se aplica a veículo de uso bélico.
§ 2º No caso de transferência de residência ou domicílio, é válido, durante o exercício, o licenciamento de origem.
Art. 131. O Certificado de Licenciamento Anual será expedido ao veículo licenciado, vinculado ao Certificado de Registro, no modelo e especificações estabelecidos pelo Contran.
§ 1º O primeiro licenciamento será feito simultaneamente ao registro.
§ 2º O veículo somente será considerado licenciado estando quitados os débitos relativos a tributos, encargos e multas de trânsito e ambientais, vinculados ao veículo, independentemente da responsabilidade pelas infrações cometidas. (Vide ADIN 2998)
§ 3º Ao licenciar o veículo, o proprietário deverá comprovar sua aprovação nas inspeções de segurança veicular e de controle de emissões de gases poluentes e de ruído, conforme disposto no art. 104.
Art. 132. Os veículos novos não estão sujeitos ao licenciamento e terão sua circulação regulada pelo Contran durante o trajeto entre a fábrica e o Município de destino.

§ 1º O disposto neste artigo aplica-se, igualmente, aos veículos importados, durante o trajeto entre a alfândega ou entreposto alfandegário e o Município de destino.

§ 2º (Revogado pela Lei nº 13.154, de 2015)

Art. 133. É obrigatório o porte do Certificado de Licenciamento Anual.

Parágrafo único. O porte será dispensado quando, no momento da fiscalização, for possível ter acesso ao devido sistema informatizado para verificar se o veículo está licenciado.

Art. 134. No caso de transferência de propriedade, o proprietário antigo deverá encaminhar ao órgão executivo de trânsito do Estado dentro de um prazo de trinta dias, cópia autenticada do comprovante de transferência de propriedade, devidamente assinado e datado, sob pena de ter que se responsabilizar solidariamente pelas penalidades impostas e suas reincidências até a data da comunicação.

Parágrafo único. O comprovante de transferência de propriedade de que trata o caput poderá ser substituído por documento eletrônico, na forma regulamentada pelo Contran.

Art. 135. Os veículos de aluguel, destinados ao transporte individual ou coletivo de passageiros de linhas regulares ou empregados em qualquer serviço remunerado, para registro, licenciamento e respectivo emplacamento de característica comercial, deverão estar devidamente autorizados pelo poder público concedente.

CAPÍTULO XIII
Da Condução de Escolares

Art. 136. Os veículos especialmente destinados à condução coletiva de escolares somente poderão circular nas vias com autorização emitida pelo órgão ou entidade executivos de trânsito dos Estados e do Distrito Federal, exigindo-se, para tanto:

I. registro como veículo de passageiros;

II. inspeção semestral para verificação dos equipamentos obrigatórios e de segurança;

III. pintura de faixa horizontal na cor amarela, com quarenta centímetros de largura, à meia altura, em toda a extensão das partes laterais e traseira da carroçaria, com o dístico ESCOLAR, em preto, sendo que, em caso de veículo de carroçaria pintada na cor amarela, as cores aqui indicadas devem ser invertidas;

IV. equipamento registrador instantâneo inalterável de velocidade e tempo;

V. lanternas de luz branca, fosca ou amarela dispostas nas extremidades da parte superior dianteira e lanternas de luz vermelha dispostas na extremidade superior da parte traseira;

VI. cintos de segurança em número igual à lotação;

VII. outros requisitos e equipamentos obrigatórios estabelecidos pelo Contran.

Art. 137. A autorização a que se refere o artigo anterior deverá ser afixada na parte interna do veículo, em local visível, com inscrição da lotação permitida, sendo vedada a condução de escolares em número superior à capacidade estabelecida pelo fabricante.

Art. 138. O condutor de veículo destinado à condução de escolares deve satisfazer os seguintes requisitos:

I. ter idade superior a vinte e um anos;

II. ser habilitado na categoria D;

III. (VETADO)

IV. não ter cometido nenhuma infração grave ou gravíssima, ou ser reincidente em infrações médias durante os doze últimos meses;

V. ser aprovado em curso especializado, nos termos da regulamentação do Contran.

Art. 139. O disposto neste Capítulo não exclui a competência municipal de aplicar as exigências previstas em seus regulamentos, para o transporte de escolares.

CAPÍTULO XIII-A
Da Condução de Moto-Frete

Art. 139-A. As motocicletas e motonetas destinadas ao transporte remunerado de mercadorias – moto-frete – somente poderão circular nas vias com autorização emitida pelo órgão ou entidade executivo de trânsito dos Estados e do Distrito Federal, exigindo-se, para tanto:

I. registro como veículo da categoria de aluguel;

II. instalação de protetor de motor mata-cachorro, fixado no chassi do veículo, destinado a proteger o motor e a perna do condutor em caso de tombamento, nos termos de regulamentação do Conselho Nacional de Trânsito Contran;

III. instalação de aparador de linha antena corta-pipas, nos termos de regulamentação do Contran;

IV. inspeção semestral para verificação dos equipamentos obrigatórios e de segurança.

§ 1º A instalação ou incorporação de dispositivos para transporte de cargas deve estar de acordo com a regulamentação do Contran.

§ 2º É proibido o transporte de combustíveis, produtos inflamáveis ou tóxicos e de galões nos veículos de que trata este artigo, com exceção do gás de cozinha e de galões contendo água mineral, desde que com o auxílio de side-car, nos termos de regulamentação do Contran.

Art. 139-B. O disposto neste Capítulo não exclui a competência municipal ou estadual de aplicar as exigências previstas em seus regulamentos para as atividades de moto-frete no âmbito de suas circunscrições.

CAPÍTULO XIV
Da Habilitação

Art. 140. A habilitação para conduzir veículo automotor e elétrico será apurada por meio de exames que deverão ser realizados junto ao órgão ou entidade executivos do Estado ou do Distrito Federal, do domicílio ou residência do candidato, ou na sede estadual ou distrital do próprio órgão, devendo o condutor preencher os seguintes requisitos:

I. ser penalmente imputável;
II. saber ler e escrever;
III. possuir Carteira de Identidade ou equivalente.

Parágrafo único. As informações do candidato à habilitação serão cadastradas no RENACH.

Art. 141. O processo de habilitação, as normas relativas à aprendizagem para conduzir veículos automotores e elétricos e à autorização para conduzir ciclomotores serão regulamentados pelo Contran.

§ 1º A autorização para conduzir veículos de propulsão humana e de tração animal ficará a cargo dos Municípios.

§ 2º (VETADO)

Art. 142. O reconhecimento de habilitação obtida em outro país está subordinado às condições estabelecidas em convenções e acordos internacionais e às normas do Contran.

Art. 143. Os candidatos poderão habilitar-se nas categorias de A a E, obedecida a seguinte gradação:

I. Categoria A – condutor de veículo motorizado de duas ou três rodas, com ou sem carro lateral;

II. Categoria B – condutor de veículo motorizado, não abrangido pela categoria A, cujo peso bruto total não exceda a três mil e quinhentos quilogramas e cuja lotação não exceda a oito lugares, excluído o do motorista;

III. Categoria C – condutor de veículo motorizado utilizado em transporte de carga, cujo peso bruto total exceda a três mil e quinhentos quilogramas;

IV. Categoria D – condutor de veículo motorizado utilizado no transporte de passageiros, cuja lotação exceda a oito lugares, excluído o do motorista;

V. Categoria E – condutor de combinação de veículos em que a unidade tratora se enquadre nas categorias B, C ou D e cuja unidade acoplada, reboque, semirreboque, trailer ou articulada tenha 6.000 kg (seis mil quilogramas) ou mais de peso bruto total, ou cuja lotação exceda a 8 (oito) lugares.

§ 1º Para habilitar-se na categoria C, o condutor deverá estar habilitado no mínimo há um ano na categoria B e não ter cometido nenhuma infração grave ou gravíssima, ou ser reincidente em infrações médias, durante os últimos doze meses.

§ 2º São os condutores da categoria B autorizados a conduzir veículo automotor da espécie motor-casa, definida nos termos do Anexo I deste Código, cujo peso não exceda a 6.000 kg (seis mil quilogramas), ou cuja lotação não exceda a 8 (oito) lugares, excluído o do motorista.

§ 3º Aplica-se o disposto no inciso V ao condutor da combinação de veículos com mais de uma unidade tracionada, independentemente da capacidade de tração ou do peso bruto total.

Art. 144. O trator de roda, o trator de esteira, o trator misto ou o equipamento automotor destinado à movimentação de cargas ou execução de trabalho agrícola, de terraplenagem, de construção ou de pavimentação só podem ser conduzidos na via pública por condutor habilitado nas categorias C, D ou E.

Parágrafo único. O trator de roda e os equipamentos automotores destinados a executar trabalhos agrícolas poderão ser conduzidos em via pública também por condutor habilitado na categoria B.

Art. 145. Para habilitar-se nas categorias D e E ou para conduzir veículo de transporte coletivo de passageiros, de escolares, de emergência ou de produto perigoso, o candidato deverá preencher os seguintes requisitos:

I. ser maior de vinte e um anos;
II. estar habilitado:

a) no mínimo há dois anos na categoria B, ou no mínimo há um ano na categoria C, quando pretender habilitar-se na categoria D; e
b) no mínimo há um ano na categoria C, quando pretender habilitar-se na categoria E;
III. não ter cometido nenhuma infração grave ou gravíssima ou ser reincidente em infrações médias durante os últimos doze meses;
IV. ser aprovado em curso especializado e em curso de treinamento de prática veicular em situação de risco, nos termos da normatização do Contran.
Parágrafo único. A participação em curso especializado previsto no inciso IV independe da observância do disposto no inciso III.
§ 2º (VETADO). (Incluído pela Lei nº 13.154, de 2015)
Art. 145-A. Além do disposto no art. 145, para conduzir ambulâncias, o candidato deverá comprovar treinamento especializado e reciclagem em cursos específicos a cada 5 (cinco) anos, nos termos da normatização do Contran.
Art. 146. Para conduzir veículos de outra categoria o condutor deverá realizar exames complementares exigidos para habilitação na categoria pretendida.
Art. 147. O candidato à habilitação deverá submeter-se a exames realizados pelo órgão executivo de trânsito, na seguinte ordem:
I. de aptidão física e mental;
II. (VETADO)
III. escrito, sobre legislação de trânsito;
IV. de noções de primeiros socorros, conforme regulamentação do Contran;
V. de direção veicular, realizado na via pública, em veículo da categoria para a qual estiver habilitando-se.
§ 1º Os resultados dos exames e a identificação dos respectivos examinadores serão registrados no RENACH.
§ 2º O exame de aptidão física e mental será preliminar e renovável a cada cinco anos, ou a cada três anos para condutores com mais de sessenta e cinco anos de idade, no local de residência ou domicílio do examinado.
§ 3º O exame previsto no § 2º incluirá avaliação psicológica preliminar e complementar sempre que a ele se submeter o condutor que exerce atividade remunerada ao veículo, incluindo-se esta avaliação para os demais candidatos apenas no exame referente à primeira habilitação.

§ 4º Quando houver indícios de deficiência física, mental, ou de progressividade de doença que possa diminuir a capacidade para conduzir o veículo, o prazo previsto no § 2º poderá ser diminuído por proposta do perito examinador.
§ 5º O condutor que exerce atividade remunerada ao veículo terá essa informação incluída na sua Carteira Nacional de Habilitação, conforme especificações do Conselho Nacional de Trânsito Contran.
Art. 147-A. Ao candidato com deficiência auditiva é assegurada acessibilidade de comunicação, mediante emprego de tecnologias assistivas ou de ajudas técnicas em todas as etapas do processo de habilitação.
§ 1º O material didático audiovisual utilizado em aulas teóricas dos cursos que precedem os exames previstos no art. 147 desta Lei deve ser acessível, por meio de subtitulação com legenda oculta associada à tradução simultânea em Libras.
§ 2º É assegurado também ao candidato com deficiência auditiva requerer, no ato de sua inscrição, os serviços de intérprete da Libras, para acompanhamento em aulas práticas e teóricas.
Art. 148. Os exames de habilitação, exceto os de direção veicular, poderão ser aplicados por entidades públicas ou privadas credenciadas pelo órgão executivo de trânsito dos Estados e do Distrito Federal, de acordo com as normas estabelecidas pelo Contran.
§ 1º A formação de condutores deverá incluir, obrigatoriamente, curso de direção defensiva e de conceitos básicos de proteção ao meio ambiente relacionados com o trânsito.
§ 2º Ao candidato aprovado será conferida Permissão para Dirigir, com validade de um ano.
§ 3º A Carteira Nacional de Habilitação será conferida ao condutor no término de um ano, desde que o mesmo não tenha cometido nenhuma infração de natureza grave ou gravíssima ou seja reincidente em infração média.
§ 4º A não obtenção da Carteira Nacional de Habilitação, tendo em vista a incapacidade de atendimento do disposto no parágrafo anterior, obriga o candidato a reiniciar todo o processo de habilitação.
§ 5º O Conselho Nacional de Trânsito Contran poderá dispensar os tripulantes de aeronaves que apresentarem o cartão de saúde expedido pelas Forças Armadas ou pelo Departamento de Aeronáutica

Civil, respectivamente, da prestação do exame de aptidão física e mental.

Art. 148-A. Os condutores das categorias C, D e E deverão submeter-se a exames toxicológicos para a habilitação e renovação da Carteira Nacional de Habilitação.

§ 1º O exame de que trata este artigo buscará aferir o consumo de substâncias psicoativas que, comprovadamente, comprometam a capacidade de direção e deverá ter janela de detecção mínima de 90 (noventa) dias, nos termos das normas do Contran.

§ 2º Os condutores das categorias C, D e E com Carteira Nacional de Habilitação com validade de 5 (cinco) anos deverão fazer o exame previsto no § 1º no prazo de 2 (dois) anos e 6 (seis) meses a contar da realização do disposto no caput.

§ 3º Os condutores das categorias C, D e E com Carteira Nacional de Habilitação com validade de 3 (três) anos deverão fazer o exame previsto no § 1º no prazo de 1 (um) ano e 6 (seis) meses a contar da realização do disposto no caput.

§ 4º É garantido o direito de contraprova e de recurso administrativo no caso de resultado positivo para o exame de que trata o caput, nos termos das normas do Contran.

§ 5º A reprovação no exame previsto neste artigo terá como consequência a suspensão do direito de dirigir pelo período de 3 (três) meses, condicionado o levantamento da suspensão ao resultado negativo em novo exame, e vedada a aplicação de outras penalidades, ainda que acessórias.

§ 6º O resultado do exame somente será divulgado para o interessado e não poderá ser utilizado para fins estranhos ao disposto neste artigo ou no § 6º do art. 168 da Consolidação das Leis do Trabalho CLT, aprovada pelo Decreto-Lei nº 5.452, de 1º de maio de 1943º

§ 7º O exame será realizado, em regime de livre concorrência, pelos laboratórios credenciados pelo Departamento Nacional de Trânsito DENATRAN, nos termos das normas do Contran, vedado aos entes públicos:

I. fixar preços para os exames;

II. limitar o número de empresas ou o número de locais em que a atividade pode ser exercida; e

III. estabelecer regras de exclusividade territorial.

Art. 149. (VETADO)

Art. 150. Ao renovar os exames previstos no artigo anterior, o condutor que não tenha curso de direção defensiva e primeiros socorros deverá a eles ser submetido, conforme normatização do Contran.

Parágrafo único. A empresa que utiliza condutores contratados para operar a sua frota de veículos é obrigada a fornecer curso de direção defensiva, primeiros socorros e outros conforme normatização do Contran.

Art. 151. No caso de reprovação no exame escrito sobre legislação de trânsito ou de direção veicular, o candidato só poderá repetir o exame depois de decorridos quinze dias da divulgação do resultado.

Art. 152. O exame de direção veicular será realizado perante comissão integrada por 3 (três) membros designados pelo dirigente do órgão executivo local de trânsito.

§ 1º Na comissão de exame de direção veicular, pelo menos um membro deverá ser habilitado na categoria igual ou superior à pretendida pelo candidato.

§ 2º Os militares das Forças Armadas e os policiais e bombeiros dos órgãos de segurança pública da União, dos Estados e do Distrito Federal que possuírem curso de formação de condutor ministrado em suas corporações serão dispensados, para a concessão do documento de habilitação, dos exames aos quais se houverem submetido com aprovação naquele curso, desde que neles sejam observadas as normas estabelecidas pelo Contran.

§ 3º O militar, o policial ou o bombeiro militar interessado na dispensa de que trata o § 2º instruirá seu requerimento com ofício do comandante, chefe ou diretor da unidade administrativa onde prestar serviço, do qual constarão o número do registro de identificação, naturalidade, nome, filiação, idade e categoria em que se habilitou a conduzir, acompanhado de cópia das atas dos exames prestados.

§ 4º (VETADO)

Art. 153. O candidato habilitado terá em seu prontuário a identificação de seus instrutores e examinadores, que serão passíveis de punição conforme regulamentação a ser estabelecida pelo Contran.

Parágrafo único. As penalidades aplicadas aos instrutores e examinadores serão de advertência, suspensão e cancelamento da autorização para o exercício da atividade, conforme a falta cometida.

Art. 154. Os veículos destinados à formação de condutores serão identificados por uma faixa amarela, de vinte centímetros de largura, pintada ao longo da carroçaria, à meia altura, com a inscrição AUTOESCOLA na cor preta.

Parágrafo único. No veículo eventualmente utilizado para aprendizagem, quando autorizado para servir a esse fim, deverá ser afixada ao longo de sua carroçaria, à meia altura, faixa branca removível, de vinte centímetros de largura, com a inscrição AUTOESCOLA na cor preta.

Art. 155. A formação de condutor de veículo automotor e elétrico será realizada por instrutor autorizado pelo órgão executivo de trânsito dos Estados ou do Distrito Federal, pertencente ou não à entidade credenciada.

Parágrafo único. Ao aprendiz será expedida autorização para aprendizagem, de acordo com a regulamentação do Contran, após aprovação nos exames de aptidão física, mental, de primeiros socorros e sobre legislação de trânsito.

Art. 156. O Contran regulamentará o credenciamento para prestação de serviço pelas auto-escolas e outras entidades destinadas à formação de condutores e às exigências necessárias para o exercício das atividades de instrutor e examinador.

Art. 157. (VETADO)

Art. 158. A aprendizagem só poderá realizar-se:

I. nos termos, horários e locais estabelecidos pelo órgão executivo de trânsito;

II. acompanhado o aprendiz por instrutor autorizado.

§ 1º Além do aprendiz e do instrutor, o veículo utilizado na aprendizagem poderá conduzir apenas mais um acompanhante.

§ 2º Parte da aprendizagem será obrigatoriamente realizada durante a noite, cabendo ao Contran fixar-lhe a carga horária mínima correspondente.

Art. 159. A Carteira Nacional de Habilitação, expedida em modelo único e de acordo com as especificações do Contran, atendidos os pré-requisitos estabelecidos neste Código, conterá fotografia, identificação e CPF do condutor, terá fé pública e equivalerá a documento de identidade em todo o território nacional.

§ 1º É obrigatório o porte da Permissão para Dirigir ou da Carteira Nacional de Habilitação quando o condutor estiver à direção do veículo.

§ 2º (VETADO)

§ 3º A emissão de nova via da Carteira Nacional de Habilitação será regulamentada pelo Contran.

§ 4º (VETADO)

§ 5º A Carteira Nacional de Habilitação e a Permissão para Dirigir somente terão validade para a condução de veículo quando apresentada em original.

§ 6º A identificação da Carteira Nacional de Habilitação expedida e a da autoridade expedidora serão registradas no RENACH.

§ 7º A cada condutor corresponderá um único registro no RENACH, agregando-se neste todas as informações.

§ 8º A renovação da validade da Carteira Nacional de Habilitação ou a emissão de uma nova via somente será realizada após quitação de débitos constantes do prontuário do condutor.

§ 9º (VETADO)

§ 10º A validade da Carteira Nacional de Habilitação está condicionada ao prazo de vigência do exame de aptidão física e mental.

§ 11º A Carteira Nacional de Habilitação, expedida na vigência do Código anterior, será substituída por ocasião do vencimento do prazo para revalidação do exame de aptidão física e mental, ressalvados os casos especiais previstos nesta Lei.

Art. 160. O condutor condenado por delito de trânsito deverá ser submetido a novos exames para que possa voltar a dirigir, de acordo com as normas estabelecidas pelo Contran, independentemente do reconhecimento da prescrição, em face da pena concretizada na sentença.

§ 1º Em caso de acidente grave, o condutor nele envolvido poderá ser submetido aos exames exigidos neste artigo, a juízo da autoridade executiva estadual de trânsito, assegurada ampla defesa ao condutor.

§ 2º No caso do parágrafo anterior, a autoridade executiva estadual de trânsito poderá apreender o documento de habilitação do condutor até a sua aprovação nos exames realizados.

CAPÍTULO XV

Das Infrações

Art. 161. Constitui infração de trânsito a inobservância de qualquer preceito deste Código, da legislação complementar ou das resoluções do Contran, sendo o infrator sujeito às penalidades e medidas administrativas indicadas em cada artigo, além das punições previstas no Capítulo XIX. (Vide ADIN 2998)

Parágrafo único. As infrações cometidas em relação às resoluções do Contran terão suas penalidades e medidas administrativas definidas nas próprias resoluções. (Vide ADIN 2998)

Art. 162. Dirigir veículo:

I. sem possuir Carteira Nacional de Habilitação, Permissão para Dirigir ou Autorização para Conduzir Ciclomotor:
Infração gravíssima;
Penalidade – multa (três vezes);
Medida administrativa – retenção do veículo até a apresentação de condutor habilitado;

II. com Carteira Nacional de Habilitação, Permissão para Dirigir ou Autorização para Conduzir Ciclomotor cassada ou com suspensão do direito de dirigir:
Infração gravíssima;
Penalidade – multa (três vezes);
Medida administrativa – recolhimento do documento de habilitação e retenção do veículo até a apresentação de condutor habilitado;

III. com Carteira Nacional de Habilitação ou Permissão para Dirigir de categoria diferente da do veículo que esteja conduzindo:
Infração gravíssima;
Penalidade – multa (duas vezes);
Medida administrativa – retenção do veículo até a apresentação de condutor habilitado;

IV. (VETADO)

V. com validade da Carteira Nacional de Habilitação vencida há mais de trinta dias:
Infração gravíssima;
Penalidade – multa;
Medida administrativa – recolhimento da Carteira Nacional de Habilitação e retenção do veículo até a apresentação de condutor habilitado;

VI. sem usar lentes corretoras de visão, aparelho auxiliar de audição, de prótese física ou as adaptações do veículo impostas por ocasião da concessão ou da renovação da licença para conduzir:
Infração gravíssima;
Penalidade – multa;
Medida administrativa – retenção do veículo até o saneamento da irregularidade ou apresentação de condutor habilitado.

Art. 163. Entregar a direção do veículo a pessoa nas condições previstas no artigo anterior:
Infração as mesmas previstas no artigo anterior;
Penalidade – as mesmas previstas no artigo anterior;
Medida administrativa – a mesma prevista no inciso III do artigo anterior.

Art. 164. Permitir que pessoa nas condições referidas nos incisos do art. 162 tome posse do veículo automotor e passe a conduzi-lo na via:
Infração as mesmas previstas nos incisos do art. 162;
Penalidade – as mesmas previstas no art. 162;
Medida administrativa – a mesma prevista no inciso III do art. 162.

Art. 165. Dirigir sob a influência de álcool ou de qualquer outra substância psicoativa que determine dependência:
Infração gravíssima;
Penalidade – multa (dez vezes) e suspensão do direito de dirigir por 12 (doze) meses.
Medida administrativa – recolhimento do documento de habilitação e retenção do veículo, observado o disposto no § 4º do art. 270 da Lei nº 9.503, de 23 de setembro de 1997 – do Código de Trânsito Brasileiro.
Parágrafo único. Aplica-se em dobro a multa prevista no caput em caso de reincidência no período de até 12 (doze) meses.

Art. 165-A. Recusar-se a ser submetido a teste, exame clínico, perícia ou outro procedimento que permita certificar influência de álcool ou outra substância psicoativa, na forma estabelecida pelo art. 277:
Infração gravíssima;
Penalidade – multa (dez vezes) e suspensão do direito de dirigir por 12 (doze) meses;
Medida administrativa – recolhimento do documento de habilitação e retenção do veículo, observado o disposto no § 4º do art. 270.
Parágrafo único. Aplica-se em dobro a multa prevista no caput em caso de reincidência no período de até 12 (doze) meses

Art. 166. Confiar ou entregar a direção de veículo a pessoa que, mesmo habilitada, por seu estado físico ou psíquico, não estiver em condições de dirigi-lo com segurança:
Infração gravíssima;
Penalidade – multa.

Art. 167. Deixar o condutor ou passageiro de usar o cinto de segurança, conforme previsto no art. 65:
Infração grave;
Penalidade – multa;
Medida administrativa – retenção do veículo até colocação do cinto pelo infrator.

Art. 168. Transportar crianças em veículo automotor sem observância das normas de segurança especiais estabelecidas neste Código:
Infração gravíssima;

Penalidade – multa;
Medida administrativa – retenção do veículo até que a irregularidade seja sanada.

Art. 169. Dirigir sem atenção ou sem os cuidados indispensáveis à segurança:
Infração leve;
Penalidade – multa.

Art. 170. Dirigir ameaçando os pedestres que estejam atravessando a via pública, ou os demais veículos:
Infração gravíssima;
Penalidade – multa e suspensão do direito de dirigir;
Medida administrativa – retenção do veículo e recolhimento do documento de habilitação.

Art. 171. Usar o veículo para arremessar, sobre os pedestres ou veículos, água ou detritos:
Infração média;
Penalidade – multa.

Art. 172. Atirar do veículo ou abandonar na via objetos ou substâncias:
Infração média;
Penalidade – multa.

Art. 173. Disputar corrida:
Infração gravíssima;
Penalidade – multa (dez vezes), suspensão do direito de dirigir e apreensão do veículo;
Medida administrativa – recolhimento do documento de habilitação e remoção do veículo.
Parágrafo único. Aplica-se em dobro a multa prevista no caput em caso de reincidência no período de 12 (doze) meses da infração anterior.

Art. 174. Promover, na via, competição, eventos organizados, exibição e demonstração de perícia em manobra de veículo, ou deles participar, como condutor, sem permissão da autoridade de trânsito com circunscrição sobre a via:
Infração gravíssima;
Penalidade – multa (dez vezes), suspensão do direito de dirigir e apreensão do veículo;
Medida administrativa – recolhimento do documento de habilitação e remoção do veículo.
§ 1º As penalidades são aplicáveis aos promotores e aos condutores participantes.
§ 2º Aplica-se em dobro a multa prevista no caput em caso de reincidência no período de 12 (doze) meses da infração anterior.

Art. 175. Utilizar-se de veículo para demonstrar ou exibir manobra perigosa, mediante arrancada brusca, derrapagem ou frenagem com deslizamento ou arrastamento de pneus:
Infração gravíssima;
Penalidade – multa (dez vezes), suspensão do direito de dirigir e apreensão do veículo;
Medida administrativa – recolhimento do documento de habilitação e remoção do veículo.
Parágrafo único. Aplica-se em dobro a multa prevista no caput em caso de reincidência no período de 12 (doze) meses da infração anterior.

Art. 176. Deixar o condutor envolvido em acidente com vítima:
I. de prestar ou providenciar socorro à vítima, podendo fazê-lo;
II. de adotar providências, podendo fazê-lo, no sentido de evitar perigo para o trânsito no local;
III. de preservar o local, de forma a facilitar os trabalhos da polícia e da perícia;
IV. de adotar providências para remover o veículo do local, quando determinadas por policial ou agente da autoridade de trânsito;
V. de identificar-se ao policial e de lhe prestar informações necessárias à confecção do boletim de ocorrência:
Infração gravíssima;
Penalidade – multa (cinco vezes) e suspensão do direito de dirigir;
Medida administrativa – recolhimento do documento de habilitação.

Art. 177. Deixar o condutor de prestar socorro à vítima de acidente de trânsito quando solicitado pela autoridade e seus agentes:
Infração grave;
Penalidade – multa.

Art. 178. Deixar o condutor, envolvido em acidente sem vítima, de adotar providências para remover o veículo do local, quando necessária tal medida para assegurar a segurança e a fluidez do trânsito:
Infração média;
Penalidade – multa.

Art. 179. Fazer ou deixar que se faça reparo em veículo na via pública, salvo nos casos de impedimento absoluto de sua remoção e em que o veículo esteja devidamente sinalizado:
I. em pista de rolamento de rodovias e vias de trânsito rápido:
Infração grave;
Penalidade – multa;
Medida administrativa – remoção do veículo;
II. nas demais vias:
Infração leve;

Penalidade – multa.

Art. 180. Ter seu veículo imobilizado na via por falta de combustível:
Infração média;
Penalidade – multa;
Medida administrativa – remoção do veículo.

Art. 181. Estacionar o veículo:
I. nas esquinas e a menos de cinco metros do bordo do alinhamento da via transversal:
Infração média;
Penalidade – multa;
Medida administrativa – remoção do veículo;
II. afastado da guia da calçada (meio-fio) de cinquenta centímetros a um metro:
Infração leve;
Penalidade – multa;
Medida administrativa – remoção do veículo;
III. afastado da guia da calçada (meio-fio) a mais de um metro:
Infração grave;
Penalidade – multa;
Medida administrativa – remoção do veículo;
IV. em desacordo com as posições estabelecidas neste Código:
Infração média;
Penalidade – multa;
Medida administrativa – remoção do veículo;
V. na pista de rolamento das estradas, das rodovias, das vias de trânsito rápido e das vias dotadas de acostamento:
Infração gravíssima;
Penalidade – multa;
Medida administrativa – remoção do veículo;
VI. junto ou sobre hidrantes de incêndio, registro de água ou tampas de poços de visita de galerias subterrâneas, desde que devidamente identificados, conforme especificação do Contran:
Infração média;
Penalidade – multa;
Medida administrativa – remoção do veículo;
VII. nos acostamentos, salvo motivo de força maior:
Infração leve;
Penalidade – multa;
Medida administrativa – remoção do veículo;
VIII. no passeio ou sobre faixa destinada a pedestre, sobre ciclovia ou ciclofaixa, bem como nas ilhas, refúgios, ao lado ou sobre canteiros centrais, divisores de pista de rolamento, marcas de canalização, gramados ou jardim público:
Infração grave;
Penalidade – multa;
Medida administrativa – remoção do veículo;
IX. onde houver guia de calçada (meio-fio) rebaixada destinada à entrada ou saída de veículos:
Infração média;
Penalidade – multa;
Medida administrativa – remoção do veículo;
X. impedindo a movimentação de outro veículo:
Infração média;
Penalidade – multa;
Medida administrativa – remoção do veículo;
XI. ao lado de outro veículo em fila dupla:
Infração grave;
Penalidade – multa;
Medida administrativa – remoção do veículo;
XII. na área de cruzamento de vias, prejudicando a circulação de veículos e pedestres:
Infração grave;
Penalidade – multa;
Medida administrativa – remoção do veículo;
XIII. onde houver sinalização horizontal delimitadora de ponto de embarque ou desembarque de passageiros de transporte coletivo ou, na inexistência desta sinalização, no intervalo compreendido entre dez metros antes e depois do marco do ponto:
Infração média;
Penalidade – multa;
Medida administrativa – remoção do veículo;
XIV. nos viadutos, pontes e túneis:
Infração grave;
Penalidade – multa;
Medida administrativa – remoção do veículo;
XV. na contramão de direção:
Infração média;
Penalidade – multa;
XVI. em aclive ou declive, não estando devidamente freado e sem calço de segurança, quando se tratar de veículo com peso bruto total superior a três mil e quinhentos quilogramas:
Infração grave;
Penalidade – multa;
Medida administrativa – remoção do veículo;
XVII. em desacordo com as condições regulamentadas especificamente pela sinalização (placa – Estacionamento Regulamentado):
Infração grave;
Penalidade – multa;
Medida administrativa – remoção do veículo;

XVIII. em locais e horários proibidos especificamente pela sinalização (placa – Proibido Estacionar):
Infração média;
Penalidade – multa;
Medida administrativa – remoção do veículo;
XIX. em locais e horários de estacionamento e parada proibidos pela sinalização (placa – Proibido Parar e Estacionar):
Infração grave;
Penalidade – multa;
Medida administrativa – remoção do veículo.
XX. nas vagas reservadas às pessoas com deficiência ou idosos, sem credencial que comprove tal condição:
Infração gravíssima;
Penalidade – multa;
Medida administrativa – remoção do veículo.
§ 1º Nos casos previstos neste artigo, a autoridade de trânsito aplicará a penalidade preferencialmente após a remoção do veículo.
§ 2º No caso previsto no inciso XVI é proibido abandonar o calço de segurança na via.
Art. 182. Parar o veículo:
I. nas esquinas e a menos de cinco metros do bordo do alinhamento da via transversal:
Infração média;
Penalidade – multa;
II. afastado da guia da calçada (meio-fio) de cinquenta centímetros a um metro:
Infração leve;
Penalidade – multa;
III. afastado da guia da calçada (meio-fio) a mais de um metro:
Infração média;
Penalidade – multa;
IV. em desacordo com as posições estabelecidas neste Código:
Infração leve;
Penalidade – multa;
V. na pista de rolamento das estradas, das rodovias, das vias de trânsito rápido e das demais vias dotadas de acostamento:
Infração grave;
Penalidade – multa;
VI. no passeio ou sobre faixa destinada a pedestres, nas ilhas, refúgios, canteiros centrais e divisores de pista de rolamento e marcas de canalização:
Infração leve;
Penalidade – multa;

VII. na área de cruzamento de vias, prejudicando a circulação de veículos e pedestres:
Infração média;
Penalidade – multa;
VIII. nos viadutos, pontes e túneis:
Infração média;
Penalidade – multa;
IX. na contramão de direção:
Infração média;
Penalidade – multa;
X. em local e horário proibidos especificamente pela sinalização (placa – Proibido Parar):
Infração média;
Penalidade – multa.
Art. 183. Parar o veículo sobre a faixa de pedestres na mudança de sinal luminoso:
Infração média;
Penalidade – multa.
Art. 184. Transitar com o veículo:
I. na faixa ou pista da direita, regulamentada como de circulação exclusiva para determinado tipo de veículo, exceto para acesso a imóveis lindeiros ou conversões à direita:
Infração leve;
Penalidade – multa;
II. na faixa ou pista da esquerda regulamentada como de circulação exclusiva para determinado tipo de veículo:
Infração grave;
Penalidade – multa.
III. na faixa ou via de trânsito exclusivo, regulamentada com circulação destinada aos veículos de transporte público coletivo de passageiros, salvo casos de força maior e com autorização do poder público competente:
Infração gravíssima;
Penalidade – multa e apreensão do veículo;
Medida Administrativa – remoção do veículo.
Art. 185. Quando o veículo estiver em movimento, deixar de conservá-lo:
I. na faixa a ele destinada pela sinalização de regulamentação, exceto em situações de emergência;
II. nas faixas da direita, os veículos lentos e de maior porte:
Infração média;
Penalidade – multa.
Art. 186. Transitar pela contramão de direção em:

I. vias com duplo sentido de circulação, exceto para ultrapassar outro veículo e apenas pelo tempo necessário, respeitada a preferência do veículo que transitar em sentido contrário:
Infração grave;
Penalidade – multa;

II. vias com sinalização de regulamentação de sentido único de circulação:
Infração gravíssima;
Penalidade – multa;

Art. 187. Transitar em locais e horários não permitidos pela regulamentação estabelecida pela autoridade competente:

I. para todos os tipos de veículos:
Infração média;
Penalidade – multa;

II. (Revogado pela Lei nº 9.602, de 1998)

Art. 188. Transitar ao lado de outro veículo, interrompendo ou perturbando o trânsito:
Infração média;
Penalidade – multa;

Art. 189. Deixar de dar passagem aos veículos precedidos de batedores, de socorro de incêndio e salvamento, de polícia, de operação e fiscalização de trânsito e às ambulâncias, quando em serviço de urgência e devidamente identificados por dispositivos regulamentados de alarme sonoro e iluminação vermelha intermitentes:
Infração gravíssima;
Penalidade – multa.

Art. 190. Seguir veículo em serviço de urgência, estando este com prioridade de passagem devidamente identificada por dispositivos regulamentares de alarme sonoro e iluminação vermelha intermitentes:
Infração grave;
Penalidade – multa.

Art. 191. Forçar passagem entre veículos que, transitando em sentidos opostos, estejam na iminência de passar um pelo outro ao realizar operação de ultrapassagem:
Infração gravíssima;
Penalidade – multa (dez vezes) e suspensão do direito de dirigir.

Parágrafo único. Aplica-se em dobro a multa prevista no caput em caso de reincidência no período de até 12 (doze) meses da infração anterior.

Art. 192. Deixar de guardar distância de segurança lateral e frontal entre o seu veículo e os demais, bem como em relação ao bordo da pista, considerando-se, no momento, a velocidade, as condições climáticas do local da circulação e do veículo:
Infração grave;
Penalidade – multa.

Art. 193. Transitar com o veículo em calçadas, passeios, passarelas, ciclovias, ciclofaixas, ilhas, refúgios, ajardinamentos, canteiros centrais e divisores de pista de rolamento, acostamentos, marcas de canalização, gramados e jardins públicos:
Infração gravíssima;
Penalidade – multa (três vezes).

Art. 194. Transitar em marcha à ré, salvo na distância necessária a pequenas manobras e de forma a não causar riscos à segurança:
Infração grave;
Penalidade – multa.

Art. 195. Desobedecer às ordens emanadas da autoridade competente de trânsito ou de seus agentes:
Infração grave;
Penalidade – multa.

Art. 196. Deixar de indicar com antecedência, mediante gesto regulamentar de braço ou luz indicadora de direção do veículo, o início da marcha, a realização da manobra de parar o veículo, a mudança de direção ou de faixa de circulação:
Infração grave;
Penalidade – multa.

Art. 197. Deixar de deslocar, com antecedência, o veículo para a faixa mais à esquerda ou mais à direita, dentro da respectiva mão de direção, quando for manobrar para um desses lados:
Infração média;
Penalidade – multa.

Art. 198. Deixar de dar passagem pela esquerda, quando solicitado:
Infração média;
Penalidade – multa.

Art. 199. Ultrapassar pela direita, salvo quando o veículo da frente estiver colocado na faixa apropriada e der sinal de que vai entrar à esquerda:
Infração média;
Penalidade – multa.

Art. 200. Ultrapassar pela direita veículo de transporte coletivo ou de escolares, parado para embarque ou desembarque de passageiros, salvo quando houver refúgio de segurança para o pedestre:
Infração gravíssima;

Penalidade – multa.

Art. 201. Deixar de guardar a distância lateral de um metro e cinquenta centímetros ao passar ou ultrapassar bicicleta:
Infração média;
Penalidade – multa.

Art. 202. Ultrapassar outro veículo:
I. pelo acostamento;
II. em interseções e passagens de nível;
Infração gravíssima;
Penalidade – multa (cinco vezes).

Art. 203. Ultrapassar pela contramão outro veículo:
I. nas curvas, aclives e declives, sem visibilidade suficiente;
II. nas faixas de pedestre;
III. nas pontes, viadutos ou túneis;
IV. parado em fila junto a sinais luminosos, porteiras, cancelas, cruzamentos ou qualquer outro impedimento à livre circulação;
V. onde houver marcação viária longitudinal de divisão de fluxos opostos do tipo linha dupla contínua ou simples contínua amarela:
Infração gravíssima;
Penalidade – multa (cinco vezes).
Parágrafo único. Aplica-se em dobro a multa prevista no caput em caso de reincidência no período de até 12 (doze) meses da infração anterior.

Art. 204. Deixar de parar o veículo no acostamento à direita, para aguardar a oportunidade de cruzar a pista ou entrar à esquerda, onde não houver local apropriado para operação de retorno:
Infração grave;
Penalidade – multa.

Art. 205. Ultrapassar veículo em movimento que integre cortejo, préstito, desfile e formações militares, salvo com autorização da autoridade de trânsito ou de seus agentes:
Infração leve;
Penalidade – multa.

Art. 206. Executar operação de retorno:
I. em locais proibidos pela sinalização;
II. nas curvas, aclives, declives, pontes, viadutos e túneis;
III. passando por cima de calçada, passeio, ilhas, ajardinamento ou canteiros de divisões de pista de rolamento, refúgios e faixas de pedestres e nas de veículos não motorizados;

IV. nas interseções, entrando na contramão de direção da via transversal;
V. com prejuízo da livre circulação ou da segurança, ainda que em locais permitidos:
Infração gravíssima;
Penalidade – multa.

Art. 207. Executar operação de conversão à direita ou à esquerda em locais proibidos pela sinalização:
Infração grave;
Penalidade – multa.

Art. 208. Avançar o sinal vermelho do semáforo ou o de parada obrigatória:
Infração gravíssima;
Penalidade – multa.

Art. 209. Transpor, sem autorização, bloqueio viário com ou sem sinalização ou dispositivos auxiliares, ou deixar de adentrar as áreas destinadas à pesagem de veículos (Redação dada pela Lei nº 14.157, de 2021):
Infração – grave;
Penalidade – multa.

Art. 209-A. Evadir-se da cobrança pelo uso de rodovias e vias urbanas para não efetuar o seu pagamento, ou deixar de efetuá-lo na forma estabelecida (Incluído pela Lei nº 14.157, de 2021).

Art. 210. Transpor, sem autorização, bloqueio viário policial:
Infração gravíssima;
Penalidade – multa, apreensão do veículo e suspensão do direito de dirigir;
Medida administrativa – remoção do veículo e recolhimento do documento de habilitação.

Art. 211. Ultrapassar veículos em fila, parados em razão de sinal luminoso, cancela, bloqueio viário parcial ou qualquer outro obstáculo, com exceção dos veículos não motorizados:
Infração grave;
Penalidade – multa.

Art. 212. Deixar de parar o veículo antes de transpor linha férrea:
Infração gravíssima;
Penalidade – multa.

Art. 213. Deixar de parar o veículo sempre que a respectiva marcha for interceptada:
I. por agrupamento de pessoas, como préstitos, passeatas, desfiles e outros:
Infração gravíssima;
Penalidade – multa.

II. por agrupamento de veículos, como cortejos, formações militares e outros:
Infração grave;
Penalidade – multa.

Art. 214. Deixar de dar preferência de passagem a pedestre e a veículo não motorizado:
I. que se encontre na faixa a ele destinada;
II. que não haja concluído a travessia mesmo que ocorra sinal verde para o veículo;
III. portadores de deficiência física, crianças, idosos e gestantes:
Infração gravíssima;
Penalidade – multa.
IV. quando houver iniciado a travessia mesmo que não haja sinalização a ele destinada;
V. que esteja atravessando a via transversal para onde se dirige o veículo:
Infração grave;
Penalidade – multa.

Art. 215. Deixar de dar preferência de passagem:
I. em interSEÇÃO não sinalizada:
a) a veículo que estiver circulando por rodovia ou rotatória;
b) a veículo que vier da direita;
II. nas interseções com sinalização de regulamentação de Dê a Preferência:
Infração grave;
Penalidade – multa.

Art. 216. Entrar ou sair de áreas lindeiras sem estar adequadamente posicionado para ingresso na via e sem as precauções com a segurança de pedestres e de outros veículos:
Infração média;
Penalidade – multa.

Art. 217. Entrar ou sair de fila de veículos estacionados sem dar preferência de passagem a pedestres e a outros veículos:
Infração média;
Penalidade – multa.

Art. 218. Transitar em velocidade superior à máxima permitida para o local, medida por instrumento ou equipamento hábil, em rodovias, vias de trânsito rápido, vias arteriais e demais vias: (Vide ADI nº 3951)
I. quando a velocidade for superior à máxima em até 20% (vinte por cento):
Infração média;
Penalidade – multa;

II. quando a velocidade for superior à máxima em mais de 20% (vinte por cento) até 50% (cinquenta por cento):
Infração grave;
Penalidade – multa;
III. quando a velocidade for superior à máxima em mais de 50% (cinquenta por cento):
Infração gravíssima;
Penalidade – multa [3 (três) vezes], suspensão imediata do direito de dirigir e apreensão do documento de habilitação.

Art. 219. Transitar com o veículo em velocidade inferior à metade da velocidade máxima estabelecida para a via, retardando ou obstruindo o trânsito, a menos que as condições de tráfego e meteorológicas não o permitam, salvo se estiver na faixa da direita:
Infração média;
Penalidade – multa.

Art. 220. Deixar de reduzir a velocidade do veículo de forma compatível com a segurança do trânsito:
I. quando se aproximar de passeatas, aglomerações, cortejos, préstitos e desfiles:
Infração gravíssima;
Penalidade – multa;
II. nos locais onde o trânsito esteja sendo controlado pelo agente da autoridade de trânsito, mediante sinais sonoros ou gestos;
III. ao aproximar-se da guia da calçada (meio-fio) ou acostamento;
IV. ao aproximar-se de ou passar por interSEÇÃO não sinalizada;
V. nas vias rurais cuja faixa de domínio não esteja cercada;
VI. nos trechos em curva de pequeno raio;
VII. ao aproximar-se de locais sinalizados com advertência de obras ou trabalhadores na pista;
VIII. sob chuva, neblina, cerração ou ventos fortes;
IX. quando houver má visibilidade;
X. quando o pavimento se apresentar escorregadio, defeituoso ou avariado;
XI. à aproximação de animais na pista;
XII. em declive;
XIII. ao ultrapassar ciclista:
Infração grave;
Penalidade – multa;
XIV. nas proximidades de escolas, hospitais, estações de embarque e desembarque de passageiros ou onde haja intensa movimentação de pedestres:

Infração gravíssima;
Penalidade – multa.

Art. 221. Portar no veículo placas de identificação em desacordo com as especificações e modelos estabelecidos pelo Contran:
Infração média;
Penalidade – multa;
Medida administrativa – retenção do veículo para regularização e apreensão das placas irregulares.

Parágrafo único. Incide na mesma penalidade aquele que confecciona, distribui ou coloca, em veículo próprio ou de terceiros, placas de identificação não autorizadas pela regulamentação.

Art. 222. Deixar de manter ligado, nas situações de atendimento de emergência, o sistema de iluminação vermelha intermitente dos veículos de polícia, de socorro de incêndio e salvamento, de fiscalização de trânsito e das ambulâncias, ainda que parados:
Infração média;
Penalidade – multa.

Art. 223. Transitar com o farol desregulado ou com o facho de luz alta de forma a perturbar a visão de outro condutor:
Infração grave;
Penalidade – multa;
Medida administrativa – retenção do veículo para regularização.

Art. 224. Fazer uso do facho de luz alta dos faróis em vias providas de iluminação pública:
Infração leve;
Penalidade – multa.

Art. 225. Deixar de sinalizar a via, de forma a prevenir os demais condutores e, à noite, não manter acesas as luzes externas ou omitir-se quanto a providências necessárias para tornar visível o local, quando:
I. tiver de remover o veículo da pista de rolamento ou permanecer no acostamento;
II. a carga for derramada sobre a via e não puder ser retirada imediatamente:
Infração grave;
Penalidade – multa.

Art. 226. Deixar de retirar todo e qualquer objeto que tenha sido utilizado para sinalização temporária da via:
Infração média;
Penalidade – multa.

Art. 227. Usar buzina:
I. em situação que não a de simples toque breve como advertência ao pedestre ou a condutores de outros veículos;
II. prolongada e sucessivamente a qualquer pretexto;
III. entre as vinte e duas e as seis horas;
IV. em locais e horários proibidos pela sinalização;
V. em desacordo com os padrões e frequências estabelecidas pelo Contran:
Infração leve;
Penalidade – multa.

Art. 228. Usar no veículo equipamento com som em volume ou frequência que não sejam autorizados pelo Contran:
Infração grave;
Penalidade – multa;
Medida administrativa – retenção do veículo para regularização.

Art. 229. Usar indevidamente no veículo aparelho de alarme ou que produza sons e ruído que perturbem o sossego público, em desacordo com normas fixadas pelo Contran:
Infração média;
Penalidade – multa e apreensão do veículo;
Medida administrativa – remoção do veículo.

Art. 230. Conduzir o veículo:
I. com o lacre, a inscrição do chassi, o selo, a placa ou qualquer outro elemento de identificação do veículo violado ou falsificado;
II. transportando passageiros em compartimento de carga, salvo por motivo de força maior, com permissão da autoridade competente e na forma estabelecida pelo Contran;
III. com dispositivo antirradar;
IV. sem qualquer uma das placas de identificação;
V. que não esteja registrado e devidamente licenciado;
VI. com qualquer uma das placas de identificação sem condições de legibilidade e visibilidade:
Infração gravíssima;
Penalidade – multa e apreensão do veículo;
Medida administrativa – remoção do veículo;
VII. com a cor ou característica alterada;
VIII. sem ter sido submetido à inspeção de segurança veicular, quando obrigatória;
IX. sem equipamento obrigatório ou estando este ineficiente ou inoperante;
X. com equipamento obrigatório em desacordo com o estabelecido pelo Contran;
XI. com descarga livre ou silenciador de motor de explosão defeituoso, deficiente ou inoperante;
XII. com equipamento ou acessório proibido;
XIII. com o equipamento do sistema de iluminação e de sinalização alterados;

XIV. com registrador instantâneo inalterável de velocidade e tempo viciado ou defeituoso, quando houver exigência desse aparelho;
XV. com inscrições, adesivos, legendas e símbolos de caráter publicitário afixados ou pintados no pára-brisa e em toda a extensão da parte traseira do veículo, excetuadas as hipóteses previstas neste Código;
XVI. com vidros total ou parcialmente cobertos por películas refletivas ou não, painéis decorativos ou pinturas;
XVII. com cortinas ou persianas fechadas, não autorizadas pela legislação;
XVIII. em mau estado de conservação, comprometendo a segurança, ou reprovado na avaliação de inspeção de segurança e de emissão de poluentes e ruído, prevista no art. 104;
XIX. sem acionar o limpador de pára-brisa sob chuva:
Infração grave;
Penalidade – multa;
Medida administrativa – retenção do veículo para regularização;
XX. sem portar a autorização para condução de escolares, na forma estabelecida no art. 136:
Infração gravíssima; **(Redação dada pela Lei nº 13.855, de 2019)**
Penalidade – multa (cinco vezes); **(Redação dada pela Lei nº 13.855, de 2019)**
Medida administrativa – remoção do veículo; **(Incluído pela Lei nº 13.855, de 2019)**
XXI. de carga, com falta de inscrição da tara e demais inscrições previstas neste Código;
XXII. com defeito no sistema de iluminação, de sinalização ou com lâmpadas queimadas:
Infração média;
Penalidade – multa.
XXIII. em desacordo com as condições estabelecidas no art. 67-C, relativamente ao tempo de permanência do condutor ao volante e aos intervalos para descanso, quando se tratar de veículo de transporte de carga ou coletivo de passageiros:
Infração média;
Penalidade – multa;
Medida administrativa – retenção do veículo para cumprimento do tempo de descanso aplicável.
XXIV. (VETADO). **(Incluído pela Lei nº 12.619, de 2012)**
§ 1º Se o condutor cometeu infração igual nos últimos 12 (doze) meses, será convertida, automaticamente, a penalidade disposta no inciso XXIII em infração grave.
§ 2º Em se tratando de condutor estrangeiro, a liberação do veículo fica condicionada ao pagamento ou ao depósito, judicial ou administrativo, da multa.
Art. 231. Transitar com o veículo:
I. danificando a via, suas instalações e equipamentos;
II. derramando, lançando ou arrastando sobre a via:
a) carga que esteja transportando;
b) combustível ou lubrificante que esteja utilizando;
c) qualquer objeto que possa acarretar risco de acidente:
Infração gravíssima;
Penalidade – multa;
Medida administrativa – retenção do veículo para regularização;
III. produzindo fumaça, gases ou partículas em níveis superiores aos fixados pelo Contran;
IV. com suas dimensões ou de sua carga superiores aos limites estabelecidos legalmente ou pela sinalização, sem autorização:
Infração grave;
Penalidade – multa;
Medida administrativa – retenção do veículo para regularização;
V. com excesso de peso, admitido percentual de tolerância quando aferido por equipamento, na forma a ser estabelecida pelo Contran:
Infração média;
Penalidade – multa acrescida a cada duzentos quilogramas ou fração de excesso de peso apurado, constante na seguinte tabela:
a) até 600 kg (seiscentos quilogramas) – R$ 5,32 (cinco reais e trinta e dois centavos);
b) de 601 (seiscentos e um) a 800 kg (oitocentos quilogramas) – R$ 10,64 (dez reais e sessenta e quatro centavos);
c) de 801 (oitocentos e um) a 1.000 kg (mil quilogramas) – R$ 21,28 (vinte e um reais e vinte e oito centavos);
d) de 1.001 (mil e um) a 3.000 kg (três mil quilogramas) – R$ 31,92 (trinta e um reais e noventa e dois centavos);
e) de 3.001 (três mil e um) a 5.000 kg (cinco mil quilogramas) – R$ 42,56 (quarenta e dois reais e cinquenta e seis centavos);
f) acima de 5.001 kg (cinco mil e um quilogramas) – R$ 53,20 (cinquenta e três reais e vinte centavos);

Medida administrativa – retenção do veículo e transbordo da carga excedente;
VI. em desacordo com a autorização especial, expedida pela autoridade competente para transitar com dimensões excedentes, ou quando a mesma estiver vencida:
Infração grave;
Penalidade – multa e apreensão do veículo;
Medida administrativa – remoção do veículo;
VII. com lotação excedente;
VIII. efetuando transporte remunerado de pessoas ou bens, quando não for licenciado para esse fim, salvo casos de força maior ou com permissão da autoridade competente:
Infração gravíssima; **(Redação dada pela Lei nº 13.855, de 2019)**
Penalidade – multa; **(Redação dada pela Lei nº 13.855, de 2019)**
Medida administrativa – remoção do veículo; **(Redação dada pela Lei nº 13.855, de 2019)**
IX. desligado ou desengrenado, em declive:
Infração média;
Penalidade – multa;
Medida administrativa – retenção do veículo;
X. excedendo a capacidade máxima de tração:
Infração de média a gravíssima, a depender da relação entre o excesso de peso apurado e a capacidade máxima de tração, a ser regulamentada pelo Contran;
Penalidade – multa;
Medida Administrativa – retenção do veículo e transbordo de carga excedente.
Parágrafo único. Sem prejuízo das multas previstas nos incisos V e X, o veículo que transitar com excesso de peso ou excedendo à capacidade máxima de tração, não computado o percentual tolerado na forma do disposto na legislação, somente poderá continuar viagem após descarregar o que exceder, segundo critérios estabelecidos na referida legislação complementar.
Art. 232. Conduzir veículo sem os documentos de porte obrigatório referidos neste Código:
Infração leve;
Penalidade – multa;
Medida administrativa – retenção do veículo até a apresentação do documento.
Art. 233. Deixar de efetuar o registro de veículo no prazo de trinta dias, junto ao órgão executivo de trânsito, ocorridas as hipóteses previstas no art. 123:
Infração grave;
Penalidade – multa;
Medida administrativa – retenção do veículo para regularização.
Art. 234. Falsificar ou adulterar documento de habilitação e de identificação do veículo:
Infração gravíssima;
Penalidade – multa e apreensão do veículo;
Medida administrativa – remoção do veículo.
Art. 235. Conduzir pessoas, animais ou carga nas partes externas do veículo, salvo nos casos devidamente autorizados:
Infração grave;
Penalidade – multa;
Medida administrativa – retenção do veículo para transbordo.
Art. 236. Rebocar outro veículo com cabo flexível ou corda, salvo em casos de emergência:
Infração média;
Penalidade – multa.
Art. 237. Transitar com o veículo em desacordo com as especificações, e com falta de inscrição e simbologia necessárias à sua identificação, quando exigidas pela legislação:
Infração grave;
Penalidade – multa;
Medida administrativa – retenção do veículo para regularização.
Art. 238. Recusar-se a entregar à autoridade de trânsito ou a seus agentes, mediante recibo, os documentos de habilitação, de registro, de licenciamento de veículo e outros exigidos por lei, para averiguação de sua autenticidade:
Infração gravíssima;
Penalidade – multa e apreensão do veículo;
Medida administrativa – remoção do veículo.
Art. 239. Retirar do local veículo legalmente retido para regularização, sem permissão da autoridade competente ou de seus agentes:
Infração gravíssima;
Penalidade – multa e apreensão do veículo;
Medida administrativa – remoção do veículo.
Art. 240. Deixar o responsável de promover a baixa do registro de veículo irrecuperável ou definitivamente desmontado:
Infração grave;
Penalidade – multa;
Medida administrativa – Recolhimento do Certificado de Registro e do Certificado de Licenciamento Anual.

Art. 241. Deixar de atualizar o cadastro de registro do veículo ou de habilitação do condutor:
Infração leve;
Penalidade – multa.

Art. 242. Fazer falsa declaração de domicílio para fins de registro, licenciamento ou habilitação:
Infração gravíssima;
Penalidade – multa.

Art. 243. Deixar a empresa seguradora de comunicar ao órgão executivo de trânsito competente a ocorrência de perda total do veículo e de lhe devolver as respectivas placas e documentos:
Infração grave;
Penalidade – multa;
Medida administrativa – Recolhimento das placas e dos documentos.

Art. 244. Conduzir motocicleta, motoneta e ciclomotor:
I. sem usar capacete de segurança com viseira ou óculos de proteção e vestuário de acordo com as normas e especificações aprovadas pelo Contran;
II. transportando passageiro sem o capacete de segurança, na forma estabelecida no inciso anterior, ou fora do assento suplementar colocado atrás do condutor ou em carro lateral;
III. fazendo malabarismo ou equilibrando-se apenas em uma roda;
IV. com os faróis apagados;
V. transportando criança menor de sete anos ou que não tenha, nas circunstâncias, condições de cuidar de sua própria segurança:
Infração gravíssima;
Penalidade – multa e suspensão do direito de dirigir;
Medida administrativa – Recolhimento do documento de habilitação;
VI. rebocando outro veículo;
VII. sem segurar o guidom com ambas as mãos, salvo eventualmente para indicação de manobras;
VIII. transportando carga incompatível com suas especificações ou em desacordo com o previsto no § 2º do art. 139-A desta Lei;
IX. efetuando transporte remunerado de mercadorias em desacordo com o previsto no art. 139-A desta Lei ou com as normas que regem a atividade profissional dos mototaxistas:
Infração grave;
Penalidade – multa;
Medida administrativa – apreensão do veículo para regularização.

§ 1º Para ciclos aplica-se o disposto nos incisos III, VII e VIII, além de:
a) conduzir passageiro fora da garupa ou do assento especial a ele destinado;
b) transitar em vias de trânsito rápido ou rodovias, salvo onde houver acostamento ou faixas de rolamento próprias;
c) transportar crianças que não tenham, nas circunstâncias, condições de cuidar de sua própria segurança.

§ 2º Aplica-se aos ciclomotores o disposto na alínea *b* do parágrafo anterior:
Infração média;
Penalidade – multa.

§ 3º A restrição imposta pelo inciso VI do caput deste artigo não se aplica às motocicletas e motonetas que tracionem semi-reboques especialmente projetados para esse fim e devidamente homologados pelo órgão competente.

Art. 245. Utilizar a via para depósito de mercadorias, materiais ou equipamentos, sem autorização do órgão ou entidade de trânsito com circunscrição sobre a via:
Infração grave;
Penalidade – multa;
Medida administrativa – remoção da mercadoria ou do material.

Parágrafo único. A penalidade e a medida administrativa incidirão sobre a pessoa física ou jurídica responsável.

Art. 246. Deixar de sinalizar qualquer obstáculo à livre circulação, à segurança de veículo e pedestres, tanto no leito da via terrestre como na calçada, ou obstaculizar a via indevidamente:
Infração gravíssima;
Penalidade – multa, agravada em até cinco vezes, a critério da autoridade de trânsito, conforme o risco à segurança.

Parágrafo único. A penalidade será aplicada à pessoa física ou jurídica responsável pela obstrução, devendo a autoridade com circunscrição sobre a via providenciar a sinalização de emergência, às expensas do responsável, ou, se possível, promover a desobstrução.

Art. 247. Deixar de conduzir pelo bordo da pista de rolamento, em fila única, os veículos de tração ou propulsão humana e os de tração animal, sempre que não houver acostamento ou faixa a eles destinados:

Infração média;
Penalidade – multa.

Art. 248. Transportar em veículo destinado ao transporte de passageiros carga excedente em desacordo com o estabelecido no art. 109:
Infração grave;
Penalidade – multa;
Medida administrativa – retenção para o transbordo.

Art. 249. Deixar de manter acesas, à noite, as luzes de posição, quando o veículo estiver parado, para fins de embarque ou desembarque de passageiros e carga ou descarga de mercadorias:
Infração média;
Penalidade – multa.

Art. 250. Quando o veículo estiver em movimento:
I. deixar de manter acesa a luz baixa:
a) durante a noite;
b) de dia, nos túneis providos de iluminação pública e nas rodovias;
c) de dia e de noite, tratando-se de veículo de transporte coletivo de passageiros, circulando em faixas ou pistas a eles destinadas;
d) de dia e de noite, tratando-se de ciclomotores;
II. deixar de manter acesas pelo menos as luzes de posição sob chuva forte, neblina ou cerração;
III. deixar de manter a placa traseira iluminada, à noite;
Infração média;
Penalidade – multa.

Art. 251. Utilizar as luzes do veículo:
I. o pisca-alerta, exceto em imobilizações ou situações de emergência;
II. baixa e alta de forma intermitente, exceto nas seguintes situações:
a) a curtos intervalos, quando for conveniente advertir a outro condutor que se tem o propósito de ultrapassá-lo;
b) em imobilizações ou situação de emergência, como advertência, utilizando pisca-alerta;
c) quando a sinalização de regulamentação da via determinar o uso do pisca-alerta:
Infração média;
Penalidade – multa.

Art. 252. Dirigir o veículo:
I. com o braço do lado de fora;
II. transportando pessoas, animais ou volume à sua esquerda ou entre os braços e pernas;
III. com incapacidade física ou mental temporária que comprometa a segurança do trânsito;

IV. usando calçado que não se firme nos pés ou que comprometa a utilização dos pedais;
V. com apenas uma das mãos, exceto quando deva fazer sinais regulamentares de braço, mudar a marcha do veículo, ou acionar equipamentos e acessórios do veículo;
VI. utilizando-se de fones nos ouvidos conectados a aparelhagem sonora ou de telefone celular;
Infração média;
Penalidade – multa.
VII. realizando a cobrança de tarifa com o veículo em movimento:
Infração média;
Penalidade – multa.
Parágrafo único. A hipótese prevista no inciso V caracterizar-se-á como infração gravíssima no caso de o condutor estar segurando ou manuseando telefone celular.

Art. 253. Bloquear a via com veículo:
Infração gravíssima;
Penalidade – multa e apreensão do veículo;
Medida administrativa – remoção do veículo.

Art. 253-A. Usar qualquer veículo para, deliberadamente, interromper, restringir ou perturbar a circulação na via sem autorização do órgão ou entidade de trânsito com circunscrição sobre ela:
Infração gravíssima;
Penalidade – multa (vinte vezes) e suspensão do direito de dirigir por 12 (doze) meses;
Medida administrativa – remoção do veículo.
§ 1º Aplica-se a multa agravada em 60 (sessenta) vezes aos organizadores da conduta prevista no caput.
§ 2º Aplica-se em dobro a multa em caso de reincidência no período de 12 (doze) meses.
§ 3º As penalidades são aplicáveis a pessoas físicas ou jurídicas que incorram na infração, devendo a autoridade com circunscrição sobre a via restabelecer de imediato, se possível, as condições de normalidade para a circulação na via.

Art. 254. É proibido ao pedestre:
I. permanecer ou andar nas pistas de rolamento, exceto para cruzá-las onde for permitido;
II. cruzar pistas de rolamento nos viadutos, pontes, ou túneis, salvo onde exista permissão;
III. atravessar a via dentro das áreas de cruzamento, salvo quando houver sinalização para esse fim;
IV. utilizar-se da via em agrupamentos capazes de perturbar o trânsito, ou para a prática de qualquer

folguedo, esporte, desfiles e similares, salvo em casos especiais e com a devida licença da autoridade competente;

V. andar fora da faixa própria, passarela, passagem aérea ou subterrânea;

VI. desobedecer à sinalização de trânsito específica;
Infração leve;
Penalidade – multa, em 50% (cinquenta por cento) do valor da infração de natureza leve.

Art. 255. Conduzir bicicleta em passeios onde não seja permitida a circulação desta, ou de forma agressiva, em desacordo com o disposto no parágrafo único do art. 59:
Infração média;
Penalidade – multa;
Medida administrativa – remoção da bicicleta, mediante recibo para o pagamento da multa.

CAPÍTULO XVI
Das Penalidades

Art. 256. A autoridade de trânsito, na esfera das competências estabelecidas neste Código e dentro de sua circunscrição, deverá aplicar, às infrações nele previstas, as seguintes penalidades:

I. advertência por escrito;
II. multa;
III. suspensão do direito de dirigir;
IV. (Revogado pela Lei nº 13.281, de 2016)
V. cassação da Carteira Nacional de Habilitação;
VI. cassação da Permissão para Dirigir;
VII. frequência obrigatória em curso de reciclagem.

§ 1º A aplicação das penalidades previstas neste Código não elide as punições originárias de ilícitos penais decorrentes de crimes de trânsito, conforme disposições de lei.

§ 2º (VETADO)

§ 3º A imposição da penalidade será comunicada aos órgãos ou entidades executivos de trânsito responsáveis pelo licenciamento do veículo e habilitação do condutor.

Art. 257. As penalidades serão impostas ao condutor, ao proprietário do veículo, ao embarcador e ao transportador, salvo os casos de descumprimento de obrigações e deveres impostos a pessoas físicas ou jurídicas expressamente mencionados neste Código.

§ 1º Aos proprietários e condutores de veículos serão impostas concomitantemente as penalidades de que trata este Código toda vez que houver responsabilidade solidária em infração dos preceitos que lhes couber observar, respondendo cada um de *per si* pela falta em comum que lhes for atribuída.

§ 2º Ao proprietário caberá sempre a responsabilidade pela infração referente à prévia regularização e preenchimento das formalidades e condições exigidas para o trânsito do veículo na via terrestre, conservação e inalterabilidade de suas características, componentes, agregados, habilitação legal e compatível de seus condutores, quando esta for exigida, e outras disposições que deva observar.

§ 3º Ao condutor caberá a responsabilidade pelas infrações decorrentes de atos praticados na direção do veículo.

§ 4º O embarcador é responsável pela infração relativa ao transporte de carga com excesso de peso nos eixos ou no peso bruto total, quando simultaneamente for o único remetente da carga e o peso declarado na nota fiscal, fatura ou manifesto for inferior àquele aferido.

§ 5º O transportador é o responsável pela infração relativa ao transporte de carga com excesso de peso nos eixos ou quando a carga proveniente de mais de um embarcador ultrapassar o peso bruto total.

§ 6º O transportador e o embarcador são solidariamente responsáveis pela infração relativa ao excesso de peso bruto total, se o peso declarado na nota fiscal, fatura ou manifesto for superior ao limite legal.

§ 7º Não sendo imediata a identificação do infrator, o principal condutor ou o proprietário do veículo terá quinze dias de prazo, após a notificação da autuação, para apresentá-lo, na forma em que dispuser o Conselho Nacional de Trânsito (Contran), ao fim do qual, não o fazendo, será considerado responsável pela infração o principal condutor ou, em sua ausência, o proprietário do veículo.

§ 8º Após o prazo previsto no parágrafo anterior, não havendo identificação do infrator e sendo o veículo de propriedade de pessoa jurídica, será lavrada nova multa ao proprietário do veículo, mantida a originada pela infração, cujo valor é o da multa multiplicada pelo número de infrações iguais cometidas no período de doze meses.

§ 9º O fato de o infrator ser pessoa jurídica não o exime do disposto no § 3º do art. 258 e no art. 259.

§ 10º O proprietário poderá indicar ao órgão executivo de trânsito o principal condutor do veículo, o qual, após aceitar a indicação, terá seu nome inscrito em campo próprio do cadastro do veículo no Renavam.

§ 11º O principal condutor será excluído do Renavam:

I. quando houver transferência de propriedade do veículo;

II. mediante requerimento próprio ou do proprietário do veículo;

III. a partir da indicação de outro principal condutor.

Art. 258. As infrações punidas com multa classificam-se, de acordo com sua gravidade, em quatro categorias:

I. infração de natureza gravíssima, punida com multa no valor de R$ 293,47 (duzentos e noventa e três reais e quarenta e sete centavos);

II. infração de natureza grave, punida com multa no valor de R$ 195,23 (cento e noventa e cinco reais e vinte e três centavos);

III. infração de natureza média, punida com multa no valor de R$ 130,16 (cento e trinta reais e dezesseis centavos);

IV. infração de natureza leve, punida com multa no valor de R$ 88,38 (oitenta e oito reais e trinta e oito centavos).

§ 1º (Revogado). (Redação dada pela Lei nº 13.281, de 2016)

§ 2º Quando se tratar de multa agravada, o fator multiplicador ou índice adicional específico é o previsto neste Código.

§ 3º (VETADO)

§ 4º (VETADO)

Art. 259. A cada infração cometida são computados os seguintes números de pontos:

I. gravíssima – sete pontos;

II. grave – cinco pontos;

III. média – quatro pontos;

IV. leve – três pontos.

§ 1º (VETADO)

§ 2º (VETADO)

§ 3º (VETADO). (Incluído pela Lei nº 12.619, de 2012) (Vigência)

§ 4º Ao condutor identificado no ato da infração será atribuída pontuação pelas infrações de sua responsabilidade, nos termos previstos no § 3º do art. 257, excetuando-se aquelas praticadas por passageiros usuários do serviço de transporte rodoviário de passageiros em viagens de longa distância transitando em rodovias com a utilização de ônibus, em linhas regulares intermunicipal, interestadual, internacional e aquelas em viagem de longa distância por fretamento e turismo ou de qualquer modalidade, excetuadas as situações regulamentadas pelo Contran a teor do art. 65 da Lei nº 9.503, de 23 de setembro de 1997 – Código de Trânsito Brasileiro.

Art. 260. As multas serão impostas e arrecadadas pelo órgão ou entidade de trânsito com circunscrição sobre a via onde haja ocorrido a infração, de acordo com a competência estabelecida neste Código.

§ 1º As multas decorrentes de infração cometida em unidade da Federação diversa da do licenciamento do veículo serão arrecadadas e compensadas na forma estabelecida pelo Contran.

§ 2º As multas decorrentes de infração cometida em unidade da Federação diversa daquela do licenciamento do veículo poderão ser comunicadas ao órgão ou entidade responsável pelo seu licenciamento, que providenciará a notificação.

§ 3º (Revogado pela Lei nº 9.602, de 1998)

§ 4º Quando a infração for cometida com veículo licenciado no exterior, em trânsito no território nacional, a multa respectiva deverá ser paga antes de sua saída do País, respeitado o princípio de reciprocidade.

Art. 261. A penalidade de suspensão do direito de dirigir será imposta nos seguintes casos:

I. sempre que o infrator atingir a contagem de 20 (vinte) pontos, no período de 12 (doze) meses, conforme a pontuação prevista no art. 259;

II. por transgressão às normas estabelecidas neste Código, cujas infrações preveem, de forma específica, a penalidade de suspensão do direito de dirigir.

§ 1º Os prazos para aplicação da penalidade de suspensão do direito de dirigir são os seguintes:

I. no caso do inciso I do caput: de 6 (seis) meses a 1 (um) ano e, no caso de reincidência no período de 12 (doze) meses, de 8 (oito) meses a 2 (dois) anos;

II. no caso do inciso II do caput: de 2 (dois) a 8 (oito) meses, exceto para as infrações com prazo descrito no dispositivo infracional, e, no caso de reincidência no período de 12 (doze) meses, de 8 (oito) a 18 (dezoito) meses, respeitado o disposto no inciso II do art. 263.

§ 2º Quando ocorrer a suspensão do direito de dirigir, a Carteira Nacional de Habilitação será devolvida a seu titular imediatamente após cumprida a penalidade e o curso de reciclagem.

§ 3º A imposição da penalidade de suspensão do direito de dirigir elimina os 20 (vinte) pontos computados para fins de contagem subsequente.

§ 4º (VETADO). (Incluído pela Lei nº 12.619, de 2012)

§ 5º O condutor que exerce atividade remunerada em veículo, habilitado na categoria C, D ou E, poderá optar por participar de curso preventivo de reciclagem sempre que, no período de 1 (um) ano, atingir 14 (quatorze) pontos, conforme regulamentação do Contran.

§ 6º Concluído o curso de reciclagem previsto no § 5º, o condutor terá eliminados os pontos que lhe tiverem sido atribuídos, para fins de contagem subsequente.

§ 7º O motorista que optar pelo curso previsto no § 5º não poderá fazer nova opção no período de 12 (doze) meses.

§ 8º A pessoa jurídica concessionária ou permissionária de serviço público tem o direito de ser informada dos pontos atribuídos, na forma do art. 259, aos motoristas que integrem seu quadro funcional, exercendo atividade remunerada ao volante, na forma que dispuser o Contran.

§ 9º Incorrerá na infração prevista no inciso II do art. 162 o condutor que, notificado da penalidade de que trata este artigo, dirigir veículo automotor em via pública.

§ 10º O processo de suspensão do direito de dirigir referente ao inciso II do caput deste artigo deverá ser instaurado concomitantemente com o processo de aplicação da penalidade de multa.

§ 11º O Contran regulamentará as disposições deste artigo.

Art. 262. (Revogado pela Lei nº 13.281, de 2016)

Art. 263. A cassação do documento de habilitação dar-se-á:

I. quando, suspenso o direito de dirigir, o infrator conduzir qualquer veículo;

II. no caso de reincidência, no prazo de doze meses, das infrações previstas no inciso III do art. 162 e nos arts. 163, 164, 165, 173, 174 e 175;

III. quando condenado judicialmente por delito de trânsito, observado o disposto no art. 160.

§ 1º Constatada, em processo administrativo, a irregularidade na expedição do documento de habilitação, a autoridade expedidora promoverá o seu cancelamento.

§ 2º Decorridos dois anos da cassação da Carteira Nacional de Habilitação, o infrator poderá requerer sua reabilitação, submetendo-se a todos os exames necessários à habilitação, na forma estabelecida pelo Contran.

Art. 264. (VETADO)

Art. 265. As penalidades de suspensão do direito de dirigir e de cassação do documento de habilitação serão aplicadas por decisão fundamentada da autoridade de trânsito competente, em processo administrativo, assegurado ao infrator amplo direito de defesa.

Art. 266. Quando o infrator cometer, simultaneamente, duas ou mais infrações, ser-lhe-ão aplicadas, cumulativamente, as respectivas penalidades.

Art. 267. Poderá ser imposta a penalidade de advertência por escrito à infração de natureza leve ou média, passível de ser punida com multa, não sendo reincidente o infrator, na mesma infração, nos últimos doze meses, quando a autoridade, considerando o prontuário do infrator, entender esta providência como mais educativa.

§ 1º A aplicação da advertência por escrito não elide o acréscimo do valor da multa prevista no § 3º do art. 258, imposta por infração posteriormente cometida.

§ 2º O disposto neste artigo aplica-se igualmente aos pedestres, podendo a multa ser transformada na participação do infrator em cursos de segurança viária, a critério da autoridade de trânsito.

Art. 268. O infrator será submetido a curso de reciclagem, na forma estabelecida pelo Contran:

I. quando, sendo contumaz, for necessário à sua reeducação;

II. quando suspenso do direito de dirigir;

III. quando se envolver em acidente grave para o qual haja contribuído, independentemente de processo judicial;

IV. quando condenado judicialmente por delito de trânsito;

V. a qualquer tempo, se for constatado que o condutor está colocando em risco a segurança do trânsito;

VI. em outras situações a serem definidas pelo Contran.

CAPÍTULO XVII
Das Medidas Administrativas

Art. 269. A autoridade de trânsito ou seus agentes, na esfera das competências estabelecidas neste Código e dentro de sua circunscrição, deverá adotar as seguintes medidas administrativas:

I. retenção do veículo;
II. remoção do veículo;
III. recolhimento da Carteira Nacional de Habilitação;
IV. recolhimento da Permissão para Dirigir;
V. recolhimento do Certificado de Registro;
VI. recolhimento do Certificado de Licenciamento Anual;
VII. (VETADO)
VIII. transbordo do excesso de carga;
IX. realização de teste de dosagem de alcoolemia ou perícia de substância entorpecente ou que determine dependência física ou psíquica;
X. recolhimento de animais que se encontrem soltos nas vias e na faixa de domínio das vias de circulação, restituindo-os aos seus proprietários, após o pagamento de multas e encargos devidos.
XI. realização de exames de aptidão física, mental, de legislação, de prática de primeiros socorros e de direção veicular.

§ 1º A ordem, o consentimento, a fiscalização, as medidas administrativas e coercitivas adotadas pelas autoridades de trânsito e seus agentes terão por objetivo prioritário a proteção à vida e à incolumidade física da pessoa.

§ 2º As medidas administrativas previstas neste artigo não elidem a aplicação das penalidades impostas por infrações estabelecidas neste Código, possuindo caráter complementar a estas.

§ 3º São documentos de habilitação a Carteira Nacional de Habilitação e a Permissão para Dirigir.

§ 4º Aplica-se aos animais recolhidos na forma do inciso X o disposto nos arts. 271 e 328, no que couber.

Art. 270. O veículo poderá ser retido nos casos expressos neste Código.

§ 1º Quando a irregularidade puder ser sanada no local da infração, o veículo será liberado tão logo seja regularizada a situação.

§ 2º Não sendo possível sanar a falha no local da infração, o veículo, desde que ofereça condições de segurança para circulação, poderá ser liberado e entregue a condutor regularmente habilitado, mediante recolhimento do Certificado de Licenciamento Anual, contra apresentação de recibo, assinalando-se prazo razoável ao condutor para regularizar a situação, para o que se considerará, desde logo, notificado.

§ 3º O Certificado de Licenciamento Anual será devolvido ao condutor no órgão ou entidade aplicadores das medidas administrativas, tão logo o veículo seja apresentado à autoridade devidamente regularizado.

§ 4º Não se apresentando condutor habilitado no local da infração, o veículo será removido a depósito, aplicando-se neste caso o disposto no art. 271º

§ 5º A critério do agente, não se dará a retenção imediata, quando se tratar de veículo de transporte coletivo transportando passageiros ou veículo transportando produto perigoso ou perecível, desde que ofereça condições de segurança para circulação em via pública.

§ 6º Não efetuada a regularização no prazo a que se refere o § 2º, será feito registro de restrição administrativa no Renavam por órgão ou entidade executivo de trânsito dos Estados e do Distrito Federal, que será retirada após comprovada a regularização.

§ 7º O descumprimento das obrigações estabelecidas no § 2º resultará em recolhimento do veículo ao depósito, aplicando-se, nesse caso, o disposto no art. 271º

Art. 271. O veículo será removido, nos casos previstos neste Código, para o depósito fixado pelo órgão ou entidade competente, com circunscrição sobre a via.

§ 1º A restituição do veículo removido só ocorrerá mediante prévio pagamento de multas, taxas e despesas com remoção e estada, além de outros encargos previstos na legislação específica.

§ 2º A liberação do veículo removido é condicionada ao reparo de qualquer componente ou equipamento obrigatório que não esteja em perfeito estado de funcionamento.

§ 3º Se o reparo referido no § 2º demandar providência que não possa ser tomada no depósito, a autoridade responsável pela remoção liberará o veículo para reparo, na forma transportada, mediante autorização, assinalando prazo para reapresentação.

§ 4º Os serviços de remoção, depósito e guarda de veículo poderão ser realizados por órgão público, diretamente, ou por particular contratado por licitação pública, sendo o proprietário do veículo o responsável pelo pagamento dos custos desses serviços.

§ 5º O proprietário ou o condutor deverá ser notificado, no ato de remoção do veículo, sobre as providências necessárias à sua restituição e sobre o disposto no art. 328, conforme regulamentação do Contran.

§ 6º Caso o proprietário ou o condutor não esteja presente no momento da remoção do veículo, a autoridade de trânsito, no prazo de 10 (dez) dias contado da data da remoção, deverá expedir ao proprietário a notificação prevista no § 5º, por remessa postal ou por outro meio tecnológico hábil que assegure a sua ciência, e, caso reste frustrada, a notificação poderá ser feita por edital.

§ 7º A notificação devolvida por desatualização do endereço do proprietário do veículo ou por recusa desse de recebê-la será considerada recebida para todos os efeitos

§ 8º Em caso de veículo licenciado no exterior, a notificação será feita por edital.

§ 9º Não caberá remoção nos casos em que a irregularidade puder ser sanada no local da infração.

§ 9º-A Quando não for possível sanar a irregularidade no local da infração, o veículo, desde que ofereça condições de segurança para circulação, será liberado e entregue a condutor regularmente habilitado, mediante recolhimento do Certificado de Licenciamento Anual, contra apresentação de recibo, assinalando-se ao condutor prazo razoável, não superior a quinze dias, para regularizar a situação, e será considerado notificado para essa finalidade na mesma ocasião (Incluído pela Medida Provisória nº 1.050, de 2021).

§ 9º-B O disposto no § 9º-A não se aplica à infração prevista no inciso V do caput do art. 230 (Incluído pela Medida Provisória nº 1.050, de 2021).

§ 9º-C Não efetuada a regularização no prazo a que se refere o § 9º-A, será feito registro de restrição administrativa no Renavam por órgão ou entidade executivo de trânsito dos Estados e do Distrito Federal, que será retirado após comprovada a regularização (Incluído pela Medida Provisória nº 1.050, de 2021).

§ 10º O pagamento das despesas de remoção e estada será correspondente ao período integral, contado em dias, em que efetivamente o veículo permanecer em depósito, limitado ao prazo de 6 (seis) meses.

§ 11º Os custos dos serviços de remoção e estada prestados por particulares poderão ser pagos pelo proprietário diretamente ao contratado.

§ 12º O disposto no § 11 não afasta a possibilidade de o respectivo ente da Federação estabelecer a cobrança por meio de taxa instituída em lei.

§ 13º No caso de o proprietário do veículo objeto do recolhimento comprovar, administrativa ou judicialmente, que o recolhimento foi indevido ou que houve abuso no período de retenção em depósito, é da responsabilidade do ente público a devolução das quantias pagas por força deste artigo, segundo os mesmos critérios da devolução de multas indevidas.

Art. 272. O recolhimento da Carteira Nacional de Habilitação e da Permissão para Dirigir dar-se-á mediante recibo, além dos casos previstos neste Código, quando houver suspeita de sua inautenticidade ou adulteração.

Art. 273. O recolhimento do Certificado de Registro dar-se-á mediante recibo, além dos casos previstos neste Código, quando:

I. houver suspeita de inautenticidade ou adulteração;

II. se, alienado o veículo, não for transferida sua propriedade no prazo de trinta dias.

Art. 274. O recolhimento do Certificado de Licenciamento Anual dar-se-á mediante recibo, além dos casos previstos neste Código, quando:

I. houver suspeita de inautenticidade ou adulteração;

II. se o prazo de licenciamento estiver vencido;

III. no caso de retenção do veículo, se a irregularidade não puder ser sanada no local.

Art. 275. O transbordo da carga com peso excedente é condição para que o veículo possa prosseguir viagem e será efetuado às expensas do proprietário do veículo, sem prejuízo da multa aplicável.

Parágrafo único. Não sendo possível desde logo atender ao disposto neste artigo, o veículo será recolhido ao depósito, sendo liberado após sanada a irregularidade e pagas as despesas de remoção e estada.

Art. 276. Qualquer concentração de álcool por litro de sangue ou por litro de ar alveolar sujeita o condutor às penalidades previstas no art. 165.

Parágrafo único. O Contran disciplinará as margens de tolerância quando a infração for apurada por meio de aparelho de medição, observada a legislação metrológica.

Art. 277. O condutor de veículo automotor envolvido em acidente de trânsito ou que for alvo de fiscalização de trânsito poderá ser submetido a teste, exame clínico, perícia ou outro procedimento que, por meios técnicos ou científicos, na forma disciplinada pelo Contran, permita certificar influência de álcool ou outra substância psicoativa que determine dependência.

§ 1º (Revogado). (Redação dada pela Lei nº 12.760, de 2012)

§ 2º A infração prevista no art. 165 também poderá ser caracterizada mediante imagem, vídeo, constatação de sinais que indiquem, na forma disciplinada pelo Contran, alteração da capacidade psicomotora ou produção de quaisquer outras provas em direito admitidas.

§ 3º Serão aplicadas as penalidades e medidas administrativas estabelecidas no art. 165-A deste Código ao condutor que se recusar a se submeter a qualquer dos procedimentos previstos no caput deste artigo.

Art. 278. Ao condutor que se evadir da fiscalização, não submetendo veículo à pesagem obrigatória nos pontos de pesagem, fixos ou móveis, será aplicada a penalidade prevista no art. 209, além da obrigação de retornar ao ponto de evasão para fim de pesagem obrigatória.

Parágrafo único. No caso de fuga do condutor à ação policial, a apreensão do veículo dar-se-á tão logo seja localizado, aplicando-se, além das penalidades em que incorre, as estabelecidas no art. 210.

Art. 278-A. O condutor que se utilize de veículo para a prática do crime de receptação, descaminho, contrabando, previstos nos arts. 180, 334 e 334-A do Decreto-Lei nº 2.848, de 7 de dezembro de 1940 (Código Penal), condenado por um desses crimes em decisão judicial transitada em julgado, terá cassado seu documento de habilitação ou será proibido de obter a habilitação para dirigir veículo automotor pelo prazo de 5 (cinco) anos. (Incluído pela Lei nº 13.804, de 2019)

§ 1º O condutor condenado poderá requerer sua reabilitação, submetendo-se a todos os exames necessários à habilitação, na forma deste Código. (Incluído pela Lei nº 13.804, de 2019)

§ 2º No caso do condutor preso em flagrante na prática dos crimes de que trata o caput deste artigo, poderá o juiz, em qualquer fase da investigação ou da ação penal, se houver necessidade para a garantia da ordem pública, como medida cautelar, de ofício, ou a requerimento do Ministério Público ou ainda mediante representação da autoridade policial, decretar, em decisão motivada, a suspensão da permissão ou da habilitação para dirigir veículo automotor, ou a proibição de sua obtenção. (Incluído pela Lei nº 13.804, de 2019)

Art. 279. Em caso de acidente com vítima, envolvendo veículo equipado com registrador instantâneo de velocidade e tempo, somente o perito oficial encarregado do levantamento pericial poderá retirar o disco ou unidade armazenadora do registro.

CAPÍTULO XVIII
Do Processo Administrativo

SEÇÃO I
Da Autuação

Art. 280. Ocorrendo infração prevista na legislação de trânsito, lavrar-se-á auto de infração, do qual constará:

I. tipificação da infração;
II. local, data e hora do cometimento da infração;
III. caracteres da placa de identificação do veículo, sua marca e espécie, e outros elementos julgados necessários à sua identificação;
IV. o prontuário do condutor, sempre que possível;
V. identificação do órgão ou entidade e da autoridade ou agente autuador ou equipamento que comprovar a infração;
VI. assinatura do infrator, sempre que possível, valendo esta como notificação do cometimento da infração.

§ 1º (VETADO)

§ 2º A infração deverá ser comprovada por declaração da autoridade ou do agente da autoridade de trânsito, por aparelho eletrônico ou por equipamento audiovisual, reações químicas ou qualquer outro meio tecnologicamente disponível, previamente regulamentado pelo Contran.

§ 3º Não sendo possível a autuação em flagrante, o agente de trânsito relatará o fato à autoridade no próprio auto de infração, informando os dados a respeito do veículo, além dos constantes nos incisos I, II e III, para o procedimento previsto no artigo seguinte.

§ 4º O agente da autoridade de trânsito competente para lavrar o auto de infração poderá ser servidor civil, estatutário ou celetista ou, ainda, policial militar designado pela autoridade de trânsito com jurisdição sobre a via no âmbito de sua competência.

SEÇÃO II
Do Julgamento das Autuações e Penalidades

Art. 281. A autoridade de trânsito, na esfera da competência estabelecida neste Código e dentro de sua circunscrição, julgará a consistência do auto de infração e aplicará a penalidade cabível.

Parágrafo único. O auto de infração será arquivado e seu registro julgado insubsistente:
I. se considerado inconsistente ou irregular;
II. se, no prazo máximo de trinta dias, não for expedida a notificação da autuação.

Art. 282. Aplicada a penalidade, será expedida notificação ao proprietário do veículo ou ao infrator, por remessa postal ou por qualquer outro meio tecnológico hábil, que assegure a ciência da imposição da penalidade.

§ 1º A notificação devolvida por desatualização do endereço do proprietário do veículo será considerada válida para todos os efeitos.

§ 2º A notificação a pessoal de missões diplomáticas, de repartições consulares de carreira e de representações de organismos internacionais e de seus integrantes será remetida ao Ministério das Relações Exteriores para as providências cabíveis e cobrança dos valores, no caso de multa.

§ 3º Sempre que a penalidade de multa for imposta a condutor, à exceção daquela de que trata o § 1º do art. 259, a notificação será encaminhada ao proprietário do veículo, responsável pelo seu pagamento.

§ 4º Da notificação deverá constar a data do término do prazo para apresentação de recurso pelo responsável pela infração, que não será inferior a trinta dias contados da data da notificação da penalidade.

§ 5º No caso de penalidade de multa, a data estabelecida no parágrafo anterior será a data para o recolhimento de seu valor.

Art. 282-A. O proprietário do veículo ou o condutor autuado poderá optar por ser notificado por meio eletrônico se o órgão do Sistema Nacional de Trânsito responsável pela autuação oferecer essa opção.

§ 1º O proprietário ou o condutor autuado que optar pela notificação por meio eletrônico deverá manter seu cadastro atualizado no órgão executivo de trânsito do Estado ou do Distrito Federal.

§ 2º Na hipótese de notificação por meio eletrônico, o proprietário ou o condutor autuado será considerado notificado 30 (trinta) dias após a inclusão da informação no sistema eletrônico.

§ 3º O sistema previsto no caput será certificado digitalmente, atendidos os requisitos de autenticidade, integridade, validade jurídica e interoperabilidade da Infraestrutura de Chaves Públicas Brasileira (ICP-Brasil).

Art. 283. (VETADO)

Art. 284. O pagamento da multa poderá ser efetuado até a data do vencimento expressa na notificação, por oitenta por cento do seu valor.

§ 1º Caso o infrator opte pelo sistema de notificação eletrônica, se disponível, conforme regulamentação do Contran, e opte por não apresentar defesa prévia nem recurso, reconhecendo o cometimento da infração, poderá efetuar o pagamento da multa por 60% (sessenta por cento) do seu valor, em qualquer fase do processo, até o vencimento da multa.

§ 2º O recolhimento do valor da multa não implica renúncia ao questionamento administrativo, que pode ser realizado a qualquer momento, respeitado o disposto no § 1º.

§ 3º Não incidirá cobrança moratória e não poderá ser aplicada qualquer restrição, inclusive para fins de licenciamento e transferência, enquanto não for encerrada a instância administrativa de julgamento de infrações e penalidades.

§ 4º Encerrada a instância administrativa de julgamento de infrações e penalidades, a multa não paga até o vencimento será acrescida de juros de mora equivalentes à taxa referencial do Sistema Especial de Liquidação e de Custódia (Selic) para títulos federais acumulada mensalmente, calculados a partir do mês subsequente ao da consolidação até o mês anterior ao do pagamento, e de 1% (um por cento) relativamente ao mês em que o pagamento estiver sendo efetuado.

Art. 285. O recurso previsto no art. 283 será interposto perante a autoridade que impôs a penalidade, a qual remetê-lo-á à JARI, que deverá julgá-lo em até trinta dias.

§ 1º O recurso não terá efeito suspensivo.

§ 2º A autoridade que impôs a penalidade remeterá o recurso ao órgão julgador, dentro dos dez dias úteis subsequentes à sua apresentação, e, se o entender intempestivo, assinalará o fato no despacho de encaminhamento.

§ 3º Se, por motivo de força maior, o recurso não for julgado dentro do prazo previsto neste artigo, a autoridade que impôs a penalidade, de ofício, ou por solicitação do recorrente, poderá conceder-lhe efeito suspensivo.

Art. 286. O recurso contra a imposição de multa poderá ser interposto no prazo legal, sem o recolhimento do seu valor.

§ 1º No caso de não provimento do recurso, aplicar-se-á o estabelecido no parágrafo único do art. 284.

§ 2º Se o infrator recolher o valor da multa e apresentar recurso, se julgada improcedente a penalidade, ser-lhe-á devolvida a importância paga, atualizada em UFIR ou por índice legal de correção dos débitos fiscais.

Art. 287. Se a infração for cometida em localidade diversa daquela do licenciamento do veículo, o recurso poderá ser apresentado junto ao órgão ou entidade de trânsito da residência ou domicílio do infrator.

Parágrafo único. A autoridade de trânsito que receber o recurso deverá remetê-lo, de pronto, à autoridade que impôs a penalidade acompanhado das cópias dos prontuários necessários ao julgamento.

Art. 288. Das decisões da JARI cabe recurso a ser interposto, na forma do artigo seguinte, no prazo de trinta dias contado da publicação ou da notificação da decisão.

§ 1º O recurso será interposto, da decisão do não provimento, pelo responsável pela infração, e da decisão de provimento, pela autoridade que impôs a penalidade.

§ 2º (Revogado pela Lei nº 12.249, de 2010) (Vide ADIN 2998)

Art. 289. O recurso de que trata o artigo anterior será apreciado no prazo de trinta dias:

I. tratando-se de penalidade imposta pelo órgão ou entidade de trânsito da União:

a) em caso de suspensão do direito de dirigir por mais de seis meses, cassação do documento de habilitação ou penalidade por infrações gravíssimas, pelo Contran;

b) nos demais casos, por colegiado especial integrado pelo Coordenador-Geral da JARI, pelo Presidente da Junta que apreciou o recurso e por mais um Presidente de Junta;

II. tratando-se de penalidade imposta por órgão ou entidade de trânsito estadual, municipal ou do Distrito Federal, pelos Cetran E ContranDIFE, respectivamente.

Parágrafo único. No caso da alínea *b* do inciso I, quando houver apenas uma JARI, o recurso será julgado por seus próprios membros.

Art. 290. Implicam encerramento da instância administrativa de julgamento de infrações e penalidades:

I. o julgamento do recurso de que tratam os arts. 288 e 289;

II. a não interposição do recurso no prazo legal; e

III. o pagamento da multa, com reconhecimento da infração e requerimento de encerramento do processo na fase em que se encontra, sem apresentação de defesa ou recurso.

Parágrafo único. Esgotados os recursos, as penalidades aplicadas nos termos deste Código serão cadastradas no RENACH.

CAPÍTULO XIX
Dos Crimes de Trânsito

SEÇÃO I
Disposições Gerais

Art. 291. Aos crimes cometidos na direção de veículos automotores, previstos neste Código, aplicam-se as normas gerais do Código Penal e do Código de Processo Penal, se este Capítulo não dispuser de modo diverso, bem como a Lei nº 9.099, de 26 de setembro de 1995, no que couber.

§ 1º Aplica-se aos crimes de trânsito de lesão corporal culposa o disposto nos arts. 74, 76 e 88 da Lei nº 9.099, de 26 de setembro de 1995, exceto se o agente estiver:

I. sob a influência de álcool ou qualquer outra substância psicoativa que determine dependência;

II. participando, em via pública, de corrida, disputa ou competição automobilística, de exibição ou demonstração de perícia em manobra de veículo automotor, não autorizada pela autoridade competente;

III. transitando em velocidade superior à máxima permitida para a via em 50 km/h (cinquenta quilômetros por hora).

§ 2º Nas hipóteses previstas no § 1º deste artigo, deverá ser instaurado inquérito policial para a investigação da infração penal.

§ 3º (VETADO). (Incluído pela Lei nº 13.546, de 2017)

§ 4º O juiz fixará a pena-base segundo as diretrizes previstas no art. 59 do Decreto-Lei nº 2.848, de 7 de dezembro de 1940 (Código Penal), dando especial atenção à culpabilidade do agente e às circunstâncias e consequências do crime.

Art. 292. A suspensão ou a proibição de se obter a permissão ou a habilitação para dirigir veículo automotor pode ser imposta isolada ou cumulativamente com outras penalidades.

Art. 293. A penalidade de suspensão ou de proibição de se obter a permissão ou a habilitação, para dirigir veículo automotor, tem a duração de dois meses a cinco anos.

§ 1º Transitada em julgado a sentença condenatória, o réu será intimado a entregar à autoridade judiciária, em quarenta e oito horas, a Permissão para Dirigir ou a Carteira de Habilitação.

§ 2º A penalidade de suspensão ou de proibição de se obter a permissão ou a habilitação para dirigir veículo automotor não se inicia enquanto o sentenciado, por efeito de condenação penal, estiver recolhido a estabelecimento prisional.

Art. 294. Em qualquer fase da investigação ou da ação penal, havendo necessidade para a garantia da ordem pública, poderá o juiz, como medida cautelar, de ofício, ou a requerimento do Ministério Público ou ainda mediante representação da autoridade policial, decretar, em decisão motivada, a suspensão da permissão ou da habilitação para dirigir veículo automotor, ou a proibição de sua obtenção.

Parágrafo único. Da decisão que decretar a suspensão ou a medida cautelar, ou da que indeferir o requerimento do Ministério Público, caberá recurso em sentido estrito, sem efeito suspensivo.

Art. 295. A suspensão para dirigir veículo automotor ou a proibição de se obter a permissão ou a habilitação será sempre comunicada pela autoridade judiciária ao Conselho Nacional de Trânsito Contran, e ao órgão de trânsito do Estado em que o indiciado ou réu for domiciliado ou residente.

Art. 296. Se o réu for reincidente na prática de crime previsto neste Código, o juiz aplicará a penalidade de suspensão da permissão ou habilitação para dirigir veículo automotor, sem prejuízo das demais sanções penais cabíveis.

Art. 297. A penalidade de multa reparatória consiste no pagamento, mediante depósito judicial em favor da vítima, ou seus sucessores, de quantia calculada com base no disposto no § 1º do art. 49 do Código Penal, sempre que houver prejuízo material resultante do crime.

§ 1º A multa reparatória não poderá ser superior ao valor do prejuízo demonstrado no processo.

§ 2º Aplica-se à multa reparatória o disposto nos arts. 50 a 52 do Código Penal.

§ 3º Na indenização civil do dano, o valor da multa reparatória será descontado.

Art. 298. São circunstâncias que sempre agravam as penalidades dos crimes de trânsito ter o condutor do veículo cometido a infração:

I. com dano potencial para duas ou mais pessoas ou com grande risco de grave dano patrimonial a terceiros;
II. utilizando o veículo sem placas, com placas falsas ou adulteradas;
III. sem possuir Permissão para Dirigir ou Carteira de Habilitação;
IV. com Permissão para Dirigir ou Carteira de Habilitação de categoria diferente da do veículo;
V. quando a sua profissão ou atividade exigir cuidados especiais com o transporte de passageiros ou de carga;
VI. utilizando veículo em que tenham sido adulterados equipamentos ou características que afetem a sua segurança ou o seu funcionamento de acordo com os limites de velocidade prescritos nas especificações do fabricante;
VII. sobre faixa de trânsito temporária ou permanentemente destinada a pedestres.

Art. 299. (VETADO)

Art. 300. (VETADO)

Art. 301. Ao condutor de veículo, nos casos de acidentes de trânsito de que resulte vítima, não se imporá a prisão em flagrante, nem se exigirá fiança, se prestar pronto e integral socorro àquela.

SEÇÃO II
Dos Crimes em Espécie

Art. 302. Praticar homicídio culposo na direção de veículo automotor:

Penas – detenção, de dois a quatro anos, e suspensão ou proibição de se obter a permissão ou a habilitação para dirigir veículo automotor.

§ 1º No homicídio culposo cometido na direção de veículo automotor, a pena é aumentada de 1/3 (um terço) à metade, se o agente:

I. não possuir Permissão para Dirigir ou Carteira de Habilitação;
II. praticá-lo em faixa de pedestres ou na calçada;
III. deixar de prestar socorro, quando possível fazê-lo sem risco pessoal, à vítima do acidente;
IV. no exercício de sua profissão ou atividade, estiver conduzindo veículo de transporte de passageiros.
V. (Revogado pela Lei nº 11.705, de 2008)

§ 2º (Revogado pela Lei nº 13.281, de 2016)
§ 3º Se o agente conduz veículo automotor sob a influência de álcool ou de qualquer outra substância psicoativa que determine dependência:
Penas – reclusão, de cinco a oito anos, e suspensão ou proibição do direito de se obter a permissão ou a habilitação para dirigir veículo automotor.

Art. 303. Praticar lesão corporal culposa na direção de veículo automotor:
Penas – detenção, de seis meses a dois anos e suspensão ou proibição de se obter a permissão ou a habilitação para dirigir veículo automotor.
§ 1º Aumenta-se a pena de 1/3 (um terço) à metade, se ocorrer qualquer das hipóteses do § 1º do art. 302º
§ 2º A pena privativa de liberdade é de reclusão de dois a cinco anos, sem prejuízo das outras penas previstas neste artigo, se o agente conduz o veículo com capacidade psicomotora alterada em razão da influência de álcool ou de outra substância psicoativa que determine dependência, e se do crime resultar lesão corporal de natureza grave ou gravíssima.

Art. 304. Deixar o condutor do veículo, na ocasião do acidente, de prestar imediato socorro à vítima, ou, não podendo fazê-lo diretamente, por justa causa, deixar de solicitar auxílio da autoridade pública:
Penas – detenção, de seis meses a um ano, ou multa, se o fato não constituir elemento de crime mais grave.
Parágrafo único. Incide nas penas previstas neste artigo o condutor do veículo, ainda que a sua omissão seja suprida por terceiros ou que se trate de vítima com morte instantânea ou com ferimentos leves.

Art. 305. Afastar-se o condutor do veículo do local do acidente, para fugir à responsabilidade penal ou civil que lhe possa ser atribuída: (Vide ADC 35)
Penas – detenção, de seis meses a um ano, ou multa.

Art. 306. Conduzir veículo automotor com capacidade psicomotora alterada em razão da influência de álcool ou de outra substância psicoativa que determine dependência:
Penas – detenção, de seis meses a três anos, multa e suspensão ou proibição de se obter a permissão ou a habilitação para dirigir veículo automotor.
§ 1º As condutas previstas no caput serão constatadas por:
I. concentração igual ou superior a 6 decigramas de álcool por litro de sangue ou igual ou superior a 0,3 miligrama de álcool por litro de ar alveolar; ou
II. sinais que indiquem, na forma disciplinada pelo Contran, alteração da capacidade psicomotora.
§ 2º A verificação do disposto neste artigo poderá ser obtida mediante teste de alcoolemia ou toxicológico, exame clínico, perícia, vídeo, prova testemunhal ou outros meios de prova em direito admitidos, observado o direito à contraprova.
§ 3º O Contran disporá sobre a equivalência entre os distintos testes de alcoolemia ou toxicológicos para efeito de caracterização do crime tipificado neste artigo.
§ 4º Poderá ser empregado qualquer aparelho homologado pelo Instituto Nacional de Metrologia, Qualidade e Tecnologia – INMETRO – para se determinar o previsto no caput. (Incluído pela Lei nº 13.840, de 2019)

Art. 307. Violar a suspensão ou a proibição de se obter a permissão ou a habilitação para dirigir veículo automotor imposta com fundamento neste Código:
Penas – detenção, de seis meses a um ano e multa, com nova imposição adicional de idêntico prazo de suspensão ou de proibição.
Parágrafo único. Nas mesmas penas incorre o condenado que deixa de entregar, no prazo estabelecido no § 1º do art. 293, a Permissão para Dirigir ou a Carteira de Habilitação.

Art. 308. Participar, na direção de veículo automotor, em via pública, de corrida, disputa ou competição automobilística ou ainda de exibição ou demonstração de perícia em manobra de veículo automotor, não autorizada pela autoridade competente, gerando situação de risco à incolumidade pública ou privada:
Penas – detenção, de 6 (seis) meses a 3 (três) anos, multa e suspensão ou proibição de se obter a permissão ou a habilitação para dirigir veículo automotor.
§ 1º Se da prática do crime previsto no caput resultar lesão corporal de natureza grave, e as circunstâncias demonstrarem que o agente não quis o resultado nem assumiu o risco de produzi-lo, a pena privativa de liberdade é de reclusão, de 3 (três) a 6 (seis) anos, sem prejuízo das outras penas previstas neste artigo.
§ 2º Se da prática do crime previsto no caput resultar morte, e as circunstâncias demonstrarem que o agente não quis o resultado nem assumiu o risco de produzi-lo, a pena privativa de liberdade é de

reclusão de 5 (cinco) a 10 (dez) anos, sem prejuízo das outras penas previstas neste artigo.

Art. 309. Dirigir veículo automotor, em via pública, sem a devida Permissão para Dirigir ou Habilitação ou, ainda, se cassado o direito de dirigir, gerando perigo de dano:

Penas – detenção, de seis meses a um ano, ou multa.

Art. 310. Permitir, confiar ou entregar a direção de veículo automotor a pessoa não habilitada, com habilitação cassada ou com o direito de dirigir suspenso, ou, ainda, a quem, por seu estado de saúde, física ou mental, ou por embriaguez, não esteja em condições de conduzi-lo com segurança:

Penas – detenção, de seis meses a um ano, ou multa.

Art. 310-A. (VETADO) (Incluído pela Lei nº 12.619, de 2012)

Art. 311. Trafegar em velocidade incompatível com a segurança nas proximidades de escolas, hospitais, estações de embarque e desembarque de passageiros, logradouros estreitos, ou onde haja grande movimentação ou concentração de pessoas, gerando perigo de dano:

Penas – detenção, de seis meses a um ano, ou multa.

Art. 312. Inovar artificiosamente, em caso de acidente automobilístico com vítima, na pendência do respectivo procedimento policial preparatório, inquérito policial ou processo penal, o estado de lugar, de coisa ou de pessoa, a fim de induzir a erro o agente policial, o perito, ou juiz:

Penas – detenção, de seis meses a um ano, ou multa.

Parágrafo único. Aplica-se o disposto neste artigo, ainda que não iniciados, quando da inovação, o procedimento preparatório, o inquérito ou o processo aos quais se refere.

Art. 312-A. Para os crimes relacionados nos arts. 302 a 312 deste Código, nas situações em que o juiz aplicar a substituição de pena privativa de liberdade por pena restritiva de direitos, esta deverá ser de prestação de serviço à comunidade ou a entidades públicas, em uma das seguintes atividades:

I. trabalho, aos fins de semana, em equipes de resgate dos corpos de bombeiros e em outras unidades móveis especializadas no atendimento a vítimas de trânsito;

II. trabalho em unidades de pronto-socorro de hospitais da rede pública que recebem vítimas de acidente de trânsito e politraumatizados;

III. trabalho em clínicas ou instituições especializadas na recuperação de acidentados de trânsito;

IV. outras atividades relacionadas ao resgate, atendimento e recuperação de vítimas de acidentes de trânsito.

CAPÍTULO XX
Disposições Finais E Transitórias

Art. 313. O Poder Executivo promoverá a nomeação dos membros do Contran no prazo de sessenta dias da publicação deste Código.

Art. 314. O Contran tem o prazo de duzentos e quarenta dias a partir da publicação deste Código para expedir as resoluções necessárias à sua melhor execução, bem como revisar todas as resoluções anteriores à sua publicação, dando prioridade àquelas que visam a diminuir o número de acidentes e a assegurar a proteção de pedestres.

Parágrafo único. As resoluções do Contran, existentes até a data de publicação deste Código, continuam em vigor naquilo em que não conflitem com ele.

Art. 315. O Ministério da Educação e do Desporto, mediante proposta do Contran, deverá, no prazo de duzentos e quarenta dias contado da publicação, estabelecer o currículo com conteúdo programático relativo à segurança e à educação de trânsito, a fim de atender o disposto neste Código.

Art. 316. O prazo de notificação previsto no inciso II do parágrafo único do art. 281 só entrará em vigor após duzentos e quarenta dias contados da publicação desta Lei.

Art. 317. Os órgãos e entidades de trânsito concederão prazo de até um ano para a adaptação dos veículos de condução de escolares e de aprendizagem às normas do inciso III do art. 136 e art. 154, respectivamente.

Art. 318. (VETADO)

Art. 319. Enquanto não forem baixadas novas normas pelo Contran, continua em vigor o disposto no art. 92 do Regulamento do Código Nacional de Trânsito Decreto nº 62.127, de 16 de janeiro de 1968.

Art. 319-A. Os valores de multas constantes deste Código poderão ser corrigidos monetariamente pelo Contran, respeitado o limite da variação do Índice Nacional de Preços ao Consumidor Amplo (IPCA) no exercício anterior.

Parágrafo único. Os novos valores decorrentes do disposto no caput serão divulgados pelo Contran com, no mínimo, 90 (noventa) dias de antecedência de sua aplicação.

Art. 320. A receita arrecadada com a cobrança das multas de trânsito será aplicada, exclusivamente, em sinalização, engenharia de tráfego, de campo, policiamento, fiscalização e educação de trânsito.

§ 1º O percentual de cinco por cento do valor das multas de trânsito arrecadadas será depositado, mensalmente, na conta de fundo de âmbito nacional destinado à segurança e educação de trânsito.

§ 2º O órgão responsável deverá publicar, anualmente, na rede mundial de computadores (internet), dados sobre a receita arrecadada com a cobrança de multas de trânsito e sua destinação.

§ 3º O valor total destinado à recomposição das perdas de receita das concessionárias de rodovias e vias urbanas, em decorrência do não pagamento de pedágio por usuários da via, não poderá ultrapassar o montante total arrecadado por meio das multas aplicadas com fundamento no art. 209-A deste código, ressalvado o previsto em regulamento do Poder Executivo (Incluído pela Lei nº 14.157, de 2021).

Art. 320-A. Os órgãos e as entidades do Sistema Nacional de Trânsito poderão integrar-se para a ampliação e o aprimoramento da fiscalização de trânsito, inclusive por meio do compartilhamento da receita arrecadada com a cobrança das multas de trânsito.

Art. 321. (VETADO)

Art. 322. (VETADO)

Art. 323. O Contran, em cento e oitenta dias, fixará a metodologia de aferição de peso de veículos, estabelecendo percentuais de tolerância, sendo durante este período suspensa a vigência das penalidades previstas no inciso V do art. 231, aplicando-se a penalidade de vinte UFIR por duzentos quilogramas ou fração de excesso.

Parágrafo único. Os limites de tolerância a que se refere este artigo, até a sua fixação pelo Contran, são aqueles estabelecidos pela Lei nº 7.408, de 25 de novembro de 1985.

Art. 324. (VETADO)

Art. 325. As repartições de trânsito conservarão por, no mínimo, 5 (cinco) anos os documentos relativos à habilitação de condutores, ao registro e ao licenciamento de veículos e aos autos de infração de trânsito.

§ 1º Os documentos previstos no caput poderão ser gerados e tramitados eletronicamente, bem como arquivados e armazenados em meio digital, desde que assegurada a autenticidade, a fidedignidade, a confiabilidade e a segurança das informações, e serão válidos para todos os efeitos legais, sendo dispensada, nesse caso, a sua guarda física.

§ 2º O Contran regulamentará a geração, a tramitação, o arquivamento, o armazenamento e a eliminação de documentos eletrônicos e físicos gerados em decorrência da aplicação das disposições deste Código.

§ 3º Na hipótese prevista nos §§ 1º e 2º, o sistema deverá ser certificado digitalmente, atendidos os requisitos de autenticidade, integridade, validade jurídica e interoperabilidade da Infraestrutura de Chaves Públicas Brasileira (ICP-Brasil).

Art. 326. A Semana Nacional de Trânsito será comemorada anualmente no período compreendido entre 18 e 25 de setembro.

Art. 326-A. A atuação dos integrantes do Sistema Nacional de Trânsito, no que se refere à política de segurança no trânsito, deverá voltar-se prioritariamente para o cumprimento de metas anuais de redução de índice de mortos por grupo de veículos e de índice de mortos por grupo de habitantes, ambos apurados por Estado e por ano, detalhando-se os dados levantados e as ações realizadas por vias federais, estaduais e municipais.

§ 1º O objetivo geral do estabelecimento de metas é, ao final do prazo de dez anos, reduzir à metade, no mínimo, o índice nacional de mortos por grupo de veículos e o índice nacional de mortos por grupo de habitantes, relativamente aos índices apurados no ano da entrada em vigor da lei que cria o Plano Nacional de Redução de Mortes e Lesões no Trânsito (Pnatrans).

§ 2º As metas expressam a diferença a menor, em base percentual, entre os índices mais recentes, oficialmente apurados, e os índices que se pretende alcançar.

§ 3º A decisão que fixar as metas anuais estabelecerá as respectivas margens de tolerância.

§ 4º As metas serão fixadas pelo Contran para cada um dos Estados da Federação e para o Distrito Federal, mediante propostas fundamentadas dos Cetran, do Contrandife e do Departamento de Polícia Rodoviária Federal, no âmbito das respectivas circunscrições.

§ 5º Antes de submeterem as propostas ao Contran, os Cetran, o Contrandife e o Departamento de Polícia Rodoviária Federal realizarão consulta ou audiência pública para manifestação da sociedade sobre as metas a serem propostas.

§ 6º As propostas dos Cetran, do Contrandife e do Departamento de Polícia Rodoviária Federal serão encaminhadas ao Contran até o dia 1º de agosto de cada ano, acompanhadas de relatório analítico a respeito do cumprimento das metas fixadas para o ano anterior e de exposição de ações, projetos ou programas, com os respectivos orçamentos, por meio dos quais se pretende cumprir as metas propostas para o ano seguinte.

§ 7º As metas fixadas serão divulgadas em setembro, durante a Semana Nacional de Trânsito, assim como o desempenho, absoluto e relativo, de cada Estado e do Distrito Federal no cumprimento das metas vigentes no ano anterior, detalhados os dados levantados e as ações realizadas por vias federais, estaduais e municipais, devendo tais informações permanecer à disposição do público na rede mundial de computadores, em sítio eletrônico do órgão máximo executivo de trânsito da União.

§ 8º O Contran, ouvidos o Departamento de Polícia Rodoviária Federal e demais órgãos do Sistema Nacional de Trânsito, definirá as fórmulas para apuração dos índices de que trata este artigo, assim como a metodologia para a coleta e o tratamento dos dados estatísticos necessários para a composição dos termos das fórmulas.

§ 9º Os dados estatísticos coletados em cada Estado e no Distrito Federal serão tratados e consolidados pelo respectivo órgão ou entidade executivos de trânsito, que os repassará ao órgão máximo executivo de trânsito da União até o dia 1º de março, por meio do sistema de registro nacional de acidentes e estatísticas de trânsito.

§ 10º Os dados estatísticos sujeitos à consolidação pelo órgão ou entidade executivos de trânsito do Estado ou do Distrito Federal compreendem os coletados naquela circunscrição:

I. pela Polícia Rodoviária Federal e pelo órgão executivo rodoviário da União;

II. pela Polícia Militar e pelo órgão ou entidade executivos rodoviários do Estado ou do Distrito Federal;

III. pelos órgãos ou entidades executivos rodoviários e pelos órgãos ou entidades executivos de trânsito dos Municípios.

§ 11º O cálculo dos índices, para cada Estado e para o Distrito Federal, será feito pelo órgão máximo executivo de trânsito da União, ouvidos o Departamento de Polícia Rodoviária Federal e demais órgãos do Sistema Nacional de Trânsito.

§ 12º Os índices serão divulgados oficialmente até o dia 31 de março de cada ano.

§ 13º Com base em índices parciais, apurados no decorrer do ano, o Contran, os Cetran e o Contrandife poderão recomendar aos integrantes do Sistema Nacional de Trânsito alterações nas ações, projetos e programas em desenvolvimento ou previstos, com o fim de atingir as metas fixadas para cada um dos Estados e para o Distrito Federal.

§ 14º A partir da análise de desempenho a que se refere o § 7º deste artigo, o Contran elaborará e divulgará, também durante a Semana Nacional de Trânsito:

I. duas classificações ordenadas dos Estados e do Distrito Federal, uma referente ao ano analisado e outra que considere a evolução do desempenho dos Estados e do Distrito Federal desde o início das análises;

II. relatório a respeito do cumprimento do objetivo geral do estabelecimento de metas previsto no § 1º deste artigo.

Art. 327. A partir da publicação deste Código, somente poderão ser fabricados e licenciados veículos que obedeçam aos limites de peso e dimensões fixados na forma desta Lei, ressalvados os que vierem a ser regulamentados pelo Contran.

Parágrafo único. (VETADO)

Art. 328. O veículo apreendido ou removido a qualquer título e não reclamado por seu proprietário dentro do prazo de sessenta dias, contado da data de recolhimento, será avaliado e levado a leilão, a ser realizado preferencialmente por meio eletrônico.

§ 1º Publicado o edital do leilão, a preparação poderá ser iniciada após trinta dias, contados da data de recolhimento do veículo, o qual será classificado em duas categorias:

I. conservado, quando apresenta condições de segurança para trafegar; e

II. sucata, quando não está apto a trafegar.

§ 2º Se não houver oferta igual ou superior ao valor da avaliação, o lote será incluído no leilão seguinte, quando será arrematado pelo maior lance, desde que por valor não inferior a cinquenta por cento do avaliado.

§ 3º Mesmo classificado como conservado, o veículo que for levado a leilão por duas vezes e não for arrematado será leiloado como sucata.

§ 4º É vedado o retorno do veículo leiloado como sucata à circulação.

§ 5º A cobrança das despesas com estada no depósito será limitada ao prazo de seis meses.

§ 6º Os valores arrecadados em leilão deverão ser utilizados para custeio da realização do leilão, dividindo-se os custos entre os veículos arrematados, proporcionalmente ao valor da arrematação, e destinando-se os valores remanescentes, na seguinte ordem, para:

I. as despesas com remoção e estada;
II. os tributos vinculados ao veículo, na forma do § 10;
III. os credores trabalhistas, tributários e titulares de crédito com garantia real, segundo a ordem de preferência estabelecida no art. 186 da Lei nº 5.172, de 25 de outubro de 1966 (Código Tributário Nacional);
IV. as multas devidas ao órgão ou à entidade responsável pelo leilão;
V. as demais multas devidas aos órgãos integrantes do Sistema Nacional de Trânsito, segundo a ordem cronológica; e
VI. os demais créditos, segundo a ordem de preferência legal.

§ 7º Sendo insuficiente o valor arrecadado para quitar os débitos incidentes sobre o veículo, a situação será comunicada aos credores.

§ 8º Os órgãos públicos responsáveis serão comunicados do leilão previamente para que formalizem a desvinculação dos ônus incidentes sobre o veículo no prazo máximo de dez dias.

§ 9º Os débitos incidentes sobre o veículo antes da alienação administrativa ficam dele automaticamente desvinculados, sem prejuízo da cobrança contra o proprietário anterior.

§ 10º Aplica-se o disposto no § 9º inclusive ao débito relativo a tributo cujo fato gerador seja a propriedade, o domínio útil, a posse, a circulação ou o licenciamento de veículo.

§ 11º Na hipótese de o antigo proprietário reaver o veículo, por qualquer meio, os débitos serão novamente vinculados ao bem, aplicando-se, nesse caso, o disposto nos §§ 1º, 2º e 3º do art. 271º

§ 12º Quitados os débitos, o saldo remanescente será depositado em conta específica do órgão responsável pela realização do leilão e ficará à disposição do antigo proprietário, devendo ser expedida notificação a ele, no máximo em trinta dias após a realização do leilão, para o levantamento do valor no prazo de cinco anos, após os quais o valor será transferido, definitivamente, para o fundo a que se refere o parágrafo único do art. 320º

§ 13º Aplica-se o disposto neste artigo, no que couber, ao animal recolhido, a qualquer título, e não reclamado por seu proprietário no prazo de sessenta dias, a contar da data de recolhimento, conforme regulamentação do Contran.

§ 14º Se identificada a existência de restrição policial ou judicial sobre o prontuário do veículo, a autoridade responsável pela restrição será notificada para a retirada do bem do depósito, mediante a quitação das despesas com remoção e estada, ou para a autorização do leilão nos termos deste artigo.

§ 15º Se no prazo de 60 (sessenta) dias, a contar da notificação de que trata o § 14, não houver manifestação da autoridade responsável pela restrição judicial ou policial, estará o órgão de trânsito autorizado a promover o leilão do veículo nos termos deste artigo.

§ 16º Os veículos, sucatas e materiais inservíveis de bens automotores que se encontrarem nos depósitos há mais de 1 (um) ano poderão ser destinados à reciclagem, independentemente da existência de restrições sobre o veículo.

§ 17º O procedimento de hasta pública na hipótese do § 16 será realizado por lote de tonelagem de material ferroso, observando-se, no que couber, o disposto neste artigo, condicionando-se a entrega do material arrematado aos procedimentos necessários à descaracterização total do bem e à destinação exclusiva, ambientalmente adequada, à reciclagem siderúrgica, vedado qualquer aproveitamento de peças e partes.

§ 18º Os veículos sinistrados irrecuperáveis queimados, adulterados ou estrangeiros, bem como aqueles sem possibilidade de regularização perante o órgão de trânsito, serão destinados à reciclagem, independentemente do período em que estejam em depósito, respeitado o prazo previsto no caput deste artigo, sempre que a autoridade responsável pelo leilão julgar ser essa a medida apropriada.

Art. 329. Os condutores dos veículos de que tratam os arts. 135 e 136, para exercerem suas atividades, deverão apresentar, previamente, certidão negativa do registro de distribuição criminal relativamente aos crimes de homicídio, roubo, estupro e corrupção de menores, renovável a cada cinco anos, junto ao órgão responsável pela respectiva concessão ou autorização.

Art. 330. Os estabelecimentos onde se executem reformas ou recuperação de veículos e os que comprem, vendam ou desmontem veículos, usados ou não, são obrigados a possuir livros de registro de seu movimento de entrada e saída e de uso de placas de experiência, conforme modelos aprovados e rubricados pelos órgãos de trânsito.

§ 1º Os livros indicarão:

I. data de entrada do veículo no estabelecimento;

II. nome, endereço e identidade do proprietário ou vendedor;

III. data da saída ou baixa, nos casos de desmontagem;

IV. nome, endereço e identidade do comprador;

V. características do veículo constantes do seu certificado de registro;

VI. número da placa de experiência.

§ 2º Os livros terão suas páginas numeradas tipograficamente e serão encadernados ou em folhas soltas, sendo que, no primeiro caso, conterão termo de abertura e encerramento lavrados pelo proprietário e rubricados pela repartição de trânsito, enquanto, no segundo, todas as folhas serão autenticadas pela repartição de trânsito.

§ 3º A entrada e a saída de veículos nos estabelecimentos referidos neste artigo registrar-se-ão no mesmo dia em que se verificarem assinaladas, inclusive, as horas a elas correspondentes, podendo os veículos irregulares lá encontrados ou suas sucatas ser apreendidos ou retidos para sua completa regularização.

§ 4º As autoridades de trânsito e as autoridades policiais terão acesso aos livros sempre que o solicitarem, não podendo, entretanto, retirá-los do estabelecimento.

§ 5º A falta de escrituração dos livros, o atraso, a fraude ao realizá-lo e a recusa de sua exibição serão punidas com a multa prevista para as infrações gravíssimas, independente das demais cominações legais cabíveis.

§ 6º Os livros previstos neste artigo poderão ser substituídos por sistema eletrônico, na forma regulamentada pelo Contran.

Art. 331. Até a nomeação e posse dos membros que passarão a integrar os colegiados destinados ao julgamento dos recursos administrativos previstos na SEÇÃO II do Capítulo XVIII deste Código, o julgamento dos recursos ficará a cargo dos órgãos ora existentes.

Art. 332. Os órgãos e entidades integrantes do Sistema Nacional de Trânsito proporcionarão aos membros do Contran, Cetran e ContranDIFE, em serviço, todas as facilidades para o cumprimento de sua missão, fornecendo-lhes as informações que solicitarem, permitindo-lhes inspecionar a execução de quaisquer serviços e deverão atender prontamente suas requisições.

Art. 333. O Contran estabelecerá, em até cento e vinte dias após a nomeação de seus membros, as disposições previstas nos arts. 91 e 92, que terão de ser atendidas pelos órgãos e entidades executivos de trânsito e executivos rodoviários para exercerem suas competências.

§ 1º Os órgãos e entidades de trânsito já existentes terão prazo de um ano, após a edição das normas, para se adequarem às novas disposições estabelecidas pelo Contran, conforme disposto neste artigo.

§ 2º Os órgãos e entidades de trânsito a serem criados exercerão as competências previstas neste Código em cumprimento às exigências estabelecidas pelo Contran, conforme disposto neste artigo, acompanhados pelo respectivo Cetran, se órgão ou entidade municipal, ou Contran, se órgão ou entidade estadual, do Distrito Federal ou da União, passando a integrar o Sistema Nacional de Trânsito.

Art. 334. As ondulações transversais existentes deverão ser homologadas pelo órgão ou entidade competente no prazo de um ano, a partir da publicação deste Código, devendo ser retiradas em caso contrário.

Art. 335. (VETADO)

Art. 336. Aplicam-se os sinais de trânsito previstos no Anexo II até a aprovação pelo Contran, no prazo de trezentos e sessenta dias da publicação desta Lei, após a manifestação da Câmara Temática de Engenharia, de Vias e Veículos e obedecidos os padrões internacionais.

Art. 337. Os Cetran terão suporte técnico e financeiro dos Estados e Municípios que os compõem e, o ContranDIFE, do Distrito Federal.

Art. 338. As montadoras, encarroçadoras, os importadores e fabricantes, ao comerciarem veículos automotores de qualquer categoria e ciclos, são obrigados a fornecer, no ato da comercialização do respectivo veículo, manual contendo normas de circulação, infrações, penalidades, direção defensiva, primeiros socorros e Anexos do Código de Trânsito Brasileiro.

Art. 339. Fica o Poder Executivo autorizado a abrir crédito especial no valor de R$ 264.954,00 (duzentos e sessenta e quatro mil, novecentos e cinquenta e quatro reais), em favor do ministério ou órgão a que couber a coordenação máxima do Sistema Nacional de Trânsito, para atender as despesas decorrentes da implantação deste Código.

Art. 340. Este Código entra em vigor cento e vinte dias após a data de sua publicação.

Art. 341. Ficam revogadas as Leis nºs 5.108, de 21 de setembro de 1966, 5.693, de 16 de agosto de 1971, 5.820, de 10 de novembro de 1972, 6.124, de 25 de outubro de 1974, 6.308, de 15 de dezembro de 1975, 6.369, de 27 de outubro de 1976, 6.731, de 4 de dezembro de 1979, 7.031, de 20 de setembro de 1982, 7.052, de 02 de dezembro de 1982, 8.102, de 10 de dezembro de 1990, os arts. 1º a 6º e 11 do Decreto-lei nº 237, de 28 de fevereiro de 1967, e os Decretos-leis nºs 584, de 16 de maio de 1969, 912, de 2 de outubro de 1969, e 2.448, de 21 de julho de 1988.

Brasília, 23 de setembro de 1997; 176º da Independência e 109º da República.

FERNANDO HENRIQUE CARDOSO
Iris Rezende
Eliseu Padilha

Este texto não substitui o publicado no DOU de 24.9.1997 e retificado em 25.9.1997.

ANEXO I
Dos Conceitos E Definições

(Vide Lei nº 14.071, de 2020)
Para efeito deste Código adotam-se as seguintes definições:

- ACOSTAMENTO – parte da via diferenciada da pista de rolamento destinada à parada ou estacionamento de veículos, em caso de emergência, e à circulação de pedestres e bicicletas, quando não houver local apropriado para esse fim.
- AGENTE DA AUTORIDADE DE TRÂNSITO – pessoa, civil ou policial militar, credenciada pela autoridade de trânsito para o exercício das atividades de fiscalização, operação, policiamento ostensivo de trânsito ou patrulhamento.
- AR ALVEOLAR – ar expirado pela boca de um indivíduo, originário dos alvéolos pulmonares.
- AUTOMÓVEL – veículo automotor destinado ao transporte de passageiros, com capacidade para até oito pessoas, exclusive o condutor.
- AUTORIDADE DE TRÂNSITO – dirigente máximo de órgão ou entidade executivo integrante do Sistema Nacional de Trânsito ou pessoa por ele expressamente credenciada.
- BALANÇO TRASEIRO – distância entre o plano vertical passando pelos centros das rodas traseiras extremas e o ponto mais recuado do veículo, considerando-se todos os elementos rigidamente fixados ao mesmo.
- BICICLETA – veículo de propulsão humana, dotado de duas rodas, não sendo, para efeito deste Código, similar à motocicleta, motoneta e ciclomotor.
- BICICLETÁRIO – local, na via ou fora dela, destinado ao estacionamento de bicicletas.
- BONDE – veículo de propulsão elétrica que se move sobre trilhos.
- BORDO DA PISTA – margem da pista, podendo ser demarcada por linhas longitudinais de bordo que delineiam a parte da via destinada à circulação de veículos.
- CALÇADA – parte da via, normalmente segregada e em nível diferente, não destinada à circulação de veículos, reservada ao trânsito de pedestres e, quando possível, à implantação de mobiliário urbano, sinalização, vegetação e outros fins.
- CAMINHÃO-TRATOR – veículo automotor destinado a tracionar ou arrastar outro.
- CAMINHONETE – veículo destinado ao transporte de carga com peso bruto total de até três mil e quinhentos quilogramas.
- CAMIONETA – veículo misto destinado ao transporte de passageiros e carga no mesmo compartimento.
- CANTEIRO CENTRAL – obstáculo físico construído como separador de duas pistas de rolamento, eventualmente substituído por marcas viárias (canteiro fictício).
- CAPACIDADE MÁXIMA DE TRAÇÃO – máximo peso que a unidade de tração é capaz de tracionar, indicado pelo fabricante, baseado em condições sobre suas limitações de geração e multiplicação de momento de força e resistência dos elementos que compõem a transmissão.
- CARREATA – deslocamento em fila na via de veículos automotores em sinal de regozijo, de reivindicação, de protesto cívico ou de uma classe.
- CARRO DE MÃO – veículo de propulsão humana utilizado no transporte de pequenas cargas.

- CARROÇA – veículo de tração animal destinado ao transporte de carga.
- CATADIÓPTRICO – dispositivo de reflexão e refração da luz utilizado na sinalização de vias e veículos (olho-de-gato).
- CHARRETE – veículo de tração animal destinado ao transporte de pessoas.
- CICLO – veículo de pelo menos duas rodas a propulsão humana.
- CICLOFAIXA – parte da pista de rolamento destinada à circulação exclusiva de ciclos, delimitada por sinalização específica.
- CICLOMOTOR – veículo de duas ou três rodas, provido de um motor de combustão interna, cuja cilindrada não exceda a cinquenta centímetros cúbicos (3,05 polegadas cúbicas) e cuja velocidade máxima de fabricação não exceda a cinquenta quilômetros por hora.
- CICLOVIA – pista própria destinada à circulação de ciclos, separada fisicamente do tráfego comum.
- CONVERSÃO – movimento em ângulo, à esquerda ou à direita, de mudança da direção original do veículo.

Cruzamento – Interseção de Duas Vias em Nível.

- DISPOSITIVO DE SEGURANÇA – qualquer elemento que tenha a função específica de proporcionar maior segurança ao usuário da via, alertando-o sobre situações de perigo que possam colocar em risco sua integridade física e dos demais usuários da via, ou danificar seriamente o veículo.
- ESTACIONAMENTO – imobilização de veículos por tempo superior ao necessário para embarque ou desembarque de passageiros.
- ESTRADA – via rural não pavimentada.
- ETILÔMETRO – aparelho destinado à medição do teor alcoólico no ar alveolar.
- FAIXAS DE DOMÍNIO – superfície lindeira às vias rurais, delimitada por lei específica e sob responsabilidade do órgão ou entidade de trânsito competente com circunscrição sobre a via.
- FAIXAS DE TRÂNSITO – qualquer uma das áreas longitudinais em que a pista pode ser subdividida, sinalizada ou não por marcas viárias longitudinais, que tenham uma largura suficiente para permitir a circulação de veículos automotores.
- FISCALIZAÇÃO – ato de controlar o cumprimento das normas estabelecidas na legislação de trânsito, por meio do poder de polícia administrativa de trânsito, no âmbito de circunscrição dos órgãos e entidades executivos de trânsito e de acordo com as competências definidas neste Código.
- FOCO DE PEDESTRES – indicação luminosa de permissão ou impedimento de locomoção na faixa apropriada.
- FREIO DE ESTACIONAMENTO – dispositivo destinado a manter o veículo imóvel na ausência do condutor ou, no caso de um reboque, se este se encontra desengatado.
- FREIO DE SEGURANÇA OU MOTOR – dispositivo destinado a diminuir a marcha do veículo no caso de falha do freio de serviço.
- FREIO DE SERVIÇO – dispositivo destinado a provocar a diminuição da marcha do veículo ou pará-lo.
- GESTOS DE AGENTES – movimentos convencionais de braço, adotados exclusivamente pelos agentes de autoridades de trânsito nas vias, para orientar, indicar o direito de passagem dos veículos ou pedestres ou emitir ordens, sobrepondo-se ou completando outra sinalização ou norma constante deste Código.
- GESTOS DE CONDUTORES – movimentos convencionais de braço, adotados exclusivamente pelos condutores, para orientar ou indicar que vão efetuar uma manobra de mudança de direção, redução brusca de velocidade ou parada.
- ILHA – obstáculo físico, colocado na pista de rolamento, destinado à ordenação dos fluxos de trânsito em uma interseção.
- INFRAÇÃO – inobservância a qualquer preceito da legislação de trânsito, às normas emanadas do Código de Trânsito, do Conselho Nacional de Trânsito e a regulamentação estabelecida pelo órgão ou entidade executiva do trânsito.
- INTERSEÇÃO – todo cruzamento em nível, entroncamento ou bifurcação, incluindo as áreas formadas por tais cruzamentos, entroncamentos ou bifurcações.
- INTERRUPÇÃO DE MARCHA – imobilização do veículo para atender circunstância momentânea do trânsito.
- LICENCIAMENTO – procedimento anual, relativo a obrigações do proprietário de veículo,

comprovado por meio de documento específico (Certificado de Licenciamento Anual).
- LOGRADOURO PÚBLICO – espaço livre destinado pela municipalidade à circulação, parada ou estacionamento de veículos, ou à circulação de pedestres, tais como calçada, parques, áreas de lazer, calçadões.
- LOTAÇÃO – carga útil máxima, incluindo condutor e passageiros, que o veículo transporta, expressa em quilogramas para os veículos de carga, ou número de pessoas, para os veículos de passageiros.
- LOTE LINDEIRO – aquele situado ao longo das vias urbanas ou rurais e que com elas se limita.
- LUZ ALTA – facho de luz do veículo destinado a iluminar a via até uma grande distância do veículo.
- LUZ BAIXA – facho de luz do veículo destinada a iluminar a via diante do veículo, sem ocasionar ofuscamento ou incômodo injustificáveis aos condutores e outros usuários da via que venham em sentido contrário.
- LUZ DE FREIO – luz do veículo destinada a indicar aos demais usuários da via, que se encontram atrás do veículo, que o condutor está aplicando o freio de serviço.
- LUZ INDICADORA DE DIREÇÃO (pisca-pisca) – luz do veículo destinada a indicar aos demais usuários da via que o condutor tem o propósito de mudar de direção para a direita ou para a esquerda.
- LUZ DE MARCHA À RÉ – luz do veículo destinada a iluminar atrás do veículo e advertir aos demais usuários da via que o veículo está efetuando ou a ponto de efetuar uma manobra de marcha à ré.
- LUZ DE NEBLINA – luz do veículo destinada a aumentar a iluminação da via em caso de neblina, chuva forte ou nuvens de pó.
- LUZ DE POSIÇÃO (lanterna) – luz do veículo destinada a indicar a presença e a largura do veículo.
- MANOBRA – movimento executado pelo condutor para alterar a posição em que o veículo está no momento em relação à via.
- MARCAS VIÁRIAS – conjunto de sinais constituídos de linhas, marcações, símbolos ou legendas, em tipos e cores diversas, apostos ao pavimento da via.
- MICRO-ÔNIBUS – veículo automotor de transporte coletivo com capacidade para até vinte passageiros.
- MOTOCICLETA – veículo automotor de duas rodas, com ou sem *side-car*, dirigido por condutor em posição montada.
- MOTONETA – veículo automotor de duas rodas, dirigido por condutor em posição sentada.
- MOTOR-CASA (MOTOR-HOME) – veículo automotor cuja carroçaria seja fechada e destinada a alojamento, escritório, comércio ou finalidades análogas.
- NOITE – período do dia compreendido entre o pôr do sol e o nascer do sol.
- ÔNIBUS – veículo automotor de transporte coletivo com capacidade para mais de vinte passageiros, ainda que, em virtude de adaptações com vista à maior comodidade destes, transporte número menor.
- OPERAÇÃO DE CARGA E DESCARGA – imobilização do veículo, pelo tempo estritamente necessário ao carregamento ou descarregamento de animais ou carga, na forma disciplinada pelo órgão ou entidade executivo de trânsito competente com circunscrição sobre a via.
- OPERAÇÃO DE TRÂNSITO – monitoramento técnico baseado nos conceitos de Engenharia de Tráfego, das condições de fluidez, de estacionamento e parada na via, de forma a reduzir as interferências tais como veículos quebrados, acidentados, estacionados irregularmente atrapalhando o trânsito, prestando socorros imediatos e informações aos pedestres e condutores.
- PARADA – imobilização do veículo com a finalidade e pelo tempo estritamente necessário para efetuar embarque ou desembarque de passageiros.
- PASSAGEM DE NÍVEL – todo cruzamento de nível entre uma via e uma linha férrea ou trilho de bonde com pista própria.
- PASSAGEM POR OUTRO VEÍCULO – movimento de passagem à frente de outro veículo que se desloca no mesmo sentido, em menor velocidade, mas em faixas distintas da via.
- PASSAGEM SUBTERRÂNEA – obra de arte destinada à transposição de vias, em desnível subterrâneo, e ao uso de pedestres ou veículos.
- PASSARELA – obra de arte destinada à transposição de vias, em desnível aéreo, e ao uso de pedestres.
- PASSEIO – parte da calçada ou da pista de rolamento, neste último caso, separada por pintura ou elemento físico separador, livre de

interferências, destinada à circulação exclusiva de pedestres e, excepcionalmente, de ciclistas.
- PATRULHAMENTO – função exercida pela Polícia Rodoviária Federal com o objetivo de garantir obediência às normas de trânsito, assegurando a livre circulação e evitando acidentes.
- PERÍMETRO URBANO – limite entre área urbana e área rural.
- PESO BRUTO TOTAL – peso máximo que o veículo transmite ao pavimento, constituído da soma da tara mais a lotação.
- PESO BRUTO TOTAL COMBINADO – peso máximo transmitido ao pavimento pela combinação de um caminhão-trator mais seu semi-reboque ou do caminhão mais o seu reboque ou reboques.
- PISCA-ALERTA – luz intermitente do veículo, utilizada em caráter de advertência, destinada a indicar aos demais usuários da via que o veículo está imobilizado ou em situação de emergência.
- PISTA – parte da via normalmente utilizada para a circulação de veículos, identificada por elementos separadores ou por diferença de nível em relação às calçadas, ilhas ou aos canteiros centrais.
- PLACAS – elementos colocados na posição vertical, fixados ao lado ou suspensos sobre a pista, transmitindo mensagens de caráter permanente e, eventualmente, variáveis, mediante símbolo ou legendas pré-reconhecidas e legalmente instituídas como sinais de trânsito.
- POLICIAMENTO OSTENSIVO DE TRÂNSITO – função exercida pelas Polícias Militares com o objetivo de prevenir e reprimir atos relacionados com a segurança pública e de garantir obediência às normas relativas à segurança de trânsito, assegurando a livre circulação e evitando acidentes.
- PONTE – obra de construção civil destinada a ligar margens opostas de uma superfície líquida qualquer.
- REBOQUE – veículo destinado a ser engatado atrás de um veículo automotor.
- REGULAMENTAÇÃO DA VIA – implantação de sinalização de regulamentação pelo órgão ou entidade competente com circunscrição sobre a via, definindo, entre outros, sentido de direção, tipo de estacionamento, horários e dias.
- REFÚGIO – parte da via, devidamente sinalizada e protegida, destinada ao uso de pedestres durante a travessia da mesma.
- RENACH – Registro Nacional de Condutores Habilitados.
- Renavam – Registro Nacional de Veículos Automotores.
- RETORNO – movimento de inversão total de sentido da direção original de veículos.
- RODOVIA – via rural pavimentada.
- SEMI-REBOQUE – veículo de um ou mais eixos que se apóia na sua unidade tratora ou é a ela ligado por meio de articulação.
- SINAIS DE TRÂNSITO – elementos de sinalização viária que se utilizam de placas, marcas viárias, equipamentos de controle luminosos, dispositivos auxiliares, apitos e gestos, destinados exclusivamente a ordenar ou dirigir o trânsito dos veículos e pedestres.
- SINALIZAÇÃO – conjunto de sinais de trânsito e dispositivos de segurança colocados na via pública com o objetivo de garantir sua utilização adequada, possibilitando melhor fluidez no trânsito e maior segurança dos veículos e pedestres que nela circulam.
- SONS POR APITO – sinais sonoros, emitidos exclusivamente pelos agentes da autoridade de trânsito nas vias, para orientar ou indicar o direito de passagem dos veículos ou pedestres, sobrepondo-se ou completando sinalização existente no local ou norma estabelecida neste Código.
- TARA – peso próprio do veículo, acrescido dos pesos da carroçaria e equipamento, do combustível, das ferramentas e acessórios, da roda sobressalente, do extintor de incêndio e do fluido de arrefecimento, expresso em quilogramas.
- TRAILER – reboque ou semi-reboque tipo casa, com duas, quatro, ou seis rodas, acoplado ou adaptado à traseira de automóvel ou camionete, utilizado em geral em atividades turísticas como alojamento, ou para atividades comerciais.
- TRÂNSITO – movimentação e imobilização de veículos, pessoas e animais nas vias terrestres.
- TRANSPOSIÇÃO DE FAIXAS – passagem de um veículo de uma faixa demarcada para outra.
- TRATOR – veículo automotor construído para realizar trabalho agrícola, de construção e pavimentação e tracionar outros veículos e equipamentos.
- ULTRAPASSAGEM – movimento de passar à frente de outro veículo que se desloca no mesmo

sentido, em menor velocidade e na mesma faixa de tráfego, necessitando sair e retornar à faixa de origem.
- UTILITÁRIO – veículo misto caracterizado pela versatilidade do seu uso, inclusive fora de estrada.
- VEÍCULO ARTICULADO – combinação de veículos acoplados, sendo um deles automotor.
- VEÍCULO AUTOMOTOR – todo veículo a motor de propulsão que circule por seus próprios meios, e que serve normalmente para o transporte viário de pessoas e coisas, ou para a tração viária de veículos utilizados para o transporte de pessoas e coisas. O termo compreende os veículos conectados a uma linha elétrica e que não circulam sobre trilhos (ônibus elétrico).
- VEÍCULO DE CARGA – veículo destinado ao transporte de carga, podendo transportar dois passageiros, exclusive o condutor.
- VEÍCULO DE COLEÇÃO – aquele que, mesmo tendo sido fabricado há mais de trinta anos, conserva suas características originais de fabricação e possui valor histórico próprio.
- VEÍCULO CONJUGADO – combinação de veículos, sendo o primeiro um veículo automotor e os demais reboques ou equipamentos de trabalho agrícola, construção, terraplenagem ou pavimentação.
- VEÍCULO DE GRANDE PORTE – veículo automotor destinado ao transporte de carga com peso bruto total máximo superior a dez mil quilogramas e de passageiros, superior a vinte passageiros.
- VEÍCULO DE PASSAGEIROS – veículo destinado ao transporte de pessoas e suas bagagens.
- VEÍCULO MISTO – veículo automotor destinado ao transporte simultâneo de carga e passageiro.
- VIA – superfície por onde transitam veículos, pessoas e animais, compreendendo a pista, a calçada, o acostamento, ilha e canteiro central.
- VIA DE TRÂNSITO RÁPIDO – aquela caracterizada por acessos especiais com trânsito livre, sem interseções em nível, sem acessibilidade direta aos lotes lindeiros e sem travessia de pedestres em nível.
- VIA ARTERIAL – aquela caracterizada por interseções em nível, geralmente controlada por semáforo, com acessibilidade aos lotes lindeiros e às vias secundárias e locais, possibilitando o trânsito entre as regiões da cidade.
- VIA COLETORA – aquela destinada a coletar e distribuir o trânsito que tenha necessidade de entrar ou sair das vias de trânsito rápido ou arteriais, possibilitando o trânsito dentro das regiões da cidade.
- VIA LOCAL – aquela caracterizada por interseções em nível não semaforizadas, destinada apenas ao acesso local ou a áreas restritas.
- VIA RURAL – estradas e rodovias.
- VIA URBANA – ruas, avenidas, vielas, ou caminhos e similares abertos à circulação pública, situados na área urbana, caracterizados principalmente por possuírem imóveis edificados ao longo de sua extensão.
- VIAS E ÁREAS DE PEDESTRES – vias ou conjunto de vias destinadas à circulação prioritária de pedestres.
- VIADUTO – obra de construção civil destinada a transpor uma depressão de terreno ou servir de passagem superior.

(Vide Resolução nº 160, de 2004 do Contran) (Vide Resolução nº 704, de 2017 do Contran)

12

Código de Defesa ao Consumidor

Lei Nº 8.078, de 11 de Setembro de 1990

Dispõe sobre a proteção do consumidor e dá outras providências.
O PRESIDENTE DA REPÚBLICA, faço saber que o Congresso Nacional decreta e eu sanciono a seguinte lei:

TÍTULO I
Dos Direitos do Consumidor

CAPÍTULO I
Disposições Gerais

Art. 1. O presente código estabelece normas de proteção e defesa do consumidor, de ordem pública e interesse social, nos termos dos arts. 5º, inciso XXXII, 170, inciso V, da Constituição Federal e art. 48 de suas Disposições Transitórias.

Art. 2. Consumidor é toda pessoa física ou jurídica que adquire ou utiliza produto ou serviço como destinatário final.

Parágrafo único. Equipara-se a consumidor a coletividade de pessoas, ainda que indetermináveis, que haja intervindo nas relações de consumo.

Art. 3. Fornecedor é toda pessoa física ou jurídica, pública ou privada, nacional ou estrangeira, bem como os entes despersonalizados, que desenvolvem atividade de produção, montagem, criação, construção, transformação, importação, exportação, distribuição ou comercialização de produtos ou prestação de serviços.

§ 1º Produto é qualquer bem, móvel ou imóvel, material ou imaterial.

§ 2º Serviço é qualquer atividade fornecida no mercado de consumo, mediante remuneração, inclusive as de natureza bancária, financeira, de crédito e securitária, salvo as decorrentes das relações de caráter trabalhista.

CAPÍTULO II
Da Política Nacional de Relações de Consumo

Art. 4. A Política Nacional das Relações de Consumo tem por objetivo o atendimento das necessidades dos consumidores, o respeito à sua dignidade, saúde e segurança, a proteção de seus interesses econômicos, a melhoria da sua qualidade de vida, bem como a transparência e harmonia das relações de consumo, atendidos os seguintes princípios:

I. reconhecimento da vulnerabilidade do consumidor no mercado de consumo;

II. ação governamental no sentido de proteger efetivamente o consumidor:
a) por iniciativa direta;
b) por incentivos à criação e desenvolvimento de associações representativas;
c) pela presença do Estado no mercado de consumo;
d) pela garantia dos produtos e serviços com padrões adequados de qualidade, segurança, durabilidade e desempenho.

III. harmonização dos interesses dos participantes das relações de consumo e compatibilização da proteção do consumidor com a necessidade de desenvolvimento econômico e tecnológico, de modo a viabilizar os princípios nos quais se funda a ordem econômica (art. 170, da Constituição Federal), sempre com base na boa-fé e equilíbrio nas relações entre consumidores e fornecedores;

IV. educação e informação de fornecedores e consumidores, quanto aos seus direitos e deveres, com vistas à melhoria do mercado de consumo;

V. incentivo à criação pelos fornecedores de meios eficientes de controle de qualidade e segurança de produtos e serviços, assim como de mecanismos alternativos de solução de conflitos de consumo;

VI. coibição e repressão eficientes de todos os abusos praticados no mercado de consumo, inclusive a concorrência desleal e utilização indevida de inventos e criações industriais das marcas e nomes comerciais e signos distintivos, que possam causar prejuízos aos consumidores;

VII. racionalização e melhoria dos serviços públicos;

VIII. estudo constante das modificações do mercado de consumo.

IX. fomento de ações direcionadas à educação financeira e ambiental dos consumidores; **(Incluído pela Lei nº 14.181, de 2021)**

X. prevenção e tratamento do superendividamento como forma de evitar a exclusão social do consumidor. **(Incluído pela Lei nº 14.181, de 2021)**

Art. 5. Para a execução da Política Nacional das Relações de Consumo, contará o poder público com os seguintes instrumentos, entre outros:

I. manutenção de assistência jurídica, integral e gratuita para o consumidor carente;
II. instituição de Promotorias de Justiça de Defesa do Consumidor, no âmbito do Ministério Público;
III. criação de delegacias de polícia especializadas no atendimento de consumidores vítimas de infrações penais de consumo;
IV. criação de Juizados Especiais de Pequenas Causas e Varas Especializadas para a solução de litígios de consumo;
V. concessão de estímulos à criação e desenvolvimento das Associações de Defesa do Consumidor.
§ 1º (Vetado).
§ 2º (Vetado).
VI. instituição de mecanismos de prevenção e tratamento extrajudicial e judicial do superendividamento e de proteção do consumidor pessoa natural; **(Incluído pela Lei nº 14.181, de 2021)**
VII. instituição de núcleos de conciliação e mediação de conflitos oriundos de superendividamento. **(Incluído pela Lei nº 14.181, de 2021)**

CAPÍTULO III

Dos Direitos Básicos do Consumidor

Art. 6. São direitos básicos do consumidor:
I. a proteção da vida, saúde e segurança contra os riscos provocados por práticas no fornecimento de produtos e serviços considerados perigosos ou nocivos;
II. a educação e divulgação sobre o consumo adequado dos produtos e serviços, asseguradas a liberdade de escolha e a igualdade nas contratações;
III. a informação adequada e clara sobre os diferentes produtos e serviços, com especificação correta de quantidade, características, composição, qualidade, tributos incidentes e preço, bem como sobre os riscos que apresentem;
IV. a proteção contra a publicidade enganosa e abusiva, métodos comerciais coercitivos ou desleais, bem como contra práticas e cláusulas abusivas ou impostas no fornecimento de produtos e serviços;
V. a modificação das cláusulas contratuais que estabeleçam prestações desproporcionais ou sua revisão em razão de fatos supervenientes que as tornem excessivamente onerosas;
VI. a efetiva prevenção e reparação de danos patrimoniais e morais, individuais, coletivos e difusos;
VII. o acesso aos órgãos judiciários e administrativos com vistas à prevenção ou reparação de danos patrimoniais e morais, individuais, coletivos ou difusos, assegurada a proteção Jurídica, administrativa e técnica aos necessitados;
VIII. a facilitação da defesa de seus direitos, inclusive com a inversão do ônus da prova, a seu favor, no processo civil, quando, a critério do juiz, for verossímil a alegação ou quando for ele hipossuficiente, segundo as regras ordinárias de experiências;
IX. (Vetado);
X. a adequada e eficaz prestação dos serviços públicos em geral.
XI. XI. a garantia de práticas de crédito responsável, de educação financeira e de prevenção e tratamento de situações de superendividamento, preservado o mínimo existencial, nos termos da regulamentação, por meio da revisão e da repactuação da dívida, entre outras medidas; **(Incluído pela Lei nº 14.181, de 2021)**
XII. a preservação do mínimo existencial, nos termos da regulamentação, na repactuação de dívidas e na concessão de crédito; **(Incluído pela Lei nº 14.181, de 2021)**
XIII. a informação acerca dos preços dos produtos por unidade de medida, tal como por quilo, por litro, por metro ou por outra unidade, conforme o caso. **(Incluído pela Lei nº 14.181, de 2021)**

Parágrafo único. A informação de que trata o inciso III do caput deste artigo deve ser acessível à pessoa com deficiência, observado o disposto em regulamento.

Art. 7. Os direitos previstos neste código não excluem outros decorrentes de tratados ou convenções internacionais de que o Brasil seja signatário, da legislação interna ordinária, de regulamentos expedidos pelas autoridades administrativas competentes, bem como dos que derivem dos princípios gerais do direito, analogia, costumes e equidade.

Parágrafo único. Tendo mais de um autor a ofensa, todos responderão solidariamente pela reparação dos danos previstos nas normas de consumo.

CAPÍTULO IV

Da Qualidade de Produtos e Serviços, da Prevenção e da Reparação dos Danos

SEÇÃO I
Da Proteção à Saúde e Segurança

Art. 8. Os produtos e serviços colocados no mercado de consumo não acarretarão riscos à saúde ou segurança dos consumidores, exceto os considerados normais e previsíveis em decorrência de sua natureza e fruição, obrigando-se os fornecedores, em qualquer hipótese, a dar as informações necessárias e adequadas a seu respeito.

§ 1º Em se tratando de produto industrial, ao fabricante cabe prestar as informações a que se refere este artigo, através de impressos apropriados que devam acompanhar o produto.

§ 2º O fornecedor deverá higienizar os equipamentos e utensílios utilizados no fornecimento de produtos ou serviços, ou colocados à disposição do consumidor, e informar, de maneira ostensiva e adequada, quando for o caso, sobre o risco de contaminação.

Art. 9. O fornecedor de produtos e serviços potencialmente nocivos ou perigosos à saúde ou segurança deverá informar, de maneira ostensiva e adequada, a respeito da sua nocividade ou periculosidade, sem prejuízo da adoção de outras medidas cabíveis em cada caso concreto.

Art. 10. O fornecedor não poderá colocar no mercado de consumo produto ou serviço que sabe ou deveria saber apresentar alto grau de nocividade ou periculosidade à saúde ou segurança.

§ 1º O fornecedor de produtos e serviços que, posteriormente à sua introdução no mercado de consumo, tiver conhecimento da periculosidade que apresentem, deverá comunicar o fato imediatamente às autoridades competentes e aos consumidores, mediante anúncios publicitários.

§ 2º Os anúncios publicitários a que se refere o parágrafo anterior serão veiculados na imprensa, rádio e televisão, às expensas do fornecedor do produto ou serviço.

§ 3º Sempre que tiverem conhecimento de periculosidade de produtos ou serviços à saúde ou segurança dos consumidores, a União, os Estados, o Distrito Federal e os Municípios deverão informá-los a respeito.

Art. 11. (Vetado).

SEÇÃO II
Da Responsabilidade pelo Fato do Produto e do Serviço

Art. 12. O fabricante, o produtor, o construtor, nacional ou estrangeiro, e o importador respondem, independentemente da existência de culpa, pela reparação dos danos causados aos consumidores por defeitos decorrentes de projeto, fabricação, construção, montagem, fórmulas, manipulação, apresentação ou acondicionamento de seus produtos, bem como por informações insuficientes ou inadequadas sobre sua utilização e riscos.

§ 1º O produto é defeituoso quando não oferece a segurança que dele legitimamente se espera, levando-se em consideração as circunstâncias relevantes, entre as quais:

I. sua apresentação;

II. o uso e os riscos que razoavelmente dele se esperam;

III. a época em que foi colocado em circulação.

§ 2º O produto não é considerado defeituoso pelo fato de outro de melhor qualidade ter sido colocado no mercado.

§ 3º O fabricante, o construtor, o produtor ou importador só não será responsabilizado quando provar:

I. que não colocou o produto no mercado;

II. que, embora haja colocado o produto no mercado, o defeito inexiste;

III. a culpa exclusiva do consumidor ou de terceiro.

Art. 13. O comerciante é igualmente responsável, nos termos do artigo anterior, quando:

I. o fabricante, o construtor, o produtor ou o importador não puderem ser identificados;

II. o produto for fornecido sem identificação clara do seu fabricante, produtor, construtor ou importador;

III. não conservar adequadamente os produtos perecíveis.

Parágrafo único. Aquele que efetivar o pagamento ao prejudicado poderá exercer o direito de regresso contra os demais responsáveis, segundo sua participação na causação do evento danoso.

Art. 14. O fornecedor de serviços responde, independentemente da existência de culpa, pela reparação dos danos causados aos consumidores por defeitos relativos à prestação dos serviços, bem como por informações insuficientes ou inadequadas sobre sua fruição e riscos.

§ 1º O serviço é defeituoso quando não fornece a segurança que o consumidor dele pode esperar, levando-se em consideração as circunstâncias relevantes, entre as quais:

I. o modo de seu fornecimento;
II. o resultado e os riscos que razoavelmente dele se esperam;
III. a época em que foi fornecido.

§ 2º O serviço não é considerado defeituoso pela adoção de novas técnicas.

§ 3º O fornecedor de serviços só não será responsabilizado quando provar:

I. que, tendo prestado o serviço, o defeito inexiste;
II. a culpa exclusiva do consumidor ou de terceiro.

§ 4º A responsabilidade pessoal dos profissionais liberais será apurada mediante a verificação de culpa.

Art. 15. (Vetado).

Art. 16. (Vetado).

Art. 17. Para os efeitos desta Seção, equiparam-se aos consumidores todas as vítimas do evento.

SEÇÃO III
Da Responsabilidade por Vício do Produto e do Serviço

Art. 18. Os fornecedores de produtos de consumo duráveis ou não duráveis respondem solidariamente pelos vícios de qualidade ou quantidade que os tornem impróprios ou inadequados ao consumo a que se destinam ou lhes diminuam o valor, assim como por aqueles decorrentes da disparidade, com a indicações constantes do recipiente, da embalagem, rotulagem ou mensagem publicitária, respeitadas as variações decorrentes de sua natureza, podendo o consumidor exigir a substituição das partes viciadas.

§ 1º Não sendo o vício sanado no prazo máximo de trinta dias, pode o consumidor exigir, alternativamente e à sua escolha:

I. a substituição do produto por outro da mesma espécie, em perfeitas condições de uso;
II. a restituição imediata da quantia paga, monetariamente atualizada, sem prejuízo de eventuais perdas e danos;
III. o abatimento proporcional do preço.

§ 2º Poderão as partes convencionar a redução ou ampliação do prazo previsto no parágrafo anterior, não podendo ser inferior a sete nem superior a cento e oitenta dias. Nos contratos de adesão, a cláusula de prazo deverá ser convencionada em separado, por meio de manifestação expressa do consumidor.

§ 3º O consumidor poderá fazer uso imediato das alternativas do § 1º deste artigo sempre que, em razão da extensão do vício, a substituição das partes viciadas puder comprometer a qualidade ou características do produto, diminuir-lhe o valor ou se tratar de produto essencial.

§ 4º Tendo o consumidor optado pela alternativa do inciso I do § 1º deste artigo, e não sendo possível a substituição do bem, poderá haver substituição por outro de espécie, marca ou modelo diversos, mediante complementação ou restituição de eventual diferença de preço, sem prejuízo do disposto nos incisos II e III do § 1º deste artigo.

§ 5º No caso de fornecimento de produtos in natura, será responsável perante o consumidor o fornecedor imediato, exceto quando identificado claramente seu produtor.

§ 6º São impróprios ao uso e consumo:

I. os produtos cujos prazos de validade estejam vencidos;
II. os produtos deteriorados, alterados, adulterados, avariados, falsificados, corrompidos, fraudados, nocivos à vida ou à saúde, perigosos ou, ainda, aqueles em desacordo com as normas regulamentares de fabricação, distribuição ou apresentação;
III. os produtos que, por qualquer motivo, se revelem inadequados ao fim a que se destinam.

Art. 19. Os fornecedores respondem solidariamente pelos vícios de quantidade do produto sempre que, respeitadas as variações decorrentes de sua natureza, seu conteúdo líquido for inferior às indicações constantes do recipiente, da embalagem, rotulagem ou de mensagem publicitária, podendo o consumidor exigir, alternativamente e à sua escolha:

I. o abatimento proporcional do preço;
II. complementação do peso ou medida;
III. a substituição do produto por outro da mesma espécie, marca ou modelo, sem os aludidos vícios;
IV. a restituição imediata da quantia paga, monetariamente atualizada, sem prejuízo de eventuais perdas e danos.

§ 1º Aplica-se a este artigo o disposto no § 4º do artigo anterior.

§ 2º O fornecedor imediato será responsável quando fizer a pesagem ou a medição e o instrumento utilizado não estiver aferido segundo os padrões oficiais.

Art. 20. O fornecedor de serviços responde pelos vícios de qualidade que os tornem impróprios ao consumo ou lhes diminuam o valor, assim como por aqueles decorrentes da disparidade com as indicações constantes da oferta ou mensagem publicitária, podendo o consumidor exigir, alternativamente e à sua escolha:

I. a reexecução dos serviços, sem custo adicional e quando cabível;

II. a restituição imediata da quantia paga, monetariamente atualizada, sem prejuízo de eventuais perdas e danos;

III. o abatimento proporcional do preço.

§ 1º A reexecução dos serviços poderá ser confiada a terceiros devidamente capacitados, por conta e risco do fornecedor.

§ 2º São impróprios os serviços que se mostrem inadequados para os fins que razoavelmente deles se esperam, bem como aqueles que não atendam as normas regulamentares de prestabilidade.

Art. 21. No fornecimento de serviços que tenham por objetivo a reparação de qualquer produto considerar-se-á implícita a obrigação do fornecedor de empregar componentes de reposição originais adequados e novos, ou que mantenham as especificações técnicas do fabricante, salvo, quanto a estes últimos, autorização em contrário do consumidor.

Art. 22. Os órgãos públicos, por si ou suas empresas, concessionárias, permissionárias ou sob qualquer outra forma de empreendimento, são obrigados a fornecer serviços adequados, eficientes, seguros e, quanto aos essenciais, contínuos.

Parágrafo único. Nos casos de descumprimento, total ou parcial, das obrigações referidas neste artigo, serão as pessoas jurídicas compelidas a cumpri-las e a reparar os danos causados, na forma prevista neste código.

Art. 23. A ignorância do fornecedor sobre os vícios de qualidade por inadequação dos produtos e serviços não o exime de responsabilidade.

Art. 24. A garantia legal de adequação do produto ou serviço independe de termo expresso, vedada a exoneração contratual do fornecedor.

Art. 25. É vedada a estipulação contratual de cláusula que impossibilite, exonere ou atenue a obrigação de indenizar prevista nesta e nas seções anteriores.

§ 1º Havendo mais de um responsável pela causação do dano, todos responderão solidariamente pela reparação prevista nesta e nas seções anteriores.

§ 2º Sendo o dano causado por componente ou peça incorporada ao produto ou serviço, são responsáveis solidários seu fabricante, construtor ou importador e o que realizou a incorporação.

SEÇÃO IV
Da Decadência e da Prescrição

Art. 26. O direito de reclamar pelos vícios aparentes ou de fácil constatação caduca em:

I. trinta dias, tratando-se de fornecimento de serviço e de produtos não duráveis;

II. noventa dias, tratando-se de fornecimento de serviço e de produtos duráveis.

§ 1º Inicia-se a contagem do prazo decadencial a partir da entrega efetiva do produto ou do término da execução dos serviços.

§ 2º Obstam a decadência:

I. a reclamação comprovadamente formulada pelo consumidor perante o fornecedor de produtos e serviços até a resposta negativa correspondente, que deve ser transmitida de forma inequívoca;

II. (Vetado).

III. a instauração de inquérito civil, até seu encerramento.

§ 3º Tratando-se de vício oculto, o prazo decadencial inicia-se no momento em que ficar evidenciado o defeito.

Art. 27. Prescreve em cinco anos a pretensão à reparação pelos danos causados por fato do produto ou do serviço prevista na SEÇÃO II deste Capítulo, iniciando-se a contagem do prazo a partir do conhecimento do dano e de sua autoria.

Parágrafo único. (Vetado).

SEÇÃO V
Da Desconsideração da Personalidade Jurídica

Art. 28. O juiz poderá desconsiderar a personalidade jurídica da sociedade quando, em detrimento do consumidor, houver abuso de direito, excesso de poder, infração da lei, fato ou ato ilícito ou violação dos estatutos ou contrato social. A desconsideração também será efetivada quando houver falência, estado de insolvência, encerramento ou inatividade da pessoa jurídica provocados por má administração.

§ 1º (Vetado).

§ 2º As sociedades integrantes dos grupos societários e as sociedades controladas, são subsidiariamente responsáveis pelas obrigações decorrentes deste código.
§ 3º As sociedades consorciadas são solidariamente responsáveis pelas obrigações decorrentes deste código.
§ 4º As sociedades coligadas só responderão por culpa.
§ 5º Também poderá ser desconsiderada a pessoa jurídica sempre que sua personalidade for, de alguma forma, obstáculo ao ressarcimento de prejuízos causados aos consumidores.

CAPÍTULO V

Das Práticas Comerciais

SEÇÃO I
Das Disposições Gerais

Art. 29. Para os fins deste Capítulo e do seguinte, equiparam-se aos consumidores todas as pessoas determináveis ou não, expostas às práticas nele previstas.

SEÇÃO II
Da Oferta

Art. 30. Toda informação ou publicidade, suficientemente precisa, veiculada por qualquer forma ou meio de comunicação com relação a produtos e serviços oferecidos ou apresentados, obriga o fornecedor que a fizer veicular ou dela se utilizar e integra o contrato que vier a ser celebrado.

Art. 31. A oferta e apresentação de produtos ou serviços devem assegurar informações corretas, claras, precisas, ostensivas e em língua portuguesa sobre suas características, qualidades, quantidade, composição, preço, garantia, prazos de validade e origem, entre outros dados, bem como sobre os riscos que apresentam à saúde e segurança dos consumidores.

Parágrafo único. As informações de que trata este artigo, nos produtos refrigerados oferecidos ao consumidor, serão gravadas de forma indelével.

Art. 32. Os fabricantes e importadores deverão assegurar a oferta de componentes e peças de reposição enquanto não cessar a fabricação ou importação do produto.

Parágrafo único. Cessadas a produção ou importação, a oferta deverá ser mantida por período razoável de tempo, na forma da lei.

Art. 33. Em caso de oferta ou venda por telefone ou reembolso postal, deve constar o nome do fabricante e endereço na embalagem, publicidade e em todos os impressos utilizados na transação comercial.

Parágrafo único. É proibida a publicidade de bens e serviços por telefone, quando a chamada for onerosa ao consumidor que a origina.

Art. 34. O fornecedor do produto ou serviço é solidariamente responsável pelos atos de seus prepostos ou representantes autônomos.

Art. 35. Se o fornecedor de produtos ou serviços recusar cumprimento à oferta, apresentação ou publicidade, o consumidor poderá, alternativamente e à sua livre escolha:

I. exigir o cumprimento forçado da obrigação, nos termos da oferta, apresentação ou publicidade;

II. aceitar outro produto ou prestação de serviço equivalente;

III. rescindir o contrato, com direito à restituição de quantia eventualmente antecipada, monetariamente atualizada, e a perdas e danos.

SEÇÃO III
Da Publicidade

Art. 36. A publicidade deve ser veiculada de tal forma que o consumidor, fácil e imediatamente, a identifique como tal.

Parágrafo único. O fornecedor, na publicidade de seus produtos ou serviços, manterá, em seu poder, para informação dos legítimos interessados, os dados fáticos, técnicos e científicos que dão sustentação à mensagem.

Art. 37. É proibida toda publicidade enganosa ou abusiva.

§ 1º É enganosa qualquer modalidade de informação ou comunicação de caráter publicitário, inteira ou parcialmente falsa, ou, por qualquer outro modo, mesmo por omissão, capaz de induzir em erro o consumidor a respeito da natureza, características, qualidade, quantidade, propriedades, origem, preço e quaisquer outros dados sobre produtos e serviços.

§ 2º É abusiva, dentre outras a publicidade discriminatória de qualquer natureza, a que incite à violência, explore o medo ou a superstição, se aproveite da deficiência de julgamento e experiência da criança, desrespeita valores ambientais, ou que seja capaz de induzir o consumidor a se comportar de forma prejudicial ou perigosa à sua saúde ou segurança.

§ 3º Para os efeitos deste código, a publicidade é enganosa por omissão quando deixar de informar sobre dado essencial do produto ou serviço.

§ 4° (Vetado).

Art. 38. O ônus da prova da veracidade e correção da informação ou comunicação publicitária cabe a quem as patrocina.

SEÇÃO IV
Das Práticas Abusivas

Art. 39. É vedado ao fornecedor de produtos ou serviços, dentre outras práticas abusivas:

I. condicionar o fornecimento de produto ou de serviço ao fornecimento de outro produto ou serviço, bem como, sem justa causa, a limites quantitativos;

II. recusar atendimento às demandas dos consumidores, na exata medida de suas disponibilidades de estoque, e, ainda, de conformidade com os usos e costumes;

III. enviar ou entregar ao consumidor, sem solicitação prévia, qualquer produto, ou fornecer qualquer serviço;

IV. prevalecer-se da fraqueza ou ignorância do consumidor, tendo em vista sua idade, saúde, conhecimento ou condição social, para impingir-lhe seus produtos ou serviços;

V. exigir do consumidor vantagem manifestamente excessiva;

VI. executar serviços sem a prévia elaboração de orçamento e autorização expressa do consumidor, ressalvadas as decorrentes de práticas anteriores entre as partes;

VII. repassar informação depreciativa, referente a ato praticado pelo consumidor no exercício de seus direitos;

VIII. colocar, no mercado de consumo, qualquer produto ou serviço em desacordo com as normas expedidas pelos órgãos oficiais competentes ou, se normas específicas não existirem, pela Associação Brasileira de Normas Técnicas ou outra entidade credenciada pelo Conselho Nacional de Metrologia, Normalização e Qualidade Industrial (Conmetro);

IX. recusar a venda de bens ou a prestação de serviços, diretamente a quem se disponha a adquiri-los mediante pronto pagamento, ressalvados os casos de intermediação regulados em leis especiais;

X. elevar sem justa causa o preço de produtos ou serviços.

XI. Dispositivo incluído pela MPV nº 1.890-67, de 22.10.1999, transformado em inciso XIII, quando da conversão na Lei nº 9.870, de 23.11.1999

XII. deixar de estipular prazo para o cumprimento de sua obrigação ou deixar a fixação de seu termo inicial a seu exclusivo critério.

XIII. aplicar fórmula ou índice de reajuste diverso do legal ou contratualmente estabelecido.

XIV. permitir o ingresso em estabelecimentos comerciais ou de serviços de um número maior de consumidores que o fixado pela autoridade administrativa como máximo.

Parágrafo único. Os serviços prestados e os produtos remetidos ou entregues ao consumidor, na hipótese prevista no inciso III, equiparam-se às amostras grátis, inexistindo obrigação de pagamento.

Art. 40. O fornecedor de serviço será obrigado a entregar ao consumidor orçamento prévio discriminando o valor da mão de obra, dos materiais e equipamentos a serem empregados, as condições de pagamento, bem como as datas de início e término dos serviços.

§ 1º Salvo estipulação em contrário, o valor orçado terá validade pelo prazo de dez dias, contado de seu recebimento pelo consumidor.

§ 2º Uma vez aprovado pelo consumidor, o orçamento obriga os contraentes e somente pode ser alterado mediante livre negociação das partes.

§ 3º O consumidor não responde por quaisquer ônus ou acréscimos decorrentes da contratação de serviços de terceiros não previstos no orçamento prévio.

Art. 41. No caso de fornecimento de produtos ou de serviços sujeitos ao regime de controle ou de tabelamento de preços, os fornecedores deverão respeitar os limites oficiais sob pena de não o fazendo, responderem pela restituição da quantia recebida em excesso, monetariamente atualizada, podendo o consumidor exigir à sua escolha, o desfazimento do negócio, sem prejuízo de outras sanções cabíveis.

SEÇÃO V
Da Cobrança de Dívidas

Art. 42. Na cobrança de débitos, o consumidor inadimplente não será exposto a ridículo, nem será submetido a qualquer tipo de constrangimento ou ameaça.

Parágrafo único. O consumidor cobrado em quantia indevida tem direito à repetição do indébito, por valor igual ao dobro do que pagou em excesso, acrescido de correção monetária e juros legais, salvo hipótese de engano justificável.

Art. 42-A. Em todos os documentos de cobrança de débitos apresentados ao consumidor, deverão constar o nome, o endereço e o número de inscrição no Cadastro de Pessoas Físicas – CPF ou no Cadastro Nacional de Pessoa Jurídica – CNPJ do fornecedor do produto ou serviço correspondente.

SEÇÃO VI
Dos Bancos de Dados e Cadastros de Consumidores

Art. 43. O consumidor, sem prejuízo do disposto no art. 86, terá acesso às informações existentes em cadastros, fichas, registros e dados pessoais e de consumo arquivados sobre ele, bem como sobre as suas respectivas fontes.
§ 1° Os cadastros e dados de consumidores devem ser objetivos, claros, verdadeiros e em linguagem de fácil compreensão, não podendo conter informações negativas referentes a período superior a cinco anos.
§ 2° A abertura de cadastro, ficha, registro e dados pessoais e de consumo deverá ser comunicada por escrito ao consumidor, quando não solicitada por ele.
§ 3° O consumidor, sempre que encontrar inexatidão nos seus dados e cadastros, poderá exigir sua imediata correção, devendo o arquivista, no prazo de cinco dias úteis, comunicar a alteração aos eventuais destinatários das informações incorretas.
§ 4° Os bancos de dados e cadastros relativos a consumidores, os serviços de proteção ao crédito e congêneres são considerados entidades de caráter público.
§ 5° Consumada a prescrição relativa à cobrança de débitos do consumidor, não serão fornecidas, pelos respectivos Sistemas de Proteção ao Crédito, quaisquer informações que possam impedir ou dificultar novo acesso ao crédito junto aos fornecedores.
§ 6° Todas as informações de que trata o caput deste artigo devem ser disponibilizadas em formatos acessíveis, inclusive para a pessoa com deficiência, mediante solicitação do consumidor.

Art. 44. Os órgãos públicos de defesa do consumidor manterão cadastros atualizados de reclamações fundamentadas contra fornecedores de produtos e serviços, devendo divulgá-lo pública e anualmente. A divulgação indicará se a reclamação foi atendida ou não pelo fornecedor.
§ 1° É facultado o acesso às informações lá constantes para orientação e consulta por qualquer interessado.
§ 2° Aplicam-se a este artigo, no que couber, as mesmas regras enunciadas no artigo anterior e as do parágrafo único do art. 22 deste código.

Art. 45. (Vetado).

CAPÍTULO VI
Da Proteção Contratual

SEÇÃO I
Disposições Gerais

Art. 46. Os contratos que regulam as relações de consumo não obrigarão os consumidores, se não lhes for dada a oportunidade de tomar conhecimento prévio de seu conteúdo, ou se os respectivos instrumentos forem redigidos de modo a dificultar a compreensão de seu sentido e alcance.

Art. 47. As cláusulas contratuais serão interpretadas de maneira mais favorável ao consumidor.

Art. 48. As declarações de vontade constantes de escritos particulares, recibos e pré-contratos relativos às relações de consumo vinculam o fornecedor, ensejando inclusive execução específica, nos termos do art. 84 e parágrafos.

Art. 49. O consumidor pode desistir do contrato, no prazo de 7 dias a contar de sua assinatura ou do ato de recebimento do produto ou serviço, sempre que a contratação de fornecimento de produtos e serviços ocorrer fora do estabelecimento comercial, especialmente por telefone ou a domicílio.
Parágrafo único. Se o consumidor exercitar o direito de arrependimento previsto neste artigo, os valores eventualmente pagos, a qualquer título, durante o prazo de reflexão, serão devolvidos, de imediato, monetariamente atualizados.

Art. 50. A garantia contratual é complementar à legal e será conferida mediante termo escrito.
Parágrafo único. O termo de garantia ou equivalente deve ser padronizado e esclarecer, de maneira adequada em que consiste a mesma garantia, bem como a forma, o prazo e o lugar em que pode ser exercitada e os ônus a cargo do consumidor, devendo ser-lhe entregue, devidamente preenchido pelo fornecedor, no ato do fornecimento, acompanhado de manual de instrução, de instalação e uso do produto em linguagem didática, com ilustrações.

SEÇÃO II
Das Cláusulas Abusivas

Art. 51. São nulas de pleno direito, entre outras, as cláusulas contratuais relativas ao fornecimento de produtos e serviços que:

I. impossibilitem, exonerem ou atenuem a responsabilidade do fornecedor por vícios de qualquer natureza dos produtos e serviços ou impliquem renúncia ou disposição de direitos. Nas relações de consumo entre o fornecedor e o consumidor pessoa jurídica, a indenização poderá ser limitada, em situações justificáveis;
II. subtraiam ao consumidor a opção de reembolso da quantia já paga, nos casos previstos neste código;
III. transfiram responsabilidades a terceiros;
IV. estabeleçam obrigações consideradas iníquas, abusivas, que coloquem o consumidor em desvantagem exagerada, ou sejam incompatíveis com a boa-fé ou a equidade;
V. (Vetado);
VI. estabeleçam inversão do ônus da prova em prejuízo do consumidor;
VII. determinem a utilização compulsória de arbitragem;
VIII. imponham representante para concluir ou realizar outro negócio jurídico pelo consumidor;
IX. deixem ao fornecedor a opção de concluir ou não o contrato, embora obrigando o consumidor;
X. permitam ao fornecedor, direta ou indiretamente, variação do preço de maneira unilateral;
XI. autorizem o fornecedor a cancelar o contrato unilateralmente, sem que igual direito seja conferido ao consumidor;
XII. obriguem o consumidor a ressarcir os custos de cobrança de sua obrigação, sem que igual direito lhe seja conferido contra o fornecedor;
XIII. autorizem o fornecedor a modificar unilateralmente o conteúdo ou a qualidade do contrato, após sua celebração;
XIV. infrinjam ou possibilitem a violação de normas ambientais;
XV. estejam em desacordo com o sistema de proteção ao consumidor;
XVI. possibilitem a renúncia do direito de indenização por benfeitorias necessárias.
XVII. condicionem ou limitem de qualquer forma o acesso aos órgãos do Poder Judiciário; **(Incluído pela Lei nº 14.181, de 2021)**
XVIII. estabeleçam prazos de carência em caso de impontualidade das prestações mensais ou impeçam o restabelecimento integral dos direitos do consumidor e de seus meios de pagamento a partir da purgação da mora ou do acordo com os credores; **(Incluído pela Lei nº 14.181, de 2021)**
XIX. (VETADO). **(Incluído pela Lei nº 14.181, de 2021)**

§ 1º Presume-se exagerada, entre outros casos, a vantagem que:
I. ofende os princípios fundamentais do sistema jurídico a que pertence;
II. restringe direitos ou obrigações fundamentais inerentes à natureza do contrato, de tal modo a ameaçar seu objeto ou equilíbrio contratual;
III. se mostra excessivamente onerosa para o consumidor, considerando-se a natureza e conteúdo do contrato, o interesse das partes e outras circunstâncias peculiares ao caso.

§ 2º A nulidade de uma cláusula contratual abusiva não invalida o contrato, exceto quando de sua ausência, apesar dos esforços de integração, decorrer ônus excessivo a qualquer das partes.

§ 3º (Vetado).

§ 4º É facultado a qualquer consumidor ou entidade que o represente requerer ao Ministério Público que ajuíze a competente ação para ser declarada a nulidade de cláusula contratual que contrarie o disposto neste código ou de qualquer forma não assegure o justo equilíbrio entre direitos e obrigações das partes.

Art. 52. No fornecimento de produtos ou serviços que envolva outorga de crédito ou concessão de financiamento ao consumidor, o fornecedor deverá, entre outros requisitos, informá-lo prévia e adequadamente sobre:

I. preço do produto ou serviço em moeda corrente nacional;
II. montante dos juros de mora e da taxa efetiva anual de juros;
III. acréscimos legalmente previstos;
IV. número e periodicidade das prestações;
V. soma total a pagar, com e sem financiamento.

§ 1º As multas de mora decorrentes do inadimplemento de obrigações no seu termo não poderão ser superiores a dois por cento do valor da prestação.

§ 2º É assegurado ao consumidor a liquidação antecipada do débito, total ou parcialmente, mediante redução proporcional dos juros e demais acréscimos.

§ 3º (Vetado).

I. contra o portador de cheque pós-datado emitido para aquisição de produto ou serviço a prazo; **(Incluído pela Lei nº 14.181, de 2021)**
II. contra o administrador ou o emitente de cartão de crédito ou similar quando o cartão de crédito ou similar e o produto ou serviço forem fornecidos pelo mesmo fornecedor ou por entidades pertencentes a um mesmo grupo econômico. **(Incluído pela Lei nº 14.181, de 2021)**
§ 4º A invalidade ou a ineficácia do contrato principal implicará, de pleno direito, a do contrato de crédito que lhe seja conexo, nos termos do caput deste artigo, ressalvado ao fornecedor do crédito o direito de obter do fornecedor do produto ou serviço a devolução dos valores entregues, inclusive relativamente a tributos. **(Incluído pela Lei nº 14.181, de 2021)**
Art. 54-G. Sem prejuízo do disposto no art. 39 deste Código e na legislação aplicável à matéria, é vedado ao fornecedor de produto ou serviço que envolva crédito, entre outras condutas: **(Incluído pela Lei nº 14.181, de 2021)**
I. realizar ou proceder à cobrança ou ao débito em conta de qualquer quantia que houver sido contestada pelo consumidor em compra realizada com cartão de crédito ou similar, enquanto não for adequadamente solucionada a controvérsia, desde que o consumidor haja notificado a administradora do cartão com antecedência de pelo menos 10 (dez) dias contados da data de vencimento da fatura, vedada a manutenção do valor na fatura seguinte e assegurado ao consumidor o direito de deduzir do total da fatura o valor em disputa e efetuar o pagamento da parte não contestada, podendo o emissor lançar como crédito em confiança o valor idêntico ao da transação contestada que tenha sido cobrada, enquanto não encerrada a apuração da contestação; **(Incluído pela Lei nº 14.181, de 2021)**
II. recusar ou não entregar ao consumidor, ao garante e aos outros coobrigados cópia da minuta do contrato principal de consumo ou do contrato de crédito, em papel ou outro suporte duradouro, disponível e acessível, e, após a conclusão, cópia do contrato; **(Incluído pela Lei nº 14.181, de 2021)**
III. impedir ou dificultar, em caso de utilização fraudulenta do cartão de crédito ou similar, que o consumidor peça e obtenha, quando aplicável, a anulação ou o imediato bloqueio do pagamento, ou ainda a restituição dos valores indevidamente recebidos. **(Incluído pela Lei nº 14.181, de 2021)**
§ 1º Sem prejuízo do dever de informação e esclarecimento do consumidor e de entrega da minuta do contrato, no empréstimo cuja liquidação seja feita mediante consignação em folha de pagamento, a formalização e a entrega da cópia do contrato ou do instrumento de contratação ocorrerão após o fornecedor do crédito obter da fonte pagadora a indicação sobre a existência de margem consignável. **(Incluído pela Lei nº 14.181, de 2021)**
§ 2º Nos contratos de adesão, o fornecedor deve prestar ao consumidor, previamente, as informações de que tratam o art. 52 e o caput do art. 54-B deste Código, além de outras porventura determinadas na legislação em vigor, e fica obrigado a entregar ao consumidor cópia do contrato, após a sua conclusão **(Incluído pela Lei nº 14.181, de 2021)**

CAPÍTULO VII
Das Sanções Administrativas

Art. 55. A União, os Estados e o Distrito Federal, em caráter concorrente e nas suas respectivas áreas de atuação administrativa, baixarão normas relativas à produção, industrialização, distribuição e consumo de produtos e serviços.
§ 1º A União, os Estados, o Distrito Federal e os Municípios fiscalizarão e controlarão a produção, industrialização, distribuição, a publicidade de produtos e serviços e o mercado de consumo, no interesse da preservação da vida, da saúde, da segurança, da informação e do bem-estar do consumidor, baixando as normas que se fizerem necessárias.
§ 2º (Vetado).
§ 3º Os órgãos federais, estaduais, do Distrito Federal e municipais com atribuições para fiscalizar e controlar o mercado de consumo manterão comissões permanentes para elaboração, revisão e atualização das normas referidas no § 1º, sendo obrigatória a participação dos consumidores e fornecedores.
§ 4º Os órgãos oficiais poderão expedir notificações aos fornecedores para que, sob pena de desobediência, prestem informações sobre questões de interesse do consumidor, resguardado o segredo industrial.
Art. 56. As infrações das normas de defesa do consumidor ficam sujeitas, conforme o caso, às seguintes

sanções administrativas, sem prejuízo das de natureza civil, penal e das definidas em normas específicas:
I. multa;
II. apreensão do produto;
III. inutilização do produto;
IV. cassação do registro do produto junto ao órgão competente;
V. proibição de fabricação do produto;
VI. suspensão de fornecimento de produtos ou serviço;
VII. suspensão temporária de atividade;
VIII. revogação de concessão ou permissão de uso;
IX. cassação de licença do estabelecimento ou de atividade;
X. interdição, total ou parcial, de estabelecimento, de obra ou de atividade;
XI. intervenção administrativa;
XII. imposição de contrapropaganda.
Parágrafo único. As sanções previstas neste artigo serão aplicadas pela autoridade administrativa, no âmbito de sua atribuição, podendo ser aplicadas cumulativamente, inclusive por medida cautelar, antecedente ou incidente de procedimento administrativo.
Art. 57. A pena de multa, graduada de acordo com a gravidade da infração, a vantagem auferida e a condição econômica do fornecedor, será aplicada mediante procedimento administrativo, revertendo para o Fundo de que trata a Lei nº 7.347, de 24 de julho de 1985, os valores cabíveis à União, ou para os Fundos estaduais ou municipais de proteção ao consumidor nos demais casos.
Parágrafo único. A multa será em montante não inferior a duzentas e não superior a três milhões de vezes o valor da Unidade Fiscal de Referência (Ufir), ou índice equivalente que venha a substituí-lo.
Art. 58. As penas de apreensão, de inutilização de produtos, de proibição de fabricação de produtos, de suspensão do fornecimento de produto ou serviço, de cassação do registro do produto e revogação da concessão ou permissão de uso serão aplicadas pela administração, mediante procedimento administrativo, assegurada ampla defesa, quando forem constatados vícios de quantidade ou de qualidade por inadequação ou insegurança do produto ou serviço.
Art. 59. As penas de cassação de alvará de licença, de interdição e de suspensão temporária da atividade, bem como a de intervenção administrativa, serão aplicadas mediante procedimento administrativo, assegurada ampla defesa, quando o fornecedor reincidir na prática das infrações de maior gravidade previstas neste código e na legislação de consumo.
§ 1º A pena de cassação da concessão será aplicada à concessionária de serviço público, quando violar obrigação legal ou contratual.
§ 2º A pena de intervenção administrativa será aplicada sempre que as circunstâncias de fato desaconselharem a cassação de licença, a interdição ou suspensão da atividade.
§ 3º Pendendo ação judicial na qual se discuta a imposição de penalidade administrativa, não haverá reincidência até o trânsito em julgado da sentença.
Art. 60. A imposição de contrapropaganda será cominada quando o fornecedor incorrer na prática de publicidade enganosa ou abusiva, nos termos do art. 36 e seus parágrafos, sempre às expensas do infrator.
§ 1º A contrapropaganda será divulgada pelo responsável da mesma forma, frequência e dimensão e, preferencialmente no mesmo veículo, local, espaço e horário, de forma capaz de desfazer o malefício da publicidade enganosa ou abusiva.
§ 2º (Vetado)
§ 3º (Vetado).

TÍTULO II
Das Infrações Penais

Art. 61. Constituem crimes contra as relações de consumo previstas neste código, sem prejuízo do disposto no Código Penal e leis especiais, as condutas tipificadas nos artigos seguintes.
Art. 62. (Vetado).
Art. 63. Omitir dizeres ou sinais ostensivos sobre a nocividade ou periculosidade de produtos, nas embalagens, nos invólucros, recipientes ou publicidade:
Pena – Detenção de seis meses a dois anos e multa.
§ 1º Incorrerá nas mesmas penas quem deixar de alertar, mediante recomendações escritas ostensivas, sobre a periculosidade do serviço a ser prestado.
§ 2º Se o crime é culposo:
Pena Detenção de um a seis meses ou multa.
Art. 64. Deixar de comunicar à autoridade competente e aos consumidores a nocividade ou periculosidade de produtos cujo conhecimento seja posterior à sua colocação no mercado:
Pena – Detenção de seis meses a dois anos e multa.

Parágrafo único. Incorrerá nas mesmas penas quem deixar de retirar do mercado, imediatamente quando determinado pela autoridade competente, os produtos nocivos ou perigosos, na forma deste artigo.

Art. 65. Executar serviço de alto grau de periculosidade, contrariando determinação de autoridade competente:
Pena Detenção de seis meses a dois anos e multa.
§ 1º As penas deste artigo são aplicáveis sem prejuízo das correspondentes à lesão corporal e à morte.
§ 2º A prática do disposto no inciso XIV do art. 39 desta Lei também caracteriza o crime previsto no caput deste artigo.

Art. 66. Fazer afirmação falsa ou enganosa, ou omitir informação relevante sobre a natureza, característica, qualidade, quantidade, segurança, desempenho, durabilidade, preço ou garantia de produtos ou serviços:
Pena – Detenção de três meses a um ano e multa.
§ 1º Incorrerá nas mesmas penas quem patrocinar a oferta.
§ 2º Se o crime é culposo;
Pena Detenção de um a seis meses ou multa.

Art. 67. Fazer ou promover publicidade que sabe ou deveria saber ser enganosa ou abusiva:
Pena Detenção de três meses a um ano e multa.
Parágrafo único. (Vetado).

Art. 68. Fazer ou promover publicidade que sabe ou deveria saber ser capaz de induzir o consumidor a se comportar de forma prejudicial ou perigosa a sua saúde ou segurança:
Pena – Detenção de seis meses a dois anos e multa:
Parágrafo único. (Vetado).

Art. 69. Deixar de organizar dados fáticos, técnicos e científicos que dão base à publicidade:
Pena Detenção de um a seis meses ou multa.

Art. 70. Empregar na reparação de produtos, peça ou componentes de reposição usados, sem autorização do consumidor:
Pena Detenção de três meses a um ano e multa.

Art. 71. Utilizar, na cobrança de dívidas, de ameaça, coação, constrangimento físico ou moral, afirmações falsas incorretas ou enganosas ou de qualquer outro procedimento que exponha o consumidor, injustificadamente, a ridículo ou interfira com seu trabalho, descanso ou lazer:
Pena Detenção de três meses a um ano e multa.

Art. 72. Impedir ou dificultar o acesso do consumidor às informações que sobre ele constem em cadastros, banco de dados, fichas e registros:
Pena Detenção de seis meses a um ano ou multa.

Art. 73. Deixar de corrigir imediatamente informação sobre consumidor constante de cadastro, banco de dados, fichas ou registros que sabe ou deveria saber ser inexata:
Pena Detenção de um a seis meses ou multa.

Art. 74. Deixar de entregar ao consumidor o termo de garantia adequadamente preenchido e com especificação clara de seu conteúdo;
Pena Detenção de um a seis meses ou multa.

Art. 75. Quem, de qualquer forma, concorrer para os crimes referidos neste código, incide as penas a esses cominadas na medida de sua culpabilidade, bem como o diretor, administrador ou gerente da pessoa jurídica que promover, permitir ou por qualquer modo aprovar o fornecimento, oferta, exposição à venda ou manutenção em depósito de produtos ou a oferta e prestação de serviços nas condições por ele proibidas.

Art. 76. São circunstâncias agravantes dos crimes tipificados neste código:
I. serem cometidos em época de grave crise econômica ou por ocasião de calamidade;
II. ocasionarem grave dano individual ou coletivo;
III. dissimular-se a natureza ilícita do procedimento;
IV. quando cometidos:
a) por servidor público, ou por pessoa cuja condição econômico-social seja manifestamente superior à da vítima;
b) em detrimento de operário ou rurícola; de menor de dezoito ou maior de sessenta anos ou de pessoas portadoras de deficiência mental interditadas ou não;
V. serem praticados em operações que envolvam alimentos, medicamentos ou quaisquer outros produtos ou serviços essenciais.

Art. 77. A pena pecuniária prevista nesta SEÇÃO será fixada em dias-multa, correspondente ao mínimo e ao máximo de dias de duração da pena privativa da liberdade cominada ao crime. Na individualização desta multa, o juiz observará o disposto no art. 60, §1º do Código Penal.

Art. 78. Além das penas privativas de liberdade e de multa, podem ser impostas, cumulativa ou alternadamente, observado o disposto nos arts. 44 a 47, do Código Penal:

I. a interdição temporária de direitos;
II. a publicação em órgãos de comunicação de grande circulação ou audiência, às expensas do condenado, de notícia sobre os fatos e a condenação;
III. a prestação de serviços à comunidade.

Art. 79. O valor da fiança, nas infrações de que trata este código, será fixado pelo juiz, ou pela autoridade que presidir o inquérito, entre cem e duzentas mil vezes o valor do Bônus do Tesouro Nacional (BTN), ou índice equivalente que venha a substituí-lo.
Parágrafo único. Se assim recomendar a situação econômica do indiciado ou réu, a fiança poderá ser:
a) reduzida até a metade do seu valor mínimo;
b) aumentada pelo juiz até vinte vezes.

Art. 80. No processo penal atinente aos crimes previstos neste código, bem como a outros crimes e contravenções que envolvam relações de consumo, poderão intervir, como assistentes do Ministério Público, os legitimados indicados no art. 82, inciso III e IV, aos quais também é facultado propor ação penal subsidiária, se a denúncia não for oferecida no prazo legal.

TÍTULO III
Da Defesa do Consumidor em Juízo

CAPÍTULO I
Disposições Gerais

Art. 81. A defesa dos interesses e direitos dos consumidores e das vítimas poderá ser exercida em juízo individualmente, ou a título coletivo.
Parágrafo único. A defesa coletiva será exercida quando se tratar de:
I. interesses ou direitos difusos, assim entendidos, para efeitos deste código, os transindividuais, de natureza indivisível, de que sejam titulares pessoas indeterminadas e ligadas por circunstâncias de fato;
II. interesses ou direitos coletivos, assim entendidos, para efeitos deste código, os transindividuais, de natureza indivisível de que seja titular grupo, categoria ou classe de pessoas ligadas entre si ou com a parte contrária por uma relação jurídica base;
III. interesses ou direitos individuais homogêneos, assim entendidos os decorrentes de origem comum.

Art. 82. Para os fins do art. 81, parágrafo único, são legitimados concorrentemente:

I. o Ministério Público;
II. a União, os Estados, os Municípios e o Distrito Federal;
III. as entidades e órgãos da Administração Pública, direta ou indireta, ainda que sem personalidade jurídica, especificamente destinados à defesa dos interesses e direitos protegidos por este código;
IV. as associações legalmente constituídas há pelo menos um ano e que incluam entre seus fins institucionais a defesa dos interesses e direitos protegidos por este código, dispensada a autorização assemblear.
§ 1º O requisito da pré-constituição pode ser dispensado pelo juiz, nas ações previstas nos arts. 91 e seguintes, quando haja manifesto interesse social evidenciado pela dimensão ou característica do dano, ou pela relevância do bem jurídico a ser protegido.
§ 2º (Vetado).
§ 3º (Vetado).

Art. 83. Para a defesa dos direitos e interesses protegidos por este código são admissíveis todas as espécies de ações capazes de propiciar sua adequada e efetiva tutela.
Parágrafo único. (Vetado).

Art. 84. Na ação que tenha por objeto o cumprimento da obrigação de fazer ou não fazer, o juiz concederá a tutela específica da obrigação ou determinará providências que assegurem o resultado prático equivalente ao do adimplemento.
§ 1º A conversão da obrigação em perdas e danos somente será admissível se por elas optar o autor ou se impossível a tutela específica ou a obtenção do resultado prático correspondente.
§ 2º A indenização por perdas e danos se fará sem prejuízo da multa (art. 287, do Código de Processo Civil).
§ 3º Sendo relevante o fundamento da demanda e havendo justificado receio de ineficácia do provimento final, é lícito ao juiz conceder a tutela liminarmente ou após justificação prévia, citado o réu.
§ 4º O juiz poderá, na hipótese do § 3º ou na sentença, impor multa diária ao réu, independentemente de pedido do autor, se for suficiente ou compatível com a obrigação, fixando prazo razoável para o cumprimento do preceito.
§ 5º Para a tutela específica ou para a obtenção do resultado prático equivalente, poderá o juiz determinar as medidas necessárias, tais como busca e apreensão, remoção de coisas e pessoas,

desfazimento de obra, impedimento de atividade nociva, além de requisição de força policial.
Art. 85. (Vetado).
Art. 86. (Vetado).
Art. 87. Nas ações coletivas de que trata este código não haverá adiantamento de custas, emolumentos, honorários periciais e quaisquer outras despesas, nem condenação da associação autora, salvo comprovada má-fé, em honorários de advogados, custas e despesas processuais.
Parágrafo único. Em caso de litigância de má-fé, a associação autora e os diretores responsáveis pela propositura da ação serão solidariamente condenados em honorários advocatícios e ao décuplo das custas, sem prejuízo da responsabilidade por perdas e danos.
Art. 88. Na hipótese do art. 13, parágrafo único deste código, a ação de regresso poderá ser ajuizada em processo autônomo, facultada a possibilidade de prosseguir-se nos mesmos autos, vedada a denunciação da lide.
Art. 89. (Vetado)
Art. 90. Aplicam-se às ações previstas neste título as normas do Código de Processo Civil e da Lei nº 7.347, de 24 de julho de 1985, inclusive no que respeita ao inquérito civil, naquilo que não contrariar suas disposições.

CAPÍTULO II
Das Ações Coletivas Para a Defesa de Interesses Individuais Homogêneos

Art. 91. Os legitimados de que trata o art. 82 poderão propor, em nome próprio e no interesse das vítimas ou seus sucessores, ação civil coletiva de responsabilidade pelos danos individualmente sofridos, de acordo com o disposto nos artigos seguintes.
Art. 92. O Ministério Público, se não ajuizar a ação, atuará sempre como fiscal da lei.
Parágrafo único. (Vetado).
Art. 93. Ressalvada a competência da Justiça Federal, é competente para a causa a justiça local:
I. no foro do lugar onde ocorreu ou deva ocorrer o dano, quando de âmbito local;
II. no foro da Capital do Estado ou no do Distrito Federal, para os danos de âmbito nacional ou regional, aplicando-se as regras do Código de Processo Civil aos casos de competência concorrente.
Art. 94. Proposta a ação, será publicado edital no órgão oficial, a fim de que os interessados possam intervir no processo como litisconsortes, sem prejuízo de ampla divulgação pelos meios de comunicação social por parte dos órgãos de defesa do consumidor.
Art. 95. Em caso de procedência do pedido, a condenação será genérica, fixando a responsabilidade do réu pelos danos causados.
Art. 96. (Vetado).
Art. 97. A liquidação e a execução de sentença poderão ser promovidas pela vítima e seus sucessores, assim como pelos legitimados de que trata o art. 82.
Parágrafo único. (Vetado).
Art. 98. A execução poderá ser coletiva, sendo promovida pelos legitimados de que trata o art. 82, abrangendo as vítimas cujas indenizações já tiveram sido fixadas em sentença de liquidação, sem prejuízo do ajuizamento de outras execuções.
§ 1º A execução coletiva far-se-á com base em certidão das sentenças de liquidação, da qual deverá constar a ocorrência ou não do trânsito em julgado.
§ 2º É competente para a execução o juízo:
I. da liquidação da sentença ou da ação condenatória, no caso de execução individual;
II. da ação condenatória, quando coletiva a execução.
Art. 99. Em caso de concurso de créditos decorrentes de condenação prevista na Lei n.º 7.347, de 24 de julho de 1985 e de indenizações pelos prejuízos individuais resultantes do mesmo evento danoso, estas terão preferência no pagamento. (Vide Decreto nº 407, de 1991)
Parágrafo único. Para efeito do disposto neste artigo, a destinação da importância recolhida ao fundo criado pela Lei nº7.347 de 24 de julho de 1985, ficará sustada enquanto pendentes de decisão de segundo grau as ações de indenização pelos danos individuais, salvo na hipótese de o patrimônio do devedor ser manifestamente suficiente para responder pela integralidade das dívidas.
Art. 100. Decorrido o prazo de um ano sem habilitação de interessados em número compatível com a gravidade do dano, poderão os legitimados do art. 82 promover a liquidação e execução da indenização devida.
Parágrafo único. O produto da indenização devida reverterá para o fundo criado pela Lei n.º 7.347, de 24 de julho de 1985.

CAPÍTULO III

Das Ações de Responsabilidade do Fornecedor de Produtos e Serviços

Art. 101. Na ação de responsabilidade civil do fornecedor de produtos e serviços, sem prejuízo do disposto nos Capítulos I e II deste título, serão observadas as seguintes normas:
I. a ação pode ser proposta no domicílio do autor;
II. o réu que houver contratado seguro de responsabilidade poderá chamar ao processo o segurador, vedada a integração do contraditório pelo Instituto de Resseguros do Brasil. Nesta hipótese, a sentença que julgar procedente o pedido condenará o réu nos termos do art. 80 do Código de Processo Civil. Se o réu houver sido declarado falido, o síndico será intimado a informar a existência de seguro de responsabilidade, facultando-se, em caso afirmativo, o ajuizamento de ação de indenização diretamente contra o segurador, vedada a denunciação da lide ao Instituto de Resseguros do Brasil e dispensado o litisconsórcio obrigatório com este.

Art. 102. Os legitimados a agir na forma deste código poderão propor ação visando compelir o Poder Público competente a proibir, em todo o território nacional, a produção, divulgação distribuição ou venda, ou a determinar a alteração na composição, estrutura, fórmula ou acondicionamento de produto, cujo uso ou consumo regular se revele nocivo ou perigoso à saúde pública e à incolumidade pessoal.
§ 1° (Vetado).
§ 2° (Vetado).

CAPÍTULO IV

Da Coisa Julgada

Art. 103. Nas ações coletivas de que trata este código, a sentença fará coisa julgada:
I. erga omnes, exceto se o pedido for julgado improcedente por insuficiência de provas, hipótese em que qualquer legitimado poderá intentar outra ação, com idêntico fundamento valendo-se de nova prova, na hipótese do inciso I do parágrafo único do art. 81;
II. ultra partes, mas limitadamente ao grupo, categoria ou classe, salvo improcedência por insuficiência de provas, nos termos do inciso anterior, quando se tratar da hipótese prevista no inciso II do parágrafo único do art. 81;
III. erga omnes, apenas no caso de procedência do pedido, para beneficiar todas as vítimas e seus sucessores, na hipótese do inciso III do parágrafo único do art. 81.
§ 1° Os efeitos da coisa julgada previstos nos incisos I e II não prejudicarão interesses e direitos individuais dos integrantes da coletividade, do grupo, categoria ou classe.
§ 2° Na hipótese prevista no inciso III, em caso de improcedência do pedido, os interessados que não tiverem intervindo no processo como litisconsortes poderão propor ação de indenização a título individual.
§ 3° Os efeitos da coisa julgada de que cuida o art. 16, combinado com o art. 13 da Lei n° 7.347, de 24 de julho de 1985, não prejudicarão as ações de indenização por danos pessoalmente sofridos, propostas individualmente ou na forma prevista neste código, mas, se procedente o pedido, beneficiarão as vítimas e seus sucessores, que poderão proceder à liquidação e à execução, nos termos dos arts. 96 a 99.
§ 4° Aplica-se o disposto no parágrafo anterior à sentença penal condenatória.

Art. 104. As ações coletivas, previstas nos incisos I e II e do parágrafo único do art. 81, não induzem litispendência para as ações individuais, mas os efeitos da coisa julgada erga omnes ou ultra partes a que aludem os incisos II e III do artigo anterior não beneficiarão os autores das ações individuais, se não for requerida sua suspensão no prazo de trinta dias, a contar da ciência nos autos do ajuizamento da ação coletiva.

CAPÍTULO V

Da Conciliação no Superendividamento

(Incluído pela Lei n° 14.181, de 2021)

Art. 104-A. A requerimento do consumidor superendividado pessoa natural, o juiz poderá instaurar processo de repactuação de dívidas, com vistas à realização de audiência conciliatória, presidida por ele ou por conciliador credenciado no juízo, com a presença de todos os credores de dívidas previstas no art. 54-A deste Código, na qual o consumidor apresentará proposta de plano de pagamento com prazo máximo de 5 (cinco) anos, preservados o mínimo existencial, nos termos da regulamentação, e as garantias e as formas de pagamento originalmente pactuadas. **(Incluído pela Lei n° 14.181, de 2021)**
§ 1° Excluem-se do processo de repactuação as dívidas, ainda que decorrentes de relações de consumo,

oriundas de contratos celebrados dolosamente sem o propósito de realizar pagamento, bem como as dívidas provenientes de contratos de crédito com garantia real, de financiamentos imobiliários e de crédito rural. **(Incluído pela Lei nº 14.181, de 2021)**

§ 2º O não comparecimento injustificado de qualquer credor, ou de seu procurador com poderes especiais e plenos para transigir, à audiência de conciliação de que trata o caput deste artigo acarretará a suspensão da exigibilidade do débito e a interrupção dos encargos da mora, bem como a sujeição compulsória ao plano de pagamento da dívida se o montante devido ao credor ausente for certo e conhecido pelo consumidor, devendo o pagamento a esse credor ser estipulado para ocorrer apenas após o pagamento aos credores presentes à audiência conciliatória. **(Incluído pela Lei nº 14.181, de 2021)**

§ 3º No caso de conciliação, com qualquer credor, a sentença judicial que homologar o acordo descreverá o plano de pagamento da dívida e terá eficácia de título executivo e força de coisa julgada. **(Incluído pela Lei nº 14.181, de 2021)**

§ 4º Constarão do plano de pagamento referido no § 3º deste artigo: **(Incluído pela Lei nº 14.181, de 2021)**

I. medidas de dilação dos prazos de pagamento e de redução dos encargos da dívida ou da remuneração do fornecedor, entre outras destinadas a facilitar o pagamento da dívida; **(Incluído pela Lei nº 14.181, de 2021)**

II. referência à suspensão ou à extinção das ações judiciais em curso; **(Incluído pela Lei nº 14.181, de 2021)**

III. data a partir da qual será providenciada a exclusão do consumidor de bancos de dados e de cadastros de inadimplentes; **(Incluído pela Lei nº 14.181, de 2021)**

IV. condicionamento de seus efeitos à abstenção, pelo consumidor, de condutas que importem no agravamento de sua situação de superendividamento. **(Incluído pela Lei nº 14.181, de 2021)**

§ 5º O pedido do consumidor a que se refere o caput deste artigo não importará em declaração de insolvência civil e poderá ser repetido somente após decorrido o prazo de 2 (dois) anos, contado da liquidação das obrigações previstas no plano de pagamento homologado, sem prejuízo de eventual repactuação. **(Incluído pela Lei nº 14.181, de 2021)**

Art. 104-B. Se não houver êxito na conciliação em relação a quaisquer credores, o juiz, a pedido do consumidor, instaurará processo por superendividamento para revisão e integração dos contratos e repactuação das dívidas remanescentes mediante plano judicial compulsório e procederá à citação de todos os credores cujos créditos não tenham integrado o acordo porventura celebrado. **(Incluído pela Lei nº 14.181, de 2021)**

§ 1º Serão considerados no processo por superendividamento, se for o caso, os documentos e as informações prestadas em audiência. **(Incluído pela Lei nº 14.181, de 2021)**

§ 2º No prazo de 15 (quinze) dias, os credores citados juntarão documentos e as razões da negativa de aceder ao plano voluntário ou de renegociar. **(Incluído pela Lei nº 14.181, de 2021)**

§ 3º O juiz poderá nomear administrador, desde que isso não onere as partes, o qual, no prazo de até 30 (trinta) dias, após cumpridas as diligências eventualmente necessárias, apresentará plano de pagamento que contemple medidas de temporização ou de atenuação dos encargos. **(Incluído pela Lei nº 14.181, de 2021)**

§ 4º O plano judicial compulsório assegurará aos credores, no mínimo, o valor do principal devido, corrigido monetariamente por índices oficiais de preço, e preverá a liquidação total da dívida, após a quitação do plano de pagamento consensual previsto no art. 104-A deste Código, em, no máximo, 5 (cinco) anos, sendo que a primeira parcela será devida no prazo máximo de 180 (cento e oitenta) dias, contado de sua homologação judicial, e o restante do saldo será devido em parcelas mensais iguais e sucessivas. **(Incluído pela Lei nº 14.181, de 2021)**

Art. 104-C. Compete concorrente e facultativamente aos órgãos públicos integrantes do Sistema Nacional de Defesa do Consumidor a fase conciliatória e preventiva do processo de repactuação de dívidas, nos moldes do art. 104-A deste Código, no que couber, com possibilidade de o processo ser regulado por convênios específicos celebrados entre os referidos órgãos e as instituições credoras ou suas associações. **(Incluído pela Lei nº 14.181, de 2021)**

§ 1º Em caso de conciliação administrativa para prevenir o superendividamento do consumidor pessoa natural, os órgãos públicos poderão promover, nas reclamações individuais, audiência global de conciliação com todos os credores e, em todos os casos, facilitar a elaboração de plano de pagamento, preservado o mínimo existencial, nos termos da regulamentação, sob a supervisão desses órgãos, sem prejuízo das demais atividades de reeducação financeira cabíveis. **(Incluído pela Lei nº 14.181, de 2021)**

§ 2º O acordo firmado perante os órgãos públicos de defesa do consumidor, em caso de superendividamento do consumidor pessoa natural, incluirá a data a partir da qual será providenciada a exclusão do consumidor de bancos de dados e de cadastros de inadimplentes, bem como o condicionamento de seus efeitos à abstenção, pelo consumidor, de condutas que importem no agravamento de sua situação de superendividamento, especialmente a de contrair novas dívidas. **(Incluído pela Lei nº 14.181, de 2021)**

TÍTULO IV
Do Sistema Nacional de Defesa do Consumidor

Art. 105. Integram o Sistema Nacional de Defesa do Consumidor (SNDC), os órgãos federais, estaduais, do Distrito Federal e municipais e as entidades privadas de defesa do consumidor.

Art. 106. O Departamento Nacional de Defesa do Consumidor, da Secretaria Nacional de Direito Econômico (MJ), ou órgão federal que venha substituí-lo, é organismo de coordenação da política do Sistema Nacional de Defesa do Consumidor, cabendo-lhe:

I. planejar, elaborar, propor, coordenar e executar a política nacional de proteção ao consumidor;
II. receber, analisar, avaliar e encaminhar consultas, denúncias ou sugestões apresentadas por entidades representativas ou pessoas jurídicas de direito público ou privado;
III. prestar aos consumidores orientação permanente sobre seus direitos e garantias;
IV. informar, conscientizar e motivar o consumidor através dos diferentes meios de comunicação;
V. solicitar à polícia judiciária a instauração de inquérito policial para a apreciação de delito contra os consumidores, nos termos da legislação vigente;
VI. representar ao Ministério Público competente para fins de adoção de medidas processuais no âmbito de suas atribuições;
VII. levar ao conhecimento dos órgãos competentes as infrações de ordem administrativa que violarem os interesses difusos, coletivos, ou individuais dos consumidores;
VIII. solicitar o concurso de órgãos e entidades da União, Estados, do Distrito Federal e Municípios, bem como auxiliar a fiscalização de preços, abastecimento, quantidade e segurança de bens e serviços;
IX. incentivar, inclusive com recursos financeiros e outros programas especiais, a formação de entidades de defesa do consumidor pela população e pelos órgãos públicos estaduais e municipais;
X. (Vetado).
XI. (Vetado).
XII. (Vetado)
XIII. desenvolver outras atividades compatíveis com suas finalidades.

Parágrafo único. Para a consecução de seus objetivos, o Departamento Nacional de Defesa do Consumidor poderá solicitar o concurso de órgãos e entidades de notória especialização técnico-científica.

TÍTULO V
Da Convenção Coletiva de Consumo

Art. 107. As entidades civis de consumidores e as associações de fornecedores ou sindicatos de categoria econômica podem regular, por convenção escrita, relações de consumo que tenham por objeto estabelecer condições relativas ao preço, à qualidade, à quantidade, à garantia e características de produtos e serviços, bem como à reclamação e composição do conflito de consumo.

§ 1º A convenção tornar-se-á obrigatória a partir do registro do instrumento no cartório de títulos e documentos.

§ 2º A convenção somente obrigará os filiados às entidades signatárias.

§ 3º Não se exime de cumprir a convenção o fornecedor que se desligar da entidade em data posterior ao registro do instrumento.

Art. 108. (Vetado).

TÍTULO VI
Disposições Finais

Art. 109. (Vetado).

Art. 110. Acrescente-se o seguinte inciso IV ao art. 1º da Lei nº 7.347, de 24 de julho de 1985:
"IV – a qualquer outro interesse difuso ou coletivo».

Art. 111. O inciso II do art. 5º da Lei nº 7.347, de 24 de julho de 1985, passa a ter a seguinte redação:
"II – inclua, entre suas finalidades institucionais, a proteção ao meio ambiente, ao consumidor, ao patrimônio artístico, estético, histórico, turístico e paisagístico, ou a qualquer outro interesse difuso ou coletivo».

Art. 112. O § 3º do art. 5º da Lei nº 7.347, de 24 de julho de 1985, passa a ter a seguinte redação:
"§ 3º Em caso de desistência infundada ou abandono da ação por associação legitimada, o Ministério Público ou outro legitimado assumirá a titularidade ativa».

Art. 113. Acrescente-se os seguintes §§ 4º, 5º e 6º ao art. 5º. da Lei n.º 7.347, de 24 de julho de 1985:
"§ 4.º O requisito da pré-constituição poderá ser dispensado pelo juiz, quando haja manifesto interesse social evidenciado pela dimensão ou característica do dano, ou pela relevância do bem jurídico a ser protegido.
§ 5.º Admitir-se-á o litisconsórcio facultativo entre os Ministérios Públicos da União, do Distrito Federal e dos Estados na defesa dos interesses e direitos de que cuida esta lei.
§ 6º Os órgãos públicos legitimados poderão tomar dos interessados compromisso de ajustamento de sua conduta às exigências legais, mediante combinações, que terá eficácia de título executivo extrajudicial».

Art. 114. O art. 15 da Lei nº 7.347, de 24 de julho de 1985, passa a ter a seguinte redação:
"Art. 15. Decorridos sessenta dias do trânsito em julgado da sentença condenatória, sem que a associação autora lhe promova a execução, deverá fazê-lo o Ministério Público, facultada igual iniciativa aos demais legitimados».

Art. 115. Suprima-se o caput do art. 17 da Lei nº 7.347, de 24 de julho de 1985, passando o parágrafo único a constituir o caput, com a seguinte redação:
"Art. 17. Em caso de litigância de má-fé, a associação autora e os diretores responsáveis pela propositura da ação serão solidariamente condenados em honorários advocatícios e ao décuplo das custas, sem prejuízo da responsabilidade por perdas e danos".

Art. 116. Dê-se a seguinte redação ao art. 18 da Lei nº 7.347, de 24 de julho de 1985:
"Art. 18. Nas ações de que trata esta lei, não haverá adiantamento de custas, emolumentos, honorários periciais e quaisquer outras despesas, nem condenação da associação autora, salvo comprovada má-fé, em honorários de advogado, custas e despesas processuais».

Art. 117. Acrescente-se à Lei nº 7.347, de 24 de julho de 1985, o seguinte dispositivo, renumerando-se os seguintes:
"Art. 21. Aplicam-se à defesa dos direitos e interesses difusos, coletivos e individuais, no que for cabível, os dispositivos do Título III da lei que instituiu o Código de Defesa do Consumidor».

Art. 118. Este código entrará em vigor dentro de cento e oitenta dias a contar de sua publicação.

Art. 119. Revogam-se as disposições em contrário.

Brasília, 11 de setembro de 1990; 169º da Independência e 102º da República.

FERNANDO COLLOR
Bernardo Cabral
Zélia M. Cardoso de Mello
Ozires Silva

Este texto não substitui o publicado no DOU de 12.9.1990 – Edição extra e retificado em 10.1.2007

Art. 116. Dê-se a seguinte redação ao art. 18 da Lei n.° 7.347, de 24 de julho de 1985:

13

Leis de Direito Administrativo

Decreto-Lei N°200/67
(Organização da Administração Pública Federal)

DECRETO-LEI Nº 200, DE 25 DE FEVEREIRO DE 1967

Dispõe sobre a organização da Administração Federal, estabelece diretrizes para a Reforma Administrativa e dá outras providências.

O Presidente da República, usando das atribuições que lhe confere o art. 9º, § 2º, do Ato Institucional nº 4, de 7 de dezembro de 1966, decreta:

TÍTULO I
Da Administração Federal

Art. 1. O Poder Executivo é exercido pelo Presidente da República auxiliado pelos Ministros de Estado.

Art. 2. O Presidente da República e os Ministros de Estado exercem as atribuições de sua competência constitucional, legal e regulamentar com o auxílio dos órgãos que compõem a Administração Federal.

Art. 3. Respeitada a competência constitucional do Poder Legislativo estabelecida no artigo 46, incisos II e IV, da Constituição, o Poder Executivo regulará a estruturação, as atribuições e o funcionamento dos órgãos da Administração Federal.

Art. 4. A Administração Federal compreende:
I. A Administração Direta, que se constitui dos serviços integrados na estrutura administrativa da Presidência da República e dos Ministérios.
II. A Administração Indireta, que compreende as seguintes categorias de entidades, dotadas de personalidade jurídica própria:
a) Autarquias;
b) Empresas Públicas;
c) Sociedades de Economia Mista;
d) Fundações Públicas.
Parágrafo único. As entidades compreendidas na Administração Indireta vinculam-se ao Ministério em cuja área de competência estiver enquadrada sua principal atividade.

Art. 5. Para os fins desta lei, considera-se:
I. Autarquia – o serviço autônomo, criado por lei, com personalidade jurídica, patrimônio e receita próprios, para executar atividades típicas da Administração Pública, que requeiram, para seu melhor funcionamento, gestão administrativa e financeira descentralizada.
II. Empresa Pública – a entidade dotada de personalidade jurídica de direito privado, com patrimônio próprio e capital exclusivo da União, criado por lei para a exploração de atividade econômica que o Governo seja levado a exercer por força de contingência ou de conveniência administrativa podendo revestir-se de qualquer das formas admitidas em direito.
III. Sociedade de Economia Mista – a entidade dotada de personalidade jurídica de direito privado, criada por lei para a exploração de atividade econômica, sob a forma de sociedade anônima, cujas ações com direito a voto pertençam em sua maioria à União ou a entidade da Administração Indireta.
IV. Fundação Pública – a entidade dotada de personalidade jurídica de direito privado, sem fins lucrativos, criada em virtude de autorização legislativa, para o desenvolvimento de atividades que não exijam execução por órgãos ou entidades de direito público, com autonomia administrativa, patrimônio próprio gerido pelos respectivos órgãos de direção, e funcionamento custeado por recursos da União e de outras fontes.
§ 1º No caso do inciso III, quando a atividade for submetida a regime de monopólio estatal, a maioria acionária caberá apenas à União, em caráter permanente.
§ 2º O Poder Executivo enquadrará as entidades da Administração Indireta existentes nas categorias constantes deste artigo.
§ 3º As entidades de que trata o inciso IV deste artigo adquirem personalidade jurídica com a inscrição da escritura pública de sua constituição no Registro Civil de Pessoas Jurídicas, não se lhes aplicando as demais disposições do Código Civil concernentes às fundações.

TÍTULO II
Dos Princípios Fundamentais

Art. 6. As atividades da Administração Federal obedecerão aos seguintes princípios fundamentais:
I. Planejamento.
II. Coordenação.
III. Descentralização.
IV. Delegação de Competência.
V. Controle.

CAPÍTULO I

Do Planejamento

Art. 7. A ação governamental obedecerá a planejamento que vise a promover o desenvolvimento econômico-social do País e a segurança nacional, norteando-se segundo planos e programas elaborados, na forma do Título III, e compreenderá a elaboração e atualização dos seguintes instrumentos básicos:

a) plano geral de governo;
b) programas gerais, setoriais e regionais, de duração plurianual;
c) orçamento-programa anual;
d) programação financeira de desembolso.

CAPÍTULO II

Da Coordenação

Art. 8. As atividades da Administração Federal e, especialmente, a execução dos planos e programas de governo, serão objeto de permanente coordenação.

§ 1º A coordenação será exercida em todos os níveis da administração, mediante a atuação das chefias individuais, a realização sistemática de reuniões com a participação das chefias subordinadas e a instituição e funcionamento de comissões de coordenação em cada nível administrativo.

§ 2º No nível superior da Administração Federal, a coordenação será assegurada através de reuniões do Ministério, reuniões de Ministros de Estado responsáveis por áreas afins, atribuição de incumbência coordenadora a um dos Ministros de Estado (art. 36), funcionamento das Secretarias Gerais (art. 23, § 1º) e coordenação central dos sistemas de atividades auxiliares (art. 31).

§ 3º Quando submetidos ao Presidente da República, os assuntos deverão ter sido previamente coordenados com todos os setores neles interessados, inclusive no que respeita aos aspectos administrativos pertinentes, através de consultas e entendimentos, de modo a sempre compreenderem soluções integradas e que se harmonizem com a política geral e setorial do Governo. Idêntico procedimento será adotado nos demais níveis da Administração Federal, antes da submissão dos assuntos à decisão da autoridade competente.

Art. 9. Os órgãos que operam na mesma área geográfica serão submetidos à coordenação com o objetivo de assegurar a programação e execução integrada dos serviços federais.

Parágrafo único. Quando ficar demonstrada a inviabilidade de celebração de convênio (alínea b do § 1º do art. 10) com os órgãos estaduais e municipais que exerçam atividades idênticas, os órgãos federais buscarão com eles coordenar-se, para evitar dispersão de esforços e de investimentos na mesma área geográfica.

CAPÍTULO III

Da Descentralização

Art. 10. A execução das atividades da Administração Federal deverá ser amplamente descentralizada.

§ 1º A descentralização será posta em prática em três planos principais:

a) dentro dos quadros da Administração Federal, distinguindo-se claramente o nível de direção do de execução;
b) da Administração Federal para a das unidades federadas, quando estejam devidamente aparelhadas e mediante convênio;
c) da Administração Federal para a órbita privada, mediante contratos ou concessões.

§ 2º Em cada órgão da Administração Federal, os serviços que compõem a estrutura central de direção devem permanecer liberados das rotinas de execução e das tarefas de mera formalização de atos administrativos, para que possam concentrar-se nas atividades de planejamento, supervisão, coordenação e controle.

§ 3º A Administração casuística, assim entendida a decisão de casos individuais, compete, em princípio, ao nível de execução, especialmente aos serviços de natureza local, que estão em contato com os fatos e com o público.

§ 4º Compete à estrutura central de direção o estabelecimento das normas, critérios, programas e princípios, que os serviços responsáveis pela execução são obrigados a respeitar na solução dos casos individuais e no desempenho de suas atribuições.

§ 5º Ressalvados os casos de manifesta impraticabilidade ou inconveniência, a execução de programas federais de caráter nitidamente local deverá ser delegada, no todo ou em parte, mediante convênio, aos órgãos estaduais ou municipais incumbidos de serviços correspondentes.

§ 6º Os órgãos federais responsáveis pelos programas conservarão a autoridade normativa e exercerão controle e fiscalização indispensáveis sobre a execução local, condicionando-se a liberação dos recursos ao fiel cumprimento dos programas e convênios.

§ 7º Para melhor desincumbir-se das tarefas de planejamento, coordenação, supervisão e controle e com o objetivo de impedir o crescimento desmesurado da máquina administrativa, a Administração procurará desobrigar-se da realização material de tarefas executivas, recorrendo, sempre que possível, à execução indireta, mediante contrato, desde que exista, na área, iniciativa privada suficientemente desenvolvida e capacitada a desempenhar os encargos de execução.

§ 8º A aplicação desse critério está condicionada, em qualquer caso, aos ditames do interesse público e às conveniências da segurança nacional.

CAPÍTULO IV
Da Delegação de Competência

Art. 11. A delegação de competência será utilizada como instrumento de descentralização administrativa, com o objetivo de assegurar maior rapidez e objetividade às decisões, situando-as na proximidade dos fatos, pessoas ou problemas a atender.

Art. 12. É facultado ao Presidente da República, aos Ministros de Estado e, em geral, às autoridades da Administração Federal delegar competência para a prática de atos administrativos, conforme se dispuser em regulamento.

Parágrafo único. O ato de delegação indicará com precisão a autoridade delegante, a autoridade delegada e as atribuições objeto de delegação.

CAPÍTULO V
Do Controle

Art. 13. O controle das atividades da Administração Federal deverá exercer-se em todos os níveis e em todos os órgãos, compreendendo, particularmente:
a) o controle, pela chefia competente, da execução dos programas e da observância das normas que governam a atividade específica do órgão controlado;
b) o controle, pelos órgãos próprios de cada sistema, da observância das normas gerais que regulam o exercício das atividades auxiliares;
c) o controle da aplicação dos dinheiros públicos e da guarda dos bens da União pelos órgãos próprios do sistema de contabilidade e auditoria.

Art. 14. O trabalho administrativo será racionalizado mediante simplificação de processos e supressão de controle que se evidenciarem como puramente formais ou cujo custo seja evidentemente superior ao risco.

TÍTULO III
Do Planejamento, do Orçamento-Programa e da Programação Financeira

Art. 15. A ação administrativa do Poder Executivo obedecerá a programas gerais, setoriais e regionais de duração plurianual, elaborados através dos órgãos de planejamento, sob a orientação e a coordenação superiores do Presidente da República.

§ 1º Cabe a cada Ministro de Estado orientar e dirigir a elaboração do programa setorial e regional correspondente a seu Ministério e ao Ministro de Estado, Chefe da Secretaria de Planejamento, auxiliar diretamente o Presidente da República na coordenação, revisão e consolidação dos programas setoriais e regionais e na elaboração da programação geral do Governo.

§ 2º Com relação à Administração Militar, observar-se-á a finalidade precípua que deve regê-la, tendo em vista a destinação constitucional das Forças Armadas, sob a responsabilidade dos respectivos Ministros, que são os seus Comandantes Superiores.

§ 3º A aprovação dos planos e programas gerais, setoriais e regionais é da competência do Presidente da República.

Art. 16. Em cada ano, será elaborado um orçamento-programa, que pormenorizará a etapa do programa plurianual a ser realizada no exercício seguinte e que servirá de roteiro à execução coordenada do programa anual.

Parágrafo único. Na elaboração do orçamento-programa serão considerados, além dos recursos consignados no Orçamento da União, os recursos extraorçamentários vinculados à execução do programa do Governo.

Art. 17. Para ajustar o ritmo de execução do orçamento-programa ao fluxo provável de recursos, o Ministério do Planejamento e Coordenação Geral e o Ministério da Fazenda elaborarão, em conjunto, a programação financeira de desembolso, de modo a assegurar a liberação automática e oportuna dos recursos necessários à execução dos programas anuais de trabalho.

Art. 18. Toda atividade deverá ajustar-se à programação governamental e ao orçamento-programa e os compromissos financeiros só poderão ser assumidos em consonância com a programação financeira de desembolso.

TÍTULO IV
Da Supervisão Ministerial

Art. 19. Todo e qualquer órgão da Administração Federal, direta ou indireta, está sujeito à supervisão do Ministro de Estado competente, excetuados unicamente os órgãos mencionados no art. 32, que estão submetidos à supervisão direta do Presidente da República.

Art. 20. O Ministro de Estado é responsável, perante o Presidente da República, pela supervisão dos órgãos da Administração Federal enquadrados em sua área de competência.

Parágrafo único. A supervisão ministerial exercer-se-á através da orientação, coordenação e controle das atividades dos órgãos subordinados ou vinculados ao Ministério, nos termos desta lei.

Art. 21. O Ministro de Estado exercerá a supervisão de que trata este título com apoio nos Órgãos Centrais.

Parágrafo único. No caso dos Ministros Militares a supervisão ministerial terá, também, como objetivo, colocar a administração, dentro dos princípios gerais estabelecidos nesta lei, em coerência com a destinação constitucional precípua das Forças Armadas, que constitui a atividade afim dos respectivos Ministérios.

Art. 22. Haverá na estrutura de cada Ministério Civil os seguintes Órgãos Centrais:

I. Órgãos Centrais de planejamento, coordenação e controle financeiro.

II. Órgãos Centrais de direção superior.

Art. 23. Os órgãos a que se refere o item I do art. 22, têm a incumbência de assessorar diretamente o Ministro de Estado e, por força de suas atribuições, em nome e sob a direção do Ministro, realizar estudos para formulação de diretrizes e desempenhar funções de planejamento, orçamento, orientação, coordenação, inspeção e controle financeiro, desdobrando-se em:

I. Uma Secretaria-Geral.

II. Uma Inspetoria Geral de Finanças.

§ 1º A Secretaria-Geral atua como órgão setorial de planejamento e orçamento, na forma do Título III, e será dirigida por um Secretário-Geral, o qual poderá exercer funções delegadas pelo Ministro de Estado.

§ 2º A Inspetoria Geral de Finanças, que será dirigida por um Inspetor-Geral, integra, como órgão setorial, os sistemas de administração financeiro, contabilidade e auditoria, superintendendo o exercício dessas funções no âmbito do Ministério e cooperação com a Secretaria-Geral no acompanhamento da execução do programa e do orçamento.

§ 3º Além das funções previstas neste título, a Secretaria-Geral do Ministério do Planejamento e Coordenação Geral exercerá as atribuições de Órgão Central dos sistemas de planejamento e orçamento, e a Inspetoria-Geral de Finanças do Ministério da Fazenda, as de Órgãos Central do sistema de administração financeira, contabilidade e auditoria.

Art. 24. Os Órgãos Centrais de direção superior (art. 22, item II) executam funções de administração das atividades específicas e auxiliares do Ministério e serão, preferentemente, organizados em base departamental, observados os princípios estabelecidos nesta lei.

Art. 25. A supervisão ministerial tem por principal objetivo, na área de competência do Ministro de Estado:

I. Assegurar a observância da legislação federal.

II. Promover a execução dos programas do Governo.

III. Fazer observar os princípios fundamentais enunciados no Título II.

IV. Coordenar as atividades dos órgãos supervisionados e harmonizar sua atuação com a dos demais Ministérios.

V. Avaliar o comportamento administrativo dos órgãos supervisionados e diligenciar no sentido de que estejam confiados a dirigentes capacitados.

VI. Proteger a administração dos órgãos supervisionados contra interferências e pressões ilegítimas.

VII. Fortalecer o sistema do mérito.

VIII. Fiscalizar a aplicação e utilização de dinheiros, valores e bens públicos.

IX. Acompanhar os custos globais dos programas setoriais do Governo, a fim de alcançar uma prestação econômica de serviços.

X. Fornecer ao órgão próprio do Ministério da Fazenda os elementos necessários à prestação de contas do exercício financeiro.

XI. Transmitir ao Tribunal de Contas, sem prejuízo da fiscalização deste, informes relativos à administração financeira e patrimonial dos órgãos do Ministério.

Art. 26. No que se refere à Administração Indireta, a supervisão ministerial visará a assegurar, essencialmente:

I. A realização dos objetivos fixados nos atos de constituição da entidade.

II. A harmonia com a política e a programação do Governo no setor de atuação da entidade.

III. A eficiência administrativa.

IV. A autonomia administrativa, operacional e financeira da entidade.

Parágrafo único. A supervisão exercer-se-á mediante adoção das seguintes medidas, além de outras estabelecidas em regulamento:

a) indicação ou nomeação pelo Ministro ou, se for o caso, eleição dos dirigentes da entidade, conforme sua natureza jurídica;

b) designação, pelo Ministro dos representantes do Governo Federal nas Assembleias Gerais e órgãos de administração ou controle da entidade;

c) recebimento sistemático de relatórios, boletins, balancetes, balanços e informações que permitam ao Ministro acompanhar as atividades da entidade e a execução do orçamento-programa e da programação financeira aprovados pelo Governo;

d) aprovação anual da proposta de orçamento-programa e da programação financeira da entidade, no caso de autarquia;

e) aprovação de contas, relatórios e balanços, diretamente ou através dos representantes ministeriais nas Assembleias e órgãos de administração ou controle;

f) fixação, em níveis compatíveis com os critérios de operação econômica, das despesas de pessoal e de administração;

g) fixação de critérios para gastos de publicidade, divulgação e relações públicas;

h) realização de auditoria e avaliação periódica de rendimento e produtividade;

i) intervenção, por motivo de interesse público.

Art. 27. Assegurada a supervisão ministerial, o Poder Executivo outorgará aos órgãos da Administração Federal a autoridade executiva necessária ao eficiente desempenho de sua responsabilidade legal ou regulamentar.

Parágrafo único. Assegurar-se-á às empresas públicas e às sociedades de economia mista condições de funcionamento idênticas às do setor privado cabendo a essas entidades, sob a supervisão ministerial, ajustar-se ao plano geral do Governo.

Art. 28. A entidade da Administração Indireta deverá estar habilitada a:

I. Prestar contas da sua gestão, pela forma e nos prazos estipulados em cada caso.

II. Prestar a qualquer momento, por intermédio do Ministro de Estado, as informações solicitadas pelo Congresso Nacional.

III. Evidenciar os resultados positivos ou negativos de seus trabalhos, indicando suas causas e justificando as medidas postas em prática ou cuja adoção se impuser, no interesse do Serviço Público.

Art. 29. Em cada Ministério Civil, além dos órgãos Centrais de que trata o art. 22, o Ministro de Estado disporá da assistência direta e imediata de:

I. Gabinete.

II. Consultor Jurídico, exceto no Ministério da Fazenda.

III. Divisão de Segurança e Informações.

§ 1º O Gabinete assiste o Ministro de Estado em sua representação política e social, e incumbe-se das relações públicas, encarregando-se do preparo e despacho do expediente pessoal do Ministro.

§ 2º O Consultor Jurídico incumbe-se do assessoramento jurídico do Ministro de Estado.

§ 3º A Divisão de Segurança e Informações colabora com a Secretaria-Geral do Conselho de Segurança Nacional e com o Serviço Nacional de Informações.

§ 4º No Ministério da Fazenda, o serviço de consulta jurídica continua afeto à Procuradoria-Geral da Fazenda Nacional e aos seus órgãos integrantes, cabendo a função de Consultor Jurídico do Ministro de Estado ao Procurador-Geral, nomeado em comissão, pelo critério de confiança e livre escolha, entre bacharéis em Direito.

TÍTULO V
Dos Sistemas de Atividades Auxiliares

Art. 30. Serão organizadas sob a forma de sistema as atividades de pessoal, orçamento, estatística, administração financeira, contabilidade e auditoria, e serviços gerais, além de outras atividades auxiliares comuns a todos os órgãos da Administração que, a critério do Poder Executivo, necessitem de coordenação central.

§ 1º Os serviços incumbidos do exercício das atividades de que trata este artigo consideram-se integrados no sistema respectivo e ficam, consequentemente, sujeitos à orientação normativa, à supervisão técnica e à fiscalização específica do órgão central do sistema, sem prejuízo da subordinação ao órgão em cuja estrutura administrativa estiverem integrados.

§ 2º O chefe do órgão central do sistema é responsável pelo fiel cumprimento das leis e regulamentos pertinentes e pelo funcionamento eficiente e coordenado do sistema.

§ 3º É dever dos responsáveis pelos diversos órgãos competentes dos sistemas atuar de modo a imprimir o máximo rendimento e a reduzir os custos operacionais da Administração.

§ 4º Junto ao órgão central de cada sistema poderá funcionar uma Comissão de Coordenação, cujas atribuições e composição serão definidas em decreto.

Art. 31. A estruturação dos sistemas de que trata o artigo 30 e a subordinação dos respectivos Órgãos Centrais serão estabelecidas em decreto.

TÍTULO VI
Da Presidência da República

Art. 32. A Presidência da República é constituída essencialmente pelo Gabinete Civil e pelo Gabinete Militar. Também dela fazem parte, como órgãos de assessoramento imediato ao Presidente da República:
I. Conselho de Segurança Nacional;
II. o Conselho de Desenvolvimento Econômico;
III. o Conselho de Desenvolvimento Social;
IV. a Secretaria de Planejamento;
V. o Serviço Nacional de Informações;
VI. o Estado-Maior das Forças Armadas;
VII. o Departamento Administrativo do Serviço Público;
VIII. a Consultoria-Geral da República;
IX. o Alto Comando das Forças Armadas;
X. o Conselho Nacional de Informática e Automação.

Parágrafo único. O Chefe do Gabinete Civil, o Chefe do Gabinete Militar, o Chefe da Secretaria de Planejamento, o Chefe do Serviço Nacional de Informações e o Chefe do Estado-Maior das Forças Armadas são Ministros de Estado titulares dos respectivos órgãos.

Art. 33. Ao Gabinete Civil incumbe:
I. Assistir, direta e imediatamente, o Presidente da República no desempenho de suas atribuições e, em especial, nos assuntos referentes à administração civil.
II. Promover a divulgação de atos e atividades governamentais.
III. Acompanhar a tramitação de projetos de lei no Congresso Nacional e coordenar a colaboração dos Ministérios e demais órgãos da administração, no que respeita aos projetos de lei submetidos à sanção presidencial.

Art. 34. Ao Gabinete Militar incumbe:
I. Assistir, direta e imediatamente, o Presidente da República no desempenho de suas atribuições e, em especial, nos assuntos referentes à Segurança Nacional e à Administração Militar.
II. Zelar pela segurança do Presidente da República e dos Palácios Presidenciais.

Parágrafo único. O Chefe do Gabinete Militar exerce as funções de Secretário-Geral do Conselho de Segurança Nacional.

TÍTULO VII
Dos Ministérios e Respectivas Áreas de Competência

Art. 35. Os Ministérios são os seguintes:
- Ministério da Justiça
- Ministério das Relações Exteriores
- Ministério da Fazenda
- Ministério dos Transportes
- Ministério da Agricultura
- Ministério da Indústria e do Comércio
- Ministério das Minas e Energia
- Ministério do Interior
- Ministério da Educação e Cultura
- Ministério do Trabalho
- Ministério da Previdência e Assistência Social
- Ministério da Saúde
- Ministério das Comunicações
- Ministério da Marinha
- Ministério do Exército
- Ministério da Aeronáutica

Parágrafo único. Os titulares dos Ministérios são Ministros de Estado (Art. 20).

Art. 36. Para auxiliá-lo na coordenação de assuntos afins ou interdependentes, que interessem a mais de um Ministério, o Presidente da República poderá incumbir de missão coordenadora um dos Ministros de Estado, cabendo essa missão, na ausência de designação específica ao Ministro de Estado Chefe da Secretaria de Planejamento.

§ 1º O Ministro Coordenador, sem prejuízo das atribuições da Pasta ou órgão de que for titular atuará em harmonia com as instruções emanadas do Presidente da República, buscando os elementos necessários ao cumprimento de sua missão mediante cooperação dos Ministros de Estado em cuja área de competência estejam compreendidos os assuntos objeto de coordenação.

§ 2º O Ministro Coordenador formulará soluções para a decisão final do Presidente da República.

Art. 37. O Presidente da República poderá prover até 4 (quatro) cargos de Ministro Extraordinário para o desempenho de encargos temporários de natureza relevante.

Art. 38. O Ministro Extraordinário e o Ministro Coordenador disporão de assistência técnica e administrativa essencial para o desempenho das missões de que forem incumbidos pelo Presidente da República na forma porque se dispuser em decreto.

Art. 39 Os assuntos que constituem a área de competência de cada Ministério são, a seguir, especificados:

MINISTÉRIO DA JUSTIÇA

I. Ordem jurídica, nacionalidade, cidadania, direitos políticos, garantias constitucionais.
II. Segurança interna. Polícia Federal.
III. Administração penitenciária.
IV. Ministério Público.
V. Documentação, publicação e arquivo dos atos oficiais.

MINISTÉRIO DAS RELAÇÕES EXTERIORES

I. Política Internacional.
II. Relações diplomáticas; serviços consulares.
III. Participação nas negociações comerciais, econômicas, financeiras, técnicas e culturais com países e entidades estrangeiras.
IV. Programas de cooperação internacional.

MINISTÉRIO DO PLANEJAMENTO E COORDENAÇÃO GERAL

I. Plano geral do Governo, sua coordenação. Integração dos planos regionais.

II. Estudos e pesquisas socioeconômicos, inclusive setoriais e regionais.
III. Programação orçamentária; proposta orçamentária anual.
IV. Coordenação da assistência técnica internacional.
V. Sistemas estatístico e cartográfico nacionais.
VI. Organização administrativa.

MINISTÉRIO DA FAZENDA

I. Assuntos monetários, creditícios, financeiros e fiscais; poupança popular.
II. Administração tributária.
III. Arrecadação.
IV. Administração financeira.
V. Contabilidade e auditoria.
VI. Administração patrimonial.

MINISTÉRIO DOS TRANSPORTES

I. Coordenação dos transportes.
II. Transportes ferroviários e rodoviários.
III. Transportes aquaviários. Marinha mercante; portos e vias navegáveis.
IV. Participação na coordenação dos transportes aeroviários, na forma estabelecida no art. 162.

MINISTÉRIO DA AGRICULTURA

I. Agricultura; pecuária; caça; pesca.
II. Recursos naturais renováveis: flora, fauna e solo.
III. Organização da vida rural; reforma agrária.
IV. Estímulos financeiros e creditícios.
V. Meteorologia; climatologia.
VI. Pesquisa e experimentação.
VII. Vigilância e defesa sanitária animal e vegetal.
VIII. Padronização e inspeção de produtos vegetais e animais ou do consumo nas atividades agropecuárias.

MINISTÉRIO DA INDÚSTRIA E DO COMÉRCIO

I. Desenvolvimento industrial e comercial.
II. Comércio exterior.
III. Seguros privados e capitalização.
IV. Propriedade industrial; registro do comércio; legislação metrológica.
V. Turismo.
VI. Pesquisa e experimentação tecnológica.

MINISTÉRIO DAS MINAS E ENERGIA

I. Geologia, recursos minerais e energéticos.
II. Regime hidrológico e fontes de energia hidráulica.
III. Mineração.
IV. Indústria do petróleo.
V. Indústria de energia elétrica, inclusive de natureza nuclear.

MINISTÉRIO DO INTERIOR

I. Desenvolvimento regional.
II. Radicação de populações, ocupação do território. Migrações internas.
III. Territórios federais.
IV. Saneamento básico.
V. Beneficiamento de áreas e obras de proteção contra secas e inundações. Irrigação.
VI. Assistência às populações atingidas pelas calamidades públicas.
VII. Assistência ao índio.
VIII. Assistência aos Municípios.
IX. Programa nacional de habitação.

MINISTÉRIO DA EDUCAÇÃO E CULTURA

I. Educação; ensino (exceto o militar); magistério.
II. Cultura – letras e artes.
III. Patrimônio histórico, arqueológico, científico, cultural e artístico.
IV. Desportos.

MINISTÉRIO DO TRABALHO E PREVIDÊNCIA SOCIAL

I. Trabalho; organização profissional e sindical; fiscalização.
II. Mercado de trabalho; política de emprego.
III. Política salarial.
IV. Previdência e assistência social.
V. Política de imigração.
VI. Colaboração com o Ministério Público junto à Justiça do Trabalho.

MINISTÉRIO DA SAÚDE

I. Política nacional de saúde.
II. Atividades médicas e paramédicas.
III. Ação preventiva em geral; vigilância sanitária de fronteiras e de portos marítimos, fluviais e aéreos.
IV. Controle de drogas, medicamentos e alimentos.
V. Pesquisas médico-sanitárias.

MINISTÉRIO DAS COMUNICAÇÕES

I. Telecomunicações.
II. Serviços postais.

MINISTÉRIO DA MARINHA
(Art. 54)

MINISTÉRIO DO EXÉRCITO
(Art. 59)

MINISTÉRIO DA AERONÁUTICA
(Art. 63)

TÍTULO VIII
Da Segurança Nacional

CAPÍTULO I

Do Conselho de Segurança Nacional

Art. 40. O Conselho de Segurança Nacional é o órgão de mais alto nível no assessoramento direto do Presidente da República, na formulação e na execução da Política de Segurança Nacional.
§ 1º A formulação da Política de Segurança Nacional far-se-á, basicamente, mediante o estabelecimento do Conceito Estratégico Nacional.
§ 2º No que se refere à execução da Política de Segurança Nacional, o Conselho apreciará os problemas que lhe forem propostos no quadro da conjuntura nacional ou internacional.
Art. 41. Caberá, ainda, ao Conselho o cumprimento de outras tarefas específicas previstas na Constituição.
Art. 42. O Conselho de Segurança Nacional é convocado e presidido pelo Presidente da República, dele participando, no caráter de membros natos, o Vice-Presidente da República, todos os Ministros de Estado, inclusive os Extraordinários, os Chefes dos Gabinetes Civil e Militar da Presidência da República, o Chefe do Serviço Nacional de Informações, o Chefe do Estado-Maior das Forças Armadas e os Chefes dos Estados-Maiores da Armada, do Exército e da Aeronáutica.
§ 1º O Presidente da República poderá designar membros eventuais, conforme a matéria a ser apreciada.
§ 2º O Presidente da República pode ouvir o Conselho de Segurança Nacional, mediante consulta a cada um dos seus membros em expediente remetido por intermédio da Secretaria-Geral.

Art. 43. O Conselho dispõe de uma Secretaria-Geral, como órgão de estudo, planejamento e coordenação no campo da segurança nacional e poderá contar com a colaboração de órgãos complementares, necessários ao cumprimento de sua finalidade constitucional.

CAPÍTULO II
Do Serviço Nacional de Informações

Art. 44. O Serviço Nacional de Informações tem por finalidade superintender e coordenar, em todo o território nacional, as atividades de informação e contrainformação, em particular as que interessem à segurança nacional.

TÍTULO IX
Das Forças Armadas

CAPÍTULO I
Disposições Preliminares

Art. 45. As Forças Armadas, constituídas pela Marinha de Guerra, pelo Exército e pela Aeronáutica Militar, são instituições nacionais, permanentes e regulares, organizadas com base na hierarquia e na disciplina, sob a autoridade suprema do Presidente da República e dentro dos limites da lei. As Forças Armadas, essenciais à execução da Política de Segurança Nacional, destinam-se à defesa da Pátria e à garantia dos Poderes constituídos, da Lei e da Ordem.

Parágrafo único. As Forças Armadas, nos casos de calamidade pública, colaborarão com os Ministérios Civis, sempre que solicitadas, na assistência às populações atingidas e no restabelecimento da normalidade.

Art. 46. O Poder Executivo fixará a organização pormenorizada das Forças Armadas singulares – Forças Navais, Forças Terrestres e Força Aérea Brasileira – e das Forças Combinadas ou Conjuntas, bem como dos demais órgãos integrantes dos Ministérios Militares, suas denominações, localizações e atribuições.

Parágrafo único. Caberá, também, ao Poder Executivo, nos limites fixados em lei, dispor sobre as Polícias Militares e Corpos de Bombeiros Militares, como forças auxiliares, reserva do Exército.

CAPÍTULO II
Dos Órgãos de Assessoramento Direto do Presidente da República

SEÇÃO I
Do Alto Comando das Forças Armadas

Art. 47. O Alto Comando das Forças Armadas é um órgão de assessoramento do Presidente da República, nas decisões relativas à política militar e à coordenação de assuntos pertinentes às Forças Armadas.

Art. 48. Integram o Alto Comando das Forças Armadas os Ministros Militares, o Chefe do Estado-Maior das Forças Armadas e os Chefes dos Estados-Maiores de cada uma das Forças singulares.

Art. 49. O Alto Comando das Forças Armadas reúne-se quando convocado pelo Presidente da República e é secretariado pelo Chefe do Gabinete Militar da Presidência da República.

SEÇÃO II
Do Estado-Maior das Forças Armadas

Art. 50. O Estado-Maior das Forças Armadas, órgãos de assessoramento do Presidente da República tem por atribuições:

I. Proceder aos estudos para a fixação da Política, da Estratégia e da Doutrina Militares, bem como elaborar e coordenar os planos e programas decorrentes;

II. Estabelecer os planos para emprego das Forças Combinadas ou Conjuntas e de forças singulares destacadas para participar de operações militares no exterior, levando em consideração os estudos e as sugestões dos Ministros Militares competentes;

III. Coordenar as informações estratégicas no Campo Militar;

IV. Coordenar, no que transcenda os objetivos específicos e as disponibilidades previstas no Orçamento dos Ministérios Militares, os planos de pesquisas, de desenvolvimento e de mobilização das Forças Armadas e os programas de aplicação de recursos decorrentes.

V. Coordenar as representações das Forças Armadas no País e no exterior;

VI. Proceder aos estudos e preparar as decisões sobre assuntos que lhe forem submetidos pelo Presidente da República.

Art. 51. A Chefia do Estado-Maior das Forças Amadas é exercida por um oficial-general do mais alto posto nomeado pelo Presidente da República, obedecido, em princípio, o critério de rodízio entre as Forças Armadas.

Art. 52. As funções de Estado-Maior e Serviços no Estado-Maior das Forças Armadas são exercidas por oficiais das três Forças singulares.

Art. 53. O Conselho de Chefes de Estado-Maior, constituído do Chefe do Estado-Maior das Forças Armadas e dos Chefes do Estado-Maior das Forças singulares, reúne-se periodicamente, sob a presidência do primeiro, para apreciação de assuntos específicos do Estado-Maior das Forças Armadas e os de interesse comum a mais de uma das Forças singulares.

CAPÍTULO III
Dos Ministérios Militares

SEÇÃO I
Do Ministério da Marinha

Art. 54. O Ministério da Marinha administra os negócios da Marinha de Guerra e tem como atribuição principal a preparação desta para o cumprimento de sua destinação constitucional.

§ 1º Cabe ao Ministério da Marinha;

I. Propor a organização e providenciar o aparelhamento e adestramento das Forças Navais e Aeronavais e do Corpo de Fuzileiros Navais, inclusive para integrarem Forças Combinadas ou Conjuntas.

II. Orientar e realizar pesquisas e desenvolvimento de interesse da Marinha, obedecido o previsto no item V do art. 50 da presente Lei.

III. Estudar e propor diretrizes para a política marítima nacional.

§ 2º Ao Ministério da Marinha competem ainda as seguintes atribuições subsidiárias;

I. Orientar e controlar a Marinha Mercante Nacional e demais atividades correlatas no que interessa à segurança nacional e prover a segurança da navegação, seja ela marítima, fluvial ou lacustre.

II. Exercer a polícia naval.

Art. 55. O Ministro da Marinha exerce a direção geral do Ministério da Marinha e é o Comandante Superior da Marinha de Guerra.

Art. 56. A Marinha de Guerra compreende suas organizações próprias, pessoal em serviço ativo e sua reserva, inclusive as formações auxiliares conforme fixado em lei.

Art. 57. O Ministério da Marinha é constituído de:

I. Órgãos de Direção Geral.
- Almirantado (Alto Comando da Marinha de Guerra).
- Estado Maior da Armada.

II. Órgãos de Direção Setorial, organizados em base departamental (art. 24).

III. Órgãos de Assessoramento.
- Gabinete do Ministro.
- Consultoria Jurídica.
- Conselho de Almirantes.
- Outros Conselhos e Comissões.

IV. Órgãos de Apoio.
- Diretorias e outros órgãos.

V. Forças Navais e Aeronavais (elementos próprios – navios e helicópteros – e elementos destacados da Força Aérea Brasileira).
- Corpo de Fuzileiros Navais.
- Distritos Navais.
- Comando do Controle Naval do Tráfego Marítimo.

Art. 58. (Revogado pela Lei nº 6.059, de 1974)

SEÇÃO II
Do Ministério do Exército

Art. 59. O Ministério do Exército administra os negócios do Exército e tem como atribuição principal a preparação do Exército para o cumprimento da sua destinação constitucional.

§ 1º Cabe ao Ministério do Exército:

I. Propor a organização e providenciar o aparelhamento e o adestramento das Forças Terrestres, inclusive para integrarem Forças Combinadas ou Conjuntas.

II. Orientar e realizar pesquisas e desenvolvimento de interesse do Exército, obedecido o previsto no item V do art. 50 da presente lei.

§ 2º Ao Ministério do Exército compete ainda propor as medidas para a efetivação do disposto no Parágrafo único do art. 46 da presente lei.

Art. 60. O Ministro do Exército exerce a direção geral das atividades do Ministério e é o Comandante Superior do Exército.

Art. 61. O Exército é constituído do Exército ativo e sua Reserva.

§ 1º O Exército ativo é a parte do Exército organizada e aparelhada para o cumprimento de sua destinação constitucional e em pleno exercício de suas atividades.

§ 2º Constitui a Reserva do Exército todo o pessoal sujeito à incorporação no Exército ativo, mediante mobilização ou convocação, e as forças e organizações auxiliares, conforme fixado em lei.

Art. 62. O Ministério do Exército compreende:

I. Órgãos de Direção Geral
- Alto Comando do Exército.
- Estado-Maior do Exército.
- Conselho Superior de Economia e Finanças.

II. Órgãos de Direção Setorial, organizados em base departamental (art. 24)

III. Órgãos de Assessoramento
- Gabinete do Ministro.
- Consultoria Jurídica.
- Secretaria-Geral.
- Outros Conselhos e Comissões.

IV. Órgãos de Apoio
- Diretorias e outros órgãos.

V. Forças Terrestres
- Órgãos Territoriais.

SEÇÃO III
Do Ministério da Aeronáutica

Art. 63. O Ministério da Aeronáutica administra os negócios da Aeronáutica e tem como atribuições principais a preparação da Aeronáutica para o cumprimento de sua destinação constitucional e a orientação, a coordenação e o controle das atividades da Aviação Civil.

Parágrafo único. Cabe ao Ministério da Aeronáutica:

I. Estudar e propor diretrizes para a Política Aeroespacial Nacional.

II. Propor a organização e providenciar o aparelhamento e o adestramento da Força Aérea Brasileira, inclusive de elementos para integrar as Forças Combinadas ou Conjuntas.

III. Orientar, coordenar e controlar as atividades da Aviação Civil, tanto comerciais como privadas e desportivas.

IV. Estabelecer, equipar e operar, diretamente ou mediante autorização ou concessão, a infraestrutura aeronáutica, inclusive os serviços de apoio necessárias à navegação aérea.

V. Orientar, incentivar e realizar pesquisas e desenvolvimento de interesse da Aeronáutica, obedecido, quanto às de interesse militar, ao prescrito no item IV do art. 50 da presente lei.

VI. Operar o Correio Aéreo Nacional.

Art. 64. O Ministro da Aeronáutica exerce a direção geral das atividades do Ministério e é o Comandante-em-Chefe da Força Aérea Brasileira.

Art. 65. A Força Aérea Brasileira é a parte da Aeronáutica organizada e aparelhada para o cumprimento de sua destinação constitucional.

Parágrafo único. Constitui a reserva da Aeronáutica todo o pessoal sujeito à incorporação na Força Aérea Brasileira, mediante mobilização ou convocação, e as organizações auxiliares, conforme fixado em lei.

Art. 66. O Ministério da Aeronáutica compreende:

I. Órgãos de Direção Geral:
- Alto Comando da Aeronáutica
- Estado-Maior da Aeronáutica
- Inspetoria Geral da Aeronáutica

II. Órgãos de Direção Setorial, organizados em base departamental (art. 24):
- Departamento de Aviação Civil
- Departamento de Pesquisas e Desenvolvimento

III. Órgãos de Assessoramento:
- Gabinete do Ministro
- Consultoria Jurídica
- Conselhos e Comissões

IV. Órgãos de Apoio:
- Comandos, Diretorias, Institutos, Serviços e outros órgãos

V. Força Aérea Brasileira:
- Comandos Aéreos (inclusive elementos para integrar Forças Combinadas ou Conjuntas) – Comandos Territoriais.

CAPÍTULO IV
Disposição Geral

Art. 67. O Almirantado (Alto Comando da Marinha de Guerra), o Alto Comando do Exército e o Alto Comando da Aeronáutica, a que se referem os arts 57, 62 e 66 são órgãos integrantes da Direção Geral do Ministério da Marinha, do Exército e da Aeronáutica cabendo-lhes assessorar os respectivos Ministros, principalmente:

a) nos assuntos relativos à política militar peculiar à Força singular;

b) nas matérias de relevância – em particular, de organização, administração e logística – dependentes de decisão ministerial;

c) na seleção do quadro de Oficiais Generais.

TÍTULO X
Das Normas de Administração Financeira e de Contabilidade

Art. 68. O Presidente da República prestará anualmente ao Congresso Nacional as contas relativas ao exercício anterior, sobre as quais dará parecer prévio o Tribunal de Contas.

Art. 69. Os órgãos da Administração Direta observarão um plano de contas único e as normas gerais de contabilidade e da auditoria que forem aprovados pelo Governo.

Art. 70. Publicados a lei orçamentária ou os decretos de abertura de créditos adicionais, as unidades orçamentárias, os órgãos administrativos, os de contabilização e os de fiscalização financeira ficam, desde logo, habilitados a tomar as providências cabíveis para o desempenho das suas tarefas.

Art. 71. A discriminação das dotações orçamentárias globais de despesas será feita:

I. No Poder Legislativo e órgãos auxiliares, pelas Mesas da Câmara dos Deputados e do Senado Federal e pelo Presidente do Tribunal de Contas.

II. No Poder Judiciário, pelos Presidentes dos Tribunais e demais órgãos competentes.

III. No Poder Executivo, pelos Ministros de Estado ou dirigentes de órgãos da Presidência da República.

Art. 72. Com base na lei orçamentária, créditos adicionais e seus atos complementares, o órgão central da programação financeira fixará as cotas e prazos de utilização de recursos pelos órgãos da Presidência da República, pelos Ministérios e pelas autoridades dos Poderes Legislativo e Judiciário para atender à movimentação dos créditos orçamentários ou adicionais.

§ 1º Os Ministros de Estado e os dirigentes de Órgãos da Presidência da República aprovarão a programação financeira setorial e autorizarão às unidades administrativas a movimentar os respectivos créditos, dando ciência ao Tribunal de Contas.

§ 2º O Ministro de Estado, por proposta do Inspetor Geral de Finanças, decidirá quanto aos limites de descentralização da administração dos créditos, tendo em conta as atividades peculiares de cada órgão.

Art. 73. Nenhuma despesa poderá ser realizada sem a existência de crédito que a comporte ou quando imputada a dotação imprópria, vedada expressamente qualquer atribuição de fornecimento ou prestação de serviços cujo custo exceda aos limites previamente fixados em lei.

Parágrafo único. Mediante representação do órgão contábil serão impugnados quaisquer atos referentes a despesas que incidam na proibição do presente artigo.

Art. 74. Na realização da receita e da despesa pública será utilizada a via bancária, de acordo com as normas estabelecidas em regulamento.

§ 1º Nos casos em que se torne indispensável a arrecadação de receita diretamente pelas unidades administrativas, o recolhimento à conta bancária far-se-á no prazo regulamentar.

§ 2º O pagamento de despesa, obedecidas as normas que regem a execução orçamentária (lei nº 4.320, de 17 de março de 1964), far-se-á mediante ordem bancária ou cheque nominativo, contabilizado pelo órgão competente e obrigatoriamente assinado pelo ordenador da despesa e pelo encarregado do setor financeiro.

§ 3º Em casos excepcionais, quando houver despesa não atendível pela via bancária, as autoridades ordenadoras poderão autorizar suprimentos de fundos, de preferência a agentes afiançados, fazendo-se os lançamentos contábeis necessários e fixando-se prazo para comprovação dos gastos.

Art. 75. Os órgãos da Administração Federal prestarão ao Tribunal de Contas, ou suas delegações, os informes relativos à administração dos créditos orçamentários e facilitarão a realização das inspeções de controle externo dos órgãos de administração financeira, contabilidade e auditorias.

Parágrafo único. As informações previstas neste artigo são as imprescindíveis ao exercício da auditoria financeira e orçamentária, realizada com base nos documentos enumerados nos itens I e II do artigo 36 do Decreto-lei número 199, de 25 de fevereiro de 1967, vedada a requisição sistemática de documentos ou comprovantes arquivados nos órgãos da administração federal, cujo exame se possa realizar através das inspeções de controle externo.

Art. 76. Caberá ao Inspetor Geral de Finanças ou autoridade delegada autorizar a inscrição de despesas na conta "Restos a Pagar" (Lei nº 4.320, de 17 de março de 1964), obedecendo-se na liquidação respectiva as mesmas formalidades fixadas para a administração dos créditos orçamentários.

Parágrafo único. As despesas inscritas na conta de "Restos a Pagar" serão liquidadas quando do recebimento do material, da execução da obra ou da prestação do serviço, ainda que ocorram depois do encerramento do exercício financeiro.

Art. 77. Todo ato de gestão financeira deve ser realizado por força do documento que comprove a operação e registrado na contabilidade, mediante classificação em conta adequada.

Art. 78. O acompanhamento da execução orçamentária será feito pelos órgãos de contabilização.

§ 1º Em cada unidade responsável pela administração de créditos proceder-se-á sempre à contabilização destes.

§ 2º A contabilidade sintética ministerial caberá à Inspetoria Geral de Finanças.

§ 3º A contabilidade geral caberá à Inspetoria Geral de Finanças do Ministério da Fazenda.

§ 4º Atendidas as conveniências do serviço, um único órgão de contabilidade analítica poderá encarregar-se da contabilização para várias unidades operacionais do mesmo ou de vários Ministérios.

§ 5º Os documentos relativos à escrituração dos atos da receita e despesa ficarão arquivados no órgão de contabilidade analítica e à disposição das autoridades responsáveis pelo acompanhamento administrativo e fiscalização financeira e, bem assim, dos agentes incumbidos do controle externo, de competência do Tribunal de Contas.

Art. 79. A contabilidade deverá apurar os custos dos serviços de forma a evidenciar os resultados da gestão.

Art. 80. Os órgãos de contabilidade inscreverão como responsável todo o ordenador da despesa, o qual só poderá ser exonerado de sua responsabilidade após julgadas regulares suas contas pelo Tribunal de Contas.

§ 1º Ordenador de despesas é toda e qualquer autoridade de cujos atos resultarem emissão de empenho, autorização de pagamento, suprimento ou dispêndio de recursos da União ou pela qual esta responda.

§ 2º O ordenador de despesa, salvo conivência, não é responsável por prejuízos causados à Fazenda Nacional decorrentes de atos praticados por agente subordinado que exorbitar das ordens recebidas.

§ 3º As despesas feitas por meio de suprimentos, desde que não impugnadas pelo ordenador, serão escrituradas e incluídas na sua tomada de contas, na forma prescrita; quando impugnadas, deverá o ordenador determinar imediatas providências administrativas para a apuração das responsabilidades e imposição das penalidades cabíveis, sem prejuízo do julgamento da regularidade das contas pelo Tribunal de Contas.

Art. 81. Todo ordenador de despesa ficará sujeito a tomada de contas realizada pelo órgão de contabilidade e verificada pelo órgão de auditoria interna, antes de ser encaminhada ao Tribunal de Contas (artigo 82).

Parágrafo único. O funcionário que receber suprimento de fundos, na forma do disposto no art. 74, § 3º, é obrigado a prestar contas de sua aplicação procedendo-se, automaticamente, a tomada de contas se não o fizer no prazo assinalado.

Art. 82. As tomadas de contas serão objeto de pronunciamento expresso do Ministro de Estado, dos dirigentes de órgãos da Presidência da República ou de autoridade a quem estes delegarem competência, antes de seu encaminhamento ao Tribunal de Contas para os fins constitucionais e legais.

§ 1º A tomada de contas dos ordenadores, agentes recebedores, tesoureiros ou pagadores será feita no prazo máximo de 180 (cento e oitenta) dias do encerramento do exercício financeiro pelos órgãos encarregados da contabilidade analítica e, antes de ser submetida a pronunciamento do Ministro de Estado, dos dirigentes de órgãos da Presidência da República ou da autoridade a quem estes delegarem competência, terá sua regularidade certificada pelo órgão de auditoria.

§ 2º Sem prejuízo do encaminhamento ao Tribunal de Contas, a autoridade a que se refere o parágrafo anterior no caso de irregularidade, determinará as providências que, a seu critério, se tornarem indispensáveis para resguardar o interesse público e a probidade na aplicação dos dinheiros públicos, dos quais dará ciência oportunamente ao Tribunal de Contas.

§ 3º Sempre que possível, desde que não retardem nem dificultem as tomadas de contas, estas poderão abranger conjuntamente a dos ordenadores e tesoureiros ou pagadores.

Art. 83. Cabe aos detentores de suprimentos de fundos fornecer indicação precisa dos saldos em seu poder em 31 de dezembro, para efeito de contabilização e reinscrição da respectiva responsabilidade pela sua aplicação em data posterior, observados os prazos assinalados pelo ordenador da despesa.

Parágrafo único. A importância aplicada até 31 de dezembro será comprovada até 15 de janeiro seguinte.

Art. 84. Quando se verificar que determinada conta não foi prestada, ou que ocorreu desfalque, desvio de bens ou outra irregularidade de que resulte prejuízo para a Fazenda Pública, as autoridades administrativas, sob pena de corresponsabilidade e sem embargo dos procedimentos disciplinares, deverão tomar imediatas providências para assegurar o respectivo ressarcimento e instaurar a tomada de contas, fazendo-se as comunicações a respeito ao Tribunal de Contas.

Art. 85. A Inspetoria Geral de Finanças, em cada Ministério, manterá atualizada relação de responsáveis por dinheiros, valores e bens públicos, cujo rol deverá ser transmitido anualmente ao Tribunal de Contas, comunicando-se trimestralmente as alterações.

Art. 86. A movimentação dos créditos destinados à realização de despesas reservadas ou confidenciais será feita sigilosamente e nesse caráter serão tomadas as contas dos responsáveis. (Vide ADPF nº 129)

Art. 87. Os bens móveis, materiais e equipamentos em uso ficarão sob a responsabilidade dos chefes de serviço, procedendo-se periodicamente a verificações pelos competentes órgãos de controle.

Art. 88. Os estoques serão obrigatoriamente contabilizados, fazendo-se a tomada anual das contas dos responsáveis.

Art. 89. Todo aquele que, a qualquer título, tenha a seu cargo serviço de contabilidade da União é pessoalmente responsável pela exatidão das contas e oportuna apresentação dos balancetes, balanços e demonstrações contábeis dos atos relativos à administração financeira e patrimonial do setor sob sua jurisdição.

Art. 90. Responderão pelos prejuízos que causarem à Fazenda Pública o ordenador de despesas e o responsável pela guarda de dinheiros, valores e bens.

Art. 91. Sob a denominação de Reserva de Contingência, o orçamento anual poderá conter dotação global não especificamente destinada a determinado órgão, unidade orçamentária, programa ou categoria econômica, cujos recursos serão utilizados para abertura de créditos adicionais.

Art. 92. Com o objetivo de obter maior economia operacional e racionalizar a execução da programação financeira de desembolso, o Ministério da Fazenda promoverá a unificação de recursos movimentados pelo Tesouro Nacional através de sua Caixa junto ao agente financeiro da União.

Parágrafo único. Os saques contra a Caixa do Tesouro só poderão ser efetuados dentro dos limites autorizados pelo Ministro da Fazenda ou autoridade delegada.

Art. 93. Quem quer que utilize dinheiros públicos terá de justificar seu bom e regular emprego na conformidade das leis, regulamentos e normas emanadas das autoridades administrativas competentes.

TÍTULO XI
Das Disposições Referentes ao Pessoal Civil

CAPÍTULO I
Das Normas Gerais

Art. 94. O Poder Executivo promoverá a revisão da legislação e das normas regulamentares relativas ao pessoal do Serviço Público Civil, com o objetivo de ajustá-las aos seguintes princípios:

I. Valorização e dignificação da função pública e ao servidor público.

II. Aumento da produtividade.

III. Profissionalização e aperfeiçoamento do servidor público; fortalecimento do Sistema do Mérito para ingresso na função pública, acesso a função superior e escolha do ocupante de funções de direção e assessoramento.

IV. Conduta funcional pautada por normas éticas cuja infração incompatibilize o servidor para a função.

V. Constituição de quadros dirigentes, mediante formação e aperfeiçoamento de administradores capacitados a garantir a qualidade, produtividade e continuidade da ação governamental, em consonância com critérios éticos especialmente estabelecidos.

VI. Retribuição baseada na classificação das funções a desempenhar, levando-se em conta o nível educacional exigido pelos deveres e responsabilidade do cargo, a experiência que o exercício deste requer, a satisfação de outros requisitos que se reputarem essenciais ao seu desempenho e às condições do mercado de trabalho.

VII. Organização dos quadros funcionais, levando-se em conta os interesses de recrutamento nacional para certas funções e a necessidade de relacionar ao mercado de trabalho local ou regional o recrutamento, a seleção e a remuneração das demais funções.

VIII. Concessão de maior autonomia aos dirigentes e chefes na administração de pessoal, visando a fortalecer a autoridade do comando, em seus diferentes graus, e a dar-lhes efetiva responsabilidade pela supervisão e rendimento dos serviços sob sua jurisdição.

IX. Fixação da quantidade de servidores, de acordo com as reais necessidades de funcionamento de cada órgão, efetivamente comprovadas e avaliadas na oportunidade da elaboração do orçamento-programa, e estreita observância dos quantitativos que forem considerados adequados pelo Poder Executivo no que se refere aos dispêndios de pessoal. Aprovação das lotações segundo critérios objetivos que relacionam a quantidade de servidores às atribuições e ao volume de trabalho do órgão.

X. Eliminação ou reabsorção do pessoal ocioso, mediante aproveitamento dos servidores excedentes, ou reaproveitamento aos desajustados em funções compatíveis com as suas comprovadas qualificações e aptidões vocacionais, impedindo-se novas admissões, enquanto houver servidores disponíveis para a função.

XI. Instituição, pelo Poder Executivo, de reconhecimento do mérito aos servidores que contribuam com sugestões, planos e projetos não elaborados em decorrência do exercício de suas funções e dos quais possam resultar aumento de produtividade e redução dos custos operacionais da administração.

XII. Estabelecimento de mecanismos adequados à apresentação por parte dos servidores, nos vários níveis organizacionais, de suas reclamações e reivindicações, bem como à rápida apreciação, pelos órgãos administrativos competentes, dos assuntos nelas contidos.

XIII. Estímulo ao associativismo dos servidores para fins sociais e culturais.

Parágrafo único. O Poder Executivo encaminhará ao Congresso Nacional mensagens que consubstanciem a revisão de que trata este artigo.

Art. 95. O Poder Executivo promoverá as medidas necessárias à verificação da produtividade do pessoal a ser empregado em quaisquer atividades da Administração Direta ou de autarquia, visando a colocá-lo em níveis de competição com a atividade privada ou a evitar custos injustificáveis de operação, podendo, por via de decreto executivo ou medidas administrativas, adotar as soluções adequadas, inclusive a eliminação de exigências de pessoal superiores às indicadas pelos critérios de produtividade e rentabilidade.

Art. 96. Nos termos da legislação trabalhista, poderão ser contratados especialistas para atender às exigências de trabalho técnico em institutos, órgãos de pesquisa e outras entidades especializadas da Administração Direta ou autarquia, segundo critérios que, para esse fim, serão estabelecidos em regulamento.

Art. 97. Os Ministros de Estado, mediante prévia e específica autorização do Presidente da República, poderão contratar os serviços de consultores técnicos e especialistas por determinado período, nos termos da legislação trabalhista.

CAPÍTULO II
Das Medidas de Aplicação Imediata

Art. 98. Cada unidade administrativa terá, no mais breve prazo, revista sua lotação, a fim de que passe a corresponder a suas estritas necessidades de pessoal e seja ajustada às dotações previstas no orçamento (art. 94 inciso IX).

Art. 99. O Poder Executivo adotará providências para a permanente verificação da existência de pessoal ocioso na Administração Federal, diligenciando para sua eliminação ou redistribuição imediata.

§ 1º Sem prejuízo da iniciativa do órgão de pessoal da repartição, todo responsável por setor de trabalho em que houver pessoal ocioso deverá apresentá-lo aos centros de redistribuição e aproveitamento de pessoal que deverão ser criados, em caráter temporário, sendo obrigatório o aproveitamento dos concursados.

§ 2º A redistribuição de pessoal ocorrerá sempre no interesse do Serviço Público, tanto na Administração Direta como em autarquia, assim como de uma para outra, respeitado o regime jurídico pessoal do servidor.

§ 3º O pessoal ocioso deverá ser aproveitado em outro setor, continuando o servidor a receber pela verba da repartição ou entidade de onde tiver sido deslocado, até que se tomem as providências necessárias à regularização da movimentação.

§ 4º Com relação ao pessoal ocioso que não puder ser utilizado na forma deste artigo, será observado o seguinte procedimento:

a) extinção dos cargos considerados desnecessários, ficando os seus ocupantes exonerados ou em disponibilidade, conforme gozem ou não de estabilidade, quando se tratar de pessoal regido pela legislação dos funcionários públicos;

b) dispensa, com a consequente indenização legal, dos empregados sujeitos ao regime da legislação trabalhista.

§ 5º Não se preencherá vaga nem se abrirá concurso na Administração Direta ou em autarquia, sem que se verifique, previamente, no competente centro de redistribuição de pessoal, a inexistência de servidor a aproveitar, possuidor da necessária qualificação.

§ 6º Não se exonerará, por força do disposto neste artigo, funcionário nomeado em virtude de concurso.

Art. 100. Instaurar-se-á processo administrativo para a demissão ou dispensa de servidor efetivo ou estável, comprovadamente ineficiente no desempenho dos encargos que lhe competem ou desidioso no cumprimento de seus deveres.

Art. 101. O provimento em cargos em comissão e funções gratificadas obedecerá a critérios a serem fixados por ato do Poder Executivo que:

a) definirá os cargos em comissão de livre escolha do Presidente da República;

b) estabelecerá os processos de recrutamento com base no Sistema do Mérito; e

c) fixará as demais condições necessárias ao seu exercício.

Art. 102. É proibida a nomeação em caráter interino por incompatível com a exigência de prévia habilitação em concurso para provimento dos cargos públicos, revogadas todas as disposições em contrário.

Art. 103. Todo servidor que estiver percebendo vencimento, salário ou provento superior ao fixado para o cargo nos planos de classificação e remuneração, terá a diferença caracterizada como vantagem pessoal, nominalmente identificável, a qual em nenhuma hipótese será aumentada, sendo absorvida progressivamente pelos aumentos que vierem a ser realizados no vencimento, salário ou provento fixado para o cargo nos mencionados planos.

Art. 104. No que concerne ao regime de participação na arrecadação, inclusive cobrança da Dívida Ativa da União, fica estabelecido o seguinte:

I. Ressalvados os direitos dos denunciantes, a adjudicação de cota-parte de multas será feita exclusivamente aos Agentes Fiscais de Rendas Internas, Agentes Fiscais do Imposto de Renda, Agentes Fiscais do Imposto Aduaneiro, Fiscais Auxiliares de Impostos Internos e Guardas Aduaneiros e somente quando tenham os mesmos exercido ação direta, imediata e pessoal na obtenção de elementos destinados à instauração de autos de infração ou início de processos para cobrança dos débitos respectivos.

II. O regime de remuneração, previsto na Lei nº 1.711, de 28 de outubro de 1952, continuará a ser aplicado exclusivamente aos Agentes Fiscais de Rendas Internas, Agentes Fiscais do Imposto de Renda, Agentes Fiscais do Imposto Aduaneiro, Fiscais Auxiliares de Impostos Internos e Guardas Aduaneiros.

III. A partir da data da presente lei, fica extinto o regime de remuneração instituído a favor dos Exatores Federais, Auxiliares de Exatorias e Fiéis do Tesouro.

IV. A participação, através do Fundo de Estímulo, e bem assim as percentagens a que se referem o art. 64 da Lei nº 3.244, de 14 de agosto de 1957, o art. 109 da Lei nº 3.470, de 28 de novembro de 1958, os artigos 8º, § 2º, e 9º da Lei nº 3.756, de 20 de abril de 1960, e o § 6º do art. 32 do Decreto-lei nº 147, de 3 de fevereiro de 1967, ficam também extintas.

Parágrafo único. Comprovada a adjudicação da cota-parte de multas com desobediência ao que dispõe o inciso I deste artigo, serão passíveis de demissão, tanto o responsável pela prática desse ato, quanto os servidores que se beneficiarem com as vantagens dele decorrentes.

Art. 105. Aos servidores que, na data da presente lei, estiverem no gozo das vantagens previstas nos incisos III, IV e V do artigo anterior fica assegurado o direito de percebê-las, como diferença mensal, desde que esta não ultrapasse a média mensal que, àquele título, receberam durante o ano de 1966, e até que, por força dos reajustamentos de vencimentos do funcionalismo, o nível de vencimentos dos cargos que ocuparem alcance importâncias correspondente à soma do vencimento básico e da diferença de vencimento. (Vide Lei nº 5.421, de 1968)

Art. 106. Fica extinta a Comissão de Classificação de Cargos transferindo-se ao Dasp, seu acervo, documentação, recursos orçamentários e atribuições.

Art. 107. A fim de permitir a revisão da legislação e das normas regulamentares relativas ao pessoal do Serviço Público Civil, nos termos do disposto no art. 94, da presente lei, suspendem-se nesta data as readaptações de funcionários que ficam incluídas na competência do Dasp.

Art. 108. O funcionário, em regime de tempo integral e dedicação exclusiva, prestará serviços em dois turnos de trabalho, quando sujeito a expediente diário.

Parágrafo único. Incorrerá em falta grave, punível com demissão, o funcionário que perceber a vantagem de que trata este artigo e não prestar serviços correspondentes e bem assim o chefe que atestar a prestação irregular dos serviços.

Art. 109. Fica revogada a legislação que permite a agregação de funcionários em cargos em comissão e em funções gratificadas, mantidos os direitos daqueles que, na data desta lei, hajam completado as condições estipuladas em lei para a agregação, e não manifestem, expressamente, o desejo de retornarem aos cargos de origem.

Parágrafo único. Todo agregado é obrigado a prestar serviços, sob pena de suspensão dos seus vencimentos.

Art. 110. Proceder-se-á à revisão dos cargos em comissão e das funções gratificadas da Administração Direta e das autarquias, para supressão daqueles que não corresponderem às estritas necessidades dos serviços, em razão de sua estrutura e funcionamento.

Art. 111. A colaboração de natureza eventual à Administração Pública Federal sob a forma de prestação de serviços, retribuída mediante recibo, não caracteriza, em hipótese alguma, vínculo empregatício com o Serviço Público Civil, e somente poderá ser atendida por dotação não classificada na rubrica "PESSOAL", e nos limites estabelecidos nos respectivos programas de trabalho.

Art. 112. O funcionário que houver atingido a idade máxima (setenta anos) prevista para aposentadoria compulsória não poderá exercer cargo em comissão ou função gratificada, nos quadros dos Ministérios, do Dasp e das autarquias.

Art. 113. Revogam-se na data da publicação da presente lei, os arts. 62 e 63 da Lei nº 1.711, de 28 de outubro de 1952, e demais disposições legais e regulamentares que regulam as readmissões no serviço público federal.

Art. 114. O funcionário público ou autárquico que, por força de dispositivo legal, puder manifestar opção para integrar quadro de pessoal de qualquer outra entidade e por esta aceita, terá seu tempo de serviço anterior, devidamente comprovado, averbado na instituição de previdência, transferindo-se para o INPS as contribuições pagas ao IPASE.

CAPÍTULO III

Do DepArtamento Administrativo do Pessoal Civil

Art. 115. O Departamento Administrativo do Pessoal Civil (Dasp) é o órgão central do sistema de pessoal, responsável pelo estudo, formulação de diretrizes, orientação, coordenação, supervisão e controle dos assuntos concernentes à administração do Pessoal Civil da União.

Parágrafo único. Haverá em cada Ministério um órgão de pessoal integrante do sistema de pessoal.

Art. 116. Ao Departamento Administrativo do Pessoal Civil (Dasp) incumbe:

I. Cuidar dos assuntos referentes ao pessoal civil da União, adotando medidas visando ao seu aprimoramento e maior eficiência.

II. Submeter ao Presidente da República os projetos de regulamentos indispensáveis à execução das leis que dispõem sobre a função pública e os servidores civis da União.

III. Zelar pela observância dessas leis e regulamentos, orientando, coordenando e fiscalizando sua execução, e expedir normas gerais obrigatórias para todos os órgãos.

IV. Estudar e propor sistema de classificação e de retribuição para o serviço civil administrando sua aplicação.

V. Recrutar e selecionar candidatos para os órgãos da Administração Direta e autarquias, podendo delegar, sob sua orientação, fiscalização e controle a realização das provas o mais próximo possível das áreas de recrutamento.

VI. Manter estatísticas atualizadas sobre os servidores civis, inclusive os da Administração Indireta.

VII. Zelar pela criteriosa aplicação dos princípios de administração de pessoal com vistas ao tratamento justo dos servidores civis, onde quer que se encontrem.

VIII. Promover medidas visando ao bem-estar social dos servidores civis da União e ao aprimoramento das relações humanas no trabalho.

IX. Manter articulação com as entidades nacionais e estrangeiras que se dedicam a estudos de administração de pessoal.

X. Orientar, coordenar e superintender as medidas de aplicação imediata (Capítulo II, deste Título).

Art. 117. O Departamento Administrativo do Pessoal Civil prestará às Comissões Técnicas do Poder Legislativo toda cooperação que for solicitada.

Parágrafo único. O Departamento deverá colaborar com o Ministério Público Federal nas causas que envolvam a aplicação da legislação do pessoal.

Art. 118. Junto ao Departamento haverá o Conselho Federal de Administração de Pessoal, que funcionará como órgão de consulta e colaboração no concernente à política de pessoal do Governo e opinará na esfera administrativa, quando solicitado pelo Presidente da

República ou pelo Diretor-Geral do Dasp nos assuntos relativos à administração de pessoal civil, inclusive quando couber recurso de decisão dos Ministérios, na forma estabelecida em regulamento.

Art. 119. O Conselho Federal de Administração de Pessoal será presidido pelo Diretor-Geral do Departamento Administrativo do Pessoal Civil e constituído de quatro membros, com mandato de três anos, nomeados pelo Presidente da República, sendo: dois funcionários, um da Administração Direta e outro da Indireta, ambos com mais de vinte anos de Serviço Público da União, com experiência em administração e relevante folha de serviços; um especialista em direito administrativo; e um elemento de reconhecida experiência no setor de atividade privada.

§ 1º O Conselho reunir-se-á ordinariamente duas vezes por mês e, extraordinariamente, por convocação de seu presidente.

§ 2º O Conselho contará com o apoio do Departamento, ao qual ficarão afetos os estudos indispensáveis ao seu funcionamento e, bem assim, o desenvolvimento e a realização dos trabalhos compreendidos em sua área de competência.

§ 3º Ao Presidente e aos Membros do Conselho é vedada qualquer atividade político-partidária, sob pena de exoneração ou perda de mandato.

Art. 120. O Departamento prestará toda cooperação solicitada pelo Ministro responsável pela Reforma Administrativa.

Art. 121. As medidas relacionadas com o recrutamento, seleção, aperfeiçoamento e administração do assessoramento superior da Administração Civil, de aperfeiçoamento de pessoal para o desempenho dos cargos em comissão e funções gratificadas a que se referem o art. 101 e seu inciso II (Título XI, Capítulo II) e de outras funções de supervisão ou especializadas, constituirão encargo de um Centro de Aperfeiçoamento, órgão autônomo vinculado ao Departamento Administrativo do Pessoal Civil. (Vide Lei nº 6.228, de 1975)

Parágrafo único. O Centro de Aperfeiçoamento promoverá direta ou indiretamente mediante convênio, acordo ou contrato, a execução das medidas de sua atribuição.

CAPÍTULO IV
Do Assessoramento Superior da Administração Civil

Art. 122. O Assessoramento Superior da Administração Civil compreenderá determinadas funções de assessoramento aos Ministros de Estado, definidas por decreto e fixadas em número limitado para cada Ministério civil, observadas as respectivas peculiaridades de organização e funcionamento.

§ 1º As funções a que se refere este artigo, caracterizadas pelo alto nível de especificidade, complexidade e responsabilidade, serão objeto de rigorosa individualização e a designação para o seu exercício somente poderá recair em pessoas de comprovada idoneidade, cujas qualificações, capacidade e experiência específicas sejam examinadas, aferidas e certificadas por órgão próprio, na forma definida em regulamento.

§ 2º O exercício das atividades de que trata este artigo revestirá a forma de locação de serviços regulada mediante contrato individual, em que se exigirá tempo integral e dedicação exclusiva, não se lhe aplicando o disposto no artigo 35 do Decreto-lei nº 81, de 21 de dezembro de 1966, na redação dada pelo artigo 1º do Decreto-lei nº 177, de 16 de fevereiro de 1967º

§ 3º A prestação dos serviços a que alude este artigo será retribuída segundo critério fixado em regulamento, tendo em vista a avaliação de cada função em face das respectivas especificações, e as condições vigentes no mercado de trabalho.

Art. 123. O servidor público designado para as funções de que trata o artigo anterior ficará afastado do respectivo cargo ou emprego enquanto perdurar a prestação de serviços, deixando de receber o vencimento ou salário correspondente ao cargo ou emprego público.

Parágrafo único. Poderá a designação para o exercício das funções referidas no artigo anterior recair em ocupante de função de confiança ou cargo em comissão diretamente subordinados ao Ministro de Estado, caso em que deixará de receber, durante o período de prestação das funções de assessoramento superior, o vencimento ou gratificação do cargo em comissão ou função de confiança.

Art. 124. O disposto no presente Capítulo poderá ser estendido, por decreto, a funções da mesma natureza vinculadas aos Ministérios Militares e órgãos integrantes da Presidência da República.

TÍTULO XII (REVOGADO PELO DECRETO-LEI Nº 2.300, DE 1986)

Art. 125. ao Art. 144 (Revogado pelo Decreto-Lei nº 2.300, de 1986)

TÍTULO XIII
Da Reforma Administrativa

Art. 145. A Administração Federal será objeto de uma reforma de profundidade para ajustá-la às disposições da presente lei e, especialmente, às diretrizes e princípios fundamentais enunciados no Título II, tendo-se como revogadas, por força desta lei, e à medida que sejam expedidos os atos a que se refere o art. 146, parágrafo único, alínea *b*, as disposições legais que forem com ela colidentes ou incompatíveis.

Parágrafo único. A aplicação da presente lei deverá objetivar, prioritariamente, a execução ordenada dos serviços da Administração Federal, segundo os princípios nela enunciados e com apoio na instrumentação básica adotada, não devendo haver solução de continuidade.

Art. 146. A Reforma Administrativa, iniciada com esta lei, será realizada por etapas, à medida que se forem ultimando as providências necessárias à sua execução.

Parágrafo único. Para os fins deste artigo, o Poder Executivo:

a) promoverá o levantamento das leis, decretos e atos regulamentares que disponham sobre a estruturação, funcionamento e competência dos órgãos da Administração Federal, com o propósito de ajustá-los às disposições desta Lei;

b) obedecidas as diretrizes, princípios fundamentais e demais disposições da presente lei expedirá progressivamente os atos de reorganização, reestruturação lotação, definição de competência, revisão de funcionamento e outros necessários a efetiva implantação da reforma.

Art. 147. A orientação, coordenação e supervisão das providências de que trata este Título ficarão a cargo do Ministério do Planejamento e Coordenação Geral, podendo, entretanto, ser atribuídas a um Ministro Extraordinário para a Reforma Administrativa, caso em que a este caberão os assuntos de organização administrativa.

Art. 148. Para atender às despesas decorrentes de execução da Reforma Administrativa, fica autorizada a abertura pelo Ministério da Fazenda do crédito especial de **NCr$20.000.000,00 (vinte milhões de cruzeiros novos),** com vigência nos exercícios de 1967 a 1968.

§ 1º Os recursos do crédito aberto neste artigo incorporar-se-ão ao "Fundo de Reforma Administrativa", que poderá receber doações e contribuições destinadas ao aprimoramento da Administração Federal.

§ 2º O Fundo de Reforma Administrativa, cuja utilização será disciplinada em regulamento, será administrado por um órgão temporário de implantação da Reforma Administrativa, que funcionará junto ao Ministro responsável pela Reforma Administrativa.

Art. 149. Na implantação da reforma programada, inicialmente, a organização dos novos Ministérios e bem assim, prioritariamente, a instalação dos Órgãos Centrais, a começar pelos de planejamento, coordenação e de controle financeiro (art. 22, item I) e pelos órgãos centrais dos sistemas (art. 31).

Art. 150. Até que os quadros de funcionários sejam ajustados à Reforma Administrativa, o pessoal que os integra, sem prejuízo de sua situação funcional para os efeitos legais, continuará a servir nos órgãos em que estiver lotado, podendo passar a ter exercício, mediante requisição, nos órgãos resultantes de desdobramento ou criados em virtude da presente lei.

Art. 151. (Revogado pela Lei nº 5.843, de 1972)

Art. 152. A finalidade e as atribuições dos órgãos da Administração Direta regularão o estabelecimento das respectivas estruturas e lotações de pessoal.

Art. 153. Para implantação da Reforma Administrativa poderão ser ajustados estudos e trabalhos técnicos a serem realizados por pessoas físicas ou jurídicas, nos termos das normas que se estabelecerem em decreto.

Art. 154. Os decretos e regulamentos expedidos para execução da presente lei disporão sobre a subordinação e vinculação de órgãos e entidades aos diversos Ministérios, em harmonia com a área de competência destes, disciplinando a transferência de repartições e órgãos.

TÍTULO XIV

Das Medidas Especiais de Coordenação

CAPÍTULO I
Da Ciência E Tecnologia

Art. 155. As iniciativas e providências que contribuem para o estímulo e intensificação das atividades de ciência e tecnologia, serão objeto de coordenação com o propósito de acelerar o desenvolvimento nacional através da crescente participação do País no progresso científico e tecnológico.

CAPÍTULO II
Da Política Nacional de Saúde

Art. 156. A formulação e Coordenação da política nacional de saúde, em âmbito nacional e regional, caberá ao Ministério da Saúde.
§ 1º Com o objetivo de melhor aproveitar recursos e meios disponíveis e de obter maior produtividade, visando a proporcionar efetiva assistência médico-social à comunidade, promoverá o Ministério da Saúde a coordenação, no âmbito regional das atividades de assistência médico-social, de modo a entrosar as desempenhadas por órgãos federais, estaduais, municipais, do Distrito Federal, dos Territórios e das entidades do setor privado.
§ 2º Na prestação da assistência médica dar-se-á preferência à celebração de convênios com entidades públicas e privadas, existentes na comunidade.

CAPÍTULO III
Do Abastecimento Nacional

Art. 157. As medidas relacionadas com a formulação e execução da política nacional do abastecimento serão objeto de coordenação na forma estabelecida em decreto.

Art. 158. Se não considerar oportunas as medidas consubstanciadas no artigo anterior, o Governo poderá atribuir a formulação e coordenação da política nacional do abastecimento a uma Comissão Nacional de Abastecimento, órgão interministerial, cuja composição, atribuições e funcionamento serão fixados por decreto e que contará com o apoio da Superintendência Nacional do Abastecimento.

Art. 159. Fica extinto o Conselho Deliberativo da Superintendência Nacional do Abastecimento, de que trata a Lei Delegada nº 5, de 26 de setembro de 1962.

Art. 160. A Superintendência Nacional do Abastecimento ultimará, no mais breve prazo, a assinatura de convênios com os Estados, Prefeitura do Distrito Federal e Territórios com o objetivo de transferir-lhes os encargos de fiscalização atribuídos àquela Superintendência.

CAPÍTULO IV
Da Integração dos Transportes

Art. 161. Ficam extintos os Conselhos Setoriais de Transportes que atualmente funcionam junto às autarquias do Ministério da Viação e Obras Públicas, sendo as respectivas funções absorvidas pelo Conselho Nacional de Transportes, cujas atribuições, organização e funcionamento serão regulados em decreto.

Art. 162. Tendo em vista a integração em geral dos transportes, a coordenação entre os Ministérios da Aeronáutica e dos Transportes será assegurada pelo Conselho Nacional de Transportes que se pronunciará obrigatoriamente quanto aos assuntos econômico-financeiros da aviação comercial e, em particular, sobre:
a) concessão de linhas, tanto nacionais como no exterior;
b) tarifas;
c) subvenções;
d) salários (de acordo com a política salarial do Governo).

Art. 163. O Conselho será presidido pelo Ministro de Estado dos Transportes e dele participará, como representante do Ministério da Aeronáutica, o chefe do órgão encarregado dos assuntos da aeronáutica civil.

Art. 164. O Poder Executivo, se julgar conveniente, poderá formular a integração no Ministério dos Transportes, das atividades concernentes à aviação comercial, compreendendo linhas aéreas regulares, subvenções e tarifas, permanecendo sob a competência da Aeronáutica Militar as demais atribuições constantes do item IV e as do item V do Parágrafo único do art. 63 e as relativas ao controle de pessoal e das aeronaves.

§ 1º A integração poderá operar-se gradualmente, celebrando-se, quando necessário, convênios entre os dois Ministérios.

§ 2º Promover-se-á, em consequência, o ajuste das atribuições cometidas ao Conselho Nacional de Transportes nesse particular.

CAPÍTULO V
Das Comunicações

Art. 165. O Conselho Nacional de Telecomunicações, cujas atribuições, organização e funcionamento serão objeto de regulamentação pelo Poder Executivo, passará a integrar, como órgão normativo, de consulta, orientação e elaboração da política nacional de telecomunicações, a estrutura do Ministério das Comunicações, logo que este se instale, e terá a seguinte composição:

I. Presidente, o Secretário-Geral do Ministério das Comunicações;

II. Representante do maior partido de oposição no CONGRESSO NACIONAL;

III. Representante do Ministério da Educação e Cultura;

IV. Representante do Ministério da Justiça;

V. Representante do maior partido que apoia o Governo no CONGRESSO NACIONAL;

VI. Representante do Ministério da Indústria e Comércio;

VII. Representante dos Correios e Telégrafos;

VIII. Representante do Departamento Nacional de Telecomunicações;

IX. Representante da Empresa Brasileira de Telecomunicações;

X. Representante das Empresas Concessionárias de Serviços de Telecomunicações;

XI. Representante do Ministério da Marinha;

XII. Representante do Ministério do Exército;

XIII. Representante do Ministério da Aeronáutica.

Parágrafo único. O Departamento Nacional de Telecomunicações passa a integrar, como Órgão Central (art. 22, inciso II), o Ministério das Comunicações.

Art. 166. A exploração dos troncos interurbanos, a cargo da Empresa Brasileira de Telecomunicações, poderá, conforme as conveniências econômicas e técnicas do serviço, ser feita diretamente ou mediante contrato, delegação ou convênio.

Parágrafo único. A Empresa Brasileira de Telecomunicações poderá ser acionista de qualquer das empresas com que tiver tráfego-mútuo.

Art. 167. Fica o Poder Executivo autorizado a transformar o Departamento dos Correios e Telégrafos em entidade de Administração Indireta, vinculada ao Ministério das Comunicações.

CAPÍTULO VI
Da Integração das Forças Armadas

Art. 168. (Revogado pelo Decreto-Lei nº 900, de 1968)

Art. 169. (Revogado pelo Decreto-Lei nº 900, de 1968)

TÍTULO XV
Das Disposições Gerais

CAPÍTULO I
Das Disposições Iniciais

Art. 170. O Presidente da República, por motivo relevante de interesse público, poderá avocar e decidir qualquer assunto na esfera da Administração Federal.

Art. 171. A Administração dos Territórios Federais, vinculados ao Ministério do Interior, exercer-se-á através de programas plurianuais, concordantes em objetivos e etapas com os planos gerais do Governo Federal.

Art. 172. O Poder Executivo assegurará autonomia administrativa e financeira, no grau conveniente aos serviços, institutos e estabelecimentos incumbidos da execução de atividades de pesquisa ou ensino ou de caráter industrial, comercial ou agrícola, que por suas peculiaridades de organização e funcionamento, exijam tratamento diverso do aplicável aos demais órgãos da administração direta, observada sempre a supervisão ministerial.

§ 1º Os órgãos a que se refere este artigo terão a denominação genérica de Órgãos Autônomos.

§ 2º Nos casos de concessão de autonomia financeira, fica o Poder Executivo autorizado a instituir fundos especiais de natureza contábil, a cujo crédito se levarão todos os recursos vinculados às atividades do órgão autônomo, orçamentários e extraorçamentários, inclusive a receita própria.

Art. 173. Os atos de provimento de cargos públicos ou que determinarem sua vacância assim como os referentes a pensões, aposentadorias e reformas, serão assinados pelo Presidente da República ou, mediante delegação deste, pelos Ministros de Estado, conforme se dispuser em regulamento.

Art. 174. Os atos expedidos pelo Presidente da República ou Ministros de Estado, quando se referirem a assuntos da mesma natureza, poderão ser objeto de um só instrumento, e o órgão administrativo competente expedirá os atos complementares ou apostilas.

Art. 175. Para cada órgão da Administração Federal, haverá prazo fixado em regulamento para as autoridades administrativas exigirem das partes o que se fizer necessário à instrução de seus pedidos.

§ 1º As partes serão obrigatoriamente notificadas das exigências, por via postal, sob registro, ou por outra forma de comunicação direta.

§ 2º Satisfeitas as exigências, a autoridade administrativa decidirá o assunto no prazo fixado pelo regulamento, sob pena de responsabilização funcional.

Art. 176. Ressalvados os assuntos de caráter sigiloso, os órgãos do Serviço Público estão obrigados a responder às consultas feitas por qualquer cidadão, desde que relacionadas com seus legítimos interesses e pertinentes a assuntos específicos da repartição.

Parágrafo único. Os chefes de serviço e os servidores serão solidariamente responsáveis pela efetivação de respostas em tempo oportuno.

Art. 177. Os conselhos, comissões e outros órgãos colegiados que contarem com a representação de grupos ou classes econômicas diretamente interessados nos assuntos de sua competência, terão funções exclusivamente de consulta, coordenação e assessoramento, sempre que àquela representação corresponda um número de votos superior a um terço do total.

Parágrafo único. Excetuam-se do disposto neste artigo os órgãos incumbidos do julgamento de litígios fiscais e os legalmente competentes para exercer atribuições normativas e decisórias relacionadas com os impostos de importação e exportação, e medidas cambiais correlatas.

Art. 178. As autarquias, as empresas públicas e as sociedades de economia mista, integrantes da Administração Federal Indireta, bem assim as fundações criadas pela União ou mantidas com recursos federais, sob supervisão ministerial, e as demais sociedades sob o controle direto ou indireto da União, que acusem a ocorrência de prejuízos, estejam inativas, desenvolvam atividades já atendidas satisfatoriamente pela iniciativa privada ou não previstas no objeto social, poderão ser dissolvidas ou incorporadas a outras entidades, a critério e por ato do Poder Executivo, resguardados os direitos assegurados, aos eventuais acionistas minoritários, nas leis e atos constitutivos de cada entidade.

Art. 179. Observado o disposto no art. 13 da Lei nº 4.320, de 17 de março de 1964, o Ministério do Planejamento e Coordenação Geral atualizará, sempre que se fizer necessário, o esquema de discriminação ou especificação dos elementos da despesa orçamentária.

Art. 180. As atribuições previstas nos arts. 111 a 113, da Lei nº 4.320, de 17 de março de 1964, passam para a competência do Ministério do Planejamento e Coordenação Geral.

Art. 181. Para os fins do Título XIII desta Lei, poderá o Poder Executivo:

I. Alterar a denominação de cargos em comissão.

II. Reclassificar cargos em comissão, respeitada a tabela de símbolos em vigor.

III. Transformar funções gratificadas em cargos em comissão, na forma da lei.

IV. Declarar extintos os cargos em comissão que não tiverem sido mantidos, alterados ou reclassificados até 31 de dezembro de 1968.

Art. 182. Nos casos dos incisos II e III do art. 5º e no do inciso I do mesmo artigo, quando se tratar de serviços industriais, o regime de pessoal será o da Consolidação das Leis do Trabalho; nos demais casos, o regime jurídico do pessoal será fixado pelo Poder Executivo.

Art. 183. As entidades e organizações em geral, dotadas de personalidade jurídica de direito privado, que recebem contribuições para fiscais e prestam serviços de interesse público ou social, estão sujeitas à fiscalização do Estado nos termos e condições estabelecidas na legislação pertinente a cada uma.

Art. 184. Não haverá, tanto em virtude da presente lei como em sua decorrência, aumento de pessoal nos quadros de funcionários civis e nos das Forças Armadas.

Art. 185. Incluem-se na responsabilidade do Ministério da Indústria e do Comércio a supervisão dos assuntos concernentes à indústria siderúrgica, à indústria petroquímica, à indústria automobilística, à indústria naval e à indústria aeronáutica.

Art. 186. A Taxa de Marinha Mercante, destinada a proporcionar à frota mercante brasileira melhores condições de operação e expansão, será administrada pelo Órgão do Ministério dos Transportes, responsável pela navegação marítima e interior.

Art. 187. A Coordenação do Desenvolvimento de Brasília (Codebrás) passa a vincular-se ao Ministro responsável pela Reforma Administrativa.

Art. 188. Toda pessoa natural ou jurídica – em particular, o detentor de qualquer cargo público é responsável pela Segurança Nacional, nos limites definidos em lei. Em virtude de sua natureza ou da pessoa do detentor, não há cargo, civil ou militar, específico de segurança nacional, com exceção dos previstos em órgãos próprios do Conselho de Segurança Nacional.

§ 1º Na Administração Federal, os cargos públicos civis, de provimento em comissão ou em caráter efetivo, as funções de pessoal temporário, de obras e os demais empregos sujeitos à legislação trabalhista, podem ser exercidos por qualquer pessoa que satisfaça os requisitos legais.

§ 2º Cargo militar é aquele que, de conformidade com as disposições legais ou quadros de efetivos das Forças Armadas, só pode ser exercida por militar em serviço ativo.

CAPÍTULO II

Dos Bancos Oficiais de Crédito

Art. 189. Sem prejuízo de sua subordinação técnica à autoridade monetária nacional, os estabelecimentos oficiais de crédito manterão a seguinte vinculação:

I. Ministério da Fazenda
- Banco Central da República
- Banco do Brasil
- Caixas Econômicas Federais

II. Ministério da Agricultura
- Banco Nacional do Crédito Cooperativo

III. Ministério do Interior
- Banco de Crédito da Amazônia
- Banco do Nordeste do Brasil
- Banco Nacional da Habitação

IV. Ministério do Planejamento e Coordenação Geral
- Banco Nacional do Desenvolvimento Econômico.

CAPÍTULO III

Da pesquisa econômico-social aplicada e do financiamento de projetos

Art. 190. É o Poder Executivo autorizado a instituir, sob a forma de fundação, o Instituto de Pesquisa Econômica Aplicada (Ipea), com a finalidade de auxiliar o Ministro de Estado da Economia, Fazenda e Planejamento na elaboração e no acompanhamento da política econômica e promover atividade de pesquisa econômica aplicada nas áreas fiscal, financeira, externa e de desenvolvimento setorial.

Parágrafo único. O instituto vincular-se-á ao Ministério da Economia, Fazenda e Planejamento.

Art. 191. Fica o Ministério do Planejamento e Coordenação Geral autorizado, se o Governo julgar conveniente, a incorporar as funções de financiamento de estudo e elaboração de projetos e de programas do desenvolvimento econômico, presentemente afetos ao Fundo de Financiamento de Estudos e Projetos (Finep), criado pelo Decreto nº 55.820, de 8 de março de 1965, constituindo para esse fim uma empresa pública, cujos estatutos serão aprovados por decreto, e que exercerá todas as atividades correlatadas de financiamento de projetos e programas e de prestação de assistência técnica essenciais ao planejamento econômico e social, podendo receber doações e contribuições e contrair empréstimos de fontes internas e externas.

CAPÍTULO IV

Dos Serviços Gerais

Art. 192 ao **Art. 197.** (Revogado pelo Decreto-Lei nº 900, de 1968)

CAPÍTULO V

Do Ministério das Relações Exteriores

Art. 198. Levando em conta as peculiaridades do Ministério das Relações Exteriores, o Poder Executivo adotará a estrutura orgânica e funcional estabelecida pela presente Lei, e, no que couber, o disposto no seu Título XI.

CAPÍTULO VI

Dos Novos Ministérios e dos Cargos

Art. 199. Ficam criados:

I. (Revogado pela Lei nº 6.036, de 1974)

II. O Ministério do Interior, com absorção dos órgãos subordinados ao Ministro Extraordinário para Coordenação dos Organismos Regionais.

III. O Ministério das Comunicações, que absorverá o Conselho Nacional de Telecomunicações, o Departamento Nacional de Telecomunicações e o Departamento dos Correios e Telégrafos.

Art. 200. O Ministério da Justiça e Negócios Interiores passa a denominar-se Ministério da Justiça.

Art. 201. O Ministério da Viação e Obras Públicas passa a denominar-se Ministério dos Transportes.

Art. 202. O Ministério da Guerra passa a denominar-se Ministério do Exército.

Art. 203. O Poder Executivo expedirá os atos necessários à efetivação do disposto no Artigo 199, observadas as normas da presente Lei.

Art. 204. Fica alterada a denominação dos cargos de Ministro de Estado da Justiça e Negócios Interiores, Ministro de Estado da Viação e Obras Públicas e Ministro de Estado da Guerra, para, respectivamente, Ministro de Estado da Justiça, Ministro de Estado dos Transportes e Ministro de Estado do Exército.

Art. 205. Ficam criados os seguintes cargos:

I. Ministros de Estado do Interior, das Comunicações e do Planejamento e Coordenação Geral.

II. Em comissão:

a) Em cada Ministério Civil, Secretário-Geral, e Inspetor-Geral de Finanças.

b) Consultor Jurídico, em cada um dos Ministérios seguintes: Interior, Comunicações, Minas e Energia, e Planejamento e Coordenação Geral.

c) Diretor do Centro de Aperfeiçoamento, no Departamento Administrativo do Pessoal Civil (Dasp).

d) Diretor-Geral do Departamento dos Serviços Gerais, no Ministério da Fazenda.

Parágrafo único. À medida que se forem vagando, os cargos de Consultor Jurídico atualmente providos em caráter efetivo passarão a sê-lo em comissão.

Art. 206. Ficam fixados da seguinte forma os vencimentos dos cargos criados no Art. 205:

I. Ministro de Estado: igual aos dos Ministros de Estado existentes.

II. Secretário-Geral e Inspetor-Geral de Finanças: Símbolo 1-C.

III. Consultor Jurídico: igual ao dos Consultores Jurídicos dos Ministérios existentes.

IV. Diretor do Centro de Aperfeiçoamento: Símbolo 2-C.

V. Diretor-Geral do Departamento de Serviços Gerais: Símbolo 1-C.

Parágrafo único. O cargo de Diretor-Geral do Departamento Administrativo do Serviço Público (Dasp), Símbolo 1-C, passa a denominar-se Diretor-Geral do Departamento Administrativo do Pessoal Civil (Dasp), Símbolo 1-C.

Art. 207. Os Ministros de Estado Extraordinários instituídos no Artigo 37 desta Lei terão o mesmo vencimento, vantagens e prerrogativas dos demais Ministros de Estado.

Art. 208. Os Ministros de Estado, os Chefes dos Gabinetes Civil e Militar da Presidência da República e o Chefe do Serviço Nacional de Informações perceberão uma representação mensal correspondente a 50% (cinquenta por cento) dos vencimentos.

Parágrafo único. Os Secretários-Gerais perceberão idêntica representação mensal correspondente a 30% (trinta por cento) dos seus vencimentos.

TÍTULO XVI

Das Disposições Transitórias

Art. 209. Enquanto não forem expedidos os respectivos regulamentos e estruturados seus serviços, o Ministério do Interior, o Ministério do Planejamento e Coordenação Geral e o Ministério das Comunicações ficarão sujeitos ao regime de trabalho pertinente aos Ministérios Extraordinários que antecederam os dois primeiros daqueles Ministérios no que concerne ao pessoal, à execução de serviços e à movimentação de recursos financeiros.

Parágrafo único. O Poder Executivo expedirá decreto para consolidar as disposições regulamentares que, em caráter transitório, deverão prevalecer.

Art. 210. O atual Departamento Federal de Segurança Pública passa a denominar-se Departamento de Polícia Federal, considerando-se automaticamente substituída por esta denominação a menção à anterior constante de quaisquer leis ou regulamentos.

Art. 211. O Poder Executivo introduzirá, nas normas que disciplinam a estruturação e funcionamento das entidades da Administração Indireta, as alterações que se fizerem necessárias à efetivação do disposto na presente Lei, considerando-se revogadas todas as disposições legais colidentes com as diretrizes nela expressamente consignadas.

Art. 212. O atual Departamento Administrativo do Serviço Público (Dasp) é transformado em Departamento Administrativo do Pessoal Civil (Dasp), com as atribuições que, em matéria de administração de pessoal, são atribuídas pela presente Lei ao novo órgão.

Art. 213. Fica o Poder Executivo autorizado, dentro dos limites dos respectivos créditos, a expedir decretos relativos às transferências que se fizerem necessárias de dotações do orçamento ou de créditos adicionais requeridos pela execução da presente Lei.

TÍTULO XVII
Das Disposições Finais

Art. 214. Esta Lei entrará em vigor em 15 de março de 1967, observado o disposto nos parágrafos do presente artigo e ressalvadas as disposições cuja vigência, na data da publicação, seja por ela expressamente determinada.

§ 1º Até a instalação dos órgãos centrais incumbidos da administração financeira, contabilidade e auditoria, em cada Ministério (art. 22), serão enviados ao Tribunal de Contas, para o exercício da auditoria financeira:

a) pela Comissão de Programação Financeira do Ministério da Fazenda, os atos relativos à programação financeira de desembolso;

b) pela Contadoria Geral da República e pelas Contadorias Seccionais, os balancetes de receita e despesa;

c) pelas repartições competentes, o rol de responsáveis pela guarda de bens, dinheiros e valores públicos e as respectivas tomadas de conta, nos termos da legislação anterior à presente lei.

§ 2º Nos Ministérios Militares, cabe aos órgãos que forem discriminados em decreto as atribuições indicadas neste artigo.

Art. 215 Revogam-se as disposições em contrário. Brasília, em 25 de fevereiro de 1967; 146º da Independência e 79º da República.

H. CASTELLO BRANCO
Carlos Medeiros Silva
Zilmar Araripe Macedo
Ademar de Queiroz
Manoel Pio Corrêa Júnior
Octavio Gouveia de Bulhões
Juarez do Nascimento Tavora
Severo Gomes Fagundes
Raimundo Moniz de Aragão
Luiz Gonzaga do Nascimento Silva
Eduardo Gomes
Raimundo de Brito
Mauro Thibau
Paulo Egydio Martins
Roberto de Oliveira Campos
João Gonçalves de Souza e

Este texto não substitui o publicado no DOU de 27.2.1967, retificado em 8.3.1967, retificado em 30.3.1967 e retificado em 17.7.1967.

Lei Nº 9.784/99 (Processo Administrativo no Âmbito da Administração Pública Federal)

LEI Nº 9.784, DE 29 DE JANEIRO DE 1999
Regula o processo administrativo no âmbito da Administração Pública Federal.

O PRESIDENTE DA REPÚBLICA Faço saber que o Congresso Nacional decreta e eu sanciono a seguinte Lei:

CAPÍTULO I
Das Disposições Gerais

Art. 1. Esta Lei estabelece normas básicas sobre o processo administrativo no âmbito da Administração Federal direta e indireta, visando, em especial, à proteção dos direitos dos administrados e ao melhor cumprimento dos fins da Administração.

§ 1º Os preceitos desta Lei também se aplicam aos órgãos dos Poderes Legislativo e Judiciário da União, quando no desempenho de função administrativa.

§ 2º Para os fins desta Lei, consideram-se:

I. órgão a unidade de atuação integrante da estrutura da Administração direta e da estrutura da Administração indireta;
II. entidade – a unidade de atuação dotada de personalidade jurídica;
III. autoridade – o servidor ou agente público dotado de poder de decisão.
Art. 2. A Administração Pública obedecerá, dentre outros, aos princípios da legalidade, finalidade, motivação, razoabilidade, proporcionalidade, moralidade, ampla defesa, contraditório, segurança jurídica, interesse público e eficiência.
Parágrafo único. Nos processos administrativos serão observados, entre outros, os critérios de:
I. atuação conforme a lei e o Direito;
II. atendimento a fins de interesse geral, vedada a renúncia total ou parcial de poderes ou competências, salvo autorização em lei;
III. objetividade no atendimento do interesse público, vedada a promoção pessoal de agentes ou autoridades;
IV. atuação segundo padrões éticos de probidade, decoro e boa-fé;
V. divulgação oficial dos atos administrativos, ressalvadas as hipóteses de sigilo previstas na Constituição;
VI. adequação entre meios e fins, vedada a imposição de obrigações, restrições e sanções em medida superior àquelas estritamente necessárias ao atendimento do interesse público;
VII. indicação dos pressupostos de fato e de direito que determinarem a decisão;
VIII. observância das formalidades essenciais à garantia dos direitos dos administrados;
IX. adoção de formas simples, suficientes para propiciar adequado grau de certeza, segurança e respeito aos direitos dos administrados;
X. garantia dos direitos à comunicação, à apresentação de alegações finais, à produção de provas e à interposição de recursos, nos processos de que possam resultar sanções e nas situações de litígio;
XI. proibição de cobrança de despesas processuais, ressalvadas as previstas em lei;
XII. impulsão, de ofício, do processo administrativo, sem prejuízo da atuação dos interessados;
XIII. interpretação da norma administrativa da forma que melhor garanta o atendimento do fim público a que se dirige, vedada aplicação retroativa de nova interpretação.

CAPÍTULO II
Dos Direitos dos Administrados

Art. 3. O administrado tem os seguintes direitos perante a Administração, sem prejuízo de outros que lhe sejam assegurados:
I. ser tratado com respeito pelas autoridades e servidores, que deverão facilitar o exercício de seus direitos e o cumprimento de suas obrigações;
II. ter ciência da tramitação dos processos administrativos em que tenha a condição de interessado, ter vista dos autos, obter cópias de documentos neles contidos e conhecer as decisões proferidas;
III. formular alegações e apresentar documentos antes da decisão, os quais serão objeto de consideração pelo órgão competente;
IV. fazer-se assistir, facultativamente, por advogado, salvo quando obrigatória a representação, por força de lei.

CAPÍTULO III
Dos Deveres do Administrado

Art. 4. São deveres do administrado perante a Administração, sem prejuízo de outros previstos em ato normativo:
I. expor os fatos conforme a verdade;
II. proceder com lealdade, urbanidade e boa-fé;
III. não agir de modo temerário;
IV. prestar as informações que lhe forem solicitadas e colaborar para o esclarecimento dos fatos.

CAPÍTULO IV
Do Início do Processo

Art. 5. O processo administrativo pode iniciar-se de ofício ou a pedido de interessado.
Art. 6. O requerimento inicial do interessado, salvo casos em que for admitida solicitação oral, deve ser formulado por escrito e conter os seguintes dados:
I. órgão ou autoridade administrativa a que se dirige;
II. identificação do interessado ou de quem o represente;
III. domicílio do requerente ou local para recebimento de comunicações;
IV. formulação do pedido, com exposição dos fatos e de seus fundamentos;

V. data e assinatura do requerente ou de seu representante.
Parágrafo único. É vedada à Administração a recusa imotivada de recebimento de documentos, devendo o servidor orientar o interessado quanto ao suprimento de eventuais falhas.
Art. 7. Os órgãos e entidades administrativas deverão elaborar modelos ou formulários padronizados para assuntos que importem pretensões equivalentes.
Art. 8. Quando os pedidos de uma pluralidade de interessados tiverem conteúdo e fundamentos idênticos, poderão ser formulados em um único requerimento, salvo preceito legal em contrário.

CAPÍTULO V
Dos Interessados

Art. 9. São legitimados como interessados no processo administrativo:
I. pessoas físicas ou jurídicas que o iniciem como titulares de direitos ou interesses individuais ou no exercício do direito de representação;
II. aqueles que, sem terem iniciado o processo, têm direitos ou interesses que possam ser afetados pela decisão a ser adotada;
III. as organizações e associações representativas, no tocante a direitos e interesses coletivos;
IV. as pessoas ou as associações legalmente constituídas quanto a direitos ou interesses difusos.
Art. 10. São capazes, para fins de processo administrativo, os maiores de dezoito anos, ressalvada previsão especial em ato normativo próprio.

CAPÍTULO VI
Da Competência

Art. 11. A competência é irrenunciável e se exerce pelos órgãos administrativos a que foi atribuída como própria, salvo os casos de delegação e avocação legalmente admitidos.
Art. 12. Um órgão administrativo e seu titular poderão, se não houver impedimento legal, delegar parte da sua competência a outros órgãos ou titulares, ainda que estes não lhe sejam hierarquicamente subordinados, quando for conveniente, em razão de circunstâncias de índole técnica, social, econômica, jurídica ou territorial.

Parágrafo único. O disposto no caput deste artigo aplica-se à delegação de competência dos órgãos colegiados aos respectivos presidentes.
Art. 13. Não podem ser objeto de delegação:
I. a edição de atos de caráter normativo;
II. a decisão de recursos administrativos;
III. as matérias de competência exclusiva do órgão ou autoridade.
Art. 14. O ato de delegação e sua revogação deverão ser publicados no meio oficial.
§ 1º O ato de delegação especificará as matérias e poderes transferidos, os limites da atuação do delegado, a duração e os objetivos da delegação e o recurso cabível, podendo conter ressalva de exercício da atribuição delegada.
§ 2º O ato de delegação é revogável a qualquer tempo pela autoridade delegante.
§ 3º As decisões adotadas por delegação devem mencionar explicitamente esta qualidade e considerar-se-ão editadas pelo delegado.
Art. 15. Será permitida, em caráter excepcional e por motivos relevantes devidamente justificados, a avocação temporária de competência atribuída a órgão hierarquicamente inferior.
Art. 16. Os órgãos e entidades administrativas divulgarão publicamente os locais das respectivas sedes e, quando conveniente, a unidade fundacional competente em matéria de interesse especial.
Art. 17. Inexistindo competência legal específica, o processo administrativo deverá ser iniciado perante a autoridade de menor grau hierárquico para decidir.

CAPÍTULO VII
Dos Impedimentos e da Suspeição

Art. 18. É impedido de atuar em processo administrativo o servidor ou autoridade que:
I. tenha interesse direto ou indireto na matéria;
II. tenha participado ou venha a participar como perito, testemunha ou representante, ou se tais situações ocorrem quanto ao cônjuge, companheiro ou parente e afins até o terceiro grau;
III. esteja litigando judicial ou administrativamente com o interessado ou respectivo cônjuge ou companheiro.
Art. 19. A autoridade ou servidor que incorrer em impedimento deve comunicar o fato à autoridade competente, abstendo-se de atuar.

Parágrafo único. A omissão do dever de comunicar o impedimento constitui falta grave, para efeitos disciplinares.

Art. 20. Pode ser arguida a suspeição de autoridade ou servidor que tenha amizade íntima ou inimizade notória com algum dos interessados ou com os respectivos cônjuges, companheiros, parentes e afins até o terceiro grau.

Art. 21. O indeferimento de alegação de suspeição poderá ser objeto de recurso, sem efeito suspensivo.

CAPÍTULO VIII
Da Forma, Tempo e Lugar Dos Atos do Processo

Art. 22. Os atos do processo administrativo não dependem de forma determinada senão quando a lei expressamente a exigir.

§ 1º Os atos do processo devem ser produzidos por escrito, em vernáculo, com a data e o local de sua realização e a assinatura da autoridade responsável.

§ 2º Salvo imposição legal, o reconhecimento de firma somente será exigido quando houver dúvida de autenticidade.

§ 3º A autenticação de documentos exigidos em cópia poderá ser feita pelo órgão administrativo.

§ 4º O processo deverá ter suas páginas numeradas sequencialmente e rubricadas.

Art. 23. Os atos do processo devem realizar-se em dias úteis, no horário normal de funcionamento da repartição na qual tramitar o processo.

Parágrafo único. Serão concluídos depois do horário normal os atos já iniciados, cujo adiamento prejudique o curso regular do procedimento ou cause dano ao interessado ou à Administração.

Art. 24. Inexistindo disposição específica, os atos do órgão ou autoridade responsável pelo processo e dos administrados que dele participem devem ser praticados no prazo de cinco dias, salvo motivo de força maior.

Parágrafo único. O prazo previsto neste artigo pode ser dilatado até o dobro, mediante comprovada justificação.

Art. 25. Os atos do processo devem realizar-se preferencialmente na sede do órgão, cientificando-se o interessado se outro for o local de realização.

CAPÍTULO IX
Da Comunicação dos Atos

Art. 26. O órgão competente perante o qual tramita o processo administrativo determinará a intimação do interessado para ciência de decisão ou a efetivação de diligências.

§ 1º A intimação deverá conter:
I. identificação do intimado e nome do órgão ou entidade administrativa;
II. finalidade da intimação;
III. data, hora e local em que deve comparecer;
IV. se o intimado deve comparecer pessoalmente, ou fazer-se representar;
V. informação da continuidade do processo independentemente do seu comparecimento;
VI. indicação dos fatos e fundamentos legais pertinentes.

§ 2º A intimação observará a antecedência mínima de três dias úteis quanto à data de comparecimento.

§ 3º A intimação pode ser efetuada por ciência no processo, por via postal com aviso de recebimento, por telegrama ou outro meio que assegure a certeza da ciência do interessado.

§ 4º No caso de interessados indeterminados, desconhecidos ou com domicílio indefinido, a intimação deve ser efetuada por meio de publicação oficial.

§ 5º As intimações serão nulas quando feitas sem observância das prescrições legais, mas o comparecimento do administrado supre sua falta ou irregularidade.

Art. 27. O desatendimento da intimação não importa o reconhecimento da verdade dos fatos, nem a renúncia a direito pelo administrado.

Parágrafo único. No prosseguimento do processo, será garantido direito de ampla defesa ao interessado.

Art. 28. Devem ser objeto de intimação os atos do processo que resultem para o interessado em imposição de deveres, ônus, sanções ou restrição ao exercício de direitos e atividades e os atos de outra natureza, de seu interesse.

CAPÍTULO X
Da Instrução

Art. 29. As atividades de instrução destinadas a averiguar e comprovar os dados necessários à tomada de decisão realizam-se de ofício ou mediante impulsão do órgão responsável pelo processo, sem prejuízo do direito dos interessados de propor atuações probatórias.

§ 1º O órgão competente para a instrução fará constar dos autos os dados necessários à decisão do processo.

§ 2º Os atos de instrução que exijam a atuação dos interessados devem realizar-se do modo menos oneroso para estes.

Art. 30. São inadmissíveis no processo administrativo as provas obtidas por meios ilícitos.

Art. 31. Quando a matéria do processo envolver assunto de interesse geral, o órgão competente poderá, mediante despacho motivado, abrir período de consulta pública para manifestação de terceiros, antes da decisão do pedido, se não houver prejuízo para a parte interessada.

§ 1º A abertura da consulta pública será objeto de divulgação pelos meios oficiais, a fim de que pessoas físicas ou jurídicas possam examinar os autos, fixando-se prazo para oferecimento de alegações escritas.

§ 2º O comparecimento à consulta pública não confere, por si, a condição de interessado do processo, mas confere o direito de obter da Administração resposta fundamentada, que poderá ser comum a todas as alegações substancialmente iguais.

Art. 32. Antes da tomada de decisão, a juízo da autoridade, diante da relevância da questão, poderá ser realizada audiência pública para debates sobre a matéria do processo.

Art. 33. Os órgãos e entidades administrativas, em matéria relevante, poderão estabelecer outros meios de participação de administrados, diretamente ou por meio de organizações e associações legalmente reconhecidas.

Art. 34. Os resultados da consulta e audiência pública e de outros meios de participação de administrados deverão ser apresentados com a indicação do procedimento adotado.

Art. 35. Quando necessária à instrução do processo, a audiência de outros órgãos ou entidades administrativas poderá ser realizada em reunião conjunta, com a participação de titulares ou representantes dos órgãos competentes, lavrando-se a respectiva ata, a ser juntada aos autos.

Art. 36. Cabe ao interessado a prova dos fatos que tenha alegado, sem prejuízo do dever atribuído ao órgão competente para a instrução e do disposto no art. 37 desta Lei.

Art. 37. Quando o interessado declarar que fatos e dados estão registrados em documentos existentes na própria Administração responsável pelo processo ou em outro órgão administrativo, o órgão competente para a instrução proverá, de ofício, à obtenção dos documentos ou das respectivas cópias.

Art. 38. O interessado poderá, na fase instrutória e antes da tomada da decisão, juntar documentos e pareceres, requerer diligências e perícias, bem como aduzir alegações referentes à matéria objeto do processo.

§ 1º Os elementos probatórios deverão ser considerados na motivação do relatório e da decisão.

§ 2º Somente poderão ser recusadas, mediante decisão fundamentada, as provas propostas pelos interessados quando sejam ilícitas, impertinentes, desnecessárias ou protelatórias.

Art. 39. Quando for necessária a prestação de informações ou a apresentação de provas pelos interessados ou terceiros, serão expedidas intimações para esse fim, mencionando-se data, prazo, forma e condições de atendimento.

Parágrafo único. Não sendo atendida a intimação, poderá o órgão competente, se entender relevante a matéria, suprir de ofício a omissão, não se eximindo de proferir a decisão.

Art. 40. Quando dados, atuações ou documentos solicitados ao interessado forem necessários à apreciação de pedido formulado, o não atendimento no prazo fixado pela Administração para a respectiva apresentação implicará arquivamento do processo.

Art. 41. Os interessados serão intimados de prova ou diligência ordenada, com antecedência mínima de três dias úteis, mencionando-se data, hora e local de realização.

Art. 42. Quando deva ser obrigatoriamente ouvido um órgão consultivo, o parecer deverá ser emitido no prazo máximo de quinze dias, salvo norma especial ou comprovada necessidade de maior prazo.

§ 1º Se um parecer obrigatório e vinculante deixar de ser emitido no prazo fixado, o processo não terá seguimento até a respectiva apresentação, responsabilizando-se quem der causa ao atraso.

§ 2º Se um parecer obrigatório e não vinculante deixar de ser emitido no prazo fixado, o processo poderá ter prosseguimento e ser decidido com sua dispensa, sem prejuízo da responsabilidade de quem se omitiu no atendimento.

Art. 43. Quando por disposição de ato normativo devam ser previamente obtidos laudos técnicos de órgãos administrativos e estes não cumprirem o encargo no prazo assinalado, o órgão responsável pela instrução deverá solicitar laudo técnico de outro órgão dotado de qualificação e capacidade técnica equivalentes.

Art. 44. Encerrada a instrução, o interessado terá o direito de manifestar-se no prazo máximo de dez dias, salvo se outro prazo for legalmente fixado.

Art. 45. Em caso de risco iminente, a Administração Pública poderá motivadamente adotar providências acauteladoras sem a prévia manifestação do interessado.

Art. 46. Os interessados têm direito à vista do processo e a obter certidões ou cópias reprográficas dos dados e documentos que o integram, ressalvados os dados e documentos de terceiros protegidos por sigilo ou pelo direito à privacidade, à honra e à imagem.

Art. 47. O órgão de instrução que não for competente para emitir a decisão final elaborará relatório indicando o pedido inicial, o conteúdo das fases do procedimento e formulará proposta de decisão, objetivamente justificada, encaminhando o processo à autoridade competente.

CAPÍTULO XI

Do Dever de Decidir

Art. 48. A Administração tem o dever de explicitamente emitir decisão nos processos administrativos e sobre solicitações ou reclamações, em matéria de sua competência.

Art. 49. Concluída a instrução de processo administrativo, a Administração tem o prazo de até trinta dias para decidir, salvo prorrogação por igual período expressamente motivada.

CAPÍTULO XI-A

Da Decisão Coordenada

(Incluído pela Lei nº 14.210, de 2021)
Art. 49-A. No âmbito da Administração Pública federal, as decisões administrativas que exijam a participação de 3 (três) ou mais setores, órgãos ou entidades poderão ser tomadas mediante decisão coordenada, sempre que: (Incluído pela Lei nº 14.210, de 2021)

I. for justificável pela relevância da matéria; e (Incluído pela Lei nº 14.210, de 2021);
II. houver discordância que prejudique a celeridade do processo administrativo decisório (Incluído pela Lei nº 14.210, de 2021);
§ 1º Para os fins desta Lei, considera-se decisão coordenada a instância de natureza interinstitucional ou intersetorial que atua de forma compartilhada com a finalidade de simplificar o processo administrativo mediante participação concomitante de todas as autoridades e agentes decisórios e dos responsáveis pela instrução técnico-jurídica, observada a natureza do objeto e a compatibilidade do procedimento e de sua formalização com a legislação pertinente (Incluído pela Lei nº 14.210, de 2021).
§ 2º VETADO (Incluído pela Lei nº 14.210, de 2021).
§ 3º VETADO (Incluído pela Lei nº 14.210, de 2021)
§ 4º A decisão coordenada não exclui a responsabilidade originária de cada órgão ou autoridade envolvida (Incluído pela Lei nº 14.210, de 2021).
§ 5º A decisão coordenada obedecerá aos princípios da legalidade, da eficiência e da transparência, com utilização, sempre que necessário, da simplificação do procedimento e da concentração das instâncias decisórias (Incluído pela Lei nº 14.210, de 2021).
§ 6º Não se aplica a decisão coordenada aos processos administrativos (Incluído pela Lei nº 14.210, de 2021):
I. de licitação (Incluído pela Lei nº 14.210, de 2021);
II. relacionados ao poder sancionador; ou (Incluído pela Lei nº 14.210, de 2021);
III. em que estejam envolvidas autoridades de Poderes distintos (Incluído pela Lei nº 14.210, de 2021).

Art. 49-B. Poderão habilitar-se a participar da decisão coordenada, na qualidade de ouvintes, os interessados de que trata o art. 9º desta Lei (Incluído pela Lei nº 14.210, de 2021).
Parágrafo único. A participação na reunião, que poderá incluir direito a voz, será deferida por decisão irrecorrível da autoridade responsável pela convocação da decisão coordenada (Incluída pela Lei nº 14.210, de 2021).

Art. 49-C. VETADO (Incluído pela Lei nº 14.210, de 2021).

Art. 49-D. Os participantes da decisão coordenada deverão ser intimados na forma do art. 26 desta Lei (Incluído pela Lei nº 14.210, de 2021).

Art. 49-E. Cada órgão ou entidade participante é responsável pela elaboração de documento específico sobre o tema atinente à respectiva competência, a fim de subsidiar os trabalhos e integrar o processo da decisão coordenada (Incluído pela Lei nº 14.210, de 2021).
Parágrafo único. O documento previsto no caput deste artigo abordará a questão objeto da decisão coordenada e eventuais precedentes (Incluído pela Lei nº 14.210, de 2021).
Art. 49-F. Eventual dissenso na solução do objeto da decisão coordenada deverá ser manifestado durante as reuniões, de forma fundamentada, acompanhado das propostas de solução e de alteração necessárias para a resolução da questão (Incluído pela Lei nº 14.210, de 2021).
Parágrafo único. Não poderá ser arguida matéria estranha ao objeto da convocação (Incluído pela Lei nº 14.210, de 2021).
Art. 49-G. A conclusão dos trabalhos da decisão coordenada será consolidada em ata, que conterá as seguintes informações (Incluído pela Lei nº 14.210, de 2021):
I. relato sobre os itens da pauta (Incluído pela Lei nº 14.210, de 2021);
II. síntese dos fundamentos aduzidos (Incluído pela Lei nº 14.210, de 2021);
III. síntese das teses pertinentes ao objeto da convocação (Incluído pela Lei nº 14.210, de 2021);
IV. registro das orientações, das diretrizes, das soluções ou das propostas de atos governamentais relativos ao objeto da convocação (Incluído pela Lei nº 14.210, de 2021);
V. posicionamento dos participantes para subsidiar futura atuação governamental em matéria idêntica ou similar; e (Incluído pela Lei nº 14.210, de 2021)
VI. decisão de cada órgão ou entidade relativa à matéria sujeita à sua competência (Incluído pela Lei nº 14.210, de 2021);
§ 1º Até a assinatura da ata, poderá ser complementada a fundamentação da decisão da autoridade ou do agente a respeito de matéria de competência do órgão ou da entidade representada. (Incluída pela Lei nº 14.210, de 2021).
§ 2º VETADO (Incluído pela Lei nº 14.210, de 2021)
§ 3º A ata será publicada por extrato no Diário Oficial da União, do qual deverão constar, além do registro referido no inciso IV do caput deste artigo, os dados identificadores da decisão coordenada e o órgão e o local em que se encontra a ata em seu inteiro teor, para conhecimento dos interessados (Incluído pela Lei nº 14.210, de 2021).

CAPÍTULO XII
Da Motivação

Art. 50. Os atos administrativos deverão ser motivados, com indicação dos fatos e dos fundamentos jurídicos, quando:
I. neguem, limitem ou afetem direitos ou interesses;
II. imponham ou agravem deveres, encargos ou sanções;
III. decidam processos administrativos de concurso ou seleção pública;
IV. dispensem ou declarem a inexigibilidade de processo licitatório;
V. decidam recursos administrativos;
VI. decorram de reexame de ofício;
VII. deixem de aplicar jurisprudência firmada sobre a questão ou discrepem de pareceres, laudos, propostas e relatórios oficiais;
VIII. importem anulação, revogação, suspensão ou convalidação de ato administrativo.
§ 1º A motivação deve ser explícita, clara e congruente, podendo consistir em declaração de concordância com fundamentos de anteriores pareceres, informações, decisões ou propostas, que, neste caso, serão parte integrante do ato.
§ 2º Na solução de vários assuntos da mesma natureza, pode ser utilizado meio mecânico que reproduza os fundamentos das decisões, desde que não prejudique direito ou garantia dos interessados.
§ 3º A motivação das decisões de órgãos colegiados e comissões ou de decisões orais constará da respectiva ata ou de termo escrito.

CAPÍTULO XIII
Da Desistência e Outros Casos de Extinção do Processo

Art. 51. O interessado poderá, mediante manifestação escrita, desistir total ou parcialmente do pedido formulado ou, ainda, renunciar a direitos disponíveis.
§ 1º Havendo vários interessados, a desistência ou renúncia atinge somente quem a tenha formulado.
§ 2º A desistência ou renúncia do interessado, conforme o caso, não prejudica o prosseguimento do processo, se a Administração considerar que o interesse público assim o exige.

Art. 52. O órgão competente poderá declarar extinto o processo quando exaurida sua finalidade ou o objeto da decisão se tornar impossível, inútil ou prejudicado por fato superveniente.

CAPÍTULO XIV

Da Anulação, Revogação e Convalidação

Art. 53. A Administração deve anular seus próprios atos, quando eivados de vício de legalidade, e pode revogá-los por motivo de conveniência ou oportunidade, respeitados os direitos adquiridos.

Art. 54. O direito da Administração de anular os atos administrativos de que decorram efeitos favoráveis para os destinatários decai em cinco anos, contados da data em que foram praticados, salvo comprovada má-fé.

§ 1º No caso de efeitos patrimoniais contínuos, o prazo de decadência contar-se-á da percepção do primeiro pagamento.

§ 2º Considera-se exercício do direito de anular qualquer medida de autoridade administrativa que importe impugnação à validade do ato.

Art. 55. Em decisão na qual se evidencie não acarretarem lesão ao interesse público nem prejuízo a terceiros, os atos que apresentarem defeitos sanáveis poderão ser convalidados pela própria Administração.

CAPÍTULO XV

Do Recurso Administrativo e da Revisão

Art. 56. Das decisões administrativas cabe recurso, em face de razões de legalidade e de mérito.

§ 1º O recurso será dirigido à autoridade que proferiu a decisão, a qual, se não a reconsiderar no prazo de cinco dias, o encaminhará à autoridade superior.

§ 2º Salvo exigência legal, a interposição de recurso administrativo independe de caução.

§ 3º Se o recorrente alegar que a decisão administrativa contraria enunciado da súmula vinculante, caberá à autoridade prolatora da decisão impugnada, se não a reconsiderar, explicitar, antes de encaminhar o recurso à autoridade superior, as razões da aplicabilidade ou inaplicabilidade da súmula, conforme o caso.

Art. 57. O recurso administrativo tramitará no máximo por três instâncias administrativas, salvo disposição legal diversa.

Art. 58. Têm legitimidade para interpor recurso administrativo:

I. os titulares de direitos e interesses que forem parte no processo;

II. aqueles cujos direitos ou interesses forem indiretamente afetados pela decisão recorrida;

III. as organizações e associações representativas, no tocante a direitos e interesses coletivos;

IV. os cidadãos ou associações, quanto a direitos ou interesses difusos.

Art. 59. Salvo disposição legal específica, é de dez dias o prazo para interposição de recurso administrativo, contado a partir da ciência ou divulgação oficial da decisão recorrida.

§ 1º Quando a lei não fixar prazo diferente, o recurso administrativo deverá ser decidido no prazo máximo de trinta dias, a partir do recebimento dos autos pelo órgão competente.

§ 2º O prazo mencionado no parágrafo anterior poderá ser prorrogado por igual período, ante justificativa explícita.

Art. 60. O recurso interpõe-se por meio de requerimento no qual o recorrente deverá expor os fundamentos do pedido de reexame, podendo juntar os documentos que julgar convenientes.

Art. 61. Salvo disposição legal em contrário, o recurso não tem efeito suspensivo.

Parágrafo único. Havendo justo receio de prejuízo de difícil ou incerta reparação decorrente da execução, a autoridade recorrida ou a imediatamente superior poderá, de ofício ou a pedido, dar efeito suspensivo ao recurso.

Art. 62. Interposto o recurso, o órgão competente para dele conhecer deverá intimar os demais interessados para que, no prazo de cinco dias úteis, apresentem alegações.

Art. 63. O recurso não será conhecido quando interposto:

I. fora do prazo;

II. perante órgão incompetente;

III. por quem não seja legitimado;

IV. após exaurida a esfera administrativa.

§ 1º Na hipótese do inciso II, será indicada ao recorrente a autoridade competente, sendo-lhe devolvido o prazo para recurso.

§ 2º O não conhecimento do recurso não impede a Administração de rever de ofício o ato ilegal, desde que não ocorrida preclusão administrativa.

Art. 64. O órgão competente para decidir o recurso poderá confirmar, modificar, anular ou revogar, total ou parcialmente, a decisão recorrida, se a matéria for de sua competência.

Parágrafo único. Se da aplicação do disposto neste artigo puder decorrer gravame à situação do recorrente, este deverá ser cientificado para que formule suas alegações antes da decisão.

Art. 64-A. Se o recorrente alegar violação de enunciado da súmula vinculante, o órgão competente para decidir o recurso explicitará as razões da aplicabilidade ou inaplicabilidade da súmula, conforme o caso.

Art. 64-B. Acolhida pelo Supremo Tribunal Federal a reclamação fundada em violação de enunciado da súmula vinculante, dar-se-á ciência à autoridade prolatora e ao órgão competente para o julgamento do recurso, que deverão adequar as futuras decisões administrativas em casos semelhantes, sob pena de responsabilização pessoal nas esferas cível, administrativa e penal.

Art. 65. Os processos administrativos de que resultem sanções poderão ser revistos, a qualquer tempo, a pedido ou de ofício, quando surgirem fatos novos ou circunstâncias relevantes suscetíveis de justificar a inadequação da sanção aplicada.

Parágrafo único. Da revisão do processo não poderá resultar agravamento da sanção.

CAPÍTULO XVI
Dos Prazos

Art. 66. Os prazos começam a correr a partir da data da cientificação oficial, excluindo-se da contagem o dia do começo e incluindo-se o do vencimento.

§ 1º Considera-se prorrogado o prazo até o primeiro dia útil seguinte se o vencimento cair em dia em que não houver expediente ou este for encerrado antes da hora normal.

§ 2º Os prazos expressos em dias contam-se de modo contínuo.

§ 3º Os prazos fixados em meses ou anos contam-se de data a data. Se no mês do vencimento não houver o dia equivalente àquele do início do prazo, tem-se como termo o último dia do mês.

Art. 67. Salvo motivo de força maior devidamente comprovado, os prazos processuais não se suspendem.

CAPÍTULO XVII
Das Sanções

Art. 68. As sanções, a serem aplicadas por autoridade competente, terão natureza pecuniária ou consistirão em obrigação de fazer ou de não fazer, assegurado sempre o direito de defesa.

CAPÍTULO XVIII
Das Disposições Finais

Art. 69. Os processos administrativos específicos continuarão a reger-se por lei própria, aplicando-se-lhes apenas subsidiariamente os preceitos desta Lei.

Art. 69-A. Terão prioridade na tramitação, em qualquer órgão ou instância, os procedimentos administrativos em que figure como parte ou interessado:

I. pessoa com idade igual ou superior a 60 (sessenta) anos;

II. pessoa portadora de deficiência, física ou mental;

III. (VETADO) (Incluído pela Lei nº 12.008, de 2009).

IV. pessoa portadora de tuberculose ativa, esclerose múltipla, neoplasia maligna, hanseníase, paralisia irreversível e incapacitante, cardiopatia grave, doença de Parkinson, espondiloartrose anquilosante, nefropatia grave, hepatopatia grave, estados avançados da doença de Paget (osteíte deformante), contaminação por radiação, síndrome de imunodeficiência adquirida, ou outra doença grave, com base em conclusão da medicina especializada, mesmo que a doença tenha sido contraída após o início do processo.

§ 1º A pessoa interessada na obtenção do benefício, juntando prova de sua condição, deverá requerê-lo à autoridade administrativa competente, que determinará as providências a serem cumpridas.

§ 2º Deferida a prioridade, os autos receberão identificação própria que evidencie o regime de tramitação prioritária.

§ 3º (VETADO) (Incluído pela Lei nº 12.008, de 2009).

§ 4º (VETADO) (Incluído pela Lei nº 12.008, de 2009).

Art. 70. Esta Lei entra em vigor na data de sua publicação.

Brasília 29 de janeiro de 1999; 178º da Independência e 111º da República.
FERNANDO HENRIQUE CARDOSO
Renan Calheiros
Paulo Paiva

Este texto não substitui o publicado no DOU de 1.2.1999 e retificado em 11.3.1999.

Lei Nº 8.112/90 (Regime Jurídico dos Servidores Públicos Civis da União)

LEI Nº 8.112, DE 11 DE DEZEMBRO DE 1990

Dispõe sobre o regime jurídico dos servidores públicos civis da União, das autarquias e das fundações públicas federais.

Publicação consolidada da lei nº 8.112, De 11 de dezembro de 1990, determinada pelo art. 13 Da lei nº 9.527, De 10 de dezembro de 1997.
O PRESIDENTE DA REPÚBLICA Faço saber que o Congresso Nacional decreta e eu sanciono a seguinte Lei:

TÍTULO I

CAPÍTULO ÚNICO
Das Disposições Preliminares

Art. 1. Esta Lei institui o Regime Jurídico dos Servidores Públicos Civis da União, das autarquias, inclusive as em regime especial, e das fundações públicas federais.
Art. 2. Para os efeitos desta Lei, servidor é a pessoa legalmente investida em cargo público.
Art. 3. Cargo público é o conjunto de atribuições e responsabilidades previstas na estrutura organizacional que devem ser cometidas a um servidor.
Parágrafo único. Os cargos públicos, acessíveis a todos os brasileiros, são criados por lei, com denominação própria e vencimento pago pelos cofres públicos, para provimento em caráter efetivo ou em comissão.
Art. 4. É proibida a prestação de serviços gratuitos, salvo os casos previstos em lei.

TÍTULO II
Do Provimento, Vacância, Remoção, Redistribuição e Substituição

CAPÍTULO I
Do Provimento

SEÇÃO I
Disposições Gerais

Art. 5. São requisitos básicos para investidura em cargo público:
I. a nacionalidade brasileira;
II. o gozo dos direitos políticos;
III. a quitação com as obrigações militares e eleitorais;
IV. o nível de escolaridade exigido para o exercício do cargo;
V. a idade mínima de dezoito anos;
VI. aptidão física e mental.
§ 1º As atribuições do cargo podem justificar a exigência de outros requisitos estabelecidos em lei.
§ 2º Às pessoas portadoras de deficiência é assegurado o direito de se inscrever em concurso público para provimento de cargo cujas atribuições sejam compatíveis com a deficiência de que são portadoras; para tais pessoas serão reservadas até 20% (vinte por cento) das vagas oferecidas no concurso.
§ 3º As universidades e instituições de pesquisa científica e tecnológica federais poderão prover seus cargos com professores, técnicos e cientistas estrangeiros, de acordo com as normas e os procedimentos desta Lei.
Art. 6. O provimento dos cargos públicos far-se-á mediante ato da autoridade competente de cada Poder.
Art. 7. A investidura em cargo público ocorrerá com a posse.
Art. 8. São formas de provimento de cargo público:
I. nomeação;
II. promoção;
III. (Revogado pela Lei nº 9.527, de 10.12.97)

IV. (Revogado pela Lei nº 9.527, de 10.12.97)
V. readaptação;
VI. reversão;
VII. aproveitamento;
VIII. reintegração;
IX. recondução.

SEÇÃO II
Da Nomeação

Art. 9. A nomeação far-se-á:
I. em caráter efetivo, quando se tratar de cargo isolado de provimento efetivo ou de carreira;
II. em comissão, inclusive na condição de interino, para cargos de confiança vagos.
Parágrafo único. O servidor ocupante de cargo em comissão ou de natureza especial poderá ser nomeado para ter exercício, interinamente, em outro cargo de confiança, sem prejuízo das atribuições do que atualmente ocupa, hipótese em que deverá optar pela remuneração de um deles durante o período da interinidade.
Art. 10. A nomeação para cargo de carreira ou cargo isolado de provimento efetivo depende de prévia habilitação em concurso público de provas ou de provas e títulos, obedecidos a ordem de classificação e o prazo de sua validade.
Parágrafo único. Os demais requisitos para o ingresso e o desenvolvimento do servidor na carreira, mediante promoção, serão estabelecidos pela lei que fixar as diretrizes do sistema de carreira na Administração Pública Federal e seus regulamentos.

SEÇÃO III
Do Concurso Público

Art. 11. O concurso será de provas ou de provas e títulos, podendo ser realizado em duas etapas, conforme dispuserem a lei e o regulamento do respectivo plano de carreira, condicionada a inscrição do candidato ao pagamento do valor fixado no edital, quando indispensável ao seu custeio, e ressalvadas as hipóteses de isenção nele expressamente previstas.
Art. 12. O concurso público terá validade de até 2 (dois) anos, podendo ser prorrogado uma única vez, por igual período.
§ 1º O prazo de validade do concurso e as condições de sua realização serão fixados em edital, que será publicado no Diário Oficial da União e em jornal diário de grande circulação.

§ 2º Não se abrirá novo concurso enquanto houver candidato aprovado em concurso anterior com prazo de validade não expirado.

SEÇÃO IV
Da Posse e do Exercício

Art. 13. A posse dar-se-á pela assinatura do respectivo termo, no qual deverão constar as atribuições, os deveres, as responsabilidades e os direitos inerentes ao cargo ocupado, que não poderão ser alterados unilateralmente, por qualquer das partes, ressalvados os atos de ofício previstos em lei.
§ 1º A posse ocorrerá no prazo de trinta dias contados da publicação do ato de provimento.
§ 2º Em se tratando de servidor, que esteja na data de publicação do ato de provimento, em licença prevista nos incisos I, III e V do art. 81, ou afastado nas hipóteses dos incisos I, IV, VI, VIII, alíneas *a*, *b*, *d*, *e* e *f*, IX e X do art. 102, o prazo será contado do término do impedimento.
§ 3º A posse poderá dar-se mediante procuração específica.
§ 4º Só haverá posse nos casos de provimento de cargo por nomeação.
§ 5º No ato da posse, o servidor apresentará declaração de bens e valores que constituem seu patrimônio e declaração quanto ao exercício ou não de outro cargo, emprego ou função pública.
§ 6º Será tornado sem efeito o ato de provimento se a posse não ocorrer no prazo previsto no § 1º deste artigo.
Art. 14. A posse em cargo público dependerá de prévia inspeção médica oficial.
Parágrafo único. Só poderá ser empossado aquele que for julgado apto física e mentalmente para o exercício do cargo.
Art. 15. Exercício é o efetivo desempenho das atribuições do cargo público ou da função de confiança.
§ 1º É de quinze dias o prazo para o servidor empossado em cargo público entrar em exercício, contados da data da posse.
§ 2º O servidor será exonerado do cargo ou será tornado sem efeito o ato de sua designação para função de confiança, se não entrar em exercício nos prazos previstos neste artigo, observado o disposto no art. 18º
§ 3º À autoridade competente do órgão ou entidade para onde for nomeado ou designado o servidor compete dar-lhe exercício.

§ 4º O início do exercício de função de confiança coincidirá com a data de publicação do ato de designação, salvo quando o servidor estiver em licença ou afastado por qualquer outro motivo legal, hipótese em que recairá no primeiro dia útil após o término do impedimento, que não poderá exceder a trinta dias da publicação.

Art. 16. O início, a suspensão, a interrupção e o reinício do exercício serão registrados no assentamento individual do servidor.

Parágrafo único. Ao entrar em exercício, o servidor apresentará ao órgão competente os elementos necessários ao seu assentamento individual.

Art. 17. A promoção não interrompe o tempo de exercício, que é contado no novo posicionamento na carreira a partir da data de publicação do ato que promover o servidor.

Art. 18. O servidor que deva ter exercício em outro município em razão de ter sido removido, redistribuído, requisitado, cedido ou posto em exercício provisório terá, no mínimo, dez e, no máximo, trinta dias de prazo, contados da publicação do ato, para a retomada do efetivo desempenho das atribuições do cargo, incluído nesse prazo o tempo necessário para o deslocamento para a nova sede.

§ 1º Na hipótese de o servidor encontrar-se em licença ou afastado legalmente, o prazo a que se refere este artigo será contado a partir do término do impedimento.

§ 2º É facultado ao servidor declinar dos prazos estabelecidos no caput.

Art. 19. Os servidores cumprirão jornada de trabalho fixada em razão das atribuições pertinentes aos respectivos cargos, respeitada a duração máxima do trabalho semanal de quarenta horas e observados os limites mínimo e máximo de seis horas e oito horas diárias, respectivamente.

§ 1º O ocupante de cargo em comissão ou função de confiança submete-se a regime de integral dedicação ao serviço, observado o disposto no art. 120, podendo ser convocado sempre que houver interesse da Administração.

§ 2º O disposto neste artigo não se aplica a duração de trabalho estabelecida em leis especiais.

Art. 20. Ao entrar em exercício, o servidor nomeado para cargo de provimento efetivo ficará sujeito a estágio probatório por período de 24 (vinte e quatro) meses, durante o qual a sua aptidão e capacidade serão objeto de avaliação para o desempenho do cargo, observados os seguinte fatores: (vide EMC nº 19)

I. Assiduidade;
II. Disciplina;
III. Capacidade De Iniciativa;
IV. Produtividade;
V. Responsabilidade.

§ 1º 4 (quatro) meses antes de findo o período do estágio probatório, será submetida à homologação da autoridade competente a avaliação do desempenho do servidor, realizada por comissão constituída para essa finalidade, de acordo com o que dispuser a lei ou o regulamento da respectiva carreira ou cargo, sem prejuízo da continuidade de apuração dos fatores enumerados nos incisos I a V do caput deste artigo.

§ 2º O servidor não aprovado no estágio probatório será exonerado ou, se estável, reconduzido ao cargo anteriormente ocupado, observado o disposto no parágrafo único do art. 29.

§ 3º O servidor em estágio probatório poderá exercer quaisquer cargos de provimento em comissão ou funções de direção, chefia ou assessoramento no órgão ou entidade de lotação, e somente poderá ser cedido a outro órgão ou entidade para ocupar cargos de Natureza Especial, cargos de provimento em comissão do Grupo-Direção e Assessoramento Superiores – DAS, de níveis 6, 5 e 4, ou equivalentes.

§ 4º Ao servidor em estágio probatório somente poderão ser concedidas as licenças e os afastamentos previstos nos arts. 81, incisos I a IV, 94, 95 e 96, bem assim afastamento para participar de curso de formação decorrente de aprovação em concurso para outro cargo na Administração Pública Federal.

§ 5º O estágio probatório ficará suspenso durante as licenças e os afastamentos previstos nos arts. 83, 84, § 1º, 86 e 96, bem assim na hipótese de participação em curso de formação, e será retomado a partir do término do impedimento.

SEÇÃO V
Da Estabilidade

Art. 21. O servidor habilitado em concurso público e empossado em cargo de provimento efetivo adquirirá estabilidade no serviço público ao completar 2 (dois) anos de efetivo exercício. (Prazo 3 anos – vide EMC nº 19.)

Art. 22. O servidor estável só perderá o cargo em virtude de sentença judicial transitada em julgado ou de processo administrativo disciplinar no qual lhe seja assegurada ampla defesa.

SEÇÃO VI
Da Transferência

Art. 23. (Revogado pela Lei nº 9.527, de 10.12.97)

SEÇÃO VII
Da Readaptação

Art. 24. Readaptação é a investidura do servidor em cargo de atribuições e responsabilidades compatíveis com a limitação que tenha sofrido em sua capacidade física ou mental verificada em inspeção médica.

§ 1º Se julgado incapaz para o serviço público, o readaptando será aposentado.

§ 2º A readaptação será efetivada em cargo de atribuições afins, respeitada a habilitação exigida, nível de escolaridade e equivalência de vencimentos e, na hipótese de inexistência de cargo vago, o servidor exercerá suas atribuições como excedente, até a ocorrência de vaga.

SEÇÃO VIII
Da Reversão

Art. 25. Reversão é o retorno à atividade de servidor aposentado:

I. por invalidez, quando junta médica oficial declarar insubsistentes os motivos da aposentadoria; ou

II. no interesse da administração, desde que:
a) tenha solicitado a reversão;
b) a aposentadoria tenha sido voluntária;
c) estável quando na atividade;
d) a aposentadoria tenha ocorrido nos cinco anos anteriores à solicitação;
e) haja cargo vago.

§ 1º A reversão far-se-á no mesmo cargo ou no cargo resultante de sua transformação.

§ 2º O tempo em que o servidor estiver em exercício será considerado para concessão da aposentadoria.

§ 3º No caso do inciso I, encontrando-se provido o cargo, o servidor exercerá suas atribuições como excedente, até a ocorrência de vaga.

§ 4º O servidor que retornar à atividade por interesse da administração perceberá, em substituição aos proventos da aposentadoria, a remuneração do cargo que voltar a exercer, inclusive com as vantagens de natureza pessoal que percebia anteriormente à aposentadoria.

§ 5º O servidor de que trata o inciso II somente terá os proventos calculados com base nas regras atuais se permanecer pelo menos cinco anos no cargo.

§ 6º O Poder Executivo regulamentará o disposto neste artigo.

Art. 26. (Revogado pela Medida Provisória nº 2.225-45, de 4.9.2001)

Art. 27. Não poderá reverter o aposentado que já tiver completado 70 (setenta) anos de idade.

SEÇÃO IX
Da Reintegração

Art. 28. A reintegração é a reinvestidura do servidor estável no cargo anteriormente ocupado, ou no cargo resultante de sua transformação, quando invalidada a sua demissão por decisão administrativa ou judicial, com ressarcimento de todas as vantagens.

§ 1º Na hipótese de o cargo ter sido extinto, o servidor ficará em disponibilidade, observado o disposto nos arts. 30 e 31.

§ 2º Encontrando-se provido o cargo, o seu eventual ocupante será reconduzido ao cargo de origem, sem direito à indenização ou aproveitado em outro cargo, ou, ainda, posto em disponibilidade.

SEÇÃO X
Da Recondução

Art. 29. Recondução é o retorno do servidor estável ao cargo anteriormente ocupado e decorrerá de:

I. inabilitação em estágio probatório relativo a outro cargo;

II. reintegração do anterior ocupante.

Parágrafo único. Encontrando-se provido o cargo de origem, o servidor será aproveitado em outro, observado o disposto no art. 30.

SEÇÃO XI
Da Disponibilidade e do Aproveitamento

Art. 30. O retorno à atividade de servidor em disponibilidade far-se-á mediante aproveitamento obrigatório em cargo de atribuições e vencimentos compatíveis com o anteriormente ocupado.

Art. 31. O órgão Central do Sistema de Pessoal Civil determinará o imediato aproveitamento de servidor em disponibilidade em vaga que vier a ocorrer nos órgãos ou entidades da Administração Pública Federal.

Parágrafo único. Na hipótese prevista no § 3º do art. 37, o servidor posto em disponibilidade poderá ser mantido sob responsabilidade do órgão central do Sistema de Pessoal Civil da Administração Federal – SIPEC, até o seu adequado aproveitamento em outro órgão ou entidade.

Art. 32. Será tornado sem efeito o aproveitamento e cassada a disponibilidade se o servidor não entrar em exercício no prazo legal, salvo doença comprovada por junta médica oficial.

CAPÍTULO II
Da Vacância

Art. 33. A vacância do cargo público decorrerá de:
I. exoneração;
II. demissão;
III. promoção;
IV. (Revogado pela Lei nº 9.527, de 10.12.97)
V. (Revogado pela Lei nº 9.527, de 10.12.97)
VI. readaptação;
VII. aposentadoria;
VIII. posse em outro cargo inacumulável;
IX. falecimento.

Art. 34. A exoneração de cargo efetivo dar-se-á a pedido do servidor, ou de ofício.
Parágrafo único. A exoneração de ofício dar-se-á:
I. quando não satisfeitas as condições do estágio probatório;
II. quando, tendo tomado posse, o servidor não entrar em exercício no prazo estabelecido.

Art. 35. A exoneração de cargo em comissão e a dispensa de função de confiança dar-se-á:
I. a juízo da autoridade competente;
II. a pedido do próprio servidor.
Parágrafo único.

CAPÍTULO III
Da Remoção e da Redistribuição

SEÇÃO I
Da Remoção

Art. 36. Remoção é o deslocamento do servidor, a pedido ou de ofício, no âmbito do mesmo quadro, com ou sem mudança de sede.

Parágrafo único. Para fins do disposto neste artigo, entende-se por modalidades de remoção:
I. de ofício, no interesse da Administração;
II. a pedido, a critério da Administração;
III. a pedido, para outra localidade, independentemente do interesse da Administração:
a) para acompanhar cônjuge ou companheiro, também servidor público civil ou militar, de qualquer dos Poderes da União, dos Estados, do Distrito Federal e dos Municípios, que foi deslocado no interesse da Administração;
b) por motivo de saúde do servidor, cônjuge, companheiro ou dependente que viva às suas expensas e conste do seu assentamento funcional, condicionada à comprovação por junta médica oficial;
c) em virtude de processo seletivo promovido, na hipótese em que o número de interessados for superior ao número de vagas, de acordo com normas preestabelecidas pelo órgão ou entidade em que aqueles estejam lotados.

SEÇÃO II
Da Redistribuição

Art. 37. Redistribuição é o deslocamento de cargo de provimento efetivo, ocupado ou vago no âmbito do quadro geral de pessoal, para outro órgão ou entidade do mesmo Poder, com prévia apreciação do órgão central do SIPEC, observados os seguintes preceitos:
I. interesse da administração;
II. equivalência de vencimentos;
III. manutenção da essência das atribuições do cargo;
IV. vinculação entre os graus de responsabilidade e complexidade das atividades;
V. mesmo nível de escolaridade, especialidade ou habilitação profissional;
VI. compatibilidade entre as atribuições do cargo e as finalidades institucionais do órgão ou entidade.
§ 1º A redistribuição ocorrerá ex officio para ajustamento de lotação e da força de trabalho às necessidades dos serviços, inclusive nos casos de reorganização, extinção ou criação de órgão ou entidade.
§ 2º A redistribuição de cargos efetivos vagos se dará mediante ato conjunto entre o órgão central do SIPEC e os órgãos e entidades da Administração Pública Federal envolvidos.
§ 3º Nos casos de reorganização ou extinção de órgão ou entidade, extinto o cargo ou declarada sua desnecessidade no órgão ou entidade, o servidor estável que

não for redistribuído será colocado em disponibilidade, até seu aproveitamento na forma dos arts. 30 e 31º
§ 4º O servidor que não for redistribuído ou colocado em disponibilidade poderá ser mantido sob responsabilidade do órgão central do SIPEC, e ter exercício provisório, em outro órgão ou entidade, até seu adequado aproveitamento.

CAPÍTULO IV
Da Substituição

Art. 38. Os servidores investidos em cargo ou função de direção ou chefia e os ocupantes de cargo de Natureza Especial terão substitutos indicados no regimento interno ou, no caso de omissão, previamente designados pelo dirigente máximo do órgão ou entidade.
§ 1º O substituto assumirá automática e cumulativamente, sem prejuízo do cargo que ocupa, o exercício do cargo ou função de direção ou chefia e os de Natureza Especial, nos afastamentos, impedimentos legais ou regulamentares do titular e na vacância do cargo, hipóteses em que deverá optar pela remuneração de um deles durante o respectivo período.
§ 2º O substituto fará jus à retribuição pelo exercício do cargo ou função de direção ou chefia ou de cargo de Natureza Especial, nos casos dos afastamentos ou impedimentos legais do titular, superiores a trinta dias consecutivos, paga na proporção dos dias de efetiva substituição, que excederem o referido período.
Art. 39. O disposto no artigo anterior aplica-se aos titulares de unidades administrativas organizadas em nível de assessoria.

TÍTULO III
Dos Direitos e Vantagens

CAPÍTULO I
Do Vencimento e da Remuneração

Art. 40. Vencimento é a retribuição pecuniária pelo exercício de cargo público, com valor fixado em lei.
Parágrafo único. (Revogado pela Lei nº 11.784, de 2008)
Art. 41. Remuneração é o vencimento do cargo efetivo, acrescido das vantagens pecuniárias permanentes estabelecidas em lei.

§ 1º A remuneração do servidor investido em função ou cargo em comissão será paga na forma prevista no art. 62.
§ 2º O servidor investido em cargo em comissão de órgão ou entidade diversa da de sua lotação receberá a remuneração de acordo com o estabelecido no § 1º do art. 93.
§ 3º O vencimento do cargo efetivo, acrescido das vantagens de caráter permanente, é irredutível.
§ 4º É assegurada a isonomia de vencimentos para cargos de atribuições iguais ou assemelhadas do mesmo Poder, ou entre servidores dos três Poderes, ressalvadas as vantagens de caráter individual e as relativas à natureza ou ao local de trabalho.
§ 5º Nenhum servidor receberá remuneração inferior ao salário mínimo.
Art. 42. Nenhum servidor poderá perceber, mensalmente, a título de remuneração, importância superior à soma dos valores percebidos como remuneração, em espécie, a qualquer título, no âmbito dos respectivos Poderes, pelos Ministros de Estado, por membros do Congresso Nacional e Ministros do Supremo Tribunal Federal.
Parágrafo único. Excluem-se do teto de remuneração as vantagens previstas nos incisos II a VII do art. 61.
Art. 43. (Revogado pela Lei nº 9.624, de 2.4.98)
Art. 44. O servidor perderá:
I. a remuneração do dia em que faltar ao serviço, sem motivo justificado;
II. a parcela de remuneração diária, proporcional aos atrasos, ausências justificadas, ressalvadas as concessões de que trata o art. 97, e saídas antecipadas, salvo na hipótese de compensação de horário, até o mês subsequente ao da ocorrência, a ser estabelecida pela chefia imediata.
Parágrafo único. As faltas justificadas decorrentes de caso fortuito ou de força maior poderão ser compensadas a critério da chefia imediata, sendo assim consideradas como efetivo exercício.
Art. 45. Salvo por imposição legal, ou mandado judicial, nenhum desconto incidirá sobre a remuneração ou provento.
§ 1º Mediante autorização do servidor, poderá haver consignação em folha de pagamento em favor de terceiros, a critério da administração e com reposição de custos, na forma definida em regulamento.

§ 2º O total de consignações facultativas de que trata o § 1º não excederá a 35% (trinta e cinco por cento) da remuneração mensal, sendo 5% (cinco por cento) reservados exclusivamente para:
I. a amortização de despesas contraídas por meio de cartão de crédito; ou
II. a utilização com a finalidade de saque por meio do cartão de crédito.

Art. 46. As reposições e indenizações ao erário, atualizadas até 30 de junho de 1994, serão previamente comunicadas ao servidor ativo, aposentado ou ao pensionista, para pagamento, no prazo máximo de trinta dias, podendo ser parceladas, a pedido do interessado.
§ 1º O valor de cada parcela não poderá ser inferior ao correspondente a dez por cento da remuneração, provento ou pensão.
§ 2º Quando o pagamento indevido houver ocorrido no mês anterior ao do processamento da folha, a reposição será feita imediatamente, em uma única parcela.
§ 3º Na hipótese de valores recebidos em decorrência de cumprimento a decisão liminar, a tutela antecipada ou a sentença que venha a ser revogada ou rescindida, serão eles atualizados até a data da reposição.

Art. 47. O servidor em débito com o erário, que for demitido, exonerado ou que tiver sua aposentadoria ou disponibilidade cassada, terá o prazo de sessenta dias para quitar o débito.
Parágrafo único. A não quitação do débito no prazo previsto implicará sua inscrição em dívida ativa.

Art. 48. O vencimento, a remuneração e o provento não serão objeto de arresto, sequestro ou penhora, exceto nos casos de prestação de alimentos resultante de decisão judicial.

CAPÍTULO II
Das Vantagens

Art. 49. Além do vencimento, poderão ser pagas ao servidor as seguintes vantagens:
I. indenizações;
II. gratificações;
III. adicionais.
§ 1º As indenizações não se incorporam ao vencimento ou provento para qualquer efeito.
§ 2º As gratificações e os adicionais incorporam-se ao vencimento ou provento, nos casos e condições indicados em lei.

Art. 50. As vantagens pecuniárias não serão computadas, nem acumuladas, para efeito de concessão de quaisquer outros acréscimos pecuniários ulteriores, sob o mesmo título ou idêntico fundamento.

SEÇÃO I
Das Indenizações

Art. 51. Constituem indenizações ao servidor:
I. ajuda de custo;
II. diárias;
III. transporte;
IV. auxílio-moradia.

Art. 52. Os valores das indenizações estabelecidas nos incisos I a III do art. 51, assim como as condições para a sua concessão, serão estabelecidos em regulamento.

Subseção I
Da Ajuda de Custo

Art. 53. A ajuda de custo destina-se a compensar as despesas de instalação do servidor que, no interesse do serviço, passar a ter exercício em nova sede, com mudança de domicílio em caráter permanente, vedado o duplo pagamento de indenização, a qualquer tempo, no caso de o cônjuge ou companheiro que detenha também a condição de servidor, vier a ter exercício na mesma sede.
§ 1º Correm por conta da administração as despesas de transporte do servidor e de sua família, compreendendo passagem, bagagem e bens pessoais.
§ 2º À família do servidor que falecer na nova sede são asseguradas ajuda de custo e transporte para a localidade de origem, dentro do prazo de 1 (um) ano, contado do óbito.
§ 3º Não será concedida ajuda de custo nas hipóteses de remoção previstas nos incisos II e III do parágrafo único do art. 36º

Art. 54. A ajuda de custo é calculada sobre a remuneração do servidor, conforme se dispuser em regulamento, não podendo exceder a importância correspondente a 3 (três) meses.

Art. 55. Não será concedida ajuda de custo ao servidor que se afastar do cargo, ou reassumi-lo, em virtude de mandato eletivo.

Art. 56. Será concedida ajuda de custo àquele que, não sendo servidor da União, for nomeado para cargo em comissão, com mudança de domicílio.

Parágrafo único. No afastamento previsto no inciso I do art. 93, a ajuda de custo será paga pelo órgão cessionário, quando cabível.

Art. 57. O servidor ficará obrigado a restituir a ajuda de custo quando, injustificadamente, não se apresentar na nova sede no prazo de 30 (trinta) dias.

Subseção II
Das Diárias

Art. 58. O servidor que, a serviço, afastar-se da sede em caráter eventual ou transitório para outro ponto do território nacional ou para o exterior, fará jus a passagens e diárias destinadas a indenizar as parcelas de despesas extraordinária com pousada, alimentação e locomoção urbana, conforme dispuser em regulamento.

§ 1º A diária será concedida por dia de afastamento, sendo devida pela metade quando o deslocamento não exigir pernoite fora da sede, ou quando a União custear, por meio diverso, as despesas extraordinárias cobertas por diárias.

§ 2º Nos casos em que o deslocamento da sede constituir exigência permanente do cargo, o servidor não fará jus a diárias.

§ 3º Também não fará jus a diárias o servidor que se deslocar dentro da mesma região metropolitana, aglomeração urbana ou microrregião, constituídas por municípios limítrofes e regularmente instituídas, ou em áreas de controle integrado mantidas com países limítrofes, cuja jurisdição e competência dos órgãos, entidades e servidores brasileiros considera-se estendida, salvo se houver pernoite fora da sede, hipóteses em que as diárias pagas serão sempre as fixadas para os afastamentos dentro do território nacional.

Art. 59. O servidor que receber diárias e não se afastar da sede, por qualquer motivo, fica obrigado a restituí-las integralmente, no prazo de 5 (cinco) dias.

Parágrafo único. Na hipótese de o servidor retornar à sede em prazo menor do que o previsto para o seu afastamento, restituirá as diárias recebidas em excesso, no prazo previsto no caput.

Subseção III
Da Indenização de Transporte

Art. 60. Conceder-se-á indenização de transporte ao servidor que realizar despesas com a utilização de meio próprio de locomoção para a execução de serviços externos, por força das atribuições próprias do cargo, conforme se dispuser em regulamento.

Subseção IV
Do Auxílio-Moradia

Art. 60-A. O auxílio-moradia consiste no ressarcimento das despesas comprovadamente realizadas pelo servidor com aluguel de moradia ou com meio de hospedagem administrado por empresa hoteleira, no prazo de um mês após a comprovação da despesa pelo servidor.

Art. 60-B. Conceder-se-á auxílio-moradia ao servidor se atendidos os seguintes requisitos:

I. não exista imóvel funcional disponível para uso pelo servidor;

II. o cônjuge ou companheiro do servidor não ocupe imóvel funcional;

III. o servidor ou seu cônjuge ou companheiro não seja ou tenha sido proprietário, promitente comprador, cessionário ou promitente cessionário de imóvel no Município aonde for exercer o cargo, incluída a hipótese de lote edificado sem averbação de construção, nos doze meses que antecederem a sua nomeação;

IV. nenhuma outra pessoa que resida com o servidor receba auxílio-moradia;

V. o servidor tenha se mudado do local de residência para ocupar cargo em comissão ou função de confiança do Grupo-Direção e Assessoramento Superiores – DAS, níveis 4, 5 e 6, de Natureza Especial, de Ministro de Estado ou equivalentes;

VI. o Município no qual assuma o cargo em comissão ou função de confiança não se enquadre nas hipóteses do art. 58, § 3º, em relação ao local de residência ou domicílio do servidor;

VII. o servidor não tenha sido domiciliado ou tenha residido no Município, nos últimos doze meses, aonde for exercer o cargo em comissão ou função de confiança, desconsiderando-se prazo inferior a sessenta dias dentro desse período; e

VIII. o deslocamento não tenha sido por força de alteração de lotação ou nomeação para cargo efetivo.

IX. o deslocamento tenha ocorrido após 30 de junho de 2006.

Parágrafo único. Para fins do inciso VII, não será considerado o prazo no qual o servidor estava ocupando outro cargo em comissão relacionado no inciso V.

Art. 60-C. (Revogado pela Lei nº 12.998, de 2014)

Art. 60-D. O valor mensal do auxílio-moradia é limitado a 25% (vinte e cinco por cento) do valor do cargo em comissão, função comissionada ou cargo de Ministro de Estado ocupado.

§ 1º O valor do auxílio-moradia não poderá superar 25% (vinte e cinco por cento) da remuneração de Ministro de Estado.

§ 2º Independentemente do valor do cargo em comissão ou função comissionada, fica garantido a todos os que preencherem os requisitos o ressarcimento até o valor de R$ 1.800,00 (mil e oitocentos reais).

§ 3º (Incluído pela Medida Provisória nº 805, de 2017) (Vigência encerrada)

§ 4º (Incluído pela Medida Provisória nº 805, de 2017) (Vigência encerrada)

Art. 60-E. No caso de falecimento, exoneração, colocação de imóvel funcional à disposição do servidor ou aquisição de imóvel, o auxílio-moradia continuará sendo pago por um mês.

SEÇÃO II
Das Gratificações e Adicionais

Art. 61. Além do vencimento e das vantagens previstas nesta Lei, serão deferidos aos servidores as seguintes retribuições, gratificações e adicionais:

I. retribuição pelo exercício de função de direção, chefia e assessoramento;
II. gratificação natalina;
III. (Revogado pela Medida Provisória nº 2.225-45, de 4.9.2001)
IV. adicional pelo exercício de atividades insalubres, perigosas ou penosas;
V. adicional pela prestação de serviço extraordinário;
VI. adicional noturno;
VII. adicional de férias;
VIII. outros, relativos ao local ou à natureza do trabalho.
IX. gratificação por encargo de curso ou concurso.

Subseção I
Da Retribuição pelo Exercício de Função de Direção, Chefia e Assessoramento

Art. 62. Ao servidor ocupante de cargo efetivo investido em função de direção, chefia ou assessoramento, cargo de provimento em comissão ou de Natureza Especial é devida retribuição pelo seu exercício.

Parágrafo único. Lei específica estabelecerá a remuneração dos cargos em comissão de que trata o inciso II do art. 9º.

Art. 62-A. Fica transformada em Vantagem Pessoal Nominalmente Identificada – VPNI a incorporação da retribuição pelo exercício de função de direção, chefia ou assessoramento, cargo de provimento em comissão ou de Natureza Especial a que se referem os arts. 3º e 10 da Lei nº 8.911, de 11 de julho de 1994, e o art. 3º da Lei nº 9.624, de 2 de abril de 1998.

Parágrafo único. A VPNI de que trata o caput deste artigo somente estará sujeita às revisões gerais de remuneração dos servidores públicos federais.

Subseção II
Da Gratificação Natalina

Art. 63. A gratificação natalina corresponde a 1/12 (um doze avos) da remuneração a que o servidor fizer jus no mês de dezembro, por mês de exercício no respectivo ano.

Parágrafo único. A fração igual ou superior a 15 (quinze) dias será considerada como mês integral.

Art. 64. A gratificação será paga até o dia 20 (vinte) do mês de dezembro de cada ano.

Parágrafo único. (VETADO).

Art. 65. O servidor exonerado perceberá sua gratificação natalina, proporcionalmente aos meses de exercício, calculada sobre a remuneração do mês da exoneração.

Art. 66. A gratificação natalina não será considerada para cálculo de qualquer vantagem pecuniária.

Subseção III
Do Adicional por Tempo de Serviço

Art. 67. (Revogado pela Medida Provisória nº 2.225-45, de 2001, respeitadas as situações constituídas até 8.3.1999)

Subseção IV
Dos Adicionais de Insalubridade, Periculosidade ou Atividades Penosas

Art. 68. Os servidores que trabalhem com habitualidade em locais insalubres ou em contato permanente com substâncias tóxicas, radioativas ou com risco de vida, fazem jus a um adicional sobre o vencimento do cargo efetivo.

§ 1º O servidor que fizer jus aos adicionais de insalubridade e de periculosidade deverá optar por um deles.

§ 2º O direito ao adicional de insalubridade ou periculosidade cessa com a eliminação das condições ou dos riscos que deram causa a sua concessão.

Art. 69. Haverá permanente controle da atividade de servidores em operações ou locais considerados penosos, insalubres ou perigosos.

Parágrafo único. A servidora gestante ou lactante será afastada, enquanto durar a gestação e a lactação, das operações e locais previstos neste artigo, exercendo suas atividades em local salubre e em serviço não penoso e não perigoso.

Art. 70. Na concessão dos adicionais de atividades penosas, de insalubridade e de periculosidade, serão observadas as situações estabelecidas em legislação específica.

Art. 71. O adicional de atividade penosa será devido aos servidores em exercício em zonas de fronteira ou em localidades cujas condições de vida o justifiquem, nos termos, condições e limites fixados em regulamento.

Art. 72. Os locais de trabalho e os servidores que operam com Raios X ou substâncias radioativas serão mantidos sob controle permanente, de modo que as doses de radiação ionizante não ultrapassem o nível máximo previsto na legislação própria.

Parágrafo único. Os servidores a que se refere este artigo serão submetidos a exames médicos a cada 6 (seis) meses.

Subseção V
Do Adicional por Serviço Extraordinário

Art. 73. O serviço extraordinário será remunerado com acréscimo de 50% (cinquenta por cento) em relação à hora normal de trabalho.

Art. 74. Somente será permitido serviço extraordinário para atender a situações excepcionais e temporárias, respeitado o limite máximo de 2 (duas) horas por jornada.

Subseção VI
Do Adicional Noturno

Art. 75. O serviço noturno, prestado em horário compreendido entre 22 (vinte e duas) horas de um dia e 5 (cinco) horas do dia seguinte, terá o valor-hora acrescido de 25% (vinte e cinco por cento), computando-se cada hora como cinquenta e dois minutos e trinta segundos.

Parágrafo único. Em se tratando de serviço extraordinário, o acréscimo de que trata este artigo incidirá sobre a remuneração prevista no art. 73.

Subseção VII
Do Adicional de Férias

Art. 76. Independentemente de solicitação, será pago ao servidor, por ocasião das férias, um adicional correspondente a 1/3 (um terço) da remuneração do período das férias.

Parágrafo único. No caso de o servidor exercer função de direção, chefia ou assessoramento, ou ocupar cargo em comissão, a respectiva vantagem será considerada no cálculo do adicional de que trata este artigo.

Subseção VIII
Da Gratificação por Encargo de Curso ou Concurso

Art. 76-A. A Gratificação por Encargo de Curso ou Concurso é devida ao servidor que, em caráter eventual:

I. atuar como instrutor em curso de formação, de desenvolvimento ou de treinamento regularmente instituído no âmbito da administração pública federal;

II. participar de banca examinadora ou de comissão para exames orais, para análise curricular, para correção de provas discursivas, para elaboração de questões de provas ou para julgamento de recursos intentados por candidatos;

III. participar da logística de preparação e de realização de concurso público envolvendo atividades de planejamento, coordenação, supervisão, execução e avaliação de resultado, quando tais atividades não estiverem incluídas entre as suas atribuições permanentes;

IV. participar da aplicação, fiscalizar ou avaliar provas de exame vestibular ou de concurso público ou supervisionar essas atividades.

§ 1º Os critérios de concessão e os limites da gratificação de que trata este artigo serão fixados em regulamento, observados os seguintes parâmetros:

I. o valor da gratificação será calculado em horas, observadas a natureza e a complexidade da atividade exercida;

II. a retribuição não poderá ser superior ao equivalente a 120 (cento e vinte) horas de trabalho anuais, ressalvada situação de excepcionalidade, devidamente justificada e previamente aprovada pela autoridade máxima do órgão ou entidade, que poderá autorizar o acréscimo de até 120 (cento e vinte) horas de trabalho anuais;

III. o valor máximo da hora trabalhada corresponderá aos seguintes percentuais, incidentes sobre o maior vencimento básico da administração pública federal:

a) 2,2% (dois inteiros e dois décimos por cento), em se tratando de atividades previstas nos incisos I e II do caput deste artigo;

b) 1,2% (um inteiro e dois décimos por cento), em se tratando de atividade prevista nos incisos III e IV do caput deste artigo.

§ 2º A Gratificação por Encargo de Curso ou Concurso somente será paga se as atividades referidas nos incisos do caput deste artigo forem exercidas sem prejuízo das atribuições do cargo de que o servidor for titular, devendo ser objeto de compensação de carga horária quando desempenhadas durante a jornada de trabalho, na forma do § 4º do art. 98 desta Lei.

§ 3º A Gratificação por Encargo de Curso ou Concurso não se incorpora ao vencimento ou salário do servidor para qualquer efeito e não poderá ser utilizada como base de cálculo para quaisquer outras vantagens, inclusive para fins de cálculo dos proventos da aposentadoria e das pensões.

CAPÍTULO III

Das Férias

Art. 77. O servidor fará jus a trinta dias de férias, que podem ser acumuladas, até o máximo de dois períodos, no caso de necessidade do serviço, ressalvadas as hipóteses em que haja legislação específica.

§ 1º Para o primeiro período aquisitivo de férias serão exigidos 12 (doze) meses de exercício.

§ 2º É vedado levar à conta de férias qualquer falta ao serviço.

§ 3º As férias poderão ser parceladas em até três etapas, desde que assim requeridas pelo servidor, e no interesse da administração pública.

Art. 78. O pagamento da remuneração das férias será efetuado até 2 (dois) dias antes do início do respectivo período, observando-se o disposto no § 1º deste artigo.

§ 1º e § 2º (Revogado pela Lei nº 9.527, de 10.12.97)

§ 3º O servidor exonerado do cargo efetivo, ou em comissão, perceberá indenização relativa ao período das férias a que tiver direito e ao incompleto, na proporção de um doze avos por mês de efetivo exercício, ou fração superior a quatorze dias.

§ 4º A indenização será calculada com base na remuneração do mês em que for publicado o ato exoneratório.

§ 5º Em caso de parcelamento, o servidor receberá o valor adicional previsto no inciso XVII do art. 7º da Constituição Federal quando da utilização do primeiro período.

Art. 79. O servidor que opera direta e permanentemente com Raios X ou substâncias radioativas gozará 20 (vinte) dias consecutivos de férias, por semestre de atividade profissional, proibida em qualquer hipótese a acumulação.

Parágrafo único. (Revogado pela Lei nº 9.527, de 10.12.97)

Art. 80. As férias somente poderão ser interrompidas por motivo de calamidade pública, comoção interna, convocação para júri, serviço militar ou eleitoral, ou por necessidade do serviço declarada pela autoridade máxima do órgão ou entidade.

Parágrafo único. O restante do período interrompido será gozado de uma só vez, observado o disposto no art. 77.

CAPÍTULO IV

Das Licenças

SEÇÃO I
Disposições Gerais

Art. 81. Conceder-se-á ao servidor licença:
I. por motivo de doença em pessoa da família;
II. por motivo de afastamento do cônjuge ou companheiro;
III. para o serviço militar;
IV. para atividade política;
V. para capacitação;
VI. para tratar de interesses particulares;
VII. para desempenho de mandato classista.

§ 1º A licença prevista no inciso I do caput deste artigo bem como cada uma de suas prorrogações serão precedidas de exame por perícia médica oficial, observado o disposto no art. 204 desta Lei.

§ 2º (Revogado pela Lei nº 9.527, de 10.12.97)

§ 3º É vedado o exercício de atividade remunerada durante o período da licença prevista no inciso I deste artigo.

Art. 82. A licença concedida dentro de 60 (sessenta) dias do término de outra da mesma espécie será considerada como prorrogação.

SEÇÃO II
Da Licença por Motivo de Doença em Pessoa da Família

Art. 83. Poderá ser concedida licença ao servidor por motivo de doença do cônjuge ou companheiro, dos pais, dos filhos, do padrasto ou madrasta e enteado, ou dependente que viva a suas expensas e conste do seu assentamento funcional, mediante comprovação por perícia médica oficial.
§ 1º A licença somente será deferida se a assistência direta do servidor for indispensável e não puder ser prestada simultaneamente com o exercício do cargo ou mediante compensação de horário, na forma do disposto no inciso II do art. 44º
§ 2º A licença de que trata o caput, incluídas as prorrogações, poderá ser concedida a cada período de doze meses nas seguintes condições:
I. por até 60 (sessenta) dias, consecutivos ou não, mantida a remuneração do servidor; e
II. por até 90 (noventa) dias, consecutivos ou não, sem remuneração.
§ 3º O início do interstício de 12 (doze) meses será contado a partir da data do deferimento da primeira licença concedida.
§ 4º A soma das licenças remuneradas e das licenças não remuneradas, incluídas as respectivas prorrogações, concedidas em um mesmo período de 12 (doze) meses, observado o disposto no § 3º, não poderá ultrapassar os limites estabelecidos nos incisos I e II do § 2º.

SEÇÃO III
Da Licença por Motivo de Afastamento do Cônjuge

Art. 84. Poderá ser concedida licença ao servidor para acompanhar cônjuge ou companheiro que foi deslocado para outro ponto do território nacional, para o exterior ou para o exercício de mandato eletivo dos Poderes Executivo e Legislativo.
§ 1º A licença será por prazo indeterminado e sem remuneração.
§ 2º No deslocamento de servidor cujo cônjuge ou companheiro também seja servidor público, civil ou militar, de qualquer dos Poderes da União, dos Estados, do Distrito Federal e dos Municípios, poderá haver exercício provisório em órgão ou entidade da Administração Federal direta, autárquica ou fundacional, desde que para o exercício de atividade compatível com o seu cargo.

SEÇÃO IV
Da Licença para o Serviço Militar

Art. 85. Ao servidor convocado para o serviço militar será concedida licença, na forma e condições previstas na legislação específica.
Parágrafo único. Concluído o serviço militar, o servidor terá até 30 (trinta) dias sem remuneração para reassumir o exercício do cargo.

SEÇÃO V
Da Licença para Atividade Política

Art. 86. O servidor terá direito a licença, sem remuneração, durante o período que mediar entre a sua escolha em convenção partidária, como candidato a cargo eletivo, e a véspera do registro de sua candidatura perante a Justiça Eleitoral.
§ 1º O servidor candidato a cargo eletivo na localidade onde desempenha suas funções e que exerça cargo de direção, chefia, assessoramento, arrecadação ou fiscalização, dele será afastado, a partir do dia imediato ao do registro de sua candidatura perante a Justiça Eleitoral, até o décimo dia seguinte ao do pleito.
§ 2º A partir do registro da candidatura e até o décimo dia seguinte ao da eleição, o servidor fará jus à licença, assegurados os vencimentos do cargo efetivo, somente pelo período de três meses.

SEÇÃO VI
Da Licença para Capacitação

Art. 87. Após cada quinquênio de efetivo exercício, o servidor poderá, no interesse da Administração, afastar-se do exercício do cargo efetivo, com a respectiva remuneração, por até três meses, para participar de curso de capacitação profissional.
Parágrafo único. Os períodos de licença de que trata o caput não são acumuláveis.
Art. 88. (Revogado pela Lei nº 9.527, de 10.12.97)
Art. 89. (Revogado pela Lei nº 9.527, de 10.12.97)
Art. 90. (VETADO).

SEÇÃO VII
Da Licença para Tratar de Interesses PArticulares

Art. 91. A critério da Administração, poderão ser concedidas ao servidor ocupante de cargo efetivo, desde que não esteja em estágio probatório, licenças para o trato de assuntos particulares pelo prazo de até três anos consecutivos, sem remuneração.

Parágrafo único. A licença poderá ser interrompida, a qualquer tempo, a pedido do servidor ou no interesse do serviço.

SEÇÃO VIII
Da Licença para o Desempenho de Mandato Classista

Art. 92. É assegurado ao servidor o direito à licença sem remuneração para o desempenho de mandato em confederação, federação, associação de classe de âmbito nacional, sindicato representativo da categoria ou entidade fiscalizadora da profissão ou, ainda, para participar de gerência ou administração em sociedade cooperativa constituída por servidores públicos para prestar serviços a seus membros, observado o disposto na alínea c do inciso VIII do art. 102 desta Lei, conforme disposto em regulamento e observados os seguintes limites:

I. para entidades com até 5.000 (cinco mil) associados, 2 (dois) servidores;
II. para entidades com 5.001 (cinco mil e um) a 30.000 (trinta mil) associados, 4 (quatro) servidores;
III. para entidades com mais de 30.000 (trinta mil) associados, 8 (oito) servidores.

§ 1º Somente poderão ser licenciados os servidores eleitos para cargos de direção ou de representação nas referidas entidades, desde que cadastradas no órgão competente.

§ 2º A licença terá duração igual à do mandato, podendo ser renovada, no caso de reeleição.

CAPÍTULO V
Dos Afastamentos

SEÇÃO I
Do Afastamento para Servir a Outro Órgão ou Entidade

Art. 93. O servidor poderá ser cedido para ter exercício em outro órgão ou entidade dos Poderes da União, dos Estados, ou do Distrito Federal e dos Municípios, nas seguintes hipóteses:

I. para exercício de cargo em comissão ou função de confiança;
II. em casos previstos em leis específicas.

§ 1º Na hipótese do inciso I, sendo a cessão para órgãos ou entidades dos Estados, do Distrito Federal ou dos Municípios, o ônus da remuneração será do órgão ou entidade cessionária, mantido o ônus para o cedente nos demais casos.

§ 2º Na hipótese de o servidor cedido a empresa pública ou sociedade de economia mista, nos termos das respectivas normas, optar pela remuneração do cargo efetivo ou pela remuneração do cargo efetivo acrescida de percentual da retribuição do cargo em comissão, a entidade cessionária efetuará o reembolso das despesas realizadas pelo órgão ou entidade de origem.

§ 3º A cessão far-se-á mediante Portaria publicada no Diário Oficial da União.

§ 4º Mediante autorização expressa do Presidente da República, o servidor do Poder Executivo poderá ter exercício em outro órgão da Administração Federal direta que não tenha quadro próprio de pessoal, para fim determinado e a prazo certo.

§ 5º Aplica-se à União, em se tratando de empregado ou servidor por ela requisitado, as disposições dos §§ 1º e 2º deste artigo.

§ 6º As cessões de empregados de empresa pública ou de sociedade de economia mista, que receba recursos de Tesouro Nacional para o custeio total ou parcial da sua folha de pagamento de pessoal, independem das disposições contidas nos incisos I e II e §§ 1º e 2º deste artigo, ficando o exercício do empregado cedido condicionado a autorização específica do Ministério do Planejamento, Orçamento e Gestão, exceto nos casos de ocupação de cargo em comissão ou função gratificada.

§ 7º O Ministério do Planejamento, Orçamento e Gestão, com a finalidade de promover a composição da força de trabalho dos órgãos e entidades da Administração Pública Federal, poderá determinar a lotação ou o exercício de empregado ou servidor, independentemente da observância do constante no inciso I e nos §§ 1º e 2º deste artigo.

SEÇÃO II
Do Afastamento para Exercício de Mandato Eletivo

Art. 94. Ao servidor investido em mandato eletivo aplicam-se as seguintes disposições:
I. tratando-se de mandato federal, estadual ou distrital, ficará afastado do cargo;
II. investido no mandato de Prefeito, será afastado do cargo, sendo-lhe facultado optar pela sua remuneração;
III. investido no mandato de vereador:
a) havendo compatibilidade de horário, perceberá as vantagens de seu cargo, sem prejuízo da remuneração do cargo eletivo;
b) não havendo compatibilidade de horário, será afastado do cargo, sendo-lhe facultado optar pela sua remuneração.
§ 1º No caso de afastamento do cargo, o servidor contribuirá para a seguridade social como se em exercício estivesse.
§ 2º O servidor investido em mandato eletivo ou classista não poderá ser removido ou redistribuído de ofício para localidade diversa daquela onde exerce o mandato.

SEÇÃO III
Do Afastamento para Estudo ou Missão no Exterior

Art. 95. O servidor não poderá ausentar-se do País para estudo ou missão oficial, sem autorização do Presidente da República, Presidente dos Órgãos do Poder Legislativo e Presidente do Supremo Tribunal Federal.
§ 1º A ausência não excederá a 4 (quatro) anos, e finda a missão ou estudo, somente decorrido igual período, será permitida nova ausência.
§ 2º Ao servidor beneficiado pelo disposto neste artigo não será concedida exoneração ou licença para tratar de interesse particular antes de decorrido período igual ao do afastamento, ressalvada a hipótese de ressarcimento da despesa havida com seu afastamento.
§ 3º O disposto neste artigo não se aplica aos servidores da carreira diplomática.
§ 4º As hipóteses, condições e formas para a autorização de que trata este artigo, inclusive no que se refere à remuneração do servidor, serão disciplinadas em regulamento.

Art. 96. O afastamento de servidor para servir em organismo internacional de que o Brasil participe ou com o qual coopere dar-se-á com perda total da remuneração.

SEÇÃO IV
Do Afastamento para PArticipação em Programa de Pós-Graduação Stricto Sensu no País

Art. 96-A. O servidor poderá, no interesse da Administração, e desde que a participação não possa ocorrer simultaneamente com o exercício do cargo ou mediante compensação de horário, afastar-se do exercício do cargo efetivo, com a respectiva remuneração, para participar em programa de pós-graduação stricto sensu em instituição de ensino superior no País.
§ 1º Ato do dirigente máximo do órgão ou entidade definirá, em conformidade com a legislação vigente, os programas de capacitação e os critérios para participação em programas de pós-graduação no País, com ou sem afastamento do servidor, que serão avaliados por um comitê constituído para este fim.
§ 2º Os afastamentos para realização de programas de mestrado e doutorado somente serão concedidos aos servidores titulares de cargos efetivos no respectivo órgão ou entidade há pelo menos 3 (três) anos para mestrado e 4 (quatro) anos para doutorado, incluído o período de estágio probatório, que não tenham se afastado por licença para tratar de assuntos particulares para gozo de licença capacitação ou com fundamento neste artigo nos 2 (dois) anos anteriores à data da solicitação de afastamento.
§ 3º Os afastamentos para realização de programas de pós-doutorado somente serão concedidos aos servidores titulares de cargos efetivo no respectivo órgão ou entidade há pelo menos quatro anos, incluído o período de estágio probatório, e que não tenham se afastado por licença para tratar de assuntos particulares ou com fundamento neste artigo, nos quatro anos anteriores à data da solicitação de afastamento.
§ 4º Os servidores beneficiados pelos afastamentos previstos nos §§ 1º, 2º e 3º deste artigo terão que permanecer no exercício de suas funções após o seu retorno por um período igual ao do afastamento concedido.
§ 5º Caso o servidor venha a solicitar exoneração do cargo ou aposentadoria, antes de cumprido o período de permanência previsto no § 4º deste artigo, deverá ressarcir o órgão ou entidade, na forma do

art. 47 da Lei nº 8.112, de 11 de dezembro de 1990, dos gastos com seu aperfeiçoamento.

§ 6º Caso o servidor não obtenha o título ou grau que justificou seu afastamento no período previsto, aplica-se o disposto no § 5º deste artigo, salvo na hipótese comprovada de força maior ou de caso fortuito, a critério do dirigente máximo do órgão ou entidade.

§ 7º Aplica-se à participação em programa de pós-graduação no Exterior, autorizado nos termos do art. 95 desta Lei, o disposto nos §§ 1º a 6º deste artigo.

CAPÍTULO VI
Das Concessões

Art. 97. Sem qualquer prejuízo, poderá o servidor ausentar-se do serviço:
I. por 1 (um) dia, para doação de sangue;
II. pelo período comprovadamente necessário para alistamento ou recadastramento eleitoral, limitado, em qualquer caso, a 2 (dois) dias;
III. por 8 (oito) dias consecutivos em razão de:
a) casamento;
b) falecimento do cônjuge, companheiro, pais, madrasta ou padrasto, filhos, enteados, menor sob guarda ou tutela e irmãos.

Art. 98. Será concedido horário especial ao servidor estudante, quando comprovada a incompatibilidade entre o horário escolar e o da repartição, sem prejuízo do exercício do cargo.

§ 1º Para efeito do disposto neste artigo, será exigida a compensação de horário no órgão ou entidade que tiver exercício, respeitada a duração semanal do trabalho.

§ 2º Também será concedido horário especial ao servidor portador de deficiência, quando comprovada a necessidade por junta médica oficial, independentemente de compensação de horário.

§ 3º As disposições constantes do § 2º são extensivas ao servidor que tenha cônjuge, filho ou dependente com deficiência.

§ 4º Será igualmente concedido horário especial, vinculado à compensação de horário a ser efetivada no prazo de até 1 (um) ano, ao servidor que desempenhe atividade prevista nos incisos I e II do caput do art. 76-A desta Lei.

Art. 99. Ao servidor estudante que mudar de sede no interesse da administração é assegurada, na localidade da nova residência ou na mais próxima, matrícula em instituição de ensino congênere, em qualquer época, independentemente de vaga.

Parágrafo único. O disposto neste artigo estende-se ao cônjuge ou companheiro, aos filhos, ou enteados do servidor que vivam na sua companhia, bem como aos menores sob sua guarda, com autorização judicial.

CAPÍTULO VII
Do Tempo de Serviço

Art. 100. É contado para todos os efeitos o tempo de serviço público federal, inclusive o prestado às Forças Armadas.

Art. 101. A apuração do tempo de serviço será feita em dias, que serão convertidos em anos, considerado o ano como de trezentos e sessenta e cinco dias.

Parágrafo único.

Art. 102. Além das ausências ao serviço previstas no art. 97, são considerados como de efetivo exercício os afastamentos em virtude de:
I. férias;
II. exercício de cargo em comissão ou equivalente, em órgão ou entidade dos Poderes da União, dos Estados, Municípios e Distrito Federal;
III. exercício de cargo ou função de governo ou administração, em qualquer parte do território nacional, por nomeação do Presidente da República;
IV. participação em programa de treinamento regularmente instituído ou em programa de pós-graduação stricto sensu no País, conforme dispuser o regulamento;
V. desempenho de mandato eletivo federal, estadual, municipal ou do Distrito Federal, exceto para promoção por merecimento;
VI. júri e outros serviços obrigatórios por lei;
VII. missão ou estudo no exterior, quando autorizado o afastamento, conforme dispuser o regulamento;
VIII. licença:
a) à gestante, à adotante e à paternidade;
b) para tratamento da própria saúde, até o limite de vinte e quatro meses, cumulativo ao longo do tempo de serviço público prestado à União, em cargo de provimento efetivo;
c) para o desempenho de mandato classista ou participação de gerência ou administração em sociedade cooperativa constituída por servidores para prestar serviços a seus membros, exceto para efeito de promoção por merecimento;

d) por motivo de acidente em serviço ou doença profissional;
e) para capacitação, conforme dispuser o regulamento;
f) por convocação para o serviço militar;

IX. deslocamento para a nova sede de que trata o art. 18;

X. participação em competição desportiva nacional ou convocação para integrar representação desportiva nacional, no País ou no exterior, conforme disposto em lei específica;

XI. afastamento para servir em organismo internacional de que o Brasil participe ou com o qual coopere.

Art. 103. Contar-se-á apenas para efeito de aposentadoria e disponibilidade:

I. o tempo de serviço público prestado aos Estados, Municípios e Distrito Federal;

II. a licença para tratamento de saúde de pessoal da família do servidor, com remuneração, que exceder a 30 (trinta) dias em período de 12 (doze) meses.

III. a licença para atividade política, no caso do art. 86, § 2º;

IV. o tempo correspondente ao desempenho de mandato eletivo federal, estadual, municipal ou distrital, anterior ao ingresso no serviço público federal;

V. o tempo de serviço em atividade privada, vinculada à Previdência Social;

VI. o tempo de serviço relativo a tiro de guerra;

VII. o tempo de licença para tratamento da própria saúde que exceder o prazo a que se refere a alínea *b* do inciso VIII do art. 102.

§ 1º O tempo em que o servidor esteve aposentado será contado apenas para nova aposentadoria.

§ 2º Será contado em dobro o tempo de serviço prestado às Forças Armadas em operações de guerra.

§ 3º É vedada a contagem cumulativa de tempo de serviço prestado concomitantemente em mais de um cargo ou função de órgão ou entidades dos Poderes da União, Estado, Distrito Federal e Município, autarquia, fundação pública, sociedade de economia mista e empresa pública.

CAPÍTULO VIII

Do Direito de Petição

Art. 104. É assegurado ao servidor o direito de requerer aos Poderes Públicos, em defesa de direito ou interesse legítimo.

Art. 105. O requerimento será dirigido à autoridade competente para decidi-lo e encaminhado por intermédio daquela a que estiver imediatamente subordinado o requerente.

Art. 106. Cabe pedido de reconsideração à autoridade que houver expedido o ato ou proferido a primeira decisão, não podendo ser renovado.

Parágrafo único. O requerimento e o pedido de reconsideração de que tratam os artigos anteriores deverão ser despachados no prazo de 5 (cinco) dias e decididos dentro de 30 (trinta) dias.

Art. 107. Caberá recurso:

I. do indeferimento do pedido de reconsideração;

II. das decisões sobre os recursos sucessivamente interpostos.

§ 1º O recurso será dirigido à autoridade imediatamente superior à que tiver expedido o ato ou proferido a decisão, e, sucessivamente, em escala ascendente, às demais autoridades.

§ 2º O recurso será encaminhado por intermédio da autoridade a que estiver imediatamente subordinado o requerente.

Art. 108. O prazo para interposição de pedido de reconsideração ou de recurso é de 30 (trinta) dias, a contar da publicação ou da ciência, pelo interessado, da decisão recorrida.

Art. 109. O recurso poderá ser recebido com efeito suspensivo, a juízo da autoridade competente.

Parágrafo único. Em caso de provimento do pedido de reconsideração ou do recurso, os efeitos da decisão retroagirão à data do ato impugnado.

Art. 110. O direito de requerer prescreve:

I. em 5 (cinco) anos, quanto aos atos de demissão e de cassação de aposentadoria ou disponibilidade, ou que afetem interesse patrimonial e créditos resultantes das relações de trabalho;

II. em 120 (cento e vinte) dias, nos demais casos, salvo quando outro prazo for fixado em lei.

Parágrafo único. O prazo de prescrição será contado da data da publicação do ato impugnado ou da data da ciência pelo interessado, quando o ato não for publicado.

Art. 111. O pedido de reconsideração e o recurso, quando cabíveis, interrompem a prescrição.

Art. 112. A prescrição é de ordem pública, não podendo ser relevada pela administração.

Art. 113. Para o exercício do direito de petição, é assegurada vista do processo ou documento, na repartição, ao servidor ou a procurador por ele constituído.

Art. 114. A administração deverá rever seus atos, a qualquer tempo, quando eivados de ilegalidade.
Art. 115. São fatais e improrrogáveis os prazos estabelecidos neste Capítulo, salvo motivo de força maior.

TÍTULO IV
Do Regime Disciplinar

CAPÍTULO I
Dos Deveres

Art. 116. São deveres do servidor:
I. exercer com zelo e dedicação as atribuições do cargo;
II. ser leal às instituições a que servir;
III. observar as normas legais e regulamentares;
IV. cumprir as ordens superiores, exceto quando manifestamente ilegais;
V. atender com presteza:
a) ao público em geral, prestando as informações requeridas, ressalvadas as protegidas por sigilo;
b) à expedição de certidões requeridas para defesa de direito ou esclarecimento de situações de interesse pessoal;
c) às requisições para a defesa da Fazenda Pública.
VI. levar as irregularidades de que tiver ciência em razão do cargo ao conhecimento da autoridade superior ou, quando houver suspeita de envolvimento desta, ao conhecimento de outra autoridade competente para apuração;
VII. zelar pela economia do material e a conservação do patrimônio público;
VIII. guardar sigilo sobre assunto da repartição;
IX. manter conduta compatível com a moralidade administrativa;
X. ser assíduo e pontual ao serviço;
XI. tratar com urbanidade as pessoas;
XII. representar contra ilegalidade, omissão ou abuso de poder.
Parágrafo único. A representação de que trata o inciso XII será encaminhada pela via hierárquica e apreciada pela autoridade superior àquela contra a qual é formulada, assegurando-se ao representando ampla defesa.

CAPÍTULO II
Das Proibições

Art. 117. Ao servidor é proibido:
I. ausentar-se do serviço durante o expediente, sem prévia autorização do chefe imediato;
II. retirar, sem prévia anuência da autoridade competente, qualquer documento ou objeto da repartição;
III. recusar fé a documentos públicos;
IV. opor resistência injustificada ao andamento de documento e processo ou execução de serviço;
V. promover manifestação de apreço ou desapreço no recinto da repartição;
VI. cometer a pessoa estranha à repartição, fora dos casos previstos em lei, o desempenho de atribuição que seja de sua responsabilidade ou de seu subordinado;
VII. coagir ou aliciar subordinados no sentido de filiarem-se a associação profissional ou sindical, ou a partido político;
VIII. manter sob sua chefia imediata, em cargo ou função de confiança, cônjuge, companheiro ou parente até o segundo grau civil;
IX. valer-se do cargo para lograr proveito pessoal ou de outrem, em detrimento da dignidade da função pública;
X. participar de gerência ou administração de sociedade privada, personificada ou não personificada, exercer o comércio, exceto na qualidade de acionista, cotista ou comanditário;
XI. atuar, como procurador ou intermediário, junto a repartições públicas, salvo quando se tratar de benefícios previdenciários ou assistenciais de parentes até o segundo grau, e de cônjuge ou companheiro;
XII. receber propina, comissão, presente ou vantagem de qualquer espécie, em razão de suas atribuições;
XIII. aceitar comissão, emprego ou pensão de estado estrangeiro;
XIV. praticar usura sob qualquer de suas formas;
XV. proceder de forma desidiosa;
XVI. utilizar pessoal ou recursos materiais da repartição em serviços ou atividades particulares;
XVII. cometer a outro servidor atribuições estranhas ao cargo que ocupa, exceto em situações de emergência e transitórias;
XVIII. exercer quaisquer atividades que sejam incompatíveis com o exercício do cargo ou função e com o horário de trabalho;

XIX. recusar-se a atualizar seus dados cadastrais quando solicitado.
Parágrafo único. A vedação de que trata o inciso X do caput deste artigo não se aplica nos seguintes casos:
I. participação nos conselhos de administração e fiscal de empresas ou entidades em que a União detenha, direta ou indiretamente, participação no capital social ou em sociedade cooperativa constituída para prestar serviços a seus membros; e
II. gozo de licença para o trato de interesses particulares, na forma do art. 91 desta Lei, observada a legislação sobre conflito de interesses.

CAPÍTULO III
Da Acumulação

Art. 118. Ressalvados os casos previstos na Constituição, é vedada a acumulação remunerada de cargos públicos.
§ 1º A proibição de acumular estende-se a cargos, empregos e funções em autarquias, fundações públicas, empresas públicas, sociedades de economia mista da União, do Distrito Federal, dos Estados, dos Territórios e dos Municípios.
§ 2º A acumulação de cargos, ainda que lícita, fica condicionada à comprovação da compatibilidade de horários.
§ 3º Considera-se acumulação proibida a percepção de vencimento de cargo ou emprego público efetivo com proventos da inatividade, salvo quando os cargos de que decorram essas remunerações forem acumuláveis na atividade.
Art. 119. O servidor não poderá exercer mais de um cargo em comissão, exceto no caso previsto no parágrafo único do art. 9º, nem ser remunerado pela participação em órgão de deliberação coletiva.
Parágrafo único. O disposto neste artigo não se aplica à remuneração devida pela participação em conselhos de administração e fiscal das empresas públicas e sociedades de economia mista, suas subsidiárias e controladas, bem como quaisquer empresas ou entidades em que a União, direta ou indiretamente, detenha participação no capital social, observado o que, a respeito, dispuser legislação específica.
Art. 120. O servidor vinculado ao regime desta Lei, que acumular licitamente dois cargos efetivos, quando investido em cargo de provimento em comissão, ficará afastado de ambos os cargos efetivos, salvo na hipótese em que houver compatibilidade de horário e local com o exercício de um deles, declarada pelas autoridades máximas dos órgãos ou entidades envolvidos.

CAPÍTULO IV
Das Responsabilidades

Art. 121. O servidor responde civil, penal e administrativamente pelo exercício irregular de suas atribuições.
Art. 122. A responsabilidade civil decorre de ato omissivo ou comissivo, doloso ou culposo, que resulte em prejuízo ao erário ou a terceiros.
§ 1º A indenização de prejuízo dolosamente causado ao erário somente será liquidada na forma prevista no art. 46, na falta de outros bens que assegurem a execução do débito pela via judicial.
§ 2º Tratando-se de dano causado a terceiros, responderá o servidor perante a Fazenda Pública, em ação regressiva.
§ 3º A obrigação de reparar o dano estende-se aos sucessores e contra eles será executada, até o limite do valor da herança recebida.
Art. 123. A responsabilidade penal abrange os crimes e contravenções imputadas ao servidor, nessa qualidade.
Art. 124. A responsabilidade civil-administrativa resulta de ato omissivo ou comissivo praticado no desempenho do cargo ou função.
Art. 125. As sanções civis, penais e administrativas poderão cumular-se, sendo independentes entre si.
Art. 126. A responsabilidade administrativa do servidor será afastada no caso de absolvição criminal que negue a existência do fato ou sua autoria.
Art. 126-A. Nenhum servidor poderá ser responsabilizado civil, penal ou administrativamente por dar ciência à autoridade superior ou, quando houver suspeita de envolvimento desta, a outra autoridade competente para apuração de informação concernente à prática de crimes ou improbidade de que tenha conhecimento, ainda que em decorrência do exercício de cargo, emprego ou função pública.

CAPÍTULO V
Das Penalidades

Art. 127. São penalidades disciplinares:
I. advertência;
II. suspensão;
III. demissão;
IV. cassação de aposentadoria ou disponibilidade; (Vide ADPF nº 418)
V. destituição de cargo em comissão;
VI. destituição de função comissionada.

Art. 128. Na aplicação das penalidades serão consideradas a natureza e a gravidade da infração cometida, os danos que dela provierem para o serviço público, as circunstâncias agravantes ou atenuantes e os antecedentes funcionais.
Parágrafo único. O ato de imposição da penalidade mencionará sempre o fundamento legal e a causa da sanção disciplinar.

Art. 129. A advertência será aplicada por escrito, nos casos de violação de proibição constante do art. 117, incisos I a VIII e XIX, e de inobservância de dever funcional previsto em lei, regulamentação ou norma interna, que não justifique imposição de penalidade mais grave.

Art. 130. A suspensão será aplicada em caso de reincidência das faltas punidas com advertência e de violação das demais proibições que não tipifiquem infração sujeita a penalidade de demissão, não podendo exceder de 90 (noventa) dias.
§ 1º Será punido com suspensão de até 15 (quinze) dias o servidor que, injustificadamente, recusar-se a ser submetido a inspeção médica determinada pela autoridade competente, cessando os efeitos da penalidade uma vez cumprida a determinação.
§ 2º Quando houver conveniência para o serviço, a penalidade de suspensão poderá ser convertida em multa, na base de 50% (cinquenta por cento) por dia de vencimento ou remuneração, ficando o servidor obrigado a permanecer em serviço.

Art. 131. As penalidades de advertência e de suspensão terão seus registros cancelados, após o decurso de 3 (três) e 5 (cinco) anos de efetivo exercício, respectivamente, se o servidor não houver, nesse período, praticado nova infração disciplinar.
Parágrafo único. O cancelamento da penalidade não surtirá efeitos retroativos.

Art. 132. A demissão será aplicada nos seguintes casos:
I. crime contra a administração pública;
II. abandono de cargo;
III. inassiduidade habitual;
IV. improbidade administrativa;
V. incontinência pública e conduta escandalosa, na repartição;
VI. insubordinação grave em serviço;
VII. ofensa física, em serviço, a servidor ou a particular, salvo em legítima defesa própria ou de outrem;
VIII. aplicação irregular de dinheiros públicos;
IX. revelação de segredo do qual se apropriou em razão do cargo;
X. lesão aos cofres públicos e dilapidação do patrimônio nacional;
XI. corrupção;
XII. acumulação ilegal de cargos, empregos ou funções públicas;
XIII. transgressão dos incisos IX a XVI do art. 117.

Art. 133. Detectada a qualquer tempo a acumulação ilegal de cargos, empregos ou funções públicas, a autoridade a que se refere o art. 143 notificará o servidor, por intermédio de sua chefia imediata, para apresentar opção no prazo improrrogável de dez dias, contados da data da ciência e, na hipótese de omissão, adotará procedimento sumário para a sua apuração e regularização imediata, cujo processo administrativo disciplinar se desenvolverá nas seguintes fases:
I. instauração, com a publicação do ato que constituir a comissão, a ser composta por dois servidores estáveis, e simultaneamente indicar a autoria e a materialidade da transgressão objeto da apuração;
II. instrução sumária, que compreende indiciação, defesa e relatório;
III. julgamento.
§ 1º A indicação da autoria de que trata o inciso I dar-se-á pelo nome e matrícula do servidor, e a materialidade pela descrição dos cargos, empregos ou funções públicas em situação de acumulação ilegal, dos órgãos ou entidades de vinculação, das datas de ingresso, do horário de trabalho e do correspondente regime jurídico.
§ 2º A comissão lavrará, até três dias após a publicação do ato que a constituiu, termo de indiciação em que serão transcritas as informações de que trata o parágrafo anterior, bem como promoverá a citação pessoal do servidor indiciado, ou por intermédio de sua chefia imediata, para, no prazo de cinco dias,

apresentar defesa escrita, assegurando-se lhe vista do processo na repartição, observado o disposto nos arts. 163 e 164º

§ 3º Apresentada a defesa, a comissão elaborará relatório conclusivo quanto à inocência ou à responsabilidade do servidor, em que resumirá as peças principais dos autos, opinará sobre a licitude da acumulação em exame, indicará o respectivo dispositivo legal e remeterá o processo à autoridade instauradora, para julgamento.

§ 4º No prazo de cinco dias, contados do recebimento do processo, a autoridade julgadora proferirá a sua decisão, aplicando-se, quando for o caso, o disposto no § 3º do art. 167º

§ 5º A opção pelo servidor até o último dia de prazo para defesa configurará sua boa-fé, hipótese em que se converterá automaticamente em pedido de exoneração do outro cargo.

§ 6º Caracterizada a acumulação ilegal e provada a má-fé, aplicar-se-á a pena de demissão, destituição ou cassação de aposentadoria ou disponibilidade em relação aos cargos, empregos ou funções públicas em regime de acumulação ilegal, hipótese em que os órgãos ou entidades de vinculação serão comunicados.

§ 7º O prazo para a conclusão do processo administrativo disciplinar submetido ao rito sumário não excederá trinta dias, contados da data de publicação do ato que constituir a comissão, admitida a sua prorrogação por até quinze dias, quando as circunstâncias o exigirem.

§ 8º O procedimento sumário rege-se pelas disposições deste artigo, observando-se, no que lhe for aplicável, subsidiariamente, as disposições dos Títulos IV e V desta Lei.

Art. 134. Será cassada a aposentadoria ou a disponibilidade do inativo que houver praticado, na atividade, falta punível com a demissão. (Vide ADPF nº 418)

Art. 135. A destituição de cargo em comissão exercido por não ocupante de cargo efetivo será aplicada nos casos de infração sujeita às penalidades de suspensão e de demissão.

Parágrafo único. Constatada a hipótese de que trata este artigo, a exoneração efetuada nos termos do art. 35 será convertida em destituição de cargo em comissão.

Art. 136. A demissão ou a destituição de cargo em comissão, nos casos dos incisos IV, VIII, X e XI do art. 132, implica a indisponibilidade dos bens e o ressarcimento ao erário, sem prejuízo da ação penal cabível.

Art. 137. A demissão ou a destituição de cargo em comissão, por infringência do art. 117, incisos IX e XI, incompatibiliza o ex-servidor para nova investidura em cargo público federal, pelo prazo de 5 (cinco) anos.

Parágrafo único. Não poderá retornar ao serviço público federal o servidor que for demitido ou destituído do cargo em comissão por infringência do art. 132, incisos I, IV, VIII, X e XI.

Art. 138. Configura abandono de cargo a ausência intencional do servidor ao serviço por mais de trinta dias consecutivos.

Art. 139. Entende-se por inassiduidade habitual a falta ao serviço, sem causa justificada, por sessenta dias, interpoladamente, durante o período de doze meses.

Art. 140. Na apuração de abandono de cargo ou inassiduidade habitual, também será adotado o procedimento sumário a que se refere o art. 133, observando-se especialmente que:

I. a indicação da materialidade dar-se-á:

a) na hipótese de abandono de cargo, pela indicação precisa do período de ausência intencional do servidor ao serviço superior a trinta dias;

b) no caso de inassiduidade habitual, pela indicação dos dias de falta ao serviço sem causa justificada, por período igual ou superior a sessenta dias interpoladamente, durante o período de doze meses;

II. após a apresentação da defesa a comissão elaborará relatório conclusivo quanto à inocência ou à responsabilidade do servidor, em que resumirá as peças principais dos autos, indicará o respectivo dispositivo legal, opinará, na hipótese de abandono de cargo, sobre a intencionalidade da ausência ao serviço superior a trinta dias e remeterá o processo à autoridade instauradora para julgamento.

Art. 141. As penalidades disciplinares serão aplicadas:

I. pelo Presidente da República, pelos Presidentes das Casas do Poder Legislativo e dos Tribunais Federais e pelo Procurador-Geral da República, quando se tratar de demissão e cassação de aposentadoria ou disponibilidade de servidor vinculado ao respectivo Poder, órgão, ou entidade;

II. pelas autoridades administrativas de hierarquia imediatamente inferior àquelas mencionadas no

inciso anterior quando se tratar de suspensão superior a 30 (trinta) dias;
III. pelo chefe da repartição e outras autoridades na forma dos respectivos regimentos ou regulamentos, nos casos de advertência ou de suspensão de até 30 (trinta) dias;
IV. pela autoridade que houver feito a nomeação, quando se tratar de destituição de cargo em comissão.
Art. 142. A ação disciplinar prescreverá:
I. em 5 (cinco) anos, quanto às infrações puníveis com demissão, cassação de aposentadoria ou disponibilidade e destituição de cargo em comissão;
II. em 2 (dois) anos, quanto à suspensão;
III. em 180 (cento e oitenta) dias, quanto à advertência.
§ 1º O prazo de prescrição começa a correr da data em que o fato se tornou conhecido.
§ 2º Os prazos de prescrição previstos na lei penal aplicam-se às infrações disciplinares capituladas também como crime.
§ 3º A abertura de sindicância ou a instauração de processo disciplinar interrompe a prescrição, até a decisão final proferida por autoridade competente.
§ 4º Interrompido o curso da prescrição, o prazo começará a correr a partir do dia em que cessar a interrupção.

TÍTULO V
Do Processo Administrativo Disciplinar

CAPÍTULO I
Disposições Gerais

Art. 143. A autoridade que tiver ciência de irregularidade no serviço público é obrigada a promover a sua apuração imediata, mediante sindicância ou processo administrativo disciplinar, assegurada ao acusado ampla defesa.
§ 1º (Revogado pela Lei nº 11.204, de 2005)
§ 2º (Revogado pela Lei nº 11.204, de 2005)
§ 3º A apuração de que trata o caput, por solicitação da autoridade a que se refere, poderá ser promovida por autoridade de órgão ou entidade diverso daquele em que tenha ocorrido a irregularidade, mediante competência específica para tal finalidade, delegada em caráter permanente ou temporário pelo Presidente da República, pelos presidentes das Casas do Poder Legislativo e dos Tribunais Federais e pelo Procurador-Geral da República, no âmbito do respectivo Poder, órgão ou entidade, preservadas as competências para o julgamento que se seguir à apuração.
Art. 144. As denúncias sobre irregularidades serão objeto de apuração, desde que contenham a identificação e o endereço do denunciante e sejam formuladas por escrito, confirmada a autenticidade.
Parágrafo único. Quando o fato narrado não configurar evidente infração disciplinar ou ilícito penal, a denúncia será arquivada, por falta de objeto.
Art. 145. Da sindicância poderá resultar:
I. arquivamento do processo;
II. aplicação de penalidade de advertência ou suspensão de até 30 (trinta) dias;
III. instauração de processo disciplinar.
Parágrafo único. O prazo para conclusão da sindicância não excederá 30 (trinta) dias, podendo ser prorrogado por igual período, a critério da autoridade superior.
Art. 146. Sempre que o ilícito praticado pelo servidor ensejar a imposição de penalidade de suspensão por mais de 30 (trinta) dias, de demissão, cassação de aposentadoria ou disponibilidade, ou destituição de cargo em comissão, será obrigatória a instauração de processo disciplinar.

CAPÍTULO II
Do Afastamento Preventivo

Art. 147. Como medida cautelar e a fim de que o servidor não venha a influir na apuração da irregularidade, a autoridade instauradora do processo disciplinar poderá determinar o seu afastamento do exercício do cargo, pelo prazo de até 60 (sessenta) dias, sem prejuízo da remuneração.
Parágrafo único. O afastamento poderá ser prorrogado por igual prazo, findo o qual cessarão os seus efeitos, ainda que não concluído o processo.

CAPÍTULO III
Do Processo Disciplinar

Art. 148. O processo disciplinar é o instrumento destinado a apurar responsabilidade de servidor por infração praticada no exercício de suas atribuições, ou que tenha relação com as atribuições do cargo em que se encontre investido.

Art. 149. O processo disciplinar será conduzido por comissão composta de três servidores estáveis designados pela autoridade competente, observado o disposto no § 3º do art. 143, que indicará, dentre eles, o seu presidente, que deverá ser ocupante de cargo efetivo superior ou de mesmo nível, ou ter nível de escolaridade igual ou superior ao do indiciado.

§ 1º A Comissão terá como secretário servidor designado pelo seu presidente, podendo a indicação recair em um de seus membros.

§ 2º Não poderá participar de comissão de sindicância ou de inquérito, cônjuge, companheiro ou parente do acusado, consanguíneo ou afim, em linha reta ou colateral, até o terceiro grau.

Art. 150. A Comissão exercerá suas atividades com independência e imparcialidade, assegurado o sigilo necessário à elucidação do fato ou exigido pelo interesse da administração.

Parágrafo único. As reuniões e as audiências das comissões terão caráter reservado.

Art. 151. O processo disciplinar se desenvolve nas seguintes fases:

I. instauração, com a publicação do ato que constituir a comissão;

II. inquérito administrativo, que compreende instrução, defesa e relatório;

III. julgamento.

Art. 152. O prazo para a conclusão do processo disciplinar não excederá 60 (sessenta) dias, contados da data de publicação do ato que constituir a comissão, admitida a sua prorrogação por igual prazo, quando as circunstâncias o exigirem.

§ 1º Sempre que necessário, a comissão dedicará tempo integral aos seus trabalhos, ficando seus membros dispensados do ponto, até a entrega do relatório final.

§ 2º As reuniões da comissão serão registradas em atas que deverão detalhar as deliberações adotadas.

SEÇÃO I
Do Inquérito

Art. 153. O inquérito administrativo obedecerá ao princípio do contraditório, assegurada ao acusado ampla defesa, com a utilização dos meios e recursos admitidos em direito.

Art. 154. Os autos da sindicância integrarão o processo disciplinar, como peça informativa da instrução.

Parágrafo único. Na hipótese de o relatório da sindicância concluir que a infração está capitulada como ilícito penal, a autoridade competente encaminhará cópia dos autos ao Ministério Público, independentemente da imediata instauração do processo disciplinar.

Art. 155. Na fase do inquérito, a comissão promoverá a tomada de depoimentos, acareações, investigações e diligências cabíveis, objetivando a coleta de prova, recorrendo, quando necessário, a técnicos e peritos, de modo a permitir a completa elucidação dos fatos.

Art. 156. É assegurado ao servidor o direito de acompanhar o processo pessoalmente ou por intermédio de procurador, arrolar e reinquirir testemunhas, produzir provas e contraprovas e formular quesitos, quando se tratar de prova pericial.

§ 1º O presidente da comissão poderá denegar pedidos considerados impertinentes, meramente protelatórios, ou de nenhum interesse para o esclarecimento dos fatos.

§ 2º Será indeferido o pedido de prova pericial, quando a comprovação do fato independer de conhecimento especial de perito.

Art. 157. As testemunhas serão intimadas a depor mediante mandado expedido pelo presidente da comissão, devendo a segunda via, com o ciente do interessado, ser anexado aos autos.

Parágrafo único. Se a testemunha for servidor público, a expedição do mandado será imediatamente comunicada ao chefe da repartição onde serve, com a indicação do dia e hora marcados para inquirição.

Art. 158. O depoimento será prestado oralmente e reduzido a termo, não sendo lícito à testemunha trazê-lo por escrito.

§ 1º As testemunhas serão inquiridas separadamente.

§ 2º Na hipótese de depoimentos contraditórios ou que se infirmem, proceder-se-á à acareação entre os depoentes.

Art. 159. Concluída a inquirição das testemunhas, a comissão promoverá o interrogatório do acusado, observados os procedimentos previstos nos arts. 157 e 158.

§ 1º No caso de mais de um acusado, cada um deles será ouvido separadamente, e sempre que divergirem em suas declarações sobre fatos ou circunstâncias, será promovida a acareação entre eles.

§ 2º O procurador do acusado poderá assistir ao interrogatório, bem como à inquirição das testemunhas, sendo-lhe vedado interferir nas perguntas e respostas, facultando-se lhe, porém, reinquiri-las, por intermédio do presidente da comissão.

Art. 160. Quando houver dúvida sobre a sanidade mental do acusado, a comissão proporá à autoridade competente que ele seja submetido a exame por junta médica oficial, da qual participe pelo menos um médico psiquiatra.

Parágrafo único. O incidente de sanidade mental será processado em auto apartado e apenso ao processo principal, após a expedição do laudo pericial.

Art. 161. Tipificada a infração disciplinar, será formulada a indiciação do servidor, com a especificação dos fatos a ele imputados e das respectivas provas.

§ 1º O indiciado será citado por mandado expedido pelo presidente da comissão para apresentar defesa escrita, no prazo de 10 (dez) dias, assegurando-se lhe vista do processo na repartição.

§ 2º Havendo dois ou mais indiciados, o prazo será comum e de 20 (vinte) dias.

§ 3º O prazo de defesa poderá ser prorrogado pelo dobro, para diligências reputadas indispensáveis.

§ 4º No caso de recusa do indiciado em apor o ciente na cópia da citação, o prazo para defesa contar-se-á da data declarada, em termo próprio, pelo membro da comissão que fez a citação, com a assinatura de (2) duas testemunhas.

Art. 162. O indiciado que mudar de residência fica obrigado a comunicar à comissão o lugar onde poderá ser encontrado.

Art. 163. Achando-se o indiciado em lugar incerto e não sabido, será citado por edital, publicado no Diário Oficial da União e em jornal de grande circulação na localidade do último domicílio conhecido, para apresentar defesa.

Parágrafo único. Na hipótese deste artigo, o prazo para defesa será de 15 (quinze) dias a partir da última publicação do edital.

Art. 164. Considerar-se-á revel o indiciado que, regularmente citado, não apresentar defesa no prazo legal.

§ 1º A revelia será declarada, por termo, nos autos do processo e devolverá o prazo para a defesa.

§ 2º Para defender o indiciado revel, a autoridade instauradora do processo designará um servidor como defensor dativo, que deverá ser ocupante de cargo efetivo superior ou de mesmo nível, ou ter nível de escolaridade igual ou superior ao do indiciado.

Art. 165. Apreciada a defesa, a comissão elaborará relatório minucioso, onde resumirá as peças principais dos autos e mencionará as provas em que se baseou para formar a sua convicção.

§ 1º O relatório será sempre conclusivo quanto à inocência ou à responsabilidade do servidor.

§ 2º Reconhecida a responsabilidade do servidor, a comissão indicará o dispositivo legal ou regulamentar transgredido, bem como as circunstâncias agravantes ou atenuantes.

Art. 166. O processo disciplinar, com o relatório da comissão, será remetido à autoridade que determinou a sua instauração, para julgamento.

SEÇÃO II
Do Julgamento

Art. 167. No prazo de 20 (vinte) dias, contados do recebimento do processo, a autoridade julgadora proferirá a sua decisão.

§ 1º Se a penalidade a ser aplicada exceder a alçada da autoridade instauradora do processo, este será encaminhado à autoridade competente, que decidirá em igual prazo.

§ 2º Havendo mais de um indiciado e diversidade de sanções, o julgamento caberá à autoridade competente para a imposição da pena mais grave.

§ 3º Se a penalidade prevista for a demissão ou cassação de aposentadoria ou disponibilidade, o julgamento caberá às autoridades de que trata o inciso I do art. 141.

§ 4º Reconhecida pela comissão a inocência do servidor, a autoridade instauradora do processo determinará o seu arquivamento, salvo se flagrantemente contrária à prova dos autos.

Art. 168. O julgamento acatará o relatório da comissão, salvo quando contrário às provas dos autos.

Parágrafo único. Quando o relatório da comissão contrariar as provas dos autos, a autoridade julgadora poderá, motivadamente, agravar a penalidade proposta, abrandá-la ou isentar o servidor de responsabilidade.

Art. 169. Verificada a ocorrência de vício insanável, a autoridade que determinou a instauração do processo ou outra de hierarquia superior declarará a sua nulidade, total ou parcial, e ordenará, no mesmo ato, a constituição de outra comissão para instauração de novo processo.

§ 1º O julgamento fora do prazo legal não implica nulidade do processo.

§ 2º A autoridade julgadora que der causa à prescrição de que trata o art. 142, § 2º, será responsabilizada na forma do Capítulo IV do Título IV.

Art. 170. Extinta a punibilidade pela prescrição, a autoridade julgadora determinará o registro do fato nos assentamentos individuais do servidor.

Art. 171. Quando a infração estiver capitulada como crime, o processo disciplinar será remetido ao Ministério Público para instauração da ação penal, ficando trasladado na repartição.

Art. 172. O servidor que responder a processo disciplinar só poderá ser exonerado a pedido, ou aposentado voluntariamente, após a conclusão do processo e o cumprimento da penalidade, acaso aplicada.

Parágrafo único. Ocorrida a exoneração de que trata o parágrafo único, inciso I do art. 34, o ato será convertido em demissão, se for o caso.

Art. 173. Serão assegurados transporte e diárias:

I. ao servidor convocado para prestar depoimento fora da sede de sua repartição, na condição de testemunha, denunciado ou indiciado;

II. aos membros da comissão e ao secretário, quando obrigados a se deslocarem da sede dos trabalhos para a realização de missão essencial ao esclarecimento dos fatos.

SEÇÃO III
Da Revisão do Processo

Art. 174. O processo disciplinar poderá ser revisto, a qualquer tempo, a pedido ou de ofício, quando se aduzirem fatos novos ou circunstâncias suscetíveis de justificar a inocência do punido ou a inadequação da penalidade aplicada.

§ 1º Em caso de falecimento, ausência ou desaparecimento do servidor, qualquer pessoa da família poderá requerer a revisão do processo.

§ 2º No caso de incapacidade mental do servidor, a revisão será requerida pelo respectivo curador.

Art. 175. No processo revisional, o ônus da prova cabe ao requerente.

Art. 176. A simples alegação de injustiça da penalidade não constitui fundamento para a revisão, que requer elementos novos, ainda não apreciados no processo originário.

Art. 177. O requerimento de revisão do processo será dirigido ao Ministro de Estado ou autoridade equivalente, que, se autorizar a revisão, encaminhará o pedido ao dirigente do órgão ou entidade onde se originou o processo disciplinar.

Parágrafo único. Deferida a petição, a autoridade competente providenciará a constituição de comissão, na forma do art. 149.

Art. 178. A revisão correrá em apenso ao processo originário.

Parágrafo único. Na petição inicial, o requerente pedirá dia e hora para a produção de provas e inquirição das testemunhas que arrolar.

Art. 179. A comissão revisora terá 60 (sessenta) dias para a conclusão dos trabalhos.

Art. 180. Aplicam-se aos trabalhos da comissão revisora, no que couber, as normas e procedimentos próprios da comissão do processo disciplinar.

Art. 181. O julgamento caberá à autoridade que aplicou a penalidade, nos termos do art. 141.

Parágrafo único. O prazo para julgamento será de 20 (vinte) dias, contados do recebimento do processo, no curso do qual a autoridade julgadora poderá determinar diligências.

Art. 182. Julgada procedente a revisão, será declarada sem efeito a penalidade aplicada, restabelecendo-se todos os direitos do servidor, exceto em relação à destituição do cargo em comissão, que será convertida em exoneração.

Parágrafo único. Da revisão do processo não poderá resultar agravamento de penalidade.

TÍTULO VI
Da Seguridade Social do Servidor

CAPÍTULO I
Disposições Gerais

Art. 183. A União manterá Plano de Seguridade Social para o servidor e sua família.

§ 1º O servidor ocupante de cargo em comissão que não seja, simultaneamente, ocupante de cargo ou emprego efetivo na administração pública direta, autárquica e fundacional não terá direito aos benefícios do Plano de Seguridade Social, com exceção da assistência à saúde.

§ 2º O servidor afastado ou licenciado do cargo efetivo, sem direito à remuneração, inclusive para servir em organismo oficial internacional do qual o Brasil seja membro efetivo ou com o qual coopere, ainda que contribua para regime de previdência social no exterior, terá suspenso o seu vínculo com o regime do Plano de Seguridade Social do Servidor Público enquanto durar o afastamento ou a licença, não lhes assistindo, neste período, os benefícios do mencionado regime de previdência.

§ 3º Será assegurada ao servidor licenciado ou afastado sem remuneração a manutenção da vinculação ao regime do Plano de Seguridade Social do Servidor Público, mediante o recolhimento mensal da respectiva contribuição, no mesmo percentual devido pelos servidores em atividade, incidente sobre a remuneração total do cargo a que faz jus no exercício de suas atribuições, computando-se, para esse efeito, inclusive, as vantagens pessoais.

§ 4º O recolhimento de que trata o § 3º deve ser efetuado até o segundo dia útil após a data do pagamento das remunerações dos servidores públicos, aplicando-se os procedimentos de cobrança e execução dos tributos federais quando não recolhidas na data de vencimento.

Art. 184. O Plano de Seguridade Social visa a dar cobertura aos riscos a que estão sujeitos o servidor e sua família, e compreende um conjunto de benefícios e ações que atendam às seguintes finalidades:

I. garantir meios de subsistência nos eventos de doença, invalidez, velhice, acidente em serviço, inatividade, falecimento e reclusão;

II. proteção à maternidade, à adoção e à paternidade;

III. assistência à saúde.

Parágrafo único. Os benefícios serão concedidos nos termos e condições definidos em regulamento, observadas as disposições desta Lei.

Art. 185. Os benefícios do Plano de Seguridade Social do servidor compreendem:

I. quanto ao servidor:
a) aposentadoria;
b) auxílio-natalidade;
c) salário-família;
d) licença para tratamento de saúde;
e) licença à gestante, à adotante e licença-paternidade;
f) licença por acidente em serviço;
g) assistência à saúde;

h) garantia de condições individuais e ambientais de trabalho satisfatórias;

II. quanto ao dependente:
a) pensão vitalícia e temporária;
b) auxílio-funeral;
c) auxílio-reclusão;
d) assistência à saúde.

§ 1º As aposentadorias e pensões serão concedidas e mantidas pelos órgãos ou entidades aos quais se encontram vinculados os servidores, observado o disposto nos arts. 189 e 224.

§ 2º O recebimento indevido de benefícios havidos por fraude, dolo ou má-fé, implicará devolução ao erário do total auferido, sem prejuízo da ação penal cabível.

CAPÍTULO II
Dos Benefícios

SEÇÃO I
Da Aposentadoria

Art. 186. O servidor será aposentado: (Vide art. 40 da Constituição)

I. por invalidez permanente, sendo os proventos integrais quando decorrente de acidente em serviço, moléstia profissional ou doença grave, contagiosa ou incurável, especificada em lei, e proporcionais nos demais casos;

II. compulsoriamente, aos setenta anos de idade, com proventos proporcionais ao tempo de serviço;

III. voluntariamente:
a) aos 35 (trinta e cinco) anos de serviço, se homem, e aos 30 (trinta) se mulher, com proventos integrais;
b) aos 30 (trinta) anos de efetivo exercício em funções de magistério se professor, e 25 (vinte e cinco) se professora, com proventos integrais;
c) aos 30 (trinta) anos de serviço, se homem, e aos 25 (vinte e cinco) se mulher, com proventos proporcionais a esse tempo;
d) aos 65 (sessenta e cinco) anos de idade, se homem, e aos 60 (sessenta) se mulher, com proventos proporcionais ao tempo de serviço.

§ 1º Consideram-se doenças graves, contagiosas ou incuráveis, a que se refere o inciso I deste artigo, tuberculose ativa, alienação mental, esclerose múltipla, neoplasia maligna, cegueira posterior ao ingresso no serviço público, hanseníase, cardiopatia grave, doença de Parkinson, paralisia irreversível e incapacitante, espondiloartrose anquilosante, nefropatia grave, estados avançados do mal de Paget (osteíte deformante), Síndrome de Imunodeficiência Adquirida – AIDS, e outras que a lei indicar, com base na medicina especializada.

§ 2º Nos casos de exercício de atividades consideradas insalubres ou perigosas, bem como nas hipóteses previstas no art. 71, a aposentadoria de que trata o inciso III, "a" e "c", observará o disposto em lei específica.

§ 3º Na hipótese do inciso I o servidor será submetido à junta médica oficial, que atestará a invalidez quando caracterizada a incapacidade para o desempenho das atribuições do cargo ou a impossibilidade de se aplicar o disposto no art. 24º

Art. 187. A aposentadoria compulsória será automática, e declarada por ato, com vigência a partir do dia imediato àquele em que o servidor atingir a idade-limite de permanência no serviço ativo.

Art. 188. A aposentadoria voluntária ou por invalidez vigorará a partir da data da publicação do respectivo ato.

§ 1º A aposentadoria por invalidez será precedida de licença para tratamento de saúde, por período não excedente a 24 (vinte e quatro) meses.

§ 2º Expirado o período de licença e não estando em condições de reassumir o cargo ou de ser readaptado, o servidor será aposentado.

§ 3º O lapso de tempo compreendido entre o término da licença e a publicação do ato da aposentadoria será considerado como de prorrogação da licença.

§ 4º Para os fins do disposto no § 1º deste artigo, serão consideradas apenas as licenças motivadas pela enfermidade ensejadora da invalidez ou doenças correlacionadas.

§ 5º A critério da Administração, o servidor em licença para tratamento de saúde ou aposentado por invalidez poderá ser convocado a qualquer momento, para avaliação das condições que ensejaram o afastamento ou a aposentadoria.

Art. 189. O provento da aposentadoria será calculado com observância do disposto no § 3º do art. 41, e revisto na mesma data e proporção, sempre que se modificar a remuneração dos servidores em atividade.

Parágrafo único. São estendidos aos inativos quaisquer benefícios ou vantagens posteriormente concedidas aos servidores em atividade, inclusive quando decorrentes de transformação ou reclassificação do cargo ou função em que se deu a aposentadoria.

Art. 190. O servidor aposentado com provento proporcional ao tempo de serviço se acometido de qualquer das moléstias especificadas no § 1º do art. 186 desta Lei e, por esse motivo, for considerado inválido por junta médica oficial passará a perceber provento integral, calculado com base no fundamento legal de concessão da aposentadoria.

Art. 191. Quando proporcional ao tempo de serviço, o provento não será inferior a 1/3 (um terço) da remuneração da atividade.

Art. 192. (Revogado pela Lei nº 9.527, de 10.12.97)

Art. 193. (Revogado pela Lei nº 9.527, de 10.12.97)

Art. 194. Ao servidor aposentado será paga a gratificação natalina, até o dia vinte do mês de dezembro, em valor equivalente ao respectivo provento, deduzido o adiantamento recebido.

Art. 195. Ao ex-combatente que tenha efetivamente participado de operações bélicas, durante a Segunda Guerra Mundial, nos termos da Lei nº 5.315, de 12 de setembro de 1967, será concedida aposentadoria com provento integral, aos 25 (vinte e cinco) anos de serviço efetivo.

SEÇÃO II
Do Auxílio-Natalidade

Art. 196. O auxílio-natalidade é devido à servidora por motivo de nascimento de filho, em quantia equivalente ao menor vencimento do serviço público, inclusive no caso de natimorto.

§ 1º Na hipótese de parto múltiplo, o valor será acrescido de 50% (cinquenta por cento), por nascituro.

§ 2º O auxílio será pago ao cônjuge ou companheiro servidor público, quando a parturiente não for servidora.

SEÇÃO III
Do Salário-Família

Art. 197. O salário-família é devido ao servidor ativo ou ao inativo, por dependente econômico.

Parágrafo único. Consideram-se dependentes econômicos para efeito de percepção do salário-família:

I. o cônjuge ou companheiro e os filhos, inclusive os enteados até 21 (vinte e um) anos de idade ou, se estudante, até 24 (vinte e quatro) anos ou, se inválido, de qualquer idade;

II. o menor de 21 (vinte e um) anos que, mediante autorização judicial, viver na companhia e às expensas do servidor, ou do inativo;

III. a mãe e o pai sem economia própria.

Art. 198. Não se configura a dependência econômica quando o beneficiário do salário-família perceber rendimento do trabalho ou de qualquer outra fonte, inclusive pensão ou provento da aposentadoria, em valor igual ou superior ao salário-mínimo.

Art. 199. Quando o pai e mãe forem servidores públicos e viverem em comum, o salário-família será pago a um deles; quando separados, será pago a um e outro, de acordo com a distribuição dos dependentes.

Parágrafo único. Ao pai e à mãe equiparam-se o padrasto, a madrasta e, na falta destes, os representantes legais dos incapazes.

Art. 200. O salário-família não está sujeito a qualquer tributo, nem servirá de base para qualquer contribuição, inclusive para a Previdência Social.

Art. 201. O afastamento do cargo efetivo, sem remuneração, não acarreta a suspensão do pagamento do salário-família.

SEÇÃO IV
Da Licença para Tratamento de Saúde

Art. 202. Será concedida ao servidor licença para tratamento de saúde, a pedido ou de ofício, com base em perícia médica, sem prejuízo da remuneração a que fizer jus.

Art. 203. A licença de que trata o art. 202 desta Lei será concedida com base em perícia oficial.

§ 1º Sempre que necessário, a inspeção médica será realizada na residência do servidor ou no estabelecimento hospitalar onde se encontrar internado.

§ 2º Inexistindo médico no órgão ou entidade no local onde se encontra ou tenha exercício em caráter permanente o servidor, e não se configurando as hipóteses previstas nos parágrafos do art. 230, será aceito atestado passado por médico particular.

§ 3º No caso do § 2º deste artigo, o atestado somente produzirá efeitos depois de recepcionado pela unidade de recursos humanos do órgão ou entidade.

§ 4º A licença que exceder o prazo de 120 (cento e vinte) dias no período de 12 (doze) meses a contar do primeiro dia de afastamento será concedida mediante avaliação por junta médica oficial.

§ 5º A perícia oficial para concessão da licença de que trata o caput deste artigo, bem como nos demais casos de perícia oficial previstos nesta Lei, será efetuada por cirurgiões-dentistas, nas hipóteses em que abranger o campo de atuação da odontologia.

Art. 204. A licença para tratamento de saúde inferior a 15 (quinze) dias, dentro de 1 (um) ano, poderá ser dispensada de perícia oficial, na forma definida em regulamento.

Art. 205. O atestado e o laudo da junta médica não se referirão ao nome ou natureza da doença, salvo quando se tratar de lesões produzidas por acidente em serviço, doença profissional ou qualquer das doenças especificadas no art. 186, § 1º.

Art. 206. O servidor que apresentar indícios de lesões orgânicas ou funcionais será submetido a inspeção médica.

Art. 206-A. O servidor será submetido a exames médicos periódicos, nos termos e condições definidos em regulamento.

Parágrafo único. Para os fins do disposto no caput, a União e suas entidades autárquicas e fundacionais poderão:

I. prestar os exames médicos periódicos diretamente pelo órgão ou entidade à qual se encontra vinculado o servidor;

II. celebrar convênio ou instrumento de cooperação ou parceria com os órgãos e entidades da administração direta, suas autarquias e fundações;

III. celebrar convênios com operadoras de plano de assistência à saúde, organizadas na modalidade de autogestão, que possuam autorização de funcionamento do órgão regulador, na forma do art. 230; ou

IV. prestar os exames médicos periódicos mediante contrato administrativo, observado o disposto na Lei nº 8.666, de 21 de junho de 1993, e demais normas pertinentes.

SEÇÃO V
Da Licença à Gestante, à Adotante e da Licença-Paternidade

Art. 207. Será concedida licença à servidora gestante por 120 (cento e vinte) dias consecutivos, sem prejuízo da remuneração.

§ 1º A licença poderá ter início no primeiro dia do nono mês de gestação, salvo antecipação por prescrição médica.

§ 2º No caso de nascimento prematuro, a licença terá início a partir do parto.

§ 3º No caso de natimorto, decorridos 30 (trinta) dias do evento, a servidora será submetida a exame médico, e se julgada apta, reassumirá o exercício.

§ 4º No caso de aborto atestado por médico oficial, a servidora terá direito a 30 (trinta) dias de repouso remunerado.

Art. 208. Pelo nascimento ou adoção de filhos, o servidor terá direito à licença-paternidade de 5 (cinco) dias consecutivos.

Art. 209. Para amamentar o próprio filho, até a idade de seis meses, a servidora lactante terá direito, durante a jornada de trabalho, a uma hora de descanso, que poderá ser parcelada em dois períodos de meia hora.

Art. 210. À servidora que adotar ou obtiver guarda judicial de criança até 1 (um) ano de idade, serão concedidos 90 (noventa) dias de licença remunerada.

Parágrafo único. No caso de adoção ou guarda judicial de criança com mais de 1 (um) ano de idade, o prazo de que trata este artigo será de 30 (trinta) dias.

SEÇÃO VI
Da Licença por Acidente em Serviço

Art. 211. Será licenciado, com remuneração integral, o servidor acidentado em serviço.

Art. 212. Configura acidente em serviço o dano físico ou mental sofrido pelo servidor, que se relacione, mediata ou imediatamente, com as atribuições do cargo exercido.

Parágrafo único. Equipara-se ao acidente em serviço o dano:

I. decorrente de agressão sofrida e não provocada pelo servidor no exercício do cargo;

II. sofrido no percurso da residência para o trabalho e vice-versa.

Art. 213. O servidor acidentado em serviço que necessite de tratamento especializado poderá ser tratado em instituição privada, à conta de recursos públicos.

Parágrafo único. O tratamento recomendado por junta médica oficial constitui medida de exceção e somente será admissível quando inexistirem meios e recursos adequados em instituição pública.

Art. 214. A prova do acidente será feita no prazo de 10 (dez) dias, prorrogável quando as circunstâncias o exigirem.

SEÇÃO VII
Da Pensão

Art. 215. Por morte do servidor, os seus dependentes, nas hipóteses legais, fazem jus à pensão por morte, observados os limites estabelecidos no inciso XI do caput do art. 37 da Constituição Federal e no art. 2º da Lei nº 10.887, de 18 de junho de 2004. (Redação dada pela Lei nº 13.846, de 2019)

Art. 216. (Revogado pela Lei nº 13.135, de 2015)

Art. 217. São beneficiários das pensões:

I. o cônjuge;

a) (Revogada); (Redação dada pela Lei nº 13.135, de 2015)

b) (Revogada); (Redação dada pela Lei nº 13.135, de 2015)

c) (Revogada); (Redação dada pela Lei nº 13.135, de 2015)

d) (Revogada); (Redação dada pela Lei nº 13.135, de 2015)

e) (Revogada); (Redação dada pela Lei nº 13.135, de 2015)

II. o cônjuge divorciado ou separado judicialmente ou de fato, com percepção de pensão alimentícia estabelecida judicialmente;

a) (Revogada); (Redação dada pela Lei nº 13.135, de 2015)

b) (Revogada); (Redação dada pela Lei nº 13.135, de 2015)

c) (Revogada); (Redação dada pela Lei nº 13.135, de 2015)

d) (Revogada); (Redação dada pela Lei nº 13.135, de 2015)

III. o companheiro ou companheira que comprove união estável como entidade familiar;

IV. o filho de qualquer condição que atenda a um dos seguintes requisitos:

a) seja menor de 21 (vinte e um) anos;

b) seja inválido;

c) (Vide Lei nº 13.135, de 2015)

d) tenha deficiência intelectual ou mental; **(Redação dada pela Lei nº 13.846, de 2019)**

V. a mãe e o pai que comprovem dependência econômica do servidor; e

VI. o irmão de qualquer condição que comprove dependência econômica do servidor e atenda a um dos requisitos previstos no inciso IV.

§ 1º A concessão de pensão aos beneficiários de que tratam os incisos I a IV do caput exclui os beneficiários referidos nos incisos V e VI.

§ 2º A concessão de pensão aos beneficiários de que trata o inciso V do caput exclui o beneficiário referido no inciso VI.

§ 3º O enteado e o menor tutelado equiparam-se a filho mediante declaração do servidor e desde que comprovada dependência econômica, na forma estabelecida em regulamento.

§ 4º (VETADO). **(Incluído pela Lei nº 13.846, de 2019)**

Art. 218. Ocorrendo habilitação de vários titulares à pensão, o seu valor será distribuído em partes iguais entre os beneficiários habilitados.

§ 1º (Revogado). (Redação dada pela Lei nº 13.135, de 2015)

§ 2º (Revogado). (Redação dada pela Lei nº 13.135, de 2015)

§ 3º (Revogado). (Redação dada pela Lei nº 13.135, de 2015)

Art. 219. A pensão por morte será devida ao conjunto dos dependentes do segurado que falecer, aposentado ou não, a contar da data: (Redação dada pela Lei nº 13.846, de 2019)

I. do óbito, quando requerida em até 180 (cento e oitenta dias) após o óbito, para os filhos menores de 16 (dezesseis) anos, ou em até 90 (noventa) dias após o óbito, para os demais dependentes; **(Redação dada pela Lei nº 13.846, de 2019)**

II. do requerimento, quando requerida após o prazo previsto no inciso I do caput deste artigo; ou **(Redação dada pela Lei nº 13.846, de 2019)**

III. da decisão judicial, na hipótese de morte presumida. **(Redação dada pela Lei nº 13.846, de 2019)**

§ 1º A concessão da pensão por morte não será protelada pela falta de habilitação de outro possível dependente e a habilitação posterior que importe em exclusão ou inclusão de dependente só produzirá efeito a partir da data da publicação da portaria de concessão da pensão ao dependente habilitado. **(Redação dada pela Lei nº 13.846, de 2019)**

§ 2º Ajuizada a ação judicial para reconhecimento da condição de dependente, este poderá requerer a sua habilitação provisória ao benefício de pensão por morte, exclusivamente para fins de rateio dos valores com outros dependentes, vedado o pagamento da respectiva cota até o trânsito em julgado da respectiva ação, ressalvada a existência de decisão judicial em contrário. **(Redação dada pela Lei nº 13.846, de 2019)**

§ 3º Nas ações em que for parte o ente público responsável pela concessão da pensão por morte, este poderá proceder de ofício à habilitação excepcional da referida pensão, apenas para efeitos de rateio, descontando-se os valores referentes a esta habilitação das demais cotas, vedado o pagamento da respectiva cota até o trânsito em julgado da respectiva ação, ressalvada a existência de decisão judicial em contrário. **(Redação dada pela Lei nº 13.846, de 2019)**

§ 4º Julgada improcedente a ação prevista no § 2º ou § 3º deste artigo, o valor retido será corrigido pelos índices legais de reajustamento e será pago de forma proporcional aos demais dependentes, de acordo com as suas cotas e o tempo de duração de seus benefícios. **(Incluído pela Lei nº 13.846, de 2019)**

§ 5º Em qualquer hipótese, fica assegurada ao órgão concessor da pensão por morte a cobrança dos valores indevidamente pagos em função de nova habilitação. **(Incluído pela Lei nº 13.846, de 2019)**

Art. 220. Perde o direito à pensão por morte:

I. após o trânsito em julgado, o beneficiário condenado pela prática de crime de que tenha dolosamente resultado a morte do servidor;

II. o cônjuge, o companheiro ou a companheira se comprovada, a qualquer tempo, simulação ou fraude no casamento ou na união estável, ou a formalização desses com o fim exclusivo de constituir benefício previdenciário, apuradas em processo judicial no qual será assegurado o direito ao contraditório e à ampla defesa.

Art. 221. Será concedida pensão provisória por morte presumida do servidor, nos seguintes casos:

I. declaração de ausência, pela autoridade judiciária competente;

II. desaparecimento em desabamento, inundação, incêndio ou acidente não caracterizado como em serviço;

III. desaparecimento no desempenho das atribuições do cargo ou em missão de segurança.

Parágrafo único. A pensão provisória será transformada em vitalícia ou temporária, conforme o caso, decorridos 5 (cinco) anos de sua vigência, ressalvado o eventual reaparecimento do servidor, hipótese em que o benefício será automaticamente cancelado.

Art. 222. Acarreta perda da qualidade de beneficiário:
I. o seu falecimento;
II. a anulação do casamento, quando a decisão ocorrer após a concessão da pensão ao cônjuge;
III. a cessação da invalidez, em se tratando de beneficiário inválido, ou o afastamento da deficiência, em se tratando de beneficiário com deficiência, respeitados os períodos mínimos decorrentes da aplicação das alíneas *a* e *b* do inciso VII do caput deste artigo; (Redação dada pela Lei nº 13.846, de 2019)
IV. o implemento da idade de 21 (vinte e um) anos, pelo filho ou irmão;
V. a acumulação de pensão na forma do art. 225;
VI. a renúncia expressa; e
VII. em relação aos beneficiários de que tratam os incisos I a III do caput do art. 217:
a) o decurso de 4 (quatro) meses, se o óbito ocorrer sem que o servidor tenha vertido 18 (dezoito) contribuições mensais ou se o casamento ou a união estável tiverem sido iniciados em menos de 2 (dois) anos antes do óbito do servidor;
b) o decurso dos seguintes períodos, estabelecidos de acordo com a idade do pensionista na data de óbito do servidor, depois de vertidas 18 (dezoito) contribuições mensais e pelo menos 2 (dois) anos após o início do casamento ou da união estável:
1) 3 (três) anos, com menos de 21 (vinte e um) anos de idade;
2) 6 (seis) anos, entre 21 (vinte e um) e 26 (vinte e seis) anos de idade;
3) 10 (dez) anos, entre 27 (vinte e sete) e 29 (vinte e nove) anos de idade;
4) 15 (quinze) anos, entre 30 (trinta) e 40 (quarenta) anos de idade;
5) 20 (vinte) anos, entre 41 (quarenta e um) e 43 (quarenta e três) anos de idade;
6) vitalícia, com 44 (quarenta e quatro) ou mais anos de idade.
§ 1º A critério da administração, o beneficiário de pensão cuja preservação seja motivada por invalidez, por incapacidade ou por deficiência poderá ser convocado a qualquer momento para avaliação das referidas condições.
§ 2º Serão aplicados, conforme o caso, a regra contida no inciso III ou os prazos previstos na alínea *b* do inciso VII, ambos do caput, se o óbito do servidor decorrer de acidente de qualquer natureza ou de doença profissional ou do trabalho, independentemente do recolhimento de 18 (dezoito) contribuições mensais ou da comprovação de 2 (dois) anos de casamento ou de união estável.
§ 3º Após o transcurso de pelo menos 3 (três) anos e desde que nesse período se verifique o incremento mínimo de um ano inteiro na média nacional única, para ambos os sexos, correspondente à expectativa de sobrevida da população brasileira ao nascer, poderão ser fixadas, em números inteiros, novas idades para os fins previstos na alínea *b* do inciso VII do caput, em ato do Ministro de Estado do Planejamento, Orçamento e Gestão, limitado o acréscimo na comparação com as idades anteriores ao referido incremento.
§ 4º O tempo de contribuição a Regime Próprio de Previdência Social (RPPS) ou ao Regime Geral de Previdência Social (RGPS) será considerado na contagem das 18 (dezoito) contribuições mensais referidas nas alíneas *a* e *b* do inciso VII do caput.
§ 5º Na hipótese de o servidor falecido estar, na data de seu falecimento, obrigado por determinação judicial a pagar alimentos temporários a ex-cônjuge, ex-companheiro ou ex-companheira, a pensão por morte será devida pelo prazo remanescente na data do óbito, caso não incida outra hipótese de cancelamento anterior do benefício. **(Redação dada pela Lei nº 13.846, de 2019)**
§ 6º O beneficiário que não atender à convocação de que trata o § 1º deste artigo terá o benefício suspenso, observado o disposto nos incisos I e II do caput do art. 95 da Lei nº 13.146, de 6 de julho de 2015º **(Redação dada pela Lei nº 13.846, de 2019)**
§ 7º O exercício de atividade remunerada, inclusive na condição de microempreendedor individual, não impede a concessão ou manutenção da cota da pensão de dependente com deficiência intelectual ou mental ou com deficiência grave. **(Incluído pela Lei nº 13.846, de 2019)**
§ 8º No ato de requerimento de benefícios previdenciários, não será exigida apresentação de termo de curatela de titular ou de beneficiário com deficiência, observados os procedimentos a serem estabelecidos em regulamento. **(Incluído pela Lei nº 13.846, de 2019)**
Art. 223. Por morte ou perda da qualidade de beneficiário, a respectiva cota reverterá para os cobeneficiários.

I. (Revogado); (Redação dada pela Lei nº 13.135, de 2015)
II. (Revogado). (Redação dada pela Lei nº 13.135, de 2015)

Art. 224. As pensões serão automaticamente atualizadas na mesma data e na mesma proporção dos reajustes dos vencimentos dos servidores, aplicando-se o disposto no parágrafo único do art. 189.

Art. 225. Ressalvado o direito de opção, é vedada a percepção cumulativa de pensão deixada por mais de um cônjuge ou companheiro ou companheira e de mais de 2 (duas) pensões.

SEÇÃO VIII
Do Auxílio-Funeral

Art. 226. O auxílio-funeral é devido à família do servidor falecido na atividade ou aposentado, em valor equivalente a um mês da remuneração ou provento.
§ 1º No caso de acumulação legal de cargos, o auxílio será pago somente em razão do cargo de maior remuneração.
§ 2º (VETADO).
§ 3º O auxílio será pago no prazo de 48 (quarenta e oito) horas, por meio de procedimento sumaríssimo, à pessoa da família que houver custeado o funeral.

Art. 227. Se o funeral for custeado por terceiro, este será indenizado, observado o disposto no artigo anterior.

Art. 228. Em caso de falecimento de servidor em serviço fora do local de trabalho, inclusive no exterior, as despesas de transporte do corpo correrão à conta de recursos da União, autarquia ou fundação pública.

SEÇÃO IX
Do Auxílio-Reclusão

Art. 229. À família do servidor ativo é devido o auxílio-reclusão, nos seguintes valores:
I. dois terços da remuneração, quando afastado por motivo de prisão, em flagrante ou preventiva, determinada pela autoridade competente, enquanto perdurar a prisão;
II. metade da remuneração, durante o afastamento, em virtude de condenação, por sentença definitiva, a pena que não determine a perda de cargo.
§ 1º Nos casos previstos no inciso I deste artigo, o servidor terá direito à integralização da remuneração, desde que absolvido.

§ 2º O pagamento do auxílio-reclusão cessará a partir do dia imediato àquele em que o servidor for posto em liberdade, ainda que condicional.
§ 3º Ressalvado o disposto neste artigo, o auxílio-reclusão será devido, nas mesmas condições da pensão por morte, aos dependentes do segurado recolhido à prisão.

CAPÍTULO III
Da Assistência à Saúde

Art. 230. A assistência à saúde do servidor, ativo ou inativo, e de sua família compreende assistência médica, hospitalar, odontológica, psicológica e farmacêutica, terá como diretriz básica o implemento de ações preventivas voltadas para a promoção da saúde e será prestada pelo Sistema Único de Saúde – SUS, diretamente pelo órgão ou entidade ao qual estiver vinculado o servidor, ou mediante convênio ou contrato, ou ainda na forma de auxílio, mediante ressarcimento parcial do valor despendido pelo servidor, ativo ou inativo, e seus dependentes ou pensionistas com planos ou seguros privados de assistência à saúde, na forma estabelecida em regulamento.
§ 1º Nas hipóteses previstas nesta Lei em que seja exigida perícia, avaliação ou inspeção médica, na ausência de médico ou junta médica oficial, para a sua realização o órgão ou entidade celebrará, preferencialmente, convênio com unidades de atendimento do sistema público de saúde, entidades sem fins lucrativos declaradas de utilidade pública, ou com o Instituto Nacional do Seguro Social – INSS.
§ 2º Na impossibilidade, devidamente justificada, da aplicação do disposto no parágrafo anterior, o órgão ou entidade promoverá a contratação da prestação de serviços por pessoa jurídica, que constituirá junta médica especificamente para esses fins, indicando os nomes e especialidades dos seus integrantes, com a comprovação de suas habilitações e de que não estejam respondendo a processo disciplinar junto à entidade fiscalizadora da profissão.
§ 3º Para os fins do disposto no caput deste artigo, ficam a União e suas entidades autárquicas e fundacionais autorizadas a:
I. celebrar convênios exclusivamente para a prestação de serviços de assistência à saúde para os seus servidores ou empregados ativos, aposentados, pensionistas, bem como para seus respectivos grupos familiares definidos, com entidades de autogestão

por elas patrocinadas por meio de instrumentos jurídicos efetivamente celebrados e publicados até 12 de fevereiro de 2006 e que possuam autorização de funcionamento do órgão regulador, sendo certo que os convênios celebrados depois dessa data somente poderão sê-lo na forma da regulamentação específica sobre patrocínio de autogestões, a ser publicada pelo mesmo órgão regulador, no prazo de 180 (cento e oitenta) dias da vigência desta Lei, normas essas também aplicáveis aos convênios existentes até 12 de fevereiro de 2006;

II. contratar, mediante licitação, na forma da Lei nº 8.666, de 21 de junho de 1993, operadoras de planos e seguros privados de assistência à saúde que possuam autorização de funcionamento do órgão regulador;

III. (VETADO) (Incluído pela Lei nº 11.302 de 2006)

§ 4º (VETADO) (Incluído pela Lei nº 11.302 de 2006)

§ 5º O valor do ressarcimento fica limitado ao total despendido pelo servidor ou pensionista civil com plano ou seguro privado de assistência à saúde.

CAPÍTULO IV
Do Custeio

Art. 231. (Revogado pela Lei nº 9.783, de 28.01.99)

TÍTULO VII

CAPÍTULO ÚNICO
Da Contratação Temporária de Excepcional Interesse Público

Art. 232. (Revogado pela Lei nº 8.745, de 9.12.93)
Art. 233. (Revogado pela Lei nº 8.745, de 9.12.93)
Art. 234. (Revogado pela Lei nº 8.745, de 9.12.93)
Art. 235. (Revogado pela Lei nº 8.745, de 9.12.93)

TÍTULO VIII

CAPÍTULO ÚNICO
Das Disposições Gerais

Art. 236. O Dia do Servidor Público será comemorado a vinte e oito de outubro.

Art. 237. Poderão ser instituídos, no âmbito dos Poderes Executivo, Legislativo e Judiciário, os seguintes incentivos funcionais, além daqueles já previstos nos respectivos planos de carreira:

I. prêmios pela apresentação de ideias, inventos ou trabalhos que favoreçam o aumento de produtividade e a redução dos custos operacionais;

II. concessão de medalhas, diplomas de honra ao mérito, condecoração e elogio.

Art. 238. Os prazos previstos nesta Lei serão contados em dias corridos, excluindo-se o dia do começo e incluindo-se o do vencimento, ficando prorrogado, para o primeiro dia útil seguinte, o prazo vencido em dia em que não haja expediente.

Art. 239. Por motivo de crença religiosa ou de convicção filosófica ou política, o servidor não poderá ser privado de quaisquer dos seus direitos, sofrer discriminação em sua vida funcional, nem eximir-se do cumprimento de seus deveres.

Art. 240. Ao servidor público civil é assegurado, nos termos da Constituição Federal, o direito à livre associação sindical e os seguintes direitos, entre outros, dela decorrentes:

a) de ser representado pelo sindicato, inclusive como substituto processual;

b) de inamovibilidade do dirigente sindical, até um ano após o final do mandato, exceto se a pedido;

c) de descontar em folha, sem ônus para a entidade sindical a que for filiado, o valor das mensalidades e contribuições definidas em Assembleia Geral da categoria.

d) (Revogado pela Lei nº 9.527, de 10.12.97)

e) (Revogado pela Lei nº 9.527, de 10.12.97)

Art. 241. Consideram-se da família do servidor, além do cônjuge e filhos, quaisquer pessoas que vivam às suas expensas e constem do seu assentamento individual.

Parágrafo único. Equipara-se ao cônjuge a companheira ou companheiro, que comprove união estável como entidade familiar.

Art. 242. Para os fins desta Lei, considera-se sede o município onde a repartição estiver instalada e onde o servidor tiver exercício, em caráter permanente.

TÍTULO IX

CAPÍTULO ÚNICO

Das Disposições Transitórias e Finais

Art. 243. Ficam submetidos ao regime jurídico instituído por esta Lei, na qualidade de servidores públicos, os servidores dos Poderes da União, dos ex-Territórios, das autarquias, inclusive as em regime especial, e das fundações públicas, regidos pela Lei nº 1.711, de 28 de outubro de 1952 – Estatuto dos Funcionários Públicos Civis da União, ou pela Consolidação das Leis do Trabalho, aprovada pelo Decreto-Lei nº 5.452, de 1º de maio de 1943, exceto os contratados por prazo determinado, cujos contratos não poderão ser prorrogados após o vencimento do prazo de prorrogação.

§ 1º Os empregos ocupados pelos servidores incluídos no regime instituído por esta Lei ficam transformados em cargos, na data de sua publicação.

§ 2º As funções de confiança exercidas por pessoas não integrantes de tabela permanente do órgão ou entidade onde têm exercício ficam transformadas em cargos em comissão, e mantidas enquanto não for implantado o plano de cargos dos órgãos ou entidades na forma da lei.

§ 3º As Funções de Assessoramento Superior – FAS, exercidas por servidor integrante de quadro ou tabela de pessoal, ficam extintas na data da vigência desta Lei.

§ 4º (VETADO).

§ 5º O regime jurídico desta Lei é extensivo aos serventuários da Justiça, remunerados com recursos da União, no que couber.

§ 6º Os empregos dos servidores estrangeiros com estabilidade no serviço público, enquanto não adquirirem a nacionalidade brasileira, passarão a integrar tabela em extinção, do respectivo órgão ou entidade, sem prejuízo dos direitos inerentes aos planos de carreira aos quais se encontrem vinculados os empregos.

§ 7º Os servidores públicos de que trata o caput deste artigo, não amparados pelo art. 19 do Ato das Disposições Constitucionais Transitórias, poderão, no interesse da Administração e conforme critérios estabelecidos em regulamento, ser exonerados mediante indenização de um mês de remuneração por ano de efetivo exercício no serviço público federal.

§ 8º Para fins de incidência do imposto de renda na fonte e na declaração de rendimentos, serão considerados como indenizações isentas os pagamentos efetuados a título de indenização prevista no parágrafo anterior.

§ 9º Os cargos vagos em decorrência da aplicação do disposto no § 7º poderão ser extintos pelo Poder Executivo quando considerados desnecessários.

Art. 244. Os adicionais por tempo de serviço, já concedidos aos servidores abrangidos por esta Lei, ficam transformados em anuênio.

Art. 245. A licença especial disciplinada pelo art. 116 da Lei nº 1.711, de 1952, ou por outro diploma legal, fica transformada em licença-prêmio por assiduidade, na forma prevista nos arts. 87 a 90.

Art. 246. (VETADO).

Art. 247. Para efeito do disposto no Título VI desta Lei, haverá ajuste de contas com a Previdência Social, correspondente ao período de contribuição por parte dos servidores celetistas abrangidos pelo art. 243.

Art. 248. As pensões estatutárias, concedidas até a vigência desta Lei, passam a ser mantidas pelo órgão ou entidade de origem do servidor.

Art. 249. Até a edição da lei prevista no § 1º do art. 231, os servidores abrangidos por esta Lei contribuirão na forma e nos percentuais atualmente estabelecidos para o servidor civil da União conforme regulamento próprio.

Art. 250. O servidor que já tiver satisfeito ou vier a satisfazer, dentro de 1 (um) ano, as condições necessárias para a aposentadoria nos termos do inciso II do art. 184 do antigo Estatuto dos Funcionários Públicos Civis da União, Lei nº 1.711, de 28 de outubro de 1952, aposentar-se-á com a vantagem prevista naquele dispositivo. (Mantido pelo Congresso Nacional)

Art. 251. (Revogado pela Lei nº 9.527, de 10.12.97)

Art. 252. Esta Lei entra em vigor na data de sua publicação, com efeitos financeiros a partir do primeiro dia do mês subsequente.

Art. 253. Ficam revogadas a Lei nº 1.711, de 28 de outubro de 1952, e respectiva legislação complementar, bem como as demais disposições em contrário.

Brasília, 11 de dezembro de 1990; 169º da Independência e 102º da República.

FERNANDO COLLOR
Jarbas Passarinho

Este texto não substitui o publicado no DOU de 12.12.1990 e republicado em 18.3.1998.

Lei nº 8.666/93 (Licitações e contratos administrativos)

LEI Nº 8.666, DE 21 DE JUNHO DE 1993
Regulamenta o art. 37, inciso XXI, da Constituição Federal, institui normas para licitações e contratos da Administração Pública e dá outras providências.
O PRESIDENTE DA REPÚBLICA Faço saber que o Congresso Nacional decreta e eu sanciono a seguinte Lei:

CAPÍTULO I

Das Disposições Gerais

SEÇÃO I
Dos Princípios

Art. 1. Esta Lei estabelece normas gerais sobre licitações e contratos administrativos pertinentes a obras, serviços, inclusive de publicidade, compras, alienações e locações no âmbito dos Poderes da União, dos Estados, do Distrito Federal e dos Municípios.
Parágrafo único. Subordinam-se ao regime desta Lei, além dos órgãos da administração direta, os fundos especiais, as autarquias, as fundações públicas, as empresas públicas, as sociedades de economia mista e demais entidades controladas direta ou indiretamente pela União, Estados, Distrito Federal e Municípios.
Art. 2. As obras, serviços, inclusive de publicidade, compras, alienações, concessões, permissões e locações da Administração Pública, quando contratadas com terceiros, serão necessariamente precedidas de licitação, ressalvadas as hipóteses previstas nesta Lei.
Parágrafo único. Para os fins desta Lei, considera-se contrato todo e qualquer ajuste entre órgãos ou entidades da Administração Pública e particulares, em que haja um acordo de vontades para a formação de vínculo e a estipulação de obrigações recíprocas, seja qual for a denominação utilizada.
Art. 3. A licitação destina-se a garantir a observância do princípio constitucional da isonomia, a seleção da proposta mais vantajosa para a administração e a promoção do desenvolvimento nacional sustentável e será processada e julgada em estrita conformidade com os princípios básicos da legalidade, da impessoalidade, da moralidade, da igualdade, da publicidade, da probidade administrativa, da vinculação ao instrumento convocatório, do julgamento objetivo e dos que lhes são correlatos.
§ 1º É vedado aos agentes públicos:
I. admitir, prever, incluir ou tolerar, nos atos de convocação, cláusulas ou condições que comprometam, restrinjam ou frustrem o seu caráter competitivo, inclusive nos casos de sociedades cooperativas, e estabeleçam preferências ou distinções em razão da naturalidade, da sede ou domicílio dos licitantes ou de qualquer outra circunstância impertinente ou irrelevante para o específico objeto do contrato, ressalvado o disposto nos §§ 5º a 12 deste artigo e no art. 3º da Lei nº 8.248, de 23 de outubro de 1991;
II. estabelecer tratamento diferenciado de natureza comercial, legal, trabalhista, previdenciária ou qualquer outra, entre empresas brasileiras e estrangeiras, inclusive no que se refere a moeda, modalidade e local de pagamentos, mesmo quando envolvidos financiamentos de agências internacionais, ressalvado o disposto no parágrafo seguinte e no art. 3º da Lei nº 8.248, de 23 de outubro de 1991.
§ 2º Em igualdade de condições, como critério de desempate, será assegurada preferência, sucessivamente, aos bens e serviços:
I. (Revogado pela Lei nº 12.349, de 2010)
II. produzidos no País;
III. produzidos ou prestados por empresas brasileiras.
IV. produzidos ou prestados por empresas que invistam em pesquisa e no desenvolvimento de tecnologia no País.
V. produzidos ou prestados por empresas que comprovem cumprimento de reserva de cargos prevista em lei para pessoa com deficiência ou para reabilitado da Previdência Social e que atendam às regras de acessibilidade previstas na legislação.
§ 3º A licitação não será sigilosa, sendo públicos e acessíveis ao público os atos de seu procedimento, salvo quanto ao conteúdo das propostas, até a respectiva abertura.
§ 4º (Vetado). (Incluído pela Lei nº 8.883, de 1994)
§ 5º Nos processos de licitação, poderá ser estabelecida margem de preferência para:
I. produtos manufaturados e para serviços nacionais que atendam a normas técnicas brasileiras; e

II. bens e serviços produzidos ou prestados por empresas que comprovem cumprimento de reserva de cargos prevista em lei para pessoa com deficiência ou para reabilitado da Previdência Social e que atendam às regras de acessibilidade previstas na legislação.

§ 6º A margem de preferência de que trata o § 5º será estabelecida com base em estudos revistos periodicamente, em prazo não superior a 5 (cinco) anos, que levem em consideração:
I. geração de emprego e renda;
II. efeito na arrecadação de tributos federais, estaduais e municipais;
III. desenvolvimento e inovação tecnológica realizados no País;
IV. custo adicional dos produtos e serviços; e
V. em suas revisões, análise retrospectiva de resultados.

§ 7º Para os produtos manufaturados e serviços nacionais resultantes de desenvolvimento e inovação tecnológica realizados no País, poderá ser estabelecido margem de preferência adicional àquela prevista no § 5º.

§ 8º As margens de preferência por produto, serviço, grupo de produtos ou grupo de serviços, a que se referem os §§ 5º e 7º, serão definidas pelo Poder Executivo federal, não podendo a soma delas ultrapassar o montante de 25% (vinte e cinco por cento) sobre o preço dos produtos manufaturados e serviços estrangeiros.

§ 9º As disposições contidas nos §§ 5º e 7º deste artigo não se aplicam aos bens e aos serviços cuja capacidade de produção ou prestação no País seja inferior:
I. à quantidade a ser adquirida ou contratada; ou
II. ao quantitativo fixado com fundamento no § 7º do art. 23 desta Lei, quando for o caso.

§ 10º A margem de preferência a que se refere o § 5º poderá ser estendida, total ou parcialmente, aos bens e serviços originários dos Estados Partes do Mercado Comum do Sul – Mercosul.

§ 11º Os editais de licitação para a contratação de bens, serviços e obras poderão, mediante prévia justificativa da autoridade competente, exigir que o contratado promova, em favor de órgão ou entidade integrante da administração pública ou daqueles por ela indicados a partir de processo isonômico, medidas de compensação comercial, industrial, tecnológica ou acesso a condições vantajosas de financiamento, cumulativamente ou não, na forma estabelecida pelo Poder Executivo federal.

§ 12º Nas contratações destinadas à implantação, manutenção e ao aperfeiçoamento dos sistemas de tecnologia de informação e comunicação, considerados estratégicos em ato do Poder Executivo federal, a licitação poderá ser restrita a bens e serviços com tecnologia desenvolvida no País e produzidos de acordo com o processo produtivo básico de que trata a Lei nº 10.176, de 11 de janeiro de 2001º

§ 13º Será divulgada na internet, a cada exercício financeiro, a relação de empresas favorecidas em decorrência do disposto nos §§ 5º, 7º, 10, 11 e 12 deste artigo, com indicação do volume de recursos destinados a cada uma delas.

§ 14º As preferências definidas neste artigo e nas demais normas de licitação e contratos devem privilegiar o tratamento diferenciado e favorecido às microempresas e empresas de pequeno porte na forma da lei.

§ 15º As preferências dispostas neste artigo prevalecem sobre as demais preferências previstas na legislação quando estas forem aplicadas sobre produtos ou serviços estrangeiros.

Art. 4. Todos quantos participem de licitação promovida pelos órgãos ou entidades a que se refere o art. 1º têm direito público subjetivo à fiel observância do pertinente procedimento estabelecido nesta lei, podendo qualquer cidadão acompanhar o seu desenvolvimento, desde que não interfira de modo a perturbar ou impedir a realização dos trabalhos.

Parágrafo único. O procedimento licitatório previsto nesta lei caracteriza ato administrativo formal, seja ele praticado em qualquer esfera da Administração Pública.

Art. 5. Todos os valores, preços e custos utilizados nas licitações terão como expressão monetária a moeda corrente nacional, ressalvado o disposto no art. 42 desta Lei, devendo cada unidade da Administração, no pagamento das obrigações relativas ao fornecimento de bens, locações, realização de obras e prestação de serviços, obedecer, para cada fonte diferenciada de recursos, a estrita ordem cronológica das datas de suas exigibilidades, salvo quando presentes relevantes razões de interesse público e mediante prévia justificativa da autoridade competente, devidamente publicada.

§ 1º Os créditos a que se refere este artigo terão seus valores corrigidos por critérios previstos no ato convocatório e que lhes preservem o valor.

§ 2º A correção de que trata o parágrafo anterior cujo pagamento será feito junto com o principal, correrá à conta das mesmas dotações orçamentárias que atenderam aos créditos a que se referem.

§ 3º Observados o disposto no caput, os pagamentos decorrentes de despesas cujos valores não ultrapassem o limite de que trata o inciso II do art. 24, sem prejuízo do que dispõe seu parágrafo único, deverão ser efetuados no prazo de até 5 (cinco) dias úteis, contados da apresentação da fatura.

Art. 5-A. As normas de licitações e contratos devem privilegiar o tratamento diferenciado e favorecido às microempresas e empresas de pequeno porte na forma da lei.

SEÇÃO II
Das Definições

Art. 6. Para os fins desta Lei, considera-se:

I. Obra – toda construção, reforma, fabricação, recuperação ou ampliação, realizada por execução direta ou indireta;

II. Serviço toda atividade destinada a obter determinada utilidade de interesse para a Administração, tais como: demolição, conserto, instalação, montagem, operação, conservação, reparação, adaptação, manutenção, transporte, locação de bens, publicidade, seguro ou trabalhos técnico-profissionais;

III. Compra – toda aquisição remunerada de bens para fornecimento de uma só vez ou parceladamente;

IV. Alienação toda transferência de domínio de bens a terceiros;

V. Obras, serviços e compras de grande vulto aquelas cujo valor estimado seja superior a 25 (vinte e cinco) vezes o limite estabelecido na alínea c do inciso I do art. 23 desta Lei;

VI. Seguro-Garantia – o seguro que garante o fiel cumprimento das obrigações assumidas por empresas em licitações e contratos;

VII. Execução direta – a que é feita pelos órgãos e entidades da Administração, pelos próprios meios;

VIII. Execução indireta – a que o órgão ou entidade contrata com terceiros sob qualquer dos seguintes regimes:

a) empreitada por preço global – quando se contrata a execução da obra ou do serviço por preço certo e total;

b) empreitada por preço unitário quando se contrata a execução da obra ou do serviço por preço certo de unidades determinadas;

c) (Vetado). (Redação dada pela Lei nº 8.883, de 1994)

d) tarefa – quando se ajusta mão de obra para pequenos trabalhos por preço certo, com ou sem fornecimento de materiais;

e) empreitada integral – quando se contrata um empreendimento em sua integralidade, compreendendo todas as etapas das obras, serviços e instalações necessárias, sob inteira responsabilidade da contratada até a sua entrega ao contratante em condições de entrada em operação, atendidos os requisitos técnicos e legais para sua utilização em condições de segurança estrutural e operacional e com as características adequadas às finalidades para que foi contratada;

IX. Projeto Básico conjunto de elementos necessários e suficientes, com nível de precisão adequado, para caracterizar a obra ou serviço, ou complexo de obras ou serviços objeto da licitação, elaborado com base nas indicações dos estudos técnicos preliminares, que assegurem a viabilidade técnica e o adequado tratamento do impacto ambiental do empreendimento, e que possibilite a avaliação do custo da obra e a definição dos métodos e do prazo de execução, devendo conter os seguintes elementos:

a) desenvolvimento da solução escolhida de forma a fornecer visão global da obra e identificar todos os seus elementos constitutivos com clareza;

b) soluções técnicas globais e localizadas, suficientemente detalhadas, de forma a minimizar a necessidade de reformulação ou de variantes durante as fases de elaboração do projeto executivo e de realização das obras e montagem;

c) identificação dos tipos de serviços a executar e de materiais e equipamentos a incorporar à obra, bem como suas especificações que assegurem os melhores resultados para o empreendimento, sem frustrar o caráter competitivo para a sua execução;

d) informações que possibilitem o estudo e a dedução de métodos construtivos, instalações provisórias e condições organizacionais para a obra, sem frustrar o caráter competitivo para a sua execução;

e) subsídios para montagem do plano de licitação e gestão da obra, compreendendo a sua programação, a estratégia de suprimentos, as normas de fiscalização e outros dados necessários em cada caso;

f) orçamento detalhado do custo global da obra, fundamentado em quantitativos de serviços e fornecimentos propriamente avaliados;

X. Projeto Executivo o conjunto dos elementos necessários e suficientes à execução completa da obra, de acordo com as normas pertinentes da Associação Brasileira de Normas Técnicas – ABNT;

XI. Administração Pública – a administração direta e indireta da União, dos Estados, do Distrito Federal e dos Municípios, abrangendo inclusive as entidades com personalidade jurídica de direito privado sob controle do poder público e das fundações por ele instituídas ou mantidas;

XII. Administração órgão, entidade ou unidade administrativa pela qual a Administração Pública opera e atua concretamente;

XIII. Imprensa Oficial – veículo oficial de divulgação da Administração Pública, sendo para a União o Diário Oficial da União, e, para os Estados, o Distrito Federal e os Municípios, o que for definido nas respectivas leis;

XIV. Contratante – é o órgão ou entidade signatária do instrumento contratual;

XV. Contratado a pessoa física ou jurídica signatária de contrato com a Administração Pública;

XVI. Comissão comissão, permanente ou especial, criada pela Administração com a função de receber, examinar e julgar todos os documentos e procedimentos relativos às licitações e ao cadastramento de licitantes.

XVII. produtos manufaturados nacionais – produtos manufaturados, produzidos no território nacional de acordo com o processo produtivo básico ou com as regras de origem estabelecidas pelo Poder Executivo federal;

XVIII. serviços nacionais – serviços prestados no País, nas condições estabelecidas pelo Poder Executivo federal;

XIX. sistemas de tecnologia de informação e comunicação estratégicos – bens e serviços de tecnologia da informação e comunicação cuja descontinuidade provoque dano significativo à administração pública e que envolvam pelo menos um dos seguintes requisitos relacionados às informações críticas: disponibilidade, confiabilidade, segurança e confidencialidade.

XX. produtos para pesquisa e desenvolvimento bens, insumos, serviços e obras necessários para atividade de pesquisa científica e tecnológica, desenvolvimento de tecnologia ou inovação tecnológica, discriminados em projeto de pesquisa aprovado pela instituição contratante.

SEÇÃO III
Das Obras e Serviços

Art. 7. As licitações para a execução de obras e para a prestação de serviços obedecerão ao disposto neste artigo e, em particular, à seguinte sequência:

I. projeto básico;
II. projeto executivo;
III. execução das obras e serviços.

§ 1º A execução de cada etapa será obrigatoriamente precedida da conclusão e aprovação, pela autoridade competente, dos trabalhos relativos às etapas anteriores, à exceção do projeto executivo, o qual poderá ser desenvolvido concomitantemente com a execução das obras e serviços, desde que também autorizado pela Administração.

§ 2º As obras e os serviços somente poderão ser licitados quando:

I. houver projeto básico aprovado pela autoridade competente e disponível para exame dos interessados em participar do processo licitatório;

II. existir orçamento detalhado em planilhas que expressem a composição de todos os seus custos unitários;

III. houver previsão de recursos orçamentários que assegurem o pagamento das obrigações decorrentes de obras ou serviços a serem executadas no exercício financeiro em curso, de acordo com o respectivo cronograma;

IV. o produto dela esperado estiver contemplado nas metas estabelecidas no Plano Plurianual de que trata o art. 165 da Constituição Federal, quando for o caso.

§ 3º É vedado incluir no objeto da licitação a obtenção de recursos financeiros para sua execução, qualquer que seja a sua origem, exceto nos casos de empreendimentos executados e explorados sob o regime de concessão, nos termos da legislação específica.

§ 4º É vedada, ainda, a inclusão, no objeto da licitação, de fornecimento de materiais e serviços sem previsão de quantidades ou cujos quantitativos não correspondam às previsões reais do projeto básico ou executivo.

§ 5º É vedada a realização de licitação cujo objeto inclua bens e serviços sem similaridade ou de marcas, características e especificações exclusivas, salvo nos casos em que for tecnicamente justificável, ou ainda quando o fornecimento de tais materiais e serviços for feito sob o regime de administração contratada, previsto e discriminado no ato convocatório.

§ 6º A infringência do disposto neste artigo implica a nulidade dos atos ou contratos realizados e a responsabilidade de quem lhes tenha dado causa.

§ 7º Não será ainda computado como valor da obra ou serviço, para fins de julgamento das propostas de preços, a atualização monetária das obrigações de pagamento, desde a data final de cada período de aferição até a do respectivo pagamento, que será calculada pelos mesmos critérios estabelecidos obrigatoriamente no ato convocatório.

§ 8º Qualquer cidadão poderá requerer à Administração Pública os quantitativos das obras e preços unitários de determinada obra executada.

§ 9º O disposto neste artigo aplica-se também, no que couber, aos casos de dispensa e de inexigibilidade de licitação.

Art. 8. A execução das obras e dos serviços deve programar-se, sempre, em sua totalidade, previstos seus custos atual e final e considerados os prazos de sua execução.

Parágrafo único. É proibido o retardamento imotivado da execução de obra ou serviço, ou de suas parcelas, se existente previsão orçamentária para sua execução total, salvo insuficiência financeira ou comprovado motivo de ordem técnica, justificados em despacho circunstanciado da autoridade a que se refere o art. 26 desta Lei.

Art. 9. Não poderá participar, direta ou indiretamente, da licitação ou da execução de obra ou serviço e do fornecimento de bens a eles necessários:

I. o autor do projeto, básico ou executivo, pessoa física ou jurídica;

II. empresa, isoladamente ou em consórcio, responsável pela elaboração do projeto básico ou executivo ou da qual o autor do projeto seja dirigente, gerente, acionista ou detentor de mais de 5% (cinco por cento) do capital com direito a voto ou controlador, responsável técnico ou subcontratado;

III. servidor ou dirigente de órgão ou entidade contratante ou responsável pela licitação.

§ 1º É permitida a participação do autor do projeto ou da empresa a que se refere o inciso II deste artigo, na licitação de obra ou serviço, ou na execução, como consultor ou técnico, nas funções de fiscalização, supervisão ou gerenciamento, exclusivamente a serviço da Administração interessada.

§ 2º O disposto neste artigo não impede a licitação ou contratação de obra ou serviço que inclua a elaboração de projeto executivo como encargo do contratado ou pelo preço previamente fixado pela Administração.

§ 3º Considera-se participação indireta, para fins do disposto neste artigo, a existência de qualquer vínculo de natureza técnica, comercial, econômica, financeira ou trabalhista entre o autor do projeto, pessoa física ou jurídica, e o licitante ou responsável pelos serviços, fornecimentos e obras, incluindo-se os fornecimentos de bens e serviços a estes necessários.

§ 4º O disposto no parágrafo anterior aplica-se aos membros da comissão de licitação.

Art. 10. As obras e serviços poderão ser executados nas seguintes formas:

I. execução direta;

II. execução indireta, nos seguintes regimes:

a) empreitada por preço global;

b) empreitada por preço unitário;

c) (Vetado).

d) tarefa;

e) empreitada integral.

Parágrafo único. (Vetado). (Redação dada pela Lei nº 8.883, de 1994)

Art. 11. As obras e serviços destinados aos mesmos fins terão projetos padronizados por tipos, categorias ou classes, exceto quando o projeto-padrão não atender às condições peculiares do local ou às exigências específicas do empreendimento.

Art. 12. Nos projetos básicos e projetos executivos de obras e serviços serão considerados principalmente os seguintes requisitos:

I. segurança;

II. funcionalidade e adequação ao interesse público;

III. economia na execução, conservação e operação;

IV. possibilidade de emprego de mão de obra, materiais, tecnologia e matérias-primas existentes no local para execução, conservação e operação;

V. facilidade na execução, conservação e operação, sem prejuízo da durabilidade da obra ou do serviço;

VI. adoção das normas técnicas, de saúde e de segurança do trabalho adequadas;

VII. impacto ambiental.

SEÇÃO IV
Dos Serviços Técnicos Profissionais Especializados

Art. 13. Para os fins desta Lei, consideram-se serviços técnicos profissionais especializados os trabalhos relativos a:

I. estudos técnicos, planejamentos e projetos básicos ou executivos;
II. pareceres, perícias e avaliações em geral;
III. assessorias ou consultorias técnicas e auditorias financeiras ou tributárias;
IV. fiscalização, supervisão ou gerenciamento de obras ou serviços;
V. patrocínio ou defesa de causas judiciais ou administrativas;
VI. treinamento e aperfeiçoamento de pessoal;
VII. restauração de obras de arte e bens de valor histórico.
VIII. (Vetado). (Incluído pela Lei nº 8.883, de 1994)
§ 1º Ressalvados os casos de inexigibilidade de licitação, os contratos para a prestação de serviços técnicos profissionais especializados deverão, preferencialmente, ser celebrados mediante a realização de concurso, com estipulação prévia de prêmio ou remuneração.
§ 2º Aos serviços técnicos previstos neste artigo aplica-se, no que couber, o disposto no art. 111 desta Lei.
§ 3º A empresa de prestação de serviços técnicos especializados que apresente relação de integrantes de seu corpo técnico em procedimento licitatório ou como elemento de justificação de dispensa ou inexigibilidade de licitação, ficará obrigada a garantir que os referidos integrantes realizem pessoal e diretamente os serviços objeto do contrato.

SEÇÃO V
Das Compras

Art. 14. Nenhuma compra será feita sem a adequada caracterização de seu objeto e indicação dos recursos orçamentários para seu pagamento, sob pena de nulidade do ato e responsabilidade de quem lhe tiver dado causa.
Art. 15. As compras, sempre que possível, deverão:
I. atender ao princípio da padronização, que imponha compatibilidade de especificações técnicas e de desempenho, observadas, quando for o caso, as condições de manutenção, assistência técnica e garantia oferecidas;
II. ser processadas através de sistema de registro de preços;
III. submeter-se às condições de aquisição e pagamento semelhantes às do setor privado;
IV. ser subdivididas em tantas parcelas quantas necessárias para aproveitar as peculiaridades do mercado, visando economicidade;
V. balizar-se pelos preços praticados no âmbito dos órgãos e entidades da Administração Pública.
§ 1º O registro de preços será precedido de ampla pesquisa de mercado.
§ 2º Os preços registrados serão publicados trimestralmente para orientação da Administração, na imprensa oficial.
§ 3º O sistema de registro de preços será regulamentado por decreto, atendidas as peculiaridades regionais, observadas as seguintes condições:
I. seleção feita mediante concorrência;
II. estipulação prévia do sistema de controle e atualização dos preços registrados;
III. validade do registro não superior a um ano.
§ 4º A existência de preços registrados não obriga a Administração a firmar as contratações que deles poderão advir, ficando-lhe facultada a utilização de outros meios, respeitada a legislação relativa às licitações, sendo assegurado ao beneficiário do registro preferência em igualdade de condições.
§ 5º O sistema de controle originado no quadro geral de preços, quando possível, deverá ser informatizado.
§ 6º Qualquer cidadão é parte legítima para impugnar preço constante do quadro geral em razão de incompatibilidade desse com o preço vigente no mercado.
§ 7º Nas compras deverão ser observadas, ainda:
I. a especificação completa do bem a ser adquirido sem indicação de marca;
II. a definição das unidades e das quantidades a serem adquiridas em função do consumo e utilização prováveis, cuja estimativa será obtida, sempre que possível, mediante adequadas técnicas quantitativas de estimação;
III. as condições de guarda e armazenamento que não permitam a deterioração do material.
§ 8º O recebimento de material de valor superior ao limite estabelecido no art. 23 desta Lei, para a modalidade de convite, deverá ser confiado a uma comissão de, no mínimo, 3 (três) membros.
Art. 16. Será dada publicidade, mensalmente, em órgão de divulgação oficial ou em quadro de avisos de amplo acesso público, à relação de todas as compras feitas pela Administração Direta ou Indireta, de maneira a clarificar a identificação do bem comprado, seu preço unitário, a quantidade adquirida, o nome do vendedor e o valor total da operação, podendo ser aglutinadas por itens as compras feitas com dispensa e inexigibilidade de licitação.

Parágrafo único. O disposto neste artigo não se aplica aos casos de dispensa de licitação previstos no inciso IX do art. 24.

SEÇÃO VI
Das Alienações

Art. 17. A alienação de bens da Administração Pública, subordinada à existência de interesse público devidamente justificado, será precedida de avaliação e obedecerá às seguintes normas:

I. quando imóveis, dependerá de autorização legislativa para órgãos da administração direta e entidades autárquicas e fundacionais, e, para todos, inclusive as entidades paraestatais, dependerá de avaliação prévia e de licitação na modalidade de concorrência, dispensada esta nos seguintes casos:
a) dação em pagamento;
b) doação, permitida exclusivamente para outro órgão ou entidade da administração pública, de qualquer esfera de governo, ressalvado o disposto nas alíneas f, h e i;
c) permuta, por outro imóvel que atenda aos requisitos constantes do inciso X do art. 24 desta Lei;
d) investidura;
e) venda a outro órgão ou entidade da administração pública, de qualquer esfera de governo;
f) alienação gratuita ou onerosa, aforamento, concessão de direito real de uso, locação ou permissão de uso de bens imóveis residenciais construídos, destinados ou efetivamente utilizados no âmbito de programas habitacionais ou de regularização fundiária de interesse social desenvolvidos por órgãos ou entidades da administração pública;
g) procedimentos de legitimação de posse de que trata o art. 29 da Lei nº 6.383, de 7 de dezembro de 1976, mediante iniciativa e deliberação dos órgãos da Administração Pública em cuja competência legal inclua-se tal atribuição;
h) alienação gratuita ou onerosa, aforamento, concessão de direito real de uso, locação ou permissão de uso de bens imóveis de uso comercial de âmbito local com área de até 250 m² (duzentos e cinquenta metros quadrados) e inseridos no âmbito de programas de regularização fundiária de interesse social desenvolvidos por órgãos ou entidades da administração pública;
i) alienação e concessão de direito real de uso, gratuita ou onerosa, de terras públicas rurais da União e do Incra, onde incidam ocupações até o limite de que trata o § 1º do art. 6º da Lei nº 11.952, de 25 de junho de 2009, para fins de regularização fundiária, atendidos os requisitos legais; e

II. quando móveis, dependerá de avaliação prévia e de licitação, dispensada esta nos seguintes casos:
a) doação, permitida exclusivamente para fins e uso de interesse social, após avaliação de sua oportunidade e conveniência socioeconômica, relativamente à escolha de outra forma de alienação;
b) permuta, permitida exclusivamente entre órgãos ou entidades da Administração Pública;
c) venda de ações, que poderão ser negociadas em bolsa, observada a legislação específica;
d) venda de títulos, na forma da legislação pertinente;
e) venda de bens produzidos ou comercializados por órgãos ou entidades da Administração Pública, em virtude de suas finalidades;
f) venda de materiais e equipamentos para outros órgãos ou entidades da Administração Pública, sem utilização previsível por quem deles dispõe.

§ 1º Os imóveis doados com base na alínea b do inciso I deste artigo, cessadas as razões que justificaram a sua doação, reverterão ao patrimônio da pessoa jurídica doadora, vedada a sua alienação pelo beneficiário.

§ 2º A Administração também poderá conceder título de propriedade ou de direito real de uso de imóveis, dispensada licitação, quando o uso destinar-se:
I. a outro órgão ou entidade da Administração Pública, qualquer que seja a localização do imóvel;
II. a pessoa natural que, nos termos de lei, regulamento ou ato normativo do órgão competente, haja implementado os requisitos mínimos de cultura, ocupação mansa e pacífica e exploração direta sobre área rural, observado o limite de que trata o § 1º do art. 6º da Lei nº 11.952, de 25 de junho de 2009;

§ 2º-A. As hipóteses do inciso II do § 2º ficam dispensadas de autorização legislativa, porém submetem-se aos seguintes condicionamentos:
I. aplicação exclusivamente às áreas em que a detenção por particular seja comprovadamente anterior a 1º de dezembro de 2004;
II. submissão aos demais requisitos e impedimentos do regime legal e administrativo da destinação e da regularização fundiária de terras públicas;
III. vedação de concessões para hipóteses de exploração não contempladas na lei agrária, nas leis

de destinação de terras públicas, ou nas normas legais ou administrativas de zoneamento ecológico-econômico; e

IV. previsão de rescisão automática da concessão, dispensada notificação, em caso de declaração de utilidade, ou necessidade pública ou interesse social.

§ 2º-B. A hipótese do inciso II do § 2º deste artigo:

I. só se aplica a imóvel situado em zona rural, não sujeito a vedação, impedimento ou inconveniente a sua exploração mediante atividades agropecuárias;

II. fica limitada a áreas de até quinze módulos fiscais, desde que não exceda mil e quinhentos hectares, vedada a dispensa de licitação para áreas superiores a esse limite;

III. pode ser cumulada com o quantitativo de área decorrente da figura prevista na alínea g do inciso I do caput deste artigo, até o limite previsto no inciso II deste parágrafo.

IV. (VETADO) (Incluído pela Lei nº 11.763, de 2008)

§ 3º Entende-se por investidura, para os fins desta lei:

I. a alienação aos proprietários de imóveis lindeiros de área remanescente ou resultante de obra pública, área esta que se tornar inaproveitável isoladamente, por preço nunca inferior ao da avaliação e desde que esse não ultrapasse a 50% (cinquenta por cento) do valor constante da alínea a do inciso II do art. 23 desta lei;

II. a alienação, aos legítimos possuidores diretos ou, na falta destes, ao Poder Público, de imóveis para fins residenciais construídos em núcleos urbanos anexos a usinas hidrelétricas, desde que considerados dispensáveis na fase de operação dessas unidades e não integrem a categoria de bens reversíveis ao final da concessão.

§ 4º A doação com encargo será licitada e de seu instrumento constarão, obrigatoriamente os encargos, o prazo de seu cumprimento e cláusula de reversão, sob pena de nulidade do ato, sendo dispensada a licitação no caso de interesse público devidamente justificado;

§ 5º Na hipótese do parágrafo anterior, caso o donatário necessite oferecer o imóvel em garantia de financiamento, a cláusula de reversão e demais obrigações serão garantidas por hipoteca em segundo grau em favor do doador.

§ 6º Para a venda de bens móveis avaliados, isolada ou globalmente, em quantia não superior ao limite previsto no art. 23, inciso II, alínea b desta Lei, a Administração poderá permitir o leilão.

§ 7º (VETADO). (Incluído pela Lei nº 11.481, de 2007)

Art. 18. Na concorrência para a venda de bens imóveis, a fase de habilitação limitar-se-á à comprovação do recolhimento de quantia correspondente a 5% (cinco por cento) da avaliação.

Art. 19. Os bens imóveis da Administração Pública, cuja aquisição haja derivado de procedimentos judiciais ou de dação em pagamento, poderão ser alienados por ato da autoridade competente, observadas as seguintes regras:

I. avaliação dos bens alienáveis;

II. comprovação da necessidade ou utilidade da alienação;

III. adoção do procedimento licitatório, sob a modalidade de concorrência ou leilão.

CAPÍTULO II

Da Licitação

SEÇÃO I
Das Modalidades, Limites e Dispensa

Art. 20. As licitações serão efetuadas no local onde se situar a repartição interessada, salvo por motivo de interesse público, devidamente justificado.

Parágrafo único. O disposto neste artigo não impedirá a habilitação de interessados residentes ou sediados em outros locais.

Art. 21. Os avisos contendo os resumos dos editais das concorrências, das tomadas de preços, dos concursos e dos leilões, embora realizados no local da repartição interessada, deverão ser publicados com antecedência, no mínimo, por uma vez:

I. no Diário Oficial da União, quando se tratar de licitação feita por órgão ou entidade da Administração Pública Federal e, ainda, quando se tratar de obras financiadas parcial ou totalmente com recursos federais ou garantidas por instituições federais;

II. no Diário Oficial do Estado, ou do Distrito Federal quando se tratar, respectivamente, de licitação feita por órgão ou entidade da Administração Pública Estadual ou Municipal, ou do Distrito Federal;

III. em jornal diário de grande circulação no Estado e também, se houver, em jornal de circulação no Município ou na região onde será realizada a obra, prestado o serviço, fornecido, alienado ou alugado o bem, podendo ainda a Administração, conforme o vulto da licitação, utilizar-se de outros meios de divulgação para ampliar a área de competição.

§ 1º O aviso publicado conterá a indicação do local em que os interessados poderão ler e obter o texto integral do edital e todas as informações sobre a licitação.

§ 2º O prazo mínimo até o recebimento das propostas ou da realização do evento será:

I. quarenta e cinco dias para:
a) concurso;
b) concorrência, quando o contrato a ser celebrado contemplar o regime de empreitada integral ou quando a licitação for do tipo "melhor técnica" ou "técnica e preço" (Incluída pela Lei nº 8.883, de 1994)

II. trinta dias para:
a) concorrência, nos casos não especificados na alínea b do inciso anterior;
b) tomada de preços, quando a licitação for do tipo "melhor técnica" ou "técnica e preço";

III. quinze dias para a tomada de preços, nos casos não especificados na alínea b do inciso anterior, ou leilão;

IV. cinco dias úteis para convite.

§ 3º Os prazos estabelecidos no parágrafo anterior serão contados a partir da última publicação do edital resumido ou da expedição do convite, ou ainda da efetiva disponibilidade do edital ou do convite e respectivos anexos, prevalecendo a data que ocorrer mais tarde.

§ 4º Qualquer modificação no edital exige divulgação pela mesma forma que se deu o texto original, reabrindo-se o prazo inicialmente estabelecido, exceto quando, inquestionavelmente, a alteração não afetar a formulação das propostas.

Art. 22. São modalidades de licitação:

V. concorrência;
VI. tomada de preços;
VII. convite;
VIII. concurso;
IX. leilão.

§ 1º Concorrência é a modalidade de licitação entre quaisquer interessados que, na fase inicial de habilitação preliminar, comprovem possuir os requisitos mínimos de qualificação exigidos no edital para execução de seu objeto.

§ 2º Tomada de preços é a modalidade de licitação entre interessados devidamente cadastrados ou que atenderem a todas as condições exigidas para cadastramento até o terceiro dia anterior à data do recebimento das propostas, observada a necessária qualificação.

§ 3º Convite é a modalidade de licitação entre interessados do ramo pertinente ao seu objeto, cadastrados ou não, escolhidos e convidados em número mínimo de 3 (três) pela unidade administrativa, a qual afixará, em local apropriado, cópia do instrumento convocatório e o estenderá aos demais cadastrados na correspondente especialidade que manifestarem seu interesse com antecedência de até 24 (vinte e quatro) horas da apresentação das propostas.

§ 4º Concurso é a modalidade de licitação entre quaisquer interessados para escolha de trabalho técnico, científico ou artístico, mediante a instituição de prêmios ou remuneração aos vencedores, conforme critérios constantes de edital publicado na imprensa oficial com antecedência mínima de 45 (quarenta e cinco) dias.

§ 5º Leilão é a modalidade de licitação entre quaisquer interessados para a venda de bens móveis inservíveis para a administração ou de produtos legalmente apreendidos ou penhorados, ou para a alienação de bens imóveis prevista no art. 19, a quem oferecer o maior lance, igual ou superior ao valor da avaliação.

§ 6º Na hipótese do § 3º deste artigo, existindo na praça mais de 3 (três) possíveis interessados, a cada novo convite, realizado para objeto idêntico ou assemelhado, é obrigatório o convite a, no mínimo, mais um interessado, enquanto existirem cadastrados não convidados nas últimas licitações.

§ 7º Quando, por limitações do mercado ou manifesto desinteresse dos convidados, for impossível a obtenção do número mínimo de licitantes exigidos no § 3º deste artigo, essas circunstâncias deverão ser devidamente justificadas no processo, sob pena de repetição do convite.

§ 8º É vedada a criação de outras modalidades de licitação ou a combinação das referidas neste artigo.

§ 9º Na hipótese do parágrafo 2º deste artigo, a administração somente poderá exigir do licitante não cadastrado os documentos previstos nos arts. 27 a 31, que comprovem habilitação compatível com o objeto da licitação, nos termos do edital.

Art. 23. As modalidades de licitação a que se referem os incisos I a III do artigo anterior serão determinadas em função dos seguintes limites, tendo em vista o valor estimado da contratação:

I. para obras e serviços de engenharia: (Vide Decreto nº 9.412, de 2018)

a) convite – até R$ 150.000,00 (cento e cinquenta mil reais); (Vide Decreto nº 9.412, de 2018)

b) tomada de preços – até R$ 1.500.000,00 (um milhão e quinhentos mil reais); (Vide Decreto nº 9.412, de 2018)

c) concorrência: acima de R$ 1.500.000,00 (um milhão e quinhentos mil reais); (Vide Decreto nº 9.412, de 2018)

II. para compras e serviços não referidos no inciso anterior: (Vide Decreto nº 9.412, de 2018)

a) convite – até R$ 80.000,00 (oitenta mil reais); (Vide Decreto nº 9.412, de 2018)

b) tomada de preços – até R$ 650.000,00 (seiscentos e cinquenta mil reais); (Vide Decreto nº 9.412, de 2018)

c) concorrência – acima de R$ 650.000,00 (seiscentos e cinquenta mil reais). (Vide Decreto nº 9.412, de 2018)

§ 1º As obras, serviços e compras efetuadas pela Administração serão divididas em tantas parcelas quantas se comprovarem técnica e economicamente viáveis, procedendo-se à licitação com vistas ao melhor aproveitamento dos recursos disponíveis no mercado e à ampliação da competitividade sem perda da economia de escala.

§ 2º Na execução de obras e serviços e nas compras de bens, parceladas nos termos do parágrafo anterior, a cada etapa ou conjunto de etapas da obra, serviço ou compra, há de corresponder licitação distinta, preservada a modalidade pertinente para a execução do objeto em licitação.

§ 3º A concorrência é a modalidade de licitação cabível, qualquer que seja o valor de seu objeto, tanto na compra ou alienação de bens imóveis, ressalvado o disposto no art. 19, como nas concessões de direito real de uso e nas licitações internacionais, admitindo-se neste último caso, observados os limites deste artigo, a tomada de preços, quando o órgão ou entidade dispuser de cadastro internacional de fornecedores ou o convite, quando não houver fornecedor do bem ou serviço no País.

§ 4º Nos casos em que couber convite, a Administração poderá utilizar a tomada de preços e, em qualquer caso, a concorrência.

§ 5º É vedada a utilização da modalidade "convite" ou "tomada de preços", conforme o caso, para parcelas de uma mesma obra ou serviço, ou ainda para obras e serviços da mesma natureza e no mesmo local que possam ser realizadas conjunta e concomitantemente, sempre que o somatório de seus valores caracterizar o caso de "tomada de preços" ou "concorrência", respectivamente, nos termos deste artigo, exceto para as parcelas de natureza específica que possam ser executadas por pessoas ou empresas de especialidade diversa daquela do executor da obra ou serviço.

§ 6º As organizações industriais da Administração Federal direta, em face de suas peculiaridades, obedecerão aos limites estabelecidos no inciso I deste artigo também para suas compras e serviços em geral, desde que para a aquisição de materiais aplicados exclusivamente na manutenção, reparo ou fabricação de meios operacionais bélicos pertencentes à União.

§ 7º Na compra de bens de natureza divisível e desde que não haja prejuízo para o conjunto ou complexo, é permitida a cotação de quantidade inferior à demandada na licitação, com vistas a ampliação da competitividade, podendo o edital fixar quantitativo mínimo para preservar a economia de escala.

§ 8º No caso de consórcios públicos, aplicar-se-á o dobro dos valores mencionados no caput deste artigo quando formado por até 3 (três) entes da Federação, e o triplo, quando formado por maior número.

Art. 24. É dispensável a licitação:

I. para obras e serviços de engenharia de valor até 10% (dez por cento) do limite previsto na alínea *a*, do inciso I do artigo anterior, desde que não se refiram a parcelas de uma mesma obra ou serviço ou ainda para obras e serviços da mesma natureza e no mesmo local que possam ser realizadas conjunta e concomitantemente;

II. para outros serviços e compras de valor até 10% (dez por cento) do limite previsto na alínea *a*, do inciso II do artigo anterior e para alienações, nos casos previstos nesta Lei, desde que não se refiram a parcelas de um mesmo serviço, compra ou alienação de maior vulto que possa ser realizada de uma só vez;

III. nos casos de guerra ou grave perturbação da ordem;

IV. nos casos de emergência ou de calamidade pública, quando caracterizada urgência de atendimento de situação que possa ocasionar prejuízo ou comprometer a segurança de pessoas, obras, serviços, equipamentos e outros bens, públicos ou particulares, e somente para os bens necessários ao atendimento da situação emergencial ou calamitosa e para as parcelas de obras e serviços que possam ser concluídas no prazo máximo de 180 (cento e oitenta) dias consecutivos e ininterruptos, contados da ocorrência da emergência ou calamidade, vedada a prorrogação dos respectivos contratos;

V. quando não acudirem interessados à licitação anterior e esta, justificadamente, não puder ser repetida sem prejuízo para a Administração, mantidas, neste caso, todas as condições preestabelecidas;

VI. quando a União tiver que intervir no domínio econômico para regular preços ou normalizar o abastecimento;

VII. quando as propostas apresentadas consignarem preços manifestamente superiores aos praticados no mercado nacional, ou forem incompatíveis com os fixados pelos órgãos oficiais competentes, casos em que, observado o parágrafo único do art. 48 desta Lei e, persistindo a situação, será admitida a adjudicação direta dos bens ou serviços, por valor não superior ao constante do registro de preços, ou dos serviços; (Vide § 3º do art. 48)

VIII. para a aquisição, por pessoa jurídica de direito público interno, de bens produzidos ou serviços prestados por órgão ou entidade que integre a Administração Pública e que tenha sido criado para esse fim específico em data anterior à vigência desta Lei, desde que o preço contratado seja compatível com o praticado no mercado;

IX. quando houver possibilidade de comprometimento da segurança nacional, nos casos estabelecidos em decreto do Presidente da República, ouvido o Conselho de Defesa Nacional;

X. para a compra ou locação de imóvel destinado ao atendimento das finalidades precípuas da administração, cujas necessidades de instalação e localização condicionem a sua escolha, desde que o preço seja compatível com o valor de mercado, segundo avaliação prévia;

XI. na contratação de remanescente de obra, serviço ou fornecimento, em consequência de rescisão contratual, desde que atendida a ordem de classificação da licitação anterior e aceitas as mesmas condições oferecidas pelo licitante vencedor, inclusive quanto ao preço, devidamente corrigido;

XII. nas compras de hortifrutigranjeiros, pão e outros gêneros perecíveis, no tempo necessário para a realização dos processos licitatórios correspondentes, realizadas diretamente com base no preço do dia;

XIII. na contratação de instituição brasileira incumbida regimental ou estatutariamente da pesquisa, do ensino ou do desenvolvimento institucional, ou de instituição dedicada à recuperação social do preso, desde que a contratada detenha inquestionável reputação ético-profissional e não tenha fins lucrativos;

XIV. para a aquisição de bens ou serviços nos termos de acordo internacional específico aprovado pelo Congresso Nacional, quando as condições ofertadas forem manifestamente vantajosas para o Poder Público;

XV. para a aquisição ou restauração de obras de arte e objetos históricos, de autenticidade certificada, desde que compatíveis ou inerentes às finalidades do órgão ou entidade.

XVI. para a impressão dos diários oficiais, de formulários padronizados de uso da administração, e de edições técnicas oficiais, bem como para prestação de serviços de informática a pessoa jurídica de direito público interno, por órgãos ou entidades que integrem a Administração Pública, criados para esse fim específico;

XVII. para a aquisição de componentes ou peças de origem nacional ou estrangeira, necessários à manutenção de equipamentos durante o período de garantia técnica, junto ao fornecedor original desses equipamentos, quando tal condição de exclusividade for indispensável para a vigência da garantia;

XVIII. nas compras ou contratações de serviços para o abastecimento de navios, embarcações, unidades aéreas ou tropas e seus meios de deslocamento quando em estada eventual de curta duração em portos, aeroportos ou localidades diferentes de suas sedes, por motivo de movimentação operacional ou de adestramento, quando a exiguidade dos prazos legais puder comprometer a normalidade e os propósitos das operações e desde que seu valor não exceda ao limite previsto na alínea *a* do inciso II do art. 23 desta Lei:

XIX. para as compras de material de uso pelas Forças Armadas, com exceção de materiais de uso pessoal e administrativo, quando houver necessidade de manter a padronização requerida pela estrutura de apoio logístico dos meios navais, aéreos e terrestres, mediante parecer de comissão instituída por decreto;

XX. na contratação de associação de portadores de deficiência física, sem fins lucrativos e de comprovada idoneidade, por órgãos ou entidades da Administração Pública, para a prestação de serviços ou fornecimento de mão de obra, desde que o preço contratado seja compatível com o praticado no mercado.

XXI. para a aquisição ou contratação de produto para pesquisa e desenvolvimento, limitada, no caso de obras e serviços de engenharia, a 20% (vinte por cento) do valor de que trata a alínea *b* do inciso I do caput do art. 23;

XXII. na contratação de fornecimento ou suprimento de energia elétrica e gás natural com concessionário, permissionário ou autorizado, segundo as normas da legislação específica;

XXIII. na contratação realizada por empresa pública ou sociedade de economia mista com suas subsidiárias e controladas, para a aquisição ou alienação de bens, prestação ou obtenção de serviços, desde que o preço contratado seja compatível com o praticado no mercado.

XXIV. para a celebração de contratos de prestação de serviços com as organizações sociais, qualificadas no âmbito das respectivas esferas de governo, para atividades contempladas no contrato de gestão.

XXV. na contratação realizada por Instituição Científica e Tecnológica – ICT ou por agência de fomento para a transferência de tecnologia e para o licenciamento de direito de uso ou de exploração de criação protegida.

XXVI. na celebração de contrato de programa com ente da Federação ou com entidade de sua administração indireta, para a prestação de serviços públicos de forma associada nos termos do autorizado em contrato de consórcio público ou em convênio de cooperação.

XXVII. na contratação da coleta, processamento e comercialização de resíduos sólidos urbanos recicláveis ou reutilizáveis, em áreas com sistema de coleta seletiva de lixo, efetuados por associações ou cooperativas formadas exclusivamente por pessoas físicas de baixa renda reconhecidas pelo poder público como catadores de materiais recicláveis, com o uso de equipamentos compatíveis com as normas técnicas, ambientais e de saúde pública.

XXVIII. para o fornecimento de bens e serviços, produzidos ou prestados no País, que envolvam, cumulativamente, alta complexidade tecnológica e defesa nacional, mediante parecer de comissão especialmente designada pela autoridade máxima do órgão.

XXIX. na aquisição de bens e contratação de serviços para atender aos contingentes militares das Forças Singulares brasileiras empregadas em operações de paz no exterior, necessariamente justificadas quanto ao preço e à escolha do fornecedor ou executante e ratificadas pelo Comandante da Força.

XXX. na contratação de instituição ou organização, pública ou privada, com ou sem fins lucrativos, para a prestação de serviços de assistência técnica e extensão rural no âmbito do Programa Nacional de Assistência Técnica e Extensão Rural na Agricultura Familiar e na Reforma Agrária, instituído por lei federal.

XXXI. nas contratações visando ao cumprimento do disposto nos arts. 3º, 4º, 5º e 20 da Lei nº 10.973, de 2 de dezembro de 2004, observados os princípios gerais de contratação dela constantes.

XXXII. na contratação em que houver transferência de tecnologia de produtos estratégicos para o Sistema Único de Saúde – SUS, no âmbito da Lei nº 8.080, de 19 de setembro de 1990, conforme elencados em ato da direção nacional do SUS, inclusive por ocasião da aquisição destes produtos durante as etapas de absorção tecnológica.

XXXIII. na contratação de entidades privadas sem fins lucrativos, para a implementação de cisternas ou outras tecnologias sociais de acesso à água para consumo humano e produção de alimentos, para beneficiar as famílias rurais de baixa renda atingidas pela seca ou falta regular de água.

XXXIV. para a aquisição por pessoa jurídica de direito público interno de insumos estratégicos para a saúde produzidos ou distribuídos por fundação que, regimental ou estatutariamente, tenha por finalidade apoiar órgão da administração pública direta, sua autarquia ou fundação em projetos de ensino, pesquisa, extensão, desenvolvimento institucional, científico e tecnológico e estímulo à inovação, inclusive na gestão administrativa e financeira necessária à execução desses projetos, ou em parcerias que envolvam transferência de tecnologia de produtos estratégicos para o Sistema Único de Saúde – SUS, nos termos do inciso XXXII deste artigo, e que tenha sido criada para esse fim específico em data anterior à vigência desta Lei, desde que o preço contratado seja compatível com o praticado no mercado.

XXXV. para a construção, a ampliação, a reforma e o aprimoramento de estabelecimentos penais, desde que configurada situação de grave e iminente risco à segurança pública.

§ 1º Os percentuais referidos nos incisos I e II do caput deste artigo serão 20% (vinte por cento) para compras, obras e serviços contratados por consórcios públicos, sociedade de economia mista, empresa pública e por autarquia ou fundação qualificadas, na forma da lei, como Agências Executivas.

§ 2º O limite temporal de criação do órgão ou entidade que integre a administração pública estabelecido no inciso VIII do caput deste artigo não se aplica aos órgãos ou entidades que produzem produtos estratégicos para o SUS, no âmbito da Lei nº 8.080, de 19 de setembro de 1990, conforme elencados em ato da direção nacional do SUS.

§ 3º A hipótese de dispensa prevista no inciso XXI do caput, quando aplicada a obras e serviços de engenharia, seguirá procedimentos especiais instituídos em regulamentação específica.

§ 4º Não se aplica a vedação prevista no inciso I do caput do art. 9º à hipótese prevista no inciso XXI do caput.

Art. 25. É inexigível a licitação quando houver inviabilidade de competição, em especial:

I. para aquisição de materiais, equipamentos, ou gêneros que só possam ser fornecidos por produtor, empresa ou representante comercial exclusivo, vedada a preferência de marca, devendo a comprovação de exclusividade ser feita através de atestado fornecido pelo órgão de registro do comércio do local em que se realizaria a licitação ou a obra ou o serviço, pelo Sindicato, Federação ou Confederação Patronal, ou, ainda, pelas entidades equivalentes;

II. para a contratação de serviços técnicos enumerados no art. 13 desta Lei, de natureza singular, com profissionais ou empresas de notória especialização, vedada a inexigibilidade para serviços de publicidade e divulgação;

III. para contratação de profissional de qualquer setor artístico, diretamente ou através de empresário exclusivo, desde que consagrado pela crítica especializada ou pela opinião pública.

§ 1º Considera-se de notória especialização o profissional ou empresa cujo conceito no campo de sua especialidade, decorrente de desempenho anterior, estudos, experiências, publicações, organização, aparelhamento, equipe técnica, ou de outros requisitos relacionados com suas atividades, permita inferir que o seu trabalho é essencial e indiscutivelmente o mais adequado à plena satisfação do objeto do contrato.

§ 2º Na hipótese deste artigo e em qualquer dos casos de dispensa, se comprovado superfaturamento, respondem solidariamente pelo dano causado à Fazenda Pública o fornecedor ou o prestador de serviços e o agente público responsável, sem prejuízo de outras sanções legais cabíveis.

Art. 26. As dispensas previstas nos §§ 2º e 4º do art. 17 e no inciso III e seguintes do art. 24, as situações de inexigibilidade referidas no art. 25, necessariamente justificadas, e o retardamento previsto no final do parágrafo único do art. 8º desta Lei deverão ser comunicados, dentro de 3 (três) dias, à autoridade superior, para ratificação e publicação na imprensa oficial, no prazo de 5 (cinco) dias, como condição para a eficácia dos atos.

Parágrafo único. O processo de dispensa, de inexigibilidade ou de retardamento, previsto neste artigo, será instruído, no que couber, com os seguintes elementos:

I. caracterização da situação emergencial, calamitosa ou de grave e iminente risco à segurança pública que justifique a dispensa, quando for o caso;

II. razão da escolha do fornecedor ou executante;

III. justificativa do preço.

IV. documento de aprovação dos projetos de pesquisa aos quais os bens serão alocados.

SEÇÃO II
Da Habilitação

Art. 27. Para a habilitação nas licitações exigir-se-á dos interessados, exclusivamente, documentação relativa a:

I. habilitação jurídica;

II. qualificação técnica;

III. qualificação econômico-financeira;

IV. regularidade fiscal e trabalhista;

V. cumprimento do disposto no inciso XXXIII do art. 7º da Constituição Federal.

Art. 28. A documentação relativa à habilitação jurídica, conforme o caso, consistirá em:

I. cédula de identidade;

II. registro comercial, no caso de empresa individual;

III. ato constitutivo, estatuto ou contrato social em vigor, devidamente registrado, em se tratando de

sociedades comerciais, e, no caso de sociedades por ações, acompanhado de documentos de eleição de seus administradores;
IV. inscrição do ato constitutivo, no caso de sociedades civis, acompanhada de prova de diretoria em exercício;
V. decreto de autorização, em se tratando de empresa ou sociedade estrangeira em funcionamento no País, e ato de registro ou autorização para funcionamento expedido pelo órgão competente, quando a atividade assim o exigir.

Art. 29. A documentação relativa à regularidade fiscal e trabalhista, conforme o caso, consistirá em:
I. prova de inscrição no Cadastro de Pessoas Físicas (CPF) ou no Cadastro Geral de Contribuintes (CGC);
II. prova de inscrição no cadastro de contribuintes estadual ou municipal, se houver, relativo ao domicílio ou sede do licitante, pertinente ao seu ramo de atividade e compatível com o objeto contratual;
III. prova de regularidade para com a Fazenda Federal, Estadual e Municipal do domicílio ou sede do licitante, ou outra equivalente, na forma da lei;
IV. prova de regularidade relativa à Seguridade Social e ao Fundo de Garantia por Tempo de Serviço (FGTS), demonstrando situação regular no cumprimento dos encargos sociais instituídos por lei.
V. prova de inexistência de débitos inadimplidos perante a Justiça do Trabalho, mediante a apresentação de certidão negativa, nos termos do Título VII-A da Consolidação das Leis do Trabalho, aprovada pelo Decreto-Lei nº 5.452, de 1º de maio de 1943.

Art. 30. A documentação relativa à qualificação técnica limitar-se-á a:
I. registro ou inscrição na entidade profissional competente;
II. comprovação de aptidão para desempenho de atividade pertinente e compatível em características, quantidades e prazos com o objeto da licitação, e indicação das instalações e do aparelhamento e do pessoal técnico adequados e disponíveis para a realização do objeto da licitação, bem como da qualificação de cada um dos membros da equipe técnica que se responsabilizará pelos trabalhos;
III. comprovação, fornecida pelo órgão licitante, de que recebeu os documentos, e, quando exigido, de que tomou conhecimento de todas as informações e das condições locais para o cumprimento das obrigações objeto da licitação;

IV. prova de atendimento de requisitos previstos em lei especial, quando for o caso.
§ 1º A comprovação de aptidão referida no inciso II do caput deste artigo, no caso das licitações pertinentes a obras e serviços, será feita por atestados fornecidos por pessoas jurídicas de direito público ou privado, devidamente registrados nas entidades profissionais competentes, limitadas as exigências a:
I. capacitação técnico-profissional: comprovação do licitante de possuir em seu quadro permanente, na data prevista para entrega da proposta, profissional de nível superior ou outro devidamente reconhecido pela entidade competente, detentor de atestado de responsabilidade técnica por execução de obra ou serviço de características semelhantes, limitadas estas exclusivamente às parcelas de maior relevância e valor significativo do objeto da licitação, vedadas as exigências de quantidades mínimas ou prazos máximos;
II. (Vetado). (Incluído pela Lei nº 8.883, de 1994)
a) (Vetado). (Incluído pela Lei nº 8.883, de 1994)
b) (Vetado). (Incluído pela Lei nº 8.883, de 1994)
§ 2º As parcelas de maior relevância técnica e de valor significativo, mencionadas no parágrafo anterior, serão definidas no instrumento convocatório.
§ 3º Será sempre admitida a comprovação de aptidão através de certidões ou atestados de obras ou serviços similares de complexidade tecnológica e operacional equivalente ou superior.
§ 4º Nas licitações para fornecimento de bens, a comprovação de aptidão, quando for o caso, será feita através de atestados fornecidos por pessoa jurídica de direito público ou privado.
§ 5º É vedada a exigência de comprovação de atividade ou de aptidão com limitações de tempo ou de época ou ainda em locais específicos, ou quaisquer outras não previstas nesta Lei, que inibam a participação na licitação.
§ 6º As exigências mínimas relativas a instalações de canteiros, máquinas, equipamentos e pessoal técnico especializado, considerados essenciais para o cumprimento do objeto da licitação, serão atendidas mediante a apresentação de relação explícita e da declaração formal da sua disponibilidade, sob as penas cabíveis, vedada as exigências de propriedade e de localização prévia.
§ 7º (Vetado). (Redação dada pela Lei nº 8.883, de 1994)
I. (Vetado). (Incluído pela Lei nº 8.883, de 1994)

II. (Vetado). (Incluído pela Lei nº 8.883, de 1994)

§ 8º No caso de obras, serviços e compras de grande vulto, de alta complexidade técnica, poderá a Administração exigir dos licitantes a metodologia de execução, cuja avaliação, para efeito de sua aceitação ou não, antecederá sempre à análise dos preços e será efetuada exclusivamente por critérios objetivos.

§ 9º Entende-se por licitação de alta complexidade técnica aquela que envolva alta especialização, como fator de extrema relevância para garantir a execução do objeto a ser contratado, ou que possa comprometer a continuidade da prestação de serviços públicos essenciais.

§ 10º Os profissionais indicados pelo licitante para fins de comprovação da capacitação técnico-operacional de que trata o inciso I do § 1º deste artigo deverão participar da obra ou serviço objeto da licitação, admitindo-se a substituição por profissionais de experiência equivalente ou superior, desde que aprovada pela administração.

§ 11º (Vetado). (Incluído pela Lei nº 8.883, de 1994)

§ 12º (Vetado). (Incluído pela Lei nº 8.883, de 1994)

Art. 31. A documentação relativa à qualificação econômico-financeira limitar-se-á a:

I. balanço patrimonial e demonstrações contábeis do último exercício social, já exigíveis e apresentados na forma da lei, que comprovem a boa situação financeira da empresa, vedada a sua substituição por balancetes ou balanços provisórios, podendo ser atualizados por índices oficiais quando encerrado há mais de 3 (três) meses da data de apresentação da proposta;

II. certidão negativa de falência ou concordata expedida pelo distribuidor da sede da pessoa jurídica, ou de execução patrimonial, expedida no domicílio da pessoa física;

III. garantia, nas mesmas modalidades e critérios previstos no caput e § 1º do art. 56 desta Lei, limitada a 1% (um por cento) do valor estimado do objeto da contratação.

§ 1º A exigência de índices limitar-se-á à demonstração da capacidade financeira do licitante com vistas aos compromissos que terá que assumir caso lhe seja adjudicado o contrato, vedada a exigência de valores mínimos de faturamento anterior, índices de rentabilidade ou lucratividade.

§ 2º A Administração, nas compras para entrega futura e na execução de obras e serviços, poderá estabelecer, no instrumento convocatório da licitação, a exigência de capital mínimo ou de patrimônio líquido mínimo, ou ainda as garantias previstas no § 1º do art. 56 desta Lei, como dado objetivo de comprovação da qualificação econômico-financeira dos licitantes e para efeito de garantia ao adimplemento do contrato a ser ulteriormente celebrado.

§ 3º O capital mínimo ou o valor do patrimônio líquido a que se refere o parágrafo anterior não poderá exceder a 10% (dez por cento) do valor estimado da contratação, devendo a comprovação ser feita relativamente à data da apresentação da proposta, na forma da lei, admitida a atualização para esta data através de índices oficiais.

§ 4º Poderá ser exigida, ainda, a relação dos compromissos assumidos pelo licitante que importem diminuição da capacidade operativa ou absorção de disponibilidade financeira, calculada esta em função do patrimônio líquido atualizado e sua capacidade de rotação.

§ 5º A comprovação de boa situação financeira da empresa será feita de forma objetiva, através do cálculo de índices contábeis previstos no edital e devidamente justificados no processo administrativo da licitação que tenha dado início ao certame licitatório, vedada a exigência de índices e valores não usualmente adotados para correta avaliação de situação financeira suficiente ao cumprimento das obrigações decorrentes da licitação.

§ 6º (Vetado). (Redação dada pela Lei nº 8.883, de 1994)

Art. 32. Os documentos necessários à habilitação poderão ser apresentados em original, por qualquer processo de cópia autenticada por cartório competente ou por servidor da administração ou publicação em órgão da imprensa oficial.

§ 1º A documentação de que tratam os arts. 28 a 31 desta Lei poderá ser dispensada, no todo ou em parte, nos casos de convite, concurso, fornecimento de bens para pronta entrega e leilão.

§ 2º O certificado de registro cadastral a que se refere o § 1º do art. 36 substitui os documentos enumerados nos arts. 28 a 31, quanto às informações disponibilizadas em sistema informatizado de consulta direta indicado no edital, obrigando-se a parte a declarar, sob as penalidades legais, a superveniência de fato impeditivo da habilitação.

§ 3º A documentação referida neste artigo poderá ser substituída por registro cadastral emitido por órgão ou entidade pública, desde que previsto no edital e o registro tenha sido feito em obediência ao disposto nesta Lei.

§ 4º As empresas estrangeiras que não funcionem no País, tanto quanto possível, atenderão, nas licitações internacionais, às exigências dos parágrafos anteriores mediante documentos equivalentes, autenticados pelos respectivos consulados e traduzidos por tradutor juramentado, devendo ter representação legal no Brasil com poderes expressos para receber citação e responder administrativa ou judicialmente.

§ 5º Não se exigirá, para a habilitação de que trata este artigo, prévio recolhimento de taxas ou emolumentos, salvo os referentes a fornecimento do edital, quando solicitado, com os seus elementos constitutivos, limitados ao valor do custo efetivo de reprodução gráfica da documentação fornecida.

§ 6º O disposto no § 4º deste artigo, no § 1º do art. 33 e no § 2º do art. 55, não se aplica às licitações internacionais para a aquisição de bens e serviços cujo pagamento seja feito com o produto de financiamento concedido por organismo financeiro internacional de que o Brasil faça parte, ou por agência estrangeira de cooperação, nem nos casos de contratação com empresa estrangeira, para a compra de equipamentos fabricados e entregues no exterior, desde que para este caso tenha havido prévia autorização do Chefe do Poder Executivo, nem nos casos de aquisição de bens e serviços realizada por unidades administrativas com sede no exterior.

§ 7º A documentação de que tratam os arts. 28 a 31 e este artigo poderá ser dispensada, nos termos de regulamento, no todo ou em parte, para a contratação de produto para pesquisa e desenvolvimento, desde que para pronta entrega ou até o valor previsto na alínea *a* do inciso II do caput do art. 23º

Art. 33. Quando permitida na licitação a participação de empresas em consórcio, observar-se-ão as seguintes normas:

I. comprovação do compromisso público ou particular de constituição de consórcio, subscrito pelos consorciados;

II. indicação da empresa responsável pelo consórcio que deverá atender às condições de liderança, obrigatoriamente fixadas no edital;

III. apresentação dos documentos exigidos nos arts. 28 a 31 desta Lei por parte de cada consorciado, admitindo-se, para efeito de qualificação técnica, o somatório dos quantitativos de cada consorciado, e, para efeito de qualificação econômico-financeira, o somatório dos valores de cada consorciado, na proporção de sua respectiva participação, podendo a Administração estabelecer, para o consórcio, um acréscimo de até 30% (trinta por cento) dos valores exigidos para licitante individual, inexigível este acréscimo para os consórcios compostos, em sua totalidade, por micro e pequenas empresas assim definidas em lei;

IV. impedimento de participação de empresa consorciada, na mesma licitação, através de mais de um consórcio ou isoladamente;

V. responsabilidade solidária dos integrantes pelos atos praticados em consórcio, tanto na fase de licitação quanto na de execução do contrato.

§ 1º No consórcio de empresas brasileiras e estrangeiras a liderança caberá, obrigatoriamente, à empresa brasileira, observado o disposto no inciso II deste artigo.

§ 2º O licitante vencedor fica obrigado a promover, antes da celebração do contrato, a constituição e o registro do consórcio, nos termos do compromisso referido no inciso I deste artigo.

SEÇÃO III
Dos Registros Cadastrais

Art. 34. Para os fins desta Lei, os órgãos e entidades da Administração Pública que realizem frequentemente licitações manterão registros cadastrais para efeito de habilitação, na forma regulamentar, válidos por, no máximo, um ano.

§ 1º O registro cadastral deverá ser amplamente divulgado e deverá estar permanentemente aberto aos interessados, obrigando-se a unidade por ele responsável a proceder, no mínimo anualmente, através da imprensa oficial e de jornal diário, a chamamento público para a atualização dos registros existentes e para o ingresso de novos interessados.

§ 2º É facultado às unidades administrativas utilizarem-se de registros cadastrais de outros órgãos ou entidades da Administração Pública.

Art. 35. Ao requerer inscrição no cadastro, ou atualização deste, a qualquer tempo, o interessado fornecerá os elementos necessários à satisfação das exigências do art. 27 desta Lei.

Art. 36. Os inscritos serão classificados por categorias, tendo-se em vista sua especialização, subdivididas em grupos, segundo a qualificação técnica e econômica avaliada pelos elementos constantes da documentação relacionada nos arts. 30 e 31 desta Lei.

§ 1º Aos inscritos será fornecido certificado, renovável sempre que atualizarem o registro.

§ 2º A atuação do licitante no cumprimento de obrigações assumidas será anotada no respectivo registro cadastral.

Art. 37. A qualquer tempo poderá ser alterado, suspenso ou cancelado o registro do inscrito que deixar de satisfazer as exigências do art. 27 desta Lei, ou as estabelecidas para classificação cadastral.

SEÇÃO IV
Do Procedimento e Julgamento

Art. 38. O procedimento da licitação será iniciado com a abertura de processo administrativo, devidamente autuado, protocolado e numerado, contendo a autorização respectiva, a indicação sucinta de seu objeto e do recurso próprio para a despesa, e ao qual serão juntados oportunamente:

I. edital ou convite e respectivos anexos, quando for o caso;

II. comprovante das publicações do edital resumido, na forma do art. 21 desta Lei, ou da entrega do convite;

III. ato de designação da comissão de licitação, do leiloeiro administrativo ou oficial, ou do responsável pelo convite;

IV. original das propostas e dos documentos que as instruírem;

V. atas, relatórios e deliberações da Comissão Julgadora;

VI. pareceres técnicos ou jurídicos emitidos sobre a licitação, dispensa ou inexigibilidade;

VII. atos de adjudicação do objeto da licitação e da sua homologação;

VIII. recursos eventualmente apresentados pelos licitantes e respectivas manifestações e decisões;

IX. despacho de anulação ou de revogação da licitação, quando for o caso, fundamentado circunstanciadamente;

X. termo de contrato ou instrumento equivalente, conforme o caso;

XI. outros comprovantes de publicações;

XII. demais documentos relativos à licitação.

Parágrafo único. As minutas de editais de licitação, bem como as dos contratos, acordos, convênios ou ajustes devem ser previamente examinadas e aprovadas por assessoria jurídica da Administração.

Art. 39. Sempre que o valor estimado para uma licitação ou para um conjunto de licitações simultâneas ou sucessivas for superior a 100 (cem) vezes o limite previsto no art. 23, inciso I, alínea c desta Lei, o processo licitatório será iniciado, obrigatoriamente, com uma audiência pública concedida pela autoridade responsável com antecedência mínima de 15 (quinze) dias úteis da data prevista para a publicação do edital, e divulgada, com a antecedência mínima de 10 (dez) dias úteis de sua realização, pelos mesmos meios previstos para a publicidade da licitação, à qual terão acesso e direito a todas as informações pertinentes e a se manifestar todos os interessados.

Parágrafo único. Para os fins deste artigo, consideram-se licitações simultâneas aquelas com objetos similares e com realização prevista para intervalos não superiores a trinta dias e licitações sucessivas aquelas em que, também com objetos similares, o edital subsequente tenha uma data anterior a cento e vinte dias após o término do contrato resultante da licitação antecedente.

Art. 40. O edital conterá no preâmbulo o número de ordem em série anual, o nome da repartição interessada e de seu setor, a modalidade, o regime de execução e o tipo da licitação, a menção de que será regida por esta Lei, o local, dia e hora para recebimento da documentação e proposta, bem como para início da abertura dos envelopes, e indicará, obrigatoriamente, o seguinte:

I. objeto da licitação, em descrição sucinta e clara;

II. prazo e condições para assinatura do contrato ou retirada dos instrumentos, como previsto no art. 64 desta Lei, para execução do contrato e para entrega do objeto da licitação;

III. sanções para o caso de inadimplemento;

IV. local onde poderá ser examinado e adquirido o projeto básico;

V. se há projeto executivo disponível na data da publicação do edital de licitação e o local onde possa ser examinado e adquirido;

VI. condições para participação na licitação, em conformidade com os arts. 27 a 31 desta Lei, e forma de apresentação das propostas;

VII. critério para julgamento, com disposições claras e parâmetros objetivos;

VIII. locais, horários e códigos de acesso dos meios de comunicação à distância em que serão fornecidos elementos, informações e esclarecimentos relativos à licitação e às condições para atendimento das obrigações necessárias ao cumprimento de seu objeto;

IX. condições equivalentes de pagamento entre empresas brasileiras e estrangeiras, no caso de licitações internacionais;

X. o critério de aceitabilidade dos preços unitário e global, conforme o caso, permitida a fixação de preços máximos e vedados a fixação de preços mínimos, critérios estatísticos ou faixas de variação em relação a preços de referência, ressalvado o disposto nos parágrafos 1º e 2º do art. 48;

XI. critério de reajuste, que deverá retratar a variação efetiva do custo de produção, admitida a adoção de índices específicos ou setoriais, desde a data prevista para apresentação da proposta, ou do orçamento a que essa proposta se referir, até a data do adimplemento de cada parcela;

XII. (Vetado). (Redação dada pela Lei nº 8.883, de 1994)

XIII. limites para pagamento de instalação e mobilização para execução de obras ou serviços que serão obrigatoriamente previstos em separado das demais parcelas, etapas ou tarefas;

XIV. condições de pagamento, prevendo:

a) prazo de pagamento não superior a trinta dias, contado a partir da data final do período de adimplemento de cada parcela;

b) cronograma de desembolso máximo por período, em conformidade com a disponibilidade de recursos financeiros;

c) critério de atualização financeira dos valores a serem pagos, desde a data final do período de adimplemento de cada parcela até a data do efetivo pagamento;

d) compensações financeiras e penalizações, por eventuais atrasos, e descontos, por eventuais antecipações de pagamentos;

e) exigência de seguros, quando for o caso;

XV. instruções e normas para os recursos previstos nesta Lei;

XVI. condições de recebimento do objeto da licitação;

XVII. outras indicações específicas ou peculiares da licitação.

§ 1º O original do edital deverá ser datado, rubricado em todas as folhas e assinado pela autoridade que o expedir, permanecendo no processo de licitação, e dele extraindo-se cópias integrais ou resumidas, para sua divulgação e fornecimento aos interessados.

§ 2º Constituem anexos do edital, dele fazendo parte integrante:

I. o projeto básico e/ou executivo, com todas as suas partes, desenhos, especificações e outros complementos;

II. orçamento estimado em planilhas de quantitativos e preços unitários;

III. a minuta do contrato a ser firmado entre a Administração e o licitante vencedor;

IV. as especificações complementares e as normas de execução pertinentes à licitação.

§ 3º Para efeito do disposto nesta Lei, considera-se como adimplemento da obrigação contratual a prestação do serviço, a realização da obra, a entrega do bem ou de parcela destes, bem como qualquer outro evento contratual a cuja ocorrência esteja vinculada a emissão de documento de cobrança.

§ 4º Nas compras para entrega imediata, assim entendidas aquelas com prazo de entrega até trinta dias da data prevista para apresentação da proposta, poderão ser dispensadas:

I. o disposto no inciso XI deste artigo;

II. a atualização financeira a que se refere a alínea c do inciso XIV deste artigo, correspondente ao período compreendido entre as datas do adimplemento e a prevista para o pagamento, desde que não superior a quinze dias.

§ 5º A Administração Pública poderá, nos editais de licitação para a contratação de serviços, exigir da contratada que um percentual mínimo de sua mão de obra seja oriundo ou egresso do sistema prisional, com a finalidade de ressocialização do reeducando, na forma estabelecida em regulamento.

Art. 41. A Administração não pode descumprir as normas e condições do edital, ao qual se acha estritamente vinculada.

§ 1º Qualquer cidadão é parte legítima para impugnar edital de licitação por irregularidade na aplicação desta Lei, devendo protocolar o pedido até 5 (cinco) dias úteis antes da data fixada para a abertura dos envelopes de habilitação, devendo a Administração julgar e responder à impugnação em até 3 (três) dias úteis, sem prejuízo da faculdade prevista no § 1º do art. 113.

§ 2º Decairá do direito de impugnar os termos do edital de licitação perante a administração o licitante que não o fizer até o segundo dia útil que anteceder a abertura dos envelopes de habilitação em concorrência, a abertura dos envelopes com as propostas em convite, tomada de preços ou concurso, ou a realização de leilão, as falhas ou irregularidades que viciariam esse edital, hipótese em que tal comunicação não terá efeito de recurso.

§ 3º A impugnação feita tempestivamente pelo licitante não o impedirá de participar do processo licitatório até o trânsito em julgado da decisão a ela pertinente.

§ 4º A inabilitação do licitante importa preclusão do seu direito de participar das fases subsequentes.

Art. 42. Nas concorrências de âmbito internacional, o edital deverá ajustar-se às diretrizes da política monetária e do comércio exterior e atender às exigências dos órgãos competentes.

§ 1º Quando for permitido ao licitante estrangeiro cotar preço em moeda estrangeira, igualmente o poderá fazer o licitante brasileiro.

§ 2º O pagamento feito ao licitante brasileiro eventualmente contratado em virtude da licitação de que trata o parágrafo anterior será efetuado em moeda brasileira, à taxa de câmbio vigente no dia útil imediatamente anterior à data do efetivo pagamento.

§ 3º As garantias de pagamento ao licitante brasileiro serão equivalentes àquelas oferecidas ao licitante estrangeiro.

§ 4º Para fins de julgamento da licitação, as propostas apresentadas por licitantes estrangeiros serão acrescidas dos gravames consequentes dos mesmos tributos que oneram exclusivamente os licitantes brasileiros quanto à operação final de venda.

§ 5º Para a realização de obras, prestação de serviços ou aquisição de bens com recursos provenientes de financiamento ou doação oriundos de agência oficial de cooperação estrangeira ou organismo financeiro multilateral de que o Brasil seja parte, poderão ser admitidas, na respectiva licitação, as condições decorrentes de acordos, protocolos, convenções ou tratados internacionais aprovados pelo Congresso Nacional, bem como as normas e procedimentos daquelas entidades, inclusive quanto ao critério de seleção da proposta mais vantajosa para a administração, o qual poderá contemplar, além do preço, outros fatores de avaliação, desde que por elas exigidos para a obtenção do financiamento ou da doação, e que também não conflitem com o princípio do julgamento objetivo e sejam objeto de despacho motivado do órgão executor do contrato, despacho esse ratificado pela autoridade imediatamente superior.

§ 6º As cotações de todos os licitantes serão para entrega no mesmo local de destino.

Art. 43. A licitação será processada e julgada com observância dos seguintes procedimentos:

I. abertura dos envelopes contendo a documentação relativa à habilitação dos concorrentes, e sua apreciação;

II. devolução dos envelopes fechados aos concorrentes inabilitados, contendo as respectivas propostas, desde que não tenha havido recurso ou após sua denegação;

III. abertura dos envelopes contendo as propostas dos concorrentes habilitados, desde que transcorrido o prazo sem interposição de recurso, ou tenha havido desistência expressa, ou após o julgamento dos recursos interpostos;

IV. verificação da conformidade de cada proposta com os requisitos do edital e, conforme o caso, com os preços correntes no mercado ou fixados por órgão oficial competente, ou ainda com os constantes do sistema de registro de preços, os quais deverão ser devidamente registrados na ata de julgamento, promovendo-se a desclassificação das propostas desconformes ou incompatíveis;

V. julgamento e classificação das propostas de acordo com os critérios de avaliação constantes do edital;

VI. deliberação da autoridade competente quanto à homologação e adjudicação do objeto da licitação.

§ 1º A abertura dos envelopes contendo a documentação para habilitação e as propostas será realizada sempre em ato público previamente designado, do qual se lavrará ata circunstanciada, assinada pelos licitantes presentes e pela Comissão.

§ 2º Todos os documentos e propostas serão rubricados pelos licitantes presentes e pela Comissão.

§ 3º É facultada à Comissão ou autoridade superior, em qualquer fase da licitação, a promoção de diligência destinada a esclarecer ou a complementar a instrução do processo, vedada a inclusão posterior de documento ou informação que deveria constar originariamente da proposta.

§ 4º O disposto neste artigo aplica-se à concorrência e, no que couber, ao concurso, ao leilão, à tomada de preços e ao convite.

§ 5º Ultrapassada a fase de habilitação dos concorrentes (incisos I e II) e abertas as propostas (inciso III), não cabe desclassificá-los por motivo relacionado com a habilitação, salvo em razão de fatos supervenientes ou só conhecidos após o julgamento.

§ 6º Após a fase de habilitação, não cabe desistência de proposta, salvo por motivo justo decorrente de fato superveniente e aceito pela Comissão.

Art. 44. No julgamento das propostas, a Comissão levará em consideração os critérios objetivos definidos no edital ou convite, os quais não devem contrariar as normas e princípios estabelecidos por esta Lei.

§ 1º É vedada a utilização de qualquer elemento, critério ou fator sigiloso, secreto, subjetivo ou reservado que possa ainda que indiretamente elidir o princípio da igualdade entre os licitantes.

§ 2º Não se considerará qualquer oferta de vantagem não prevista no edital ou no convite, inclusive financiamentos subsidiados ou a fundo perdido, nem preço ou vantagem baseada nas ofertas dos demais licitantes.

§ 3º Não se admitirá proposta que apresente preços global ou unitários simbólicos, irrisórios ou de valor zero, incompatíveis com os preços dos insumos e salários de mercado, acrescidos dos respectivos encargos, ainda que o ato convocatório da licitação não tenha estabelecido limites mínimos, exceto quando se referirem a materiais e instalações de propriedade do próprio licitante, para os quais ele renuncie a parcela ou a totalidade da remuneração.

§ 4º O disposto no parágrafo anterior aplica-se também às propostas que incluam mão de obra estrangeira ou importações de qualquer natureza.

Art. 45. O julgamento das propostas será objetivo, devendo a Comissão de licitação ou o responsável pelo convite realizá-lo em conformidade com os tipos de licitação, os critérios previamente estabelecidos no ato convocatório e de acordo com os fatores exclusivamente nele referidos, de maneira a possibilitar sua aferição pelos licitantes e pelos órgãos de controle.

§ 1º Para os efeitos deste artigo, constituem tipos de licitação, exceto na modalidade concurso:

I. a de menor preço quando o critério de seleção da proposta mais vantajosa para a Administração determinar que será vencedor o licitante que apresentar a proposta de acordo com as especificações do edital ou convite e ofertar o menor preço;

II. a de melhor técnica;

III. a de técnica e preço.

IV. a de maior lance ou oferta – nos casos de alienação de bens ou concessão de direito real de uso.

§ 2º No caso de empate entre duas ou mais propostas, e após obedecido o disposto no § 2º do art. 3º desta Lei, a classificação se fará, obrigatoriamente, por sorteio, em ato público, para o qual todos os licitantes serão convocados, vedado qualquer outro processo.

§ 3º No caso da licitação do tipo "menor preço", entre os licitantes considerados qualificados a classificação se dará pela ordem crescente dos preços propostos, prevalecendo, no caso de empate, exclusivamente o critério previsto no parágrafo anterior.

§ 4º Para contratação de bens e serviços de informática, a administração observará o disposto no art. 3º da Lei nº 8.248, de 23 de outubro de 1991, levando em conta os fatores especificados em seu parágrafo 2º e adotando obrigatoriamente o tipo de licitação "técnica e preço", permitido o emprego de outro tipo de licitação nos casos indicados em decreto do Poder Executivo.

§ 5º É vedada a utilização de outros tipos de licitação não previstos neste artigo.

§ 6º Na hipótese prevista no art. 23, § 7º, serão selecionadas tantas propostas quantas necessárias até que se atinja a quantidade demandada na licitação.

Art. 46. Os tipos de licitação "melhor técnica" ou "técnica e preço" serão utilizados exclusivamente para serviços de natureza predominantemente intelectual, em especial na elaboração de projetos, cálculos, fiscalização, supervisão e gerenciamento e de engenharia consultiva em geral e, em particular, para a elaboração de estudos técnicos preliminares e projetos básicos e executivos, ressalvado o disposto no § 4º do artigo anterior.

§ 1º Nas licitações do tipo "melhor técnica" será adotado o seguinte procedimento claramente explicitado no instrumento convocatório, o qual fixará o preço máximo que a Administração se propõe a pagar:

I. serão abertos os envelopes contendo as propostas técnicas exclusivamente dos licitantes previamente qualificados e feita então a avaliação e classificação destas propostas de acordo com os critérios pertinentes e adequados ao objeto licitado, definidos com clareza e objetividade no instrumento convocatório e que considerem a capacitação e a experiência do proponente, a qualidade técnica da proposta, compreendendo metodologia, organização, tecnologias e recursos materiais a serem utilizados nos trabalhos, e a qualificação das equipes técnicas a serem mobilizadas para a sua execução;

II. uma vez classificadas as propostas técnicas, proceder-se-á à abertura das propostas de preço dos licitantes que tenham atingido a valorização mínima estabelecida no instrumento convocatório e à negociação das condições propostas, com a proponente melhor classificada, com base nos orçamentos detalhados apresentados e respectivos preços unitários e tendo como referência o limite representado pela proposta de menor preço entre os licitantes que obtiveram a valorização mínima;

III. no caso de impasse na negociação anterior, procedimento idêntico será adotado, sucessivamente, com os demais proponentes, pela ordem de classificação, até a consecução de acordo para a contratação;

IV. as propostas de preços serão devolvidas intactas aos licitantes que não forem preliminarmente habilitados ou que não obtiverem a valorização mínima estabelecida para a proposta técnica.

§ 2º Nas licitações do tipo "técnica e preço" será adotado, adicionalmente ao inciso I do parágrafo anterior, o seguinte procedimento claramente explicitado no instrumento convocatório:

I. será feita a avaliação e a valorização das propostas de preços, de acordo com critérios objetivos preestabelecidos no instrumento convocatório;

II. a classificação dos proponentes far-se-á de acordo com a média ponderada das valorizações das propostas técnicas e de preço, de acordo com os pesos preestabelecidos no instrumento convocatório.

§ 3º Excepcionalmente, os tipos de licitação previstos neste artigo poderão ser adotados, por autorização expressa e mediante justificativa circunstanciada da maior autoridade da Administração promotora constante do ato convocatório, para fornecimento de bens e execução de obras ou prestação de serviços de grande vulto majoritariamente dependentes de tecnologia nitidamente sofisticada e de domínio restrito, atestado por autoridades técnicas de reconhecida qualificação, nos casos em que o objeto pretendido admitir soluções alternativas e variações de execução, com repercussões significativas sobre sua qualidade, produtividade, rendimento e durabilidade concretamente mensuráveis, e estas puderem ser adotadas à livre escolha dos licitantes, na conformidade dos critérios objetivamente fixados no ato convocatório.

§ 4º (Vetado). (Incluído pela Lei nº 8.883, de 1994)

Art. 47. Nas licitações para a execução de obras e serviços, quando for adotada a modalidade de execução de empreitada por preço global, a Administração deverá fornecer obrigatoriamente, junto com o edital, todos os elementos e informações necessários para que os licitantes possam elaborar suas propostas de preços com total e completo conhecimento do objeto da licitação.

Art. 48. Serão desclassificadas:

I. as propostas que não atendam às exigências do ato convocatório da licitação;

II. propostas com valor global superior ao limite estabelecido ou com preços manifestamente inexequíveis, assim considerados aqueles que não venham a ter demonstrada sua viabilidade através de documentação que comprove que os custos dos insumos são coerentes com os de mercado e que os coeficientes de produtividade são compatíveis com a execução do objeto do contrato, condições estas necessariamente especificadas no ato convocatório da licitação.

§ 1º Para os efeitos do disposto no inciso II deste artigo consideram-se manifestamente inexequíveis, no caso de licitações de menor preço para obras e serviços de engenharia, as propostas cujos valores sejam inferiores a 70% (setenta por cento) do menor dos seguintes valores:

a) média aritmética dos valores das propostas superiores a 50% (cinquenta por cento) do valor orçado pela administração, ou

b) valor orçado pela administração.

§ 2º Dos licitantes classificados na forma do parágrafo anterior cujo valor global da proposta for inferior a 80% (oitenta por cento) do menor valor a que se referem as alíneas *a* e *b*, será exigida, para a assinatura do contrato, prestação de garantia adicional, dentre as modalidades previstas no § 1º do art. 56, igual a diferença entre o valor resultante do parágrafo anterior e o valor da correspondente proposta.

§ 3º Quando todos os licitantes forem inabilitados ou todas as propostas forem desclassificadas, a administração poderá fixar aos licitantes o prazo de oito dias úteis para a apresentação de nova documentação ou de outras propostas escoimadas das causas referidas neste artigo, facultada, no caso de convite, a redução deste prazo para três dias úteis.

Art. 49. A autoridade competente para a aprovação do procedimento somente poderá revogar a licitação por razões de interesse público decorrente de fato superveniente devidamente comprovado, pertinente e suficiente para justificar tal conduta, devendo anulá-la por ilegalidade, de ofício ou por provocação de terceiros, mediante parecer escrito e devidamente fundamentado.

§ 1º A anulação do procedimento licitatório por motivo de ilegalidade não gera obrigação de indenizar, ressalvado o disposto no parágrafo único do art. 59 desta Lei.

§ 2º A nulidade do procedimento licitatório induz à do contrato, ressalvado o disposto no parágrafo único do art. 59 desta Lei.

§ 3º No caso de desfazimento do processo licitatório, fica assegurado o contraditório e a ampla defesa.

§ 4º O disposto neste artigo e seus parágrafos aplica-se aos atos do procedimento de dispensa e de inexigibilidade de licitação.

Art. 50. A Administração não poderá celebrar o contrato com preterição da ordem de classificação das propostas ou com terceiros estranhos ao procedimento licitatório, sob pena de nulidade.

Art. 51. A habilitação preliminar, a inscrição em registro cadastral, a sua alteração ou cancelamento, e as propostas serão processadas e julgadas por comissão permanente ou especial de, no mínimo, 3 (três) membros, sendo pelo menos 2 (dois) deles servidores qualificados pertencentes aos quadros permanentes dos órgãos da Administração responsáveis pela licitação.

§ 1º No caso de convite, a Comissão de licitação, excepcionalmente, nas pequenas unidades administrativas e em face da exiguidade de pessoal disponível, poderá ser substituída por servidor formalmente designado pela autoridade competente.

§ 2º A Comissão para julgamento dos pedidos de inscrição em registro cadastral, sua alteração ou cancelamento, será integrada por profissionais legalmente habilitados no caso de obras, serviços ou aquisição de equipamentos.

§ 3º Os membros das Comissões de licitação responderão solidariamente por todos os atos praticados pela Comissão, salvo se posição individual divergente estiver devidamente fundamentada e registrada em ata lavrada na reunião em que tiver sido tomada a decisão.

§ 4º A investidura dos membros das Comissões permanentes não excederá a 1 (um) ano, vedada a recondução da totalidade de seus membros para a mesma comissão no período subsequente.

§ 5º No caso de concurso, o julgamento será feito por uma comissão especial integrada por pessoas de reputação ilibada e reconhecido conhecimento da matéria em exame, servidores públicos ou não.

Art. 52. O concurso a que se refere o § 4º do art. 22 desta Lei deve ser precedido de regulamento próprio, a ser obtido pelos interessados no local indicado no edital.

§ 1º O regulamento deverá indicar:
I. a qualificação exigida dos participantes;
II. as diretrizes e a forma de apresentação do trabalho;
III. as condições de realização do concurso e os prêmios a serem concedidos.

§ 2º Em se tratando de projeto, o vencedor deverá autorizar a Administração a executá-lo quando julgar conveniente.

Art. 53. O leilão pode ser cometido a leiloeiro oficial ou a servidor designado pela Administração, procedendo-se na forma da legislação pertinente.

§ 1º Todo bem a ser leiloado será previamente avaliado pela Administração para fixação do preço mínimo de arrematação.

§ 2º Os bens arrematados serão pagos à vista ou no percentual estabelecido no edital, não inferior a 5% (cinco por cento) e, após a assinatura da respectiva ata lavrada no local do leilão, imediatamente entregues ao arrematante, o qual se obrigará ao pagamento do restante no prazo estipulado no edital de convocação, sob pena de perder em favor da Administração o valor já recolhido.

§ 3º Nos leilões internacionais, o pagamento da parcela à vista poderá ser feito em até vinte e quatro horas.

§ 4º O edital de leilão deve ser amplamente divulgado, principalmente no município em que se realizará.

CAPÍTULO III

Dos Contratos

SEÇÃO I
Disposições Preliminares

Art. 54. Os contratos administrativos de que trata esta Lei regulam-se pelas suas cláusulas e pelos preceitos de direito público, aplicando-se lhes, supletivamente, os princípios da teoria geral dos contratos e as disposições de direito privado.

§ 1º Os contratos devem estabelecer com clareza e precisão as condições para sua execução, expressas em cláusulas que definam os direitos, obrigações e responsabilidades das partes, em conformidade com os termos da licitação e da proposta a que se vinculam.

§ 2º Os contratos decorrentes de dispensa ou de inexigibilidade de licitação devem atender aos termos do ato que os autorizou e da respectiva proposta.

Art. 55. São cláusulas necessárias em todo contrato as que estabeleçam:

I. o objeto e seus elementos característicos;

II. o regime de execução ou a forma de fornecimento;

III. o preço e as condições de pagamento, os critérios, data-base e periodicidade do reajustamento de preços, os critérios de atualização monetária entre a data do adimplemento das obrigações e a do efetivo pagamento;

IV. os prazos de início de etapas de execução, de conclusão, de entrega, de observação e de recebimento definitivo, conforme o caso;

V. o crédito pelo qual correrá a despesa, com a indicação da classificação funcional programática e da categoria econômica;

VI. as garantias oferecidas para assegurar sua plena execução, quando exigidas;

VII. os direitos e as responsabilidades das partes, as penalidades cabíveis e os valores das multas;

VIII. os casos de rescisão;

IX. o reconhecimento dos direitos da Administração, em caso de rescisão administrativa prevista no art. 77 desta Lei;

X. as condições de importação, a data e a taxa de câmbio para conversão, quando for o caso;

XI. a vinculação ao edital de licitação ou ao termo que a dispensou ou a inexigiu, ao convite e à proposta do licitante vencedor;

XII. a legislação aplicável à execução do contrato e especialmente aos casos omissos;

XIII. a obrigação do contratado de manter, durante toda a execução do contrato, em compatibilidade com as obrigações por ele assumidas, todas as condições de habilitação e qualificação exigidas na licitação.

§ 1º (Vetado). (Redação dada pela Lei nº 8.883, de 1994)

§ 2º Nos contratos celebrados pela Administração Pública com pessoas físicas ou jurídicas, inclusive aquelas domiciliadas no estrangeiro, deverá constar necessariamente cláusula que declare competente o foro da sede da Administração para dirimir qualquer questão contratual, salvo o disposto no § 6º do art. 32 desta Lei.

§ 3º No ato da liquidação da despesa, os serviços de contabilidade comunicarão, aos órgãos incumbidos da arrecadação e fiscalização de tributos da União, Estado ou Município, as características e os valores pagos, segundo o disposto no art. 63 da Lei nº 4.320, de 17 de março de 1964.

Art. 56. A critério da autoridade competente, em cada caso, e desde que prevista no instrumento convocatório, poderá ser exigida prestação de garantia nas contratações de obras, serviços e compras.

§ 1º Caberá ao contratado optar por uma das seguintes modalidades de garantia:

I. caução em dinheiro ou em títulos da dívida pública, devendo estes ter sido emitidos sob a forma escritural, mediante registro em sistema centralizado de liquidação e de custódia autorizado pelo Banco Central do Brasil e avaliados pelos seus valores econômicos, conforme definido pelo Ministério da Fazenda;

II. seguro-garantia;

III. fiança bancária.

§ 2º A garantia a que se refere o caput deste artigo não excederá a cinco por cento do valor do contrato e terá seu valor atualizado nas mesmas condições daquele, ressalvado o previsto no parágrafo 3º deste artigo.

§ 3º Para obras, serviços e fornecimentos de grande vulto envolvendo alta complexidade técnica e riscos financeiros consideráveis, demonstrados através de parecer tecnicamente aprovado pela autoridade competente, o limite de garantia previsto no parágrafo anterior poderá ser elevado para até dez por cento do valor do contrato.

§ 4º A garantia prestada pelo contratado será liberada ou restituída após a execução do contrato e, quando em dinheiro, atualizada monetariamente.

§ 5º Nos casos de contratos que importem na entrega de bens pela Administração, dos quais o contratado ficará depositário, ao valor da garantia deverá ser acrescido o valor desses bens.

Art. 57. A duração dos contratos regidos por esta Lei ficará adstrita à vigência dos respectivos créditos orçamentários, exceto quanto aos relativos:

I. aos projetos cujos produtos estejam contemplados nas metas estabelecidas no Plano Plurianual, os quais poderão ser prorrogados se houver interesse da Administração e desde que isso tenha sido previsto no ato convocatório;

II. à prestação de serviços a serem executados de forma contínua, que poderão ter a sua duração prorrogada por iguais e sucessivos períodos com vistas à obtenção de preços e condições mais vantajosas para a administração, limitada a sessenta meses;

III. (Vetado). (Redação dada pela Lei nº 8.883, de 1994)
IV. ao aluguel de equipamentos e à utilização de programas de informática, podendo a duração estender-se pelo prazo de até 48 (quarenta e oito) meses após o início da vigência do contrato.
V. às hipóteses previstas nos incisos IX, XIX, XXVIII e XXXI do art. 24, cujos contratos poderão ter vigência por até 120 (cento e vinte) meses, caso haja interesse da administração.
§ 1º Os prazos de início de etapas de execução, de conclusão e de entrega admitem prorrogação, mantidas as demais cláusulas do contrato e assegurada a manutenção de seu equilíbrio econômico-financeiro, desde que ocorra algum dos seguintes motivos, devidamente autuados em processo:
I. alteração do projeto ou especificações, pela Administração;
II. superveniência de fato excepcional ou imprevisível, estranho à vontade das partes, que altere fundamentalmente as condições de execução do contrato;
III. interrupção da execução do contrato ou diminuição do ritmo de trabalho por ordem e no interesse da Administração;
IV. aumento das quantidades inicialmente previstas no contrato, nos limites permitidos por esta Lei;
V. impedimento de execução do contrato por fato ou ato de terceiro reconhecido pela Administração em documento contemporâneo à sua ocorrência;
VI. omissão ou atraso de providências a cargo da Administração, inclusive quanto aos pagamentos previstos de que resulte, diretamente, impedimento ou retardamento na execução do contrato, sem prejuízo das sanções legais aplicáveis aos responsáveis.
§ 2º Toda prorrogação de prazo deverá ser justificada por escrito e previamente autorizada pela autoridade competente para celebrar o contrato.
§ 3º É vedado o contrato com prazo de vigência indeterminado.
§ 4º Em caráter excepcional, devidamente justificado e mediante autorização da autoridade superior, o prazo de que trata o inciso II do caput deste artigo poderá ser prorrogado por até doze meses.
Art. 58. O regime jurídico dos contratos administrativos instituído por esta Lei confere à Administração, em relação a eles, a prerrogativa de:
I. modificá-los, unilateralmente, para melhor adequação às finalidades de interesse público, respeitados os direitos do contratado;
II. rescindi-los, unilateralmente, nos casos especificados no inciso I do art. 79 desta Lei;
III. fiscalizar-lhes a execução;
IV. aplicar sanções motivadas pela inexecução total ou parcial do ajuste;
V. nos casos de serviços essenciais, ocupar provisoriamente bens móveis, imóveis, pessoal e serviços vinculados ao objeto do contrato, na hipótese da necessidade de acautelar apuração administrativa de faltas contratuais pelo contratado, bem como na hipótese de rescisão do contrato administrativo.
§ 1º As cláusulas econômico-financeiras e monetárias dos contratos administrativos não poderão ser alteradas sem prévia concordância do contratado.
§ 2º Na hipótese do inciso I deste artigo, as cláusulas econômico-financeiras do contrato deverão ser revistas para que se mantenha o equilíbrio contratual.
Art. 59. A declaração de nulidade do contrato administrativo opera retroativamente impedindo os efeitos jurídicos que ele, ordinariamente, deveria produzir, além de desconstituir os já produzidos.
Parágrafo único. A nulidade não exonera a Administração do dever de indenizar o contratado pelo que este houver executado até a data em que ela for declarada e por outros prejuízos regularmente comprovados, contanto que não lhe seja imputável, promovendo-se a responsabilidade de quem lhe deu causa.

SEÇÃO II
Da Formalização dos Contratos

Art. 60. Os contratos e seus aditamentos serão lavrados nas repartições interessadas, as quais manterão arquivo cronológico dos seus autógrafos e registro sistemático do seu extrato, salvo os relativos a direitos reais sobre imóveis, que se formalizam por instrumento lavrado em cartório de notas, de tudo juntando-se cópia no processo que lhe deu origem.
Parágrafo único. É nulo e de nenhum efeito o contrato verbal com a Administração, salvo o de pequenas compras de pronto pagamento, assim entendidas aquelas de valor não superior a 5% (cinco por cento) do limite estabelecido no art. 23, inciso II, alínea *a* desta Lei, feitas em regime de adiantamento.
Art. 61. Todo contrato deve mencionar os nomes das partes e os de seus representantes, a finalidade, o ato que autorizou a sua lavratura, o número do processo da licitação, da dispensa ou da inexigibilidade,

a sujeição dos contratantes às normas desta Lei e às cláusulas contratuais.

Parágrafo único. A publicação resumida do instrumento de contrato ou de seus aditamentos na imprensa oficial, que é condição indispensável para sua eficácia, será providenciada pela Administração até o quinto dia útil do mês seguinte ao de sua assinatura, para ocorrer no prazo de vinte dias daquela data, qualquer que seja o seu valor, ainda que sem ônus, ressalvado o disposto no art. 26 desta Lei.

Art. 62. O instrumento de contrato é obrigatório nos casos de concorrência e de tomada de preços, bem como nas dispensas e inexigibilidades cujos preços estejam compreendidos nos limites destas duas modalidades de licitação, e facultativo nos demais em que a Administração puder substituí-lo por outros instrumentos hábeis, tais como carta--contrato, nota de empenho de despesa, autorização de compra ou ordem de execução de serviço.

§ 1º A minuta do futuro contrato integrará sempre o edital ou ato convocatório da licitação.

§ 2º Em "carta contrato", "nota de empenho de despesa", "autorização de compra", "ordem de execução de serviço" ou outros instrumentos hábeis aplica-se, no que couber, o disposto no art. 55 desta Lei.

§ 3º Aplica-se o disposto nos arts. 55 e 58 a 61 desta Lei e demais normas gerais, no que couber:

I. aos contratos de seguro, de financiamento, de locação em que o Poder Público seja locatário, e aos demais cujo conteúdo seja regido, predominantemente, por norma de direito privado;

II. aos contratos em que a Administração for parte como usuária de serviço público.

§ 4º É dispensável o "termo de contrato" e facultada a substituição prevista neste artigo, a critério da Administração e independentemente de seu valor, nos casos de compra com entrega imediata e integral dos bens adquiridos, dos quais não resultem obrigações futuras, inclusive assistência técnica.

Art. 63. É permitido a qualquer licitante o conhecimento dos termos do contrato e do respectivo processo licitatório e, a qualquer interessado, a obtenção de cópia autenticada, mediante o pagamento dos emolumentos devidos.

Art. 64. A Administração convocará regularmente o interessado para assinar o termo de contrato, aceitar ou retirar o instrumento equivalente, dentro do prazo e condições estabelecidos, sob pena de decair o direito à contratação, sem prejuízo das sanções previstas no art. 81 desta Lei.

§ 1º O prazo de convocação poderá ser prorrogado uma vez, por igual período, quando solicitado pela parte durante o seu transcurso e desde que ocorra motivo justificado aceito pela Administração.

§ 2º É facultado à Administração, quando o convocado não assinar o termo de contrato ou não aceitar ou retirar o instrumento equivalente no prazo e condições estabelecidos, convocar os licitantes remanescentes, na ordem de classificação, para fazê-lo em igual prazo e nas mesmas condições propostas pelo primeiro classificado, inclusive quanto aos preços atualizados de conformidade com o ato convocatório, ou revogar a licitação independentemente da cominação prevista no art. 81 desta Lei.

§ 3º Decorridos 60 (sessenta) dias da data da entrega das propostas, sem convocação para a contratação, ficam os licitantes liberados dos compromissos assumidos.

SEÇÃO III
Da Alteração dos Contratos

Art. 65. Os contratos regidos por esta Lei poderão ser alterados, com as devidas justificativas, nos seguintes casos:

I. unilateralmente pela Administração:

a) quando houver modificação do projeto ou das especificações, para melhor adequação técnica aos seus objetivos;

b) quando necessária a modificação do valor contratual em decorrência de acréscimo ou diminuição quantitativa de seu objeto, nos limites permitidos por esta Lei;

II. por acordo das partes:

a) quando conveniente a substituição da garantia de execução;

b) quando necessária a modificação do regime de execução da obra ou serviço, bem como do modo de fornecimento, em face de verificação técnica da inaplicabilidade dos termos contratuais originários;

c) quando necessária a modificação da forma de pagamento, por imposição de circunstâncias supervenientes, mantido o valor inicial atualizado, vedada a antecipação do pagamento, com relação ao cronograma financeiro fixado, sem a correspondente contraprestação de fornecimento de bens ou execução de obra ou serviço;

d) para restabelecer a relação que as partes pactuaram inicialmente entre os encargos do contratado e a retribuição da administração para a justa remuneração da obra, serviço ou fornecimento, objetivando a manutenção do equilíbrio econômico-financeiro inicial do contrato, na hipótese de sobrevirem fatos imprevisíveis, ou previsíveis porém de consequências incalculáveis, retardadores ou impeditivos da execução do ajustado, ou, ainda, em caso de força maior, caso fortuito ou fato do príncipe, configurando álea econômica extraordinária e extracontratual.

§ 1º O contratado fica obrigado a aceitar, nas mesmas condições contratuais, os acréscimos ou supressões que se fizerem nas obras, serviços ou compras, até 25% (vinte e cinco por cento) do valor inicial atualizado do contrato, e, no caso particular de reforma de edifício ou de equipamento, até o limite de 50% (cinquenta por cento) para os seus acréscimos.

§ 2º Nenhum acréscimo ou supressão poderá exceder os limites estabelecidos no parágrafo anterior, salvo:

I. (VETADO) (Incluído pela Lei nº 9.648, de 1998)

II. as supressões resultantes de acordo celebrado entre os contratantes.

§ 3º Se no contrato não houverem sido contemplados preços unitários para obras ou serviços, esses serão fixados mediante acordo entre as partes, respeitados os limites estabelecidos no § 1º deste artigo.

§ 4º No caso de supressão de obras, bens ou serviços, se o contratado já houver adquirido os materiais e posto no local dos trabalhos, estes deverão ser pagos pela Administração pelos custos de aquisição regularmente comprovados e monetariamente corrigidos, podendo caber indenização por outros danos eventualmente decorrentes da supressão, desde que regularmente comprovados.

§ 5º Quaisquer tributos ou encargos legais criados, alterados ou extintos, bem como a superveniência de disposições legais, quando ocorridas após a data da apresentação da proposta, de comprovada repercussão nos preços contratados, implicarão a revisão destes para mais ou para menos, conforme o caso.

§ 6º Em havendo alteração unilateral do contrato que aumente os encargos do contratado, a Administração deverá restabelecer, por aditamento, o equilíbrio econômico-financeiro inicial.

§ 7º (VETADO)

§ 8º A variação do valor contratual para fazer face ao reajuste de preços previsto no próprio contrato, as atualizações, compensações ou penalizações financeiras decorrentes das condições de pagamento nele previstas, bem como o empenho de dotações orçamentárias suplementares até o limite do seu valor corrigido, não caracterizam alteração do mesmo, podendo ser registrados por simples apostila, dispensando a celebração de aditamento.

SEÇÃO IV
Da Execução dos Contratos

Art. 66. O contrato deverá ser executado fielmente pelas partes, de acordo com as cláusulas avençadas e as normas desta Lei, respondendo cada uma pelas consequências de sua inexecução total ou parcial.

Art. 66-A. As empresas enquadradas no inciso V do § 2º e no inciso II do § 5º do art. 3º desta Lei deverão cumprir, durante todo o período de execução do contrato, a reserva de cargos prevista em lei para pessoa com deficiência ou para reabilitado da Previdência Social, bem como as regras de acessibilidade previstas na legislação.

Parágrafo único. Cabe à administração fiscalizar o cumprimento dos requisitos de acessibilidade nos serviços e nos ambientes de trabalho.

Art. 67. A execução do contrato deverá ser acompanhada e fiscalizada por um representante da Administração especialmente designado, permitida a contratação de terceiros para assisti-lo e subsidiá-lo de informações pertinentes a essa atribuição.

§ 1º O representante da Administração anotará em registro próprio todas as ocorrências relacionadas com a execução do contrato, determinando o que for necessário à regularização das faltas ou defeitos observados.

§ 2º As decisões e providências que ultrapassarem a competência do representante deverão ser solicitadas a seus superiores em tempo hábil para a adoção das medidas convenientes.

Art. 68. O contratado deverá manter preposto, aceito pela Administração, no local da obra ou serviço, para representá-lo na execução do contrato.

Art. 69. O contratado é obrigado a reparar, corrigir, remover, reconstruir ou substituir, às suas expensas, no total ou em parte, o objeto do contrato em que se verificarem vícios, defeitos ou incorreções resultantes da execução ou de materiais empregados.

Art. 70. O contratado é responsável pelos danos causados diretamente à Administração ou a terceiros, decorrentes de sua culpa ou dolo na execução do contrato, não excluindo ou reduzindo essa responsabilidade a fiscalização ou o acompanhamento pelo órgão interessado.

Art. 71. O contratado é responsável pelos encargos trabalhistas, previdenciários, fiscais e comerciais resultantes da execução do contrato.

§ 1º A inadimplência do contratado, com referência aos encargos trabalhistas, fiscais e comerciais não transfere à Administração Pública a responsabilidade por seu pagamento, nem poderá onerar o objeto do contrato ou restringir a regularização e o uso das obras e edificações, inclusive perante o Registro de Imóveis.

§ 2º A Administração Pública responde solidariamente com o contratado pelos encargos previdenciários resultantes da execução do contrato, nos termos do art. 31 da Lei nº 8.212, de 24 de julho de 1991º

§ 3º (Vetado). (Incluído pela Lei nº 8.883, de 1994)

Art. 72. O contratado, na execução do contrato, sem prejuízo das responsabilidades contratuais e legais, poderá subcontratar partes da obra, serviço ou fornecimento, até o limite admitido, em cada caso, pela Administração.

Art. 73. Executado o contrato, o seu objeto será recebido:

I. em se tratando de obras e serviços:

a) provisoriamente, pelo responsável por seu acompanhamento e fiscalização, mediante termo circunstanciado, assinado pelas partes em até 15 (quinze) dias da comunicação escrita do contratado;

b) definitivamente, por servidor ou comissão designada pela autoridade competente, mediante termo circunstanciado, assinado pelas partes, após o decurso do prazo de observação, ou vistoria que comprove a adequação do objeto aos termos contratuais, observado o disposto no art. 69 desta Lei;

II. em se tratando de compras ou de locação de equipamentos:

a) provisoriamente, para efeito de posterior verificação da conformidade do material com a especificação;

b) definitivamente, após a verificação da qualidade e quantidade do material e consequente aceitação.

§ 1º Nos casos de aquisição de equipamentos de grande vulto, o recebimento far-se-á mediante termo circunstanciado e, nos demais, mediante recibo.

§ 2º O recebimento provisório ou definitivo não exclui a responsabilidade civil pela solidez e segurança da obra ou do serviço, nem ético-profissional pela perfeita execução do contrato, dentro dos limites estabelecidos pela lei ou pelo contrato.

§ 3º O prazo a que se refere a alínea *b* do inciso I deste artigo não poderá ser superior a 90 (noventa) dias, salvo em casos excepcionais, devidamente justificados e previstos no edital.

§ 4º Na hipótese de o termo circunstanciado ou a verificação a que se refere este artigo não serem, respectivamente, lavrado ou procedida dentro dos prazos fixados, reputar-se-ão como realizados, desde que comunicados à Administração nos 15 (quinze) dias anteriores à exaustão dos mesmos.

Art. 74. Poderá ser dispensado o recebimento provisório nos seguintes casos:

I. gêneros perecíveis e alimentação preparada;

II. serviços profissionais;

III. obras e serviços de valor até o previsto no art. 23, inciso II, alínea *a*, desta Lei, desde que não se componham de aparelhos, equipamentos e instalações sujeitos à verificação de funcionamento e produtividade.

Parágrafo único. Nos casos deste artigo, o recebimento será feito mediante recibo.

Art. 75. Salvo disposições em contrário constantes do edital, do convite ou de ato normativo, os ensaios, testes e demais provas exigidos por normas técnicas oficiais para a boa execução do objeto do contrato correm por conta do contratado.

Art. 76. A Administração rejeitará, no todo ou em parte, obra, serviço ou fornecimento executado em desacordo com o contrato.

SEÇÃO V
Da Inexecução e da Rescisão dos Contratos

Art. 77. A inexecução total ou parcial do contrato enseja a sua rescisão, com as consequências contratuais e as previstas em lei ou regulamento.

Art. 78. Constituem motivo para rescisão do contrato:

I. o não cumprimento de cláusulas contratuais, especificações, projetos ou prazos;

II. o cumprimento irregular de cláusulas contratuais, especificações, projetos e prazos;

III. a lentidão do seu cumprimento, levando a Administração a comprovar a impossibilidade da conclusão da obra, do serviço ou do fornecimento, nos prazos estipulados;

IV. o atraso injustificado no início da obra, serviço ou fornecimento;
V. a paralisação da obra, do serviço ou do fornecimento, sem justa causa e prévia comunicação à Administração;
VI. a subcontratação total ou parcial do seu objeto, a associação do contratado com outrem, a cessão ou transferência, total ou parcial, bem como a fusão, cisão ou incorporação, não admitidas no edital e no contrato;
VII. o desatendimento das determinações regulares da autoridade designada para acompanhar e fiscalizar a sua execução, assim como as de seus superiores;
VIII. o cometimento reiterado de faltas na sua execução, anotadas na forma do § 1º do art. 67 desta Lei;
IX. a decretação de falência ou a instauração de insolvência civil;
X. a dissolução da sociedade ou o falecimento do contratado;
XI. a alteração social ou a modificação da finalidade ou da estrutura da empresa, que prejudique a execução do contrato;
XII. razões de interesse público, de alta relevância e amplo conhecimento, justificadas e determinadas pela máxima autoridade da esfera administrativa a que está subordinado o contratante e exaradas no processo administrativo a que se refere o contrato;
XIII. a supressão, por parte da Administração, de obras, serviços ou compras, acarretando modificação do valor inicial do contrato além do limite permitido no § 1º do art. 65 desta Lei;
XIV. a suspensão de sua execução, por ordem escrita da Administração, por prazo superior a 120 (cento e vinte) dias, salvo em caso de calamidade pública, grave perturbação da ordem interna ou guerra, ou ainda por repetidas suspensões que totalizem o mesmo prazo, independentemente do pagamento obrigatório de indenizações pelas sucessivas e contratualmente imprevistas desmobilizações e mobilizações e outras previstas, assegurado ao contratado, nesses casos, o direito de optar pela suspensão do cumprimento das obrigações assumidas até que seja normalizada a situação;
XV. o atraso superior a 90 (noventa) dias dos pagamentos devidos pela Administração decorrentes de obras, serviços ou fornecimento, ou parcelas destes, já recebidos ou executados, salvo em caso de calamidade pública, grave perturbação da ordem interna ou guerra, assegurado ao contratado o direito de optar pela suspensão do cumprimento de suas obrigações até que seja normalizada a situação;
XVI. a não liberação, por parte da Administração, de área, local ou objeto para execução de obra, serviço ou fornecimento, nos prazos contratuais, bem como das fontes de materiais naturais especificadas no projeto;
XVII. a ocorrência de caso fortuito ou de força maior, regularmente comprovada, impeditiva da execução do contrato.
XVIII. descumprimento do disposto no inciso V do art. 27, sem prejuízo das sanções penais cabíveis.
Parágrafo único. Os casos de rescisão contratual serão formalmente motivados nos autos do processo, assegurado o contraditório e a ampla defesa.
Art. 79. A rescisão do contrato poderá ser:
I. determinada por ato unilateral e escrito da Administração, nos casos enumerados nos incisos I a XII e XVII do artigo anterior;
II. amigável, por acordo entre as partes, reduzida a termo no processo da licitação, desde que haja conveniência para a Administração;
III. judicial, nos termos da legislação;
IV. (Vetado). (Redação dada pela Lei nº 8.883, de 1994)
§ 1º A rescisão administrativa ou amigável deverá ser precedida de autorização escrita e fundamentada da autoridade competente.
§ 2º Quando a rescisão ocorrer com base nos incisos XII a XVII do artigo anterior, sem que haja culpa do contratado, será este ressarcido dos prejuízos regularmente comprovados que houver sofrido, tendo ainda direito a:
I. devolução de garantia;
II. pagamentos devidos pela execução do contrato até a data da rescisão;
III. pagamento do custo da desmobilização.
§ 3º (Vetado). (Redação dada pela Lei nº 8.883, de 1994)
§ 4º (Vetado). (Redação dada pela Lei nº 8.883, de 1994)
§ 5º Ocorrendo impedimento, paralisação ou sustação do contrato, o cronograma de execução será prorrogado automaticamente por igual tempo.
Art. 80. A rescisão de que trata o inciso I do artigo anterior acarreta as seguintes consequências, sem prejuízo das sanções previstas nesta Lei:
I. assunção imediata do objeto do contrato, no estado e local em que se encontrar, por ato próprio da Administração;

II. ocupação e utilização do local, instalações, equipamentos, material e pessoal empregados na execução do contrato, necessários à sua continuidade, na forma do inciso V do art. 58 desta Lei;
III. execução da garantia contratual, para ressarcimento da Administração, e dos valores das multas e indenizações a ela devidos;
IV. retenção dos créditos decorrentes do contrato até o limite dos prejuízos causados à Administração.
§ 1º A aplicação das medidas previstas nos incisos I e II deste artigo fica a critério da Administração, que poderá dar continuidade à obra ou ao serviço por execução direta ou indireta.
§ 2º É permitido à Administração, no caso de concordata do contratado, manter o contrato, podendo assumir o controle de determinadas atividades de serviços essenciais.
§ 3º Na hipótese do inciso II deste artigo, o ato deverá ser precedido de autorização expressa do Ministro de Estado competente, ou Secretário Estadual ou Municipal, conforme o caso.
§ 4º A rescisão de que trata o inciso IV do artigo anterior permite à Administração, a seu critério, aplicar a medida prevista no inciso I deste artigo.

CAPÍTULO IV

Das Sanções Administrativas e da Tutela Judicial

SEÇÃO I
Disposições Gerais

Art. 81. A recusa injustificada do adjudicatário em assinar o contrato, aceitar ou retirar o instrumento equivalente, dentro do prazo estabelecido pela Administração, caracteriza o descumprimento total da obrigação assumida, sujeitando-o às penalidades legalmente estabelecidas.
Parágrafo único. O disposto neste artigo não se aplica aos licitantes convocados nos termos do art. 64, § 2º desta Lei, que não aceitarem a contratação, nas mesmas condições propostas pelo primeiro adjudicatário, inclusive quanto ao prazo e preço.
Art. 82. Os agentes administrativos que praticarem atos em desacordo com os preceitos desta Lei ou visando a frustrar os objetivos da licitação sujeitam-se às sanções previstas nesta Lei e nos regulamentos próprios, sem prejuízo das responsabilidades civil e criminal que seu ato ensejar.
Art. 83. Os crimes definidos nesta Lei, ainda que simplesmente tentados, sujeitam os seus autores, quando servidores públicos, além das sanções penais, à perda do cargo, emprego, função ou mandato eletivo.
Art. 84. Considera-se servidor público, para os fins desta Lei, aquele que exerce, mesmo que transitoriamente ou sem remuneração, cargo, função ou emprego público.
§ 1º Equipara-se a servidor público, para os fins desta Lei, quem exerce cargo, emprego ou função em entidade paraestatal, assim consideradas, além das fundações, empresas públicas e sociedades de economia mista, as demais entidades sob controle, direto ou indireto, do Poder Público.
§ 2º A pena imposta será acrescida da terça parte, quando os autores dos crimes previstos nesta Lei forem ocupantes de cargo em comissão ou de função de confiança em órgão da Administração direta, autarquia, empresa pública, sociedade de economia mista, fundação pública, ou outra entidade controlada direta ou indiretamente pelo Poder Público.
Art. 85. As infrações penais previstas nesta Lei pertinem às licitações e aos contratos celebrados pela União, Estados, Distrito Federal, Municípios, e respectivas autarquias, empresas públicas, sociedades de economia mista, fundações públicas, e quaisquer outras entidades sob seu controle direto ou indireto.

SEÇÃO II
Das Sanções Administrativas

Art. 86. O atraso injustificado na execução do contrato sujeitará o contratado à multa de mora, na forma prevista no instrumento convocatório ou no contrato.
§ 1º A multa a que alude este artigo não impede que a Administração rescinda unilateralmente o contrato e aplique as outras sanções previstas nesta Lei.
§ 2º A multa, aplicada após regular processo administrativo, será descontada da garantia do respectivo contratado.
§ 3º Se a multa for de valor superior ao valor da garantia prestada, além da perda desta, responderá o contratado pela sua diferença, a qual será descontada dos pagamentos eventualmente devidos

pela Administração ou ainda, quando for o caso, cobrada judicialmente.

Art. 87. Pela inexecução total ou parcial do contrato a Administração poderá, garantida a prévia defesa, aplicar ao contratado as seguintes sanções:

I. advertência;

II. multa, na forma prevista no instrumento convocatório ou no contrato;

III. suspensão temporária de participação em licitação e impedimento de contratar com a Administração, por prazo não superior a 2 (dois) anos;

IV. declaração de inidoneidade para licitar ou contratar com a Administração Pública enquanto perdurarem os motivos determinantes da punição ou até que seja promovida a reabilitação perante a própria autoridade que aplicou a penalidade, que será concedida sempre que o contratado ressarcir a Administração pelos prejuízos resultantes e após decorrido o prazo da sanção aplicada com base no inciso anterior.

§ 1º Se a multa aplicada for superior ao valor da garantia prestada, além da perda desta, responderá o contratado pela sua diferença, que será descontada dos pagamentos eventualmente devidos pela Administração ou cobrada judicialmente.

§ 2º As sanções previstas nos incisos I, III e IV deste artigo poderão ser aplicadas juntamente com a do inciso II, facultada a defesa prévia do interessado, no respectivo processo, no prazo de 5 (cinco) dias úteis.

§ 3º A sanção estabelecida no inciso IV deste artigo é de competência exclusiva do Ministro de Estado, do Secretário Estadual ou Municipal, conforme o caso, facultada a defesa do interessado no respectivo processo, no prazo de 10 (dez) dias da abertura de vista, podendo a reabilitação ser requerida após 2 (dois) anos de sua aplicação. (Vide art. 109 inciso III)

Art. 88. As sanções previstas nos incisos III e IV do artigo anterior poderão também ser aplicadas às empresas ou aos profissionais que, em razão dos contratos regidos por esta Lei:

I. tenham sofrido condenação definitiva por praticarem, por meios dolosos, fraude fiscal no recolhimento de quaisquer tributos;

II. tenham praticado atos ilícitos visando a frustrar os objetivos da licitação;

III. demonstrem não possuir idoneidade para contratar com a Administração em virtude de atos ilícitos praticados.

SEÇÃO III
Dos Crimes e das Penas

Art. 89. (Revogado pela Lei nº 14.133, de 2021)
Parágrafo único. (Revogado pela Lei nº 14.133, de 2021)
Art. 90. (Revogado pela Lei nº 14.133, de 2021)
Art. 91. (Revogado pela Lei nº 14.133, de 2021)
Art. 92. (Revogado pela Lei nº 14.133, de 2021)
Parágrafo único. (Revogado pela Lei nº 14.133, de 2021)
Art. 93. (Revogado pela Lei nº 14.133, de 2021)
Art. 94. (Revogado pela Lei nº 14.133, de 2021)
Art. 95. (Revogado pela Lei nº 14.133, de 2021)
Parágrafo único. (Revogado pela Lei nº 14.133, de 2021)
Art. 96. (Revogado pela Lei nº 14.133, de 2021)
Art. 97. (Revogado pela Lei nº 14.133, de 2021)
Parágrafo único. (Revogado pela Lei nº 14.133, de 2021)
Art. 98. (Revogado pela Lei nº 14.133, de 2021)
Art. 99. (Revogado pela Lei nº 14.133, de 2021)

SEÇÃO IV
Do Processo e do Procedimento Judicial

Art. 100. (Revogado pela Lei nº 14.133, de 2021)
Art. 101. (Revogado pela Lei nº 14.133, de 2021)
Parágrafo único. Quando a comunicação for verbal, mandará a autoridade reduzi-la a termo, assinado pelo apresentante e por duas testemunhas.
Art. 102. (Revogado pela Lei nº 14.133, de 2021)
Art. 103. (Revogado pela Lei nº 14.133, de 2021)
Art. 104. (Revogado pela Lei nº 14.133, de 2021)
Art. 105. (Revogado pela Lei nº 14.133, de 2021)
Art. 106. (Revogado pela Lei nº 14.133, de 2021)
Art. 107. (Revogado pela Lei nº 14.133, de 2021)
Art. 108. (Revogado pela Lei nº 14.133, de 2021)

CAPÍTULO V
Dos Recursos Administrativos

Art. 109. Dos atos da Administração decorrentes da aplicação desta Lei cabem:

I. recurso, no prazo de 5 (cinco) dias úteis a contar da intimação do ato ou da lavratura da ata, nos casos de:

a) habilitação ou inabilitação do licitante;

b) julgamento das propostas;
c) anulação ou revogação da licitação;
d) indeferimento do pedido de inscrição em registro cadastral, sua alteração ou cancelamento;
e) rescisão do contrato, a que se refere o inciso I do art. 79 desta Lei;
f) aplicação das penas de advertência, suspensão temporária ou de multa;

II. representação, no prazo de 5 (cinco) dias úteis da intimação da decisão relacionada com o objeto da licitação ou do contrato, de que não caiba recurso hierárquico;

III. pedido de reconsideração, de decisão de Ministro de Estado, ou Secretário Estadual ou Municipal, conforme o caso, na hipótese do § 4º do art. 87 desta Lei, no prazo de 10 (dez) dias úteis da intimação do ato.

§ 1º A intimação dos atos referidos no inciso I, alíneas *a*, *b*, *c* e *e*, deste artigo, excluídos os relativos a advertência e multa de mora, e no inciso III, será feita mediante publicação na imprensa oficial, salvo para os casos previstos nas alíneas *a* e *b*, se presentes os prepostos dos licitantes no ato em que foi adotada a decisão, quando poderá ser feita por comunicação direta aos interessados e lavrada em ata.

§ 2º O recurso previsto nas alíneas *a* e *b* do inciso I deste artigo terá efeito suspensivo, podendo a autoridade competente, motivadamente e presentes razões de interesse público, atribuir ao recurso interposto eficácia suspensiva aos demais recursos.

§ 3º Interposto, o recurso será comunicado aos demais licitantes, que poderão impugná-lo no prazo de 5 (cinco) dias úteis.

§ 4º O recurso será dirigido à autoridade superior, por intermédio da que praticou o ato recorrido, a qual poderá reconsiderar sua decisão, no prazo de 5 (cinco) dias úteis, ou, nesse mesmo prazo, fazê-lo subir, devidamente informado, devendo, neste caso, a decisão ser proferida dentro do prazo de 5 (cinco) dias úteis, contado do recebimento do recurso, sob pena de responsabilidade.

§ 5º Nenhum prazo de recurso, representação ou pedido de reconsideração se inicia ou corre sem que os autos do processo estejam com vista franqueada ao interessado.

§ 6º Em se tratando de licitações efetuadas na modalidade de "carta convite" os prazos estabelecidos nos incisos I e II e no parágrafo 3º deste artigo serão de dois dias úteis.

CAPÍTULO VI
Disposições Finais e Transitórias

Art. 110. Na contagem dos prazos estabelecidos nesta Lei, excluir-se-á o dia do início e incluir-se-á o do vencimento, e considerar-se-ão os dias consecutivos, exceto quando for explicitamente disposto em contrário.

Parágrafo único. Só se iniciam e vencem os prazos referidos neste artigo em dia de expediente no órgão ou na entidade.

Art. 111. A Administração só poderá contratar, pagar, premiar ou receber projeto ou serviço técnico especializado desde que o autor ceda os direitos patrimoniais a ele relativos e a Administração possa utilizá-lo de acordo com o previsto no regulamento de concurso ou no ajuste para sua elaboração.

Parágrafo único. Quando o projeto referir-se a obra imaterial de caráter tecnológico, insuscetível de privilégio, a cessão dos direitos incluirá o fornecimento de todos os dados, documentos e elementos de informação pertinentes à tecnologia de concepção, desenvolvimento, fixação em suporte físico de qualquer natureza e aplicação da obra.

Art. 112. Quando o objeto do contrato interessar a mais de uma entidade pública, caberá ao órgão contratante, perante a entidade interessada, responder pela sua boa execução, fiscalização e pagamento.

§ 1º Os consórcios públicos poderão realizar licitação da qual, nos termos do edital, decorram contratos administrativos celebrados por órgãos ou entidades dos entes da Federação consorciados.

§ 2º É facultado à entidade interessada o acompanhamento da licitação e da execução do contrato.

Art. 113. O controle das despesas decorrentes dos contratos e demais instrumentos regidos por esta Lei será feito pelo Tribunal de Contas competente, na forma da legislação pertinente, ficando os órgãos interessados da Administração responsáveis pela demonstração da legalidade e regularidade da despesa e execução, nos termos da Constituição e sem prejuízo do sistema de controle interno nela previsto.

§ 1º Qualquer licitante, contratado ou pessoa física ou jurídica poderá representar ao Tribunal de Contas ou aos órgãos integrantes do sistema de controle interno contra irregularidades na aplicação desta Lei, para os fins do disposto neste artigo.

§ 2º Os Tribunais de Contas e os órgãos integrantes do sistema de controle interno poderão solicitar para exame, até o dia útil imediatamente anterior à data de recebimento das propostas, cópia de edital de licitação já publicado, obrigando-se os órgãos ou entidades da Administração interessada à adoção de medidas corretivas pertinentes que, em função desse exame, lhes forem determinadas.

Art. 114. O sistema instituído nesta Lei não impede a pré-qualificação de licitantes nas concorrências, a ser procedida sempre que o objeto da licitação recomende análise mais detida da qualificação técnica dos interessados.

§ 1º A adoção do procedimento de pré-qualificação será feita mediante proposta da autoridade competente, aprovada pela imediatamente superior.

§ 2º Na pré-qualificação serão observadas as exigências desta Lei relativas à concorrência, à convocação dos interessados, ao procedimento e à análise da documentação.

Art. 115. Os órgãos da Administração poderão expedir normas relativas aos procedimentos operacionais a serem observados na execução das licitações, no âmbito de sua competência, observadas as disposições desta Lei.

Parágrafo único. As normas a que se refere este artigo, após aprovação da autoridade competente, deverão ser publicadas na imprensa oficial.

Art. 116. Aplicam-se as disposições desta Lei, no que couber, aos convênios, acordos, ajustes e outros instrumentos congêneres celebrados por órgãos e entidades da Administração.

§ 1º A celebração de convênio, acordo ou ajuste pelos órgãos ou entidades da Administração Pública depende de prévia aprovação de competente plano de trabalho proposto pela organização interessada, o qual deverá conter, no mínimo, as seguintes informações:

I. identificação do objeto a ser executado;
II. metas a serem atingidas;
III. etapas ou fases de execução;
IV. plano de aplicação dos recursos financeiros;
V. cronograma de desembolso;
VI. previsão de início e fim da execução do objeto, bem assim da conclusão das etapas ou fases programadas;
VII. se o ajuste compreender obra ou serviço de engenharia, comprovação de que os recursos próprios para complementar a execução do objeto estão devidamente assegurados, salvo se o custo total do empreendimento recair sobre a entidade ou órgão descentralizador.

§ 2º Assinado o convênio, a entidade ou órgão repassador dará ciência do mesmo à Assembleia Legislativa ou à Câmara Municipal respectiva.

§ 3º As parcelas do convênio serão liberadas em estrita conformidade com o plano de aplicação aprovado, exceto nos casos a seguir, em que as mesmas ficarão retidas até o saneamento das impropriedades ocorrentes:

I. quando não tiver havido comprovação da boa e regular aplicação da parcela anteriormente recebida, na forma da legislação aplicável, inclusive mediante procedimentos de fiscalização local, realizados periodicamente pela entidade ou órgão descentralizador dos recursos ou pelo órgão competente do sistema de controle interno da Administração Pública;

II. quando verificado desvio de finalidade na aplicação dos recursos, atrasos não justificados no cumprimento das etapas ou fases programadas, práticas atentatórias aos princípios fundamentais de Administração Pública nas contratações e demais atos praticados na execução do convênio, ou o inadimplemento do executor com relação a outras cláusulas conveniais básicas;

III. quando o executor deixar de adotar as medidas saneadoras apontadas pelo partícipe repassador dos recursos ou por integrantes do respectivo sistema de controle interno.

§ 4º Os saldos de convênio, enquanto não utilizados, serão obrigatoriamente aplicados em cadernetas de poupança de instituição financeira oficial se a previsão de seu uso for igual ou superior a um mês, ou em fundo de aplicação financeira de curto prazo ou operação de mercado aberto lastreada em títulos da dívida pública, quando a utilização dos mesmos verificar-se em prazos menores que um mês.

§ 5º As receitas financeiras auferidas na forma do parágrafo anterior serão obrigatoriamente computadas a crédito do convênio e aplicadas, exclusivamente, no objeto de sua finalidade, devendo constar de demonstrativo específico que integrará as prestações de contas do ajuste.

§ 6º Quando da conclusão, denúncia, rescisão ou extinção do convênio, acordo ou ajuste, os saldos financeiros remanescentes, inclusive os provenientes das receitas obtidas das aplicações financeiras realizadas, serão devolvidos à entidade ou órgão repassador dos recursos, no prazo improrrogável de 30 (trinta) dias do evento, sob pena da imediata instauração de tomada de contas especial do responsável, providenciada pela autoridade competente do órgão ou entidade titular dos recursos.

Art. 117. As obras, serviços, compras e alienações realizadas pelos órgãos dos Poderes Legislativo e Judiciário e do Tribunal de Contas regem-se pelas normas desta Lei, no que couber, nas três esferas administrativas.

Art. 118. Os Estados, o Distrito Federal, os Municípios e as entidades da administração indireta deverão adaptar suas normas sobre licitações e contratos ao disposto nesta Lei.

Art. 119. As sociedades de economia mista, empresas e fundações públicas e demais entidades controladas direta ou indiretamente pela União e pelas entidades referidas no artigo anterior editarão regulamentos próprios devidamente publicados, ficando sujeitas às disposições desta Lei.

Parágrafo único. Os regulamentos a que se refere este artigo, no âmbito da Administração Pública, após aprovados pela autoridade de nível superior a que estiverem vinculados os respectivos órgãos, sociedades e entidades, deverão ser publicados na imprensa oficial.

Art. 120. Os valores fixados por esta Lei poderão ser anualmente revistos pelo Poder Executivo Federal, que os fará publicar no Diário Oficial da União, observando como limite superior a variação geral dos preços do mercado, no período.

Art. 121. O disposto nesta Lei não se aplica às licitações instauradas e aos contratos assinados anteriormente à sua vigência, ressalvado o disposto no art. 57, nos parágrafos 1º, 2º e 8º do art. 65, no inciso XV do art. 78, bem assim o disposto no caput do art. 5º, com relação ao pagamento das obrigações na ordem cronológica, podendo esta ser observada, no prazo de noventa dias contados da vigência desta Lei, separadamente para as obrigações relativas aos contratos regidos por legislação anterior à Lei nº 8.666, de 21 de junho de 1993.

Parágrafo único. Os contratos relativos a imóveis do patrimônio da União continuam a reger-se pelas disposições do Decreto-lei nº 9.760, de 5 de setembro de 1946, com suas alterações, e os relativos a operações de crédito interno ou externo celebrados pela União ou a concessão de garantia do Tesouro Nacional continuam regidos pela legislação pertinente, aplicando-se esta Lei, no que couber.

Art. 122. Nas concessões de linhas aéreas, observar-se-á procedimento licitatório específico, a ser estabelecido no Código Brasileiro de Aeronáutica.

Art. 123. Em suas licitações e contratações administrativas, as repartições sediadas no exterior observarão as peculiaridades locais e os princípios básicos desta Lei, na forma de regulamentação específica.

Art. 124. Aplicam-se às licitações e aos contratos para permissão ou concessão de serviços públicos os dispositivos desta Lei que não conflitem com a legislação específica sobre o assunto.

Parágrafo único. As exigências contidas nos incisos II a IV do § 2º do art. 7º serão dispensadas nas licitações para concessão de serviços com execução prévia de obras em que não foram previstos desembolso por parte da Administração Pública concedente.

Art. 125. Esta Lei entra em vigor na data de sua publicação.

Art. 126. Revogam-se as disposições em contrário, especialmente os Decretos-leis nºs 2.300, de 21 de novembro de 1986, 2.348, de 24 de julho de 1987, 2.360, de 16 de setembro de 1987, a Lei nº 8.220, de 4 de setembro de 1991, e o art. 83 da Lei nº 5.194, de 24 de dezembro de 1966.

Brasília, 21 de junho de 1993, 172º da Independência e 105º da República.

ITAMAR FRANCO
Rubens Ricupero
Romildo Canhim

Este texto não substitui o publicado no DOU de 22.6.1993, republicado em 6.7.1994 e retificado em 6.7.1994.

Lei Nº 14.133/21 (Nova Lei de Licitações)

LEI Nº 14.133, DE 1º DE ABRIL DE 2021
Lei de Licitações e Contratos Administrativos.
O PRESIDENTE DA REPÚBLICA Faço saber que o Congresso Nacional decreta e eu sanciono a seguinte Lei:

TÍTULO I
Disposições Preliminares

CAPÍTULO I
Do Âmbito de Aplicação Desta Lei

Art. 1. Esta Lei estabelece normas gerais de licitação e contratação para as Administrações Públicas diretas, autárquicas e fundacionais da União, dos Estados, do Distrito Federal e dos Municípios, e abrange:
I. os órgãos dos Poderes Legislativo e Judiciário da União, dos Estados e do Distrito Federal e os órgãos do Poder Legislativo dos Municípios, quando no desempenho de função administrativa;
II. os fundos especiais e as demais entidades controladas direta ou indiretamente pela Administração Pública.
§ 1º Não são abrangidas por esta Lei as empresas públicas, as sociedades de economia mista e as suas subsidiárias, regidas pela Lei nº 13.303, de 30 de junho de 2016, ressalvado o disposto no art. 178 desta Lei.
§ 2º As contratações realizadas no âmbito das repartições públicas sediadas no exterior obedecerão às peculiaridades locais e aos princípios básicos estabelecidos nesta Lei, na forma de regulamentação específica a ser editada por ministro de Estado.
§ 3º Nas licitações e contratações que envolvam recursos provenientes de empréstimo ou doação oriundos de agência oficial de cooperação estrangeira ou de organismo financeiro de que o Brasil seja parte, podem ser admitidas:
I. condições decorrentes de acordos internacionais aprovados pelo Congresso Nacional e ratificados pelo Presidente da República;
II. condições peculiares à seleção e à contratação constantes de normas e procedimentos das agências ou dos organismos, desde que:
a) sejam exigidas para a obtenção do empréstimo ou doação;
b) não conflitem com os princípios constitucionais em vigor;
c) sejam indicadas no respectivo contrato de empréstimo ou doação e tenham sido objeto de parecer favorável do órgão jurídico do contratante do financiamento previamente à celebração do referido contrato;
d) (VETADO).
§ 4º A documentação encaminhada ao Senado Federal para autorização do empréstimo de que trata o § 3º deste artigo deverá fazer referência às condições contratuais que incidam na hipótese do referido parágrafo.
§ 5º As contratações relativas à gestão, direta e indireta, das reservas internacionais do País, inclusive as de serviços conexos ou acessórios a essa atividade, serão disciplinadas em ato normativo próprio do Banco Central do Brasil, assegurada a observância dos princípios estabelecidos no caput do art. 37 da Constituição Federal.

Art. 2. Esta Lei aplica-se a:
I. alienação e concessão de direito real de uso de bens;
II. compra, inclusive por encomenda;
III. locação;
IV. concessão e permissão de uso de bens públicos;
V. prestação de serviços, inclusive os técnico-profissionais especializados;
VI. obras e serviços de arquitetura e engenharia;
VII. contratações de tecnologia da informação e de comunicação.

Art. 3. Não se subordinam ao regime desta Lei:
I. contratos que tenham por objeto operação de crédito, interno ou externo, e gestão de dívida pública, incluídas as contratações de agente financeiro e a concessão de garantia relacionadas a esses contratos;
II. contratações sujeitas a normas previstas em legislação própria.

Art. 4. Aplicam-se às licitações e contratos disciplinados por esta Lei as disposições constantes dos arts. 42 a 49 da Lei Complementar nº 123, de 14 de dezembro de 2006.
§ 1º As disposições a que se refere o caput deste artigo não são aplicadas:
I. no caso de licitação para aquisição de bens ou contratação de serviços em geral, ao item cujo valor estimado for superior à receita bruta máxima admitida para fins de enquadramento como empresa de pequeno porte;
II. no caso de contratação de obras e serviços de engenharia, às licitações cujo valor estimado for superior à receita bruta máxima admitida para fins de enquadramento como empresa de pequeno porte.
§ 2º A obtenção de benefícios a que se refere o caput deste artigo fica limitada às microempresas e às empresas de pequeno porte que, no ano-calendário de realização da licitação, ainda não tenham celebrado

contratos com a Administração Pública cujos valores somados extrapolem a receita bruta máxima admitida para fins de enquadramento como empresa de pequeno porte, devendo o órgão ou entidade exigir do licitante declaração de observância desse limite na licitação.

§ 3º Nas contratações com prazo de vigência superior a 1 (um) ano, será considerado o valor anual do contrato na aplicação dos limites previstos nos §§ 1º e 2º deste artigo.

CAPÍTULO II
DOS PRINCÍPIOS

Art. 5. Na aplicação desta Lei, serão observados os princípios da legalidade, da impessoalidade, da moralidade, da publicidade, da eficiência, do interesse público, da probidade administrativa, da igualdade, do planejamento, da transparência, da eficácia, da segregação de funções, da motivação, da vinculação ao edital, do julgamento objetivo, da segurança jurídica, da razoabilidade, da competitividade, da proporcionalidade, da celeridade, da economicidade e do desenvolvimento nacional sustentável, assim como as disposições do Decreto-Lei nº 4.657, de 4 de setembro de 1942 (Lei de Introdução às Normas do Direito Brasileiro).

CAPÍTULO III
DAS DEFINIÇÕES

Art. 6. Para os fins desta Lei, consideram-se:
I. órgão: unidade de atuação integrante da estrutura da Administração Pública;
II. entidade: unidade de atuação dotada de personalidade jurídica;
III. Administração Pública: administração direta e indireta da União, dos Estados, do Distrito Federal e dos Municípios, inclusive as entidades com personalidade jurídica de direito privado sob controle do poder público e as fundações por ele instituídas ou mantidas;
IV. Administração: órgão ou entidade por meio do qual a Administração Pública atua;
V. agente público: indivíduo que, em virtude de eleição, nomeação, designação, contratação ou qualquer outra forma de investidura ou vínculo, exerce mandato, cargo, emprego ou função em pessoa jurídica integrante da Administração Pública;
VI. autoridade: agente público dotado de poder de decisão;
VII. contratante: pessoa jurídica integrante da Administração Pública responsável pela contratação;
VIII. contratado: pessoa física ou jurídica, ou consórcio de pessoas jurídicas, signatária de contrato com a Administração;
IX. licitante: pessoa física ou jurídica, ou consórcio de pessoas jurídicas, que participa ou manifesta a intenção de participar de processo licitatório, sendo-lhe equiparável, para os fins desta Lei, o fornecedor ou o prestador de serviço que, em atendimento à solicitação da Administração, oferece proposta;
X. compra: aquisição remunerada de bens para fornecimento de uma só vez ou parceladamente, considerada imediata aquela com prazo de entrega de até 30 (trinta) dias da ordem de fornecimento;
XI. serviço: atividade ou conjunto de atividades destinadas a obter determinada utilidade, intelectual ou material, de interesse da Administração;
XII. obra: toda atividade estabelecida, por força de lei, como privativa das profissões de arquiteto e engenheiro que implica intervenção no meio ambiente por meio de um conjunto harmônico de ações que, agregadas, formam um todo que inova o espaço físico da natureza ou acarreta alteração substancial das características originais de bem imóvel;
XIII. bens e serviços comuns: aqueles cujos padrões de desempenho e qualidade podem ser objetivamente definidos pelo edital, por meio de especificações usuais de mercado;
XIV. bens e serviços especiais: aqueles que, por sua alta heterogeneidade ou complexidade, não podem ser descritos na forma do inciso XIII do caput deste artigo, exigida justificativa prévia do contratante;
XV. serviços e fornecimentos contínuos: serviços contratados e compras realizadas pela Administração Pública para a manutenção da atividade administrativa, decorrentes de necessidades permanentes ou prolongadas;
XVI. serviços contínuos com regime de dedicação exclusiva de mão de obra: aqueles cujo modelo de execução contratual exige, entre outros requisitos, que:
a) os empregados do contratado fiquem à disposição nas dependências do contratante para a prestação dos serviços;
b) o contratado não compartilhe os recursos humanos e materiais disponíveis de uma contratação para execução simultânea de outros contratos;

c) o contratado possibilite a fiscalização pelo contratante quanto à distribuição, controle e supervisão dos recursos humanos alocados aos seus contratos;

XVII. serviços não contínuos ou contratados por escopo: aqueles que impõem ao contratado o dever de realizar a prestação de um serviço específico em período predeterminado, podendo ser prorrogado, desde que justificadamente, pelo prazo necessário à conclusão do objeto;

XVIII. serviços técnicos especializados de natureza predominantemente intelectual: aqueles realizados em trabalhos relativos a:
a) estudos técnicos, planejamentos, projetos básicos e projetos executivos;
b) pareceres, perícias e avaliações em geral;
c) assessorias e consultorias técnicas e auditorias financeiras e tributárias;
d) fiscalização, supervisão e gerenciamento de obras e serviços;
e) patrocínio ou defesa de causas judiciais e administrativas;
f) treinamento e aperfeiçoamento de pessoal;
g) restauração de obras de arte e de bens de valor histórico;
h) controles de qualidade e tecnológico, análises, testes e ensaios de campo e laboratoriais, instrumentação e monitoramento de parâmetros específicos de obras e do meio ambiente e demais serviços de engenharia que se enquadrem na definição deste inciso;

XIX. notória especialização: qualidade de profissional ou de empresa cujo conceito, no campo de sua especialidade, decorrente de desempenho anterior, estudos, experiência, publicações, organização, aparelhamento, equipe técnica ou outros requisitos relacionados com suas atividades, permite inferir que o seu trabalho é essencial e reconhecidamente adequado à plena satisfação do objeto do contrato;

XX. estudo técnico preliminar: documento constitutivo da primeira etapa do planejamento de uma contratação que caracteriza o interesse público envolvido e a sua melhor solução e dá base ao anteprojeto, ao termo de referência ou ao projeto básico a serem elaborados caso se conclua pela viabilidade da contratação;

XXI. serviço de engenharia: toda atividade ou conjunto de atividades destinadas a obter determinada utilidade, intelectual ou material, de interesse para a Administração e que, não enquadradas no conceito de obra a que se refere o inciso XII do caput deste artigo, são estabelecidas, por força de lei, como privativas das profissões de arquiteto e engenheiro ou de técnicos especializados, que compreendem:
a) serviço comum de engenharia: todo serviço de engenharia que tem por objeto ações, objetivamente padronizáveis em termos de desempenho e qualidade, de manutenção, de adequação e de adaptação de bens móveis e imóveis, com preservação das características originais dos bens;
b) serviço especial de engenharia: aquele que, por sua alta heterogeneidade ou complexidade, não pode se enquadrar na definição constante da alínea *a* deste inciso;

XXII. obras, serviços e fornecimentos de grande vulto: aqueles cujo valor estimado supera R$ 200.000.000,00 (duzentos milhões de reais);

XXIII. termo de referência: documento necessário para a contratação de bens e serviços, que deve conter os seguintes parâmetros e elementos descritivos:
a) definição do objeto, incluídos sua natureza, os quantitativos, o prazo do contrato e, se for o caso, a possibilidade de sua prorrogação;
b) fundamentação da contratação, que consiste na referência aos estudos técnicos preliminares correspondentes ou, quando não for possível divulgar esses estudos, no extrato das partes que não contiverem informações sigilosas;
c) descrição da solução como um todo, considerado todo o ciclo de vida do objeto;
d) requisitos da contratação;
e) modelo de execução do objeto, que consiste na definição de como o contrato deverá produzir os resultados pretendidos desde o seu início até o seu encerramento;
f) modelo de gestão do contrato, que descreve como a execução do objeto será acompanhada e fiscalizada pelo órgão ou entidade;
g) critérios de medição e de pagamento;
h) forma e critérios de seleção do fornecedor;
i) estimativas do valor da contratação, acompanhadas dos preços unitários referenciais, das memórias de cálculo e dos documentos que lhe dão suporte, com os parâmetros utilizados para a obtenção dos preços e para os respectivos cálculos, que devem constar de documento separado e classificado;
j) adequação orçamentária;

XXIV. anteprojeto: peça técnica com todos os subsídios necessários à elaboração do projeto básico, que deve conter, no mínimo, os seguintes elementos:

a) demonstração e justificativa do programa de necessidades, avaliação de demanda do público-alvo, motivação técnico-econômico-social do empreendimento, visão global dos investimentos e definições relacionadas ao nível de serviço desejado;
b) condições de solidez, de segurança e de durabilidade;
c) prazo de entrega;
d) estética do projeto arquitetônico, traçado geométrico e/ou projeto da área de influência, quando cabível;
e) parâmetros de adequação ao interesse público, de economia na utilização, de facilidade na execução, de impacto ambiental e de acessibilidade;
f) proposta de concepção da obra ou do serviço de engenharia;
g) projetos anteriores ou estudos preliminares que embasaram a concepção proposta;
h) levantamento topográfico e cadastral;
i) pareceres de sondagem;
j) memorial descritivo dos elementos da edificação, dos componentes construtivos e dos materiais de construção, de forma a estabelecer padrões mínimos para a contratação;
XXV. projeto básico: conjunto de elementos necessários e suficientes, com nível de precisão adequado para definir e dimensionar a obra ou o serviço, ou o complexo de obras ou de serviços objeto da licitação, elaborado com base nas indicações dos estudos técnicos preliminares, que assegure a viabilidade técnica e o adequado tratamento do impacto ambiental do empreendimento e que possibilite a avaliação do custo da obra e a definição dos métodos e do prazo de execução, devendo conter os seguintes elementos:
a) levantamentos topográficos e cadastrais, sondagens e ensaios geotécnicos, ensaios e análises laboratoriais, estudos socioambientais e demais dados e levantamentos necessários para execução da solução escolhida;
b) soluções técnicas globais e localizadas, suficientemente detalhadas, de forma a evitar, por ocasião da elaboração do projeto executivo e da realização das obras e montagem, a necessidade de reformulações ou variantes quanto à qualidade, ao preço e ao prazo inicialmente definidos;
c) identificação dos tipos de serviços a executar e dos materiais e equipamentos a incorporar à obra, bem como das suas especificações, de modo a assegurar os melhores resultados para o empreendimento e a segurança executiva na utilização do objeto, para os fins a que se destina, considerados os riscos e os perigos identificáveis, sem frustrar o caráter competitivo para a sua execução;
d) informações que possibilitem o estudo e a definição de métodos construtivos, de instalações provisórias e de condições organizacionais para a obra, sem frustrar o caráter competitivo para a sua execução;
e) subsídios para montagem do plano de licitação e gestão da obra, compreendidos a sua programação, a estratégia de suprimentos, as normas de fiscalização e outros dados necessários em cada caso;
f) orçamento detalhado do custo global da obra, fundamentado em quantitativos de serviços e fornecimentos propriamente avaliados, obrigatório exclusivamente para os regimes de execução previstos nos incisos I, II, III, IV e VII do caput do art. 46 desta Lei;
XXVI. projeto executivo: conjunto de elementos necessários e suficientes à execução completa da obra, com o detalhamento das soluções previstas no projeto básico, a identificação de serviços, de materiais e de equipamentos a serem incorporados à obra, bem como suas especificações técnicas, de acordo com as normas técnicas pertinentes;
XXVII. matriz de riscos: cláusula contratual definidora de riscos e de responsabilidades entre as partes e caracterizadora do equilíbrio econômico-financeiro inicial do contrato, em termos de ônus financeiro decorrente de eventos supervenientes à contratação, contendo, no mínimo, as seguintes informações:
a) listagem de possíveis eventos supervenientes à assinatura do contrato que possam causar impacto em seu equilíbrio econômico-financeiro e previsão de eventual necessidade de prolação de termo aditivo por ocasião de sua ocorrência;
b) no caso de obrigações de resultado, estabelecimento das frações do objeto com relação às quais haverá liberdade para os contratados inovarem em soluções metodológicas ou tecnológicas, em termos de modificação das soluções previamente delineadas no anteprojeto ou no projeto básico;
c) no caso de obrigações de meio, estabelecimento preciso das frações do objeto com relação às quais não haverá liberdade para os contratados inovarem em soluções metodológicas ou tecnológicas, devendo haver obrigação de aderência entre a execução e a solução predefinida no anteprojeto ou no projeto

básico, consideradas as características do regime de execução no caso de obras e serviços de engenharia;

XXVIII. empreitada por preço unitário: contratação da execução da obra ou do serviço por preço certo de unidades determinadas;

XXIX. empreitada por preço global: contratação da execução da obra ou do serviço por preço certo e total;

XXX. empreitada integral: contratação de empreendimento em sua integralidade, compreendida a totalidade das etapas de obras, serviços e instalações necessárias, sob inteira responsabilidade do contratado até sua entrega ao contratante em condições de entrada em operação, com características adequadas às finalidades para as quais foi contratado e atendidos os requisitos técnicos e legais para sua utilização com segurança estrutural e operacional;

XXXI. contratação por tarefa: regime de contratação de mão de obra para pequenos trabalhos por preço certo, com ou sem fornecimento de materiais;

XXXII. contratação integrada: regime de contratação de obras e serviços de engenharia em que o contratado é responsável por elaborar e desenvolver os projetos básico e executivo, executar obras e serviços de engenharia, fornecer bens ou prestar serviços especiais e realizar montagem, teste, pré-operação e as demais operações necessárias e suficientes para a entrega final do objeto;

XXXIII. contratação semi-integrada: regime de contratação de obras e serviços de engenharia em que o contratado é responsável por elaborar e desenvolver o projeto executivo, executar obras e serviços de engenharia, fornecer bens ou prestar serviços especiais e realizar montagem, teste, pré-operação e as demais operações necessárias e suficientes para a entrega final do objeto;

XXXIV. fornecimento e prestação de serviço associado: regime de contratação em que, além do fornecimento do objeto, o contratado responsabiliza-se por sua operação, manutenção ou ambas, por tempo determinado;

XXXV. licitação internacional: licitação processada em território nacional na qual é admitida a participação de licitantes estrangeiros, com a possibilidade de cotação de preços em moeda estrangeira, ou licitação na qual o objeto contratual pode ou deve ser executado no todo ou em parte em território estrangeiro;

XXXVI. serviço nacional: serviço prestado em território nacional, nas condições estabelecidas pelo Poder Executivo federal;

XXXVII. produto manufaturado nacional: produto manufaturado produzido no território nacional de acordo com o processo produtivo básico ou com as regras de origem estabelecidas pelo Poder Executivo federal;

XXXVIII. concorrência: modalidade de licitação para contratação de bens e serviços especiais e de obras e serviços comuns e especiais de engenharia, cujo critério de julgamento poderá ser:
a) menor preço;
b) melhor técnica ou conteúdo artístico;
c) técnica e preço;
d) maior retorno econômico;
e) maior desconto;

XXXIX. concurso: modalidade de licitação para escolha de trabalho técnico, científico ou artístico, cujo critério de julgamento será o de melhor técnica ou conteúdo artístico, e para concessão de prêmio ou remuneração ao vencedor;

XL. leilão: modalidade de licitação para alienação de bens imóveis ou de bens móveis inservíveis ou legalmente apreendidos a quem oferecer o maior lance;

XLI. pregão: modalidade de licitação obrigatória para aquisição de bens e serviços comuns, cujo critério de julgamento poderá ser o de menor preço ou o de maior desconto;

XLII. diálogo competitivo: modalidade de licitação para contratação de obras, serviços e compras em que a Administração Pública realiza diálogos com licitantes previamente selecionados mediante critérios objetivos, com o intuito de desenvolver uma ou mais alternativas capazes de atender às suas necessidades, devendo os licitantes apresentar proposta final após o encerramento dos diálogos;

XLIII. credenciamento: processo administrativo de chamamento público em que a Administração Pública convoca interessados em prestar serviços ou fornecer bens para que, preenchidos os requisitos necessários, se credenciem no órgão ou na entidade para executar o objeto quando convocados;

XLIV. pré-qualificação: procedimento seletivo prévio à licitação, convocado por meio de edital, destinado à análise das condições de habilitação, total ou parcial, dos interessados ou do objeto;

XLV. sistema de registro de preços: conjunto de procedimentos para realização, mediante contratação direta ou licitação nas modalidades pregão ou concorrência, de registro formal de preços relativos a prestação de serviços, a obras e a aquisição e locação de bens para contratações futuras;

XLVI. ata de registro de preços: documento vinculativo e obrigacional, com característica de compromisso para futura contratação, no qual são registrados o objeto, os preços, os fornecedores, os órgãos participantes e as condições a serem praticadas, conforme as disposições contidas no edital da licitação, no aviso ou instrumento de contratação direta e nas propostas apresentadas;

XLVII. órgão ou entidade gerenciadora: órgão ou entidade da Administração Pública responsável pela condução do conjunto de procedimentos para registro de preços e pelo gerenciamento da ata de registro de preços dele decorrente;

XLVIII. órgão ou entidade participante: órgão ou entidade da Administração Pública que participa dos procedimentos iniciais da contratação para registro de preços e integra a ata de registro de preços;

XLIX. órgão ou entidade não participante: órgão ou entidade da Administração Pública que não participa dos procedimentos iniciais da licitação para registro de preços e não integra a ata de registro de preços;

L. comissão de contratação: conjunto de agentes públicos indicados pela Administração, em caráter permanente ou especial, com a função de receber, examinar e julgar documentos relativos às licitações e aos procedimentos auxiliares;

LI. catálogo eletrônico de padronização de compras, serviços e obras: sistema informatizado, de gerenciamento centralizado e com indicação de preços, destinado a permitir a padronização de itens a serem adquiridos pela Administração Pública e que estarão disponíveis para a licitação;

LII. sítio eletrônico oficial: sítio da internet, certificado digitalmente por autoridade certificadora, no qual o ente federativo divulga de forma centralizada as informações e os serviços de governo digital dos seus órgãos e entidades;

LIII. contrato de eficiência: contrato cujo objeto é a prestação de serviços, que pode incluir a realização de obras e o fornecimento de bens, com o objetivo de proporcionar economia ao contratante, na forma de redução de despesas correntes, remunerado o contratado com base em percentual da economia gerada;

LIV. seguro-garantia: seguro que garante o fiel cumprimento das obrigações assumidas pelo contratado;

LV. produtos para pesquisa e desenvolvimento: bens, insumos, serviços e obras necessários para atividade de pesquisa científica e tecnológica, desenvolvimento de tecnologia ou inovação tecnológica, discriminados em projeto de pesquisa;

LVI. sobrepreço: preço orçado para licitação ou contratado em valor expressivamente superior aos preços referenciais de mercado, seja de apenas 1 (um) item, se a licitação ou a contratação for por preços unitários de serviço, seja do valor global do objeto, se a licitação ou a contratação for por tarefa, empreitada por preço global ou empreitada integral, semi-integrada ou integrada;

LVII. superfaturamento: dano provocado ao patrimônio da Administração, caracterizado, entre outras situações, por:

a) medição de quantidades superiores às efetivamente executadas ou fornecidas;

b) deficiência na execução de obras e de serviços de engenharia que resulte em diminuição da sua qualidade, vida útil ou segurança;

c) alterações no orçamento de obras e de serviços de engenharia que causem desequilíbrio econômico-financeiro do contrato em favor do contratado;

d) outras alterações de cláusulas financeiras que gerem recebimentos contratuais antecipados, distorção do cronograma físico-financeiro, prorrogação injustificada do prazo contratual com custos adicionais para a Administração ou reajuste irregular de preços;

LVIII. reajustamento em sentido estrito: forma de manutenção do equilíbrio econômico-financeiro de contrato consistente na aplicação do índice de correção monetária previsto no contrato, que deve retratar a variação efetiva do custo de produção, admitida a adoção de índices específicos ou setoriais;

LIX. repactuação: forma de manutenção do equilíbrio econômico-financeiro de contrato utilizada para serviços contínuos com regime de dedicação exclusiva de mão de obra ou predominância de mão de obra, por meio da análise da variação dos custos contratuais, devendo estar prevista no edital com data vinculada à apresentação das propostas, para os custos decorrentes do mercado, e com data vinculada ao acordo, à convenção coletiva ou ao dissídio coletivo ao qual o orçamento esteja vinculado, para os custos decorrentes da mão de obra;

LX. agente de contratação: pessoa designada pela autoridade competente, entre servidores efetivos ou empregados públicos dos quadros permanentes da Administração Pública, para tomar decisões, acompanhar o trâmite da licitação, dar impulso ao procedimento licitatório e executar quaisquer outras atividades necessárias ao bom andamento do certame até a homologação.

CAPÍTULO IV
Dos Agentes Públicos

Art. 7. Caberá à autoridade máxima do órgão ou da entidade, ou a quem as normas de organização administrativa indicarem, promover gestão por competências e designar agentes públicos para o desempenho das funções essenciais à execução desta Lei que preencham os seguintes requisitos:

I. sejam, preferencialmente, servidor efetivo ou empregado público dos quadros permanentes da Administração Pública;

II. tenham atribuições relacionadas a licitações e contratos ou possuam formação compatível ou qualificação atestada por certificação profissional emitida por escola de governo criada e mantida pelo poder público; e

III. não sejam cônjuge ou companheiro de licitantes ou contratados habituais da Administração nem tenham com eles vínculo de parentesco, colateral ou por afinidade, até o terceiro grau, ou de natureza técnica, comercial, econômica, financeira, trabalhista e civil.

§ 1º A autoridade referida no caput deste artigo deverá observar o princípio da segregação de funções, vedada a designação do mesmo agente público para atuação simultânea em funções mais suscetíveis a riscos, de modo a reduzir a possibilidade de ocultação de erros e de ocorrência de fraudes na respectiva contratação.

§ 2º O disposto no caput e no § 1º deste artigo, inclusive os requisitos estabelecidos, também se aplica aos órgãos de assessoramento jurídico e de controle interno da Administração.

Art. 8. A licitação será conduzida por agente de contratação, pessoa designada pela autoridade competente, entre servidores efetivos ou empregados públicos dos quadros permanentes da Administração Pública, para tomar decisões, acompanhar o trâmite da licitação, dar impulso ao procedimento licitatório e executar quaisquer outras atividades necessárias ao bom andamento do certame até a homologação.

§ 1º O agente de contratação será auxiliado por equipe de apoio e responderá individualmente pelos atos que praticar, salvo quando induzido a erro pela atuação da equipe.

§ 2º Em licitação que envolva bens ou serviços especiais, desde que observados os requisitos estabelecidos no art. 7º desta Lei, o agente de contratação poderá ser substituído por comissão de contratação formada por, no mínimo, 3 (três) membros, que responderão solidariamente por todos os atos praticados pela comissão, ressalvado o membro que expressar posição individual divergente fundamentada e registrada em ata lavrada na reunião em que houver sido tomada a decisão.

§ 3º As regras relativas à atuação do agente de contratação e da equipe de apoio, ao funcionamento da comissão de contratação e à atuação de fiscais e gestores de contratos de que trata esta Lei serão estabelecidas em regulamento, e deverá ser prevista a possibilidade de eles contarem com o apoio dos órgãos de assessoramento jurídico e de controle interno para o desempenho das funções essenciais à execução do disposto nesta Lei.

§ 4º Em licitação que envolva bens ou serviços especiais cujo objeto não seja rotineiramente contratado pela Administração, poderá ser contratado, por prazo determinado, serviço de empresa ou de profissional especializado para assessorar os agentes públicos responsáveis pela condução da licitação.

§ 5º Em licitação na modalidade pregão, o agente responsável pela condução do certame será designado pregoeiro.

Art. 9. É vedado ao agente público designado para atuar na área de licitações e contratos, ressalvados os casos previstos em lei:

I. admitir, prever, incluir ou tolerar, nos atos que praticar, situações que:

a) comprometam, restrinjam ou frustrem o caráter competitivo do processo licitatório, inclusive nos casos de participação de sociedades cooperativas;

b) estabeleçam preferências ou distinções em razão da naturalidade, da sede ou do domicílio dos licitantes;

c) sejam impertinentes ou irrelevantes para o objeto específico do contrato;

II. estabelecer tratamento diferenciado de natureza comercial, legal, trabalhista, previdenciária ou qualquer outra entre empresas brasileiras e estrangeiras, inclusive no que se refere a moeda, modalidade e

local de pagamento, mesmo quando envolvido financiamento de agência internacional;
III. opor resistência injustificada ao andamento dos processos e, indevidamente, retardar ou deixar de praticar ato de ofício, ou praticá-lo contra disposição expressa em lei.
§ 1º Não poderá participar, direta ou indiretamente, da licitação ou da execução do contrato agente público de órgão ou entidade licitante ou contratante, devendo ser observadas as situações que possam configurar conflito de interesses no exercício ou após o exercício do cargo ou emprego, nos termos da legislação que disciplina a matéria.
§ 2º As vedações de que trata este artigo estendem-se a terceiro que auxilie a condução da contratação na qualidade de integrante de equipe de apoio, profissional especializado ou funcionário ou representante de empresa que preste assessoria técnica.
Art. 10. Se as autoridades competentes e os servidores públicos que tiverem participado dos procedimentos relacionados às licitações e aos contratos de que trata esta Lei precisarem defender-se nas esferas administrativa, controladora ou judicial em razão de ato praticado com estrita observância de orientação constante em parecer jurídico elaborado na forma do § 1º do art. 53 desta Lei, a advocacia pública promoverá, a critério do agente público, sua representação judicial ou extrajudicial.
§ 1º Não se aplica o disposto no caput deste artigo quando:
I. (VETADO);
II. provas da prática de atos ilícitos dolosos constarem nos autos do processo administrativo ou judicial.
§ 2º Aplica-se o disposto no caput deste artigo inclusive na hipótese de o agente público não mais ocupar o cargo, emprego ou função em que foi praticado o ato questionado.

TÍTULO II
Das Licitações

CAPÍTULO I
Do Processo Licitatório

Art. 11. O processo licitatório tem por objetivos:
I. assegurar a seleção da proposta apta a gerar o resultado de contratação mais vantajoso para a Administração Pública, inclusive no que se refere ao ciclo de vida do objeto;
II. assegurar tratamento isonômico entre os licitantes, bem como a justa competição;
III. evitar contratações com sobrepreço ou com preços manifestamente inexequíveis e superfaturamento na execução dos contratos;
IV. incentivar a inovação e o desenvolvimento nacional sustentável.
Parágrafo único. A alta administração do órgão ou entidade é responsável pela governança das contratações e deve implementar processos e estruturas, inclusive de gestão de riscos e controles internos, para avaliar, direcionar e monitorar os processos licitatórios e os respectivos contratos, com o intuito de alcançar os objetivos estabelecidos no caput deste artigo, promover um ambiente íntegro e confiável, assegurar o alinhamento das contratações ao planejamento estratégico e às leis orçamentárias e promover eficiência, efetividade e eficácia em suas contratações.
Art. 12. No processo licitatório, observar-se-á o seguinte:
I. os documentos serão produzidos por escrito, com data e local de sua realização e assinatura dos responsáveis;
II. os valores, os preços e os custos utilizados terão como expressão monetária a moeda corrente nacional, ressalvado o disposto no art. 52 desta Lei;
III. o desatendimento de exigências meramente formais que não comprometam a aferição da qualificação do licitante ou a compreensão do conteúdo de sua proposta não importará seu afastamento da licitação ou a invalidação do processo;
IV. a prova de autenticidade de cópia de documento público ou particular poderá ser feita perante agente da Administração, mediante apresentação de original ou de declaração de autenticidade por advogado, sob sua responsabilidade pessoal;
V. o reconhecimento de firma somente será exigido quando houver dúvida de autenticidade, salvo imposição legal;
VI. os atos serão preferencialmente digitais, de forma a permitir que sejam produzidos, comunicados, armazenados e validados por meio eletrônico;
VII. a partir de documentos de formalização de demandas, os órgãos responsáveis pelo planejamento de cada ente federativo poderão, na forma de regulamento, elaborar plano de contratações anual, com o objetivo de racionalizar as contratações dos órgãos

e entidades sob sua competência, garantir o alinhamento com o seu planejamento estratégico e subsidiar a elaboração das respectivas leis orçamentárias.

§ 1º O plano de contratações anual de que trata o inciso VII do caput deste artigo deverá ser divulgado e mantido à disposição do público em sítio eletrônico oficial e será observado pelo ente federativo na realização de licitações e na execução dos contratos.

§ 2º É permitida a identificação e assinatura digital por pessoa física ou jurídica em meio eletrônico, mediante certificado digital emitido em âmbito da Infraestrutura de Chaves Públicas Brasileira (ICP-Brasil).

Art. 13. Os atos praticados no processo licitatório são públicos, ressalvadas as hipóteses de informações cujo sigilo seja imprescindível à segurança da sociedade e do Estado, na forma da lei.

Parágrafo único. A publicidade será diferida:
I. quanto ao conteúdo das propostas, até a respectiva abertura;
II. quanto ao orçamento da Administração, nos termos do art. 24 desta Lei.

Art. 14. Não poderão disputar licitação ou participar da execução de contrato, direta ou indiretamente:
I. autor do anteprojeto, do projeto básico ou do projeto executivo, pessoa física ou jurídica, quando a licitação versar sobre obra, serviços ou fornecimento de bens a ele relacionados;
II. empresa, isoladamente ou em consórcio, responsável pela elaboração do projeto básico ou do projeto executivo, ou empresa da qual o autor do projeto seja dirigente, gerente, controlador, acionista ou detentor de mais de 5% (cinco por cento) do capital com direito a voto, responsável técnico ou subcontratado, quando a licitação versar sobre obra, serviços ou fornecimento de bens a ela necessários;
III. pessoa física ou jurídica que se encontre, ao tempo da licitação, impossibilitada de participar da licitação em decorrência de sanção que lhe foi imposta;
IV. aquele que mantenha vínculo de natureza técnica, comercial, econômica, financeira, trabalhista ou civil com dirigente do órgão ou entidade contratante ou com agente público que desempenhe função na licitação ou atue na fiscalização ou na gestão do contrato, ou que deles seja cônjuge, companheiro ou parente em linha reta, colateral ou por afinidade, até o terceiro grau, devendo essa proibição constar expressamente do edital de licitação;
V. empresas controladoras, controladas ou coligadas, nos termos da Lei nº 6.404, de 15 de dezembro de 1976, concorrendo entre si;
VI. pessoa física ou jurídica que, nos 5 (cinco) anos anteriores à divulgação do edital, tenha sido condenada judicialmente, com trânsito em julgado, por exploração de trabalho infantil, por submissão de trabalhadores a condições análogas às de escravo ou por contratação de adolescentes nos casos vedados pela legislação trabalhista.

§ 1º O impedimento de que trata o inciso III do caput deste artigo será também aplicado ao licitante que atue em substituição a outra pessoa, física ou jurídica, com o intuito de burlar a efetividade da sanção a ela aplicada, inclusive a sua controladora, controlada ou coligada, desde que devidamente comprovado o ilícito ou a utilização fraudulenta da personalidade jurídica do licitante.

§ 2º A critério da Administração e exclusivamente a seu serviço, o autor dos projetos e a empresa a que se referem os incisos I e II do caput deste artigo poderão participar no apoio das atividades de planejamento da contratação, de execução da licitação ou de gestão do contrato, desde que sob supervisão exclusiva de agentes públicos do órgão ou entidade.

§ 3º Equiparam-se aos autores do projeto as empresas integrantes do mesmo grupo econômico.

§ 4º O disposto neste artigo não impede a licitação ou a contratação de obra ou serviço que inclua como encargo do contratado a elaboração do projeto básico e do projeto executivo, nas contratações integradas, e do projeto executivo, nos demais regimes de execução.

§ 5º Em licitações e contratações realizadas no âmbito de projetos e programas parcialmente financiados por agência oficial de cooperação estrangeira ou por organismo financeiro internacional com recursos do financiamento ou da contrapartida nacional, não poderá participar pessoa física ou jurídica que integre o rol de pessoas sancionadas por essas entidades ou que seja declarada inidônea nos termos desta Lei.

Art. 15. Salvo vedação devidamente justificada no processo licitatório, pessoa jurídica poderá participar de licitação em consórcio, observadas as seguintes normas:
I. comprovação de compromisso público ou particular de constituição de consórcio, subscrito pelos consorciados;

II. indicação da empresa líder do consórcio, que será responsável por sua representação perante a Administração;
III. admissão, para efeito de habilitação técnica, do somatório dos quantitativos de cada consorciado e, para efeito de habilitação econômico-financeira, do somatório dos valores de cada consorciado;
IV. impedimento de a empresa consorciada participar, na mesma licitação, de mais de um consórcio ou de forma isolada;
V. responsabilidade solidária dos integrantes pelos atos praticados em consórcio, tanto na fase de licitação quanto na de execução do contrato.
§ 1º O edital deverá estabelecer para o consórcio acréscimo de 10% (dez por cento) a 30% (trinta por cento) sobre o valor exigido de licitante individual para a habilitação econômico-financeira, salvo justificação.
§ 2º O acréscimo previsto no § 1º deste artigo não se aplica aos consórcios compostos, em sua totalidade, de microempresas e pequenas empresas, assim definidas em lei.
§ 3º O licitante vencedor é obrigado a promover, antes da celebração do contrato, a constituição e o registro do consórcio, nos termos do compromisso referido no inciso I do caput deste artigo.
§ 4º Desde que haja justificativa técnica aprovada pela autoridade competente, o edital de licitação poderá estabelecer limite máximo para o número de empresas consorciadas.
§ 5º A substituição de consorciado deverá ser expressamente autorizada pelo órgão ou entidade contratante e condicionada à comprovação de que a nova empresa do consórcio possui, no mínimo, os mesmos quantitativos para efeito de habilitação técnica e os mesmos valores para efeito de qualificação econômico-financeira apresentados pela empresa substituída para fins de habilitação do consórcio no processo licitatório que originou o contrato.
Art. 16. Os profissionais organizados sob a forma de cooperativa poderão participar de licitação quando:
I. a constituição e o funcionamento da cooperativa observarem as regras estabelecidas na legislação aplicável, em especial a Lei nº 5.764, de 16 de dezembro de 1971, a Lei nº 12.690, de 19 de julho de 2012, e a Lei Complementar nº 130, de 17 de abril de 2009;
II. a cooperativa apresentar demonstrativo de atuação em regime cooperado, com repartição de receitas e despesas entre os cooperados;
III. qualquer cooperado, com igual qualificação, for capaz de executar o objeto contratado, vedado à Administração indicar nominalmente pessoas;
IV. o objeto da licitação referir-se, em se tratando de cooperativas enquadradas na Lei nº 12.690, de 19 de julho de 2012, a serviços especializados constantes do objeto social da cooperativa, a serem executados de forma complementar à sua atuação.
Art. 17. O processo de licitação observará as seguintes fases, em sequência:
I. preparatória;
II. de divulgação do edital de licitação;
III. de apresentação de propostas e lances, quando for o caso;
IV. de julgamento;
V. de habilitação;
VI. recursal;
VII. de homologação.
§ 1º A fase referida no inciso V do caput deste artigo poderá, mediante ato motivado com explicitação dos benefícios decorrentes, anteceder as fases referidas nos incisos III e IV do caput deste artigo, desde que expressamente previsto no edital de licitação.
§ 2º As licitações serão realizadas preferencialmente sob a forma eletrônica, admitida a utilização da forma presencial, desde que motivada, devendo a sessão pública ser registrada em ata e gravada em áudio e vídeo.
§ 3º Desde que previsto no edital, na fase a que se refere o inciso IV do caput deste artigo, o órgão ou entidade licitante poderá, em relação ao licitante provisoriamente vencedor, realizar análise e avaliação da conformidade da proposta, mediante homologação de amostras, exame de conformidade e prova de conceito, entre outros testes de interesse da Administração, de modo a comprovar sua aderência às especificações definidas no termo de referência ou no projeto básico.
§ 4º Nos procedimentos realizados por meio eletrônico, a Administração poderá determinar, como condição de validade e eficácia, que os licitantes pratiquem seus atos em formato eletrônico.
§ 5º Na hipótese excepcional de licitação sob a forma presencial a que refere o § 2º deste artigo, a sessão pública de apresentação de propostas deverá ser gravada em áudio e vídeo, e a gravação será juntada aos autos do processo licitatório depois de seu encerramento.

§ 6º A Administração poderá exigir certificação por organização independente acreditada pelo Instituto Nacional de Metrologia, Qualidade e Tecnologia (Inmetro) como condição para aceitação de:
I. estudos, anteprojetos, projetos básicos e projetos executivos;
II. conclusão de fases ou de objetos de contratos;
III. material e corpo técnico apresentados por empresa para fins de habilitação.

CAPÍTULO II
Da Fase Preparatória

SEÇÃO I
Da Instrução do Processo Licitatório

Art. 18. A fase preparatória do processo licitatório é caracterizada pelo planejamento e deve compatibilizar-se com o plano de contratações anual de que trata o inciso VII do caput do art. 12 desta Lei, sempre que elaborado, e com as leis orçamentárias, bem como abordar todas as considerações técnicas, mercadológicas e de gestão que podem interferir na contratação, compreendidos:
I. a descrição da necessidade da contratação fundamentada em estudo técnico preliminar que caracterize o interesse público envolvido;
II. a definição do objeto para o atendimento da necessidade, por meio de termo de referência, anteprojeto, projeto básico ou projeto executivo, conforme o caso;
III. a definição das condições de execução e pagamento, das garantias exigidas e ofertadas e das condições de recebimento;
IV. o orçamento estimado, com as composições dos preços utilizados para sua formação;
V. a elaboração do edital de licitação;
VI. a elaboração de minuta de contrato, quando necessária, que constará obrigatoriamente como anexo do edital de licitação;
VII. o regime de fornecimento de bens, de prestação de serviços ou de execução de obras e serviços de engenharia, observados os potenciais de economia de escala;
VIII. a modalidade de licitação, o critério de julgamento, o modo de disputa e a adequação e eficiência da forma de combinação desses parâmetros, para os fins de seleção da proposta apta a gerar o resultado de contratação mais vantajoso para a Administração Pública, considerado todo o ciclo de vida do objeto;
IX. a motivação circunstanciada das condições do edital, tais como justificativa de exigências de qualificação técnica, mediante indicação das parcelas de maior relevância técnica ou valor significativo do objeto, e de qualificação econômico-financeira, justificativa dos critérios de pontuação e julgamento das propostas técnicas, nas licitações com julgamento por melhor técnica ou técnica e preço, e justificativa das regras pertinentes à participação de empresas em consórcio;
X. a análise dos riscos que possam comprometer o sucesso da licitação e a boa execução contratual;
XI. a motivação sobre o momento da divulgação do orçamento da licitação, observado o art. 24 desta Lei.
§ 1º O estudo técnico preliminar a que se refere o inciso I do caput deste artigo deverá evidenciar o problema a ser resolvido e a sua melhor solução, de modo a permitir a avaliação da viabilidade técnica e econômica da contratação, e conterá os seguintes elementos:
I. descrição da necessidade da contratação, considerado o problema a ser resolvido sob a perspectiva do interesse público;
II. demonstração da previsão da contratação no plano de contratações anual, sempre que elaborado, de modo a indicar o seu alinhamento com o planejamento da Administração;
III. requisitos da contratação;
IV. estimativas das quantidades para a contratação, acompanhadas das memórias de cálculo e dos documentos que lhes dão suporte, que considerem interdependências com outras contratações, de modo a possibilitar economia de escala;
V. levantamento de mercado, que consiste na análise das alternativas possíveis, e justificativa técnica e econômica da escolha do tipo de solução a contratar;
VI. estimativa do valor da contratação, acompanhada dos preços unitários referenciais, das memórias de cálculo e dos documentos que lhe dão suporte, que poderão constar de anexo classificado, se a Administração optar por preservar o seu sigilo até a conclusão da licitação;
VII. descrição da solução como um todo, inclusive das exigências relacionadas à manutenção e à assistência técnica, quando for o caso;
VIII. justificativas para o parcelamento ou não da contratação;

IX. demonstrativo dos resultados pretendidos em termos de economicidade e de melhor aproveitamento dos recursos humanos, materiais e financeiros disponíveis;
X. providências a serem adotadas pela Administração previamente à celebração do contrato, inclusive quanto à capacitação de servidores ou de empregados para fiscalização e gestão contratual;
XI. contratações correlatas e/ou interdependentes;
XII. descrição de possíveis impactos ambientais e respectivas medidas mitigadoras, incluídos requisitos de baixo consumo de energia e de outros recursos, bem como logística reversa para desfazimento e reciclagem de bens e refugos, quando aplicável;
XIII. posicionamento conclusivo sobre a adequação da contratação para o atendimento da necessidade a que se destina.
§ 2º O estudo técnico preliminar deverá conter ao menos os elementos previstos nos incisos I, IV, VI, VIII e XIII do § 1º deste artigo e, quando não contemplar os demais elementos previstos no referido parágrafo, apresentar as devidas justificativas.
§ 3º Em se tratando de estudo técnico preliminar para contratação de obras e serviços comuns de engenharia, se demonstrada a inexistência de prejuízo para a aferição dos padrões de desempenho e qualidade almejados, a especificação do objeto poderá ser realizada apenas em termo de referência ou em projeto básico, dispensada a elaboração de projetos.
Art. 19. Os órgãos da Administração com competências regulamentares relativas às atividades de administração de materiais, de obras e serviços e de licitações e contratos deverão:
I. instituir instrumentos que permitam, preferencialmente, a centralização dos procedimentos de aquisição e contratação de bens e serviços;
II. criar catálogo eletrônico de padronização de compras, serviços e obras, admitida a adoção do catálogo do Poder Executivo federal por todos os entes federativos;
III. instituir sistema informatizado de acompanhamento de obras, inclusive com recursos de imagem e vídeo;
IV. instituir, com auxílio dos órgãos de assessoramento jurídico e de controle interno, modelos de minutas de editais, de termos de referência, de contratos padronizados e de outros documentos, admitida a adoção das minutas do Poder Executivo federal por todos os entes federativos;
V. promover a adoção gradativa de tecnologias e processos integrados que permitam a criação, a utilização e a atualização de modelos digitais de obras e serviços de engenharia.
§ 1º O catálogo referido no inciso II do caput deste artigo poderá ser utilizado em licitações cujo critério de julgamento seja o de menor preço ou o de maior desconto e conterá toda a documentação e os procedimentos próprios da fase interna de licitações, assim como as especificações dos respectivos objetos, conforme disposto em regulamento.
§ 2º A não utilização do catálogo eletrônico de padronização de que trata o inciso II do caput ou dos modelos de minutas de que trata o inciso IV do caput deste artigo deverá ser justificada por escrito e anexada ao respectivo processo licitatório.
§ 3º Nas licitações de obras e serviços de engenharia e arquitetura, sempre que adequada ao objeto da licitação, será preferencialmente adotada a Modelagem da Informação da Construção (Building Information Modelling – BIM) ou tecnologias e processos integrados similares ou mais avançados que venham a substituí-la.
Art. 20. Os itens de consumo adquiridos para suprir as demandas das estruturas da Administração Pública deverão ser de qualidade comum, não superior à necessária para cumprir as finalidades às quais se destinam, vedada a aquisição de artigos de luxo.
§ 1º Os Poderes Executivo, Legislativo e Judiciário definirão em regulamento os limites para o enquadramento dos bens de consumo nas categorias comum e luxo.
§ 2º A partir de 180 (cento e oitenta) dias contados da promulgação desta Lei, novas compras de bens de consumo só poderão ser efetivadas com a edição, pela autoridade competente, do regulamento a que se refere o § 1º deste artigo.
§ 3º (VETADO).
Art. 21. A Administração poderá convocar, com antecedência mínima de 8 (oito) dias úteis, audiência pública, presencial ou a distância, na forma eletrônica, sobre licitação que pretenda realizar, com disponibilização prévia de informações pertinentes, inclusive de estudo técnico preliminar e elementos do edital de licitação, e com possibilidade de manifestação de todos os interessados.
Parágrafo único. A Administração também poderá submeter a licitação a prévia consulta pública, mediante a disponibilização de seus elementos a

todos os interessados, que poderão formular sugestões no prazo fixado.

Art. 22. O edital poderá contemplar matriz de alocação de riscos entre o contratante e o contratado, hipótese em que o cálculo do valor estimado da contratação poderá considerar taxa de risco compatível com o objeto da licitação e com os riscos atribuídos ao contratado, de acordo com metodologia predefinida pelo ente federativo.

§ 1º A matriz de que trata o caput deste artigo deverá promover a alocação eficiente dos riscos de cada contrato e estabelecer a responsabilidade que caiba a cada parte contratante, bem como os mecanismos que afastem a ocorrência do sinistro e mitiguem os seus efeitos, caso este ocorra durante a execução contratual.

§ 2º O contrato deverá refletir a alocação realizada pela matriz de riscos, especialmente quanto:

I. às hipóteses de alteração para o restabelecimento da equação econômico-financeira do contrato nos casos em que o sinistro seja considerado na matriz de riscos como causa de desequilíbrio não suportada pela parte que pretenda o restabelecimento;

II. à possibilidade de resolução quando o sinistro majorar excessivamente ou impedir a continuidade da execução contratual;

III. à contratação de seguros obrigatórios previamente definidos no contrato, integrado o custo de contratação ao preço ofertado.

§ 3º Quando a contratação se referir a obras e serviços de grande vulto ou forem adotados os regimes de contratação integrada e semi-integrada, o edital obrigatoriamente contemplará matriz de alocação de riscos entre o contratante e o contratado.

§ 4º Nas contratações integradas ou semi-integradas, os riscos decorrentes de fatos supervenientes à contratação associados à escolha da solução de projeto básico pelo contratado deverão ser alocados como de sua responsabilidade na matriz de riscos.

Art. 23. O valor previamente estimado da contratação deverá ser compatível com os valores praticados pelo mercado, considerados os preços constantes de bancos de dados públicos e as quantidades a serem contratadas, observadas a potencial economia de escala e as peculiaridades do local de execução do objeto.

§ 1º No processo licitatório para aquisição de bens e contratação de serviços em geral, conforme regulamento, o valor estimado será definido com base no melhor preço aferido por meio da utilização dos seguintes parâmetros, adotados de forma combinada ou não:

I. composição de custos unitários menores ou iguais à mediana do item correspondente no painel para consulta de preços ou no banco de preços em saúde disponíveis no Portal Nacional de Contratações Públicas (PNCP);

II. contratações similares feitas pela Administração Pública, em execução ou concluídas no período de 1 (um) ano anterior à data da pesquisa de preços, inclusive mediante sistema de registro de preços, observado o índice de atualização de preços correspondente;

III. utilização de dados de pesquisa publicada em mídia especializada, de tabela de referência formalmente aprovada pelo Poder Executivo federal e de sítios eletrônicos especializados ou de domínio amplo, desde que contenham a data e hora de acesso;

IV. pesquisa direta com no mínimo 3 (três) fornecedores, mediante solicitação formal de cotação, desde que seja apresentada justificativa da escolha desses fornecedores e que não tenham sido obtidos os orçamentos com mais de 6 (seis) meses de antecedência da data de divulgação do edital;

V. pesquisa na base nacional de notas fiscais eletrônicas, na forma de regulamento.

§ 2º No processo licitatório para contratação de obras e serviços de engenharia, conforme regulamento, o valor estimado, acrescido do percentual de Benefícios e Despesas Indiretas (BDI) de referência e dos Encargos Sociais (ES) cabíveis, será definido por meio da utilização de parâmetros na seguinte ordem:

I. composição de custos unitários menores ou iguais à mediana do item correspondente do Sistema de Custos Referenciais de Obras (Sicro), para serviços e obras de infraestrutura de transportes, ou do Sistema Nacional de Pesquisa de Custos e Índices de Construção Civil (Sinapi), para as demais obras e serviços de engenharia;

II. utilização de dados de pesquisa publicada em mídia especializada, de tabela de referência formalmente aprovada pelo Poder Executivo federal e de sítios eletrônicos especializados ou de domínio amplo, desde que contenham a data e a hora de acesso;

III. contratações similares feitas pela Administração Pública, em execução ou concluídas no período de 1 (um) ano anterior à data da pesquisa de preços, observado o índice de atualização de preços correspondente;

IV. pesquisa na base nacional de notas fiscais eletrônicas, na forma de regulamento.

§ 3º Nas contratações realizadas por Municípios, Estados e Distrito Federal, desde que não envolvam recursos da União, o valor previamente estimado da contratação, a que se refere o caput deste artigo, poderá ser definido por meio da utilização de outros sistemas de custos adotados pelo respectivo ente federativo.

§ 4º Nas contratações diretas por inexigibilidade ou por dispensa, quando não for possível estimar o valor do objeto na forma estabelecida nos §§ 1º, 2º e 3º deste artigo, o contratado deverá comprovar previamente que os preços estão em conformidade com os praticados em contratações semelhantes de objetos de mesma natureza, por meio da apresentação de notas fiscais emitidas para outros contratantes no período de até 1 (um) ano anterior à data da contratação pela Administração, ou por outro meio idôneo.

§ 5º No processo licitatório para contratação de obras e serviços de engenharia sob os regimes de contratação integrada ou semi-integrada, o valor estimado da contratação será calculado nos termos do § 2º deste artigo, acrescido ou não de parcela referente à remuneração do risco, e, sempre que necessário e o anteprojeto o permitir, a estimativa de preço será baseada em orçamento sintético, balizado em sistema de custo definido no inciso I do § 2º deste artigo, devendo a utilização de metodologia expedita ou paramétrica e de avaliação aproximada baseada em outras contratações similares ser reservada às frações do empreendimento não suficientemente detalhadas no anteprojeto.

§ 6º Na hipótese do § 5º deste artigo, será exigido dos licitantes ou contratados, no orçamento que compuser suas respectivas propostas, no mínimo, o mesmo nível de detalhamento do orçamento sintético referido no mencionado parágrafo.

Art. 24. Desde que justificado, o orçamento estimado da contratação poderá ter caráter sigiloso, sem prejuízo da divulgação do detalhamento dos quantitativos e das demais informações necessárias para a elaboração das propostas, e, nesse caso:

I. o sigilo não prevalecerá para os órgãos de controle interno e externo;

II. (VETADO).

Parágrafo único. Na hipótese de licitação em que for adotado o critério de julgamento por maior desconto, o preço estimado ou o máximo aceitável constará do edital da licitação.

Art. 25. O edital deverá conter o objeto da licitação e as regras relativas à convocação, ao julgamento, à habilitação, aos recursos e às penalidades da licitação, à fiscalização e à gestão do contrato, à entrega do objeto e às condições de pagamento.

§ 1º Sempre que o objeto permitir, a Administração adotará minutas padronizadas de edital e de contrato com cláusulas uniformes.

§ 2º Desde que, conforme demonstrado em estudo técnico preliminar, não sejam causados prejuízos à competitividade do processo licitatório e à eficiência do respectivo contrato, o edital poderá prever a utilização de mão de obra, materiais, tecnologias e matérias-primas existentes no local da execução, conservação e operação do bem, serviço ou obra.

§ 3º Todos os elementos do edital, incluídos minuta de contrato, termos de referência, anteprojeto, projetos e outros anexos, deverão ser divulgados em sítio eletrônico oficial na mesma data de divulgação do edital, sem necessidade de registro ou de identificação para acesso.

§ 4º Nas contratações de obras, serviços e fornecimentos de grande vulto, o edital deverá prever a obrigatoriedade de implantação de programa de integridade pelo licitante vencedor, no prazo de 6 (seis) meses, contado da celebração do contrato, conforme regulamento que disporá sobre as medidas a serem adotadas, a forma de comprovação e as penalidades pelo seu descumprimento.

§ 5º O edital poderá prever a responsabilidade do contratado pela:

I. obtenção do licenciamento ambiental;

II. realização da desapropriação autorizada pelo poder público.

§ 6º Os licenciamentos ambientais de obras e serviços de engenharia licitados e contratados nos termos desta Lei terão prioridade de tramitação nos órgãos e entidades integrantes do Sistema Nacional do Meio Ambiente (Sisnama) e deverão ser orientados pelos princípios da celeridade, da cooperação, da economicidade e da eficiência.

§ 7º Independentemente do prazo de duração do contrato, será obrigatória a previsão no edital de índice de reajustamento de preço, com data-base vinculada à data do orçamento estimado e com a possibilidade de ser estabelecido mais de um índice específico ou setorial, em conformidade com a realidade de mercado dos respectivos insumos.

§ 8º Nas licitações de serviços contínuos, observado o interregno mínimo de 1 (um) ano, o critério de reajustamento será por:

I. reajustamento em sentido estrito, quando não houver regime de dedicação exclusiva de mão de obra ou predominância de mão de obra, mediante previsão de índices específicos ou setoriais;

II. repactuação, quando houver regime de dedicação exclusiva de mão de obra ou predominância de mão de obra, mediante demonstração analítica da variação dos custos.

§ 9º O edital poderá, na forma disposta em regulamento, exigir que percentual mínimo da mão de obra responsável pela execução do objeto da contratação seja constituído por:

I. mulheres vítimas de violência doméstica;
II. oriundos ou egressos do sistema prisional.

Art. 26. No processo de licitação, poderá ser estabelecida margem de preferência para:

I. bens manufaturados e serviços nacionais que atendam a normas técnicas brasileiras;
II. bens reciclados, recicláveis ou biodegradáveis, conforme regulamento.

§ 1º A margem de preferência de que trata o caput deste artigo:

I. será definida em decisão fundamentada do Poder Executivo federal, no caso do inciso I do caput deste artigo;
II. poderá ser de até 10% (dez por cento) sobre o preço dos bens e serviços que não se enquadrem no disposto nos incisos I ou II do caput deste artigo;
III. poderá ser estendida a bens manufaturados e serviços originários de Estados Partes do Mercado Comum do Sul (Mercosul), desde que haja reciprocidade com o País prevista em acordo internacional aprovado pelo Congresso Nacional e ratificado pelo Presidente da República.

§ 2º Para os bens manufaturados nacionais e serviços nacionais resultantes de desenvolvimento e inovação tecnológica no País, definidos conforme regulamento do Poder Executivo federal, a margem de preferência a que se refere o caput deste artigo poderá ser de até 20% (vinte por cento).

§ 3º (VETADO).

§ 4º (VETADO).

§ 5º A margem de preferência não se aplica aos bens manufaturados nacionais e aos serviços nacionais se a capacidade de produção desses bens ou de prestação desses serviços no País for inferior:

I. à quantidade a ser adquirida ou contratada; ou
II. aos quantitativos fixados em razão do parcelamento do objeto, quando for o caso.

§ 6º Os editais de licitação para a contratação de bens, serviços e obras poderão, mediante prévia justificativa da autoridade competente, exigir que o contratado promova, em favor de órgão ou entidade integrante da Administração Pública ou daqueles por ela indicados a partir de processo isonômico, medidas de compensação comercial, industrial ou tecnológica ou acesso a condições vantajosas de financiamento, cumulativamente ou não, na forma estabelecida pelo Poder Executivo federal.

§ 7º Nas contratações destinadas à implantação, à manutenção e ao aperfeiçoamento dos sistemas de tecnologia de informação e comunicação considerados estratégicos em ato do Poder Executivo federal, a licitação poderá ser restrita a bens e serviços com tecnologia desenvolvida no País produzidos de acordo com o processo produtivo básico de que trata a Lei nº 10.176, de 11 de janeiro de 2001.

Art. 27. Será divulgada, em sítio eletrônico oficial, a cada exercício financeiro, a relação de empresas favorecidas em decorrência do disposto no art. 26 desta Lei, com indicação do volume de recursos destinados a cada uma delas.

SEÇÃO II
Das Modalidades de Licitação

Art. 28. São modalidades de licitação:

I. pregão;
II. concorrência;
III. concurso;
IV. leilão;
V. diálogo competitivo.

§ 1º Além das modalidades referidas no caput deste artigo, a Administração pode servir-se dos procedimentos auxiliares previstos no art. 78 desta Lei.

§ 2º É vedada a criação de outras modalidades de licitação ou, ainda, a combinação daquelas referidas no caput deste artigo.

Art. 29. A concorrência e o pregão seguem o rito procedimental comum a que se refere o art. 17 desta Lei, adotando-se o pregão sempre que o objeto possuir padrões de desempenho e qualidade que

possam ser objetivamente definidos pelo edital, por meio de especificações usuais de mercado.
Parágrafo único. O pregão não se aplica às contratações de serviços técnicos especializados de natureza predominantemente intelectual e de obras e serviços de engenharia, exceto os serviços de engenharia de que trata a alínea *a* do inciso XXI do caput do art. 6º desta Lei.
Art. 30. O concurso observará as regras e condições previstas em edital, que indicará:
I. a qualificação exigida dos participantes;
II. as diretrizes e formas de apresentação do trabalho;
III. as condições de realização e o prêmio ou remuneração a ser concedida ao vencedor.
Parágrafo único. Nos concursos destinados à elaboração de projeto, o vencedor deverá ceder à Administração Pública, nos termos do art. 93 desta Lei, todos os direitos patrimoniais relativos ao projeto e autorizar sua execução conforme juízo de conveniência e oportunidade das autoridades competentes.
Art. 31. O leilão poderá ser cometido a leiloeiro oficial ou a servidor designado pela autoridade competente da Administração, e regulamento deverá dispor sobre seus procedimentos operacionais.
§ 1º Se optar pela realização de leilão por intermédio de leiloeiro oficial, a Administração deverá selecioná-lo mediante credenciamento ou licitação na modalidade pregão e adotar o critério de julgamento de maior desconto para as comissões a serem cobradas, utilizados como parâmetro máximo os percentuais definidos na lei que regula a referida profissão e observados os valores dos bens a serem leiloados.
§ 2º O leilão será precedido da divulgação do edital em sítio eletrônico oficial, que conterá:
I. a descrição do bem, com suas características, e, no caso de imóvel, sua situação e suas divisas, com remissão à matrícula e aos registros;
II. o valor pelo qual o bem foi avaliado, o preço mínimo pelo qual poderá ser alienado, as condições de pagamento e, se for o caso, a comissão do leiloeiro designado;
III. a indicação do lugar onde estiverem os móveis, os veículos e os semoventes;
IV. o sítio da internet e o período em que ocorrerá o leilão, salvo se excepcionalmente for realizado sob a forma presencial por comprovada inviabilidade técnica ou desvantagem para a Administração, hipótese em que serão indicados o local, o dia e a hora de sua realização;
V. a especificação de eventuais ônus, gravames ou pendências existentes sobre os bens a serem leiloados.
§ 3º Além da divulgação no sítio eletrônico oficial, o edital do leilão será afixado em local de ampla circulação de pessoas na sede da Administração e poderá, ainda, ser divulgado por outros meios necessários para ampliar a publicidade e a competitividade da licitação.
§ 4º O leilão não exigirá registro cadastral prévio, não terá fase de habilitação e deverá ser homologado assim que concluída a fase de lances, superada a fase recursal e efetivado o pagamento pelo licitante vencedor, na forma definida no edital.
Art. 32. A modalidade diálogo competitivo é restrita a contratações em que a Administração:
I. vise a contratar objeto que envolva as seguintes condições:
a) inovação tecnológica ou técnica;
b) impossibilidade de o órgão ou entidade ter sua necessidade satisfeita sem a adaptação de soluções disponíveis no mercado; e
c) impossibilidade de as especificações técnicas serem definidas com precisão suficiente pela Administração;
II. verifique a necessidade de definir e identificar os meios e as alternativas que possam satisfazer suas necessidades, com destaque para os seguintes aspectos:
a) a solução técnica mais adequada;
b) os requisitos técnicos aptos a concretizar a solução já definida;
c) a estrutura jurídica ou financeira do contrato;
III. (VETADO).
§ 1º Na modalidade diálogo competitivo, serão observadas as seguintes disposições:
I. a Administração apresentará, por ocasião da divulgação do edital em sítio eletrônico oficial, suas necessidades e as exigências já definidas e estabelecerá prazo mínimo de 25 (vinte e cinco) dias úteis para manifestação de interesse na participação da licitação;
II. os critérios empregados para pré-seleção dos licitantes deverão ser previstos em edital, e serão admitidos todos os interessados que preencherem os requisitos objetivos estabelecidos;

III. a divulgação de informações de modo discriminatório que possa implicar vantagem para algum licitante será vedada;

IV. a Administração não poderá revelar a outros licitantes as soluções propostas ou as informações sigilosas comunicadas por um licitante sem o seu consentimento;

V. a fase de diálogo poderá ser mantida até que a Administração, em decisão fundamentada, identifique a solução ou as soluções que atendam às suas necessidades;

VI. as reuniões com os licitantes pré-selecionados serão registradas em ata e gravadas mediante utilização de recursos tecnológicos de áudio e vídeo;

VII. o edital poderá prever a realização de fases sucessivas, caso em que cada fase poderá restringir as soluções ou as propostas a serem discutidas;

VIII. a Administração deverá, ao declarar que o diálogo foi concluído, juntar aos autos do processo licitatório os registros e as gravações da fase de diálogo, iniciar a fase competitiva com a divulgação de edital contendo a especificação da solução que atenda às suas necessidades e os critérios objetivos a serem utilizados para seleção da proposta mais vantajosa e abrir prazo, não inferior a 60 (sessenta) dias úteis, para todos os licitantes pré-selecionados na forma do inciso II deste parágrafo apresentarem suas propostas, que deverão conter os elementos necessários para a realização do projeto;

IX. a Administração poderá solicitar esclarecimentos ou ajustes às propostas apresentadas, desde que não impliquem discriminação nem distorçam a concorrência entre as propostas;

X. a Administração definirá a proposta vencedora de acordo com critérios divulgados no início da fase competitiva, assegurada a contratação mais vantajosa como resultado;

XI. o diálogo competitivo será conduzido por comissão de contratação composta de pelo menos 3 (três) servidores efetivos ou empregados públicos pertencentes aos quadros permanentes da Administração, admitida a contratação de profissionais para assessoramento técnico da comissão;

XII. (VETADO).

§ 2º Os profissionais contratados para os fins do inciso XI do § 1º deste artigo assinarão termo de confidencialidade e abster-se-ão de atividades que possam configurar conflito de interesses.

SEÇÃO III
Dos Critérios de Julgamento

Art. 33. O julgamento das propostas será realizado de acordo com os seguintes critérios:
I. menor preço;
II. maior desconto;
III. melhor técnica ou conteúdo artístico;
IV. técnica e preço;
V. maior lance, no caso de leilão;
VI. maior retorno econômico.

Art. 34. O julgamento por menor preço ou maior desconto e, quando couber, por técnica e preço considerará o menor dispêndio para a Administração, atendidos os parâmetros mínimos de qualidade definidos no edital de licitação.

§ 1º Os custos indiretos, relacionados com as despesas de manutenção, utilização, reposição, depreciação e impacto ambiental do objeto licitado, entre outros fatores vinculados ao seu ciclo de vida, poderão ser considerados para a definição do menor dispêndio, sempre que objetivamente mensuráveis, conforme disposto em regulamento.

§ 2º O julgamento por maior desconto terá como referência o preço global fixado no edital de licitação, e o desconto será estendido aos eventuais termos aditivos.

Art. 35. O julgamento por melhor técnica ou conteúdo artístico considerará exclusivamente as propostas técnicas ou artísticas apresentadas pelos licitantes, e o edital deverá definir o prêmio ou a remuneração que será atribuída aos vencedores.

Parágrafo único. O critério de julgamento de que trata o caput deste artigo poderá ser utilizado para a contratação de projetos e trabalhos de natureza técnica, científica ou artística.

Art. 36. O julgamento por técnica e preço considerará a maior pontuação obtida a partir da ponderação, segundo fatores objetivos previstos no edital, das notas atribuídas aos aspectos de técnica e de preço da proposta.

§ 1º O critério de julgamento de que trata o caput deste artigo será escolhido quando estudo técnico preliminar demonstrar que a avaliação e a ponderação da qualidade técnica das propostas que superarem os requisitos mínimos estabelecidos no edital forem relevantes aos fins pretendidos pela Administração nas licitações para contratação de:

I. serviços técnicos especializados de natureza predominantemente intelectual, caso em que o critério de julgamento de técnica e preço deverá ser preferencialmente empregado;
II. serviços majoritariamente dependentes de tecnologia sofisticada e de domínio restrito, conforme atestado por autoridades técnicas de reconhecida qualificação;
III. bens e serviços especiais de tecnologia da informação e de comunicação;
IV. obras e serviços especiais de engenharia;
V. objetos que admitam soluções específicas e alternativas e variações de execução, com repercussões significativas e concretamente mensuráveis sobre sua qualidade, produtividade, rendimento e durabilidade, quando essas soluções e variações puderem ser adotadas à livre escolha dos licitantes, conforme critérios objetivamente definidos no edital de licitação.
§ 2º No julgamento por técnica e preço, deverão ser avaliadas e ponderadas as propostas técnicas e, em seguida, as propostas de preço apresentadas pelos licitantes, na proporção máxima de 70% (setenta por cento) de valoração para a proposta técnica.
§ 3º O desempenho pretérito na execução de contratos com a Administração Pública deverá ser considerado na pontuação técnica, observado o disposto nos §§ 3º e 4º do art. 88 desta Lei e em regulamento.
Art. 37. O julgamento por melhor técnica ou por técnica e preço deverá ser realizado por:
I. verificação da capacitação e da experiência do licitante, comprovadas por meio da apresentação de atestados de obras, produtos ou serviços previamente realizados;
II. atribuição de notas a quesitos de natureza qualitativa por banca designada para esse fim, de acordo com orientações e limites definidos em edital, considerados a demonstração de conhecimento do objeto, a metodologia e o programa de trabalho, a qualificação das equipes técnicas e a relação dos produtos que serão entregues;
III. atribuição de notas por desempenho do licitante em contratações anteriores aferida nos documentos comprobatórios de que trata o § 3º do art. 88 desta Lei e em registro cadastral unificado disponível no Portal Nacional de Contratações Públicas (PNCP).

§ 1º A banca referida no inciso II do caput deste artigo terá no mínimo 3 (três) membros e poderá ser composta de:
I. servidores efetivos ou empregados públicos pertencentes aos quadros permanentes da Administração Pública;
II. profissionais contratados por conhecimento técnico, experiência ou renome na avaliação dos quesitos especificados em edital, desde que seus trabalhos sejam supervisionados por profissionais designados conforme o disposto no art. 7º desta Lei.
§ 2º (VETADO).
Art. 38. No julgamento por melhor técnica ou por técnica e preço, a obtenção de pontuação devido à capacitação técnico-profissional exigirá que a execução do respectivo contrato tenha participação direta e pessoal do profissional correspondente.
Art. 39. O julgamento por maior retorno econômico, utilizado exclusivamente para a celebração de contrato de eficiência, considerará a maior economia para a Administração, e a remuneração deverá ser fixada em percentual que incidirá de forma proporcional à economia efetivamente obtida na execução do contrato.
§ 1º Nas licitações que adotarem o critério de julgamento de que trata o caput deste artigo, os licitantes apresentarão:
I. proposta de trabalho, que deverá contemplar:
a) as obras, os serviços ou os bens, com os respectivos prazos de realização ou fornecimento;
b) a economia que se estima gerar, expressa em unidade de medida associada à obra, ao bem ou ao serviço e em unidade monetária;
II. proposta de preço, que corresponderá a percentual sobre a economia que se estima gerar durante determinado período, expressa em unidade monetária.
§ 2º O edital de licitação deverá prever parâmetros objetivos de mensuração da economia gerada com a execução do contrato, que servirá de base de cálculo para a remuneração devida ao contratado.
§ 3º Para efeito de julgamento da proposta, o retorno econômico será o resultado da economia que se estima gerar com a execução da proposta de trabalho, deduzida a proposta de preço.
§ 4º Nos casos em que não for gerada a economia prevista no contrato de eficiência:

I. a diferença entre a economia contratada e a efetivamente obtida será descontada da remuneração do contratado;
II. se a diferença entre a economia contratada e a efetivamente obtida for superior ao limite máximo estabelecido no contrato, o contratado sujeitar-se-á, ainda, a outras sanções cabíveis.

SEÇÃO IV
Disposições Setoriais

Subseção I
Das Compras

Art. 40. O planejamento de compras deverá considerar a expectativa de consumo anual e observar o seguinte:
I. condições de aquisição e pagamento semelhantes às do setor privado;
II. processamento por meio de sistema de registro de preços, quando pertinente;
III. determinação de unidades e quantidades a serem adquiridas em função de consumo e utilização prováveis, cuja estimativa será obtida, sempre que possível, mediante adequadas técnicas quantitativas, admitido o fornecimento contínuo;
IV. condições de guarda e armazenamento que não permitam a deterioração do material;
V. atendimento aos princípios:
a) da padronização, considerada a compatibilidade de especificações estéticas, técnicas ou de desempenho;
b) do parcelamento, quando for tecnicamente viável e economicamente vantajoso;
c) da responsabilidade fiscal, mediante a comparação da despesa estimada com a prevista no orçamento.
§ 1º O termo de referência deverá conter os elementos previstos no inciso XXIII do caput do art. 6º desta Lei, além das seguintes informações:
I. especificação do produto, preferencialmente conforme catálogo eletrônico de padronização, observados os requisitos de qualidade, rendimento, compatibilidade, durabilidade e segurança;
II. indicação dos locais de entrega dos produtos e das regras para recebimentos provisório e definitivo, quando for o caso;
III. especificação da garantia exigida e das condições de manutenção e assistência técnica, quando for o caso.

§ 2º Na aplicação do princípio do parcelamento, referente às compras, deverão ser considerados:
I. a viabilidade da divisão do objeto em lotes;
II. o aproveitamento das peculiaridades do mercado local, com vistas à economicidade, sempre que possível, desde que atendidos os parâmetros de qualidade; e
III. o dever de buscar a ampliação da competição e de evitar a concentração de mercado.
§ 3º O parcelamento não será adotado quando:
I. a economia de escala, a redução de custos de gestão de contratos ou a maior vantagem na contratação recomendar a compra do item do mesmo fornecedor;
II. o objeto a ser contratado configurar sistema único e integrado e houver a possibilidade de risco ao conjunto do objeto pretendido;
III. o processo de padronização ou de escolha de marca levar a fornecedor exclusivo.
§ 4º Em relação à informação de que trata o inciso III do § 1º deste artigo, desde que fundamentada em estudo técnico preliminar, a Administração poderá exigir que os serviços de manutenção e assistência técnica sejam prestados mediante deslocamento de técnico ou disponibilizados em unidade de prestação de serviços localizada em distância compatível com suas necessidades.

Art. 41. No caso de licitação que envolva o fornecimento de bens, a Administração poderá excepcionalmente:
I. indicar uma ou mais marcas ou modelos, desde que formalmente justificado, nas seguintes hipóteses:
a) em decorrência da necessidade de padronização do objeto;
b) em decorrência da necessidade de manter a compatibilidade com plataformas e padrões já adotados pela Administração;
c) quando determinada marca ou modelo comercializados por mais de um fornecedor forem os únicos capazes de atender às necessidades do contratante;
d) quando a descrição do objeto a ser licitado puder ser mais bem compreendida pela identificação de determinada marca ou determinado modelo aptos a servir apenas como referência;
II. exigir amostra ou prova de conceito do bem no procedimento de pré-qualificação permanente, na fase de julgamento das propostas ou de lances, ou no período de vigência do contrato ou da ata de registro de preços, desde que previsto no edital da licitação e justificada a necessidade de sua apresentação;

III. vedar a contratação de marca ou produto, quando, mediante processo administrativo, restar comprovado que produtos adquiridos e utilizados anteriormente pela Administração não atendem a requisitos indispensáveis ao pleno adimplemento da obrigação contratual;
IV. solicitar, motivadamente, carta de solidariedade emitida pelo fabricante, que assegure a execução do contrato, no caso de licitante revendedor ou distribuidor.
Parágrafo único. A exigência prevista no inciso II do caput deste artigo restringir-se-á ao licitante provisoriamente vencedor quando realizada na fase de julgamento das propostas ou de lances.
Art. 42. A prova de qualidade de produto apresentado pelos proponentes como similar ao das marcas eventualmente indicadas no edital será admitida por qualquer um dos seguintes meios:
I. comprovação de que o produto está de acordo com as normas técnicas determinadas pelos órgãos oficiais competentes, pela Associação Brasileira de Normas Técnicas (ABNT) ou por outra entidade credenciada pelo Inmetro;
II. declaração de atendimento satisfatório emitida por outro órgão ou entidade de nível federativo equivalente ou superior que tenha adquirido o produto;
III. certificação, certificado, laudo laboratorial ou documento similar que possibilite a aferição da qualidade e da conformidade do produto ou do processo de fabricação, inclusive sob o aspecto ambiental, emitido por instituição oficial competente ou por entidade credenciada.
§ 1º O edital poderá exigir, como condição de aceitabilidade da proposta, certificação de qualidade do produto por instituição credenciada pelo Conselho Nacional de Metrologia, Normalização e Qualidade Industrial (Conmetro).
§ 2º A Administração poderá, nos termos do edital de licitação, oferecer protótipo do objeto pretendido e exigir, na fase de julgamento das propostas, amostras do licitante provisoriamente vencedor, para atender a diligência ou, após o julgamento, como condição para firmar contrato.
§ 3º No interesse da Administração, as amostras a que se refere o § 2º deste artigo poderão ser examinadas por instituição com reputação ético-profissional na especialidade do objeto, previamente indicada no edital.

Art. 43. O processo de padronização deverá conter:
I. parecer técnico sobre o produto, considerados especificações técnicas e estéticas, desempenho, análise de contratações anteriores, custo e condições de manutenção e garantia;
II. despacho motivado da autoridade superior, com a adoção do padrão;
III. síntese da justificativa e descrição sucinta do padrão definido, divulgadas em sítio eletrônico oficial.
§ 1º É permitida a padronização com base em processo de outro órgão ou entidade de nível federativo igual ou superior ao do órgão adquirente, devendo o ato que decidir pela adesão a outra padronização ser devidamente motivado, com indicação da necessidade da Administração e dos riscos decorrentes dessa decisão, e divulgado em sítio eletrônico oficial.
§ 2º As contratações de soluções baseadas em *software* de uso disseminado serão disciplinadas em regulamento que defina processo de gestão estratégica das contratações desse tipo de solução.
Art. 44. Quando houver a possibilidade de compra ou de locação de bens, o estudo técnico preliminar deverá considerar os custos e os benefícios de cada opção, com indicação da alternativa mais vantajosa.

Subseção II
Das Obras e Serviços de Engenharia

Art. 45. As licitações de obras e serviços de engenharia devem respeitar, especialmente, as normas relativas a:
I. disposição final ambientalmente adequada dos resíduos sólidos gerados pelas obras contratadas;
II. mitigação por condicionantes e compensação ambiental, que serão definidas no procedimento de licenciamento ambiental;
III. utilização de produtos, de equipamentos e de serviços que, comprovadamente, favoreçam a redução do consumo de energia e de recursos naturais;
IV. avaliação de impacto de vizinhança, na forma da legislação urbanística;
V. proteção do patrimônio histórico, cultural, arqueológico e imaterial, inclusive por meio da avaliação do impacto direto ou indireto causado pelas obras contratadas;
VI. acessibilidade para pessoas com deficiência ou com mobilidade reduzida.
Art. 46. Na execução indireta de obras e serviços de engenharia, são admitidos os seguintes regimes:
I. empreitada por preço unitário;

II. empreitada por preço global;
III. empreitada integral;
IV. contratação por tarefa;
V. contratação integrada;
VI. contratação semi-integrada;
VII. fornecimento e prestação de serviço associado.

§ 1º É vedada a realização de obras e serviços de engenharia sem projeto executivo, ressalvada a hipótese prevista no § 3º do art. 18 desta Lei.

§ 2º A Administração é dispensada da elaboração de projeto básico nos casos de contratação integrada, hipótese em que deverá ser elaborado anteprojeto de acordo com metodologia definida em ato do órgão competente, observados os requisitos estabelecidos no inciso XXIV do art. 6º desta Lei.

§ 3º Na contratação integrada, após a elaboração do projeto básico pelo contratado, o conjunto de desenhos, especificações, memoriais e cronograma físico-financeiro deverá ser submetido à aprovação da Administração, que avaliará sua adequação em relação aos parâmetros definidos no edital e conformidade com as normas técnicas, vedadas alterações que reduzam a qualidade ou a vida útil do empreendimento e mantida a responsabilidade integral do contratado pelos riscos associados ao projeto básico.

§ 4º Nos regimes de contratação integrada e semi-integrada, o edital e o contrato, sempre que for o caso, deverão prever as providências necessárias para a efetivação de desapropriação autorizada pelo poder público, bem como:
I. o responsável por cada fase do procedimento expropriatório;
II. a responsabilidade pelo pagamento das indenizações devidas;
III. a estimativa do valor a ser pago a título de indenização pelos bens expropriados, inclusive de custos correlatos;
IV. a distribuição objetiva de riscos entre as partes, incluído o risco pela diferença entre o custo da desapropriação e a estimativa de valor e pelos eventuais danos e prejuízos ocasionados por atraso na disponibilização dos bens expropriados;
V. em nome de quem deverá ser promovido o registro de imissão provisória na posse e o registro de propriedade dos bens a serem desapropriados.

§ 5º Na contratação semi-integrada, mediante prévia autorização da Administração, o projeto básico poderá ser alterado, desde que demonstrada a superioridade das inovações propostas pelo contratado em termos de redução de custos, de aumento da qualidade, de redução do prazo de execução ou de facilidade de manutenção ou operação, assumindo o contratado a responsabilidade integral pelos riscos associados à alteração do projeto básico.

§ 6º A execução de cada etapa será obrigatoriamente precedida da conclusão e da aprovação, pela autoridade competente, dos trabalhos relativos às etapas anteriores.

§ 7º (VETADO).

§ 8º (VETADO).

§ 9º Os regimes de execução a que se referem os incisos II, III, IV, V e VI do caput deste artigo serão licitados por preço global e adotarão sistemática de medição e pagamento associada à execução de etapas do cronograma físico-financeiro vinculadas ao cumprimento de metas de resultado, vedada a adoção de sistemática de remuneração orientada por preços unitários ou referenciada pela execução de quantidades de itens unitários.

Subseção III
Dos Serviços em Geral

Art. 47. As licitações de serviços atenderão aos princípios:
I. da padronização, considerada a compatibilidade de especificações estéticas, técnicas ou de desempenho;
II. do parcelamento, quando for tecnicamente viável e economicamente vantajoso.

§ 1º Na aplicação do princípio do parcelamento deverão ser considerados:
I. a responsabilidade técnica;
II. o custo para a Administração de vários contratos frente às vantagens da redução de custos, com divisão do objeto em itens;
III. o dever de buscar a ampliação da competição e de evitar a concentração de mercado.

§ 2º Na licitação de serviços de manutenção e assistência técnica, o edital deverá definir o local de realização dos serviços, admitida a exigência de deslocamento de técnico ao local da repartição ou a exigência de que o contratado tenha unidade de prestação de serviços em distância compatível com as necessidades da Administração.

Art. 48. Poderão ser objeto de execução por terceiros as atividades materiais acessórias, instrumentais ou complementares aos assuntos que

constituam área de competência legal do órgão ou da entidade, vedado à Administração ou a seus agentes, na contratação do serviço terceirizado:
I. indicar pessoas expressamente nominadas para executar direta ou indiretamente o objeto contratado;
II. fixar salário inferior ao definido em lei ou em ato normativo a ser pago pelo contratado;
III. estabelecer vínculo de subordinação com funcionário de empresa prestadora de serviço terceirizado;
IV. definir forma de pagamento mediante exclusivo reembolso dos salários pagos;
V. demandar a funcionário de empresa prestadora de serviço terceirizado a execução de tarefas fora do escopo do objeto da contratação;
VI. prever em edital exigências que constituam intervenção indevida da Administração na gestão interna do contratado.
Parágrafo único. Durante a vigência do contrato, é vedado ao contratado contratar cônjuge, companheiro ou parente em linha reta, colateral ou por afinidade, até o terceiro grau, de dirigente do órgão ou entidade contratante ou de agente público que desempenhe função na licitação ou atue na fiscalização ou na gestão do contrato, devendo essa proibição constar expressamente do edital de licitação.
Art. 49. A Administração poderá, mediante justificativa expressa, contratar mais de uma empresa ou instituição para executar o mesmo serviço, desde que essa contratação não implique perda de economia de escala, quando:
I. o objeto da contratação puder ser executado de forma concorrente e simultânea por mais de um contratado; e
II. a múltipla execução for conveniente para atender à Administração.
Parágrafo único. Na hipótese prevista no caput deste artigo, a Administração deverá manter o controle individualizado da execução do objeto contratual relativamente a cada um dos contratados.
Art. 50. Nas contratações de serviços com regime de dedicação exclusiva de mão de obra, o contratado deverá apresentar, quando solicitado pela Administração, sob pena de multa, comprovação do cumprimento das obrigações trabalhistas e com o Fundo de Garantia do Tempo de Serviço (FGTS) em relação aos empregados diretamente envolvidos na execução do contrato, em especial quanto ao:
I. registro de ponto;
II. recibo de pagamento de salários, adicionais, horas extras, repouso semanal remunerado e décimo terceiro salário;
III. comprovante de depósito do FGTS;
IV. recibo de concessão e pagamento de férias e do respectivo adicional;
V. recibo de quitação de obrigações trabalhistas e previdenciárias dos empregados dispensados até a data da extinção do contrato;
VI. recibo de pagamento de vale-transporte e vale-alimentação, na forma prevista em norma coletiva.

Subseção IV
Da Locação de Imóveis

Art. 51. Ressalvado o disposto no inciso V do caput do art. 74 desta Lei, a locação de imóveis deverá ser precedida de licitação e avaliação prévia do bem, do seu estado de conservação, dos custos de adaptações e do prazo de amortização dos investimentos necessários.

Subseção V
Das Licitações Internacionais

Art. 52. Nas licitações de âmbito internacional, o edital deverá ajustar-se às diretrizes da política monetária e do comércio exterior e atender às exigências dos órgãos competentes.
§ 1º Quando for permitido ao licitante estrangeiro cotar preço em moeda estrangeira, o licitante brasileiro igualmente poderá fazê-lo.
§ 2º O pagamento feito ao licitante brasileiro eventualmente contratado em virtude de licitação nas condições de que trata o § 1º deste artigo será efetuado em moeda corrente nacional.
§ 3º As garantias de pagamento ao licitante brasileiro serão equivalentes àquelas oferecidas ao licitante estrangeiro.
§ 4º Os gravames incidentes sobre os preços constarão do edital e serão definidos a partir de estimativas ou médias dos tributos.
§ 5º As propostas de todos os licitantes estarão sujeitas às mesmas regras e condições, na forma estabelecida no edital.
§ 6º Observados os termos desta Lei, o edital não poderá prever condições de habilitação, classificação e julgamento que constituam barreiras de acesso ao licitante estrangeiro, admitida a previsão de

margem de preferência para bens produzidos no País e serviços nacionais que atendam às normas técnicas brasileiras, na forma definida no art. 26 desta Lei.

CAPÍTULO III
Da Divulgação do Edital de Licitação

Art. 53. Ao final da fase preparatória, o processo licitatório seguirá para o órgão de assessoramento jurídico da Administração, que realizará controle prévio de legalidade mediante análise jurídica da contratação.
§ 1º Na elaboração do parecer jurídico, o órgão de assessoramento jurídico da Administração deverá:
I. apreciar o processo licitatório conforme critérios objetivos prévios de atribuição de prioridade;
II. redigir sua manifestação em linguagem simples e compreensível e de forma clara e objetiva, com apreciação de todos os elementos indispensáveis à contratação e com exposição dos pressupostos de fato e de direito levados em consideração na análise jurídica;
III. (VETADO).
§ 2º (VETADO).
§ 3º Encerrada a instrução do processo sob os aspectos técnico e jurídico, a autoridade determinará a divulgação do edital de licitação conforme disposto no art. 54.
§ 4º Na forma deste artigo, o órgão de assessoramento jurídico da Administração também realizará controle prévio de legalidade de contratações diretas, acordos, termos de cooperação, convênios, ajustes, adesões a atas de registro de preços, outros instrumentos congêneres e de seus termos aditivos.
§ 5º É dispensável a análise jurídica nas hipóteses previamente definidas em ato da autoridade jurídica máxima competente, que deverá considerar o baixo valor, a baixa complexidade da contratação, a entrega imediata do bem ou a utilização de minutas de editais e instrumentos de contrato, convênio ou outros ajustes previamente padronizados pelo órgão de assessoramento jurídico.
§ 6º (VETADO).

Art. 54. A publicidade do edital de licitação será realizada mediante divulgação e manutenção do inteiro teor do ato convocatório e de seus anexos no Portal Nacional de Contratações Públicas (PNCP).
§ 1º (VETADO).
§ 2º É facultada a divulgação adicional e a manutenção do inteiro teor do edital e de seus anexos em sítio eletrônico oficial do ente federativo do órgão ou entidade responsável pela licitação ou, no caso de consórcio público, do ente de maior nível entre eles, admitida, ainda, a divulgação direta a interessados devidamente cadastrados para esse fim.
§ 3º Após a homologação do processo licitatório, serão disponibilizados no Portal Nacional de Contratações Públicas (PNCP) e, se o órgão ou entidade responsável pela licitação entender cabível, também no sítio referido no § 2º deste artigo, os documentos elaborados na fase preparatória que porventura não tenham integrado o edital e seus anexos.

CAPÍTULO IV
Da Apresentação de Propostas e Lances

Art. 55. Os prazos mínimos para apresentação de propostas e lances, contados a partir da data de divulgação do edital de licitação, são de:
I. para aquisição de bens:
a) 8 (oito) dias úteis, quando adotados os critérios de julgamento de menor preço ou de maior desconto;
b) 15 (quinze) dias úteis, nas hipóteses não abrangidas pela alínea *a* deste inciso;
II. no caso de serviços e obras:
a) 10 (dez) dias úteis, quando adotados os critérios de julgamento de menor preço ou de maior desconto, no caso de serviços comuns e de obras e serviços comuns de engenharia;
b) 25 (vinte e cinco) dias úteis, quando adotados os critérios de julgamento de menor preço ou de maior desconto, no caso de serviços especiais e de obras e serviços especiais de engenharia;
c) 60 (sessenta) dias úteis, quando o regime de execução for de contratação integrada;
d) 35 (trinta e cinco) dias úteis, quando o regime de execução for o de contratação semi-integrada ou nas hipóteses não abrangidas pelas alíneas *a*, *b* e *c* deste inciso;
III. para licitação em que se adote o critério de julgamento de maior lance, 15 (quinze) dias úteis;
IV. para licitação em que se adote o critério de julgamento de técnica e preço ou de melhor técnica ou conteúdo artístico, 35 (trinta e cinco) dias úteis.
§ 1º Eventuais modificações no edital implicarão nova divulgação na mesma forma de sua divulgação inicial, além do cumprimento dos mesmos prazos dos atos e procedimentos originais, exceto

quando a alteração não comprometer a formulação das propostas.

§ 2º Os prazos previstos neste artigo poderão, mediante decisão fundamentada, ser reduzidos até a metade nas licitações realizadas pelo Ministério da Saúde, no âmbito do Sistema Único de Saúde (SUS).

Art. 56. O modo de disputa poderá ser, isolada ou conjuntamente:

I. aberto, hipótese em que os licitantes apresentarão suas propostas por meio de lances públicos e sucessivos, crescentes ou decrescentes;

II. fechado, hipótese em que as propostas permanecerão em sigilo até a data e hora designadas para sua divulgação.

§ 1º A utilização isolada do modo de disputa fechado será vedada quando adotados os critérios de julgamento de menor preço ou de maior desconto.

§ 2º A utilização do modo de disputa aberto será vedada quando adotado o critério de julgamento de técnica e preço.

§ 3º Serão considerados intermediários os lances:

I. iguais ou inferiores ao maior já ofertado, quando adotado o critério de julgamento de maior lance;

II. iguais ou superiores ao menor já ofertado, quando adotados os demais critérios de julgamento.

§ 4º Após a definição da melhor proposta, se a diferença em relação à proposta classificada em segundo lugar for de pelo menos 5% (cinco por cento), a Administração poderá admitir o reinício da disputa aberta, nos termos estabelecidos no instrumento convocatório, para a definição das demais colocações.

§ 5º Nas licitações de obras ou serviços de engenharia, após o julgamento, o licitante vencedor deverá reelaborar e apresentar à Administração, por meio eletrônico, as planilhas com indicação dos quantitativos e dos custos unitários, bem como com detalhamento das Bonificações e Despesas Indiretas (BDI) e dos Encargos Sociais (ES), com os respectivos valores adequados ao valor final da proposta vencedora, admitida a utilização dos preços unitários, no caso de empreitada por preço global, empreitada integral, contratação semi-integrada e contratação integrada, exclusivamente para eventuais adequações indispensáveis no cronograma físico-financeiro e para balizar excepcional aditamento posterior do contrato.

Art. 57. O edital de licitação poderá estabelecer intervalo mínimo de diferença de valores entre os lances, que incidirá tanto em relação aos lances intermediários quanto em relação à proposta que cobrir a melhor oferta.

Art. 58. Poderá ser exigida, no momento da apresentação da proposta, a comprovação do recolhimento de quantia a título de garantia de proposta, como requisito de pré-habilitação.

§ 1º A garantia de proposta não poderá ser superior a 1% (um por cento) do valor estimado para a contratação.

§ 2º A garantia de proposta será devolvida aos licitantes no prazo de 10 (dez) dias úteis, contado da assinatura do contrato ou da data em que for declarada fracassada a licitação.

§ 3º Implicará execução do valor integral da garantia de proposta a recusa em assinar o contrato ou a não apresentação dos documentos para a contratação.

§ 4º A garantia de proposta poderá ser prestada nas modalidades de que trata o § 1º do art. 96 desta Lei.

CAPÍTULO V
Do Julgamento

Art. 59. Serão desclassificadas as propostas que:

I. contiverem vícios insanáveis;

II. não obedecerem às especificações técnicas pormenorizadas no edital;

III. apresentarem preços inexequíveis ou permanecerem acima do orçamento estimado para a contratação;

IV. não tiverem sua exequibilidade demonstrada, quando exigido pela Administração;

V. apresentarem desconformidade com quaisquer outras exigências do edital, desde que insanável.

§ 1º A verificação da conformidade das propostas poderá ser feita exclusivamente em relação à proposta mais bem classificada.

§ 2º A Administração poderá realizar diligências para aferir a exequibilidade das propostas ou exigir dos licitantes que ela seja demonstrada, conforme disposto no inciso IV do caput deste artigo.

§ 3º No caso de obras e serviços de engenharia e arquitetura, para efeito de avaliação da exequibilidade e de sobrepreço, serão considerados o preço global, os quantitativos e os preços unitários tidos como relevantes, observado o critério de aceitabilidade de preços unitário e global a ser fixado no edital, conforme as especificidades do mercado correspondente.

§ 4º No caso de obras e serviços de engenharia, serão consideradas inexequíveis as propostas cujos valores forem inferiores a 75% (setenta e cinco por cento) do valor orçado pela Administração.

§ 5º Nas contratações de obras e serviços de engenharia, será exigida garantia adicional do licitante vencedor cuja proposta for inferior a 85% (oitenta e cinco por cento) do valor orçado pela Administração, equivalente à diferença entre este último e o valor da proposta, sem prejuízo das demais garantias exigíveis de acordo com esta Lei.

Art. 60. Em caso de empate entre duas ou mais propostas, serão utilizados os seguintes critérios de desempate, nesta ordem:

I. disputa final, hipótese em que os licitantes empatados poderão apresentar nova proposta em ato contínuo à classificação;

II. avaliação do desempenho contratual prévio dos licitantes, para a qual deverão preferencialmente ser utilizados registros cadastrais para efeito de atesto de cumprimento de obrigações previstos nesta Lei;

III. desenvolvimento pelo licitante de ações de equidade entre homens e mulheres no ambiente de trabalho, conforme regulamento;

IV. desenvolvimento pelo licitante de programa de integridade, conforme orientações dos órgãos de controle.

§ 1º Em igualdade de condições, se não houver desempate, será assegurada preferência, sucessivamente, aos bens e serviços produzidos ou prestados por:

I. empresas estabelecidas no território do Estado ou do Distrito Federal do órgão ou entidade da Administração Pública estadual ou distrital licitante ou, no caso de licitação realizada por órgão ou entidade de Município, no território do Estado em que este se localize;

II. empresas brasileiras;

III. empresas que invistam em pesquisa e no desenvolvimento de tecnologia no País;

IV. empresas que comprovem a prática de mitigação, nos termos da Lei nº 12.187, de 29 de dezembro de 2009.

§ 2º As regras previstas no caput deste artigo não prejudicarão a aplicação do disposto no art. 44 da Lei Complementar nº 123, de 14 de dezembro de 2006.

Art. 61. Definido o resultado do julgamento, a Administração poderá negociar condições mais vantajosas com o primeiro colocado.

§ 1º A negociação poderá ser feita com os demais licitantes, segundo a ordem de classificação inicialmente estabelecida, quando o primeiro colocado, mesmo após a negociação, for desclassificado em razão de sua proposta permanecer acima do preço máximo definido pela Administração.

§ 2º A negociação será conduzida por agente de contratação ou comissão de contratação, na forma de regulamento, e, depois de concluída, terá seu resultado divulgado a todos os licitantes e anexado aos autos do processo licitatório.

CAPÍTULO VI
Da Habilitação

Art. 62. A habilitação é a fase da licitação em que se verifica o conjunto de informações e documentos necessários e suficientes para demonstrar a capacidade do licitante de realizar o objeto da licitação, dividindo-se em:

I. jurídica;

II. técnica;

III. fiscal, social e trabalhista;

IV. econômico-financeira.

Art. 63. Na fase de habilitação das licitações serão observadas as seguintes disposições:

I. poderá ser exigida dos licitantes a declaração de que atendem aos requisitos de habilitação, e o declarante responderá pela veracidade das informações prestadas, na forma da lei;

II. será exigida a apresentação dos documentos de habilitação apenas pelo licitante vencedor, exceto quando a fase de habilitação anteceder a de julgamento;

III. serão exigidos os documentos relativos à regularidade fiscal, em qualquer caso, somente em momento posterior ao julgamento das propostas, e apenas do licitante mais bem classificado;

IV. será exigida do licitante declaração de que cumpre as exigências de reserva de cargos para pessoa com deficiência e para reabilitado da Previdência Social, previstas em lei e em outras normas específicas.

§ 1º Constará do edital de licitação cláusula que exija dos licitantes, sob pena de desclassificação, declaração de que suas propostas econômicas compreendem a integralidade dos custos para atendimento dos direitos trabalhistas assegurados na Constituição Federal, nas leis trabalhistas, nas normas infralegais, nas convenções coletivas de trabalho e nos termos de ajustamento de conduta vigentes na data de entrega das propostas.

§ 2º Quando a avaliação prévia do local de execução for imprescindível para o conhecimento pleno das condições e peculiaridades do objeto a ser contratado, o edital de licitação poderá prever, sob pena de inabilitação, a necessidade de o licitante atestar que conhece o local e as condições de realização da obra ou serviço, assegurado a ele o direito de realização de vistoria prévia.

§ 3º Para os fins previstos no § 2º deste artigo, o edital de licitação sempre deverá prever a possibilidade de substituição da vistoria por declaração formal assinada pelo responsável técnico do licitante acerca do conhecimento pleno das condições e peculiaridades da contratação.

§ 4º Para os fins previstos no § 2º deste artigo, se os licitantes optarem por realizar vistoria prévia, a Administração deverá disponibilizar data e horário diferentes para os eventuais interessados.

Art. 64. Após a entrega dos documentos para habilitação, não será permitida a substituição ou a apresentação de novos documentos, salvo em sede de diligência, para:

I. complementação de informações acerca dos documentos já apresentados pelos licitantes e desde que necessária para apurar fatos existentes à época da abertura do certame;

II. atualização de documentos cuja validade tenha expirado após a data de recebimento das propostas.

§ 1º Na análise dos documentos de habilitação, a comissão de licitação poderá sanar erros ou falhas que não alterem a substância dos documentos e sua validade jurídica, mediante despacho fundamentado registrado e acessível a todos, atribuindo-lhes eficácia para fins de habilitação e classificação.

§ 2º Quando a fase de habilitação anteceder a de julgamento e já tiver sido encerrada, não caberá exclusão de licitante por motivo relacionado à habilitação, salvo em razão de fatos supervenientes ou só conhecidos após o julgamento.

Art. 65. As condições de habilitação serão definidas no edital.

§ 1º As empresas criadas no exercício financeiro da licitação deverão atender a todas as exigências da habilitação e ficarão autorizadas a substituir os demonstrativos contábeis pelo balanço de abertura.

§ 2º A habilitação poderá ser realizada por processo eletrônico de comunicação a distância, nos termos dispostos em regulamento.

Art. 66. A habilitação jurídica visa a demonstrar a capacidade de o licitante exercer direitos e assumir obrigações, e a documentação a ser apresentada por ele limita-se à comprovação de existência jurídica da pessoa e, quando cabível, de autorização para o exercício da atividade a ser contratada.

Art. 67. A documentação relativa à qualificação técnico-profissional e técnico-operacional será restrita a:

I. apresentação de profissional, devidamente registrado no conselho profissional competente, quando for o caso, detentor de atestado de responsabilidade técnica por execução de obra ou serviço de características semelhantes, para fins de contratação;

II. certidões ou atestados, regularmente emitidos pelo conselho profissional competente, quando for o caso, que demonstrem capacidade operacional na execução de serviços similares de complexidade tecnológica e operacional equivalente ou superior, bem como documentos comprobatórios emitidos na forma do § 3º do art. 88 desta Lei;

III. indicação do pessoal técnico, das instalações e do aparelhamento adequados e disponíveis para a realização do objeto da licitação, bem como da qualificação de cada membro da equipe técnica que se responsabilizará pelos trabalhos;

IV. prova do atendimento de requisitos previstos em lei especial, quando for o caso;

V. registro ou inscrição na entidade profissional competente, quando for o caso;

VI. declaração de que o licitante tomou conhecimento de todas as informações e das condições locais para o cumprimento das obrigações objeto da licitação.

§ 1º A exigência de atestados será restrita às parcelas de maior relevância ou valor significativo do objeto da licitação, assim consideradas as que tenham valor individual igual ou superior a 4% (quatro por cento) do valor total estimado da contratação.

§ 2º Observado o disposto no caput e no § 1º deste artigo, será admitida a exigência de atestados com quantidades mínimas de até 50% (cinquenta por cento) das parcelas de que trata o referido parágrafo, vedadas limitações de tempo e de locais específicos relativas aos atestados.

§ 3º Salvo na contratação de obras e serviços de engenharia, as exigências a que se referem os incisos I e II do caput deste artigo, a critério da Administração, poderão ser substituídas por outra prova de que o profissional ou a empresa possui conhecimento técnico e experiência prática na execução de serviço de características semelhantes, hipótese em que as provas alternativas aceitáveis deverão ser previstas em regulamento.

§ 4º Serão aceitos atestados ou outros documentos hábeis emitidos por entidades estrangeiras quando acompanhados de tradução para o português, salvo se comprovada a inidoneidade da entidade emissora.

§ 5º Em se tratando de serviços contínuos, o edital poderá exigir certidão ou atestado que demonstre que o licitante tenha executado serviços similares ao objeto da licitação, em períodos sucessivos ou não, por um prazo mínimo, que não poderá ser superior a 3 (três) anos.

§ 6º Os profissionais indicados pelo licitante na forma dos incisos I e III do caput deste artigo deverão participar da obra ou serviço objeto da licitação, e será admitida a sua substituição por profissionais de experiência equivalente ou superior, desde que aprovada pela Administração.

§ 7º Sociedades empresárias estrangeiras atenderão à exigência prevista no inciso V do caput deste artigo por meio da apresentação, no momento da assinatura do contrato, da solicitação de registro perante a entidade profissional competente no Brasil.

§ 8º Será admitida a exigência da relação dos compromissos assumidos pelo licitante que importem em diminuição da disponibilidade do pessoal técnico referido nos incisos I e III do caput deste artigo.

§ 9º O edital poderá prever, para aspectos técnicos específicos, que a qualificação técnica seja demonstrada por meio de atestados relativos a potencial subcontratado, limitado a 25% (vinte e cinco por cento) do objeto a ser licitado, hipótese em que mais de um licitante poderá apresentar atestado relativo ao mesmo potencial subcontratado.

§ 10º Em caso de apresentação por licitante de atestado de desempenho anterior emitido em favor de consórcio do qual tenha feito parte, se o atestado ou o contrato de constituição do consórcio não identificar a atividade desempenhada por cada consorciado individualmente, serão adotados os seguintes critérios na avaliação de sua qualificação técnica:

I. caso o atestado tenha sido emitido em favor de consórcio homogêneo, as experiências atestadas deverão ser reconhecidas para cada empresa consorciada na proporção quantitativa de sua participação no consórcio, salvo nas licitações para contratação de serviços técnicos especializados de natureza predominantemente intelectual, em que todas as experiências atestadas deverão ser reconhecidas para cada uma das empresas consorciadas;

II. caso o atestado tenha sido emitido em favor de consórcio heterogêneo, as experiências atestadas deverão ser reconhecidas para cada consorciado de acordo com os respectivos campos de atuação, inclusive nas licitações para contratação de serviços técnicos especializados de natureza predominantemente intelectual.

§ 11º Na hipótese do § 10 deste artigo, para fins de comprovação do percentual de participação do consorciado, caso este não conste expressamente do atestado ou da certidão, deverá ser juntada ao atestado ou à certidão cópia do instrumento de constituição do consórcio.

§ 12º Na documentação de que trata o inciso I do caput deste artigo, não serão admitidos atestados de responsabilidade técnica de profissionais que, na forma de regulamento, tenham dado causa à aplicação das sanções previstas nos incisos III e IV do caput do art. 156 desta Lei em decorrência de orientação proposta, de prescrição técnica ou de qualquer ato profissional de sua responsabilidade.

Art. 68. As habilitações fiscal, social e trabalhista serão aferidas mediante a verificação dos seguintes requisitos:

I. a inscrição no Cadastro de Pessoas Físicas (CPF) ou no Cadastro Nacional da Pessoa Jurídica (CNPJ);

II. a inscrição no cadastro de contribuintes estadual e/ou municipal, se houver, relativo ao domicílio ou sede do licitante, pertinente ao seu ramo de atividade e compatível com o objeto contratual;

III. a regularidade perante a Fazenda federal, estadual e/ou municipal do domicílio ou sede do licitante, ou outra equivalente, na forma da lei;

IV. a regularidade relativa à Seguridade Social e ao FGTS, que demonstre cumprimento dos encargos sociais instituídos por lei;

V. a regularidade perante a Justiça do Trabalho;

VI. o cumprimento do disposto no inciso XXXIII do art. 7º da Constituição Federal.

§ 1º Os documentos referidos nos incisos do caput deste artigo poderão ser substituídos ou supridos, no todo ou em parte, por outros meios hábeis a comprovar a regularidade do licitante, inclusive por meio eletrônico.

§ 2º A comprovação de atendimento do disposto nos incisos III, IV e V do caput deste artigo deverá ser feita na forma da legislação específica.

Art. 69. A habilitação econômico-financeira visa a demonstrar a aptidão econômica do licitante para cumprir as obrigações decorrentes do futuro contrato, devendo ser comprovada de forma objetiva, por coeficientes e índices econômicos previstos no edital, devidamente justificados no processo licitatório, e será restrita à apresentação da seguinte documentação:

I. balanço patrimonial, demonstração de resultado de exercício e demais demonstrações contábeis dos 2 (dois) últimos exercícios sociais;

II. certidão negativa de feitos sobre falência expedida pelo distribuidor da sede do licitante.

§ 1º A critério da Administração, poderá ser exigida declaração, assinada por profissional habilitado da área contábil, que ateste o atendimento pelo licitante dos índices econômicos previstos no edital.

§ 2º Para o atendimento do disposto no caput deste artigo, é vedada a exigência de valores mínimos de faturamento anterior e de índices de rentabilidade ou lucratividade.

§ 3º É admitida a exigência da relação dos compromissos assumidos pelo licitante que importem em diminuição de sua capacidade econômico-financeira, excluídas parcelas já executadas de contratos firmados.

§ 4º A Administração, nas compras para entrega futura e na execução de obras e serviços, poderá estabelecer no edital a exigência de capital mínimo ou de patrimônio líquido mínimo equivalente a até 10% (dez por cento) do valor estimado da contratação.

§ 5º É vedada a exigência de índices e valores não usualmente adotados para a avaliação de situação econômico-financeira suficiente para o cumprimento das obrigações decorrentes da licitação.

§ 6º Os documentos referidos no inciso I do caput deste artigo limitar-se-ão ao último exercício no caso de a pessoa jurídica ter sido constituída há menos de 2 (dois) anos.

Art. 70. A documentação referida neste Capítulo poderá ser:

I. apresentada em original, por cópia ou por qualquer outro meio expressamente admitido pela Administração;

II. substituída por registro cadastral emitido por órgão ou entidade pública, desde que previsto no edital e que o registro tenha sido feito em obediência ao disposto nesta Lei;

III. dispensada, total ou parcialmente, nas contratações para entrega imediata, nas contratações em valores inferiores a 1/4 (um quarto) do limite para dispensa de licitação para compras em geral e nas contratações de produto para pesquisa e desenvolvimento até o valor de R$ 300.000,00 (trezentos mil reais).

Parágrafo único. As empresas estrangeiras que não funcionem no País deverão apresentar documentos equivalentes, na forma de regulamento emitido pelo Poder Executivo federal.

CAPÍTULO VII
Do Encerramento da Licitação

Art. 71. Encerradas as fases de julgamento e habilitação, e exauridos os recursos administrativos, o processo licitatório será encaminhado à autoridade superior, que poderá:

I. determinar o retorno dos autos para saneamento de irregularidades;

II. revogar a licitação por motivo de conveniência e oportunidade;

III. proceder à anulação da licitação, de ofício ou mediante provocação de terceiros, sempre que presente ilegalidade insanável;

IV. adjudicar o objeto e homologar a licitação.

§ 1º Ao pronunciar a nulidade, a autoridade indicará expressamente os atos com vícios insanáveis, tornando sem efeito todos os subsequentes que deles dependam, e dará ensejo à apuração de responsabilidade de quem lhes tenha dado causa.

§ 2º O motivo determinante para a revogação do processo licitatório deverá ser resultante de fato superveniente devidamente comprovado.

§ 3º Nos casos de anulação e revogação, deverá ser assegurada a prévia manifestação dos interessados.

§ 4º O disposto neste artigo será aplicado, no que couber, à contratação direta e aos procedimentos auxiliares da licitação.

CAPÍTULO VIII

Da Contratação Direta

SEÇÃO I
Do Processo de Contratação Direta

Art. 72. O processo de contratação direta, que compreende os casos de inexigibilidade e de dispensa de licitação, deverá ser instruído com os seguintes documentos:
I. documento de formalização de demanda e, se for o caso, estudo técnico preliminar, análise de riscos, termo de referência, projeto básico ou projeto executivo;
II. estimativa de despesa, que deverá ser calculada na forma estabelecida no art. 23 desta Lei;
III. parecer jurídico e pareceres técnicos, se for o caso, que demonstrem o atendimento dos requisitos exigidos;
IV. demonstração da compatibilidade da previsão de recursos orçamentários com o compromisso a ser assumido;
V. comprovação de que o contratado preenche os requisitos de habilitação e qualificação mínima necessária;
VI. razão da escolha do contratado;
VII. justificativa de preço;
VIII. autorização da autoridade competente.
Parágrafo único. O ato que autoriza a contratação direta ou o extrato decorrente do contrato deverá ser divulgado e mantido à disposição do público em sítio eletrônico oficial.

Art. 73. Na hipótese de contratação direta indevida ocorrida com dolo, fraude ou erro grosseiro, o contratado e o agente público responsável responderão solidariamente pelo dano causado ao erário, sem prejuízo de outras sanções legais cabíveis.

SEÇÃO II
Da Inexigibilidade de Licitação

Art. 74. É inexigível a licitação quando inviável a competição, em especial nos casos de:
I. aquisição de materiais, de equipamentos ou de gêneros ou contratação de serviços que só possam ser fornecidos por produtor, empresa ou representante comercial exclusivos;
II. contratação de profissional do setor artístico, diretamente ou por meio de empresário exclusivo, desde que consagrado pela crítica especializada ou pela opinião pública;
III. contratação dos seguintes serviços técnicos especializados de natureza predominantemente intelectual com profissionais ou empresas de notória especialização, vedada a inexigibilidade para serviços de publicidade e divulgação:
a) estudos técnicos, planejamentos, projetos básicos ou projetos executivos;
b) pareceres, perícias e avaliações em geral;
c) assessorias ou consultorias técnicas e auditorias financeiras ou tributárias;
d) fiscalização, supervisão ou gerenciamento de obras ou serviços;
e) patrocínio ou defesa de causas judiciais ou administrativas;
f) treinamento e aperfeiçoamento de pessoal;
g) restauração de obras de arte e de bens de valor histórico;
h) controles de qualidade e tecnológico, análises, testes e ensaios de campo e laboratoriais, instrumentação e monitoramento de parâmetros específicos de obras e do meio ambiente e demais serviços de engenharia que se enquadrem no disposto neste inciso;
IV. objetos que devam ou possam ser contratados por meio de credenciamento;
V. aquisição ou locação de imóvel cujas características de instalações e de localização tornem necessária sua escolha.
§ 1º Para fins do disposto no inciso I do caput deste artigo, a Administração deverá demonstrar a inviabilidade de competição mediante atestado de exclusividade, contrato de exclusividade, declaração do fabricante ou outro documento idôneo capaz de comprovar que o objeto é fornecido ou prestado por produtor, empresa ou representante comercial exclusivos, vedada a preferência por marca específica.
§ 2º Para fins do disposto no inciso II do caput deste artigo, considera-se empresário exclusivo a pessoa física ou jurídica que possua contrato, declaração, carta ou outro documento que ateste a exclusividade permanente e contínua de representação, no País ou em Estado específico, do profissional do setor artístico, afastada a possibilidade de contratação direta por inexigibilidade por meio de empresário com representação restrita a evento ou local específico.

§ 3º Para fins do disposto no inciso III do caput deste artigo, considera-se de notória especialização o profissional ou a empresa cujo conceito no campo de sua especialidade, decorrente de desempenho anterior, estudos, experiência, publicações, organização, aparelhamento, equipe técnica ou outros requisitos relacionados com suas atividades, permita inferir que o seu trabalho é essencial e reconhecidamente adequado à plena satisfação do objeto do contrato.

§ 4º Nas contratações com fundamento no inciso III do caput deste artigo, é vedada a subcontratação de empresas ou a atuação de profissionais distintos daqueles que tenham justificado a inexigibilidade.

§ 5º Nas contratações com fundamento no inciso V do caput deste artigo, devem ser observados os seguintes requisitos:

I. avaliação prévia do bem, do seu estado de conservação, dos custos de adaptações, quando imprescindíveis às necessidades de utilização, e do prazo de amortização dos investimentos;

II. certificação da inexistência de imóveis públicos vagos e disponíveis que atendam ao objeto;

III. justificativas que demonstrem a singularidade do imóvel a ser comprado ou locado pela Administração e que evidenciem vantagem para ela.

SEÇÃO III
Da Dispensa de Licitação

Art. 75. É dispensável a licitação:

I. para contratação que envolva valores inferiores a R$ 100.000,00 (cem mil reais), no caso de obras e serviços de engenharia ou de serviços de manutenção de veículos automotores;

II. para contratação que envolva valores inferiores a R$ 50.000,00 (cinquenta mil reais), no caso de outros serviços e compras;

III. para contratação que mantenha todas as condições definidas em edital de licitação realizada há menos de 1 (um) ano, quando se verificar que naquela licitação:

a) não surgiram licitantes interessados ou não foram apresentadas propostas válidas;

b) as propostas apresentadas consignaram preços manifestamente superiores aos praticados no mercado ou incompatíveis com os fixados pelos órgãos oficiais competentes;

IV. para contratação que tenha por objeto:

a) bens, componentes ou peças de origem nacional ou estrangeira necessários à manutenção de equipamentos, a serem adquiridos do fornecedor original desses equipamentos durante o período de garantia técnica, quando essa condição de exclusividade for indispensável para a vigência da garantia;

b) bens, serviços, alienações ou obras, nos termos de acordo internacional específico aprovado pelo Congresso Nacional, quando as condições ofertadas forem manifestamente vantajosas para a Administração;

c) produtos para pesquisa e desenvolvimento, limitada a contratação, no caso de obras e serviços de engenharia, ao valor de R$ 300.000,00 (trezentos mil reais);

d) transferência de tecnologia ou licenciamento de direito de uso ou de exploração de criação protegida, nas contratações realizadas por instituição científica, tecnológica e de inovação (ICT) pública ou por agência de fomento, desde que demonstrada vantagem para a Administração;

e) hortifrutigranjeiros, pães e outros gêneros perecíveis, no período necessário para a realização dos processos licitatórios correspondentes, hipótese em que a contratação será realizada diretamente com base no preço do dia;

f) bens ou serviços produzidos ou prestados no País que envolvam, cumulativamente, alta complexidade tecnológica e defesa nacional;

g) materiais de uso das Forças Armadas, com exceção de materiais de uso pessoal e administrativo, quando houver necessidade de manter a padronização requerida pela estrutura de apoio logístico dos meios navais, aéreos e terrestres, mediante autorização por ato do comandante da força militar;

h) bens e serviços para atendimento dos contingentes militares das forças singulares brasileiras empregadas em operações de paz no exterior, hipótese em que a contratação deverá ser justificada quanto ao preço e à escolha do fornecedor ou executante e ratificada pelo comandante da força militar;

i) abastecimento ou suprimento de efetivos militares em estada eventual de curta duração em portos, aeroportos ou localidades diferentes de suas sedes, por motivo de movimentação operacional ou de adestramento;

j) coleta, processamento e comercialização de resíduos sólidos urbanos recicláveis ou reutilizáveis, em áreas com sistema de coleta seletiva de lixo, realizados por associações ou cooperativas formadas exclusivamente de pessoas físicas de baixa renda reconhecidas pelo poder público como catadores de materiais recicláveis, com o uso de equipamentos compatíveis com as normas técnicas, ambientais e de saúde pública;

k) aquisição ou restauração de obras de arte e objetos históricos, de autenticidade certificada, desde que inerente às finalidades do órgão ou com elas compatível;

l) serviços especializados ou aquisição ou locação de equipamentos destinados ao rastreamento e à obtenção de provas previstas nos incisos II e V do caput do art. 3º da Lei nº 12.850, de 2 de agosto de 2013, quando houver necessidade justificada de manutenção de sigilo sobre a investigação;

m) aquisição de medicamentos destinados exclusivamente ao tratamento de doenças raras definidas pelo Ministério da Saúde;

V. para contratação com vistas ao cumprimento do disposto nos arts. 3º, 3º-A, 4º, 5º e 20 da Lei nº 10.973, de 2 de dezembro de 2004, observados os princípios gerais de contratação constantes da referida Lei;

VI. para contratação que possa acarretar comprometimento da segurança nacional, nos casos estabelecidos pelo Ministro de Estado da Defesa, mediante demanda dos comandos das Forças Armadas ou dos demais ministérios;

VII. nos casos de guerra, estado de defesa, estado de sítio, intervenção federal ou de grave perturbação da ordem;

VIII. nos casos de emergência ou de calamidade pública, quando caracterizada urgência de atendimento de situação que possa ocasionar prejuízo ou comprometer a continuidade dos serviços públicos ou a segurança de pessoas, obras, serviços, equipamentos e outros bens, públicos ou particulares, e somente para aquisição dos bens necessários ao atendimento da situação emergencial ou calamitosa e para as parcelas de obras e serviços que possam ser concluídas no prazo máximo de 1 (um) ano, contado da data de ocorrência da emergência ou da calamidade, vedadas a prorrogação dos respectivos contratos e a recontratação de empresa já contratada com base no disposto neste inciso;

IX. para a aquisição, por pessoa jurídica de direito público interno, de bens produzidos ou serviços prestados por órgão ou entidade que integrem a Administração Pública e que tenham sido criados para esse fim específico, desde que o preço contratado seja compatível com o praticado no mercado;

X. quando a União tiver que intervir no domínio econômico para regular preços ou normalizar o abastecimento;

XI. para celebração de contrato de programa com ente federativo ou com entidade de sua Administração Pública indireta que envolva prestação de serviços públicos de forma associada nos termos autorizados em contrato de consórcio público ou em convênio de cooperação;

XII. para contratação em que houver transferência de tecnologia de produtos estratégicos para o Sistema Único de Saúde (SUS), conforme elencados em ato da direção nacional do SUS, inclusive por ocasião da aquisição desses produtos durante as etapas de absorção tecnológica, e em valores compatíveis com aqueles definidos no instrumento firmado para a transferência de tecnologia;

XIII. para contratação de profissionais para compor a comissão de avaliação de critérios de técnica, quando se tratar de profissional técnico de notória especialização;

XIV. para contratação de associação de pessoas com deficiência, sem fins lucrativos e de comprovada idoneidade, por órgão ou entidade da Administração Pública, para a prestação de serviços, desde que o preço contratado seja compatível com o praticado no mercado e os serviços contratados sejam prestados exclusivamente por pessoas com deficiência;

XV. para contratação de instituição brasileira que tenha por finalidade estatutária apoiar, captar e executar atividades de ensino, pesquisa, extensão, desenvolvimento institucional, científico e tecnológico e estímulo à inovação, inclusive para gerir administrativa e financeiramente essas atividades, ou para contratação de instituição dedicada à recuperação social da pessoa presa, desde que o contratado tenha inquestionável reputação ética e profissional e não tenha fins lucrativos;

XVI. para aquisição, por pessoa jurídica de direito público interno, de insumos estratégicos para a saúde produzidos por fundação que, regimental ou estatutariamente, tenha por finalidade apoiar órgão da Administração Pública direta, sua autarquia ou fundação em projetos de ensino, pesquisa, extensão, desenvolvimento institucional, científico e tecnológico e de estímulo à inovação, inclusive na gestão administrativa e financeira necessária à execução desses projetos, ou em parcerias que envolvam transferência de tecnologia de produtos estratégicos para o SUS, nos termos do inciso XII do caput deste artigo, e que tenha sido criada para esse fim específico em data anterior à entrada em vigor desta Lei, desde que o preço contratado seja compatível com o praticado no mercado.

§ 1º Para fins de aferição dos valores que atendam aos limites referidos nos incisos I e II do caput deste artigo, deverão ser observados:

I. o somatório do que for despendido no exercício financeiro pela respectiva unidade gestora;

II. o somatório da despesa realizada com objetos de mesma natureza, entendidos como tais aqueles relativos a contratações no mesmo ramo de atividade.

§ 2º Os valores referidos nos incisos I e II do caput deste artigo serão duplicados para compras, obras e serviços contratados por consórcio público ou por autarquia ou fundação qualificadas como agências executivas na forma da lei.

§ 3º As contratações de que tratam os incisos I e II do caput deste artigo serão preferencialmente precedidas de divulgação de aviso em sítio eletrônico oficial, pelo prazo mínimo de 3 (três) dias úteis, com a especificação do objeto pretendido e com a manifestação de interesse da Administração em obter propostas adicionais de eventuais interessados, devendo ser selecionada a proposta mais vantajosa.

§ 4º As contratações de que tratam os incisos I e II do caput deste artigo serão preferencialmente pagas por meio de cartão de pagamento, cujo extrato deverá ser divulgado e mantido à disposição do público no Portal Nacional de Contratações Públicas (PNCP).

§ 5º A dispensa prevista na alínea c do inciso IV do caput deste artigo, quando aplicada a obras e serviços de engenharia, seguirá procedimentos especiais instituídos em regulamentação específica.

§ 6º Para os fins do inciso VIII do caput deste artigo, considera-se emergencial a contratação por dispensa com objetivo de manter a continuidade do serviço público, e deverão ser observados os valores praticados pelo mercado na forma do art. 23 desta Lei e adotadas as providências necessárias para a conclusão do processo licitatório, sem prejuízo de apuração de responsabilidade dos agentes públicos que deram causa à situação emergencial.

§ 7º Não se aplica o disposto no § 1º deste artigo às contratações de até R$ 8.000,00 (oito mil reais) de serviços de manutenção de veículos automotores de propriedade do órgão ou entidade contratante, incluído o fornecimento de peças.

CAPÍTULO IX
Das Alienações

Art. 76. A alienação de bens da Administração Pública, subordinada à existência de interesse público devidamente justificado, será precedida de avaliação e obedecerá às seguintes normas:

I. tratando-se de bens imóveis, inclusive os pertencentes às autarquias e às fundações, exigirá autorização legislativa e dependerá de licitação na modalidade leilão, dispensada a realização de licitação nos casos de:

a) dação em pagamento;

b) doação, permitida exclusivamente para outro órgão ou entidade da Administração Pública, de qualquer esfera de governo, ressalvado o disposto nas alíneas f, g e h deste inciso;

c) permuta por outros imóveis que atendam aos requisitos relacionados às finalidades precípuas da Administração, desde que a diferença apurada não ultrapasse a metade do valor do imóvel que será ofertado pela União, segundo avaliação prévia, e ocorra a torna de valores, sempre que for o caso;

d) investidura;

e) venda a outro órgão ou entidade da Administração Pública de qualquer esfera de governo;

f) alienação gratuita ou onerosa, aforamento, concessão de direito real de uso, locação e permissão de uso de bens imóveis residenciais construídos, destinados ou efetivamente usados em programas de habitação ou de regularização fundiária de interesse social desenvolvidos por órgão ou entidade da Administração Pública;

g) alienação gratuita ou onerosa, aforamento, concessão de direito real de uso, locação e permissão de uso de bens imóveis comerciais de âmbito local, com área de até 250 m² (duzentos e cinquenta metros quadrados) e destinados a programas de regularização fundiária de interesse social desenvolvidos por órgão ou entidade da Administração Pública;

h) alienação e concessão de direito real de uso, gratuita ou onerosa, de terras públicas rurais da União e do Instituto Nacional de Colonização e Reforma Agrária (Incra) onde incidam ocupações até o limite de que trata o § 1º do art. 6º da Lei nº 11.952, de 25 de junho de 2009, para fins de regularização fundiária, atendidos os requisitos legais;
i) legitimação de posse de que trata o art. 29 da Lei nº 6.383, de 7 de dezembro de 1976, mediante iniciativa e deliberação dos órgãos da Administração Pública competentes;
j) legitimação fundiária e legitimação de posse de que trata a Lei nº 13.465, de 11 de julho de 2017;
II. tratando-se de bens móveis, dependerá de licitação na modalidade leilão, dispensada a realização de licitação nos casos de:
a) doação, permitida exclusivamente para fins e uso de interesse social, após avaliação de oportunidade e conveniência socioeconômica em relação à escolha de outra forma de alienação;
b) permuta, permitida exclusivamente entre órgãos ou entidades da Administração Pública;
c) venda de ações, que poderão ser negociadas em bolsa, observada a legislação específica;
d) venda de títulos, observada a legislação pertinente;
e) venda de bens produzidos ou comercializados por entidades da Administração Pública, em virtude de suas finalidades;
f) venda de materiais e equipamentos sem utilização previsível por quem deles dispõe para outros órgãos ou entidades da Administração Pública.
§ 1º A alienação de bens imóveis da Administração Pública cuja aquisição tenha sido derivada de procedimentos judiciais ou de dação em pagamento dispensará autorização legislativa e exigirá apenas avaliação prévia e licitação na modalidade leilão.
§ 2º Os imóveis doados com base na alínea *b* do inciso I do caput deste artigo, cessadas as razões que justificaram sua doação, serão revertidos ao patrimônio da pessoa jurídica doadora, vedada sua alienação pelo beneficiário.
§ 3º A Administração poderá conceder título de propriedade ou de direito real de uso de imóvel, admitida a dispensa de licitação, quando o uso destinar-se a:
I. outro órgão ou entidade da Administração Pública, qualquer que seja a localização do imóvel;

II. pessoa natural que, nos termos de lei, regulamento ou ato normativo do órgão competente, haja implementado os requisitos mínimos de cultura, de ocupação mansa e pacífica e de exploração direta sobre área rural, observado o limite de que trata o § 1º do art. 6º da Lei nº 11.952, de 25 de junho de 2009.
§ 4º A aplicação do disposto no inciso II do § 3º deste artigo será dispensada de autorização legislativa e submeter-se-á aos seguintes condicionamentos:
I. aplicação exclusiva às áreas em que a detenção por particular seja comprovadamente anterior a 1º de dezembro de 2004;
II. submissão aos demais requisitos e impedimentos do regime legal e administrativo de destinação e de regularização fundiária de terras públicas;
III. vedação de concessão para exploração não contemplada na lei agrária, nas leis de destinação de terras públicas ou nas normas legais ou administrativas de zoneamento ecológico-econômico;
IV. previsão de extinção automática da concessão, dispensada notificação, em caso de declaração de utilidade pública, de necessidade pública ou de interesse social;
V. aplicação exclusiva a imóvel situado em zona rural e não sujeito a vedação, impedimento ou inconveniente à exploração mediante atividade agropecuária;
VI. limitação a áreas de que trata o § 1º do art. 6º da Lei nº 11.952, de 25 de junho de 2009, vedada a dispensa de licitação para áreas superiores;
VII. acúmulo com o quantitativo de área decorrente do caso previsto na alínea *i* do inciso I do caput deste artigo até o limite previsto no inciso VI deste parágrafo.
§ 5º Entende-se por investidura, para os fins desta Lei, a:
I. alienação, ao proprietário de imóvel lindeiro, de área remanescente ou resultante de obra pública que se tornar inaproveitável isoladamente, por preço que não seja inferior ao da avaliação nem superior a 50% (cinquenta por cento) do valor máximo permitido para dispensa de licitação de bens e serviços previsto nesta Lei;
II. alienação, ao legítimo possuidor direto ou, na falta dele, ao poder público, de imóvel para fins residenciais construído em núcleo urbano anexo a usina hidrelétrica, desde que considerado dispensável na fase de operação da usina e que não integre a categoria de bens reversíveis ao final da concessão.

§ 6º A doação com encargo será licitada e de seu instrumento constarão, obrigatoriamente, os encargos, o prazo de seu cumprimento e a cláusula de reversão, sob pena de nulidade do ato, dispensada a licitação em caso de interesse público devidamente justificado.

§ 7º Na hipótese do § 6º deste artigo, caso o donatário necessite oferecer o imóvel em garantia de financiamento, a cláusula de reversão e as demais obrigações serão garantidas por hipoteca em segundo grau em favor do doador.

Art. 77. Para a venda de bens imóveis, será concedido direito de preferência ao licitante que, submetendo-se a todas as regras do edital, comprove a ocupação do imóvel objeto da licitação.

CAPÍTULO X
Dos Instrumentos Auxiliares

SEÇÃO I
Dos Procedimentos Auxiliares

Art. 78. São procedimentos auxiliares das licitações e das contratações regidas por esta Lei:
I. credenciamento;
II. pré-qualificação;
III. procedimento de manifestação de interesse;
IV. sistema de registro de preços;
V. registro cadastral.

§ 1º Os procedimentos auxiliares de que trata o caput deste artigo obedecerão a critérios claros e objetivos definidos em regulamento.

§ 2º O julgamento que decorrer dos procedimentos auxiliares das licitações previstos nos incisos II e III do caput deste artigo seguirá o mesmo procedimento das licitações.

SEÇÃO II
Do Credenciamento

Art. 79. O credenciamento poderá ser usado nas seguintes hipóteses de contratação:
I. paralela e não excludente: caso em que é viável e vantajosa para a Administração a realização de contratações simultâneas em condições padronizadas;
II. com seleção a critério de terceiros: caso em que a seleção do contratado está a cargo do beneficiário direto da prestação;
III. em mercados fluidos: caso em que a flutuação constante do valor da prestação e das condições de contratação inviabiliza a seleção de agente por meio de processo de licitação.

Parágrafo único. Os procedimentos de credenciamento serão definidos em regulamento, observadas as seguintes regras:
I. a Administração deverá divulgar e manter à disposição do público, em sítio eletrônico oficial, edital de chamamento de interessados, de modo a permitir o cadastramento permanente de novos interessados;
II. na hipótese do inciso I do caput deste artigo, quando o objeto não permitir a contratação imediata e simultânea de todos os credenciados, deverão ser adotados critérios objetivos de distribuição da demanda;
III. o edital de chamamento de interessados deverá prever as condições padronizadas de contratação e, nas hipóteses dos incisos I e II do caput deste artigo, deverá definir o valor da contratação;
IV. na hipótese do inciso III do caput deste artigo, a Administração deverá registrar as cotações de mercado vigentes no momento da contratação;
V. não será permitido o cometimento a terceiros do objeto contratado sem autorização expressa da Administração;
VI. será admitida a denúncia por qualquer das partes nos prazos fixados no edital.

SEÇÃO III
Da Pré-Qualificação

Art. 80. A pré-qualificação é o procedimento técnico-administrativo para selecionar previamente:
I. licitantes que reúnam condições de habilitação para participar de futura licitação ou de licitação vinculada a programas de obras ou de serviços objetivamente definidos;
II. bens que atendam às exigências técnicas ou de qualidade estabelecidas pela Administração.

§ 1º Na pré-qualificação observar-se-á o seguinte:
I. quando aberta a licitantes, poderão ser dispensados os documentos que já constarem do registro cadastral;
II. quando aberta a bens, poderá ser exigida comprovação de qualidade.

§ 2º O procedimento de pré-qualificação ficará permanentemente aberto para a inscrição de interessados.

§ 3º Quanto ao procedimento de pré-qualificação, constarão do edital:
I. as informações mínimas necessárias para definição do objeto;
II. a modalidade, a forma da futura licitação e os critérios de julgamento.
§ 4º A apresentação de documentos far-se-á perante órgão ou comissão indicada pela Administração, que deverá examiná-los no prazo máximo de 10 (dez) dias úteis e determinar correção ou reapresentação de documentos, quando for o caso, com vistas à ampliação da competição.
§ 5º Os bens e os serviços pré-qualificados deverão integrar o catálogo de bens e serviços da Administração.
§ 6º A pré-qualificação poderá ser realizada em grupos ou segmentos, segundo as especialidades dos fornecedores.
§ 7º A pré-qualificação poderá ser parcial ou total, com alguns ou todos os requisitos técnicos ou de habilitação necessários à contratação, assegurada, em qualquer hipótese, a igualdade de condições entre os concorrentes.
§ 8º Quanto ao prazo, a pré-qualificação terá validade:
I. de 1 (um) ano, no máximo, e poderá ser atualizada a qualquer tempo;
II. não superior ao prazo de validade dos documentos apresentados pelos interessados.
§ 9º Os licitantes e os bens pré-qualificados serão obrigatoriamente divulgados e mantidos à disposição do público.
§ 10º A licitação que se seguir ao procedimento da pré-qualificação poderá ser restrita a licitantes ou bens pré-qualificados.

SEÇÃO IV
Do Procedimento de Manifestação de Interesse

Art. 81. A Administração poderá solicitar à iniciativa privada, mediante procedimento aberto de manifestação de interesse a ser iniciado com a publicação de edital de chamamento público, a propositura e a realização de estudos, investigações, levantamentos e projetos de soluções inovadoras que contribuam com questões de relevância pública, na forma de regulamento.
§ 1º Os estudos, as investigações, os levantamentos e os projetos vinculados à contratação e de utilidade para a licitação, realizados pela Administração ou com a sua autorização, estarão à disposição dos interessados, e o vencedor da licitação deverá ressarcir os dispêndios correspondentes, conforme especificado no edital.
§ 2º A realização, pela iniciativa privada, de estudos, investigações, levantamentos e projetos em decorrência do procedimento de manifestação de interesse previsto no caput deste artigo:
I. não atribuirá ao realizador direito de preferência no processo licitatório;
II. não obrigará o poder público a realizar licitação;
III. não implicará, por si só, direito a ressarcimento de valores envolvidos em sua elaboração;
IV. será remunerada somente pelo vencedor da licitação, vedada, em qualquer hipótese, a cobrança de valores do poder público.
§ 3º Para aceitação dos produtos e serviços de que trata o caput deste artigo, a Administração deverá elaborar parecer fundamentado com a demonstração de que o produto ou serviço entregue é adequado e suficiente à compreensão do objeto, de que as premissas adotadas são compatíveis com as reais necessidades do órgão e de que a metodologia proposta é a que propicia maior economia e vantagem entre as demais possíveis.
§ 4º O procedimento previsto no caput deste artigo poderá ser restrito a startups, assim considerados os microempreendedores individuais, as microempresas e as empresas de pequeno porte, de natureza emergente e com grande potencial, que se dediquem à pesquisa, ao desenvolvimento e à implementação de novos produtos ou serviços baseados em soluções tecnológicas inovadoras que possam causar alto impacto, exigida, na seleção definitiva da inovação, validação prévia fundamentada em métricas objetivas, de modo a demonstrar o atendimento das necessidades da Administração.

SEÇÃO V
Do Sistema de Registro de Preços

Art. 82. O edital de licitação para registro de preços observará as regras gerais desta Lei e deverá dispor sobre:
I. as especificidades da licitação e de seu objeto, inclusive a quantidade máxima de cada item que poderá ser adquirida;

II. a quantidade mínima a ser cotada de unidades de bens ou, no caso de serviços, de unidades de medida;
III. a possibilidade de prever preços diferentes:
a) quando o objeto for realizado ou entregue em locais diferentes;
b) em razão da forma e do local de acondicionamento;
c) quando admitida cotação variável em razão do tamanho do lote;
d) por outros motivos justificados no processo;
IV. a possibilidade de o licitante oferecer ou não proposta em quantitativo inferior ao máximo previsto no edital, obrigando-se nos limites dela;
V. o critério de julgamento da licitação, que será o de menor preço ou o de maior desconto sobre tabela de preços praticada no mercado;
VI. as condições para alteração de preços registrados;
VII. o registro de mais de um fornecedor ou prestador de serviço, desde que aceitem cotar o objeto em preço igual ao do licitante vencedor, assegurada a preferência de contratação de acordo com a ordem de classificação;
VIII. a vedação à participação do órgão ou entidade em mais de uma ata de registro de preços com o mesmo objeto no prazo de validade daquela de que já tiver participado, salvo na ocorrência de ata que tenha registrado quantitativo inferior ao máximo previsto no edital;
IX. as hipóteses de cancelamento da ata de registro de preços e suas consequências.
§ 1º O critério de julgamento de menor preço por grupo de itens somente poderá ser adotado quando for demonstrada a inviabilidade de se promover a adjudicação por item e for evidenciada a sua vantagem técnica e econômica, e o critério de aceitabilidade de preços unitários máximos deverá ser indicado no edital.
§ 2º Na hipótese de que trata o § 1º deste artigo, observados os parâmetros estabelecidos nos §§ 1º, 2º e 3º do art. 23 desta Lei, a contratação posterior de item específico constante de grupo de itens exigirá prévia pesquisa de mercado e demonstração de sua vantagem para o órgão ou entidade.
§ 3º É permitido registro de preços com indicação limitada a unidades de contratação, sem indicação do total a ser adquirido, apenas nas seguintes situações:
I. quando for a primeira licitação para o objeto e o órgão ou entidade não tiver registro de demandas anteriores;
II. no caso de alimento perecível;
III. no caso em que o serviço estiver integrado ao fornecimento de bens.
§ 4º Nas situações referidas no § 3º deste artigo, é obrigatória a indicação do valor máximo da despesa e é vedada a participação de outro órgão ou entidade na ata.
§ 5º O sistema de registro de preços poderá ser usado para a contratação de bens e serviços, inclusive de obras e serviços de engenharia, observadas as seguintes condições:
I. realização prévia de ampla pesquisa de mercado;
II. seleção de acordo com os procedimentos previstos em regulamento;
III. desenvolvimento obrigatório de rotina de controle;
IV. atualização periódica dos preços registrados;
V. definição do período de validade do registro de preços;
VI. inclusão, em ata de registro de preços, do licitante que aceitar cotar os bens ou serviços em preços iguais aos do licitante vencedor na sequência de classificação da licitação e inclusão do licitante que mantiver sua proposta original.
§ 6º O sistema de registro de preços poderá, na forma de regulamento, ser utilizado nas hipóteses de inexigibilidade e de dispensa de licitação para a aquisição de bens ou para a contratação de serviços por mais de um órgão ou entidade.
Art. 83. A existência de preços registrados implicará compromisso de fornecimento nas condições estabelecidas, mas não obrigará a Administração a contratar, facultada a realização de licitação específica para a aquisição pretendida, desde que devidamente motivada.
Art. 84. O prazo de vigência da ata de registro de preços será de 1 (um) ano e poderá ser prorrogado, por igual período, desde que comprovado o preço vantajoso.
Parágrafo único. O contrato decorrente da ata de registro de preços terá sua vigência estabelecida em conformidade com as disposições nela contidas.
Art. 85. A Administração poderá contratar a execução de obras e serviços de engenharia pelo sistema de registro de preços, desde que atendidos os seguintes requisitos:
I. existência de projeto padronizado, sem complexidade técnica e operacional;

II. necessidade permanente ou frequente de obra ou serviço a ser contratado.

Art. 86. O órgão ou entidade gerenciadora deverá, na fase preparatória do processo licitatório, para fins de registro de preços, realizar procedimento público de intenção de registro de preços para, nos termos de regulamento, possibilitar, pelo prazo mínimo de 8 (oito) dias úteis, a participação de outros órgãos ou entidades na respectiva ata e determinar a estimativa total de quantidades da contratação.

§ 1º O procedimento previsto no caput deste artigo será dispensável quando o órgão ou entidade gerenciadora for o único contratante.

§ 2º Se não participarem do procedimento previsto no caput deste artigo, os órgãos e entidades poderão aderir à ata de registro de preços na condição de não participantes, observados os seguintes requisitos:

I. apresentação de justificativa da vantagem da adesão, inclusive em situações de provável desabastecimento ou descontinuidade de serviço público;

II. demonstração de que os valores registrados estão compatíveis com os valores praticados pelo mercado na forma do art. 23 desta Lei;

III. prévias consulta e aceitação do órgão ou entidade gerenciadora e do fornecedor.

§ 3º A faculdade conferida pelo § 2º deste artigo estará limitada a órgãos e entidades da Administração Pública federal, estadual, distrital e municipal que, na condição de não participantes, desejarem aderir à ata de registro de preços de órgão ou entidade gerenciadora federal, estadual ou distrital.

§ 4º As aquisições ou as contratações adicionais a que se refere o § 2º deste artigo não poderão exceder, por órgão ou entidade, a 50% (cinquenta por cento) dos quantitativos dos itens do instrumento convocatório registrados na ata de registro de preços para o órgão gerenciador e para os órgãos participantes.

§ 5º O quantitativo decorrente das adesões à ata de registro de preços a que se refere o § 2º deste artigo não poderá exceder, na totalidade, ao dobro do quantitativo de cada item registrado na ata de registro de preços para o órgão gerenciador e órgãos participantes, independentemente do número de órgãos não participantes que aderirem.

§ 6º A adesão à ata de registro de preços de órgão ou entidade gerenciadora do Poder Executivo federal por órgãos e entidades da Administração Pública estadual, distrital e municipal poderá ser exigida para fins de transferências voluntárias, não ficando sujeita ao limite de que trata o § 5º deste artigo se destinada à execução descentralizada de programa ou projeto federal e comprovada a compatibilidade dos preços registrados com os valores praticados no mercado na forma do art. 23 desta Lei.

§ 7º Para aquisição emergencial de medicamentos e material de consumo médico-hospitalar por órgãos e entidades da Administração Pública federal, estadual, distrital e municipal, a adesão à ata de registro de preços gerenciada pelo Ministério da Saúde não estará sujeita ao limite de que trata o § 5º deste artigo.

§ 8º Será vedada aos órgãos e entidades da Administração Pública federal a adesão à ata de registro de preços gerenciada por órgão ou entidade estadual, distrital ou municipal.

SEÇÃO VI
Do Registro Cadastral

Art. 87. Para os fins desta Lei, os órgãos e entidades da Administração Pública deverão utilizar o sistema de registro cadastral unificado disponível no Portal Nacional de Contratações Públicas (PNCP), para efeito de cadastro unificado de licitantes, na forma disposta em regulamento.

§ 1º O sistema de registro cadastral unificado será público e deverá ser amplamente divulgado e estar permanentemente aberto aos interessados, e será obrigatória a realização de chamamento público pela internet, no mínimo anualmente, para atualização dos registros existentes e para ingresso de novos interessados.

§ 2º É proibida a exigência, pelo órgão ou entidade licitante, de registro cadastral complementar para acesso a edital e anexos.

§ 3º A Administração poderá realizar licitação restrita a fornecedores cadastrados, atendidos os critérios, as condições e os limites estabelecidos em regulamento, bem como a ampla publicidade dos procedimentos para o cadastramento.

§ 4º Na hipótese a que se refere o § 3º deste artigo, será admitido fornecedor que realize seu cadastro dentro do prazo previsto no edital para apresentação de propostas.

Art. 88. Ao requerer, a qualquer tempo, inscrição no cadastro ou a sua atualização, o interessado fornecerá os elementos necessários exigidos para habilitação previstos nesta Lei.

§ 1º O inscrito, considerada sua área de atuação, será classificado por categorias, subdivididas em grupos, segundo a qualificação técnica e econômico-financeira avaliada, de acordo com regras objetivas divulgadas em sítio eletrônico oficial.

§ 2º Ao inscrito será fornecido certificado, renovável sempre que atualizar o registro.

§ 3º A atuação do contratado no cumprimento de obrigações assumidas será avaliada pelo contratante, que emitirá documento comprobatório da avaliação realizada, com menção ao seu desempenho na execução contratual, baseado em indicadores objetivamente definidos e aferidos, e a eventuais penalidades aplicadas, o que constará do registro cadastral em que a inscrição for realizada.

§ 4º A anotação do cumprimento de obrigações pelo contratado, de que trata o § 3º deste artigo, será condicionada à implantação e à regulamentação do cadastro de atesto de cumprimento de obrigações, apto à realização do registro de forma objetiva, em atendimento aos princípios da impessoalidade, da igualdade, da isonomia, da publicidade e da transparência, de modo a possibilitar a implementação de medidas de incentivo aos licitantes que possuírem ótimo desempenho anotado em seu registro cadastral.

§ 5º A qualquer tempo poderá ser alterado, suspenso ou cancelado o registro de inscrito que deixar de satisfazer exigências determinadas por esta Lei ou por regulamento.

§ 6º O interessado que requerer o cadastro na forma do caput deste artigo poderá participar de processo licitatório até a decisão da Administração, e a celebração do contrato ficará condicionada à emissão do certificado referido no § 2º deste artigo.

TÍTULO III
Dos Contratos Administrativos

CAPÍTULO I
Da Formalização dos Contratos

Art. 89. Os contratos de que trata esta Lei regular-se-ão pelas suas cláusulas e pelos preceitos de direito público, e a eles serão aplicados, supletivamente, os princípios da teoria geral dos contratos e as disposições de direito privado.

§ 1º Todo contrato deverá mencionar os nomes das partes e os de seus representantes, a finalidade, o ato que autorizou sua lavratura, o número do processo da licitação ou da contratação direta e a sujeição dos contratantes às normas desta Lei e às cláusulas contratuais.

§ 2º Os contratos deverão estabelecer com clareza e precisão as condições para sua execução, expressas em cláusulas que definam os direitos, as obrigações e as responsabilidades das partes, em conformidade com os termos do edital de licitação e os da proposta vencedora ou com os termos do ato que autorizou a contratação direta e os da respectiva proposta.

Art. 90. A Administração convocará regularmente o licitante vencedor para assinar o termo de contrato ou para aceitar ou retirar o instrumento equivalente, dentro do prazo e nas condições estabelecidas no edital de licitação, sob pena de decair o direito à contratação, sem prejuízo das sanções previstas nesta Lei.

§ 1º O prazo de convocação poderá ser prorrogado 1 (uma) vez, por igual período, mediante solicitação da parte durante seu transcurso, devidamente justificada, e desde que o motivo apresentado seja aceito pela Administração.

§ 2º Será facultado à Administração, quando o convocado não assinar o termo de contrato ou não aceitar ou não retirar o instrumento equivalente no prazo e nas condições estabelecidas, convocar os licitantes remanescentes, na ordem de classificação, para a celebração do contrato nas condições propostas pelo licitante vencedor.

§ 3º Decorrido o prazo de validade da proposta indicado no edital sem convocação para a contratação, ficarão os licitantes liberados dos compromissos assumidos.

§ 4º Na hipótese de nenhum dos licitantes aceitar a contratação nos termos do § 2º deste artigo, a Administração, observados o valor estimado e sua eventual atualização nos termos do edital, poderá:

I. convocar os licitantes remanescentes para negociação, na ordem de classificação, com vistas à obtenção de preço melhor, mesmo que acima do preço do adjudicatário;

II. adjudicar e celebrar o contrato nas condições ofertadas pelos licitantes remanescentes, atendida a ordem classificatória, quando frustrada a negociação de melhor condição.

§ 5º A recusa injustificada do adjudicatário em assinar o contrato ou em aceitar ou retirar o instrumento equivalente no prazo estabelecido pela Administração caracterizará o descumprimento total da obrigação assumida e o sujeitará às penalidades legalmente estabelecidas e à imediata perda da garantia de proposta em favor do órgão ou entidade licitante.

§ 6º A regra do § 5º não se aplicará aos licitantes remanescentes convocados na forma do inciso I do § 4º deste artigo.

§ 7º Será facultada à Administração a convocação dos demais licitantes classificados para a contratação de remanescente de obra, de serviço ou de fornecimento em consequência de rescisão contratual, observados os mesmos critérios estabelecidos nos §§ 2º e 4º deste artigo.

Art. 91. Os contratos e seus aditamentos terão forma escrita e serão juntados ao processo que tiver dado origem à contratação, divulgados e mantidos à disposição do público em sítio eletrônico oficial.

§ 1º Será admitida a manutenção em sigilo de contratos e de termos aditivos quando imprescindível à segurança da sociedade e do Estado, nos termos da legislação que regula o acesso à informação.

§ 2º Contratos relativos a direitos reais sobre imóveis serão formalizados por escritura pública lavrada em notas de tabelião, cujo teor deverá ser divulgado e mantido à disposição do público em sítio eletrônico oficial.

§ 3º Será admitida a forma eletrônica na celebração de contratos e de termos aditivos, atendidas as exigências previstas em regulamento.

§ 4º Antes de formalizar ou prorrogar o prazo de vigência do contrato, a Administração deverá verificar a regularidade fiscal do contratado, consultar o Cadastro Nacional de Empresas Inidôneas e Suspensas (Ceis) e o Cadastro Nacional de Empresas Punidas (Cnep), emitir as certidões negativas de inidoneidade, de impedimento e de débitos trabalhistas e juntá-las ao respectivo processo.

Art. 92. São necessárias em todo contrato cláusulas que estabeleçam:

I. o objeto e seus elementos característicos;

II. a vinculação ao edital de licitação e à proposta do licitante vencedor ou ao ato que tiver autorizado a contratação direta e à respectiva proposta;

III. a legislação aplicável à execução do contrato, inclusive quanto aos casos omissos;

IV. o regime de execução ou a forma de fornecimento;

V. o preço e as condições de pagamento, os critérios, a data-base e a periodicidade do reajustamento de preços e os critérios de atualização monetária entre a data do adimplemento das obrigações e a do efetivo pagamento;

VI. os critérios e a periodicidade da medição, quando for o caso, e o prazo para liquidação e para pagamento;

VII. os prazos de início das etapas de execução, conclusão, entrega, observação e recebimento definitivo, quando for o caso;

VIII. o crédito pelo qual correrá a despesa, com a indicação da classificação funcional programática e da categoria econômica;

IX. a matriz de risco, quando for o caso;

X. o prazo para resposta ao pedido de repactuação de preços, quando for o caso;

XI. o prazo para resposta ao pedido de restabelecimento do equilíbrio econômico-financeiro, quando for o caso;

XII. as garantias oferecidas para assegurar sua plena execução, quando exigidas, inclusive as que forem oferecidas pelo contratado no caso de antecipação de valores a título de pagamento;

XIII. o prazo de garantia mínima do objeto, observados os prazos mínimos estabelecidos nesta Lei e nas normas técnicas aplicáveis, e as condições de manutenção e assistência técnica, quando for o caso;

XIV. os direitos e as responsabilidades das partes, as penalidades cabíveis e os valores das multas e suas bases de cálculo;

XV. as condições de importação e a data e a taxa de câmbio para conversão, quando for o caso;

XVI. a obrigação do contratado de manter, durante toda a execução do contrato, em compatibilidade com as obrigações por ele assumidas, todas as condições exigidas para a habilitação na licitação, ou para a qualificação, na contratação direta;

XVII. a obrigação de o contratado cumprir as exigências de reserva de cargos prevista em lei, bem como em outras normas específicas, para pessoa com deficiência, para reabilitado da Previdência Social e para aprendiz;

XVIII. o modelo de gestão do contrato, observados os requisitos definidos em regulamento;

XIX. os casos de extinção.

§ 1º Os contratos celebrados pela Administração Pública com pessoas físicas ou jurídicas, inclusive as domiciliadas no exterior, deverão conter cláusula que declare competente o foro da sede da Administração para dirimir qualquer questão contratual, ressalvadas as seguintes hipóteses:

I. licitação internacional para a aquisição de bens e serviços cujo pagamento seja feito com o produto de financiamento concedido por organismo financeiro internacional de que o Brasil faça parte ou por agência estrangeira de cooperação;

II. contratação com empresa estrangeira para a compra de equipamentos fabricados e entregues no exterior precedida de autorização do Chefe do Poder Executivo;

III. aquisição de bens e serviços realizada por unidades administrativas com sede no exterior.

§ 2º De acordo com as peculiaridades de seu objeto e de seu regime de execução, o contrato conterá cláusula que preveja período antecedente à expedição da ordem de serviço para verificação de pendências, liberação de áreas ou adoção de outras providências cabíveis para a regularidade do início de sua execução.

§ 3º Independentemente do prazo de duração, o contrato deverá conter cláusula que estabeleça o índice de reajustamento de preço, com data-base vinculada à data do orçamento estimado, e poderá ser estabelecido mais de um índice específico ou setorial, em conformidade com a realidade de mercado dos respectivos insumos.

§ 4º Nos contratos de serviços contínuos, observado o interregno mínimo de 1 (um) ano, o critério de reajustamento de preços será por:

I. reajustamento em sentido estrito, quando não houver regime de dedicação exclusiva de mão de obra ou predominância de mão de obra, mediante previsão de índices específicos ou setoriais;

II. repactuação, quando houver regime de dedicação exclusiva de mão de obra ou predominância de mão de obra, mediante demonstração analítica da variação dos custos.

§ 5º Nos contratos de obras e serviços de engenharia, sempre que compatível com o regime de execução, a medição será mensal.

§ 6º Nos contratos para serviços contínuos com regime de dedicação exclusiva de mão de obra ou com predominância de mão de obra, o prazo para resposta ao pedido de repactuação de preços será preferencialmente de 1 (um) mês, contado da data do fornecimento da documentação prevista no § 6º do art. 135 desta Lei.

Art. 93. Nas contratações de projetos ou de serviços técnicos especializados, inclusive daqueles que contemplem o desenvolvimento de programas e aplicações de internet para computadores, máquinas, equipamentos e dispositivos de tratamento e de comunicação da informação (software) – e a respectiva documentação técnica associada –, o autor deverá ceder todos os direitos patrimoniais a eles relativos para a Administração Pública, hipótese em que poderão ser livremente utilizados e alterados por ela em outras ocasiões, sem necessidade de nova autorização de seu autor.

§ 1º Quando o projeto se referir a obra imaterial de caráter tecnológico, insuscetível de privilégio, a cessão dos direitos a que se refere o caput deste artigo incluirá o fornecimento de todos os dados, documentos e elementos de informação pertinentes à tecnologia de concepção, desenvolvimento, fixação em suporte físico de qualquer natureza e aplicação da obra.

§ 2º É facultado à Administração Pública deixar de exigir a cessão de direitos a que se refere o caput deste artigo quando o objeto da contratação envolver atividade de pesquisa e desenvolvimento de caráter científico, tecnológico ou de inovação, considerados os princípios e os mecanismos instituídos pela Lei nº 10.973, de 2 de dezembro de 2004.

§ 3º Na hipótese de posterior alteração do projeto pela Administração Pública, o autor deverá ser comunicado, e os registros serão promovidos nos órgãos ou entidades competentes.

Art. 94. A divulgação no Portal Nacional de Contratações Públicas (PNCP) é condição indispensável para a eficácia do contrato e de seus aditamentos e deverá ocorrer nos seguintes prazos, contados da data de sua assinatura:

I. 20 (vinte) dias úteis, no caso de licitação;

II. 10 (dez) dias úteis, no caso de contratação direta.

§ 1º Os contratos celebrados em caso de urgência terão eficácia a partir de sua assinatura e deverão ser publicados nos prazos previstos nos incisos I e II do caput deste artigo, sob pena de nulidade.

§ 2º A divulgação de que trata o caput deste artigo, quando referente à contratação de profissional do setor artístico por inexigibilidade, deverá identificar os custos do cachê do artista, dos músicos ou da banda, quando houver, do transporte, da hospedagem, da infraestrutura, da logística do evento e das demais despesas específicas.

§ 3º No caso de obras, a Administração divulgará em sítio eletrônico oficial, em até 25 (vinte e cinco) dias úteis após a assinatura do contrato, os quantitativos e os preços unitários e totais que contratar e, em até 45 (quarenta e cinco) dias úteis após a conclusão do contrato, os quantitativos executados e os preços praticados.

§ 4º (VETADO).

§ 5º (VETADO).

Art. 95. O instrumento de contrato é obrigatório, salvo nas seguintes hipóteses, em que a Administração poderá substituí-lo por outro instrumento hábil, como carta-contrato, nota de empenho de despesa, autorização de compra ou ordem de execução de serviço:

I. dispensa de licitação em razão de valor;

II. compras com entrega imediata e integral dos bens adquiridos e dos quais não resultem obrigações futuras, inclusive quanto a assistência técnica, independentemente de seu valor.

§ 1º Às hipóteses de substituição do instrumento de contrato, aplica-se, no que couber, o disposto no art. 92 desta Lei.

§ 2º É nulo e de nenhum efeito o contrato verbal com a Administração, salvo o de pequenas compras ou o de prestação de serviços de pronto pagamento, assim entendidos aqueles de valor não superior a R$ 10.000,00 (dez mil reais).

CAPÍTULO II

Das Garantias

Art. 96. A critério da autoridade competente, em cada caso, poderá ser exigida, mediante previsão no edital, prestação de garantia nas contratações de obras, serviços e fornecimentos.

§ 1º Caberá ao contratado optar por uma das seguintes modalidades de garantia:

I. caução em dinheiro ou em títulos da dívida pública emitidos sob a forma escritural, mediante registro em sistema centralizado de liquidação e de custódia autorizado pelo Banco Central do Brasil, e avaliados por seus valores econômicos, conforme definido pelo Ministério da Economia;

II. seguro-garantia;

III. fiança bancária emitida por banco ou instituição financeira devidamente autorizada a operar no País pelo Banco Central do Brasil.

§ 2º Na hipótese de suspensão do contrato por ordem ou inadimplemento da Administração, o contratado ficará desobrigado de renovar a garantia ou de endossar a apólice de seguro até a ordem de reinício da execução ou o adimplemento pela Administração.

§ 3º O edital fixará prazo mínimo de 1 (um) mês, contado da data de homologação da licitação e anterior à assinatura do contrato, para a prestação da garantia pelo contratado quando optar pela modalidade prevista no inciso II do § 1º deste artigo.

Art. 97. O seguro-garantia tem por objetivo garantir o fiel cumprimento das obrigações assumidas pelo contratado perante à Administração, inclusive as multas, os prejuízos e as indenizações decorrentes de inadimplemento, observadas as seguintes regras nas contratações regidas por esta Lei:

I. o prazo de vigência da apólice será igual ou superior ao prazo estabelecido no contrato principal e deverá acompanhar as modificações referentes à vigência deste mediante a emissão do respectivo endosso pela seguradora;

II. o seguro-garantia continuará em vigor mesmo se o contratado não tiver pago o prêmio nas datas convencionadas.

Parágrafo único. Nos contratos de execução continuada ou de fornecimento contínuo de bens e serviços, será permitida a substituição da apólice de seguro-garantia na data de renovação ou de aniversário, desde que mantidas as mesmas condições e coberturas da apólice vigente e desde que nenhum período fique descoberto, ressalvado o disposto no § 2º do art. 96 desta Lei.

Art. 98. Nas contratações de obras, serviços e fornecimentos, a garantia poderá ser de até 5% (cinco por cento) do valor inicial do contrato, autorizada a majoração desse percentual para até 10% (dez por cento), desde que justificada mediante análise da complexidade técnica e dos riscos envolvidos.

Parágrafo único. Nas contratações de serviços e fornecimentos contínuos com vigência superior a 1 (um) ano, assim como nas subsequentes prorrogações, será utilizado o valor anual do contrato para definição e aplicação dos percentuais previstos no caput deste artigo.

Art. 99. Nas contratações de obras e serviços de engenharia de grande vulto, poderá ser exigida a prestação de garantia, na modalidade seguro-garantia, com cláusula de retomada prevista no art. 102 desta Lei, em percentual equivalente a até 30% (trinta por cento) do valor inicial do contrato.

Art. 100. A garantia prestada pelo contratado será liberada ou restituída após a fiel execução do contrato ou após a sua extinção por culpa exclusiva da Administração e, quando em dinheiro, atualizada monetariamente.

Art. 101. Nos casos de contratos que impliquem a entrega de bens pela Administração, dos quais o contratado ficará depositário, o valor desses bens deverá ser acrescido ao valor da garantia.

Art. 102. Na contratação de obras e serviços de engenharia, o edital poderá exigir a prestação da garantia na modalidade seguro-garantia e prever a obrigação de a seguradora, em caso de inadimplemento pelo contratado, assumir a execução e concluir o objeto do contrato, hipótese em que:

I. a seguradora deverá firmar o contrato, inclusive os aditivos, como interveniente anuente e poderá:
a) ter livre acesso às instalações em que for executado o contrato principal;
b) acompanhar a execução do contrato principal;
c) ter acesso a auditoria técnica e contábil;
d) requerer esclarecimentos ao responsável técnico pela obra ou pelo fornecimento;

II. a emissão de empenho em nome da seguradora, ou a quem ela indicar para a conclusão do contrato, será autorizada desde que demonstrada sua regularidade fiscal;

III. a seguradora poderá subcontratar a conclusão do contrato, total ou parcialmente.

Parágrafo único. Na hipótese de inadimplemento do contratado, serão observadas as seguintes disposições:

I. caso a seguradora execute e conclua o objeto do contrato, estará isenta da obrigação de pagar a importância segurada indicada na apólice;

II. caso a seguradora não assuma a execução do contrato, pagará a integralidade da importância segurada indicada na apólice.

CAPÍTULO III
Da Alocação de Riscos

Art. 103. O contrato poderá identificar os riscos contratuais previstos e presumíveis e prever matriz de alocação de riscos, alocando-os entre contratante e contratado, mediante indicação daqueles a serem assumidos pelo setor público ou pelo setor privado ou daqueles a serem compartilhados.

§ 1º A alocação de riscos de que trata o caput deste artigo considerará, em compatibilidade com as obrigações e os encargos atribuídos às partes no contrato, a natureza do risco, o beneficiário das prestações a que se vincula e a capacidade de cada setor para melhor gerenciá-lo.

§ 2º Os riscos que tenham cobertura oferecida por seguradoras serão preferencialmente transferidos ao contratado.

§ 3º A alocação dos riscos contratuais será quantificada para fins de projeção dos reflexos de seus custos no valor estimado da contratação.

§ 4º A matriz de alocação de riscos definirá o equilíbrio econômico-financeiro inicial do contrato em relação a eventos supervenientes e deverá ser observada na solução de eventuais pleitos das partes.

§ 5º Sempre que atendidas as condições do contrato e da matriz de alocação de riscos, será considerado mantido o equilíbrio econômico-financeiro, renunciando as partes aos pedidos de restabelecimento do equilíbrio relacionados aos riscos assumidos, exceto no que se refere:

I. às alterações unilaterais determinadas pela Administração, nas hipóteses do inciso I do caput do art. 124 desta Lei;

II. ao aumento ou à redução, por legislação superveniente, dos tributos diretamente pagos pelo contratado em decorrência do contrato.

§ 6º Na alocação de que trata o caput deste artigo, poderão ser adotados métodos e padrões usualmente utilizados por entidades públicas e privadas, e os ministérios e secretarias supervisores dos órgãos e das entidades da Administração Pública poderão definir os parâmetros e o detalhamento dos procedimentos necessários a sua identificação, alocação e quantificação financeira.

CAPÍTULO IV

Das Prerrogativas da Administração

Art. 104. O regime jurídico dos contratos instituído por esta Lei confere à Administração, em relação a eles, as prerrogativas de:

I. modificá-los, unilateralmente, para melhor adequação às finalidades de interesse público, respeitados os direitos do contratado;

II. extingui-los, unilateralmente, nos casos especificados nesta Lei;

III. fiscalizar sua execução;

IV. aplicar sanções motivadas pela inexecução total ou parcial do ajuste;

V. ocupar provisoriamente bens móveis e imóveis e utilizar pessoal e serviços vinculados ao objeto do contrato nas hipóteses de:

a) risco à prestação de serviços essenciais;
b) necessidade de acautelar apuração administrativa de faltas contratuais pelo contratado, inclusive após extinção do contrato.

§ 1º As cláusulas econômico-financeiras e monetárias dos contratos não poderão ser alteradas sem prévia concordância do contratado.

§ 2º Na hipótese prevista no inciso I do caput deste artigo, as cláusulas econômico-financeiras do contrato deverão ser revistas para que se mantenha o equilíbrio contratual.

CAPÍTULO V

Da Duração dos Contratos

Art. 105. A duração dos contratos regidos por esta Lei será a prevista em edital, e deverão ser observadas, no momento da contratação e a cada exercício financeiro, a disponibilidade de créditos orçamentários, bem como a previsão no plano plurianual, quando ultrapassar 1 (um) exercício financeiro.

Art. 106. A Administração poderá celebrar contratos com prazo de até 5 (cinco) anos nas hipóteses de serviços e fornecimentos contínuos, observadas as seguintes diretrizes:

I. a autoridade competente do órgão ou entidade contratante deverá atestar a maior vantagem econômica vislumbrada em razão da contratação plurianual;

II. a Administração deverá atestar, no início da contratação e de cada exercício, a existência de créditos orçamentários vinculados à contratação e a vantagem em sua manutenção;

III. a Administração terá a opção de extinguir o contrato, sem ônus, quando não dispuser de créditos orçamentários para sua continuidade ou quando entender que o contrato não mais lhe oferece vantagem.

§ 1º A extinção mencionada no inciso III do caput deste artigo ocorrerá apenas na próxima data de aniversário do contrato e não poderá ocorrer em prazo inferior a 2 (dois) meses, contado da referida data.

§ 2º Aplica-se o disposto neste artigo ao aluguel de equipamentos e à utilização de programas de informática.

Art. 107. Os contratos de serviços e fornecimentos contínuos poderão ser prorrogados sucessivamente, respeitada a vigência máxima decenal, desde que haja previsão em edital e que a autoridade competente ateste que as condições e os preços permanecem vantajosos para a Administração, permitida a negociação com o contratado ou a extinção contratual sem ônus para qualquer das partes.

Art. 108. A Administração poderá celebrar contratos com prazo de até 10 (dez) anos nas hipóteses previstas nas alíneas *f* e *g* do inciso IV e nos incisos V, VI, XII e XVI do caput do art. 75 desta Lei.

Art. 109. A Administração poderá estabelecer a vigência por prazo indeterminado nos contratos em que seja usuária de serviço público oferecido em regime de monopólio, desde que comprovada, a cada exercício financeiro, a existência de créditos orçamentários vinculados à contratação.

Art. 110. Na contratação que gere receita e no contrato de eficiência que gere economia para a Administração, os prazos serão de:

I. até 10 (dez) anos, nos contratos sem investimento;

II. até 35 (trinta e cinco) anos, nos contratos com investimento, assim considerados aqueles que impliquem a elaboração de benfeitorias permanentes, realizadas exclusivamente a expensas do contratado, que serão revertidas ao patrimônio da Administração Pública ao término do contrato.

Art. 111. Na contratação que previr a conclusão de escopo predefinido, o prazo de vigência será automaticamente prorrogado quando seu objeto não for concluído no período firmado no contrato.

Parágrafo único. Quando a não conclusão decorrer de culpa do contratado:

I. o contratado será constituído em mora, aplicáveis a ele as respectivas sanções administrativas;

II. a Administração poderá optar pela extinção do contrato e, nesse caso, adotará as medidas admitidas em lei para a continuidade da execução contratual.

Art. 112. Os prazos contratuais previstos nesta Lei não excluem nem revogam os prazos contratuais previstos em lei especial.

Art. 113. O contrato firmado sob o regime de fornecimento e prestação de serviço associado terá sua vigência máxima definida pela soma do prazo relativo ao fornecimento inicial ou à entrega da obra com o prazo relativo ao serviço de operação e manutenção, este limitado a 5 (cinco) anos contados da data de recebimento do objeto inicial, autorizada a prorrogação na forma do art. 107 desta Lei.

Art. 114. O contrato que previr a operação continuada de sistemas estruturantes de tecnologia da informação poderá ter vigência máxima de 15 (quinze) anos.

CAPÍTULO VI
Da Execução dos Contratos

Art. 115. O contrato deverá ser executado fielmente pelas partes, de acordo com as cláusulas avençadas e as normas desta Lei, e cada parte responderá pelas consequências de sua inexecução total ou parcial.

§ 1º É proibido à Administração retardar imotivadamente a execução de obra ou serviço, ou de suas parcelas, inclusive na hipótese de posse do respectivo chefe do Poder Executivo ou de novo titular no órgão ou entidade contratante.

§ 2º (VETADO).

§ 3º (VETADO).

§ 4º (VETADO).

§ 5º Em caso de impedimento, ordem de paralisação ou suspensão do contrato, o cronograma de execução será prorrogado automaticamente pelo tempo correspondente, anotadas tais circunstâncias mediante simples apostila.

§ 6º Nas contratações de obras, verificada a ocorrência do disposto no § 5º deste artigo por mais de 1 (um) mês, a Administração deverá divulgar, em sítio eletrônico oficial e em placa a ser afixada em local da obra de fácil visualização pelos cidadãos, aviso público de obra paralisada, com o motivo e o responsável pela inexecução temporária do objeto do contrato e a data prevista para o reinício da sua execução.

§ 7º Os textos com as informações de que trata o § 6º deste artigo deverão ser elaborados pela Administração.

Art. 116. Ao longo de toda a execução do contrato, o contratado deverá cumprir a reserva de cargos prevista em lei para pessoa com deficiência, para reabilitado da Previdência Social ou para aprendiz, bem como as reservas de cargos previstas em outras normas específicas.

Parágrafo único. Sempre que solicitado pela Administração, o contratado deverá comprovar o cumprimento da reserva de cargos a que se refere o caput deste artigo, com a indicação dos empregados que preencherem as referidas vagas.

Art. 117. A execução do contrato deverá ser acompanhada e fiscalizada por 1 (um) ou mais fiscais do contrato, representantes da Administração especialmente designados conforme requisitos estabelecidos no art. 7º desta Lei, ou pelos respectivos substitutos, permitida a contratação de terceiros para assisti-los e subsidiá-los com informações pertinentes a essa atribuição.

§ 1º O fiscal do contrato anotará em registro próprio todas as ocorrências relacionadas à execução do contrato, determinando o que for necessário para a regularização das faltas ou dos defeitos observados.

§ 2º O fiscal do contrato informará a seus superiores, em tempo hábil para a adoção das medidas convenientes, a situação que demandar decisão ou providência que ultrapasse sua competência.

§ 3º O fiscal do contrato será auxiliado pelos órgãos de assessoramento jurídico e de controle interno da Administração, que deverão dirimir dúvidas e subsidiá-lo com informações relevantes para prevenir riscos na execução contratual.

§ 4º Na hipótese da contratação de terceiros prevista no caput deste artigo, deverão ser observadas as seguintes regras:

I. a empresa ou o profissional contratado assumirá responsabilidade civil objetiva pela veracidade e pela precisão das informações prestadas, firmará termo de compromisso de confidencialidade e não poderá exercer atribuição própria e exclusiva de fiscal de contrato;

II. a contratação de terceiros não eximirá de responsabilidade o fiscal do contrato, nos limites das informações recebidas do terceiro contratado.

Art. 118. O contratado deverá manter preposto aceito pela Administração no local da obra ou do serviço para representá-lo na execução do contrato.

Art. 119. O contratado será obrigado a reparar, corrigir, remover, reconstruir ou substituir, a suas expensas, no total ou em parte, o objeto do contrato em que se verificarem vícios, defeitos ou incorreções resultantes de sua execução ou de materiais nela empregados.

Art. 120. O contratado será responsável pelos danos causados diretamente à Administração ou a terceiros em razão da execução do contrato, e não excluirá nem reduzirá essa responsabilidade a fiscalização ou o acompanhamento pelo contratante.

Art. 121. Somente o contratado será responsável pelos encargos trabalhistas, previdenciários, fiscais e comerciais resultantes da execução do contrato.

§ 1º A inadimplência do contratado em relação aos encargos trabalhistas, fiscais e comerciais não transferirá à Administração a responsabilidade pelo seu pagamento e não poderá onerar o objeto do contrato nem restringir a regularização e o uso das obras e das edificações, inclusive perante o registro de imóveis, ressalvada a hipótese prevista no § 2º deste artigo.

§ 2º Exclusivamente nas contratações de serviços contínuos com regime de dedicação exclusiva de mão de obra, a Administração responderá solidariamente pelos encargos previdenciários e subsidiariamente pelos encargos trabalhistas se comprovada falha na fiscalização do cumprimento das obrigações do contratado.

§ 3º Nas contratações de serviços contínuos com regime de dedicação exclusiva de mão de obra, para assegurar o cumprimento de obrigações trabalhistas pelo contratado, a Administração, mediante disposição em edital ou em contrato, poderá, entre outras medidas:

I. exigir caução, fiança bancária ou contratação de seguro-garantia com cobertura para verbas rescisórias inadimplidas;

II. condicionar o pagamento à comprovação de quitação das obrigações trabalhistas vencidas relativas ao contrato;

III. efetuar o depósito de valores em conta vinculada;

IV. em caso de inadimplemento, efetuar diretamente o pagamento das verbas trabalhistas, que serão deduzidas do pagamento devido ao contratado;

V. estabelecer que os valores destinados a férias, a décimo terceiro salário, a ausências legais e a verbas rescisórias dos empregados do contratado que participarem da execução dos serviços contratados serão pagos pelo contratante ao contratado somente na ocorrência do fato gerador.

§ 4º Os valores depositados na conta vinculada a que se refere o inciso III do § 3º deste artigo são absolutamente impenhoráveis.

§ 5º O recolhimento das contribuições previdenciárias observará o disposto no art. 31 da Lei nº 8.212, de 24 de julho de 1991.

Art. 122. Na execução do contrato e sem prejuízo das responsabilidades contratuais e legais, o contratado poderá subcontratar partes da obra, do serviço ou do fornecimento até o limite autorizado, em cada caso, pela Administração.

§ 1º O contratado apresentará à Administração documentação que comprove a capacidade técnica do subcontratado, que será avaliada e juntada aos autos do processo correspondente.

§ 2º Regulamento ou edital de licitação poderão vedar, restringir ou estabelecer condições para a subcontratação.

§ 3º Será vedada a subcontratação de pessoa física ou jurídica, se aquela ou os dirigentes desta mantiverem vínculo de natureza técnica, comercial, econômica, financeira, trabalhista ou civil com dirigente do órgão ou entidade contratante ou com agente público que desempenhe função na licitação ou atue na fiscalização ou na gestão do contrato, ou se deles forem cônjuge, companheiro ou parente em linha reta, colateral, ou por afinidade, até o terceiro grau, devendo essa proibição constar expressamente do edital de licitação.

Art. 123. A Administração terá o dever de explicitamente emitir decisão sobre todas as solicitações e reclamações relacionadas à execução dos contratos regidos por esta Lei, ressalvados os requerimentos manifestamente impertinentes, meramente protelatórios ou de nenhum interesse para a boa execução do contrato.

Parágrafo único. Salvo disposição legal ou cláusula contratual que estabeleça prazo específico, concluída a instrução do requerimento, a Administração terá o prazo de 1 (um) mês para decidir, admitida a prorrogação motivada por igual período.

CAPÍTULO VII
Da Alteração dos Contratos e dos Preços

Art. 124. Os contratos regidos por esta Lei poderão ser alterados, com as devidas justificativas, nos seguintes casos:

I. unilateralmente pela Administração:
a) quando houver modificação do projeto ou das especificações, para melhor adequação técnica a seus objetivos;
b) quando for necessária a modificação do valor contratual em decorrência de acréscimo ou diminuição quantitativa de seu objeto, nos limites permitidos por esta Lei;
II. por acordo entre as partes:
a) quando conveniente a substituição da garantia de execução;
b) quando necessária a modificação do regime de execução da obra ou do serviço, bem como do modo de fornecimento, em face de verificação técnica da inaplicabilidade dos termos contratuais originários;
c) quando necessária a modificação da forma de pagamento por imposição de circunstâncias supervenientes, mantido o valor inicial atualizado e vedada a antecipação do pagamento em relação ao cronograma financeiro fixado sem a correspondente contraprestação de fornecimento de bens ou execução de obra ou serviço;
d) para restabelecer o equilíbrio econômico-financeiro inicial do contrato em caso de força maior, caso fortuito ou fato do príncipe ou em decorrência de fatos imprevisíveis ou previsíveis de consequências incalculáveis, que inviabilizem a execução do contrato tal como pactuado, respeitada, em qualquer caso, a repartição objetiva de risco estabelecida no contrato.

§ 1º Se forem decorrentes de falhas de projeto, as alterações de contratos de obras e serviços de engenharia ensejarão apuração de responsabilidade do responsável técnico e adoção das providências necessárias para o ressarcimento dos danos causados à Administração.

§ 2º Será aplicado o disposto na alínea *d* do inciso II do caput deste artigo às contratações de obras e serviços de engenharia, quando a execução for obstada pelo atraso na conclusão de procedimentos de desapropriação, desocupação, servidão administrativa ou licenciamento ambiental, por circunstâncias alheias ao contratado.

Art. 125. Nas alterações unilaterais a que se refere o inciso I do caput do art. 124 desta Lei, o contratado será obrigado a aceitar, nas mesmas condições contratuais, acréscimos ou supressões de até 25% (vinte e cinco por cento) do valor inicial atualizado do contrato que se fizerem nas obras, nos serviços ou nas compras, e, no caso de reforma de edifício ou de equipamento, o limite para os acréscimos será de 50% (cinquenta por cento).

Art. 126. As alterações unilaterais a que se refere o inciso I do caput do art. 124 desta Lei não poderão transfigurar o objeto da contratação.

Art. 127. Se o contrato não contemplar preços unitários para obras ou serviços cujo aditamento se fizer necessário, esses serão fixados por meio da aplicação da relação geral entre os valores da proposta e o do orçamento-base da Administração sobre os preços referenciais ou de mercado vigentes na data do aditamento, respeitados os limites estabelecidos no art. 125 desta Lei.

Art. 128. Nas contratações de obras e serviços de engenharia, a diferença percentual entre o valor global do contrato e o preço global de referência não poderá ser reduzida em favor do contratado em decorrência de aditamentos que modifiquem a planilha orçamentária.

Art. 129. Nas alterações contratuais para supressão de obras, bens ou serviços, se o contratado já houver adquirido os materiais e os colocado no local dos trabalhos, estes deverão ser pagos pela Administração pelos custos de aquisição regularmente comprovados e monetariamente reajustados, podendo caber indenização por outros danos eventualmente decorrentes da supressão, desde que regularmente comprovados.

Art. 130. Caso haja alteração unilateral do contrato que aumente ou diminua os encargos do contratado, a Administração deverá restabelecer, no mesmo termo aditivo, o equilíbrio econômico-financeiro inicial.

Art. 131. A extinção do contrato não configurará óbice para o reconhecimento do desequilíbrio econômico-financeiro, hipótese em que será concedida indenização por meio de termo indenizatório.

Parágrafo único. O pedido de restabelecimento do equilíbrio econômico-financeiro deverá ser formulado durante a vigência do contrato e antes de eventual prorrogação nos termos do art. 107 desta Lei.

Art. 132. A formalização do termo aditivo é condição para a execução, pelo contratado, das prestações determinadas pela Administração no curso da execução do contrato, salvo nos casos de justificada necessidade de antecipação de seus efeitos, hipótese em que a formalização deverá ocorrer no prazo máximo de 1 (um) mês.

Art. 133. Nas hipóteses em que for adotada a contratação integrada ou semi-integrada, é vedada a alteração dos valores contratuais, exceto nos seguintes casos:

I. para restabelecimento do equilíbrio econômico-financeiro decorrente de caso fortuito ou força maior;

II. por necessidade de alteração do projeto ou das especificações para melhor adequação técnica aos objetivos da contratação, a pedido da Administração, desde que não decorrente de erros ou omissões por parte do contratado, observados os limites estabelecidos no art. 125 desta Lei;

III. por necessidade de alteração do projeto nas contratações semi-integradas, nos termos do § 5º do art. 46 desta Lei;

IV. por ocorrência de evento superveniente alocado na matriz de riscos como de responsabilidade da Administração.

Art. 134. Os preços contratados serão alterados, para mais ou para menos, conforme o caso, se houver, após a data da apresentação da proposta, criação, alteração ou extinção de quaisquer tributos ou encargos legais ou a superveniência de disposições legais, com comprovada repercussão sobre os preços contratados.

Art. 135. Os preços dos contratos para serviços contínuos com regime de dedicação exclusiva de mão de obra ou com predominância de mão de obra serão repactuados para manutenção do equilíbrio econômico-financeiro, mediante demonstração analítica da variação dos custos contratuais, com data vinculada:

I. à da apresentação da proposta, para custos decorrentes do mercado;

II. ao acordo, à convenção coletiva ou ao dissídio coletivo ao qual a proposta esteja vinculada, para os custos de mão de obra.

§ 1º A Administração não se vinculará às disposições contidas em acordos, convenções ou dissídios coletivos de trabalho que tratem de matéria não trabalhista, de pagamento de participação dos trabalhadores nos lucros ou resultados do contratado, ou que estabeleçam direitos não previstos em lei, como valores ou índices obrigatórios de encargos sociais ou previdenciários, bem como de preços para os insumos relacionados ao exercício da atividade.

§ 2º É vedado a órgão ou entidade contratante vincular-se às disposições previstas nos acordos, convenções ou dissídios coletivos de trabalho que tratem de obrigações e direitos que somente se aplicam aos contratos com a Administração Pública.

§ 3º A repactuação deverá observar o interregno mínimo de 1 (um) ano, contado da data da apresentação da proposta ou da data da última repactuação.

§ 4º A repactuação poderá ser dividida em tantas parcelas quantas forem necessárias, observado o princípio da anualidade do reajuste de preços da contratação, podendo ser realizada em momentos distintos para discutir a variação de custos que tenham sua anualidade resultante em datas diferenciadas, como os decorrentes de mão de obra e os decorrentes dos insumos necessários à execução dos serviços.

§ 5º Quando a contratação envolver mais de uma categoria profissional, a repactuação a que se refere o inciso II do caput deste artigo poderá ser dividida em tantos quantos forem os acordos, convenções ou dissídios coletivos de trabalho das categorias envolvidas na contratação.

§ 6º A repactuação será precedida de solicitação do contratado, acompanhada de demonstração analítica da variação dos custos, por meio de apresentação da planilha de custos e formação de preços, ou do novo acordo, convenção ou sentença normativa que fundamenta a repactuação.

Art. 136. Registros que não caracterizam alteração do contrato podem ser realizados por simples apostila, dispensada a celebração de termo aditivo, como nas seguintes situações:

I. variação do valor contratual para fazer face ao reajuste ou à repactuação de preços previstos no próprio contrato;

II. atualizações, compensações ou penalizações financeiras decorrentes das condições de pagamento previstas no contrato;

III. alterações na razão ou na denominação social do contratado;

IV. empenho de dotações orçamentárias.

CAPÍTULO VIII

Das Hipóteses de Extinção dos Contratos

Art. 137. Constituirão motivos para extinção do contrato, a qual deverá ser formalmente motivada nos autos do processo, assegurados o contraditório e a ampla defesa, as seguintes situações:

I. não cumprimento ou cumprimento irregular de normas editalícias ou de cláusulas contratuais, de especificações, de projetos ou de prazos;
II. desatendimento das determinações regulares emitidas pela autoridade designada para acompanhar e fiscalizar sua execução ou por autoridade superior;
III. alteração social ou modificação da finalidade ou da estrutura da empresa que restrinja sua capacidade de concluir o contrato;
IV. decretação de falência ou de insolvência civil, dissolução da sociedade ou falecimento do contratado;
V. caso fortuito ou força maior, regularmente comprovados, impeditivos da execução do contrato;
VI. atraso na obtenção da licença ambiental, ou impossibilidade de obtê-la, ou alteração substancial do anteprojeto que dela resultar, ainda que obtida no prazo previsto;
VII. atraso na liberação das áreas sujeitas a desapropriação, a desocupação ou a servidão administrativa, ou impossibilidade de liberação dessas áreas;
VIII. razões de interesse público, justificadas pela autoridade máxima do órgão ou da entidade contratante;
IX. não cumprimento das obrigações relativas à reserva de cargos prevista em lei, bem como em outras normas específicas, para pessoa com deficiência, para reabilitado da Previdência Social ou para aprendiz.
§ 1º Regulamento poderá especificar procedimentos e critérios para verificação da ocorrência dos motivos previstos no caput deste artigo.
§ 2º O contratado terá direito à extinção do contrato nas seguintes hipóteses:
I. supressão, por parte da Administração, de obras, serviços ou compras que acarrete modificação do valor inicial do contrato além do limite permitido no art. 125 desta Lei;
II. suspensão de execução do contrato, por ordem escrita da Administração, por prazo superior a 3 (três) meses;
III. repetidas suspensões que totalizem 90 (noventa) dias úteis, independentemente do pagamento obrigatório de indenização pelas sucessivas e contratualmente imprevistas desmobilizações e mobilizações e outras previstas;
IV. atraso superior a 2 (dois) meses, contado da emissão da nota fiscal, dos pagamentos ou de parcelas de pagamentos devidos pela Administração por despesas de obras, serviços ou fornecimentos;
V. não liberação pela Administração, nos prazos contratuais, de área, local ou objeto, para execução de obra, serviço ou fornecimento, e de fontes de materiais naturais especificadas no projeto, inclusive devido a atraso ou descumprimento das obrigações atribuídas pelo contrato à Administração relacionadas a desapropriação, a desocupação de áreas públicas ou a licenciamento ambiental.
§ 3º As hipóteses de extinção a que se referem os incisos II, III e IV do § 2º deste artigo observarão as seguintes disposições:
I. não serão admitidas em caso de calamidade pública, de grave perturbação da ordem interna ou de guerra, bem como quando decorrerem de ato ou fato que o contratado tenha praticado, do qual tenha participado ou para o qual tenha contribuído;
II. assegurarão ao contratado o direito de optar pela suspensão do cumprimento das obrigações assumidas até a normalização da situação, admitido o restabelecimento do equilíbrio econômico-financeiro do contrato, na forma da alínea *d* do inciso II do caput do art. 124 desta Lei.
§ 4º Os emitentes das garantias previstas no art. 96 desta Lei deverão ser notificados pelo contratante quanto ao início de processo administrativo para apuração de descumprimento de cláusulas contratuais.
Art. 138. A extinção do contrato poderá ser:
I. determinada por ato unilateral e escrito da Administração, exceto no caso de descumprimento decorrente de sua própria conduta;
II. consensual, por acordo entre as partes, por conciliação, por mediação ou por comitê de resolução de disputas, desde que haja interesse da Administração;
III. determinada por decisão arbitral, em decorrência de cláusula compromissória ou compromisso arbitral, ou por decisão judicial.
§ 1º A extinção determinada por ato unilateral da Administração e a extinção consensual deverão ser precedidas de autorização escrita e fundamentada da autoridade competente e reduzidas a termo no respectivo processo.
§ 2º Quando a extinção decorrer de culpa exclusiva da Administração, o contratado será ressarcido pelos prejuízos regularmente comprovados que houver sofrido e terá direito a:
I. devolução da garantia;

II. pagamentos devidos pela execução do contrato até a data de extinção;
III. pagamento do custo da desmobilização.

Art. 139. A extinção determinada por ato unilateral da Administração poderá acarretar, sem prejuízo das sanções previstas nesta Lei, as seguintes consequências:
I. assunção imediata do objeto do contrato, no estado e local em que se encontrar, por ato próprio da Administração;
II. ocupação e utilização do local, das instalações, dos equipamentos, do material e do pessoal empregados na execução do contrato e necessários à sua continuidade;
III. execução da garantia contratual para:
a) ressarcimento da Administração Pública por prejuízos decorrentes da não execução;
b) pagamento de verbas trabalhistas, fundiárias e previdenciárias, quando cabível;
c) pagamento das multas devidas à Administração Pública;
d) exigência da assunção da execução e da conclusão do objeto do contrato pela seguradora, quando cabível;
IV. retenção dos créditos decorrentes do contrato até o limite dos prejuízos causados à Administração Pública e das multas aplicadas.

§ 1º A aplicação das medidas previstas nos incisos I e II do caput deste artigo ficará a critério da Administração, que poderá dar continuidade à obra ou ao serviço por execução direta ou indireta.
§ 2º Na hipótese do inciso II do caput deste artigo, o ato deverá ser precedido de autorização expressa do ministro de Estado, do secretário estadual ou do secretário municipal competente, conforme o caso.

CAPÍTULO IX

Do Recebimento do Objeto do Contrato

Art. 140. O objeto do contrato será recebido:
I. em se tratando de obras e serviços:
a) provisoriamente, pelo responsável por seu acompanhamento e fiscalização, mediante termo detalhado, quando verificado o cumprimento das exigências de caráter técnico;
b) definitivamente, por servidor ou comissão designada pela autoridade competente, mediante termo detalhado que comprove o atendimento das exigências contratuais;

II. em se tratando de compras:
a) provisoriamente, de forma sumária, pelo responsável por seu acompanhamento e fiscalização, com verificação posterior da conformidade do material com as exigências contratuais;
b) definitivamente, por servidor ou comissão designada pela autoridade competente, mediante termo detalhado que comprove o atendimento das exigências contratuais.

§ 1º O objeto do contrato poderá ser rejeitado, no todo ou em parte, quando estiver em desacordo com o contrato.
§ 2º O recebimento provisório ou definitivo não excluirá a responsabilidade civil pela solidez e pela segurança da obra ou serviço nem a responsabilidade ético-profissional pela perfeita execução do contrato, nos limites estabelecidos pela lei ou pelo contrato.
§ 3º Os prazos e os métodos para a realização dos recebimentos provisório e definitivo serão definidos em regulamento ou no contrato.
§ 4º Salvo disposição em contrário constante do edital ou de ato normativo, os ensaios, os testes e as demais provas para aferição da boa execução do objeto do contrato exigidos por normas técnicas oficiais correrão por conta do contratado.
§ 5º Em se tratando de projeto de obra, o recebimento definitivo pela Administração não eximirá o projetista ou o consultor da responsabilidade objetiva por todos os danos causados por falha de projeto.
§ 6º Em se tratando de obra, o recebimento definitivo pela Administração não eximirá o contratado, pelo prazo mínimo de 5 (cinco) anos, admitida a previsão de prazo de garantia superior no edital e no contrato, da responsabilidade objetiva pela solidez e pela segurança dos materiais e dos serviços executados e pela funcionalidade da construção, da reforma, da recuperação ou da ampliação do bem imóvel, e, em caso de vício, defeito ou incorreção identificados, o contratado ficará responsável pela reparação, pela correção, pela reconstrução ou pela substituição necessárias.

CAPÍTULO X

Dos Pagamentos

Art. 141. No dever de pagamento pela Administração, será observada a ordem cronológica para

cada fonte diferenciada de recursos, subdividida nas seguintes categorias de contratos:
I. fornecimento de bens;
II. locações;
III. prestação de serviços;
IV. realização de obras.

§ 1º A ordem cronológica referida no caput deste artigo poderá ser alterada, mediante prévia justificativa da autoridade competente e posterior comunicação ao órgão de controle interno da Administração e ao tribunal de contas competente, exclusivamente nas seguintes situações:
I. grave perturbação da ordem, situação de emergência ou calamidade pública;
II. pagamento a microempresa, empresa de pequeno porte, agricultor familiar, produtor rural pessoa física, microempreendedor individual e sociedade cooperativa, desde que demonstrado o risco de descontinuidade do cumprimento do objeto do contrato;
III. pagamento de serviços necessários ao funcionamento dos sistemas estruturantes, desde que demonstrado o risco de descontinuidade do cumprimento do objeto do contrato;
IV. pagamento de direitos oriundos de contratos em caso de falência, recuperação judicial ou dissolução da empresa contratada;
V. pagamento de contrato cujo objeto seja imprescindível para assegurar a integridade do patrimônio público ou para manter o funcionamento das atividades finalísticas do órgão ou entidade, quando demonstrado o risco de descontinuidade da prestação de serviço público de relevância ou o cumprimento da missão institucional.

§ 2º A inobservância imotivada da ordem cronológica referida no caput deste artigo ensejará a apuração de responsabilidade do agente responsável, cabendo aos órgãos de controle a sua fiscalização.

§ 3º O órgão ou entidade deverá disponibilizar, mensalmente, em SEÇÃO específica de acesso à informação em seu sítio na internet, a ordem cronológica de seus pagamentos, bem como as justificativas que fundamentarem a eventual alteração dessa ordem.

Art. 142. Disposição expressa no edital ou no contrato poderá prever pagamento em conta vinculada ou pagamento pela efetiva comprovação do fato gerador.

Parágrafo único. (VETADO).

Art. 143. No caso de controvérsia sobre a execução do objeto, quanto a dimensão, qualidade e quantidade, a parcela incontroversa deverá ser liberada no prazo previsto para pagamento.

Art. 144. Na contratação de obras, fornecimentos e serviços, inclusive de engenharia, poderá ser estabelecida remuneração variável vinculada ao desempenho do contratado, com base em metas, padrões de qualidade, critérios de sustentabilidade ambiental e prazos de entrega definidos no edital de licitação e no contrato.

§ 1º O pagamento poderá ser ajustado em base percentual sobre o valor economizado em determinada despesa, quando o objeto do contrato visar à implantação de processo de racionalização, hipótese em que as despesas correrão à conta dos mesmos créditos orçamentários, na forma de regulamentação específica.

§ 2º A utilização de remuneração variável será motivada e respeitará o limite orçamentário fixado pela Administração para a contratação.

Art. 145. Não será permitido pagamento antecipado, parcial ou total, relativo a parcelas contratuais vinculadas ao fornecimento de bens, à execução de obras ou à prestação de serviços.

§ 1º A antecipação de pagamento somente será permitida se propiciar sensível economia de recursos ou se representar condição indispensável para a obtenção do bem ou para a prestação do serviço, hipótese que deverá ser previamente justificada no processo licitatório e expressamente prevista no edital de licitação ou instrumento formal de contratação direta.

§ 2º A Administração poderá exigir a prestação de garantia adicional como condição para o pagamento antecipado.

§ 3º Caso o objeto não seja executado no prazo contratual, o valor antecipado deverá ser devolvido.

Art. 146. No ato de liquidação da despesa, os serviços de contabilidade comunicarão aos órgãos da administração tributária as características da despesa e os valores pagos, conforme o disposto no art. 63 da Lei nº 4.320, de 17 de março de 1964.

CAPÍTULO XI
Da Nulidade dos Contratos

Art. 147. Constatada irregularidade no procedimento licitatório ou na execução contratual, caso não seja possível o saneamento, a decisão sobre a suspensão da execução ou sobre a declaração de nulidade do contrato somente será adotada na hipótese em que se revelar medida de interesse público, com avaliação, entre outros, dos seguintes aspectos:

I. impactos econômicos e financeiros decorrentes do atraso na fruição dos benefícios do objeto do contrato;

II. riscos sociais, ambientais e à segurança da população local decorrentes do atraso na fruição dos benefícios do objeto do contrato;

III. motivação social e ambiental do contrato;

IV. custo da deterioração ou da perda das parcelas executadas;

V. despesa necessária à preservação das instalações e dos serviços já executados;

VI. despesa inerente à desmobilização e ao posterior retorno às atividades;

VII. medidas efetivamente adotadas pelo titular do órgão ou entidade para o saneamento dos indícios de irregularidades apontados;

VIII. custo total e estágio de execução física e financeira dos contratos, dos convênios, das obras ou das parcelas envolvidas;

IX. fechamento de postos de trabalho diretos e indiretos em razão da paralisação;

X. custo para realização de nova licitação ou celebração de novo contrato;

XI. custo de oportunidade do capital durante o período de paralisação.

Parágrafo único. Caso a paralisação ou anulação não se revele medida de interesse público, o poder público deverá optar pela continuidade do contrato e pela solução da irregularidade por meio de indenização por perdas e danos, sem prejuízo da apuração de responsabilidade e da aplicação de penalidades cabíveis.

Art. 148. A declaração de nulidade do contrato administrativo requererá análise prévia do interesse público envolvido, na forma do art. 147 desta Lei, e operará retroativamente, impedindo os efeitos jurídicos que o contrato deveria produzir ordinariamente e desconstituindo os já produzidos.

§ 1º Caso não seja possível o retorno à situação fática anterior, a nulidade será resolvida pela indenização por perdas e danos, sem prejuízo da apuração de responsabilidade e aplicação das penalidades cabíveis.

§ 2º Ao declarar a nulidade do contrato, a autoridade, com vistas à continuidade da atividade administrativa, poderá decidir que ela só tenha eficácia em momento futuro, suficiente para efetuar nova contratação, por prazo de até 6 (seis) meses, prorrogável uma única vez.

Art. 149. A nulidade não exonerará a Administração do dever de indenizar o contratado pelo que houver executado até a data em que for declarada ou tornada eficaz, bem como por outros prejuízos regularmente comprovados, desde que não lhe seja imputável, e será promovida a responsabilização de quem lhe tenha dado causa.

Art. 150. Nenhuma contratação será feita sem a caracterização adequada de seu objeto e sem a indicação dos créditos orçamentários para pagamento das parcelas contratuais vincendas no exercício em que for realizada a contratação, sob pena de nulidade do ato e de responsabilização de quem lhe tiver dado causa.

CAPÍTULO XII
Dos Meios Alternativos de Resolução de Controvérsias

Art. 151. Nas contratações regidas por esta Lei, poderão ser utilizados meios alternativos de prevenção e resolução de controvérsias, notadamente a conciliação, a mediação, o comitê de resolução de disputas e a arbitragem.

Parágrafo único. Será aplicado o disposto no caput deste artigo às controvérsias relacionadas a direitos patrimoniais disponíveis, como as questões relacionadas ao restabelecimento do equilíbrio econômico-financeiro do contrato, ao inadimplemento de obrigações contratuais por quaisquer das partes e ao cálculo de indenizações.

Art. 152. A arbitragem será sempre de direito e observará o princípio da publicidade.

Art. 153. Os contratos poderão ser aditados para permitir a adoção dos meios alternativos de resolução de controvérsias.

Art. 154. O processo de escolha dos árbitros, dos colegiados arbitrais e dos comitês de resolução de disputas observará critérios isonômicos, técnicos e transparentes.

TÍTULO IV

Das Irregularidades

CAPÍTULO I
Das Infrações e Sanções Administrativas

Art. 155. O licitante ou o contratado será responsabilizado administrativamente pelas seguintes infrações:

I. dar causa à inexecução parcial do contrato;

II. dar causa à inexecução parcial do contrato que cause grave dano à Administração, ao funcionamento dos serviços públicos ou ao interesse coletivo;

III. dar causa à inexecução total do contrato;

IV. deixar de entregar a documentação exigida para o certame;

V. não manter a proposta, salvo em decorrência de fato superveniente devidamente justificado;

VI. não celebrar o contrato ou não entregar a documentação exigida para a contratação, quando convocado dentro do prazo de validade de sua proposta;

VII. ensejar o retardamento da execução ou da entrega do objeto da licitação sem motivo justificado;

VIII. apresentar declaração ou documentação falsa exigida para o certame ou prestar declaração falsa durante a licitação ou a execução do contrato;

IX. fraudar a licitação ou praticar ato fraudulento na execução do contrato;

X. comportar-se de modo inidôneo ou cometer fraude de qualquer natureza;

XI. praticar atos ilícitos com vistas a frustrar os objetivos da licitação;

XII. praticar ato lesivo previsto no art. 5º da Lei nº 12.846, de 1º de agosto de 2013.

Art. 156. Serão aplicadas ao responsável pelas infrações administrativas previstas nesta Lei as seguintes sanções:

I. advertência;

II. multa;

III. impedimento de licitar e contratar;

IV. declaração de inidoneidade para licitar ou contratar.

§ 1º Na aplicação das sanções serão considerados:

I. a natureza e a gravidade da infração cometida;

II. as peculiaridades do caso concreto;

III. as circunstâncias agravantes ou atenuantes;

IV. os danos que dela provierem para a Administração Pública;

V. a implantação ou o aperfeiçoamento de programa de integridade, conforme normas e orientações dos órgãos de controle.

§ 2º A sanção prevista no inciso I do caput deste artigo será aplicada exclusivamente pela infração administrativa prevista no inciso I do caput do art. 155 desta Lei, quando não se justificar a imposição de penalidade mais grave.

§ 3º A sanção prevista no inciso II do caput deste artigo, calculada na forma do edital ou do contrato, não poderá ser inferior a 0,5% (cinco décimos por cento) nem superior a 30% (trinta por cento) do valor do contrato licitado ou celebrado com contratação direta e será aplicada ao responsável por qualquer das infrações administrativas previstas no art. 155 desta Lei.

§ 4º A sanção prevista no inciso III do caput deste artigo será aplicada ao responsável pelas infrações administrativas previstas nos incisos II, III, IV, V, VI e VII do caput do art. 155 desta Lei, quando não se justificar a imposição de penalidade mais grave, e impedirá o responsável de licitar ou contratar no âmbito da Administração Pública direta e indireta do ente federativo que tiver aplicado a sanção, pelo prazo máximo de 3 (três) anos.

§ 5º A sanção prevista no inciso IV do caput deste artigo será aplicada ao responsável pelas infrações administrativas previstas nos incisos VIII, IX, X, XI e XII do caput do art. 155 desta Lei, bem como pelas infrações administrativas previstas nos incisos II, III, IV, V, VI e VII do caput do referido artigo que justifiquem a imposição de penalidade mais grave que a sanção referida no § 4º deste artigo, e impedirá o responsável de licitar ou contratar no âmbito da Administração Pública direta e indireta de todos os entes federativos, pelo prazo mínimo de 3 (três) anos e máximo de 6 (seis) anos.

§ 6º A sanção estabelecida no inciso IV do caput deste artigo será precedida de análise jurídica e observará as seguintes regras:

I. quando aplicada por órgão do Poder Executivo, será de competência exclusiva de ministro de Estado, de secretário estadual ou de secretário municipal e, quando aplicada por autarquia ou fundação, será de competência exclusiva da autoridade máxima da entidade;

II. quando aplicada por órgãos dos Poderes Legislativo e Judiciário, pelo Ministério Público e pela Defensoria Pública no desempenho da função administrativa, será de competência exclusiva de autoridade de nível hierárquico equivalente às autoridades referidas no inciso I deste parágrafo, na forma de regulamento.

§ 7º As sanções previstas nos incisos I, III e IV do caput deste artigo poderão ser aplicadas cumulativamente com a prevista no inciso II do caput deste artigo.

§ 8º Se a multa aplicada e as indenizações cabíveis forem superiores ao valor de pagamento eventualmente devido pela Administração ao contratado, além da perda desse valor, a diferença será descontada da garantia prestada ou será cobrada judicialmente.

§ 9º A aplicação das sanções previstas no caput deste artigo não exclui, em hipótese alguma, a obrigação de reparação integral do dano causado à Administração Pública.

Art. 157. Na aplicação da sanção prevista no inciso II do caput do art. 156 desta Lei, será facultada a defesa do interessado no prazo de 15 (quinze) dias úteis, contado da data de sua intimação.

Art. 158. A aplicação das sanções previstas nos incisos III e IV do caput do art. 156 desta Lei requererá a instauração de processo de responsabilização, a ser conduzido por comissão composta de 2 (dois) ou mais servidores estáveis, que avaliará fatos e circunstâncias conhecidos e intimará o licitante ou o contratado para, no prazo de 15 (quinze) dias úteis, contado da data de intimação, apresentar defesa escrita e especificar as provas que pretenda produzir.

§ 1º Em órgão ou entidade da Administração Pública cujo quadro funcional não seja formado de servidores estatutários, a comissão a que se refere o caput deste artigo será composta de 2 (dois) ou mais empregados públicos pertencentes aos seus quadros permanentes, preferencialmente com, no mínimo, 3 (três) anos de tempo de serviço no órgão ou entidade.

§ 2º Na hipótese de deferimento de pedido de produção de novas provas ou de juntada de provas julgadas indispensáveis pela comissão, o licitante ou o contratado poderá apresentar alegações finais no prazo de 15 (quinze) dias úteis, contado da data da intimação.

§ 3º Serão indeferidas pela comissão, mediante decisão fundamentada, provas ilícitas, impertinentes, desnecessárias, protelatórias ou intempestivas.

§ 4º A prescrição ocorrerá em 5 (cinco) anos, contados da ciência da infração pela Administração, e será:

I. interrompida pela instauração do processo de responsabilização a que se refere o caput deste artigo;

II. suspensa pela celebração de acordo de leniência previsto na Lei nº 12.846, de 1º de agosto de 2013;

III. suspensa por decisão judicial que inviabilize a conclusão da apuração administrativa.

Art. 159. Os atos previstos como infrações administrativas nesta Lei ou em outras leis de licitações e contratos da Administração Pública que também sejam tipificados como atos lesivos na Lei nº 12.846, de 1º de agosto de 2013, serão apurados e julgados conjuntamente, nos mesmos autos, observados o rito procedimental e a autoridade competente definidos na referida Lei.

Parágrafo único. (VETADO).

Art. 160. A personalidade jurídica poderá ser desconsiderada sempre que utilizada com abuso do direito para facilitar, encobrir ou dissimular a prática dos atos ilícitos previstos nesta Lei ou para provocar confusão patrimonial, e, nesse caso, todos os efeitos das sanções aplicadas à pessoa jurídica serão estendidos aos seus administradores e sócios com poderes de administração, a pessoa jurídica sucessora ou a empresa do mesmo ramo com relação de coligação ou controle, de fato ou de direito, com o sancionado, observados, em todos os casos, o contraditório, a ampla defesa e a obrigatoriedade de análise jurídica prévia.

Art. 161. Os órgãos e entidades dos Poderes Executivo, Legislativo e Judiciário de todos os entes federativos deverão, no prazo máximo 15 (quinze) dias úteis, contado da data de aplicação da sanção, informar e manter atualizados os dados relativos às sanções por eles aplicadas, para fins de publicidade no Cadastro Nacional de Empresas Inidôneas e Suspensas (Ceis) e no Cadastro Nacional de Empresas Punidas (Cnep), instituídos no âmbito do Poder Executivo federal.

Parágrafo único. Para fins de aplicação das sanções previstas nos incisos I, II, III e IV do caput do art. 156 desta Lei, o Poder Executivo regulamentará a forma de cômputo e as consequências da soma de diversas sanções aplicadas a uma mesma empresa e derivadas de contratos distintos.

Art. 162. O atraso injustificado na execução do contrato sujeitará o contratado a multa de mora, na forma prevista em edital ou em contrato.

Parágrafo único. A aplicação de multa de mora não impedirá que a Administração a converta em compensatória e promova a extinção unilateral do contrato com a aplicação cumulada de outras sanções previstas nesta Lei.

Art. 163. É admitida a reabilitação do licitante ou contratado perante a própria autoridade que aplicou a penalidade, exigidos, cumulativamente:
I. reparação integral do dano causado à Administração Pública;
II. pagamento da multa;
III. transcurso do prazo mínimo de 1 (um) ano da aplicação da penalidade, no caso de impedimento de licitar e contratar, ou de 3 (três) anos da aplicação da penalidade, no caso de declaração de inidoneidade;
IV. cumprimento das condições de reabilitação definidas no ato punitivo;
V. análise jurídica prévia, com posicionamento conclusivo quanto ao cumprimento dos requisitos definidos neste artigo.
Parágrafo único. A sanção pelas infrações previstas nos incisos VIII e XII do caput do art. 155 desta Lei exigirá, como condição de reabilitação do licitante ou contratado, a implantação ou aperfeiçoamento de programa de integridade pelo responsável.

CAPÍTULO II
Das Impugnações, dos Pedidos de Esclarecimento e dos Recursos

Art. 164. Qualquer pessoa é parte legítima para impugnar edital de licitação por irregularidade na aplicação desta Lei ou para solicitar esclarecimento sobre os seus termos, devendo protocolar o pedido até 3 (três) dias úteis antes da data de abertura do certame.
Parágrafo único. A resposta à impugnação ou ao pedido de esclarecimento será divulgada em sítio eletrônico oficial no prazo de até 3 (três) dias úteis, limitado ao último dia útil anterior à data da abertura do certame.

Art. 165. Dos atos da Administração decorrentes da aplicação desta Lei cabem:
I. recurso, no prazo de 3 (três) dias úteis, contado da data de intimação ou de lavratura da ata, em face de:
a) ato que defira ou indefira pedido de pré-qualificação de interessado ou de inscrição em registro cadastral, sua alteração ou cancelamento;
b) julgamento das propostas;
c) ato de habilitação ou inabilitação de licitante;
d) anulação ou revogação da licitação;
e) extinção do contrato, quando determinada por ato unilateral e escrito da Administração;
II. pedido de reconsideração, no prazo de 3 (três) dias úteis, contado da data de intimação, relativamente a ato do qual não caiba recurso hierárquico.
§ 1º Quanto ao recurso apresentado em virtude do disposto nas alíneas *b* e *c* do inciso I do caput deste artigo, serão observadas as seguintes disposições:
I. a intenção de recorrer deverá ser manifestada imediatamente, sob pena de preclusão, e o prazo para apresentação das razões recursais previsto no inciso I do caput deste artigo será iniciado na data de intimação ou de lavratura da ata de habilitação ou inabilitação ou, na hipótese de adoção da inversão de fases prevista no § 1º do art. 17 desta Lei, da ata de julgamento;
II. a apreciação dar-se-á em fase única.
§ 2º O recurso de que trata o inciso I do caput deste artigo será dirigido à autoridade que tiver editado o ato ou proferido a decisão recorrida, que, se não reconsiderar o ato ou a decisão no prazo de 3 (três) dias úteis, encaminhará o recurso com a sua motivação à autoridade superior, a qual deverá proferir sua decisão no prazo máximo de 10 (dez) dias úteis, contado do recebimento dos autos.
§ 3º O acolhimento do recurso implicará invalidação apenas de ato insuscetível de aproveitamento.
§ 4º O prazo para apresentação de contrarrazões será o mesmo do recurso e terá início na data de intimação pessoal ou de divulgação da interposição do recurso.
§ 5º Será assegurado ao licitante vista dos elementos indispensáveis à defesa de seus interesses.

Art. 166. Da aplicação das sanções previstas nos incisos I, II e III do caput do art. 156 desta Lei caberá recurso no prazo de 15 (quinze) dias úteis, contado da data da intimação.
Parágrafo único. O recurso de que trata o caput deste artigo será dirigido à autoridade que tiver proferido a decisão recorrida, que, se não a reconsiderar no prazo de 5 (cinco) dias úteis, encaminhará o recurso com sua motivação à autoridade superior, a qual deverá proferir sua decisão no prazo máximo de 20 (vinte) dias úteis, contado do recebimento dos autos.

Art. 167. Da aplicação da sanção prevista no inciso IV do caput do art. 156 desta Lei caberá apenas pedido de reconsideração, que deverá ser apresentado no prazo de 15 (quinze) dias úteis, contado da data da intimação, e decidido no prazo máximo de 20 (vinte) dias úteis, contado do seu recebimento.

Art. 168. O recurso e o pedido de reconsideração terão efeito suspensivo do ato ou da decisão recorrida até que sobrevenha decisão final da autoridade competente.

Parágrafo único. Na elaboração de suas decisões, a autoridade competente será auxiliada pelo órgão de assessoramento jurídico, que deverá dirimir dúvidas e subsidiá-la com as informações necessárias.

CAPÍTULO III

Do Controle das Contratações

Art. 169. As contratações públicas deverão submeter-se a práticas contínuas e permanentes de gestão de riscos e de controle preventivo, inclusive mediante adoção de recursos de tecnologia da informação, e, além de estar subordinadas ao controle social, sujeitar-se-ão às seguintes linhas de defesa:

I. primeira linha de defesa, integrada por servidores e empregados públicos, agentes de licitação e autoridades que atuam na estrutura de governança do órgão ou entidade;

II. segunda linha de defesa, integrada pelas unidades de assessoramento jurídico e de controle interno do próprio órgão ou entidade;

III. terceira linha de defesa, integrada pelo órgão central de controle interno da Administração e pelo tribunal de contas.

§ 1º Na forma de regulamento, a implementação das práticas a que se refere o caput deste artigo será de responsabilidade da alta administração do órgão ou entidade e levará em consideração os custos e os benefícios decorrentes de sua implementação, optando-se pelas medidas que promovam relações íntegras e confiáveis, com segurança jurídica para todos os envolvidos, e que produzam o resultado mais vantajoso para a Administração, com eficiência, eficácia e efetividade nas contratações públicas.

§ 2º Para a realização de suas atividades, os órgãos de controle deverão ter acesso irrestrito aos documentos e às informações necessárias à realização dos trabalhos, inclusive aos documentos classificados pelo órgão ou entidade nos termos da Lei nº 12.527, de 18 de novembro de 2011, e o órgão de controle com o qual foi compartilhada eventual informação sigilosa tornar-se-á corresponsável pela manutenção do seu sigilo.

§ 3º Os integrantes das linhas de defesa a que se referem os incisos I, II e III do caput deste artigo observarão o seguinte:

I. quando constatarem simples impropriedade formal, adotarão medidas para o seu saneamento e para a mitigação de riscos de sua nova ocorrência, preferencialmente com o aperfeiçoamento dos controles preventivos e com a capacitação dos agentes públicos responsáveis;

II. quando constatarem irregularidade que configure dano à Administração, sem prejuízo das medidas previstas no inciso I deste § 3º, adotarão as providências necessárias para a apuração das infrações administrativas, observadas a segregação de funções e a necessidade de individualização das condutas, bem como remeterão ao Ministério Público competente cópias dos documentos cabíveis para a apuração dos ilícitos de sua competência.

Art. 170. Os órgãos de controle adotarão, na fiscalização dos atos previstos nesta Lei, critérios de oportunidade, materialidade, relevância e risco e considerarão as razões apresentadas pelos órgãos e entidades responsáveis e os resultados obtidos com a contratação, observado o disposto no § 3º do art. 169 desta Lei.

§ 1º As razões apresentadas pelos órgãos e entidades responsáveis deverão ser encaminhadas aos órgãos de controle até a conclusão da fase de instrução do processo e não poderão ser desentranhadas dos autos.

§ 2º A omissão na prestação das informações não impedirá as deliberações dos órgãos de controle nem retardará a aplicação de qualquer de seus prazos de tramitação e de deliberação.

§ 3º Os órgãos de controle desconsiderarão os documentos impertinentes, meramente protelatórios ou de nenhum interesse para o esclarecimento dos fatos.

§ 4º Qualquer licitante, contratado ou pessoa física ou jurídica poderá representar aos órgãos de controle interno ou ao tribunal de contas competente contra irregularidades na aplicação desta Lei.

Art. 171. Na fiscalização de controle será observado o seguinte:

I. viabilização de oportunidade de manifestação aos gestores sobre possíveis propostas de encaminhamento que terão impacto significativo nas rotinas de trabalho dos órgãos e entidades fiscalizados, a fim de que eles disponibilizem subsídios para avaliação prévia da relação entre custo e benefício dessas possíveis proposições;

II. adoção de procedimentos objetivos e imparciais e elaboração de relatórios tecnicamente fundamentados, baseados exclusivamente nas evidências obtidas e organizados de acordo com as normas de auditoria do respectivo órgão de controle, de modo a evitar que interesses pessoais e interpretações tendenciosas interfiram na apresentação e no tratamento dos fatos levantados;

III. definição de objetivos, nos regimes de empreitada por preço global, empreitada integral, contratação semi-integrada e contratação integrada, atendidos os requisitos técnicos, legais, orçamentários e financeiros, de acordo com as finalidades da contratação, devendo, ainda, ser perquirida a conformidade do preço global com os parâmetros de mercado para o objeto contratado, considerada inclusive a dimensão geográfica.

§ 1º Ao suspender cautelarmente o processo licitatório, o tribunal de contas deverá pronunciar-se definitivamente sobre o mérito da irregularidade que tenha dado causa à suspensão no prazo de 25 (vinte e cinco) dias úteis, contado da data do recebimento das informações a que se refere o § 2º deste artigo, prorrogável por igual período uma única vez, e definirá objetivamente:

I. as causas da ordem de suspensão;

II. o modo como será garantido o atendimento do interesse público obstado pela suspensão da licitação, no caso de objetos essenciais ou de contratação por emergência.

§ 2º Ao ser intimado da ordem de suspensão do processo licitatório, o órgão ou entidade deverá, no prazo de 10 (dez) dias úteis, admitida a prorrogação:

I. informar as medidas adotadas para cumprimento da decisão;

II. prestar todas as informações cabíveis;

III. proceder à apuração de responsabilidade, se for o caso.

§ 3º A decisão que examinar o mérito da medida cautelar a que se refere o § 1º deste artigo deverá definir as medidas necessárias e adequadas, em face das alternativas possíveis, para o saneamento do processo licitatório, ou determinar a sua anulação.

§ 4º O descumprimento do disposto no § 2º deste artigo ensejará a apuração de responsabilidade e a obrigação de reparação do prejuízo causado ao erário.

Art. 172. (VETADO).

Art. 173. Os tribunais de contas deverão, por meio de suas escolas de contas, promover eventos de capacitação para os servidores efetivos e empregados públicos designados para o desempenho das funções essenciais à execução desta Lei, incluídos cursos presenciais e a distância, redes de aprendizagem, seminários e congressos sobre contratações públicas.

TÍTULO V

DISPOSIÇÕES GERAIS

CAPÍTULO I

Do Portal Nacional de Contratações Públicas (PNCP)

Art. 174. É criado o Portal Nacional de Contratações Públicas (PNCP), sítio eletrônico oficial destinado à:

I. divulgação centralizada e obrigatória dos atos exigidos por esta Lei;

II. realização facultativa das contratações pelos órgãos e entidades dos Poderes Executivo, Legislativo e Judiciário de todos os entes federativos.

§ 1º O PNCP será gerido pelo Comitê Gestor da Rede Nacional de Contratações Públicas, a ser presidido por representante indicado pelo Presidente da República e composto de:

I. 3 (três) representantes da União indicados pelo Presidente da República;

II. 2 (dois) representantes dos Estados e do Distrito Federal indicados pelo Conselho Nacional de Secretários de Estado da Administração;

III. 2 (dois) representantes dos Municípios indicados pela Confederação Nacional de Municípios.

§ 2º O PNCP conterá, entre outras, as seguintes informações acerca das contratações:

I. planos de contratação anuais;

II. catálogos eletrônicos de padronização;

III. editais de credenciamento e de pré-qualificação, avisos de contratação direta e editais de licitação e respectivos anexos;

IV. atas de registro de preços;
V. contratos e termos aditivos;
VI. notas fiscais eletrônicas, quando for o caso.
§ 3º O PNCP deverá, entre outras funcionalidades, oferecer:
I. sistema de registro cadastral unificado;
II. painel para consulta de preços, banco de preços em saúde e acesso à base nacional de notas fiscais eletrônicas;
III. sistema de planejamento e gerenciamento de contratações, incluído o cadastro de atesto de cumprimento de obrigações previsto no § 4º do art. 88 desta Lei;
IV. sistema eletrônico para a realização de sessões públicas;
V. acesso ao Cadastro Nacional de Empresas Inidôneas e Suspensas (Ceis) e ao Cadastro Nacional de Empresas Punidas (Cnep);
VI. sistema de gestão compartilhada com a sociedade de informações referentes à execução do contrato, que possibilite:
a) envio, registro, armazenamento e divulgação de mensagens de texto ou imagens pelo interessado previamente identificado;
b) acesso ao sistema informatizado de acompanhamento de obras a que se refere o inciso III do caput do art. 19 desta Lei;
c) comunicação entre a população e representantes da Administração e do contratado designados para prestar as informações e esclarecimentos pertinentes, na forma de regulamento;
d) divulgação, na forma de regulamento, de relatório final com informações sobre a consecução dos objetivos que tenham justificado a contratação e eventuais condutas a serem adotadas para o aprimoramento das atividades da Administração.
§ 4º O PNCP adotará o formato de dados abertos e observará as exigências previstas na Lei nº 12.527, de 18 de novembro de 2011.
§ 5º (VETADO).
Art. 175. Sem prejuízo do disposto no art. 174 desta Lei, os entes federativos poderão instituir sítio eletrônico oficial para divulgação complementar e realização das respectivas contratações.
§ 1º Desde que mantida a integração com o PNCP, as contratações poderão ser realizadas por meio de sistema eletrônico fornecido por pessoa jurídica de direito privado, na forma de regulamento.
§ 2º (VETADO).

Art. 176. Os Municípios com até 20.000 (vinte mil) habitantes terão o prazo de 6 (seis) anos, contado da data de publicação desta Lei, para cumprimento:
I. dos requisitos estabelecidos no art. 7º e no caput do art. 8º desta Lei;
II. da obrigatoriedade de realização da licitação sob a forma eletrônica a que se refere o § 2º do art. 17 desta Lei;
III. das regras relativas à divulgação em sítio eletrônico oficial.
Parágrafo único. Enquanto não adotarem o PNCP, os Municípios a que se refere o caput deste artigo deverão:
I. publicar, em diário oficial, as informações que esta Lei exige que sejam divulgadas em sítio eletrônico oficial, admitida a publicação de extrato;
II. disponibilizar a versão física dos documentos em suas repartições, vedada a cobrança de qualquer valor, salvo o referente ao fornecimento de edital ou de cópia de documento, que não será superior ao custo de sua reprodução gráfica.

CAPÍTULO II
Das Alterações Legislativas

Art. 177. O caput do art. 1.048 da Lei nº 13.105, de 16 de março de 2015 (Código de Processo Civil), passa a vigorar acrescido do seguinte inciso IV:
"Art.1.048...
....
III. em que se discuta a aplicação do disposto nas normas gerais de licitação e contratação a que se refere o inciso XXVII do caput do art. 22 da Constituição Federal.
...." (NR)
Art. 178. O Título XI da Parte Especial do Decreto-Lei nº 2.848, de 7 de dezembro de 1940 (Código Penal), passa a vigorar acrescido do seguinte Capítulo II-B:

CAPÍTULO II-B
Dos Crimes Em Licitações e Contratos Administrativos

Contratação direta ilegal
Art. 337-E. Admitir, possibilitar ou dar causa à contratação direta fora das hipóteses previstas em lei:
Pena – reclusão, de 4 (quatro) a 8 (oito) anos, e multa.

Frustração do caráter competitivo de licitação
Art. 337-F. Frustrar ou fraudar, com o intuito de obter para si ou para outrem vantagem decorrente da adjudicação do objeto da licitação, o caráter competitivo do processo licitatório:
Pena – reclusão, de 4 (quatro) anos a 8 (oito) anos, e multa.

Patrocínio de contratação indevida
Art. 337-G. Patrocinar, direta ou indiretamente, interesse privado perante a Administração Pública, dando causa à instauração de licitação ou à celebração de contrato cuja invalidação vier a ser decretada pelo Poder Judiciário:
Pena – reclusão, de 6 (seis) meses a 3 (três) anos, e multa.

Modificação ou pagamento irregular em contrato administrativo
Art. 337-H. Admitir, possibilitar ou dar causa a qualquer modificação ou vantagem, inclusive prorrogação contratual, em favor do contratado, durante a execução dos contratos celebrados com a Administração Pública, sem autorização em lei, no edital da licitação ou nos respectivos instrumentos contratuais, ou, ainda, pagar fatura com preterição da ordem cronológica de sua exigibilidade:
Pena – reclusão, de 4 (quatro) anos a 8 (oito) anos, e multa.

Perturbação de processo licitatório
Art. 337-I. Impedir, perturbar ou fraudar a realização de qualquer ato de processo licitatório:
Pena – detenção, de 6 (seis) meses a 3 (três) anos, e multa.

Violação de sigilo em licitação
Art. 337-J. Devassar o sigilo de proposta apresentada em processo licitatório ou proporcionar a terceiro o ensejo de devassá-lo:
Pena – detenção, de 2 (dois) anos a 3 (três) anos, e multa.

Afastamento de licitante
Art. 337-K. Afastar ou tentar afastar licitante por meio de violência, grave ameaça, fraude ou oferecimento de vantagem de qualquer tipo:
Pena – reclusão, de 3 (três) anos a 5 (cinco) anos, e multa, além da pena correspondente à violência.
Parágrafo único. Incorre na mesma pena quem se abstém ou desiste de licitar em razão de vantagem oferecida.

Fraude em licitação ou contrato
Art. 337-L. Fraudar, em prejuízo da Administração Pública, licitação ou contrato dela decorrente, mediante:
I. entrega de mercadoria ou prestação de serviços com qualidade ou em quantidade diversas das previstas no edital ou nos instrumentos contratuais;
II. fornecimento, como verdadeira ou perfeita, de mercadoria falsificada, deteriorada, inservível para consumo ou com prazo de validade vencido;
III. entrega de uma mercadoria por outra;
IV. alteração da substância, qualidade ou quantidade da mercadoria ou do serviço fornecido;
V. qualquer meio fraudulento que torne injustamente mais onerosa para a Administração Pública a proposta ou a execução do contrato:
Pena – reclusão, de 4 (quatro) anos a 8 (oito) anos, e multa.

Contratação inidônea
Art. 337-M. Admitir à licitação empresa ou profissional declarado inidôneo:
Pena – reclusão, de 1 (um) ano a 3 (três) anos, e multa.
§ 1º Celebrar contrato com empresa ou profissional declarado inidôneo:
Pena – reclusão, de 3 (três) anos a 6 (seis) anos, e multa.
§ 2º Incide na mesma pena do caput deste artigo aquele que, declarado inidôneo, venha a participar de licitação e, na mesma pena do § 1º deste artigo, aquele que, declarado inidôneo, venha a contratar com a Administração Pública.

Impedimento indevido
Art. 337-N. Obstar, impedir ou dificultar injustamente a inscrição de qualquer interessado nos registros cadastrais ou promover indevidamente a alteração, a suspensão ou o cancelamento de registro do inscrito:
Pena – reclusão, de 6 (seis) meses a 2 (dois) anos, e multa.

Omissão grave de dado ou de informação por projetista
Art. 337-O. Omitir, modificar ou entregar à Administração Pública levantamento cadastral ou condição de contorno em relevante dissonância com a realidade, em frustração ao caráter competitivo da

licitação ou em detrimento da seleção da proposta mais vantajosa para a Administração Pública, em contratação para a elaboração de projeto básico, projeto executivo ou anteprojeto, em diálogo competitivo ou em procedimento de manifestação de interesse:

Pena – reclusão, de 6 (seis) meses a 3 (três) anos, e multa.

§ 1º Consideram-se condição de contorno as informações e os levantamentos suficientes e necessários para a definição da solução de projeto e dos respectivos preços pelo licitante, incluídos sondagens, topografia, estudos de demanda, condições ambientais e demais elementos ambientais impactantes, considerados requisitos mínimos ou obrigatórios em normas técnicas que orientam a elaboração de projetos.

§ 2º Se o crime é praticado com o fim de obter benefício, direto ou indireto, próprio ou de outrem, aplica-se em dobro a pena prevista no caput deste artigo.

Art. 337-P. A pena de multa cominada aos crimes previstos neste Capítulo seguirá a metodologia de cálculo prevista neste Código e não poderá ser inferior a 2% (dois por cento) do valor do contrato licitado ou celebrado com contratação direta."

Art. 179. Os incisos II e III do caput do art. 2º da Lei nº 8.987, de 13 de fevereiro de 1995, passam a vigorar com a seguinte redação:

"Art. 2.
....
....

I. concessão de serviço público: a delegação de sua prestação, feita pelo poder concedente, mediante licitação, na modalidade concorrência ou diálogo competitivo, a pessoa jurídica ou consórcio de empresas que demonstre capacidade para seu desempenho, por sua conta e risco e por prazo determinado;

II. concessão de serviço público precedida da execução de obra pública: a construção, total ou parcial, conservação, reforma, ampliação ou melhoramento de quaisquer obras de interesse público, delegados pelo poder concedente, mediante licitação, na modalidade concorrência ou diálogo competitivo, a pessoa jurídica ou consórcio de empresas que demonstre capacidade para a sua realização, por sua conta e risco, de forma que o investimento da concessionária seja remunerado e amortizado mediante a exploração do serviço ou da obra por prazo determinado;

....
........................." (NR)

Art. 180. O caput do art. 10 da Lei nº 11.079, de 30 de dezembro de 2004, passa a vigorar com a seguinte redação:

"Art. 10. A contratação de parceria público-privada será precedida de licitação na modalidade concorrência ou diálogo competitivo, estando a abertura do processo licitatório condicionada a:

....
........................." (NR)

CAPÍTULO III
DISPOSIÇÕES TRANSITÓRIAS E FINAIS

Art. 181. Os entes federativos instituirão centrais de compras, com o objetivo de realizar compras em grande escala, para atender a diversos órgãos e entidades sob sua competência e atingir as finalidades desta Lei.

Parágrafo único. No caso dos Municípios com até 10.000 (dez mil) habitantes, serão preferencialmente constituídos consórcios públicos para a realização das atividades previstas no caput deste artigo, nos termos da Lei nº 11.107, de 6 de abril de 2005.

Art. 182. O Poder Executivo federal atualizará, a cada dia 1º de janeiro, pelo Índice Nacional de Preços ao Consumidor Amplo Especial (IPCA-E) ou por índice que venha a substituí-lo, os valores fixados por esta Lei, os quais serão divulgados no PNCP.

Art. 183. Os prazos previstos nesta Lei serão contados com exclusão do dia do começo e inclusão do dia do vencimento e observarão as seguintes disposições:

I. os prazos expressos em dias corridos serão computados de modo contínuo;

II. os prazos expressos em meses ou anos serão computados de data a data;

III. nos prazos expressos em dias úteis, serão computados somente os dias em que ocorrer expediente administrativo no órgão ou entidade competente.

§ 1º Salvo disposição em contrário, considera-se dia do começo do prazo:

I. o primeiro dia útil seguinte ao da disponibilização da informação na internet;

II. a data de juntada aos autos do aviso de recebimento, quando a notificação for pelos correios.

§ 2º Considera-se prorrogado o prazo até o primeiro dia útil seguinte se o vencimento cair em dia em que não houver expediente, se o expediente for encerrado antes da hora normal ou se houver indisponibilidade da comunicação eletrônica.

§ 3º Na hipótese do inciso II do caput deste artigo, se no mês do vencimento não houver o dia equivalente àquele do início do prazo, considera-se como termo o último dia do mês.

Art. 184. Aplicam-se as disposições desta Lei, no que couber e na ausência de norma específica, aos convênios, acordos, ajustes e outros instrumentos congêneres celebrados por órgãos e entidades da Administração Pública, na forma estabelecida em regulamento do Poder Executivo federal.

Art. 185. Aplicam-se às licitações e aos contratos regidos pela Lei nº 13.303, de 30 de junho de 2016, as disposições do Capítulo II-B do Título XI da Parte Especial do Decreto-Lei nº 2.848, de 7 de dezembro de 1940 (Código Penal).

Art. 186. Aplicam-se as disposições desta Lei subsidiariamente à Lei nº 8.987, de 13 de fevereiro de 1995, à Lei nº 11.079, de 30 de dezembro de 2004, e à Lei nº 12.232, de 29 de abril de 2010.

Art. 187. Os Estados, o Distrito Federal e os Municípios poderão aplicar os regulamentos editados pela União para execução desta Lei.

Art. 188. (VETADO).

Art. 189. Aplica-se esta Lei às hipóteses previstas na legislação que façam referência expressa à Lei nº 8.666, de 21 de junho de 1993, à Lei nº 10.520, de 17 de julho de 2002, e aos arts. 1º a 47-A da Lei nº 12.462, de 4 de agosto de 2011.

Art. 190. O contrato cujo instrumento tenha sido assinado antes da entrada em vigor desta Lei continuará a ser regido de acordo com as regras previstas na legislação revogada.

Art. 191. Até o decurso do prazo de que trata o inciso II do caput do art. 193, a Administração poderá optar por licitar ou contratar diretamente de acordo com esta Lei ou de acordo com as leis citadas no referido inciso, e a opção escolhida deverá ser indicada expressamente no edital ou no aviso ou instrumento de contratação direta, vedada a aplicação combinada desta Lei com as citadas no referido inciso.

Parágrafo único. Na hipótese do caput deste artigo, se a Administração optar por licitar de acordo com as leis citadas no inciso II do caput do art. 193 desta Lei, o contrato respectivo será regido pelas regras nelas previstas durante toda a sua vigência.

Art. 192. O contrato relativo a imóvel do patrimônio da União ou de suas autarquias e fundações continuará regido pela legislação pertinente, aplicada esta Lei subsidiariamente.

Art. 193. Revogam-se:

I. os arts. 89 a 108 da Lei nº 8.666, de 21 de junho de 1993, na data de publicação desta Lei;

II. a Lei nº 8.666, de 21 de junho de 1993, a Lei nº 10.520, de 17 de julho de 2002, e os arts. 1º a 47-A da Lei nº 12.462, de 4 de agosto de 2011, após decorridos 2 (dois) anos da publicação oficial desta Lei.

Art. 194. Esta Lei entra em vigor na data de sua publicação.

Brasília, 1º de abril de 2021; 200º da Independência e 133º da República.
JAIR MESSIAS BOLSONARO
Anderson Gustavo Torres
Paulo Guedes
Tarcisio Gomes de Freitas
Marcelo Antônio Cartaxo Queiroga Lopes
Wagner de Campos Rosário
André Luiz de Almeida Mendonça

Este texto não substitui o publicado no DOU de 1º.4.2021 – Edição extra-F.

Lei nº 8.987/95 (Concessões e Permissões de serviço público)

LEI Nº 8.987, DE 13 DE FEVEREIRO DE 1995.

Dispõe sobre o regime de concessão e permissão da prestação de serviços públicos previsto no art. 175 da Constituição Federal, e dá outras providências.

Atualizado até Lei nº 1.4015, de 2020

O PRESIDENTE DA REPÚBLICA Faço saber que o Congresso Nacional decreta e eu sanciono a seguinte Lei:

CAPÍTULO I

Das Disposições Preliminares

Art. 1. As concessões de serviços públicos e de obras públicas e as permissões de serviços públicos reger-se-ão pelos termos do art. 175 da Constituição Federal, por esta Lei, pelas normas legais pertinentes e pelas cláusulas dos indispensáveis contratos.

Parágrafo único. A União, os Estados, o Distrito Federal e os Municípios promoverão a revisão e as adaptações necessárias de sua legislação às prescrições desta Lei, buscando atender as peculiaridades das diversas modalidades dos seus serviços.

Art. 2. Para os fins do disposto nesta Lei, considera-se:

I. poder concedente: a União, o Estado, o Distrito Federal ou o Município, em cuja competência se encontre o serviço público, precedido ou não da execução de obra pública, objeto de concessão ou permissão;

II. concessão de serviço público: a delegação de sua prestação, feita pelo poder concedente, mediante licitação, na modalidade de concorrência, à pessoa jurídica ou consórcio de empresas que demonstre capacidade para seu desempenho, por sua conta e risco e por prazo determinado;

III. concessão de serviço público precedida da execução de obra pública: a construção, total ou parcial, conservação, reforma, ampliação ou melhoramento de quaisquer obras de interesse público, delegada pelo poder concedente, mediante licitação, na modalidade de concorrência, à pessoa jurídica ou consórcio de empresas que demonstre capacidade para a sua realização, por sua conta e risco, de forma que o investimento da concessionária seja remunerado e amortizado mediante a exploração do serviço ou da obra por prazo determinado;

IV. permissão de serviço público: a delegação, a título precário, mediante licitação, da prestação de serviços públicos, feita pelo poder concedente à pessoa física ou jurídica que demonstre capacidade para seu desempenho, por sua conta e risco.

Art. 3. As concessões e permissões sujeitar-se-ão à fiscalização pelo poder concedente responsável pela delegação, com a cooperação dos usuários.

Art. 4. A concessão de serviço público, precedida ou não da execução de obra pública, será formalizada mediante contrato, que deverá observar os termos desta Lei, das normas pertinentes e do edital de licitação.

Art. 5. O poder concedente publicará, previamente ao edital de licitação, ato justificando a conveniência da outorga de concessão ou permissão, caracterizando seu objeto, área e prazo.

CAPÍTULO II

Do Serviço Adequado

Art. 6. Toda concessão ou permissão pressupõe a prestação de serviço adequado ao pleno atendimento dos usuários, conforme estabelecido nesta Lei, nas normas pertinentes e no respectivo contrato.

§ 1º Serviço adequado é o que satisfaz as condições de regularidade, continuidade, eficiência, segurança, atualidade, generalidade, cortesia na sua prestação e modicidade das tarifas.

§ 2º A atualidade compreende a modernidade das técnicas, do equipamento e das instalações e a sua conservação, bem como a melhoria e expansão do serviço.

§ 3º Não se caracteriza como descontinuidade do serviço a sua interrupção em situação de emergência ou após prévio aviso, quando:

I. motivada por razões de ordem técnica ou de segurança das instalações; e,

II. por inadimplemento do usuário, considerado o interesse da coletividade.

§ 4º A interrupção do serviço na hipótese prevista no inciso II do § 3º deste artigo não poderá iniciar-se na sexta-feira, no sábado ou no domingo, nem em feriado ou no dia anterior a feriado. (Incluído pela Lei nº 1.4015, de 2020)

CAPÍTULO III

Dos Direitos e Obrigações dos Usuários

Art. 7. Sem prejuízo do disposto na Lei nº 8.078, de 11 de setembro de 1990, são direitos e obrigações dos usuários:

I. receber serviço adequado;

II. receber do poder concedente e da concessionária informações para a defesa de interesses individuais ou coletivos;

III. obter e utilizar o serviço, com liberdade de escolha entre vários prestadores de serviços, quando for o caso, observadas as normas do poder concedente.

IV. levar ao conhecimento do poder público e da concessionária as irregularidades de que tenham conhecimento, referentes ao serviço prestado;

V. comunicar às autoridades competentes os atos ilícitos praticados pela concessionária na prestação do serviço;

VI. contribuir para a permanência das boas condições dos bens públicos através dos quais lhes são prestados os serviços.

Art. 7-A. As concessionárias de serviços públicos, de direito público e privado, nos Estados e no Distrito Federal, são obrigadas a oferecer ao consumidor e ao usuário, dentro do mês de vencimento, o mínimo de seis datas opcionais para escolherem os dias de vencimento de seus débitos.

Parágrafo único. (VETADO) (Incluído pela Lei nº 9.791, de 1999)

CAPÍTULO IV
Da Política Tarifária

Art. 8. (VETADO)

Art. 9. A tarifa do serviço público concedido será fixada pelo preço da proposta vencedora da licitação e preservada pelas regras de revisão previstas nesta Lei, no edital e no contrato.

§ 1º A tarifa não será subordinada à legislação específica anterior e somente nos casos expressamente previstos em lei, sua cobrança poderá ser condicionada à existência de serviço público alternativo e gratuito para o usuário.

§ 2º Os contratos poderão prever mecanismos de revisão das tarifas, a fim de manter-se o equilíbrio econômico-financeiro.

§ 3º Ressalvados os impostos sobre a renda, a criação, alteração ou extinção de quaisquer tributos ou encargos legais, após a apresentação da proposta, quando comprovado seu impacto, implicará a revisão da tarifa, para mais ou para menos, conforme o caso.

§ 4º Em havendo alteração unilateral do contrato que afete o seu inicial equilíbrio econômico-financeiro, o poder concedente deverá restabelecê-lo, concomitantemente à alteração.

§ 5º A concessionária deverá divulgar em seu sítio eletrônico, de forma clara e de fácil compreensão pelos usuários, tabela com o valor das tarifas praticadas e a evolução das revisões ou reajustes realizados nos últimos cinco anos.

Art. 10. Sempre que forem atendidas as condições do contrato, considera-se mantido seu equilíbrio econômico-financeiro.

Art. 11. No atendimento às peculiaridades de cada serviço público, poderá o poder concedente prever, em favor da concessionária, no edital de licitação, a possibilidade de outras fontes provenientes de receitas alternativas, complementares, acessórias ou de projetos associados, com ou sem exclusividade, com vistas a favorecer a modicidade das tarifas, observado o disposto no art. 17 desta Lei.

Parágrafo único. As fontes de receita previstas neste artigo serão obrigatoriamente consideradas para a aferição do inicial equilíbrio econômico-financeiro do contrato.

Art. 12. (VETADO)

Art. 13. As tarifas poderão ser diferenciadas em função das características técnicas e dos custos específicos provenientes do atendimento aos distintos segmentos de usuários.

CAPÍTULO V
Da Licitação

Art. 14. Toda concessão de serviço público, precedida ou não da execução de obra pública, será objeto de prévia licitação, nos termos da legislação própria e com observância dos princípios da legalidade, moralidade, publicidade, igualdade, do julgamento por critérios objetivos e da vinculação ao instrumento convocatório.

Art. 15. No julgamento da licitação será considerado um dos seguintes critérios:

I. o menor valor da tarifa do serviço público a ser prestado;

II. a maior oferta, nos casos de pagamento ao poder concedente pela outorga da concessão;

III. a combinação, dois a dois, dos critérios referidos nos incisos I, II e VII;

IV. melhor proposta técnica, com preço fixado no edital;

V. melhor proposta em razão da combinação dos critérios de menor valor da tarifa do serviço público a ser prestado com o de melhor técnica;

VI. melhor proposta em razão da combinação dos critérios de maior oferta pela outorga da concessão com o de melhor técnica; ou

VII. melhor oferta de pagamento pela outorga após qualificação de propostas técnicas.

§ 1º A aplicação do critério previsto no inciso III só será admitida quando previamente estabelecida no edital de licitação, inclusive com regras e fórmulas precisas para avaliação econômico-financeira.

§ 2º Para fins de aplicação do disposto nos incisos IV, V, VI e VII, o edital de licitação conterá parâmetros e exigências para formulação de propostas técnicas.

§ 3º O poder concedente recusará propostas manifestamente inexequíveis ou financeiramente incompatíveis com os objetivos da licitação.

§ 4º Em igualdade de condições, será dada preferência à proposta apresentada por empresa brasileira.

Art. 16. A outorga de concessão ou permissão não terá caráter de exclusividade, salvo no caso de inviabilidade técnica ou econômica justificada no ato a que se refere o art. 5º desta Lei.

Art. 17. Considerar-se-á desclassificada a proposta que, para sua viabilização, necessite de vantagens ou subsídios que não estejam previamente autorizados em lei e à disposição de todos os concorrentes.

§ 1º Considerar-se-á, também, desclassificada a proposta de entidade estatal alheia à esfera político-administrativa do poder concedente que, para sua viabilização, necessite de vantagens ou subsídios do poder público controlador da referida entidade.

§ 2º Inclui-se nas vantagens ou subsídios de que trata este artigo, qualquer tipo de tratamento tributário diferenciado, ainda que em consequência da natureza jurídica do licitante, que comprometa a isonomia fiscal que deve prevalecer entre todos os concorrentes.

Art. 18. O edital de licitação será elaborado pelo poder concedente, observados, no que couber, os critérios e as normas gerais da legislação própria sobre licitações e contratos e conterá, especialmente:

I. o objeto, metas e prazo da concessão;
II. a descrição das condições necessárias à prestação adequada do serviço;
III. os prazos para recebimento das propostas, julgamento da licitação e assinatura do contrato;
IV. prazo, local e horário em que serão fornecidos, aos interessados, os dados, estudos e projetos necessários à elaboração dos orçamentos e apresentação das propostas;
V. os critérios e a relação dos documentos exigidos para a aferição da capacidade técnica, da idoneidade financeira e da regularidade jurídica e fiscal;
VI. as possíveis fontes de receitas alternativas, complementares ou acessórias, bem como as provenientes de projetos associados;
VII. os direitos e obrigações do poder concedente e da concessionária em relação a alterações e expansões a serem realizadas no futuro, para garantir a continuidade da prestação do serviço;
VIII. os critérios de reajuste e revisão da tarifa;
IX. os critérios, indicadores, fórmulas e parâmetros a serem utilizados no julgamento técnico e econômico-financeiro da proposta;
X. a indicação dos bens reversíveis;
XI. as características dos bens reversíveis e as condições em que estes serão postos à disposição, nos casos em que houver sido extinta a concessão anterior;
XII. a expressa indicação do responsável pelo ônus das desapropriações necessárias à execução do serviço ou da obra pública, ou para a instituição de servidão administrativa;
XIII. as condições de liderança da empresa responsável, na hipótese em que for permitida a participação de empresas em consórcio;
XIV. nos casos de concessão, a minuta do respectivo contrato, que conterá as cláusulas essenciais referidas no art. 23 desta Lei, quando aplicáveis;
XV. nos casos de concessão de serviços públicos precedida da execução de obra pública, os dados relativos à obra, dentre os quais os elementos do projeto básico que permitam sua plena caracterização, bem assim as garantias exigidas para essa parte específica do contrato, adequadas a cada caso e limitadas ao valor da obra;
XVI. nos casos de permissão, os termos do contrato de adesão a ser firmado.

Art. 18-A. O edital poderá prever a inversão da ordem das fases de habilitação e julgamento, hipótese em que:

I. encerrada a fase de classificação das propostas ou o oferecimento de lances, será aberto o invólucro com os documentos de habilitação do licitante mais bem classificado, para verificação do atendimento das condições fixadas no edital;
II. verificado o atendimento das exigências do edital, o licitante será declarado vencedor;
III. inabilitado o licitante melhor classificado, serão analisados os documentos habilitatórios do licitante com a proposta classificada em segundo lugar, e assim sucessivamente, até que um licitante classificado atenda às condições fixadas no edital;
IV. proclamado o resultado final do certame, o objeto será adjudicado ao vencedor nas condições técnicas e econômicas por ele ofertadas.

Art. 19. Quando permitida, na licitação, a participação de empresas em consórcio, observar-se-ão as seguintes normas:
I. comprovação de compromisso, público ou particular, de constituição de consórcio, subscrito pelas consorciadas;
II. indicação da empresa responsável pelo consórcio;
III. apresentação dos documentos exigidos nos incisos V e XIII do artigo anterior, por parte de cada consorciada;
IV. impedimento de participação de empresas consorciadas na mesma licitação, por intermédio de mais de um consórcio ou isoladamente.
§ 1º O licitante vencedor fica obrigado a promover, antes da celebração do contrato, a constituição e registro do consórcio, nos termos do compromisso referido no inciso I deste artigo.
§ 2º A empresa líder do consórcio é a responsável perante o poder concedente pelo cumprimento do contrato de concessão, sem prejuízo da responsabilidade solidária das demais consorciadas.
Art. 20. É facultado ao poder concedente, desde que previsto no edital, no interesse do serviço a ser concedido, determinar que o licitante vencedor, no caso de consórcio, se constitua em empresa antes da celebração do contrato.
Art. 21. Os estudos, investigações, levantamentos, projetos, obras e despesas ou investimentos já efetuados, vinculados à concessão, de utilidade para a licitação, realizados pelo poder concedente ou com a sua autorização, estarão à disposição dos interessados, devendo o vencedor da licitação ressarcir os dispêndios correspondentes, especificados no edital.
Art. 22. É assegurada a qualquer pessoa a obtenção de certidão sobre atos, contratos, decisões ou pareceres relativos à licitação ou às próprias concessões.

CAPÍTULO VI
Do Contrato De Concessão

Art. 23. São cláusulas essenciais do contrato de concessão as relativas:
I. ao objeto, à área e ao prazo da concessão;
II. ao modo, forma e condições de prestação do serviço;
III. aos critérios, indicadores, fórmulas e parâmetros definidores da qualidade do serviço;
IV. ao preço do serviço e aos critérios e procedimentos para o reajuste e a revisão das tarifas;
V. aos direitos, garantias e obrigações do poder concedente e da concessionária, inclusive os relacionados às previsíveis necessidades de futura alteração e expansão do serviço e consequente modernização, aperfeiçoamento e ampliação dos equipamentos e das instalações;
VI. aos direitos e deveres dos usuários para obtenção e utilização do serviço;
VII. à forma de fiscalização das instalações, dos equipamentos, dos métodos e práticas de execução do serviço, bem como a indicação dos órgãos competentes para exercê-la;
VIII. às penalidades contratuais e administrativas a que se sujeita a concessionária e sua forma de aplicação;
IX. aos casos de extinção da concessão;
X. aos bens reversíveis;
XI. aos critérios para o cálculo e a forma de pagamento das indenizações devidas à concessionária, quando for o caso;
XII. às condições para prorrogação do contrato;
XIII. à obrigatoriedade, forma e periodicidade da prestação de contas da concessionária ao poder concedente;
XIV. à exigência da publicação de demonstrações financeiras periódicas da concessionária; e
XV. ao foro e ao modo amigável de solução das divergências contratuais.
Parágrafo único. Os contratos relativos à concessão de serviço público precedido da execução de obra pública deverão, adicionalmente:
I. estipular os cronogramas físico-financeiros de execução das obras vinculadas à concessão; e
II. exigir garantia do fiel cumprimento, pela concessionária, das obrigações relativas às obras vinculadas à concessão.
Art. 23-A. O contrato de concessão poderá prever o emprego de mecanismos privados para resolução de disputas decorrentes ou relacionadas ao contrato, inclusive a arbitragem, a ser realizada no Brasil e em língua portuguesa, nos termos da Lei nº 9.307, de 23 de setembro de 1996.
Art. 24. (VETADO)
Art. 25. Incumbe à concessionária a execução do serviço concedido, cabendo-lhe responder por todos os prejuízos causados ao poder concedente, aos usuários ou a terceiros, sem que a fiscalização exercida pelo órgão competente exclua ou atenue essa responsabilidade.

§ 1º Sem prejuízo da responsabilidade a que se refere este artigo, a concessionária poderá contratar com terceiros o desenvolvimento de atividades inerentes, acessórias ou complementares ao serviço concedido, bem como a implementação de projetos associados. (Vide ADC 57)

§ 2º Os contratos celebrados entre a concessionária e os terceiros a que se refere o parágrafo anterior reger-se-ão pelo direito privado, não se estabelecendo qualquer relação jurídica entre os terceiros e o poder concedente.

§ 3º A execução das atividades contratadas com terceiros pressupõe o cumprimento das normas regulamentares da modalidade do serviço concedido.

Art. 26. É admitida a subconcessão, nos termos previstos no contrato de concessão, desde que expressamente autorizada pelo poder concedente.

§ 1º A outorga de subconcessão será sempre precedida de concorrência.

§ 2º O subconcessionário se sub-rogará todos os direitos e obrigações da subconcedente dentro dos limites da subconcessão.

Art. 27. A transferência de concessão ou do controle societário da concessionária sem prévia anuência do poder concedente implicará a caducidade da concessão.

§ 1º Para fins de obtenção da anuência de que trata o caput deste artigo, o pretendente deverá:

I. atender às exigências de capacidade técnica, idoneidade financeira e regularidade jurídica e fiscal necessárias à assunção do serviço; e

II. comprometer-se a cumprir todas as cláusulas do contrato em vigor.

§ 2º (Revogado). (Redação dada pela Lei nº 13.097, de 2015)

§ 3º (Revogado). (Redação dada pela Lei nº 13.097, de 2015)

§ 4º (Revogado). (Redação dada pela Lei nº 13.097, de 2015)

Art. 27-A. Nas condições estabelecidas no contrato de concessão, o poder concedente autorizará a assunção do controle ou da administração temporária da concessionária por seus financiadores e garantidores com quem não mantenha vínculo societário direto, para promover sua reestruturação financeira e assegurar a continuidade da prestação dos serviços.

§ 1º Na hipótese prevista no caput, o poder concedente exigirá dos financiadores e dos garantidores que atendam às exigências de regularidade jurídica e fiscal, podendo alterar ou dispensar os demais requisitos previstos no inciso I do parágrafo único do art. 27º

§ 2º A assunção do controle ou da administração temporária autorizadas na forma do caput deste artigo não alterará as obrigações da concessionária e de seus controladores para com terceiros, poder concedente e usuários dos serviços públicos.

§ 3º Configura-se o controle da concessionária, para os fins dispostos no caput deste artigo, a propriedade resolúvel de ações ou quotas por seus financiadores e garantidores que atendam os requisitos do art. 116 da Lei nº 6.404, de 15 de dezembro de 1976º

§ 4º Configura-se a administração temporária da concessionária por seus financiadores e garantidores quando, sem a transferência da propriedade de ações ou quotas, forem outorgados os seguintes poderes:

I. indicar os membros do Conselho de Administração, a serem eleitos em Assembleia Geral pelos acionistas, nas sociedades regidas pela Lei 6.404, de 15 de dezembro de 1976; ou administradores, a serem eleitos pelos quotistas, nas demais sociedades;

II. indicar os membros do Conselho Fiscal, a serem eleitos pelos acionistas ou quotistas controladores em Assembleia Geral;

III. exercer poder de veto sobre qualquer proposta submetida à votação dos acionistas ou quotistas da concessionária, que representem, ou possam representar, prejuízos aos fins previstos no caput deste artigo;

IV. outros poderes necessários ao alcance dos fins previstos no caput deste artigo.

§ 5º A administração temporária autorizada na forma deste artigo não acarretará responsabilidade aos financiadores e garantidores em relação à tributação, encargos, ônus, sanções, obrigações ou compromissos com terceiros, inclusive com o poder concedente ou empregados.

§ 6º O Poder Concedente disciplinará sobre o prazo da administração temporária.

Art. 28. Nos contratos de financiamento, as concessionárias poderão oferecer em garantia os direitos emergentes da concessão, até o limite que não comprometa a operacionalização e a continuidade da prestação do serviço.

Art. 28-A. Para garantir contratos de mútuo de longo prazo, destinados a investimentos relacionados a contratos de concessão, em qualquer de suas modalidades, as concessionárias poderão ceder ao mutuante, em caráter fiduciário, parcela de seus créditos operacionais futuros, observadas as seguintes condições:

I. o contrato de cessão dos créditos deverá ser registrado em Cartório de Títulos e Documentos para ter eficácia perante terceiros;

II. sem prejuízo do disposto no inciso I do caput deste artigo, a cessão do crédito não terá eficácia em relação ao Poder Público concedente senão quando for este formalmente notificado;

III. os créditos futuros cedidos nos termos deste artigo serão constituídos sob a titularidade do mutuante, independentemente de qualquer formalidade adicional;

IV. o mutuante poderá indicar instituição financeira para efetuar a cobrança e receber os pagamentos dos créditos cedidos ou permitir que a concessionária o faça, na qualidade de representante e depositária;

V. na hipótese de ter sido indicada instituição financeira, conforme previsto no inciso IV do caput deste artigo, fica a concessionária obrigada a apresentar a essa os créditos para cobrança;

VI. os pagamentos dos créditos cedidos deverão ser depositados pela concessionária ou pela instituição encarregada da cobrança em conta corrente bancária vinculada ao contrato de mútuo;

VII. a instituição financeira depositária deverá transferir os valores recebidos ao mutuante à medida que as obrigações do contrato de mútuo tornarem-se exigíveis; e

VIII. o contrato de cessão disporá sobre a devolução à concessionária dos recursos excedentes, sendo vedada a retenção do saldo após o adimplemento integral do contrato.

Parágrafo único. Para os fins deste artigo, serão considerados contratos de longo prazo aqueles cujas obrigações tenham prazo médio de vencimento superior a 5 (cinco) anos.

CAPÍTULO VII

Dos Encargos do Poder Concedente

Art. 29. Incumbe ao poder concedente:

I. regulamentar o serviço concedido e fiscalizar permanentemente a sua prestação;

II. aplicar as penalidades regulamentares e contratuais;

III. intervir na prestação do serviço, nos casos e condições previstos em lei;

IV. extinguir a concessão, nos casos previstos nesta Lei e na forma prevista no contrato;

V. homologar reajustes e proceder à revisão das tarifas na forma desta Lei, das normas pertinentes e do contrato;

VI. cumprir e fazer cumprir as disposições regulamentares do serviço e as cláusulas contratuais da concessão;

VII. zelar pela boa qualidade do serviço, receber, apurar e solucionar queixas e reclamações dos usuários, que serão cientificados, em até trinta dias, das providências tomadas;

VIII. declarar de utilidade pública os bens necessários à execução do serviço ou obra pública, promovendo as desapropriações, diretamente ou mediante outorga de poderes à concessionária, caso em que será desta a responsabilidade pelas indenizações cabíveis;

IX. declarar de necessidade ou utilidade pública, para fins de instituição de servidão administrativa, os bens necessários à execução de serviço ou obra pública, promovendo-a diretamente ou mediante outorga de poderes à concessionária, caso em que será desta a responsabilidade pelas indenizações cabíveis;

X. estimular o aumento da qualidade, produtividade, preservação do meio-ambiente e conservação;

XI. incentivar a competitividade; e

XII. estimular a formação de associações de usuários para defesa de interesses relativos ao serviço.

Art. 30. No exercício da fiscalização, o poder concedente terá acesso aos dados relativos à administração, contabilidade, recursos técnicos, econômicos e financeiros da concessionária.

Parágrafo único. A fiscalização do serviço será feita por intermédio de órgão técnico do poder concedente ou por entidade com ele conveniada, e, periodicamente, conforme previsto em norma regulamentar, por comissão composta de representantes do poder concedente, da concessionária e dos usuários.

CAPÍTULO VIII

Dos Encargos da Concessionária

Art. 31. Incumbe à concessionária:

I. prestar serviço adequado, na forma prevista nesta Lei, nas normas técnicas aplicáveis e no contrato;

II. manter em dia o inventário e o registro dos bens vinculados à concessão;

III. prestar contas da gestão do serviço ao poder concedente e aos usuários, nos termos definidos no contrato;
IV. cumprir e fazer cumprir as normas do serviço e as cláusulas contratuais da concessão;
V. permitir aos encarregados da fiscalização livre acesso, em qualquer época, às obras, aos equipamentos e às instalações integrantes do serviço, bem como a seus registros contábeis;
VI. promover as desapropriações e constituir servidões autorizadas pelo poder concedente, conforme previsto no edital e no contrato;
VII. zelar pela integridade dos bens vinculados à prestação do serviço, bem como segurá-los adequadamente; e
VIII. captar, aplicar e gerir os recursos financeiros necessários à prestação do serviço.
Parágrafo único. As contratações, inclusive de mão de obra, feitas pela concessionária serão regidas pelas disposições de direito privado e pela legislação trabalhista, não se estabelecendo qualquer relação entre os terceiros contratados pela concessionária e o poder concedente.

CAPÍTULO IX
Da Intervenção

Art. 32. O poder concedente poderá intervir na concessão, com o fim de assegurar a adequação na prestação do serviço, bem como o fiel cumprimento das normas contratuais, regulamentares e legais pertinentes.
Parágrafo único. A intervenção far-se-á por decreto do poder concedente, que conterá a designação do interventor, o prazo da intervenção e os objetivos e limites da medida.
Art. 33. Declarada a intervenção, o poder concedente deverá, no prazo de trinta dias, instaurar procedimento administrativo para comprovar as causas determinantes da medida e apurar responsabilidades, assegurado o direito de ampla defesa.
§ 1º Se ficar comprovado que a intervenção não observou os pressupostos legais e regulamentares será declarada sua nulidade, devendo o serviço ser imediatamente devolvido à concessionária, sem prejuízo de seu direito à indenização.
§ 2º O procedimento administrativo a que se refere o caput deste artigo deverá ser concluído no prazo de até cento e oitenta dias, sob pena de considerar-se inválida a intervenção.
Art. 34. Cessada a intervenção, se não for extinta a concessão, a administração do serviço será devolvida à concessionária, precedida de prestação de contas pelo interventor, que responderá pelos atos praticados durante a sua gestão.

CAPÍTULO X
Da Extinção da Concessão

Art. 35. Extingue-se a concessão por:
I. advento do termo contratual;
II. encampação;
III. caducidade;
IV. rescisão;
V. anulação; e
VI. falência ou extinção da empresa concessionária e falecimento ou incapacidade do titular, no caso de empresa individual.
§ 1º Extinta a concessão, retornam ao poder concedente todos os bens reversíveis, direitos e privilégios transferidos ao concessionário conforme previsto no edital e estabelecido no contrato.
§ 2º Extinta a concessão, haverá a imediata assunção do serviço pelo poder concedente, procedendo-se aos levantamentos, avaliações e liquidações necessários.
§ 3º A assunção do serviço autoriza a ocupação das instalações e a utilização, pelo poder concedente, de todos os bens reversíveis.
§ 4º Nos casos previstos nos incisos I e II deste artigo, o poder concedente, antecipando-se à extinção da concessão, procederá aos levantamentos e avaliações necessários à determinação dos montantes da indenização que será devida à concessionária, na forma dos arts. 36 e 37 desta Lei.
Art. 36. A reversão no advento do termo contratual far-se-á com a indenização das parcelas dos investimentos vinculados a bens reversíveis, ainda não amortizados ou depreciados, que tenham sido realizados com o objetivo de garantir a continuidade e atualidade do serviço concedido.
Art. 37. Considera-se encampação a retomada do serviço pelo poder concedente durante o prazo da concessão, por motivo de interesse público, mediante lei autorizativa específica e após prévio pagamento da indenização, na forma do artigo anterior.

Art. 38. A inexecução total ou parcial do contrato acarretará, a critério do poder concedente, a declaração de caducidade da concessão ou a aplicação das sanções contratuais, respeitadas as disposições deste artigo, do art. 27, e as normas convencionadas entre as partes.

§ 1º A caducidade da concessão poderá ser declarada pelo poder concedente quando:

I. o serviço estiver sendo prestado de forma inadequada ou deficiente, tendo por base as normas, critérios, indicadores e parâmetros definidores da qualidade do serviço;

II. a concessionária descumprir cláusulas contratuais ou disposições legais ou regulamentares concernentes à concessão;

III. a concessionária paralisar o serviço ou concorrer para tanto, ressalvadas as hipóteses decorrentes de caso fortuito ou força maior;

IV. a concessionária perder as condições econômicas, técnicas ou operacionais para manter a adequada prestação do serviço concedido;

V. a concessionária não cumprir as penalidades impostas por infrações, nos devidos prazos;

VI. a concessionária não atender a intimação do poder concedente no sentido de regularizar a prestação do serviço; e

VII. a concessionária não atender a intimação do poder concedente para, em 180 (cento e oitenta) dias, apresentar a documentação relativa a regularidade fiscal, no curso da concessão, na forma do art. 29 da Lei nº 8.666, de 21 de junho de 1993.

§ 2º A declaração da caducidade da concessão deverá ser precedida da verificação da inadimplência da concessionária em processo administrativo, assegurado o direito de ampla defesa.

§ 3º Não será instaurado processo administrativo de inadimplência antes de comunicados à concessionária, detalhadamente, os descumprimentos contratuais referidos no § 1º deste artigo, dando-lhe um prazo para corrigir as falhas e transgressões apontadas e para o enquadramento, nos termos contratuais.

§ 4º Instaurado o processo administrativo e comprovada a inadimplência, a caducidade será declarada por decreto do poder concedente, independentemente de indenização prévia, calculada no decurso do processo.

§ 5º A indenização de que trata o parágrafo anterior, será devida na forma do art. 36 desta Lei e do contrato, descontado o valor das multas contratuais e dos danos causados pela concessionária.

§ 6º Declarada a caducidade, não resultará para o poder concedente qualquer espécie de responsabilidade em relação aos encargos, ônus, obrigações ou compromissos com terceiros ou com empregados da concessionária.

Art. 39. O contrato de concessão poderá ser rescindido por iniciativa da concessionária, no caso de descumprimento das normas contratuais pelo poder concedente, mediante ação judicial especialmente intentada para esse fim.

Parágrafo único. Na hipótese prevista no caput deste artigo, os serviços prestados pela concessionária não poderão ser interrompidos ou paralisados, até a decisão judicial transitada em julgado.

CAPÍTULO XI
Das Permissões

Art. 40. A permissão de serviço público será formalizada mediante contrato de adesão, que observará os termos desta Lei, das demais normas pertinentes e do edital de licitação, inclusive quanto à precariedade e à revogabilidade unilateral do contrato pelo poder concedente.

Parágrafo único. Aplica-se às permissões o disposto nesta Lei.

CAPÍTULO XII
Disposições Finais e Transitórias

Art. 41. O disposto nesta Lei não se aplica à concessão, permissão e autorização para o serviço de radiodifusão sonora e de sons e imagens.

Art. 42. As concessões de serviço público outorgadas anteriormente à entrada em vigor desta Lei consideram-se válidas pelo prazo fixado no contrato ou no ato de outorga, observado o disposto no art. 43 desta Lei.

§ 1º Vencido o prazo mencionado no contrato ou ato de outorga, o serviço poderá ser prestado por órgão ou entidade do poder concedente, ou delegado a terceiros, mediante novo contrato. (Vide ADIN 4058)

§ 2º As concessões em caráter precário, as que estiverem com prazo vencido e as que estiverem em vigor por prazo indeterminado, inclusive por força de legislação anterior, permanecerão válidas pelo prazo necessário à realização dos levantamentos e avaliações indispensáveis à organização das licitações que precederão a outorga das concessões que as substituirão, prazo esse que não será inferior a 24 (vinte e quatro) meses.

§ 3º As concessões a que se refere o § 2º deste artigo, inclusive as que não possuam instrumento que as formalize ou que possuam cláusula que preveja prorrogação, terão validade máxima até o dia 31 de dezembro de 2010, desde que, até o dia 30 de junho de 2009, tenham sido cumpridas, cumulativamente, as seguintes condições:

I. levantamento mais amplo e retroativo possível dos elementos físicos constituintes da infraestrutura de bens reversíveis e dos dados financeiros, contábeis e comerciais relativos à prestação dos serviços, em dimensão necessária e suficiente para a realização do cálculo de eventual indenização relativa aos investimentos ainda não amortizados pelas receitas emergentes da concessão, observadas as disposições legais e contratuais que regulavam a prestação do serviço ou a ela aplicáveis nos 20 (vinte) anos anteriores ao da publicação desta Lei;

II. celebração de acordo entre o poder concedente e o concessionário sobre os critérios e a forma de indenização de eventuais créditos remanescentes de investimentos ainda não amortizados ou depreciados, apurados a partir dos levantamentos referidos no inciso I deste parágrafo e auditados por instituição especializada escolhida de comum acordo pelas partes; e

III. publicação na imprensa oficial de ato formal de autoridade do poder concedente, autorizando a prestação precária dos serviços por prazo de até 6 (seis) meses, renovável até 31 de dezembro de 2008, mediante comprovação do cumprimento do disposto nos incisos I e II deste parágrafo.

§ 4º Não ocorrendo o acordo previsto no inciso II do § 3º deste artigo, o cálculo da indenização de investimentos será feito com base nos critérios previstos no instrumento de concessão antes celebrado ou, na omissão deste, por avaliação de seu valor econômico ou reavaliação patrimonial, depreciação e amortização de ativos imobilizados definidos pelas legislações fiscal e das sociedades por ações, efetuada por empresa de auditoria independente escolhida de comum acordo pelas partes.

§ 5º No caso do § 4º deste artigo, o pagamento de eventual indenização será realizado, mediante garantia real, por meio de 4 (quatro) parcelas anuais, iguais e sucessivas, da parte ainda não amortizada de investimentos e de outras indenizações relacionadas à prestação dos serviços, realizados com capital próprio do concessionário ou de seu controlador, ou originários de operações de financiamento, ou obtidos mediante emissão de ações, debêntures e outros títulos mobiliários, com a primeira parcela paga até o último dia útil do exercício financeiro em que ocorrer a reversão.

§ 6º Ocorrendo acordo, poderá a indenização de que trata o § 5º deste artigo ser paga mediante receitas de novo contrato que venha a disciplinar a prestação do serviço.

Art. 43. Ficam extintas todas as concessões de serviços públicos outorgadas sem licitação na vigência da Constituição de 1988.

Parágrafo único. Ficam também extintas todas as concessões outorgadas sem licitação anteriormente à Constituição de 1988, cujas obras ou serviços não tenham sido iniciados ou que se encontrem paralisados quando da entrada em vigor desta Lei.

Art. 44. As concessionárias que tiverem obras que se encontrem atrasadas, na data da publicação desta Lei, apresentarão ao poder concedente, dentro de cento e oitenta dias, plano efetivo de conclusão das obras.

Parágrafo único. Caso a concessionária não apresente o plano a que se refere este artigo ou se este plano não oferecer condições efetivas para o término da obra, o poder concedente poderá declarar extinta a concessão, relativa a essa obra.

Art. 45. Nas hipóteses de que tratam os arts. 43 e 44 desta Lei, o poder concedente indenizará as obras e serviços realizados somente no caso e com os recursos da nova licitação.

Parágrafo único. A licitação de que trata o caput deste artigo deverá, obrigatoriamente, levar em conta, para fins de avaliação, o estágio das obras paralisadas ou atrasadas, de modo a permitir a utilização do critério de julgamento estabelecido no inciso III do art. 15 desta Lei.

Art. 46. Esta Lei entra em vigor na data de sua publicação.

Art. 47. Revogam-se as disposições em contrário.

Brasília, 13 de fevereiro de 1995; 174º da Independência e 107º da República.

FERNANDO HENRIQUE CARDOSO
Nelson Jobim

Este texto não substitui o publicado no DOU de 14.2.1995 e republicado em 28.9.1998.

Lei n° 11.107 (Consórcios Públicos)

LEI Nº 11.107, DE 6 DE ABRIL DE 2005

Dispõe sobre normas gerais de contratação de consórcios públicos e dá outras providências.

O PRESIDENTE DA REPÚBLICA Faço saber que o Congresso Nacional decreta e eu sanciono a seguinte Lei:

Art. 1. Esta Lei dispõe sobre normas gerais para a União, os Estados, o Distrito Federal e os Municípios contratarem consórcios públicos para a realização de objetivos de interesse comum e dá outras providências.

§ 1º O consórcio público constituirá associação pública ou pessoa jurídica de direito privado.

§ 2º A União somente participará de consórcios públicos em que também façam parte todos os Estados em cujos territórios estejam situados os Municípios consorciados.

§ 3º Os consórcios públicos, na área de saúde, deverão obedecer aos princípios, diretrizes e normas que regulam o Sistema Único de Saúde – SUS.

§ 4º Aplicam-se aos convênios de cooperação, no que couber, as disposições desta Lei relativas aos consórcios públicos. (Incluído pela Lei nº 14.026, de 2020)

Art. 2. Os objetivos dos consórcios públicos serão determinados pelos entes da Federação que se consorciarem, observados os limites constitucionais.

§ 1º Para o cumprimento de seus objetivos, o consórcio público poderá:

I. firmar convênios, contratos, acordos de qualquer natureza, receber auxílios, contribuições e subvenções sociais ou econômicas de outras entidades e órgãos do governo;

II. nos termos do contrato de consórcio de direito público, promover desapropriações e instituir servidões nos termos de declaração de utilidade ou necessidade pública, ou interesse social, realizada pelo Poder Público; e

III. ser contratado pela administração direta ou indireta dos entes da Federação consorciados, dispensada a licitação.

§ 2º Os consórcios públicos poderão emitir documentos de cobrança e exercer atividades de arrecadação de tarifas e outros preços públicos pela prestação de serviços ou pelo uso ou outorga de uso de bens públicos por eles administrados ou, mediante autorização específica, pelo ente da Federação consorciado.

§ 3º Os consórcios públicos poderão outorgar concessão, permissão ou autorização de obras ou serviços públicos mediante autorização prevista no contrato de consórcio público, que deverá indicar de forma específica o objeto da concessão, permissão ou autorização e as condições a que deverá atender, observada a legislação de normas gerais em vigor.

Art. 3. O consórcio público será constituído por contrato cuja celebração dependerá da prévia subscrição de protocolo de intenções.

Art. 4. São cláusulas necessárias do protocolo de intenções as que estabeleçam:

I. a denominação, a finalidade, o prazo de duração e a sede do consórcio;

II. a identificação dos entes da Federação consorciados;

III. a indicação da área de atuação do consórcio;

IV. a previsão de que o consórcio público é associação pública ou pessoa jurídica de direito privado sem fins econômicos;

V. os critérios para, em assuntos de interesse comum, autorizar o consórcio público a representar os entes da Federação consorciados perante outras esferas de governo;

VI. as normas de convocação e funcionamento da Assembleia Geral, inclusive para a elaboração, aprovação e modificação dos estatutos do consórcio público;

VII. a previsão de que a Assembleia Geral é a instância máxima do consórcio público e o número de votos para as suas deliberações;

VIII. a forma de eleição e a duração do mandato do representante legal do consórcio público que, obrigatoriamente, deverá ser Chefe do Poder Executivo de ente da Federação consorciado;

IX. o número, as formas de provimento e a remuneração dos empregados públicos, bem como os casos de contratação por tempo determinado para atender a necessidade temporária de excepcional interesse público;

X. as condições para que o consórcio público celebre contrato de gestão ou termo de parceria;

XI. a autorização para a gestão associada de serviços públicos, explicitando:

a) as competências cujo exercício se transferiu ao consórcio público;

b) os serviços públicos objeto da gestão associada e a área em que serão prestados;

c) a autorização para licitar ou outorgar concessão, permissão ou autorização da prestação dos serviços;

d) as condições a que deve obedecer o contrato de programa, no caso de a gestão associada envolver também a prestação de serviços por órgão ou entidade de um dos entes da Federação consorciados;

e) os critérios técnicos para cálculo do valor das tarifas e de outros preços públicos, bem como para seu reajuste ou revisão; e

XII. o direito de qualquer dos contratantes, quando adimplente com suas obrigações, de exigir o pleno cumprimento das cláusulas do contrato de consórcio público.

§ 1º Para os fins do inciso III do caput deste artigo, considera-se como área de atuação do consórcio público, independentemente de figurar a União como consorciada, a que corresponde à soma dos territórios:

I. dos Municípios, quando o consórcio público for constituído somente por Municípios ou por um Estado e Municípios com territórios nele contidos;

II. dos Estados ou dos Estados e do Distrito Federal, quando o consórcio público for, respectivamente, constituído por mais de 1 (um) Estado ou por 1 (um) ou mais Estados e o Distrito Federal;

III. (VETADO)

IV. dos Municípios e do Distrito Federal, quando o consórcio for constituído pelo Distrito Federal e os Municípios; e

V. (VETADO)

§ 2º O protocolo de intenções deve definir o número de votos que cada ente da Federação consorciado possui na Assembleia Geral, sendo assegurado 1 (um) voto a cada ente consorciado.

§ 3º É nula a cláusula do contrato de consórcio que preveja determinadas contribuições financeiras ou econômicas de ente da Federação ao consórcio público, salvo a doação, destinação ou cessão do uso de bens móveis ou imóveis e as transferências ou cessões de direitos operadas por força de gestão associada de serviços públicos.

§ 4º Os entes da Federação consorciados, ou os com eles conveniados, poderão ceder-lhe servidores, na forma e condições da legislação de cada um.

§ 5º O protocolo de intenções deverá ser publicado na imprensa oficial.

Art. 5. O contrato de consórcio público será celebrado com a ratificação, mediante lei, do protocolo de intenções.

§ 1º O contrato de consórcio público, caso assim preveja cláusula, pode ser celebrado por apenas 1 (uma) parcela dos entes da Federação que subscreveram o protocolo de intenções.

§ 2º A ratificação pode ser realizada com reserva que, aceita pelos demais entes subscritores, implicará consorciamento parcial ou condicional.

§ 3º A ratificação realizada após 2 (dois) anos da subscrição do protocolo de intenções dependerá de homologação da Assembleia Geral do consórcio público.

§ 4º É dispensado da ratificação prevista no caput deste artigo o ente da Federação que, antes de subscrever o protocolo de intenções, disciplinar por lei a sua participação no consórcio público.

Art. 6. O consórcio público adquirirá personalidade jurídica:

I. de direito público, no caso de constituir associação pública, mediante a vigência das leis de ratificação do protocolo de intenções;

II. de direito privado, mediante o atendimento dos requisitos da legislação civil.

§ 1º O consórcio público com personalidade jurídica de direito público integra a administração indireta de todos os entes da Federação consorciados.

§ 2º O consórcio público, com personalidade jurídica de direito público ou privado, observará as normas de direito público no que concerne à realização de licitação, à celebração de contratos, à prestação de contas e à admissão de pessoal, que será regido pela Consolidação das Leis do Trabalho (CLT), aprovada pelo Decreto-Lei nº 5.452, de 1º de maio de 1943º (Redação dada pela Lei nº 13.822, de 2019)

Art. 7. Os estatutos disporão sobre a organização e o funcionamento de cada um dos órgãos constitutivos do consórcio público.

Art. 8. Os entes consorciados somente entregarão recursos ao consórcio público mediante contrato de rateio.

§ 1º O contrato de rateio será formalizado em cada exercício financeiro, e seu prazo de vigência não será superior ao das dotações que o suportam, com exceção dos contratos que tenham por objeto exclusivamente projetos consistentes em programas e ações contemplados em plano plurianual. (Redação dada pela Lei nº 14.026, de 2020)

§ 2º É vedada a aplicação dos recursos entregues por meio de contrato de rateio para o atendimento de despesas genéricas, inclusive transferências ou operações de crédito.

§ 3º Os entes consorciados, isolados ou em conjunto, bem como o consórcio público, são partes legítimas para exigir o cumprimento das obrigações previstas no contrato de rateio.

§ 4º Com o objetivo de permitir o atendimento dos dispositivos da Lei Complementar nº 101, de 4 de maio de 2000, o consórcio público deve fornecer as informações necessárias para que sejam consolidadas, nas contas dos entes consorciados, todas as despesas realizadas com os recursos entregues em virtude de contrato de rateio, de forma que possam ser contabilizadas nas contas de cada ente da Federação na conformidade dos elementos econômicos e das atividades ou projetos atendidos.

§ 5º Poderá ser excluído do consórcio público, após prévia suspensão, o ente consorciado que não consignar, em sua lei orçamentária ou em créditos adicionais, as dotações suficientes para suportar as despesas assumidas por meio de contrato de rateio.

Art. 9. A execução das receitas e despesas do consórcio público deverá obedecer às normas de direito financeiro aplicáveis às entidades públicas.

Parágrafo único. O consórcio público está sujeito à fiscalização contábil, operacional e patrimonial pelo Tribunal de Contas competente para apreciar as contas do Chefe do Poder Executivo representante legal do consórcio, inclusive quanto à legalidade, legitimidade e economicidade das despesas, atos, contratos e renúncia de receitas, sem prejuízo do controle externo a ser exercido em razão de cada um dos contratos de rateio.

Art. 10. (VETADO)

Parágrafo único. Os agentes públicos incumbidos da gestão de consórcio não responderão pessoalmente pelas obrigações contraídas pelo consórcio público, mas responderão pelos atos praticados em desconformidade com a lei ou com as disposições dos respectivos estatutos.

Art. 11. A retirada do ente da Federação do consórcio público dependerá de ato formal de seu representante na Assembleia Geral, na forma previamente disciplinada por lei.

§ 1º Os bens destinados ao consórcio público pelo consorciado que se retira somente serão revertidos ou retrocedidos no caso de expressa previsão no contrato de consórcio público ou no instrumento de transferência ou de alienação.

§ 2º A retirada ou a extinção de consórcio público ou convênio de cooperação não prejudicará as obrigações já constituídas, inclusive os contratos, cuja extinção dependerá do pagamento das indenizações eventualmente devidas. (Redação dada pela Lei nº 14.026, de 2020)

Art. 12. A alteração ou a extinção de contrato de consórcio público dependerá de instrumento aprovado pela Assembleia Geral, ratificado mediante lei por todos os entes consorciados.

§ 1º (Revogado pela Lei nº 14.026, de 2020)

§ 2º Até que haja decisão que indique os responsáveis por cada obrigação, os entes consorciados responderão solidariamente pelas obrigações remanescentes, garantindo o direito de regresso em face dos entes beneficiados ou dos que deram causa à obrigação.

Art. 13. Deverão ser constituídas e reguladas por contrato de programa, como condição de sua validade, as obrigações que um ente da Federação constituir para com outro ente da Federação ou para com consórcio público no âmbito de gestão associada em que haja a prestação de serviços públicos ou a transferência total ou parcial de encargos, serviços, pessoal ou de bens necessários à continuidade dos serviços transferidos.

§ 1º O contrato de programa deverá:

I. atender à legislação de concessões e permissões de serviços públicos e, especialmente no que se refere ao cálculo de tarifas e de outros preços públicos, à de regulação dos serviços a serem prestados; e

II. prever procedimentos que garantam a transparência da gestão econômica e financeira de cada serviço em relação a cada um de seus titulares.

§ 2º No caso de a gestão associada originar a transferência total ou parcial de encargos, serviços, pessoal e bens essenciais à continuidade dos serviços transferidos, o contrato de programa, sob pena de nulidade, deverá conter cláusulas que estabeleçam:

I. os encargos transferidos e a responsabilidade subsidiária da entidade que os transferiu;

II. as penalidades no caso de inadimplência em relação aos encargos transferidos;

III. o momento de transferência dos serviços e os deveres relativos a sua continuidade;

IV. a indicação de quem arcará com o ônus e os passivos do pessoal transferido;

V. a identificação dos bens que terão apenas a sua gestão e administração transferidas e o preço dos que sejam efetivamente alienados ao contratado;

VI. o procedimento para o levantamento, cadastro e avaliação dos bens reversíveis que vierem a ser amortizados mediante receitas de tarifas ou outras emergentes da prestação dos serviços.

§ 3º É nula a cláusula de contrato de programa que atribuir ao contratado o exercício dos poderes de planejamento, regulação e fiscalização dos serviços por ele próprio prestados.

§ 4º O contrato de programa continuará vigente mesmo quando extinto o consórcio público ou o convênio de cooperação que autorizou a gestão associada de serviços públicos.

§ 5º Mediante previsão do contrato de consórcio público, ou de convênio de cooperação, o contrato de programa poderá ser celebrado por entidades de direito público ou privado que integrem a administração indireta de qualquer dos entes da Federação consorciados ou conveniados.

§ 6º (Revogado) (Redação dada pela Lei nº 14.026, de 2020)

§ 7º Excluem-se do previsto no caput deste artigo as obrigações cujo descumprimento não acarrete qualquer ônus, inclusive financeiro, a ente da Federação ou a consórcio público.

§ 8º Os contratos de prestação de serviços públicos de saneamento básico deverão observar o art. 175 da Constituição Federal, vedada a formalização de novos contratos de programa para esse fim. (Incluído pela Lei nº 14.026, de 2020)

Art. 14. A União poderá celebrar convênios com os consórcios públicos, com o objetivo de viabilizar a descentralização e a prestação de políticas públicas em escalas adequadas.

Parágrafo único. Para a celebração dos convênios de que trata o caput deste artigo, as exigências legais de regularidade aplicar-se-ão ao próprio consórcio público envolvido, e não aos entes federativos nele consorciados. (Incluído pela Lei nº 13.821, de 2019)

Art. 15. No que não contrariar esta Lei, a organização e funcionamento dos consórcios públicos serão disciplinados pela legislação que rege as associações civis.

Art. 16. O inciso IV do art. 41 da Lei nº 10.406, de 10 de janeiro de 2002 – Código Civil, passa a vigorar com a seguinte redação:

"Art. 41..

....

VII. as autarquias, inclusive as associações públicas;

....

" (NR)

Art. 17. Os arts. 23, 24, 26 e 112 da Lei no 8.666, de 21 de junho de 1993, passam a vigorar com a seguinte redação:

"Art. 23..

....

§ 8º No caso de consórcios públicos, aplicar-se-á o dobro dos valores mencionados no caput deste artigo quando formado por até 3 (três) entes da Federação, e o triplo, quando formado por maior número." (NR)

"Art. 24..

....

VIII. na celebração de contrato de programa com ente da Federação ou com entidade de sua administração indireta, para a prestação de serviços públicos de forma associada nos termos do autorizado em contrato de consórcio público ou em convênio de cooperação.

Parágrafo único. Os percentuais referidos nos incisos I e II do caput deste artigo serão 20% (vinte por cento) para compras, obras e serviços contratados por consórcios públicos, sociedade de economia mista, empresa pública e por autarquia ou fundação qualificadas, na forma da lei, como Agências Executivas." (NR)

"Art. 26. As dispensas previstas nos §§ 2º e 4º do art. 17 e no inciso III e seguintes do art. 24, as situações de inexigibilidade referidas no art. 25, necessariamente justificadas, e o retardamento previsto no final do parágrafo único do art. 8º desta Lei deverão ser comunicados, dentro de 3 (três) dias, à autoridade superior, para ratificação e publicação na

imprensa oficial, no prazo de 5 (cinco) dias, como condição para a eficácia dos atos.
...." (NR)
"Art. 112..
§ 1º Os consórcios públicos poderão realizar licitação da qual, nos termos do edital, decorram contratos administrativos celebrados por órgãos ou entidades dos entes da Federação consorciados.
§ 2º É facultado à entidade interessada o acompanhamento da licitação e da execução do contrato." (NR)
Art. 18. O art. 10 da Lei nº 8.429, de 2 de junho de 1992, passa a vigorar acrescido dos seguintes incisos:
"Art. 10..
....
IX. celebrar contrato ou outro instrumento que tenha por objeto a prestação de serviços públicos por meio da gestão associada sem observar as formalidades previstas na lei;
X. celebrar contrato de rateio de consórcio público sem suficiente e prévia dotação orçamentária, ou sem observar as formalidades previstas na lei." (NR)
Art. 19. O disposto nesta Lei não se aplica aos convênios de cooperação, contratos de programa para gestão associada de serviços públicos ou instrumentos congêneres, que tenham sido celebrados anteriormente a sua vigência.
Art. 20. O Poder Executivo da União regulamentará o disposto nesta Lei, inclusive as normas gerais de contabilidade pública que serão observadas pelos consórcios públicos para que sua gestão financeira e orçamentária se realize na conformidade dos pressupostos da responsabilidade fiscal.
Art. 21. Esta Lei entra em vigor na data de sua publicação.

Brasília, 6 de abril de 2005; 184º da Independência e 117º da República.

LUIZ INÁCIO LULA DA SILVA
Márcio Thomaz Bastos
Antonio Palocci Filho
Humberto Sérgio Costa Lima
Nelson Machado
José Dirceu de Oliveira e Silva

Este texto não substitui o publicado no DOU de 7.4.2005.

Lei nº 11.079/04 (Parceria Público Privada)

LEI Nº 11.079, DE 30 DE DEZEMBRO DE 2004

Institui normas gerais para licitação e contratação de parceria público-privada no âmbito da administração pública.

O PRESIDENTE DA REPÚBLICA Faço saber que o Congresso Nacional decreta e eu sanciono a seguinte Lei:

CAPÍTULO I
Disposições Preliminares

Art. 1. Esta Lei institui normas gerais para licitação e contratação de parceria público-privada no âmbito dos Poderes da União, dos Estados, do Distrito Federal e dos Municípios.
Parágrafo único. Esta Lei aplica-se aos órgãos da administração pública direta dos Poderes Executivo e Legislativo, aos fundos especiais, às autarquias, às fundações públicas, às empresas públicas, às sociedades de economia mista e às demais entidades controladas direta ou indiretamente pela União, Estados, Distrito Federal e Municípios.
Art. 2. Parceria público-privada é o contrato administrativo de concessão, na modalidade patrocinada ou administrativa.
§ 1º Concessão patrocinada é a concessão de serviços públicos ou de obras públicas de que trata a Lei nº 8.987, de 13 de fevereiro de 1995, quando envolver, adicionalmente à tarifa cobrada dos usuários contraprestação pecuniária do parceiro público ao parceiro privado.
§ 2º Concessão administrativa é o contrato de prestação de serviços de que a Administração Pública seja a usuária direta ou indireta, ainda que envolva execução de obra ou fornecimento e instalação de bens.
§ 3º Não constitui parceria público-privada a concessão comum, assim entendida a concessão de serviços públicos ou de obras públicas de que trata a Lei nº 8.987, de 13 de fevereiro de 1995, quando

não envolver contraprestação pecuniária do parceiro público ao parceiro privado.

§ 4º É vedada a celebração de contrato de parceria público-privada:

I. cujo valor do contrato seja inferior a R$ 10.000.000,00 (dez milhões de reais);

II. cujo período de prestação do serviço seja inferior a 5 (cinco) anos; ou

III. que tenha como objeto único o fornecimento de mão de obra, o fornecimento e instalação de equipamentos ou a execução de obra pública.

Art. 3. As concessões administrativas regem-se por esta Lei, aplicando-se lhes adicionalmente o disposto nos arts. 21, 23, 25 e 27 a 39 da Lei nº 8.987, de 13 de fevereiro de 1995, e no art. 31 da Lei nº 9.074, de 7 de julho de 1995.

§ 1º As concessões patrocinadas regem-se por esta Lei, aplicando-se lhes subsidiariamente o disposto na Lei nº 8.987, de 13 de fevereiro de 1995, e nas leis que lhe são correlatas.

§ 2º As concessões comuns continuam regidas pela Lei nº 8.987, de 13 de fevereiro de 1995, e pelas leis que lhe são correlatas, não se lhes aplicando o disposto nesta Lei.

§ 3º Continuam regidos exclusivamente pela Lei nº 8.666, de 21 de junho de 1993, e pelas leis que lhe são correlatas os contratos administrativos que não caracterizem concessão comum, patrocinada ou administrativa.

Art. 4. Na contratação de parceria público-privada serão observadas as seguintes diretrizes:

I. eficiência no cumprimento das missões de Estado e no emprego dos recursos da sociedade;

II. respeito aos interesses e direitos dos destinatários dos serviços e dos entes privados incumbidos da sua execução;

III. indelegabilidade das funções de regulação, jurisdicional, do exercício do poder de polícia e de outras atividades exclusivas do Estado;

IV. responsabilidade fiscal na celebração e execução das parcerias;

V. transparência dos procedimentos e das decisões;

VI. repartição objetiva de riscos entre as partes;

VII. sustentabilidade financeira e vantagens socioeconômicas dos projetos de parceria.

CAPÍTULO II

Dos Contratos De Parceria Público-Privada

Art. 5. As cláusulas dos contratos de parceria público-privada atenderão ao disposto no art. 23 da Lei nº 8.987, de 13 de fevereiro de 1995, no que couber, devendo também prever:

I. o prazo de vigência do contrato, compatível com a amortização dos investimentos realizados, não inferior a 5 (cinco), nem superior a 35 (trinta e cinco) anos, incluindo eventual prorrogação;

II. as penalidades aplicáveis à Administração Pública e ao parceiro privado em caso de inadimplemento contratual, fixadas sempre de forma proporcional à gravidade da falta cometida, e às obrigações assumidas;

III. a repartição de riscos entre as partes, inclusive os referentes a caso fortuito, força maior, fato do príncipe e álea econômica extraordinária;

IV. as formas de remuneração e de atualização dos valores contratuais;

V. os mecanismos para a preservação da atualidade da prestação dos serviços;

VI. os fatos que caracterizem a inadimplência pecuniária do parceiro público, os modos e o prazo de regularização e, quando houver, a forma de acionamento da garantia;

VII. os critérios objetivos de avaliação do desempenho do parceiro privado;

VIII. a prestação, pelo parceiro privado, de garantias de execução suficientes e compatíveis com os ônus e riscos envolvidos, observados os limites dos §§ 3º e 5º do art. 56 da Lei nº 8.666, de 21 de junho de 1993, e, no que se refere às concessões patrocinadas, o disposto no inciso XV do art. 18 da Lei nº 8.987, de 13 de fevereiro de 1995;

IX. o compartilhamento com a Administração Pública de ganhos econômicos efetivos do parceiro privado decorrentes da redução do risco de crédito dos financiamentos utilizados pelo parceiro privado;

X. a realização de vistoria dos bens reversíveis, podendo o parceiro público reter os pagamentos ao parceiro privado, no valor necessário para reparar as irregularidades eventualmente detectadas;

XI. o cronograma e os marcos para o repasse ao parceiro privado das parcelas do aporte de recursos, na fase de investimentos do projeto e/ou após a disponibilização dos serviços, sempre que verificada a hipótese do § 2º do art. 6º desta Lei. (Incluído pela Lei nº 12.766, de 2012)

§ 1º As cláusulas contratuais de atualização automática de valores baseadas em índices e fórmulas matemáticas, quando houver, serão aplicadas sem necessidade de homologação pela Administração Pública, exceto se esta publicar, na imprensa oficial, onde houver, até o prazo de 15 (quinze) dias após apresentação da fatura, razões fundamentadas nesta Lei ou no contrato para a rejeição da atualização.

§ 2º Os contratos poderão prever adicionalmente:

I. os requisitos e condições em que o parceiro público autorizará a transferência do controle ou a administração temporária da sociedade de propósito específico aos seus financiadores e garantidores com quem não mantenha vínculo societário direto, com o objetivo de promover a sua reestruturação financeira e assegurar a continuidade da prestação dos serviços, não se aplicando para este efeito o previsto no inciso I do parágrafo único do art. 27 da Lei nº 8.987, de 13 de fevereiro de 1995;

II. a possibilidade de emissão de empenho em nome dos financiadores do projeto em relação às obrigações pecuniárias da Administração Pública;

III. a legitimidade dos financiadores do projeto para receber indenizações por extinção antecipada do contrato, bem como pagamentos efetuados pelos fundos e empresas estatais garantidores de parcerias público-privadas.

Art. 5-A. Para fins do inciso I do § 2º do art. 5º, considera-se:

I. o controle da sociedade de propósito específico a propriedade resolúvel de ações ou quotas por seus financiadores e garantidores que atendam os requisitos do art. 116 da Lei nº 6.404, de 15 de dezembro de 1976;

II. A administração temporária da sociedade de propósito específico, pelos financiadores e garantidores quando, sem a transferência da propriedade de ações ou quotas, forem outorgados os seguintes poderes:

a) indicar os membros do Conselho de Administração, a serem eleitos em Assembleia Geral pelos acionistas, nas sociedades regidas pela Lei nº 6.404, de 15 de dezembro de 1976; ou administradores, a serem eleitos pelos quotistas, nas demais sociedades;

b) indicar os membros do Conselho Fiscal, a serem eleitos pelos acionistas ou quotistas controladores em Assembleia Geral;

c) exercer poder de veto sobre qualquer proposta submetida à votação dos acionistas ou quotistas da concessionária, que representem, ou possam representar, prejuízos aos fins previstos no caput deste artigo;

d) outros poderes necessários ao alcance dos fins previstos no caput deste artigo;

§ 1º A administração temporária autorizada pelo poder concedente não acarretará responsabilidade aos financiadores e garantidores em relação à tributação, encargos, ônus, sanções, obrigações ou compromissos com terceiros, inclusive com o poder concedente ou empregados.

§ 2º O Poder Concedente disciplinará sobre o prazo da administração temporária.

Art. 6. A contraprestação da Administração Pública nos contratos de parceria público-privada poderá ser feita por:

I. ordem bancária;

II. cessão de créditos não tributários;

III. outorga de direitos em face da Administração Pública;

IV. outorga de direitos sobre bens públicos dominicais;

V. outros meios admitidos em lei.

§ 1º O contrato poderá prever o pagamento ao parceiro privado de remuneração variável vinculada ao seu desempenho, conforme metas e padrões de qualidade e disponibilidade definidos no contrato.

§ 2º O contrato poderá prever o aporte de recursos em favor do parceiro privado para a realização de obras e aquisição de bens reversíveis, nos termos dos incisos X e XI do caput do art. 18 da Lei nº 8.987, de 13 de fevereiro de 1995, desde que autorizado no edital de licitação, se contratos novos, ou em lei específica, se contratos celebrados até 8 de agosto de 2012º

§ 3º O valor do aporte de recursos realizado nos termos do § 2º poderá ser excluído da determinação:

I. do lucro líquido para fins de apuração do lucro real e da base de cálculo da Contribuição Social sobre o Lucro Líquido CSLL; e

II. da base de cálculo da Contribuição para o PIS/Pasep e da Contribuição para o Financiamento da Seguridade Social – Cofins.

III. da base de cálculo da Contribuição Previdenciária sobre a Receita Bruta – CPRB devida pelas empresas referidas nos arts. 7º e 8º da Lei nº 12.546, de 14 de dezembro de 2011, a partir de 1º de janeiro de 2015.

§ 4º Até 31 de dezembro de 2013, para os optantes conforme o art. 75 da Lei nº 12.973, de 13 de maio de 2014, e até 31 de dezembro de 2014, para os não optantes, a parcela excluída nos termos do § 3º deverá ser computada na determinação do lucro líquido para fins de apuração do lucro real, da base de cálculo da CSLL e da base de cálculo da Contribuição para o PIS/Pasep e da Cofins, na proporção em que o custo para a realização de obras e aquisição de bens a que se refere o § 2º deste artigo for realizado, inclusive mediante depreciação ou extinção da concessão, nos termos do art. 35 da Lei nº 8.987, de 13 de fevereiro de 1995º

§ 5º Por ocasião da extinção do contrato, o parceiro privado não receberá indenização pelas parcelas de investimentos vinculados a bens reversíveis ainda não amortizadas ou depreciadas, quando tais investimentos houverem sido realizados com valores provenientes do aporte de recursos de que trata o § 2º.

§ 6º A partir de 1º de janeiro de 2014, para os optantes conforme o art. 75 da Lei nº 12.973, de 13 de maio de 2014, e de 1º de janeiro de 2015, para os não optantes, a parcela excluída nos termos do § 3º deverá ser computada na determinação do lucro líquido para fins de apuração do lucro real, da base de cálculo da CSLL e da base de cálculo da Contribuição para o PIS/Pasep e da Cofins em cada período de apuração durante o prazo restante do contrato, considerado a partir do início da prestação dos serviços públicos.

§ 7º No caso do § 6º, o valor a ser adicionado em cada período de apuração deve ser o valor da parcela excluída dividida pela quantidade de períodos de apuração contidos no prazo restante do contrato.

§ 8º Para os contratos de concessão em que a concessionária já tenha iniciado a prestação dos serviços públicos nas datas referidas no § 6º, as adições subsequentes serão realizadas em cada período de apuração durante o prazo restante do contrato, considerando o saldo remanescente ainda não adicionado.

§ 9º A parcela excluída nos termos do inciso III do § 3º deverá ser computada na determinação da base de cálculo da contribuição previdenciária de que trata o inciso III do § 3º em cada período de apuração durante o prazo restante previsto no contrato para construção, recuperação, reforma, ampliação ou melhoramento da infraestrutura que será utilizada na prestação de serviços públicos.

§ 10º No caso do § 9º, o valor a ser adicionado em cada período de apuração deve ser o valor da parcela excluída dividida pela quantidade de períodos de apuração contidos no prazo restante previsto no contrato para construção, recuperação, reforma, ampliação ou melhoramento da infraestrutura que será utilizada na prestação de serviços públicos.

§ 11º Ocorrendo a extinção da concessão antes do advento do termo contratual, o saldo da parcela excluída nos termos do § 3º, ainda não adicionado, deverá ser computado na determinação do lucro líquido para fins de apuração do lucro real, da base de cálculo da CSLL e da base de cálculo da Contribuição para o PIS/Pasep, da Cofins e da contribuição previdenciária de que trata o inciso III do § 3º no período de apuração da extinção.

§ 12º Aplicam-se às receitas auferidas pelo parceiro privado nos termos do § 6º o regime de apuração e as alíquotas da Contribuição para o PIS/Pasep e da Cofins aplicáveis às suas receitas decorrentes da prestação dos serviços públicos.

Art. 7. A contraprestação da Administração Pública será obrigatoriamente precedida da disponibilização do serviço objeto do contrato de parceria público-privada.

§ 1º É facultado à administração pública, nos termos do contrato, efetuar o pagamento da contraprestação relativa a parcela fruível do serviço objeto do contrato de parceria público-privada.

§ 2º O aporte de recursos de que trata o § 2º do art. 6º, quando realizado durante a fase dos investimentos a cargo do parceiro privado, deverá guardar proporcionalidade com as etapas efetivamente executadas.

CAPÍTULO III

Das Garantias

Art. 8. As obrigações pecuniárias contraídas pela Administração Pública em contrato de parceria público-privada poderão ser garantidas mediante:

I. vinculação de receitas, observado o disposto no inciso IV do art. 167 da Constituição Federal;

II. instituição ou utilização de fundos especiais previstos em lei;

III. contratação de seguro-garantia com as companhias seguradoras que não sejam controladas pelo Poder Público;

IV. garantia prestada por organismos internacionais ou instituições financeiras que não sejam controladas pelo Poder Público;
V. garantias prestadas por fundo garantidor ou empresa estatal criada para essa finalidade;
VI. outros mecanismos admitidos em lei.
Parágrafo único. (VETADO).

CAPÍTULO IV

Da Sociedade de Propósito Específico

Art. 9. Antes da celebração do contrato, deverá ser constituída sociedade de propósito específico, incumbida de implantar e gerir o objeto da parceria.
§ 1º A transferência do controle da sociedade de propósito específico estará condicionada à autorização expressa da Administração Pública, nos termos do edital e do contrato, observado o disposto no parágrafo único do art. 27 da Lei nº 8.987, de 13 de fevereiro de 1995.
§ 2º A sociedade de propósito específico poderá assumir a forma de companhia aberta, com valores mobiliários admitidos a negociação no mercado.
§ 3º A sociedade de propósito específico deverá obedecer a padrões de governança corporativa e adotar contabilidade e demonstrações financeiras padronizadas, conforme regulamento.
§ 4º Fica vedado à Administração Pública ser titular da maioria do capital votante das sociedades de que trata este Capítulo.
§ 5º A vedação prevista no § 4º deste artigo não se aplica à eventual aquisição da maioria do capital votante da sociedade de propósito específico por instituição financeira controlada pelo Poder Público em caso de inadimplemento de contratos de financiamento.

CAPÍTULO V

Da Licitação

Art. 10. A contratação de parceria público-privada será precedida de licitação na modalidade de concorrência, estando a abertura do processo licitatório condicionada a:
I. autorização da autoridade competente, fundamentada em estudo técnico que demonstre:
a) a conveniência e a oportunidade da contratação, mediante identificação das razões que justifiquem a opção pela forma de parceria público-privada;
b) que as despesas criadas ou aumentadas não afetarão as metas de resultados fiscais previstas no Anexo referido no § 1º do art. 4º da Lei Complementar nº 101, de 4 de maio de 2000, devendo seus efeitos financeiros, nos períodos seguintes, ser compensados pelo aumento permanente de receita ou pela redução permanente de despesa; e
c) quando for o caso, conforme as normas editadas na forma do art. 25 desta Lei, a observância dos limites e condições decorrentes da aplicação dos arts. 29, 30 e 32 da Lei Complementar nº 101, de 4 de maio de 2000, pelas obrigações contraídas pela Administração Pública relativas ao objeto do contrato;
II. elaboração de estimativa do impacto orçamentário-financeiro nos exercícios em que deva vigorar o contrato de parceria público-privada;
III. declaração do ordenador da despesa de que as obrigações contraídas pela Administração Pública no decorrer do contrato são compatíveis com a lei de diretrizes orçamentárias e estão previstas na lei orçamentária anual;
IV. estimativa do fluxo de recursos públicos suficientes para o cumprimento, durante a vigência do contrato e por exercício financeiro, das obrigações contraídas pela Administração Pública;
V. seu objeto estar previsto no plano plurianual em vigor no âmbito onde o contrato será celebrado;
VI. submissão da minuta de edital e de contrato à consulta pública, mediante publicação na imprensa oficial, em jornais de grande circulação e por meio eletrônico, que deverá informar a justificativa para a contratação, a identificação do objeto, o prazo de duração do contrato, seu valor estimado, fixando-se prazo mínimo de 30 (trinta) dias para recebimento de sugestões, cujo termo dar-se-á pelo menos 7 (sete) dias antes da data prevista para a publicação do edital; e
VII. licença ambiental prévia ou expedição das diretrizes para o licenciamento ambiental do empreendimento, na forma do regulamento, sempre que o objeto do contrato exigir.
§ 1º A comprovação referida nas alíneas *b* e *c* do inciso I do caput deste artigo conterá as premissas e metodologia de cálculo utilizadas, observadas as normas gerais para consolidação das contas públicas, sem prejuízo do exame de compatibilidade das despesas com as demais normas do plano plurianual e da lei de diretrizes orçamentárias.

§ 2º Sempre que a assinatura do contrato ocorrer em exercício diverso daquele em que for publicado o edital, deverá ser precedida da atualização dos estudos e demonstrações a que se referem os incisos I a IV do caput deste artigo.
§ 3º As concessões patrocinadas em que mais de 70% (setenta por cento) da remuneração do parceiro privado for paga pela Administração Pública dependerão de autorização legislativa específica.
§ 4º Os estudos de engenharia para a definição do valor do investimento da PPP deverão ter nível de detalhamento de anteprojeto, e o valor dos investimentos para definição do preço de referência para a licitação será calculado com base em valores de mercado considerando o custo global de obras semelhantes no Brasil ou no exterior ou com base em sistemas de custos que utilizem como insumo valores de mercado do setor específico do projeto, aferidos, em qualquer caso, mediante orçamento sintético, elaborado por meio de metodologia expedita ou paramétrica.

Art. 11. O instrumento convocatório conterá minuta do contrato, indicará expressamente a submissão da licitação às normas desta Lei e observará, no que couber, os §§ 3º e 4º do art. 15, os arts. 18, 19 e 21 da Lei nº 8.987, de 13 de fevereiro de 1995, podendo ainda prever:
I. exigência de garantia de proposta do licitante, observado o limite do inciso III do art. 31 da Lei nº 8.666, de 21 de junho de 1993;
II. (VETADO)
III. o emprego dos mecanismos privados de resolução de disputas, inclusive a arbitragem, a ser realizada no Brasil e em língua portuguesa, nos termos da Lei nº 9.307, de 23 de setembro de 1996, para dirimir conflitos decorrentes ou relacionados ao contrato.
Parágrafo único. O edital deverá especificar, quando houver, as garantias da contraprestação do parceiro público a serem concedidas ao parceiro privado.

Art. 12. O certame para a contratação de parcerias público-privadas obedecerá ao procedimento previsto na legislação vigente sobre licitações e contratos administrativos e também ao seguinte:
I. o julgamento poderá ser precedido de etapa de qualificação de propostas técnicas, desclassificando-se os licitantes que não alcançarem a pontuação mínima, os quais não participarão das etapas seguintes;
II. o julgamento poderá adotar como critérios, além dos previstos nos incisos I e V do art. 15 da Lei nº 8.987, de 13 de fevereiro de 1995, os seguintes:
a) menor valor da contraprestação a ser paga pela Administração Pública;
b) melhor proposta em razão da combinação do critério da alínea *a* com o de melhor técnica, de acordo com os pesos estabelecidos no edital;
III. o edital definirá a forma de apresentação das propostas econômicas, admitindo-se:
a) propostas escritas em envelopes lacrados; ou
b) propostas escritas, seguidas de lances em viva voz;
IV. o edital poderá prever a possibilidade de saneamento de falhas, de complementação de insuficiências ou ainda de correções de caráter formal no curso do procedimento, desde que o licitante possa satisfazer as exigências dentro do prazo fixado no instrumento convocatório.
§ 1º Na hipótese da alínea *b* do inciso III do caput deste artigo:
I. os lances em viva voz serão sempre oferecidos na ordem inversa da classificação das propostas escritas, sendo vedado ao edital limitar a quantidade de lances;
II. o edital poderá restringir a apresentação de lances em viva voz aos licitantes cuja proposta escrita for no máximo 20% (vinte por cento) maior que o valor da melhor proposta.
§ 2º O exame de propostas técnicas, para fins de qualificação ou julgamento, será feito por ato motivado, com base em exigências, parâmetros e indicadores de resultado pertinentes ao objeto, definidos com clareza e objetividade no edital.

Art. 13. O edital poderá prever a inversão da ordem das fases de habilitação e julgamento, hipótese em que:
I. encerrada a fase de classificação das propostas ou o oferecimento de lances, será aberto o invólucro com os documentos de habilitação do licitante mais bem classificado, para verificação do atendimento das condições fixadas no edital;
II. verificado o atendimento das exigências do edital, o licitante será declarado vencedor;
III. inabilitado o licitante melhor classificado, serão analisados os documentos habilitatórios do licitante com a proposta classificada em 2º (segundo) lugar, e assim, sucessivamente, até que um licitante classificado atenda às condições fixadas no edital;

IV. proclamado o resultado final do certame, o objeto será adjudicado ao vencedor nas condições técnicas e econômicas por ele ofertadas.

CAPÍTULO VI
Disposições Aplicáveis à União

Art. 14. Será instituído, por decreto, órgão gestor de parcerias público-privadas federais, com competência para:
I. definir os serviços prioritários para execução no regime de parceria público-privada;
II. disciplinar os procedimentos para celebração desses contratos;
III. autorizar a abertura da licitação e aprovar seu edital;
IV. apreciar os relatórios de execução dos contratos.
§ 1º O órgão mencionado no caput deste artigo será composto por indicação nominal de um representante titular e respectivo suplente de cada um dos seguintes órgãos:
I. Ministério do Planejamento, Orçamento e Gestão, ao qual cumprirá a tarefa de coordenação das respectivas atividades;
II. Ministério da Fazenda;
III. Casa Civil da Presidência da República.
§ 2º Das reuniões do órgão a que se refere o caput deste artigo para examinar projetos de parceria público-privada participará um representante do órgão da Administração Pública direta cuja área de competência seja pertinente ao objeto do contrato em análise.
§ 3º Para deliberação do órgão gestor sobre a contratação de parceria público-privada, o expediente deverá estar instruído com pronunciamento prévio e fundamentado:
I. do Ministério do Planejamento, Orçamento e Gestão, sobre o mérito do projeto;
II. do Ministério da Fazenda, quanto à viabilidade da concessão da garantia e à sua forma, relativamente aos riscos para o Tesouro Nacional e ao cumprimento do limite de que trata o art. 22 desta Lei.
§ 4º Para o desempenho de suas funções, o órgão citado no caput deste artigo poderá criar estrutura de apoio técnico com a presença de representantes de instituições públicas.
§ 5º O órgão de que trata o caput deste artigo remeterá ao Congresso Nacional e ao Tribunal de Contas da União, com periodicidade anual, relatórios de desempenho dos contratos de parceria público-privada.
§ 6º Para fins do atendimento do disposto no inciso V do art. 4º desta Lei, ressalvadas as informações classificadas como sigilosas, os relatórios de que trata o § 5º deste artigo serão disponibilizados ao público, por meio de rede pública de transmissão de dados.

Art. 14-A. A Câmara dos Deputados e o Senado Federal, por meio de atos das respectivas Mesas, poderão dispor sobre a matéria de que trata o art. 14 no caso de parcerias público-privadas por eles realizadas, mantida a competência do Ministério da Fazenda descrita no inciso II do § 3º do referido artigo.

Art. 15. Compete aos Ministérios e às Agências Reguladoras, nas suas respectivas áreas de competência, submeter o edital de licitação ao órgão gestor, proceder à licitação, acompanhar e fiscalizar os contratos de parceria público-privada.
Parágrafo único. Os Ministérios e Agências Reguladoras encaminharão ao órgão a que se refere o caput do art. 14 desta Lei, com periodicidade semestral, relatórios circunstanciados acerca da execução dos contratos de parceria público-privada, na forma definida em regulamento.

Art. 16. Ficam a União, seus fundos especiais, suas autarquias, suas fundações públicas e suas empresas estatais dependentes autorizadas a participar, no limite global de R$ 6.000.000.000,00 (seis bilhões de reais), em Fundo Garantidor de Parcerias Público-Privadas – FGP que terá por finalidade prestar garantia de pagamento de obrigações pecuniárias assumidas pelos parceiros públicos federais, distritais, estaduais ou municipais em virtude das parcerias de que trata esta Lei.
§ 1º O FGP terá natureza privada e patrimônio próprio separado do patrimônio dos cotistas, e será sujeito a direitos e obrigações próprios.
§ 2º O patrimônio do Fundo será formado pelo aporte de bens e direitos realizado pelos cotistas, por meio da integralização de cotas e pelos rendimentos obtidos com sua administração.
§ 3º Os bens e direitos transferidos ao Fundo serão avaliados por empresa especializada, que deverá apresentar laudo fundamentado, com indicação dos critérios de avaliação adotados e instruído com os documentos relativos aos bens avaliados.

§ 4º A integralização das cotas poderá ser realizada em dinheiro, títulos da dívida pública, bens imóveis dominicais, bens móveis, inclusive ações de sociedade de economia mista federal excedentes ao necessário para manutenção de seu controle pela União, ou outros direitos com valor patrimonial.

§ 5º O FGP responderá por suas obrigações com os bens e direitos integrantes de seu patrimônio, não respondendo os cotistas por qualquer obrigação do Fundo, salvo pela integralização das cotas que subscreverem.

§ 6º A integralização com bens a que se refere o § 4º deste artigo será feita independentemente de licitação, mediante prévia avaliação e autorização específica do Presidente da República, por proposta do Ministro da Fazenda.

§ 7º O aporte de bens de uso especial ou de uso comum no FGP será condicionado a sua desafetação de forma individualizada.

§ 8º A capitalização do FGP, quando realizada por meio de recursos orçamentários, dar-se-á por ação orçamentária específica para esta finalidade, no âmbito de Encargos Financeiros da União.

§ 9º (VETADO). (Incluído e vetado pela Lei nº 12.766, de 2012)

Art. 17. O FGP será criado, administrado, gerido e representado judicial e extrajudicialmente por instituição financeira controlada, direta ou indiretamente, pela União, com observância das normas a que se refere o inciso XXII do art. 4º da Lei nº 4.595, de 31 de dezembro de 1964.

§ 1º O estatuto e o regulamento do FGP serão aprovados em assembleia dos cotistas.

§ 2º A representação da União na assembleia dos cotistas dar-se-á na forma do inciso V do art. 10 do Decreto-Lei nº 147, de 3 de fevereiro de 1967.

§ 3º Caberá à instituição financeira deliberar sobre a gestão e alienação dos bens e direitos do FGP, zelando pela manutenção de sua rentabilidade e liquidez.

Art. 18. O estatuto e o regulamento do FGP devem deliberar sobre a política de concessão de garantias, inclusive no que se refere à relação entre ativos e passivos do Fundo.

§ 1º A garantia será prestada na forma aprovada pela assembleia dos cotistas, nas seguintes modalidades:

I. fiança, sem benefício de ordem para o fiador;

II. penhor de bens móveis ou de direitos integrantes do patrimônio do FGP, sem transferência da posse da coisa empenhada antes da execução da garantia;

III. hipoteca de bens imóveis do patrimônio do FGP;

IV. alienação fiduciária, permanecendo a posse direta dos bens com o FGP ou com agente fiduciário por ele contratado antes da execução da garantia;

V. outros contratos que produzam efeito de garantia, desde que não transfiram a titularidade ou posse direta dos bens ao parceiro privado antes da execução da garantia;

VI. garantia, real ou pessoal, vinculada a um patrimônio de afetação constituído em decorrência da separação de bens e direitos pertencentes ao FGP.

§ 2º O FGP poderá prestar contragarantias a seguradoras, instituições financeiras e organismos internacionais que garantirem o cumprimento das obrigações pecuniárias dos cotistas em contratos de parceria público-privadas.

§ 3º A quitação pelo parceiro público de cada parcela de débito garantido pelo FGP importará exoneração proporcional da garantia.

§ 4º O FGP poderá prestar garantia mediante contratação de instrumentos disponíveis em mercado, inclusive para complementação das modalidades previstas no § 1º.

§ 5º O parceiro privado poderá acionar o FGP nos casos de:

I. crédito líquido e certo, constante de título exigível aceito e não pago pelo parceiro público após 15 (quinze) dias contados da data de vencimento; e

II. débitos constantes de faturas emitidas e não aceitas pelo parceiro público após 45 (quarenta e cinco) dias contados da data de vencimento, desde que não tenha havido rejeição expressa por ato motivado.

§ 6º A quitação de débito pelo FGP importará sua sub-rogação nos direitos do parceiro privado.

§ 7º Em caso de inadimplemento, os bens e direitos do Fundo poderão ser objeto de constrição judicial e alienação para satisfazer as obrigações garantidas.

§ 8º O FGP poderá usar parcela da cota da União para prestar garantia aos seus fundos especiais, às suas autarquias, às suas fundações públicas e às suas empresas estatais dependentes.

§ 9º O FGP é obrigado a honrar faturas aceitas e não pagas pelo parceiro público.

§ 10º O FGP é proibido de pagar faturas rejeitadas expressamente por ato motivado.

§ 11º O parceiro público deverá informar o FGP sobre qualquer fatura rejeitada e sobre os motivos da rejeição no prazo de 40 (quarenta) dias contado da data de vencimento.

§ 12º A ausência de aceite ou rejeição expressa de fatura por parte do parceiro público no prazo de 40 (quarenta) dias contado da data de vencimento implicará aceitação tácita.

§ 13º O agente público que contribuir por ação ou omissão para a aceitação tácita de que trata o § 12 ou que rejeitar fatura sem motivação será responsabilizado pelos danos que causar, em conformidade com a legislação civil, administrativa e penal em vigor.

Art. 19 O FGP não pagará rendimentos a seus cotistas, assegurando-se a qualquer deles o direito de requerer o resgate total ou parcial de suas cotas, correspondente ao patrimônio ainda não utilizado para a concessão de garantias, fazendo-se a liquidação com base na situação patrimonial do Fundo.

Art. 20. A dissolução do FGP, deliberada pela assembleia dos cotistas, ficará condicionada à prévia quitação da totalidade dos débitos garantidos ou liberação das garantias pelos credores.

Parágrafo único. Dissolvido o FGP, o seu patrimônio será rateado entre os cotistas, com base na situação patrimonial à data da dissolução.

Art. 21. É facultada a constituição de patrimônio de afetação que não se comunicará com o restante do patrimônio do FGP, ficando vinculado exclusivamente à garantia em virtude da qual tiver sido constituído, não podendo ser objeto de penhora, arresto, sequestro, busca e apreensão ou qualquer ato de constrição judicial decorrente de outras obrigações do FGP.

Parágrafo único. A constituição do patrimônio de afetação será feita por registro em Cartório de Registro de Títulos e Documentos ou, no caso de bem imóvel, no Cartório de Registro Imobiliário correspondente.

Art. 22. A União somente poderá contratar parceria público-privada quando a soma das despesas de caráter continuado derivadas do conjunto das parcerias já contratadas não tiver excedido, no ano anterior, a 1% (um por cento) da receita corrente líquida do exercício, e as despesas anuais dos contratos vigentes, nos 10 (dez) anos subsequentes, não excedam a 1% (um por cento) da receita corrente líquida projetada para os respectivos exercícios.

CAPÍTULO VII
Disposições Finais

Art. 23. Fica a União autorizada a conceder incentivo, nos termos do Programa de Incentivo à Implementação de Projetos de Interesse Social – PIPS, instituído pela Lei nº 10.735, de 11 de setembro de 2003, às aplicações em fundos de investimento, criados por instituições financeiras, em direitos creditórios provenientes dos contratos de parcerias público-privadas.

Art. 24. O Conselho Monetário Nacional estabelecerá, na forma da legislação pertinente, as diretrizes para a concessão de crédito destinado ao financiamento de contratos de parcerias público-privadas, bem como para participação de entidades fechadas de previdência complementar.

Art. 25. A Secretaria do Tesouro Nacional editará, na forma da legislação pertinente, normas gerais relativas à consolidação das contas públicas aplicáveis aos contratos de parceria público-privada.

Art. 26. O inciso I do § 1º do art. 56 da Lei nº 8.666, de 21 de junho de 1993, passa a vigorar com a seguinte redação:
"Art. 56. ....
§ 1º..
I. caução em dinheiro ou em títulos da dívida pública, devendo estes ter sido emitidos sob a forma escritural, mediante registro em sistema centralizado de liquidação e de custódia autorizado pelo Banco Central do Brasil e avaliados pelos seus valores econômicos, conforme definido pelo Ministério da Fazenda;
...." (NR)

Art. 27. As operações de crédito efetuadas por empresas públicas ou sociedades de economia mista controladas pela União não poderão exceder a 70% (setenta por cento) do total das fontes de recursos financeiros da sociedade de propósito específico, sendo que para as áreas das regiões Norte, Nordeste e Centro-Oeste, onde o Índice de Desenvolvimento Humano IDH seja inferior à média nacional, essa participação não poderá exceder a 80% (oitenta por cento).

§ 1º Não poderão exceder a 80% (oitenta por cento) do total das fontes de recursos financeiros da sociedade de propósito específico ou 90% (noventa por cento) nas áreas das regiões Norte, Nordeste e

Centro-Oeste, onde o Índice de Desenvolvimento Humano IDH seja inferior à média nacional, as operações de crédito ou contribuições de capital realizadas cumulativamente por:

I. entidades fechadas de previdência complementar;
II. empresas públicas ou sociedades de economia mista controladas pela União.

§ 2º Para fins do disposto neste artigo, entende-se por fonte de recursos financeiros as operações de crédito e contribuições de capital à sociedade de propósito específico.

Art. 28. A União não poderá conceder garantia ou realizar transferência voluntária aos Estados, Distrito Federal e Municípios se a soma das despesas de caráter continuado derivadas do conjunto das parcerias já contratadas por esses entes tiver excedido, no ano anterior, a 5% (cinco por cento) da receita corrente líquida do exercício ou se as despesas anuais dos contratos vigentes nos 10 (dez) anos subsequentes excederem a 5% (cinco por cento) da receita corrente líquida projetada para os respectivos exercícios.

§ 1º Os Estados, o Distrito Federal e os Municípios que contratarem empreendimentos por intermédio de parcerias público-privadas deverão encaminhar ao Senado Federal e à Secretaria do Tesouro Nacional, previamente à contratação, as informações necessárias para cumprimento do previsto no caput deste artigo.

§ 2º Na aplicação do limite previsto no caput deste artigo, serão computadas as despesas derivadas de contratos de parceria celebrados pela Administração Pública direta, autarquias, fundações públicas, empresas públicas, sociedades de economia mista e demais entidades controladas, direta ou indiretamente, pelo respectivo ente.

§ 2º Na aplicação do limite previsto no caput deste artigo, serão computadas as despesas derivadas de contratos de parceria celebrados pela administração pública direta, autarquias, fundações públicas, empresas públicas, sociedades de economia mista e demais entidades controladas, direta ou indiretamente, pelo respectivo ente, excluídas as empresas estatais não dependentes.

§ 3º (VETADO)

Art. 29. Serão aplicáveis, no que couber, as penalidades previstas no Decreto-Lei nº 2.848, de 7 de dezembro de 1940 – Código Penal, na Lei nº 8.429, de 2 de junho de 1992 – Lei de Improbidade Administrativa, na Lei nº 10.028, de 19 de outubro de 2000 – Lei dos Crimes Fiscais, no Decreto-Lei nº 201, de 27 de fevereiro de 1967, e na Lei nº 1.079, de 10 de abril de 1950, sem prejuízo das penalidades financeiras previstas contratualmente.

Art. 30. Esta Lei entra em vigor na data de sua publicação.

Brasília, 30 de dezembro de 2004; 183º da Independência e 116º da República.
LUIZ INÁCIO LULA DA SILVA
Bernard Appy
Nelson Machado

Este texto não substitui o publicado no DOU de 31.12.2004.

Lei nº 8.429/92 (Improbidade Administrativa)

LEI Nº 8.429, DE 2 DE JUNHO DE 1992
Dispõe sobre as sanções aplicáveis aos agentes públicos nos casos de enriquecimento ilícito no exercício de mandato, cargo, emprego ou função na administração pública direta, indireta ou fundacional e dá outras providências.
Atualizada com o pacote ante crime (Lei nº 13964/2019)

O PRESIDENTE DA REPÚBLICA, Faço saber que o Congresso Nacional decreta e eu sanciono a seguinte lei:

CAPÍTULO I
Das Disposições Gerais

Art. 1. Os atos de improbidade praticados por qualquer agente público, servidor ou não, contra a administração direta, indireta ou fundacional de qualquer dos Poderes da União, dos Estados, do Distrito Federal, dos Municípios, de Território, de empresa incorporada ao patrimônio público ou de entidade para cuja criação ou custeio o erário haja concorrido ou concorra com mais de cinquenta por cento do patrimônio ou da receita anual, serão punidos na forma desta lei.

Parágrafo único. Estão também sujeitos às penalidades desta lei os atos de improbidade praticados contra o patrimônio de entidade que receba subvenção, benefício ou incentivo, fiscal ou creditício, de órgão público bem como daquelas para cuja criação ou custeio o erário haja concorrido ou concorra com menos de cinquenta por cento do patrimônio ou da receita anual, limitando-se, nestes casos, a sanção patrimonial à repercussão do ilícito sobre a contribuição dos cofres públicos.

Art. 2. Reputa-se agente público, para os efeitos desta lei, todo aquele que exerce, ainda que transitoriamente ou sem remuneração, por eleição, nomeação, designação, contratação ou qualquer outra forma de investidura ou vínculo, mandato, cargo, emprego ou função nas entidades mencionadas no artigo anterior.

Art. 3. As disposições desta lei são aplicáveis, no que couber, àquele que, mesmo não sendo agente público, induza ou concorra para a prática do ato de improbidade ou dele se beneficie sob qualquer forma direta ou indireta.

Art. 4. Os agentes públicos de qualquer nível ou hierarquia são obrigados a velar pela estrita observância dos princípios de legalidade, impessoalidade, moralidade e publicidade no trato dos assuntos que lhe são afetos.

Art. 5. Ocorrendo lesão ao patrimônio público por ação ou omissão, dolosa ou culposa, do agente ou de terceiro, dar-se-á o integral ressarcimento do dano.

Art. 6. No caso de enriquecimento ilícito, perderá o agente público ou terceiro beneficiário os bens ou valores acrescidos ao seu patrimônio.

Art. 7. Quando o ato de improbidade causar lesão ao patrimônio público ou ensejar enriquecimento ilícito, caberá a autoridade administrativa responsável pelo inquérito representar ao Ministério Público, para a indisponibilidade dos bens do indiciado.

Parágrafo único. A indisponibilidade a que se refere o caput deste artigo recairá sobre bens que assegurem o integral ressarcimento do dano, ou sobre o acréscimo patrimonial resultante do enriquecimento ilícito.

Art. 8. O sucessor daquele que causar lesão ao patrimônio público ou se enriquecer ilicitamente está sujeito às cominações desta lei até o limite do valor da herança.

CAPÍTULO II
Dos Atos de Improbidade Administrativa

SEÇÃO I
Dos Atos de Improbidade Administrativa que Importam Enriquecimento Ilícito

Art. 9. Constitui ato de improbidade administrativa importando enriquecimento ilícito auferir qualquer tipo de vantagem patrimonial indevida em razão do exercício de cargo, mandato, função, emprego ou atividade nas entidades mencionadas no art. 1º desta lei, e notadamente:

I. receber, para si ou para outrem, dinheiro, bem móvel ou imóvel, ou qualquer outra vantagem econômica, direta ou indireta, a título de comissão, percentagem, gratificação ou presente de quem tenha interesse, direto ou indireto, que possa ser atingido ou amparado por ação ou omissão decorrente das atribuições do agente público;

II. perceber vantagem econômica, direta ou indireta, para facilitar a aquisição, permuta ou locação de bem móvel ou imóvel, ou a contratação de serviços pelas entidades referidas no art. 1º por preço superior ao valor de mercado;

III. perceber vantagem econômica, direta ou indireta, para facilitar a alienação, permuta ou locação de bem público ou o fornecimento de serviço por ente estatal por preço inferior ao valor de mercado;

IV. utilizar, em obra ou serviço particular, veículos, máquinas, equipamentos ou material de qualquer natureza, de propriedade ou à disposição de qualquer das entidades mencionadas no art. 1º desta lei, bem como o trabalho de servidores públicos, empregados ou terceiros contratados por essas entidades;

V. receber vantagem econômica de qualquer natureza, direta ou indireta, para tolerar a exploração ou a prática de jogos de azar, de lenocínio, de narcotráfico, de contrabando, de usura ou de qualquer outra atividade ilícita, ou aceitar promessa de tal vantagem;

VI. receber vantagem econômica de qualquer natureza, direta ou indireta, para fazer declaração falsa sobre medição ou avaliação em obras públicas ou qualquer outro serviço, ou sobre quantidade, peso, medida, qualidade ou característica de mercadorias ou bens fornecidos a qualquer das entidades mencionadas no art. 1º desta lei;

VII. adquirir, para si ou para outrem, no exercício de mandato, cargo, emprego ou função pública, bens de qualquer natureza cujo valor seja desproporcional à evolução do patrimônio ou à renda do agente público;

VIII. aceitar emprego, comissão ou exercer atividade de consultoria ou assessoramento para pessoa física ou jurídica que tenha interesse suscetível de ser atingido ou amparado por ação ou omissão decorrente das atribuições do agente público, durante a atividade;

IX. perceber vantagem econômica para intermediar a liberação ou aplicação de verba pública de qualquer natureza;

X. receber vantagem econômica de qualquer natureza, direta ou indiretamente, para omitir ato de ofício, providência ou declaração a que esteja obrigado;

XI. incorporar, por qualquer forma, ao seu patrimônio bens, rendas, verbas ou valores integrantes do acervo patrimonial das entidades mencionadas no art. 1º desta lei;

XII. usar, em proveito próprio, bens, rendas, verbas ou valores integrantes do acervo patrimonial das entidades mencionadas no art. 1º desta lei.

SEÇÃO II
Dos Atos de Improbidade Administrativa que Causam Prejuízo ao Erário

Art. 10. Constitui ato de improbidade administrativa que causa lesão ao erário qualquer ação ou omissão, dolosa ou culposa, que enseje perda patrimonial, desvio, apropriação, malbaratamento ou dilapidação dos bens ou haveres das entidades referidas no art. 1º desta lei, e notadamente:

I. facilitar ou concorrer por qualquer forma para a incorporação ao patrimônio particular, de pessoa física ou jurídica, de bens, rendas, verbas ou valores integrantes do acervo patrimonial das entidades mencionadas no art. 1º desta lei;

II. permitir ou concorrer para que pessoa física ou jurídica privada utilize bens, rendas, verbas ou valores integrantes do acervo patrimonial das entidades mencionadas no art. 1º desta lei, sem a observância das formalidades legais ou regulamentares aplicáveis à espécie;

III. doar à pessoa física ou jurídica bem como ao ente despersonalizado, ainda que de fins educativos ou assistências, bens, rendas, verbas ou valores do patrimônio de qualquer das entidades mencionadas no art. 1º desta lei, sem observância das formalidades legais e regulamentares aplicáveis à espécie;

IV. permitir ou facilitar a alienação, permuta ou locação de bem integrante do patrimônio de qualquer das entidades referidas no art. 1º desta lei, ou ainda a prestação de serviço por parte delas, por preço inferior ao de mercado;

V. permitir ou facilitar a aquisição, permuta ou locação de bem ou serviço por preço superior ao de mercado;

VI. realizar operação financeira sem observância das normas legais e regulamentares ou aceitar garantia insuficiente ou inidônea;

VII. conceder benefício administrativo ou fiscal sem a observância das formalidades legais ou regulamentares aplicáveis à espécie;

VIII. frustrar a licitude de processo licitatório ou de processo seletivo para celebração de parcerias com entidades sem fins lucrativos, ou dispensá-los indevidamente;

IX. ordenar ou permitir a realização de despesas não autorizadas em lei ou regulamento;

X. agir negligentemente na arrecadação de tributo ou renda, bem como no que diz respeito à conservação do patrimônio público;

XI. liberar verba pública sem a estrita observância das normas pertinentes ou influir de qualquer forma para a sua aplicação irregular;

XII. permitir, facilitar ou concorrer para que terceiro se enriqueça ilicitamente;

XIII. permitir que se utilize, em obra ou serviço particular, veículos, máquinas, equipamentos ou material de qualquer natureza, de propriedade ou à disposição de qualquer das entidades mencionadas no art. 1º desta lei, bem como o trabalho de servidor público, empregados ou terceiros contratados por essas entidades.

XIV. celebrar contrato ou outro instrumento que tenha por objeto a prestação de serviços públicos por meio da gestão associada sem observar as formalidades previstas na lei;

XV. celebrar contrato de rateio de consórcio público sem suficiente e prévia dotação orçamentária, ou sem observar as formalidades previstas na lei.

XVI. facilitar ou concorrer, por qualquer forma, para a incorporação, ao patrimônio particular de pessoa física ou jurídica, de bens, rendas, verbas ou valores públicos transferidos pela administração pública a entidades privadas mediante celebração de parcerias, sem a observância das formalidades legais ou regulamentares aplicáveis à espécie;
XVII. permitir ou concorrer para que pessoa física ou jurídica privada utilize bens, rendas, verbas ou valores públicos transferidos pela administração pública a entidade privada mediante celebração de parcerias, sem a observância das formalidades legais ou regulamentares aplicáveis à espécie;
XVIII. celebrar parcerias da administração pública com entidades privadas sem a observância das formalidades legais ou regulamentares aplicáveis à espécie;
XIX. agir negligentemente na celebração, fiscalização e análise das prestações de contas de parcerias firmadas pela administração pública com entidades privadas;
XX. liberar recursos de parcerias firmadas pela administração pública com entidades privadas sem a estrita observância das normas pertinentes ou influir de qualquer forma para a sua aplicação irregular. (Incluído pela Lei nº 13.019, de 2014, com a redação dada pela Lei nº 13.204, de 2015)
XXI. liberar recursos de parcerias firmadas pela administração pública com entidades privadas sem a estrita observância das normas pertinentes ou influir de qualquer forma para a sua aplicação irregular.

SEÇÃO II-A
Dos Atos de Improbidade Administrativa Decorrentes de Concessão ou Aplicação Indevida de Benefício Financeiro ou Tributário
Art. 10-A. Constitui ato de improbidade administrativa qualquer ação ou omissão para conceder, aplicar ou manter benefício financeiro ou tributário contrário ao que dispõem o caput e o § 1º do art. 8º-A da Lei Complementar nº 116, de 31 de julho de 2003.

SEÇÃO III
Dos Atos de Improbidade Administrativa que Atentam Contra os Princípios da Administração Pública

Art. 11. Constitui ato de improbidade administrativa que atenta contra os princípios da administração pública qualquer ação ou omissão que viole os deveres de honestidade, imparcialidade, legalidade, e lealdade às instituições, e notadamente:
I. praticar ato visando fim proibido em lei ou regulamento ou diverso daquele previsto, na regra de competência;
II. retardar ou deixar de praticar, indevidamente, ato de ofício;
III. revelar fato ou circunstância de que tem ciência em razão das atribuições e que deva permanecer em segredo;
IV. negar publicidade aos atos oficiais;
V. frustrar a licitude de concurso público;
VI. deixar de prestar contas quando esteja obrigado a fazê-lo;
VII. revelar ou permitir que chegue ao conhecimento de terceiro, antes da respectiva divulgação oficial, teor de medida política ou econômica capaz de afetar o preço de mercadoria, bem ou serviço.
VIII. descumprir as normas relativas à celebração, fiscalização e aprovação de contas de parcerias firmadas pela administração pública com entidades privadas.
IX. deixar de cumprir a exigência de requisitos de acessibilidade previstos na legislação.
X. transferir recurso a entidade privada, em razão da prestação de serviços na área de saúde sem a prévia celebração de contrato, convênio ou instrumento congênere, nos termos do parágrafo único do art. 24 da Lei nº 8.080, de 19 de setembro de 1990. (Incluído pela Lei nº 13.650, de 2018)

CAPÍTULO III
Das Penas

Art. 12. Independentemente das sanções penais, civis e administrativas previstas na legislação específica, está o responsável pelo ato de improbidade sujeito às seguintes cominações, que podem ser aplicadas isolada ou cumulativamente, de acordo com a gravidade do fato:
I. na hipótese do art. 9º, perda dos bens ou valores acrescidos ilicitamente ao patrimônio, ressarcimento integral do dano, quando houver, perda da função pública, suspensão dos direitos políticos de oito a dez anos, pagamento de multa civil de até três vezes o valor do acréscimo patrimonial e proibição de contratar com o Poder Público ou receber benefícios ou incentivos fiscais ou creditícios, direta ou

indiretamente, ainda que por intermédio de pessoa jurídica da qual seja sócio majoritário, pelo prazo de dez anos;

II. na hipótese do art. 10, ressarcimento integral do dano, perda dos bens ou valores acrescidos ilicitamente ao patrimônio, se concorrer esta circunstância, perda da função pública, suspensão dos direitos políticos de cinco a oito anos, pagamento de multa civil de até duas vezes o valor do dano e proibição de contratar com o Poder Público ou receber benefícios ou incentivos fiscais ou creditícios, direta ou indiretamente, ainda que por intermédio de pessoa jurídica da qual seja sócio majoritário, pelo prazo de cinco anos;

III. na hipótese do art. 11, ressarcimento integral do dano, se houver, perda da função pública, suspensão dos direitos políticos de três a cinco anos, pagamento de multa civil de até cem vezes o valor da remuneração percebida pelo agente e proibição de contratar com o Poder Público ou receber benefícios ou incentivos fiscais ou creditícios, direta ou indiretamente, ainda que por intermédio de pessoa jurídica da qual seja sócio majoritário, pelo prazo de três anos.

IV. na hipótese prevista no art. 10-A, perda da função pública, suspensão dos direitos políticos de 5 (cinco) a 8 (oito) anos e multa civil de até 3 (três) vezes o valor do benefício financeiro ou tributário concedido.

Parágrafo único. Na fixação das penas previstas nesta lei o juiz levará em conta a extensão do dano causado, assim como o proveito patrimonial obtido pelo agente.

CAPÍTULO IV
Da Declaração de Bens

Art. 13. A posse e o exercício de agente público ficam condicionados à apresentação de declaração dos bens e valores que compõem o seu patrimônio privado, a fim de ser arquivada no serviço de pessoal competente.

§ 1º A declaração compreenderá imóveis, móveis, semoventes, dinheiro, títulos, ações, e qualquer outra espécie de bens e valores patrimoniais, localizado no País ou no exterior, e, quando for o caso, abrangerá os bens e valores patrimoniais do cônjuge ou companheiro, dos filhos e de outras pessoas que vivam sob a dependência econômica do declarante, excluídos apenas os objetos e utensílios de uso doméstico.

§ 2º A declaração de bens será anualmente atualizada e na data em que o agente público deixar o exercício do mandato, cargo, emprego ou função.

§ 3º Será punido com a pena de demissão, a bem do serviço público, sem prejuízo de outras sanções cabíveis, o agente público que se recusar a prestar declaração dos bens, dentro do prazo determinado, ou que a prestar falsa.

§ 4º O declarante, a seu critério, poderá entregar cópia da declaração anual de bens apresentada à Delegacia da Receita Federal na conformidade da legislação do Imposto sobre a Renda e proventos de qualquer natureza, com as necessárias atualizações, para suprir a exigência contida no caput e no § 2º deste artigo.

CAPÍTULO V
Do Procedimento Administrativo e do Processo Judicial

Art. 14. Qualquer pessoa poderá representar à autoridade administrativa competente para que seja instaurada investigação destinada a apurar a prática de ato de improbidade.

§ 1º A representação, que será escrita ou reduzida a termo e assinada, conterá a qualificação do representante, as informações sobre o fato e sua autoria e a indicação das provas de que tenha conhecimento.

§ 2º A autoridade administrativa rejeitará a representação, em despacho fundamentado, se esta não contiver as formalidades estabelecidas no § 1º deste artigo. A rejeição não impede a representação ao Ministério Público, nos termos do art. 22 desta lei.

§ 3º Atendidos os requisitos da representação, a autoridade determinará a imediata apuração dos fatos que, em se tratando de servidores federais, será processada na forma prevista nos arts. 148 a 182 da Lei nº 8.112, de 11 de dezembro de 1990 e, em se tratando de servidor militar, de acordo com os respectivos regulamentos disciplinares.

Art. 15. A comissão processante dará conhecimento ao Ministério Público e ao Tribunal ou Conselho de Contas da existência de procedimento administrativo para apurar a prática de ato de improbidade.

Parágrafo único. O Ministério Público ou Tribunal ou Conselho de Contas poderá, a requerimento, designar representante para acompanhar o procedimento administrativo.

Art. 16. Havendo fundados indícios de responsabilidade, a comissão representará ao Ministério Público ou à procuradoria do órgão para que requeira ao juízo competente a decretação do sequestro dos bens do agente ou terceiro que tenha enriquecido ilicitamente ou causado dano ao patrimônio público.

§ 1º O pedido de sequestro será processado de acordo com o disposto nos arts. 822 e 825 do Código de Processo Civil.

§ 2º Quando for o caso, o pedido incluirá a investigação, o exame e o bloqueio de bens, contas bancárias e aplicações financeiras mantidas pelo indiciado no exterior, nos termos da lei e dos tratados internacionais.

Art. 17. A ação principal, que terá o rito ordinário, será proposta pelo Ministério Público ou pela pessoa jurídica interessada, dentro de trinta dias da efetivação da medida cautelar.

§ 1º As ações de que trata este artigo admitem a celebração de acordo de não persecução cível, nos termos desta Lei. (Redação dada pela Lei nº 13.964, de 2019)

§ 2º A Fazenda Pública, quando for o caso, promoverá as ações necessárias à complementação do ressarcimento do patrimônio público.

§ 3º No caso de a ação principal ter sido proposta pelo Ministério Público, aplica-se, no que couber, o disposto no § 3º do art. 6º da Lei nº 4.717, de 29 de junho de 1965º

§ 4º O Ministério Público, se não intervir no processo como parte, atuará obrigatoriamente, como fiscal da lei, sob pena de nulidade.

§ 5º A propositura da ação prevenirá a jurisdição do juízo para todas as ações posteriormente intentadas que possuam a mesma causa de pedir ou o mesmo objeto.

§ 6º A ação será instruída com documentos ou justificação que contenham indícios suficientes da existência do ato de improbidade ou com razões fundamentadas da impossibilidade de apresentação de qualquer dessas provas, observada a legislação vigente, inclusive as disposições inscritas nos arts. 16 a 18 do Código de Processo Civil.

§ 7º Estando a inicial em devida forma, o juiz mandará autuá-la e ordenará a notificação do requerido, para oferecer manifestação por escrito, que poderá ser instruída com documentos e justificações, dentro do prazo de quinze dias.

§ 8º Recebida a manifestação, o juiz, no prazo de trinta dias, em decisão fundamentada, rejeitará a ação, se convencido da inexistência do ato de improbidade, da improcedência da ação ou da inadequação da via eleita.

§ 9º Recebida a petição inicial, será o réu citado para apresentar contestação.

§ 10º Da decisão que receber a petição inicial, caberá agravo de instrumento.

§ 10º-A Havendo a possibilidade de solução consensual, poderão as partes requerer ao juiz a interrupção do prazo para a contestação, por prazo não superior a 90 (noventa) dias. **(Incluído pela Lei nº 13.964, de 2019)**

§ 11º Em qualquer fase do processo, reconhecida a inadequação da ação de improbidade, o juiz extinguirá o processo sem julgamento do mérito.

§ 12º Aplica-se aos depoimentos ou inquirições realizadas nos processos regidos por esta Lei o disposto no art. 221, caput e § 1º, do Código de Processo Penal.

§ 13º Para os efeitos deste artigo, também se considera pessoa jurídica interessada o ente tributante que figurar no polo ativo da obrigação tributária de que tratam o § 4º do art. 3º e o art. 8º-A da Lei Complementar nº 116, de 31 de julho de 2003º

Art. 17-A. (VETADO): (Incluído pela Lei nº 13.964, de 2019)

I. (VETADO); (Incluído pela Lei nº 13.964, de 2019)
II. (VETADO); (Incluído pela Lei nº 13.964, de 2019)
III. (VETADO). (Incluído pela Lei nº 13.964, de 2019)

§ 1º (VETADO). (Incluído pela Lei nº 13.964, de 2019)
§ 2º (VETADO). (Incluído pela Lei nº 13.964, de 2019)
§ 3º (VETADO). (Incluído pela Lei nº 13.964, de 2019)
§ 4º (VETADO). (Incluído pela Lei nº 13.964, de 2019)
§ 5º (VETADO). (Incluído pela Lei nº 13.964, de 2019)

Art. 18. A sentença que julgar procedente ação civil de reparação de dano ou decretar a perda dos bens havidos ilicitamente determinará o pagamento ou a reversão dos bens, conforme o caso, em favor da pessoa jurídica prejudicada pelo ilícito.

CAPÍTULO VI
Das Disposições Penais

Art. 19. Constitui crime a representação por ato de improbidade contra agente público ou terceiro

beneficiário, quando o autor da denúncia o sabe inocente.
Pena: detenção de seis a dez meses e multa.
Parágrafo único. Além da sanção penal, o denunciante está sujeito a indenizar o denunciado pelos danos materiais, morais ou à imagem que houver provocado.
Art. 20. A perda da função pública e a suspensão dos direitos políticos só se efetivam com o trânsito em julgado da sentença condenatória.
Parágrafo único. A autoridade judicial ou administrativa competente poderá determinar o afastamento do agente público do exercício do cargo, emprego ou função, sem prejuízo da remuneração, quando a medida se fizer necessária à instrução processual.
Art. 21. A aplicação das sanções previstas nesta lei independe:
I. da efetiva ocorrência de dano ao patrimônio público, salvo quanto à pena de ressarcimento;
II. da aprovação ou rejeição das contas pelo órgão de controle interno ou pelo Tribunal ou Conselho de Contas.
Art. 22. Para apurar qualquer ilícito previsto nesta lei, o Ministério Público, de ofício, a requerimento de autoridade administrativa ou mediante representação formulada de acordo com o disposto no art. 14, poderá requisitar a instauração de inquérito policial ou procedimento administrativo.

CAPÍTULO VII
Da Prescrição

Art. 23. As ações destinadas a levar a efeitos as sanções previstas nesta lei podem ser propostas:
I. até cinco anos após o término do exercício de mandato, de cargo em comissão ou de função de confiança;
II. dentro do prazo prescricional previsto em lei específica para faltas disciplinares puníveis com demissão a bem do serviço público, nos casos de exercício de cargo efetivo ou emprego.
III. até cinco anos da data da apresentação à administração pública da prestação de contas final pelas entidades referidas no parágrafo único do art. 1º desta Lei.

CAPÍTULO VIII
Das Disposições Finais

Art. 24. Esta lei entra em vigor na data de sua publicação.
Art. 25. Ficam revogadas as Leis nº 3.164, de 1º de junho de 1957, e 3.502, de 21 de dezembro de 1958 e demais disposições em contrário.

Rio de Janeiro, 2 de junho de 1992; 171º da Independência e 104º da República.
FERNANDO COLLOR
Célio Borja

Este texto não substitui o publicado no DOU de 3.6.1992.

Lei nº 13.303/16 (Estatuto Jurídico da Empresa Pública, da Sociedade de Economia Mista e de Suas Subsidiárias)

LEI Nº 13.303, DE 30 DE JUNHO DE 2016
Dispõe sobre o estatuto jurídico da empresa pública, da sociedade de economia mista e de suas subsidiárias, no âmbito da União, dos Estados, do Distrito Federal e dos Municípios.
O **VICE-PRESIDENTE DA REPÚBLICA,** no exercício do cargo de **PRESIDENTE DA REPÚBLICA** Faço saber que o Congresso Nacional decreta e eu sanciono a seguinte Lei:

TÍTULO I
Disposições Aplicáveis às Empresas Públicas e às Sociedades de Economia Mista

CAPÍTULO I
Disposições Preliminares

Art. 1. Esta Lei dispõe sobre o estatuto jurídico da empresa pública, da sociedade de economia mista e de suas subsidiárias, abrangendo toda e qualquer empresa pública e sociedade de economia mista da União, dos Estados, do Distrito Federal e dos Municípios que explore atividade econômica de produção ou comercialização de bens ou de prestação de serviços, ainda que a atividade econômica esteja sujeita ao regime de monopólio da União ou seja de prestação de serviços públicos.

§ 1º O Título I desta Lei, exceto o disposto nos arts. 2º, 3º, 4º, 5º, 6º, 7º, 8º, 11, 12 e 27, não se aplica à empresa pública e à sociedade de economia mista que tiver, em conjunto com suas respectivas subsidiárias, no exercício social anterior, receita operacional bruta inferior a R$ 90.000.000,00 (noventa milhões de reais).

§ 2º O disposto nos Capítulos I e II do Título II desta Lei aplica-se inclusive à empresa pública dependente, definida nos termos do inciso III do art. 2º da Lei Complementar nº 101, de 4 de maio de 2000, que explore atividade econômica, ainda que a atividade econômica esteja sujeita ao regime de monopólio da União ou seja de prestação de serviços públicos.

§ 3º Os Poderes Executivos poderão editar atos que estabeleçam regras de governança destinadas às suas respectivas empresas públicas e sociedades de economia mista que se enquadrem na hipótese do § 1º, observadas as diretrizes gerais desta Lei.

§ 4º A não edição dos atos de que trata o § 3º no prazo de 180 (cento e oitenta) dias a partir da publicação desta Lei submete as respectivas empresas públicas e sociedades de economia mista às regras de governança previstas no Título I desta Lei.

§ 5º Submetem-se ao regime previsto nesta Lei a empresa pública e a sociedade de economia mista que participem de consórcio, conforme disposto no art. 279 da Lei nº 6.404, de 15 de dezembro de 1976, na condição de operadora.

§ 6º Submete-se ao regime previsto nesta Lei a sociedade, inclusive de propósito específico, que seja controlada por empresa pública ou sociedade de economia mista abrangidas no caput.

§ 7º Na participação em sociedade empresarial em que a empresa pública, a sociedade de economia mista e suas subsidiárias não detenham o controle acionário, essas deverão adotar, no dever de fiscalizar, práticas de governança e controle proporcionais à relevância, à materialidade e aos riscos do negócio do qual são partícipes, considerando, para esse fim:

I. documentos e informações estratégicos do negócio e demais relatórios e informações produzidos por força de acordo de acionistas e de Lei considerados essenciais para a defesa de seus interesses na sociedade empresarial investida;

II. relatório de execução do orçamento e de realização de investimentos programados pela sociedade, inclusive quanto ao alinhamento dos custos orçados e dos realizados com os custos de mercado;

III. informe sobre execução da política de transações com partes relacionadas;

IV. análise das condições de alavancagem financeira da sociedade;

V. avaliação de inversões financeiras e de processos relevantes de alienação de bens móveis e imóveis da sociedade;

VI. relatório de risco das contratações para execução de obras, fornecimento de bens e prestação de serviços relevantes para os interesses da investidora;

VII. informe sobre execução de projetos relevantes para os interesses da investidora;

VIII. relatório de cumprimento, nos negócios da sociedade, de condicionantes socioambientais estabelecidas pelos órgãos ambientais;

IX. avaliação das necessidades de novos aportes na sociedade e dos possíveis riscos de redução da rentabilidade esperada do negócio;

X. qualquer outro relatório, documento ou informação produzido pela sociedade empresarial investida considerado relevante para o cumprimento do comando constante do caput.

Art. 2. A exploração de atividade econômica pelo Estado será exercida por meio de empresa pública, de sociedade de economia mista e de suas subsidiárias.

§ 1º A constituição de empresa pública ou de sociedade de economia mista dependerá de prévia autorização legal que indique, de forma clara, relevante interesse coletivo ou imperativo de segurança nacional, nos termos do caput do art. 173 da Constituição Federal.

§ 2º Depende de autorização legislativa a criação de subsidiárias de empresa pública e de sociedade de economia mista, assim como a participação de qualquer delas em empresa privada, cujo objeto social deve estar relacionado ao da investidora, nos termos do inciso XX do art. 37 da Constituição Federal.

§ 3º A autorização para participação em empresa privada prevista no § 2º não se aplica a operações de tesouraria, adjudicação de ações em garantia e participações autorizadas pelo Conselho de

Administração em linha com o plano de negócios da empresa pública, da sociedade de economia mista e de suas respectivas subsidiárias.

Art. 3. Empresa pública é a entidade dotada de personalidade jurídica de direito privado, com criação autorizada por lei e com patrimônio próprio, cujo capital social é integralmente detido pela União, pelos Estados, pelo Distrito Federal ou pelos Municípios.

Parágrafo único. Desde que a maioria do capital votante permaneça em propriedade da União, do Estado, do Distrito Federal ou do Município, será admitida, no capital da empresa pública, a participação de outras pessoas jurídicas de direito público interno, bem como de entidades da administração indireta da União, dos Estados, do Distrito Federal e dos Municípios.

Art. 4. Sociedade de economia mista é a entidade dotada de personalidade jurídica de direito privado, com criação autorizada por lei, sob a forma de sociedade anônima, cujas ações com direito a voto pertençam em sua maioria à União, aos Estados, ao Distrito Federal, aos Municípios ou à entidade da administração indireta.

§ 1º A pessoa jurídica que controla a sociedade de economia mista tem os deveres e as responsabilidades do acionista controlador, estabelecidos na Lei nº 6.404, de 15 de dezembro de 1976, e deverá exercer o poder de controle no interesse da companhia, respeitado o interesse público que justificou sua criação.

§ 2º Além das normas previstas nesta Lei, a sociedade de economia mista com registro na Comissão de Valores Mobiliários sujeita-se às disposições da Lei nº 6.385, de 7 de dezembro de 1976.

CAPÍTULO II

Do Regime Societário da Empresa Pública e da Sociedade de Economia Mista

SEÇÃO I
Das Normas Gerais

Art. 5. A sociedade de economia mista será constituída sob a forma de sociedade anônima e, ressalvado o disposto nesta Lei, estará sujeita ao regime previsto na Lei nº 6.404, de 15 de dezembro de 1976.

Art. 6. O estatuto da empresa pública, da sociedade de economia mista e de suas subsidiárias deverá observar regras de governança corporativa, de transparência e de estruturas, práticas de gestão de riscos e de controle interno, composição da administração e, havendo acionistas, mecanismos para sua proteção, todos constantes desta Lei.

Art. 7. Aplicam-se a todas as empresas públicas, as sociedades de economia mista de capital fechado e as suas subsidiárias as disposições da Lei nº 6.404, de 15 de dezembro de 1976, e as normas da Comissão de Valores Mobiliários sobre escrituração e elaboração de demonstrações financeiras, inclusive a obrigatoriedade de auditoria independente por auditor registrado nesse órgão.

Art. 8. As empresas públicas e as sociedades de economia mista deverão observar, no mínimo, os seguintes requisitos de transparência:

I. elaboração de carta anual, subscrita pelos membros do Conselho de Administração, com a explicitação dos compromissos de consecução de objetivos de políticas públicas pela empresa pública, pela sociedade de economia mista e por suas subsidiárias, em atendimento ao interesse coletivo ou ao imperativo de segurança nacional que justificou a autorização para suas respectivas criações, com definição clara dos recursos a serem empregados para esse fim, bem como dos impactos econômico-financeiros da consecução desses objetivos, mensuráveis por meio de indicadores objetivos;

II. adequação de seu estatuto social à autorização legislativa de sua criação;

III. divulgação tempestiva e atualizada de informações relevantes, em especial as relativas a atividades desenvolvidas, estrutura de controle, fatores de risco, dados econômico-financeiros, comentários dos administradores sobre o desempenho, políticas e práticas de governança corporativa e descrição da composição e da remuneração da administração;

IV. elaboração e divulgação de política de divulgação de informações, em conformidade com a legislação em vigor e com as melhores práticas;

V. elaboração de política de distribuição de dividendos, à luz do interesse público que justificou a criação da empresa pública ou da sociedade de economia mista;

VI. divulgação, em nota explicativa às demonstrações financeiras, dos dados operacionais e financeiros das atividades relacionadas à consecução dos fins de interesse coletivo ou de segurança nacional;

VII. elaboração e divulgação da política de transações com partes relacionadas, em conformidade com os requisitos de competitividade, conformidade, transparência, equidade e comutatividade, que deverá ser revista, no mínimo, anualmente e aprovada pelo Conselho de Administração;
VIII. ampla divulgação, ao público em geral, de carta anual de governança corporativa, que consolide em um único documento escrito, em linguagem clara e direta, as informações de que trata o inciso III;
IX. divulgação anual de relatório integrado ou de sustentabilidade.
§ 1º O interesse público da empresa pública e da sociedade de economia mista, respeitadas as razões que motivaram a autorização legislativa, manifesta-se por meio do alinhamento entre seus objetivos e aqueles de políticas públicas, na forma explicitada na carta anual a que se refere o inciso I do caput.
§ 2º Quaisquer obrigações e responsabilidades que a empresa pública e a sociedade de economia mista que explorem atividade econômica assumam em condições distintas às de qualquer outra empresa do setor privado em que atuam deverão:
X. estar claramente definidas em lei ou regulamento, bem como previstas em contrato, convênio ou ajuste celebrado com o ente público competente para estabelecê-las, observada a ampla publicidade desses instrumentos;
XI. ter seu custo e suas receitas discriminados e divulgados de forma transparente, inclusive no plano contábil.
§ 3º Além das obrigações contidas neste artigo, as sociedades de economia mista com registro na Comissão de Valores Mobiliários sujeitam-se ao regime informacional estabelecido por essa autarquia e devem divulgar as informações previstas neste artigo na forma fixada em suas normas.
§ 4º Os documentos resultantes do cumprimento dos requisitos de transparência constantes dos incisos I a IX do caput deverão ser publicamente divulgados na internet de forma permanente e cumulativa.
Art. 9. A empresa pública e a sociedade de economia mista adotarão regras de estruturas e práticas de gestão de riscos e controle interno que abranjam:
I. ação dos administradores e empregados, por meio da implementação cotidiana de práticas de controle interno;
II. área responsável pela verificação de cumprimento de obrigações e de gestão de riscos;
III. auditoria interna e Comitê de Auditoria Estatutário.
§ 1º Deverá ser elaborado e divulgado Código de Conduta e Integridade, que disponha sobre:
I. princípios, valores e missão da empresa pública e da sociedade de economia mista, bem como orientações sobre a prevenção de conflito de interesses e vedação de atos de corrupção e fraude;
II. instâncias internas responsáveis pela atualização e aplicação do Código de Conduta e Integridade;
III. canal de denúncias que possibilite o recebimento de denúncias internas e externas relativas ao descumprimento do Código de Conduta e Integridade e das demais normas internas de ética e obrigacionais;
IV. mecanismos de proteção que impeçam qualquer espécie de retaliação à pessoa que utilize o canal de denúncias;
V. sanções aplicáveis em caso de violação às regras do Código de Conduta e Integridade;
VI. previsão de treinamento periódico, no mínimo anual, sobre Código de Conduta e Integridade, a empregados e administradores, e sobre a política de gestão de riscos, a administradores.
§ 2º A área responsável pela verificação de cumprimento de obrigações e de gestão de riscos deverá ser vinculada ao diretor-presidente e liderada por diretor estatutário, devendo o estatuto social prever as atribuições da área, bem como estabelecer mecanismos que assegurem atuação independente.
§ 3º A auditoria interna deverá:
I. ser vinculada ao Conselho de Administração, diretamente ou por meio do Comitê de Auditoria Estatutário;
II. ser responsável por aferir a adequação do controle interno, a efetividade do gerenciamento dos riscos e dos processos de governança e a confiabilidade do processo de coleta, mensuração, classificação, acumulação, registro e divulgação de eventos e transações, visando ao preparo de demonstrações financeiras.
§ 4º O estatuto social deverá prever, ainda, a possibilidade de que a área *compliance* se reporte diretamente ao Conselho de Administração em situações em que se suspeite do envolvimento do diretor-presidente em irregularidades ou quando este se furtar à obrigação de adotar medidas necessárias com relação à situação a ele relatada.
Art. 10. A empresa pública e a sociedade de economia mista deverão criar comitê estatutário

para verificar a conformidade do processo de indicação e de avaliação de membros para o Conselho de Administração e para o Conselho Fiscal, com competência para auxiliar o acionista controlador na indicação desses membros.

Parágrafo único. Devem ser divulgadas as atas das reuniões do comitê estatutário referido no caput realizadas com o fim de verificar o cumprimento, pelos membros indicados, dos requisitos definidos na política de indicação, devendo ser registradas as eventuais manifestações divergentes de conselheiros.

Art. 11. A empresa pública não poderá:
I. lançar debêntures ou outros títulos ou valores mobiliários, conversíveis em ações;
II. emitir partes beneficiárias.

Art. 12. A empresa pública e a sociedade de economia mista deverão:
III. divulgar toda e qualquer forma de remuneração dos administradores;
IV. adequar constantemente suas práticas ao Código de Conduta e Integridade e a outras regras de boa prática de governança corporativa, na forma estabelecida na regulamentação desta Lei.

Parágrafo único. A sociedade de economia mista poderá solucionar, mediante arbitragem, as divergências entre acionistas e a sociedade, ou entre acionistas controladores e acionistas minoritários, nos termos previstos em seu estatuto social.

Art. 13. A lei que autorizar a criação da empresa pública e da sociedade de economia mista deverá dispor sobre as diretrizes e restrições a serem consideradas na elaboração do estatuto da companhia, em especial sobre:
I. constituição e funcionamento do Conselho de Administração, observados o número mínimo de 7 (sete) e o número máximo de 11 (onze) membros;
II. requisitos específicos para o exercício do cargo de diretor, observado o número mínimo de 3 (três) diretores;
III. avaliação de desempenho, individual e coletiva, de periodicidade anual, dos administradores e dos membros de comitês, observados os seguintes quesitos mínimos:
a) exposição dos atos de gestão praticados quanto à licitude e à eficácia da ação administrativa;
b) contribuição para o resultado do exercício;
c) consecução dos objetivos estabelecidos no plano de negócios e atendimento à estratégia de longo prazo;
IV. constituição e funcionamento do Conselho Fiscal, que exercerá suas atribuições de modo permanente;
V. constituição e funcionamento do Comitê de Auditoria Estatutário;
VI. prazo de gestão dos membros do Conselho de Administração e dos indicados para o cargo de diretor, que será unificado e não superior a 2 (dois) anos, sendo permitidas, no máximo, 3 (três) reconduções consecutivas;
VII. (VETADO);
VIII. prazo de gestão dos membros do Conselho Fiscal não superior a 2 (dois) anos, permitidas 2 (duas) reconduções consecutivas.

SEÇÃO II
Do Acionista Controlador

Art. 14. O acionista controlador da empresa pública e da sociedade de economia mista deverá:
I. fazer constar do Código de Conduta e Integridade, aplicável à alta administração, a vedação à divulgação, sem autorização do órgão competente da empresa pública ou da sociedade de economia mista, de informação que possa causar impacto na cotação dos títulos da empresa pública ou da sociedade de economia mista e em suas relações com o mercado ou com consumidores e fornecedores;
II. preservar a independência do Conselho de Administração no exercício de suas funções;
III. observar a política de indicação na escolha dos administradores e membros do Conselho Fiscal.

Art. 15. O acionista controlador da empresa pública e da sociedade de economia mista responderá pelos atos praticados com abuso de poder, nos termos da Lei nº 6.404, de 15 de dezembro de 1976.
§ 1º A ação de reparação poderá ser proposta pela sociedade, nos termos do art. 246 da Lei nº 6.404, de 15 de dezembro de 1976, pelo terceiro prejudicado ou pelos demais sócios, independentemente de autorização da Assembleia Geral de acionistas.
§ 2º Prescreve em 6 (seis) anos, contados da data da prática do ato abusivo, a ação a que se refere o § 1º.

SEÇÃO III
Do Administrador

Art. 16. Sem prejuízo do disposto nesta Lei, o administrador de empresa pública e de sociedade de economia mista é submetido às normas previstas na Lei nº 6.404, de 15 de dezembro de 1976.

Parágrafo único. Consideram-se administradores da empresa pública e da sociedade de economia mista os membros do Conselho de Administração e da diretoria.

Art. 17. Os membros do Conselho de Administração e os indicados para os cargos de diretor, inclusive presidente, diretor-geral e diretor-presidente, serão escolhidos entre cidadãos de reputação ilibada e de notório conhecimento, devendo ser atendidos, alternativamente, um dos requisitos das alíneas "a", "b" e "c" do inciso I e, cumulativamente, os requisitos dos incisos II e III:

I. ter experiência profissional de, no mínimo:

a) 10 (dez) anos, no setor público ou privado, na área de atuação da empresa pública ou da sociedade de economia mista ou em área conexa àquela para a qual forem indicados em função de direção superior; ou

b) 4 (quatro) anos ocupando pelo menos um dos seguintes cargos:

1. cargo de direção ou de chefia superior em empresa de porte ou objeto social semelhante ao da empresa pública ou da sociedade de economia mista, entendendo-se como cargo de chefia superior aquele situado nos 2 (dois) níveis hierárquicos não estatutários mais altos da empresa;

2. cargo em comissão ou função de confiança equivalente a DAS-4 ou superior, no setor público;

3. cargo de docente ou de pesquisador em áreas de atuação da empresa pública ou da sociedade de economia mista;

c) 4 (quatro) anos de experiência como profissional liberal em atividade direta ou indiretamente vinculada à área de atuação da empresa pública ou sociedade de economia mista;

II. ter formação acadêmica compatível com o cargo para o qual foi indicado; e

III. não se enquadrar nas hipóteses de inelegibilidade previstas nas alíneas do inciso I do caput do art. 1º da Lei Complementar nº 64, de 18 de maio de 1990, com as alterações introduzidas pela Lei Complementar nº 135, de 4 de junho de 2010.

§ 1º O estatuto da empresa pública, da sociedade de economia mista e de suas subsidiárias poderá dispor sobre a contratação de seguro de responsabilidade civil pelos administradores.

§ 2º É vedada a indicação, para o Conselho de Administração e para a diretoria:

I. de representante do órgão regulador ao qual a empresa pública ou a sociedade de economia mista está sujeita, de Ministro de Estado, de Secretário de Estado, de Secretário Municipal, de titular de cargo, sem vínculo permanente com o serviço público, de natureza especial ou de direção e assessoramento superior na administração pública, de dirigente estatutário de partido político e de titular de mandato no Poder Legislativo de qualquer ente da federação, ainda que licenciados do cargo;

II. de pessoa que atuou, nos últimos 36 (trinta e seis) meses, como participante de estrutura decisória de partido político ou em trabalho vinculado à organização, estruturação e realização de campanha eleitoral;

III. de pessoa que exerça cargo em organização sindical;

IV. de pessoa que tenha firmado contrato ou parceria, como fornecedor ou comprador, demandante ou ofertante, de bens ou serviços de qualquer natureza, com a pessoa político-administrativa controladora da empresa pública ou da sociedade de economia mista ou com a própria empresa ou sociedade em período inferior a 3 (três) anos antes da data de nomeação;

V. de pessoa que tenha ou possa ter qualquer forma de conflito de interesse com a pessoa político-administrativa controladora da empresa pública ou da sociedade de economia mista ou com a própria empresa ou sociedade.

§ 3º A vedação prevista no inciso I do § 2º estende-se também aos parentes consanguíneos ou afins até o terceiro grau das pessoas nele mencionadas.

§ 4º Os administradores eleitos devem participar, na posse e anualmente, de treinamentos específicos sobre legislação societária e de mercado de capitais, divulgação de informações, controle interno, código de conduta, a Lei nº 12.846, de 1º de agosto de 2013 (Lei Anticorrupção), e demais temas relacionados às atividades da empresa pública ou da sociedade de economia mista.

§ 5º Os requisitos previstos no inciso I do caput poderão ser dispensados no caso de indicação de empregado da empresa pública ou da sociedade de economia mista para cargo de administrador ou como membro de comitê, desde que atendidos os seguintes quesitos mínimos:

I. o empregado tenha ingressado na empresa pública ou na sociedade de economia mista por meio de concurso público de provas ou de provas e títulos;

II. o empregado tenha mais de 10 (dez) anos de trabalho efetivo na empresa pública ou na sociedade de economia mista;

III. go na gestão superior da empresa pública ou da sociedade de economia mista, comprovando sua capacidade para assumir as responsabilidades dos cargos de que trata o caput.

SEÇÃO IV
Do Conselho de Administração

Art. 18. Sem prejuízo das competências previstas no art. 142 da Lei nº 6.404, de 15 de dezembro de 1976, e das demais atribuições previstas nesta Lei, compete ao Conselho de Administração:

I. discutir, aprovar e monitorar decisões envolvendo práticas de governança corporativa, relacionamento com partes interessadas, política de gestão de pessoas e código de conduta dos agentes;

II. implementar e supervisionar os sistemas de gestão de riscos e de controle interno estabelecidos para a prevenção e mitigação dos principais riscos a que está exposta a empresa pública ou a sociedade de economia mista, inclusive os riscos relacionados à integridade das informações contábeis e financeiras e os relacionados à ocorrência de corrupção e fraude;

III. estabelecer política de porta-vozes visando a eliminar risco de contradição entre informações de diversas áreas e as dos executivos da empresa pública ou da sociedade de economia mista;

IV. avaliar os diretores da empresa pública ou da sociedade de economia mista, nos termos do inciso III do art. 13, podendo contar com apoio metodológico e procedimental do comitê estatutário referido no art. 10.

Art. 19. É garantida a participação, no Conselho de Administração, de representante dos empregados e dos acionistas minoritários.

§ 1º As normas previstas na Lei nº 12.353, de 28 de dezembro de 2010, aplicam-se à participação de empregados no Conselho de Administração da empresa pública, da sociedade de economia mista e de suas subsidiárias e controladas e das demais empresas em que a União, direta ou indiretamente, detenha a maioria do capital social com direito a voto.

§ 2º É assegurado aos acionistas minoritários o direito de eleger 1 (um) conselheiro, se maior número não lhes couber pelo processo de voto múltiplo previsto na Lei nº 6.404, de 15 de dezembro de 1976.

Art. 20. É vedada a participação remunerada de membros da administração pública, direta ou indireta, em mais de 2 (dois) conselhos, de administração ou fiscal, de empresa pública, de sociedade de economia mista ou de suas subsidiárias.

Art. 21. (VETADO).

Parágrafo único. (VETADO).

SEÇÃO V
Do Membro Independente do Conselho de Administração

Art. 22. O Conselho de Administração deve ser composto, no mínimo, por 25% (vinte e cinco por cento) de membros independentes ou por pelo menos 1 (um), caso haja decisão pelo exercício da faculdade do voto múltiplo pelos acionistas minoritários, nos termos do art. 141 da Lei nº 6.404, de 15 de dezembro de 1976.

§ 1º O conselheiro independente caracteriza-se por:

I. não ter qualquer vínculo com a empresa pública ou a sociedade de economia mista, exceto participação de capital;

II. não ser cônjuge ou parente consanguíneo ou afim, até o terceiro grau ou por adoção, de chefe do Poder Executivo, de Ministro de Estado, de Secretário de Estado ou Município ou de administrador da empresa pública ou da sociedade de economia mista;

III. não ter mantido, nos últimos 3 (três) anos, vínculo de qualquer natureza com a empresa pública, a sociedade de economia mista ou seus controladores, que possa vir a comprometer sua independência;

IV. não ser ou não ter sido, nos últimos 3 (três) anos, empregado ou diretor da empresa pública, da sociedade de economia mista ou de sociedade controlada, coligada ou subsidiária da empresa pública ou da sociedade de economia mista, exceto se o vínculo for exclusivamente com instituições públicas de ensino ou pesquisa;

V. não ser fornecedor ou comprador, direto ou indireto, de serviços ou produtos da empresa pública ou da sociedade de economia mista, de modo a implicar perda de independência;

VI. não ser funcionário ou administrador de sociedade ou entidade que esteja oferecendo ou demandando serviços ou produtos à empresa pública ou à sociedade de economia mista, de modo a implicar perda de independência;

VII. não receber outra remuneração da empresa pública ou da sociedade de economia mista além daquela relativa ao cargo de conselheiro, à exceção de proventos em dinheiro oriundos de participação no capital.

§ 2º Quando, em decorrência da observância do percentual mencionado no caput, resultar número fracionário de conselheiros, proceder-se-á ao arredondamento para o número inteiro:

I. imediatamente superior, quando a fração for igual ou superior a 0,5 (cinco décimos);

II. imediatamente inferior, quando a fração for inferior a 0,5 (cinco décimos).

§ 3º Não serão consideradas, para o cômputo das vagas destinadas a membros independentes, aquelas ocupadas pelos conselheiros eleitos por empregados, nos termos do § 1º do art. 19.

§ 4º Serão consideradas, para o cômputo das vagas destinadas a membros independentes, aquelas ocupadas pelos conselheiros eleitos por acionistas minoritários, nos termos do § 2º do art. 19.

§ 5º (VETADO).

SEÇÃO VI
Da Diretoria

Art. 23. É condição para investidura em cargo de diretoria da empresa pública e da sociedade de economia mista a assunção de compromisso com metas e resultados específicos a serem alcançados, que deverá ser aprovado pelo Conselho de Administração, a quem incumbe fiscalizar seu cumprimento.

§ 1º Sem prejuízo do disposto no caput, a diretoria deverá apresentar, até a última reunião ordinária do Conselho de Administração do ano anterior, a quem compete sua aprovação:

I. plano de negócios para o exercício anual seguinte;

II. estratégia de longo prazo atualizada com análise de riscos e oportunidades para, no mínimo, os próximos 5 (cinco) anos.

§ 2º Compete ao Conselho de Administração, sob pena de seus integrantes responderem por omissão, promover anualmente análise de atendimento das metas e resultados na execução do plano de negócios e da estratégia de longo prazo, devendo publicar suas conclusões e informá-las ao Congresso Nacional, às Assembleias Legislativas, à Câmara Legislativa do Distrito Federal ou às Câmaras Municipais e aos respectivos tribunais de contas, quando houver.

§ 3º Excluem-se da obrigação de publicação a que se refere o § 2º as informações de natureza estratégica cuja divulgação possa ser comprovadamente prejudicial ao interesse da empresa pública ou da sociedade de economia mista.

SEÇÃO VII
Do Comitê de Auditoria Estatutário

Art. 24. A empresa pública e a sociedade de economia mista deverão possuir em sua estrutura societária Comitê de Auditoria Estatutário como órgão auxiliar do Conselho de Administração, ao qual se reportará diretamente.

§ 1º Competirá ao Comitê de Auditoria Estatutário, sem prejuízo de outras competências previstas no estatuto da empresa pública ou da sociedade de economia mista:

I. opinar sobre a contratação e destituição de auditor independente;

II. supervisionar as atividades dos auditores independentes, avaliando sua independência, a qualidade dos serviços prestados e a adequação de tais serviços às necessidades da empresa pública ou da sociedade de economia mista;

III. supervisionar as atividades desenvolvidas nas áreas de controle interno, de auditoria interna e de elaboração das demonstrações financeiras da empresa pública ou da sociedade de economia mista;

IV. monitorar a qualidade e a integridade dos mecanismos de controle interno, das demonstrações financeiras e das informações e medições divulgadas pela empresa pública ou pela sociedade de economia mista;

V. avaliar e monitorar exposições de risco da empresa pública ou da sociedade de economia mista, podendo requerer, entre outras, informações detalhadas sobre políticas e procedimentos referentes a:

a) remuneração da administração;

b) utilização de ativos da empresa pública ou da sociedade de economia mista;

c) gastos incorridos em nome da empresa pública ou da sociedade de economia mista;

VI. avaliar e monitorar, em conjunto com a administração e a área de auditoria interna, a adequação das transações com partes relacionadas;

VII. elaborar relatório anual com informações sobre as atividades, os resultados, as conclusões e as recomendações do Comitê de Auditoria Estatutário, registrando, se houver, as divergências significativas entre administração, auditoria independente e Comitê de Auditoria Estatutário com relação às demonstrações financeiras;

VIII. avaliar a razoabilidade dos parâmetros em que se fundamentam os cálculos atuariais, bem como o resultado atuarial dos planos de benefícios mantidos pelo fundo de pensão, quando a empresa pública ou a sociedade de economia mista for patrocinadora de entidade fechada de previdência complementar.

§ 2º O Comitê de Auditoria Estatutário deverá possuir meios para receber denúncias, inclusive sigilosas, internas e externas à empresa pública ou à sociedade de economia mista, em matérias relacionadas ao escopo de suas atividades.

§ 3º O Comitê de Auditoria Estatutário deverá se reunir quando necessário, no mínimo bimestralmente, de modo que as informações contábeis sejam sempre apreciadas antes de sua divulgação.

§ 4º A empresa pública e a sociedade de economia mista deverão divulgar as atas das reuniões do Comitê de Auditoria Estatutário.

§ 5º Caso o Conselho de Administração considere que a divulgação da ata possa pôr em risco interesse legítimo da empresa pública ou da sociedade de economia mista, a empresa pública ou a sociedade de economia mista divulgará apenas o extrato das atas.

§ 6º A restrição prevista no § 5º não será oponível aos órgãos de controle, que terão total e irrestrito acesso ao conteúdo das atas do Comitê de Auditoria Estatutário, observada a transferência de sigilo.

§ 7º O Comitê de Auditoria Estatutário deverá possuir autonomia operacional e dotação orçamentária, anual ou por projeto, dentro de limites aprovados pelo Conselho de Administração, para conduzir ou determinar a realização de consultas, avaliações e investigações dentro do escopo de suas atividades, inclusive com a contratação e utilização de especialistas externos independentes.

Art. 25. O Comitê de Auditoria Estatutário será integrado por, no mínimo, 3 (três) e, no máximo, 5 (cinco) membros, em sua maioria independentes.

§ 1º São condições mínimas para integrar o Comitê de Auditoria Estatutário:

I. não ser ou ter sido, nos 12 (doze) meses anteriores à nomeação para o Comitê:

a) diretor, empregado ou membro do conselho fiscal da empresa pública ou sociedade de economia mista ou de sua controladora, controlada, coligada ou sociedade em controle comum, direta ou indireta;

b) responsável técnico, diretor, gerente, supervisor ou qualquer outro integrante com função de gerência de equipe envolvida nos trabalhos de auditoria na empresa pública ou sociedade de economia mista;

II. não ser cônjuge ou parente consanguíneo ou afim, até o segundo grau ou por adoção, das pessoas referidas no inciso I;

III. não receber qualquer outro tipo de remuneração da empresa pública ou sociedade de economia mista ou de sua controladora, controlada, coligada ou sociedade em controle comum, direta ou indireta, que não seja aquela relativa à função de integrante do Comitê de Auditoria Estatutário;

IV. não ser ou ter sido ocupante de cargo público efetivo, ainda que licenciado, ou de cargo em comissão da pessoa jurídica de direito público que exerça o controle acionário da empresa pública ou sociedade de economia mista, nos 12 (doze) meses anteriores à nomeação para o Comitê de Auditoria Estatutário.

§ 2º Ao menos 1 (um) dos membros do Comitê de Auditoria Estatutário deve ter reconhecida experiência em assuntos de contabilidade societária.

§ 3º O atendimento às previsões deste artigo deve ser comprovado por meio de documentação mantida na sede da empresa pública ou sociedade de economia mista pelo prazo mínimo de 5 (cinco) anos, contado a partir do último dia de mandato do membro do Comitê de Auditoria Estatutário.

SEÇÃO VIII
Do Conselho Fiscal

Art. 26. Além das normas previstas nesta Lei, aplicam-se aos membros do Conselho Fiscal da empresa pública e da sociedade de economia mista as disposições previstas na Lei nº 6.404, de 15 de dezembro de 1976, relativas a seus poderes, deveres e responsabilidades, a requisitos e impedimentos para investidura e a remuneração, além de outras disposições estabelecidas na referida Lei.

§ 1º Podem ser membros do Conselho Fiscal pessoas naturais, residentes no País, com formação acadêmica compatível com o exercício da função e que tenham exercido, por prazo mínimo de 3 (três) anos, cargo de direção ou assessoramento na administração pública ou cargo de conselheiro fiscal ou administrador em empresa.

§ 2º O Conselho Fiscal contará com pelo menos 1 (um) membro indicado pelo ente controlador, que deverá ser servidor público com vínculo permanente com a administração pública.

CAPÍTULO III

Da Função Social da Empresa Pública e da Sociedade de Economia Mista

Art. 27. A empresa pública e a sociedade de economia mista terão a função social de realização do interesse coletivo ou de atendimento a imperativo da segurança nacional expressa no instrumento de autorização legal para a sua criação.

§ 1º A realização do interesse coletivo de que trata este artigo deverá ser orientada para o alcance do bem-estar econômico e para a alocação socialmente eficiente dos recursos geridos pela empresa pública e pela sociedade de economia mista, bem como para o seguinte:

I. ampliação economicamente sustentada do acesso de consumidores aos produtos e serviços da empresa pública ou da sociedade de economia mista;

II. desenvolvimento ou emprego de tecnologia brasileira para produção e oferta de produtos e serviços da empresa pública ou da sociedade de economia mista, sempre de maneira economicamente justificada.

§ 2º A empresa pública e a sociedade de economia mista deverão, nos termos da lei, adotar práticas de sustentabilidade ambiental e de responsabilidade social corporativa compatíveis com o mercado em que atuam.

§ 3º A empresa pública e a sociedade de economia mista poderão celebrar convênio ou contrato de patrocínio com pessoa física ou com pessoa jurídica para promoção de atividades culturais, sociais, esportivas, educacionais e de inovação tecnológica, desde que comprovadamente vinculadas ao fortalecimento de sua marca, observando-se, no que couber, as normas de licitação e contratos desta Lei.

TÍTULO II

Disposições Aplicáveis às Empresas Públicas, às Sociedades de Economia Mista e às Suas Subsidiárias Que Explorem Atividade Econômica de Produção ou Comercialização de Bens ou de Prestação de Serviços, Ainda Que a Atividade Econômica Esteja Sujeita Ao Regime de Monopólio da União ou Seja de Prestação de Serviços Públicos

CAPÍTULO I

Das Licitações

SEÇÃO I

Da Exigência de Licitação e dos Casos de Dispensa e de Inexigibilidade

Art. 28. Os contratos com terceiros destinados à prestação de serviços às empresas públicas e às sociedades de economia mista, inclusive de engenharia e de publicidade, à aquisição e à locação de bens, à alienação de bens e ativos integrantes do respectivo patrimônio ou à execução de obras a serem integradas a esse patrimônio, bem como à implementação de ônus real sobre tais bens, serão precedidos de licitação nos termos desta Lei, ressalvadas as hipóteses previstas nos arts. 29 e 30. (Vide Lei nº 14.002, de 2020)

§ 1º Aplicam-se às licitações das empresas públicas e das sociedades de economia mista as disposições constantes dos arts. 42 a 49 da Lei Complementar nº 123, de 14 de dezembro de 2006.

§ 2º O convênio ou contrato de patrocínio celebrado com pessoas físicas ou jurídicas de que trata o § 3º do art. 27 observará, no que couber, as normas de licitação e contratos desta Lei.

§ 3º São as empresas públicas e as sociedades de economia mista dispensadas da observância dos dispositivos deste Capítulo nas seguintes situações:

I. comercialização, prestação ou execução, de forma direta, pelas empresas mencionadas no caput, de produtos, serviços ou obras especificamente relacionados com seus respectivos objetos sociais;

II. nos casos em que a escolha do parceiro esteja associada a suas características particulares, vinculada a oportunidades de negócio definidas e específicas, justificada a inviabilidade de procedimento competitivo.

§ 4º Consideram-se oportunidades de negócio a que se refere o inciso II do § 3º a formação e a extinção de parcerias e outras formas associativas, societárias ou contratuais, a aquisição e a alienação de participação em sociedades e outras formas associativas, societárias ou contratuais e as operações realizadas no âmbito do mercado de capitais, respeitada a regulação pelo respectivo órgão competente.

Art. 29. É dispensável a realização de licitação por empresas públicas e sociedades de economia mista: (Vide Lei nº 14.002, de 2020)

I. para obras e serviços de engenharia de valor até R$ 100.000,00 (cem mil reais), desde que não se refiram a parcelas de uma mesma obra ou serviço ou ainda a obras e serviços de mesma natureza e no mesmo local que possam ser realizadas conjunta e concomitantemente;

II. para outros serviços e compras de valor até R$ 50.000,00 (cinquenta mil reais) e para alienações, nos casos previstos nesta Lei, desde que não se refiram a parcelas de um mesmo serviço, compra ou alienação de maior vulto que possa ser realizado de uma só vez;

III. quando não acudirem interessados à licitação anterior e essa, justificadamente, não puder ser repetida sem prejuízo para a empresa pública ou a sociedade de economia mista, bem como para suas respectivas subsidiárias, desde que mantidas as condições preestabelecidas;

IV. quando as propostas apresentadas consignarem preços manifestamente superiores aos praticados no mercado nacional ou incompatíveis com os fixados pelos órgãos oficiais competentes;

V. para a compra ou locação de imóvel destinado ao atendimento de suas finalidades precípuas, quando as necessidades de instalação e localização condicionarem a escolha do imóvel, desde que o preço seja compatível com o valor de mercado, segundo avaliação prévia;

VI. na contratação de remanescente de obra, de serviço ou de fornecimento, em consequência de rescisão contratual, desde que atendida a ordem de classificação da licitação anterior e aceitas as mesmas condições do contrato encerrado por rescisão ou distrato, inclusive quanto ao preço, devidamente corrigido;

VII. na contratação de instituição brasileira incumbida regimental ou estatutariamente da pesquisa, do ensino ou do desenvolvimento institucional ou de instituição dedicada à recuperação social do preso, desde que a contratada detenha inquestionável reputação ético-profissional e não tenha fins lucrativos;

VIII. para a aquisição de componentes ou peças de origem nacional ou estrangeira necessários à manutenção de equipamentos durante o período de garantia técnica, junto ao fornecedor original desses equipamentos, quando tal condição de exclusividade for indispensável para a vigência da garantia;

IX. na contratação de associação de pessoas com deficiência física, sem fins lucrativos e de comprovada idoneidade, para a prestação de serviços ou fornecimento de mão de obra, desde que o preço contratado seja compatível com o praticado no mercado;

X. na contratação de concessionário, permissionário ou autorizado para fornecimento ou suprimento de energia elétrica ou gás natural e de outras prestadoras de serviço público, segundo as normas da legislação específica, desde que o objeto do contrato tenha pertinência com o serviço público;

XI. nas contratações entre empresas públicas ou sociedades de economia mista e suas respectivas subsidiárias, para aquisição ou alienação de bens e prestação ou obtenção de serviços, desde que os preços sejam compatíveis com os praticados no mercado e que o objeto do contrato tenha relação com a atividade da contratada prevista em seu estatuto social;

XII. na contratação de coleta, processamento e comercialização de resíduos sólidos urbanos recicláveis ou reutilizáveis, em áreas com sistema de coleta seletiva de lixo, efetuados por associações ou cooperativas formadas exclusivamente por pessoas físicas de baixa renda que tenham como ocupação econômica a coleta de materiais recicláveis, com o uso de equipamentos compatíveis com as normas técnicas, ambientais e de saúde pública;

XIII. para o fornecimento de bens e serviços, produzidos ou prestados no País, que envolvam, cumulativamente, alta complexidade tecnológica e defesa nacional, mediante parecer de comissão especialmente designada pelo dirigente máximo da empresa pública ou da sociedade de economia mista;

XIV. nas contratações visando ao cumprimento do disposto nos arts. 3º, 4º, 5º e 20 da Lei nº 10.973, de

2 de dezembro de 2004, observados os princípios gerais de contratação dela constantes;

XV. em situações de emergência, quando caracterizada urgência de atendimento de situação que possa ocasionar prejuízo ou comprometer a segurança de pessoas, obras, serviços, equipamentos e outros bens, públicos ou particulares, e somente para os bens necessários ao atendimento da situação emergencial e para as parcelas de obras e serviços que possam ser concluídas no prazo máximo de 180 (cento e oitenta) dias consecutivos e ininterruptos, contado da ocorrência da emergência, vedada a prorrogação dos respectivos contratos, observado o disposto no § 2º;

XVI. na transferência de bens a órgãos e entidades da administração pública, inclusive quando efetivada mediante permuta;

XVII. na doação de bens móveis para fins e usos de interesse social, após avaliação de sua oportunidade e conveniência socioeconômica relativamente à escolha de outra forma de alienação;

XVIII. na compra e venda de ações, de títulos de crédito e de dívida e de bens que produzam ou comercializem. (Vide ADIN 5624) (Vide ADIN 5846) (Vide ADIN 5924) (Vide ADIN 6029)

§ 1º Na hipótese de nenhum dos licitantes aceitar a contratação nos termos do inciso VI do caput, a empresa pública e a sociedade de economia mista poderão convocar os licitantes remanescentes, na ordem de classificação, para a celebração do contrato nas condições ofertadas por estes, desde que o respectivo valor seja igual ou inferior ao orçamento estimado para a contratação, inclusive quanto aos preços atualizados nos termos do instrumento convocatório.

§ 2º A contratação direta com base no inciso XV do caput não dispensará a responsabilização de quem, por ação ou omissão, tenha dado causa ao motivo ali descrito, inclusive no tocante ao disposto na Lei nº 8.429, de 2 de junho de 1992.

§ 3º Os valores estabelecidos nos incisos I e II do caput podem ser alterados, para refletir a variação de custos, por deliberação do Conselho de Administração da empresa pública ou sociedade de economia mista, admitindo-se valores diferenciados para cada sociedade.

Art. 30. A contratação direta será feita quando houver inviabilidade de competição, em especial na hipótese de: (Vide Lei nº 14.002, de 2020)

I. aquisição de materiais, equipamentos ou gêneros que só possam ser fornecidos por produtor, empresa ou representante comercial exclusivo;

II. contratação dos seguintes serviços técnicos especializados, com profissionais ou empresas de notória especialização, vedada a inexigibilidade para serviços de publicidade e divulgação:

a) estudos técnicos, planejamentos e projetos básicos ou executivos;
b) pareceres, perícias e avaliações em geral;
c) assessorias ou consultorias técnicas e auditorias financeiras ou tributárias;
d) fiscalização, supervisão ou gerenciamento de obras ou serviços;
e) patrocínio ou defesa de causas judiciais ou administrativas;
f) treinamento e aperfeiçoamento de pessoal;
g) restauração de obras de arte e bens de valor histórico.

§ 1º Considera-se de notória especialização o profissional ou a empresa cujo conceito no campo de sua especialidade, decorrente de desempenho anterior, estudos, experiência, publicações, organização, aparelhamento, equipe técnica ou outros requisitos relacionados com suas atividades, permita inferir que o seu trabalho é essencial e indiscutivelmente o mais adequado à plena satisfação do objeto do contrato.

§ 2º Na hipótese do caput e em qualquer dos casos de dispensa, se comprovado, pelo órgão de controle externo, sobrepreço ou superfaturamento, responderão solidariamente pelo dano causado quem houver decidido pela contratação direta e o fornecedor ou o prestador de serviços.

§ 3º O processo de contratação direta será instruído, no que couber, com os seguintes elementos:

I. caracterização da situação emergencial ou calamitosa que justifique a dispensa, quando for o caso;
II. razão da escolha do fornecedor ou do executante;
III. justificativa do preço.

SEÇÃO II
Disposições de Caráter Geral sobre Licitações e Contratos

Art. 31. As licitações realizadas e os contratos celebrados por empresas públicas e sociedades de economia mista destinam-se a assegurar a seleção da proposta mais vantajosa, inclusive no que se refere ao ciclo de vida do objeto, e a evitar operações em que se caracterize sobrepreço ou superfaturamento, devendo observar os princípios da impessoalidade, da moralidade, da igualdade, da publicidade, da eficiência, da probidade administrativa, da economicidade, do desenvolvimento nacional sustentável, da vinculação ao instrumento convocatório, da obtenção de competitividade e do julgamento objetivo. (Vide Lei nº 14.002, de 2020)

§ 1º Para os fins do disposto no caput, considera-se que há:

I. sobrepreço quando os preços orçados para a licitação ou os preços contratados são expressivamente superiores aos preços referenciais de mercado, podendo referir-se ao valor unitário de um item, se a licitação ou a contratação for por preços unitários de serviço, ou ao valor global do objeto, se a licitação ou a contratação for por preço global ou por empreitada;

II. superfaturamento quando houver dano ao patrimônio da empresa pública ou da sociedade de economia mista caracterizado, por exemplo:

a) pela medição de quantidades superiores às efetivamente executadas ou fornecidas;

b) pela deficiência na execução de obras e serviços de engenharia que resulte em diminuição da qualidade, da vida útil ou da segurança;

c) por alterações no orçamento de obras e de serviços de engenharia que causem o desequilíbrio econômico-financeiro do contrato em favor do contratado;

d) por outras alterações de cláusulas financeiras que gerem recebimentos contratuais antecipados, distorção do cronograma físico-financeiro, prorrogação injustificada do prazo contratual com custos adicionais para a empresa pública ou a sociedade de economia mista ou reajuste irregular de preços.

§ 2º O orçamento de referência do custo global de obras e serviços de engenharia deverá ser obtido a partir de custos unitários de insumos ou serviços menores ou iguais à mediana de seus correspondentes no Sistema Nacional de Pesquisa de Custos e Índices da Construção Civil (Sinapi), no caso de construção civil em geral, ou no Sistema de Custos Referenciais de Obras (Sicro), no caso de obras e serviços rodoviários, devendo ser observadas as peculiaridades geográficas.

§ 3º No caso de inviabilidade da definição dos custos consoante o disposto no § 2º, a estimativa de custo global poderá ser apurada por meio da utilização de dados contidos em tabela de referência formalmente aprovada por órgãos ou entidades da administração pública federal, em publicações técnicas especializadas, em banco de dados e sistema específico instituído para o setor ou em pesquisa de mercado.

§ 4º A empresa pública e a sociedade de economia mista poderão adotar procedimento de manifestação de interesse privado para o recebimento de propostas e projetos de empreendimentos com vistas a atender necessidades previamente identificadas, cabendo a regulamento a definição de suas regras específicas.

§ 5º Na hipótese a que se refere o § 4º, o autor ou financiador do projeto poderá participar da licitação para a execução do empreendimento, podendo ser ressarcido pelos custos aprovados pela empresa pública ou sociedade de economia mista caso não vença o certame, desde que seja promovida a cessão de direitos de que trata o art. 80.

Art. 32. Nas licitações e contratos de que trata esta Lei, serão observadas as seguintes diretrizes: (Vide Lei nº 14.002, de 2020)

I. padronização do objeto da contratação, dos instrumentos convocatórios e das minutas de contratos, de acordo com normas internas específicas;

II. busca da maior vantagem competitiva para a empresa pública ou sociedade de economia mista, considerando custos e benefícios, diretos e indiretos, de natureza econômica, social ou ambiental, inclusive os relativos à manutenção, ao desfazimento de bens e resíduos, ao índice de depreciação econômica e a outros fatores de igual relevância;

III. parcelamento do objeto, visando a ampliar a participação de licitantes, sem perda de economia de escala, e desde que não atinja valores inferiores aos limites estabelecidos no art. 29, incisos I e II;

IV. adoção preferencial da modalidade de licitação denominada pregão, instituída pela Lei nº 10.520, de 17 de julho de 2002, para a aquisição de bens e serviços comuns, assim considerados aqueles cujos padrões de desempenho e qualidade possam ser objetivamente definidos pelo edital, por meio de especificações usuais no mercado;

V. observação da política de integridade nas transações com partes interessadas.

§ 1º As licitações e os contratos disciplinados por esta Lei devem respeitar, especialmente, as normas relativas à:

I. disposição final ambientalmente adequada dos resíduos sólidos gerados pelas obras contratadas;

II. mitigação dos danos ambientais por meio de medidas condicionantes e de compensação ambiental, que serão definidas no procedimento de licenciamento ambiental;

III. utilização de produtos, equipamentos e serviços que, comprovadamente, reduzam o consumo de energia e de recursos naturais;

IV. avaliação de impactos de vizinhança, na forma da legislação urbanística;

V. proteção do patrimônio cultural, histórico, arqueológico e imaterial, inclusive por meio da avaliação do impacto direto ou indireto causado por investimentos realizados por empresas públicas e sociedades de economia mista;

VI. acessibilidade para pessoas com deficiência ou com mobilidade reduzida.

§ 2º A contratação a ser celebrada por empresa pública ou sociedade de economia mista da qual decorra impacto negativo sobre bens do patrimônio cultural, histórico, arqueológico e imaterial tombados dependerá de autorização da esfera de governo encarregada da proteção do respectivo patrimônio, devendo o impacto ser compensado por meio de medidas determinadas pelo dirigente máximo da empresa pública ou sociedade de economia mista, na forma da legislação aplicável.

§ 3º As licitações na modalidade de pregão, na forma eletrônica, deverão ser realizadas exclusivamente em portais de compras de acesso público na internet.

§ 4º Nas licitações com etapa de lances, a empresa pública ou sociedade de economia mista disponibilizará ferramentas eletrônicas para envio de lances pelos licitantes.

Art. 33. O objeto da licitação e do contrato dela decorrente será definido de forma sucinta e clara no instrumento convocatório. (Vide Lei nº 14.002, de 2020)

Art. 34. O valor estimado do contrato a ser celebrado pela empresa pública ou pela sociedade de economia mista será sigiloso, facultando-se à contratante, mediante justificação na fase de preparação prevista no inciso I do art. 51 desta Lei, conferir publicidade ao valor estimado do objeto da licitação, sem prejuízo da divulgação do detalhamento dos quantitativos e das demais informações necessárias para a elaboração das propostas. (Vide Lei nº 14.002, de 2020)

§ 1º Na hipótese em que for adotado o critério de julgamento por maior desconto, a informação de que trata o caput deste artigo constará do instrumento convocatório.

§ 2º No caso de julgamento por melhor técnica, o valor do prêmio ou da remuneração será incluído no instrumento convocatório.

§ 3º A informação relativa ao valor estimado do objeto da licitação, ainda que tenha caráter sigiloso, será disponibilizada a órgãos de controle externo e interno, devendo a empresa pública ou a sociedade de economia mista registrar em documento formal sua disponibilização aos órgãos de controle, sempre que solicitado.

§ 4º (VETADO).

Art. 35. Observado o disposto no art. 34, o conteúdo da proposta, quando adotado o modo de disputa fechado e até sua abertura, os atos e os procedimentos praticados em decorrência desta Lei submetem-se à legislação que regula o acesso dos cidadãos às informações detidas pela administração pública, particularmente aos termos da Lei nº 12.527, de 18 de novembro de 2011. (Vide Lei nº 14.002, de 2020)

Art. 36. A empresa pública e a sociedade de economia mista poderão promover a pré-qualificação de seus fornecedores ou produtos, nos termos do art. 64. (Vide Lei nº 14.002, de 2020)

Art. 37. A empresa pública e a sociedade de economia mista deverão informar os dados relativos às sanções por elas aplicadas aos contratados, nos termos definidos no art. 83, de forma a manter atualizado o cadastro de empresas inidôneas de que trata o art. 23 da Lei nº 12.846, de 1º de agosto de 2013. (Vide Lei nº 14.002, de 2020)

§ 1º O fornecedor incluído no cadastro referido no caput não poderá disputar licitação ou participar, direta ou indiretamente, da execução de contrato.

§ 2º Serão excluídos do cadastro referido no caput, a qualquer tempo, fornecedores que demonstrarem a superação dos motivos que deram causa à restrição contra eles promovida.

Art. 38. Estará impedida de participar de licitações e de ser contratada pela empresa pública ou sociedade de economia mista a empresa: (Vide Lei nº 14.002, de 2020)

I. cujo administrador ou sócio detentor de mais de 5% (cinco por cento) do capital social seja diretor ou empregado da empresa pública ou sociedade de economia mista contratante;

II. suspensa pela empresa pública ou sociedade de economia mista;
III. declarada inidônea pela União, pelo Estado, pelo Distrito Federal ou pela unidade federativa a que está vinculada a empresa pública ou sociedade de economia mista, enquanto perdurarem os efeitos da sanção;
IV. constituída por sócio de empresa que estiver suspensa, impedida ou declarada inidônea;
V. cujo administrador seja sócio de empresa suspensa, impedida ou declarada inidônea;
VI. constituída por sócio que tenha sido sócio ou administrador de empresa suspensa, impedida ou declarada inidônea, no período dos fatos que deram ensejo à sanção;
VII. cujo administrador tenha sido sócio ou administrador de empresa suspensa, impedida ou declarada inidônea, no período dos fatos que deram ensejo à sanção;
VIII. que tiver, nos seus quadros de diretoria, pessoa que participou, em razão de vínculo de mesma natureza, de empresa declarada inidônea.
Parágrafo único. Aplica-se a vedação prevista no caput:
I. à contratação do próprio empregado ou dirigente, como pessoa física, bem como à participação dele em procedimentos licitatórios, na condição de licitante;
II. a quem tenha relação de parentesco, até o terceiro grau civil, com:
a) dirigente de empresa pública ou sociedade de economia mista;
b) empregado de empresa pública ou sociedade de economia mista cujas atribuições envolvam a atuação na área responsável pela licitação ou contratação;
c) autoridade do ente público a que a empresa pública ou sociedade de economia mista esteja vinculada.
III. cujo proprietário, mesmo na condição de sócio, tenha terminado seu prazo de gestão ou rompido seu vínculo com a respectiva empresa pública ou sociedade de economia mista promotora da licitação ou contratante há menos de 6 (seis) meses.
Art. 39. Os procedimentos licitatórios, a pré-qualificação e os contratos disciplinados por esta Lei serão divulgados em portal específico mantido pela empresa pública ou sociedade de economia mista na internet, devendo ser adotados os seguintes prazos mínimos para apresentação de propostas ou lances, contados a partir da divulgação do instrumento convocatório: (Vide Lei nº 14.002, de 2020)
I. para aquisição de bens:
a) 5 (cinco) dias úteis, quando adotado como critério de julgamento o menor preço ou o maior desconto;
b) 10 (dez) dias úteis, nas demais hipóteses;
II. para contratação de obras e serviços:
a) 15 (quinze) dias úteis, quando adotado como critério de julgamento o menor preço ou o maior desconto;
b) 30 (trinta) dias úteis, nas demais hipóteses;
III. no mínimo 45 (quarenta e cinco) dias úteis para licitação em que se adote como critério de julgamento a melhor técnica ou a melhor combinação de técnica e preço, bem como para licitação em que haja contratação semi-integrada ou integrada.
Parágrafo único. As modificações promovidas no instrumento convocatório serão objeto de divulgação nos mesmos termos e prazos dos atos e procedimentos originais, exceto quando a alteração não afetar a preparação das propostas.
Art. 40. As empresas públicas e as sociedades de economia mista deverão publicar e manter atualizado regulamento interno de licitações e contratos, compatível com o disposto nesta Lei, especialmente quanto a: (Vide Lei nº 14.002, de 2020)
I. glossário de expressões técnicas;
II. cadastro de fornecedores;
III. minutas-padrão de editais e contratos;
IV. procedimentos de licitação e contratação direta;
V. tramitação de recursos;
VI. formalização de contratos;
VII. gestão e fiscalização de contratos;
VIII. aplicação de penalidades;
IX. recebimento do objeto do contrato.
Art. 41. Aplicam-se às licitações e contratos regidos por esta Lei as normas de direito penal contidas nos arts. 89 a 99 da Lei nº 8.666, de 21 de junho de 1993. (Vide Lei nº 14.002, de 2020)

SEÇÃO III
Das Normas Específicas para Obras e Serviços

Art. 42. Na licitação e na contratação de obras e serviços por empresas públicas e sociedades de economia mista, serão observadas as seguintes definições: (Vide Lei nº 14.002, de 2020)

I. empreitada por preço unitário: contratação por preço certo de unidades determinadas;
II. empreitada por preço global: contratação por preço certo e total;
III. tarefa: contratação de mão de obra para pequenos trabalhos por preço certo, com ou sem fornecimento de material;
IV. empreitada integral: contratação de empreendimento em sua integralidade, com todas as etapas de obras, serviços e instalações necessárias, sob inteira responsabilidade da contratada até a sua entrega ao contratante em condições de entrada em operação, atendidos os requisitos técnicos e legais para sua utilização em condições de segurança estrutural e operacional e com as características adequadas às finalidades para as quais foi contratada;
V. contratação semi-integrada: contratação que envolve a elaboração e o desenvolvimento do projeto executivo, a execução de obras e serviços de engenharia, a montagem, a realização de testes, a pré-operação e as demais operações necessárias e suficientes para a entrega final do objeto, de acordo com o estabelecido nos §§ 1º e 3º deste artigo;
VI. contratação integrada: contratação que envolve a elaboração e o desenvolvimento dos projetos básico e executivo, a execução de obras e serviços de engenharia, a montagem, a realização de testes, a pré-operação e as demais operações necessárias e suficientes para a entrega final do objeto, de acordo com o estabelecido nos §§ 1º, 2º e 3º deste artigo;
VII. anteprojeto de engenharia: peça técnica com todos os elementos de contornos necessários e fundamentais à elaboração do projeto básico, devendo conter minimamente os seguintes elementos:
a) demonstração e justificativa do programa de necessidades, visão global dos investimentos e definições relacionadas ao nível de serviço desejado;
b) condições de solidez, segurança e durabilidade e prazo de entrega;
c) estética do projeto arquitetônico;
d) parâmetros de adequação ao interesse público, à economia na utilização, à facilidade na execução, aos impactos ambientais e à acessibilidade;
e) concepção da obra ou do serviço de engenharia;
f) projetos anteriores ou estudos preliminares que embasaram a concepção adotada;
g) levantamento topográfico e cadastral;
h) pareceres de sondagem;
i) memorial descritivo dos elementos da edificação, dos componentes construtivos e dos materiais de construção, de forma a estabelecer padrões mínimos para a contratação;
VIII. projeto básico: conjunto de elementos necessários e suficientes, com nível de precisão adequado, para, observado o disposto no § 3º, caracterizar a obra ou o serviço, ou o complexo de obras ou de serviços objeto da licitação, elaborado com base nas indicações dos estudos técnicos preliminares, que assegure a viabilidade técnica e o adequado tratamento do impacto ambiental do empreendimento e que possibilite a avaliação do custo da obra e a definição dos métodos e do prazo de execução, devendo conter os seguintes elementos:
a) desenvolvimento da solução escolhida, de forma a fornecer visão global da obra e a identificar todos os seus elementos constitutivos com clareza;
b) soluções técnicas globais e localizadas, suficientemente detalhadas, de forma a minimizar a necessidade de reformulação ou de variantes durante as fases de elaboração do projeto executivo e de realização das obras e montagem;
c) identificação dos tipos de serviços a executar e de materiais e equipamentos a incorporar à obra, bem como suas especificações, de modo a assegurar os melhores resultados para o empreendimento, sem frustrar o caráter competitivo para a sua execução;
d) informações que possibilitem o estudo e a dedução de métodos construtivos, instalações provisórias e condições organizacionais para a obra, sem frustrar o caráter competitivo para a sua execução;
e) subsídios para montagem do plano de licitação e gestão da obra, compreendendo a sua programação, a estratégia de suprimentos, as normas de fiscalização e outros dados necessários em cada caso;
f) (VETADO);
IX. projeto executivo: conjunto dos elementos necessários e suficientes à execução completa da obra, de acordo com as normas técnicas pertinentes;
X. matriz de riscos: cláusula contratual definidora de riscos e responsabilidades entre as partes e caracterizadora do equilíbrio econômico-financeiro inicial do contrato, em termos de ônus financeiro decorrente de eventos supervenientes à contratação, contendo, no mínimo, as seguintes informações:
a) listagem de possíveis eventos supervenientes à assinatura do contrato, impactantes no equilíbrio econômico-financeiro da avença, e previsão de

eventual necessidade de prolação de termo aditivo quando de sua ocorrência;
b) estabelecimento preciso das frações do objeto em que haverá liberdade das contratadas para inovar em soluções metodológicas ou tecnológicas, em obrigações de resultado, em termos de modificação das soluções previamente delineadas no anteprojeto ou no projeto básico da licitação;
c) estabelecimento preciso das frações do objeto em que não haverá liberdade das contratadas para inovar em soluções metodológicas ou tecnológicas, em obrigações de meio, devendo haver obrigação de identidade entre a execução e a solução predefinida no anteprojeto ou no projeto básico da licitação.
§ 1º As contratações semi-integradas e integradas referidas, respectivamente, nos incisos V e VI do caput deste artigo restringir-se-ão a obras e serviços de engenharia e observarão os seguintes requisitos:
I. o instrumento convocatório deverá conter:
a) anteprojeto de engenharia, no caso de contratação integrada, com elementos técnicos que permitam a caracterização da obra ou do serviço e a elaboração e comparação, de forma isonômica, das propostas a serem ofertadas pelos particulares;
b) projeto básico, nos casos de empreitada por preço unitário, de empreitada por preço global, de empreitada integral e de contratação semi-integrada, nos termos definidos neste artigo;
c) documento técnico, com definição precisa das frações do empreendimento em que haverá liberdade de as contratadas inovarem em soluções metodológicas ou tecnológicas, seja em termos de modificação das soluções previamente delineadas no anteprojeto ou no projeto básico da licitação, seja em termos de detalhamento dos sistemas e procedimentos construtivos previstos nessas peças técnicas;
d) matriz de riscos;
II. o valor estimado do objeto a ser licitado será calculado com base em valores de mercado, em valores pagos pela administração pública em serviços e obras similares ou em avaliação do custo global da obra, aferido mediante orçamento sintético ou metodologia expedita ou paramétrica;
III. o critério de julgamento a ser adotado será o de menor preço ou de melhor combinação de técnica e preço, pontuando-se na avaliação técnica as vantagens e os benefícios que eventualmente forem oferecidos para cada produto ou solução;

IV. na contratação semi-integrada, o projeto básico poderá ser alterado, desde que demonstrada a superioridade das inovações em termos de redução de custos, de aumento da qualidade, de redução do prazo de execução e de facilidade de manutenção ou operação.
§ 2º No caso dos orçamentos das contratações integradas:
I. sempre que o anteprojeto da licitação, por seus elementos mínimos, assim o permitir, as estimativas de preço devem se basear em orçamento tão detalhado quanto possível, devendo a utilização de estimativas paramétricas e a avaliação aproximada baseada em outras obras similares ser realizadas somente nas frações do empreendimento não suficientemente detalhadas no anteprojeto da licitação, exigindo-se das contratadas, no mínimo, o mesmo nível de detalhamento em seus demonstrativos de formação de preços;
II. quando utilizada metodologia expedita ou paramétrica para abalizar o valor do empreendimento ou de fração dele, consideradas as disposições do inciso I, entre 2 (duas) ou mais técnicas estimativas possíveis, deve ser utilizada nas estimativas de preço-base a que viabilize a maior precisão orçamentária, exigindo-se das licitantes, no mínimo, o mesmo nível de detalhamento na motivação dos respectivos preços ofertados.
§ 3º Nas contratações integradas ou semi-integradas, os riscos decorrentes de fatos supervenientes à contratação associados à escolha da solução de projeto básico pela contratante deverão ser alocados como de sua responsabilidade na matriz de riscos.
§ 4º No caso de licitação de obras e serviços de engenharia, as empresas públicas e as sociedades de economia mista abrangidas por esta Lei deverão utilizar a contratação semi-integrada, prevista no inciso V do caput, cabendo a elas a elaboração ou a contratação do projeto básico antes da licitação de que trata este parágrafo, podendo ser utilizadas outras modalidades previstas nos incisos do caput deste artigo, desde que essa opção seja devidamente justificada.
§ 5º Para fins do previsto na parte final do § 4º, não será admitida, por parte da empresa pública ou da sociedade de economia mista, como justificativa para a adoção da modalidade de contratação integrada, a ausência de projeto básico.

Art. 43. Os contratos destinados à execução de obras e serviços de engenharia admitirão os seguintes regimes: (Vide Lei nº 14.002, de 2020)
I. empreitada por preço unitário, nos casos em que os objetos, por sua natureza, possuam imprecisão inerente de quantitativos em seus itens orçamentários;
II. empreitada por preço global, quando for possível definir previamente no projeto básico, com boa margem de precisão, as quantidades dos serviços a serem posteriormente executados na fase contratual;
III. contratação por tarefa, em contratações de profissionais autônomos ou de pequenas empresas para realização de serviços técnicos comuns e de curta duração;
IV. empreitada integral, nos casos em que o contratante necessite receber o empreendimento, normalmente de alta complexidade, em condição de operação imediata;
V. contratação semi-integrada, quando for possível definir previamente no projeto básico as quantidades dos serviços a serem posteriormente executados na fase contratual, em obra ou serviço de engenharia que possa ser executado com diferentes metodologias ou tecnologias;
VI. contratação integrada, quando a obra ou o serviço de engenharia for de natureza predominantemente intelectual e de inovação tecnológica do objeto licitado ou puder ser executado com diferentes metodologias ou tecnologias de domínio restrito no mercado.
§ 1º Serão obrigatoriamente precedidas pela elaboração de projeto básico, disponível para exame de qualquer interessado, as licitações para a contratação de obras e serviços, com exceção daquelas em que for adotado o regime previsto no inciso VI do caput deste artigo.
§ 2º É vedada a execução, sem projeto executivo, de obras e serviços de engenharia.

Art. 44. É vedada a participação direta ou indireta nas licitações para obras e serviços de engenharia de que trata esta Lei: (Vide Lei nº 14.002, de 2020)
I. de pessoa física ou jurídica que tenha elaborado o anteprojeto ou o projeto básico da licitação;
II. de pessoa jurídica que participar de consórcio responsável pela elaboração do anteprojeto ou do projeto básico da licitação;
III. de pessoa jurídica da qual o autor do anteprojeto ou do projeto básico da licitação seja administrador, controlador, gerente, responsável técnico, subcontratado ou sócio, neste último caso quando a participação superar 5% (cinco por cento) do capital votante.
§ 1º A elaboração do projeto executivo constituirá encargo do contratado, consoante preço previamente fixado pela empresa pública ou pela sociedade de economia mista.
§ 2º É permitida a participação das pessoas jurídicas e da pessoa física de que tratam os incisos II e III do caput deste artigo em licitação ou em execução de contrato, como consultor ou técnico, nas funções de fiscalização, supervisão ou gerenciamento, exclusivamente a serviço da empresa pública e da sociedade de economia mista interessadas.
§ 3º Para fins do disposto no caput, considera-se participação indireta a existência de vínculos de natureza técnica, comercial, econômica, financeira ou trabalhista entre o autor do projeto básico, pessoa física ou jurídica, e o licitante ou responsável pelos serviços, fornecimentos e obras, incluindo-se os fornecimentos de bens e serviços a estes necessários.
§ 4º O disposto no § 3º deste artigo aplica-se a empregados incumbidos de levar a efeito atos e procedimentos realizados pela empresa pública e pela sociedade de economia mista no curso da licitação.

Art. 45. Na contratação de obras e serviços, inclusive de engenharia, poderá ser estabelecida remuneração variável vinculada ao desempenho do contratado, com base em metas, padrões de qualidade, critérios de sustentabilidade ambiental e prazos de entrega definidos no instrumento convocatório e no contrato. (Vide Lei nº 14.002, de 2020)
Parágrafo único. A utilização da remuneração variável respeitará o limite orçamentário fixado pela empresa pública ou pela sociedade de economia mista para a respectiva contratação.

Art. 46. Mediante justificativa expressa e desde que não implique perda de economia de escala, poderá ser celebrado mais de um contrato para executar serviço de mesma natureza quando o objeto da contratação puder ser executado de forma concorrente e simultânea por mais de um contratado. (Vide Lei nº 14.002, de 2020)
§ 1º Na hipótese prevista no caput deste artigo, será mantido controle individualizado da execução do objeto contratual relativamente a cada um dos contratados.
§ 2º (VETADO).

SEÇÃO IV
Das Normas Específicas para Aquisição de Bens

Art. 47. A empresa pública e a sociedade de economia mista, na licitação para aquisição de bens, poderão: (Vide Lei nº 14.002, de 2020)
I. indicar marca ou modelo, nas seguintes hipóteses:
a) em decorrência da necessidade de padronização do objeto;
b) quando determinada marca ou modelo comercializado por mais de um fornecedor constituir o único capaz de atender o objeto do contrato;
c) quando for necessária, para compreensão do objeto, a identificação de determinada marca ou modelo apto a servir como referência, situação em que será obrigatório o acréscimo da expressão "ou similar ou de melhor qualidade";
II. exigir amostra do bem no procedimento de pré-qualificação e na fase de julgamento das propostas ou de lances, desde que justificada a necessidade de sua apresentação;
III. solicitar a certificação da qualidade do produto ou do processo de fabricação, inclusive sob o aspecto ambiental, por instituição previamente credenciada.
Parágrafo único. O edital poderá exigir, como condição de aceitabilidade da proposta, a adequação às normas da Associação Brasileira de Normas Técnicas (ABNT) ou a certificação da qualidade do produto por instituição credenciada pelo Sistema Nacional de Metrologia, Normalização e Qualidade Industrial (Sinmetro).

Art. 48. Será dada publicidade, com periodicidade mínima semestral, em sítio eletrônico oficial na internet de acesso irrestrito, à relação das aquisições de bens efetivadas pelas empresas públicas e pelas sociedades de economia mista, compreendidas as seguintes informações: (Vide Lei nº 14.002, de 2020)
I. identificação do bem comprado, de seu preço unitário e da quantidade adquirida;
II. nome do fornecedor;
III. valor total de cada aquisição.

SEÇÃO V
Das Normas Específicas para Alienação de Bens

Art. 49. A alienação de bens por empresas públicas e por sociedades de economia mista será precedida de: (Vide Lei nº 14.002, de 2020)
I. avaliação formal do bem contemplado, ressalvadas as hipóteses previstas nos incisos XVI a XVIII do art. 29;
II. licitação, ressalvado o previsto no § 3º do art. 28.

Art. 50. Estendem-se à atribuição de ônus real a bens integrantes do acervo patrimonial de empresas públicas e de sociedades de economia mista as normas desta Lei aplicáveis à sua alienação, inclusive com relação às hipóteses de dispensa e de inexigibilidade de licitação. (Vide Lei nº 14.002, de 2020)

SEÇÃO VI
Do Procedimento de Licitação

Art. 51. As licitações de que trata esta Lei observarão a seguinte sequência de fases: (Vide Lei nº 14.002, de 2020)
III. preparação;
IV. divulgação;
V. apresentação de lances ou propostas, conforme o modo de disputa adotado;
VI. julgamento;
VII. verificação de efetividade dos lances ou propostas;
VIII. negociação;
IX. habilitação;
X. interposição de recursos;
XI. adjudicação do objeto;
XII. homologação do resultado ou revogação do procedimento.
§ 1º A fase de que trata o inciso VII do caput poderá, excepcionalmente, anteceder as referidas nos incisos III a VI do caput, desde que expressamente previsto no instrumento convocatório.
§ 2º Os atos e procedimentos decorrentes das fases enumeradas no caput praticados por empresas públicas, por sociedades de economia mista e por licitantes serão efetivados preferencialmente por meio eletrônico, nos termos definidos pelo instrumento convocatório, devendo os avisos contendo os resumos dos editais das licitações e contratos abrangidos por esta Lei ser previamente publicados no Diário Oficial da União, do Estado ou do Município e na internet.

Art. 52. Poderão ser adotados os modos de disputa aberto ou fechado, ou, quando o objeto da licitação puder ser parcelado, a combinação de ambos, observado o disposto no inciso III do art. 32 desta Lei. (Vide Lei nº 14.002, de 2020)

§ 1º No modo de disputa aberto, os licitantes apresentarão lances públicos e sucessivos, crescentes ou decrescentes, conforme o critério de julgamento adotado.

§ 2º No modo de disputa fechado, as propostas apresentadas pelos licitantes serão sigilosas até a data e a hora designadas para que sejam divulgadas.

Art. 53. Quando for adotado o modo de disputa aberto, poderão ser admitidos: (Vide Lei nº 14.002, de 2020)

I. a apresentação de lances intermediários;

II. o reinício da disputa aberta, após a definição do melhor lance, para definição das demais colocações, quando existir diferença de pelo menos 10% (dez por cento) entre o melhor lance e o subsequente.

Parágrafo único. Consideram-se intermediários os lances:

III. iguais ou inferiores ao maior já ofertado, quando adotado o julgamento pelo critério da maior oferta;

IV. iguais ou superiores ao menor já ofertado, quando adotados os demais critérios de julgamento.

Art. 54. Poderão ser utilizados os seguintes critérios de julgamento: (Vide Lei nº 14.002, de 2020)

V. menor preço;

VI. maior desconto;

VII. melhor combinação de técnica e preço;

VIII. melhor técnica;

IX. melhor conteúdo artístico;

X. maior oferta de preço;

XI. maior retorno econômico;

XII. melhor destinação de bens alienados.

§ 1º Os critérios de julgamento serão expressamente identificados no instrumento convocatório e poderão ser combinados na hipótese de parcelamento do objeto, observado o disposto no inciso III do art. 32.

§ 2º Na hipótese de adoção dos critérios referidos nos incisos III, IV, V e VII do caput deste artigo, o julgamento das propostas será efetivado mediante o emprego de parâmetros específicos, definidos no instrumento convocatório, destinados a limitar a subjetividade do julgamento.

§ 3º Para efeito de julgamento, não serão consideradas vantagens não previstas no instrumento convocatório.

§ 4º O critério previsto no inciso II do caput:

I. terá como referência o preço global fixado no instrumento convocatório, estendendo-se o desconto oferecido nas propostas ou lances vencedores a eventuais termos aditivos;

II. no caso de obras e serviços de engenharia, o desconto incidirá de forma linear sobre a totalidade dos itens constantes do orçamento estimado, que deverá obrigatoriamente integrar o instrumento convocatório.

§ 5º Quando for utilizado o critério referido no inciso III do caput, a avaliação das propostas técnicas e de preço considerará o percentual de ponderação mais relevante, limitado a 70% (setenta por cento).

§ 6º Quando for utilizado o critério referido no inciso VII do caput, os lances ou propostas terão o objetivo de proporcionar economia à empresa pública ou à sociedade de economia mista, por meio da redução de suas despesas correntes, remunerando-se o licitante vencedor com base em percentual da economia de recursos gerada.

§ 7º Na implementação do critério previsto no inciso VIII do caput deste artigo, será obrigatoriamente considerada, nos termos do respectivo instrumento convocatório, a repercussão, no meio social, da finalidade para cujo atendimento o bem será utilizado pelo adquirente.

§ 8º O descumprimento da finalidade a que se refere o § 7º deste artigo resultará na imediata restituição do bem alcançado ao acervo patrimonial da empresa pública ou da sociedade de economia mista, vedado, nessa hipótese, o pagamento de indenização em favor do adquirente.

Art. 55. Em caso de empate entre 2 (duas) propostas, serão utilizados, na ordem em que se encontram enumerados, os seguintes critérios de desempate: (Vide Lei nº 14.002, de 2020)

I. disputa final, em que os licitantes empatados poderão apresentar nova proposta fechada, em ato contínuo ao encerramento da etapa de julgamento;

II. avaliação do desempenho contratual prévio dos licitantes, desde que exista sistema objetivo de avaliação instituído;

III. os critérios estabelecidos no art. 3º da Lei nº 8.248, de 23 de outubro de 1991, e no § 2º do art. 3º da Lei nº 8.666, de 21 de junho de 1993;

IV. sorteio.

Art. 56. Efetuado o julgamento dos lances ou propostas, será promovida a verificação de sua efetividade, promovendo-se a desclassificação daqueles que: (Vide Lei nº 14.002, de 2020)

I. contenham vícios insanáveis;

II. descumpram especificações técnicas constantes do instrumento convocatório;
III. apresentem preços manifestamente inexequíveis;
IV. se encontrem acima do orçamento estimado para a contratação de que trata o § 1º do art. 57, ressalvada a hipótese prevista no caput do art. 34 desta Lei;
V. não tenham sua exequibilidade demonstrada, quando exigido pela empresa pública ou pela sociedade de economia mista;
VI. apresentem desconformidade com outras exigências do instrumento convocatório, salvo se for possível a acomodação a seus termos antes da adjudicação do objeto e sem que se prejudique a atribuição de tratamento isonômico entre os licitantes.
§ 1º A verificação da efetividade dos lances ou propostas poderá ser feita exclusivamente com relação aos lances e propostas mais bem classificados.
§ 2º A empresa pública e a sociedade de economia mista poderão realizar diligências para aferir a exequibilidade das propostas ou exigir dos licitantes que ela seja demonstrada, na forma do inciso V do caput.
§ 3º Nas licitações de obras e serviços de engenharia, consideram-se inexequíveis as propostas com valores globais inferiores a 70% (setenta por cento) do menor dos seguintes valores:
I. média aritmética dos valores das propostas superiores a 50% (cinquenta por cento) do valor do orçamento estimado pela empresa pública ou sociedade de economia mista; ou
II. valor do orçamento estimado pela empresa pública ou sociedade de economia mista.
§ 4º Para os demais objetos, para efeito de avaliação da exequibilidade ou de sobrepreço, deverão ser estabelecidos critérios de aceitabilidade de preços que considerem o preço global, os quantitativos e os preços unitários, assim definidos no instrumento convocatório.

Art. 57. Confirmada a efetividade do lance ou proposta que obteve a primeira colocação na etapa de julgamento, ou que passe a ocupar essa posição em decorrência da desclassificação de outra que tenha obtido colocação superior, a empresa pública e a sociedade de economia mista deverão negociar condições mais vantajosas com quem a apresentou. (Vide Lei nº 14.002, de 2020)
§ 1º A negociação deverá ser feita com os demais licitantes, segundo a ordem inicialmente estabelecida, quando o preço do primeiro colocado, mesmo após a negociação, permanecer acima do orçamento estimado.
§ 2º (VETADO).
§ 3º Se depois de adotada a providência referida no § 1º deste artigo não for obtido valor igual ou inferior ao orçamento estimado para a contratação, será revogada a licitação.

Art. 58. A habilitação será apreciada exclusivamente a partir dos seguintes parâmetros: (Vide Lei nº 14.002, de 2020)
I. exigência da apresentação de documentos aptos a comprovar a possibilidade da aquisição de direitos e da contração de obrigações por parte do licitante;
II. qualificação técnica, restrita a parcelas do objeto técnica ou economicamente relevantes, de acordo com parâmetros estabelecidos de forma expressa no instrumento convocatório;
III. capacidade econômica e financeira;
IV. recolhimento de quantia a título de adiantamento, tratando-se de licitações em que se utilize como critério de julgamento a maior oferta de preço.
§ 1º Quando o critério de julgamento utilizado for a maior oferta de preço, os requisitos de qualificação técnica e de capacidade econômica e financeira poderão ser dispensados.
§ 2º Na hipótese do § 1º, reverterá a favor da empresa pública ou da sociedade de economia mista o valor de quantia eventualmente exigida no instrumento convocatório a título de adiantamento, caso o licitante não efetue o restante do pagamento devido no prazo para tanto estipulado.

Art. 59. Salvo no caso de inversão de fases, o procedimento licitatório terá fase recursal única. (Vide Lei nº 14.002, de 2020)
§ 1º Os recursos serão apresentados no prazo de 5 (cinco) dias úteis após a habilitação e contemplarão, além dos atos praticados nessa fase, aqueles praticados em decorrência do disposto nos incisos IV e V do caput do art. 51 desta Lei.
§ 2º Na hipótese de inversão de fases, o prazo referido no § 1º será aberto após a habilitação e após o encerramento da fase prevista no inciso V do caput do art. 51, abrangendo o segundo prazo também atos decorrentes da fase referida no inciso IV do caput do art. 51 desta Lei.

Art. 60. A homologação do resultado implica a constituição de direito relativo à celebração do contrato em favor do licitante vencedor. (Vide Lei nº 14.002, de 2020)

Art. 61. A empresa pública e a sociedade de economia mista não poderão celebrar contrato com preterição da ordem de classificação das propostas ou com terceiros estranhos à licitação. (Vide Lei nº 14.002, de 2020)

Art. 62. Além das hipóteses previstas no § 3º do art. 57 desta Lei e no inciso II do § 2º do art. 75 desta Lei, quem dispuser de competência para homologação do resultado poderá revogar a licitação por razões de interesse público decorrentes de fato superveniente que constitua óbice manifesto e incontornável, ou anulá-la por ilegalidade, de ofício ou por provocação de terceiros, salvo quando for viável a convalidação do ato ou do procedimento viciado. (Vide Lei nº 14.002, de 2020)

§ 1º A anulação da licitação por motivo de ilegalidade não gera obrigação de indenizar, observado o disposto no § 2º deste artigo.

§ 2º A nulidade da licitação induz à do contrato.

§ 3º Depois de iniciada a fase de apresentação de lances ou propostas, referida no inciso III do caput do art. 51 desta Lei, a revogação ou a anulação da licitação somente será efetivada depois de se conceder aos licitantes que manifestem interesse em contestar o respectivo ato prazo apto a lhes assegurar o exercício do direito ao contraditório e à ampla defesa.

§ 4º O disposto no caput e nos §§ 1º e 2º deste artigo aplica-se, no que couber, aos atos por meio dos quais se determine a contratação direta.

SEÇÃO VII
Dos Procedimentos Auxiliares das Licitações

Art. 63. São procedimentos auxiliares das licitações regidas por esta Lei: (Vide Lei nº 14.002, de 2020)

I. pré-qualificação permanente;
II. cadastramento;
III. sistema de registro de preços;
IV. catálogo eletrônico de padronização.

Parágrafo único. Os procedimentos de que trata o caput deste artigo obedecerão a critérios claros e objetivos definidos em regulamento.

Art. 64. Considera-se pré-qualificação permanente o procedimento anterior à licitação destinado a identificar: (Vide Lei nº 14.002, de 2020)

I. fornecedores que reúnam condições de habilitação exigidas para o fornecimento de bem ou a execução de serviço ou obra nos prazos, locais e condições previamente estabelecidos;

II. bens que atendam às exigências técnicas e de qualidade da administração pública.

§ 1º O procedimento de pré-qualificação será público e permanentemente aberto à inscrição de qualquer interessado.

§ 2º A empresa pública e a sociedade de economia mista poderão restringir a participação em suas licitações a fornecedores ou produtos pré-qualificados, nas condições estabelecidas em regulamento.

§ 3º A pré-qualificação poderá ser efetuada nos grupos ou segmentos, segundo as especialidades dos fornecedores.

§ 4º A pré-qualificação poderá ser parcial ou total, contendo alguns ou todos os requisitos de habilitação ou técnicos necessários à contratação, assegurada, em qualquer hipótese, a igualdade de condições entre os concorrentes.

§ 5º A pré-qualificação terá validade de 1 (um) ano, no máximo, podendo ser atualizada a qualquer tempo.

§ 6º Na pré-qualificação aberta de produtos, poderá ser exigida a comprovação de qualidade.

§ 7º É obrigatória a divulgação dos produtos e dos interessados que forem pré-qualificados.

Art. 65. Os registros cadastrais poderão ser mantidos para efeito de habilitação dos inscritos em procedimentos licitatórios e serão válidos por 1 (um) ano, no máximo, podendo ser atualizados a qualquer tempo. (Vide Lei nº 14.002, de 2020)

§ 1º Os registros cadastrais serão amplamente divulgados e ficarão permanentemente abertos para a inscrição de interessados.

§ 2º Os inscritos serão admitidos segundo requisitos previstos em regulamento.

§ 3º A atuação do licitante no cumprimento de obrigações assumidas será anotada no respectivo registro cadastral.

§ 4º A qualquer tempo poderá ser alterado, suspenso ou cancelado o registro do inscrito que deixar de satisfazer as exigências estabelecidas para habilitação ou para admissão cadastral.

Art. 66. O Sistema de Registro de Preços especificamente destinado às licitações de que trata esta Lei reger-se-á pelo disposto em decreto do Poder Executivo e pelas seguintes disposições: (Vide Lei nº 14.002, de 2020)

§ 1º Poderá aderir ao sistema referido no caput qualquer órgão ou entidade responsável pela execução das atividades contempladas no art. 1º desta Lei.

§ 2º O registro de preços observará, entre outras, as seguintes condições:

I. efetivação prévia de ampla pesquisa de mercado;
II. seleção de acordo com os procedimentos previstos em regulamento;
III. desenvolvimento obrigatório de rotina de controle e atualização periódicos dos preços registrados;
IV. definição da validade do registro;
V. inclusão, na respectiva ata, do registro dos licitantes que aceitarem cotar os bens ou serviços com preços iguais ao do licitante vencedor na sequência da classificação do certame, assim como dos licitantes que mantiverem suas propostas originais.

§ 3º A existência de preços registrados não obriga a administração pública a firmar os contratos que deles poderão advir, sendo facultada a realização de licitação específica, assegurada ao licitante registrado preferência em igualdade de condições.

Art. 67. O catálogo eletrônico de padronização de compras, serviços e obras consiste em sistema informatizado, de gerenciamento centralizado, destinado a permitir a padronização dos itens a serem adquiridos pela empresa pública ou sociedade de economia mista que estarão disponíveis para a realização de licitação. (Vide Lei nº 14.002, de 2020)

Parágrafo único. O catálogo referido no caput poderá ser utilizado em licitações cujo critério de julgamento seja o menor preço ou o maior desconto e conterá toda a documentação e todos os procedimentos da fase interna da licitação, assim como as especificações dos respectivos objetos, conforme disposto em regulamento.

CAPÍTULO II

Dos Contratos

SEÇÃO I
Da Formalização dos Contratos

Art. 68. Os contratos de que trata esta Lei regulam-se pelas suas cláusulas, pelo disposto nesta Lei e pelos preceitos de direito privado. (Vide Lei nº 14.002, de 2020)

Art. 69. São cláusulas necessárias nos contratos disciplinados por esta Lei: (Vide Lei nº 14.002, de 2020)

I. o objeto e seus elementos característicos;
II. o regime de execução ou a forma de fornecimento;
III. o preço e as condições de pagamento, os critérios, a data-base e a periodicidade do reajustamento de preços e os critérios de atualização monetária entre a data do adimplemento das obrigações e a do efetivo pagamento;
IV. os prazos de início de cada etapa de execução, de conclusão, de entrega, de observação, quando for o caso, e de recebimento;
V. as garantias oferecidas para assegurar a plena execução do objeto contratual, quando exigidas, observado o disposto no art. 68;
VI. os direitos e as responsabilidades das partes, as tipificações das infrações e as respectivas penalidades e valores das multas;
VII. os casos de rescisão do contrato e os mecanismos para alteração de seus termos;
VIII. a vinculação ao instrumento convocatório da respectiva licitação ou ao termo que a dispensou ou a inexigiu, bem como ao lance ou proposta do licitante vencedor;
IX. a obrigação do contratado de manter, durante a execução do contrato, em compatibilidade com as obrigações por ele assumidas, as condições de habilitação e qualificação exigidas no curso do procedimento licitatório;
X. matriz de riscos.

§ 1º (VETADO).

§ 2º Nos contratos decorrentes de licitações de obras ou serviços de engenharia em que tenha sido adotado o modo de disputa aberto, o contratado deverá reelaborar e apresentar à empresa pública ou à sociedade de economia mista e às suas respectivas subsidiárias, por meio eletrônico, as planilhas com indicação dos quantitativos e dos custos unitários, bem como do detalhamento das Bonificações e Despesas Indiretas (BDI) e dos Encargos Sociais (ES), com os respectivos valores adequados ao lance vencedor, para fins do disposto no inciso III do caput deste artigo.

Art. 70. Poderá ser exigida prestação de garantia nas contratações de obras, serviços e compras. (Vide Lei nº 14.002, de 2020)

§ 1º Caberá ao contratado optar por uma das seguintes modalidades de garantia:

I. caução em dinheiro;
II. seguro-garantia;

III. fiança bancária.

§ 2º A garantia a que se refere o caput não excederá a 5% (cinco por cento) do valor do contrato e terá seu valor atualizado nas mesmas condições nele estabelecidas, ressalvado o previsto no § 3º deste artigo.

§ 3º Para obras, serviços e fornecimentos de grande vulto envolvendo complexidade técnica e riscos financeiros elevados, o limite de garantia previsto no § 2º poderá ser elevado para até 10% (dez por cento) do valor do contrato.

§ 4º A garantia prestada pelo contratado será liberada ou restituída após a execução do contrato, devendo ser atualizada monetariamente na hipótese do inciso I do § 1º deste artigo.

Art. 71. A duração dos contratos regidos por esta Lei não excederá a 5 (cinco) anos, contados a partir de sua celebração, exceto: (Vide Lei nº 14.002, de 2020)

I. para projetos contemplados no plano de negócios e investimentos da empresa pública ou da sociedade de economia mista;

II. nos casos em que a pactuação por prazo superior a 5 (cinco) anos seja prática rotineira de mercado e a imposição desse prazo inviabilize ou onere excessivamente a realização do negócio.

Parágrafo único. É vedado o contrato por prazo indeterminado.

Art. 72. Os contratos regidos por esta Lei somente poderão ser alterados por acordo entre as partes, vedando-se ajuste que resulte em violação da obrigação de licitar. (Vide Lei nº 14.002, de 2020)

Art. 73. A redução a termo do contrato poderá ser dispensada no caso de pequenas despesas de pronta entrega e pagamento das quais não resultem obrigações futuras por parte da empresa pública ou da sociedade de economia mista. (Vide Lei nº 14.002, de 2020)

Parágrafo único. O disposto no caput não prejudicará o registro contábil exaustivo dos valores despendidos e a exigência de recibo por parte dos respectivos destinatários.

Art. 74. É permitido a qualquer interessado o conhecimento dos termos do contrato e a obtenção de cópia autenticada de seu inteiro teor ou de qualquer de suas partes, admitida a exigência de ressarcimento dos custos, nos termos previstos na Lei nº 12.527, de 18 de novembro de 2011. (Vide Lei nº 14.002, de 2020)

Art. 75. A empresa pública e a sociedade de economia mista convocarão o licitante vencedor ou o destinatário de contratação com dispensa ou inexigibilidade de licitação para assinar o termo de contrato, observados o prazo e as condições estabelecidos, sob pena de decadência do direito à contratação. (Vide Lei nº 14.002, de 2020)

§ 1º O prazo de convocação poderá ser prorrogado 1 (uma) vez, por igual período.

§ 2º É facultado à empresa pública ou à sociedade de economia mista, quando o convocado não assinar o termo de contrato no prazo e nas condições estabelecidos:

I. convocar os licitantes remanescentes, na ordem de classificação, para fazê-lo em igual prazo e nas mesmas condições propostas pelo primeiro classificado, inclusive quanto aos preços atualizados em conformidade com o instrumento convocatório;

II. revogar a licitação.

Art. 76. O contratado é obrigado a reparar, corrigir, remover, reconstruir ou substituir, às suas expensas, no total ou em parte, o objeto do contrato em que se verificarem vícios, defeitos ou incorreções resultantes da execução ou de materiais empregados, e responderá por danos causados diretamente a terceiros ou à empresa pública ou sociedade de economia mista, independentemente da comprovação de sua culpa ou dolo na execução do contrato. (Vide Lei nº 14.002, de 2020)

Art. 77. O contratado é responsável pelos encargos trabalhistas, fiscais e comerciais resultantes da execução do contrato. (Vide Lei nº 14.002, de 2020)

§ 1º A inadimplência do contratado quanto aos encargos trabalhistas, fiscais e comerciais não transfere à empresa pública ou à sociedade de economia mista a responsabilidade por seu pagamento nem poderá onerar o objeto do contrato ou restringir a regularização e o uso das obras e edificações, inclusive perante o Registro de Imóveis.

§ 2º (VETADO).

Art. 78. O contratado, na execução do contrato, sem prejuízo das responsabilidades contratuais e legais, poderá subcontratar partes da obra, serviço ou fornecimento, até o limite admitido, em cada caso, pela empresa pública ou pela sociedade de economia mista, conforme previsto no edital do certame. (Vide Lei nº 14.002, de 2020)

§ 1º A empresa subcontratada deverá atender, com relação ao objeto da subcontratação, as exigências de qualificação técnica impostas ao licitante vencedor.

§ 2º É vedada a subcontratação de empresa ou consórcio que tenha participado:
I. do procedimento licitatório do qual se originou a contratação;
II. direta ou indiretamente, da elaboração de projeto básico ou executivo.
§ 3º As empresas de prestação de serviços técnicos especializados deverão garantir que os integrantes de seu corpo técnico executem pessoal e diretamente as obrigações a eles imputadas, quando a respectiva relação for apresentada em procedimento licitatório ou em contratação direta.

Art. 79. Na hipótese do § 6º do art. 54, quando não for gerada a economia prevista no lance ou proposta, a diferença entre a economia contratada e a efetivamente obtida será descontada da remuneração do contratado. (Vide Lei nº 14.002, de 2020)

Parágrafo único. Se a diferença entre a economia contratada e a efetivamente obtida for superior à remuneração do contratado, será aplicada a sanção prevista no contrato, nos termos do inciso VI do caput do art. 69 desta Lei.

Art. 80. Os direitos patrimoniais e autorais de projetos ou serviços técnicos especializados desenvolvidos por profissionais autônomos ou por empresas contratadas passam a ser propriedade da empresa pública ou sociedade de economia mista que os tenha contratado, sem prejuízo da preservação da identificação dos respectivos autores e da responsabilidade técnica a eles atribuída. (Vide Lei nº 14.002, de 2020)

SEÇÃO II
Da Alteração dos Contratos

Art. 81. Os contratos celebrados nos regimes previstos nos incisos I a V do art. 43 contarão com cláusula que estabeleça a possibilidade de alteração, por acordo entre as partes, nos seguintes casos: (Vide Lei nº 14.002, de 2020)
I. quando houver modificação do projeto ou das especificações, para melhor adequação técnica aos seus objetivos;
II. quando necessária a modificação do valor contratual em decorrência de acréscimo ou diminuição quantitativa de seu objeto, nos limites permitidos por esta Lei;
III. quando conveniente a substituição da garantia de execução;
IV. quando necessária a modificação do regime de execução da obra ou serviço, bem como do modo de fornecimento, em face de verificação técnica da inaplicabilidade dos termos contratuais originários;
V. quando necessária a modificação da forma de pagamento, por imposição de circunstâncias supervenientes, mantido o valor inicial atualizado, vedada a antecipação do pagamento, com relação ao cronograma financeiro fixado, sem a correspondente contraprestação de fornecimento de bens ou execução de obra ou serviço;
VI. para restabelecer a relação que as partes pactuaram inicialmente entre os encargos do contratado e a retribuição da administração para a justa remuneração da obra, serviço ou fornecimento, objetivando a manutenção do equilíbrio econômico-financeiro inicial do contrato, na hipótese de sobrevirem fatos imprevisíveis, ou previsíveis porém de consequências incalculáveis, retardadores, ou impeditivos da execução do ajustado, ou, ainda, em caso de força maior, caso fortuito ou fato do príncipe, configurando álea econômica extraordinária e extracontratual.

§ 1º O contratado poderá aceitar, nas mesmas condições contratuais, os acréscimos ou supressões que se fizerem nas obras, serviços ou compras, até 25% (vinte e cinco por cento) do valor inicial atualizado do contrato, e, no caso particular de reforma de edifício ou de equipamento, até o limite de 50% (cinquenta por cento) para os seus acréscimos.

§ 2º Nenhum acréscimo ou supressão poderá exceder os limites estabelecidos no § 1º, salvo as supressões resultantes de acordo celebrado entre os contratantes.

§ 3º Se no contrato não houverem sido contemplados preços unitários para obras ou serviços, esses serão fixados mediante acordo entre as partes, respeitados os limites estabelecidos no § 1º.

§ 4º No caso de supressão de obras, bens ou serviços, se o contratado já houver adquirido os materiais e posto no local dos trabalhos, esses materiais deverão ser pagos pela empresa pública ou sociedade de economia mista pelos custos de aquisição regularmente comprovados e monetariamente corrigidos, podendo caber indenização por outros danos eventualmente decorrentes da supressão, desde que regularmente comprovados.

§ 5º A criação, a alteração ou a extinção de quaisquer tributos ou encargos legais, bem como a superveniência de disposições legais, quando ocorridas após a data da apresentação da proposta, com comprovada repercussão nos preços contratados, implicarão a revisão destes para mais ou para menos, conforme o caso.

§ 6º Em havendo alteração do contrato que aumente os encargos do contratado, a empresa pública ou a sociedade de economia mista deverá restabelecer, por aditamento, o equilíbrio econômico-financeiro inicial.

§ 7º A variação do valor contratual para fazer face ao reajuste de preços previsto no próprio contrato e as atualizações, compensações ou penalizações financeiras decorrentes das condições de pagamento nele previstas, bem como o empenho de dotações orçamentárias suplementares até o limite do seu valor corrigido, não caracterizam alteração do contrato e podem ser registrados por simples apostila, dispensada a celebração de aditamento.

§ 8º É vedada a celebração de aditivos decorrentes de eventos supervenientes alocados, na matriz de riscos, como de responsabilidade da contratada.

SEÇÃO III
Das Sanções Administrativas

Art. 82. Os contratos devem conter cláusulas com sanções administrativas a serem aplicadas em decorrência de atraso injustificado na execução do contrato, sujeitando o contratado à multa de mora, na forma prevista no instrumento convocatório ou no contrato. (Vide Lei nº 14.002, de 2020)

§ 1º A multa a que alude este artigo não impede que a empresa pública ou a sociedade de economia mista rescinda o contrato e aplique as outras sanções previstas nesta Lei.

§ 2º A multa, aplicada após regular processo administrativo, será descontada da garantia do respectivo contratado.

§ 3º Se a multa for de valor superior ao valor da garantia prestada, além da perda desta, responderá o contratado pela sua diferença, a qual será descontada dos pagamentos eventualmente devidos pela empresa pública ou pela sociedade de economia mista ou, ainda, quando for o caso, cobrada judicialmente.

Art. 83. Pela inexecução total ou parcial do contrato a empresa pública ou a sociedade de economia mista poderá, garantida a prévia defesa, aplicar ao contratado as seguintes sanções: (Vide Lei nº 14.002, de 2020)

I. advertência;

II. multa, na forma prevista no instrumento convocatório ou no contrato;

III. suspensão temporária de participação em licitação e impedimento de contratar com a entidade sancionadora, por prazo não superior a 2 (dois) anos.

§ 1º Se a multa aplicada for superior ao valor da garantia prestada, além da perda desta, responderá o contratado pela sua diferença, que será descontada dos pagamentos eventualmente devidos pela empresa pública ou pela sociedade de economia mista ou cobrada judicialmente.

§ 2º As sanções previstas nos incisos I e III do caput poderão ser aplicadas juntamente com a do inciso II, devendo a defesa prévia do interessado, no respectivo processo, ser apresentada no prazo de 10 (dez) dias úteis.

Art. 84. As sanções previstas no inciso III do art. 83 poderão também ser aplicadas às empresas ou aos profissionais que, em razão dos contratos regidos por esta Lei: (Vide Lei nº 14.002, de 2020)

I. tenham sofrido condenação definitiva por praticarem, por meios dolosos, fraude fiscal no recolhimento de quaisquer tributos;

II. tenham praticado atos ilícitos visando a frustrar os objetivos da licitação;

III. demonstrem não possuir idoneidade para contratar com a empresa pública ou a sociedade de economia mista em virtude de atos ilícitos praticados.

CAPÍTULO III
Da Fiscalização Pelo Estado e Pela Sociedade

Art. 85. Os órgãos de controle externo e interno das 3 (três) esferas de governo fiscalizarão as empresas públicas e as sociedades de economia mista a elas relacionadas, inclusive aquelas domiciliadas no exterior, quanto à legitimidade, à economicidade e à eficácia da aplicação de seus recursos, sob o ponto de vista contábil, financeiro, operacional e patrimonial.

§ 1º Para a realização da atividade fiscalizatória de que trata o caput, os órgãos de controle deverão ter acesso irrestrito aos documentos e às informações necessárias à realização dos trabalhos, inclusive aqueles classificados como sigilosos pela empresa pública ou pela sociedade de economia mista, nos termos da Lei nº 12.527, de 18 de novembro de 2011.

§ 2º O grau de confidencialidade será atribuído pelas empresas públicas e sociedades de economia mista no ato de entrega dos documentos e informações solicitados, tornando-se o órgão de controle com o qual foi compartilhada a informação sigilosa corresponsável pela manutenção do seu sigilo.

§ 3º Os atos de fiscalização e controle dispostos neste Capítulo aplicar-se-ão, também, às empresas públicas e às sociedades de economia mista de caráter e constituição transnacional no que se refere aos atos de gestão e aplicação do capital nacional, independentemente de estarem incluídos ou não em seus respectivos atos e acordos constitutivos.

Art. 86. As informações das empresas públicas e das sociedades de economia mista relativas a licitações e contratos, inclusive aqueles referentes a bases de preços, constarão de bancos de dados eletrônicos atualizados e com acesso em tempo real aos órgãos de controle competentes.

§ 1º As demonstrações contábeis auditadas da empresa pública e da sociedade de economia mista serão disponibilizadas no sítio eletrônico da empresa ou da sociedade na internet, inclusive em formato eletrônico editável.

§ 2º As atas e demais expedientes oriundos de reuniões, ordinárias ou extraordinárias, dos conselhos de administração ou fiscal das empresas públicas e das sociedades de economia mista, inclusive gravações e filmagens, quando houver, deverão ser disponibilizados para os órgãos de controle sempre que solicitados, no âmbito dos trabalhos de auditoria.

§ 3º O acesso dos órgãos de controle às informações referidas no caput e no § 2º será restrito e individualizado.

§ 4º As informações que sejam revestidas de sigilo bancário, estratégico, comercial ou industrial serão assim identificadas, respondendo o servidor administrativa, civil e penalmente pelos danos causados à empresa pública ou à sociedade de economia mista e a seus acionistas em razão de eventual divulgação indevida.

§ 5º Os critérios para a definição do que deve ser considerado sigilo estratégico, comercial ou industrial serão estabelecidos em regulamento.

Art. 87. O controle das despesas decorrentes dos contratos e demais instrumentos regidos por esta Lei será feito pelos órgãos do sistema de controle interno e pelo tribunal de contas competente, na forma da legislação pertinente, ficando as empresas públicas e as sociedades de economia mista responsáveis pela demonstração da legalidade e da regularidade da despesa e da execução, nos termos da Constituição.

§ 1º Qualquer cidadão é parte legítima para impugnar edital de licitação por irregularidade na aplicação desta Lei, devendo protocolar o pedido até 5 (cinco) dias úteis antes da data fixada para a ocorrência do certame, devendo a entidade julgar e responder à impugnação em até 3 (três) dias úteis, sem prejuízo da faculdade prevista no § 2º.

§ 2º Qualquer licitante, contratado, ou pessoa física ou jurídica poderá representar ao tribunal de contas ou aos órgãos integrantes do sistema de controle interno contra irregularidades na aplicação desta Lei, para os fins do disposto neste artigo.

§ 3º Os tribunais de contas e os órgãos integrantes do sistema de controle interno poderão solicitar para exame, a qualquer tempo, documentos de natureza contábil, financeira, orçamentária, patrimonial e operacional das empresas públicas, das sociedades de economia mista e de suas subsidiárias no Brasil e no exterior, obrigando-se, os jurisdicionados, à adoção das medidas corretivas pertinentes que, em função desse exame, lhes forem determinadas.

Art. 88. As empresas públicas e as sociedades de economia mista deverão disponibilizar para conhecimento público, por meio eletrônico, informação completa mensalmente atualizada sobre a execução de seus contratos e de seu orçamento, admitindo-se retardo de até 2 (dois) meses na divulgação das informações.

§ 1º A disponibilização de informações contratuais referentes a operações de perfil estratégico ou que tenham por objeto segredo industrial receberá proteção mínima necessária para lhes garantir confidencialidade.

§ 2º O disposto no § 1º não será oponível à fiscalização dos órgãos de controle interno e do tribunal de contas, sem prejuízo da responsabilização administrativa, civil e penal do servidor que der causa à eventual divulgação dessas informações.

Art. 89. O exercício da supervisão por vinculação da empresa pública ou da sociedade de economia mista, pelo órgão a que se vincula, não pode ensejar a redução ou a supressão da autonomia conferida pela lei específica que autorizou a criação da entidade supervisionada ou da autonomia inerente a sua natureza nem autoriza a ingerência do supervisor em sua administração e funcionamento, devendo a supervisão ser exercida nos limites da legislação aplicável.

Art. 90. As ações e deliberações do órgão ou ente de controle não podem implicar interferência na gestão das empresas públicas e das sociedades de economia mista a ele submetidas nem ingerência no exercício de suas competências ou na definição de políticas públicas.

TÍTULO III
Disposições Finais e Transitórias

Art. 91. A empresa pública e a sociedade de economia mista constituídas anteriormente à vigência desta Lei deverão, no prazo de 24 (vinte e quatro) meses, promover as adaptações necessárias à adequação ao disposto nesta Lei.

§ 1º A sociedade de economia mista que tiver capital fechado na data de entrada em vigor desta Lei poderá, observado o prazo estabelecido no caput, ser transformada em empresa pública, mediante resgate, pela empresa, da totalidade das ações de titularidade de acionistas privados, com base no valor de patrimônio líquido constante do último balanço aprovado pela Assembleia Geral.

§ 2º (VETADO).

§ 3º Permanecem regidos pela legislação anterior procedimentos licitatórios e contratos iniciados ou celebrados até o final do prazo previsto no caput.

Art. 92. O Registro Público de Empresas Mercantis e Atividades Afins manterá banco de dados público e gratuito, disponível na internet, contendo a relação de todas as empresas públicas e as sociedades de economia mista.

Parágrafo único. É a União proibida de realizar transferência voluntária de recursos a Estados, ao Distrito Federal e a Municípios que não fornecerem ao Registro Público de Empresas Mercantis e Atividades Afins as informações relativas às empresas públicas e às sociedades de economia mista a eles vinculadas.

Art. 93. As despesas com publicidade e patrocínio da empresa pública e da sociedade de economia mista não ultrapassarão, em cada exercício, o limite de 0,5% (cinco décimos por cento) da receita operacional bruta do exercício anterior.

§ 1º O limite disposto no caput poderá ser ampliado, até o limite de 2% (dois por cento) da receita bruta do exercício anterior, por proposta da diretoria da empresa pública ou da sociedade de economia mista justificada com base em parâmetros de mercado do setor específico de atuação da empresa ou da sociedade e aprovada pelo respectivo Conselho de Administração.

§ 2º É vedado à empresa pública e à sociedade de economia mista realizar, em ano de eleição para cargos do ente federativo a que sejam vinculadas, despesas com publicidade e patrocínio que excedam a média dos gastos nos 3 (três) últimos anos que antecedem o pleito ou no último ano imediatamente anterior à eleição.

Art. 94. Aplicam-se à empresa pública, à sociedade de economia mista e às suas subsidiárias as sanções previstas na Lei nº 12.846, de 1º de agosto de 2013, salvo as previstas nos incisos II, III e IV do caput do art. 19 da referida Lei.

Art. 95. A estratégia de longo prazo prevista no art. 23 deverá ser aprovada em até 180 (cento e oitenta) dias da data de publicação da presente Lei.

Art. 96. Revogam-se:

I. o § 2º do art. 15 da Lei nº 3.890-A, de 25 de abril de 1961, com a redação dada pelo art. 19 da Lei nº 11.943, de 28 de maio de 2009;

II. os arts. 67 e 68 da Lei nº 9.478, de 6 de agosto de 1997.

Art. 97. Esta Lei entra em vigor na data de sua publicação.

Brasília, 30 de junho de 2016; 195º da Independência e 128º da República.

MICHEL TEMER
Alexandre de Moraes
Henrique Meirelles
Dyogo Henrique de Oliveira

Este texto não substitui o publicado no DOU de 1º/7/2016.

14

Estatutos

Lei nº 10.826/03 (Estatuto do Desarmamento)

LEI Nº 10.826, DE 22 DE DEZEMBRO DE 2003
Dispõe sobre registro, posse e comercialização de armas de fogo e munição, sobre o Sistema Nacional de Armas – Sinarm, define crimes e dá outras providências.

O PRESIDENTE DA REPÚBLICA Faço saber que o Congresso Nacional decreta e eu sanciono a seguinte Lei:

CAPÍTULO I

Do Sistema Nacional de Armas

Art. 1. O Sistema Nacional de Armas – Sinarm, instituído no Ministério da Justiça, no âmbito da Polícia Federal, tem circunscrição em todo o território nacional.
Art. 2. Ao Sinarm compete:
I. identificar as características e a propriedade de armas de fogo, mediante cadastro;
II. cadastrar as armas de fogo produzidas, importadas e vendidas no País;
III. cadastrar as autorizações de porte de arma de fogo e as renovações expedidas pela Polícia Federal;
IV. cadastrar as transferências de propriedade, extravio, furto, roubo e outras ocorrências suscetíveis de alterar os dados cadastrais, inclusive as decorrentes de fechamento de empresas de segurança privada e de transporte de valores;
V. identificar as modificações que alterem as características ou o funcionamento de arma de fogo;
VI. integrar no cadastro os acervos policiais já existentes;
VII. cadastrar as apreensões de armas de fogo, inclusive as vinculadas a procedimentos policiais e judiciais;
VIII. cadastrar os armeiros em atividade no País, bem como conceder licença para exercer a atividade;
IX. cadastrar mediante registro os produtores, atacadistas, varejistas, exportadores e importadores autorizados de armas de fogo, acessórios e munições;
X. cadastrar a identificação do cano da arma, as características das impressões de raiamento e de microestriamento de projétil disparado, conforme marcação e testes obrigatoriamente realizados pelo fabricante;
XI. informar às Secretarias de Segurança Pública dos Estados e do Distrito Federal os registros e autorizações de porte de armas de fogo nos respectivos territórios, bem como manter o cadastro atualizado para consulta.
Parágrafo único. As disposições deste artigo não alcançam as armas de fogo das Forças Armadas e Auxiliares, bem como as demais que constem dos seus registros próprios.

CAPÍTULO II

Do Registro

Art. 3. É obrigatório o registro de arma de fogo no órgão competente.
Parágrafo único. As armas de fogo de uso restrito serão registradas no Comando do Exército, na forma do regulamento desta Lei.
Art. 4. Para adquirir arma de fogo de uso permitido, o interessado deverá, além de declarar a efetiva necessidade, atender aos seguintes requisitos:
I. comprovação de idoneidade, com a apresentação de certidões negativas de antecedentes criminais fornecidas pela Justiça Federal, Estadual, Militar e Eleitoral e de não estar respondendo a inquérito policial ou a processo criminal, que poderão ser fornecidas por meios eletrônicos;
II. apresentação de documento comprobatório de ocupação lícita e de residência certa;
III. comprovação de capacidade técnica e de aptidão psicológica para o manuseio de arma de fogo, atestadas na forma disposta no regulamento desta Lei.
§ 1º O Sinarm expedirá autorização de compra de arma de fogo após atendidos os requisitos anteriormente estabelecidos, em nome do requerente e para a arma indicada, sendo intransferível esta autorização.
§ 2º A aquisição de munição somente poderá ser feita no calibre correspondente à arma registrada e na quantidade estabelecida no regulamento desta Lei.
§ 3º A empresa que comercializar arma de fogo em território nacional é obrigada a comunicar a venda à autoridade competente, como também a manter banco de dados com todas as características da arma e cópia dos documentos previstos neste artigo.

§ 4º A empresa que comercializa armas de fogo, acessórios e munições responde legalmente por essas mercadorias, ficando registradas como de sua propriedade enquanto não forem vendidas.

§ 5º A comercialização de armas de fogo, acessórios e munições entre pessoas físicas somente será efetivada mediante autorização do Sinarm.

§ 6º A expedição da autorização a que se refere o § 1º será concedida, ou recusada com a devida fundamentação, no prazo de 30 (trinta) dias úteis, a contar da data do requerimento do interessado.

§ 7º O registro precário a que se refere o § 4º prescinde do cumprimento dos requisitos dos incisos I, II e III deste artigo.

§ 8º Estará dispensado das exigências constantes do inciso III do caput deste artigo, na forma do regulamento, o interessado em adquirir arma de fogo de uso permitido que comprove estar autorizado a portar arma com as mesmas características daquela a ser adquirida.

Art. 5. O certificado de Registro de Arma de Fogo, com validade em todo o território nacional, autoriza o seu proprietário a manter a arma de fogo exclusivamente no interior de sua residência ou domicílio, ou dependência desses, ou, ainda, no seu local de trabalho, desde que seja ele o titular ou o responsável legal pelo estabelecimento ou empresa.

§ 1º O certificado de registro de arma de fogo será expedido pela Polícia Federal e será precedido de autorização do Sinarm.

§ 2º Os requisitos de que tratam os incisos I, II e III do art. 4º deverão ser comprovados periodicamente, em período não inferior a 3 (três) anos, na conformidade do estabelecido no regulamento desta Lei, para a renovação do Certificado de Registro de Arma de Fogo.

§ 3º O proprietário de arma de fogo com certificados de registro de propriedade expedido por órgão estadual ou do Distrito Federal até a data da publicação desta Lei que não optar pela entrega espontânea prevista no art. 32 desta Lei deverá renová-lo mediante o pertinente registro federal, até o dia 31 de dezembro de 2008, ante a apresentação de documento de identificação pessoal e comprovante de residência fixa, ficando dispensado do pagamento de taxas e do cumprimento das demais exigências constantes dos incisos I a III do caput do art. 4º desta Lei.

§ 4º Para fins do cumprimento do disposto no § 3º deste artigo, o proprietário de arma de fogo poderá obter, no Departamento de Polícia Federal, certificado de registro provisório, expedido na rede mundial de computadores – internet, na forma do regulamento e obedecidos os procedimentos a seguir:

I. emissão de certificado de registro provisório pela internet, com validade inicial de 90 (noventa) dias; e

II. revalidação pela unidade do Departamento de Polícia Federal do certificado de registro provisório pelo prazo que estimar como necessário para a emissão definitiva do certificado de registro de propriedade.

§ 5º Aos residentes em área rural, para os fins do disposto no caput deste artigo, considera-se residência ou domicílio toda a extensão do respectivo imóvel rural. (Incluído pela Lei nº 13.870, de 2019)

CAPÍTULO III
Do Porte

Art. 6. É proibido o porte de arma de fogo em todo o território nacional, salvo para os casos previstos em legislação própria e para:

I. os integrantes das Forças Armadas;

II. os integrantes de órgãos referidos nos incisos I, II, III, IV e V do caput do art. 144 da Constituição Federal e os da Força Nacional de Segurança Pública (FNSP);

III. os integrantes das guardas municipais das capitais dos Estados e dos Municípios com mais de 500.000 (quinhentos mil) habitantes, nas condições estabelecidas no regulamento desta Lei; (Vide ADIN 5538) (Vide ADIN 5948) (Vide ADC 38)

IV. os integrantes das guardas municipais dos Municípios com mais de 50.000 (cinquenta mil) e menos de 500.000 (quinhentos mil) habitantes, quando em serviço; (Vide ADIN 5538) (Vide ADIN 5948) (Vide ADC 38)

V. os agentes operacionais da Agência Brasileira de Inteligência e os agentes do Departamento de Segurança do Gabinete de Segurança Institucional da Presidência da República; (Vide Decreto nº 9.685, de 2019)

VI. os integrantes dos órgãos policiais referidos no art. 51, IV, e no art. 52, XIII, da Constituição Federal;

VII. os integrantes do quadro efetivo dos agentes e guardas prisionais, os integrantes das escoltas de presos e as guardas portuárias;

VIII. as empresas de segurança privada e de transporte de valores constituídas nos termos desta Lei;

IX. para os integrantes das entidades de desporto legalmente constituídas, cujas atividades esportivas demandem o uso de armas de fogo, na forma do regulamento desta Lei, observando-se, no que couber, a legislação ambiental.

X. integrantes das carreiras de Auditoria da Receita Federal do Brasil e de Auditoria Fiscal do Trabalho, cargos de Auditor Fiscal e Analista Tributário.

XI. os tribunais do Poder Judiciário descritos no art. 92 da Constituição Federal e os Ministérios Públicos da União e dos Estados, para uso exclusivo de servidores de seus quadros pessoais que efetivamente estejam no exercício de funções de segurança, na forma de regulamento a ser emitido pelo Conselho Nacional de Justiça – CNJ e pelo Conselho Nacional do Ministério Público CNMP. (Incluído pela Lei nº 12.694, de 2012)

§ 1º As pessoas previstas nos incisos I, II, III, V e VI do caput deste artigo terão direito de portar arma de fogo de propriedade particular ou fornecida pela respectiva corporação ou instituição, mesmo fora de serviço, nos termos do regulamento desta Lei, com validade em âmbito nacional para aquelas constantes dos incisos I, II, V e VI.

1º-B. Os integrantes do quadro efetivo de agentes e guardas prisionais poderão portar arma de fogo de propriedade particular ou fornecida pela respectiva corporação ou instituição, mesmo fora de serviço, desde que estejam:

I. submetidos a regime de dedicação exclusiva;

II. sujeitos à formação funcional, nos termos do regulamento; e

III. subordinados a mecanismos de fiscalização e de controle interno.

§ 1º-C. (VETADO)

§ 2º A autorização para o porte de arma de fogo aos integrantes das instituições descritas nos incisos V, VI, VII e X do caput deste artigo está condicionada à comprovação do requisito a que se refere o inciso III do caput do art. 4º desta Lei nas condições estabelecidas no regulamento desta Lei.

§ 3º A autorização para o porte de arma de fogo das guardas municipais está condicionada à formação funcional de seus integrantes em estabelecimentos de ensino de atividade policial, à existência de mecanismos de fiscalização e de controle interno, nas condições estabelecidas no regulamento desta Lei, observada a supervisão do Ministério da Justiça.

§ 4º Os integrantes das Forças Armadas, das polícias federais e estaduais e do Distrito Federal, bem como os militares dos Estados e do Distrito Federal, ao exercerem o direito descrito no art. 4º, ficam dispensados do cumprimento do disposto nos incisos I, II e III do mesmo artigo, na forma do regulamento desta Lei.

§ 5º Aos residentes em áreas rurais, maiores de 25 (vinte e cinco) anos que comprovem depender do emprego de arma de fogo para prover sua subsistência alimentar familiar será concedido pela Polícia Federal o porte de arma de fogo, na categoria caçador para subsistência, de uma arma de uso permitido, de tiro simples, com 1 (um) ou 2 (dois) canos, de alma lisa e de calibre igual ou inferior a 16 (dezesseis), desde que o interessado comprove a efetiva necessidade em requerimento ao qual deverão ser anexados os seguintes documentos:

I. documento de identificação pessoal;

II. comprovante de residência em área rural; e

III. atestado de bons antecedentes.

§ 6º O caçador para subsistência que der outro uso à sua arma de fogo, independentemente de outras tipificações penais, responderá, conforme o caso, por porte ilegal ou por disparo de arma de fogo de uso permitido.

§ 7º Aos integrantes das guardas municipais dos Municípios que integram regiões metropolitanas será autorizado porte de arma de fogo, quando em serviço.

Art. 7. As armas de fogo utilizadas pelos empregados das empresas de segurança privada e de transporte de valores, constituídas na forma da lei, serão de propriedade, responsabilidade e guarda das respectivas empresas, somente podendo ser utilizadas quando em serviço, devendo essas observar as condições de uso e de armazenagem estabelecidas pelo órgão competente, sendo o certificado de registro e a autorização de porte expedidos pela Polícia Federal em nome da empresa.

§ 1º O proprietário ou diretor responsável de empresa de segurança privada e de transporte de valores responderá pelo crime previsto no parágrafo único do art. 13 desta Lei, sem prejuízo das demais sanções administrativas e civis, se deixar de registrar ocorrência policial e de comunicar à Polícia Federal perda, furto, roubo ou outras formas de extravio de armas de fogo, acessórios e munições que estejam sob sua guarda, nas primeiras 24 (vinte e quatro) horas depois de ocorrido o fato.

§ 2º A empresa de segurança e de transporte de valores deverá apresentar documentação comprobatória do preenchimento dos requisitos constantes do art. 4º desta Lei quanto aos empregados que portarão arma de fogo.

§ 3º A listagem dos empregados das empresas referidas neste artigo deverá ser atualizada semestralmente junto ao Sinarm.

Art. 7º-A. As armas de fogo utilizadas pelos servidores das instituições descritas no inciso XI do art. 6º serão de propriedade, responsabilidade e guarda das respectivas instituições, somente podendo ser utilizadas quando em serviço, devendo estas observar as condições de uso e de armazenagem estabelecidas pelo órgão competente, sendo o certificado de registro e a autorização de porte expedidos pela Polícia Federal em nome da instituição.

§ 1º A autorização para o porte de arma de fogo de que trata este artigo independe do pagamento de taxa.

§ 2º O presidente do tribunal ou o chefe do Ministério Público designará os servidores de seus quadros pessoais no exercício de funções de segurança que poderão portar arma de fogo, respeitado o limite máximo de 50% (cinquenta por cento) do número de servidores que exerçam funções de segurança.

§ 3º O porte de arma pelos servidores das instituições de que trata este artigo fica condicionado à apresentação de documentação comprobatória do preenchimento dos requisitos constantes do art. 4º desta Lei, bem como à formação funcional em estabelecimentos de ensino de atividade policial e à existência de mecanismos de fiscalização e de controle interno, nas condições estabelecidas no regulamento desta Lei.

§ 4º A listagem dos servidores das instituições de que trata este artigo deverá ser atualizada semestralmente no Sinarm.

§ 5º As instituições de que trata este artigo são obrigadas a registrar ocorrência policial e a comunicar à Polícia Federal eventual perda, furto, roubo ou outras formas de extravio de armas de fogo, acessórios e munições que estejam sob sua guarda, nas primeiras 24 (vinte e quatro) horas depois de ocorrido o fato.

Art. 8º. As armas de fogo utilizadas em entidades desportivas legalmente constituídas devem obedecer às condições de uso e de armazenagem estabelecidas pelo órgão competente, respondendo o possuidor ou o autorizado a portar a arma pela sua guarda na forma do regulamento desta Lei.

Art. 9º. Compete ao Ministério da Justiça a autorização do porte de arma para os responsáveis pela segurança de cidadãos estrangeiros em visita ou sediados no Brasil e, ao Comando do Exército, nos termos do regulamento desta Lei, o registro e a concessão de porte de trânsito de arma de fogo para colecionadores, atiradores e caçadores e de representantes estrangeiros em competição internacional oficial de tiro realizada no território nacional.

Art. 10. A autorização para o porte de arma de fogo de uso permitido, em todo o território nacional, é de competência da Polícia Federal e somente será concedida após autorização do Sinarm.

§ 1º A autorização prevista neste artigo poderá ser concedida com eficácia temporária e territorial limitada, nos termos de atos regulamentares, e dependerá de o requerente:

I. demonstrar a sua efetiva necessidade por exercício de atividade profissional de risco ou de ameaça à sua integridade física;

II. atender às exigências previstas no art. 4º desta Lei;

III. apresentar documentação de propriedade de arma de fogo, bem como o seu devido registro no órgão competente.

§ 2º A autorização de porte de arma de fogo, prevista neste artigo, perderá automaticamente sua eficácia caso o portador dela seja detido ou abordado em estado de embriaguez ou sob efeito de substâncias químicas ou alucinógenas.

Art. 11. Fica instituída a cobrança de taxas, nos valores constantes do Anexo desta Lei, pela prestação de serviços relativos:

I. ao registro de arma de fogo;

II. à renovação de registro de arma de fogo;

III. à expedição de segunda via de registro de arma de fogo;

IV. à expedição de porte federal de arma de fogo;

V. à renovação de porte de arma de fogo;

VI. à expedição de segunda via de porte federal de arma de fogo.

§ 1º Os valores arrecadados destinam-se ao custeio e à manutenção das atividades do Sinarm, da Polícia Federal e do Comando do Exército, no âmbito de suas respectivas responsabilidades.

§ 2º São isentas do pagamento das taxas previstas neste artigo as pessoas e as instituições a que se referem os incisos I a VII e X e o § 5º do art. 6º desta Lei.

Art. 11-A. O Ministério da Justiça disciplinará a forma e as condições do credenciamento de profissionais pela Polícia Federal para comprovação da aptidão psicológica e da capacidade técnica para o manuseio de arma de fogo.

§ 1º Na comprovação da aptidão psicológica, o valor cobrado pelo psicólogo não poderá exceder ao valor médio dos honorários profissionais para realização de avaliação psicológica constante do item 1.16 da tabela do Conselho Federal de Psicologia.

§ 2º Na comprovação da capacidade técnica, o valor cobrado pelo instrutor de armamento e tiro não poderá exceder R$ 80,00 (oitenta reais), acrescido do custo da munição.

§ 3º A cobrança de valores superiores aos previstos nos §§ 1º e 2º deste artigo implicará o descredenciamento do profissional pela Polícia Federal.

CAPÍTULO IV
Dos Crimes e das Penas

Posse irregular de arma de fogo de uso permitido

Art. 12. Possuir ou manter sob sua guarda arma de fogo, acessório ou munição, de uso permitido, em desacordo com determinação legal ou regulamentar, no interior de sua residência ou dependência desta, ou, ainda no seu local de trabalho, desde que seja o titular ou o responsável legal do estabelecimento ou empresa:

Pena – detenção, de 1 (um) a 3 (três) anos, e multa.

Omissão de cautela

Art. 13. Deixar de observar as cautelas necessárias para impedir que menor de 18 (dezoito) anos ou pessoa portadora de deficiência mental se apodere de arma de fogo que esteja sob sua posse ou que seja de sua propriedade:

Pena – detenção, de 1 (um) a 2 (dois) anos, e multa.

Parágrafo único. Nas mesmas penas incorrem o proprietário ou diretor responsável de empresa de segurança e transporte de valores que deixarem de registrar ocorrência policial e de comunicar à Polícia Federal perda, furto, roubo ou outras formas de extravio de arma de fogo, acessório ou munição que estejam sob sua guarda, nas primeiras 24 (vinte quatro) horas depois de ocorrido o fato.

Porte ilegal de arma de fogo de uso permitido

Art. 14. Portar, deter, adquirir, fornecer, receber, ter em depósito, transportar, ceder, ainda que gratuitamente, emprestar, remeter, empregar, manter sob guarda ou ocultar arma de fogo, acessório ou munição, de uso permitido, sem autorização e em desacordo com determinação legal ou regulamentar:

Pena – reclusão, de 2 (dois) a 4 (quatro) anos, e multa.

Parágrafo único. O crime previsto neste artigo é inafiançável, salvo quando a arma de fogo estiver registrada em nome do agente. (Vide Adin 3.112-1)

Disparo de arma de fogo

Art. 15. Disparar arma de fogo ou acionar munição em lugar habitado ou em suas adjacências, em via pública ou em direção a ela, desde que essa conduta não tenha como finalidade a prática de outro crime:

Pena – reclusão, de 2 (dois) a 4 (quatro) anos, e multa.

Parágrafo único. O crime previsto neste artigo é inafiançável. (Vide Adin 3.112-1)

Posse ou porte ilegal de arma de fogo de uso restrito

Art. 16. Possuir, deter, portar, adquirir, fornecer, receber, ter em depósito, transportar, ceder, ainda que gratuitamente, emprestar, remeter, empregar, manter sob sua guarda ou ocultar arma de fogo, acessório ou munição de uso restrito, sem autorização e em desacordo com determinação legal ou regulamentar: (Redação dada pela Lei nº 13.964, de 2019)

Pena – reclusão, de 3 (três) a 6 (seis) anos, e multa.

§ 1º Nas mesmas penas incorre quem: (Redação dada pela Lei nº 13.964, de 2019)

I. suprimir ou alterar marca, numeração ou qualquer sinal de identificação de arma de fogo ou artefato;

II. modificar as características de arma de fogo, de forma a torná-la equivalente a arma de fogo de uso proibido ou restrito ou para fins de dificultar ou de qualquer modo induzir a erro autoridade policial, perito ou juiz;

III. possuir, deter, fabricar ou empregar artefato explosivo ou incendiário, sem autorização ou em desacordo com determinação legal ou regulamentar;

IV. portar, possuir, adquirir, transportar ou fornecer arma de fogo com numeração, marca ou qualquer outro sinal de identificação raspado, suprimido ou adulterado;

V. vender, entregar ou fornecer, ainda que gratuitamente, arma de fogo, acessório, munição ou explosivo a criança ou adolescente; e

VI. produzir, recarregar ou reciclar, sem autorização legal, ou adulterar, de qualquer forma, munição ou explosivo.

§ 2º Se as condutas descritas no caput e no § 1º deste artigo envolverem arma de fogo de uso proibido, a pena é de reclusão, de 4 (quatro) a 12 (doze) anos. (Incluído pela Lei nº 13.964, de 2019)

Comércio ilegal de arma de fogo

Art. 17. Adquirir, alugar, receber, transportar, conduzir, ocultar, ter em depósito, desmontar, montar, remontar, adulterar, vender, expor à venda, ou de qualquer forma utilizar, em proveito próprio ou alheio, no exercício de atividade comercial ou industrial, arma de fogo, acessório ou munição, sem autorização ou em desacordo com determinação legal ou regulamentar:

Pena – reclusão, de 6 (seis) a 12 (doze) anos, e multa. (Redação dada pela Lei nº 13.964, de 2019)

§ 1º Equipara-se à atividade comercial ou industrial, para efeito deste artigo, qualquer forma de prestação de serviços, fabricação ou comércio irregular ou clandestino, inclusive o exercido em residência. (Redação dada pela Lei nº 13.964, de 2019)

§ 2º Incorre na mesma pena quem vende ou entrega arma de fogo, acessório ou munição, sem autorização ou em desacordo com a determinação legal ou regulamentar, a agente policial disfarçado, quando presentes elementos probatórios razoáveis de conduta criminal preexistente. (Incluído pela Lei nº 13.964, de 2019)

Tráfico internacional de arma de fogo

Art. 18. Importar, exportar, favorecer a entrada ou saída do território nacional, a qualquer título, de arma de fogo, acessório ou munição, sem autorização da autoridade competente:

Pena – reclusão, de 8 (oito) a 16 (dezesseis) anos, e multa. (Redação dada pela Lei nº 13.964, de 2019)

Parágrafo único. Incorre na mesma pena quem vende ou entrega arma de fogo, acessório ou munição, em operação de importação, sem autorização da autoridade competente, a agente policial disfarçado, quando presentes elementos probatórios razoáveis de conduta criminal preexistente. (Incluído pela Lei nº 13.964, de 2019)

Art. 19. Nos crimes previstos nos arts. 17 e 18, a pena é aumentada da metade se a arma de fogo, acessório ou munição forem de uso proibido ou restrito.

Art. 20. Nos crimes previstos nos arts. 14, 15, 16, 17 e 18, a pena é aumentada da metade se: (Redação dada pela Lei nº 13.964, de 2019)

I. forem praticados por integrante dos órgãos e empresas referidos nos arts. 6º, 7º e 8º desta Lei; ou (Incluído pela Lei nº 13.964, de 2019)

II. o agente for reincidente específico em crimes dessa natureza. (Incluído pela Lei nº 13.964, de 2019)

Art. 21. Os crimes previstos nos arts. 16, 17 e 18 são insuscetíveis de liberdade provisória. (Vide Adin 3.112-1)

CAPÍTULO V
Disposições Gerais

Art. 22. O Ministério da Justiça poderá celebrar convênios com os Estados e o Distrito Federal para o cumprimento do disposto nesta Lei.

Art. 23. A classificação legal, técnica e geral bem como a definição das armas de fogo e demais produtos controlados, de usos proibidos, restritos, permitidos ou obsoletos e de valor histórico serão disciplinadas em ato do chefe do Poder Executivo Federal, mediante proposta do Comando do Exército.

§ 1º Todas as munições comercializadas no País deverão estar acondicionadas em embalagens com sistema de código de barras, gravado na caixa, visando possibilitar a identificação do fabricante e do adquirente, entre outras informações definidas pelo regulamento desta Lei.

§ 2º Para os órgãos referidos no art. 6º, somente serão expedidas autorizações de compra de munição com identificação do lote e do adquirente no culote dos projéteis, na forma do regulamento desta Lei.

§ 3º As armas de fogo fabricadas a partir de 1 (um) ano da data de publicação desta Lei conterão dispositivo intrínseco de segurança e de identificação, gravado no corpo da arma, definido pelo regulamento desta Lei, exclusive para os órgãos previstos no art. 6º.

§ 4º As instituições de ensino policial e as guardas municipais referidas nos incisos III e IV do caput do art. 6º desta Lei e no seu § 7º poderão adquirir insumos e máquinas de recarga de munição para o fim exclusivo de suprimento de suas atividades, mediante autorização concedida nos termos definidos em regulamento.

Art. 24. Excetuadas as atribuições a que se refere o art. 2º desta Lei, compete ao Comando do Exército autorizar e fiscalizar a produção, exportação, importação, desembaraço alfandegário e o comércio de armas de fogo e demais produtos controlados, inclusive o registro e o porte de trânsito de arma de fogo de colecionadores, atiradores e caçadores.

Art. 25. As armas de fogo apreendidas, após a elaboração do laudo pericial e sua juntada aos autos, quando não mais interessarem à persecução penal, serão encaminhadas pelo juiz competente ao Comando do Exército, no prazo de até 48 (quarenta e oito) horas, para destruição ou doação aos órgãos de segurança pública ou às Forças Armadas, na forma do regulamento desta Lei. (Redação dada pela Lei nº 13.886, de 2019)

§ 1º As armas de fogo encaminhadas ao Comando do Exército que receberem parecer favorável à doação, obedecidos o padrão e a dotação de cada Força Armada ou órgão de segurança pública, atendidos os critérios de prioridade estabelecidos pelo Ministério da Justiça e ouvido o Comando do Exército, serão arroladas em relatório reservado trimestral a ser encaminhado àquelas instituições, abrindo-se-lhes prazo para manifestação de interesse.

§ 1º-A. As armas de fogo e munições apreendidas em decorrência do tráfico de drogas de abuso, ou de qualquer forma utilizadas em atividades ilícitas de produção ou comercialização de drogas abusivas, ou, ainda, que tenham sido adquiridas com recursos provenientes do tráfico de drogas de abuso, perdidas em favor da União e encaminhadas para o Comando do Exército, devem ser, após perícia ou vistoria que atestem seu bom estado, destinadas com prioridade para os órgãos de segurança pública e do sistema penitenciário da unidade da federação responsável pela apreensão. (Incluído pela Lei nº 13.886, de 2019)

§ 2º O Comando do Exército encaminhará a relação das armas a serem doadas ao juiz competente, que determinará o seu perdimento em favor da instituição beneficiada.

§ 3º O transporte das armas de fogo doadas será de responsabilidade da instituição beneficiada, que procederá ao seu cadastramento no Sinarm ou no Sigma.

§ 4º (VETADO)

§ 5º O Poder Judiciário instituirá instrumentos para o encaminhamento ao Sinarm ou ao Sigma, conforme se trate de arma de uso permitido ou de uso restrito, semestralmente, da relação de armas acauteladas em juízo, mencionando suas características e o local onde se encontram.

Art. 26. São vedadas a fabricação, a venda, a comercialização e a importação de brinquedos, réplicas e simulacros de armas de fogo que com estas se possam confundir.

Parágrafo único. Excetuam-se da proibição as réplicas e os simulacros destinados à instrução, ao adestramento ou à coleção de usuário autorizado, nas condições fixadas pelo Comando do Exército.

Art. 27. Caberá ao Comando do Exército autorizar, excepcionalmente, a aquisição de armas de fogo de uso restrito.

Parágrafo único. O disposto neste artigo não se aplica às aquisições dos Comandos Militares.

Art. 28. É vedado ao menor de 25 (vinte e cinco) anos adquirir arma de fogo, ressalvados os integrantes das entidades constantes dos incisos I, II, III, V, VI, VII e X do caput do art. 6º desta Lei.

Art. 29. As autorizações de porte de armas de fogo já concedidas expirar-se-ão 90 (noventa) dias após a publicação desta Lei.

Parágrafo único. O detentor de autorização com prazo de validade superior a 90 (noventa) dias poderá renová-la, perante a Polícia Federal, nas condições dos arts. 4º, 6º e 10 desta Lei, no prazo de 90 (noventa) dias após sua publicação, sem ônus para o requerente.

Art. 30. Os possuidores e proprietários de arma de fogo de uso permitido ainda não registrada deverão solicitar seu registro até o dia 31 de dezembro de 2008, mediante apresentação de documento de identificação pessoal e comprovante de residência fixa, acompanhados de nota fiscal de compra ou comprovação da origem lícita da posse, pelos meios de prova admitidos em direito, ou declaração firmada na qual constem as características da arma e a sua condição de proprietário, ficando este dispensado do pagamento de taxas e do cumprimento das demais exigências constantes dos incisos I a III do caput do art. 4º desta Lei.

Parágrafo único. Para fins do cumprimento do disposto no caput deste artigo, o proprietário de arma de fogo poderá obter, no Departamento de Polícia Federal, certificado de registro provisório, expedido na forma do § 4º do art. 5º desta Lei.

Art. 31. Os possuidores e proprietários de armas de fogo adquiridas regularmente poderão, a qualquer tempo, entregá-las à Polícia Federal, mediante recibo e indenização, nos termos do regulamento desta Lei.

Art. 32. Os possuidores e proprietários de arma de fogo poderão entregá-la, espontaneamente, mediante recibo, e, presumindo-se de boa-fé, serão indenizados, na forma do regulamento, ficando extinta a punibilidade de eventual posse irregular da referida arma.

Art. 33. Será aplicada multa de R$ 100.000,00 (cem mil reais) a R$ 300.000,00 (trezentos mil reais), conforme especificar o regulamento desta Lei:
I. à empresa de transporte aéreo, rodoviário, ferroviário, marítimo, fluvial ou lacustre que deliberadamente, por qualquer meio, faça, promova, facilite ou permita o transporte de arma ou munição sem a devida autorização ou com inobservância das normas de segurança;
II. à empresa de produção ou comércio de armamentos que realize publicidade para venda, estimulando o uso indiscriminado de armas de fogo, exceto nas publicações especializadas.

Art. 34. Os promotores de eventos em locais fechados, com aglomeração superior a 1.000 (um mil) pessoas, adotarão, sob pena de responsabilidade, as providências necessárias para evitar o ingresso de pessoas armadas, ressalvados os eventos garantidos pelo inciso VI do art. 5º da Constituição Federal.

Parágrafo único. As empresas responsáveis pela prestação dos serviços de transporte internacional e interestadual de passageiros adotarão as providências necessárias para evitar o embarque de passageiros armados.

Art. 34-A. Os dados relacionados à coleta de registros balísticos serão armazenados no Banco Nacional de Perfis Balísticos. (Incluído pela Lei nº 13.964, de 2019)

§ 1º O Banco Nacional de Perfis Balísticos tem como objetivo cadastrar armas de fogo e armazenar características de classe e individualizadoras de projéteis e de estojos de munição deflagrados por arma de fogo. (Incluído pela Lei nº 13.964, de 2019)

§ 2º O Banco Nacional de Perfis Balísticos será constituído pelos registros de elementos de munição deflagrados por armas de fogo relacionados a crimes, para subsidiar ações destinadas às apurações criminais federais, estaduais e distritais. (Incluído pela Lei nº 13.964, de 2019)

§ 3º O Banco Nacional de Perfis Balísticos será gerido pela unidade oficial de perícia criminal. (Incluído pela Lei nº 13.964, de 2019)

§ 4º Os dados constantes do Banco Nacional de Perfis Balísticos terão caráter sigiloso, e aquele que permitir ou promover sua utilização para fins diversos dos previstos nesta Lei ou em decisão judicial responderá civil, penal e administrativamente. (Incluído pela Lei nº 13.964, de 2019)

§ 5º É vedada a comercialização, total ou parcial, da base de dados do Banco Nacional de Perfis Balísticos. (Incluído pela Lei nº 13.964, de 2019)

§ 6º A formação, a gestão e o acesso ao Banco Nacional de Perfis Balísticos serão regulamentados em ato do Poder Executivo federal. (Incluído pela Lei nº 13.964, de 2019)

CAPÍTULO VI
Disposições Finais

Art. 35. É proibida a comercialização de arma de fogo e munição em todo o território nacional, salvo para as entidades previstas no art. 6º desta Lei.

§ 1º Este dispositivo, para entrar em vigor, dependerá de aprovação mediante referendo popular, a ser realizado em outubro de 2005.

§ 2º Em caso de aprovação do referendo popular, o disposto neste artigo entrará em vigor na data de publicação de seu resultado pelo Tribunal Superior Eleitoral.

Art. 36. É revogada a Lei nº 9.437, de 20 de fevereiro de 1997.

Art. 37. Esta Lei entra em vigor na data de sua publicação.

Brasília, 22 de dezembro de 2003; 182º da Independência e 115º da República.
LUIZ INÁCIO LULA DA SILVA
Márcio Thomaz Bastos
José Viegas Filho
Marina Silva

Este texto não substitui o publicado no DOU de 23/12/2003.

Lei nº 10.671/03 (Estatuto do Torcedor)

LEI Nº 10.671, DE 15 DE MAIO DE 2003.
Dispõe sobre o Estatuto de Defesa do Torcedor e dá outras providências.
O PRESIDENTE DA REPÚBLICA Faço saber que o Congresso Nacional decreta e eu sanciono a seguinte Lei:

CAPÍTULO I
Disposições Gerais

Art. 1. Este Estatuto estabelece normas de proteção e defesa do torcedor.
Art. 1-A. A prevenção da violência nos esportes é de responsabilidade do poder público, das confederações, federações, ligas, clubes, associações ou entidades esportivas, entidades recreativas e associações de torcedores, inclusive de seus respectivos dirigentes, bem como daqueles que, de qualquer forma, promovem, organizam, coordenam ou participam dos eventos esportivos.
Art. 2. Torcedor é toda pessoa que aprecie, apoie ou se associe a qualquer entidade de prática desportiva do País e acompanhe a prática de determinada modalidade esportiva.
Parágrafo único. Salvo prova em contrário, presumem-se a apreciação, o apoio ou o acompanhamento de que trata o caput deste artigo.
Art. 2-A. Considera-se torcida organizada, para os efeitos desta Lei, a pessoa jurídica de direito privado ou existente de fato, que se organize para o fim de torcer e apoiar entidade de prática esportiva de qualquer natureza ou modalidade.

Parágrafo único. A torcida organizada deverá manter cadastro atualizado de seus associados ou membros, o qual deverá conter, pelo menos, as seguintes informações:
I. nome completo;
II. fotografia;
III. filiação;
IV. número do registro civil;
V. número do CPF;
VI. data de nascimento;
VII. estado civil;
VIII. profissão;
IX. endereço completo; e
X. escolaridade.
Art. 3. Para todos os efeitos legais, equiparam-se a fornecedor, nos termos da Lei nº 8.078, de 11 de setembro de 1990, a entidade responsável pela organização da competição, bem como a entidade de prática desportiva detentora do mando de jogo.
Art. 4. (VETADO)

CAPÍTULO II
Da Transparência na Organização

Art. 5. São asseguradas ao torcedor a publicidade e transparência na organização das competições administradas pelas entidades de administração do desporto, bem como pelas ligas de que trata o art. 20 da Lei nº 9.615, de 24 de março de 1998.
§ 1º As entidades de que trata o caput farão publicar na internet, em sítio da entidade responsável pela organização do evento:
I. a íntegra do regulamento da competição;
II. as tabelas da competição, contendo as partidas que serão realizadas, com especificação de sua data, local e horário;
III. o nome e as formas de contato do Ouvidor da Competição de que trata o art. 6º;
IV. os borderôs completos das partidas;
V. a escalação dos árbitros imediatamente após sua definição; e
VI. a relação dos nomes dos torcedores impedidos de comparecer ao local do evento desportivo.
§ 2º Os dados contidos nos itens V e VI também deverão ser afixados ostensivamente em local visível, em caracteres facilmente legíveis, do lado externo de todas as entradas do local onde se realiza o evento esportivo.

§ 3º O juiz deve comunicar às entidades de que trata o caput decisão judicial ou aceitação de proposta de transação penal ou suspensão do processo que implique o impedimento do torcedor de frequentar estádios desportivos.

Art. 6. A entidade responsável pela organização da competição, previamente ao seu início, designará o Ouvidor da Competição, fornecendo-lhe os meios de comunicação necessários ao amplo acesso dos torcedores.

§ 1º São deveres do Ouvidor da Competição recolher as sugestões, propostas e reclamações que receber dos torcedores, examiná-las e propor à respectiva entidade medidas necessárias ao aperfeiçoamento da competição e ao benefício do torcedor.

§ 2º É assegurado ao torcedor:

I. o amplo acesso ao Ouvidor da Competição, mediante comunicação postal ou mensagem eletrônica; e
II. o direito de receber do Ouvidor da Competição as respostas às sugestões, propostas e reclamações, que encaminhou, no prazo de trinta dias.

§ 3º Na hipótese de que trata o inciso II do § 2º, o Ouvidor da Competição utilizará, prioritariamente, o mesmo meio de comunicação utilizado pelo torcedor para o encaminhamento de sua mensagem.

§ 4º O sítio da internet em que forem publicadas as informações de que trata o § 1º do art. 5º conterá, também, as manifestações e propostas do Ouvidor da Competição.

§ 5º A função de Ouvidor da Competição poderá ser remunerada pelas entidades de prática desportiva participantes da competição.

Art. 7. É direito do torcedor a divulgação, durante a realização da partida, da renda obtida pelo pagamento de ingressos e do número de espectadores pagantes e não-pagantes, por intermédio dos serviços de som e imagem instalados no estádio em que se realiza a partida, pela entidade responsável pela organização da competição.

Art. 8. As competições de atletas profissionais de que participem entidades integrantes da organização desportiva do País deverão ser promovidas de acordo com calendário anual de eventos oficiais que:

I. garanta às entidades de prática desportiva participação em competições durante pelo menos dez meses do ano;
II. adote, em pelo menos uma competição de âmbito nacional, sistema de disputa em que as equipes participantes conheçam, previamente ao seu início, a quantidade de partidas que disputarão, bem como seus adversários.

CAPÍTULO III
Do Regulamento da Competição

Art. 9. É direito do torcedor que o regulamento, as tabelas da competição e o nome do Ouvidor da Competição sejam divulgados até 60 (sessenta) dias antes de seu início, na forma do § 1º do art. 5º.

§ 1º Nos dez dias subsequentes à divulgação de que trata o caput, qualquer interessado poderá manifestar-se sobre o regulamento diretamente ao Ouvidor da Competição.

§ 2º O Ouvidor da Competição elaborará, em setenta e duas horas, relatório contendo as principais propostas e sugestões encaminhadas.

§ 3º Após o exame do relatório, a entidade responsável pela organização da competição decidirá, em quarenta e oito horas, motivadamente, sobre a conveniência da aceitação das propostas e sugestões relatadas.

§ 4º O regulamento definitivo da competição será divulgado, na forma do § 1º do art. 5º, 45 (quarenta e cinco) dias antes de seu início.

§ 5º É vedado proceder alterações no regulamento da competição desde sua divulgação definitiva, salvo nas hipóteses de:

I. apresentação de novo calendário anual de eventos oficiais para o ano subsequente, desde que aprovado pelo Conselho Nacional do Esporte – CNE;
II. após dois anos de vigência do mesmo regulamento, observado o procedimento de que trata este artigo.
III. interrupção das competições por motivo de surtos, epidemias e pandemias que possam comprometer a integridade física e o bem-estar dos atletas, desde que aprovada pela maioria das agremiações partícipes do evento. (Incluído pela Lei nº 14.117, de 2021)

§ 6º A competição que vier a substituir outra, segundo o novo calendário anual de eventos oficiais apresentado para o ano subsequente, deverá ter âmbito territorial diverso da competição a ser substituída.

Art. 10. É direito do torcedor que a participação das entidades de prática desportiva em competições organizadas pelas entidades de que trata o art. 5º seja exclusivamente em virtude de critério técnico previamente definido.

§ 1º Para os fins do disposto neste artigo, considera-se critério técnico a habilitação de entidade de prática desportiva em razão de:
I. colocação obtida em competição anterior; e
II. cumprimento dos seguintes requisitos:
a) regularidade fiscal, atestada por meio de apresentação de Certidão Negativa de Débitos relativos a Créditos Tributários Federais e à Dívida Ativa da União CND;
b) apresentação de certificado de regularidade do Fundo de Garantia do Tempo de Serviço FGTS; e
c) comprovação de pagamento dos vencimentos acertados em contratos de trabalho e dos contratos de imagem dos atletas.
§ 2º Fica vedada a adoção de qualquer outro critério, especialmente o convite, observado o disposto no art. 89 da Lei nº 9.615, de 24 de março de 1998.
§ 3º Em campeonatos ou torneios regulares com mais de uma divisão, serão observados o princípio do acesso e do descenso e as seguintes determinações, sem prejuízo da perda de pontos, na forma do regulamento:
I. a entidade de prática desportiva que não cumprir todos os requisitos estabelecidos no inciso II do § 1º deste artigo participará da divisão imediatamente inferior à que se encontra classificada;
II. a vaga desocupada pela entidade de prática desportiva rebaixada nos termos do inciso I deste parágrafo será ocupada por entidade de prática desportiva participante da divisão que receberá a entidade rebaixada nos termos do inciso I deste parágrafo, obedecida a ordem de classificação do campeonato do ano anterior e desde que cumpridos os requisitos exigidos no inciso II do § 1º deste artigo.
§ 4º Serão desconsideradas as partidas disputadas pela entidade de prática desportiva que não tenham atendido ao critério técnico previamente definido, inclusive para efeito de pontuação na competição.
§ 5º A comprovação da regularidade fiscal de que trata a alínea *a* do inciso II do § 1º deste artigo poderá ser feita mediante a apresentação de Certidão Positiva com Efeitos de Negativa de Débitos relativos a Créditos Tributários Federais e à Dívida Ativa da União CPEND.
§ 6º (VETADO).
§ 7º (VETADO).
§ 8º (VETADO).
Art. 11. É direito do torcedor que o árbitro e seus auxiliares entreguem, em até quatro horas contadas do término da partida, a súmula e os relatórios da partida ao representante da entidade responsável pela organização da competição.
§ 1º Em casos excepcionais, de grave tumulto ou necessidade de laudo médico, os relatórios da partida poderão ser complementados em até vinte e quatro horas após o seu término.
§ 2º A súmula e os relatórios da partida serão elaborados em três vias, de igual teor e forma, devidamente assinadas pelo árbitro, auxiliares e pelo representante da entidade responsável pela organização da competição.
§ 3º A primeira via será acondicionada em envelope lacrado e ficará na posse de representante da entidade responsável pela organização da competição, que a encaminhará ao setor competente da respectiva entidade até as treze horas do primeiro dia útil subsequente.
§ 4º O lacre de que trata o § 3º será assinado pelo árbitro e seus auxiliares.
§ 5º A segunda via ficará na posse do árbitro da partida, servindo-lhe como recibo.
§ 6º A terceira via ficará na posse do representante da entidade responsável pela organização da competição, que a encaminhará ao Ouvidor da Competição até as treze horas do primeiro dia útil subsequente, para imediata divulgação.
Art. 12. A entidade responsável pela organização da competição dará publicidade à súmula e aos relatórios da partida no sítio de que trata o § 1º do art. 5º até as 14 (quatorze) horas do 3º (terceiro) dia útil subsequente ao da realização da partida. (Redação dada pela Lei nº 12.299, de 2010).

CAPÍTULO IV
Da Segurança do Torcedor Partícipe do Evento Esportivo

Art. 13. O torcedor tem direito a segurança nos locais onde são realizados os eventos esportivos antes, durante e após a realização das partidas.
Parágrafo único. Será assegurado acessibilidade ao torcedor portador de deficiência ou com mobilidade reduzida.
Art. 13-A. São condições de acesso e permanência do torcedor no recinto esportivo, sem prejuízo de outras condições previstas em lei:
I. estar na posse de ingresso válido;

II. não portar objetos, bebidas ou substâncias proibidas ou suscetíveis de gerar ou possibilitar a prática de atos de violência;
III. consentir com a revista pessoal de prevenção e segurança;
IV. não portar ou ostentar cartazes, bandeiras, símbolos ou outros sinais com mensagens ofensivas, inclusive de caráter racista ou xenófobo;
V. não entoar cânticos discriminatórios, racistas ou xenófobos;
VI. não arremessar objetos, de qualquer natureza, no interior do recinto esportivo;
VII. não portar ou utilizar fogos de artifício ou quaisquer outros engenhos pirotécnicos ou produtores de efeitos análogos;
VIII. não incitar e não praticar atos de violência no estádio, qualquer que seja a sua natureza; e
IX. não invadir e não incitar a invasão, de qualquer forma, da área restrita aos competidores.
X. não utilizar bandeiras, inclusive com mastro de bambu ou similares, para outros fins que não o da manifestação festiva e amigável.
Parágrafo único. O não cumprimento das condições estabelecidas neste artigo implicará a impossibilidade de ingresso do torcedor ao recinto esportivo, ou, se for o caso, o seu afastamento imediato do recinto, sem prejuízo de outras sanções administrativas, civis ou penais eventualmente cabíveis.
Art. 14. Sem prejuízo do disposto nos arts. 12 a 14 da Lei nº 8.078, de 11 de setembro de 1990, a responsabilidade pela segurança do torcedor em evento esportivo é da entidade de prática desportiva detentora do mando de jogo e de seus dirigentes, que deverão:
I. solicitar ao Poder Público competente a presença de agentes públicos de segurança, devidamente identificados, responsáveis pela segurança dos torcedores dentro e fora dos estádios e demais locais de realização de eventos esportivos;
II. informar imediatamente após a decisão acerca da realização da partida, dentre outros, aos órgãos públicos de segurança, transporte e higiene, os dados necessários à segurança da partida, especialmente:
a) o local;
b) o horário de abertura do estádio;
c) a capacidade de público do estádio; e
d) a expectativa de público;

III. colocar à disposição do torcedor orientadores e serviço de atendimento para que aquele encaminhe suas reclamações no momento da partida, em local:
a) amplamente divulgado e de fácil acesso; e
b) situado no estádio.
§ 1º É dever da entidade de prática desportiva detentora do mando de jogo solucionar imediatamente, sempre que possível, as reclamações dirigidas ao serviço de atendimento referido no inciso III, bem como reportá-las ao Ouvidor da Competição e, nos casos relacionados à violação de direitos e interesses de consumidores, aos órgãos de defesa e proteção do consumidor.
§ 2º (Revogado pela Lei nº 12.299, de 2010).
Art. 15. O detentor do mando de jogo será uma das entidades de prática desportiva envolvidas na partida, de acordo com os critérios definidos no regulamento da competição.
Art. 16. É dever da entidade responsável pela organização da competição:
I. confirmar, com até quarenta e oito horas de antecedência, o horário e o local da realização das partidas em que a definição das equipes dependa de resultado anterior;
II. contratar seguro de acidentes pessoais, tendo como beneficiário o torcedor portador de ingresso, válido a partir do momento em que ingressar no estádio;
III. disponibilizar um médico e dois enfermeiros-padrão para cada dez mil torcedores presentes à partida;
IV. disponibilizar uma ambulância para cada dez mil torcedores presentes à partida; e
V. comunicar previamente à autoridade de saúde a realização do evento.
Art. 17. É direito do torcedor a implementação de planos de ação referentes a segurança, transporte e contingências que possam ocorrer durante a realização de eventos esportivos.
§ 1º Os planos de ação de que trata o caput serão elaborados pela entidade responsável pela organização da competição, com a participação das entidades de prática desportiva que a disputarão e dos órgãos responsáveis pela segurança pública, transporte e demais contingências que possam ocorrer, das localidades em que se realizarão as partidas da competição.
§ 2º Planos de ação especiais poderão ser apresentados em relação a eventos esportivos com excepcional expectativa de público.

§ 3º Os planos de ação serão divulgados no sítio dedicado à competição de que trata o parágrafo único do art. 5º no mesmo prazo de publicação do regulamento definitivo da competição.

Art. 18. Os estádios com capacidade superior a 10.000 (dez mil) pessoas deverão manter central técnica de informações, com infraestrutura suficiente para viabilizar o monitoramento por imagem do público presente.

Art. 19. As entidades responsáveis pela organização da competição, bem como seus dirigentes respondem solidariamente com as entidades de que trata o art. 15 e seus dirigentes, independentemente da existência de culpa, pelos prejuízos causados a torcedor que decorram de falhas de segurança nos estádios ou da inobservância do disposto neste capítulo.

CAPÍTULO V
Dos Ingressos

Art. 20. É direito do torcedor partícipe que os ingressos para as partidas integrantes de competições profissionais sejam colocados à venda até setenta e duas horas antes do início da partida correspondente.

§ 1º O prazo referido no caput será de quarenta e oito horas nas partidas em que:

I. as equipes sejam definidas a partir de jogos eliminatórios; e

II. a realização não seja possível prever com antecedência de quatro dias.

§ 2º A venda deverá ser realizada por sistema que assegure a sua agilidade e amplo acesso à informação.

§ 3º É assegurado ao torcedor partícipe o fornecimento de comprovante de pagamento, logo após a aquisição dos ingressos.

§ 4º Não será exigida, em qualquer hipótese, a devolução do comprovante de que trata o § 3º.

§ 5º Nas partidas que compõem as competições de âmbito nacional ou regional de primeira e segunda divisão, a venda de ingressos será realizada em, pelo menos, cinco postos de venda localizados em distritos diferentes da cidade.

Art. 21. A entidade detentora do mando de jogo implementará, na organização da emissão e venda de ingressos, sistema de segurança contra falsificações, fraudes e outras práticas que contribuam para a evasão da receita decorrente do evento esportivo.

Art. 22. São direitos do torcedor partícipe:

I. que todos os ingressos emitidos sejam numerados; e

II. ocupar o local correspondente ao número constante do ingresso.

§ 1º O disposto no inciso II não se aplica aos locais já existentes para assistência em pé, nas competições que o permitirem, limitando-se, nesses locais, o número de pessoas, de acordo com critérios de saúde, segurança e bem-estar.

§ 2º A emissão de ingressos e o acesso ao estádio nas primeira e segunda divisões da principal competição nacional e nas partidas finais das competições eliminatórias de âmbito nacional deverão ser realizados por meio de sistema eletrônico que viabilize a fiscalização e o controle da quantidade de público e do movimento financeiro da partida.

§ 3º O disposto no § 2º não se aplica aos eventos esportivos realizados em estádios com capacidade inferior a 10.000 (dez mil) pessoas.

Art. 23. A entidade responsável pela organização da competição apresentará ao Ministério Público dos Estados e do Distrito Federal, previamente à sua realização, os laudos técnicos expedidos pelos órgãos e autoridades competentes pela vistoria das condições de segurança dos estádios a serem utilizados na competição.

§ 1º Os laudos atestarão a real capacidade de público dos estádios, bem como suas condições de segurança.

§ 2º Perderá o mando de jogo por, no mínimo, seis meses, sem prejuízo das demais sanções cabíveis, a entidade de prática desportiva detentora do mando do jogo em que:

I. tenha sido colocado à venda número de ingressos maior do que a capacidade de público do estádio; ou

II. tenham entrado pessoas em número maior do que a capacidade de público do estádio.

III. tenham sido disponibilizados portões de acesso ao estádio em número inferior ao recomendado pela autoridade pública.

Art. 24. É direito do torcedor partícipe que conste no ingresso o preço pago por ele.

§ 1º Os valores estampados nos ingressos destinados a um mesmo setor do estádio não poderão ser diferentes entre si, nem daqueles divulgados antes da partida pela entidade detentora do mando de jogo.

§ 2º O disposto no § 1º não se aplica aos casos de venda antecipada de carnê para um conjunto de, no mínimo, três partidas de uma mesma equipe, bem como na venda de ingresso com redução de preço decorrente de previsão legal.

Art. 25. O controle e a fiscalização do acesso do público ao estádio com capacidade para mais de 10.000 (dez mil) pessoas deverão contar com meio de monitoramento por imagem das catracas, sem prejuízo do disposto no art. 18 desta Lei.

CAPÍTULO VI
Do Transporte

Art. 26. Em relação ao transporte de torcedores para eventos esportivos, fica assegurado ao torcedor partícipe:

I. o acesso a transporte seguro e organizado;
II. a ampla divulgação das providências tomadas em relação ao acesso ao local da partida, seja em transporte público ou privado; e
III. a organização das imediações do estádio em que será disputada a partida, bem como suas entradas e saídas, de modo a viabilizar, sempre que possível, o acesso seguro e rápido ao evento, na entrada, e aos meios de transporte, na saída.

Art. 27. A entidade responsável pela organização da competição e a entidade de prática desportiva detentora do mando de jogo solicitarão formalmente, direto ou mediante convênio, ao Poder Público competente:

I. serviços de estacionamento para uso por torcedores partícipes durante a realização de eventos esportivos, assegurando a estes acesso a serviço organizado de transporte para o estádio, ainda que oneroso; e
II. meio de transporte, ainda que oneroso, para condução de idosos, crianças e pessoas portadoras de deficiência física aos estádios, partindo de locais de fácil acesso, previamente determinados.

Parágrafo único. O cumprimento do disposto neste artigo fica dispensado na hipótese de evento esportivo realizado em estádio com capacidade inferior a 10.000 (dez mil) pessoas.

CAPÍTULO VII
Da Alimentação e da Higiene

Art. 28. O torcedor partícipe tem direito à higiene e à qualidade das instalações físicas dos estádios e dos produtos alimentícios vendidos no local.

§ 1º O Poder Público, por meio de seus órgãos de vigilância sanitária, verificará o cumprimento do disposto neste artigo, na forma da legislação em vigor.

§ 2º É vedado impor preços excessivos ou aumentar sem justa causa os preços dos produtos alimentícios comercializados no local de realização do evento esportivo.

Art. 29. É direito do torcedor partícipe que os estádios possuam sanitários em número compatível com sua capacidade de público, em plenas condições de limpeza e funcionamento.

Parágrafo único. Os laudos de que trata o art. 23 deverão aferir o número de sanitários em condições de uso e emitir parecer sobre a sua compatibilidade com a capacidade de público do estádio.

CAPÍTULO VIII
Da Relação Com a Arbitragem Esportiva

Art. 30. É direito do torcedor que a arbitragem das competições desportivas seja independente, imparcial, previamente remunerada e isenta de pressões.

Parágrafo único. A remuneração do árbitro e de seus auxiliares será de responsabilidade da entidade de administração do desporto ou da liga organizadora do evento esportivo.

Art. 31. A entidade detentora do mando do jogo e seus dirigentes deverão convocar os agentes públicos de segurança visando a garantia da integridade física do árbitro e de seus auxiliares.

Art. 31-A. É dever das entidades de administração do desporto contratar seguro de vida e acidentes pessoais, tendo como beneficiária a equipe de arbitragem, quando exclusivamente no exercício dessa atividade.

Art. 32. É direito do torcedor que os árbitros de cada partida sejam escolhidos mediante sorteio, dentre aqueles previamente selecionados, ou audiência pública transmitida ao vivo pela rede mundial de computadores, sob pena de nulidade.

§ 1º O sorteio ou audiência pública serão realizados no mínimo quarenta e oito horas antes de cada rodada, em local e data previamente definidos.

§ 2º O sorteio será aberto ao público, garantida sua ampla divulgação.

CAPÍTULO IX

Da Relação Com a Entidade de Prática Desportiva

Art. 33. Sem prejuízo do disposto nesta Lei, cada entidade de prática desportiva fará publicar documento que contemple as diretrizes básicas de seu relacionamento com os torcedores, disciplinando, obrigatoriamente:

I. o acesso ao estádio e aos locais de venda dos ingressos;
II. mecanismos de transparência financeira da entidade, inclusive com disposições relativas à realização de auditorias independentes, observado o disposto no art. 46-A da Lei nº 9.615, de 24 de março de 1998; e
III. a comunicação entre o torcedor e a entidade de prática desportiva.

Parágrafo único. A comunicação entre o torcedor e a entidade de prática desportiva de que trata o inciso III do caput poderá, dentre outras medidas, ocorrer mediante:

I. a instalação de uma ouvidoria estável;
II. a constituição de um órgão consultivo formado por torcedores não-sócios; ou
III. reconhecimento da figura do sócio torcedor, com direitos mais restritos que os dos demais sócios.

CAPÍTULO X

Da Relação Com a Justiça Desportiva

Art. 34. É direito do torcedor que os órgãos da Justiça Desportiva, no exercício de suas funções, observem os princípios da impessoalidade, da moralidade, da celeridade, da publicidade e da independência.

Art. 35. As decisões proferidas pelos órgãos da Justiça Desportiva devem ser, em qualquer hipótese, motivadas e ter a mesma publicidade que as decisões dos tribunais federais.

§ 1º Não correm em segredo de justiça os processos em curso perante a Justiça Desportiva.
§ 2º As decisões de que trata o caput serão disponibilizadas no sítio de que trata o § 1º do art. 5º.

Art. 36. São nulas as decisões proferidas que não observarem o disposto nos arts. 34 e 35.

CAPÍTULO XI

Das Penalidades

Art. 37. Sem prejuízo das demais sanções cabíveis, a entidade de administração do desporto, a liga ou a entidade de prática desportiva que violar ou de qualquer forma concorrer para a violação do disposto nesta Lei, observado o devido processo legal, incidirá nas seguintes sanções:

I. destituição de seus dirigentes, na hipótese de violação das regras de que tratam os Capítulos II, IV e V desta Lei;
II. suspensão por seis meses dos seus dirigentes, por violação dos dispositivos desta Lei não referidos no inciso I;
III. impedimento de gozar de qualquer benefício fiscal em âmbito federal; e
IV. suspensão por seis meses dos repasses de recursos públicos federais da administração direta e indireta, sem prejuízo do disposto no art. 18 da Lei nº 9.615, de 24 de março de 1998.

§ 1º Os dirigentes de que tratam os incisos I e II do caput deste artigo serão sempre:
I. o presidente da entidade, ou aquele que lhe faça as vezes; e
II. o dirigente que praticou a infração, ainda que por omissão.

§ 2º A União, os Estados, o Distrito Federal e os Municípios poderão instituir, no âmbito de suas competências, multas em razão do descumprimento do disposto nesta Lei, observado o valor mínimo de R$ 100,00 (cem reais) e o valor máximo de R$ 2.000.000,00 (dois milhões de reais).

§ 3º A instauração do processo apuratório acarretará adoção cautelar do afastamento compulsório dos dirigentes e demais pessoas que, de forma direta ou indiretamente, puderem interferir prejudicialmente na completa elucidação dos fatos, além da suspensão dos repasses de verbas públicas, até a decisão final.

Art. 38. (VETADO)
Art. 39.
Art. 39-A. A torcida organizada que, em evento esportivo, promover tumulto, praticar ou incitar a violência ou invadir local restrito aos competidores, árbitros, fiscais, dirigentes, organizadores ou jornalistas será impedida, assim como seus associados ou membros, de comparecer a eventos esportivos pelo

prazo de até 5 (cinco) anos. (Redação dada pela Lei nº 13.912, de 2019)

Art. 39-B. A torcida organizada responde civilmente, de forma objetiva e solidária, pelos danos causados por qualquer dos seus associados ou membros no local do evento esportivo, em suas imediações ou no trajeto de ida e volta para o evento.

Art. 39-C. Aplica-se o disposto nos arts. 39-A e 39-B à torcida organizada e a seus associados ou membros envolvidos, mesmo que em local ou data distintos dos relativos à competição esportiva, nos casos de: (Incluído pela Lei nº 13.912, de 2019)

I. invasão de local de treinamento;

II. confronto, ou induzimento ou auxílio a confronto, entre torcedores;

III. ilícitos praticados contra esportistas, competidores, árbitros, fiscais ou organizadores de eventos esportivos e jornalistas voltados principal ou exclusivamente à cobertura de competições esportivas, mesmo que, no momento, não estejam atuando na competição ou diretamente envolvidos com o evento.

Art. 40. A defesa dos interesses e direitos dos torcedores em juízo observará, no que couber, a mesma disciplina da defesa dos consumidores em juízo de que trata o Título III da Lei no 8.078, de 11 de setembro de 1990.

Art. 41. A União, os Estados, o Distrito Federal e os Municípios promoverão a defesa do torcedor, e, com a finalidade de fiscalizar o cumprimento do disposto nesta Lei, poderão:

IV. constituir órgão especializado de defesa do torcedor; ou

V. atribuir a promoção e defesa do torcedor aos órgãos de defesa do consumidor.

Art. 41-A. Os juizados do torcedor, órgãos da Justiça Ordinária com competência cível e criminal, poderão ser criados pelos Estados e pelo Distrito Federal para o processo, o julgamento e a execução das causas decorrentes das atividades reguladas nesta Lei.

CAPÍTULO XI-A

Dos Crimes

Art. 41-B. Promover tumulto, praticar ou incitar a violência, ou invadir local restrito aos competidores em eventos esportivos:

Pena – reclusão de 1 (um) a 2 (dois) anos e multa.

§ 1º Incorrerá nas mesmas penas o torcedor que:

I. promover tumulto, praticar ou incitar a violência num raio de 5.000 (cinco mil) metros ao redor do local de realização do evento esportivo, ou durante o trajeto de ida e volta do local da realização do evento;

II. portar, deter ou transportar, no interior do estádio, em suas imediações ou no seu trajeto, em dia de realização de evento esportivo, quaisquer instrumentos que possam servir para a prática de violência.

§ 2º Na sentença penal condenatória, o juiz deverá converter a pena de reclusão em pena impeditiva de comparecimento às proximidades do estádio, bem como a qualquer local em que se realize evento esportivo, pelo prazo de 3 (três) meses a 3 (três) anos, de acordo com a gravidade da conduta, na hipótese de o agente ser primário, ter bons antecedentes e não ter sido punido anteriormente pela prática de condutas previstas neste artigo.

§ 3º A pena impeditiva de comparecimento às proximidades do estádio, bem como a qualquer local em que se realize evento esportivo, converter-se-á em privativa de liberdade quando ocorrer o descumprimento injustificado da restrição imposta.

§ 4º Na conversão de pena prevista no § 2º, a sentença deverá determinar, ainda, a obrigatoriedade suplementar de o agente permanecer em estabelecimento indicado pelo juiz, no período compreendido entre as 2 (duas) horas antecedentes e as 2 (duas) horas posteriores à realização de partidas de entidade de prática desportiva ou de competição determinada.

§ 5º Na hipótese de o representante do Ministério Público propor aplicação da pena restritiva de direito prevista no art. 76 da Lei nº 9.099, de 26 de setembro de 1995, o juiz aplicará a sanção prevista no § 2º.

Art. 41-C. Solicitar ou aceitar, para si ou para outrem, vantagem ou promessa de vantagem patrimonial ou não patrimonial para qualquer ato ou omissão destinado a alterar ou falsear o resultado de competição esportiva ou evento a ela associado:

Pena – reclusão de 2 (dois) a 6 (seis) anos e multa.

Art. 41-D. Dar ou prometer vantagem patrimonial ou não patrimonial com o fim de alterar ou falsear o resultado de uma competição desportiva ou evento a ela associado:

Pena – reclusão de 2 (dois) a 6 (seis) anos e multa.

Art. 41-E. Fraudar, por qualquer meio, ou contribuir para que se fraude, de qualquer forma, o resultado de competição esportiva ou evento a ela associado:
Pena – reclusão de 2 (dois) a 6 (seis) anos e multa.
Art. 41-F. Vender ingressos de evento esportivo, por preço superior ao estampado no bilhete:
Pena – reclusão de 1 (um) a 2 (dois) anos e multa.
Art. 41-G. Fornecer, desviar ou facilitar a distribuição de ingressos para venda por preço superior ao estampado no bilhete:
Pena – reclusão de 2 (dois) a 4 (quatro) anos e multa.
Parágrafo único. A pena será aumentada de 1/3 (um terço) até a metade se o agente for servidor público, dirigente ou funcionário de entidade de prática desportiva, entidade responsável pela organização da competição, empresa contratada para o processo de emissão, distribuição e venda de ingressos ou torcida organizada e se utilizar desta condição para os fins previstos neste artigo.

CAPÍTULO XII
Disposições Finais e Transitórias

Art. 42. O Conselho Nacional de Esportes – CNE promoverá, no prazo de seis meses, contado da publicação desta Lei, a adequação do Código de Justiça Desportiva ao disposto na Lei nº 9.615, de 24 de março de 1998, nesta Lei e em seus respectivos regulamentos.
Art. 43. Esta Lei aplica-se apenas ao desporto profissional.
Art. 44. O disposto no parágrafo único do art. 13, e nos arts. 18, 22, 25 e 33 entrará em vigor após seis meses da publicação desta Lei.
Art. 45. Esta Lei entra em vigor na data de sua publicação.

Brasília, 15 de maio de 2003; 182º da Independência e 115º da República.
LUIZ INÁCIO LULA DA SILVA
Agnelo Santos Queiroz Filho
Álvaro Augusto Ribeiro Costa

Este texto não substitui o publicado no DOU de 16.5.2003

Lei nº 10.741/13 (Estatuto do Idoso)

LEI Nº 10.741, DE 1º DE OUTUBRO DE 2003
Dispõe sobre o Estatuto do Idoso e dá outras providências.

O PRESIDENTE DA REPÚBLICA Faço saber que o Congresso Nacional decreta e eu sanciono a seguinte Lei:

TÍTULO I

DISPOSIÇÕES PRELIMINARES

Art. 1. É instituído o Estatuto do Idoso, destinado a regular os direitos assegurados às pessoas com idade igual ou superior a 60 (sessenta) anos.
Art. 2. O idoso goza de todos os direitos fundamentais inerentes à pessoa humana, sem prejuízo da proteção integral de que trata esta Lei, assegurando-se-lhe, por lei ou por outros meios, todas as oportunidades e facilidades, para preservação de sua saúde física e mental e seu aperfeiçoamento moral, intelectual, espiritual e social, em condições de liberdade e dignidade.
Art. 3. É obrigação da família, da comunidade, da sociedade e do Poder Público assegurar ao idoso, com absoluta prioridade, a efetivação do direito à vida, à saúde, à alimentação, à educação, à cultura, ao esporte, ao lazer, ao trabalho, à cidadania, à liberdade, à dignidade, ao respeito e à convivência familiar e comunitária.
§ 1º A garantia de prioridade compreende:
I. atendimento preferencial imediato e individualizado junto aos órgãos públicos e privados prestadores de serviços à população;
II. preferência na formulação e na execução de políticas sociais públicas específicas;
III. destinação privilegiada de recursos públicos nas áreas relacionadas com a proteção ao idoso;
IV. viabilização de formas alternativas de participação, ocupação e convívio do idoso com as demais gerações;

V. priorização do atendimento do idoso por sua própria família, em detrimento do atendimento asilar, exceto dos que não a possuam ou careçam de condições de manutenção da própria sobrevivência;

VI. capacitação e reciclagem dos recursos humanos nas áreas de geriatria e gerontologia e na prestação de serviços aos idosos;

VII. estabelecimento de mecanismos que favoreçam a divulgação de informações de caráter educativo sobre os aspectos biopsicossociais de envelhecimento;

VIII. garantia de acesso à rede de serviços de saúde e de assistência social locais.

IX. prioridade no recebimento da restituição do Imposto de Renda.

§ 2º Dentre os idosos, é assegurada prioridade especial aos maiores de oitenta anos, atendendo-se suas necessidades sempre preferencialmente em relação aos demais idosos.

Art. 4. Nenhum idoso será objeto de qualquer tipo de negligência, discriminação, violência, crueldade ou opressão, e todo atentado aos seus direitos, por ação ou omissão, será punido na forma da lei.

§ 1º É dever de todos prevenir a ameaça ou violação aos direitos do idoso.

§ 2º As obrigações previstas nesta Lei não excluem da prevenção outras decorrentes dos princípios por ela adotados.

Art. 5. A inobservância das normas de prevenção importará em responsabilidade à pessoa física ou jurídica nos termos da lei.

Art. 6. Todo cidadão tem o dever de comunicar à autoridade competente qualquer forma de violação a esta Lei que tenha testemunhado ou de que tenha conhecimento.

Art. 7. Os Conselhos Nacional, Estaduais, do Distrito Federal e Municipais do Idoso, previstos na Lei nº 8.842, de 4 de janeiro de 1994, zelarão pelo cumprimento dos direitos do idoso, definidos nesta Lei.

TÍTULO II
Dos Direitos Fundamentais

CAPÍTULO I
Do Direito à Vida

Art. 8. O envelhecimento é um direito personalíssimo, e a sua proteção um direito social, nos termos desta Lei e da legislação vigente.

Art. 9. É obrigação do Estado, garantir à pessoa idosa a proteção à vida e à saúde, mediante efetivação de políticas sociais públicas que permitam um envelhecimento saudável e em condições de dignidade.

CAPÍTULO II
Do Direito à Liberdade, ao Respeito e à Dignidade

Art. 10. É obrigação do Estado e da sociedade, assegurar à pessoa idosa a liberdade, o respeito e a dignidade, como pessoa humana e sujeito de direitos civis, políticos, individuais e sociais, garantidos na Constituição e nas leis.

§ 1º O direito à liberdade compreende, entre outros, os seguintes aspectos:

I. faculdade de ir, vir e estar nos logradouros públicos e espaços comunitários, ressalvadas as restrições legais;
II. opinião e expressão;
III. crença e culto religioso;
IV. prática de esportes e de diversões;
V. participação na vida familiar e comunitária;
VI. participação na vida política, na forma da lei;
VII. faculdade de buscar refúgio, auxílio e orientação.

§ 2º O direito ao respeito consiste na inviolabilidade da integridade física, psíquica e moral, abrangendo a preservação da imagem, da identidade, da autonomia, de valores, ideias e crenças, dos espaços e dos objetos pessoais.

§ 3º É dever de todos zelar pela dignidade do idoso, colocando-o a salvo de qualquer tratamento desumano, violento, aterrorizante, vexatório ou constrangedor.

CAPÍTULO III
Dos Alimentos

Art. 11. Os alimentos serão prestados ao idoso na forma da lei civil.

Art. 12. A obrigação alimentar é solidária, podendo o idoso optar entre os prestadores.

Art. 13. As transações relativas a alimentos poderão ser celebradas perante o Promotor de Justiça ou Defensor Público, que as referendará, e passarão a ter efeito de título executivo extrajudicial nos termos da lei processual civil.

Art. 14. Se o idoso ou seus familiares não possuírem condições econômicas de prover o seu sustento, impõe-se ao Poder Público esse provimento, no âmbito da assistência social.

CAPÍTULO IV
Do Direito à Saúde

Art. 15. É assegurada a atenção integral à saúde do idoso, por intermédio do Sistema Único de Saúde – SUS, garantindo-lhe o acesso universal e igualitário, em conjunto articulado e contínuo das ações e serviços, para a prevenção, promoção, proteção e recuperação da saúde, incluindo a atenção especial às doenças que afetam preferencialmente os idosos.

§ 1º A prevenção e a manutenção da saúde do idoso serão efetivadas por meio de:

I. cadastramento da população idosa em base territorial;

II. atendimento geriátrico e gerontológico em ambulatórios;

III. unidades geriátricas de referência, com pessoal especializado nas áreas de geriatria e gerontologia social;

IV. atendimento domiciliar, incluindo a internação, para a população que dele necessitar e esteja impossibilitada de se locomover, inclusive para idosos abrigados e acolhidos por instituições públicas, filantrópicas ou sem fins lucrativos e eventualmente conveniadas com o Poder Público, nos meios urbano e rural;

V. reabilitação orientada pela geriatria e gerontologia, para redução das sequelas decorrentes do agravo da saúde.

§ 2º Incumbe ao Poder Público fornecer aos idosos, gratuitamente, medicamentos, especialmente os de uso continuado, assim como próteses, órteses e outros recursos relativos ao tratamento, habilitação ou reabilitação.

§ 3º É vedada a discriminação do idoso nos planos de saúde pela cobrança de valores diferenciados em razão da idade.

§ 4º Os idosos portadores de deficiência ou com limitação incapacitante terão atendimento especializado, nos termos da lei.

§ 5º É vedado exigir o comparecimento do idoso enfermo perante os órgãos públicos, hipótese na qual será admitido o seguinte procedimento:

I. quando de interesse do poder público, o agente promoverá o contato necessário com o idoso em sua residência; ou

II. quando de interesse do próprio idoso, este se fará representar por procurador legalmente constituído.

§ 6º É assegurado ao idoso enfermo o atendimento domiciliar pela perícia médica do Instituto Nacional do Seguro Social – INSS, pelo serviço público de saúde ou pelo serviço privado de saúde, contratado ou conveniado, que integre o Sistema Único de Saúde – SUS, para expedição do laudo de saúde necessário ao exercício de seus direitos sociais e de isenção tributária.

§ 7º Em todo atendimento de saúde, os maiores de oitenta anos terão preferência especial sobre os demais idosos, exceto em caso de emergência.

Art. 16. Ao idoso internado ou em observação é assegurado o direito a acompanhante, devendo o órgão de saúde proporcionar as condições adequadas para a sua permanência em tempo integral, segundo o critério médico.

Parágrafo único. Caberá ao profissional de saúde responsável pelo tratamento conceder autorização para o acompanhamento do idoso ou, no caso de impossibilidade, justificá-la por escrito.

Art. 17. Ao idoso que esteja no domínio de suas faculdades mentais é assegurado o direito de optar pelo tratamento de saúde que lhe for reputado mais favorável.

Parágrafo único. Não estando o idoso em condições de proceder à opção, esta será feita:

I. pelo curador, quando o idoso for interditado;

II. pelos familiares, quando o idoso não tiver curador ou este não puder ser contactado em tempo hábil;

III. pelo médico, quando ocorrer iminente risco de vida e não houver tempo hábil para consulta a curador ou familiar;

IV. pelo próprio médico, quando não houver curador ou familiar conhecido, caso em que deverá comunicar o fato ao Ministério Público.

Art. 18. As instituições de saúde devem atender aos critérios mínimos para o atendimento às necessidades do idoso, promovendo o treinamento e a capacitação dos profissionais, assim como orientação a cuidadores familiares e grupos de autoajuda.

Art. 19. Os casos de suspeita ou confirmação de violência praticada contra idosos serão objeto de notificação compulsória pelos serviços de saúde públicos e privados à autoridade sanitária, bem como serão obrigatoriamente comunicados por eles a quaisquer dos seguintes órgãos:

I. autoridade policial;
II. Ministério Público;
III. Conselho Municipal do Idoso;
IV. Conselho Estadual do Idoso;
V. Conselho Nacional do Idoso.

§ 1º Para os efeitos desta Lei, considera-se violência contra o idoso qualquer ação ou omissão praticada em local público ou privado que lhe cause morte, dano ou sofrimento físico ou psicológico.

§ 2º Aplica-se, no que couber, à notificação compulsória prevista no caput deste artigo, o disposto na Lei nº 6.259, de 30 de outubro de 1975.

CAPÍTULO V
Da Educação, Cultura, Esporte e Lazer

Art. 20. O idoso tem direito a educação, cultura, esporte, lazer, diversões, espetáculos, produtos e serviços que respeitem sua peculiar condição de idade.

Art. 21. O Poder Público criará oportunidades de acesso do idoso à educação, adequando currículos, metodologias e material didático aos programas educacionais a ele destinados.

§ 1º Os cursos especiais para idosos incluirão conteúdo relativo às técnicas de comunicação, computação e demais avanços tecnológicos, para sua integração à vida moderna.

§ 2º Os idosos participarão das comemorações de caráter cívico ou cultural, para transmissão de conhecimentos e vivências às demais gerações, no sentido da preservação da memória e da identidade culturais.

Art. 22. Nos currículos mínimos dos diversos níveis de ensino formal, serão inseridos conteúdos voltados ao processo de envelhecimento, ao respeito e à valorização do idoso, de forma a eliminar o preconceito e a produzir conhecimentos sobre a matéria.

Art. 23. A participação dos idosos em atividades culturais e de lazer será proporcionada mediante descontos de pelo menos 50% (cinquenta por cento) nos ingressos para eventos artísticos, culturais, esportivos e de lazer, bem como o acesso preferencial aos respectivos locais.

Art. 24. Os meios de comunicação manterão espaços ou horários especiais voltados aos idosos, com finalidade informativa, educativa, artística e cultural, e ao público sobre o processo de envelhecimento.

Art. 25. As instituições de educação superior ofertarão às pessoas idosas, na perspectiva da educação ao longo da vida, cursos e programas de extensão, presenciais ou a distância, constituídos por atividades formais e não formais.

Parágrafo único. O poder público apoiará a criação de universidade aberta para as pessoas idosas e incentivará a publicação de livros e periódicos, de conteúdo e padrão editorial adequados ao idoso, que facilitem a leitura, considerada a natural redução da capacidade visual.

CAPÍTULO VI
Da Profissionalização e do Trabalho

Art. 26. O idoso tem direito ao exercício de atividade profissional, respeitadas suas condições físicas, intelectuais e psíquicas.

Art. 27. Na admissão do idoso em qualquer trabalho ou emprego, é vedada a discriminação e a fixação de limite máximo de idade, inclusive para concursos, ressalvados os casos em que a natureza do cargo o exigir.

Parágrafo único. O primeiro critério de desempate em concurso público será a idade, dando-se preferência ao de idade mais elevada.

Art. 28. O Poder Público criará e estimulará programas de:

I. profissionalização especializada para os idosos, aproveitando seus potenciais e habilidades para atividades regulares e remuneradas;

II. preparação dos trabalhadores para a aposentadoria, com antecedência mínima de 1 (um) ano, por meio de estímulo a novos projetos sociais, conforme seus interesses, e de esclarecimento sobre os direitos sociais e de cidadania;

III. estímulo às empresas privadas para admissão de idosos ao trabalho.

CAPÍTULO VII

Da Previdência Social

Art. 29. Os benefícios de aposentadoria e pensão do Regime Geral da Previdência Social observarão, na sua concessão, critérios de cálculo que preservem o valor real dos salários sobre os quais incidiram contribuição, nos termos da legislação vigente.

Parágrafo único. Os valores dos benefícios em manutenção serão reajustados na mesma data de reajuste do salário-mínimo, *pro rata*, de acordo com suas respectivas datas de início ou do seu último reajustamento, com base em percentual definido em regulamento, observados os critérios estabelecidos pela Lei nº 8.213, de 24 de julho de 1991.

Art. 30. A perda da condição de segurado não será considerada para a concessão da aposentadoria por idade, desde que a pessoa conte com, no mínimo, o tempo de contribuição correspondente ao exigido para efeito de carência na data de requerimento do benefício.

Parágrafo único. O cálculo do valor do benefício previsto no caput observará o disposto no caput e § 2º do art. 3º da Lei nº 9.876, de 26 de novembro de 1999 ou, não havendo salários de contribuição recolhidos a partir da competência de julho de 1994, o disposto no art. 35 da Lei nº 8.213, de 1991.

Art. 31. O pagamento de parcelas relativas a benefícios, efetuado com atraso por responsabilidade da Previdência Social, será atualizado pelo mesmo índice utilizado para os reajustamentos dos benefícios do Regime Geral de Previdência Social, verificado no período compreendido entre o mês que deveria ter sido pago e o mês do efetivo pagamento.

Art. 32. O Dia Mundial do Trabalho, 1º de Maio, é a data-base dos aposentados e pensionistas.

CAPÍTULO VIII

Da Assistência Social

Art. 33. A assistência social aos idosos será prestada, de forma articulada, conforme os princípios e diretrizes previstos na Lei Orgânica da Assistência Social, na Política Nacional do Idoso, no Sistema Único de Saúde e demais normas pertinentes.

Art. 34. Aos idosos, a partir de 65 (sessenta e cinco) anos, que não possuam meios para prover sua subsistência, nem de tê-la provida por sua família, é assegurado o benefício mensal de 1 (um) salário-mínimo, nos termos da Lei Orgânica da Assistência Social – Loas.

Parágrafo único. O benefício já concedido a qualquer membro da família nos termos do caput não será computado para os fins do cálculo da renda familiar *per capita* a que se refere a Loas.

Art. 35. Todas as entidades de longa permanência, ou casa-lar, são obrigadas a firmar contrato de prestação de serviços com a pessoa idosa abrigada.

§ 1º No caso de entidades filantrópicas, ou casa-lar, é facultada a cobrança de participação do idoso no custeio da entidade.

§ 2º O Conselho Municipal do Idoso ou o Conselho Municipal da Assistência Social estabelecerá a forma de participação prevista no § 1º, que não poderá exceder a 70% (setenta por cento) de qualquer benefício previdenciário ou de assistência social percebido pelo idoso.

§ 3º Se a pessoa idosa for incapaz, caberá a seu representante legal firmar o contrato a que se refere o caput deste artigo.

Art. 36. O acolhimento de idosos em situação de risco social, por adulto ou núcleo familiar, caracteriza a dependência econômica, para os efeitos legais.

CAPÍTULO IX

Da Habitação

Art. 37. O idoso tem direito à moradia digna, no seio da família natural ou substituta, ou desacompanhado de seus familiares, quando assim o desejar, ou, ainda, em instituição pública ou privada.

§ 1º A assistência integral na modalidade de entidade de longa permanência será prestada quando verificada inexistência de grupo familiar, casa-lar, abandono ou carência de recursos financeiros próprios ou da família.

§ 2º Toda instituição dedicada ao atendimento ao idoso fica obrigada a manter identificação externa visível, sob pena de interdição, além de atender toda a legislação pertinente.

§ 3º As instituições que abrigarem idosos são obrigadas a manter padrões de habitação compatíveis com as necessidades deles, bem como prove-los com alimentação regular e higiene indispensáveis às normas sanitárias e com estas condizentes, sob as penas da lei.

Art. 38. Nos programas habitacionais, públicos ou subsidiados com recursos públicos, o idoso goza de prioridade na aquisição de imóvel para moradia própria, observado o seguinte:
I. reserva de pelo menos 3% (três por cento) das unidades habitacionais residenciais para atendimento aos idosos;
II. implantação de equipamentos urbanos comunitários voltados ao idoso;
III. eliminação de barreiras arquitetônicas e urbanísticas, para garantia de acessibilidade ao idoso;
IV. critérios de financiamento compatíveis com os rendimentos de aposentadoria e pensão.
Parágrafo único. As unidades residenciais reservadas para atendimento a idosos devem situar-se, preferencialmente, no pavimento térreo.

CAPÍTULO X
Do Transporte

Art. 39. Aos maiores de 65 (sessenta e cinco) anos fica assegurada a gratuidade dos transportes coletivos públicos urbanos e semiurbanos, exceto nos serviços seletivos e especiais, quando prestados paralelamente aos serviços regulares.
§ 1º Para ter acesso à gratuidade, basta que o idoso apresente qualquer documento pessoal que faça prova de sua idade.
§ 2º Nos veículos de transporte coletivo de que trata este artigo, serão reservados 10% (dez por cento) dos assentos para os idosos, devidamente identificados com a placa de reservado preferencialmente para idosos.
§ 3º No caso das pessoas compreendidas na faixa etária entre 60 (sessenta) e 65 (sessenta e cinco) anos, ficará a critério da legislação local dispor sobre as condições para exercício da gratuidade nos meios de transporte previstos no caput deste artigo.
Art. 40. No sistema de transporte coletivo interestadual observar-se-á, nos termos da legislação específica:
I. a reserva de 2 (duas) vagas gratuitas por veículo para idosos com renda igual ou inferior a 2 (dois) salários-mínimos;
II. desconto de 50% (cinquenta por cento), no mínimo, no valor das passagens, para os idosos que excederem as vagas gratuitas, com renda igual ou inferior a 2 (dois) salários-mínimos.

Parágrafo único. Caberá aos órgãos competentes definir os mecanismos e os critérios para o exercício dos direitos previstos nos incisos I e II.
Art. 41. É assegurada a reserva, para os idosos, nos termos da lei local, de 5% (cinco por cento) das vagas nos estacionamentos públicos e privados, as quais deverão ser posicionadas de forma a garantir a melhor comodidade ao idoso.
Art. 42. São asseguradas a prioridade e a segurança do idoso nos procedimentos de embarque e desembarque nos veículos do sistema de transporte coletivo.

TÍTULO III
Das Medidas de Proteção

CAPÍTULO I
Das Disposições Gerais

Art. 43. As medidas de proteção ao idoso são aplicáveis sempre que os direitos reconhecidos nesta Lei forem ameaçados ou violados:
I. por ação ou omissão da sociedade ou do Estado;
II. por falta, omissão ou abuso da família, curador ou entidade de atendimento;
III. em razão de sua condição pessoal.

CAPÍTULO II
Das Medidas Específicas de Proteção

Art. 44. As medidas de proteção ao idoso previstas nesta Lei poderão ser aplicadas, isolada ou cumulativamente, e levarão em conta os fins sociais a que se destinam e o fortalecimento dos vínculos familiares e comunitários.
Art. 45. Verificada qualquer das hipóteses previstas no art. 43, o Ministério Público ou o Poder Judiciário, a requerimento daquele, poderá determinar, dentre outras, as seguintes medidas:
I. encaminhamento à família ou curador, mediante termo de responsabilidade;
II. orientação, apoio e acompanhamento temporários;
III. requisição para tratamento de sua saúde, em regime ambulatorial, hospitalar ou domiciliar;
IV. inclusão em programa oficial ou comunitário de auxílio, orientação e tratamento a usuários dependentes de drogas lícitas ou ilícitas, ao próprio idoso ou à pessoa de sua convivência que lhe cause perturbação;

V. abrigo em entidade;
VI. abrigo temporário.

TÍTULO IV
Da Política de Atendimento ao Idoso

CAPÍTULO I
Disposições Gerais

Art. 46. A política de atendimento ao idoso far-se-á por meio do conjunto articulado de ações governamentais e não governamentais da União, dos Estados, do Distrito Federal e dos Municípios.

Art. 47. São linhas de ação da política de atendimento:
I. políticas sociais básicas, previstas na Lei nº 8.842, de 4 de janeiro de 1994;
II. políticas e programas de assistência social, em caráter supletivo, para aqueles que necessitarem;
III. serviços especiais de prevenção e atendimento às vítimas de negligência, maus-tratos, exploração, abuso, crueldade e opressão;
IV. serviço de identificação e localização de parentes ou responsáveis por idosos abandonados em hospitais e instituições de longa permanência;
V. proteção jurídico-social por entidades de defesa dos direitos dos idosos;
VI. mobilização da opinião pública no sentido da participação dos diversos segmentos da sociedade no atendimento do idoso.

CAPÍTULO II
Das Entidades de Atendimento ao Idoso

Art. 48. As entidades de atendimento são responsáveis pela manutenção das próprias unidades, observadas as normas de planejamento e execução emanadas do órgão competente da Política Nacional do Idoso, conforme a Lei nº 8.842, de 1994.

Parágrafo único. As entidades governamentais e não governamentais de assistência ao idoso ficam sujeitas à inscrição de seus programas, junto ao órgão competente da Vigilância Sanitária e Conselho Municipal da Pessoa Idosa, e em sua falta, junto ao Conselho Estadual ou Nacional da Pessoa Idosa, especificando os regimes de atendimento, observados os seguintes requisitos:
I. oferecer instalações físicas em condições adequadas de habitabilidade, higiene, salubridade e segurança;
II. apresentar objetivos estatutários e plano de trabalho compatíveis com os princípios desta Lei;
III. estar regularmente constituída;
IV. demonstrar a idoneidade de seus dirigentes.

Art. 49. As entidades que desenvolvam programas de institucionalização de longa permanência adotarão os seguintes princípios:
I. preservação dos vínculos familiares;
II. atendimento personalizado e em pequenos grupos;
III. manutenção do idoso na mesma instituição, salvo em caso de força maior;
IV. participação do idoso nas atividades comunitárias, de caráter interno e externo;
V. observância dos direitos e garantias dos idosos;
VI. preservação da identidade do idoso e oferecimento de ambiente de respeito e dignidade.

Parágrafo único. O dirigente de instituição prestadora de atendimento ao idoso responderá civil e criminalmente pelos atos que praticar em detrimento do idoso, sem prejuízo das sanções administrativas.

Art. 50. Constituem obrigações das entidades de atendimento:
I. celebrar contrato escrito de prestação de serviço com o idoso, especificando o tipo de atendimento, as obrigações da entidade e prestações decorrentes do contrato, com os respectivos preços, se for o caso;
II. observar os direitos e as garantias de que são titulares os idosos;
III. fornecer vestuário adequado, se for pública, e alimentação suficiente;
IV. oferecer instalações físicas em condições adequadas de habitabilidade;
V. oferecer atendimento personalizado;
VI. diligenciar no sentido da preservação dos vínculos familiares;
VII. oferecer acomodações apropriadas para recebimento de visitas;
VIII. proporcionar cuidados à saúde, conforme a necessidade do idoso;
IX. promover atividades educacionais, esportivas, culturais e de lazer;

X. propiciar assistência religiosa àqueles que desejarem, de acordo com suas crenças;
XI. proceder a estudo social e pessoal de cada caso;
XII. comunicar à autoridade competente de saúde toda ocorrência de idoso portador de doenças infectocontagiosas;
XIII. providenciar ou solicitar que o Ministério Público requisite os documentos necessários ao exercício da cidadania àqueles que não os tiverem, na forma da lei;
XIV. fornecer comprovante de depósito dos bens móveis que receberem dos idosos;
XV. manter arquivo de anotações onde constem data e circunstâncias do atendimento, nome do idoso, responsável, parentes, endereços, cidade, relação de seus pertences, bem como o valor de contribuições, e suas alterações, se houver, e demais dados que possibilitem sua identificação e a individualização do atendimento;
XVI. comunicar ao Ministério Público, para as providências cabíveis, a situação de abandono moral ou material por parte dos familiares;
XVII. manter no quadro de pessoal profissionais com formação específica.

Art. 51. As instituições filantrópicas ou sem fins lucrativos prestadoras de serviço ao idoso terão direito à assistência judiciária gratuita.

CAPÍTULO III

Da Fiscalização das Entidades de Atendimento

Art. 52. As entidades governamentais e não governamentais de atendimento ao idoso serão fiscalizadas pelos Conselhos do Idoso, Ministério Público, Vigilância Sanitária e outros previstos em lei.

Art. 53. O art. 7º da Lei nº 8.842, de 1994 passa a vigorar com a seguinte redação:
"Art. 7. Compete aos Conselhos de que trata o art. 6º desta Lei a supervisão, o acompanhamento, a fiscalização e a avaliação da política nacional do idoso, no âmbito das respectivas instâncias político-administrativas." (NR)

Art. 54. Será dada publicidade das prestações de contas dos recursos públicos e privados recebidos pelas entidades de atendimento.

Art. 55. As entidades de atendimento que descumprirem as determinações desta Lei ficarão sujeitas, sem prejuízo da responsabilidade civil e criminal de seus dirigentes ou prepostos, às seguintes penalidades, observado o devido processo legal:
I. as entidades governamentais:
a) advertência;
b) afastamento provisório de seus dirigentes;
c) afastamento definitivo de seus dirigentes;
d) fechamento de unidade ou interdição de programa;
II. as entidades não governamentais:
a) advertência;
b) multa;
c) suspensão parcial ou total do repasse de verbas públicas;
d) interdição de unidade ou suspensão de programa;
e) proibição de atendimento a idosos a bem do interesse público.
§ 1º Havendo danos aos idosos abrigados ou qualquer tipo de fraude com relação ao programa, caberá o afastamento provisório dos dirigentes ou a interdição da unidade e a suspensão do programa.
§ 2º A suspensão parcial ou total do repasse de verbas públicas ocorrerá quando verificada a má aplicação ou desvio de finalidade dos recursos.
§ 3º Na ocorrência de infração por entidade de atendimento que coloque em risco os direitos assegurados nesta Lei, será o fato comunicado ao Ministério Público, para as providências cabíveis, inclusive para promover a suspensão das atividades ou dissolução da entidade, com a proibição de atendimento a idosos a bem do interesse público, sem prejuízo das providências a serem tomadas pela Vigilância Sanitária.
§ 4º Na aplicação das penalidades, serão consideradas a natureza e a gravidade da infração cometida, os danos que dela provierem para o idoso, as circunstâncias agravantes ou atenuantes e os antecedentes da entidade.

CAPÍTULO IV

Das Infrações Administrativas

Art. 56. Deixar a entidade de atendimento de cumprir as determinações do art. 50 desta Lei:
Pena – multa de R$ 500,00 (quinhentos reais) a R$ 3.000,00 (três mil reais), se o fato não for caracterizado como crime, podendo haver a interdição

do estabelecimento até que sejam cumpridas as exigências legais.

Parágrafo único. No caso de interdição do estabelecimento de longa permanência, os idosos abrigados serão transferidos para outra instituição, a expensas do estabelecimento interditado, enquanto durar a interdição.

Art. 57. Deixar o profissional de saúde ou o responsável por estabelecimento de saúde ou instituição de longa permanência de comunicar à autoridade competente os casos de crimes contra idoso de que tiver conhecimento:
Pena – multa de R$ 500,00 (quinhentos reais) a R$ 3.000,00 (três mil reais), aplicada em dobro no caso de reincidência.

Art. 58. Deixar de cumprir as determinações desta Lei sobre a prioridade no atendimento ao idoso:
Pena – multa de R$ 500,00 (quinhentos reais) a R$ 1.000,00 (um mil reais) e multa civil a ser estipulada pelo juiz, conforme o dano sofrido pelo idoso.

CAPÍTULO V
Da Apuração Administrativa de Infração às Normas de Proteção ao Idoso

Art. 59. Os valores monetários expressos no Capítulo IV serão atualizados anualmente, na forma da lei.

Art. 60. O procedimento para a imposição de penalidade administrativa por infração às normas de proteção ao idoso terá início com requisição do Ministério Público ou auto de infração elaborado por servidor efetivo e assinado, se possível, por duas testemunhas.

§ 1º No procedimento iniciado com o auto de infração poderão ser usadas fórmulas impressas, especificando-se a natureza e as circunstâncias da infração.

§ 2º Sempre que possível, à verificação da infração seguir-se-á a lavratura do auto ou este será lavrado dentro de 24 (vinte e quatro) horas, por motivo justificado.

Art. 61. O autuado terá prazo de 10 (dez) dias para a apresentação da defesa, contado da data da intimação, que será feita:
I. pelo autuante, no instrumento de autuação, quando for lavrado na presença do infrator;
II. por via postal, com aviso de recebimento.

Art. 62. Havendo risco para a vida ou à saúde do idoso, a autoridade competente aplicará à entidade de atendimento as sanções regulamentares, sem prejuízo da iniciativa e das providências que vierem a ser adotadas pelo Ministério Público ou pelas demais instituições legitimadas para a fiscalização.

Art. 63. Nos casos em que não houver risco para a vida ou a saúde da pessoa idosa abrigada, a autoridade competente aplicará à entidade de atendimento as sanções regulamentares, sem prejuízo da iniciativa e das providências que vierem a ser adotadas pelo Ministério Público ou pelas demais instituições legitimadas para a fiscalização.

CAPÍTULO VI
Da Apuração Judicial de Irregularidades em Entidade de Atendimento

Art. 64. Aplicam-se, subsidiariamente, ao procedimento administrativo de que trata este Capítulo as disposições das Leis nºs 6.437, de 20 de agosto de 1977 e 9.784, de 29 de janeiro de 1999.

Art. 65. O procedimento de apuração de irregularidade em entidade governamental e não governamental de atendimento ao idoso terá início mediante petição fundamentada de pessoa interessada ou iniciativa do Ministério Público.

Art. 66. Havendo motivo grave, poderá a autoridade judiciária, ouvido o Ministério Público, decretar liminarmente o afastamento provisório do dirigente da entidade ou outras medidas que julgar adequadas, para evitar lesão aos direitos do idoso, mediante decisão fundamentada.

Art. 67. O dirigente da entidade será citado para, no prazo de 10 (dez) dias, oferecer resposta escrita, podendo juntar documentos e indicar as provas a produzir.

Art. 68. Apresentada a defesa, o juiz procederá na conformidade do art. 69 ou, se necessário, designará audiência de instrução e julgamento, deliberando sobre a necessidade de produção de outras provas.

§ 1º Salvo manifestação em audiência, as partes e o Ministério Público terão 5 (cinco) dias para oferecer alegações finais, decidindo a autoridade judiciária em igual prazo.

§ 2º Em se tratando de afastamento provisório ou definitivo de dirigente de entidade governamental, a autoridade judiciária oficiará a autoridade administrativa imediatamente superior ao afastado, fixando-lhe prazo de 24 (vinte e quatro) horas para proceder à substituição.

§ 3º Antes de aplicar qualquer das medidas, a autoridade judiciária poderá fixar prazo para a remoção das irregularidades verificadas. Satisfeitas as exigências, o processo será extinto, sem julgamento do mérito.

§ 4º A multa e a advertência serão impostas ao dirigente da entidade ou ao responsável pelo programa de atendimento.

TÍTULO V
Do Acesso à Justiça

CAPÍTULO I
Disposições Gerais

Art. 69. Aplica-se, subsidiariamente, às disposições deste Capítulo, o procedimento sumário previsto no Código de Processo Civil, naquilo que não contrarie os prazos previstos nesta Lei.

Art. 70. O Poder Público poderá criar varas especializadas e exclusivas do idoso.

Art. 71. É assegurada prioridade na tramitação dos processos e procedimentos e na execução dos atos e diligências judiciais em que figure como parte ou interveniente pessoa com idade igual ou superior a 60 (sessenta) anos, em qualquer instância.

§ 1º O interessado na obtenção da prioridade a que alude este artigo, fazendo prova de sua idade, requererá o benefício à autoridade judiciária competente para decidir o feito, que determinará as providências a serem cumpridas, anotando-se essa circunstância em local visível nos autos do processo.

§ 2º A prioridade não cessará com a morte do beneficiado, estendendo-se em favor do cônjuge supérstite, companheiro ou companheira, com união estável, maior de 60 (sessenta) anos.

§ 3º A prioridade se estende aos processos e procedimentos na Administração Pública, empresas prestadoras de serviços públicos e instituições financeiras, ao atendimento preferencial junto à Defensoria Pública da União, dos Estados e do Distrito Federal com relação aos Serviços de Assistência Judiciária.

§ 4º Para o atendimento prioritário será garantido ao idoso o fácil acesso aos assentos e caixas, identificados com a destinação a idosos em local visível e caracteres legíveis.

§ 5º Dentre os processos de idosos, dar-se-á prioridade especial aos maiores de oitenta anos.

CAPÍTULO II
Do Ministério Público

Art. 72. (VETADO)

Art. 73. As funções do Ministério Público, previstas nesta Lei, serão exercidas nos termos da respectiva Lei Orgânica.

Art. 74. Compete ao Ministério Público:

I. instaurar o inquérito civil e a ação civil pública para a proteção dos direitos e interesses difusos ou coletivos, individuais indisponíveis e individuais homogêneos do idoso;

II. promover e acompanhar as ações de alimentos, de interdição total ou parcial, de designação de curador especial, em circunstâncias que justifiquem a medida e oficiar em todos os feitos em que se discutam os direitos de idosos em condições de risco;

III. atuar como substituto processual do idoso em situação de risco, conforme o disposto no art. 43 desta Lei;

IV. promover a revogação de instrumento procuratório do idoso, nas hipóteses previstas no art. 43 desta Lei, quando necessário ou o interesse público justificar;

V. instaurar procedimento administrativo e, para instruí-lo:

a) expedir notificações, colher depoimentos ou esclarecimentos e, em caso de não comparecimento injustificado da pessoa notificada, requisitar condução coercitiva, inclusive pela Polícia Civil ou Militar;

b) requisitar informações, exames, perícias e documentos de autoridades municipais, estaduais e federais, da administração direta e indireta, bem como promover inspeções e diligências investigatórias;

c) requisitar informações e documentos particulares de instituições privadas;

VI. instaurar sindicâncias, requisitar diligências investigatórias e a instauração de inquérito policial, para a apuração de ilícitos ou infrações às normas de proteção ao idoso;

VII. zelar pelo efetivo respeito aos direitos e garantias legais assegurados ao idoso, promovendo as medidas judiciais e extrajudiciais cabíveis;

VIII. inspecionar as entidades públicas e particulares de atendimento e os programas de que trata esta Lei, adotando de pronto as medidas administrativas ou judiciais necessárias à remoção de irregularidades porventura verificadas;

IX. requisitar força policial, bem como a colaboração dos serviços de saúde, educacionais e de assistência social, públicos, para o desempenho de suas atribuições;

X. referendar transações envolvendo interesses e direitos dos idosos previstos nesta Lei.

§ 1º A legitimação do Ministério Público para as ações cíveis previstas neste artigo não impede a de terceiros, nas mesmas hipóteses, segundo dispuser a lei.

§ 2º As atribuições constantes deste artigo não excluem outras, desde que compatíveis com a finalidade e atribuições do Ministério Público.

§ 3º O representante do Ministério Público, no exercício de suas funções, terá livre acesso a toda entidade de atendimento ao idoso.

Art. 75. Nos processos e procedimentos em que não for parte, atuará obrigatoriamente o Ministério Público na defesa dos direitos e interesses de que cuida esta Lei, hipóteses em que terá vista dos autos depois das partes, podendo juntar documentos, requerer diligências e produção de outras provas, usando os recursos cabíveis.

Art. 76. A intimação do Ministério Público, em qualquer caso, será feita pessoalmente.

Art. 77. A falta de intervenção do Ministério Público acarreta a nulidade do feito, que será declarada de ofício pelo juiz ou a requerimento de qualquer interessado.

CAPÍTULO III

Da Proteção Judicial dos Interesses Difusos, Coletivos e Individuais Indisponíveis ou Homogêneos

Art. 78. As manifestações processuais do representante do Ministério Público deverão ser fundamentadas.

Art. 79. Regem-se pelas disposições desta Lei as ações de responsabilidade por ofensa aos direitos assegurados ao idoso, referentes à omissão ou ao oferecimento insatisfatório de:

I. acesso às ações e serviços de saúde;

II. atendimento especializado ao idoso portador de deficiência ou com limitação incapacitante;

III. atendimento especializado ao idoso portador de doença infectocontagiosa;

IV. serviço de assistência social visando ao amparo do idoso.

Parágrafo único. As hipóteses previstas neste artigo não excluem da proteção judicial outros interesses difusos, coletivos, individuais indisponíveis ou homogêneos, próprios do idoso, protegidos em lei.

Art. 80. As ações previstas neste Capítulo serão propostas no foro do domicílio do idoso, cujo juízo terá competência absoluta para processar a causa, ressalvadas as competências da Justiça Federal e a competência originária dos Tribunais Superiores.

Art. 81. Para as ações cíveis fundadas em interesses difusos, coletivos, individuais indisponíveis ou homogêneos, consideram-se legitimados, concorrentemente:

I. o Ministério Público;

II. a União, os Estados, o Distrito Federal e os Municípios;

III. a Ordem dos Advogados do Brasil;

IV. as associações legalmente constituídas há pelo menos 1 (um) ano e que incluam entre os fins institucionais a defesa dos interesses e direitos da pessoa idosa, dispensada a autorização da assembleia, se houver prévia autorização estatutária.

§ 1º Admitir-se-á litisconsórcio facultativo entre os Ministérios Públicos da União e dos Estados na defesa dos interesses e direitos de que cuida esta Lei.

§ 2º Em caso de desistência ou abandono da ação por associação legitimada, o Ministério Público ou outro legitimado deverá assumir a titularidade ativa.

Art. 82. Para defesa dos interesses e direitos protegidos por esta Lei, são admissíveis todas as espécies de ação pertinentes.

Parágrafo único. Contra atos ilegais ou abusivos de autoridade pública ou agente de pessoa jurídica no exercício de atribuições de Poder Público, que lesem direito líquido e certo previsto nesta Lei, caberá ação mandamental, que se regerá pelas normas da lei do mandado de segurança.

Art. 83. Na ação que tenha por objeto o cumprimento de obrigação de fazer ou não fazer, o juiz concederá a tutela específica da obrigação ou determinará providências que assegurem o resultado prático equivalente ao adimplemento.

§ 1º Sendo relevante o fundamento da demanda e havendo justificado receio de ineficácia do provimento final, é lícito ao juiz conceder a tutela liminarmente ou após justificação prévia, na forma do art. 273 do Código de Processo Civil.

§ 2º O juiz poderá, na hipótese do § 1º ou na sentença, impor multa diária ao réu, independentemente do pedido do autor, se for suficiente ou compatível com a obrigação, fixando prazo razoável para o cumprimento do preceito.

§ 3º A multa só será exigível do réu após o trânsito em julgado da sentença favorável ao autor, mas será devida desde o dia em que se houver configurado.

Art. 84. Os valores das multas previstas nesta Lei reverterão ao Fundo do Idoso, onde houver, ou na falta deste, ao Fundo Municipal de Assistência Social, ficando vinculados ao atendimento ao idoso.

Parágrafo único. As multas não recolhidas até 30 (trinta) dias após o trânsito em julgado da decisão serão exigidas por meio de execução promovida pelo Ministério Público, nos mesmos autos, facultada igual iniciativa aos demais legitimados em caso de inércia daquele.

Art. 85. O juiz poderá conferir efeito suspensivo aos recursos, para evitar dano irreparável à parte.

Art. 86. Transitada em julgado a sentença que impuser condenação ao Poder Público, o juiz determinará a remessa de peças à autoridade competente, para apuração da responsabilidade civil e administrativa do agente a que se atribua a ação ou omissão.

Art. 87. Decorridos 60 (sessenta) dias do trânsito em julgado da sentença condenatória favorável ao idoso sem que o autor lhe promova a execução, deverá fazê-lo o Ministério Público, facultada, igual iniciativa aos demais legitimados, como assistentes ou assumindo o polo ativo, em caso de inércia desse órgão.

Art. 88. Nas ações de que trata este Capítulo, não haverá adiantamento de custas, emolumentos, honorários periciais e quaisquer outras despesas.

Parágrafo único. Não se imporá sucumbência ao Ministério Público.

Art. 89. Qualquer pessoa poderá, e o servidor deverá, provocar a iniciativa do Ministério Público, prestando-lhe informações sobre os fatos que constituam objeto de ação civil e indicando-lhe os elementos de convicção.

Art. 90. Os agentes públicos em geral, os juízes e tribunais, no exercício de suas funções, quando tiverem conhecimento de fatos que possam configurar crime de ação pública contra idoso ou ensejar a propositura de ação para sua defesa, devem encaminhar as peças pertinentes ao Ministério Público, para as providências cabíveis.

Art. 91. Para instruir a petição inicial, o interessado poderá requerer às autoridades competentes as certidões e informações que julgar necessárias, que serão fornecidas no prazo de 10 (dez) dias.

Art. 92. O Ministério Público poderá instaurar sob sua presidência, inquérito civil, ou requisitar, de qualquer pessoa, organismo público ou particular, certidões, informações, exames ou perícias, no prazo que assinalar, o qual não poderá ser inferior a 10 (dez) dias.

§ 1º Se o órgão do Ministério Público, esgotadas todas as diligências, se convencer da inexistência de fundamento para a propositura da ação civil ou de peças informativas, determinará o seu arquivamento, fazendo-o fundamentadamente.

§ 2º Os autos do inquérito civil ou as peças de informação arquivados serão remetidos, sob pena de se incorrer em falta grave, no prazo de 3 (três) dias, ao Conselho Superior do Ministério Público ou à Câmara de Coordenação e Revisão do Ministério Público.

§ 3º Até que seja homologado ou rejeitado o arquivamento, pelo Conselho Superior do Ministério Público ou por Câmara de Coordenação e Revisão do Ministério Público, as associações legitimadas poderão apresentar razões escritas ou documentos, que serão juntados ou anexados às peças de informação.

§ 4º Deixando o Conselho Superior ou a Câmara de Coordenação e Revisão do Ministério Público de homologar a promoção de arquivamento, será designado outro membro do Ministério Público para o ajuizamento da ação.

TÍTULO VI
Dos Crimes

CAPÍTULO I
Disposições Gerais

Art. 93. Aplicam-se subsidiariamente, no que couber, as disposições da Lei nº 7.347, de 24 de julho de 1985.

Art. 94. Aos crimes previstos nesta Lei, cuja pena máxima privativa de liberdade não ultrapasse 4 (quatro) anos, aplica-se o procedimento previsto na Lei nº 9.099, de 26 de setembro de 1995, e, subsidiariamente, no que couber, as disposições do Código Penal e do Código de Processo Penal. (Vide ADI 3.096-5 – STF)

CAPÍTULO II
Dos Crimes em Espécie

Art. 95. Os crimes definidos nesta Lei são de ação penal pública incondicionada, não se lhes aplicando os arts. 181 e 182 do Código Penal.

Art. 96. Discriminar pessoa idosa, impedindo ou dificultando seu acesso a operações bancárias, aos meios de transporte, ao direito de contratar ou por qualquer outro meio ou instrumento necessário ao exercício da cidadania, por motivo de idade:
Pena – reclusão de 6 (seis) meses a 1 (um) ano e multa.
§ 1º Na mesma pena incorre quem desdenhar, humilhar, menosprezar ou discriminar pessoa idosa, por qualquer motivo.
§ 2º A pena será aumentada de 1/3 (um terço) se a vítima se encontrar sob os cuidados ou responsabilidade do agente.
§ 3º Não constitui crime a negativa de crédito motivada por superendividamento do idoso. (Incluído pela Lei nº 14.181, de 2021)

Art. 97. Deixar de prestar assistência ao idoso, quando possível fazê-lo sem risco pessoal, em situação de iminente perigo, ou recusar, retardar ou dificultar sua assistência à saúde, sem justa causa, ou não pedir, nesses casos, o socorro de autoridade pública:
Pena – detenção de 6 (seis) meses a 1 (um) ano e multa.
Parágrafo único. A pena é aumentada de metade, se da omissão resulta lesão corporal de natureza grave, e triplicada, se resulta a morte.

Art. 98. Abandonar o idoso em hospitais, casas de saúde, entidades de longa permanência, ou congêneres, ou não prover suas necessidades básicas, quando obrigado por lei ou mandado:
Pena – detenção de 6 (seis) meses a 3 (três) anos e multa.

Art. 99. Expor a perigo a integridade e a saúde, física ou psíquica, do idoso, submetendo-o a condições desumanas ou degradantes ou privando-o de alimentos e cuidados indispensáveis, quando obrigado a fazê-lo, ou sujeitando-o a trabalho excessivo ou inadequado:
Pena – detenção de 2 (dois) meses a 1 (um) ano e multa.
§ 1º Se do fato resulta lesão corporal de natureza grave:
Pena – reclusão de 1 (um) a 4 (quatro) anos.
§ 2º Se resulta a morte:
Pena – reclusão de 4 (quatro) a 12 (doze) anos.

Art. 100. Constitui crime punível com reclusão de 6 (seis) meses a 1 (um) ano e multa:
I. obstar o acesso de alguém a qualquer cargo público por motivo de idade;
II. negar a alguém, por motivo de idade, emprego ou trabalho;
III. recusar, retardar ou dificultar atendimento ou deixar de prestar assistência à saúde, sem justa causa, a pessoa idosa;
IV. deixar de cumprir, retardar ou frustrar, sem justo motivo, a execução de ordem judicial expedida na ação civil a que alude esta Lei;
V. recusar, retardar ou omitir dados técnicos indispensáveis à propositura da ação civil objeto desta Lei, quando requisitados pelo Ministério Público.

Art. 101. Deixar de cumprir, retardar ou frustrar, sem justo motivo, a execução de ordem judicial expedida nas ações em que for parte ou interveniente o idoso:
Pena – detenção de 6 (seis) meses a 1 (um) ano e multa.

Art. 102. Apropriar-se de ou desviar bens, proventos, pensão ou qualquer outro rendimento do idoso, dando-lhes aplicação diversa da de sua finalidade:
Pena – reclusão de 1 (um) a 4 (quatro) anos e multa.

Art. 103. Negar o acolhimento ou a permanência do idoso, como abrigado, por recusa deste em outorgar procuração à entidade de atendimento:
Pena – detenção de 6 (seis) meses a 1 (um) ano e multa.

Art. 104. Reter o cartão magnético de conta bancária relativa a benefícios, proventos ou pensão do idoso, bem como qualquer outro documento com objetivo de assegurar recebimento ou ressarcimento de dívida:
Pena – detenção de 6 (seis) meses a 2 (dois) anos e multa.

Art. 105. Exibir ou veicular, por qualquer meio de comunicação, informações ou imagens depreciativas ou injuriosas à pessoa do idoso:
Pena – detenção de 1 (um) a 3 (três) anos e multa.
Art. 106. Induzir pessoa idosa sem discernimento de seus atos a outorgar procuração para fins de administração de bens ou deles dispor livremente:
Pena – reclusão de 2 (dois) a 4 (quatro) anos.
Art. 107. Coagir, de qualquer modo, o idoso a doar, contratar, testar ou outorgar procuração:
Pena – reclusão de 2 (dois) a 5 (cinco) anos.
Art. 108. Lavrar ato notarial que envolva pessoa idosa sem discernimento de seus atos, sem a devida representação legal:
Pena – reclusão de 2 (dois) a 4 (quatro) anos.

TÍTULO VII
Disposições Finais e Transitórias

Art. 109. Impedir ou embaraçar ato do representante do Ministério Público ou de qualquer outro agente fiscalizador:
Pena – reclusão de 6 (seis) meses a 1 (um) ano e multa.
Art. 110. O Decreto-Lei nº 2.848, de 7 de dezembro de 1940, Código Penal, passa a vigorar com as seguintes alterações:
"Art. 61..
....
I...
....
h) contra criança, maior de 60 (sessenta) anos, enfermo ou mulher grávida;
...." (NR)
"Art. 121..

§ 4º No homicídio culposo, a pena é aumentada de 1/3 (um terço), se o crime resulta de inobservância de regra técnica de profissão, arte ou ofício, ou se o agente deixa de prestar imediato socorro à vítima, não procura diminuir as consequências do seu ato, ou foge para evitar prisão em flagrante. Sendo doloso o homicídio, a pena é aumentada de 1/3 (um terço) se o crime é praticado contra pessoa menor de 14 (quatorze) ou maior de 60 (sessenta) anos.
...." (NR)
"Art. 133..

§ 3º..
II. se a vítima é maior de 60 (sessenta) anos.» (NR)
"Art. 140..
....
§ 3º Se a injúria consiste na utilização de elementos referentes à raça, cor, etnia, religião, origem ou a condição de pessoa idosa ou portadora de deficiência:
.... (NR)
"Art. 141..
....
III. contra pessoa maior de 60 (sessenta) anos ou portadora de deficiência, exceto no caso de injúria.
...." (NR)
"Art. 148..
....
§ 1º..
I. se a vítima é ascendente, descendente, cônjuge do agente ou maior de 60 (sessenta) anos.
...." (NR)
"Art. 159..
....
§ 1º Se o sequestro dura mais de 24 (vinte e quatro) horas, se o sequestrado é menor de 18 (dezoito) ou maior de 60 (sessenta) anos, ou se o crime é cometido por bando ou quadrilha.
...." (NR)
"Art. 183..
....
II. se o crime é praticado contra pessoa com idade igual ou superior a 60 (sessenta) anos.» (NR)
"Art. 244. Deixar, sem justa causa, de prover a subsistência do cônjuge, ou de filho menor de 18 (dezoito) anos ou inapto para o trabalho, ou de ascendente inválido ou maior de 60 (sessenta) anos, não lhes proporcionando os recursos necessários ou faltando ao pagamento de pensão alimentícia judicialmente acordada, fixada ou majorada; deixar, sem justa causa, de socorrer descendente ou ascendente, gravemente enfermo:
...." (NR)
Art. 111. O art. 21 do Decreto-Lei nº 3.688, de 3 de outubro de 1941, Lei das Contravenções Penais, passa a vigorar acrescido do seguinte parágrafo único:
"Art. 21..

Parágrafo único. Aumenta-se a pena de 1/3 (um terço) até a metade se a vítima é maior de 60 (sessenta) anos." (NR)

Art. 112. O inciso II do § 4º do art. 1º da Lei nº 9.455, de 7 de abril de 1997, passa a vigorar com a seguinte redação:
"Art. 1. ....
....
§ 4º..
III. se o crime é cometido contra criança, gestante, portador de deficiência, adolescente ou maior de 60 (sessenta) anos;
...." (NR)

Art. 113. O inciso III do art. 18 da Lei nº 6.368, de 21 de outubro de 1976, passa a vigorar com a seguinte redação:
"Art. 18..
....

IV. se qualquer deles decorrer de associação ou visar a menores de 21 (vinte e um) anos ou a pessoa com idade igual ou superior a 60 (sessenta) anos ou a quem tenha, por qualquer causa, diminuída ou suprimida a capacidade de discernimento ou de autodeterminação:
...." (NR)

Art. 114. O art. 1º da Lei nº 10.048, de 8 de novembro de 2000, passa a vigorar com a seguinte redação:
"Art. 1. As pessoas portadoras de deficiência, os idosos com idade igual ou superior a 60 (sessenta) anos, as gestantes, as lactantes e as pessoas acompanhadas por crianças de colo terão atendimento prioritário, nos termos desta Lei.» (NR)

Art. 115. O Orçamento da Seguridade Social destinará ao Fundo Nacional de Assistência Social, até que o Fundo Nacional do Idoso seja criado, os recursos necessários, em cada exercício financeiro, para aplicação em programas e ações relativos ao idoso.

Art. 116. Serão incluídos nos censos demográficos dados relativos à população idosa do País.

Art. 117. O Poder Executivo encaminhará ao Congresso Nacional projeto de lei revendo os critérios de concessão do Benefício de Prestação Continuada previsto na Lei Orgânica da Assistência Social, de forma a garantir que o acesso ao direito seja condizente com o estágio de desenvolvimento socioeconômico alcançado pelo País.

Art. 118. Esta Lei entra em vigor decorridos 90 (noventa) dias da sua publicação, ressalvado o disposto no caput do art. 36, que vigorará a partir de 1º de janeiro de 2004.

Brasília, 1º de outubro de 2003; 182º da Independência e 115º da República.
LUIZ INÁCIO LULA DA SILVA
Márcio Thomaz Bastos
Antonio Palocci Filho
Rubem Fonseca Filho
Humberto Sérgio Costa Lima
Guido Mantega
Ricardo José Ribeiro Berzoini
Benedita Souza da Silva Sampaio
Álvaro Augusto Ribeiro Costa

Este texto não substitui o publicado no DOU de 3/10/2003.

Lei nº 12.288/10 (Estatuto da Igualdade Racial)

LEI Nº 12.288, DE 20 DE JULHO DE 2010.

Institui o Estatuto da Igualdade Racial; altera as Leis nºˢ 7.716, de 5 de janeiro de 1989, 9.029, de 13 de abril de 1995, 7.347, de 24 de julho de 1985, e 10.778, de 24 de novembro de 2003
O PRESIDENTE DA REPÚBLICA Faço saber que o Congresso Nacional decreta e eu sanciono a seguinte Lei:

TÍTULO I
Disposições Preliminares

Art. 1. Esta Lei institui o Estatuto da Igualdade Racial, destinado a garantir à população negra a efetivação da igualdade de oportunidades, a defesa dos direitos étnicos individuais, coletivos e difusos e o combate à discriminação e às demais formas de intolerância étnica.

Parágrafo único. Para efeito deste Estatuto, considera-se:

I. discriminação racial ou étnico-racial: toda distinção, exclusão, restrição ou preferência baseada em raça, cor, descendência ou origem nacional ou étnica que tenha por objeto anular ou restringir o reconhecimento, gozo ou exercício, em igualdade de condições, de direitos humanos e liberdades fundamentais nos campos político, econômico, social, cultural ou em qualquer outro campo da vida pública ou privada;

II. desigualdade racial: toda situação injustificada de diferenciação de acesso e fruição de bens, serviços e oportunidades, nas esferas pública e privada, em virtude de raça, cor, descendência ou origem nacional ou étnica;

III. desigualdade de gênero e raça: assimetria existente no âmbito da sociedade que acentua a distância social entre mulheres negras e os demais segmentos sociais;

IV. população negra: o conjunto de pessoas que se autodeclaram pretas e pardas, conforme o quesito cor ou raça usado pela Fundação Instituto Brasileiro de Geografia e Estatística (IBGE), ou que adotam autodefinição análoga;

V. políticas públicas: as ações, iniciativas e programas adotados pelo Estado no cumprimento de suas atribuições institucionais;

VI. ações afirmativas: os programas e medidas especiais adotados pelo Estado e pela iniciativa privada para a correção das desigualdades raciais e para a promoção da igualdade de oportunidades.

Art. 2. É dever do Estado e da sociedade garantir a igualdade de oportunidades, reconhecendo a todo cidadão brasileiro, independentemente da etnia ou da cor da pele, o direito à participação na comunidade, especialmente nas atividades políticas, econômicas, empresariais, educacionais, culturais e esportivas, defendendo sua dignidade e seus valores religiosos e culturais.

Art. 3. Além das normas constitucionais relativas aos princípios fundamentais, aos direitos e garantias fundamentais e aos direitos sociais, econômicos e culturais, o Estatuto da Igualdade Racial adota como diretriz político-jurídica a inclusão das vítimas de desigualdade étnico-racial, a valorização da igualdade étnica e o fortalecimento da identidade nacional brasileira.

Art. 4. A participação da população negra, em condição de igualdade de oportunidade, na vida econômica, social, política e cultural do País será promovida, prioritariamente, por meio de:

I. inclusão nas políticas públicas de desenvolvimento econômico e social;

II. adoção de medidas, programas e políticas de ação afirmativa;

III. modificação das estruturas institucionais do Estado para o adequado enfrentamento e a superação das desigualdades étnicas decorrentes do preconceito e da discriminação étnica;

IV. promoção de ajustes normativos para aperfeiçoar o combate à discriminação étnica e às desigualdades étnicas em todas as suas manifestações individuais, institucionais e estruturais;

V. eliminação dos obstáculos históricos, socioculturais e institucionais que impedem a representação da diversidade étnica nas esferas pública e privada;

VI. estímulo, apoio e fortalecimento de iniciativas oriundas da sociedade civil direcionadas à promoção da igualdade de oportunidades e ao combate às desigualdades étnicas, inclusive mediante a implementação de incentivos e critérios de condicionamento e prioridade no acesso aos recursos públicos;

VII. implementação de programas de ação afirmativa destinados ao enfrentamento das desigualdades étnicas no tocante à educação, cultura, esporte e lazer, saúde, segurança, trabalho, moradia, meios de comunicação de massa, financiamentos públicos, acesso à terra, à Justiça, e outros.

Parágrafo único. Os programas de ação afirmativa constituir-se-ão em políticas públicas destinadas a reparar as distorções e desigualdades sociais e demais práticas discriminatórias adotadas, nas esferas pública e privada, durante o processo de formação social do País.

Art. 5. Para a consecução dos objetivos desta Lei, é instituído o Sistema Nacional de Promoção da Igualdade Racial (Sinapir), conforme estabelecido no Título III.

TÍTULO II
Dos Direitos Fundamentais

CAPÍTULO I
Do Direito à Saúde

Art. 6. O direito à saúde da população negra será garantido pelo poder público mediante políticas universais, sociais e econômicas destinadas à redução do risco de doenças e de outros agravos.

§ 1º O acesso universal e igualitário ao Sistema Único de Saúde (SUS) para promoção, proteção e recuperação da saúde da população negra será de responsabilidade dos órgãos e instituições públicas federais, estaduais, distritais e municipais, da administração direta e indireta.

§ 2º O poder público garantirá que o segmento da população negra vinculado aos seguros privados de saúde seja tratado sem discriminação.

Art. 7. O conjunto de ações de saúde voltadas à população negra constitui a Política Nacional de Saúde Integral da População Negra, organizada de acordo com as diretrizes abaixo especificadas:

I. ampliação e fortalecimento da participação de lideranças dos movimentos sociais em defesa da saúde da população negra nas instâncias de participação e controle social do SUS;

II. produção de conhecimento científico e tecnológico em saúde da população negra;

III. desenvolvimento de processos de informação, comunicação e educação para contribuir com a redução das vulnerabilidades da população negra.

Art. 8. Constituem objetivos da Política Nacional de Saúde Integral da População Negra:

I. a promoção da saúde integral da população negra, priorizando a redução das desigualdades étnicas e o combate à discriminação nas instituições e serviços do SUS;

II. a melhoria da qualidade dos sistemas de informação do SUS no que tange à coleta, ao processamento e à análise dos dados desagregados por cor, etnia e gênero;

III. o fomento à realização de estudos e pesquisas sobre racismo e saúde da população negra;

IV. a inclusão do conteúdo da saúde da população negra nos processos de formação e educação permanente dos trabalhadores da saúde;

V. a inclusão da temática saúde da população negra nos processos de formação política das lideranças de movimentos sociais para o exercício da participação e controle social no SUS.

Parágrafo único. Os moradores das comunidades de remanescentes de quilombos serão beneficiários de incentivos específicos para a garantia do direito à saúde, incluindo melhorias nas condições ambientais, no saneamento básico, na segurança alimentar e nutricional e na atenção integral à saúde.

CAPÍTULO II
Do Direito à Educação, à Cultura, ao Esporte e ao Lazer

SEÇÃO I
Disposições Gerais

Art. 9. A população negra tem direito a participar de atividades educacionais, culturais, esportivas e de lazer adequadas a seus interesses e condições, de modo a contribuir para o patrimônio cultural de sua comunidade e da sociedade brasileira.

Art. 10. Para o cumprimento do disposto no art. 9º, os governos federal, estaduais, distrital e municipais adotarão as seguintes providências:

I. promoção de ações para viabilizar e ampliar o acesso da população negra ao ensino gratuito e às atividades esportivas e de lazer;

II. apoio à iniciativa de entidades que mantenham espaço para promoção social e cultural da população negra;

III. desenvolvimento de campanhas educativas, inclusive nas escolas, para que a solidariedade aos membros da população negra faça parte da cultura de toda a sociedade;

IV. implementação de políticas públicas para o fortalecimento da juventude negra brasileira.

SEÇÃO II
Da Educação

Art. 11. Nos estabelecimentos de ensino fundamental e de ensino médio, públicos e privados, é obrigatório o estudo da história geral da África e da história da população negra no Brasil, observado o disposto na Lei nº 9.394, de 20 de dezembro de 1996.

§ 1º Os conteúdos referentes à história da população negra no Brasil serão ministrados no âmbito de todo o currículo escolar, resgatando sua contribuição decisiva para o desenvolvimento social, econômico, político e cultural do País.

§ 2º O órgão competente do Poder Executivo fomentará a formação inicial e continuada de professores e a elaboração de material didático específico para o cumprimento do disposto no caput deste artigo.

§ 3º Nas datas comemorativas de caráter cívico, os órgãos responsáveis pela educação incentivarão a participação de intelectuais e representantes do movimento negro para debater com os estudantes suas vivências relativas ao tema em comemoração.

Art. 12. Os órgãos federais, distritais e estaduais de fomento à pesquisa e à pós-graduação poderão criar incentivos a pesquisas e a programas de estudo voltados para temas referentes às relações étnicas, aos quilombos e às questões pertinentes à população negra.

Art. 13. O Poder Executivo federal, por meio dos órgãos competentes, incentivará as instituições de ensino superior públicas e privadas, sem prejuízo da legislação em vigor, a:

I. resguardar os princípios da ética em pesquisa e apoiar grupos, núcleos e centros de pesquisa, nos diversos programas de pós-graduação que desenvolvam temáticas de interesse da população negra;

II. incorporar nas matrizes curriculares dos cursos de formação de professores temas que incluam valores concernentes à pluralidade étnica e cultural da sociedade brasileira;

III. desenvolver programas de extensão universitária destinados a aproximar jovens negros de tecnologias avançadas, assegurado o princípio da proporcionalidade de gênero entre os beneficiários;

IV. estabelecer programas de cooperação técnica, nos estabelecimentos de ensino públicos, privados e comunitários, com as escolas de educação infantil, ensino fundamental, ensino médio e ensino técnico, para a formação docente baseada em princípios de equidade, de tolerância e de respeito às diferenças étnicas.

Art. 14. O poder público estimulará e apoiará ações socioeducacionais realizadas por entidades do movimento negro que desenvolvam atividades voltadas para a inclusão social, mediante cooperação técnica, intercâmbios, convênios e incentivos, entre outros mecanismos.

Art. 15. O poder público adotará programas de ação afirmativa.

Art. 16. O Poder Executivo federal, por meio dos órgãos responsáveis pelas políticas de promoção da igualdade e de educação, acompanhará e avaliará os programas de que trata esta Seção.

SEÇÃO III
Da Cultura

Art. 17. O poder público garantirá o reconhecimento das sociedades negras, clubes e outras formas de manifestação coletiva da população negra, com trajetória histórica comprovada, como patrimônio histórico e cultural, nos termos dos arts. 215 e 216 da Constituição Federal.

Art. 18. É assegurado aos remanescentes das comunidades dos quilombos o direito à preservação de seus usos, costumes, tradições e manifestos religiosos, sob a proteção do Estado.

Parágrafo único. A preservação dos documentos e dos sítios detentores de reminiscências históricas dos antigos quilombos, tombados nos termos do § 5º do art. 216 da Constituição Federal, receberá especial atenção do poder público.

Art. 19. O poder público incentivará a celebração das personalidades e das datas comemorativas relacionadas à trajetória do samba e de outras manifestações culturais de matriz africana, bem como sua comemoração nas instituições de ensino públicas e privadas.

Art. 20. O poder público garantirá o registro e a proteção da capoeira, em todas as suas modalidades, como bem de natureza imaterial e de formação da identidade cultural brasileira, nos termos do art. 216 da Constituição Federal.

Parágrafo único. O poder público buscará garantir, por meio dos atos normativos necessários, a preservação dos elementos formadores tradicionais da capoeira nas suas relações internacionais.

SEÇÃO IV
Do Esporte e Lazer

Art. 21. O poder público fomentará o pleno acesso da população negra às práticas desportivas, consolidando o esporte e o lazer como direitos sociais.

Art. 22. A capoeira é reconhecida como desporto de criação nacional, nos termos do art. 217 da Constituição Federal.

§ 1º A atividade de capoeirista será reconhecida em todas as modalidades em que a capoeira se manifesta, seja como esporte, luta, dança ou música, sendo livre o exercício em todo o território nacional.

§ 2º É facultado o ensino da capoeira nas instituições públicas e privadas pelos capoeiristas e mestres tradicionais, pública e formalmente reconhecidos.

CAPÍTULO III

Do Direito à Liberdade de Consciência e De Crença e ao Livre Exercício dos Cultos Religiosos

Art. 23. É inviolável a liberdade de consciência e de crença, sendo assegurado o livre exercício dos cultos religiosos e garantida, na forma da lei, a proteção aos locais de culto e a suas liturgias.

Art. 24. O direito à liberdade de consciência e de crença e ao livre exercício dos cultos religiosos de matriz africana compreende:

I. a prática de cultos, a celebração de reuniões relacionadas à religiosidade e a fundação e manutenção, por iniciativa privada, de lugares reservados para tais fins;
II. a celebração de festividades e cerimônias de acordo com preceitos das respectivas religiões;
III. a fundação e a manutenção, por iniciativa privada, de instituições beneficentes ligadas às respectivas convicções religiosas;
IV. a produção, a comercialização, a aquisição e o uso de artigos e materiais religiosos adequados aos costumes e às práticas fundadas na respectiva religiosidade, ressalvadas as condutas vedadas por legislação específica;
V. a produção e a divulgação de publicações relacionadas ao exercício e à difusão das religiões de matriz africana;
VI. a coleta de contribuições financeiras de pessoas naturais e jurídicas de natureza privada para a manutenção das atividades religiosas e sociais das respectivas religiões;
VII. o acesso aos órgãos e aos meios de comunicação para divulgação das respectivas religiões;
VIII. a comunicação ao Ministério Público para abertura de ação penal em face de atitudes e práticas de intolerância religiosa nos meios de comunicação e em quaisquer outros locais.

Art. 25. É assegurada a assistência religiosa aos praticantes de religiões de matrizes africanas internados em hospitais ou em outras instituições de internação coletiva, inclusive àqueles submetidos a pena privativa de liberdade.

Art. 26. O poder público adotará as medidas necessárias para o combate à intolerância com as religiões de matrizes africanas e à discriminação de seus seguidores, especialmente com o objetivo de:

I. coibir a utilização dos meios de comunicação social para a difusão de proposições, imagens ou abordagens que exponham pessoa ou grupo ao ódio ou ao desprezo por motivos fundados na religiosidade de matrizes africanas;
II. inventariar, restaurar e proteger os documentos, obras e outros bens de valor artístico e cultural, os monumentos, mananciais, flora e sítios arqueológicos vinculados às religiões de matrizes africanas;
III. assegurar a participação proporcional de representantes das religiões de matrizes africanas, ao lado da representação das demais religiões, em comissões, conselhos, órgãos e outras instâncias de deliberação vinculadas ao poder público.

CAPÍTULO IV

Do Acesso à Terra e à Moradia Adequada

SEÇÃO I
Do Acesso à Terra

Art. 27. O poder público elaborará e implementará políticas públicas capazes de promover o acesso da população negra à terra e às atividades produtivas no campo.

Art. 28. Para incentivar o desenvolvimento das atividades produtivas da população negra no campo, o poder público promoverá ações para viabilizar e ampliar o seu acesso ao financiamento agrícola.

Art. 29. Serão assegurados à população negra a assistência técnica rural, a simplificação do acesso ao crédito agrícola e o fortalecimento da infraestrutura de logística para a comercialização da produção.

Art. 30. O poder público promoverá a educação e a orientação profissional agrícola para os trabalhadores negros e as comunidades negras rurais.

Art. 31. Aos remanescentes das comunidades dos quilombos que estejam ocupando suas terras é reconhecida a propriedade definitiva, devendo o Estado emitir-lhes os títulos respectivos.

Art. 32. O Poder Executivo federal elaborará e desenvolverá políticas públicas especiais voltadas para o desenvolvimento sustentável dos remanescentes das comunidades dos quilombos, respeitando as tradições de proteção ambiental das comunidades.

Art. 33. Para fins de política agrícola, os remanescentes das comunidades dos quilombos receberão dos órgãos competentes tratamento especial diferenciado, assistência técnica e linhas especiais de financiamento público, destinados à realização de suas atividades produtivas e de infraestrutura.

Art. 34. Os remanescentes das comunidades dos quilombos se beneficiarão de todas as iniciativas previstas nesta e em outras leis para a promoção da igualdade étnica.

SEÇÃO II
Da Moradia

Art. 35. O poder público garantirá a implementação de políticas públicas para assegurar o direito à moradia adequada da população negra que vive em favelas, cortiços, áreas urbanas subutilizadas, degradadas ou em processo de degradação, a fim de reintegrá-las à dinâmica urbana e promover melhorias no ambiente e na qualidade de vida.

Parágrafo único. O direito à moradia adequada, para os efeitos desta Lei, inclui não apenas o provimento habitacional, mas também a garantia da infraestrutura urbana e dos equipamentos comunitários associados à função habitacional, bem como a assistência técnica e jurídica para a construção, a reforma ou a regularização fundiária da habitação em área urbana.

Art. 36. Os programas, projetos e outras ações governamentais realizadas no âmbito do Sistema Nacional de Habitação de Interesse Social (SNHIS), regulado pela Lei nº 11.124, de 16 de junho de 2005, devem considerar as peculiaridades sociais, econômicas e culturais da população negra.

Parágrafo único. Os Estados, o Distrito Federal e os Municípios estimularão e facilitarão a participação de organizações e movimentos representativos da população negra na composição dos conselhos constituídos para fins de aplicação do Fundo Nacional de Habitação de Interesse Social (FNHIS).

Art. 37. Os agentes financeiros, públicos ou privados, promoverão ações para viabilizar o acesso da população negra aos financiamentos habitacionais.

CAPÍTULO V
Do Trabalho

Art. 38. A implementação de políticas voltadas para a inclusão da população negra no mercado de trabalho será de responsabilidade do poder público, observando-se:

I. o instituído neste Estatuto;

II. os compromissos assumidos pelo Brasil ao ratificar a Convenção Internacional sobre a Eliminação de Todas as Formas de Discriminação Racial, de 1965;

III. os compromissos assumidos pelo Brasil ao ratificar a Convenção nº 111, de 1958, da Organização Internacional do Trabalho (OIT), que trata da discriminação no emprego e na profissão;

IV. os demais compromissos formalmente assumidos pelo Brasil perante a comunidade internacional.

Art. 39. O poder público promoverá ações que assegurem a igualdade de oportunidades no mercado de trabalho para a população negra, inclusive mediante a implementação de medidas visando à promoção da igualdade nas contratações do setor público e o incentivo à adoção de medidas similares nas empresas e organizações privadas.

§ 1º A igualdade de oportunidades será lograda mediante a adoção de políticas e programas de formação profissional, de emprego e de geração de renda voltados para a população negra.

§ 2º As ações visando a promover a igualdade de oportunidades na esfera da administração pública far-se-ão por meio de normas estabelecidas ou a serem estabelecidas em legislação específica e em seus regulamentos.

§ 3º O poder público estimulará, por meio de incentivos, a adoção de iguais medidas pelo setor privado.

§ 4º As ações de que trata o caput deste artigo assegurarão o princípio da proporcionalidade de gênero entre os beneficiários.

§ 5º Será assegurado o acesso ao crédito para a pequena produção, nos meios rural e urbano, com ações afirmativas para mulheres negras.

§ 6º O poder público promoverá campanhas de sensibilização contra a marginalização da mulher negra no trabalho artístico e cultural.

§ 7º O poder público promoverá ações com o objetivo de elevar a escolaridade e a qualificação profissional nos setores da economia que contem com alto índice de ocupação por trabalhadores negros de baixa escolarização.

Art. 40. O Conselho Deliberativo do Fundo de Amparo ao Trabalhador (Codefat) formulará políticas, programas e projetos voltados para a inclusão da população negra no mercado de trabalho e orientará a destinação de recursos para seu financiamento.

Art. 41. As ações de emprego e renda, promovidas por meio de financiamento para constituição e ampliação de pequenas e médias empresas e de programas de geração de renda, contemplarão o estímulo à promoção de empresários negros.

Parágrafo único. O poder público estimulará as atividades voltadas ao turismo étnico com enfoque nos locais, monumentos e cidades que retratem a cultura, os usos e os costumes da população negra.

Art. 42. O Poder Executivo federal poderá implementar critérios para provimento de cargos em comissão e funções de confiança destinados a ampliar a participação de negros, buscando reproduzir a estrutura da distribuição étnica nacional ou, quando for o caso, estadual, observados os dados demográficos oficiais.

CAPÍTULO VI
Dos Meios de Comunicação

Art. 43. A produção veiculada pelos órgãos de comunicação valorizará a herança cultural e a participação da população negra na história do País.

Art. 44. Na produção de filmes e programas destinados à veiculação pelas emissoras de televisão e em salas cinematográficas, deverá ser adotada a prática de conferir oportunidades de emprego para atores, figurantes e técnicos negros, sendo vedada toda e qualquer discriminação de natureza política, ideológica, étnica ou artística.

Parágrafo único. A exigência disposta no caput não se aplica aos filmes e programas que abordem especificidades de grupos étnicos determinados.

Art. 45. Aplica-se à produção de peças publicitárias destinadas à veiculação pelas emissoras de televisão e em salas cinematográficas o disposto no art. 44.

Art. 46. Os órgãos e entidades da administração pública federal direta, autárquica ou fundacional, as empresas públicas e as sociedades de economia mista federais deverão incluir cláusulas de participação de artistas negros nos contratos de realização de filmes, programas ou quaisquer outras peças de caráter publicitário.

§ 1º Os órgãos e entidades de que trata este artigo incluirão, nas especificações para contratação de serviços de consultoria, conceituação, produção e realização de filmes, programas ou peças publicitárias, a obrigatoriedade da prática de iguais oportunidades de emprego para as pessoas relacionadas com o projeto ou serviço contratado.

§ 2º Entende-se por prática de iguais oportunidades de emprego o conjunto de medidas sistemáticas executadas com a finalidade de garantir a diversidade étnica, de sexo e de idade na equipe vinculada ao projeto ou serviço contratado.

§ 3º A autoridade contratante poderá, se considerar necessário para garantir a prática de iguais oportunidades de emprego, requerer auditoria por órgão do poder público federal.

§ 4º A exigência disposta no caput não se aplica às produções publicitárias quando abordarem especificidades de grupos étnicos determinados.

TÍTULO III
Do Sistema Nacional de Promoção da Igualdade Racial (SINAPIR)

CAPÍTULO I
Disposição Preliminar

Art. 47. É instituído o Sistema Nacional de Promoção da Igualdade Racial (Sinapir) como forma de organização e de articulação voltadas à implementação do conjunto de políticas e serviços destinados a superar as desigualdades étnicas existentes no País, prestados pelo poder público federal.

§ 1º Os Estados, o Distrito Federal e os Municípios poderão participar do Sinapir mediante adesão.

§ 2º O poder público federal incentivará a sociedade e a iniciativa privada a participar do Sinapir.

CAPÍTULO II
Dos Objetivos

Art. 48. São objetivos do Sinapir:

I. promover a igualdade étnica e o combate às desigualdades sociais resultantes do racismo, inclusive mediante adoção de ações afirmativas;

II. formular políticas destinadas a combater os fatores de marginalização e a promover a integração social da população negra;

III. descentralizar a implementação de ações afirmativas pelos governos estaduais, distrital e municipais;

IV. articular planos, ações e mecanismos voltados à promoção da igualdade étnica;

V. garantir a eficácia dos meios e dos instrumentos criados para a implementação das ações afirmativas e o cumprimento das metas a serem estabelecidas.

CAPÍTULO III
Da Organização e Competência

Art. 49. O Poder Executivo federal elaborará plano nacional de promoção da igualdade racial contendo as metas, princípios e diretrizes para a implementação da Política Nacional de Promoção da Igualdade Racial (PNPIR).

§ 1º A elaboração, implementação, coordenação, avaliação e acompanhamento da PNPIR, bem como a organização, articulação e coordenação do Sinapir, serão efetivados pelo órgão responsável pela política de promoção da igualdade étnica em âmbito nacional.

§ 2º É o Poder Executivo federal autorizado a instituir fórum intergovernamental de promoção da igualdade étnica, a ser coordenado pelo órgão responsável pelas políticas de promoção da igualdade étnica, com o objetivo de implementar estratégias que visem à incorporação da política nacional de promoção da igualdade étnica nas ações governamentais de Estados e Municípios.

§ 3º As diretrizes das políticas nacional e regional de promoção da igualdade étnica serão elaboradas por órgão colegiado que assegure a participação da sociedade civil.

Art. 50. Os Poderes Executivos estaduais, distrital e municipais, no âmbito das respectivas esferas de competência, poderão instituir conselhos de promoção da igualdade étnica, de caráter permanente e consultivo, compostos por igual número de representantes de órgãos e entidades públicas e de organizações da sociedade civil representativas da população negra.

Parágrafo único. O Poder Executivo priorizará o repasse dos recursos referentes aos programas e atividades previstos nesta Lei aos Estados, Distrito Federal e Municípios que tenham criado conselhos de promoção da igualdade étnica.

CAPÍTULO IV
Das Ouvidorias Permanentes e do Acesso à Justiça e à Segurança

Art. 51. O poder público federal instituirá, na forma da lei e no âmbito dos Poderes Legislativo e Executivo, Ouvidorias Permanentes em Defesa da Igualdade Racial, para receber e encaminhar denúncias de preconceito e discriminação com base em etnia ou cor e acompanhar a implementação de medidas para a promoção da igualdade.

Art. 52. É assegurado às vítimas de discriminação étnica o acesso aos órgãos de Ouvidoria Permanente, à Defensoria Pública, ao Ministério Público e ao Poder Judiciário, em todas as suas instâncias, para a garantia do cumprimento de seus direitos.

Parágrafo único. O Estado assegurará atenção às mulheres negras em situação de violência, garantida a assistência física, psíquica, social e jurídica.

Art. 53. O Estado adotará medidas especiais para coibir a violência policial incidente sobre a população negra.

Parágrafo único. O Estado implementará ações de ressocialização e proteção da juventude negra em conflito com a lei e exposta a experiências de exclusão social.

Art. 54. O Estado adotará medidas para coibir atos de discriminação e preconceito praticados por servidores públicos em detrimento da população negra, observado, no que couber, o disposto na Lei nº 7.716, de 5 de janeiro de 1989.

Art. 55. Para a apreciação judicial das lesões e das ameaças de lesão aos interesses da população negra decorrentes de situações de desigualdade étnica, recorrer-se-á, entre outros instrumentos, à ação civil pública, disciplinada na Lei nº 7.347, de 24 de julho de 1985.

CAPÍTULO V
Do Financiamento das Iniciativas de Promoção da Igualdade Racial

Art. 56. Na implementação dos programas e das ações constantes dos planos plurianuais e dos orçamentos anuais da União, deverão ser observadas as políticas de ação afirmativa a que se refere o inciso VII do art. 4º desta Lei e outras políticas públicas que tenham como objetivo promover a igualdade de oportunidades e a inclusão social da população negra, especialmente no que tange a:

I. promoção da igualdade de oportunidades em educação, emprego e moradia;

II. financiamento de pesquisas, nas áreas de educação, saúde e emprego, voltadas para a melhoria da qualidade de vida da população negra;

III. incentivo à criação de programas e veículos de comunicação destinados à divulgação de matérias relacionadas aos interesses da população negra;

IV. incentivo à criação e à manutenção de microempresas administradas por pessoas autodeclaradas negras;

V. iniciativas que incrementem o acesso e a permanência das pessoas negras na educação fundamental, média, técnica e superior;

VI. apoio a programas e projetos dos governos estaduais, distrital e municipais e de entidades da sociedade civil voltados para a promoção da igualdade de oportunidades para a população negra;

VII. apoio a iniciativas em defesa da cultura, da memória e das tradições africanas e brasileiras.

§ 1º O Poder Executivo federal é autorizado a adotar medidas que garantam, em cada exercício, a transparência na alocação e na execução dos recursos necessários ao financiamento das ações previstas neste Estatuto, explicitando, entre outros, a proporção dos recursos orçamentários destinados aos programas de promoção da igualdade, especialmente nas áreas de educação, saúde, emprego e renda, desenvolvimento agrário, habitação popular, desenvolvimento regional, cultura, esporte e lazer.

§ 2º Durante os 5 (cinco) primeiros anos, a contar do exercício subsequente à publicação deste Estatuto, os órgãos do Poder Executivo federal que desenvolvem políticas e programas nas áreas referidas no § 1º deste artigo discriminarão em seus orçamentos anuais a participação nos programas de ação afirmativa referidos no inciso VII do art. 4º desta Lei.

§ 3º O Poder Executivo é autorizado a adotar as medidas necessárias para a adequada implementação do disposto neste artigo, podendo estabelecer patamares de participação crescente dos programas de ação afirmativa nos orçamentos anuais a que se refere o § 2º deste artigo.

§ 4º O órgão colegiado do Poder Executivo federal responsável pela promoção da igualdade racial acompanhará e avaliará a programação das ações referidas neste artigo nas propostas orçamentárias da União.

Art. 57. Sem prejuízo da destinação de recursos ordinários, poderão ser consignados nos orçamentos fiscal e da seguridade social para financiamento das ações de que trata o art. 56:

I. transferências voluntárias dos Estados, do Distrito Federal e dos Municípios;

II. doações voluntárias de particulares;

III. doações de empresas privadas e organizações não governamentais, nacionais ou internacionais;

IV. doações voluntárias de fundos nacionais ou internacionais;

V. doações de Estados estrangeiros, por meio de convênios, tratados e acordos internacionais.

TÍTULO IV
Disposições Finais

Art. 58. As medidas instituídas nesta Lei não excluem outras em prol da população negra que tenham sido ou venham a ser adotadas no âmbito da União, dos Estados, do Distrito Federal ou dos Municípios.

Art. 59. O Poder Executivo federal criará instrumentos para aferir a eficácia social das medidas previstas nesta Lei e efetuará seu monitoramento constante, com a emissão e a divulgação de relatórios periódicos, inclusive pela rede mundial de computadores.

Art. 60. Os arts. 3º e 4º da Lei nº 7.716, de 1989, passam a vigorar com a seguinte redação:

"Art. 3º...

Parágrafo único. Incorre na mesma pena quem, por motivo de discriminação de raça, cor, etnia, religião ou procedência nacional, obstar a promoção funcional." (NR)

"Art. 4º...

§ 1º Incorre na mesma pena quem, por motivo de discriminação de raça ou de cor ou práticas resultantes do preconceito de descendência ou origem nacional ou étnica:

I. deixar de conceder os equipamentos necessários ao empregado em igualdade de condições com os demais trabalhadores;

II. impedir a ascensão funcional do empregado ou obstar outra forma de benefício profissional;

III. proporcionar ao empregado tratamento diferenciado no ambiente de trabalho, especialmente quanto ao salário.

§ 2º Ficará sujeito às penas de multa e de prestação de serviços à comunidade, incluindo atividades de promoção da igualdade racial, quem, em anúncios ou qualquer outra forma de recrutamento de trabalhadores, exigir aspectos de aparência próprios de raça ou etnia para emprego cujas atividades não justifiquem essas exigências." (NR)

Art. 61. Os arts. 3º e 4º da Lei nº 9.029, de 13 de abril de 1995, passam a vigorar com a seguinte redação:

"Art. 3. Sem prejuízo do prescrito no art. 2° e nos dispositivos legais que tipificam os crimes resultantes de preconceito de etnia, raça ou cor, as infrações do disposto nesta Lei são passíveis das seguintes cominações:
...." (NR)

"Art. 4. O rompimento da relação de trabalho por ato discriminatório, nos moldes desta Lei, além do direito à reparação pelo dano moral, faculta ao empregado optar entre:
...." (NR)

Art. 62. O art. 13 da Lei no 7.347, de 1985, passa a vigorar acrescido do seguinte § 2º, renumerando-se o atual parágrafo único como § 1º:

"Art. 13...
§ 1º...
§ 2º Havendo acordo ou condenação com fundamento em dano causado por ato de discriminação étnica nos termos do disposto no art. 1º desta Lei, a prestação em dinheiro reverterá diretamente ao fundo de que trata o caput e será utilizada para ações de promoção da igualdade étnica, conforme definição do Conselho Nacional de Promoção da Igualdade Racial, na hipótese de extensão nacional, ou dos Conselhos de Promoção de Igualdade Racial estaduais ou locais, nas hipóteses de danos com extensão regional ou local, respectivamente." (NR)

Art. 63. O § 1º do art. 1º da Lei nº 10.778, de 24 de novembro de 2003, passa a vigorar com a seguinte redação:

"Art. 1°...
§ 1º Para os efeitos desta Lei, entende-se por violência contra a mulher qualquer ação ou conduta, baseada no gênero, inclusive decorrente de discriminação ou desigualdade étnica, que cause morte, dano ou sofrimento físico, sexual ou psicológico à mulher, tanto no âmbito público quanto no privado.
...." (NR)

Art. 64. O § 3º do art. 20 da Lei nº 7.716, de 1989, passa a vigorar acrescido do seguinte inciso III:

"Art. 20...
....
§ 3º...

IV. a interdição das respectivas mensagens ou páginas de informação na rede mundial de computadores.
....(NR)

Art. 65. Esta Lei entra em vigor 90 (noventa) dias após a data de sua publicação.

Brasília, 20 de julho de 2010; 189º da Independência e 122º da República.
LUIZ INÁCIO LULA DA SILVA
Eloi Ferreira de Araújo

Este texto não substitui o publicado no DOU de 21.7.2010

Lei nº 12.852/13 (Estatuto da Juventude)

LEI Nº 12.852, DE 5 DE AGOSTO DE 2013.
Institui o Estatuto da Juventude e dispõe sobre os direitos dos jovens, os princípios e diretrizes das políticas públicas de juventude e o Sistema Nacional de Juventude – SINAJUVE.

A PRESIDENTA DA REPÚBLICA Faço saber que o Congresso Nacional decreta e eu sanciono a seguinte Lei:

TÍTULO I
Dos Direitos e das Políticas Públicas de Juventude

CAPÍTULO I
Dos Princípios e Diretrizes das Políticas Públicas de Juventude

Art. 1. Esta Lei institui o Estatuto da Juventude e dispõe sobre os direitos dos jovens, os princípios e diretrizes das políticas públicas de juventude e o Sistema Nacional de Juventude – SINAJUVE.

§ 1º Para os efeitos desta Lei, são consideradas jovens as pessoas com idade entre 15 (quinze) e 29 (vinte e nove) anos de idade.

§ 2º Aos adolescentes com idade entre 15 (quinze) e 18 (dezoito) anos aplica-se a Lei nº 8.069, de 13 de julho de 1990 – Estatuto da Criança e do Adolescente, e, excepcionalmente, este Estatuto, quando não conflitar com as normas de proteção integral do adolescente.

SEÇÃO I
Dos Princípios

Art. 2. O disposto nesta Lei e as políticas públicas de juventude são regidos pelos seguintes princípios:
I. promoção da autonomia e emancipação dos jovens;
II. valorização e promoção da participação social e política, de forma direta e por meio de suas representações;
III. promoção da criatividade e da participação no desenvolvimento do País;
IV. reconhecimento do jovem como sujeito de direitos universais, geracionais e singulares;
V. promoção do bem-estar, da experimentação e do desenvolvimento integral do jovem;
VI. respeito à identidade e à diversidade individual e coletiva da juventude;
VII. promoção da vida segura, da cultura da paz, da solidariedade e da não discriminação; e
VIII. valorização do diálogo e convívio do jovem com as demais gerações.
Parágrafo único. A emancipação dos jovens a que se refere o inciso I do caput refere-se à trajetória de inclusão, liberdade e participação do jovem na vida em sociedade, e não ao instituto da emancipação disciplinado pela Lei nº 10.406, de 10 de janeiro de 2002 – Código Civil.

SEÇÃO II
Diretrizes Gerais

Art. 3. Os agentes públicos ou privados envolvidos com políticas públicas de juventude devem observar as seguintes diretrizes:
I. desenvolver a intersetorialidade das políticas estruturais, programas e ações;
II. incentivar a ampla participação juvenil em sua formulação, implementação e avaliação;
III. ampliar as alternativas de inserção social do jovem, promovendo programas que priorizem o seu desenvolvimento integral e participação ativa nos espaços decisórios;
IV. proporcionar atendimento de acordo com suas especificidades perante os órgãos públicos e privados prestadores de serviços à população, visando ao gozo de direitos simultaneamente nos campos da saúde, educacional, político, econômico, social, cultural e ambiental;
V. garantir meios e equipamentos públicos que promovam o acesso à produção cultural, à prática esportiva, à mobilidade territorial e à fruição do tempo livre;
VI. promover o território como espaço de integração;
VII. fortalecer as relações institucionais com os entes federados e as redes de órgãos, gestores e conselhos de juventude;
VIII. estabelecer mecanismos que ampliem a gestão de informação e produção de conhecimento sobre juventude;
IX. promover a integração internacional entre os jovens, preferencialmente no âmbito da América Latina e da África, e a cooperação internacional;
X. garantir a integração das políticas de juventude com os Poderes Legislativo e Judiciário, com o Ministério Público e com a Defensoria Pública; e
XI. zelar pelos direitos dos jovens com idade entre 18 (dezoito) e 29 (vinte e nove) anos privados de liberdade e egressos do sistema prisional, formulando políticas de educação e trabalho, incluindo estímulos à sua reinserção social e laboral, bem como criando e estimulando oportunidades de estudo e trabalho que favoreçam o cumprimento do regime semiaberto.

CAPÍTULO II
Dos Direitos dos Jovens

SEÇÃO I
Do Direito à Cidadania, à Participação Social e Política e à Representação Juvenil

Art. 4. O jovem tem direito à participação social e política e na formulação, execução e avaliação das políticas públicas de juventude.
Parágrafo único. Entende-se por participação juvenil:
I. a inclusão do jovem nos espaços públicos e comunitários a partir da sua concepção como pessoa

ativa, livre, responsável e digna de ocupar uma posição central nos processos políticos e sociais;

II. o envolvimento ativo dos jovens em ações de políticas públicas que tenham por objetivo o próprio benefício, o de suas comunidades, cidades e regiões e o do País;

III. a participação individual e coletiva do jovem em ações que contemplem a defesa dos direitos da juventude ou de temas afetos aos jovens; e

IV. a efetiva inclusão dos jovens nos espaços públicos de decisão com direito a voz e voto.

Art. 5. A interlocução da juventude com o poder público pode realizar-se por intermédio de associações, redes, movimentos e organizações juvenis.

Parágrafo único. É dever do poder público incentivar a livre associação dos jovens.

Art. 6. São diretrizes da interlocução institucional juvenil:

I. a definição de órgão governamental específico para a gestão das políticas públicas de juventude;

II. o incentivo à criação de conselhos de juventude em todos os entes da Federação.

Parágrafo único. Sem prejuízo das atribuições do órgão governamental específico para a gestão das políticas públicas de juventude e dos conselhos de juventude com relação aos direitos previstos neste Estatuto, cabe ao órgão governamental de gestão e aos conselhos dos direitos da criança e do adolescente a interlocução institucional com adolescentes de idade entre 15 (quinze) e 18 (dezoito) anos.

SEÇÃO II
Do Direito à Educação

Art. 7. O jovem tem direito à educação de qualidade, com a garantia de educação básica, obrigatória e gratuita, inclusive para os que a ela não tiveram acesso na idade adequada.

§ 1º A educação básica será ministrada em língua portuguesa, assegurada aos jovens indígenas e de povos e comunidades tradicionais a utilização de suas línguas maternas e de processos próprios de aprendizagem.

§ 2º É dever do Estado oferecer aos jovens que não concluíram a educação básica programas na modalidade da educação de jovens e adultos, adaptados às necessidades e especificidades da juventude, inclusive no período noturno, ressalvada a legislação educacional específica.

§ 3º São assegurados aos jovens com surdez o uso e o ensino da Língua Brasileira de Sinais – Libras, em todas as etapas e modalidades educacionais.

§ 4º É assegurada aos jovens com deficiência a inclusão no ensino regular em todos os níveis e modalidades educacionais, incluindo o atendimento educacional especializado, observada a acessibilidade a edificações, transportes, espaços, mobiliários, equipamentos, sistemas e meios de comunicação e assegurados os recursos de tecnologia assistiva e adaptações necessárias a cada pessoa.

§ 5º A Política Nacional de Educação no Campo contemplará a ampliação da oferta de educação para os jovens do campo, em todos os níveis e modalidades educacionais.

Art. 8. O jovem tem direito à educação superior, em instituições públicas ou privadas, com variados graus de abrangência do saber ou especialização do conhecimento, observadas as regras de acesso de cada instituição.

§ 1º É assegurado aos jovens negros, indígenas e alunos oriundos da escola pública o acesso ao ensino superior nas instituições públicas por meio de políticas afirmativas, nos termos da lei.

§ 2º O poder público promoverá programas de expansão da oferta de educação superior nas instituições públicas, de financiamento estudantil e de bolsas de estudos nas instituições privadas, em especial para jovens com deficiência, negros, indígenas e alunos oriundos da escola pública.

Art. 9. O jovem tem direito à educação profissional e tecnológica, articulada com os diferentes níveis e modalidades de educação, ao trabalho, à ciência e à tecnologia, observada a legislação vigente.

Art. 10. É dever do Estado assegurar ao jovem com deficiência o atendimento educacional especializado gratuito, preferencialmente, na rede regular de ensino.

Art. 11. O direito ao programa suplementar de transporte escolar de que trata o art. 4º da Lei nº 9.394, de 20 de dezembro de 1996, será progressivamente estendido ao jovem estudante do ensino fundamental, do ensino médio e da educação superior, no campo e na cidade.

§ 1º (VETADO).

§ 2º (VETADO).

Art. 12. É garantida a participação efetiva do segmento juvenil, respeitada sua liberdade de organização, nos conselhos e instâncias deliberativas de gestão democrática das escolas e universidades.

Art. 13. As escolas e as universidades deverão formular e implantar medidas de democratização do acesso e permanência, inclusive programas de assistência estudantil, ação afirmativa e inclusão social para os jovens estudantes.

SEÇÃO III
Do Direito à Profissionalização, ao Trabalho e à Renda

Art. 14. O jovem tem direito à profissionalização, ao trabalho e à renda, exercido em condições de liberdade, equidade e segurança, adequadamente remunerado e com proteção social.

Art. 15. A ação do poder público na efetivação do direito do jovem à profissionalização, ao trabalho e à renda contempla a adoção das seguintes medidas:

I. promoção de formas coletivas de organização para o trabalho, de redes de economia solidária e da livre associação;

II. oferta de condições especiais de jornada de trabalho por meio de:
a) compatibilização entre os horários de trabalho e de estudo;
b) oferta dos níveis, formas e modalidades de ensino em horários que permitam a compatibilização da frequência escolar com o trabalho regular;

III. criação de linha de crédito especial destinada aos jovens empreendedores;

IV. atuação estatal preventiva e repressiva quanto à exploração e precarização do trabalho juvenil;

V. adoção de políticas públicas voltadas para a promoção do estágio, aprendizagem e trabalho para a juventude;

VI. apoio ao jovem trabalhador rural na organização da produção da agricultura familiar e dos empreendimentos familiares rurais, por meio das seguintes ações:
a) estímulo à produção e à diversificação de produtos;
b) fomento à produção sustentável baseada na agroecologia, nas agroindústrias familiares, na integração entre lavoura, pecuária e floresta e no extrativismo sustentável;
c) investimento em pesquisa de tecnologias apropriadas à agricultura familiar e aos empreendimentos familiares rurais;
d) estímulo à comercialização direta da produção da agricultura familiar, aos empreendimentos familiares rurais e à formação de cooperativas;
e) garantia de projetos de infraestrutura básica de acesso e escoamento de produção, priorizando a melhoria das estradas e do transporte;
f) promoção de programas que favoreçam o acesso ao crédito, à terra e à assistência técnica rural;

VII. apoio ao jovem trabalhador com deficiência, por meio das seguintes ações:
a) estímulo à formação e à qualificação profissional em ambiente inclusivo;
b) oferta de condições especiais de jornada de trabalho;
c) estímulo à inserção no mercado de trabalho por meio da condição de aprendiz.

Art. 16. O direito à profissionalização e à proteção no trabalho dos adolescentes com idade entre 15 (quinze) e 18 (dezoito) anos de idade será regido pelo disposto na Lei nº 8.069, de 13 de julho de 1990 – Estatuto da Criança e do Adolescente, e em leis específicas, não se aplicando o previsto nesta Seção.

SEÇÃO IV
Do Direito à Diversidade e à Igualdade

Art. 17. O jovem tem direito à diversidade e à igualdade de direitos e de oportunidades e não será discriminado por motivo de:

I. etnia, raça, cor da pele, cultura, origem, idade e sexo;

II. orientação sexual, idioma ou religião;

III. opinião, deficiência e condição social ou econômica.

Art. 18. A ação do poder público na efetivação do direito do jovem à diversidade e à igualdade contempla a adoção das seguintes medidas:

I. adoção, nos âmbitos federal, estadual, municipal e do Distrito Federal, de programas governamentais destinados a assegurar a igualdade de direitos aos jovens de todas as raças e etnias, independentemente de sua origem, relativamente à educação, à profissionalização, ao trabalho e renda, à cultura, à saúde, à segurança, à cidadania e ao acesso à justiça;

II. capacitação dos professores dos ensinos fundamental e médio para a aplicação das diretrizes curriculares nacionais no que se refere ao enfrentamento de todas as formas de discriminação;

III. inclusão de temas sobre questões étnicas, raciais, de deficiência, de orientação sexual, de gênero e de violência doméstica e sexual praticada contra a mulher na formação dos profissionais de educação, de saúde e de segurança pública e dos operadores do direito;

IV. observância das diretrizes curriculares para a educação indígena como forma de preservação dessa cultura;

V. inclusão, nos conteúdos curriculares, de informações sobre a discriminação na sociedade brasileira e sobre o direito de todos os grupos e indivíduos a tratamento igualitário perante a lei; e

VI. inclusão, nos conteúdos curriculares, de temas relacionados à sexualidade, respeitando a diversidade de valores e crenças.

SEÇÃO V
Do Direito à Saúde

Art. 19. O jovem tem direito à saúde e à qualidade de vida, considerando suas especificidades na dimensão da prevenção, promoção, proteção e recuperação da saúde de forma integral.

Art. 20. A política pública de atenção à saúde do jovem será desenvolvida em consonância com as seguintes diretrizes:

I. acesso universal e gratuito ao Sistema Único de Saúde – SUS e a serviços de saúde humanizados e de qualidade, que respeitem as especificidades do jovem;

II. atenção integral à saúde, com especial ênfase ao atendimento e à prevenção dos agravos mais prevalentes nos jovens;

III. desenvolvimento de ações articuladas entre os serviços de saúde e os estabelecimentos de ensino, a sociedade e a família, com vistas à prevenção de agravos;

IV. garantia da inclusão de temas relativos ao consumo de álcool, tabaco e outras drogas, à saúde sexual e reprodutiva, com enfoque de gênero e dos direitos sexuais e reprodutivos nos projetos pedagógicos dos diversos níveis de ensino;

V. reconhecimento do impacto da gravidez planejada ou não, sob os aspectos médico, psicológico, social e econômico;

VI. capacitação dos profissionais de saúde, em uma perspectiva multiprofissional, para lidar com temas relativos à saúde sexual e reprodutiva dos jovens, inclusive com deficiência, e ao abuso de álcool, tabaco e outras drogas pelos jovens;

VII. habilitação dos professores e profissionais de saúde e de assistência social para a identificação dos problemas relacionados ao uso abusivo e à dependência de álcool, tabaco e outras drogas e o devido encaminhamento aos serviços assistenciais e de saúde;

VIII. valorização das parcerias com instituições da sociedade civil na abordagem das questões de prevenção, tratamento e reinserção social dos usuários e dependentes de álcool, tabaco e outras drogas;

IX. proibição de propagandas de bebidas contendo qualquer teor alcoólico com a participação de pessoa com menos de 18 (dezoito) anos de idade;

X. veiculação de campanhas educativas relativas ao álcool, ao tabaco e a outras drogas como causadores de dependência; e

XI. articulação das instâncias de saúde e justiça na prevenção do uso e abuso de álcool, tabaco e outras drogas, inclusive esteróides anabolizantes e, especialmente, crack.

SEÇÃO VI
Do Direito à Cultura

Art. 21. O jovem tem direito à cultura, incluindo a livre criação, o acesso aos bens e serviços culturais e a participação nas decisões de política cultural, à identidade e diversidade cultural e à memória social.

Art. 22. Na consecução dos direitos culturais da juventude, compete ao poder público:

I. garantir ao jovem a participação no processo de produção, reelaboração e fruição dos bens culturais;

II. propiciar ao jovem o acesso aos locais e eventos culturais, mediante preços reduzidos, em âmbito nacional;

III. incentivar os movimentos de jovens a desenvolver atividades artístico-culturais e ações voltadas à preservação do patrimônio histórico;

IV. valorizar a capacidade criativa do jovem, mediante o desenvolvimento de programas e projetos culturais;

V. propiciar ao jovem o conhecimento da diversidade cultural, regional e étnica do País;

VI. promover programas educativos e culturais voltados para a problemática do jovem nas emissoras de rádio e televisão e nos demais meios de comunicação de massa;

VII. promover a inclusão digital dos jovens, por meio do acesso às novas tecnologias da informação e comunicação;

VIII. assegurar ao jovem do campo o direito à produção e à fruição cultural e aos equipamentos públicos que valorizem a cultura camponesa; e
IX. garantir ao jovem com deficiência acessibilidade e adaptações razoáveis.
Parágrafo único. A aplicação dos incisos I, III e VIII do caput deve observar a legislação específica sobre o direito à profissionalização e à proteção no trabalho dos adolescentes.
Art. 23. É assegurado aos jovens de até 29 (vinte e nove) anos pertencentes a famílias de baixa renda e aos estudantes, na forma do regulamento, o acesso a salas de cinema, cineclubes, teatros, espetáculos musicais e circenses, eventos educativos, esportivos, de lazer e entretenimento, em todo o território nacional, promovidos por quaisquer entidades e realizados em estabelecimentos públicos ou particulares, mediante pagamento da metade do preço do ingresso cobrado do público em geral. (Regulamento) (Vigência)
§ 1º Terão direito ao benefício previsto no caput os estudantes regularmente matriculados nos níveis e modalidades de educação e ensino previstos no Título V da Lei nº 9.394, de 20 de dezembro de 1996 – Lei de Diretrizes e Bases da Educação Nacional, que comprovem sua condição de discente, mediante apresentação, no momento da aquisição do ingresso e na portaria do local de realização do evento, da Carteira de Identificação Estudantil – CIE.
§ 2º A CIE será expedida preferencialmente pela Associação Nacional de Pós-Graduandos, pela União Nacional dos Estudantes, pela União Brasileira dos Estudantes Secundaristas e por entidades estudantis estaduais e municipais a elas filiadas.
§ 3º É garantida a gratuidade na expedição da CIE para estudantes pertencentes a famílias de baixa renda, nos termos do regulamento.
§ 4º As entidades mencionadas no § 2º deste artigo deverão tornar disponível, para eventuais consultas pelo poder público e pelos estabelecimentos referidos no caput, banco de dados com o nome e o número de registro dos estudantes portadores da Carteira de Identificação Estudantil, expedida nos termos do § 3º deste artigo.
§ 5º A CIE terá validade até o dia 31 de março do ano subsequente à data de sua expedição.
§ 6º As entidades mencionadas no § 2º deste artigo são obrigadas a manter o documento comprobatório do vínculo do aluno com o estabelecimento escolar, pelo mesmo prazo de validade da respectiva Carteira de Identificação Estudantil.
§ 7º Caberá aos órgãos públicos competentes federais, estaduais, municipais e do Distrito Federal a fiscalização do cumprimento do disposto neste artigo e a aplicação das sanções cabíveis, nos termos do regulamento.
§ 8º Os benefícios previstos neste artigo não incidirão sobre os eventos esportivos de que tratam as Leis nºs 12.663, de 5 de junho de 2012, e 12.780, de 9 de janeiro de 2013.
§ 9º Considera-se de baixa renda, para os fins do disposto no caput, a família inscrita no Cadastro Único para Programas Sociais do Governo Federal – CadÚnico cuja renda mensal seja de até 2 (dois) salários mínimos.
§ 10º A concessão do benefício da meia-entrada de que trata o caput é limitada a 40% (quarenta por cento) do total de ingressos disponíveis para cada evento.
Art. 24. O poder público destinará, no âmbito dos respectivos orçamentos, recursos financeiros para o fomento dos projetos culturais destinados aos jovens e por eles produzidos.
Art. 25. Na destinação dos recursos do Fundo Nacional da Cultura – FNC, de que trata a Lei nº 8.313, de 23 de dezembro de 1991, serão consideradas as necessidades específicas dos jovens em relação à ampliação do acesso à cultura e à melhoria das condições para o exercício do protagonismo no campo da produção cultural.
Parágrafo único. As pessoas físicas ou jurídicas poderão optar pela aplicação de parcelas do imposto sobre a renda a título de doações ou patrocínios, de que trata a Lei nº 8.313, de 23 de dezembro de 1991, no apoio a projetos culturais apresentados por entidades juvenis legalmente constituídas há, pelo menos, 1 (um) ano.

SEÇÃO VII
Do Direito à Comunicação e à Liberdade de Expressão

Art. 26. O jovem tem direito à comunicação e à livre expressão, à produção de conteúdo, individual e colaborativo, e ao acesso às tecnologias de informação e comunicação.
Art. 27. A ação do poder público na efetivação do direito do jovem à comunicação e à liberdade

de expressão contempla a adoção das seguintes medidas:
I. incentivar programas educativos e culturais voltados para os jovens nas emissoras de rádio e televisão e nos demais meios de comunicação de massa;
II. promover a inclusão digital dos jovens, por meio do acesso às novas tecnologias de informação e comunicação;
III. promover as redes e plataformas de comunicação dos jovens, considerando a acessibilidade para os jovens com deficiência;
IV. incentivar a criação e manutenção de equipamentos públicos voltados para a promoção do direito do jovem à comunicação; e
V. garantir a acessibilidade à comunicação por meio de tecnologias assistivas e adaptações razoáveis para os jovens com deficiência.

SEÇÃO VIII
Do Direito ao Desporto e ao Lazer

Art. 28. O jovem tem direito à prática desportiva destinada a seu pleno desenvolvimento, com prioridade para o desporto de participação.
Parágrafo único. O direito à prática desportiva dos adolescentes deverá considerar sua condição peculiar de pessoa em desenvolvimento.
Art. 29. A política pública de desporto e lazer destinada ao jovem deverá considerar:
I. a realização de diagnóstico e estudos estatísticos oficiais acerca da educação física e dos desportos e dos equipamentos de lazer no Brasil;
II. a adoção de lei de incentivo fiscal para o esporte, com critérios que priorizem a juventude e promovam a equidade;
III. a valorização do desporto e do paradesporto educacional;
IV. a oferta de equipamentos comunitários que permitam a prática desportiva, cultural e de lazer.
Art. 30. Todas as escolas deverão buscar pelo menos um local apropriado para a prática de atividades poliesportivas.

SEÇÃO IX
Do Direito ao Território e à Mobilidade

Art. 31. O jovem tem direito ao território e à mobilidade, incluindo a promoção de políticas públicas de moradia, circulação e equipamentos públicos, no campo e na cidade.

Parágrafo único. Ao jovem com deficiência devem ser garantidas a acessibilidade e as adaptações necessárias.
Art. 32. No sistema de transporte coletivo interestadual, observar-se-á, nos termos da legislação específica:
I. a reserva de 2 (duas) vagas gratuitas por veículo para jovens de baixa renda;
II. a reserva de 2 (duas) vagas por veículo com desconto de 50% (cinquenta por cento), no mínimo, no valor das passagens, para os jovens de baixa renda, a serem utilizadas após esgotadas as vagas previstas no inciso I.
Parágrafo único. Os procedimentos e os critérios para o exercício dos direitos previstos nos incisos I e II serão definidos em regulamento.
Art. 33. A União envidará esforços, em articulação com os Estados, o Distrito Federal e os Municípios, para promover a oferta de transporte público subsidiado para os jovens, com prioridade para os jovens em situação de pobreza e vulnerabilidade, na forma do regulamento.

SEÇÃO X
Do Direito à Sustentabilidade e ao Meio Ambiente

Art. 34. O jovem tem direito à sustentabilidade e ao meio ambiente ecologicamente equilibrado, bem de uso comum do povo, essencial à sadia qualidade de vida, e o dever de defendê-lo e preservá-lo para a presente e as futuras gerações.
Art. 35. O Estado promoverá, em todos os níveis de ensino, a educação ambiental voltada para a preservação do meio ambiente e a sustentabilidade, de acordo com a Política Nacional do Meio Ambiente.
Art. 36. Na elaboração, na execução e na avaliação de políticas públicas que incorporem a dimensão ambiental, o poder público deverá considerar:
I. o estímulo e o fortalecimento de organizações, movimentos, redes e outros coletivos de juventude que atuem no âmbito das questões ambientais e em prol do desenvolvimento sustentável;
II. o incentivo à participação dos jovens na elaboração das políticas públicas de meio ambiente;
III. a criação de programas de educação ambiental destinados aos jovens; e
IV. o incentivo à participação dos jovens em projetos de geração de trabalho e renda que visem ao

desenvolvimento sustentável nos âmbitos rural e urbano.

Parágrafo único. A aplicação do disposto no inciso IV do caput deve observar a legislação específica sobre o direito à profissionalização e à proteção no trabalho dos adolescentes.

SEÇÃO XI
Do Direito à Segurança Pública e ao Acesso à Justiça

Art. 37. Todos os jovens têm direito de viver em um ambiente seguro, sem violência, com garantia da sua incolumidade física e mental, sendo-lhes asseguradas a igualdade de oportunidades e facilidades para seu aperfeiçoamento intelectual, cultural e social.

Art. 38. As políticas de segurança pública voltadas para os jovens deverão articular ações da União, dos Estados, do Distrito Federal e dos Municípios e ações não governamentais, tendo por diretrizes:
I. a integração com as demais políticas voltadas à juventude;
II. a prevenção e enfrentamento da violência;
III. a promoção de estudos e pesquisas e a obtenção de estatísticas e informações relevantes para subsidiar as ações de segurança pública e permitir a avaliação periódica dos impactos das políticas públicas quanto às causas, às consequências e à frequência da violência contra os jovens;
IV. a priorização de ações voltadas para os jovens em situação de risco, vulnerabilidade social e egressos do sistema penitenciário nacional;
V. a promoção do acesso efetivo dos jovens à Defensoria Pública, considerando as especificidades da condição juvenil; e
VI. a promoção do efetivo acesso dos jovens com deficiência à justiça em igualdade de condições com as demais pessoas, inclusive mediante a provisão de adaptações processuais adequadas a sua idade.

TÍTULO II
Do Sistema Nacional de Juventude

CAPÍTULO I
Do Sistema Nacional de Juventude – Sinajuve

Art. 39. É instituído o Sistema Nacional de Juventude – Sinajuve, cujos composição, organização, competência e funcionamento serão definidos em regulamento.

Art. 40. O financiamento das ações e atividades realizadas no âmbito do Sinajuve será definido em regulamento.

CAPÍTULO II
Das Competências

Art. 41. Compete à União:
I. formular e coordenar a execução da Política Nacional de Juventude;
II. coordenar e manter o Sinajuve;
III. estabelecer diretrizes sobre a organização e o funcionamento do Sinajuve;
IV. elaborar o Plano Nacional de Políticas de Juventude, em parceria com os Estados, o Distrito Federal, os Municípios e a sociedade, em especial a juventude;
V. convocar e realizar, em conjunto com o Conselho Nacional de Juventude, as Conferências Nacionais de Juventude, com intervalo máximo de 4 (quatro) anos;
VI. prestar assistência técnica e suplementação financeira aos Estados, ao Distrito Federal e aos Municípios para o desenvolvimento de seus sistemas de juventude;
VII. contribuir para a qualificação e ação em rede do Sinajuve em todos os entes da Federação;
VIII. financiar, com os demais entes federados, a execução das políticas públicas de juventude;
IX. estabelecer formas de colaboração com os Estados, o Distrito Federal e os Municípios para a execução das políticas públicas de juventude; e
X. garantir a publicidade de informações sobre repasses de recursos para financiamento das políticas públicas de juventude aos conselhos e gestores estaduais, do Distrito Federal e municipais.

Art. 42. Compete aos Estados:
I. coordenar, em âmbito estadual, o Sinajuve;
II. elaborar os respectivos planos estaduais de juventude, em conformidade com o Plano Nacional, com a participação da sociedade, em especial da juventude;
III. criar, desenvolver e manter programas, ações e projetos para a execução das políticas públicas de juventude;
IV. convocar e realizar, em conjunto com o Conselho Estadual de Juventude, as Conferências Estaduais de Juventude, com intervalo máximo de 4 (quatro) anos;
V. editar normas complementares para a organização e o funcionamento do Sinajuve, em âmbito estadual e municipal;
VI. estabelecer com a União e os Municípios formas de colaboração para a execução das políticas públicas de juventude; e
VII. cofinanciar, com os demais entes federados, a execução de programas, ações e projetos das políticas públicas de juventude.
Parágrafo único. Serão incluídos nos censos demográficos dados relativos à população jovem do País.

Art. 43. Compete aos Municípios:
I. coordenar, em âmbito municipal, o Sinajuve;
II. elaborar os respectivos planos municipais de juventude, em conformidade com os respectivos Planos Nacional e Estadual, com a participação da sociedade, em especial da juventude;
III. criar, desenvolver e manter programas, ações e projetos para a execução das políticas públicas de juventude;
IV. convocar e realizar, em conjunto com o Conselho Municipal de Juventude, as Conferências Municipais de Juventude, com intervalo máximo de 4 (quatro) anos;
V. editar normas complementares para a organização e funcionamento do Sinajuve, em âmbito municipal;
VI. cofinanciar, com os demais entes federados, a execução de programas, ações e projetos das políticas públicas de juventude; e
VII. estabelecer mecanismos de cooperação com os Estados e a União para a execução das políticas públicas de juventude.
Parágrafo único. Para garantir a articulação federativa com vistas ao efetivo cumprimento das políticas públicas de juventude, os Municípios podem instituir os consórcios de que trata a Lei nº 11.107, de 6 de abril de 2005, ou qualquer outro instrumento jurídico adequado, como forma de compartilhar responsabilidades.

Art. 44. As competências dos Estados e Municípios são atribuídas, cumulativamente, ao Distrito Federal.

CAPÍTULO III
Dos Conselhos de Juventude

Art. 45. Os conselhos de juventude são órgãos permanentes e autônomos, não jurisdicionais, encarregados de tratar das políticas públicas de juventude e da garantia do exercício dos direitos do jovem, com os seguintes objetivos:
I. auxiliar na elaboração de políticas públicas de juventude que promovam o amplo exercício dos direitos dos jovens estabelecidos nesta Lei;
II. utilizar instrumentos de forma a buscar que o Estado garanta aos jovens o exercício dos seus direitos;
III. colaborar com os órgãos da administração no planejamento e na implementação das políticas de juventude;
IV. estudar, analisar, elaborar, discutir e propor a celebração de instrumentos de cooperação, visando à elaboração de programas, projetos e ações voltados para a juventude;
V. promover a realização de estudos relativos à juventude, objetivando subsidiar o planejamento das políticas públicas de juventude;
VI. estudar, analisar, elaborar, discutir e propor políticas públicas que permitam e garantam a integração e a participação do jovem nos processos social, econômico, político e cultural no respectivo ente federado;
VII. propor a criação de formas de participação da juventude nos órgãos da administração pública;
VIII. promover e participar de seminários, cursos, congressos e eventos correlatos para o debate de temas relativos à juventude;
IX. desenvolver outras atividades relacionadas às políticas públicas de juventude.
§ 1º A lei, em âmbito federal, estadual, do Distrito Federal e municipal, disporá sobre a organização, o funcionamento e a composição dos conselhos de juventude, observada a participação da sociedade

civil mediante critério, no mínimo, paritário com os representantes do poder público.
§ 2º (VETADO).
Art. 46. São atribuições dos conselhos de juventude:
I. encaminhar ao Ministério Público notícia de fato que constitua infração administrativa ou penal contra os direitos do jovem garantidos na legislação;
II. encaminhar à autoridade judiciária os casos de sua competência;
III. expedir notificações;
IV. solicitar informações das autoridades públicas;
V. assessorar o Poder Executivo local na elaboração dos planos, programas, projetos, ações e proposta orçamentária das políticas públicas de juventude.
Art. 47. Sem prejuízo das atribuições dos conselhos de juventude com relação aos direitos previstos neste Estatuto, cabe aos conselhos de direitos da criança e do adolescente deliberar e controlar as ações em todos os níveis relativas aos adolescentes com idade entre 15 (quinze) e 18 (dezoito) anos.
Art. 48. Esta Lei entra em vigor após decorridos 180 (cento e oitenta) dias de sua publicação oficial.

Brasília, 5 de agosto de 2013; 192º da Independência e 125º da República.
DILMA ROUSSEFF
José Eduardo Cardozo
Antonio de Aguiar Patriota
Guido Mantega
César Borges
Aloizio Mercadante
Manoel Dias
Alexandre Rocha Santos Padilha
Miriam Belchior
Paulo Bernardo Silva
Tereza Campello
Marta Suplicy
Izabella Mônica Vieira Teixeira
Aldo Rebelo
Gilberto José Spier Vargas
Aguinaldo Ribeiro
Gilberto Carvalho
Luís Inácio Lucena Adams
Luiza Helena de Bairros
Eleonora Menicucci de Oliveira
Maria do Rosário Nunes

Este texto não substitui o publicado no DOU de 6.8.2013

Lei Nº 8.069, de 13 de Julho de 1990 (Estatuto da Criança e do Adolescente)

Dispõe sobre o Estatuto da Criança e do Adolescente e dá outras providências.

O PRESIDENTE DA REPÚBLICA: Faço saber que o Congresso Nacional decreta e eu sanciono a seguinte Lei:

TÍTULO I
Das Disposições Preliminares

Art. 1. Esta Lei dispõe sobre a proteção integral à criança e ao adolescente.
Art. 2. Considera-se criança, para os efeitos desta Lei, a pessoa até doze anos de idade incompletos, e adolescente aquela entre doze e dezoito anos de idade.
Parágrafo único. Nos casos expressos em lei, aplica-se excepcionalmente este Estatuto às pessoas entre dezoito e vinte e um anos de idade.
Art. 3. A criança e o adolescente gozam de todos os direitos fundamentais inerentes à pessoa humana, sem prejuízo da proteção integral de que trata esta Lei, assegurando-se-lhes, por lei ou por outros meios, todas as oportunidades e facilidades, a fim de lhes facultar o desenvolvimento físico, mental, moral, espiritual e social, em condições de liberdade e de dignidade.
Parágrafo único. Os direitos enunciados nesta Lei aplicam-se a todas as crianças e adolescentes, sem discriminação de nascimento, situação familiar, idade, sexo, raça, etnia ou cor, religião ou crença, deficiência, condição pessoal de desenvolvimento e aprendizagem, condição econômica, ambiente social, região e local de moradia ou outra condição que diferencie as pessoas, as famílias ou a comunidade em que vivem.
Art. 4. É dever da família, da comunidade, da sociedade em geral e do poder público assegurar, com absoluta prioridade, a efetivação dos direitos referentes à vida, à saúde, à alimentação, à educação, ao esporte, ao lazer, à profissionalização, à cultura, à dignidade, ao respeito, à liberdade e à convivência familiar e comunitária.

Parágrafo único. A garantia de prioridade compreende:
a) primazia de receber proteção e socorro em quaisquer circunstâncias;
b) precedência de atendimento nos serviços públicos ou de relevância pública;
c) preferência na formulação e na execução das políticas sociais públicas;
d) destinação privilegiada de recursos públicos nas áreas relacionadas com a proteção à infância e à juventude.

Art. 5. Nenhuma criança ou adolescente será objeto de qualquer forma de negligência, discriminação, exploração, violência, crueldade e opressão, punido na forma da lei qualquer atentado, por ação ou omissão, aos seus direitos fundamentais.

Art. 6. Na interpretação desta Lei levar-se-ão em conta os fins sociais a que ela se dirige, as exigências do bem comum, os direitos e deveres individuais e coletivos, e a condição peculiar da criança e do adolescente como pessoas em desenvolvimento.

TÍTULO II
Dos Direitos Fundamentais

CAPÍTULO I
Do Direito à Vida e à Saúde

Art. 7. A criança e o adolescente têm direito a proteção à vida e à saúde, mediante a efetivação de políticas sociais públicas que permitam o nascimento e o desenvolvimento sadio e harmonioso, em condições dignas de existência.

Art. 8. É assegurado a todas as mulheres o acesso aos programas e às políticas de saúde da mulher e de planejamento reprodutivo e, às gestantes, nutrição adequada, atenção humanizada à gravidez, ao parto e ao puerpério e atendimento pré-natal, perinatal e pós-natal integral no âmbito do Sistema Único de Saúde.
§ 1º O atendimento pré-natal será realizado por profissionais da atenção primária.
§ 2º Os profissionais de saúde de referência da gestante garantirão sua vinculação, no último trimestre da gestação, ao estabelecimento em que será realizado o parto, garantido o direito de opção da mulher.
§ 3º Os serviços de saúde onde o parto for realizado assegurarão às mulheres e aos seus filhos recém-nascidos alta hospitalar responsável e contrarreferência na atenção primária, bem como o acesso a outros serviços e a grupos de apoio à amamentação.
§ 4º Incumbe ao poder público proporcionar assistência psicológica à gestante e à mãe, no período pré e pós-natal, inclusive como forma de prevenir ou minorar as consequências do estado puerperal.
§ 5º A assistência referida no § 4º deste artigo deverá ser prestada também a gestantes e mães que manifestem interesse em entregar seus filhos para adoção, bem como a gestantes e mães que se encontrem em situação de privação de liberdade.
§ 6º A gestante e a parturiente têm direito a 1 (um) acompanhante de sua preferência durante o período do pré-natal, do trabalho de parto e do pós-parto imediato.
§ 7º A gestante deverá receber orientação sobre aleitamento materno, alimentação complementar saudável e crescimento e desenvolvimento infantil, bem como sobre formas de favorecer a criação de vínculos afetivos e de estimular o desenvolvimento integral da criança.
§ 8º A gestante tem direito a acompanhamento saudável durante toda a gestação e a parto natural cuidadoso, estabelecendo-se a aplicação de cesariana e outras intervenções cirúrgicas por motivos médicos.
§ 9º A atenção primária à saúde fará a busca ativa da gestante que não iniciar ou que abandonar as consultas de pré-natal, bem como da puérpera que não comparecer às consultas pós-parto.
§ 10º Incumbe ao poder público garantir, à gestante e à mulher com filho na primeira infância que se encontrem sob custódia em unidade de privação de liberdade, ambiente que atenda às normas sanitárias e assistenciais do Sistema Único de Saúde para o acolhimento do filho, em articulação com o sistema de ensino competente, visando ao desenvolvimento integral da criança.

Art. 8-A. Fica instituída a Semana Nacional de Prevenção da Gravidez na Adolescência, a ser realizada anualmente na semana que incluir o dia 1º de fevereiro, com o objetivo de disseminar informações sobre medidas preventivas e educativas que contribuam para a redução da incidência da gravidez na adolescência. (Incluído pela Lei nº 13.798, de 2019)
Parágrafo único. As ações destinadas a efetivar o disposto no caput deste artigo ficarão a cargo do poder público, em conjunto com organizações da

sociedade civil, e serão dirigidas prioritariamente ao público adolescente. (Incluído pela Lei nº 13.798, de 2019)

Art. 9. O poder público, as instituições e os empregadores propiciarão condições adequadas ao aleitamento materno, inclusive aos filhos de mães submetidas a medida privativa de liberdade.

§ 1º Os profissionais das unidades primárias de saúde desenvolverão ações sistemáticas, individuais ou coletivas, visando ao planejamento, à implementação e à avaliação de ações de promoção, proteção e apoio ao aleitamento materno e à alimentação complementar saudável, de forma contínua.

§ 2º Os serviços de unidades de terapia intensiva neonatal deverão dispor de banco de leite humano ou unidade de coleta de leite humano.

Art. 10. Os hospitais e demais estabelecimentos de atenção à saúde de gestantes, públicos e particulares, são obrigados a:

I. manter registro das atividades desenvolvidas, através de prontuários individuais, pelo prazo de dezoito anos;

II. identificar o recém-nascido mediante o registro de sua impressão plantar e digital e da impressão digital da mãe, sem prejuízo de outras formas normatizadas pela autoridade administrativa competente;

III. proceder a exames visando ao diagnóstico e terapêutica de anormalidades no metabolismo do recém-nascido, bem como prestar orientação aos pais;

IV. fornecer declaração de nascimento onde constem necessariamente as intercorrências do parto e do desenvolvimento do neonato;

V. manter alojamento conjunto, possibilitando ao neonato a permanência junto à mãe.

VI. acompanhar a prática do processo de amamentação, prestando orientações quanto à técnica adequada, enquanto a mãe permanecer na unidade hospitalar, utilizando o corpo técnico já existente.

Art. 11. É assegurado acesso integral às linhas de cuidado voltadas à saúde da criança e do adolescente, por intermédio do Sistema Único de Saúde, observado o princípio da equidade no acesso a ações e serviços para promoção, proteção e recuperação da saúde.

§ 1º A criança e o adolescente com deficiência serão atendidos, sem discriminação ou segregação, em suas necessidades gerais de saúde e específicas de habilitação e reabilitação.

§ 2º Incumbe ao poder público fornecer gratuitamente, àqueles que necessitarem, medicamentos, órteses, próteses e outras tecnologias assistivas relativas ao tratamento, habilitação ou reabilitação para crianças e adolescentes, de acordo com as linhas de cuidado voltadas às suas necessidades específicas.

§ 3º Os profissionais que atuam no cuidado diário ou frequente de crianças na primeira infância receberão formação específica e permanente para a detecção de sinais de risco para o desenvolvimento psíquico, bem como para o acompanhamento que se fizer necessário.

Art. 12. Os estabelecimentos de atendimento à saúde, inclusive as unidades neonatais, de terapia intensiva e de cuidados intermediários, deverão proporcionar condições para a permanência em tempo integral de um dos pais ou responsável, nos casos de internação de criança ou adolescente.

Art. 13. Os casos de suspeita ou confirmação de castigo físico, de tratamento cruel ou degradante e de maus-tratos contra criança ou adolescente serão obrigatoriamente comunicados ao Conselho Tutelar da respectiva localidade, sem prejuízo de outras providências legais.

§ 1º As gestantes ou mães que manifestem interesse em entregar seus filhos para adoção serão obrigatoriamente encaminhadas, sem constrangimento, à Justiça da Infância e da Juventude.

§ 2º Os serviços de saúde em suas diferentes portas de entrada, os serviços de assistência social em seu componente especializado, o Centro de Referência Especializado de Assistência Social (Creas) e os demais órgãos do Sistema de Garantia de Direitos da Criança e do Adolescente deverão conferir máxima prioridade ao atendimento das crianças na faixa etária da primeira infância com suspeita ou confirmação de violência de qualquer natureza, formulando projeto terapêutico singular que inclua intervenção em rede e, se necessário, acompanhamento domiciliar.

Art. 14. O Sistema Único de Saúde promoverá programas de assistência médica e odontológica para a prevenção das enfermidades que ordinariamente afetam a população infantil, e campanhas de educação sanitária para pais, educadores e alunos.

§ 1º É obrigatória a vacinação das crianças nos casos recomendados pelas autoridades sanitárias.

§ 2º O Sistema Único de Saúde promoverá a atenção à saúde bucal das crianças e das gestantes, de forma transversal, integral e intersetorial com as demais linhas de cuidado direcionadas à mulher e à criança.

§ 3º A atenção odontológica à criança terá função educativa protetiva e será prestada, inicialmente, antes de o bebê nascer, por meio de aconselhamento pré-natal, e, posteriormente, no sexto e no décimo segundo anos de vida, com orientações sobre saúde bucal.

§ 4º A criança com necessidade de cuidados odontológicos especiais será atendida pelo Sistema Único de Saúde.

§ 5º É obrigatória a aplicação a todas as crianças, nos seus primeiros dezoito meses de vida, de protocolo ou outro instrumento construído com a finalidade de facilitar a detecção, em consulta pediátrica de acompanhamento da criança, de risco para o seu desenvolvimento psíquico.

CAPÍTULO II

Do Direito à Liberdade, ao Respeito e à Dignidade

Art. 15. A criança e o adolescente têm direito à liberdade, ao respeito e à dignidade como pessoas humanas em processo de desenvolvimento e como sujeitos de direitos civis, humanos e sociais garantidos na Constituição e nas leis.

Art. 16. O direito à liberdade compreende os seguintes aspectos:

I. ir, vir e estar nos logradouros públicos e espaços comunitários, ressalvadas as restrições legais;
II. opinião e expressão;
III. crença e culto religioso;
IV. brincar, praticar esportes e divertir-se;
V. participar da vida familiar e comunitária, sem discriminação;
VI. participar da vida política, na forma da lei;
VII. buscar refúgio, auxílio e orientação.

Art. 17. O direito ao respeito consiste na inviolabilidade da integridade física, psíquica e moral da criança e do adolescente, abrangendo a preservação da imagem, da identidade, da autonomia, dos valores, idéias e crenças, dos espaços e objetos pessoais.

Art. 18. É dever de todos velar pela dignidade da criança e do adolescente, pondo-os a salvo de qualquer tratamento desumano, violento, aterrorizante, vexatório ou constrangedor.

Art. 18-A. A criança e o adolescente têm o direito de ser educados e cuidados sem o uso de castigo físico ou de tratamento cruel ou degradante, como formas de correção, disciplina, educação ou qualquer outro pretexto, pelos pais, pelos integrantes da família ampliada, pelos responsáveis, pelos agentes públicos executores de medidas socioeducativas ou por qualquer pessoa encarregada de cuidar deles, tratá-los, educá-los ou protegê-los.

Parágrafo único. Para os fins desta Lei, considera-se:

I. castigo físico: ação de natureza disciplinar ou punitiva aplicada com o uso da força física sobre a criança ou o adolescente que resulte em:
a) sofrimento físico; ou
b) lesão;
II. tratamento cruel ou degradante: conduta ou forma cruel de tratamento em relação à criança ou ao adolescente que:
a) humilhe; ou
b) ameace gravemente; ou
c) ridicularize.

Art. 18-B. Os pais, os integrantes da família ampliada, os responsáveis, os agentes públicos executores de medidas socioeducativas ou qualquer pessoa encarregada de cuidar de crianças e de adolescentes, tratá-los, educá-los ou protegê-los que utilizarem castigo físico ou tratamento cruel ou degradante como formas de correção, disciplina, educação ou qualquer outro pretexto estarão sujeitos, sem prejuízo de outras sanções cabíveis, às seguintes medidas, que serão aplicadas de acordo com a gravidade do caso:

I. encaminhamento a programa oficial ou comunitário de proteção à família;
II. encaminhamento a tratamento psicológico ou psiquiátrico;
III. encaminhamento a cursos ou programas de orientação;
IV. obrigação de encaminhar a criança a tratamento especializado;
V. advertência.

Parágrafo único. As medidas previstas neste artigo serão aplicadas pelo Conselho Tutelar, sem prejuízo de outras providências legais.

CAPÍTULO III

Do Direito à Convivência Familiar e Comunitária

SEÇÃO I
Disposições Gerais

Art. 19. É direito da criança e do adolescente ser criado e educado no seio de sua família e, excepcionalmente, em família substituta, assegurada a convivência familiar e comunitária, em ambiente que garanta seu desenvolvimento integral.

§ 1º Toda criança ou adolescente que estiver inserido em programa de acolhimento familiar ou institucional terá sua situação reavaliada, no máximo, a cada 3 (três) meses, devendo a autoridade judiciária competente, com base em relatório elaborado por equipe interprofissional ou multidisciplinar, decidir de forma fundamentada pela possibilidade de reintegração familiar ou pela colocação em família substituta, em quaisquer das modalidades previstas no art. 28 desta Lei.

§ 2º A permanência da criança e do adolescente em programa de acolhimento institucional não se prolongará por mais de 18 (dezoito meses), salvo comprovada necessidade que atenda ao seu superior interesse, devidamente fundamentada pela autoridade judiciária.

§ 3º A manutenção ou a reintegração de criança ou adolescente à sua família terá preferência em relação a qualquer outra providência, caso em que será esta incluída em serviços e programas de proteção, apoio e promoção, nos termos do § 1º do art. 23, dos incisos I e IV do caput do art. 101 e dos incisos I a IV do caput do art. 129 desta Lei.

§ 4º Será garantida a convivência da criança e do adolescente com a mãe ou o pai privado de liberdade, por meio de visitas periódicas promovidas pelo responsável ou, nas hipóteses de acolhimento institucional, pela entidade responsável, independentemente de autorização judicial.

§ 5º Será garantida a convivência integral da criança com a mãe adolescente que estiver em acolhimento institucional.

§ 6º A mãe adolescente será assistida por equipe especializada multidisciplinar.

Art. 19-A. A gestante ou mãe que manifeste interesse em entregar seu filho para adoção, antes ou logo após o nascimento, será encaminhada à Justiça da Infância e da Juventude.

§ 1º A gestante ou mãe será ouvida pela equipe interprofissional da Justiça da Infância e da Juventude, que apresentará relatório à autoridade judiciária, considerando inclusive os eventuais efeitos do estado gestacional e puerperal.

§ 2º De posse do relatório, a autoridade judiciária poderá determinar o encaminhamento da gestante ou mãe, mediante sua expressa concordância, à rede pública de saúde e assistência social para atendimento especializado.

§ 3º A busca à família extensa, conforme definida nos termos do parágrafo único do art. 25 desta Lei, respeitará o prazo máximo de 90 (noventa) dias, prorrogável por igual período.

§ 4º Na hipótese de não haver a indicação do genitor e de não existir outro representante da família extensa apto a receber a guarda, a autoridade judiciária competente deverá decretar a extinção do poder familiar e determinar a colocação da criança sob a guarda provisória de quem estiver habilitado a adotá-la ou de entidade que desenvolva programa de acolhimento familiar ou institucional.

§ 5º Após o nascimento da criança, a vontade da mãe ou de ambos os genitores, se houver pai registral ou pai indicado, deve ser manifestada na audiência a que se refere o § 1º do art. 166 desta Lei, garantido o sigilo sobre a entrega.

§ 6º Na hipótese de não comparecerem à audiência nem o genitor nem representante da família extensa para confirmar a intenção de exercer o poder familiar ou a guarda, a autoridade judiciária suspenderá o poder familiar da mãe, e a criança será colocada sob a guarda provisória de quem esteja habilitado a adotá-la.

§ 7º Os detentores da guarda possuem o prazo de 15 (quinze) dias para propor a ação de adoção, contado do dia seguinte à data do término do estágio de convivência.

§ 8º Na hipótese de desistência pelos genitores – manifestada em audiência ou perante a equipe interprofissional – da entrega da criança após o nascimento, a criança será mantida com os genitores, e será determinado pela Justiça da Infância e da Juventude o acompanhamento familiar pelo prazo de 180 (cento e oitenta) dias.

§ 9º É garantido à mãe o direito ao sigilo sobre o nascimento, respeitado o disposto no art. 48 desta Lei.

§ 10º Serão cadastrados para adoção recém-nascidos e crianças acolhidas não procuradas por suas famílias no prazo de 30 (trinta) dias, contado a partir do dia do acolhimento.

Art. 19-B. A criança e o adolescente em programa de acolhimento institucional ou familiar poderão participar de programa de apadrinhamento.

§ 1º O apadrinhamento consiste em estabelecer e proporcionar à criança e ao adolescente vínculos externos à instituição para fins de convivência familiar e comunitária e colaboração com o seu desenvolvimento nos aspectos social, moral, físico, cognitivo, educacional e financeiro.

§ 2º Podem ser padrinhos ou madrinhas pessoas maiores de 18 (dezoito) anos não inscritas nos cadastros de adoção, desde que cumpram os requisitos exigidos pelo programa de apadrinhamento de que fazem parte.

§ 3º Pessoas jurídicas podem apadrinhar criança ou adolescente a fim de colaborar para o seu desenvolvimento.

§ 4º O perfil da criança ou do adolescente a ser apadrinhado será definido no âmbito de cada programa de apadrinhamento, com prioridade para crianças ou adolescentes com remota possibilidade de reinserção familiar ou colocação em família adotiva.

§ 5º Os programas ou serviços de apadrinhamento apoiados pela Justiça da Infância e da Juventude poderão ser executados por órgãos públicos ou por organizações da sociedade civil.

§ 6º Se ocorrer violação das regras de apadrinhamento, os responsáveis pelo programa e pelos serviços de acolhimento deverão imediatamente notificar a autoridade judiciária competente.

Art. 20. Os filhos, havidos ou não da relação do casamento, ou por adoção, terão os mesmos direitos e qualificações, proibidas quaisquer designações discriminatórias relativas à filiação.

Art. 21. O poder familiar será exercido, em igualdade de condições, pelo pai e pela mãe, na forma do que dispuser a legislação civil, assegurado a qualquer deles o direito de, em caso de discordância, recorrer à autoridade judiciária competente para a solução da divergência.

Art. 22. Aos pais incumbe o dever de sustento, guarda e educação dos filhos menores, cabendo-lhes ainda, no interesse destes, a obrigação de cumprir e fazer cumprir as determinações judiciais.

Parágrafo único. A mãe e o pai, ou os responsáveis, têm direitos iguais e deveres e responsabilidades compartilhados no cuidado e na educação da criança, devendo ser resguardado o direito de transmissão familiar de suas crenças e culturas, assegurados os direitos da criança estabelecidos nesta Lei.

Art. 23. A falta ou a carência de recursos materiais não constitui motivo suficiente para a perda ou a suspensão do poder familiar.

§ 1º Não existindo outro motivo que por si só autorize a decretação da medida, a criança ou o adolescente será mantido em sua família de origem, a qual deverá obrigatoriamente ser incluída em serviços e programas oficiais de proteção, apoio e promoção.

§ 2º A condenação criminal do pai ou da mãe não implicará a destituição do poder familiar, exceto na hipótese de condenação por crime doloso sujeito à pena de reclusão contra outrem igualmente titular do mesmo poder familiar ou contra filho, filha ou outro descendente.

Art. 24. A perda e a suspensão do pátrio poder poder familiar serão decretadas judicialmente, em procedimento contraditório, nos casos previstos na legislação civil, bem como na hipótese de descumprimento injustificado dos deveres e obrigações a que alude o art. 22.

SEÇÃO II
Da Família Natural

Art. 25. Entende-se por família natural a comunidade formada pelos pais ou qualquer deles e seus descendentes.

Parágrafo único. Entende-se por família extensa ou ampliada aquela que se estende para além da unidade pais e filhos ou da unidade do casal, formada por parentes próximos com os quais a criança ou adolescente convive e mantém vínculos de afinidade e afetividade.

Art. 26. Os filhos havidos fora do casamento poderão ser reconhecidos pelos pais, conjunta ou separadamente, no próprio termo de nascimento, por testamento, mediante escritura ou outro documento público, qualquer que seja a origem da filiação.

Parágrafo único. O reconhecimento pode preceder o nascimento do filho ou suceder-lhe ao falecimento, se deixar descendentes.

Art. 27. O reconhecimento do estado de filiação é direito personalíssimo, indisponível e imprescritível, podendo ser exercitado contra os pais ou seus herdeiros, sem qualquer restrição, observado o segredo de Justiça.

SEÇÃO III
Da Família Substituta

Subseção I
Disposições Gerais

Art. 28. A colocação em família substituta far-se-á mediante guarda, tutela ou adoção, independentemente da situação jurídica da criança ou adolescente, nos termos desta Lei.

§ 1º Sempre que possível, a criança ou o adolescente será previamente ouvido por equipe interprofissional, respeitado seu estágio de desenvolvimento e grau de compreensão sobre as implicações da medida, e terá sua opinião devidamente considerada.

§ 2º Tratando-se de maior de 12 (doze) anos de idade, será necessário seu consentimento, colhido em audiência.

§ 3º Na apreciação do pedido levar-se-á em conta o grau de parentesco e a relação de afinidade ou de afetividade, a fim de evitar ou minorar as consequências decorrentes da medida.

§ 4º Os grupos de irmãos serão colocados sob adoção, tutela ou guarda da mesma família substituta, ressalvada a comprovada existência de risco de abuso ou outra situação que justifique plenamente a excepcionalidade de solução diversa, procurando-se, em qualquer caso, evitar o rompimento definitivo dos vínculos fraternais.

§ 5º A colocação da criança ou adolescente em família substituta será precedida de sua preparação gradativa e acompanhamento posterior, realizados pela equipe interprofissional a serviço da Justiça da Infância e da Juventude, preferencialmente com o apoio dos técnicos responsáveis pela execução da política municipal de garantia do direito à convivência familiar.

§ 6º Em se tratando de criança ou adolescente indígena ou proveniente de comunidade remanescente de quilombo, é ainda obrigatório:

I. que sejam consideradas e respeitadas sua identidade social e cultural, os seus costumes e tradições, bem como suas instituições, desde que não sejam incompatíveis com os direitos fundamentais reconhecidos por esta Lei e pela Constituição Federal;

II. que a colocação familiar ocorra prioritariamente no seio de sua comunidade ou junto a membros da mesma etnia;

III. a intervenção e oitiva de representantes do órgão federal responsável pela política indigenista, no caso de crianças e adolescentes indígenas, e de antropólogos, perante a equipe interprofissional ou multidisciplinar que irá acompanhar o caso.

Art. 29. Não se deferirá colocação em família substituta a pessoa que revele, por qualquer modo, incompatibilidade com a natureza da medida ou não ofereça ambiente familiar adequado.

Art. 30. A colocação em família substituta não admitirá transferência da criança ou adolescente a terceiros ou a entidades governamentais ou não governamentais, sem autorização judicial.

Art. 31. A colocação em família substituta estrangeira constitui medida excepcional, somente admissível na modalidade de adoção.

Art. 32. Ao assumir a guarda ou a tutela, o responsável prestará compromisso de bem e fielmente desempenhar o encargo, mediante termo nos autos.

Subseção II
Da Guarda

Art. 33. A guarda obriga a prestação de assistência material, moral e educacional à criança ou adolescente, conferindo a seu detentor o direito de opor-se a terceiros, inclusive aos pais.

§ 1º A guarda destina-se a regularizar a posse de fato, podendo ser deferida, liminar ou incidentalmente, nos procedimentos de tutela e adoção, exceto no de adoção por estrangeiros.

§ 2º Excepcionalmente, deferir-se-á a guarda, fora dos casos de tutela e adoção, para atender a situações peculiares ou suprir a falta eventual dos pais ou responsável, podendo ser deferido o direito de representação para a prática de atos determinados.

§ 3º A guarda confere à criança ou adolescente a condição de dependente, para todos os fins e efeitos de direito, inclusive previdenciários.

§ 4º Salvo expressa e fundamentada determinação em contrário, da autoridade judiciária competente, ou quando a medida for aplicada em preparação para adoção, o deferimento da guarda de criança ou adolescente a terceiros não impede o exercício do direito de visitas pelos pais, assim como o dever de prestar alimentos, que serão objeto de regulamentação específica, a pedido do interessado ou do Ministério Público.

Art. 34. O poder público estimulará, por meio de assistência jurídica, incentivos fiscais e subsídios, o acolhimento, sob a forma de guarda, de criança ou adolescente afastado do convívio familiar.

§ 1º A inclusão da criança ou adolescente em programas de acolhimento familiar terá preferência a seu acolhimento institucional, observado, em qualquer caso, o caráter temporário e excepcional da medida, nos termos desta Lei.

§ 2º Na hipótese do § 1º deste artigo a pessoa ou casal cadastrado no programa de acolhimento familiar poderá receber a criança ou adolescente mediante guarda, observado o disposto nos arts. 28 a 33 desta Lei.

§ 3º A União apoiará a implementação de serviços de acolhimento em família acolhedora como política pública, os quais deverão dispor de equipe que organize o acolhimento temporário de crianças e de adolescentes em residências de famílias selecionadas, capacitadas e acompanhadas que não estejam no cadastro de adoção.

§ 4º Poderão ser utilizados recursos federais, estaduais, distritais e municipais para a manutenção dos serviços de acolhimento em família acolhedora, facultando-se o repasse de recursos para a própria família acolhedora.

Art. 35. A guarda poderá ser revogada a qualquer tempo, mediante ato judicial fundamentado, ouvido o Ministério Público.

Subseção III
Da Tutela

Art. 36. A tutela será deferida, nos termos da lei civil, a pessoa de até 18 (dezoito) anos incompletos.

Parágrafo único. O deferimento da tutela pressupõe a prévia decretação da perda ou suspensão do poder familiar e implica necessariamente o dever de guarda.

Art. 37. O tutor nomeado por testamento ou qualquer documento autêntico, conforme previsto no parágrafo único do art. 1.729 da Lei nº 10.406, de 10 de janeiro de 2002 – Código Civil, deverá, no prazo de 30 (trinta) dias após a abertura da sucessão, ingressar com pedido destinado ao controle judicial do ato, observando o procedimento previsto nos arts. 165 a 170 desta Lei.

Parágrafo único. Na apreciação do pedido, serão observados os requisitos previstos nos arts. 28 e 29 desta Lei, somente sendo deferida a tutela à pessoa indicada na disposição de última vontade, se restar comprovado que a medida é vantajosa ao tutelando e que não existe outra pessoa em melhores condições de assumi-la.

Art. 38. Aplica-se à destituição da tutela o disposto no art. 24.

Subseção IV
Da Adoção

Art. 39. A adoção de criança e de adolescente reger-se-á segundo o disposto nesta Lei.

§ 1º A adoção é medida excepcional e irrevogável, à qual se deve recorrer apenas quando esgotados os recursos de manutenção da criança ou adolescente na família natural ou extensa, na forma do parágrafo único do art. 25 desta Lei.

§ 2º É vedada a adoção por procuração.

§ 3º Em caso de conflito entre direitos e interesses do adotando e de outras pessoas, inclusive seus pais biológicos, devem prevalecer os direitos e os interesses do adotando.

Art. 40. O adotando deve contar com, no máximo, dezoito anos à data do pedido, salvo se já estiver sob a guarda ou tutela dos adotantes.

Art. 41. A adoção atribui a condição de filho ao adotado, com os mesmos direitos e deveres, inclusive sucessórios, desligando-o de qualquer vínculo com pais e parentes, salvo os impedimentos matrimoniais.

§ 1º Se um dos cônjuges ou concubinos adota o filho do outro, mantêm-se os vínculos de filiação entre o adotado e o cônjuge ou concubino do adotante e os respectivos parentes.

§ 2º É recíproco o direito sucessório entre o adotado, seus descendentes, o adotante, seus ascendentes, descendentes e colaterais até o 4º grau, observada a ordem de vocação hereditária.

Art. 42. Podem adotar os maiores de 18 (dezoito) anos, independentemente do estado civil.

§ 1º Não podem adotar os ascendentes e os irmãos do adotando.

§ 2º Para adoção conjunta, é indispensável que os adotantes sejam casados civilmente ou mantenham união estável, comprovada a estabilidade da família.

§ 3º O adotante há de ser, pelo menos, dezesseis anos mais velho do que o adotando.

§ 4º Os divorciados, os judicialmente separados e os ex-companheiros podem adotar conjuntamente, contanto que acordem sobre a guarda e o regime de visitas e desde que o estágio de convivência tenha sido iniciado na constância do período de convivência e que seja comprovada a existência de vínculos de afinidade e afetividade com aquele não detentor da guarda, que justifiquem a excepcionalidade da concessão.

§ 5º Nos casos do § 4º deste artigo, desde que demonstrado efetivo benefício ao adotando, será assegurada a guarda compartilhada, conforme previsto no art. 1.584 da Lei nº 10.406, de 10 de janeiro de 2002 – Código Civil.

§ 6º A adoção poderá ser deferida ao adotante que, após inequívoca manifestação de vontade, vier a falecer no curso do procedimento, antes de prolatada a sentença.

Art. 43. A adoção será deferida quando apresentar reais vantagens para o adotando e fundar-se em motivos legítimos.

Art. 44. Enquanto não der conta de sua administração e saldar o seu alcance, não pode o tutor ou o curador adotar o pupilo ou o curatelado.

Art. 45. A adoção depende do consentimento dos pais ou do representante legal do adotando.

§ 1º O consentimento será dispensado em relação à criança ou adolescente cujos pais sejam desconhecidos ou tenham sido destituídos do poder familiar.

§ 2º Em se tratando de adotando maior de doze anos de idade, será também necessário o seu consentimento.

Art. 46. A adoção será precedida de estágio de convivência com a criança ou adolescente, pelo prazo máximo de 90 (noventa) dias, observadas a idade da criança ou adolescente e as peculiaridades do caso.

§ 1º O estágio de convivência poderá ser dispensado se o adotando já estiver sob a tutela ou guarda legal do adotante durante tempo suficiente para que seja possível avaliar a conveniência da constituição do vínculo.

§ 2º A simples guarda de fato não autoriza, por si só, a dispensa da realização do estágio de convivência.

§ 2º-A. O prazo máximo estabelecido no caput deste artigo pode ser prorrogado por até igual período, mediante decisão fundamentada da autoridade judiciária.

§ 3º Em caso de adoção por pessoa ou casal residente ou domiciliado fora do País, o estágio de convivência será de, no mínimo, 30 (trinta) dias e, no máximo, 45 (quarenta e cinco) dias, prorrogável por até igual período, uma única vez, mediante decisão fundamentada da autoridade judiciária.

§ 3º-A. Ao final do prazo previsto no § 3º deste artigo, deverá ser apresentado laudo fundamentado pela equipe mencionada no § 4º deste artigo, que recomendará ou não o deferimento da adoção à autoridade judiciária.

§ 4º O estágio de convivência será acompanhado pela equipe interprofissional a serviço da Justiça da Infância e da Juventude, preferencialmente com apoio dos técnicos responsáveis pela execução da política de garantia do direito à convivência familiar, que apresentarão relatório minucioso acerca da conveniência do deferimento da medida.

§ 5º O estágio de convivência será cumprido no território nacional, preferencialmente na comarca de residência da criança ou adolescente, ou, a critério do juiz, em cidade limítrofe, respeitada, em qualquer hipótese, a competência do juízo da comarca de residência da criança.

Art. 47. O vínculo da adoção constitui-se por sentença judicial, que será inscrita no registro civil mediante mandado do qual não se fornecerá certidão.

§ 1º A inscrição consignará o nome dos adotantes como pais, bem como o nome de seus ascendentes.

§ 2º O mandado judicial, que será arquivado, cancelará o registro original do adotado.

§ 3º A pedido do adotante, o novo registro poderá ser lavrado no Cartório do Registro Civil do Município de sua residência.

§ 4º Nenhuma observação sobre a origem do ato poderá constar nas certidões do registro.

§ 5º A sentença conferirá ao adotado o nome do adotante e, a pedido de qualquer deles, poderá determinar a modificação do prenome.

§ 6º Caso a modificação de prenome seja requerida pelo adotante, é obrigatória a oitiva do adotando, observado o disposto nos §§ 1º e 2º do art. 28 desta Lei.

§ 7º A adoção produz seus efeitos a partir do trânsito em julgado da sentença constitutiva, exceto na hipótese prevista no § 6º do art. 42 desta Lei, caso em que terá força retroativa à data do óbito.

§ 8º O processo relativo à adoção assim como outros a ele relacionados serão mantidos em arquivo, admitindo-se seu armazenamento em microfilme ou por outros meios, garantida a sua conservação para consulta a qualquer tempo.

§ 9º Terão prioridade de tramitação os processos de adoção em que o adotando for criança ou adolescente com deficiência ou com doença crônica.

§ 10. O prazo máximo para conclusão da ação de adoção será de 120 (cento e vinte) dias, prorrogável uma única vez por igual período, mediante decisão fundamentada da autoridade judiciária.

Art. 48. O adotado tem direito de conhecer sua origem biológica, bem como de obter acesso irrestrito ao processo no qual a medida foi aplicada e seus eventuais incidentes, após completar 18 (dezoito) anos.

Parágrafo único. O acesso ao processo de adoção poderá ser também deferido ao adotado menor de 18 (dezoito) anos, a seu pedido, assegurada orientação e assistência jurídica e psicológica.

Art. 49. A morte dos adotantes não restabelece o poder familiar dos pais naturais.

Art. 50. A autoridade judiciária manterá, em cada comarca ou foro regional, um registro de crianças e adolescentes em condições de serem adotados e outro de pessoas interessadas na adoção.

§ 1º O deferimento da inscrição dar-se-á após prévia consulta aos órgãos técnicos do juizado, ouvido o Ministério Público.

§ 2º Não será deferida a inscrição se o interessado não satisfizer os requisitos legais, ou verificada qualquer das hipóteses previstas no art. 29.

§ 3º A inscrição de postulantes à adoção será precedida de um período de preparação psicossocial e jurídica, orientado pela equipe técnica da Justiça da Infância e da Juventude, preferencialmente com apoio dos técnicos responsáveis pela execução da política municipal de garantia do direito à convivência familiar.

§ 4º Sempre que possível e recomendável, a preparação referida no § 3º deste artigo incluirá o contato com crianças e adolescentes em acolhimento familiar ou institucional em condições de serem adotados, a ser realizado sob a orientação, supervisão e avaliação da equipe técnica da Justiça da Infância e da Juventude, com apoio dos técnicos responsáveis pelo programa de acolhimento e pela execução da política municipal de garantia do direito à convivência familiar.

§ 5º Serão criados e implementados cadastros estaduais e nacional de crianças e adolescentes em condições de serem adotados e de pessoas ou casais habilitados à adoção.

§ 6º Haverá cadastros distintos para pessoas ou casais residentes fora do País, que somente serão consultados na inexistência de postulantes nacionais habilitados nos cadastros mencionados no § 5º deste artigo.

§ 7º As autoridades estaduais e federais em matéria de adoção terão acesso integral aos cadastros, incumbindo-lhes a troca de informações e a cooperação mútua, para melhoria do sistema.

§ 8º A autoridade judiciária providenciará, no prazo de 48 (quarenta e oito) horas, a inscrição das crianças e adolescentes em condições de serem adotados que não tiveram colocação familiar na comarca de origem, e das pessoas ou casais que tiveram deferida sua habilitação à adoção nos cadastros estadual e nacional referidos no § 5º deste artigo, sob pena de responsabilidade.

§ 9º Compete à Autoridade Central Estadual zelar pela manutenção e correta alimentação dos cadastros, com posterior comunicação à Autoridade Central Federal Brasileira.

§ 10. Consultados os cadastros e verificada a ausência de pretendentes habilitados residentes no País com perfil compatível e interesse manifesto pela adoção de criança ou adolescente inscrito nos cadastros existentes, será realizado o encaminhamento da criança ou adolescente à adoção internacional.

§ 11. Enquanto não localizada pessoa ou casal interessado em sua adoção, a criança ou o adolescente, sempre que possível e recomendável, será colocado sob guarda de família cadastrada em programa de acolhimento familiar.

§ 12. A alimentação do cadastro e a convocação criteriosa dos postulantes à adoção serão fiscalizadas pelo Ministério Público.

§ 13. Somente poderá ser deferida adoção em favor de candidato domiciliado no Brasil não cadastrado previamente nos termos desta Lei quando:

I. se tratar de pedido de adoção unilateral;

II. for formulada por parente com o qual a criança ou adolescente mantenha vínculos de afinidade e afetividade;

III. oriundo o pedido de quem detém a tutela ou guarda legal de criança maior de 3 (três) anos ou adolescente, desde que o lapso de tempo de convivência comprove a fixação de laços de afinidade e afetividade, e não seja constatada a ocorrência de má-fé ou qualquer das situações previstas nos arts. 237 ou 238 desta Lei.

§ 14. Nas hipóteses previstas no § 13 deste artigo, o candidato deverá comprovar, no curso do procedimento, que preenche os requisitos necessários à adoção, conforme previsto nesta Lei.

§ 15º Será assegurada prioridade no cadastro a pessoas interessadas em adotar criança ou adolescente com deficiência, com doença crônica ou com necessidades específicas de saúde, além de grupo de irmãos.

Art. 51. Considera-se adoção internacional aquela na qual o pretendente possui residência habitual em país-parte da Convenção de Haia, de 29 de maio de 1993, Relativa à Proteção das Crianças e à Cooperação em Matéria de Adoção Internacional, promulgada pelo Decreto nº 3.087, de 21 junho de 1999, e deseja adotar criança em outro país-parte da Convenção.

§ 1º A adoção internacional de criança ou adolescente brasileiro ou domiciliado no Brasil somente terá lugar quando restar comprovado:

I. que a colocação em família adotiva é a solução adequada ao caso concreto;

II. que foram esgotadas todas as possibilidades de colocação da criança ou adolescente em família adotiva brasileira, com a comprovação, certificada nos autos, da inexistência de adotantes habilitados residentes no Brasil com perfil compatível com a criança ou adolescente, após consulta aos cadastros mencionados nesta Lei;

III. que, em se tratando de adoção de adolescente, este foi consultado, por meios adequados ao seu estágio de desenvolvimento, e que se encontra preparado para a medida, mediante parecer elaborado por equipe interprofissional, observado o disposto nos §§ 1º e 2º do art. 28 desta Lei.

§ 2º Os brasileiros residentes no exterior terão preferência aos estrangeiros, nos casos de adoção internacional de criança ou adolescente brasileiro.

§ 3º A adoção internacional pressupõe a intervenção das Autoridades Centrais Estaduais e Federal em matéria de adoção internacional.

Art. 52. A adoção internacional observará o procedimento previsto nos arts. 165 a 170 desta Lei, com as seguintes adaptações:

I. a pessoa ou casal estrangeiro, interessado em adotar criança ou adolescente brasileiro, deverá formular pedido de habilitação à adoção perante a Autoridade Central em matéria de adoção internacional no país de acolhida, assim entendido aquele onde está situada sua residência habitual;

II. se a Autoridade Central do país de acolhida considerar que os solicitantes estão habilitados e aptos para adotar, emitirá um relatório que contenha informações sobre a identidade, a capacidade jurídica e adequação dos solicitantes para adotar, sua situação pessoal, familiar e médica, seu meio social, os motivos que os animam e sua aptidão para assumir uma adoção internacional;

III. a Autoridade Central do país de acolhida enviará o relatório à Autoridade Central Estadual, com cópia para a Autoridade Central Federal Brasileira;

IV. o relatório será instruído com toda a documentação necessária, incluindo estudo psicossocial elaborado por equipe interprofissional habilitada e cópia autenticada da legislação pertinente, acompanhada da respectiva prova de vigência;

V. os documentos em língua estrangeira serão devidamente autenticados pela autoridade consular, observados os tratados e convenções internacionais, e acompanhados da respectiva tradução, por tradutor público juramentado;

VI. a Autoridade Central Estadual poderá fazer exigências e solicitar complementação sobre o estudo psicossocial do postulante estrangeiro à adoção, já realizado no país de acolhida;

VII. verificada, após estudo realizado pela Autoridade Central Estadual, a compatibilidade da legislação estrangeira com a nacional, além do preenchimento por parte dos postulantes à medida dos requisitos objetivos e subjetivos necessários ao seu deferimento, tanto à luz do que dispõe esta Lei como da legislação do país de acolhida, será expedido laudo de habilitação à adoção internacional, que terá validade por, no máximo, 1 (um) ano;

VIII. de posse do laudo de habilitação, o interessado será autorizado a formalizar pedido de adoção perante o Juízo da Infância e da Juventude do local em que se encontra a criança ou adolescente, conforme indicação efetuada pela Autoridade Central Estadual.

§ 1º Se a legislação do país de acolhida assim o autorizar, admite-se que os pedidos de habilitação à adoção internacional sejam intermediados por organismos credenciados.

§ 2º Incumbe à Autoridade Central Federal Brasileira o credenciamento de organismos nacionais e estrangeiros encarregados de intermediar pedidos de habilitação à adoção internacional, com posterior comunicação às Autoridades Centrais Estaduais e publicação nos órgãos oficiais de imprensa e em sítio próprio da internet.

§ 3º Somente será admissível o credenciamento de organismos que:

I. sejam oriundos de países que ratificaram a Convenção de Haia e estejam devidamente credenciados pela Autoridade Central do país onde estiverem sediados e no país de acolhida do adotando para atuar em adoção internacional no Brasil;

II. satisfizerem as condições de integridade moral, competência profissional, experiência e responsabilidade exigidas pelos países respectivos e pela Autoridade Central Federal Brasileira;

III. forem qualificados por seus padrões éticos e sua formação e experiência para atuar na área de adoção internacional;

IV. cumprirem os requisitos exigidos pelo ordenamento jurídico brasileiro e pelas normas estabelecidas pela Autoridade Central Federal Brasileira.

§ 4º Os organismos credenciados deverão ainda:

I. perseguir unicamente fins não lucrativos, nas condições e dentro dos limites fixados pelas autoridades competentes do país onde estiverem sediados, do país de acolhida e pela Autoridade Central Federal Brasileira;

II. ser dirigidos e administrados por pessoas qualificadas e de reconhecida idoneidade moral, com comprovada formação ou experiência para atuar na área de adoção internacional, cadastradas pelo Departamento de Polícia Federal e aprovadas pela Autoridade Central Federal Brasileira, mediante publicação de portaria do órgão federal competente;

III. estar submetidos à supervisão das autoridades competentes do país onde estiverem sediados e no país de acolhida, inclusive quanto à sua composição, funcionamento e situação financeira;

IV. apresentar à Autoridade Central Federal Brasileira, a cada ano, relatório geral das atividades desenvolvidas, bem como relatório de acompanhamento das adoções internacionais efetuadas no período, cuja cópia será encaminhada ao Departamento de Polícia Federal;

V. enviar relatório pós-adotivo semestral para a Autoridade Central Estadual, com cópia para a Autoridade Central Federal Brasileira, pelo período mínimo de 2 (dois) anos. O envio do relatório será mantido até a juntada de cópia autenticada do registro civil, estabelecendo a cidadania do país de acolhida para o adotado;

VI. tomar as medidas necessárias para garantir que os adotantes encaminhem à Autoridade Central Federal Brasileira cópia da certidão de registro de nascimento estrangeira e do certificado de nacionalidade tão logo lhes sejam concedidos.

§ 5º A não apresentação dos relatórios referidos no § 4º deste artigo pelo organismo credenciado poderá acarretar a suspensão de seu credenciamento.

§ 6º O credenciamento de organismo nacional ou estrangeiro encarregado de intermediar pedidos de adoção internacional terá validade de 2 (dois) anos.

§ 7º A renovação do credenciamento poderá ser concedida mediante requerimento protocolado na Autoridade Central Federal Brasileira nos 60 (sessenta) dias anteriores ao término do respectivo prazo de validade.

§ 8º Antes de transitada em julgado a decisão que concedeu a adoção internacional, não será permitida a saída do adotando do território nacional.

§ 9º Transitada em julgado a decisão, a autoridade judiciária determinará a expedição de alvará com autorização de viagem, bem como para obtenção de passaporte, constando, obrigatoriamente, as características da criança ou adolescente adotado, como idade, cor, sexo, eventuais sinais ou traços peculiares, assim como foto recente e a aposição da impressão digital do seu polegar direito, instruindo o documento com cópia autenticada da decisão e certidão de trânsito em julgado.

§ 10º A Autoridade Central Federal Brasileira poderá, a qualquer momento, solicitar informações sobre a situação das crianças e adolescentes adotados

§ 11º A cobrança de valores por parte dos organismos credenciados, que sejam considerados abusivos pela Autoridade Central Federal Brasileira e que não estejam devidamente comprovados, é causa de seu descredenciamento.

§ 12º Uma mesma pessoa ou seu cônjuge não podem ser representados por mais de uma entidade credenciada para atuar na cooperação em adoção internacional.

§ 13º A habilitação de postulante estrangeiro ou domiciliado fora do Brasil terá validade máxima de 1 (um) ano, podendo ser renovada.

§ 14º É vedado o contato direto de representantes de organismos de adoção, nacionais ou estrangeiros, com dirigentes de programas de acolhimento institucional ou familiar, assim como com crianças e adolescentes em condições de serem adotados, sem a devida autorização judicial.

§ 15º A Autoridade Central Federal Brasileira poderá limitar ou suspender a concessão de novos credenciamentos sempre que julgar necessário, mediante ato administrativo fundamentado.

Art. 52-A. É vedado, sob pena de responsabilidade e descredenciamento, o repasse de recursos provenientes de organismos estrangeiros encarregados de intermediar pedidos de adoção internacional a organismos nacionais ou a pessoas físicas.

Parágrafo único. Eventuais repasses somente poderão ser efetuados via Fundo dos Direitos da Criança e do Adolescente e estarão sujeitos às deliberações do respectivo Conselho de Direitos da Criança e do Adolescente

Art. 52-B. A adoção por brasileiro residente no exterior em país ratificante da Convenção de Haia, cujo processo de adoção tenha sido processado em conformidade com a legislação vigente no país de residência e atendido o disposto na Alínea "c" do Artigo 17 da referida Convenção, será automaticamente recepcionada com o reingresso no Brasil.

§ 1º Caso não tenha sido atendido o disposto na Alínea "c" do Artigo 17 da Convenção de Haia, deverá a sentença ser homologada pelo Superior Tribunal de Justiça.

§ 2º O pretendente brasileiro residente no exterior em país não ratificante da Convenção de Haia, uma vez reingressado no Brasil, deverá requerer a homologação da sentença estrangeira pelo Superior Tribunal de Justiça.

Art. 52-C. Nas adoções internacionais, quando o Brasil for o país de acolhida, a decisão da autoridade competente do país de origem da criança ou do adolescente será conhecida pela Autoridade Central Estadual que tiver processado o pedido de habilitação dos pais adotivos, que comunicará o fato à Autoridade Central Federal e determinará as providências necessárias à expedição do Certificado de Naturalização Provisório.

§ 1º A Autoridade Central Estadual, ouvido o Ministério Público, somente deixará de reconhecer os efeitos daquela decisão se restar demonstrado que a adoção é manifestamente contrária à ordem pública ou não atende ao interesse superior da criança ou do adolescente.

§ 2º Na hipótese de não reconhecimento da adoção, prevista no § 1º deste artigo, o Ministério Público deverá imediatamente requerer o que for de direito para resguardar os interesses da criança ou do adolescente, comunicando-se as providências à Autoridade Central Estadual, que fará a comunicação à Autoridade Central Federal Brasileira e à Autoridade Central do país de origem.

Art. 52-D. Nas adoções internacionais, quando o Brasil for o país de acolhida e a adoção não tenha sido deferida no país de origem porque a sua legislação a delega ao país de acolhida, ou, ainda, na hipótese de, mesmo com decisão, a criança ou o adolescente ser oriundo de país que não tenha aderido à Convenção referida, o processo de adoção seguirá as regras da adoção nacional.

CAPÍTULO IV

Do Direito à Educação, à Cultura, ao Esporte e ao Lazer

Art. 53. A criança e o adolescente têm direito à educação, visando ao pleno desenvolvimento de sua pessoa, preparo para o exercício da cidadania e qualificação para o trabalho, assegurando-se-lhes:

I. igualdade de condições para o acesso e permanência na escola;

II. direito de ser respeitado por seus educadores;

III. direito de contestar critérios avaliativos, podendo recorrer às instâncias escolares superiores;

IV. direito de organização e participação em entidades estudantis;

V. acesso à escola pública e gratuita, próxima de sua residência, garantindo-se vagas no mesmo estabelecimento a irmãos que frequentem a mesma etapa ou ciclo de ensino da educação básica.

Parágrafo único. É direito dos pais ou responsáveis ter ciência do processo pedagógico, bem como participar da definição das propostas educacionais.

Art. 53-A. É dever da instituição de ensino, clubes e agremiações recreativas e de estabelecimentos congêneres assegurar medidas de conscientização, prevenção e enfrentamento ao uso ou dependência de drogas ilícitas.

Art. 54. É dever do Estado assegurar à criança e ao adolescente:

I. ensino fundamental, obrigatório e gratuito, inclusive para os que a ele não tiveram acesso na idade própria;

II. progressiva extensão da obrigatoriedade e gratuidade ao ensino médio;
III. atendimento educacional especializado aos portadores de deficiência, preferencialmente na rede regular de ensino;
IV. atendimento em creche e pré-escola às crianças de zero a cinco anos de idade;
V. acesso aos níveis mais elevados do ensino, da pesquisa e da criação artística, segundo a capacidade de cada um;
VI. oferta de ensino noturno regular, adequado às condições do adolescente trabalhador;
VII. atendimento no ensino fundamental, através de programas suplementares de material didático-escolar, transporte, alimentação e assistência à saúde.
§ 1º O acesso ao ensino obrigatório e gratuito é direito público subjetivo.
§ 2º O não oferecimento do ensino obrigatório pelo poder público ou sua oferta irregular importa responsabilidade da autoridade competente.
§ 3º Compete ao poder público recensear os educandos no ensino fundamental, fazer-lhes a chamada e zelar, junto aos pais ou responsável, pela frequência à escola.

Art. 55. Os pais ou responsável têm a obrigação de matricular seus filhos ou pupilos na rede regular de ensino.

Art. 56. Os dirigentes de estabelecimentos de ensino fundamental comunicarão ao Conselho Tutelar os casos de:
I. maus-tratos envolvendo seus alunos;
II. reiteração de faltas injustificadas e de evasão escolar, esgotados os recursos escolares;
III. elevados níveis de repetência.

Art. 57. O poder público estimulará pesquisas, experiências e novas propostas relativas a calendário, seriação, currículo, metodologia, didática e avaliação, com vistas à inserção de crianças e adolescentes excluídos do ensino fundamental obrigatório.

Art. 58. No processo educacional respeitar-se-ão os valores culturais, artísticos e históricos próprios do contexto social da criança e do adolescente, garantindo-se a estes a liberdade da criação e o acesso às fontes de cultura.

Art. 59. Os municípios, com apoio dos estados e da União, estimularão e facilitarão a destinação de recursos e espaços para programações culturais, esportivas e de lazer voltadas para a infância e a juventude.

CAPÍTULO V
Do Direito à Profissionalização e à Proteção no Trabalho

Art. 60. É proibido qualquer trabalho a menores de quatorze anos de idade, salvo na condição de aprendiz.

Art. 61. A proteção ao trabalho dos adolescentes é regulada por legislação especial, sem prejuízo do disposto nesta Lei.

Art. 62. Considera-se aprendizagem a formação técnico-profissional ministrada segundo as diretrizes e bases da legislação de educação em vigor.

Art. 63. A formação técnico-profissional obedecerá aos seguintes princípios:
I. garantia de acesso e frequência obrigatória ao ensino regular;
II. atividade compatível com o desenvolvimento do adolescente;
III. horário especial para o exercício das atividades.

Art. 64. Ao adolescente até quatorze anos de idade é assegurada bolsa de aprendizagem.

Art. 65. Ao adolescente aprendiz, maior de quatorze anos, são assegurados os direitos trabalhistas e previdenciários.

Art. 66. Ao adolescente portador de deficiência é assegurado trabalho protegido.

Art. 67. Ao adolescente empregado, aprendiz, em regime familiar de trabalho, aluno de escola técnica, assistido em entidade governamental ou não governamental, é vedado trabalho:
I. noturno, realizado entre as vinte e duas horas de um dia e as cinco horas do dia seguinte;
II. perigoso, insalubre ou penoso;
III. realizado em locais prejudiciais à sua formação e ao seu desenvolvimento físico, psíquico, moral e social;
IV. realizado em horários e locais que não permitam a frequência à escola.

Art. 68. O programa social que tenha por base o trabalho educativo, sob responsabilidade de entidade governamental ou não-governamental sem fins lucrativos, deverá assegurar ao adolescente que dele participe condições de capacitação para o exercício de atividade regular remunerada.
§ 1º Entende-se por trabalho educativo a atividade laboral em que as exigências pedagógicas relativas ao desenvolvimento pessoal e social do educando prevalecem sobre o aspecto produtivo.

§ 2º A remuneração que o adolescente recebe pelo trabalho efetuado ou a participação na venda dos produtos de seu trabalho não desfigura o caráter educativo.

Art. 69. O adolescente tem direito à profissionalização e à proteção no trabalho, observados os seguintes aspectos, entre outros:

I. respeito à condição peculiar de pessoa em desenvolvimento;

II. capacitação profissional adequada ao mercado de trabalho.

TÍTULO III
Da Prevenção

CAPÍTULO I
Disposições Gerais

Art. 70. É dever de todos prevenir a ocorrência de ameaça ou violação dos direitos da criança e do adolescente.

Art. 70-A. A União, os Estados, o Distrito Federal e os Municípios deverão atuar de forma articulada na elaboração de políticas públicas e na execução de ações destinadas a coibir o uso de castigo físico ou de tratamento cruel ou degradante e difundir formas não violentas de educação de crianças e de adolescentes, tendo como principais ações:

I. a promoção de campanhas educativas permanentes para a divulgação do direito da criança e do adolescente de serem educados e cuidados sem o uso de castigo físico ou de tratamento cruel ou degradante e dos instrumentos de proteção aos direitos humanos;

II. a integração com os órgãos do Poder Judiciário, do Ministério Público e da Defensoria Pública, com o Conselho Tutelar, com os Conselhos de Direitos da Criança e do Adolescente e com as entidades não governamentais que atuam na promoção, proteção e defesa dos direitos da criança e do adolescente;

III. a formação continuada e a capacitação dos profissionais de saúde, educação e assistência social e dos demais agentes que atuam na promoção, proteção e defesa dos direitos da criança e do adolescente para o desenvolvimento das competências necessárias à prevenção, à identificação de evidências, ao diagnóstico e ao enfrentamento de todas as formas de violência contra a criança e o adolescente;

IV. o apoio e o incentivo às práticas de resolução pacífica de conflitos que envolvam violência contra a criança e o adolescente;

V. a inclusão, nas políticas públicas, de ações que visem a garantir os direitos da criança e do adolescente, desde a atenção pré-natal, e de atividades junto aos pais e responsáveis com o objetivo de promover a informação, a reflexão, o debate e a orientação sobre alternativas ao uso de castigo físico ou de tratamento cruel ou degradante no processo educativo;

VI. a promoção de espaços intersetoriais locais para a articulação de ações e a elaboração de planos de atuação conjunta focados nas famílias em situação de violência, com participação de profissionais de saúde, de assistência social e de educação e de órgãos de promoção, proteção e defesa dos direitos da criança e do adolescente.

Parágrafo único. As famílias com crianças e adolescentes com deficiência terão prioridade de atendimento nas ações e políticas públicas de prevenção e proteção.

Art. 70-B. As entidades, públicas e privadas, que atuem nas áreas a que se refere o art. 71, dentre outras, devem contar, em seus quadros, com pessoas capacitadas a reconhecer e comunicar ao Conselho Tutelar suspeitas ou casos de maus-tratos praticados contra crianças e adolescentes.

Parágrafo único. São igualmente responsáveis pela comunicação de que trata este artigo, as pessoas encarregadas, por razão de cargo, função, ofício, ministério, profissão ou ocupação, do cuidado, assistência ou guarda de crianças e adolescentes, punível, na forma deste Estatuto, o injustificado retardamento ou omissão, culposos ou dolosos.

Art. 71. A criança e o adolescente têm direito a informação, cultura, lazer, esportes, diversões, espetáculos e produtos e serviços que respeitem sua condição peculiar de pessoa em desenvolvimento.

Art. 72. As obrigações previstas nesta Lei não excluem da prevenção especial outras decorrentes dos princípios por ela adotados.

Art. 73. A inobservância das normas de prevenção importará em responsabilidade da pessoa física ou jurídica, nos termos desta Lei.

CAPÍTULO II
Da Prevenção Especial

SEÇÃO I
Da informação, Cultura, Lazer, Esportes, Diversões e Espetáculos

Art. 74. O poder público, através do órgão competente, regulará as diversões e espetáculos públicos, informando sobre a natureza deles, as faixas etárias a que não se recomendem, locais e horários em que sua apresentação se mostre inadequada.

Parágrafo único. Os responsáveis pelas diversões e espetáculos públicos deverão afixar, em lugar visível e de fácil acesso, à entrada do local de exibição, informação destacada sobre a natureza do espetáculo e a faixa etária especificada no certificado de classificação.

Art. 75. Toda criança ou adolescente terá acesso às diversões e espetáculos públicos classificados como adequados à sua faixa etária.

Parágrafo único. As crianças menores de dez anos somente poderão ingressar e permanecer nos locais de apresentação ou exibição quando acompanhadas dos pais ou responsável.

Art. 76. As emissoras de rádio e televisão somente exibirão, no horário recomendado para o público infantojuvenil, programas com finalidades educativas, artísticas, culturais e informativas.

Parágrafo único. Nenhum espetáculo será apresentado ou anunciado sem aviso de sua classificação, antes de sua transmissão, apresentação ou exibição.

Art. 77. Os proprietários, diretores, gerentes e funcionários de empresas que explorem a venda ou aluguel de fitas de programação em vídeo cuidarão para que não haja venda ou locação em desacordo com a classificação atribuída pelo órgão competente.

Parágrafo único. As fitas a que alude este artigo deverão exibir, no invólucro, informação sobre a natureza da obra e a faixa etária a que se destinam.

Art. 78. As revistas e publicações contendo material impróprio ou inadequado a crianças e adolescentes deverão ser comercializadas em embalagem lacrada, com a advertência de seu conteúdo.

Parágrafo único. As editoras cuidarão para que as capas que contenham mensagens pornográficas ou obscenas sejam protegidas com embalagem opaca.

Art. 79. As revistas e publicações destinadas ao público infantojuvenil não poderão conter ilustrações, fotografias, legendas, crônicas ou anúncios de bebidas alcoólicas, tabaco, armas e munições, e deverão respeitar os valores éticos e sociais da pessoa e da família.

Art. 80. Os responsáveis por estabelecimentos que explorem comercialmente bilhar, sinuca ou congênere ou por casas de jogos, assim entendidas as que realizem apostas, ainda que eventualmente, cuidarão para que não seja permitida a entrada e a permanência de crianças e adolescentes no local, afixando aviso para orientação do público.

SEÇÃO II
Dos Produtos e Serviços

Art. 81. É proibida a venda à criança ou ao adolescente de:
I. armas, munições e explosivos;
II. bebidas alcoólicas;
III. produtos cujos componentes possam causar dependência física ou psíquica ainda que por utilização indevida;
IV. fogos de estampido e de artifício, exceto aqueles que pelo seu reduzido potencial sejam incapazes de provocar qualquer dano físico em caso de utilização indevida;
V. revistas e publicações a que alude o art. 78;
VI. bilhetes lotéricos e equivalentes.

Art. 82. É proibida a hospedagem de criança ou adolescente em hotel, motel, pensão ou estabelecimento congênere, salvo se autorizado ou acompanhado pelos pais ou responsável.

SEÇÃO III
Da Autorização para Viajar

Art. 83. Nenhuma criança ou adolescente menor de 16 (dezesseis) anos poderá viajar para fora da comarca onde reside desacompanhado dos pais ou dos responsáveis sem expressa autorização judicial. (Redação dada pela Lei nº 13.812, de 2019)

§ 1º A autorização não será exigida quando:
a) tratar-se de comarca contígua à da residência da criança ou do adolescente menor de 16 (dezesseis) anos, se na mesma unidade da Federação, ou incluída na mesma região metropolitana; (Redação dada pela Lei nº 13.812, de 2019)

b) a criança ou o adolescente menor de 16 (dezesseis) anos estiver acompanhado: (Redação dada pela Lei nº 13.812, de 2019)
1) de ascendente ou colateral maior, até o terceiro grau, comprovado documentalmente o parentesco;
2) de pessoa maior, expressamente autorizada pelo pai, mãe ou responsável.

§ 2º A autoridade judiciária poderá, a pedido dos pais ou responsável, conceder autorização válida por dois anos.

Art. 84. Quando se tratar de viagem ao exterior, a autorização é dispensável, se a criança ou adolescente:
I. estiver acompanhado de ambos os pais ou responsável;
II. viajar na companhia de um dos pais, autorizado expressamente pelo outro através de documento com firma reconhecida.

Art. 85. Sem prévia e expressa autorização judicial, nenhuma criança ou adolescente nascido em território nacional poderá sair do País em companhia de estrangeiro residente ou domiciliado no exterior.

PARTE ESPECIAL

TÍTULO I
Da Política de Atendimento

CAPÍTULO I
Disposições Gerais

Art. 86. A política de atendimento dos direitos da criança e do adolescente far-se-á através de um conjunto articulado de ações governamentais e não governamentais, da União, dos estados, do Distrito Federal e dos municípios.

Art. 87. São linhas de ação da política de atendimento:
I. políticas sociais básicas;
II. serviços, programas, projetos e benefícios de assistência social de garantia de proteção social e de prevenção e redução de violações de direitos, seus agravamentos ou reincidências;
III. serviços especiais de prevenção e atendimento médico e psicossocial às vítimas de negligência, maus-tratos, exploração, abuso, crueldade e opressão;
IV. serviço de identificação e localização de pais, responsável, crianças e adolescentes desaparecidos;
V. proteção jurídico-social por entidades de defesa dos direitos da criança e do adolescente.
VI. políticas e programas destinados a prevenir ou abreviar o período de afastamento do convívio familiar e a garantir o efetivo exercício do direito à convivência familiar de crianças e adolescentes;
VII. campanhas de estímulo ao acolhimento sob forma de guarda de crianças e adolescentes afastados do convívio familiar e à adoção, especificamente inter-racial, de crianças maiores ou de adolescentes, com necessidades específicas de saúde ou com deficiências e de grupos de irmãos.

Art. 88. São diretrizes da política de atendimento:
I. municipalização do atendimento;
II. criação de conselhos municipais, estaduais e nacional dos direitos da criança e do adolescente, órgãos deliberativos e controladores das ações em todos os níveis, assegurada a participação popular paritária por meio de organizações representativas, segundo leis federal, estaduais e municipais;
III. criação e manutenção de programas específicos, observada a descentralização político-administrativa;
IV. manutenção de fundos nacional, estaduais e municipais vinculados aos respectivos conselhos dos direitos da criança e do adolescente;
V. integração operacional de órgãos do Judiciário, Ministério Público, Defensoria, Segurança Pública e Assistência Social, preferencialmente em um mesmo local, para efeito de agilização do atendimento inicial a adolescente a quem se atribua autoria de ato infracional;
VI. integração operacional de órgãos do Judiciário, Ministério Público, Defensoria, Conselho Tutelar e encarregados da execução das políticas sociais básicas e de assistência social, para efeito de agilização do atendimento de crianças e de adolescentes inseridos em programas de acolhimento familiar ou institucional, com vista na sua rápida reintegração à família de origem ou, se tal solução se mostrar comprovadamente inviável, sua colocação em família substituta, em quaisquer das modalidades previstas no art. 28 desta Lei;
VII. mobilização da opinião pública para a indispensável participação dos diversos segmentos da sociedade.
VIII. especialização e formação continuada dos profissionais que trabalham nas diferentes áreas da

atenção à primeira infância, incluindo os conhecimentos sobre direitos da criança e sobre desenvolvimento infantil;

IX. formação profissional com abrangência dos diversos direitos da criança e do adolescente que favoreça a intersetorialidade no atendimento da criança e do adolescente e seu desenvolvimento integral;

X. realização e divulgação de pesquisas sobre desenvolvimento infantil e sobre prevenção da violência.

Art. 89. A função de membro do conselho nacional e dos conselhos estaduais e municipais dos direitos da criança e do adolescente é considerada de interesse público relevante e não será remunerada.

CAPÍTULO II
Das Entidades de Atendimento

SEÇÃO I
Disposições Gerais

Art. 90. As entidades de atendimento são responsáveis pela manutenção das próprias unidades, assim como pelo planejamento e execução de programas de proteção e sócio-educativos destinados a crianças e adolescentes, em regime de:

I. orientação e apoio sócio-familiar;
II. apoio sócio-educativo em meio aberto;
III. colocação familiar;
IV. acolhimento institucional;
V. prestação de serviços à comunidade;
VI. liberdade assistida;
VII. semiliberdade; e
VIII. internação.

§ 1º As entidades governamentais e não governamentais deverão proceder à inscrição de seus programas, especificando os regimes de atendimento, na forma definida neste artigo, no Conselho Municipal dos Direitos da Criança e do Adolescente, o qual manterá registro das inscrições e de suas alterações, do que fará comunicação ao Conselho Tutelar e à autoridade judiciária.

§ 2º Os recursos destinados à implementação e manutenção dos programas relacionados neste artigo serão previstos nas dotações orçamentárias dos órgãos públicos encarregados das áreas de Educação, Saúde e Assistência Social, dentre outros, observando-se o princípio da prioridade absoluta à criança e ao adolescente preconizado pelo caput do art. 227 da Constituição Federal e pelo caput e parágrafo único do art. 4º desta Lei.

§ 3º Os programas em execução serão reavaliados pelo Conselho Municipal dos Direitos da Criança e do Adolescente, no máximo, a cada 2 (dois) anos, constituindo-se critérios para renovação da autorização de funcionamento:

I. o efetivo respeito às regras e princípios desta Lei, bem como às resoluções relativas à modalidade de atendimento prestado expedidas pelos Conselhos de Direitos da Criança e do Adolescente, em todos os níveis;

II. a qualidade e eficiência do trabalho desenvolvido, atestadas pelo Conselho Tutelar, pelo Ministério Público e pela Justiça da Infância e da Juventude;

III. em se tratando de programas de acolhimento institucional ou familiar, serão considerados os índices de sucesso na reintegração familiar ou de adaptação à família substituta, conforme o caso.

Art. 91. As entidades não governamentais somente poderão funcionar depois de registradas no Conselho Municipal dos Direitos da Criança e do Adolescente, o qual comunicará o registro ao Conselho Tutelar e à autoridade judiciária da respectiva localidade.

§ 1º Será negado o registro à entidade que:

a) não ofereça instalações físicas em condições adequadas de habitabilidade, higiene, salubridade e segurança;
b) não apresente plano de trabalho compatível com os princípios desta Lei;
c) esteja irregularmente constituída;
d) tenha em seus quadros pessoas inidôneas.
e) não se adeque ou deixar de cumprir as resoluções e deliberações relativas à modalidade de atendimento prestado expedidas pelos Conselhos de Direitos da Criança e do Adolescente, em todos os níveis.

§ 2º O registro terá validade máxima de 4 (quatro) anos, cabendo ao Conselho Municipal dos Direitos da Criança e do Adolescente, periodicamente, reavaliar o cabimento de sua renovação, observado o disposto no § 1º deste artigo.

Art. 92. As entidades que desenvolvam programas de acolhimento familiar ou institucional deverão adotar os seguintes princípios:

I. preservação dos vínculos familiares e promoção da reintegração familiar;

II. integração em família substituta, quando esgotados os recursos de manutenção na família natural ou extensa;
III. atendimento personalizado e em pequenos grupos;
IV. desenvolvimento de atividades em regime de coeducação;
V. não desmembramento de grupos de irmãos;
VI. evitar, sempre que possível, a transferência para outras entidades de crianças e adolescentes abrigados;
VII. participação na vida da comunidade local;
VIII. preparação gradativa para o desligamento;
IX. participação de pessoas da comunidade no processo educativo.

§ 1º O dirigente de entidade que desenvolve programa de acolhimento institucional é equiparado ao guardião, para todos os efeitos de direito.

§ 2º Os dirigentes de entidades que desenvolvem programas de acolhimento familiar ou institucional remeterão à autoridade judiciária, no máximo a cada 6 (seis) meses, relatório circunstanciado acerca da situação de cada criança ou adolescente acolhido e sua família, para fins da reavaliação prevista no § 1º do art. 19 desta Lei.

§ 3º Os entes federados, por intermédio dos Poderes Executivo e Judiciário, promoverão conjuntamente a permanente qualificação dos profissionais que atuam direta ou indiretamente em programas de acolhimento institucional e destinados à colocação familiar de crianças e adolescentes, incluindo membros do Poder Judiciário, Ministério Público e Conselho Tutelar.

§ 4º Salvo determinação em contrário da autoridade judiciária competente, as entidades que desenvolvem programas de acolhimento familiar ou institucional, se necessário com o auxílio do Conselho Tutelar e dos órgãos de assistência social, estimularão o contato da criança ou adolescente com seus pais e parentes, em cumprimento ao disposto nos incisos I e VIII do caput deste artigo.

§ 5º As entidades que desenvolvem programas de acolhimento familiar ou institucional somente poderão receber recursos públicos se comprovado o atendimento dos princípios, exigências e finalidades desta Lei.

§ 6º O descumprimento das disposições desta Lei pelo dirigente de entidade que desenvolva programas de acolhimento familiar ou institucional é causa de sua destituição, sem prejuízo da apuração de sua responsabilidade administrativa, civil e criminal.

§ 7º Quando se tratar de criança de 0 (zero) a 3 (três) anos em acolhimento institucional, dar-se-á especial atenção à atuação de educadores de referência estáveis e qualitativamente significativos, às rotinas específicas e ao atendimento das necessidades básicas, incluindo as de afeto como prioritárias.

Art. 93. As entidades que mantenham programa de acolhimento institucional poderão, em caráter excepcional e de urgência, acolher crianças e adolescentes sem prévia determinação da autoridade competente, fazendo comunicação do fato em até 24 (vinte e quatro) horas ao Juiz da Infância e da Juventude, sob pena de responsabilidade.

Parágrafo único. Recebida a comunicação, a autoridade judiciária, ouvido o Ministério Público e se necessário com o apoio do Conselho Tutelar local, tomará as medidas necessárias para promover a imediata reintegração familiar da criança ou do adolescente ou, se por qualquer razão não for isso possível ou recomendável, para seu encaminhamento a programa de acolhimento familiar, institucional ou a família substituta, observado o disposto no § 2º do art. 101 desta Lei.

Art. 94. As entidades que desenvolvem programas de internação têm as seguintes obrigações, entre outras:
I. observar os direitos e garantias de que são titulares os adolescentes;
II. não restringir nenhum direito que não tenha sido objeto de restrição na decisão de internação;
III. oferecer atendimento personalizado, em pequenas unidades e grupos reduzidos;
IV. preservar a identidade e oferecer ambiente de respeito e dignidade ao adolescente;
V. diligenciar no sentido do restabelecimento e da preservação dos vínculos familiares;
VI. comunicar à autoridade judiciária, periodicamente, os casos em que se mostre inviável ou impossível o reatamento dos vínculos familiares;
VII. oferecer instalações físicas em condições adequadas de habitabilidade, higiene, salubridade e segurança e os objetos necessários à higiene pessoal;
VIII. oferecer vestuário e alimentação suficientes e adequadas à faixa etária dos adolescentes atendidos;
IX. oferecer cuidados médicos, psicológicos, odontológicos e farmacêuticos;

X. propiciar escolarização e profissionalização;
XI. propiciar atividades culturais, esportivas e de lazer;
XII. propiciar assistência religiosa àqueles que desejarem, de acordo com suas crenças;
XIII. proceder a estudo social e pessoal de cada caso;
XIV. reavaliar periodicamente cada caso, com intervalo máximo de seis meses, dando ciência dos resultados à autoridade competente;
XV. informar, periodicamente, o adolescente internado sobre sua situação processual;
XVI. comunicar às autoridades competentes todos os casos de adolescentes portadores de moléstias infecto-contagiosas;
XVII. fornecer comprovante de depósito dos pertences dos adolescentes;
XVIII. manter programas destinados ao apoio e acompanhamento de egressos;
XIX. providenciar os documentos necessários ao exercício da cidadania àqueles que não os tiverem;
XX. manter arquivo de anotações onde constem data e circunstâncias do atendimento, nome do adolescente, seus pais ou responsável, parentes, endereços, sexo, idade, acompanhamento da sua formação, relação de seus pertences e demais dados que possibilitem sua identificação e a individualização do atendimento.
§ 1º Aplicam-se, no que couber, as obrigações constantes deste artigo às entidades que mantêm programas de acolhimento institucional e familiar.
§ 2º No cumprimento das obrigações a que alude este artigo as entidades utilizarão preferencialmente os recursos da comunidade.

Art. 94-A. As entidades, públicas ou privadas, que abriguem ou recepcionem crianças e adolescentes, ainda que em caráter temporário, devem ter, em seus quadros, profissionais capacitados a reconhecer e reportar ao Conselho Tutelar suspeitas ou ocorrências de maus-tratos.

SEÇÃO II
Da Fiscalização das Entidades

Art. 95. As entidades governamentais e não governamentais referidas no art. 90 serão fiscalizadas pelo Judiciário, pelo Ministério Público e pelos Conselhos Tutelares.

Art. 96. Os planos de aplicação e as prestações de contas serão apresentados ao estado ou ao município, conforme a origem das dotações orçamentárias.

Art. 97. São medidas aplicáveis às entidades de atendimento que descumprirem obrigação constante do art. 94, sem prejuízo da responsabilidade civil e criminal de seus dirigentes ou prepostos:
I. às entidades governamentais:
a) advertência;
b) afastamento provisório de seus dirigentes;
c) afastamento definitivo de seus dirigentes;
d) fechamento de unidade ou interdição de programa.
II. às entidades não governamentais:
a) advertência;
b) suspensão total ou parcial do repasse de verbas públicas;
c) interdição de unidades ou suspensão de programa;
d) cassação do registro.
§ 1º Em caso de reiteradas infrações cometidas por entidades de atendimento, que coloquem em risco os direitos assegurados nesta Lei, deverá ser o fato comunicado ao Ministério Público ou representado perante autoridade judiciária competente para as providências cabíveis, inclusive suspensão das atividades ou dissolução da entidade.
§ 2º As pessoas jurídicas de direito público e as organizações não governamentais responderão pelos danos que seus agentes causarem às crianças e aos adolescentes, caracterizado o descumprimento dos princípios norteadores das atividades de proteção específica.

TÍTULO II
Das Medidas de Proteção

CAPÍTULO I
Disposições Gerais

Art. 98. As medidas de proteção à criança e ao adolescente são aplicáveis sempre que os direitos reconhecidos nesta Lei forem ameaçados ou violados:
I. por ação ou omissão da sociedade ou do Estado;
II. por falta, omissão ou abuso dos pais ou responsável;
III. em razão de sua conduta.

CAPÍTULO II

Das Medidas Específicas de Proteção

Art. 99. As medidas previstas neste Capítulo poderão ser aplicadas isolada ou cumulativamente, bem como substituídas a qualquer tempo.

Art. 100. Na aplicação das medidas levar-se-ão em conta as necessidades pedagógicas, preferindo-se aquelas que visem ao fortalecimento dos vínculos familiares e comunitários.

Parágrafo único. São também princípios que regem a aplicação das medidas:

I. condição da criança e do adolescente como sujeitos de direitos: crianças e adolescentes são os titulares dos direitos previstos nesta e em outras Leis, bem como na Constituição Federal;

II. proteção integral e prioritária: a interpretação e aplicação de toda e qualquer norma contida nesta Lei deve ser voltada à proteção integral e prioritária dos direitos de que crianças e adolescentes são titulares;

III. responsabilidade primária e solidária do poder público: a plena efetivação dos direitos assegurados a crianças e a adolescentes por esta Lei e pela Constituição Federal, salvo nos casos por esta expressamente ressalvados, é de responsabilidade primária e solidária das 3 (três) esferas de governo, sem prejuízo da municipalização do atendimento e da possibilidade da execução de programas por entidades não governamentais;

IV. interesse superior da criança e do adolescente: a intervenção deve atender prioritariamente aos interesses e direitos da criança e do adolescente, sem prejuízo da consideração que for devida a outros interesses legítimos no âmbito da pluralidade dos interesses presentes no caso concreto;

V. privacidade: a promoção dos direitos e proteção da criança e do adolescente deve ser efetuada no respeito pela intimidade, direito à imagem e reserva da sua vida privada;

VI. intervenção precoce: a intervenção das autoridades competentes deve ser efetuada logo que a situação de perigo seja conhecida;

VII. intervenção mínima: a intervenção deve ser exercida exclusivamente pelas autoridades e instituições cuja ação seja indispensável à efetiva promoção dos direitos e à proteção da criança e do adolescente;

VIII. proporcionalidade e atualidade: a intervenção deve ser a necessária e adequada à situação de perigo em que a criança ou o adolescente se encontram no momento em que a decisão é tomada;

IX. responsabilidade parental: a intervenção deve ser efetuada de modo que os pais assumam os seus deveres para com a criança e o adolescente;

X. prevalência da família: na promoção de direitos e na proteção da criança e do adolescente deve ser dada prevalência às medidas que os mantenham ou reintegrem na sua família natural ou extensa ou, se isso não for possível, que promovam a sua integração em família adotiva;

XI. obrigatoriedade da informação: a criança e o adolescente, respeitado seu estágio de desenvolvimento e capacidade de compreensão, seus pais ou responsável devem ser informados dos seus direitos, dos motivos que determinaram a intervenção e da forma como esta se processa;

XII. oitiva obrigatória e participação: a criança e o adolescente, em separado ou na companhia dos pais, de responsável ou de pessoa por si indicada, bem como os seus pais ou responsável, têm direito a ser ouvidos e a participar nos atos e na definição da medida de promoção dos direitos e de proteção, sendo sua opinião devidamente considerada pela autoridade judiciária competente, observado o disposto nos §§ 1º e 2º do art. 28 desta Lei.

Art. 101. Verificada qualquer das hipóteses previstas no art. 98, a autoridade competente poderá determinar, dentre outras, as seguintes medidas:

I. encaminhamento aos pais ou responsável, mediante termo de responsabilidade;

II. orientação, apoio e acompanhamento temporários;

III. matrícula e frequência obrigatórias em estabelecimento oficial de ensino fundamental;

IV. inclusão em serviços e programas oficiais ou comunitários de proteção, apoio e promoção da família, da criança e do adolescente;

V. requisição de tratamento médico, psicológico ou psiquiátrico, em regime hospitalar ou ambulatorial;

VI. inclusão em programa oficial ou comunitário de auxílio, orientação e tratamento a alcoólatras e toxicômanos;

VII. acolhimento institucional;

VIII. inclusão em programa de acolhimento familiar;

IX. colocação em família substituta.

§ 1º O acolhimento institucional e o acolhimento familiar são medidas provisórias e excepcionais, utilizáveis como forma de transição para reintegração familiar ou, não sendo esta possível, para colocação em família substituta, não implicando privação de liberdade.

§ 2º Sem prejuízo da tomada de medidas emergenciais para proteção de vítimas de violência ou abuso sexual e das providências a que alude o art. 130 desta Lei, o afastamento da criança ou adolescente do convívio familiar é de competência exclusiva da autoridade judiciária e importará na deflagração, a pedido do Ministério Público ou de quem tenha legítimo interesse, de procedimento judicial contencioso, no qual se garanta aos pais ou ao responsável legal o exercício do contraditório e da ampla defesa.

§ 3º Crianças e adolescentes somente poderão ser encaminhados às instituições que executam programas de acolhimento institucional, governamentais ou não, por meio de uma Guia de Acolhimento, expedida pela autoridade judiciária, na qual obrigatoriamente constará, dentre outros:

I. sua identificação e a qualificação completa de seus pais ou de seu responsável, se conhecidos;
II. o endereço de residência dos pais ou do responsável, com pontos de referência;
III. os nomes de parentes ou de terceiros interessados em tê-los sob sua guarda;
IV. os motivos da retirada ou da não reintegração ao convívio familiar.

§ 4º Imediatamente após o acolhimento da criança ou do adolescente, a entidade responsável pelo programa de acolhimento institucional ou familiar elaborará um plano individual de atendimento, visando à reintegração familiar, ressalvada a existência de ordem escrita e fundamentada em contrário de autoridade judiciária competente, caso em que também deverá contemplar sua colocação em família substituta, observadas as regras e princípios desta Lei.

§ 5º O plano individual será elaborado sob a responsabilidade da equipe técnica do respectivo programa de atendimento e levará em consideração a opinião da criança ou do adolescente e a oitiva dos pais ou do responsável.

§ 6º Constarão do plano individual, dentre outros:
I. os resultados da avaliação interdisciplinar;
II. os compromissos assumidos pelos pais ou responsável; e
III. a previsão das atividades a serem desenvolvidas com a criança ou com o adolescente acolhido e seus pais ou responsável, com vista na reintegração familiar ou, caso seja esta vedada por expressa e fundamentada determinação judicial, as providências a serem tomadas para sua colocação em família substituta, sob direta supervisão da autoridade judiciária.

§ 7º O acolhimento familiar ou institucional ocorrerá no local mais próximo à residência dos pais ou do responsável e, como parte do processo de reintegração familiar, sempre que identificada a necessidade, a família de origem será incluída em programas oficiais de orientação, de apoio e de promoção social, sendo facilitado e estimulado o contato com a criança ou com o adolescente acolhido.

§ 8º Verificada a possibilidade de reintegração familiar, o responsável pelo programa de acolhimento familiar ou institucional fará imediata comunicação à autoridade judiciária, que dará vista ao Ministério Público, pelo prazo de 5 (cinco) dias, decidindo em igual prazo.

§ 9º Em sendo constatada a impossibilidade de reintegração da criança ou do adolescente à família de origem, após seu encaminhamento a programas oficiais ou comunitários de orientação, apoio e promoção social, será enviado relatório fundamentado ao Ministério Público, no qual conste a descrição pormenorizada das providências tomadas e a expressa recomendação, subscrita pelos técnicos da entidade ou responsáveis pela execução da política municipal de garantia do direito à convivência familiar, para a destituição do poder familiar, ou destituição de tutela ou guarda.

§ 10º Recebido o relatório, o Ministério Público terá o prazo de 15 (quinze) dias para o ingresso com a ação de destituição do poder familiar, salvo se entender necessária a realização de estudos complementares ou de outras providências indispensáveis ao ajuizamento da demanda.

§ 11º A autoridade judiciária manterá, em cada comarca ou foro regional, um cadastro contendo informações atualizadas sobre as crianças e adolescentes em regime de acolhimento familiar e institucional sob sua responsabilidade, com informações pormenorizadas sobre a situação jurídica de cada um, bem como as providências tomadas para sua reintegração familiar ou colocação em família substituta, em qualquer das modalidades previstas no art. 28 desta Lei.

§ 12º Terão acesso ao cadastro o Ministério Público, o Conselho Tutelar, o órgão gestor da Assistência

Social e os Conselhos Municipais dos Direitos da Criança e do Adolescente e da Assistência Social, aos quais incumbe deliberar sobre a implementação de políticas públicas que permitam reduzir o número de crianças e adolescentes afastados do convívio familiar e abreviar o período de permanência em programa de acolhimento.

Art. 102. As medidas de proteção de que trata este Capítulo serão acompanhadas da regularização do registro civil.

§ 1º Verificada a inexistência de registro anterior, o assento de nascimento da criança ou adolescente será feito à vista dos elementos disponíveis, mediante requisição da autoridade judiciária.

§ 2º Os registros e certidões necessários à regularização de que trata este artigo são isentos de multas, custas e emolumentos, gozando de absoluta prioridade.

§ 3º Caso ainda não definida a paternidade, será deflagrado procedimento específico destinado à sua averiguação, conforme previsto pela Lei nº 8.560, de 29 de dezembro de 1992º

§ 4º Nas hipóteses previstas no § 3º deste artigo, é dispensável o ajuizamento de ação de investigação de paternidade pelo Ministério Público se, após o não comparecimento ou a recusa do suposto pai em assumir a paternidade a ele atribuída, a criança for encaminhada para adoção.

§ 5º Os registros e certidões necessários à inclusão, a qualquer tempo, do nome do pai no assento de nascimento são isentos de multas, custas e emolumentos, gozando de absoluta prioridade.

§ 6º São gratuitas, a qualquer tempo, a averbação requerida do reconhecimento de paternidade no assento de nascimento e a certidão correspondente.

TÍTULO III
Da Prática de Ato Infracional

CAPÍTULO I
Disposições Gerais

Art. 103. Considera-se ato infracional a conduta descrita como crime ou contravenção penal.

Art. 104. São penalmente inimputáveis os menores de dezoito anos, sujeitos às medidas previstas nesta Lei.

Parágrafo único. Para os efeitos desta Lei, deve ser considerada a idade do adolescente à data do fato.

Art. 105. Ao ato infracional praticado por criança corresponderão as medidas previstas no art. 101.

CAPÍTULO II
Dos Direitos Individuais

Art. 106. Nenhum adolescente será privado de sua liberdade senão em flagrante de ato infracional ou por ordem escrita e fundamentada da autoridade judiciária competente.

Parágrafo único. O adolescente tem direito à identificação dos responsáveis pela sua apreensão, devendo ser informado acerca de seus direitos.

Art. 107. A apreensão de qualquer adolescente e o local onde se encontra recolhido serão incontinenti comunicados à autoridade judiciária competente e à família do apreendido ou à pessoa por ele indicada.

Parágrafo único. Examinar-se-á, desde logo e sob pena de responsabilidade, a possibilidade de liberação imediata.

Art. 108. A internação, antes da sentença, pode ser determinada pelo prazo máximo de quarenta e cinco dias.

Parágrafo único. A decisão deverá ser fundamentada e basear-se em indícios suficientes de autoria e materialidade, demonstrada a necessidade imperiosa da medida.

Art. 109. O adolescente civilmente identificado não será submetido a identificação compulsória pelos órgãos policiais, de proteção e judiciais, salvo para efeito de confrontação, havendo dúvida fundada.

CAPÍTULO III
Das Garantias Processuais

Art. 110. Nenhum adolescente será privado de sua liberdade sem o devido processo legal.

Art. 111. São asseguradas ao adolescente, entre outras, as seguintes garantias:

I. pleno e formal conhecimento da atribuição de ato infracional, mediante citação ou meio equivalente;

II. igualdade na relação processual, podendo confrontar-se com vítimas e testemunhas e produzir todas as provas necessárias à sua defesa;

III. defesa técnica por advogado;

IV. assistência judiciária gratuita e integral aos necessitados, na forma da lei;

V. direito de ser ouvido pessoalmente pela autoridade competente;
VI. direito de solicitar a presença de seus pais ou responsável em qualquer fase do procedimento.

CAPÍTULO IV
Das Medidas Socioeducativas

SEÇÃO I
Disposições Gerais

Art. 112. Verificada a prática de ato infracional, a autoridade competente poderá aplicar ao adolescente as seguintes medidas:
I. advertência;
II. obrigação de reparar o dano;
III. prestação de serviços à comunidade;
IV. liberdade assistida;
V. inserção em regime de semiliberdade;
VI. internação em estabelecimento educacional;
VII. qualquer uma das previstas no art. 101, I a VI.
§ 1º A medida aplicada ao adolescente levará em conta a sua capacidade de cumpri-la, as circunstâncias e a gravidade da infração.
§ 2º Em hipótese alguma e sob pretexto algum, será admitida a prestação de trabalho forçado.
§ 3º Os adolescentes portadores de doença ou deficiência mental receberão tratamento individual e especializado, em local adequado às suas condições.
Art. 113. Aplica-se a este Capítulo o disposto nos arts. 99 e 100.
Art. 114. A imposição das medidas previstas nos incisos II a VI do art. 112 pressupõe a existência de provas suficientes da autoria e da materialidade da infração, ressalvada a hipótese de remissão, nos termos do art. 127.
Parágrafo único. A advertência poderá ser aplicada sempre que houver prova da materialidade e indícios suficientes da autoria.

SEÇÃO II
Da Advertência

Art. 115. A advertência consistirá em admoestação verbal, que será reduzida a termo e assinada.

SEÇÃO III
Da Obrigação de Reparar o Dano

Art. 116. Em se tratando de ato infracional com reflexos patrimoniais, a autoridade poderá determinar, se for o caso, que o adolescente restitua a coisa, promova o ressarcimento do dano, ou, por outra forma, compense o prejuízo da vítima.
Parágrafo único. Havendo manifesta impossibilidade, a medida poderá ser substituída por outra adequada.

SEÇÃO IV
Da Prestação de Serviços à Comunidade

Art. 117. A prestação de serviços comunitários consiste na realização de tarefas gratuitas de interesse geral, por período não excedente a seis meses, junto a entidades assistenciais, hospitais, escolas e outros estabelecimentos congêneres, bem como em programas comunitários ou governamentais.
Parágrafo único. As tarefas serão atribuídas conforme as aptidões do adolescente, devendo ser cumpridas durante jornada máxima de oito horas semanais, aos sábados, domingos e feriados ou em dias úteis, de modo a não prejudicar a frequência à escola ou à jornada normal de trabalho.

SEÇÃO V
Da Liberdade Assistida

Art. 118. A liberdade assistida será adotada sempre que se afigurar a medida mais adequada para o fim de acompanhar, auxiliar e orientar o adolescente.
§ 1º A autoridade designará pessoa capacitada para acompanhar o caso, a qual poderá ser recomendada por entidade ou programa de atendimento.
§ 2º A liberdade assistida será fixada pelo prazo mínimo de seis meses, podendo a qualquer tempo ser prorrogada, revogada ou substituída por outra medida, ouvido o orientador, o Ministério Público e o defensor.
Art. 119. Incumbe ao orientador, com o apoio e a supervisão da autoridade competente, a realização dos seguintes encargos, entre outros:
I. promover socialmente o adolescente e sua família, fornecendo-lhes orientação e inserindo-os, se necessário, em programa oficial ou comunitário de auxílio e assistência social;

II. supervisionar a frequência e o aproveitamento escolar do adolescente, promovendo, inclusive, sua matrícula;
III. diligenciar no sentido da profissionalização do adolescente e de sua inserção no mercado de trabalho;
IV. apresentar relatório do caso.

SEÇÃO VI
Do Regime de Semiliberdade

Art. 120. O regime de semiliberdade pode ser determinado desde o início, ou como forma de transição para o meio aberto, possibilitada a realização de atividades externas, independentemente de autorização judicial.
§ 1º São obrigatórias a escolarização e a profissionalização, devendo, sempre que possível, ser utilizados os recursos existentes na comunidade.
§ 2º A medida não comporta prazo determinado aplicando-se, no que couber, as disposições relativas à internação.

SEÇÃO VII
Da Internação

Art. 121. A internação constitui medida privativa da liberdade, sujeita aos princípios de brevidade, excepcionalidade e respeito à condição peculiar de pessoa em desenvolvimento.
§ 1º Será permitida a realização de atividades externas, a critério da equipe técnica da entidade, salvo expressa determinação judicial em contrário.
§ 2º A medida não comporta prazo determinado, devendo sua manutenção ser reavaliada, mediante decisão fundamentada, no máximo a cada seis meses.
§ 3º Em nenhuma hipótese o período máximo de internação excederá a três anos.
§ 4º Atingido o limite estabelecido no parágrafo anterior, o adolescente deverá ser liberado, colocado em regime de semiliberdade ou de liberdade assistida.
§ 5º A liberação será compulsória aos vinte e um anos de idade.
§ 6º Em qualquer hipótese a desinternação será precedida de autorização judicial, ouvido o Ministério Público.
§ 7º A determinação judicial mencionada no § 1º poderá ser revista a qualquer tempo pela autoridade judiciária.

Art. 122. A medida de internação só poderá ser aplicada quando:
I. tratar-se de ato infracional cometido mediante grave ameaça ou violência a pessoa;
II. por reiteração no cometimento de outras infrações graves;
III. por descumprimento reiterado e injustificável da medida anteriormente imposta.
§ 1º O prazo de internação na hipótese do inciso III deste artigo não poderá ser superior a 3 (três) meses, devendo ser decretada judicialmente após o devido processo legal.
§ 2º Em nenhuma hipótese será aplicada a internação, havendo outra medida adequada.

Art. 123. A internação deverá ser cumprida em entidade exclusiva para adolescentes, em local distinto daquele destinado ao abrigo, obedecida rigorosa separação por critérios de idade, compleição física e gravidade da infração.
Parágrafo único. Durante o período de internação, inclusive provisória, serão obrigatórias atividades pedagógicas.

Art. 124. São direitos do adolescente privado de liberdade, entre outros, os seguintes:
I. entrevistar-se pessoalmente com o representante do Ministério Público;
II. peticionar diretamente a qualquer autoridade;
III. avistar-se reservadamente com seu defensor;
IV. ser informado de sua situação processual, sempre que solicitada;
V. ser tratado com respeito e dignidade;
VI. permanecer internado na mesma localidade ou naquela mais próxima ao domicílio de seus pais ou responsável;
VII. receber visitas, ao menos, semanalmente;
VIII. corresponder-se com seus familiares e amigos;
IX. ter acesso aos objetos necessários à higiene e asseio pessoal;
X. habitar alojamento em condições adequadas de higiene e salubridade;
XI. receber escolarização e profissionalização;
XII. realizar atividades culturais, esportivas e de lazer;
XIII. ter acesso aos meios de comunicação social;
XIV. receber assistência religiosa, segundo a sua crença, e desde que assim o deseje;
XV. manter a posse de seus objetos pessoais e dispor de local seguro para guardá-los, recebendo

comprovante daqueles porventura depositados em poder da entidade;

XVI. receber, quando de sua desinternação, os documentos pessoais indispensáveis à vida em sociedade.

§ 1º Em nenhum caso haverá incomunicabilidade.

§ 2º A autoridade judiciária poderá suspender temporariamente a visita, inclusive de pais ou responsável, se existirem motivos sérios e fundados de sua prejudicialidade aos interesses do adolescente.

Art. 125. É dever do Estado zelar pela integridade física e mental dos internos, cabendo-lhe adotar as medidas adequadas de contenção e segurança.

CAPÍTULO V
Da Remissão

Art. 126. Antes de iniciado o procedimento judicial para apuração de ato infracional, o representante do Ministério Público poderá conceder a remissão, como forma de exclusão do processo, atendendo às circunstâncias e consequências do fato, ao contexto social, bem como à personalidade do adolescente e sua maior ou menor participação no ato infracional.

Parágrafo único. Iniciado o procedimento, a concessão da remissão pela autoridade judiciária importará na suspensão ou extinção do processo.

Art. 127. A remissão não implica necessariamente o reconhecimento ou comprovação da responsabilidade, nem prevalece para efeito de antecedentes, podendo incluir eventualmente a aplicação de qualquer das medidas previstas em lei, exceto a colocação em regime de semiliberdade e a internação.

Art. 128. A medida aplicada por força da remissão poderá ser revista judicialmente, a qualquer tempo, mediante pedido expresso do adolescente ou de seu representante legal, ou do Ministério Público.

TÍTULO IV
Das Medidas Pertinentes aos Pais ou Responsável

Art. 129. São medidas aplicáveis aos pais ou responsável:

I. encaminhamento a serviços e programas oficiais ou comunitários de proteção, apoio e promoção da família;

II. inclusão em programa oficial ou comunitário de auxílio, orientação e tratamento a alcoólatras e toxicômanos;

III. encaminhamento a tratamento psicológico ou psiquiátrico;

IV. encaminhamento a cursos ou programas de orientação;

V. obrigação de matricular o filho ou pupilo e acompanhar sua frequência e aproveitamento escolar;

VI. obrigação de encaminhar a criança ou adolescente a tratamento especializado;

VII. advertência;

VIII. perda da guarda;

IX. destituição da tutela;

X. suspensão ou destituição do poder familiar.

Parágrafo único. Na aplicação das medidas previstas nos incisos IX e X deste artigo, observar-se-á o disposto nos arts. 23 e 24.

Art. 130. Verificada a hipótese de maus-tratos, opressão ou abuso sexual impostos pelos pais ou responsável, a autoridade judiciária poderá determinar, como medida cautelar, o afastamento do agressor da moradia comum.

Parágrafo único. Da medida cautelar constará, ainda, a fixação provisória dos alimentos de que necessitem a criança ou o adolescente dependentes do agressor.

TÍTULO V
Do Conselho Tutelar

CAPÍTULO I
Disposições Gerais

Art. 131. O Conselho Tutelar é órgão permanente e autônomo, não jurisdicional, encarregado pela sociedade de zelar pelo cumprimento dos direitos da criança e do adolescente, definidos nesta Lei.

Art. 132. Em cada Município e em cada Região Administrativa do Distrito Federal haverá, no mínimo, 1 (um) Conselho Tutelar como órgão integrante da administração pública local, composto de 5 (cinco) membros, escolhidos pela população local para mandato de 4 (quatro) anos, permitida recondução por novos processos de escolha. (Redação dada pela Lei nº 13.824, de 2019)

Art. 133. Para a candidatura a membro do Conselho Tutelar, serão exigidos os seguintes requisitos:
I. reconhecida idoneidade moral;
II. idade superior a vinte e um anos;
III. residir no município.

Art. 134. Lei municipal ou distrital disporá sobre o local, dia e horário de funcionamento do Conselho Tutelar, inclusive quanto à remuneração dos respectivos membros, aos quais é assegurado o direito a:
I. cobertura previdenciária;
II. gozo de férias anuais remuneradas, acrescidas de 1/3 (um terço) do valor da remuneração mensal;
III. licença maternidade;
IV. licença paternidade;
V. gratificação natalina.

Parágrafo único. Constará da lei orçamentária municipal e da do Distrito Federal previsão dos recursos necessários ao funcionamento do Conselho Tutelar e à remuneração e formação continuada dos conselheiros tutelares.

Art. 135. O exercício efetivo da função de conselheiro constituirá serviço público relevante e estabelecerá presunção de idoneidade moral.

CAPÍTULO II

Das Atribuições do Conselho

Art. 136. São atribuições do Conselho Tutelar:
I. atender as crianças e adolescentes nas hipóteses previstas nos arts. 98 e 105, aplicando as medidas previstas no art. 101, I a VII;
II. atender e aconselhar os pais ou responsável, aplicando as medidas previstas no art. 129, I a VII;
III. promover a execução de suas decisões, podendo para tanto:
a) requisitar serviços públicos nas áreas de saúde, educação, serviço social, previdência, trabalho e segurança;
b) representar junto à autoridade judiciária nos casos de descumprimento injustificado de suas deliberações.
IV. encaminhar ao Ministério Público notícia de fato que constitua infração administrativa ou penal contra os direitos da criança ou adolescente;
V. encaminhar à autoridade judiciária os casos de sua competência;
VI. providenciar a medida estabelecida pela autoridade judiciária, dentre as previstas no art. 101, de I a VI, para o adolescente autor de ato infracional;
VII. expedir notificações;
VIII. requisitar certidões de nascimento e de óbito de criança ou adolescente quando necessário;
IX. assessorar o Poder Executivo local na elaboração da proposta orçamentária para planos e programas de atendimento dos direitos da criança e do adolescente;
X. representar, em nome da pessoa e da família, contra a violação dos direitos previstos no art. 220, § 3º, inciso II, da Constituição Federal;
XI. representar ao Ministério Público para efeito das ações de perda ou suspensão do poder familiar, após esgotadas as possibilidades de manutenção da criança ou do adolescente junto à família natural.
XII. promover e incentivar, na comunidade e nos grupos profissionais, ações de divulgação e treinamento para o reconhecimento de sintomas de maus-tratos em crianças e adolescentes.

Parágrafo único. Se, no exercício de suas atribuições, o Conselho Tutelar entender necessário o afastamento do convívio familiar, comunicará incontinenti o fato ao Ministério Público, prestando-lhe informações sobre os motivos de tal entendimento e as providências tomadas para a orientação, o apoio e a promoção social da família.

Art. 137. As decisões do Conselho Tutelar somente poderão ser revistas pela autoridade judiciária a pedido de quem tenha legítimo interesse.

CAPÍTULO III

Da Competência

Art. 138. Aplica-se ao Conselho Tutelar a regra de competência constante do art. 147.

CAPÍTULO IV

Da Escolha dos Conselheiros

Art. 139. O processo para a escolha dos membros do Conselho Tutelar será estabelecido em lei municipal e realizado sob a responsabilidade do Conselho Municipal dos Direitos da Criança e do Adolescente, e a fiscalização do Ministério Público.
§ 1º O processo de escolha dos membros do Conselho Tutelar ocorrerá em data unificada em todo o território nacional a cada 4 (quatro) anos, no primeiro domingo do mês de outubro do ano subsequente ao da eleição presidencial.

§ 2º A posse dos conselheiros tutelares ocorrerá no dia 10 de janeiro do ano subsequente ao processo de escolha.

§ 3º No processo de escolha dos membros do Conselho Tutelar, é vedado ao candidato doar, oferecer, prometer ou entregar ao eleitor bem ou vantagem pessoal de qualquer natureza, inclusive brindes de pequeno valor.

CAPÍTULO V
Dos Impedimentos

Art. 140. São impedidos de servir no mesmo Conselho marido e mulher, ascendentes e descendentes, sogro e genro ou nora, irmãos, cunhados, durante o cunhadio, tio e sobrinho, padrasto ou madrasta e enteado.

Parágrafo único. Estende-se o impedimento do conselheiro, na forma deste artigo, em relação à autoridade judiciária e ao representante do Ministério Público com atuação na Justiça da Infância e da Juventude, em exercício na comarca, foro regional ou distrital.

TÍTULO VI
Do Acesso à Justiça

CAPÍTULO I
Disposições Gerais

Art. 141. É garantido o acesso de toda criança ou adolescente à Defensoria Pública, ao Ministério Público e ao Poder Judiciário, por qualquer de seus órgãos.

§ 1º A assistência judiciária gratuita será prestada aos que dela necessitarem, através de defensor público ou advogado nomeado.

§ 2º As ações judiciais da competência da Justiça da Infância e da Juventude são isentas de custas e emolumentos, ressalvada a hipótese de litigância de má-fé.

Art. 142. Os menores de dezesseis anos serão representados e os maiores de dezesseis e menores de vinte e um anos assistidos por seus pais, tutores ou curadores, na forma da legislação civil ou processual.

Parágrafo único. A autoridade judiciária dará curador especial à criança ou adolescente, sempre que os interesses destes colidirem com os de seus pais ou responsável, ou quando carecer de representação ou assistência legal ainda que eventual.

Art. 143. E vedada a divulgação de atos judiciais, policiais e administrativos que digam respeito a crianças e adolescentes a que se atribua autoria de ato infracional.

Parágrafo único. Qualquer notícia a respeito do fato não poderá identificar a criança ou adolescente, vedando-se fotografia, referência a nome, apelido, filiação, parentesco, residência e, inclusive, iniciais do nome e sobrenome.

Art. 144. A expedição de cópia ou certidão de atos a que se refere o artigo anterior somente será deferida pela autoridade judiciária competente, se demonstrado o interesse e justificada a finalidade.

CAPÍTULO II
Da Justiça da Infância e da Juventude

SEÇÃO I
Disposições Gerais

Art. 145. Os estados e o Distrito Federal poderão criar varas especializadas e exclusivas da infância e da juventude, cabendo ao Poder Judiciário estabelecer sua proporcionalidade por número de habitantes, dotá-las de infraestrutura e dispor sobre o atendimento, inclusive em plantões.

SEÇÃO II
Do Juiz

Art. 146. A autoridade a que se refere esta Lei é o Juiz da Infância e da Juventude, ou o juiz que exerce essa função, na forma da lei de organização judiciária local.

Art. 147. A competência será determinada:
I. pelo domicílio dos pais ou responsável;
II. pelo lugar onde se encontre a criança ou adolescente, à falta dos pais ou responsável.

§ 1º Nos casos de ato infracional, será competente a autoridade do lugar da ação ou omissão, observadas as regras de conexão, continência e prevenção.

§ 2º A execução das medidas poderá ser delegada à autoridade competente da residência dos pais ou responsável, ou do local onde sediar-se a entidade que abrigar a criança ou adolescente.

§ 3º Em caso de infração cometida através de transmissão simultânea de rádio ou televisão, que atinja mais de uma comarca, será competente, para aplicação da penalidade, a autoridade judiciária do local da sede estadual da emissora ou rede, tendo a sentença eficácia para todas as transmissoras ou retransmissoras do respectivo estado.

Art. 148. A Justiça da Infância e da Juventude é competente para:

I. conhecer de representações promovidas pelo Ministério Público, para apuração de ato infracional atribuído a adolescente, aplicando as medidas cabíveis;
II. conceder a remissão, como forma de suspensão ou extinção do processo;
III. conhecer de pedidos de adoção e seus incidentes;
IV. conhecer de ações civis fundadas em interesses individuais, difusos ou coletivos afetos à criança e ao adolescente, observado o disposto no art. 209;
V. conhecer de ações decorrentes de irregularidades em entidades de atendimento, aplicando as medidas cabíveis;
VI. alicar penalidades administrativas nos casos de infrações contra norma de proteção à criança ou adolescente;
VII. conhecer de casos encaminhados pelo Conselho Tutelar, aplicando as medidas cabíveis.

Parágrafo único. Quando se tratar de criança ou adolescente nas hipóteses do art. 98, é também competente a Justiça da Infância e da Juventude para o fim de:
a) conhecer de pedidos de guarda e tutela;
b) conhecer de ações de destituição do poder familiar, perda ou modificação da tutela ou guarda;
c) suprir a capacidade ou o consentimento para o casamento;
d) conhecer de pedidos baseados em discordância paterna ou materna, em relação ao exercício do poder familiar;
e) conceder a emancipação, nos termos da lei civil, quando faltarem os pais;
f) designar curador especial em casos de apresentação de queixa ou representação, ou de outros procedimentos judiciais ou extrajudiciais em que haja interesses de criança ou adolescente;
g) conhecer de ações de alimentos;
h) determinar o cancelamento, a retificação e o suprimento dos registros de nascimento e óbito.

Art. 149. Compete à autoridade judiciária disciplinar, através de portaria, ou autorizar, mediante alvará:

I. a entrada e permanência de criança ou adolescente, desacompanhado dos pais ou responsável, em:
a) estádio, ginásio e campo desportivo;
b) bailes ou promoções dançantes;
c) boate ou congêneres;
d) casa que explore comercialmente diversões eletrônicas;
e) estúdios cinematográficos, de teatro, rádio e televisão.
II. a participação de criança e adolescente em:
a) espetáculos públicos e seus ensaios;
b) certames de beleza.

§ 1º Para os fins do disposto neste artigo, a autoridade judiciária levará em conta, dentre outros fatores:
a) os princípios desta Lei;
b) as peculiaridades locais;
c) a existência de instalações adequadas;
d) o tipo de frequência habitual ao local;
e) a adequação do ambiente a eventual participação ou frequência de crianças e adolescentes;
f) a natureza do espetáculo.

§ 2º As medidas adotadas na conformidade deste artigo deverão ser fundamentadas, caso a caso, vedadas as determinações de caráter geral.

SEÇÃO III
Dos Serviços Auxiliares

Art. 150. Cabe ao Poder Judiciário, na elaboração de sua proposta orçamentária, prever recursos para manutenção de equipe interprofissional, destinada a assessorar a Justiça da Infância e da Juventude.

Art. 151. Compete à equipe interprofissional dentre outras atribuições que lhe forem reservadas pela legislação local, fornecer subsídios por escrito, mediante laudos, ou verbalmente, na audiência, e bem assim desenvolver trabalhos de aconselhamento, orientação, encaminhamento, prevenção e outros, tudo sob a imediata subordinação à autoridade judiciária, assegurada a livre manifestação do ponto de vista técnico.

Parágrafo único. Na ausência ou insuficiência de servidores públicos integrantes do Poder Judiciário responsáveis pela realização dos estudos psicossociais ou de quaisquer outras espécies de avaliações técnicas exigidas por esta Lei ou por determinação judicial, a autoridade judiciária poderá proceder à nomeação de perito, nos termos do art. 156 da Lei no 13.105, de 16 de março de 2015 (Código de Processo Civil).

CAPÍTULO III
Dos Procedimentos

SEÇÃO I
Disposições Gerais

Art. 152. Aos procedimentos regulados nesta Lei aplicam-se subsidiariamente as normas gerais previstas na legislação processual pertinente.
§ 1º É assegurada, sob pena de responsabilidade, prioridade absoluta na tramitação dos processos e procedimentos previstos nesta Lei, assim como na execução dos atos e diligências judiciais a eles referentes.
§ 2º Os prazos estabelecidos nesta Lei e aplicáveis aos seus procedimentos são contados em dias corridos, excluído o dia do começo e incluído o dia do vencimento, vedado o prazo em dobro para a Fazenda Pública e o Ministério Público.
Art. 153. Se a medida judicial a ser adotada não corresponder a procedimento previsto nesta ou em outra lei, a autoridade judiciária poderá investigar os fatos e ordenar de ofício as providências necessárias, ouvido o Ministério Público.
Parágrafo único. O disposto neste artigo não se aplica para o fim de afastamento da criança ou do adolescente de sua família de origem e em outros procedimentos necessariamente contenciosos.
Art. 154. Aplica-se às multas o disposto no art. 214.

SEÇÃO II
Da Perda e da Suspensão do Poder Familiar

Art. 155. O procedimento para a perda ou a suspensão do poder familiar terá início por provocação do Ministério Público ou de quem tenha legítimo interesse.
Art. 156. A petição inicial indicará:
I. a autoridade judiciária a que for dirigida;
II. o nome, o estado civil, a profissão e a residência do requerente e do requerido, dispensada a qualificação em se tratando de pedido formulado por representante do Ministério Público;
III. a exposição sumária do fato e o pedido;
IV. as provas que serão produzidas, oferecendo, desde logo, o rol de testemunhas e documentos.
Art. 157. Havendo motivo grave, poderá a autoridade judiciária, ouvido o Ministério Público, decretar a suspensão do poder familiar, liminar ou incidentalmente, até o julgamento definitivo da causa, ficando a criança ou adolescente confiado a pessoa idônea, mediante termo de responsabilidade.
§ 1º Recebida a petição inicial, a autoridade judiciária determinará, concomitantemente ao despacho de citação e independentemente de requerimento do interessado, a realização de estudo social ou perícia por equipe interprofissional ou multidisciplinar para comprovar a presença de uma das causas de suspensão ou destituição do poder familiar, ressalvado o disposto no § 10 do art. 101 desta Lei, e observada a Lei nº 13.431, de 4 de abril de 2017º
§ 2º Em sendo os pais oriundos de comunidades indígenas, é ainda obrigatória a intervenção, junto à equipe interprofissional ou multidisciplinar referida no § 1º deste artigo, de representantes do órgão federal responsável pela política indigenista, observado o disposto no § 6º do art. 28 desta Lei.
Art. 158. O requerido será citado para, no prazo de dez dias, oferecer resposta escrita, indicando as provas a serem produzidas e oferecendo desde logo o rol de testemunhas e documentos.
§ 1º A citação será pessoal, salvo se esgotados todos os meios para sua realização.
§ 2º O requerido privado de liberdade deverá ser citado pessoalmente.
§ 3º Quando, por 2 (duas) vezes, o oficial de justiça houver procurado o citando em seu domicílio ou residência sem o encontrar, deverá, havendo suspeita de ocultação, informar qualquer pessoa da família ou, em sua falta, qualquer vizinho do dia útil em que voltará a fim de efetuar a citação, na hora que designar, nos termos do art. 252 e seguintes da Lei nº 13.105, de 16 de março de 2015 (Código de Processo Civil).
§ 4º Na hipótese de os genitores encontrarem-se em local incerto ou não sabido, serão citados por edital no prazo de 10 (dez) dias, em publicação única, dispensado o envio de ofícios para a localização.
Art. 159. Se o requerido não tiver possibilidade de constituir advogado, sem prejuízo do próprio sustento e de sua família, poderá requerer, em cartório, que lhe seja nomeado dativo, ao qual incumbirá a apresentação de resposta, contando-se o prazo a partir da intimação do despacho de nomeação.
Parágrafo único. Na hipótese de requerido privado de liberdade, o oficial de justiça deverá

perguntar, no momento da citação pessoal, se deseja que lhe seja nomeado defensor.

Art. 160. Sendo necessário, a autoridade judiciária requisitará de qualquer repartição ou órgão público a apresentação de documento que interesse à causa, de ofício ou a requerimento das partes ou do Ministério Público.

Art. 161. Se não for contestado o pedido e tiver sido concluído o estudo social ou a perícia realizada por equipe interprofissional ou multidisciplinar, a autoridade judiciária dará vista dos autos ao Ministério Público, por 5 (cinco) dias, salvo quando este for o requerente, e decidirá em igual prazo.

§ 1º A autoridade judiciária, de ofício ou a requerimento das partes ou do Ministério Público, determinará a oitiva de testemunhas que comprovem a presença de uma das causas de suspensão ou destituição do poder familiar previstas nos art. 1.637 e 1.638 da Lei nº 10.406, de 10 de janeiro de 2002 (Código Civil), ou no art. 24 desta Lei.

§ 2º (Revogado) (Redação dada pela Lei nº 13.509, de 2017)

§ 3º Se o pedido importar em modificação de guarda, será obrigatória, desde que possível e razoável, a oitiva da criança ou adolescente, respeitado seu estágio de desenvolvimento e grau de compreensão sobre as implicações da medida.

§ 4º É obrigatória a oitiva dos pais sempre que eles forem identificados e estiverem em local conhecido, ressalvados os casos de não comparecimento perante a Justiça quando devidamente citados.

§ 5º Se o pai ou a mãe estiverem privados de liberdade, a autoridade judicial requisitará sua apresentação para a oitiva.

Art. 162. Apresentada a resposta, a autoridade judiciária dará vista dos autos ao Ministério Público, por cinco dias, salvo quando este for o requerente, designando, desde logo, audiência de instrução e julgamento.

§ 1º (Revogado). (Redação dada pela Lei nº 13.509, de 2017)

§ 2º Na audiência, presentes as partes e o Ministério Público, serão ouvidas as testemunhas, colhendo-se oralmente o parecer técnico, salvo quando apresentado por escrito, manifestando-se sucessivamente o requerente, o requerido e o Ministério Público, pelo tempo de 20 (vinte) minutos cada um, prorrogável por mais 10 (dez) minutos.

§ 3º A decisão será proferida na audiência, podendo a autoridade judiciária, excepcionalmente, designar data para sua leitura no prazo máximo de 5 (cinco) dias.

§ 4º Quando o procedimento de destituição de poder familiar for iniciado pelo Ministério Público, não haverá necessidade de nomeação de curador especial em favor da criança ou adolescente.

Art. 163. O prazo máximo para conclusão do procedimento será de 120 (cento e vinte) dias, e caberá ao juiz, no caso de notória inviabilidade de manutenção do poder familiar, dirigir esforços para preparar a criança ou o adolescente com vistas à colocação em família substituta.

Parágrafo único. A sentença que decretar a perda ou a suspensão do poder familiar será averbada à margem do registro de nascimento da criança ou do adolescente.

SEÇÃO III
Da Destituição da Tutela

Art. 164. Na destituição da tutela, observar-se-á o procedimento para a remoção de tutor previsto na lei processual civil e, no que couber, o disposto na SEÇÃO anterior.

SEÇÃO IV
Da Colocação em Família Substituta

Art. 165. São requisitos para a concessão de pedidos de colocação em família substituta:

I. qualificação completa do requerente e de seu eventual cônjuge, ou companheiro, com expressa anuência deste;

II. indicação de eventual parentesco do requerente e de seu cônjuge, ou companheiro, com a criança ou adolescente, especificando se tem ou não parente vivo;

III. qualificação completa da criança ou adolescente e de seus pais, se conhecidos;

IV. indicação do cartório onde foi inscrito nascimento, anexando, se possível, uma cópia da respectiva certidão;

V. declaração sobre a existência de bens, direitos ou rendimentos relativos à criança ou ao adolescente.

Parágrafo único. Em se tratando de adoção, observar-se-ão também os requisitos específicos.

Art. 166. Se os pais forem falecidos, tiverem sido destituídos ou suspensos do poder familiar, ou houverem aderido expressamente ao pedido de colocação em família substituta, este poderá ser formulado diretamente em cartório, em petição assinada pelos próprios requerentes, dispensada a assistência de advogado.

§ 1º Na hipótese de concordância dos pais, o juiz:

I. na presença do Ministério Público, ouvirá as partes, devidamente assistidas por advogado ou por defensor público, para verificar sua concordância com a adoção, no prazo máximo de 10 (dez) dias, contado da data do protocolo da petição ou da entrega da criança em juízo, tomando por termo as declarações; e

II. declarará a extinção do poder familiar.

§ 2º O consentimento dos titulares do poder familiar será precedido de orientações e esclarecimentos prestados pela equipe interprofissional da Justiça da Infância e da Juventude, em especial, no caso de adoção, sobre a irrevogabilidade da medida.

§ 3º São garantidos a livre manifestação de vontade dos detentores do poder familiar e o direito ao sigilo das informações.

§ 4º O consentimento prestado por escrito não terá validade se não for ratificado na audiência a que se refere o § 1º deste artigo.

§ 5º O consentimento é retratável até a data da realização da audiência especificada no § 1º deste artigo, e os pais podem exercer o arrependimento no prazo de 10 (dez) dias, contado da data de prolação da sentença de extinção do poder familiar.

§ 6º O consentimento somente terá valor se for dado após o nascimento da criança.

§ 7º A família natural e a família substituta receberão a devida orientação por intermédio de equipe técnica interprofissional a serviço da Justiça da Infância e da Juventude, preferencialmente com apoio dos técnicos responsáveis pela execução da política municipal de garantia do direito à convivência familiar.

Art. 167. A autoridade judiciária, de ofício ou a requerimento das partes ou do Ministério Público, determinará a realização de estudo social ou, se possível, perícia por equipe interprofissional, decidindo sobre a concessão de guarda provisória, bem como, no caso de adoção, sobre o estágio de convivência.

Parágrafo único. Deferida a concessão da guarda provisória ou do estágio de convivência, a criança ou adolescente será entregue ao interessado, mediante termo de responsabilidade.

Art. 168. Apresentado o relatório social ou o laudo pericial, e ouvida, sempre que possível, a criança ou o adolescente, dar-se-á vista dos autos ao Ministério Público, pelo prazo de cinco dias, decidindo a autoridade judiciária em igual prazo.

Art. 169. Nas hipóteses em que a destituição da tutela, a perda ou a suspensão do poder familiar constituir pressuposto lógico da medida principal de colocação em família substituta, será observado o procedimento contraditório previsto nas Seções II e III deste Capítulo.

Parágrafo único. A perda ou a modificação da guarda poderá ser decretada nos mesmos autos do procedimento, observado o disposto no art. 35.

Art. 170. Concedida a guarda ou a tutela, observar-se-á o disposto no art. 32, e, quanto à adoção, o contido no art. 47.

Parágrafo único. A colocação de criança ou adolescente sob a guarda de pessoa inscrita em programa de acolhimento familiar será comunicada pela autoridade judiciária à entidade por este responsável no prazo máximo de 5 (cinco) dias.

SEÇÃO V
Da Apuração de Ato Infracional Atribuído a Adolescente

Art. 171. O adolescente apreendido por força de ordem judicial será, desde logo, encaminhado à autoridade judiciária.

Art. 172. O adolescente apreendido em flagrante de ato infracional será, desde logo, encaminhado à autoridade policial competente.

Parágrafo único. Havendo repartição policial especializada para atendimento de adolescente e em se tratando de ato infracional praticado em coautoria com maior, prevalecerá a atribuição da repartição especializada, que, após as providências necessárias e conforme o caso, encaminhará o adulto à repartição policial própria.

Art. 173. Em caso de flagrante de ato infracional cometido mediante violência ou grave ameaça a pessoa, a autoridade policial, sem prejuízo do disposto nos art. 106, parágrafo único, e art. 107, deverá:

I. lavrar auto de apreensão, ouvidos as testemunhas e o adolescente;

II. apreender o produto e os instrumentos da infração;

III. requisitar os exames ou perícias necessários à comprovação da materialidade e autoria da infração.

Parágrafo único. Nas demais hipóteses de flagrante, a lavratura do auto poderá ser substituída por boletim de ocorrência circunstanciada.

Art. 174. Comparecendo qualquer dos pais ou responsável, o adolescente será prontamente liberado pela autoridade policial, sob termo de compromisso e responsabilidade de sua apresentação ao representante do Ministério Público, no mesmo dia ou, sendo impossível, no primeiro dia útil imediato, exceto quando, pela gravidade do ato infracional e sua repercussão social, deva o adolescente permanecer sob internação para garantia de sua segurança pessoal ou manutenção da ordem pública.

Art. 175. Em caso de não liberação, a autoridade policial encaminhará, desde logo, o adolescente ao representante do Ministério Público, juntamente com cópia do auto de apreensão ou boletim de ocorrência.

§ 1º Sendo impossível a apresentação imediata, a autoridade policial encaminhará o adolescente à entidade de atendimento, que fará a apresentação ao representante do Ministério Público no prazo de vinte e quatro horas.

§ 2º Nas localidades onde não houver entidade de atendimento, a apresentação far-se-á pela autoridade policial. À falta de repartição policial especializada, o adolescente aguardará a apresentação em dependência separada da destinada a maiores, não podendo, em qualquer hipótese, exceder o prazo referido no parágrafo anterior.

Art. 176. Sendo o adolescente liberado, a autoridade policial encaminhará imediatamente ao representante do Ministério Público cópia do auto de apreensão ou boletim de ocorrência.

Art. 177. Se, afastada a hipótese de flagrante, houver indícios de participação de adolescente na prática de ato infracional, a autoridade policial encaminhará ao representante do Ministério Público relatório das investigações e demais documentos.

Art. 178. O adolescente a quem se atribua autoria de ato infracional não poderá ser conduzido ou transportado em compartimento fechado de veículo policial, em condições atentatórias à sua dignidade, ou que impliquem risco à sua integridade física ou mental, sob pena de responsabilidade.

Art. 179. Apresentado o adolescente, o representante do Ministério Público, no mesmo dia e à vista do auto de apreensão, boletim de ocorrência ou relatório policial, devidamente autuados pelo cartório judicial e com informação sobre os antecedentes do adolescente, procederá imediata e informalmente à sua oitiva e, em sendo possível, de seus pais ou responsável, vítima e testemunhas.

Parágrafo único. Em caso de não apresentação, o representante do Ministério Público notificará os pais ou responsável para apresentação do adolescente, podendo requisitar o concurso das polícias civil e militar.

Art. 180. Adotadas as providências a que alude o artigo anterior, o representante do Ministério Público poderá:

I. promover o arquivamento dos autos;
II. conceder a remissão;
III. representar à autoridade judiciária para aplicação de medida socioeducativa.

Art. 181. Promovido o arquivamento dos autos ou concedida a remissão pelo representante do Ministério Público, mediante termo fundamentado, que conterá o resumo dos fatos, os autos serão conclusos à autoridade judiciária para homologação.

§ 1º Homologado o arquivamento ou a remissão, a autoridade judiciária determinará, conforme o caso, o cumprimento da medida.

§ 2º Discordando, a autoridade judiciária fará remessa dos autos ao Procurador-Geral de Justiça, mediante despacho fundamentado, e este oferecerá representação, designará outro membro do Ministério Público para apresentá-la, ou ratificará o arquivamento ou a remissão, que só então estará a autoridade judiciária obrigada a homologar.

Art. 182. Se, por qualquer razão, o representante do Ministério Público não promover o arquivamento ou conceder a remissão, oferecerá representação à autoridade judiciária, propondo a instauração de procedimento para aplicação da medida socioeducativa que se afigurar a mais adequada.

§ 1º A representação será oferecida por petição, que conterá o breve resumo dos fatos e a classificação do ato infracional e, quando necessário, o rol de testemunhas, podendo ser deduzida oralmente, em sessão diária instalada pela autoridade judiciária.

§ 2º A representação independe de prova pré-constituída da autoria e materialidade.

Art. 183. O prazo máximo e improrrogável para a conclusão do procedimento, estando o adolescente internado provisoriamente, será de quarenta e cinco dias.

Art. 184. Oferecida a representação, a autoridade judiciária designará audiência de apresentação do adolescente, decidindo, desde logo, sobre a decretação ou manutenção da internação, observado o disposto no art. 108 e parágrafo.

§ 1º O adolescente e seus pais ou responsável serão cientificados do teor da representação, e notificados a comparecer à audiência, acompanhados de advogado.

§ 2º Se os pais ou responsável não forem localizados, a autoridade judiciária dará curador especial ao adolescente.

§ 3º Não sendo localizado o adolescente, a autoridade judiciária expedirá mandado de busca e apreensão, determinando o sobrestamento do feito, até a efetiva apresentação.

§ 4º Estando o adolescente internado, será requisitada a sua apresentação, sem prejuízo da notificação dos pais ou responsável.

Art. 185. A internação, decretada ou mantida pela autoridade judiciária, não poderá ser cumprida em estabelecimento prisional.

§ 1º Inexistindo na comarca entidade com as características definidas no art. 123, o adolescente deverá ser imediatamente transferido para a localidade mais próxima.

§ 2º Sendo impossível a pronta transferência, o adolescente aguardará sua remoção em repartição policial, desde que em SEÇÃO isolada dos adultos e com instalações apropriadas, não podendo ultrapassar o prazo máximo de cinco dias, sob pena de responsabilidade.

Art. 186. Comparecendo o adolescente, seus pais ou responsável, a autoridade judiciária procederá à oitiva dos mesmos, podendo solicitar opinião de profissional qualificado.

§ 1º Se a autoridade judiciária entender adequada a remissão, ouvirá o representante do Ministério Público, proferindo decisão.

§ 2º Sendo o fato grave, passível de aplicação de medida de internação ou colocação em regime de semiliberdade, a autoridade judiciária, verificando que o adolescente não possui advogado constituído, nomeará defensor, designando, desde logo, audiência em continuação, podendo determinar a realização de diligências e estudo do caso.

§ 3º O advogado constituído ou o defensor nomeado, no prazo de três dias contado da audiência de apresentação, oferecerá defesa prévia e rol de testemunhas.

§ 4º Na audiência em continuação, ouvidas as testemunhas arroladas na representação e na defesa prévia, cumpridas as diligências e juntado o relatório da equipe interprofissional, será dada a palavra ao representante do Ministério Público e ao defensor, sucessivamente, pelo tempo de vinte minutos para cada um, prorrogável por mais dez, a critério da autoridade judiciária, que em seguida proferirá decisão.

Art. 187. Se o adolescente, devidamente notificado, não comparecer, injustificadamente à audiência de apresentação, a autoridade judiciária designará nova data, determinando sua condução coercitiva.

Art. 188. A remissão, como forma de extinção ou suspensão do processo, poderá ser aplicada em qualquer fase do procedimento, antes da sentença.

Art. 189. A autoridade judiciária não aplicará qualquer medida, desde que reconheça na sentença:

I. estar provada a inexistência do fato;
II. não haver prova da existência do fato;
III. não constituir o fato ato infracional;
IV. não existir prova de ter o adolescente concorrido para o ato infracional.

Parágrafo único. Na hipótese deste artigo, estando o adolescente internado, será imediatamente colocado em liberdade.

Art. 190. A intimação da sentença que aplicar medida de internação ou regime de semi-liberdade será feita:

I. ao adolescente e ao seu defensor;
II. quando não for encontrado o adolescente, a seus pais ou responsável, sem prejuízo do defensor.

§ 1º Sendo outra a medida aplicada, a intimação far-se-á unicamente na pessoa do defensor.

§ 2º Recaindo a intimação na pessoa do adolescente, deverá este manifestar se deseja ou não recorrer da sentença.

SEÇÃO V-A
Da Infiltração de Agentes de Polícia para a Investigação de Crimes contra a Dignidade Sexual de Criança e de Adolescente"

Art. 190-A. A infiltração de agentes de polícia na internet com o fim de investigar os crimes previstos nos arts. 240, 241, 241-A, 241-B, 241-C e 241-D desta Lei e nos arts. 154-A, 217-A, 218, 218-A e 218-B do Decreto-Lei nº 2.848, de 7 de dezembro de 1940 (Código Penal), obedecerá às seguintes regras:

I. será precedida de autorização judicial devidamente circunstanciada e fundamentada, que estabelecerá os limites da infiltração para obtenção de prova, ouvido o Ministério Público;

II. dar-se-á mediante requerimento do Ministério Público ou representação de delegado de polícia e conterá a demonstração de sua necessidade, o alcance das tarefas dos policiais, os nomes ou apelidos das pessoas investigadas e, quando possível, os dados de conexão ou cadastrais que permitam a identificação dessas pessoas;

III. não poderá exceder o prazo de 90 (noventa) dias, sem prejuízo de eventuais renovações, desde que o total não exceda a 720 (setecentos e vinte) dias e seja demonstrada sua efetiva necessidade, a critério da autoridade judicial.

§ 1º A autoridade judicial e o Ministério Público poderão requisitar relatórios parciais da operação de infiltração antes do término do prazo de que trata o inciso II do § 1º deste artigo.

§ 2º Para efeitos do disposto no inciso I do § 1º deste artigo, consideram-se:

I. dados de conexão: informações referentes a hora, data, início, término, duração, endereço de Protocolo de Internet (IP) utilizado e terminal de origem da conexão;

II. dados cadastrais: informações referentes a nome e endereço de assinante ou de usuário registrado ou autenticado para a conexão a quem endereço de IP, identificação de usuário ou código de acesso tenha sido atribuído no momento da conexão.

§ 3º A infiltração de agentes de polícia na internet não será admitida se a prova puder ser obtida por outros meios.

Art. 190-B. As informações da operação de infiltração serão encaminhadas diretamente ao juiz responsável pela autorização da medida, que zelará por seu sigilo.

Parágrafo único. Antes da conclusão da operação, o acesso aos autos será reservado ao juiz, ao Ministério Público e ao delegado de polícia responsável pela operação, com o objetivo de garantir o sigilo das investigações.

Art. 190-C. Não comete crime o policial que oculta a sua identidade para, por meio da internet, colher indícios de autoria e materialidade dos crimes previstos nos arts. 240, 241, 241-A, 241-B, 241-C e 241-D desta Lei e nos arts. 154-A, 217-A, 218, 218-A e 218-B do Decreto-Lei nº 2.848, de 7 de dezembro de 1940 (Código Penal).

Parágrafo único. O agente policial infiltrado que deixar de observar a estrita finalidade da investigação responderá pelos excessos praticados.

Art. 190-D. Os órgãos de registro e cadastro público poderão incluir nos bancos de dados próprios, mediante procedimento sigiloso e requisição da autoridade judicial, as informações necessárias à efetividade da identidade fictícia criada.

Parágrafo único. O procedimento sigiloso de que trata esta SEÇÃO será numerado e tombado em livro específico.

Art. 190-E. Concluída a investigação, todos os atos eletrônicos praticados durante a operação deverão ser registrados, gravados, armazenados e encaminhados ao juiz e ao Ministério Público, juntamente com relatório circunstanciado.

Parágrafo único. Os atos eletrônicos registrados citados no caput deste artigo serão reunidos em autos apartados e apensados ao processo criminal juntamente com o inquérito policial, assegurando-se a preservação da identidade do agente policial infiltrado e a intimidade das crianças e dos adolescentes envolvidos.

SEÇÃO VI
Da Apuração de Irregularidades em Entidade de Atendimento

Art. 191. O procedimento de apuração de irregularidades em entidade governamental e não governamental terá início mediante portaria da autoridade judiciária ou representação do Ministério Público ou do Conselho Tutelar, onde conste, necessariamente, resumo dos fatos.

Parágrafo único. Havendo motivo grave, poderá a autoridade judiciária, ouvido o Ministério Público, decretar liminarmente o afastamento provisório do dirigente da entidade, mediante decisão fundamentada.

Art. 192. O dirigente da entidade será citado para, no prazo de dez dias, oferecer resposta escrita, podendo juntar documentos e indicar as provas a produzir.

Art. 193. Apresentada ou não a resposta, e sendo necessário, a autoridade judiciária designará audiência de instrução e julgamento, intimando as partes.

§ 1º Salvo manifestação em audiência, as partes e o Ministério Público terão cinco dias para oferecer alegações finais, decidindo a autoridade judiciária em igual prazo.

§ 2º Em se tratando de afastamento provisório ou definitivo de dirigente de entidade governamental, a autoridade judiciária oficiará à autoridade administrativa imediatamente superior ao afastado, marcando prazo para a substituição.

§ 3º Antes de aplicar qualquer das medidas, a autoridade judiciária poderá fixar prazo para a remoção das irregularidades verificadas. Satisfeitas as exigências, o processo será extinto, sem julgamento de mérito.

§ 4º A multa e a advertência serão impostas ao dirigente da entidade ou programa de atendimento.

SEÇÃO VII
Da Apuração de Infração Administrativa às Normas de Proteção à Criança e ao Adolescente

Art. 194. O procedimento para imposição de penalidade administrativa por infração às normas de proteção à criança e ao adolescente terá início por representação do Ministério Público, ou do Conselho Tutelar, ou auto de infração elaborado por servidor efetivo ou voluntário credenciado, e assinado por duas testemunhas, se possível.

§ 1º No procedimento iniciado com o auto de infração, poderão ser usadas fórmulas impressas, especificando-se a natureza e as circunstâncias da infração.

§ 2º Sempre que possível, à verificação da infração seguir-se-á a lavratura do auto, certificando-se, em caso contrário, dos motivos do retardamento.

Art. 195. O requerido terá prazo de dez dias para apresentação de defesa, contado da data da intimação, que será feita:

I. pelo autuante, no próprio auto, quando este for lavrado na presença do requerido;

II. por oficial de justiça ou funcionário legalmente habilitado, que entregará cópia do auto ou da representação ao requerido, ou a seu representante legal, lavrando certidão;

III. por via postal, com aviso de recebimento, se não for encontrado o requerido ou seu representante legal;

IV. por edital, com prazo de trinta dias, se incerto ou não sabido o paradeiro do requerido ou de seu representante legal.

Art. 196. Não sendo apresentada a defesa no prazo legal, a autoridade judiciária dará vista dos autos do Ministério Público, por cinco dias, decidindo em igual prazo.

Art. 197. Apresentada a defesa, a autoridade judiciária procederá na conformidade do artigo anterior, ou, sendo necessário, designará audiência de instrução e julgamento.

Parágrafo único. Colhida a prova oral, manifestar-se-ão sucessivamente o Ministério Público e o procurador do requerido, pelo tempo de vinte minutos para cada um, prorrogável por mais dez, a critério da autoridade judiciária, que em seguida proferirá sentença.

SEÇÃO VIII
Da Habilitação de Pretendentes à Adoção

Art. 197-A. Os postulantes à adoção, domiciliados no Brasil, apresentarão petição inicial na qual conste:

I. qualificação completa;

II. dados familiares;

III. cópias autenticadas de certidão de nascimento ou casamento, ou declaração relativa ao período de união estável;

IV. cópias da cédula de identidade e inscrição no Cadastro de Pessoas Físicas;

V. comprovante de renda e domicílio;

VI. atestados de sanidade física e mental

VII. certidão de antecedentes criminais;

VIII. certidão negativa de distribuição cível.

Art. 197-B. A autoridade judiciária, no prazo de 48 (quarenta e oito) horas, dará vista dos autos ao Ministério Público, que no prazo de 5 (cinco) dias poderá:

I. apresentar quesitos a serem respondidos pela equipe interprofissional encarregada de elaborar o estudo técnico a que se refere o art. 197-C desta Lei;

II. requerer a designação de audiência para oitiva dos postulantes em juízo e testemunhas;

III. requerer a juntada de documentos complementares e a realização de outras diligências que entender necessárias.

Art. 197-C. Intervirá no feito, obrigatoriamente, equipe interprofissional a serviço da Justiça da Infância e da Juventude, que deverá elaborar estudo psicossocial, que conterá subsídios que permitam aferir a capacidade e o preparo dos postulantes para o exercício de uma paternidade ou maternidade responsável, à luz dos requisitos e princípios desta Lei.

§ 1º É obrigatória a participação dos postulantes em programa oferecido pela Justiça da Infância e da Juventude, preferencialmente com apoio dos técnicos responsáveis pela execução da política municipal de garantia do direito à convivência familiar e dos grupos de apoio à adoção devidamente habilitados perante a Justiça da Infância e da Juventude, que inclua preparação psicológica, orientação e estímulo à adoção inter-racial, de crianças ou de adolescentes com deficiência, com doenças crônicas ou com necessidades específicas de saúde, e de grupos de irmãos.

§ 2º Sempre que possível e recomendável, a etapa obrigatória da preparação referida no § 1º deste artigo incluirá o contato com crianças e adolescentes em regime de acolhimento familiar ou institucional, a ser realizado sob orientação, supervisão e avaliação da equipe técnica da Justiça da Infância e da Juventude e dos grupos de apoio à adoção, com apoio dos técnicos responsáveis pelo programa de acolhimento familiar e institucional e pela execução da política municipal de garantia do direito à convivência familiar.

§ 3º É recomendável que as crianças e os adolescentes acolhidos institucionalmente ou por família acolhedora sejam preparados por equipe interprofissional antes da inclusão em família adotiva.

Art. 197-D. Certificada nos autos a conclusão da participação no programa referido no art. 197-C desta Lei, a autoridade judiciária, no prazo de 48 (quarenta e oito) horas, decidirá acerca das diligências requeridas pelo Ministério Público e determinará a juntada do estudo psicossocial, designando, conforme o caso, audiência de instrução e julgamento.

Parágrafo único. Caso não sejam requeridas diligências, ou sendo essas indeferidas, a autoridade judiciária determinará a juntada do estudo psicossocial, abrindo a seguir vista dos autos ao Ministério Público, por 5 (cinco) dias, decidindo em igual prazo.

Art. 197-E. Deferida a habilitação, o postulante será inscrito nos cadastros referidos no art. 50 desta Lei, sendo a sua convocação para a adoção feita de acordo com ordem cronológica de habilitação e conforme a disponibilidade de crianças ou adolescentes adotáveis.

§ 1º A ordem cronológica das habilitações somente poderá deixar de ser observada pela autoridade judiciária nas hipóteses previstas no § 13 do art. 50 desta Lei, quando comprovado ser essa a melhor solução no interesse do adotando.

§ 2º A habilitação à adoção deverá ser renovada no mínimo trienalmente mediante avaliação por equipe interprofissional.

§ 3º Quando o adotante candidatar-se a uma nova adoção, será dispensável a renovação da habilitação, bastando a avaliação por equipe interprofissional.

§ 4º Após 3 (três) recusas injustificadas, pelo habilitado, à adoção de crianças ou adolescentes indicados dentro do perfil escolhido, haverá reavaliação da habilitação concedida.

§ 5º A desistência do pretendente em relação à guarda para fins de adoção ou a devolução da criança ou do adolescente depois do trânsito em julgado da sentença de adoção importará na sua exclusão dos cadastros de adoção e na vedação de renovação da habilitação, salvo decisão judicial fundamentada, sem prejuízo das demais sanções previstas na legislação vigente.

Art. 197-F. O prazo máximo para conclusão da habilitação à adoção será de 120 (cento e vinte) dias, prorrogável por igual período, mediante decisão fundamentada da autoridade judiciária.

CAPÍTULO IV

Dos Recursos

Art. 198. Nos procedimentos afetos à Justiça da Infância e da Juventude, inclusive os relativos à execução das medidas socioeducativas, adotar-se-á o sistema recursal da Lei nº 5.869, de 11 de janeiro de 1973 (Código de Processo Civil), com as seguintes adaptações:

I. os recursos serão interpostos independentemente de preparo;

II. em todos os recursos, salvo nos embargos de declaração, o prazo para o Ministério Público e para a defesa será sempre de 10 (dez) dias;

III. os recursos terão preferência de julgamento e dispensarão revisor;

IV. (Revogado pela Lei nº 12.010, de 2009)

V. (Revogado pela Lei nº 12.010, de 2009)
VI. (Revogado pela Lei nº 12.010, de 2009)
VII. antes de determinar a remessa dos autos à superior instância, no caso de apelação, ou do instrumento, no caso de agravo, a autoridade judiciária proferirá despacho fundamentado, mantendo ou reformando a decisão, no prazo de cinco dias;
VIII. mantida a decisão apelada ou agravada, o escrivão remeterá os autos ou o instrumento à superior instância dentro de vinte e quatro horas, independentemente de novo pedido do recorrente; se a reformar, a remessa dos autos dependerá de pedido expresso da parte interessada ou do Ministério Público, no prazo de cinco dias, contados da intimação.

Art. 199. Contra as decisões proferidas com base no art. 149 caberá recurso de apelação.

Art. 199-A. A sentença que deferir a adoção produz efeito desde logo, embora sujeita a apelação, que será recebida exclusivamente no efeito devolutivo, salvo se se tratar de adoção internacional ou se houver perigo de dano irreparável ou de difícil reparação ao adotando.

Art. 199-B. A sentença que destituir ambos ou qualquer dos genitores do poder familiar fica sujeita a apelação, que deverá ser recebida apenas no efeito devolutivo.

Art. 199-C. Os recursos nos procedimentos de adoção e de destituição de poder familiar, em face da relevância das questões, serão processados com prioridade absoluta, devendo ser imediatamente distribuídos, ficando vedado que aguardem, em qualquer situação, oportuna distribuição, e serão colocados em mesa para julgamento sem revisão e com parecer urgente do Ministério Público.

Art. 199-D. O relator deverá colocar o processo em mesa para julgamento no prazo máximo de 60 (sessenta) dias, contado da sua conclusão.
Parágrafo único. O Ministério Público será intimado da data do julgamento e poderá na sessão, se entender necessário, apresentar oralmente seu parecer.

Art. 199-E. O Ministério Público poderá requerer a instauração de procedimento para apuração de responsabilidades se constatar o descumprimento das providências e do prazo previstos nos artigos anteriores.

CAPÍTULO V
Do Ministério Público

Art. 200. As funções do Ministério Público previstas nesta Lei serão exercidas nos termos da respectiva lei orgânica.

Art. 201. Compete ao Ministério Público:
I. conceder a remissão como forma de exclusão do processo;
II. promover e acompanhar os procedimentos relativos às infrações atribuídas a adolescentes;
III. promover e acompanhar as ações de alimentos e os procedimentos de suspensão e destituição do pátrio poder poder familiar, nomeação e remoção de tutores, curadores e guardiães, bem como oficiar em todos os demais procedimentos da competência da Justiça da Infância e da Juventude;
IV. promover, de ofício ou por solicitação dos interessados, a especialização e a inscrição de hipoteca legal e a prestação de contas dos tutores, curadores e quaisquer administradores de bens de crianças e adolescentes nas hipóteses do art. 98;
V. promover o inquérito civil e a ação civil pública para a proteção dos interesses individuais, difusos ou coletivos relativos à infância e à adolescência, inclusive os definidos no art. 220, § 3º inciso II, da Constituição Federal;
VI. instaurar procedimentos administrativos e, para instruí-los:
a) expedir notificações para colher depoimentos ou esclarecimentos e, em caso de não comparecimento injustificado, requisitar condução coercitiva, inclusive pela polícia civil ou militar;
b) requisitar informações, exames, perícias e documentos de autoridades municipais, estaduais e federais, da administração direta ou indireta, bem como promover inspeções e diligências investigatórias;
c) requisitar informações e documentos a particulares e instituições privadas;
VII. instaurar sindicâncias, requisitar diligências investigatórias e determinar a instauração de inquérito policial, para apuração de ilícitos ou infrações às normas de proteção à infância e à juventude;
VIII. zelar pelo efetivo respeito aos direitos e garantias legais assegurados às crianças e adolescentes, promovendo as medidas judiciais e extrajudiciais cabíveis;

IX. impetrar mandado de segurança, de injunção e habeas corpus, em qualquer juízo, instância ou tribunal, na defesa dos interesses sociais e individuais indisponíveis afetos à criança e ao adolescente;

X. representar ao juízo visando à aplicação de penalidade por infrações cometidas contra as normas de proteção à infância e à juventude, sem prejuízo da promoção da responsabilidade civil e penal do infrator, quando cabível;

XI. inspecionar as entidades públicas e particulares de atendimento e os programas de que trata esta Lei, adotando de pronto as medidas administrativas ou judiciais necessárias à remoção de irregularidades porventura verificadas;

XII. requisitar força policial, bem como a colaboração dos serviços médicos, hospitalares, educacionais e de assistência social, públicos ou privados, para o desempenho de suas atribuições.

§ 1º A legitimação do Ministério Público para as ações cíveis previstas neste artigo não impede a de terceiros, nas mesmas hipóteses, segundo dispuserem a Constituição e esta Lei.

§ 2º As atribuições constantes deste artigo não excluem outras, desde que compatíveis com a finalidade do Ministério Público.

§ 3º O representante do Ministério Público, no exercício de suas funções, terá livre acesso a todo local onde se encontre criança ou adolescente.

§ 4º O representante do Ministério Público será responsável pelo uso indevido das informações e documentos que requisitar, nas hipóteses legais de sigilo.

§ 5º Para o exercício da atribuição de que trata o inciso VIII deste artigo, poderá o representante do Ministério Público:

a) reduzir a termo as declarações do reclamante, instaurando o competente procedimento, sob sua presidência;

b) entender-se diretamente com a pessoa ou autoridade reclamada, em dia, local e horário previamente notificados ou acertados;

c) efetuar recomendações visando à melhoria dos serviços públicos e de relevância pública afetos à criança e ao adolescente, fixando prazo razoável para sua perfeita adequação.

Art. 202. Nos processos e procedimentos em que não for parte, atuará obrigatoriamente o Ministério Público na defesa dos direitos e interesses de que cuida esta Lei, hipótese em que terá vista dos autos depois das partes, podendo juntar documentos e requerer diligências, usando os recursos cabíveis.

Art. 203. A intimação do Ministério Público, em qualquer caso, será feita pessoalmente.

Art. 204. A falta de intervenção do Ministério Público acarreta a nulidade do feito, que será declarada de ofício pelo juiz ou a requerimento de qualquer interessado.

Art. 205. As manifestações processuais do representante do Ministério Público deverão ser fundamentadas.

CAPÍTULO VI
Do Advogado

Art. 206. A criança ou o adolescente, seus pais ou responsável, e qualquer pessoa que tenha legítimo interesse na solução da lide poderão intervir nos procedimentos de que trata esta Lei, através de advogado, o qual será intimado para todos os atos, pessoalmente ou por publicação oficial, respeitado o segredo de justiça.

Parágrafo único. Será prestada assistência judiciária integral e gratuita àqueles que dela necessitarem.

Art. 207. Nenhum adolescente a quem se atribua a prática de ato infracional, ainda que ausente ou foragido, será processado sem defensor.

§ 1º Se o adolescente não tiver defensor, ser-lhe-á nomeado pelo juiz, ressalvado o direito de, a todo tempo, constituir outro de sua preferência.

§ 2º A ausência do defensor não determinará o adiamento de nenhum ato do processo, devendo o juiz nomear substituto, ainda que provisoriamente, ou para o só efeito do ato.

§ 3º Será dispensada a outorga de mandato, quando se tratar de defensor nomeado ou, sido constituído, tiver sido indicado por ocasião de ato formal com a presença da autoridade judiciária.

CAPÍTULO VII
Da Proteção Judicial dos Interesses Individuais, Difusos e Coletivos

Art. 208. Regem-se pelas disposições desta Lei as ações de responsabilidade por ofensa aos direitos assegurados à criança e ao adolescente, referentes ao não oferecimento ou oferta irregular:

I. do ensino obrigatório;
II. de atendimento educacional especializado aos portadores de deficiência;
III. de atendimento em creche e pré-escola às crianças de zero a cinco anos de idade;
IV. de ensino noturno regular, adequado às condições do educando;
V. de programas suplementares de oferta de material didático-escolar, transporte e assistência à saúde do educando do ensino fundamental;
VI. de serviço de assistência social visando à proteção à família, à maternidade, à infância e à adolescência, bem como ao amparo às crianças e adolescentes que dele necessitem;
VII. de acesso às ações e serviços de saúde;
VIII. de escolarização e profissionalização dos adolescentes privados de liberdade.
IX. de ações, serviços e programas de orientação, apoio e promoção social de famílias e destinados ao pleno exercício do direito à convivência familiar por crianças e adolescentes.
X. de programas de atendimento para a execução das medidas socioeducativas e aplicação de medidas de proteção.
XI. de políticas e programas integrados de atendimento à criança e ao adolescente vítima ou testemunha de violência.

§ 1º As hipóteses previstas neste artigo não excluem da proteção judicial outros interesses individuais, difusos ou coletivos, próprios da infância e da adolescência, protegidos pela Constituição e pela Lei.

§ 2º A investigação do desaparecimento de crianças ou adolescentes será realizada imediatamente após notificação aos órgãos competentes, que deverão comunicar o fato aos portos, aeroportos, Polícia Rodoviária e companhias de transporte interestaduais e internacionais, fornecendo-lhes todos os dados necessários à identificação do desaparecido.

Art. 209. As ações previstas neste Capítulo serão propostas no foro do local onde ocorreu ou deva ocorrer a ação ou omissão, cujo juízo terá competência absoluta para processar a causa, ressalvadas a competência da Justiça Federal e a competência originária dos tribunais superiores.

Art. 210. Para as ações cíveis fundadas em interesses coletivos ou difusos, consideram-se legitimados concorrentemente:
I. o Ministério Público;
II. a União, os estados, os municípios, o Distrito Federal e os territórios;
III. as associações legalmente constituídas há pelo menos um ano e que incluam entre seus fins institucionais a defesa dos interesses e direitos protegidos por esta Lei, dispensada a autorização da assembleia, se houver prévia autorização estatutária.

§ 1º Admitir-se-á litisconsórcio facultativo entre os Ministérios Públicos da União e dos estados na defesa dos interesses e direitos de que cuida esta Lei.

§ 2º Em caso de desistência ou abandono da ação por associação legitimada, o Ministério Público ou outro legitimado poderá assumir a titularidade ativa.

Art. 211. Os órgãos públicos legitimados poderão tomar dos interessados compromisso de ajustamento de sua conduta às exigências legais, o qual terá eficácia de título executivo extrajudicial.

Art. 212. Para defesa dos direitos e interesses protegidos por esta Lei, são admissíveis todas as espécies de ações pertinentes.

§ 1º Aplicam-se às ações previstas neste Capítulo as normas do Código de Processo Civil.

§ 2º Contra atos ilegais ou abusivos de autoridade pública ou agente de pessoa jurídica no exercício de atribuições do poder público, que lesem direito líquido e certo previsto nesta Lei, caberá ação mandamental, que se regerá pelas normas da lei do mandado de segurança.

Art. 213. Na ação que tenha por objeto o cumprimento de obrigação de fazer ou não fazer, o juiz concederá a tutela específica da obrigação ou determinará providências que assegurem o resultado prático equivalente ao do adimplemento.

§ 1º Sendo relevante o fundamento da demanda e havendo justificado receio de ineficácia do provimento final, é lícito ao juiz conceder a tutela liminarmente ou após justificação prévia, citando o réu.

§ 2º O juiz poderá, na hipótese do parágrafo anterior ou na sentença, impor multa diária ao réu, independentemente de pedido do autor, se for suficiente ou compatível com a obrigação, fixando prazo razoável para o cumprimento do preceito.

§ 3º A multa só será exigível do réu após o trânsito em julgado da sentença favorável ao autor, mas será devida desde o dia em que se houver configurado o descumprimento.

Art. 214. Os valores das multas reverterão ao fundo gerido pelo Conselho dos Direitos da Criança e do Adolescente do respectivo município.

§ 1º As multas não recolhidas até trinta dias após o trânsito em julgado da decisão serão exigidas através de execução promovida pelo Ministério Público, nos mesmos autos, facultada igual iniciativa aos demais legitimados.

§ 2º Enquanto o fundo não for regulamentado, o dinheiro ficará depositado em estabelecimento oficial de crédito, em conta com correção monetária.

Art. 215. O juiz poderá conferir efeito suspensivo aos recursos, para evitar dano irreparável à parte.

Art. 216. Transitada em julgado a sentença que impuser condenação ao poder público, o juiz determinará a remessa de peças à autoridade competente, para apuração da responsabilidade civil e administrativa do agente a que se atribua a ação ou omissão.

Art. 217. Decorridos sessenta dias do trânsito em julgado da sentença condenatória sem que a associação autora lhe promova a execução, deverá fazê-lo o Ministério Público, facultada igual iniciativa aos demais legitimados.

Art. 218. O juiz condenará a associação autora a pagar ao réu os honorários advocatícios arbitrados na conformidade do § 4º do art. 20 da Lei n.º 5.869, de 11 de janeiro de 1973 (Código de Processo Civil), quando reconhecer que a pretensão é manifestamente infundada.

Parágrafo único. Em caso de litigância de má-fé, a associação autora e os diretores responsáveis pela propositura da ação serão solidariamente condenados ao décuplo das custas, sem prejuízo de responsabilidade por perdas e danos.

Art. 219. Nas ações de que trata este Capítulo, não haverá adiantamento de custas, emolumentos, honorários periciais e quaisquer outras despesas.

Art. 220. Qualquer pessoa poderá e o servidor público deverá provocar a iniciativa do Ministério Público, prestando-lhe informações sobre fatos que constituam objeto de ação civil, e indicando-lhe os elementos de convicção.

Art. 221. Se, no exercício de suas funções, os juízes e tribunais tiverem conhecimento de fatos que possam ensejar a propositura de ação civil, remeterão peças ao Ministério Público para as providências cabíveis.

Art. 222. Para instruir a petição inicial, o interessado poderá requerer às autoridades competentes as certidões e informações que julgar necessárias, que serão fornecidas no prazo de quinze dias.

Art. 223. O Ministério Público poderá instaurar, sob sua presidência, inquérito civil, ou requisitar, de qualquer pessoa, organismo público ou particular, certidões, informações, exames ou perícias, no prazo que assinalar, o qual não poderá ser inferior a dez dias úteis.

§ 1º Se o órgão do Ministério Público, esgotadas todas as diligências, se convencer da inexistência de fundamento para a propositura da ação cível, promoverá o arquivamento dos autos do inquérito civil ou das peças informativas, fazendo-o fundamentadamente.

§ 2º Os autos do inquérito civil ou as peças de informação arquivados serão remetidos, sob pena de se incorrer em falta grave, no prazo de três dias, ao Conselho Superior do Ministério Público.

§ 3º Até que seja homologada ou rejeitada a promoção de arquivamento, em sessão do Conselho Superior do Ministério público, poderão as associações legitimadas apresentar razões escritas ou documentos, que serão juntados aos autos do inquérito ou anexados às peças de informação.

§ 4º A promoção de arquivamento será submetida a exame e deliberação do Conselho Superior do Ministério Público, conforme dispuser o seu regimento.

§ 5º Deixando o Conselho Superior de homologar a promoção de arquivamento, designará, desde logo, outro órgão do Ministério Público para o ajuizamento da ação.

Art. 224. Aplicam-se subsidiariamente, no que couber, as disposições da Lei n.º 7.347, de 24 de julho de 1985.

TÍTULO VII
Dos Crimes e Das Infrações Administrativas

CAPÍTULO I
Dos Crimes

SEÇÃO I
Disposições Gerais

Art. 225. Este Capítulo dispõe sobre crimes praticados contra a criança e o adolescente, por ação ou omissão, sem prejuízo do disposto na legislação penal.

Art. 226. Aplicam-se aos crimes definidos nesta Lei as normas da Parte Geral do Código Penal e, quanto ao processo, as pertinentes ao Código de Processo Penal.

Art. 227. Os crimes definidos nesta Lei são de ação pública incondicionada.

Art. 227-A. Os efeitos da condenação prevista no inciso I do caput do art. 92 do Decreto-Lei nº 2.848, de 7 de dezembro de 1940 (Código Penal), para os crimes previstos nesta Lei, praticados por servidores públicos com abuso de autoridade, são condicionados à ocorrência de reincidência. (Incluído pela Lei nº 13.869, de 2019)

Parágrafo único. A perda do cargo, do mandato ou da função, nesse caso, independerá da pena aplicada na reincidência. (Incluído pela Lei nº 13.869, de 2019)

SEÇÃO II
Dos Crimes em Espécie

Art. 228. Deixar o encarregado de serviço ou o dirigente de estabelecimento de atenção à saúde de gestante de manter registro das atividades desenvolvidas, na forma e prazo referidos no art. 10 desta Lei, bem como de fornecer à parturiente ou a seu responsável, por ocasião da alta médica, declaração de nascimento, onde constem as intercorrências do parto e do desenvolvimento do neonato:
Pena – detenção de seis meses a dois anos.
Parágrafo único. Se o crime é culposo:
Pena – detenção de dois a seis meses, ou multa.

Art. 229. Deixar o médico, enfermeiro ou dirigente de estabelecimento de atenção à saúde de gestante de identificar corretamente o neonato e a parturiente, por ocasião do parto, bem como deixar de proceder aos exames referidos no art. 10 desta Lei:
Pena – detenção de seis meses a dois anos.
Parágrafo único. Se o crime é culposo:
Pena – detenção de dois a seis meses, ou multa.

Art. 230. Privar a criança ou o adolescente de sua liberdade, procedendo à sua apreensão sem estar em flagrante de ato infracional ou inexistindo ordem escrita da autoridade judiciária competente:
Pena – detenção de seis meses a dois anos.
Parágrafo único. Incide na mesma pena aquele que procede à apreensão sem observância das formalidades legais.

Art. 231. Deixar a autoridade policial responsável pela apreensão de criança ou adolescente de fazer imediata comunicação à autoridade judiciária competente e à família do apreendido ou à pessoa por ele indicada:
Pena – detenção de seis meses a dois anos.

Art. 232. Submeter criança ou adolescente sob sua autoridade, guarda ou vigilância a vexame ou a constrangimento:
Pena – detenção de seis meses a dois anos.

Art. 233. (Revogado pela Lei nº 9.455, de 7.4.1997

Art. 234. Deixar a autoridade competente, sem justa causa, de ordenar a imediata liberação de criança ou adolescente, tão logo tenha conhecimento da ilegalidade da apreensão:
Pena – detenção de seis meses a dois anos.

Art. 235. Descumprir, injustificadamente, prazo fixado nesta Lei em benefício de adolescente privado de liberdade:
Pena – detenção de seis meses a dois anos.

Art. 236. Impedir ou embaraçar a ação de autoridade judiciária, membro do Conselho Tutelar ou representante do Ministério Público no exercício de função prevista nesta Lei:
Pena – detenção de seis meses a dois anos.

Art. 237. Subtrair criança ou adolescente ao poder de quem o tem sob sua guarda em virtude de lei ou ordem judicial, com o fim de colocação em lar substituto:
Pena – reclusão de dois a seis anos, e multa.

Art. 238. Prometer ou efetivar a entrega de filho ou pupilo a terceiro, mediante paga ou recompensa:
Pena – reclusão de um a quatro anos, e multa.
Parágrafo único. Incide nas mesmas penas quem oferece ou efetiva a paga ou recompensa.

Art. 239. Promover ou auxiliar a efetivação de ato destinado ao envio de criança ou adolescente para o exterior com inobservância das formalidades legais ou com o fito de obter lucro:
Pena – reclusão de quatro a seis anos, e multa.
Parágrafo único. Se há emprego de violência, grave ameaça ou fraude:
Pena – reclusão, de 6 (seis) a 8 (oito) anos, além da pena correspondente à violência.

Art. 240. Produzir, reproduzir, dirigir, fotografar, filmar ou registrar, por qualquer meio, cena de sexo explícito ou pornográfica, envolvendo criança ou adolescente:
Pena – reclusão, de 4 (quatro) a 8 (oito) anos, e multa.

§ 1º Incorre nas mesmas penas quem agencia, facilita, recruta, coage, ou de qualquer modo intermedeia a participação de criança ou adolescente nas cenas referidas no caput deste artigo, ou ainda quem com esses contracena.

§ 2º Aumenta-se a pena de 1/3 (um terço) se o agente comete o crime:

I. no exercício de cargo ou função pública ou a pretexto de exercê-la;

II. prevalecendo-se de relações domésticas, de coabitação ou de hospitalidade; ou

III. prevalecendo-se de relações de parentesco consanguíneo ou afim até o terceiro grau, ou por adoção, de tutor, curador, preceptor, empregador da vítima ou de quem, a qualquer outro título, tenha autoridade sobre ela, ou com seu consentimento.

Art. 241. Vender ou expor à venda fotografia, vídeo ou outro registro que contenha cena de sexo explícito ou pornográfica envolvendo criança ou adolescente:

Pena – reclusão, de 4 (quatro) a 8 (oito) anos, e multa.

Art. 241-A. Oferecer, trocar, disponibilizar, transmitir, distribuir, publicar ou divulgar por qualquer meio, inclusive por meio de sistema de informática ou telemático, fotografia, vídeo ou outro registro que contenha cena de sexo explícito ou pornográfica envolvendo criança ou adolescente:

Pena – reclusão, de 3 (três) a 6 (seis) anos, e multa.

§ 1º Nas mesmas penas incorre quem:

I. assegura os meios ou serviços para o armazenamento das fotografias, cenas ou imagens de que trata o caput deste artigo;

II. assegura, por qualquer meio, o acesso por rede de computadores às fotografias, cenas ou imagens de que trata o caput deste artigo.

§ 2º As condutas tipificadas nos incisos I e II do § 1º deste artigo são puníveis quando o responsável legal pela prestação do serviço, oficialmente notificado, deixa de desabilitar o acesso ao conteúdo ilícito de que trata o caput deste artigo.

Art. 241-B. Adquirir, possuir ou armazenar, por qualquer meio, fotografia, vídeo ou outra forma de registro que contenha cena de sexo explícito ou pornográfica envolvendo criança ou adolescente:

Pena – reclusão, de 1 (um) a 4 (quatro) anos, e multa.

§ 1º A pena é diminuída de 1 (um) a 2/3 (dois terços) se de pequena quantidade o material a que se refere o caput deste artigo.

§ 2º Não há crime se a posse ou o armazenamento tem a finalidade de comunicar às autoridades competentes a ocorrência das condutas descritas nos arts. 240, 241, 241-A e 241-C desta Lei, quando a comunicação for feita por:

I. agente público no exercício de suas funções;

II. membro de entidade, legalmente constituída, que inclua, entre suas finalidades institucionais, o recebimento, o processamento e o encaminhamento de notícia dos crimes referidos neste parágrafo;

III. representante legal e funcionários responsáveis de provedor de acesso ou serviço prestado por meio de rede de computadores, até o recebimento do material relativo à notícia feita à autoridade policial, ao Ministério Público ou ao Poder Judiciário.

§ 3º As pessoas referidas no § 2º deste artigo deverão manter sob sigilo o material ilícito referido.

Art. 241-C. Simular a participação de criança ou adolescente em cena de sexo explícito ou pornográfica por meio de adulteração, montagem ou modificação de fotografia, vídeo ou qualquer outra forma de representação visual:

Pena – reclusão, de 1 (um) a 3 (três) anos, e multa.

Parágrafo único. Incorre nas mesmas penas quem vende, expõe à venda, disponibiliza, distribui, publica ou divulga por qualquer meio, adquire, possui ou armazena o material produzido na forma do caput deste artigo.

Art. 241-D. Aliciar, assediar, instigar ou constranger, por qualquer meio de comunicação, criança, com o fim de com ela praticar ato libidinoso:

Pena – reclusão, de 1 (um) a 3 (três) anos, e multa.

Parágrafo único. Nas mesmas penas incorre quem:

I. facilita ou induz o acesso à criança de material contendo cena de sexo explícito ou pornográfica com o fim de com ela praticar ato libidinoso;

II. pratica as condutas descritas no caput deste artigo com o fim de induzir criança a se exibir de forma pornográfica ou sexualmente explícita.

Art. 241-E. Para efeito dos crimes previstos nesta Lei, a expressão "cena de sexo explícito ou pornográfica" compreende qualquer situação que envolva criança ou adolescente em atividades sexuais explícitas, reais ou simuladas, ou exibição dos órgãos genitais de uma criança ou adolescente para fins primordialmente sexuais.

Art. 242. Vender, fornecer ainda que gratuitamente ou entregar, de qualquer forma, à criança ou adolescente arma, munição ou explosivo:
Pena – reclusão, de 3 (três) a 6 (seis) anos.

Art. 243. Vender, fornecer, servir, ministrar ou entregar, ainda que gratuitamente, de qualquer forma, à criança ou a adolescente, bebida alcoólica ou, sem justa causa, outros produtos cujos componentes possam causar dependência física ou psíquica:
Pena – detenção de 2 (dois) a 4 (quatro) anos, e multa, se o fato não constitui crime mais grave.

Art. 244. Vender, fornecer ainda que gratuitamente ou entregar, de qualquer forma, a criança ou adolescente fogos de estampido ou de artifício, exceto aqueles que, pelo seu reduzido potencial, sejam incapazes de provocar qualquer dano físico em caso de utilização indevida:
Pena – detenção de seis meses a dois anos, e multa.

Art. 244-A. Submeter criança ou adolescente, como tais definidos no caput do art. 2º desta Lei, à prostituição ou à exploração sexual:
Pena – reclusão de quatro a dez anos e multa, além da perda de bens e valores utilizados na prática criminosa em favor do Fundo dos Direitos da Criança e do Adolescente da unidade da Federação (Estado ou Distrito Federal) em que foi cometido o crime, ressalvado o direito de terceiro de boa-fé.

§ 1º Incorrem nas mesmas penas o proprietário, o gerente ou o responsável pelo local em que se verifique a submissão de criança ou adolescente às práticas referidas no caput deste artigo.

§ 2º Constitui efeito obrigatório da condenação a cassação da licença de localização e de funcionamento do estabelecimento.

Art. 244-B. Corromper ou facilitar a corrupção de menor de 18 (dezoito) anos, com ele praticando infração penal ou induzindo-o a praticá-la:
Pena – reclusão, de 1 (um) a 4 (quatro) anos.

§ 1º Incorre nas penas previstas no caput deste artigo quem pratica as condutas ali tipificadas utilizando-se de quaisquer meios eletrônicos, inclusive salas de bate-papo da internet.

§ 2º As penas previstas no caput deste artigo são aumentadas de um terço no caso de a infração cometida ou induzida estar incluída no rol do art. 1º da Lei nº 8.072, de 25 de julho de 1990º

CAPÍTULO II
Das Infrações Administrativas

Art. 245. Deixar o médico, professor ou responsável por estabelecimento de atenção à saúde e de ensino fundamental, pré-escola ou creche, de comunicar à autoridade competente os casos de que tenha conhecimento, envolvendo suspeita ou confirmação de maus-tratos contra criança ou adolescente:
Pena – multa de três a vinte salários de referência, aplicando-se o dobro em caso de reincidência.

Art. 246. Impedir o responsável ou funcionário de entidade de atendimento o exercício dos direitos constantes nos incisos II, III, VII, VIII e XI do art. 124 desta Lei:
Pena – multa de três a vinte salários de referência, aplicando-se o dobro em caso de reincidência.

Art. 247. Divulgar, total ou parcialmente, sem autorização devida, por qualquer meio de comunicação, nome, ato ou documento de procedimento policial, administrativo ou judicial relativo a criança ou adolescente a que se atribua ato infracional:
Pena – multa de três a vinte salários de referência, aplicando-se o dobro em caso de reincidência.

§ 1º Incorre na mesma pena quem exibe, total ou parcialmente, fotografia de criança ou adolescente envolvido em ato infracional, ou qualquer ilustração que lhe diga respeito ou se refira a atos que lhe sejam atribuídos, de forma a permitir sua identificação, direta ou indiretamente.

§ 2º Se o fato for praticado por órgão de imprensa ou emissora de rádio ou televisão, além da pena prevista neste artigo, a autoridade judiciária poderá determinar a apreensão da publicação ou a suspensão da programação da emissora até por dois dias, bem como da publicação do periódico até por dois números. (Expressão declarada inconstitucional pela ADIN 869).

Art. 248. (Revogado pela Lei nº 13.431, de 2017) (Vigência)

Art. 249. Descumprir, dolosa ou culposamente, os deveres inerentes ao poder familiar ou decorrente de tutela ou guarda, bem assim determinação da autoridade judiciária ou Conselho Tutelar:
Pena – multa de três a vinte salários de referência, aplicando-se o dobro em caso de reincidência.

Art. 250. Hospedar criança ou adolescente desacompanhado dos pais ou responsável, ou sem

autorização escrita desses ou da autoridade judiciária, em hotel, pensão, motel ou congênere:
Pena – multa.

§ 1º Em caso de reincidência, sem prejuízo da pena de multa, a autoridade judiciária poderá determinar o fechamento do estabelecimento por até 15 (quinze) dias.

§ 2º Se comprovada a reincidência em período inferior a 30 (trinta) dias, o estabelecimento será definitivamente fechado e terá sua licença cassada.

Art. 251. Transportar criança ou adolescente, por qualquer meio, com inobservância do disposto nos arts. 83, 84 e 85 desta Lei:
Pena – multa de três a vinte salários de referência, aplicando-se o dobro em caso de reincidência.

Art. 252. Deixar o responsável por diversão ou espetáculo público de afixar, em lugar visível e de fácil acesso, à entrada do local de exibição, informação destacada sobre a natureza da diversão ou espetáculo e a faixa etária especificada no certificado de classificação:
Pena – multa de três a vinte salários de referência, aplicando-se o dobro em caso de reincidência.

Art. 253. Anunciar peças teatrais, filmes ou quaisquer representações ou espetáculos, sem indicar os limites de idade a que não se recomendem:
Pena – multa de três a vinte salários de referência, duplicada em caso de reincidência, aplicável, separadamente, à casa de espetáculo e aos órgãos de divulgação ou publicidade.

Art. 254. Transmitir, através de rádio ou televisão, espetáculo em horário diverso do autorizado ou sem aviso de sua classificação: (Expressão declarada inconstitucional pela ADI 2.404).
Pena – multa de vinte a cem salários de referência; duplicada em caso de reincidência a autoridade judiciária poderá determinar a suspensão da programação da emissora por até dois dias.

Art. 255. Exibir filme, trailer, peça, amostra ou congênere classificado pelo órgão competente como inadequado às crianças ou adolescentes admitidos ao espetáculo:
Pena – multa de vinte a cem salários de referência; na reincidência, a autoridade poderá determinar a suspensão do espetáculo ou o fechamento do estabelecimento por até quinze dias.

Art. 256. Vender ou locar a criança ou adolescente fita de programação em vídeo, em desacordo com a classificação atribuída pelo órgão competente:
Pena – multa de três a vinte salários de referência; em caso de reincidência, a autoridade judiciária poderá determinar o fechamento do estabelecimento por até quinze dias.

Art. 257. Descumprir obrigação constante dos arts. 78 e 79 desta Lei:
Pena – multa de três a vinte salários de referência, duplicando-se a pena em caso de reincidência, sem prejuízo de apreensão da revista ou publicação.

Art. 258. Deixar o responsável pelo estabelecimento ou o empresário de observar o que dispõe esta Lei sobre o acesso de criança ou adolescente aos locais de diversão, ou sobre sua participação no espetáculo:
Pena – multa de três a vinte salários de referência; em caso de reincidência, a autoridade judiciária poderá determinar o fechamento do estabelecimento por até quinze dias.

Art. 258-A. Deixar a autoridade competente de providenciar a instalação e operacionalização dos cadastros previstos no art. 50 e no § 11 do art. 101 desta Lei:
Pena – multa de R$ 1.000,00 (mil reais) a R$ 3.000,00 (três mil reais).

Parágrafo único. Incorre nas mesmas penas a autoridade que deixa de efetuar o cadastramento de crianças e de adolescentes em condições de serem adotadas, de pessoas ou casais habilitados à adoção e de crianças e adolescentes em regime de acolhimento institucional ou familiar.

Art. 258-B. Deixar o médico, enfermeiro ou dirigente de estabelecimento de atenção à saúde de gestante de efetuar imediato encaminhamento à autoridade judiciária de caso de que tenha conhecimento de mãe ou gestante interessada em entregar seu filho para adoção:
Pena – multa de R$ 1.000,00 (mil reais) a R$ 3.000,00 (três mil reais).

Parágrafo único. Incorre na mesma pena o funcionário de programa oficial ou comunitário destinado à garantia do direito à convivência familiar que deixa de efetuar a comunicação referida no caput deste artigo.

Art. 258-C. Descumprir a proibição estabelecida no inciso II do art. 81:
Pena – multa de R$ 3.000,00 (três mil reais) a R$ 10.000,00 (dez mil reais);
Medida Administrativa – interdição do estabelecimento comercial até o recolhimento da multa aplicada.

DISPOSIÇÕES FINAIS E TRANSITÓRIAS

Art. 259. A União, no prazo de noventa dias contados da publicação deste Estatuto, elaborará projeto de lei dispondo sobre a criação ou adaptação de seus órgãos às diretrizes da política de atendimento fixadas no art. 88 e ao que estabelece o Título V do Livro II.

Parágrafo único. Compete aos estados e municípios promoverem a adaptação de seus órgãos e programas às diretrizes e princípios estabelecidos nesta Lei.

Art. 260. Os contribuintes poderão efetuar doações aos Fundos dos Direitos da Criança e do Adolescente nacional, distrital, estaduais ou municipais, devidamente comprovadas, sendo essas integralmente deduzidas do imposto de renda, obedecidos os seguintes limites:

I. 1% (um por cento) do imposto sobre a renda devido apurado pelas pessoas jurídicas tributadas com base no lucro real; e

II. 6% (seis por cento) do imposto sobre a renda apurado pelas pessoas físicas na Declaração de Ajuste Anual, observado o disposto no art. 22 da Lei nº 9.532, de 10 de dezembro de 1997.

§ 1º-A. Na definição das prioridades a serem atendidas com os recursos captados pelos fundos nacional, estaduais e municipais dos direitos da criança e do adolescente, serão consideradas as disposições do Plano Nacional de Promoção, Proteção e Defesa do Direito de Crianças e Adolescentes à Convivência Familiar e Comunitária e as do Plano Nacional pela Primeira Infância.

§ 2º Os conselhos nacional, estaduais e municipais dos direitos da criança e do adolescente fixarão critérios de utilização, por meio de planos de aplicação, das dotações subsidiadas e demais receitas, aplicando necessariamente percentual para incentivo ao acolhimento, sob a forma de guarda, de crianças e adolescentes e para programas de atenção integral à primeira infância em áreas de maior carência socioeconômica e em situações de calamidade.

§ 3º O Departamento da Receita Federal, do Ministério da Economia, Fazenda e Planejamento, regulamentará a comprovação das doações feitas aos fundos, nos termos deste artigo.

§ 4º O Ministério Público determinará em cada comarca a forma de fiscalização da aplicação, pelo Fundo Municipal dos Direitos da Criança e do Adolescente, dos incentivos fiscais referidos neste artigo.

§ 5º Observado o disposto no § 4º do art. 3º da Lei nº 9.249, de 26 de dezembro de 1995, a dedução de que trata o inciso I do caput:

I. será considerada isoladamente, não se submetendo a limite em conjunto com outras deduções do imposto; e

II. não poderá ser computada como despesa operacional na apuração do lucro real.

Art. 260-A. A partir do exercício de 2010, ano-calendário de 2009, a pessoa física poderá optar pela doação de que trata o inciso II do caput do art. 260 diretamente em sua Declaração de Ajuste Anual.

§ 1º A doação de que trata o caput poderá ser deduzida até os seguintes percentuais aplicados sobre o imposto apurado na declaração:

I. (VETADO);

II. (VETADO);

III. 3% (três por cento) a partir do exercício de 2012.

§ 2º A dedução de que trata o caput:

I. está sujeita ao limite de 6% (seis por cento) do imposto sobre a renda apurado na declaração de que trata o inciso II do caput do art. 260;

II. não se aplica à pessoa física que:

a) utilizar o desconto simplificado;

b) apresentar declaração em formulário; ou

c) entregar a declaração fora do prazo;

III. só se aplica às doações em espécie; e

IV. não exclui ou reduz outros benefícios ou deduções em vigor.

§ 3º O pagamento da doação deve ser efetuado até a data de vencimento da primeira quota ou quota única do imposto, observadas instruções específicas da Secretaria da Receita Federal do Brasil.

§ 4º O não pagamento da doação no prazo estabelecido no § 3º implica a glosa definitiva desta parcela de dedução, ficando a pessoa física obrigada ao recolhimento da diferença de imposto devido apurado na Declaração de Ajuste Anual com os acréscimos legais previstos na legislação.

§ 5º A pessoa física poderá deduzir do imposto apurado na Declaração de Ajuste Anual as doações feitas, no respectivo ano-calendário, aos fundos controlados pelos Conselhos dos Direitos da Criança e do Adolescente municipais, distrital, estaduais e nacional concomitantemente com a opção de que trata o caput, respeitado o limite previsto no inciso II do art. 260º

Art. 260-B. A doação de que trata o inciso I do art. 260 poderá ser deduzida:
I. do imposto devido no trimestre, para as pessoas jurídicas que apuram o imposto trimestralmente; e
II. do imposto devido mensalmente e no ajuste anual, para as pessoas jurídicas que apuram o imposto anualmente.
Parágrafo único. A doação deverá ser efetuada dentro do período a que se refere a apuração do imposto.
Art. 260-C. As doações de que trata o art. 260 desta Lei podem ser efetuadas em espécie ou em bens.
Parágrafo único. As doações efetuadas em espécie devem ser depositadas em conta específica, em instituição financeira pública, vinculadas aos respectivos fundos de que trata o art. 260.
Art. 260-D. Os órgãos responsáveis pela administração das contas dos Fundos dos Direitos da Criança e do Adolescente nacional, estaduais, distrital e municipais devem emitir recibo em favor do doador, assinado por pessoa competente e pelo presidente do Conselho correspondente, especificando:
I. número de ordem;
II. nome, Cadastro Nacional da Pessoa Jurídica (CNPJ) e endereço do emitente;
III. nome, CNPJ ou Cadastro de Pessoas Físicas (CPF) do doador;
IV. data da doação e valor efetivamente recebido; e
V. ano-calendário a que se refere a doação.
§ 1º O comprovante de que trata o caput deste artigo pode ser emitido anualmente, desde que discrimine os valores doados mês a mês.
§ 2º No caso de doação em bens, o comprovante deve conter a identificação dos bens, mediante descrição em campo próprio ou em relação anexa ao comprovante, informando também se houve avaliação, o nome, CPF ou CNPJ e endereço dos avaliadores.
Art. 260-E. Na hipótese da doação em bens, o doador deverá:
I. comprovar a propriedade dos bens, mediante documentação hábil;
II. baixar os bens doados na declaração de bens e direitos, quando se tratar de pessoa física, e na escrituração, no caso de pessoa jurídica; e
III. considerar como valor dos bens doados:
a) para as pessoas físicas, o valor constante da última declaração do imposto de renda, desde que não exceda o valor de mercado;
b) para as pessoas jurídicas, o valor contábil dos bens.
Parágrafo único. O preço obtido em caso de leilão não será considerado na determinação do valor dos bens doados, exceto se o leilão for determinado por autoridade judiciária.
Art. 260-F. Os documentos a que se referem os arts. 260-D e 260-E devem ser mantidos pelo contribuinte por um prazo de 5 (cinco) anos para fins de comprovação da dedução perante a Receita Federal do Brasil.
Art. 260-G. Os órgãos responsáveis pela administração das contas dos Fundos dos Direitos da Criança e do Adolescente nacional, estaduais, distrital e municipais devem:
I. manter conta bancária específica destinada exclusivamente a gerir os recursos do Fundo;
II. manter controle das doações recebidas; e
III. informar anualmente à Secretaria da Receita Federal do Brasil as doações recebidas mês a mês, identificando os seguintes dados por doador:
a) nome, CNPJ ou CPF;
b) valor doado, especificando se a doação foi em espécie ou em bens.
Art. 260-H. Em caso de descumprimento das obrigações previstas no art. 260-G, a Secretaria da Receita Federal do Brasil dará conhecimento do fato ao Ministério Público.
Art. 260-I. Os Conselhos dos Direitos da Criança e do Adolescente nacional, estaduais, distrital e municipais divulgarão amplamente à comunidade:
I. o calendário de suas reuniões;
II. as ações prioritárias para aplicação das políticas de atendimento à criança e ao adolescente;
III. os requisitos para a apresentação de projetos a serem beneficiados com recursos dos Fundos dos Direitos da Criança e do Adolescente nacional, estaduais, distrital ou municipais;
IV. a relação dos projetos aprovados em cada ano-calendário e o valor dos recursos previstos para implementação das ações, por projeto;
V. o total dos recursos recebidos e a respectiva destinação, por projeto atendido, inclusive com cadastramento na base de dados do Sistema de Informações sobre a Infância e a Adolescência;
VI. a avaliação dos resultados dos projetos beneficiados com recursos dos Fundos dos Direitos da Criança e do Adolescente nacional, estaduais, distrital e municipais.

Art. 260-J. O Ministério Público determinará, em cada Comarca, a forma de fiscalização da aplicação dos incentivos fiscais referidos no art. 260 desta Lei.

Parágrafo único. O descumprimento do disposto nos arts. 260-G e 260-I sujeitará os infratores a responder por ação judicial proposta pelo Ministério Público, que poderá atuar de ofício, a requerimento ou representação de qualquer cidadão.

Art. 260-K. A Secretaria de Direitos Humanos da Presidência da República (SDH/PR) encaminhará à Secretaria da Receita Federal do Brasil, até 31 de outubro de cada ano, arquivo eletrônico contendo a relação atualizada dos Fundos dos Direitos da Criança e do Adolescente nacional, distrital, estaduais e municipais, com a indicação dos respectivos números de inscrição no CNPJ e das contas bancárias específicas mantidas em instituições financeiras públicas, destinadas exclusivamente a gerir os recursos dos Fundos.

Art. 260-L. A Secretaria da Receita Federal do Brasil expedirá as instruções necessárias à aplicação do disposto nos arts. 260 a 260-K.

Art. 261. A falta dos conselhos municipais dos direitos da criança e do adolescente, os registros, inscrições e alterações a que se referem os arts. 90, parágrafo único, e 91 desta Lei serão efetuados perante a autoridade judiciária da comarca a que pertencer a entidade.

Parágrafo único. A União fica autorizada a repassar aos estados e municípios, e os estados aos municípios, os recursos referentes aos programas e atividades previstos nesta Lei, tão logo estejam criados os conselhos dos direitos da criança e do adolescente nos seus respectivos níveis.

Art. 262. Enquanto não instalados os Conselhos Tutelares, as atribuições a eles conferidas serão exercidas pela autoridade judiciária.

Art. 263. O Decreto-Lei n.º 2.848, de 7 de dezembro de 1940 (Código Penal), passa a vigorar com as seguintes alterações:

1) Art. 121..

§ 4º No homicídio culposo, a pena é aumentada de um terço, se o crime resulta de inobservância de regra técnica de profissão, arte ou ofício, ou se o agente deixa de prestar imediato socorro à vítima, não procura diminuir as consequências do seu ato, ou foge para evitar prisão em flagrante. Sendo doloso o homicídio, a pena é aumentada de um terço, se o crime é praticado contra pessoa menor de catorze anos.

2) Art. 129. ....

§ 7º Aumenta-se a pena de um terço, se ocorrer qualquer das hipóteses do art. 121, § 4º.

§ 8º Aplica-se à lesão culposa o disposto no § 5º do art. 121.

3) Art. 136. ....

§ 3º Aumenta-se a pena de um terço, se o crime é praticado contra pessoa menor de catorze anos.

4) Art. 213. ....

Parágrafo único. Se a ofendida é menor de catorze anos:

Pena – reclusão de quatro a dez anos.

5) Art. 214. ....

Parágrafo único. Se o ofendido é menor de catorze anos:

Pena – reclusão de três a nove anos.»

Art. 264. O art. 102 da Lei n.º 6.015, de 31 de dezembro de 1973, fica acrescido do seguinte item: "Art. 102..

6º) a perda e a suspensão do pátrio poder. "

Art. 265. A Imprensa Nacional e demais gráficas da União, da administração direta ou indireta, inclusive fundações instituídas e mantidas pelo poder público federal promoverão edição popular do texto integral deste Estatuto, que será posto à disposição das escolas e das entidades de atendimento e de defesa dos direitos da criança e do adolescente.

Art. 265-A. O poder público fará periodicamente ampla divulgação dos direitos da criança e do adolescente nos meios de comunicação social.

Parágrafo único. A divulgação a que se refere o caput será veiculada em linguagem clara, compreensível e adequada a crianças e adolescentes, especialmente às crianças com idade inferior a 6 (seis) anos.

Art. 266. Esta Lei entra em vigor noventa dias após sua publicação.

Parágrafo único. Durante o período de vacância deverão ser promovidas atividades e campanhas de divulgação e esclarecimentos acerca do disposto nesta Lei.

Art. 267. Revogam-se as Leis n.º 4.513, de 1964, e 6.697, de 10 de outubro de 1979 (Código de Menores), e as demais disposições em contrário.

Brasília, 13 de julho de 1990; 169º da Independência e 102º da República.

FERNANDO COLLOR
Bernardo Cabral
Carlos Chiarelli
Antônio Magri
Margarida Procópio

Este texto não substitui o publicado no DOU 16.7.1990 e retificado em 27.9.1990

15

Legislação Penal Especial

Lei n. 3.688/41 (Contravenções Penais)

DECRETO-LEI Nº 3.688, DE 3 DE OUTUBRO DE 1941.

Lei das Contravenções Penais
O Presidente da República, usando das atribuições que lhe confere o artigo 180 da Constituição,
DECRETA:
LEI DAS CONTRAVENÇÕES PENAIS

PARTE GERAL

Art. 1. Aplicam-se as contravenções às regras gerais do Código Penal, sempre que a presente lei não disponha de modo diverso.
Art. 2. A lei brasileira só é aplicável à contravenção praticada no território nacional.
Art. 3. Para a existência da contravenção, basta a ação ou omissão voluntária. Deve-se, todavia, ter em conta o dolo ou a culpa, se a lei faz depender, de um ou de outra, qualquer efeito jurídico.
Art. 4. Não é punível a tentativa de contravenção.
Art. 5. As penas principais são:
I. prisão simples.
II. multa.
Art. 6. A pena de prisão simples deve ser cumprida, sem rigor penitenciário, em estabelecimento especial ou SEÇÃO especial de prisão comum, em regime semiaberto ou aberto.
§ 1º O condenado a pena de prisão simples fica sempre separado dos condenados a pena de reclusão ou de detenção.
§ 2º O trabalho é facultativo, se a pena aplicada, não excede a quinze dias.
Art. 7. Verifica-se a reincidência quando o agente pratica uma contravenção depois de passar em julgado a sentença que o tenha condenado, no Brasil ou no estrangeiro, por qualquer crime, ou, no Brasil, por motivo de contravenção.
Art. 8. No caso de ignorância ou de errada compreensão da lei, quando escusáveis, a pena pode deixar de ser aplicada.
Art. 9. A multa converte-se em prisão simples, de acordo com o que dispõe o Código Penal sobre a conversão de multa em detenção.
Parágrafo único. Se a multa é a única pena cominada, a conversão em prisão simples se faz entre os limites de quinze dias e três meses.
Art. 10. A duração da pena de prisão simples não pode, em caso algum, ser superior a cinco anos, nem a importância das multas ultrapassar cinquenta contos.
Art. 11. Desde que reunidas as condições legais, o juiz pode suspender por tempo não inferior a um ano nem superior a três, a execução da pena de prisão simples, bem como conceder livramento condicional.
Art. 12. As penas acessórias são a publicação da sentença e as seguintes interdições de direitos:
I. a incapacidade temporária para profissão ou atividade, cujo exercício dependa de habilitação especial, licença ou autorização do poder público;
II. a suspensão dos direitos políticos.
Parágrafo único. Incorrem:
a) na interdição sob nº I, por um mês a dois anos, o condenado por motivo de contravenção cometida com abuso de profissão ou atividade ou com infração de dever a ela inerente;
b) na interdição sob nº II, o condenado a pena privativa de liberdade, enquanto dure a execução do pena ou a aplicação da medida de segurança detentiva.
Art. 13. Aplicam-se, por motivo de contravenção, os medidas de segurança estabelecidas no Código Penal, à exceção do exílio local.
Art. 14. Presumem-se perigosos, além dos indivíduos a que se referem os ns. I e II do art. 78 do Código Penal:
I. o condenado por motivo de contravenção cometido, em estado de embriaguez pelo álcool ou substância de efeitos análogos, quando habitual a embriaguez;
II. o condenado por vadiagem ou mendicância;
Art. 15. São internados em colônia agrícola ou em instituto de trabalho, de reeducação ou de ensino profissional, pelo prazo mínimo de um ano:
I. o condenado por vadiagem (art. 59);
II. o condenado por mendicância (art. 60 e seu parágrafo);
Art. 16. O prazo mínimo de duração da internação em manicômio judiciário ou em casa de custódia e tratamento é de seis meses.

Parágrafo único. O juiz, entretanto, pode, ao invés de decretar a internação, submeter o indivíduo a liberdade vigiada.

Art. 17. A ação penal é pública, devendo a autoridade proceder de ofício.

PARTE ESPECIAL

CAPÍTULO I

Das Contravenções Referentes à Pessoa

Art. 18. Fabricar, importar, exportar, ter em depósito ou vender, sem permissão da autoridade, arma ou munição:
Pena – prisão simples, de três meses a um ano, ou multa, de um a cinco contos de réis, ou ambas cumulativamente, se o fato não constitui crime contra a ordem política ou social.

Art. 19. Trazer consigo arma fora de casa ou de dependência desta, sem licença da autoridade:
Pena – prisão simples, de quinze dias a seis meses, ou multa, de duzentos mil réis a três contos de réis, ou ambas cumulativamente.
§ 1º A pena é aumentada de um terço até metade, se o agente já foi condenado, em sentença irrecorrível, por violência contra pessoa.
§ 2º Incorre na pena de prisão simples, de quinze dias a três meses, ou multa, de duzentos mil réis a um conto de réis, quem, possuindo arma ou munição:
a) deixa de fazer comunicação ou entrega à autoridade, quando a lei o determina;
b) permite que alienado menor de 18 anos ou pessoa inexperiente no manejo de arma a tenha consigo;
c) omite as cautelas necessárias para impedir que dela se apodere facilmente alienado, menor de 18 anos ou pessoa inexperiente em manejá-la.

Art. 20. Anunciar processo, substância ou objeto destinado a provocar aborto:
Pena – multa de hum mil cruzeiros a dez mil cruzeiros.

Art. 21. Praticar vias de fato contra alguém:
Pena – prisão simples, de quinze dias a três meses, ou multa, de cem mil réis a um conto de réis, se o fato não constitui crime.
Parágrafo único. Aumenta-se a pena de 1/3 (um terço) até a metade se a vítima é maior de 60 (sessenta) anos.

Art. 22. Receber em estabelecimento psiquiátrico, e nele internar, sem as formalidades legais, pessoa apresentada como doente mental:
Pena – multa, de trezentos mil réis a três contos de réis.
§ 1º Aplica-se a mesma pena a quem deixa de comunicar a autoridade competente, no prazo legal, internação que tenha admitido, por motivo de urgência, sem as formalidades legais.
§ 2º Incorre na pena de prisão simples, de quinze dias a três meses, ou multa de quinhentos mil réis a cinco contos de réis, aquele que, sem observar as prescrições legais, deixa retirar-se ou despede de estabelecimento psiquiátrico pessoa nele, internada.

Art. 23. Receber e ter sob custódia doente mental, fora do caso previsto no artigo anterior, sem autorização de quem de direito:
Pena – prisão simples, de quinze dias a três meses, ou multa, de quinhentos mil réis a cinco contos de réis.

CAPÍTULO II

Das Contravenções Referentes ao Patrimônio

Art. 24. Fabricar, ceder ou vender gazua ou instrumento empregado usualmente na prática de crime de furto:
Pena – prisão simples, de seis meses a dois anos, e multa, de trezentos mil réis a três contos de réis.

Art. 25. Ter alguém em seu poder, depois de condenado, por crime de furto ou roubo, ou enquanto sujeito à liberdade vigiada ou quando conhecido como vadio ou mendigo, gazuas, chaves falsas ou alteradas ou instrumentos empregados usualmente na prática de crime de furto, desde que não prove destinação legítima:
Pena – prisão simples, de dois meses a um ano, e multa de duzentos mil réis a dois contos de réis.

Art. 26. Abrir alguém, no exercício de profissão de serralheiro ou oficio análogo, a pedido ou por incumbência de pessoa de cuja legitimidade não se tenha certificado previamente, fechadura ou qualquer outro aparelho destinado à defesa de lugar nu objeto:
Pena – prisão simples, de quinze dias a três meses, ou multa, de duzentos mil réis a um conto de réis.

Art. 27. (Revogado pela Lei nº 9.521, de 27.11.1997)

CAPÍTULO III

Das Contravenções Referentes à Incolumidade Pública

Art. 28. Disparar arma de fogo em lugar habitado ou em suas adjacências, em via pública ou em direção a ela:
Pena – prisão simples, de um a seis meses, ou multa, de trezentos mil réis a três contos de réis.
Parágrafo único. Incorre na pena de prisão simples, de quinze dias a dois meses, ou multa, de duzentos mil réis a dois contos de réis, quem, em lugar habitado ou em suas adjacências, em via pública ou em direção a ela, sem licença da autoridade, causa deflagração perigosa, queima fogo de artifício ou solta balão aceso.
Art. 29. Provocar o desabamento de construção ou, por erro no projeto ou na execução, dar-lhe causa:
Pena – multa, de um a dez contos de réis, se o fato não constitui crime contra a incolumidade pública.
Art. 30. Omitir alguém a providência reclamada pelo Estado ruinoso de construção que lhe pertence ou cuja conservação lhe incumbe:
Pena – multa, de um a cinco contos de réis.
Art. 31. Deixar em liberdade, confiar à guarda de pessoa inexperiente, ou não guardar com a devida cautela animal perigoso:
Pena – prisão simples, de dez dias a dois meses, ou multa, de cem mil réis a um conto de réis.
Parágrafo único. Incorre na mesma pena quem:
a) na via pública, abandona animal de tiro, carga ou corrida, ou o confia à pessoa inexperiente;
b) excita ou irrita animal, expondo a perigo a segurança alheia;
c) conduz animal, na via pública, pondo em perigo a segurança alheia.
Art. 32. Dirigir, sem a devida habilitação, veículo na via pública, ou embarcação a motor em aguas públicas:
Pena – multa, de duzentos mil réis a dois contos de réis.
Art. 33. Dirigir aeronave sem estar devidamente licenciado:
Pena – prisão simples, de quinze dias a três meses, e multa, de duzentos mil réis a dois contos de réis.
Art. 34. Dirigir veículos na via pública, ou embarcações em águas públicas, pondo em perigo a segurança alheia:
Pena – prisão simples, de quinze dias a três meses, ou multa, de trezentos mil réis a dois contos de réis.
Art. 35. Entregar-se na prática da aviação, a acrobacias ou a voos baixos, fora da zona em que a lei o permite, ou fazer descer a aeronave fora dos lugares destinados a esse fim:
Pena – prisão simples, de quinze dias a três meses, ou multa, de quinhentos mil réis a cinco contos de réis.
Art. 36. Deixar do colocar na via pública, sinal ou obstáculo, determinado em lei ou pela autoridade e destinado a evitar perigo a transeuntes:
Pena – prisão simples, de dez dias a dois meses, ou multa, de duzentos mil réis a dois contos de réis.
Parágrafo único. Incorre na mesma pena quem:
a) apaga sinal luminoso, destrói ou remove sinal de outra natureza ou obstáculo destinado a evitar perigo a transeuntes;
b) remove qualquer outro sinal de serviço público.
Art. 37. Arremessar ou derramar em via pública, ou em lugar de uso comum, ou do uso alheio, coisa que possa ofender, sujar ou molestar alguém:
Pena – multa, de duzentos mil réis a dois contos de réis.
Parágrafo único. Na mesma pena incorre aquele que, sem as devidas cautelas, coloca ou deixa suspensa coisa que, caindo em via pública ou em lugar de uso comum ou de uso alheio, possa ofender, sujar ou molestar alguém.
Art. 38. Provocar, abusivamente, emissão de fumaça, vapor ou gás, que possa ofender ou molestar alguém:
Pena – multa, de duzentos mil réis a dois contos de réis.

CAPÍTULO IV

Das Contravenções Referentes à Paz Pública

Art. 39. Participar de associação de mais de cinco pessoas, que se reúnam periodicamente, sob compromisso de ocultar à autoridade a existência, objetivo, organização ou administração da associação:
Pena – prisão simples, de um a seis meses, ou multa, de trezentos mil réis a três contos de réis.
Vide Lei nº 14.197, de 1º de setembro de 2021.
§ 1º Na mesma pena incorre o proprietário ou ocupante de prédio que o cede, no todo ou em parte, para reunião de associação que saiba ser de caráter secreto.

§ 2º O juiz pode, tendo em vista as circunstâncias, deixar de aplicar a pena, quando lícito o objeto da associação.

Art. 40. Provocar tumulto ou portar-se de modo inconveniente ou desrespeitoso, em solenidade ou ato oficial, em assembleia ou espetáculo público, se o fato não constitui infração penal mais grave;
Pena – prisão simples, de quinze dias a seis meses, ou multa, de duzentos mil réis a dois contos de réis.

Art. 41. Provocar alarma, anunciando desastre ou perigo inexistente, ou praticar qualquer ato capaz de produzir pânico ou tumulto:
Pena – prisão simples, de quinze dias a seis meses, ou multa, de duzentos mil réis a dois contos de réis.

Art. 42. Perturbar alguém o trabalho ou o sossego alheios:
I. com gritaria ou algazarra;
II. exercendo profissão incômoda ou ruidosa, em desacordo com as prescrições legais;
III. abusando de instrumentos sonoros ou sinais acústicos;
IV. provocando ou não procurando impedir barulho produzido por animal de que tem a guarda:
Pena – prisão simples, de quinze dias a três meses, ou multa, de duzentos mil réis a dois contos de réis.

CAPÍTULO V
Das Contravenções Referentes à Fé Pública

Art. 43. Recusar-se a receber, pelo seu valor, moeda de curso legal no país:
Pena – multa, de duzentos mil réis a dois contos de réis.

Art. 44. Usar, como propaganda, de impresso ou objeto que pessoa inexperiente ou rústica possa confundir com moeda:
Pena – multa, de duzentos mil réis a dois contos de réis.

Art. 45. Fingir-se funcionário público:
Pena – prisão simples, de um a três meses, ou multa, de quinhentos mil réis a três contos de réis.

Art. 46. Usar, publicamente, de uniforme, ou distintivo de função pública que não exerce; usar, indevidamente, de sinal, distintivo ou denominação cujo emprego seja regulado por lei.
Pena – multa, de duzentos a dois mil cruzeiros, se o fato não constitui infração penal mais grave.

CAPÍTULO VI
Das Contravenções Relativas à Organização Do Trabalho

Art. 47. Exercer profissão ou atividade econômica ou anunciar que a exerce, sem preencher as condições a que por lei está subordinado o seu exercício:
Pena – prisão simples, de quinze dias a três meses, ou multa, de quinhentos mil réis a cinco contos de réis.

Art. 48. Exercer, sem observância das prescrições legais, comércio de antiguidades, de obras de arte, ou de manuscritos e livros antigos ou raros:
Pena – prisão simples de um a seis meses, ou multa, de um a dez contos de réis.

Art. 49. Infringir determinação legal relativa à matrícula ou à escrituração de indústria, de comércio, ou de outra atividade:
Pena – multa, de duzentos mil réis a cinco contos de réis.

CAPÍTULO VII
Das Contravenções Relativas à Polícia De Costumes

Art. 50. Estabelecer ou explorar jogo de azar em lugar público ou acessível ao público, mediante o pagamento de entrada ou sem ele:
Pena – prisão simples, de três meses a um ano, e multa, de dois a quinze contos de réis, estendendo-se os efeitos da condenação à perda dos moveis e objetos de decoração do local.
§ 1º A pena é aumentada de um terço, se existe entre os empregados ou participa do jogo pessoa menor de dezoito anos.
§ 2º Incorre na pena de multa, de R$ 2.000,00 (dois mil reais) a R$ 200.000,00 (duzentos mil reais), quem é encontrado a participar do jogo, ainda que pela internet ou por qualquer outro meio de comunicação, como ponteiro ou apostador.
§ 3º Consideram-se, jogos de azar:
a) o jogo em que o ganho e a perda dependem exclusiva ou principalmente da sorte;
b) as apostas sobre corrida de cavalos fora de hipódromo ou de local onde sejam autorizadas;
c) as apostas sobre qualquer outra competição esportiva.
§ 4º Equiparam-se, para os efeitos penais, a lugar acessível ao público:

a) a casa particular em que se realizam jogos de azar, quando deles habitualmente participam pessoas que não sejam da família de quem a ocupa;
b) o hotel ou casa de habitação coletiva, a cujos hóspedes e moradores se proporciona jogo de azar;
c) a sede ou dependência de sociedade ou associação, em que se realiza jogo de azar;
d) o estabelecimento destinado à exploração de jogo de azar, ainda que se dissimule esse destino.

Art. 51. Promover ou fazer extrair loteria, sem autorização legal:
Pena – prisão simples, de seis meses a dois anos, e multa, de cinco a dez contos de réis, estendendo-se os efeitos da condenação à perda dos moveis existentes no local.
§ 1º Incorre na mesma pena quem guarda, vende ou expõe à venda, tem sob sua guarda para o fim de venda, introduz ou tenta introduzir na circulação bilhete de loteria não autorizada.
§ 2º Considera-se loteria toda operação que, mediante a distribuição de bilhete, listas, cupões, vales, sinais, símbolos ou meios análogos, faz depender de sorteio a obtenção de prêmio em dinheiro ou bens de outra natureza.
§ 3º Não se compreendem na definição do parágrafo anterior os sorteios autorizados na legislação especial.

Art. 52. Introduzir, no país, para o fim de comércio, bilhete de loteria, rifa ou tômbola estrangeiras:
Pena – prisão simples, de quatro meses a um ano, e multa, de um a cinco contos de réis.
Parágrafo único. Incorre na mesma pena quem vende, expõe à venda, tem sob sua guarda, para o fim de venda, introduz ou tenta introduzir na circulação, bilhete de loteria estrangeira.

Art. 53. Introduzir, para o fim de comércio, bilhete de loteria estadual em território onde não possa legalmente circular:
Pena – prisão simples, de dois a seis meses, e multa, de um a três contos de réis.
Parágrafo único. Incorre na mesma pena quem vende, expõe à venda, tem sob sua guarda, para o fim de venda, introduz ou tonta introduzir na circulação, bilhete de loteria estadual, em território onde não possa legalmente circular.

Art. 54. Exibir ou ter sob sua guarda lista de sorteio de loteria estrangeira:
Pena – prisão simples, de um a três meses, e multa, de duzentos mil réis a um conto de réis.

Parágrafo único. Incorre na mesma pena quem exibe ou tem sob sua guarda lista de sorteio de loteria estadual, em território onde esta não possa legalmente circular.

Art. 55. Imprimir ou executar qualquer serviço de feitura de bilhetes, lista de sorteio, avisos ou cartazes relativos a loteria, em lugar onde ela não possa legalmente circular:
Pena – prisão simples, de um a seis meses, e multa, de duzentos mil réis a dois contos de réis.

Art. 56. Distribuir ou transportar cartazes, listas de sorteio ou avisos de loteria, onde ela não possa legalmente circular:
Pena – prisão simples, de um a três meses, e multa, de cem a quinhentos mil réis.

Art. 57. Divulgar, por meio de jornal ou outro impresso, de rádio, cinema, ou qualquer outra forma, ainda que disfarçadamente, anúncio, aviso ou resultado de extração de loteria, onde a circulação dos seus bilhetes não seria legal:
Pena – multa, de um a dez contos de réis.

Art. 58. Explorar ou realizar a loteria denominada jogo do bicho, ou praticar qualquer ato relativo à sua realização ou exploração:
Pena – prisão simples, de quatro meses a um ano, e multa, de dois a vinte contos de réis.
Parágrafo único. Incorre na pena de multa, de duzentos mil réis a dois contos de réis, aquele que participa da loteria, visando a obtenção de prêmio, para si ou para terceiro.

Art. 59. Entregar-se alguém habitualmente à ociosidade, sendo válido para o trabalho, sem ter renda que lhe assegure meios bastantes de subsistência, ou prover à própria subsistência mediante ocupação ilícita:
Pena – prisão simples, de quinze dias a três meses.
Parágrafo único. A aquisição superveniente de renda, que assegure ao condenado meios bastantes de subsistência, extingue a pena.

Art. 60. (Revogado pela Lei nº 11.983, de 2009)
Art. 61. (Revogado pela Lei nº 13.718, de 2018)
Art. 62. Apresentar-se publicamente em estado de embriaguez, de modo que cause escândalo ou ponha em perigo a segurança própria ou alheia:
Pena – prisão simples, de quinze dias a três meses, ou multa, de duzentos mil réis a dois contos de réis.
Parágrafo único. Se habitual a embriaguez, o contraventor é internado em casa de custódia e tratamento.

Art. 63. Servir bebidas alcoólicas:
I. (Revogado pela Lei nº 13.106, de 2015)
II. a quem se acha em estado de embriaguez;
III. a pessoa que o agente sabe sofrer das faculdades mentais;
IV. a pessoa que o agente sabe estar judicialmente proibida de frequentar lugares onde se consome bebida de tal natureza:
Pena – prisão simples, de dois meses a um ano, ou multa, de quinhentos mil réis a cinco contos de réis.
Art. 64. Tratar animal com crueldade ou submetê-lo a trabalho excessivo:
Pena – prisão simples, de dez dias a um mês, ou multa, de cem a quinhentos mil réis.
§ 1º Na mesma pena incorre aquele que, embora para fins didáticos ou científicos, realiza em lugar público ou exposto ao publico, experiência dolorosa ou cruel em animal vivo.
§ 2º Aplica-se a pena com aumento de metade, se o animal é submetido a trabalho excessivo ou tratado com crueldade, em exibição ou espetáculo público.
Art. 65. Molestar alguém ou perturbar lhe a tranquilidade, por acinte ou por motivo reprovável:
Pena – prisão simples, de quinze dias a dois meses, ou multa, de duzentos mil réis a dois contos de réis.

CAPÍTULO VIII

Das Contravenções Referentes à Administração Pública

Art. 66. Deixar de comunicar à autoridade competente:
I. crime de ação pública, de que teve conhecimento no exercício de função pública, desde que a ação penal não dependa de representação;
II. crime de ação pública, de que teve conhecimento no exercício da medicina ou de outra profissão sanitária, desde que a ação penal não dependa de representação e a comunicação não exponha o cliente a procedimento criminal:
Pena – multa, de trezentos mil réis a três contos de réis.
Art. 67. Inumar ou exumar cadáver, com infração das disposições legais:
Pena – prisão simples, de um mês a um ano, ou multa, de duzentos mil réis a dois contos de réis.
Art. 68. Recusar à autoridade, quando por esta, justificadamente solicitados ou exigidos, dados ou indicações concernentes à própria identidade, estado, profissão, domicílio e residência:
Pena – multa, de duzentos mil réis a dois contos de réis.
Parágrafo único. Incorre na pena de prisão simples, de um a seis meses, e multa, de duzentos mil réis a dois contos de réis, se o fato não constitui infração penal mais grave, quem, nas mesmas circunstâncias, faz declarações inverídicas a respeito de sua identidade pessoal, estado, profissão, domicílio e residência.
Art. 70. Praticar qualquer ato que importe violação do monopólio postal da União:
Pena – prisão simples, de três meses a um ano, ou multa, de três a dez contos de réis, ou ambas cumulativamente.

DISPOSIÇÕES FINAIS

Art. 71. Ressalvada a legislação especial sobre florestas, caça e pesca, revogam-se as disposições em contrário.
Art. 72. Esta lei entrará em vigor no dia 1º de janeiro de 1942.

Rio de Janeiro, 3 de outubro de 1941; 120º da Independência e 58º da República.
GETULIO VARGAS.
Francisco Campos.

Este texto não substitui o publicado no DOU de 3.10.1941

Lei n. 1.079/50 (Crime de Responsabilidade)

LEI Nº 1.079, DE 10 DE ABRIL DE 1950.
Define os crimes de responsabilidade e regula o respectivo processo de julgamento.
O PRESIDENTE DA REPÚBLICA Faço saber que o Congresso Nacional decreta eu sanciono a seguinte Lei:

PARTE PRIMEIRA
Do Presidente da República e Ministros de Estado

Art. 1. São crimes de responsabilidade os que esta lei especifica.

Art. 2. Os crimes definidos nesta lei, ainda quando simplesmente tentados, são passíveis da pena de perda do cargo, com inabilitação, até cinco anos, para o exercício de qualquer função pública, imposta pelo Senado Federal nos processos contra o Presidente da República ou Ministros de Estado, contra os Ministros do Supremo Tribunal Federal ou contra o Procurador Geral da República.

Art. 3. A imposição da pena referida no artigo anterior não exclui o processo e julgamento do acusado por crime comum, na justiça ordinária, nos termos das leis de processo penal.

Art. 4. São crimes de responsabilidade os atos do Presidente da República que atentarem contra a Constituição Federal, e, especialmente, contra:

I. A existência da União;

II. O livre exercício do Poder Legislativo, do Poder Judiciário e dos poderes constitucionais dos Estados;

III. O exercício dos direitos políticos, individuais e sociais:

IV. A segurança interna do país;

V. A probidade na administração;

VI. A lei orçamentária;

VII. A guarda e o legal emprego dos dinheiros públicos;

VIII. O cumprimento das decisões judiciárias (Constituição, artigo 89).

TÍTULO I

CAPÍTULO I
DOS CRIMES CONTRA A EXISTÊNCIA DA UNIÃO

Art. 5. São crimes de responsabilidade contra a existência política da União:

1. entreter, direta ou indiretamente, inteligência com governo estrangeiro, provocando-o a fazer guerra ou cometer hostilidade contra a República, prometer-lhe assistência ou favor, ou dar-lhe qualquer auxílio nos preparativos ou planos de guerra contra a República;

2. tentar, diretamente e por fatos, submeter a União ou algum dos Estados ou Territórios a domínio estrangeiro, ou dela separar qualquer Estado ou porção do território nacional;

3. cometer ato de hostilidade contra nação estrangeira, expondo a República ao perigo da guerra, ou comprometendo-lhe a neutralidade;

4. revelar negócios políticos ou militares, que devam ser mantidos secretos a bem da defesa da segurança externa ou dos interesses da Nação;

5. auxiliar, por qualquer modo, nação inimiga a fazer a guerra ou a cometer hostilidade contra a República;

6. celebrar tratados, convenções ou ajustes que comprometam a dignidade da Nação;

7. violar a imunidade dos embaixadores ou ministros estrangeiros acreditados no país;

8. declarar a guerra, salvo os casos de invasão ou agressão estrangeira, ou fazer a paz, sem autorização do Congresso Nacional.

9. não empregar contra o inimigo os meios de defesa de que poderia dispor;

10. permitir o Presidente da República, durante as sessões legislativas e sem autorização do Congresso Nacional, que forças estrangeiras transitem pelo território do país, ou, por motivo de guerra, nele permaneçam temporariamente;

11. violar tratados legitimamente feitos com nações estrangeiras.

CAPÍTULO II
DOS CRIMES CONTRA O LIVRE EXERCÍCIO DOS PODERES CONSTITUCIONAIS

Art. 6. São crimes de responsabilidade contra o livre exercício dos poderes legislativo e judiciário e dos poderes constitucionais dos Estados:

1. tentar dissolver o Congresso Nacional, impedir a reunião ou tentar impedir por qualquer modo o funcionamento de qualquer de suas Câmaras;

2. usar de violência ou ameaça contra algum representante da Nação para afastá-lo da Câmara a que pertença ou para coagi-lo no modo de exercer o seu mandato bem como conseguir ou tentar conseguir o mesmo objetivo mediante suborno ou outras formas de corrupção;

3. violar as imunidades asseguradas aos membros do Congresso Nacional, das Assembleias Legislativas dos Estados, da Câmara dos Vereadores do Distrito Federal e das Câmaras Municipais;
4. permitir que força estrangeira transite pelo território do país ou nele permaneça quando a isso se oponha o Congresso Nacional;
5. opor-se diretamente e por fatos ao livre exercício do Poder Judiciário, ou obstar, por meios violentos, ao efeito dos seus atos, mandados ou sentenças;
6. usar de violência ou ameaça, para constranger juiz, ou jurado, a proferir ou deixar de proferir despacho, sentença ou voto, ou a fazer ou deixar de fazer ato do seu ofício;
7. praticar contra os poderes estaduais ou municipais ato definido como crime neste artigo;
8. intervir em negócios peculiares aos Estados ou aos Municípios com desobediência às normas constitucionais.

CAPÍTULO III

Dos Crimes Contra o Exercício dos Direitos Políticos, Individuais e Sociais

Art. 7. São crimes de responsabilidade contra o livre exercício dos direitos políticos, individuais e sociais:
1. impedir por violência, ameaça ou corrupção, o livre exercício do voto;
2. obstar ao livre exercício das funções dos mesários eleitorais;
3. violar o escrutínio de SEÇÃO eleitoral ou inquinar de nulidade o seu resultado pela subtração, desvio ou inutilização do respectivo material;
4. utilizar o poder federal para impedir a livre execução da lei eleitoral;
5. servir-se das autoridades sob sua subordinação imediata para praticar abuso do poder, ou tolerar que essas autoridades o pratiquem sem repressão sua;
6. subverter ou tentar subverter por meios violentos a ordem política e social;
7. incitar militares à desobediência à lei ou infração à disciplina;
8. provocar animosidade entre as classes armadas ou contra elas, ou delas contra as instituições civis;
9. violar patentemente qualquer direito ou garantia individual constante do art. 141 e bem assim os direitos sociais assegurados no artigo 157 da Constituição;
10. tomar ou autorizar durante o estado de sítio, medidas de repressão que excedam os limites estabelecidos na Constituição.

CAPÍTULO IV

Dos Crimes Contra a Segurança Interna do País

Art. 8. São crimes contra a segurança interna do país:
1. tentar mudar por violência a forma de governo da República;
2. tentar mudar por violência a Constituição Federal ou de algum dos Estados, ou lei da União, de Estado ou Município;
3. decretar o estado de sítio, estando reunido o Congresso Nacional, ou no recesso deste, não havendo comoção interna grave nem fatos que evidenciem estar a mesma a irromper ou não ocorrendo guerra externa;
4. praticar ou concorrer para que se perpetre qualquer dos crimes contra a segurança interna, definidos na legislação penal;
5. não dar as providências de sua competência para impedir ou frustrar a execução desses crimes;
6. ausentar-se do país sem autorização do Congresso Nacional;
7. permitir, de forma expressa ou tácita, a infração de lei federal de ordem pública;
8. deixar de tomar, nos prazos fixados, as providências determinadas por lei ou tratado federal e necessário a sua execução e cumprimento.

CAPÍTULO V

Dos Crimes Contra a Probidade na Administração

Art. 9. São crimes de responsabilidade contra a probidade na administração:
1. omitir ou retardar dolosamente a publicação das leis e resoluções do Poder Legislativo ou dos atos do Poder Executivo;
2. não prestar ao Congresso Nacional dentro de sessenta dias após a abertura da sessão legislativa, as contas relativas ao exercício anterior;
3. não tornar efetiva a responsabilidade dos seus subordinados, quando manifesta em delitos funcionais ou na prática de atos contrários à Constituição;

4. expedir ordens ou fazer requisição de forma contrária às disposições expressas da Constituição;
5. infringir no provimento dos cargos públicos, as normas legais;
6. Usar de violência ou ameaça contra funcionário público para coagi-lo a proceder ilegalmente, bem como utilizar-se de suborno ou de qualquer outra forma de corrupção para o mesmo fim;
7. proceder de modo incompatível com a dignidade, a honra e o decoro do cargo.

CAPÍTULO VI

Dos Crimes Contra a Lei Orçamentária

Art. 10. São crimes de responsabilidade contra a lei orçamentária:
1. Não apresentar ao Congresso Nacional a proposta do orçamento da República dentro dos primeiros dois meses de cada sessão legislativa;
2. Exceder ou transportar, sem autorização legal, as verbas do orçamento;
3. Realizar o estorno de verbas;
4. Infringir, patentemente, e de qualquer modo, dispositivo da lei orçamentária.
5. deixar de ordenar a redução do montante da dívida consolidada, nos prazos estabelecidos em lei, quando o montante ultrapassar o valor resultante da aplicação do limite máximo fixado pelo Senado Federal;
6. ordenar ou autorizar a abertura de crédito em desacordo com os limites estabelecidos pelo Senado Federal, sem fundamento na lei orçamentária ou na de crédito adicional ou com inobservância de prescrição legal;
7. deixar de promover ou de ordenar na forma da lei, o cancelamento, a amortização ou a constituição de reserva para anular os efeitos de operação de crédito realizada com inobservância de limite, condição ou montante estabelecido em lei;
8. deixar de promover ou de ordenar a liquidação integral de operação de crédito por antecipação de receita orçamentária, inclusive os respectivos juros e demais encargos, até o encerramento do exercício financeiro;
9. ordenar ou autorizar, em desacordo com a lei, a realização de operação de crédito com qualquer um dos demais entes da Federação, inclusive suas entidades da administração indireta, ainda que na forma de novação, refinanciamento ou postergação de dívida contraída anteriormente;
10. captar recursos a título de antecipação de receita de tributo ou contribuição cujo fato gerador ainda não tenha ocorrido;
11. ordenar ou autorizar a destinação de recursos provenientes da emissão de títulos para finalidade diversa da prevista na lei que a autorizou;
12. realizar ou receber transferência voluntária em desacordo com limite ou condição estabelecida em lei.

CAPÍTULO VII

Dos Crimes Contra a Guarda e Legal Emprego dos Dinheiros Públicos

Art. 11. São crimes contra a guarda e legal emprego dos dinheiros públicos:
1. ordenar despesas não autorizadas por lei ou sem observânciadas prescrições legais relativas às mesmas;
2. Abrir crédito sem fundamento em lei ou sem as formalidades legais;
3. Contrair empréstimo, emitir moeda corrente ou apólices, ou efetuar operação de crédito sem autorização legal;
4. alienar imóveis nacionais ou empenhar rendas públicas sem autorização legal;
5. negligenciar a arrecadação das rendas impostos e taxas, bem como a conservação do patrimônio nacional.

CAPÍTULO VIII

Dos Crimes Contra o Cumprimento das Decisões Judiciárias

Art. 12. São crimes contra o cumprimento das decisões judiciárias:
1. impedir, por qualquer meio, o efeito dos atos, mandados ou decisões do Poder Judiciário;
2. Recusar o cumprimento das decisões do Poder Judiciário no que depender do exercício das funções do Poder Executivo;
3. deixar de atender a requisição de intervenção federal do Supremo Tribunal Federal ou do Tribunal Superior Eleitoral;
4. Impedir ou frustrar pagamento determinado por sentença judiciária.

TÍTULO II

Dos Ministros de Estado

Art. 13. São crimes de responsabilidade dos Ministros de Estado;

1. os atos definidos nesta lei, quando por eles praticados ou ordenados;
2. os atos previstos nesta lei que os Ministros assinarem com o Presidente da República ou por ordem deste praticarem;
3. A falta de comparecimento sem justificação, perante a Câmara dos Deputados ou o Senado Federal, ou qualquer das suas comissões, quando uma ou outra casa do Congresso os convocar para pessoalmente, prestarem informações acerca de assunto previamente determinado;
4. Não prestarem dentro em trinta dias e sem motivo justo, a qualquer das Câmaras do Congresso Nacional, as informações que ela lhes solicitar por escrito, ou prestarem-nas com falsidade.

PARTE SEGUNDA

Processo e Julgamento

TÍTULO ÚNICO

Do Presidente da República e Ministros de Estado

CAPÍTULO I

Da Denúncia

Art. 14. É permitido a qualquer cidadão denunciar o Presidente da República ou Ministro de Estado, por crime de responsabilidade, perante a Câmara dos Deputados.

Art. 15. A denúncia só poderá ser recebida enquanto o denunciado não tiver, por qualquer motivo, deixado definitivamente o cargo.

Art. 16. A denúncia assinada pelo denunciante e com a firma reconhecida, deve ser acompanhada dos documentos que a comprovem, ou da declaração de impossibilidade de apresentá-los, com a indicação do local onde possam ser encontrados, nos crimes de que haja prova testemunhal, a denúncia deverá conter o rol das testemunhas, em número de cinco no mínimo.

Art. 17. No processo de crime de responsabilidade, servirá de escrivão um funcionário da Secretaria da Câmara dos Deputados, ou do Senado, conforme se achar o mesmo em uma ou outra casa do Congresso Nacional.

Art. 18. As testemunhas arroladas no processo deverão comparecer para prestar o seu depoimento, e a Mesa da Câmara dos Deputados ou do Senado por ordem de quem serão notificadas, tomará as providências legais que se tornarem necessárias legais que se tornarem necessárias para compelí-las a obediência.

CAPÍTULO II

Da Acusação

Art. 19. Recebida a denúncia, será lida no expediente da sessão seguinte e despachada a uma comissão especial eleita, da qual participem, observada a respectiva proporção, representantes de todos os partidos para opinar sobre a mesma.

Art. 20. A comissão a que alude o artigo anterior se reunirá dentro de 48 horas e, depois de eleger seu Presidente e relator, emitirá parecer, dentro do prazo de dez dias, sôbre se a denúncia deve ser ou não julgada objeto de deliberação. Dentro desse período poderá a comissão proceder às diligências que julgar necessárias ao esclarecimento da denúncia.

§ 1º O parecer da comissão especial será lido no expediente da sessão da Câmara dos Deputados e publicado integralmente no Diário do Congresso Nacional e em avulsos, juntamente com a denúncia, devendo as publicações ser distribuídas a todos os deputados.

§ 2º Quarenta e oito horas após a publicação oficial do parecer da Comissão especial, será o mesmo incluído, em primeiro lugar, na ordem do dia da Câmara dos Deputados, para uma discussão única.

Art. 21. Cinco representantes de cada partido poderão falar, durante uma hora, sobre o parecer, ressalvado ao relator da comissão especial o direito de responder a cada um.

Art. 22. Encerrada a discussão do parecer, e submetido o mesmo a votação nominal, será a denúncia, com os documentos que a instruam, arquivada, se não for considerada objeto de deliberação. No caso contrário, será remetida por cópia autêntica ao denunciado, que terá o prazo de vinte dias para contestá-la e indicar os meios de prova com que pretenda demonstrar a verdade do alegado.

§ 1º Findo esse prazo e com ou sem a contestação, a comissão especial determinará as diligências requeridas, ou que julgar convenientes, e realizará as sessões necessárias para a tomada do depoimento das testemunhas de ambas as partes, podendo ouvir o denunciante e o denunciado, que poderá assistir pessoalmente, ou por seu procurador, a todas as audiências e diligências realizadas pela comissão, interrogando e contestando as testemunhas e requerendo a reinquirição ou acareação das mesmas.

§ 2º Findas essas diligências, a comissão especial proferirá, no prazo de dez dias, parecer sobre a procedência ou improcedência da denúncia.

§ 3º Publicado e distribuído esse parecer na forma do § 1º do art. 20, será o mesmo, incluído na ordem do dia da sessão imediata para ser submetido a duas discussões, com o interregno de 48 horas entre uma e outra.

§ 4º Nas discussões do parecer sobre a procedência ou improcedência da denúncia, cada representante de partido poderá falar uma só vez e durante uma hora, ficando as questões de ordem subordinadas ao disposto no § 2º do art. 20.

Art. 23. Encerrada a discussão do parecer, será o mesmo submetido a votação nominal, não sendo permitidas, então, questões de ordem, nem encaminhamento de votação.

§ 1º Se da aprovação do parecer resultar a procedência da denúncia, considerar-se-á decretada a acusação pela Câmara dos Deputados.

§ 2º Decretada a acusação, será o denunciado intimado imediatamente pela Mesa da Câmara dos Deputados, por intermédio do 1º Secretário.

§ 3º Se o denunciado estiver ausente do Distrito Federal, a sua intimação será solicitada pela Mesa da Câmara dos Deputados, ao Presidente do Tribunal de Justiça do Estado em que ele se encontrar.

§ 4º A Câmara dos Deputados elegerá uma comissão de três membros para acompanhar o julgamento do acusado.

§ 5º São efeitos imediatos ao decreto da acusação do Presidente da República, ou de Ministro de Estado, a suspensão do exercício das funções do acusado e da metade do subsídio ou do vencimento, até sentença final.

§ 6º Conforme se trate da acusação de crime comum ou de responsabilidade, o processo será enviado ao Supremo Tribunal Federal ou ao Senado Federal.

CAPÍTULO III
Do Julgamento

Art. 24. Recebido no Senado o decreto de acusação com o processo enviado pela Câmara dos Deputados e apresentado o libelo pela comissão acusadora, remeterá o Presidente cópia de tudo ao acusado, que, na mesma ocasião e nos termos dos parágrafos 2º e 3º do art. 23, será notificado para comparecer em dia prefixado perante o Senado.

Parágrafo único. Ao Presidente do Supremo Tribunal Federal enviar-se-á o processo em original, com a comunicação do dia designado para o julgamento.

Art. 25. O acusado comparecerá, por si ou pelos seus advogados, podendo, ainda, oferecer novos meios de prova.

Art. 26. No caso de revelia, marcará o Presidente novo dia para o julgamento e nomeará para a defesa do acusado um advogado, a quem se facultará o exame de todas as peças de acusação.

Art. 27. No dia aprazado para o julgamento, presentes o acusado, seus advogados, ou o defensor nomeado a sua revelia, e a comissão acusadora, o Presidente do Supremo Tribunal Federal, abrindo a sessão, mandará ler o processo preparatório o libelo e os artigos de defesa; em seguida inquirirá as testemunhas, que deverão depor publicamente e fora da presença umas das outras.

Art. 28. Qualquer membro da Comissão acusadora ou do Senado, e bem assim o acusado ou seus advogados, poderão requerer que se façam às testemunhas perguntas que julgarem necessárias.

Parágrafo único. A Comissão acusadora, ou o acusado ou seus advogados, poderão contestar ou arguir as testemunhas sem contudo interrompê-las e requerer a acareação.

Art. 29. Realizar-se-á a seguir o debate verbal entre a comissão acusadora e o acusado ou os seus advogados pelo prazo que o Presidente fixar e que não poderá exceder de duas horas.

Art. 30. Findos os debates orais e retiradas as partes, abrir-se-á discussão sobre o objeto da acusação.

Art. 31. Encerrada a discussão o Presidente do Supremo Tribunal Federal fará relatório resumido da denúncia e das provas da acusação e da defesa e submeterá a votação nominal dos senadores o julgamento.

Art. 32. Se o julgamento for absolutório produzirá desde logo, todos os efeitos a favor do acusado.

Art. 33. No caso de condenação, o Senado por iniciativa do presidente fixará o prazo de inabilitação do condenado para o exercício de qualquer função pública; e no caso de haver crime comum deliberará ainda sobre se o Presidente o deverá submeter à justiça ordinária, independentemente da ação de qualquer interessado.

Art. 34. Proferida a sentença condenatória, o acusado estará, ipso facto destituído do cargo.

Art. 35. A resolução do Senado constará de sentença que será lavrada, nos autos do processo, pelo Presidente do Supremo Tribunal Federal, assinada pelos senadores que funcionarem como juízes, transcrita na ata da sessão e, dentro desta, publicada no Diário Oficial e no Diário do Congresso Nacional.

Art. 36. Não pode interferir, em nenhuma fase do processo de responsabilidade do Presidente da República ou dos Ministros de Estado, o deputado ou senador;

a) que tiver parentesco consanguíneo ou afim, com o acusado, em linha reta; em linha colateral, os irmãos cunhados, enquanto durar o cunhado, e os primos coirmãos;

b) que, como testemunha do processo tiver deposto de ciência própria.

Art. 37. O congresso Nacional deverá ser convocado, extraordinariamente, pelo terço de uma de suas câmaras, caso a sessão legislativa se encerre sem que se tenha ultimado o julgamento do Presidente da República ou de Ministro de Estado, bem como no caso de ser necessário o início imediato do processo.

Art. 38. No processo e julgamento do Presidente da República e dos Ministros de Estado, serão subsidiários desta lei, naquilo em que lhes forem aplicáveis, assim os regimentos internos da Câmara dos Deputados e do Senado Federal, como o Código de Processo Penal.

PARTE TERCEIRA

TÍTULO I

CAPÍTULO I

Dos Ministros do Supremo Tribunal Federal

Art. 39. São crimes de responsabilidade dos Ministros do Supremo Tribunal Federal:

1. alterar, por qualquer forma, exceto por via de recurso, a decisão ou voto já proferido em sessão do Tribunal;

2. proferir julgamento, quando, por lei, seja suspeito na causa;

3. exercer atividade político-partidária;

4. ser patentemente desidioso no cumprimento dos deveres do cargo;

5. proceder de modo incompatível com a honra dignidade e decôro de suas funções.

Art. 39-A. Constituem, também, crimes de responsabilidade do Presidente do Supremo Tribunal Federal ou de seu substituto quando no exercício da Presidência, as condutas previstas no art. 10 desta Lei, quando por eles ordenadas ou praticadas.

Parágrafo único. O disposto neste artigo aplica-se aos Presidentes, e respectivos substitutos quando no exercício da Presidência, dos Tribunais Superiores, dos Tribunais de Contas, dos Tribunais Regionais Federais, do Trabalho e Eleitorais, dos Tribunais de Justiça e de Alçada dos Estados e do Distrito Federal, e aos Juízes Diretores de Foro ou função equivalente no primeiro grau de jurisdição.

CAPÍTULO II

Do Procurador Geral da República

Art. 40. São crimes de responsabilidade do Procurador Geral da República:

1. emitir parecer, quando, por lei, seja suspeito na causa;

2. recusar-se a prática de ato que lhe incumba;

3. ser patentemente desidioso no cumprimento de suas atribuições;

4. proceder de modo incompatível com a dignidade e o decoro do cargo.

Art. 40-A. Constituem, também, crimes de responsabilidade do Procurador-Geral da República, ou de seu substituto quando no exercício da chefia do Ministério Público da União, as condutas previstas no art. 10 desta Lei, quando por eles ordenadas ou praticadas.

Parágrafo único. O disposto neste artigo aplica-se:

I. ao Advogado-Geral da União;

II. aos Procuradores-Gerais do Trabalho, Eleitoral e Militar, aos Procuradores-Gerais de Justiça dos Estados e do Distrito Federal, aos Procuradores-Gerais dos Estados e do Distrito Federal, e aos membros do Ministério Público da União e dos Estados, da Advocacia-Geral da União, das Procuradorias dos Estados e do Distrito Federal, quando no exercício de função de chefia das unidades regionais ou locais das respectivas instituições.

TÍTULO II
Do Processo e Julgamento

CAPÍTULO I
Da Denúncia

Art. 41. É permitido a todo cidadão denunciar perante o Senado Federal, os Ministros do Supremo Tribunal Federal e o Procurador Geral da República, pelos crimes de responsabilidade que cometerem (artigos 39 e 40).

Art. 41-A. Respeitada a prerrogativa de foro que assiste às autoridades a que se referem o parágrafo único do art. 39-A e o inciso II do parágrafo único do art. 40-A, as ações penais contra elas ajuizadas pela prática dos crimes de responsabilidade previstos no art. 10 desta Lei serão processadas e julgadas de acordo com o rito instituído pela Lei nº 8.038, de 28 de maio de 1990, permitido, a todo cidadão, o oferecimento da denúncia.

Art. 42. A denúncia só poderá ser recebida se o denunciado não tiver, por qualquer motivo, deixado definitivamente o cargo.

Art. 43. A denúncia, assinada pelo denunciante com a firma reconhecida deve ser acompanhada dos documentos que a comprovem ou da declaração de impossibilidade de apresentá-los, com a indicação do local onde possam ser encontrados. Nos crimes de que haja prova testemunhal, a denúncia deverá conter o rol das testemunhas, em número de cinco, no mínimo.

Art. 44. Recebida a denúncia pela Mesa do Senado, será lida no expediente da sessão seguinte e despachada a uma comissão especial, eleita para opinar sobre a mesma.

Art. 45. A comissão a que alude o artigo anterior, reunir-se-á dentro de 48 horas e, depois de eleger o seu presidente e relator, emitirá parecer no prazo de 10 dias sobre se a denúncia deve ser, ou não julgada objeto de deliberação. Dentro desse período poderá a comissão proceder às diligências que julgar necessárias.

Art. 46. O parecer da comissão, com a denúncia e os documentos que a instruírem, será lido no expediente de sessão do Senado, publicado no Diário do Congresso Nacional e em avulsos, que deverão ser distribuídos entre os senadores, e dado para ordem do dia da sessão seguinte.

Art. 47. O parecer será submetido a uma só discussão, e a votação nominal considerando-se aprovado se reunir a maioria simples de votos.

Art. 48. Se o Senado resolver que a denúncia não deve constituir objeto de deliberação, serão os papeis arquivados.

Art. 49. Se a denúncia for considerada objeto de deliberação, a Mesa remeterá cópia de tudo ao denunciado, para responder à acusação no prazo de 10 dias.

Art. 50. Se o denunciado estiver fora do Distrito Federal, a cópia lhe será entregue pelo Presidente do Tribunal de Justiça do Estado em que se achar. Caso se ache fora do país ou em lugar incerto e não sabido, o que será verificado pelo 1º Secretário do Senado, a intimação far-se-á por edital, publicado no Diário do Congresso Nacional, com a antecedência de 60 dias, aos quais se acrescerá, em comparecendo o denunciado, o prazo do art. 49.

Art. 51. Findo o prazo para a resposta do denunciado, seja esta recebida, ou não, a comissão dará parecer, dentro de dez dias, sobre a procedência ou improcedência da acusação.

Art. 52. Perante a comissão, o denunciante e o denunciado poderão comparecer pessoalmente ou por procurador, assistir a todos os atos e diligências por ela praticados, inquirir, reinquirir, contestar testemunhas e requerer a sua acareação. Para esse efeito, a comissão dará aos interessados conhecimento das suas reuniões e das diligências a que deva proceder, com a indicação de lugar, dia e hora.

Art. 53. Findas as diligências, a comissão emitirá sobre o seu parecer, que será publicado e distribuído, com todas as peças que o instruírem e dado para ordem do dia 48 horas, no mínimo, depois da distribuição.

Art. 54. Esse parecer terá uma só discussão e considerar-se-á aprovado se, em votação nominal, reunir a maioria simples dos votos.

Art. 55. Se o Senado entender que não procede a acusação, serão os papeis arquivados. Caso decida o contrário, a Mesa dará imediato conhecimento dessa decisão ao Supremo Tribunal Federal, ao Presidente da República, ao denunciante e ao denunciado.

Art. 56. Se o denunciado não estiver no Distrito Federal, a decisão ser-lhe-á comunicada a requisição da Mesa, pelo Presidente do Tribunal de Justiça do Estado onde se achar. Se estiver fora do país ou em lugar incerto e não sabido, o que será verificado pelo 1º Secretário do Senado, far-se-á a intimação mediante edital pelo *Diário do Congresso Nacional*, com a antecedência de 60 dias.

Art. 57. A decisão produzirá desde a data da sua intimação os seguintes efeitos, contra o denunciado:
a) ficar suspenso do exercício das suas funções até sentença final;
b) ficar sujeito a acusação criminal;
c) perder, até sentença final, um terço dos vencimentos, que lhe será pago no caso de absolvição.

CAPÍTULO II
Da Acusação e da Defesa

Art. 58. Intimado o denunciante ou o seu procurador da decisão a que aludem os três últimos artigos, ser-lhe-á dada vista do processo, na Secretaria do Senado, para, dentro de 48 horas, oferecer o libelo acusatório e o rol das testemunhas. Em seguida abrir-se-á vista ao denunciado ou ao seu defensor, pelo mesmo prazo para oferecer a contrariedade e o rol das testemunhas.

Art. 59. Decorridos esses prazos, com o libelo e a contrariedade ou sem eles, serão os autos remetidos, em original, ao Presidente do Supremo Tribunal Federal, ou ao seu substituto legal, quando seja ele o denunciado, comunicando-se lhe o dia designado para o julgamento e convidando-o para presidir a sessão.

Art. 60. O denunciante e o acusado serão notificados pela forma estabelecida no art. 56. para assistirem ao julgamento, devendo as testemunhas ser, por um magistrado, intimadas a comparecer a requisição da Mesa.

Parágrafo único. Entre a notificação e o julgamento deverá mediar o prazo mínimo de 10 dias.

Art. 61. No dia e hora marcados para o julgamento, o Senado reunir-se-á, sob a presidência do Presidente do Supremo Tribunal Federal ou do seu substituto legal. Verificada a presença de número legal de senadores, será aberta a sessão e feita a chamada das partes, acusador e acusado, que poderão comparecer pessoalmente ou pelos seus procuradores.

Art. 62. A revelia do acusador não importará transferência do julgamento, nem perempção da acusação.

§ 1º A revelia do acusado determinará o adiamento de julgamento, para o qual o Presidente designará novo dia, nomeando um advogado para defender o revel.

§ 2º Ao defensor nomeado será, facultado o exame de todas as peças do processo.

Art. 63. No dia definitivamente aprazado para o julgamento, verificado o número legal de senadores será aberta a sessão e facultado o ingresso às partes ou aos seus procuradores. Serão juízes todos os senadores presentes, com exceção dos impedidos nos termos do art. 36.

Parágrafo único. O impedimento poderá ser oposto pelo acusador ou pelo acusado e invocado por qualquer senador.

Art. 64. Constituído o Senado em Tribunal de julgamento, o Presidente mandará ler o processo e, em seguida, inquirirá publicamente as testemunhas, fora da presença umas das outras.

Art. 65. O acusador e o acusado, ou os seus procuradores, poderão reinquirir as testemunhas, contestá-las sem interrompê-las e requerer a sua acareação sejam feitas as perguntas que julgar necessárias.

Art. 66. Finda a inquirição, haverá debate oral, facultadas a réplica e a tréplica entre o acusador e o acusado, pelo prazo que o Presidente determinar,

Parágrafo único. Ultimado o debate, retirar-se-ão partes do recinto da sessão e abrir-se-á uma discussão única entre os senadores sobre o objeto da acusação.

Art. 67. Encerrada a discussão, fará o Presidente um relatório resumido dos fundamentos da acusação e da defesa, bem como das respectivas provas, submetendo em seguida o caso a julgamento.

CAPÍTULO III
Da Sentença

Art. 68. O julgamento será feito, em votação nominal pelos senadores desimpedidos que responderão "sim" ou "não" à seguinte pergunta enunciada pelo Presidente: "Cometeu o acusado F. o crime que lhe é imputado e deve ser condenado à perda do seu cargo?"

Parágrafo único. Se a resposta afirmativa obtiver, pelo menos, dois terços dos votos dos senadores presentes, o Presidente fará nova consulta ao plenário sobre o tempo não excedente de cinco anos, durante o qual o condenado deverá ficar inabilitado para o exercício de qualquer função pública.

Art. 69. De acordo com a decisão do Senado, o Presidente lavrará nos autos, a sentença que será assinada por ele e pelos senadores, que tiverem tomado parte no julgamento, e transcrita na ata.

Art. 70. No caso de condenação, fica o acusado desde logo destituído do seu cargo. Se a sentença for absolutória, produzirá a imediata reabilitação do acusado, que voltará ao exercício do cargo, com direito à parte dos vencimentos de que tenha sido privado.

Art. 71. Da sentença, dar-se-á imediato conhecimento ao Presidente da República, ao Supremo Tribunal Federal e ao acusado.

Art. 72. Se no dia do encerramento do Congresso Nacional não estiver concluído o processo ou julgamento de Ministro do Supremo Tribunal Federal ou do Procurador Geral da República, deverá ele ser convocado extraordinariamente pelo terço do Senado Federal.

Art. 73 No processo e julgamento de Ministro do Supremo Tribunal, ou do Procurador Geral da República serão subsidiários desta lei, naquilo em que lhes forem aplicáveis, o Regimento Interno do Senado Federal e o Código de Processo Penal.

PARTE QUARTA

TÍTULO ÚNICO

CAPÍTULO I
Dos Governadores e Secretários eos Estados

Art. 74. Constituem crimes de responsabilidade dos governadores dos Estados ou dos seus Secretários, quando por eles praticados, os atos definidos como crimes nesta lei.

CAPÍTULO II
Da Denúncia, Acusação e Julgamento

Art. 75. É permitido a todo cidadão denunciar o Governador perante a Assembleia Legislativa, por crime de responsabilidade.

Art. 76-A. denúncia assinada pelo denunciante e com a firma reconhecida, deve ser acompanhada dos documentos que a comprovem, ou da declaração de impossibilidade de apresentá-los com a indicação do local em que possam ser encontrados. Nos crimes de que houver prova testemunhal, conterão rol das testemunhas, em número de cinco pelo menos.

Parágrafo único. Não será recebida a denúncia depois que o Governador, por qualquer motivo, houver deixado definitivamente o cargo.

Art. 77. Apresentada a denúncia e julgada objeto de deliberação, se a Assembleia Legislativa por maioria absoluta, decretar a procedência da acusação, será o Governador imediatamente suspenso de suas funções.

Art. 78. O Governador será julgado nos crimes de responsabilidade, pela forma que determinar a Constituição do Estado e não poderá ser condenado, senão à perda do cargo, com inabilitação até cinco anos, para o exercício de qualquer função pública, sem prejuízo da ação da justiça comum.

§ 1º Quando o tribunal de julgamento for de jurisdição mista, serão iguais, pelo número, os representantes dos órgãos que o integrarem, excluído o Presidente, que será o Presidente do Tribunal de Justiça.

§ 2º Em qualquer hipótese, só poderá ser decretada a condenação pelo voto de dois terços dos membros de que se compuser o tribunal de julgamento.

§ 3º Nos Estados, onde as Constituições não determinarem o processo nos crimes de responsabilidade dos Governadores, aplicar-se-á o disposto nesta lei, devendo, porém, o julgamento ser proferido por um tribunal composto de cinco membros do Legislativo e de cinco desembargadores, sob a presidência do Presidente do Tribunal de Justiça local, que terá direito de voto no caso de empate. A escolha desse Tribunal será feita – a dos membros do legislativo, mediante eleição pela Assembleia: a dos desembargadores, mediante sorteio.

§ 4º Esses atos deverão ser executados dentro em cinco dias contados da data em que a Assembleia enviar ao Presidente do Tribunal de Justiça os autos do processo, depois de decretada a procedência da acusação.

Art. 79. No processo e julgamento do Governador serão subsidiários desta lei naquilo em que lhe forem aplicáveis, assim o regimento interno da Assembleia Legislativa e do Tribunal de Justiça, como o Código de Processo Penal.

Parágrafo único. Os Secretários de Estado, nos crimes conexos com os dos governadores, serão sujeitos ao mesmo processo e julgamento.

DISPOSIÇÕES GERAIS

Art. 80. Nos crimes de responsabilidade do Presidente da República e dos Ministros de Estado, a Câmara dos Deputados é tribunal de pronuncia e o Senado Federal, tribunal de julgamento; nos crimes de responsabilidade dos Ministros do Supremo Tribunal Federal e do Procurador Geral da República, o Senado Federal é, simultaneamente, tribunal de pronuncia e julgamento.

Parágrafo único. O Senado Federal, na apuração e julgamento dos crimes de responsabilidade funciona sob a presidência do Presidente do Supremo Tribunal, e só proferirá sentença condenatória pelo voto de dois terços dos seus membros.

Art. 81. A declaração de procedência da acusação nos crimes de responsabilidade só poderá ser decretada pela maioria absoluta da Câmara que a preferir.

Art. 82. Não poderá exceder de cento e vinte dias, contados da data da declaração da procedência da acusação, o prazo para o processo e julgamento dos crimes definidos nesta lei.

Rio de Janeiro, 10 de abril de 1950; 129º da Independência e 62º da República.
EURICO GASPAR DUTRA
Honório Monteiro
Sylvic de Noronha
Canrobert P. da Costa
Raul Fernandes
Guilherme da Silveira
João Valdetaro de Amorim e Mello
Daniel de Carvalho
Clemente Mariani
Armando Trompowsky

Este texto não substitui o publicado no DOU de 12.4.1950

Lei n. 1.521/51 (Crimes contra a economia popular)

LEI Nº 1.521, DE 26 DE DEZEMBRO DE 1951.
Altera dispositivos da legislação vigente sobre crimes contra a economia popular.
O PRESIDENTE DA REPÚBLICA: Faço saber que o Congresso Nacional decreta e eu sanciono a seguinte Lei:

Art. 1. Serão punidos, na forma desta Lei, os crimes e as contravenções contra a economia popular, Esta Lei regulará o seu julgamento.

Art. 2. São crimes desta natureza:
I. recusar individualmente em estabelecimento comercial a prestação de serviços essenciais à subsistência; sonegar mercadoria ou recusar vendê-la a quem esteja em condições de comprar a pronto pagamento;
II. favorecer ou preferir comprador ou freguês em detrimento de outro, ressalvados os sistemas de entrega ao consumo por intermédio de distribuidores ou revendedores;
III. expor à venda ou vender mercadoria ou produto alimentício, cujo fabrico haja desatendido a determinações oficiais, quanto ao peso e composição;
IV. negar ou deixar o fornecedor de serviços essenciais de entregar ao freguês a nota relativa à prestação de serviço, desde que a importância exceda de quinze cruzeiros, e com a indicação do

preço, do nome e endereço do estabelecimento, do nome da firma ou responsável, da data e local da transação e do nome e residência do freguês;

V. misturar gêneros e mercadorias de espécies diferentes, expô-los à venda ou vendê-los, como puros; misturar gêneros e mercadorias de qualidades desiguais para expô-los à venda ou vendê-los por preço marcado para os de mais alto custo;

VI. transgredir tabelas oficiais de gêneros e mercadorias, ou de serviços essenciais, bem como expor à venda ou oferecer ao público ou vender tais gêneros, mercadorias ou serviços, por preço superior ao tabelado, assim como não manter afixadas, em lugar visível e de fácil leitura, as tabelas de preços aprovadas pelos órgãos competentes;

VII. negar ou deixar o vendedor de fornecer nota ou caderno de venda de gêneros de primeira necessidade, seja à vista ou a prazo, e cuja importância exceda de dez cruzeiros, ou de especificar na nota ou caderno que serão isentos de selo o preço da mercadoria vendida, o nome e o endereço do estabelecimento, a firma ou o responsável, a data e local da transação e o nome e residência do freguês;

VIII. celebrar ajuste para impor determinado preço de revenda ou exigir do comprador que não compre de outro vendedor;

IX. obter ou tentar obter ganhos ilícitos em detrimento do povo ou de número indeterminado de pessoas mediante especulações ou processos fraudulentos («bola de neve», «cadeias», «pichardismo» e quaisquer outros equivalentes);

X. violar contrato de venda a prestações, fraudando sorteios ou deixando de entregar a coisa vendida, sem devolução das prestações pagas, ou descontar destas, nas vendas com reserva de domínio, quando o contrato for rescindido por culpa do comprador, quantia maior do que a correspondente à depreciação do objeto.

XI. fraudar pesos ou medidas padronizados em lei ou regulamentos; possuí-los ou detê-los, para efeitos de comércio, sabendo estarem fraudados.

Pena – detenção, de 6 (seis) meses a 2 (dois) anos, e multa, de dois mil a cinquenta mil cruzeiros.

Parágrafo único. Na configuração dos crimes previstos nesta Lei, bem como na de qualquer outro de defesa da economia popular, sua guarda e seu emprego considerar-se-ão como de primeira necessidade ou necessários ao consumo do povo, os gêneros, artigos, mercadorias e qualquer outra espécie de coisas ou bens indispensáveis à subsistência do indivíduo em condições higiênicas e ao exercício normal de suas atividades. Estão compreendidos nesta definição os artigos destinados à alimentação, ao vestuário e à iluminação, os terapêuticos ou sanitários, o combustível, a habitação e os materiais de construção.

Art. 3. São também crimes desta natureza:

I. destruir ou inutilizar, intencionalmente e sem autorização legal, com o fim de determinar alta de preços, em proveito próprio ou de terceiro, matérias-primas ou produtos necessários ao consumo do povo;

II. abandonar ou fazer abandonar lavoura ou plantações, suspender ou fazer suspender a atividade de fábricas, usinas ou quaisquer estabelecimentos de produção, ou meios de transporte, mediante indenização paga pela desistência da competição;

III. promover ou participar de consórcio, convênio, ajuste, aliança ou fusão de capitais, com o fim de impedir ou dificultar, para o efeito de aumento arbitrário de lucros, a concorrência em matéria de produção, transportes ou comércio;

IV. reter ou açambarcar matérias-primas, meios de produção ou produtos necessários ao consumo do povo, com o fim de dominar o mercado em qualquer ponto do País e provocar a alta dos preços;

V. vender mercadorias abaixo do preço de custo com o fim de impedir a concorrência.

VI. provocar a alta ou baixa de preços de mercadorias, títulos públicos, valores ou salários por meio de notícias falsas, operações fictícias ou qualquer outro artifício;

VII. dar indicações ou fazer afirmações falsas em prospectos ou anúncios, para fim de substituição, compra ou venda de títulos, ações ou quotas;

VIII. exercer funções de direção, administração ou gerência de mais de uma empresa ou sociedade do mesmo ramo de indústria ou comércio com o fim de impedir ou dificultar a concorrência;

IX. gerir fraudulenta ou temerariamente bancos ou estabelecimentos bancários, ou de capitalização; sociedades de seguros, pecúlios ou pensões vitalícias; sociedades para empréstimos ou financiamento de construções e de vendas e imóveis a prestações, com ou sem sorteio ou preferência por meio de pontos ou quotas; caixas econômicas; caixas Raiffeisen; caixas mútuas, de beneficência, socorros ou empréstimos; caixas de pecúlios, pensão e aposentadoria; caixas construtoras; cooperativas; sociedades de economia coletiva, levando-as à falência ou à insolvência, ou não cumprindo qualquer das cláusulas contratuais com prejuízo dos interessados;

X. fraudar de qualquer modo escriturações, lançamentos, registros, relatórios, pareceres e outras informações devidas a sócios de sociedades civis ou comerciais, em que o capital seja fracionado em ações ou quotas de valor nominativo igual ou inferior a um mil cruzeiros com o fim de sonegar lucros, dividendos, percentagens, rateios ou bonificações, ou de desfalcar ou de desviar fundos de reserva ou reservas técnicas.

Pena – detenção, de 2 (dois) anos a 10 (dez) anos, e multa, de vinte mil a cem mil cruzeiros.

Art. 4. Constitui crime da mesma natureza a usura pecuniária ou real, assim se considerando:

a) cobrar juros, comissões ou descontos percentuais, sobre dívidas em dinheiro superiores à taxa permitida por lei; cobrar ágio superior à taxa oficial de câmbio, sobre quantia permutada por moeda estrangeira; ou, ainda, emprestar sob penhor que seja privativo de instituição oficial de crédito;

b) obter, ou estipular, em qualquer contrato, abusando da premente necessidade, inexperiência ou leviandade de outra parte, lucro patrimonial que exceda o quinto do valor corrente ou justo da prestação feita ou prometida.

Pena – detenção, de 6 (seis) meses a 2 (dois) anos, e multa, de cinco mil a vinte mil cruzeiros.

§ 1º Nas mesmas penas incorrerão os procuradores, mandatários ou mediadores que intervierem na operação usuária, bem como os cessionários de crédito usurário que, cientes de sua natureza ilícita, o fizerem valer em sucessiva transmissão ou execução judicial.

§ 2º São circunstâncias agravantes do crime de usura:

I. ser cometido em época de grave crise econômica;
II. ocasionar grave dano individual;
III. dissimular-se a natureza usurária do contrato;
IV. quando cometido:
a) por militar, funcionário público, ministro de culto religioso; por pessoa cuja condição econômico-social seja manifestamente superior à da vítima;
b) em detrimento de operário ou de agricultor; de menor de 18 (dezoito) anos ou de deficiente mental, interditado ou não.

§ 3º (Revogado pela Medida Provisória nº 2.172-32, de 2001)

Art. 5. Nos crimes definidos nesta lei, haverá suspensão da pena e livramento condicional em todos os casos permitidos pela legislação comum. Será a fiança concedida nos termos da legislação em vigor, devendo ser arbitrada dentro dos limites de Cr$ 5.000,00 (cinco mil cruzeiros) a Cr$ 50.000,00 (cinquenta mil cruzeiros), nas hipóteses do artigo 2º, e dentro dos limites de Cr$ 10.000,00 (dez mil cruzeiros) a Cr$100.000,00 (cem mil cruzeiros) nos demais casos, reduzida à metade dentro desses limites, quando o infrator for empregado do estabelecimento comercial ou industrial, ou não ocupe cargo ou posto de direção dos negócios.

Art. 6. Verificado qualquer crime contra a economia popular ou contra a saúde pública (Capítulo III do Título VIII do Código Penal) e atendendo à gravidade do fato, sua repercussão e efeitos, o juiz, na sentença, declarará a interdição de direito, determinada no art. 69, IV, do Código Penal, de 6 (seis) meses a 1 (um) ano, assim como, mediante representação da autoridade policial, poderá decretar, dentro de 48 (quarenta e oito) horas, a suspensão provisória, pelo prazo de 15 (quinze) dias, do exercício da profissão ou atividade do infrator.

Art. 7. Os juízes recorrerão de ofício sempre que absolverem os acusados em processo por crime contra a economia popular ou contra a saúde pública, ou quando determinarem o arquivamento dos autos do respectivo inquérito policial.

Art. 8. Nos crimes contra a saúde pública, os exames periciais serão realizados, no Distrito Federal, pelas repartições da Secretaria-Geral da Saúde e Assistência e da Secretaria da Agricultura, Indústria e Comércio da Prefeitura ou pelo Gabinete de Exames Periciais do Departamento de Segurança Pública e nos Estados e Territórios pelos serviços congêneres, valendo qualquer dos laudos como corpo de delito.

Art. 9. (Revogado pela Lei nº 6.649, de 1979)

Art. 10. Terá forma sumária, nos termos do Capítulo V, Título II, Livro II, do Código de Processo Penal, o processo das contravenções e dos crimes contra a economia popular, não submetidos ao julgamento pelo júri.

§ 1º Os atos policiais (inquérito ou processo iniciado por portaria) deverão terminar no prazo de 10 (dez) dias.

§ 2º O prazo para oferecimento da denúncia será de 2 (dois) dias, esteja ou não o réu preso.

§ 3º A sentença do juiz será proferida dentro do prazo de 30 (trinta) dias contados do recebimento dos autos da autoridade policial (art. 536 do Código de Processo Penal).

§ 4º A retardação injustificada, pura e simples, dos prazos indicados nos parágrafos anteriores, importa em crime de prevaricação (art. 319 do Código Penal).

Art. 11. No Distrito Federal, o processo das infrações penais relativas à economia popular caberá, indistintamente, a todas as varas criminais com exceção das 1ª e 20ª, observadas as disposições quanto aos crimes da competência do júri de que trata o art. 12.

Art. 12. São da competência do Júri os crimes previstos no art. 2º desta Lei.

Art. 13. O Júri compõe de um juiz, que é o seu presidente, e de vinte jurados sorteados dentre os eleitores de cada zona eleitoral, de uma lista de cento e cinquenta a duzentos eleitores, cinco dos quais constituirão o conselho de sentença em cada sessão de julgamento.

Art. 14. A lista a que se refere o artigo anterior será semestralmente organizada pelo presidente do Júri, sob sua responsabilidade, entre pessoas de notória idoneidade, incluídos de preferência os chefes de família e as donas de casa.

Art. 15. Até o dia quinze de cada mês, far-se-á o sorteio dos jurados que devam constituir o tribunal do mês seguinte.

Art. 16. o Júri funcionará quando estiverem presentes, pelo menos quinze jurados.

Art. 17. O presidente do Júri fará as convocações para o julgamento com quarenta e oito horas de antecedência pelo menos, observada a ordem de recebimento dos processos.

Art. 18. Além dos casos de suspeição e impedimento previstos em Lei, não poderá servir jurado da mesma atividade profissional do acusado.

Art. 19. Poderá ser constituído um Júri em cada zona eleitoral.

Art. 20. A presidência do Júri caberá ao Juiz do processo, salvo quando a Lei de organização judiciária atribuir a presidência a outro.

Art. 21. No Distrito Federal, poderá o juiz presidente do Júri representar ao Tribunal de Justiça para que seja substituído na presidência do Júri por Juiz substituto ou Juízes substitutos, nos termos do art. 20 da Lei nº 1.301, de 28 de dezembro de 1950. Servirá no Júri o Promotor Público que for designado.

Art. 22. O Júri poderá funcionar com pessoal, material e instalações destinados aos serviços eleitorais.

Art. 23. Nos processos da competência do Júri far-se-á a instrução contraditória, observado o disposto no Código de Processo Penal, relativamente ao processo comum (livro II, título I, capítulo I) com às seguintes modificações:

I. o número de testemunhas, tanto para a acusação como para a defesa, será de seis no máximo.

II. Serão ouvidas as testemunhas de acusação e de defesa, dentro do prazo de quinze dias se o réu estiver preso, e de vinte quando solto.

III. Havendo acordo entre o Ministério Público e o réu, por seu defensor, mediante termo lavrado nos autos, será dispensada a inquirição das testemunhas arroladas pelas partes e cujos depoimentos constem do inquérito policial.

IV. Ouvidas as testemunhas e realizada qualquer diligência porventura requeda, o Juiz, depois de sanadas as nulidades e irregularidades e determinar ou realizar qualquer outra diligência, que entender conveniente, ouvirá, nos autos, sucessivamente, por quarenta e oito horas, o órgão do Ministério Público e o defensor.

V. Em seguida, o Juiz poderá absolver, desde logo, o acusado, quando estiver provado que ele não praticou o crime, fundamentando a sentença e recorrendo ex-offício.

VI. Se o Juiz assim não proceder, sem manifestar, entretanto, sua opinião, determinará a remessa do processo ao presidente do Júri ou que se faça a inclusão do processo na pauta do julgamento se lhe couber a presidência.

VII. São dispensadas a pronúncia e a formação de libelo.

Art. 24. O órgão do Ministério Público, o réu e o seu defensor, serão intimados do dia designado para o julgamento. Será julgado à revelia o réu solto que deixar de comparecer sem justa causa.

Art. 25. Poderão ser ouvidas em plenário as testemunhas da instrução que, previamente, e com quarenta e oito horas de antecedência, forem indicadas pelo Ministério Público ou pelo acusado.

Art. 26. Em plenário, constituído o conselho de sentença, o Juiz tomará aos jurados o juramento de bem e sinceramente decidirem a causa, proferindo o voto a bem da verdade e da justiça.

Art. 27. Qualificado a réu e sendo-lhe permitida qualquer declaração a bem da defesa, observada as formalidades processuais, aplicáveis e constantes da SEÇÃO IV do cap. II do livro II, tit. I do Código de Processo Penal, o juiz abrirá os debates, dando a palavra ao órgão do Ministério Público e ao assistente, se houver, para dedução da acusação e ao defensor para produzir a defesa.

Art. 28. O tempo, destinado à acusação e à defesa será de uma hora para cada uma. Havendo mais de um réu, o tempo será elevado ao dobro, desde que assim seja requerido. Não haverá réplica nem tréplica.

Art. 29. No julgamento que se realizará em sala secreta com a presença do Juiz, do escrivão e de um oficial de Justiça, bem como dos acusadores e dos defensores que se conservarão em seus lugares sem intervir na votação, os jurados depositarão na urna a resposta – sim ou não ao quesito único indagando se o réu praticou o crime que lhe foi imputado.

Parágrafo único. Em seguida, o Juiz, no caso de condenação, lavrará sentença tendo em vista as circunstâncias atenuantes ou agravantes existentes nos autos e levando em conta na aplicação da pena o disposto nos arts. 42 e 43 do Código Penal.

Art. 30. Das decisões do Júri, e nos termos da legislação em vigor, cabe apelação, sem efeito suspensivo, em qualquer caso.

Art. 31. Em tudo mais que couber e não contrariar esta Lei aplicar-se-á o Código de Processo Penal.

Art. 32. É o Poder Executivo autorizado a abrir ao Poder Judiciário o crédito especial de Cr$ 2.000.000,00 (dois milhões de cruzeiros) para ocorrer, Vetado, às despesas do pessoal e material necessários à execução desta Lei no Distrito Federal e nos Territórios.

Art. 33. Esta Lei entrará em vigor sessenta dias depois de sua publicação, aplicando-se aos processos iniciados na sua vigência.

Art. 34. Revogam-se as disposições em contrário.

Rio de Janeiro, 26 de dezembro de 1951; 130º da Independência e 63º da República.

GETÚLIO VARGAS
Francisco Negrão de Lima
Horácio Lafer

Este texto não substitui o publicado no DOU de 27.12.1951

Lei n. 2.889/56 (Crime de genocídio)

LEI Nº 2.889, DE 1º DE OUTUBRO DE 1956.
Define e pune o crime de genocídio.
O PRESIDENTE DA REPÚBLICA:
Faço saber que o Congresso Nacional decreta e eu sanciono a seguinte Lei:

Art. 1. Quem, com a intenção de destruir, no todo ou em parte, grupo nacional, étnico, racial ou religioso, como tal:
a) matar membros do grupo;
b) causar lesão grave à integridade física ou mental de membros do grupo;
c) submeter intencionalmente o grupo a condições de existência capazes de ocasionar-lhe a destruição física total ou parcial;
d) adotar medidas destinadas a impedir os nascimentos no seio do grupo;
e) efetuar a transferência forçada de crianças do grupo para outro grupo;
Será punido:
Com as penas do art. 121, § 2º, do Código Penal, no caso da letra a;
Com as penas do art. 129, § 2º, no caso da letra b;
Com as penas do art. 270, no caso da letra c;
Com as penas do art. 125, no caso da letra d;
Com as penas do art. 148, no caso da letra e;

Art. 2. Associarem-se mais de 3 (três) pessoas para prática dos crimes mencionados no artigo anterior:
Pena: Metade da cominada aos crimes ali previstos.

Art. 3. Incitar, direta e publicamente alguém a cometer qualquer dos crimes de que trata o art. 1º:
Pena: Metade das penas ali cominadas.
§ 1º A pena pelo crime de incitação será a mesma de crime incitado, se este se consumar.
§ 2º A pena será aumentada de 1/3 (um terço), quando a incitação for cometida pela imprensa.

Art. 4. A pena será agravada de 1/3 (um terço), no caso dos arts. 1º, 2º e 3º, quando cometido o crime por governante ou funcionário público.

Art. 5. Será punida com 2/3 (dois terços) das respectivas penas a tentativa dos crimes definidos nesta lei.

Art. 6. Os crimes de que trata esta lei não serão considerados crimes políticos para efeitos de extradição.

Art. 7. Revogam-se as disposições em contrário.
Rio de Janeiro, 1 de outubro de 1956; 135º da Independência e 68º da República.
JUSCELINO KUBITSCHEK
Nereu Ramos

Este texto não substitui o publicado no DOU de 2.10.1956

Lei n. 4.729/65 (Crime de sonegação fiscal)

LEI Nº 4.729, DE 14 DE JULHO DE 1965.
Define o crime de sonegação fiscal e dá outras providências.
O PRESIDENTE DA REPÚBLICA, faço saber que o **CONGRESSO NACIONAL** decreta e eu sanciono a seguinte Lei:

Art. 1. Constitui crime de sonegação fiscal:
I. prestar declaração falsa ou omitir, total ou parcialmente, informação que deva ser produzida a agentes das pessoas jurídicas de direito público interno, com a intenção de eximir-se, total ou parcialmente, do pagamento de tributos, taxas e quaisquer adicionais devidos por lei;
II. inserir elementos inexatos ou omitir, rendimentos ou operações de qualquer natureza em documentos ou livros exigidos pelas leis fiscais, com a intenção de exonerar-se do pagamento de tributos devidos à Fazenda Pública;
III. alterar faturas e quaisquer documentos relativos a operações mercantis com o propósito de fraudar a Fazenda Pública;
IV. fornecer ou emitir documentos graciosos ou alterar despesas, majorando-as, com o objetivo de obter dedução de tributos devidos à Fazenda Pública, sem prejuízo das sanções administrativas cabíveis.
V. Exigir, pagar ou receber, para si ou para o contribuinte beneficiário da paga, qualquer percentagem sobre a parcela dedutível ou deduzida do imposto sobre a renda como incentivo fiscal.
Pena: Detenção, de seis meses a dois anos, e multa de duas a cinco vezes o valor do tributo.
§ 1º Quando se tratar de criminoso primário, a pena será reduzida à multa de 10 (dez) vezes o valor do tributo.
§ 2º Se o agente cometer o crime prevalecendo-se do cargo público que exerce, a pena será aumentada da sexta parte.
§ 3º O funcionário público com atribuições de verificação, lançamento ou fiscalização de tributos, que concorrer para a prática do crime de sonegação fiscal, será punido com a pena deste artigo aumentada da terça parte, com a abertura obrigatória do competente processo administrativo.
Art. 3. Somente os atos definidos nesta Lei poderão constituir crime de sonegação fiscal.
Art. 4. A multa aplicada nos termos desta Lei será computada e recolhida, integralmente, como receita pública extraordinária.
Art. 5. No art. 334, do Código Penal, substituam-se os §§ 1º e 2º pelos seguintes:
§ 1º Incorre na mesma pena quem:
a) prática navegação de cabotagem, fora dos casos permitidos em lei;
b) prática fato assimilado, em lei especial, a contrabando ou descaminho;
c) vende, expõe à venda, mantém em depósito ou, de qualquer forma, utiliza em proveito próprio ou alheio, no exercício de atividade comercial ou industrial, mercadoria de procedência estrangeira que introduziu clandestinamente no País ou importou fraudulentamente ou que sabe ser produto de introdução clandestina no território nacional ou de importação fraudulenta por parte de outrem;
d) adquire, recebe ou oculta, em proveito próprio ou alheio, no exercício de atividade comercial ou Industrial, mercadoria de procedência estrangeira, desacompanhada de documentação legal, ou acompanhada de documentos que sabe serem falsos.
§ 2º Equipara-se às atividades comerciais, para os efeitos deste artigo, qualquer forma de comércio irregular ou clandestino de mercadorias estrangeiras, inclusive o exercido em residências.
§ 3º A pena aplica-se em dobro, se o crime de contrabando ou descaminho é praticado em transporte aéreo».
Art. 6. Quando se trata de pessoa jurídica, a responsabilidade penal pelas infrações previstas nesta Lei será de todos os que, direta ou indiretamente ligados à mesma, de modo permanente ou eventual,

TÍTULO I

Disposições Gerais

Art. 1. Esta Lei prevê os crimes que lesam ou expõem a perigo de lesão:

I. a integridade territorial e a soberania nacional;

II. o regime representativo e democrático, a Federação e o Estado de Direito;

III. a pessoa dos chefes dos Poderes da União.

Art. 2. Quando o fato estiver também previsto como crime no Código Penal, no Código Penal Militar ou em leis especiais, levar-se-ão em conta, para a aplicação desta Lei:

I. a motivação e os objetivos do agente;

II. a lesão real ou potencial aos bens jurídicos mencionados no artigo anterior.

Art. 3. Pune-se a tentativa com a pena correspondente ao crime consumado, reduzida de um a dois terços, quando não houver expressa previsão e cominação específica para a figura tentada.

Parágrafo único. O agente que, voluntariamente, desiste de prosseguir na execução, ou impede que o resultado se produza, só responde pelos atos já praticados.

Art. 4. São circunstâncias que sempre agravam a pena, quando não elementares do crime:

I. ser o agente reincidente;

II. ter o agente:

a) praticado o crime com o auxílio, de qualquer espécie, de governo, organização internacional ou grupos estrangeiros;

b) promovido, organizado ou dirigido a atividade dos demais, no caso do concurso de agentes.

Art. 5. Em tempo de paz, a execução da pena privativa da liberdade, não superior a dois anos, pode ser suspensa, por dois a seis anos, desde que:

I. o condenado não seja reincidente em crime doloso, salvo o disposto no § 1º do art. 71 do Código Penal Militar;

II. os seus antecedentes e personalidade, os motivos e as circunstâncias do crime, bem como sua conduta posterior, autorizem a presunção de que não tornará a delinquir.

Parágrafo único. A sentença especificará as condições a que fica subordinada a suspensão.

Art. 6. Extingue-se a punibilidade dos crimes previstos nesta Lei:

I. pela morte do agente;

II. pela anistia ou indulto;

tenham praticado ou concorrido para a prática da sonegação fiscal.

Art. 7. As autoridades administrativas que tiverem conhecimento de crime previsto nesta Lei, inclusive em autos e papéis que conhecerem, sob pena de responsabilidade, remeterão ao Ministério Público os elementos comprobatórios da infração, para instrução do procedimento criminal cabível.

§ 1º Se os elementos comprobatórios forem suficientes, o Ministério Público oferecerá, desde logo, denúncia.

§ 2º Sendo necessários esclarecimentos, documentos ou diligências complementares, o Ministério Público os requisitará, na forma estabelecida no Código de Processo Penal.

Art. 8. Em tudo o mais em que couber e não contrariar os arts. 1º a 7º desta Lei, aplicar-se-ão o Código Penal e o Código de Processo Penal.

Art. 10. O Poder Executivo procederá às alterações do Regulamento do Imposto de Renda decorrentes das modificações constantes desta Lei.

Art. 11. Esta Lei entrará em vigor 60 (sessenta) dias após sua publicação.

Art. 12. Revogam-se as disposições em contrário.

Brasília, em 14 de julho de 1965; 144º da Independência e 77º da República.

H. CASTELLO BRANCO
Milton Soares Campos
Octávio Bulhões

Este texto não substitui o publicado no DOU de 19.7.1965

Lei n. 7.170/83 (Lei de Segurança Nacional) Vide Lei nº 14.197, de 1º de setembro de 2021.

LEI Nº 7.170, DE 14 DE DEZEMBRO DE 1983.

Define os crimes contra a segurança nacional, a ordem política e social, estabelece seu processo e julgamento e dá outras providências.

O PRESIDENTE DA REPÚBLICA, faço saber que o CONGRESSO NACIONAL decreta e eu sanciono a seguinte Lei:

III. pela retroatividade da lei que não mais considera o fato como criminoso;
IV. pela prescrição.

Art. 7. Na aplicação desta Lei, observar-se-á, no que couber, a Parte Geral do Código Penal Militar e, subsidiariamente, a sua Parte Especial.

Parágrafo único. Os menores de dezoito anos são penalmente inimputáveis, ficando sujeitos às normas estabelecidas na legislação especial.

TÍTULO II
Dos Crimes e das Penas

Art. 8. Entrar em entendimento ou negociação com governo ou grupo estrangeiro, ou seus agentes, para provocar guerra ou atos de hostilidade contra o Brasil.
Pena: reclusão, de 3 a 15 anos.

Parágrafo único. Ocorrendo a guerra ou sendo desencadeados os atos de hostilidade, a pena aumenta-se até o dobro.

Art. 9. Tentar submeter o território nacional, ou parte dele, ao domínio ou à soberania de outro país.
Pena: reclusão, de 4 a 20 anos.

Parágrafo único. Se do fato resulta lesão corporal grave, a pena aumenta-se até um terço; se resulta morte aumenta-se até a metade.

Art. 10. Aliciar indivíduos de outro país para invasão do território nacional.
Pena: reclusão, de 3 a 10 anos.

Parágrafo único. Ocorrendo a invasão, a pena aumenta-se até o dobro.

Art. 11. Tentar desmembrar parte do território nacional para constituir país independente.
Pena: reclusão, de 4 a 12 anos.

Art. 12. Importar ou introduzir, no território nacional, por qualquer forma, sem autorização da autoridade federal competente, armamento ou material militar privativo das Forças Armadas.
Pena: reclusão, de 3 a 10 anos.

Parágrafo único. Na mesma pena incorre quem, sem autorização legal, fabrica, vende, transporta, recebe, oculta, mantém em depósito ou distribui o armamento ou material militar de que trata este artigo.

Art. 13. Comunicar, entregar ou permitir a comunicação ou a entrega, a governo ou grupo estrangeiro, ou a organização ou grupo de existência ilegal, de dados, documentos ou cópias de documentos, planos, códigos, cifras ou assuntos que, no interesse do Estado brasileiro, são classificados como sigilosos.
Pena: reclusão, de 3 a 15 anos.

Parágrafo único. Incorre na mesma pena quem:
I. com o objetivo de realizar os atos previstos neste artigo, mantém serviço de espionagem ou dele participa;
II. com o mesmo objetivo, realiza atividade aerofotográfica ou de sensoreamento remoto, em qualquer parte do território nacional;
III. oculta ou presta auxílio a espião, sabendo-o tal, para subtraí-lo à ação da autoridade pública;
IV. obtém ou revela, para fim de espionagem, desenhos, projetos, fotografias, notícias ou informações a respeito de técnicas, de tecnologias, de componentes, de equipamentos, de instalações ou de sistemas de processamento automatizado de dados, em uso ou em desenvolvimento no País, que, reputados essenciais para a sua defesa, segurança ou economia, devem permanecer em segredo.

Art. 14. Facilitar, culposamente, a prática de qualquer dos crimes previstos nos arts. 12 e 13, e seus parágrafos.
Pena: detenção, de 1 a 5 anos.

Art. 15. Praticar sabotagem contra instalações militares, meios de comunicações, meios e vias de transporte, estaleiros, portos, aeroportos, fábricas, usinas, barragem, depósitos e outras instalações congêneres.
Pena: reclusão, de 3 a 10 anos.

§ 1º Se do fato resulta:
a) lesão corporal grave, a pena aumenta-se até a metade;
b) dano, destruição ou neutralização de meios de defesa ou de segurança; paralisação, total ou parcial, de atividade ou serviços públicos reputados essenciais para a defesa, a segurança ou a economia do País, a pena aumenta-se até o dobro;
c) morte, a pena aumenta-se até o triplo.

§ 2º Punem-se os atos preparatórios de sabotagem com a pena deste artigo reduzida de dois terços, se o fato não constitui crime mais grave.

Art. 16. Integrar ou manter associação, partido, comitê, entidade de classe ou grupamento que tenha por objetivo a mudança do regime vigente ou do Estado de Direito, por meios violentos ou com o emprego de grave ameaça.
Pena: reclusão, de 1 a 5 anos.

Art. 17. Tentar mudar, com emprego de violência ou grave ameaça, a ordem, o regime vigente ou o Estado de Direito.
Pena: reclusão, de 3 a 15 anos.
Parágrafo único.- Se do fato resulta lesão corporal grave, a pena aumenta-se até a metade; se resulta morte, aumenta-se até o dobro.

Art. 18. Tentar impedir, com emprego de violência ou grave ameaça, o livre exercício de qualquer dos Poderes da União ou dos Estados.
Pena: reclusão, de 2 a 6 anos.

Art. 19. Apoderar-se ou exercer o controle de aeronave, embarcação ou veículo de transporte coletivo, com emprego de violência ou grave ameaça à tripulação ou a passageiros.
Pena: reclusão, de 2 a 10 anos.
Parágrafo único. Se do fato resulta lesão corporal grave, a pena aumenta-se até o dobro; se resulta morte, aumenta-se até o triplo.

Art. 20. Devastar, saquear, extorquir, roubar, sequestrar, manter em cárcere privado, incendiar, depredar, provocar explosão, praticar atentado pessoal ou atos de terrorismo, por inconformismo político ou para obtenção de fundos destinados à manutenção de organizações políticas clandestinas ou subversivas.
Pena: reclusão, de 3 a 10 anos.
Parágrafo único. Se do fato resulta lesão corporal grave, a pena aumenta-se até o dobro; se resulta morte, aumenta-se até o triplo.

Art. 21. Revelar segredo obtido em razão de cargo, emprego ou função pública, relativamente a planos, ações ou operações militares ou policiais contra rebeldes, insurretos ou revolucionários.
Pena: reclusão, de 2 a 10 anos.

Art. 22. Fazer, em público, propaganda:
I. de processos violentos ou ilegais para alteração da ordem política ou social;
II. de discriminação racial, de luta pela violência entre as classes sociais, de perseguição religiosa;
III. de guerra;
IV. de qualquer dos crimes previstos nesta Lei.
Pena: detenção, de 1 a 4 anos.
§ 1º A pena é aumentada de um terço quando a propaganda for feita em local de trabalho ou por meio de rádio ou televisão.
§ 2º Sujeita-se à mesma pena quem distribui ou redistribui:

a) fundos destinados a realizar a propaganda de que trata este artigo;
b) ostensiva ou clandestinamente boletins ou panfletos contendo a mesma propaganda.
§ 3º Não constitui propaganda criminosa a exposição, a crítica ou o debate de quaisquer doutrinas.

Art. 23. Incitar:
I. à subversão da ordem política ou social;
II. à animosidade entre as Forças Armadas ou entre estas e as classes sociais ou as instituições civis;
III. à luta com violência entre as classes sociais;
IV. à prática de qualquer dos crimes previstos nesta Lei.
Pena: reclusão, de 1 a 4 anos.

Art. 24. Constituir, integrar ou manter organização ilegal de tipo militar, de qualquer forma ou natureza armada ou não, com ou sem fardamento, com finalidade combativa.
Pena: reclusão, de 2 a 8 anos.

Art. 25. Fazer funcionar, de fato, ainda que sob falso nome ou forma simulada, partido político ou associação dissolvidos por força de disposição legal ou de decisão judicial.
Pena: reclusão, de 1 a 5 anos.

Art. 26. Caluniar ou difamar o Presidente da República, o do Senado Federal, o da Câmara dos Deputados ou o do Supremo Tribunal Federal, imputando-lhes fato definido como crime ou fato ofensivo à reputação.
Pena: reclusão, de 1 a 4 anos.
Parágrafo único. Na mesma pena incorre quem, conhecendo o caráter ilícito da imputação, a propala ou divulga.

Art. 27. Ofender a integridade corporal ou a saúde de qualquer das autoridades mencionadas no artigo anterior.
Pena: reclusão, de 1 a 3 anos.
§ 1º Se a lesão é grave, aplica-se a pena de reclusão de 3 a 15 anos.
§ 2º Se da lesão resulta a morte e as circunstâncias evidenciam que este resultado pode ser atribuído a título de culpa ao agente, a pena é aumentada até um terço.

Art. 28. Atentar contra a liberdade pessoal de qualquer das autoridades referidas no art. 26.
Pena: reclusão, de 4 a 12 anos.

Art. 29. Matar qualquer das autoridades referidas no art. 26.
Pena: reclusão, de 15 a 30 anos.

TÍTULO III

Da Competência, do Processo e das normas Especiais de Procedimentos

Art. 30. Compete à Justiça Militar processar e julgar os crimes previstos nesta Lei, com observância das normas estabelecidas no Código de Processo Penal Militar, no que não colidirem com disposição desta Lei, ressalvada a competência originária do Supremo Tribunal Federal nos casos previstos na Constituição.
Parágrafo único. A ação penal é pública, promovendo-a o Ministério Público.
Art. 31. Para apuração de fato que configure crime previsto nesta Lei, instaurar-se-á inquérito policial, pela Polícia Federal:
I. de ofício;
II. mediante requisição do Ministério Público;
III. mediante requisição de autoridade militar responsável pela segurança interna;
IV. mediante requisição do Ministro da Justiça.
Parágrafo único. Poderá a União delegar, mediante convênio, a Estado, ao Distrito Federal ou a Território, atribuições para a realização do inquérito referido neste artigo.
Art. 32. Será instaurado inquérito Policial Militar se o agente for militar ou assemelhado, ou quando o crime:
I. lesar patrimônio sob administração militar;
II. for praticado em lugar diretamente sujeito à administração militar ou contra militar ou assemelhado em serviço;
III. for praticado nas regiões alcançadas pela decretação do estado de emergência ou do estado de sítio.
Art. 33. Durante as investigações, a autoridade de que presidir o inquérito poderá manter o indiciado preso ou sob custódia, pelo prazo de quinze dias, comunicando imediatamente o fato ao juízo competente.
§ 1º Em caso de justificada necessidade, esse prazo poderá ser dilatado por mais quinze dias, por decisão do juiz, a pedido do encarregado do inquérito, ouvido o Ministério Público.
§ 2º A incomunicabilidade do indiciado, no período inicial das investigações, será permitida pelo prazo improrrogável de, no máximo, cinco dias.
§ 3º O preso ou custodiado deverá ser recolhido e mantido em lugar diverso do destinado aos presos por crimes comuns, com estrita observância do disposto nos arts. 237 a 242 do Código de Processo Penal Militar.
§ 4º Em qualquer fase do inquérito, a requerimento da defesa, do indiciado, de seu cônjuge, descendente ou ascendente, será realizado exame na pessoa do indiciado para verificação de sua integridade física e mental; uma via do laudo, elaborado por dois peritos médicos e instruída com fotografias, será juntada aos autos do inquérito.
§ 5º Esgotado o prazo de quinze dias de prisão ou custódia ou de sua eventual prorrogação, o indiciado será imediatamente libertado, salvo se decretadas prisão preventiva, a requerimento do encarregado do inquérito ou do órgão do Ministério Público.
§ 6º O tempo de prisão ou custódia será computado no de execução da pena privativa de liberdade.
Art. 34. Esta Lei entra em vigor na data de sua publicação.
Art. 35. Revogam-se a Lei nº 6.620, de 17 de dezembro de 1978, e demais disposições em contrário.

Brasília, em 14 de dezembro de 1983; 162º da Independência e 95º da República.
JOÃO FIGUEIREDO
Ibrahim Abi-Ackel
Danilo Venturini

Este texto não substitui o publicado no D.O.U. de 15.12.1983

Lei n. 7.210/84 (Lei de Execução Penal)

LEI Nº 7.210, DE 11 DE JULHO DE 1984.
Institui a Lei de Execução Penal.
O PRESIDENTE DA REPÚBLICA, faço saber que o Congresso Nacional decreta e eu sanciono a seguinte Lei:

TÍTULO I
Do Objeto e da Aplicação da Lei de Execução Penal

Art. 1. A execução penal tem por objetivo efetivar as disposições de sentença ou decisão criminal e proporcionar condições para a harmônica integração social do condenado e do internado.

Art. 2. A jurisdição penal dos Juízes ou Tribunais da Justiça ordinária, em todo o Território Nacional, será exercida, no processo de execução, na conformidade desta Lei e do Código de Processo Penal.

Parágrafo único. Esta Lei aplicar-se-á igualmente ao preso provisório e ao condenado pela Justiça Eleitoral ou Militar, quando recolhido a estabelecimento sujeito à jurisdição ordinária.

Art. 3. Ao condenado e ao internado serão assegurados todos os direitos não atingidos pela sentença ou pela lei.

Parágrafo único. Não haverá qualquer distinção de natureza racial, social, religiosa ou política.

Art. 4. O Estado deverá recorrer à cooperação da comunidade nas atividades de execução da pena e da medida de segurança.

TÍTULO II
Do Condenado e do Internado

CAPÍTULO I
Da Classificação

Art. 5. Os condenados serão classificados, segundo os seus antecedentes e personalidade, para orientar a individualização da execução penal.

Art. 6. A classificação será feita por Comissão Técnica de Classificação que elaborará o programa individualizador da pena privativa de liberdade adequada ao condenado ou preso provisório.

Art. 7. A Comissão Técnica de Classificação, existente em cada estabelecimento, será presidida pelo diretor e composta, no mínimo, por 2 (dois) chefes de serviço, 1 (um) psiquiatra, 1 (um) psicólogo e 1 (um) assistente social, quando se tratar de condenado à pena privativa de liberdade.

Parágrafo único. Nos demais casos a Comissão atuará junto ao Juízo da Execução e será integrada por fiscais do serviço social.

Art. 8. O condenado ao cumprimento de pena privativa de liberdade, em regime fechado, será submetido a exame criminológico para a obtenção dos elementos necessários a uma adequada classificação e com vistas à individualização da execução.

Parágrafo único. Ao exame de que trata este artigo poderá ser submetido o condenado ao cumprimento da pena privativa de liberdade em regime semiaberto.

Art. 9. A Comissão, no exame para a obtenção de dados reveladores da personalidade, observando a ética profissional e tendo sempre presentes peças ou informações do processo, poderá:

I. entrevistar pessoas;

II. requisitar, de repartições ou estabelecimentos privados, dados e informações a respeito do condenado;

III. realizar outras diligências e exames necessários.

Art. 9-A. O condenado por crime doloso praticado com violência grave contra a pessoa, bem como por crime contra a vida, contra a liberdade sexual ou por crime sexual contra vulnerável, será submetido, obrigatoriamente, à identificação do perfil genético, mediante extração de DNA (ácido desoxirribonucleico), por técnica adequada e indolor, por ocasião do ingresso no estabelecimento prisional. (**Redação dada pela Lei nº 13.964, de 2019**)

§ 1º A identificação do perfil genético será armazenada em banco de dados sigiloso, conforme regulamento a ser expedido pelo Poder Executivo.

§ 1º-A. A regulamentação deverá fazer constar garantias mínimas de proteção de dados genéticos, observando as melhores práticas da genética forense. (**Incluído pela Lei nº 13.964, de 2019**)

§ 2º A autoridade policial, federal ou estadual, poderá requerer ao juiz competente, no caso de inquérito instaurado, o acesso ao banco de dados de identificação de perfil genético.

§ 3º Deve ser viabilizado ao titular de dados genéticos o acesso aos seus dados constantes nos bancos de perfis genéticos, bem como a todos os documentos da cadeia de custódia que gerou esse dado, de maneira que possa ser contraditado pela defesa. (**Incluído pela Lei nº 13.964, de 2019**)

§ 4º O condenado pelos crimes previstos no caput deste artigo que não tiver sido submetido à identificação do perfil genético por ocasião do ingresso no estabelecimento prisional deverá ser submetido ao procedimento durante o cumprimento da pena. (**Incluído pela Lei nº 13.964, de 2019**)

§ 5º A amostra biológica coletada só poderá ser utilizada para o único e exclusivo fim de permitir a identificação pelo perfil genético, não estando autorizadas as práticas de fenotipagem genética ou de busca familiar. (**Incluído pela Lei nº 13.964, de 2019**)

§ 6º Uma vez identificado o perfil genético, a amostra biológica recolhida nos termos do caput deste artigo deverá ser correta e imediatamente descartada, de maneira a impedir a sua utilização para qualquer outro fim. (Incluído pela Lei nº 13.964, de 2019)

§ 7º A coleta da amostra biológica e a elaboração do respectivo laudo serão realizadas por perito oficial. (Incluído pela Lei nº 13.964, de 2019)

§ 8º Constitui falta grave a recusa do condenado em submeter-se ao procedimento de identificação do perfil genético. (Incluído pela Lei nº 13.964, de 2019)

CAPÍTULO II
Da Assistência

SEÇÃO I
Disposições Gerais

Art. 10. A assistência ao preso e ao internado é dever do Estado, objetivando prevenir o crime e orientar o retorno à convivência em sociedade.

Parágrafo único. A assistência estende-se ao egresso.

Art. 11. A assistência será:
I. material;
II. à saúde;
III. jurídica;
IV. educacional;
V. social;
VI. religiosa.

SEÇÃO II
Da Assistência Material

Art. 12. A assistência material ao preso e ao internado consistirá no fornecimento de alimentação, vestuário e instalações higiênicas.

Art. 13. O estabelecimento disporá de instalações e serviços que atendam aos presos nas suas necessidades pessoais, além de locais destinados à venda de produtos e objetos permitidos e não fornecidos pela Administração.

SEÇÃO III
Da Assistência à Saúde

Art. 14. A assistência à saúde do preso e do internado de caráter preventivo e curativo, compreenderá atendimento médico, farmacêutico e odontológico.

§ 1º (Vetado).

§ 2º Quando o estabelecimento penal não estiver aparelhado para prover a assistência médica necessária, esta será prestada em outro local, mediante autorização da direção do estabelecimento.

§ 3º Será assegurado acompanhamento médico à mulher, principalmente no pré-natal e no pós-parto, extensivo ao recém-nascido.

SEÇÃO IV
Da Assistência Jurídica

Art. 15. A assistência jurídica é destinada aos presos e aos internados sem recursos financeiros para constituir advogado.

Art. 16. As Unidades da Federação deverão ter serviços de assistência jurídica, integral e gratuita, pela Defensoria Pública, dentro e fora dos estabelecimentos penais.

§ 1º As Unidades da Federação deverão prestar auxílio estrutural, pessoal e material à Defensoria Pública, no exercício de suas funções, dentro e fora dos estabelecimentos penais.

§ 2º Em todos os estabelecimentos penais, haverá local apropriado destinado ao atendimento pelo Defensor Público.

§ 3º Fora dos estabelecimentos penais, serão implementados Núcleos Especializados da Defensoria Pública para a prestação de assistência jurídica integral e gratuita aos réus, sentenciados em liberdade, egressos e seus familiares, sem recursos financeiros para constituir advogado.

SEÇÃO V
Da Assistência Educacional

Art. 17. A assistência educacional compreenderá a instrução escolar e a formação profissional do preso e do internado.

Art. 18. O ensino de 1º grau será obrigatório, integrando-se no sistema escolar da Unidade Federativa.

Art. 18-A. O ensino médio, regular ou supletivo, com formação geral ou educação profissional de nível médio, será implantado nos presídios, em obediência ao preceito constitucional de sua universalização.

§ 1º O ensino ministrado aos presos e presas integrar-se-á ao sistema estadual e municipal de ensino e será mantido, administrativa e financeiramente, com o apoio da União, não só com os recursos destinados à educação, mas pelo sistema estadual de justiça ou administração penitenciária.

§ 2º Os sistemas de ensino oferecerão aos presos e às presas cursos supletivos de educação de jovens e adultos.

§ 3º A União, os Estados, os Municípios e o Distrito Federal incluirão em seus programas de educação à distância e de utilização de novas tecnologias de ensino, o atendimento aos presos e às presas. 7.627

Art. 19. O ensino profissional será ministrado em nível de iniciação ou de aperfeiçoamento técnico.

Parágrafo único. A mulher condenada terá ensino profissional adequado à sua condição.

Art. 20. As atividades educacionais podem ser objeto de convênio com entidades públicas ou particulares, que instalem escolas ou ofereçam cursos especializados.

Art. 21. Em atendimento às condições locais, dotar-se-á cada estabelecimento de uma biblioteca, para uso de todas as categorias de reclusos, provida de livros instrutivos, recreativos e didáticos.

Art. 21-A. O censo penitenciário deverá apurar:
I. o nível de escolaridade dos presos e das presas;
II. a existência de cursos nos níveis fundamental e médio e o número de presos e presas atendidos;
III. a implementação de cursos profissionais em nível de iniciação ou aperfeiçoamento técnico e o número de presos e presas atendidos;
IV. a existência de bibliotecas e as condições de seu acervo;
V. outros dados relevantes para o aprimoramento educacional de presos e presas.

SEÇÃO VI
Da Assistência Social

Art. 22. A assistência social tem por finalidade amparar o preso e o internado e prepará-los para o retorno à liberdade.

Art. 23. Incumbe ao serviço de assistência social:
I. conhecer os resultados dos diagnósticos ou exames;
II. relatar, por escrito, ao Diretor do estabelecimento, os problemas e as dificuldades enfrentadas pelo assistido;
III. acompanhar o resultado das permissões de saídas e das saídas temporárias;
IV. promover, no estabelecimento, pelos meios disponíveis, a recreação;

V. promover a orientação do assistido, na fase final do cumprimento da pena, e do liberando, de modo a facilitar o seu retorno à liberdade;
VI. providenciar a obtenção de documentos, dos benefícios da Previdência Social e do seguro por acidente no trabalho;
VII. orientar e amparar, quando necessário, a família do preso, do internado e da vítima.

SEÇÃO VII
Da Assistência Religiosa

Art. 24. A assistência religiosa, com liberdade de culto, será prestada aos presos e aos internados, permitindo-se lhes a participação nos serviços organizados no estabelecimento penal, bem como a posse de livros de instrução religiosa.

§ 1º No estabelecimento haverá local apropriado para os cultos religiosos.

§ 2º Nenhum preso ou internado poderá ser obrigado a participar de atividade religiosa.

SEÇÃO VIII
Da Assistência ao Egresso

Art. 25. A assistência ao egresso consiste:
I. na orientação e apoio para reintegrá-lo à vida em liberdade;
II. na concessão, se necessário, de alojamento e alimentação, em estabelecimento adequado, pelo prazo de 2 (dois) meses.

Parágrafo único. O prazo estabelecido no inciso II poderá ser prorrogado uma única vez, comprovado, por declaração do assistente social, o empenho na obtenção de emprego.

Art. 26. Considera-se egresso para os efeitos desta Lei:
I. o liberado definitivo, pelo prazo de 1 (um) ano a contar da saída do estabelecimento;
II. o liberado condicional, durante o período de prova.

Art. 27. O serviço de assistência social colaborará com o egresso para a obtenção de trabalho.

CAPÍTULO III

Do Trabalho

SEÇÃO I
Disposições Gerais

Art. 28. O trabalho do condenado, como dever social e condição de dignidade humana, terá finalidade educativa e produtiva.

§ 1º Aplicam-se à organização e aos métodos de trabalho as precauções relativas à segurança e à higiene.

§ 2º O trabalho do preso não está sujeito ao regime da Consolidação das Leis do Trabalho.

Art. 29. O trabalho do preso será remunerado, mediante prévia tabela, não podendo ser inferior a 3/4 (três quartos) do salário mínimo.

§ 1º O produto da remuneração pelo trabalho deverá atender:

a) à indenização dos danos causados pelo crime, desde que determinados judicialmente e não reparados por outros meios;
b) à assistência à família;
c) a pequenas despesas pessoais;
d) ao ressarcimento ao Estado das despesas realizadas com a manutenção do condenado, em proporção a ser fixada e sem prejuízo da destinação prevista nas letras anteriores.

§ 2º Ressalvadas outras aplicações legais, será depositada a parte restante para constituição do pecúlio, em Caderneta de Poupança, que será entregue ao condenado quando posto em liberdade.

Art. 30. As tarefas executadas como prestação de serviço à comunidade não serão remuneradas.

SEÇÃO II
Do Trabalho Interno

Art. 31. O condenado à pena privativa de liberdade está obrigado ao trabalho na medida de suas aptidões e capacidade.

Parágrafo único. Para o preso provisório, o trabalho não é obrigatório e só poderá ser executado no interior do estabelecimento.

Art. 32. Na atribuição do trabalho deverão ser levadas em conta a habilitação, a condição pessoal e as necessidades futuras do preso, bem como as oportunidades oferecidas pelo mercado.

§ 1º Deverá ser limitado, tanto quanto possível, o artesanato sem expressão econômica, salvo nas regiões de turismo.

§ 2º Os maiores de 60 (sessenta) anos poderão solicitar ocupação adequada à sua idade.

§ 3º Os doentes ou deficientes físicos somente exercerão atividades apropriadas ao seu estado.

Art. 33. A jornada normal de trabalho não será inferior a 6 (seis) nem superior a 8 (oito) horas, com descanso nos domingos e feriados.

Parágrafo único. Poderá ser atribuído horário especial de trabalho aos presos designados para os serviços de conservação e manutenção do estabelecimento penal.

Art. 34. O trabalho poderá ser gerenciado por fundação, ou empresa pública, com autonomia administrativa, e terá por objetivo a formação profissional do condenado.

§ 1º Nessa hipótese, incumbirá à entidade gerenciadora promover e supervisionar a produção, com critérios e métodos empresariais, encarregar-se de sua comercialização, bem como suportar despesas, inclusive pagamento de remuneração adequada.

§ 2º Os governos federal, estadual e municipal poderão celebrar convênio com a iniciativa privada, para implantação de oficinas de trabalho referentes a setores de apoio dos presídios.

Art. 35. Os órgãos da Administração Direta ou Indireta da União, Estados, Territórios, Distrito Federal e dos Municípios adquirirão, com dispensa de concorrência pública, os bens ou produtos do trabalho prisional, sempre que não for possível ou recomendável realizar-se a venda a particulares.

Parágrafo único. Todas as importâncias arrecadadas com as vendas reverterão em favor da fundação ou empresa pública a que alude o artigo anterior ou, na sua falta, do estabelecimento penal.

SEÇÃO III
Do Trabalho Externo

Art. 36. O trabalho externo será admissível para os presos em regime fechado somente em serviço ou obras públicas realizadas por órgãos da Administração Direta ou Indireta, ou entidades privadas, desde que tomadas as cautelas contra a fuga e em favor da disciplina.

§ 1º O limite máximo do número de presos será de 10% (dez por cento) do total de empregados na obra.

§ 2º Caberá ao órgão da administração, à entidade ou à empresa empreiteira a remuneração desse trabalho.
§ 3º A prestação de trabalho à entidade privada depende do consentimento expresso do preso.

Art. 37. A prestação de trabalho externo, a ser autorizada pela direção do estabelecimento, dependerá de aptidão, disciplina e responsabilidade, além do cumprimento mínimo de 1/6 (um sexto) da pena.

Parágrafo único. Revogar-se-á a autorização de trabalho externo ao preso que vier a praticar fato definido como crime, for punido por falta grave, ou tiver comportamento contrário aos requisitos estabelecidos neste artigo.

CAPÍTULO IV

Dos Deveres, dos Direitos e da Disciplina

SEÇÃO I
Dos Deveres

Art. 38. Cumpre ao condenado, além das obrigações legais inerentes ao seu estado, submeter-se às normas de execução da pena.

Art. 39. Constituem deveres do condenado:
I. comportamento disciplinado e cumprimento fiel da sentença;
II. obediência ao servidor e respeito a qualquer pessoa com quem deva relacionar-se;
III. urbanidade e respeito no trato com os demais condenados;
IV. conduta oposta aos movimentos individuais ou coletivos de fuga ou de subversão à ordem ou à disciplina;
V. execução do trabalho, das tarefas e das ordens recebidas;
VI. submissão à sanção disciplinar imposta;
VII. indenização à vítima ou aos seus sucessores;
VIII. indenização ao Estado, quando possível, das despesas realizadas com a sua manutenção, mediante desconto proporcional da remuneração do trabalho;
IX. higiene pessoal e asseio da cela ou alojamento;
X. conservação dos objetos de uso pessoal.

Parágrafo único. Aplica-se ao preso provisório, no que couber, o disposto neste artigo.

SEÇÃO II
Dos Direitos

Art. 40. Impõe-se a todas as autoridades o respeito à integridade física e moral dos condenados e dos presos provisórios.

Art. 41. Constituem direitos do preso:
I. alimentação suficiente e vestuário;
II. atribuição de trabalho e sua remuneração;
III. Previdência Social;
IV. constituição de pecúlio;
V. proporcionalidade na distribuição do tempo para o trabalho, o descanso e a recreação;
VI. exercício das atividades profissionais, intelectuais, artísticas e desportivas anteriores, desde que compatíveis com a execução da pena;
VII. assistência material, à saúde, jurídica, educacional, social e religiosa;
VIII. proteção contra qualquer forma de sensacionalismo;
IX. entrevista pessoal e reservada com o advogado;
X. visita do cônjuge, da companheira, de parentes e amigos em dias determinados;
XI. chamamento nominal;
XII. igualdade de tratamento salvo quanto às exigências da individualização da pena;
XIII. audiência especial com o diretor do estabelecimento;
XIV. representação e petição a qualquer autoridade, em defesa de direito;
XV. contato com o mundo exterior por meio de correspondência escrita, da leitura e de outros meios de informação que não comprometam a moral e os bons costumes.
XVI. atestado de pena a cumprir, emitido anualmente, sob pena da responsabilidade da autoridade judiciária competente.

Parágrafo único. Os direitos previstos nos incisos V, X e XV poderão ser suspensos ou restringidos mediante ato motivado do diretor do estabelecimento.

Art. 42. Aplica-se ao preso provisório e ao submetido à medida de segurança, no que couber, o disposto nesta Seção.

Art. 43. É garantida a liberdade de contratar médico de confiança pessoal do internado ou do submetido a tratamento ambulatorial, por seus familiares ou dependentes, a fim de orientar e acompanhar o tratamento.

Parágrafo único. As divergências entre o médico oficial e o particular serão resolvidas pelo Juiz da execução.

SEÇÃO III
Da Disciplina

Subseção I
Disposições Gerais

Art. 44. A disciplina consiste na colaboração com a ordem, na obediência às determinações das autoridades e seus agentes e no desempenho do trabalho.
Parágrafo único. Estão sujeitos à disciplina o condenado à pena privativa de liberdade ou restritiva de direitos e o preso provisório.
Art. 45. Não haverá falta nem sanção disciplinar sem expressa e anterior previsão legal ou regulamentar.
§ 1º As sanções não poderão colocar em perigo a integridade física e moral do condenado.
§ 2º É vedado o emprego de cela escura.
§ 3º São vedadas as sanções coletivas.
Art. 46. O condenado ou denunciado, no início da execução da pena ou da prisão, será cientificado das normas disciplinares.
Art. 47. O poder disciplinar, na execução da pena privativa de liberdade, será exercido pela autoridade administrativa conforme as disposições regulamentares.
Art. 48. Na execução das penas restritivas de direitos, o poder disciplinar será exercido pela autoridade administrativa a que estiver sujeito o condenado.
Parágrafo único. Nas faltas graves, a autoridade representará ao Juiz da execução para os fins dos artigos 118, inciso I, 125, 127, 181, §§ 1º, letra d, e 2º desta Lei.

Subseção II
Das Faltas Disciplinares

Art. 49. As faltas disciplinares classificam-se em leves, médias e graves. A legislação local especificará as leves e médias, bem assim as respectivas sanções.
Parágrafo único. Pune-se a tentativa com a sanção correspondente à falta consumada.
Art. 50. Comete falta grave o condenado à pena privativa de liberdade que:
I. incitar ou participar de movimento para subverter a ordem ou a disciplina;
II. fugir;
III. possuir, indevidamente, instrumento capaz de ofender a integridade física de outrem;
IV. provocar acidente de trabalho;
V. descumprir, no regime aberto, as condições impostas;
VI. inobservar os deveres previstos nos incisos II e V, do artigo 39, desta Lei.
VII. tiver em sua posse, utilizar ou fornecer aparelho telefônico, de rádio ou similar, que permita a comunicação com outros presos ou com o ambiente externo.
VIII. recusar submeter-se ao procedimento de identificação do perfil genético. **(Incluído pela Lei nº 13.964, de 2019)**
Parágrafo único. O disposto neste artigo aplica-se, no que couber, ao preso provisório.
Art. 51. Comete falta grave o condenado à pena restritiva de direitos que:
I. descumprir, injustificadamente, a restrição imposta;
II. retardar, injustificadamente, o cumprimento da obrigação imposta;
III. inobservar os deveres previstos nos incisos II e V, do artigo 39, desta Lei.
Art. 52. A prática de fato previsto como crime doloso constitui falta grave e, quando ocasionar subversão da ordem ou disciplina internas, sujeitará o preso provisório, ou condenado, nacional ou estrangeiro, sem prejuízo da sanção penal, ao regime disciplinar diferenciado, com as seguintes características: **(Redação dada pela Lei nº 13.964, de 2019)**
I. duração máxima de até 2 (dois) anos, sem prejuízo de repetição da sanção por nova falta grave de mesma espécie; **(Redação dada pela Lei nº 13.964, de 2019)**
II. recolhimento em cela individual; **(Redação dada pela Lei nº 13.964, de 2019)**
III. visitas quinzenais, de 2 (duas) pessoas por vez, a serem realizadas em instalações equipadas para impedir o contato físico e a passagem de objetos, por pessoa da família ou, no caso de terceiro, autorizado judicialmente, com duração de 2 (duas) horas; **(Redação dada pela Lei nº 13.964, de 2019)**
IV. direito do preso à saída da cela por 2 (duas) horas diárias para banho de sol, em grupos de até 4 (quatro) presos, desde que não haja contato com

presos do mesmo grupo criminoso; **(Redação dada pela Lei nº 13.964, de 2019)**

V. entrevistas sempre monitoradas, exceto aquelas com seu defensor, em instalações equipadas para impedir o contato físico e a passagem de objetos, salvo expressa autorização judicial em contrário; **(Incluído pela Lei nº 13.964, de 2019)**

VI. fiscalização do conteúdo da correspondência; **(Incluído pela Lei nº 13.964, de 2019)**

VII. participação em audiências judiciais preferencialmente por videoconferência, garantindo-se a participação do defensor no mesmo ambiente do preso. **(Incluído pela Lei nº 13.964, de 2019)**

§ 1º O regime disciplinar diferenciado também será aplicado aos presos provisórios ou condenados, nacionais ou estrangeiros: **(Redação dada pela Lei nº 13.964, de 2019)**

I. que apresentem alto risco para a ordem e a segurança do estabelecimento penal ou da sociedade; **(Incluído pela Lei nº 13.964, de 2019)**

II. sob os quais recaiam fundadas suspeitas de envolvimento ou participação, a qualquer título, em organização criminosa, associação criminosa ou milícia privada, independentemente da prática de falta grave. **(Incluído pela Lei nº 13.964, de 2019)**

§ 2º (Revogado). **(Redação dada pela Lei nº 13.964, de 2019)**

§ 3º Existindo indícios de que o preso exerce liderança em organização criminosa, associação criminosa ou milícia privada, ou que tenha atuação criminosa em 2 (dois) ou mais Estados da Federação, o regime disciplinar diferenciado será obrigatoriamente cumprido em estabelecimento prisional federal. **(Incluído pela Lei nº 13.964, de 2019)**

§ 4º Na hipótese dos parágrafos anteriores, o regime disciplinar diferenciado poderá ser prorrogado sucessivamente, por períodos de 1 (um) ano, existindo indícios de que o preso: **(Incluído pela Lei nº 13.964, de 2019)**

I. continua apresentando alto risco para a ordem e a segurança do estabelecimento penal de origem ou da sociedade; (Incluído pela Lei nº 13.964, de 2019)

II. mantém os vínculos com organização criminosa, associação criminosa ou milícia privada, considerados também o perfil criminal e a função desempenhada por ele no grupo criminoso, a operação duradoura do grupo, a superveniência de novos processos criminais e os resultados do tratamento penitenciário. **(Incluído pela Lei nº 13.964, de 2019)**

§ 5º Na hipótese prevista no § 3º deste artigo, o regime disciplinar diferenciado deverá contar com alta segurança interna e externa, principalmente no que diz respeito à necessidade de se evitar contato do preso com membros de sua organização criminosa, associação criminosa ou milícia privada, ou de grupos rivais. **(Incluído pela Lei nº 13.964, de 2019)**

§ 6º A visita de que trata o inciso III do caput deste artigo será gravada em sistema de áudio ou de áudio e vídeo e, com autorização judicial, fiscalizada por agente penitenciário. **(Incluído pela Lei nº 13.964, de 2019)**

§ 7º Após os primeiros 6 (seis) meses de regime disciplinar diferenciado, o preso que não receber a visita de que trata o inciso III do caput deste artigo poderá, após prévio agendamento, ter contato telefônico, que será gravado, com uma pessoa da família, 2 (duas) vezes por mês e por 10 (dez) minutos. **(Incluído pela Lei nº 13.964, de 2019)**

Subseção III
Das Sanções e das Recompensas

Art. 53. Constituem sanções disciplinares:

I. advertência verbal;

II. repreensão;

III. suspensão ou restrição de direitos (artigo 41, parágrafo único);

IV. isolamento na própria cela, ou em local adequado, nos estabelecimentos que possuam alojamento coletivo, observado o disposto no artigo 88 desta Lei.

V. inclusão no regime disciplinar diferenciado.

Art. 54. As sanções dos incisos I a IV do art. 53 serão aplicadas por ato motivado do diretor do estabelecimento e a do inciso V, por prévio e fundamentado despacho do juiz competente.

§ 1º A autorização para a inclusão do preso em regime disciplinar dependerá de requerimento circunstanciado elaborado pelo diretor do estabelecimento ou outra autoridade administrativa.

§ 2º A decisão judicial sobre inclusão de preso em regime disciplinar será precedida de manifestação do Ministério Público e da defesa e prolatada no prazo máximo de quinze dias.

Art. 55. As recompensas têm em vista o bom comportamento reconhecido em favor do condenado, de sua colaboração com a disciplina e de sua dedicação ao trabalho.

Art. 56. São recompensas:

I. o elogio;

II. a concessão de regalias.
Parágrafo único. A legislação local e os regulamentos estabelecerão a natureza e a forma de concessão de regalias.

Subseção IV
Da Aplicação das Sanções

Art. 57. Na aplicação das sanções disciplinares, levar-se-ão em conta a natureza, os motivos, as circunstâncias e as consequências do fato, bem como a pessoa do faltoso e seu tempo de prisão.
Parágrafo único. Nas faltas graves, aplicam-se as sanções previstas nos incisos III a V do art. 53 desta Lei.
Art. 58. O isolamento, a suspensão e a restrição de direitos não poderão exceder a trinta dias, ressalvada a hipótese do regime disciplinar diferenciado.
Parágrafo único. O isolamento será sempre comunicado ao Juiz da execução.

Subseção V
Do Procedimento Disciplinar

Art. 59. Praticada a falta disciplinar, deverá ser instaurado o procedimento para sua apuração, conforme regulamento, assegurado o direito de defesa.
Parágrafo único. A decisão será motivada.
Art. 60. A autoridade administrativa poderá decretar o isolamento preventivo do faltoso pelo prazo de até dez dias. A inclusão do preso no regime disciplinar diferenciado, no interesse da disciplina e da averiguação do fato, dependerá de despacho do juiz competente.
Parágrafo único. O tempo de isolamento ou inclusão preventiva no regime disciplinar diferenciado será computado no período de cumprimento da sanção disciplinar.

TÍTULO III
Dos Órgãos da Execução Penal

CAPÍTULO I
Disposições Gerais

Art. 61. São órgãos da execução penal:
I. o Conselho Nacional de Política Criminal e Penitenciária;
II. o Juízo da Execução;
III. o Ministério Público;
IV. o Conselho Penitenciário;
V. os Departamentos Penitenciários;
VI. o Patronato;
VII. o Conselho da Comunidade.
VIII. a Defensoria Pública.

CAPÍTULO II
Do Conselho Nacional de Política Criminal e Penitenciária

Art. 62. O Conselho Nacional de Política Criminal e Penitenciária, com sede na Capital da República, é subordinado ao Ministério da Justiça.
Art. 63. O Conselho Nacional de Política Criminal e Penitenciária será integrado por 13 (treze) membros designados através de ato do Ministério da Justiça, dentre professores e profissionais da área do Direito Penal, Processual Penal, Penitenciário e ciências correlatas, bem como por representantes da comunidade e dos Ministérios da área social.
Parágrafo único. O mandato dos membros do Conselho terá duração de 2 (dois) anos, renovado 1/3 (um terço) em cada ano.
Art. 64. Ao Conselho Nacional de Política Criminal e Penitenciária, no exercício de suas atividades, em âmbito federal ou estadual, incumbe:
I. propor diretrizes da política criminal quanto à prevenção do delito, administração da Justiça Criminal e execução das penas e das medidas de segurança;
II. contribuir na elaboração de planos nacionais de desenvolvimento, sugerindo as metas e prioridades da política criminal e penitenciária;
III. promover a avaliação periódica do sistema criminal para a sua adequação às necessidades do País;
IV. estimular e promover a pesquisa criminológica;
V. elaborar programa nacional penitenciário de formação e aperfeiçoamento do servidor;
VI. estabelecer regras sobre a arquitetura e construção de estabelecimentos penais e casas de albergados;
VII. estabelecer os critérios para a elaboração da estatística criminal;
VIII. inspecionar e fiscalizar os estabelecimentos penais, bem assim informar-se, mediante relatórios do Conselho Penitenciário, requisições, visitas

ou outros meios, acerca do desenvolvimento da execução penal nos Estados, Territórios e Distrito Federal, propondo às autoridades dela incumbida as medidas necessárias ao seu aprimoramento;

IX. representar ao Juiz da execução ou à autoridade administrativa para instauração de sindicância ou procedimento administrativo, em caso de violação das normas referentes à execução penal;

X. representar à autoridade competente para a interdição, no todo ou em parte, de estabelecimento penal.

CAPÍTULO III
Do Juízo da Execução

Art. 65. A execução penal competirá ao Juiz indicado na lei local de organização judiciária e, na sua ausência, ao da sentença.

Art. 66. Compete ao Juiz da execução:
I. aplicar aos casos julgados lei posterior que de qualquer modo favorecer o condenado;
II. declarar extinta a punibilidade;
III. decidir sobre:
a) soma ou unificação de penas;
b) progressão ou regressão nos regimes;
c) detração e remição da pena;
d) suspensão condicional da pena;
e) livramento condicional;
f) incidentes da execução.
IV. autorizar saídas temporárias;
V. determinar:
a) a forma de cumprimento da pena restritiva de direitos e fiscalizar sua execução;
b) a conversão da pena restritiva de direitos e de multa em privativa de liberdade;
c) a conversão da pena privativa de liberdade em restritiva de direitos;
d) a aplicação da medida de segurança, bem como a substituição da pena por medida de segurança;
e) a revogação da medida de segurança;
f) a desinternação e o restabelecimento da situação anterior;
g) o cumprimento de pena ou medida de segurança em outra comarca;
h) a remoção do condenado na hipótese prevista no § 1º, do artigo 86, desta Lei.
i) (VETADO);

VI. zelar pelo correto cumprimento da pena e da medida de segurança;
VII. inspecionar, mensalmente, os estabelecimentos penais, tomando providências para o adequado funcionamento e promovendo, quando for o caso, a apuração de responsabilidade;
VIII. interditar, no todo ou em parte, estabelecimento penal que estiver funcionando em condições inadequadas ou com infringência aos dispositivos desta Lei;
IX. compor e instalar o Conselho da Comunidade.
X. emitir anualmente atestado de pena a cumprir.

CAPÍTULO IV
Do Ministério Público

Art. 67. O Ministério Público fiscalizará a execução da pena e da medida de segurança, oficiando no processo executivo e nos incidentes da execução.

Art. 68. Incumbe, ainda, ao Ministério Público:
I. fiscalizar a regularidade formal das guias de recolhimento e de internamento;
II. requerer:
a) todas as providências necessárias ao desenvolvimento do processo executivo;
b) a instauração dos incidentes de excesso ou desvio de execução;
c) a aplicação de medida de segurança, bem como a substituição da pena por medida de segurança;
d) a revogação da medida de segurança;
e) a conversão de penas, a progressão ou regressão nos regimes e a revogação da suspensão condicional da pena e do livramento condicional;
f) a internação, a desinternação e o restabelecimento da situação anterior.
III. interpor recursos de decisões proferidas pela autoridade judiciária, durante a execução.

Parágrafo único. O órgão do Ministério Público visitará mensalmente os estabelecimentos penais, registrando a sua presença em livro próprio.

CAPÍTULO V
Do Conselho Penitenciário

Art. 69. O Conselho Penitenciário é órgão consultivo e fiscalizador da execução da pena.

§ 1º O Conselho será integrado por membros nomeados pelo Governador do Estado, do Distrito

Federal e dos Territórios, dentre professores e profissionais da área do Direito Penal, Processual Penal, Penitenciário e ciências correlatas, bem como por representantes da comunidade. A legislação federal e estadual regulará o seu funcionamento.

§ 2º O mandato dos membros do Conselho Penitenciário terá a duração de 4 (quatro) anos.

Art. 70. Incumbe ao Conselho Penitenciário:

I. emitir parecer sobre indulto e comutação de pena, excetuada a hipótese de pedido de indulto com base no estado de saúde do preso;

II. inspecionar os estabelecimentos e serviços penais;

III. apresentar, no 1º (primeiro) trimestre de cada ano, ao Conselho Nacional de Política Criminal e Penitenciária, relatório dos trabalhos efetuados no exercício anterior;

IV. supervisionar os patronatos, bem como a assistência aos egressos.

CAPÍTULO VI
Dos DepArtamentos Penitenciários

SEÇÃO I
Do DepArtamento Penitenciário Nacional

Art. 71. O Departamento Penitenciário Nacional, subordinado ao Ministério da Justiça, é órgão executivo da Política Penitenciária Nacional e de apoio administrativo e financeiro do Conselho Nacional de Política Criminal e Penitenciária.

Art. 72. São atribuições do Departamento Penitenciário Nacional:

I. acompanhar a fiel aplicação das normas de execução penal em todo o Território Nacional;

II. inspecionar e fiscalizar periodicamente os estabelecimentos e serviços penais;

III. assistir tecnicamente as Unidades Federativas na implementação dos princípios e regras estabelecidos nesta Lei;

IV. colaborar com as Unidades Federativas mediante convênios, na implantação de estabelecimentos e serviços penais;

V. colaborar com as Unidades Federativas para a realização de cursos de formação de pessoal penitenciário e de ensino profissionalizante do condenado e do internado.

VI. estabelecer, mediante convênios com as unidades federativas, o cadastro nacional das vagas existentes em estabelecimentos locais destinadas ao cumprimento de penas privativas de liberdade aplicadas pela justiça de outra unidade federativa, em especial para presos sujeitos a regime disciplinar.

VII. acompanhar a execução da pena das mulheres beneficiadas pela progressão especial de que trata o § 3º do art. 112 desta Lei, monitorando sua integração social e a ocorrência de reincidência, específica ou não, mediante a realização de avaliações periódicas e de estatísticas criminais.

§ 1º Incumbem também ao Departamento a coordenação e supervisão dos estabelecimentos penais e de internamento federais.

§ 2º Os resultados obtidos por meio do monitoramento e das avaliações periódicas previstas no inciso VII do caput deste artigo serão utilizados para, em função da efetividade da progressão especial para a ressocialização das mulheres de que trata o § 3º do art. 112 desta Lei, avaliar eventual desnecessidade do regime fechado de cumprimento de pena para essas mulheres nos casos de crimes cometidos sem violência ou grave ameaça.

SEÇÃO II
Do DepArtamento Penitenciário Local

Art. 73. A legislação local poderá criar Departamento Penitenciário ou órgão similar, com as atribuições que estabelecer.

Art. 74. O Departamento Penitenciário local, ou órgão similar, tem por finalidade supervisionar e coordenar os estabelecimentos penais da Unidade da Federação a que pertencer.

Parágrafo único. Os órgãos referidos no caput deste artigo realizarão o acompanhamento de que trata o inciso VII do caput do art. 72 desta Lei e encaminharão ao Departamento Penitenciário Nacional os resultados obtidos.

SEÇÃO III
Da Direção e do Pessoal dos Estabelecimentos Penais

Art. 75. O ocupante do cargo de diretor de estabelecimento deverá satisfazer os seguintes requisitos:

I. ser portador de diploma de nível superior de Direito, ou Psicologia, ou Ciências Sociais, ou Pedagogia, ou Serviços Sociais;

II. possuir experiência administrativa na área;
III. ter idoneidade moral e reconhecida aptidão para o desempenho da função.
Parágrafo único. O diretor deverá residir no estabelecimento, ou nas proximidades, e dedicará tempo integral à sua função.
Art. 76. O Quadro do Pessoal Penitenciário será organizado em diferentes categorias funcionais, segundo as necessidades do serviço, com especificação de atribuições relativas às funções de direção, chefia e assessoramento do estabelecimento e às demais funções.
Art. 77. A escolha do pessoal administrativo, especializado, de instrução técnica e de vigilância atenderá a vocação, preparação profissional e antecedentes pessoais do candidato.
§ 1º O ingresso do pessoal penitenciário, bem como a progressão ou a ascensão funcional dependerão de cursos específicos de formação, procedendo-se à reciclagem periódica dos servidores em exercício.
§ 2º No estabelecimento para mulheres somente se permitirá o trabalho de pessoal do sexo feminino, salvo quando se tratar de pessoal técnico especializado.

CAPÍTULO VII

Do Patronato

Art. 78. O Patronato público ou particular destina-se a prestar assistência aos albergados e aos egressos (artigo 26).
Art. 79. Incumbe também ao Patronato:
I. orientar os condenados à pena restritiva de direitos;
II. fiscalizar o cumprimento das penas de prestação de serviço à comunidade e de limitação de fim de semana;
III. colaborar na fiscalização do cumprimento das condições da suspensão e do livramento condicional.

CAPÍTULO VIII

Do Conselho da Comunidade

Art. 80. Haverá, em cada comarca, um Conselho da Comunidade composto, no mínimo, por 1 (um) representante de associação comercial ou industrial, 1 (um) advogado indicado pela SEÇÃO da Ordem dos Advogados do Brasil, 1 (um) Defensor Público indicado pelo Defensor Público Geral e 1 (um) assistente social escolhido pela Delegacia Seccional do Conselho Nacional de Assistentes Sociais.
Parágrafo único. Na falta da representação prevista neste artigo, ficará a critério do Juiz da execução a escolha dos integrantes do Conselho.
Art. 81. Incumbe ao Conselho da Comunidade:
I. visitar, pelo menos mensalmente, os estabelecimentos penais existentes na comarca;
II. entrevistar presos;
III. apresentar relatórios mensais ao Juiz da execução e ao Conselho Penitenciário;
IV. diligenciar a obtenção de recursos materiais e humanos para melhor assistência ao preso ou internado, em harmonia com a direção do estabelecimento.

CAPÍTULO IX

Da Defensoria Pública

Art. 81-A. A Defensoria Pública velará pela regular execução da pena e da medida de segurança, oficiando, no processo executivo e nos incidentes da execução, para a defesa dos necessitados em todos os graus e instâncias, de forma individual e coletiva.
Art. 81-B. Incumbe, ainda, à Defensoria Pública:
I. requerer:
a) todas as providências necessárias ao desenvolvimento do processo executivo;
b) a aplicação aos casos julgados de lei posterior que de qualquer modo favorecer o condenado;
c) a declaração de extinção da punibilidade;
d) a unificação de penas;
e) a detração e remição da pena;
f) a instauração dos incidentes de excesso ou desvio de execução;
g) a aplicação de medida de segurança e sua revogação, bem como a substituição da pena por medida de segurança;
h) a conversão de penas, a progressão nos regimes, a suspensão condicional da pena, o livramento condicional, a comutação de pena e o indulto;
i) a autorização de saídas temporárias;
j) a internação, a desinternação e o restabelecimento da situação anterior;
k) o cumprimento de pena ou medida de segurança em outra comarca;

l) a remoção do condenado na hipótese prevista no § 1º do art. 86 desta Lei;
II. requerer a emissão anual do atestado de pena a cumprir;
III. interpor recursos de decisões proferidas pela autoridade judiciária ou administrativa durante a execução;
IV. representar ao Juiz da execução ou à autoridade administrativa para instauração de sindicância ou procedimento administrativo em caso de violação das normas referentes à execução penal;
V. visitar os estabelecimentos penais, tomando providências para o adequado funcionamento, e requerer, quando for o caso, a apuração de responsabilidade;
VI. requerer à autoridade competente a interdição, no todo ou em parte, de estabelecimento penal.
Parágrafo único. O órgão da Defensoria Pública visitará periodicamente os estabelecimentos penais, registrando a sua presença em livro próprio.

TÍTULO IV
Dos Estabelecimentos Penais

CAPÍTULO I
Disposições Gerais

Art. 82. Os estabelecimentos penais destinam-se ao condenado, ao submetido à medida de segurança, ao preso provisório e ao egresso.
§ 1º A mulher e o maior de sessenta anos, separadamente, serão recolhidos a estabelecimento próprio e adequado à sua condição pessoal.
§ 2º O mesmo conjunto arquitetônico poderá abrigar estabelecimentos de destinação diversa desde que devidamente isolados.
Art. 83. O estabelecimento penal, conforme a sua natureza, deverá contar em suas dependências com áreas e serviços destinados a dar assistência, educação, trabalho, recreação e prática esportiva.
§ 1º Haverá instalação destinada a estágio de estudantes universitários.
§ 2º Os estabelecimentos penais destinados a mulheres serão dotados de berçário, onde as condenadas possam cuidar de seus filhos, inclusive amamentá--los, no mínimo, até 6 (seis) meses de idade.

§ 3º Os estabelecimentos de que trata o § 2º deste artigo deverão possuir, exclusivamente, agentes do sexo feminino na segurança de suas dependências internas.
§ 4º Serão instaladas salas de aulas destinadas a cursos do ensino básico e profissionalizante.
§ 5º Haverá instalação destinada à Defensoria Pública.
Art. 83-A. Poderão ser objeto de execução indireta as atividades materiais acessórias, instrumentais ou complementares desenvolvidas em estabelecimentos penais, e notadamente:
I. serviços de conservação, limpeza, informática, copeiragem, portaria, recepção, reprografia, telecomunicações, lavanderia e manutenção de prédios, instalações e equipamentos internos e externos;
II. serviços relacionados à execução de trabalho pelo preso.
§ 1º A execução indireta será realizada sob supervisão e fiscalização do poder público.
§ 2º Os serviços relacionados neste artigo poderão compreender o fornecimento de materiais, equipamentos, máquinas e profissionais.
Art. 83-B. São indelegáveis as funções de direção, chefia e coordenação no âmbito do sistema penal, bem como todas as atividades que exijam o exercício do poder de polícia, e notadamente:
I. classificação de condenados;
II. aplicação de sanções disciplinares;
III. controle de rebeliões;
IV. transporte de presos para órgãos do Poder Judiciário, hospitais e outros locais externos aos estabelecimentos penais.
Art. 84. O preso provisório ficará separado do condenado por sentença transitada em julgado.
§ 1º Os presos provisórios ficarão separados de acordo com os seguintes critérios:
I. acusados pela prática de crimes hediondos ou equiparados;
II. acusados pela prática de crimes cometidos com violência ou grave ameaça à pessoa;
III. acusados pela prática de outros crimes ou contravenções diversos dos apontados nos incisos I e II.
§ 2º O preso que, ao tempo do fato, era funcionário da Administração da Justiça Criminal ficará em dependência separada.

§ 3º Os presos condenados ficarão separados de acordo com os seguintes critérios:
I. condenados pela prática de crimes hediondos ou equiparados;
II. reincidentes condenados pela prática de crimes cometidos com violência ou grave ameaça à pessoa;
III. primários condenados pela prática de crimes cometidos com violência ou grave ameaça à pessoa;
IV. demais condenados pela prática de outros crimes ou contravenções em situação diversa das previstas nos incisos I, II e III.
§ 4º O preso que tiver sua integridade física, moral ou psicológica ameaçada pela convivência com os demais presos ficará segregado em local próprio.
Art. 85. O estabelecimento penal deverá ter lotação compatível com a sua estrutura e finalidade.
Parágrafo único. O Conselho Nacional de Política Criminal e Penitenciária determinará o limite máximo de capacidade do estabelecimento, atendendo a sua natureza e peculiaridades.
Art. 86. As penas privativas de liberdade aplicadas pela Justiça de uma Unidade Federativa podem ser executadas em outra unidade, em estabelecimento local ou da União.
§ 1º A União Federal poderá construir estabelecimento penal em local distante da condenação para recolher os condenados, quando a medida se justifique no interesse da segurança pública ou do próprio condenado.
§ 2º Conforme a natureza do estabelecimento, nele poderão trabalhar os liberados ou egressos que se dediquem a obras públicas ou ao aproveitamento de terras ociosas.
§ 3º Caberá ao juiz competente, a requerimento da autoridade administrativa definir o estabelecimento prisional adequado para abrigar o preso provisório ou condenado, em atenção ao regime e aos requisitos estabelecidos.

CAPÍTULO II

Da Penitenciária

Art. 87. A penitenciária destina-se ao condenado à pena de reclusão, em regime fechado.
Parágrafo único. A União Federal, os Estados, o Distrito Federal e os Territórios poderão construir Penitenciárias destinadas, exclusivamente, aos presos provisórios e condenados que estejam em regime fechado, sujeitos ao regime disciplinar diferenciado, nos termos do art. 52 desta Lei.
Art. 88. O condenado será alojado em cela individual que conterá dormitório, aparelho sanitário e lavatório.
Parágrafo único. São requisitos básicos da unidade celular:
a) salubridade do ambiente pela concorrência dos fatores de aeração, insolação e condicionamento térmico adequado à existência humana;
b) área mínima de 6,00m2 (seis metros quadrados).
Art. 89. Além dos requisitos referidos no art. 88, a penitenciária de mulheres será dotada de SEÇÃO para gestante e parturiente e de creche para abrigar crianças maiores de 6 (seis) meses e menores de 7 (sete) anos, com a finalidade de assistir a criança desamparada cuja responsável estiver presa.
Parágrafo único. São requisitos básicos da SEÇÃO e da creche referidas neste artigo:
I. atendimento por pessoal qualificado, de acordo com as diretrizes adotadas pela legislação educacional e em unidades autônomas; e
II. horário de funcionamento que garanta a melhor assistência à criança e à sua responsável.
Art. 90. A penitenciária de homens será construída, em local afastado do centro urbano, à distância que não restrinja a visitação.

CAPÍTULO III

Da Colônia Agrícola, Industrial ou Similar

Art. 91. A Colônia Agrícola, Industrial ou Similar destina-se ao cumprimento da pena em regime semiaberto.
Art. 92. O condenado poderá ser alojado em compartimento coletivo, observados os requisitos da letra a, do parágrafo único, do artigo 88, desta Lei.
Parágrafo único. São também requisitos básicos das dependências coletivas:
a) a seleção adequada dos presos;
b) o limite de capacidade máxima que atenda os objetivos de individualização da pena.

CAPÍTULO IV
Da Casa do Albergado

Art. 93. A Casa do Albergado destina-se ao cumprimento de pena privativa de liberdade, em regime aberto, e da pena de limitação de fim de semana.

Art. 94. O prédio deverá situar-se em centro urbano, separado dos demais estabelecimentos, e caracterizar-se pela ausência de obstáculos físicos contra a fuga.

Art. 95. Em cada região haverá, pelo menos, uma Casa do Albergado, a qual deverá conter, além dos aposentos para acomodar os presos, local adequado para cursos e palestras.

Parágrafo único. O estabelecimento terá instalações para os serviços de fiscalização e orientação dos condenados.

CAPÍTULO V
Do Centro de Observação

Art. 96. No Centro de Observação realizar-se-ão os exames gerais e o criminológico, cujos resultados serão encaminhados à Comissão Técnica de Classificação.

Parágrafo único. No Centro poderão ser realizadas pesquisas criminológicas.

Art. 97. O Centro de Observação será instalado em unidade autônoma ou em anexo a estabelecimento penal.

Art. 98. Os exames poderão ser realizados pela Comissão Técnica de Classificação, na falta do Centro de Observação.

CAPÍTULO VI
Do Hospital de Custódia e Tratamento Psiquiátrico

Art. 99. O Hospital de Custódia e Tratamento Psiquiátrico destina-se aos inimputáveis e semi-imputáveis referidos no artigo 26 e seu parágrafo único do Código Penal.

Parágrafo único. Aplica-se ao hospital, no que couber, o disposto no parágrafo único, do artigo 88, desta Lei.

Art. 100. O exame psiquiátrico e os demais exames necessários ao tratamento são obrigatórios para todos os internados.

Art. 101. O tratamento ambulatorial, previsto no artigo 97, segunda parte, do Código Penal, será realizado no Hospital de Custódia e Tratamento Psiquiátrico ou em outro local com dependência médica adequada.

CAPÍTULO VII
Da Cadeia Pública

Art. 102. A cadeia pública destina-se ao recolhimento de presos provisórios.

Art. 103. Cada comarca terá, pelo menos 1 (uma) cadeia pública a fim de resguardar o interesse da Administração da Justiça Criminal e a permanência do preso em local próximo ao seu meio social e familiar.

Art. 104. O estabelecimento de que trata este Capítulo será instalado próximo de centro urbano, observando-se na construção as exigências mínimas referidas no artigo 88 e seu parágrafo único desta Lei.

TÍTULO V
Da Execução das Penas em Espécie

CAPÍTULO I
Das Penas Privativas de Liberdade

SEÇÃO I
Disposições Gerais

Art. 105. Transitando em julgado a sentença que aplicar pena privativa de liberdade, se o réu estiver ou vier a ser preso, o Juiz ordenará a expedição de guia de recolhimento para a execução.

Art. 106. A guia de recolhimento, extraída pelo escrivão, que a rubricará em todas as folhas e a assinará com o Juiz, será remetida à autoridade administrativa incumbida da execução e conterá:

I. o nome do condenado;

II. a sua qualificação civil e o número do registro geral no órgão oficial de identificação;

III. o inteiro teor da denúncia e da sentença condenatória, bem como certidão do trânsito em julgado;

IV. a informação sobre os antecedentes e o grau de instrução;

V. a data da terminação da pena;

VI. outras peças do processo reputadas indispensáveis ao adequado tratamento penitenciário.

§ 1º Ao Ministério Público se dará ciência da guia de recolhimento.

§ 2º A guia de recolhimento será retificada sempre que sobrevier modificação quanto ao início da execução ou ao tempo de duração da pena.

§ 3º Se o condenado, ao tempo do fato, era funcionário da Administração da Justiça Criminal, far-se-á, na guia, menção dessa circunstância, para fins do disposto no § 2º, do artigo 84, desta Lei.

Art. 107. Ninguém será recolhido, para cumprimento de pena privativa de liberdade, sem a guia expedida pela autoridade judiciária.

§ 1º A autoridade administrativa incumbida da execução passará recibo da guia de recolhimento para juntá-la aos autos do processo, e dará ciência dos seus termos ao condenado.

§ 2º As guias de recolhimento serão registradas em livro especial, segundo a ordem cronológica do recebimento, e anexadas ao prontuário do condenado, aditando-se, no curso da execução, o cálculo das remições e de outras retificações posteriores.

Art. 108. O condenado a quem sobrevier doença mental será internado em Hospital de Custódia e Tratamento Psiquiátrico.

Art. 109. Cumprida ou extinta a pena, o condenado será posto em liberdade, mediante alvará do Juiz, se por outro motivo não estiver preso.

SEÇÃO II
Dos Regimes

Art. 110. O Juiz, na sentença, estabelecerá o regime no qual o condenado iniciará o cumprimento da pena privativa de liberdade, observado o disposto no artigo 33 e seus parágrafos do Código Penal.

Art. 111. Quando houver condenação por mais de um crime, no mesmo processo ou em processos distintos, a determinação do regime de cumprimento será feita pelo resultado da soma ou unificação das penas, observada, quando for o caso, a detração ou remição.

Parágrafo único. Sobrevindo condenação no curso da execução, somar-se-á a pena ao restante da que está sendo cumprida, para determinação do regime.

Art. 112. A pena privativa de liberdade será executada em forma progressiva com a transferência para regime menos rigoroso, a ser determinada pelo juiz, quando o preso tiver cumprido ao menos: (Redação dada pela Lei nº 13.964, de 2019)

I. 16% (dezesseis por cento) da pena, se o apenado for primário e o crime tiver sido cometido sem violência à pessoa ou grave ameaça; (Incluído pela Lei nº 13.964, de 2019)

II. 20% (vinte por cento) da pena, se o apenado for reincidente em crime cometido sem violência à pessoa ou grave ameaça; (Incluído pela Lei nº 13.964, de 2019)

III. 25% (vinte e cinco por cento) da pena, se o apenado for primário e o crime tiver sido cometido com violência à pessoa ou grave ameaça; (Incluído pela Lei nº 13.964, de 2019)

IV. 30% (trinta por cento) da pena, se o apenado for reincidente em crime cometido com violência à pessoa ou grave ameaça; (Incluído pela Lei nº 13.964, de 2019)

V. 40% (quarenta por cento) da pena, se o apenado for condenado pela prática de crime hediondo ou equiparado, se for primário; (Incluído pela Lei nº 13.964, de 2019)

VI. 50% (cinquenta por cento) da pena, se o apenado for: (Incluído pela Lei nº 13.964, de 2019)

a) condenado pela prática de crime hediondo ou equiparado, com resultado morte, se for primário, vedado o livramento condicional; (Incluído pela Lei nº 13.964, de 2019)

b) condenado por exercer o comando, individual ou coletivo, de organização criminosa estruturada para a prática de crime hediondo ou equiparado; ou (Incluído pela Lei nº 13.964, de 2019)

c) condenado pela prática do crime de constituição de milícia privada; (Incluído pela Lei nº 13.964, de 2019)

VII. 60% (sessenta por cento) da pena, se o apenado for reincidente na prática de crime hediondo ou equiparado; (Incluído pela Lei nº 13.964, de 2019)

VIII. 70% (setenta por cento) da pena, se o apenado for reincidente em crime hediondo ou equiparado com resultado morte, vedado o livramento condicional. (Incluído pela Lei nº 13.964, de 2019)

§ 1º Em todos os casos, o apenado só terá direito à progressão de regime se ostentar boa conduta carcerária, comprovada pelo diretor do estabelecimento, respeitadas as normas que vedam a progressão. (Redação dada pela Lei nº 13.964, de 2019)

§ 2º A decisão do juiz que determinar a progressão de regime será sempre motivada e precedida de manifestação do Ministério Público e do defensor, procedimento que também será adotado na concessão de livramento condicional, indulto e comutação de penas, respeitados os prazos previstos nas normas vigentes. (Redação dada pela Lei nº 13.964, de 2019)
§ 3º No caso de mulher gestante ou que for mãe ou responsável por crianças ou pessoas com deficiência, os requisitos para progressão de regime são, cumulativamente:
I. não ter cometido crime com violência ou grave ameaça a pessoa;
II. não ter cometido o crime contra seu filho ou dependente;
III. ter cumprido ao menos 1/8 (um oitavo) da pena no regime anterior;
IV. ser primária e ter bom comportamento carcerário, comprovado pelo diretor do estabelecimento;
V. não ter integrado organização criminosa.
§ 4º O cometimento de novo crime doloso ou falta grave implicará a revogação do benefício previsto no § 3º deste artigo.
§ 5º Não se considera hediondo ou equiparado, para os fins deste artigo, o crime de tráfico de drogas previsto no § 4º do art. 33 da Lei nº 11.343, de 23 de agosto de 2006. **(Incluído pela Lei nº 13.964, de 2019)**
§ 6º O cometimento de falta grave durante a execução da pena privativa de liberdade interrompe o prazo para a obtenção da progressão no regime de cumprimento da pena, caso em que o reinício da contagem do requisito objetivo terá como base a pena remanescente. **(Incluído pela Lei nº 13.964, de 2019)**
§ 7º O bom comportamento é readquirido após 1 (um) ano da ocorrência do fato, ou antes, após o cumprimento do requisito temporal exigível para a obtenção do direito. (Incluído pela Lei nº 13.964, de 2019)
Art. 113. O ingresso do condenado em regime aberto supõe a aceitação de seu programa e das condições impostas pelo Juiz.
Art. 114. Somente poderá ingressar no regime aberto o condenado que:
I. estiver trabalhando ou comprovar a possibilidade de fazê-lo imediatamente;
II. apresentar, pelos seus antecedentes ou pelo resultado dos exames a que foi submetido, fundados indícios de que irá ajustar-se, com autodisciplina e senso de responsabilidade, ao novo regime.
Parágrafo único. Poderão ser dispensadas do trabalho as pessoas referidas no artigo 117 desta Lei.
Art. 115. O Juiz poderá estabelecer condições especiais para a concessão de regime aberto, sem prejuízo das seguintes condições gerais e obrigatórias:
I. permanecer no local que for designado, durante o repouso e nos dias de folga;
II. sair para o trabalho e retornar, nos horários fixados;
III. não se ausentar da cidade onde reside, sem autorização judicial;
IV. comparecer a Juízo, para informar e justificar as suas atividades, quando for determinado.
Art. 116. O Juiz poderá modificar as condições estabelecidas, de ofício, a requerimento do Ministério Público, da autoridade administrativa ou do condenado, desde que as circunstâncias assim o recomendem.
Art. 117. Somente se admitirá o recolhimento do beneficiário de regime aberto em residência particular quando se tratar de:
I. condenado maior de 70 (setenta) anos;
II. condenado acometido de doença grave;
III. condenada com filho menor ou deficiente físico ou mental;
IV. condenada gestante.
Art. 118. A execução da pena privativa de liberdade ficará sujeita à forma regressiva, com a transferência para qualquer dos regimes mais rigorosos, quando o condenado:
I. praticar fato definido como crime doloso ou falta grave;
II. sofrer condenação, por crime anterior, cuja pena, somada ao restante da pena em execução, torne incabível o regime (artigo 111).
§ 1º O condenado será transferido do regime aberto se, além das hipóteses referidas nos incisos anteriores, frustrar os fins da execução ou não pagar, podendo, a multa cumulativamente imposta.
§ 2º Nas hipóteses do inciso I e do parágrafo anterior, deverá ser ouvido previamente o condenado.
Art. 119. A legislação local poderá estabelecer normas complementares para o cumprimento

da pena privativa de liberdade em regime aberto (artigo 36, § 1º, do Código Penal).

SEÇÃO III
Das Autorizações de Saída

Subseção I
Da Permissão de Saída

Art. 120. Os condenados que cumprem pena em regime fechado ou semiaberto e os presos provisórios poderão obter permissão para sair do estabelecimento, mediante escolta, quando ocorrer um dos seguintes fatos:
I. falecimento ou doença grave do cônjuge, companheira, ascendente, descendente ou irmão;
II. necessidade de tratamento médico (parágrafo único do artigo 14).
Parágrafo único. A permissão de saída será concedida pelo diretor do estabelecimento onde se encontra o preso.

Art. 121. A permanência do preso fora do estabelecimento terá a duração necessária à finalidade da saída.

Subseção II
Da Saída Temporária

Art. 122. Os condenados que cumprem pena em regime semiaberto poderão obter autorização para saída temporária do estabelecimento, sem vigilância direta, nos seguintes casos:
III. visita à família;
IV. frequência a curso supletivo profissionalizante, bem como de instrução do 2º grau ou superior, na Comarca do Juízo da Execução;
V. participação em atividades que concorram para o retorno ao convívio social.
§ 1º A ausência de vigilância direta não impede a utilização de equipamento de monitoração eletrônica pelo condenado, quando assim determinar o juiz da execução. (Redação dada pela Lei nº 13.964, de 2019)
§ 2º Não terá direito à saída temporária a que se refere o caput deste artigo o condenado que cumpre pena por praticar crime hediondo com resultado morte. (Incluído pela Lei nº 13.964, de 2019)

Art. 123. A autorização será concedida por ato motivado do Juiz da execução, ouvidos o Ministério Público e a administração penitenciária e dependerá da satisfação dos seguintes requisitos:
I. comportamento adequado;
II. cumprimento mínimo de 1/6 (um sexto) da pena, se o condenado for primário, e 1/4 (um quarto), se reincidente;
III. compatibilidade do benefício com os objetivos da pena.

Art. 124. A autorização será concedida por prazo não superior a 7 (sete) dias, podendo ser renovada por mais 4 (quatro) vezes durante o ano.
§ 1º Ao conceder a saída temporária, o juiz imporá ao beneficiário as seguintes condições, entre outras que entender compatíveis com as circunstâncias do caso e a situação pessoal do condenado:
I. fornecimento do endereço onde reside a família a ser visitada ou onde poderá ser encontrado durante o gozo do benefício;
II. recolhimento à residência visitada, no período noturno;
III. proibição de frequentar bares, casas noturnas e estabelecimentos congêneres.
§ 2º Quando se tratar de frequência a curso profissionalizante, de instrução de ensino médio ou superior, o tempo de saída será o necessário para o cumprimento das atividades discentes.
§ 3º Nos demais casos, as autorizações de saída somente poderão ser concedidas com prazo mínimo de 45 (quarenta e cinco) dias de intervalo entre uma e outra.

Art. 125. O benefício será automaticamente revogado quando o condenado praticar fato definido como crime doloso, for punido por falta grave, desatender as condições impostas na autorização ou revelar baixo grau de aproveitamento do curso.
Parágrafo único. A recuperação do direito à saída temporária dependerá da absolvição no processo penal, do cancelamento da punição disciplinar ou da demonstração do merecimento do condenado.

SEÇÃO IV
Da Remição

Art. 126. O condenado que cumpre a pena em regime fechado ou semiaberto poderá remir, por trabalho ou por estudo, parte do tempo de execução da pena.
§ 1º A contagem de tempo referida no caput será feita à razão de:

I. 1 (um) dia de pena a cada 12 (doze) horas de frequência escolar – atividade de ensino fundamental, médio, inclusive profissionalizante, ou superior, ou ainda de requalificação profissional – divididas, no mínimo, em 3 (três) dias;
II. 1 (um) dia de pena a cada 3 (três) dias de trabalho.
§ 2º As atividades de estudo a que se refere o § 1º deste artigo poderão ser desenvolvidas de forma presencial ou por metodologia de ensino a distância e deverão ser certificadas pelas autoridades educacionais competentes dos cursos frequentados.
§ 3º Para fins de cumulação dos casos de remição, as horas diárias de trabalho e de estudo serão definidas de forma a se compatibilizarem.
§ 4º O preso impossibilitado, por acidente, de prosseguir no trabalho ou nos estudos continuará a beneficiar-se com a remição.
§ 5º O tempo a remir em função das horas de estudo será acrescido de 1/3 (um terço) no caso de conclusão do ensino fundamental, médio ou superior durante o cumprimento da pena, desde que certificada pelo órgão competente do sistema de educação.
§ 6º O condenado que cumpre pena em regime aberto ou semiaberto e o que usufrui liberdade condicional poderão remir, pela frequência a curso de ensino regular ou de educação profissional, parte do tempo de execução da pena ou do período de prova, observado o disposto no inciso I do § 1º deste artigo.
§ 7º O disposto neste artigo aplica-se às hipóteses de prisão cautelar..
§ 8º A remição será declarada pelo juiz da execução, ouvidos o Ministério Público e a defesa.
Art. 127. Em caso de falta grave, o juiz poderá revogar até 1/3 (um terço) do tempo remido, observado o disposto no art. 57, recomeçando a contagem a partir da data da infração disciplinar.
Art. 128. O tempo remido será computado como pena cumprida, para todos os efeitos.
Art. 129. A autoridade administrativa encaminhará mensalmente ao juízo da execução cópia do registro de todos os condenados que estejam trabalhando ou estudando, com informação dos dias de trabalho ou das horas de frequência escolar ou de atividades de ensino de cada um deles.
§ 1º O condenado autorizado a estudar fora do estabelecimento penal deverá comprovar mensalmente, por meio de declaração da respectiva unidade de ensino, a frequência e o aproveitamento escolar.
§ 2º Ao condenado dar-se-á a relação de seus dias remidos.
Art. 130. Constitui o crime do artigo 299 do Código Penal declarar ou atestar falsamente prestação de serviço para fim de instruir pedido de remição.

SEÇÃO V
Do Livramento Condicional

Art. 131. O livramento condicional poderá ser concedido pelo Juiz da execução, presentes os requisitos do artigo 83, incisos e parágrafo único, do Código Penal, ouvidos o Ministério Público e Conselho Penitenciário.
Art. 132. Deferido o pedido, o Juiz especificará as condições a que fica subordinado o livramento.
§ 1º Serão sempre impostas ao liberado condicional as obrigações seguintes:
a) obter ocupação lícita, dentro de prazo razoável se for apto para o trabalho;
b) comunicar periodicamente ao Juiz sua ocupação;
c) não mudar do território da comarca do Juízo da execução, sem prévia autorização deste.
§ 2º Poderão ainda ser impostas ao liberado condicional, entre outras obrigações, as seguintes:
a) não mudar de residência sem comunicação ao Juiz e à autoridade incumbida da observação cautelar e de proteção;
b) recolher-se à habitação em hora fixada;
c) não frequentar determinados lugares.
d) (VETADO)
Art. 133. Se for permitido ao liberado residir fora da comarca do Juízo da execução, remeter-se-á cópia da sentença do livramento ao Juízo do lugar para onde ele se houver transferido e à autoridade incumbida da observação cautelar e de proteção.
Art. 134. O liberado será advertido da obrigação de apresentar-se imediatamente às autoridades referidas no artigo anterior.
Art. 135. Reformada a sentença denegatória do livramento, os autos baixarão ao Juízo da execução, para as providências cabíveis.
Art. 136. Concedido o benefício, será expedida a carta de livramento com a cópia integral da sentença em 2 (duas) vias, remetendo-se uma à autoridade administrativa incumbida da execução e outra ao Conselho Penitenciário.

Art. 137. A cerimônia do livramento condicional será realizada solenemente no dia marcado pelo Presidente do Conselho Penitenciário, no estabelecimento onde está sendo cumprida a pena, observando-se o seguinte:

I. a sentença será lida ao liberando, na presença dos demais condenados, pelo Presidente do Conselho Penitenciário ou membro por ele designado, ou, na falta, pelo Juiz;

II. a autoridade administrativa chamará a atenção do liberando para as condições impostas na sentença de livramento;

III. o liberando declarará se aceita as condições.

§ 1º De tudo em livro próprio, será lavrado termo subscrito por quem presidir a cerimônia e pelo liberando, ou alguém a seu rogo, se não souber ou não puder escrever.

§ 2º Cópia desse termo deverá ser remetida ao Juiz da execução.

Art. 138. Ao sair o liberado do estabelecimento penal, ser-lhe-á entregue, além do saldo de seu pecúlio e do que lhe pertencer, uma caderneta, que exibirá à autoridade judiciária ou administrativa, sempre que lhe for exigida.

§ 1º A caderneta conterá:
a) a identificação do liberado;
b) o texto impresso do presente Capítulo;
c) as condições impostas.

§ 2º Na falta de caderneta, será entregue ao liberado um salvo-conduto, em que constem as condições do livramento, podendo substituir-se a ficha de identificação ou o seu retrato pela descrição dos sinais que possam identificá-lo.

§ 3º Na caderneta e no salvo-conduto deverá haver espaço para consignar-se o cumprimento das condições referidas no artigo 132 desta Lei.

Art. 139. A observação cautelar e a proteção realizadas por serviço social penitenciário, Patronato ou Conselho da Comunidade terão a finalidade de:

I. fazer observar o cumprimento das condições especificadas na sentença concessiva do benefício;

II. proteger o beneficiário, orientando-o na execução de suas obrigações e auxiliando-o na obtenção de atividade laborativa.

Parágrafo único. A entidade encarregada da observação cautelar e da proteção do liberado apresentará relatório ao Conselho Penitenciário, para efeito da representação prevista nos artigos 143 e 144 desta Lei.

Art. 140. A revogação do livramento condicional dar-se-á nas hipóteses previstas nos artigos 86 e 87 do Código Penal.

Parágrafo único. Mantido o livramento condicional, na hipótese da revogação facultativa, o Juiz deverá advertir o liberado ou agravar as condições.

Art. 141. Se a revogação for motivada por infração penal anterior à vigência do livramento, computar-se-á como tempo de cumprimento da pena o período de prova, sendo permitida, para a concessão de novo livramento, a soma do tempo das 2 (duas) penas.

Art. 142. No caso de revogação por outro motivo, não se computará na pena o tempo em que esteve solto o liberado, e tampouco se concederá, em relação à mesma pena, novo livramento.

Art. 143. A revogação será decretada a requerimento do Ministério Público, mediante representação do Conselho Penitenciário, ou, de ofício, pelo Juiz, ouvido o liberado.

Art. 144. O Juiz, de ofício, a requerimento do Ministério Público, da Defensoria Pública ou mediante representação do Conselho Penitenciário, e ouvido o liberado, poderá modificar as condições especificadas na sentença, devendo o respectivo ato decisório ser lido ao liberado por uma das autoridades ou funcionários indicados no inciso I do caput do art. 137 desta Lei, observado o disposto nos incisos II e III e §§ 1º e 2º do mesmo artigo.

Art. 145. Praticada pelo liberado outra infração penal, o Juiz poderá ordenar a sua prisão, ouvidos o Conselho Penitenciário e o Ministério Público, suspendendo o curso do livramento condicional, cuja revogação, entretanto, ficará dependendo da decisão final.

Art. 146. O Juiz, de ofício, a requerimento do interessado, do Ministério Público ou mediante representação do Conselho Penitenciário, julgará extinta a pena privativa de liberdade, se expirar o prazo do livramento sem revogação.

SEÇÃO VI
Da Monitoração Eletrônica

Art. 146-A. (VETADO).

Art. 146-B. O juiz poderá definir a fiscalização por meio da monitoração eletrônica quando:

I. (VETADO);

II. autorizar a saída temporária no regime semiaberto;

III. (VETADO);

IV. determinar a prisão domiciliar;
V. (VETADO);
Parágrafo único. (VETADO).
Art. 146-C. O condenado será instruído acerca dos cuidados que deverá adotar com o equipamento eletrônico e dos seguintes deveres:
I. receber visitas do servidor responsável pela monitoração eletrônica, responder aos seus contatos e cumprir suas orientações;
II. abster-se de remover, de violar, de modificar, de danificar de qualquer forma o dispositivo de monitoração eletrônica ou de permitir que outrem o faça;
III. (VETADO);
Parágrafo único. A violação comprovada dos deveres previstos neste artigo poderá acarretar, a critério do juiz da execução, ouvidos o Ministério Público e a defesa:
I. a regressão do regime;
II. a revogação da autorização de saída temporária;
III. (VETADO);
IV. (VETADO);
V. (VETADO);
VI. a revogação da prisão domiciliar;
VII. advertência, por escrito, para todos os casos em que o juiz da execução decida não aplicar alguma das medidas previstas nos incisos de I a VI deste parágrafo.
Art. 146-D. A monitoração eletrônica poderá ser revogada:
I. quando se tornar desnecessária ou inadequada;
II. se o acusado ou condenado violar os deveres a que estiver sujeito durante a sua vigência ou cometer falta grave.

CAPÍTULO II

Das Penas Restritivas de Direitos

SEÇÃO I
Disposições Gerais

Art. 147. Transitada em julgado a sentença que aplicou a pena restritiva de direitos, o Juiz da execução, de ofício ou a requerimento do Ministério Público, promoverá a execução, podendo, para tanto, requisitar, quando necessário, a colaboração de entidades públicas ou solicitá-la a particulares.
Art. 148. Em qualquer fase da execução, poderá o Juiz, motivadamente, alterar, a forma de cumprimento das penas de prestação de serviços à comunidade e de limitação de fim de semana, ajustando-as às condições pessoais do condenado e às características do estabelecimento, da entidade ou do programa comunitário ou estatal.

SEÇÃO II
Da Prestação de Serviços à Comunidade

Art. 149. Caberá ao Juiz da execução:
I. designar a entidade ou programa comunitário ou estatal, devidamente credenciado ou convencionado, junto ao qual o condenado deverá trabalhar gratuitamente, de acordo com as suas aptidões;
II. determinar a intimação do condenado, cientificando-o da entidade, dias e horário em que deverá cumprir a pena;
III. alterar a forma de execução, a fim de ajustá-la às modificações ocorridas na jornada de trabalho.
§ 1º o trabalho terá a duração de 8 (oito) horas semanais e será realizado aos sábados, domingos e feriados, ou em dias úteis, de modo a não prejudicar a jornada normal de trabalho, nos horários estabelecidos pelo Juiz.
§ 2º A execução terá início a partir da data do primeiro comparecimento.
Art. 150. A entidade beneficiada com a prestação de serviços encaminhará mensalmente, ao Juiz da execução, relatório circunstanciado das atividades do condenado, bem como, a qualquer tempo, comunicação sobre ausência ou falta disciplinar.

SEÇÃO III
Da Limitação de Fim de Semana

Art. 151. Caberá ao Juiz da execução determinar a intimação do condenado, cientificando-o do local, dias e horário em que deverá cumprir a pena.
Parágrafo único. A execução terá início a partir da data do primeiro comparecimento.
Art. 152. Poderão ser ministrados ao condenado, durante o tempo de permanência, cursos e palestras, ou atribuídas atividades educativas.
Parágrafo único. Nos casos de violência doméstica contra a mulher, o juiz poderá determinar o comparecimento obrigatório do agressor a programas de recuperação e reeducação.

Art. 153. O estabelecimento designado encaminhará, mensalmente, ao Juiz da execução, relatório, bem assim comunicará, a qualquer tempo, a ausência ou falta disciplinar do condenado.

SEÇÃO IV
Da Interdição Temporária de Direitos

Art. 154. Caberá ao Juiz da execução comunicar à autoridade competente a pena aplicada, determinada a intimação do condenado.

§ 1º Na hipótese de pena de interdição do artigo 47, inciso I, do Código Penal, a autoridade deverá, em 24 (vinte e quatro) horas, contadas do recebimento do ofício, baixar ato, a partir do qual a execução terá seu início.

§ 2º Nas hipóteses do artigo 47, incisos II e III, do Código Penal, o Juízo da execução determinará a apreensão dos documentos, que autorizam o exercício do direito interditado.

Art. 155. A autoridade deverá comunicar imediatamente ao Juiz da execução o descumprimento da pena.

Parágrafo único. A comunicação prevista neste artigo poderá ser feita por qualquer prejudicado.

CAPÍTULO III
Da Suspensão Condicional

Art. 156. O Juiz poderá suspender, pelo período de 2 (dois) a 4 (quatro) anos, a execução da pena privativa de liberdade, não superior a 2 (dois) anos, na forma prevista nos artigos 77 a 82 do Código Penal.

Art. 157. O Juiz ou Tribunal, na sentença que aplicar pena privativa de liberdade, na situação determinada no artigo anterior, deverá pronunciar-se, motivadamente, sobre a suspensão condicional, quer a conceda, quer a denegue.

Art. 158. Concedida a suspensão, o Juiz especificará as condições a que fica sujeito o condenado, pelo prazo fixado, começando este a correr da audiência prevista no artigo 160 desta Lei.

§ 1º As condições serão adequadas ao fato e à situação pessoal do condenado, devendo ser incluída entre as mesmas a de prestar serviços à comunidade, ou limitação de fim de semana, salvo hipótese do artigo 78, § 2º, do Código Penal.

§ 2º O Juiz poderá, a qualquer tempo, de ofício, a requerimento do Ministério Público ou mediante proposta do Conselho Penitenciário, modificar as condições e regras estabelecidas na sentença, ouvido o condenado.

§ 3º A fiscalização do cumprimento das condições, reguladas nos Estados, Territórios e Distrito Federal por normas supletivas, será atribuída a serviço social penitenciário, Patronato, Conselho da Comunidade ou instituição beneficiada com a prestação de serviços, inspecionados pelo Conselho Penitenciário, pelo Ministério Público, ou ambos, devendo o Juiz da execução suprir, por ato, a falta das normas supletivas.

§ 4º O beneficiário, ao comparecer periodicamente à entidade fiscalizadora, para comprovar a observância das condições a que está sujeito, comunicará, também, a sua ocupação e os salários ou proventos de que vive.

§ 5º A entidade fiscalizadora deverá comunicar imediatamente ao órgão de inspeção, para os fins legais, qualquer fato capaz de acarretar a revogação do benefício, a prorrogação do prazo ou a modificação das condições.

§ 6º Se for permitido ao beneficiário mudar-se, será feita comunicação ao Juiz e à entidade fiscalizadora do local da nova residência, aos quais o primeiro deverá apresentar-se imediatamente.

Art. 159. Quando a suspensão condicional da pena for concedida por Tribunal, a este caberá estabelecer as condições do benefício.

§ 1º De igual modo proceder-se-á quando o Tribunal modificar as condições estabelecidas na sentença recorrida.

§ 2º O Tribunal, ao conceder a suspensão condicional da pena, poderá, todavia, conferir ao Juízo da execução a incumbência de estabelecer as condições do benefício, e, em qualquer caso, a de realizar a audiência admonitória.

Art. 160. Transitada em julgado a sentença condenatória, o Juiz a lerá ao condenado, em audiência, advertindo-o das consequências de nova infração penal e do descumprimento das condições impostas.

Art. 161. Se, intimado pessoalmente ou por edital com prazo de 20 (vinte) dias, o réu não comparecer injustificadamente à audiência admonitória, a suspensão ficará sem efeito e será executada imediatamente a pena.

Art. 162. A revogação da suspensão condicional da pena e a prorrogação do período de prova dar-se-ão na forma do artigo 81 e respectivos parágrafos do Código Penal.

Art. 163. A sentença condenatória será registrada, com a nota de suspensão em livro especial do Juízo a que couber a execução da pena.

§ 1º Revogada a suspensão ou extinta a pena, será o fato averbado à margem do registro.

§ 2º O registro e a averbação serão sigilosos, salvo para efeito de informações requisitadas por órgão judiciário ou pelo Ministério Público, para instruir processo penal.

CAPÍTULO IV
Da Pena de Multa

Art. 164. Extraída certidão da sentença condenatória com trânsito em julgado, que valerá como título executivo judicial, o Ministério Público requererá, em autos apartados, a citação do condenado para, no prazo de 10 (dez) dias, pagar o valor da multa ou nomear bens à penhora.

§ 1º Decorrido o prazo sem o pagamento da multa, ou o depósito da respectiva importância, proceder-se-á à penhora de tantos bens quantos bastem para garantir a execução.

§ 2º A nomeação de bens à penhora e a posterior execução seguirão o que dispuser a lei processual civil.

Art. 165. Se a penhora recair em bem imóvel, os autos apartados serão remetidos ao Juízo Cível para prosseguimento.

Art. 166. Recaindo a penhora em outros bens, dar-se-á prosseguimento nos termos do § 2º do artigo 164, desta Lei.

Art. 167. A execução da pena de multa será suspensa quando sobrevier ao condenado doença mental (artigo 52 do Código Penal).

Art. 168. O Juiz poderá determinar que a cobrança da multa se efetue mediante desconto no vencimento ou salário do condenado, nas hipóteses do artigo 50, § 1º, do Código Penal, observando-se o seguinte:

I. o limite máximo do desconto mensal será o da quarta parte da remuneração e o mínimo o de um décimo;

II. o desconto será feito mediante ordem do Juiz a quem de direito;

III. o responsável pelo desconto será intimado a recolher mensalmente, até o dia fixado pelo Juiz, a importância determinada.

Art. 169. Até o término do prazo a que se refere o artigo 164 desta Lei, poderá o condenado requerer ao Juiz o pagamento da multa em prestações mensais, iguais e sucessivas.

§ 1º O Juiz, antes de decidir, poderá determinar diligências para verificar a real situação econômica do condenado e, ouvido o Ministério Público, fixará o número de prestações.

§ 2º Se o condenado for impontual ou se melhorar de situação econômica, o Juiz, de ofício ou a requerimento do Ministério Público, revogará o benefício executando-se a multa, na forma prevista neste Capítulo, ou prosseguindo-se na execução já iniciada.

Art. 170. Quando a pena de multa for aplicada cumulativamente com pena privativa da liberdade, enquanto esta estiver sendo executada, poderá aquela ser cobrada mediante desconto na remuneração do condenado (artigo 168).

§ 1º Se o condenado cumprir a pena privativa de liberdade ou obtiver livramento condicional, sem haver resgatado a multa, far-se-á a cobrança nos termos deste Capítulo.

§ 2º Aplicar-se-á o disposto no parágrafo anterior aos casos em que for concedida a suspensão condicional da pena.

TÍTULO VI
Da Execução das Medidas de Segurança

CAPÍTULO I
Disposições Gerais

Art. 171. Transitada em julgado a sentença que aplicar medida de segurança, será ordenada a expedição de guia para a execução.

Art. 172. Ninguém será internado em Hospital de Custódia e Tratamento Psiquiátrico, ou submetido a tratamento ambulatorial, para cumprimento de medida de segurança, sem a guia expedida pela autoridade judiciária.

Art. 173. A guia de internamento ou de tratamento ambulatorial, extraída pelo escrivão, que a

rubricará em todas as folhas e a subscreverá com o Juiz, será remetida à autoridade administrativa incumbida da execução e conterá:
I. a qualificação do agente e o número do registro geral do órgão oficial de identificação;
II. o inteiro teor da denúncia e da sentença que tiver aplicado a medida de segurança, bem como a certidão do trânsito em julgado;
III. a data em que terminará o prazo mínimo de internação, ou do tratamento ambulatorial;
IV. outras peças do processo reputadas indispensáveis ao adequado tratamento ou internamento.
§ 1º Ao Ministério Público será dada ciência da guia de recolhimento e de sujeição a tratamento.
§ 2º A guia será retificada sempre que sobrevier modificações quanto ao prazo de execução.
Art. 174. Aplicar-se-á, na execução da medida de segurança, naquilo que couber, o disposto nos artigos 8º e 9º desta Lei.

CAPÍTULO II
Da Cessação da Periculosidade

Art. 175. A cessação da periculosidade será averiguada no fim do prazo mínimo de duração da medida de segurança, pelo exame das condições pessoais do agente, observando-se o seguinte:
I. a autoridade administrativa, até 1 (um) mês antes de expirar o prazo de duração mínima da medida, remeterá ao Juiz minucioso relatório que o habilite a resolver sobre a revogação ou permanência da medida;
II. o relatório será instruído com o laudo psiquiátrico;
III. juntado aos autos o relatório ou realizadas as diligências, serão ouvidos, sucessivamente, o Ministério Público e o curador ou defensor, no prazo de 3 (três) dias para cada um;
IV. o Juiz nomeará curador ou defensor para o agente que não o tiver;
V. o Juiz, de ofício ou a requerimento de qualquer das partes, poderá determinar novas diligências, ainda que expirado o prazo de duração mínima da medida de segurança;
VI. ouvidas as partes ou realizadas as diligências a que se refere o inciso anterior, o Juiz proferirá a sua decisão, no prazo de 5 (cinco) dias.
Art. 176. Em qualquer tempo, ainda no decorrer do prazo mínimo de duração da medida de segurança, poderá o Juiz da execução, diante de requerimento fundamentado do Ministério Público ou do interessado, seu procurador ou defensor, ordenar o exame para que se verifique a cessação da periculosidade, procedendo-se nos termos do artigo anterior.
Art. 177. Nos exames sucessivos para verificar-se a cessação da periculosidade, observar-se-á, no que lhes for aplicável, o disposto no artigo anterior.
Art. 178. Nas hipóteses de desinternação ou de liberação (artigo 97, § 3º, do Código Penal), aplicar-se-á o disposto nos artigos 132 e 133 desta Lei.
Art. 179. Transitada em julgado a sentença, o Juiz expedirá ordem para a desinternação ou a liberação.

TÍTULO VII
Dos Incidentes de Execução

CAPÍTULO I
Das Conversões

Art. 180. A pena privativa de liberdade, não superior a 2 (dois) anos, poderá ser convertida em restritiva de direitos, desde que:
I. o condenado a esteja cumprindo em regime aberto;
II. tenha sido cumprido pelo menos 1/4 (um quarto) da pena;
III. os antecedentes e a personalidade do condenado indiquem ser a conversão recomendável.
Art. 181. A pena restritiva de direitos será convertida em privativa de liberdade nas hipóteses e na forma do artigo 45 e seus incisos do Código Penal.
§ 1º A pena de prestação de serviços à comunidade será convertida quando o condenado:
a) não for encontrado por estar em lugar incerto e não sabido, ou desatender a intimação por edital;
b) não comparecer, injustificadamente, à entidade ou programa em que deva prestar serviço;
c) recusar-se, injustificadamente, a prestar o serviço que lhe foi imposto;
d) praticar falta grave;
e) sofrer condenação por outro crime à pena privativa de liberdade, cuja execução não tenha sido suspensa.
§ 2º A pena de limitação de fim de semana será convertida quando o condenado não comparecer ao estabelecimento designado para o cumprimento da pena, recusar-se a exercer a atividade determinada

pelo Juiz ou se ocorrer qualquer das hipóteses das letras «a», «d» e «e» do parágrafo anterior.

§ 3º A pena de interdição temporária de direitos será convertida quando o condenado exercer, injustificadamente, o direito interditado ou se ocorrer qualquer das hipóteses das letras «a» e «e», do § 1º, deste artigo.

Art. 182. (Revogado pela Lei nº 9.268, de 1996)

Art. 183. Quando, no curso da execução da pena privativa de liberdade, sobrevier doença mental ou perturbação da saúde mental, o Juiz, de ofício, a requerimento do Ministério Público, da Defensoria Pública ou da autoridade administrativa, poderá determinar a substituição da pena por medida de segurança.

Art. 184. O tratamento ambulatorial poderá ser convertido em internação se o agente revelar incompatibilidade com a medida.

Parágrafo único. Nesta hipótese, o prazo mínimo de internação será de 1 (um) ano.

CAPÍTULO II
Do Excesso ou Desvio

Art. 185. Haverá excesso ou desvio de execução sempre que algum ato for praticado além dos limites fixados na sentença, em normas legais ou regulamentares.

Art. 186. Podem suscitar o incidente de excesso ou desvio de execução:
I. o Ministério Público;
II. o Conselho Penitenciário;
III. o sentenciado;
IV. qualquer dos demais órgãos da execução penal.

CAPÍTULO III
Da Anistia e do Indulto

Art. 187. Concedida a anistia, o Juiz, de ofício, a requerimento do interessado ou do Ministério Público, por proposta da autoridade administrativa ou do Conselho Penitenciário, declarará extinta a punibilidade.

Art. 188. O indulto individual poderá ser provocado por petição do condenado, por iniciativa do Ministério Público, do Conselho Penitenciário, ou da autoridade administrativa.

Art. 189. A petição do indulto, acompanhada dos documentos que a instruírem, será entregue ao Conselho Penitenciário, para a elaboração de parecer e posterior encaminhamento ao Ministério da Justiça.

Art. 190. O Conselho Penitenciário, à vista dos autos do processo e do prontuário, promoverá as diligências que entender necessárias e fará, em relatório, a narração do ilícito penal e dos fundamentos da sentença condenatória, a exposição dos antecedentes do condenado e do procedimento deste depois da prisão, emitindo seu parecer sobre o mérito do pedido e esclarecendo qualquer formalidade ou circunstâncias omitidas na petição.

Art. 191. Processada no Ministério da Justiça com documentos e o relatório do Conselho Penitenciário, a petição será submetida a despacho do Presidente da República, a quem serão presentes os autos do processo ou a certidão de qualquer de suas peças, se ele o determinar.

Art. 192. Concedido o indulto e anexada aos autos cópia do decreto, o Juiz declarará extinta a pena ou ajustará a execução aos termos do decreto, no caso de comutação.

Art. 193. Se o sentenciado for beneficiado por indulto coletivo, o Juiz, de ofício, a requerimento do interessado, do Ministério Público, ou por iniciativa do Conselho Penitenciário ou da autoridade administrativa, providenciará de acordo com o disposto no artigo anterior.

TÍTULO VIII
Do Procedimento Judicial

Art. 194. O procedimento correspondente às situações previstas nesta Lei será judicial, desenvolvendo-se perante o Juízo da execução.

Art. 195. O procedimento judicial iniciar-se-á de ofício, a requerimento do Ministério Público, do interessado, de quem o represente, de seu cônjuge, parente ou descendente, mediante proposta do Conselho Penitenciário, ou, ainda, da autoridade administrativa.

Art. 196. A portaria ou petição será autuada ouvindo-se, em 3 (três) dias, o condenado e o Ministério Público, quando não figurem como requerentes da medida.

§ 1º Sendo desnecessária a produção de prova, o Juiz decidirá de plano, em igual prazo.

§ 2º Entendendo indispensável a realização de prova pericial ou oral, o Juiz a ordenará, decidindo após a produção daquela ou na audiência designada.

Art. 197. Das decisões proferidas pelo Juiz caberá recurso de agravo, sem efeito suspensivo.

TÍTULO IX

Das Disposições Finais e Transitórias

Art. 198. É defesa ao integrante dos órgãos da execução penal, e ao servidor, a divulgação de ocorrência que perturbe a segurança e a disciplina dos estabelecimentos, bem como exponha o preso à inconveniente notoriedade, durante o cumprimento da pena.

Art. 199. O emprego de algemas será disciplinado por decreto federal.

Art. 200. O condenado por crime político não está obrigado ao trabalho.

Art. 201. Na falta de estabelecimento adequado, o cumprimento da prisão civil e da prisão administrativa se efetivará em SEÇÃO especial da Cadeia Pública.

Art. 202. Cumprida ou extinta a pena, não constarão da folha corrida, atestados ou certidões fornecidas por autoridade policial ou por auxiliares da Justiça, qualquer notícia ou referência à condenação, salvo para instruir processo pela prática de nova infração penal ou outros casos expressos em lei.

Art. 203. No prazo de 6 (seis) meses, a contar da publicação desta Lei, serão editadas as normas complementares ou regulamentares, necessárias à eficácia dos dispositivos não autoaplicáveis.

§ 1º Dentro do mesmo prazo deverão as Unidades Federativas, em convênio com o Ministério da Justiça, projetar a adaptação, construção e equipamento de estabelecimentos e serviços penais previstos nesta Lei.

§ 2º Também, no mesmo prazo, deverá ser providenciada a aquisição ou desapropriação de prédios para instalação de casas de albergados.

§ 3º O prazo a que se refere o caput deste artigo poderá ser ampliado, por ato do Conselho Nacional de Política Criminal e Penitenciária, mediante justificada solicitação, instruída com os projetos de reforma ou de construção de estabelecimentos.

§ 4º O descumprimento injustificado dos deveres estabelecidos para as Unidades Federativas implicará na suspensão de qualquer ajuda financeira a elas destinada pela União, para atender às despesas de execução das penas e medidas de segurança.

Art. 204. Esta Lei entra em vigor concomitantemente com a lei de reforma da Parte Geral do Código Penal, revogadas as disposições em contrário, especialmente a Lei nº 3.274, de 2 de outubro de 1957.

Brasília, 11 de julho de 1984; 163º da Independência e 96º da República.
JOÃO FIGUEIREDO
Ibrahim Abi-Ackel

Este texto não substitui o publicado no DOU de 13.7.1984

Lei n. 7.492/86 (Crimes contra o sistema financeiro nacional)

LEI Nº 7.492, DE 16 DE JUNHO DE 1986.

Define os crimes contra o sistema financeiro nacional, e dá outras providências.

O PRESIDENTE DA REPÚBLICA, faço saber que o Congresso Nacional decreta e eu sanciono a seguinte lei:

Art. 1. Considera-se instituição financeira, para efeito desta lei, a pessoa jurídica de direito público ou privado, que tenha como atividade principal ou acessória, cumulativamente ou não, a captação, intermediação ou aplicação de recursos financeiros (Vetado) de terceiros, em moeda nacional ou estrangeira, ou a custódia, emissão, distribuição, negociação, intermediação ou administração de valores mobiliários.

Parágrafo único. Equipara-se à instituição financeira:

I. a pessoa jurídica que capte ou administre seguros, câmbio, consórcio, capitalização ou qualquer tipo de poupança, ou recursos de terceiros;

II. a pessoa natural que exerça quaisquer das atividades referidas neste artigo, ainda que de forma eventual.

DOS CRIMES CONTRA O SISTEMA FINANCEIRO NACIONAL

Art. 2. Imprimir, reproduzir ou, de qualquer modo, fabricar ou pôr em circulação, sem autorização escrita da sociedade emissora, certificado, cautela ou outro documento representativo de título ou valor mobiliário:

Pena – Reclusão, de 2 (dois) a 8 (oito) anos, e multa.

Parágrafo único. Incorre na mesma pena quem imprime, fabrica, divulga, distribui ou faz distribuir prospecto ou material de propaganda relativo aos papéis referidos neste artigo.

Art. 3. Divulgar informação falsa ou prejudicialmente incompleta sobre instituição financeira:

Pena – Reclusão, de 2 (dois) a 6 (seis) anos, e multa.

Art. 4. Gerir fraudulentamente instituição financeira:

Pena – Reclusão, de 3 (três) a 12 (doze) anos, e multa.

Parágrafo único. Se a gestão é temerária:

Pena – Reclusão, de 2 (dois) a 8 (oito) anos, e multa.

Art. 5. Apropriar-se, quaisquer das pessoas mencionadas no art. 25 desta lei, de dinheiro, título, valor ou qualquer outro bem móvel de que tem a posse, ou desviá-lo em proveito próprio ou alheio:

Pena – Reclusão, de 2 (dois) a 6 (seis) anos, e multa.

Parágrafo único. Incorre na mesma pena qualquer das pessoas mencionadas no art. 25 desta lei, que negociar direito, título ou qualquer outro bem móvel ou imóvel de que tem a posse, sem autorização de quem de direito.

Art. 6. Induzir ou manter em erro, sócio, investidor ou repartição pública competente, relativamente a operação ou situação financeira, sonegando-lhe informação ou prestando-a falsamente:

Pena – Reclusão, de 2 (dois) a 6 (seis) anos, e multa.

Art. 7. Emitir, oferecer ou negociar, de qualquer modo, títulos ou valores mobiliários:

I. falsos ou falsificados;

II. sem registro prévio de emissão junto à autoridade competente, em condições divergentes das constantes do registro ou irregularmente registrados;

III. sem lastro ou garantia suficientes, nos termos da legislação;

IV. sem autorização prévia da autoridade competente, quando legalmente exigida:

Pena – Reclusão, de 2 (dois) a 8 (oito) anos, e multa.

Art. 8. Exigir, em desacordo com a legislação (Vetado), juro, comissão ou qualquer tipo de remuneração sobre operação de crédito ou de seguro, administração de fundo mútuo ou fiscal ou de consórcio, serviço de corretagem ou distribuição de títulos ou valores mobiliários:

Pena – Reclusão, de 1 (um) a 4 (quatro) anos, e multa.

Art. 9. Fraudar a fiscalização ou o investidor, inserindo ou fazendo inserir, em documento comprobatório de investimento em títulos ou valores mobiliários, declaração falsa ou diversa da que dele deveria constar:

Pena – Reclusão, de 1 (um) a 5 (cinco) anos, e multa.

Art. 10. Fazer inserir elemento falso ou omitir elemento exigido pela legislação, em demonstrativos contábeis de instituição financeira, seguradora ou instituição integrante do sistema de distribuição de títulos de valores mobiliários:

Pena – Reclusão, de 1 (um) a 5 (cinco) anos, e multa.

Art. 11. Manter ou movimentar recurso ou valor paralelamente à contabilidade exigida pela legislação:

Pena – Reclusão, de 1 (um) a 5 (cinco) anos, e multa.

Art. 12. Deixar, o ex-administrador de instituição financeira, de apresentar, ao interventor, liquidante, ou síndico, nos prazos e condições estabelecidas em lei as informações, declarações ou documentos de sua responsabilidade:

Pena – Reclusão, de 1 (um) a 4 (quatro) anos, e multa.

Art. 13. Desviar (Vetado) bem alcançado pela indisponibilidade legal resultante de intervenção, liquidação extrajudicial ou falência de instituição financeira.

Pena – Reclusão, de 2 (dois) a 6 (seis) anos, e multa.

Parágrafo único. Na mesma pena incorra o interventor, o liquidante ou o síndico que se apropriar de bem abrangido pelo caput deste artigo, ou desviá-lo em proveito próprio ou alheio.

Art. 14. Apresentar, em liquidação extrajudicial, ou em falência de instituição financeira, declaração de crédito ou reclamação falsa, ou juntar a elas título falso ou simulado:

Pena – Reclusão, de 2 (dois) a 8 (oito) anos, e multa.

Parágrafo único. Na mesma pena incorre o ex-administrador ou falido que reconhecer, como verdadeiro, crédito que não o seja.

Art. 15. Manifestar-se falsamente o interventor, o liquidante ou o síndico, (Vetado) à respeito de assunto relativo a intervenção, liquidação extrajudicial ou falência de instituição financeira:

Pena – Reclusão, de 2 (dois) a 8 (oito) anos, e multa.

Art. 16. Fazer operar, sem a devida autorização, ou com autorização obtida mediante declaração (Vetado) falsa, instituição financeira, inclusive de distribuição de valores mobiliários ou de câmbio:

Pena – Reclusão, de 1 (um) a 4 (quatro) anos, e multa.

Art. 17. Tomar ou receber crédito, na qualidade de qualquer das pessoas mencionadas no art. 25, ou

deferir operações de crédito vedadas, observado o disposto no art. 34 da Lei nº 4.595, de 31 de dezembro de 1964:
Pena – Reclusão, de 2 (dois) a 6 (seis) anos, e multa.
Parágrafo único. Incorre na mesma pena quem:
I. em nome próprio, como controlador ou na condição de administrador da sociedade, conceder ou receber adiantamento de honorários, remuneração, salário ou qualquer outro pagamento, nas condições referidas neste artigo;
II. de forma disfarçada, promover a distribuição ou receber lucros de instituição financeira.
Art. 18. Violar sigilo de operação ou de serviço prestado por instituição financeira ou integrante do sistema de distribuição de títulos mobiliários de que tenha conhecimento, em razão de ofício:
Pena – Reclusão, de 1 (um) a 4 (quatro) anos, e multa.
Art. 19. Obter, mediante fraude, financiamento em instituição financeira:
Pena – Reclusão, de 2 (dois) a 6 (seis) anos, e multa.
Parágrafo único. A pena é aumentada de 1/3 (um terço) se o crime é cometido em detrimento de instituição financeira oficial ou por ela credenciada para o repasse de financiamento.
Art. 20. Aplicar, em finalidade diversa da prevista em lei ou contrato, recursos provenientes de financiamento concedido por instituição financeira oficial ou por instituição credenciada para repassá-lo:
Pena – Reclusão, de 2 (dois) a 6 (seis) anos, e multa.
Art. 21. Atribuir-se, ou atribuir a terceiro, falsa identidade, para realização de operação de câmbio:
Pena – Detenção, de 1 (um) a 4 (quatro) anos, e multa.
Parágrafo único. Incorre na mesma pena quem, para o mesmo fim, sonega informação que devia prestar ou presta informação falsa.
Art. 22. Efetuar operação de câmbio não autorizada, com o fim de promover evasão de divisas do País:
Pena – Reclusão, de 2 (dois) a 6 (seis) anos, e multa.
Parágrafo único. Incorre na mesma pena quem, a qualquer título, promove, sem autorização legal, a saída de moeda ou divisa para o exterior, ou nele mantiver depósitos não declarados à repartição federal competente.
Art. 23. Omitir, retardar ou praticar, o funcionário público, contra disposição expressa de lei, ato de ofício necessário ao regular funcionamento do sistema financeiro nacional, bem como a preservação dos interesses e valores da ordem econômico-financeira:
Pena – Reclusão, de 1 (um) a 4 (quatro) anos, e multa.
Art. 24. (VETADO).

DA APLICAÇÃO E DO PROCEDIMENTO CRIMINAL

Art. 25. São penalmente responsáveis, nos termos desta lei, o controlador e os administradores de instituição financeira, assim considerados os diretores, gerentes (Vetado).
§ 1º Equiparam-se aos administradores de instituição financeira (Vetado) o interventor, o liquidante ou o síndico.
§ 2º Nos crimes previstos nesta Lei, cometidos em quadrilha ou coautoria, o coautor ou partícipe que através de confissão espontânea revelar à autoridade policial ou judicial toda a trama delituosa terá a sua pena reduzida de um a dois terços.
Art. 26. A ação penal, nos crimes previstos nesta lei, será promovida pelo Ministério Público Federal, perante a Justiça Federal.
Parágrafo único. Sem prejuízo do disposto no art. 268 do Código de Processo Penal, aprovado pelo Decreto-lei nº 3.689, de 3 de outubro de 1941, será admitida a assistência da Comissão de Valores Mobiliários – CVM, quando o crime tiver sido praticado no âmbito de atividade sujeita à disciplina e à fiscalização dessa Autarquia, e do Banco Central do Brasil quando, fora daquela hipótese, houver sido cometido na órbita de atividade sujeita à sua disciplina e fiscalização.
Art. 27. Quando a denúncia não for intentada no prazo legal, o ofendido poderá representar ao Procurador-Geral da República, para que este a ofereça, designe outro órgão do Ministério Público para oferecê-la ou determine o arquivamento das peças de informação recebidas.
Art. 28. Quando, no exercício de suas atribuições legais, o Banco Central do Brasil ou a Comissão de Valores Mobiliários – CVM, verificar a ocorrência de crime previsto nesta lei, disso deverá informar ao Ministério Público Federal, enviando-lhe os documentos necessários à comprovação do fato.
Parágrafo único. A conduta de que trata este artigo será observada pelo interventor, liquidante

ou síndico que, no curso de intervenção, liquidação extrajudicial ou falência, verificar a ocorrência de crime de que trata esta lei.

Art. 29. O órgão do Ministério Público Federal, sempre que julgar necessário, poderá requisitar, a qualquer autoridade, informação, documento ou diligência, relativa à prova dos crimes previstos nesta lei.

Parágrafo único O sigilo dos serviços e operações financeiras não pode ser invocado como óbice ao atendimento da requisição prevista no caput deste artigo.

Art. 30. Sem prejuízo do disposto no art. 312 do Código de Processo Penal, aprovado pelo Decreto-lei nº 3.689, de 3 de outubro de 1941, a prisão preventiva do acusado da prática de crime previsto nesta lei poderá ser decretada em razão da magnitude da lesão causada (Vetado).

Art. 31. Nos crimes previstos nesta lei e punidos com pena de reclusão, o réu não poderá prestar fiança, nem apelar antes de ser recolhido à prisão, ainda que primário e de bons antecedentes, se estiver configurada situação que autoriza a prisão preventiva.

Art. 32. (VETADO).
§ 1º (VETADO).
§ 2º (VETADO).
§ 3º (VETADO).

Art. 33. Na fixação da pena de multa relativa aos crimes previstos nesta lei, o limite a que se refere o § 1º do art. 49 do Código Penal, aprovado pelo Decreto-lei nº 2.848, de 7 de dezembro de.1940, pode ser estendido até o décuplo, se verificada a situação nele cogitada.

Art. 34. Esta lei entra em vigor na data de sua publicação.

Art. 35. Revogam-se as disposições em contrário.

Brasília, 16 de junho de 1986; 165º da Independência 98º da República.
JOSÉ SARNEY
Paulo Brossard

Este texto não substitui o publicado no DOU de 18.6.1986

Lei n. 7.960/89 (Prisão Temporária)

LEI Nº 7.960, DE 21 DE DEZEMBRO DE 1989.
Dispõe sobre prisão temporária.
O PRESIDENTE DA REPÚBLICA, faço saber que o Congresso Nacional decreta e eu sanciono a seguinte Lei:

Art. 1. Caberá prisão temporária:
I. quando imprescindível para as investigações do inquérito policial;
II. quando o indicado não tiver residência fixa ou não fornecer elementos necessários ao esclarecimento de sua identidade;
III. quando houver fundadas razões, de acordo com qualquer prova admitida na legislação penal, de autoria ou participação do indiciado nos seguintes crimes:
a) homicídio doloso (art. 121, caput, e seu § 2º);
b) sequestro ou cárcere privado (art. 148, caput, e seus §§ 1º e 2º);
c) roubo (art. 157, caput, e seus §§ 1º, 2º e 3º);
d) extorsão (art. 158, caput, e seus §§ 1º e 2º);
e) extorsão mediante sequestro (art. 159, caput, e seus §§ 1º, 2º e 3º);
f) estupro (art. 213, caput, e sua combinação com o art. 223, caput, e parágrafo único);
g) atentado violento ao pudor (art. 214, caput, e sua combinação com o art. 223, caput, e parágrafo único);
h) rapto violento (art. 219, e sua combinação com o art. 223 caput, e parágrafo único);
i) epidemia com resultado de morte (art. 267, § 1º);
j) envenenamento de água potável ou substância alimentícia ou medicinal qualificado pela morte (art. 270, caput, combinado com art. 285);
l) quadrilha ou bando (art. 288), todos do Código Penal;
m) genocídio (arts. 1º, 2º e 3º da Lei nº 2.889, de 1º de outubro de 1956), em qualquer de sua formas típicas;
n) tráfico de drogas (art. 12 da Lei nº 6.368, de 21 de outubro de 1976);
o) crimes contra o sistema financeiro (Lei nº 7.492, de 16 de junho de 1986).

p) crimes previstos na Lei de Terrorismo.

Art. 2. A prisão temporária será decretada pelo Juiz, em face da representação da autoridade policial ou de requerimento do Ministério Público, e terá o prazo de 5 (cinco) dias, prorrogável por igual período em caso de extrema e comprovada necessidade.

§ 1° Na hipótese de representação da autoridade policial, o Juiz, antes de decidir, ouvirá o Ministério Público.

§ 2° O despacho que decretar a prisão temporária deverá ser fundamentado e prolatado dentro do prazo de 24 (vinte e quatro) horas, contadas a partir do recebimento da representação ou do requerimento.

§ 3° O Juiz poderá, de ofício, ou a requerimento do Ministério Público e do Advogado, determinar que o preso lhe seja apresentado, solicitar informações e esclarecimentos da autoridade policial e submetê-lo a exame de corpo de delito.

§ 4° Decretada a prisão temporária, expedir-se-á mandado de prisão, em duas vias, uma das quais será entregue ao indiciado e servirá como nota de culpa.

§ 4º-A O mandado de prisão conterá necessariamente o período de duração da prisão temporária estabelecido no caput deste artigo, bem como o dia em que o preso deverá ser libertado. (Incluído pela Lei nº 13.869. de 2019)

§ 5° A prisão somente poderá ser executada depois da expedição de mandado judicial.

§ 6° Efetuada a prisão, a autoridade policial informará o preso dos direitos previstos no art. 5° da Constituição Federal.

§ 7° Decorrido o prazo contido no mandado de prisão, a autoridade responsável pela custódia deverá, independentemente de nova ordem da autoridade judicial, pôr imediatamente o preso em liberdade, salvo se já tiver sido comunicada da prorrogação da prisão temporária ou da decretação da prisão preventiva. **(Incluído pela Lei nº 13.869. de 2019)**

§ 8° Inclui-se o dia do cumprimento do mandado de prisão no cômputo do prazo de prisão temporária. **(Redação dada pela Lei nº 13.869. de 2019)**

Art. 3. Os presos temporários deverão permanecer, obrigatoriamente, separados dos demais detentos.

Art. 4. O art. 4° da Lei n° 4.898, de 9 de dezembro de 1965, fica acrescido da alínea i, com a seguinte redação:
"Art. 4. ....
i) prolongar a execução de prisão temporária, de pena ou de medida de segurança, deixando de expedir em tempo oportuno ou de cumprir imediatamente ordem de liberdade;"

Art. 5. Em todas as comarcas e seções judiciárias haverá um plantão permanente de vinte e quatro horas do Poder Judiciário e do Ministério Público para apreciação dos pedidos de prisão temporária.

Art. 6. Esta Lei entra em vigor na data de sua publicação.

Art. 7. Revogam-se as disposições em contrário.

Brasília, 21 de dezembro de 1989; 168° da Independência e 101° da República.
JOSÉ SARNEY
J. Saulo Ramos

Este texto não substitui o publicado no D.O.U. de 22.12.1989

Lei n. 7.716/89 (Crimes resultantes de preconceito de raça ou de cor)

LEI Nº 7.716, DE 5 DE JANEIRO DE 1989.
Define os crimes resultantes de preconceito de raça ou de cor.

O PRESIDENTE DA REPÚBLICA, faço saber que o Congresso Nacional decreta e eu sanciono a seguinte Lei:

Art. 1. Serão punidos, na forma desta Lei, os crimes resultantes de discriminação ou preconceito de raça, cor, etnia, religião ou procedência nacional.

Art. 2. (Vetado).

Art. 3. Impedir ou obstar o acesso de alguém, devidamente habilitado, a qualquer cargo da Administração Direta ou Indireta, bem como das concessionárias de serviços públicos.
Pena: reclusão de dois a cinco anos.

Parágrafo único. Incorre na mesma pena quem, por motivo de discriminação de raça, cor, etnia, religião ou procedência nacional, obstar a promoção funcional.

Art. 4. Negar ou obstar emprego em empresa privada.
Pena: reclusão de dois a cinco anos.
§ 1º Incorre na mesma pena quem, por motivo de discriminação de raça ou de cor ou práticas resultantes do preconceito de descendência ou origem nacional ou étnica:
I. deixar de conceder os equipamentos necessários ao empregado em igualdade de condições com os demais trabalhadores;
II. impedir a ascensão funcional do empregado ou obstar outra forma de benefício profissional;
III. proporcionar ao empregado tratamento diferenciado no ambiente de trabalho, especialmente quanto ao salário.
§ 2º Ficará sujeito às penas de multa e de prestação de serviços à comunidade, incluindo atividades de promoção da igualdade racial, quem, em anúncios ou qualquer outra forma de recrutamento de trabalhadores, exigir aspectos de aparência próprios de raça ou etnia para emprego cujas atividades não justifiquem essas exigências.

Art. 5. Recusar ou impedir acesso a estabelecimento comercial, negando-se a servir, atender ou receber cliente ou comprador.
Pena: reclusão de um a três anos.

Art. 6. Recusar, negar ou impedir a inscrição ou ingresso de aluno em estabelecimento de ensino público ou privado de qualquer grau.
Pena: reclusão de três a cinco anos.
Parágrafo único. Se o crime for praticado contra menor de dezoito anos a pena é agravada de 1/3 (um terço).

Art. 7. Impedir o acesso ou recusar hospedagem em hotel, pensão, estalagem, ou qualquer estabelecimento similar.
Pena: reclusão de três a cinco anos.

Art. 8. Impedir o acesso ou recusar atendimento em restaurantes, bares, confeitarias, ou locais semelhantes abertos ao público.
Pena: reclusão de um a três anos.

Art. 9. Impedir o acesso ou recusar atendimento em estabelecimentos esportivos, casas de diversões, ou clubes sociais abertos ao público.
Pena: reclusão de um a três anos.

Art. 10. Impedir o acesso ou recusar atendimento em salões de cabeleireiros, barbearias, termas ou casas de massagem ou estabelecimento com as mesmas finalidades.
Pena: reclusão de um a três anos.

Art. 11. Impedir o acesso às entradas sociais em edifícios públicos ou residenciais e elevadores ou escada de acesso aos mesmos:
Pena: reclusão de um a três anos.

Art. 12. Impedir o acesso ou uso de transportes públicos, como aviões, navios barcas, barcos, ônibus, trens, metrô ou qualquer outro meio de transporte concedido.
Pena: reclusão de um a três anos.

Art. 13. Impedir ou obstar o acesso de alguém ao serviço em qualquer ramo das Forças Armadas.
Pena: reclusão de dois a quatro anos.

Art. 14. Impedir ou obstar, por qualquer meio ou forma, o casamento ou convivência familiar e social.
Pena: reclusão de dois a quatro anos.

Art. 15. (Vetado).

Art. 16. Constitui efeito da condenação a perda do cargo ou função pública, para o servidor público, e a suspensão do funcionamento do estabelecimento particular por prazo não superior a três meses.

Art. 17. (Vetado).

Art. 18. Os efeitos de que tratam os arts. 16 e 17 desta Lei não são automáticos, devendo ser motivadamente declarados na sentença.

Art. 19. (Vetado).

Art. 20. Praticar, induzir ou incitar a discriminação ou preconceito de raça, cor, etnia, religião ou procedência nacional.
Pena: reclusão de um a três anos e multa.
§ 1º Fabricar, comercializar, distribuir ou veicular símbolos, emblemas, ornamentos, distintivos ou propaganda que utilizem a cruz suástica ou gamada, para fins de divulgação do nazismo.
Pena: reclusão de dois a cinco anos e multa.
§ 2º Se qualquer dos crimes previstos no caput é cometido por intermédio dos meios de comunicação social ou publicação de qualquer natureza:
Pena: reclusão de dois a cinco anos e multa.
§ 3º No caso do parágrafo anterior, o juiz poderá determinar, ouvido o Ministério Público ou a pedido deste, ainda antes do inquérito policial, sob pena de desobediência:
I. o recolhimento imediato ou a busca e apreensão dos exemplares do material respectivo; **(Incluído pela Lei nº 9.459, de 15/05/97)**

II. a cessação das respectivas transmissões radiofônicas, televisivas, eletrônicas ou da publicação por qualquer meio;

III. a interdição das respectivas mensagens ou páginas de informação na rede mundial de computadores.

§ 4º Na hipótese do § 2º, constitui efeito da condenação, após o trânsito em julgado da decisão, a destruição do material apreendido.

Art. 21. Esta Lei entra em vigor na data de sua publicação.

Art. 22. Revogam-se as disposições em contrário.

Brasília, 5 de janeiro de 1989; 168º da Independência e 101º da República.

JOSÉ SARNEY
Paulo Brossard

Este texto não substitui o publicado no DOU de 6.1.1989 e retificada em 9.1.1989

Lei n. 8.072/90 (Crimes Hediondos)

LEI Nº 8.072, DE 25 DE JULHO DE 1990.

Dispõe sobre os crimes hediondos, nos termos do art. 5º, inciso XLIII, da Constituição Federal, e determina outras providências.

O PRESIDENTE DA REPÚBLICA, faço saber que o Congresso Nacional decreta e eu sanciono a seguinte lei:

Art. 1. São considerados hediondos os seguintes crimes, todos tipificados no Decreto-Lei nº 2.848, de 7 de dezembro de 1940 – Código Penal, consumados ou tentados:

I. homicídio (art. 121), quando praticado em atividade típica de grupo de extermínio, ainda que cometido por um só agente, e homicídio qualificado (art. 121, § 2º, incisos I, II, III, IV, V, VI, VII e VIII); **(Redação dada pela Lei nº 13.964, de 2019)**

I-A. lesão corporal dolosa de natureza gravíssima (art. 129, § 2º) e lesão corporal seguida de morte (art. 129, § 3º), quando praticadas contra autoridade ou agente descrito nos arts. 142 e 144 da Constituição Federal, integrantes do sistema prisional e da Força Nacional de Segurança Pública, no exercício da função ou em decorrência dela, ou contra seu cônjuge, companheiro ou parente consanguíneo até terceiro grau, em razão dessa condição;

II. roubo: **(Redação dada pela Lei nº 13.964, de 2019)**

a) circunstanciado pela restrição de liberdade da vítima (art. 157, § 2º, inciso V); **(Incluído pela Lei nº 13.964, de 2019)**

b) circunstanciado pelo emprego de arma de fogo (art. 157, § 2º-A, inciso I) ou pelo emprego de arma de fogo de uso proibido ou restrito (art. 157, § 2º-B); **(Incluído pela Lei nº 13.964, de 2019)**

c) qualificado pelo resultado lesão corporal grave ou morte (art. 157, § 3º); **(Incluído pela Lei nº 13.964, de 2019)**

III. extorsão qualificada pela restrição da liberdade da vítima, ocorrência de lesão corporal ou morte (art. 158, § 3º); **(Redação dada pela Lei nº 13.964, de 2019)**

IV. extorsão mediante sequestro e na forma qualificada (art. 159, caput, e §§ 1º, 2º e 3º);

V. estupro (art. 213, caput e §§ 1º e 2º);

VI. estupro de vulnerável (art. 217-A, caput e §§ 1º, 2º, 3º e 4º);

VII. epidemia com resultado morte (art. 267, § 1º).

VII-A. (VETADO)

VII-B. falsificação, corrupção, adulteração ou alteração de produto destinado a fins terapêuticos ou medicinais (art. 273, caput e § 1º, § 1º-A e § 1º-B, com a redação dada pela Lei nº 9.677, de 2 de julho de 1998).

VIII. favorecimento da prostituição ou de outra forma de exploração sexual de criança ou adolescente ou de vulnerável (art. 218-B, caput, e §§ 1º e 2º).

IX. furto qualificado pelo emprego de explosivo ou de artefato análogo que cause perigo comum (art. 155, § 4º-A). **(Incluído pela Lei nº 13.964, de 2019)**

Parágrafo único. Consideram-se também hediondos, tentados ou consumados: **(Redação dada pela Lei nº 13.964, de 2019)**

I. o crime de genocídio, previsto nos arts. 1º, 2º e 3º da Lei nº 2.889, de 1º de outubro de 1956; **(Incluído pela Lei nº 13.964, de 2019)**

II. o crime de posse ou porte ilegal de arma de fogo de uso proibido, previsto no art. 16 da Lei nº 10.826, de 22 de dezembro de 2003; **(Incluído pela Lei nº 13.964, de 2019)**

III. o crime de comércio ilegal de armas de fogo, previsto no art. 17 da Lei nº 10.826, de 22 de dezembro de 2003; **(Incluído pela Lei nº 13.964, de 2019)**
IV. o crime de tráfico internacional de arma de fogo, acessório ou munição, previsto no art. 18 da Lei nº 10.826, de 22 de dezembro de 2003; **(Incluído pela Lei nº 13.964, de 2019)**
V. o crime de organização criminosa, quando direcionado à prática de crime hediondo ou equiparado. **(Incluído pela Lei nº 13.964, de 2019)**

Art. 2. Os crimes hediondos, a prática da tortura, o tráfico ilícito de entorpecentes e drogas afins e o terrorismo são insuscetíveis de: (Vide Súmula Vinculante)
I. anistia, graça e indulto;
II. fiança.

§ 1º A pena por crime previsto neste artigo será cumprida inicialmente em regime fechado.
§ 2º **(Revogado pela Lei nº 13.964, de 2019)**
§ 3º Em caso de sentença condenatória, o juiz decidirá fundamentadamente se o réu poderá apelar em liberdade.
§ 4º A prisão temporária, sobre a qual dispõe a Lei nº 7.960, de 21 de dezembro de 1989, nos crimes previstos neste artigo, terá o prazo de 30 (trinta) dias, prorrogável por igual período em caso de extrema e comprovada necessidade.

Art. 3. A União manterá estabelecimentos penais, de segurança máxima, destinados ao cumprimento de penas impostas a condenados de alta periculosidade, cuja permanência em presídios estaduais ponha em risco a ordem ou incolumidade pública.

Art. 4. (Vetado).

Art. 5. Ao art. 83 do Código Penal é acrescido o seguinte inciso:
"Art. 83...
....
III. cumprido mais de dois terços da pena, nos casos de condenação por crime hediondo, prática da tortura, tráfico ilícito de entorpecentes e drogas afins, e terrorismo, se o apenado não for reincidente específico em crimes dessa natureza."

Art. 6. Os arts. 157, § 3º; 159, caput e seus §§ 1º, 2º e 3º; 213; 214; 223, caput e seu parágrafo único; 267, caput e 270; caput, todos do Código Penal, passam a vigorar com a seguinte redação:
"Art. 157..
§ 3º Se da violência resulta lesão corporal grave, a pena é de reclusão, de cinco a quinze anos, além da multa; se resulta morte, a reclusão é de vinte a trinta anos, sem prejuízo da multa.

Art. 159..
Pena – reclusão, de oito a quinze anos.
§ 1º..
Pena – reclusão, de doze a vinte anos.
§ 2º..
Pena – reclusão, de dezesseis a vinte e quatro anos.
§ 3º..
Pena – reclusão, de vinte e quatro a trinta anos.
....
Art. 213..
Pena – reclusão, de seis a dez anos.
Art. 214..
Pena – reclusão, de seis a dez anos.
....
Art. 223..
Pena – reclusão, de oito a doze anos.
Parágrafo único..
Pena – reclusão, de doze a vinte e cinco anos.
....
Art. 267..
Pena – reclusão, de dez a quinze anos.
....
Art. 270..
Pena – reclusão, de dez a quinze anos.
...."

Art. 7. Ao art. 159 do Código Penal fica acrescido o seguinte parágrafo:
"Art. 159...
....
§ 4º Se o crime é cometido por quadrilha ou bando, o coautor que denunciá-lo à autoridade, facilitando a libertação do sequestrado, terá sua pena reduzida de um a dois terços."

Art. 8. Será de três a seis anos de reclusão a pena prevista no art. 288 do Código Penal, quando se tratar de crimes hediondos, prática da tortura, tráfico ilícito de entorpecentes e drogas afins ou terrorismo.
Parágrafo único. O participante e o associado que denunciar à autoridade o bando ou quadrilha, possibilitando seu desmantelamento, terá a pena reduzida de um a dois terços.

Art. 9. As penas fixadas no art. 6º para os crimes capitulados nos arts. 157, § 3º, 158, § 2º, 159, caput e seus §§ 1º, 2º e 3º, 213, caput e sua combinação com o art. 223, caput e parágrafo único, 214 e sua combinação com o art. 223, caput e parágrafo único, todos do Código Penal, são acrescidas de metade, respeitado o limite superior de trinta anos de reclusão, estando a vítima em qualquer das hipóteses referidas no art. 224 também do Código Penal.

Art. 10. O art. 35 da Lei nº 6.368, de 21 de outubro de 1976, passa a vigorar acrescido de parágrafo único, com a seguinte redação:

"Art. 35..

Parágrafo único. Os prazos procedimentais deste capítulo serão contados em dobro quando se tratar dos crimes previstos nos arts. 12, 13 e 14."

Art. 11. (Vetado).

Art. 12. Esta lei entra em vigor na data de sua publicação.

Art. 13. Revogam-se as disposições em contrário.

Brasília, 25 de julho de 1990; 169º da Independência e 102º da República.

FERNANDO COLLOR
Bernardo Cabral

Este texto não substitui o publicado no DOU de 26.7.1990

Lei n. 8.137/90 (Crimes contra a ordem tributária, econômica e contra as relações de consumo)

LEI Nº 8.137, DE 27 DE DEZEMBRO DE 1990.
Define crimes contra a ordem tributária, econômica e contra as relações de consumo, e dá outras providências.

O PRESIDENTE DA REPÚBLICA, faço saber que o Congresso Nacional decreta e eu sanciono a seguinte lei:

CAPÍTULO I

Dos Crimes Contra a Ordem Tributária

SEÇÃO I

Dos crimes praticados por pArticulares

Art. 1. Constitui crime contra a ordem tributária suprimir ou reduzir tributo, ou contribuição social e qualquer acessório, mediante as seguintes condutas:

I. omitir informação, ou prestar declaração falsa às autoridades fazendárias;

II. fraudar a fiscalização tributária, inserindo elementos inexatos, ou omitindo operação de qualquer natureza, em documento ou livro exigido pela lei fiscal;

III. falsificar ou alterar nota fiscal, fatura, duplicata, nota de venda, ou qualquer outro documento relativo à operação tributável;

IV. elaborar, distribuir, fornecer, emitir ou utilizar documento que saiba ou deva saber falso ou inexato;

V. negar ou deixar de fornecer, quando obrigatório, nota fiscal ou documento equivalente, relativa a venda de mercadoria ou prestação de serviço, efetivamente realizada, ou fornecê-la em desacordo com a legislação.

Pena – reclusão de 2 (dois) a 5 (cinco) anos, e multa.

Parágrafo único. A falta de atendimento da exigência da autoridade, no prazo de 10 (dez) dias, que poderá ser convertido em horas em razão da maior ou menor complexidade da matéria ou da dificuldade quanto ao atendimento da exigência, caracteriza a infração prevista no inciso V.

Art. 2. Constitui crime da mesma natureza:

I. fazer declaração falsa ou omitir declaração sobre rendas, bens ou fatos, ou empregar outra fraude, para eximir-se, total ou parcialmente, de pagamento de tributo;

II. deixar de recolher, no prazo legal, valor de tributo ou de contribuição social, descontado ou cobrado, na qualidade de sujeito passivo de obrigação e que deveria recolher aos cofres públicos;

III. exigir, pagar ou receber, para si ou para o contribuinte beneficiário, qualquer percentagem sobre a parcela dedutível ou deduzida de imposto ou de contribuição como incentivo fiscal;

IV. deixar de aplicar, ou aplicar em desacordo com o estatuído, incentivo fiscal ou parcelas de imposto liberadas por órgão ou entidade de desenvolvimento;

V. utilizar ou divulgar programa de processamento de dados que permita ao sujeito passivo da obrigação tributária possuir informação contábil diversa daquela que é, por lei, fornecida à Fazenda Pública.

Pena – detenção, de 6 (seis) meses a 2 (dois) anos, e multa.

SEÇÃO II
Dos crimes praticados por funcionários públicos

Art. 3. Constitui crime funcional contra a ordem tributária, além dos previstos no Decreto-Lei nº 2.848, de 7 de dezembro de 1940 – Código Penal (Título XI, Capítulo I):

I. extraviar livro oficial, processo fiscal ou qualquer documento, de que tenha a guarda em razão da função; sonegá-lo, ou inutilizá-lo, total ou parcialmente, acarretando pagamento indevido ou inexato de tributo ou contribuição social;

II. exigir, solicitar ou receber, para si ou para outrem, direta ou indiretamente, ainda que fora da função ou antes de iniciar seu exercício, mas em razão dela, vantagem indevida; ou aceitar promessa de tal vantagem, para deixar de lançar ou cobrar tributo ou contribuição social, ou cobrá-los parcialmente.
Pena – reclusão, de 3 (três) a 8 (oito) anos, e multa.

III. patrocinar, direta ou indiretamente, interesse privado perante a administração fazendária, valendo-se da qualidade de funcionário público. Pena – reclusão, de 1 (um) a 4 (quatro) anos, e multa.

CAPÍTULO II
Dos crimes Contra a Economia e as Relações de Consumo

Art. 4. Constitui crime contra a ordem econômica:
I. abusar do poder econômico, dominando o mercado ou eliminando, total ou parcialmente, a concorrência mediante qualquer forma de ajuste ou acordo de empresas;
II. formar acordo, convênio, ajuste ou aliança entre ofertantes, visando:
a) à fixação artificial de preços ou quantidades vendidas ou produzidas;
b) ao controle regionalizado do mercado por empresa ou grupo de empresas;
c) ao controle, em detrimento da concorrência, de rede de distribuição ou de fornecedores.
Pena – reclusão, de 2 (dois) a 5 (cinco) anos e multa.

Art. 5. (Revogado pela Lei nº 12.529, de 2011).
Art. 6. (Revogado pela Lei nº 12.529, de 2011).
Art. 7. Constitui crime contra as relações de consumo:

I. favorecer ou preferir, sem justa causa, comprador ou freguês, ressalvados os sistemas de entrega ao consumo por intermédio de distribuidores ou revendedores;

II. vender ou expor à venda mercadoria cuja embalagem, tipo, especificação, peso ou composição esteja em desacordo com as prescrições legais, ou que não corresponda à respectiva classificação oficial;

III. misturar gêneros e mercadorias de espécies diferentes, para vendê-los ou expô-los à venda como puros; misturar gêneros e mercadorias de qualidades desiguais para vendê-los ou expô-los à venda por preço estabelecido para os demais mais alto custo;

IV. fraudar preços por meio de:
a) alteração, sem modificação essencial ou de qualidade, de elementos tais como denominação, sinal externo, marca, embalagem, especificação técnica, descrição, volume, peso, pintura ou acabamento de bem ou serviço;
b) divisão em partes de bem ou serviço, habitualmente oferecido à venda em conjunto;
c) junção de bens ou serviços, comumente oferecidos à venda em separado;
d) aviso de inclusão de insumo não empregado na produção do bem ou na prestação dos serviços;

V. elevar o valor cobrado nas vendas a prazo de bens ou serviços, mediante a exigência de comissão ou de taxa de juros ilegais;

VI. sonegar insumos ou bens, recusando-se a vendê-los a quem pretenda comprá-los nas condições publicamente ofertadas, ou retê-los para o fim de especulação;

VII. induzir o consumidor ou usuário a erro, por via de indicação ou afirmação falsa ou enganosa sobre a natureza, qualidade do bem ou serviço, utilizando-se de qualquer meio, inclusive a veiculação ou divulgação publicitária;

VIII. destruir, inutilizar ou danificar matéria-prima ou mercadoria, com o fim de provocar alta de preço, em proveito próprio ou de terceiros;

IX. vender, ter em depósito para vender ou expor à venda ou, de qualquer forma, entregar matéria-prima ou mercadoria, em condições impróprias ao consumo;

Pena – detenção, de 2 (dois) a 5 (cinco) anos, ou multa.

Parágrafo único. Nas hipóteses dos incisos II, III e IX pune-se a modalidade culposa, reduzindo-se a pena e a detenção de 1/3 (um terço) ou a de multa à quinta parte.

CAPÍTULO III
Das Multas

Art. 8. Nos crimes definidos nos arts. 1º a 3º desta lei, a pena de multa será fixada entre 10 (dez) e 360 (trezentos e sessenta) dias-multa, conforme seja necessário e suficiente para reprovação e prevenção do crime.

Parágrafo único. O dia-multa será fixado pelo juiz em valor não inferior a 14 (quatorze) nem superior a 200 (duzentos) Bônus do Tesouro Nacional BTN.

Art. 9. A pena de detenção ou reclusão poderá ser convertida em multa de valor equivalente a:

I. 200.000 (duzentos mil) até 5.000.000 (cinco milhões) de BTN, nos crimes definidos no art. 4º;

II. 5.000 (cinco mil) até 200.000 (duzentos mil) BTN, nos crimes definidos nos arts. 5º e 6º;

III. 50.000 (cinquenta mil) até 1.000.000 (um milhão de BTN), nos crimes definidos no art. 7º.

Art. 10. Caso o juiz, considerado o ganho ilícito e a situação econômica do réu, verifique a insuficiência ou excessiva onerosidade das penas pecuniárias previstas nesta lei, poderá diminuí-las até a décima parte ou elevá-las ao décuplo.

CAPÍTULO IV
Das Disposições Gerais

Art. 11. Quem, de qualquer modo, inclusive por meio de pessoa jurídica, concorre para os crimes definidos nesta lei, incide nas penas a estes cominadas, na medida de sua culpabilidade.

Parágrafo único. Quando a venda ao consumidor for efetuada por sistema de entrega ao consumo ou por intermédio de outro em que o preço ao consumidor é estabelecido ou sugerido pelo fabricante ou concedente, o ato por este praticado não alcança o distribuidor ou revendedor.

Art. 12. São circunstâncias que podem agravar de 1/3 (um terço) até a metade as penas previstas nos arts. 1º, 2º e 4º a 7º:

I. ocasionar grave dano à coletividade;

II. ser o crime cometido por servidor público no exercício de suas funções;

III. ser o crime praticado em relação à prestação de serviços ou ao comércio de bens essenciais à vida ou à saúde.

Art. 13. (Vetado).

Art. 14. (Revogado pela Lei nº 8.383, de 30.12.1991)

Art. 15. Os crimes previstos nesta lei são de ação penal pública, aplicando-se-lhes o disposto no art. 100 do Decreto-Lei nº 2.848, de 7 de dezembro de 1940 – Código Penal.

Art. 16. Qualquer pessoa poderá provocar a iniciativa do Ministério Público nos crimes descritos nesta lei, fornecendo-lhe por escrito informações sobre o fato e a autoria, bem como indicando o tempo, o lugar e os elementos de convicção.

Parágrafo único. Nos crimes previstos nesta Lei, cometidos em quadrilha ou coautoria, o coautor ou partícipe que através de confissão espontânea revelar à autoridade policial ou judicial toda a trama delituosa terá a sua pena reduzida de um a dois terços.

Art. 17. Compete ao Departamento Nacional de Abastecimento e Preços, quando e se necessário, providenciar a desapropriação de estoques, a fim de evitar crise no mercado ou colapso no abastecimento.

Art. 18. (Revogado pela Lei nº 8.176, de 8.2.1991)

Art. 19. O caput do art. 172 do Decreto-Lei nº 2.848, de 7 de dezembro de 1940 – Código Penal, passa a ter a seguinte redação:

"Art. 172. Emitir fatura, duplicata ou nota de venda que não corresponda à mercadoria vendida, em quantidade ou qualidade, ou ao serviço prestado.

Pena – detenção, de 2 (dois) a 4 (quatro) anos, e multa".

Art. 20. O § 1º do art. 316 do Decreto-Lei nº 2.848, de 7 de dezembro de 1940 Código Penal, passa a ter a seguinte redação:

"Art. 316..........

§ 1º Se o funcionário exige tributo ou contribuição social que sabe ou deveria saber indevido, ou, quando devido, emprega na cobrança meio vexatório ou gravoso, que a lei não autoriza;

Pena – reclusão, de 3 (três) a 8 (oito) anos, e multa".

Art. 21. O art. 318 do Decreto-Lei nº 2.848, de 7 de dezembro de 1940 Código Penal, quanto à fixação da pena, passa a ter a seguinte redação:

"Art. 318..........

Pena – reclusão, de 3 (três) a 8 (oito) anos, e multa".
Art. 22. Esta lei entra em vigor na data de sua publicação.
Art. 23. Revogam-se as disposições em contrário e, em especial, o art. 279 do Decreto-Lei nº 2.848, de 7 de dezembro de 1940 – Código Penal.

Brasília, 27 de dezembro de 1990; 169º da Independência e 102º da República.
FERNANDO COLLOR
Jarbas Passarinho
Zélia M. Cardoso de Mello

Este texto não substitui o publicado no DOU de 28.12.1990

Lei n. 8.176/91 (Crimes Contra a Ordem Econômica)

LEI Nº 8.176, DE 8 DE FEVEREIRO DE 1991.
Define crimes contra a ordem econômica e cria o Sistema de Estoques de Combustíveis.
O PRESIDENTE DA REPÚBLICA, faço saber que o Congresso Nacional decreta e eu sanciono a seguinte lei:
Art. 1. Constitui crime contra a ordem econômica:
I. adquirir, distribuir e revender derivados de petróleo, gás natural e suas frações recuperáveis, álcool etílico, hidratado carburante e demais combustíveis líquidos carburantes, em desacordo com as normas estabelecidas na forma da lei;
II. usar gás liquefeito de petróleo em motores de qualquer espécie, saunas, caldeiras e aquecimento de piscinas, ou para fins automotivos, em desacordo com as normas estabelecidas na forma da lei.
Pena: detenção de um a cinco anos.
Art. 2. Constitui crime contra o patrimônio, na modalidade de usurpação, produzir bens ou explorar matéria-prima pertencentes à União, sem autorização legal ou em desacordo com as obrigações impostas pelo título autorizativo.
Pena: detenção, de um a cinco anos e multa.
§ 1º Incorre na mesma pena aquele que, sem autorização legal, adquirir, transportar, industrializar, tiver consigo, consumir ou comercializar produtos ou matéria-prima, obtidos na forma prevista no caput deste artigo.
§ 2º No crime definido neste artigo, a pena de multa será fixada entre dez e trezentos e sessenta dias-multa, conforme seja necessário e suficiente para a reprovação e a prevenção do crime.
§ 3º O dia-multa será fixado pelo juiz em valor não inferior a quatorze nem superior a duzentos Bônus do Tesouro Nacional (BTN).
Art. 3. (Vetado).
Art. 4. Fica instituído o Sistema Nacional de Estoques de Combustíveis.
§ 1º O Poder Executivo encaminhará ao Congresso Nacional, dentro de cada exercício financeiro, o Plano Anual de Estoques Estratégicos de Combustíveis para o exercício seguinte, do qual constarão as fontes de recursos financeiros necessários a sua manutenção.
§ 2º O Poder Executivo estabelecerá, no prazo de sessenta dias as normas que regulamentarão o Sistema Nacional de Estoques de Combustíveis e o Plano Anual de Estoques Estratégicos de Combustíveis.
Art. 5. Esta lei entra em vigor cinco dias após a sua publicação.
Art. 6. Revogam-se as disposições em contrário, em especial o art. 18 da Lei nº 8.137, de 27 de dezembro de 1990, restaurando-se a numeração dos artigos do Decreto-Lei nº 2.848, de 7 de dezembro de 1940 Código Penal Brasileiro, alterado por aquele dispositivo.

Brasília, 8 de fevereiro de 1991; 170º da Independência e 103º da República.
FERNANDO COLLOR
Jarbas Passarinho
Zélia M. Cardoso de Mello
Ozires Silva

Este texto não substitui o publicado no DOU de 13.2.1991

Lei n. 9.099/95 (Juizados Especiais Cíveis e Criminais)

LEI Nº 9.099, DE 26 DE SETEMBRO DE 1995.
Dispõe sobre os Juizados Especiais Cíveis e Criminais e dá outras providências.
O PRESIDENTE DA REPÚBLICA Faço saber que o Congresso Nacional decreta e eu sanciono a seguinte Lei:

CAPÍTULO I
Disposições Gerais

Art. 1. Os Juizados Especiais Cíveis e Criminais, órgãos da Justiça Ordinária, serão criados pela União, no Distrito Federal e nos Territórios, e pelos Estados, para conciliação, processo, julgamento e execução, nas causas de sua competência.

Art. 2. O processo orientar-se-á pelos critérios da oralidade, simplicidade, informalidade, economia processual e celeridade, buscando, sempre que possível, a conciliação ou a transação.

CAPÍTULO II
Dos Juizados Especiais Cíveis

SEÇÃO I
Da Competência

Art. 3. O Juizado Especial Cível tem competência para conciliação, processo e julgamento das causas cíveis de menor complexidade, assim consideradas:
I. as causas cujo valor não exceda a quarenta vezes o salário mínimo;
II. as enumeradas no art. 275, inciso II, do Código de Processo Civil;
III. a ação de despejo para uso próprio;
IV. as ações possessórias sobre bens imóveis de valor não excedente ao fixado no inciso I deste artigo.
§ 1º Compete ao Juizado Especial promover a execução:
I. dos seus julgados;
II. dos títulos executivos extrajudiciais, no valor de até quarenta vezes o salário mínimo, observado o disposto no § 1º do art. 8º desta Lei.
§ 2º Ficam excluídas da competência do Juizado Especial as causas de natureza alimentar, falimentar, fiscal e de interesse da Fazenda Pública, e também as relativas a acidentes de trabalho, a resíduos e ao estado e capacidade das pessoas, ainda que de cunho patrimonial.
§ 3º A opção pelo procedimento previsto nesta Lei importará em renúncia ao crédito excedente ao limite estabelecido neste artigo, excetuada a hipótese de conciliação.

Art. 4. É competente, para as causas previstas nesta Lei, o Juizado do foro:
I. do domicílio do réu ou, a critério do autor, do local onde aquele exerça atividades profissionais ou econômicas ou mantenha estabelecimento, filial, agência, sucursal ou escritório;
II. do lugar onde a obrigação deva ser satisfeita;
III. do domicílio do autor ou do local do ato ou fato, nas ações para reparação de dano de qualquer natureza.
Parágrafo único. Em qualquer hipótese, poderá a ação ser proposta no foro previsto no inciso I deste artigo.

SEÇÃO II
Do Juiz, dos Conciliadores e dos Juízes Leigos

Art. 5. O Juiz dirigirá o processo com liberdade para determinar as provas a serem produzidas, para apreciá-las e para dar especial valor às regras de experiência comum ou técnica.

Art. 6. O Juiz adotará em cada caso a decisão que reputar mais justa e equânime, atendendo aos fins sociais da lei e às exigências do bem comum.

Art. 7. Os conciliadores e Juízes leigos são auxiliares da Justiça, recrutados, os primeiros, preferentemente, entre os bacharéis em Direito, e os segundos, entre advogados com mais de cinco anos de experiência.
Parágrafo único. Os Juízes leigos ficarão impedidos de exercer a advocacia perante os Juizados Especiais, enquanto no desempenho de suas funções.

SEÇÃO III
Das PArtes

Art. 8. Não poderão ser partes, no processo instituído por esta Lei, o incapaz, o preso, as pessoas jurídicas de direito público, as empresas públicas da União, a massa falida e o insolvente civil.

§ 1º Somente serão admitidas a propor ação perante o Juizado Especial:

I. as pessoas físicas capazes, excluídos os cessionários de direito de pessoas jurídicas;

II. as pessoas enquadradas como microempreendedores individuais, microempresas e empresas de pequeno porte na forma da Lei Complementar nº 123, de 14 de dezembro de 2006;

III. as pessoas jurídicas qualificadas como Organização da Sociedade Civil de Interesse Público, nos termos da Lei nº 9.790, de 23 de março de 1999;

IV. as sociedades de crédito ao microempreendedor, nos termos do art. 1º da Lei nº 10.194, de 14 de fevereiro de 2001.

§ 2º O maior de dezoito anos poderá ser autor, independentemente de assistência, inclusive para fins de conciliação.

Art. 9. Nas causas de valor até vinte salários mínimos, as partes comparecerão pessoalmente, podendo ser assistidas por advogado; nas de valor superior, a assistência é obrigatória.

§ 1º Sendo facultativa a assistência, se uma das partes comparecer assistida por advogado, ou se o réu for pessoa jurídica ou firma individual, terá a outra parte, se quiser, assistência judiciária prestada por órgão instituído junto ao Juizado Especial, na forma da lei local.

§ 2º O Juiz alertará as partes da conveniência do patrocínio por advogado, quando a causa o recomendar.

§ 3º O mandato ao advogado poderá ser verbal, salvo quanto aos poderes especiais.

§ 4º O réu, sendo pessoa jurídica ou titular de firma individual, poderá ser representado por preposto credenciado, munido de carta de preposição com poderes para transigir, sem haver necessidade de vínculo empregatício.

Art. 10. Não se admitirá, no processo, qualquer forma de intervenção de terceiro nem de assistência. Admitir-se-á o litisconsórcio.

Art. 11. O Ministério Público intervirá nos casos previstos em lei.

SEÇÃO IV
Dos atos processuais

Art. 12. Os atos processuais serão públicos e poderão realizar-se em horário noturno, conforme dispuserem as normas de organização judiciária.

Art. 12-A. Na contagem de prazo em dias, estabelecido por lei ou pelo juiz, para a prática de qualquer ato processual, inclusive para a interposição de recursos, computar-se-ão somente os dias úteis.

Art. 13. Os atos processuais serão válidos sempre que preencherem as finalidades para as quais forem realizados, atendidos os critérios indicados no art. 2º desta Lei.

§ 1º Não se pronunciará qualquer nulidade sem que tenha havido prejuízo.

§ 2º A prática de atos processuais em outras comarcas poderá ser solicitada por qualquer meio idôneo de comunicação.

§ 3º Apenas os atos considerados essenciais serão registrados resumidamente, em notas manuscritas, datilografadas, taquigrafadas ou estenotipadas. Os demais atos poderão ser gravados em fita magnética ou equivalente, que será inutilizada após o trânsito em julgado da decisão.

§ 4º As normas locais disporão sobre a conservação das peças do processo e demais documentos que o instruem.

SEÇÃO V
Do pedido

Art. 14. O processo instaurar-se-á com a apresentação do pedido, escrito ou oral, à Secretaria do Juizado.

§ 1º Do pedido constarão, de forma simples e em linguagem acessível:

I. o nome, a qualificação e o endereço das partes;

II. os fatos e os fundamentos, de forma sucinta;

III. o objeto e seu valor.

§ 2º É lícito formular pedido genérico quando não for possível determinar, desde logo, a extensão da obrigação.

§ 3º O pedido oral será reduzido a escrito pela Secretaria do Juizado, podendo ser utilizado o sistema de fichas ou formulários impressos.

Art. 15. Os pedidos mencionados no art. 3º desta Lei poderão ser alternativos ou cumulados; nesta última hipótese, desde que conexos e a soma não ultrapasse o limite fixado naquele dispositivo.

Art. 16. Registrado o pedido, independentemente de distribuição e autuação, a Secretaria do Juizado designará a sessão de conciliação, a realizar-se no prazo de quinze dias.

Art. 17. Comparecendo inicialmente ambas as partes, instaurar-se-á, desde logo, a sessão de conciliação, dispensados o registro prévio de pedido e a citação.

Parágrafo único. Havendo pedidos contrapostos, poderá ser dispensada a contestação formal e ambos serão apreciados na mesma sentença.

SEÇÃO VI
Das Citações e Intimações

Art. 18. A citação far-se-á:
I. por correspondência, com aviso de recebimento em mão própria;
II. tratando-se de pessoa jurídica ou firma individual, mediante entrega ao encarregado da recepção, que será obrigatoriamente identificado;
III. sendo necessário, por oficial de justiça, independentemente de mandado ou carta precatória.
§ 1º A citação conterá cópia do pedido inicial, dia e hora para comparecimento do citando e advertência de que, não comparecendo este, considerar-se-ão verdadeiras as alegações iniciais, e será proferido julgamento, de plano.
§ 2º Não se fará citação por edital.
§ 3º O comparecimento espontâneo suprirá a falta ou nulidade da citação.

Art. 19. As intimações serão feitas na forma prevista para citação, ou por qualquer outro meio idôneo de comunicação.
§ 1º Dos atos praticados na audiência, considerar-se-ão desde logo cientes as partes.
§ 2º As partes comunicarão ao juízo as mudanças de endereço ocorridas no curso do processo, reputando-se eficazes as intimações enviadas ao local anteriormente indicado, na ausência da comunicação.

SEÇÃO VII
Da Revelia

Art. 20. Não comparecendo o demandado à sessão de conciliação ou à audiência de instrução e julgamento, reputar-se-ão verdadeiros os fatos alegados no pedido inicial, salvo se o contrário resultar da convicção do Juiz.

SEÇÃO VIII
Da Conciliação e do Juízo Arbitral

Art. 21. Aberta a sessão, o Juiz togado ou leigo esclarecerá as partes presentes sobre as vantagens da conciliação, mostrando-lhes os riscos e as consequências do litígio, especialmente quanto ao disposto no § 3º do art. 3º desta Lei.

Art. 22. A conciliação será conduzida pelo Juiz togado ou leigo ou por conciliador sob sua orientação.
§ 1º Obtida a conciliação, esta será reduzida a escrito e homologada pelo Juiz togado mediante sentença com eficácia de título executivo. (**Incluído pela Lei nº 13.994, de 2020**).
§ 2º É cabível a conciliação não presencial conduzida pelo Juizado mediante o emprego dos recursos tecnológicos disponíveis de transmissão de sons e imagens em tempo real, devendo o resultado da tentativa de conciliação ser reduzido a escrito com os anexos pertinentes. (**Incluído pela Lei nº 13.994, de 2020**).

Art. 23. Se o demandado não comparecer ou recusar-se a participar da tentativa de conciliação não presencial, o Juiz togado proferirá sentença. (**Redação dada pela Lei nº 13.994, de 2020**)

Art. 24. Não obtida a conciliação, as partes poderão optar, de comum acordo, pelo juízo arbitral, na forma prevista nesta Lei.
§ 1º O juízo arbitral considerar-se-á instaurado, independentemente de termo de compromisso, com a escolha do árbitro pelas partes. Se este não estiver presente, o Juiz convocá-lo-á e designará, de imediato, a data para a audiência de instrução.
§ 2º O árbitro será escolhido dentre os juízes leigos.

Art. 25. O árbitro conduzirá o processo com os mesmos critérios do Juiz, na forma dos arts. 5º e 6º desta Lei, podendo decidir por equidade.

Art. 26. Ao término da instrução, ou nos cinco dias subsequentes, o árbitro apresentará o laudo ao Juiz togado para homologação por sentença irrecorrível.

SEÇÃO IX
Da Instrução e Julgamento

Art. 27. Não instituído o juízo arbitral, proceder-se-á imediatamente à audiência de instrução e julgamento, desde que não resulte prejuízo para a defesa.

Parágrafo único. Não sendo possível a sua realização imediata, será a audiência designada para um dos quinze dias subsequentes, cientes, desde logo, as partes e testemunhas eventualmente presentes.

Art. 28. Na audiência de instrução e julgamento serão ouvidas as partes, colhida a prova e, em seguida, proferida a sentença.

Art. 29. Serão decididos de plano todos os incidentes que possam interferir no regular prosseguimento da audiência. As demais questões serão decididas na sentença.

Parágrafo único. Sobre os documentos apresentados por uma das partes, manifestar-se-á imediatamente a parte contrária, sem interrupção da audiência.

SEÇÃO X
Da Resposta do Réu

Art. 30. A contestação, que será oral ou escrita, conterá toda matéria de defesa, exceto arguição de suspeição ou impedimento do Juiz, que se processará na forma da legislação em vigor.

Art. 31. Não se admitirá a reconvenção. É lícito ao réu, na contestação, formular pedido em seu favor, nos limites do art. 3º desta Lei, desde que fundado nos mesmos fatos que constituem objeto da controvérsia.

Parágrafo único. O autor poderá responder ao pedido do réu na própria audiência ou requerer a designação da nova data, que será desde logo fixada, cientes todos os presentes.

SEÇÃO XI
Das Provas

Art. 32. Todos os meios de prova moralmente legítimos, ainda que não especificados em lei, são hábeis para provar a veracidade dos fatos alegados pelas partes.

Art. 33. Todas as provas serão produzidas na audiência de instrução e julgamento, ainda que não requeridas previamente, podendo o Juiz limitar ou excluir as que considerar excessivas, impertinentes ou protelatórias.

Art. 34. As testemunhas, até o máximo de três para cada parte, comparecerão à audiência de instrução e julgamento levadas pela parte que as tenha arrolado, independentemente de intimação, ou mediante esta, se assim for requerido.

§ 1º O requerimento para intimação das testemunhas será apresentado à Secretaria no mínimo cinco dias antes da audiência de instrução e julgamento.

§ 2º Não comparecendo a testemunha intimada, o Juiz poderá determinar sua imediata condução, valendo-se, se necessário, do concurso da força pública.

Art. 35. Quando a prova do fato exigir, o Juiz poderá inquirir técnicos de sua confiança, permitida às partes a apresentação de parecer técnico.

Parágrafo único. No curso da audiência, poderá o Juiz, de ofício ou a requerimento das partes, realizar inspeção em pessoas ou coisas, ou determinar que o faça pessoa de sua confiança, que lhe relatará informalmente o verificado.

Art. 36. A prova oral não será reduzida a escrito, devendo a sentença referir, no essencial, os informes trazidos nos depoimentos.

Art. 37. A instrução poderá ser dirigida por Juiz leigo, sob a supervisão de Juiz togado.

SEÇÃO XII
Da Sentença

Art. 38. A sentença mencionará os elementos de convicção do Juiz, com breve resumo dos fatos relevantes ocorridos em audiência, dispensado o relatório.

Parágrafo único. Não se admitirá sentença condenatória por quantia ilíquida, ainda que genérico o pedido.

Art. 39. É ineficaz a sentença condenatória na parte que exceder a alçada estabelecida nesta Lei.

Art. 40. O Juiz leigo que tiver dirigido a instrução proferirá sua decisão e imediatamente a submeterá ao Juiz togado, que poderá homologá-la, proferir outra em substituição ou, antes de se manifestar, determinar a realização de atos probatórios indispensáveis.

Art. 41. Da sentença, excetuada a homologatória de conciliação ou laudo arbitral, caberá recurso para o próprio Juizado.

§ 1º O recurso será julgado por uma turma composta por três Juízes togados, em exercício no primeiro grau de jurisdição, reunidos na sede do Juizado.

§ 2º No recurso, as partes serão obrigatoriamente representadas por advogado.

Art. 42. O recurso será interposto no prazo de dez dias, contados da ciência da sentença, por petição escrita, da qual constarão as razões e o pedido do recorrente.

§ 1º O preparo será feito, independentemente de intimação, nas quarenta e oito horas seguintes à interposição, sob pena de deserção.

§ 2º Após o preparo, a Secretaria intimará o recorrido para oferecer resposta escrita no prazo de dez dias.

Art. 43. O recurso terá somente efeito devolutivo, podendo o Juiz dar-lhe efeito suspensivo, para evitar dano irreparável para a parte.

Art. 44. As partes poderão requerer a transcrição da gravação da fita magnética a que alude o § 3º do art. 13 desta Lei, correndo por conta do requerente as despesas respectivas.

Art. 45. As partes serão intimadas da data da sessão de julgamento.

Art. 46. O julgamento em segunda instância constará apenas da ata, com a indicação suficiente do processo, fundamentação sucinta e parte dispositiva. Se a sentença for confirmada pelos próprios fundamentos, a súmula do julgamento servirá de acórdão.

Art. 47. (VETADO)

SEÇÃO XIII
Dos Embargos de Declaração

Art. 48. Caberão embargos de declaração contra sentença ou acórdão nos casos previstos no Código de Processo Civil.

Parágrafo único. Os erros materiais podem ser corrigidos de ofício.

Art. 49. Os embargos de declaração serão interpostos por escrito ou oralmente, no prazo de cinco dias, contados da ciência da decisão.

Art. 50. Os embargos de declaração interrompem o prazo para a interposição de recurso.

SEÇÃO XIV
Da Extinção do Processo Sem Julgamento do Mérito

Art. 51. Extingue-se o processo, além dos casos previstos em lei:

I. quando o autor deixar de comparecer a qualquer das audiências do processo;

II. quando inadmissível o procedimento instituído por esta Lei ou seu prosseguimento, após a conciliação;

III. quando for reconhecida a incompetência territorial;

IV. quando sobrevier qualquer dos impedimentos previstos no art. 8º desta Lei;

V. quando, falecido o autor, a habilitação depender de sentença ou não se der no prazo de trinta dias;

VI. quando, falecido o réu, o autor não promover a citação dos sucessores no prazo de trinta dias da ciência do fato.

§ 1º A extinção do processo independerá, em qualquer hipótese, de prévia intimação pessoal das partes.

§ 2º No caso do inciso I deste artigo, quando comprovar que a ausência decorre de força maior, a parte poderá ser isentada, pelo Juiz, do pagamento das custas.

SEÇÃO XV
Da Execução

Art. 52. A execução da sentença processar-se-á no próprio Juizado, aplicando-se, no que couber, o disposto no Código de Processo Civil, com as seguintes alterações:

I. as sentenças serão necessariamente líquidas, contendo a conversão em Bônus do Tesouro Nacional – BTN ou índice equivalente;

II. os cálculos de conversão de índices, de honorários, de juros e de outras parcelas serão efetuados por servidor judicial;

III. a intimação da sentença será feita, sempre que possível, na própria audiência em que for proferida. Nessa intimação, o vencido será instado a cumprir a sentença tão logo ocorra seu trânsito em julgado, e advertido dos efeitos do seu descumprimento (inciso V);

IV. não cumprida voluntariamente a sentença transitada em julgado, e tendo havido solicitação do interessado, que poderá ser verbal, proceder-se-á desde logo à execução, dispensada nova citação;

V. nos casos de obrigação de entregar, de fazer, ou de não fazer, o Juiz, na sentença ou na fase de execução, cominará multa diária, arbitrada de acordo com as condições econômicas do devedor, para a hipótese de inadimplemento. Não cumprida a obrigação, o credor poderá requerer a elevação da multa ou a transformação da condenação em perdas e danos, que o Juiz de imediato arbitrará, seguindo-se a execução por quantia certa, incluída a multa vencida de obrigação de dar, quando evidenciada a malícia do devedor na execução do julgado;

VI. na obrigação de fazer, o Juiz pode determinar o cumprimento por outrem, fixado o valor que o devedor deve depositar para as despesas, sob pena de multa diária;

VII. na alienação forçada dos bens, o Juiz poderá autorizar o devedor, o credor ou terceira pessoa idônea a tratar da alienação do bem penhorado, a qual se aperfeiçoará em juízo até a data fixada para a praça ou leilão. Sendo o preço inferior ao da avaliação, as partes serão ouvidas. Se o pagamento não for à vista, será oferecida caução idônea, nos casos de alienação de bem móvel, ou hipotecado o imóvel;

VIII. é dispensada a publicação de editais em jornais, quando se tratar de alienação de bens de pequeno valor;

IX. o devedor poderá oferecer embargos, nos autos da execução, versando sobre:

a) falta ou nulidade da citação no processo, se ele correu à revelia;

b) manifesto excesso de execução;

c) erro de cálculo;

d) causa impeditiva, modificativa ou extintiva da obrigação, superveniente à sentença.

Art. 53. A execução de título executivo extrajudicial, no valor de até quarenta salários mínimos, obedecerá ao disposto no Código de Processo Civil, com as modificações introduzidas por esta Lei.

§ 1º Efetuada a penhora, o devedor será intimado a comparecer à audiência de conciliação, quando poderá oferecer embargos (art. 52, IX), por escrito ou verbalmente.

§ 2º Na audiência, será buscado o meio mais rápido e eficaz para a solução do litígio, se possível com dispensa da alienação judicial, devendo o conciliador propor, entre outras medidas cabíveis, o pagamento do débito a prazo ou a prestação, a dação em pagamento ou a imediata adjudicação do bem penhorado.

§ 3º Não apresentados os embargos em audiência, ou julgados improcedentes, qualquer das partes poderá requerer ao Juiz a adoção de uma das alternativas do parágrafo anterior.

§ 4º Não encontrado o devedor ou inexistindo bens penhoráveis, o processo será imediatamente extinto, devolvendo-se os documentos ao autor.

SEÇÃO XVI
Das Despesas

Art. 54. O acesso ao Juizado Especial independerá, em primeiro grau de jurisdição, do pagamento de custas, taxas ou despesas.

Parágrafo único. O preparo do recurso, na forma do § 1º do art. 42 desta Lei, compreenderá todas as despesas processuais, inclusive aquelas dispensadas em primeiro grau de jurisdição, ressalvada a hipótese de assistência judiciária gratuita.

Art. 55. A sentença de primeiro grau não condenará o vencido em custas e honorários de advogado, ressalvados os casos de litigância de má-fé. Em segundo grau, o recorrente, vencido, pagará as custas e honorários de advogado, que serão fixados entre dez por cento e vinte por cento do valor de condenação ou, não havendo condenação, do valor corrigido da causa.

Parágrafo único. Na execução não serão contadas custas, salvo quando:

I. reconhecida a litigância de má-fé;

II. improcedentes os embargos do devedor;

III. tratar-se de execução de sentença que tenha sido objeto de recurso improvido do devedor.

SEÇÃO XVII
Disposições Finais

Art. 56. Instituído o Juizado Especial, serão implantadas as curadorias necessárias e o serviço de assistência judiciária.

Art. 57. O acordo extrajudicial, de qualquer natureza ou valor, poderá ser homologado, no juízo competente, independentemente de termo, valendo a sentença como título executivo judicial.

Parágrafo único. Valerá como título extrajudicial o acordo celebrado pelas partes, por instrumento escrito, referendado pelo órgão competente do Ministério Público.

Art. 58. As normas de organização judiciária local poderão estender a conciliação prevista nos arts. 22 e 23 a causas não abrangidas por esta Lei.

Art. 59. Não se admitirá ação rescisória nas causas sujeitas ao procedimento instituído por esta Lei.

CAPÍTULO III

Dos Juizados Especiais Criminais
Disposições Gerais

Art. 60. O Juizado Especial Criminal, provido por juízes togados ou togados e leigos, tem competência para a conciliação, o julgamento e a execução das infrações penais de menor potencial ofensivo, respeitadas as regras de conexão e continência.

Parágrafo único. Na reunião de processos, perante o juízo comum ou o tribunal do júri, decorrentes da aplicação das regras de conexão e continência, observar-se-ão os institutos da transação penal e da composição dos danos civis.

Art. 61. Consideram-se infrações penais de menor potencial ofensivo, para os efeitos desta Lei, as contravenções penais e os crimes a que a lei comine pena máxima não superior a 2 (dois) anos, cumulada ou não com multa.

Art. 62. O processo perante o Juizado Especial orientar-se-á pelos critérios da oralidade, simplicidade, informalidade, economia processual e celeridade, objetivando, sempre que possível, a reparação dos danos sofridos pela vítima e a aplicação de pena não privativa de liberdade.

SEÇÃO I
Da Competência e dos Atos Processuais

Art. 63. A competência do Juizado será determinada pelo lugar em que foi praticada a infração penal.

Art. 64. Os atos processuais serão públicos e poderão realizar-se em horário noturno e em qualquer dia da semana, conforme dispuserem as normas de organização judiciária.

Art. 65. Os atos processuais serão válidos sempre que preencherem as finalidades para as quais foram realizados, atendidos os critérios indicados no art. 62 desta Lei.

§ 1º Não se pronunciará qualquer nulidade sem que tenha havido prejuízo.

§ 2º A prática de atos processuais em outras comarcas poderá ser solicitada por qualquer meio hábil de comunicação.

§ 3º Serão objeto de registro escrito exclusivamente os atos havidos por essenciais. Os atos realizados em audiência de instrução e julgamento poderão ser gravados em fita magnética ou equivalente.

Art. 66. A citação será pessoal e far-se-á no próprio Juizado, sempre que possível, ou por mandado.

Parágrafo único. Não encontrado o acusado para ser citado, o Juiz encaminhará as peças existentes ao Juízo comum para adoção do procedimento previsto em lei.

Art. 67. A intimação far-se-á por correspondência, com aviso de recebimento pessoal ou, tratando-se de pessoa jurídica ou firma individual, mediante entrega ao encarregado da recepção, que será obrigatoriamente identificado, ou, sendo necessário, por oficial de justiça, independentemente de mandado ou carta precatória, ou ainda por qualquer meio idôneo de comunicação.

Parágrafo único. Dos atos praticados em audiência considerar-se-ão desde logo cientes as partes, os interessados e defensores.

Art. 68. Do ato de intimação do autor do fato e do mandado de citação do acusado, constará a necessidade de seu comparecimento acompanhado de advogado, com a advertência de que, na sua falta, ser-lhe-á designado defensor público.

SEÇÃO II
Da Fase Preliminar

Art. 69. A autoridade policial que tomar conhecimento da ocorrência lavrará termo circunstanciado e o encaminhará imediatamente ao Juizado, com o autor do fato e a vítima, providenciando-se as requisições dos exames periciais necessários.

Parágrafo único. Ao autor do fato que, após a lavratura do termo, for imediatamente encaminhado ao juizado ou assumir o compromisso de a ele comparecer, não se imporá prisão em flagrante, nem se exigirá fiança. Em caso de violência doméstica, o juiz poderá determinar, como medida de cautela, seu afastamento do lar, domicílio ou local de convivência com a vítima.

Art. 70. Comparecendo o autor do fato e a vítima, e não sendo possível a realização imediata da audiência preliminar, será designada data próxima, da qual ambos sairão cientes.

Art. 71. Na falta do comparecimento de qualquer dos envolvidos, a Secretaria providenciará sua intimação e, se for o caso, a do responsável civil, na forma dos arts. 67 e 68 desta Lei.

Art. 72. Na audiência preliminar, presente o representante do Ministério Público, o autor do fato e a vítima e, se possível, o responsável civil, acompanhados por seus advogados, o Juiz esclarecerá sobre a possibilidade da composição dos danos e da aceitação da proposta de aplicação imediata de pena não privativa de liberdade.

Art. 73. A conciliação será conduzida pelo Juiz ou por conciliador sob sua orientação.

Parágrafo único. Os conciliadores são auxiliares da Justiça, recrutados, na forma da lei local, preferentemente entre bacharéis em Direito, excluídos os que exerçam funções na administração da Justiça Criminal.

Art. 74. A composição dos danos civis será reduzida a escrito e, homologada pelo Juiz mediante sentença irrecorrível, terá eficácia de título a ser executado no juízo civil competente.

Parágrafo único. Tratando-se de ação penal de iniciativa privada ou de ação penal pública condicionada à representação, o acordo homologado acarreta a renúncia ao direito de queixa ou representação.

Art. 75. Não obtida a composição dos danos civis, será dada imediatamente ao ofendido a oportunidade de exercer o direito de representação verbal, que será reduzida a termo.

Parágrafo único. O não oferecimento da representação na audiência preliminar não implica decadência do direito, que poderá ser exercido no prazo previsto em lei.

Art. 76. Havendo representação ou tratando-se de crime de ação penal pública incondicionada, não sendo caso de arquivamento, o Ministério Público poderá propor a aplicação imediata de pena restritiva de direitos ou multas, a ser especificada na proposta.

§ 1º Nas hipóteses de ser a pena de multa a única aplicável, o Juiz poderá reduzi-la até a metade.

§ 2º Não se admitirá a proposta se ficar comprovado:
I. ter sido o autor da infração condenado, pela prática de crime, à pena privativa de liberdade, por sentença definitiva;
II. ter sido o agente beneficiado anteriormente, no prazo de cinco anos, pela aplicação de pena restritiva ou multa, nos termos deste artigo;
III. não indicarem os antecedentes, a conduta social e a personalidade do agente, bem como os motivos e as circunstâncias, ser necessária e suficiente a adoção da medida.

§ 3º Aceita a proposta pelo autor da infração e seu defensor, será submetida à apreciação do Juiz.

§ 4º Acolhendo a proposta do Ministério Público aceita pelo autor da infração, o Juiz aplicará a pena restritiva de direitos ou multa, que não importará em reincidência, sendo registrada apenas para impedir novamente o mesmo benefício no prazo de cinco anos.

§ 5º Da sentença prevista no parágrafo anterior caberá a apelação referida no art. 82 desta Lei.

§ 6º A imposição da sanção de que trata o § 4º deste artigo não constará de certidão de antecedentes criminais, salvo para os fins previstos no mesmo dispositivo, e não terá efeitos civis, cabendo aos interessados propor ação cabível no juízo cível.

SEÇÃO III
Do Procedimento Sumariíssimo

Art. 77. Na ação penal de iniciativa pública, quando não houver aplicação de pena, pela ausência do autor do fato, ou pela não ocorrência da hipótese prevista no art. 76 desta Lei, o Ministério Público oferecerá ao Juiz, de imediato, denúncia oral, se não houver necessidade de diligências imprescindíveis.

§ 1º Para o oferecimento da denúncia, que será elaborada com base no termo de ocorrência referido no art. 69 desta Lei, com dispensa do inquérito policial, prescindir-se-á do exame do corpo de delito quando a materialidade do crime estiver aferida por boletim médico ou prova equivalente.

§ 2º Se a complexidade ou circunstâncias do caso não permitirem a formulação da denúncia, o Ministério Público poderá requerer ao Juiz o encaminhamento das peças existentes, na forma do parágrafo único do art. 66 desta Lei.

§ 3º Na ação penal de iniciativa do ofendido poderá ser oferecida queixa oral, cabendo ao Juiz verificar se a complexidade e as circunstâncias do caso determinam a adoção das providências previstas no parágrafo único do art. 66 desta Lei.

Art. 78. Oferecida a denúncia ou queixa, será reduzida a termo, entregando-se cópia ao acusado, que com ela ficará citado e imediatamente cientificado da designação de dia e hora para a audiência de instrução e julgamento, da qual também tomarão ciência o Ministério Público, o ofendido, o responsável civil e seus advogados.

§ 1º Se o acusado não estiver presente, será citado na forma dos arts. 66 e 68 desta Lei e cientificado da data da audiência de instrução e julgamento, devendo a ela trazer suas testemunhas ou apresentar requerimento para intimação, no mínimo cinco dias antes de sua realização.
§ 2º Não estando presentes o ofendido e o responsável civil, serão intimados nos termos do art. 67 desta Lei para comparecerem à audiência de instrução e julgamento.
§ 3º As testemunhas arroladas serão intimadas na forma prevista no art. 67 desta Lei.

Art. 79. No dia e hora designados para a audiência de instrução e julgamento, se na fase preliminar não tiver havido possibilidade de tentativa de conciliação e de oferecimento de proposta pelo Ministério Público, proceder-se-á nos termos dos arts. 72, 73, 74 e 75 desta Lei.

Art. 80. Nenhum ato será adiado, determinando o Juiz, quando imprescindível, a condução coercitiva de quem deva comparecer.

Art. 81. Aberta a audiência, será dada a palavra ao defensor para responder à acusação, após o que o Juiz receberá, ou não, a denúncia ou queixa; havendo recebimento, serão ouvidas a vítima e as testemunhas de acusação e defesa, interrogando-se a seguir o acusado, se presente, passando-se imediatamente aos debates orais e à prolação da sentença.
§ 1º Todas as provas serão produzidas na audiência de instrução e julgamento, podendo o Juiz limitar ou excluir as que considerar excessivas, impertinentes ou protelatórias.
§ 2º De todo o ocorrido na audiência será lavrado termo, assinado pelo Juiz e pelas partes, contendo breve resumo dos fatos relevantes ocorridos em audiência e a sentença.
§ 3º A sentença, dispensado o relatório, mencionará os elementos de convicção do Juiz.

Art. 82. Da decisão de rejeição da denúncia ou queixa e da sentença caberá apelação, que poderá ser julgada por turma composta de três Juízes em exercício no primeiro grau de jurisdição, reunidos na sede do Juizado.
§ 1º A apelação será interposta no prazo de dez dias, contados da ciência da sentença pelo Ministério Público, pelo réu e seu defensor, por petição escrita, da qual constarão as razões e o pedido do recorrente.
§ 2º O recorrido será intimado para oferecer resposta escrita no prazo de dez dias.
§ 3º As partes poderão requerer a transcrição da gravação da fita magnética a que alude o § 3º do art. 65 desta Lei.
§ 4º As partes serão intimadas da data da sessão de julgamento pela imprensa.
§ 5º Se a sentença for confirmada pelos próprios fundamentos, a súmula do julgamento servirá de acórdão.

Art. 83. Cabem embargos de declaração quando, em sentença ou acórdão, houver obscuridade, contradição ou omissão.
§ 1º Os embargos de declaração serão opostos por escrito ou oralmente, no prazo de cinco dias, contados da ciência da decisão.
§ 2º Os embargos de declaração interrompem o prazo para a interposição de recurso.
§ 3º Os erros materiais podem ser corrigidos de ofício.

SEÇÃO IV
Da Execução

Art. 84. Aplicada exclusivamente pena de multa, seu cumprimento far-se-á mediante pagamento na Secretaria do Juizado.
Parágrafo único. Efetuado o pagamento, o Juiz declarará extinta a punibilidade, determinando que a condenação não fique constando dos registros criminais, exceto para fins de requisição judicial.

Art. 85. Não efetuado o pagamento de multa, será feita a conversão em pena privativa da liberdade, ou restritiva de direitos, nos termos previstos em lei.

Art. 86. A execução das penas privativas de liberdade e restritivas de direitos, ou de multa cumulada com estas, será processada perante o órgão competente, nos termos da lei.

SEÇÃO V
Das Despesas Processuais

Art. 87. Nos casos de homologação do acordo civil e aplicação de pena restritiva de direitos ou multa (arts. 74 e 76, § 4º), as despesas processuais serão reduzidas, conforme dispuser lei estadual.

SEÇÃO VI
Disposições Finais

Art. 88. Além das hipóteses do Código Penal e da legislação especial, dependerá de representação a ação penal relativa aos crimes de lesões corporais leves e lesões culposas.

Art. 89. Nos crimes em que a pena mínima cominada for igual ou inferior a um ano, abrangidas ou não por esta Lei, o Ministério Público, ao oferecer a denúncia, poderá propor a suspensão do processo, por dois a quatro anos, desde que o acusado não esteja sendo processado ou não tenha sido condenado por outro crime, presentes os demais requisitos que autorizariam a suspensão condicional da pena (art. 77 do Código Penal).

§ 1º Aceita a proposta pelo acusado e seu defensor, na presença do Juiz, este, recebendo a denúncia, poderá suspender o processo, submetendo o acusado a período de prova, sob as seguintes condições:

I. reparação do dano, salvo impossibilidade de fazê-lo;

II. proibição de frequentar determinados lugares;

III. proibição de ausentar-se da comarca onde reside, sem autorização do Juiz;

IV. comparecimento pessoal e obrigatório a juízo, mensalmente, para informar e justificar suas atividades.

§ 2º O Juiz poderá especificar outras condições a que fica subordinada a suspensão, desde que adequadas ao fato e à situação pessoal do acusado.

§ 3º A suspensão será revogada se, no curso do prazo, o beneficiário vier a ser processado por outro crime ou não efetuar, sem motivo justificado, a reparação do dano.

§ 4º A suspensão poderá ser revogada se o acusado vier a ser processado, no curso do prazo, por contravenção, ou descumprir qualquer outra condição imposta.

§ 5º Expirado o prazo sem revogação, o Juiz declarará extinta a punibilidade.

§ 6º Não correrá a prescrição durante o prazo de suspensão do processo.

§ 7º Se o acusado não aceitar a proposta prevista neste artigo, o processo prosseguirá em seus ulteriores termos.

Art. 90. As disposições desta Lei não se aplicam aos processos penais cuja instrução já estiver iniciada. (Vide ADIN nº 1.719-9)

Art. 90-A. As disposições desta Lei não se aplicam no âmbito da Justiça Militar.

Art. 91. Nos casos em que esta Lei passa a exigir representação para a propositura da ação penal pública, o ofendido ou seu representante legal será intimado para oferecê-la no prazo de trinta dias, sob pena de decadência.

Art. 92. Aplicam-se subsidiariamente as disposições dos Códigos Penal e de Processo Penal, no que não forem incompatíveis com esta Lei.

CAPÍTULO IV
Disposições Finais Comuns

Art. 93. Lei Estadual disporá sobre o Sistema de Juizados Especiais Cíveis e Criminais, sua organização, composição e competência.

Art. 94. Os serviços de cartório poderão ser prestados, e as audiências realizadas fora da sede da Comarca, em bairros ou cidades a ela pertencentes, ocupando instalações de prédios públicos, de acordo com audiências previamente anunciadas.

Art. 95. Os Estados, Distrito Federal e Territórios criarão e instalarão os Juizados Especiais no prazo de seis meses, a contar da vigência desta Lei.

Parágrafo único. No prazo de 6 (seis) meses, contado da publicação desta Lei, serão criados e instalados os Juizados Especiais Itinerantes, que deverão dirimir, prioritariamente, os conflitos existentes nas áreas rurais ou nos locais de menor concentração populacional.

Art. 96. Esta Lei entra em vigor no prazo de sessenta dias após a sua publicação.

Art. 97. Ficam revogadas a Lei nº 4.611, de 2 de abril de 1965 e a Lei nº 7.244, de 7 de novembro de 1984.

Brasília, 26 de setembro de 1995; 174º da Independência e 107º da República.
FERNANDO HENRIQUE CARDOSO
Nelson A. Jobim

Este texto não substitui o publicado no DOU de 27.9.1995

Lei n. 9.029/95 (Crimes contra o trabalho)

LEI Nº 9.029, DE 13 DE ABRIL DE 1995.
Proíbe a exigência de atestados de gravidez e esterilização, e outras práticas discriminatórias, para efeitos admissionais ou de permanência da relação jurídica de trabalho, e dá outras providências.
O PRESIDENTE DA REPÚBLICA Faço saber que o Congresso Nacional decreta e eu sanciono a seguinte lei:
Art. 1. É proibida a adoção de qualquer prática discriminatória e limitativa para efeito de acesso à relação de trabalho, ou de sua manutenção, por motivo de sexo, origem, raça, cor, estado civil, situação familiar, deficiência, reabilitação profissional, idade, entre outros, ressalvadas, nesse caso, as hipóteses de proteção à criança e ao adolescente previstas no inciso XXXIII do art. 7º da Constituição Federal.
Art. 2. Constituem crime as seguintes práticas discriminatórias:
I. a exigência de teste, exame, perícia, laudo, atestado, declaração ou qualquer outro procedimento relativo à esterilização ou a estado de gravidez;
II. a adoção de quaisquer medidas, de iniciativa do empregador, que configurem;
a) indução ou instigamento à esterilização genética;
b) promoção do controle de natalidade, assim não considerado o oferecimento de serviços e de aconselhamento ou planejamento familiar, realizados através de instituições públicas ou privadas, submetidas às normas do Sistema Único de Saúde (SUS).
Pena: detenção de um a dois anos e multa.
Parágrafo único. São sujeitos ativos dos crimes a que se refere este artigo:
I. a pessoa física empregadora;
II. o representante legal do empregador, como definido na legislação trabalhista;
III. o dirigente, direto ou por delegação, de órgãos públicos e entidades das administrações públicas direta, indireta e fundacional de qualquer dos Poderes da União, dos Estados, do Distrito Federal e dos Municípios.
Art. 3. Sem prejuízo do prescrito no art. 2º desta Lei e nos dispositivos legais que tipificam os crimes resultantes de preconceito de etnia, raça, cor ou deficiência, as infrações ao disposto nesta Lei são passíveis das seguintes cominações:
I. multa administrativa de dez vezes o valor do maior salário pago pelo empregador, elevado em cinquenta por cento em caso de reincidência;
II. proibição de obter empréstimo ou financiamento junto a instituições financeiras oficiais.
Art. 4. O rompimento da relação de trabalho por ato discriminatório, nos moldes desta Lei, além do direito à reparação pelo dano moral, faculta ao empregado optar entre:
I. a reintegração com ressarcimento integral de todo o período de afastamento, mediante pagamento das remunerações devidas, corrigidas monetariamente e acrescidas de juros legais;
II. a percepção, em dobro, da remuneração do período de afastamento, corrigida monetariamente e acrescida dos juros legais.
Art. 5. Esta lei entra em vigor na data de sua publicação.
Art. 6. Revogam-se as disposições em contrário.
Brasília, 13 de abril de 1995; 174º da Independência e 107º da República.
FERNANDO HENRIQUE CARDOSO
Paulo Paiva

Este texto não substitui o publicado no DOU de 17.4.1995

Lei n. 9.296/96 (Interceptação de comunicações telefônicas)

LEI Nº 9.296, DE 24 DE JULHO DE 1996.
interceptação de comunicações telefônicas
Regulamenta o inciso XII, parte final, do art. 5º da Constituição Federal.
O PRESIDENTE DA REPÚBLICA Faço saber que o Congresso Nacional decreta e eu sanciono a seguinte Lei:
Art. 1. A interceptação de comunicações telefônicas, de qualquer natureza, para prova em investigação criminal e em instrução processual penal, observará o disposto nesta Lei e dependerá de ordem do juiz competente da ação principal, sob segredo de justiça.

Parágrafo único. O disposto nesta Lei aplica-se à interceptação do fluxo de comunicações em sistemas de informática e telemática.

Art. 2. Não será admitida a interceptação de comunicações telefônicas quando ocorrer qualquer das seguintes hipóteses:

I. não houver indícios razoáveis da autoria ou participação em infração penal;
II. a prova puder ser feita por outros meios disponíveis;
III. o fato investigado constituir infração penal punida, no máximo, com pena de detenção.

Parágrafo único. Em qualquer hipótese deve ser descrita com clareza a situação objeto da investigação, inclusive com a indicação e qualificação dos investigados, salvo impossibilidade manifesta, devidamente justificada.

Art. 3. A interceptação das comunicações telefônicas poderá ser determinada pelo juiz, de ofício ou a requerimento:

I. da autoridade policial, na investigação criminal;
II. do representante do Ministério Público, na investigação criminal e na instrução processual penal.

Art. 4. O pedido de interceptação de comunicação telefônica conterá a demonstração de que a sua realização é necessária à apuração de infração penal, com indicação dos meios a serem empregados.

§ 1º Excepcionalmente, o juiz poderá admitir que o pedido seja formulado verbalmente, desde que estejam presentes os pressupostos que autorizem a interceptação, caso em que a concessão será condicionada à sua redução a termo.

§ 2º O juiz, no prazo máximo de vinte e quatro horas, decidirá sobre o pedido.

Art. 5. A decisão será fundamentada, sob pena de nulidade, indicando também a forma de execução da diligência, que não poderá exceder o prazo de quinze dias, renovável por igual tempo uma vez comprovada a indispensabilidade do meio de prova.

Art. 6. Deferido o pedido, a autoridade policial conduzirá os procedimentos de interceptação, dando ciência ao Ministério Público, que poderá acompanhar a sua realização.

§ 1º No caso de a diligência possibilitar a gravação da comunicação interceptada, será determinada a sua transcrição.

§ 2º Cumprida a diligência, a autoridade policial encaminhará o resultado da interceptação ao juiz, acompanhado de auto circunstanciado, que deverá conter o resumo das operações realizadas.

§ 3º Recebidos esses elementos, o juiz determinará a providência do art. 8º, ciente o Ministério Público.

Art. 7. Para os procedimentos de interceptação de que trata esta Lei, a autoridade policial poderá requisitar serviços e técnicos especializados às concessionárias de serviço público.

Art. 8. A interceptação de comunicação telefônica, de qualquer natureza, ocorrerá em autos apartados, apensados aos autos do inquérito policial ou do processo criminal, preservando-se o sigilo das diligências, gravações e transcrições respectivas.

Parágrafo único. A apensação somente poderá ser realizada imediatamente antes do relatório da autoridade, quando se tratar de inquérito policial (Código de Processo Penal, art.10, § 1º) ou na conclusão do processo ao juiz para o despacho decorrente do disposto nos arts. 407, 502 ou 538 do Código de Processo Penal.

Art. 8-A. Para investigação ou instrução criminal, poderá ser autorizada pelo juiz, a requerimento da autoridade policial ou do Ministério Público, a captação ambiental de sinais eletromagnéticos, ópticos ou acústicos, quando: **(Incluído pela Lei nº 13.964, de 2019)**

I. a prova não puder ser feita por outros meios disponíveis e igualmente eficazes; e **(Incluído pela Lei nº 13.964, de 2019)**
II. houver elementos probatórios razoáveis de autoria e participação em infrações criminais cujas penas máximas sejam superiores a 4 (quatro) anos ou em infrações penais conexas. **(Incluído pela Lei nº 13.964, de 2019)**

§ 1º O requerimento deverá descrever circunstanciadamente o local e a forma de instalação do dispositivo de captação ambiental. **(Incluído pela Lei nº 13.964, de 2019)**

§ 2º A instalação do dispositivo de captação ambiental poderá ser realizada, quando necessária, por meio de operação policial disfarçada ou no período noturno, exceto na casa, nos termos do inciso XI do caput do art. 5º da Constituição Federal. **(Incluído pela Lei nº 13.964, de 2019)**

§ 3º A captação ambiental não poderá exceder o prazo de 15 (quinze) dias, renovável por decisão judicial por iguais períodos, se comprovada a indispensabilidade do meio de prova e quando presente

atividade criminal permanente, habitual ou continuada. **(Incluído pela Lei nº 13.964, de 2019)**
§ 4º A captação ambiental feita por um dos interlocutores sem o prévio conhecimento da autoridade policial ou do Ministério Público poderá ser utilizada, em matéria de defesa, quando demonstrada a integridade da gravação. **(Incluído pela Lei nº 13.964, de 2019)**
§ 5º Aplicam-se subsidiariamente à captação ambiental as regras previstas na legislação específica para a interceptação telefônica e telemática. **(Incluído pela Lei nº 13.964, de 2019)**
Art. 9. A gravação que não interessar à prova será inutilizada por decisão judicial, durante o inquérito, a instrução processual ou após esta, em virtude de requerimento do Ministério Público ou da parte interessada.
Parágrafo único. O incidente de inutilização será assistido pelo Ministério Público, sendo facultada a presença do acusado ou de seu representante legal.
Art. 10. Constitui crime realizar interceptação de comunicações telefônicas, de informática ou telemática, promover escuta ambiental ou quebrar segredo da Justiça, sem autorização judicial ou com objetivos não autorizados em lei: **(Redação dada pela Lei nº 13.869. de 2019)**
Pena – reclusão, de 2 (dois) a 4 (quatro) anos, e multa. **(Redação dada pela Lei nº 13.869. de 2019)**
Parágrafo único. Incorre na mesma pena a autoridade judicial que determina a execução de conduta prevista no caput deste artigo com objetivo não autorizado em lei. **(Incluído pela Lei nº 13.869. de 2019)**
Art. 10-A. Realizar captação ambiental de sinais eletromagnéticos, ópticos ou acústicos para investigação ou instrução criminal sem autorização judicial, quando esta for exigida: **(Incluído pela Lei nº 13.964, de 2019)**
Pena – reclusão, de 2 (dois) a 4 (quatro) anos, e multa. **(Incluído pela Lei nº 13.964, de 2019)**
§ 1º Não há crime se a captação é realizada por um dos interlocutores. **(Incluído pela Lei nº 13.964, de 2019)**
§ 2º A pena será aplicada em dobro ao funcionário público que descumprir determinação de sigilo das investigações que envolvam a captação ambiental ou revelar o conteúdo das gravações enquanto mantido o sigilo judicial. **(Incluído pela Lei nº 13.964, de 2019)**

Art. 11. Esta Lei entra em vigor na data de sua publicação.
Art. 12. Revogam-se as disposições em contrário.

Brasília, 24 de julho de 1996; 175º da Independência e 108º da República.
FERNANDO HENRIQUE CARDOSO
Nelson A. Jobim

Este texto não substitui o publicado no D.O.U. de 25.7.1996

Lei n. 9.455/97 (Crimes de tortura)

LEI Nº 9.455, DE 7 DE ABRIL DE 1997.
Define os crimes de tortura e dá outras providências.
O PRESIDENTE DA REPÚBLICA Faço saber que o Congresso Nacional decreta e eu sanciono a seguinte Lei:
Art. 1. Constitui crime de tortura:
I. constranger alguém com emprego de violência ou grave ameaça, causando-lhe sofrimento físico ou mental:
a) com o fim de obter informação, declaração ou confissão da vítima ou de terceira pessoa;
b) para provocar ação ou omissão de natureza criminosa;
c) em razão de discriminação racial ou religiosa;
II. submeter alguém, sob sua guarda, poder ou autoridade, com emprego de violência ou grave ameaça, a intenso sofrimento físico ou mental, como forma de aplicar castigo pessoal ou medida de caráter preventivo.
Pena – reclusão, de dois a oito anos.
§ 1º Na mesma pena incorre quem submete pessoa presa ou sujeita a medida de segurança a sofrimento físico ou mental, por intermédio da prática de ato não previsto em lei ou não resultante de medida legal.
§ 2º Aquele que se omite em face dessas condutas, quando tinha o dever de evitá-las ou apurá-las, incorre na pena de detenção de um a quatro anos.
§ 3º Se resulta lesão corporal de natureza grave ou gravíssima, a pena é de reclusão de quatro a dez anos; se resulta morte, a reclusão é de oito a dezesseis anos.

§ 4º Aumenta-se a pena de um sexto até um terço:
I. se o crime é cometido por agente público;
II. se o crime é cometido contra criança, gestante, portador de deficiência, adolescente ou maior de 60 (sessenta) anos;
III. se o crime é cometido mediante sequestro.
§ 5º A condenação acarretará a perda do cargo, função ou emprego público e a interdição para seu exercício pelo dobro do prazo da pena aplicada.
§ 6º O crime de tortura é inafiançável e insuscetível de graça ou anistia.
§ 7º O condenado por crime previsto nesta Lei, salvo a hipótese do § 2º, iniciará o cumprimento da pena em regime fechado.
Art. 2. O disposto nesta Lei aplica-se ainda quando o crime não tenha sido cometido em território nacional, sendo a vítima brasileira ou encontrando-se o agente em local sob jurisdição brasileira.
Art. 3. Esta Lei entra em vigor na data de sua publicação.
Art. 4. Revoga-se o art. 233 da Lei nº 8.069, de 13 de julho de 1990 – Estatuto da Criança e do Adolescente.

Brasília, 7 de abril de 1997; 176º da Independência e 109º da República.
FERNANDO HENRIQUE CARDOSO
Nelson A. Jobim

Este texto não substitui o publicado no D.O.U. de 8.4.1997

Lei n. 9.613/98 (Crime de "Lavagem" ou Ocultação de Bens, Direitos e Valores)

LEI Nº 9.613, DE 3 DE MARÇO DE 1998.
Dispõe sobre os crimes de "lavagem" ou ocultação de bens, direitos e valores; a prevenção da utilização do sistema financeiro para os ilícitos previstos nesta Lei; cria o Conselho de Controle de Atividades Financeiras – COAF, e dá outras providências.
O PRESIDENTE DA REPÚBLICA Faço saber que o Congresso Nacional decreta e eu sanciono a seguinte Lei:

CAPÍTULO I
Dos Crimes de "Lavagem" ou Ocultação de Bens, Direitos e Valores

Art. 1. Ocultar ou dissimular a natureza, origem, localização, disposição, movimentação ou propriedade de bens, direitos ou valores provenientes, direta ou indiretamente, de infração penal.
Pena: reclusão, de 3 (três) a 10 (dez) anos, e multa.
§ 1º Incorre na mesma pena quem, para ocultar ou dissimular a utilização de bens, direitos ou valores provenientes de infração penal:
I. os converte em ativos lícitos;
II. os adquire, recebe, troca, negocia, dá ou recebe em garantia, guarda, tem em depósito, movimenta ou transfere;
III. importa ou exporta bens com valores não correspondentes aos verdadeiros.
§ 2º Incorre, ainda, na mesma pena quem:
I. utiliza, na atividade econômica ou financeira, bens, direitos ou valores provenientes de infração penal;
II. participa de grupo, associação ou escritório tendo conhecimento de que sua atividade principal ou secundária é dirigida à prática de crimes previstos nesta Lei.
§ 3º A tentativa é punida nos termos do parágrafo único do art. 14 do Código Penal.
§ 4º A pena será aumentada de um a dois terços, se os crimes definidos nesta Lei forem cometidos de forma reiterada ou por intermédio de organização criminosa.
§ 5º A pena poderá ser reduzida de um a dois terços e ser cumprida em regime aberto ou semiaberto, facultando-se ao juiz deixar de aplicá-la ou substituí-la, a qualquer tempo, por pena restritiva de direitos, se o autor, coautor ou partícipe colaborar espontaneamente com as autoridades, prestando esclarecimentos que conduzam à apuração das infrações penais, à identificação dos autores, coautores e partícipes, ou à localização dos bens, direitos ou valores objeto do crime.
§ 6º Para a apuração do crime de que trata este artigo, admite-se a utilização da ação controlada e da infiltração de agentes. **(Incluído pela Lei nº 13.964, de 2019)**

CAPÍTULO II

Disposições Processuais Especiais

Art. 2. O processo e julgamento dos crimes previstos nesta Lei:

I. obedecem às disposições relativas ao procedimento comum dos crimes punidos com reclusão, da competência do juiz singular;

II. independem do processo e julgamento das infrações penais antecedentes, ainda que praticados em outro país, cabendo ao juiz competente para os crimes previstos nesta Lei a decisão sobre a unidade de processo e julgamento;

III. são da competência da Justiça Federal:
a) quando praticados contra o sistema financeiro e a ordem econômico-financeira, ou em detrimento de bens, serviços ou interesses da União, ou de suas entidades autárquicas ou empresas públicas;
b) quando a infração penal antecedente for de competência da Justiça Federal.

§ 1º A denúncia será instruída com indícios suficientes da existência da infração penal antecedente, sendo puníveis os fatos previstos nesta Lei, ainda que desconhecido ou isento de pena o autor, ou extinta a punibilidade da infração penal antecedente.

§ 2º No processo por crime previsto nesta Lei, não se aplica o disposto no art. 366 do Decreto-Lei nº 3.689, de 3 de outubro de 1941 (Código de Processo Penal), devendo o acusado que não comparecer nem constituir advogado ser citado por edital, prosseguindo o feito até o julgamento, com a nomeação de defensor dativo.

Art. 3. (Revogado pela Lei nº 12.683, de 2012)

Art. 4. O juiz, de ofício, a requerimento do Ministério Público ou mediante representação do delegado de polícia, ouvido o Ministério Público em 24 (vinte e quatro) horas, havendo indícios suficientes de infração penal, poderá decretar medidas assecuratórias de bens, direitos ou valores do investigado ou acusado, ou existentes em nome de interpostas pessoas, que sejam instrumento, produto ou proveito dos crimes previstos nesta Lei ou das infrações penais antecedentes.

§ 1º Proceder-se-á à alienação antecipada para preservação do valor dos bens sempre que estiverem sujeitos a qualquer grau de deterioração ou depreciação, ou quando houver dificuldade para sua manutenção.

§ 2º O juiz determinará a liberação total ou parcial dos bens, direitos e valores quando comprovada a licitude de sua origem, mantendo-se a constrição dos bens, direitos e valores necessários e suficientes à reparação dos danos e ao pagamento de prestações pecuniárias, multas e custas decorrentes da infração penal.

§ 3º Nenhum pedido de liberação será conhecido sem o comparecimento pessoal do acusado ou de interposta pessoa a que se refere o caput deste artigo, podendo o juiz determinar a prática de atos necessários à conservação de bens, direitos ou valores, sem prejuízo do disposto no § 1º.

§ 4º Poderão ser decretadas medidas assecuratórias sobre bens, direitos ou valores para reparação do dano decorrente da infração penal antecedente ou da prevista nesta Lei ou para pagamento de prestação pecuniária, multa e custas.

Art. 4-A. A alienação antecipada para preservação de valor de bens sob constrição será decretada pelo juiz, de ofício, a requerimento do Ministério Público ou por solicitação da parte interessada, mediante petição autônoma, que será autuada em apartado e cujos autos terão tramitação em separado em relação ao processo principal.

§ 1º O requerimento de alienação deverá conter a relação de todos os demais bens, com a descrição e a especificação de cada um deles, e informações sobre quem os detém e local onde se encontram.

§ 2º O juiz determinará a avaliação dos bens, nos autos apartados, e intimará o Ministério Público.

§ 3º Feita a avaliação e dirimidas eventuais divergências sobre o respectivo laudo, o juiz, por sentença, homologará o valor atribuído aos bens e determinará sejam alienados em leilão ou pregão, preferencialmente eletrônico, por valor não inferior a 75% (setenta e cinco por cento) da avaliação.

§ 4º Realizado o leilão, a quantia apurada será depositada em conta judicial remunerada, adotando-se a seguinte disciplina:

I. nos processos de competência da Justiça Federal e da Justiça do Distrito Federal:
a) os depósitos serão efetuados na Caixa Econômica Federal ou em instituição financeira pública, mediante documento adequado para essa finalidade;
b) os depósitos serão repassados pela Caixa Econômica Federal ou por outra instituição financeira pública para a Conta Única do Tesouro Nacional,

independentemente de qualquer formalidade, no prazo de 24 (vinte e quatro) horas; e

c) os valores devolvidos pela Caixa Econômica Federal ou por instituição financeira pública serão debitados à Conta Única do Tesouro Nacional, em subconta de restituição;

II. nos processos de competência da Justiça dos Estados:

a) os depósitos serão efetuados em instituição financeira designada em lei, preferencialmente pública, de cada Estado ou, na sua ausência, em instituição financeira pública da União;

b) os depósitos serão repassados para a conta única de cada Estado, na forma da respectiva legislação.

§ 5º Mediante ordem da autoridade judicial, o valor do depósito, após o trânsito em julgado da sentença proferida na ação penal, será:

I. em caso de sentença condenatória, nos processos de competência da Justiça Federal e da Justiça do Distrito Federal, incorporado definitivamente ao patrimônio da União, e, nos processos de competência da Justiça Estadual, incorporado ao patrimônio do Estado respectivo;

II. em caso de sentença absolutória extintiva de punibilidade, colocado à disposição do réu pela instituição financeira, acrescido da remuneração da conta judicial.

§ 6º A instituição financeira depositária manterá controle dos valores depositados ou devolvidos.

§ 7º Serão deduzidos da quantia apurada no leilão todos os tributos e multas incidentes sobre o bem alienado, sem prejuízo de iniciativas que, no âmbito da competência de cada ente da Federação, venham a desonerar bens sob constrição judicial daqueles ônus.

§ 8º Feito o depósito a que se refere o § 4º deste artigo, os autos da alienação serão apensados aos do processo principal.

§ 9º Terão apenas efeito devolutivo os recursos interpostos contra as decisões proferidas no curso do procedimento previsto neste artigo.

§ 10º Sobrevindo o trânsito em julgado de sentença penal condenatória, o juiz decretará, em favor, conforme o caso, da União ou do Estado:

I. a perda dos valores depositados na conta remunerada e da fiança;

II. a perda dos bens não alienados antecipadamente e daqueles aos quais não foi dada destinação prévia; e

III. a perda dos bens não reclamados no prazo de 90 (noventa) dias após o trânsito em julgado da sentença condenatória, ressalvado o direito de lesado ou terceiro de boa-fé.

§ 11º Os bens a que se referem os incisos II e III do § 10 deste artigo serão adjudicados ou levados a leilão, depositando-se o saldo na conta única do respectivo ente.

§ 12º O juiz determinará ao registro público competente que emita documento de habilitação à circulação e utilização dos bens colocados sob o uso e custódia das entidades a que se refere o caput deste artigo.

§ 13º Os recursos decorrentes da alienação antecipada de bens, direitos e valores oriundos do crime de tráfico ilícito de drogas e que tenham sido objeto de dissimulação e ocultação nos termos desta Lei permanecem submetidos à disciplina definida em lei específica.

Art. 4-B. A ordem de prisão de pessoas ou as medidas assecuratórias de bens, direitos ou valores poderão ser suspensas pelo juiz, ouvido o Ministério Público, quando a sua execução imediata puder comprometer as investigações.

Art. 5. Quando as circunstâncias o aconselharem, o juiz, ouvido o Ministério Público, nomeará pessoa física ou jurídica qualificada para a administração dos bens, direitos ou valores sujeitos a medidas assecuratórias, mediante termo de compromisso.

Art. 6. A pessoa responsável pela administração dos bens:

I. fará jus a uma remuneração, fixada pelo juiz, que será satisfeita com o produto dos bens objeto da administração;

II. prestará, por determinação judicial, informações periódicas da situação dos bens sob sua administração, bem como explicações e detalhamentos sobre investimentos e reinvestimentos realizados.

Parágrafo único. Os atos relativos à administração dos bens sujeitos a medidas assecuratórias serão levados ao conhecimento do Ministério Público, que requererá o que entender cabível.

CAPÍTULO III
Dos Efeitos da Condenação

Art. 7. São efeitos da condenação, além dos previstos no Código Penal:

I. a perda, em favor da União e dos Estados, nos casos de competência da Justiça Estadual –, de todos os bens, direitos e valores relacionados, direta ou indiretamente, à prática dos crimes previstos nesta Lei, inclusive aqueles utilizados para prestar a fiança, ressalvado o direito do lesado ou de terceiro de boa-fé;

II. a interdição do exercício de cargo ou função pública de qualquer natureza e de diretor, de membro de conselho de administração ou de gerência das pessoas jurídicas referidas no art. 9º, pelo dobro do tempo da pena privativa de liberdade aplicada.

§ 1º A União e os Estados, no âmbito de suas competências, regulamentarão a forma de destinação dos bens, direitos e valores cuja perda houver sido declarada, assegurada, quanto aos processos de competência da Justiça Federal, a sua utilização pelos órgãos federais encarregados da prevenção, do combate, da ação penal e do julgamento dos crimes previstos nesta Lei, e, quanto aos processos de competência da Justiça Estadual, a preferência dos órgãos locais com idêntica função.

§ 2º Os instrumentos do crime sem valor econômico cuja perda em favor da União ou do Estado for decretada serão inutilizados ou doados a museu criminal ou a entidade pública, se houver interesse na sua conservação.

CAPÍTULO IV
Dos Bens, Direitos ou Valores Oriundos de Crimes Praticados no Estrangeiro

Art. 8. O juiz determinará, na hipótese de existência de tratado ou convenção internacional e por solicitação de autoridade estrangeira competente, medidas assecuratórias sobre bens, direitos ou valores oriundos de crimes descritos no art. 1º praticados no estrangeiro.

§ 1º Aplica-se o disposto neste artigo, independentemente de tratado ou convenção internacional, quando o governo do país da autoridade solicitante prometer reciprocidade ao Brasil.

§ 2º Na falta de tratado ou convenção, os bens, direitos ou valores privados sujeitos a medidas assecuratórias por solicitação de autoridade estrangeira competente ou os recursos provenientes da sua alienação serão repartidos entre o Estado requerente e o Brasil, na proporção de metade, ressalvado o direito do lesado ou de terceiro de boa-fé.

CAPÍTULO V
Das Pessoas Sujeitas ao Mecanismo de Controle

Art. 9. Sujeitam-se às obrigações referidas nos arts. 10 e 11 as pessoas físicas e jurídicas que tenham, em caráter permanente ou eventual, como atividade principal ou acessória, cumulativamente ou não:

I. a captação, intermediação e aplicação de recursos financeiros de terceiros, em moeda nacional ou estrangeira;

II. a compra e venda de moeda estrangeira ou ouro como ativo financeiro ou instrumento cambial;

III. a custódia, emissão, distribuição, liquidação, negociação, intermediação ou administração de títulos ou valores mobiliários.

Parágrafo único. Sujeitam-se às mesmas obrigações:

I. as bolsas de valores, as bolsas de mercadorias ou futuros e os sistemas de negociação do mercado de balcão organizado;

II. as seguradoras, as corretoras de seguros e as entidades de previdência complementar ou de capitalização;

III. as administradoras de cartões de credenciamento ou cartões de crédito, bem como as administradoras de consórcios para aquisição de bens ou serviços;

IV. as administradoras ou empresas que se utilizem de cartão ou qualquer outro meio eletrônico, magnético ou equivalente, que permita a transferência de fundos;

V. as empresas de arrendamento mercantil (leasing), as empresas de fomento comercial (factoring) e as Empresas Simples de Crédito (ESC); (Redação dada pela Lei Complementar nº 167, de 2019)

VI. as sociedades que efetuem distribuição de dinheiro ou quaisquer bens móveis, imóveis, mercadorias, serviços, ou, ainda, concedam descontos na sua aquisição, mediante sorteio ou método assemelhado;

VII. as filiais ou representações de entes estrangeiros que exerçam no Brasil qualquer das atividades listadas neste artigo, ainda que de forma eventual;

VIII. as demais entidades cujo funcionamento dependa de autorização de órgão regulador dos mercados financeiro, de câmbio, de capitais e de seguros;

IX. as pessoas físicas ou jurídicas, nacionais ou estrangeiras, que operem no Brasil como agentes, dirigentes, procuradoras, comissionárias ou por qualquer forma representem interesses de ente estrangeiro que exerça qualquer das atividades referidas neste artigo;

X. as pessoas físicas ou jurídicas que exerçam atividades de promoção imobiliária ou compra e venda de imóveis;

XI. as pessoas físicas ou jurídicas que comercializem joias, pedras e metais preciosos, objetos de arte e antiguidades.

XII. as pessoas físicas ou jurídicas que comercializem bens de luxo ou de alto valor, intermedeiem a sua comercialização ou exerçam atividades que envolvam grande volume de recursos em espécie;

XIII. as juntas comerciais e os registros públicos;

XIV. as pessoas físicas ou jurídicas que prestem, mesmo que eventualmente, serviços de assessoria, consultoria, contadoria, auditoria, aconselhamento ou assistência, de qualquer natureza, em operações :
a) de compra e venda de imóveis, estabelecimentos comerciais ou industriais ou participações societárias de qualquer natureza;
b) de gestão de fundos, valores mobiliários ou outros ativos;
c) de abertura ou gestão de contas bancárias, de poupança, investimento ou de valores mobiliários;
d) de criação, exploração ou gestão de sociedades de qualquer natureza, fundações, fundos fiduciários ou estruturas análogas;
e) financeiras, societárias ou imobiliárias; e
f) de alienação ou aquisição de direitos sobre contratos relacionados a atividades desportivas ou artísticas profissionais;

XV. pessoas físicas ou jurídicas que atuem na promoção, intermediação, comercialização, agenciamento ou negociação de direitos de transferência de atletas, artistas ou feiras, exposições ou eventos similares;

XVI. as empresas de transporte e guarda de valores;

XVII. as pessoas físicas ou jurídicas que comercializem bens de alto valor de origem rural ou animal ou intermedeiem a sua comercialização; e

XVIII. as dependências no exterior das entidades mencionadas neste artigo, por meio de sua matriz no Brasil, relativamente a residentes no País.

CAPÍTULO VI

Da Identificação dos Clientes e Manutenção de Registros

Art. 10. As pessoas referidas no art. 9º:

I. identificarão seus clientes e manterão cadastro atualizado, nos termos de instruções emanadas das autoridades competentes;

II. manterão registro de toda transação em moeda nacional ou estrangeira, títulos e valores mobiliários, títulos de crédito, metais, ou qualquer ativo passível de ser convertido em dinheiro, que ultrapassar limite fixado pela autoridade competente e nos termos de instruções por esta expedidas;

III. deverão adotar políticas, procedimentos e controles internos, compatíveis com seu porte e volume de operações, que lhes permitam atender ao disposto neste artigo e no art. 11, na forma disciplinada pelos órgãos competentes;

IV. deverão cadastrar-se e manter seu cadastro atualizado no órgão regulador ou fiscalizador e, na falta deste, no Conselho de Controle de Atividades Financeiras (Coaf), na forma e condições por eles estabelecidas;

V. deverão atender às requisições formuladas pelo Coaf na periodicidade, forma e condições por ele estabelecidas, cabendo-lhe preservar, nos termos da lei, o sigilo das informações prestadas.

§ 1º Na hipótese de o cliente constituir-se em pessoa jurídica, a identificação referida no inciso I deste artigo deverá abranger as pessoas físicas autorizadas a representá-la, bem como seus proprietários.

§ 2º Os cadastros e registros referidos nos incisos I e II deste artigo deverão ser conservados durante o período mínimo de cinco anos a partir do encerramento da conta ou da conclusão da transação, prazo este que poderá ser ampliado pela autoridade competente.

§ 3º O registro referido no inciso II deste artigo será efetuado também quando a pessoa física ou jurídica, seus entes ligados, houver realizado, em um mesmo mês-calendário, operações com uma mesma pessoa, conglomerado ou grupo que, em seu conjunto, ultrapassem o limite fixado pela autoridade competente.

Art. 10-A. O Banco Central manterá registro centralizado formando o cadastro geral de correntistas e clientes de instituições financeiras, bem como de seus procuradores.

CAPÍTULO VII

Da Comunicação de Operações Financeiras

Art. 11. As pessoas referidas no art. 9º:
I. dispensarão especial atenção às operações que, nos termos de instruções emanadas das autoridades competentes, possam constituir-se em sérios indícios dos crimes previstos nesta Lei, ou com eles relacionar-se;
II. deverão comunicar ao Coaf, abstendo-se de dar ciência de tal ato a qualquer pessoa, inclusive àquela à qual se refira a informação, no prazo de 24 (vinte e quatro) horas, a proposta ou realização:
a) de todas as transações referidas no inciso II do art. 10, acompanhadas da identificação de que trata o inciso I do mencionado artigo; e
b) das operações referidas no inciso I;
III. deverão comunicar ao órgão regulador ou fiscalizador da sua atividade ou, na sua falta, ao Coaf, na periodicidade, forma e condições por eles estabelecidas, a não ocorrência de propostas, transações ou operações passíveis de serem comunicadas nos termos do inciso II.
§ 1º As autoridades competentes, nas instruções referidas no inciso I deste artigo, elaborarão relação de operações que, por suas características, no que se refere às partes envolvidas, valores, forma de realização, instrumentos utilizados, ou pela falta de fundamento econômico ou legal, possam configurar a hipótese nele prevista.
§ 2º As comunicações de boa-fé, feitas na forma prevista neste artigo, não acarretarão responsabilidade civil ou administrativa.
§ 3º O Coaf disponibilizará as comunicações recebidas com base no inciso II do caput aos respectivos órgãos responsáveis pela regulação ou fiscalização das pessoas a que se refere o art. 9º.
Art. 11-A. As transferências internacionais e os saques em espécie deverão ser previamente comunicados à instituição financeira, nos termos, limites, prazos e condições fixados pelo Banco Central do Brasil.

CAPÍTULO VIII

Da Responsabilidade Administrativa

Art. 12. Às pessoas referidas no art. 9º, bem como aos administradores das pessoas jurídicas, que deixem de cumprir as obrigações previstas nos arts. 10 e 11 serão aplicadas, cumulativamente ou não, pelas autoridades competentes, as seguintes sanções:
I. advertência;
II. multa pecuniária variável não superior:
a) ao dobro do valor da operação;
b) ao dobro do lucro real obtido ou que presumivelmente seria obtido pela realização da operação; ou
c) ao valor de R$ 20.000.000,00 (vinte milhões de reais);
III. inabilitação temporária, pelo prazo de até dez anos, para o exercício do cargo de administrador das pessoas jurídicas referidas no art. 9º;
IV. cassação ou suspensão da autorização para o exercício de atividade, operação ou funcionamento.
§ 1º A pena de advertência será aplicada por irregularidade no cumprimento das instruções referidas nos incisos I e II do art. 10.
§ 2º A multa será aplicada sempre que as pessoas referidas no art. 9º, por culpa ou dolo:
I. deixarem de sanar as irregularidades objeto de advertência, no prazo assinalado pela autoridade competente;
II. não cumprirem o disposto nos incisos I a IV do art. 10;
III. deixarem de atender, no prazo estabelecido, a requisição formulada nos termos do inciso V do art. 10;
IV. descumprirem a vedação ou deixarem de fazer a comunicação a que se refere o art. 11.
§ 3º A inabilitação temporária será aplicada quando forem verificadas infrações graves quanto ao cumprimento das obrigações constantes desta Lei ou quando ocorrer reincidência específica, devidamente caracterizada em transgressões anteriormente punidas com multa.
§ 4º A cassação da autorização será aplicada nos casos de reincidência específica de infrações anteriormente punidas com a pena prevista no inciso III do caput deste artigo.
Art. 13. (Revogado pela Lei nº 13.974, de 2020)

CAPÍTULO IX

Do Conselho de Controle de Atividades Financeiras

Art. 14. Fica criado, no âmbito do Ministério da Economia, o Conselho de Controle de Atividades Financeiras – Coaf, com a finalidade de disciplinar, aplicar penas administrativas, receber, examinar e identificar as ocorrências suspeitas de atividades ilícitas previstas nesta Lei, sem prejuízo das competências de outros órgãos e entidades. (**Redação dada pela Medida Provisória nº 886, de 2019**)

§ 1º As instruções referidas no art. 10 destinadas às pessoas mencionadas no art. 9º, para as quais não exista órgão próprio fiscalizador ou regulador, serão expedidas pelo Coaf, competindo-lhe, para esses casos, a definição das pessoas abrangidas e a aplicação das sanções enumeradas no art. 12.

§ 2º O Coaf deverá, ainda, coordenar e propor mecanismos de cooperação e de troca de informações que viabilizem ações rápidas e eficientes no combate à ocultação ou dissimulação de bens, direitos e valores.

§ 3º O Coaf poderá requerer aos órgãos da Administração Pública as informações cadastrais bancárias e financeiras de pessoas envolvidas em atividades suspeitas.

Art. 15. O Coaf comunicará às autoridades competentes para a instauração dos procedimentos cabíveis, quando concluir pela existência de crimes previstos nesta Lei, de fundados indícios de sua prática, ou de qualquer outro ilícito.

Art. 16. (Revogado pela Lei nº 13.974, de 2020)

Art. 17. (Revogado pela Lei nº 13.974, de 2020)

CAPÍTULO X

Disposições Gerais

Art. 17-A. Aplicam-se, subsidiariamente, as disposições do Decreto-Lei nº 3.689, de 3 de outubro de 1941 (Código de Processo Penal), no que não forem incompatíveis com esta Lei.

Art. 17-B. A autoridade policial e o Ministério Público terão acesso, exclusivamente, aos dados cadastrais do investigado que informam qualificação pessoal, filiação e endereço, independentemente de autorização judicial, mantidos pela Justiça Eleitoral, pelas empresas telefônicas, pelas instituições financeiras, pelos provedores de internet e pelas administradoras de cartão de crédito.

Art. 17-C. Os encaminhamentos das instituições financeiras e tributárias em resposta às ordens judiciais de quebra ou transferência de sigilo deverão ser, sempre que determinado, em meio informático, e apresentados em arquivos que possibilitem a migração de informações para os autos do processo sem redigitação.

Art. 17-D. Em caso de indiciamento de servidor público, este será afastado, sem prejuízo de remuneração e demais direitos previstos em lei, até que o juiz competente autorize, em decisão fundamentada, o seu retorno. (Vide ADIN 4911)

Art. 17-E. A Secretaria da Receita Federal do Brasil conservará os dados fiscais dos contribuintes pelo prazo mínimo de 5 (cinco) anos, contado a partir do início do exercício seguinte ao da declaração de renda respectiva ou ao do pagamento do tributo.

Art. 18. Esta Lei entra em vigor na data de sua publicação.

Brasília, 3 de março de 1998; 177º da Independência e 110º da República.

FERNANDO HENRIQUE CARDOSO
Iris Rezende
Luiz Felipe Lampreia
Pedro Malan

Este texto não substitui o publicado no DOU de 4.3.1998

Lei n. 9.605/98 (Crimes Ambientais)

LEI Nº 9.605, DE 12 DE FEVEREIRO DE 1998.

Dispõe sobre as sanções penais e administrativas derivadas de condutas e atividades lesivas ao meio ambiente, e dá outras providências.

O PRESIDENTE DA REPÚBLICA Faço saber que o Congresso Nacional decreta e eu sanciono a seguinte Lei:

CAPÍTULO I

Disposições Gerais

Art. 1. (VETADO)

Art. 2. Quem, de qualquer forma, concorre para a prática dos crimes previstos nesta Lei, incide nas penas a estes cominadas, na medida da sua culpabilidade, bem como o diretor, o administrador, o membro de conselho e de órgão técnico, o auditor, o gerente, o preposto ou mandatário de pessoa jurídica, que, sabendo da conduta criminosa de outrem, deixar de impedir a sua prática, quando podia agir para evitá-la.

Art. 3. As pessoas jurídicas serão responsabilizadas administrativa, civil e penalmente conforme o disposto nesta Lei, nos casos em que a infração seja cometida por decisão de seu representante legal ou contratual, ou de seu órgão colegiado, no interesse ou benefício da sua entidade.

Parágrafo único. A responsabilidade das pessoas jurídicas não exclui a das pessoas físicas, autoras, coautoras ou partícipes do mesmo fato.

Art. 4. Poderá ser desconsiderada a pessoa jurídica sempre que sua personalidade for obstáculo ao ressarcimento de prejuízos causados à qualidade do meio ambiente.

Art. 5. (VETADO)

CAPÍTULO II

Da Aplicação da Pena

Art. 6. Para imposição e gradação da penalidade, a autoridade competente observará:
I. a gravidade do fato, tendo em vista os motivos da infração e suas consequências para a saúde pública e para o meio ambiente;
II. os antecedentes do infrator quanto ao cumprimento da legislação de interesse ambiental;
III. a situação econômica do infrator, no caso de multa.

Art. 7. As penas restritivas de direitos são autônomas e substituem as privativas de liberdade quando:
I. tratar-se de crime culposo ou for aplicada a pena privativa de liberdade inferior a quatro anos;
II. a culpabilidade, os antecedentes, a conduta social e a personalidade do condenado, bem como os motivos e as circunstâncias do crime indicarem que a substituição seja suficiente para efeitos de reprovação e prevenção do crime.

Parágrafo único. As penas restritivas de direitos a que se refere este artigo terão a mesma duração da pena privativa de liberdade substituída.

Art. 8. As penas restritivas de direito são:
I. prestação de serviços à comunidade;
II. interdição temporária de direitos;
III. suspensão parcial ou total de atividades;
IV. prestação pecuniária;
V. recolhimento domiciliar.

Art. 9. A prestação de serviços à comunidade consiste na atribuição ao condenado de tarefas gratuitas junto a parques e jardins públicos e unidades de conservação, e, no caso de dano da coisa particular, pública ou tombada, na restauração desta, se possível.

Art. 10. As penas de interdição temporária de direito são a proibição de o condenado contratar com o Poder Público, de receber incentivos fiscais ou quaisquer outros benefícios, bem como de participar de licitações, pelo prazo de cinco anos, no caso de crimes dolosos, e de três anos, no de crimes culposos.

Art. 11. A suspensão de atividades será aplicada quando estas não estiverem obedecendo às prescrições legais.

Art. 12. A prestação pecuniária consiste no pagamento em dinheiro à vítima ou à entidade pública ou privada com fim social, de importância, fixada pelo juiz, não inferior a um salário mínimo nem superior a trezentos e sessenta salários mínimos. O valor pago será deduzido do montante de eventual reparação civil a que for condenado o infrator.

Art. 13. O recolhimento domiciliar baseia-se na autodisciplina e senso de responsabilidade do condenado, que deverá, sem vigilância, trabalhar, frequentar curso ou exercer atividade autorizada, permanecendo recolhido nos dias e horários de folga em residência ou em qualquer local destinado a sua moradia habitual, conforme estabelecido na sentença condenatória.

Art. 14. São circunstâncias que atenuam a pena:
I. baixo grau de instrução ou escolaridade do agente;
II. arrependimento do infrator, manifestado pela espontânea reparação do dano, ou limitação significativa da degradação ambiental causada;
III. comunicação prévia pelo agente do perigo iminente de degradação ambiental;
IV. colaboração com os agentes encarregados da vigilância e do controle ambiental.

Art. 15. São circunstâncias que agravam a pena, quando não constituem ou qualificam o crime:
I. reincidência nos crimes de natureza ambiental;
II. ter o agente cometido a infração:
a) para obter vantagem pecuniária;
b) coagindo outrem para a execução material da infração;
c) afetando ou expondo a perigo, de maneira grave, a saúde pública ou o meio ambiente;
d) concorrendo para danos à propriedade alheia;
e) atingindo áreas de unidades de conservação ou áreas sujeitas, por ato do Poder Público, a regime especial de uso;
f) atingindo áreas urbanas ou quaisquer assentamentos humanos;
g) em período de defeso à fauna;
h) em domingos ou feriados;
i) à noite;
j) em épocas de seca ou inundações;
l) no interior do espaço territorial especialmente protegido;
m) com o emprego de métodos cruéis para abate ou captura de animais;
n) mediante fraude ou abuso de confiança;
o) mediante abuso do direito de licença, permissão ou autorização ambiental;
p) no interesse de pessoa jurídica mantida, total ou parcialmente, por verbas públicas ou beneficiada por incentivos fiscais;
q) atingindo espécies ameaçadas, listadas em relatórios oficiais das autoridades competentes;
r) facilitada por funcionário público no exercício de suas funções.

Art. 16. Nos crimes previstos nesta Lei, a suspensão condicional da pena pode ser aplicada nos casos de condenação a pena privativa de liberdade não superior a três anos.

Art. 17. A verificação da reparação a que se refere o § 2º do art. 78 do Código Penal será feita mediante laudo de reparação do dano ambiental, e as condições a serem impostas pelo juiz deverão relacionar-se com a proteção ao meio ambiente.

Art. 18. A multa será calculada segundo os critérios do Código Penal; se revelar-se ineficaz, ainda que aplicada no valor máximo, poderá ser aumentada até três vezes, tendo em vista o valor da vantagem econômica auferida.

Art. 19. A perícia de constatação do dano ambiental, sempre que possível, fixará o montante do prejuízo causado para efeitos de prestação de fiança e cálculo de multa.
Parágrafo único. A perícia produzida no inquérito civil ou no juízo cível poderá ser aproveitada no processo penal, instaurando-se o contraditório.

Art. 20. A sentença penal condenatória, sempre que possível, fixará o valor mínimo para reparação dos danos causados pela infração, considerando os prejuízos sofridos pelo ofendido ou pelo meio ambiente.
Parágrafo único. Transitada em julgado a sentença condenatória, a execução poderá efetuar-se pelo valor fixado nos termos do caput, sem prejuízo da liquidação para apuração do dano efetivamente sofrido.

Art. 21. As penas aplicáveis isolada, cumulativa ou alternativamente às pessoas jurídicas, de acordo com o disposto no art. 3º, são:
I. multa;
II. restritivas de direitos;
III. prestação de serviços à comunidade.

Art. 22. As penas restritivas de direitos da pessoa jurídica são:
I. suspensão parcial ou total de atividades;
II. interdição temporária de estabelecimento, obra ou atividade;
III. proibição de contratar com o Poder Público, bem como dele obter subsídios, subvenções ou doações.
§ 1º A suspensão de atividades será aplicada quando estas não estiverem obedecendo às disposições legais ou regulamentares, relativas à proteção do meio ambiente.
§ 2º A interdição será aplicada quando o estabelecimento, obra ou atividade estiver funcionando sem a devida autorização, ou em desacordo com a concedida, ou com violação de disposição legal ou regulamentar.
§ 3º A proibição de contratar com o Poder Público e dele obter subsídios, subvenções ou doações não poderá exceder o prazo de dez anos.

Art. 23. A prestação de serviços à comunidade pela pessoa jurídica consistirá em:
I. custeio de programas e de projetos ambientais;
II. execução de obras de recuperação de áreas degradadas;
III. manutenção de espaços públicos;
IV. contribuições a entidades ambientais ou culturais públicas.

Art. 24. A pessoa jurídica constituída ou utilizada, preponderantemente, com o fim de permitir, facilitar ou ocultar a prática de crime definido nesta Lei terá decretada sua liquidação forçada, seu patrimônio será considerado instrumento do crime e como tal perdido em favor do Fundo Penitenciário Nacional.

CAPÍTULO III

Da Apreensão do Produto e do Instrumento de Infração Administrativa ou de Crime

Art. 25. Verificada a infração, serão apreendidos seus produtos e instrumentos, lavrando-se os respectivos autos.

§ 1º Os animais serão prioritariamente libertados em seu habitat ou, sendo tal medida inviável ou não recomendável por questões sanitárias, entregues a jardins zoológicos, fundações ou entidades assemelhadas, para guarda e cuidados sob a responsabilidade de técnicos habilitados.

§ 2º Até que os animais sejam entregues às instituições mencionadas no § 1º deste artigo, o órgão autuante zelará para que eles sejam mantidos em condições adequadas de acondicionamento e transporte que garantam o seu bem-estar físico.

§ 3º Tratando-se de produtos perecíveis ou madeiras, serão estes avaliados e doados a instituições científicas, hospitalares, penais e outras com fins beneficentes.

§ 4º Os produtos e subprodutos da fauna não perecíveis serão destruídos ou doados a instituições científicas, culturais ou educacionais.

§ 5º Os instrumentos utilizados na prática da infração serão vendidos, garantida a sua descaracterização por meio da reciclagem.

CAPÍTULO IV

Da Ação e do Processo Penal

Art. 26. Nas infrações penais previstas nesta Lei, a ação penal é pública incondicionada.

Parágrafo único. (VETADO)

Art. 27. Nos crimes ambientais de menor potencial ofensivo, a proposta de aplicação imediata de pena restritiva de direitos ou multa, prevista no art. 76 da Lei nº 9.099, de 26 de setembro de 1995, somente poderá ser formulada desde que tenha havido a prévia composição do dano ambiental, de que trata o art. 74 da mesma lei, salvo em caso de comprovada impossibilidade.

Art. 28. As disposições do art. 89 da Lei nº 9.099, de 26 de setembro de 1995, aplicam-se aos crimes de menor potencial ofensivo definidos nesta Lei, com as seguintes modificações:

I. a declaração de extinção de punibilidade, de que trata o § 5º do artigo referido no caput, dependerá de laudo de constatação de reparação do dano ambiental, ressalvada a impossibilidade prevista no inciso I do § 1º do mesmo artigo;

II. na hipótese de o laudo de constatação comprovar não ter sido completa a reparação, o prazo de suspensão do processo será prorrogado, até o período máximo previsto no artigo referido no caput, acrescido de mais um ano, com suspensão do prazo da prescrição;

III. no período de prorrogação, não se aplicarão as condições dos incisos II, III e IV do § 1º do artigo mencionado no caput;

IV. findo o prazo de prorrogação, proceder-se-á à lavratura de novo laudo de constatação de reparação do dano ambiental, podendo, conforme seu resultado, ser novamente prorrogado o período de suspensão, até o máximo previsto no inciso II deste artigo, observado o disposto no inciso III;

V. esgotado o prazo máximo de prorrogação, a declaração de extinção de punibilidade dependerá de laudo de constatação que comprove ter o acusado tomado as providências necessárias à reparação integral do dano.

CAPÍTULO V

Dos Crimes Contra o Meio Ambiente

SEÇÃO I

Dos Crimes contra a Fauna

Art. 29. Matar, perseguir, caçar, apanhar, utilizar espécimes da fauna silvestre, nativos ou em rota migratória, sem a devida permissão, licença ou autorização da autoridade competente, ou em desacordo com a obtida:

Pena – detenção de seis meses a um ano, e multa.

§ 1º Incorre nas mesmas penas:

I. quem impede a procriação da fauna, sem licença, autorização ou em desacordo com a obtida;

II. quem modifica, danifica ou destrói ninho, abrigo ou criadouro natural;
III. quem vende, expõe à venda, exporta ou adquire, guarda, tem em cativeiro ou depósito, utiliza ou transporta ovos, larvas ou espécimes da fauna silvestre, nativa ou em rota migratória, bem como produtos e objetos dela oriundos, provenientes de criadouros não autorizados ou sem a devida permissão, licença ou autorização da autoridade competente.
§ 2º No caso de guarda doméstica de espécie silvestre não considerada ameaçada de extinção, pode o juiz, considerando as circunstâncias, deixar de aplicar a pena.
§ 3º São espécimes da fauna silvestre todos aqueles pertencentes às espécies nativas, migratórias e quaisquer outras, aquáticas ou terrestres, que tenham todo ou parte de seu ciclo de vida ocorrendo dentro dos limites do território brasileiro, ou águas jurisdicionais brasileiras.
§ 4º A pena é aumentada de metade, se o crime é praticado:
I. contra espécie rara ou considerada ameaçada de extinção, ainda que somente no local da infração;
II. em período proibido à caça;
III. durante a noite;
IV. com abuso de licença;
V. em unidade de conservação;
VI. Vcom emprego de métodos ou instrumentos capazes de provocar destruição em massa.
§ 5º A pena é aumentada até o triplo, se o crime decorre do exercício de caça profissional.
§ 6º As disposições deste artigo não se aplicam aos atos de pesca.

Art. 30. Exportar para o exterior peles e couros de anfíbios e répteis em bruto, sem a autorização da autoridade ambiental competente:
Pena – reclusão, de um a três anos, e multa.

Art. 31. Introduzir espécime animal no País, sem parecer técnico oficial favorável e licença expedida por autoridade competente:
Pena – detenção, de três meses a um ano, e multa.

Art. 32. Praticar ato de abuso, maus-tratos, ferir ou mutilar animais silvestres, domésticos ou domesticados, nativos ou exóticos:
Pena – detenção, de três meses a um ano, e multa.
§ 1º Incorre nas mesmas penas quem realiza experiência dolorosa ou cruel em animal vivo, ainda que para fins didáticos ou científicos, quando existirem recursos alternativos.
§ 1º-A Quando se tratar de cão ou gato, a pena para as condutas descritas no caput deste artigo será de reclusão, de 2 (dois) a 5 (cinco) anos, multa e proibição da guarda. (Incluído pela Lei nº 14.064, de 2020)
§ 2º A pena é aumentada de um sexto a um terço, se ocorre morte do animal.

Art. 33. Provocar, pela emissão de efluentes ou carreamento de materiais, o perecimento de espécimes da fauna aquática existentes em rios, lagos, açudes, lagoas, baías ou águas jurisdicionais brasileiras:
Pena – detenção, de um a três anos, ou multa, ou ambas cumulativamente.
Parágrafo único. Incorre nas mesmas penas:
I. quem causa degradação em viveiros, açudes ou estações de aquicultura de domínio público;
II. quem explora campos naturais de invertebrados aquáticos e algas, sem licença, permissão ou autorização da autoridade competente;
III. quem fundeia embarcações ou lança detritos de qualquer natureza sobre bancos de moluscos ou corais, devidamente demarcados em carta náutica.

Art. 34. Pescar em período no qual a pesca seja proibida ou em lugares interditados por órgão competente:
Pena – detenção de um ano a três anos ou multa, ou ambas as penas cumulativamente.
Parágrafo único. Incorre nas mesmas penas quem:
I. pesca espécies que devam ser preservadas ou espécimes com tamanhos inferiores aos permitidos;
II. pesca quantidades superiores às permitidas, ou mediante a utilização de aparelhos, petrechos, técnicas e métodos não permitidos;
III. transporta, comercializa, beneficia ou industrializa espécimes provenientes da coleta, apanha e pesca proibidas.

Art. 35. Pescar mediante a utilização de:
I. explosivos ou substâncias que, em contato com a água, produzam efeito semelhante;
II. substâncias tóxicas, ou outro meio proibido pela autoridade competente:
Pena – reclusão de um ano a cinco anos.

Art. 36. Para os efeitos desta Lei, considera-se pesca todo ato tendente a retirar, extrair, coletar, apanhar, apreender ou capturar espécimes dos grupos dos peixes, crustáceos, moluscos e vegetais hidróbios, suscetíveis ou não de aproveitamento econômico, ressalvadas as espécies ameaçadas de extinção, constantes nas listas oficiais da fauna e da flora.

Art. 37. Não é crime o abate de animal, quando realizado:
I. em estado de necessidade, para saciar a fome do agente ou de sua família;
II. para proteger lavouras, pomares e rebanhos da ação predatória ou destruidora de animais, desde que legal e expressamente autorizado pela autoridade competente;
III. (VETADO)
IV. por ser nocivo o animal, desde que assim caracterizado pelo órgão competente.

SEÇÃO II
Dos Crimes contra a Flora

Art. 38. Destruir ou danificar floresta considerada de preservação permanente, mesmo que em formação, ou utilizá-la com infringência das normas de proteção:
Pena – detenção, de um a três anos, ou multa, ou ambas as penas cumulativamente.
Parágrafo único. Se o crime for culposo, a pena será reduzida à metade.

Art. 38-A. Destruir ou danificar vegetação primária ou secundária, em estágio avançado ou médio de regeneração, do Bioma Mata Atlântica, ou utilizá-la com infringência das normas de proteção:
Pena – detenção, de 1 (um) a 3 (três) anos, ou multa, ou ambas as penas cumulativamente.
Parágrafo único. Se o crime for culposo, a pena será reduzida à metade.

Art. 39. Cortar árvores em floresta considerada de preservação permanente, sem permissão da autoridade competente:
Pena – detenção, de um a três anos, ou multa, ou ambas as penas cumulativamente.

Art. 40. Causar dano direto ou indireto às Unidades de Conservação e às áreas de que trata o art. 27 do Decreto nº 99.274, de 6 de junho de 1990, independentemente de sua localização:
Pena – reclusão, de um a cinco anos.
§ 1º Entende-se por Unidades de Conservação de Proteção Integral as Estações Ecológicas, as Reservas Biológicas, os Parques Nacionais, os Monumentos Naturais e os Refúgios de Vida Silvestre.
§ 2º A ocorrência de dano afetando espécies ameaçadas de extinção no interior das Unidades de Conservação de Proteção Integral será considerada circunstância agravante para a fixação da pena.
§ 3º Se o crime for culposo, a pena será reduzida à metade.

Art. 40-A. (VETADO)
§ 1º Entende-se por Unidades de Conservação de Uso Sustentável as Áreas de Proteção Ambiental, as Áreas de Relevante Interesse Ecológico, as Florestas Nacionais, as Reservas Extrativistas, as Reservas de Fauna, as Reservas de Desenvolvimento Sustentável e as Reservas Particulares do Patrimônio Natural.
§ 2º A ocorrência de dano afetando espécies ameaçadas de extinção no interior das Unidades de Conservação de Uso Sustentável será considerada circunstância agravante para a fixação da pena.
§ 3º Se o crime for culposo, a pena será reduzida à metade.

Art. 41. Provocar incêndio em mata ou floresta:
Pena – reclusão, de dois a quatro anos, e multa.
Parágrafo único. Se o crime é culposo, a pena é de detenção de seis meses a um ano, e multa.

Art. 42. Fabricar, vender, transportar ou soltar balões que possam provocar incêndios nas florestas e demais formas de vegetação, em áreas urbanas ou qualquer tipo de assentamento humano:
Pena – detenção de um a três anos ou multa, ou ambas as penas cumulativamente.

Art. 43. (VETADO)

Art. 44. Extrair de florestas de domínio público ou consideradas de preservação permanente, sem prévia autorização, pedra, areia, cal ou qualquer espécie de minerais:
Pena – detenção, de seis meses a um ano, e multa.

Art. 45. Cortar ou transformar em carvão madeira de lei, assim classificada por ato do Poder Público, para fins industriais, energéticos ou para qualquer outra exploração, econômica ou não, em desacordo com as determinações legais:
Pena – reclusão, de um a dois anos, e multa.

Art. 46. Receber ou adquirir, para fins comerciais ou industriais, madeira, lenha, carvão e outros produtos de origem vegetal, sem exigir a exibição de licença do vendedor, outorgada pela autoridade competente, e sem munir-se da via que deverá acompanhar o produto até final beneficiamento:
Pena – detenção, de seis meses a um ano, e multa.
Parágrafo único. Incorre nas mesmas penas quem vende, expõe à venda, tem em depósito, transporta ou guarda madeira, lenha, carvão e outros produtos de origem vegetal, sem licença válida

para todo o tempo da viagem ou do armazenamento, outorgada pela autoridade competente.

Art. 47. (VETADO)

Art. 48. Impedir ou dificultar a regeneração natural de florestas e demais formas de vegetação:
Pena – detenção, de seis meses a um ano, e multa.

Art. 49. Destruir, danificar, lesar ou maltratar, por qualquer modo ou meio, plantas de ornamentação de logradouros públicos ou em propriedade privada alheia:
Pena – detenção, de três meses a um ano, ou multa, ou ambas as penas cumulativamente.
Parágrafo único. No crime culposo, a pena é de um a seis meses, ou multa.

Art. 50. Destruir ou danificar florestas nativas ou plantadas ou vegetação fixadora de dunas, protetora de mangues, objeto de especial preservação:
Pena – detenção, de três meses a um ano, e multa.

Art. 50-A. Desmatar, explorar economicamente ou degradar floresta, plantada ou nativa, em terras de domínio público ou devolutas, sem autorização do órgão competente:
Pena – reclusão de 2 (dois) a 4 (quatro) anos e multa.
§ 1º Não é crime a conduta praticada quando necessária à subsistência imediata pessoal do agente ou de sua família.
§ 2º Se a área explorada for superior a 1.000 ha (mil hectares), a pena será aumentada de 1 (um) ano por milhar de hectare.

Art. 51. Comercializar motosserra ou utilizá-la em florestas e nas demais formas de vegetação, sem licença ou registro da autoridade competente:
Pena – detenção, de três meses a um ano, e multa.

Art. 52. Penetrar em Unidades de Conservação conduzindo substâncias ou instrumentos próprios para caça ou para exploração de produtos ou subprodutos florestais, sem licença da autoridade competente:
Pena – detenção, de seis meses a um ano, e multa.

Art. 53. Nos crimes previstos nesta Seção, a pena é aumentada de um sexto a um terço se:
I. do fato resulta a diminuição de águas naturais, a erosão do solo ou a modificação do regime climático;
II. o crime é cometido:
a) no período de queda das sementes;
b) no período de formação de vegetações;
c) contra espécies raras ou ameaçadas de extinção, ainda que a ameaça ocorra somente no local da infração;
d) em época de seca ou inundação;
e) durante a noite, em domingo ou feriado.

SEÇÃO III
Da Poluição e outros Crimes Ambientais

Art. 54. Causar poluição de qualquer natureza em níveis tais que resultem ou possam resultar em danos à saúde humana, ou que provoquem a mortandade de animais ou a destruição significativa da flora:
Pena – reclusão, de um a quatro anos, e multa.
§ 1º Se o crime é culposo:
Pena – detenção, de seis meses a um ano, e multa.
§ 2º Se o crime:
I. tornar uma área, urbana ou rural, imprópria para a ocupação humana;
II. causar poluição atmosférica que provoque a retirada, ainda que momentânea, dos habitantes das áreas afetadas, ou que cause danos diretos à saúde da população;
III. causar poluição hídrica que torne necessária a interrupção do abastecimento público de água de uma comunidade;
IV. dificultar ou impedir o uso público das praias;
V. ocorrer por lançamento de resíduos sólidos, líquidos ou gasosos, ou detritos, óleos ou substâncias oleosas, em desacordo com as exigências estabelecidas em leis ou regulamentos:
Pena – reclusão, de um a cinco anos.
§ 3º Incorre nas mesmas penas previstas no parágrafo anterior quem deixar de adotar, quando assim o exigir a autoridade competente, medidas de precaução em caso de risco de dano ambiental grave ou irreversível.

Art. 55. Executar pesquisa, lavra ou extração de recursos minerais sem a competente autorização, permissão, concessão ou licença, ou em desacordo com a obtida:
Pena – detenção, de seis meses a um ano, e multa.
Parágrafo único. Nas mesmas penas incorre quem deixa de recuperar a área pesquisada ou explorada, nos termos da autorização, permissão, licença, concessão ou determinação do órgão competente.

Art. 56. Produzir, processar, embalar, importar, exportar, comercializar, fornecer, transportar, armazenar, guardar, ter em depósito ou usar produto ou substância tóxica, perigosa ou nociva à saúde humana ou ao meio ambiente, em desacordo com

as exigências estabelecidas em leis ou nos seus regulamentos:
Pena – reclusão, de um a quatro anos, e multa.
§ 1º Nas mesmas penas incorre quem:
I. abandona os produtos ou substâncias referidos no caput ou os utiliza em desacordo com as normas ambientais ou de segurança;
II. manipula, acondiciona, armazena, coleta, transporta, reutiliza, recicla ou dá destinação final a resíduos perigosos de forma diversa da estabelecida em lei ou regulamento.
§ 2º Se o produto ou a substância for nuclear ou radioativa, a pena é aumentada de um sexto a um terço.
§ 3º Se o crime é culposo:
Pena – detenção, de seis meses a um ano, e multa.
Art. 57. (VETADO)
Art. 58. Nos crimes dolosos previstos nesta Seção, as penas serão aumentadas:
I. de um sexto a um terço, se resulta dano irreversível à flora ou ao meio ambiente em geral;
II. de um terço até a metade, se resulta lesão corporal de natureza grave em outrem;
III. até o dobro, se resultar a morte de outrem.
Parágrafo único. As penalidades previstas neste artigo somente serão aplicadas se do fato não resultar crime mais grave.
Art. 59. (VETADO)
Art. 60. Construir, reformar, ampliar, instalar ou fazer funcionar, em qualquer parte do território nacional, estabelecimentos, obras ou serviços potencialmente poluidores, sem licença ou autorização dos órgãos ambientais competentes, ou contrariando as normas legais e regulamentares pertinentes:
Pena – detenção, de um a seis meses, ou multa, ou ambas as penas cumulativamente.
Art. 61. Disseminar doença ou praga ou espécies que possam causar dano à agricultura, à pecuária, à fauna, à flora ou aos ecossistemas:
Pena – reclusão, de um a quatro anos, e multa.

SEÇÃO IV
Dos Crimes contra o Ordenamento Urbano e o Patrimônio Cultural

Art. 62. Destruir, inutilizar ou deteriorar:
I. bem especialmente protegido por lei, ato administrativo ou decisão judicial;
II. arquivo, registro, museu, biblioteca, pinacoteca, instalação científica ou similar protegido por lei, ato administrativo ou decisão judicial:
Pena – reclusão, de um a três anos, e multa.
Parágrafo único. Se o crime for culposo, a pena é de seis meses a um ano de detenção, sem prejuízo da multa.
Art. 63. Alterar o aspecto ou estrutura de edificação ou local especialmente protegido por lei, ato administrativo ou decisão judicial, em razão de seu valor paisagístico, ecológico, turístico, artístico, histórico, cultural, religioso, arqueológico, etnográfico ou monumental, sem autorização da autoridade competente ou em desacordo com a concedida:
Pena – reclusão, de um a três anos, e multa.
Art. 64. Promover construção em solo não edificável, ou no seu entorno, assim considerado em razão de seu valor paisagístico, ecológico, artístico, turístico, histórico, cultural, religioso, arqueológico, etnográfico ou monumental, sem autorização da autoridade competente ou em desacordo com a concedida:
Pena – detenção, de seis meses a um ano, e multa.
Art. 65. Pichar ou por outro meio conspurcar edificação ou monumento urbano:
Pena – detenção, de 3 (três) meses a 1 (um) ano, e multa.
§ 1º Se o ato for realizado em monumento ou coisa tombada em virtude do seu valor artístico, arqueológico ou histórico, a pena é de 6 (seis) meses a 1 (um) ano de detenção e multa.
§ 2º Não constitui crime a prática de grafite realizada com o objetivo de valorizar o patrimônio público ou privado mediante manifestação artística, desde que consentida pelo proprietário e, quando couber, pelo locatário ou arrendatário do bem privado e, no caso de bem público, com a autorização do órgão competente e a observância das posturas municipais e das normas editadas pelos órgãos governamentais responsáveis pela preservação e conservação do patrimônio histórico e artístico nacional.

SEÇÃO V
Dos Crimes contra a Administração Ambiental

Art. 66. Fazer o funcionário público afirmação falsa ou enganosa, omitir a verdade, sonegar informações ou dados técnico-científicos em procedimentos de autorização ou de licenciamento ambiental:

Pena – reclusão, de um a três anos, e multa.

Art. 67. Conceder o funcionário público licença, autorização ou permissão em desacordo com as normas ambientais, para as atividades, obras ou serviços cuja realização depende de ato autorizativo do Poder Público:
Pena – detenção, de um a três anos, e multa.
Parágrafo único. Se o crime é culposo, a pena é de três meses a um ano de detenção, sem prejuízo da multa.

Art. 68. Deixar, aquele que tiver o dever legal ou contratual de fazê-lo, de cumprir obrigação de relevante interesse ambiental:
Pena – detenção, de um a três anos, e multa.
Parágrafo único. Se o crime é culposo, a pena é de três meses a um ano, sem prejuízo da multa.

Art. 69. Obstar ou dificultar a ação fiscalizadora do Poder Público no trato de questões ambientais:
Pena – detenção, de um a três anos, e multa.

Art. 69-A. Elaborar ou apresentar, no licenciamento, concessão florestal ou qualquer outro procedimento administrativo, estudo, laudo ou relatório ambiental total ou parcialmente falso ou enganoso, inclusive por omissão:
Pena – reclusão, de 3 (três) a 6 (seis) anos, e multa.
§ 1º Se o crime é culposo:
Pena – detenção, de 1 (um) a 3 (três) anos.
§ 2º A pena é aumentada de 1/3 (um terço) a 2/3 (dois terços), se há dano significativo ao meio ambiente, em decorrência do uso da informação falsa, incompleta ou enganosa.

CAPÍTULO VI
Da Infração Administrativa

Art. 70. Considera-se infração administrativa ambiental toda ação ou omissão que viole as regras jurídicas de uso, gozo, promoção, proteção e recuperação do meio ambiente.
§ 1º São autoridades competentes para lavrar auto de infração ambiental e instaurar processo administrativo os funcionários de órgãos ambientais integrantes do Sistema Nacional de Meio Ambiente – Sisnama, designados para as atividades de fiscalização, bem como os agentes das Capitanias dos Portos, do Ministério da Marinha.
§ 2º Qualquer pessoa, constatando infração ambiental, poderá dirigir representação às autoridades relacionadas no parágrafo anterior, para efeito do exercício do seu poder de polícia.
§ 3º A autoridade ambiental que tiver conhecimento de infração ambiental é obrigada a promover a sua apuração imediata, mediante processo administrativo próprio, sob pena de corresponsabilidade.
§ 4º As infrações ambientais são apuradas em processo administrativo próprio, assegurado o direito de ampla defesa e o contraditório, observadas as disposições desta Lei.

Art. 71. O processo administrativo para apuração de infração ambiental deve observar os seguintes prazos máximos:
I. vinte dias para o infrator oferecer defesa ou impugnação contra o auto de infração, contados da data da ciência da autuação;
II. trinta dias para a autoridade competente julgar o auto de infração, contados da data da sua lavratura, apresentada ou não a defesa ou impugnação;
III. vinte dias para o infrator recorrer da decisão condenatória à instância superior do Sistema Nacional do Meio Ambiente – Sisnama, ou à Diretoria de Portos e Costas, do Ministério da Marinha, de acordo com o tipo de autuação;
IV. cinco dias para o pagamento de multa, contados da data do recebimento da notificação.

Art. 72. As infrações administrativas são punidas com as seguintes sanções, observado o disposto no art. 6º:
I. advertência;
II. multa simples;
III. multa diária;
IV. apreensão dos animais, produtos e subprodutos da fauna e flora, instrumentos, petrechos, equipamentos ou veículos de qualquer natureza utilizados na infração;
V. destruição ou inutilização do produto;
VI. Vsuspensão de venda e fabricação do produto;
VII. Vembargo de obra ou atividade;
VIII. Vdemolição de obra;
IX. suspensão parcial ou total de atividades;
X. (VETADO)
XI. restritiva de direitos.
§ 1º Se o infrator cometer, simultaneamente, duas ou mais infrações, ser-lhe-ão aplicadas, cumulativamente, as sanções a elas cominadas.
§ 2º A advertência será aplicada pela inobservância das disposições desta Lei e da legislação em vigor,

ou de preceitos regulamentares, sem prejuízo das demais sanções previstas neste artigo.

§ 3º A multa simples será aplicada sempre que o agente, por negligência ou dolo:

I. advertido por irregularidades que tenham sido praticadas, deixar de saná-las, no prazo assinalado por órgão competente do Sisnama ou pela Capitania dos Portos, do Ministério da Marinha;

II. opuser embaraço à fiscalização dos órgãos do Sisnama ou da Capitania dos Portos, do Ministério da Marinha.

§ 4º A multa simples pode ser convertida em serviços de preservação, melhoria e recuperação da qualidade do meio ambiente.

§ 5º A multa diária será aplicada sempre que o cometimento da infração se prolongar no tempo.

§ 6º A apreensão e destruição referidas nos incisos IV e V do caput obedecerão ao disposto no art. 25 desta Lei.

§ 7º As sanções indicadas nos incisos VI a IX do caput serão aplicadas quando o produto, a obra, a atividade ou o estabelecimento não estiverem obedecendo às prescrições legais ou regulamentares.

§ 8º As sanções restritivas de direito são:

I. suspensão de registro, licença ou autorização;

II. cancelamento de registro, licença ou autorização;

III. perda ou restrição de incentivos e benefícios fiscais;

IV. perda ou suspensão da participação em linhas de financiamento em estabelecimentos oficiais de crédito;

V. proibição de contratar com a Administração Pública, pelo período de até três anos.

Art. 73. Os valores arrecadados em pagamento de multas por infração ambiental serão revertidos ao Fundo Nacional do Meio Ambiente, criado pela Lei nº 7.797, de 10 de julho de 1989, Fundo Naval, criado pelo Decreto nº 20.923, de 8 de janeiro de 1932, fundos estaduais ou municipais de meio ambiente, ou correlatos, conforme dispuser o órgão arrecadador.

Art. 74. A multa terá por base a unidade, hectare, metro cúbico, quilograma ou outra medida pertinente, de acordo com o objeto jurídico lesado.

Art. 75. O valor da multa de que trata este Capítulo será fixado no regulamento desta Lei e corrigido periodicamente, com base nos índices estabelecidos na legislação pertinente, sendo o mínimo de R$ 50,00 (cinquenta reais) e o máximo de R$ 50.000.000,00 (cinquenta milhões de reais).

Art. 76. O pagamento de multa imposta pelos Estados, Municípios, Distrito Federal ou Territórios substitui a multa federal na mesma hipótese de incidência.

CAPÍTULO VII

Da Cooperação Internacional Para a Preservação Do Meio Ambiente

Art. 77. Resguardados a soberania nacional, a ordem pública e os bons costumes, o Governo brasileiro prestará, no que concerne ao meio ambiente, a necessária cooperação a outro país, sem qualquer ônus, quando solicitado para:

I. produção de prova;

II. exame de objetos e lugares;

III. informações sobre pessoas e coisas;

IV. presença temporária da pessoa presa, cujas declarações tenham relevância para a decisão de uma causa;

V. outras formas de assistência permitidas pela legislação em vigor ou pelos tratados de que o Brasil seja parte.

§ 1º A solicitação de que trata este artigo será dirigida ao Ministério da Justiça, que a remeterá, quando necessário, ao órgão judiciário competente para decidir a seu respeito, ou a encaminhará à autoridade capaz de atendê-la.

§ 2º A solicitação deverá conter:

I. o nome e a qualificação da autoridade solicitante;

II. o objeto e o motivo de sua formulação;

III. a descrição sumária do procedimento em curso no país solicitante;

IV. a especificação da assistência solicitada;

V. a documentação indispensável ao seu esclarecimento, quando for o caso.

Art. 78. Para a consecução dos fins visados nesta Lei e especialmente para a reciprocidade da cooperação internacional, deve ser mantido sistema de comunicações apto a facilitar o intercâmbio rápido e seguro de informações com órgãos de outros países.

CAPÍTULO VIII

Disposições Finais

Art. 79. Aplicam-se subsidiariamente a esta Lei as disposições do Código Penal e do Código de Processo Penal.

Art. 79-A. Para o cumprimento do disposto nesta Lei, os órgãos ambientais integrantes do Sisnama, responsáveis pela execução de programas e projetos e pelo controle e fiscalização dos estabelecimentos e das atividades suscetíveis de degradarem a qualidade ambiental, ficam autorizados a celebrar, com força de título executivo extrajudicial, termo de compromisso com pessoas físicas ou jurídicas responsáveis pela construção, instalação, ampliação e funcionamento de estabelecimentos e atividades utilizadores de recursos ambientais, considerados efetiva ou potencialmente poluidores.

§ 1º O termo de compromisso a que se refere este artigo destinar-se-á, exclusivamente, a permitir que as pessoas físicas e jurídicas mencionadas no caput possam promover as necessárias correções de suas atividades, para o atendimento das exigências impostas pelas autoridades ambientais competentes, sendo obrigatório que o respectivo instrumento disponha sobre:

I. o nome, a qualificação e o endereço das partes compromissadas e dos respectivos representantes legais;

II. o prazo de vigência do compromisso, que, em função da complexidade das obrigações nele fixadas, poderá variar entre o mínimo de noventa dias e o máximo de três anos, com possibilidade de prorrogação por igual período;

III. a descrição detalhada de seu objeto, o valor do investimento previsto e o cronograma físico de execução e de implantação das obras e serviços exigidos, com metas trimestrais a serem atingidas;

IV. as multas que podem ser aplicadas à pessoa física ou jurídica compromissada e os casos de rescisão, em decorrência do não cumprimento das obrigações nele pactuadas;

V. o valor da multa de que trata o inciso IV não poderá ser superior ao valor do investimento previsto;

VI. o foro competente para dirimir litígios entre as partes.

§ 2º No tocante aos empreendimentos em curso até o dia 30 de março de 1998, envolvendo construção, instalação, ampliação e funcionamento de estabelecimentos e atividades utilizadores de recursos ambientais, considerados efetiva ou potencialmente poluidores, a assinatura do termo de compromisso deverá ser requerida pelas pessoas físicas e jurídicas interessadas, até o dia 31 de dezembro de 1998, mediante requerimento escrito protocolizado junto aos órgãos competentes do Sisnama, devendo ser firmado pelo dirigente máximo do estabelecimento.

§ 3º Da data da protocolização do requerimento previsto no § 2º e enquanto perdurar a vigência do correspondente termo de compromisso, ficarão suspensas, em relação aos fatos que deram causa à celebração do instrumento, a aplicação de sanções administrativas contra a pessoa física ou jurídica que o houver firmado.

§ 4º A celebração do termo de compromisso de que trata este artigo não impede a execução de eventuais multas aplicadas antes da protocolização do requerimento.

§ 5º Considera-se rescindido de pleno direito o termo de compromisso, quando descumprida qualquer de suas cláusulas, ressalvado o caso fortuito ou de força maior.

§ 6º O termo de compromisso deverá ser firmado em até noventa dias, contados da protocolização do requerimento.

§ 7º O requerimento de celebração do termo de compromisso deverá conter as informações necessárias à verificação da sua viabilidade técnica e jurídica, sob pena de indeferimento do plano.

§ 8º Sob pena de ineficácia, os termos de compromisso deverão ser publicados no órgão oficial competente, mediante extrato.

Art. 80. O Poder Executivo regulamentará esta Lei no prazo de noventa dias a contar de sua publicação.

Art. 81. (VETADO)

Art. 82. Revogam-se as disposições em contrário.

Brasília, 12 de fevereiro de 1998; 177º da Independência e 110º da República.

FERNANDO HENRIQUE CARDOSO
Gustavo Krause

Este texto não substitui o publicado no DOU de 13.2.1998 e retificado em 17.2.1998

Lei n. 9.610/98 (Direitos Autorais)

LEI Nº 9.610, DE 19 DE FEVEREIRO DE 1998.
Altera, atualiza e consolida a legislação sobre direitos autorais e dá outras providências.
O PRESIDENTE DA REPÚBLICA Faço saber que o Congresso Nacional decreta e eu sanciono a seguinte Lei:

TÍTULO I
Disposições Preliminares

Art. 1. Esta Lei regula os direitos autorais, entendendo-se sob esta denominação os direitos de autor e os que lhes são conexos.

Art. 2. Os estrangeiros domiciliados no exterior gozarão da proteção assegurada nos acordos, convenções e tratados em vigor no Brasil.

Parágrafo único. Aplica-se o disposto nesta Lei aos nacionais ou pessoas domiciliadas em país que assegure aos brasileiros ou pessoas domiciliadas no Brasil a reciprocidade na proteção aos direitos autorais ou equivalentes.

Art. 3. Os direitos autorais reputam-se, para os efeitos legais, bens móveis.

Art. 4. Interpretam-se restritivamente os negócios jurídicos sobre os direitos autorais.

Art. 5. Para os efeitos desta Lei, considera-se:
I. publicação o oferecimento de obra literária, artística ou científica ao conhecimento do público, com o consentimento do autor, ou de qualquer outro titular de direito de autor, por qualquer forma ou processo;
II. transmissão ou emissão a difusão de sons ou de sons e imagens, por meio de ondas radioelétricas; sinais de satélite; fio, cabo ou outro condutor; meios óticos ou qualquer outro processo eletromagnético;
III. retransmissão a emissão simultânea da transmissão de uma empresa por outra;
IV. distribuição a colocação à disposição do público do original ou cópia de obras literárias, artísticas ou científicas, interpretações ou execuções fixadas e fonogramas, mediante a venda, locação ou qualquer outra forma de transferência de propriedade ou posse;
V. comunicação ao público ato mediante o qual a obra é colocada ao alcance do público, por qualquer meio ou procedimento e que não consista na distribuição de exemplares;
VI. reprodução a cópia de um ou vários exemplares de uma obra literária, artística ou científica ou de um fonograma, de qualquer forma tangível, incluindo qualquer armazenamento permanente ou temporário por meios eletrônicos ou qualquer outro meio de fixação que venha a ser desenvolvido;
VII. contrafação a reprodução não autorizada;
VIII. obra:
a) em coautoria – quando é criada em comum, por dois ou mais autores;
b) anônima – quando não se indica o nome do autor, por sua vontade ou por ser desconhecido;
c) pseudônima – quando o autor se oculta sob nome suposto;
d) inédita – a que não haja sido objeto de publicação;
e) póstuma – a que se publique após a morte do autor;
f) originária – a criação primígena;
g) derivada – a que, constituindo criação intelectual nova, resulta da transformação de obra originária;
h) coletiva – a criada por iniciativa, organização e responsabilidade de uma pessoa física ou jurídica, que a publica sob seu nome ou marca e que é constituída pela participação de diferentes autores, cujas contribuições se fundem numa criação autônoma;
i) audiovisual – a que resulta da fixação de imagens com ou sem som, que tenha a finalidade de criar, por meio de sua reprodução, a impressão de movimento, independentemente dos processos de sua captação, do suporte usado inicial ou posteriormente para fixá-lo, bem como dos meios utilizados para sua veiculação;
IX. fonograma – toda fixação de sons de uma execução ou interpretação ou de outros sons, ou de uma representação de sons que não seja uma fixação incluída em uma obra audiovisual;
X. editor – a pessoa física ou jurídica à qual se atribui o direito exclusivo de reprodução da obra e o dever de divulgá-la, nos limites previstos no contrato de edição;
XI. produtor – a pessoa física ou jurídica que toma a iniciativa e tem a responsabilidade econômica da primeira fixação do fonograma ou da obra audiovisual, qualquer que seja a natureza do suporte utilizado;

XII. radiodifusão a transmissão sem fio, inclusive por satélites, de sons ou imagens e sons ou das representações desses, para recepção ao público e a transmissão de sinais codificados, quando os meios de decodificação sejam oferecidos ao público pelo organismo de radiodifusão ou com seu consentimento;
XIII. artistas intérpretes ou executantes – todos os atores, cantores, músicos, bailarinos ou outras pessoas que representem um papel, cantem, recitem, declamem, interpretem ou executem em qualquer forma obras literárias ou artísticas ou expressões do folclore.
XIV. titular originário o autor de obra intelectual, o intérprete, o executante, o produtor fonográfico e as empresas de radiodifusão.
Art. 6. Não serão de domínio da União, dos Estados, do Distrito Federal ou dos Municípios as obras por eles simplesmente subvencionadas.

TÍTULO II
Das Obras Intelectuais

CAPÍTULO I
Das Obras Protegidas

Art. 7. São obras intelectuais protegidas as criações do espírito, expressas por qualquer meio ou fixadas em qualquer suporte, tangível ou intangível, conhecido ou que se invente no futuro, tais como:
I. os textos de obras literárias, artísticas ou científicas;
II. as conferências, alocuções, sermões e outras obras da mesma natureza;
III. as obras dramáticas e dramático-musicais;
IV. as obras coreográficas e pantomímicas, cuja execução cênica se fixe por escrito ou por outra qualquer forma;
V. as composições musicais, tenham ou não letra;
VI. Vas obras audiovisuais, sonorizadas ou não, inclusive as cinematográficas;
VII. Vas obras fotográficas e as produzidas por qualquer processo análogo ao da fotografia;
VIII. Vas obras de desenho, pintura, gravura, escultura, litografia e arte cinética;
IX. as ilustrações, cartas geográficas e outras obras da mesma natureza;
X. os projetos, esboços e obras plásticas concernentes à geografia, engenharia, topografia, arquitetura, paisagismo, cenografia e ciência;
XI. as adaptações, traduções e outras transformações de obras originais, apresentadas como criação intelectual nova;
XII. os programas de computador;
XIII. as coletâneas ou compilações, antologias, enciclopédias, dicionários, bases de dados e outras obras, que, por sua seleção, organização ou disposição de seu conteúdo, constituam uma criação intelectual.
§ 1º Os programas de computador são objeto de legislação específica, observadas as disposições desta Lei que lhes sejam aplicáveis.
§ 2º A proteção concedida no inciso XIII não abarca os dados ou materiais em si mesmos e se entende sem prejuízo de quaisquer direitos autorais que subsistam a respeito dos dados ou materiais contidos nas obras.
§ 3º No domínio das ciências, a proteção recairá sobre a forma literária ou artística, não abrangendo o seu conteúdo científico ou técnico, sem prejuízo dos direitos que protegem os demais campos da propriedade imaterial.
Art. 8. Não são objeto de proteção como direitos autorais de que trata esta Lei:
I. as idéias, procedimentos normativos, sistemas, métodos, projetos ou conceitos matemáticos como tais;
II. os esquemas, planos ou regras para realizar atos mentais, jogos ou negócios;
III. os formulários em branco para serem preenchidos por qualquer tipo de informação, científica ou não, e suas instruções;
IV. os textos de tratados ou convenções, leis, decretos, regulamentos, decisões judiciais e demais atos oficiais;
V. as informações de uso comum tais como calendários, agendas, cadastros ou legendas;
VI. os nomes e títulos isolados;
VII. o aproveitamento industrial ou comercial das idéias contidas nas obras.
Art. 9. À cópia de obra de arte plástica feita pelo próprio autor é assegurada a mesma proteção de que goza o original.
Art. 10. A proteção à obra intelectual abrange o seu título, se original e inconfundível com o de obra do mesmo gênero, divulgada anteriormente por outro autor.
Parágrafo único. O título de publicações periódicas, inclusive jornais, é protegido até um ano após a saída do seu último número, salvo se forem anuais, caso em que esse prazo se elevará a dois anos.

CAPÍTULO II

Da Autoria das Obras Intelectuais

Art. 11. Autor é a pessoa física criadora de obra literária, artística ou científica.

Parágrafo único. A proteção concedida ao autor poderá aplicar-se às pessoas jurídicas nos casos previstos nesta Lei.

Art. 12. Para se identificar como autor, poderá o criador da obra literária, artística ou científica usar de seu nome civil, completo ou abreviado até por suas iniciais, de pseudônimo ou qualquer outro sinal convencional.

Art. 13. Considera-se autor da obra intelectual, não havendo prova em contrário, aquele que, por uma das modalidades de identificação referidas no artigo anterior, tiver, em conformidade com o uso, indicada ou anunciada essa qualidade na sua utilização.

Art. 14. É titular de direitos de autor quem adapta, traduz, arranja ou orquestra obra caída no domínio público, não podendo opor-se a outra adaptação, arranjo, orquestração ou tradução, salvo se for cópia da sua.

Art. 15. A coautoria da obra é atribuída àqueles em cujo nome, pseudônimo ou sinal convencional for utilizada.

§ 1º Não se considera coautor quem simplesmente auxiliou o autor na produção da obra literária, artística ou científica, revendo-a, atualizando-a, bem como fiscalizando ou dirigindo sua edição ou apresentação por qualquer meio.

§ 2º Ao coautor, cuja contribuição possa ser utilizada separadamente, são asseguradas todas as faculdades inerentes à sua criação como obra individual, vedada, porém, a utilização que possa acarretar prejuízo à exploração da obra comum.

Art. 16. São coautores da obra audiovisual o autor do assunto ou argumento literário, musical ou lítero-musical e o diretor.

Parágrafo único. Consideram-se coautores de desenhos animados os que criam os desenhos utilizados na obra audiovisual.

Art. 17. É assegurada a proteção às participações individuais em obras coletivas.

§ 1º Qualquer dos participantes, no exercício de seus direitos morais, poderá proibir que se indique ou anuncie seu nome na obra coletiva, sem prejuízo do direito de haver a remuneração contratada.

§ 2º Cabe ao organizador a titularidade dos direitos patrimoniais sobre o conjunto da obra coletiva.

§ 3º O contrato com o organizador especificará a contribuição do participante, o prazo para entrega ou realização, a remuneração e demais condições para sua execução.

CAPÍTULO III

Do Registro das Obras Intelectuais

Art. 18. A proteção aos direitos de que trata esta Lei independe de registro.

Art. 19. É facultado ao autor registrar a sua obra no órgão público definido no caput e no § 1º do art. 17 da Lei nº 5.988, de 14 de dezembro de 1973.

Art. 20. Para os serviços de registro previstos nesta Lei será cobrada retribuição, cujo valor e processo de recolhimento serão estabelecidos por ato do titular do órgão da administração pública federal a que estiver vinculado o registro das obras intelectuais.

Art. 21. Os serviços de registro de que trata esta Lei serão organizados conforme preceitua o § 2º do art. 17 da Lei nº 5.988, de 14 de dezembro de 1973.

TÍTULO III
Dos Direitos do Autor

CAPÍTULO I

Disposições Preliminares

Art. 22. Pertencem ao autor os direitos morais e patrimoniais sobre a obra que criou.

Art. 23. Os coautores da obra intelectual exercerão, de comum acordo, os seus direitos, salvo convenção em contrário.

CAPÍTULO II

Dos Direitos Morais do Autor

Art. 24. São direitos morais do autor:

I. o de reivindicar, a qualquer tempo, a autoria da obra;

II. o de ter seu nome, pseudônimo ou sinal convencional indicado ou anunciado, como sendo o do autor, na utilização de sua obra;

III. o de conservar a obra inédita;

IV. o de assegurar a integridade da obra, opondo-se a quaisquer modificações ou à prática de atos que, de qualquer forma, possam prejudicá-la ou atingi-lo, como autor, em sua reputação ou honra;
V. o de modificar a obra, antes ou depois de utilizada;
VI. o de retirar de circulação a obra ou de suspender qualquer forma de utilização já autorizada, quando a circulação ou utilização implicarem afronta à sua reputação e imagem;
VII. o de ter acesso a exemplar único e raro da obra, quando se encontre legitimamente em poder de outrem, para o fim de, por meio de processo fotográfico ou assemelhado, ou audiovisual, preservar sua memória, de forma que cause o menor inconveniente possível a seu detentor, que, em todo caso, será indenizado de qualquer dano ou prejuízo que lhe seja causado.
§ 1º Por morte do autor, transmitem-se a seus sucessores os direitos a que se referem os incisos I a IV.
§ 2º Compete ao Estado a defesa da integridade e autoria da obra caída em domínio público.
§ 3º Nos casos dos incisos V e VI, ressalvam-se as prévias indenizações a terceiros, quando couberem.
Art. 25. Cabe exclusivamente ao diretor o exercício dos direitos morais sobre a obra audiovisual.
Art. 26. O autor poderá repudiar a autoria de projeto arquitetônico alterado sem o seu consentimento durante a execução ou após a conclusão da construção.
Parágrafo único. O proprietário da construção responde pelos danos que causar ao autor sempre que, após o repúdio, der como sendo daquele a autoria do projeto repudiado.
Art. 27. Os direitos morais do autor são inalienáveis e irrenunciáveis.

CAPÍTULO III

Dos Direitos Patrimoniais do Autor e de sua Duração

Art. 28. Cabe ao autor o direito exclusivo de utilizar, fruir e dispor da obra literária, artística ou científica.
Art. 29. Depende de autorização prévia e expressa do autor a utilização da obra, por quaisquer modalidades, tais como:
I. a reprodução parcial ou integral;
II. a edição;
III. a adaptação, o arranjo musical e quaisquer outras transformações;
IV. a tradução para qualquer idioma;
V. a inclusão em fonograma ou produção audiovisual;
VI. a distribuição, quando não intrínseca ao contrato firmado pelo autor com terceiros para uso ou exploração da obra;
VII. a distribuição para oferta de obras ou produções mediante cabo, fibra ótica, satélite, ondas ou qualquer outro sistema que permita ao usuário realizar a seleção da obra ou produção para percebê-la em um tempo e lugar previamente determinados por quem formula a demanda, e nos casos em que o acesso às obras ou produções se faça por qualquer sistema que importe em pagamento pelo usuário;
VIII. a utilização, direta ou indireta, da obra literária, artística ou científica, mediante:
a) representação, recitação ou declamação;
b) execução musical;
c) emprego de alto-falante ou de sistemas análogos;
d) radiodifusão sonora ou televisiva;
e) captação de transmissão de radiodifusão em locais de frequência coletiva;
f) sonorização ambiental;
g) a exibição audiovisual, cinematográfica ou por processo assemelhado;
h) emprego de satélites artificiais;
i) emprego de sistemas óticos, fios telefônicos ou não, cabos de qualquer tipo e meios de comunicação similares que venham a ser adotados;
j) exposição de obras de artes plásticas e figurativas;
IX. a inclusão em base de dados, o armazenamento em computador, a microfilmagem e as demais formas de arquivamento do gênero;
X. quaisquer outras modalidades de utilização existentes ou que venham a ser inventadas.
Art. 30. No exercício do direito de reprodução, o titular dos direitos autorais poderá colocar à disposição do público a obra, na forma, local e pelo tempo que desejar, a título oneroso ou gratuito.
§ 1º O direito de exclusividade de reprodução não será aplicável quando ela for temporária e apenas tiver o propósito de tornar a obra, fonograma ou interpretação perceptível em meio eletrônico ou quando for de natureza transitória e incidental, desde que ocorra no curso do uso devidamente autorizado da obra, pelo titular.
§ 2º Em qualquer modalidade de reprodução, a quantidade de exemplares será informada e

controlada, cabendo a quem reproduzir a obra a responsabilidade de manter os registros que permitam, ao autor, a fiscalização do aproveitamento econômico da exploração.

Art. 31. As diversas modalidades de utilização de obras literárias, artísticas ou científicas ou de fonogramas são independentes entre si, e a autorização concedida pelo autor, ou pelo produtor, respectivamente, não se estende a quaisquer das demais.

Art. 32. Quando uma obra feita em regime de coautoria não for divisível, nenhum dos coautores, sob pena de responder por perdas e danos, poderá, sem consentimento dos demais, publicá-la ou autorizar lhe a publicação, salvo na coleção de suas obras completas.

§ 1º Havendo divergência, os coautores decidirão por maioria.

§ 2º Ao coautor dissidente é assegurado o direito de não contribuir para as despesas de publicação, renunciando a sua parte nos lucros, e o de vedar que se inscreva seu nome na obra.

§ 3º Cada coautor pode, individualmente, sem aquiescência dos outros, registrar a obra e defender os próprios direitos contra terceiros.

Art. 33. Ninguém pode reproduzir obra que não pertença ao domínio público, a pretexto de anotá-la, comentá-la ou melhorá-la, sem permissão do autor.

Parágrafo único. Os comentários ou anotações poderão ser publicados separadamente.

Art. 34. As cartas missivas, cuja publicação está condicionada à permissão do autor, poderão ser juntadas como documento de prova em processos administrativos e judiciais.

Art. 35. Quando o autor, em virtude de revisão, tiver dado à obra versão definitiva, não poderão seus sucessores reproduzir versões anteriores.

Art. 36. O direito de utilização econômica dos escritos publicados pela imprensa, diária ou periódica, com exceção dos assinados ou que apresentem sinal de reserva, pertence ao editor, salvo convenção em contrário.

Parágrafo único. A autorização para utilização econômica de artigos assinados, para publicação em diários e periódicos, não produz efeito além do prazo da periodicidade acrescido de vinte dias, a contar de sua publicação, findo o qual recobra o autor o seu direito.

Art. 37. A aquisição do original de uma obra, ou de exemplar, não confere ao adquirente qualquer dos direitos patrimoniais do autor, salvo convenção em contrário entre as partes e os casos previstos nesta Lei.

Art. 38. O autor tem o direito, irrenunciável e inalienável, de perceber, no mínimo, cinco por cento sobre o aumento do preço eventualmente verificável em cada revenda de obra de arte ou manuscrito, sendo originais, que houver alienado.

Parágrafo único. Caso o autor não perceba o seu direito de sequência no ato da revenda, o vendedor é considerado depositário da quantia a ele devida, salvo se a operação for realizada por leiloeiro, quando será este o depositário.

Art. 39. Os direitos patrimoniais do autor, excetuados os rendimentos resultantes de sua exploração, não se comunicam, salvo pacto antenupcial em contrário.

Art. 40. Tratando-se de obra anônima ou pseudônima, caberá a quem publicá-la o exercício dos direitos patrimoniais do autor.

Parágrafo único. O autor que se der a conhecer assumirá o exercício dos direitos patrimoniais, ressalvados os direitos adquiridos por terceiros.

Art. 41. Os direitos patrimoniais do autor perduram por setenta anos contados de 1º de janeiro do ano subsequente ao de seu falecimento, obedecida a ordem sucessória da lei civil.

Parágrafo único. Aplica-se às obras póstumas o prazo de proteção a que alude o caput deste artigo.

Art. 42. Quando a obra literária, artística ou científica realizada em coautoria for indivisível, o prazo previsto no artigo anterior será contado da morte do último dos coautores sobreviventes.

Parágrafo único. Acrescer-se-ão aos dos sobreviventes os direitos do coautor que falecer sem sucessores.

Art. 43. Será de setenta anos o prazo de proteção aos direitos patrimoniais sobre as obras anônimas ou pseudônimas, contado de 1º de janeiro do ano imediatamente posterior ao da primeira publicação.

Parágrafo único. Aplicar-se-á o disposto no art. 41 e seu parágrafo único, sempre que o autor se der a conhecer antes do termo do prazo previsto no caput deste artigo.

Art. 44. O prazo de proteção aos direitos patrimoniais sobre obras audiovisuais e fotográficas será de setenta anos, a contar de 1º de janeiro do ano subsequente ao de sua divulgação.

Art. 45. Além das obras em relação às quais decorreu o prazo de proteção aos direitos patrimoniais, pertencem ao domínio público:
I. as de autores falecidos que não tenham deixado sucessores;
II. as de autor desconhecido, ressalvada a proteção legal aos conhecimentos étnicos e tradicionais.

CAPÍTULO IV
Das Limitações aos Direitos Autorais

Art. 46. Não constitui ofensa aos direitos autorais:
I. a reprodução:
a) na imprensa diária ou periódica, de notícia ou de artigo informativo, publicado em diários ou periódicos, com a menção do nome do autor, se assinados, e da publicação de onde foram transcritos;
b) em diários ou periódicos, de discursos pronunciados em reuniões públicas de qualquer natureza;
c) de retratos, ou de outra forma de representação da imagem, feitos sob encomenda, quando realizada pelo proprietário do objeto encomendado, não havendo a oposição da pessoa neles representada ou de seus herdeiros;
d) de obras literárias, artísticas ou científicas, para uso exclusivo de deficientes visuais, sempre que a reprodução, sem fins comerciais, seja feita mediante o sistema Braille ou outro procedimento em qualquer suporte para esses destinatários;
II. a reprodução, em um só exemplar de pequenos trechos, para uso privado do copista, desde que feita por este, sem intuito de lucro;
III. a citação em livros, jornais, revistas ou qualquer outro meio de comunicação, de passagens de qualquer obra, para fins de estudo, crítica ou polêmica, na medida justificada para o fim a atingir, indicando-se o nome do autor e a origem da obra;
IV. o apanhado de lições em estabelecimentos de ensino por aqueles a quem elas se dirigem, vedada sua publicação, integral ou parcial, sem autorização prévia e expressa de quem as ministrou;
V. a utilização de obras literárias, artísticas ou científicas, fonogramas e transmissão de rádio e televisão em estabelecimentos comerciais, exclusivamente para demonstração à clientela, desde que esses estabelecimentos comercializem os suportes ou equipamentos que permitam a sua utilização;
VI. a representação teatral e a execução musical, quando realizadas no recesso familiar ou, para fins exclusivamente didáticos, nos estabelecimentos de ensino, não havendo em qualquer caso intuito de lucro;
VII. a utilização de obras literárias, artísticas ou científicas para produzir prova judiciária ou administrativa;
VIII. a reprodução, em quaisquer obras, de pequenos trechos de obras preexistentes, de qualquer natureza, ou de obra integral, quando de artes plásticas, sempre que a reprodução em si não seja o objetivo principal da obra nova e que não prejudique a exploração normal da obra reproduzida nem cause um prejuízo injustificado aos legítimos interesses dos autores.

Art. 47. São livres as paráfrases e paródias que não forem verdadeiras reproduções da obra originária nem lhe implicarem descrédito.

Art. 48. As obras situadas permanentemente em logradouros públicos podem ser representadas livremente, por meio de pinturas, desenhos, fotografias e procedimentos audiovisuais.

CAPÍTULO V
Da Transferência dos Direitos de Autor

Art. 49. Os direitos de autor poderão ser total ou parcialmente transferidos a terceiros, por ele ou por seus sucessores, a título universal ou singular, pessoalmente ou por meio de representantes com poderes especiais, por meio de licenciamento, concessão, cessão ou por outros meios admitidos em Direito, obedecidas as seguintes limitações:
I. a transmissão total compreende todos os direitos de autor, salvo os de natureza moral e os expressamente excluídos por lei;
II. somente se admitirá transmissão total e definitiva dos direitos mediante estipulação contratual escrita;
III. na hipótese de não haver estipulação contratual escrita, o prazo máximo será de cinco anos;
IV. a cessão será válida unicamente para o país em que se firmou o contrato, salvo estipulação em contrário;
V. a cessão só se operará para modalidades de utilização já existentes à data do contrato;
VI. não havendo especificações quanto à modalidade de utilização, o contrato será interpretado restritivamente, entendendo-se como limitada

apenas a uma que seja aquela indispensável ao cumprimento da finalidade do contrato.

Art. 50. A cessão total ou parcial dos direitos de autor, que se fará sempre por escrito, presume-se onerosa.

§ 1º Poderá a cessão ser averbada à margem do registro a que se refere o art. 19 desta Lei, ou, não estando a obra registrada, poderá o instrumento ser registrado em Cartório de Títulos e Documentos.

§ 2º Constarão do instrumento de cessão como elementos essenciais seu objeto e as condições de exercício do direito quanto a tempo, lugar e preço.

Art. 51. A cessão dos direitos de autor sobre obras futuras abrangerá, no máximo, o período de cinco anos.

Parágrafo único. O prazo será reduzido a cinco anos sempre que indeterminado ou superior, diminuindo-se, na devida proporção, o preço estipulado.

Art. 52. A omissão do nome do autor, ou de coautor, na divulgação da obra não presume o anonimato ou a cessão de seus direitos.

TÍTULO IV
Da Utilização de Obras Intelectuais e dos Fonogramas

CAPÍTULO I
Da Edição

Art. 53. Mediante contrato de edição, o editor, obrigando-se a reproduzir e a divulgar a obra literária, artística ou científica, fica autorizado, em caráter de exclusividade, a publicá-la e a explorá-la pelo prazo e nas condições pactuadas com o autor.

Parágrafo único. Em cada exemplar da obra o editor mencionará:

I. o título da obra e seu autor;
II. no caso de tradução, o título original e o nome do tradutor;
III. o ano de publicação;
IV. o seu nome ou marca que o identifique.

Art. 54. Pelo mesmo contrato pode o autor obrigar-se à feitura de obra literária, artística ou científica em cuja publicação e divulgação se empenha o editor.

Art. 55. Em caso de falecimento ou de impedimento do autor para concluir a obra, o editor poderá:

I. considerar resolvido o contrato, mesmo que tenha sido entregue parte considerável da obra;
II. editar a obra, sendo autônoma, mediante pagamento proporcional do preço;
III. mandar que outro a termine, desde que consintam os sucessores e seja o fato indicado na edição.

Parágrafo único. É vedada a publicação parcial, se o autor manifestou a vontade de só publicá-la por inteiro ou se assim o decidirem seus sucessores.

Art. 56. Entende-se que o contrato versa apenas sobre uma edição, se não houver cláusula expressa em contrário.

Parágrafo único. No silêncio do contrato, considera-se que cada edição se constitui de três mil exemplares.

Art. 57. O preço da retribuição será arbitrado, com base nos usos e costumes, sempre que no contrato não a tiver estipulado expressamente o autor.

Art. 58. Se os originais forem entregues em desacordo com o ajustado e o editor não os recusar nos trinta dias seguintes ao do recebimento, ter-se-ão por aceitas as alterações introduzidas pelo autor.

Art. 59. Quaisquer que sejam as condições do contrato, o editor é obrigado a facultar ao autor o exame da escrituração na parte que lhe corresponde, bem como a informá-lo sobre o estado da edição.

Art. 60. Ao editor compete fixar o preço da venda, sem, todavia, poder elevá-lo a ponto de embaraçar a circulação da obra.

Art. 61. O editor será obrigado a prestar contas mensais ao autor sempre que a retribuição deste estiver condicionada à venda da obra, salvo se prazo diferente houver sido convencionado.

Art. 62. A obra deverá ser editada em dois anos da celebração do contrato, salvo prazo diverso estipulado em convenção.

Parágrafo único. Não havendo edição da obra no prazo legal ou contratual, poderá ser rescindido o contrato, respondendo o editor por danos causados.

Art. 63. Enquanto não se esgotarem as edições a que tiver direito o editor, não poderá o autor dispor de sua obra, cabendo ao editor o ônus da prova.

§ 1º Na vigência do contrato de edição, assiste ao editor o direito de exigir que se retire de circulação edição da mesma obra feita por outrem.

§ 2º Considera-se esgotada a edição quando restarem em estoque, em poder do editor, exemplares em número inferior a dez por cento do total da edição.

Art. 64. Somente decorrido um ano de lançamento da edição, o editor poderá vender, como saldo, os exemplares restantes, desde que o autor seja notificado de que, no prazo de trinta dias, terá prioridade na aquisição dos referidos exemplares pelo preço de saldo.

Art. 65. Esgotada a edição, e o editor, com direito a outra, não a publicar, poderá o autor notificá-lo a que o faça em certo prazo, sob pena de perder aquele direito, além de responder por danos.

Art. 66. O autor tem o direito de fazer, nas edições sucessivas de suas obras, as emendas e alterações que bem lhe aprouver.

Parágrafo único. O editor poderá opor-se às alterações que lhe prejudiquem os interesses, ofendam sua reputação ou aumentem sua responsabilidade.

Art. 67. Se, em virtude de sua natureza, for imprescindível a atualização da obra em novas edições, o editor, negando-se o autor a fazê-la, dela poderá encarregar outrem, mencionando o fato na edição.

CAPÍTULO II
Da Comunicação ao Público

Art. 68. Sem prévia e expressa autorização do autor ou titular, não poderão ser utilizadas obras teatrais, composições musicais ou lítero-musicais e fonogramas, em representações e execuções públicas.

§ 1º Considera-se representação pública a utilização de obras teatrais no gênero drama, tragédia, comédia, ópera, opereta, balé, pantomimas e assemelhadas, musicadas ou não, mediante a participação de artistas, remunerados ou não, em locais de frequência coletiva ou pela radiodifusão, transmissão e exibição cinematográfica.

§ 2º Considera-se execução pública a utilização de composições musicais ou lítero-musicais, mediante a participação de artistas, remunerados ou não, ou a utilização de fonogramas e obras audiovisuais, em locais de frequência coletiva, por quaisquer processos, inclusive a radiodifusão ou transmissão por qualquer modalidade, e a exibição cinematográfica.

§ 3º Consideram-se locais de frequência coletiva os teatros, cinemas, salões de baile ou concertos, boates, bares, clubes ou associações de qualquer natureza, lojas, estabelecimentos comerciais e industriais, estádios, circos, feiras, restaurantes, hotéis, motéis, clínicas, hospitais, órgãos públicos da administração direta ou indireta, fundacionais e estatais, meios de transporte de passageiros terrestre, marítimo, fluvial ou aéreo, ou onde quer que se representem, executem ou transmitam obras literárias, artísticas ou científicas.

§ 4º Previamente à realização da execução pública, o empresário deverá apresentar ao escritório central, previsto no art. 99, a comprovação dos recolhimentos relativos aos direitos autorais.

§ 5º Quando a remuneração depender da frequência do público, poderá o empresário, por convênio com o escritório central, pagar o preço após a realização da execução pública.

§ 6º O usuário entregará à entidade responsável pela arrecadação dos direitos relativos à execução ou exibição pública, imediatamente após o ato de comunicação ao público, relação completa das obras e fonogramas utilizados, e a tornará pública e de livre acesso, juntamente com os valores pagos, em seu sítio eletrônico ou, em não havendo este, no local da comunicação e em sua sede.

§ 7º As empresas cinematográficas e de radiodifusão manterão à imediata disposição dos interessados, cópia autêntica dos contratos, ajustes ou acordos, individuais ou coletivos, autorizando e disciplinando a remuneração por execução pública das obras musicais e fonogramas contidas em seus programas ou obras audiovisuais.

§ 8º Para as empresas mencionadas no § 7º, o prazo para cumprimento do disposto no § 6º será até o décimo dia útil de cada mês, relativamente à relação completa das obras e fonogramas utilizados no mês anterior.

§ 9º (Convertida na Lei nº 14.002, de 2020)

Art. 69. O autor, observados os usos locais, notificará o empresário do prazo para a representação ou execução, salvo prévia estipulação convencional.

Art. 70. Ao autor assiste o direito de opor-se à representação ou execução que não seja suficientemente ensaiada, bem como fiscalizá-la, tendo, para isso, livre acesso durante as representações ou execuções, no local onde se realizam.

Art. 71. O autor da obra não pode alterar-lhe a substância, sem acordo com o empresário que a faz representar.

Art. 72. O empresário, sem licença do autor, não pode entregar a obra a pessoa estranha à representação ou à execução.

Art. 73. Os principais intérpretes e os diretores de orquestras ou coro, escolhidos de comum acordo pelo autor e pelo produtor, não podem ser substituídos por ordem deste, sem que aquele consinta.

Art. 74. O autor de obra teatral, ao autorizar a sua tradução ou adaptação, poderá fixar prazo para utilização dela em representações públicas.

Parágrafo único. Após o decurso do prazo a que se refere este artigo, não poderá opor-se o tradutor ou adaptador à utilização de outra tradução ou adaptação autorizada, salvo se for cópia da sua.

Art. 75. Autorizada a representação de obra teatral feita em coautoria, não poderá qualquer dos coautores revogar a autorização dada, provocando a suspensão da temporada contratualmente ajustada.

Art. 76. É impenhorável a parte do produto dos espetáculos reservada ao autor e aos artistas.

CAPÍTULO III

Da Utilização da Obra de Arte Plástica

Art. 77. Salvo convenção em contrário, o autor de obra de arte plástica, ao alienar o objeto em que ela se materializa, transmite o direito de expô-la, mas não transmite ao adquirente o direito de reproduzi-la.

Art. 78. A autorização para reproduzir obra de arte plástica, por qualquer processo, deve se fazer por escrito e se presume onerosa.

CAPÍTULO IV

Da Utilização da Obra Fotográfica

Art. 79. O autor de obra fotográfica tem direito a reproduzi-la e colocá-la à venda, observadas as restrições à exposição, reprodução e venda de retratos, e sem prejuízo dos direitos de autor sobre a obra fotografada, se de artes plásticas protegidas.

§ 1º A fotografia, quando utilizada por terceiros, indicará de forma legível o nome do seu autor.

§ 2º É vedada a reprodução de obra fotográfica que não esteja em absoluta consonância com o original, salvo prévia autorização do autor.

CAPÍTULO V

Da Utilização de Fonograma

Art. 80. Ao publicar o fonograma, o produtor mencionará em cada exemplar:

I. o título da obra incluída e seu autor;
II. o nome ou pseudônimo do intérprete;
III. o ano de publicação;
IV. o seu nome ou marca que o identifique.

CAPÍTULO VI

Da Utilização da Obra Audiovisual

Art. 81. A autorização do autor e do intérprete de obra literária, artística ou científica para produção audiovisual implica, salvo disposição em contrário, consentimento para sua utilização econômica.

§ 1º A exclusividade da autorização depende de cláusula expressa e cessa dez anos após a celebração do contrato.

§ 2º Em cada cópia da obra audiovisual, mencionará o produtor:

I. o título da obra audiovisual;
II. os nomes ou pseudônimos do diretor e dos demais coautores;
III. o título da obra adaptada e seu autor, se for o caso;
IV. os artistas intérpretes;
V. o ano de publicação;
VI. o seu nome ou marca que o identifique.
VII. o nome dos dubladores.

Art. 82. O contrato de produção audiovisual deve estabelecer:

I. a remuneração devida pelo produtor aos coautores da obra e aos artistas intérpretes e executantes, bem como o tempo, lugar e forma de pagamento;
II. o prazo de conclusão da obra;
III. a responsabilidade do produtor para com os coautores, artistas intérpretes ou executantes, no caso de coprodução.

Art. 83. O participante da produção da obra audiovisual que interromper, temporária ou definitivamente, sua atuação, não poderá opor-se a que esta seja utilizada na obra nem a que terceiro o substitua, resguardados os direitos que adquiriu quanto à parte já executada.

Art. 84. Caso a remuneração dos coautores da obra audiovisual dependa dos rendimentos de sua utilização econômica, o produtor lhes prestará contas semestralmente, se outro prazo não houver sido pactuado.

Art. 85. Não havendo disposição em contrário, poderão os coautores da obra audiovisual utilizar-se, em gênero diverso, da parte que constitua sua contribuição pessoal.

Parágrafo único. Se o produtor não concluir a obra audiovisual no prazo ajustado ou não iniciar sua exploração dentro de dois anos, a contar de sua conclusão, a utilização a que se refere este artigo será livre.

Art. 86. Os direitos autorais de execução musical relativos a obras musicais, lítero-musicais e fonogramas incluídos em obras audiovisuais serão devidos aos seus titulares pelos responsáveis dos locais ou estabelecimentos a que alude o § 3º do art. 68 desta Lei, que as exibirem, ou pelas emissoras de televisão que as transmitirem.

CAPÍTULO VII
Da Utilização de Bases de Dados

Art. 87. O titular do direito patrimonial sobre uma base de dados terá o direito exclusivo, a respeito da forma de expressão da estrutura da referida base, de autorizar ou proibir:
I. sua reprodução total ou parcial, por qualquer meio ou processo;
II. sua tradução, adaptação, reordenação ou qualquer outra modificação;
III. a distribuição do original ou cópias da base de dados ou a sua comunicação ao público;
IV. a reprodução, distribuição ou comunicação ao público dos resultados das operações mencionadas no inciso II deste artigo.

CAPÍTULO VIII
Da Utilização da Obra Coletiva

Art. 88. Ao publicar a obra coletiva, o organizador mencionará em cada exemplar:
I. o título da obra;
II. a relação de todos os participantes, em ordem alfabética, se outra não houver sido convencionada;
III. o ano de publicação;
IV. o seu nome ou marca que o identifique.
Parágrafo único. Para valer-se do disposto no § 1º do art. 17, deverá o participante notificar o organizador, por escrito, até a entrega de sua participação.

TÍTULO V
Dos Direitos Conexos

CAPÍTULO I
Disposições Preliminares

Art. 89. As normas relativas aos direitos de autor aplicam-se, no que couber, aos direitos dos artistas intérpretes ou executantes, dos produtores fonográficos e das empresas de radiodifusão.
Parágrafo único. A proteção desta Lei aos direitos previstos neste artigo deixa intactas e não afeta as garantias asseguradas aos autores das obras literárias, artísticas ou científicas.

CAPÍTULO II
Dos Direitos dos Artistas Intérpretes ou Executantes

Art. 90. Tem o artista intérprete ou executante o direito exclusivo de, a título oneroso ou gratuito, autorizar ou proibir:
I. a fixação de suas interpretações ou execuções;
II. a reprodução, a execução pública e a locação das suas interpretações ou execuções fixadas;
III. a radiodifusão das suas interpretações ou execuções, fixadas ou não;
IV. a colocação à disposição do público de suas interpretações ou execuções, de maneira que qualquer pessoa a elas possa ter acesso, no tempo e no lugar que individualmente escolherem;
V. qualquer outra modalidade de utilização de suas interpretações ou execuções.
§ 1º Quando na interpretação ou na execução participarem vários artistas, seus direitos serão exercidos pelo diretor do conjunto.
§ 2º A proteção aos artistas intérpretes ou executantes estende-se à reprodução da voz e imagem, quando associadas às suas atuações.

Art. 91. As empresas de radiodifusão poderão realizar fixações de interpretação ou execução de artistas que as tenham permitido para utilização em determinado número de emissões, facultada sua conservação em arquivo público.
Parágrafo único. A reutilização subsequente da fixação, no País ou no exterior, somente será lícita mediante autorização escrita dos titulares de

bens intelectuais incluídos no programa, devida uma remuneração adicional aos titulares para cada nova utilização.

Art. 92. Aos intérpretes cabem os direitos morais de integridade e paternidade de suas interpretações, inclusive depois da cessão dos direitos patrimoniais, sem prejuízo da redução, compactação, edição ou dublagem da obra de que tenham participado, sob a responsabilidade do produtor, que não poderá desfigurar a interpretação do artista.

Parágrafo único. O falecimento de qualquer participante de obra audiovisual, concluída ou não, não obsta sua exibição e aproveitamento econômico, nem exige autorização adicional, sendo a remuneração prevista para o falecido, nos termos do contrato e da lei, efetuada a favor do espólio ou dos sucessores.

CAPÍTULO III

Dos Direitos dos Produtores Fonográficos

Art. 93. O produtor de fonogramas tem o direito exclusivo de, a título oneroso ou gratuito, autorizar-lhes ou proibir-lhes:

I. a reprodução direta ou indireta, total ou parcial;
II. a distribuição por meio da venda ou locação de exemplares da reprodução;
III. a comunicação ao público por meio da execução pública, inclusive pela radiodifusão;
IV. (VETADO)
V. quaisquer outras modalidades de utilização, existentes ou que venham a ser inventadas.

Art. 94. (Revogado pela Lei nº 12.853, de 2013)

CAPÍTULO IV

Dos Direitos das Empresas de Radiodifusão

Art. 95. Cabe às empresas de radiodifusão o direito exclusivo de autorizar ou proibir a retransmissão, fixação e reprodução de suas emissões, bem como a comunicação ao público, pela televisão, em locais de frequência coletiva, sem prejuízo dos direitos dos titulares de bens intelectuais incluídos na programação.

CAPÍTULO V

Da Duração dos Direitos Conexos

Art. 96. É de setenta anos o prazo de proteção aos direitos conexos, contados a partir de 1º de janeiro do ano subsequente à fixação, para os fonogramas; à transmissão, para as emissões das empresas de radiodifusão; e à execução e representação pública, para os demais casos.

TÍTULO VI

Das Associações de Titulares de Direitos de Autor e dos que lhes são Conexos

Art. 97. Para o exercício e defesa de seus direitos, podem os autores e os titulares de direitos conexos associar-se sem intuito de lucro.

§ 1º As associações reguladas por este artigo exercem atividade de interesse público, por determinação desta Lei, devendo atender a sua função social.

§ 2º É vedado pertencer, simultaneamente, a mais de uma associação para a gestão coletiva de direitos da mesma natureza.

§ 3º Pode o titular transferir-se, a qualquer momento, para outra associação, devendo comunicar o fato, por escrito, à associação de origem.

§ 4º As associações com sede no exterior far-se-ão representar, no País, por associações nacionais constituídas na forma prevista nesta Lei.

§ 5º Apenas os titulares originários de direitos de autor ou de direitos conexos filiados diretamente às associações nacionais poderão votar ou ser votados nas associações reguladas por este artigo.

§ 6º Apenas os titulares originários de direitos de autor ou de direitos conexos, nacionais ou estrangeiros domiciliados no Brasil, filiados diretamente às associações nacionais poderão assumir cargos de direção nas associações reguladas por este artigo.

Art. 98. Com o ato de filiação, as associações de que trata o art. 97 tornam-se mandatárias de seus associados para a prática de todos os atos necessários à defesa judicial ou extrajudicial de seus direitos autorais, bem como para o exercício da atividade de cobrança desses direitos.

§ 1º O exercício da atividade de cobrança citada no caput somente será lícito para as associações que obtiverem habilitação em órgão da Administração Pública Federal, nos termos do art. 98-A.

§ 2º As associações deverão adotar os princípios da isonomia, eficiência e transparência na cobrança pela utilização de qualquer obra ou fonograma.

§ 3º Caberá às associações, no interesse dos seus associados, estabelecer os preços pela utilização de seus repertórios, considerando a razoabilidade, a boa-fé e os usos do local de utilização das obras.

§ 4º A cobrança será sempre proporcional ao grau de utilização das obras e fonogramas pelos usuários, considerando a importância da execução pública no exercício de suas atividades, e as particularidades de cada segmento, conforme disposto no regulamento desta Lei.

§ 5º As associações deverão tratar seus associados de forma equitativa, sendo vedado o tratamento desigual.

§ 6º As associações deverão manter um cadastro centralizado de todos os contratos, declarações ou documentos de qualquer natureza que comprovem a autoria e a titularidade das obras e dos fonogramas, bem como as participações individuais em cada obra e em cada fonograma, prevenindo o falseamento de dados e fraudes e promovendo a desambiguação de títulos similares de obras.

§ 7º As informações mencionadas no § 6º são de interesse público e o acesso a elas deverá ser disponibilizado por meio eletrônico a qualquer interessado, de forma gratuita, permitindo-se ainda ao Ministério da Cultura o acesso contínuo e integral a tais informações.

§ 8º Mediante comunicação do interessado e preservada a ampla defesa e o direito ao contraditório, o Ministério da Cultura poderá, no caso de inconsistência nas informações mencionadas no § 6º deste artigo, determinar sua retificação e demais medidas necessárias à sua regularização, conforme disposto em regulamento.

§ 9º As associações deverão disponibilizar sistema de informação para comunicação periódica, pelo usuário, da totalidade das obras e fonogramas utilizados, bem como para acompanhamento, pelos titulares de direitos, dos valores arrecadados e distribuídos.

§ 10º Os créditos e valores não identificados deverão permanecer retidos e à disposição dos titulares pelo período de 5 (cinco) anos, devendo ser distribuídos à medida da sua identificação.

§ 11º Findo o período de 5 (cinco) anos previsto no § 10 sem que tenha ocorrido a identificação dos créditos e valores retidos, estes serão distribuídos aos titulares de direitos de autor e de direitos conexos dentro da mesma rubrica em que foram arrecadados e na proporção de suas respectivas arrecadações durante o período da retenção daqueles créditos e valores, sendo vedada a sua destinação para outro fim.

§ 12º A taxa de administração praticada pelas associações no exercício da cobrança e distribuição de direitos autorais deverá ser proporcional ao custo efetivo de suas operações, considerando as peculiaridades de cada uma delas.

§ 13º Os dirigentes das associações serão eleitos para mandato de 3 (três) anos, permitida uma única recondução precedida de nova eleição.

§ 14º Os dirigentes das associações atuarão diretamente em sua gestão, por meio de voto pessoal, sendo vedado que atuem representados por terceiros.

§ 15º Os titulares de direitos autorais poderão praticar pessoalmente os atos referidos no caput e no § 3º deste artigo, mediante comunicação à associação a que estiverem filiados, com até 48 (quarenta e oito) horas de antecedência da sua prática.

§ 16º As associações, por decisão do seu órgão máximo de deliberação e conforme previsto em seus estatutos, poderão destinar até 20% (vinte por cento) da totalidade ou de parte dos recursos oriundos de suas atividades para ações de natureza cultural e social que beneficiem seus associados de forma coletiva.

Art. 98-A. O exercício da atividade de cobrança de que trata o art. 98 dependerá de habilitação prévia em órgão da Administração Pública Federal, conforme disposto em regulamento, cujo processo administrativo observará:

I. o cumprimento, pelos estatutos da entidade solicitante, dos requisitos estabelecidos na legislação para sua constituição;

II. a demonstração de que a entidade solicitante reúne as condições necessárias para assegurar uma administração eficaz e transparente dos direitos a ela confiados e significativa representatividade de obras e titulares cadastrados, mediante comprovação dos seguintes documentos e informações:

a) cadastros das obras e titulares que representam;

b) contratos e convênios mantidos com usuários de obras de seus repertórios, quando aplicável;

c) estatutos e respectivas alterações;
d) atas das assembleias ordinárias ou extraordinárias;
e) acordos de representação recíproca com entidades congêneres estrangeiras, quando existentes;
f) relatório anual de suas atividades, quando aplicável;
g) demonstrações contábeis anuais, quando aplicável;
h) demonstração de que as taxas de administração são proporcionais aos custos de cobrança e distribuição para cada tipo de utilização, quando aplicável;
i) relatório anual de auditoria externa de suas contas, desde que a entidade funcione há mais de 1 (um) ano e que a auditoria seja demandada pela maioria de seus associados ou por sindicato ou associação profissional, nos termos do art. 100;
j) detalhamento do modelo de governança da associação, incluindo estrutura de representação isonômica dos associados;
k) plano de cargos e salários, incluindo valor das remunerações dos dirigentes, gratificações, bonificações e outras modalidades de remuneração e premiação, com valores atualizados;
III. outras informações estipuladas em regulamento por órgão da Administração Pública Federal, como as que demonstrem o cumprimento das obrigações internacionais contratuais da entidade solicitante que possam ensejar questionamento ao Estado Brasileiro no âmbito dos acordos internacionais dos quais é parte.

§ 1º Os documentos e informações a que se referem os incisos II e III do caput deste artigo deverão ser apresentados anualmente ao Ministério da Cultura.

§ 2º A habilitação de que trata o § 1º do art. 98 é um ato de qualificação vinculado ao cumprimento dos requisitos instituídos por esta Lei e por seu regulamento e não precisará ser renovada periodicamente, mas poderá ser anulada mediante decisão proferida em processo administrativo ou judicial, quando verificado que a associação não atende ao disposto nesta Lei, assegurados sempre o contraditório e ampla defesa, bem como a comunicação do fato ao Ministério Público.

§ 3º A anulação da habilitação a que se refere o § 1º do art. 98 levará em consideração a gravidade e a relevância das irregularidades identificadas, a boa-fé do infrator e a reincidência nas irregularidades, conforme disposto em regulamento, e somente se efetivará após a aplicação de advertência, quando se concederá prazo razoável para atendimento das exigências apontadas pela autoridade competente.

§ 4º A ausência de uma associação que seja mandatária de determinada categoria de titulares em função da aplicação do § 2º deste artigo não isenta os usuários das obrigações previstas no art. 68, que deverão ser quitadas em relação ao período compreendido entre o indeferimento do pedido de habilitação, a anulação ou o cancelamento da habilitação e a obtenção de nova habilitação ou constituição de entidade sucessora nos termos deste artigo, ficando a entidade sucessora responsável pela fixação dos valores dos direitos autorais ou conexos em relação ao período compreendido entre o indeferimento do pedido de habilitação ou sua anulação e a obtenção de nova habilitação pela entidade sucessora.

§ 5º A associação cuja habilitação, nos termos deste artigo, seja anulada, inexistente ou pendente de apreciação pela autoridade competente, ou apresente qualquer outra forma de irregularidade, não poderá utilizar tais fatos como impedimento para distribuição de eventuais valores já arrecadados, sob pena de responsabilização direta de seus dirigentes nos termos do art. 100-A, sem prejuízo das sanções penais cabíveis.

§ 6º As associações de gestão coletiva de direitos autorais deverão manter atualizados e disponíveis aos associados os documentos e as informações previstos nos incisos II e III deste artigo.

Art. 98-B. As associações de gestão coletiva de direitos autorais, no desempenho de suas funções, deverão:

I. dar publicidade e transparência, por meio de sítios eletrônicos próprios, às formas de cálculo e critérios de cobrança, discriminando, dentre outras informações, o tipo de usuário, tempo e lugar de utilização, bem como os critérios de distribuição dos valores dos direitos autorais arrecadados, incluídas as planilhas e demais registros de utilização das obras e fonogramas fornecidas pelos usuários, excetuando os valores distribuídos aos titulares individualmente;

II. dar publicidade e transparência, por meio de sítios eletrônicos próprios, aos estatutos, aos regulamentos de arrecadação e distribuição, às atas de suas reuniões deliberativas e aos cadastros das obras e titulares que representam, bem como ao montante arrecadado e distribuído e aos créditos eventualmente arrecadados e não distribuídos, sua origem e o motivo da sua retenção;

III. buscar eficiência operacional, dentre outros meios, pela redução de seus custos administrativos e dos prazos de distribuição dos valores aos titulares de direitos;

IV. oferecer aos titulares de direitos os meios técnicos para que possam acessar o balanço dos seus créditos da forma mais eficiente dentro do estado da técnica;

V. aperfeiçoar seus sistemas para apuração cada vez mais acurada das execuções públicas realizadas e publicar anualmente seus métodos de verificação, amostragem e aferição;

VI. garantir aos associados o acesso às informações referentes às obras sobre as quais sejam titulares de direitos e às execuções aferidas para cada uma delas, abstendo-se de firmar contratos, convênios ou pactos com cláusula de confidencialidade;

VII. garantir ao usuário o acesso às informações referentes às utilizações por ele realizadas.

Parágrafo único. As informações contidas nos incisos I e II devem ser atualizadas periodicamente, em intervalo nunca superior a 6 (seis) meses.

Art. 98-C. As associações de gestão coletiva de direitos autorais deverão prestar contas dos valores devidos, em caráter regular e de modo direto, aos seus associados.

§ 1º O direito à prestação de contas poderá ser exercido diretamente pelo associado.

§ 2º Se as contas não forem prestadas na forma do § 1º, o pedido do associado poderá ser encaminhado ao Ministério da Cultura que, após sua apreciação, poderá determinar a prestação de contas pela associação, na forma do regulamento.

Art. 99. A arrecadação e distribuição dos direitos relativos à execução pública de obras musicais e literomusicais e de fonogramas será feita por meio das associações de gestão coletiva criadas para este fim por seus titulares, as quais deverão unificar a cobrança em um único escritório central para arrecadação e distribuição, que funcionará como ente arrecadador com personalidade jurídica própria e observará os §§ 1º a 12 do art. 98 e os arts. 98-A, 98-B, 98-C, 99-B, 100, 100-A e 100-B.

§ 1º O ente arrecadador organizado na forma prevista no caput não terá finalidade de lucro e será dirigido e administrado por meio do voto unitário de cada associação que o integra.

§ 2º O ente arrecadador e as associações a que se refere este Título atuarão em juízo e fora dele em seus próprios nomes como substitutos processuais dos titulares a eles vinculados.

§ 3º O recolhimento de quaisquer valores pelo ente arrecadador somente se fará por depósito bancário.

§ 4º A parcela destinada à distribuição aos autores e demais titulares de direitos não poderá, em um ano da data de publicação desta Lei, ser inferior a 77,5% (setenta e sete inteiros e cinco décimos por cento) dos valores arrecadados, aumentando-se tal parcela à razão de 2,5% a.a. (dois inteiros e cinco décimos por cento ao ano), até que, em 4 (quatro) anos da data de publicação desta Lei, ela não seja inferior a 85% (oitenta e cinco por cento) dos valores arrecadados.

§ 5º O ente arrecadador poderá manter fiscais, aos quais é vedado receber do usuário numerário a qualquer título.

§ 6º A inobservância da norma do § 5º tornará o faltoso inabilitado à função de fiscal, sem prejuízo da comunicação do fato ao Ministério Público e da aplicação das sanções civis e penais cabíveis.

§ 7º Cabe ao ente arrecadador e às associações de gestão coletiva zelar pela continuidade da arrecadação e, no caso de perda da habilitação por alguma associação, cabe a ela cooperar para que a transição entre associações seja realizada sem qualquer prejuízo aos titulares, transferindo-se todas as informações necessárias ao processo de arrecadação e distribuição de direitos.

§ 8º Sem prejuízo do disposto no § 3º do art. 98, as associações devem estabelecer e unificar o preço de seus repertórios junto ao ente arrecadador para a sua cobrança, atuando este como mandatário das associações que o integram.

§ 9º O ente arrecadador cobrará do usuário de forma unificada, e se encarregará da devida distribuição da arrecadação às associações, observado o disposto nesta Lei, especialmente os critérios estabelecidos nos §§ 3º e 4º do art. 98º

Art. 99-A. O ente arrecadador de que trata o caput do art. 99 deverá admitir em seus quadros, além das associações que o constituíram, as associações de titulares de direitos autorais que tenham pertinência com sua área de atuação e estejam habilitadas em órgão da Administração Pública Federal na forma do art. 98-A.

Parágrafo único. As deliberações quanto aos critérios de distribuição dos recursos arrecadados serão tomadas por meio do voto unitário de cada associação que integre o ente arrecadador.

Art. 99-B. As associações referidas neste Título estão sujeitas às regras concorrenciais definidas em legislação específica que trate da prevenção e repressão às infrações contra a ordem econômica.

Art. 100. O sindicato ou associação profissional que congregue filiados de uma associação de gestão coletiva de direitos autorais poderá, 1 (uma) vez por ano, às suas expensas, após notificação, com 8 (oito) dias de antecedência, fiscalizar, por intermédio de auditor independente, a exatidão das contas prestadas por essa associação autoral a seus representados.

Art. 100-A. Os dirigentes das associações de gestão coletiva de direitos autorais respondem solidariamente, com seus bens particulares, por desvio de finalidade ou quanto ao inadimplemento das obrigações para com os associados, por dolo ou culpa.

Art. 100-B. Os litígios entre usuários e titulares de direitos autorais ou seus mandatários, em relação à falta de pagamento, aos critérios de cobrança, às formas de oferecimento de repertório e aos valores de arrecadação, e entre titulares e suas associações, em relação aos valores e critérios de distribuição, poderão ser objeto da atuação de órgão da Administração Pública Federal para a resolução de conflitos por meio de mediação ou arbitragem, na forma do regulamento, sem prejuízo da apreciação pelo Poder Judiciário e pelos órgãos do Sistema Brasileiro de Defesa da Concorrência, quando cabível.

TÍTULO VII
Das Sanções às Violações dos Direitos Autorais

CAPÍTULO I
Disposição Preliminar

Art. 101. As sanções civis de que trata este Capítulo aplicam-se sem prejuízo das penas cabíveis.

CAPÍTULO II
Das Sanções Civis

Art. 102. O titular cuja obra seja fraudulentamente reproduzida, divulgada ou de qualquer forma utilizada, poderá requerer a apreensão dos exemplares reproduzidos ou a suspensão da divulgação, sem prejuízo da indenização cabível.

Art. 103. Quem editar obra literária, artística ou científica, sem autorização do titular, perderá para este os exemplares que se apreenderem e pagar-lhe-á o preço dos que tiver vendido.

Parágrafo único. Não se conhecendo o número de exemplares que constituem a edição fraudulenta, pagará o transgressor o valor de três mil exemplares, além dos apreendidos.

Art. 104. Quem vender, expuser a venda, ocultar, adquirir, distribuir, tiver em depósito ou utilizar obra ou fonograma reproduzidos com fraude, com a finalidade de vender, obter ganho, vantagem, proveito, lucro direto ou indireto, para si ou para outrem, será solidariamente responsável com o contrafator, nos termos dos artigos precedentes, respondendo como contrafatores o importador e o distribuidor em caso de reprodução no exterior.

Art. 105. A transmissão e a retransmissão, por qualquer meio ou processo, e a comunicação ao público de obras artísticas, literárias e científicas, de interpretações e de fonogramas, realizadas mediante violação aos direitos de seus titulares, deverão ser imediatamente suspensas ou interrompidas pela autoridade judicial competente, sem prejuízo da multa diária pelo descumprimento e das demais indenizações cabíveis, independentemente das sanções penais aplicáveis; caso se comprove que o infrator é reincidente na violação aos direitos dos titulares de direitos de autor e conexos, o valor da multa poderá ser aumentado até o dobro.

Art. 106. A sentença condenatória poderá determinar a destruição de todos os exemplares ilícitos, bem como as matrizes, moldes, negativos e demais elementos utilizados para praticar o ilícito civil, assim como a perda de máquinas, equipamentos e insumos destinados a tal fim ou, servindo eles unicamente para o fim ilícito, sua destruição.

Art. 107. Independentemente da perda dos equipamentos utilizados, responderá por perdas e danos, nunca inferiores ao valor que resultaria da aplicação do disposto no art. 103 e seu parágrafo único, quem:

I. alterar, suprimir, modificar ou inutilizar, de qualquer maneira, dispositivos técnicos introduzidos nos exemplares das obras e produções protegidas para evitar ou restringir sua cópia;

II. alterar, suprimir ou inutilizar, de qualquer maneira, os sinais codificados destinados a restringir a comunicação ao público de obras, produções ou emissões protegidas ou a evitar a sua cópia;

III. suprimir ou alterar, sem autorização, qualquer informação sobre a gestão de direitos;

IV. distribuir, importar para distribuição, emitir, comunicar ou puser à disposição do público, sem autorização, obras, interpretações ou execuções, exemplares de interpretações fixadas em fonogramas e emissões, sabendo que a informação sobre a gestão de direitos, sinais codificados e dispositivos técnicos foram suprimidos ou alterados sem autorização.

Art. 108. Quem, na utilização, por qualquer modalidade, de obra intelectual, deixar de indicar ou de anunciar, como tal, o nome, pseudônimo ou sinal convencional do autor e do intérprete, além de responder por danos morais, está obrigado a divulgar-lhes a identidade da seguinte forma:

I. tratando-se de empresa de radiodifusão, no mesmo horário em que tiver ocorrido a infração, por três dias consecutivos;

II. tratando-se de publicação gráfica ou fonográfica, mediante inclusão de errata nos exemplares ainda não distribuídos, sem prejuízo de comunicação, com destaque, por três vezes consecutivas em jornal de grande circulação, dos domicílios do autor, do intérprete e do editor ou produtor;

III. tratando-se de outra forma de utilização, por intermédio da imprensa, na forma a que se refere o inciso anterior.

Art. 109. A execução pública feita em desacordo com os arts. 68, 97, 98 e 99 desta Lei sujeitará os responsáveis a multa de vinte vezes o valor que deveria ser originariamente pago.

Art. 109-A. A falta de prestação ou a prestação de informações falsas no cumprimento do disposto no § 6º do art. 68 e no § 9º do art. 98 sujeitará os responsáveis, por determinação da autoridade competente e nos termos do regulamento desta Lei, a multa de 10 (dez) a 30% (trinta por cento) do valor que deveria ser originariamente pago, sem prejuízo das perdas e danos.

Parágrafo único. Aplicam-se as regras da legislação civil quanto ao inadimplemento das obrigações no caso de descumprimento, pelos usuários, dos seus deveres legais e contratuais junto às associações referidas neste Título.

Art. 110. Pela violação de direitos autorais nos espetáculos e audições públicas, realizados nos locais ou estabelecimentos a que alude o art. 68, seus proprietários, diretores, gerentes, empresários e arrendatários respondem solidariamente com os organizadores dos espetáculos.

CAPÍTULO III
Da Prescrição da Ação

Art. 111. (VETADO)

TÍTULO VIII
Disposições Finais e Transitórias

Art. 112. Se uma obra, em consequência de ter expirado o prazo de proteção que lhe era anteriormente reconhecido pelo § 2º do art. 42 da Lei nº 5.988, de 14 de dezembro de 1973, caiu no domínio público, não terá o prazo de proteção dos direitos patrimoniais ampliado por força do art. 41 desta Lei.

Art. 113. Os fonogramas, os livros e as obras audiovisuais sujeitar-se-ão a selos ou sinais de identificação sob a responsabilidade do produtor, distribuidor ou importador, sem ônus para o consumidor, com o fim de atestar o cumprimento das normas legais vigentes, conforme dispuser o regulamento.

Art. 114. Esta Lei entra em vigor cento e vinte dias após sua publicação.

Art. 115. Ficam revogados os arts. 649 a 673 e 1.346 a 1.362 do Código Civil e as Leis nºs 4.944, de 6 de abril de 1966; 5.988, de 14 de dezembro de 1973, excetuando-se o art. 17 e seus §§ 1º e 2º; 6.800, de 25 de junho de 1980; 7.123, de 12 de setembro de 1983; 9.045, de 18 de maio de 1995, e demais disposições em contrário, mantidos em vigor as Leis nºs 6.533, de 24 de maio de 1978 e 6.615, de 16 de dezembro de 1978.

Brasília, 19 de fevereiro de 1998; 177º da Independência e 110º da República.

FERNANDO HENRIQUE CARDOSO
Francisco Weffort

Este texto não substitui o publicado no DOU de 20.2.1998

Lei n. 9.807/99 (Programas Especiais de Proteção a Vítimas e a Testemunhas Ameaçadas)

LEI Nº 9.807, DE 13 DE JULHO DE 1999

Estabelece normas para a organização e a manutenção de programas especiais de proteção a vítimas e a testemunhas ameaçadas, institui o Programa Federal de Assistência a Vítimas e a Testemunhas Ameaçadas e dispõe sobre a proteção de acusados ou condenados que tenham voluntariamente prestado efetiva colaboração à investigação policial e ao processo criminal.

O PRESIDENTE DA REPÚBLICA Faço saber que o Congresso Nacional decreta e eu sanciono a seguinte Lei:

CAPÍTULO I
Da Proteção Especial a Vítimas e a Testemunhas

Art. 1. As medidas de proteção requeridas por vítimas ou por testemunhas de crimes que estejam coagidas ou expostas a grave ameaça em razão de colaborarem com a investigação ou processo criminal serão prestadas pela União, pelos Estados e pelo Distrito Federal, no âmbito das respectivas competências, na forma de programas especiais organizados com base nas disposições desta Lei.

§ 1º A União, os Estados e o Distrito Federal poderão celebrar convênios, acordos, ajustes ou termos de parceria entre si ou com entidades não governamentais objetivando a realização dos programas.

§ 2º A supervisão e a fiscalização dos convênios, acordos, ajustes e termos de parceria de interesse da União ficarão a cargo do órgão do Ministério da Justiça com atribuições para a execução da política de direitos humanos.

Art. 2. A proteção concedida pelos programas e as medidas dela decorrentes levarão em conta a gravidade da coação ou da ameaça à integridade física ou psicológica, a dificuldade de preveni-las ou reprimi-las pelos meios convencionais e a sua importância para a produção da prova.

§ 1º A proteção poderá ser dirigida ou estendida ao cônjuge ou companheiro, ascendentes, descendentes e dependentes que tenham convivência habitual com a vítima ou testemunha, conforme o especificamente necessário em cada caso.

§ 2º Estão excluídos da proteção os indivíduos cuja personalidade ou conduta seja incompatível com as restrições de comportamento exigidas pelo programa, os condenados que estejam cumprindo pena e os indiciados ou acusados sob prisão cautelar em qualquer de suas modalidades. Tal exclusão não trará prejuízo a eventual prestação de medidas de preservação da integridade física desses indivíduos por parte dos órgãos de segurança pública.

§ 3º O ingresso no programa, as restrições de segurança e demais medidas por ele adotadas terão sempre a anuência da pessoa protegida, ou de seu representante legal.

§ 4º Após ingressar no programa, o protegido ficará obrigado ao cumprimento das normas por ele prescritas.

§ 5º As medidas e providências relacionadas com os programas serão adotadas, executadas e mantidas em sigilo pelos protegidos e pelos agentes envolvidos em sua execução.

Art. 3. Toda admissão no programa ou exclusão dele será precedida de consulta ao Ministério Público sobre o disposto no art. 2º e deverá ser subsequentemente comunicada à autoridade policial ou ao juiz competente.

Art. 4. Cada programa será dirigido por um conselho deliberativo em cuja composição haverá representantes do Ministério Público, do Poder Judiciário e de órgãos públicos e privados relacionados com a segurança pública e a defesa dos direitos humanos.

§ 1º A execução das atividades necessárias ao programa ficará a cargo de um dos órgãos representados no conselho deliberativo, devendo os agentes dela incumbidos ter formação e capacitação profissional compatíveis com suas tarefas.

§ 2º Os órgãos policiais prestarão a colaboração e o apoio necessários à execução de cada programa.

Art. 5. A solicitação objetivando ingresso no programa poderá ser encaminhada ao órgão executor:

I. pelo interessado;
II. por representante do Ministério Público;
III. pela autoridade policial que conduz a investigação criminal;

IV. pelo juiz competente para a instrução do processo criminal;
V. por órgãos públicos e entidades com atribuições de defesa dos direitos humanos.
§ 1º A solicitação será instruída com a qualificação da pessoa a ser protegida e com informações sobre a sua vida pregressa, o fato delituoso e a coação ou ameaça que a motiva.
§ 2º Para fins de instrução do pedido, o órgão executor poderá solicitar, com a aquiescência do interessado:
I. documentos ou informações comprobatórios de sua identidade, estado civil, situação profissional, patrimônio e grau de instrução, e da pendência de obrigações civis, administrativas, fiscais, financeiras ou penais;
II. exames ou pareceres técnicos sobre a sua personalidade, estado físico ou psicológico.
§ 3º Em caso de urgência e levando em consideração a procedência, gravidade e a iminência da coação ou ameaça, a vítima ou testemunha poderá ser colocada provisoriamente sob a custódia de órgão policial, pelo órgão executor, no aguardo de decisão do conselho deliberativo, com comunicação imediata a seus membros e ao Ministério Público.
Art. 6. O conselho deliberativo decidirá sobre:
I. o ingresso do protegido no programa ou a sua exclusão;
II. as providências necessárias ao cumprimento do programa.
Parágrafo único. As deliberações do conselho serão tomadas por maioria absoluta de seus membros e sua execução ficará sujeita à disponibilidade orçamentária.
Art. 7. Os programas compreendem, dentre outras, as seguintes medidas, aplicáveis isolada ou cumulativamente em benefício da pessoa protegida, segundo a gravidade e as circunstâncias de cada caso:
I. segurança na residência, incluindo o controle de telecomunicações;
II. escolta e segurança nos deslocamentos da residência, inclusive para fins de trabalho ou para a prestação de depoimentos;
III. transferência de residência ou acomodação provisória em local compatível com a proteção;
IV. preservação da identidade, imagem e dados pessoais;
V. ajuda financeira mensal para prover as despesas necessárias à subsistência individual ou familiar, no caso de a pessoa protegida estar impossibilitada de desenvolver trabalho regular ou de inexistência de qualquer fonte de renda;
VI. suspensão temporária das atividades funcionais, sem prejuízo dos respectivos vencimentos ou vantagens, quando servidor público ou militar;
VII. apoio e assistência social, médica e psicológica;
VIII. sigilo em relação aos atos praticados em virtude da proteção concedida;
IX. apoio do órgão executor do programa para o cumprimento de obrigações civis e administrativas que exijam o comparecimento pessoal.
Parágrafo único. A ajuda financeira mensal terá um teto fixado pelo conselho deliberativo no início de cada exercício financeiro.
Art. 8. Quando entender necessário, poderá o conselho deliberativo solicitar ao Ministério Público que requeira ao juiz a concessão de medidas cautelares direta ou indiretamente relacionadas com a eficácia da proteção.
Art. 9. Em casos excepcionais e considerando as características e gravidade da coação ou ameaça, poderá o conselho deliberativo encaminhar requerimento da pessoa protegida ao juiz competente para registros públicos objetivando a alteração de nome completo.
§ 1º A alteração de nome completo poderá estender-se às pessoas mencionadas no § 1º do art. 2º desta Lei, inclusive aos filhos menores, e será precedida das providências necessárias ao resguardo de direitos de terceiros.
§ 2º O requerimento será sempre fundamentado e o juiz ouvirá previamente o Ministério Público, determinando, em seguida, que o procedimento tenha rito sumaríssimo e corra em segredo de justiça.
§ 3º Concedida a alteração pretendida, o juiz determinará na sentença, observando o sigilo indispensável à proteção do interessado:
I. a averbação no registro original de nascimento da menção de que houve alteração de nome completo em conformidade com o estabelecido nesta Lei, com expressa referência à sentença autorizatória e ao juiz que a exarou e sem a aposição do nome alterado;
II. a determinação aos órgãos competentes para o fornecimento dos documentos decorrentes da alteração
III. a remessa da sentença ao órgão nacional competente para o registro único de identificação

civil, cujo procedimento obedecerá às necessárias restrições de sigilo.

§ 4º O conselho deliberativo, resguardado o sigilo das informações, manterá controle sobre a localização do protegido cujo nome tenha sido alterado.

§ 5º Cessada a coação ou ameaça que deu causa à alteração, ficará facultado ao protegido solicitar ao juiz competente o retorno à situação anterior, com a alteração para o nome original, em petição que será encaminhada pelo conselho deliberativo e terá manifestação prévia do Ministério Público.

Art. 10. A exclusão da pessoa protegida de programa de proteção a vítimas e a testemunhas poderá ocorrer a qualquer tempo:

I. por solicitação do próprio interessado;
II. por decisão do conselho deliberativo, em consequência de:
a) cessação dos motivos que ensejaram a proteção;
b) conduta incompatível do protegido.

Art. 11. A proteção oferecida pelo programa terá a duração máxima de dois anos.

Parágrafo único. Em circunstâncias excepcionais, perdurando os motivos que autorizam a admissão, a permanência poderá ser prorrogada.

Art. 12. Fica instituído, no âmbito do órgão do Ministério da Justiça com atribuições para a execução da política de direitos humanos, o Programa Federal de Assistência a Vítimas e a Testemunhas Ameaçadas, a ser regulamentado por decreto do Poder Executivo.

CAPÍTULO II

Da Proteção aos Réus Colaboradores

Art. 13. Poderá o juiz, de ofício ou a requerimento das partes, conceder o perdão judicial e a consequente extinção da punibilidade ao acusado que, sendo primário, tenha colaborado efetiva e voluntariamente com a investigação e o processo criminal, desde que dessa colaboração tenha resultado:

I. a identificação dos demais coautores ou partícipes da ação criminosa;
II. a localização da vítima com a sua integridade física preservada;
III. a recuperação total ou parcial do produto do crime.

Parágrafo único. A concessão do perdão judicial levará em conta a personalidade do beneficiado e a natureza, circunstâncias, gravidade e repercussão social do fato criminoso.

Art. 14. O indiciado ou acusado que colaborar voluntariamente com a investigação policial e o processo criminal na identificação dos demais coautores ou partícipes do crime, na localização da vítima com vida e na recuperação total ou parcial do produto do crime, no caso de condenação, terá pena reduzida de um a dois terços.

Art. 15. Serão aplicadas em benefício do colaborador, na prisão ou fora dela, medidas especiais de segurança e proteção a sua integridade física, considerando ameaça ou coação eventual ou efetiva.

§ 1º Estando sob prisão temporária, preventiva ou em decorrência de flagrante delito, o colaborador será custodiado em dependência separada dos demais presos.

§ 2º Durante a instrução criminal, poderá o juiz competente determinar em favor do colaborador qualquer das medidas previstas no art. 8º desta Lei.

§ 3º No caso de cumprimento da pena em regime fechado, poderá o juiz criminal determinar medidas especiais que proporcionem a segurança do colaborador em relação aos demais apenados.

DISPOSIÇÕES GERAIS

Art. 16. O art. 57 da Lei nº 6.015, de 31 de dezembro de 1973, fica acrescido do seguinte § 7º:

"§ 7º Quando a alteração de nome for concedida em razão de fundada coação ou ameaça decorrente de colaboração com a apuração de crime, o juiz competente determinará que haja a averbação no registro de origem de menção da existência de sentença concessiva da alteração, sem a averbação do nome alterado, que somente poderá ser procedida mediante determinação posterior, que levará em consideração a cessação da coação ou ameaça que deu causa à alteração.»

Art. 17. O parágrafo único do art. 58 da Lei nº 6.015, de 31 de dezembro de 1973, com a redação dada pela Lei nº 9.708, de 18 de novembro de 1998, passa a ter a seguinte redação:

«**Parágrafo único.** A substituição do prenome será ainda admitida em razão de fundada coação ou ameaça decorrente da colaboração com a apuração de crime, por determinação, em sentença, de juiz competente, ouvido o Ministério Público.» (NR)

Art. 18. O art. 18 da Lei nº 6.015, de 31 de dezembro de 1973, passa a ter a seguinte redação:
"Art. 18. Ressalvado o disposto nos arts. 45, 57, § 7º, e 95, parágrafo único, a certidão será lavrada independentemente de despacho judicial, devendo mencionar o livro de registro ou o documento arquivado no cartório." (NR)

Art. 19. A União poderá utilizar estabelecimentos especialmente destinados ao cumprimento de pena de condenados que tenham prévia e voluntariamente prestado a colaboração de que trata esta Lei.

Parágrafo único. Para fins de utilização desses estabelecimentos, poderá a União celebrar convênios com os Estados e o Distrito Federal.

Art. 19-A. Terão prioridade na tramitação o inquérito e o processo criminal em que figure indiciado, acusado, vítima ou réu colaboradores, vítima ou testemunha protegidas pelos programas de que trata esta Lei.

Parágrafo único. Qualquer que seja o rito processual criminal, o juiz, após a citação, tomará antecipadamente o depoimento das pessoas incluídas nos programas de proteção previstos nesta Lei, devendo justificar a eventual impossibilidade de fazê-lo no caso concreto ou o possível prejuízo que a oitiva antecipada traria para a instrução criminal.

Art. 20. As despesas decorrentes da aplicação desta Lei, pela União, correrão à conta de dotação consignada no orçamento.

Art. 21. Esta Lei entra em vigor na data de sua publicação.

Brasília, 13 de julho de 1999; 178º da Independência e 111º da República.
FERNANDO HENRIQUE CARDOSO
Renan Calheiros

Este texto não substitui o publicado no D.O.U. de 14.7.1999.

Lei n. 11.343/2006 (Lei de Repressão à Produção Não Autorizada e ao Tráfico Ilícito de Drogas)

LEI Nº 11.343, DE 23 DE AGOSTO DE 2006

Institui o Sistema Nacional de Políticas Públicas sobre Drogas – Sisnad; prescreve medidas para prevenção do uso indevido, atenção e reinserção social de usuários e dependentes de drogas; estabelece normas para repressão à produção não autorizada e ao tráfico ilícito de drogas; define crimes e dá outras providências.

O PRESIDENTE DA REPÚBLICA Faço saber que o Congresso Nacional decreta e eu sanciono a seguinte Lei:

TÍTULO I
Disposições Preliminares

Art. 1. Esta Lei institui o Sistema Nacional de Políticas Públicas sobre Drogas – Sisnad; prescreve medidas para prevenção do uso indevido, atenção e reinserção social de usuários e dependentes de drogas; estabelece normas para repressão à produção não autorizada e ao tráfico ilícito de drogas e define crimes.

Parágrafo único. Para fins desta Lei, consideram-se como drogas as substâncias ou os produtos capazes de causar dependência, assim especificados em lei ou relacionados em listas atualizadas periodicamente pelo Poder Executivo da União.

Art. 2. Ficam proibidas, em todo o território nacional, as drogas, bem como o plantio, a cultura, a colheita e a exploração de vegetais e substratos dos quais possam ser extraídas ou produzidas drogas, ressalvada a hipótese de autorização legal ou regulamentar, bem como o que estabelece a Convenção de Viena, das Nações Unidas, sobre Substâncias Psicotrópicas, de 1971, a respeito de plantas de uso estritamente ritualístico-religioso.

Parágrafo único. Pode a União autorizar o plantio, a cultura e a colheita dos vegetais referidos no caput deste artigo, exclusivamente para fins medicinais ou científicos, em local e prazo predeterminados, mediante fiscalização, respeitadas as ressalvas supramencionadas.

TÍTULO II
Do Sistema Nacional de Políticas Públicas Sobre Drogas

Art. 3. O Sisnad tem a finalidade de articular, integrar, organizar e coordenar as atividades relacionadas com:
I. a prevenção do uso indevido, a atenção e a reinserção social de usuários e dependentes de drogas;
II. a repressão da produção não autorizada e do tráfico ilícito de drogas.
§ 1º Entende-se por Sisnad o conjunto ordenado de princípios, regras, critérios e recursos materiais e humanos que envolvem as políticas, planos, programas, ações e projetos sobre drogas, incluindo-se nele, por adesão, os Sistemas de Políticas Públicas sobre Drogas dos Estados, Distrito Federal e Municípios. **(Incluído pela Lei nº 13.840, de 2019)**
§ 2º O Sisnad atuará em articulação com o Sistema Único de Saúde – SUS, e com o Sistema Único de Assistência Social – SUAS. **(Incluído pela Lei nº 13.840, de 2019)**

CAPÍTULO I

Dos Princípios e dos Objetivos do Sistema Nacional de Políticas Públicas Sobre Drogas

Art. 4. São princípios do Sisnad:
I. o respeito aos direitos fundamentais da pessoa humana, especialmente quanto à sua autonomia e à sua liberdade;
II. o respeito à diversidade e às especificidades populacionais existentes;
III. a promoção dos valores éticos, culturais e de cidadania do povo brasileiro, reconhecendo-os como fatores de proteção para o uso indevido de drogas e outros comportamentos correlacionados;
IV. a promoção de consensos nacionais, de ampla participação social, para o estabelecimento dos fundamentos e estratégias do Sisnad;
V. a promoção da responsabilidade compartilhada entre Estado e Sociedade, reconhecendo a importância da participação social nas atividades do Sisnad;
VI. o reconhecimento da intersetorialidade dos fatores correlacionados com o uso indevido de drogas, com a sua produção não autorizada e o seu tráfico ilícito;
VII. a integração das estratégias nacionais e internacionais de prevenção do uso indevido, atenção e reinserção social de usuários e dependentes de drogas e de repressão à sua produção não autorizada e ao seu tráfico ilícito;
VIII. a articulação com os órgãos do Ministério Público e dos Poderes Legislativo e Judiciário visando à cooperação mútua nas atividades do Sisnad;
IX. a adoção de abordagem multidisciplinar que reconheça a interdependência e a natureza complementar das atividades de prevenção do uso indevido, atenção e reinserção social de usuários e dependentes de drogas, repressão da produção não autorizada e do tráfico ilícito de drogas;
X. a observância do equilíbrio entre as atividades de prevenção do uso indevido, atenção e reinserção social de usuários e dependentes de drogas e de repressão à sua produção não autorizada e ao seu tráfico ilícito, visando a garantir a estabilidade e o bem-estar social;
XI. a observância às orientações e normas emanadas do Conselho Nacional Antidrogas – Conad.

Art. 5. O Sisnad tem os seguintes objetivos:
I. contribuir para a inclusão social do cidadão, visando a torná-lo menos vulnerável a assumir comportamentos de risco para o uso indevido de drogas, seu tráfico ilícito e outros comportamentos correlacionados;
II. promover a construção e a socialização do conhecimento sobre drogas no país;
III. promover a integração entre as políticas de prevenção do uso indevido, atenção e reinserção social de usuários e dependentes de drogas e de repressão à sua produção não autorizada e ao tráfico ilícito e as políticas públicas setoriais dos órgãos do Poder Executivo da União, Distrito Federal, Estados e Municípios;
IV. assegurar as condições para a coordenação, a integração e a articulação das atividades de que trata o art. 3º desta Lei.

CAPÍTULO II

Do Sistema Nacional de Políticas Públicas Sobre Drogas
(Redação dada pela Lei nº 13.840, de 2019)

SEÇÃO I
Da Composição do Sistema Nacional de Políticas Públicas sobre Drogas
(Incluído pela Lei nº 13.840, de 2019)

Art. 6. (VETADO)

Art. 7. A organização do Sisnad assegura a orientação central e a execução descentralizada das atividades realizadas em seu âmbito, nas esferas federal, distrital, estadual e municipal e se constitui matéria definida no regulamento desta Lei.

Art. 7-A. (VETADO). (Incluído pela Lei nº 13.840, de 2019)

Art. 8. (VETADO)

SEÇÃO II
Das Competências
(Incluído pela Lei nº 13.840, de 2019)

Art. 8-A. Compete à União: (Incluído pela Lei nº 13.840, de 2019)

I. formular e coordenar a execução da Política Nacional sobre Drogas; (Incluído pela Lei nº 13.840, de 2019)

II. elaborar o Plano Nacional de Políticas sobre Drogas, em parceria com Estados, Distrito Federal, Municípios e a sociedade; (Incluído pela Lei nº 13.840, de 2019)

III. coordenar o Sisnad; (Incluído pela Lei nº 13.840, de 2019)

IV. estabelecer diretrizes sobre a organização e funcionamento do Sisnad e suas normas de referência; (Incluído pela Lei nº 13.840, de 2019)

V. elaborar objetivos, ações estratégicas, metas, prioridades, indicadores e definir formas de financiamento e gestão das políticas sobre drogas; (Incluído pela Lei nº 13.840, de 2019)

VI. (VETADO); (Incluído pela Lei nº 13.840, de 2019)

VII. (VETADO); (Incluído pela Lei nº 13.840, de 2019)

VIII. promover a integração das políticas sobre drogas com os Estados, o Distrito Federal e os Municípios; (Incluído pela Lei nº 13.840, de 2019)

IX. financiar, com Estados, Distrito Federal e Municípios, a execução das políticas sobre drogas, observadas as obrigações dos integrantes do Sisnad; (Incluído pela Lei nº 13.840, de 2019)

X. estabelecer formas de colaboração com Estados, Distrito Federal e Municípios para a execução das políticas sobre drogas; (Incluído pela Lei nº 13.840, de 2019)

XI. garantir publicidade de dados e informações sobre repasses de recursos para financiamento das políticas sobre drogas; (Incluído pela Lei nº 13.840, de 2019)

XII. sistematizar e divulgar os dados estatísticos nacionais de prevenção, tratamento, acolhimento, reinserção social e econômica e repressão ao tráfico ilícito de drogas; (Incluído pela Lei nº 13.840, de 2019)

XIII. adotar medidas de enfretamento aos crimes transfronteiriços; e (Incluído pela Lei nº 13.840, de 2019)

XIV. estabelecer uma política nacional de controle de fronteiras, visando a coibir o ingresso de drogas no País. (Incluído pela Lei nº 13.840, de 2019)

Art. 8-B. (VETADO). (Incluído pela Lei nº 13.840, de 2019)

Art. 8-C. (VETADO). (Incluído pela Lei nº 13.840, de 2019)

CAPÍTULO II-A

Da Formulação das Políticas Sobre Drogas
(Incluído pela Lei nº 13.840, de 2019)

SEÇÃO I
Do Plano Nacional de Políticas sobre Drogas
(Incluído pela Lei nº 13.840, de 2019)

Art. 8-D. São objetivos do Plano Nacional de Políticas sobre Drogas, dentre outros: (Incluído pela Lei nº 13.840, de 2019)

I. promover a interdisciplinaridade e integração dos programas, ações, atividades e projetos dos órgãos e entidades públicas e privadas nas áreas de saúde, educação, trabalho, assistência social, previdência social, habitação, cultura, desporto e lazer, visando à prevenção do uso de drogas, atenção e reinserção social dos usuários ou dependentes de drogas; (Incluído pela Lei nº 13.840, de 2019)

II. viabilizar a ampla participação social na formulação, implementação e avaliação das políticas sobre drogas; (Incluído pela Lei nº 13.840, de 2019)

III. priorizar programas, ações, atividades e projetos articulados com os estabelecimentos de ensino, com a sociedade e com a família para a prevenção do uso de drogas; (Incluído pela Lei nº 13.840, de 2019)

IV. ampliar as alternativas de inserção social e econômica do usuário ou dependente de drogas, promovendo programas que priorizem a melhoria de sua escolarização e a qualificação profissional; (Incluído pela Lei nº 13.840, de 2019)

V. promover o acesso do usuário ou dependente de drogas a todos os serviços públicos; (Incluído pela Lei nº 13.840, de 2019)

VI. estabelecer diretrizes para garantir a efetividade dos programas, ações e projetos das políticas sobre drogas; (Incluído pela Lei nº 13.840, de 2019)

VII. fomentar a criação de serviço de atendimento telefônico com orientações e informações para apoio aos usuários ou dependentes de drogas; (Incluído pela Lei nº 13.840, de 2019)

VIII. articular programas, ações e projetos de incentivo ao emprego, renda e capacitação para o trabalho, com objetivo de promover a inserção profissional da pessoa que haja cumprido o plano individual de atendimento nas fases de tratamento ou acolhimento; (Incluído pela Lei nº 13.840, de 2019)

IX. promover formas coletivas de organização para o trabalho, redes de economia solidária e o cooperativismo, como forma de promover autonomia ao usuário ou dependente de drogas egresso de tratamento ou acolhimento, observando-se as especificidades regionais; (Incluído pela Lei nº 13.840, de 2019)

X. propor a formulação de políticas públicas que conduzam à efetivação das diretrizes e princípios previstos no art. 22; (Incluído pela Lei nº 13.840, de 2019)

XI. articular as instâncias de saúde, assistência social e de justiça no enfrentamento ao abuso de drogas; e (Incluído pela Lei nº 13.840, de 2019)

XII. promover estudos e avaliação dos resultados das políticas sobre drogas. (Incluído pela Lei nº 13.840, de 2019)

§ 1º O plano de que trata o caput terá duração de 5 (cinco) anos a contar de sua aprovação.

§ 2º O poder público deverá dar a mais ampla divulgação ao conteúdo do Plano Nacional de Políticas sobre Drogas.

SEÇÃO II
Dos Conselhos de Políticas sobre Drogas
(Incluído pela Lei nº 13.840, de 2019)

Art. 8-E. Os conselhos de políticas sobre drogas, constituídos por Estados, Distrito Federal e Municípios, terão os seguintes objetivos: (Incluído pela Lei nº 13.840, de 2019)

I. auxiliar na elaboração de políticas sobre drogas; (Incluído pela Lei nº 13.840, de 2019)

II. colaborar com os órgãos governamentais no planejamento e na execução das políticas sobre drogas, visando à efetividade das políticas sobre drogas; (Incluído pela Lei nº 13.840, de 2019)

III. propor a celebração de instrumentos de cooperação, visando à elaboração de programas, ações, atividades e projetos voltados à prevenção, tratamento, acolhimento, reinserção social e econômica e repressão ao tráfico ilícito de drogas; (Incluído pela Lei nº 13.840, de 2019)

IV. promover a realização de estudos, com o objetivo de subsidiar o planejamento das políticas sobre drogas; (Incluído pela Lei nº 13.840, de 2019)

V. propor políticas públicas que permitam a integração e a participação do usuário ou dependente de drogas no processo social, econômico, político e cultural no respectivo ente federado; e (Incluído pela Lei nº 13.840, de 2019)

VI. desenvolver outras atividades relacionadas às políticas sobre drogas em consonância com o Sisnad e com os respectivos planos. (Incluído pela Lei nº 13.840, de 2019)

SEÇÃO III
Dos Membros dos Conselhos de Políticas sobre Drogas
(Incluído pela Lei nº 13.840, de 2019)

Art. 8-F. (VETADO). (Incluído pela Lei nº 13.840, de 2019)

CAPÍTULO III
(VETADO)

Art. 9. (VETADO)
Art. 10. (VETADO)
Art. 11. (VETADO)
Art. 12. (VETADO)

Art. 13. (VETADO)
Art. 14. (VETADO)

CAPÍTULO IV

Do Acompanhamento e da Avaliação das Políticas Sobre Drogas
(Redação dada pela Lei nº 13.840, de 2019)

Art. 15. (VETADO)

Art. 16. As instituições com atuação nas áreas da atenção à saúde e da assistência social que atendam usuários ou dependentes de drogas devem comunicar ao órgão competente do respectivo sistema municipal de saúde os casos atendidos e os óbitos ocorridos, preservando a identidade das pessoas, conforme orientações emanadas da União.

Art. 17. Os dados estatísticos nacionais de repressão ao tráfico ilícito de drogas integrarão sistema de informações do Poder Executivo.

TÍTULO III

Das Atividades de Prevenção do Uso Indevido, Atenção e Reinserção Social de Usuários e Dependentes de Drogas

CAPÍTULO I

Da Prevenção

SEÇÃO I
Das Diretrizes
(Incluído pela Lei nº 13.840, de 2019)

Art. 18. Constituem atividades de prevenção do uso indevido de drogas, para efeito desta Lei, aquelas direcionadas para a redução dos fatores de vulnerabilidade e risco e para a promoção e o fortalecimento dos fatores de proteção.

Art. 19. As atividades de prevenção do uso indevido de drogas devem observar os seguintes princípios e diretrizes:

I. o reconhecimento do uso indevido de drogas como fator de interferência na qualidade de vida do indivíduo e na sua relação com a comunidade à qual pertence;

II. a adoção de conceitos objetivos e de fundamentação científica como forma de orientar as ações dos serviços públicos comunitários e privados e de evitar preconceitos e estigmatização das pessoas e dos serviços que as atendam;

III. o fortalecimento da autonomia e da responsabilidade individual em relação ao uso indevido de drogas;

IV. o compartilhamento de responsabilidades e a colaboração mútua com as instituições do setor privado e com os diversos segmentos sociais, incluindo usuários e dependentes de drogas e respectivos familiares, por meio do estabelecimento de parcerias;

V. a adoção de estratégias preventivas diferenciadas e adequadas às especificidades socioculturais das diversas populações, bem como das diferentes drogas utilizadas;

VI. o reconhecimento do "não-uso", do "retardamento do uso" e da redução de riscos como resultados desejáveis das atividades de natureza preventiva, quando da definição dos objetivos a serem alcançados;

VII. o tratamento especial dirigido às parcelas mais vulneráveis da população, levando em consideração as suas necessidades específicas;

VIII. a articulação entre os serviços e organizações que atuam em atividades de prevenção do uso indevido de drogas e a rede de atenção a usuários e dependentes de drogas e respectivos familiares;

IX. o investimento em alternativas esportivas, culturais, artísticas, profissionais, entre outras, como forma de inclusão social e de melhoria da qualidade de vida;

X. o estabelecimento de políticas de formação continuada na área da prevenção do uso indevido de drogas para profissionais de educação nos 3 (três) níveis de ensino;

XI. a implantação de projetos pedagógicos de prevenção do uso indevido de drogas, nas instituições de ensino público e privado, alinhados às Diretrizes Curriculares Nacionais e aos conhecimentos relacionados a drogas;

XII. a observância das orientações e normas emanadas do Conad;

XIII. o alinhamento às diretrizes dos órgãos de controle social de políticas setoriais específicas.

Parágrafo único. As atividades de prevenção do uso indevido de drogas dirigidas à criança e ao adolescente deverão estar em consonância com as diretrizes emanadas pelo Conselho Nacional dos Direitos da Criança e do Adolescente – Conanda.

SEÇÃO II
Da Semana Nacional de Políticas Sobre Drogas
(Incluído pela Lei nº 13.840, de 2019)

Art. 19-A. Fica instituída a Semana Nacional de Políticas sobre Drogas, comemorada anualmente, na quarta semana de junho. (Incluído pela Lei nº 13.840, de 2019)

§ 1º No período de que trata o caput, serão intensificadas as ações de: (Incluído pela Lei nº 13.840, de 2019)

I. difusão de informações sobre os problemas decorrentes do uso de drogas; (Incluído pela Lei nº 13.840, de 2019)

II. promoção de eventos para o debate público sobre as políticas sobre drogas; (Incluído pela Lei nº 13.840, de 2019)

III. difusão de boas práticas de prevenção, tratamento, acolhimento e reinserção social e econômica de usuários de drogas; (Incluído pela Lei nº 13.840, de 2019)

IV. divulgação de iniciativas, ações e campanhas de prevenção do uso indevido de drogas; (Incluído pela Lei nº 13.840, de 2019)

V. mobilização da comunidade para a participação nas ações de prevenção e enfrentamento às drogas; (Incluído pela Lei nº 13.840, de 2019)

VI. mobilização dos sistemas de ensino previstos na Lei nº 9.394, de 20 de dezembro de 1996 – Lei de Diretrizes e Bases da Educação Nacional, na realização de atividades de prevenção ao uso de drogas. (Incluído pela Lei nº 13.840, de 2019)

CAPÍTULO II
Das Atividades de Atenção e de Reinserção Social de Usuários ou Dependentes de Drogas

CAPÍTULO II
Das Atividades de Prevenção, Tratamento, Acolhimento e de Reinserção Social e Econômica de Usuários ou Dependentes de Drogas
(Redação dada pela Lei nº 13.840, de 2019)

SEÇÃO I
Disposições Gerais
(Incluído pela Lei nº 13.840, de 2019)

Art. 20. Constituem atividades de atenção ao usuário e dependente de drogas e respectivos familiares, para efeito desta Lei, aquelas que visem à melhoria da qualidade de vida e à redução dos riscos e dos danos associados ao uso de drogas.

Art. 21. Constituem atividades de reinserção social do usuário ou do dependente de drogas e respectivos familiares, para efeito desta Lei, aquelas direcionadas para sua integração ou reintegração em redes sociais.

Art. 22. As atividades de atenção e as de reinserção social do usuário e do dependente de drogas e respectivos familiares devem observar os seguintes princípios e diretrizes:

I. respeito ao usuário e ao dependente de drogas, independentemente de quaisquer condições, observados os direitos fundamentais da pessoa humana, os princípios e diretrizes do Sistema Único de Saúde e da Política Nacional de Assistência Social;

II. a adoção de estratégias diferenciadas de atenção e reinserção social do usuário e do dependente de drogas e respectivos familiares que considerem as suas peculiaridades socioculturais;

III. definição de projeto terapêutico individualizado, orientado para a inclusão social e para a redução de riscos e de danos sociais e à saúde;

IV. atenção ao usuário ou dependente de drogas e aos respectivos familiares, sempre que possível, de forma multidisciplinar e por equipes multiprofissionais;

V. observância das orientações e normas emanadas do Conad;
VI. o alinhamento às diretrizes dos órgãos de controle social de políticas setoriais específicas.
VII. estímulo à capacitação técnica e profissional; (Incluído pela Lei nº 13.840, de 2019)
VIII. efetivação de políticas de reinserção social voltadas à educação continuada e ao trabalho; (Incluído pela Lei nº 13.840, de 2019)
IX. observância do plano individual de atendimento na forma do art. 23-B desta Lei; (Incluído pela Lei nº 13.840, de 2019)
X. orientação adequada ao usuário ou dependente de drogas quanto às consequências lesivas do uso de drogas, ainda que ocasional. (Incluído pela Lei nº 13.840, de 2019)

SEÇÃO II
Da Educação na Reinserção Social e Econômica
(Incluído pela Lei nº 13.840, de 2019)

Art. 22-A. As pessoas atendidas por órgãos integrantes do Sisnad terão atendimento nos programas de educação profissional e tecnológica, educação de jovens e adultos e alfabetização. (Incluído pela Lei nº 13.840, de 2019)

SEÇÃO III
Do Trabalho na Reinserção Social e Econômica
(Incluído pela Lei nº 13.840, de 2019)

Art. 22-B. (VETADO).

SEÇÃO IV
Do Tratamento do Usuário ou Dependente de Drogas
(Incluído pela Lei nº 13.840, de 2019)

Art. 23. As redes dos serviços de saúde da União, dos Estados, do Distrito Federal, dos Municípios desenvolverão programas de atenção ao usuário e ao dependente de drogas, respeitadas as diretrizes do Ministério da Saúde e os princípios explicitados no art. 22 desta Lei, obrigatória a previsão orçamentária adequada.

Art. 23-A. O tratamento do usuário ou dependente de drogas deverá ser ordenado em uma rede de atenção à saúde, com prioridade para as modalidades de tratamento ambulatorial, incluindo excepcionalmente formas de internação em unidades de saúde e hospitais gerais nos termos de normas dispostas pela União e articuladas com os serviços de assistência social e em etapas que permitam: (Incluído pela Lei nº 13.840, de 2019)
I. articular a atenção com ações preventivas que atinjam toda a população; (Incluído pela Lei nº 13.840, de 2019)
II. orientar-se por protocolos técnicos predefinidos, baseados em evidências científicas, oferecendo atendimento individualizado ao usuário ou dependente de drogas com abordagem preventiva e, sempre que indicado, ambulatorial; (Incluído pela Lei nº 13.840, de 2019)
III. preparar para a reinserção social e econômica, respeitando as habilidades e projetos individuais por meio de programas que articulem educação, capacitação para o trabalho, esporte, cultura e acompanhamento individualizado; e (Incluído pela Lei nº 13.840, de 2019)
IV. acompanhar os resultados pelo SUS, Suas e Sisnad, de forma articulada. (Incluído pela Lei nº 13.840, de 2019)

§ 1º Caberá à União dispor sobre os protocolos técnicos de tratamento, em âmbito nacional. (Incluído pela Lei nº 13.840, de 2019)

§ 2º A internação de dependentes de drogas somente será realizada em unidades de saúde ou hospitais gerais, dotados de equipes multidisciplinares e deverá ser obrigatoriamente autorizada por médico devidamente registrado no Conselho Regional de Medicina – CRM do Estado onde se localize o estabelecimento no qual se dará a internação. (Incluído pela Lei nº 13.840, de 2019)

§ 3º São considerados 2 (dois) tipos de internação: (Incluído pela Lei nº 13.840, de 2019)
I. internação voluntária: aquela que se dá com o consentimento do dependente de drogas; (Incluído pela Lei nº 13.840, de 2019)
II. internação involuntária: aquela que se dá, sem consentimento do dependente, a pedido de familiar ou do responsável legal ou, na absoluta falta deste, de servidor público da área de saúde, da assistência social ou dos órgãos públicos integrantes do Sisnad, com exceção de servidores da área de segurança pública, que constate a existência de motivos que justifiquem a medida. (Incluído pela Lei nº 13.840, de 2019)

§ 4º A internação voluntária: (Incluído pela Lei nº 13.840, de 2019)
I. deverá ser precedida de declaração escrita da pessoa solicitante de que optou por este regime de tratamento; (Incluído pela Lei nº 13.840, de 2019)
II. seu término dar-se-á por determinação do médico responsável ou por solicitação escrita da pessoa que deseja interromper o tratamento. (Incluído pela Lei nº 13.840, de 2019)
§ 5º A internação involuntária: (Incluído pela Lei nº 13.840, de 2019)
III. deve ser realizada após a formalização da decisão por médico responsável; (Incluído pela Lei nº 13.840, de 2019)
IV. será indicada depois da avaliação sobre o tipo de droga utilizada, o padrão de uso e na hipótese comprovada da impossibilidade de utilização de outras alternativas terapêuticas previstas na rede de atenção à saúde; (Incluído pela Lei nº 13.840, de 2019)
V. perdurará apenas pelo tempo necessário à desintoxicação, no prazo máximo de 90 (noventa) dias, tendo seu término determinado pelo médico responsável; (Incluído pela Lei nº 13.840, de 2019)
VI. a família ou o representante legal poderá, a qualquer tempo, requerer ao médico a interrupção do tratamento. (Incluído pela Lei nº 13.840, de 2019)
§ 6º A internação, em qualquer de suas modalidades, só será indicada quando os recursos extra-hospitalares se mostrarem insuficientes. (Incluído pela Lei nº 13.840, de 2019)
§ 7º Todas as internações e altas de que trata esta Lei deverão ser informadas, em, no máximo, de 72 (setenta e duas) horas, ao Ministério Público, à Defensoria Pública e a outros órgãos de fiscalização, por meio de sistema informatizado único, na forma do regulamento desta Lei. (Incluído pela Lei nº 13.840, de 2019)
§ 8º É garantido o sigilo das informações disponíveis no sistema referido no § 7º e o acesso será permitido apenas às pessoas autorizadas a conhecê-las, sob pena de responsabilidade. (Incluído pela Lei nº 13.840, de 2019)
§ 9º É vedada a realização de qualquer modalidade de internação nas comunidades terapêuticas acolhedoras. (Incluído pela Lei nº 13.840, de 2019)
§ 10º O planejamento e a execução do projeto terapêutico individual deverão observar, no que couber, o previsto na Lei nº 10.216, de 6 de abril de 2001, que dispõe sobre a proteção e os direitos das pessoas portadoras de transtornos mentais e redireciona o modelo assistencial em saúde mental. (Incluído pela Lei nº 13.840, de 2019)

SEÇÃO V
Do Plano Individual de Atendimento
(Incluído pela Lei nº 13.840, de 2019)

Art. 23-B. O atendimento ao usuário ou dependente de drogas na rede de atenção à saúde dependerá de: (Incluído pela Lei nº 13.840, de 2019)
I. avaliação prévia por equipe técnica multidisciplinar e multissetorial; e (Incluído pela Lei nº 13.840, de 2019)
II. elaboração de um Plano Individual de Atendimento PIA. (Incluído pela Lei nº 13.840, de 2019)
§ 1º A avaliação prévia da equipe técnica subsidiará a elaboração e execução do projeto terapêutico individual a ser adotado, levantando no mínimo: (Incluído pela Lei nº 13.840, de 2019)
I. o tipo de droga e o padrão de seu uso; e (Incluído pela Lei nº 13.840, de 2019)
II. o risco à saúde física e mental do usuário ou dependente de drogas ou das pessoas com as quais convive. (Incluído pela Lei nº 13.840, de 2019)
§ 2º (VETADO). (Incluído pela Lei nº 13.840, de 2019)
§ 3º O PIA deverá contemplar a participação dos familiares ou responsáveis, os quais têm o dever de contribuir com o processo, sendo esses, no caso de crianças e adolescentes, passíveis de responsabilização civil, administrativa e criminal, nos termos da Lei nº 8.069, de 13 de julho de 1990 – Estatuto da Criança e do Adolescente. (Incluído pela Lei nº 13.840, de 2019)
§ 4º O PIA será inicialmente elaborado sob a responsabilidade da equipe técnica do primeiro projeto terapêutico que atender o usuário ou dependente de drogas e será atualizado ao longo das diversas fases do atendimento. (Incluído pela Lei nº 13.840, de 2019)
§ 5º Constarão do plano individual, no mínimo: (Incluído pela Lei nº 13.840, de 2019)
I. os resultados da avaliação multidisciplinar; (Incluído pela Lei nº 13.840, de 2019)
II. os objetivos declarados pelo atendido; (Incluído pela Lei nº 13.840, de 2019)

III. a previsão de suas atividades de integração social ou capacitação profissional; (Incluído pela Lei nº 13.840, de 2019)

IV. atividades de integração e apoio à família; (Incluído pela Lei nº 13.840, de 2019)

V. formas de participação da família para efetivo cumprimento do plano individual; (Incluído pela Lei nº 13.840, de 2019)

VI. designação do projeto terapêutico mais adequado para o cumprimento do previsto no plano; e (Incluído pela Lei nº 13.840, de 2019)

VII. as medidas específicas de atenção à saúde do atendido. (Incluído pela Lei nº 13.840, de 2019)

§ 6º O PIA será elaborado no prazo de até 30 (trinta) dias da data do ingresso no atendimento. (Incluído pela Lei nº 13.840, de 2019)

§ 7º As informações produzidas na avaliação e as registradas no plano individual de atendimento são consideradas sigilosas. (Incluído pela Lei nº 13.840, de 2019)

Art. 24. A União, os Estados, o Distrito Federal e os Municípios poderão conceder benefícios às instituições privadas que desenvolverem programas de reinserção no mercado de trabalho, do usuário e do dependente de drogas encaminhados por órgão oficial.

Art. 25. As instituições da sociedade civil, sem fins lucrativos, com atuação nas áreas da atenção à saúde e da assistência social, que atendam usuários ou dependentes de drogas poderão receber recursos do Funad, condicionados à sua disponibilidade orçamentária e financeira.

Art. 26. O usuário e o dependente de drogas que, em razão da prática de infração penal, estiverem cumprindo pena privativa de liberdade ou submetidos a medida de segurança, têm garantidos os serviços de atenção à sua saúde, definidos pelo respectivo sistema penitenciário.

SEÇÃO VI
Do Acolhimento em Comunidade Terapêutica Acolhedora
(Incluído pela Lei nº 13.840, de 2019)

Art. 26-A. O acolhimento do usuário ou dependente de drogas na comunidade terapêutica acolhedora caracteriza-se por: (Incluído pela Lei nº 13.840, de 2019)

I. oferta de projetos terapêuticos ao usuário ou dependente de drogas que visam à abstinência; (Incluído pela Lei nº 13.840, de 2019)

II. adesão e permanência voluntária, formalizadas por escrito, entendida como uma etapa transitória para a reinserção social e econômica do usuário ou dependente de drogas; (Incluído pela Lei nº 13.840, de 2019)

III. ambiente residencial, propício à formação de vínculos, com a convivência entre os pares, atividades práticas de valor educativo e a promoção do desenvolvimento pessoal, vocacionada para acolhimento ao usuário ou dependente de drogas em vulnerabilidade social; (Incluído pela Lei nº 13.840, de 2019)

IV. avaliação médica prévia; (Incluído pela Lei nº 13.840, de 2019)

V. elaboração de plano individual de atendimento na forma do art. 23-B desta Lei; e (Incluído pela Lei nº 13.840, de 2019)

VI. vedação de isolamento físico do usuário ou dependente de drogas. (Incluído pela Lei nº 13.840, de 2019)

§ 1º Não são elegíveis para o acolhimento as pessoas com comprometimentos biológicos e psicológicos de natureza grave que mereçam atenção médico-hospitalar contínua ou de emergência, caso em que deverão ser encaminhadas à rede de saúde. (Incluído pela Lei nº 13.840, de 2019)

§ 2º (VETADO). (Incluído pela Lei nº 13.840, de 2019)

§ 3º (VETADO). (Incluído pela Lei nº 13.840, de 2019)

§ 4º (VETADO). (Incluído pela Lei nº 13.840, de 2019)

§ 5º (VETADO). (Incluído pela Lei nº 13.840, de 2019)

CAPÍTULO III
Dos Crimes e das Penas

Art. 27. As penas previstas neste Capítulo poderão ser aplicadas isolada ou cumulativamente, bem como substituídas a qualquer tempo, ouvidos o Ministério Público e o defensor.

Art. 28. Quem adquirir, guardar, tiver em depósito, transportar ou trouxer consigo, para consumo pessoal, drogas sem autorização ou em desacordo

com determinação legal ou regulamentar será submetido às seguintes penas:
I. advertência sobre os efeitos das drogas;
II. prestação de serviços à comunidade;
III. medida educativa de comparecimento a programa ou curso educativo.
§ 1º Às mesmas medidas submete-se quem, para seu consumo pessoal, semeia, cultiva ou colhe plantas destinadas à preparação de pequena quantidade de substância ou produto capaz de causar dependência física ou psíquica.
§ 2º Para determinar se a droga destinava-se a consumo pessoal, o juiz atenderá à natureza e à quantidade da substância apreendida, ao local e às condições em que se desenvolveu a ação, às circunstâncias sociais e pessoais, bem como à conduta e aos antecedentes do agente.
§ 3º As penas previstas nos incisos II e III do caput deste artigo serão aplicadas pelo prazo máximo de 5 (cinco) meses.
§ 4º Em caso de reincidência, as penas previstas nos incisos II e III do caput deste artigo serão aplicadas pelo prazo máximo de 10 (dez) meses.
§ 5º A prestação de serviços à comunidade será cumprida em programas comunitários, entidades educacionais ou assistenciais, hospitais, estabelecimentos congêneres, públicos ou privados sem fins lucrativos, que se ocupem, preferencialmente, da prevenção do consumo ou da recuperação de usuários e dependentes de drogas.
§ 6º Para garantia do cumprimento das medidas educativas a que se refere o caput, nos incisos I, II e III, a que injustificadamente se recuse o agente, poderá o juiz submetê-lo, sucessivamente a:
I. admoestação verbal;
II. multa.
§ 7º O juiz determinará ao Poder Público que coloque à disposição do infrator, gratuitamente, estabelecimento de saúde, preferencialmente ambulatorial, para tratamento especializado.
Art. 29. Na imposição da medida educativa a que se refere o inciso II do § 6º do art. 28, o juiz, atendendo à reprovabilidade da conduta, fixará o número de dias-multa, em quantidade nunca inferior a 40 (quarenta) nem superior a 100 (cem), atribuindo depois a cada um, segundo a capacidade econômica do agente, o valor de um trinta avos até 3 (três) vezes o valor do maior salário mínimo.

Parágrafo único. Os valores decorrentes da imposição da multa a que se refere o § 6º do art. 28 serão creditados à conta do Fundo Nacional Antidrogas.
Art. 30. Prescrevem em 2 (dois) anos a imposição e a execução das penas, observado, no tocante à interrupção do prazo, o disposto nos arts. 107 e seguintes do Código Penal.

TÍTULO IV

Da Repressão à Produção Não Autorizada e ao Tráfico Ilícito de Drogas

CAPÍTULO I

Disposições Gerais

Art. 31. É indispensável a licença prévia da autoridade competente para produzir, extrair, fabricar, transformar, preparar, possuir, manter em depósito, importar, exportar, reexportar, remeter, transportar, expor, oferecer, vender, comprar, trocar, ceder ou adquirir, para qualquer fim, drogas ou matéria-prima destinada à sua preparação, observadas as demais exigências legais.
Art. 32. As plantações ilícitas serão imediatamente destruídas pelo delegado de polícia na forma do art. 50-A, que recolherá quantidade suficiente para exame pericial, de tudo lavrando auto de levantamento das condições encontradas, com a delimitação do local, asseguradas as medidas necessárias para a preservação da prova. (Redação dada pela Lei nº 12.961, de 2014)
§ 1º (Revogado). (Redação dada pela Lei nº 12.961, de 2014)
§ 2º (Revogado). (Redação dada pela Lei nº 12.961, de 2014)
§ 3º Em caso de ser utilizada a queimada para destruir a plantação, observar-se-á, além das cautelas necessárias à proteção ao meio ambiente, o disposto no Decreto nº 2.661, de 8 de julho de 1998, no que couber, dispensada a autorização prévia do órgão próprio do Sistema Nacional do Meio Ambiente – Sisnama.
§ 4º As glebas cultivadas com plantações ilícitas serão expropriadas, conforme o disposto no art. 243

da Constituição Federal, de acordo com a legislação em vigor.

CAPÍTULO II
Dos Crimes

Art. 33. Importar, exportar, remeter, preparar, produzir, fabricar, adquirir, vender, expor à venda, oferecer, ter em depósito, transportar, trazer consigo, guardar, prescrever, ministrar, entregar a consumo ou fornecer drogas, ainda que gratuitamente, sem autorização ou em desacordo com determinação legal ou regulamentar:
Pena – reclusão de 5 (cinco) a 15 (quinze) anos e pagamento de 500 (quinhentos) a 1.500 (mil e quinhentos) dias-multa.
§ 1º Nas mesmas penas incorre quem:
I. importa, exporta, remete, produz, fabrica, adquire, vende, expõe à venda, oferece, fornece, tem em depósito, transporta, traz consigo ou guarda, ainda que gratuitamente, sem autorização ou em desacordo com determinação legal ou regulamentar, matéria-prima, insumo ou produto químico destinado à preparação de drogas;
II. semeia, cultiva ou faz a colheita, sem autorização ou em desacordo com determinação legal ou regulamentar, de plantas que se constituam em matéria-prima para a preparação de drogas;
III. utiliza local ou bem de qualquer natureza de que tem a propriedade, posse, administração, guarda ou vigilância, ou consente que outrem dele se utilize, ainda que gratuitamente, sem autorização ou em desacordo com determinação legal ou regulamentar, para o tráfico ilícito de drogas.
IV. vende ou entrega drogas ou matéria-prima, insumo ou produto químico destinado à preparação de drogas, sem autorização ou em desacordo com a determinação legal ou regulamentar, a agente policial disfarçado, quando presentes elementos probatórios razoáveis de conduta criminal preexistente. (Incluído pela Lei nº 13.964, de 2019)
§ 2º Induzir, instigar ou auxiliar alguém ao uso indevido de droga: (Vide ADI nº 4.274)
Pena – detenção, de 1 (um) a 3 (três) anos, e multa de 100 (cem) a 300 (trezentos) dias-multa.
§ 3º Oferecer droga, eventualmente e sem objetivo de lucro, a pessoa de seu relacionamento, para juntos a consumirem:
Pena – detenção, de 6 (seis) meses a 1 (um) ano, e pagamento de 700 (setecentos) a 1.500 (mil e quinhentos) dias-multa, sem prejuízo das penas previstas no art. 28.
§ 4º Nos delitos definidos no caput e no § 1º deste artigo, as penas poderão ser reduzidas de um sexto a dois terços, vedada a conversão em penas restritivas de direitos, desde que o agente seja primário, de bons antecedentes, não se dedique às atividades criminosas nem integre organização criminosa. (Vide Resolução nº 5, de 2012)

Art. 34. Fabricar, adquirir, utilizar, transportar, oferecer, vender, distribuir, entregar a qualquer título, possuir, guardar ou fornecer, ainda que gratuitamente, maquinário, aparelho, instrumento ou qualquer objeto destinado à fabricação, preparação, produção ou transformação de drogas, sem autorização ou em desacordo com determinação legal ou regulamentar:
Pena – reclusão, de 3 (três) a 10 (dez) anos, e pagamento de 1.200 (mil e duzentos) a 2.000 (dois mil) dias-multa.

Art. 35. Associarem-se duas ou mais pessoas para o fim de praticar, reiteradamente ou não, qualquer dos crimes previstos nos arts. 33, caput e § 1º, e 34 desta Lei:
Pena – reclusão, de 3 (três) a 10 (dez) anos, e pagamento de 700 (setecentos) a 1.200 (mil e duzentos) dias-multa.
Parágrafo único. Nas mesmas penas do caput deste artigo incorre quem se associa para a prática reiterada do crime definido no art. 36 desta Lei.

Art. 36. Financiar ou custear a prática de qualquer dos crimes previstos nos arts. 33, caput e § 1º, e 34 desta Lei:
Pena – reclusão, de 8 (oito) a 20 (vinte) anos, e pagamento de 1.500 (mil e quinhentos) a 4.000 (quatro mil) dias-multa.

Art. 37. Colaborar, como informante, com grupo, organização ou associação destinados à prática de qualquer dos crimes previstos nos arts. 33, caput e § 1º, e 34 desta Lei:
Pena – reclusão, de 2 (dois) a 6 (seis) anos, e pagamento de 300 (trezentos) a 700 (setecentos) dias-multa.

Art. 38. Prescrever ou ministrar, culposamente, drogas, sem que delas necessite o paciente, ou fazê-lo em doses excessivas ou em desacordo com determinação legal ou regulamentar:

Pena – detenção, de 6 (seis) meses a 2 (dois) anos, e pagamento de 50 (cinquenta) a 200 (duzentos) dias-multa.

Parágrafo único. O juiz comunicará a condenação ao Conselho Federal da categoria profissional a que pertença o agente.

Art. 39. Conduzir embarcação ou aeronave após o consumo de drogas, expondo a dano potencial a incolumidade de outrem:

Pena – detenção, de 6 (seis) meses a 3 (três) anos, além da apreensão do veículo, cassação da habilitação respectiva ou proibição de obtê-la, pelo mesmo prazo da pena privativa de liberdade aplicada, e pagamento de 200 (duzentos) a 400 (quatrocentos) dias-multa.

Parágrafo único. As penas de prisão e multa, aplicadas cumulativamente com as demais, serão de 4 (quatro) a 6 (seis) anos e de 400 (quatrocentos) a 600 (seiscentos) dias-multa, se o veículo referido no caput deste artigo for de transporte coletivo de passageiros.

Art. 40. As penas previstas nos arts. 33 a 37 desta Lei são aumentadas de um sexto a dois terços, se:

I. a natureza, a procedência da substância ou do produto apreendido e as circunstâncias do fato evidenciarem a transnacionalidade do delito;

II. o agente praticar o crime prevalecendo-se de função pública ou no desempenho de missão de educação, poder familiar, guarda ou vigilância;

III. a infração tiver sido cometida nas dependências ou imediações de estabelecimentos prisionais, de ensino ou hospitalares, de sedes de entidades estudantis, sociais, culturais, recreativas, esportivas, ou beneficentes, de locais de trabalho coletivo, de recintos onde se realizem espetáculos ou diversões de qualquer natureza, de serviços de tratamento de dependentes de drogas ou de reinserção social, de unidades militares ou policiais ou em transportes públicos;

IV. o crime tiver sido praticado com violência, grave ameaça, emprego de arma de fogo, ou qualquer processo de intimidação difusa ou coletiva;

V. caracterizado o tráfico entre Estados da Federação ou entre estes e o Distrito Federal;

VI. sua prática envolver ou visar a atingir criança ou adolescente ou a quem tenha, por qualquer motivo, diminuída ou suprimida a capacidade de entendimento e determinação;

VII. o agente financiar ou custear a prática do crime.

Art. 41. O indiciado ou acusado que colaborar voluntariamente com a investigação policial e o processo criminal na identificação dos demais coautores ou partícipes do crime e na recuperação total ou parcial do produto do crime, no caso de condenação, terá pena reduzida de um terço a dois terços.

Art. 42. O juiz, na fixação das penas, considerará, com preponderância sobre o previsto no art. 59 do Código Penal, a natureza e a quantidade da substância ou do produto, a personalidade e a conduta social do agente.

Art. 43. Na fixação da multa a que se referem os arts. 33 a 39 desta Lei, o juiz, atendendo ao que dispõe o art. 42 desta Lei, determinará o número de dias-multa, atribuindo a cada um, segundo as condições econômicas dos acusados, valor não inferior a um trinta avos nem superior a 5 (cinco) vezes o maior salário-mínimo.

Parágrafo único. As multas, que em caso de concurso de crimes serão impostas sempre cumulativamente, podem ser aumentadas até o décuplo se, em virtude da situação econômica do acusado, considerá-las o juiz ineficazes, ainda que aplicadas no máximo.

Art. 44. Os crimes previstos nos arts. 33, caput e § 1º, e 34 a 37 desta Lei são inafiançáveis e insuscetíveis de sursis, graça, indulto, anistia e liberdade provisória, vedada a conversão de suas penas em restritivas de direitos.

Parágrafo único. Nos crimes previstos no caput deste artigo, dar-se-á o livramento condicional após o cumprimento de dois terços da pena, vedada sua concessão ao reincidente específico.

Art. 45. É isento de pena o agente que, em razão da dependência, ou sob o efeito, proveniente de caso fortuito ou força maior, de droga, era, ao tempo da ação ou da omissão, qualquer que tenha sido a infração penal praticada, inteiramente incapaz de entender o caráter ilícito do fato ou de determinar-se de acordo com esse entendimento.

Parágrafo único. Quando absolver o agente, reconhecendo, por força pericial, que este apresentava, à época do fato previsto neste artigo, as condições referidas no caput deste artigo, poderá determinar o juiz, na sentença, o seu encaminhamento para tratamento médico adequado.

Art. 46. As penas podem ser reduzidas de um terço a dois terços se, por força das circunstâncias previstas no art. 45 desta Lei, o agente não possuía, ao tempo da ação ou da omissão, a plena capacidade de entender o caráter ilícito do fato ou de determinar-se de acordo com esse entendimento.

Art. 47. Na sentença condenatória, o juiz, com base em avaliação que ateste a necessidade de encaminhamento do agente para tratamento, realizada por profissional de saúde com competência específica na forma da lei, determinará que a tal se proceda, observado o disposto no art. 26 desta Lei.

CAPÍTULO III
Do Procedimento Penal

Art. 48. O procedimento relativo aos processos por crimes definidos neste Título rege-se pelo disposto neste Capítulo, aplicando-se, subsidiariamente, as disposições do Código de Processo Penal e da Lei de Execução Penal.

§ 1º O agente de qualquer das condutas previstas no art. 28 desta Lei, salvo se houver concurso com os crimes previstos nos arts. 33 a 37 desta Lei, será processado e julgado na forma dos arts. 60 e seguintes da Lei nº 9.099, de 26 de setembro de 1995, que dispõe sobre os Juizados Especiais Criminais.

§ 2º Tratando-se da conduta prevista no art. 28 desta Lei, não se imporá prisão em flagrante, devendo o autor do fato ser imediatamente encaminhado ao juízo competente ou, na falta deste, assumir o compromisso de a ele comparecer, lavrando-se termo circunstanciado e providenciando-se as requisições dos exames e perícias necessários.

§ 3º Se ausente a autoridade judicial, as providências previstas no § 2º deste artigo serão tomadas de imediato pela autoridade policial, no local em que se encontrar, vedada a detenção do agente. (Vide ADIN 3807)

§ 4º Concluídos os procedimentos de que trata o § 2º deste artigo, o agente será submetido a exame de corpo de delito, se o requerer ou se a autoridade de polícia judiciária entender conveniente, e em seguida liberado.

§ 5º Para os fins do disposto no art. 76 da Lei nº 9.099, de 1995, que dispõe sobre os Juizados Especiais Criminais, o Ministério Público poderá propor a aplicação imediata de pena prevista no art. 28 desta Lei, a ser especificada na proposta.

Art. 49. Tratando-se de condutas tipificadas nos arts. 33, caput e § 1º, e 34 a 37 desta Lei, o juiz, sempre que as circunstâncias o recomendem, empregará os instrumentos protetivos de colaboradores e testemunhas previstos na Lei nº 9.807, de 13 de julho de 1999.

SEÇÃO I
Da Investigação

Art. 50. Ocorrendo prisão em flagrante, a autoridade de polícia judiciária fará, imediatamente, comunicação ao juiz competente, remetendo-lhe cópia do auto lavrado, do qual será dada vista ao órgão do Ministério Público, em 24 (vinte e quatro) horas.

§ 1º Para efeito da lavratura do auto de prisão em flagrante e estabelecimento da materialidade do delito, é suficiente o laudo de constatação da natureza e quantidade da droga, firmado por perito oficial ou, na falta deste, por pessoa idônea.

§ 2º O perito que subscrever o laudo a que se refere o § 1º deste artigo não ficará impedido de participar da elaboração do laudo definitivo.

§ 3º Recebida cópia do auto de prisão em flagrante, o juiz, no prazo de 10 (dez) dias, certificará a regularidade formal do laudo de constatação e determinará a destruição das drogas apreendidas, guardando-se amostra necessária à realização do laudo definitivo.

§ 4º A destruição das drogas será executada pelo delegado de polícia competente no prazo de 15 (quinze) dias na presença do Ministério Público e da autoridade sanitária.

§ 5º O local será vistoriado antes e depois de efetivada a destruição das drogas referida no § 3º, sendo lavrado auto circunstanciado pelo delegado de polícia, certificando-se neste a destruição total delas.

Art. 50-A. A destruição das drogas apreendidas sem a ocorrência de prisão em flagrante será feita por incineração, no prazo máximo de 30 (trinta) dias contados da data da apreensão, guardando-se amostra necessária à realização do laudo definitivo. (Redação dada pela Lei nº 13.840, de 2019)

Art. 51. O inquérito policial será concluído no prazo de 30 (trinta) dias, se o indiciado estiver preso, e de 90 (noventa) dias, quando solto.

Parágrafo único. Os prazos a que se refere este artigo podem ser duplicados pelo juiz, ouvido o Ministério Público, mediante pedido justificado da autoridade de polícia judiciária.

Art. 52. Findos os prazos a que se refere o art. 51 desta Lei, a autoridade de polícia judiciária, remetendo os autos do inquérito ao juízo:

I. relatará sumariamente as circunstâncias do fato, justificando as razões que a levaram à classificação do delito, indicando a quantidade e natureza da substância ou do produto apreendido, o local e as condições em que se desenvolveu a ação criminosa, as circunstâncias da prisão, a conduta, a qualificação e os antecedentes do agente; ou

II. requererá sua devolução para a realização de diligências necessárias.

Parágrafo único. A remessa dos autos far-se-á sem prejuízo de diligências complementares:

I. necessárias ou úteis à plena elucidação do fato, cujo resultado deverá ser encaminhado ao juízo competente até 3 (três) dias antes da audiência de instrução e julgamento;

II. necessárias ou úteis à indicação dos bens, direitos e valores de que seja titular o agente, ou que figurem em seu nome, cujo resultado deverá ser encaminhado ao juízo competente até 3 (três) dias antes da audiência de instrução e julgamento.

Art. 53. Em qualquer fase da persecução criminal relativa aos crimes previstos nesta Lei, são permitidos, além dos previstos em lei, mediante autorização judicial e ouvido o Ministério Público, os seguintes procedimentos investigatórios:

I. a infiltração por agentes de polícia, em tarefas de investigação, constituída pelos órgãos especializados pertinentes;

II. a não atuação policial sobre os portadores de drogas, seus precursores químicos ou outros produtos utilizados em sua produção, que se encontrem no território brasileiro, com a finalidade de identificar e responsabilizar maior número de integrantes de operações de tráfico e distribuição, sem prejuízo da ação penal cabível.

Parágrafo único. Na hipótese do inciso II deste artigo, a autorização será concedida desde que sejam conhecidos o itinerário provável e a identificação dos agentes do delito ou de colaboradores.

SEÇÃO II
Da Instrução Criminal

Art. 54. Recebidos em juízo os autos do inquérito policial, de Comissão Parlamentar de Inquérito ou peças de informação, dar-se-á vista ao Ministério Público para, no prazo de 10 (dez) dias, adotar uma das seguintes providências:

I. requerer o arquivamento;

II. requisitar as diligências que entender necessárias;

III. oferecer denúncia, arrolar até 5 (cinco) testemunhas e requerer as demais provas que entender pertinentes.

Art. 55. Oferecida a denúncia, o juiz ordenará a notificação do acusado para oferecer defesa prévia, por escrito, no prazo de 10 (dez) dias.

§ 1º Na resposta, consistente em defesa preliminar e exceções, o acusado poderá arguir preliminares e invocar todas as razões de defesa, oferecer documentos e justificações, especificar as provas que pretende produzir e, até o número de 5 (cinco), arrolar testemunhas.

§ 2º As exceções serão processadas em apartado, nos termos dos arts. 95 a 113 do Decreto-Lei nº 3.689, de 3 de outubro de 1941 – Código de Processo Penal.

§ 3º Se a resposta não for apresentada no prazo, o juiz nomeará defensor para oferecê-la em 10 (dez) dias, concedendo-lhe vista dos autos no ato de nomeação.

§ 4º Apresentada a defesa, o juiz decidirá em 5 (cinco) dias.

§ 5º Se entender imprescindível, o juiz, no prazo máximo de 10 (dez) dias, determinará a apresentação do preso, realização de diligências, exames e perícias.

Art. 56. Recebida a denúncia, o juiz designará dia e hora para a audiência de instrução e julgamento, ordenará a citação pessoal do acusado, a intimação do Ministério Público, do assistente, se for o caso, e requisitará os laudos periciais.

§ 1º Tratando-se de condutas tipificadas como infração do disposto nos arts. 33, caput e § 1º, e 34 a 37 desta Lei, o juiz, ao receber a denúncia, poderá decretar o afastamento cautelar do denunciado de suas atividades, se for funcionário público, comunicando ao órgão respectivo.

§ 2º A audiência a que se refere o caput deste artigo será realizada dentro dos 30 (trinta) dias seguintes ao recebimento da denúncia, salvo se determinada a realização de avaliação para atestar dependência de drogas, quando se realizará em 90 (noventa) dias.

Art. 57. Na audiência de instrução e julgamento, após o interrogatório do acusado e a inquirição das testemunhas, será dada a palavra, sucessivamente, ao representante do Ministério Público e ao defensor do acusado, para sustentação oral, pelo prazo de 20 (vinte) minutos para cada um, prorrogável por mais 10 (dez), a critério do juiz.

Parágrafo único. Após proceder ao interrogatório, o juiz indagará das partes se restou algum fato para ser esclarecido, formulando as perguntas correspondentes se o entender pertinente e relevante.

Art. 58. Encerrados os debates, proferirá o juiz sentença de imediato, ou o fará em 10 (dez) dias, ordenando que os autos para isso lhe sejam conclusos.

Art. 59. Nos crimes previstos nos arts. 33, caput e § 1º, e 34 a 37 desta Lei, o réu não poderá apelar sem recolher-se à prisão, salvo se for primário e de bons antecedentes, assim reconhecido na sentença condenatória.

CAPÍTULO IV

Da Apreensão, Arrecadação e Destinação de Bens do Acusado

Art. 60. O juiz, a requerimento do Ministério Público ou do assistente de acusação, ou mediante representação da autoridade de polícia judiciária, poderá decretar, no curso do inquérito ou da ação penal, a apreensão e outras medidas assecuratórias nos casos em que haja suspeita de que os bens, direitos ou valores sejam produto do crime ou constituam proveito dos crimes previstos nesta Lei, procedendo-se na forma dos arts. 125 e seguintes do Decreto-Lei nº 3.689, de 3 de outubro de 1941 – Código de Processo Penal. (Redação dada pela Lei nº 13.840, de 2019)

§ 1º (Revogado). (Redação dada pela Lei nº 13.840, de 2019)

§ 2º (Revogado). (Redação dada pela Lei nº 13.840, de 2019)

§ 3º Na hipótese do art. 366 do Decreto-Lei nº 3.689, de 3 de outubro de 1941 – Código de Processo Penal, o juiz poderá determinar a prática de atos necessários à conservação dos bens, direitos ou valores. (Redação dada pela Lei nº 13.840, de 2019)

§ 4º A ordem de apreensão ou sequestro de bens, direitos ou valores poderá ser suspensa pelo juiz, ouvido o Ministério Público, quando a sua execução imediata puder comprometer as investigações. (Redação dada pela Lei nº 13.840, de 2019)

Art. 60-A. Se as medidas assecuratórias de que trata o art. 60 desta Lei recaírem sobre moeda estrangeira, títulos, valores mobiliários ou cheques emitidos como ordem de pagamento, será determinada, imediatamente, a sua conversão em moeda nacional. (Incluído pela Lei nº 13.886, de 2019)

§ 1º A moeda estrangeira apreendida em espécie deve ser encaminhada a instituição financeira, ou equiparada, para alienação na forma prevista pelo Conselho Monetário Nacional. (Incluído pela Lei nº 13.886, de 2019)

§ 2º Na hipótese de impossibilidade da alienação a que se refere o § 1º deste artigo, a moeda estrangeira será custodiada pela instituição financeira até decisão sobre o seu destino. (Incluído pela Lei nº 13.886, de 2019)

§ 3º Após a decisão sobre o destino da moeda estrangeira a que se refere o § 2º deste artigo, caso seja verificada a inexistência de valor de mercado, seus espécimes poderão ser destruídos ou doados à representação diplomática do país de origem. (Incluído pela Lei nº 13.886, de 2019)

§ 4º Os valores relativos às apreensões feitas antes da data de entrada em vigor da Medida Provisória nº 885, de 17 de junho de 2019, e que estejam custodiados nas dependências do Banco Central do Brasil devem ser transferidos à Caixa Econômica Federal, no prazo de 360 (trezentos e sessenta) dias, para que se proceda à alienação ou custódia, de acordo com o previsto nesta Lei. (Incluído pela Lei nº 13.886, de 2019)

Art. 61. A apreensão de veículos, embarcações, aeronaves e quaisquer outros meios de transporte e dos maquinários, utensílios, instrumentos e objetos de qualquer natureza utilizados para a prática dos crimes definidos nesta Lei será imediatamente comunicada pela autoridade de polícia judiciária responsável pela investigação ao juízo competente. (Redação dada pela Lei nº 13.840, de 2019)

§ 1º O juiz, no prazo de 30 (trinta) dias contado da comunicação de que trata o caput, determinará a alienação dos bens apreendidos, excetuadas as armas, que serão recolhidas na forma da legislação específica. (Incluído pela Lei nº 13.840, de 2019)

§ 2º A alienação será realizada em autos apartados, dos quais constará a exposição sucinta do nexo de instrumentalidade entre o delito e os bens apreendidos, a descrição e especificação dos objetos, as informações sobre quem os tiver sob custódia e o local em que se encontrem. (Incluído pela Lei nº 13.840, de 2019)

§ 3º O juiz determinará a avaliação dos bens apreendidos, que será realizada por oficial de justiça, no prazo de 5 (cinco) dias a contar da autuação, ou, caso sejam necessários conhecimentos especializados, por avaliador nomeado pelo juiz, em prazo não superior a 10 (dez) dias. (Incluído pela Lei nº 13.840, de 2019)

§ 4º Feita a avaliação, o juiz intimará o órgão gestor do Funad, o Ministério Público e o interessado para se manifestarem no prazo de 5 (cinco) dias e, dirimidas eventuais divergências, homologará o valor atribuído aos bens. (Incluído pela Lei nº 13.840, de 2019)

§ 5º (VETADO). (Incluído pela Lei nº 13.840, de 2019)

§ 6º (Revogado). (Redação dada pela Lei nº 13.886, de 2019)

§ 7º (Revogado). (Redação dada pela Lei nº 13.886, de 2019)

§ 8º (Revogado). (Redação dada pela Lei nº 13.886, de 2019)

§ 9º O Ministério Público deve fiscalizar o cumprimento da regra estipulada no § 1º deste artigo. (Incluído pela Lei nº 13.886, de 2019)

§ 10º Aplica-se a todos os tipos de bens confiscados a regra estabelecida no § 1º deste artigo. (Incluído pela Lei nº 13.886, de 2019)

§ 11º Os bens móveis e imóveis devem ser vendidos por meio de hasta pública, preferencialmente por meio eletrônico, assegurada a venda pelo maior lance, por preço não inferior a 50% (cinquenta por cento) do valor da avaliação judicial. (Incluída pela Lei nº 13.886, de 2019)

§ 12º O juiz ordenará às secretarias de fazenda e aos órgãos de registro e controle que efetuem as averbações necessárias, tão logo tenha conhecimento da apreensão. (Incluído pela Lei nº 13.886, de 2019)

§ 13º Na alienação de veículos, embarcações ou aeronaves, a autoridade de trânsito ou o órgão congênere competente para o registro, bem como as secretarias de fazenda, devem proceder à regularização dos bens no prazo de 30 (trinta) dias, ficando o arrematante isento do pagamento de multas, encargos e tributos anteriores, sem prejuízo de execução fiscal em relação ao antigo proprietário. (Incluído pela Lei nº 13.886, de 2019)

§ 14º Eventuais multas, encargos ou tributos pendentes de pagamento não podem ser cobrados do arrematante ou do órgão público alienante como condição para regularização dos bens. (Incluído pela Lei nº 13.886, de 2019)

§ 15º Na hipótese de que trata o § 13 deste artigo, a autoridade de trânsito ou o órgão congênere competente para o registro poderá emitir novos identificadores dos bens. (Incluído pela Lei nº 13.886, de 2019)

Art. 62. Comprovado o interesse público na utilização de quaisquer dos bens de que trata o art. 61, os órgãos de polícia judiciária, militar e rodoviária poderão deles fazer uso, sob sua responsabilidade e com o objetivo de sua conservação, mediante autorização judicial, ouvido o Ministério Público e garantida a prévia avaliação dos respectivos bens. (Redação dada pela Lei nº 13.840, de 2019)

§ 1º (Revogado). (Redação dada pela Lei nº 13.886, de 2019)

§ 1º-A. O juízo deve cientificar o órgão gestor do Funad para que, em 10 (dez) dias, avalie a existência do interesse público mencionado no caput deste artigo e indique o órgão que deve receber o bem. (Incluído pela Lei nº 13.886, de 2019)

§ 1º-B. Têm prioridade, para os fins do § 1º-A deste artigo, os órgãos de segurança pública que participaram das ações de investigação ou repressão ao crime que deu causa à medida. (Incluído pela Lei nº 13.886, de 2019)

§ 2º A autorização judicial de uso de bens deverá conter a descrição do bem e a respectiva avaliação e indicar o órgão responsável por sua utilização. (Redação dada pela Lei nº 13.840, de 2019)

§ 3º O órgão responsável pela utilização do bem deverá enviar ao juiz periodicamente, ou a qualquer momento quando por este solicitado, informações sobre seu estado de conservação. (Redação dada pela Lei nº 13.840, de 2019)

§ 4º Quando a autorização judicial recair sobre veículos, embarcações ou aeronaves, o juiz ordenará à autoridade ou ao órgão de registro e controle a expedição de certificado provisório de registro e licenciamento em favor do órgão ao qual tenha deferido o uso ou custódia, ficando este livre do pagamento de multas, encargos e tributos anteriores à decisão de utilização do bem até o trânsito em julgado da decisão que decretar o seu perdimento em favor da União. (Redação dada pela Lei nº 13.840, de 2019)

§ 5º Na hipótese de levantamento, se houver indicação de que os bens utilizados na forma deste artigo sofreram depreciação superior àquela esperada em razão do transcurso do tempo e do uso, poderá o interessado requerer nova avaliação judicial. (Redação dada pela Lei nº 13.840, de 2019)

§ 6º Constatada a depreciação de que trata o § 5º, o ente federado ou a entidade que utilizou o bem indenizará o detentor ou proprietário dos bens. (Redação dada pela Lei nº 13.840, de 2019)

§ 7º (Revogado). (Redação dada pela Lei nº 13.840, de 2019)

§ 8º (Revogado). (Redação dada pela Lei nº 13.840, de 2019)

§ 9º (Revogado). (Redação dada pela Lei nº 13.840, de 2019)

§ 10º (Revogado). (Redação dada pela Lei nº 13.840, de 2019)

§ 11º (Revogado). (Redação dada pela Lei nº 13.840, de 2019)

Art. 62-A. O depósito, em dinheiro, de valores referentes ao produto da alienação ou a numerários apreendidos ou que tenham sido convertidos deve ser efetuado na Caixa Econômica Federal, por meio de documento de arrecadação destinado a essa finalidade. (Incluído pela Lei nº 13.886, de 2019)

§ 1º Os depósitos a que se refere o caput deste artigo devem ser transferidos, pela Caixa Econômica Federal, para a conta única do Tesouro Nacional, independentemente de qualquer formalidade, no prazo de 24 (vinte e quatro) horas, contado do momento da realização do depósito, onde ficarão à disposição do Funad. (Incluído pela Lei nº 13.886, de 2019)

§ 2º Na hipótese de absolvição do acusado em decisão judicial, o valor do depósito será devolvido a ele pela Caixa Econômica Federal no prazo de até 3 (três) dias úteis, acrescido de juros, na forma estabelecida pelo § 4º do art. 39 da Lei nº 9.250, de 26 de dezembro de 1995º (Incluído pela Lei nº 13.886, de 2019)

§ 3º Na hipótese de decretação do seu perdimento em favor da União, o valor do depósito será transformado em pagamento definitivo, respeitados os direitos de eventuais lesados e de terceiros de boa-fé. (Incluído pela Lei nº 13.886, de 2019)

§ 4º Os valores devolvidos pela Caixa Econômica Federal, por decisão judicial, devem ser efetuados como anulação de receita do Funad no exercício em que ocorrer a devolução. (Incluído pela Lei nº 13.886, de 2019)

§ 5º A Caixa Econômica Federal deve manter o controle dos valores depositados ou devolvidos. (Incluído pela Lei nº 13.886, de 2019)

Art. 63. Ao proferir a sentença, o juiz decidirá sobre: (Redação dada pela Lei nº 13.840, de 2019)

I. o perdimento do produto, bem, direito ou valor apreendido ou objeto de medidas assecuratórias; e (Incluído pela Lei nº 13.840, de 2019)

II. o levantamento dos valores depositados em conta remunerada e a liberação dos bens utilizados nos termos do art. 62. (Incluído pela Lei nº 13.840, de 2019)

§ 1º Os bens, direitos ou valores apreendidos em decorrência dos crimes tipificados nesta Lei ou objeto de medidas assecuratórias, após decretado seu perdimento em favor da União, serão revertidos diretamente ao Funad. (Redação dada pela Lei nº 13.840, de 2019)

§ 2º O juiz remeterá ao órgão gestor do Funad relação dos bens, direitos e valores declarados perdidos, indicando o local em que se encontram e a entidade ou o órgão em cujo poder estejam, para os fins de sua destinação nos termos da legislação vigente. (Redação dada pela Lei nº 13.840, de 2019)

§ 3º (Revogado). (Redação dada pela Lei nº 13.886, de 2019)

§ 4º Transitada em julgado a sentença condenatória, o juiz do processo, de ofício ou a requerimento do Ministério Público, remeterá à Senad relação dos bens, direitos e valores declarados perdidos em favor da União, indicando, quanto aos bens, o local em que se encontram e a entidade ou o órgão em cujo poder estejam, para os fins de sua destinação nos termos da legislação vigente.

§ 4º-A. Antes de encaminhar os bens ao órgão gestor do Funad, o juiz deve: (Incluído pela Lei nº 13.886, de 2019)

I. ordenar às secretarias de fazenda e aos órgãos de registro e controle que efetuem as averbações necessárias, caso não tenham sido realizadas quando da apreensão; e (Incluído pela Lei nº 13.886, de 2019)

II. determinar, no caso de imóveis, o registro de propriedade em favor da União no cartório de registro de imóveis competente, nos termos do caput e do parágrafo único do art. 243 da Constituição Federal, afastada a responsabilidade de terceiros prevista no inciso VI do caput do art. 134 da Lei nº 5.172, de 25 de outubro de 1966 (Código Tributário Nacional), bem como determinar à Secretaria de Coordenação e Governança do Patrimônio da União a incorporação e entrega do imóvel, tornando-o livre e desembaraçado de quaisquer ônus para sua destinação. (Incluído pela Lei nº 13.886, de 2019)

§ 5º (VETADO). (Incluído pela Lei nº 13.840, de 2019)

§ 6º Na hipótese do inciso II do caput, decorridos 360 (trezentos e sessenta) dias do trânsito em julgado e do conhecimento da sentença pelo interessado, os bens apreendidos, os que tenham sido objeto de medidas assecuratórias ou os valores depositados que não forem reclamados serão revertidos ao Funad. (Incluído pela Lei nº 13.840, de 2019)

Art. 63-A. Nenhum pedido de restituição será conhecido sem o comparecimento pessoal do acusado, podendo o juiz determinar a prática de atos necessários à conservação de bens, direitos ou valores. (Incluído pela Lei nº 13.840, de 2019)

Art. 63-B. O juiz determinará a liberação total ou parcial dos bens, direitos e objeto de medidas assecuratórias quando comprovada a licitude de sua origem, mantendo-se a constrição dos bens, direitos e valores necessários e suficientes à reparação dos danos e ao pagamento de prestações pecuniárias, multas e custas decorrentes da infração penal. (Incluído pela Lei nº 13.840, de 2019)

Art. 63-C. Compete à Senad, do Ministério da Justiça e Segurança Pública, proceder à destinação dos bens apreendidos e não leiloados em caráter cautelar, cujo perdimento seja decretado em favor da União, por meio das seguintes modalidades: (Incluído pela Lei nº 13.886, de 2019)

I. alienação, mediante: (Incluído pela Lei nº 13.886, de 2019)

a) licitação; (Incluído pela Lei nº 13.886, de 2019)

b) doação com encargo a entidades ou órgãos públicos, bem como a comunidades terapêuticas acolhedoras que contribuam para o alcance das finalidades do Funad; ou (Incluído pela Lei nº 13.886, de 2019)

c) venda direta, observado o disposto no inciso II do caput do art. 24 da Lei nº 8.666, de 21 de junho de 1993; (Incluído pela Lei nº 13.886, de 2019)

II. incorporação ao patrimônio de órgão da administração pública, observadas as finalidades do Funad; (Incluído pela Lei nº 13.886, de 2019)

III. destruição; ou (Incluído pela Lei nº 13.886, de 2019)

IV. inutilização. (Incluído pela Lei nº 13.886, de 2019)

§ 1º A alienação por meio de licitação deve ser realizada na modalidade leilão, para bens móveis e imóveis, independentemente do valor de avaliação, isolado ou global, de bem ou de lotes, assegurada a venda pelo maior lance, por preço não inferior a 50% (cinquenta por cento) do valor da avaliação. (Incluído pela Lei nº 13.886, de 2019)

§ 2º O edital do leilão a que se refere o § 1º deste artigo será amplamente divulgado em jornais de grande circulação e em sítios eletrônicos oficiais, principalmente no Município em que será realizado, dispensada a publicação em diário oficial. (Incluído pela Lei nº 13.886, de 2019)

§ 3º Nas alienações realizadas por meio de sistema eletrônico da administração pública, a publicidade dada pelo sistema substituirá a publicação em diário oficial e em jornais de grande circulação. (Incluído pela Lei nº 13.886, de 2019)

§ 4º Na alienação de imóveis, o arrematante fica livre do pagamento de encargos e tributos anteriores, sem prejuízo de execução fiscal em relação ao antigo proprietário. (Incluído pela Lei nº 13.886, de 2019)

§ 5º Na alienação de veículos, embarcações ou aeronaves deverão ser observadas as disposições dos §§ 13 e 15 do art. 61 desta Lei. (Incluído pela Lei nº 13.886, de 2019)

§ 6º Aplica-se às alienações de que trata este artigo a proibição relativa à cobrança de multas, encargos ou tributos prevista no § 14 do art. 61 desta Lei. (Incluído pela Lei nº 13.886, de 2019)

§ 7º A Senad, do Ministério da Justiça e Segurança Pública, pode celebrar convênios ou instrumentos congêneres com órgãos e entidades da União, dos Estados, do Distrito Federal ou dos Municípios, bem como com comunidades terapêuticas acolhedoras, a fim de dar imediato cumprimento ao estabelecido neste artigo. (Incluído pela Lei nº 13.886, de 2019)

§ 8º Observados os procedimentos licitatórios previstos em lei, fica autorizada a contratação da iniciativa privada para a execução das ações de avaliação, de administração e de alienação dos bens a que se refere esta Lei. (Incluído pela Lei nº 13.886, de 2019)

Art. 63-D. Compete ao Ministério da Justiça e Segurança Pública regulamentar os procedimentos relativos à administração, à preservação e à destinação dos recursos provenientes de delitos e atos ilícitos e estabelecer os valores abaixo dos quais se deve proceder à sua destruição ou inutilização. (Incluído pela Lei nº 13.886, de 2019)

Art. 63-E. O produto da alienação dos bens apreendidos ou confiscados será revertido integralmente ao Funad, nos termos do parágrafo único do art. 243 da Constituição Federal, vedada a sub-rogação sobre o valor da arrematação para saldar eventuais multas, encargos ou tributos pendentes de pagamento. (Incluído pela Lei nº 13.886, de 2019)

Parágrafo único. O disposto no caput deste artigo não prejudica o ajuizamento de execução fiscal em relação aos antigos devedores. (Incluído pela Lei nº 13.886, de 2019)

Art. 63-F. Na hipótese de condenação por infrações às quais esta Lei comine pena máxima superior a 6 (seis) anos de reclusão, poderá ser decretada a perda, como produto ou proveito do crime, dos bens correspondentes à diferença entre o valor do patrimônio do condenado e aquele compatível com o seu rendimento lícito. (Incluído pela Lei nº 13.886, de 2019)

§ 1º A decretação da perda prevista no caput deste artigo fica condicionada à existência de elementos probatórios que indiquem conduta criminosa habitual, reiterada ou profissional do condenado ou sua vinculação a organização criminosa. (Incluída pela Lei nº 13.886, de 2019)

§ 2º Para efeito da perda prevista no caput deste artigo, entende-se por patrimônio do condenado todos os bens: (Incluído pela Lei nº 13.886, de 2019)

V. de sua titularidade, ou sobre os quais tenha domínio e benefício direto ou indireto, na data da infração penal, ou recebidos posteriormente; e (Incluído pela Lei nº 13.886, de 2019)

VI. transferidos a terceiros a título gratuito ou mediante contraprestação irrisória, a partir do início da atividade criminal. (Incluído pela Lei nº 13.886, de 2019)

§ 3º O condenado poderá demonstrar a inexistência da incompatibilidade ou a procedência lícita do patrimônio. (Incluído pela Lei nº 13.886, de 2019)

Art. 64. A União, por intermédio da Senad, poderá firmar convênio com os Estados, com o Distrito Federal e com organismos orientados para a prevenção do uso indevido de drogas, a atenção e a reinserção social de usuários ou dependentes e a atuação na repressão à produção não autorizada e ao tráfico ilícito de drogas, com vistas na liberação de equipamentos e de recursos por ela arrecadados, para a implantação e execução de programas relacionados à questão das drogas.

TÍTULO V
Da Cooperação Internacional

Art. 65. De conformidade com os princípios da não intervenção em assuntos internos, da igualdade jurídica e do respeito à integridade territorial dos Estados e às leis e aos regulamentos nacionais em vigor, e observado o espírito das Convenções das Nações Unidas e outros instrumentos jurídicos internacionais relacionados à questão das drogas, de que o Brasil é parte, o governo brasileiro prestará, quando solicitado, cooperação a outros países e organismos internacionais e, quando necessário, deles solicitará a colaboração, nas áreas de:

I. intercâmbio de informações sobre legislações, experiências, projetos e programas voltados para atividades de prevenção do uso indevido, de atenção e de reinserção social de usuários e dependentes de drogas;

II. intercâmbio de inteligência policial sobre produção e tráfico de drogas e delitos conexos, em especial o tráfico de armas, a lavagem de dinheiro e o desvio de precursores químicos;

III. intercâmbio de informações policiais e judiciais sobre produtores e traficantes de drogas e seus precursores químicos.

TÍTULO V-A
Do Financiamento das Políticas Sobre Drogas
(Incluído pela Lei nº 13.840, de 2019)

Art. 65-A. (VETADO). (Incluído pela Lei nº 13.840, de 2019)

TÍTULO VI
Disposições Finais e Transitórias

Art. 66. Para fins do disposto no parágrafo único do art. 1º desta Lei, até que seja atualizada a terminologia da lista mencionada no preceito, denominam-se drogas substâncias entorpecentes, psicotrópicas, precursoras e outras sob controle especial, da Portaria SVS/MS nº 344, de 12 de maio de 1998.

Art. 67. A liberação dos recursos previstos na Lei nº 7.560, de 19 de dezembro de 1986, em favor de Estados e do Distrito Federal, dependerá de sua adesão e respeito às diretrizes básicas contidas nos convênios firmados e do fornecimento de dados necessários à atualização do sistema previsto no art. 17 desta Lei, pelas respectivas polícias judiciárias.

Art. 67-A. Os gestores e entidades que recebam recursos públicos para execução das políticas sobre drogas deverão garantir o acesso às suas instalações, à documentação e a todos os elementos necessários à efetiva fiscalização pelos órgãos competentes. (Incluído pela Lei nº 13.840, de 2019)

Art. 68. A União, os Estados, o Distrito Federal e os Municípios poderão criar estímulos fiscais e outros, destinados às pessoas físicas e jurídicas que colaborem na prevenção do uso indevido de drogas, atenção e reinserção social de usuários e dependentes e na repressão da produção não autorizada e do tráfico ilícito de drogas.

Art. 69. No caso de falência ou liquidação extrajudicial de empresas ou estabelecimentos hospitalares, de pesquisa, de ensino, ou congêneres, assim como nos serviços de saúde que produzirem, venderem, adquirirem, consumirem, prescreverem ou fornecerem drogas ou de qualquer outro em que existam essas substâncias ou produtos, incumbe ao juízo perante o qual tramite o feito:

I. determinar, imediatamente à ciência da falência ou liquidação, sejam lacradas suas instalações;

II. ordenar à autoridade sanitária competente a urgente adoção das medidas necessárias ao recebimento e guarda, em depósito, das drogas arrecadadas;

III. dar ciência ao órgão do Ministério Público, para acompanhar o feito.

§ 1º Da licitação para alienação de substâncias ou produtos não proscritos referidos no inciso II do caput deste artigo, só podem participar pessoas jurídicas regularmente habilitadas na área de saúde ou de pesquisa científica que comprovem a destinação lícita a ser dada ao produto a ser arrematado.

§ 2º Ressalvada a hipótese de que trata o § 3º deste artigo, o produto não arrematado será, ato contínuo à hasta pública, destruído pela autoridade sanitária, na presença dos Conselhos Estaduais sobre Drogas e do Ministério Público.

§ 3º Figurando entre o praceado e não arrematadas especialidades farmacêuticas em condições de emprego terapêutico, ficarão elas depositadas sob a guarda do Ministério da Saúde, que as destinará à rede pública de saúde.

Art. 70. O processo e o julgamento dos crimes previstos nos arts. 33 a 37 desta Lei, se caracterizado ilícito transnacional, são da competência da Justiça Federal.

Parágrafo único. Os crimes praticados nos Municípios que não sejam sede de vara federal serão processados e julgados na vara federal da circunscrição respectiva.

Art. 71. (VETADO)

Art. 72. Encerrado o processo criminal ou arquivado o inquérito policial, o juiz, de ofício, mediante representação da autoridade de polícia judiciária, ou a requerimento do Ministério Público, determinará a destruição das amostras guardadas para contraprova, certificando nos autos. (Redação dada pela Lei nº 13.840, de 2019)

Art. 73. A União poderá estabelecer convênios com os Estados e o com o Distrito Federal, visando à prevenção e repressão do tráfico ilícito e do uso indevido de drogas, e com os Municípios, com o objetivo de prevenir o uso indevido delas e de possibilitar a atenção e reinserção social de usuários e dependentes de drogas.

Art. 74. Esta Lei entra em vigor 45 (quarenta e cinco) dias após a sua publicação.

Art. 75. Revogam-se a Lei nº 6.368, de 21 de outubro de 1976, e a Lei nº 10.409, de 11 de janeiro de 2002.

Brasília, 23 de agosto de 2006; 185º da Independência e 118º da República.
LUIZ INÁCIO LULA DA SILVA
Márcio Thomaz Bastos
Guido Mantega
Jorge Armando Felix

Este texto não substitui o publicado no DOU de 24.8.2006

Lei n. 11.340/2006 (Maria da Penha)

LEI Nº 11.340, DE 7 DE AGOSTO DE 2006
Cria mecanismos para coibir a violência doméstica e familiar contra a mulher, nos termos do § 8º do art. 226 da Constituição Federal, da Convenção sobre a Eliminação de Todas as Formas de Discriminação contra as Mulheres e da Convenção Interamericana para Prevenir, Punir e Erradicar a Violência contra a Mulher; dispõe sobre a criação dos Juizados de Violência Doméstica e Familiar contra a Mulher; altera o Código de Processo Penal, o Código Penal e a Lei de Execução Penal; e dá outras providências.

O PRESIDENTE DA REPÚBLICA Faço saber que o Congresso Nacional decreta e eu sanciono a seguinte Lei:

TÍTULO I
Disposições Preliminares

Art. 1. Esta Lei cria mecanismos para coibir e prevenir a violência doméstica e familiar contra a mulher, nos termos do § 8º do art. 226 da Constituição Federal, da Convenção sobre a Eliminação de Todas as Formas de Violência contra a Mulher, da Convenção Interamericana para Prevenir, Punir e Erradicar a Violência contra a Mulher e de outros tratados internacionais ratificados pela República Federativa do Brasil; dispõe sobre a criação dos Juizados de Violência Doméstica e Familiar contra a Mulher; e estabelece medidas de assistência e proteção às mulheres em situação de violência doméstica e familiar.

Art. 2. Toda mulher, independentemente de classe, raça, etnia, orientação sexual, renda, cultura, nível educacional, idade e religião, goza dos direitos fundamentais inerentes à pessoa humana, sendo-lhe asseguradas as oportunidades e facilidades para viver sem violência, preservar sua saúde física e mental e seu aperfeiçoamento moral, intelectual e social.

Art. 3. Serão asseguradas às mulheres as condições para o exercício efetivo dos direitos à vida, à segurança, à saúde, à alimentação, à educação, à cultura, à moradia, ao acesso à justiça, ao esporte, ao lazer, ao trabalho, à cidadania, à liberdade, à dignidade, ao respeito e à convivência familiar e comunitária.

§ 1º O poder público desenvolverá políticas que visem garantir os direitos humanos das mulheres no âmbito das relações domésticas e familiares no sentido de resguardá-las de toda forma de negligência, discriminação, exploração, violência, crueldade e opressão.

§ 2º Cabe à família, à sociedade e ao poder público criar as condições necessárias para o efetivo exercício dos direitos enunciados no caput.

Art. 4. Na interpretação desta Lei, serão considerados os fins sociais a que ela se destina e, especialmente, as condições peculiares das mulheres em situação de violência doméstica e familiar.

TÍTULO II
Da Violência Doméstica e Familiar Contra a Mulher

CAPÍTULO I
Disposições Gerais

Art. 5. Para os efeitos desta Lei, configura violência doméstica e familiar contra a mulher qualquer ação ou omissão baseada no gênero que lhe cause morte, lesão, sofrimento físico, sexual ou psicológico e dano moral ou patrimonial:

I. no âmbito da unidade doméstica, compreendida como o espaço de convívio permanente de pessoas,

com ou sem vínculo familiar, inclusive as esporadicamente agregadas;
II. no âmbito da família, compreendida como a comunidade formada por indivíduos que são ou se consideram aparentados, unidos por laços naturais, por afinidade ou por vontade expressa;
III. em qualquer relação íntima de afeto, na qual o agressor conviva ou tenha convivido com a ofendida, independentemente de coabitação.
Parágrafo único. As relações pessoais enunciadas neste artigo independem de orientação sexual.
Art. 6. A violência doméstica e familiar contra a mulher constitui uma das formas de violação dos direitos humanos.

CAPÍTULO II

Das Formas de Violência Doméstica e Familiar Contra a Mulher

Art. 7. São formas de violência doméstica e familiar contra a mulher, entre outras:
I. a violência física, entendida como qualquer conduta que ofenda sua integridade ou saúde corporal;
II. a violência psicológica, entendida como qualquer conduta que lhe cause dano emocional e diminuição da autoestima ou que lhe prejudique e perturbe o pleno desenvolvimento ou que vise degradar ou controlar suas ações, comportamentos, crenças e decisões, mediante ameaça, constrangimento, humilhação, manipulação, isolamento, vigilância constante, perseguição contumaz, insulto, chantagem, violação de sua intimidade, ridicularização, exploração e limitação do direito de ir e vir ou qualquer outro meio que lhe cause prejuízo à saúde psicológica e à autodeterminação;
III. a violência sexual, entendida como qualquer conduta que a constranja a presenciar, a manter ou a participar de relação sexual não desejada, mediante intimidação, ameaça, coação ou uso da força; que a induza a comercializar ou a utilizar, de qualquer modo, a sua sexualidade, que a impeça de usar qualquer método contraceptivo ou que a force ao matrimônio, à gravidez, ao aborto ou à prostituição, mediante coação, chantagem, suborno ou manipulação; ou que limite ou anule o exercício de seus direitos sexuais e reprodutivos;
IV. a violência patrimonial, entendida como qualquer conduta que configure retenção, subtração, destruição parcial ou total de seus objetos, instrumentos de trabalho, documentos pessoais, bens, valores e direitos ou recursos econômicos, incluindo os destinados a satisfazer suas necessidades;
V. a violência moral, entendida como qualquer conduta que configure calúnia, difamação ou injúria.

TÍTULO III

Da Assistência à Mulher em Situação de Violência Doméstica e Familiar

CAPÍTULO I

Das Medidas Integradas de Prevenção

Art. 8. A política pública que visa coibir a violência doméstica e familiar contra a mulher far-se-á por meio de um conjunto articulado de ações da União, dos Estados, do Distrito Federal e dos Municípios e de ações não governamentais, tendo por diretrizes:
I. a integração operacional do Poder Judiciário, do Ministério Público e da Defensoria Pública com as áreas de segurança pública, assistência social, saúde, educação, trabalho e habitação;
II. a promoção de estudos e pesquisas, estatísticas e outras informações relevantes, com a perspectiva de gênero e de raça ou etnia, concernentes às causas, às consequências e à frequência da violência doméstica e familiar contra a mulher, para a sistematização de dados, a serem unificados nacionalmente, e a avaliação periódica dos resultados das medidas adotadas;
III. o respeito, nos meios de comunicação social, dos valores éticos e sociais da pessoa e da família, de forma a coibir os papéis estereotipados que legitimem ou exacerbem a violência doméstica e familiar, de acordo com o estabelecido no inciso III do art. 1º, no inciso IV do art. 3º e no inciso IV do art. 221 da Constituição Federal;
IV. a implementação de atendimento policial especializado para as mulheres, em particular nas Delegacias de Atendimento à Mulher;
V. a promoção e a realização de campanhas educativas de prevenção da violência doméstica e familiar contra a mulher, voltadas ao público escolar e à sociedade em geral, e a difusão desta Lei e dos instrumentos de proteção aos direitos humanos das mulheres;

VI. a celebração de convênios, protocolos, ajustes, termos ou outros instrumentos de promoção de parceria entre órgãos governamentais ou entre estes e entidades não governamentais, tendo por objetivo a implementação de programas de erradicação da violência doméstica e familiar contra a mulher;

VII. a capacitação permanente das Polícias Civil e Militar, da Guarda Municipal, do Corpo de Bombeiros e dos profissionais pertencentes aos órgãos e às áreas enunciados no inciso I quanto às questões de gênero e de raça ou etnia;

VIII. a promoção de programas educacionais que disseminem valores éticos de irrestrito respeito à dignidade da pessoa humana com a perspectiva de gênero e de raça ou etnia;

IX. o destaque, nos currículos escolares de todos os níveis de ensino, para os conteúdos relativos aos direitos humanos, à equidade de gênero e de raça ou etnia e ao problema da violência doméstica e familiar contra a mulher.

CAPÍTULO II

Da Assistência à Mulher em Situação de Violência Doméstica e Familiar

Art. 9. A assistência à mulher em situação de violência doméstica e familiar será prestada de forma articulada e conforme os princípios e as diretrizes previstos na Lei Orgânica da Assistência Social, no Sistema Único de Saúde, no Sistema Único de Segurança Pública, entre outras normas e políticas públicas de proteção, e emergencialmente quando for o caso.

§ 1º O juiz determinará, por prazo certo, a inclusão da mulher em situação de violência doméstica e familiar no cadastro de programas assistenciais do governo federal, estadual e municipal.

§ 2º O juiz assegurará à mulher em situação de violência doméstica e familiar, para preservar sua integridade física e psicológica:

I. acesso prioritário à remoção quando servidora pública, integrante da administração direta ou indireta;

II. manutenção do vínculo trabalhista, quando necessário o afastamento do local de trabalho, por até seis meses.

III. encaminhamento à assistência judiciária, quando for o caso, inclusive para eventual ajuizamento da ação de separação judicial, de divórcio, de anulação de casamento ou de dissolução de união estável perante o juízo competente. **(Incluído pela Lei nº 13.894, de 2019)**

§ 3º A assistência à mulher em situação de violência doméstica e familiar compreenderá o acesso aos benefícios decorrentes do desenvolvimento científico e tecnológico, incluindo os serviços de contracepção de emergência, a profilaxia das Doenças Sexualmente Transmissíveis (DST) e da Síndrome da Imunodeficiência Adquirida (AIDS) e outros procedimentos médicos necessários e cabíveis nos casos de violência sexual.

§ 4º Aquele que, por ação ou omissão, causar lesão, violência física, sexual ou psicológica e dano moral ou patrimonial a mulher fica obrigado a ressarcir todos os danos causados, inclusive ressarcir ao Sistema Único de Saúde (SUS), de acordo com a tabela SUS, os custos relativos aos serviços de saúde prestados para o total tratamento das vítimas em situação de violência doméstica e familiar, recolhidos os recursos assim arrecadados ao Fundo de Saúde do ente federado responsável pelas unidades de saúde que prestarem os serviços. **(Vide Lei nº 13.871, de 2019)**

§ 5º Os dispositivos de segurança destinados ao uso em caso de perigo iminente e disponibilizados para o monitoramento das vítimas de violência doméstica ou familiar amparadas por medidas protetivas terão seus custos ressarcidos pelo agressor. **(Vide Lei nº 13.871, de 2019)**

§ 6º O ressarcimento de que tratam os §§ 4º e 5º deste artigo não poderá importar ônus de qualquer natureza ao patrimônio da mulher e dos seus dependentes, nem configurar atenuante ou ensejar possibilidade de substituição da pena aplicada. **(Vide Lei nº 13.871, de 2019)**

§ 7º A mulher em situação de violência doméstica e familiar tem prioridade para matricular seus dependentes em instituição de educação básica mais próxima de seu domicílio, ou transferi-los para essa instituição, mediante a apresentação dos documentos comprobatórios do registro da ocorrência policial ou do processo de violência doméstica e familiar em curso. **(Incluído pela Lei nº 13.882, de 2019)**

§ 8º Serão sigilosos os dados da ofendida e de seus dependentes matriculados ou transferidos conforme o disposto no § 7º deste artigo, e o acesso às informações será reservado ao juiz, ao Ministério Público e aos órgãos competentes do poder público. **(Incluído pela Lei nº 13.882, de 2019)**

CAPÍTULO III

Do Atendimento Pela Autoridade Policial

Art. 10. Na hipótese da iminência ou da prática de violência doméstica e familiar contra a mulher, a autoridade policial que tomar conhecimento da ocorrência adotará, de imediato, as providências legais cabíveis.

Parágrafo único. Aplica-se o disposto no caput deste artigo ao descumprimento de medida protetiva de urgência deferida.

Art. 10-A. É direito da mulher em situação de violência doméstica e familiar o atendimento policial e pericial especializado, ininterrupto e prestado por servidores – preferencialmente do sexo feminino previamente capacitados.

§ 1º A inquirição de mulher em situação de violência doméstica e familiar ou de testemunha de violência doméstica, quando se tratar de crime contra a mulher, obedecerá às seguintes diretrizes:

I. salvaguarda da integridade física, psíquica e emocional da depoente, considerada a sua condição peculiar de pessoa em situação de violência doméstica e familiar;

II. garantia de que, em nenhuma hipótese, a mulher em situação de violência doméstica e familiar, familiares e testemunhas terão contato direto com investigados ou suspeitos e pessoas a eles relacionadas;

III. não revitimização da depoente, evitando sucessivas inquirições sobre o mesmo fato nos âmbitos criminal, cível e administrativo, bem como questionamentos sobre a vida privada.

§ 2º Na inquirição de mulher em situação de violência doméstica e familiar ou de testemunha de delitos de que trata esta Lei, adotar-se-á, preferencialmente, o seguinte procedimento:

I. a inquirição será feita em recinto especialmente projetado para esse fim, o qual conterá os equipamentos próprios e adequados à idade da mulher em situação de violência doméstica e familiar ou testemunha e ao tipo e à gravidade da violência sofrida;

II. quando for o caso, a inquirição será intermediada por profissional especializado em violência doméstica e familiar designado pela autoridade judiciária ou policial;

III. o depoimento será registrado em meio eletrônico ou magnético, devendo a degravação e a mídia integrar o inquérito.

Art. 11. No atendimento à mulher em situação de violência doméstica e familiar, a autoridade policial deverá, entre outras providências:

I. garantir proteção policial, quando necessário, comunicando de imediato ao Ministério Público e ao Poder Judiciário;

II. encaminhar a ofendida ao hospital ou posto de saúde e ao Instituto Médico Legal;

III. fornecer transporte para a ofendida e seus dependentes para abrigo ou local seguro, quando houver risco de vida;

IV. se necessário, acompanhar a ofendida para assegurar a retirada de seus pertences do local da ocorrência ou do domicílio familiar;

V. informar à ofendida os direitos a ela conferidos nesta Lei e os serviços disponíveis, inclusive os de assistência judiciária para o eventual ajuizamento perante o juízo competente da ação de separação judicial, de divórcio, de anulação de casamento ou de dissolução de união estável. (Redação dada pela Lei nº 13.894, de 2019)

Art. 12. Em todos os casos de violência doméstica e familiar contra a mulher, feito o registro da ocorrência, deverá a autoridade policial adotar, de imediato, os seguintes procedimentos, sem prejuízo daqueles previstos no Código de Processo Penal:

I. ouvir a ofendida, lavrar o boletim de ocorrência e tomar a representação a termo, se apresentada;

II. colher todas as provas que servirem para o esclarecimento do fato e de suas circunstâncias;

III. remeter, no prazo de 48 (quarenta e oito) horas, expediente apartado ao juiz com o pedido da ofendida, para a concessão de medidas protetivas de urgência;

IV. determinar que se proceda ao exame de corpo de delito da ofendida e requisitar outros exames periciais necessários;

V. ouvir o agressor e as testemunhas;

VI. ordenar a identificação do agressor e fazer juntar aos autos sua folha de antecedentes criminais, indicando a existência de mandado de prisão ou registro de outras ocorrências policiais contra ele;

VI-A. verificar se o agressor possui registro de porte ou posse de arma de fogo e, na hipótese de existência, juntar aos autos essa informação, bem como notificar a ocorrência à instituição responsável pela concessão do registro ou da emissão do porte, nos termos da Lei nº 10.826, de 22 de dezembro de 2003 (Estatuto do Desarmamento); (Incluído pela Lei nº 13.880, de 2019)

VII. remeter, no prazo legal, os autos do inquérito policial ao juiz e ao Ministério Público.

§ 1º O pedido da ofendida será tomado a termo pela autoridade policial e deverá conter:

I. qualificação da ofendida e do agressor;

II. nome e idade dos dependentes;

III. descrição sucinta do fato e das medidas protetivas solicitadas pela ofendida.

IV. informação sobre a condição de a ofendida ser pessoa com deficiência e se da violência sofrida resultou deficiência ou agravamento de deficiência preexistente. **(Incluído pela Lei nº 13.836, de 2019)**

§ 2º A autoridade policial deverá anexar ao documento referido no § 1º o boletim de ocorrência e cópia de todos os documentos disponíveis em posse da ofendida.

§ 3º Serão admitidos como meios de prova os laudos ou prontuários médicos fornecidos por hospitais e postos de saúde.

Art. 12-A. Os Estados e o Distrito Federal, na formulação de suas políticas e planos de atendimento à mulher em situação de violência doméstica e familiar, darão prioridade, no âmbito da Polícia Civil, à criação de Delegacias Especializadas de Atendimento à Mulher (Deams), de Núcleos Investigativos de Feminicídio e de equipes especializadas para o atendimento e a investigação das violências graves contra a mulher.

Art. 12-B. (VETADO). (Incluído pela Lei nº 13.505, de 2017)

§ 1º (VETADO). (Incluído pela Lei nº 13.505, de 2017)

§ 2º (VETADO. (Incluído pela Lei nº 13.505, de 2017)

§ 3º A autoridade policial poderá requisitar os serviços públicos necessários à defesa da mulher em situação de violência doméstica e familiar e de seus dependentes.

Art. 12-C. Verificada a existência de risco atual ou iminente à vida ou à integridade física da mulher em situação de violência doméstica e familiar, ou de seus dependentes, o agressor será imediatamente afastado do lar, domicílio ou local de convivência com a ofendida: **(Redação dada pela Lei nº 14.188, de 2021)**

TÍTULO IV
Dos Procedimentos

CAPÍTULO I
Disposições Gerais

Art. 13. Ao processo, ao julgamento e à execução das causas cíveis e criminais decorrentes da prática de violência doméstica e familiar contra a mulher aplicar-se-ão as normas dos Códigos de Processo Penal e Processo Civil e da legislação específica relativa à criança, ao adolescente e ao idoso que não conflitarem com o estabelecido nesta Lei.

Art. 14. Os Juizados de Violência Doméstica e Familiar contra a Mulher, órgãos da Justiça Ordinária com competência cível e criminal, poderão ser criados pela União, no Distrito Federal e nos Territórios, e pelos Estados, para o processo, o julgamento e a execução das causas decorrentes da prática de violência doméstica e familiar contra a mulher.

Parágrafo único. Os atos processuais poderão realizar-se em horário noturno, conforme dispuserem as normas de organização judiciária.

Art. 14-A. A ofendida tem a opção de propor ação de divórcio ou de dissolução de união estável no Juizado de Violência Doméstica e Familiar contra a Mulher. **(Incluído pela Lei nº 13.894, de 2019)**

§ 1º Exclui-se da competência dos Juizados de Violência Doméstica e Familiar contra a Mulher a pretensão relacionada à partilha de bens. **(Incluído pela Lei nº 13.894, de 2019)**

§ 2º Iniciada a situação de violência doméstica e familiar após o ajuizamento da ação de divórcio ou de dissolução de união estável, a ação terá preferência no juízo onde estiver. **(Incluído pela Lei nº 13.894, de 2019)**

Art. 15. É competente, por opção da ofendida, para os processos cíveis regidos por esta Lei, o Juizado:

I. do seu domicílio ou de sua residência;

II. do lugar do fato em que se baseou a demanda;

III. do domicílio do agressor.

Art. 16. Nas ações penais públicas condicionadas à representação da ofendida de que trata esta Lei, só será admitida a renúncia à representação perante o juiz, em audiência especialmente designada com tal finalidade, antes do recebimento da denúncia e ouvido o Ministério Público.

Art. 17. É vedada a aplicação, nos casos de violência doméstica e familiar contra a mulher, de penas de cesta básica ou outras de prestação pecuniária, bem como a substituição de pena que implique o pagamento isolado de multa.

CAPÍTULO II
Das Medidas Protetivas de Urgência

SEÇÃO I
Disposições Gerais

Art. 18. Recebido o expediente com o pedido da ofendida, caberá ao juiz, no prazo de 48 (quarenta e oito) horas:
I. conhecer do expediente e do pedido e decidir sobre as medidas protetivas de urgência;
II. determinar o encaminhamento da ofendida ao órgão de assistência judiciária, quando for o caso, inclusive para o ajuizamento da ação de separação judicial, de divórcio, de anulação de casamento ou de dissolução de união estável perante o juízo competente; **(Redação dada pela Lei nº 13.894, de 2019)**
III. comunicar ao Ministério Público para que adote as providências cabíveis.
IV. determinar a apreensão imediata de arma de fogo sob a posse do agressor. **(Incluído pela Lei nº 13.880, de 2019)**

Art. 19. As medidas protetivas de urgência poderão ser concedidas pelo juiz, a requerimento do Ministério Público ou a pedido da ofendida.
§ 1º As medidas protetivas de urgência poderão ser concedidas de imediato, independentemente de audiência das partes e de manifestação do Ministério Público, devendo este ser prontamente comunicado.
§ 2º As medidas protetivas de urgência serão aplicadas isolada ou cumulativamente, e poderão ser substituídas a qualquer tempo por outras de maior eficácia, sempre que os direitos reconhecidos nesta Lei forem ameaçados ou violados.
§ 3º Poderá o juiz, a requerimento do Ministério Público ou a pedido da ofendida, conceder novas medidas protetivas de urgência ou rever aquelas já concedidas, se entender necessário à proteção da ofendida, de seus familiares e de seu patrimônio, ouvido o Ministério Público.

Art. 20. Em qualquer fase do inquérito policial ou da instrução criminal, caberá a prisão preventiva do agressor, decretada pelo juiz, de ofício, a requerimento do Ministério Público ou mediante representação da autoridade policial.
Parágrafo único. O juiz poderá revogar a prisão preventiva se, no curso do processo, verificar a falta de motivo para que subsista, bem como de novo decretá-la, se sobrevierem razões que a justifiquem.

Art. 21. A ofendida deverá ser notificada dos atos processuais relativos ao agressor, especialmente dos pertinentes ao ingresso e à saída da prisão, sem prejuízo da intimação do advogado constituído ou do defensor público.
Parágrafo único. A ofendida não poderá entregar intimação ou notificação ao agressor.

SEÇÃO II
Das Medidas Protetivas de Urgência que Obrigam o Agressor

Art. 22. Constatada a prática de violência doméstica e familiar contra a mulher, nos termos desta Lei, o juiz poderá aplicar, de imediato, ao agressor, em conjunto ou separadamente, as seguintes medidas protetivas de urgência, entre outras:
I. suspensão da posse ou restrição do porte de armas, com comunicação ao órgão competente, nos termos da Lei nº 10.826, de 22 de dezembro de 2003;
II. afastamento do lar, domicílio ou local de convivência com a ofendida;
III. proibição de determinadas condutas, entre as quais:
a) aproximação da ofendida, de seus familiares e das testemunhas, fixando o limite mínimo de distância entre estes e o agressor;
b) contato com a ofendida, seus familiares e testemunhas por qualquer meio de comunicação;
c) frequentação de determinados lugares a fim de preservar a integridade física e psicológica da ofendida;
IV. restrição ou suspensão de visitas aos dependentes menores, ouvida a equipe de atendimento multidisciplinar ou serviço similar;
V. prestação de alimentos provisionais ou provisórios.

VI. comparecimento do agressor a programas de recuperação e reeducação; e **(Incluído pela Lei nº 13.984, de 2020)**

VII. acompanhamento psicossocial do agressor, por meio de atendimento individual e/ou em grupo de apoio. (Incluído pela Lei nº 13.984, de 2020)

§ 1º As medidas referidas neste artigo não impedem a aplicação de outras previstas na legislação em vigor, sempre que a segurança da ofendida ou as circunstâncias o exigirem, devendo a providência ser comunicada ao Ministério Público.

§ 2º Na hipótese de aplicação do inciso I, encontrando-se o agressor nas condições mencionadas no caput e incisos do art. 6º da Lei nº 10.826, de 22 de dezembro de 2003, o juiz comunicará ao respectivo órgão, corporação ou instituição as medidas protetivas de urgência concedidas e determinará a restrição do porte de armas, ficando o superior imediato do agressor responsável pelo cumprimento da determinação judicial, sob pena de incorrer nos crimes de prevaricação ou de desobediência, conforme o caso.

§ 3º Para garantir a efetividade das medidas protetivas de urgência, poderá o juiz requisitar, a qualquer momento, auxílio da força policial.

§ 4º Aplica-se às hipóteses previstas neste artigo, no que couber, o disposto no caput e nos §§ 5º e 6º do art. 461 da Lei no 5.869, de 11 de janeiro de 1973 (Código de Processo Civil).

SEÇÃO III
Das Medidas Protetivas de Urgência à Ofendida

Art. 23. Poderá o juiz, quando necessário, sem prejuízo de outras medidas:

I. encaminhar a ofendida e seus dependentes a programa oficial ou comunitário de proteção ou de atendimento;

II. determinar a recondução da ofendida e a de seus dependentes ao respectivo domicílio, após afastamento do agressor;

III. determinar o afastamento da ofendida do lar, sem prejuízo dos direitos relativos a bens, guarda dos filhos e alimentos;

IV. determinar a separação de corpos.

V. determinar a matrícula dos dependentes da ofendida em instituição de educação básica mais próxima do seu domicílio, ou a transferência deles para essa instituição, independentemente da existência de vaga. **(Incluído pela Lei nº 13.882, de 2019)**

Art. 24. Para a proteção patrimonial dos bens da sociedade conjugal ou daqueles de propriedade particular da mulher, o juiz poderá determinar, liminarmente, as seguintes medidas, entre outras:

I. restituição de bens indevidamente subtraídos pelo agressor à ofendida;

II. proibição temporária para a celebração de atos e contratos de compra, venda e locação de propriedade em comum, salvo expressa autorização judicial;

III. suspensão das procurações conferidas pela ofendida ao agressor;

IV. prestação de caução provisória, mediante depósito judicial, por perdas e danos materiais decorrentes da prática de violência doméstica e familiar contra a ofendida.

Parágrafo único. Deverá o juiz oficiar ao cartório competente para os fins previstos nos incisos II e III deste artigo.

SEÇÃO IV
Do Crime de Descumprimento de Medidas Protetivas de Urgência

Descumprimento de Medidas Protetivas de Urgência

Art. 24-A. Descumprir decisão judicial que defere medidas protetivas de urgência previstas nesta Lei: Pena – detenção, de 3 (três) meses a 2 (dois) anos.

§ 1º A configuração do crime independe da competência civil ou criminal do juiz que deferiu as medidas.

§ 2º Na hipótese de prisão em flagrante, apenas a autoridade judicial poderá conceder fiança.

§ 3º O disposto neste artigo não exclui a aplicação de outras sanções cabíveis.

CAPÍTULO III
Da Atuação do Ministério Público

Art. 25. O Ministério Público intervirá, quando não for parte, nas causas cíveis e criminais decorrentes da violência doméstica e familiar contra a mulher.

Art. 26. Caberá ao Ministério Público, sem prejuízo de outras atribuições, nos casos de violência doméstica e familiar contra a mulher, quando necessário:

I. requisitar força policial e serviços públicos de saúde, de educação, de assistência social e de segurança, entre outros;
II. fiscalizar os estabelecimentos públicos e particulares de atendimento à mulher em situação de violência doméstica e familiar, e adotar, de imediato, as medidas administrativas ou judiciais cabíveis no tocante a quaisquer irregularidades constatadas;
III. cadastrar os casos de violência doméstica e familiar contra a mulher.

CAPÍTULO IV
Da Assistência Judiciária

Art. 27. Em todos os atos processuais, cíveis e criminais, a mulher em situação de violência doméstica e familiar deverá estar acompanhada de advogado, ressalvado o previsto no art. 19 desta Lei.

Art. 28. É garantido a toda mulher em situação de violência doméstica e familiar o acesso aos serviços de Defensoria Pública ou de Assistência Judiciária Gratuita, nos termos da lei, em sede policial e judicial, mediante atendimento específico e humanizado.

TÍTULO V
Da Equipe de Atendimento Multidisciplinar

Art. 29. Os Juizados de Violência Doméstica e Familiar contra a Mulher que vierem a ser criados poderão contar com uma equipe de atendimento multidisciplinar, a ser integrada por profissionais especializados nas áreas psicossocial, jurídica e de saúde.

Art. 30. Compete à equipe de atendimento multidisciplinar, entre outras atribuições que lhe forem reservadas pela legislação local, fornecer subsídios por escrito ao juiz, ao Ministério Público e à Defensoria Pública, mediante laudos ou verbalmente em audiência, e desenvolver trabalhos de orientação, encaminhamento, prevenção e outras medidas, voltados para a ofendida, o agressor e os familiares, com especial atenção às crianças e aos adolescentes.

Art. 31. Quando a complexidade do caso exigir avaliação mais aprofundada, o juiz poderá determinar a manifestação de profissional especializado, mediante a indicação da equipe de atendimento multidisciplinar.

Art. 32. O Poder Judiciário, na elaboração de sua proposta orçamentária, poderá prever recursos para a criação e manutenção da equipe de atendimento multidisciplinar, nos termos da Lei de Diretrizes Orçamentárias.

TÍTULO VI
Disposições Transitórias

Art. 33. Enquanto não estruturados os Juizados de Violência Doméstica e Familiar contra a Mulher, as varas criminais acumularão as competências cível e criminal para conhecer e julgar as causas decorrentes da prática de violência doméstica e familiar contra a mulher, observadas as previsões do Título IV desta Lei, subsidiada pela legislação processual pertinente.

Parágrafo único. Será garantido o direito de preferência, nas varas criminais, para o processo e o julgamento das causas referidas no caput.

TÍTULO VII
Disposições Finais

Art. 34. A instituição dos Juizados de Violência Doméstica e Familiar contra a Mulher poderá ser acompanhada pela implantação das curadorias necessárias e do serviço de assistência judiciária.

Art. 35. A União, o Distrito Federal, os Estados e os Municípios poderão criar e promover, no limite das respectivas competências:
I. centros de atendimento integral e multidisciplinar para mulheres e respectivos dependentes em situação de violência doméstica e familiar;
II. casas-abrigos para mulheres e respectivos dependentes menores em situação de violência doméstica e familiar;
III. delegacias, núcleos de defensoria pública, serviços de saúde e centros de perícia médico-legal especializados no atendimento à mulher em situação de violência doméstica e familiar;
IV. programas e campanhas de enfrentamento da violência doméstica e familiar;
V. centros de educação e de reabilitação para os agressores.

Art. 36. A União, os Estados, o Distrito Federal e os Municípios promoverão a adaptação de seus órgãos e de seus programas às diretrizes e aos princípios desta Lei.

Art. 37. A defesa dos interesses e direitos transindividuais previstos nesta Lei poderá ser exercida, concorrentemente, pelo Ministério Público e por associação de atuação na área, regularmente constituída há pelo menos um ano, nos termos da legislação civil.

Parágrafo único. O requisito da pré-constituição poderá ser dispensado pelo juiz quando entender que não há outra entidade com representatividade adequada para o ajuizamento da demanda coletiva.

Art. 38. As estatísticas sobre a violência doméstica e familiar contra a mulher serão incluídas nas bases de dados dos órgãos oficiais do Sistema de Justiça e Segurança a fim de subsidiar o sistema nacional de dados e informações relativo às mulheres.

Parágrafo único. As Secretarias de Segurança Pública dos Estados e do Distrito Federal poderão remeter suas informações criminais para a base de dados do Ministério da Justiça.

Art. 38-A. O juiz competente providenciará o registro da medida protetiva de urgência. **(Incluído pela Lei nº 13.827, de 2019)**

Parágrafo único. As medidas protetivas de urgência serão registradas em banco de dados mantido e regulamentado pelo Conselho Nacional de Justiça, garantido o acesso do Ministério Público, da Defensoria Pública e dos órgãos de segurança pública e de assistência social, com vistas à fiscalização e à efetividade das medidas protetivas. **(Incluído pela Lei nº 13.827, de 2019)**

Art. 39. A União, os Estados, o Distrito Federal e os Municípios, no limite de suas competências e nos termos das respectivas leis de diretrizes orçamentárias, poderão estabelecer dotações orçamentárias específicas, em cada exercício financeiro, para a implementação das medidas estabelecidas nesta Lei.

Art. 40. As obrigações previstas nesta Lei não excluem outras decorrentes dos princípios por ela adotados.

Art. 41. Aos crimes praticados com violência doméstica e familiar contra a mulher, independentemente da pena prevista, não se aplica a Lei nº 9.099, de 26 de setembro de 1995.

Art. 42. O art. 313 do Decreto-Lei nº 3.689, de 3 de outubro de 1941 (Código de Processo Penal), passa a vigorar acrescido do seguinte inciso IV:

"Art. 313..
....

VI. se o crime envolver violência doméstica e familiar contra a mulher, nos termos da lei específica, para garantir a execução das medidas protetivas de urgência." (NR)

Art. 43. A alínea f do inciso II do art. 61 do Decreto-Lei nº 2.848, de 7 de dezembro de 1940 (Código Penal), passa a vigorar com a seguinte redação:

"Art. 61..
....

I. ....
....

f) com abuso de autoridade ou prevalecendo-se de relações domésticas, de coabitação ou de hospitalidade, ou com violência contra a mulher na forma da lei específica;
...." (NR)

Art. 44. O art. 129 do Decreto-Lei nº 2.848, de 7 de dezembro de 1940 (Código Penal), passa a vigorar com as seguintes alterações:

"Art. 129..
....

§ 9º Se a lesão for praticada contra ascendente, descendente, irmão, cônjuge ou companheiro, ou com quem conviva ou tenha convivido, ou, ainda, prevalecendo-se o agente das relações domésticas, de coabitação ou de hospitalidade:

Pena – detenção, de 3 (três) meses a 3 (três) anos.
....

§ 11º Na hipótese do § 9º deste artigo, a pena será aumentada de um terço se o crime for cometido contra pessoa portadora de deficiência." (NR)

Art. 45. O art. 152 da Lei nº 7.210, de 11 de julho de 1984 (Lei de Execução Penal), passa a vigorar com a seguinte redação:

"Art. 152..

Parágrafo único. Nos casos de violência doméstica contra a mulher, o juiz poderá determinar o comparecimento obrigatório do agressor a programas de recuperação e reeducação." (NR)

Art. 46. Esta Lei entra em vigor 45 (quarenta e cinco) dias após sua publicação.

Brasília, 7 de agosto de 2006; 185º da Independência e 118º da República.

LUIZ INÁCIO LULA DA SILVA
Dilma Rousseff

Este texto não substitui o publicado no DOU de 8.8.2006

Lei n. 12.037/2009 (Identificação Criminal)

LEI Nº 12.037, DE 1º DE OUTUBRO DE 2009.
Dispõe sobre a identificação criminal do civilmente identificado, regulamentando o art. 5º, inciso LVIII, da Constituição Federal.

O VICE-PRESIDENTE DA REPÚBLICA, no exercício do cargo de PRESIDENTE DA REPÚBLICA Faço saber que o Congresso Nacional decreta e eu sanciono a seguinte Lei:

Art. 1. O civilmente identificado não será submetido a identificação criminal, salvo nos casos previstos nesta Lei.

Art. 2. A identificação civil é atestada por qualquer dos seguintes documentos:
I. carteira de identidade;
II. carteira de trabalho;
III. carteira profissional;
IV. passaporte;
V. carteira de identificação funcional;
VI. outro documento público que permita a identificação do indiciado.

Parágrafo único. Para as finalidades desta Lei, equiparam-se aos documentos de identificação civis os documentos de identificação militares.

Art. 3. Embora apresentado documento de identificação, poderá ocorrer identificação criminal quando:
I. o documento apresentar rasura ou tiver indício de falsificação;
II. o documento apresentado for insuficiente para identificar cabalmente o indiciado;
III. o indiciado portar documentos de identidade distintos, com informações conflitantes entre si;
IV. a identificação criminal for essencial às investigações policiais, segundo despacho da autoridade judiciária competente, que decidirá de ofício ou mediante representação da autoridade policial, do Ministério Público ou da defesa;
V. constar de registros policiais o uso de outros nomes ou diferentes qualificações;
VI. o estado de conservação ou a distância temporal ou da localidade da expedição do documento apresentado impossibilite a completa identificação dos caracteres essenciais.

Parágrafo único. As cópias dos documentos apresentados deverão ser juntadas aos autos do inquérito, ou outra forma de investigação, ainda que consideradas insuficientes para identificar o indiciado.

Art. 4. Quando houver necessidade de identificação criminal, a autoridade encarregada tomará as providências necessárias para evitar o constrangimento do identificado.

Art. 5. A identificação criminal incluirá o processo datiloscópico e o fotográfico, que serão juntados aos autos da comunicação da prisão em flagrante, ou do inquérito policial ou outra forma de investigação.

Parágrafo único. Na hipótese do inciso IV do art. 3º, a identificação criminal poderá incluir a coleta de material biológico para a obtenção do perfil genético.

Art. 5-A. Os dados relacionados à coleta do perfil genético deverão ser armazenados em banco de dados de perfis genéticos, gerenciado por unidade oficial de perícia criminal.

§ 1º As informações genéticas contidas nos bancos de dados de perfis genéticos não poderão revelar traços somáticos ou comportamentais das pessoas, exceto determinação genética de gênero, consoante as normas constitucionais e internacionais sobre direitos humanos, genoma humano e dados genéticos.

§ 2º Os dados constantes dos bancos de dados de perfis genéticos terão caráter sigiloso, respondendo civil, penal e administrativamente aquele que permitir ou promover sua utilização para fins diversos dos previstos nesta Lei ou em decisão judicial.

§ 3º As informações obtidas a partir da coincidência de perfis genéticos deverão ser consignadas em laudo pericial firmado por perito oficial devidamente habilitado.

Art. 6. É vedado mencionar a identificação criminal do indiciado em atestados de antecedentes ou em informações não destinadas ao juízo criminal, antes do trânsito em julgado da sentença condenatória.

Art. 7. No caso de não oferecimento da denúncia, ou sua rejeição, ou absolvição, é facultado ao indiciado ou ao réu, após o arquivamento definitivo do inquérito, ou trânsito em julgado da sentença, requerer a retirada da identificação fotográfica do inquérito ou processo, desde que apresente provas de sua identificação civil.

Art. 7-A. A exclusão dos perfis genéticos dos bancos de dados ocorrerá: **(Redação dada pela Lei nº 13.964, de 2019)**

I. no caso de absolvição do acusado; ou **(Incluído pela Lei nº 13.964, de 2019)**

II. no caso de condenação do acusado, mediante requerimento, após decorridos 20 (vinte) anos do cumprimento da pena. **(Incluído pela Lei nº 13.964, de 2019)**

Art. 7-B. A identificação do perfil genético será armazenada em banco de dados sigiloso, conforme regulamento a ser expedido pelo Poder Executivo.

Art. 7-C. Fica autorizada a criação, no Ministério da Justiça e Segurança Pública, do Banco Nacional Multibiométrico e de Impressões Digitais. **(Incluído pela Lei nº 13.964, de 2019)**

§ 1º A formação, a gestão e o acesso ao Banco Nacional Multibiométrico e de Impressões Digitais serão regulamentados em ato do Poder Executivo federal. **(Incluído pela Lei nº 13.964, de 2019)**

§ 2º O Banco Nacional Multibiométrico e de Impressões Digitais tem como objetivo armazenar dados de registros biométricos, de impressões digitais e, quando possível, de íris, face e voz, para subsidiar investigações criminais federais, estaduais ou distritais. **(Incluído pela Lei nº 13.964, de 2019)**

§ 3º O Banco Nacional Multibiométrico e de Impressões Digitais será integrado pelos registros biométricos, de impressões digitais, de íris, face e voz colhidos em investigações criminais ou por ocasião da identificação criminal. **(Incluído pela Lei nº 13.964, de 2019)**

§ 4º Poderão ser colhidos os registros biométricos, de impressões digitais, de íris, face e voz dos presos provisórios ou definitivos quando não tiverem sido extraídos por ocasião da identificação criminal. **(Incluído pela Lei nº 13.964, de 2019)**

§ 5º Poderão integrar o Banco Nacional Multibiométrico e de Impressões Digitais, ou com ele interoperar, os dados de registros constantes em quaisquer bancos de dados geridos por órgãos dos Poderes Executivo, Legislativo e Judiciário das esferas federal, estadual e distrital, inclusive pelo Tribunal Superior Eleitoral e pelos Institutos de Identificação Civil. **(Incluído pela Lei nº 13.964, de 2019)**

§ 6º No caso de bancos de dados de identificação de natureza civil, administrativa ou eleitoral, a integração ou o compartilhamento dos registros do Banco Nacional Multibiométrico e de Impressões Digitais será limitado às impressões digitais e às informações necessárias para identificação do seu titular. **(Incluído pela Lei nº 13.964, de 2019)**

§ 7º A integração ou a interoperação dos dados de registros multibiométricos constantes de outros bancos de dados com o Banco Nacional Multibiométrico e de Impressões Digitais ocorrerá por meio de acordo ou convênio com a unidade gestora. **(Incluído pela Lei nº 13.964, de 2019)**

§ 8º Os dados constantes do Banco Nacional Multibiométrico e de Impressões Digitais terão caráter sigiloso, e aquele que permitir ou promover sua utilização para fins diversos dos previstos nesta Lei ou em decisão judicial responderá civil, penal e administrativamente. **(Incluído pela Lei nº 13.964, de 2019)**

§ 9º As informações obtidas a partir da coincidência de registros biométricos relacionados a crimes deverão ser consignadas em laudo pericial firmado por perito oficial habilitado. **(Incluído pela Lei nº 13.964, de 2019)**

§ 10º É vedada a comercialização, total ou parcial, da base de dados do Banco Nacional Multibiométrico e de Impressões Digitais. **(Incluído pela Lei nº 13.964, de 2019)**

§ 11º A autoridade policial e o Ministério Público poderão requerer ao juiz competente, no caso de inquérito ou ação penal instaurados, o acesso ao Banco Nacional Multibiométrico e de Impressões Digitais. **(Incluído pela Lei nº 13.964, de 2019)**

Art. 8. Esta Lei entra em vigor na data de sua publicação.

Art. 9. Revoga-se a Lei nº 10.054, de 7 de dezembro de 2000.

Brasília, 1º de outubro de 2009; 188º da Independência e 121º da República.

JOSÉ ALENCAR GOMES DA SILVA
Luiz Paulo Teles Ferreira Barreto

Este texto não substitui o publicado no DOU de 2.10.2009

LEI Nº 12.846/2013 (Lei Anticorrupção)

Dispõe sobre a responsabilização administrativa e civil de pessoas jurídicas pela prática de atos contra a administração pública, nacional ou estrangeira, e dá outras providências.

a presidenta da república

Faço saber que o Congresso Nacional decreta e eu sanciono a seguinte Lei:

CAPÍTULO I

Disposições Gerais

Art. 1. Esta Lei dispõe sobre a responsabilização objetiva administrativa e civil de pessoas jurídicas pela prática de atos contra a administração pública, nacional ou estrangeira.

Parágrafo único. Aplica-se o disposto nesta Lei às sociedades empresárias e às sociedades simples, personificadas ou não, independentemente da forma de organização ou modelo societário adotado, bem como a quaisquer fundações, associações de entidades ou pessoas, ou sociedades estrangeiras, que tenham sede, filial ou representação no território brasileiro, constituídas de fato ou de direito, ainda que temporariamente.

Art. 2. As pessoas jurídicas serão responsabilizadas objetivamente, nos âmbitos administrativo e civil, pelos atos lesivos previstos nesta Lei praticados em seu interesse ou benefício, exclusivo ou não.

Art. 3. A responsabilização da pessoa jurídica não exclui a responsabilidade individual de seus dirigentes ou administradores ou de qualquer pessoa natural, autora, coautora ou partícipe do ato ilícito.

§ 1º A pessoa jurídica será responsabilizada independentemente da responsabilização individual das pessoas naturais referidas no caput.

§ 2º Os dirigentes ou administradores somente serão responsabilizados por atos ilícitos na medida da sua culpabilidade.

Art. 4. Subsiste a responsabilidade da pessoa jurídica na hipótese de alteração contratual, transformação, incorporação, fusão ou cisão societária.

§ 1º Nas hipóteses de fusão e incorporação, a responsabilidade da sucessora será restrita à obrigação de pagamento de multa e reparação integral do dano causado, até o limite do patrimônio transferido, não lhe sendo aplicáveis as demais sanções previstas nesta Lei decorrentes de atos e fatos ocorridos antes da data da fusão ou incorporação, exceto no caso de simulação ou evidente intuito de fraude, devidamente comprovados.

§ 2º As sociedades controladoras, controladas, coligadas ou, no âmbito do respectivo contrato, as consorciadas serão solidariamente responsáveis pela prática dos atos previstos nesta Lei, restringindo-se tal responsabilidade à obrigação de pagamento de multa e reparação integral do dano causado.

CAPÍTULO II

Dos Atos Lesivos à Administração Pública Nacional Ou Estrangeira

Art. 5. Constituem atos lesivos à administração pública, nacional ou estrangeira, para os fins desta Lei, todos aqueles praticados pelas pessoas jurídicas mencionadas no parágrafo único do art. 1º, que atentem contra o patrimônio público nacional ou estrangeiro, contra princípios da administração pública ou contra os compromissos internacionais assumidos pelo Brasil, assim definidos:

I. prometer, oferecer ou dar, direta ou indiretamente, vantagem indevida a agente público, ou a terceira pessoa a ele relacionada;

II. comprovadamente, financiar, custear, patrocinar ou de qualquer modo subvencionar a prática dos atos ilícitos previstos nesta Lei;

III. comprovadamente, utilizar-se de interposta pessoa física ou jurídica para ocultar ou dissimular seus reais interesses ou a identidade dos beneficiários dos atos praticados;

IV. no tocante a licitações e contratos:

a) frustrar ou fraudar, mediante ajuste, combinação ou qualquer outro expediente, o caráter competitivo de procedimento licitatório público;

b) impedir, perturbar ou fraudar a realização de qualquer ato de procedimento licitatório público;

c) afastar ou procurar afastar licitante, por meio de fraude ou oferecimento de vantagem de qualquer tipo;

d) fraudar licitação pública ou contrato dela decorrente;

e) criar, de modo fraudulento ou irregular, pessoa jurídica para participar de licitação pública ou celebrar contrato administrativo;
f) obter vantagem ou benefício indevido, de modo fraudulento, de modificações ou prorrogações de contratos celebrados com a administração pública, sem autorização em lei, no ato convocatório da licitação pública ou nos respectivos instrumentos contratuais; ou
g) manipular ou fraudar o equilíbrio econômico-financeiro dos contratos celebrados com a administração pública;
V. dificultar atividade de investigação ou fiscalização de órgãos, entidades ou agentes públicos, ou intervir em sua atuação, inclusive no âmbito das agências reguladoras e dos órgãos de fiscalização do sistema financeiro nacional.
§ 1º Considera-se administração pública estrangeira os órgãos e entidades estatais ou representações diplomáticas de país estrangeiro, de qualquer nível ou esfera de governo, bem como as pessoas jurídicas controladas, direta ou indiretamente, pelo poder público de país estrangeiro.
§ 2º Para os efeitos desta Lei, equiparam-se à administração pública estrangeira as organizações públicas internacionais.
§ 3º Considera-se agente público estrangeiro, para os fins desta Lei, quem, ainda que transitoriamente ou sem remuneração, exerça cargo, emprego ou função pública em órgãos, entidades estatais ou em representações diplomáticas de país estrangeiro, assim como em pessoas jurídicas controladas, direta ou indiretamente, pelo poder público de país estrangeiro ou em organizações públicas internacionais.

CAPÍTULO III
Da Responsabilização Administrativa

Art. 6. Na esfera administrativa, serão aplicadas às pessoas jurídicas consideradas responsáveis pelos atos lesivos previstos nesta Lei as seguintes sanções:
I. multa, no valor de 0,1% (um décimo por cento) a 20% (vinte por cento) do faturamento bruto do último exercício anterior ao da instauração do processo administrativo, excluídos os tributos, a qual nunca será inferior à vantagem auferida, quando for possível sua estimação; e

II. publicação extraordinária da decisão condenatória.
§ 1º As sanções serão aplicadas fundamentadamente, isolada ou cumulativamente, de acordo com as peculiaridades do caso concreto e com a gravidade e natureza das infrações.
§ 2º A aplicação das sanções previstas neste artigo será precedida da manifestação jurídica elaborada pela Advocacia Pública ou pelo órgão de assistência jurídica, ou equivalente, do ente público.
§ 3º A aplicação das sanções previstas neste artigo não exclui, em qualquer hipótese, a obrigação da reparação integral do dano causado.
§ 4º Na hipótese do inciso i do caput, caso não seja possível utilizar o critério do valor do faturamento bruto da pessoa jurídica, a multa será de R$ 6.000,00 (seis mil reais) a R$ 60.000.000,00 (sessenta milhões de reais).
§ 5º A publicação extraordinária da decisão condenatória ocorrerá na forma de extrato de sentença, a expensas da pessoa jurídica, em meios de comunicação de grande circulação na área da prática da infração e de atuação da pessoa jurídica ou, na sua falta, em publicação de circulação nacional, bem como por meio de afixação de edital, pelo prazo mínimo de 30 (trinta) dias, no próprio estabelecimento ou no local de exercício da atividade, de modo visível ao público, e no sítio eletrônico na rede mundial de computadores.
§ 6º (vetado).
Art. 7. Serão levados em consideração na aplicação das sanções:
I. a gravidade da infração;
II. a vantagem auferida ou pretendida pelo infrator;
III. a consumação ou não da infração;
IV. o grau de lesão ou perigo de lesão;
V. o efeito negativo produzido pela infração;
VI. a situação econômica do infrator;
VII. a cooperação da pessoa jurídica para a apuração das infrações;
VIII. a existência de mecanismos e procedimentos internos de integridade, auditoria e incentivo à denúncia de irregularidades e a aplicação efetiva de códigos de ética e de conduta no âmbito da pessoa jurídica;
IX. o valor dos contratos mantidos pela pessoa jurídica com o órgão ou entidade pública lesados; e
X. (vetado).

XI. Parágrafo único. Os parâmetros de avaliação de mecanismos e procedimentos previstos no inciso VIII do caput serão estabelecidos em regulamento do Poder Executivo federal.

CAPÍTULO IV
Do Processo Administrativo de Responsabilização

Art. 8. A instauração e o julgamento de processo administrativo para apuração da responsabilidade de pessoa jurídica cabem à autoridade máxima de cada órgão ou entidade dos Poderes Executivo, Legislativo e Judiciário, que agirá de ofício ou mediante provocação, observados o contraditório e a ampla defesa.

§ 1º A competência para a instauração e o julgamento do processo administrativo de apuração de responsabilidade da pessoa jurídica poderá ser delegada, vedada a subdelegação.

§ 2º No âmbito do Poder Executivo federal, a Controladoria-Geral da União CGU terá competência concorrente para instaurar processos administrativos de responsabilização de pessoas jurídicas ou para avocar os processos instaurados com fundamento nesta Lei, para exame de sua regularidade ou para corrigir lhes o andamento.

Art. 9. Competem à Controladoria-Geral da União CGU a apuração, o processo e o julgamento dos atos ilícitos previstos nesta Lei, praticados contra a administração pública estrangeira, observado o disposto no Artigo 4 da Convenção sobre o Combate da Corrupção de Funcionários Públicos Estrangeiros em Transações Comerciais Internacionais, promulgada pelo Decreto no 3.678, de 30 de novembro de 2000.

Art. 10. O processo administrativo para apuração da responsabilidade de pessoa jurídica será conduzido por comissão designada pela autoridade instauradora e composta por 2 (dois) ou mais servidores estáveis.

§ 1º O ente público, por meio do seu órgão de representação judicial, ou equivalente, a pedido da comissão a que se refere o caput, poderá requerer as medidas judiciais necessárias para a investigação e o processamento das infrações, inclusive de busca e apreensão.

§ 2º A comissão poderá, cautelarmente, propor à autoridade instauradora que suspenda os efeitos do ato ou processo objeto da investigação.

§ 3º A comissão deverá concluir o processo no prazo de 180 (cento e oitenta) dias contados da data da publicação do ato que a instituir e, ao final, apresentar relatórios sobre os fatos apurados e eventual responsabilidade da pessoa jurídica, sugerindo de forma motivada as sanções a serem aplicadas.

§ 4º O prazo previsto no § 3º poderá ser prorrogado, mediante ato fundamentado da autoridade instauradora.

Art. 11. No processo administrativo para apuração de responsabilidade, será concedido à pessoa jurídica prazo de 30 (trinta) dias para defesa, contados a partir da intimação.

Art. 12. O processo administrativo, com o relatório da comissão, será remetido à autoridade instauradora, na forma do art. 10, para julgamento.

Art. 13. A instauração de processo administrativo específico de reparação integral do dano não prejudica a aplicação imediata das sanções estabelecidas nesta Lei.

Parágrafo único. Concluído o processo e não havendo pagamento, o crédito apurado será inscrito em dívida ativa da fazenda pública.

Art. 14. A personalidade jurídica poderá ser desconsiderada sempre que utilizada com abuso do direito para facilitar, encobrir ou dissimular a prática dos atos ilícitos previstos nesta Lei ou para provocar confusão patrimonial, sendo estendidos todos os efeitos das sanções aplicadas à pessoa jurídica aos seus administradores e sócios com poderes de administração, observados o contraditório e a ampla defesa.

Art. 15. A comissão designada para apuração da responsabilidade de pessoa jurídica, após a conclusão do procedimento administrativo, dará conhecimento ao Ministério Público de sua existência, para apuração de eventuais delitos.

CAPÍTULO V
Do Acordo de Leniência

Art. 16. A autoridade máxima de cada órgão ou entidade pública poderá celebrar acordo de leniência com as pessoas jurídicas responsáveis pela prática dos atos previstos nesta Lei que colaborem efetivamente com as investigações e o processo administrativo, sendo que dessa colaboração resulte:

I. a identificação dos demais envolvidos na infração, quando couber; e

II. a obtenção célere de informações e documentos que comprovem o ilícito sob apuração.

§ 1º O acordo de que trata o caput somente poderá ser celebrado se preenchidos, cumulativamente, os seguintes requisitos:

I. a pessoa jurídica seja a primeira a se manifestar sobre seu interesse em cooperar para a apuração do ato ilícito;

II. a pessoa jurídica cesse completamente seu envolvimento na infração investigada a partir da data de propositura do acordo;

III. a pessoa jurídica admita sua participação no ilícito e coopere plena e permanentemente com as investigações e o processo administrativo, comparecendo, sob suas expensas, sempre que solicitada, a todos os atos processuais, até seu encerramento.

§ 2º A celebração do acordo de leniência isentará a pessoa jurídica das sanções previstas no inciso II do art. 6º e no inciso IV do art. 19 e reduzirá em até 2/3 (dois terços) o valor da multa aplicável.

§ 3º O acordo de leniência não exime a pessoa jurídica da obrigação de reparar integralmente o dano causado.

§ 4º O acordo de leniência estipulará as condições necessárias para assegurar a efetividade da colaboração e o resultado útil do processo.

§ 5º Os efeitos do acordo de leniência serão estendidos às pessoas jurídicas que integram o mesmo grupo econômico, de fato e de direito, desde que firmem o acordo em conjunto, respeitadas as condições nele estabelecidas.

§ 6º A proposta de acordo de leniência somente se tornará pública após a efetivação do respectivo acordo, salvo no interesse das investigações e do processo administrativo.

§ 7º Não importará em reconhecimento da prática do ato ilícito investigado a proposta de acordo de leniência rejeitada.

§ 8º Em caso de descumprimento do acordo de leniência, a pessoa jurídica ficará impedida de celebrar novo acordo pelo prazo de 3 (três) anos contados do conhecimento pela administração pública do referido descumprimento.

§ 9º A celebração do acordo de leniência interrompe o prazo prescricional dos atos ilícitos previstos nesta Lei.

§ 10º A Controladoria-Geral da União CGU é o órgão competente para celebrar os acordos de leniência no âmbito do Poder Executivo federal, bem como no caso de atos lesivos praticados contra a administração pública estrangeira.

Art. 17. A administração pública poderá também celebrar acordo de leniência com a pessoa jurídica responsável pela prática de ilícitos previstos na Lei no 8.666, de 21 de junho de 1993, com vistas à isenção ou atenuação das sanções administrativas estabelecidas em seus arts. 86 a 88.

CAPÍTULO VI
Da Responsabilização Judicial

Art. 18. Na esfera administrativa, a responsabilidade da pessoa jurídica não afasta a possibilidade de sua responsabilização na esfera judicial.

Art. 19. Em razão da prática de atos previstos no art. 5º desta Lei, a União, os Estados, o Distrito Federal e os Municípios, por meio das respectivas Advocacias Públicas ou órgãos de representação judicial, ou equivalentes, e o Ministério Público, poderão ajuizar ação com vistas à aplicação das seguintes sanções às pessoas jurídicas infratoras:

I. perdimento dos bens, direitos ou valores que representem vantagem ou proveito direta ou indiretamente obtidos da infração, ressalvado o direito do lesado ou de terceiro de boa-fé;

II. suspensão ou interdição parcial de suas atividades;

III. dissolução compulsória da pessoa jurídica;

IV. proibição de receber incentivos, subsídios, subvenções, doações ou empréstimos de órgãos ou entidades públicas e de instituições financeiras públicas ou controladas pelo poder público, pelo prazo mínimo de 1 (um) e máximo de 5 (cinco) anos.

§ 1º A dissolução compulsória da pessoa jurídica será determinada quando comprovado:

I. ter sido a personalidade jurídica utilizada de forma habitual para facilitar ou promover a prática de atos ilícitos; ou

II. ter sido constituída para ocultar ou dissimular interesses ilícitos ou a identidade dos beneficiários dos atos praticados.

§ 2º (vetado).

§ 3º As sanções poderão ser aplicadas de forma isolada ou cumulativa.

§ 4º O Ministério Público ou a Advocacia Pública ou órgão de representação judicial, ou equivalente, do ente público poderá requerer a indisponibilidade de bens, direitos ou valores necessários à garantia do pagamento da multa ou da reparação integral do dano causado, conforme previsto no art. 7º, ressalvado o direito do terceiro de boa-fé.

Art. 20. Nas ações ajuizadas pelo Ministério Público, poderão ser aplicadas as sanções previstas no art. 6º, sem prejuízo daquelas previstas neste Capítulo, desde que constatada a omissão das autoridades competentes para promover a responsabilização administrativa.

Art. 21. Nas ações de responsabilização judicial, será adotado o rito previsto na Lei no 7.347, de 24 de julho de 1985.

Parágrafo único. A condenação torna certa a obrigação de reparar, integralmente, o dano causado pelo ilícito, cujo valor será apurado em posterior liquidação, se não constar expressamente da sentença.

CAPÍTULO VII
Disposições Finais

Art. 22. Fica criado no âmbito do Poder Executivo federal o Cadastro Nacional de Empresas Punidas – CNEP, que reunirá e dará publicidade às sanções aplicadas pelos órgãos ou entidades dos Poderes Executivo, Legislativo e Judiciário de todas as esferas de governo com base nesta Lei.

§ 1º Os órgãos e entidades referidos no caput deverão informar e manter atualizados, no CNEP, os dados relativos às sanções por eles aplicadas.

§ 2º O CNEP conterá, entre outras, as seguintes informações acerca das sanções aplicadas:

I. razão social e número de inscrição da pessoa jurídica ou entidade no Cadastro Nacional da Pessoa Jurídica – CNPJ;

II. tipo de sanção; e

III. data de aplicação e data final da vigência do efeito limitador ou impeditivo da sanção, quando for o caso.

§ 3º As autoridades competentes, para celebrarem acordos de leniência previstos nesta Lei, também deverão prestar e manter atualizadas no CNEP, após a efetivação do respectivo acordo, as informações acerca do acordo de leniência celebrado, salvo se esse procedimento vier a causar prejuízo às investigações e ao processo administrativo.

§ 4º Caso a pessoa jurídica não cumpra os termos do acordo de leniência, além das informações previstas no § 3º, deverá ser incluída no CNEP referência ao respectivo descumprimento.

§ 5º Os registros das sanções e acordos de leniência serão excluídos depois de decorrido o prazo previamente estabelecido no ato sancionador ou do cumprimento integral do acordo de leniência e da reparação do eventual dano causado, mediante solicitação do órgão ou entidade sancionadora.

Art. 23. Os órgãos ou entidades dos Poderes Executivo, Legislativo e Judiciário de todas as esferas de governo deverão informar e manter atualizados, para fins de publicidade, no Cadastro Nacional de Empresas Inidôneas e Suspensas – CEIS, de caráter público, instituído no âmbito do Poder Executivo federal, os dados relativos às sanções por eles aplicadas, nos termos do disposto nos arts. 87 e 88 da Lei no 8.666, de 21 de junho de 1993.

Art. 24. A multa e o perdimento de bens, direitos ou valores aplicados com fundamento nesta Lei serão destinados preferencialmente aos órgãos ou entidades públicas lesadas.

Art. 25. Prescrevem em 5 (cinco) anos as infrações previstas nesta Lei, contados da data da ciência da infração ou, no caso de infração permanente ou continuada, do dia em que tiver cessado.

Parágrafo único. Na esfera administrativa ou judicial, a prescrição será interrompida com a instauração de processo que tenha por objeto a apuração da infração.

Art. 26. A pessoa jurídica será representada no processo administrativo na forma do seu estatuto ou contrato social.

§ 1º As sociedades sem personalidade jurídica serão representadas pela pessoa a quem couber a administração de seus bens.

§ 2º A pessoa jurídica estrangeira será representada pelo gerente, representante ou administrador de sua filial, agência ou sucursal aberta ou instalada no Brasil.

Art. 27. A autoridade competente que, tendo conhecimento das infrações previstas nesta Lei, não adotar providências para a apuração dos fatos será responsabilizada penal, civil e administrativamente nos termos da legislação específica aplicável.

Art. 28. Esta Lei aplica-se aos atos lesivos praticados por pessoa jurídica brasileira contra a administração pública estrangeira, ainda que cometidos no exterior.

Art. 29. O disposto nesta Lei não exclui as competências do Conselho Administrativo de Defesa Econômica, do Ministério da Justiça e do Ministério da Fazenda para processar e julgar fato que constitua infração à ordem econômica.

Art. 30. A aplicação das sanções previstas nesta Lei não afeta os processos de responsabilização e aplicação de penalidades decorrentes de:

I. ato de improbidade administrativa nos termos da Lei no 8.429, de 2 de junho de 1992; e

II. atos ilícitos alcançados pela Lei no 8.666, de 21 de junho de 1993, ou outras normas de licitações e contratos da administração pública, inclusive no tocante ao Regime Diferenciado de Contratações Públicas – RDC instituído pela Lei no 12.462, de 4 de agosto de 2011.

Art. 31. Esta Lei entra em vigor 180 (cento e oitenta) dias após a data de sua publicação.

Brasília, 1º de agosto de 2013; 192º da Independência e 125º da República.

Dilma Rousseff
José Eduardo Cardozo
Luís Inácio Lucena Adams
Jorge Hage Sobrinho

Este texto não substitui o publicado no dou de 2.8.2013.

Lei n. 12.850/2013 (Organização Criminosa)

LEI Nº 12.850, DE 2 DE AGOSTO DE 2013
Define organização criminosa e dispõe sobre a investigação criminal, os meios de obtenção da prova, infrações penais correlatas e o procedimento criminal; altera o Decreto-Lei nº 2.848, de 7 de dezembro de 1940 (Código Penal); revoga a Lei nº 9.034, de 3 de maio de 1995; e dá outras providências.

A PRESIDENTA DA REPÚBLICA Faço saber que o Congresso Nacional decreta e eu sanciono a seguinte Lei:

CAPÍTULO I
Da Organização Criminosa

Art. 1. Esta Lei define organização criminosa e dispõe sobre a investigação criminal, os meios de obtenção da prova, infrações penais correlatas e o procedimento criminal a ser aplicado.

§ 1º Considera-se organização criminosa a associação de 4 (quatro) ou mais pessoas estruturalmente ordenada e caracterizada pela divisão de tarefas, ainda que informalmente, com objetivo de obter, direta ou indiretamente, vantagem de qualquer natureza, mediante a prática de infrações penais cujas penas máximas sejam superiores a 4 (quatro) anos, ou que sejam de caráter transnacional.

§ 2º Esta Lei se aplica também:

III. às infrações penais previstas em tratado ou convenção internacional quando, iniciada a execução no País, o resultado tenha ou devesse ter ocorrido no estrangeiro, ou reciprocamente;

IV. às organizações terroristas, entendidas como aquelas voltadas para a prática dos atos de terrorismo legalmente definidos.

Art. 2. Promover, constituir, financiar ou integrar, pessoalmente ou por interposta pessoa, organização criminosa:

Pena – reclusão, de 3 (três) a 8 (oito) anos, e multa, sem prejuízo das penas correspondentes às demais infrações penais praticadas.

§ 1º Nas mesmas penas incorre quem impede ou, de qualquer forma, embaraça a investigação de infração penal que envolva organização criminosa.

§ 2º As penas aumentam-se até a metade se na atuação da organização criminosa houver emprego de arma de fogo.

§ 3º A pena é agravada para quem exerce o comando, individual ou coletivo, da organização criminosa, ainda que não pratique pessoalmente atos de execução.

§ 4º A pena é aumentada de 1/6 (um sexto) a 2/3 (dois terços):

I. se há participação de criança ou adolescente;

II. se há concurso de funcionário público, valendo-se a organização criminosa dessa condição para a prática de infração penal;

III. se o produto ou proveito da infração penal destinar-se, no todo ou em parte, ao exterior;

IV. se a organização criminosa mantém conexão com outras organizações criminosas independentes;
V. se as circunstâncias do fato evidenciarem a transnacionalidade da organização.

§ 5º Se houver indícios suficientes de que o funcionário público integra organização criminosa, poderá o juiz determinar seu afastamento cautelar do cargo, emprego ou função, sem prejuízo da remuneração, quando a medida se fizer necessária à investigação ou instrução processual.

§ 6º A condenação com trânsito em julgado acarretará ao funcionário público a perda do cargo, função, emprego ou mandato eletivo e a interdição para o exercício de função ou cargo público pelo prazo de 8 (oito) anos subsequentes ao cumprimento da pena.

§ 7º Se houver indícios de participação de policial nos crimes de que trata esta Lei, a Corregedoria de Polícia instaurará inquérito policial e comunicará ao Ministério Público, que designará membro para acompanhar o feito até a sua conclusão.

§ 8º As lideranças de organizações criminosas armadas ou que tenham armas à disposição deverão iniciar o cumprimento da pena em estabelecimentos penais de segurança máxima. **(Incluído pela Lei nº 13.964, de 2019)**

§ 9º O condenado expressamente em sentença por integrar organização criminosa ou por crime praticado por meio de organização criminosa não poderá progredir de regime de cumprimento de pena ou obter livramento condicional ou outros benefícios prisionais se houver elementos probatórios que indiquem a manutenção do vínculo associativo. **(Incluído pela Lei nº 13.964, de 2019)**

CAPÍTULO II

Da Investigação e dos Meios de Obtenção da Prova

Art. 3. Em qualquer fase da persecução penal, serão permitidos, sem prejuízo de outros já previstos em lei, os seguintes meios de obtenção da prova:
I. colaboração premiada;
II. captação ambiental de sinais eletromagnéticos, ópticos ou acústicos;
III. ação controlada;
IV. acesso a registros de ligações telefônicas e telemáticas, a dados cadastrais constantes de bancos de dados públicos ou privados e a informações eleitorais ou comerciais;
V. interceptação de comunicações telefônicas e telemáticas, nos termos da legislação específica;
VI. afastamento dos sigilos financeiro, bancário e fiscal, nos termos da legislação específica;
VII. infiltração, por policiais, em atividade de investigação, na forma do art. 11;
VIII. cooperação entre instituições e órgãos federais, distritais, estaduais e municipais na busca de provas e informações de interesse da investigação ou da instrução criminal.

§ 1º Havendo necessidade justificada de manter sigilo sobre a capacidade investigatória, poderá ser dispensada licitação para contratação de serviços técnicos especializados, aquisição ou locação de equipamentos destinados à polícia judiciária para o rastreamento e obtenção de provas previstas nos incisos II e V.

§ 2º No caso do § 1º, fica dispensada a publicação de que trata o parágrafo único do art. 61 da Lei nº 8.666, de 21 de junho de 1993, devendo ser comunicado o órgão de controle interno da realização da contratação.

SEÇÃO I
Da Colaboração Premiada

(Redação dada pela Lei nº 13.964, de 2019)

Art. 3-A. O acordo de colaboração premiada é negócio jurídico processual e meio de obtenção de prova, que pressupõe utilidade e interesse públicos. **(Incluído pela Lei nº 13.964, de 2019)**

Art. 3-B. O recebimento da proposta para formalização de acordo de colaboração demarca o início das negociações e constitui também marco de confidencialidade, configurando violação de sigilo e quebra da confiança e da boa-fé a divulgação de tais tratativas iniciais ou de documento que as formalize, até o levantamento de sigilo por decisão judicial. **(Incluído pela Lei nº 13.964, de 2019)**

§ 1º A proposta de acordo de colaboração premiada poderá ser sumariamente indeferida, com a devida justificativa, cientificando-se o interessado. **(Incluído pela Lei nº 13.964, de 2019)**

§ 2º Caso não haja indeferimento sumário, as partes deverão firmar Termo de Confidencialidade para prosseguimento das tratativas, o que vinculará os órgãos envolvidos na negociação e impedirá o indeferimento posterior sem justa causa. **(Incluído pela Lei nº 13.964, de 2019)**

§ 3º O recebimento de proposta de colaboração para análise ou o Termo de Confidencialidade não implica, por si só, a suspensão da investigação, ressalvado acordo em contrário quanto à propositura de medidas processuais penais cautelares e assecuratórias, bem como medidas processuais cíveis admitidas pela legislação processual civil em vigor. **(Incluído pela Lei nº 13.964, de 2019)**

§ 4º O acordo de colaboração premiada poderá ser precedido de instrução, quando houver necessidade de identificação ou complementação de seu objeto, dos fatos narrados, sua definição jurídica, relevância, utilidade e interesse público. **(Incluído pela Lei nº 13.964, de 2019)**

§ 5º Os termos de recebimento de proposta de colaboração e de confidencialidade serão elaborados pelo celebrante e assinados por ele, pelo colaborador e pelo advogado ou defensor público com poderes específicos. **(Incluído pela Lei nº 13.964, de 2019)**

§ 6º Na hipótese de não ser celebrado o acordo por iniciativa do celebrante, esse não poderá se valer de nenhuma das informações ou provas apresentadas pelo colaborador, de boa-fé, para qualquer outra finalidade. **(Incluído pela Lei nº 13.964, de 2019)**

Art. 3-C. A proposta de colaboração premiada deve estar instruída com procuração do interessado com poderes específicos para iniciar o procedimento de colaboração e suas tratativas, ou firmada pessoalmente pela parte que pretende a colaboração e seu advogado ou defensor público. **(Incluído pela Lei nº 13.964, de 2019)**

§ 1º Nenhuma tratativa sobre colaboração premiada deve ser realizada sem a presença de advogado constituído ou defensor público. **(Incluído pela Lei nº 13.964, de 2019)**

§ 2º Em caso de eventual conflito de interesses, ou de colaborador hipossuficiente, o celebrante deverá solicitar a presença de outro advogado ou a participação de defensor público. **(Incluído pela Lei nº 13.964, de 2019)**

§ 3º No acordo de colaboração premiada, o colaborador deve narrar todos os fatos ilícitos para os quais concorreu e que tenham relação direta com os fatos investigados. **(Incluído pela Lei nº 13.964, de 2019)**

§ 4º Incumbe à defesa instruir a proposta de colaboração e os anexos com os fatos adequadamente descritos, com todas as suas circunstâncias, indicando as provas e os elementos de corroboração. **(Incluído pela Lei nº 13.964, de 2019)**

Art. 4. O juiz poderá, a requerimento das partes, conceder o perdão judicial, reduzir em até 2/3 (dois terços) a pena privativa de liberdade ou substituí-la por restritiva de direitos daquele que tenha colaborado efetiva e voluntariamente com a investigação e com o processo criminal, desde que dessa colaboração advenha um ou mais dos seguintes resultados:

I. a identificação dos demais coautores e partícipes da organização criminosa e das infrações penais por eles praticadas;

II. a revelação da estrutura hierárquica e da divisão de tarefas da organização criminosa;

III. a prevenção de infrações penais decorrentes das atividades da organização criminosa;

IV. a recuperação total ou parcial do produto ou do proveito das infrações penais praticadas pela organização criminosa;

V. a localização de eventual vítima com a sua integridade física preservada.

§ 1º Em qualquer caso, a concessão do benefício levará em conta a personalidade do colaborador, a natureza, as circunstâncias, a gravidade e a repercussão social do fato criminoso e a eficácia da colaboração.

§ 2º Considerando a relevância da colaboração prestada, o Ministério Público, a qualquer tempo, e o delegado de polícia, nos autos do inquérito policial, com a manifestação do Ministério Público, poderão requerer ou representar ao juiz pela concessão de perdão judicial ao colaborador, ainda que esse benefício não tenha sido previsto na proposta inicial, aplicando-se, no que couber, o art. 28 do Decreto-Lei nº 3.689, de 3 de outubro de 1941 (Código de Processo Penal).

§ 3º O prazo para oferecimento de denúncia ou o processo, relativos ao colaborador, poderá ser suspenso por até 6 (seis) meses, prorrogáveis por igual período, até que sejam cumpridas as medidas de colaboração, suspendendo-se o respectivo prazo prescricional.

§ 4º Nas mesmas hipóteses do caput deste artigo, o Ministério Público poderá deixar de oferecer denúncia se a proposta de acordo de colaboração referir-se a infração de cuja existência não tenha prévio conhecimento e o colaborador: **(Redação dada pela Lei nº 13.964, de 2019)**

I. não for o líder da organização criminosa;
II. for o primeiro a prestar efetiva colaboração nos termos deste artigo.
§ 4º-A. Considera-se existente o conhecimento prévio da infração quando o Ministério Público ou a autoridade policial competente tenha instaurado inquérito ou procedimento investigatório para apuração dos fatos apresentados pelo colaborador. **(Incluído pela Lei nº 13.964, de 2019)**
§ 5º Se a colaboração for posterior à sentença, a pena poderá ser reduzida até a metade ou será admitida a progressão de regime ainda que ausentes os requisitos objetivos.
§ 6º O juiz não participará das negociações realizadas entre as partes para a formalização do acordo de colaboração, que ocorrerá entre o delegado de polícia, o investigado e o defensor, com a manifestação do Ministério Público, ou, conforme o caso, entre o Ministério Público e o investigado ou acusado e seu defensor.
§ 7º Realizado o acordo na forma do § 6º deste artigo, serão remetidos ao juiz, para análise, o respectivo termo, as declarações do colaborador e cópia da investigação, devendo o juiz ouvir sigilosamente o colaborador, acompanhado de seu defensor, oportunidade em que analisará os seguintes aspectos na homologação: **(Redação dada pela Lei nº 13.964, de 2019)**
I. regularidade e legalidade; **(Incluído pela Lei nº 13.964, de 2019)**
II. adequação dos benefícios pactuados àqueles previstos no caput e nos §§ 4º e 5º deste artigo, sendo nulas as cláusulas que violem o critério de definição do regime inicial de cumprimento de pena do art. 33 do Decreto-Lei nº 2.848, de 7 de dezembro de 1940 (Código Penal), as regras de cada um dos regimes previstos no Código Penal e na Lei nº 7.210, de 11 de julho de 1984 (Lei de Execução Penal) e os requisitos de progressão de regime não abrangidos pelo § 5º deste artigo; **(Incluído pela Lei nº 13.964, de 2019)**
III. adequação dos resultados da colaboração aos resultados mínimos exigidos nos incisos I, II, III, IV e V do caput deste artigo; **(Incluído pela Lei nº 13.964, de 2019)**
IV. voluntariedade da manifestação de vontade, especialmente nos casos em que o colaborador está ou esteve sob efeito de medidas cautelares. **(Incluído pela Lei nº 13.964, de 2019)**
§ 7º-A O juiz ou o tribunal deve proceder à análise fundamentada do mérito da denúncia, do perdão judicial e das primeiras etapas de aplicação da pena, nos termos do Decreto-Lei nº 2.848, de 7 de dezembro de 1940 (Código Penal) e do Decreto-Lei nº 3.689, de 3 de outubro de 1941 (Código de Processo Penal), antes de conceder os benefícios pactuados, exceto quando o acordo prever o não oferecimento da denúncia na forma dos §§ 4º e 4º-A deste artigo ou já tiver sido proferida sentença. **(Incluído pela Lei nº 13.964, de 2019)**
§ 7º-B. São nulas de pleno direito as previsões de renúncia ao direito de impugnar a decisão homologatória. **(Incluído pela Lei nº 13.964, de 2019)**
§ 8º O juiz poderá recusar a homologação da proposta que não atender aos requisitos legais, devolvendo-a às partes para as adequações necessárias. **(Redação dada pela Lei nº 13.964, de 2019)**
§ 9º Depois de homologado o acordo, o colaborador poderá, sempre acompanhado pelo seu defensor, ser ouvido pelo membro do Ministério Público ou pelo delegado de polícia responsável pelas investigações.
§ 10. As partes podem retratar-se da proposta, caso em que as provas autoincriminatórias produzidas pelo colaborador não poderão ser utilizadas exclusivamente em seu desfavor.
§ 10-A Em todas as fases do processo, deve-se garantir ao réu delatado a oportunidade de manifestar-se após o decurso do prazo concedido ao réu que o delatou. **(Incluído pela Lei nº 13.964, de 2019)**
§ 11º A sentença apreciará os termos do acordo homologado e sua eficácia.
§ 12º Ainda que beneficiado por perdão judicial ou não denunciado, o colaborador poderá ser ouvido em juízo a requerimento das partes ou por iniciativa da autoridade judicial.
§ 13º O registro das tratativas e dos atos de colaboração deverá ser feito pelos meios ou recursos de gravação magnética, estenotipia, digital ou técnica similar, inclusive audiovisual, destinados a obter maior fidelidade das informações, garantindo-se a disponibilização de cópia do material ao colaborador. **(Redação dada pela Lei nº 13.964, de 2019)**
§ 14º Nos depoimentos que prestar, o colaborador renunciará, na presença de seu defensor, ao direito

ao silêncio e estará sujeito ao compromisso legal de dizer a verdade.

§ 15º Em todos os atos de negociação, confirmação e execução da colaboração, o colaborador deverá estar assistido por defensor.

§ 16º Nenhuma das seguintes medidas será decretada ou proferida com fundamento apenas nas declarações do colaborador: **(Redação dada pela Lei nº 13.964, de 2019)**

I. medidas cautelares reais ou pessoais; **(Incluído pela Lei nº 13.964, de 2019)**
II. recebimento de denúncia ou queixa-crime; **(Incluído pela Lei nº 13.964, de 2019)**
III. sentença condenatória. **(Incluído pela Lei nº 13.964, de 2019)**

§ 17º O acordo homologado poderá ser rescindido em caso de omissão dolosa sobre os fatos objeto da colaboração. **(Incluído pela Lei nº 13.964, de 2019)**

§ 18º O acordo de colaboração premiada pressupõe que o colaborador cesse o envolvimento em conduta ilícita relacionada ao objeto da colaboração, sob pena de rescisão. **(Incluído pela Lei nº 13.964, de 2019)**

Art. 5. São direitos do colaborador:
I. usufruir das medidas de proteção previstas na legislação específica;
II. ter nome, qualificação, imagem e demais informações pessoais preservados;
III. ser conduzido, em juízo, separadamente dos demais coautores e partícipes;
IV. participar das audiências sem contato visual com os outros acusados;
V. não ter sua identidade revelada pelos meios de comunicação, nem ser fotografado ou filmado, sem sua prévia autorização por escrito;
VI. cumprir pena ou prisão cautelar em estabelecimento penal diverso dos demais corréus ou condenados. **(Redação dada pela Lei nº 13.964, de 2019)**

Art. 6. O termo de acordo da colaboração premiada deverá ser feito por escrito e conter:
I. o relato da colaboração e seus possíveis resultados;
II. as condições da proposta do Ministério Público ou do delegado de polícia;
III. a declaração de aceitação do colaborador e de seu defensor;
IV. as assinaturas do representante do Ministério Público ou do delegado de polícia, do colaborador e de seu defensor;

V. a especificação das medidas de proteção ao colaborador e à sua família, quando necessário.

Art. 7. O pedido de homologação do acordo será sigilosamente distribuído, contendo apenas informações que não possam identificar o colaborador e o seu objeto.

§ 1º As informações pormenorizadas da colaboração serão dirigidas diretamente ao juiz a que recair a distribuição, que decidirá no prazo de 48 (quarenta e oito) horas.

§ 2º O acesso aos autos será restrito ao juiz, ao Ministério Público e ao delegado de polícia, como forma de garantir o êxito das investigações, assegurando-se ao defensor, no interesse do representado, amplo acesso aos elementos de prova que digam respeito ao exercício do direito de defesa, devidamente precedido de autorização judicial, ressalvados os referentes às diligências em andamento.

§ 3º O acordo de colaboração premiada e os depoimentos do colaborador serão mantidos em sigilo até o recebimento da denúncia ou da queixa-crime, sendo vedado ao magistrado decidir por sua publicidade em qualquer hipótese. (Redação dada pela Lei nº 13.964, de 2019)

SEÇÃO II
Da Ação Controlada

Art. 8. Consiste a ação controlada em retardar a intervenção policial ou administrativa relativa à ação praticada por organização criminosa ou a ela vinculada, desde que mantida sob observação e acompanhamento para que a medida legal se concretize no momento mais eficaz à formação de provas e obtenção de informações.

§ 1º O retardamento da intervenção policial ou administrativa será previamente comunicado ao juiz competente que, se for o caso, estabelecerá os seus limites e comunicará ao Ministério Público.

§ 2º A comunicação será sigilosamente distribuída de forma a não conter informações que possam indicar a operação a ser efetuada.

§ 3º Até o encerramento da diligência, o acesso aos autos será restrito ao juiz, ao Ministério Público e ao delegado de polícia, como forma de garantir o êxito das investigações.

§ 4º Ao término da diligência, elaborar-se-á auto circunstanciado acerca da ação controlada.

Art. 9. Se a ação controlada envolver transposição de fronteiras, o retardamento da intervenção policial ou administrativa somente poderá ocorrer com a cooperação das autoridades dos países que figurem como provável itinerário ou destino do investigado, de modo a reduzir os riscos de fuga e extravio do produto, objeto, instrumento ou proveito do crime.

SEÇÃO III
Da Infiltração de Agentes

Art. 10. A infiltração de agentes de polícia em tarefas de investigação, representada pelo delegado de polícia ou requerida pelo Ministério Público, após manifestação técnica do delegado de polícia quando solicitada no curso de inquérito policial, será precedida de circunstanciada, motivada e sigilosa autorização judicial, que estabelecerá seus limites.
§ 1º Na hipótese de representação do delegado de polícia, o juiz competente, antes de decidir, ouvirá o Ministério Público.
§ 2º Será admitida a infiltração se houver indícios de infração penal de que trata o art. 1º e se a prova não puder ser produzida por outros meios disponíveis.
§ 3º A infiltração será autorizada pelo prazo de até 6 (seis) meses, sem prejuízo de eventuais renovações, desde que comprovada sua necessidade.
§ 4º Findo o prazo previsto no § 3º, o relatório circunstanciado será apresentado ao juiz competente, que imediatamente cientificará o Ministério Público.
§ 5º No curso do inquérito policial, o delegado de polícia poderá determinar aos seus agentes, e o Ministério Público poderá requisitar, a qualquer tempo, relatório da atividade de infiltração.

Art. 10-A. Será admitida a ação de agentes de polícia infiltrados virtuais, obedecidos os requisitos do caput do art. 10, na internet, com o fim de investigar os crimes previstos nesta Lei e a eles conexos, praticados por organizações criminosas, desde que demonstrada sua necessidade e indicados o alcance das tarefas dos policiais, os nomes ou apelidos das pessoas investigadas e, quando possível, os dados de conexão ou cadastrais que permitam a identificação dessas pessoas. **(Incluído pela Lei nº 13.964, de 2019)**
§ 1º Para efeitos do disposto nesta Lei, consideram-se: **(Incluído pela Lei nº 13.964, de 2019)**

I. dados de conexão: informações referentes a hora, data, início, término, duração, endereço de Protocolo de Internet (IP) utilizado e terminal de origem da conexão; **(Incluído pela Lei nº 13.964, de 2019)**
II. dados cadastrais: informações referentes a nome e endereço de assinante ou de usuário registrado ou autenticado para a conexão a quem endereço de IP, identificação de usuário ou código de acesso tenha sido atribuído no momento da conexão. **(Incluído pela Lei nº 13.964, de 2019)**
§ 2º Na hipótese de representação do delegado de polícia, o juiz competente, antes de decidir, ouvirá o Ministério Público. **(Incluído pela Lei nº 13.964, de 2019)**
§ 3º Será admitida a infiltração se houver indícios de infração penal de que trata o art. 1º desta Lei e se as provas não puderem ser produzidas por outros meios disponíveis. **(Incluído pela Lei nº 13.964, de 2019)**
§ 4º A infiltração será autorizada pelo prazo de até 6 (seis) meses, sem prejuízo de eventuais renovações, mediante ordem judicial fundamentada e desde que o total não exceda a 720 (setecentos e vinte) dias e seja comprovada sua necessidade. **(Incluído pela Lei nº 13.964, de 2019)**
§ 5º Findo o prazo previsto no § 4º deste artigo, o relatório circunstanciado, juntamente com todos os atos eletrônicos praticados durante a operação, deverão ser registrados, gravados, armazenados e apresentados ao juiz competente, que imediatamente cientificará o Ministério Público. **(Incluído pela Lei nº 13.964, de 2019)**
§ 6º No curso do inquérito policial, o delegado de polícia poderá determinar aos seus agentes, e o Ministério Público e o juiz competente poderão requisitar, a qualquer tempo, relatório da atividade de infiltração. **(Incluído pela Lei nº 13.964, de 2019)**
§ 7º É nula a prova obtida sem a observância do disposto neste artigo. **(Incluído pela Lei nº 13.964, de 2019)**

Art. 10-B. As informações da operação de infiltração serão encaminhadas diretamente ao juiz responsável pela autorização da medida, que zelará por seu sigilo. **(Incluído pela Lei nº 13.964, de 2019)**
Parágrafo único. Antes da conclusão da operação, o acesso aos autos será reservado ao juiz, ao Ministério Público e ao delegado de polícia responsável pela operação, com o objetivo de garantir

o sigilo das investigações. **(Incluído pela Lei nº 13.964, de 2019)**

Art. 10-C. Não comete crime o policial que oculta a sua identidade para, por meio da internet, colher indícios de autoria e materialidade dos crimes previstos no art. 1º desta Lei. **(Incluído pela Lei nº 13.964, de 2019)**

Parágrafo único. O agente policial infiltrado que deixar de observar a estrita finalidade da investigação responderá pelos excessos praticados. **(Incluído pela Lei nº 13.964, de 2019)**

Art. 10-D. Concluída a investigação, todos os atos eletrônicos praticados durante a operação deverão ser registrados, gravados, armazenados e encaminhados ao juiz e ao Ministério Público, juntamente com relatório circunstanciado. **(Incluído pela Lei nº 13.964, de 2019)**

Parágrafo único. Os atos eletrônicos registrados citados no caput deste artigo serão reunidos em autos apartados e apensados ao processo criminal juntamente com o inquérito policial, assegurando-se a preservação da identidade do agente policial infiltrado e a intimidade dos envolvidos. **(Incluído pela Lei nº 13.964, de 2019)**

Art. 11. O requerimento do Ministério Público ou a representação do delegado de polícia para a infiltração de agentes conterão a demonstração da necessidade da medida, o alcance das tarefas dos agentes e, quando possível, os nomes ou apelidos das pessoas investigadas e o local da infiltração.

Parágrafo único. Os órgãos de registro e cadastro público poderão incluir nos bancos de dados próprios, mediante procedimento sigiloso e requisição da autoridade judicial, as informações necessárias à efetividade da identidade fictícia criada, nos casos de infiltração de agentes na internet. (Incluído pela Lei nº 13.964, de 2019)

Art. 12. O pedido de infiltração será sigilosamente distribuído, de forma a não conter informações que possam indicar a operação a ser efetivada ou identificar o agente que será infiltrado.

§ 1º As informações quanto à necessidade da operação de infiltração serão dirigidas diretamente ao juiz competente, que decidirá no prazo de 24 (vinte e quatro) horas, após manifestação do Ministério Público na hipótese de representação do delegado de polícia, devendo-se adotar as medidas necessárias para o êxito das investigações e a segurança do agente infiltrado.

§ 2º Os autos contendo as informações da operação de infiltração acompanharão a denúncia do Ministério Público, quando serão disponibilizados à defesa, assegurando-se a preservação da identidade do agente.

§ 3º Havendo indícios seguros de que o agente infiltrado sofre risco iminente, a operação será sustada mediante requisição do Ministério Público ou pelo delegado de polícia, dando-se imediata ciência ao Ministério Público e à autoridade judicial.

Art. 13. O agente que não guardar, em sua atuação, a devida proporcionalidade com a finalidade da investigação, responderá pelos excessos praticados.

Parágrafo único. Não é punível, no âmbito da infiltração, a prática de crime pelo agente infiltrado no curso da investigação, quando inexigível conduta diversa.

Art. 14. São direitos do agente:

I. recusar ou fazer cessar a atuação infiltrada;

II. ter sua identidade alterada, aplicando-se, no que couber, o disposto no art. 9º da Lei nº 9.807, de 13 de julho de 1999, bem como usufruir das medidas de proteção a testemunhas;

III. ter seu nome, sua qualificação, sua imagem, sua voz e demais informações pessoais preservadas durante a investigação e o processo criminal, salvo se houver decisão judicial em contrário;

IV. não ter sua identidade revelada, nem ser fotografado ou filmado pelos meios de comunicação, sem sua prévia autorização por escrito.

SEÇÃO IV
Do Acesso a Registros, Dados Cadastrais, Documentos e Informações

Art. 15. O delegado de polícia e o Ministério Público terão acesso, independentemente de autorização judicial, apenas aos dados cadastrais do investigado que informem exclusivamente a qualificação pessoal, a filiação e o endereço mantidos pela Justiça Eleitoral, empresas telefônicas, instituições financeiras, provedores de internet e administradoras de cartão de crédito.

Art. 16. As empresas de transporte possibilitarão, pelo prazo de 5 (cinco) anos, acesso direto e permanente do juiz, do Ministério Público ou do delegado de polícia aos bancos de dados de reservas e registro de viagens.

Art. 17. As concessionárias de telefonia fixa ou móvel manterão, pelo prazo de 5 (cinco) anos, à disposição das autoridades mencionadas no art. 15, registros de identificação dos números dos terminais de origem e de destino das ligações telefônicas internacionais, interurbanas e locais.

SEÇÃO V
Dos Crimes Ocorridos na Investigação e na Obtenção da Prova

Art. 18. Revelar a identidade, fotografar ou filmar o colaborador, sem sua prévia autorização por escrito:
Pena – reclusão, de 1 (um) a 3 (três) anos, e multa.

Art. 19. Imputar falsamente, sob pretexto de colaboração com a Justiça, a prática de infração penal a pessoa que sabe ser inocente, ou revelar informações sobre a estrutura de organização criminosa que sabe inverídicas:
Pena – reclusão, de 1 (um) a 4 (quatro) anos, e multa.

Art. 20. Descumprir determinação de sigilo das investigações que envolvam a ação controlada e a infiltração de agentes:
Pena – reclusão, de 1 (um) a 4 (quatro) anos, e multa.

Art. 21. Recusar ou omitir dados cadastrais, registros, documentos e informações requisitadas pelo juiz, Ministério Público ou delegado de polícia, no curso de investigação ou do processo:
Pena – reclusão, de 6 (seis) meses a 2 (dois) anos, e multa.
Parágrafo único. Na mesma pena incorre quem, de forma indevida, se apossa, propala, divulga ou faz uso dos dados cadastrais de que trata esta Lei.

CAPÍTULO III
Disposições Finais

Art. 22. Os crimes previstos nesta Lei e as infrações penais conexas serão apurados mediante procedimento ordinário previsto no Decreto-Lei nº 3.689, de 3 de outubro de 1941 (Código de Processo Penal), observado o disposto no parágrafo único deste artigo.
Parágrafo único. A instrução criminal deverá ser encerrada em prazo razoável, o qual não poderá exceder a 120 (cento e vinte) dias quando o réu estiver preso, prorrogáveis em até igual período, por decisão fundamentada, devidamente motivada pela complexidade da causa ou por fato procrastinatório atribuível ao réu.

Art. 23. O sigilo da investigação poderá ser decretado pela autoridade judicial competente, para garantia da celeridade e da eficácia das diligências investigatórias, assegurando-se ao defensor, no interesse do representado, amplo acesso aos elementos de prova que digam respeito ao exercício do direito de defesa, devidamente precedido de autorização judicial, ressalvados os referentes às diligências em andamento.
Parágrafo único. Determinado o depoimento do investigado, seu defensor terá assegurada a prévia vista dos autos, ainda que classificados como sigilosos, no prazo mínimo de 3 (três) dias que antecedem ao ato, podendo ser ampliado, a critério da autoridade responsável pela investigação.

Art. 24. O art. 288 do Decreto-Lei nº 2.848, de 7 de dezembro de 1940 (Código Penal), passa a vigorar com a seguinte redação:
" Associação Criminosa
Art. 288. Associarem-se 3 (três) ou mais pessoas, para o fim específico de cometer crimes:
Pena – reclusão, de 1 (um) a 3 (três) anos.
Parágrafo único. A pena aumenta-se até a metade se a associação é armada ou se houver a participação de criança ou adolescente." (NR)

Art. 25. O art. 342 do Decreto-Lei nº 2.848, de 7 de dezembro de 1940 (Código Penal), passa a vigorar com a seguinte redação:
"Art. 342............
Pena – reclusão, de 2 (dois) a 4 (quatro) anos, e multa.
............" (NR)

Art. 26. Revoga-se a Lei nº 9.034, de 3 de maio de 1995.

Art. 27. Esta Lei entra em vigor após decorridos 45 (quarenta e cinco) dias de sua publicação oficial.

Brasília, 2 de agosto de 2013; 192º da Independência e 125º da República.
DILMA ROUSSEFF
José Eduardo Cardozo

Este texto não substitui o publicado no DOU de 5.8.2013 – Edição extra

Lei n. 12.830/2013 (Investigação policial conduzida pelo delegado de Polícia)

LEI Nº 12.830, DE 20 DE JUNHO DE 2013.
Dispõe sobre a investigação criminal conduzida pelo delegado de polícia.
A PRESIDENTA DA REPÚBLICA Faço saber que o Congresso Nacional decreta e eu sanciono a seguinte Lei:
Art. 1. Esta Lei dispõe sobre a investigação criminal conduzida pelo delegado de polícia.
Art. 2. As funções de polícia judiciária e a apuração de infrações penais exercidas pelo delegado de polícia são de natureza jurídica, essenciais e exclusivas de Estado.
§ 1º Ao delegado de polícia, na qualidade de autoridade policial, cabe a condução da investigação criminal por meio de inquérito policial ou outro procedimento previsto em lei, que tem como objetivo a apuração das circunstâncias, da materialidade e da autoria das infrações penais.
§ 2º Durante a investigação criminal, cabe ao delegado de polícia a requisição de perícia, informações, documentos e dados que interessem à apuração dos fatos.
§ 3º (VETADO).
§ 4º O inquérito policial ou outro procedimento previsto em lei em curso somente poderá ser avocado ou redistribuído por superior hierárquico, mediante despacho fundamentado, por motivo de interesse público ou nas hipóteses de inobservância dos procedimentos previstos em regulamento da corporação que prejudique a eficácia da investigação.
§ 5º A remoção do delegado de polícia dar-se-á somente por ato fundamentado.
§ 6º O indiciamento, privativo do delegado de polícia, dar-se-á por ato fundamentado, mediante análise técnico-jurídica do fato, que deverá indicar a autoria, materialidade e suas circunstâncias.
Art. 3. O cargo de delegado de polícia é privativo de bacharel em Direito, devendo-lhe ser dispensado o mesmo tratamento protocolar que recebem os magistrados, os membros da Defensoria Pública e do Ministério Público e os advogados.
Art. 4. Esta Lei entra em vigor na data de sua publicação.

Brasília, 20 de junho de 2013; 192º da Independência e 125º da República.
DILMA ROUSSEFF
José Eduardo Cardozo
Miriam Belchior
Luís Inácio Lucena Adams

Este texto não substitui o publicado no DOU de 21.6.2013

Lei Nº 13.260/2016 (Lei antiterrorismo)

Regulamenta o disposto no inciso XLIII do art. 5º da Constituição Federal, disciplinando o terrorismo, tratando de disposições investigatórias e processuais e reformulando o conceito de organização terrorista; e altera as Leis no 7.960, de 21 de dezembro de 1989, e 12.850, de 2 de agosto de 2013.
A presidenta da república
Faço saber que o Congresso Nacional decreta e eu sanciono a seguinte Lei:
Art. 1. Esta Lei regulamenta o disposto no inciso XLIII do art. 5º da Constituição Federal, disciplinando o terrorismo, tratando de disposições investigatórias e processuais e reformulando o conceito de organização terrorista.
Art. 2. O terrorismo consiste na prática por um ou mais indivíduos dos atos previstos neste artigo, por razões de xenofobia, discriminação ou preconceito de raça, cor, etnia e religião, quando cometidos com a finalidade de provocar terror social ou generalizado, expondo a perigo pessoa, patrimônio, a paz pública ou a incolumidade pública.
§ 1º São atos de terrorismo:
I. usar ou ameaçar usar, transportar, guardar, portar ou trazer consigo explosivos, gases tóxicos, venenos, conteúdos biológicos, químicos, nucleares ou outros meios capazes de causar danos ou promover destruição em massa;
II. (vetado);
III. (vetado);

IV. sabotar o funcionamento ou apoderar-se, com violência, grave ameaça a pessoa ou servindo-se de mecanismos cibernéticos, do controle total ou parcial, ainda que de modo temporário, de meio de comunicação ou de transporte, de portos, aeroportos, estações ferroviárias ou rodoviárias, hospitais, casas de saúde, escolas, estádios esportivos, instalações públicas ou locais onde funcionem serviços públicos essenciais, instalações de geração ou transmissão de energia, instalações militares, instalações de exploração, refino e processamento de petróleo e gás e instituições bancárias e sua rede de atendimento;

V. atentar contra a vida ou a integridade física de pessoa:

Pena – reclusão, de doze a trinta anos, além das sanções correspondentes à ameaça ou à violência.

§ 2º O disposto neste artigo não se aplica à conduta individual ou coletiva de pessoas em manifestações políticas, movimentos sociais, sindicais, religiosos, de classe ou de categoria profissional, direcionados por propósitos sociais ou reivindicatórios, visando a contestar, criticar, protestar ou apoiar, com o objetivo de defender direitos, garantias e liberdades constitucionais, sem prejuízo da tipificação penal contida em lei.

Art. 3. Promover, constituir, integrar ou prestar auxílio, pessoalmente ou por interposta pessoa, a organização terrorista:

Pena – reclusão, de cinco a oito anos, e multa.

§ 1º (vetado).

§ 2º (vetado).

Art. 4. (vetado).

Art. 5. Realizar atos preparatórios de terrorismo com o propósito inequívoco de consumar tal delito:

Pena – a correspondente ao delito consumado, diminuída de um quarto até a metade.

§1º Incorre nas mesmas penas o agente que, com o propósito de praticar atos de terrorismo:

I. recrutar, organizar, transportar ou municiar indivíduos que viajem para país distinto daquele de sua residência ou nacionalidade; ou

II. fornecer ou receber treinamento em país distinto daquele de sua residência ou nacionalidade.

§ 2º Nas hipóteses do § 1º, quando a conduta não envolver treinamento ou viagem para país distinto daquele de sua residência ou nacionalidade, a pena será a correspondente ao delito consumado, diminuída de metade a dois terços.

Art. 6. Receber, prover, oferecer, obter, guardar, manter em depósito, solicitar, investir, de qualquer modo, direta ou indiretamente, recursos, ativos, bens, direitos, valores ou serviços de qualquer natureza, para o planejamento, a preparação ou a execução dos crimes previstos nesta Lei:

Pena – reclusão, de quinze a trinta anos.

Parágrafo único. Incorre na mesma pena quem oferecer ou receber, obtiver, guardar, mantiver em depósito, solicitar, investir ou de qualquer modo contribuir para a obtenção de ativo, bem ou recurso financeiro, com a finalidade de financiar, total ou parcialmente, pessoa, grupo de pessoas, associação, entidade, organização criminosa que tenha como atividade principal ou secundária, mesmo em caráter eventual, a prática dos crimes previstos nesta Lei.

Art. 7. Salvo quando for elementar da prática de qualquer crime previsto nesta Lei, se de algum deles resultar lesão corporal grave, aumenta-se a pena de um terço, se resultar morte, aumenta-se a pena da metade.

Art. 8. (vetado).

Art. 9. (vetado).

Art. 10. Mesmo antes de iniciada a execução do crime de terrorismo, na hipótese do art. 5º desta Lei, aplicam-se as disposições do art. 15 do Decreto-Lei no 2.848, de 7 de dezembro de 1940 – Código Penal.

Art. 11. Para todos os efeitos legais, considera-se que os crimes previstos nesta Lei são praticados contra o interesse da União, cabendo à Polícia Federal a investigação criminal, em sede de inquérito policial, e à Justiça Federal o seu processamento e julgamento, nos termos do inciso iv do art. 109 da Constituição Federal.

Parágrafo único. (vetado).

Art. 12. O juiz, de ofício, a requerimento do Ministério Público ou mediante representação do delegado de polícia, ouvido o Ministério Público em vinte e quatro horas, havendo indícios suficientes de crime previsto nesta Lei, poderá decretar, no curso da investigação ou da ação penal, medidas assecuratórias de bens, direitos ou valores do investigado ou acusado, ou existentes em nome de interpostas pessoas, que sejam instrumento, produto ou proveito dos crimes previstos nesta Lei.

§ 1º Proceder-se-á à alienação antecipada para preservação do valor dos bens sempre que estiverem sujeitos a qualquer grau de deterioração ou depreciação, ou quando houver dificuldade para sua manutenção.

§ 2º O juiz determinará a liberação, total ou parcial, dos bens, direitos e valores quando comprovada a licitude de sua origem e destinação, mantendo-se a constrição dos bens, direitos e valores necessários e suficientes à reparação dos danos e ao pagamento de prestações pecuniárias, multas e custas decorrentes da infração penal.

§ 3º Nenhum pedido de liberação será conhecido sem o comparecimento pessoal do acusado ou de interposta pessoa a que se refere o caput deste artigo, podendo o juiz determinar a prática de atos necessários à conservação de bens, direitos ou valores, sem prejuízo do disposto no § 1º.

§ 4º Poderão ser decretadas medidas assecuratórias sobre bens, direitos ou valores para reparação do dano decorrente da infração penal antecedente ou da prevista nesta Lei ou para pagamento de prestação pecuniária, multa e custas.

Art. 13. Quando as circunstâncias o aconselharem, o juiz, ouvido o Ministério Público, nomeará pessoa física ou jurídica qualificada para a administração dos bens, direitos ou valores sujeitos a medidas assecuratórias, mediante termo de compromisso.

Art. 14. A pessoa responsável pela administração dos bens:

I. fará jus a uma remuneração, fixada pelo juiz, que será satisfeita preferencialmente com o produto dos bens objeto da administração;

II. prestará, por determinação judicial, informações periódicas da situação dos bens sob sua administração, bem como explicações e detalhamentos sobre investimentos e reinvestimentos realizados.

Parágrafo único. Os atos relativos à administração dos bens serão levados ao conhecimento do Ministério Público, que requererá o que entender cabível.

Art. 15. O juiz determinará, na hipótese de existência de tratado ou convenção internacional e por solicitação de autoridade estrangeira competente, medidas assecuratórias sobre bens, direitos ou valores oriundos de crimes descritos nesta Lei praticados no estrangeiro.

§ 1º Aplica-se o disposto neste artigo, independentemente de tratado ou convenção internacional, quando houver reciprocidade do governo do país da autoridade solicitante.

§ 2º Na falta de tratado ou convenção, os bens, direitos ou valores sujeitos a medidas assecuratórias por solicitação de autoridade estrangeira competente ou os recursos provenientes da sua alienação serão repartidos entre o Estado requerente e o Brasil, na proporção de metade, ressalvado o direito do lesado ou de terceiro de boa-fé.

Art. 16. Aplicam-se as disposições da Lei no 12.850, de 2 agosto de 2013, para a investigação, processo e julgamento dos crimes previstos nesta Lei.

Art. 17. Aplicam-se as disposições da Lei no 8.072, de 25 de julho de 1990, aos crimes previstos nesta Lei.

Art. 18. O inciso III do art. 1º da Lei no 7.960, de 21 de dezembro de 1989, passa a vigorar acrescido da seguinte alínea p:

"Art. 1º.

III - .

p) crimes previstos na Lei de Terrorismo."

Art. 19. O art. 1º da Lei no 12.850, de 2 de agosto de 2013, passa a vigorar com a seguinte alteração:

"Art. 1º.

§ 2º.

II. às organizações terroristas, entendidas como aquelas voltadas para a prática dos atos de terrorismo legalmente definidos."

Art. 20. Esta Lei entra em vigor na data de sua publicação.

Brasília, 16 de março de 2016; 195º da Independência e 128º da República.

Dilma Rousseff
Wellington César Lima e Silva
Nelson Barbosa
Nilma Lino Gomes

Este texto não substitui o publicado no dou de 17.3.2016 – Edição extra e retificada em 18.3.2016.

LEI Nº 13.344/2016 (Dispõe sobre prevenção e repressão ao tráfico interno e internacional de pessoas e sobre medidas de atenção às vítimas)

Altera a Lei no 6.815, de 19 de agosto de 1980, o Decreto-Lei no 3.689, de 3 de outubro de 1941 (Código de Processo Penal), e o Decreto-Lei no 2.848, de 7 de dezembro de 1940 (Código Penal);

LEI Nº 13.344/2016 (Dispõe sobre prevenção e repressão ao tráfico interno e internacional de pessoas e sobre medidas de atenção às vítimas)

e revoga dispositivos do Decreto-Lei no 2.848, de 7 de dezembro de 1940 (Código Penal).

O presidente da república

Faço saber que o Congresso Nacional decreta e eu sanciono a seguinte Lei:

Art. 1. Esta Lei dispõe sobre o tráfico de pessoas cometido no território nacional contra vítima brasileira ou estrangeira e no exterior contra vítima brasileira.

Parágrafo único. O enfrentamento ao tráfico de pessoas compreende a prevenção e a repressão desse delito, bem como a atenção às suas vítimas.

CAPÍTULO I
Dos Princípios e das Diretrizes

Art. 2. O enfrentamento ao tráfico de pessoas atenderá aos seguintes princípios:

I. respeito à dignidade da pessoa humana;
II. promoção e garantia da cidadania e dos direitos humanos;
III. universalidade, indivisibilidade e interdependência;
IV. não discriminação por motivo de gênero, orientação sexual, origem étnica ou social, procedência, nacionalidade, atuação profissional, raça, religião, faixa etária, situação migratória ou outro status;
V. transversalidade das dimensões de gênero, orientação sexual, origem étnica ou social, procedência, raça e faixa etária nas políticas públicas;
VI. atenção integral às vítimas diretas e indiretas, independentemente de nacionalidade e de colaboração em investigações ou processos judiciais;
VII. proteção integral da criança e do adolescente.

Art. 3. O enfrentamento ao tráfico de pessoas atenderá às seguintes diretrizes:

I. fortalecimento do pacto federativo, por meio da atuação conjunta e articulada das esferas de governo no âmbito das respectivas competências;
II. articulação com organizações governamentais e não governamentais nacionais e estrangeiras;
III. incentivo à participação da sociedade em instâncias de controle social e das entidades de classe ou profissionais na discussão das políticas sobre tráfico de pessoas;
IV. estruturação da rede de enfrentamento ao tráfico de pessoas, envolvendo todas as esferas de governo e organizações da sociedade civil;
V. fortalecimento da atuação em áreas ou regiões de maior incidência do delito, como as de fronteira, portos, aeroportos, rodovias e estações rodoviárias e ferroviárias;
VI. estímulo à cooperação internacional;
VII. incentivo à realização de estudos e pesquisas e ao seu compartilhamento;
VIII. preservação do sigilo dos procedimentos administrativos e judiciais, nos termos da lei;
IX. gestão integrada para coordenação da política e dos planos nacionais de enfrentamento ao tráfico de pessoas.

CAPÍTULO II
Da Prevenção ao Tráfico de Pessoas

Art. 4. A prevenção ao tráfico de pessoas dar-se-á por meio:

I. da implementação de medidas intersetoriais e integradas nas áreas de saúde, educação, trabalho, segurança pública, justiça, turismo, assistência social, desenvolvimento rural, esportes, comunicação, cultura e direitos humanos;
II. de campanhas socioeducativas e de conscientização, considerando as diferentes realidades e linguagens;
III. de incentivo à mobilização e à participação da sociedade civil; e
IV. de incentivo a projetos de prevenção ao tráfico de pessoas.

CAPÍTULO III
Da Repressão ao Tráfico de Pessoas

Art. 5. A repressão ao tráfico de pessoas dar-se-á por meio:

I. da cooperação entre órgãos do sistema de justiça e segurança, nacionais e estrangeiros;
II. da integração de políticas e ações de repressão aos crimes correlatos e da responsabilização dos seus autores;
III. da formação de equipes conjuntas de investigação.

CAPÍTULO IV
Da Proteção e da Assistência às Vítimas

Art. 6. A proteção e o atendimento à vítima direta ou indireta do tráfico de pessoas compreendem:

I. assistência jurídica, social, de trabalho e emprego e de saúde;
II. acolhimento e abrigo provisório;
III. atenção às suas necessidades específicas, especialmente em relação a questões de gênero, orientação sexual, origem étnica ou social, procedência, nacionalidade, raça, religião, faixa etária, situação migratória, atuação profissional, diversidade cultural, linguagem, laços sociais e familiares ou outro status;
IV. preservação da intimidade e da identidade;
V. prevenção à revitimização no atendimento e nos procedimentos investigatórios e judiciais;
VI. atendimento humanizado;
VII. informação sobre procedimentos administrativos e judiciais.
§ 1º A atenção às vítimas dar-se-á com a interrupção da situação de exploração ou violência, a sua reinserção social, a garantia de facilitação do acesso à educação, à cultura, à formação profissional e ao trabalho e, no caso de crianças e adolescentes, a busca de sua reinserção familiar e comunitária.
§ 2º No exterior, a assistência imediata a vítimas brasileiras estará a cargo da rede consular brasileira e será prestada independentemente de sua situação migratória, ocupação ou outro status.
§ 3º A assistência à saúde prevista no inciso i deste artigo deve compreender os aspectos de recuperação física e psicológica da vítima.

Art. 7. A Lei no 6.815, de 19 de agosto de 1980, passa a vigorar acrescida dos seguintes artigos:
"Art. 18-A. Conceder-se-á residência permanente às vítimas de tráfico de pessoas no território nacional, independentemente de sua situação migratória e de colaboração em procedimento administrativo, policial ou judicial.
§ 1º O visto ou a residência permanentes poderão ser concedidos, a título de reunião familiar:
I. a cônjuges, companheiros, ascendentes e descendentes; e
II. a outros membros do grupo familiar que comprovem dependência econômica ou convivência habitual com a vítima.
§ 2º. Os beneficiários do visto ou da residência permanentes são isentos do pagamento da multa prevista no inciso ii do art. 125.
§ 3º. Os beneficiários do visto ou da residência permanentes de que trata este artigo são isentos do pagamento das taxas e emolumentos previstos nos arts. 20, 33 e 131".
"Art. 18-B. Ato do Ministro de Estado da Justiça e Cidadania estabelecerá os procedimentos para concessão da residência permanente de que trata o art. 18-A."
"Art. 42-A. O estrangeiro estará em situação regular no País enquanto tramitar pedido de regularização migratória."

CAPÍTULO V
Disposições Processuais

Art. 8. O juiz, de ofício, a requerimento do Ministério Público ou mediante representação do delegado de polícia, ouvido o Ministério Público, havendo indícios suficientes de infração penal, poderá decretar medidas assecuratórias relacionadas a bens, direitos ou valores pertencentes ao investigado ou acusado, ou existentes em nome de interpostas pessoas, que sejam instrumento, produto ou proveito do crime de tráfico de pessoas, procedendo-se na forma dos arts. 125 a 144-A do Decreto-Lei no 3.689, de 3 de outubro de 1941 (Código de Processo Penal).
§ 1º Proceder-se-á à alienação antecipada para preservação do valor dos bens sempre que estiverem sujeitos a qualquer grau de deterioração ou depreciação, ou quando houver dificuldade para sua manutenção.
§ 2º O juiz determinará a liberação total ou parcial dos bens, direitos e valores quando comprovada a licitude de sua origem, mantendo-se a constrição dos bens, direitos e valores necessários e suficientes à reparação dos danos e ao pagamento de prestações pecuniárias, multas e custas decorrentes da infração penal.
§ 3º Nenhum pedido de liberação será conhecido sem o comparecimento pessoal do acusado ou investigado, ou de interposta pessoa a que se refere o caput, podendo o juiz determinar a prática de atos necessários à conservação de bens, direitos ou valores, sem prejuízo do disposto no § 1º.
§ 4º Ao proferir a sentença de mérito, o juiz decidirá sobre o perdimento do produto, bem ou valor apreendido, sequestrado ou declarado indisponível.
Art. 9. Aplica-se subsidiariamente, no que couber, o disposto na Lei no 12.850, de 2 de agosto de 2013.
Art. 10. O Poder Público é autorizado a criar sistema de informações visando à coleta e à gestão de dados que orientem o enfrentamento ao tráfico de pessoas.

Art. 11. O Decreto-Lei no 3.689, de 3 de outubro de 1941 (Código de Processo Penal), passa a vigorar acrescido dos seguintes arts. 13-A e 13-B:
"Art. 13-A. Nos crimes previstos nos arts. 148, 149 e 149-A, no § 3° do art. 158 e no art. 159 do Decreto-Lei no 2.848, de 7 de dezembro de 1940 (Código Penal), e no art. 239 da Lei no 8.069, de 13 de julho de 1990 (Estatuto da Criança e do Adolescente), o membro do Ministério Público ou o delegado de polícia poderá requisitar, de quaisquer órgãos do poder público ou de empresas da iniciativa privada, dados e informações cadastrais da vítima ou de suspeitos.
Parágrafo único. A requisição, que será atendida no prazo de 24 (vinte e quatro) horas, conterá:
I. o nome da autoridade requisitante;
II. o número do inquérito policial; e
III. a identificação da unidade de polícia judiciária responsável pela investigação".
"Art. 13-B. Se necessário à prevenção e à repressão dos crimes relacionados ao tráfico de pessoas, o membro do Ministério Público ou o delegado de polícia poderão requisitar, mediante autorização judicial, às empresas prestadoras de serviço de telecomunicações e/ou telemática que disponibilizem imediatamente os meios técnicos adequados – como sinais, informações e outros – que permitam a localização da vítima ou dos suspeitos do delito em curso.
§ 1º. Para os efeitos deste artigo, sinal significa posicionamento da estação de cobertura, setorização e intensidade de radiofrequência.
§ 2º. Na hipótese de que trata o caput, o sinal:
I. não permitirá acesso ao conteúdo da comunicação de qualquer natureza, que dependerá de autorização judicial, conforme disposto em lei;
II. deverá ser fornecido pela prestadora de telefonia móvel celular por período não superior a 30 (trinta) dias, renovável por uma única vez, por igual período;
III. para períodos superiores àquele de que trata o inciso ii, será necessária a apresentação de ordem judicial.
§ 3º. Na hipótese prevista neste artigo, o inquérito policial deverá ser instaurado no prazo máximo de 72 (setenta e duas) horas, contado do registro da respectiva ocorrência policial.
§ 4º. Não havendo manifestação judicial no prazo de 12 (doze) horas, a autoridade competente requisitará às empresas prestadoras de serviço de telecomunicações e/ou telemática que disponibilizem imediatamente os meios técnicos adequados – como sinais, informações e outros – que permitam a localização da vítima ou dos suspeitos do delito em curso, com imediata comunicação ao juiz."

Art. 12. O inciso v do art. 83 do Decreto-Lei no 2.848, de 7 de dezembro de 1940 (Código Penal), passa a vigorar com a seguinte redação:
"Art. 83.
IV. cumpridos mais de dois terços da pena, nos casos de condenação por crime hediondo, prática de tortura, tráfico ilícito de entorpecentes e drogas afins, tráfico de pessoas e terrorismo, se o apenado não for reincidente específico em crimes dessa natureza.

Art. 13. O Decreto-Lei no 2.848, de 7 de dezembro de 1940 (Código Penal), passa a vigorar acrescido do seguinte art. 149-A:
"Tráfico de Pessoas
Art. 149-A. Agenciar, aliciar, recrutar, transportar, transferir, comprar, alojar ou acolher pessoa, mediante grave ameaça, violência, coação, fraude ou abuso, com a finalidade de:
I. remover-lhe órgãos, tecidos ou partes do corpo;
II. submetê-la a trabalho em condições análogas à de escravo;
III. submetê-la a qualquer tipo de servidão;
IV. adoção ilegal; ou
V. exploração sexual.
Pena – reclusão, de 4 (quatro) a 8 (oito) anos, e multa.
§ 1º. A pena é aumentada de um terço até a metade se:
I. o crime for cometido por funcionário público no exercício de suas funções ou a pretexto de exercê-las;
II. o crime for cometido contra criança, adolescente ou pessoa idosa ou com deficiência;
III. o agente se prevalecer de relações de parentesco, domésticas, de coabitação, de hospitalidade, de dependência econômica, de autoridade ou de superioridade hierárquica inerente ao exercício de emprego, cargo ou função; ou
IV. a vítima do tráfico de pessoas for retirada do território nacional.
§ 2º. A pena é reduzida de um a dois terços se o agente for primário e não integrar organização criminosa."

CAPÍTULO VI

Das Campanhas Relacionadas ao Enfrentamento ao Tráfico de Pessoas

Art. 14. É instituído o Dia Nacional de Enfrentamento ao Tráfico de Pessoas, a ser comemorado, anualmente, em 30 de julho.

Art. 15. Serão adotadas campanhas nacionais de enfrentamento ao tráfico de pessoas, a serem divulgadas em veículos de comunicação, visando à conscientização da sociedade sobre todas as modalidades de tráfico de pessoas.

CAPÍTULO VII

Disposições Finais

Art. 16. Revogam-se os arts. 231 e 231-A do Decreto-Lei no 2.848, de 7 de dezembro de 1940 (Código Penal).

Art. 17. Esta Lei entra em vigor após decorridos 45 (quarenta e cinco) dias de sua publicação oficial. Brasília, 6 de outubro de 2016; 195º da Independência e 128º da República.

Michel Temer
Alexandre de Moraes
José Serra
Ricardo José Magalhães Barros
Osmar Terra
Grace Maria Fernandes Mendonça

Este texto não substitui o publicado no dou de 7.10.2016.

Lei n. 13.869/2019 (Abuso de Autoridade)

LEI Nº 13.869, DE 5 DE SETEMBRO DE 2019

Dispõe sobre os crimes de abuso de autoridade; altera a Lei nº 7.960, de 21 de dezembro de 1989, a Lei nº 9.296, de 24 de julho de 1996, a Lei nº 8.069, de 13 de julho de 1990, e a Lei nº 8.906, de 4 de julho de 1994; e revoga a Lei nº 4.898, de 9 de dezembro de 1965, e dispositivos do Decreto-Lei nº 2.848, de 7 de dezembro de 1940 (Código Penal).

O PRESIDENTE DA REPÚBLICA
Faço saber que o Congresso Nacional decreta e eu sanciono a seguinte Lei:

CAPÍTULO I

Disposições Gerais

Art. 1. Esta Lei define os crimes de abuso de autoridade, cometidos por agente público, servidor ou não, que, no exercício de suas funções ou a pretexto de exercê-las, abuse do poder que lhe tenha sido atribuído.

§ 1º As condutas descritas nesta Lei constituem crime de abuso de autoridade quando praticadas pelo agente com a finalidade específica de prejudicar outrem ou beneficiar a si mesmo ou a terceiro, ou, ainda, por mero capricho ou satisfação pessoal.

§ 2º A divergência na interpretação de lei ou na avaliação de fatos e provas não configura abuso de autoridade.

CAPÍTULO II

Dos Sujeitos do Crime

Art. 2. É sujeito ativo do crime de abuso de autoridade qualquer agente público, servidor ou não, da administração direta, indireta ou fundacional de qualquer dos Poderes da União, dos Estados, do Distrito Federal, dos Municípios e de Território, compreendendo, mas não se limitando a:

I. servidores públicos e militares ou pessoas a eles equiparadas;
II. membros do Poder Legislativo;
III. membros do Poder Executivo;
IV. membros do Poder Judiciário;
V. membros do Ministério Público;
VI. membros dos tribunais ou conselhos de contas.

Parágrafo único. Reputa-se agente público, para os efeitos desta Lei, todo aquele que exerce, ainda que transitoriamente ou sem remuneração, por eleição, nomeação, designação, contratação ou qualquer outra forma de investidura ou vínculo, mandato, cargo, emprego ou função em órgão ou entidade abrangidos pelo caput deste artigo.

CAPÍTULO III

Da Ação Penal

Art. 3. Os crimes previstos nesta Lei são de ação penal pública incondicionada. (Promulgação partes vetadas)

§ 1º Será admitida ação privada se a ação penal pública não for intentada no prazo legal, cabendo ao Ministério Público aditar a queixa, repudiá-la e oferecer denúncia substitutiva, intervir em todos os termos do processo, fornecer elementos de prova, interpor recurso e, a todo tempo, no caso de negligência do querelante, retomar a ação como parte principal.

§ 2º A ação privada subsidiária será exercida no prazo de 6 (seis) meses, contado da data em que se esgotar o prazo para oferecimento da denúncia.

CAPÍTULO IV

Dos Efeitos da Condenação e das Penas Restritivas de Direitos

SEÇÃO I
Dos Efeitos da Condenação

Art. 4. São efeitos da condenação:

I. tornar certa a obrigação de indenizar o dano causado pelo crime, devendo o juiz, a requerimento do ofendido, fixar na sentença o valor mínimo para reparação dos danos causados pela infração, considerando os prejuízos por ele sofridos;

II. a inabilitação para o exercício de cargo, mandato ou função pública, pelo período de 1 (um) a 5 (cinco) anos;

III. a perda do cargo, do mandato ou da função pública.

Parágrafo único. Os efeitos previstos nos incisos II e III do caput deste artigo são condicionados à ocorrência de reincidência em crime de abuso de autoridade e não são automáticos, devendo ser declarados motivadamente na sentença.

SEÇÃO II
Das Penas Restritivas de Direitos

Art. 5. As penas restritivas de direitos substitutivas das privativas de liberdade previstas nesta Lei são:

I. prestação de serviços à comunidade ou a entidades públicas;

II. suspensão do exercício do cargo, da função ou do mandato, pelo prazo de 1 (um) a 6 (seis) meses, com a perda dos vencimentos e das vantagens;

III. (VETADO).

Parágrafo único. As penas restritivas de direitos podem ser aplicadas autônoma ou cumulativamente.

CAPÍTULO V

Das Sanções de Natureza Civil e Administrativa

Art. 6. As penas previstas nesta Lei serão aplicadas independentemente das sanções de natureza civil ou administrativa cabíveis.

Parágrafo único. As notícias de crimes previstos nesta Lei que descreverem falta funcional serão informadas à autoridade competente com vistas à apuração.

Art. 7. As responsabilidades civil e administrativa são independentes da criminal, não se podendo mais questionar sobre a existência ou a autoria do fato quando essas questões tenham sido decididas no juízo criminal.

Art. 8. Faz coisa julgada em âmbito cível, assim como no administrativo-disciplinar, a sentença penal que reconhecer ter sido o ato praticado em estado de necessidade, em legítima defesa, em estrito cumprimento de dever legal ou no exercício regular de direito.

CAPÍTULO VI

Dos Crimes e das Penas

Art. 9. Decretar medida de privação da liberdade em manifesta desconformidade com as hipóteses legais:

Pena – detenção, de 1 (um) a 4 (quatro) anos, e multa.

Parágrafo único. Incorre na mesma pena a autoridade judiciária que, dentro de prazo razoável, deixar de:

I. relaxar a prisão manifestamente ilegal;

II. substituir a prisão preventiva por medida cautelar diversa ou de conceder liberdade provisória, quando manifestamente cabível;

III. deferir liminar ou ordem de habeas corpus, quando manifestamente cabível.

Art. 10. Decretar a condução coercitiva de testemunha ou investigado manifestamente descabida ou sem prévia intimação de comparecimento ao juízo:
Pena – detenção, de 1 (um) a 4 (quatro) anos, e multa.

Art. 11. (VETADO).

Art. 12. Deixar injustificadamente de comunicar prisão em flagrante à autoridade judiciária no prazo legal:
Pena – detenção, de 6 (seis) meses a 2 (dois) anos, e multa.

Parágrafo único. Incorre na mesma pena quem:
I. deixa de comunicar, imediatamente, a execução de prisão temporária ou preventiva à autoridade judiciária que a decretou;
II. deixa de comunicar, imediatamente, a prisão de qualquer pessoa e o local onde se encontra à sua família ou à pessoa por ela indicada;
III. deixa de entregar ao preso, no prazo de 24 (vinte e quatro) horas, a nota de culpa, assinada pela autoridade, com o motivo da prisão e os nomes do condutor e das testemunhas;
IV. prolonga a execução de pena privativa de liberdade, de prisão temporária, de prisão preventiva, de medida de segurança ou de internação, deixando, sem motivo justo e excepcionalíssimo, de executar o alvará de soltura imediatamente após recebido ou de promover a soltura do preso quando esgotado o prazo judicial ou legal.

Art. 13. Constranger o preso ou o detento, mediante violência, grave ameaça ou redução de sua capacidade de resistência, a:
I. exibir-se ou ter seu corpo ou parte dele exibido à curiosidade pública;
II. submeter-se a situação vexatória ou a constrangimento não autorizado em lei;
III. produzir prova contra si mesmo ou contra terceiro:
Pena – detenção, de 1 (um) a 4 (quatro) anos, e multa, sem prejuízo da pena cominada à violência.

Art. 14. (VETADO).

Art. 15. Constranger a depor, sob ameaça de prisão, pessoa que, em razão de função, ministério, ofício ou profissão, deva guardar segredo ou resguardar sigilo:
Pena – detenção, de 1 (um) a 4 (quatro) anos, e multa.

Parágrafo único. Incorre na mesma pena quem prossegue com o interrogatório:
I. de pessoa que tenha decidido exercer o direito ao silêncio; ou
II. de pessoa que tenha optado por ser assistida por advogado ou defensor público, sem a presença de seu patrono.

Art. 16. Deixar de identificar-se ou identificar-se falsamente ao preso por ocasião de sua captura ou quando deva fazê-lo durante sua detenção ou prisão:
Pena – detenção, de 6 (seis) meses a 2 (dois) anos, e multa.

Parágrafo único. Incorre na mesma pena quem, como responsável por interrogatório em sede de procedimento investigatório de infração penal, deixa de identificar-se ao preso ou atribui a si mesmo falsa identidade, cargo ou função.

Art. 17. (VETADO).

Art. 18. Submeter o preso a interrogatório policial durante o período de repouso noturno, salvo se capturado em flagrante delito ou se ele, devidamente assistido, consentir em prestar declarações:
Pena – detenção, de 6 (seis) meses a 2 (dois) anos, e multa.

Art. 19. Impedir ou retardar, injustificadamente, o envio de pleito de preso à autoridade judiciária competente para a apreciação da legalidade de sua prisão ou das circunstâncias de sua custódia:
Pena – detenção, de 1 (um) a 4 (quatro) anos, e multa.

Parágrafo único. Incorre na mesma pena o magistrado que, ciente do impedimento ou da demora, deixa de tomar as providências tendentes a saná-lo ou, não sendo competente para decidir sobre a prisão, deixa de enviar o pedido à autoridade judiciária que o seja.

Art. 20. Impedir, sem justa causa, a entrevista pessoal e reservada do preso com seu advogado:
Pena – detenção, de 6 (seis) meses a 2 (dois) anos, e multa.

Parágrafo único. Incorre na mesma pena quem impede o preso, o réu solto ou o investigado de entrevistar-se pessoal e reservadamente com seu advogado ou defensor, por prazo razoável, antes de audiência judicial, e de sentar-se ao seu lado e com ele comunicar-se durante a audiência, salvo no curso de interrogatório ou no caso de audiência realizada por videoconferência.

Art. 21. Manter presos de ambos os sexos na mesma cela ou espaço de confinamento:

Pena – detenção, de 1 (um) a 4 (quatro) anos, e multa.
Parágrafo único. Incorre na mesma pena quem mantém, na mesma cela, criança ou adolescente na companhia de maior de idade ou em ambiente inadequado, observado o disposto na Lei nº 8.069, de 13 de julho de 1990 (Estatuto da Criança e do Adolescente).

Art. 22. Invadir ou adentrar, clandestina ou astuciosamente, ou à revelia da vontade do ocupante, imóvel alheio ou suas dependências, ou nele permanecer nas mesmas condições, sem determinação judicial ou fora das condições estabelecidas em lei:
Pena – detenção, de 1 (um) a 4 (quatro) anos, e multa.
§ 1º Incorre na mesma pena, na forma prevista no caput deste artigo, quem:
I. coage alguém, mediante violência ou grave ameaça, a franquear-lhe o acesso a imóvel ou suas dependências;
II. (VETADO);
III. cumpre mandado de busca e apreensão domiciliar após as 21h (vinte e uma horas) ou antes das 5h (cinco horas).
§ 2º Não haverá crime se o ingresso for para prestar socorro, ou quando houver fundados indícios que indiquem a necessidade do ingresso em razão de situação de flagrante delito ou de desastre.

Art. 23. Inovar artificiosamente, no curso de diligência, de investigação ou de processo, o estado de lugar, de coisa ou de pessoa, com o fim de eximir-se de responsabilidade ou de responsabilizar criminalmente alguém ou agravar-lhe a responsabilidade:
Pena – detenção, de 1 (um) a 4 (quatro) anos, e multa.
Parágrafo único. Incorre na mesma pena quem pratica a conduta com o intuito de:
I. eximir-se de responsabilidade civil ou administrativa por excesso praticado no curso de diligência;
II. omitir dados ou informações ou divulgar dados ou informações incompletos para desviar o curso da investigação, da diligência ou do processo.

Art. 24. Constranger, sob violência ou grave ameaça, funcionário ou empregado de instituição hospitalar pública ou privada a admitir para tratamento pessoa cujo óbito já tenha ocorrido, com o fim de alterar local ou momento de crime, prejudicando sua apuração:
Pena – detenção, de 1 (um) a 4 (quatro) anos, e multa, além da pena correspondente à violência.

Art. 25. Proceder à obtenção de prova, em procedimento de investigação ou fiscalização, por meio manifestamente ilícito:
Pena – detenção, de 1 (um) a 4 (quatro) anos, e multa.
Parágrafo único. Incorre na mesma pena quem faz uso de prova, em desfavor do investigado ou fiscalizado, com prévio conhecimento de sua ilicitude.

Art. 26. (VETADO).

Art. 27. Requisitar instauração ou instaurar procedimento investigatório de infração penal ou administrativa, em desfavor de alguém, à falta de qualquer indício da prática de crime, de ilícito funcional ou de infração administrativa: (Vide ADIN 6234) (Vide ADIN 6240)
Pena – detenção, de 6 (seis) meses a 2 (dois) anos, e multa.
Parágrafo único. Não há crime quando se tratar de sindicância ou investigação preliminar sumária, devidamente justificada.

Art. 28. Divulgar gravação ou trecho de gravação sem relação com a prova que se pretenda produzir, expondo a intimidade ou a vida privada ou ferindo a honra ou a imagem do investigado ou acusado:
Pena – detenção, de 1 (um) a 4 (quatro) anos, e multa.

Art. 29. Prestar informação falsa sobre procedimento judicial, policial, fiscal ou administrativo com o fim de prejudicar interesse de investigado: (Vide ADIN 6234) (Vide ADIN 6240)
Pena – detenção, de 6 (seis) meses a 2 (dois) anos, e multa.
Parágrafo único. (VETADO).

Art. 30. Dar início ou proceder à persecução penal, civil ou administrativa sem justa causa fundamentada ou contra quem sabe inocente:
Pena – detenção, de 1 (um) a 4 (quatro) anos, e multa.

Art. 31. Estender injustificadamente a investigação, procrastinando-a em prejuízo do investigado ou fiscalizado: (Vide ADIN 6234) (Vide ADIN 6240)
Pena – detenção, de 6 (seis) meses a 2 (dois) anos, e multa.
Parágrafo único. Incorre na mesma pena quem, inexistindo prazo para execução ou conclusão de procedimento, o estende de forma imotivada, procrastinando-o em prejuízo do investigado ou do fiscalizado.

Art. 32. Negar ao interessado, seu defensor ou advogado acesso aos autos de investigação preliminar, ao termo circunstanciado, ao inquérito ou a qualquer outro procedimento investigatório de infração penal, civil ou administrativa, assim como impedir a obtenção de cópias, ressalvado o acesso a peças relativas a diligências em curso, ou que indiquem a realização de diligências futuras, cujo sigilo seja imprescindível:
Pena – detenção, de 6 (seis) meses a 2 (dois) anos, e multa.

Art. 33. Exigir informação ou cumprimento de obrigação, inclusive o dever de fazer ou de não fazer, sem expresso amparo legal:
Pena – detenção, de 6 (seis) meses a 2 (dois) anos, e multa.
Parágrafo único. Incorre na mesma pena quem se utiliza de cargo ou função pública ou invoca a condição de agente público para se eximir de obrigação legal ou para obter vantagem ou privilégio indevido.

Art. 34. (VETADO).

Art. 35. (VETADO).

Art. 36. Decretar, em processo judicial, a indisponibilidade de ativos financeiros em quantia que extrapole exacerbadamente o valor estimado para a satisfação da dívida da parte e, ante a demonstração, pela parte, da excessividade da medida, deixar de corrigi-la:
Pena – detenção, de 1 (um) a 4 (quatro) anos, e multa.

Art. 37. Demorar demasiada e injustificadamente no exame de processo de que tenha requerido vista em órgão colegiado, com o intuito de procrastinar seu andamento ou retardar o julgamento:
Pena – detenção, de 6 (seis) meses a 2 (dois) anos, e multa.

Art. 38. Antecipar o responsável pelas investigações, por meio de comunicação, inclusive rede social, atribuição de culpa, antes de concluídas as apurações e formalizada a acusação:
Pena – detenção, de 6 (seis) meses a 2 (dois) anos, e multa.

CAPÍTULO VII
Do Procedimento

Art. 39. Aplicam-se ao processo e ao julgamento dos delitos previstos nesta Lei, no que couber, as disposições do Decreto-Lei nº 3.689, de 3 de outubro de 1941 (Código de Processo Penal), e da Lei nº 9.099, de 26 de setembro de 1995.

CAPÍTULO VIII
Disposições Finais

Art. 40. O art. 2º da Lei nº 7.960, de 21 de dezembro de 1989, passa a vigorar com a seguinte redação:
"Art.2º..

§ 4º-A O mandado de prisão conterá necessariamente o período de duração da prisão temporária estabelecido no caput deste artigo, bem como o dia em que o preso deverá ser libertado.

....

§ 7º Decorrido o prazo contido no mandado de prisão, a autoridade responsável pela custódia deverá, independentemente de nova ordem da autoridade judicial, pôr imediatamente o preso em liberdade, salvo se já tiver sido comunicada da prorrogação da prisão temporária ou da decretação da prisão preventiva.
§ 8º Inclui-se o dia do cumprimento do mandado de prisão no cômputo do prazo de prisão temporária." (NR)

Art. 41. O art. 10 da Lei nº 9.296, de 24 de julho de 1996, passa a vigorar com a seguinte redação:
"Art. 10. Constitui crime realizar interceptação de comunicações telefônicas, de informática ou telemática, promover escuta ambiental ou quebrar segredo da Justiça, sem autorização judicial ou com objetivos não autorizados em lei:
Pena – reclusão, de 2 (dois) a 4 (quatro) anos, e multa.
Parágrafo único. Incorre na mesma pena a autoridade judicial que determina a execução de conduta prevista no caput deste artigo com objetivo não autorizado em lei." (NR)

Art. 42. A Lei nº 8.069, de 13 de julho de 1990 (Estatuto da Criança e do Adolescente), passa a vigorar acrescida do seguinte art. 227-A:
"Art. 227-A Os efeitos da condenação prevista no inciso I do caput do art. 92 do Decreto-Lei nº 2.848, de 7 de dezembro de 1940 (Código Penal),

para os crimes previstos nesta Lei, praticados por servidores públicos com abuso de autoridade, são condicionados à ocorrência de reincidência.
Parágrafo único. A perda do cargo, do mandato ou da função, nesse caso, independerá da pena aplicada na reincidência."
Art. 43. A Lei nº 8.906, de 4 de julho de 1994, passa a vigorar acrescida do seguinte art. 7º-B:
'Art. 7º-B Constitui crime violar direito ou prerrogativa de advogado previstos nos incisos II, III, IV e V do caput do art. 7º desta Lei:
Pena – detenção, de 3 (três) meses a 1 (um) ano, e multa.'"
Art. 44. Revogam-se a Lei nº 4.898, de 9 de dezembro de 1965, e o § 2º do art. 150 e o art. 350, ambos do Decreto-Lei nº 2.848, de 7 de dezembro de 1940 (Código Penal).
Art. 45. Esta Lei entra em vigor após decorridos 120 (cento e vinte) dias de sua publicação oficial.
Brasília, 5 de setembro de 2019; 198º da Independência e 131º da República.

JAIR MESSIAS BOLSONARO
Sérgio Moro
Wagner de Campos Rosário
Jorge Antonio de Oliveira Francisco
André Luiz de Almeida Mendonça

Este texto não substitui o publicado no DOU de 5.9.2019 – Edição extra-A e retificado em 18.9.2019

16

Leis especiais de Direito Constitucional

Lei nº 12.016/09 (Mandado de segurança)

LEI Nº 12.016, DE 7 DE AGOSTO DE 2009

Disciplina o mandado de segurança individual e coletivo e dá outras providências.
O PRESIDENTE DA REPÚBLICA Faço saber que o Congresso Nacional decreta e eu sanciono a seguinte Lei:

Art. 1. Conceder-se-á mandado de segurança para proteger direito líquido e certo, não amparado por habeas corpus ou habeas data, sempre que, ilegalmente ou com abuso de poder, qualquer pessoa física ou jurídica sofrer violação ou houver justo receio de sofrê-la por parte de autoridade, seja de que categoria for e sejam quais forem as funções que exerça.

§ 1º Equiparam-se às autoridades, para os efeitos desta Lei, os representantes ou órgãos de partidos políticos e os administradores de entidades autárquicas, bem como os dirigentes de pessoas jurídicas ou as pessoas naturais no exercício de atribuições do poder público, somente no que disser respeito a essas atribuições.

§ 2º Não cabe mandado de segurança contra os atos de gestão comercial praticados pelos administradores de empresas públicas, de sociedade de economia mista e de concessionárias de serviço público.

§ 3º Quando o direito ameaçado ou violado couber a várias pessoas, qualquer delas poderá requerer o mandado de segurança.

Art. 2. Considerar-se-á federal a autoridade coatora se as consequências de ordem patrimonial do ato contra o qual se requer o mandado houverem de ser suportadas pela União ou entidade por ela controlada.

Art. 3. O titular de direito líquido e certo decorrente de direito, em condições idênticas, de terceiro poderá impetrar mandado de segurança a favor do direito originário, se o seu titular não o fizer, no prazo de 30 (trinta) dias, quando notificado judicialmente.

Parágrafo único. O exercício do direito previsto no caput deste artigo submete-se ao prazo fixado no art. 23 desta Lei, contado da notificação.

Art. 4. Em caso de urgência, é permitido, observados os requisitos legais, impetrar mandado de segurança por telegrama, radiograma, fax ou outro meio eletrônico de autenticidade comprovada.

§ 1º Poderá o juiz, em caso de urgência, notificar a autoridade por telegrama, radiograma ou outro meio que assegure a autenticidade do documento e a imediata ciência pela autoridade.

§ 2º O texto original da petição deverá ser apresentado nos 5 (cinco) dias úteis seguintes.

§ 3º Para os fins deste artigo, em se tratando de documento eletrônico, serão observadas as regras da Infraestrutura de Chaves Públicas Brasileira – ICP-Brasil.

Art. 5. Não se concederá mandado de segurança quando se tratar:

I. de ato do qual caiba recurso administrativo com efeito suspensivo, independentemente de caução;

II. de decisão judicial da qual caiba recurso com efeito suspensivo;

III. de decisão judicial transitada em julgado.

Parágrafo único. (VETADO)

Art. 6. A petição inicial, que deverá preencher os requisitos estabelecidos pela lei processual, será apresentada em 2 (duas) vias com os documentos que instruírem a primeira reproduzidos na segunda e indicará, além da autoridade coatora, a pessoa jurídica que esta integra, à qual se acha vinculada ou da qual exerce atribuições.

§ 1º No caso em que o documento necessário à prova do alegado se ache em repartição ou estabelecimento público ou em poder de autoridade que se recuse a fornecê-lo por certidão ou de terceiro, o juiz ordenará, preliminarmente, por ofício, a exibição desse documento em original ou em cópia autêntica e marcará, para o cumprimento da ordem, o prazo de 10 (dez) dias. O escrivão extrairá cópias do documento para juntá-las à segunda via da petição.

§ 2º Se a autoridade que tiver procedido dessa maneira for a própria coatora, a ordem far-se-á no próprio instrumento da notificação.

§ 3º Considera-se autoridade coatora aquela que tenha praticado o ato impugnado ou da qual emane a ordem para a sua prática.

§ 4º (VETADO)

§ 5º Denega-se o mandado de segurança nos casos previstos pelo art. 267 da Lei nº 5.869, de 11 de janeiro de 1973 – Código de Processo Civil.

§ 6º O pedido de mandado de segurança poderá ser renovado dentro do prazo decadencial, se a decisão denegatória não lhe houver apreciado o mérito.

Art. 7. Ao despachar a inicial, o juiz ordenará:

I. que se notifique o coator do conteúdo da petição inicial, enviando-lhe a segunda via apresentada com as cópias dos documentos, a fim de que, no prazo de 10 (dez) dias, preste as informações;

II. que se dê ciência do feito ao órgão de representação judicial da pessoa jurídica interessada, enviando-lhe cópia da inicial sem documentos, para que, querendo, ingresse no feito;

III. que se suspenda o ato que deu motivo ao pedido, quando houver fundamento relevante e do ato impugnado puder resultar a ineficácia da medida, caso seja finalmente deferida, sendo facultado exigir do impetrante caução, fiança ou depósito, com o objetivo de assegurar o ressarcimento à pessoa jurídica.

§ 1º Da decisão do juiz de primeiro grau que conceder ou denegar a liminar caberá agravo de instrumento, observado o disposto na Lei nº 5.869, de 11 de janeiro de 1973 – Código de Processo Civil.

§ 2º Não será concedida medida liminar que tenha por objeto a compensação de créditos tributários, a entrega de mercadorias e bens provenientes do exterior, a reclassificação ou equiparação de servidores públicos e a concessão de aumento ou a extensão de vantagens ou pagamento de qualquer natureza. (Vide ADIN 4296)

§ 3º Os efeitos da medida liminar, salvo se revogada ou cassada, persistirão até a prolação da sentença.

§ 4º Deferida a medida liminar, o processo terá prioridade para julgamento.

§ 5º As vedações relacionadas com a concessão de liminares previstas neste artigo se estendem à tutela antecipada a que se referem os arts. 273 e 461 da Lei nº 5.869, de 11 janeiro de 1973 – Código de Processo Civil.

Art. 8. Será decretada a perempção ou caducidade da medida liminar ex officio ou a requerimento do Ministério Público quando, concedida a medida, o impetrante criar obstáculo ao normal andamento do processo ou deixar de promover, por mais de 3 (três) dias úteis, os atos e as diligências que lhe cumprirem.

Art. 9. As autoridades administrativas, no prazo de 48 (quarenta e oito) horas da notificação da medida liminar, remeterão ao Ministério ou órgão a que se acham subordinadas e ao Advogado-Geral da União ou a quem tiver a representação judicial da União, do Estado, do Município ou da entidade apontada como coatora cópia autenticada do mandado notificatório, assim como indicações e elementos outros necessários às providências a serem tomadas para a eventual suspensão da medida e defesa do ato apontado como ilegal ou abusivo de poder.

Art. 10. A inicial será desde logo indeferida, por decisão motivada, quando não for o caso de mandado de segurança ou lhe faltar algum dos requisitos legais ou quando decorrido o prazo legal para a impetração.

§ 1º Do indeferimento da inicial pelo juiz de primeiro grau caberá apelação e, quando a competência para o julgamento do mandado de segurança couber originariamente a um dos tribunais, do ato do relator caberá agravo para o órgão competente do tribunal que integre.

§ 2º O ingresso de litisconsorte ativo não será admitido após o despacho da petição inicial.

Art. 11. Feitas as notificações, o serventuário em cujo cartório corra o feito juntará aos autos cópia autêntica dos ofícios endereçados ao coator e ao órgão de representação judicial da pessoa jurídica interessada, bem como a prova da entrega a estes ou da sua recusa em aceitá-los ou dar recibo e, no caso do art. 4º desta Lei, a comprovação da remessa.

Art. 12. Findo o prazo a que se refere o inciso I do caput do art. 7º desta Lei, o juiz ouvirá o representante do Ministério Público, que opinará, dentro do prazo improrrogável de 10 (dez) dias.

Parágrafo único. Com ou sem o parecer do Ministério Público, os autos serão conclusos ao juiz, para a decisão, a qual deverá ser necessariamente proferida em 30 (trinta) dias.

Art. 13. Concedido o mandado, o juiz transmitirá em ofício, por intermédio do oficial do juízo, ou pelo correio, mediante correspondência com aviso de recebimento, o inteiro teor da sentença à autoridade coatora e à pessoa jurídica interessada.

Parágrafo único. Em caso de urgência, poderá o juiz observar o disposto no art. 4º desta Lei.

Art. 14. Da sentença, denegando ou concedendo o mandado, cabe apelação.

§ 1º Concedida a segurança, a sentença estará sujeita obrigatoriamente ao duplo grau de jurisdição.

§ 2º Estende-se à autoridade coatora o direito de recorrer.

§ 3º A sentença que conceder o mandado de segurança pode ser executada provisoriamente, salvo nos casos em que for vedada a concessão da medida liminar.

§ 4º O pagamento de vencimentos e vantagens pecuniárias assegurados em sentença concessiva de mandado de segurança a servidor público da administração direta ou autárquica federal, estadual e municipal somente será efetuado relativamente às prestações que se vencerem a contar da data do ajuizamento da inicial.

Art. 15. Quando, a requerimento de pessoa jurídica de direito público interessada ou do Ministério Público e para evitar grave lesão à ordem, à saúde, à segurança e à economia públicas, o presidente do tribunal ao qual couber o conhecimento do respectivo recurso suspender, em decisão fundamentada, a execução da liminar e da sentença, dessa decisão caberá agravo, sem efeito suspensivo, no prazo de 5 (cinco) dias, que será levado a julgamento na sessão seguinte à sua interposição.

§ 1º Indeferido o pedido de suspensão ou provido o agravo a que se refere o caput deste artigo, caberá novo pedido de suspensão ao presidente do tribunal competente para conhecer de eventual recurso especial ou extraordinário.

§ 2º É cabível também o pedido de suspensão a que se refere o § 1º deste artigo, quando negado provimento a agravo de instrumento interposto contra a liminar a que se refere este artigo.

§ 3º A interposição de agravo de instrumento contra liminar concedida nas ações movidas contra o poder público e seus agentes não prejudica nem condiciona o julgamento do pedido de suspensão a que se refere este artigo.

§ 4º O presidente do tribunal poderá conferir ao pedido efeito suspensivo liminar se constatar, em juízo prévio, a plausibilidade do direito invocado e a urgência na concessão da medida.

§ 5º As liminares cujo objeto seja idêntico poderão ser suspensas em uma única decisão, podendo o presidente do tribunal estender os efeitos da suspensão a liminares supervenientes, mediante simples aditamento do pedido original.

Art. 16. Nos casos de competência originária dos tribunais, caberá ao relator a instrução do processo, sendo assegurada a defesa oral na sessão do julgamento do mérito ou do pedido liminar.

Parágrafo único. Da decisão do relator que conceder ou denegar a medida liminar caberá agravo ao órgão competente do tribunal que integre.

Art. 17. Nas decisões proferidas em mandado de segurança e nos respectivos recursos, quando não publicado, no prazo de 30 (trinta) dias, contado da data do julgamento, o acórdão será substituído pelas respectivas notas taquigráficas, independentemente de revisão.

Art. 18. Das decisões em mandado de segurança proferidas em única instância pelos tribunais cabe recurso especial e extraordinário, nos casos legalmente previstos, e recurso ordinário, quando a ordem for denegada.

Art. 19. A sentença ou o acórdão que denegar mandado de segurança, sem decidir o mérito, não impedirá que o requerente, por ação própria, pleiteie os seus direitos e os respectivos efeitos patrimoniais.

Art. 20. Os processos de mandado de segurança e os respectivos recursos terão prioridade sobre todos os atos judiciais, salvo habeas corpus.

§ 1º Na instância superior, deverão ser levados a julgamento na primeira sessão que se seguir à data em que forem conclusos ao relator.

§ 2º O prazo para a conclusão dos autos não poderá exceder de 5 (cinco) dias.

Art. 21. O mandado de segurança coletivo pode ser impetrado por partido político com representação no Congresso Nacional, na defesa de seus interesses legítimos relativos a seus integrantes ou à finalidade partidária, ou por organização sindical, entidade de classe ou associação legalmente constituída e em funcionamento há, pelo menos, 1 (um) ano, em defesa de direitos líquidos e certos da totalidade, ou de parte, dos seus membros ou associados, na forma dos seus estatutos e desde que pertinentes às suas finalidades, dispensada, para tanto, autorização especial.

Parágrafo único. Os direitos protegidos pelo mandado de segurança coletivo podem ser:

I. coletivos, assim entendidos, para efeito desta Lei, os transindividuais, de natureza indivisível, de que seja titular grupo ou categoria de pessoas ligadas entre si ou com a parte contrária por uma relação jurídica básica;

II. individuais homogêneos, assim entendidos, para efeito desta Lei, os decorrentes de origem comum e da atividade ou situação específica da totalidade ou de parte dos associados ou membros do impetrante.

Art. 22. No mandado de segurança coletivo, a sentença fará coisa julgada limitadamente aos membros do grupo ou categoria substituídos pelo impetrante.

§ 1º O mandado de segurança coletivo não induz litispendência para as ações individuais, mas os efeitos da coisa julgada não beneficiarão o impetrante a título individual se não requerer a desistência de seu mandado de segurança no prazo de 30 (trinta) dias a contar da ciência comprovada da impetração da segurança coletiva.

§ 2º No mandado de segurança coletivo, a liminar só poderá ser concedida após a audiência do representante judicial da pessoa jurídica de direito público, que deverá se pronunciar no prazo de 72 (setenta e duas) horas. (Vide ADIN 4296)

Art. 23. O direito de requerer mandado de segurança extinguir-se-á decorridos 120 (cento e vinte) dias, contados da ciência, pelo interessado, do ato impugnado.

Art. 24. Aplicam-se ao mandado de segurança os arts. 46 a 49 da Lei nº 5.869, de 11 de janeiro de 1973 – Código de Processo Civil.

Art. 25. Não cabem, no processo de mandado de segurança, a interposição de embargos infringentes e a condenação ao pagamento dos honorários advocatícios, sem prejuízo da aplicação de sanções no caso de litigância de má-fé.

Art. 26. Constitui crime de desobediência, nos termos do art. 330 do Decreto-Lei nº 2.848, de 7 de dezembro de 1940, o não cumprimento das decisões proferidas em mandado de segurança, sem prejuízo das sanções administrativas e da aplicação da Lei nº 1.079, de 10 de abril de 1950, quando cabíveis.

Art. 27. Os regimentos dos tribunais e, no que couber, as leis de organização judiciária deverão ser adaptados às disposições desta Lei no prazo de 180 (cento e oitenta) dias, contado da sua publicação.

Art. 28. Esta Lei entra em vigor na data de sua publicação.

Art. 29. Revogam-se as Leis nºˢ 1.533, de 31 de dezembro de 1951, 4.166, de 4 de dezembro de 1962, 4.348, de 26 de junho de 1964, 5.021, de 9 de junho de 1966; o art. 3º da Lei nº 6.014, de 27 de dezembro de 1973, o art. 1º da Lei nº 6.071, de 3 de julho de 1974, o art. 12 da Lei nº 6.978, de 19 de janeiro de 1982, e o art. 2º da Lei nº 9.259, de 9 de janeiro de 1996.

Brasília, 7 de agosto de 2009; 188º da Independência e 121º da República.
LUIZ INÁCIO LULA DA SILVA
Tarso Genro
José Antonio Dias Toffoli

Este texto não substitui o publicado no DOU de 10.8.2009

Lei nº 7.347/85 (Ação civil pública)

LEI Nº 7.347, DE 24 DE JULHO DE 1985

Disciplina a ação civil pública de responsabilidade por danos causados ao meio-ambiente, ao consumidor, a bens e direitos de valor artístico, estético, histórico, turístico e paisagístico (VETADO) e dá outras providências.

O PRESIDENTE DA REPÚBLICA, faço saber que o Congresso Nacional decreta e eu sanciono a seguinte Lei:

Art. 1. Regem-se pelas disposições desta Lei, sem prejuízo da ação popular, as ações de responsabilidade por danos morais e patrimoniais causados:

I. ao meio ambiente;
II. ao consumidor;
III. a bens e direitos de valor artístico, estético, histórico, turístico e paisagístico;
IV. a qualquer outro interesse difuso ou coletivo;
V. por infração da ordem econômica;
VI. à ordem urbanística;
VII. à honra e à dignidade de grupos raciais, étnicos ou religiosos;
VIII. ao patrimônio público e social.

Parágrafo único. Não será cabível ação civil pública para veicular pretensões que envolvam tributos, contribuições previdenciárias, o Fundo de Garantia do Tempo de Serviço FGTS ou outros fundos de natureza institucional cujos beneficiários podem ser individualmente determinados.

Art. 2. As ações previstas nesta Lei serão propostas no foro do local onde ocorrer o dano, cujo juízo terá competência funcional para processar e julgar a causa.

Parágrafo único: A propositura da ação prevenirá a jurisdição do juízo para todas as ações posteriormente intentadas que possuam a mesma causa de pedir ou o mesmo objeto.

Art. 3. A ação civil poderá ter por objeto a condenação em dinheiro ou o cumprimento de obrigação de fazer ou não fazer.

Art. 4. Poderá ser ajuizada ação cautelar para os fins desta Lei, objetivando, inclusive, evitar dano ao patrimônio público e social, ao meio ambiente, ao consumidor, à honra e à dignidade de grupos raciais, étnicos ou religiosos, à ordem urbanística ou aos bens e direitos de valor artístico, estético, histórico, turístico e paisagístico. (Redação dada pela Lei nº 13.004, de 2014)

Art. 5. Têm legitimidade para propor a ação principal e a ação cautelar:

I. o Ministério Público;
II. a Defensoria Pública;
III. a União, os Estados, o Distrito Federal e os Municípios;
IV. a autarquia, empresa pública, fundação ou sociedade de economia mista;
V. a associação que, concomitantemente:
a) esteja constituída há pelo menos 1 (um) ano nos termos da lei civil;
b) inclua, entre suas finalidades institucionais, a proteção ao patrimônio público e social, ao meio ambiente, ao consumidor, à ordem econômica, à livre concorrência, aos direitos de grupos raciais, étnicos ou religiosos ou ao patrimônio artístico, estético, histórico, turístico e paisagístico.

§ 1º O Ministério Público, se não intervier no processo como parte, atuará obrigatoriamente como fiscal da lei.

§ 2º Fica facultado ao Poder Público e a outras associações legitimadas nos termos deste artigo habilitar-se como litisconsortes de qualquer das partes.

§ 3º Em caso de desistência infundada ou abandono da ação por associação legitimada, o Ministério Público ou outro legitimado assumirá a titularidade ativa.

§ 4º O requisito da pré-constituição poderá ser dispensado pelo juiz, quando haja manifesto interesse social evidenciado pela dimensão ou característica do dano, ou pela relevância do bem jurídico a ser protegido.

§ 5º Admitir-se-á o litisconsórcio facultativo entre os Ministérios Públicos da União, do Distrito Federal e dos Estados na defesa dos interesses e direitos de que cuida esta lei.

§ 6º Os órgãos públicos legitimados poderão tomar dos interessados compromisso de ajustamento de sua conduta às exigências legais, mediante cominações, que terá eficácia de título executivo extrajudicial.

Art. 6. Qualquer pessoa poderá e o servidor público deverá provocar a iniciativa do Ministério Público, ministrando-lhe informações sobre fatos que constituam objeto da ação civil e indicando-lhe os elementos de convicção.

Art. 7. Se, no exercício de suas funções, os juízes e tribunais tiverem conhecimento de fatos que possam ensejar a propositura da ação civil, remeterão peças ao Ministério Público para as providências cabíveis.

Art. 8. Para instruir a inicial, o interessado poderá requerer às autoridades competentes as certidões e informações que julgar necessárias, a serem fornecidas no prazo de 15 (quinze) dias.

§ 1º O Ministério Público poderá instaurar, sob sua presidência, inquérito civil, ou requisitar, de qualquer organismo público ou particular, certidões, informações, exames ou perícias, no prazo que assinalar, o qual não poderá ser inferior a 10 (dez) dias úteis.

§ 2º Somente nos casos em que a lei impuser sigilo, poderá ser negada certidão ou informação, hipótese em que a ação poderá ser proposta desacompanhada daqueles documentos, cabendo ao juiz requisitá-los.

Art. 9. Se o órgão do Ministério Público, esgotadas todas as diligências, se convencer da inexistência de fundamento para a propositura da ação civil, promoverá o arquivamento dos autos do inquérito civil ou das peças informativas, fazendo-o fundamentadamente.

§ 1º Os autos do inquérito civil ou das peças de informação arquivadas serão remetidos, sob pena de se incorrer em falta grave, no prazo de 3 (três) dias, ao Conselho Superior do Ministério Público.

§ 2º Até que, em sessão do Conselho Superior do Ministério Público, seja homologada ou rejeitada a promoção de arquivamento, poderão as associações legitimadas apresentar razões escritas ou documentos, que serão juntados aos autos do inquérito ou anexados às peças de informação.

§ 3º A promoção de arquivamento será submetida a exame e deliberação do Conselho Superior do Ministério Público, conforme dispuser o seu Regimento.

§ 4º Deixando o Conselho Superior de homologar a promoção de arquivamento, designará, desde logo, outro órgão do Ministério Público para o ajuizamento da ação.

Art. 10. Constitui crime, punido com pena de reclusão de 1 (um) a 3 (três) anos, mais multa de 10 (dez) a 1.000 (mil) Obrigações Reajustáveis do Tesouro Nacional – ORTN, a recusa, o retardamento ou a omissão de dados técnicos indispensáveis à propositura da ação civil, quando requisitados pelo Ministério Público.

Art. 11. Na ação que tenha por objeto o cumprimento de obrigação de fazer ou não fazer, o juiz determinará o cumprimento da prestação da atividade devida ou a cessação da atividade nociva, sob pena de execução específica, ou de cominação de multa diária, se esta for suficiente ou compatível, independentemente de requerimento do autor.

Art. 12. Poderá o juiz conceder mandado liminar, com ou sem justificação prévia, em decisão sujeita a agravo.

§ 1º A requerimento de pessoa jurídica de direito público interessada, e para evitar grave lesão à ordem, à saúde, à segurança e à economia pública, poderá o Presidente do Tribunal a que competir o conhecimento do respectivo recurso suspender a execução da liminar, em decisão fundamentada, da qual caberá agravo para uma das turmas julgadoras, no prazo de 5 (cinco) dias a partir da publicação do ato.

§ 2º A multa cominada liminarmente só será exigível do réu após o trânsito em julgado da decisão favorável ao autor, mas será devida desde o dia em que se houver configurado o descumprimento.

Art. 13. Havendo condenação em dinheiro, a indenização pelo dano causado reverterá a um fundo gerido por um Conselho Federal ou por Conselhos Estaduais de que participarão necessariamente o Ministério Público e representantes da comunidade, sendo seus recursos destinados à reconstituição dos bens lesados.

§ 1º Enquanto o fundo não for regulamentado, o dinheiro ficará depositado em estabelecimento oficial de crédito, em conta com correção monetária.

§ 2º Havendo acordo ou condenação com fundamento em dano causado por ato de discriminação étnica nos termos do disposto no art. 1º desta Lei, a prestação em dinheiro reverterá diretamente ao fundo de que trata o caput e será utilizada para ações de promoção da igualdade étnica, conforme definição do Conselho Nacional de Promoção da Igualdade Racial, na hipótese de extensão nacional, ou dos Conselhos de Promoção de Igualdade Racial estaduais ou locais, nas hipóteses de danos com extensão regional ou local, respectivamente.

Art. 14. O juiz poderá conferir efeito suspensivo aos recursos, para evitar dano irreparável à parte.

Art. 15. Decorridos sessenta dias do trânsito em julgado da sentença condenatória, sem que a associação autora lhe promova a execução, deverá fazê-lo o Ministério Público, facultada igual iniciativa aos demais legitimados.

Art. 16. A sentença civil fará coisa julgada erga omnes, nos limites da competência territorial do órgão prolator, exceto se o pedido for julgado improcedente por insuficiência de provas, hipótese em que qualquer legitimado poderá intentar outra ação com idêntico fundamento, valendo-se de nova prova.

Art. 17. Em caso de litigância de má-fé, a associação autora e os diretores responsáveis pela propositura da ação serão solidariamente condenados em honorários advocatícios e ao décuplo das custas, sem prejuízo da responsabilidade por perdas e danos.

Art. 18. Nas ações de que trata esta lei, não haverá adiantamento de custas, emolumentos, honorários periciais e quaisquer outras despesas, nem condenação da associação autora, salvo comprovada má-fé, em honorários de advogado, custas e despesas processuais.

Art. 19. Aplica-se à ação civil pública, prevista nesta Lei, o Código de Processo Civil, aprovado pela Lei nº 5.869, de 11 de janeiro de 1973, naquilo em que não contrarie suas disposições.

Art. 20. O fundo de que trata o art. 13 desta Lei será regulamentado pelo Poder Executivo no prazo de 90 (noventa) dias.

Art. 21. Aplicam-se à defesa dos direitos e interesses difusos, coletivos e individuais, no que for cabível, os dispositivos do Título III da lei que instituiu o Código de Defesa do Consumidor.

Art. 22. Esta lei entra em vigor na data de sua publicação.

Art. 23. Revogam-se as disposições em contrário.

Brasília, em 24 de julho de 1985; 164º da Independência e 97º da República.
JOSÉ SARNEY
Fernando Lyra

Este texto não substitui o publicado no DOU de 25.7.1985.

Lei nº 4.717/65 (Ação popular)

LEI Nº 4.717, DE 29 DE JUNHO DE 1965

Regula a ação popular.
O PRESIDENTE DA REPÚBLICA Faço saber que o Congresso Nacional decreta e eu sanciono a seguinte Lei:

Art. 1. Qualquer cidadão será parte legítima para pleitear a anulação ou a declaração de nulidade de atos lesivos ao patrimônio da União, do Distrito Federal, dos Estados, dos Municípios, de entidades autárquicas, de sociedades de economia mista (Constituição, art. 141, § 38), de sociedades mútuas de seguro nas quais a União represente os segurados ausentes, de empresas públicas, de serviços sociais autônomos, de instituições ou fundações para cuja criação ou custeio o tesouro público haja concorrido ou concorra com mais de cinquenta por cento do patrimônio ou da receita ânua, de empresas incorporadas ao patrimônio da União, do Distrito Federal, dos Estados e dos Municípios, e de quaisquer pessoas jurídicas ou entidades subvencionadas pelos cofres públicos.
§ 1º Consideram-se patrimônio público para os fins referidos neste artigo, os bens e direitos de valor econômico, artístico, estético, histórico ou turístico.
§ 2º Em se tratando de instituições ou fundações, para cuja criação ou custeio o tesouro público concorra com menos de cinquenta por cento do patrimônio ou da receita ânua, bem como de pessoas jurídicas ou entidades subvencionadas, as consequências patrimoniais da invalidez dos atos lesivos terão por limite a repercussão deles sobre a contribuição dos cofres públicos.
§ 3º A prova da cidadania, para ingresso em juízo, será feita com o título eleitoral, ou com documento que a ele corresponda.

§ 4º Para instruir a inicial, o cidadão poderá requerer às entidades, a que se refere este artigo, as certidões e informações que julgar necessárias, bastando para isso indicar a finalidade das mesmas.
§ 5º As certidões e informações, a que se refere o parágrafo anterior, deverão ser fornecidas dentro de 15 (quinze) dias da entrega, sob recibo, dos respectivos requerimentos, e só poderão ser utilizadas para a instrução de ação popular.
§ 6º Somente nos casos em que o interesse público, devidamente justificado, impuser sigilo, poderá ser negada certidão ou informação.
§ 7º Ocorrendo a hipótese do parágrafo anterior, a ação poderá ser proposta desacompanhada das certidões ou informações negadas, cabendo ao juiz, após apreciar os motivos do indeferimento, e salvo em se tratando de razão de segurança nacional, requisitar umas e outras; feita a requisição, o processo correrá em segredo de justiça, que cessará com o trânsito em julgado de sentença condenatória.

Art. 2. São nulos os atos lesivos ao patrimônio das entidades mencionadas no artigo anterior, nos casos de:
a) incompetência;
b) vício de forma;
c) ilegalidade do objeto;
d) inexistência dos motivos;
e) desvio de finalidade.
Parágrafo único. Para a conceituação dos casos de nulidade observar-se-ão as seguintes normas:
a) a incompetência fica caracterizada quando o ato não se incluir nas atribuições legais do agente que o praticou;
b) o vício de forma consiste na omissão ou na observância incompleta ou irregular de formalidades indispensáveis à existência ou seriedade do ato;
c) a ilegalidade do objeto ocorre quando o resultado do ato importa em violação de lei, regulamento ou outro ato normativo;
d) a inexistência dos motivos se verifica quando a matéria de fato ou de direito, em que se fundamenta o ato, é materialmente inexistente ou juridicamente inadequada ao resultado obtido;
e) o desvio de finalidade se verifica quando o agente pratica o ato visando a fim diverso daquele previsto, explícita ou implicitamente, na regra de competência.

Art. 3. Os atos lesivos ao patrimônio das pessoas de direito público ou privado, ou das entidades mencionadas no art. 1º, cujos vícios não se compreendam nas especificações do artigo anterior, serão anuláveis, segundo as prescrições legais, enquanto compatíveis com a natureza deles.

Art. 4. São também nulos os seguintes atos ou contratos, praticados ou celebrados por quaisquer das pessoas ou entidades referidas no art. 1º.

I. A admissão ao serviço público remunerado, com desobediência, quanto às condições de habilitação, das normas legais, regulamentares ou constantes de instruções gerais.

II. A operação bancária ou de crédito real, quando:
a) for realizada com desobediência a normas legais, regulamentares, estatutárias, regimentais ou internas;
b) o valor real do bem dado em hipoteca ou penhor for inferior ao constante de escritura, contrato ou avaliação.

III. A empreitada, a tarefa e a concessão do serviço público, quando:
a) o respectivo contrato houver sido celebrado sem prévia concorrência pública ou administrativa, sem que essa condição seja estabelecida em lei, regulamento ou norma geral;
b) no edital de concorrência forem incluídas cláusulas ou condições, que comprometam o seu caráter competitivo;
c) a concorrência administrativa for processada em condições que impliquem na limitação das possibilidades normais de competição.

IV. As modificações ou vantagens, inclusive prorrogações que forem admitidas, em favor do adjudicatário, durante a execução dos contratos de empreitada, tarefa e concessão de serviço público, sem que estejam previstas em lei ou nos respectivos instrumentos.

V. A compra e venda de bens móveis ou imóveis, nos casos em que não cabível concorrência pública ou administrativa, quando:
a) for realizada com desobediência a normas legais, regulamentares, ou constantes de instruções gerais;
b) o preço de compra dos bens for superior ao corrente no mercado, na época da operação;
c) o preço de venda dos bens for inferior ao corrente no mercado, na época da operação.

VI. A concessão de licença de exportação ou importação, qualquer que seja a sua modalidade, quando:
a) houver sido praticada com violação das normas legais e regulamentares ou de instruções e ordens de serviço;
b) resultar em exceção ou privilégio, em favor de exportador ou importador.

VII. A operação de redesconto quando sob qualquer aspecto, inclusive o limite de valor, desobedecer a normas legais, regulamentares ou constantes de instruções gerais.

VIII. O empréstimo concedido pelo Banco Central da República, quando:
a) concedido com desobediência de quaisquer normas legais, regulamentares, regimentais ou constantes de instruções gerais:
b) o valor dos bens dados em garantia, na época da operação, for inferior ao da avaliação.

IX. A emissão, quando efetuada sem observância das normas constitucionais, legais e regulamentadoras que regem a espécie.

DA COMPETÊNCIA

Art. 5. Conforme a origem do ato impugnado, é competente para conhecer da ação, processá-la e julgá-la o juiz que, de acordo com a organização judiciária de cada Estado, o for para as causas que interessem à União, ao Distrito Federal, ao Estado ou ao Município.

§ 1º Para fins de competência, equiparam-se atos da União, do Distrito Federal, do Estado ou dos Municípios os atos das pessoas criadas ou mantidas por essas pessoas jurídicas de direito público, bem como os atos das sociedades de que elas sejam acionistas e os das pessoas ou entidades por elas subvencionadas ou em relação às quais tenham interesse patrimonial.

§ 2º Quando o pleito interessar simultaneamente à União e a qualquer outra pessoas ou entidade, será competente o juiz das causas da União, se houver; quando interessar simultaneamente ao Estado e ao Município, será competente o juiz das causas do Estado, se houver.

§ 3º A propositura da ação prevenirá a jurisdição do juízo para todas as ações, que forem posteriormente intentadas contra as mesmas partes e sob os mesmos fundamentos.

§ 4º Na defesa do patrimônio público caberá a suspensão liminar do ato lesivo impugnado.

DOS SUJEITOS PASSIVOS DA AÇÃO E DOS ASSISTENTES

Art. 6. A ação será proposta contra as pessoas públicas ou privadas e as entidades referidas no art. 1º, contra as autoridades, funcionários ou administradores que houverem autorizado, aprovado, ratificado ou praticado o ato impugnado, ou que, por omissas, tiverem dado oportunidade à lesão, e contra os beneficiários diretos do mesmo.

§ 1º Se não houver benefício direto do ato lesivo, ou se for ele indeterminado ou desconhecido, a ação será proposta somente contra as outras pessoas indicadas neste artigo.

§ 2º No caso de que trata o inciso II, item "b", do art. 4º, quando o valor real do bem for inferior ao da avaliação, citar-se-ão como réus, além das pessoas públicas ou privadas e entidades referidas no art. 1º, apenas os responsáveis pela avaliação inexata e os beneficiários da mesma.

§ 3º A pessoas jurídica de direito público ou de direito privado, cujo ato seja objeto de impugnação, poderá abster-se de contestar o pedido, ou poderá atuar ao lado do autor, desde que isso se afigure útil ao interesse público, a juízo do respectivo representante legal ou dirigente.

§ 4º O Ministério Público acompanhará a ação, cabendo-lhe apressar a produção da prova e promover a responsabilidade, civil ou criminal, dos que nela incidirem, sendo-lhe vedado, em qualquer hipótese, assumir a defesa do ato impugnado ou dos seus autores.

§ 5º É facultado a qualquer cidadão habilitar-se como litisconsorte ou assistente do autor da ação popular.

DO PROCESSO

Art. 7. A ação obedecerá ao procedimento ordinário, previsto no Código de Processo Civil, observadas as seguintes normas modificativas:

I. Ao despachar a inicial, o juiz ordenará:
a) além da citação dos réus, a intimação do representante do Ministério Público;
b) a requisição, às entidades indicadas na petição inicial, dos documentos que tiverem sido referidos pelo autor (art. 1º, § 6º), bem como a de outros que se lhe afigurem necessários ao esclarecimento dos fatos, ficando prazos de 15 (quinze) a 30 (trinta) dias para o atendimento.

§ 1º O representante do Ministério Público providenciará para que as requisições, a que se refere o inciso anterior, sejam atendidas dentro dos prazos fixados pelo juiz.

§ 2º Se os documentos e informações não puderem ser oferecidos nos prazos assinalados, o juiz poderá autorizar prorrogação dos mesmos, por prazo razoável.

II. Quando o autor o preferir, a citação dos beneficiários far-se-á por edital com o prazo de 30 (trinta) dias, afixado na sede do juízo e publicado três vezes no jornal oficial do Distrito Federal, ou da Capital do Estado ou Território em que seja ajuizada a ação. A publicação será gratuita e deverá iniciar-se no máximo 3 (três) dias após a entrega, na repartição competente, sob protocolo, de uma via autenticada do mandado.

III. Qualquer pessoa, beneficiada ou responsável pelo ato impugnado, cuja existência ou identidade se torne conhecida no curso do processo e antes de proferida a sentença final de primeira instância, deverá ser citada para a integração do contraditório, sendo-lhe restituído o prazo para contestação e produção de provas, Salvo, quanto a beneficiário, se a citação se houver feito na forma do inciso anterior.

IV. O prazo de contestação é de 20 (vinte) dias, prorrogáveis por mais 20 (vinte), a requerimento do interessado, se particularmente difícil a produção de prova documental, e será comum a todos os interessados, correndo da entrega em cartório do mandado cumprido, ou, quando for o caso, do decurso do prazo assinado em edital.

V. Caso não requerida, até o despacho saneador, a produção de prova testemunhal ou pericial, o juiz ordenará vista às partes por 10 (dez) dias, para alegações, sendo-lhe os autos conclusos, para sentença, 48 (quarenta e oito) horas após a expiração desse prazo; havendo requerimento de prova, o processo tomará o rito ordinário.

VI. A sentença, quando não prolatada em audiência de instrução e julgamento, deverá ser proferida dentro de 15 (quinze) dias do recebimento dos autos pelo juiz.

Parágrafo único. O proferimento da sentença além do prazo estabelecido privará o juiz da inclusão em lista de merecimento para promoção, durante 2 (dois) anos, e acarretará a perda, para efeito de promoção por antiguidade, de tantos dias quantos forem os do retardamento, salvo motivo justo, declinado nos autos e comprovado perante o órgão disciplinar competente.

Art. 8. Ficará sujeita à pena de desobediência, salvo motivo justo devidamente comprovado, a autoridade, o administrador ou o dirigente, que deixar de fornecer, no prazo fixado no art. 1º, § 5º, ou naquele que tiver sido estipulado pelo juiz (art. 7º, n. I, letra "b"), informações e certidão ou fotocópia de documento necessários à instrução da causa.

Parágrafo único. O prazo contar-se-á do dia em que entregue, sob recibo, o requerimento do interessado ou o ofício de requisição (art. 1º, § 5º, e art. 7º, n. I, letra "b").

Art. 9. Se o autor desistir da ação ou der motivo à absolvição da instância, serão publicados editais nos prazos e condições previstos no art. 7º, inciso II, ficando assegurado a qualquer cidadão, bem como ao representante do Ministério Público, dentro do prazo de 90 (noventa) dias da última publicação feita, promover o prosseguimento da ação.

Art. 10. As partes só pagarão custas e preparo a final.

Art. 11. A sentença que, julgando procedente a ação popular, decretar a invalidade do ato impugnado, condenará ao pagamento de perdas e danos os responsáveis pela sua prática e os beneficiários dele, ressalvada a ação regressiva contra os funcionários causadores de dano, quando incorrerem em culpa.

Art. 12. A sentença incluirá sempre, na condenação dos réus, o pagamento, ao autor, das custas e demais despesas, judiciais e extrajudiciais, diretamente relacionadas com a ação e comprovadas, bem como o dos honorários de advogado.

Art. 13. A sentença que, apreciando o fundamento de direito do pedido, julgar a lide manifestamente temerária, condenará o autor ao pagamento do décuplo das custas.

Art. 14. Se o valor da lesão ficar provado no curso da causa, será indicado na sentença; se depender de avaliação ou perícia, será apurado na execução.

§ 1º Quando a lesão resultar da falta ou isenção de qualquer pagamento, a condenação imporá o pagamento devido, com acréscimo de juros de mora e multa legal ou contratual, se houver.

§ 2º Quando a lesão resultar da execução fraudulenta, simulada ou irreal de contratos, a condenação versará sobre a reposição do débito, com juros de mora.

§ 3º Quando o réu condenado perceber dos cofres públicos, a execução far-se-á por desconto em folha até o integral ressarcimento do dano causado, se assim mais convier ao interesse público.

§ 4º A parte condenada a restituir bens ou valores ficará sujeita a sequestro e penhora, desde a prolação da sentença condenatória.

Art. 15. Se, no curso da ação, ficar provada a infringência da lei penal ou a prática de falta disciplinar a que a lei comine a pena de demissão ou a de rescisão de contrato de trabalho, o juiz, ex officio, determinará a remessa de cópia autenticada das peças necessárias às autoridades ou aos administradores a quem competir aplicar a sanção.

Art. 16. Caso decorridos 60 (sessenta) dias da publicação da sentença condenatória de segunda instância, sem que o autor ou terceiro promova a respectiva execução. o representante do Ministério Público a promoverá nos 30 (trinta) dias seguintes, sob pena de falta grave.

Art. 17. É sempre permitida às pessoas ou entidades referidas no art. 1º, ainda que hajam contestado a ação, promover, em qualquer tempo, e no que as beneficiar a execução da sentença contra os demais réus.

Art. 18. A sentença terá eficácia de coisa julgada oponível **erga omnes**, exceto no caso de haver sido a ação julgada improcedente por deficiência de prova; neste caso, qualquer cidadão poderá intentar outra ação com idêntico fundamento, valendo-se de nova prova.

Art. 19. A sentença que concluir pela carência ou pela improcedência da ação está sujeita ao duplo grau de jurisdição, não produzindo efeito senão depois de confirmada pelo tribunal; da que julgar a ação procedente caberá apelação, com efeito suspensivo.

§ 1º Das decisões interlocutórias cabe agravo de instrumento.

§ 2º Das sentenças e decisões proferidas contra o autor da ação e suscetíveis de recurso, poderá recorrer qualquer cidadão e também o Ministério Público.

DISPOSIÇÕES GERAIS

Art. 20. Para os fins desta lei, consideram-se entidades autárquicas:

a) o serviço estatal descentralizado com personalidade jurídica, custeado mediante orçamento próprio, independente do orçamento geral;
b) as pessoas jurídicas especialmente instituídas por lei, para a execução de serviços de interesse público ou social, custeados por tributos de qualquer natureza ou por outros recursos oriundos do Tesouro Público;
c) as entidades de direito público ou privado a que a lei tiver atribuído competência para receber e aplicar contribuições parafiscais.

Art. 21. A ação prevista nesta lei prescreve em 5 (cinco) anos.

Art. 22. Aplicam-se à ação popular as regras do Código de Processo Civil, naquilo em que não contrariem os dispositivos desta lei, nem a natureza específica da ação.

Brasília, 29 de junho de 1965; 144º da Independência e 77º da República.
H. Castello Branco
Milton Soares Campos

Este texto não substitui o publicado no DOU de 5.7.1965 e republicado em 8.4.1974.

Lei n. 9.868/99 (Ação direta de inconstitucionalidade e ação direta de constitucionalidade)

LEI Nº 9.868, DE 10 DE NOVEMBRO DE 1999.
Dispõe sobre o processo e julgamento da ação direta de inconstitucionalidade e da ação declaratória de constitucionalidade perante o Supremo Tribunal Federal.

O PRESIDENTE DA REPÚBLICA Faço saber que o Congresso Nacional decreta e eu sanciono a seguinte Lei:

CAPÍTULO I
Da Ação Direta de Inconstitucionalidade e da Ação Declaratória de Constitucionalidade

Art. 1. Esta Lei dispõe sobre o processo e julgamento da ação direta de inconstitucionalidade e da ação declaratória de constitucionalidade perante o Supremo Tribunal Federal.

CAPÍTULO II
Da Ação Direta de Inconstitucionalidade

SEÇÃO I
Da Admissibilidade e do Procedimento da Ação Direta de Inconstitucionalidade

Art. 2. Podem propor a ação direta de inconstitucionalidade: (Vide artigo 103 da Constituição Federal)
I. o Presidente da República;
II. a Mesa do Senado Federal;
III. a Mesa da Câmara dos Deputados;
IV. a Mesa de Assembléia Legislativa ou a Mesa da Câmara Legislativa do Distrito Federal;
V. o Governador de Estado ou o Governador do Distrito Federal;
VI. o Procurador-Geral da República;
VII. o Conselho Federal da Ordem dos Advogados do Brasil;
VIII. partido político com representação no Congresso Nacional;
IX. confederação sindical ou entidade de classe de âmbito nacional.
Parágrafo único. (VETADO)

Art. 3. A petição indicará:
I. o dispositivo da lei ou do ato normativo impugnado e os fundamentos jurídicos do pedido em relação a cada uma das impugnações;
II. o pedido, com suas especificações.
Parágrafo único. A petição inicial, acompanhada de instrumento de procuração, quando subscrita por advogado, será apresentada em duas vias, devendo conter cópias da lei ou do ato normativo impugnado e dos documentos necessários para comprovar a impugnação.

Art. 4. A petição inicial inepta, não fundamentada e a manifestamente improcedente serão liminarmente indeferidas pelo relator.
Parágrafo único. Cabe agravo da decisão que indeferir a petição inicial.

Art. 5. Proposta a ação direta, não se admitirá desistência.
Parágrafo único. (VETADO)

Art. 6. O relator pedirá informações aos órgãos ou às autoridades das quais emanou a lei ou o ato normativo impugnado.
Parágrafo único. As informações serão prestadas no prazo de trinta dias contado do recebimento do pedido.

Art. 7. Não se admitirá intervenção de terceiros no processo de ação direta de inconstitucionalidade.
§ 1º (VETADO)
§ 2º O relator, considerando a relevância da matéria e a representatividade dos postulantes, poderá, por despacho irrecorrível, admitir, observado o prazo fixado no parágrafo anterior, a manifestação de outros órgãos ou entidades.
Art. 8. Decorrido o prazo das informações, serão ouvidos, sucessivamente, o Advogado-Geral da União e o Procurador-Geral da República, que deverão manifestar-se, cada qual, no prazo de quinze dias.
Art. 9. Vencidos os prazos do artigo anterior, o relator lançará o relatório, com cópia a todos os Ministros, e pedirá dia para julgamento.
§ 1º Em caso de necessidade de esclarecimento de matéria ou circunstância de fato ou de notória insuficiência das informações existentes nos autos, poderá o relator requisitar informações adicionais, designar perito ou comissão de peritos para que emita parecer sobre a questão, ou fixar data para, em audiência pública, ouvir depoimentos de pessoas com experiência e autoridade na matéria.
§ 2º O relator poderá, ainda, solicitar informações aos Tribunais Superiores, aos Tribunais federais e aos Tribunais estaduais acerca da aplicação da norma impugnada no âmbito de sua jurisdição.
§ 3º As informações, perícias e audiências a que se referem os parágrafos anteriores serão realizadas no prazo de trinta dias, contado da solicitação do relator.

SEÇÃO II
Da Medida Cautelar em Ação Direta de Inconstitucionalidade

Art. 10. Salvo no período de recesso, a medida cautelar na ação direta será concedida por decisão da maioria absoluta dos membros do Tribunal, observado o disposto no art. 22, após a audiência dos órgãos ou autoridades dos quais emanou a lei ou ato normativo impugnado, que deverão pronunciar-se no prazo de cinco dias.
§ 1º O relator, julgando indispensável, ouvirá o Advogado-Geral da União e o Procurador-Geral da República, no prazo de três dias.
§ 2º No julgamento do pedido de medida cautelar, será facultada sustentação oral aos representantes judiciais do requerente e das autoridades ou órgãos responsáveis pela expedição do ato, na forma estabelecida no Regimento do Tribunal.
§ 3º Em caso de excepcional urgência, o Tribunal poderá deferir a medida cautelar sem a audiência dos órgãos ou das autoridades das quais emanou a lei ou o ato normativo impugnado.
Art. 11. Concedida a medida cautelar, o Supremo Tribunal Federal fará publicar em SEÇÃO especial do Diário Oficial da União e do Diário da Justiça da União a parte dispositiva da decisão, no prazo de dez dias, devendo solicitar as informações à autoridade da qual tiver emanado o ato, observando-se, no que couber, o procedimento estabelecido na SEÇÃO I deste Capítulo.
§ 1º A medida cautelar, dotada de eficácia contra todos, será concedida com efeito *ex nunc*, salvo se o Tribunal entender que deva conceder-lhe eficácia retroativa.
§ 2º A concessão da medida cautelar torna aplicável a legislação anterior acaso existente, salvo expressa manifestação em sentido contrário.
Art. 12. Havendo pedido de medida cautelar, o relator, em face da relevância da matéria e de seu especial significado para a ordem social e a segurança jurídica, poderá, após a prestação das informações, no prazo de dez dias, e a manifestação do Advogado-Geral da União e do Procurador-Geral da República, sucessivamente, no prazo de cinco dias, submeter o processo diretamente ao Tribunal, que terá a faculdade de julgar definitivamente a ação. (Vide ADO Nº 26)

CAPÍTULO II-A
Da Ação Direta de Inconstitucionalidade por Omissão

SEÇÃO I
Da Admissibilidade e do Procedimento da Ação Direta de Inconstitucionalidade por Omissão

Art. 12-A. Podem propor a ação direta de inconstitucionalidade por omissão os legitimados à propositura da ação direta de inconstitucionalidade e da ação declaratória de constitucionalidade.
Art. 12-B. A petição indicará:
I. a omissão inconstitucional total ou parcial quanto ao cumprimento de dever constitucional

de legislar ou quanto à adoção de providência de índole administrativa;

II. o pedido, com suas especificações.

Parágrafo único. A petição inicial, acompanhada de instrumento de procuração, se for o caso, será apresentada em 2 (duas) vias, devendo conter cópias dos documentos necessários para comprovar a alegação de omissão.

Art. 12-C. A petição inicial inepta, não fundamentada, e a manifestamente improcedente serão liminarmente indeferidas pelo relator.

Parágrafo único. Cabe agravo da decisão que indeferir a petição inicial.

Art. 12-D. Proposta a ação direta de inconstitucionalidade por omissão, não se admitirá desistência.

Art. 12-E. Aplicam-se ao procedimento da ação direta de inconstitucionalidade por omissão, no que couber, as disposições constantes da SEÇÃO I do Capítulo II desta Lei.

§ 1º Os demais titulares referidos no art. 2º desta Lei poderão manifestar-se, por escrito, sobre o objeto da ação e pedir a juntada de documentos reputados úteis para o exame da matéria, no prazo das informações, bem como apresentar memoriais.

§ 2º O relator poderá solicitar a manifestação do Advogado-Geral da União, que deverá ser encaminhada no prazo de 15 (quinze) dias.

§ 3º O Procurador-Geral da República, nas ações em que não for autor, terá vista do processo, por 15 (quinze) dias, após o decurso do prazo para informações.

SEÇÃO II
Da Medida Cautelar em Ação Direta de Inconstitucionalidade por Omissão

Art. 12-F. Em caso de excepcional urgência e relevância da matéria, o Tribunal, por decisão da maioria absoluta de seus membros, observado o disposto no art. 22, poderá conceder medida cautelar, após a audiência dos órgãos ou autoridades responsáveis pela omissão inconstitucional, que deverão pronunciar-se no prazo de 5 (cinco) dias.

§ 1º A medida cautelar poderá consistir na suspensão da aplicação da lei ou do ato normativo questionado, no caso de omissão parcial, bem como na suspensão de processos judiciais ou de procedimentos administrativos, ou ainda em outra providência a ser fixada pelo Tribunal.

§ 2º O relator, julgando indispensável, ouvirá o Procurador-Geral da República, no prazo de 3 (três) dias.

§ 3º No julgamento do pedido de medida cautelar, será facultada sustentação oral aos representantes judiciais do requerente e das autoridades ou órgãos responsáveis pela omissão inconstitucional, na forma estabelecida no Regimento do Tribunal.

Art.12-G. Concedida a medida cautelar, o Supremo Tribunal Federal fará publicar, em SEÇÃO especial do Diário Oficial da União e do Diário da Justiça da União, a parte dispositiva da decisão no prazo de 10 (dez) dias, devendo solicitar as informações à autoridade ou ao órgão responsável pela omissão inconstitucional, observando-se, no que couber, o procedimento estabelecido na SEÇÃO I do Capítulo II desta Lei.

SEÇÃO III
Da Decisão na Ação Direta de Inconstitucionalidade por Omissão

Art. 12-H. Declarada a inconstitucionalidade por omissão, com observância do disposto no art. 22, será dada ciência ao Poder competente para a adoção das providências necessárias.

§ 1º Em caso de omissão imputável a órgão administrativo, as providências deverão ser adotadas no prazo de 30 (trinta) dias, ou em prazo razoável a ser estipulado excepcionalmente pelo Tribunal, tendo em vista as circunstâncias específicas do caso e o interesse público envolvido.

§ 2º Aplica-se à decisão da ação direta de inconstitucionalidade por omissão, no que couber, o disposto no Capítulo IV desta Lei.

CAPÍTULO III
Da Ação Declaratória de Constitucionalidade

SEÇÃO I
Da Admissibilidade e do Procedimento da Ação Declaratória de Constitucionalidade

Art. 13. Podem propor a ação declaratória de constitucionalidade de lei ou ato normativo federal: (Vide artigo 103 da Constituição Federal)

I. o Presidente da República;
II. a Mesa da Câmara dos Deputados;
III. a Mesa do Senado Federal;
IV. o Procurador-Geral da República.

Art. 14. A petição inicial indicará:
I. o dispositivo da lei ou do ato normativo questionado e os fundamentos jurídicos do pedido;
II. o pedido, com suas especificações;
III. a existência de controvérsia judicial relevante sobre a aplicação da disposição objeto da ação declaratória.

Parágrafo único. A petição inicial, acompanhada de instrumento de procuração, quando subscrita por advogado, será apresentada em duas vias, devendo conter cópias do ato normativo questionado e dos documentos necessários para comprovar a procedência do pedido de declaração de constitucionalidade.

Art. 15. A petição inicial inepta, não fundamentada e a manifestamente improcedente serão liminarmente indeferidas pelo relator.

Parágrafo único. Cabe agravo da decisão que indeferir a petição inicial.

Art. 16. Proposta a ação declaratória, não se admitirá desistência.

Art. 17. (VETADO)

Art. 18. Não se admitirá intervenção de terceiros no processo de ação declaratória de constitucionalidade.
§ 1º (VETADO)
§ 2º (VETADO)

Art. 19. Decorrido o prazo do artigo anterior, será aberta vista ao Procurador-Geral da República, que deverá pronunciar-se no prazo de quinze dias.

Art. 20. Vencido o prazo do artigo anterior, o relator lançará o relatório, com cópia a todos os Ministros, e pedirá dia para julgamento.
§ 1º Em caso de necessidade de esclarecimento de matéria ou circunstância de fato ou de notória insuficiência das informações existentes nos autos, poderá o relator requisitar informações adicionais, designar perito ou comissão de peritos para que emita parecer sobre a questão ou fixar data para, em audiência pública, ouvir depoimentos de pessoas com experiência e autoridade na matéria.
§ 2º O relator poderá solicitar, ainda, informações aos Tribunais Superiores, aos Tribunais federais e aos Tribunais estaduais acerca da aplicação da norma questionada no âmbito de sua jurisdição.
§ 3º As informações, perícias e audiências a que se referem os parágrafos anteriores serão realizadas no prazo de trinta dias, contado da solicitação do relator.

SEÇÃO II
Da Medida Cautelar em Ação Declaratória de Constitucionalidade

Art. 21. O Supremo Tribunal Federal, por decisão da maioria absoluta de seus membros, poderá deferir pedido de medida cautelar na ação declaratória de constitucionalidade, consistente na determinação de que os juízes e os Tribunais suspendam o julgamento dos processos que envolvam a aplicação da lei ou do ato normativo objeto da ação até seu julgamento definitivo.

Parágrafo único. Concedida a medida cautelar, o Supremo Tribunal Federal fará publicar em SEÇÃO especial do Diário Oficial da União a parte dispositiva da decisão, no prazo de dez dias, devendo o Tribunal proceder ao julgamento da ação no prazo de cento e oitenta dias, sob pena de perda de sua eficácia.

CAPÍTULO IV
Da Decisão na Ação Direta de Inconstitucionalidade e na Ação Declaratória de Constitucionalidade

Art. 22. A decisão sobre a constitucionalidade ou a inconstitucionalidade da lei ou do ato normativo somente será tomada se presentes na sessão pelo menos oito Ministros.

Art. 23. Efetuado o julgamento, proclamar-se-á a constitucionalidade ou a inconstitucionalidade da disposição ou da norma impugnada se num ou noutro sentido se tiverem manifestado pelo menos seis Ministros, quer se trate de ação direta de inconstitucionalidade ou de ação declaratória de constitucionalidade.

Parágrafo único. Se não for alcançada a maioria necessária à declaração de constitucionalidade ou de inconstitucionalidade, estando ausentes Ministros em número que possa influir no julgamento, este será suspenso a fim de aguardar-se o comparecimento dos Ministros ausentes, até que se atinja o número necessário para prolação da decisão num ou noutro sentido.

Art. 24. Proclamada a constitucionalidade, julgar-se-á improcedente a ação direta ou procedente eventual ação declaratória; e, proclamada a inconstitucionalidade, julgar-se-á procedente a ação direta ou improcedente eventual ação declaratória.

Art. 25. Julgada a ação, far-se-á a comunicação à autoridade ou ao órgão responsável pela expedição do ato.

Art. 26. A decisão que declara a constitucionalidade ou a inconstitucionalidade da lei ou do ato normativo em ação direta ou em ação declaratória é irrecorrível, ressalvada a interposição de embargos declaratórios, não podendo, igualmente, ser objeto de ação rescisória.

Art. 27. Ao declarar a inconstitucionalidade de lei ou ato normativo, e tendo em vista razões de segurança jurídica ou de excepcional interesse social, poderá o Supremo Tribunal Federal, por maioria de dois terços de seus membros, restringir os efeitos daquela declaração ou decidir que ela só tenha eficácia a partir de seu trânsito em julgado ou de outro momento que venha a ser fixado.

Art. 28. Dentro do prazo de dez dias após o trânsito em julgado da decisão, o Supremo Tribunal Federal fará publicar em SEÇÃO especial do Diário da Justiça e do Diário Oficial da União a parte dispositiva do acórdão.

Parágrafo único. A declaração de constitucionalidade ou de inconstitucionalidade, inclusive a interpretação conforme a Constituição e a declaração parcial de inconstitucionalidade sem redução de texto, têm eficácia contra todos e efeito vinculante em relação aos órgãos do Poder Judiciário e à Administração Pública federal, estadual e municipal.

CAPÍTULO V
Das Disposições Gerais e Finais

Art. 29. O art. 482 do Código de Processo Civil fica acrescido dos seguintes parágrafos:
"Art. 482..
§ 1º O Ministério Público e as pessoas jurídicas de direito público responsáveis pela edição do ato questionado, se assim o requererem, poderão manifestar-se no incidente de inconstitucionalidade, observados os prazos e condições fixados no Regimento Interno do Tribunal.

§ 2º Os titulares do direito de propositura referidos no art. 103 da Constituição poderão manifestar-se, por escrito, sobre a questão constitucional objeto de apreciação pelo órgão especial ou pelo Pleno do Tribunal, no prazo fixado em Regimento, sendo-lhes assegurado o direito de apresentar memoriais ou de pedir a juntada de documentos.

§ 3º O relator, considerando a relevância da matéria e a representatividade dos postulantes, poderá admitir, por despacho irrecorrível, a manifestação de outros órgãos ou entidades.»

Art. 30. O art. 8º da Lei nº 8.185, de 14 de maio de 1991, passa a vigorar acrescido dos seguintes dispositivos:
"Art.8º..
I. ....
....
n) a ação direta de inconstitucionalidade de lei ou ato normativo do Distrito Federal em face da sua Lei Orgânica;
....

§ 3º São partes legítimas para propor a ação direta de inconstitucionalidade:
I. o Governador do Distrito Federal;
II. a Mesa da Câmara Legislativa;
III. o Procurador-Geral de Justiça;
IV. a Ordem dos Advogados do Brasil, SEÇÃO do Distrito Federal;
V. as entidades sindicais ou de classe, de atuação no Distrito Federal, demonstrando que a pretensão por elas deduzida guarda relação de pertinência direta com os seus objetivos institucionais;
VI. os partidos políticos com representação na Câmara Legislativa.

§ 4º Aplicam-se ao processo e julgamento da ação direta de Inconstitucionalidade perante o Tribunal de Justiça do Distrito Federal e Territórios as seguintes disposições:
I. o Procurador-Geral de Justiça será sempre ouvido nas ações diretas de constitucionalidade ou de inconstitucionalidade;
II. declarada a inconstitucionalidade por omissão de medida para tornar efetiva norma da Lei Orgânica do Distrito Federal, a decisão será comunicada ao Poder competente para adoção das providências necessárias, e, tratando-se de órgão administrativo, para fazê-lo em trinta dias;

III. somente pelo voto da maioria absoluta de seus membros ou de seu órgão especial, poderá o Tribunal de Justiça declarar a inconstitucionalidade de lei ou de ato normativo do Distrito Federal ou suspender a sua vigência em decisão de medida cautelar.

§ 5º Aplicam-se, no que couber, ao processo de julgamento da ação direta de inconstitucionalidade de lei ou ato normativo do Distrito Federal em face da sua Lei Orgânica as normas sobre o processo e o julgamento da ação direta de inconstitucionalidade perante o Supremo Tribunal Federal.»

Art. 31. Esta Lei entra em vigor na data de sua publicação.

Brasília, 10 de novembro de 1999; 178º da Independência e 111º da República.

FERNANDO HENRIQUE CARDOSO
José Carlos Dias

Este texto não substitui o publicado no DOU de 11.11.1999

Lei n. 9.882/99 (Arguição de descumprimento de preceito fundamental)

LEI Nº 9.882, DE 3 DE DEZEMBRO DE 1999.

Dispõe sobre o processo e julgamento da arguição de descumprimento de preceito fundamental, nos termos do § 1º do art. 102 da Constituição Federal.

O PRESIDENTE DA REPÚBLICA Faço saber que o Congresso Nacional decreta e eu sanciono a seguinte Lei:

Art. 1. A arguição prevista no § 1º do art. 102 da Constituição Federal será proposta perante o Supremo Tribunal Federal, e terá por objeto evitar ou reparar lesão a preceito fundamental, resultante de ato do Poder Público.

Parágrafo único. Caberá também arguição de descumprimento de preceito fundamental:
I. quando for relevante o fundamento da controvérsia constitucional sobre lei ou ato normativo federal, estadual ou municipal, incluídos os anteriores à Constituição;
II. (VETADO)

Art. 2. Podem propor arguição de descumprimento de preceito fundamental:
I. os legitimados para a ação direta de inconstitucionalidade;
II. (VETADO)

§ 1º Na hipótese do inciso II, faculta-se ao interessado, mediante representação, solicitar a propositura de arguição de descumprimento de preceito fundamental ao Procurador-Geral da República, que, examinando os fundamentos jurídicos do pedido, decidirá do cabimento do seu ingresso em juízo.

§ 2º (VETADO)

Art. 3. A petição inicial deverá conter:
I. a indicação do preceito fundamental que se considera violado;
II. a indicação do ato questionado;
III. a prova da violação do preceito fundamental;
IV. o pedido, com suas especificações;
V. se for o caso, a comprovação da existência de controvérsia judicial relevante sobre a aplicação do preceito fundamental que se considera violado.

Parágrafo único. A petição inicial, acompanhada de instrumento de mandato, se for o caso, será apresentada em duas vias, devendo conter cópias do ato questionado e dos documentos necessários para comprovar a impugnação.

Art. 4. A petição inicial será indeferida liminarmente, pelo relator, quando não for o caso de arguição de descumprimento de preceito fundamental, faltar algum dos requisitos prescritos nesta Lei ou for inepta.

§ 1º Não será admitida arguição de descumprimento de preceito fundamental quando houver qualquer outro meio eficaz de sanar a lesividade.

§ 2º Da decisão de indeferimento da petição inicial caberá agravo, no prazo de cinco dias.

Art. 5. O Supremo Tribunal Federal, por decisão da maioria absoluta de seus membros, poderá deferir pedido de medida liminar na arguição de descumprimento de preceito fundamental.

§ 1º Em caso de extrema urgência ou perigo de lesão grave, ou ainda, em período de recesso, poderá o relator conceder a liminar, *ad referendum* do Tribunal Pleno.

§ 2º O relator poderá ouvir os órgãos ou autoridades responsáveis pelo ato questionado, bem como o Advogado-Geral da União ou o Procurador-Geral da República, no prazo comum de cinco dias.

§ 3º A liminar poderá consistir na determinação de que juízes e tribunais suspendam o andamento de processo ou os efeitos de decisões judiciais, ou de qualquer outra medida que apresente relação com a matéria objeto da arguição de descumprimento de preceito fundamental, salvo se decorrentes da coisa julgada.

§ 4º (VETADO)

Art. 6. Apreciado o pedido de liminar, o relator solicitará as informações às autoridades responsáveis pela prática do ato questionado, no prazo de dez dias.

§ 1º Se entender necessário, poderá o relator ouvir as partes nos processos que ensejaram a arguição, requisitar informações adicionais, designar perito ou comissão de peritos para que emita parecer sobre a questão, ou ainda, fixar data para declarações, em audiência pública, de pessoas com experiência e autoridade na matéria.

§ 2º Poderão ser autorizadas, a critério do relator, sustentação oral e juntada de memoriais, por requerimento dos interessados no processo.

Art. 7. Decorrido o prazo das informações, o relator lançará o relatório, com cópia a todos os ministros, e pedirá dia para julgamento.

Parágrafo único. O Ministério Público, nas arguições que não houver formulado, terá vista do processo, por cinco dias, após o decurso do prazo para informações.

Art. 8. A decisão sobre a arguição de descumprimento de preceito fundamental somente será tomada se presentes na sessão pelo menos dois terços dos Ministros.

§ 1º (VETADO)

§ 2º (VETADO)

Art. 9. (VETADO)

Art. 10. Julgada a ação, far-se-á comunicação às autoridades ou órgãos responsáveis pela prática dos atos questionados, fixando-se as condições e o modo de interpretação e aplicação do preceito fundamental.

§ 1º O presidente do Tribunal determinará o imediato cumprimento da decisão, lavrando-se o acórdão posteriormente.

§ 2º Dentro do prazo de dez dias contado a partir do trânsito em julgado da decisão, sua parte dispositiva será publicada em SEÇÃO especial do Diário da Justiça e do Diário Oficial da União.

§ 3º A decisão terá eficácia contra todos e efeito vinculante relativamente aos demais órgãos do Poder Público.

Art. 11. Ao declarar a inconstitucionalidade de lei ou ato normativo, no processo de arguição de descumprimento de preceito fundamental, e tendo em vista razões de segurança jurídica ou de excepcional interesse social, poderá o Supremo Tribunal Federal, por maioria de dois terços de seus membros, restringir os efeitos daquela declaração ou decidir que ela só tenha eficácia a partir de seu trânsito em julgado ou de outro momento que venha a ser fixado.

Art. 12. A decisão que julgar procedente ou improcedente o pedido em arguição de descumprimento de preceito fundamental é irrecorrível, não podendo ser objeto de ação rescisória.

Art. 13. Caberá reclamação contra o descumprimento da decisão proferida pelo Supremo Tribunal Federal, na forma do seu Regimento Interno.

Art. 14. Esta Lei entra em vigor na data de sua publicação.

Brasília, 3 de dezembro de 1999; 178º da Independência e 11º da República.
FERNANDO HENRIQUE CARDOSO
José Carlos Dias

Este texto não substitui o publicado no DOU de 6.12.1999

Lei n. 11.417/2006 (Edição, revisão e cancelamento de enunciado de súmula vinculante pelo Supremo Tribunal Federal)

LEI Nº 11.417, DE 19 DE DEZEMBRO DE 2006.
Regulamenta o art. 103-A da Constituição Federal e altera a Lei nº 9.784, de 29 de janeiro de 1999, disciplinando a edição, a revisão e o cancelamento de enunciado de súmula vinculante pelo Supremo Tribunal Federal, e dá outras providências.

O PRESIDENTE DA REPÚBLICA Faço saber que o Congresso Nacional decreta e eu sanciono a seguinte Lei:

Lei n. 11.417/2006 (Edição, revisão e cancelamento de enunciado de súmula vinculante pelo Supremo Tribunal Federal)

Art. 1. Esta Lei disciplina a edição, a revisão e o cancelamento de enunciado de súmula vinculante pelo Supremo Tribunal Federal e dá outras providências.

Art. 2. O Supremo Tribunal Federal poderá, de ofício ou por provocação, após reiteradas decisões sobre matéria constitucional, editar enunciado de súmula que, a partir de sua publicação na imprensa oficial, terá efeito vinculante em relação aos demais órgãos do Poder Judiciário e à administração pública direta e indireta, nas esferas federal, estadual e municipal, bem como proceder à sua revisão ou cancelamento, na forma prevista nesta Lei.

§ 1º O enunciado da súmula terá por objeto a validade, a interpretação e a eficácia de normas determinadas, acerca das quais haja, entre órgãos judiciários ou entre esses e a administração pública, controvérsia atual que acarrete grave insegurança jurídica e relevante multiplicação de processos sobre idêntica questão.

§ 2º O Procurador-Geral da República, nas propostas que não houver formulado, manifestar-se-á previamente à edição, revisão ou cancelamento de enunciado de súmula vinculante.

§ 3º A edição, a revisão e o cancelamento de enunciado de súmula com efeito vinculante dependerão de decisão tomada por 2/3 (dois terços) dos membros do Supremo Tribunal Federal, em sessão plenária.

§ 4º No prazo de 10 (dez) dias após a sessão em que editar, rever ou cancelar enunciado de súmula com efeito vinculante, o Supremo Tribunal Federal fará publicar, em SEÇÃO especial do Diário da Justiça e do Diário Oficial da União, o enunciado respectivo.

Art. 3. São legitimados a propor a edição, a revisão ou o cancelamento de enunciado de súmula vinculante:

I. o Presidente da República;
II. a Mesa do Senado Federal;
III. a Mesa da Câmara dos Deputados;
IV. o Procurador-Geral da República;
V. o Conselho Federal da Ordem dos Advogados do Brasil;
VI. o Defensor Público-Geral da União;
VII. partido político com representação no Congresso Nacional;
VIII. confederação sindical ou entidade de classe de âmbito nacional;
IX. a Mesa de Assembleia Legislativa ou da Câmara Legislativa do Distrito Federal;
X. o Governador de Estado ou do Distrito Federal;
XI. os Tribunais Superiores, os Tribunais de Justiça de Estados ou do Distrito Federal e Territórios, os Tribunais Regionais Federais, os Tribunais Regionais do Trabalho, os Tribunais Regionais Eleitorais e os Tribunais Militares.

§ 1º O Município poderá propor, incidentalmente ao curso de processo em que seja parte, a edição, a revisão ou o cancelamento de enunciado de súmula vinculante, o que não autoriza a suspensão do processo.

§ 2º No procedimento de edição, revisão ou cancelamento de enunciado da súmula vinculante, o relator poderá admitir, por decisão irrecorrível, a manifestação de terceiros na questão, nos termos do Regimento Interno do Supremo Tribunal Federal.

Art. 4. A súmula com efeito vinculante tem eficácia imediata, mas o Supremo Tribunal Federal, por decisão de 2/3 (dois terços) dos seus membros, poderá restringir os efeitos vinculantes ou decidir que só tenha eficácia a partir de outro momento, tendo em vista razões de segurança jurídica ou de excepcional interesse público.

Art. 5. Revogada ou modificada a lei em que se fundou a edição de enunciado de súmula vinculante, o Supremo Tribunal Federal, de ofício ou por provocação, procederá à sua revisão ou cancelamento, conforme o caso.

Art. 6. A proposta de edição, revisão ou cancelamento de enunciado de súmula vinculante não autoriza a suspensão dos processos em que se discuta a mesma questão.

Art. 7. Da decisão judicial ou do ato administrativo que contrariar enunciado de súmula vinculante, negar-lhe vigência ou aplicá-lo indevidamente caberá reclamação ao Supremo Tribunal Federal, sem prejuízo dos recursos ou outros meios admissíveis de impugnação.

§ 1º Contra omissão ou ato da administração pública, o uso da reclamação só será admitido após esgotamento das vias administrativas.

§ 2º Ao julgar procedente a reclamação, o Supremo Tribunal Federal anulará o ato administrativo ou cassará a decisão judicial impugnada, determinando que outra seja proferida com ou sem aplicação da súmula, conforme o caso.

Art. 8. O art. 56 da Lei nº 9.784, de 29 de janeiro de 1999, passa a vigorar acrescido do seguinte § 3º :
"Art. 56..
....

§ 3º Se o recorrente alegar que a decisão administrativa contraria enunciado da súmula vinculante, caberá à autoridade prolatora da decisão impugnada, se não a reconsiderar, explicitar, antes de encaminhar o recurso à autoridade superior, as razões da aplicabilidade ou inaplicabilidade da súmula, conforme o caso." (NR)

Art. 9. A Lei nº 9.784, de 29 de janeiro de 1999, passa a vigorar acrescida dos seguintes arts. 64-A e 64-B:
"Art. 64-A. Se o recorrente alegar violação de enunciado da súmula vinculante, o órgão competente para decidir o recurso explicitará as razões da aplicabilidade ou inaplicabilidade da súmula, conforme o caso."
"Art. 64-B. Acolhida pelo Supremo Tribunal Federal a reclamação fundada em violação de enunciado da súmula vinculante, dar-se-á ciência à autoridade prolatora e ao órgão competente para o julgamento do recurso, que deverão adequar as futuras decisões administrativas em casos semelhantes, sob pena de responsabilização pessoal nas esferas cível, administrativa e penal."

Art. 10. O procedimento de edição, revisão ou cancelamento de enunciado de súmula com efeito vinculante obedecerá, subsidiariamente, ao disposto no Regimento Interno do Supremo Tribunal Federal.

Art. 11. Esta Lei entra em vigor 3 (três) meses após a sua publicação.

Brasília, 19 de dezembro de 2006; 185º da Independência e 118º da República.
LUIZ INÁCIO LULA DA SILVA
Márcio Thomaz Bastos

Este texto não substitui o publicado no DOU de 20.12.2006

17
Leis Orgânicas das Polícias Civis da Região Sudeste

Lei Complementar Nº 207, de 5 de Janeiro de 1979

Lei Orgânica da Polícia do Estado de São Paulo
O GOVERNADOR DO ESTADO DE SÃO PAULO:
Faço saber que a Assembleia Legislativa decreta e eu promulgo a seguinte lei complementar:

TÍTULO I
Da Polícia do Estado de São Paulo

Art. 1. A Secretaria de Estado dos Negócios da Segurança Pública responsável pela manutenção, em todo o Estado, da ordem e da segurança pública internas, executará o serviço policial por intermédio dos órgãos policiais que a integram.
Parágrafo único. Abrange o serviço policial a prevenção e investigação criminais, o policiamento ostensivo, o trânsito e a proteção em casos de calamidade pública, incêndio e salvamento.
Art. 2. São órgãos policiais, subordinados hierárquica, administrativa e funcionalmente ao Secretário da Segurança Pública:
I. Polícia Civil;
II. Polícia Militar.
§ 1º Integrarão também a Secretaria da Segurança Pública os órgãos de assessoramento do Secretário da Segurança, que constituem a administração superior da Pasta.
§ 2º A organização, estrutura, atribuições e competência pormenorizada dos órgãos de que trata este artigo serão estabelecidos por decreto, nos termos desta lei e da legislação federal pertinente.
Art. 3. São atribuições básicas:
I. Da Polícia Civio exercício da Polícia Judiciária, administrativa e preventiva especializada;
II. Da Polícia Militar – o planejamento, a coordenação e a execução do policiamento ostensivo, fardado e a prevenção e extinção de incêndios.
Art. 4. Para efeito de entrosamento dos órgãos policiais contará a administração superior com mecanismos de planejamento, coordenação e controle, pelos quais se assegurem, tanto a eficiência, quanto a complementaridade das ações, quando necessárias a consecução dos objetivos policiais.

Art. 5. Os direitos, deveres, vantagens e regime de trabalho dos policiais civis e militares, bem como as condições de ingresso as classes, séries de classes, carreiras ou quadros são estabelecidos em estatutos.
Art. 6. É vedada, salvo com autorização expressa do Governador em cada caso, a utilização de integrantes dos órgãos policiais em funções estranhas ao serviço policial, sob pena de responsabilidade da autoridade que o permitir.
Parágrafo único. É considerado serviço policial, para todos os efeitos inclusive arregimentação, o exercido em cargo, ou funções de natureza policial, inclusive os de ensino a esta legados.
Art. 7. As funções administrativas e outras de natureza não policial serão exercidas por funcionário ou por servidor, admitido nos termos da legislação vigente não pertencente às classes, séries de classes, carreiras e quadros policiais.
Parágrafo único. Vetado.
Art. 8. As guardas municipais, guardas noturnas e os serviços de segurança e vigilância, autorizados por lei, ficam sujeitos à orientação, condução e fiscalização da Secretaria da Segurança Pública, na forma de regulamentada específica.

TÍTULO II
Da Polícia Civil

CAPÍTULO I
Das Disposições Preliminares

Art. 9. Esta lei complementar estabelece as normas, os direitos, os deveres e as vantagens dos titulares de cargos policiais civis do Estado.
Art. 10. Consideram-se para os fins desta lei complementar:
I. classe: conjunto de cargos públicos de natureza policial da mesma denominação e amplitude de vencimentos;
II. série de classes: conjunto de classes da mesma natureza de trabalho policial, hierarquicamente escalonadas de acordo com o grau de complexidade das atribuições e nível de responsabilidade;
III. carreira policial: conjunto de cargos de natureza policial civil, de provimento efetivo.

Art. 11. São classes policiais civis aquelas constantes do anexo que faz parte integrante desta lei complementar.

Art. 12. As classes e as séries de classes policiais civis integram o Quadro da Secretaria da Segurança Pública na seguinte conformidade:
I. na Tabela I (SQC-I):
a) Delegado-Geral de Polícia;
b) Diretor-Geral de Polícia (Departamento Policial);
c) Assistente Técnico de Polícia;
d) Delegado Regional de Polícia;
e) Diretor de Divisão Policial;
f) Vetado;
g) Vetado;
h) Assistente de Planejamento e Controle Policial;
i) Vetado;
j) Delegado de Polícia Substituto;
l) Escrivão de Polícia Chefe II;
m) Investigador de Polícia Chefe II;
n) Escrivão de Polícia Chefe I;
o) Investigador de Polícia Chefe I;
II. na Tabela II (SQC-II):
a) Chefe de SEÇÃO (Telecomunicação Policial);
b) Encarregado de Setor (Telecomunicação Policial);
c) Chefe de SEÇÃO (Pesquisador Dactiloscópico Policial);
d) Encarregado de Setor (Pesquisador Dactiloscópico Policial);
e) Encarregado de Setor (Carceragem);
f) Chefe de SEÇÃO (Dactiloscopista Policial);
g) Encarregado de Setor (Dactiloscopista Policial);
h) Perito Criminal Chefe; (NR)
i) Perito Criminal Encarregado. (NR)
III. na Tabela III (SQC-III):
a) os das séries de classe de:
1. Delegado de Polícia;
2. Escrivão de Polícia;
3. Investigador de Polícia;
b) os das seguintes classes:
1. Perito Criminal;
2. Técnico em Telecomunicações Policial;
3. Operador de Telecomunicações Policial;
4. Fotógrafo (Técnica Policial);
5. Inspetor de Diversões Públicas;
6. Auxiliar de Necrópsia;
7. Pesquisador Dactiloscópico Policial;
8. Carcereiro;
9. Dactiloscopista Policial;
10. Agente Policial; (NR)
11. Atendente de Necrotério Policial.
§ 1º Vetado.
§ 2º O provimento dos cargos de que trata o inciso II deste artigo far-se-á por transposição, na forma prevista no artigo 27 da Lei Complementar nº 180, de 12 de maio de 1978.
§ 3º Vetado.

CAPÍTULO II

Vetado
Art. 13. Vetado.
Art. 14. Vetado:
I. Vetado;
II. Vetado;
III. Vetado;
IV. Vetado;
V. Vetado.
§ 1º Vetado.
§ 2º Vetado.
§ 3º Vetado.

CAPÍTULO III

Do Provimento de Cargos

SEÇÃO I
Das exigências para provimento

Art. 15. No provimento dos cargos policiais civis, serão exigidos os seguintes requisitos:
I. para o de Delegado-Geral de Polícia, ser ocupante do cargo de Delegado de Polícia de Classe Especial (vetado);
II. para os de Diretor-Geral de Polícia, Assistente Técnico de Polícia e Delegado Regional de Polícia, ser ocupante do cargo de Delegado de Polícia de Classe Especial;
III. Vetado;
IV. Vetado;
V. para os de Diretor de Divisão Policial: ser ocupante, no mínimo, do cargo de Delegado de Polícia de 1ª Classe;
VI. para os de Assistente de Planejamento e Controle Policial: ser ocupante, no mínimo, de cargo de Delegado de Polícia de 2ª Classe;

VII. para os de Escrivão de Polícia Chefe II: ser ocupante do cargo de Escrivão de Polícia III;
VIII. para os de Investigador de Polícia Chefe II: ser ocupante do cargo de Investigador de Polícia III;
IX. para os de Escrivão de Polícia Chefe I: ser ocupante do cargo de Escrivão de Polícia III ou II;
X. para os de Investigador de Polícia Chefe I: ser ocupante do cargo de Investigador de Polícia III ou II;
XI. para os de Delegado de Polícia de 5ª Classe; ser portador de Diploma de Bacharel em Direito;
XII. para os de Delegado de Polícia de Classe Especial e de 2ª Classe: ser portador de certificado de curso específico ministrado pela Academia de Polícia de São Paulo;
XIII. Revogado.
XIV. para os de Escrivão de Polícia e Investigador de Polícia: ser portador de certificado de conclusão de curso de segundo grau;
XV. para os de Agente Policial: ser portador de certificado de conclusão de curso de segundo grau. (NR)
Parágrafo único. Revogado pela Lei Complementar nº 503, de 06.01.1987.

SEÇÃO II
Dos concursos públicos

Art. 16. O provimento mediante nomeação para cargos policiais civis, de caráter efetivo, será precedido de concurso público, realizado em 3 (três) fases eliminatórias e sucessivas: (NR)
I. a de prova escrita ou, quando se tratar de provimento de cargos em relação aos quais a lei exija formação de nível universitário, de prova escrita e títulos; (NR)
II. a de prova oral; (NR)
III. a de frequência e aproveitamento em curso de formação técnico-profissional na Academia de Polícia. (NR)
Art. 17. Os concursos públicos terão validade máxima de 2 (dois) anos e reger-se-ão por instruções especiais que estabelecerão, em função da natureza do cargo:
I. tipo e conteúdo das provas e as categorias dos títulos;
II. a forma de julgamento das provas e dos títulos;
III. cursos de formação a que ficam sujeitos os candidatos classificados;
IV. os critérios de habilitação e classificação final para fins de nomeação;

V. as condições para provimento do cargo, referentes a:
a) capacidade, física e mental;
b) conduta na vida pública e privada e a forma de sua apuração;
c) diplomas e certificados.
Art. 18. São requisitos para a inscrição nos concursos:
I. ser brasileiro;
II. ter no mínimo 18 (dezoito) anos, e no máximo 45 (quarenta e cinco) anos incompletos, à data do encerramento das inscrições;
III. não registrar antecedentes criminais;
IV. estar em gozo dos direitos políticos;
V. estar quite com o serviço militar;
VI. *Revogado pela* Lei Complementar nº 538, de 26.05.1988.
Parágrafo único. Para efeito de inscrição, ficam dispensados do limite de idade, a que se refere o inciso II, os ocupantes de cargos policiais civis. (NR)
Art. 19. Observada a ordem de classificação pela média aritmética das notas obtidas nas provas escrita e oral (incisos I e II do artigo 16), os candidatos, em número equivalente ao de cargos vagos, serão matriculados no curso de formação técnico-profissional específico. (NR)
Art. 20. Os candidatos a que se refere o artigo anterior serão admitidos, pelo Secretário da Segurança Pública, em caráter experimental e transitório para a formação técnico-profissional.
§ 1º A admissão de que trata este artigo far-se-á com retribuição equivalente a do vencimento e demais vantagens do cargo vago a que se candidatar o concursando.
§ 2º Sendo funcionário ou servidor, o candidato matriculado ficara afastado do seu cargo ou função-atividade, até o término do concurso junto à Academia de Polícia de São Paulo, sem prejuízo do vencimento ou salário e demais vantagens, contando-se lhe o tempo de serviço para todos os efeitos legais.
§ 3º É facultado ao funcionário ou servidor, afastado nos termos do parágrafo anterior, optar pela retribuição prevista no § 1º.
Art. 21. O candidato terá sua matrícula cancelada e será dispensado do curso de formação, nas hipóteses em que:
I. não atinja o mínimo de frequência estabelecida para o curso;

II. não revele aproveitamento no curso;
III. não tenha conduta irrepreensível na vida pública ou privada.
Parágrafo único. Os critérios para a apuração das condições constantes dos incisos II e III serão fixados em regulamento.
Art. 22. Homologado o concurso pelo Secretário da Segurança Pública, serão nomeados os candidatos aprovados, expedindo-se lhes certificados dos quais constará a média final.
Art. 23. A nomeação obedecerá a ordem de classificação no concurso.

SEÇÃO III
Da Posse

Art. 24. Posse é o ato que investe o cidadão em cargo público polícia civil.
Art. 25. São competentes para dar posse:
I. o Secretário da Segurança Pública, ao Delegado-Geral de Polícia;
II. o Delegado-Geral de Polícia, aos Delegados de Polícia;
III. o Diretor do Departamento de Administração da Polícia Civil, nos demais casos.
Art. 26. A autoridade que der posse deverá verificar, sob pena de responsabilidade, se foram satisfeitas as condições estabelecidas em lei ou regulamento para a investidura no cargo policial civil.
Art. 27. A posse verificar-se-á mediante assinatura de termo em livro próprio, assinado pelo empossado e pela autoridade competente, após o policial civil prestar solenemente o respectivo compromisso, cujo teor será definido pelo Secretário da Segurança Pública.
Art. 28. A posse deverá verificar-se no prazo de 15 (quinze) dias, contados da publicação do ato de provimento, no órgão oficial.
§ 1º O prazo fixado neste artigo poderá ser prorrogado por mais 15 (quinze) dias, a requerimento do interessado.
§ 2º Se a posse não se der dentro do prazo será tornado sem efeito o ato de provimento.
Art. 29. A contagem do prazo a que se refere o artigo anterior poderá ser suspensa até o máximo de 120 (cento e vinte) dias, a critério do órgão médico encarregado da inspeção respectiva, sempre que este estabelecer exigência para a expedição de certificado de sanidade.

Parágrafo único. O prazo a que se refere este artigo recomeçara a fluir sempre que o candidato, sem motivo justificado, deixar de cumprir as exigências do órgão médico.

SEÇÃO IV
Do exercício

Art. 30. O exercício terá início dentro de 15 (quinze) dias, contados:
IV. da data da posse;
V. da data da publicação do ato no caso de remoção.
§ 1º Quando o acesso, remoção ou transposição não importar mudança de município, deverá o policial civil entrar em exercício no prazo de 5 (cinco) dias.
§ 2º No interesse do serviço policial o Delegado-Geral de Polícia poderá determinar que os policiais civis assumam imediatamente o exercício do cargo.
Art. 31. Nenhum policial civil poderá ter exercício em serviço ou unidade diversa daquela para o qual foi designado, salvo autorização do Delegado-Geral de Polícia.
Art. 32. O Delegado de Polícia só poderá chefiar unidade ou serviço de categoria correspondente à sua classe, ou, em caso excepcional, à classe imediatamente superior.
Art. 33. Quando em exercício em unidade ou serviço de categoria superior, nos termos deste artigo, terá o Delegado de Polícia direito à percepção da diferença entre os vencimentos do seu cargo e os do cargo de classe imediatamente superior.
Parágrafo único. Na hipótese deste artigo aplicam-se as disposições do artigo 195 da Lei Complementar n. 180, de 12 de maio de 1978.

SEÇÃO V
Da reversão "ex offício"

Art. 34. Reversão "ex offício" é o ato pelo qual o aposentado reingressa no serviço policial quando insubsistentes as razões que determinaram a aposentadoria por invalidez.
§ 1º A reversão só poderá efetivar-se quando, em inspeção médica, ficar comprovada à capacidade para o exercício do cargo.
§ 2º Será tornada sem efeito a reversão "ex offício" e cassada a aposentadoria do policial civil que reverter e não tomar posse ou não entrar em exercício injustificadamente, dentro do prazo legal.

Art. 35. A reversão far-se-á no mesmo cargo.

CAPÍTULO IV
Da Remoção

Art. 36. O Delegado de Polícia só poderá ser removido, de um para o outro município (vetado):
I. a pedido;
II. por permuta;
III. com seu assentimento, após consulta;
IV. no interesse do serviço policial, com a aprovação de dois terça do Conselho da Polícia Civil (vetado).

Art. 37. A remoção dos integrantes das demais séries de classe e cargos policiais civis, de uma para outra unidade policial, será processada:
V. a pedido;
VI. por permuta;
VII. no interesse do serviço policial.

Art. 38. A remoção só poderá ser feita, respeitada a lotação cada unidade policial.

Art. 39. O policial civil não poderá, ser removido no interesse serviço, para município diverso do de sua sede de exercício, no período de 6 (seis) meses antes e até 3 (três) meses após a data das eleições.
Parágrafo único. Esta proibição vigorará no caso de eleições federal estaduais ou municipais, isolada ou simultaneamente realizadas.

Art. 40. É preferencial, na união de cônjuges, a sede de exercício do policial civil, quando este for cabeça do casal.

CAPÍTULO V
Do Vencimento E Outras Vantagens De Ordem Pecuniária

SEÇÃO I
Do vencimento

Art. 41. Aos cargos policiais civis aplicam-se os valores dos grau das referências numéricas fixados na Tabela I da escala de vencimentos do funcionalismo público civil do Estado.

Art. 42. O enquadramento das classes na escala de vencimentos bem como a amplitude de vencimentos, e a velocidade evolutiva correspondente, cada classe policial, são estabelecidos na conformidade do Anexo que faz parte Integrante desta lei complementar.

SEÇÃO II
Das vantagens de ordem pecuniária

Subseção I
Das disposições gerais

Art. 43. Além do valor do padrão do cargo e sem prejuízo das vantagens previstas na Lei nº 10.261, de 28 de outubro de 1978, e demais legislação pertinente, o policial civil fará jus às seguintes vantagens pecuniárias:
I. gratificação por regime especial de trabalho policial;
II. ajuda de custo, em caso de remoção.

Subseção II
Da gratificação pelo regime especial de trabalho policial

Art. 44. O exercício dos cargos policiais civis dar-se-á, necessariamente, em Regime Especial de Trabalho PoliciaRETP, o qual é caracterizado: (NR)
I. pela prestação de serviços em condições precárias de segurança, cumprimento de horário irregular, sujeito a plantões noturnos e a chamadas a qualquer hora; (NR)
II. pela proibição do exercício de atividade remunerada, exceto aquelas: (NR)
a) relativas ao ensino e à difusão cultural; (NR)
b) decorrentes de convênio firmado entre Estado e municípios ou com associações e entidades privadas para gestão associada de serviços públicos, cuja execução possa ser atribuída à Polícia Civil; (NR)
III. pelo risco de o policial tornar-se vítima de crime no exercício ou em razão de suas atribuições. (NR)
§ 1º O exercício, pelo policial civil, de atividades decorrentes do convênio a que se refere a alínea "b" do inciso II deste artigo dependerá: (NR)
1. de inscrição voluntária do interessado, revestindo-se de obrigatoriedade depois de publicadas as respectivas escalas; (NR)
2. de estrita observância, nas escalas, do direito ao descanso mínimo previsto na legislação em vigor. (NR)
§ 2º À sujeição ao regime de que trata este artigo corresponde gratificação que se incorpora aos vencimentos para todos os efeitos legais. (NR)

Subseção III
Da ajuda de custo em caso de remoção

Art. 46. Ao policial civil removido no interesse do serviço policial de um para outro município, será concedida ajuda de custo correspondente a um mês de vencimento.

§ 1º A ajuda de custo será paga à vista da publicação do ato de remoção no Diário Oficial.

§ 2º A ajuda de custo de que trata este decreto não será devida, quando a remoção se processar a pedido ou por permuta.

SEÇÃO III
Das outras concessões

Art. 47. Ao policial civil licenciado para tratamento de saúde, em razão de moléstia profissional ou lesão recebida em serviço, será concedido transporte por conta do Estado para instituição onde deva ser atendido.

Art. 48. A família do policial civil que falecer fora da sede de exercício e dentro do território nacional no desempenho de serviço, será concedido transporte para, no máximo, 3 (três) pessoas do local de domicílio ao do óbito (ida e volta).

Art. 49. O Secretário da Segurança Pública, por proposta do Delegado-Geral de Polícia, ouvido o Conselho da Polícia Civil, poderá conceder honrarias ou prêmios aos policiais autores de trabalhos de relevante interesse policial ou por atos de bravura, na forma em que for regulamentado.

Art. 50. O policial civil que ficar inválido ou que vier a falecer em consequência de lesões recebidas ou de doenças contraídas em razão do serviço será promovido à classe imediatamente superior. (NR)

§ 1º Se o policial civil estiver enquadrado na última classe da carreira, ser-lhe-á atribuída a diferença entre o valor do padrão de vencimento do seu cargo e o da classe imediatamente inferior. (NR)

§ 2º A concessão do benefício será precedida da competente apuração, retroagindo seus efeitos à data da invalidez ou da morte. (NR)

§ 3º O policial inválido nos termos deste artigo será aposentado com proventos decorrentes da promoção, observado o disposto no parágrafo anterior. (NR)

§ 4º Aos beneficiários do policial civil falecido nos termos deste artigo será deferida pensão mensal correspondente aos vencimentos integrais, observado o disposto nos parágrafos anteriores. (NR)

Art. 51. Ao cônjuge, companheiro ou companheira ou, na falta destes, à pessoa que provar ter feito despesas em virtude do falecimento do policial civil, ativo ou inativo, será concedido auxílio-funeral, a título de benefício assistencial, de valor correspondente a 1 (um) mês da respectiva remuneração. (NR)

§ 1º O pagamento será efetuado pelo órgão competente, mediante apresentação de atestado de óbito pelas pessoas indicadas no caput deste artigo, ou procurador legalmente habilitado, feita a prova de identidade. (NR)

§ 2º No caso de ficar comprovado, por meio de competente apuração que o óbito do policial civil decorreu de lesões recebidas no exercício de suas funções ou doenças delas decorrentes, o benefício será acrescido do valor correspondente a mais 1 (um) mês da respectiva remuneração, cujo pagamento será efetivado mediante apresentação de alvará judicial. (NR)

§ 3º O pagamento do benefício previsto neste artigo, caso as despesas tenham sido custeadas por terceiros, em virtude da contratação de planos funerários, somente será efetivado mediante apresentação de alvará judicial. (NR)

Art. 52. O policial civil que sofrer lesões no exercício de suas funções deverá ser encaminhado a qualquer hospital, público ou particular às expensas do Estado.

Art. 53. Ao policial civil processado por ato praticado no desempenho de função policial, será prestada assistência judiciária na forma que dispuser o regulamento.

Art. 54. Vetado.

Parágrafo único. Vetado.

CAPÍTULO VI
Do Direito De Petição

Art. 55. É assegurado a qualquer pessoa, física ou jurídica, independentemente de pagamento, o direito de petição contra ilegalidade ou abuso de poder e para defesa de direitos. (NR)

Parágrafo único. Em nenhuma hipótese, a Administração poderá recusar-se a protocolar, encaminhar ou apreciar a petição, sob pena de responsabilidade do agente. (NR)

Art. 56. Qualquer pessoa poderá reclamar sobre abuso, erro, omissão ou conduta incompatível no serviço policial. (NR)

Art. 57. Ao policial civil é assegurado o direito de requerer ou representar, bem como, nos termos desta lei complementar, pedir reconsideração e recorrer de decisões. (NR)

CAPÍTULO VII
DO ELOGIO

Art. 58. Entende-se por elogio, para os fins desta lei, a menção nominal ou coletiva que deva constar dos assentamentos funcionais do policial civil por atos meritórios que haja praticado.

Art. 59. O elogio destina-se a ressaltar:
I. morte, invalidez ou lesão corporal de natureza grave, no cumprimento do dever;
II. ato que traduza dedicação excepcional no cumprimento do dever, transcendendo ao que e normalmente exigível do policial civil por disposição legal ou regulamentar e que importe ou possa importar risco da própria segurança pessoal;
III. execução de serviços que, pela sua relevância e pelo que representam para a instituição ou para a coletividade, mereçam ser enaltecidos como reconhecimento pela atividade desempenhada.

Art. 60. Não constitui motivo para elogio o cumprimento dos deveres impostos ao policial civil.

Art. 61. São competentes para determinar a inscrição de elogios nos assentamentos do policial o Secretário da Segurança e o Delegado-Geral de Polícia, ouvido, no caso deste, o Conselho da Polícia Civil.

Parágrafo único. Os elogios nos casos dos incisos II e III do artigo 59 serão obrigatoriamente considerados para efeito de avaliação de desempenho.

CAPÍTULO VIII
Dos Deveres, Das Transgressões Disciplinares E Das Responsabilidades

SEÇÃO I
Dos deveres

Art. 62. São deveres do policial civil:
I. ser assíduo e pontual;
II. ser leal as instituições;
III. cumprir as normas legais e regulamentares;
IV. zelar pela economia e conservação dos bens do Estado, especialmente daqueles cuja guarda ou utilização lhe for confiada;
V. desempenhar com zelo e presteza as missões que lhe forem contidas, usando moderadamente de força ou outro meio adequado de que dispõe, para esse fim;
VI. informar incontinente toda e qualquer alteração de endereço da residência e número de telefone, se houver;
VII. prestar informações corretas ou encaminhar o solicitante a quem possa prestá-las;
VIII. comunicar o endereço onde possa ser encontrado, quando dos afastamentos regulamentares;
IX. proceder na vida pública e particular de modo a dignificar a função policial;
X. residir na sede do município onde exerça o cargo ou função, ou onde autorizado;
XI. frequentar, com assiduidade, para fins de aperfeiçoamento e atualização de conhecimentos profissionais, cursos instituídos periodicamente pela Academia de Polícia;
XII. portar a carteira funcional;
XIII. promover as comemorações do «Dia da Policia» a 21 de abril, ou delas participar, exaltando o vulto de Joaquim José da Silva Xavier, o Tiradentes, Patrono da Polícia;
XIV. ser leal para com os companheiros de trabalho e com eles cooperar e manter espirito de solidariedade;
XV. estar em dia com as normas de interesse policial;
XVI. divulgar para conhecimento dos subordinados as normas referidas no inciso anterior;
XVII. manter discrição sobre os assuntos da repartição e, especialmente, sobre despachos, decisões e providências.

SEÇÃO II
Das transgressões disciplinares

Art. 63. São transgressões disciplinares:
I. manter relações de amizade ou exibir-se em público com pessoas de notórios e desabonadores antecedentes criminais, salvo por motivo de serviço;
II. constituir-se procurador de partes ou servir de intermediário, perante qualquer repartição pública, salvo quando se tratar de interesse de cônjuge ou parente até segundo grau;
III. descumprir ordem superior salvo quando manifestamente ilegal, representando neste caso;
IV. não tomar as providências necessárias ou deixar de comunicar, imediatamente, à autoridade

competente, faltas ou irregularidades de que tenha conhecimento;

V. deixar de oficiar tempestivamente nos expedientes que lhe forem encaminhados;

VI. negligenciar na execução de ordem legítima;

VII. interceder maliciosamente em favor de parte;

VIII. simular doença para esquivar-se ao cumprimento de obrigação;

IX. faltar, chegar atrasado ou abandonar escala de serviço ou plantões, ou deixar de comunicar, com antecedência, à autoridade a que estiver subordinado, a impossibilidade de comparecer à repartição, salvo por motivo justo;

X. permutar horário de serviço ou execução de tarefa sem expressa permissão da autoridade competente;

XI. usar vestuário incompatível com o decoro da função;

XII. descurar de sua aparência física ou do asseio;

XIII. apresentar-se ao trabalho alcoolizado ou sob efeito de substância que determine dependência física ou psíquica;

XIV. lançar intencionalmente, em registros oficiais, papéis ou quaisquer expedientes, dados errôneos, incompletos ou que possam induzir a erro, bem como inserir neles anotações indevidas;

XV. faltar, salvo motivo relevante a ser comunicado por escrito no primeiro dia em que comparecer à sua sede de exercício, a ato processual, judiciário ou administrativo, do qual tenha sido previamente cientificado;

XVI. utilizar, para fins particulares, qualquer que seja o pretexto, material pertencente ao Estado;

XVII. interferir indevidamente em assunto de natureza policial, que não seja de sua competência;

XVIII. fazer uso indevido de bens ou valores que lhe cheguem as mãos, em decorrência da função, ou não entregá-los, com a brevidade possível, a quem de direito;

XIX. exibir, desnecessariamente, arma, distintivo ou algema;

XX. deixar de ostentar distintivo quando exigido para o serviço;

XXI. deixar de identificar-se, quando solicitado ou quando as circunstâncias o exigirem;

XXII. divulgar ou propiciar a divulgação, sem autorização da autoridade competente, através da imprensa escrita, falada ou televisada, de fato ocorrido na repartição;

XXIII. promover manifestações contra atos da administração ou movimentos de apreço ou desapreço a qualquer autoridade;

XXIV. referir-se de modo depreciativo às autoridades e a atos da administração pública, qualquer que seja o meio empregado para esse fim;

XXV. retirar, sem prévia autorização da autoridade competente, qualquer objeto ou documentos da repartição;

XXVI. tecer comentários que possam gerar descrédito da instituição policial;

XXVII. valer-se do cargo com o fim, ostensivo ou velado, de obter proveito de qualquer natureza para si ou para terceiros;

XXVIII. deixar de reassumir exercício sem motivo justo, ao final dos afastamentos regulares ou, ainda depois de saber que qualquer deste foi interrompido por ordem superior;

XXIX. atribuir-se qualidade funcional diversa do cargo ou função que exerce;

XXX. fazer uso indevido de documento funcional, arma, algema ou bens da repartição ou cedê-los a terceiro;

XXXI. maltratar ou permitir maltrato físico ou moral a preso sob sua guarda;

XXXII. negligenciar na revista a preso;

XXXIII. desrespeitar ou procrastinar o cumprimento de decisão ou ordem judicial;

XXXIV. tratar o superior hierárquico, subordinado ou colega sem o devido respeito ou deferência;

XXXV. faltar à verdade no exercício de suas funções;

XXXVI. deixar de comunicar incontinente à autoridade competente informação que tiver sobre perturbação da ordem pública ou qualquer fato que exija intervenção policial;

XXXVII. dificultar ou deixar de encaminhar expediente à autoridade competente, se não estiver na sua alçada resolvê-lo;

XXXVIII. concorrer para o não cumprimento ou retardamento de ordem de autoridade competente;

XXXIX. deixar, sem justa causa, de submeter-se a inspeção médica determinada por lei ou pela autoridade competente;

XL. deixar de concluir nos prazos legais, sem motivo justo, procedimento de polícia judiciária, administrativos ou disciplinares;

XLI. cobrar taxas ou emolumentos não previstos em lei;

XLII. expedir identidade funcional ou qualquer tipo de credencial a quem não exerça cargo ou função policial civil;

XLIII. deixar de encaminhar ao órgão competente, para tratamento ou inspeção médica, subordinado que apresentar sintomas de intoxicação habitual por álcool, entorpecente ou outra substância que determine dependência física ou psíquica, ou de comunicar tal fato, se incompetente, à autoridade que o for;

XLIV. dirigir viatura policial com imprudência, imperícia, negligência ou sem habilitação;

XLV. manter transação ou relacionamento indevido com preso, pessoa em custódia ou respectivos familiares;

XLVI. criar animosidade, velada ou ostensivamente, entre subalternos e superiores ou entre colegas, ou indispô-los de qualquer forma;

XLVII. atribuir ou permitir que se atribua a pessoa estranha à repartição, fora dos casos previstos em lei, o desempenho de encargos policiais;

XLVIII. praticar a usura em qualquer de suas formas;

XLIX. praticar ato definido em lei como abuso de poder;

L. aceitar representação de Estado estrangeiro, sem autorização do Presidente da República;

LI. tratar de interesses particulares na repartição;

LII. exercer comércio entre colegas, promover ou subscrever listas de donativos dentro da repartição;

LIII. exercer comércio ou participar de sociedade comercial salvo como acionista, cotista ou comanditário;

LIV. exercer, mesmo nas horas de folga, qualquer outro emprego ou função, exceto atividade relativa ao ensino e à difusão cultural, quando compatível com a atividade policial;

LV. exercer pressão ou influir junto a subordinado para forçar determinada solução ou resultado.

Art. 64. É vedado ao policial civil trabalhar sob as ordens imediatas de parentes, até segundo grau, salvo quando se tratar de função de confiança e livre escolha, não podendo exceder de 2 (dois) o número de auxiliares nestas condições.

SEÇÃO III
Das responsabilidades

Art. 65. O policial responde civil, penal e administrativamente pelo exercício irregular de suas atribuições, ficando sujeito, cumulativamente, às respectivas cominações.

§ 1º A responsabilidade administrativa é independente da civil e da criminal. (NR)

§ 2º Será reintegrado ao serviço público, no cargo que ocupava e com todos os direitos e vantagens devidas, o servidor absolvido pela Justiça, mediante simples comprovação do trânsito em julgado de decisão que negue a existência de sua autoria ou do fato que deu origem à sua demissão. (NR)

§ 3º O processo administrativo só poderá ser sobrestado para aguardar decisão judicial por despacho motivado da autoridade competente para aplicar a pena. (NR)

Art. 66. A responsabilidade civil decorre de procedimento doloso ou culposo, que importe prejuízo à Fazenda Pública ou a terceiros.

Parágrafo único. A importância da indenização será descontada dos vencimentos e vantagens e o desconto não excederá à décima parte do valor destes.

CAPÍTULO IX
Das Penalidades, da Extinção da Punibilidade das Providências Preliminares (NR)

SEÇÃO I

Art. 67. São penas disciplinares principais:

I. advertência;
II. repreensão;
III. multa;
IV. suspensão;
V. demissão;
VI. demissão a bem do serviço público;
VII. cassação de aposentadoria ou disponibilidade.

Art. 68. Constitui pena disciplinar a remoção compulsória, que poderá ser aplicada cumulativamente com as penas previstas nos incisos II, III e IV do artigo anterior quando em razão da falta cometida houver conveniência nesse afastamento para o serviço policial.

Parágrafo único. Quando se tratar de Delegado de Polícia, para a aplicação da pena prevista neste artigo deverá ser observado o disposto no artigo 36, inciso IV.

Art. 69. Na aplicação das penas disciplinares serão considerados a natureza, a gravidade, os motivos determinantes e a repercussão da infração, os danos causados, a personalidade e os antecedentes do agente, a intensidade do dolo ou o grau de culpa.

Art. 70. Para a aplicação das penas previstas no artigo 67 são competentes: (NR)
I. o Governador; (NR)
II. o Secretário da Segurança Pública; (NR)
III. o Delegado-Geral de Polícia, até a de suspensão; (NR)
IV. o Delegado de Polícia Diretor da Corregedoria, até a de suspensão limitada a 60 (sessenta) dias; (NR)
V. os Delegados de Polícia Corregedores Auxiliares, até a de repreensão. (NR)

§ 1º Compete exclusivamente ao Governador do Estado, a aplicação das penas de demissão, demissão a bem do serviço público e cassação de aposentadoria ou disponibilidade a Delegado de Polícia. (NR)

§ 2º Compete às autoridades enumeradas neste artigo, até o inciso III, inclusive, a aplicação de pena a Delegado de Polícia. (NR)

§ 3º Para o exercício da competência prevista nos incisos I e II será ouvido o órgão de consultoria jurídica. (NR)

§ 4º Para a aplicação da pena prevista no artigo 68 é competente o Delegado-Geral de Polícia. (NR)

Art. 71. A pena de advertência será aplicada verbalmente, no caso de falta de cumprimento dos deveres, ao infrator primário.

Parágrafo único. A pena de advertência não acarreta perda de vencimentos ou de qualquer vantagem de ordem funcional, mas contará pontos negativos na avaliação de desempenho.

Art. 72. A pena de repreensão será aplicada por escrito, no caso de transgressão disciplinar, sendo o infrator primário e na reincidência de falta de cumprimento dos deveres.

Parágrafo único. A pena de repreensão poderá ser transformada em advertência, aplicada por escrito e sem publicidade.

Art. 73. A pena de suspensão, que não excederá de 90 (noventa) dias, será aplicada nos casos de:
I. descumprimento dos deveres e transgressão disciplinar, ocorrendo dolo ou má-fé;
II. reincidência em falta já punida com repreensão.

§ 1º O policial suspenso perderá, durante o período da suspensão, todos os direitos e vantagens decorrentes do exercício do cargo.

§ 2º A autoridade que aplicar a pena de suspensão poderá convertê-la em multa, na base de 50% (cinquenta por cento), por dia, do vencimento e demais vantagens, sendo o policial, neste caso, obrigado a permanecer em serviço.

Art. 74. Será aplicada a pena de demissão nos casos de:
I. abandono de cargo;
II. procedimento irregular, de natureza grave;
III. ineficiência intencional e reiterada no serviço;
IV. aplicação indevida de dinheiros públicos;
V. insubordinação grave;
VI. ausência ao serviço, sem causa justificável, por mais de 45 (quarenta e cinco) dias, interpoladamente, durante um ano. (NR)

Art. 75. Será aplicada a pena de demissão a bem do serviço público, nos casos de:
I. conduzir-se com incontinência pública e escandalosa e praticar Jogos proibidos;
II. praticar ato definido como crime contra a Administração Pública, a Fé Pública e a Fazenda Pública ou previsto na Lei de Segurança Nacional;
III. revelar dolosamente segredos de que tenha conhecimento em razão do cargo ou função, com prejuízo para o Estado ou particulares;
IV. praticar ofensas físicas contra funcionários, servidores ou particulares, salvo em legítima defesa;
V. causar lesão dolosa ao patrimônio ou aos cofres públicos;
VI. exigir, receber ou solicitar vantagem indevida, diretamente ou por intermédio de outrem, ainda que fora de suas funções, mas em razão destas;
VII. provocar movimento de paralisação total ou parcial do serviço policial ou outro qualquer serviço, ou dele participar;
VIII. pedir ou aceitar empréstimo de dinheiro ou valor de pessoas que tratem de interesses ou os tenham na repartição, ou estejam sujeitos à sua fiscalização;
IX. exercer advocacia administrativa;
X. praticar ato definido como crime hediondo, tortura, tráfico ilícito de entorpecentes e drogas afins e terrorismo; (NR)
XI. praticar ato definido como crime contra o Sistema Financeiro, ou de lavagem ou ocultação de bens, direitos ou valores; (NR)
XII. praticar ato definido em lei como de improbidade. (NR)

Art. 76. O ato que cominar pena ao policial civil mencionará, sempre, a disposição legal em que se fundamenta.

§ 1º Desse ato será dado conhecimento ao órgão do pessoal, para registro e publicidade, no prazo de 8 (oito) dias, desde que não se tenha revestido de reserva.

§ 2º As penas previstas nos incisos I a IV do artigo 67, quando aplicadas aos integrantes da carreira de Delegado de Polícia, revestir-se-ão sempre de reserva.

Art. 77. Será aplicada a pena de cassação de aposentadoria ou disponibilidade, se ficar provado que o inativo:

I. praticou, quando em atividade, falta para a qual é cominada nesta lei a pena de demissão ou de demissão a bem do serviço público;

II. aceitou ilegalmente cargo ou função pública;

III. aceitou representação de Estado estrangeiro sem previa autorização do Presidente da República.

Art. 78. Constitui motivo de exclusão de falta disciplinar a não exigibilidade de outra conduta do policial civil.

Art. 79. Independe do resultado de eventual ação penal a aplicação das penas disciplinares previstas neste Estatuto.

SEÇÃO II
Da extinção da punibilidade

Art. 80. Extingue-se a punibilidade pela prescrição: (NR)

I. da falta sujeita à pena de advertência, repreensão, multa ou suspensão, em 2 (dois) anos; (NR)

II. da falta sujeita à pena de demissão, demissão a bem do serviço público e de cassação da aposentadoria ou disponibilidade, em 5 (cinco) anos; (NR)

III. da falta prevista em lei como infração penal, no prazo de prescrição em abstrato da pena criminal, se for superior a 5 (cinco) anos. (NR)

§ 1º A prescrição começa a correr: (NR)

1. do dia em que a falta for cometida; (NR)

2. do dia em que tenha cessado a continuação ou a permanência, nas faltas continuadas ou permanentes. (NR)

§ 2º Interrompe a prescrição a portaria que instaura sindicância e a que instaura processo administrativo. (NR)

§ 3º O lapso prescricional corresponde: (NR)

1. na hipótese de desclassificação da infração, ao da pena efetivamente aplicada; (NR)

2. na hipótese de mitigação ou atenuação, ao da pena em tese cabível. (NR)

§ 4º A prescrição não corre: (NR)

1. enquanto sobrestado o processo administrativo para aguardar decisão judicial, na forma do § 3º do artigo 65; (NR)

2. enquanto insubsistente o vínculo funcional que venha a ser restabelecido. (NR)

§ 5º A decisão que reconhecer a existência de prescrição deverá determinar, desde logo, as providências necessárias à apuração da responsabilidade pela sua ocorrência. (NR)

Art. 81. Extingue-se, ainda, a punibilidade:

I. pela morte do agente;

II. pela anistia administrativa;

III. pela retroatividade da lei que não considere o fato como falta.

Art. 82. O policial civil que, sem justa causa, deixar de atender a qualquer exigência para cujo cumprimento seja marcado prazo certo, terá suspenso o pagamento de seu vencimento ou remuneração até que satisfaça essa exigência.

Parágrafo único. Aplica-se aos aposentados ou em disponibilidade o disposto neste artigo.

Art. 83. Deverão constar do assentamento individual do policial civil as penas que lhe forem impostas.

SEÇÃO III
Das Providências Preliminares (NR)

SEÇÃO III com redação dada pela Lei Complementar nº 922, de 02.07.2002.

Art. 84. A autoridade policial que, por qualquer meio, tiver conhecimento de irregularidade praticada por policial civil, comunicará imediatamente o fato ao órgão corregedor, sem prejuízo das medidas urgentes que o caso exigir. (NR)

Parágrafo único. Ao instaurar procedimento administrativo ou de polícia judiciária contra policial civil, a autoridade que o presidir comunicará o fato ao Delegado de Polícia Diretor da Corregedoria. (NR)

Art. 85. A autoridade corregedora realizará apuração preliminar, de natureza simplesmente investigativa, quando a infração não estiver suficientemente caracterizada ou definida autoria. (NR)

§ 1º O início da apuração será comunicado ao Delegado de Polícia Diretor da Corregedoria, devendo ser concluída e a este encaminhada no prazo de 30 (trinta) dias. (NR)

§ 2º Não concluída no prazo a apuração, a autoridade deverá imediatamente encaminhar ao Delegado de Polícia Diretor da Corregedoria relatório das diligências realizadas e definir o tempo necessário para o término dos trabalhos. (NR)

§ 3º Ao concluir a apuração preliminar, a autoridade deverá opinar fundamentadamente pelo arquivamento ou pela instauração de sindicância ou processo administrativo. (NR)

Art. 86. Determinada a instauração de sindicância ou processo administrativo, ou no seu curso, havendo conveniência para a instrução ou para o serviço policial, poderá o Delegado-Geral de Polícia, por despacho fundamentado, ordenar as seguintes providências: (NR)

I. afastamento preventivo do policial civil, quando o recomendar a moralidade administrativa ou a repercussão do fato, sem prejuízo de vencimentos ou vantagens, até 180 (cento e oitenta) dias, prorrogáveis uma única vez por igual período; (NR)

II. designação do policial acusado para o exercício de atividades exclusivamente burocráticas até decisão final do procedimento; (NR)

III. recolhimento de carteira funcional, distintivo, armas e algemas; (NR)

IV. proibição do porte de armas; (NR)

V. comparecimento obrigatório, em periodicidade a ser estabelecida, para tomar ciência dos atos do procedimento. (NR)

§ 1º O Delegado de Polícia Diretor da Corregedoria, ou qualquer autoridade que determinar a instauração ou presidir sindicância ou processo administrativo, poderá representar ao Delegado-Geral de Polícia para propor a aplicação das medidas previstas neste artigo, bem como sua cessação ou alteração. (NR)

§ 2º O Delegado-Geral de Polícia poderá, a qualquer momento, por despacho fundamentado, fazer cessar ou alterar as medidas previstas neste artigo. (NR)

§ 3º O período de afastamento preventivo computa-se como de efetivo exercício, não sendo descontado da pena de suspensão eventualmente aplicada. (NR)

CAPÍTULO X
Do Procedimento Disciplinar (NR)
Capítulo X com redação dada pela Lei Complementar nº 922, de 02.07.2002.

SEÇÃO I
Das disposições gerais

Art. 87. A apuração das infrações será feita mediante sindicância ou processo administrativo, assegurados o contraditório e a ampla defesa. (NR)

Art. 88. Será instaurada sindicância quando a falta disciplinar, por sua natureza, possa determinar as penas de advertência, repreensão, multa e suspensão. (NR)

Art. 89. Será obrigatório o processo administrativo quando a falta disciplinar, por sua natureza, possa determinar a pena de demissão, demissão a bem do serviço público, cassação de aposentadoria ou disponibilidade. (NR)

§ 1º Não será instaurado processo para apurar abandono de cargo, se o servidor tiver pedido exoneração. (NR)

§ 2º Extingue-se o processo instaurado exclusivamente para apurar abandono de cargo, se o indiciado pedir exoneração até a data designada para o interrogatório, ou por ocasião deste. (NR)

SEÇÃO II
Da sindicância

Art. 90. São competentes para determinar a instauração de sindicância as autoridades enumeradas no artigo 70. (NR)

Parágrafo único. Quando a determinação incluir Delegado de Polícia, a competência é das autoridades enumeradas no artigo 70, até o inciso IV, inclusive. (NR)

Art. 91. Instaurada a sindicância, a autoridade que a presidir comunicará o fato à Corregedoria-Geral da Polícia Civil e ao órgão setorial de pessoal. (NR)

Art. 92. Aplicam-se à sindicância as regras previstas nesta lei complementar para o processo administrativo, com as seguintes modificações: (NR)

I. a autoridade sindicante e cada acusado poderão arrolar até 3 (três) testemunhas; (NR)

II. a sindicância deverá estar concluída no prazo de 60 (sessenta) dias; (NR)

III. com o relatório, a sindicância será enviada à autoridade competente para a decisão. (NR)

Art. 93. O Delegado-Geral de Polícia poderá, quando entender conveniente, solicitar manifestação do Conselho da Polícia Civil, antes de opinar ou proferir decisão em sindicância. (NR)

SEÇÃO III
Do processo administrativo

Art. 94. São competentes para determinar a instauração de processo administrativo as autoridades enumeradas no artigo 70, até o inciso IV, inclusive. (NR)

Parágrafo único. Quando a determinação incluir Delegado de Polícia, a competência é das autoridades enumeradas no artigo 70, até o inciso III, inclusive. (NR)

Art. 95. O processo administrativo será presidido por Delegado de Polícia, que designará como secretário um Escrivão de Polícia. (NR)

Parágrafo único. Havendo imputação contra Delegado de Polícia, a autoridade que presidir a apuração será de classe igual ou superior à do acusado. (NR)

Art. 96. Não poderá ser encarregado da apuração, nem atuar como secretário, amigo íntimo ou inimigo, parente consanguíneo ou afim, em linha reta ou colateral, até o terceiro grau inclusive, cônjuge, companheiro ou qualquer integrante do núcleo familiar do denunciante ou do acusado, bem assim o subordinado deste. (NR)

Parágrafo único. A autoridade ou o funcionário designado deverão comunicar, desde logo, à autoridade competente, o impedimento que houver. (NR)

Art. 97. O processo administrativo deverá ser instaurado por portaria, no prazo improrrogável de 8 (oito) dias do recebimento da determinação, e concluído no de 90 (noventa) dias da citação do acusado. (NR)

§ 1º Da portaria deverá constar o nome e a identificação do acusado, a infração que lhe é atribuída, com descrição sucinta dos fatos e indicação das normas infringidas. (NR)

§ 2º Vencido o prazo, caso não concluído o processo, a autoridade deverá imediatamente encaminhar ao Delegado de Polícia Diretor da Corregedoria relatório indicando as providências faltantes e o tempo necessário para término dos trabalhos. (NR)

§ 3º Caso o processo não esteja concluído no prazo de 180 (cento e oitenta) dias, o Delegado de Polícia Diretor da Corregedoria deverá justificar o fato circunstanciadamente ao Delegado-Geral de Polícia e ao Secretário da Segurança Pública. (NR)

Art. 98. Autuada a portaria e demais peças preexistentes, designará o presidente dia e hora para audiência de interrogatório, determinando a citação do acusado e a notificação do denunciante, se houver. (NR)

§ 1º O mandado de citação deverá conter: (NR)
1. cópia da portaria; (NR)
2. data, hora e local do interrogatório, que poderá ser acompanhado pelo advogado do acusado; (NR)
3. data, hora e local da oitiva do denunciante, se houver, que deverá ser acompanhada pelo advogado do acusado; (NR)
4. esclarecimento de que o acusado será defendido por advogado dativo, caso não constitua advogado próprio; (NR)
5. informação de que o acusado poderá arrolar testemunhas e requerer provas, no prazo de 3 (três) dias após a data designada para seu interrogatório; (NR)
6. advertência de que o processo será extinto se o acusado pedir exoneração até o interrogatório, quando se tratar exclusivamente de abandono de cargo. (NR)

§ 2º A citação do acusado será feita pessoalmente, no mínimo 2 (dois) dias antes do interrogatório, por intermédio do respectivo superior hierárquico, ou diretamente, onde possa ser encontrado. (NR)

§ 3º Não sendo encontrado, furtando-se o acusado à citação ou ignorando-se seu paradeiro, a citação far-se-á por edital, publicado uma vez no Diário Oficial do Estado, no mínimo 10 (dez) dias antes do interrogatório. (NR)

Art. 99. Havendo denunciante, este deverá prestar declarações, no interregno entre a data da citação e a fixada para o interrogatório do acusado, sendo notificado para tal fim. (NR)

§ 1º A oitiva do denunciante deverá ser acompanhada pelo advogado do acusado, próprio ou dativo. (NR)

§ 2º O acusado não assistirá à inquirição do denunciante; antes porém de ser interrogado, poderá ter ciência das declarações que aquele houver prestado. (NR)

Art. 100. Não comparecendo o acusado, será, por despacho, decretada sua revelia, prosseguindo-se nos demais atos e termos do processo. (NR)

Art. 101. Ao acusado revel será nomeado advogado dativo. (NR)

Art. 102. O acusado poderá constituir advogado que o representará em todos os atos e termos do processo. (NR)

§ 1º É faculdade do acusado tomar ciência ou assistir aos atos e termos do processo, não sendo obrigatória qualquer notificação. (NR)

§ 2º O advogado será intimado por publicação no Diário Oficial do Estado, de que conste seu nome e número de inscrição na Ordem dos Advogados do Brasil, bem como os dados necessários à identificação do procedimento. (NR)

§ 3º Não tendo o acusado recursos financeiros ou negando-se a constituir advogado, o presidente nomeará advogado dativo. (NR)

§ 4º O acusado poderá, a qualquer tempo, constituir advogado para prosseguir na sua defesa. (NR)

Art. 103. Comparecendo ou não o acusado ao interrogatório, inicia-se o prazo de 3 (três) dias para requerer a produção de provas, ou apresentá-las. (NR)

§ 1º Ao acusado é facultado arrolar até 5 (cinco) testemunhas. (NR)

§ 2º A prova de antecedentes do acusado será feita exclusivamente por documentos, até as alegações finais. (NR)

§ 3º Até a data do interrogatório, será designada a audiência de instrução. (NR)

Art. 104. Na audiência de instrução, serão ouvidas, pela ordem, as testemunhas arroladas pelo presidente, em número não superior a 5 (cinco), e pelo acusado. (NR)

Parágrafo único. Tratando-se de servidor público, seu comparecimento poderá ser solicitado ao respectivo superior imediato com as indicações necessárias. (NR)

Art. 105. A testemunha não poderá eximir-se de depor, salvo se for ascendente, descendente, cônjuge, ainda que legalmente separado, companheiro, irmão, sogro e cunhado, pai, mãe ou filho adotivo do acusado, exceto quando não for possível, por outro modo, obter-se ou integrar-se a prova do fato e de suas circunstâncias. (NR)

§ 1º Se o parentesco das pessoas referidas for com o denunciante, ficam elas proibidas de depor, observada a exceção deste artigo. (NR)

§ 2º Ao policial civil que se recusar a depor, sem justa causa, será pela autoridade competente aplicada a sanção a que se refere o artigo 82, mediante comunicação do presidente. (NR)

§ 3º O policial civil que tiver de depor como testemunha fora da sede de seu exercício, terá direito a transporte e diárias na forma da legislação em vigor, podendo ainda expedir-se precatória para esse efeito à autoridade do domicílio do depoente. (NR)

§ 4º São proibidas de depor as pessoas que, em razão de função, ministério, ofício ou profissão, devam guardar segredo, salvo se, desobrigadas pela parte interessada, quiserem dar o seu testemunho. (NR)

Art. 106. A testemunha que morar em comarca diversa poderá ser inquirida pela autoridade do lugar de sua residência, expedindo-se, para esse fim, carta precatória, com prazo razoável, intimada a defesa. (NR)

§ 1º Deverá constar da precatória a síntese da imputação e os esclarecimentos pretendidos. (NR)

§ 2º A expedição da precatória não suspenderá a instrução do procedimento. (NR)

§ 3º Findo o prazo marcado, o procedimento poderá prosseguir até final decisão; a todo tempo, a precatória, uma vez devolvida, será juntada aos autos. (NR)

Art. 107. As testemunhas arroladas pelo acusado comparecerão à audiência designada independente de notificação. (NR)

§ 1º Deverá ser notificada a testemunha cujo depoimento for relevante e que não comparecer espontaneamente. (NR)

§ 2º Se a testemunha não for localizada, a defesa poderá substitui-la, se quiser, levando na mesma data designada para a audiência outra testemunha, independente de notificação. (NR)

Art. 108. Em qualquer fase do processo, poderá o presidente, de ofício ou a requerimento da defesa, ordenar diligências que entenda convenientes. (NR)

§ 1º As informações necessárias à instrução do processo serão solicitadas diretamente, sem observância de vinculação hierárquica, mediante ofício, do qual cópia será juntada aos autos. (NR)

§ 2º Sendo necessário o concurso de técnicos ou peritos oficiais, o presidente os requisitará, observados os impedimentos do artigo 105º (NR)

Art. 109. Durante a instrução, os autos do procedimento administrativo permanecerão na repartição competente. (NR)

§ 1º Será concedida vista dos autos ao acusado, mediante simples solicitação, sempre que não prejudicar o curso do procedimento. (NR)

§ 2º A concessão de vista será obrigatória, no prazo para manifestação do acusado ou para apresentação de recursos, mediante publicação no Diário Oficial do Estado. (NR)

§ 3º Ao advogado é assegurado o direito de retirar os autos da repartição, mediante recibo, durante o prazo para manifestação de seu representado, salvo na hipótese de prazo comum, de processo sob regime de segredo de justiça ou quando existirem nos autos documentos originais de difícil restauração ou ocorrer circunstância relevante que justifique a permanência dos autos na repartição, reconhecida pela autoridade em despacho motivado. (NR)

Art. 110. Somente poderão ser indeferidos pelo presidente, mediante decisão fundamentada, os requerimentos de nenhum interesse para o esclarecimento do fato, bem como as provas ilícitas, impertinentes, desnecessárias ou protelatórias. (NR)

Art. 111. Quando, no curso do procedimento, surgirem fatos novos imputáveis ao acusado, poderá ser promovida a instauração de novo procedimento para sua apuração, ou, caso conveniente, aditada a portaria, reabrindo-se oportunidade de defesa. (NR)

Art. 112. Encerrada a fase probatória, dar-se-á vista dos autos à defesa, que poderá apresentar alegações finais, no prazo de 7 (sete) dias. (NR)

Parágrafo único. Não apresentadas no prazo as alegações finais, o presidente designará advogado dativo, assinando-lhe novo prazo. (NR)

Art. 113. O relatório deverá ser apresentado no prazo de 10 (dez) dias, contados da apresentação das alegações finais. (NR)

§ 1º O relatório deverá descrever, em relação a cada acusado, separadamente, as irregularidades imputadas, as provas colhidas e as razões de defesa, propondo a absolvição ou punição e indicando, nesse caso, a pena que entender cabível. (NR)

§ 2º O relatório deverá conter, também, a sugestão de quaisquer outras providências de interesse do serviço público. (NR)

Art. 114. Relatado, o processo será encaminhado ao Delegado-Geral de Polícia, que o submeterá ao Conselho da Polícia Civil, no prazo de 48 (quarenta e oito) horas. (NR)

§ 1º O Presidente do Conselho da Polícia Civil, no prazo de 20 (vinte) dias, poderá determinar a realização de diligência, sempre que necessário ao esclarecimento dos fatos. (NR)

§ 2º Determinada a diligência, a autoridade encarregada do processo administrativo terá prazo de 15 (quinze) dias para seu cumprimento, abrindo vista à defesa para manifestar-se em 5 (cinco) dias. (NR)

§ 3º Cumpridas as diligências, o Conselho da Polícia Civil emitirá parecer conclusivo, no prazo de 20 (vinte) dias, encaminhando os autos ao Delegado-Geral de Polícia. (NR)

§ 4º O Delegado-Geral de Polícia, no prazo de 10 (dez) dias, emitirá manifestação conclusiva e encaminhará o processo administrativo à autoridade competente para decisão. (NR)

§ 5º A autoridade que proferir decisão determinará os atos dela decorrentes e as providências necessárias a sua execução. (NR)

Art. 115. Terão forma processual resumida, quando possível, todos os termos lavrados pelo secretário, quais sejam: autuação, juntada, conclusão, intimação, data de recebimento, bem como certidões e compromissos. (NR)

Parágrafo único. Toda e qualquer juntada aos autos se fará na ordem cronológica da apresentação, rubricando o presidente as folhas acrescidas. (NR)

Art. 116. Não será declarada a nulidade de nenhum ato processual que não houver influído na apuração da verdade substancial ou diretamente na decisão do processo ou sindicância. (NR)

Art. 117. É defeso fornecer à imprensa ou a outros meios de divulgação notas sobre os atos processuais, salvo no interesse da Administração, a juízo do Delegado-Geral de Polícia. (NR)

Art. 118. Decorridos 5 (cinco) anos de efetivo exercício, contados do cumprimento da sanção disciplinar, sem cometimento de nova infração, não mais poderá aquela ser considerada em prejuízo do infrator, inclusive para efeito de reincidência. (NR)

SEÇÃO IV (NR)
Dos recursos (NR)

Art. 119. Caberá recurso, por uma única vez, da decisão que aplicar penalidade. (NR)

§ 1º O prazo para recorrer é de 30 (trinta) dias, contados da publicação da decisão impugnada no Diário Oficial do Estado. (NR)

§ 2º Tratando-se de pena de advertência, sem publicidade, o prazo será contado da data em que o policial civil for pessoalmente intimado da decisão. (NR)

§ 3º Do recurso deverá constar, além do nome e qualificação do recorrente, a exposição das razões de inconformismo. (NR)

§ 4º O recurso será apresentado à autoridade que aplicou a pena, que terá o prazo de 10 (dez) dias para, motivadamente, manter sua decisão ou reformá-la. (NR)

§ 5º Mantida a decisão, ou reformada parcialmente, será imediatamente encaminhada a reexame pelo superior hierárquico. (NR)

§ 6º O recurso será apreciado pela autoridade competente ainda que incorretamente denominado ou endereçado. (NR)

Art. 120. Caberá pedido de reconsideração, que não poderá ser renovado, de decisão tomada pelo Governador do Estado em única instância, no prazo de 30 (trinta) dias. (NR)

Art. 121. Os recursos de que trata esta lei complementar não têm efeito suspensivo; os que forem providos darão lugar às retificações necessárias, retroagindo seus efeitos à data do ato punitivo. (NR)

CAPÍTULO XI
Da Revisão (NR)

Art. 122. Admitir-se-á, a qualquer tempo, a revisão de punição disciplinar, se surgirem fatos ou circunstâncias ainda não apreciados, ou vícios insanáveis de procedimento, que possam justificar redução ou anulação da pena aplicada. (NR)

§ 1º A simples alegação da injustiça da decisão não constitui fundamento do pedido. (NR)

§ 2º Não será admitida reiteração de pedido pelo mesmo fundamento. (NR)

§ 3º Os pedidos formulados em desacordo com este artigo serão indeferidos. (NR)

§ 4º O ônus da prova cabe ao requerente. (NR)

Art. 123. A pena imposta não poderá ser agravada pela revisão. (NR)

Art. 124. A instauração de processo revisional poderá ser requerida fundamentadamente pelo interessado ou, se falecido ou incapaz, por seu curador, cônjuge, companheiro, ascendente, descendente ou irmão, sempre por intermédio de advogado. (NR)

Parágrafo único. O pedido será instruído com as provas que o requerente possuir ou com indicação daquelas que pretenda produzir. (NR)

Art. 125. O exame da admissibilidade do pedido de revisão será feito pela autoridade que aplicou a penalidade, ou que a tiver confirmado em grau de recurso. (NR)

Art. 126. Deferido o processamento da revisão, será este realizado por Delegado de Polícia de classe igual ou superior à do acusado, que não tenha funcionado no procedimento disciplinar de que resultou a punição do requerente. (NR)

Art. 127. Recebido o pedido, o presidente providenciará o apensamento dos autos originais e notificará o requerente para, no prazo de 8 (oito) dias, oferecer rol de testemunhas, ou requerer outras provas que pretenda produzir. (NR)

Parágrafo único. No processamento da revisão serão observadas as normas previstas nesta lei complementar para o processo administrativo. (NR)

Art. 128. A decisão que julgar procedente a revisão poderá alterar a classificação da infração, absolver o punido, modificar a pena ou anular o processo, restabelecendo os direitos atingidos pela decisão reformada. (NR)

CAPÍTULO XII
Das Disposições Gerais e Finais

Art. 129. Vetado.

Art. 130. Contar-se-ão por dias corridos os prazos previstos nesta lei complementar.

Parágrafo único. Computam-se os prazos excluindo o dia do começo e incluindo o do vencimento, prorrogando-se este, quando incidir em sábado, domingo, feriado ou facultativo, para o primeiro dia útil seguinte.

Art. 131. Compete ao órgão Setorial de Recursos Humanos da Polícia Civil, o planejamento, a coordenação, a orientação técnica e o controle, sempre em integração com o órgão central, das atividades de administração do pessoal policial civil.

Art. 132. O Estado fornecerá aos policiais civis carteira de identidade funcional, distintivo, algema, armamento e munição, para o efetivo exercício de suas funções. (NR)

§ 1º A carteira de identidade funcional dos policiais civis será elaborada com observância das diretrizes básicas previstas na legislação federal para emissão da carteira de identidade pelo órgão estadual de identificação, dará direito ao porte de arma e ao uso de distintivo, e terá fé pública e validade como documento de identificação civil. (NR)

§ 2º Aplica-se, no que couber, à carteira de identidade funcional instituída para os policiais civis aposentados o disposto no § 1º deste artigo. (NR)

Art. 133. É proibida a acumulação de férias, salvo por absoluta necessidade de serviço e pelo prazo máximo de 3 (três) anos consecutivos.

Art. 134. O disposto nos artigos 41, 42, 44 e 45 desta lei complementar aplica-se aos integrantes da série de classes de Agente de Segurança Penitenciária da Secretaria da Justiça. (NR)

Art. 135. Aplicam-se aos funcionários policiais civis, no que não conflitar com esta lei complementar as disposições da Lei nº 199, de 1º de dezembro de 1948, do Decreto-lei nº 141, de 24 de julho de 1969, da Lei Complementar nº 180, de 12 de maio de 1978, bem como o regime de mensal, instituído pela Lei nº 4.832, de 4 de setembro de 1958, com alterações posteriores.

Art. 136. Esta lei complementar aplica-se, nas mesmas bases, termos e condições, aos inativos.

Art. 137. As despesas decorrentes da aplicação desta lei complementar, correrão à conta de créditos suplementares que o Poder Executivo fica autorizado a abrir, até o limite de Cr$ 270.000.000,00 (duzentos e setenta milhões de cruzeiros).

Parágrafo único. O valor do crédito autorizado neste artigo será coberto com recursos de que trata o artigo 43 da Lei Federal nº 4.320, de 17 de março de 1964.

Art. 138. Esta lei complementar e suas disposições transitórias entrarão em vigor em 1º de março de 1979 revogadas as disposições em contrário, especialmente a Lei nº 7.626, de 6 de dezembro de 1962, o Decreto-lei nº 156, de 8 de outubro de 1969, bem como a alínea "a" do inciso III do artigo 64 e o artigo 182, ambos da Lei Complementar nº 180, de 12 de maio de 1978.

DAS DISPOSIÇÕES TRANSITÓRIAS

Art. 1. Somente se aplicará esta lei complementar às infrações disciplinares praticadas na vigência da lei anterior, quando:

I. o fato não for mais considerado infração disciplinar;

II. de qualquer forma, for mais branda a pena cominada.

Art. 2. Os processos em curso, quando da entrada em vigor desta lei complementar, obedecerão ao rito processual estabelecido pela legislação anterior.

Art. 3. Os atuais cargos de Delegado de Polícia Substituto serão extintos na vacância.

Parágrafo único. Os ocupantes dos cargos a que alude este artigo, serão inscritos nos concursos de ingresso na carreira de Delegado de Polícia.

Art. 4. Vetado.

Art. 5. Vetado.

Parágrafo único. Vetado.

Art. 6. Vetado.

a) Vetado;
b) Vetado;
c) Vetado;
d) Vetado.

Palácio dos Bandeirantes, 5 de janeiro de 1979.
PAULO EGYDIO MARTINS
Murillo Macêdo, Secretário da Fazenda
Antonio Erasmo Dias, Secretário da Segurança Pública
Fernando Milliet de Oliveira, Secretário da Administração
Jorge Wilheim, Secretário de Economia e Planejamento
Péricles Eugênio da Silva Ramos, Secretário Extraordinário do Governo
Publicada na Assessoria Técnico-Legislativa, aos 5 de janeiro de 1979.
Nelson Petersen da Costa, Diretor (Divisão Nível II) Substº

Decreto Nº 3.044, de 22 de Janeiro De 1980

O GOVERNADOR DO ESTADO DO RIO DE JANEIRO, no uso de suas atribuições legais
DECRETA:

Art. 1. Fica aprovado o Regulamento do Estatuto dos Policiais Civis do Estado do Rio de Janeiro, a que se refere o artigo 44 do Decreto-lei nº 218, de 18 de julho de 1975, o qual acompanha o presente Decreto.

Art. 2. Este Decreto entrará em vigor na data de sua publicação, revogadas as disposições em contrário.
Rio de Janeiro, 22 de janeiro de 1980.
A. de P. Chagas Freitas
Edmundo Adolfo Murgel

REGULAMENTO DO ESTATUTO DOS POLICIAIS CIVIS DO ESTADO DO RIO DE JANEIRO

TÍTULO I

Disposições Preliminares

Art. 1. São policiais civis, abrangidos por este Decreto, os funcionários legalmente investidos em cargos de provimento efetivo do quadro do serviço policial civil.

Parágrafo único. Para os efeitos deste Decreto, é considerado policial o ocupante de cargo isolado de provimento em comissão ou função gratificada, com atribuições e responsabilidades de natureza policial.

CAPÍTULO I

Do Ingresso

Art. 2. A nomeação será feita:
I. em caráter efetivo, quando se tratar de cargo de classe inicial de série de classe;
II. em comissão, quando se tratar de cargo que em virtude de lei, assim deva ser provido.

Art. 3. O ingresso nos cargos de provimento efetivo exige:
I. nacionalidade brasileira;
II. idade-limite na forma estabelecida em lei;
III. gozo dos direitos políticos, comprovado através de documento fornecido pelas entidades públicas, responsáveis pelo controle desses direitos;
IV. certificado expedido por repartição militar competente e título eleitoral que comprovem, respectivamente, a quitação das obrigações militares e eleitorais;
V. condições sociais familiares compatíveis com a função policial, a serem apuradas mediante sindicância reservada;
VI. boa saúde, comprovada através de inspeção médica, realizada pelo Departamento de Perícias Médicas da Secretaria de Estado da Administração;
VII. aptidão física e psíquica para o exercício da função policial, apurada por profissionais capacitados;
VIII. habilitação prévia, em concurso público de provas ou de prova e títulos, realizada na Academia de Polícia;
IX. classificação do habilitado dentre o número de vagas existentes na classe inicial da série de classes.

§ 1º Os exames e provas práticas, previstas no inciso VI e VII, terão caráter eliminatório e precederão à realização das provas mencionadas no inciso VIII.

§ 2º Quando o número de inscritos for elevado, excepcionalmente os exames e provas práticas previstos nos incisos VI e VII poderão ser realizados "a posteriori", somente para os aprovados, a critério do Secretário de Estado de Polícia Civil.

§ 3º Além dos requisitos enunciados nos incisos I e IX deste artigo, será exigido dos candidatos a cargos policiais por ocasião da inscrição no concurso público, o seguinte grau de escolaridade:
a) Delegado de Polícia – diploma de bacharel em direito, devidamente registrado;
b) Escrivão de Polícia – certificado de segundo grau escolar ou equivalente;
c) Detetive – certificado de segundo grau escolar ou equivalente e carteira de habilitação de motorista profissional;
d) Perito Criminal diploma de curso superior, devidamente registrado nos conselhos respectivos, nas especialidades inerentes ao cargo;
e) Perito Legista – diploma de médico, devidamente registrado no Conselho Regional de Medicina;
f) Piloto Policial certificado de segundo grau escolar ou equivalente e carta de piloto comercial expedida pelo Departamento de Aviação Civil (D.A.C.);
g) Papiloscopista – certificado de segundo grau escolar ou equivalente;
h) Técnico de Necropsia, Fotógrafo Policial, Inspetor de Salvamento certificado de primeiro grau escolar ou equivalente;
i) Auxiliar Técnico de Comunicações de Segurança e Operador de Telecomunicações de Segurança – certificado de primeiro grau ou equivalente e habilitação técnica inerente ao cargo;

j) Motorista Policiaconclusão da quarta série do primeiro grau escolar ou equivalente e habilitação técnica inerente ao cargo;
l) Servente de Necropsia – conclusão da quarta série do primeiro grau escolar ou equivalente;
m) Guarda vidas – conclusão de quinta série do primeiro grau escolar ou equivalente;
n) Engenheiro de Telecomunicações de Segurança – diploma de curso de engenharia, devidamente registrado, nas especialidades inerentes ao cargo;
o) Técnico de Telecomunicações de Segurança – certificado de segundo grau escolar ou equivalente e habilitação técnica inerente ao cargo.

Art. 4. O prazo de validade dos concursos será fixado no edital de inscrição assegurando-se o provimento dos cargos vagos aos candidatos habilitados, obedecida a ordem de classificação e o disposto nos § 3º e § 4º, do artigo 87, da Constituição Estadual.

Art. 5. O policial, nomeado na forma do inciso I do artigo 2º, será matriculado "ex officio" no curso de formação profissional na Academia de Polícia, com ou sem prejuízo do serviço, de acordo com a conveniência da atividade policial.

Art. 6. O policial ficará sujeito a estágio probatório correspondente ao período de dois anos de efetivo exercício, a contar da data do início deste e durante o qual serão apurados os requisitos indispensáveis a sua confirmação no cargo.

§ 1º O requisito de que trata este artigo são os seguintes:
1. aprovação no curso de formação profissional, na Academia de Polícia;
2. idoneidade moraconduta do policial apurada através de pesquisa de seus antecedentes, sob aspectos sociais e funcionais;
3. assiduidade – dever do policial de comparecer à repartição onde trabalha, no horário preestabelecido e, a qualquer hora, quando convocado;
4. disciplina – rigorosa observância e acatamento integral às leis, regulamentos, normas e disposições que fundamentam o organismo policial e coordenam seu funcionamento regular e harmônico, traduzindo-se no perfeito cumprimento do dever;
5. eficiência – desempenho com acerto dos encargos inerente à função policial.

§ 2º O policial que já tenha adquirido estabilidade no serviço público não estará sujeito a novo estágio probatório quando nomeado, reclassificado, transferido, transposto ou transformado sob qualquer forma legal ou judicial, para cargo no serviço policial, sendo, porém obrigatório e requisito indispensável, à primeira promoção, aprovação no Curso de Formação Profissional da Academia de Polícia.

§ 3º O dirigente do órgão ou unidade administrativa em que esteja lotado o policial, sujeito a estágio probatório, encaminhará ao órgão central de pessoal da Secretaria de Estado da Polícia Civil, trimestralmente, em boletim próprio, apreciação e respeito do comportamento do estagiário, para anotações e providências legais que se fizerem necessárias.

Art. 7. Os cargos em comissão destinam-se a atender a encargos de direção e assessoramento superiores e serão providos, através de livre escolha do Governador, por indicação do Secretário de Estado da Polícia Civil, dentre os policiais e pessoas que possuam aptidões técnicas e reúnem as condições necessárias à investidura no serviço público.

Parágrafo único. Aquele que for indicado para exercer cargo em comissão, além dos requisitos dos incisos I, III, IV, V e VI do artigo 3º, deverá:
1. Ter aptidão intelectual necessária ao cargo, comprovada pela apresentação de diploma de curso de nível superior;
2. Ter aptidão profissional comprovada através da correlação entre os encargos típicos do cargo em comissão e os do cargo efetivo, civil ou militar ou em se tratando de policial inativo, de sua atividade de natureza privada.

CAPÍTULO II
Do Cargo e da Função

Art. 8. O exercício de cargo de natureza policial é privativo dos funcionários abrangidos por este Decreto e integrantes do quadro do serviço policial civil.

Art. 9. Caracteriza a função policial o exercício de atividades específicas desempenhadas pelas autoridades, seus agentes e auxiliares, para assegurar o cumprimento da lei, manutenção da ordem pública, proteção de bens e pessoas, prevenção da prática dos ilícitos penais e atribuições de polícia judiciária.

Art. 10. A função policial, fundada na hierarquia e na disciplina, é incompatível com qualquer outra atividade, salvo as exceções previstas em lei.

Parágrafo único. Os círculos hierárquicos são âmbitos da convivência entre policiais da mesma classe e têm a finalidade de desenvolver o espírito de camaradagem em ambiente de estima e confiança, sem prejuízo do respeito mútuo.

TÍTULO II

CAPÍTULO ÚNICO
Do Código De Ética Policial

Art. 11. O policial manterá observância, tanto mais rigorosa quanto mais elevado for o grau hierárquico dos seguintes preceitos de ética:
I. servir à sociedade como obrigação fundamental;
II. proteger vidas e bens;
III. defender o inocente e o fraco contra o engano e a opressão;
IV. preservar a ordem, repelindo a violência;
V. respeitar os direitos e as garantias individuais;
VI. jamais revelar tibieza ante o perigo e o abuso;
VII. exercer a função policial com probidade, discrição e moderação, fazendo observar as leis com clareza;
VIII. não permitir que sentimentos ou animosidades pessoais possa influir em suas decisões;
IX. ser inflexível, porém justo, no trato com os delinquentes;
X. respeitar a dignidade da pessoa humana;
XI. preservar a confiança e o apreço de seus concidadãos pelo exemplo de uma conduta irrepreensível na vida pública e na particular;
XII. cultuar o aprimoramento técnico-profissional;
XIII. amar a verdade e a responsabilidade, como fundamentos da ética do serviço policial;
XIV. obedecer às ordens superiores, exceto quando manifestamente ilegais;
XV. não abandonar o posto em que deva ser substituído sem a chegada do substituto;
XVI. respeitar e fazer respeitar a hierarquia do serviço policial;
XVII. prestar auxílio, ainda que não esteja em hora de serviço:
1. a fim de prevenir ou reprimir perturbação da ordem pública;
2. quando solicitado por qualquer pessoa carente de socorro policial, encaminhando-se à autoridade competente, quando insuficientes as providências de sua alçada.

Art. 12. O policial ao se apresentar ao seu chefe, em sua primeira lotação, prestará o compromisso seguinte:
"Prometo observar e fazer observar rigorosa obediência às leis, desempenhar as minhas funções com desprendimento e probidade, considerando inerentes à minha pessoa a reputação e honorabilidade do órgão policial que agora passo a servir."

TÍTULO III
Da Violação das Obrigações

CAPÍTULO I
Da Responsabilidade

Art. 13. Cabe ao policial a responsabilidade integral pelas decisões que tomar, pelas ordens que emitir e pelos atos que praticar.

Art. 14. Pelo exercício irregular de suas atribuições o policial responde civil, penal e administrativamente.

Art. 15. As cominações civis, penais e disciplinares poderão acumular-se, sendo umas e outras independentes entre si, bem assim as instâncias civil, penal e administrativa.

§ 1º A responsabilidade civil decorre de procedimento doloso ou culposo, que importe em prejuízo à fazenda Estadual ou a terceiros.

§ 2º O prejuízo causado à Fazenda Estadual poderá ser ressarcido mediante desconto em prestações mensais não excedentes da décima parte do vencimento ou remuneração à falta de outros bens que respondam pela indenização.

§ 3º Tratando-se de danos causados a terceiro, responderá o policial perante a Fazenda Estadual em ação regressiva proposta depois de transitar em julgado a decisão que houver condenado a Fazenda a indenizar o terceiro prejudicado.

§ 4º A responsabilidade penal abrange os crimes e contravenções imputados ao policial nessa qualidade.

§ 5º A responsabilidade administrativa resulta de atos praticados ou omissões ocorridas no desempenho do cargo ou fora dele, quando comprometedores de dignidade e do decoro da função pública.

§ 6º Mesmo absolvido criminalmente o policial responderá disciplinarmente se, na espécie, existir falta administrativa residual.

CAPÍTULO II

Da Transgressões Disciplinares

Art. 16. São transgressões disciplinares:

I. falta de assiduidade ou impontualidade habituais;

II. interpor ou traficar influência alheia para solicitar ascensão, remoção, transferência ou comissionamento;

III. dar informações inexatas, alterá-las ou desfigurá-las;

IV. usar indevidamente os bens do Estado ou de terceiro, sob sua guarda ou vigilância;

V. divulgar notícia sobre serviços ou tarefas em desenvolvimento realizadas pela repartição, ou contribuir para que sejam divulgadas, ou ainda, conceder entrevistas sobre as mesmas sem autorização da autoridade competente;

VI. dar, ceder ou emprestar arma, insígnias ou carteira de identidade funcional;

VII. deixar habitualmente de saldar dívidas legítimas ou de pagar regularmente pensões a que esteja obrigado por decisão judicial;

VIII. manter relações de amizade ou exibir-se em público, habitualmente, com pessoas de má reputação, exceto em razão de serviço;

IX. permutar o serviço sem expressa autorização competente;

X. ingerir bebidas alcoólicas quando em serviço;

XI. afastar-se do município onde exerce suas atividades, sem autorização superior;

XII. deixar, sem justa causa, de submeter-se à inspeção médica determinada em lei ou por autoridade competente;

XIII. valer-se do cargo com o fim ostensivo ou velado de obter proveito de natureza político partidária, para si ou para outrem;

XIV. simular doença para esquivar-se ao cumprimento do dever;

XV. agir, no exercício da função, com displicência, deslealdade ou negligência;

XVI. intitular-se funcionário ou representante de repartição ou unidade policial a que não pertença;

XVII. maltratar preso sob sua guarda ou usar de violência desnecessária no exercício da função policial;

XVIII. deixar de concluir, nos prazos legais ou regulamentares, sem motivos justos, inquéritos policiais, sindicâncias ou processo administrativos;

XIX. participar de atividade comercial ou industrial exceto como acionista, quotista ou comanditário;

XX. deixar de tratar os superiores hierárquicos e os subordinados com a deferência e a urbanidade devida;

XXI. coagir ou aliciar subordinados com objetivos político-partidários;

XXII. praticar usura em qualquer de suas formas;

XXIII. apresentar parte, queixa ou representação infundada contra superiores hierárquicos;

XXIV. indispor funcionários contra seus superiores hierárquicos ou provocar, velada ou ostensivamente, animosidade entre funcionários;

XXV. insubordinar-se ou desrespeitar superior hierárquico;

XXVI. empenhar-se em atividades que prejudiquem o fiel desempenho da função policial;

XXVII. utilizar, ceder ou permitir que outrem use objetos arrecadados, recolhidos ou apreendidos pela polícia;

XXVIII. entregar-se a prática de jogos proibidos ou ao vício da embriaguez, ou qualquer outro vício degradante;

XXIX. portar-se de modo inconveniente em lugar público ou acessível ao público;

XXX. esquivar-se, na ausência da autoridade competente, de atender a ocorrências passíveis de intervenção policial que presencie ou de que tenha conhecimento imediato, mesmo fora da escala de serviço;

XXXI. emitir opiniões ou conceitos desfavoráveis aos superiores hierárquicos;

XXXII. cometer a pessoa estranha à organização policial, fora dos casos previstos em lei, o desempenho de encargos próprios ou da competência de seus subordinados;

XXXIII. desrespeitar ou procrastinar o cumprimento de decisão judicial ou criticá-la depreciativamente;

XXXIV. eximir-se do cumprimento de suas obrigações funcionais;

XXXV. violar o código de ética policial.

Art. 17. As transgressões disciplinares são classificadas como:

I. leves;

II. médias;

III. graves.

§ 1º São de natureza leve as transgressões enumeradas nos incisos I e XII do artigo anterior;

§ 2º São de natureza média as transgressões enumeradas nos incisos XIII e XXI do artigo anterior;
§ 3º São de natureza grave as transgressões enumeradas nos incisos XXII e XXXV do artigo anterior;
§ 4º A autoridade competente para decidir a punição poderá agravar a classificação atribuída às transgressões disciplinares, atendendo às peculiaridades e consequências do caso concreto.
§ 5º O agravamento previsto no parágrafo anterior não ocorrerá nos casos em que já houver sido imposta penalidade aos transgressores, salvo se de mera advertência ou repreensão.

CAPÍTULO III
Das Penas Disciplinares

Art. 18. São penas disciplinares:
I. advertência;
II. repreensão;
III. suspensão;
IV. afastamento do serviço, do cargo ou função;
V. prisão disciplinar; (Inciso V revogado pelo art. 5º, inciso LXI, da CF)
VI. demissão;
VII. cassação de aposentadoria ou disponibilidade.
Art. 19. Na aplicação das penas disciplinares serão considerados:
I. repercussão do fato;
II. danos decorrentes da transgressão ao serviço público;
III. causas de justificação;
IV. circunstâncias atenuantes;
V. circunstâncias agravantes;
VI. a classificação da gravidade estabelecida no artigo 17.
§ 1º São causas de justificação:
1. motivo de força maior, plenamente comprovado;
2. ter sido cometida a transgressão na prática de ação meritória, no interesse do serviço, da ordem ou da segurança pública.
§ 2º São circunstâncias atenuantes:
1. boa conduta funcional;
2. relevância de serviços prestados;
3. ter sido cometida a transgressão em defesa de direitos próprios ou de terceiros ou para evitar mal maior.
§ 3º São circunstâncias agravantes:
1. má conduta funcional;
2. prática simultânea de duas ou mais transgressões;
3. reincidência;
4. ser praticada a transgressão, em conluio, por duas ou mais pessoas, durante a execução de serviço, em presença de subordinados ou em público;
5. ter sido praticada a transgressão com premeditação ou abuso de autoridade hierárquica ou funcional.
§ 4º Não haverá punição, quando, na apreciação da falta, for reconhecida uma das causas de justificação prevista no § 1º.
Art. 20. A pena de advertência será aplicada em particular e verbalmente, nos casos de falta leve.
Art. 21. A pena de repreensão será aplicada, por escrito, nos casos de falta leve, em caráter reservado.
Art. 22. A pena de suspensão não excederá de noventa dias, implicando em perda total dos vencimentos correspondentes aos dias e era aplicada:
I. de um a quinze dias, nos casos de faltas leves;
II. de dezesseis a quarenta dias, nos casos de faltas médias;
III. de quarenta e um a noventa dias, nos casos de faltas graves.
Art. 23. O policial poderá ser afastado do serviço ou do exercício do cargo ou de função, sem perda de vencimentos, por prazo não superior a trinta dias, a critério do Secretário de Estado de Polícia Civil, desde que tenha cometido infração disciplinar ou criminal, cuja natureza ou circunstância do fato gerador se constitua em motivo de desonra para a Secretaria de Estado da Polícia Civil ou quando a medida se impuser ao interesse de ordem pública.
Parágrafo único. O policial, ainda, será afastado do exercício de seu cargo, nas seguintes situações:
I. preso preventivamente, pronunciado, denunciado por crime funcional, ou condenado por crime inafiançável em processo no qual não haja pronúncia, até decisão transitada em julgado;
II. condenado por sentença definitiva à pena que não determine demissão, enquanto durar seu cumprimento.
Art. 24. Revogado pelo artigo 5º, inciso LXI, da CF.
Parágrafo único. Revogado pelo artigo 5º, inciso LXI, da CF.
Art. 25. A aplicação das penas previstas nos incisos III, IV e V do art. 18, será sempre divulgada em Boletim de Serviço, de circulação restrita aos órgãos da Secretaria de Estado da Polícia Civil.

Parágrafo único. Qualquer que seja o resultado do procedimento disciplinar instaurado, será obrigatoriamente comunicado à Corregedoria-Geral de Polícia e à Divisão de Pessoal para fins de registro e anotação na pasta de assentamentos funcionais do servidor.

Art. 26. A pena de demissão, cassação de aposentadoria ou disponibilidade será aplicada nos casos previstos no Estatuto dos Funcionários Públicos Civis.

Art. 27. São competentes para aplicação das penas disciplinares previstas neste Decreto:
I. o Governador do Estado, em qualquer caso e, privativamente, nos casos de demissão, cassação da aposentadoria ou disponibilidade;
II. o Secretário de Estado da Polícia Civil, nos casos dos incisos III a V do artigo 18;
III. os dirigentes de unidades administrativas diretamente subordinadas ao Secretário, nos casos dos incisos I a III do artigo 18, aos policiais que lhes forem subordinados e desde que a pena de suspensão não ultrapasse cinquenta dias;
IV. os dirigentes de departamentos não subordinados diretamente ao Secretário, diretores de divisão e titulares de delegacia policial, nos casos dos incisos I a III do artigo 18, aos policiais que lhes forem subordinados desde que a pena de suspensão não ultrapasse a vinte dias.

Parágrafo único. Quando, para qualquer transgressão, for prevista mais de uma pena disciplinar, a autoridade competente, atenta às circunstâncias de cada caso, decidirá qual a aplicável.

Art. 28. Prescrevem:
I. em dois anos as faltas sujeitas às penas de advertência, repreensão, suspensão, afastamento do serviço, do cargo ou função e prisão disciplinar;
II. em cinco anos, as faltas sujeitas às penas de demissão, cassação de aposentadoria ou disponibilidade.

§ 1º A falta prevista como crime na lei penal prescreverá juntamente com este.
§ 2º Prescrita a punição, se ainda houver prejuízo material decorrente do ato punível, o infrator ficará sujeito a reparação do dano, na forma da legislação civil vigente.
§ 3º O curso da prescrição começa a fluir da data da prática do evento punível disciplinarmente e interrompe-se pela abertura de sindicância, apuração sumária ou inquérito administrativo.

CAPÍTULO IV
Da Apuração Das Transgressões Disciplinar

Art. 29. A aplicação das penas disciplinares de suspensão, afastamento do serviço, do cargo ou função e prisão disciplinar será sempre antecedida de sindicância ou apuração sumária da transgressão cometida pelo policial, ressalvado o preceituado no artigo 32.

Art. 30. A investigação a que se refere o artigo anterior será ultimada no prazo de dez dias pelo chefe imediato do transgressor, que em seu relatório fará consignar:
1. data, modo e circunstâncias em que teve notícia ou ciência do fato;
2. versão do fato na forma por que teve conhecimento;
3. elemento de prova ou indício colhido ou constatado e informação das testemunhas;
4. defesa do acusado;
5. conclusão;
6. decisão, quando for o caso.

Parágrafo único. Ocorrerá o arquivamento da investigação quando:
a) existir causa de justificação;
b) existir dúvida ou prova insuficiente sobre a autoria;
c) ter fluído o prazo prescricional;
d) não restar provada a existência do fato;
e) não ter o sindicato concorrido para a irregularidade administrativa;
f) não haver na forma típica adequação para a irregularidade.

Art. 31. Na hipótese de o chefe imediato do transgressor ser incompetente para aplicação da pena disciplinar cabível, os autos serão imediatamente remetidos à autoridade superior, dentro de quarenta e oito horas, sob pena de conivência.

Art. 32. Ocorrendo tratar-se de infração prevista neste Regulamento e no Estatuto do Funcionamento Públicos Civis do Poder Executivo do Estado do Rio de Janeiro, instituído pelo Decreto-Lei nº 220, de 18 de julho de 1975, a que seja cominada pena disciplinar superior a cinquenta dias de suspensão ou demissão, ou cassação de aposentadoria ou disponibilidade, os autos da sindicância serão conclusos ao Secretário de Estado da Polícia Civil com proposição de instauração de inquérito administrativo a ser distribuído a uma das comissões permanentes de inquérito administrativo, da Secretaria Estadual de Administração.

Art. 33. Para as recompensas e punições, o policial terá o seu comportamento classificados em:
I. excepcional;
II. ótimo;
III. bom;
IV. regular;
V. mau.

Art. 34. O policial terá conceito bom ao ingressar no serviço público:

§ 1º Os policiais que tiverem anotação de suspensão superior a dez dias, no período de um ano, anterior ao calendário das promoções, serão classificados no conceito "mau"; e no conceito "regular", se tais faltas se registrarem no período de dois anos.

§ 2º O policial somente será classificado nos conceitos "excepcional" e "ótimo", se não tiver sofrido pena disciplinar de qualquer espécie, nos períodos, respectivamente, de dez a cinco anos que antecedam o calendário das promoções.

Art. 35. Decorrido o prazo de dez anos sem anotação de penas disciplinares, o policial poderá requerer o cancelamento das anotações anteriores, que será concedido a critério do Secretário de Estado de Polícia Civil.

TÍTULO IV
Dos Direitos e Vantagens

CAPÍTULO I
Das Disposições Gerais

Art. 36. São direitos pessoais decorrentes do exercício da função policial:
I. garantia de uso do título em toda a sua plenitude, com as vantagens prerrogativas a ele inerentes;
II. estabilidade, nos termos da legislação em vigor;
III. uso das designações hierárquicas;
IV. desempenho dos cargos e funções correspondentes à condição hierárquica;
V. percepção de vencimento correspondente ao padrão fixado em lei e das vantagens pecuniárias;
VI. percepção de salário-família, diárias e ajuda de custo, na forma da legislação em vigor;
VII. carteira funcional e insígnia na forma estabelecida em legislação própria;
VIII. promoções regulares e por bravura, inclusive *post-mortem*, ascensões regulares, inclusive *post-mortem*;
IX. medalhas "Mérito Policial" e "Mérito Especial" e outras condecorações, na forma prevista em lei, com anotações na folha de assentamentos funcionais;
X. assistência médico-hospitalar, social e judiciária, quando ferido ou acidentado em serviço ou em razão da função, submetido a processo em decorrência do estrito cumprimento do dever legal;
XI. aposentadoria nos termos da lei, com proventos integrais, independentemente de tempo de serviço, quando for reconhecida a invalidez permanente, por motivo de acidente em serviço, ou em razão da função, ou ainda, em caso de moléstia grave adquirida em serviço ou em consequência dele;
XII. trânsito: o período correspondente a cinco dias de afastamento total do serviço, concedido ao policial civil, quando desligado de uma sede para assumir exercício em outra situada em município diferente e se destina a preparativos e à realização de viagem;
XIII. concessão de auxílio-funeral;
XIV. prisão domiciliar cumprida na residência do infrator;
XV. prisão domiciliar cumprida na residência do infrator;
XVI. férias e licenças previstas em lei;
XVII. gratificação adicional por tempo de serviço, na forma prevista no art. 90 e seus parágrafos;
XVIII. ascensão e transferência, na forma da legislação;
XIX. garantias devidas ao resguardo da integridade física do policial em caso de cumprimento de pena em estabelecimento penal; conquanto sujeito ao sistema disciplinar penitenciário;
XX. portar arma, com discrição, mesmo quando aposentado.

Parágrafo único. O policial, vinte e quatro horas após o último dia do período de trânsito, deverá apresentar-se à unidade policial para a qual foi designado.

Art. 37. Aos beneficiários do policial falecido, em consequência da agressão sofrida no desempenho de suas atribuições, em serviço ou fora dele, em razão de acidente nele ocorrido ou ainda, de moléstia nele adquirida, será concedida pensão equivalente ao vencimento, acrescida de todas as vantagens percebidas por ocasião do óbito.

§ 1º A prova das circunstâncias do falecimento será feita de acordo com a legislação em vigor.

§ 2º O valor da pensão será sempre revisto, nas mesmas bases em que se modificarem os valores dos vencimentos dos policiais em atividade.

CAPÍTULO II
Dos Direitos

SEÇÃO I
Das férias

Art. 38. O policial gozará, obrigatoriamente, trinta dias de férias por ano, concedida de acordo com escala organizada pelo dirigente da unidade administrativa a que estiver subordinada e comunicada ao órgão central de pessoal da Secretaria de Estado da Polícia Civil, para fins de publicação e controle.

Art. 39. É proibido a acumulação de férias, salvo por imperiosa necessidade de serviço e pelo máximo de dois períodos.

Art. 40. O policial, ao entrar em férias, participará ao chefe imediato seu endereço eventual.

Art. 41. Mediante convocação do Secretário de Estado da Polícia Civil, o policial será obrigado a interromper suas férias, em situação de emergente necessidade de segurança nacional ou para manutenção de ordem pública.

Parágrafo único. O policial terá direito a retornar às férias interrompidas, em época oportuna, sempre a critério da administração.

Art. 42. A escala de férias poderá ser alterada, de acordo com as necessidades do serviço, por iniciativa do superior ao qual estiver imediatamente subordinado, comunicada a alteração ao órgão competente, inclusive para efeito de acumulação de períodos.

Art. 43. Somente depois do primeiro ano de efetivo exercício, adquirirá o policial direito a férias, as quais corresponderão ao ano em que se completar esse período.

Art. 44. É vedado levar à conta de férias qualquer falta ao trabalho.

Art. 45. Excepcionalmente, em razão da natureza do serviço, serão concedidas férias, com início em um exercício e término no seguinte, bem como parceladas em períodos de dez e quinze dias.

Art. 46. Obrigatoriamente, quando ocorrer movimentação do servidor, deverá ser comunicada a seu novo chefe a sua situação sobre o período de férias.

SEÇÃO II
Das licenças

Subseção I
Das disposições em gerais

Art. 47. Conceder-se-á licença:
I. para tratamento de saúde;
II. por motivo de doença em pessoa da família;
III. para repouso à gestante;
IV. para serviço militar;
V. para acompanhar o cônjuge;
VI. a título de prêmio;
VII. para desempenho de mandato legislativo ou executivo.

Art. 48. Salvo os casos previstos nos incisos IV, V e VII do artigo anterior, o policial não poderá permanecer em licença por prazo superior a vinte quatro meses;

§ 1º Excetua-se do prazo estabelecido neste artigo, a licença para tratamento de saúde, quando o policial for considerado recuperável a juízo da junta médica.

§ 2º Nas licenças dependentes de inspeção médica, expirado o prazo deste artigo e ressalvada a hipótese referida no parágrafo anterior, o policial será submetido a nova inspeção, que concluirá pela sua volta ao serviço, pela sua readaptação, ou pela aposentadoria, se for julgado definitivamente inválido para o serviço público policial.

Art. 49. As licenças previstas nos incisos I, II e III do artigo 47 serão concedidas pelo órgão médico oficial ou por outros, aos quais aquele transferir ou delegar atribuições, e pelo prazo indicado nos repetidos laudos.

§ 1º Estando o policial ou pessoa de sua família absolutamente impossibilitado de locomover-se e não havendo na localidade qualquer dos órgãos referidos neste artigo, poderá ser admitido laudo expedido por órgão médico de outra entidade pública e, na falta, atestado passado por médico particular com firma reconhecida.

§ 2º Nas hipóteses referidas no parágrafo anterior, o laudo ou atestado deverá ser encaminhado ao órgão médico competente, no prazo máximo de três dias contados da primeira falta ao serviço médico; a licença respectiva somente será considerada concedida com a homologação do laudo ou atestado, a qual será sempre publicada.

§ 3º Será facultado ao órgão competente, em caso de dúvida razoável, exigir nova inspeção por outro médico ou junta oficial.

§ 4º No caso de o laudo ou atestado não ser homologado, o policial será obrigado a reassumir o exercício do cargo, dentro de três dias contados de publicação do despacho ou ciência nos autos, sendo considerados como de efetivo exercício os dias em que deixou de comparecer ao serviço por esse motivo.

§ 5º Se, na hipótese do parágrafo anterior, a não homologação decorrer de falsa afirmativa por parte do médico atestante, os dias de ausência do funcionário serão tidos como falta ao serviço, sujeitos, um e outro, a processo administrativo disciplinar, que apurará e definirá responsabilidade; caso o médico atestante não esteja vinculado ao Estado, para fins disciplinares este comunicará o fato ao Ministério Público ou a Conselho Regional de Medicina em que seja inscrito.

Art. 50. A licença poderá ser prorrogada "ex officio" ou a pedido.

§ 1º O pedido de prorrogação deverá ser apresentado antes de findo o prazo de licença; se indeferido, contar-se-á como de licença o período compreendido entre a data do término e a da publicação do despacho.

§ 2º A licença concedida dentro de sessenta dias, contados do término da anterior, será, a critério médico, considerada como sua prorrogação.

Art. 51. Ressalvada a hipótese de faltas por motivo de doença comprovada, inclusive em pessoa da família, até o máximo de três, durante o mês, o tempo necessário à inspeção médica será considerado como de licença.

§ 1º Considerando apto o policial ou pessoas de sua família, reassumirá ele o exercício, sob pena de serem computados como faltas os dias de ausência ao serviço.

§ 2º Se da inspeção ficar constatada simulação do policial, as ausências serão havidas como faltas ao serviço e o fato será comunicado ao órgão de pessoal, para as providências disciplinares cabíveis.

Art. 52. Ao policial provido em comissão, ou designado para função gratificada, não concederão, nesta qualidade, as licenças referidas nos incisos IV, V, VI e VII do artigo 47.

Art. 53. No processamento das licenças dependentes de inspeção médica, será observado o devido sigilo sobre os respectivos laudos e atestados.

Art. 54. A licença superior a noventa dias, para tratamento de saúde e por motivo de doença em pessoa da família, dependerá a inspeção por junta médica.

§ 1º No curso das licenças a que se refere este artigo o policial abster-se-á de qualquer atividade remunerada, sob pena de interrupção de licença, com perda total do vencimento e demais vantagens, até que reassuma o exercício do cargo.

§ 2º Os dias correspondentes à perda de vencimento, de que trata o parágrafo anterior, serão considerados como faltas ao serviço.

Art. 55. O policial licenciado comunicará ao chefe imediato o local onde pode ser encontrado.

Subseção II
Licença para tratamento de saúde

Art. 56. A licença para tratamento de saúde será concedida, ou prorrogada, "ex officio" ou a pedido do policial ou de seu representante, quando não possa ele fazê-lo.

§ 1º Em qualquer dos casos é indispensável a inspeção médica que será realizada, sempre que necessária, no local onde se encontrar o policial.

§ 2º Incumbe à chefia imediata promover a apresentação do policial à inspeção médica, sempre que este a solicitar.

Art. 57. O policial não reassumirá o exercício do cargo, sem nova inspeção médica, quando a licença concedida assim o tiver exigido; realizada esta nova inspeção, o respectivo atestado ou laudo médico concluirá pela volta ao serviço, pela prorrogação da licença, pela readaptação do policial ou pela sua aposentadoria.

Art. 58. Em caso de doença grave, contagiosa ou não, que imponha cuidados permanentes, poderá a junta médica, se considerar o doente irrecuperável, determinar, como resultado da inspeção, sua imediata aposentadoria.

Parágrafo único. A inspeção, para os efeitos deste artigo, será realizado obrigatoriamente por um junta composta de pelo menos três médicos.

Art. 59. O policial que se recusar à inspeção médica ficará impedido do exercício de seu cargo, até que se verifique a inspeção.

Parágrafo único. Os dias em que o policial, por força do disposto neste artigo, ficar impedido do exercício do cargo, serão tidos como faltas ao serviço.

Art. 60. No curso da licença, poderá o policial requerer inspeção médica, caso se julgue em condições de reassumir o exercício ou de ser aposentado.

Art. 61. Quando a licença para tratamento de saúde for concedida em decorrência de acidente em serviço ou de doença profissional, esta circunstância se fará expressamente consignada.

Art. 62. Considera-se acidente em serviço, para os efeitos deste Regulamento, aquele que ocorra com policial civil da ativa, quando:

I. no exercício de suas atribuições policiais, durante o expediente normal, ou quando determinado por autoridade competente, em sua prorrogação ou antecipação;

II. no decurso de viagens em objetivo de serviço, previsto em regulamentos, programas de cursos ou autorizadas por autoridade competente;

III. no cumprimento de ordem emanada de autoridade competente;

IV. no decurso de viagens impostas por remoções;

V. no deslocamento entre a sua residência e o órgão em que estiver lotado ou local de trabalho, ou naquele em que sua missão deva ter início ou prosseguimento e vice-versa; bem como o dano resultante da agressão não provocada, sofrida pelo policial no desempenho do cargo ou em razão dele;

VI. em ocorrência policial, na defesa e manutenção da ordem pública mesmo sem determinação explícita;

VII. no exercício dos deveres previstos em leis, regulamentos ou instruções baixadas por autoridade competente.

§ 1º Aplica-se o disposto neste artigo ao policial que, embora aguardando a aposentadoria, esteja, comprovadamente, transmitindo o exercício de suas funções ao seu substituto, bem como ao policial inativo, quando retorne à atividade.

§ 2º Considera-se também acidente em serviço, para os fins estabelecidos na legislação vigente, os ocorridos nas situações do § 1º, ainda quando não sejam eles a causa única e exclusiva da morte ou da perda ou redução da capacidade do policial, desde que, entre o acidente e a morte ou incapacidade para o serviço policial, haja relação de causa e efeito.

§ 3º Considera-se acidente em serviço todo aquele que se verifique pelo exercício das atribuições do cargo, provocando, direta ou indiretamente lesão corporal, perturbações funcional ou doença que determine a morte; a perda total ou parcial permanente ou temporária, da capacidade física ou mental para o trabalho.

§ 4º Não se aplica o disposto no presente Regulamento quando o acidente for resultado de transgressão disciplinar, imprudência ou desídia do policial acidentado ou de subordinado seu, com sua aquiescência.

§ 5º A autoridade policial competente, nos casos previstos neste artigo, fará registro minucioso do fato, no qual deverá consignar todas as provas colhidas, encaminhando expediente relativo ao apurado do órgão de pessoal da Secretaria, para fim de instauração de sindicância, a ser concluída no prazo de oito dias, prorrogável por igual período, quando as circunstâncias o exigirem.

§ 6º Ao policial ocupante de cargo em comissão ou função gratificada aplicar-se-á o disposto neste artigo.

Art. 63. A licença para tratamento de saúde será concedida sempre com vencimentos e vantagens integrais.

Subseção III
Licença por motivo de doença em pessoa da família

Art. 64. O policial poderá requerer licença por motivo de doença na pessoa de ascendente, descendente, colateral, consanguíneo ou afins, até o 2º grau civil, cônjuge do qual não esteja legalmente separado, ou pessoa que viva às suas expensas e conste do respectivo assentamento individual, desde que prove ser indispensável sua assistência pessoal e esta não possa ser prestada simultaneamente com o exercício do cargo.

Art. 65. A licença referida no artigo anterior poderá ser prorrogada, a pedido do policial.

Art. 66. A licença de que trata esta Subseção não poderá exceder de vinte e quatro meses e será concedida com vencimentos e vantagens integrais nos primeiros doze meses e com dois terços nos outros doze meses subsequentes.

Subseção IV
Licença para repouso gestante

Art. 67. À policial gestante será concedida licença pelo prazo de quatro meses.

Parágrafo único. Salvo prescrição médica em contrário, a licença será concedida a partir do oitavo mês de gestação.

Art. 68. À policial gestante, quando em serviço incompatível com seu estado, serão cometidos encargos diversos daqueles que estiver exercendo, respeitadas as atribuições da série de classes e que pertencer.

Art. 69. A licença de que trata esta Subseção será concedida com vencimentos e vantagens integrais.

Subseção V
Licença para serviço militar

Art. 70. Ao policial que for convocado para serviço militar ou outro encargo de segurança nacional, será concedida licença pelo prazo que durar a sua incorporação ou convocação.

§ 1º A licença será concedida à vista de documento oficial que comprove a incorporação ou convocação.

§ 2º Do vencimento descontar-se-á a importância que o policial percebe na qualidade de incorporado, salvo se optar pelas vantagens do serviço militar.

§ 3º Ao policial desincorporado ou desconvocado conceder-se-á prazo, não excedente de trinta dias para que reassuma o exercício, sem perda de vencimento.

Art. 71. Ao policial oficial da reserva das Forças Armadas será também concedida a licença referida no artigo anterior durante os estágios previstos pelos regulamentos militares.

Parágrafo único. Quando o estágio for remunerado, assegurar-se-lhe-á o direito de opção.

Subseção VI
Licença para acompanhar o cônjuge

Art. 72. O policial casado terá direito à licença sem vencimento, quando seu cônjuge for exercer mandato eletivo ou, sendo militar ou servidor da administração direta, de autarquia, de empresa pública, de sociedade de economia mista ou de fundação instituída pelo Poder Público, for mandado servir, "ex officio", em outro ponto do território estadual, nacional ou no exterior.

Parágrafo único. Existindo no novo local de residência órgão estadual, o policial nele será lotado, havendo claro, ou não havendo poderá ser-lhe concedida, em caso de interesse de administração, permissão de exercício, enquanto ali durar sua permanência.

Art. 73. A licença dependerá de pedido devidamente instruído, que deverá ser renovada de dois em dois anos; finda a sua causa, o policial deverá reassumir o exercício, dentro de trinta dias, a partir dos quais a sua ausência será computada como falta ao trabalho.

Art. 74. Independentemente do regresso do cônjuge, o policial poderá reassumir o exercício a qualquer tempo, não podendo, neste caso, renovar o pedido de licença senão depois de dois anos da data da reassunção, salvo se o cônjuge for transferido novamente.

Art. 75. As normas desta Subseção aplicam-se aos policiais que vivam maritalmente, desde que haja impedimento legal ao casamento e convivência por mais de cinco anos.

Subseção VII
Licença a título de prêmio

Art. 76. Após cada quinquênio de efetivo exercício prestado ao Estado, ao policial que a requerer, conceder-se-á licença-prêmio de três meses com todos os direitos e vantagens de seu cargo efetivo.

§ 1º Não será concedida licença-prêmio se houver policial, no quinquênio correspondente:

1. sofrido pena de suspensão ou de multa;
2. faltado ao serviço, salvo se abonada a falta;
3. gozado as licenças para tratamento de saúde, por motivo de doença em pessoa da família e por motivo de afastamento do cônjuge, por prazo superior a noventa dias, em cada caso.

§ 2º Suspender-se-á, até o limite de noventa dias, em cada uma das licenças referidas no item 3 do parágrafo anterior, a contagem do tempo de serviço para efeito de licença-prêmio.

§ 3º O gozo da licença para repouso à gestante não prejudicará contagem do tempo de serviço para efeito da licença-prêmio.

§ 4º Para apuração do quinquênio, computar-se-á, também, o tempo de serviço prestado anteriormente em outro cargo estadual, desde que entre um e outro não haja interrupção do exercício.

Art. 77. O direito à licença-prêmio não tem prazo para ser exercitado.

Art. 78. A competência para a concessão de licença-prêmio é do Diretor do Departamento de Administração da Secretaria de Estado da Polícia Civil.

Art. 79. O policial investido em cargo de provimento em comissão ou função gratificada será licenciado com o vencimento e vantagens do cargo de que seja ocupante efetivo.

Art. 80. Quando o policial ocupar em comissão ou função gratificada por mais de cinco anos, apurados na forma do art. 76, assegurar-se-lhe-á, no gozo da licença, importância igual à que venha percebendo pelo exercício no cargo em comissão ou da função gratificada.

Parágrafo único. Adquirido o direito à licença-prêmio, de acordo com o estabelecido neste artigo, a ulterior exoneração do cargo em comissão ou dispensa da função gratificada, não prejudicará a forma de remuneração nele adotada, quando do efetivo gozo da licença pelo policial.

Art. 81. Em caso de acumulação de cargos, a licença-prêmio será concedida em relação a cada um deles, simultânea ou separadamente.

Parágrafo único. Se independente o cômputo do quinquênio em relação a cada um dos cargos acumulados.

Art. 82. A licença-prêmio poderá ser gozada integralmente, ou em períodos de um a dois meses.

Parágrafo único. Se a licença for gozada em períodos parcelados, deve ser observado intervalo obrigatório de um ano entre o término de um período e o início de outro.

Art. 83. O policial poderá, a qualquer tempo, reassumir o exercício do seu cargo, condicionado o gozo dos dias restantes da licença à regra contida no artigo anterior.

Parágrafo único. Se, na interrupção da licença, se verificar que o policial gozou período não conforme o disposto no artigo 82, o prazo restante da licença, referente ao mesmo quinquênio, qualquer que seja ele, ficará insuscetível de gozo, sendo computável em dobro apenas para efeito de aposentadoria.

Art. 84. É vedado descontar de licença-prêmio, faltas ao serviço ou qualquer licença concedida ao policial.

Subseção VIII
Licença para desempenho de mandato legislativo ou executivo

Art. 85. O policial será licenciado sem vencimentos ou vantagens de seu cargo efetivo, para desempenho de mandato eletivo, federal ou estadual.

Parágrafo único. A licença a que se refere este artigo será concedida a partir da diplomação do eleito, pela Justiça Federal e perdurará pelo prazo do mandato.

Art. 86. O policial investido no mandato eletivo de prefeito ficará licenciado desde a diplomação pela Justiça Eleitoral até o término do mandato, sendo-lhe facultado optar pela percepção do vencimento e vantagens de seu cargo efetivo.

Art. 87. Quando o policial for nomeado governador de território federal, interventor ou prefeito de Capital ou Município de área de Segurança Nacional ou estância hidromineral, ficará, desde a posse, licenciado sem vencimento e vantagens do seu cargo efetivo, ressalvado, para âmbito Municipal, o direito de opção pela remuneração do cargo efetivo.

Art. 88. Investido o policial no mandato de vereador e havendo compatibilidade de horários, perceberá o vencimento e as vantagens de seu cargo, sem prejuízo dos subsídios a que faz jus; inexistindo compatibilidade, ficará afastado do exercício de seu cargo, sem percepção do vencimento e vantagens.

CAPÍTULO III
Das Vantagens

SEÇÃO I
Disposições gerais

Art. 89. Além do vencimento, poderá o policial perceber as seguintes vantagens pecuniárias:

I. adicional por tempo de serviço;
II. gratificações;
III. ajuda de custo e transporte ao policial mandado servir em nova sede;
IV. diárias àquele que, em objeto de serviço, se deslocar eventualmente da sede.

SEÇÃO II
Adicional por tempo de serviço

Art. 90. O adicional por tempo de serviço é o percentual calculado sobre o vencimento-base de cargo efetivo, a que faz jus o policial, por quinquênio de efetivo exercício, decorrente de antiguidade no serviço público, apurado na forma do título IX.

§ 1º A cada quinquênio de efetivo exercício, corresponderá um grau de progressão horizontal até o limite de sete graus.

§ 2º O regime de quinquênio prevalecerá somente para o ingresso de novos servidores na carreira policial.

§ 3º Ficam assegurados os direitos adquiridos pelos policiais ao recebimento de triênios ou de quinquênios, segundo o Estado de origem, quando ainda percebidos na data da entrada em vigor do novo regime de adicional de tempo de serviço.

§ 4º A cada triênio de efetivo exercício corresponderá um grau de progressão horizontal até o limite de nove graus.

§ 5º O percentual correspondente a cada quinquênio ou triênio será de 5% do vencimento-base do policial até o limite máximo de 35% ou 50%, respectivamente, de conformidade com o §§ 2º e 3º deste artigo.

§ 6º A progressão horizontal é devida a partir do dia imediato àquele em que o policial completar o triênio ou quinquênio e será concedido independentemente de requerimento do interessado.

Obs.: O regime hoje em vigor é o de triênios para todo o funcionalismo e a Lei nº 1600, de 15.01.1990, estabeleceu o percentual de 60% como limite.

SEÇÃO III
Gratificações

Art. 91. Conceder-se-á gratificação:
I. de função;
II. pelo exercício de cargo em comissão;
III. de representação de Gabinete;
IV. pelo participação em órgão de deliberação coletiva;
a) encargo auxiliar ou membro de banca ou comissão examinadora de concurso;
b) encargo de auxiliar ou professor em curso oficialmente instituído.

Subseção I
Gratificação de função

Art. 92. A gratificação de função de chefia, assistência intermediária e secretariado é aquela definida no parágrafo único do artigo 9 (deste Regulamento e correspondente ao exercício de função gratificada, instituída e remunerada na forma que se dispuser em lei.

Art. 93. A gratificação será mantida nos casos de afastamentos previstos nos incisos I, II, VII, VIII, X, XI, XII, XIII, XIV, XV, XVII, exceto convocação para o serviço militar, e XIX, todos do artigo 259.

Parágrafo único. Na hipótese do afastamento do inciso VI do artigo 259, obedecer-se-á, quando for o caso, ao disposto no artigo 80.

Art. 94. Além do exercício de função gratificada regularmente instituída, poderá ser atribuída, na forma de regulamentação específica, gratificação de função a funcionários que desempenhem atividades especiais ou excedentes às atribuições do seu cargo, vedado o seu recebimento cumulativo com as gratificações específicas das funções de confiança.

Subseção II
Da gratificação pelo exercício de cargo em comissão

Art. 95. A gratificação pelo exercício de cargo em comissão é aquela definida no art. 7º deste Regulamento e correspondente a 70% do valor fixado para o cargo em comissão, que será paga juntamente com o vencimento e vantagens do cargo efetivo, quando o policial não optar pelo vencimento deste.

§ 1º Quando a opção não recair sobre o vencimento do cargo efetivo, perceberá o policial integralmente o valor correspondente ao símbolo do cargo em comissão.

§ 2º À gratificação de que trata este artigo, aplica-se o disposto no parágrafo único do artigo 122.

Subseção III
Da gratificação de representação de gabinete

Art. 96. A gratificação de representação de gabinete é a que tem por fundamento a compensação de despesas de apresentação inerentes ao local do exercício ou à remuneração de encargos especiais.

Art. 97. A gratificação será concedida aos policiais em exercícios no gabinete do Secretário de Estado da Polícia Civil que, a critério deste, assim devam ser remunerados.

§ 1º O valor global da gratificação será aprovado pelo Governador, ouvida a Secretaria de Planejamento e Coordenação Geral quanto aos aspectos orçamentários e financeiros.

§ 2º O valor individual da gratificação será fixado em tabela aprovada pelo Secretário de Estado da Polícia Civil, não podendo exceder a 50% do cargo efetivo do policial.

Art. 98. A gratificação de representação de gabinete não será suspensa nos afastamentos seguintes:
I. férias;
II. casamento;
III. luto;
IV. júri e outros serviços obrigatórios por lei;
V. licença para tratamento de saúde e repouso à gestante;
VI. falta até o máximo de três dias durante o mês, por motivo de doença comprovada, inclusive quando em pessoa da família.

Subseção IV
Gratificação de pArticipação em órgão de deliberação coletiva

Art. 99. A gratificação pela participação em órgão de deliberação coletiva destina-se a remunerar a presença dos componentes dos órgãos colegiados regularmente instituídos.

§ 1º A gratificação de que trata este artigo será fixada por Resolução, em base percentual, calculada sobre o valor do símbolo de cargo efetivo ou em comissão ou função gratificada, e paga por dia de presença às sessões do órgão colegiado.

§ 2º Não serão remuneradas as sessões que excederem o número de 12 por mês.

Art. 100. É vedada a participação do policial em mais de um órgão de deliberação coletiva, salvo quando na condição de membro nato.

Parágrafo único. Quando o policial for membro nato de mais de um órgão de deliberação coletiva, poderá optar pela gratificação de valor mais elevado.

Art. 101. A gratificação pela participação em órgão de deliberação coletiva é acumulável com quaisquer outras vantagens pecuniárias atribuídas ao policial.

Parágrafo único. Durante os afastamentos legais do titular, apenas o suplente perceberá a gratificação pela participação em órgão de deliberação coletiva.

Subseção V
Gratificação de pArticipação em banca examinadora de concurso ou professor em curso oficialmente instituído

Art. 102. Pelo exercício de encargo de auxiliar ou membro de banca ou comissão examinadora de concurso ou de atividade temporária de auxiliar ou professor de curso oficialmente instituído, ao policial será atribuída gratificação conforme o estabelecido nesta Subseção.

Art. 103. Entende-se como encargo de membro de banca ou comissão examinadora de concurso a tarefa desempenhada, por designação de autoridade competente, no planejamento, organização e aplicação da provas, correção e apuração dos resultados, revisão e decisão dos recursos interpostos, até a classificação definitiva, nos concursos, provas de seleção ou de habilitação e ascensão pela Academia de Polícia, para provimento de cargos, preenchimentos de empregos ou admissão a cursos oficialmente instituídos.

Art. 104. Professor de curso oficialmente instituído é o designado pela autoridade competente, para exercer atividade temporária de magistério nas áreas de treinamento e aperfeiçoamento de pessoa.

Art. 105. Somente policiais civis (ativos e inativos) e, excepcionalmente, os membros do Ministério Público, Magistratura e Técnicos, de reconhecido saber, poderão ser designados para exercer atividades temporárias de auxiliar de ensino ou professor e membro de banca ou comissão examinadora de concurso.

Art. 106. A gratificação pelo exercício de atividade temporária de auxiliar ou professor de curso oficialmente instituído somente será atribuída ao policial, se o trabalho for realizado além das horas de expediente a que está sujeito.

Art. 107. As gratificações de que trata esta Subseção serão arbitradas, em cada caso, pelo Governador, proposta pelo Secretário de Estado da Polícia Civil.

Art. 108. A concessão das gratificações de que trata esta Subseção não prejudicará a percepção cumulativa de outras vantagens pecuniárias atribuídas ao Policial.

SEÇÃO IV
Da ajuda de custo e transporte

Art. 109. Será concedida ajuda de custo, a título de compensação das despesas de viagens, mudanças e instalação, ao policial que, em razão de remoção, tenha que deslocar efetivamente sua residência.

Parágrafo único. Considerar-se-á necessária a transferência de residência quando o policial for removido para unidade distante mais de 100 km de sua atual residência.

Art. 110. A ajuda de custo será arbitrada pelo Secretário de Estado da Polícia Civil e nunca inferior a uma e nem superior a três vezes a importância correspondente ao vencimento do policial, salvo quando se tratar de missão exterior.

§ 1º No arbitramento da ajuda de custo serão levados em conta o vencimento do cargo do policial designado para nova sede ou missão no exterior, as despesas a serem por ele realizadas, bem como as condições de vida no local do novo exercício ou no desempenho de missão.

§ 2º Compete ao Governador arbitrar a ajuda de custo a ser paga ao policial designado para missão no exterior.

Art. 111. Sem prejuízo das diárias que lhe couberem o policial obrigado a permanecer fora da sede de sua unidade administrativa, em objeto de serviço, por mais de trinta dias, perceberá ajuda de custo correspondente a um mês do vencimento do seu cargo.

Parágrafo único. A ajuda de custo será calculada sobre o valor atribuído ao símbolo do cargo em comissão, quando o seu ocupante não for também de cargo efetivo.

Art. 112. Não se concederá ajuda de custo:

I. ao policial que, em virtude de mandato legislativo ou executivo, deixar ou reassumir o exercício do cargo;

II. ao policial posto a serviço de qualquer outra entidade do direito público;

III. quando a designação para a nova sede se der a pedido.

Art. 113. O policial restituirá a ajuda de custo:

I. quando não se transportar para a nova sede ou local da missão, nos prazos determinados;

II. quando antes de decorridos três meses do deslocamento ou do término da incumbência, regressar, pedir exoneração ou abandonar o serviço.

§ 1º A restituição é de exclusiva responsabilidade do policial e não poderá ser feita parceladamente.

§ 2º O policial que houver percebido ajuda de custo não entrará em gozo de licença-prêmio antes de decorridos noventa dias de exercício na nova sede, ou e finda a missão.

§ 3º Não haverá obrigação de restituir:

1. quando o regresso do policial for determinado "ex officio" ou decorrer de doença comprovada ou de motivo de força maior.

2. quando o pedido de exoneração for apresentado após noventa dias de exercício na nova sede ou local da missão.

Art. 114. Independentemente da ajuda de custo, concedida ao policial, a este será assegurado transporte para a nova sede, inclusive para seus dependentes.

§ 1º O policial que utilizar condução própria no deslocamento para a nova sede fará jus, para indenização da despesa de transporte, à percepção da importância integral correspondente ao valor da tarifa rodoviária no mesmo percurso, acrescida de 50% do referido valor por dependente que o acompanhe até o máximo de três.

§ 2º Na hipótese do parágrafo anterior, a administração fornecerá passagens para o transporte rodoviário dos dependentes que comprovadamente não viajem em companhia do policial.

Art. 115. Nos deslocamentos a que se refere o art. 109 serão assegurados, ao policial removido para a nova sede, transporte do mobiliário e bagagens, inclusive de seus dependentes, assim considerados:

I. o cônjuge ou a companheira legalmente equiparada;

II. o filho de qualquer condição ou enteado, bem assim o menor que, mediante autorização judicial, viva sobre a guarda e o sustento do policial;

III. os pais, sem economia própria, que vivam às expensas do policial;

IV. em empregado, doméstico, desde que comprovada esta condição.

§ 1º Atingida a maioridade, os referidos no inciso II deste artigo perdem a condição de dependente, exceto a filha que se conservar solteira sem economia própria, o filho inválido e, até completar vinte e quatro anos quem for estudante, sem exercer qualquer atividade lucrativa.

§ 2º Para efeito do disposto neste artigo, sem economia própria significa não perceber rendimento em importância igual ou superior ao valor do salário mínimo vigente na região em que resida.

Art. 116. Em face da peculiaridade do serviço, poderá ser concedido o pagamento da indenização de despesa de transporte aos policiais que tenham assegurado o direito ao uso individual de viaturas oficiais e que utilizarem veículo próprio no desempenho de suas funções, conforme faixas de remuneração a serem definidas em Resolução do Secretário de Estado da Polícia Civil.

Art. 117. A autorização para utilização de veículos de propriedade do policial a serviço do Estado será de competência do Secretário de Estado da Polícia Civil, por intermédio do Departamento de Administração.

Art. 118. Concedida a autorização, o Estado não se responsabilizará por danos causados a terceiros ou ao veículo ainda que a ocorrência se verifique em serviço.

Art. 119. Quando convier, o Estado cancelará, em qualquer época, a retribuição da indenização de despesas de transporte, cuja concessão não gerará qualquer direto à continuidade da respectiva percepção.

Art. 120. É vedado o uso de viatura oficial por quem já seja portador de autorização para utilização de veículo particular a serviço do Estado.

Parágrafo único. A infração do disposto neste artigo sujeita o policial às penalidades cabíveis, cancelando-se, ainda, a autorização concedida em seu favor.

Art. 121. Ao receber a autorização para utilização de veículo próprio, em serviço, o usuário assinará termo de compromisso no Departamento de Administração da Secretaria de Estado da Polícia Civil submetendo-se aos preceitos regulamentares da matéria.

SEÇÃO V
Das diárias

Art. 122. Ao policial que se deslocar, temporariamente, em objeto de serviço, da localidade onde estiver sediada sua unidade administrativa, conceder-se-á, além de transporte, diária a título de compensação das despesas de alimentação e pousada, ou, somente, de alimentação.

Parágrafo único. A vantagem de que trata este artigo poderá também ser concedida ao servidor contratado, no exercício de função gratificada, bem como estagiário.

Art. 123. Será concedida diária:

I. de alimentação e pousada, nos deslocamentos superiores a 100 km de distância da sede, desde que o pernoite se realize por exigência do serviço:

II. de alimentação nos deslocamentos inferiores a 100 km e superiores a 50 km de distância da sede;

III. rm qualquer outro caso:

a) de alimentação e pousada quando o afastamento da sede for inferior a oito horas;

b) de alimentação, quando o afastamento da sede for inferior a 18 (dezoito) e superior a 8 (oito) horas;

c) revogada pela Lei nº 330, de 30.06.1980.

Art. 124. O valor da diária resultará da incidência de percentual sobre o valor básico da UFERJ, atendida a tabela que for expedida por ato do Governador, observados, em sua elaboração, a natureza, o local, as condições de serviços e o vencimento do policial.

Art. 125. Não se concederá diárias:

I. durante o período de trânsito;

II. quando o deslocamento se constitui em exigência permanente do exercício do cargo ou da função;

III. quando o município para o qual se deslocar o policial seja contíguo ao da sua sede, constituindo-se, em relação a este, em unidade urbana e apresentado facilidade de transporte, ressalvada a hipótese da alínea "c" do inciso II do artigo 123.

Art. 126. Ao regressar a sede, o policial restituirá, dentro do prazo de quarenta e oito horas, as importâncias recebidas em excesso.

Parágrafo único. O descumprimento do disposto neste artigo ocasionará o desconto em folha da importâncias recebidas em excesso pelo policial, sem prejuízo das sanções disciplinares aplicáveis à espécie.

Art. 127. A concessão indevida de diárias sujeitará a autoridade que as conceder à reposição da importância correspondente, aplicando-se lhe, e ao policial que as receber, as cominações estatutárias pertinentes.

TÍTULO V
Das Concessões

CAPÍTULO I
DAS DISPOSIÇÕES GERAIS

Art. 128. Sem prejuízo do vencimento, direitos e vantagens, o policial poderá faltar ao serviço até oito dias consecutivos, por motivo de:
I. casamento;
II. falecimento do cônjuge, pais, filhos ou irmãos.
Parágrafo único. Computar-se-á, para efeitos deste artigo, os sábados, domingos e feriados compreendidos no período.

Art. 129. Ao licenciado para tratamento de saúde em virtude de acidente em serviço ou doença profissional, que deva ser deslocado de sua sede para qualquer ponto do território nacional, por exigência do laudo médico, será concedido transporte à conta dos cofres estaduais, inclusive para acompanhante.
§ 1º Será, ainda, concedido transporte à família do policial falecido no desempenho do serviço, fora da sede de seus trabalhos, inclusive quando no exterior.
§ 2º Correrão, também, por conta do Estado, as despesas com a remoção e com o sepultamento do policial falecido no desempenho do serviço.

Art. 130. Ao policial estudante matriculado em estabelecimento de ensino de qualquer grau, oficial ou reconhecido, será permitido faltar ao serviço, sem prejuízo de seu vencimento ou de quaisquer direito e vantagens, nos dias de provas ou de exames, mediante apresentação de atestado fornecido pelo respectivo estabelecimento.

Art. 131. Ao estudante que necessitar mudar de domicílio para passar a exercer o cargo ou função pública, será assegurada transferência do estabelecimento de ensino que estiver cursando, para outro de sua nova residência onde será matriculado em qualquer época, independentemente de vaga, se integrante do sistema estadual de ensino.

Art. 132. Os atos que deslocarem "ex officio" os policiais estudantes de uma para outras cidades ficarão suspensos se, na nova sede ou em localidade próxima, não existir estabelecimento congênere, oficial, reconhecido ou equiparado àquele em que o interessado esteja matriculado.

§ 1º Efetivar-se-á o deslocamento se o policial concluir o curso, for reprovado, ou deixar de renovar sua matrícula.
§ 2º Anualmente o interessado deverá fazer prova, perante o órgão setorial de pessoa a que esteja subordinado, de que está matriculado.

Art. 133. O policial estudante matriculado em estabelecimento de ensino que não possua curso noturno, poderá, sempre que possível, ser aproveitado em serviços cujo horário não colida com o relativo ao período das aulas.
Parágrafo único. Sendo impossível o aproveitamento a que se refere o presente artigo, poderá o estudante, com assentimento do respectivo chefe, iniciar o serviço uma hora depois do expediente ou dele se retirar uma hora antes do seu término, conforme o caso, desde que a compense, prorrogando ou antecipando o expediente normal.

Art. 134. O policial terá preferência, para sua moradia, na locação de imóvel pertencente ao Estado.

Art. 135. As concessões estabelecidas neste título aplicam-se:
I. aos servidores contratados no exercício de função gratificada, as constantes dos artigos 128, 129 e 130;
II. aos estagiários as dos artigos 128 e 129.

CAPÍTULO II
Salário-Família

Art. 136. Salário-família é o auxílio pecuniário concedido pelo Estado ao policial na ativa ou inativo, como contribuição ao custeio das despesas de manutenção de sua família.
Parágrafo único. A cada dependente relacionado no artigo seguinte corresponderá uma cota de salário-família.

Art. 137. Conceder-se-á salário-família:
I. por filho menor de vinte e um anos, que não exerça atividade remunerada;
II. por filho inválido;
III. por filha solteira sem economia própria;
IV. por filha estudante que frequente curso médio ou superior e que não exerça atividade lucrativa, até a idade de 24 anos;
V. pelo ascendente, sem rendimento próprio, que viva às expensas do policial;
VI. pela esposa que não exerça atividade remunerada;

VII. pelo esposo que não exerça atividade remunerada por motivo de invalidez permanente;
VIII. pela companheira, mulher solteira, viúva, desquitada ou divorciada que não exerça atividade remunerada, que com ele coabite há mais de cinco anos, ou que com ele tenha filho que comprovadamente tenha direito a alimentação.
§ 1º Compreende-se neste artigo o filho de qualquer condição, enteado, o adotivo e o menor que comprovadamente viva sob a guarda e o sustento do policial.
§ 2º O disposto no inciso VIII deste artigo somente se aplica ao policial desquitado ou divorciado quando este não tenha o encargo de alimentar a ex-esposa.
§ 3º A cada dependente relacionado neste artigo corresponderá a cota de salário-família.
Art. 138. Quando o pai e mãe forem policiais na ativa ou inativos, ou um for policial e outro funcionário estadual e viverem em comum, o salário-família será concedido exclusivamente ao pai.
§ 1º Se não viverem em comum, será concedido ao que tiver os dependentes sob sua guarda; se ambos os tiverem, de acordo com a distribuição dos dependentes.
§ 2º Quando pai e mãe forem ambos funcionários ou servidores, um do Estado do Rio de Janeiro e outro de entidade diversa, o Estado pagará o salário-família ao seu funcionário ainda que o outro o perceba da entidade a que estiver vinculado.
Art. 139. Ao pai e à mãe equiparam-se o padrasto e a madrasta e, na falta destes, os representantes legais dos incapazes ou os que, mediante autorização judicial, tenham sob sua guarda os dependentes a que se refere o artigo 137.
Art. 140. A cota de salário-família por filho inválido corresponderá ao triplo da cota normalmente paga aos demais dependentes.
Art. 141. O salário-família será pago independentemente da frequência do policial e não poderá sofrer qualquer desconto, nem ser objeto de transação ou consignação em folha de pagamento.
Parágrafo único. O salário-família não está, também, sujeito a qualquer imposto ou taxa, nem servirá de base para qualquer contribuição, ainda que de finalidade previdenciária e assistencial.
Art. 142. O salário-família será pago mesmo nos casos em que o policial na ativa ou inativo deixar de receber o respectivo vencimento ou provento.

Art. 143. Nos casos de acumulação legal de cargos, o salário-família será pago somente em relação a um deles.
Parágrafo único. No caso de acumulação de cargo público, emprego ou provento de servidor da Administração centralizada ou descentralizada estadual, exceto fundações, com idênticas situações de natureza federal, de outros Estados, ou municipal, o salário-família não deixará de ser pago pelo Estado do Rio de Janeiro ainda que a outra entidade a que se vincule o servidor também o pague.
Art. 144. Em caso de falecimento do policial, na ativa ou inativo, o salário-família continuará a ser pago aos seus beneficiários.
Parágrafo único. Se o policial, na ativa ou inativo, falecido, não se houver habilitado ao salário-família, a Administração, mediante requerimento de seus beneficiários, providenciará o seu pagamento, desde que atendidos os requisitos necessários à concessão desse benefício.
Art. 145. O cancelamento do salário-família, será feito de ofício nos casos de implemento de idade pelo dependente, salvo se o policial, na ativa ou inativo, no caso de filho estudante que não exerça atividade remunerada apresentar comprovação de frequência em curso secundário ou superior, até trinta dias antes de completar vinte e um anos, anualmente, por ocasião da matrícula escolar, até que atinja vinte e quatro anos.
Parágrafo único. O cancelamento será feito, a requerimento do interessado, nos casos de exercício de atividade remunerada, falecimento, abandono de lar, casamento, separação judicial ou divórcio do dependente, respondendo o policial na ativa ou inativo, civil, penal e administrativamente pela omissão ou inexatidão de suas declarações.
Art. 146. O salário-família, relativo a cada dependente, será devido a partir do mês em que tiver ocorrido o fato que lhe deu origem, embora verificado no último dia do mês.
Parágrafo único. Deixará de ser devido o salário-família, relativo cada dependente, no mês seguinte em que se retificou o ato ou fato que haja determinado a sua supressão, embora ocorrido no primeiro dia do mês.
Art. 147. Não será concedido salário-família por esposa desquitada ou divorciada, sem percepção de alimentos, nem quando o valor do benefício não

estiver incluído na sentença judicial que condenou o policial à pensão alimentícia, transitada em julgado.

§ 1º Na hipótese de a pessoa desquitada ou divorciada vir, qualquer tempo, a obter judicialmente, a percepção de salário-família, deixará ele de ser pago pela nova esposa ou companheira.

§ 2º No caso de cancelamento na forma deste artigo e parágrafo anterior, se ocorrer o falecimento da esposa desquitada ou divorciada em o requerendo a parte interessada e desde que persistam os motivos de sua primeira concessão, será o benefício restabelecido.

CAPÍTULO III
DO AUXÍLIO-DOENÇA

Art. 148. Após cada período de doze meses consecutivos de licença para tratamento de saúde, o policial terá direito a um mês de vencimento, a título de auxílio-doença.

§ 1º Quando ocorrer o falecimento do policial, o auxílio-doença a que tiver feito jus será pago de acordo com as normas que regulam o pagamento de vencimento não recebido.

§ 2º O auxílio-doença não sofrerá descontos de qualquer espécie, ainda que para fins de assistência e previdência.

Art. 149. O tratamento do policial acidentado em serviço, acometido de doença profissional ou internado compulsoriamente para tratamento psiquiátrico, correrá integralmente por conta dos cofres do Estado, e será realizado, sempre que possível, em estabelecimento estadual de assistência médica.

§ 1º Ainda que o policial venha a ser aposentado em decorrência de acidente em serviço, de doença profissional ou de internação compulsória para tratamento psiquiátrico, as despesas previstas neste artigo continuarão a correr pelos cofres do Estado.

§ 2º Nas hipóteses deste artigo não será devido ao policial o pagamento do auxílio-doença.

Art. 150. O Titular do órgão competente para concessão de licença médica ao policial do Estado decidirá sobre os pedidos de pagamento do auxílio-doença e do tratamento a que se refere o artigo anterior.

Art. 151. Nos casos de acumulação legal de cargos, o auxílio-doença devido será pago somente em relação a um deles, e calculado sobre o de maior vencimento, se ambos forem estaduais.

CAPÍTULO IV
DO AUXÍLIO-FUNERAL

Art. 152. À família do policial ativo ou inativo falecido será concedido auxílio-funeral.

§ 1º O auxílio será pago:

1. no valor correspondente a dez UFERJ, quando o do vencimento e vantagens ou proventos do falecido for igual ou inferior a esse quantitativo;

2. o valor correspondente a vinte UFERJ, nos demais casos.

§ 2º A despesa com auxílio-funeral correrá à conta de dotação orçamentária própria.

Art. 153. Aplica-se ao auxílio-funeral a norma estabelecida no art. 151.

§ 1º Se as despesas do funeral não ocorreram às expensas da família do policial ativo ou inativo, o respectivo auxílio será pago a quem se tiver comprovadamente realizado.

§ 2º O pagamento do auxílio-funeral obedecerá a processo sumaríssimo, concluído no prazo de quarenta e oito horas da apresentação da certidão de óbito e documentos que comprovem a satisfação da despesa pelo requerente incorrendo em pena de suspensão o responsável pelo retardamento.

CAPÍTULO V
Do Auxílio-Moradia

Art. 154. Será concedido auxílio-moradia ao policial que for designado "ex officio" para ter exercício definitivo em nova sede e nesta não vier a residir em imóvel pertencente ao Poder Público.

Parágrafo único. Ao auxílio previsto neste artigo aplica-se o disposto no parágrafo único do art. 109.

Art. 155. O auxílio-moradia corresponderá a 20% do vencimento base do policial.

Art. 156. O pagamento do auxílio-moradia é devido a partir da data em que o policial passar a ter exercício na nova sede e cessará:

I. quando completar um ano na nova sede;

II. quando passar a residir em imóvel pertencente ao Poder Público.

Art. 157. O auxílio-moradia, pago mensalmente, junto com o vencimento do policial, será suspenso nas hipóteses previstas nos incisos III, IV e XX do artigo 259.

1. exercer mandato legislativo ou executivo, federal ou estadual;
2. exercer mandato municipal e neste importar no afastamento do policial do exercício de seu cargo;
3. for convocado para prestação de serviço militar.

Art. 158. O período de um ano e que se refere o inciso I do artigo 156 começa a ser contado a partir da data em que o policial iniciar o exercício em nova sede, recomeçando a contagem do prazo a cada nova designação.

CAPÍTULO VI
Da Pensão Especial

Art. 159. Aos beneficiários do policial falecido em consequência de acidente ocorrido em serviço ou doença nele adquirida, é assegurada uma pensão mensal equivalente ao vencimento mais as vantagens percebidas em caráter permanente, por ocasião do óbito.

Art. 160. A prova das circunstâncias do falecimento será feita por junta médica oficial, que se valerá, se necessário, de laudo médico-legal, além da comprovação a que se refere o (5º do art. 62, quando for o caso).

Art. 161. Revogado pela Lei nº 330, de 30.06.1980.
Parágrafo único. Revogado pela Lei nº 330, de 30.06.1980.

Art. 162. O disposto neste capítulo aplica-se, também, aos beneficiários do inativo, quando o evento morte for consequência direta de acidente em serviço ou doença profissional.

CAPÍTULO VII
Do Prêmio por Sugestões de Interesse da Administração

Art. 163. A administração estimulará a apresentação, por parte de policiais, de sugestões e trabalhos que visem ao aumento da produtividade e à redução de custos operacionais do serviço público, de trabalhos técnico-científicos de natureza policial ou jurídico-penais, julgados do interesse da Secretaria de Estado da Polícia Civil.

Art. 164. Serão estabelecidos três prêmios anuais, em importância a ser fixada pelo Governador, destinados ao trabalho que melhor se ajustarem às finalidades de sua instituição nos termos de regulamentação própria a ser baixada pelo Secretário de Estado da Polícia Civil.

Art. 165. Caberá a uma comissão, composta de cinco membros, de reconhecida competência em técnica de administração policial, avaliar e julgar os trabalhos recebidos.
§ 1º Anualmente será designada a comissão por ato do Secretário de Estado da Polícia civil, que indicará seu presidente.
§ 2º O julgamento da comissão será irrecorrível.

Art. 166. Aos autores dos trabalhos premiados se reconhecerá a relevância do serviço e os respectivos prêmios serão entregues em ato solene no dia 29 de setembro.

Art. 167. Não serão distribuídos os prêmios no ano em que os trabalhos apresentados forem julgados insatisfatórios pela comissão.

TÍTULO VI
Da Promoção

CAPÍTULO I
Das Disposições Gerais

Art. 168. A promoção é a passagem de uma classe para classe imediatamente superior, da mesma categoria funcional no serviço policial civil, e será efetuada pelos critérios de antiguidade e merecimento e, ainda, por bravura e *post mortem*.

Art. 169. As séries de classes de detetive e detetive-inspetor, passam a ser consideradas uma série de classes, a fim de que, na promoção por bravura, de detetive de 1ª classe para detetive-inspetor de 3ª classe, não sejam exigidos, excepcionalmente, os requisitos de:
I. certificado de 2º grau escolar ou equivalente;
II. interstício de setecentos e trinta dias, na 1ª classe;
III. habilitação em curso específico, ministrado pela Academia de Polícia, sempre procedido de prova de seleção.
§ 1º O promovido, a que se refere este artigo, somente poderá beneficiar-se de outra promoção regular se preencher os requisitos da lei.
§ 2º Quando for o caso, o promovido por bravura, ou por outra via legal, inclusive por força de decisão judicial, o nomeado, o transposto, o reclassificado,

o transformado e o aproveitado deverão requerer ao Diretor da Academia de Polícia, independentemente de quaisquer exigências, matrícula no primeiro curso específico pertinente, que deverá ser realizado dentro do período de 02 (dois) anos.

Art. 170. As promoções por antiguidade e por merecimento obedecerão obrigatória e alternativamente à proporção de uma vaga de antiguidade para uma vaga de merecimento e ao interstício; mínimo de setecentos e trinta dias.

Parágrafo único. A promoção para a última classe de cada categoria funcional será feita à razão de uma vaga por antiguidade e duas vagas por merecimento.

Art. 171. Qualquer outra forma de provimento de vaga, mesmo aquela por via judicial, não interromperá a sequência dos critérios de que trata o artigo anterior.

Parágrafo único. Para cumprimento de decisão judicial o Poder Executivo criará, em quadro suplementar, cargo que se extinguirá com a sua vacância, ressalvada reintegração.

Art. 172. As promoções serão realizadas obrigatoriamente, no dia 29 de setembro de cada ano, desde que verificada a existência de vagas e na forma das linhas de progressão estabelecidas na legislação vigente.

Art. 173. Não poderá haver promoção para a classe em que existir cargo excedente, ressalvado o disposto no parágrafo único do artigo 171 e no artigo 220.

Art. 174. Para efeito de promoção, o tempo de serviço será contado em anos, meses e dias.

Art. 175. A antiguidade na classe e o interstício deverão ser apurados, improrrogavelmente, até o dia 10 de julho de cada ano.

§ 1º A lista de antiguidade dos policiais civis, em cada classe será publicada no Diário Oficial do Estado, o qual conterá, em anos, meses e dias, o tempo de serviço na classe, na categoria funcional, no serviço policial, no serviço público estadual e no serviço público em geral e o computado para efeito de aposentadoria e disponibilidade.

§ 2º A lista de antiguidade poderá ser contestada até 10 (dez) dias de sua publicação. Após a apreciação dos recursos oferecidos pelos interessados será republicada de forma definitiva.

Art. 176. Verificada a vaga originária em uma classe, serão consideradas abertas todas as decorrentes de seu preenchimento, dentro de sua respectiva série de classes.

Parágrafo único. A vaga originária ocorrerá na data:
1. do falecimento do ocupante do cargo;
2. da publicação do decreto de aposentadoria, exoneração ou demissão;
3. da vigência do decreto de promoção, ascensão e do ato de agregação;
4. da posse, no caso de nomeação ou transferência para outro cargo;
5. da publicação do ato que criar o cargo.

Art. 177. Será considerado promovido, para todos os efeitos, o policial civil que vier a falecer ou for aposentado, sem que tenha sido decretada, no prazo legal, a promoção que lhe cabia por antiguidade.

Art. 178. Em benefício do policial, a quem direito cabia a promoção, será declarado sem efeito o ato que houver decretado indevidamente.

§ 1º O policial promovido indevidamente não ficará obrigado a devolver o que a mais houver recebido.

§ 2º O policial a quem cabia a promoção será indenizado de uma só vez, da diferença de padrão de vencimento e vantagens a que tiver direito.

Art. 179. O policial civil que estiver prestando serviço fora do organismo da Secretaria de Estado da Polícia Civil, bem como em exercício de mandato eletivo federal, estadual ou municipal, somente poderá ser promovido por antiguidade, exceto quando no desempenho de cargo em comissão ou função gratificada, em órgãos considerados de interesse policial e nos casos previstos em lei.

CAPÍTULO II
Do Quadro de Promoção

Art. 180. O policial para ser promovido por antiguidade ou merecimento deverá integrar o Quadro de Promoção (QPA ou QPM), respectivamente.

Art. 181. Verificada a vaga originária, a indicação para integrar o Quadro de Promoção (QPM ou QPA) deverá recair nos policiais civis mais antigos, compreendidos nos primeiros dois terços do número de cargos da classe concorrente a que pertencerem, fixado em lei e na conformidade de apuração estabelecida neste Regulamento.

Parágrafo único. Para os efeitos deste artigo, os quantitativos de cargos fixados em lei, serão sempre acrescidos dos excedentes resultantes de promoção por ato de bravura, se houver.

Art. 182. O policial indicado para integrar o Quadro de Promoção (QP) não sendo promovido por merecimento ou antiguidade, retornará à sua posição na lista de antiguidade.

Art. 183. O Quadro de Promoção (QPA ou QPM) será publicado no órgão de divulgação oficial do Estado, para efeito de contestação, no prazo de 10 (dez) dias, publicando-se, entretanto, apenas, no Boletim Informativo (BI), o resultado dos eventuais recursos interpostos, para mera ciência dos interessados.

Art. 184. As vagas ou quaisquer alterações da folha funcional do policial, que ocorrerem após o último dia do semestre anterior à data da promoção, serão computadas para progressão horizontal seguinte.

Parágrafo único. Excetuam-se da regra deste artigo as vagas decorrentes dos atos da agregação.

Art. 185. Não poderá integrar o Quadro de Promoção (QPM), o policial civil que:

I. não obtiver o grau de merecimento igual, pelo menos, à metade do máximo atribuído ao primeiro classificado;

II. houver sido punido com suspensão acima de 15 (quinze) dias na classe concorrente, por transgressão disciplinar apurada através de procedimento administrativo regular;

III. estiver sendo submetido a qualquer procedimento disciplinar decorrente de falta de natureza média ou grave, ou policial ou judicial penal por infração dolosa, exceto se houver indícios veementes de ação em estrito cumprimento do dever legal comprovados pelo interessado perante à Secop;

IV. houver sido condenado por crime doloso, inclusive, em sentença não transitada em julgado, ou estiver no gozo de sursis, enquanto não for decretada a extinção da punibilidade, salvo desclassificação para excesso culposo.

Parágrafo único. Ressalvado os incisos III e IV, o disposto neste artigo não se aplica ao policial civil, em condições de ser promovido por antiguidade (QPA), reservando-se, porém, a respectiva vaga até a decisão final do inquérito administrativo ou o trânsito em julgado de ação penal.

CAPÍTULO III
Da Promoção por Antiguidade

Art. 186. À promoção por antiguidade recairá no policial civil que tiver maior tempo de efetivo exercício na classe, apurado até o último dia de cada semestre.

Art. 187. A antiguidade será determinada pelo tempo líquido de exercício do policial civil na classe a que pertencer.

Parágrafo único. Será apenas computado como antiguidade no serviço público o tempo líquido de exercício interino, continuado ou não, em cargo de mesma denominação e para o qual tenha o policial civil sido nomeado em razão de concurso.

Art. 188. Quando houver fusão de classes do mesmo padrão de vencimentos, os policiais contarão, na nova classe, a antiguidade que tiverem na sua classe anterior, à data de fusão dos cargos, observados os quadros e as carreiras a que pertencerem.

Parágrafo único. O disposto neste artigo é aplicável aos casos de transposição, reclassificação, transformação, aproveitamento ou qualquer outra alteração na denominação de cargos de uma série de classe ou de uma classe singular, verificada após 15 de março de 1975.

Art. 189. Quando houver fusão de classes de padrões de vencimentos diversos, a antiguidade dos policiais na nova classe que resultar da fusão será contada do seguinte modo:

I. se a fusão de cargos se verificar numa mesma série de classes, dever-se-á manter a posição que cada um ocupava na escala hierárquica funcional, antes de fusão dos cargos;

II. se a fusão de cargos se verificar entre séries de classes de denominações diversas, ou entre classes singulares, ou, ainda, entre estas e a aquelas, prevalecerá o critério do padrão de vencimento mais elevados para o estabelecimento da hierarquia na nova classe, respeitado o tempo na classe originária.

Art. 190. A antiguidade na classe será contada:

I. nos casos de nomeação, readmissão, reintegração, reversão ou aproveitamento a partir da data em que o policial entrar em exercício do cargo;

II. nos casos de transferência, ascensão, promoção e readaptação a partir da vigência do ato respectivo ou da sua publicação.

Art. 191. Quando ocorrer empate na classificação por antiguidade terá preferência, sucessivamente, o policial civil:
I. de maior tempo de serviço policial;
II. de maior tempo de serviço público estadual;
III. de maior tempo de serviço público;
IV. de maior prole;
V. mais idoso.
§ 1º Quando se tratar de classe inicial, o primeiro desempate será feito pela classificação extraída da média aritmética das notas finais da 1ª fase do concurso público externo e do respectivos curso de formação profissional, e das notas finais da prova de seleção e do curso específico, quando se tratar de concurso interno.
§ 2º Como tempo de serviço público estadual, será computado o exercício interrompido ou não, em qualquer cargo ou função nos órgãos estaduais da administração direta ou indireta e fundações instituídas pelo Poder Público.
§ 3º Será computado como tempo de serviço público o que tenha sido prestado à União, Estados, Distrito Federal, Territórios e Municípios, em cargo ou função civil ou militar, ininterruptamente ou não, em órgão de administração direta ou indireta e fundações instituídas pelo Poder Público, apurado à vista de certidões expedidas pelos registros de frequência, folha de pagamento ou dos elementos regularmente averbados no assentamento individual do então servidor.

Art. 192. Na apuração do tempo líquido do efetivo exercício para determinação da antiguidade na classe, bem como de desempate previsto no artigo anterior, serão incluídos os períodos de afastamento decorrentes de:
I. férias;
II. casamento;
III. luto;
IV. exercício de outro cargo de governo, ou de direção, de provimento de comissão, ou em substituição, nos órgãos estaduais da administração direta ou indireta e fundações instituídas pelo Poder Público;
V. convocação para o serviço militar;
VI. júri e outros serviços obrigatórios por lei;
VII. no exercício de função ou cargo de governo ou administração em qualquer parte do território nacional, por nomeação do Presidente da República ou serviço prestado à Presidência da República em virtude de requisição oficial;
VIII. desempenho de função federal, estadual ou municipal;
IX. licença-prêmio;
X. licença para tratamento de saúde;
XI. Xmissão ou estudo de interesse e natureza policial, no estrangeiro ou qualquer parte do Território Nacional, quando o afastamento tiver sido autorizado pelo Governador do Estado e pelo Secretário de Estado de Polícia Civil, respectivamente, e não perdurar por tempo superior a um ano;
XII. Xexercício em comissão de cargos de direção em sociedade de economia mista, empresas públicas, ou em fundações instituídas pelo Poder Público;
XIII. Xfaltas até o máximo de três dias durante o mês por motivo de doença comprovada na forma regulamentar;
XIV. expressa determinação legal, em outros casos.

CAPÍTULO IV
Da Promoção por Merecimento

Art. 193. A promoção por merecimento dar-se-á por escolha entre os policiais civis que integrarem o quadro de promoção por merecimento (QPM) obedecendo a feitura deste à ordem rigorosa de classificação por pontos obtidos.
Parágrafo único. O número de integrantes do QPM corresponderá ao dobro dos cargos vagos a serem preenchidos, devendo, porém, ser publicado no B.S. em ocasião julgada oportuna pela Secop, a relação dos concorrentes, que embora não hajam figurado no aludido Quadro, alcançarem um total razoável de pontos.

Art. 194. O merecimento do policial civil será apurado em pontos positivos e negativos, levando-se em conta os fatores seguintes:
I. eficiência revelada no desempenho do cargo ou função policial e administração policial no seu nível hierárquico;
II. procedimento em sua vida pública, particular e o conceito que goza na organização policial;
III. contribuição à organização e à melhoria dos serviços policiais;
IV. aprimoramento de sua cultura geral específica, através de cursos especializados;

V. ingresso no serviço policial ou na série de classes a que concorre por promoção, mediante concurso público ou ascensão, ambos de provas escritas de conhecimentos;

VI. período de curso de formação profissional ou equivalente em estabelecimento de ensino policial, quando do ingresso no serviço policial ou na série de classes, a que concorre por promoção;

VII. exercício em:
a) cargo efetivo;
b) direção, chefia, assessoramento, assistência e secretariado;
c) magistério policial.

Art. 195. A eficiência no desempenho da função policial civil será mensurada, através do Boletim de Merecimento (BM), considerando-se a qualidade do trabalho, a autossuficiência, a iniciativa, o tirocínio, a colaboração, a ética profissional, o conhecimento do trabalho e o aperfeiçoamento profissional.

Art. 196. A qualidade do trabalho será considerada tendo em vista o grau de exatidão, precisão e apresentação.

Art. 197. Autossuficiência é a capacidade demonstrada pelo policial para desempenhar as tarefas de que foi incumbido, sem necessidade de assistência ou supervisão permanente de outrem.

Art. 198. Iniciativa é a capacidade de pensar e agir com senso comum, na falta de normas e de processos de trabalho previamente determinados, assim como o de apresentar sugestões ou ideias tendentes ao aperfeiçoamento do serviço.

Art. 199. Tirocínio é a capacidade demonstrada pelo policial para avaliar e discernir a importância das decisões que deve tomar.

Art. 200. Colaboração é qualidade demonstrada pelo policial de cooperar com a chefia e com os colegas, na realização dos trabalhos afetos ao órgão em que tem exercício.

Art. 201. Ética profissional é a capacidade de discrição demonstrada pelo policial no exercício de sua atividade, ou em razão dela, modo de agir com cortesia e polidez no trato com os colegas e as partes, na sua apresentação pessoal e na rigorosa observância dos preceitos contidos no Código de Ética.

Art. 202. Conhecimento do trabalho é a capacidade demonstrada pelo policial para realizar as atribuições inerentes ao cargo, com pleno conhecimento dos métodos e técnicas de trabalho utilizados.

Art. 203. Aperfeiçoamento funcional é a comprovação, pelo policial, de capacidade para melhor desempenho das atividades normais do cargo e para realização de atribuições superiores, relacionadas com aquelas atividades.

Art. 204. A Secretaria Executiva da Comissão de Promoção atribuirá ao policial, na apuração dos pontos de que trata o artigo 195, um conceito, devidamente justificado, que variará de um a cinco pontos, por fator de avaliação, consoante informações prestadas pelo superior imediato do policial.

Parágrafo único. Considera-se superior imediato aquele ao qual está diretamente subordinado o policial, desde o mais baixo nível da escala hierárquica administrativa.

Art. 205. O procedimento do policial na vida pública será apurado através de informação do seu superior imediato, tendo em vista a assiduidade, a pontualidade e a disciplina consignadas no verso do BM, e, ainda, os assentamentos funcionais.

Parágrafo único. Para prestar as informações referidas neste artigo e no anterior, será vedada a eventual subordinação interpares, cabendo essa tarefa ao chefe hierárquico do policial.

Art. 206. A falta de assiduidade será determinada pela ausência injustificada do policial ao serviço, computando-se um ponto negativo para cada falta.

Art. 207. A impontualidade horária será determinada pelo número de entradas tardias e saídas antecipadas.

§ 1º A entortadas tardias ou saídas antecipadas serão adicionadas umas às outras, computando-se um ponto negativo para cada grupo de três, sendo desprezadas as que não atingirem aquele número dentro do semestre.

§ 2º Os Boletins de Merecimento (BM) serão obrigatoriamente, por quem de direito, encaminhados à Secop, entre os dias 11 e 30 dos meses de janeiro e de julho de cada ano com os esclarecimentos em apenso, sob pena de responsabilização administrativa, das reais atividades desempenhadas pelo policial nos últimos seis meses, inclusive, se for o caso, no órgão de onde veio removido, para fins preconizados neste capítulo.

Art. 208. A indisciplina será apurada tendo em vista as penalidades de advertência, repreensão, suspensão, afastamento do serviço, do cargo ou de função e prisão disciplinar, impostas ao policial.

Parágrafo único. Serão considerados os seguintes pontos negativos para grupo de três penalidades:
I. três advertências – um ponto negativo;
II. duas advertências e uma repreensão um ponto negativo;
III. uma advertência e duas repreensões – dois pontos negativos;
IV. três repreensões – dois pontos negativos;
V. suspensão, afastamento ou prisão domiciliar – por dia de penalidade – um ponto negativo.

Art. 209. O procedimento do policial em sua vida particular será apurado em investigação reservada, atribuindo-se, ao final, se for o caso, conceito devidamente justificado que variará de zero a cinco pontos negativos.

Parágrafo único. O candidato não integrará o QF respectivo, se lhe for atribuído o conceito negativo 5 (menos cinco).

Art. 210. O conceito de que goza o policial na organização deverá ser apurado na classe concorrente, atribuindo-se a cada fator, abaixo relacionado, valorarão que variará de zero a dois pontos:
I. encargos e missões desempenhadas, entre outros, os que visem ao aumento de produtividade e à redução de custos operacionais dos serviços públicos;
II. elogios decorrentes do exercício da função policial e emanados de autoridade judiciária ou administrativa competente;
III. medalhas e condecorações;
IV. serviços relevantes prestados a outros órgãos;
V. atos de bravura;
VI. zelo dos policiais, componentes de Equipe de Plantão, na vigilância de presos custodiados nos xadrezes das unidades policiais, em cada período de 6 (seis) meses, sem ocorrência de fuga.

§ 1º Nos casos de crimes de homicídio, roubo, extorsão mediante sequestro e tráfico de entorpecentes, será atribuído 0,5 (meio) ponto ao agente policial que, em efetiva atividade operacional, efetuar prisão em flagrante, realizada com absoluta observância dos princípios constitucionais e legais que a autorizam. Nos demais casos criminais, o agente policial receberá 0,25 (um quarto) de ponto. Se o policial sofrer lesão corporal de natureza grave, ser-lhe-á concedido 05 (cinco) pontos.

§ 2º Ao detetive ou Detetive-Inspetor, sem cujo empenho ou capacidade de iniciativa não teria sido possível o cumprimento de mandado de prisão, será concedido 0,25 (um quarto) de ponto. Se, porém, o executor sofrer lesão corporal de natureza grave, ser-lhe-á aplicado o disposto no parágrafo anterior.

§ 3º Na apreciação de sindicância Sumária por ato de bravura, a Comissão de Promoção, se entendê-lo não tipificado, poderá conceder ao policial 05 (cinco) pontos de merecimento.

§ 4º Os pontos preconizados nos parágrafos deste artigo, serão aplicáveis aos eventos ocorridos a partir de 1º de janeiro de 1989, sendo aproveitáveis na promoção seguinte, se implicar em qualquer eventual retardamento de processo protecional em curso.

§ 5º Caberá à Secretaria Executiva de Comissão de Promoção a confirmação do enquadramento previsto nos parágrafos anteriores.

Art. 211. Os incisos III, IV, V e VI do artigo 194 serão mensurados através dos assentamentos funcionais de curriculum vitae, atribuindo-se ao policial civil conceito na classe concorrente, em cada inciso, que variará na forma abaixo:
I. contribuição à organização e à melhoria dos serviços policiais, com mensurarão máxima de um ponto por ano;
a) por publicação de trabalhos técnicos policiais em livros ou revistas ou aqueles que resultarem ou venham resultar em Lei, Decreto ou Resolução, desde que comprovada sua autoria pela Administração Policial: 0,5 (meio) ponto por trabalho publicado, até o limite de 03 (três) pontos;
b) edição de livros, manuais, coletâneas de natureza policial: 0,5 (meio) ponto por obra editada, até o máximo de 03 (três) pontos;
c) edição de apostilas de natureza policial: 0,25 (um quarto) de ponto por apostila, até o máximo de 01 (um) ponto;
d) Comissões Administrativas, instituídas por ato de dirigente de unidade, a nível departamental, excluídas as Comissões de Sindicância e as designações por apuração sumária e investigação de caráter disciplinar ou policial:
- como presidente ou membro: 0,5 (meio) ponto por participação, até o limite de 03 (três) pontos;
- como secretário: 0,25 (um quarto) de ponto por participação, até o limite de 02 (dois) pontos.
e) membro de órgão de deliberação coletiva de natureza policial civil: 01 (um) ponto por designação, até o limite de 03 (três) pontos.

II. aprimoramento de sua cultura geral e específica, através de cursos na instituição policial ou fora dela:
a) cultura geral:
- 02 (dois) pontos por curso superior completo, sem limite, desde que não exigível para o ingresso na série de classe;
- 01 (um) ponto por curso, com duração mínima de 40 (quarenta) horas, até o limite de 05 (cinco) pontos.

b) cultura específica:
- 01 (um) ponto por curso, até o limite de 05 (cinco) pontos.

III. ingresso no serviço policial ou na série de classes a que concorre por promoção, mediante concurso público ou ascensão, ambos de provas escritas de conhecimento em que foi exigida:
a) escolaridade de nível superior: cinco pontos;
b) escolaridade de nível técnico ou 2º grau: três pontos;
c) escolaridade de nível de 1º grau: dois pontos;
d) escolaridade de nível de 1º grau até a 4ª série: um ponto.

IV. período de duração do curso de formação profissional ou equivalente em estabelecimento de ensino policial, quando ingresso no serviço policial ou na série de classes a que concorre por promoção: um ponto por trimestre ou por tempo igual ou superior a quarenta e cinco dias, até o limite de cinco pontos.

§ 1º Os cursos de cultura geral, não integrantes dos requisitos essenciais para o ingresso na série de classes, serão computados em toda a trajetória da vida funcional do titular, desde que sua duração tenha sido igual ou superior a 240 horas.

§ 2º Os incisos III e IV desde artigo, só serão considerados na série inicial de classes. O artigo 211, o inciso I e alíneas, as alíneas "a" e "b" e os parágrafos 1º e 2º têm a redação dada pelo Decreto nº 9.460, de 10-12-86.

Art. 212. O exercício em cargo efetivo, em direção, chefia, assessoramento, assistência, secretariado ou magistério policial será mensurado da seguinte forma:

I. pelo exercício em cargo efetivo, na classe concorrente, por ano de atividade contínua:
Inciso com redação dada pelo Decreto nº 9.460, de 10-12-86.
a) em Delegacias Policiais:
- Dos Municípios da Capital e de Niterói, 02 (dois) pontos;
- Dos demais Municípios, distantes até 150 (cento e cinquenta) km da Capital, 04 (quatro) pontos, mais 01 (um) ponto se o servidor tiver domicílio no mesmo Município:

Alínea com redação dada pelo Decreto nº 11.664, de 02-08-88.

II. pelo exercício em Direção, Chefia, Assessoramento, Assistência ou secretariado, no cargo ou função desempenhada durante 01 (um) ano:
Inciso com redação dada pelo Decreto nº 9.460, de 10-12-86.
a) de direção superior até o nível de divisão ou delegacia: 04 (quatro) pontos até o limite de 12 (doze) pontos;
b) de assessoramento ou assistência superior: 03 (três) pontos até o limite de 09 (nove) pontos;
c) de chefia de serviço ou assistência intermediária: 02 (dois) pontos até o limite de 06 (seis) pontos;
d) de chefia de seção, de setor ou secretariado: 1,5 (um e meio) ponto até o limite de 4,5 (quatro e meio) pontos;
e) de substituição imediata ou eventual do titular de delegacia; 2,5 (dois e meio) ponto até o limite de 4,5 (quatro e meio) pontos;
f) de substituição imediata ou eventual de chefe de serviço: 1,5 (um e meio) ponto até o limite de 4,5 (quatro e meio) pontos;
g) de substituição imediata ou eventual de chefe de SEÇÃO e de setor; 01 (um) ponto até o limite de 03 (três) pontos.

III. pelo exercício do magistério policial, com mensurado máxima de 01 (um) ponto por ano:
a) em bancas de concurso de provas seletivas: 0,5 (meio) ponto por banca ou prova seletiva, até o limite de 03 (três) pontos;
b) como professor: 0,5 (meio) ponto por grupo de três turmas, até o limite de 03 (três) pontos.

§ 1º Para efeito dos incisos I e II, quando o cargo ou função é exercido em Delegacia Policial, considera-se como de um ano, o período de tempo igual ou superior a cento e oitenta dias.

§ 2º Exercendo o policial, no período de um ano, continuadamente, mais de um cargo ou função enumerados no inciso II deste artigo, considera-se para efeito de contagem de pontos o cargo ou função mais elevado, desde que o exerça por período mínimo de cento e oitenta dias.

§ 3º O disposto neste artigo aplica-se aos cargos ou funções gratificadas exercidas nos antigos Estados da Guanabara e do Rio de Janeiro.

Art. 213. Em caso de haver movimentação do policial civil, que importe em outra subordinação, o superior imediato ao qual estava anteriormente subordinado poderá ser chamado a prestar esclarecimentos para formação do conceito.

Art. 214. O grau de merecimento do policial civil será representado pela soma algébrica dos pontos positivos e dos pontos negativos.

Art. 215. Apurado o merecimento, o conceito final dos candidatos à promoção deverá ser divulgado na imprensa oficial.

Parágrafo único. Em igualdade de condições de merecimento, proceder-se-á ao desempate por tempo de serviço na classe e persistindo a igualdade, observar-se-á o disposto no art. 191.

Art. 216. Para a escolha dos proventos integrantes do Q.P.M., a Comissão de Promoção, além dos pontos obtidos através dos critérios objetivos, levará em consideração os mais antigos na classe concorrente e os que já estiverem relacionados em QPM anteriores.

CAPÍTULO V
Da Promoção Por Bravura

Art. 217. A promoção por bravura é aquela conferida ao policial civil pela conduta que resultar da prática de ato ou atos não comuns de coragem e audácia e que, ultrapassando os limites normais do cumprimento do dever, representem feitos úteis às atividades policiais na manutenção de segurança e ordem públicas, pelos resultados alcançados ou pelo exemplo altamente positivo deles emanados, concretizando-se, independentemente do preenchimento de quaisquer outras condições.

Parágrafo único. A bravura, caracterizada nos termos deste artigo, determinará a promoção do policial, mesmo que do ato praticado tenha resultado sua morte ou invalidez.

Art. 218. A autoridade policial civil, para os fins do artigo anterior, fará registro minucioso do fato, apurando-o por meio de sindicância sumária, ultimada no prazo de dez dias, onde consignará todas as provas colhidas e oferecerá relatório conclusivo e imediata remessa à Comissão de Promoção, por intermédio de sua Secretaria Executiva.

CAPÍTULO VI
Da Promoção Post Mortem

Art. 219. A promoção *post mortem* é efetivada quando o policial civil, independentemente de sua situação na lista de antiguidade, vier a falecer em uma das seguintes situações:
I. em ação de manutenção da ordem pública;
II. em consequência de ferimento recebido na manutenção da ordem pública, doença, moléstia, ou enfermidade contraídas nesta situação, ou que nelas tenha sua causa eficiente;
III. por acidente de serviço;
IV. por ato de bravura.

Art. 220. A promoção por bravura, inclusive *post mortem*, far-se-á automática e independentemente devassa, considerando-se excedentes os cargos desta forma providos, enquanto não ocorrer promoção regular dos beneficiários.

Art. 221. O policial será, também, promovido se, ao falecer, integrava o quadro de promoção, independentemente de sua posição no mesmo, consideradas as vagas existentes na data do falecimento.

Art. 222. Para efeito de aplicação do artigo anterior, será considerado, quando for o caso, o último quadro de promoção em que o policial falecido tenha sido incluído.

TÍTULO VII
Da Ascensão

Art. 223. Ascensão é a passagem da última classe de uma categoria funcional para a classe inicial de outra categoria funcional, na linha hierárquica definida na carreira policial, de conformidade com o que se dispuser em ordenamento próprio.

§ 1º A ascensão far-se-á mediante prova de seleção e habilitação em curso específico, ministrado na Academia de Polícia, atendido o requisito de habilitação profissional comprovado através da apresentação de diploma respectivo, devidamente registrado, e observado o interstício na última classe à época da inscrição na prova de seleção.

§ 2º Somente será matriculado no Curso Específico o policial civil que obtiver o grau mínimo de 50 (cinquenta) pontos na Prova de Seleção.

§ 3º Entende-se por série de classe auxiliar aquela da qual for facultada ascensão à outra, de atividade correlata, tarefas mais complexas, maior grau de responsabilidade e vencimento superior, entendendo-se esta como série de classes principal.

§ 4º Metade das vagas da classe inicial das séries de classes principais, nas linhas de ascensão, serão reservadas para essa forma de provimento, observadas as exceções estabelecidas em lei.

§ 5º Não poderá ser inscrito em prova de seleção, matriculado em curso específico da ACADEPOL, nem ascendido, o policial implicado nas situações descritas pelos incisos II, III e IV do artigo 185.

Art. 224. Será de setecentos e trinta dias de efetivo exercício na classe o interstício para o policial concorrer à ascensão.

Art. 225. O policial provido por ascensão passará a integrar a nova classe, independentemente de posse.

Parágrafo único. O policial provido por ascensão terá reiniciada a contagem de seu tempo de serviço na nova classe, para efeito de promoção.

Art. 226. Só poderá concorrer à ascensão o policial que possuir o diploma registrado ou certificado de habilitação em curso exigido pela legislação vigente, para o exercício das atividades inerentes ao cargo para o qual terá ascensão.

Art. 227. As ascensões no Quarto Permanente da Polícia Civil do Estado do Rio de Janeiro, serão realizadas uma vez por ano, no dia 29 de setembro, observada a existência de cargos vagos e na forma das linhas de progressão dispostas no anexo IV da Lei nº 699, de 14 de dezembro de 1983.

§ 1º As vagas que não forem preenchidas pelo instituto da ascensão poderão ser aproveitadas para concurso público.

§ 2º A ascensão que não se verificar na data referida no caput deste artigo terá seus efeitos retroagidos.

Art. 228. O provimento por ascensão, quando o número de vagas for inferior ao número de candidatos que satisfaçam às condições estabelecidas, obedecerá à ordem de classificação na lista respectiva, organizada de acordo com o grau de habilitação obtido pelo policial, nas provas do curso específico ministrado pela Academia de Polícia.

Art. 229. Somente poderá ser provido por ascensão o policial que obtiver, pelo menos, grau final cinquenta em cada disciplina, nos cursos específicos, que terão a seguinte apuração:

I. nível superior – quatrocentas horas/aulas;
II. nível técnico trezentas e vinte horas/aulas;
III. nível 1º grau – sem exigência de curso técnico duzentas e quarenta horas/aulas;
IV. nível 1º grau – cento e sessenta horas/aula.

Art. 230. Não poderá haver provimento por ascensão na classe em que houver cargo excedente.

Art. 231. Em benefício do policial a quem de direito cabia a ascensão, será declarado sem efeito o ato que houver decretado o provimento de forma indevida.

§ 1º O policial provido indevidamente não ficará obrigado a restituir o que a mais houver recebido.

§ 2º O policial a quem cabia o provimento por ascensão será indenizado de uma só vez, da diferença de vencimentos e vantagens a que tiver direito.

Art. 232. A formalização dos atos relativos à ascensão será processada pela Secretaria Executiva da Comissão de Promoções, ressalvada a competência da Academia de Polícia.

Art. 233. Aplicam-se à ascensão, no que couber, os dispositivos referentes à promoção, por merecimento e por antiguidade, inclusive *post mortem*.

Art. 234. O órgão setorial de pessoal da Secretaria de Estado de Polícia Civil, com os elementos que dispuser e os fornecidos pelos dirigentes chefes das unidades administrativas, manterá conhecimento mensalmente à Secretaria Executiva da Comissão de Promoções.

Art. 235. Os policiais que satisfaçam as condições previstas no presente Regulamento serão inscritos "ex officio" na Academia de Polícia, para efeito de prova de seleção e curso específico, publicando-se a lista nominal do "Diário Oficial" do Estado e "Boletim de Serviço", por três dias consecutivos, para ciência dos interessados.

Art. 236. Dessa publicação contar-se-á o prazo de quinze dias para interposição de recursos, que serão decididos em igual prazo, findos os quais serão os policiais submetidos a provas de seleção na Academia de Polícia.

Art. 237. A ascensão será feita através de Decreto coletivo, elaborado pela Secretaria Executiva da Comissão de Promoções, a ser submetido pelo Secretário de Estado da Polícia Civil ao Governador do Estado.

TÍTULO VIII
Da Transferência e da Remoção

Art. 238. Transferência é o ato de simples investidura do policial em cargo de denominação diversa de outra classe, de igual nível de vencimento, na carreira policial.

Art. 239. A transferência se fará à vista de comprovação de habilitação dos interessados para o exercício do novo cargo, realizada na Academia de Polícia.

Art. 240. Quando se tratar de cargo de classe inicial de série de classes, a transferência não poderá ser feita para cargo vago, destinado a provimento por concurso, já aberto, ou ascensão programada.

Art. 241. A transferência será feita a pedido, atendidos o interesse e a conveniência do serviço policial.

Art. 242. No caso de transferência para cargo correspondente à atividade profissional, em que se exija habilitação específica, esta será condicionada à comprovação de que o interessado satisfaz àquela exigência.

Art. 243. Remoção é o ato mediante o qual o policial passa a ter exercício em outro órgão, preenchendo claro de lotação, sem que se modifique sua situação funcional.

Art. 244. Dar-se-á remoção:
I. a pedido;
II. "ex officio".

§ 1º A remoção tanto a pedido como "ex officio" dependerá, em princípio, de claro na lotação.

§ 2º O policial removido, quando de férias, não se interromperá.

§ 3º Não poderá haver remoção de policial que se encontre em licença de qualquer espécie ou frequentando curso na Academia de Polícia.

§ 4º Revogado pelo Decreto nº 14.832, de 23-05-90.

Art. 245. No processamento da remoção "ex officio" serão observados, em princípio, a iniciativa do dirigente ou do chefe da unidade administrativa e a existência de claro na lotação do órgão para onde se pretender a remoção.

Art. 246. Remoção por permuta será processada a pedido, por escrito, de ambas as chefias interessadas.

Art. 247. Quando a remoção for a pedido, serão observados o interesse do serviço e a anuência do servidor indicado para permuta.

Parágrafo único. Somente decorridos doze meses da lotação do policial, poderá ocorrer sua remoção a pedido.

Art. 248. No processamento das remoções serão atendidas a qualificação profissional do policial e a necessidade do serviço investigatório da unidade onde virá ter exercício.

Art. 249. O policial terá exercício no órgão para o qual for designado.

Art. 250. Até o dia 20 de janeiro de cada ano, atendidas as diretrizes da Secretaria e as necessidades de segurança pública, serão fixados, por ato resolutivo, os quantitativos de pessoal que constituirão a lotação de policiais civis em todos os Órgãos da Secretaria de Estado da Polícia Civil, até o nível de Divisão ou Delegacia.

§ 1º Entende-se por lotação o número de policiais civis de cada categoria funcional ou cargo isolado, inclusive os ocupantes de cargo ou função de confiança que, segundo as necessidades, devam ter exercício em cada Órgão.

§ 2º O policial civil nomeado integrará lotação na qual houver claro.

§ 3º As autoridades policiais e seus agentes, providos nas classes iniciais das respectivas categorias profissionais serão preferencialmente lotados nas unidades de Polícia Administrativa e Judiciária, durante os dois primeiros anos de efetivo exercício.

§ 4º Revogado.

Art. 251. O policial será afastado do exercício de seu cargo:
I. enquanto durar o mandato legislativo ou executivo, federal ou estadual;
II. enquanto durar o mandato de vereador, se não existir compatibilidade de horário entre o seu exercício e o da função pública;
III. enquanto durar o mandato de vereador, se não existir compatibilidade de horário entre o seu exercício e o da função pública;
IV. durante o lapso de tempo que mediar entre o registro da candidatura eleitora e o dia seguinte ao da eleição.

TÍTULO IX

Do Tempo de Serviço

CAPÍTULO I

Disposições Gerais

Art. 252. O início, a interrupção e o reinício do exercício serão registrados no assentamento individual do policial.

§ 1º Ao entrar em exercício, o policial apresentará ao órgão competente os elementos necessários à abertura de seu assentamento individual.

§ 2º O início do exercício e as alterações que nele ocorrerem serão comunicados ao órgão setorial de pessoa, pelo titular da unidade policial ou administrativa em que estiver servindo o policial.

Art. 253. O policial entrará em exercício no prazo de trinta dias contados da data:

Art. 254. A transferência, a promoção, a ascensão e a nomeação em novo cargo da carreira policial não interromperão o exercício para efeito de contagem de tempo de serviço.

Art. 255. O policial removido para outra unidade, dentro de um mesmo Município, terá prazo de dois dias, contados da data da publicação do referido ato, para reiniciar suas atividades.

§ 1º Quando em férias, licenciado ou afastado legalmente de seu cargo, esse prazo será contado a partir do término do impedimento.

§ 2º O prazo a que se refere este artigo será considerado como período de trânsito, computável como de efetivo exercício para todos os efeitos.

§ 3º O prazo referido no caput deste artigo poderá ser prorrogado, no máximo, por igual período, por solicitação do interessado, a juízo da autoridade competente para dar-lhe exercício.

CAPÍTULO II

Da Apuração

Art. 256. A apuração do tempo de serviço será feita em dias, não considerado, para qualquer efeito, o exercício de função gratuita.

Parágrafo único. O número de dias será convertido em anos, considerado o ano como de trezentos e sessenta e cinco dias.

Art. 257. Os dias de efetivo exercício serão computados à vista de documentação própria que comprove a frequência.

Art. 258. Admitir-se-á como documentação própria comprobatória do tempo de serviço público:

I. certidão de tempo de serviço, extraída de folha de pagamento;

II. certidão de frequência, extraída do cartão de ponto;

III. justificação judicial.

§ 1º Os elementos provantes indicados nos incisos acima são exigíveis na ordem direta de sua enumeração, somente sendo admitido o posterior, quando acompanhado de certidão negativa fornecida pelo órgão competente para a expedição do elemento a que se refere o anterior.

§ 2º Sobre tempo de serviço comprovado mediante justificação judicial, será prévia e obrigatoriamente ouvida a Procuradoria-Geral do Estado.

Art. 259. Será considerado como de efetivo exercício o afastamento por motivo de:

I. férias;

II. casamento e luto, até oito dias;

III. exercício de outro cargo ou função de governo ou de direção, de provimento em comissão ou em substituição, no serviço público do Estado do Rio de Janeiro, inclusive respectivas autarquias, empresas públicas e sociedades de economia mista e fundações instituídas pelo Poder Público, ou serviço prestados à Presidência da Repúblicas, em virtude de requisição oficial;

IV. exercício de outro cargo ou função de governo ou de direção, de provimento em comissão ou em substituição, no serviço público da união, de outros Estados e dos Municípios, inclusive respectivas autarquias, empresas públicas e sociedades de economia mista e funções instituídas pelo Poder Público, quando o afastamento houver sido autorizado pelo Governo, sem prejuízo do vencimento do policial;

V. estágio experimental;

VI. licença-prêmio;

VII. licença para repouso à gestante;

VIII. licença para tratamento de saúde;

IX. licença por motivo de doença em pessoa da família, desde que não exceda o prazo de doze meses;

X. acidente em serviço;

XI. doença de notificação compulsória;

XII. missão oficial;

XIII. estudo no exterior ou em qualquer parte do território nacional, desde que de interesse para a administração e não ultrapasse o prazo de doze meses;
XIV. prestação de prova ou de exame em regular ou em concurso público;
XV. recolhimento à prisão, se absolvido a final;
XVI. suspensão preventiva, se absolvido a final;
XVII. convocação para serviço militar ou encargo de segurança nacional, júri e outros serviços obrigatórios por lei;
XVIII. trânsito para ter exercício em nova sede;
XIX. faltas por motivo de doença, comprovada, inclusive em pessoa da família, até o máximo de três, durante o mês, e outros casos de força maior;
XX. candidatura a cargo eletivo, conforme o disposto no inciso IV do art. 251;
XXI. mandato legislativo ou executivo, federal ou estadual;
XXII. mandato de prefeito ou vice-prefeito;
XXIII. mandato de vereador quando não existir incompatibilidade de horário entre o seu exercício e de sua função pública.
Afastamento para o Exterior – art. 79, parágrafo único, REFP.
Art. 260. Para efeito de aposentadoria ou disponibilidade será computado:
I. tempo de serviço público federal, estadual e municipal;
II. o período de serviço ativo nas Forças Armadas, computado pelo dobro o tempo de operações em guerra, inclusive quando prestado nas forças auxiliares e na Marinha Mercante;
III. o tempo de serviço prestado com extranumerário ou sob qualquer outra forma de admissão, desde que remunerado pelos cofres públicos;
IV. o tempo de serviço prestado em autarquia, empresa pública ou sociedade de economia mista;
V. o período de trabalho prestado a instituição de caráter privado que tiver sido transformada em estabelecimento de serviço público;
VI. o tempo em que o policial esteve em disponibilidade ou aposentado;
VII. em dobro, o tempo de licença-prêmio não gozada;
VIII. em dobro, os períodos de férias não gozadas, a partir do exercício de 1977, limitadas a sessenta dias, ressalvado o direito à contagem de períodos anteriores para os amparados por legislação vigente até a edição do Decreto-Lei nº 363, de 4 de outubro de 1977;
IX. o período em que o policial frequentou curso de formação profissional em estabelecimento oficial de ensino, integrante de estrutura da Secretaria de Estado da Polícia Civil, na condição de aluno, em regime diverso do disciplinado no presente Regulamento, como fora inicial para provimento no cargo.
Art. 261. Ao policial será assegurado a contagem qualquer que tenha sido o regime da relação empregatícia, como de serviço público estadual, do tempo prestado anteriormente à administração direta ou indireta do Estado a Fundações instituídas pelo Poder Público.
Parágrafo único. O disposto neste artigo não se aplica para efeitos de concessão de licença-prêmio.
Art. 262. É vedada a cumulação de tempo de serviço prestado, concorrentemente ou simultaneamente, em dois ou mais cargos, funções ou empregos em qualquer das hipóteses previstas no artigo 260.

TÍTULO X
Da Aposentadoria

Art. 263. O policial será aposentado:
I. compulsoriamente;
II. voluntariamente;
III. por invalidez.
§ 1º O policial será aposentado com limites de idade e tempo de serviço fixados em lei.
§ 2º A aposentadoria por invalidez será sempre precedida de licença por um período contínuo, não inferior a vinte e quatro meses, salvo quando o laudo médico concluir, anteriormente aquele prazo, pela incapacidade definitiva do policial para o serviço.
Art. 264. O aposentado receberá provento integral:
I. no caso do inciso II do artigo anterior;
II. quando a invalidez for consequência de acidente no exercício de suas atribuições ou em virtude de doença profissional;
III. quando acometido de tuberculose ativa, alienação mental, neoplasia grave, estados adiantados de Paget (osteíte deformante), com base nas conclusões de medicina especializada;
IV. na inatividade, se acometido de qualquer das doenças especificadas no inciso anterior e

decorrente de acidente no exercício de suas atribuições quando na atividade.

Art. 265. A aposentadoria voluntária; mantém o policial em exercício até a publicação do respectivo ato, salvo quando já afastado do cargo.

Art. 266. O policial que foi ou venha a ser aposentado por incapacidade definitiva e considerado inválido, impossibilitado total ou permanentemente para qualquer trabalho, não podendo provar os meios de sua subsistência, fará jus a auxílio-invalidez no valor de 25% calculado sobre o vencimento do cargo efetivo e demais vantagens, incorporadas ou não, desde que satisfaça uma das condições abaixo especificadas, devidamente declarada por funda médica:

I. necessitar de internação em instituição hospitalar apropriada, pública ou particular, de tratamento especializado;

II. necessitar de assistência médica ou de cuidados permanentes de enfermagem.

§ 1º Quando por deficiência hospitalar ou prescrição médica comprovada por junta médica, o policial nas condições acima, receber tratamento médico na própria residência, também fará jus ao auxílio-invalidez, o policial ficará sujeito a apresentar anualmente declaração de que não exerce nenhuma atividade remunerada, pública ou privada, e a critério da administração submeter-se-á, periodicamente, à inspeção de saúde de controle, sendo que no caso de policial mentalmente enfermo aquela declaração deverá ser firmada por dois policiais em atividade.

§ 2º Para a continuidade do direito ao recebimento do auxílio invalidez, o policial ficará sujeito a apresentar anualmente declaração de que não exerce nenhuma atividade remunerada, pública ou privada, e a critério da administração submeter-se-á, periodicamente a inspeção de saúde de controle, sendo que no caso de policial mentalmente enfermo aquela declaração deverá ser firmada por dois policiais em atividade.

§ 3º O auxílio-invalidez será suspenso, automaticamente, se for verificado que o policial beneficiado exerce ou tenha exercido, após recebimento do auxílio, qualquer atividade remunerada, sem prejuízo de outras sanções cabíveis, bem como se, em inspeção de saúde, for constatado não se encontrar nas condições previstas neste artigo.

TÍTULO XI
Das Recompensas

Art. 267. Recompensa é o reconhecimento dos bons serviços prestados pelo policial.

Art. 268. São recompensas:

I. agraciamento com medalhas de "Mérito Policial", na forma instituída em lei;

II. elogios individuais e coletivos;

III. dispensa total do serviço até dez dias;

IV. cancelamento de pena disciplinar.

Art. 269. São competentes para conceder dispensa total de serviço:

I. até dez dias: o Secretário de Estado da Polícia Civil;

II. até cinco dias: os dirigentes de órgãos subordinados diretamente ao Secretário de Estado da Polícia Civil;

III. até dois dias: os demais dirigentes de órgãos, até o nível de divisão, inclusive titulares de delegacias.

Art. 270. Na apreciação do pedido de cancelamento da pena disciplinar, prevista no artigo 35, poderão ser levados em conta os relevantes serviços prestados à segurança pública pelo policial, por decisão do Secretário de Estado da Polícia Civil.

Art. 271. Aquele que comprovadamente, apurado através de inquérito administrativo ou perícia médica, se revelar inapto para o exercício da função readaptado em outra função mais compatível com a sua capacidade, sem que essa readaptação lhe traga qualquer prejuízo financeiro.

TÍTULO XII
Das Disposições Transitórias e Finais

Art. 272. A requisição do policial, para ter exercício em órgão da administração direta ou indireta da União, Estado, Município, Distrito Federal ou território e empresas estatais, respeitados os casos previstos em lei, somente será permitida quando houver compatibilidade e correlação entre as atribuições típicas do cargo e aquelas que irá desempenhar na entidade requisitante, sempre com expressa autorização do Governador, sujeitando-se o policial à perda das vantagens decorrentes estritamente da função policial.

Art. 273. Os cargos de direção, chefia, assessoramento e assistência de órgãos da Polícia Civil serão exercidos, em princípio, por policiais civis em exercício ou aposentados.

Art. 274. Na primeira promoção e ascensão a serem realizadas em decorrência da aplicação deste Decreto, não se exigirá a publicação do Almanaque previsto no parágrafo único do artigo 174, bem como serão reduzidos à metade os prazos neles estabelecidos, excetuados os de interstício e de estágio probatório.

Art. 275. Aplicam-se subsidiariamente aos policiais as disposições do Estatuto dos funcionários Públicos Civis do Estado do Rio de Janeiro aprovado pelo Decreto-Lei nº 220, de 18 de julho de 1975, seu Regulamento e demais normas de pessoal, naquilo que não colidir com o Decreto-Lei nº 218, de 18 de julho de 1975, e este Regulamento.

(Publicado no D.O. do RJ, de 23-01-80, e retificado no de 25-01-80)

Lei Complementar Nº 3.400, de 14 de Janeiro de 1981

O GOVERNADOR DO ESTADO DO ESPÍRITO SANTO Faço saber que Assembleia Legislativa decretou e eu sanciono a seguinte lei:
ESTATUTO DOS FUNCIONÁRIOS POLÍCIAIS CIVIS DO ESTADO DO ESPÍRITO SANTO

TÍTULO I

CAPÍTULO ÚNICO

Das Disposições Preliminares

Art. 1. Esta Lei Complementar institui as normas relativas ao regime jurídico dos funcionários policiais civis, regula o provimento e vacância de cargos e fixa os direitos, vantagens, deveres e regime disciplinar que lhes corresponde.

Art. 2. São policiais civis abrangidos por esta lei os funcionários legalmente investidos em cargos integrantes do Quadro de Pessoal da Polícia Civil.

Parágrafo único. É considerado funcionário policial, para os efeitos desta lei, o ocupante de cargo ou função gratificada, com atribuições e responsabilidades de natureza policial.

TÍTULO II

CAPÍTULO ÚNICO

Do Código de Ética Policial

Art. 3. O funcionário policial manterá observância dos seguintes preceitos de ética:
I. servir à sociedade como obrigação fundamental;
II. proteger vidas e bens;
III. defender o inocente e fraco contra o engano e a opressão;
IV. preservar a ordem, repelindo a violência;
V. respeitar os direitos e garantias individuais;
VI. jamais revelar tibieza ante o perigo e o abuso;
VII. exercer a função policial com probidade, discrição e moderação, fazendo observar as leis com polidez;
VIII. não permitir que sentimentos ou animosidades pessoais possam influir em suas decisões;
IX. ser inflexível, porém, justo, no trato com delinquentes;
X. respeitar a dignidade da pessoa humana;
XI. preservar a confiança e o apreço de seus concidadãos pelo exemplo de uma conduta irrepreensível na vida pública e na particular;
XII. cultuar o aprimoramento técnico-profissional;
XIII. amar a verdade e a responsabilidade, como fundamentos da ética do serviço policial;
XIV. obedecer às ordens superiores, exceto quando manifestamente ilegais;
XV. não abandonar o posto em que deva ser substituído sem chegada do substituído;
XVI. respeitar e fazer respeitar a hierarquia do serviço policial;
XVII. prestar auxílio, ainda que não esteja em hora de serviço:
1. a fim de prevenir, ou prevenir perturbação da ordem pública;
2. quando solicitado por qualquer pessoa carente de socorro policial, encaminhando-a à autoridade competente, quando insuficientes as providências de sua alçada.

TÍTULO III

CAPÍTULO ÚNICO
Dos Cargos e da Função Policial Civil

Art. 4. O exercício de cargo de natureza policial é privativo dos funcionários abrangidos por esta lei.

Art. 5. Caracteriza a função policial o exercício de atividades específicas desempenhadas pelas autoridades, seus agentes e auxiliares, para assegurar o comprimento da lei, a manutenção da ordem pública, a proteção de bens e pessoas, a prevenção da prática dos ilícitos penais e respectiva apuração e o cumprimento das decisões judiciárias.
1º Vetado.
§ 2º Vetado.

Art. 6. A função policial é incompatível com qualquer com qualquer outra atividade, salvo as exceções em lei.

Art. 7. A estruturação e constituição do Quadro de Pessoal da Polícia Civil são objeto de lei específica.

TÍTULO IV
Do Provimento dos Cargos Policiais Civis e Funções Gratificadas

CAPÍTULO I
Das Formas de Provimento e Requisitos Para a Primeira Investidura

SEÇÃO I
Da seleção

Art. 8. Os cargos policiais civis são acessíveis a todos os brasileiros, preenchidos os requisitos estabelecidos em lei.

Art. 9. A investidura em cargos de provimento efetivo do Quadro de Pessoal da Polícia Civil far-se-á mediante aprovação em concurso público de provas ou de provas e títulos, observadas as condições prescritas em Lei e na regulamentação deste Estatuto.
§ 1º Os candidatos serão submetidos à investigação de conduta de caráter eliminatório e de exame psicológico de caráter complementar.
§ 2º De acordo com as atribuições do cargo poderão ser realizados exames de aptidão física em caráter eliminatório, a ser definido em edital de concurso público.

SEÇÃO II
Dos atos de provimento

Art. 10. Os cargos de provimento efetivo regidos por esta lei são providos por:
I. nomeação;
II. promoção;
III. Revogado pela Lei Complementar nº 3, de 10 de janeiro de 1990.
IV. readaptação;
V. reintegração;
VI. aproveitamento;
VII. reversão.

Parágrafo único. Os atos de nomeação, reintegração, aproveitamento e reversão são de competência do Governador do Estado e os demais, do secretário de Estado responsável pela administração de pessoal, precedidos de proposta fundamentada.

Art. 11. Os cargos em comissão serão providos mediante ato de nomeação e as funções gratificadas, por ato de designação, cuja competência é atribuída ao Secretário de Estado da Segurança Pública.

SEÇÃO III
Do concurso público

Art. 12. As instruções para o concurso público a que se refere o art. 9º são objetos de regulamentação pelo Poder Executivo.

Parágrafo único. Do regulamento dos concursos constarão:
a) os limites de idade;
b) o número de vagas;
c) os requisitos de ordem física, moral, intelectual e mental a serem satisfeitos pelos candidatos;
d) o período de validade;
e) o tipo e o conteúdo das provas e as categorias dos títulos;
f) a forma de julgamento das provas e dos títulos;
g) os critérios de habilitação e classificação final, para fins de nomeação. (Redação dada pela Lei Complementar nº 65, de 17 de julho de 1995)
h) (Dispositivo suprimido pela Lei Complementar nº 65, de 17 de julho de 1995).

SEÇÃO IV
Do curso de formação profissional

Art. 13. Os candidatos classificados dentro do número de vagas oferecidas no concurso público serão submetidos a curso de formação profissional de caráter eliminatório, complementar e indispensável ao exercício profissional, antes do ato de nomeação.
§ 1º Os candidatos classificados fora do número de vagas oferecidas no concurso público serão submetidos a curso de formação, a critério e conveniência da administração pública.
§ 2º Os candidatos inscritos no curso de formação profissional perceberão, a título de auxílio financeiro, o valor equivalente a 50% (cinquenta por cento) do menor subsídio da tabela de referência do respectivo cargo.

Art. 14. Terá sua matrícula cancelada o policial aluno que:
I. transgredir norma disciplinar;
II. tiver omitido fato que impossibilitaria sua inscrição no concurso, apurado em investigação social;
III. for reprovado em qualquer disciplina do curso;
IV. ultrapassar o quantitativo máximo de faltas permitido em norma regulamentar da Escola de Polícia Civil;
V. demonstrar falta de aptidão ou pendor para o exercício da função policial, durante o estágio.
Parágrafo único. O cancelamento da matrícula no Curso de Formação será efetivado pelo Diretor da Academia de Polícia Civil.

Art. 15. A classificação dos candidatos habilitados no concurso público será feita e encaminhada ao Secretário de Estado da Administração e dos Recursos Humanos para homologação e publicação no Diário Oficial.

CAPÍTULO II
Da Nomeação

Art. 16. A nomeação dos habilitados em concurso público obedecerá rigorosa ordem de classificação.

Art. 17. O funcionário policial nomeado para cargo efetivo ficará sujeito ao período de 2 (dois) anos de estágio experimental, durante o qual serão apurados os requisitos necessários à sua confirmação ou não no cargo para o qual foi nomeado.
§ 1º São os seguintes requisitos de que se trata este artigo:

I. idoneidade moral;
II. assiduidade;
III. disciplina;
IV. eficiência;
V. dedicação;
VI. fidelidade às instituições;
VII. frequência e aproveitamento em cursos de formação profissional.
§ 2º Trimestralmente o responsável pela repartição ou serviço em que estiver localizado o funcionário policial sujeito a estágio experimental encaminhará ao órgão de pessoal, em boletim próprio, apreciação sobre o comportamento do estagiário.
§ 3º Quando o servidor policial em qualquer estágio experimental não preencher quaisquer dos requisitos enumerados no § 1º deste artigo ou cometer quaisquer das transgressões disciplinares previstas no artigo 192, deverá o chefe imediato comunicar o fato de forma circunstanciada à Corregedoria-Geral da Polícia Civil que, mediante auto de constatação, submeterá ao Conselho de Polícia Civil proposta de não confirmação no cargo.
§ 4º O Diretor da Academia de Polícia Civil comunicará à Corregedoria-Geral da Polícia Civil, visando a não confirmação do servidor no cargo, na hipótese de ser sua matrícula cancelada na forma prevista nos incisos I a V do art. 14 desta Lei.
§ 5º Durante o período de estágio experimental não será permitido ao servidor público civil se afastar do cargo para qualquer fim.

Art. 18. (Dispositivo revogado pela Lei Complementar nº 3, de 10 de janeiro de 1990).

Art. 19. Haverá substituição remunerada somente nos casos de impedimento legal e temporário de ocupante de cargo em comissão ou função gratificada, desde que ocorra absoluta necessidade para o serviço.
§ 1º O substituto, durante o tempo da substituição, perceberá o vencimento do cargo ou a gratificação de função do substituído, ressalvado o direito de opção pelo vencimento do seu cargo efetivo acrescido de gratificação correspondente a 40% (quarenta por cento) do vencimento do cargo em comissão que estiver exercendo.
§ 2º A substituição dar-se-á, sempre que possível, dentro da própria unidade.

Art. 20. Em caso de vacância de cargo em comissão ou de função gratificada, poderá ser designado, até o provimento respectivo, um responsável pelo

expediente do órgão ou unidade administrativa a que pertencer o cargo ou função, o qual será remunerado na forma prevista para a substituição, no parágrafo primeiro do artigo anterior.
Parágrafo único. O responsável pelo expediente não poderá ser mantido nessa situação por prazo superior a 120 (cento e vinte) dias.
Art. 21. A acumulação de jurisdição não constitui substituição remunerada.

CAPÍTULO III
Da Posse

Art. 22. A posse, para os efeitos desta lei, é o ato de investidura em cargo policial civil. Quando do primeiro ingresso na categoria de funcionário policial, a posse consistirá na formalização do compromisso policial, na assinatura do respectivo termo e na entrega da insígnia e identificação funcionais.
§ 1º Nas investiduras subsequentes não será necessário novo compromisso, constituindo a posse apenas na assinatura do competente termo.
§ 2º Não haverá posse nos casos de promoção, acesso, readaptação, reintegração, designação, para função gratificada e substituição.
Art. 23. O compromisso do funcionário policial terá caráter solene e será prestado perante a autoridade competente para presidir a solenidade e demais funcionários convidados e obedecerá aos seguintes dizeres:
"Prometo observar e fazer observar rigorosa obediência à Constituição, às Leis e Regulamentos; desempenhar minhas funções com lealdade e exação, com desprendimento e correção, com dignidade e honestidade e considerar como inerente à minha pessoa a reputação e honorabilidade do organismo policial que passo agora a servir".
Parágrafo único. O ato de posse será presidido pelo Delegado Chefe da Polícia Civil ou pela autoridade que for especialmente designada para o ato.
Art. 24. A posse terá lugar no prazo de 30 (trinta) dias da publicação do ato de provimento no órgão oficial do Estado, podendo ser prorrogado esse prazo por igual período, a requerimento do interessado.
Art. 25. São requisitos para a posse:
I. nacionalidade brasileira;
II. idade mínima de 21 (vinte e um) anos;
III. estar em gozo dos direitos políticos;

IV. estar quites com as obrigações militares;
V. sanidade física e mental, comprovada em inspeção médica oficial;
VI. habilitação prévia em concurso prévio;
VII. cumprimento das condições especiais previstas em lei ou regulamento para determinados cargos.
§ 1º Ninguém poderá ser provido em cargo policial civil efetivo ou em cargo de comissão sem declarar que não exerce outro cargo ou função pública da União, dos Estados, dos Municípios e respectivas autarquias, empresas públicas e sociedades de economia mista, ou sem provar que solicitou exoneração ou dispensa do cargo ou função que ocupava em quaisquer dessas entidades, salvo acumulação legal.
§ 2º O funcionário policial declarará, para que figurem obrigatoriamente no termo de posse, os bens e valores que constituem o seu patrimônio.
Art. 26. Poderá haver posse por procuração, a juízo da autoridade competente.
Art. 27. O prazo para posse em cargo efetivo de provimento por concurso público, de concursado investido em mandato eletivo, somente fluirá a partir do término do respectivo mandato ou de seu afastamento em caráter definitivo.

CAPÍTULO IV
Da Localização e do Exercício

Art. 28. Os funcionários policiais efetivos serão lotados na Secretaria de Estado da Administração e dos Recursos Humanos e alocados à Secretaria de Estado da Segurança Pública.
Art. 29. A determinação do local e repartição onde o funcionário policial exercerá as suas atividades será promovida pelo Delegado Chefe da Polícia Civil, mediante ato de localização.
Parágrafo único. Dar-se-á a localização:
a) "ex offício", no interesse do serviço;
b) a pedido do funcionário policial, inclusive por permuta, a critério do Delegado Chefe da Polícia Civil;
c) por conveniência da disciplina, mediante prévia sindicância.
Art. 30. O funcionário policial nomeado terá o prazo de 15 (quinze) dias para entrar em exercício, contado da posse.
Parágrafo único. Ao entrar em exercício, o funcionário policial nomeado apresentará ao órgão

competente de pessoal os elementos necessários ao seu assentamento individual, à regularização de sua inscrição no órgão previdenciário correspondente, ao cadastramento nas repartições do PIS-PASEP e do Imposto de Renda.

Art. 31. O funcionário policial localizado em nova sede terá o prazo de 8 (oito) dias para entrar em exercício, quando a mudança ocorrer para localidade do interior do Estado, e o de 3 (três) dias, quando a nova localização for feita de um para outro município da região da Grande Vitória.

Art. 32. Processado criminalmente e condenado à pena privativa de liberdade que não determine demissão, ainda que por sentença fique estabelecida a suspensão condicional da pena, o servidor policial civil será automaticamente readaptado.

CAPÍTULO V
Dos Afastamentos

Art. 33. Nenhum funcionário policial pode ter exercício fora da repartição onde tenha sido localizado, ressalvadas as permissões contidas neste Estatuto e outras previstas em lei, bem como em decorrência de convênios ou mediante expressa autorização do Governador do Estado, para fim determinado e por prazo não superior a 4 (quatro) anos.

Art. 34. Os afastamentos mediante prévia autorização do Governador do Estado só serão permitidos:
I. para estudo ou missão de interesse específico do serviço;
II. para participar de congresso e outros certames desde que tratem especificamente de matéria pertinente à sua função;
III. para frequentar curso especializado que se relacione com as atribuições do cargo efetivo de que seja titular;
IV. para o exercício das atribuições inerentes ao seu cargo efetivo em outra unidade administrativa estadual;
V. para exercício de cargo de governo ou administração, por nomeação do Governador do Estado.
§ 1º (Dispositivo revogado pela Lei Complementar nº 3, de 10 de janeiro de 1990).
§ 2º Quando afastado com ônus, para frequentar curso fora do Estado, o funcionário policial ficará obrigado a prestar serviços à Polícia Civil pelo prazo correspondente ao período de afastamento, sob pena de restituir aos cofres públicos o que houver recebido quando de seu afastamento das funções do cargo.

Art. 35. O funcionário policial investido em mandato eletivo ficará afastado do exercício, pelo prazo e na forma de legislação eleitoral.

Parágrafo único. O afastamento para o exercício de mandato legislativo municipal só ocorrerá quando não houver compatibilização.

Art. 35-A. É assegurado ao servidor policial civil, eleito como dirigente na Diretoria Executiva de entidade de classe, o direito ao afastamento, remunerado, para o desempenho de mandato em confederação, federação e associação de classe de âmbito nacional ou estadual.
§ 1º Fica assegurado o afastamento de 01 (um) policial civil para as associações de classe estaduais dos policiais civis, legalmente constituídas há mais de 03 (três) anos e que possuam em seus quadros mais de 150 (cento e cinquenta) associados.
§ 2º Fica assegurado o afastamento de 01 (um) policial civil para as associações nacionais e federações nacionais de categorias policiais civis desde que haja entidade de classe, a nível estadual, filiada à respectiva associação nacional ou federação nacional.
§ 3º Será considerado efetivo exercício o período de afastamento do policial civil, investido em mandato classista, para fins de promoção, remuneração e para aposentadoria.
§ 4º O afastamento terá duração igual ao período do mandato, inclusive no caso de reeleição.

Art. 36. O funcionário policial estará ainda, afastado do exercício do cargo:
I. até decisão final transitada em julgado, quando denunciado por crime funcional;
II. pelo prazo que durar sua prisão civil, administrativa ou penal;
III. pelo prazo em que ficar suspenso preventivamente ou em cumprimento à pena de suspensão disciplinar, exceto quando seja convertida em multa;
IV. pelo prazo que durar a efetiva privação da liberdade decorrente de condenação criminal definitiva, salvo se deste decorrer a perda do cargo público ou se o fato criminoso configurar ilícito administrativo passível de demissão.

Parágrafo único. Na hipótese do inciso I deste artigo, conforme a natureza do crime funcional, poderá ser determinado ao funcionário a reassunção do exercício, a critério da administração e no interesse do serviço.

CAPÍTULO VI

Da Promoção e do Acesso

Art. 37. Promoção é a elevação seletiva, gradual e sucessiva do servidor policial civil estável à categoria imediatamente superior àquela a que pertence e ocorrerá pelos critérios de antiguidade e merecimento, alternadamente, respeitada a existência de vagas, na forma da legislação específica.

Art. 38. A promoção para Delegado de Polícia da Categoria Especial dar-se-á exclusivamente pelo critério de merecimento, respeitada a existência de vaga, observada a cultura profissional comprovada e a conduta civil e policial.

§ 1º Para cada vaga disponível será organizada uma lista tríplice, composta por Delegados de 3ª Categoria ativos, habilitados à promoção, da qual, o Governador do Estado escolherá 1 (um) de seus integrantes para promoção.

§ 2º Os integrantes da lista, de que trata o § 1º, serão escolhidos pelo conjunto dos Delegados de 3ª Categoria ativos.

§ 3º O Chefe do Poder Executivo regulamentará, por decreto, o processo de promoção de que trata este artigo.

Art. 39. (Dispositivo revogado pela Lei Complementar nº 3, de 10 de janeiro de 1990).

Art. 40. A promoção prevista neste capítulo será regulamentada por ato do Poder Executivo.

Art. 40-A. A promoção de que trata este Capítulo será publicada no Diário Oficial do Estado, com vigência a partir do 1º (primeiro) dia do mês seguinte ao da publicação.

CAPÍTULO VII

DA READAPTAÇÃO

Art. 41. Readaptação é o provimento do funcionário policial em cargo mais compatível com sua capacidade física, intelectual ou vocação, podendo ser realizada "ex offício" ou a pedido do interessado.

Art. 42. Não havendo cargo vago, a ser provido pelo readaptando, o Poder Executivo promoverá a respectiva criação, por decreto, devendo o cargo ser extinto na vacância.

Art. 43. Será readaptado o funcionário policial que, comprovadamente, se revelar inapto para o serviço policial civil sem causa que justifique a sua demissão ou aposentadoria.

Parágrafo único. Haverá readaptação quando:
a) ficar comprovada a modificação do estado físico ou mental do funcionário, que lhe diminua a eficiência ou o incapacite para a função policial;
b) o seu nível de desenvolvimento mental não mais corresponder às exigências da atividade ou venha a incompatibilizá-lo para a função policial civil;
c) a função policial civil não mais corresponder aos seus pendores vocacionais;
d) for suspenso por mais de noventa (90) dias;
e) for reincidente inespecífico em três transgressões disciplinares.

Art. 44. O processo de readaptação será instaurado:
I. nos casos das letras "a", "b" ou "c" do artigo 43 por deliberação ex officio do Conselho da Polícia Civil, apresentada pela autoridade a que o funcionário policial estiver subordinado, instruída com laudo firmado por junta médica do órgão competente de pessoal, da Secretaria de Estado da Administração e dos Recursos Humanos;
II. nos casos das letras "d" e "e" do artigo 43 por deliberação ex officio do Conselho de Polícia Civil, submetida a encaminhamento à Secretaria de Estado da Administração e Recursos Humanos pelo Delegado Chefe da Polícia Civil.

Art. 45. Enquanto perdurar o processo de readaptação, o funcionário policial será afastado de suas funções e colocado no Quadro Suplementar.

Parágrafo único. Durante o período de inclusão no Quadro Suplementar, ao funcionário policial não serão devidas as gratificações estatuídas pelos artigos 89 e 90, salvo se as hipóteses mencionadas no art. 44, vetado decorrerem de vitimação no cumprimento do dever.

Art. 46. A readaptação não acarretará decesso nem aumento de vencimento, garantindo-se sempre ao funcionário, como vantagem pessoal, a diferença a que fizer jus, quando for o caso de readaptação em cargo de nível inferior.

Art. 47. Caberá à Escola de Polícia Civil, dentro do prazo máximo de 30 (trinta) dias, a verificação das condições de capacidade intelectual e vocação do readaptando, a fim de indicar as atribuições e responsabilidades que lhe poderão ser deferidas.

CAPÍTULO VIII
Da Reintegração

Art. 48. A reintegração, que decorrerá da decisão administrativa ou sentença judicial, é o reingresso do funcionário policial afastado do serviço público, com pleno ressarcimento dos vencimentos, direitos e vantagens ligados ao cargo.

Parágrafo único. A decisão administrativa que determinar a reintegração será proferida em pedido de revisão de processo disciplinar.

Art. 49. A reintegração far-se-á no cargo anteriormente ocupado; se este houver sido transformado, no resultante e, se extinto, em cargo de vencimento equivalente respeitada a habilitação.

§ 1º Não sendo possível reintegrá-lo na forma prevista neste artigo, o funcionário policial será posto em disponibilidade, com a remuneração do cargo.

§ 2º O funcionário policial reintegrado deve ser submetido à inspeção médica especializada na forma desta lei e, se julgado incapaz ou inválido, será aposentado.

CAPÍTULO IX
Do Aproveitamento e da Reversão

Art. 50. Aproveitamento é o reingresso do funcionário policial que se encontrava em disponibilidade.

Art. 51. Reversão é o retorno à atividade do funcionário policial aposentado quando insubsistentes os motivos que o levaram a aposentar-se, respeitadas a habilitação profissional e a existência da vaga.

§ 1º Para que a reversão possa efetivar-se, é necessário que o aposentado:
a) não haja completado 55 (cinquenta e cinco) anos de idade;
b) não conte mais de 25 (vinte e cinco) anos de tempo de serviço e de inatividade, computados em conjunto;
c) tenha o seu retorno à atividade considerado como de interesse do serviço policial civil.

§ 2º Somente depois de decorridos 5 (cinco) anos, salvo motivo de saúde, pode reapresentar-se o funcionário policial que reverter.

Art. 52. O aproveitamento e a reversão dependem de aprovação em prova de sanidade física e mental, realizada pelo órgão médico de pessoal da Secretaria de Estado da Administração e dos Recursos Humanos.

Parágrafo único. Será cassada a disponibilidade ou a aposentadoria, se não ocorrerem a posse e o exercício do cargo no prazo legal.

CAPÍTULO X
DO QUADRO SUPLEMENTAR

Art. 53. Considera-se Quadro Suplementar a parte do Quadro de Pessoal da Polícia Civil na qual serão incluídos os funcionários policiais que se encontrem em uma das seguintes situações
a) em disponibilidade;
b) em processo de readaptação;
c) em licença para tratar de interesses particulares;
d) em fase de apuração de abandono de cargo, enquanto perdurar o inquérito administrativo;
e) quando à disposição de órgãos estranhos à função policial civil;
f) em cumprimento de pena privativa de liberdade;
g) investidos em mandato eletivo.

Art. 54. O tempo de serviço do servidor policial civil no quadro suplementar, não será computado para efeito de promoção, salvo o referido na alínea "g" do artigo anterior, que será levado em conta nas promoções por antiguidade.

Art. 55. Cessados os motivos que determinaram a inclusão no Quadro Suplementar, o funcionário policial retornará obrigatoriamente à parte permanente do Quadro de Pessoal da Polícia Civil.

TÍTULO V
Da Vacância

CAPÍTULO I
Das Formas de Vacância

Art. 56. A vacância do cargo decorre:
I. promoção;
II. (Dispositivo revogado pela Lei Complementar nº 3, de 10 de janeiro de 1990).
III. investidura em outro cargo, exceto em se tratando de:
a) substituição;
b) cargo de governo ou administração;
c) cargo em comissão;
d) acumulação legal;

IV. exoneração;
V. demissão;
VI. perda de função pública;
VII. aposentadoria;
VIII. falecimento do ocupante;
IX. desaparecimento;
X. readaptação.
Parágrafo único. Para efeito de promoção considera-se aberta a vaga no quadro de carreira da Polícia Civil na data de falecimento, na data de afastamento para aposentadoria ou na data de publicação do ato, nas hipóteses previstas nos incisos I, III, IV, V, VI, IX e X deste artigo.
Art. 57. A vacância de função gratificada dar-se-á mediante ato do Delegado Chefe da Polícia Civil e decorrerá de:
a) dispensa, a pedido ou "ex offício";
b) destituição.

CAPÍTULO II
Da Exoneração

Art. 58. Exoneração é o ato que afasta o funcionário do cargo por ele exercido, promovendo a cessação do vínculo jurídico que o liga ao Estado.
Art. 59. A exoneração do funcionário policial dar-se-á:
a) voluntariamente, a pedido do funcionário;
b) "ex offício".
Parágrafo único. A exoneração "ex offício" poderá ocorrer quando:
a) se tratar de cargo de provimento em comissão;
b) não satisfeitas as condições do estágio experimental;
c) o funcionário policial tomar posse em outro cargo público;
d) prescrita a pena de demissão;
e) o funcionário policial não assumir o exercício no prazo legal.
Art. 60. São competentes para exonerar: O Secretário de Estado da Administração e dos Recursos Humanos, em se tratando de cargo de provimento efetivo, e o Secretário de Estado da Segurança Pública, em se tratando de cargo de provimento em comissão.
Art. 61. O funcionário policial que solicitar exoneração deverá conservar-se em exercício, salvo proibição legal, durante 15 (quinze) dias após a apresentação do pedido.

Parágrafo único. Não havendo prejuízo para o serviço, a permanência do funcionário policial em exercício poderá se dispensada, a critério do chefe da repartição.

TÍTULO VI
Dos Direitos e Vantagens

CAPÍTULO I
Das Prerrogativas

Art. 62. Constituem prerrogativas dos funcionários policiais:
I. o desempenho de cargos e funções compatíveis com a sua condição hierárquica;
II. o uso de insígnia e identificação funcional;
III. acesso a locais fiscalizados pela Polícia Civil vetado;
IV. assistência jurídica prestada pelo Estado, quando submetido a processo em juízo em razão do exercício do cargo;
V. assistência médico-hospitalar às expensas do Estado, quando ferido ou acidentado em serviço;
VI. portar armas, mediante autorização do órgão competente.

CAPÍTULO II
Do Vencimento, Remuneração e Descontos

SEÇÃO I
Do Vencimento e da Remuneração

Art. 63. Vencimento é a retribuição pelo efetivo exercício do cargo, fixado em lei.
Art. 64. Remuneração é a retribuição que representa a totalidade do ganho, compreendendo o vencimento mais as vantagens pecuniárias.
Art. 65. Os vencimentos dos ocupantes dos cargos policiais civis serão fixados por lei ordinária, levando-se em conta a natureza específica das funções e condições para o seu exercício, os riscos a ela inerentes, a imprevisibilidade dos horários de trabalho e a proibição legal do exercício de outras atividades remuneradas.

SEÇÃO II
Dos Descontos

Art. 66. O funcionário policial perderá o vencimento ou a remuneração do cargo efetivo quando:
I. nomeado para cargo de provimento em comissão, salvo o direito de optar e o de acumulação legal;
II. no exercício de mandato eletivo federal ou estadual;
III. no exercício de mandato de vereador, não havendo compatibilidade de horário com o exercício do cargo;
IV. nomeado para cargo de governo ou administração, pelo Governador do Estado.

Parágrafo único. O funcionário policial colocado à disposição de outra unidade administrativa, na forma do inciso IV do artigo 34 ou afastado do cargo para frequentar curso que não seja ministrado pela Escola de Polícia Civil, sujeita-se à perda das vantagens decorrentes estritamente da função policial.

Art. 67. O funcionário policial perderá ainda:
I. o vencimento do dia, se não comparecer ao serviço ou faltar à aula de curso instituído pela Escola de Polícia Civil, quando esteja matriculado, salvo por motivo previsto em lei ou se acometido de moléstia comprovada;
II. um terço do vencimento diário, quando comparecer ao serviço dentro da hora seguinte à marcada para o início do dos trabalhos ou quando se retirar dentro da hora anterior à marcada para término do expediente;
III. metade do vencimento ou remuneração, durante o afastamento por motivo de prisão preventiva ou em flagrante; suspensão preventiva ou período excedente à suspensão preventiva, até a conclusão final do processo; pronúncia por crime comum; denúncia por crime funcional ou que pela natureza e configuração seja considerado infamante, de modo a incompatibilizar o servidor policial civil para o exercício funcional; ou, ainda, condenação por crime inafiançável em processo no qual não haja pronúncia;
IV. dois terços do vencimento ou remuneração, durante o período de afastamento em virtude de condenação judicial, por sentença definitiva, à pena que não determine demissão;
V. o vencimento ou remuneração correspondente aos dias em que estiver incurso em pena disciplinar de suspensão.

§ 1º Nos casos de faltas sucessivas, serão computados, para efeito de desconto, os sábados, domingos e feriados intercalados.

§ 2º Na hipótese de não comparecimento do funcionário policial a serviço de plantão ou ronda, o número total de faltas abrangerá, para todos os efeitos legais, o período destinado ao descanso.

§ 3º O funcionário afastado do cargo por algum dos motivos previstos no inciso III deste artigo, se inocentado a final, fará jus à percepção da importância correspondente aos descontos que tenha sofrido.

Art. 68. O vencimento, a remuneração e os proventos não sofrerão descontos além dos previstos em lei, nem serão objeto de arresto, sequestro ou penhora, salvo quando se tratar de:
I. prestação de alimentos, determinada judicialmente;
II. reposição ou indenização devida à Fazenda Estadual, hipótese em que o desconto será provido em parcelas mensais, não excedentes à décima parte do vencimento.

§ 1º Nos casos de comprovada má-fé, a reposição será feita de uma vez, sem prejuízo das penalidades cabíveis.

§ 2º A exoneração e a demissão do funcionário policial em débito para com a Fazenda Pública implicarão na inscrição da quantia devida em dívida ativa.

SEÇÃO III
Das faltas relevadas

Art. 69. Serão relevadas até 8 (oito) faltas consecutivas quando decorrentes de:
I. casamento do funcionário;
II. falecimento do cônjuge, pais, filhos e irmãos;
III. falecimento de avós ou sogros, desde que comprovada a necessidade de assistência pessoal do funcionário.

Parágrafo único. Nas hipóteses previstas nos itens II e III deste artigo, a justificativa das faltas poderá ser feita dentro do prazo de 10 (dez) dias após o fato motivador.

SEÇÃO IV
Do pagamento do vencimento ou provento do de cujus

Art. 70. O vencimento ou provento que o *de cujus* deixou de receber será pago ao cônjuge sobrevivente e, na falta deste, à pessoa a quem o alvará judicial determinar.

CAPÍTULO III
Das Vantagens Pecuniárias

SEÇÃO I
Da especificação das vantagens

Art. 71. O funcionamento policial poderá perceber, além dos vencimentos, as seguintes vantagens pecuniárias:
I. ajuda de custo, passagens de transporte mobiliário, quando mandado servir em nova sede;
II. diárias, quando em objeto de serviço, deslocar-se eventualmente da sede de trabalho;
III. transporte, quando em serviço externo ou quando deva submeter-se a provas em cursos de interesse da Polícia Civil, desde que autorizado pelo Secretário de Estado da Segurança Pública;
IV. salário-família;
V. gratificações;
VI. auxílios e benefícios previstos em lei.

SEÇÃO II
Da ajuda de custo

Art. 72. Será concedida ajuda de custo ao funcionário policial que passar a ter exercício em nova sede ou que se afastar para estudo ou missão de interesse do serviço, mediante autorização da autoridade competente.
§ 1º A ajuda de custo destina-se à compensação das despesas de viagem e de nova instalação.
§ 2º Correrá à conta da Administração a despesa de transporte do funcionário e de sua família, inclusive um serviçal, compreendendo passagens e bagagem.
§ 3º Não se concederá ajuda de custo quando a nova localização ocorrer a pedido do funcionário policial.

Art. 73. A ajuda de custo não excederá à:
I. 1 (um) mês de vencimento, quando o deslocamento se der dentro do território do Estado:
II. 2 (dois) meses de vencimento, quando o deslocamento for para fora do Estado, mas dentro do país;
III. 4 (quatro) meses de vencimento, quando o deslocamento for para o exterior.

Art. 74. No arbitramento da ajuda de custo, o Delegado Chefe da Polícia Civil levará em conta as novas condições de vida do servidor, bem como as despesas de viagem e de instalação.

Art. 75. A ajuda de custo será calculada:
I. sobre o vencimento do cargo efetivo;
II. sobre o vencimento do cargo em comissão que o funcionário policial passar a exercer na nova sede;
III. sobre o vencimento do cargo efetivo, acrescido da gratificação de função, quando o funcionário passar a exercer função gratificada na nova sede.
Parágrafo único. A ajuda de custo será paga antecipadamente, por metade, sendo facultado ao funcionário optar pelo recebimento integral na nova repartição.

Art. 76. O funcionário policial restituirá a ajuda custo quando:
I. não se transportar para a nova sede nos prazos determinados;
II. pedir exoneração antes de completar 90 (noventa) dias de exercício na nova sede.
§ 1º A restituição é de exclusiva responsabilidade pessoal do funcionário policial.
§ 2º Não haverá obrigação de restituir:
a) quando o regresso à sede anterior for determinado "ex offício" ou por doença comprovada, em sua pessoa ou em pessoa de sua família;
b) quando novamente localizado "ex offício" em nova sede.

Art. 77. A percepção de ajuda de custo não impede o recebimento de diárias.

SEÇÃO III
Das diárias

Art. 78. Ao funcionário policial que se deslocar da sede em objeto de serviço conceder-se diária para indenização de despesa de alimentação e pousada, de acordo com os critérios estabelecidos em decreto do Chefe do poder Executivo.
§ 1º Não se concederá diária:
a) durante o período de trânsito realmente necessário à viagem para nova sede;
b) quando o deslocamento constituir exigência permanente do cargo.

§ 2º Entende-se por sede a cidade ou localidade onde o funcionário tenha exercício regular.

Art. 79. O funcionário policial poderá perceber:
I. diária integral, quando passar mais de 12 (doze) horas fora da sede;
II. meia diária, quando passar de 6 (seis) e 12 (doze) horas fora da sede.

Art. 80. É considerada falta grave conceder diárias com o objetivo de remunerar serviços ou encargos outros ou recebê-las com a violação das normas estatuídas nesta Seção.

SEÇÃO IV
Do transporte

Art. 81. O funcionário policial terá direito a transporte por conta do Estado, quando se deslocar de sua sede, num dos seguintes casos:
I. viajar no interesse da Justiça ou da disciplina;
II. realizar outros deslocamentos necessários ao bom desempenho das funções de seu cargo;
III. para participar de provas de seleção destinadas a ingresso em escolas, cursos ou centros de formação, de especialização, de aperfeiçoamento ou atualização, de interesse da Polícia Civil, se autorizado.

SEÇÃO V
Do salário-família

Art. 82. O salário-família será concedido ao funcionário policial ou inativo:
I. por filho solteiro menor de 18 (dezoito) anos;
II. por filho solteiro, maior de 18 (dezoito) anos e menor de 21 (vinte e um) anos, sem economia própria;
III. por filho inválido;
IV. por filha solteira, sem economia própria;
V. por filho estudante, até a idade de 24 (vinte quatro) anos, que frequente curso superior, em estabelecimento oficial ou particular reconhecido e que não exerça atividade remunerada;
VI. pela esposa que não tiver quaisquer rendimentos;
VII. pela mãe ou avó viúva, sem qualquer rendimento, que viva às suas expensas.

Parágrafo único. Compreende-se neste artigo os filhos de qualquer condição, os enteados, os adotivos e o menor que, mediante autorização judicial, viver sob a guarda e sustento do funcionário.

Art. 83. Quando pai e mãe forem funcionários e viverem em comum, o salário-família será concedido ao pai.

Parágrafo único. Se os pais funcionários não viverem em comum, o salário-família será ao que tiver o dependente sob sua guarda.

Art. 84. O salário-família será devido a partir do mês em que tiver ocorrido o fato ou ato que lhe deu origem.

§ 1º Deixará de ser devido o salário-família relativo a cada dependente no mês seguinte ao ato ou fato que determina sua supressão, embora ocorrido no primeiro dia do mês.

§ 2º Em caso de falecimento do funcionário, o salário-família continuará a ser pago a seus beneficiários diretamente ou através de seus representantes legais.

§ 3º O salário-família será pago ainda nos casos em que o funcionário deixar de receber vencimentos em razão da pena de suspensão.

SEÇÃO VI
Das gratificações

Subseção I
Das espécies de gratificação

Art. 85. Serão concedidas gratificações:
I. de função de chefia;
II. de representação;
III. de magistério policial;
IV. de função policial civil;
V. de risco de vida;
VI. pela participação em órgão de deliberação coletiva;
VII. pela participação como membro da banca e comissões de concurso;
VIII. por estudo ou missão, de interesse de serviço, mediante autorização;
IX. adicional por tempo de serviço;
X. (Dispositivo revogado pela Lei Complementar nº 3, de 10 de janeiro de 1990).
XI. de assiduidade;
XII. Vetado.

Subseção II
Da gratificação de função de chefia

Art. 86. A gratificação de função de chefia corresponde a encargos de chefia e outros determinados em lei ou no regulamento da Polícia Civil.

Parágrafo único. O valor da gratificação de função é estabelecida em lei.

Subseção III
Da gratificação de representação

Art. 87. A gratificação de representação destina-se a atender as despesas extraordinárias, decorrentes de compromissos de ordem social ou profissional, inerentes à representatividade de ocupantes de cargo de destaque da instituição policial civil.
Parágrafo único. A gratificação de representação será concedida por lei, em cada situação específica.

Subseção IV
Da gratificação de magistério policial

Art. 88. A gratificação do magistério policial será devida ao funcionário policial que for designado para participar como professor de cursos da Escola de Polícia Civil, e será arbitrada por ato do Chefe do poder Executivo, que regulamentará a sua concessão.

Subseção V
Da gratificação de função policial civil

Art. 89. A gratificação de função policial civil será devida ao funcionário policial, para atender às peculiaridades de exercício decorrentes da integral e exclusiva dedicação às atividades do cargo, que o incompatibiliza com o exercício que qualquer outra atividade pública ou privada.
§ 1º O valor da gratificação a que se refere este artigo equivalerá a 30% (trinta por cento) do valor do vencimento estabelecido para o padrão ou referência do cargo ocupado pelo funcionário policial.
§ 2º Quando no exercício de cargo em comissão, o funcionário policial efetivo poderá optar entre receber a gratificação com base no vencimento de um ou de outro cargo.
§ 3º A gratificação de função policial civil não será conferida ao funcionário policial que exerça outro cargo público ou emprego remunerado em regime de acumulação legal.
§ 4º Apenas fará jus à percepção da gratificação prevista neste artigo o funcionário policial que se encontrar em efetivo desempenho das atribuições e responsabilidades do cargo, continuando a percebê-la, exclusivamente, nos afastamentos em virtude de férias, casamento, luto, licença para tratamento da própria saúde, vetado licença à gestante ou em decorrência de acidente em serviço, férias-prêmio, serviço obrigatório por lei, ministração de aulas ou recebimento de treinamento ou aperfeiçoamento em curso ministrado pela Escola de Polícia Civil ou para o exercício de cargo em comissão ou função gratificada em órgão da Polícia Civil.
§ 5º Será suspenso ou interrompido o pagamento da gratificação de função policial civil ao funcionário que incorrer em infração disciplinar de acordo com o previsto nos artigos 201, §§ 1º e 2º e 206, parágrafo único.

Subseção VI
Da gratificação de risco de vida

Art. 90. A gratificação de risco de vida será concedida ao funcionário policial, pelo desempenho de atribuições, tarefas ou encargos em circunstâncias consideradas potencialmente perigosas à sua integridade física, com possibilidades de dano à vida ou à saúde.
§ 1º A gratificação de risco de vida variará entre limites de 20% (vinte por cento) e 40% (quarenta por cento), calculados sobre o valor do vencimento estabelecido para o padrão de referência do cargo exercido, e será concedida nos termos da regulamentação geral a ser expedida pelo Poder Executivo.
§ 2º A gratificação do risco de vida apenas será devida quando o funcionário policial estiver no efetivo desempenho das atribuições do cargo, em unidade da Polícia Civil, e somente continuará a ser paga nos afastamentos decorrentes dos motivos apontados no artigo 89, parágrafo 4º.
§ 3º O funcionário policial a que for aplicada pena disciplinar terá o pagamento da gratificação de risco de vida suspenso, de acordo com o disposto nos artigos 201, §§ 1º e 2º e 206, parágrafo único.

Subseção VII
Da gratificação pela pArticipação em órgãos de deliberação coletiva

Art. 91. (Dispositivo revogado pela Lei Complementar nº 3, de 10 de janeiro de 1990).

Subseção VIII
Da gratificação pela pArticipação como membro de banca em comissão de concurso

Art. 92. Os funcionários policiais que forem designados para integrar bancas e comissões de concurso farão jus a gratificação a ser arbitrada, em cada caso, pelo Secretário de Estado responsável pela administração de pessoal.

Subseção IX
Da gratificação por estudo ou missão de interesse do serviço

Art. 93. A gratificação por estudo ou missão de interesse do serviço será concedida ao funcionário policial que se ausentar do Estado, na hipótese prevista neste artigo, e será arbitrada pelo Governador, mediante proposta fundamentada do Secretário de Estado da Segurança Pública.

Subseção X
Da gratificação adicional por tempo de serviço

Art. 94. A gratificação adicional por tempo de serviço será concedida ao funcionário policial efetivo, por quinquênio de efetivo exercício em serviço prestado exclusivamente à administração estadual, respeitado o disposto no artigo 163 e no inciso III, do artigo 164.
§ 1º O cálculo da gratificação será feito sobre o vencimento do cargo efetivo, nas seguintes bases: até o terceiro quinquênio, 5% (cinco por cento), por quinquênio; a partir do quarto quinquênio, 10% (dez por cento), por quinquênio.
§ 2º No caso de acumulação legal de cargos, a gratificação adicional será computada em razão do tempo de serviço em cada um dos cargos independentemente.
§ 3º Compete ao Secretário responsável pela administração de pessoal conceder a gratificação prevista neste artigo.

Subseção XI
Da gratificação pelo exercício de cargo em comissão

Art. 95. (Dispositivo revogado pela Lei Complementar nº 3, de 10 de janeiro de 1990).

Subseção XII
Da gratificação de assiduidade

Art. 96. A gratificação de assiduidade será concedida em caráter permanente ao funcionário policial efetivo que, tendo adquirido direito a férias-prêmio, de acordo com o artigo 135, optar por esta gratificação.

§ 1º A gratificação de assiduidade corresponderá a 25% (vinte e cinco por cento) do valor do vencimento do cargo efetivo.
§ 2º Na hipótese de acumulação legal, o funcionário policial fará jus à gratificação por ambos os cargos independentemente.
§ 3º A concessão da gratificação prevista neste artigo é de competência do Secretário de Estado responsável pela administração de pessoal.

SEÇÃO VII
Dos auxílios e benefícios

Subseção I
Das espécies de auxílios e benefícios

Art. 97. Ao funcionário policial serão concedidos:
I. auxílio-doença;
II. auxílio-funeral;
III. auxílio para transporte de familiares do funcionário falecido;
IV. auxílio à família do funcionário desaparecido;
V. auxílio natalidade e auxílio especial por adoção.

Subseção II
Do auxílio-doença

Art. 98. O funcionário policial terá direito a 1 (um) mês de vencimento, a título de auxílio-doença, após cada período de 12 (doze) meses consecutivos de licença para tratamento de saúde, em consequência das doenças previstas no artigo 118.
Parágrafo único. O pagamento de auxílio-doença será autorizado a partir do dia imediato àquele em que o funcionário policial complementar o período referido neste artigo.
Art. 99. É competente para conceder o auxílio-doença o Secretário de Estado responsável pela administração de pessoal.

Subseção III
Do auxílio-funeral

Art. 100. Ao cônjuge ou na falta deste à pessoa física ou jurídica que provar ter feito despesas em virtude do falecimento do funcionário policial, ainda que estivesse ele, ao tempo de sua morte, em disponibilidade ou aposentado, será concedido, a título de auxílio-funeral, importância correspondente a 1 (um) mês de remuneração ou provento.

§ 1º O pagamento será feito à vista da apresentação do atestado de óbito.

§ 2º A despesa correrá pela dotação própria do cargo, não podendo, por esse motivo, o nomeado para preenchê-lo entrar em exercício antes de decorridos 30 (trinta) dias do falecimento do antecessor.

§ 3º A competência para a concessão do auxílio previsto neste artigo é atribuída ao Secretário de Estado responsável pela administração de pessoal.

Subseção IV
Do auxílio para transporte de familiares do funcionário falecido

Art. 101. Será concedido transporte ao cônjuge e filhos do funcionário falecido quando tenha ocorrido o falecimento no desempenho do cargo ou em serviço, fora da sede de trabalho.

Parágrafo único. Compete ao Secretário de Estado responsável pela administração de pessoal autorizar o pagamento do auxílio previsto neste artigo.

Subseção V
Do auxílio à família do funcionário desaparecido

Art. 102. À família do funcionário desaparecido em naufrágio, acidente, conflito interno ou qualquer ato de guerra será concedida, durante o prazo de 3 (três) meses, a título de auxílio provisório, importância igual ao vencimento ou provento a que fazia jus o funcionário.

Parágrafo único. O auxílio a que se refere este artigo será concedido a partir da data do conhecimento oficial do desaparecimento, cabendo ao Secretário de Estado responsável pela administração de pessoal autorizar o seu pagamento.

Subseção VI
Do auxílio-natalidade e auxílio especial por adoção

Art. 103. Será concedido auxílio-natalidade à funcionária policial gestante ou ao funcionário policial, pelo parto de sua esposa ou companheira, inscrita como sua dependente há pelo menos 300 (trezentos) dias antes do parto.

Parágrafo único. O valor do auxílio-natalidade é igual a 50% (cinquenta por cento) do vencimento do cargo efetivo do padrão 1 do Quadro Permanente do Serviço Civil do Poder Executivo.

Art. 104. Ao funcionário policial adotante de menor carente será concedido, em razão da adoção, auxílio especial em valor igual ao do auxílio natalidade.

Art. 105. O pagamento dos auxílios previstos nos artigos precedentes será autorizado pelo Secretário de Estado responsável pela administração de pessoal.

CAPÍTULO IV
Das Concessões ao Funcionário Policial Estudante

Art. 106. Ao funcionário policial estudante poderá ser concedido horário especial, respeitada a carga horária à que estiver sujeito.

Parágrafo único. Ocorrendo a necessidade do afastamento do expediente, a fim de participar de atividades didáticas e de extensão universitária realizadas extraclasse, as horas de afastamento serão compensadas mediante antecipação ou prorrogação do horário normal de trabalho.

Art. 107. É concedida dispensa de assinatura do ponto ao funcionário policial, estudante, nos dias em que, dentro do horário de expediente, seja chamado a prestar exames parciais ou finais.

Art. 108. Para beneficiar-se dos favores contidos neste capítulo o funcionário policial deverá instruir requerimento ao chefe do órgão onde tem exercício, com atestado ou declaração firmado pelo Secretário do estabelecimento de ensino em que estiver matriculado.

CAPÍTULO V
Das Licenças

SEÇÃO I
Das licenças em geral

Art. 109. O funcionário policial poderá ser licenciado.

I. para tratamento de sua própria saúde;
II. por acidente em serviço ou por doença profissional;
III. por motivo de doença em pessoa da família;
IV. para repouso à gestante;
V. para serviço militar obrigatório;
VI. para trato de interesses particulares;
VII. por motivo de afastamento do cônjuge.

Parágrafo único. Compete ao Secretário de Estado responsável pela administração de pessoal ou funcionário a quem este delegar competência, conceder as licenças de que trata este artigo, excetuada a hipótese do item VI, que dependerá de decreto do Governador do Estado.

Art. 110. A licença que depende de inspeção médica será concedida pelo prazo indicado no laudo médico oficial.

§ 1º Terminada a licença o funcionário policial reassumirá imediatamente o exercício, ressalvadas as hipóteses de prorrogação e aposentadoria.

§ 2º A prorrogação dar-se-á "ex offício" ou a pedido.

§ 3º O pedido deverá ser apresentado antes de findo o prazo da licença; se indeferido, contar-se-á como licença para trato de interesses particulares o período compreendido entre a data do término e a do conhecimento oficial do despacho denegatório.

Art. 111. O funcionário policial não poderá permanecer em licença por prazo superior a 24 (vinte e quatro) meses, salvo nos casos previstos nos incisos V a VII do artigo 109.

§ 1º Expirado o prazo previsto neste artigo, o funcionário policial será submetido a nova inspeção e aposentado, se for julgado inválido.

§ 2º Na hipótese deste artigo, o tempo necessário à inspeção médica será, excepcionalmente, considerado como de licença em prorrogação.

Art. 112. O funcionário policial em gozo de licença comunicará ao chefe da repartição o local onde pode ser encontrado.

Parágrafo único. O funcionário em licença não será obrigado a interrompê-la em decorrência dos atos de provimento de que tratem os itens II, III e IV do artigo 10.

Art. 113. O funcionário efetivo em gozo de licença médica não poderá ser exonerado ou dispensado.

SEÇÃO II
Da licença para tratamento de saúde do próprio funcionário

Art. 114. A licença para tratamento de saúde será a pedido ou "ex offício".

Art. 115. Para licença até 30 (trinta) dias, a inspeção será feita por médicos do órgão médico de pessoal, dos Centros de Saúde e das Unidades da Secretaria de Estado da Saúde, admitindo-se, na falta, laudo de outros médicos oficiais.

§ 1º O laudo fornecido por cirurgião-dentista dentro da sua especialidade, equipara-se ao laudo médico.

§ 2º No caso de inspeção de saúde não procedida pelo órgão médico de pessoal, o laudo só produzirá efeitos depois de homologado pelo referido órgão.

§ 3º Quando não for homologado o laudo, o funcionário policial deverá comparecer, dentro de 10 (dez) dias, após o despacho denegatório, ao órgão médico de pessoal a fim de ser submetido a inspeção médica.

§ 4º Caso não seja concedida a licença, o funcionário policial poderá solicitar novos exames através de junta médica e, sendo confirmada a denegação, serão considerados como de licença para o trato de interesses particulares os dias a descoberto.

§ 5º A licença superior a 30 (trinta) dias dependerá sempre de inspeção por junta médica oficial.

Art. 116. No curso de licença, não é permitido ao funcionário policial desempenhar nenhuma atividade remunerada, sob pena de ter a licença imediatamente interrompida, com perda total do vencimento, até que reassuma o cargo.

Art. 117. Considerado apto em inspeção médica, o funcionário policial reassumirá o exercício, sob pena de se considerarem como faltas os dias de ausência.

Parágrafo único. No curso da licença poderá o funcionário policial requisitar inspeção médica, caso se julgue em condições de reassumir o exercício.

Art. 118. A licença a funcionário policial acometido de tuberculose ativa, alienação mental, neoplasia maligna, cegueira ou visão reduzida, hansenismo, psicose epiléptica, paralisia irreversível e incapacitante, cardiopatia grave, doença de Parkinson, espondiloartrose, nefropatia grave ou estados avançados de Paget (osteíte deformante) será concedida quando a inspeção médica não concluir pela necessidade imediata da aposentadoria. (Vide Lei Complementar nº 4.038, de 23 de dezembro de 1987, que inclui a Síndrome de Imunodeficiência Adquirida – SIDA ou AIDS)

§ 1º Entende-se por visão reduzida para os efeitos deste artigo, a redução da visão de cada olho, simultaneamente, superior a 2/3 (dois terços).

§ 2º A inspeção far-se-á, obrigatoriamente, por uma junta de 3 (três) médicos do órgão médico de pessoal.

§ 3º A ressunção do exercício do funcionário policial em gozo da licença de que trata este artigo dependerá sempre de prévia inspeção médica.

Art. 119. O atestado médico ou laudo da junta nenhuma referência farão ao nome ou à natureza da doença de que sofre o funcionário policial, salvo se se tratar de qualquer das moléstias referidas no artigo anterior.

Art. 120. O funcionário policial licenciado para tratamento de saúde, ou acometidos das moléstias indicadas no artigo 118 perceberá vencimento integral, bem como vantagens de pecuniárias decorrentes.

SEÇÃO III
Da licença por acidente em serviço ou por doença profissional

Art. 121. O funcionário policial acidentado no exercício de suas atribuições ou que tenha contraído doença profissional terá direito a licença com vencimento ou remuneração integral.

§ 1º Será considerado acidente em serviço o que ocorrer em razão do exercício do cargo, ainda que fora da sede do funcionário ou durante o período de trânsito no deslocamento do trabalho ou para o trabalho.

§ 2º Equipara-se a acidente, para efeito deste artigo, a agressão sofrida e não provocada pelo funcionário policial no exercício de suas atribuições.

§ 3º Entende-se por doença profissional a que tiver como relação de causa e efeito as condições inerentes ao serviço ou a fatos nele ocorridos, devendo o laudo médico estabelecer-lhe a rigorosa caracterização.

Art. 122. Nos casos de licença por acidente em serviço, o laudo médico ou o laudo da junta descreverão circunstanciadamente o estado geral do acidentado, mencionado as lesões produzidas e, bem assim, as possíveis consequências que perderão advir do acidente.

Art. 123. O funcionário policial que sofrer acidente deverá comunicá-lo à repartição a que pertença para o fim de sua apuração em processo regular.

Parágrafo único. Caberá à autoridade policial a que o funcionário for subordinado promover o registro pormenorizado do fato, no qual fará consignar as provas recolhidas, remetendo-o ao órgão de pessoal da Polícia Civil.

SEÇÃO IV
Da licença por motivo de doença em pessoa da família

Art. 124. O funcionário policial poderá obter licença por motivo de doença nas pessoas dos pais, do cônjuge, dos filhos ou pessoas que vivam às suas expensas e que constem do seu assentamento individual, desde que prove ser indispensável a sua assistência pessoal e esta não possa ser prestada simultaneamente com o exercício do cargo.

§ 1º Provar-se-á a doença mediante inspeção médica oficial.

§ 2º A licença de que trata este artigo será concedida com vencimentos integrais até 1 (um) ano e com redução de 1/3 (um terço) do vencimento excedendo este prazo e até 2 (dois) anos.

SEÇÃO V
Da licença de repouso à gestante

Art. 125. À funcionária gestante será concedida licença, com vencimento ou remuneração, pelo prazo de 120 (cento e vinte) dias, mediante inspeção médica oficial.

§ 1º Salvo prescrição médica em contrário, a licença de que trata este artigo será concedida a partir do início do 8º (oitavo) mês de gestação.

§ 2º Em caso de feto morto, a duração da licença será de 90 (noventa) dias.

§ 3º Além da licença a que se refere este artigo, será concedida à gestante, quando se fizer necessário, a licença a que se refere o artigo 114, antes ou depois do parto.

SEÇÃO VI
Da licença para serviço militar obrigatório

Art. 126. Ao funcionário policial que for convocado para o serviço militar e outros encargos da segurança nacional será concedida licença com vencimento ou remuneração.

§ 1º A licença será concedida à vista de documento oficial que prove a incorporação.

§ 2º Do vencimento ou remuneração descontar-se-á a importância que o funcionário perceber na qualidade de incorporado, salvo se optar pelas vantagens do serviço militar.

§ 3º Ao funcionário policial desincorporado conceder-se-á o prazo de 15 (quinze) dias para que reassuma o exercício sem perda dos vencimentos ou remuneração.

Art. 127. Ao funcionário policial, Oficial de Reserva das Forças Armadas, será também concedida licença com vencimento ou remuneração, durante os estágios previstos pelos regulamentos militares,

quando pelo serviço militar não perceber qualquer vantagem pecuniária.
Parágrafo único. Quando o estágio for remunerado assegurar-se-á o direito de opção.

SEÇÃO VII
Da licença para o trato de interesses pArticulares

Art. 128. Após 2 (dois) anos consecutivos de exercício, o funcionário policial efetivo poderá obter licença sem vencimentos para tratar de interesses particulares, pelo prazo máximo de 4 (quatro) anos.
§ 1º Será negada a licença quando inconveniente ao interesse do serviço, a critério da administração.
§ 2º O afastamento antes de decidido o pedido constitui justa causa para efeito de abandono de cargo.
§ 3º O funcionário policial licenciado na forma deste artigo não poderá exercer outro cargo ou função na administração direta ou indireta estadual, federal ou municipal, sob pena de demissão salvo quando se tratar de acumulação legal.
Art. 129. Não se concederá licença ao funcionário policial que, a qualquer título, esteja obrigado à devolução ou indenização aos cofres públicos.
Art. 130. Somente poderá ser concedida nova licença depois de decorrido o mesmo período de duração da licença anterior.
Art. 131. Quando o interesse do serviço público o exigir, a licença poderá ser revogada a juízo da autoridade competente.
Parágrafo único. Na hipótese deste artigo, o funcionário policial terá 30 (trinta) dias de prazo para reassumir o exercício.

SEÇÃO VIII
Da licença por motivo e afastamento do cônjuge

Art. 132. O funcionário policial efetivo casado terá direito a licença sem vencimento ou remuneração quando o cônjuge, também funcionário estadual, for mandado servir "ex-officio" em outro ponto do Estado, ou fora deste, inclusive em território estrangeiro ou ainda eleito para Congresso Nacional.
§ 1º A licença dependerá de requerimento devidamente instruído, devendo o pedido ser renovado de 2 (dois) em 2 (dois) anos.
§ 2º Finda a causa da licença, o funcionário policial deverá reassumir o exercício dentro de 30 (trinta) dias, sob pena de ficar incurso em abandono de cargo.

CAPÍTULO VI
Das Férias Anuais

Art. 133. Os integrantes das unidades policiais terão o direito a 30 (trinta) dias de férias ao ano, em dias consecutivos, que poderão ser gozados em dois períodos, de acordo com a conveniência do serviço, observada a escala previamente aprovada.
Parágrafo único. Somente depois do primeiro ano de exercício, adquirirá o funcionário policial direito a férias.
Art. 134. Quando razões de interesse público o exigirem, a autoridade competente poderá suspender a concessão e determinar a interrupção do gozo de férias, que poderão ser iniciadas ou reiniciadas em época oportuna, cessados os motivos que determinaram a suspensão ou interrupção.

CAPÍTULO VII
Das Férias-Prêmio

Art. 135. Após a cada decênio ininterrupto de efetivo exercício em serviço público estadual, o servidor policial civil efetivo terá direito a férias-prêmio de 03 (três) meses com todos os direitos e vantagens do cargo, a ser gozado de uma única vez.
Art. 136. (Dispositivo revogado pela Lei Complementar nº 80, de 29 de fevereiro de 1996).
Art. 137. (Dispositivo revogado pela Lei Complementar nº 80, de 29 de fevereiro de 1996).
Art. 138. (Dispositivo revogado pela Lei Complementar nº 80, de 29 de fevereiro de 1996).
Art. 139. Compete ao Secretário de Estado responsável pela administração de pessoal conceder férias-prêmio.

CAPÍTULO VIII
Da Estabilidade

Art. 140. Consiste a estabilidade no direito que passa a usufruir o funcionário policial titular de um cargo de provimento efetivo de manter-se no cargo no serviço público, após 2 (dois) anos de efetivo exercício, se nomeado por concurso, só podendo ser afastado mediante sentença judiciaria ou processo administrativo disciplinar, em que se lhe tenha assegurado ampla defesa.

Art. 141. A estabilidade diz respeito ao serviço público e não ao cargo.

CAPÍTULO IX
Das Recompensas

Art. 142. Recompensa é o reconhecimento por serviços prestados pelo funcionário policial.

§ 1º Além de outras previstas em lei ou regulamentos especiais, são recompensas:
I. o elogio;
II. dispensa total do serviço até 10 (dez) dias;
III. a Medalha do Mérito Policial;
IV. a Medalha do Serviço Policial.

§ 2º A recompensa constante do inciso I, deste artigo, será conferida pela prática de ato que mereça registro especial ou ultrapasse o cumprimento normal de atribuições ou se revista de relevância.

§ 3º A recompensa constante do inciso II, deste artigo, terá o limite máximo de 10 (dez) dias corridos e será concedida somente em circunstâncias excepcionais, quando se imponha ao funcionário policial um período de descanso necessário, após o desempenho de tarefas árduas, executadas independentemente de horário.

§ 4º A Medalha do Mérito Policial destina-se a premiar o funcionário policial que praticar ato de bravura ou de excepcional relevância para a organização policial ou para a sociedade.

§ 5º A Medalha do Serviço Policial destina-se a premiar o funcionário policial, pelos bons serviços prestado à causa da ordem pública, ao organismo policial e à coletividade policial.

§ 6º As características heráldicas e forma de concessão das medalhas serão regulamentadas por decreto do Poder Executivo.

Art. 143. São competentes para conceder as recompensas estabelecidas pelo artigo anterior:

I. nos casos do inciso I;
a) o Secretário de Estado da Segurança Pública, em relação às chefias superiores e Delegados de Polícia;
b) o Delegado Chefe da Polícia Civil, até 06 (seis) dias;
II. nos casos do inciso II;
a) o Secretário de Estado da Segurança Pública, até 10 (dez) dias;

b) o Superintendente-Geral da Polícia Civil, até 06 (seis) dias;
III. nos casos dos incisos III e IV, as autoridades indicadas na respectiva regulamentação.

Parágrafo único. Os elogios deverão ser fundamentadamente propostos e homologados pelo Conselho de Polícia Civil e serão computados para efeito de promoção.

CAPÍTULO X
Da Aposentadoria

Art. 144. O servidor policial civil será aposentado:
I. por invalidez permanente decorrente de acidente em serviço, moléstia profissional ou doença grave contagiosa ou incurável, especificada em Lei, com proventos integrais e nos demais casos, com proventos proporcionais;
II. compulsoriamente, aos 65 anos (sessenta e cinco) de idade, com proventos proporcionais ao tempo de serviço;
III. voluntariamente, aos trinta anos de serviço, se homem, e aos vinte e cinco, se mulher, com proventos integrais.

Parágrafo único. Ao funcionário policial ex--combatente da Segunda Guerra Mundial, que tenha participado efetivamente em operações bélicas, é assegurado o direito à aposentadoria voluntária aos 25 (vinte cinco) anos de serviço efetivo.

Art. 145. A aposentadoria por invalidez será precedida de licença para tratamento de saúde, por período não excedente de 24 (vinte quatro) meses, salvo quando o laudo médico concluir pela incapacidade definitiva para o serviço público.

§ 1º Para os efeitos do inciso III do artigo anterior, considera-se invalidez a que for decorrente de:
I. acidente de serviço;
II. agressão sofrida e não provocada pelo funcionário policial em exercício de suas atribuições;
III. doença profissional;
IV. qualquer das moléstias especificadas no artigo 118.

§ 2º Julgado inválido definitivamente para o serviço público, o funcionário policial será afastado do exercício do cargo, continuando a receber vencimentos integrais até que seja concedida a aposentadoria e sejam fixados os respectivos proventos.

Art. 146. A aposentadoria compulsória é automática.

Parágrafo único. O retardamento do ato que declarar a aposentadoria por implemento de idade não permitirá a permanência do funcionário policial no exercício do cargo.

Art. 147. A aposentadoria voluntária vigorará a partir da publicação do ato que a conceder, mantendo o funcionário policial em exercício até a publicação do respectivo ato.

Art. 148. (Dispositivo revogado pela Lei Complementar nº 3, de 10 de janeiro de 1990).

Art. 149. (Dispositivo revogado pela Lei Complementar nº 3, de 10 de janeiro de 1990).

Art. 150. A concessão da aposentadoria é de competência do Secretário de Estado da Administração e dos Recursos Humanos.

SEÇÃO II
Dos proventos

Art. 151. O provento da aposentadoria será:
I. integral, quando o funcionário policial:
a) contar tempo de serviço bastante para a aposentadoria voluntária;
b) invalidar-se na forma do disposto no artigo 121;
c) for acometido de quaisquer das doenças previstas no artigo 118;
II. proporcional ao tempo de serviço, nos demais casos.

§ 1º Sempre que houver aumento do vencimento do pessoal em atividade, idêntico tratamento será dispensado ao pessoal inativo.

§ 2º Ressalvado o disposto no parágrafo anterior, os proventos da inatividade não poderão exceder à remuneração percebida na atividade.

§ 3º Nenhuma aposentadoria terá seu provento inferior a 1/3 (um terço) do vencimento do respectivo cargo, respeitado ainda o valor do vencimento do padrão 1, do Quadro Permanente do Serviço Civil do Poder Executivo.

Art. 152. O cálculo do provento será feito com base no vencimento ou remuneração do cargo efetivo de que o servidor policial civil seja titular.

§ 1º Integrará o cálculo o valor das vantagens permanentes que o funcionário estiver percebendo ou o da função gratificada se recebida por tempo superior a 12 (doze) meses, devendo o cálculo ser promovido, nos casos de percepção de função gratificada, com base na média nos últimos 12 (doze) meses.

§ 2º Quando o funcionário policial efetivo estiver investido em cargo em comissão, ininterruptamente nos últimos 5 (cinco) anos anteriores à aposentadoria, fica-lhe facultado requerer a fixação do provento com base no valor do vencimento deste cargo.

§ 3º (Dispositivo revogado pela Lei Complementar nº 3, de 10 de janeiro de 1990).

§ 4º (Dispositivo revogado pela Lei Complementar nº 3, de 10 de janeiro de 1990).

§ 5º O período de 5 (cinco) anos referido no parágrafo 2º deste artigo poderá ser integrado pelo exercício de cargo em comissão, juntamente com cargos efetivos acrescidos de funções gratificadas.

§ 6º Perceberá as mesmas vantagens do parágrafo 2º deste artigo o servidor policial civil que haja integralizado um período de 06 (seis) anos, consecutivos ou não, no exercício de cargo em comissão ou função gratificada.

Art. 153. O provento do funcionário policial ocupante de cargo sujeito a carga horária variável será fixado com base na média dos vencimentos ou remuneração dos últimos 12 (doze) meses de serviço que antecedam à aposentadoria, atualizando os respectivos valores.

Art. 154. As gratificações de função policial civil e de risco de vida incorporam-se ao provento de aposentadoria, desde que percebidas, sem interrupção, nos últimos 5 (cinco) anos anteriores à inatividade.

§ 1º As gratificações a que se refere este artigo poderão ainda ser incluídas no cálculo do provento, a razão de 1/35 (um trinta e cinco avos), por ano de efetivo exercício em atividade estritamente policial, quando percebidas por prazo inferior a 5 (cinco) anos consecutivos.

§ 2º Em se tratando de funcionário do sexo feminino, o cálculo referido no parágrafo anterior será feito à razão de 1/30 (um trinta avos).

CAPÍTULO XI
Da Disponibilidade

Art. 155. Extinto o cargo ou declarada pelo Poder Executivo a sua desnecessidade, o funcionário policial estável ficará em disponibilidade remunerada, com vencimentos proporcionais ao tempo de serviço e com as vantagens permanentes que estiver percebendo.

Parágrafo único. Restabelecido o cargo, ainda que modificada a sua denominação, será obrigatoriamente nele aproveitado o funcionário policial posto em disponibilidade.

Art. 156. A disponibilidade será determinada por decreto do Poder Executivo.

TÍTULO VII

CAPÍTULO ÚNICO
Da Assistência e Previdência

SEÇÃO I
Dos Benefícios e Serviços

Art. 157. O amparo assistencial e previdência do Estado ao funcionário policial e sua família compreenderá:
I. assistência médica ambulatorial, dentária, hospitalar e creche;
II. previdência e seguro social;
III. assistência judiciária;
IV. frequência a cursos de aperfeiçoamento e especialização profissional;
V. proteção à maternidade;
VI. pensões especiais.
§ 1º Os benefícios e serviços a que se referem os incisos I e II deste artigo serão prestados através do Instituto de Previdência e Assistência Jerônimo Monteiro, ao qual é obrigatoriamente filiado o funcionário policial.
§ 2º A assistência judiciária prevista no inciso III deste artigo será prestada pelo Estado ao funcionário policial, quando tenha este de responder a processo em juízo em razão do exercício do cargo.
§ 3º A proteção à maternidade consistirá no aproveitamento da gestante, a partir do 5º (quinto) mês de gestação, em função compatível com o seu estado e na não atribuição à mesma de serviço de plantão noturno durante o período de aleitação.

Art. 158. O tratamento do acidentado em serviço correrá às expensas dos cofres públicos.

Art. 159. Ao licenciado para tratamento de saúde que deva se deslocar do Estado para outro ponto do território nacional, por exigência de laudo médico, será concedido transporte por conta dos cofres estaduais, desde que, comprovadamente, não existirem condições locais para o atendimento da necessidade.

SEÇÃO II
Das pensões especiais

Art. 160. (Dispositivo revogado pela Lei Complementar nº 35, de 30 de julho de 1993).

Art. 161. Aos dependentes do funcionário policial cuja aposentadoria ou disponibilidade tenha sido cassada e que não disponha comprovadamente de economia própria, será concedida pensão, pelo Instituto de Previdência e Assistência Jerônimo Monteiro, em condições idênticas às dos demais pensionistas, enquanto o funcionário policial permanecer nesta situação.
Parágrafo único. Independente de benefício previsto neste artigo ficarão resguardados os direitos previdenciários dos dependentes, em caso de falecimento.

TÍTULO VIII

CAPÍTULO ÚNICO
Do Tempo De Serviço

Art. 162. A apuração do tempo de serviço será feita em dias.
§ 1º O número de dias será convertido em anos, considerando o ano como de 365 (trezentos e sessenta e cinco) dias.
§ 2º No caso de apuração para fins de aposentadoria e disponibilidade, feita a conversão a que se refere o parágrafo anterior, os dias restantes, se excederem a 182 (cento e oitenta e dois), serão arredondados para 1 (um) ano.

Art. 163. Considerando-se como de efetivo exercício, para todos os efeitos, ressalvadas as exceções previstas neste Estatuto ou em outras leis e regulamentos, os dias em que o funcionário se afastar do serviço em virtude de:
I. férias;
II. casamento, até 8 (oito) dias;
III. falecimento do cônjuge, pais, filhos, irmãos, avós e sogros, até 8 (oito) dias respeitando o disposto no art. 69;
IV. convocação para o serviço militar;
V. júri e outros serviços obrigatórios por lei;
VI. exercício de cargo efetivo, em substituição;
VII. exercício de cargo de governo ou administração na esfera estadual;

VIII. férias-prêmio, licença-prêmio;
IX. licença por doenças especificadas em lei;
X. licença à funcionária gestante;
XI. licença ao funcionário acidentado em serviço;
XII. licença ao funcionário acometido de doença profissional;
XIII. estudo ou missão oficial no território nacional ou no exterior, até 48 (quarenta e oito) meses;
XIV. convênio em que o Estado se comprometa a participar com pessoal;
XV. interregno entre a exoneração de um cargo, a dispensa ou a rescisão de contrato de trabalho com órgão público estadual e o exercício em outro cargo público, quando o interregno se constitua de dias não úteis;
XVI. doença de notificação compulsória, na forma da legislação específica;
XVII. suspensão preventiva, se inocentado afinal, ou quando do processo houver resultado tão somente pena de advertência;
XVIII. (Dispositivo revogado pela Lei Complementar nº 3, de 10 de janeiro de 1990).
XIX. trânsito para ter exercício em nova sede, na forma do artigo 31;
XX. frequência ao Curso de Formação Profissional, exigido para a primeira investidura, quando se tratar de funcionário que seja ocupante de cargo efetivo anteriormente;
XXI. frequência aos cursos da Escola de Polícia Civil posteriores ao ingresso no Quadro de Pessoal da Polícia Civil;
XXII. prestação de provas ou exames, quando se tratar de estudante em curso legalmente instruído, mediante;
XXIII. prestação de provas em concurso público estadual;
XXIV. exercício de cargo eletivo, federal, estadual e municipal, observado o disposto no artigo 54;
XXV. expressa determinação legal, em outros casos.
Art. 164. Contar-se-á integralmente para efeito de aposentadoria e disponibilidade, o tempo relativo a:
I. serviço federal, estadual, municipal, inclusive prestado em órgãos da administração indireta;
II. serviço ativo nas Forças Armadas e nas Auxiliares, computando-se pelo dobro o tempo prestado em operações de guerra;
III. serviço prestado sob qualquer forma de admissão, desde que remunerado pelos cofres públicos estaduais;
IV. frequência nos Cursos de Formação Profissional na Escola de Polícia Civil exigidos para primeira investidura em cargo da atividade policial;
V. o período em que o funcionário esteve aposentado ou em disponibilidade;
VI. períodos de férias não gozadas, desde que comprovada a necessidade de permanência do funcionário policial em serviço;
VII. serviço gratuito prestado ao Estado anteriormente à vigência da Lei nº 2.141, de 13 de outubro de 1965;
VIII. licença para tratamento da própria saúde;
IX. serviço militar e outros encargos da segurança nacional;
X. serviço prestado a instituição em caráter privativo, que tiver sido transformada em estabelecimento ou órgão de serviço público estadual, provado por documento expedido pelo próprio estabelecimento;
XI. exercício de mandato eletivo em período anterior à vigência da Constituição Federal de 1967.
§ 1º O tempo a que aludem os incisos I e II deste artigo, exceuando o relativo ao serviço prestado em unidade da administração direta do Poder Executivo Estadual, será computado à vista de certidões passadas com base em folha de pagamento.
§ 2º Somente será admitida a contagem de tempo de serviço apurado através de justificação judicial quando se verificar a inexistência de elementos comprobatórios do exercício de frequência.
§ 3º Será contado em dobro o tempo a que alude o inciso VI deste artigo.
Art. 165. É vedada a contagem, para quaisquer efeitos, de tempo de serviço prestado concorrente ou simultaneamente em 2 (dois) ou mais cargos ou empregos de regime de acumulação, salvo em relação a cada um dos cargos, isoladamente.
Art. 166. O tempo de serviço certificado e o tempo justificado judicialmente serão registrados nos assentamentos do funcionário, ficando vinculados ao cargo no qual se averbou.
Parágrafo único. O tempo a que se refere este artigo não poderá ser desmembrado para ser averbado em mais de um cargo.

TÍTULO IX
Do Direito ee Petição

CAPÍTULO I
Da Formalização dos Expedientes

Art. 167. É assegurado ao funcionário policial o direito de requerer e o de representar.

Art. 168. O requerimento será dirigido à autoridade competente para decidir e encaminhado por intermédio daquela a que estiver imediatamente subordinado o requerente.

Art. 169. O pedido de reconsideração será dirigido à autoridade que houver expedido o ato ou proferido a primeira decisão, não podendo ser renovado, a menos que não seja examinado o mérito, quando apresentados novos argumentos.

Parágrafo único. O requerimento e o pedido de reconsideração de que tratam os artigos precedentes deverão ser despachados no prazo de 8 (oito) dias e decididos dentro de 30 (trinta) dias, improrrogáveis.

Art. 170. Caberá recurso:
I. do indeferimento do pedido de reconsideração;
II. das decisões sobre recursos sucessivamente interpostos;
III. da imposição de pena disciplinar.

Parágrafo único. O recurso será dirigido à autoridade ou colegiado imediatamente superior ao que houver expedido o ato ou proferido a decisão.

CAPÍTULO II
Da Prescrição

Art. 171. O direito de pleitear na esfera administrativa e o evento punível prescreverão:
I. em 2 (dois) anos:
a) quanto aos atos de demissão e cassação de aposentadoria e disponibilidade, e quando pela aplicação do art. 174, resultar prazo menor;
b) quanto ao direito à readmissão e a revisão de processo administrativo;
c) quanto aos atos que impliquem em pagamento de vantagens pecuniárias devidas pela Fazenda Pública, inclusive diferenças e restituições.
II. em 1 (um) ano;
a) quanto à falta de que trata o inciso VIII do artigo 204;
b) quanto às faltas sujeitas às penas de advertência e suspensão;
III. em 180 (cento e oitenta) dias, nos demais casos.

Art. 172. O prazo da prescrição contar-se-á da data da publicação oficial ao ato impugnado ou, quando esta for dispensada; da data da ciência do interessado, a qual deve constar o processo respectivo.

§ 1º Para a readmissão, a prescrição contar-se-á da data da publicação do ato de exoneração e, para a revisão do processo administrativo, da data em que forem conhecidos os atos ou circunstâncias que derem motivo ao pedido de revisão.

§ 2º Em se tratando de evento punível, o curso da prescrição começa a fluir da data do referido evento e interrompe-se pela abertura da sindicância ou do processo administrativo disciplinar.

Art. 173. O pedido de reconsideração e o recurso, quando cabíveis, interrompem a prescrição até (duas) vezes.

Parágrafo único. A prescrição interrompida recomeça a correr pela metade do prazo, da data do ato que a interrompeu ou do termo do respectivo processo.

Art. 174. A falta também prevista na lei penal como crime prescreverá juntamente com este.

Art. 175. O funcionário policial que recorrer ao Poder Judiciário ficará obrigado a comunicar essa iniciativa a seu chefe imediato, dentro de 8 (oito) dias, juntando cópia da petição, sob pena de punição.

Art. 176. São fatais e improrrogáveis os prazos estabelecidos neste capítulo.

TÍTULO X
Das Incompatibilidades e da Hierarquia Policial

CAPÍTULO I
Dos Impedimentos e da Suspeição

Art. 177. Os Delegados de Polícia não poderão servir nas sedes de comarca, nas quais o Juiz ou Promotor de Justiça cônjuge, ascendente ou colateral até 3º grau por consanguinidade ou afinidade.

Parágrafo único. Excetuam-se as unidades, órgãos ou serviços situados na Comarca da Capital ou em Comarca onde haja mais de uma Vara Criminal.

Art. 178. Os Delegados de Polícia dar-se-ão por impedidos de funcionar em procedimentos onde qualquer das partes seja seu parente consanguíneo ou afim até 3º grau, e, por suspeitos se forem amigos íntimos ou inimigos de qualquer das partes ou tiverem interesse direto ou indireto na causa.

CAPÍTULO II
Da Hierarquia Policial Civil

Art. 179. A função policial, pelas suas características e finalidades, fundamenta-se na hierarquia e na disciplina.
§ 1º A hierarquia policial civil é ordenação das autoridades, em diferentes níveis; segundo a composição do organismo da Polícia Civil e a classificação dos cargos dentro da estrutura do Quadro de Pessoal da Polícia Civil.
§ 2º A disciplina policial civil é a rigorosa observância e o acatamento das leis, regulamentos e normas de serviço.
Art. 180. A hierarquia da função prevalece sobre a hierarquia do cargo.
§ 1º A ordenação dos cargos se faz por escalonamento vertical, de acordo com os padrões de vencimentos fixados em lei, entendendo-se que os funcionários policiais de padrão mais elevado tem precedência hierárquica sobre os de padrão inferior, quando exercerem funções no mesmo órgão ou prestarem serviços em conjunto.
§ 2º Na igualdade de padrões, prevalecerá a superioridade do mais antigo.
§ 3º Fora do mesmo órgão, a hierarquia é apenas de ordem disciplinar.
§ 4º A hierarquia da função tem por base a posição das unidades administrativas na estrutura organizacional da Polícia Civil e em relação ao titular da Secretaria de Estado da Segurança Pública, entendendo-se que os dirigentes de cada órgão se subordinam às chefias que lhes sejam superiores e os funcionários policiais às autoridades sob as quais servirem.
Art. 181. Os funcionários policiais integrantes do Quadro de Pessoal da Polícia Civil e demais funcionários em exercício em órgãos policiais civis, sediados no interior do Estado, ficam subordinados à autoridade policial local.
Art. 182. Nos serviços em que intervier o trabalho de equipe, os funcionários especializados, técnico-científicos e administrativos ficam subordinados à autoridade policial que presida ao procedimento formal.

TÍTULO XI
Do Regime Disciplinar

CAPÍTULO I
Da Acumulação

Art. 183. Ao funcionário policial é vedado exercer outra atividade, qualquer que seja a forma de admissão, remunerada ou não, em entidade pública ou empresa privada, ressalvada a prática profissional em estabelecimento hospitalar, para os ocupantes de cargos de carreira Médico Legista, o magistério da Escola de Polícia Civil, a participação em órgão de deliberação coletiva e o encargo de auxiliar ou membro de banca ou comissões de concurso, assegurado, porém, o direito dos atuais ocupantes de dois cargos públicos em regime de acumulação legal remunerada. Vetado.
Parágrafo único. A ressalva prevista neste artigo fica necessariamente condicionada à compatibilidade de horários.

CAPÍTULO II
Da Responsabilidade

Art. 184. Pelo exercício irregular de suas atribuições, o funcionário policial responde civil, penal e administrativamente.
Art. 185. A responsabilidade civil decorre de procedimento doloso ou culposo; que importe em prejuízo da Fazenda Estadual ou terceiros.
§ 1º A indenização do prejuízo causado à Fazenda Estadual poderá ser liquidada mediante desconto em prestações mensais não excedentes da décima parte do vencimento, à míngua de outros bens que respondam pela indenização.
§ 2º Tratando-se de dano causado a terceiros, responderá o funcionário perante a Fazenda Estadual, em ação regressiva proposta depois de transitar em julgado a decisão de última instância, que houver condenado a Fazenda a indenizar o terceiro prejudicado.
Art. 186. A responsabilidade penal abrange os crimes e contravenções imputados ao funcionário policial nessa qualidade.

Art. 187. A responsabilidade administrativa resulta de atos ou omissões praticados no desempenho do cargo ou função.

Art. 188. As cominações civis, penais e disciplinares poderão cumular-se sendo umas e outras independentes entre si, bem assim as instâncias civil, penal e administrativa.

Art. 189. As faltas disciplinares cometidas por policiais militares postos à disposição de órgãos da Polícia Civil ou que se encontrem na execução de serviços vinculados a autoridade policial civil, serão levadas pela própria autoridade responsável pelo serviço ao conhecimento do organismo a que pertençam, para o fim de que a apuração das faltas seja promovida de acordo com os regulamentos específicos de cada órgão.

Art. 190. Nas ações policiais, cabe ao superior hierárquico a responsabilidade integral das decisões que tomar ou de atos que praticar, inclusive de missões e ordens por ele expressamente determinadas.

Parágrafo único. No cumprimento da ordem emanada de autoridade superior, o agente executante não fica exonerado da responsabilidade pelos excessos que cometer.

Art. 191. Cometerá falta de natureza grave o superior hierárquico que dificultar, impedir ou de alguma forma frustrar a aplicação de penalidade disciplinar.

CAPÍTULO III

Das Transgressões Disciplinares

Art. 192. Constituem transgressões disciplinares:
I. falta de assiduidade ou impontualidade habituais;
II. divulgar ou propiciar divulgação de fatos ocorridos na repartição bem como a de boatos e notícias tendenciosas;
III. deixar habitualmente de saldar dívidas legítimas ou de pagar com regularidade pensões a que esteja obrigado em virtude de decisão judicial;
IV. contrair dívidas ou assumir compromissos superiores à suas possibilidades financeiras comprometendo o bom nome da organização policial civil;
V. deixar de portar sua credencial oficial, estando ou não em serviço;
VI. permutar o serviço sem expressa permissão da autoridade competente;
VII. concorrer de qualquer forma para a defesa de interesse de pessoa custodiada ou presa, fora dos casos previstos em lei;
VIII. manter relações de amizade ou exibir-se em público com pessoa de má reputação ou de notórios e desabonadores antecedentes criminais, salvo em razão do serviço;
IX. frequentar, fora do serviço lugar incompatível com o decoro da função policial;
X. deixar, sem justa causa, de submeter-se à inspeção médica determinada por lei ou pela autoridade competente;
XI. negligenciar a utilização e guarda de objetos pertencentes à repartição policial e que, em decorrência da função ou para seu exercício, lhe hajam sido confiados, possibilitando que os danifiquem ou extraviem;
XII. deixar de tratar com deferência e urbanidade devidas, intencionalmente ou por negligência, os superiores hierárquicos e os subordinados;
XIII. deixar de exercer a autoridade compatível à sua classe, cargo ou função ou prevalecer-se, abusivamente, da condição de funcionário policial;
XIV. comparecer a qualquer ato de serviço em visível estado de embriaguez ou ingerir bebidas alcoólicas durante o mesmo;
XV. deixar de assumir no prazo legal, a função para a qual foi designado;
XVI. faltar ou chegar atrasado ao serviço e deixar de participar, com antecedência, à autoridade a que estiver subordinado, a impossibilidade de comparecer à repartição, salvo motivo plenamente justificável;
XVII. não se apresentar ao serviço, sem motivo justo, ao fim de licença, de qualquer natureza, férias, dispensa de serviço, ou ainda, depois de saber que qualquer delas foi interrompida por ordem legal e superior;
XVIII. simular doença, para esquivar-se ao cumprimento do dever;
XIX. deixar de frequentar, com assiduidade, cursos instituídos pela Escola de Polícia Civil, quando esteja matriculado;
XX. expedir credenciais para terceiros desempenharem funções privativas da Polícia Civil;
XXI. deixar de concluir, nos prazos legais, sem justo motivo, procedimentos investigatórios ou disciplinares;
XXII. negligenciar parte, queixa, representação ou procedimentos administrativos ou criminais;
XXIII. deixar de atender prontamente:
a) as requisições das autoridades judiciárias;

b) os pedidos de certidões para defesa de direito subjetivo, devidamente indicado;

c) as intimações judiciais sem motivo justificado;

XXIV. escusar-se a prestar depoimento, ser acareado ou executar trabalho solicitado para instruir processo administrativo disciplinar;

XXV. omitir-se no zelo da integridade física ou moral dos presos ou negligenciar na sua guarda;

XXVI. atribuir-se a qualidade de representante de qualquer órgão da Secretaria de Estado da Segurança Pública ou de seus dirigentes, sem estar expressamente autorizado;

XXVII. valer-se do cargo fim ostensivo ou velado do obter proveito para si ou terceiros;

XXVIII. exercer, a qualquer título, atividade pública ou privada, profissional ou liberal estranha a de seu cargo ressalvados os casos previstos em lei;

XXIX. maltratar preso sob sua guarda ou submeter pessoa sob sua custódia a vexame ou constrangimento ou arrebatá-lo, para o mesmo fim, de quem o tenha sob custódia ou guarda;

XXX. praticar violência no exercício da função policial ou a pretexto de exercê-la;

XXXI. facilitar fuga de pessoa legalmente presa ou submetida a medida de segurança detentiva;

XXXII. auxiliar autor de crime e esquivar-se à ação policial;

XXXIII. extraviar ou retirar, modificar ou substituir, sem prévia autorização da autoridade competente, qualquer documento ou objeto da repartição;

XXXIV. dar, ceder ou emprestar insígnia ou cédula de identidade funcional, a quem não exerça cargo policial;

XXXV. referir-se de modo depreciativo às autoridades e a atos da administração púbica, qualquer que seja o meio ou condição empregados para este fim, salvo quando em trabalho assinado, apreciando atos destas autoridades, sob o ponto de vista doutrinário com ânimo construtivo;

XXXVI. deixar de acatar ou cumprir ordens emanadas de autoridades competentes; Vetado

XXXVII. indispor funcionário contra seus superiores hierárquicos ou provocar velada ou ostensivamente animosidade entre os servidores policiais civis;

XXXVIII. deixar de cumprir na esfera de suas atribuições leis e os regulamentos;

XXXIX. recusar-se ilegitimamente a aceitar encargos inerentes à classe, bem como os de membro de comissão encarregada da apuração de infrações disciplinares, para os quais tenha sido designado, salvo os encargos de confiança ou exceções previstas em lei;

XL. abandonar o serviço para o qual haja sido designado;

XLI. ofender moralmente qualquer pessoa no recinto da repartição;

XLII. aconselhar ou concorrer para não ser cumprida qualquer ordem de autoridade competente, ou para que seja retardada a sua execução;

XLIII. provocar a paralisação, total ou parcial de serviço policial, ou dela participar;

XLIV. participar de gerência ou administração de empresa privada, qualquer que seja sua finalidade;

XLV. exercer comércio ou participar de atividade comercial ou industrial, salvo como acionista, cotista ou comanditário;

XLVI. faltar com a verdade no exercício de suas funções;

XLVII. enunciar, falsa ou tendenciosamente, parte, queixa ou representação;

XLVIII. fazer afirmação falsa, negar ou calar a verdade como testemunha, perito ou médico legista, em processo disciplinar, judicial ou policial;

XLIX. omitir ou declarar falsamente conceito sobre funcionário policial em regime de estágio experimental;

L. favorecer ou prejudicar alguém por evidente má-fé, no preenchimento de boletins de merecimento ou retardar o andamento de papéis de promoção ou acesso;

LI. dar causa à instauração de sindicância ou processo disciplinar, imputando a qualquer funcionário infração de que o saiba inocente;

LII. fazer uso indevido da arma que lhe haja sido confiada para o serviço;

LIII. permitir, por ação ou omissão, que presos conservem em seu poder objetos que possam causar danos nas dependências a que estejam recolhidos ou produzir lesões em terceiros;

LIV. deixar de comunicar à autoridade competente ou a quem a esteja substituindo, informação que tiver de iminente perturbação da ordem pública ou da boa marcha do serviço, tão logo disso tenha conhecimento;

LV. dificultar ou deixar de levar ao conhecimento da autoridade competente, por via hierárquica e em 24 (vinte e quatro) horas, queixa, representação, petição, recurso ou documento que houver recebido, se não estiver em sua alçada resolvê-los;

LVI. esquivar-se, na ausência da autoridade competente, de atender a ocorrências passíveis de intervenção policial que presencie ou que tenha conhecimento imediato, mesmo fora da escala de serviço;

LVII. deixar de comunicar, imediatamente à autoridade competente, faltas ou irregularidades que haja presenciado ou tenha tido ciência;

LVIII. dar causa, intencionalmente, ao extravio ou danificação de objetos, livros e material de expediente, pertencentes à repartição policial e que estejam confiados à sua guarda ou não;

LIX. utilizar, ceder ou permitir que outrem use objetos arrecadados, recolhidos ou apreendidos pela polícia;

LX. adquirir, para revenda, de associação de classe ou entidade beneficentes em geral, gêneros ou quaisquer outras mercadorias;

LXI. praticar ato lesivo à honra ou ao patrimônio de pessoa natural ou jurídica, no uso de suas atribuições legais;

LXII. atentar, com abuso de autoridade ou prevalecendo-se dela contra inviolabilidade de domicílio;

LXIII. praticar ato que importe em escândalo ou que concorra para comprometer a instituição ou função policial;

LXIV. portar-se sem compostura em lugar público;

LXV. tomar parte de jogos proibidos ou jogar os permitidos, em recinto policial, de modo a comprometer a dignidade funcional;

LXVI. deixar de comunicar imediatamente ao Juiz competente a prisão em flagrante de qualquer pessoa;

LXVII. levar à prisão e nela conservar quem quer que se proponha a prestar fiança permitida em lei;

LXVIII. cobrar carceragem, custas, emolumentos ou qualquer despesa não autorizada em lei;

LXIX. participar de atividades político partidárias, salvo se licenciado para tratar de interesse particular, observadas as exceções previstas em lei;

LXX. divulgar os assuntos policiais e de segurança de modo a prejudicar o andamento de investigações ou trabalhos policiais e quebrar sigilo sobre planos, dispositivos de segurança ou recursos disponíveis, sem prévia autorização superior;

LXXI. desrespeitar ou procrastinar o cumprimento de ordem judicial, bem como criticá-la;

LXXII. acumular cargos públicos, ressalvadas as exceções previstas neste estatuto;

LXXIII. suscitar, exigir ou receber propinas, comissões, presentes ou auferir vantagens e proveitos pessoais de qualquer espécie, para si ou para outrem e sob qualquer pretexto, em razão das atribuições do cargo que exerce;

LXXIV. cometer a pessoa estranha à repartição, fora dos casos previstos em lei, o desempenho de encargos que lhe competirem ou a seus subordinados;

LXXV. falsificar ou usar documentos que saiba falsificados;

LXXVI. praticar a usura, ou qualquer de suas formas;

LXXVII. pleitear, como procurador ou intermediário junto a repartições públicas;

LXXVIII. praticar ofensa física fora do serviço, mas em razão dele, contra funcionário vetado, salvo em legítima defesa;

LXXIX. entregar-se à prática de jogos proibidos, ao vício da embriaguez ou ao uso de substâncias que provoquem dependência física ou psíquica;

LXXX. (Dispositivo revogado pela Lei Complementar nº 3, de 10 de janeiro de 1990).

LXXXI. eximir-se, por displicência ou covardia, dos preceitos do código de Ética Policial.

Art. 193. As transgressões disciplinares classificam-se em:

I. leves;
II. médias;
III. graves.

§ 1º São de natureza leve as enumeradas no artigo 192, incisos I a X.

§ 2º São de natureza média as enumeradas no artigo 192, incisos XI a XXVIII.

§ 3º São de natureza grave as enumeradas no artigo 192, incisos XXIX a LXXXI.

CAPÍTULO IV
Das Penas Disciplinares

Art. 194. São penas disciplinares:

I. advertência;
II. (Dispositivo revogado pela Lei Complementar nº 3, de 10 de janeiro de 1990).
III. suspensão;

IV. destituição de função;
V. alteração compulsória de localização;
VI. demissão;
VII. cassação de aposentadoria ou de disponibilidade.

Parágrafo único. Todas as penas disciplinares aplicadas constarão do assentamento individual do servidor policial civil, devendo as previstas nos incisos III a VII ser oficialmente publicadas.

Art. 195. Na aplicação de qualquer pena disciplinar serão previamente considerados:
I. a natureza da transgressão, sua gravidade e as circunstâncias em que foi praticada;
II. os danos dela decorrentes para o serviço público;
III. a repercussão do fato;
IV. os antecedentes do funcionário;
V. a reincidência;
VI. as circunstâncias atenuantes;
VII. as circunstâncias agravantes;
VIII. as causas de justificação.

§ 1º São circunstâncias atenuantes da pena:
I. haver sido mínima a cooperação do funcionário no cometimento da infração;
II. ter o funcionário:
a) procurado espontaneamente e com eficiência, logo após o cometimento da infração, evitar-lhe ou minorar-lhe as consequências ou ter, antes do julgamento, reparado o dano civil;
b) haver cometido a infração sob coação irresistível de superior hierárquico ou sob influência de violenta emoção provocada por ato injusto de terceiros;
c) ter confessado espontaneamente a autoria da infração, ignorada ou imputada a outro;
d) ter mais de 5 (cinco) anos de serviço, com bom comportamento, antes da infração.

§ 2º São circunstâncias que agravam a pena, quando não constituam ou qualifiquem outra transgressão disciplinar;
III. reincidência;
IV. prática de transgressão durante a execução de serviço policial ou em prejuízo deste;
V. coação, instigação ou determinação para que outro funcionário policial, subordinado ou não, pratique a transgressão ou dela participe;
VI. impedir ou dificultar, de qualquer maneira, a apuração da falta funcional cometida.

VII. concurso de dois ou mais agentes na prática da transgressão;
VIII. premeditação.

§ 3º São causas de justificação:
IX. motivo de força maior, plenamente comprovado;
X. ter sido cometida a transgressão na prática de ação meritória, no interesse do serviço, da ordem ou da segurança pública.

§ 4º (Dispositivo revogado pela Lei Complementar nº 3, de 10 de janeiro de 1990).

Art. 196. A aplicação das penas de suspensão superior a 60 (sessenta) dias, demissão, cassação de aposentadoria ou disponibilidade será sempre precedida de processo administrativo disciplinar.

Art. 197. A aplicação das penas de suspensão até 60 (sessenta) dias, de destituição de função, de alteração compulsória de localização e de advertência será precedida de investigação sumária.

Art. 198. (Dispositivo revogado pela Lei Complementar nº 3, de 10 de janeiro de 1990).

Art. 199. O ato punitivo mencionará sempre os fundamentos da penalidade, bem como, se tratando de demissão, o período de incompatibilidade para o exercício de outro cargo ou função.

Parágrafo único. A incompatibilidade referida neste artigo será:
a) de 2 (dois) anos a 4 (quatro) anos, quando se tratar de demissão simples;
b) de 5 (cinco) a 10 (dez) anos, quando a demissão for aplicada com nota "a bem do serviço público".

Art. 200. A pena de advertência será sempre aplicada por escrito ao infrator destinando-se às faltas consideradas leves.

Art. 201. A pena de suspensão será aplicada nos casos de:
I. reincidência de faltas leves;
II. faltas médias;
III. faltas graves, quando couber pena de demissão.

§ 1º A pena de suspensão importa na perda total da remuneração correspondente aos dias que durar.

Art. 202. A destituição de função terá por fundamento a falta de exação no cumprimento do dever.

Art. 203. A pena de alteração compulsória de localização será aplicada quando constatada a incompatibilidade ou inconveniência de permanecer o funcionário policial no exercício de suas atividades em determinado órgão ou localidade.

Art. 204. A pena de demissão será aplicada quando caracterizar:
I. crime contra os costumes ou contra o patrimônio e que por sua natureza e configuração, seja considerado como infamante, de modo a incompatibilizar o funcionário policial para o exercício do cargo ou função;
II. tráfico ilícito de substâncias entorpecentes ou que determinem dependência física ou psíquica;
III. lesão aos cofres públicos e dilapidação ao patrimônio estadual;
IV. ameaça ou ofensa física em serviço, contra superior hierárquico, funcionário vetado ou particular, salvo se em legítima defesa;
V. aplicação irregular de dinheiro público;
VI. insubordinação grave em serviço;
VII. abandono do cargo, como tal entendida a ausência ao serviço, sem causa justificada, por mais de 30 (trinta) dias consecutivos;
VIII. ausência ao serviço sem causa justificada, por mais de 45 (quarenta e cinco) dias, não consecutivos, no decurso de 1 (um) ano;
IX. transgressões dos incisos XXIX a LXXXI do artigo 192;
X. outros crimes contra a administração pública.
Parágrafo único. Poderá ser ainda aplicada a pena de demissão ocorrendo contumácia na prática de transgressões disciplinares, de qualquer natureza, desde que o funcionário policial tenha sido punido com pena de suspensão, por mais de 3 (três) vezes.

Art. 205. Atendendo-se à gravidade da falta, a demissão poderá ser aplicada com a nota "a bem do serviço público", a qual constará sempre dos atos de demissão fundada nos incisos I, II, e IV do artigo 204 e nos incisos XLVIII, LVIII, LXXI, LXXIII, LXXV e LXXIX, do artigo 192.

Art. 206. Serão cassadas do funcionário policial, a quem for atribuída transgressão punível com pena de demissão, as prerrogativas de uso da insígnia e identificação funcional e o porte de armas, durante o período em que esteja respondendo ao competente processo administrativo disciplinar.
Parágrafo único. O não atendimento à determinação deste artigo implica em suspensão de vencimento ou remuneração do indiciado, sem prejuízo das demais sanções disciplinares cabíveis.

Art. 207. A cassação de aposentadoria ou disponibilidade será aplicada ao funcionário policial se ficar provado que o mesmo praticou, ainda no exercício do cargo, falta a que é cominada a pena de demissão, ou que exerce, ilegalmente, cargo, função ou emprego público.

Art. 208. Ocorrendo a perda de função pública do funcionário policial, em razão de sentença condenatória transitada em julgado, será expedido pelo Governador do Estado ato declaratório de sua desinvestidura.

CAPÍTULO V
Da Competência Para Imposição de Penalidades

Art. 209. Para imposição das penas disciplinares são competentes:
I. o Governador do Estado e o Secretário de Estado da Segurança Pública, em qualquer caso;
II. Conselho de Polícia Civil, nos casos previstos no artigo 196;
III. o Delegado Chefe da Polícia Civil, nos casos previstos no artigo 197;
IV. o Delegado de Polícia nos casos previstos no artigo 200.

CAPÍTULO VI
Da Prisão Administrativa

Art. 210. (Dispositivo revogado pela Lei Complementar nº 3, de 10 de janeiro de 1990).

CAPÍTULO VII
Da Suspensão Preventiva

Art. 211. A suspensão preventiva será ordenada pelo Secretário de Estado da Segurança Pública ou pelo Delegado Chefe da Polícia Civil, quando o afastamento do funcionário policial, de suas funções, seja considerado necessário:
a) para assegurar as condições de não interferência do funcionário policial na elucidação de fatos havidos como transgressões que lhe sejam imputados;
b) para evitar evasão que provoque dilação ou dificulte os procedimentos elucidatórios;
c) para manter a hierarquia e a disciplina da instituição policial civil;
d) para garantir a paz pública e a credibilidade da sociedade civil na instituição policial civil.

§ 1º (Dispositivo revogado pela Lei Complementar nº 3, de 10 de janeiro de 1990).

§ 2º Nas faltas em que a pena aplicável seja a de demissão, o funcionário policial poderá ser suspenso preventivamente, em qualquer fase do processo administrativo disciplinar, até a decisão final.

§ 3º O funcionário policial suspenso preventivamente não poderá ausentar-se por mais de 3 (três) dias da localidade em que tenha exercício, sem expressa autorização do presidente da Comissão de Processo Disciplinar que estiver realizando o inquérito, sob pena de se tornar revel.

CAPÍTULO VIII

Da Ação Disciplinar

SEÇÃO I
Das apurações preliminares

Art. 212. A autoridade que tiver ciência de irregularidade ou transgressão a preceitos disciplinares, cometida por servidor policial civil é obrigada a iniciar sua apuração no prazo máximo de 5 (cinco) dias em se tratando de subordinado seu, ou não sendo, de comunicar, no prazo de 48 (quarenta e oito) horas à Corregedoria-Geral da Polícia Civil, sob pena de conivência.

§ 1º A apuração será feita através de investigação sumária que, se for o caso, servirá de base para a instauração de processo administrativo disciplinar.

§ 2º Do que for apurado, será dada ciência ao Delegado chefe da Polícia Civil, através de relatório que conterá:
a) data, modo e circunstância em que teve notícia do ato ou fato;
b) descrição do ocorrido, da forma pela qual teve conhecimento;
c) nome do funcionário ou funcionários policiais envolvidos;
d) nomes de testemunhas, se houver.

Art. 213. Compete ao Delegado Chefe da Polícia Civil, à vista do relatório:
a) aplicar a penalidade cabível;
b) remeter relatório, via Corregedoria-Geral da Polícia Civil, ao Conselho de Polícia Civil, para instauração do processo administrativo disciplinar;
c) remeter o relatório ao Secretário de Estado da Segurança Pública, para a abertura do processo administrativo disciplinar.

Art. 214. Na hipótese de prática de delito em concurso, entre funcionário policial e funcionário estranho à Polícia civil, o Secretário de Estado da Segurança Pública dará ciência do fato e suas circunstâncias ao órgão a que pertencer o último, para as medidas administrativas cabíveis.

SEÇÃO II

Art. 215. (Dispositivo revogado pela Lei Complementar nº 3, de 10 de janeiro de 1990).

Art. 216. (Dispositivo revogado pela Lei Complementar nº 3, de 10 de janeiro de 1990).

SEÇÃO III
Do processo administrativo disciplinar

Art. 217. O processo administrativo disciplinar será instaurado mediante portaria do Presidente do Conselho da Polícia Civil, à vista do contido no relatório de investigação sumária.

Art. 218. O processo será promovido por uma comissão de 3 (três) funcionários policiais efetivos, especialmente designados, devendo o presidente ser de nível hierárquico igual ou superior ao do indiciado e ocupante, de preferência, do cargo de Delegado de Polícia.

Art. 219. Compete ao Conselho de Polícia Civil a designação da Comissão de Processo Disciplinar.

Art. 220. O prazo para realização do processo administrativo disciplinar será de 30 (trinta) dias, prorrogável por igual período, a juízo do Conselho de Polícia Civil.

Art. 221. O indiciado será citado, com prazo de 3 (três) dias para apresentar-se à Comissão em dia, hora e local definidos, acompanhado ou não de defensor constituído, com a finalidade de:
a) ser interrogado;
b) juntar as provas que tiver;
c) ouvir o depoimento de, no máximo 3 (três) testemunhas;
d) requerer diligências, desde que não protelatórias.

§ 1º Em qualquer fase da instauração do processo será permitida a intervenção de defensor constituído, sem prejuízo dos atos já realizados.

§ 2º Achando-se o indiciado em lugar incerto e não sabido será citado por edital.

Art. 222. (Dispositivo revogado pela Lei Complementar nº 3, de 10 de janeiro de 1990).

Art. 223. Nenhum funcionário policial poderá recusar-se a prestar depoimento, ser acareado ou executar trabalho de sua competência solicitado por Comissão de Processo Disciplinar.
Parágrafo único. A Comissão de Processo Disciplinar poderá solicitar às autoridades competentes a adoção de meios compulsórios para o comparecimento de testemunhas que devam depor ou ser acareadas e a isso se recusem.
Art. 224. Ao indiciado revel será dado defensor, devendo a designação deste recair em servidor de igual ou superior hierarquia.
Art. 225. Constituem prova no processo administrativo disciplinar:
a) a confissão;
b) o testemunho;
c) os exames periciais;
d) os documentos púbicos e particulares;
e) os indícios veementes.
§ 1º A prova das alegações incumbirá a quem a fizer.
§ 2º A juntada de documentos será permitida a qualquer tempo até as alegações finais.
Art. 226. Se houver dúvida quanto à integridade mental do acusado em qualquer fase do processo, será ele submetido a exame por junta médica, servindo o procedimento disciplinar, se for o caso, para instruir o processo de aposentadoria.
Art. 227. Durante o processo administrativo disciplinar, verificando a Comissão a configuração de fato que tipifique ilícito penal, encaminhará ao Delegado Chefe da Polícia Civil, por cópia, as peças necessárias à instauração simultânea do respectivo inquérito policial, fazendo consignar nos autos essa iniciativa.
Art. 228. Encerrada a instrução, o indiciado ou seu procurador, apresentará, no prazo de 5 (cinco) dias, as alegações finais.
Art. 229. As conclusões do processo administrativo disciplinar constarão de relatório, no qual a comissão encarregada se pronunciará sobre a inocência ou responsabilidade do indiciado, indicando, se a hipótese for esta última, o dispositivo legal ou regulamentar transgredido.
Art. 230. O processo será julgado pelo Conselho de Polícia Civil, preferindo o relator seu voto na primeira SEÇÃO subsequente.
§ 1º Da decisão caberá recurso ao Conselho Estadual de Segurança Pública.

§ 2º Em hipótese alguma o processo poderá ser sobrestado para aguardar a decisão da ação penal ou civil.
Art. 231. (Dispositivo revogado pela Lei Complementar nº 3, de 10 de janeiro de 1990).
Art. 232. Até o encerramento do processo disciplinar, não poderá ser determinada nova localização para o indiciado, não sendo permitido ao mesmo ausentar-se por mais de 3 (três) dias da localidade onde tiver exercício, sem expressa autorização do Presidente da Comissão que estiver realizando o inquérito, sob pena de se tornar revel.
Art. 233. Findo o processo, se provada a inocência do funcionário, publicar-se-á ato declaratório dando divulgação da apuração final.
Art. 234. O funcionário policial acusado de abandono de cargo só poderá reassumir o exercício após o término do respectivo processo administrativo disciplinar e, se provada a sua inocência, hipótese em que a reassunção se verificará com direito à percepção da remuneração correspondente ao período de afastamento.
Art. 235. O funcionário policial submetido a processo administrativo disciplinar somente poderá ser exonerado a pedido, após conclusão absolutória do procedimento disciplinar.

CAPÍTULO IX
Da Revisão

Art. 236. Poderá ser requerida a revisão de processo administrativo disciplinar, de que haja resultado aplicação de penalidade na hipótese do surgimento de novas provas.
Parágrafo único. Tratando-se de funcionário policial falecido ou desaparecido, a revisão poderá ser requeria por qualquer das pessoas constantes de seu assentamento individual.
Art. 237. A revisão correrá em apenso ao processo originário. O requerimento será dirigido ao Secretário de Estado da Segurança Pública e por ele determinado o processamento.
Parágrafo único. O julgamento da revisão cabe ao Conselho Estadual de Correição do Poder Executivo CONSECOR, nos casos de pena de demissão e de cassação de aposentadoria ou disponibilidade e, ao Secretário de Estado de Segurança Pública e Defesa Social, nos demais casos.

Art. 238. Da revisão não poderá decorrer agravação das penalidades originariamente aplicadas, sendo, contudo, facultado à Administração determinar a instauração de processo disciplinar para apurar a responsabilidade do mesmo ou de outro funcionário vetado, em novos fatos que venham a ser conhecidos até a decisão do recurso.

Art. 239. Julgada procedente a revisão, tornar-se-á, sem efeito a penalidade imposta, restabelecendo-se todos os direitos por ela atingidos.

CAPÍTULO XII

Capítulo Único
Das Disposições Finais

Art. 240. Os integrantes das carreiras policiais e auxiliares terão regime especial de trabalho, sujeitos a plantões noturnos e a ser chamados a qualquer hora, estando proibidos de exercer outras atividades remuneradas, ressalvando o disposto no artigo 183.
Parágrafo único. Para os serviços realizados sob a forma de rodízio ou dependente de escala, o horário de trabalho bem como os períodos de descanso serão fixados na medida das necessidades do serviço policial e da natureza das funções.

Art. 241. As delegacias de Polícia das sedes de comarca serão obrigatoriamente dirigidas por Delegados de Polícia de Carreira, vetado.
Parágrafo único. A classificação dos cargos da carreira de Delegado de Polícia far-se-á por entrâncias, obedecida a classificação adotada para as comarcas do Estado.

Art. 242. Será mantida em exercício na Polícia Civil uma equipe de Delegados de Polícia, com a especial função de substituir os funcionários policiais, responsáveis pelas Delegacias, em seus impedimentos e ausência eventuais, cabendo-lhes executar, enquanto se encontrarem na sede da Polícia Civil, quaisquer atividades compatíveis com as atribuições do cargo e seu grau hierárquico, que lhe forem determinadas pelas autoridades competentes.

Art. 243. (Dispositivo revogado pela Lei Complementar nº 826, de 23 de junho de 2016).

Art. 244. As autoridades policiais, seus agentes e auxiliares ficam obrigados a residir no município sede da unidade policial em que prestarem serviços ou onde lhes tenha sido permitido, não podendo afastar-se sem prévia autorização superior, salvo para atos e diligências de seus encargos. (Vide ADPF nº 90, que declarou não recepcionada a expressão "não podendo afastar-se sem prévia autorização superior, salvo para atos e diligências de seus encargos". STF, Sessão Virtual de 27.03.2020 a 02.04.2020)

Art. 245. É vedado ao funcionário policial trabalhar sob ordens de cônjuge ou parente até o segundo grau civil, salvo quando não houver na localidade outra unidade policial.

Art. 246. O provimento de funções gratificadas com atribuições de natureza policial é privativo do ocupante de cargo do Quadro de Pessoal da Polícia Civil.

Art. 247. É vedado o provimento de cargo policial civil por ato de readmissão.

Art. 248. Os deslocamentos de funcionários policiais que envolvem escoltas de presos, de uma para outra localidade, por prazo superior a 6 (seis) horas, implicam na cobertura das despesas de alimentação dos custodiados, no limite previsto para os funcionários policiais responsáveis pelo guarda.

Art. 249. Os funcionários estranhos ao Quadro de Pessoal da Polícia Civil colocados à disposição de unidades policiais serão obrigatoriamente restituídos ao órgão de sua lotação, se sofrerem punição apurada em procedimento administrativo, disciplinar ou criminal.

Art. 250. O pessoal da Polícia Militar ou de outro órgão policial, quando em execução de atividades de policiamento ou posto à disposição da Polícia Civil, ficará funcionalmente submetido à autoridade policial competente, obrigando-se a cumprir-lhe às ordens, mas sujeito também às disposições regulamentares respectivas.
Parágrafo único. A fiscalização do cumprimento do disposto neste artigo compete à Corregedoria-Geral de Polícia Civil.

Art. 251. Os cursos de formação e de aperfeiçoamento ministrado pela Escola de Polícia Civil são de caráter obrigatório e complementares ao exercício funcional.
§ 1º O funcionário policial notificado de sua inscrição em determinado curso terá de comparecer à Escola de Polícia Civil na data prevista para apresentação, sendo vedada a concessão, no correspondente período de férias ou licença, a não ser por motivo de saúde.
§ 2º Durante os cursos, os funcionários policiais neles matriculados serão designados para unidades ou órgãos policiais que tornem possível a sua frequência às aulas e não serão desviados de suas

atribuições normais, exceto nos casos de matrículas em cursos intensivos, quando serão postos à disposição da Escola de Polícia Civil.

§ 3º Para a promoção à 3ª categoria, o funcionário policial deverá possuir Curso de Aperfeiçoamento feito pela Escola de Polícia Civil ou congênere de outro Estado ou da União.

Art. 252. A Polícia Civil fará expedir Cédula de Identidade Oficial e Funcional, assegurando inclusive a prerrogativa do inciso II do art. 62, complementada por dispositivo ou emblema identificador, aprovado por decreto do Poder Executivo.

Parágrafo único. O Delegado de Polícia, no exercício do cargo, deverá trajar-se de paletó e gravata.

Art. 253. O dia 12 de junho será consagrado ao servidor policial data dedicada a Domingos Martins, Patrono da Polícia Civil e assinalado com solenidade que proporcione a confraternização do funcionalismo e das instituições voltadas para a segurança pública do Estado.

Art. 254. Não se aplicam aos funcionários integrantes do Quadro de Pessoal da Polícia Civil as disposições da legislação relativa ao regime jurídico do funcionalismo civil do Estado.

Art. 255. Os funcionários aposentados em cargos de natureza policial e desde que tenham estado, quando em atividade, no efetivo desempenho das atribuições próprias do cargo, terão os seus proventos revistos para neles se incluir a gratificação de função policial e, para se incluir ou rever, o valor da gratificação de risco de vida, sem prejuízo dos direitos adquiridos.

Parágrafo único. Na revisão, será observado o critério de proporcionalidade estabelecido pelos parágrafos 1º e 2º do artigo 154.

Art. 256. (Dispositivo revogado pela Lei Complementar nº 3, de 10 de janeiro de 1990).

Art. 257. Vetado.

Art. 258. Para atender as despesas da presente Lei, fica o Poder Executivo autorizado a suplementar dotações orçamentárias, podendo para tanto, anular ou complementar, total ou parcialmente, dotações do orçamento em vigor.

Art. 259. O Poder Executivo expedirá os atos complementares à plena execução das disposições do presente Estatuto.

Art. 260. Esta Lei complementar entra em vigor na data de sua publicação.

Art. 261. Revogam-se as disposições em contrário.
Ordeno, portanto, a todas as autoridades que a cumprem e a façam cumprir como nela se contém.
O Secretário de Estado da Justiça faça publicá-la, imprimir o correr.
Palácio Anchieta, em Vitória 14 de janeiro de 1981.
EURICO VIEIRA DE REZENDE
Governador do Estado
NAMYR CARLOS DE SOUZA
Secretário de Estado da Justiça
MARCELO ANTÔNIO DE SOUZA BASILIO
Secretário de Estado da Administração o dos Recursos Humanos
GEN. BRIGADA R/1 JOSÉ PARENTE FROTA
Secretário de Estado da Segurança Pública
ORESTES SECOMANDI SONEGHET
Secretário de Estado da Fazenda

Lei Complementar Nº 129, de 8 de Novembro de 2013

Contém a Lei Orgânica da Polícia Civil do Estado de Minas Gerais – PCMG –, o regime jurídico dos integrantes das carreiras policiais civis e aumenta o quantitativo de cargos nas carreiras da PCMG.

O GOVERNADOR DO ESTADO DE MINAS GERAIS,

O Povo do Estado de Minas Gerais, por seus representantes, decretou e eu, em seu nome, promulgo a seguinte Lei Complementar:

TÍTULO I
Disposições Gerais

CAPÍTULO I
Disposições Preliminares

Art. 1. Esta Lei Complementar organiza a Polícia Civil do Estado de Minas Gerais – PCMG –, define sua competência e dispõe sobre o regime jurídico dos integrantes das carreiras policiais civis.

Art. 2. A PCMG, órgão autônomo, essencial à segurança pública, à realização da justiça e à defesa das instituições democráticas, fundada na promoção da cidadania, da dignidade humana e dos direitos e garantias fundamentais, tem por objetivo, no território do Estado, em conformidade com o art. 136 da Constituição do Estado, dentre outros, o exercício das funções de:

I. proteção da incolumidade das pessoas e do patrimônio;
II. preservação da ordem e da segurança públicas;
III. preservação das instituições políticas e jurídicas;
IV. apuração das infrações penais e dos atos infracionais, exercício da polícia judiciária e cooperação com as autoridades judiciárias, civis e militares, em assuntos de segurança interna.

Art. 3. A PCMG reger-se-á pelos princípios constitucionais da legalidade, impessoalidade, moralidade, publicidade e eficiência e deve ainda observar, na sua atuação:

I. a promoção dos direitos humanos;
II. a participação e interação comunitária;
III. a mediação de conflitos;
IV. o uso proporcional da força;
V. o atendimento ao público com presteza, probidade, urbanidade, atenção, interesse, respeito, discrição, moderação e objetividade;
VI. a hierarquia e a disciplina;
VII. a transparência e a sujeição a mecanismos de controle interno e externo, na forma da lei;
VIII. a integração com órgãos de segurança pública do Sistema de Defesa Social.

Art. 4. Além dos princípios referidos no art. 3º, orientam a investigação criminal e o exercício das funções de polícia judiciária, a indisponibilidade do interesse público, a finalidade pública, a proporcionalidade, a obrigatoriedade de atuação, a autoridade, a oficialidade, o sigilo e a imparcialidade, observando-se ainda:

I. a investidura em cargo de carreira policial civil;
II. a inevitabilidade da atuação policial civil;
III. a inafastabilidade da prestação do serviço policial civil;
IV. a indeclinabilidade do dever de apurar infrações criminais;
V. a indelegabilidade da atribuição funcional do policial civil;
VI. a indivisibilidade da investigação criminal;
VII. a interdisciplinaridade da investigação criminal;
VIII. a uniformidade de procedimentos policiais;
IX. a busca da eficiência na investigação criminal e a repressão das infrações penais e dos atos infracionais.

Art. 5. À PCMG é assegurada autonomia administrativa e financeira, cabendo-lhe, especialmente:

I. elaborar a sua programação financeira anual e acompanhar e avaliar sua implantação, segundo as dotações consignadas no orçamento do Estado;
II. executar contabilidade própria;
III. adquirir materiais, viaturas e equipamentos específicos.

Parágrafo único. As atividades de planejamento e orçamento e de administração financeira e contabilidade subordinam-se administrativamente ao Chefe da PCMG e tecnicamente às Secretarias de Estado de Planejamento e Gestão e de Fazenda, respectivamente.

Art. 6. A investigação criminal tem caráter técnico-jurídico-científico e produz, em articulação com o sistema de defesa social, conhecimentos e indicadores sociopolíticos, econômicos e culturais que se revelam no fenômeno criminal.

Art. 7. O exercício da investigação criminal tem início com o conhecimento de ato ou fato passível de caracterizar infração penal e se encerra com a apuração da infração penal ou ato infracional ou com o exaurimento das possibilidades investigativas, compreendendo:

I. a pesquisa técnico-científica a respeito de autoria, de materialidade, de motivos e de circunstâncias da infração penal;
II. a articulação ordenada dos atos notariais do inquérito policial e demais procedimentos de formalização da produção probatória da prática de infração penal;
III. a minimização dos efeitos do delito e o gerenciamento da crise dele decorrente.

Art. 8. A investigação criminal se destina à apuração de infrações penais e de atos infracionais, para subsidiar a realização da função jurisdicional do Estado, e à adoção de políticas públicas para a proteção de pessoas e bens para a boa qualidade de vida social.

Art. 9. A função de polícia judiciária consiste, precipuamente, no auxílio ao sistema de justiça criminal para a aplicação da lei penal e processual, bem como nos registros e fiscalização de natureza regulamentar.

Art. 10. A função de polícia judiciária compreende:

I. o exame preliminar a respeito da tipicidade penal, ilicitude, culpabilidade, punibilidade e demais circunstâncias relacionadas à infração penal;
II. as diligências para a apuração de infrações penais e atos infracionais;
III. a instauração e formalização de inquérito policial, de termo circunstanciado de ocorrência e de procedimento para apuração de ato infracional;
IV. a definição sobre a autuação da prisão em flagrante e a concessão de fiança;
V. a requisição da apresentação de presos do sistema prisional em órgão ou unidade da PCMG, para fins de investigação criminal;
VI. a representação judicial para a decretação de prisão provisória, de busca e apreensão, de interceptação de dados e de comunicações, em sistemas de informática e telemática, e demais medidas processuais previstas na legislação;
VII. a presença em local de ocorrência de infração penal, na forma prevista na legislação processual penal;
VIII. a elaboração de registros, termos, certidões, atestados e demais atos previstos no Código de Processo Penal ou em leis específicas.
Parágrafo único. No desempenho de suas atribuições, o Delegado de Polícia, com sua equipe, comparecerá a local de crime e praticará diligências para apuração da autoria, materialidade, motivos e circunstâncias, formalizando inquéritos policiais e outros procedimentos.
Art. 11. A direção da polícia judiciária cabe, em todo o Estado, aos Delegados de Polícia de carreira, nos limites de suas circunscrições.
Parágrafo único. Os atos de polícia judiciária serão fiscalizados direta ou indiretamente pelo Corregedor-Geral de Polícia Civil.
Art. 12. São símbolos institucionais da PCMG o hino, o brasão, a logomarca, a bandeira e o distintivo.
Art. 13. Os policiais civis terão carteira funcional, com identificação das respectivas carreiras e validade em todo o território nacional, cujo modelo será regulamentado em decreto.

CAPÍTULO II
Da Competência

Art. 14. À PCMG, órgão permanente do poder público, dirigido por Delegado de Polícia de carreira e organizado de acordo com os princípios da hierarquia e da disciplina, incumbem, ressalvada a competência da União, as funções de polícia judiciária e a apuração, no território do Estado, das infrações penais e dos atos infracionais, exceto os militares.
Parágrafo único. São atividades privativas da PCMG a polícia técnico-científica, o processamento e arquivo de identificação civil e criminal, bem como o registro e licenciamento de veículo automotor e a habilitação de condutor.
Art. 15. A PCMG subordina-se diretamente ao Governador do Estado e integra, para fins operacionais, o Sistema de Defesa Social.
Art. 16. À PCMG compete:
I. planejar, coordenar, dirigir e executar, ressalvada a competência da União, as funções de polícia judiciária e a apuração, no território do Estado, das infrações penais, exceto as militares;
II. preservar locais de crime com cenários e bens, apreender objetos, colher provas, intimar, ouvir e acarear pessoas, requisitar e realizar exames periciais, proceder ao reconhecimento de pessoas e coisas e praticar os demais atos necessários à adequada apuração das infrações penais e dos atos infracionais, na forma da legislação processual penal;
III. representar ao Poder Judiciário, por meio do Delegado de Polícia, pela decretação de medidas cautelares pessoais e reais, como prisão preventiva e temporária, busca e apreensão, quebra de sigilo e interceptação de dados e de telecomunicações, além de outras inerentes à investigação criminal e ao exercício da polícia judiciária, destinadas a colher e a resguardar provas da prática de infrações penais e de atos infracionais;
IV. organizar, cumprir e fazer cumprir os mandados judiciais de prisão e de busca domiciliar;
V. cumprir as requisições do Poder Judiciário e do Ministério Público;
VI. realizar correições e inspeções, em caráter permanente ou extraordinário, em atividades e em repartições em que atue, bem como responsabilizar-se pelos procedimentos disciplinares destinados a apurar eventual prática de infrações atribuídas a seus servidores;
VII. formalizar o inquérito policial, o termo circunstanciado de ocorrência e o procedimento para apuração de ato infracional;

VIII. exercer o controle e a fiscalização de suas armas e munições, de explosivos, fogos de artifício e demais produtos controlados, observada a legislação federal específica;

IX. exercer o registro de controle policial, especialmente no que tange a estabelecimentos de hospedagem, diversões públicas, comercialização de produtos controlados e o prévio aviso relativo à realização de reuniões e eventos sociais e políticos em ambientes públicos, nos termos do inciso XVI do art. 5º da Constituição da República;

X. desenvolver atividades de ensino, extensão e pesquisa, em caráter permanente, objetivando o aprimoramento de suas competências institucionais;

XI. organizar e executar as atividades de registro, controle e licenciamento de veículos automotores, a formação e habilitação de condutores, o serviço de estatística, a educação de trânsito e o julgamento de recursos administrativos;

XII. cooperar com os órgãos municipais, estaduais e federais de segurança pública, em assuntos relacionados com as atividades de sua competência;

XIII. promover interações para uso dos bancos de dados disponíveis com os órgãos públicos municipais, estaduais e federais, bem como para uso de bancos de dados disponíveis com a iniciativa privada, observado o disposto nos incisos X e XII do art. 5º da Constituição da República;

XIV. organizar e executar os serviços de identificação civil e criminal, bem como gerir o acervo e o banco de dados correspondentes, inclusive para as atividades de perícia criminal;

XV. promover o recrutamento, seleção, formação, aperfeiçoamento e o desenvolvimento profissional e cultural de seus servidores;

XVI. organizar e realizar ações de inteligência, bem como participar de sistemas integrados de informações de órgãos públicos municipais, estaduais, federais e de entidades privadas;

XVII. organizar estatísticas criminais e realizar análise criminal;

XVIII. promover outras políticas de segurança pública e defesa social, nos limites de sua competência.

Parágrafo único. As funções constitucionais da PCMG são indelegáveis e somente podem ser desempenhadas por ocupantes das carreiras que a integram.

TÍTULO II
Da Organização

CAPÍTULO I
Da Estrutura Orgânica

Art. 17. São órgãos da PCMG:

I. da administração superior:
a) Chefia da PCMG;
b) Chefia Adjunta da PCMG;
c) Conselho Superior da PCMG;
d) Corregedoria-Geral de Polícia Civil

II. de administração:
a) Gabinete da Chefia da PCMG;
b) Academia de Polícia Civil;
c) Departamento de Trânsito de Minas Gerais;
d) Superintendência de Investigação e Polícia Judiciária;
e) Superintendência de Informações e Inteligência Policial;
f) Superintendência de Polícia Técnico-Científica;
g) Superintendência de Planejamento, Gestão e Finanças.

§ 1º Integram, ainda, a estrutura orgânica da PCMG as seguintes unidades administrativas:

I. Instituto de Criminologia;

II. Departamentos de Polícia Civil:
a) Delegacias Regionais de Polícia Civil:
1) Circunscrições Regionais de Trânsito Ciretrans;
2) Delegacias de Polícia Civil;
b) Divisões Especializadas:
1) Delegacias Especializadas;

III. Instituto de Criminalística;

IV. Instituto Médico-Legal;

V. Postos de Perícia Integrada, Postos Médico-Legais e Seções Técnicas Regionais de Criminalística;

VI. Instituto de Identificação:
a) Postos de Identificação;

VII. Hospital da Polícia Civil;

VIII. Colégio Ordem e Progresso;

IX. Divisão de Polícia Interestadual – Polinter;

X. Casa de Custódia da Polícia Civil.

§ 2º Os Departamentos de Polícia Civil, a Divisão de Polícia Interestadual e a Casa de Custódia da Polícia Civil subordinam-se à Superintendência de Investigação e Polícia Judiciária e o Instituto de Criminologia e o Colégio Ordem e Progresso subordinam-se à Academia de Polícia Civil.

§ 3º O Instituto de Criminalística, o Instituto Médico-Legal, os Postos de Perícia Integrada, os Postos Médico-Legais e as Seções Técnicas Regionais de Criminalística subordinam-se à Superintendência de Polícia Técnico-Científica e o Instituto de Identificação subordina-se à Superintendência de Informações e Inteligência Policial.

§ 4º As demais unidades administrativas da estrutura orgânica complementar e a distribuição e descrição das competências das unidades administrativas da PCMG serão estabelecidas em decreto.

§ 5º O Hospital da Polícia Civil, resultado da transformação do Departamento de Saúde da Polícia Civil, conforme disposto na Lei nº 11.724, de 30 de dezembro de 1994, terá estrutura administrativa no nível de superintendência, na forma de regulamento.

§ 6º As Delegacias de Polícia Civil, de âmbito territorial e de atuação especializada, são dirigidas por Delegados de Polícia de carreira, e as Delegacias Regionais de Polícia Civil e as Divisões de Polícia Especializada, por Delegados de Polícia de, no mínimo, nível especial.

§ 7º A direção das Superintendências, dos Departamentos de Polícia Civil de âmbito territorial e atuação especializada, da Academia de Polícia Civil, do Departamento de Trânsito de Minas Gerais, da Corregedoria-Geral da Polícia Civil, do Instituto de Identificação, do Gabinete da Chefia da PCMG, da Chefia Adjunta da PCMG e o cargo de Delegado Assistente da Chefia da PCMG serão exercidos exclusivamente por Delegados-Gerais de Polícia, observado o disposto no § 1º do art. 41.

§ 8º Os titulares dos cargos a que se referem a alínea "d" do inciso I e as alíneas do inciso II do caput, bem como o Delegado Assistente da Chefia da PCMG, serão escolhidos pelo Chefe da PCMG e nomeados pelo Governador do Estado dentre os integrantes, em atividade, do nível final da respectiva carreira que possuam, no mínimo, quinze anos de efetivo serviço policial.

§ 9º Os titulares dos cargos a que se referem os incisos XII e XIII do art. 25 serão escolhidos pelo Chefe da PCMG dentre os integrantes, em atividade, do nível final da respectiva carreira que possuam, no mínimo, quinze anos de efetivo serviço policial.

CAPÍTULO II
Da Administração Superior

SEÇÃO I
Da Chefia da PCMG

Art. 18. A Chefia da PCMG, órgão da administração superior da PCMG, será exercida pelo Chefe da PCMG.

Parágrafo único. O Chefe da PCMG será nomeado pelo Governador do Estado dentre os integrantes, em atividade, do nível final da carreira de Delegado de Polícia que possuam, no mínimo, vinte anos de efetivo serviço policial, vedada a nomeação daqueles inelegíveis em razão de atos ilícitos, nos termos da legislação federal.

Art. 19. O Chefe da PCMG tem prerrogativas, vantagens e padrão remuneratório do cargo de Secretário de Estado.

Art. 20. O Chefe da PCMG será substituído, automaticamente, em seus afastamentos ou impedimentos eventuais, pelo Chefe Adjunto da PCMG e, nos afastamentos ou impedimentos eventuais deste, na seguinte ordem, pelo:

I. Corregedor-Geral de Polícia Civil;
II. Superintendente de Investigação e Polícia Judiciária;
III. Chefe de Gabinete da PCMG;
IV. Diretor do Departamento de Trânsito de Minas Gerais;
V. Diretor da Academia de Polícia Civil;
VI. Superintendente de Informações e Inteligência Policial;
VII. Superintendente de Planejamento, Gestão e Finanças;
VIII. Delegado Assistente da Chefia da PCMG.

Art. 21. O Chefe da PCMG ficará afastado de suas funções pelo cometimento de infração penal cuja sanção cominada seja de reclusão, observado o disposto no § 1º do art. 21 da Constituição do Estado.

Parágrafo único. Na hipótese a que se refere o caput, assumirá a Chefia da PCMG o Chefe Adjunto da PCMG.

Art. 22. Ao Chefe da PCMG compete:
I. exercer a direção superior, o planejamento estratégico e a administração geral da PCMG, por meio da coordenação, do controle e da fiscalização das

funções policiais civis e da observância do disposto nesta Lei Complementar;

II. presidir o Conselho Superior da PCMG e integrar o Conselho de Defesa Social;

III. propor ao Governador do Estado o aumento do efetivo e prover, mediante delegação, os cargos dos quadros de pessoal da PCMG, bem como deferir o compromisso de posse aos servidores da PCMG;

IV. promover a movimentação de servidores, proporcionando equilíbrio entre os órgãos e unidades da PCMG, observado o quadro de distribuição de pessoal, nos termos de regulamento;

V. autorizar servidores da PCMG a afastar-se, em serviço, do Estado, sem sair do País, observado o disposto no art. 68;

VI. determinar a instauração de processo administrativo disciplinar e aplicar sanções disciplinares;

VII. decidir, em último grau de recurso, sobre a instauração de inquérito policial e de outros procedimentos formais;

VIII. decidir sobre a situação funcional e administrativa dos policiais civis, bem como editar atos de promoção, exceto se esta for por ato de bravura ou para o último nível da carreira;

IX. suspender o porte de arma de policial civil, por recomendação médica ou como medida cautelar em processo administrativo disciplinar, assegurado o contraditório e a ampla defesa;

X. editar resoluções e demais atos normativos para a consecução das funções de competência da PCMG, observada a legislação pertinente;

XI. designar, em cada departamento da PCMG, o respectivo coordenador entre os chefes das Seções Técnicas Regionais de Criminalística, o qual se reportará ao Chefe de Divisão de Perícia do Interior;

XII. decidir sobre remoção por conveniência da disciplina de policial civil, na forma desta Lei Complementar;

XIII. promover a motivação do ato de remoção ex officio de policial civil no interesse do serviço, comprovada a necessidade.

SEÇÃO II
Da Chefia Adjunta da PCMG

Art. 23. O Chefe Adjunto da PCMG, escolhido pelo Chefe da PCMG dentre os integrantes, em atividade, do nível final da carreira de Delegado de Polícia que possuam, no mínimo, vinte anos de efetivo serviço policial, e nomeado pelo Governador do Estado, tem por função auxiliar o Chefe da PCMG no exercício de suas atribuições, competindo-lhe:

I. substituir o Chefe da PCMG em suas ausências, férias, afastamentos e impedimentos eventuais;

II. cooperar com o exercício das funções do Chefe da PCMG, acompanhar a execução de atividades por órgãos e unidades da PCMG, requisitar informações e determinar ações de interesse do serviço policial civil;

III. participar, como membro, das reuniões do Conselho Superior da PCMG;

IV. exercer atribuições que lhe sejam delegadas por ato do Chefe da PCMG.

Parágrafo único. O Chefe Adjunto da PCMG tem prerrogativas, vantagens e padrão remuneratório do cargo de Secretário de Estado Adjunto.

SEÇÃO III
Do Conselho Superior da PCMG

Art. 24. O Conselho Superior da PCMG é órgão da administração superior da PCMG, que tem a função de assessorar e auxiliar a Chefia da PCMG, e possui a seguinte estrutura:

I. Órgão Especial;

II. Câmara Disciplinar;

III. Câmara de Planejamento e Orçamento.

Art. 25. Compõem o Conselho Superior da PCMG:

I. o Chefe da PCMG, que o presidirá;

II. o Chefe Adjunto da PCMG;

III. o Corregedor-Geral de Polícia Civil;

IV. o Superintendente de Investigação e Polícia Judiciária;

V. o Chefe de Gabinete da PCMG;

VI. o Diretor do Departamento de Trânsito de Minas Gerais;

VII. o Diretor da Academia de Polícia Civil;

VIII. o Superintendente de Informações e Inteligência Policial;

IX. o Superintendente de Planejamento, Gestão e Finanças;

X. o Delegado Assistente da Chefia da PCMG;

XI. o Superintendente de Polícia Técnico-Científica;

XII. o Inspetor-Geral de Escrivães de Polícia;

XIII. o Inspetor-Geral de Investigadores de Polícia.

Art. 26. Ao Conselho Superior da PCMG compete:

I. conhecer, fomentar e manifestar-se sobre propostas de programas, projetos e ações da PCMG;

II. deliberar sobre o planejamento estratégico e subsidiar a proposta orçamentária anual da PCMG;
III. examinar ou elaborar atos normativos pertinentes ao serviço policial civil;
IV. deliberar sobre a localização de unidades da PCMG e sobre o quadro de distribuição de pessoal da PCMG;
V. estudar e propor inovações visando à eficiência da atividade policial civil;
VI. propor ao Chefe da PCMG a remoção ex officio de policial civil, por conveniência da disciplina ou no interesse do serviço policial;
VII. pronunciar-se sobre atribuições e conduta funcional de servidores da PCMG;
VIII. deliberar sobre promoção de policial civil, nos termos do regulamento do respectivo plano de carreira;
IX. outorgar a Medalha do Mérito Policial Civil Delegado Luiz Soares de Souza Rocha, criada pela Lei nº 7.920, de 8 de janeiro de 1981, e demais condecorações e distinções honoríficas;
X. deliberar, atendida a necessidade do serviço, sobre o afastamento remunerado de servidores da PCMG para frequentar curso ou estudos, no País ou no exterior, observado o interesse da instituição e o disposto no art. 68;
XI. examinar e subsidiar a formulação da proposta orçamentária da PCMG, propor a priorização de programas, projetos e ações da PCMG e acompanhar a execução do orçamento da PCMG.
Art. 27. O Presidente do Conselho Superior da PCMG será substituído nas suas ausências, férias, afastamentos ou impedimentos eventuais pelo Chefe Adjunto da PCMG e, sucessivamente, na ordem estabelecida no art. 20.
Art. 28. O Conselho Superior da PCMG elaborará seu regimento interno, dispondo sobre o funcionamento, a estrutura, o quórum de deliberações, a divulgação de atos e a competência de sua Secretaria Executiva.
Parágrafo único. O regimento referido no caput será aprovado por maioria absoluta e submetido à apreciação do Chefe da PCMG, que o instituirá por meio de resolução.

Subseção I
Do órgão especial

Art. 29. Ao Órgão Especial, composto exclusivamente por Delegados-Gerais de Polícia titulares dos órgãos constantes no art. 25 e pelo Delegado Assistente da Chefia da PCMG, compete pronunciar-se, por determinação do Chefe da PCMG, sobre recurso contra decisão que negar a instauração de inquérito policial e sobre recurso contra ato de Delegado-Geral de Polícia ou de órgão de administração da PCMG que avocou, excepcional e fundamentadamente, inquéritos policiais ou outros procedimentos formais, bem como sobre o previsto nos incisos VI a X do art. 26 quando relacionado com a carreira de Delegado de Polícia.

Subseção II
Da câmara disciplinar

Art. 30. A Câmara Disciplinar será presidida pelo Chefe Adjunto da PCMG e integrada pelos membros do Conselho Superior da PCMG titulares de unidades, à exceção do Chefe da PCMG, e julgará recursos contra atos emanados do Corregedor-Geral de Polícia Civil, competindo-lhe:
I. recomendar ao Corregedor-Geral de Polícia Civil a instauração de procedimento administrativo disciplinar contra servidor da PCMG e a realização de inspeções e correições em órgãos e unidades da PCMG, sem prejuízo das competências do Chefe da PCMG e do Corregedor-Geral de Polícia Civil;
II. propor ao Chefe da PCMG a remoção ex officio de policial civil, por conveniência da disciplina, por maioria simples dos membros do Conselho Superior da PCMG, mediante trâmite de sindicância ou processo disciplinar e solicitação fundamentada do Corregedor-Geral de Polícia Civil;
III. conhecer e julgar recurso contra decisão em procedimento administrativo disciplinar.
Parágrafo único. O recurso contra decisão que negar a instauração de inquérito policial ou outros procedimentos formais, bem como sobre o previsto nos incisos VI a X do art. 26 quando relacionado com a carreira de Delegado de Polícia, será apreciado exclusivamente por Delegados-Gerais de Polícia integrantes do órgão a que se refere o art. 29.

Subseção III
Da câmara de planejamento e orçamento

Art. 31. À Câmara de Planejamento e Orçamento, composta na forma do regimento, competirá examinar e subsidiar a formulação da proposta orçamentária da PCMG, propor a priorização de programas, projetos e ações da PCMG e acompanhar a execução do orçamento da PCMG.

SEÇÃO IV
Da corregedoria-geral de polícia civil

Art. 32. A Corregedoria-Geral de Polícia Civil é órgão orientador, fiscalizador e correicional das atividades funcionais e de conduta de servidores da PCMG.

Art. 33. À Corregedoria-Geral de Polícia Civil compete:

I. praticar atos de correição, promover o controle de qualidade dos serviços e zelar pela correta execução das funções de competência da PCMG;

II. realizar e determinar correições e inspeções, de caráter geral ou parcial, ordinário ou extraordinário, nas atividades de competência da PCMG;

III. determinar a instauração de processo administrativo disciplinar, bem como concluir e decidir sobre o mesmo, instaurar sindicância, inquérito policial, termos circunstanciados de ocorrência e outros procedimentos para apurar transgressões disciplinares e infrações penais imputadas a servidores da PCMG;

IV. atuar, preventiva e repressivamente, em face às infrações penais e disciplinares atribuídas aos policiais civis e servidores da PCMG, bem como em requisições e solicitações dos órgãos e entidades de controle interno e externo;

V. assumir, motivadamente, mediante ato do Chefe da PCMG, após a aprovação da maioria dos membros do Conselho Superior, a administração de órgãos e unidades da PCMG;

VI. avocar inquéritos policiais e outros procedimentos, para fins de correição, podendo concluí-los, se for o caso, ou delegar sua presidência a outra autoridade policial;

VII. articular-se, no âmbito de sua competência, com o Poder Judiciário, o Ministério Público, a Defensoria Pública e órgãos congêneres;

VIII. aplicar, sem prejuízo da competência dos demais titulares de órgãos e unidades, nos termos desta Lei Complementar, penalidades disciplinares, observados os princípios da ampla defesa e do contraditório;

IX. ampliar, excepcionalmente, a competência correicional de Delegado de Polícia para o exercício de suas atribuições funcionais em unidade da PCMG diversa de sua lotação;

X. propor ao Chefe da PCMG, mediante despacho devidamente fundamentado, o afastamento preliminar de servidores da PCMG pelo prazo máximo de até noventa dias, na hipótese de indícios suficientes de eventual prática de transgressão disciplinar, para fins de correição ou outro procedimento investigatório afim;

XI. propor ao Chefe da PCMG, expressa e motivadamente, a remoção ou a transferência de servidores da PCMG, para fins disciplinares, nos termos desta Lei Complementar;

XII. dirimir conflitos de competência funcional e circunscricional no âmbito da PCMG, inclusive com caráter normativo, quando necessário;

XIII. manter atualizado o registro e o controle dos antecedentes funcionais e disciplinares dos servidores da PCMG e determinar, nas hipóteses legais, o cancelamento das respectivas anotações;

XIV. acompanhar o estágio probatório dos servidores da PCMG;

XV. convocar servidor da PCMG para atos e procedimentos de correição, na forma da lei;

XVI. coordenar o cumprimento de mandado judicial de prisão de servidor da PCMG e cumprir mandado de busca e apreensão relacionado a procedimentos de competência da Corregedoria-Geral de Polícia Civil;

XVII. planejar, estabelecer e priorizar as necessidades logísticas e de pessoal para a realização das atividades de sua competência e subsidiar as atividades de suprimento de recursos pela Superintendência de Planejamento, Gestão e Finanças.

§ 1º Acolhida a proposta de que trata o inciso X do caput, enquanto durar o afastamento, o servidor da PCMG poderá ser designado, provisoriamente, mantida a sua lotação, para exercer a sua atividade em unidade ou órgão diverso daquele em que se encontra lotado, bem como poderá ser convocado a participar de cursos de qualificação profissional promovidos pela Academia de Polícia Civil.

§ 2º O afastamento de servidor da PCMG por período superior a noventa dias e inferior a cento e oitenta dias, para fins disciplinares, será determinado por ato do Chefe da PCMG, mediante deliberação de maioria simples dos membros do Conselho Superior da PCMG, na forma de seu regimento, e poderá implicar no impedimento para o exercício funcional.
§ 3º Findo o prazo de cento e oitenta dias de afastamento previsto no § 2º, caso os procedimentos instrutórios não tenham sido concluídos, caberá ao Corregedor-Geral de Polícia Civil submeter os autos à deliberação do Conselho Superior da PCMG.
Art. 34. A competência da Corregedoria-Geral de Polícia Civil, para fins de atividade correicional, poderá ser delegada aos titulares dos órgãos e unidades da PCMG e aos Delegados de Polícia.
Parágrafo único. O procedimento correicional terá a participação de, no mínimo, um representante da respectiva carreira policial.

CAPÍTULO III

Da Administração

SEÇÃO I
Do gabinete da chefia da PCMG

Art. 35. O Gabinete da Chefia da PCMG tem por finalidade garantir assessoramento direto ao Chefe da PCMG e ao Chefe Adjunto da PCMG em assuntos políticos e administrativos, competindo-lhe:
I. encaminhar os assuntos pertinentes a órgãos e unidades da PCMG e articular o fornecimento de apoio técnico, sempre que necessário;
II. encarregar-se do relacionamento da PCMG com órgãos públicos federais, estaduais e municipais, dos diversos Poderes, e com organismos da sociedade civil;
III. planejar, dirigir e coordenar as atividades do Gabinete e unidades a este vinculadas, mantendo o respectivo controle sobre os documentos e atos oficiais correspondentes;
IV. acompanhar o desenvolvimento das atividades de comunicação social da PCMG;
V. manter diálogo com os servidores da PCMG, estabelecendo permanente canal de comunicação com os representantes sindicais eleitos e associações de classe;
VI. coordenar e executar atividades de atendimento e informação ao público e às autoridades.

SEÇÃO II
Da academia de polícia civil

Art. 36. A Academia de Polícia Civil tem por finalidade o desenvolvimento profissional e técnico-científico dos servidores da PCMG, competindo-lhe:
I. realizar o recrutamento, a seleção, a formação técnico-profissional e o aperfeiçoamento dos servidores da PCMG;
II. planejar e realizar treinamento, aperfeiçoamento e especialização para servidores da PCMG;
III. realizar o acompanhamento educacional e assegurar o aprimoramento continuado de servidores da PCMG, aperfeiçoar a doutrina, a normalização e os protocolos de atuação profissional;
IV. executar pesquisas técnico-científicas sobre métodos de investigação criminal para fundamentar a edição de normas;
V. produzir e difundir conhecimentos acadêmicos de interesse policial e desenvolver a uniformidade de procedimentos didáticos e pedagógicos;
VI. selecionar, credenciar e manter o quadro docente preparado e capacitado, interna e externamente às carreiras da PCMG, visando atender às especificidades das disciplinas das diversas áreas do conhecimento, relacionadas às funções de competência da PCMG;
VII. admitir certificações de cursos e de titulações acadêmicas obtidas por servidor da PCMG em instituições de ensino e pesquisa, para incorporação no seu histórico funcional, atendidos os requisitos legais;
VIII. promover o aprimoramento de técnicas policiais e oferecer suporte às atividades de ensino, de pesquisa e de operação, simuladas e reais, para a padronização de normas e de procedimentos de investigação criminal, de atividade notarial, de manejo e de emprego de armas de fogo, explosivos e técnicas de defesa pessoal;
IX. propor e viabilizar, junto aos órgãos estaduais e federais, o reconhecimento dos cursos que realiza;
X. difundir estratégias de polícia comunitária;
XI. colaborar em políticas psicopedagógicas destinadas à preparação do policial civil para a aposentadoria;

XII. manter intercâmbio com outras instituições de ensino e pesquisa, nacionais e estrangeiras;
XIII. conceder aos servidores da PCMG diplomas e certificados relativos às atividades acadêmicas de sua competência;
XIV. organizar e manter biblioteca especializada em matéria de interesse dos serviços policiais civis;
XV. planejar, estabelecer e priorizar as necessidades logísticas e de pessoal para a realização das atividades de sua competência e subsidiar as atividades de suprimento de recursos pela Superintendência de Planejamento, Gestão e Finanças.

§ 1º A Academia de Polícia Civil manterá o Instituto de Criminologia como órgão de articulação científica com outros centros de pesquisa e universidades interessados no estudo e pesquisa aplicados ao sistema de justiça criminal, com ênfase no processo da investigação criminal e no exercício da polícia judiciária.

§ 2º Os servidores da PCMG poderão concorrer ao credenciamento para o magistério policial.

§ 3º Os coordenadores das áreas temáticas da matriz curricular da Academia de Polícia Civil, indicados pelo seu diretor, terão seus nomes referendados pelo Chefe da PCMG.

§ 4º O ensino, o treinamento, o recrutamento e a seleção de pessoal são privativos da Academia de Polícia Civil, que poderá decidir, atendidas as disposições legais, por sua terceirização, sob sua supervisão, vedado o exercício dessas atividades por qualquer outro órgão ou unidade da PCMG.

§ 5º A Academia de Polícia Civil poderá credenciar órgãos ou entidades para a realização de exames biomédicos e psicotécnicos, necessários à consecução de concurso público, com observância das normas legais pertinentes.

SEÇÃO III
Do depArtamento de trânsito de minas gerais

Art. 37. O Departamento de Trânsito de Minas Gerais – Detran-MG –, órgão executivo de trânsito do Estado, tem por finalidade dirigir as atividades e serviços relativos ao registro e ao licenciamento de veículo automotor e à habilitação de condutor, nos termos do Código de Trânsito Brasileiro, competindo-lhe:
I. cumprir e fazer cumprir a legislação e as normas de trânsito, no âmbito das respectivas atribuições;
II. planejar, executar, coordenar, normatizar, orientar, controlar, fiscalizar e avaliar as ações e atividades pertinentes ao serviço público de trânsito que envolvam:
a) a formação e a habilitação de condutor de veículo automotor;
b) a infração e o controle relacionados ao condutor de veículo automotor;
c) a vistoria, o registro, o emplacamento, o controle e o licenciamento de veículo automotor;
d) a remoção e guarda de veículo automotor apreendido em razão de infração de trânsito ou por constituir objeto de crime;
e) o leilão de veículos apreendidos;
f) a avaliação psicológica e o exame de aptidão física e mental para habilitação de condutor de veículo automotor;
g) o funcionamento de clínicas médico-psicológicas e de centros de formação de condutores;
III. credenciar órgãos, entidades, instituições e agentes para a execução de atividades previstas na legislação de trânsito, com observância das normas pertinentes;
IV. vistoriar e inspecionar quanto às condições de segurança veicular, registrar, emplacar, selar a placa e licenciar veículos, expedindo os correspondentes certificados;
V. realizar, fiscalizar e controlar o processo de formação, aperfeiçoamento, reciclagem e suspensão de condutores, expedir e cassar a Licença de Aprendizagem, a Permissão para Dirigir e a Carteira Nacional de Habilitação;
VI. estabelecer, em conjunto com os demais órgãos de trânsito, diretrizes para o policiamento ostensivo de trânsito, bem como fiscalizar, autuar e aplicar as medidas administrativas e penalidades de competência do órgão conforme estabelece o Código de Trânsito Brasileiro;
VII. coletar dados estatísticos e elaborar estudos sobre acidentes de trânsito e suas causas;
VIII. realizar investigação criminal e exercer a função de polícia judiciária no âmbito de sua atuação;
IX. subsidiar o planejamento, a organização, a manutenção, o gerenciamento e a supervisão da Escola Pública de Trânsito de Minas Gerais;
X. gerenciar os bancos de dados sob sua responsabilidade e assegurar a disponibilidade de informações e de acesso a dados para suporte às

ações de caráter investigativo para a promoção da segurança pública e da incolumidade das pessoas e do patrimônio;

XI. coordenar, no âmbito do Estado, os registros nacionais de condutores habilitados, de veículos, de infrações, de acidentes e estatísticas, de motores, dentre outros;

XII. articular-se com os órgãos do Sistema Nacional de Trânsito para o cumprimento das normas de trânsito no Estado;

XIII. disponibilizar suporte técnico e logístico às Juntas Administrativas de Recursos de Infrações – Jaris;

XIV. planejar, estabelecer e priorizar as necessidades logísticas e de pessoal para a realização das atividades de sua competência e subsidiar as atividades de suprimento de recursos pela Superintendência de Planejamento, Gestão e Finanças;

XV. promover e orientar a realização de cursos, ações e projetos educativos de trânsito, sob responsabilidade de unidade específica a ser identificada em decreto.

§ 1º Integram a estrutura do Detran-MG as Circunscrições Regionais de Trânsito Ciretrans –, subordinadas às Delegacias Regionais de Polícia Civil.

§ 2º Poderão ser delegadas diretamente ao Detran-MG, nos termos do regulamento, competências da Superintendência de Planejamento, Gestão e Finanças, necessárias ao exercício de suas atividades operacionais.

SEÇÃO IV
Da superintendência de investigação e polícia judiciária

Art. 38. A Superintendência de Investigação e Polícia Judiciária tem por finalidade planejar, coordenar e supervisionar a execução de investigação criminal, bem como o exercício das funções de polícia judiciária, competindo-lhe:

I. manter uniformidade de procedimentos no âmbito das unidades da PCMG sob sua subordinação, zelando pela eficiência das ações técnico-científicas da investigação criminal, no âmbito de sua atuação;

II. incumbir o Delegado de Polícia, ou outro policial sob sua subordinação, da realização de diligências necessárias à apuração de infrações penais, por até trinta dias, propondo ao Corregedor-Geral de Polícia Civil, quando for o caso, a ampliação de competência funcional ou circunscricional;

III. decidir, sem prejuízo da competência do Corregedor-Geral de Polícia Civil, sobre conflito de competência em matéria de investigação criminal e exercício da polícia judiciária, bem como a respeito do encaminhamento, a quem de direito, de inquéritos e procedimentos cuja instauração determinar;

IV. inspecionar, periodicamente, unidades policiais subordinadas, mandando lavrar termo em que se consignem anotações sobre irregularidades encontradas a serem comunicadas ao Corregedor-Geral de Polícia Civil;

V. remover Investigadores de Polícia e Escrivães de Polícia, a pedido ou por permuta, nos limites de determinado Departamento de Polícia Civil, bem como propor ao Chefe da PCMG a remoção de servidores entre Departamentos de Polícia Civil;

VI. propor ao Chefe da PCMG a remoção de Delegados de Polícia, nos termos desta Lei Complementar, bem como controlar a distribuição de servidores em unidades da PCMG sob sua subordinação;

VII. orientar, acompanhar e supervisionar atividades gerenciais executadas pelos titulares de Departamentos de Polícia Civil, Delegacias Regionais de Polícia Civil, Divisões Especializadas, Delegacias de Polícia Civil e Delegacias Especializadas, no âmbito de sua competência;

VIII. planejar, estabelecer e priorizar as necessidades logísticas e de pessoal para a realização das atividades de polícia judiciária e investigação criminal e subsidiar as atividades de suprimento de recursos pela Superintendência de Planejamento, Gestão e Finanças;

IX. atuar em matérias relacionadas ao cumprimento de cartas precatórias, fornecer informações às unidades policiais de outros entes da Federação, apoiar o cumprimento de solicitações de captura de pessoas com ordem de prisão e oferecer suporte para a realização de diligências promovidas por policiais de outros entes da Federação, por meio da Polinter;

X. receber, recolher e custodiar o policial civil da ativa ou aposentado, mesmo aquele que tenha sido demitido do cargo ou tenha cassada a aposentadoria em virtude de condenação, submetido a procedimento de natureza judicial ou contingenciamento de ordem legal, na Casa de Custódia da Polícia Civil.

SEÇÃO V
Da superintendência de informações e inteligência policial

Art. 39. A Superintendência de Informações e Inteligência Policial tem por finalidade coordenar e executar as atividades de gestão de inteligência, por meio da captação, análise e difusão de dados, informações e conhecimentos, competindo-lhe:

I. organizar, dirigir, executar, orientar, supervisionar, normatizar e integrar as atividades de inteligência, visando subsidiar a apuração de infrações penais, o exercício das funções de polícia judiciária, a proteção de pessoas e a preservação das instituições político-jurídicas, em assuntos de segurança interna;
II. realizar as atividades de inteligência e contrainteligência;
III. assessorar, orientar e informar o Chefe da PCMG sobre assuntos de interesse institucional;
IV. dirigir as atividades de estatística, telecomunicações e informática no âmbito da PCMG;
V. realizar a gestão de bancos de dados e sistemas automatizados em operação na PCMG;
VI. articular-se com unidades de inteligência de outras instituições públicas;
VII. disponibilizar para os Delegados de Polícia informações que possam subsidiar investigações criminais;
VIII. ter acesso a dados oriundos do serviço de identificação civil e criminal, de registro de veículos e cadastro de condutores, para fins notariais e de composição das informações relevantes para os atos de investigação criminal e de polícia judiciária;
IX. planejar, estabelecer e priorizar as necessidades logísticas e de pessoal para a realização das atividades de sua competência e subsidiar as atividades de suprimento de recursos pela Superintendência de Planejamento, Gestão e Finanças.

Art. 40. Para os efeitos desta lei, considera-se gestão de inteligência de segurança pública o conjunto de atividades que objetivam identificar, acompanhar e avaliar ameaças reais ou potenciais à segurança pública e produzir informações e conhecimentos que subsidiem ações para prevenir, neutralizar, coibir e reprimir infrações de qualquer natureza, exceto as militares.

Parágrafo único. Estão compreendidos na gestão de inteligência de segurança pública os seguintes aspectos policiais, dentre outros:

X. ocorrência criminal e seu desdobramento na esfera de competência da PCMG;
XI. registro dos atos de investigação criminal, desde a notícia sobre infração penal até o encerramento da respectiva apuração e sua formalização em procedimento legal;
XII. análise sobre cenário criminal e sobre a atuação policial civil;
XIII. coleta de dados para subsidiar plano, programa, projeto e ação governamental;
XIV. elaboração da estatística criminal e sua análise qualitativa.

SEÇÃO VI
Da superintendência de polícia técnico-científica

Art. 41. A Superintendência de Polícia Técnico-Científica, órgão de caráter permanente, é unidade administrativa, técnica e de pesquisa que tem por finalidade coordenar e articular ações para a realização de exames periciais criminais e médico-legais, promover estudos e pesquisas inerentes à produção de provas objetivas para o suporte às atividades de investigação criminal, ao exercício da polícia judiciária e ao processo judicial criminal, competindo-lhe:

I. gerir, planejar, coordenar, orientar, administrar o funcionamento, dirigir, supervisionar, controlar e avaliar a gestão e a execução do serviço de perícia oficial de natureza criminal no Estado;
II. estabelecer técnicas e métodos relativos à perícia técnica e à medicina legal para maior eficiência, eficácia e efetividade dos exames periciais;
III. promover a articulação entre o Instituto de Criminalística e o Instituto Médico-Legal, bem como entre os demais órgãos da polícia técnico-científica, no âmbito nacional e internacional;
IV. propor ao Chefe da PCMG a remoção de Médicos-Legistas e de Peritos Criminais, bem como controlar a distribuição de integrantes das referidas carreiras em unidades da PCMG;
V. auxiliar os órgãos da administração superior, de administração e das unidades da PCMG, quanto à medicina legal e à perícia técnica;
VI. assegurar a autonomia técnica, científica e funcional no exercício da atividade pericial;

VII. manter intercâmbio com órgãos e instituições relacionadas às áreas técnico-científicas correspondentes;

VIII. divulgar estudos e trabalhos científicos relativos a exames periciais;

IX. propor a elaboração de convênios com órgãos e instituições congêneres;

X. planejar, estabelecer e priorizar as necessidades logísticas e de pessoal para a realização das atividades de perícia técnica e de medicina legal e subsidiar as atividades de suprimento de recursos pela Superintendência de Planejamento, Gestão e Finanças;

XI. acompanhar e avaliar as atividades desenvolvidas por Peritos Criminais e por Médicos-Legistas, bem como fiscalizar o cumprimento do regime do trabalho policial civil e do regime disciplinar a que estão sujeitos, no que for pertinente.

§ 1º A Superintendência de Polícia Técnico-Científica será dirigida, alternadamente, por Médico-Legista ou Perito Criminal que esteja em atividade e no último nível da carreira, exigidos, no mínimo, quinze anos de efetivo exercício.

§ 2º Os Peritos Criminais e os Médicos-Legistas lotados nas Seções Técnicas Regionais de Criminalística, nos Postos de Perícia Integrada e nos Postos Médico-Legais estão subordinados, administrativamente, à Superintendência de Polícia Técnico-Científica, cabendo a esta, ainda:

I. o suporte consistente no provimento dos recursos logísticos;

II. a avaliação de desempenho operacional de Peritos Criminais e de Médicos-Legistas, em conjunto com os coordenadores das Seções Técnicas Regionais de Criminalística;

III. a avaliação de desempenho no cumprimento de normas técnicas pertinentes ao exercício das funções periciais;

IV. o acompanhamento das atividades desenvolvidas por Peritos Criminais e por Médicos-Legistas;

V. a fiscalização a respeito do cumprimento do regime de trabalho a que estão sujeitos os Peritos Criminais e os Médicos-Legistas.

§ 3º A atribuição prevista no inciso V do § 2º será exercida em conjunto com a chefia de Departamento.

§ 4º A perícia oficial criminal é constituída pelas carreiras de Médico-Legista e de Perito Criminal, com formação superior específica, detalhada em regulamento.

§ 5º O Instituto de Criminalística tem por finalidade dirigir, gerir, planejar, orientar, coordenar, avaliar, controlar, fiscalizar e executar as atividades de perícia criminal e assessorar o Superintendente de Polícia Técnico-Científica em assuntos pertinentes à criminalística.

§ 6º O Instituto Médico-Legal tem por finalidade dirigir, gerir, planejar, orientar, coordenar, avaliar, controlar, fiscalizar e executar as atividades pertinentes às áreas da medicina legal e da odontologia legal, bem como assessorar o Superintendente de Polícia Técnico-Científica nos assuntos correspondentes.

§ 7º A direção do Instituto Médico-Legal e do Instituto de Criminalística será exercida, respectivamente, por Médico-Legista e por Perito Criminal que estejam em efetivo exercício e no último nível da carreira, por proposta do Superintendente de Polícia Técnico-Cientifica ao Chefe da PCMG.

§ 8º A chefia dos Postos de Perícia Integrada será exercida por um Perito Criminal ou Médico-Legista, a chefia das Seções Técnicas Regionais de Criminalística, por um Perito Criminal e a chefia dos Postos Médico-Legais, por um Médico-Legista, por proposta do Superintendente de Polícia Técnico-Científica ao Chefe da PCMG.

Art. 42. À Superintendência de Polícia Técnico-Científica será destinada parcela do orçamento total da PCMG compatível e adequada para custear e investir na perícia oficial criminal, sem prejuízo de eventuais recursos oriundos de outras fontes.

Art. 43. No exercício da atividade de perícia oficial criminal, é assegurada autonomia técnica, científica e funcional ao Perito Criminal e ao Médico-Legista, cabendo-lhe a realização de perícias relacionadas à investigação criminal de competência da PCMG, no âmbito de inquéritos policiais, termos circunstanciados de ocorrência, processos, sindicâncias e demais procedimentos administrativos, ficando vinculado operacionalmente ao Delegado responsável pela investigação criminal, na forma do Código de Processo Penal.

SEÇÃO VII
Da superintendência de planejamento, gestão e finanças

Art. 44. A Superintendência de Planejamento, Gestão e Finanças tem por finalidade coordenar e executar o planejamento logístico, gerenciar o orçamento, a contabilidade e a administração financeira, gerir os recursos materiais e a administração de pessoal, competindo-lhe:

I. elaborar a proposta orçamentária da PCMG e acompanhar sua execução financeira, bem como viabilizar a prestação de contas da PCMG;

II. coordenar, orientar e executar as atividades de administração e pagamento de pessoal, expedir certidões funcionais, realizar averbações e preparar atos de posse e de aposentadoria;

III. controlar o cadastro de pessoal, a lotação e a vacância de cargos da PCMG;

IV. admitir, organizar, orientar e supervisionar a prestação de serviços terceirizados de apoio administrativo para os órgãos e unidades da PCMG, consistentes nas atividades de conservação, limpeza, segurança e vigilância patrimonial, transportes, copeiragem, reprografia, abastecimento de energia e água, manutenção de instalações e suas dependências;

V. guardar e manter controle de bens apreendidos ou arrecadados que não se vinculem a inquérito policial ou termo circunstanciado de ocorrência e realizar os respectivos leilões, inclusive de bens inservíveis para a PCMG, nas hipóteses legais, com a contabilização e destinação dos recursos para manutenção da PCMG;

VI. coordenar o sistema de administração de material, patrimônio e logística, inclusive adquirir, controlar e prover bens e serviços para órgãos e unidades da PCMG;

VII. manter a gestão de arquivo e de documentos e atuar na preservação da memória institucional da PCMG;

VIII. prover a atualização, a manutenção e o abastecimento da frota de veículos da PCMG;

IX. gerenciar a elaboração e celebração dos termos de doação, convênio, contrato e instrumento congênere.

TÍTULO III
Do Estatuto dos Policiais Civis

CAPÍTULO I
Das Prerrogativas

Art. 45. O policial civil goza das seguintes prerrogativas:

I. desempenhar funções correspondentes à condição hierárquica;

II. usar privativamente distintivo e documento de identidade funcional, válido em todo território nacional;

III. ter porte livre de arma, em todo o território nacional, nos termos de legislação específica;

IV. ter livre acesso a locais públicos ou particulares sujeitos a intervenção policial, no exercício de suas atribuições, observada a legislação vigente;

V. ter prioridade em qualquer serviço de transporte e comunicação, público e privado, quando em serviço de caráter urgente;

VI. exercer poder de polícia, inclusive a realização de busca pessoal e veicular, no caso de fundadas suspeitas de prática criminosa ou para fins de cumprimento de mandado judicial;

VII. convocar pessoas para testemunhar diligência policial;

VIII. ter aposentadoria especial, nos termos da lei;

IX. requisitar, em caso de iminente perigo público, bens ou serviços, públicos ou particulares, em caráter excepcional, quando inviável outro procedimento, assegurada indenização ao proprietário, em caso de dano;

X. ser recolhido em prisão especial, à disposição da autoridade competente, quando sujeito a prisão antes e após a condenação definitiva, conforme disposto no Código de Processo Penal e nos termos da Lei federal nº 5.350, de 6 de novembro de 1967;

XI. receber, no ato de sua primeira designação, munições e colete balístico dentro do prazo de validade, arma de fogo, algemas e distintivo oficial individualizado;

XII. exercer as funções em instalações que ofereçam condições adequadas de segurança, higiene e saúde.

Parágrafo único. A carteira de identidade funcional do policial civil consignará as prerrogativas constantes nos incisos III a V do caput.

Art. 46. O Delegado de Polícia, no exercício de sua função, tem ainda as seguintes prerrogativas:

I. expedir notificações, mandados policiais e outros atos necessários ao fiel desempenho de suas atribuições;

II. ser preso somente por ordem judicial escrita, salvo em flagrante de crime inafiançável, caso em que a autoridade fará, no prazo máximo de vinte e quatro horas, a comunicação e a apresentação do Delegado de Polícia ao Chefe da PCMG;

III. requisitar, diretamente, de entidades públicas ou privadas, informações, dados cadastrais, objetos, papéis, documentos, exames e perícias necessários à instrução de inquérito policial e demais procedimentos legais, determinando o prazo para sua apresentação, observadas as disposições legais pertinentes.

§ 1º O Delegado de Polícia goza de autonomia e independência no exercício das funções de seu cargo.

§ 2º As funções de polícia judiciária e a apuração de infrações penais exercidas pelo Delegado de Polícia são de natureza jurídica, essenciais e exclusivas de Estado.

§ 3º O cargo de Delegado de Polícia é privativo de bacharel em direito, devendo-lhe ser dispensado o mesmo tratamento protocolar dado aos magistrados, aos membros da Defensoria Pública e do Ministério Público e aos advogados, nos termos da legislação específica.

Art. 47. O policial civil será afastado do exercício das funções, até decisão final transitada em julgado, quando for preso provisoriamente pela prática de infração penal, sem prejuízo de sua remuneração.

§ 1º O policial civil em liberdade provisória retornará ao exercício das funções.

§ 2º No caso de condenação que não implique demissão, o policial civil:

I. será afastado a partir da decisão de mérito transitada em julgado até o cumprimento total da pena privativa da liberdade, com direito apenas a um terço de sua remuneração; ou

II. perceberá a remuneração integral atribuída ao cargo, quando permitido o exercício da função pela natureza da pena aplicada ou por decisão judicial.

§ 3º É vedado reter ou descontar vencimentos ou proventos do policial civil em decorrência de processo ou sindicância administrativa enquanto houver a possibilidade de recurso administrativo da decisão.

§ 4º O afastamento a que se refere o caput compete ao Chefe da PCMG.

CAPÍTULO II
Dos Direitos

SEÇÃO I
Dos direitos dos policiais civis

Art. 48. São direitos do policial civil os expressos na Constituição da República, nesta Lei Complementar e ainda:

I. ter respeitado o regime do trabalho policial civil;

II. receber instrução e treinamento frequentes a respeito do uso dos equipamentos de proteção individual;

III. ter assegurados os direitos da policial civil feminina, relativamente à gestação, amamentação e às exigências de cuidado com filhos menores, nos termos de regulamento;

IV. ter acesso a serviços de saúde permanentes e de boa qualidade;

V. ter acompanhamento e tratamento especializado em caso de lesões ou quando acometido de alto nível de estresse;

VI. ter acesso à reabilitação e a mecanismos de readaptação na hipótese de traumas, deficiências ou doenças ocupacionais em decorrência da atividade policial;

VII. ter respeitado seus direitos e garantias fundamentais, tanto no cotidiano como em atividades de formação ou de treinamento;

VIII. ser recolhido somente em unidade prisional própria e especial ou em sala especial da unidade em que sirva, sob a responsabilidade do seu dirigente, quando preso em flagrante delito ou por força de decisão judicial, sendo-lhe defeso exercer atividade funcional ou sair da repartição sem expressa autorização do juízo a cuja disposição se encontre;

IX. ter a garantia de que todos os atos decisórios de superiores hierárquicos que disponham sobre punições, lotação e remoção sejam motivados e fundamentados;

X. receber equipamentos de proteção individual e mobiliários adequados ao tipo de trabalho desenvolvido;

XI. ter assistência médico-hospitalar na instituição a que se refere o inciso VII do § 1º do art. 17, na forma de regulamento.

Parágrafo único. Os direitos relacionados à utilização de armas de fogo e de veículos da PCMG durante o curso de habilitação técnico-profissional, ressalvada a finalidade acadêmica, são condicionados à qualificação e ao acompanhamento do policial civil por outro declarado apto e designado para o exercício das funções de seu cargo em unidade da PCMG.

SEÇÃO II
Das indenizações e das gratificações

Art. 49. Aos integrantes das carreiras da PCMG serão atribuídas verbas indenizatórias e de gratificação, observados os respectivos critérios e requisitos, em especial:

I. ajuda de custo, em caso de remoção ex officio ou designação para serviço ou estudo que importe em alteração do domicílio, no valor de um mês de vencimento do servidor;

II. diárias, nos termos de decreto;

III. transporte pessoal e de dependentes, em caso de remoção ex officio, compreendidos o cônjuge ou companheiro, os filhos e os enteados;

IV. gratificação por encargo de curso ou concurso, por hora-aula proferida em cursos, inclusive para atuação em bancas examinadoras, em processo de habilitação, controle e reabilitação de condutor de veículo automotor, de competência da Academia de Polícia Civil ou do Detran-MG, nos termos de decreto;

V. auxílio-funeral, mediante a comprovação da execução de despesas com o sepultamento de servidor, no valor de até um mês de vencimento ou provento percebido na data do óbito;

VI. translado ou remoção quando ferido, acidentado ou falecido em serviço;

VII. adicional de desempenho, nos termos da legislação em vigor;

VIII. prêmio de produtividade, nos termos da legislação específica;

IX. décimo terceiro salário, correspondente a um doze avos da remuneração a que fizer jus no mês de dezembro por mês de exercício no respectivo ano;

X. adicional de férias regulamentares correspondente a um terço da remuneração do servidor;

XI. gratificação por risco de contágio, com a amplitude e condições estabelecidas em lei específica;

XII. indenização securitária para policial civil que for vítima de acidente em serviço que ocasione aposentadoria por invalidez ou morte, no valor de vinte vezes o valor da remuneração mensal percebida na data do acidente, até o limite de 9.993,6041 UFEMGS (nove mil novecentos e noventa e três vírgula seis mil e quarenta e uma Unidades Fiscais do Estado de Minas Gerais);

XIII. percepção do valor referente à diferença de vencimento entre o seu cargo e aquele para o qual vier a ser designado para fins de substituição, nos termos de decreto;

XIV. auxílio-natalidade, devido pelo nascimento de filho ou adoção, no valor da remuneração percebida pelo servidor na ocasião do nascimento ou da adoção, a ser paga à vista de certidão, admitida uma única percepção no caso de pai e mãe serem dos quadros da PCMG.

Art. 50. Ao policial civil da ativa será assegurado pelo Estado, a título de indenização para aquisição de vestimenta necessária ao desempenho de suas funções, o valor correspondente a 40% (quarenta por cento) do vencimento básico do nível I da carreira de Investigador de Polícia, a ser pago anualmente no mês de abril.

Art. 51. Salvo por imposição legal, ordem judicial ou autorização do servidor, nenhum desconto incidirá sobre os vencimentos, provento ou pensão.

Parágrafo único. As reposições e indenizações em favor do erário serão descontadas em parcelas mensais de valor não excedente à décima parte dos vencimentos, provento ou pensão, salvo comprovada má-fé, regularmente apurada em processo judicial, que definirá o percentual do desconto.

CAPÍTULO III
Da Remoção

Art. 52. O policial civil só poderá ser removido de um município para outro, com prévia publicação de edital, observada a existência de vaga no quadro de distribuição de pessoal da PCMG e, ainda, excepcionalmente:

I. a pedido ou por permuta;

II. para acompanhamento de cônjuge ou companheiro com declaração de união estável, se servidor público, em caso de remoção ex officio;

III. por motivo de saúde do policial civil, filhos, cônjuges, companheiros, pais ou irmãos com comprovada dependência financeira, e atestada a necessidade clínica e nos termos de regulamento;

IV. ex officio, no interesse do serviço policial, comprovada a necessidade, mediante ato motivado e fundamentado;

V. por conveniência da disciplina.

§ 1º As remoções a que se referem os incisos I, II e V do caput não geram direito para o policial civil à percepção de auxílio ou qualquer outra forma de indenização.

§ 2º O edital a que se refere o caput será publicado na forma e período definidos pelo Conselho Superior da PCMG.

§ 3º A remoção a que se refere o inciso V do caput não depende de existência de vaga no quadro de distribuição de pessoal da PCMG.

§ 4º Na hipótese do inciso V do caput, poderá ocorrer, além da remoção, a transferência do policial civil para unidade ou órgão da PCMG diverso daquele em que se encontra lotado, dentro do mesmo município.

Art. 53. A remoção ou transferência de lotação de Delegado de Polícia por conveniência da disciplina somente ocorrerá após a abertura da sindicância ou processo administrativo que observarão a ampla defesa, cabendo seu processamento à Corregedoria-Geral de Polícia Civil, e depois de aprovada a proposta de remoção por maioria simples dos membros do Órgão Especial do Conselho Superior da PCMG, observado o interesse da administração.

Art. 54. É assegurado ao policial civil, quando comprovar não ter sido o autor da infração disciplinar, o direito de revisão do ato de remoção ou transferência, com a consequente percepção dos auxílios correspondentes, nos termos desta Lei Complementar, caso requeira, formalmente, a lotação na unidade de origem.

Art. 55. A remoção de Delegado de Polícia, ex officio, no interesse do serviço policial, depende da existência de vaga no quadro de distribuição de pessoal da PCMG e somente ocorrerá depois de fundamentadas as razões e de aprovada a proposta de remoção por maioria simples dos membros do Órgão Especial do Conselho Superior da PCMG.

Art. 56. A remoção ex officio de policial civil durante o gozo de férias regulamentares, férias-prêmio ou licença para tratamento de saúde somente produzirá efeitos após o término do afastamento.

§ 1º A licença para tratamento de saúde não impedirá a remoção ex officio, desde que já iniciado o processo disciplinar.

§ 2º O policial civil poderá ser removido para a unidade de recursos humanos da PCMG em casos de licença, afastamento ou disponibilidade que inviabilizem o exercício pleno das atividades por período superior a cento e oitenta dias.

Art. 57. A distribuição de policial civil no âmbito interno de atuação da unidade policial, no mesmo município em que se encontra em exercício, pode ser determinada pelo seu titular e não implica remoção, desde que formalizada por ato fundamentado.

CAPÍTULO IV
Do Regime do Trabalho Policial Civil

Art. 58. Os ocupantes de cargos das carreiras policiais civis sujeitam-se ao regime do trabalho policial civil, que se caracteriza:

I. pela prestação de serviço em condições adversas de segurança, cumprimento de jornadas normais e excepcionais, sujeito a plantões noturnos e a convocações a qualquer hora e dia, inclusive durante o repouso semanal e férias, garantidas, em caso de se exceder a carga horária prevista em lei, as compensações devidas;

II. pelo dever de imediata atuação, sempre que presenciar a prática de infração penal, independentemente da carga horária semanal de trabalho, do repouso semanal e férias, respeitadas as normas técnicas de segurança;

III. pela realização de diligências policiais em qualquer região do Estado ou fora dele.

§ 1º Na hipótese do inciso II do caput, diante da impossibilidade de atuação decorrente de condições adversas, por exposição a risco desproporcional à incolumidade do policial civil ou de terceiros, deverá aquele acionar apoio para o atendimento do evento.

§ 2º A prestação de serviço em regime de plantão implica:

I. no efetivo exercício das funções do cargo ocupado pelo policial civil em atividades de competência da PCMG;

II. no prévio aviso a respeito da escala de plantão que deve ser cumprida pelo policial civil;

III. no descanso, imediato e subsequente, pelo período mínimo de doze horas;

IV. no cumprimento de carga horária semanal de trabalho de quarenta horas;

V. compensação financeira ou em dias de folga, nos termos de lei específica a ser encaminhada à Assembleia Legislativa.

§ 3º O período em trânsito para a realização de diligências policiais em localidade diversa da lotação do policial civil, em qualquer região do Estado ou fora dele, considera-se como tempo efetivamente trabalhado.

CAPÍTULO V

Das Licenças, dos Afastamentos e das Disponibilidades

SEÇÃO I
Das Licenças

Art. 59. Conceder-se-á licença:
I. para tratamento de saúde;
II. por motivo de doença em pessoa da família;
III. por motivo de maternidade ou paternidade, guarda ou adoção, nos termos da lei;
IV. por acidente em serviço;
V. para exercer mandato eletivo em diretoria de entidade sindical representativa de carreiras policiais civis, constituída na forma da Constituição do Estado, pelo período do mandato, sendo considerada como de efetivo exercício das funções e sem prejuízo da percepção da remuneração integral do cargo.

Art. 60. A licença para tratamento de saúde será concedida a pedido do policial civil ou ex officio, sem prejuízo dos vencimentos e demais vantagens, sendo indispensável a avaliação médica.

Art. 61. O policial civil licenciado para tratamento de saúde não poderá dedicar-se a qualquer atividade remunerada.

Art. 62. A licença para tratamento de saúde depende de inspeção por junta médica oficial, até para o caso de prorrogação.
§ 1º A licença concedida dentro do prazo de sessenta dias do término da anterior é considerada prorrogação.
§ 2º O policial civil que, no curso de doze meses imediatamente anteriores ao requerimento de nova licença, houver se licenciado por período contínuo ou descontínuo de três meses deverá submeter-se à verificação de invalidez.
§ 3º Declarada a incapacidade definitiva para o serviço, o policial civil será afastado de suas funções e aposentado, ou, se considerado apto, reassumirá o exercício das funções imediatamente ou ao término da licença.

Art. 63. O policial civil acometido de doença grave definida em portaria ministerial ou legislação específica será compulsoriamente licenciado, com vencimento ou remuneração integral e demais vantagens.
Parágrafo único. Para verificação da doença referida no caput, a inspeção médica será feita obrigatoriamente por uma junta médica oficial, composta de três membros.

Art. 64. A licença será convertida em aposentadoria, antes do prazo estabelecido de dois anos ininterruptos, quando assim opinar a junta médica, por considerar definitiva para o serviço público a invalidez do policial civil.

Art. 65. A licença por motivo de doença em pessoa da família, não renovável no período de doze meses após a sua concessão, será concedida, com vencimentos integrais, pelo prazo máximo de noventa dias, sendo admitida a prorrogação, sem remuneração, por até cento e vinte dias.
§ 1º A licença a que se refere o caput somente será concedida se a assistência direta do policial civil for indispensável e não puder ser dada simultaneamente com o exercício do cargo.
§ 2º O requerimento da licença por motivo de doença em pessoa da família deverá ser instruído com laudo expedido por junta médica oficial.
§ 3º Considera-se, para o efeito deste artigo, como pessoa da família, pais, filhos, cônjuge ou companheiro com declaração de união estável, para a qual seja indispensável a assistência pessoal do policial civil e esta não possa ser prestada simultaneamente com o exercício de suas funções.

Art. 66. Será concedida licença por acidente em serviço, sem prejuízo dos vencimentos e vantagens inerentes ao exercício do cargo, pelo prazo máximo de dois anos, observado o seguinte:
I. configura acidente em serviço o dano físico ou mental que se relacione, mediata ou imediatamente, com as funções exercidas;
II. equipara-se ao acidente em serviço o dano decorrente de agressão sofrida no exercício funcional, bem como o dano sofrido em trânsito a ele pertinente;
III. caso o acidentado em serviço necessite de tratamento especializado comprovadamente não disponível em instituição pública, poderá ter tratamento em instituição privada à conta de recursos da PCMG, desde que recomendado por junta médica oficial;
IV. a prova do acidente deverá ser feita no prazo de trinta dias contado de sua ocorrência, prorrogável quando as circunstâncias o exigirem, na forma de regulamento.
Parágrafo único. Aplicam-se à licença por acidente em serviço as disposições pertinentes à licença para tratamento de saúde.

SEÇÃO II
Dos afastamentos e das disponibilidades

Art. 67. Sem prejuízo da remuneração, o policial civil poderá afastar-se de suas funções, por oito dias consecutivos, por motivo de:
I. casamento;
II. falecimento de cônjuge ou companheiro, ascendente, descendente, ou irmão.

Parágrafo único. No caso do inciso I do caput, o policial civil comunicará seu afastamento, com antecedência, ao Delegado de Polícia ou ao titular da unidade a que esteja subordinado.

Art. 68. O Chefe da PCMG poderá conceder afastamento ao policial civil, sem prejuízo da remuneração:
I. para frequentar cursos relacionados com o exercício das funções do cargo ocupado pelo policial civil, pelo prazo de três meses, prorrogável até o máximo de três meses;
II. para participar de congressos, seminários ou encontros relacionados com o exercício da função, pelo prazo estabelecido no ato que o autorizar § 1º O afastamento a que se refere o inciso I do caput não será concedido ao policial civil em estágio probatório ou que esteja submetido a sindicância ou processo administrativo disciplinar.
§ 2º O afastamento previsto nos incisos I e II do caput obriga ao atendimento dos interesses institucionais, à apresentação de relatório circunstanciado e certificados que comprovem as atividades desenvolvidas.
§ 3º O policial civil que não comprovar o aproveitamento da atividade desempenhada, na forma do § 2º, nos trinta dias subsequentes ao seu término, perderá o direito de computar o tempo de afastamento como tempo de serviço.
§ 4º O policial civil que tenha se afastado das funções para estudo, especialização ou aperfeiçoamento, sem prejuízo da remuneração ou com ônus para a PCMG, ficará obrigado a prestar serviços pelo menos por mais três anos após o período do afastamento ou a ressarcir o Estado da importância despendida, inclusive com o custeio da viagem, em conformidade com o disposto em regulamento.
§ 5º Na hipótese de afastamento para participar de curso, congresso ou seminário no exterior ou para frequentar curso no País em prazo superior a seis meses, o policial civil dependerá de autorização do Governador do Estado.

Art. 69. O policial civil afastado não pode exercer nenhuma de suas funções, ou outra, pública ou particular, diversa da que motivou o ato, sob pena de cassação do ato de afastamento e do imediato retorno às atividades.

Art. 70. O policial civil poderá, ainda, afastar-se das funções do cargo para:
I. exercer cargo público eletivo;
II. concorrer a cargo público eletivo;
III. exercer cargo:
a) de Secretário de Estado, de Secretário Adjunto ou de Subsecretário na Secretaria de Estado de Defesa Social ou cargos correspondentes na Controladoria-Geral do Estado;
b) de direção da Polícia Federal;
c) de Ministro de Estado;
d) de direção da Agência Brasileira de Informação Abin;
IV. tratar de interesses particulares, pelo prazo máximo de dois anos.
§ 1º Não será concedido, nas hipóteses previstas nos incisos III e IV do caput, o afastamento de policial civil submetido a processo administrativo disciplinar, que esteja em estágio probatório ou que reúna as condições previstas para aposentadoria.
§ 2º O estágio probatório será interrompido nas hipóteses de afastamento previstas nos incisos I e II do caput.
§ 3º Na hipótese de afastamento prevista no inciso III do caput, o policial civil deverá optar pela percepção dos vencimentos e vantagens de uma das funções públicas exercidas.
§ 4º O afastamento previsto no inciso IV do caput não será considerado como efetivo exercício e dar-se-á sem vencimentos e vantagens.
§ 5º O afastamento do policial civil para concorrer a cargo público eletivo dar-se-á sem prejuízo da percepção de vencimentos e vantagens, na forma da Lei Complementar federal nº 64, de 18 de maio de 1990.
§ 6º Na hipótese do exercício de mandato eletivo, o policial civil não poderá exercer, no âmbito da PCMG, cargos de direção, chefia, assessoramento e coordenação, observado o disposto no inciso IX do art. 29 e no art. 38 da Constituição da República.

CAPÍTULO VI

Da Aposentadoria, dos Proventos e da Pensão Especial

SEÇÃO I
Da aposentadoria

Art. 71. O policial civil será aposentado:
I. compulsoriamente;
II. voluntariamente;
III. por invalidez.

§ 1º A aposentadoria compulsória do policial civil ocorre aos setenta anos de idade, nos termos da Constituição da República.

§ 2º É adotado regime especial de aposentadoria, nos termos dos incisos II e III do § 4º do art. 40 da Constituição da República, para o policial civil, cujo exercício é considerado atividade de risco.

§ 3º A aposentadoria por invalidez será sempre precedida de licença por período não excedente a dois anos, salvo quando o laudo médico concluir, anteriormente àquele prazo, pela incapacidade definitiva para o serviço.

Art. 72. O policial civil será aposentado voluntariamente, independentemente da idade:
I. se homem, após trinta anos de contribuição, desde que conte, pelo menos, vinte anos de efetivo exercício nos cargos das carreiras a que se refere o art. 76;
II. se mulher:
a) após trinta anos de contribuição, desde que conte, pelo menos, vinte anos de efetivo exercício nos cargos das carreiras a que se refere o art. 76;
b) após vinte e cinco anos de contribuição e de efetivo exercício nos cargos das carreiras a que se refere o art. 76.

§ 1º Considera-se no efetivo exercício dos cargos das carreiras a que se refere o art. 76 a execução de funções de cargo comissionado da PCMG para o qual tenha sido nomeado ou designado o policial civil.

§ 2º Para a obtenção do prazo mínimo de efetivo exercício nos cargos das carreiras policiais civis, poderá ser considerado o tempo de serviço prestado como militar integrante dos quadros da Polícia Militar e do Corpo de Bombeiros Militar do Estado de Minas Gerais, bem como de instituições congêneres de outros estados da Federação.

SEÇÃO II
Dos proventos

Art. 73. O policial civil, ao ser aposentado, perceberá provento:
I. integral:
a) se contar com tempo para a aposentadoria especial;
b) se for julgado, mediante laudo de junta médica oficial, incapaz para o desempenho de suas atividades, em decorrência de acidente no serviço ou por moléstia profissional ou alienação mental, artrite reumatoide, lúpus eritematoso disseminado (sistêmico), pênfigo foliáceo, cegueira, estados avançados da doença de Paget (osteíte deformante), paralisia irreversível e incapacitante, cardiopatia grave, esclerose múltipla, hanseníase, tuberculose ativa, nefropatia grave, contaminação por radiação, síndrome de imunodeficiência adquirida, fibrose cística (mucoviscidose), doença de Parkinson, neoplasia maligna, espondilartrose ancilosante, hepatopatia grave ou doença que o invalide inteiramente, qualquer que seja o tempo de serviço;
II. proporcional, à razão de tantas quotas de 1/30 (um trinta avos) do vencimento básico quantos forem os anos de serviço, nos demais casos.

§ 1º Ao policial civil aposentado em razão de invalidez permanente, considerado incapaz para o exercício de serviço de natureza policial civil, em consequência de acidente no desempenho de suas funções ou de ato por ele praticado no cumprimento do dever profissional, é assegurado o pagamento mensal de auxílio-invalidez, de valor igual à remuneração de igual nível, incorporado ao seu provento para todos os fins.

§ 2º O provento integral a que se refere o inciso I do caput corresponderá à totalidade da remuneração do cargo efetivo em que se deu a aposentadoria e será reajustado, na mesma data e em idêntico percentual, sempre que se modificar, a qualquer título, a remuneração dos policiais civis em atividade, sendo estendido ao policial civil aposentado todo benefício ou vantagem posteriormente atribuídos ao cargo ou função em que se deu a aposentadoria, inclusive os decorrentes de transformação ou reclassificação do cargo ou função em que se deu a aposentadoria, nos termos da Constituição da República.

SEÇÃO III
Da pensão especial

Art. 74. À família do policial civil que falecer em consequência de acidente no desempenho de suas funções ou de ato por ele praticado no estrito cumprimento do dever é assegurada pensão especial, que não poderá ser inferior ao vencimento e demais vantagens que percebia à época do evento.

Parágrafo único. A pensão especial de que trata o caput será reajustada nas mesmas bases do reajustamento que for concedido à remuneração do cargo equivalente.

Art. 75. Disposições relativas à concessão de pensão especial e seus beneficiários serão tratadas em lei específica.

TÍTULO IV
Das Carreiras Policiais Civis

CAPÍTULO I
Disposições Gerais

Art. 76. As carreiras policiais civis são as seguintes:
I. Delegado de Polícia;
II. Escrivão de Polícia;
III. Investigador de Polícia;
IV. Médico-Legista;
V. Perito Criminal.

Parágrafo único. Integram ainda o quadro de pessoal da PCMG as carreiras administrativas, instituídas na forma de lei específica.

Art. 77. A estrutura das carreiras de que trata o art. 76 e o número de cargos de cada uma delas são os constantes no Anexo I desta Lei Complementar.

Art. 78. Para os efeitos desta Lei Complementar, considera-se:
I. carreira o conjunto de cargos de provimento efetivo agrupados segundo sua natureza e complexidade e estruturados em níveis e graus, escalonados em função do grau de responsabilidade e das atribuições da carreira;
II. cargo de provimento efetivo a unidade de ocupação funcional do quadro de pessoal privativa de servidor público aprovado em concurso, com criação, remuneração e quantitativo definidos em lei ordinária, e, ainda, com atribuições, responsabilidades, direitos e deveres de natureza estatutária estabelecidos em Lei Complementar;
III. quadro de pessoal o conjunto de cargos de provimento efetivo e de provimento em comissão de órgão ou de entidade;
IV. nível a posição do servidor no escalonamento vertical dentro da mesma carreira, contendo cargos escalonados em graus, com os mesmos requisitos de capacitação e mesma natureza, complexidade, atribuições e responsabilidades;
V. grau a posição do servidor no escalonamento horizontal no mesmo nível de determinada carreira.

Art. 79. As atribuições dos cargos de provimento efetivo que integram as carreiras policiais civis são essenciais, próprias e típicas de Estado, têm natureza especial e caráter técnico-científico-jurídico para a carreira de Delegado de Polícia e caráter técnico-científico para as demais, derivados da aplicação dos conhecimentos das ciências humanas, sociais e naturalísticas, na forma da Constituição da República.

§ 1º Ao policial civil são conferidas, além das atribuições específicas de seus cargos estipuladas no Anexo II desta Lei Complementar, as funções de polícia judiciária e de investigação criminal para o estabelecimento das causas, circunstâncias, motivos, autoria e materialidade das infrações penais, administrativas e disciplinares, inclusive os atos de formalização em inquérito policial, termo circunstanciado de ocorrência, laudos periciais ou outros procedimentos, instrumentos e atos oficiais, incumbindo-lhe ainda:
I. realizar busca pessoal e veicular, no caso de fundada suspeita de prática de infração penal ou de cumprimento de mandados, bem como efetuar prisões;
II. exercer atividades relativas à gestão científica de dados, de inteligência, de informações e de conhecimentos pertinentes à atividade investigativa;
III. desenvolver conteúdo pedagógico e disseminar conhecimentos em cursos realizados pela Academia de Polícia Civil;
IV. operar os sistemas corporativos, registrar informações, elaborar estudos de suporte a decisão, bem como alimentar os programas e as fontes de informações de sua unidade, mantendo-os atualizados, na forma designada;
V. exercer funções pertinentes à identificação civil e criminal e ao registro e licenciamento de veículo automotor e à habilitação de condutor;

VI. cumprir, fazer cumprir e executar as determinações e diretrizes superiores e atividades de competência da unidade em que tenha exercício para o cumprimento das funções da PCMG;

VII. sistematizar elementos e informações para fins de apuração das infrações penais, administrativas e disciplinares;

VIII. formalizar relatórios sobre os resultados das ações policiais civis, diligências e providências adotadas no curso das investigações;

IX. conduzir, no exercício da função policial civil, veículos oficiais, inclusive aeronaves e embarcações, para os quais esteja habilitado;

X. atuar no desenvolvimento e no aperfeiçoamento das técnicas de trabalho;

XI. observar os prazos e formas estabelecidos para a elaboração e entrega de documentos oficiais produzidos em decorrência de suas atribuições, justificando formalmente os casos de impossibilidade;

XII. realizar a proteção, a guarda e o registro formal da movimentação cronológica de procedimentos, documentos, substâncias, objetos, bens e valores arrecadados ou apreendidos, mediante recibo, durante o período em que com eles permanecer;

XIII. colaborar com o fornecimento de dados e informações para a realização de estatísticas da unidade policial, na redação de ofícios e expedientes de interesse administrativo e no controle, arquivamento e organização de folhas e atestados de frequência, documentos e formulários do respectivo setor.

§ 2º Para o desempenho de suas funções, o Delegado de Polícia disporá dos serviços e recursos técnico-científicos da PCMG e dos servidores e policiais civis a ele subordinados, podendo requisitar, observadas as limitações legais, quando necessário, o auxílio de unidades e órgãos do Poder Executivo.

§ 3º A coleta de vestígios em locais de crime compete, com primazia, ao Perito Criminal, assegurada a máxima preservação por parte daqueles que primeiro chegarem ao local, o qual, depois de liberado, sujeita-se à análise dos Investigadores de Polícia para a obtenção de outros elementos que possam subsidiar a investigação criminal.

§ 4º O exercício das atribuições dos cargos das carreiras a que se refere o art. 76 é incompatível com qualquer outra atividade, com exceção daquelas previstas na legislação.

Art. 80. Os cargos das carreiras a que se refere o art. 76 são lotados no quadro de pessoal da PCMG.

Parágrafo único. São vedadas a mudança de lotação dos cargos das carreiras a que se refere o art. 76 e a transferência de seus ocupantes para os demais órgãos e entidades da administração pública.

Art. 81. As carreiras policiais civis obedecem à ordem hierárquica estabelecida entre os níveis que as compõem, mantido o poder hierárquico e disciplinar do Delegado de Polícia, nos termos do art. 139 da Constituição do Estado, ressalvado aquele exercido pelos titulares de unidades na esfera da Superintendência de Polícia Técnico-Científica, do Instituto Médico-Legal, do Instituto de Criminalística e do Hospital da Polícia Civil.

§ 1º A hierarquia e a disciplina são valores de integração e otimização das atribuições dos cargos e competências organizacionais pertinentes às atividades da PCMG e objetivam assegurar a unidade técnico-científica da investigação criminal.

§ 2º A hierarquia constitui instrumento de controle e eficácia dos atos operacionais, com a finalidade de sustentar a disciplina e a ética e de desenvolver o espírito de mútua cooperação em ambiente de estima, harmonia, confiança e respeito.

§ 3º A disciplina norteia o exercício efetivo das atribuições funcionais em face das disposições legais e das determinações fundamentadas e emanadas da autoridade competente, estimulando a cooperação, o planejamento sistêmico, a troca de informações, o compartilhamento de experiências e a desburocratização das atividades policiais civis.

§ 4º O regime hierárquico não autoriza imposições sobre o convencimento do policial civil, desde que devidamente fundamentado, ficando garantida sua autonomia nas respostas às requisições.

§ 5º Para fins de elaboração da política de remuneração das carreiras a que se refere o art. 76, o princípio da hierarquia será gradativamente aplicado.

§ 6º Não há subordinação hierárquica entre o Escrivão de Polícia, o Investigador de Polícia, o Médico-Legista e o Perito Criminal.

Art. 82. A carga horária semanal de trabalho dos policiais civis é de quarenta horas, vedado o cumprimento de jornada diária superior a oito horas e em regime de plantão superior a doze horas ininterruptas, salvo, em caráter excepcional, para a conclusão de determinada atividade policial civil.

§ 1º O Chefe da PCMG, mediante aprovação do Conselho Superior da PCMG poderá estabelecer regras complementares para cumprimento da jornada de trabalho dos policiais civis.

§ 2º O funcionamento do plantão de Delegacias de Polícia Civil ocorrerá no período noturno, finais de semana e feriados, nos termos de instrução do Conselho Superior da PCMG.

§ 3º Aplica-se o disposto neste artigo aos servidores da PCMG que, na data da publicação desta Lei Complementar, forem detentores de função pública.

CAPÍTULO II
Do Ingresso

Art. 83. O ingresso nas carreiras a que refere o art. 76 depende de aprovação em concurso público de provas e títulos, e dar-se-á no primeiro grau do nível inicial da carreira.

§ 1º Caberá privativamente à Academia de Polícia Civil a realização:

I. na forma do edital, do concurso público a que se refere o caput, admitida a terceirização, no todo ou em parte, sob supervisão da Academia da Polícia Civil;

II. nas condições estabelecidas em regulamento, do curso de formação técnico-profissional.

§ 2º O candidato aprovado nas etapas a que se refere o caput do art. 84 será, depois da nomeação e posse, matriculado automaticamente no curso de formação técnico-profissional, fazendo jus à percepção do valor correspondente à remuneração atribuída ao primeiro grau do nível inicial da carreira para a qual tenha se candidatado.

Art. 84. O concurso público para ingresso em cargo das carreiras policiais civis é constituído das seguintes etapas:

I. provas e títulos;

II. exame psicotécnico para avaliar os aspectos de cognição, aptidões específicas e características de personalidade adequadas para o exercício do cargo pretendido;

III. exames biomédicos para aferir a higidez física e mental;

IV. exames biofísicos, por testes físicos específicos, para apurar as condições para o exercício profissional e a existência de deficiência física que o incapacite para o exercício da função;

V. investigação social para verificar a idoneidade do candidato, sob os aspectos moral, social e criminal.

§ 1º As etapas previstas nos incisos II a V do caput, de caráter eliminatório, serão realizadas para os aprovados na etapa prevista no inciso I.

§ 2º A etapa a que se refere o inciso I do caput, de caráter eliminatório e classificatório, poderá ser constituída de prova objetiva de múltipla escolha, prova escrita discursiva e títulos para todos os cargos, além de prova oral para o cargo de Delegado de Polícia e de digitação para Escrivão de Polícia, devendo ser satisfeitos os demais requisitos e exigências estabelecidos em regulamento e no edital do concurso.

§ 3º As regras do concurso serão publicadas em edital, que deverá conter:

I. o número de vagas existentes;

II. as matérias sobre as quais versarão as provas e os respectivos programas;

III. o desempenho mínimo exigido para aprovação nas provas;

IV. os critérios de avaliação dos títulos;

V. o caráter eliminatório e classificatório de cada etapa do concurso;

VI. os requisitos para a inscrição, com exigência mínima de comprovação pelo candidato:

a) da escolaridade exigida para a nomeação;

b) de estar no gozo dos direitos políticos;

c) de estar em dia com as obrigações militares, se do sexo masculino.

§ 4º O concurso para ingresso na carreira de Delegado de Polícia far-se-á, nas provas de conhecimento, com a participação da Ordem dos Advogados do Brasil.

Art. 85. O ingresso em cargo das carreiras a que se refere o art. 76, a realizar-se conforme o disposto no art. 83, depende da comprovação de habilitação mínima em nível superior:

I. correspondente a graduação em direito, para ingresso na carreira de Delegado de Polícia;

II. correspondente a graduação em medicina, para ingresso na carreira de Médico-Legista;

III. conforme definido no edital do concurso público, para ingresso nas carreiras de Escrivão de Polícia, de Investigador de Polícia e de Perito Criminal.

Parágrafo único. Para fins do disposto nesta Lei Complementar, considera-se nível superior a formação em educação superior, que compreende curso ou programa de graduação, na forma da Lei de Diretrizes e Bases da Educação.

Art. 86. Constitui motivo para a exclusão do candidato, durante o concurso, a verificação das seguintes ocorrências, mediante investigação social, assegurada ampla defesa:
I. a constatação de incapacidade moral, física ou inaptidão para o cargo almejado;
II. o envolvimento em fato que o comprometa moral ou profissionalmente;
III. o registro de antecedentes criminais, a demissão de outra instituição policial, bem como a omissão desses dados na ficha de informações destinada à investigação social.

CAPÍTULO III
Do Estágio Probatório

Art. 87. O policial civil submeter-se-á a estágio probatório, pelo prazo de três anos, a partir do ato da posse, durante o qual será avaliada, em caráter permanente, sua aptidão para fins de declaração de estabilidade na carreira.
Parágrafo único. Na avaliação a que se refere o caput, serão observados, entre outros critérios estabelecidos em regulamento:
I. idoneidade moral;
II. conduta compatível com as atribuições do cargo;
III. dedicação no cumprimento dos deveres e das atribuições do cargo;
IV. eficiência, pontualidade, assiduidade e comprometimento no desempenho de suas atribuições;
V. presteza e segurança na atuação profissional;
VI. referências em razão da atuação funcional;
VII. publicação de livros, teses, estudos e artigos, premiação, concessões de comendas, títulos e condecorações;
VIII. contribuição para a melhoria dos serviços da instituição;
IX. integração comunitária no que estiver afeto às atribuições do cargo;
X. frequência e a avaliação em cursos promovidos pela PCMG.

Art. 88. O policial civil, no período do estágio probatório, será avaliado por comissão de acompanhamento e avaliação especial de desempenho composta por policiais civis estáveis, instituída por ato do Chefe da PCMG.
§ 1º A comissão a que se refere o caput será composta:
I. para a carreira a que se refere o inciso I do art. 76, por um Delegado de Polícia da Corregedoria-Geral de Polícia Civil, por um Delegado de Polícia da Superintendência de Investigação e Polícia Judiciária e por um Delegado de Polícia da Academia de Polícia Civil;
II. para as carreiras a que se referem os incisos II a V do art. 76, por um Delegado de Polícia da Corregedoria-Geral de Polícia Civil, por um Delegado de Polícia da Superintendência de Investigação e Polícia Judiciária, por um Delegado de Polícia da Academia de Polícia Civil e por um ocupante da carreira do policial civil, de nível da carreira superior àquele em que estiver posicionado o servidor avaliado.
§ 2º A permanência na carreira e a estabilidade do policial civil serão deliberadas pelo Conselho Superior da PCMG.

Art. 89. O Corregedor-Geral de Polícia Civil poderá, a qualquer tempo do estágio probatório, ex officio ou mediante provocação, impugnar, fundamentadamente, a permanência do policial civil no cargo efetivo de carreira para o qual foi nomeado.
Parágrafo único. Fica suspenso, até o definitivo julgamento da impugnação a que se refere o caput, o período de estágio probatório do policial civil.

Art. 90. O Corregedor-Geral de Polícia Civil, em até noventa dias antes do término do estágio probatório, apresentará ao Conselho Superior da PCMG parecer sobre a homologação de estágio probatório de policial civil.
§ 1º A proposta de homologação de estágio probatório implica a expedição da declaração de estabilidade do policial civil.
§ 2º Quando o Conselho Superior da PCMG decidir, em caráter definitivo, pela maioria simples de seus membros, pela não homologação do estágio probatório do policial civil no cargo efetivo para o qual foi nomeado, o Chefe da PCMG proporá a sua exoneração, mediante conclusão de processo administrativo próprio, assegurados o contraditório e a ampla defesa.

Art. 91. Ao Chefe da PCMG compete o ato declaratório de estabilidade, no qual constará a nova condição do policial civil para o desenvolvimento na carreira.

CAPÍTULO IV

Do Desenvolvimento na Carreira

Art. 92. O desenvolvimento do policial civil nas carreiras a que se refere o art. 76 dar-se-á mediante progressão ou promoção.

Parágrafo único. Decreto disporá sobre as regras de desenvolvimento do policial civil nas carreiras a que se refere o art. 76, observados os requisitos estabelecidos nesta Lei Complementar.

Art. 93. Progressão é a passagem do policial civil do grau em que se encontra para o grau subsequente, no mesmo nível da carreira a que pertence.

§ 1º A progressão do policial civil posicionado até o penúltimo nível hierárquico da carreira está condicionada ao preenchimento dos seguintes requisitos:

I. encontrar-se em efetivo exercício;
II. ter cumprido o interstício mínimo de um ano de efetivo exercício no mesmo grau;
III. ter recebido avaliação periódica de desempenho individual satisfatória durante o período aquisitivo, nos termos do § 3º do art. 31 da Constituição do Estado.

§ 2º A progressão do policial civil do grau "A" do último nível hierárquico da carreira para o grau subsequente está condicionada ao preenchimento dos seguintes requisitos:

I. ter cumprido os requisitos para a aposentadoria especial, a que se refere o § 2º do art. 71;
II. ter cumprido um ano de efetivo exercício no último nível hierárquico da carreira a que pertence;
III. ter recebido avaliação periódica de desempenho individual satisfatória no último nível hierárquico da carreira a que pertence;
IV. ter requerido a aposentadoria, em caráter irretratável, e ter se beneficiado da faculdade prevista no § 24 do art. 36 da Constituição do Estado.

Art. 94. Promoção é a passagem do policial civil do nível em que se encontra para o nível subsequente, na carreira a que pertence.

§ 1º A promoção dar-se-á:
I. por antiguidade, conforme os seguintes critérios:
a) especial;
b) aposentadoria;
II. por merecimento, conforme os seguintes critérios:
a) mérito profissional;
b) por ato de bravura;
III. por invalidez;
IV. *post mortem*.

§ 2º A promoção pelos critérios alternados de antiguidade e merecimento ocorrerá, anualmente, nos meses de junho e dezembro, na forma de regulamento.

§ 3º Os períodos previstos no § 2º podem se aplicar para a promoção por ato de bravura e para a promoção especial.

§ 4º As promoções por invalidez, *post mortem* e por aposentadoria poderão ocorrer em qualquer época do ano e independem da existência de vagas.

§ 5º Fará jus à promoção por merecimento e por antiguidade o policial civil que atender às exigências estabelecidas em regulamento e preencher os seguintes requisitos:

I. encontrar-se em efetivo exercício;
II. ter cumprido o interstício mínimo de dois anos de efetivo exercício no mesmo nível;
III. ter recebido no mínimo duas avaliações periódicas de desempenho individual satisfatórias desde a sua promoção anterior, nos termos das normas legais pertinentes e do § 3º do art. 31 da Constituição do Estado;
IV. comprovar participação e aprovação em atividades de aperfeiçoamento;
V. comprovar a escolaridade mínima exigida para o nível ao qual pretende ser promovido.

§ 6º A promoção por merecimento observará, além do previsto no § 5º, critérios objetivos que levem em conta desempenho e capacitação profissional, os quais serão regulamentados por decreto.

§ 7º O limite de vagas por nível para a promoção nas carreiras de Delegado de Polícia, de Médico-Legista e de Perito Criminal é o constante no Anexo I desta Lei Complementar.

§ 8º O limite de vagas por nível para a promoção nas carreiras de Escrivão de Polícia e de Investigador de Polícia será definido na forma de decreto.

§ 9º O posicionamento do policial civil no nível para o qual for promovido dar-se-á no primeiro grau cujo vencimento básico seja superior ao percebido pelo policial civil no momento da promoção, ressalvada a promoção para o último nível, cujo posicionamento ocorrerá no grau "A", garantida a irredutibilidade remuneratória, nos termos da Constituição da República.

Art. 95. O Delegado de Polícia será promovido de Delegado de Polícia Substituto para Delegado de

Polícia Titular "A" após a publicação da declaração de estabilidade.

Art. 96. Farão jus a promoção especial, a que se refere a alínea "a" do inciso I do § 1º do art. 94, o Escrivão de Polícia e o Investigador de Polícia que preencherem os seguintes requisitos:
I. estar em efetivo exercício;
II. ter permanecido no mesmo nível da respectiva carreira pelo prazo de oito anos de efetivo exercício;
III. ter obtido resultado satisfatório nas avaliações de desempenho individual durante o período aquisitivo, nos termos do § 3º do art. 31 da Constituição do Estado;
IV. comprovar participação e aprovação em atividades de aperfeiçoamento.

Art. 97. Após a conclusão do estágio probatório, o policial civil considerado apto será posicionado no grau "D" do nível de ingresso na carreira, ressalvado o disposto no art. 95.

Art. 98. A contagem do prazo para fins da segunda promoção terá início após a conclusão e homologação do estágio probatório, desde que o policial civil tenha sido aprovado.

Art. 99. Perderá o direito à progressão e à promoção o policial civil que, no período aquisitivo:
I. sofrer punição disciplinar em que seja suspenso por trinta dias ou mais;
II. afastar-se das funções específicas de seu cargo, excetuados os casos previstos como de efetivo exercício nas normas estatutárias vigentes e em legislação específica.
§ 1º É assegurado ao policial civil absolvido em processo administrativo ou reabilitado o direito de computar o tempo de suspensão a que se refere o inciso I do caput como período aquisitivo para fins de progressão e de promoção.
§ 2º Na hipótese prevista no inciso II do caput, o afastamento ensejará a suspensão do período aquisitivo para fins de promoção e progressão, contando-se, para tais fins, o período anterior ao afastamento, desde que tenha sido concluída a respectiva avaliação periódica de desempenho individual.

Art. 100. As promoções previstas no § 1º do art. 94 terão requisitos definidos na forma de decreto.

Art. 101. Para desempate no processo de promoção, serão apurados, sucessivamente:
I. a maior média de resultados obtidos nas avaliações de desempenho no respectivo período aquisitivo;
II. o maior tempo de serviço no nível;
III. o maior tempo de serviço na carreira;
IV. o maior tempo no serviço público estadual;
V. o maior tempo em serviço público;
VI. o policial civil de maior idade.

Art. 102. As atividades acadêmicas para o desenvolvimento do policial civil na carreira serão promovidas pela Academia de Polícia Civil ou qualquer outra instituição de ensino reconhecida pelo Ministério da Educação.

CAPÍTULO V
Do Adicional de Desempenho

Art. 103. O Adicional de Desempenho – ADE constitui vantagem remuneratória concedida mensalmente ao policial civil que tenha ingressado no serviço público após a publicação da Emenda à Constituição nº 57, de 15 de julho de 2003, ou que tenha feito a opção prevista no art. 115 do Ato das Disposições Constitucionais Transitórias da Constituição do Estado e que cumprir os requisitos estabelecidos nesta Lei Complementar.
§ 1º O valor do ADE será determinado a cada ano, levando-se em conta o número de avaliações de desempenho individual – ADIs – e de avaliações especiais de desempenho – AEDs – satisfatórias obtidas pelo policial civil.
§ 2º A ADI e a AED serão realizadas em conformidade com instrução do Conselho Superior da PCMG.
§ 3º O policial civil da ativa que fizer a opção a que se refere o caput fará jus ao ADE a partir do exercício subsequente, desde que obtenha resultado satisfatório na ADI realizada no ano em que manifestar a referida opção.
§ 4º A partir da data da opção pelo ADE, não serão concedidas novas vantagens por tempo de serviço ao policial civil, asseguradas aquelas já concedidas.
§ 5º O somatório de percentuais de ADE e de adicionais por tempo de serviço, na forma de quinquênio ou trintenário, não poderá exceder a 90% (noventa por cento) do vencimento básico do policial civil.
§ 6º O policial civil poderá utilizar, para fins de aquisição do ADE, o período anterior à sua opção por esse adicional, que será considerado de resultado satisfatório, salvo o período já computado para obtenção de adicional por tempo de serviço na forma de quinquênio.

Art. 104. São requisitos para a obtenção do ADE:
I. a conclusão do estágio probatório pelo policial civil;
II. ter obtido resultado satisfatório na ADI ou na AED.
§ 1º Para fins do disposto no inciso II do caput, considera-se satisfatório o resultado igual ou superior a 70% (setenta por cento).
§ 2º O período anual considerado para a AED terá início no dia e no mês do ingresso do policial na PCMG.
§ 3º Na ADI e na AED, será considerado fator de avaliação, para concessão do ADE, o aproveitamento em curso profissional realizado pela Academia de Polícia Civil.
§ 4º A regulamentação da ADI e da AED, no que se refere ao disposto no § 3º, será efetivada por instrução do Conselho Superior da PCMG.
Art. 105. Os valores máximos do ADE correspondem a um percentual do vencimento básico do policial civil, estabelecido conforme o número de AEDs e ADIs com resultado satisfatório por ele obtido, assim definidos:
I. para três AEDs e ADIs com resultado satisfatório: 6% (seis por cento);
II. para cinco AEDs e ADIs com resultado satisfatório: 10% (dez por cento);
III. para dez AEDs e ADIs com resultado satisfatório: 20% (vinte por cento);
IV. para quinze AEDs e ADIs com resultado satisfatório: 30% (trinta por cento);
V. para vinte AEDs e ADIs com resultado satisfatório: 40% (quarenta por cento);
VI. para vinte e cinco AEDs e ADIs com resultado satisfatório: 50% (cinquenta por cento);
VII. para trinta AEDs e ADIs com resultado satisfatório: 60% (sessenta por cento).
§ 1º O policial civil que fizer jus à percepção do ADE continuará percebendo o adicional no percentual adquirido até atingir o número necessário de AEDs e ADIs com resultado satisfatório para alcançar o nível subsequente definido nos incisos do caput.
§ 2º O valor do ADE não será cumulativo, devendo o percentual apurado a cada nível substituir o percentual anteriormente percebido pelo policial civil.
§ 3º O policial civil que não for avaliado, por estar totalmente afastado de suas atividades por mais de cento e vinte dias, devido a problemas de saúde, terá o resultado de sua AED ou ADI fixado em 70% (setenta por cento), enquanto perdurar essa situação.
§ 4º Se o afastamento previsto no § 3º for decorrente de acidente de serviço ou de doença profissional, o policial civil estável permanecerá com o resultado da sua última AED ou ADI, se este for superior a 70% (setenta por cento).
§ 5º Ao policial civil submetido a readaptação de função, a outras restrições decorrentes de problemas de saúde, ou que tenha sofrido acidente no exercício de suas atividades, serão asseguradas, pelo Chefe da PCMG, condições especiais para a realização da AED e da ADI, observadas suas limitações.
§ 6º O policial civil afastado do exercício de suas funções por mais de cento e vinte dias, contínuos ou não, durante o período considerado para a AED e para a ADI não será avaliado, quando o afastamento for devido a:
I. licença para tratar de interesse particular, sem vencimento;
II. ausência, conforme a legislação civil;
III. privação ou suspensão de exercício de cargo ou função, nos casos previstos em lei;
IV. cumprimento de sentença penal ou de prisão judicial, sem o exercício das funções;
V. exercício temporário de cargo público de outra esfera de governo.
Art. 106. O ADE será incorporado aos proventos do policial civil quando de sua aposentadoria, em valor correspondente a um percentual de seu vencimento básico, estabelecido conforme o número de avaliações de desempenho com resultado satisfatório por ele obtido, respeitados os seguintes percentuais máximos:
I. para trinta ADIs e AEDs com resultado satisfatório: até 70% (setenta por cento);
II. para vinte e nove ADIs e AEDs com resultado satisfatório: até 66% (sessenta e seis por cento);
III. para vinte e oito ADIs e AEDs com resultado satisfatório: até 62% (sessenta e dois por cento);
IV. para vinte e sete ADIs e AEDs com resultado satisfatório: até 58% (cinquenta e oito por cento);
V. para vinte e seis ADIs e AEDs com resultado satisfatório: até 54% (cinquenta e quatro por cento).
§ 1º O valor do ADE a ser incorporado aos proventos do policial civil será calculado por meio da multiplicação do percentual definido nos incisos I a V do caput pela centésima parte do resultado da

média aritmética simples dos resultados satisfatórios obtidos nas ADIs e AEDs durante a carreira.

§ 2º Para fins de incorporação aos proventos do policial civil que não alcançar o número de resultados satisfatórios definido nos incisos do caput, o valor do ADE será calculado pela média aritmética das últimas sessenta parcelas do ADE percebidas anteriormente à sua aposentadoria ou à instituição da pensão.

TÍTULO V
Disposições Finais

Art. 107. O policial civil que tiver sido designado para a função de Delegado Especial de Polícia, atendida, então, a condição de bacharel em direito, e que, na data de publicação desta Lei Complementar, fizer jus à percepção de vantagem pessoal equivalente à diferença entre o vencimento básico do cargo de Delegado de Polícia Substituto e o vencimento básico do cargo efetivo por ele ocupado, acrescido dos adicionais por tempo de serviço, terá esse valor incorporado aos proventos.

§ 1º Estende-se ao policial civil aposentado o direito de incorporação de que trata o caput, desde que tenha percebido a vantagem pessoal durante a atividade, na condição descrita.

§ 2º Para fins do disposto neste artigo, o policial civil da ativa ou aposentado será identificado em decreto.

Art. 108. O quantitativo de cargos das carreiras a que se refere o art. 76 correspondentes à função pública a que se refere a Lei nº 10.254, de 20 de julho de 1990, cujos detentores foram efetivados em decorrência do disposto nos arts. 105 e 106 do Ato das Disposições Constitucionais Transitórias da Constituição do Estado, bem como os não efetivados que foram posicionados nas estruturas das carreiras a que se refere o art. 76, é o constante no Anexo III desta Lei Complementar.

Art. 109. Os cargos de provimento em comissão e as funções de confiança da estrutura da PCMG, ressalvados os cargos de Chefe da PCMG e Chefe Adjunto da PCMG, são privativos de policiais civis que não tenham excedido em cinco anos o tempo exigido para a aposentadoria voluntária.

§ 1º Os cargos cujos titulares compõem o Conselho Superior da PCMG a que se refere o art. 25 somente poderão ser ocupados por um mesmo servidor pelo período máximo de sete anos, ininterruptos ou não, observado o disposto no § 2º.

§ 2º Não se aplica o disposto no § 1º aos titulares dos cargos de Chefe da PCMG e Chefe Adjunto da PCMG.

§ 3º Os cargos de Chefe de Departamento de Polícia Civil, de Delegado Regional de Polícia Civil e de Chefe de Divisão Especializada somente poderão ser ocupados por um mesmo servidor, na mesma unidade, pelo período máximo de cinco anos, ininterruptos ou não.

§ 4º Os períodos a que se referem os §§ 1º e 3º serão contados a partir da data de publicação desta Lei Complementar.

Art. 110. A verificação do nexo causal entre o exercício das funções e a consequente invalidez ou morte do policial civil, bem como das circunstâncias fáticas para aferição do direito à promoção por invalidez, *post mortem* ou por ato de bravura, ocorrerá por meio de sindicância de competência da Corregedoria-Geral de Polícia Civil, a ser apreciada pelo Conselho Superior da PCMG.

Art. 111. Até a completa assunção da gestão da custódia de presos pelo órgão competente, a PCMG auxiliará na referida gestão.

Art. 112. Aplica-se aos integrantes das carreiras policiais civis, nas matérias não disciplinadas nesta Lei Complementar, subsidiariamente, o Estatuto dos Servidores Públicos Civis do Estado de Minas Gerais.

Art. 113. Cabe à Corregedoria-Geral de Polícia Civil o processamento da correição dos servidores administrativos do quadro de pessoal da PCMG, nos termos do Estatuto dos Servidores Públicos Civis do Estado de Minas Gerais.

Art. 114. O cargo de Chefe Adjunto Institucional da Polícia Civil, criado pelo art. 8º da Lei nº 20.312, de 27 de julho de 2012, será extinto em 31 de dezembro de 2014.

Art. 115. Até a extinção do cargo, o Chefe Adjunto Institucional da Polícia Civil, nomeado pelo Governador do Estado, tem por função auxiliar o Chefe da PCMG no exercício de suas atribuições, competindo-lhe:

I. substituir, nos afastamentos e impedimentos do Chefe Adjunto da PCMG, o Chefe da PCMG em seus afastamentos e impedimentos eventuais;

II. realizar estudos sobre a modernização da estrutura organizacional da PCMG;

III. exercer atribuições que lhe sejam delegadas por ato do Chefe da PCMG.

§ 1º Aplica-se ao cargo de Chefe Adjunto Institucional da Polícia Civil a ressalva constante no caput do art. 109.

§ 2º O Chefe Adjunto Institucional da Polícia Civil integra o Conselho Superior da PCMG.

Art. 116. O Poder Executivo encaminhará à Assembleia Legislativa, em até noventa dias contados da data de publicação desta Lei Complementar, projeto de lei complementar contendo o Estatuto Disciplinar da Polícia Civil do Estado de Minas Gerais.

Parágrafo único. Até a publicação do estatuto de que trata o caput, aplica-se o disposto nos arts. 142 a 205 da Lei nº 5.406, de 16 de dezembro de 1969, e normas complementares.

Art. 117. Ficam criados:

I. seiscentos e setenta e oito cargos de provimento efetivo da carreira de Delegado de Polícia;

II. setenta e dois cargos de provimento efetivo da carreira de Médico-Legista;

III. duzentos e dezesseis cargos de provimento efetivo da carreira de Perito Criminal;

IV. um mil e doze cargos de provimento efetivo da carreira de Escrivão de Polícia I;

V. três mil quatrocentos e trinta e quatro cargos de provimento efetivo da carreira de Investigador de Polícia I.

§ 1º Em virtude da criação dos cargos a que se refere o caput, a quantidade de cargos das carreiras constantes no Anexo I desta Lei Complementar passa a ser:

I. Delegado de Polícia, um mil novecentos e oitenta e sete cargos;

II. Médico-Legista, quatrocentos e trinta e seis cargos;

III. Perito Criminal, novecentos e três cargos;

IV. Escrivão de Polícia I, um mil e doze cargos;

V. Escrivão de Polícia II, um mil oitocentos e setenta e oito cargos;

VI. Investigador de Polícia I, três mil quatrocentos e trinta e quatro cargos;

VII. Investigador de Polícia II, sete mil oitocentos e sessenta e sete cargos.

§ 2º Serão transformados, com a vacância, os cargos de provimento efetivo da carreira de Investigador de Polícia II em cargos de provimento efetivo da carreira de Investigador de Polícia I e os cargos de provimento efetivo da carreira de Escrivão de Polícia II em cargos de provimento efetivo da carreira de Escrivão de Polícia I.

Art. 118. O policial civil que tenha cumprido as exigências para aposentadoria voluntária no âmbito do regime especial de aposentadoria adotado para os ocupantes dos cargos de provimento efetivo que integram as carreiras policiais civis e que opte por permanecer em atividade fará jus a gratificação de incentivo ao exercício continuado equivalente ao valor de 1/3 (um terço) de seus vencimentos, até completar as exigências previstas na alínea "a" do inciso III do § 1º do art. 40 da Constituição da República.

Art. 119. O policial civil ocupante de cargo de nível intermediário da respectiva carreira fará jus a promoção por antiguidade, independentemente de vaga, ao nível imediatamente superior quando completar as exigências para aposentadoria voluntária no âmbito do regime especial de aposentadoria adotado para os ocupantes dos cargos de provimento efetivo que integram as carreiras policiais civis.

Art. 120. Os policiais civis que, na data de publicação desta lei, forem ocupantes dos cargos de provimento efetivo da carreira de Delegado de Polícia terão a denominação do cargo alterada conforme o item I.1 do Anexo I desta Lei Complementar, mantidos o nível e o grau de posicionamento em que se encontrarem na data de publicação desta lei.

Art. 121. Os cargos de provimento em comissão de que trata o Decreto nº 17.826, de 2 de abril de 1976, mantidos suas funções e vencimentos, terão denominação e atribuições complementares fixadas por meio de decreto.

Art. 122. O policial civil que tenha se aposentado no último nível da respectiva carreira, mesmo aquele que tenha alcançado o último nível em virtude do pedido de aposentadoria, será classificado no grau subsequente, conforme tabela constante no Anexo I desta Lei Complementar.

Art. 122-A. O Governador do Estado poderá nomear, em caráter temporário, pelo prazo de até três anos, para os cargos de Chefe da Polícia Civil, Chefe Adjunto da Polícia Civil e Chefe de Gabinete da Polícia Civil, servidores integrantes do nível final da carreira de Delegado de Polícia, observadas as exigências previstas na legislação em vigor.

§ 1º Para a nomeação a que se refere o caput, será exigido tempo de efetivo serviço policial superior a:

I. vinte anos, para o cargo de Chefe da Polícia Civil;
II. quinze anos, para o cargo de Chefe Adjunto da Polícia Civil.
§ 2º Para a nomeação para o cargo de Chefe de Gabinete da Polícia Civil, não será exigido tempo mínimo de efetivo serviço policial. (Artigo acrescentado pelo art. 4º da Lei Complementar nº 138, de 28.04.2016)
Art. 123. Ficam revogados:
I. os arts. 1º a 74, 76 a 102, 104 a 141 e 206 a 221 da Lei nº 5.406, de 1969;
II. os arts. 1º a 3º, 5º a 10, 12 a 20-F, 30, 37, 38, 40, 42 e os Anexos I e IV da Lei Complementar nº 84, de 25 de julho de 2005;
III. os arts. 1º a 6º, 12 a 15 e os Anexos I e II da Lei Complementar nº 113, de 29 de junho de 2010;
IV. a Lei Complementar nº 98, de 6 de agosto de 2007;
V. o art. 3º da Lei Complementar nº 23, de 26 de dezembro de 1991.
Art. 124. Esta Lei Complementar entra em vigor na data de sua publicação, ressalvado o disposto no inciso II do art. 96, o disposto no art. 97 e o disposto no art. 122, todos com vigência a partir de 1º de janeiro de 2015.

Palácio Tiradentes, em Belo Horizonte, aos 8 de novembro de 2013; 225º da Inconfidência Mineira e 192º da Independência do Brasil.
ANTONIO AUGUSTO JUNHO ANASTASIA
Danilo de Castro
Maria Coeli Simões Pires
Renata Maria Paes de Vilhena
Rômulo de Carvalho Ferraz
Cylton Brandão da Matta

ANEXO I

(A que se refere o art. 77 da Lei Complementar nº129, de 8 de novembro de 2013)

ESTRUTURA DAS CARREIRAS POLICIAIS CIVIS

1 – Estrutura da Carreira de Delegado de Polícia

Carga horária: 40 horas semanais

Nível	Nível de Escolaridade	Quantidade	Graus				
Substituto	Superior	1.174	Substituto A	Substituto B	Substituto C	Substituto D	Substituto E
Titular	Superior		Titular A	Titular B	Titular C	Titular D	Titular E
Especial	Superior	622	Especial A	Especial B	Especial C	Especial D	Especial E
Geral	Superior	191	Geral A			Geral B	

1.2 – Estrutura da Carreira de Médico-Legista

Carga horária: 40 horas semanais

Nível	Nível de Escolaridade	Quantidade	Graus				
I	Superior	236	I-A	I-B	I-C	I-D	I-E
II	Superior	121	II-A	II-B	II-C	II-D	II-E
III	Superior	62	III-A	III-B	III-C	III-D	III-E
Especial	Superior	17	Especial A			Especial B	

1.3 – Estrutura da Carreira de Perito Criminal

Carga horária: 40 horas semanais

Nível	Nível de Escolaridade	Quantidade	Graus				
I	Superior	368	I-A	I-B	I-C	I-D	I-E
II	Superior	343	II-A	II-B	II-C	II-D	II-E
III	Superior	105	III-A	III-B	III-C	III-D	III-E
Especial	Superior	87	Especial A		Especial B		

1.4 – Estrutura da Carreira de Escrivão de Polícia
4.1 – Escrivão de Polícia I

Carga horária: 40 horas semanais

Nível	Nível de Escolaridade	Quantidade	Graus				
I	Superior	1.012	I-A	I-B	I-C	I-D	I-E
II	Superior		II-A	II-B	II-C	II-D	II-E
III	Superior		III-A	III-B	III-C	III-D	III-E
Especial	Superior		Especial A		Inspetor de Escrivão		

1.4.2 – Escrivão de Polícia II

Carga horária: 40 horas semanais

Nível	Nível de Escolaridade	Quantidade	Graus				
I	Médio	1.878	I-A	I-B	I-C	I-D	I-E
II	Médio		II-A	II-B	II-C	II-D	II-E
III	Médio		III-A	III-B	III-C	III-D	III-E
Especial	Médio		Especial A		Inspetor de Escrivão		

5 – Estrutura da Carreira de Investigador de Polícia
I.5.1 – Investigador de Polícia I

Carga horária: 40 horas semanais

Nível	Nível de Escolaridade	Quantidade	Graus				
I	Superior	3.434	I-A	I-B	I-C	I-D	I-E
II	Superior		II-A	II-B	II-C	II-D	II-E
III	Superior		III-A	III-B	III-C	III-D	III-E
Especial	Superior		Especial A		Inspetor de Investigação		

I.5.2 – Investigador de Polícia II

Carga horária: 40 horas semanais

Nível	Nível de Escolaridade	Quantidade	Graus				
T	Fundamental		T-A	T-B	T-C	T-D	T-E
I	Médio		I-A	I-B	I-C	I-D	I-E
II	Médio	7.867	II-A	II-B	II-C	II-D	II-E
III	Médio		III-A	III-B	III-C	III-D	III-E
Especial	Médio		Especial A			Inspetor de Investigação	

ANEXO II

(A que se refere o § 1º do art. 79 da Lei Complementar nº 129, de 8 de novembro de 2013)

ATRIBUIÇÕES ESPECÍFICAS DOS CARGOS DAS CARREIRAS POLICIAIS CIVIS

II.1 – Ao Delegado de Polícia, na qualidade de autoridade policial, cabe:

a) presidir a investigação criminal de acordo com seu livre convencimento técnico-jurídico, com isenção e imparcialidade;
b) decidir sobre o indiciamento, desde que seja realizado por ato fundamentado, mediante análise técnico-jurídica do fato, que deverá indicar a autoria, materialidade e suas circunstâncias;
c) requisitar a realização de exames periciais, informações, cadastros, documentos e dados, bem como colher provas e praticar os demais atos necessários à adequada apuração de infração penal e do ato infracional, observados os limites legais;
d) decidir sobre a lavratura do auto de prisão em flagrante;
e) representar à autoridade judiciária para a decretação de medidas cautelares reais e pessoais, como prisão preventiva e temporária, busca e apreensão, quebra de sigilo, interceptação de telecomunicações, em sistemas de informática e telemática, e outras medidas inerentes à investigação criminal e ao exercício da polícia judiciária, destinadas a colher e a resguardar provas de infrações penais;
f) presidir inquéritos policiais, a lavratura de autos de prisão em flagrante delito, de termos circunstanciados de ocorrência, de interrogatórios, de oitivas e demais atos e procedimentos de natureza investigativa, penal ou administrativa;
g) expedir ordens de serviço, intimações e mandados de condução coercitiva de pessoas, na hipótese de não comparecimento sem justificativa, nos termos da legislação;
h) formalizar o ato de indiciamento, fundamentando a partir dos elementos de fato e de direito existentes nos autos;
i) realizar ou determinar a busca pessoal e veicular no caso de fundada suspeita de prática criminosa ou de cumprimento de mandado judicial;
j) promover ações para a garantia da autonomia ética, técnica, científica e funcional de seus subordinados, no que se refere ao conteúdo dos serviços investigatórios, bem como a garantia da coesão da equipe policial e, quando necessário, a requisição formal de esclarecimentos sobre contradição, omissão ou obscuridade em laudos, relatórios de serviço e outros;
k) promover o bem-estar geral, a garantia das liberdades públicas, o aprimoramento dos métodos e procedimentos policiais, a polícia comunitária e a mediação de conflitos;
l) manter atualizadas, nos sistemas utilizados pela PCMG, as informações pertinentes à unidade policial sob sua responsabilidade;
m) avocar, quando necessário e por ato motivado, inquéritos policiais e demais procedimentos presididos por Delegado de Polícia de hierarquia inferior, admitido recurso no prazo de dez dias para a autoridade superior;
n) realizar a articulação técnico-científica entre as provas testemunhais, documentais e periciais,

para a maior eficiência, eficácia e efetividade do ato investigativo, visando subsidiar eventual processo criminal;
o) exercer o registro de controle policial, especialmente no que tange a estabelecimentos de hospedagem, diversões públicas e comercialização de produtos controlados e receber o aviso relativo à realização de reuniões e eventos sociais e políticos em ambientes públicos, nos termos do inciso XVI do art. 5º da Constituição da República;
p) dirigir os serviços de trânsito e a identificação civil e criminal no âmbito do Estado;
q) determinar o cumprimento de mandados de prisão e o cumprimento de alvarás de soltura expedidos pelo Poder Judiciário;
r) requisitar a condução de preso de unidades do sistema prisional para Delegacia de Polícia Civil para a prática de atos relativos à investigação criminal e ao exercício da polícia judiciária.

II.2 – Ao Escrivão de Polícia cabe:

a) registrar em termo declarações, depoimentos e informações de autores, suspeitos, vítimas, testemunhas, adolescente infrator e demais pessoas envolvidas nos procedimentos de polícia judiciária, mediante inquirição do Delegado de Polícia competente, cooperando na formulação das perguntas a serem respondidas;
b) lavrar os autos de prisão em flagrante, sob a presidência e direção do Delegado de Polícia, e expedir as respectivas comunicações pertinentes às prisões;
c) realizar a autuação, movimentação, remessa e recebimento dos inquéritos policiais, processos e demais procedimentos legais;
d) formalizar autos e termos de apreensões, depósitos, restituições, fianças, acareações e reconhecimentos de pessoas e coisas, dentre outros previstos na legislação processual penal, alusivos aos procedimentos investigatórios, utilizando-se de técnicas de digitação, ressalvados os atos próprios da autoridade policial;
e) realizar a guarda, conservação e controle do fluxo dos livros, procedimentos, documentos, objetos, bens e valores apreendidos relacionados a inquéritos policiais, termos circunstanciados de ocorrência, processos e procedimentos disciplinares que estejam sob sua responsabilidade, no âmbito do cartório de sua unidade policial, dando-lhes a destinação ou encaminhamentos legais;
f) providenciar e formalizar a juntada nos procedimentos legais de laudos, relatórios, ofícios e outros documentos requisitados pelo Delegado de Polícia;
g) realizar o registro, a autuação e ações para o cumprimento das portarias e cartas precatórias;
h) expedir certidões e atestados de comparecimento referentes aos registros e atividades cartorárias;
i) expedir e subscrever notificações, intimações, ofícios, ordens de serviço, requisições e outros atos atinentes ao desenvolvimento dos inquéritos policiais, termos circunstanciados de ocorrência, processos e procedimentos de ato infracional e disciplinares, por ordem escrita do Delegado de Polícia competente;
j) lavrar ou orientar a lavratura dos termos de abertura e encerramento dos livros cartorários, bem como sua escrituração;
k) dar vista dos autos dos procedimentos de polícia judiciária às partes, advogados, procuradores e autoridades competentes, quando autorizado pelo Delegado de Polícia presidente dos feitos;
l) certificar a autenticidade de documentos no âmbito da PCMG;
m) receber e recolher fiança, se fora do horário de expediente bancário, e emitir guia para o seu recolhimento, prestando contas à autoridade superior;
n) cooperar com as investigações em curso na unidade policial por meio do efetivo desempenho de atividades técnicas de gestão e análise técnico-científica e do processamento eletrônico dos dados e informações existentes em bancos de dados e outros registros cartorários;
o) assessorar o Delegado de Polícia ao qual estiver subordinado quanto aos prazos, técnicas e formalidades legais dos procedimentos de polícia judiciária e demais atividades jurídicas desenvolvidas no âmbito do cartório policial;
p) coordenar, sob a direção e presidência do Delegado de Polícia, os atos dos procedimentos investigatórios previstos em lei e adotar normas técnicas e jurídicas para o cumprimento das formalidades processuais;
q) acompanhar o Delegado de Polícia em operações policiais e outras diligências externas, quando determinado;
r) atuar como secretário em sindicâncias e outros procedimentos disciplinares;

s) gerir e organizar a agenda de intimados do cartório policial;
t) realizar a gestão do cartório policial sob sua responsabilidade;
u) proceder aos despachos ordinatórios, de modo a tramitar e executar os despachos realizados pela autoridade policial.

II.3. Ao Investigador de Polícia cabe:

a) cumprir e formalizar diligências policiais, mandados e outras determinações do Delegado de Polícia competente, analisar, pesquisar, classificar e processar dados e informações para a obtenção de vestígios e indícios probatórios relacionados a infrações penais e administrativas;
b) obter elementos para a identificação antropológica de pessoas, no que se refere às características sociais e culturais que compõem a vida pregressa e o perfil do submetido à investigação criminal;
c) colher as impressões digitais para fins de identificação civil e criminal, inclusive de cadáveres, para a realização do exame datiloscópico;
d) desenvolver as ações necessárias para a segurança das investigações, inclusive a custódia provisória de pessoas no curso dos procedimentos policiais, até o seu recolhimento na unidade responsável pela guarda penitenciária;
e) captar e interceptar dados, comunicações e informações pertinentes aos indícios e vestígios encontrados em bens, objetos e locais de infrações penais, inclusive em veículos, conforme determinação do Delegado de Polícia, com a finalidade de estabelecer a sua identificação, elaborando autos de vistoria e de constatação, descrevendo as suas características, circunstâncias e condições;
f) realizar inspeções e operações policiais, além de adotar, sob a coordenação e presidência do Delegado de Polícia, medidas necessárias para a realização de exames periciais e médico-legais;
g) controlar, em prontuários apropriados, o registro geral, os antecedentes criminais e a qualificação de pessoas identificadas oficialmente no Estado;
h) coletar impressões papilo-digitais para que os Peritos Criminais procedam ao confronto individual datiloscópico para a identificação de pessoas e de cadáveres;
i) preparar, examinar e arquivar as fichas datiloscópicas civis e criminais, bem como manter o arquivo de fragmentos e impressões papilares;
j) operacionalizar a captura e a pesquisa em sistema automatizado de leitura, comparação e identificação de fragmentos e impressões papilares, à exceção de locais de crime, em que o Perito Criminal se fará presente;
k) identificar indiciados em infrações penais e autores de atos infracionais, conforme estabelecido em lei;
l) formalizar relatórios circunstanciados sobre os resultados das ações policiais, diligências e providências cumpridas no curso das investigações;
m) promover a mediação de conflitos no âmbito da Delegacia de Polícia Civil e a pacificação entre os envolvidos em infrações penais;
n) realizar o registro formal e a conferência de ocorrências policiais, de pedidos de providências e de representações de partes referentes a fatos tidos como delituosos, bem como de documentos, substâncias, objetos, bens e valores neles arrecadados, realizando o manuseio, a identificação, a proteção, a guarda provisória e o encaminhamento ao setor ou órgão competente;
o) determinar as fundamentais, os subtipos e os pontos característicos das impressões digitais, para fins de identificação humana, e proceder à pesquisa monodactilar, decadactilar e onomástica, ressalvada a atuação do Perito Criminal em caso de necessidade da emissão de laudo pericial para auxiliar na apuração de infração penal.

II.4 – Ao Médico-Legista cabe:

a) realizar exames macroscópicos, microscópicos e de laboratório, em cadáveres e em vivos, para subsidiar a determinação da causa mortis ou da natureza de lesões, no âmbito da investigação criminal;
b) realizar exames e análises pertinentes à identificação antropológica de natureza biológica, no âmbito da medicina legal;
c) diagnosticar, avaliar e constatar a situação de pessoa submetida a efeito de substância de qualquer espécie além de avaliar o seu estado psíquico e psiquiátrico, com o objetivo de subsidiar a instrução de inquérito policial, procedimento administrativo ou processo judicial criminal;

d) cumprir requisições médico-legais no âmbito das investigações criminais e do exercício da polícia judiciária, com a emissão dos respectivos laudos para viabilização de provas periciais;
e) sistematizar no laudo pericial, os elementos objetivos de prova no âmbito da medicina legal que subsidiem a apuração de infrações penais, administrativas e disciplinares, sob a garantia da autonomia funcional, técnica e científica a ser assegurada pelo Delegado de Polícia;
f) gerir, planejar, organizar, coordenar, executar, controlar e avaliar unidades periciais sob sua responsabilidade.

II.5 – Ao Perito Criminal cabe:

a) realizar exames e análises, no âmbito da criminalística, relacionados à física, química, biologia, odontologia legal, papiloscopia e demais áreas do conhecimento científico e tecnológico, observada a formação acadêmica específica para o exercício da função, nos termos da Lei federal nº 12.030, de 17 de setembro de 2009;
b) analisar documentos, objetos e locais de crime de qualquer natureza para colher vestígios, ou em laboratórios, para subsidiar a instrução de inquérito policial, procedimento administrativo ou processo judicial criminal;
c) emitir laudos periciais para determinação da identificação criminal por meio da datiloscopia, quiroscopia, podoscopia ou outras técnicas, aplicadas em objetos com marcas encontrados em local de crime, com a finalidade de instruir procedimentos e formar elementos indicativos de autoria de infrações penais;
d) cumprir requisições periciais, expedidas pelo Delegado de Polícia, pertinentes às investigações criminais e ao exercício da polícia judiciária, no que se refere à aplicação de conhecimentos oriundos da criminalística, com a elaboração e a sistematização dos correspondentes laudos periciais para a viabilização de provas periciais que subsidiem a apuração de infrações penais e administrativas;
e) examinar elementos materiais existentes em locais de crime, com prioridade de análise, orientar a abordagem física correspondente e a interação com os demais integrantes da equipe investigativa;
f) constatar a idoneidade de local, bens e objetos submetidos a exame pericial, sob a garantia da autonomia funcional, técnica e científica a ser assegurada pelo Delegado de Polícia;
g) proceder à coleta de padrões caligráficos;
h) gerir, planejar, organizar, coordenar, executar, controlar e avaliar unidades periciais sob sua responsabilidade.

ANEXO III

(A que se refere o art. 108 da Lei Complementar nº 129, de 8 de novembro de 2013)
Quantitativo de Funções Públicas e Cargos Resultantes de Efetivação pela Emenda à Constituição nº 49, de 13 de junho de 2001

Órgão	Carreira	Quantitativo
Polícia Civil do Estado de Minas Gerais	Investigador de Polícia II	70

18

SÚMULAS VINCULANTES

SÚMULAS VINCULANTES

Súmula Vinculante 1: Ofende a garantia constitucional do ato jurídico perfeito a decisão que, sem ponderar as circunstâncias do caso concreto, desconsidera a validez e a eficácia de acordo constante de termo de adesão instituído pela Lei Complementar nº 110/2001.

Súmula Vinculante 2: É inconstitucional a lei ou ato normativo estadual ou distrital que disponha sobre sistemas de consórcios e sorteios, inclusive bingos e loterias.

Súmula Vinculante 3: Nos processos perante o Tribunal de Contas da União asseguram-se o contraditório e a ampla defesa quando da decisão puder resultar anulação ou revogação de ato administrativo que beneficie o interessado, excetuada a apreciação da legalidade do ato de concessão inicial de aposentadoria, reforma e pensão.

Súmula Vinculante 4: Salvo nos casos previstos na Constituição, o salário mínimo não pode ser usado como indexador de base de cálculo de vantagem de servidor público ou de empregado, nem ser substituído por decisão judicial.

Súmula Vinculante 5: A falta de defesa técnica por advogado no processo administrativo disciplinar não ofende a Constituição.

Súmula Vinculante 6: Não viola a Constituição o estabelecimento de remuneração inferior ao salário mínimo para as praças prestadoras de serviço militar inicial.

Súmula Vinculante 7: A norma do § 3º do artigo 192 da Constituição, revogada pela Emenda Constitucional nº 40/2003, que limitava a taxa de juros reais a 12% ao ano, tinha sua aplicação condicionada à edição de lei complementar.

Súmula Vinculante 8: São inconstitucionais o parágrafo único do artigo 5º do Decreto-Lei nº 1.569/1977 e os artigos 45 e 46 da Lei nº 8.212/1991, que tratam de prescrição e decadência de crédito tributário.

Súmula Vinculante 9: O disposto no artigo 127 da Lei nº 7.210/1984 (Lei de Execução Penal) foi recebido pela ordem constitucional vigente, e não se lhe aplica o limite temporal previsto no caput do artigo 58.

Súmula Vinculante 10: Viola a cláusula de reserva de plenário (CF, artigo 97) a decisão de órgão fracionário de Tribunal que, embora não declare expressamente a inconstitucionalidade de lei ou ato normativo do poder público, afasta sua incidência, no todo ou em parte.

Súmula Vinculante 11: Só é lícito o uso de algemas em casos de resistência e de fundado receio de fuga ou de perigo à integridade física própria ou alheia, por parte do preso ou de terceiros, justificada a excepcionalidade por escrito, sob pena de responsabilidade disciplinar, civil e penal do agente ou da autoridade e de nulidade da prisão ou do ato processual a que se refere, sem prejuízo da responsabilidade civil do Estado.

Súmula Vinculante 12: A cobrança de taxa de matrícula nas universidades públicas viola o disposto no art. 206, IV, da Constituição Federal.

Súmula Vinculante 13: A nomeação de cônjuge, companheiro ou parente em linha reta, colateral ou por afinidade, até o terceiro grau, inclusive, da autoridade nomeante ou de servidor da mesma pessoa jurídica investido em cargo de direção, chefia ou assessoramento, para o exercício de cargo em comissão ou de confiança ou, ainda, de função gratificada na administração pública direta e indireta em qualquer dos Poderes da União, dos Estados, do Distrito Federal e dos Municípios, compreendido o ajuste mediante designações recíprocas, viola a Constituição Federal.

Súmula Vinculante 14: É direito do defensor, no interesse do representado, ter acesso amplo aos elementos de prova que, já documentados em procedimento investigatório realizado por órgão com competência de polícia judiciária, digam respeito ao exercício do direito de defesa.

Súmula Vinculante 15: O cálculo de gratificações e outras vantagens do servidor público não incide sobre o abono utilizado para se atingir o salário mínimo.

Súmula Vinculante 16: Os artigos 7º, IV, e 39, § 3º (redação da EC 19/98), da Constituição, referem-se ao total da remuneração percebida pelo servidor público.

Súmula Vinculante 17: Durante o período previsto no parágrafo 1º do artigo 100 da Constituição, não incidem juros de mora sobre os precatórios que nele sejam pagos.

Súmula Vinculante 18: A dissolução da sociedade ou do vínculo conjugal, no curso do mandato, não afasta a inelegibilidade prevista no § 7º do artigo 14 da Constituição Federal.

Súmula Vinculante 19: A taxa cobrada exclusivamente em razão dos serviços públicos de coleta, remoção e tratamento ou destinação de lixo ou resíduos provenientes de imóveis, não viola o artigo 145, II, da Constituição Federal.

Súmula Vinculante 20: A Gratificação de Desempenho de Atividade Técnico-Administrativa – GDATA, instituída pela Lei nº 10.404/2002, deve ser deferida aos inativos nos valores correspondentes a 37,5 (trinta e sete vírgula cinco) pontos no período de fevereiro a maio de 2002 e, nos termos do artigo 5º, parágrafo único, da Lei nº 10.404/2002, no período de junho de 2002 até a conclusão dos efeitos do último ciclo de avaliação a que se refere o artigo 1º da Medida Provisória nº 198/2004, a partir da qual passa a ser de 60 (sessenta) pontos.

Súmula Vinculante 21: É inconstitucional a exigência de depósito ou arrolamento prévios de dinheiro ou bens para admissibilidade de recurso administrativo.

Súmula Vinculante 22: A Justiça do Trabalho é competente para processar e julgar as ações de indenização por danos morais e patrimoniais decorrentes de acidente de trabalho propostas por empregado contra empregador, inclusive aquelas que ainda não possuíam sentença de mérito em primeiro grau quando da promulgação da Emenda Constitucional nº 45/04.

Súmula Vinculante 23: A Justiça do Trabalho é competente para processar e julgar ação possessória ajuizada em decorrência do exercício do direito de greve pelos trabalhadores da iniciativa privada.

Súmula Vinculante 24: Não se tipifica crime material contra a ordem tributária, previsto no art. 1º, incisos I a IV, da Lei nº 8.137/90, antes do lançamento definitivo do tributo.

Súmula Vinculante 25: É ilícita a prisão civil de depositário infiel, qualquer que seja a modalidade do depósito.

Súmula Vinculante 26: Para efeito de progressão de regime no cumprimento de pena por crime hediondo, ou equiparado, o juízo da execução observará a inconstitucionalidade do art. 2º da Lei n. 8.072, de 25 de julho de 1990, sem prejuízo de avaliar se o condenado preenche, ou não, os requisitos objetivos e subjetivos do benefício, podendo determinar, para tal fim, de modo fundamentado, a realização de exame criminológico.

Súmula Vinculante 27: Compete à Justiça estadual julgar causas entre consumidor e concessionária de serviço público de telefonia, quando a ANATEL não seja litisconsorte passiva necessária, assistente, nem opoente.

Súmula Vinculante 28: É inconstitucional a exigência de depósito prévio como requisito de admissibilidade de ação judicial na qual se pretenda discutir a exigibilidade de crédito tributário.

Súmula Vinculante 29: É constitucional a adoção, no cálculo do valor de taxa, de um ou mais elementos da base de cálculo própria de determinado imposto, desde que não haja integral identidade entre uma base e outra.

Súmula Vinculante 30: (A Súmula Vinculante 30 está pendente de publicação).

Súmula Vinculante 31: É inconstitucional a incidência do Imposto sobre Serviços de Qualquer Natureza – ISS sobre operações de locação de bens móveis.

Súmula Vinculante 32: O ICMS não incide sobre alienação de salvados de sinistro pelas seguradoras.

Súmula Vinculante 33: Aplicam-se ao servidor público, no que couber, as regras do regime geral da previdência social sobre aposentadoria especial de que trata o artigo 40, § 4º, inciso III da Constituição Federal, até a edição de lei complementar específica.

Súmula Vinculante 34: A Gratificação de Desempenho de Atividade de Seguridade Social e do Trabalho GDASST, instituída pela Lei 10.483/2002, deve ser estendida aos inativos no valor correspondente a 60 (sessenta) pontos, desde o advento da Medida Provisória 198/2004, convertida na Lei 10.971/2004, quando tais inativos façam jus à paridade constitucional (EC 20/1998, 41/2003 e 47/2005).

Súmula Vinculante 35: A homologação da transação penal prevista no artigo 76 da Lei 9.099/1995 não faz coisa julgada material e, descumpridas suas cláusulas, retoma-se a situação anterior, possibilitando-se ao Ministério Público a continuidade da persecução penal mediante oferecimento de denúncia ou requisição de inquérito policial.

Súmula Vinculante 36: Compete à Justiça Federal comum processar e julgar civil denunciado pelos crimes de falsificação e de uso de documento falso quando se tratar de falsificação da Caderneta de Inscrição e Registro (CIR) ou de Carteira de Habilitação de Amador (CHA), ainda que expedidas pela Marinha do Brasil.

Súmula Vinculante 37: Não cabe ao Poder Judiciário, que não tem função legislativa, aumentar vencimentos de servidores públicos sob o fundamento de isonomia.

Súmula Vinculante 38: É competente o Município para fixar o horário de funcionamento de estabelecimento comercial.

Súmula Vinculante 39: Compete privativamente à União legislar sobre vencimentos dos membros das polícias civil e militar e do corpo de bombeiros militar do Distrito Federal.

Súmula Vinculante 40: A contribuição confederativa de que trata o art. 8º, IV, da Constituição Federal, só é exigível dos filiados ao sindicato respectivo.

Súmula Vinculante 41: O serviço de iluminação pública não pode ser remunerado mediante taxa.

Súmula Vinculante 42: É inconstitucional a vinculação do reajuste de vencimentos de servidores estaduais ou municipais a índices federais de correção monetária.

Súmula Vinculante 43: É inconstitucional toda modalidade de provimento que propicie ao servidor investir-se, sem prévia aprovação em concurso público destinado ao seu provimento, em cargo que não integra a carreira na qual anteriormente investido.

Súmula Vinculante 44: Só por lei se pode sujeitar a exame psicotécnico a habilitação de candidato a cargo público.

Súmula Vinculante 45: A competência constitucional do Tribunal do Júri prevalece sobre o foro por prerrogativa de função estabelecido exclusivamente pela constituição estadual.

Súmula Vinculante 46: A definição dos crimes de responsabilidade e o estabelecimento das respectivas normas de processo e julgamento são da competência legislativa privativa da União.

Súmula Vinculante 47: Os honorários advocatícios incluídos na condenação ou destacados do montante principal devido ao credor consubstanciam verba de natureza alimentar cuja satisfação ocorrerá com a expedição de precatório ou requisição de pequeno valor, observada ordem especial restrita aos créditos dessa natureza.

Súmula Vinculante 48: Na entrada de mercadoria importada do exterior, é legítima a cobrança do ICMS por ocasião do desembaraço aduaneiro.

Súmula Vinculante 49: Ofende o princípio da livre concorrência lei municipal que impede a instalação de estabelecimentos comerciais do mesmo ramo em determinada área.

Súmula Vinculante 50: Norma legal que altera o prazo de recolhimento de obrigação tributária não se sujeita ao princípio da anterioridade.

Súmula Vinculante 51: O reajuste de 28,86%, concedido aos servidores militares pelas Leis 8.622/1993 e 8.627/1993, estende-se aos servidores civis do poder executivo, observadas as eventuais compensações decorrentes dos reajustes diferenciados concedidos pelos mesmos diplomas legais.

Súmula Vinculante 52: Ainda quando alugado a terceiros, permanece imune ao IPTU o imóvel pertencente a qualquer das entidades referidas pelo art. 150, VI, "c", da Constituição Federal, desde que o valor dos aluguéis seja aplicado nas atividades para as quais tais entidades foram constituídas.

Súmula Vinculante 53: A competência da Justiça do Trabalho prevista no art. 114, VIII, da Constituição Federal alcança a execução de ofício das contribuições previdenciárias relativas ao objeto da condenação constante das sentenças que proferir e acordos por ela homologados.

Súmula Vinculante 54: A medida provisória não apreciada pelo congresso nacional podia, até a Emenda Constitucional 32/2001, ser reeditada dentro do seu prazo de eficácia de trinta dias, mantidos os efeitos de lei desde a primeira edição.

Súmula Vinculante 55: O direito ao auxílio-alimentação não se estende aos servidores inativos.

Súmula Vinculante 56: A falta de estabelecimento penal adequado não autoriza a manutenção do condenado em regime prisional mais gravoso, devendo-se observar, nessa hipótese, os parâmetros fixados no RE 641.320/RS.

Súmula Vinculante 57: A imunidade tributária constante do art. 150, VI, "d", da CF/88 aplica-se à importação e comercialização, no mercado interno, do livro eletrônico (ebook) e dos suportes exclusivamente utilizados para fixá-los, como leitores de livros eletrônicos (e-readers), ainda que possuam funcionalidades acessórias.

Súmula Vinculante 58: Inexiste direito a crédito presumido de IPI relativamente à entrada de insumos isentos, sujeitos à alíquota zero ou não tributáveis, o que não contraria o princípio da não cumulatividade.

SÚMULAS DO SUPREMO TRIBUNAL FEDERAL

Súmula 1: É vedada a expulsão de estrangeiro casado com Brasileira, ou que tenha filho Brasileiro, dependente da economia paterna.

Súmula 2: Concede-se liberdade vigiada ao extraditando que estiver preso por prazo superior a sessenta dias.

Súmula 3: A imunidade concedida a deputados estaduais é restrita à Justiça do Estado. (Superada) **REVOGADA**

Súmula 4: Não perde a imunidade parlamentar o congressista nomeado Ministro de Estado. (Cancelada) **REVOGADA**

Súmula 5: A sanção do projeto supre a falta de iniciativa do Poder Executivo.

Súmula 6: A revogação ou anulação, pelo Poder Executivo, de aposentadoria, ou qualquer outro ato aprovado pelo Tribunal de Contas, não produz efeitos antes de aprovada por aquele Tribunal, ressalvada a competência revisora do Judiciário.

Súmula 7: Sem prejuízo de recurso para o Congresso, não é exequível contrato administrativo a que o Tribunal de Contas houver negado registro.

Súmula 8: Diretor de sociedade de economia mista pode ser destituído no curso do mandato.

Súmula 9: Para o acesso de auditores ao Superior Tribunal Militar, só concorrem os de segunda entrância.

Súmula 10: O tempo de serviço militar conta-se para efeito de disponibilidade e aposentadoria do servidor público estadual.

Súmula 11: A vitaliciedade não impede a extinção do cargo, ficando o funcionário em disponibilidade, com todos os vencimentos.

Súmula 12: A vitaliciedade do professor catedrático não impede o desdobramento da cátedra.

Súmula 13: A equiparação de extranumerário a funcionário efetivo, determinada pela L. 2.284, de 9.8.54, não envolve reestruturação, não compreendendo, portanto, os vencimentos.

Súmula 14: Não é admissível, por ato administrativo, restringir, em razão da idade, inscrição em concurso para cargo público.

Súmula 15: Dentro do prazo de validade do concurso, o candidato aprovado tem o direito à nomeação, quando o cargo for preenchido sem observância da classificação.

Súmula 16: Funcionário nomeado por concurso tem direito à posse.

Súmula 17: A nomeação de funcionário sem concurso pode ser desfeita antes da posse.

Súmula 18: Pela falta residual, não compreendida na absolvição pelo juízo criminal, é admissível a punição administrativa do servidor público.

Súmula 19: É inadmissível segunda punição de servidor público, baseada no mesmo processo em que se fundou a primeira.

Súmula 20: É necessário processo administrativo com ampla defesa, para demissão de funcionário admitido por concurso.

Súmula 21: Funcionário em estágio probatório não pode ser exonerado nem demitido sem inquérito ou sem as formalidades legais de apuração de sua capacidade.

Súmula 22: O estágio probatório não protege o funcionário contra a extinção do cargo.

Súmula 23: Verificados os pressupostos legais para o licenciamento da obra, não o impede a declaração de utilidade pública para desapropriação do imóvel, mas o valor da obra não se incluirá na indenização, quando a desapropriação for efetivada.

Súmula 24: Funcionário interino substituto é livremente demissível, mesmo antes de cessar a causa da substituição.

Súmula 25: A nomeação a termo não impede a livre demissão pelo Presidente da República, de ocupante de cargo dirigente de autarquia.

Súmula 26: Os servidores do Instituto de Aposentadoria e Pensões dos Industriários não podem acumular a sua gratificação bienal com o adicional de tempo de serviço previsto no Estatuto dos Funcionários Civis da União.

Súmula 27: Os servidores públicos não têm vencimentos irredutíveis, prerrogativa dos membros do Poder Judiciário e dos que lhes são equiparados.

Súmula 28: O estabelecimento bancário é responsável pelo pagamento de cheque falso, ressalvadas as hipóteses de culpa exclusiva ou concorrente do correntista.

Súmula 29: Gratificação devida a servidores do "sistema fazendário" não se estende aos dos Tribunais de Contas.

Súmula 30: Servidores de coletorias não têm direito à percentagem pela cobrança de contribuições destinadas à Petrobrás.

Súmula 31: Para aplicação da L. 1741, de 22.11.52, soma-se o tempo de serviço ininterrupto em mais de um cargo em comissão.

Súmula 32: Para aplicação da L. 1741, de 22.11.52, soma-se o tempo de serviço ininterrupto em cargo em comissão e em função gratificada.

Súmula 33: A L. 1.741, de 22.11.52, é aplicável às autarquias federais.

Súmula 34: No Estado de São Paulo, funcionário eleito vereador fica licenciado por toda a duração do mandato.

Súmula 35: Em caso de acidente do trabalho ou de transporte, a concubina tem direito de ser indenizada pela morte do amásio, se entre eles não havia impedimento para o matrimônio.

Súmula 36: Servidor vitalício está sujeito à aposentadoria compulsória, em razão da idade.

Súmula 37: Não tem direito de se aposentar pelo Tesouro Nacional o servidor que não satisfizer as condições estabelecidas na legislação do serviço público federal, ainda que aposentado pela respectiva instituição previdenciária, com direito, em tese, a duas aposentadorias.

Súmula 38: Reclassificação posterior à aposentadoria não aproveita ao servidor aposentado.

Súmula 39: À falta de lei, funcionário em disponibilidade não pode exigir, judicialmente, o seu aproveitamento, que fica subordinado ao critério de conveniência da administração.

Súmula 40: A elevação da entrância da comarca não promove automaticamente o juiz, mas não interrompe o exercício de suas funções na mesma comarca.

Súmula 41: Juízes preparadores ou substitutos não têm direito aos vencimentos da atividade fora dos períodos de exercício.

Súmula 42: É legítima a equiparação de juízes do Tribunal de Contas, em direitos e garantias, aos membros do Poder Judiciário.

Súmula 43: Não contraria a Constituição Federal o art. 61 da Constituição de São Paulo, que equiparou os vencimentos do Ministério Público aos da magistratura.

Súmula 44: O exercício do cargo pelo prazo determinado na L. 1.341, de 30.1.51, art. 91, dá preferência para a nomeação interina de Procurador da República.

Súmula 45: A estabilidade dos substitutos do Ministério Público Militar não confere direito aos vencimentos da atividade fora dos períodos de exercício.

Súmula 46: Desmembramento de serventia de justiça não viola o princípio de vitaliciedade do serventuário.

Súmula 47: Reitor de universidade não é livremente demissível pelo Presidente da República durante o prazo de sua investidura.

Súmula 48: É legítimo o rodízio de docentes livres na substituição do professor catedrático.

Súmula 49: A cláusula de inalienabilidade inclui a incomunicabilidade dos bens.

Súmula 50: A lei pode estabelecer condições para a demissão de extranumerário.

Súmula 51: Militar não tem direito a mais de duas promoções na passagem para a inatividade, ainda que por motivos diversos.

Súmula 52: A promoção de militar, vinculada à inatividade, pode ser feita, quando couber, a posto inexistente no quadro.

Súmula 53: A promoção de professor militar, vinculada à sua reforma, pode ser feita, quando couber, a posto inexistente no quadro.

Súmula 54: A reserva ativa do magistério militar não confere vantagens vinculadas à efetiva passagem para a inatividade.

Súmula 55: Militar da reserva está sujeito à pena disciplinar.

Súmula 56: Militar reformado não está sujeito à pena disciplinar.

Súmula 57: Militar inativo não tem direito ao uso do uniforme fora dos casos previstos em lei ou regulamento.

Súmula 58: É válida a exigência de média superior a quatro para aprovação em estabelecimento de ensino superior, consoante o respectivo regimento.

Súmula 59: Imigrante pode trazer, sem licença prévia, automóvel que lhe pertença desde mais de seis meses antes do seu embarque para o Brasil.

Súmula 60: Não pode o estrangeiro trazer automóvel quando não comprovada a transferência definitiva de sua residência para o Brasil.

Súmula 61: Brasileiro domiciliado no estrangeiro, que se transfere definitivamente para o Brasil, pode trazer automóvel licenciado em seu nome há mais de seis meses.

Súmula 62: Não basta a simples estada no estrangeiro por mais de seis meses, para dar direito à trazida de automóvel com fundamento em transferência de residência.

Súmula 63: É indispensável, para trazida de automóvel, a prova do licenciamento há mais de seis meses no país de origem.

Súmula 64: É permitido trazer do estrangeiro, como bagagem, objetos de uso pessoal e doméstico, desde que, por sua quantidade e natureza, não induzam finalidade comercial.

Súmula 65: A cláusula de aluguel progressivo anterior à L. 3.494, de 19.12.58, continua em vigor em caso de prorrogação legal ou convencional da locação.

Súmula 66: É legítima a cobrança do tributo que houver sido aumentado após o orçamento, mas antes do início do respectivo exercício financeiro.

Súmula 67: É inconstitucional a cobrança do tributo que houver sido criado ou aumentado no mesmo exercício financeiro.

Súmula 68: É legítima a cobrança, pelos Municípios, no exercício de 1961, de tributo estadual, regularmente criado ou aumentado, e que lhes foi transferido pela Emenda Constitucional nº 5, de 21.11.61.

Súmula 69: A Constituição estadual não pode estabelecer limite para o aumento de tributos municipais.

Súmula 70: É inadmissível a interdição de estabelecimento como meio coercitivo para cobrança de tributo.

Súmula 71: Embora pago indevidamente, não cabe restituição de tributo indireto.

Súmula 72: No julgamento de questão constitucional, vinculada a decisão do Tribunal Superior Eleitoral, não estão impedidos os Ministros do Supremo Tribunal Federal que ali tenham funcionado no mesmo processo, ou no processo originário.

Súmula 73: A imunidade das autarquias, implicitamente contida no art. 31, V, "a", da Constituição Federal, abrange tributos estaduais e municipais.

Súmula 74: O imóvel transcrito em nome de autarquia, embora objeto de promessa de venda a particulares, continua imune de impostos locais.

Súmula 75: Sendo vendedora uma autarquia, a sua imunidade fiscal não compreende o imposto de transmissão *inter vivos*, que é encargo do comprador.

Súmula 76: As sociedades de economia mista não estão protegidas pela imunidade fiscal do art. 31, V, "a", Constituição Federal.

Súmula 77: Está isenta de impostos federais a aquisição de bens pela Rede Ferroviária Federal.

Súmula 78: Estão isentas de impostos locais as empresas de energia elétrica, no que respeita às suas atividades específicas.

Súmula 79: O Banco do Brasil não tem isenção de tributos locais.

Súmula 80: Para a retomada de prédio situado fora do domicílio do locador exige-se a prova da necessidade.

Súmula 81: As cooperativas não gozam de isenção de impostos locais, com fundamento na Constituição e nas leis federais.

Súmula 82: São inconstitucionais o imposto de cessão e a taxa sobre inscrição de promessa de venda de imóvel, substitutivos do imposto de transmissão, por incidirem sobre ato que não transfere o domínio.

Súmula 83: Os ágios de importação incluem-se no valor dos artigos importados para incidência do imposto de consumo.

Súmula 84: Não estão isentos do imposto de consumo os produtos importados pelas cooperativas.

Súmula 85: Não estão sujeitos ao imposto de consumo os bens de uso pessoal e doméstico trazidos, como bagagem, do exterior.

Súmula 86: Não está sujeito ao imposto de consumo automóvel usado, trazido do exterior pelo proprietário.

Súmula 87: Somente no que não colidirem com a L. 3.244, de 14.8.57, são aplicáveis acordos tarifários anteriores.

Súmula 88: É válida a majoração da tarifa alfandegária, resultante da L. 3.244, de 14.8.57, que modificou o Acordo Geral sobre Tarifas Aduaneiras e Comércio (GATT), aprovado pela L. 313, de 30.7.48.

Súmula 89: Estão isentas do imposto de importação frutas importadas da Argentina, do Chile, da Espanha e de Portugal, enquanto vigentes os respectivos acordos comerciais.

Súmula 90: É legítima a lei local que faça incidir o imposto de indústrias e profissões com base no movimento econômico do contribuinte.

Súmula 91: A incidência do imposto único não isenta o comerciante de combustíveis do imposto de indústrias e profissões.

Súmula 92: É constitucional o art. 100, nº II, da L. 4.563, de 20.2.57, do Município de Recife, que faz variar o imposto de licença em função do aumento do capital do contribuinte.

Súmula 93: Não está isenta do imposto de renda a atividade profissional do arquiteto.

Súmula 94: É competente a autoridade alfandegária para o desconto, na fonte, do imposto de renda correspondente às comissões dos despachantes aduaneiros.

Súmula 95: Para cálculo do imposto de lucro extraordinário, incluem-se no capital as reservas do ano-base, apuradas em balanço.

Súmula 96: O imposto de lucro imobiliário incide sobre a venda de imóvel da meação do cônjuge sobrevivente, ainda que aberta a sucessão antes da vigência da L. 3.470, de 28.11.58.

Súmula 97: É devida a alíquota anterior do imposto de lucro imobiliário, quando a promessa de venda houver sido celebrada antes da vigência da lei que a tiver elevado.

Súmula 98: Sendo o imóvel alienado na vigência da L. 3.470, de 28.11.58, ainda que adquirido por herança, usucapião ou a título gratuito, é devido o imposto de lucro imobiliário.

Súmula 99: Não é devido o imposto de lucro imobiliário, quando a alienação de imóvel adquirido por herança, ou a título gratuito, tiver sido anterior à vigência da L. 3.470, de 28.11.58.

Súmula 100: Não é devido o imposto de lucro imobiliário, quando a alienação de imóvel, adquirido por usucapião, tiver sido anterior à vigência da L. 3.470, de 28.11.58.

Súmula 101: O mandado de segurança não substitui a ação popular.

Súmula 102: É devido o imposto federal do selo pela incorporação de reservas, em reavaliação de ativo, ainda que realizada antes da vigência da L. 3.519, de 30.12.58.

Súmula 103: É devido o imposto federal do selo na simples reavaliação de ativo, realizada posteriormente à vigência da L. 3.519, de 30.12.58.

Súmula 104: Não é devido o imposto federal do selo na simples reavaliação de ativo anterior à vigência da L. 3.519, de 30.12.58.

Súmula 105: Salvo se tiver havido premeditação, o suicídio do segurado no período contratual de carência não exime o segurador do pagamento do seguro.

Súmula 106: É legítima a cobrança de selo sobre registro de automóveis, na conformidade da legislação estadual.

Súmula 107: É inconstitucional o imposto de selo de 3%, "ad valorem", do Paraná, quanto aos produtos remetidos para fora do Estado.

Súmula 108: É legítima a incidência do imposto de transmissão "inter vivos" sobre o valor do imóvel ao tempo da alienação e não da promessa, na conformidade da legislação local.

Súmula 109: É devida a multa prevista no art. 15, § 6º, da L. 1.300, de 28.12.50, ainda que a desocupação do imóvel tenha resultado da notificação e não haja sido proposta ação de despejo.

Súmula 110: O imposto de transmissão *inter vivos* não incide sobre a construção, ou parte dela, realizada pelo adquirente, mas sobre o que tiver sido construído ao tempo da alienação do terreno.

Súmula 111: É legítima a incidência do imposto de transmissão "inter vivos" sobre a restituição, ao antigo proprietário, de imóvel que deixou de servir à finalidade da sua desapropriação.

Súmula 112: O imposto de transmissão "causa mortis" é devido pela alíquota vigente ao tempo da abertura da sucessão.

Súmula 113: O imposto de transmissão "causa mortis" é calculado sobre o valor dos bens na data da avaliação.

Súmula 114: O imposto de transmissão "causa mortis" não é exigível antes da homologação do cálculo.

Súmula 115: Sobre os honorários do advogado contratado pelo inventariante, com a homologação do juiz, não incide o imposto de transmissão "causa mortis".

Súmula 116: Em desquite ou inventário, é legítima a cobrança do chamado imposto de reposição, quando houver desigualdade nos valores partilhados.

Súmula 117: A lei estadual pode fazer variar a alíquota do imposto de vendas e consignações em razão da espécie do produto.

Súmula 118: Estão sujeitas ao imposto de vendas e consignações as transações sobre minerais, que ainda não estão compreendidos na legislação federal sobre o imposto único.

Súmula 119: É devido o imposto de vendas e consignações sobre a venda de cafés ao Instituto Brasileiro do Café, embora o lote, originariamente, se destinasse à exportação.

Súmula 120: Parede de tijolos de vidro translúcido pode ser levantada a menos de metro e meio do prédio vizinho, não importando servidão sobre ele.

Súmula 121: É vedada a capitalização de juros, ainda que expressamente convencionada.

Súmula 122: O enfiteuta pode purgar a mora enquanto não decretado o comisso por sentença.

Súmula 123: Sendo a locação regida pelo D. 24.150, de 20.4.34, o locatário não tem direito à purgação da mora prevista na L. 1.300, de 28.12.50.

Súmula 124: É inconstitucional o adicional do imposto de vendas e consignações cobrado pelo Estado do Espírito Santo sobre cafés da cota de expurgo entregues ao Instituto Brasileiro do Café.

Súmula 125: Não é devido o imposto de vendas e consignações sobre a parcela do imposto de consumo que onera a primeira venda realizada pelo produtor.

Súmula 126: É inconstitucional a chamada taxa de aguardente, do Instituto do Açúcar e do Álcool.

Súmula 127: É indevida a taxa de armazenagem, posteriormente aos primeiros trinta dias, quando não exigível o imposto de consumo, cuja cobrança tenha motivado a retenção da mercadoria.

Súmula 128: É indevida a taxa de assistência médica e hospitalar das instituições de previdência social.

Súmula 129: Na conformidade da legislação local, é legítima a cobrança de taxa de calçamento.

Súmula 130: A taxa de despacho aduaneiro (art. 66 da L. 3.244, de 14.8.57) continua a ser exigível após o Dec. Legisl. 14, de 25.8.60, que aprovou alterações introduzidas no Acordo Geral sobre Tarifas Aduaneiras e Comércio (GATT).

Súmula 131: A taxa de despacho aduaneiro (art. 66 da L. 3.244, de 14.8.57) continua a ser exigível após o Dec. Legisl. 14, de 25.8.60, mesmo para as mercadorias incluídas na vigente lista III do Acordo Geral sobre Tarifas Aduaneiras e Comércio (GATT).

Súmula 132: Não é devida a taxa de previdência social na importação de amianto bruto ou em fibra.

Súmula 133: Não é devida a taxa de despacho aduaneiro na importação de fertilizantes e inseticidas.

Súmula 134: A isenção fiscal para a importação de frutas da Argentina compreende a taxa de despacho aduaneiro e a taxa de previdência social.

Súmula 135: É inconstitucional a taxa de eletrificação de Pernambuco.

Súmula 136: É constitucional a taxa de estatística da Bahia.

Súmula 137: A taxa de fiscalização da exportação incide sobre a bonificação cambial concedida ao exportador.

Súmula 138: É inconstitucional a taxa contra fogo, do estado de Minas Gerais, incidente sobre prêmio de seguro contra fogo.

Súmula 139: É indevida a cobrança do imposto de transação a que se refere a L. 899, de 1957, art. 58, IV, letra "e", do antigo Distrito Federal.

Súmula 140: Na importação de lubrificantes é devida a taxa de previdência social.

Súmula 141: Não incide a taxa de previdência social sobre combustíveis.

Súmula 142: Não é devida a taxa de previdência social sobre mercadorias isentas do imposto de importação.

Súmula 143: Na forma da lei estadual, é devido o imposto de vendas e consignações na exportação de café pelo Estado da Guanabara, embora proveniente de outro Estado.

Súmula 144: É inconstitucional a incidência da taxa de recuperação econômica de Minas Gerais sobre contrato sujeito ao imposto federal do selo.

Súmula 145: Não há crime, quando a preparação do flagrante pela polícia torna impossível a sua consumação.

Súmula 146: A prescrição da ação penal regula-se pela pena concretizada na sentença, quando não há recurso da acusação.

Súmula 147: A prescrição de crime falimentar começa a correr da data em que deveria estar encerrada a falência, ou do trânsito em julgado da sentença que a encerrar ou que julgar cumprida a concordata.

Súmula 148: É legítimo o aumento de tarifas portuárias por ato do Ministro da Viação e Obras Públicas.

Súmula 149: É imprescritível a ação de investigação de paternidade, mas não o é a de petição de herança.

Súmula 150: Prescreve a execução no mesmo prazo de prescrição da ação.

Súmula 151: Prescreve em um ano a ação do segurador sub-rogado para haver indenização por extravio ou perda de carga transportada por navio.

Súmula 152: A ação para anular venda de ascendente a descendente, sem consentimento dos demais, prescreve em quatro anos a contar da abertura da sucessão. (Revogada) **REVOGADA**

Súmula 153: Simples protesto cambiário não interrompe a prescrição.

Súmula 154: Simples vistoria não interrompe a prescrição.

Súmula 155: É relativa a nulidade do processo criminal por falta de intimação da expedição de precatória para inquirição de testemunha.

Súmula 156: É absoluta a nulidade do julgamento, pelo júri, por falta de quesito obrigatório.

Súmula 157: É necessária prévia autorização do Presidente da República para desapropriação, pelos Estados, de empresa de energia elétrica.

Súmula 158: Salvo estipulação contratual averbada no registro imobiliário, não responde o adquirente pelas benfeitorias do locatário.

Súmula 159: Cobrança excessiva, mas de boa-fé, não dá lugar às sanções do art. 1.531 do Código Civil.

Súmula 160: É nula a decisão do Tribunal que acolhe, contra o réu, nulidade não arguida no recurso da acusação, ressalvados os casos de recurso de ofício.

Súmula 161: Em contrato de transporte, é inoperante a cláusula de não indenizar.

Súmula 162: É absoluta a nulidade do julgamento pelo júri, quando os quesitos da defesa não precedem aos das circunstâncias agravantes.

Súmula 163: Salvo contra a Fazenda Pública, sendo a obrigação ilíquida, contam-se os juros moratórios desde a citação inicial para a ação.

Súmula 164: No processo de desapropriação, são devidos juros compensatórios desde a antecipada imissão de posse, ordenada pelo juiz, por motivo de urgência.

Súmula 165: A venda realizada diretamente pelo mandante ao mandatário não é atingida pela nulidade do art. 1.133, II, do Código Civil.

Súmula 166: É inadmissível o arrependimento no compromisso de compra e venda sujeito ao regime do Dl. 58, de 10.12.37.

Súmula 167: Não se aplica o regime do Dl. 58, de 10.12.37, ao compromisso de compra e venda não inscrito no registro imobiliário, salvo se o promitente vendedor se obrigou a efetuar o registro.

Súmula 168: Para os efeitos do Dl. 58, de 10.12.37, admite-se a inscrição imobiliária do compromisso de compra e venda no curso da ação.

Súmula 169: Depende de sentença a aplicação da pena de comisso.

Súmula 170: É resgatável a enfiteuse instituída anteriormente à vigência do Código Civil.

Súmula 171: Não se admite, na locação em curso, de prazo determinado, a majoração de encargos a que se refere a L. 3.844, de 15.12.60.

Súmula 172: Não se admite, na locação em curso, de prazo determinado, o reajustamento de aluguel a que se refere a L. 3.085, de 29.12.56.

Súmula 173: Em caso de obstáculo judicial admite-se a purga da mora, pelo locatário, além do prazo legal.

Súmula 174: Para a retomada do imóvel alugado, não é necessária a comprovação dos requisitos legais na notificação prévia.

Súmula 175: Admite-se a retomada de imóvel alugado para uso de filho que vai contrair matrimônio.

Súmula 176: O promitente comprador, nas condições previstas na L. 1.300, de 28-12-50, pode retomar o imóvel locado.

Súmula 177: O cessionário do promitente comprador, nas mesmas condições deste, pode retomar o imóvel locado.

Súmula 178: Não excederá de cinco anos a renovação judicial de contrato de locação, fundada no D. 24.150, de 20.4.34.

Súmula 179: O aluguel arbitrado judicialmente nos termos da L. 3.085, de 29.12.56, art. 6º, vigora a partir da data do laudo pericial.

Súmula 180: Na ação revisional do art. 31 do D. 24.150, de 20.4.34, o aluguel arbitrado vigora a partir do laudo pericial.

Súmula 181: Na retomada, para construção mais útil de imóvel sujeito ao D. 24.150, de 20.4.34, é sempre devida indenização para despesas de mudança do locatário.

Súmula 182: Não impede o reajustamento do débito pecuário, nos termos da L. 1.002, de 24.12.49, a falta de cancelamento da renúncia à moratória da L. 209, de 2.1.48.

Súmula 183: Não se incluem no reajustamento pecuário dívidas estranhas à atividade agropecuária.

Súmula 184: Não se incluem no reajustamento pecuário dívidas contraídas posteriormente a 19.12.46.

Súmula 185: Em processo de reajustamento pecuário, não responde a União pelos honorários do advogado do credor ou do devedor.

Súmula 186: Não infringe a lei a tolerância da quebra de 1% no transporte por estrada de ferro, prevista no regulamento de transportes.

Súmula 187: A responsabilidade contratual do transportador, pelo acidente com o passageiro, não é elidida por culpa de terceiro, contra o qual tem ação regressiva.

Súmula 188: O segurador tem ação regressiva contra o causador do dano, pelo que efetivamente pagou, até ao limite previsto no contrato de seguro.

Súmula 189: Avais em branco e superpostos consideram-se simultâneos e não sucessivos.

Súmula 190: O não pagamento de título vencido há mais de trinta dias, sem protesto, não impede a concordata preventiva.

Súmula 191: Inclui-se no crédito habilitado em falência a multa fiscal simplesmente moratória.

Súmula 192: Não se inclui no crédito habilitado em falência a multa fiscal com efeito de pena administrativa.

Súmula 193: Para a restituição prevista no art. 76, § 2º, da Lei de Falências, conta-se o prazo de quinze dias da entrega da coisa e não da sua remessa.

Súmula 194: É competente o Ministro do Trabalho para a especificação das atividades insalubres.

Súmula 195: Contrato de trabalho para obra certa, ou de prazo determinado, transforma-se em contrato de prazo indeterminado, quando prorrogado por mais de quatro anos.

Súmula 196: Ainda que exerça atividade rural, o empregado de empresa industrial ou comercial é classificado de acordo com a categoria do empregador.

Súmula 197: O empregado com representação sindical só pode ser despedido mediante inquérito em que se apure falta grave.

Súmula 198: As ausências motivadas por acidente do trabalho não são descontáveis do período aquisitivo das férias.

Súmula 199: O salário das férias do empregado horista corresponde à média do período aquisitivo, não podendo ser inferior ao mínimo.

Súmula 200: Não é inconstitucional a L. 1.530, de 26.12.51, que manda incluir na indenização por despedida injusta parcela correspondente a férias proporcionais.

Súmula 201: O vendedor pracista, remunerado mediante comissão, não tem direito ao repouso semanal remunerado.

Súmula 202: Na equiparação de salário, em caso de trabalho igual, toma-se em conta o tempo de serviço na função, e não no emprego.

Súmula 203: Não está sujeita à vacância de 60 dias a vigência de novos níveis de salário mínimo.

Súmula 204: Tem direito o trabalhador substituto, ou de reserva, ao salário mínimo no dia em que fica à disposição do empregador sem ser aproveitado na função específica; se aproveitado, recebe o salário contratual.

Súmula 205: Tem direito a salário integral o menor não sujeito a aprendizagem metódica.

Súmula 206: É nulo o julgamento ulterior pelo júri com a participação de jurado que funcionou em julgamento anterior do mesmo processo.

Súmula 207: As gratificações habituais, inclusive a de Natal, consideram-se tacitamente convencionadas, integrando o salário.

Súmula 208: O assistente do Ministério Público não pode recorrer, extraordinariamente, de decisão concessiva de "habeas corpus".

Súmula 209: O salário-produção, como outras modalidades de salário-prêmio, é devido, desde que verificada a condição a que estiver subordinado, e não pode ser suprimido unilateralmente, pelo empregador, quando pago com habitualidade.

Súmula 210: O assistente do Ministério Público pode recorrer, inclusive extraordinariamente, na ação penal, nos casos dos arts. 584, § 1º, e 598 do Cód. de Proc. Penal.

Súmula 211: Contra a decisão proferida sobre o agravo no auto do processo, por ocasião do julgamento da apelação, não se admitem embargos infringentes ou de nulidade.

Súmula 212: Tem direito ao adicional de serviço perigoso o empregado de posto de revenda de combustível líquido.

Súmula 213: É devido o adicional de serviço noturno, ainda que sujeito o empregado ao regime de revezamento.

Súmula 214: A duração legal da hora de serviço noturno (52 minutos e trinta segundos) constitui vantagem suplementar que não dispensa o salário adicional.

Súmula 215: Conta-se a favor de empregado readmitido o tempo de serviço anterior, salvo se houver sido despedido por falta grave ou tiver recebido a indenização legal.

Súmula 216: Para decretação da absolvição de instância pela paralisação do processo por mais de trinta dias, é necessário que o autor, previamente intimado, não promova o andamento da causa.

Súmula 217: Tem direito de retornar ao emprego, ou ser indenizado em caso de recusa do empregador, o aposentado que recupera a capacidade de trabalho dentro de cinco anos, a contar da aposentadoria, que se torna definitiva após esse prazo.

Súmula 218: É competente o Juízo da Fazenda Nacional da capital do Estado, e não o da situação da coisa, para a desapropriação promovida por empresa de energia elétrica, se a União Federal intervém como assistente.

Súmula 219: Para a indenização devida a empregado que tinha direito a ser readmitido, e não foi, levam-se em conta as vantagens advindas à sua categoria no período do afastamento.

Súmula 220: A indenização devida a empregado estável, que não é readmitido, ao cessar sua aposentadoria, deve ser paga em dobro.

Súmula 221: A transferência de estabelecimento, ou a sua extinção parcial, por motivo que não seja de força maior, não justifica a transferência de empregado estável.

Súmula 222: O princípio da identidade física do juiz não é aplicável às Juntas de Conciliação e Julgamento da Justiça do Trabalho.

Súmula 223: Concedida isenção de custas ao empregado, por elas não responde o sindicato que o representa em juízo.

Súmula 224: Os juros da mora, nas reclamações trabalhistas, são contados desde a notificação inicial.

Súmula 225: Não é absoluto o valor probatório das anotações da carteira profissional.

Súmula 226: Na ação de desquite, os alimentos são devidos desde a inicial e não da data da decisão que os concede.

Súmula 227: A concordata do empregador não impede a execução de crédito nem a reclamação de empregado na Justiça do Trabalho.

Súmula 228: Não é provisória a execução na pendência de recurso extraordinário, ou de agravo destinado a fazê-lo admitir.

Súmula 229: A indenização acidentária não exclui a do direito comum, em caso de dolo ou culpa grave do empregador.

Súmula 230: A prescrição da ação de acidente do trabalho conta-se do exame pericial que comprovar a enfermidade ou verificar a natureza da incapacidade.

Súmula 231: O revel, em processo cível, pode produzir provas, desde que compareça em tempo oportuno.

Súmula 232: Em caso de acidente do trabalho, são devidas diárias até doze meses, as quais não se confundem com a indenização acidentária nem com o auxílio-enfermidade.

Súmula 233: Salvo em caso de divergência qualificada (L. 623, de 1949), não cabe recurso de embargos contra decisão que nega provimento a agravo ou não conhece de recurso extraordinário, ainda que por maioria de votos.

Súmula 234: São devidos honorários de advogado em ação de acidente do trabalho julgada procedente.

Súmula 235: É competente para a ação de acidente do trabalho a Justiça cível comum, inclusive em segunda instância, ainda que seja parte autarquia seguradora.

Súmula 236: Em ação de acidente do trabalho, a autarquia seguradora não tem isenção de custas.

Súmula 237: O usucapião pode ser arguido em defesa.

Súmula 238: Em caso de acidente do trabalho, a multa pelo retardamento da liquidação é exigível do segurador sub-rogado, ainda que autarquia.

Súmula 239: Decisão que declara indevida a cobrança do imposto em determinado exercício não faz coisa julgada em relação aos posteriores.

Súmula 240: O depósito para recorrer, em ação de acidente do trabalho, é exigível do segurador sub-rogado, ainda que autarquia.

Súmula 241: A contribuição previdenciária incide sobre o abono incorporado ao salário.

Súmula 242: O agravo no auto do processo deve ser apreciado, no julgamento da apelação, ainda que o agravante não tenha apelado.

Súmula 243: Em caso de dupla aposentadoria, os proventos a cargo do IAPFESP não são equiparáveis aos pagos pelo Tesouro Nacional, mas calculados à base da média salarial nos últimos doze meses de serviço.

Súmula 244: A importação de máquinas de costura está isenta do imposto de consumo.

Súmula 245: A imunidade parlamentar não se estende ao corréu sem essa prerrogativa.

Súmula 246: Comprovado não ter havido fraude, não se configura o crime de emissão de cheque sem fundos.

Súmula 247: O relator não admitirá os embargos da L. 623, de 19.2.49, nem deles conhecerá o Supremo Tribunal Federal, quando houver jurisprudência firme do Plenário no mesmo sentido da decisão embargada.

Súmula 248: É competente, originariamente, o Supremo Tribunal Federal, para mandado de segurança contra ato do Tribunal de Contas da União.

Súmula 249: É competente o Supremo Tribunal Federal para a ação rescisória, quando, embora não tendo conhecido do recurso extraordinário, ou havendo negado provimento ao agravo, tiver apreciado a questão federal controvertida.

Súmula 250: A intervenção da União desloca o processo do juízo cível comum para o fazendário.

Súmula 251: Responde a Rede Ferroviária Federal S.A. perante o foro comum e não perante o juízo especial da Fazenda Nacional, a menos que a União intervenha na causa.

Súmula 252: Na ação rescisória, não estão impedidos juízes que participaram do julgamento rescindendo.

Súmula 253: Nos embargos da L. 623, de 19.2.49, no Supremo Tribunal Federal, a divergência somente será acolhida, se tiver sido indicada na petição de recurso extraordinário.

Súmula 254: Incluem-se os juros moratórios na liquidação, embora omisso o pedido inicial ou a condenação.

Súmula 255: Sendo ilíquida a obrigação, os juros moratórios, contra a Fazenda Pública, incluídas as autarquias, são contados do trânsito em julgado da sentença de liquidação.

Súmula 256: É dispensável pedido expresso para condenação do réu em honorários, com fundamento nos arts. 63 ou 64 do Cód. de Proc. Civil.

Súmula 257: São cabíveis honorários de advogado na ação regressiva do segurador contra o causador do dano.

Súmula 258: É admissível reconvenção em ação declaratória.

Súmula 259: Para produzir efeito em juízo não é necessária a inscrição, no registro público, de documentos de procedência estrangeira, autenticados por via consular.

Súmula 260: O exame de livros comerciais, em ação judicial, fica limitado às transações entre os litigantes.

Súmula 261: Para a ação de indenização, em caso de avaria, é dispensável que a vistoria se faça judicialmente.

Súmula 262: Não cabe medida possessória liminar para liberação alfandegária de automóvel.

Súmula 263: O possuidor deve ser citado pessoalmente para a ação de usucapião.

Súmula 264: Verifica-se a prescrição intercorrente pela paralisação da ação rescisória por mais de cinco anos.

Súmula 265: Na apuração de haveres não prevalece o balanço não aprovado pelo sócio falecido, excluído ou que se retirou.

Súmula 266: Não cabe mandado de segurança contra lei em tese.

Súmula 267: Não cabe mandado de segurança contra ato judicial passível de recurso ou correição.

Súmula 268: Não cabe mandado de segurança contra decisão judicial com trânsito em julgado.

Súmula 269: O mandado de segurança não é substitutivo de ação de cobrança.

Súmula 270: Não cabe mandado de segurança para impugnar enquadramento da L. 3.780, de 12.7.60, que envolva exame de prova ou de situação funcional complexa.

Súmula 271: Concessão de mandado de segurança não produz efeitos patrimoniais em relação a período pretérito, os quais devem ser reclamados administrativamente ou pela via judicial própria.

Súmula 272: Não se admite como ordinário recurso extraordinário de decisão denegatória de mandado de segurança.

Súmula 273: Nos embargos da L. 623, de 19.2.49, a divergência sobre questão prejudicial ou preliminar, suscitada após a interposição do recurso extraordinário, ou do agravo, somente será acolhida se o acórdão-padrão for anterior à decisão embargada.

Súmula 274: É inconstitucional a taxa de serviço contra fogo cobrada pelo Estado de Pernambuco. (Revogada) **REVOGADA**

Súmula 275: Está sujeita a recurso "ex officio" sentença concessiva de reajustamento pecuário anterior à vigência da L. 2.804, de 25.6.56.

Súmula 276: Não cabe recurso de revista em ação executiva fiscal.

Súmula 277: São cabíveis embargos, em favor da Fazenda Pública, em ação executiva fiscal, não sendo unânime a decisão.

Súmula 278: São cabíveis embargos em ação executiva fiscal contra decisão reformatória da de primeira instância, ainda que unânime.

Súmula 279: Para simples reexame de prova não cabe recurso extraordinário.

Súmula 280: Por ofensa a direito local não cabe recurso extraordinário.

Súmula 281: É inadmissível o recurso extraordinário, quando couber na Justiça de origem, recurso ordinário da decisão impugnada.

Súmula 282: É inadmissível o recurso extraordinário, quando não ventilada, na decisão recorrida, a questão federal suscitada.

Súmula 283: É inadmissível o recurso extraordinário, quando a decisão recorrida assenta em mais de um fundamento suficiente e o recurso não abrange todos eles.

Súmula 284: É inadmissível o recurso extraordinário, quando a deficiência na sua fundamentação não permitir a exata compreensão da controvérsia.

Súmula 285: Não sendo razoável a arguição de inconstitucionalidade, não se conhece do recurso extraordinário fundado na letra "c" do art. 101, III, da Constituição Federal.

Súmula 286: Não se conhece do recurso extraordinário fundado em divergência jurisprudencial, quando a orientação do plenário do Supremo Tribunal Federal já se firmou no mesmo sentido da decisão recorrida.

Súmula 287: Nega-se provimento ao agravo, quando a deficiência na sua fundamentação, ou na do recurso extraordinário, não permitir a exata compreensão da controvérsia.

Súmula 288: Nega-se provimento a agravo para subida de recurso extraordinário, quando faltar no traslado do despacho agravado, a decisão recorrida, a petição de recurso extraordinário ou qualquer peça essencial à compreensão da controvérsia.

Súmula 289: O provimento do agravo por uma das Turmas do Supremo Tribunal Federal ainda que sem ressalva, não prejudica a questão do cabimento do recurso extraordinário.

Súmula 290: Nos embargos da L. 623, de 19.2.49, a prova de divergência far-se-á por certidão, ou mediante indicação do "Diário da Justiça" ou de repertório de jurisprudência autorizado, que a tenha publicado, com a transcrição do trecho que configure a divergência, mencionadas as circunstâncias que identifiquem ou assemelhem os casos confrontados.

Súmula 291: No recurso extraordinário pela letra "d" do art. 101, n. III, da Constituição, a prova do dissídio jurisprudencial far-se-á por certidão, ou mediante indicação do "Diário da Justiça" ou de repertório de jurisprudência autorizado, com a transcrição do trecho que configure a divergência, mencionadas as circunstâncias que identifiquem ou assemelhem os casos confrontados.

Súmula 292: Interposto o recurso extraordinário por mais de um dos fundamentos indicados no art. 101, n. III, da Constituição, a admissão apenas por um deles não prejudica o seu conhecimento por qualquer dos outros.

Súmula 293: São inadmissíveis embargos infringentes contra decisão em matéria constitucional submetida ao plenário dos Tribunais.

Súmula 294: São inadmissíveis embargos infringentes contra decisão do Supremo Tribunal Federal em mandado de segurança.

Súmula 295: São inadmissíveis embargos infringentes contra decisão unânime do Supremo Tribunal Federal em ação rescisória.

Súmula 296: São inadmissíveis embargos infringentes sobre matéria não ventilada, pela Turma, no julgamento do recurso extraordinário.

Súmula 297: Oficiais e praças das milícias dos Estados, no exercício de função policial civil, não são considerados militares para efeitos penais, sendo competente a Justiça comum para julgar os crimes cometidos por ou contra eles.

Súmula 298: O legislador ordinário só pode sujeitar civis à Justiça Militar, em tempo de paz, nos crimes contra a segurança externa do país ou as instituições militares.

Súmula 299: O recurso ordinário e o extraordinário interpostos no mesmo processo de mandado de segurança, ou de "habeas corpus", serão julgados conjuntamente pelo Tribunal Pleno.

Súmula 300: São incabíveis os embargos da L. 623, de 19.2.49, contra provimento de agravo para subida de recurso extraordinário.

Súmula 301: Por crime de responsabilidade, o procedimento penal contra Prefeito Municipal fica condicionado ao seu afastamento do cargo por "impeachment", ou à cessação do exercício por outro motivo. (Cancelada) **REVOGADA**

Súmula 302: Está isenta da taxa de previdência social a importação de petróleo bruto.

Súmula 303: Não é devido o imposto federal de selo em contrato firmado com autarquia anteriormente à vigência da Emenda Constitucional nº 5, de 21.11.61.

Súmula 304: Decisão denegatória de mandado de segurança, não fazendo coisa julgada contra o impetrante, não impede o uso da ação própria.

Súmula 305: Acordo de desquite ratificado por ambos os cônjuges não é retratável unilateralmente.

Súmula 306: As taxas de recuperação econômica e de assistência hospitalar de Minas Gerais são legítimas, quando incidem sobre matéria tributável pelo Estado.

Súmula 307: É devido o adicional de serviço insalubre, calculado à base do salário mínimo da região, ainda que a remuneração contratual seja superior ao salário mínimo acrescido da taxa de insalubridade.

Súmula 308: A taxa de despacho aduaneiro, sendo adicional do imposto de importação, não incide sobre borracha importada com isenção daquele imposto.

Súmula 309: A taxa de despacho aduaneiro, sendo adicional do imposto de importação, não está compreendida na isenção do imposto de consumo para automóvel usado trazido do exterior pelo proprietário.

Súmula 310: Quando a intimação tiver lugar na sexta-feira, ou a publicação com efeito de intimação for feita nesse dia, o prazo judicial terá início na segunda-feira imediata, salvo se não houver expediente, caso em que começará no primeiro dia útil que se seguir.

Súmula 311: No típico acidente do trabalho, a existência de ação judicial não exclui a multa pelo retardamento da liquidação.

Súmula 312: Músico integrante de orquestra da empresa, com atuação permanente e vínculo de subordinação, está sujeito a legislação geral do trabalho, e não à especial dos artistas.

Súmula 313: Provada a identidade entre o trabalho diurno e o noturno, é devido o adicional, quanto a este, sem a limitação do art. 73, § 3º, da CLT, independentemente da natureza da atividade do empregador.

Súmula 314: Na composição do dano por acidente do trabalho, ou de transporte, não é contrário à lei tomar para base da indenização o salário do tempo da perícia ou da sentença.

Súmula 315: Indispensável o traslado das razões da revista, para julgamento, pelo Tribunal Superior do Trabalho, do agravo para sua admissão.

Súmula 316: A simples adesão a greve não constitui falta grave.

Súmula 317: São improcedentes os embargos declaratórios, quando não pedida a declaração do julgado anterior, em que se verificou a omissão.

Súmula 318: É legítima a cobrança, em 1962, pela municipalidade de São Paulo, do imposto de indústrias e profissões, consoante as Leis 5.917 e 5.919, de 1961 (aumento anterior à vigência do orçamento e incidência do tributo sobre o movimento econômico do contribuinte).

Súmula 319: O prazo do recurso ordinário para o Supremo Tribunal Federal, em "habeas corpus" ou mandado de segurança, é de cinco dias.

Súmula 320: A apelação despachada pelo juiz no prazo legal não fica prejudicada pela demora da juntada, por culpa do cartório.

Súmula 321: A constituição estadual pode estabelecer a irredutibilidade dos vencimentos do Ministério Público.

Súmula 322: Não terá seguimento pedido ou recurso dirigido ao Supremo Tribunal Federal, quando manifestamente incabível, ou apresentado fora do prazo, ou quando for evidente a incompetência do Tribunal.

Súmula 323: É inadmissível a apreensão de mercadorias como meio coercitivo para pagamento de tributos.

Súmula 324: A imunidade do art. 31, V, da Constituição Federal não compreende as taxas.

Súmula 325: As emendas ao regimento do Supremo Tribunal Federal, sobre julgamento de questão constitucional, aplicam-se aos pedidos ajuizados e aos recursos interpostos anteriormente a sua aprovação.

Súmula 326: É legítima a incidência do imposto de transmissão "inter vivos" sobre a transferência do domínio útil.

Súmula 327: O direito trabalhista admite a prescrição intercorrente.

Súmula 328: É legítima a incidência do imposto de transmissão inter vivos sobre a doação de imóvel.

Súmula 329: O imposto de transmissão "inter vivos" não incide sobre a transferência de ações de sociedade imobiliária.

Súmula 330: O Supremo Tribunal Federal não é competente para conhecer de mandado de segurança contra atos dos Tribunais de Justiça dos Estados.

Súmula 331: É legítima a incidência do imposto de transmissão "causa mortis" no inventário por morte presumida.

Súmula 332: É legítima a incidência do imposto de vendas e consignações sobre a parcela do preço correspondente aos ágios cambiais.

Súmula 333: Está sujeita ao imposto de vendas e consignações a venda realizada por invernista não qualificado como pequeno produtor.

Súmula 334: É legítima a cobrança, ao empreiteiro, do imposto de vendas e consignações, sobre o valor dos materiais empregados, quando a empreitada não for apenas de lavor.

Súmula 335: É válida a cláusula de eleição do foro para os processos oriundos do contrato.

Súmula 336: A imunidade da autarquia financiadora, quanto ao contrato de financiamento, não se estende à compra e venda entre particulares, embora constantes os dois atos de um só instrumento.

Súmula 337: A controvérsia entre o empregador e o segurador não suspende o pagamento devido ao empregado por acidente do trabalho.

Súmula 338: Não cabe ação rescisória no âmbito da justiça do trabalho.

Súmula 339: Não cabe ao Poder Judiciário, que não tem função legislativa, aumentar vencimentos de servidores públicos sob fundamento de isonomia.

Súmula 340: Desde a vigência do Código Civil, os bens dominicais, como os demais bens públicos, não podem ser adquiridos por usucapião.

Súmula 341: É presumida a culpa do patrão ou comitente pelo ato culposo do empregado ou preposto.

Súmula 342: Cabe agravo no auto do processo, e não agravo de petição, do despacho que não admite a reconvenção.

Súmula 343: Não cabe ação rescisória por ofensa a literal disposição de lei, quando a decisão rescindenda se tiver baseado em texto legal de interpretação controvertida nos tribunais.

Súmula 344: Sentença de primeira instância concessiva de *habeas corpus*, em caso de crime praticado em detrimento de bens, serviços ou interesses da União, está sujeita a recurso "ex officio".

Súmula 345: Na chamada desapropriação indireta, os juros compensatórios são devidos a partir da perícia, desde que tenha atribuído valor atual ao imóvel.

Súmula 346: A administração pública pode declarar a nulidade dos seus próprios atos.

Súmula 347: O Tribunal de Contas, no exercício de suas atribuições, pode apreciar a constitucionalidade das leis e dos atos do poder público.

Súmula 348: É constitucional a criação de taxa de construção, conservação e melhoramento de estradas.

Súmula 349: A prescrição atinge somente as prestações de mais de dois anos, reclamadas com fundamento em decisão normativa da Justiça do Trabalho, ou em convenção coletiva de trabalho, quando não estiver em causa a própria validade de tais atos.

Súmula 350: O imposto de indústrias e profissões não é exigível de empregado, por falta de autonomia na sua atividade profissional.

Súmula 351: É nula a citação por edital de réu preso na mesma unidade da Federação em que o juiz exerce a sua jurisdição.

Súmula 352: Não é nulo o processo penal por falta de nomeação de curador ao réu menor que teve a assistência de defensor dativo.

Súmula 353: São incabíveis os embargos da L. 623, de 19.2.49, com fundamento em divergência entre decisões da mesma Turma do Supremo Tribunal Federal.

Súmula 354: Em caso de embargos infringentes parciais, é definitiva a parte da decisão embargada em que não houve divergência na votação.

Súmula 355: Em caso de embargos infringentes parciais, é tardio o recurso extraordinário interposto após o julgamento dos embargos, quanto à parte da decisão embargada que não fora por eles abrangida.

Súmula 356: O ponto omisso da decisão, sobre o qual não foram opostos embargos declaratórios, não pode ser objeto de recurso extraordinário, por faltar o requisito do prequestionamento.

Súmula 357: É lícita a convenção pela qual o locador renuncia, durante a vigência do contrato, à ação revisional do art. 31 do Decreto 24.150, de 20.4.34.

Súmula 358: O servidor público em disponibilidade tem direito aos vencimentos integrais do cargo.

Súmula 359: Ressalvada a revisão prevista em lei, os proventos da inatividade regulam-se pela lei vigente ao tempo em que o militar, ou o servidor civil, reuniu os requisitos necessários. (Alterada)

Súmula 360: Não há prazo de decadência para a representação de inconstitucionalidade prevista no art. 8º, parágrafo único, da Constituição Federal.

Súmula 361: No processo penal, é nulo o exame realizado por um só perito, considerando-se impedido o que tiver funcionado, anteriormente, na diligência de apreensão.

Súmula 362: A condição de ter o clube sede própria para a prática de jogo lícito não o obriga a ser proprietário do imóvel em que tem sede.

Súmula 363: A pessoa jurídica de direito privado pode ser demandada no domicílio da agência, ou estabelecimento, em que se praticou o ato.

Súmula 364: Enquanto o Estado da Guanabara não tiver Tribunal Militar de segunda instância, o Tribunal de Justiça é competente para julgar os recursos das decisões da auditoria da Polícia Militar.

Súmula 365: Pessoa jurídica não tem legitimidade para propor ação popular.

Súmula 366: Não é nula a citação por edital que indica o dispositivo da lei penal, embora não transcreva a denúncia ou queixa, ou não resuma os fatos em que se baseia.

Súmula 367: Concede-se liberdade ao extraditando que não for retirado do país no prazo do art. 16 do Decreto-lei. 394, de 28.4.38.

Súmula 368: Não há embargos infringentes no processo de reclamação.

Súmula 369: Julgados do mesmo Tribunal não servem para fundamentar o recurso extraordinário por divergência jurisprudencial.

Súmula 370: Julgada improcedente a ação renovatória da locação, terá o locatário, para desocupar o imóvel, o prazo de seis meses, acrescido de tantos meses quantos forem os anos da ocupação, até o limite total de dezoito meses.

Súmula 371: Ferroviário, que foi admitido como servidor autárquico, não tem direito a dupla aposentadoria.

Súmula 372: A L. 2.752, de 10.4.56, sobre dupla aposentadoria, aproveita, quando couber, a servidores aposentados antes de sua publicação.

Súmula 373: Servidor nomeado após aprovação no curso de capacitação policial, instituído na Polícia do Distrito Federal, em 1941, preenche o requisito da nomeação por concurso a que se referem as Leis 705, de 16.5.49 e 1.639, de 14.7.52.

Súmula 374: Na retomada para construção mais útil, não é necessário que a obra tenha sido ordenada pela autoridade pública.

Súmula 375: Não renovada a locação regida pelo D. 24.150, de 20.4.34, aplica-se o direito comum e não a legislação especial do inquilinato.

Súmula 376: Na renovação de locação, regida pelo D. 24.150, de 20.4.34, o prazo do novo contrato conta-se da transcrição da decisão exequenda no Registro de Títulos e Documentos; começa, porém, da terminação do contrato anterior, se esta tiver ocorrido antes do registro.

Súmula 377: No regime de separação legal de bens, comunicam-se os adquiridos na constância do casamento.

Súmula 378: Na indenização por desapropriação incluem-se honorários do advogado do expropriado.

Súmula 379: No acordo de desquite não se admite renúncia aos alimentos, que poderão ser pleiteados ulteriormente, verificados os pressupostos legais.

Súmula 380: Comprovada a existência de sociedade de fato entre os concubinos, é cabível a sua dissolução judicial, com a partilha do patrimônio adquirido pelo esforço comum.

Súmula 381: Não se homologa sentença de divórcio obtida, por procuração, em país de que os cônjuges não eram nacionais.

Súmula 382: A vida em comum sob o mesmo teto, "more uxório", não é indispensável à caracterização do concubinato.

Súmula 383: A prescrição em favor da Fazenda Pública recomeça a correr, por dois anos e meio, a partir do ato interruptivo, mas não fica reduzida aquém de cinco anos, embora o titular do direito a interrompa durante a primeira metade do prazo.

Súmula 384: A demissão de extranumerário do serviço público federal, equiparado a funcionário de provimento efetivo para efeito de estabilidade, é da competência do Presidente da República.

Súmula 385: Oficial das Forças Armadas só pode ser reformado, em tempo de paz, por decisão de tribunal militar permanente, ressalvada a situação especial dos atingidos pelo art. 177 da Constituição de 1937.

Súmula 386: Pela execução de obra musical por artistas remunerados é devido direito autoral, não exigível quando a orquestra for de amadores.

Súmula 387: A cambial emitida ou aceita com omissões, ou em branco, pode ser completada pelo credor de boa-fé antes da cobrança ou do protesto.

Súmula 388: O casamento da ofendida com quem não seja o ofensor faz cessar a qualidade do seu representante legal, e a ação penal só pode prosseguir por iniciativa da própria ofendida, observados os prazos legais de decadência e perempção. (Revogada) **REVOGADA**

Súmula 389: Salvo limite legal, a fixação de honorários de advogado, em complemento da condenação, depende das circunstâncias da causa, não dando lugar a recurso extraordinário.

Súmula 390: A exibição judicial de livros comerciais pode ser requerida como medida preventiva.

Súmula 391: O confinante certo deve ser citado, pessoalmente, para a ação de usucapião.

Súmula 392: O prazo para recorrer de acórdão concessivo de segurança conta-se da publicação oficial de suas conclusões, e não da anterior ciência à autoridade para cumprimento da decisão.

Súmula 393: Para requerer revisão criminal, o condenado não é obrigado a recolher-se à prisão.

Súmula 394: Cometido o crime durante o exercício funcional, prevalece a competência especial por prerrogativa de função, ainda que o inquérito ou a ação penal sejam iniciados após a cessação daquele exercício. (Cancelada) **REVOGADA**

Súmula 395: Não se conhece de recurso de "habeas corpus" cujo objeto seja resolver sobre o ônus das custas, por não estar mais em causa a liberdade de locomoção.

Súmula 396: Para a ação penal por ofensa à honra, sendo admissível a exceção da verdade quanto ao desempenho de função pública, prevalece a competência especial por prerrogativa de função, ainda que já tenha cessado o exercício funcional do ofendido.

Súmula 397: O poder de polícia da Câmara dos Deputados e do Senado Federal, em caso de crime cometido nas suas dependências, compreende, consoante o regimento, a prisão em flagrante do acusado e a realização do inquérito.

Súmula 398: O Supremo Tribunal Federal não é competente para processar e julgar, originariamente, deputado ou senador acusado de crime.

Súmula 399: Não cabe recurso extraordinário, por violação de lei federal, quando a ofensa alegada for a regimento de tribunal.

Súmula 400: Decisão que deu razoável interpretação à lei, ainda que não seja a melhor, não autoriza recurso extraordinário pela letra a do art. 101, III, da CF.

Súmula 401: Não se conhece do recurso de revista, nem dos embargos de divergência, do processo trabalhista, quando houver jurisprudência firme do Tribunal Superior do Trabalho no mesmo sentido da decisão impugnada, salvo se houver colisão com a jurisprudência do Supremo Tribunal Federal.

Súmula 402: Vigia noturno tem direito a salário adicional.

Súmula 403: É de decadência o prazo de trinta dias para instauração do inquérito judicial, a contar da suspensão, por falta grave, de empregado estável.

Súmula 404: Não contrariam a Constituição os arts 3º, 22 e 27 da L. 3.244, de 14.8.57, que definem as atribuições do Conselho de Política Aduaneira quanto à tarifa flexível.

Súmula 405: Denegado o mandado de segurança pela sentença, ou no julgamento do agravo, dela interposto, fica sem efeito a liminar concedida, retroagindo os efeitos da decisão contrária.

Súmula 406: O estudante ou professor bolsista e o servidor público em missão de estudo satisfazem a condição da mudança de residência para o efeito de trazer automóvel do exterior, atendidos os demais requisitos legais.

Súmula 407: Não tem direito ao terço de campanha o militar que não participou de operações de guerra, embora servisse na "zona de guerra".

Súmula 408: Os servidores fazendários não têm direito a percentagem pela arrecadação de receita federal destinada ao Banco Nacional de Desenvolvimento Econômico.

Súmula 409: Ao retomante, que tenha mais de um prédio alugado, cabe optar entre eles, salvo abuso de direito.

Súmula 410: Se o locador, utilizando prédio próprio para residência ou atividade comercial, pede o imóvel locado para uso próprio, diverso do que tem o por ele ocupado, não está obrigado a provar a necessidade, que se presume.

Súmula 411: O locatário autorizado a ceder a locação pode sublocar o imóvel.

Súmula 412: No compromisso de compra e venda com cláusula de arrependimento, a devolução do sinal, por quem o deu, ou a sua restituição em dobro, por quem o recebeu, exclui indenização maior, a título de perdas e danos, salvo os juros moratórios e os encargos do processo.

Súmula 413: O compromisso de compra e venda de imóveis, ainda que não loteados, dá direito à execução compulsória, quando reunidos os requisitos legais.

Súmula 414: Não se distingue a visão direta da oblíqua na proibição de abrir janela, ou fazer terraço, eirado, ou varanda, a menos de metro e meio do prédio de outrem.

Súmula 415: Servidão de trânsito não titulada, mas tornada permanente, sobretudo pela natureza das obras realizadas, considera-se aparente, conferindo direito à proteção possessória.

Súmula 416: Pela demora no pagamento do preço da desapropriação não cabe indenização complementar além dos juros.

Súmula 417: Pode ser objeto de restituição, na falência, dinheiro em poder do falido, recebido em nome de outrem, ou do qual, por lei ou contrato, não tivesse ele a disponibilidade.

Súmula 418: O empréstimo compulsório não é tributo, e sua arrecadação não está sujeita à exigência constitucional da prévia autorização orçamentária.

Súmula 419: Os Municípios têm competência para regular o horário do comércio local, desde que não infrinjam leis estaduais ou federais válidas.

Súmula 420: Não se homologa sentença proferida no estrangeiro sem prova do trânsito em julgado.

Súmula 421: Não impede a extradição a circunstância de ser o extraditando casado com brasileira ou ter filho brasileiro.

Súmula 422: A absolvição criminal não prejudica a medida de segurança, quando couber, ainda que importe privação da liberdade.

Súmula 423: Não transita em julgado a sentença por haver omitido o recurso "ex officio", que se considera interposto "ex lege".

Súmula 424: Transita em julgado o despacho saneador de que não houve recurso, excluídas as questões deixadas, explícita ou implicitamente, para a sentença.

Súmula 425: O agravo despachado no prazo legal não fica prejudicado pela demora da juntada, por culpa do cartório; nem o agravo entregue em cartório no prazo legal, embora despachado tardiamente.

Súmula 426: A falta do termo específico não prejudica o agravo no auto do processo, quando oportuna a interposição por petição ou no termo da audiência.

Súmula 427: A falta de petição de interposição não prejudica o agravo no auto do processo tomado por termo.

Súmula 428: Não fica prejudicada a apelação entregue em cartório no prazo legal, embora despachada tardiamente.

Súmula 429: A existência de recurso administrativo com efeito suspensivo não impede o uso do mandado de segurança contra omissão da autoridade.

Súmula 430: Pedido de reconsideração na via administrativa não interrompe o prazo para o mandado de segurança.

Súmula 431: É nulo o julgamento de recurso criminal, na segunda instância, sem prévia intimação, ou publicação da pauta, salvo em "habeas corpus".

Súmula 432: Não cabe recurso extraordinário com fundamento no art. 101, III, "d", da Constituição Federal, quando a divergência alegada for entre decisões da Justiça do Trabalho.

Súmula 433: É competente o Tribunal Regional do Trabalho para julgar mandado de segurança contra ato de seu presidente em execução de sentença trabalhista.

Súmula 434: A controvérsia entre seguradores indicados pelo empregador na ação de acidente do trabalho não suspende o pagamento devido ao acidentado.

Súmula 435: O imposto de transmissão "causa mortis" pela transferência de ações é devido ao Estado em que tem sede a companhia.

Súmula 436: É válida a L. 4.093, de 24.10.959, do Paraná, que revogou a isenção concedida às cooperativas por lei anterior.

Súmula 437: Está isenta da taxa de despacho aduaneiro a importação de equipamento para a indústria automobilística, segundo plano aprovado, no prazo legal, pelo órgão competente.

Súmula 438: É ilegítima a cobrança, em 1962, da Taxa de Educação e Saúde, de Santa Catarina, adicional do imposto de vendas e consignações.

Súmula 439: Estão sujeitos à fiscalização tributária ou previdenciária quaisquer livros comerciais, limitado o exame aos pontos objeto da investigação.

Súmula 440: Os benefícios da legislação federal de serviços de guerra não são exigíveis dos Estados, sem que a lei estadual assim disponha.

Súmula 441: O militar, que passa à inatividade com proventos integrais, não tem direito às cotas trigésimas a que se refere o Código de Vencimentos e Vantagens dos Militares.

Súmula 442: A inscrição do contrato de locação no Registro de Imóveis, para a validade da cláusula de vigência contra o adquirente do imóvel, ou perante terceiros, dispensa a transcrição no Registro de Títulos e Documentos.

Súmula 443: A prescrição das prestações anteriores ao período previsto em lei não ocorre, quando não tiver sido negado, antes daquele prazo, o próprio direito reclamado, ou a situação jurídica de que ele resulta.

Súmula 444: Na retomada para construção mais útil, de imóvel sujeito ao D. 24.150, de 20.4.34, a indenização se limita às despesas de mudança.

Súmula 445: A L. 2.437, de 7.3.55, que reduz prazo prescricional, é aplicável às prescrições em curso na data de sua vigência (1.1.56), salvo quanto aos processos então pendentes.

Súmula 446: Contrato de exploração de jazida ou pedreira não está sujeito ao D. 24.150, de 20.4.34.

Súmula 447: É válida a disposição testamentária em favor de filho adulterino do testador com sua concubina.

Súmula 448: O prazo para o assistente recorrer, supletivamente, começa a correr imediatamente após o transcurso do prazo do Ministério Público.

Súmula 449: O valor da causa, na consignatória de aluguel, corresponde a uma anuidade.

Súmula 450: São devidos honorários de advogado sempre que vencedor o beneficiário de justiça gratuita.

Súmula 451: A competência especial por prerrogativa de função não se estende ao crime cometido após a cessação definitiva do exercício funcional.

Súmula 452: Oficiais e praças do Corpo de Bombeiros do Estado da Guanabara respondem perante a Justiça Comum por crime anterior à L. 427, de 11.10.48.

Súmula 453: Não se aplicam à segunda instância o art. 384 e parágrafo único do Código de Processo Penal, que possibilitam dar nova definição jurídica ao fato delituoso, em virtude de circunstância elementar não contida, explícita ou implicitamente, na denúncia ou queixa.

Súmula 454: Simples interpretação de cláusulas contratuais não dá lugar a recurso extraordinário.

Súmula 455: Da decisão que se seguir ao julgamento de constitucionalidade pelo Tribunal Pleno, são inadmissíveis embargos infringentes quanto à matéria constitucional.

Súmula 456: O Supremo Tribunal Federal, conhecendo do recurso extraordinário, julgará a causa, aplicando o direito à espécie.

Súmula 457: O Tribunal Superior do Trabalho, conhecendo da revista, julgará a causa, aplicando o direito à espécie.

Súmula 458: O processo da execução trabalhista não exclui a remição pelo executado.

Súmula 459: No cálculo da indenização por despedida injusta, incluem-se os adicionais, ou gratificações, que, pela habitualidade, se tenham incorporado ao salário.

Súmula 460: Para efeito do adicional de insalubridade, a perícia judicial, em reclamação trabalhista, não dispensa o enquadramento da atividade entre as insalubres, que é ato da competência do Ministro do Trabalho e Previdência Social.

Súmula 461: É duplo, e não triplo, o pagamento do salário nos dias destinados a descanso.

Súmula 462: No cálculo da indenização por despedida injusta inclui-se, quando devido, o repouso semanal remunerado.

Súmula 463: Para efeito de indenização e estabilidade, conta-se o tempo em que o empregado esteve afastado, em serviço militar obrigatório, mesmo anteriormente à L. 4.072, de 1.6.62.

Súmula 464: No cálculo da indenização por acidente do trabalho inclui-se, quando devido, o repouso semanal remunerado.

Súmula 465: O regime de manutenção de salário, aplicável ao IAPM e ao IAPETC, exclui a indenização tarifada na Lei de Acidentes do Trabalho, mas não o benefício previdenciário.

Súmula 466: Não é inconstitucional a inclusão de sócios e administradores de sociedades e titulares de firmas individuais como contribuintes obrigatórios da previdência social.

Súmula 467: A base do cálculo das contribuições previdenciárias, anteriormente à vigência da Lei Orgânica da Previdência Social, é o salário mínimo mensal, observados os limites da L. 2.755 de 1956.

Súmula 468: Após a EC nº 5 de 21.11.61, em contrato firmado com a União, Estado, Município ou autarquia, é devido o imposto federal de selo pelo contratante não protegido pela imunidade, ainda que haja repercussão do ônus tributário sobre o patrimônio daquelas entidades.

Súmula 469: A multa de cem por cento, para o caso de mercadoria importada irregularmente, é calculada à base do custo de câmbio da categoria correspondente.

Súmula 470: O imposto de transmissão "inter vivos" não incide sobre a construção, ou parte dela, realizada, inequivocamente, pelo promitente comprador, mas sobre o valor do que tiver sido construído antes da promessa de venda.

Súmula 471: As empresas aeroviárias não estão isentas do imposto de indústrias e profissões.

Súmula 472: A condenação do autor em honorários de advogado, com fundamento no art. 64 do CPC, depende de reconvenção.

Súmula 473: A administração pode anular seus próprios atos, quando eivados de vícios que os tornam ilegais, porque deles não se originam direitos; ou revogá-los, por motivo de conveniência ou oportunidade, respeitados os direitos adquiridos, e ressalvada, em todos os casos, a apreciação judicial.

Súmula 474: Não há direito líquido e certo, amparado pelo mandado de segurança, quando se escuda em lei cujos efeitos foram anulados por outra, declarada constitucional pelo Supremo Tribunal Federal.

Súmula 475: A Lei nº 4.686, de 21-6-65, tem aplicação imediata aos processos em curso, inclusive em grau de recurso extraordinário.

Súmula 476: Desapropriadas as ações de uma sociedade, o Poder desapropriante, imitido na posse, pode exercer, desde logo, todos os direitos inerentes aos respectivos títulos.

Súmula 477: As concessões de terras devolutas situadas na faixa de fronteira, feitas pelos Estados, autorizam, apenas, o uso, permanecendo o domínio com a União, ainda que se mantenha inerte ou tolerante, em relação aos possuidores.

Súmula 478: O provimento em cargos de Juízes substitutos do Trabalho, deve ser feito independentemente de lista tríplice, na ordem de classificação dos candidatos.

Súmula 479: As margens dos rios navegáveis são de domínio público, insuscetíveis de expropriação e, por isso mesmo, excluídas de indenização.

Súmula 480: Pertencem ao domínio e administração da União, nos termos dos arts. 4º, IV e 186, da Constituição Federal de 1967, as terras ocupadas por silvícolas.

Súmula 481: Se a locação compreende, além do imóvel, fundo de comércio, com instalações e pertences, como no caso de teatros, cinemas e hotéis, não se aplicam ao retomante as restrições do art. 8º, "e", parágrafo único, do Decreto nº 24.150, de 20.4.34.

Súmula 482: O locatário, que não for sucessor ou cessionário do que o precedeu na locação, não pode somar os prazos concedidos a este, para pedir a renovação do contrato, nos termos do Decreto nº 24.150.

Súmula 483: É dispensável a prova da necessidade, na retomada de prédio situado em localidade para onde o proprietário pretende transferir residência, salvo se mantiver, também, a anterior, quando dita prova será exigida.

Súmula 484: Pode, legitimamente, o proprietário pedir o prédio para a residência de filho, ainda que solteiro, de acordo com o art. 11, nº III, da Lei nº 4.494, de 25.11.64.

Súmula 485: Nas locações regidas pelo Decreto nº 24.150, de 20 de abril de 1934, a presunção de sinceridade do retomante é relativa, podendo ser ilidida pelo locatário.

Súmula 486: Admite-se a retomada para sociedade da qual o locador, ou seu cônjuge, seja sócio, com participação predominante no capital social.

Súmula 487: Será deferida a posse a quem, evidentemente, tiver o domínio, se com base neste for ela disputada.

Súmula 488: A preferência a que se refere o art. 9º da Lei nº 3.912, de 3-7-1961, constitui direito pessoal. Sua violação resolve-se em perdas e danos.

Súmula 489: A compra e venda de automóvel não prevalece contra terceiros, de boa-fé, se o contrato não foi transcrito no Registro de Títulos e Documentos.

Súmula 490: A pensão correspondente à indenização oriunda de responsabilidade civil deve ser calculada com base no salário-mínimo vigente ao tempo da sentença e ajustar-se-á às variações ulteriores.

Súmula 491: É indenizável o acidente que cause a morte de filho menor, ainda que não exerça trabalho remunerado.

Súmula 492: A empresa locadora de veículos responde, civil e solidariamente com o locatário, pelos danos por este causados a terceiro, no uso do carro locado.

Súmula 493: O valor da indenização, se consistente em prestações periódicas e sucessivas, compreenderá, para que se mantenha inalterável na sua fixação, parcelas compensatórias do imposto de renda, incidente sobre os juros do capital gravado ou caucionado, nos termos dos arts. 911 e 912 do Código de Processo Civil.

Súmula 494: A ação para anular venda de ascendente a descendente, sem consentimento dos demais, prescreve em vinte anos, contados da data do ato, revogada a Súmula nº 152.

Súmula 495: A restituição em dinheiro da coisa vendida a crédito, entregue nos quinze dias anteriores ao pedido de falência ou de concordata, cabe, quando, ainda que consumida ou transformada, não faça o devedor prova de haver sido alienada a terceiro.

Súmula 496: São válidos, porque salvaguardados pelas Disposições Constitucionais Transitórias da Constituição Federal de 1967, os decretos-leis expedidos entre 24 de janeiro e 15 de março de 1967.

Súmula 497: Quando se tratar de crime continuado, a prescrição regula-se pela pena imposta na sentença, não se computando o acréscimo decorrente da continuação.

Súmula 498: Compete à Justiça dos Estados, em ambas as instâncias, o processo e o julgamento dos crimes contra a economia popular.

Súmula 499: Não obsta à concessão do "sursis" condenação anterior à pena de multa.

Súmula 500: Não cabe a ação cominatória para compelir-se o réu a cumprir obrigação de dar.

Súmula 501: Compete à Justiça ordinária estadual o processo e o julgamento, em ambas as instâncias, das causas de acidente do trabalho, ainda que promovidas contra a União, suas autarquias, empresas públicas ou sociedades de economia mista.

Súmula 502: Na aplicação do art. 839 do C. Pr. Civ., com a redação da Lei nº 4.290, de 5.12.63, a relação valor da causa e salário mínimo vigente na Capital do Estado, ou do Território, para o efeito de alçada, deve ser considerada na data do ajuizamento do pedido.

Súmula 503: A dúvida, suscitada por particular, sobre o direito de tributar, manifestado por dois Estados, não configura litígio da competência originária do Supremo Tribunal Federal.

Súmula 504: Compete à Justiça Federal, em ambas as instâncias, o processo e o julgamento das causas fundadas em contrato de seguro marítimo.

Súmula 505: Salvo quando contrariarem a Constituição, não cabe recurso para o Supremo Tribunal Federal, de quaisquer decisões da Justiça do Trabalho, inclusive dos presidentes de seus Tribunais.

Súmula 506: O agravo a que se refere o art. 4º da Lei nº 4.348, de 26.6.64, cabe, somente, do despacho do Presidente do Supremo Tribunal Federal que defere a suspensão da liminar, em mandado de segurança; não do que a denega.

Súmula 507: A ampliação dos prazos a que se refere o art. 32 do Código de Processo Civil aplica-se aos executivos fiscais.

Súmula 508: Compete à Justiça Estadual, em ambas as instâncias, processar e julgar as causas em que for parte o Banco do Brasil S. A.

Súmula 509: A Lei nº 4.632, de 18.5.65, que alterou o art. 64 do Código de Processo Civil, aplica-se aos processos em andamento, nas instâncias ordinárias.

Súmula 510: Praticado o ato por autoridade, no exercício de competência delegada, contra ela cabe o mandado de segurança ou a medida judicial.

Súmula 511: Compete à Justiça Federal, em ambas as instâncias, processar e julgar as causas entre autarquias federais e entidades públicas locais, inclusive mandados de segurança, ressalvada a ação fiscal, nos termos da Constituição Federal de 1967, art. 119, § 3º.

Súmula 512: Não cabe condenação em honorários de advogado na ação de mandado de segurança.

Súmula 513: A decisão que enseja a interposição de recurso ordinário ou extraordinário não é a do plenário, que resolve o incidente de inconstitucionalidade, mas a do órgão (Câmaras, Grupos ou Turmas) que completa o julgamento do feito.

Súmula 514: Admite-se ação rescisória contra sentença transitada em julgado, ainda que contra ela não se tenha esgotado todos os recursos.

Súmula 515: A competência para a ação rescisória não é do Supremo Tribunal Federal, quando a questão federal, apreciada no recurso extraordinário ou no agravo de instrumento, seja diversa da que foi suscitada no pedido rescisório.

Súmula 516: O Serviço Social da Indústria – S. E. S. I. – está sujeito à jurisdição da Justiça Estadual.

Súmula 517: As sociedades de economia mista só têm foro na Justiça Federal, quando a União intervém como assistente ou oponente.

Súmula 518: A intervenção da União, em feito já julgado pela segunda instância e pendente de embargos, não desloca o processo para o Tribunal Federal de Recursos.

Súmula 519: Aplica-se aos executivos fiscais o princípio da sucumbência a que se refere o art. 64 do Código de Processo Civil.

Súmula 520: Não exige a lei que, para requerer o exame a que se refere o art. 777 do Código de Processo Penal, tenha o sentenciado cumprido mais de metade do prazo da medida de segurança imposta.

Súmula 521: O foro competente para o processo e julgamento dos crimes de estelionato, sob a modalidade da emissão dolosa de cheque sem provisão de fundos, é o do local onde se deu a recusa do pagamento pelo sacado.

Súmula 522: Salvo ocorrência de tráfico para o Exterior, quando, então, a competência será da Justiça Federal, compete à Justiça dos Estados o processo e julgamento dos crimes relativos a entorpecentes.

Súmula 523: No processo penal, a falta da defesa constitui nulidade absoluta, mas a sua deficiência só o anulará se houver prova de prejuízo para o réu.

Súmula 524: Arquivado o inquérito policial, por despacho do juiz, a requerimento do promotor de justiça, não pode a ação penal ser iniciada, sem novas provas.

Súmula 525: A medida de segurança não será aplicada em segunda instância, quando só o réu tenha recorrido.

Súmula 526: Subsiste a competência do Supremo Tribunal Federal para conhecer e julgar a apelação, nos crimes da Lei de Segurança Nacional, se houve sentença antes da vigência do A.I. nº 2.

Súmula 527: Após a vigência do Ato Institucional nº 6, que deu nova redação ao art. 114, III, da Constituição Federal de 1967, não cabe recurso extraordinário das decisões do juiz singular.

Súmula 528: Se a decisão contiver partes autônomas, a admissão parcial, pelo Presidente do Tribunal a quo, de recurso extraordinário que, sobre qualquer delas se manifestar, não limitará a apreciação de todas pelo Supremo Tribunal Federal, independentemente de interposição de agravo de instrumento.

Súmula 529: Subsiste a responsabilidade do empregador pela indenização decorrente de acidente do trabalho, quando o segurador, por haver entrado em liquidação, ou por outro motivo, não se encontrar em condições financeiras, de efetuar, na forma da lei, o pagamento que o seguro obrigatório visava garantir.

Súmula 530: Na legislação anterior ao art. 4º da Lei nº 4.749, de 12-8-1965, a contribuição para a previdência social não estava sujeita ao limite estabelecido no art. 69 da Lei nº 3.807, de 26 de agosto de 1960, sobre o 13º salário a que se refere o art. 3º da Lei nº 4.281, de 8-11-63.

Súmula 531: É inconstitucional o Decreto nº 51.668, de 17-1-1963, que estabeleceu salário profissional para trabalhadores de transportes marítimos, fluviais e lacustres.

Súmula 532: É constitucional a Lei nº 5.043, de 21.6.66, que concedeu remissão das dívidas fiscais oriundas da falta de oportuno pagamento de selo nos contratos particulares com a Caixa Econômica e outras entidades autárquicas.

Súmula 533: Nas operações denominadas "crediários", com emissão de vales ou certificados para compras e nas quais, pelo financiamento, se cobram, em separado, juros, selos e outras despesas, incluir-se-á tudo no custo da mercadoria e sobre esse preço global calcular-se-á o imposto de vendas e consignações.

Súmula 534: O imposto de importação sobre o extrato alcoólico de malte, como matéria-prima para fabricação de whisky, incide à base de 60%, desde que desembarcado antes do Decreto-lei nº 398, de 30.12.1968.

Súmula 535: Na importação, a granel, de combustíveis líquidos é admissível a diferença de peso, para mais, até 4%, motivada pelas variações previstas no Decreto-lei nº 1.028, de 4-1-1939, art. 1º.

Súmula 536: São objetivamente imunes ao imposto sobre circulação de mercadorias os produtos industrializados, em geral, destinados à exportação, além de outros, com a mesma destinação, cuja isenção a lei determinar.

Súmula 537: É inconstitucional a exigência de imposto estadual do selo, quando feita nos atos e instrumentos tributados ou regulados por lei federal, ressalvado o disposto no art. 15, § 5º, da Constituição Federal de 1946.

Súmula 538: A avaliação judicial para o efeito do cálculo das benfeitorias dedutíveis do imposto sobre lucro imobiliário independe do limite a que se refere a Lei nº 3.470, de 28-11-1958, art. 8º, parágrafo único.

Súmula 539: É constitucional a lei do Município que reduz o imposto predial urbano sobre imóvel ocupado pela residência do proprietário, que não possua outro.

Súmula 540: No preço da mercadoria sujeita ao imposto de vendas e consignações, não se incluem as despesas de frete e carreto.

Súmula 541: O imposto sobre vendas e consignações não incide sobre a venda ocasional de veículos e equipamentos usados, que não se insere na atividade profissional do vendedor, e não é realizada com o fim de lucro, sem caráter, pois, de comercialidade.

Súmula 542: Não é inconstitucional a multa instituída pelo Estado-membro, como sanção pelo retardamento do início ou da ultimação do inventário.

Súmula 543: A Lei nº 2.975, de 27-11-1965, revogou, apenas, as isenções de caráter geral, relativas ao imposto único sobre combustíveis, não as especiais, por outras leis concedidas.

Súmula 544: Isenções tributárias concedidas, sob condição onerosa, não podem ser livremente suprimidas.

Súmula 545: Preços de serviços públicos e taxas não se confundem, porque estas, diferentemente daqueles, são compulsórias e têm sua cobrança condicionada à prévia autorização orçamentária, em relação à lei que as instituiu.

Súmula 546: Cabe a restituição do tributo pago indevidamente, quando reconhecido por decisão, que o contribuinte de jure não recuperou do contribuinte de facto o quantum respectivo.

Súmula 547: Não é lícito à autoridade proibir que o contribuinte em débito adquira estampilhas, despache mercadorias nas alfândegas e exerça suas atividades profissionais.

Súmula 548: É inconstitucional o Decreto-lei nº 643, de 19.6.47, artigo 4º, do Paraná, na parte que exige selo proporcional sobre atos e instrumentos regulados por lei federal.

Súmula 549: A Taxa de Bombeiros do Estado de Pernambuco é constitucional, revogada a Súmula nº 274.

Súmula 550: A isenção concedida pelo art. 2º da Lei nº 1.815 de 1953, às empresas de navegação aérea não compreende a taxa de melhoramento de portos, instituída pela Lei nº 3.421 de 1958.

Súmula 551: É inconstitucional a taxa de urbanização da Lei nº 2.320, de 20-12-1961, instituída pelo Município de Porto Alegre, porque seu fato gerador é o mesmo da transmissão imobiliária.

Súmula 552: Com a regulamentação do art. 15 da Lei nº 5.316/67, pelo Decreto 71.037/72, tornou-se exequível a exigência da exaustão da via administrativa antes do início da ação de acidente do trabalho.

Súmula 553: O Adicional ao Frete para Renovação da Marinha Mercante (AFRMM) é contribuição parafiscal, não sendo abrangido pela imunidade prevista na letra d, inciso III, do art. 19, da Constituição Federal.

Súmula 554: O pagamento de cheque emitido sem provisão de fundos, após o recebimento da denúncia, não obsta ao prosseguimento da ação penal.

Súmula 555: É competente o Tribunal de Justiça para julgar conflito de jurisdição entre Juiz de Direito do Estado e a Justiça Militar local.

Súmula 556: É competente a Justiça comum para julgar as causas em que é parte sociedade de economia mista.

Súmula 557: É competente a Justiça Federal para julgar as causas em que são partes a COBAL e a CIBRAZEM.

Súmula 558: É constitucional o art. 27 do Decreto-lei 898, de 29.9.69.

Súmula 559: O Decreto-lei 730, de 5.8.69, revogou a exigência de homologação, pelo Ministro da Fazenda, das Resoluções do Conselho de Política Aduaneira.

Súmula 560: A extinção de punibilidade, pelo pagamento do tributo devido, estende-se ao crime de contrabando ou descaminho, por força do art. 18, § 2º, do Decreto-lei 157/67.

Súmula 561: Em desapropriação, é devida a correção monetária até a data do efetivo pagamento da indenização, devendo proceder-se à atualização do cálculo, ainda que por mais de uma vez.

Súmula 562: Na indenização de danos materiais decorrentes de ato ilícito cabe a atualização de seu valor, utilizando-se, para esse fim, dentre outros critérios, dos índices de correção monetária.

Súmula 563: O concurso de preferência a que se refere o parágrafo único do art. 187 do Código Tributário Nacional é compatível com o disposto no art. 9º, inciso I, da Constituição Federal.

Súmula 564: A ausência de fundamentação do despacho de recebimento de denúncia por crime falimentar enseja nulidade processual, salvo se já houver sentença condenatória.

Súmula 565: A multa fiscal moratória constitui pena administrativa, não se incluindo no crédito habilitado em falência.

Súmula 566: Enquanto pendente, o pedido de readaptação fundado em desvio funcional não gera direitos para o servidor, relativamente ao cargo pleiteado.

Súmula 567: A constituição, ao assegurar, no § 3º do art. 102, a contagem integral do tempo de serviço público federal, estadual ou municipal para os efeitos de aposentadoria e disponibilidade não proíbe à União, aos Estados e aos Municípios mandarem contar, mediante lei, para efeito diverso, tempo de serviço prestado a outra pessoa de direito público interno.

Súmula 568: A identificação criminal não constitui constrangimento ilegal, ainda que o indiciado já tenha sido identificado civilmente.

Súmula 569: É inconstitucional a discriminação de alíquotas do imposto de circulação de mercadorias nas operações interestaduais, em razão de o destinatário ser, ou não, contribuinte.

Súmula 570: O imposto de circulação de mercadorias não incide sobre a importação de bens de capital.

Súmula 571: O comprador de café ao IBC, ainda que sem expedição de nota fiscal, habilita-se, quando da comercialização do produto, ao crédito do ICM que incidiu sobre a operação anterior.

Súmula 572: No cálculo do imposto de circulação de mercadorias devido na saída de mercadorias para o exterior, não se incluem fretes pagos a terceiros, seguros e despesas de embarque.

Súmula 573: Não constitui fato gerador do imposto de circulação de mercadorias a saída física de máquinas, utensílios e implementos a título de comodato.

Súmula 574: Sem lei estadual que a estabeleça, é ilegítima a cobrança do imposto de circulação de mercadorias sobre o fornecimento de alimentação e bebidas em restaurante ou estabelecimento similar.

Súmula 575: À mercadoria importada de país signatário do GATT, ou membro da ALALC, estende-se a isenção do imposto de circulação de mercadorias concedida a similar nacional.

Súmula 576: É lícita a cobrança do imposto de circulação de mercadorias sobre produtos importados sob o regime da alíquota «zero».

Súmula 577: Na importação de mercadorias do exterior, o fato gerador do imposto de circulação de mercadorias ocorre no momento de sua entrada no estabelecimento do importador.

Súmula 578: Não podem os Estados, a título de ressarcimento de despesas, reduzir a parcela de 20% do produto da arrecadação do imposto de circulação de mercadorias, atribuída aos Municípios pelo art. 23, § 8º, da Constituição Federal.

Súmula 579: A cal virgem e a hidratada estão sujeitas ao imposto de circulação de mercadorias.

Súmula 580: A isenção prevista no art. 13, parágrafo único, do Decreto-lei 43/66, restringe-se aos filmes cinematográficos.

Súmula 581: A exigência de transporte em navio de bandeira brasileira, para efeito de isenção tributária, legitimou-se com o advento do Decreto-lei nº 666, de 2.7.69.

Súmula 582: É constitucional a Resolução nº 640/69, do Conselho de Política Aduaneira, que reduziu a alíquota do imposto de importação para a soda cáustica, destinada a zonas de difícil distribuição e abastecimento.

Súmula 583: Promitente-Comprador de imóvel residencial transcrito em nome de autarquia é contribuinte do imposto predial territorial urbano.

Súmula 584: Ao imposto de renda calculado sobre os rendimentos do ano-base, aplica-se a lei vigente no exercício financeiro em que deve ser apresentada a declaração.

Súmula 585: Não incide o imposto de renda sobre a remessa de divisas para pagamento de serviços prestados no exterior, por empresa que não opera no Brasil.

Súmula 586: Incide imposto de renda sobre os juros remetidos para o exterior, com base em contrato de mútuo.

Súmula 587: Incide imposto de renda sobre o pagamento de serviços técnicos contratados no exterior e prestados no Brasil.

Súmula 588: O imposto sobre serviços não incide sobre os depósitos, as comissões e taxas de desconto, cobrados pelos estabelecimentos bancários.

Súmula 589: É inconstitucional a fixação de adicional progressivo do imposto predial e territorial urbano em função do número de imóveis do contribuinte.

Súmula 590: Calcula-se o imposto de transmissão *causa mortis* sobre o saldo credor da promessa de compra e venda de imóvel, no momento da abertura da sucessão do promitente vendedor.

Súmula 591: A imunidade ou a isenção tributária do comprador não se estende ao produtor, contribuinte do imposto sobre produtos industrializados.

Súmula 592: Nos crimes falimentares, aplicam-se as causas interruptivas da prescrição, previstas no Código Penal.

Súmula 593: Incide o percentual do Fundo de Garantia do Tempo de Serviço (FGTS) sobre a parcela da remuneração correspondente a horas extraordinárias de trabalho.

Súmula 594: Os direitos de queixa e de representação podem ser exercidos, independentemente, pelo ofendido ou por seu representante legal.

Súmula 595: É inconstitucional a taxa municipal de conservação de estradas de rodagem cuja base de cálculo seja idêntica à do imposto territorial rural.

Súmula 596: As disposições do Decreto 22.626/33 não se aplicam às taxas de juros e aos outros encargos cobrados nas operações realizadas por instituições públicas ou privadas, que integram o sistema financeiro nacional.

Súmula 597: Não cabem embargos infringentes de acórdão que, em mandado de segurança decidiu, por maioria de votos, a apelação.

Súmula 598: Nos embargos de divergência não servem como padrão de discordância os mesmos paradigmas invocados para demonstrá-la mas repelidos como não dissidentes no julgamento do recurso extraordinário.

Súmula 599: São incabíveis embargos de divergência de decisão de turma, em agravo regimental. (Cancelada)

Súmula 600: Cabe ação executiva contra o emitente e seus avalistas, ainda que não apresentado o cheque ao sacado no prazo legal, desde que não prescrita a ação cambiária.

Súmula 601: Os arts. 3º, II, e 55 da Lei Complementar nº 40/81 (Lei Orgânica do Ministério Público) não revogaram a legislação anterior que atribui a iniciativa para a ação penal pública, no processo sumário, ao juiz ou à autoridade policial, mediante Portaria ou Auto de Prisão em Flagrante.

Súmula 602: Nas causas criminais, o prazo de interposição de Recurso Extraordinário é de 10 (dez) dias.

Súmula 603: A competência para o processo e julgamento de latrocínio é do Juiz singular e não do Tribunal do Júri.

Súmula 604: A prescrição pela pena em concreto é somente da pretensão executória da pena privativa de liberdade.

Súmula 605: Não se admite continuidade delitiva nos crimes contra a vida.

Súmula 606: Não cabe *habeas corpus* originário para o Tribunal Pleno de decisão de Turma, ou do Plenário, proferida em *habeas corpus* ou no respectivo recurso.

Súmula 607: Na ação penal regida pela Lei nº 4.611/65, a denúncia, como substitutivo da Portaria, não interrompe a prescrição.

Súmula 608: No crime de estupro, praticado mediante violência real, a ação penal é pública incondicionada.

Súmula 609: É pública incondicionada a ação penal por crime de sonegação fiscal.

Súmula 610: Há crime de latrocínio, quando o homicídio se consuma, ainda que não realize o agente a subtração de bens da vítima.

Súmula 611: Transitada em julgado a sentença condenatória, compete ao Juízo das execuções a aplicação de lei mais benigna.

Súmula 612: Ao trabalhador rural não se aplicam, por analogia, os benefícios previstos na Lei nº 6.367, de 19/10/76.

Súmula 613: Os dependentes de trabalhador rural não têm direito à pensão previdenciária, se o óbito ocorreu anteriormente à vigência da Lei Complementar nº 11/71.

Súmula 614: Somente o Procurador-Geral da Justiça tem legitimidade para propor ação direta interventiva por inconstitucionalidade de Lei Municipal.

Súmula 615: O princípio constitucional da anualidade (§ 29 do art. 153 da CF) não se aplica à revogação de isenção do ICM.

Súmula 616: É permitida a cumulação da multa contratual com os honorários de advogado, após o advento do Código de Processo Civil vigente.

Súmula 617: A base de cálculo dos honorários de advogado em desapropriação é a diferença entre a oferta e a indenização, corrigidas ambas monetariamente.

Súmula 618: Na desapropriação, direta ou indireta, a taxa dos juros compensatórios é de 12% (doze por cento) ao ano.

Súmula 619: A prisão do depositário judicial pode ser decretada no próprio processo em que se constituiu o encargo, independentemente da propositura de ação de depósito. (Revogada) **REVOGADA**

Súmula 620: A sentença proferida contra Autarquias não está sujeita a reexame necessário, salvo quando sucumbente em execução de dívida ativa.

Súmula 621: Não enseja embargos de terceiro à penhora a promessa de compra e venda não inscrita no registro de imóveis.

Súmula 622: Não cabe agravo regimental contra decisão do relator que concede ou indefere liminar em mandado de segurança.

Súmula 623: Não gera por si só a competência originária do Supremo Tribunal Federal para conhecer do mandado de segurança com base no art. 102, I, "n", da Constituição, dirigir-se o pedido contra deliberação administrativa do tribunal de origem, da qual haja participado a maioria ou a totalidade de seus membros.

Súmula 624: Não compete ao Supremo Tribunal Federal conhecer originariamente de mandado de segurança contra atos de outros tribunais.

Súmula 625: Controvérsia sobre matéria de direito não impede concessão de mandado de segurança.

Súmula 626: A suspensão da liminar em mandado de segurança, salvo determinação em contrário da decisão que a deferir, vigorará até o trânsito em julgado da decisão definitiva de concessão da segurança ou, havendo recurso, até a sua manutenção pelo Supremo Tribunal Federal, desde que o objeto da liminar deferida coincida, total ou parcialmente, com o da impetração.

Súmula 627: No mandado de segurança contra a nomeação de magistrado da competência do Presidente da República, este é considerado autoridade coatora, ainda que o fundamento da impetração seja nulidade ocorrida em fase anterior do procedimento.

Súmula 628: Integrante de lista de candidatos a determinada vaga da composição de tribunal é parte legítima para impugnar a validade da nomeação de concorrente.

Súmula 629: A impetração de mandado de segurança coletivo por entidade de classe em favor dos associados independe da autorização destes.

Súmula 630: A entidade de classe tem legitimação para o mandado de segurança ainda quando a pretensão veiculada interesse apenas a uma parte da respectiva categoria.

Súmula 631: Extingue-se o processo de mandado de segurança se o impetrante não promove, no prazo assinado, a citação do litisconsorte passivo necessário.

Súmula 632: É constitucional lei que fixa o prazo de decadência para a impetração de mandado de segurança.

Súmula 633: É incabível a condenação em verba honorária nos recursos extraordinários interpostos em processo trabalhista, exceto nas hipóteses previstas na Lei 5.584/70.

Súmula 634: Não compete ao Supremo Tribunal Federal conceder medida cautelar para dar efeito suspensivo a recurso extraordinário que ainda não foi objeto de juízo de admissibilidade na origem.

Súmula 635: Cabe ao Presidente do Tribunal de origem decidir o pedido de medida cautelar em recurso extraordinário ainda pendente do seu juízo de admissibilidade.

Súmula 636: Não cabe recurso extraordinário por contrariedade ao princípio constitucional da legalidade, quando a sua verificação pressuponha rever a interpretação dada a normas infraconstitucionais pela decisão recorrida.

Súmula 637: Não cabe recurso extraordinário contra acórdão de Tribunal de Justiça que defere pedido de intervenção estadual em Município.

Súmula 638: A controvérsia sobre a incidência, ou não, de correção monetária em operações de crédito rural é de natureza infraconstitucional, não viabilizando recurso extraordinário.

Súmula 639: Aplica-se a Súmula 288 quando não constarem do traslado do agravo de instrumento as cópias das peças necessárias à verificação da tempestividade do recurso extraordinário não admitido pela decisão agravada.

Súmula 640: É cabível recurso extraordinário contra decisão proferida por juiz de primeiro grau nas causas de alçada, ou por turma recursal de juizado especial cível e criminal.

Súmula 641: Não se conta em dobro o prazo para recorrer, quando só um dos litisconsortes haja sucumbido.

Súmula 642: Não cabe ação direta de inconstitucionalidade de lei do Distrito Federal derivada da sua competência legislativa municipal.

Súmula 643: O Ministério Público tem legitimidade para promover ação civil pública cujo fundamento seja a ilegalidade de reajuste de mensalidades escolares.

Súmula 644: Ao titular do cargo de procurador de autarquia não se exige a apresentação de instrumento de mandato para representá-la em juízo.

Súmula 645: É competente o Município para fixar o horário de funcionamento de estabelecimento comercial.

Súmula 646: Ofende o princípio da livre concorrência lei municipal que impede a instalação de estabelecimentos comerciais do mesmo ramo em determinada área.

Súmula 647: Compete privativamente à União legislar sobre vencimentos dos membros das polícias civil e militar do Distrito Federal.

Súmula 648: A norma do § 3º do art. 192 da Constituição, revogada pela EC 40/2003, que limitava a taxa de juros reais a 12% ao ano, tinha sua aplicabilidade condicionada à edição de lei complementar.

Súmula 649: É inconstitucional a criação, por Constituição estadual, de órgão de controle administrativo do Poder Judiciário do qual participem representantes de outros Poderes ou entidades.

Súmula 650: Os incisos I e XI do art. 20 da CF não alcançam terras de aldeamentos extintos, ainda que ocupadas por indígenas em passado remoto.

Súmula 651: A medida provisória não apreciada pelo Congresso Nacional podia, até a EC 32/2001, ser reeditada dentro do seu prazo de eficácia de trinta dias, mantidos os efeitos de lei desde a primeira edição.

Súmula 652: Não contraria a Constituição o art. 15, § 1º, do Dl. 3.365/41 (Lei da Desapropriação por utilidade pública).

Súmula 653: No Tribunal de Contas estadual, composto por sete conselheiros, quatro devem ser escolhidos pela Assembleia Legislativa e três pelo Chefe do Poder Executivo estadual, cabendo a este indicar um dentre auditores e outro dentre membros do Ministério Público, e um terceiro a sua livre escolha.

Súmula 654: A garantia da irretroatividade da lei, prevista no art. 5º, XXXVI, da Constituição da República, não é invocável pela entidade estatal que a tenha editado.

Súmula 655: A exceção prevista no art. 100, caput, da Constituição, em favor dos créditos de natureza alimentícia, não dispensa a expedição de precatório, limitando-se a isentá-los da observância da ordem cronológica dos precatórios decorrentes de condenações de outra natureza.

Súmula 656: É inconstitucional a lei que estabelece alíquotas progressivas para o imposto de transmissão inter vivos de bens imóveis – ITBI com base no valor venal do imóvel.

Súmula 657: A imunidade prevista no art. 150, VI, "d", da Constituição Federal abrange os filmes e papéis fotográficos necessários à publicação de jornais e periódicos.

Súmula 658: São constitucionais os arts. 7º da Lei 7.787/89 e 1º da Lei 7.894/89 e da Lei 8.147/90, que majoraram a alíquota do Finsocial, quando devida a contribuição por empresas dedicadas exclusivamente à prestação de serviços.

Súmula 659: É legítima a cobrança da COFINS, do PIS e do FINSOCIAL sobre as operações relativas a energia elétrica, serviços de telecomunicações, derivados de petróleo, combustíveis e minerais do País.

Súmula 660: Não incide ICMS na importação de bens por pessoa física ou jurídica que não seja contribuinte do imposto.

Súmula 661: Na entrada de mercadoria importada do exterior, é legítima a cobrança do ICMS por ocasião do desembaraço aduaneiro.

Súmula 662: É legítima a incidência do ICMS na comercialização de exemplares de obras cinematográficas, gravados em fitas de videocassete.

Súmula 663: Os §§ 1º e 3º do art. 9º do Dl. 406/68 foram recebidos pela Constituição.

Súmula 664: É inconstitucional o inciso V do art. 1º da Lei 8.033/90, que instituiu a incidência do imposto nas operações de crédito, câmbio e seguros – IOF sobre saques efetuados em caderneta de poupança.

Súmula 665: É constitucional a Taxa de Fiscalização dos Mercados de Títulos e Valores Mobiliários instituída pela Lei 7.940/89.

Súmula 666: A contribuição confederativa de que trata o art. 8º, IV, da Constituição, só é exigível dos filiados ao sindicato respectivo.

Súmula 667: Viola a garantia constitucional de acesso à jurisdição a taxa judiciária calculada sem limite sobre o valor da causa.

Súmula 668: É inconstitucional a lei municipal que tenha estabelecido, antes da Emenda Constitucional 29/2000, alíquotas progressivas para o IPTU, salvo se destinada a assegurar o cumprimento da função social da propriedade urbana.

Súmula 669: Norma legal que altera o prazo de recolhimento da obrigação tributária não se sujeita ao princípio da anterioridade.

Súmula 670: O serviço de iluminação pública não pode ser remunerado mediante taxa.

Súmula 671: Os servidores públicos e os trabalhadores em geral têm direito, no que concerne à URP de abril/maio de 1988, apenas ao valor correspondente a 7/30 de 16,19% sobre os vencimentos e salários pertinentes aos meses de abril e maio de 1988, não cumulativamente, devidamente corrigido até o efetivo pagamento.

Súmula 672: O reajuste de 28,86%, concedido aos servidores militares pelas Leis 8.622/93 e 8.627/93, estende-se aos servidores civis do Poder Executivo, observadas as eventuais compensações decorrentes dos reajustes diferenciados concedidos pelos mesmos diplomas legais.

Súmula 673: O art. 125, § 4º, da Constituição não impede a perda da graduação de militar mediante procedimento administrativo.

Súmula 674: A anistia prevista no art. 8º do ADCT não alcança os militares expulsos com base em legislação disciplinar ordinária, ainda que em razão de atos praticados por motivação política.

Súmula 675: Os intervalos fixados para descanso e alimentação durante a jornada de seis horas não descaracterizam o sistema de turnos ininterruptos de revezamento para o efeito do art. 7º, XIV, da Constituição.

Súmula 676: A garantia da estabilidade provisória prevista no art. 10, II, "a", do ADCT, também se aplica ao suplente do cargo de direção de comissões internas de prevenção de acidentes (CIPA).

Súmula 677: Até que lei venha a dispor a respeito, incumbe ao Ministério do Trabalho proceder ao registro das entidades sindicais e zelar pela observância do princípio da unicidade.

Súmula 678: São inconstitucionais os incisos I e III do art. 7º da Lei 8.162/91, que afastam, para efeito de anuênio e de licença-prêmio, a contagem do tempo de serviço regido pela CLT dos servidores que passaram a submeter-se ao Regime Jurídico Único.

Súmula 679: A fixação de vencimentos dos servidores públicos não pode ser objeto de convenção coletiva.

Súmula 680: O direito ao auxílio-alimentação não se estende aos servidores inativos.

Súmula 681: É inconstitucional a vinculação do reajuste de vencimentos de servidores estaduais ou municipais a índices federais de correção monetária.

Súmula 682: Não ofende a Constituição a correção monetária no pagamento com atraso dos vencimentos de servidores públicos.

Súmula 683: O limite de idade para a inscrição em concurso público só se legitima em face do art. 7º, XXX, da Constituição, quando possa ser justificado pela natureza das atribuições do cargo a ser preenchido.

Súmula 684: É inconstitucional o veto não motivado à participação de candidato a concurso público.

Súmula 685: É inconstitucional toda modalidade de provimento que propicie ao servidor investir-se, sem prévia aprovação em concurso público destinado ao seu provimento, em cargo que não integra a carreira na qual anteriormente investido.

Súmula 686: Só por lei se pode sujeitar a exame psicotécnico a habilitação de candidato a cargo público.

Súmula 687: A revisão de que trata o art. 58 do ADCT não se aplica aos benefícios previdenciários concedidos após a promulgação da Constituição de 1988.

Súmula 688: É legítima a incidência da contribuição previdenciária sobre o 13º salário.

Súmula 689: O segurado pode ajuizar ação contra a instituição previdenciária perante o juízo federal do seu domicílio ou nas varas federais da Capital do Estado-Membro.

Súmula 690: Compete originariamente ao Supremo Tribunal Federal o julgamento de *habeas corpus* contra decisão de turma recursal de juizados especiais criminais.

Súmula 691: Não compete ao Supremo Tribunal Federal conhecer de *habeas corpus* impetrado contra decisão do Relator que, em *habeas corpus* requerido a tribunal superior, indefere a liminar.

Súmula 692: Não se conhece de *habeas corpus* contra omissão de relator de extradição, se fundado em fato ou direito estrangeiro cuja prova não constava dos autos, nem foi ele provocado a respeito.

Súmula 693: Não cabe *habeas corpus* contra decisão condenatória a pena de multa, ou relativo a processo em curso por infração penal a que a pena pecuniária seja a única cominada.

Súmula 694: Não cabe *habeas corpus* contra a imposição da pena de exclusão de militar ou de perda de patente ou de função pública.

Súmula 695: Não cabe *habeas corpus* quando já extinta a pena privativa de liberdade.

Súmula 696: Reunidos os pressupostos legais permissivos da suspensão condicional do processo, mas se recusando o Promotor de Justiça a propô-la, o Juiz, dissentindo, remeterá a questão ao Procurador-Geral, aplicando-se por analogia o art. 28 do Código de Processo Penal.

Súmula 697: A proibição de liberdade provisória nos processos por crimes hediondos não veda o relaxamento da prisão processual por excesso de prazo.

Súmula 698: Não se estende aos demais crimes hediondos a admissibilidade de progressão no regime de execução da pena aplicada ao crime de tortura.

Súmula 699: O prazo para interposição de agravo, em processo penal, é de cinco dias, de acordo com a Lei 8.038/90, não se aplicando o disposto a respeito nas alterações da Lei 8.950/94 ao Código de Processo Civil.

Súmula 700: É de cinco dias o prazo para interposição de agravo contra decisão do juiz da execução penal.

Súmula 701: No mandado de segurança impetrado pelo Ministério Público contra decisão proferida em processo penal, é obrigatória a citação do réu como litisconsorte passivo.

Súmula 702: A competência do Tribunal de Justiça para julgar prefeitos restringe-se aos crimes de competência da Justiça comum estadual; nos demais casos, a competência originária caberá ao respectivo tribunal de segundo grau.

Súmula 703: A extinção do mandato do prefeito não impede a instauração de processo pela prática dos crimes previstos no art. 1º do Dl. 201/67.

Súmula 704: Não viola as garantias do juiz natural, da ampla defesa e do devido processo legal a atração por continência ou conexão do processo do corréu ao foro por prerrogativa de função de um dos denunciados.

Súmula 705: A renúncia do réu ao direito de apelação, manifestada sem a assistência do defensor, não impede o conhecimento da apelação por este interposta.

Súmula 706: É relativa a nulidade decorrente da inobservância da competência penal por prevenção.

Súmula 707: Constitui nulidade a falta de intimação do denunciado para oferecer contrarrazões ao recurso interposto da rejeição da denúncia, não a suprindo a nomeação de defensor dativo.

Súmula 708: É nulo o julgamento da apelação se, após a manifestação nos autos da renúncia do único defensor, o réu não foi previamente intimado para constituir outro.

Súmula 709: Salvo quando nula a decisão de primeiro grau, o acórdão que provê o recurso contra a rejeição da denúncia vale, desde logo, pelo recebimento dela.

Súmula 710: No processo penal, contam-se os prazos da data da intimação, e não da juntada aos autos do mandado ou da carta precatória ou de ordem.

Súmula 711: A lei penal mais grave aplica-se ao crime continuado ou ao crime permanente, se a sua vigência é anterior à cessação da continuidade ou da permanência.

Súmula 712: É nula a decisão que determina o desaforamento de processo da competência do júri sem audiência da defesa.

Súmula 713: O efeito devolutivo da apelação contra decisões do Júri é adstrito aos fundamentos da sua interposição.

Súmula 714: É concorrente a legitimidade do ofendido, mediante queixa, e do Ministério Público, condicionada à representação do ofendido, para a ação penal por crime contra a honra de servidor público em razão do exercício de suas funções.

Súmula 715: A pena unificada para atender ao limite de trinta anos de cumprimento, determinado pelo art. 75 do Código Penal, não é considerada para a concessão de outros benefícios, como o livramento condicional ou regime mais favorável de execução.

Súmula 716: Admite-se a progressão de regime de cumprimento da pena ou a aplicação imediata de regime menos severo nela determinada, antes do trânsito em julgado da sentença condenatória.

Súmula 717: Não impede a progressão de regime de execução da pena, fixada em sentença não transitada em julgado, o fato de o réu se encontrar em prisão especial.

Súmula 718: A opinião do julgador sobre a gravidade em abstrato do crime não constitui motivação idônea para a imposição de regime mais severo do que o permitido segundo a pena aplicada.

Súmula 719: A imposição do regime de cumprimento mais severo do que a pena aplicada permitir exige motivação idônea.

Súmula 720: O art. 309 do Código de Trânsito Brasileiro, que reclama decorra do fato perigo de dano, derrogou o art. 32 da Lei das Contravenções Penais no tocante à direção sem habilitação em vias terrestres.

Súmula 721: A competência constitucional do Tribunal do Júri prevalece sobre o foro por prerrogativa de função estabelecido exclusivamente pela Constituição estadual.

Súmula 722: São da competência legislativa da União a definição dos crimes de responsabilidade e o estabelecimento das respectivas normas de processo e julgamento.

Súmula 723: Não se admite a suspensão condicional do processo por crime continuado, se a soma da pena mínima da infração mais grave com o aumento mínimo de um sexto for superior a um ano.

Súmula 724: Ainda quando alugado a terceiros, permanece imune ao IPTU o imóvel pertencente a qualquer das entidades referidas pelo art. 150, VI, c, da Constituição, desde que o valor dos aluguéis seja aplicado nas atividades essenciais de tais entidades.

Súmula 725: É constitucional o § 2º do art. 6º da L. 8.024/90, resultante da conversão da MPr 168/90, que fixou o BTN fiscal como índice de correção monetária aplicável aos depósitos bloqueados pelo Plano Collor I.

Súmula 726: Para efeito de aposentadoria especial de professores, não se computa o tempo de serviço prestado fora da sala de aula.

Súmula 727: Não pode o magistrado deixar de encaminhar ao Supremo Tribunal Federal o agravo de instrumento interposto da decisão que não admite recurso extraordinário, ainda que referente a causa instaurada no âmbito dos juizados especiais.

Súmula 728: É de três dias o prazo para a interposição de recurso extraordinário contra decisão do Tribunal Superior Eleitoral, contado, quando for o caso, a partir da publicação do acórdão, na própria sessão de julgamento, nos termos do art. 12 da Lei 6.055/74, que não foi revogado pela Lei 8.950/94.

Súmula 729: A decisão na ADC-4 não se aplica à antecipação de tutela em causa de natureza previdenciária.

Súmula 730: A imunidade tributária conferida a instituições de assistência social sem fins lucrativos pelo art. 150, VI, c, da Constituição, somente alcança as entidades fechadas de previdência social privada se não houver contribuição dos beneficiários.

Súmula 731: Para fim da competência originária do Supremo Tribunal Federal, é de interesse geral da magistratura a questão de saber se, em face da LOMAN, os juízes têm direito à licença-prêmio.

Súmula 732: É constitucional a cobrança da contribuição do salário-educação, seja sob a Carta de 1969, seja sob a Constituição Federal de 1988, e no regime da Lei 9.424/96.

Súmula 733: Não cabe recurso extraordinário contra decisão proferida no processamento de precatórios.

Súmula 734: Não cabe reclamação quando já houver transitado em julgado o ato judicial que se alega tenha desrespeitado decisão do Supremo Tribunal Federal.

Súmula 735: Não cabe recurso extraordinário contra acórdão que defere medida liminar.

Súmula 736: Compete à Justiça do Trabalho julgar as ações que tenham como causa de pedir o descumprimento de normas trabalhistas relativas à segurança, higiene e saúde dos trabalhadores.

SÚMULAS DO SUPERIOR TRIBUNAL DE JUSTIÇA

Súmula 1: O foro do domicílio ou da residência do alimentando é o competente para a ação de investigação de paternidade, quando cumulada com a de alimentos.

Súmula 2: Não cabe o *habeas data* (CF, art. 5º, LXXII, letra "a") se não houve recusa de informações por parte da autoridade administrativa. (Súmula 2, Primeira Seção, julgado em 08.05.1990, *DJ* 18.05.1990)
(DIREITO CONSTITUCIONAL – *HABEAS DATA*)

Súmula 3: Compete ao Tribunal Regional Federal dirimir conflito de competência verificado, na respectiva região, entre juiz federal e juiz estadual investido de Jurisdição Federal. (Súmula 3, Primeira Seção, julgado em 08.05.1990, *DJ* 18.05.1990)
(DIREITO PROCESSUAL CIVIL – COMPETÊNCIA)

Súmula 4: Compete à Justiça Estadual julgar causa decorrente do processo eleitoral sindical. (Súmula 4, Primeira Seção, julgado em 08.05.1990, *DJ* 18.05.1990)
(DIREITO PROCESSUAL CIVIL – COMPETÊNCIA)

Súmula 5: A simples interpretação de cláusula contratual não enseja Recurso Especial. (Súmula 5, Corte Especial, julgado em 10.05.1990, *DJ* 21.05.1990)
(DIREITO PROCESSUAL CIVIL – DOS RECURSOS)

Súmula 6: Compete à Justiça Comum Estadual processar e julgar delito decorrente de acidente de trânsito envolvendo viatura de polícia militar, salvo se autor e vítima forem policiais militares em situação de atividade. (Súmula 6, Terceira Seção, julgado em 07.06.1990, *DJ* 15.06.1990)
(DIREITO PROCESSUAL PENAL – COMPETÊNCIA)

Súmula 7: A pretensão de simples reexame de prova não enseja Recurso Especial. (Súmula 7, Corte Especial, julgado em 28.06.1990, *DJ* 03.07.1990)
(DIREITO PROCESSUAL CIVIL – DOS RECURSOS)

Súmula 8: Aplica-se a correção monetária aos créditos habilitados em concordata preventiva, salvo durante o período compreendido entre as datas de vigência da Lei 7.274, de 10-12-84, e do Decreto-lei 2.283, de 27-02-86. (Súmula 8, Segunda Seção, julgado em 29.08.1990, *DJ* 04.09.1990)
(DIREITO EMPRESARIAL – FALÊNCIA, CONCORDATA E RECUPERAÇÃO JUCICIAL)

Súmula 9: A exigência da prisão provisória, para apelar, não ofende a garantia constitucional da presunção de inocência. (Súmula 9, Terceira Seção, julgado em 06.09.1990, *DJ* 12.09.1990)
(DIREITO PROCESSUAL PENAL – PRISÃO PROVISÓRIA)

Súmula 10: Instalada a Junta de Conciliação e Julgamento, cessa a competência do juiz de direito em matéria trabalhista, inclusive para a execução das sentenças por ele proferidas. (Súmula 10, Segunda Seção, julgado em 26.09.1990, *DJ* 01.10.1990)
(DIREITO PROCESSUAL CIVIL – COMPETÊNCIA)

Súmula 11: A presença da União ou de qualquer de seus entes, na ação de usucapião especial, não afasta a competência do foro da situação do imóvel. (Súmula 11, Segunda Seção, julgado em 26.09.1990, *DJ* 01.10.1990)
(DIREITO PROCESSUAL CIVIL – COMPETÊNCIA)

Súmula 12: Em desapropriação, são cumuláveis juros compensatórios e moratórios. (Súmula 12, Primeira Seção, julgado em 30.10.1990, *DJ* 05.11.1990, p. 12448)
(DIREITO ADMINISTRATIVO – DESAPROPRIAÇÃO)

Súmula 13: A divergência entre julgados do mesmo Tribunal não enseja Recurso Especial. (Súmula 13, Corte Especial, julgado em 08.11.1990, *DJ* 14.11.1990)
(DIREITO PROCESSUAL CIVIL – DOS RECURSOS)

Súmula 14: Arbitrados os honorários advocatícios em percentual sobre o valor da causa, a correção monetária incide a partir do respectivo ajuizamento. (Súmula 14, Corte Especial, julgado em 08.11.1990, *DJ* 14.11.1990)
(DIREITO PROCESSUAL CIVIL – HONORÁRIOS ADVOCATÍCIOS)

Súmula 15: Compete à Justiça Estadual processar e julgar os litígios decorrentes de acidente do trabalho. (Súmula 15, CORTE ESPECIAL, julgado em 08.11.1990, *DJ* 14.11.1990)
(DIREITO PROCESSUAL CIVIL – COMPETÊNCIA)

Súmula 16: A legislação ordinária sobre crédito rural não veda a incidência da correção monetária.

Súmula 17: Quando o falso se exaure no estelionato, sem mais potencialidade lesiva, é por este absorvido. (Súmula 17, TERCEIRA SEÇÃO, julgado em 20.11.1990, *DJ* 28.11.1990)
(DIREITO PENAL – TIPIFICAÇÃO PENAL)

Súmula 18: A sentença concessiva do perdão judicial é declaratória da extinção da punibilidade, não subsistindo qualquer efeito condenatório. (Súmula 18, Terceira Seção, julgado em 20.11.1990, *DJ* 28.11.1990)
(DIREITO PENAL – EXTINÇÃO DA PUNIBILIDADE)

Súmula 19: A fixação do horário bancário, para atendimento ao público, é da competência da União. (Súmula 19, Primeira Seção, julgado em 04.12.1990, *DJ* 07.12.1990)
(DIREITO CONSTITUCIONAL – SISTEMA FINANCEIRO NACIONAL)

Súmula 20: A mercadoria importada de país signatário do GATT é isenta do ICM, quando contemplado com esse favor o similar nacional. (Súmula 20, Primeira Seção, julgado em 04.12.1990, *DJ* 07.12.1990)
(DIREITO TRIBUTÁRIO – IMPOSTO SOBRE CIRCULAÇÃO DE MERCADORIAS E SERVIÇOS)

Súmula 21: Pronunciado o réu, fica superada a alegação do constrangimento ilegal da prisão por excesso de prazo na instrução. (Súmula 21, Terceira Seção, julgado em 06.12.1990, *DJ* 11.12.1990)
(DIREITO PROCESSUAL PENAL – CONSTRANGIMENTO ILEGAL)

Súmula 22: Não há conflito de competência entre o Tribunal de Justiça e Tribunal de Alçada do mesmo Estado-membro. (Súmula 22, Corte Especial, julgado em 13.12.1990, *DJ* 04.01.1991)
(DIREITO PROCESSUAL CIVIL – COMPETÊNCIA)

Súmula 23: O Banco Central do Brasil é parte legítima nas ações fundadas na Resolução 1154, de 1986. (Súmula 23, Primeira Seção, julgado em 19.03.1991, *DJ* 22.03.1991)
(DIREITO CONSTITUCIONAL – SISTEMA FINANCEIRO NACIONAL)

Súmula 24: Aplica-se ao crime de estelionato, em que figure como vítima entidade autárquica da previdência social, a qualificadora do § 3º, do art. 171 do Código Penal. (Súmula 24, Terceira Seção, julgado em 04.04.1991, *DJ* 10.04.1991)
(DIREITO PENAL – TIPIFICAÇÃO PENAL)

Súmula 25: Nas ações da Lei de Falências o prazo para a interposição de recurso conta-se da intimação da parte. (Súmula 25, Segunda Seção, julgado em 10.04.1991, *DJ* 17.04.1991)
(DIREITO EMPRESARIAL – FALÊNCIA, CONCORDATA E RECUPERAÇÃO JUCICIAL)

Súmula 26: O avalista do título de crédito vinculado a contrato de mútuo também responde pelas obrigações pactuadas, quando no contrato figurar como devedor solidário. (Súmula 26, Segunda Seção, julgado em 12.06.1991, *DJ* 20.06.1991)
(DIREITO EMPRESARIAL – TÍTULOS DE CRÉDITO)

Súmula 27: Pode a execução fundar-se em mais de um título extrajudicial relativos ao mesmo negócio. (Súmula 27, Segunda Seção, julgado em 12.06.1991, *DJ* 20.06.1991)
(DIREITO PROCESSUAL CIVIL – EXECUÇÃO)

Súmula 28: O contrato de alienação fiduciária em garantia pode ter por objeto bem que já integrava o patrimônio do devedor. (Súmula 28, Segunda Seção, julgado em 25.09.1991, *DJ* 08.10.1991)
(DIREITO CONSTITUCIONAL – SISTEMA FINANCEIRO NACIONAL)

Súmula 29: No pagamento em juízo para elidir falência, são devidos correção monetária, juros e honorários de advogado. (Súmula 29, Segunda Seção, julgado em 09.10.1991, *DJ* 18.10.1991)
(DIREITO EMPRESARIAL – FALÊNCIA, CONCORDATA E RECUPERAÇÃO JUCICIAL)

Súmula 30: A comissão de permanência e a correção monetária são inacumuláveis. (Súmula 30, Segunda Seção, julgado em 09.10.1991, *DJ* 18.10.1991)
(DIREITO CONSTITUCIONAL – SISTEMA FINANCEIRO NACIONAL)

Súmula 31: A aquisição, pelo segurado, de mais de um imóvel financiado pelo Sistema Financeiro

da Habitação, situados na mesma localidade, não exime a seguradora da obrigação de pagamento dos seguros. (Súmula 31, Segunda Seção, julgado em 09.10.1991, *DJ* 18.10.1991)
(DIREITO CONSTITUCIONAL – SISTEMA FINANCEIRO DA HABITAÇÃO)

Súmula 32: Compete à Justiça Federal processar justificações judiciais destinadas a instruir pedidos perante entidades que nela tem exclusividade de foro, ressalvada a aplicação do art. 15, II da Lei 5010/66. (Súmula 32, Corte Especial, julgado em 24.10.1991, *DJ* 29.10.1991)
(DIREITO PROCESSUAL CIVIL – COMPETÊNCIA)

Súmula 33: A incompetência relativa não pode ser declarada de ofício. (Súmula 33, Segunda Seção, julgado em 24.10.1991, *DJ* 29.10.1991)
(DIREITO PROCESSUAL CIVIL – COMPETÊNCIA)

Súmula 34: Compete à Justiça Estadual processar e julgar causa relativa a mensalidade escolar, cobrada por estabelecimento particular de ensino. (Súmula 34, Segunda Seção, julgado em 13.11.1991, *DJ* 21.11.1991)
(DIREITO PROCESSUAL CIVIL – COMPETÊNCIA)

Súmula 35: Incide correção monetária sobre as prestações pagas, quando de sua restituição, em virtude da retirada ou exclusão do participante de plano de consórcio. (Súmula 35, Segunda Seção, julgado em 13.11.1991, *DJ* 21.11.1991, p. 16774)
(DIREITO DO CONSUMIDOR – CONSÓRCIO)

Súmula 36: A correção monetária integra o valor da restituição, em caso de adiantamento de câmbio, requerida em concordata ou falência. (Súmula 36, Segunda Seção, julgado em 11.12.1991, *DJ* 17.12.1991)
(DIREITO EMPRESARIAL – FALÊNCIA, CONCORDATA E RECUPERAÇÃO JUCICIAL)

Súmula 37: São cumuláveis as indenizações por dano material e dano moral oriundos do mesmo fato. (Súmula 37, Corte Especial, julgado em 12.03.1992, *REPDJ* 19.03.1992, p. 3201, *DJ* 17.03.1992, p. 3172)
(DIREITO CIVIL – DANO MORAL)

Súmula 38: Compete à Justiça Estadual Comum, na vigência da Constituição de 1988, o processo por contravenção penal, ainda que praticada em detrimento de bens, serviços ou interesse da União ou de suas entidades. (Súmula 38, Corte Especial, julgado em 19.03.1992, *DJ* 27.03.1992)
(DIREITO PROCESSUAL CIVIL – COMPETÊNCIA)

Súmula 39: Prescreve em vinte anos a ação para haver indenização, por responsabilidade civil, de sociedade de economia mista. (Súmula 39, Segunda Seção, julgado em 08.04.1992, *DJ* 20.04.1992, p. 5268)
(DIREITO ADMINISTRATIVO – PRESCRIÇÃO E DECADÊNCIA)

Súmula 40: Para obtenção dos benefícios de saída temporária e trabalho externo, considera-se o tempo de cumprimento da pena no regime fechado. (Súmula 40, Terceira Seção, julgado em 07.05.1992, *DJ* 12.05.1992)
(DIREITO PENAL – EXECUÇÃO PENAL)

Súmula 41: O Superior Tribunal de Justiça não tem competência para processar e julgar, originariamente, mandado de segurança contra ato de outros Tribunais ou dos respectivos órgãos. (Súmula 41, Corte Especial, julgado em 14.05.1992, *DJ* 20.05.1992)
(DIREITO PROCESSUAL CIVIL – COMPETÊNCIA)

Súmula 42: Compete à Justiça Comum Estadual processar e julgar as causas cíveis em que é parte sociedade de economia mista e os crimes praticados em seu detrimento. (Súmula 42, Corte Especial, julgado em 14.05.1992, *DJ* 20.05.1992)
(DIREITO PROCESSUAL CIVIL – COMPETÊNCIA)

Súmula 43: Incide correção monetária sobre dívida por ato ilícito a partir da data do efetivo prejuízo. (Súmula 43, Corte Especial, julgado em 14.05.1992, *DJ* 20.05.1992, p. 7074)
(DIREITO CIVIL – RESPONSABILIDADE CIVIL)

Súmula 44: A definição, em ato regulamentar, de grau mínimo de disacusia, não exclui, por si só, a concessão do benefício previdenciário. (Súmula 44, Primeira Seção, julgado em 16.06.1992, *DJ* 26.06.1992)
(DIREITO PREVIDENCIÁRIO – DOS BENEFÍCIOS PREVIDENCIÁRIOS)

Súmula 45: No reexame necessário, é defeso, ao Tribunal, agravar a condenação imposta à Fazenda

Pública. (Súmula 45, Primeira Seção, julgado em 16.06.1992, DJ 26.06.1992)
(DIREITO PROCESSUAL CIVIL – REEXAME NECESSÁRIO)
Súmula 46: Na execução por carta, os embargos do devedor serão decididos no juízo deprecante, salvo se versarem unicamente vícios ou defeitos da penhora, avaliação ou alienação dos bens. (Súmula 46, Corte Especial, julgado em 13.08.1992, DJ 24.08.1992)
(DIREITO PROCESSUAL CIVIL – EXECUÇÃO)
Súmula 47: Compete à Justiça Militar processar e julgar crime cometido por militar contra civil, com emprego de arma pertencente a corporação, mesmo não estando em serviço. (Súmula 47, Terceira Seção, julgado em 20.08.1992, DJ 25.08.1992)
(DIREITO PROCESSUAL PENAL – COMPETÊNCIA)
Súmula 48: Compete ao juízo do local da obtenção da vantagem ilícita processar e julgar crime de estelionato cometido mediante falsificação de cheque. (Súmula 48, Terceira Seção, julgado em 20.08.1992, DJ 25.08.1992)
(DIREITO PROCESSUAL PENAL – COMPETÊNCIA)
Súmula 49: Na exportação de café em grão, não se inclui na base de cálculo do ICM a quota de contribuição, a que se refere o art. 2º do Decreto-lei 2.295, de 21.11.86. (Súmula 49, Primeira Seção, julgado em 08.09.1992, DJ 17.09.1992)
(DIREITO TRIBUTÁRIO – IMPOSTO SOBRE CIRCULAÇÃO DE MERCADORIAS E SERVIÇOS)
Súmula 50: O adicional de tarifa portuária incide apenas nas operações realizadas com mercadorias importadas ou exportadas, objeto do comércio de navegação de longo curso. (Súmula 50, Primeira Seção, julgado em 08.09.1992, DJ 17.09.1992)
(DIREITO TRIBUTÁRIO – ADICIONAL DE TARIFA PORTUÁRIA)
Súmula 51: A punição do intermediador, no jogo do bicho, independe da identificação do "apostador" ou do "banqueiro". (Súmula 51, Terceira Seção, julgado em 17.09.1992, DJ 24.09.1992)
(DIREITO PENAL – TIPIFICAÇÃO PENAL)
Súmula 52: Encerrada a instrução criminal, fica superada a alegação de constrangimento por excesso de prazo. (Súmula 52, Terceira Seção, julgado em 17.09.1992, DJ 24.09.1992)

(DIREITO PROCESSUAL PENAL – CONSTRANGIMENTO ILEGAL)
Súmula 53: Compete à Justiça Comum Estadual processar e julgar civil acusado de prática de crime contra instituições militares estaduais. (Súmula 53, Terceira Seção, julgado em 17.09.1992, DJ 24.09.1992)
(DIREITO PROCESSUAL PENAL – COMPETÊNCIA)
Súmula 54: Os juros moratórios fluem a partir do evento danoso, em caso de responsabilidade extracontratual. (Súmula 54, Corte Especial, julgado em 24.09.1992, DJ 01.10.1992, p. 16801)
(DIREITO CIVIL – RESPONSABILIDADE CIVIL)
Súmula 55: Tribunal Regional Federal não é competente para julgar recurso de decisão proferida por juiz estadual não investido de Jurisdição Federal. (Súmula 55, Corte Especial, julgado em 24.09.1992, DJ 01.10.1992)
(DIREITO PROCESSUAL CIVIL – COMPETÊNCIA)
Súmula 56: Na desapropriação para instituir servidão administrativa são devidos os juros compensatórios pela limitação de uso da propriedade. (Súmula 56, Primeira Seção, julgado em 29.09.1992, DJ 06.10.1992, p. 17215)
(DIREITO ADMINISTRATIVO – DESAPROPRIAÇÃO)
Súmula 57: Compete à Justiça Comum Estadual processar e julgar ação de cumprimento fundada em acordo ou convenção coletiva não homologados pela Justiça do Trabalho. (Súmula 57, Primeira Seção, julgado em 29.09.1992, DJ 06.10.1992)
(DIREITO PROCESSUAL CIVIL – COMPETÊNCIA)
Súmula 58: Proposta a execução fiscal, a posterior mudança de domicílio do executado não desloca a competência já fixada. (Súmula 58, Primeira Seção, julgado em 29.09.1992, DJ 06.10.1992)
(DIREITO PROCESSUAL CIVIL – COMPETÊNCIA)
Súmula 59: Não há conflito de competência se já existe sentença com trânsito em julgado, proferida por um dos juízos conflitantes. (Súmula 59, Corte Especial, julgado em 08.10.1992, DJ 14.10.1992, p. 17850)

(DIREITO PROCESSUAL PENAL
– COMPETÊNCIA)
Súmula 60: É nula a obrigação cambial assumida por procurador do mutuário vinculado ao mutuante, no exclusivo interesse deste. (Súmula 60, Segunda Seção, julgado em 14.10.1992, *DJ* 20.10.1992, p. 18382)
(DIREITO EMPRESARIAL – TÍTULOS DE CRÉDITO)
Súmula 61 (CANCELADA): O seguro de vida cobre o suicídio não premeditado. (Súmula 61, Segunda Seção, julgado em 14.10.1992, *DJ* 20.10.1992, p. 18382)
SÚMULA CANCELADA:
A Segunda Seção, na sessão de 25.04.2018, ao apreciar o Projeto de Súmula n. 1.154, determinou o CANCELAMENTO da Súmula 61 do STJ (*DJe* 07.05.2018).
(DIREITO CIVIL – CONTRATO DE SEGURO)
Súmula 62: Compete à Justiça Estadual processar e julgar o crime de falsa anotação na carteira de trabalho e previdência social, atribuído a empresa privada. (Súmula 62, Terceira Seção, julgado em 19.11.1992, *DJ* 26.11.1992, p. 22212)
(DIREITO PROCESSUAL PENAL
– COMPETÊNCIA)
Súmula 63: São devidos direitos autorais pela retransmissão radiofônica de músicas em estabelecimentos comerciais. (Súmula 63, Segunda Seção, julgado em 25.11.1992, *DJ* 01.12.1992, p. 22728)
(DIREITO CIVIL – DIREITO AUTORAL)
Súmula 64: Não constitui constrangimento ilegal o excesso de prazo na instrução, provocado pela defesa. (Súmula 64, Terceira Seção, julgado em 03.12.1992, *DJ* 09.12.1992 p. 23482)
(DIREITO PROCESSUAL PENAL – CONSTRANGIMENTO ILEGAL)
Súmula 65: O cancelamento, previsto no art. 29 do Decreto-lei 2.303, de 21.11.86, não alcança os débitos previdenciários. (Súmula 65, Primeira Seção, julgado em 15.12.1992, *DJ* 04.02.1993, p. 774)
(DIREITO PREVIDENCIÁRIO – DÉBITOS PREVIDENCIÁRIOS)
Súmula 66: Compete à Justiça Federal processar e julgar execução fiscal promovida por conselho de fiscalização profissional. (Súmula 66, Primeira Seção, julgado em 15.12.1992, *DJ* 04.02.1993, p. 774)

(DIREITO PROCESSUAL CIVIL
– COMPETÊNCIA)
Súmula 67: Na desapropriação, cabe a atualização monetária, ainda que por mais de uma vez, independente do decurso de prazo superior a um ano entre o cálculo e o efetivo pagamento da indenização.
Súmula 68 (CANCELADA): A parcela relativa ao ICM inclui-se na base de calculo do PIS. (Súmula 68, Primeira Seção, julgado em 15.12.1992, *DJ* 04.02.1993, p. 775)
SÚMULA CANCELADA:
A Primeira Seção, na sessão de 27.03.2019, ao julgar a Questão de Ordem nos REsps 1.624.297/RS, 1.629.001/SC e 1.638.772/SC, determinou o CANCELAMENTO da Súmula 68 do STJ (*DJe* 03.04.2019).
(DIREITO TRIBUTÁRIO – IMPOSTO SOBRE CIRCULAÇÃO DE MERCADORIAS E SERVIÇOS)
Súmula 69: Na desapropriação direta, os juros compensatórios são devidos desde a antecipada imissão na posse e, na desapropriação indireta, a partir da efetiva ocupação do imóvel. (Súmula 69, Primeira Seção, julgado em 15.12.1992, *DJ* 04.02.1993, p. 775)
(DIREITO ADMINISTRATIVO
– DESAPROPRIAÇÃO)
Súmula 70: Os juros moratórios, na desapropriação direta ou indireta, contam-se desde o trânsito em julgado da sentença. (Súmula 70, Primeira Seção, julgado em 15.12.1992, *DJ* 04.02.1993, p. 775)
(DIREITO ADMINISTRATIVO
– DESAPROPRIAÇÃO)
Súmula 71: O bacalhau importado de país signatário do GATT é isento do ICM. (Súmula 71, Primeira Seção, julgado em 15.12.1992, *DJ* 04.02.1993, p. 775)
(DIREITO TRIBUTÁRIO – IMPOSTO SOBRE CIRCULAÇÃO DE MERCADORIAS E SERVIÇOS)
Súmula 72: A comprovação da mora é imprescindível à busca e apreensão do bem alienado fiduciariamente. (Súmula 72, Segunda Seção, julgado em 14.04.1993, *DJ* 20.04.1993, p. 6769)
(DIREITO CONSTITUCIONAL – SISTEMA FINANCEIRO NACIONAL)

Súmula 73: A utilização de papel moeda grosseiramente falsificado configura, em tese, o crime de estelionato, da competência da Justiça Estadual. (Súmula 73, Terceira Seção, julgado em 15.04.1993, DJ 20.04.1993 p. 6769)
(DIREITO PENAL – TIPIFICAÇÃO PENAL)

Súmula 74: Para efeitos penais, o reconhecimento da menoridade do réu requer prova por documento hábil. (Súmula 74, Terceira Seção, julgado em 15.04.1993, DJ 20.04.1993)
(DIREITO PENAL – DAS PENAS)

Súmula 75: Compete à Justiça Comum Estadual processar e julgar o policial militar por crime de promover ou facilitar a fuga de preso de estabelecimento penal. (Súmula 75, Terceira Seção, julgado em 15.04.1993, DJ 20.04.1993, p. 6769)
(DIREITO PROCESSUAL PENAL – COMPETÊNCIA)

Súmula 76: A falta de registro do compromisso de compra e venda de imóvel não dispensa a prévia interpelação para constituir em mora o devedor. (Súmula 76, Segunda Seção, julgado em 28.04.1993, DJ 04.05.1993, p. 7949)
(DIREITO DO CONSUMIDOR – CONTRATO DE COMPRA E VENDA DE IMÓVEL)

Súmula 77: A Caixa Econômica Federal é parte ilegítima para figurar no polo passivo das ações relativas as contribuições para o fundo PIS/PASEP. (Súmula 77, Primeira Seção, julgado em 04.05.1993, DJ 12.05.1993, p. 8903)
(DIREITO PREVIDENCIÁRIO – AÇÕES PREVIDENCIÁRIAS)

Súmula 78: Compete à Justiça Militar processar e julgar policial de corporação estadual, ainda que o delito tenha sido praticado em outra unidade federativa. (Súmula 78, Terceira Seção, julgado em 08.06.1993, DJ 16.06.1993)
(DIREITO PROCESSUAL PENAL – COMPETÊNCIA)

Súmula 79: Os bancos comerciais não estão sujeitos a registro nos Conselhos Regionais de Economia. (Súmula 79, Primeira Seção, julgado em 08.06.1993, DJ 15.06.1993)
(DIREITO CONSTITUCIONAL – SISTEMA FINANCEIRO NACIONAL)

Súmula 80: A taxa de melhoramento dos portos não se inclui na base de cálculo do ICMS. (Súmula 80, Primeira Seção, julgado em 15.06.1993, DJ 29.06.1993, p. 12980)
(DIREITO TRIBUTÁRIO – IMPOSTO SOBRE CIRCULAÇÃO DE MERCADORIAS E SERVIÇOS)

Súmula 81: Não se concede fiança quando, em concurso material, a soma das penas mínimas cominadas for superior a dois anos de reclusão. (Súmula 81, Terceira Seção, julgado em 17.06.1993, DJ 29.06.1993, p. 12982)
(DIREITO PROCESSUAL PENAL – FIANÇA)

Súmula 82: Compete à Justiça Federal, excluídas as reclamações trabalhistas, processar e julgar os feitos relativos a movimentação do FGTS. (Súmula 82, Corte Especial, julgado em 18.06.1993, DJ 02.07.1993, p. 13283)
(DIREITO ADMINISTRATIVO – FUNDO DE GARANTIA POR TEMPO DE SERVIÇO)

Súmula 83: Não se conhece do Recurso Especial pela divergência, quando a orientação do Tribunal se firmou no mesmo sentido da decisão recorrida. (Súmula 83, Corte Especial, julgado em 18.06.1993, DJ 02.07.1993, p. 13283)
(DIREITO PROCESSUAL CIVIL – DOS RECURSOS)

Súmula 84: É admissível a oposição de embargos de terceiro fundados em alegação de posse advinda do compromisso de compra e venda de imóvel, ainda que desprovido do registro. (Súmula 84, Corte Especial, julgado em 18.06.1993, DJ 02.07.1993)
(DIREITO PROCESSUAL CIVIL – EXECUÇÃO)

Súmula 85: Nas relações jurídicas de trato sucessivo em que a Fazenda Pública figure como devedora, quando não tiver sido negado o próprio direito reclamado, a prescrição atinge apenas as prestações vencidas antes do quinquênio anterior à propositura da ação. (Súmula 85, Corte Especial, julgado em 18.06.1993, DJ 02.07.1993, p. 13283)
(DIREITO ADMINISTRATIVO – PRESCRIÇÃO E DECADÊNCIA)

Súmula 86: Cabe recurso especial contra acórdão proferido no julgamento de agravo de instrumento. (Súmula 86, Corte Especial, julgado em 18.06.1993, DJ 02.07.1993, p. 13283)
(DIREITO PROCESSUAL CIVIL – DOS RECURSOS)

Súmula 87: A isenção do ICMS relativa a rações balanceadas para animais abrange o concentrado e

o suplemento. (Súmula 87, Primeira Seção, julgado em 28.09.1993, *DJ* 01.10.1993)
(DIREITO TRIBUTÁRIO – IMPOSTO SOBRE CIRCULAÇÃO DE MERCADORIAS E SERVIÇOS)

Súmula 88: São admissíveis embargos infringentes em processo falimentar. (Súmula 88, Segunda Seção, julgado em 29.09.1993, *DJ* 17.02.1995, p. 88)
(DIREITO PROCESSUAL CIVIL – DOS RECURSOS)

Súmula 89: A ação acidentária prescinde do exaurimento da via administrativa. (Súmula 89, Terceira Seção, julgado em 21.10.1993, *DJ* 17.02.1995)
(DIREITO PROCESSUAL CIVIL – AÇÃO ACIDENTÁRIA)

Súmula 90: Compete à Justiça Estadual Militar processar e julgar o policial militar pela prática do crime militar, e a comum pela prática do crime comum simultâneo aquele. (Súmula 90, Terceira Seção, julgado em 21.10.1993, *DJ* 26.10.1993)
(DIREITO PROCESSUAL PENAL – COMPETÊNCIA)

Súmula 91 (CANCELADA): Compete à Justiça Federal processar e julgar os crimes praticados contra a fauna. (Súmula 91, Terceira Seção, julgado em 21.10.1993, *DJ* 26.10.1993, p. 22629)
SÚMULA CANCELADA:
A Terceira Seção, na sessão de 08/11/2000, determinou o CANCELAMENTO da Súmula 91 do STJ (*DJ* 23.11.2000, p. 101). (DIREITO PROCESSUAL PENAL – COMPETÊNCIA)

Súmula 92: A terceiro de boa-fé não é oponível a alienação fiduciária não anotada no Certificado de Registro do veículo automotor. (Súmula 92, Segunda Seção, julgado em 27.10.1993, *DJ* 24.11.1993)
(DIREITO CONSTITUCIONAL – SISTEMA FINANCEIRO NACIONAL)

Súmula 93: A legislação sobre cédulas de crédito rural, comercial e industrial admite o pacto de capitalização de juros. (Súmula 93, Segunda Seção, julgado em 27.10.1993, *DJ* 03.11.1993)
(DIREITO EMPRESARIAL – TÍTULOS DE CRÉDITO)

Súmula 94 (CANCELADA): A parcela relativa ao ICMS inclui-se na base de calculo do FINSOCIAL. (Súmula 94, Primeira Seção, julgado em 22.02.1994, *DJ* 28.02.1994, p. 2961)
SÚMULA CANCELADA:
A Primeira Seção, na sessão de 27/03/2019, ao julgar a Questão de Ordem nos REsps 1.624.297/RS, 1.629.001/SC e 1.638.772/SC, determinou o CANCELAMENTO da Súmula 94 do STJ (*DJe* 03.04.2019).
(DIREITO TRIBUTÁRIO – IMPOSTO SOBRE CIRCULAÇÃO DE MERCADORIAS E SERVIÇOS)

Súmula 95: A redução da alíquota do imposto sobre produtos industrializados ou do imposto de importação não implica redução do ICMS. (Súmula 95, Primeira Seção, julgado em 22.02.1994, *DJ* 28.02.1994, p. 2961)
(DIREITO TRIBUTÁRIO – IMPOSTO SOBRE CIRCULAÇÃO DE MERCADORIAS E SERVIÇOS)

Súmula 96: O crime de extorsão consuma-se independentemente da obtenção da vantagem indevida. (Súmula 96, Terceira Seção, julgado em 03.03.1994, *DJ* 10.03.1994)
(DIREITO PENAL – TIPIFICAÇÃO PENAL)

Súmula 97: Compete à Justiça do Trabalho processar e julgar reclamação de servidor público relativamente a vantagens trabalhistas anteriores à instituição do regime jurídico único. (Súmula 97, Terceira Seção, julgado em 03.03.1994, *DJ* 10.03.1994, p. 4021)
(DIREITO ADMINISTRATIVO – SERVIDOR PÚBLICO CIVIL)

Súmula 98: Embargos de declaração manifestados com notório propósito de prequestionamento não tem caráter protelatório. (Súmula 98, Corte Especial, julgado em 14.04.1994, *DJ* 25.04.1994, p. 9284)
(DIREITO PROCESSUAL CIVIL – DOS RECURSOS)

Súmula 99: O Ministério Público tem legitimidade para recorrer no processo em que oficiou como fiscal da lei, ainda que não haja recurso da parte. (Súmula 99, Corte Especial, julgado em 14.04.1994, *DJ* 25.04.1994, p. 9284)
(DIREITO PROCESSUAL CIVIL – DOS RECURSOS)

Súmula 100: É devido o adicional ao frete para renovação da marinha mercante na importação sob o regime de benefícios fiscais a exportação (BEFIEX). (Súmula 100, Primeira Seção, julgado em 19.04.1994, *DJ* 25.04.1994, p. 9286)

(DIREITO TRIBUTÁRIO – ADICIONAL AO FRETE PARA RENOVAÇÃO DA MARINHA MERCANTE)
Súmula 101: A ação de indenização do segurado em grupo contra a seguradora prescreve em um ano. (Súmula 101, Segunda Seção, julgado em 27.04.1994, DJ 05.05.1994, p. 10379)
(DIREITO CIVIL – CONTRATO DE SEGURO)
Súmula 102: A incidência dos juros moratórios sobre os compensatórios, nas ações expropriatórias, não constitui anatocismo vedado em lei. (Súmula 102, Primeira Seção, julgado em 17.05.1994, DJ 26.05.1994, p. 13081)
(DIREITO ADMINISTRATIVO – DESAPROPRIAÇÃO)
Súmula 103: Incluem-se entre os imóveis funcionais que podem ser vendidos os administrados pelas Forças Armadas e ocupados pelos servidores civis. (Súmula 103, Terceira Seção, julgado em 19.05.1994, DJ 26.05.1994, p. 13088)
(DIREITO ADMINISTRATIVO – BEM PÚBLICO)
Súmula 104: Compete à Justiça Estadual o processo e julgamento dos crimes de falsificação e uso de documento falso relativo a estabelecimento particular de ensino. (Súmula 104, Terceira Seção, julgado em 19.05.1994, DJ 26.05.1994, p. 13088)
(DIREITO PROCESSUAL PENAL – COMPETÊNCIA)
Súmula 105: Na ação de mandado de segurança não se admite condenação em honorários advocatícios. (Súmula 105, Corte Especial, julgado em 26.05.1994, DJ 03.06.1994, p. 13885)
(DIREITO CONSTITUCIONAL – MANDADO DE SEGURANÇA)
Súmula 106: Proposta a ação no prazo fixado para o seu exercício, a demora na citação, por motivos inerentes ao mecanismo da justiça, não justifica o acolhimento da arguição de prescrição ou decadência. (Súmula 106, Corte Especial, julgado em 26.05.1994, DJ 03.06.1994, p. 13885)
(DIREITO PROCESSUAL CIVIL – CITAÇÃO)
Súmula 107: Compete à Justiça Comum Estadual processar e julgar crime de estelionato praticado mediante falsificação das guias de recolhimento das contribuições previdenciárias, quando não ocorrente lesão à autarquia federal. (Súmula 107, Terceira Seção, julgado em 16.06.1994, DJ 22.06.1994, p. 16427)

(DIREITO PROCESSUAL PENAL – COMPETÊNCIA)
Súmula 108: A aplicação de medidas socioeducativas ao adolescente, pela prática de ato infracional, é da competência exclusiva do juiz. (Súmula 108, Terceira Seção, julgado em 16.06.1994, DJ 22.06.1994, p. 16427)
(DIREITO PENAL – ESTATUTO DA CRIANÇA E DO ADOLESCENTE)
Súmula 109: O reconhecimento do direito a indenização, por falta de mercadoria transportada via marítima, independe de vistoria. (Súmula 109, Segunda Seção, julgado em 28.09.1994, DJ 05.10.1994, p. 26557)
(DIREITO CIVIL – TRANSPORTE MARÍTIMO)
Súmula 110: A isenção do pagamento de honorários advocatícios, nas ações acidentárias, é restrita ao segurado. (Súmula 110, Terceira Seção, julgado em 06.10.1994, DJ 13.10.1994, p. 27430)
(DIREITO PROCESSUAL CIVIL – AÇÕES PREVIDENCIÁRIAS)
Súmula 111: Os honorários advocatícios, nas ações previdenciárias, não incidem sobre as prestações vencidas após a sentença. (*) (*)
– apreciando o projeto de Súmula n. 560, na sessão de 27/09/06, a Terceira SEÇÃO deliberou pela MODIFICAÇÃO da Súmula n. 111.
REDAÇÃO ANTERIOR (decisão de 06.10.1994, DJ 13.10.1994): OS HONORÁRIOS ADVOCATÍCIOS, NAS AÇÕES PREVIDENCIÁRIAS, NÃO INCIDEM SOBRE PRESTAÇÕES VINCENDAS. (Súmula 111, Terceira Seção, julgado em 27.09.2006, DJ 04.10.2006, p. 281)
(DIREITO PROCESSUAL CIVIL – AÇÕES PREVIDENCIÁRIAS)
Súmula 112: O depósito somente suspende a exigibilidade do crédito tributário se for integral e em dinheiro. (Súmula 112, PRIMEIRA SEÇÃO, julgado em 25.10.1994, DJ 03.11.1994, p. 29768)
(DIREITO TRIBUTÁRIO – DEPÓSITO)
Súmula 113: Os juros compensatórios, na desapropriação direta, incidem a partir da imissão na posse, calculados sobre o valor da indenização, corrigido monetariamente. (Súmula 113, Primeira Seção, julgado em 25.10.1994, DJ 03.11.1994, p. 29768)
(DIREITO ADMINISTRATIVO – DESAPROPRIAÇÃO)

Súmula 114: Os juros compensatórios, na desapropriação indireta, incidem a partir da ocupação, calculados sobre o valor da indenização, corrigido monetariamente. (Súmula 114, Primeira Seção, julgado em 25.10.1994, *DJ* 03.11.1994, p. 29768)
(DIREITO ADMINISTRATIVO
– DESAPROPRIAÇÃO)

Súmula 115: Na instância especial é inexistente recurso interposto por advogado sem procuração nos autos. (Súmula 115, Corte Especial, julgado em 27.10.1994, *DJ* 07.11.1994, p. 30050)
(DIREITO PROCESSUAL CIVIL – DOS RECURSOS)

Súmula 116: A Fazenda Pública e o Ministério Público têm prazo em dobro para interpor agravo regimental no Superior Tribunal de Justiça. (Súmula 116, Corte Especial, julgado em 27.10.1994, *DJ* 07.11.1994, p. 30050)
(DIREITO PROCESSUAL CIVIL – DOS RECURSOS)

Súmula 117: A inobservância do prazo de 48 horas, entre a publicação de pauta e o julgamento sem a presença das partes, acarreta nulidade. (Súmula 117, Corte Especial, julgado em 27.10.1994, *DJ* 07.11.1994, p. 30050)
(DIREITO PROCESSUAL CIVIL – DOS PRAZOS)

Súmula 118: O agravo de instrumento é o recurso cabível da decisão que homologa a atualização do cálculo da liquidação. (Súmula 118, Corte Especial, julgado em 27.10.1994, *DJ* 07.11.1994, p. 30050)
(DIREITO PROCESSUAL CIVIL – DOS RECURSOS)

Súmula 119: A ação de desapropriação indireta prescreve em vinte anos. (Súmula 119, Primeira Seção, julgado em 08.11.1994, *DJ* 16.11.1994, p. 31143)
(DIREITO ADMINISTRATIVO
– DESAPROPRIAÇÃO)

Súmula 120: O oficial de farmácia, inscrito no Conselho Regional de Farmácia, pode ser responsável técnico por drogaria. (SÚMULA 120, Primeira Seção, julgado em 29.11.1994, *DJ* 06.12.1994, p. 33786)
(DIREITO ADMINISTRATIVO – ATIVIDADE FARMACÊUTICA)

Súmula 121: Na execução fiscal o devedor deverá ser intimado, pessoalmente, do dia e hora da realização do leilão. (Súmula 121, Primeira Seção, julgado em 29.11.1994, *DJ* 06.12.1994, p. 33786)
(DIREITO PROCESSUAL CIVIL – EXECUÇÃO FISCAL)

Súmula 122: Compete à justiça federal o processo e julgamento unificado dos crimes conexos de competência federal e estadual, não se aplicando a regra do art. 78, II, "a", do Código de Processo Penal. (Súmula 122, Terceira Seção, julgado em 01.12.1994, *DJ* 07.12.1994, p. 33970)
(DIREITO PROCESSUAL PENAL
– COMPETÊNCIA)

Súmula 123: A decisão que admite, ou não, o recurso especial deve ser fundamentada, com o exame dos seus pressupostos gerais e constitucionais. (Súmula 123, Corte Especial, julgado em 02.12.1994, *DJ* 09.12.1994, p. 34142)
(DIREITO PROCESSUAL CIVIL – DOS RECURSOS)

Súmula 124: A taxa de melhoramento dos portos tem base de cálculo diversa do imposto de importação, sendo legítima a sua cobrança sobre a importação de mercadorias de países signatários do GATT, da ALALC ou ALADI. (Súmula 124, Primeira Seção, julgado em 06.12.1994, *DJ* 09.12.1994, p. 34815)
(DIREITO TRIBUTÁRIO – TAXAS)

Súmula 125: O pagamento de férias não gozadas por necessidade do serviço não está sujeito a incidência do Imposto de Renda. (Súmula 125, Primeira Seção, julgado em 06.12.1994, *DJ* 15.12.1994, p. 34815)
(DIREITO TRIBUTÁRIO – IMPOSTO DE RENDA)

Súmula 126: É inadmissível recurso especial, quando o acórdão recorrido assenta em fundamentos constitucional e infraconstitucional, qualquer deles suficiente, por si só, para mantê-lo, e a parte vencida não manifesta recurso extraordinário. (Súmula 126, Corte Especial, julgado em 09.03.1995, *DJ* 21.03.1995, p. 6369)
(DIREITO PROCESSUAL CIVIL – DOS RECURSOS)

Súmula 127: É ilegal condicionar a renovação da licença de veículo ao pagamento de multa, da qual o infrator não foi notificado. (Súmula 127, Primeira Seção, julgado em 14.03.1995, *DJ* 23.03.1995, p. 6730)
(DIREITO ADMINISTRATIVO – CÓDIGO DE TRÂNSITO BRASILEIRO)

Súmula 128: Na execução fiscal haverá segundo leilão, se no primeiro não houver lanço superior à avaliação. (Súmula 128, Primeira Seção, julgado em 14.03.1995, *DJ* 23.03.1995, p. 6730)
(DIREITO PROCESSUAL CIVIL – EXECUÇÃO FISCAL)

Súmula 129: O exportador adquire o direito de transferência de crédito do ICMS quando realiza a exportação do produto e não ao estocar a matéria-prima. (Súmula 129, Primeira Seção, julgado em 14.03.1995, *DJ* 23.03.1995, p. 6730)
(DIREITO TRIBUTÁRIO – IMPOSTO SOBRE CIRCULAÇÃO DE MERCADORIAS E SERVIÇOS)

Súmula 130: A empresa responde, perante o cliente, pela reparação de dano ou furto de veículo ocorridos em seu estacionamento. (Súmula 130, Segunda Seção, julgado em 29.03.1995, *DJ* 04.04.1995, p. 8294)
(DIREITO CIVIL – RESPONSABILIDADE CIVIL)

Súmula 131: Nas ações de desapropriação incluem-se no cálculo da verba advocatícia as parcelas relativas aos juros compensatórios e moratórios, devidamente corrigidas. (Súmula 131, Primeira Seção, julgado em 18.04.1995, *DJ* 24.04.1995, p. 10455)
(DIREITO ADMINISTRATIVO – DESAPROPRIAÇÃO)

Súmula 132: A ausência de registro da transferência não implica a responsabilidade do antigo proprietário por dano resultante de acidente que envolva o veículo alienado. (Súmula 132, Segunda Seção, julgado em 26.04.1995, *DJ* 05.05.1995, p. 12000)
(DIREITO CIVIL – RESPONSABILIDADE CIVIL)

Súmula 133: A restituição da importância adiantada, a conta de contrato de câmbio, independe de ter sido a antecipação efetuada nos quinze dias anteriores ao requerimento da concordata. (Súmula 133, Segunda Seção, julgado em 26.04.1995, *DJ* 05.05.1995, p. 12000)
(DIREITO EMPRESARIAL – FALÊNCIA, CONCORDATA E RECUPERAÇÃO JUCICIAL)

Súmula 134: Embora intimado da penhora em imóvel do casal, o cônjuge do executado pode opor embargos de terceiro para defesa de sua meação. (Súmula 134, Segunda Seção, julgado em 26.04.1995, *DJ* 05.05.1995, p. 12000)
(DIREITO PROCESSUAL CIVIL – EXECUÇÃO)

Súmula 135: O ICMS não incide na gravação e distribuição de filmes e videoteipes. (Súmula 135, Primeira Seção, julgado em 09.05.1995, *DJ* 16.05.1995, p. 13549)
(DIREITO TRIBUTÁRIO – IMPOSTO SOBRE CIRCULAÇÃO DE MERCADORIAS E SERVIÇOS)

Súmula 136: O pagamento de licença-prêmio não gozada por necessidade do serviço não está sujeito ao Imposto de Renda. (Súmula 136, Primeira Seção, julgado em 09.05.1995, *DJ* 16.05.1995, p. 13549)
(DIREITO TRIBUTÁRIO – IMPOSTO DE RENDA)

Súmula 137: Compete à Justiça Comum Estadual processar e julgar ação de servidor público municipal, pleiteando direitos relativos ao vínculo estatutário. (Súmula 137, Corte Especial, julgado em 11.05.1995, *DJ* 22.05.1995, p. 14446)
(DIREITO ADMINISTRATIVO – SERVIDOR PÚBLICO CIVIL)

Súmula 138: O ISS incide na operação de arrendamento mercantil de coisas móveis. (Súmula 138, Primeira Seção, julgado em 16.05.1995, *DJ* 19.05.1995, p. 14053)
(DIREITO TRIBUTÁRIO – IMPOSTO SOBRE SERVIÇOS)

Súmula 139: Cabe à Procuradoria da Fazenda Nacional propor execução fiscal para cobrança de crédito relativo ao ITR. (Súmula 139, Primeira Seção, julgado em 16.05.1995, *DJ* 19.05.1995, p. 14053)
(DIREITO PROCESSUAL CIVIL – EXECUÇÃO FISCAL)

Súmula 140: Compete à Justiça Comum Estadual processar e julgar crime em que o indígena figure como autor ou vítima. (Súmula 140, Terceira Seção, julgado em 18.05.1995, *DJ* 24.05.1995, p. 14853)
(DIREITO PROCESSUAL PENAL – COMPETÊNCIA)

Súmula 141: Os honorários de advogado em desapropriação direta são calculados sobre a diferença entre a indenização e a oferta, corrigidas monetariamente. (Súmula 141, Primeira Seção, julgado em 06.06.1995, *DJ* 09.06.1995, p. 17370)

(DIREITO ADMINISTRATIVO – DESAPROPRIAÇÃO)

Súmula 142 (CANCELADA): Prescreve em vinte anos a ação para exigir a abstenção do uso de marca comercial. (Súmula 142, Segunda Seção, julgado em 14.06.1995, *DJ* 23.06.1995, p. 19648)
SÚMULA CANCELADA:
A Segunda Seção, na sessão de 12/05/1999, ao julgar a AR 512/DF, determinou o CANCELAMENTO da Súmula 142 do STJ (*DJ* 10.06.1999, p. 49).
(DIREITO EMPRESARIAL – MARCA COMERCIAL)

Súmula 143: Prescreve em cinco anos a ação de perdas e danos pelo uso de marca comercial. (Súmula 143, Segunda Seção, julgado em 14.06.1995, *DJ* 23.06.1995, p. 19648)
(DIREITO EMPRESARIAL – MARCA COMERCIAL)

Súmula 144: Os créditos de natureza alimentícia gozam de preferência, desvinculados os precatórios da ordem cronológica dos créditos de natureza diversa. (Súmula 144, Corte Especial, julgado em 10.08.1995, *DJ* 18.08.1995, p. 25079)
(DIREITO CONSTITUCIONAL – PRECATÓRIOS)

Súmula 145: No transporte desinteressado, de simples cortesia, o transportador só será civilmente responsável por danos causados ao transportado quando incorrer em dolo ou culpa grave. (Súmula 145, Segunda Seção, julgado em 08.11.1995, *DJ* 17.11.1995, p. 39295)
(DIREITO CIVIL – RESPONSABILIDADE CIVIL)

Súmula 146: O segurado, vítima de novo infortúnio, faz jus a um único benefício somado ao salário de contribuição vigente no dia do acidente. (Súmula 146, Terceira Seção, julgado em 07.12.1995, *DJ* 18.12.1995, p. 44864)
(DIREITO PREVIDENCIÁRIO – DOS BENEFÍCIOS PREVIDENCIÁRIOS)

Súmula 147: Compete à Justiça Federal processar e julgar os crimes praticados contra funcionário público federal, quando relacionados com o exercício da função. (Súmula 147, Terceira Seção, julgado em 07.12.1995, *DJ* 18.12.1995, p. 44864)
(DIREITO PROCESSUAL PENAL – COMPETÊNCIA)

Súmula 148: Os débitos relativos a benefício previdenciário, vencidos e cobrados em juízo após a vigência da Lei n. 6.899/81, devem ser corrigidos monetariamente na forma prevista nesse diploma legal. (Súmula 148, Terceira Seção, julgado em 07.12.1995, *DJ* 18.12.1995, p. 44864)
(DIREITO PREVIDENCIÁRIO – DOS BENEFÍCIOS PREVIDENCIÁRIOS)

Súmula 149: A prova exclusivamente testemunhal não basta à comprovação da atividade rurícola, para efeito da obtenção de benefício previdenciário. (Súmula 149, Terceira Seção, julgado em 07.12.1995, *DJ* 18.12.1995, p. 44864)
(DIREITO PREVIDENCIÁRIO – TRABALHO RURAL)

Súmula 150: Compete à Justiça Federal decidir sobre a existência de interesse jurídico que justifique a presença, no processo, da União, suas Autarquias ou Empresas publicas. (Súmula 150, Corte Especial, julgado em 07.02.1996, *DJ* 13.02.1996, p. 2608)
(DIREITO PROCESSUAL CIVIL – COMPETÊNCIA)

Súmula 151: A competência para o processo e julgamento por crime de contrabando ou descaminho define-se pela prevenção do Juízo Federal do lugar da apreensão dos bens. (Súmula 151, Terceira Seção, julgado em 14.02.1996, *DJ* 26.02.1996, p. 4192)
(DIREITO PROCESSUAL PENAL – COMPETÊNCIA)

Súmula 152 (CANCELADA): Na venda pelo segurador, de bens salvados de sinistros, incide o ICMS. (Súmula 152, Primeira Seção, *DJ* 14.03.1996, p. 7115, *REPDJ* 29.03.1996, p. 9543)
SÚMULA CANCELADA:
A Primeira Seção, na sessão de 13/06/2007, ao julgar a Questão de Ordem no REsp 73.552/RJ, determinou o CANCELAMENTO da Súmula 152 do STJ (*DJ* 25.06.2007, p. 413).
(DIREITO TRIBUTÁRIO – IMPOSTO SOBRE CIRCULAÇÃO DE MERCADORIAS E SERVIÇOS)

Súmula 153: A desistência da execução fiscal, após o oferecimento dos embargos, não exime o exequente dos encargos da sucumbência. (Súmula 153, Primeira Seção, julgado em 08.03.1996, *DJ* 14.03.1996, p. 7115)
(DIREITO PROCESSUAL CIVIL – EXECUÇÃO FISCAL)

Súmula 154: Os optantes pelo FGTS, nos termos da Lei n. 5.958, de 1973, tem direito a taxa progressiva dos juros, na forma do art. 4º da Lei n. 5.107, de 1966. (Súmula 154, Primeira Seção, julgado em 22.03.1996, DJ 15.04.1996, p. 11631)
(DIREITO ADMINISTRATIVO – FUNDO DE GARANTIA POR TEMPO DE SERVIÇO)

Súmula 155: O ICMS incide na importação de aeronave, por pessoa física, para uso próprio. (Súmula 155, Primeira Seção, julgado em 22.03.1996, DJ 15.04.1996, p. 11631)
(DIREITO TRIBUTÁRIO – IMPOSTO SOBRE CIRCULAÇÃO DE MERCADORIAS E SERVIÇOS)

Súmula 156: A prestação de serviço de composição gráfica, personalizada e sob encomenda, ainda que envolva fornecimento de mercadorias, está sujeita, apenas, ao ISS. (Súmula 156, Primeira Seção, julgado em 22.03.1996, DJ 15.04.1996, p. 11631)
(DIREITO TRIBUTÁRIO – IMPOSTO SOBRE SERVIÇOS)

Súmula 157 (CANCELADA): É ilegítima a cobrança de taxa, pelo município, na renovação de licença para localização de estabelecimento comercial ou industrial. (Súmula 157, Primeira Seção, julgado em 22.03.1996, DJ 15.04.1996, p. 11631)
SÚMULA CANCELADA:
A Primeira Seção, na sessão de 24/04/2002, ao julgar o REsp 261.571/SP, determinou o CANCELAMENTO da Súmula 157 do STJ (DJ 07.05.2002, p. 204).
(DIREITO TRIBUTÁRIO – TAXAS)

Súmula 158: Não se presta a justificar embargos de divergência o dissídio com acórdão de turma ou SEÇÃO que não mais tenha competência para a matéria neles versada. (Súmula 158, Corte Especial, julgado em 15.05.1996, DJ 27.05.1996, p. 18029)
(DIREITO PROCESSUAL CIVIL – DOS RECURSOS)

Súmula 159: O benefício acidentário, no caso de contribuinte que perceba remuneração variável, deve ser calculado com base na média aritmética dos últimos doze meses de contribuição. (Súmula 159, Corte Especial, julgado em 15.05.1996, DJ 27.05.1996, p. 18030)
(DIREITO PREVIDENCIÁRIO – DOS BENEFÍCIOS PREVIDENCIÁRIOS)

Súmula 160: É defeso, ao município, atualizar o IPTU, mediante decreto, em percentual superior ao índice oficial de correção monetária. (Súmula 160, Primeira Seção, julgado em 12.06.1996, DJ 19.06.1996, p. 21940)
(DIREITO TRIBUTÁRIO – IMPOSTO SOBRE A PROPRIEDADE PREDIAL E TERRITORIAL URBANA)

Súmula 161: É da competência da Justiça Estadual autorizar o levantamento dos valores relativos ao PIS / PASEP e FGTS, em ecorrência do falecimento do titular da conta. (Súmula 161, Primeira Seção, julgado em 12.06.1996, DJ 19.06.1996, p. 21940)
(DIREITO ADMINISTRATIVO – FUNDO DE GARANTIA POR TEMPO DE SERVIÇO)

Súmula 162: Na repetição de indébito tributário, a correção monetária incide a partir do pagamento indevido. (Súmula 162, Primeira Seção, julgado em 12.06.1996, DJ 19.06.1996)
(DIREITO TRIBUTÁRIO – REPETIÇÃO DE INDÉBITO)

Súmula 163: O fornecimento de mercadorias com a simultânea prestação de serviços em bares, restaurantes e estabelecimentos similares constitui fato gerador do ICMS a incidir sobre o valor total da operação. (Súmula 163, Primeira Seção, julgado em 12.06.1996, DJ 11.11.1996)
(DIREITO TRIBUTÁRIO – IMPOSTO SOBRE CIRCULAÇÃO DE MERCADORIAS E SERVIÇOS)

Súmula 164: O prefeito municipal, após a extinção do mandato, continua sujeito a processo por crime previsto no art. 1º do Decreto-lei n. 201, de 27/02/67. (Súmula 164, Terceira Seção, julgado em 14.08.1996, DJ 23.08.1996)
(DIREITO PROCESSUAL PENAL – COMPETÊNCIA)

Súmula 165: Compete à justiça federal processar e julgar crime de falso testemunho cometido no processo trabalhista. (Súmula 165, Terceira Seção, julgado em 14.08.1996, DJ 23.08.1996, p. 29382)
(DIREITO PROCESSUAL PENAL – COMPETÊNCIA)

Súmula 166: Não constitui fato gerador do ICMS o simples deslocamento de mercadoria de um para outro estabelecimento do mesmo contribuinte. (Súmula 166, Primeira Seção, julgado em 14.08.1996, DJ 23.08.1996)

(DIREITO TRIBUTÁRIO – IMPOSTO SOBRE CIRCULAÇÃO DE MERCADORIAS E SERVIÇOS)
Súmula 167: O fornecimento de concreto, por empreitada, para construção civil, preparado no trajeto até a obra em betoneiras acopladas a caminhões, e prestação de serviço, sujeitando-se apenas a incidência do ISS. (Súmula 167, Primeira Seção, julgado em 11.09.1996, *DJ* 19.09.1996)
(DIREITO TRIBUTÁRIO – IMPOSTO SOBRE SERVIÇOS)
Súmula 168: Não cabem embargos de divergência, quando a jurisprudência do Tribunal se firmou no mesmo sentido do acórdão embargado. (Súmula 168, Corte Especial, julgado em 16.10.1996, *DJ* 22.10.1996)
(DIREITO PROCESSUAL CIVIL – DOS RECURSOS)
Súmula 169: São inadmissíveis embargos infringentes no processo de mandado de segurança. (Súmula 169, Corte Especial, julgado em 16.10.1996, *DJ* 22.10.1996)
(DIREITO PROCESSUAL CIVIL – DOS RECURSOS)
Súmula 170: Compete ao juízo onde primeiro for intentada a ação envolvendo acumulação de pedidos, trabalhista e estatutário, decidi- la nos limites da sua jurisdição, sem prejuízo do ajuizamento de nova causa, com o pedido remanescente, no juízo próprio. (Súmula 170, Terceira Seção, julgado em 23.10.1996, *DJ* 31.10.1996)
(DIREITO PROCESSUAL CIVIL – COMPETÊNCIA)
Súmula 171: Cominadas cumulativamente, em lei especial, penas privativa de liberdade e pecuniária, é defeso a substituição da prisão por multa. (Súmula 171, Terceira Seção, julgado em 23.10.1996, *DJ* 31.10.1996)
(DIREITO PENAL – DAS PENAS)
Súmula 172: Compete à Justiça Comum processar e julgar militar por crime de abuso de autoridade, ainda que praticado em serviço. (Súmula 172, Terceira Seção, julgado em 23.10.1996, *DJ* 31.10.1996)
(DIREITO PROCESSUAL PENAL – COMPETÊNCIA)
Súmula 173: Compete à Justiça Federal processar e julgar o pedido de reintegração em cargo público federal, ainda que o servidor tenha sido dispensado antes da instituição do regime jurídico único. (Súmula 173, Terceira Seção, julgado em 23.10.1996, *DJ* 31.10.1996, p. 42124)
(DIREITO ADMINISTRATIVO – SERVIDOR PÚBLICO CIVIL)
Súmula 174 (CANCELADA): No crime de roubo, a intimidação feita com arma de brinquedo autoriza o aumento da pena. (Súmula 174, Terceira Seção, julgado em 23.10.1996, *DJ* 31.10.1996, p. 42124)
SÚMULA CANCELADA:
A Terceira Seção, na sessão de 24/10/2002, ao julgar o REsp 213.054/SP, determinou o CANCELAMENTO da Súmula 174 do STJ (*DJ* 11.11.2002, p. 148).
(DIREITO PENAL – DAS PENAS)
Súmula 175: Descabe o depósito prévio nas ações rescisórias propostas pelo INSS. (Súmula 175, Terceira Seção, julgado em 23.10.1996, *DJ* 31.10.1996, p. 42124)
(DIREITO PROCESSUAL CIVIL – CUSTAS PROCESSUAIS)
Súmula 176: É nula a cláusula contratual que sujeita o devedor a taxa de juros divulgada pela ANBID/CETIP. (Súmula 176, Segunda Seção, julgado em 23.10.1996, *DJ* 06.11.1996)
(DIREITO CONSTITUCIONAL – SISTEMA FINANCEIRO NACIONAL)
Súmula 177: O Superior Tribunal de Justiça é incompetente para processar e julgar, originariamente, mandado de segurança contra ato de órgão colegiado presidido por Ministro de Estado. (Súmula 177, Primeira Seção, julgado em 27.11.1996, *DJ* 11.12.1996)
(DIREITO PROCESSUAL CIVIL – COMPETÊNCIA)
Súmula 178: O INSS não goza de isenção do pagamento de custas e emolumentos, nas ações acidentárias e de benefícios, propostas na Justiça Estadual. (Súmula 178, Corte Especial, julgado em 23.05.2002, *DJ* 03.06.2002).
(DIREITO PREVIDENCIÁRIO – AÇÕES PREVIDENCIÁRIAS)
Súmula 179: O estabelecimento de crédito que recebe dinheiro, em depósito judicial, responde pelo pagamento da correção monetária relativa aos valores recolhidos. (Súmula 179, Corte Especial, julgado em 05.02.1997, *DJ* 17.02.1997)
(DIREITO CONSTITUCIONAL – SISTEMA FINANCEIRO NACIONAL)

Súmula 180: Na lide trabalhista, compete ao Tribunal Regional do Trabalho dirimir conflito de competência verificado, na respectiva região, entre juiz estadual e junta de conciliação e julgamento. (Súmula 180, Corte Especial, julgado em 05.02.1997, *DJ* 17.02.1997)
(DIREITO PROCESSUAL CIVIL – COMPETÊNCIA)

Súmula 181: É admissível ação declaratória, visando a obter certeza quanto à exata interpretação de cláusula contratual. (Súmula 181, Corte Especial, julgado em 05.02.1997, *DJ* 17.02.1997)
(DIREITO PROCESSUAL CIVIL – AÇÃO DECLARATÓRIA)

Súmula 182: É inviável o agravo do art. 545 do CPC que deixa de atacar especificamente os fundamentos da decisão agravada. (Súmula 182, Corte Especial, julgado em 05.02.1997, *DJ* 17.02.1997)
(DIREITO PROCESSUAL CIVIL – DOS RECURSOS)

Súmula 183 (CANCELADA): Compete ao juiz estadual, nas comarcas que não sejam sede de vara da Justiça Federal, processar e julgar ação civil pública, ainda que a União figure no processo. (Súmula 183, Primeira Seção, julgado em 12.03.1997, *DJ* 31.03.1997, p. 9667)

Súmula 184: A microempresa de representação comercial é isenta do Imposto de Renda. (Súmula 184, Primeira Seção, julgado em 12.03.1997, *DJ* 31.03.1997)
(DIREITO TRIBUTÁRIO – IMPOSTO DE RENDA)

Súmula 185: Nos depósitos judiciais, não incide o Imposto sobre Operações Financeiras. (Súmula 185, Primeira Seção, julgado em 12.03.1997, *DJ* 31.03.1997)
(DIREITO TRIBUTÁRIO – IMPOSTO SOBRE OPERAÇÕES FINANCEIRAS)

Súmula 186: Nas indenizações por ato ilícito, os juros compostos somente são devidos por aquele que praticou o crime. (Súmula 186, Corte Especial, julgado em 02.04.1997, *DJ* 24.04.1997, p. 14997)
(DIREITO CIVIL – RESPONSABILIDADE CIVIL)

Súmula 187: É deserto o recurso interposto para o Superior Tribunal de Justiça, quando o recorrente não recolhe, na origem, a importância das despesas de remessa e retorno dos autos. (Súmula 187, Corte Especial, julgado em 21.05.1997, *DJ* 30.05.1997)
(DIREITO PROCESSUAL CIVIL – DOS RECURSOS)

Súmula 188: Os juros moratórios, na repetição do indébito tributário, são devidos a partir do trânsito em julgado da sentença. (Súmula 188, Primeira Seção, julgado em 11.06.1997, *DJ* 21.11.1997)
(DIREITO TRIBUTÁRIO – REPETIÇÃO DE INDÉBITO)

Súmula 189: É desnecessária a intervenção do Ministério Público nas execuções fiscais. (Súmula 189, Primeira Seção, julgado em 11.06.1997, *DJ* 23.06.1997)
(DIREITO PROCESSUAL CIVIL – EXECUÇÃO FISCAL)

Súmula 190: Na execução fiscal, processada perante a Justiça Estadual, cumpre a Fazenda Pública antecipar o numerário destinado ao custeio das despesas com o transporte dos oficiais de justiça. (Súmula 190, Primeira Seção, julgado em 11.06.1997, *DJ* 23.06.1997)
(DIREITO PROCESSUAL CIVIL – EXECUÇÃO FISCAL)

Súmula 191: A pronúncia é causa interruptiva da prescrição, ainda que o Tribunal do Júri venha a desclassificar o crime. (Súmula 191, Terceira Seção, julgado em 25.06.1997, *DJ* 01.08.1997)
(DIREITO PENAL – PRESCRIÇÃO)

Súmula 192: Compete ao Juízo das Execuções Penais do Estado a execução das penas impostas a sentenciados pela Justiça Federal, Militar ou Eleitoral, quando recolhidos a estabelecimentos sujeitos a Administração Estadual. (Súmula 192, Terceira Seção, julgado em 25.06.1997, *DJ* 01.08.1997)
(DIREITO PENAL – EXECUÇÃO PENAL)

Súmula 193: O direito de uso de linha telefônica pode ser adquirido por usucapião. (Súmula 193, Segunda Seção, julgado em 25.06.1997, *DJ* 06.08.1997)
(DIREITO CIVIL – USUCAPIÃO)

Súmula 194: Prescreve em vinte anos a ação para obter, do construtor, indenização por defeitos da obra. (Súmula 194, Segunda Seção, julgado em 24.09.1997, *DJ* 03.10.1997)
(DIREITO CIVIL – PRESCRIÇÃO)

Súmula 195: Em embargos de terceiro não se anula ato jurídico, por fraude contra credores.

(Súmula 195, Corte Especial, julgado em 01.10.1997, DJ 09.10.1997)
(DIREITO PROCESSUAL CIVIL – EXECUÇÃO)
Súmula 196: Ao executado que, citado por edital ou por hora certa, permanecer revel, será nomeado curador especial, com legitimidade para apresentação de embargos. (Súmula 196, Corte Especial, julgado em 01.10.1997, DJ 09.10.1997)
(DIREITO PROCESSUAL CIVIL – EXECUÇÃO)
Súmula 197: O divórcio direto pode ser concedido sem que haja prévia partilha dos bens. (Súmula 197, Segunda Seção, julgado em 08.10.1997, DJ 22.10.1997)
(DIREITO CIVIL – DIVÓRCIO)
Súmula 198: Na importação de veículo por pessoa física, destinado a uso próprio, incide o ICMS. (Súmula 198, Primeira Seção, julgado em 08.10.1997, DJ 21.10.1997)
(DIREITO TRIBUTÁRIO – IMPOSTO SOBRE CIRCULAÇÃO DE MERCADORIAS E SERVIÇOS)
Súmula 199: Na execução hipotecária de crédito vinculado ao Sistema Financeiro da Habitação, nos termos da Lei n. 5.741/71, a petição inicial deve ser instruída com, pelo menos, dois avisos de cobrança. (Súmula 199, Primeira Seção, julgado em 08.10.1997, DJ 21.10.1997)
(DIREITO PROCESSUAL CIVIL – EXECUÇÃO)
Súmula 200: O juízo federal competente para processar e julgar acusado de crime de uso de passaporte falso é o do lugar onde o delito se consumou. (Súmula 200, Terceira Seção, julgado em 22.10.1997, DJ 29.10.1997)
(DIREITO PROCESSUAL PENAL
– COMPETÊNCIA)
Súmula 201: Os honorários advocatícios não podem ser fixados em salários mínimos. (Súmula 201, Corte Especial, julgado em 17.12.1997, DJ 02.02.1998)
(DIREITO PROCESSUAL CIVIL – HONORÁRIOS ADVOCATÍCIOS)
Súmula 202: A impetração de segurança por terceiro, contra ato judicial, não se condiciona a interposição de recurso. (Súmula 202, Corte Especial, julgado em 17.12.1997, DJ 02.02.1998)
(DIREITO CONSTITUCIONAL – MANDADO DE SEGURANÇA)
Súmula 203: Não cabe recurso especial contra decisão proferida por órgão de segundo grau dos Juizados Especiais.(*) (*) A Corte Especial, na sessão extraordinária de 23 de maio de 2002, julgando o AgRg no Ag 400.076-BA, deliberou pela ALTERAÇÃO do enunciado da Súmula n. 203.
REDAÇÃO ANTERIOR (decisão de 04.02.1998, DJ 12.02.1998, PG: 35): Não cabe recurso especial contra decisão proferida, nos limites de sua competência, por órgão de segundo grau dos Juizados Especiais. (Súmula 203, Corte Especial, julgado em 23.05.2002, DJ 03.06.2002)
(DIREITO PROCESSUAL CIVIL – DOS RECURSOS)
Súmula 204: Os juros de mora nas ações relativas a benefícios previdenciários incidem a partir da citação válida. (Súmula 204, Terceira Seção, julgado em 11.03.1998, DJ 18.03.1998)
(DIREITO PREVIDENCIÁRIO – DOS BENEFÍCIOS PREVIDENCIÁRIOS)
Súmula 205: A Lei 8.009/90 aplica-se a penhora realizada antes de sua vigência. (Súmula 205, Corte Especial, julgado em 01.04.1998, DJ 16.04.1998)
(DIREITO PROCESSUAL CIVIL – EXECUÇÃO)
Súmula 206: A existência de vara privativa, instituída por lei estadual, não altera a competência territorial resultante das leis de processo. (Súmula 206, Corte Especial, julgado em 01.04.1998, DJ 16.04.1998)
(DIREITO PROCESSUAL CIVIL
– COMPETÊNCIA)
Súmula 207: É inadmissível recurso especial quando cabíveis embargos infringentes contra o acordão proferido no tribunal de origem. (Súmula 207, Corte Especial, julgado em 01.04.1998, DJ 16.04.1998)
(DIREITO PROCESSUAL CIVIL – DOS RECURSOS)
Súmula 208: Compete à Justiça Federal processar e julgar prefeito municipal por desvio de verba sujeita a prestação de contas perante órgão federal. (Súmula 208, Terceira Seção, julgado em 27.05.1998, DJ 03.06.1998)
(DIREITO PROCESSUAL PENAL
– COMPETÊNCIA)
Súmula 209: Compete à Justiça Estadual processar e julgar prefeito por desvio de verba transferida e incorporada ao patrimônio municipal. (Súmula 209, Terceira Seção, julgado em 27.05.1998, DJ 03.06.1998)
(DIREITO PROCESSUAL PENAL
– COMPETÊNCIA)

Súmula 210: A ação de cobrança das contribuições para o FGTS prescreve em trinta (30) anos. (Súmula 210, Primeira Seção, julgado em 27.05.1998, *DJ* 05.06.1998, p. 112)
(DIREITO ADMINISTRATIVO – FUNDO DE GARANTIA POR TEMPO DE SERVIÇO)

Súmula 211: Inadmissível recurso especial quanto à questão que, a despeito da oposição de embargos declaratórios, não foi apreciada pelo Tribunal *a quo*. (Súmula 211, Corte Especial, julgado em 01.07.1998, *DJ* 03.08.1998)
(DIREITO PROCESSUAL CIVIL – DOS RECURSOS)

Súmula 212: A compensação de créditos tributários não pode ser deferida em ação cautelar ou por medida liminar cautelar ou antecipatória.(*) (*) A Primeira Seção, na sessão ordinária de 11 de maio de 2005, deliberou pela ALTERAÇÃO do enunciado da Súmula n. 212. REDAÇÃO ANTERIOR (decisão de 23.09.1998, *DJ* 02.10.1998, PG. 250): A compensação de créditos tributários não pode ser deferida por medida liminar. (Súmula 212, Primeira Seção, julgado em 11.05.2005, *DJ* 23.05.2005)
(DIREITO TRIBUTÁRIO – COMPENSAÇÃO)

Súmula 213: O mandado de segurança constitui ação adequada para a declaração do direito à compensação tributária. (Súmula 213, Primeira Seção, julgado em 23.09.1998, *DJ* 02.10.1998)
(DIREITO TRIBUTÁRIO – COMPENSAÇÃO)

Súmula 214: O fiador na locação não responde por obrigações resultantes de aditamento ao qual não anuiu. (Súmula 214, Terceira Seção, julgado em 23.09.1998, *DJ* 02.10.1998)
(DIREITO CIVIL – LOCAÇÃO)

Súmula 215: A indenização recebida pela adesão a programa de incentivo à demissão voluntária não está sujeita à incidência do imposto de renda. (Súmula 215, Primeira Seção, julgado em 24.11.1998, *DJ* 24.12.1998)
(DIREITO TRIBUTÁRIO – IMPOSTO DE RENDA)

Súmula 216: A tempestividade de recurso interposto no Superior Tribunal de Justiça é aferida pelo registro no protocolo da secretaria e não pela data da entrega na agência do correio. (Súmula 216, Corte Especial, julgado em 03.02.1999, *DJ* 01.03.1999)
(DIREITO PROCESSUAL CIVIL – DOS RECURSOS)

Súmula 217 (CANCELADA): Não cabe agravo de decisão que indefere o pedido de suspensão da execução da liminar, ou da sentença em mandado de segurança. (Súmula 217, Corte Especial, julgado em 03.02.1999, *DJ* 15.03.1999, p. 326, *DJ* 25.02.1999, p. 77)
SÚMULA CANCELADA:
A Corte Especial, na sessão de 23/10/2003, ao julgar a QO no AgRg na SS 1.204/AM, determinou o CANCELAMENTO da Súmula 217 do STJ (*DJ* 10.11.2003, p. 225).
(DIREITO PROCESSUAL CIVIL – DOS RECURSOS)

Súmula 218: Compete à Justiça dos Estados processar e julgar ação de servidor estadual decorrente de direitos e vantagens estatutárias no exercício de cargo em comissão. (Súmula 218, Terceira Seção, julgado em 10.02.1999, *DJ* 24.02.1999, p. 106)
(DIREITO ADMINISTRATIVO – SERVIDOR PÚBLICO CIVIL)

Súmula 219: Os créditos decorrentes de serviços prestados à massa falida, inclusive a remuneração do síndico, gozam dos privilégios próprios dos trabalhistas. (Súmula 219, Segunda Seção, julgado em 10.03.1999, *DJ* 25.03.1999)
(DIREITO EMPRESARIAL – FALÊNCIA, CONCORDATA E RECUPERAÇÃO JUCICIAL)

Súmula 220: A reincidência não influi no prazo da prescrição da pretensão punitiva. (Súmula 220, Terceira Seção, julgado em 12.05.1999, *DJ* 19.05.1999)
(DIREITO PENAL – PRESCRIÇÃO)

Súmula 221: São civilmente responsáveis pelo ressarcimento de dano, decorrente de publicação pela imprensa, tanto o autor do escrito quanto o proprietário do veículo de divulgação. (Súmula 221, Segunda Seção, julgado em 12.05.1999, *DJ* 26.05.1999)
(DIREITO CIVIL – RESPONSABILIDADE CIVIL)

Súmula 222: Compete à Justiça Comum processar e julgar as ações relativas à contribuição sindical prevista no art. 578 da CLT. (Súmula 222, Segunda Seção, julgado em 23.06.1999, *DJ* 02.08.1999)
(DIREITO PROCESSUAL CIVIL – COMPETÊNCIA)

Súmula 223: A certidão de intimação do acórdão recorrido constitui peça obrigatória do instrumento de agravo. (Súmula 223, Corte Especial, julgado em 02.08.1999, *DJ* 25.08.1999)

(DIREITO PROCESSUAL CIVIL – DOS RECURSOS)
Súmula 224: Excluído do feito o ente federal, cuja presença levara o Juiz Estadual a declinar da competência, deve o Juiz Federal restituir os autos e não suscitar conflito. (Súmula 224, Corte Especial, julgado em 02.08.1999, *DJ* 25.08.1999)
(DIREITO PROCESSUAL CIVIL – COMPETÊNCIA)
Súmula 225: Compete ao Tribunal Regional do Trabalho apreciar recurso contra sentença proferida por órgão de primeiro grau da Justiça Trabalhista, ainda que para declarar-lhe a nulidade em virtude de incompetência. (Súmula 225, Corte Especial, julgado em 02.08.1999, *DJ* 25.08.1999)
(DIREITO PROCESSUAL CIVIL – COMPETÊNCIA)
Súmula 226: O Ministério Público tem legitimidade para recorrer na ação de acidente do trabalho, ainda que o segurado esteja assistido por advogado. (Súmula 226, Corte Especial, julgado em 02.08.1999, *DJ* 01.10.1999)
(DIREITO PROCESSUAL CIVIL – AÇÃO ACIDENTÁRIA)
Súmula 227: A pessoa jurídica pode sofrer dano moral. (Súmula 227, Segunda Seção, julgado em 08.09.1999, *DJ* 08.10.1999, p. 126)
(DIREITO CIVIL – DANO MORAL)
Súmula 228: É inadmissível o interdito proibitório para a proteção do direito autoral. (Súmula 228, Segunda Seção, julgado em 08.09.1999, *DJ* 08.10.1999)
(DIREITO PROCESSUAL CIVIL – INTERDITO PROIBITÓRIO)
Súmula 229: O pedido do pagamento de indenização à seguradora suspende o prazo de prescrição até que o segurado tenha ciência da decisão. (Súmula 229, Segunda Seção, julgado em 08.09.1999, *DJ* 08.10.1999)
(DIREITO CIVIL – PRESCRIÇÃO)
Súmula 230 (CANCELADA): Compete à Justiça Estadual processar e julgar ação movida por trabalhador avulso portuário, em que se impugna ato do órgão gestor de mão de obra de que resulte óbice ao exercício de sua profissão. (Súmula 230, Segunda Seção, julgado em 08.09.1999, *DJ* 08.10.1999, p. 126)
SÚMULA CANCELADA:
A Segunda Seção, na sessão de 11/10/2000, ao julgar a Questão de Ordem no CC 30.513/SP, determinou o CANCELAMENTO da Súmula 230 do STJ (*DJ* 09.11.2000, p. 69).
(DIREITO PROCESSUAL CIVIL – COMPETÊNCIA)
Súmula 231: A incidência da circunstância atenuante não pode conduzir à redução da pena abaixo do mínimo legal. (Súmula 231, Terceira Seção, julgado em 22.09.1999, *DJ* 15.10.1999)
(DIREITO PENAL – DAS PENAS)
Súmula 232: A Fazenda Pública, quando parte no processo, fica sujeita à exigência do depósito prévio dos honorários do perito. (Súmula 232, Corte Especial, julgado em 01.12.1999, *DJ* 07.12.1999)
(DIREITO PROCESSUAL CIVIL – HONORÁRIOS PERICIAIS)
Súmula 233: O contrato de abertura de crédito, ainda que acompanhado de extrato da conta-corrente, não é título executivo. (Súmula 233, Terceira Seção, julgado em 13.12.1999, *DJ* 08.02.2000)
(DIREITO PROCESSUAL CIVIL – EXECUÇÃO)
Súmula 234: A participação de membro do Ministério Público na fase investigatória criminal não acarreta o seu impedimento ou suspeição para o oferecimento da denúncia. (Súmula 234, Terceira Seção, julgado em 13.12.1999, *DJ* 07.02.2000)
(DIREITO PROCESSUAL PENAL – INVESTIGAÇÃO CRIMINAL)
Súmula 235: A conexão não determina a reunião dos processos, se um deles já foi julgado. (Súmula 235, Corte Especial, julgado em 01.02.2000, *DJ* 10.02.2000)
(DIREITO PROCESSUAL CIVIL – COMPETÊNCIA)
Súmula 236: Não compete ao Superior Tribunal de Justiça dirimir conflitos de competência entre juízes trabalhistas vinculados a Tribunais Regionais do Trabalho diversos. (Súmula 236, Segunda Seção, julgado em 22.03.2000, *DJ* 14.04.2000)
(DIREITO PROCESSUAL CIVIL – COMPETÊNCIA)
Súmula 237: Nas operações com cartão de crédito, os encargos relativos ao financiamento não são considerados no cálculo do ICMS. (Súmula 237, Primeira Seção, julgado em 10.04.2000, *DJ* 25.04.2000)
(DIREITO TRIBUTÁRIO – IMPOSTO SOBRE CIRCULAÇÃO DE MERCADORIAS E SERVIÇOS)

Súmula 238: A avaliação da indenização devida ao proprietário do solo, em razão de alvará de pesquisa mineral, é processada no Juízo Estadual da situação do imóvel. (Súmula 238, Primeira Seção, julgado em 10.04.2000, DJe 25.04.2000)
(DIREITO PROCESSUAL CIVIL – COMPETÊNCIA)

Súmula 239: O direito à adjudicação compulsória não se condiciona ao registro do compromisso de compra e venda no cartório de imóveis. (Súmula 239, Segunda Seção, julgado em 28.06.2000, DJe 30.08.2000)
(DIREITO PROCESSUAL CIVIL – EXECUÇÃO)

Súmula 240: A extinção do processo, por abandono da causa pelo autor, depende de requerimento do réu. (Súmula 240, Corte Especial, julgado em 02.08.2000, DJe 06.09/2000)
(DIREITO PROCESSUAL CIVIL – EXTINÇÃO DO PROCESSO)

Súmula 241: A reincidência penal não pode ser considerada como circunstância agravante e, simultaneamente, como circunstância judicial. (Súmula 241, Terceira Seção, julgado em 23.08.2000, DJe 15.09.2000)
(DIREITO PENAL – DAS PENAS)

Súmula 242: Cabe ação declaratória para reconhecimento de tempo de serviço para fins previdenciários. (Súmula 242, Terceira Seção, julgado em 22.11.2000, DJe 27.11.2000)
(DIREITO PREVIDENCIÁRIO – AÇÕES PREVIDENCIÁRIAS)

Súmula 243: O benefício da suspensão do processo não é aplicável em relação às infrações penais cometidas em concurso material, concurso formal ou continuidade delitiva, quando a pena mínima cominada, seja pelo somatório, seja pela incidência da majorante, ultrapassar o limite de um (01) ano. (Súmula 243, Corte Especial, julgado em 11.12.2000, DJ 05.02.2001, p. 157)
(DIREITO PROCESSUAL PENAL – SUSPENSÃO CONDICIONAL DO PROCESSO)

Súmula 244: Compete ao foro do local da recusa processar e julgar o crime de estelionato mediante cheque sem provisão de fundos. (Súmula 244, Terceira Seção, julgado em 13.12.2000, DJ 01.02.2001, p. 302)
(DIREITO PROCESSUAL PENAL – COMPETÊNCIA)

Súmula 245: A notificação destinada a comprovar a mora nas dívidas garantidas por alienação fiduciária dispensa a indicação do valor do débito. (Súmula 245, Segunda Seção, julgado em 28.03.2001, DJ 17.04.2001, p. 149)
(DIREITO CONSTITUCIONAL – SISTEMA FINANCEIRO NACIONAL)

Súmula 246: O valor do seguro obrigatório deve ser deduzido da indenização judicialmente fixada. (Súmula 246, Segunda Seção, julgado em 28.03.2001, DJ 17.04.2001, p. 149)
(DIREITO DE TRÂNSITO – SEGURO OBRIGATÓRIO)

Súmula 247: O contrato de abertura de crédito em conta-corrente, acompanhado do demonstrativo de débito, constitui documento hábil para o ajuizamento da ação monitória. (Súmula 247, Segunda Seção, julgado em 23.05.2001, DJ 05.06.2001, p. 132)
(DIREITO PROCESSUAL CIVIL – AÇÃO MONITÓRIA)

Súmula 248: Comprovada a prestação dos serviços, a duplicata não aceita, mas protestada, é título hábil para instruir pedido de falência. (Súmula 248, Segunda Seção, julgado em 23.05.2001, DJ 05.06.2001, p. 132)
(DIREITO EMPRESARIAL – FALÊNCIA, CONCORDATA E RECUPERAÇÃO JUCICIAL)

Súmula 249: A Caixa Econômica Federal tem legitimidade passiva para integrar processo em que se discute correção monetária do FGTS. (Súmula 249, Primeira Seção, julgado em 24.05.2001, DJ 22.06.2001, p. 163)
(DIREITO ADMINISTRATIVO – FUNDO DE GARANTIA POR TEMPO DE SERVIÇO)

Súmula 250: É legítima a cobrança de multa fiscal de empresa em regime de concordata. (Súmula 250, Primeira Seção, julgado em 24.05.2001, REPDJ 19.09.2001, p. 343, DJ 22.06.2001, p. 163)
(DIREITO TRIBUTÁRIO – MULTAS)

Súmula 251: A meação só responde pelo ato ilícito quando o credor, na execução fiscal, provar que o enriquecimento dele resultante aproveitou ao casal. (Súmula 251, Primeira Seção, julgado em 13.06.2001, DJ 13.08.2001 p. 333)
(DIREITO PROCESSUAL CIVIL – EXECUÇÃO FISCAL)

Súmula 252: Os saldos das contas do FGTS, pela legislação infraconstitucional, são corrigidos em 42,72% (IPC) quanto às perdas de janeiro de 1989 e 44,80% (IPC) quanto às de abril de 1990, acolhidos pelo STJ os índices de 18,02% (LBC)

quanto as perdas de junho de 1987, de 5,38% (BTN) para maio de 1990 e 7,00% (TR) para fevereiro de 1991, de acordo com o entendimento do STF (RE 226.855-7-RS). (Súmula 252, Primeira Seção, julgado em 13.06.2001, *DJ* 13.08.2001, p. 333)
(DIREITO ADMINISTRATIVO – FUNDO DE GARANTIA POR TEMPO DE SERVIÇO)

Súmula 253: O art. 557 do CPC, que autoriza o relator a decidir o recurso, alcança o reexame necessário. (Súmula 253, Corte Especial, julgado em 20.06.2001, *DJ* 15.08.2001, p. 264)
(DIREITO PROCESSUAL CIVIL – REEXAME NECESSÁRIO)

Súmula 254: A decisão do Juízo Federal que exclui da relação processual ente federal não pode ser reexaminada no Juízo Estadual. (Súmula 254, Corte Especial, julgado em 01.08.2001, *DJ* 22.08.2001)
(DIREITO PROCESSUAL CIVIL – COMPETÊNCIA)

Súmula 255: Cabem embargos infringentes contra acórdão, proferido por maioria, em agravo retido, quando se tratar de matéria de mérito. (Súmula 255, Corte Especial, julgado em 01.08.2001, *DJ* 22.08.2001, p. 338)
(DIREITO PROCESSUAL CIVIL – DOS RECURSOS)

Súmula 256 (CANCELADA): O sistema de "protocolo integrado" não se aplica aos recursos dirigidos ao Superior Tribunal de Justiça. (Súmula 256, Corte Especial, julgado em 01.08.2001, *DJ* 22.08.2001, p. 338)
SÚMULA CANCELADA:
A Corte Especial, na sessão de 21/05/2008, ao julgar o AgRg no Ag 792.846/SP, determinou o CANCELAMENTO da Súmula 256 do STJ (*DJe* 09.06.2008).
(DIREITO PROCESSUAL CIVIL – DOS RECURSOS)

Súmula 257: A falta de pagamento do prêmio do seguro obrigatório de Danos Pessoais Causados por Veículos Automotores de Vias Terrestres (DPVAT) não é motivo para a recusa do pagamento da indenização. (Súmula 257, Segunda Seção, julgado em 08.08.2001, *DJ* 29.08.2001, p. 100)
(DIREITO DE TRÂNSITO – SEGURO OBRIGATÓRIO)

Súmula 258: A nota promissória vinculada a contrato de abertura de crédito não goza de autonomia em razão da iliquidez do título que a originou. (Súmula 258, Segunda Seção, julgado em 12.09.2001, *DJ* 24.09.2001, p. 363, *REPDJ* 23.10.2001, p. 215)
(DIREITO EMPRESARIAL – TÍTULOS DE CRÉDITO)

Súmula 259: A ação de prestação de contas pode ser proposta pelo titular de conta-corrente bancária. (Súmula 259, Segunda Seção, julgado em 28.11.2001; *DJ* 06.02.2002, p. 189)
(DIREITO PROCESSUAL CIVIL – AÇÃO DE PRESTAÇÃO DE CONTAS)

Súmula 260: A convenção de condomínio aprovada, ainda que sem registro, é eficaz para regular as relações entre os condôminos. (Súmula 260, Segunda Seção, julgado em 28.11.2001, *DJ* 06.02.2002, p. 189)
(DIREITO CIVIL – CONVENÇÃO DE CONDOMÍNIO)

Súmula 261: A cobrança de direitos autorais pela retransmissão radiofônica de músicas, em estabelecimentos hoteleiros, deve ser feita conforme a taxa média de utilização do equipamento, apurada em liquidação. (Súmula 261, Segunda Seção, julgado em 13.03.2002, *DJ* 19.03.2002, p. 189)
(DIREITO CIVIL – DIREITO AUTORAL)

Súmula 262: Incide o imposto de renda sobre o resultado das aplicações financeiras realizadas pelas cooperativas. (Súmula 262, Primeira Seção, julgado em 24.04.2002, *DJ* 07.05.2002, p. 204)
(DIREITO TRIBUTÁRIO – IMPOSTO DE RENDA)

Súmula 263 (CANCELADA): A cobrança antecipada do valor residual (VRG) descaracteriza o contrato de arrendamento mercantil, transformando-o em compra e venda a prestação. (Súmula 263, Segunda Seção, julgado em 08.05.2002, *DJ* 20.05.2002, p. 188) SÚMULA CANCELADA:
A Segunda Seção, na sessão de 10/09/2003, ao julgar o REsp 443.143/GO, determinou o CANCELAMENTO da Súmula 263 do STJ (*DJ* 24.09.2003, p. 216).
(DIREITO EMPRESARIAL – ARRENDAMENTO MERCANTIL)

Súmula 264: É irrecorrível o ato judicial que apenas manda processar a concordata preventiva. (Súmula 264, Segunda Seção, julgado em 08.05.2002, *DJ* 20.05.2002, p. 188)
(DIREITO EMPRESARIAL – FALÊNCIA, CONCORDATA E RECUPERAÇÃO JUCICIAL)

Súmula 265: É necessária a oitiva do menor infrator antes de decretar-se a regressão da medida socioeducativa. (Súmula 265, Terceira Seção, julgado em 22.05.2002, *DJ* 29.05.2002, p. 135)
(DIREITO PROCESSUAL PENAL – ESTATUTO DA CRIANÇA E DO ADOLESCENTE)

Súmula 266: O diploma ou habilitação legal para o exercício do cargo deve ser exigido na posse e não na inscrição para o concurso público. (Súmula 266, Terceira Seção, julgado em 22.05.2002, *DJ* 29.05.2002, p. 135)
(DIREITO ADMINISTRATIVO – CONCURSO PÚBLICO)

Súmula 267: A interposição de recurso, sem efeito suspensivo, contra decisão condenatória não obsta a expedição de mandado de prisão. (Súmula 267, Terceira Seção, julgado em 22.05.2002, *DJ* 29.05.2002, p. 135)
(DIREITO PROCESSUAL PENAL – RECURSOS)

Súmula 268: O fiador que não integrou a relação processual na ação de despejo não responde pela execução do julgado. (Súmula 268, Terceira Seção, julgado em 22.05.2002, *DJ* 29.05.2002, p. 135)
(DIREITO PROCESSUAL CIVIL – EXECUÇÃO)

Súmula 269: É admissível a adoção do regime prisional semiaberto aos reincidentes condenados a pena igual ou inferior a quatro anos se favoráveis as circunstâncias judiciais. (Súmula 269, Terceira Seção, julgado em 22.05.2002, *DJ* 29.05.2002, p. 135)
(DIREITO PENAL – DAS PENAS)

Súmula 270: O protesto pela preferência de crédito, apresentado por ente federal em execução que tramita na Justiça Estadual, não desloca a competência para a Justiça Federal. (Súmula 270, Corte Especial, julgado em 01.08.2002, *DJ* 21.08.2002, p. 136)
(DIREITO PROCESSUAL CIVIL – COMPETÊNCIA)

Súmula 271: A correção monetária dos depósitos judiciais independe de ação específica contra o banco depositário. (Súmula 271, Corte Especial, julgado em 01.08.2002, *DJ* 21.08.2002, p. 136)
(DIREITO CONSTITUCIONAL – SISTEMA FINANCEIRO NACIONAL)

Súmula 272: O trabalhador rural, na condição de segurado especial, sujeito à contribuição obrigatória sobre a produção rural comercializada, somente faz jus à aposentadoria por tempo de serviço, se recolher contribuições facultativas. (Súmula 272, Terceira Seção, julgado em 11.09.2002, *DJ* 19.09.2002, p. 191)
(DIREITO PREVIDENCIÁRIO – TRABALHO RURAL)

Súmula 273: Intimada a defesa da expedição da carta precatória, torna-se desnecessária intimação da data da audiência no juízo deprecado. (Súmula 273, Terceira Seção, julgado em 11.09.2002, *DJ* 19.09.2002, p. 191)
(DIREITO PROCESSUAL PENAL – INTIMAÇÃO)

Súmula 274: O ISS incide sobre o valor dos serviços de assistência médica, incluindo-se neles as refeições, os medicamentos e as diárias hospitalares. (Súmula 274, Primeira Seção, julgado em 12.02.2003, *DJ* 20.02.2003, p. 153)
(DIREITO TRIBUTÁRIO – IMPOSTO SOBRE SERVIÇOS)

Súmula 275: O auxiliar de farmácia não pode ser responsável técnico por farmácia ou drogaria. (Súmula 275, Primeira Seção, julgado em 12.03.2003, *DJ* 19.03.2003, p. 141)
(DIREITO ADMINISTRATIVO – ATIVIDADE FARMACÊUTICA)

Súmula 276 (CANCELADA): As sociedades civis de prestação de serviços profissionais são isentas da Cofins, irrelevante o regime tributário adotado. (Súmula 276, Primeira Seção, julgado em 14.05.2003, *DJ* 02.06.2003, p. 365)
SÚMULA CANCELADA:
A Primeira Seção, na sessão de 12/11/2008, ao julgar a AR 3.761/PR, determinou o CANCELAMENTO da Súmula 276 do STJ (*DJe* 20.11.2008).
(DIREITO TRIBUTÁRIO – CONTRIBUIÇÃO PARA FINANCIAMENTO DA SEGURIDADE SOCIAL)

Súmula 277: Julgada procedente a investigação de paternidade, os alimentos são devidos a partir da citação. (Súmula 277, Segunda Seção, julgado em 14.05.2003, *DJ* 16.06.2003, p. 416)
(DIREITO CIVIL – INVESTIGAÇÃO DE PATERNIDADE)

Súmula 278: O termo inicial do prazo prescricional, na ação de indenização, é a data em que o segurado teve ciência inequívoca da incapacidade laboral. (Súmula 278, Segunda Seção, julgado em 14.05.2003, *DJ* 16.06.2003, p. 416)
(DIREITO CIVIL – PRESCRIÇÃO)

Súmula 279: É cabível execução por título extrajudicial contra a Fazenda Pública. (Súmula 279, Corte Especial, julgado em 21.05.2003, DJ 16.06.2003, p. 415)
(DIREITO PROCESSUAL CIVIL – EXECUÇÃO)

Súmula 280: O art. 35 do Decreto-Lei nº 7.661, de 1945, que estabelece a prisão administrativa, foi revogado pelos incisos LXI e LXVII do art. 5º da Constituição Federal de 1988. (Súmula 280, Segunda Seção, julgado em 10.12.2003, DJ 17.12.2003, p. 210)
(DIREITO CONSTITUCIONAL – DIREITOS FUNDAMENTAIS)

Súmula 281: A indenização por dano moral não está sujeita à tarifação prevista na Lei de Imprensa. (Súmula 281, Segunda Seção, julgado em 28.04.2004, DJ 13.05.2004, p. 200)
(DIREITO CIVIL – DANO MORAL)

Súmula 282: Cabe a citação por edital em ação monitória. (Súmula 282, Segunda Seção, julgado em 28.04.2004, DJ 13.05.2004, p. 201)
(DIREITO PROCESSUAL CIVIL – AÇÃO MONITÓRIA)

Súmula 283: As empresas administradoras de cartão de crédito são instituições financeiras e, por isso, os juros remuneratórios por elas cobrados não sofrem as limitações da Lei de Usura. (Súmula 283, Segunda Seção, julgado em 28.04.2004, DJ 13.05.2004, p. 201) (DIREITO CONSTITUCIONAL – SISTEMA FINANCEIRO NACIONAL)

Súmula 284: A purga da mora, nos contratos de alienação fiduciária, só é permitida quando já pagos pelo menos 40% (quarenta por cento) do valor financiado. (Súmula 284, Segunda Seção, julgado em 28.04.2004, DJ 13.05.2004, p. 201)
(DIREITO CONSTITUCIONAL – SISTEMA FINANCEIRO NACIONAL)

Súmula 285: Nos contratos bancários posteriores ao Código de Defesa do Consumidor incide a multa moratória nele prevista. (Súmula 285, Segunda Seção, julgado em 28.04.2004, DJ 13.05.2004, p. 201)
(DIREITO DO CONSUMIDOR – INSTITUIÇÕES FINANCEIRAS)

Súmula 286: A renegociação de contrato bancário ou a confissão da dívida não impede a possibilidade de discussão sobre eventuais ilegalidades dos contratos anteriores. (Súmula 286, Segunda Seção, julgado em 28.04.2004, DJ 13.05.2004, p. 201)

(DIREITO CONSTITUCIONAL – SISTEMA FINANCEIRO NACIONAL)

Súmula 287: A Taxa Básica Financeira (TBF) não pode ser utilizada como indexador de correção monetária nos contratos bancários. (Súmula 287, Segunda Seção, julgado em 28.04.2004, DJ 13.05.2004, p. 201)
(DIREITO CONSTITUCIONAL – SISTEMA FINANCEIRO NACIONAL)

Súmula 288: A Taxa de Juros de Longo Prazo (TJLP) pode ser utilizada como indexador de correção monetária nos contratos bancários. (Súmula 288, Segunda Seção, julgado em 28.04.2004, DJ 13.05.2004, p. 201)
(DIREITO CONSTITUCIONAL – SISTEMA FINANCEIRO NACIONAL)

Súmula 289: A restituição das parcelas pagas a plano de previdência privada deve ser objeto de correção plena, por índice que recomponha a efetiva desvalorização da moeda. (Súmula 289, Segunda Seção, julgado em 28.04.2004, DJ 13.05.2004, p. 201)
(DIREITO PREVIDENCIÁRIO – PREVIDÊNCIA PRIVADA)

Súmula 290: Nos planos de previdência privada, não cabe ao beneficiário a devolução da contribuição efetuada pelo patrocinador. (Súmula 290, Segunda Seção, julgado em 28.04.2004, DJ 13.05.2004, p. 201)
(DIREITO PREVIDENCIÁRIO – PREVIDÊNCIA PRIVADA)

Súmula 291: A ação de cobrança de parcelas de complementação de aposentadoria pela previdência privada prescreve em cinco anos. (Súmula 291, Segunda Seção, julgado em 28.04.2004, DJ 13.05.2004, p. 201)
(DIREITO PREVIDENCIÁRIO – PREVIDÊNCIA PRIVADA)

Súmula 292: A reconvenção é cabível na ação monitória, após a conversão do procedimento em ordinário. (Súmula 292, Corte Especial, julgado em 05.05.2004, DJ 13.05.2004, p. 183)
(DIREITO PROCESSUAL CIVIL – AÇÃO MONITÓRIA)

Súmula 293: A cobrança antecipada do valor residual garantido (VRG) não descaracteriza o contrato de arrendamento mercantil. (Súmula 293, Corte Especial, julgado em 05.05.2004, DJ 13.05.2004, p. 183)

(DIREITO EMPRESARIAL – ARRENDAMENTO MERCANTIL)
Súmula 294: Não é potestativa a cláusula contratual que prevê a comissão de permanência, calculada pela taxa média de mercado apurada pelo Banco Central do Brasil, limitada à taxa do contrato. (Súmula 294, Segunda Seção, julgado em 12.05.2004, *DJ* 09.09.2004, p. 148)
(DIREITO CONSTITUCIONAL – SISTEMA FINANCEIRO NACIONAL)
Súmula 295: A Taxa Referencial (TR) é indexador válido para contratos posteriores à Lei n. 8.177/91, desde que pactuada. (Súmula 295, Segunda Seção, julgado em 12.05.2004, *DJ* 09.09.2004, p. 149)
(DIREITO CONSTITUCIONAL – SISTEMA FINANCEIRO NACIONAL)
Súmula 296: Os juros remuneratórios, não cumuláveis com a comissão de permanência, são devidos no período de inadimplência, à taxa média de mercado estipulada pelo Banco Central do Brasil, limitada ao percentual contratado. (Súmula 296, Segunda Seção, julgado em 12.05.2004, *DJ* 09.09.2004, p. 149)
(DIREITO CONSTITUCIONAL – SISTEMA FINANCEIRO NACIONAL)
Súmula 297: O Código de Defesa do Consumidor é aplicável às instituições financeiras. (Súmula 297, Segunda Seção, julgado em 12.05.2004, *DJ* 09.09.2004, p. 149)
(DIREITO DO CONSUMIDOR – INSTITUIÇÕES FINANCEIRAS)
Súmula 298: O alongamento de dívida originada de crédito rural não constitui faculdade da instituição financeira, mas, direito do devedor nos termos da lei. (Súmula 298, Segunda Seção, julgado em 18.10.2004, *DJ* 22.11.2004, p. 425)
(DIREITO CONSTITUCIONAL – SISTEMA FINANCEIRO NACIONAL)
Súmula 299: É admissível a ação monitória fundada em cheque prescrito. (Súmula 299, Segunda Seção, julgado em 18.10.2004, *DJ* 22.11.2004, p. 425)
(DIREITO PROCESSUAL CIVIL – AÇÃO MONITÓRIA)
Súmula 300: O instrumento de confissão de dívida, ainda que originário de contrato de abertura de crédito, constitui título executivo extrajudicial. (Súmula 300, Segunda Seção, julgado em 18.10.2004, *DJ* 22.11.2004, p. 425)

(DIREITO PROCESSUAL CIVIL – EXECUÇÃO)
Súmula 301: Em ação investigatória, a recusa do suposto pai a submeter-se ao exame de DNA induz presunção *juris tantum* de paternidade. (Súmula 301, Segunda Seção, julgado em 18.10.2004, *DJ* 22.11.2004, p. 425)
(DIREITO CIVIL – INVESTIGAÇÃO DE PATERNIDADE)
Súmula 302: É abusiva a cláusula contratual de plano de saúde que limita no tempo a internação hospitalar do segurado. (Súmula 302, Segunda Seção, julgado em 18.10.2004, *DJ* 22.11.2004, p. 425)
(DIREITO DO CONSUMIDOR – PLANO DE SAÚDE)
Súmula 303: Em embargos de terceiro, quem deu causa à constrição indevida deve arcar com os honorários advocatícios. (Súmula 303, Corte Especial, julgado em 03.11.2004, *DJ* 22.11.2004, p. 411)
(DIREITO PROCESSUAL CIVIL – HONORÁRIOS ADVOCATÍCIOS)
Súmula 304: É ilegal a decretação da prisão civil daquele que não assume expressamente o encargo de depositário judicial. (Súmula 304, Corte Especial, julgado em 03.11.2004, *DJ* 22.11.2004, p. 411)
(DIREITO PROCESSUAL CIVIL – EXECUÇÃO)
Súmula 305: É descabida a prisão civil do depositário quando, decretada a falência da empresa, sobrevém a arrecadação do bem pelo síndico. (Súmula 305, Corte Especial, julgado em 03.11.2004, *DJ* 22.11.2004, p. 411)
(DIREITO EMPRESARIAL – FALÊNCIA, CONCORDATA E RECUPERAÇÃO JUCICIAL)
Súmula 306: Os honorários advocatícios devem ser compensados quando houver sucumbência recíproca, assegurado o direito autônomo do advogado à execução do saldo sem excluir a legitimidade da própria parte. (Súmula 306, Corte Especial, julgado em 03.11.2004, *DJ* 22.11.2004, p. 411)
(DIREITO PROCESSUAL CIVIL – SUCUMBÊNCIA)
Súmula 307: A restituição de adiantamento de contrato de câmbio, na falência, deve ser atendida antes de qualquer crédito. (Súmula 307, Segunda Seção, julgado em 06.12.2004, *DJ* 15.12.2004, p. 193)
(DIREITO EMPRESARIAL – FALÊNCIA, CONCORDATA E RECUPERAÇÃO JUCICIAL)
Súmula 308: A hipoteca firmada entre a construtora e o agente financeiro, anterior ou posterior

à celebração da promessa de compra e venda, não tem eficácia perante os adquirentes do imóvel. (Súmula 308, Segunda Seção, julgado em 30.03.2005, *DJ* 25.04.2005, p. 384)
(DIREITO CIVIL - HIPOTECA)

Súmula 309: O débito alimentar que autoriza a prisão civil do alimentante é o que compreende as três prestações anteriores ao ajuizamento da execução e as que se vencerem no curso do processo.(*)
(*) Julgando o HC 53.068-MS, na sessão de 22.03.2006, a Segunda SEÇÃO deliberou pela ALTERAÇÃO da Súmula n. 309. REDAÇÃO ANTERIOR (decisão de 27.04.2005, *DJ* 04.05.2005): O débito alimentar que autoriza a prisão civil do alimentante é o que compreende as três prestações anteriores à citação e as que vencerem no curso do processo. (Súmula 309, Segunda SEÇÃO, julgado em 22.03.2006, *DJ* 19.04.2006, p. 153)
(DIREITO PROCESSUAL CIVIL - EXECUÇÃO)

Súmula 310: O auxílio-creche não integra o salário de contribuição. (Súmula 310, Primeira Seção, julgado em 11.05.2005, *DJ* 23.05.2005, p. 371)
(DIREITO PREVIDENCIÁRIO - BENEFÍCIOS PREVIDENCIÁRIOS)

Súmula 311: Os atos do presidente do tribunal que disponham sobre processamento e pagamento de precatório não têm caráter jurisdicional. (Súmula 311, Primeira Seção, julgado em 11.05.2005, *DJ* 23.05.2005, p. 371)
(DIREITO CONSTITUCIONAL - PRECATÓRIOS)

Súmula 312: No processo administrativo para imposição de multa de trânsito, são necessárias as notificações da autuação e da aplicação da pena decorrente da infração. (Súmula 312, Primeira Seção, julgado em 11.05.2005, *DJ* 23.05.2005, p. 371)
(DIREITO ADMINISTRATIVO - CÓDIGO DE TRÂNSITO BRASILEIRO)

Súmula 313: Em ação de indenização, procedente o pedido, é necessária a constituição de capital ou caução fidejussória para a garantia de pagamento da pensão, independentemente da situação financeira do demandado. (Súmula 313, Segunda Seção, julgado em 25.05.2005, *DJ* 06.06.2005, p. 397)
(DIREITO PROCESSUAL CIVIL - LIQUIDAÇÃO DE SENTENÇA)

Súmula 314: Em execução fiscal, não localizados bens penhoráveis, suspende-se o processo por um ano, findo o qual se inicia o prazo da prescrição quinquenal intercorrente. (Súmula 314, Primeira Seção, julgado em 12.12.2005, *DJ* 08.02.2006, p. 258)
(DIREITO PROCESSUAL CIVIL - EXECUÇÃO FISCAL)

Súmula 315: Não cabem embargos de divergência no âmbito do agravo de instrumento que não admite recurso especial. (Súmula 315, Corte Especial, julgado em 05.10.2005, *DJ* 18.10.2005, p. 102)
(DIREITO PROCESSUAL CIVIL - DOS RECURSOS)

Súmula 316: Cabem embargos de divergência contra acórdão que, em agravo regimental, decide recurso especial. (Súmula 316, Corte Especial, julgado em 05.10.2005, *DJ* 18.10.2005, p. 103)
(DIREITO PROCESSUAL CIVIL - DOS RECURSOS)

Súmula 317: É definitiva a execução de título extrajudicial, ainda que pendente apelação contra sentença que julgue improcedentes os embargos. (Súmula 317, Corte Especial, julgado em 05.10.2005, *DJ* 18.10.2005, p. 103)
(DIREITO PROCESSUAL CIVIL - EXECUÇÃO)

Súmula 318: Formulado pedido certo e determinado, somente o autor tem interesse recursal em arguir o vício da sentença ilíquida. (Súmula 318, Corte Especial, julgado em 05.10.2005, *DJ* 18.10.2005, p. 103)
(DIREITO PROCESSUAL CIVIL - DOS RECURSOS)

Súmula 319: O encargo de depositário de bens penhorados pode ser expressamente recusado. (Súmula 319, Corte Especial, julgado em 05.10.2005, *DJ* 18.10.2005, p. 103)
(DIREITO PROCESSUAL CIVIL - EXECUÇÃO)

Súmula 320: A questão federal somente ventilada no voto vencido não atende ao requisito do prequestionamento. (Súmula 320, Corte Especial, julgado em 05.10.2005, *DJ* 18.10.2005, p. 103)
(DIREITO PROCESSUAL CIVIL - DOS RECURSOS)

Súmula 321 (CANCELADA): O Código de Defesa do Consumidor é aplicável à relação jurídica entre a entidade de previdência privada e seus participantes. (Súmula 321, Segunda Seção, julgado em 23.11.2005, *DJ* 05.12.2005, p. 410)
SÚMULA CANCELADA:

A Segunda Seção, na sessão de 24/02/2016, ao apreciar o Projeto de Súmula nº 627 e o julgado no REsp 1.536.736/MG, determinou o CANCELAMENTO da Súmula 321 do STJ (*DJe* 29.02.2016).
(DIREITO DO CONSUMIDOR – INSTITUIÇÕES FINANCEIRAS)

Súmula 322: Para a repetição de indébito, nos contratos de abertura de crédito em conta-corrente, não se exige a prova do erro. (Súmula 322, Segunda Seção, julgado em 23.11.2005, *DJ* 05.12.2005, p. 410)
(DIREITO CIVIL – CONTRATOS)

Súmula 323: A inscrição do nome do devedor pode ser mantida nos serviços de proteção ao crédito até o prazo máximo de cinco anos, independentemente da prescrição da execução. (Súmula 323, Segunda Seção, julgado em 25.11.2009, *DJ* 05.12.2005, p. 410, *REPDJe* 16.12.2009)
(DIREITO DO CONSUMIDOR – SERVIÇO DE PROTEÇÃO AO CRÉDITO)

Súmula 324: Compete à Justiça Federal processar e julgar ações de que participa a Fundação Habitacional do Exército, equiparada à entidade autárquica federal, supervisionada pelo Ministério do Exército. (Súmula 324, Corte Especial, julgado em 03.05.2006, *DJ* 16.05.2006, p. 214)
(DIREITO PROCESSUAL CIVIL – COMPETÊNCIA)

Súmula 325: A remessa oficial devolve ao Tribunal o reexame de todas as parcelas da condenação suportadas pela Fazenda Pública, inclusive dos honorários de advogado. (Súmula 325, Corte Especial, julgado em 03.05.2006, *DJ* 16.05.2006, p. 214)
(DIREITO PROCESSUAL CIVIL – REEXAME NECESSÁRIO)

Súmula 326: Na ação de indenização por dano moral, a condenação em montante inferior ao postulado na inicial não implica sucumbência recíproca. (Súmula 326, Corte Especial, julgado em 22.05.2006, *DJ* 07.06.2006, p. 240)
(DIREITO PROCESSUAL CIVIL – SUCUMBÊNCIA)

Súmula 327: Nas ações referentes ao Sistema Financeiro da Habitação, a Caixa Econômica Federal tem legitimidade como sucessora do Banco Nacional da Habitação. (Súmula 327, Corte Especial, julgado em 22.05.2006, *DJ* 07.06.2006, p. 240)
(DIREITO CONSTITUCIONAL – SISTEMA FINANCEIRO DA HABITAÇÃO)

Súmula 328: Na execução contra instituição financeira, é penhorável o numerário disponível, excluídas as reservas bancárias mantidas no Banco Central. (Súmula 328, Corte Especial, julgado em 02.08.2006, *DJ* 10.08.2006, p. 254)
(DIREITO PROCESSUAL CIVIL – EXECUÇÃO)

Súmula 329: O Ministério Público tem legitimidade para propor ação civil pública em defesa do patrimônio público. (Súmula 329, Corte Especial, julgado em 02.08.2006, *DJ* 10.08.2006, p. 254)
(DIREITO CONSTITUCIONAL – AÇÃO CIVIL PÚBLICA)

Súmula 330: É desnecessária a resposta preliminar de que trata o artigo 514 do Código de Processo Penal, na ação penal instruída por inquérito policial. (Súmula 330, Terceira Seção, julgado em 13.09.2006, *DJ* 20.09.2006, p. 232)
(DIREITO PROCESSUAL PENAL – RESPOSTA PRELIMINAR)

Súmula 331: A apelação interposta contra sentença que julga embargos à arrematação tem efeito meramente devolutivo. (Súmula 331, Corte Especial, julgado em 04.10.2006, *DJ* 10.10.2006, p. 314)
(DIREITO PROCESSUAL CIVIL – DOS RECURSOS)

Súmula 332: A fiança prestada sem autorização de um dos cônjuges implica a ineficácia total da garantia. (Súmula 332, Corte Especial, julgado em 05.03.2008, *DJe* 13.03.2008)
(DIREITO CIVIL – CONTRATOS)

Súmula 333: Cabe mandado de segurança contra ato praticado em licitação promovida por sociedade de economia mista ou empresa pública. (Súmula 333, Primeira Seção, julgado em 13.12.2006, *DJ* 14.02.2007, p. 246)
(DIREITO CONSTITUCIONAL – MANDADO DE SEGURANÇA)

Súmula 334: O ICMS não incide no serviço dos provedores de acesso à Internet. (Súmula 334, Primeira Seção, julgado em 13.12.2006, *DJ* 14.02.2007, p. 246)
(DIREITO TRIBUTÁRIO – IMPOSTO SOBRE CIRCULAÇÃO DE MERCADORIAS E SERVIÇOS)

Súmula 335: Nos contratos de locação, é válida a cláusula de renúncia à indenização das benfeitorias e ao direito de retenção. (Súmula 335, Terceira

Seção, julgado em 25.04.2007, *DJ* 07.05.2007, p. 456)
(DIREITO CIVIL – LOCAÇÃO)

Súmula 336: A mulher que renunciou aos alimentos na separação judicial tem direito à pensão previdenciária por morte do ex-marido, comprovada a necessidade econômica superveniente. (Súmula 336, Terceira Seção, julgado em 25.04.2007, *DJ* 07.05.2007, p. 456)
(DIREITO PREVIDENCIÁRIO – DOS BENEFÍCIOS PREVIDENCIÁRIOS)

Súmula 337: É cabível a suspensão condicional do processo na desclassificação do crime e na procedência parcial da pretensão punitiva. (Súmula 337, Terceira Seção, julgado em 09.05.2007, *DJ* 16.05.2007, p. 201)
(DIREITO PROCESSUAL PENAL – SUSPENSÃO CONDICIONAL DO PROCESSO)

Súmula 338: A prescrição penal é aplicável nas medidas socioeducativas. (Súmula 338, Terceira Seção, julgado em 09.05.2007, *DJ* 16.05.2007, p. 201)
(DIREITO PENAL – ESTATUTO DA CRIANÇA E DO ADOLESCENTE)

Súmula 339: É cabível ação monitória contra a Fazenda Pública. (Súmula 339, Corte Especial, julgado em 16.05.2007, *DJ* 30.05.2007, p. 293)
(DIREITO PROCESSUAL CIVIL – AÇÃO MONITÓRIA)

Súmula 340: A lei aplicável à concessão de pensão previdenciária por morte é aquela vigente na data do óbito do segurado. (Súmula 340, Terceira Seção, julgado em 27.06.2007, *DJ* 13.08.2007, p. 581)
(DIREITO PREVIDENCIÁRIO – DOS BENEFÍCIOS PREVIDENCIÁRIOS)

Súmula 341: A frequência a curso de ensino formal é causa de remição de parte do tempo de execução de pena sob regime fechado ou semiaberto. (Súmula 341, Terceira Seção, julgado em 27.06.2007, *DJ* 13.08.2007, p. 581)
(DIREITO PENAL – EXECUÇÃO PENAL)

Súmula 342: No procedimento para aplicação de medida socioeducativa, é nula a desistência de outras provas em face da confissão do adolescente. (Súmula 342, Terceira Seção, julgado em 27.06.2007, *DJ* 13.08.2007, p. 581)
(DIREITO PENAL – ESTATUTO DA CRIANÇA E DO ADOLESCENTE)

Súmula 343: É obrigatória a presença de advogado em todas as fases do processo administrativo disciplinar. (Súmula 343, Terceira Seção, julgado em 12.09.2007, *DJ* 21.09.2007, p. 334)
(DIREITO ADMINISTRATIVO – PROCESSO ADMINISTRATIVO DISCIPLINAR)

Súmula 344: A liquidação por forma diversa da estabelecida na sentença não ofende a coisa julgada. (Súmula 344, Corte Especial, julgado em 07.11.2007, *DJ* 28.11.2007, p. 225)
(DIREITO PROCESSUAL CIVIL – LIQUIDAÇÃO DE SENTENÇA)

Súmula 345: São devidos honorários advocatícios pela Fazenda Pública nas execuções individuais de sentença proferida em ações coletivas, ainda que não embargadas. (Súmula 345, Corte Especial, julgado em 07.11.2007, *DJ* 28.11.2007, p. 225)
(DIREITO PROCESSUAL CIVIL – HONORÁRIOS ADVOCATÍCIOS)

Súmula 346: É vedada aos militares temporários, para aquisição de estabilidade, a contagem em dobro de férias e licenças não gozadas. (Súmula 346, Terceira Seção, julgado em 13.02.2008, *DJe* 03.03.2008)
(DIREITO ADMINISTRATIVO – SERVIDOR PÚBLICO MILITAR)

Súmula 347: O conhecimento de recurso de apelação do réu independe de sua prisão. (Súmula 347, Terceira Seção, julgado em 23.04.2008, *DJe* 29.04.2008)
(DIREITO PROCESSUAL PENAL – RECURSOS)

Súmula 348 (CANCELADA): Compete ao Superior Tribunal de Justiça decidir os conflitos de competência entre juizado especial federal e juízo federal, ainda que da mesma SEÇÃO judiciária. (Súmula 348, Corte Especial, julgado em 04.06.2008, *DJe* 09.06.2008)
SÚMULA CANCELADA:
A Corte Especial, na sessão de 17/03/2010, ao julgar o CC 107.635/PR, determinou o CANCELAMENTO da Súmula 348 do STJ (*DJe* 23.03.2010).
(DIREITO PROCESSUAL CIVIL – COMPETÊNCIA)

Súmula 349: Compete à Justiça Federal ou aos juízes com competência delegada o julgamento das execuções fiscais de contribuições devidas pelo empregador ao FGTS. (Súmula 349, Primeira Seção, julgado em 11.06.2008, *DJe* 19.06.2008)

(DIREITO ADMINISTRATIVO – FUNDO DE GARANTIA POR TEMPO DE SERVIÇO)
Súmula 350: O ICMS não incide sobre o serviço de habilitação de telefone celular. (Súmula 350, Primeira Seção, julgado em 11.06.2008, *DJe* 19.06.2008)
(DIREITO TRIBUTÁRIO – IMPOSTO SOBRE CIRCULAÇÃO DE MERCADORIAS E SERVIÇOS)
Súmula 351: A alíquota de contribuição para o Seguro de Acidente do Trabalho (SAT) é aferida pelo grau de risco desenvolvido em cada empresa, individualizada pelo seu CNPJ, ou pelo grau de risco da atividade preponderante quando houver apenas um registro. (Súmula 351, Primeira Seção, julgado em 11.06.2008, *DJe* 19.06.2008)
(DIREITO PREVIDENCIÁRIO – SEGURO DE ACIDENTE DO TRABALHO)
Súmula 352: A obtenção ou a renovação do Certificado de Entidade Beneficente de Assistência Social (Cebas) não exime a entidade do cumprimento dos requisitos legais supervenientes. (Súmula 352, Primeira Seção, julgado em 11.06.2008, *DJe* 19.06.2008)
(DIREITO PREVIDENCIÁRIO – CERTIFICADO DE ENTIDADE BENEFICENTE DE ASSISTÊNCIA SOCIAL)
Súmula 353: As disposições do Código Tributário Nacional não se aplicam às contribuições para o FGTS. (Súmula 353, Primeira Seção, julgado em 11.06.2008, *DJe* 19.06.2008)
(DIREITO ADMINISTRATIVO – FUNDO DE GARANTIA POR TEMPO DE SERVIÇO)
Súmula 354: A invasão do imóvel é causa de suspensão do processo expropriatório para fins de reforma agrária. (Súmula 354, Primeira Seção, julgado em 25.06.2008, *DJe* 08.09.2008)
(DIREITO ADMINISTRATIVO – DESAPROPRIAÇÃO)
Súmula 355: É válida a notificação do ato de exclusão do programa de recuperação fiscal do REFIS pelo Diário Oficial ou pela Internet. (Súmula 355, Primeira Seção, julgado em 25.06.2008, *DJe* 08.09.2008)
(DIREITO TRIBUTÁRIO – PROGRAMA DE RECUPERAÇÃO FISCAL)
Súmula 356: É legítima a cobrança da tarifa básica pelo uso dos serviços de telefonia fixa. (Súmula 356, Primeira Seção, julgado em 25.06.2008, *DJe* 08.09.2008)
(DIREITO ADMINISTRATIVO – TELEFONIA)
Súmula 357: A pedido do assinante, que responderá pelos custos, é obrigatória, a partir de 1º de janeiro de 2006, a discriminação de pulsos excedentes e ligações de telefone fixo para celular. (Súmula 357, Primeira Seção, julgado em 25.06.2008, *DJe* 08.09.2008) REVOGAÇÃO DA SÚMULA: A Primeira Seção, na sessão de 27/05/2009, ao julgar o REsp 1.074.799/MG, determinou a REVOGAÇÃO da Súmula 357 do STJ (*DJe* 22.06.2009).
(DIREITO DO CONSUMIDOR – SERVIÇOS PÚBLICOS)
Súmula 358: O cancelamento de pensão alimentícia de filho que atingiu a maioridade está sujeito à decisão judicial, mediante contraditório, ainda que nos próprios autos. (Súmula 358, Segunda Seção, julgado em 13.08.2008, *DJe* 08.09.2008, REP*DJe* 24.09.2008)
(DIREITO CIVIL – ALIMENTOS)
Súmula 359: Cabe ao órgão mantenedor do Cadastro de Proteção ao Crédito a notificação do devedor antes de proceder à inscrição. (Súmula 359, Segunda Seção, julgado em 13.08.2008, *DJe* 08.09.2008)
(DIREITO DO CONSUMIDOR – SERVIÇO DE PROTEÇÃO AO CRÉDITO)
Súmula 360: O benefício da denúncia espontânea não se aplica aos tributos sujeitos a lançamento por homologação regularmente declarados, mas pagos a destempo. (Súmula 360, Primeira Seção, julgado em 27.08.2008, *DJe* 08.09.2008)
(DIREITO TRIBUTÁRIO – DENÚNCIA ESPONTÂNEA)
Súmula 361: A notificação do protesto, para requerimento de falência da empresa devedora, exige a identificação da pessoa que a recebeu.
Súmula 362: A correção monetária do valor da indenização do dano moral incide desde a data do arbitramento. (Súmula 362, Corte Especial, julgado em 15.10.2008, *DJe* 03.11.2008)
(DIREITO CIVIL – RESPONSABILIDADE CIVIL)
Súmula 363: Compete à Justiça estadual processar e julgar a ação de cobrança ajuizada por profissional liberal contra cliente. (Súmula 363, Corte Especial, julgado em 15.10.2008, *DJe* 03.11.2008)

(DIREITO PROCESSUAL CIVIL – COMPETÊNCIA)

Súmula 364: O conceito de impenhorabilidade de bem de família abrange também o imóvel pertencente a pessoas solteiras, separadas e viúvas. (Súmula 364, Corte Especial, julgado em 15.10.2008, DJe 03.11.2008)

(DIREITO PROCESSUAL CIVIL – EXECUÇÃO)

Súmula 365: A intervenção da União como sucessora da Rede Ferroviária Federal S/A (RFFSA) desloca a competência para a Justiça Federal ainda que a sentença tenha sido proferida por Juízo estadual. (Súmula 365, Corte Especial, julgado em 19.11.2008, DJe 26.11.2008)

(DIREITO PROCESSUAL CIVIL – COMPETÊNCIA)

Súmula 366 (CANCELADA): Compete à Justiça Estadual processar e julgar ação indenizatória proposta por viúva e filhos de empregado falecido em acidente de trabalho. (Súmula 366, Corte Especial, julgado em 19.11.2008, DJe 26.11.2008)

SÚMULA CANCELADA:
A Corte Especial, na sessão de 16/09/2009, ao julgar o CC 101.977/SP, determinou o CANCELAMENTO da Súmula 366 do STJ (DJe 22.09.2009).

(DIREITO PROCESSUAL CIVIL – COMPETÊNCIA)

Súmula 367: A competência estabelecida pela EC n. 45/2004 não alcança os processos já sentenciados. (Súmula 367, Corte Especial, julgado em 19.11.2008, DJe 26.11.2008)

(DIREITO PROCESSUAL CIVIL – COMPETÊNCIA)

Súmula 368: Compete à Justiça comum estadual processar e julgar os pedidos de retificação de dados cadastrais da Justiça Eleitoral. (Súmula 368, Primeira Seção, julgado em 26.11.2008, DJe 03.12.2008)

(DIREITO PROCESSUAL CIVIL – COMPETÊNCIA)

Súmula 369: No contrato de arrendamento mercantil (*leasing*), ainda que haja cláusula resolutiva expressa, é necessária a notificação prévia do arrendatário para constituí-lo em mora. (Súmula 369, Segunda Seção, julgado em 16.02.2009, DJe 25.02.2009)

(DIREITO EMPRESARIAL – ARRENDAMENTO MERCANTIL)

Súmula 370: Caracteriza dano moral a apresentação antecipada de cheque pré-datado. (Súmula 370, Segunda Seção, julgado em 16.02.2009, DJe 25.02.2009)

(DIREITO CIVIL – DANO MORAL)

Súmula 371: Nos contratos de participação financeira para a aquisição de linha telefônica, o Valor Patrimonial da Ação (VPA) é apurado com base no balancete do mês da integralização. (Súmula 371, Segunda Seção, julgado em 11.03.2009, DJe 30.03.2009)

(DIREITO EMPRESARIAL – CONTRATO DE PARTICIPAÇÃO FINANCEIRA)

Súmula 372: Na ação de exibição de documentos, não cabe a aplicação de multa cominatória. (Súmula 372, Segunda Seção, julgado em 11.03.2009, DJe 30.03.2009)

(DIREITO PROCESSUAL CIVIL – AÇÃO DE EXIBIÇÃO DE DOCUMENTOS)

Súmula 373: É ilegítima a exigência de depósito prévio para admissibilidade de recurso administrativo. (Súmula 373, Primeira Seção, julgado em 11.03.2009, DJe 30.03.2009)

(DIREITO ADMINISTRATIVO – PROCESSO ADMINISTRATIVO)

Súmula 374: Compete à Justiça Eleitoral processar e julgar a ação para anular débito decorrente de multa eleitoral. (Súmula 374, Primeira Seção, julgado em 11.03.2009, DJe 30.03.2009)

(DIREITO PROCESSUAL CIVIL – COMPETÊNCIA)

Súmula 375: O reconhecimento da fraude à execução depende do registro da penhora do bem alienado ou da prova de má-fé do terceiro adquirente. (Súmula 375, Corte Especial, julgado em 18.03.2009, DJe 30.03.2009)

(DIREITO PROCESSUAL CIVIL – EXECUÇÃO)

Súmula 376: Compete à turma recursal processar e julgar o mandado de segurança contra ato de juizado especial. (Súmula 376, Corte Especial, julgado em 18.03.2009, DJe 30.03.2009)

(DIREITO CONSTITUCIONAL – MANDADO DE SEGURANÇA)

Súmula 377: O portador de visão monocular tem direito de concorrer, em concurso público, às vagas reservadas aos deficientes. (Súmula 377, Terceira Seção, julgado em 22.04.2009, DJe 24.05.2013, DJe 05.05.2009)

(DIREITO ADMINISTRATIVO – CONCURSO PÚBLICO)
Súmula 378: Reconhecido o desvio de função, o servidor faz jus às diferenças salariais decorrentes.
Súmula 379: Nos contratos bancários não regidos por legislação específica, os juros moratórios poderão ser convencionados até o limite de 1% ao mês. (Súmula 379, Segunda Seção, julgado em 22.04.2009, DJe 05.05.2009)
(DIREITO CONSTITUCIONAL – SISTEMA FINANCEIRO NACIONAL)
Súmula 380: A simples propositura da ação de revisão de contrato não inibe a caracterização da mora do autor. (Súmula 380, Segunda Seção, julgado em 2.04.2009, DJe 05.05.2009)
(DIREITO CIVIL – CONTRATOS)
Súmula 381: Nos contratos bancários, é vedado ao julgador conhecer, de ofício, da abusividade das cláusulas. (Súmula 381, Segunda Seção, julgado em 22.04.2009, DJe 05.05.2009)
(DIREITO CONSTITUCIONAL – SISTEMA FINANCEIRO NACIONAL)
Súmula 382: A estipulação de juros remuneratórios superiores a 12% ao ano, por si só, não indica abusividade. (Súmula 382, Segunda Seção, julgado em 27.05.2009, DJe 08.06.2009)
(DIREITO CONSTITUCIONAL – SISTEMA FINANCEIRO NACIONAL)
Súmula 383: A competência para processar e julgar as ações conexas de interesse de menor é, em princípio, do foro do domicílio do detentor de sua guarda. (Súmula 383, Segunda Seção, julgado em 27.05.2009, DJe 08.06.2009)
(DIREITO PROCESSUAL CIVIL – COMPETÊNCIA)
Súmula 384: Cabe ação monitória para haver saldo remanescente oriundo de venda extrajudicial de bem alienado fiduciariamente em garantia. (Súmula 384, Segunda Seção, julgado em 27.05.2009, DJe 08.06.2009)
(DIREITO PROCESSUAL CIVIL – AÇÃO MONITÓRIA)
Súmula 385: Da anotação irregular em cadastro de proteção ao crédito, não cabe indenização por dano moral, quando preexistente legítima inscrição, ressalvado o direito ao cancelamento. (Súmula 385, Segunda Seção, julgado em 27.05.2009, DJe 08.06.2009)
(DIREITO DO CONSUMIDOR – SERVIÇO DE PROTEÇÃO AO CRÉDITO)
Súmula 386: São isentas de imposto de renda as indenizações de férias proporcionais e o respectivo adicional. (Súmula 386, Primeira Seção, julgado em 26.08.2009, DJe 01.09.2009)
(DIREITO TRIBUTÁRIO – IMPOSTO DE RENDA)
Súmula 387: É lícita a cumulação das indenizações de dano estético e dano moral. (Súmula 387, Segunda Seção, julgado em 26.08.2009, DJe 01.09.2009)
(DIREITO CIVIL – DANO MORAL)
Súmula 388: A simples devolução indevida de cheque caracteriza dano moral. (Súmula 388, Segunda Seção, julgado em 26.08.2009, DJe 01.09.2009)
(DIREITO CIVIL – DANO MORAL)
Súmula 389: A comprovação do pagamento do "custo do serviço" referente ao fornecimento de certidão de assentamentos constantes dos livros da companhia é requisito de procedibilidade da ação de exibição de documentos ajuizada em face da sociedade anônima. (Súmula 389, Segunda Seção, julgado em 26.08.2009, DJe 01.09.2009)
(DIREITO PROCESSUAL CIVIL – AÇÃO DE EXIBIÇÃO DE DOCUMENTOS)
Súmula 390: Nas decisões por maioria, em reexame necessário, não se admitem embargos infringentes. (Súmula 390, Corte Especial, julgado em 02.09.2009, DJe 09.09.2009)
(DIREITO PROCESSUAL CIVIL – DOS RECURSOS)
Súmula 391: O ICMS incide sobre o valor da tarifa de energia elétrica correspondente à demanda de potência efetivamente utilizada. (Súmula 391, Primeira Seção, julgado em 23.09.2009, DJe 07.10.2009)
(DIREITO TRIBUTÁRIO – IMPOSTO SOBRE CIRCULAÇÃO DE MERCADORIAS E SERVIÇOS)
Súmula 392: A Fazenda Pública pode substituir a certidão de dívida ativa (CDA) até a prolação da sentença de embargos, quando se tratar de correção de erro material ou formal, vedada a modificação do sujeito passivo da execução. (Súmula 392, Primeira Seção, julgado em 23.09.2009, DJe 07.10.2009)
(DIREITO PROCESSUAL CIVIL – EXECUÇÃO FISCAL)

Súmula 393: A exceção de pré-executividade é admissível na execução fiscal relativamente às matérias conhecíveis de ofício que não demandem dilação probatória. (Súmula 393, Primeira Seção, julgado em 23.09.2009, *DJe* 07.10.2009)
(DIREITO PROCESSUAL CIVIL – EXECUÇÃO FISCAL)

Súmula 394: É admissível, em embargos à execução, compensar os valores de imposto de renda retidos indevidamente na fonte com os valores restituídos apurados na declaração anual. (Súmula 394, Primeira Seção, julgado em 23.09.2009, *DJe* 07.10.2009, *REPDJe* 21.10.2009)
(DIREITO PROCESSUAL CIVIL – EXECUÇÃO FISCAL)

Súmula 395: O ICMS incide sobre o valor da venda a prazo constante da nota fiscal. (Súmula 395, Primeira Seção, julgado em 23.09.2009, *DJe* 07.10.2009)
(DIREITO TRIBUTÁRIO – IMPOSTO SOBRE CIRCULAÇÃO DE MERCADORIAS E SERVIÇOS)

Súmula 396: A Confederação Nacional da Agricultura tem legitimidade ativa para a cobrança da contribuição sindical rural. (Súmula 396, Primeira Seção, julgado em 23.09.2009, *DJe* 07.10.2009)
(DIREITO DO TRABALHO – CONTRIBUIÇÃO SINDICAL)

Súmula 397: O contribuinte do IPTU é notificado do lançamento pelo envio do carnê ao seu endereço. (Súmula 397, Primeira Seção, julgado em 23.09.2009, *DJe* 07.10.2009)
(DIREITO TRIBUTÁRIO – IMPOSTO SOBRE A PROPRIEDADE PREDIAL E TERRITORIAL URBANA)

Súmula 398: A prescrição da ação para pleitear os juros progressivos sobre os saldos de conta vinculada do FGTS não atinge o fundo de direito, limitando-se às parcelas vencidas. (Súmula 398, Primeira Seção, julgado em 23.09.2009, *DJe* 07.10.2009)
(DIREITO ADMINISTRATIVO – FUNDO DE GARANTIA POR TEMPO DE SERVIÇO)

Súmula 399: Cabe à legislação municipal estabelecer o sujeito passivo do IPTU. (Súmula 399, Primeira Seção, julgado em 23.09.2009, *DJe* 07.10.2009)
(DIREITO TRIBUTÁRIO – IMPOSTO SOBRE A PROPRIEDADE PREDIAL E TERRITORIAL URBANA)

Súmula 400: O encargo de 20% previsto no DL n. 1.025.1969 é exigível na execução fiscal proposta contra a massa falida. (Súmula 400, Primeira Seção, julgado em 23.09.2009, *DJe* 07.10.2009)
(DIREITO PROCESSUAL CIVIL – EXECUÇÃO FISCAL)

Súmula 401: O prazo decadencial da ação rescisória só se inicia quando não for cabível qualquer recurso do último pronunciamento judicial. (Súmula 401, Corte Especial, julgado em 07.10.2009, *DJe* 13.10.2009)
(DIREITO PROCESSUAL CIVIL – AÇÃO RESCISÓRIA)

Súmula 402: O contrato de seguro por danos pessoais compreende os danos morais, salvo cláusula expressa de exclusão. (Súmula 402, Segunda Seção, julgado em 28.10.2009, *DJe* 24.11.2009)
(DIREITO CIVIL – RESPONSABILIDADE CIVIL)

Súmula 403: Independe de prova do prejuízo a indenização pela publicação não autorizada de imagem de pessoa com fins econômicos ou comerciais. (Súmula 403, Segunda Seção, julgado em 28.10.2009, *DJe* 24.11.2009)
(DIREITO CIVIL – DANO MORAL)

Súmula 404: É dispensável o aviso de recebimento (AR) na carta de comunicação ao consumidor sobre a negativação de seu nome em bancos de dados e cadastros. (Súmula 404, Segunda Seção, julgado em 28.10.2009, *DJe* 24.11.2009)
(DIREITO DO CONSUMIDOR – SERVIÇO DE PROTEÇÃO AO CRÉDITO)

Súmula 405: A ação de cobrança do seguro obrigatório (DPVAT) prescreve em três anos. (Súmula 405, Segunda Seção, julgado em 28.10.2009, *DJe* 24.11.2009)
(DIREITO DE TRÂNSITO – SEGURO OBRIGATÓRIO)

Súmula 406: A Fazenda Pública pode recusar a substituição do bem penhorado por precatório. (Súmula 406, Primeira Seção, julgado em 28.10.2009, *DJe* 24.11.2009, *REPDJe* 25.11.2009)
(DIREITO PROCESSUAL CIVIL – EXECUÇÃO FISCAL)

Súmula 407: É legítima a cobrança da tarifa de água fixada de acordo com as categorias de usuários e as faixas de consumo. (Súmula 407, Primeira

Seção, julgado em 28.10.2009, *REPDJe* 25.11.2009, *DJe* 24.11.2009)
(DIREITO ADMINISTRATIVO – ÁGUA E ESGOTO)
Súmula 408 (CANCELADA): Nas ações de desapropriação, os juros compensatórios incidentes após a Medida Provisória n. 1.577, de 11/06/1997, devem ser fixados em 6% ao ano até 13/09/2001 e, a partir de então, em 12% ao ano, na forma da Súmula n. 618 do Supremo Tribunal Federal. (Súmula 408, Primeira Seção, julgado em 28.10.2009, *REPDJe* 25.11.2009, *DJe* 24.11.2009)
SÚMULA CANCELADA:
A Primeira Seção, na sessão de 28/10/2020, ao julgar a Pet 12.344/DF, determinou o CANCELAMENTO da Súmula 408 do STJ (*DJe* 18.11.2020).
(DIREITO ADMINISTRATIVO – DESAPROPRIAÇÃO)
Súmula 409: Em execução fiscal, a prescrição ocorrida antes da propositura da ação pode ser decretada de ofício (art. 219, § 5º, do CPC). (Súmula 409, Primeira Seção, julgado em 28.10.2009, *DJe* 24.11.2009, *REPDJe* 25.11.2009)
(DIREITO PROCESSUAL CIVIL – EXECUÇÃO FISCAL)
Súmula 410: A prévia intimação pessoal do devedor constitui condição necessária para a cobrança de multa pelo descumprimento de obrigação de fazer ou não fazer. (Súmula 410, Segunda Seção, julgado em 25.11.2009, *DJe* 16.12.2009, *REPDJe* 03.02.2010)
(DIREITO PROCESSUAL CIVIL – EXECUÇÃO)
Súmula 411: É devida a correção monetária ao creditamento do IPI quando há oposição ao seu aproveitamento decorrente de resistência ilegítima do Fisco. (Súmula 411, Primeira Seção, julgado em 25.11.2009, *DJe* 16.12.2009)
(DIREITO TRIBUTÁRIO – IMPOSTO SOBRE PRODUTOS INDUSTRIALIZADOS)
Súmula 412: A ação de repetição de indébito de tarifas de água e esgoto sujeita-se ao prazo prescricional estabelecido no Código Civil. (Súmula 412, Primeira Seção, julgado em 25.11.2009, *DJe* 16.12.2009)
(DIREITO ADMINISTRATIVO – ÁGUA E ESGOTO)
Súmula 413: O farmacêutico pode acumular a responsabilidade técnica por uma farmácia e uma drogaria ou por duas drogarias. (Súmula 413, Primeira Seção, julgado em 25.11.2009, *DJe* 16.12.2009)
(DIREITO ADMINISTRATIVO – ATIVIDADE FARMACÊUTICA)
Súmula 414: A citação por edital na execução fiscal é cabível quando frustradas as demais modalidades. (Súmula 414, Primeira Seção, julgado em 25.11.2009, *DJe* 16.12.2009)
(DIREITO PROCESSUAL CIVIL – EXECUÇÃO FISCAL)
Súmula 415: O período de suspensão do prazo prescricional é regulado pelo máximo da pena cominada. (Súmula 415, Terceira Seção, julgado em 09.12.2009, *DJe* 16.12.2009)
(DIREITO PENAL – PRESCRIÇÃO)
Súmula 416: É devida a pensão por morte aos dependentes do segurado que, apesar de ter perdido essa qualidade, preencheu os requisitos legais para a obtenção de aposentadoria até a data do seu óbito. (Súmula 416, Terceira Seção, julgado em 09.12.2009, *DJe* 16.12.2009)
(DIREITO PREVIDENCIÁRIO – DOS BENEFÍCIOS PREVIDENCIÁRIOS)
Súmula 417: Na execução civil, a penhora de dinheiro na ordem de nomeação de bens não tem caráter absoluto. (Súmula 417, Corte Especial, julgado em 03.03.2010, *DJe* 11.03.2010)
(DIREITO PROCESSUAL CIVIL – EXECUÇÃO)
Súmula 418 (CANCELADA): É inadmissível o recurso especial interposto antes da publicação do acórdão dos embargos de declaração, sem posterior ratificação. (Súmula 418, Corte Especial, julgado em 03.03.2010, *DJe* 11.03.2010)
QUESTÃO DE ORDEM:
A Corte Especial, na sessão de 16/09/2015, ao julgar a Questão de Ordem no REsp 1.129.215/DF, entendeu que "a única interpretação cabível para o enunciado da Súmula 418 do STJ é aquela que prevê o ônus da ratificação do recurso interposto na pendência de embargos declaratórios apenas quando houver alteração na conclusão do julgamento anterior" (*DJe* 03.11.2015).
SÚMULA CANCELADA:
A Corte Especial, na sessão de 01/07/2016, determinou o CANCELAMENTO da Súmula 418 do STJ (*DJe* 03.08.2016).
(DIREITO PROCESSUAL CIVIL – DOS RECURSOS)

Súmula 419: Descabe a prisão civil do depositário judicial infiel. (Súmula 419, Corte Especial, julgado em 03.03.2010, *DJe* 11.03.2010)
(DIREITO CONSTITUCIONAL – DIREITOS FUNDAMENTAIS)

Súmula 420: Incabível, em embargos de divergência, discutir o valor de indenização por danos morais. (Súmula 420, Corte Especial, julgado em 03.03.2010, *DJe* 11.03.2010)
(DIREITO PROCESSUAL CIVIL – DOS RECURSOS)

Súmula 421: Os honorários advocatícios não são devidos à Defensoria Pública quando ela atua contra a pessoa jurídica de direito público à qual pertença. (Súmula 421, Corte Especial, julgado em 03.03.2010, *DJe* 11.03.2010)
(DIREITO PROCESSUAL CIVIL – HONORÁRIOS ADVOCATÍCIOS)

Súmula 422: O art. 6º, *e*, da Lei n. 4.380/1964 não estabelece limitação aos juros remuneratórios nos contratos vinculados ao SFH. (Súmula 422, Corte Especial, julgado em 03.03.2010, *DJe* 24.05.2010, REPDJe 27.05.2010)
(DIREITO CONSTITUCIONAL – SISTEMA FINANCEIRO DA HABITAÇÃO)

Súmula 423: A Contribuição para Financiamento da Seguridade Social – Cofins incide sobre as receitas provenientes das operações de locação de bens móveis. (Súmula 423, Primeira Seção, julgado em 10.03.2010, *DJe* 13.05.2010)
(DIREITO TRIBUTÁRIO – CONTRIBUIÇÃO PARA FINANCIAMENTO DA SEGURIDADE SOCIAL)

Súmula 424: É legítima a incidência de ISS sobre os serviços bancários congêneres da lista anexa ao DL n. 406/1968 e à LC n. 56/1987. (Súmula 424, Primeira Seção, julgado em 10.03.2010, *DJe* 13.05.2010)
(DIREITO TRIBUTÁRIO – IMPOSTO SOBRE SERVIÇOS)

Súmula 425: A retenção da contribuição para a seguridade social pelo tomador do serviço não se aplica às empresas optantes pelo Simples. (Súmula 425, Primeira Seção, julgado em 10.03.2010, *DJe* 13.05.2010)
(DIREITO TRIBUTÁRIO – SISTEMA INTEGRADO DE PAGAMENTO DE IMPOSTOS E CONTRIBUIÇÕES DAS)

Súmula 426: Os juros de mora na indenização do seguro DPVAT fluem a partir da citação. (Súmula 426, Segunda Seção, julgado em 10.03.2010, *DJe* 13.05.2010)
(DIREITO DE TRÂNSITO – SEGURO OBRIGATÓRIO)

Súmula 427: A ação de cobrança de diferenças de valores de complementação de aposentadoria prescreve em cinco anos contados da data do pagamento. (Súmula 427, Segunda Seção, julgado em 10.03.2010, *DJe* 13.05.2010)
(DIREITO PREVIDENCIÁRIO – PREVIDÊNCIA PRIVADA)

Súmula 428: Compete ao Tribunal Regional Federal decidir os conflitos de competência entre juizado especial federal e juízo federal da mesma SEÇÃO judiciária. (Súmula 428, Corte Especial, julgado em 17.03.2010, *DJe* 13.05.2010)
(DIREITO PROCESSUAL CIVIL – COMPETÊNCIA)

Súmula 429: A citação postal, quando autorizada por lei, exige o aviso de recebimento. (Súmula 429, Corte Especial, julgado em 17.03.2010, *DJe* 13.05.2010)
(DIREITO PROCESSUAL CIVIL – CITAÇÃO)

Súmula 430: O inadimplemento da obrigação tributária pela sociedade não gera, por si só, a responsabilidade solidária do sócio-gerente. (Súmula 430, Primeira Seção, julgado em 24.03.2010, *DJe* 13.05.2010, REPDJe 20.05.2010)
(DIREITO PROCESSUAL CIVIL – EXECUÇÃO FISCAL)

Súmula 431: É ilegal a cobrança de ICMS com base no valor da mercadoria submetido ao regime de pauta fiscal. (Súmula 431, Primeira Seção, julgado em 24.03.2010, *DJe* 13.05.2010)
(DIREITO TRIBUTÁRIO – IMPOSTO SOBRE CIRCULAÇÃO DE MERCADORIAS E SERVIÇOS)

Súmula 432: As empresas de construção civil não estão obrigadas a pagar ICMS sobre mercadorias adquiridas como insumos em operações interestaduais. (Súmula 432, Primeira Seção, julgado em 24.03.2010, *DJe* 13.05.2010)
(DIREITO TRIBUTÁRIO – IMPOSTO SOBRE CIRCULAÇÃO DE MERCADORIAS E SERVIÇOS)

Súmula 433: O produto semielaborado, para fins de incidência de ICMS, é aquele que preenche cumulativamente os três requisitos do art. 1º da Lei Complementar n. 65.1991. (Súmula 433, Primeira Seção, julgado em 24.03.2010, DJe 13.05.2010)
(DIREITO TRIBUTÁRIO – IMPOSTO SOBRE CIRCULAÇÃO DE MERCADORIAS E SERVIÇOS)

Súmula 434: O pagamento da multa por infração de trânsito não inibe a discussão judicial do débito. (Súmula 434, Primeira Seção, julgado em 24.03.2010, DJe 13.05.2010)
(DIREITO ADMINISTRATIVO – CÓDIGO DE TRÂNSITO BRASILEIRO)

Súmula 435: Presume-se dissolvida irregularmente a empresa que deixar de funcionar no seu domicílio fiscal, sem comunicação aos órgãos competentes, legitimando o redirecionamento da execução fiscal para o sócio-gerente. (Súmula 435, Primeira Seção, julgado em 14.04.2010, DJe 13.05.2010)
(DIREITO PROCESSUAL CIVIL – EXECUÇÃO FISCAL)

Súmula 436: A entrega de declaração pelo contribuinte reconhecendo débito fiscal constitui o crédito tributário, dispensada qualquer outra providência por parte do fisco. (Súmula 436, Primeira Seção, julgado em 14.04.2010, DJe 13.05.2010)
(DIREITO TRIBUTÁRIO – CRÉDITO TRIBUTÁRIO)

Súmula 437: A suspensão da exigibilidade do crédito tributário superior a quinhentos mil reais para opção pelo Refis pressupõe a homologação expressa do comitê gestor e a constituição de garantia por meio do arrolamento de bens. (Súmula 437, Primeira Seção, julgado em 14.04.2010, DJe 13.05.2010)
(DIREITO TRIBUTÁRIO – PROGRAMA DE RECUPERAÇÃO FISCAL)

Súmula 438: É inadmissível a extinção da punibilidade pela prescrição da pretensão punitiva com fundamento em pena hipotética, independentemente da existência ou sorte do processo penal. (Súmula 438, Terceira Seção, julgado em 28.04.2010, DJe 13.05.2010)
(DIREITO PENAL – EXTINÇÃO DA PUNIBILIDADE)

Súmula 439: Admite-se o exame criminológico pelas peculiaridades do caso, desde que em decisão motivada. (Súmula 439, Terceira Seção, julgado em 28.04.2010, DJe 13.05.2010)
(DIREITO PENAL – EXECUÇÃO PENAL)

Súmula 440: Fixada a pena-base no mínimo legal, é vedado o estabelecimento de regime prisional mais gravoso do que o cabível em razão da sanção imposta, com base apenas na gravidade abstrata do delito. (Súmula 440, Terceira Seção, julgado em 28.04.2010, DJe 13.05.2010)
(DIREITO PENAL – DAS PENAS)

Súmula 441: A falta grave não interrompe o prazo para obtenção de livramento condicional. (Súmula 441, Terceira Seção, julgado em 28.04.2010, DJe 13.05.2010)
(DIREITO PENAL – EXECUÇÃO PENAL)

Súmula 442: É inadmissível aplicar, no furto qualificado, pelo concurso de agentes, a majorante do roubo. (Súmula 442, Terceira Seção, julgado em 28.04.2010, DJe 13.05.2010)
(DIREITO PENAL – DAS PENAS)

Súmula 443: O aumento na terceira fase de aplicação da pena no crime de roubo circunstanciado exige fundamentação concreta, não sendo suficiente para a sua exasperação a mera indicação do número de majorantes. (Súmula 443, Terceira Seção, julgado em 28.04.2010, DJe 13.05.2010)
(DIREITO PENAL – DAS PENAS)

Súmula 444: É vedada a utilização de inquéritos policiais e ações penais em curso para agravar a pena-base. (Súmula 444, Terceira Seção, julgado em 28.04.2010, DJe 13.05.2010)
(DIREITO PENAL – DAS PENAS)

Súmula 445: As diferenças de correção monetária resultantes de expurgos inflacionários sobre os saldos de FGTS têm como termo inicial a data em que deveriam ter sido creditadas. (Súmula 445, Primeira Seção, julgado em 28.04.2010, DJe 13.05.2010)
(DIREITO ADMINISTRATIVO – FUNDO DE GARANTIA POR TEMPO DE SERVIÇO)

Súmula 446: Declarado e não pago o débito tributário pelo contribuinte, é legítima a recusa de expedição de certidão negativa ou positiva com efeito de negativa. (Súmula 446, Primeira Seção, julgado em 28.04.2010, DJe 13.05.2010)
(DIREITO TRIBUTÁRIO – CRÉDITO TRIBUTÁRIO)

Súmula 447: Os Estados e o Distrito Federal são partes legítimas na ação de restituição de imposto de renda retido na fonte proposta por seus servidores. (Súmula 447, Primeira Seção, julgado em 28.04.2010, DJe 13.05.2010)
(DIREITO TRIBUTÁRIO – IMPOSTO DE RENDA)

Súmula 448: A opção pelo Simples de estabelecimentos dedicados às atividades de creche, pré-escola e ensino fundamental é admitida somente a partir de 24.10.2000, data de vigência da Lei n. 10.034/2000. (Súmula 448, Primeira Seção, julgado em 28.04.2010, DJe 13.05.2010)
(DIREITO TRIBUTÁRIO – SISTEMA INTEGRADO DE PAGAMENTO DE IMPOSTOS E CONTRIBUIÇÕES DAS)

Súmula 449: A vaga de garagem que possui matrícula própria no registro de imóveis não constitui bem de família para efeito de penhora. (Súmula 449, Corte Especial, julgado em 02.06.2010, DJe 21.06.2010)
(DIREITO CIVIL – BEM DE FAMÍLIA)

Súmula 450: Nos contratos vinculados ao SFH, a atualização do saldo devedor antecede sua amortização pelo pagamento da prestação. (Súmula 450, Corte Especial, julgado em 02.06.2010, DJe 21.06.2010)
(DIREITO CONSTITUCIONAL – SISTEMA FINANCEIRO DA HABITAÇÃO)

Súmula 451: É legítima a penhora da sede do estabelecimento comercial. (Súmula 451, Corte Especial, julgado em 02.06.2010, DJe 21.06.2010)
(DIREITO PROCESSUAL CIVIL – EXECUÇÃO FISCAL)

Súmula 452: A extinção das ações de pequeno valor é faculdade da Administração Federal, vedada a atuação judicial de ofício. (Súmula 452, Corte Especial, julgado em 02.06.2010, DJe 21.06.2010)
(DIREITO PROCESSUAL CIVIL – EXECUÇÃO)

Súmula 453: Os honorários sucumbenciais, quando omitidos em decisão transitada em julgado, não podem ser cobrados em execução ou em ação própria. (Súmula 453, Corte Especial, julgado em 18.08.2010, DJe 24.08.2010)
(DIREITO PROCESSUAL CIVIL – HONORÁRIOS ADVOCATÍCIOS)

Súmula 454: Pactuada a correção monetária nos contratos do SFH pelo mesmo índice aplicável à caderneta de poupança, incide a taxa referencial (TR) a partir da vigência da Lei n. 8.177/1991. (Súmula 454, Corte Especial, julgado em 18.08.2010, DJe 24.08.2010)
(DIREITO CONSTITUCIONAL – SISTEMA FINANCEIRO DA HABITAÇÃO)

Súmula 455: A decisão que determina a produção antecipada de provas com base no art. 366 do CPP deve ser concretamente fundamentada, não a justificando unicamente o mero decurso do tempo. (Súmula 455, Terceira Seção, julgado em 25.08.2010, DJe 08.09.2010)
(DIREITO PROCESSUAL PENAL – PROVAS)

Súmula 456: É incabível a correção monetária dos salários de contribuição considerados no cálculo do salário de benefício de auxílio-doença, aposentadoria por invalidez, pensão ou auxílio-reclusão concedidos antes da vigência da CF/1988. (Súmula 456, Terceira Seção, julgado em 25.08.2010, DJe 08.09.2010)
(DIREITO PREVIDENCIÁRIO – DOS BENEFÍCIOS PREVIDENCIÁRIOS)

Súmula 457: Os descontos incondicionais nas operações mercantis não se incluem na base de cálculo do ICMS. (Súmula 457, Primeira Seção, julgado em 25.08.2010, DJe 08.09.2010)
(DIREITO TRIBUTÁRIO – IMPOSTO SOBRE CIRCULAÇÃO DE MERCADORIAS E SERVIÇOS)

Súmula 458: A contribuição previdenciária incide sobre a comissão paga ao corretor de seguros. (Súmula 458, Primeira Seção, julgado em 25.08.2010, DJe 08.09.2010)
(DIREITO PREVIDENCIÁRIO – CONTRIBUIÇÕES PREVIDENCIÁRIAS)

Súmula 459: A Taxa Referencial (TR) é o índice aplicável, a título de correção monetária, aos débitos com o FGTS recolhidos pelo empregador mas não repassados ao fundo. (Súmula 459, Primeira Seção, julgado em 25.08.2010, DJe 08.09.2010)
(DIREITO ADMINISTRATIVO – FUNDO DE GARANTIA POR TEMPO DE SERVIÇO)

Súmula 460: É incabível o mandado de segurança para convalidar a compensação tributária realizada pelo contribuinte. (Súmula 460, Primeira Seção, julgado em 25.08.2010, DJe 08.09.2010)
(DIREITO TRIBUTÁRIO – COMPENSAÇÃO)

Súmula 461: O contribuinte pode optar por receber, por meio de precatório ou por compensação, o indébito tributário certificado por sentença declaratória transitada em julgado. (Súmula 461, Primeira Seção, julgado em 25.08.2010, DJe 08.09.2010)
(DIREITO TRIBUTÁRIO – COMPENSAÇÃO)

Súmula 462: Nas ações em que representa o FGTS, a CEF, quando sucumbente, não está isenta de reembolsar as custas antecipadas pela parte vencedora. (Súmula 462, Primeira Seção, julgado em 25.08.2010, DJe 08.09.2010)
(DIREITO PROCESSUAL CIVIL – SUCUMBÊNCIA)

Súmula 463: Incide imposto de renda sobre os valores percebidos a título de indenização por horas extraordinárias trabalhadas, ainda que decorrentes de acordo coletivo. (Súmula 463, Primeira Seção, julgado em 25.08.2010, DJe 08.09.2010)
(DIREITO TRIBUTÁRIO – IMPOSTO DE RENDA)

Súmula 464: A regra de imputação de pagamentos estabelecida no art. 354 do Código Civil não se aplica às hipóteses de compensação tributária. (Súmula 464, Primeira Seção, julgado em 25.08.2010, DJe 08.09.2010)
(DIREITO TRIBUTÁRIO – COMPENSAÇÃO)

Súmula 465: Ressalvada a hipótese de efetivo agravamento do risco, a seguradora não se exime do dever de indenizar em razão da transferência do veículo sem a sua prévia comunicação. (Súmula 465, Segunda Seção, julgado em 13.10.2010, DJe 25.10.2010)
(DIREITO CIVIL – RESPONSABILIDADE CIVIL)

Súmula 466: O titular da conta vinculada ao FGTS tem o direito de sacar o saldo respectivo quando declarado nulo seu contrato de trabalho por ausência de prévia aprovação em concurso público. (Súmula 466, Primeira Seção, julgado em 13.10.2010, DJe 25.10.2010)
(DIREITO ADMINISTRATIVO – FUNDO DE GARANTIA POR TEMPO DE SERVIÇO)

Súmula 467: Prescreve em cinco anos, contados do término do processo administrativo, a pretensão da Administração Pública de promover a execução da multa por infração ambiental. (Súmula 467, Primeira Seção, julgado em 13.10.2010, DJe 25.10.2010)
(DIREITO AMBIENTAL – MULTA)

Súmula 468: A base de cálculo do PIS, até a edição da MP n. 1.212/1995, era o faturamento ocorrido no sexto mês anterior ao do fato gerador. (Súmula 468, Primeira Seção, julgado em 13.10.2010, DJe 25.10.2010)
(DIREITO PREVIDENCIÁRIO – CONTRIBUIÇÕES PREVIDENCIÁRIAS)

Súmula 469 (CANCELADA): Aplica-se o Código de Defesa do Consumidor aos contratos de plano de saúde. (Súmula 469, Segunda Seção, julgado em 24.11.2010, DJe 06.12.2010)
SÚMULA CANCELADA:
A Segunda Seção, na sessão de 11/04/2018, ao apreciar o Projeto de Súmula n. 937, determinou o CANCELAMENTO da Súmula 469 do STJ (DJe 17.04.2018).
(DIREITO DO CONSUMIDOR – PLANO DE SAÚDE)

Súmula 470 (CANCELADA): O Ministério Público não tem legitimidade para pleitear, em ação civil pública, a indenização decorrente do DPVAT em benefício do segurado. (Súmula 470, Segunda Seção, julgado em 24.11.2010, DJe 06.12.2010)
SÚMULA CANCELADA:
A Segunda Seção, na sessão de 27/05/2015, ao julgar o REsp 858.056/GO, determinou o CANCELAMENTO da Súmula 470 do STJ (DJe 15.06.2015).
(DIREITO DE TRÂNSITO – SEGURO OBRIGATÓRIO)

Súmula 471: Os condenados por crimes hediondos ou assemelhados cometidos antes da vigência da Lei n. 11.464/2007 sujeitam-se ao disposto no art. 112 da Lei n. 7.210/1984 (Lei de Execução Penal) para a progressão de regime prisional. (Súmula 471, Terceira Seção, julgado em 23.02.2011, DJe 28.02.2011)
(DIREITO PENAL – EXECUÇÃO PENAL)

Súmula 472: A cobrança de comissão de permanência – cujo valor não pode ultrapassar a soma dos encargos remuneratórios e moratórios previstos no contrato exclui a exigibilidade dos juros remuneratórios, moratórios e da multa contratual. (Súmula 472, Segunda Seção, julgado em 13.06.2012, DJe 19.06.2012)
(DIREITO CONSTITUCIONAL – SISTEMA FINANCEIRO NACIONAL)

Súmula 473: O mutuário do SFH não pode ser compelido a contratar o seguro habitacional

obrigatório com a instituição financeira mutuante ou com a seguradora por ela indicada. (Súmula 473, Segunda Seção, julgado em 13.06.2012, *DJe* 19.06.2012)
(DIREITO CONSTITUCIONAL – SISTEMA FINANCEIRO DA HABITAÇÃO)

Súmula 474: A indenização do seguro DPVAT, em caso de invalidez parcial do beneficiário, será paga de forma proporcional ao grau da invalidez. (Súmula 474, Segunda Seção, julgado em 13.06.2012, *DJe* 19.06.2012)
(DIREITO DE TRÂNSITO – SEGURO OBRIGATÓRIO)

Súmula 475: Responde pelos danos decorrentes de protesto indevido o endossatário que recebe por endosso translativo título de crédito contendo vício formal extrínseco ou intrínseco, ficando ressalvado seu direito de regresso contra os endossantes e avalistas. (Súmula 475, Segunda Seção, julgado em 13.06.2012, *DJe* 19.06.2012)
(DIREITO EMPRESARIAL – TÍTULOS DE CRÉDITO)

Súmula 476: O endossatário de título de crédito por endosso-mandato só responde por danos decorrentes de protesto indevido se extrapolar os poderes de mandatário. (Súmula 476, Segunda Seção, julgado em 13.06.2012, *DJe* 19.06.2012)
(DIREITO EMPRESARIAL – TÍTULOS DE CRÉDITO)

Súmula 477: A decadência do art. 26 do CDC não é aplicável à prestação de contas para obter esclarecimentos sobre cobrança de taxas, tarifas e encargos bancários. (Súmula 477, Segunda Seção, julgado em 13.06.2012, *DJe* 19.06.2012)
(DIREITO PROCESSUAL CIVIL – AÇÃO DE PRESTAÇÃO DE CONTAS)

Súmula 478: Na execução de crédito relativo a cotas condominiais, este tem preferência sobre o hipotecário. (Súmula 478, Segunda Seção, julgado em 13.06.2012, *DJe* 19.06.2012)
(DIREITO PROCESSUAL CIVIL – EXECUÇÃO)

Súmula 479: As instituições financeiras respondem objetivamente pelos danos gerados por fortuito interno relativo a fraudes e delitos praticados por terceiros no âmbito de operações bancárias. (Súmula 479, Segunda Seção, julgado em 27.06.2012, *DJe* 01.08.2012)
(DIREITO CIVIL – RESPONSABILIDADE CIVIL)

Súmula 480: O juízo da recuperação judicial não é competente para decidir sobre a constrição de bens não abrangidos pelo plano de recuperação da empresa. (Súmula 480, Segunda Seção, julgado em 27.06.2012, *DJe* 01.08.2012)
(DIREITO PROCESSUAL CIVIL – COMPETÊNCIA)

Súmula 481: Faz jus ao benefício da justiça gratuita a pessoa jurídica com ou sem fins lucrativos que demonstrar sua impossibilidade de arcar com os encargos processuais. (Súmula 481, Corte Especial, julgado em 28.06.2012, *DJe* 01.08.2012)
(DIREITO PROCESSUAL CIVIL – ASSISTÊNCIA JUDICIÁRIA)

Súmula 482: A falta de ajuizamento da ação principal no prazo do art. 806 do CPC acarreta a perda da eficácia da liminar deferida e a extinção do processo cautelar. (Súmula 482, Corte Especial, julgado em 28.06.2012, *DJe* 01.08.2012)
(DIREITO PROCESSUAL CIVIL – PROCESSO CAUTELAR)

Súmula 483: O INSS não está obrigado a efetuar depósito prévio do preparo por gozar das prerrogativas e privilégios da Fazenda Pública. (Súmula 483, Corte Especial, julgado em 28.06.2012, *DJe* 01.08.2012)
(DIREITO PROCESSUAL CIVIL – DOS RECURSOS)

Súmula 484: Admite-se que o preparo seja efetuado no primeiro dia útil subsequente, quando a interposição do recurso ocorrer após o encerramento do expediente bancário. (Súmula 484, Corte Especial, julgado em 28.06.2012, *DJe* 01.08.2012)
(DIREITO PROCESSUAL CIVIL – DOS RECURSOS)

Súmula 485: A Lei de Arbitragem aplica-se aos contratos que contenham cláusula arbitral, ainda que celebrados antes da sua edição. (Súmula 485, Corte Especial, julgado em 28.06.2012, *DJe* 01.08.2012)
(DIREITO PROCESSUAL CIVIL – ARBITRAGEM)

Súmula 486: É impenhorável o único imóvel residencial do devedor que esteja locado a terceiros, desde que a renda obtida com a locação seja revertida para a subsistência ou a moradia da sua família. (Súmula 486, Corte Especial, julgado em 28.06.2012, *DJe* 01.08.2012)

(DIREITO PROCESSUAL CIVIL – EXECUÇÃO)
Súmula 487: O parágrafo único do art. 741 do CPC não se aplica às sentenças transitadas em julgado em data anterior à da sua vigência. (Súmula 487, Corte Especial, julgado em 28.06.2012, DJe 01.08.2012)

(DIREITO PROCESSUAL CIVIL – EXECUÇÃO)
Súmula 488: O § 2º do art. 6º da Lei n. 9.469/1997, que obriga à repartição dos honorários advocatícios, é inaplicável a acordos ou transações celebrados em data anterior à sua vigência. (Súmula 488, Corte Especial, julgado em 28.06.2012, DJe 01.08.2012)

(DIREITO PROCESSUAL CIVIL – HONORÁRIOS ADVOCATÍCIOS)
Súmula 489: Reconhecida a continência, devem ser reunidas na Justiça Federal as ações civis públicas propostas nesta e na Justiça estadual. (Súmula 489, Corte Especial, julgado em 28.06.2012, DJe 01.08.2012)

(DIREITO PROCESSUAL CIVIL – CONTINÊNCIA)
Súmula 490: A dispensa de reexame necessário, quando o valor da condenação ou do direito controvertido for inferior a sessenta salários mínimos, não se aplica a sentenças ilíquidas. (Súmula 490, Corte Especial, julgado em 28.06.2012, DJe 01.08.2012)

(DIREITO PROCESSUAL CIVIL – REEXAME NECESSÁRIO)
Súmula 491: É inadmissível a chamada progressão *per saltum* de regime prisional. (Súmula 491, Terceira Seção, julgado em 08.08.2012, DJe 13.08.2012)

(DIREITO PENAL – PROGRESSÃO DE REGIME PRISIONAL)
Súmula 492: O ato infracional análogo ao tráfico de drogas, por si só, não conduz obrigatoriamente à imposição de medida socioeducativa de internação do adolescente. (Súmula 492, Terceira Seção, julgado em 08.08.2012, DJe 13.08.2012)

(DIREITO PENAL – ESTATUTO DA CRIANÇA E DO ADOLESCENTE)
Súmula 493: É inadmissível a fixação de pena substitutiva (art. 44 do CP) como condição especial ao regime aberto. (Súmula 493, Terceira Seção, julgado em 08.08.2012, DJe 13.08.2012)

(DIREITO PENAL – DAS PENAS)

Súmula 494: O benefício fiscal do ressarcimento do crédito presumido do IPI relativo às exportações incide mesmo quando as matérias-primas ou os insumos sejam adquiridos de pessoa física ou jurídica não contribuinte do PIS/PASEP. (Súmula 494, Primeira Seção, julgado em 08.08.2012, DJe 13.08.2012)

(DIREITO TRIBUTÁRIO – IMPOSTO SOBRE PRODUTOS INDUSTRIALIZADOS)
Súmula 495: A aquisição de bens integrantes do ativo permanente da empresa não gera direito a creditamento de IPI. (Súmula 495, Primeira Seção, julgado em 08.08.2012, DJe 13.08.2012)

(DIREITO TRIBUTÁRIO – IMPOSTO SOBRE PRODUTOS INDUSTRIALIZADOS)
Súmula 496: Os registros de propriedade particular de imóveis situados em terrenos de marinha não são oponíveis à União. (Súmula 496, Primeira Seção, julgado em 08.08.2012, DJe 13.08.2012)

(DIREITO ADMINISTRATIVO – TERRENO DE MARINHA)
Súmula 497: Os créditos das autarquias federais preferem aos créditos da Fazenda estadual desde que coexistam penhoras sobre o mesmo bem. (Súmula 497, Primeira Seção, julgado em 08.08.2012, DJe 13.08.2012)

(DIREITO PROCESSUAL CIVIL – EXECUÇÃO FISCAL)
Súmula 498: Não incide imposto de renda sobre a indenização por danos morais. (Súmula 498, Primeira Seção, julgado em 08.08.2012, DJe 13.08.2012)

(DIREITO TRIBUTÁRIO – IMPOSTO DE RENDA)
Súmula 499: As empresas prestadoras de serviços estão sujeitas às contribuições ao Sesc e Senac, salvo se integradas noutro serviço social. (Súmula 499, Primeira Seção, julgado em 13.03.2013, DJe 18.03.2013)

(DIREITO TRIBUTÁRIO – CONTRIBUIÇÕES SOCIAIS)
Súmula 500: A configuração do crime do art. 244-B do ECA independe da prova da efetiva corrupção do menor, por se tratar de delito formal. (Súmula 500, Terceira Seção, julgado em 23.10.2013, DJ 28.10.2013)

(DIREITO PENAL – CORRUPÇÃO DE MENORES)

Súmula 501: É cabível a aplicação retroativa da Lei n. 11.343/2006, desde que o resultado da incidência das suas disposições, na íntegra, seja mais favorável ao réu do que o advindo da aplicação da Lei n. 6.368/1976, sendo vedada a combinação de leis. (Súmula 501, Terceira Seção, julgado em 23.10.2013, *DJe* 28.10.2013)
(DIREITO PENAL – APLICAÇÃO DA LEI PENAL)

Súmula 502: Presentes a materialidade e a autoria, afigura-se típica, em relação ao crime previsto no art. 184, § 2º, do CP, a conduta de expor à venda CDs e DVDs piratas. (Súmula 502, Terceira Seção, julgado em 23.10.2013, *DJe* 28.10.2013)
(DIREITO PENAL – VIOLAÇÃO DE DIREITO AUTORAL)

Súmula 503: O prazo para ajuizamento de ação monitória em face do emitente de cheque sem força executiva é quinquenal, a contar do dia seguinte à data de emissão estampada na cártula. (Súmula 503, Segunda Seção, julgado em 11.12.2013, *DJe* 10.02.2014)
(DIREITO PROCESSUAL CIVIL – AÇÃO MONITÓRIA)

Súmula 504: O prazo para ajuizamento de ação monitória em face do emitente de nota promissória sem força executiva é quinquenal, a contar do dia seguinte ao vencimento do título. (Súmula 504, Segunda Seção, julgado em 11.12.2013, *DJe* 10.02.2014)
(DIREITO PROCESSUAL CIVIL – AÇÃO MONITÓRIA)

Súmula 505: A competência para processar e julgar as demandas que têm por objeto obrigações decorrentes dos contratos de planos de previdência privada firmados com a Fundação Rede Ferroviária de Seguridade Social – REFER é da Justiça estadual. (Súmula 505, Segunda Seção, julgado em 11.12.2013, *DJe* 10.02.2014)
(DIREITO PROCESSUAL CIVIL – COMPETÊNCIA)

Súmula 506: A Anatel não é parte legítima nas demandas entre a concessionária e o usuário de telefonia decorrentes de relação contratual. (Súmula 506, Primeira Seção, julgado em 26.03.2014, *DJe* 31.03.2014)
(DIREITO PROCESSUAL CIVIL – PARTES E PROCURADORES)

Súmula 507: A acumulação de auxílio-acidente com aposentadoria pressupõe que a lesão incapacitante e a aposentadoria sejam anteriores a 11/11/1997, observado o critério do art. 23 da Lei n. 8.213/1991 para definição do momento da lesão nos casos de doença profissional ou do trabalho. (Súmula 507, Primeira Seção, julgado em 26.03.2014, *DJe* 31.03.2014)
(DIREITO PREVIDENCIÁRIO – BENEFÍCIOS PREVIDENCIÁRIOS)

Súmula 508: A isenção da Cofins concedida pelo art. 6º, II, da LC n. 70/1991 às sociedades civis de prestação de serviços profissionais foi revogada pelo art. 56 da Lei n. 9.430/1996. (Súmula 508, Primeira Seção, julgado em 26.03.2014, *DJe* 31.03.2014)
(DIREITO TRIBUTÁRIO – ISENÇÃO)

Súmula 509: É lícito ao comerciante de boa-fé aproveitar os créditos de ICMS decorrentes de nota fiscal posteriormente declarada inidônea, quando demonstrada a veracidade da compra e venda. (Súmula 509, Primeira Seção, julgado em 26.03.2014, *DJe* 31.03.2014)
(DIREITO TRIBUTÁRIO – CRÉDITO TRIBUTÁRIO)

Súmula 510: A liberação de veículo retido apenas por transporte irregular de passageiros não está condicionada ao pagamento de multas e despesas. (Súmula 510, Primeira Seção, julgado em 26.03.2014, *DJe* 31.03.2014)
(DIREITO ADMINISTRATIVO – CÓDIGO DE TRÂNSITO BRASILEIRO)

Súmula 511: É possível o reconhecimento do privilégio previsto no § 2º do art. 155 do CP nos casos de crime de furto qualificado, se estiverem presentes a primariedade do agente, o pequeno valor da coisa e a qualificadora for de ordem objetiva. (Súmula 511, Terceira Seção, julgado em 11.06.2014, *DJe* 16.06.2014)
(DIREITO PENAL – DAS PENAS)

Súmula 512 (CANCELADA): A aplicação da causa de diminuição de pena prevista no art. 33, § 4º, da Lei n. 11.343/2006 não afasta a hediondez do crime de tráfico de drogas. (Súmula 512, Terceira Seção, julgado em 11.06.2014, *DJe* 16.06.2014)
SÚMULA CANCELADA:
A Terceira Seção, na sessão de 23/11/2016, ao julgar a QO na Pet 11.796-DF, determinou o CANCELAMENTO da Súmula 512 do STJ (*DJ* 28.11.2016).

(DIREITO PENAL – DAS PENAS)
Súmula 513: A "abolitio criminis" temporária prevista na Lei n. 10.826/2003 aplica-se ao crime de posse de arma de fogo de uso permitido com numeração, marca ou qualquer outro sinal de identificação raspado, suprimido ou adulterado, praticado somente até 23/10/2005. (Súmula 513, Terceira Seção, julgado em 11.06.2014, *DJe* 16.06.2014)
(DIREITO PENAL – APLICAÇÃO DA LEI PENAL)
Súmula 514: A CEF é responsável pelo fornecimento dos extratos das contas individualizadas vinculadas ao FGTS dos Trabalhadores participantes do Fundo de Garantia do Tempo de Serviço, inclusive para fins de exibição em juízo, independentemente do período em discussão. (Súmula 514, Primeira Seção, julgado em 14.08.2014, *DJe* 18.08.2014)
(DIREITO ADMINISTRATIVO – FUNDO DE GARANTIA POR TEMPO DE SERVIÇO)
Súmula 515: A reunião de execuções fiscais contra o mesmo devedor constitui faculdade do Juiz. (Súmula 515, Primeira Seção, julgado em 14.08.2014, *DJe* 18.08.2014)
(DIREITO PROCESSUAL CIVIL – EXECUÇÃO FISCAL)
Súmula 516: A contribuição de intervenção no domínio econômico para o Incra (Decreto-Lei n. 1.110/1970), devida por empregadores rurais e urbanos, não foi extinta pelas Leis ns. 7.787/1989, 8.212/1991 e 8.213/1991, não podendo ser compensada com a contribuição ao INSS. (Súmula 516, Primeira Seção, julgado em 25.02.2015, *DJe* 02.03.2015)
(DIREITO TRIBUTÁRIO – CONTRIBUIÇÃO DE INTERVENÇÃO NO DOMÍNIO ECONÔMICO PARA O INCRA)
Súmula 517: São devidos honorários advocatícios no cumprimento de sentença, haja ou não impugnação, depois de escoado o prazo para pagamento voluntário, que se inicia após a intimação do advogado da parte executada. (Súmula 517, Corte Especial, julgado em 26.02.2015, *DJe* 02.03.2015)
(DIREITO PROCESSUAL CIVIL – HONORÁRIOS ADVOCATÍCIOS)
Súmula 518: Para fins do art. 105, III, *a*, da Constituição Federal, não é cabível recurso especial fundado em alegada violação de enunciado de súmula. (Súmula 518, Corte Especial, julgado em 26.02.2015, *DJe* 02.03.2015)
(DIREITO PROCESSUAL CIVIL – CABIMENTO DO RECURSO ESPECIAL)
Súmula 519: Na hipótese de rejeição da impugnação ao cumprimento de sentença, não são cabíveis honorários advocatícios. (Súmula 519, Corte Especial, julgado em 26.02.2015, *DJe* 02.03.2015)
(DIREITO PROCESSUAL CIVIL – HONORÁRIOS ADVOCATÍCIOS)
Súmula 520: O benefício de saída temporária no âmbito da execução penal é ato jurisdicional insuscetível de delegação à autoridade administrativa do estabelecimento prisional. (Súmula 520, Terceira Seção, julgado em 25.03.2015, *DJe* 06.04.2015)
(DIREITO PENAL – EXECUÇÃO PENAL)
Súmula 521: A legitimidade para a execução fiscal de multa pendente de pagamento imposta em sentença condenatória é exclusiva da Procuradoria da Fazenda Pública. (Súmula 521, Terceira Seção, julgado em 25.03.2015, *DJe* 06.04.2015)
(DIREITO PROCESSUAL PENAL – LEGITIMIDADE)
Súmula 522: A conduta de atribuir-se falsa identidade perante autoridade policial é típica, ainda que em situação de alegada autodefesa. (Súmula 522, Terceira Seção, julgado em 25.03.2015, *DJe* 06.04.2015)
(DIREITO PENAL – TIPIFICAÇÃO PENAL)
Súmula 523: A taxa de juros de mora incidente na repetição de indébito de tributos estaduais deve corresponder à utilizada para cobrança do tributo pago em atraso, sendo legítima a incidência da taxa Selic, em ambas as hipóteses, quando prevista na legislação local, vedada sua cumulação com quaisquer outros índices.
(DIREITO TRIBUTÁRIO – REPETIÇÃO DE INDÉBITO)
Súmula 524: No tocante à base de cálculo, o ISSQN incide apenas sobre a taxa de agenciamento quando o serviço prestado por sociedade empresária de trabalho temporário for de intermediação, devendo, entretanto, englobar também os valores dos salários e encargos sociais dos trabalhadores por ela contratados nas hipóteses de fornecimento de mão de obra. (Súmula 524, Primeira Seção, julgado em 22.04.2015, *DJe* 27.04.2015)

(DIREITO TRIBUTÁRIO – IMPOSTO SOBRE SERVIÇOS)
Súmula 525: A Câmara de Vereadores não possui personalidade jurídica, apenas personalidade judiciária, somente podendo demandar em juízo para defender os seus direitos institucionais. (Súmula 525, Primeira Seção, julgado em 22.04.2015, DJe 27.04.2015)
(DIREITO PROCESSUAL CIVIL – LEGITIMIDADE)
Súmula 526: O reconhecimento de falta grave decorrente do cometimento de fato definido como crime doloso no cumprimento da pena prescinde do trânsito em julgado de sentença penal condenatória no processo penal instaurado para apuração do fato. (Súmula 526, Terceira Seção, julgado em 13.05.2015, DJe 18.05.2015)
(DIREITO PENAL – EXECUÇÃO PENAL)
Súmula 527: O tempo de duração da medida de segurança não deve ultrapassar o limite máximo da pena abstratamente cominada ao delito praticado. (Súmula 527, Terceira Seção, julgado em 13.05.2015, DJe 18.05.2015)
(DIREITO PENAL – MEDIDA DE SEGURANÇA)
Súmula 528: Compete ao juiz federal do local da apreensão da droga remetida do exterior pela via postal processar e julgar o crime de tráfico internacional. (Súmula 528, Terceira Seção, julgado em 13.05.2015, DJe 18.05.2015)
(DIREITO PROCESSUAL PENAL – COMPETÊNCIA)
Súmula 529: No seguro de responsabilidade civil facultativo, não cabe o ajuizamento de ação pelo terceiro prejudicado direta e exclusivamente em face da seguradora do apontado causador do dano. (Súmula 529, Segunda Seção, julgado em 13.05.2015, Dje 18.05.2015)
(DIREITO CIVIL – RESPONSABILIDADE CIVIL)
Súmula 530: Nos contratos bancários, na impossibilidade de comprovar a taxa de juros efetivamente contratada – por ausência de pactuação ou pela falta de juntada do instrumento aos autos –, aplica-se a taxa média de mercado, divulgada pelo Bacen, praticada nas operações da mesma espécie, salvo se a taxa cobrada for mais vantajosa para o devedor. (Súmula 530, Segunda Seção, julgado em 13.05.2015, DJe 18.05.2015)
(DIREITO CONSTITUCIONAL – SISTEMA FINANCEIRO NACIONAL)
Súmula 531: Em ação monitória fundada em cheque prescrito ajuizada contra o emitente, é dispensável a menção ao negócio jurídico subjacente à emissão da cártula. (Súmula 531, Segunda Seção, julgado em 13.05.2015, DJe 18.05.2015)
(DIREITO PROCESSUAL CIVIL – AÇÃO MONITÓRIA)
Súmula 532: Constitui prática comercial abusiva o envio de cartão de crédito sem prévia e expressa solicitação do consumidor, configurando-se ato ilícito indenizável e sujeito à aplicação de multa administrativa. (Súmula 532, Corte Especial, julgado em 03.06.2015, DJe 08.06.2015)
(DIREITO CIVIL – RESPONSABILIDADE CIVIL)
Súmula 533: Para o reconhecimento da prática de falta disciplinar no âmbito da execução penal, é imprescindível a instauração de procedimento administrativo pelo diretor do estabelecimento prisional, assegurado o direito de defesa, a ser realizado por advogado constituído ou defensor público nomeado. (Súmula 533, Terceira Seção, julgado em 10.06.2015, DJe 15.06.2015)
(DIREITO PENAL – EXECUÇÃO PENAL)
Súmula 534: A prática de falta grave interrompe a contagem do prazo para a progressão de regime de cumprimento de pena, o qual se reinicia a partir do cometimento dessa infração. (Súmula 534, Terceira Seção, julgado em 10.06.2015, DJe 15.06.2015)
(DIREITO PENAL – EXECUÇÃO PENAL)
Súmula 535: A prática de falta grave não interrompe o prazo para fim de comutação de pena ou indulto. (Súmula 535, Terceira Seção, julgado em 10.06.2015, DJe 15.06.2015)
(DIREITO PENAL – EXECUÇÃO PENAL)
Súmula 536: A suspensão condicional do processo e a transação penal não se aplicam na hipótese de delitos sujeitos ao rito da Lei Maria da Penha. (Súmula 536, Terceira Seção, julgado em 10.06.2015, DJe 15.06.2015)
(DIREITO PENAL – LEI MARIA DA PENHA)
Súmula 537: Em ação de reparação de danos, a seguradora denunciada, se aceitar a denunciação ou contestar o pedido do autor, pode ser condenada,

direta e solidariamente junto com o segurado, ao pagamento da indenização devida à vítima, nos limites contratados na apólice. (Súmula 537, Segunda Seção, julgado em 10.06.2015, DJe 15.06.2015) (DIREITO CIVIL - RESPONSABILIDADE CIVIL)

Súmula 538: As administradoras de consórcio têm liberdade para estabelecer a respectiva taxa de administração, ainda que fixada em percentual superior a dez por cento. (Súmula 538, Segunda Seção, julgado em 10.06.2015, DJe 15.06.2015) (DIREITO CIVIL - CONTRATOS)

Súmula 539: É permitida a capitalização de juros com periodicidade inferior à anual em contratos celebrados com instituições integrantes do Sistema Financeiro Nacional a partir de 31/3/2000 (MP n. 1.963-17/2000, reeditada como MP n. 2.170-36/2001), desde que expressamente pactuada. (Súmula 539, Segunda Seção, julgado em 10.06.2015, DJe 15.06.2015) (DIREITO CONSTITUCIONAL - SISTEMA FINANCEIRO NACIONAL)

Súmula 540: Na ação de cobrança do seguro DPVAT, constitui faculdade do autor escolher entre os foros do seu domicílio, do local do acidente ou ainda do domicílio do réu. (Súmula 540, Segunda Seção, julgado em 10.06.2015, DJe 15.06.2015) (DIREITO DE TRÂNSITO - SEGURO OBRIGATÓRIO)

Súmula 541: A previsão no contrato bancário de taxa de juros anual superior ao duodécuplo da mensal é suficiente para permitir a cobrança da taxa efetiva anual contratada. (Súmula 541, Segunda Seção, julgado em 10.06.2015, DJe 15.06.2015) (DIREITO CONSTITUCIONAL - SISTEMA FINANCEIRO NACIONAL)

Súmula 542: A ação penal relativa ao crime de lesão corporal resultante de violência doméstica contra a mulher é pública incondicionada. (Súmula 542, Terceira Seção, julgado em 26.08.2015, DJe 31.08.2015) (DIREITO PROCESSUAL PENAL - LEI MARIA DA PENHA)

Súmula 543: Na hipótese de resolução de contrato de promessa de compra e venda de imóvel submetido ao Código de Defesa do Consumidor, deve ocorrer a imediata restituição das parcelas pagas pelo promitente comprador - integralmente, em caso de culpa exclusiva do promitente vendedor/construtor, ou parcialmente, caso tenha sido o comprador quem deu causa ao desfazimento. (Súmula 543, Segunda Seção, julgado em 26.08.2015, DJe 31.08.2015) (DIREITO DO CONSUMIDOR - PROMESSA DE COMPRA E VENDA DE IMÓVEL)

Súmula 544: É válida a utilização de tabela do Conselho Nacional de Seguros Privados para estabelecer a proporcionalidade da indenização do seguro DPVAT ao grau de invalidez também na hipótese de sinistro anterior a 16/12/2008, data da entrada em vigor da Medida Provisória n. 451/2008. (Súmula 544, Segunda Seção, julgado em 26.08.2015, DJe 31.08.2015) (DIREITO CIVIL - SEGURO DE DANOS PESSOAIS CAUSADOS POR VEÍCULOS AUTOMOTORES DE VIA TERRESTRE)

Súmula 545: Quando a confissão for utilizada para a formação do convencimento do julgador, o réu fará jus à atenuante prevista no art. 65, III, *d*, do Código Penal. (Súmula 545, Terceira Seção, julgado em 14.10.2015, DJe 19.10.2015) (DIREITO PENAL - DAS PENAS)

Súmula 546: A competência para processar e julgar o crime de uso de documento falso é firmada em razão da entidade ou órgão ao qual foi apresentado o documento público, não importando a qualificação do órgão expedidor. (Súmula 546, Terceira Seção, julgado em 14.10.2015, DJe 19.10.2015) (DIREITO PROCESSUAL PENAL - COMPETÊNCIA)

Súmula 547: Nas ações em que se pleiteia o ressarcimento dos valores pagos a título de participação financeira do consumidor no custeio de construção de rede elétrica, o prazo prescricional é de vinte anos na vigência do Código Civil de 1916. Na vigência do Código Civil de 2002, o prazo é de cinco anos se houver revisão contratual de ressarcimento e de três anos na ausência de cláusula nesse sentido, observada a regra de transição disciplinada em seu art. 2.028. (Súmula 547, Segunda Seção, julgado em 14.10.2015, DJe 19.10.2015) (DIREITO CIVIL - PRESCRIÇÃO)

Súmula 548: Incumbe ao credor a exclusão do registro da dívida em nome do devedor no cadastro de inadimplentes no prazo de cinco dias úteis, a partir do integral e efetivo pagamento do

débito. (Súmula 548, Segunda Seção, julgado em 14.10.2015, *DJe* 19.10.2015)
(DIREITO DO CONSUMIDOR – SERVIÇO DE PROTEÇÃO AO CRÉDITO)

Súmula 549: É válida a penhora de bem de família pertencente a fiador de contrato de locação. (Súmula 549, Segunda Seção, julgado em 14.10.2015, *DJe* 19.10.2015)
(DIREITO CIVIL – BEM DE FAMÍLIA)

Súmula 550: A utilização de escore de crédito, método estatístico de avaliação de risco que não constitui banco de dados, dispensa o consentimento do consumidor, que terá o direito de solicitar esclarecimentos sobre as informações pessoais valoradas e as fontes dos dados considerados no respectivo cálculo. (Súmula 550, Segunda Seção, julgado em 14.10.2015, *DJe* 19.10.2015)
(DIREITO DO CONSUMIDOR – SERVIÇO DE PROTEÇÃO AO CRÉDITO)

Súmula 551: Nas demandas por complementação de ações de empresas de telefonia, admite-se a condenação ao pagamento de dividendos e juros sobre capital próprio independentemente de pedido expresso. No entanto, somente quando previstos no título executivo, poderão ser objeto de cumprimento de sentença. (Súmula 551, Segunda Seção, julgado em 14.10.2015, *DJe* 19.10.2015)
(DIREITO PROCESSUAL CIVIL – AÇÃO POR COMPLEMENTAÇÃO DE AÇÕES DE EMPRESAS DE TELEFONIA)

Súmula 552: O portador de surdez unilateral não se qualifica como pessoa com deficiência para o fim de disputar as vagas reservadas em concursos públicos. (Súmula 552, Corte Especial, julgado em 04.11.2015, *DJe* 09.11.2015)
(DIREITO ADMINISTRATIVO – CONCURSO PÚBLICO)

Súmula 553: Nos casos de empréstimo compulsório sobre o consumo de energia elétrica, é competente a Justiça estadual para o julgamento de demanda proposta exclusivamente contra a Eletrobrás. Requerida a intervenção da União no feito após a prolação de sentença pelo juízo estadual, os autos devem ser remetidos ao Tribunal Regional Federal competente para o julgamento da apelação se deferida a intervenção. (Súmula 553, Corte Especial, julgado em 09.12.2015, *DJe* 15.12.2015)
(DIREITO PROCESSUAL CIVIL – COMPETÊNCIA)

Súmula 554: Na hipótese de sucessão empresarial, a responsabilidade da sucessora abrange não apenas os tributos devidos pela sucedida, mas também as multas moratórias ou punitivas referentes a fatos geradores ocorridos até a data da sucessão. (Súmula 554, Primeira Seção, julgado em 09.12.2015, *DJ* 15.12.2015)
(DIREITO EMPRESARIAL – SOCIEDADES EMPRESARIAIS)

Súmula 555: Quando não houver declaração do débito, o prazo decadencial quinquenal para o Fisco constituir o crédito tributário conta- se exclusivamente na forma do art. 173, I, do CTN, nos casos em que a legislação atribui ao sujeito passivo o dever de antecipar o pagamento sem prévio exame da autoridade administrativa. (Súmula 555, Primeira Seção, julgado em 09.12.2015, *DJe* 15.12.2015)
(DIREITO TRIBUTÁRIO – CRÉDITO TRIBUTÁRIO)

Súmula 556: É indevida a incidência de imposto de renda sobre o valor da complementação de aposentadoria pago por entidade de previdência privada e em relação ao resgate de contribuições recolhidas para referidas entidades patrocinadoras no período de 1º/1/1989 a 31/12/1995, em razão da isenção concedida pelo art. 6º, VII, *b*, da Lei n. 7.713/1988, na redação anterior à que lhe foi dada pela Lei n. 9.250/1995. (Súmula 556, Primeira Seção, julgado em 09.12.2015, *DJe* 15.12.2015)
(DIREITO TRIBUTÁRIO – IMPOSTO DE RENDA)

Súmula 557: A renda mensal inicial (RMI) alusiva ao benefício de aposentadoria por invalidez precedido de auxílio-doença será apurada na forma do art. 36, § 7º, do Decreto n. 3.048/1999, observando-se, porém, os critérios previstos no art. 29, § 5º, da Lei n. 8.213/1991, quando intercalados períodos de afastamento e de atividade laboral. (Súmula 557, Primeira Seção, julgado em 09.12.2015, *DJ* 15.12.2015)
(DIREITO PREVIDENCIÁRIO – APOSENTADORIA POR INVALIDEZ)

Súmula 558: Em ações de execução fiscal, a petição inicial não pode ser indeferida sob o argumento da falta de indicação do CPF e/ou RG ou CNPJ da parte executada. (Súmula 558, Corte Especial, julgado em 09.12.2015, *DJe* 15.12.2015)

(DIREITO PROCESSUAL CIVIL – EXECUÇÃO FISCAL)
Súmula 559: Em ações de execução fiscal, é desnecessária a instrução da petição inicial com o demonstrativo de cálculo do débito, por tratar-se de requisito não previsto no art. 6º da Lei n. 6.830/1980. (Súmula 559, Primeira Seção, julgado em 09.12.2015, DJe 15.12.2015)

(DIREITO PROCESSUAL CIVIL – EXECUÇÃO)
Súmula 560: A decretação da indisponibilidade de bens e direitos, na forma do art. 185-A do CTN, pressupõe o exaurimento das diligências na busca por bens penhoráveis, o qual fica caracterizado quando infrutíferos o pedido de constrição sobre ativos financeiros e a expedição de ofícios aos registros públicos do domicílio do executado, ao Denatran ou Detran. (Súmula 560, Primeira Seção, julgado em 09.12.2015, DJ 15.12.2015)

(DIREITO TRIBUTÁRIO – EXECUÇÃO FISCAL)
Súmula 561: Os Conselhos Regionais de Farmácia possuem atribuição para fiscalizar e autuar as farmácias e drogarias quanto ao cumprimento da exigência de manter profissional legalmente habilitado (farmacêutico) durante todo o período de funcionamento dos respectivos estabelecimentos. (Súmula 561, Primeira Seção, julgado em 09.12.2015, DJe 15.12.2015)

(DIREITO ADMINISTRATIVO – ATIVIDADE FARMACÊUTICA)
Súmula 562: É possível a remição de parte do tempo de execução da pena quando o condenado, em regime fechado ou semiaberto, desempenha atividade laborativa, ainda que extramuros. (Súmula 562, Terceira Seção, julgado em 24.02.2016, DJe 29.02.2016)

(DIREITO PENAL – EXECUÇÃO PENAL)
Súmula 563: O Código de Defesa do Consumidor é aplicável às entidades abertas de previdência complementar, não incidindo nos contratos previdenciários celebrados com entidades fechadas. (Súmula 563, Segunda Seção, julgado em 24.02.2016, DJe 29.02.2016)

(DIREITO DO CONSUMIDOR – INSTITUIÇÕES FINANCEIRAS)
Súmula 564: No caso de reintegração de posse em arrendamento mercantil financeiro, quando a soma da importância antecipada a título de valor residual garantido (VRG) com o valor da venda do bem ultrapassar o total do VRG previsto contratualmente, o arrendatário terá direito de receber a respectiva diferença, cabendo, porém, se estipulado no contrato, o prévio desconto de outras despesas ou encargos pactuados. (Súmula 564, Segunda Seção, julgado em 24.02.2016, DJe 29.02.2016)

(DIREITO EMPRESARIAL – ARRENDAMENTO MERCANTIL)
Súmula 565: A pactuação das tarifas de abertura de crédito (TAC) e de emissão de carnê (TEC), ou outra denominação para o mesmo fato gerador, é válida apenas nos contratos bancários anteriores ao início da vigência da Resolução-CMN n. 3.518/2007, em 30/4/2008. (Súmula 565, Segunda Seção, julgado em 24.02.2016, DJe 29.02.2016)

(DIREITO CONSTITUCIONAL – SISTEMA FINANCEIRO NACIONAL)
Súmula 566: Nos contratos bancários posteriores ao início da vigência da Resolução-CMN n. 3.518/2007, em 30/4/2008, pode ser cobrada a tarifa de cadastro no início do relacionamento entre o consumidor e a instituição financeira. (Súmula 566, Segunda Seção, julgado em 24.02.2016, DJe 29.02.2016)

(DIREITO CONSTITUCIONAL – SISTEMA FINANCEIRO NACIONAL)
Súmula 567: Sistema de vigilância realizado por monitoramento eletrônico ou por existência de segurança no interior de estabelecimento comercial, por si só, não torna impossível a configuração do crime de furto. (Súmula 567, Terceira Seção, julgado em 24.02.2016, DJe 29.02.2016)

(DIREITO PENAL – CRIME IMPOSSÍVEL)
Súmula 568: O relator, monocraticamente e no Superior Tribunal de Justiça, poderá dar ou negar provimento ao recurso quando houver entendimento dominante acerca do tema. (Súmula 568, Corte Especial, julgado em 16.03.2016, DJe 17.03.2016)

(DIREITO PROCESSUAL CIVIL – DECISÃO MONOCRÁTICA DO RELATOR)
Súmula 569: Na importação, é indevida a exigência de nova certidão negativa de débito no desembaraço aduaneiro, se já apresentada a comprovação da quitação de tributos federais quando da concessão do benefício relativo ao regime de *drawback*. (Súmula 569, Primeira Seção, julgado em 27.04.2016, DJe 02.05.2016)

(DIREITO TRIBUTÁRIO – CERTIDÃO NEGATIVA DE DÉBITO NA OPERAÇÃO DE *DRAWBACK*)
Súmula 570: Compete à Justiça Federal o processo e julgamento de demanda em que se discute a ausência de ou o obstáculo ao credenciamento de instituição particular de ensino superior no Ministério da Educação como condição de expedição de diploma de ensino a distância aos estudantes. (Súmula 570, Primeira Seção, julgado em 27.04.2016, *DJe* 02.05.2016)

(DIREITO ADMINISTRATIVO – DIPLOMA DE CURSO DE ENSINO SUPERIOR)
Súmula 571: A taxa progressiva de juros não se aplica às contas vinculadas ao FGTS de trabalhadores qualificados como avulsos. (Súmula 571, Primeira Seção, julgado em 27.04.2016, *DJe* 02.05.2016)

(DIREITO ADMINISTRATIVO – FUNDO DE GARANTIA POR TEMPO DE SERVIÇO)
Súmula 572: O Banco do Brasil, na condição de gestor do Cadastro de Emitentes de Cheques sem Fundos (CCF), não tem a responsabilidade de notificar previamente o devedor acerca da sua inscrição no aludido cadastro, tampouco legitimidade passiva para as ações de reparação de danos fundadas na ausência de prévia comunicação. (Súmula 572, Segunda Seção, julgado em 11.05.2016, *DJe* 16.05.2016)

(DIREITO CIVIL – RESPONSABILIDADE CIVIL)
Súmula 573: Nas ações de indenização decorrente de seguro DPVAT, a ciência inequívoca do caráter permanente da invalidez, para fins de contagem do prazo prescricional, depende de laudo médico, exceto nos casos de invalidez permanente notória ou naqueles em que o conhecimento anterior resulte comprovado na fase de instrução. (Súmula 573, Segunda Seção, julgado em 22.06.2016, *DJe* 27.06.2016)

(DIREITO CIVIL – PRESCRIÇÃO)
Súmula 574: Para a configuração do delito de violação de direito autoral e a comprovação de sua materialidade, é suficiente a perícia realizada por amostragem do produto apreendido, nos aspectos externos do material, e é desnecessária a identificação dos titulares dos direitos autorais violados ou daqueles que os representem. (Súmula 574, Terceira Seção, julgado em 22.06.2016, *DJe* 27.06.2016)

(DIREITO PENAL – VIOLAÇÃO DE DIREITO AUTORAL)
Súmula 575: Constitui crime a conduta de permitir, confiar ou entregar a direção de veículo automotor a pessoa que não seja habilitada, ou que se encontre em qualquer das situações previstas no art. 310 do CTB, independentemente da ocorrência de lesão ou de perigo de dano concreto na condução do veículo. (Súmula 575, Terceira Seção, julgado em 22.06.2016, *DJe* 27.06.2016)

(DIREITO PENAL – TIPIFICAÇÃO PENAL)
Súmula 576: Ausente requerimento administrativo no INSS, o termo inicial para a implantação da aposentadoria por invalidez concedida judicialmente será a data da citação válida. (Súmula 576, Primeira Seção, julgado em 22.06.2016, *DJe* 27.06.2016)

(DIREITO PREVIDENCIÁRIO – APOSENTADORIA POR INVALIDEZ)
Súmula 577: É possível reconhecer o tempo de serviço rural anterior ao documento mais antigo apresentado, desde que amparado em convincente prova testemunhal colhida sob o contraditório. (Súmula 577, Primeira Seção, julgado em 22.06.2016, *DJe* 27.06.2016)

(DIREITO PREVIDENCIÁRIO – TRABALHO RURAL)
Súmula 578: Os empregados que laboram no cultivo da cana-de-açúcar para empresa agroindustrial ligada ao setor sucroalcooleiro detêm a qualidade de rurícola, ensejando a isenção do FGTS desde a edição da Lei Complementar n. 11/1971 até a promulgação da Constituição Federal de 1988. (Súmula 578, Primeira Seção, julgado em 22.06.2016, *DJe* 27.06.2016)

(DIREITO ADMINISTRATIVO – FUNDO DE GARANTIA POR TEMPO DE SERVIÇO)
Súmula 579: Não é necessário ratificar o recurso especial interposto na pendência do julgamento dos embargos de declaração, quando inalterado o resultado anterior. (Súmula 579, Corte Especial, julgado em 01.07.2016, *DJe* 01.08.2016)

(DIREITO PROCESSUAL CIVIL – DOS RECURSOS)
Súmula 580: A correção monetária nas indenizações do seguro DPVAT por morte ou invalidez, prevista no § 7º do art. 5º da Lei n. 6.194/1974, redação dada pela Lei n. 11.482/2007, incide desde

a data do evento danoso. (Súmula 580, Segunda Seção, julgado em 14.09.2016, DJe 19.09.2016)
(DIREITO DE TRÂNSITO – SEGURO OBRIGATÓRIO)

Súmula 581: A recuperação judicial do devedor principal não impede o prosseguimento das ações e execuções ajuizadas contra terceiros devedores solidários ou coobrigados em geral, por garantia cambial, real ou fidejussória. (Súmula 581, Segunda Seção, julgado em 14.09.2016, DJe 19.09.2016)
(DIREITO EMPRESARIAL – FALÊNCIA, CONCORDATA E RECUPERAÇÃO JUCICIAL)

Súmula 582: Consuma-se o crime de roubo com a inversão da posse do bem mediante emprego de violência ou grave ameaça, ainda que por breve tempo e em seguida à perseguição imediata ao agente e recuperação da coisa roubada, sendo prescindível a posse mansa e pacífica ou desvigiada. (Súmula 582, Terceira Seção, julgado em 14.09.2016, DJe 19.09.2016)
(DIREITO PENAL – TIPIFICAÇÃO PENAL)

Súmula 583: O arquivamento provisório previsto no art. 20 da Lei n. 10.522/2002, dirigido aos débitos inscritos como dívida ativa da União pela Procuradoria-Geral da Fazenda Nacional ou por ela cobrados, não se aplica às execuções fiscais movidas pelos conselhos de fiscalização profissional ou pelas autarquias federais. (Súmula 583, Primeira Seção, julgado em 14.12.2016, DJe 01.02.2017)
(DIREITO TRIBUTÁRIO – PRINCÍPIO DA INSIGNIFICÂNCIA)

Súmula 584: As sociedades corretoras de seguros, que não se confundem com as sociedades de valores mobiliários ou com os agentes autônomos de seguro privado, estão fora do rol de entidades constantes do art. 22, § 1º, da Lei n. 8.212/1991, não se sujeitando à majoração da alíquota da Cofins prevista no art. 18 da Lei n. 10.684/2003. (Súmula 584, Primeira Seção, julgado em 14.12.2016, DJe 01.02.2017)
(DIREITO TRIBUTÁRIO – CONTRIBUIÇÃO PARA FINANCIAMENTO DA SEGURIDADE SOCIAL)

Súmula 585: A responsabilidade solidária do ex-proprietário, prevista no art. 134 do Código de Trânsito Brasileiro CTB, não abrange o IPVA incidente sobre o veículo automotor, no que se refere ao período posterior à sua alienação. (Súmula 585, Primeira Seção, julgado em 14.12.2016, DJe 01.02.2017)
(DIREITO TRIBUTÁRIO – IMPOSTO SOBRE A PROPRIEDADE DE VEÍCULOS AUTOMOTORES)

Súmula 586: A exigência de acordo entre o credor e o devedor na escolha do agente fiduciário aplica-se, exclusivamente, aos contratos não vinculados ao Sistema Financeiro da Habitação SFH. (Súmula 586, Corte Especial, julgado em 19.12.2016, DJe 01.02.2017)
(DIREITO CONSTITUCIONAL – SISTEMA FINANCEIRO DA HABITAÇÃO)

SÚMULA 587: Para a incidência da majorante prevista no art. 40, V, da Lei n. 11.343/2006, é desnecessária a efetiva transposição de fronteiras entre estados da Federação, sendo suficiente a demonstração inequívoca da intenção de realizar o tráfico interestadual. (Súmula 587, Terceira Seção, julgado em 13.09.2017, DJe 18.09.2017)
(DIREITO PENAL – DAS PENAS)

Súmula 588: A prática de crime ou contravenção penal contra a mulher com violência ou grave ameaça no ambiente doméstico impossibilita a substituição da pena privativa de liberdade por restritiva de direitos. (Súmula 588, Terceira Seção, julgado em 13.09.2017, DJe 18.09.2017)
(DIREITO PENAL – LEI MARIA DA PENHA)

Súmula 589: É inaplicável o princípio da insignificância nos crimes ou contravenções penais praticados contra a mulher no âmbito das relações domésticas. (Súmula 589, Terceira Seção, julgado em 13.09.2017, DJe 18.09.2017)
(DIREITO PENAL – LEI MARIA DA PENHA)

Súmula 590: Constitui acréscimo patrimonial a atrair a incidência do imposto de renda, em caso de liquidação de entidade de previdência privada, a quantia que couber a cada participante, por rateio do patrimônio, superior ao valor das respectivas contribuições à entidade em liquidação, devidamente atualizadas e corrigidas. (Súmula 590, Primeira Seção, julgado em 13.09.2017, DJe 18.09.2017)
(DIREITO TRIBUTÁRIO – IMPOSTO DE RENDA)

Súmula 591: É permitida a prova emprestada no processo administrativo disciplinar, desde que devidamente autorizada pelo juízo competente e

respeitados o contraditório e a ampla defesa. (Súmula 591, Primeira Seção, julgado em 13.09.2017, DJe 18.09.2017)
(DIREITO ADMINISTRATIVO – PROCESSO ADMINISTRATIVO DISCIPLINAR)

Súmula 592: O excesso de prazo para a conclusão do processo administrativo disciplinar só causa nulidade se houver demonstração de prejuízo à defesa. (Súmula 592, Primeira Seção, julgado em 13.09.2017, DJe 18.09.2017)
(DIREITO ADMINISTRATIVO – PROCESSO ADMINISTRATIVO DISCIPLINAR)

Súmula 593: O crime de estupro de vulnerável se configura com a conjunção carnal ou prática de ato libidinoso com menor de 14 anos, sendo irrelevante eventual consentimento da vítima para a prática do ato, sua experiência sexual anterior ou existência de relacionamento amoroso com o agente. (Súmula 593, Terceira Seção, julgado em 25.10.2017, DJe 06.11.2017)
(DIREITO PENAL – ESTUPRO DE VULNERÁVEL)

Súmula 594: O Ministério Público tem legitimidade ativa para ajuizar ação de alimentos em proveito de criança ou adolescente independentemente do exercício do poder familiar dos pais, ou do fato de o menor se encontrar nas situações de risco descritas no art. 98 do Estatuto da Criança e do Adolescente, ou de quaisquer outros questionamentos acerca da existência ou eficiência da Defensoria Pública na comarca. (Súmula 594, Segunda Seção, julgado em 25.10.2017, DJe 06.11.2017)
(DIREITO PROCESSUAL CIVIL – LEGITIMIDADE)

Súmula 595: As instituições de ensino superior respondem objetivamente pelos danos suportados pelo aluno/consumidor pela realização de curso não reconhecido pelo Ministério da Educação, sobre o qual não lhe tenha sido dada prévia e adequada informação. (Súmula 595, Segunda Seção, julgado em 25.10.2017, DJe 06.11.2017)
(DIREITO DO CONSUMIDOR – RESPONSABILIDADE OBJETIVA)

Súmula 596: A obrigação alimentar dos avós tem natureza complementar e subsidiária, somente se configurando no caso de impossibilidade total ou parcial de seu cumprimento pelos pais. (Súmula 596, Segunda Seção, julgado em 08.11.2017, DJe 20.11.2017)
(DIREITO CIVIL – ALIMENTOS)

Súmula 597: A cláusula contratual de plano de saúde que prevê carência para utilização dos serviços de assistência médica nas situações de emergência ou de urgência é considerada abusiva se ultrapassado o prazo máximo de 24 horas contado da data da contratação. (Súmula 597, Segunda Seção, julgado em 08.11.2017, DJe 20.11.2017)
(DIREITO DO CONSUMIDOR – PLANO DE SAÚDE)

Súmula 598: É desnecessária a apresentação de laudo médico oficial para o reconhecimento judicial da isenção do imposto de renda, desde que o magistrado entenda suficientemente demonstrada a doença grave por outros meios de prova. (Súmula 598, Primeira Seção, julgado em 08.11.2017, DJe 20.11.2017)
(DIREITO TRIBUTÁRIO – IMPOSTO DE RENDA)

Súmula 599: O princípio da insignificância é inaplicável aos crimes contra a administração pública. (Súmula 599, Corte Especial, julgado em 20.11.2017, DJe 27.11.2017)
(DIREITO PENAL – CRIMES CONTRA A ADMINISTRAÇÃO PÚBLICA)

Súmula 600: Para a configuração da violência doméstica e familiar prevista no artigo 5º da Lei n. 11.340/2006 (Lei Maria da Penha) não se exige a coabitação entre autor e vítima. (Súmula 600, Terceira Seção, julgado em 22.11.2017, DJe 27.11.2017)
(DIREITO PENAL – LEI MARIA DA PENHA)

SÚMULA 601: O Ministério Público tem legitimidade ativa para atuar na defesa de direitos difusos, coletivos e individuais homogêneos dos consumidores, ainda que decorrentes da prestação de serviço público. (A Corte Especial, na sessão ordinária de 7 de fevereiro de 2018, DJE 25.02.2018)
(DIREITO DO CONSUMIDOR – LEGITIMIDADE DO MINISTÉRIO PÚBLICO)

Súmula 602: O Código de Defesa do Consumidor é aplicável aos empreendimentos habitacionais promovidos pelas sociedades cooperativas. (Súmula 602, Segunda Seção, julgado em 22.02.2018, DJe 26.02.2018)

(DIREITO DO CONSUMIDOR – APLICABILIDADE DO CÓDIGO DE DEFESA DO CONSUMIDOR)
Súmula 603 (CANCELADA): É vedado ao banco mutuante reter, em qualquer extensão, os salários, vencimentos e/ou proventos de correntista para adimplir o mútuo (comum) contraído, ainda que haja cláusula contratual autorizativa, excluído o empréstimo garantido por margem salarial consignável, com desconto em folha de pagamento, que possui regramento legal específico e admite a retenção de percentual. (Súmula 603, Segunda Seção, julgado em 22.02.2018, DJe 26.02.2018)
SÚMULA CANCELADA:
A Segunda Seção, na sessão de 22/08/2018, ao julgar o REsp 1.555.722/SP, determinou o CANCELAMENTO da Súmula 603 do STJ (DJe 27.08.2018).
(DIREITO BANCÁRIO – CONTRATO BANCÁRIO)
Súmula 604: O mandado de segurança não se presta para atribuir efeito suspensivo a recurso criminal interposto pelo Ministério Público. (Súmula 604, Terceira Seção, julgado em 28.02.2018, DJe 05.03.2018)
(DIREITO PROCESSUAL PENAL – RECURSOS)
Súmula 605: A superveniência da maioridade penal não interfere na apuração de ato infracional nem na aplicabilidade de medida socioeducativa em curso, inclusive na liberdade assistida, enquanto não atingida a idade de 21 anos. (Súmula 605, Terceira Seção, julgado em 14.03.2018, DJe 19.03.2018)
(DIREITO PENAL – ESTATUTO DA CRIANÇA E DO ADOLESCENTE)
Súmula 606: Não se aplica o princípio da insignificância a casos de transmissão clandestina de sinal de internet via radiofrequência, que caracteriza o fato típico previsto no art. 183 da Lei n. 9.472/1997. (Súmula 606, Terceira Seção, julgado em 11.04.2018, DJe 17.04.2018)
(DIREITO PENAL – PRINCÍPIO DA INSIGNIFICÂNCIA)
Súmula 607: A majorante do tráfico transnacional de drogas (art. 40, I, da Lei n. 11.343/2006) configura-se com a prova da destinação internacional das drogas, ainda que não consumada a transposição de fronteiras. (Súmula 607, Terceira Seção, julgado em 11.04.2018, DJe 17.04.2018)
(DIREITO PENAL – DAS PENAS)

Súmula 608: Aplica-se o Código de Defesa do Consumidor aos contratos de plano de saúde, salvo os administrados por entidades de autogestão. (Súmula 608, Segunda Seção, julgado em 11.04.2018, DJe 17.04.2018)
(DIREITO DO CONSUMIDOR – PLANO DE SAÚDE)
Súmula 609: A recusa de cobertura securitária, sob a alegação de doença preexistente, é ilícita se não houve a exigência de exames médicos prévios à contratação ou a demonstração de má-fé do segurado. (Súmula 609, Segunda Seção, julgado em 11.04.2018, DJe 17.04.2018)
(DIREITO DO CONSUMIDOR – PLANO DE SAÚDE)
Súmula 610: O suicídio não é coberto nos dois primeiros anos de vigência do contrato de seguro de vida, ressalvado o direito do beneficiário à devolução do montante da reserva técnica formada. (Súmula 610, Segunda Seção, julgado em 25.04.2018, DJe 07.05.2018)
(DIREITO CIVIL – CONTRATOS)
Súmula 611: Desde que devidamente motivada e com amparo em investigação ou sindicância, é permitida a instauração de processo administrativo disciplinar com base em denúncia anônima, em face do poder-dever de autotutela imposto à Administração. (Súmula 611, Primeira Seção, julgado em 09.05.2018, DJe 14.05.2018)
(DIREITO ADMINISTRATIVO – PROCESSO ADMINISTRATIVO DISCIPLINAR)
Súmula 612: O certificado de entidade beneficente de assistência social (CEBAS), no prazo de sua validade, possui natureza declaratória para fins tributários, retroagindo seus efeitos à data em que demonstrado o cumprimento dos requisitos estabelecidos por lei complementar para a fruição da imunidade. (Súmula 612, Primeira Seção, julgado em 09.05.2018, DJe 14.05.2018)
(DIREITO TRIBUTÁRIO – IMUNIDADE TRIBUTÁRIA)
Súmula 613: Não se admite a aplicação da teoria do fato consumado em tema de Direito Ambiental. (Súmula 613, Primeira Seção, julgado em 09.05.2018, DJe 14.05.2018)
(DIREITO AMBIENTAL – DANO AMBIENTAL)
Súmula 614: O locatário não possui legitimidade ativa para discutir a relação jurídico-tributária de

IPTU e de taxas referentes ao imóvel alugado nem para repetir indébito desses tributos. (Súmula 614, Primeira Seção, julgado em 09.05.2018, *DJe* 14.05.2018)
(DIREITO TRIBUTÁRIO – IMPOSTO SOBRE A PROPRIEDADE PREDIAL E TERRITORIAL URBANA)
Súmula 615: Não pode ocorrer ou permanecer a inscrição do município em cadastros restritivos fundada em irregularidades na gestão anterior quando, na gestão sucessora, são tomadas as providências cabíveis à reparação dos danos eventualmente cometidos. (Súmula 615, Primeira Seção, julgado em 09.05.2018, *DJe* 14.05.2018)
(DIREITO ADMINISTRATIVO – INSCRIÇÃO EM CADASTROS RESTRITIVOS)
Súmula 616: A indenização securitária é devida quando ausente a comunicação prévia do segurado acerca do atraso no pagamento do prêmio, por constituir requisito essencial para a suspensão ou resolução do contrato de seguro. (Súmula 616, Segunda Seção, julgado em 23.05.2018, *DJe* 28.05.2018)
(DIREITO CIVIL – CONTRATOS)
Súmula 617: A ausência de suspensão ou revogação do livramento condicional antes do término do período de prova enseja a extinção da punibilidade pelo integral cumprimento da pena. (Súmula 617, Terceira Seção, julgado em 26.09.2018, *DJe* 01.10.2018)
(DIREITO PENAL – EXECUÇÃO PENAL)
Súmula 618: A inversão do ônus da prova aplica-se às ações de degradação ambiental. (Súmula 618, Corte Especial, julgado em 24.10.2018, *DJe* 30.10.2018)
(DIREITO AMBIENTAL – DANO AMBIENTAL)
Súmula 619: A ocupação indevida de bem público configura mera detenção, de natureza precária, insuscetível de retenção ou indenização por acessões e benfeitorias. (Súmula 619, Corte Especial, julgado em 24.10.2018, *DJe* 30.10.2018)
(DIREITO ADMINISTRATIVO – BEM PÚBLICO)
Súmula 620: A embriaguez do segurado não exime a seguradora do pagamento da indenização prevista em contrato de seguro de vida. (Súmula 620, Segunda Seção, julgado em 12.12.2018, *DJe* 17.12.2018)

(DIREITO CIVIL – CONTRATOS)
Súmula 621: Os efeitos da sentença que reduz, majora ou exonera o alimentante do pagamento retroagem à data da citação, vedadas a compensação e a repetibilidade. (Súmula 621, Segunda Seção, julgado em 12.12.2018, *DJe* 17.12.2018)
(DIREITO CIVIL – ALIMENTOS)
Súmula 622: A notificação do auto de infração faz cessar a contagem da decadência para a constituição do crédito tributário; exaurida a instância administrativa com o decurso do prazo para a impugnação ou com a notificação de seu julgamento definitivo e esgotado o prazo concedido pela Administração para o pagamento voluntário, inicia-se o prazo prescricional para a cobrança judicial. (Súmula 622, Primeira Seção, julgado em 12.12.2018, *DJe* 17.12.2018)
(DIREITO TRIBUTÁRIO – CRÉDITO TRIBUTÁRIO)
Súmula 623: As obrigações ambientais possuem natureza *propter rem*, sendo admissível cobrá-las do proprietário ou possuidor atual e/ou dos anteriores, à escolha do credor. (Súmula 623, Primeira Seção, julgado em 12.12.2018, *DJe* 17.12.2018)
(DIREITO AMBIENTAL – DANO AMBIENTAL)
Súmula 624: É possível cumular a indenização do dano moral com a reparação econômica da Lei n. 10.559/2002 (Lei da Anistia Política). (Súmula 624, Primeira Seção, julgado em 12.12.2018, *DJe* 17.12.2018)
(DIREITO ADMINISTRATIVO – ANISTIA POLÍTICA)
Súmula 625: O pedido administrativo de compensação ou de restituição não interrompe o prazo prescricional para a ação de repetição de indébito tributário de que trata o art. 168 do CTN nem o da execução de título judicial contra a Fazenda Pública. (Súmula 625, Primeira Seção, julgado em 12.12.2018, *DJe* 17.12.2018)
(DIREITO TRIBUTÁRIO – REPETIÇÃO DE INDÉBITO)
Súmula 626: A incidência do IPTU sobre imóvel situado em área considerada pela lei local como urbanizável ou de expansão urbana não está condicionada à existência dos melhoramentos elencados no art. 32, § 1º, do CTN. (Súmula 626, Primeira Seção, julgado em 12.12.2018, *DJe* 17.12.2018)